| | | |
|---|---|---|
| matemáticas | *Mat, Math* | mathematics |
| mecánica | *Mec, Mech* | mechanics |
| medicina | *Med* | medicine |
| metalurgia | *Metal* | metallurgy |
| meteorología | *Met, Meteo* | meteorology |
| México | *Méx, Mex* | Mexico |
| masculino y femenino | *mf* | masculine and feminine |
| militar | *Mil* | military |
| minería | *Min* | mining |
| mitología | *Mit* | mythology |
| masculino plural | *mpl* | masculine plural |
| masculino singular | *msing* | masculine singular |
| música | *Mús, Mus* | music |
| mitología | *Myth* | mythology |
| sustantivo | *n* | noun |
| Inglaterra del Norte | *N Engl* | North of England |
| náutica | *Náut, Naut* | nautical |
| negativo | *neg* | negative |
| Nicaragua | *Nic* | Nicaragua |
| sustantivo plural | *npl* | noun plural |
| sustantivo singular | *nsing* | noun singular |
| óptica | *Ópt, Opt* | optics |
| ornitología | *Orn* | ornithology |
| (a) sí mismo | *o.s.* | oneself |
| Panamá | *Pan* | Panama |
| Paraguay | *Par* | Paraguay |
| parlamento | *Parl* | parliament |
| por ejemplo | *p. ej.* | for example |
| personal | *pers* | personal |
| peyorativo | *pey, pej* | pejorative |
| farmacia | *Pharm* | pharmacy |
| filosofía | *Philos* | philosophy |
| fonética | *Phon* | phonetics |
| fotografía | *Phot* | photography |
| física | *Phys* | physics |
| fisiología | *Physiol* | physiology |
| plural | *pl* | plural |
| uso poético | *poét, poet* | poetic |
| política | *Pol* | politics |
| posesivo | *poses, poss* | possessive |
| participio de pasado | *pp* | past participle |
| prefijo | *pref* | prefix |
| preposición | *prep* | preposition |
| pronombre | *pron* | pronoun |
| proverbio(s) | *prov, provs* | proverb(s) |
| psicología | *Psic, Psych* | psychology |
| tiempo pasado | *pt* | past tense |
| química | *Quím* | chemistry |
| marca registrada | ® | registered trademark |
| radio | *Rad* | radio |
| ferrocarriles | *Rail* | railways |
| relativo | *rel* | relative |
| religión | *Rel* | religion |
| sustantivo | *s* | noun |
| alguien | *sb* | somebody |
| Cono Sur | *S. Cone* | Southern Cone |
| ciencia | *Sci* | science |
| escolar | *Scol* | school |
| Escocia | *Scot* | Scotland |
| costura | *Sew* | sewing |
| sustantivo femenino | *sf* | noun feminine |
| sustantivo femenino plural | *sfpl* | noun feminine plural |
| singular | *sing* | singular |
| esquí | *Ski* | skiing |
| sustantivo masculino | *sm* | noun masculine |
| sustantivo masculino y femenino | *smf* | noun masculine and feminine |
| sustantivo masculino plural | *smpl* | noun masculine plural |
| sociología | *Sociol* | sociology |
| España | *Sp* | Spain |
| Bolsa | *St Ex* | Stock Exchange |
| algo | *sth* | something |
| subjuntivo | *subjun* | subjunctive |
| sufijo | *suf* | suffix |
| superlativo | *superl* | superlative |
| agrimensura | *Survey* | surveying |
| tauromaquia | *Taur* | bullfighting |
| también | *tb* | also |
| teatro | *Teat* | theatre |
| técnico | *Téc, Tech* | technical |
| telecomunicaciones | *Telec* | telecommunications |
| teatro | *Theat* | theatre |
| tipografía | *Tip* | typography |
| televisión | *TV* | television |
| tipografía | *Typ* | typography |
| universidad | *Univ* | university |
| Uruguay | *Uru* | Uruguay |
| Estados Unidos | *US* | United States |
| usualmente | *usu* | usually |
| véase | *V* | see |
| verbo | *vb* | verb |
| Venezuela | *Ven* | Venezuela |
| veterinaria | *Vet* | veterinary medicine |
| verbo intransitivo | *vi* | intransitive verb |
| verbo pronominal | *vpr* | pronominal verb |
| verbo transitivo | *vt* | transitive verb |
| verbo transitivo/intransitivo | *vti* | transitive/intransitive verb |
| zoología | *Zool* | zoology |
| lenguaje familiar, véase pág. xxiv | * | informal language, see page xxiv |
| lenguaje muy familiar, o argot véase pág. xxiv | ** | very informal language or slang, see page xxiv |
| lenguaje vulgar, véase pág. xxiv | *** | offensive language, see page xxiv |
| lenguaje anticuado, véase pág. xxiv | † | old-fashioned term or expression, see page xxiv |
| lenguaje arcaico, véase pág. xxv | †† | archaic term or expression, see page xxv |
| equivalencia cultural, véase pág. xxiii | ≈ | cultural equivalent, see page xxiii |
| remisión a Lengua y Uso | ➤ | cross reference to Language in Use |

# Diccionario
# Español ▸ Inglés
# Inglés ▸ Español

# Spanish ▸ English
# English ▸ Spanish
# Dictionary

# Diccionario Inglés

Sexta Edición

grijalbo

# Spanish Dictionary

Sixth Edition

Collins
*An Imprint of* HarperCollins*Publishers*

sixth edition/sexta edición 2000



**latest reprint 2001**

HarperCollins Publishers
Westerhill Road, Bishopbriggs, Glasgow G64 2QT, Great Britain

The HarperCollins website address is
www.**fire**and**water**.com



ISBN 0-00-470152-6
with thumb index 0-00-472191-8

---

Grijalbo Mondadori S.A.
Aragó 385, Barcelona 08013

www.grijalbo.com

ISBN 84-253-3433-0

---

HarperCollins Publishers, Inc.
10 East 53rd Street, New York
New York 10022

ISBN 0-06-095691-7

Library of Congress Catalog Card Number: 99-76607

The HarperCollins USA website address is
www.harpercollins.com

---



First HarperCollins edition published 1993.

---

01 02 03 04 05 MC 10 9 8 7 6 5 4 3



*Typeset by Morton Word Processing Ltd, Scarborough*

*Printed and bound in Spain by Mateu Cromo Artes Gráficas S.A.*

**SIXTH EDITION** **SEXTA EDICIÓN**

**Series Editor** **Directora de publicaciones**
Lorna Sinclair Knight

**General Editor** **Dirección general**
Jeremy Butterfield

**Project Management** **Dirección editorial**
Gerard Breslin

**Senior Editors** **Responsables de redacción**
Teresa Álvarez García Cordelia Lilly

**Editorial Coordination** **Coordinación editorial**
Emma Aeppli Sharon Hunter Val McNulty

**Senior Contributors** **Equipo de redacción**
Fernando León Solís Julie Muleba
Victoria Ordóñez Diví José María Ruiz Vaca
Alison Sadler

**Contributors** **Colaboradores**
Tom Bartlett Joaquín Blasco Diarmuid Bradley Michael Britton
Claire Calder Harry Campbell Malihé Forghani-Nowbari Nerea Gandarias Mendieta
Elena García Álvarez Ben Goldstein Bob Grossmith Jane Horwood
Lesley Kingsley Ana Cristina Llompart Mª Ángeles Pérez Alonso Ana Ramos
Mar Rodríguez Vázquez Victoria Romero Cerro Carol Styles Carvajal Palmira Sullivan
Eduardo Vallejo Stephen Waller

**Editorial Assistance** **Ayudantes de redacción**
Elspeth Anderson Susan Dunsmore Alice Grandison Angela Jack
Irene Lakhani Cindy Mitchell Maggie Seaton

**Data Management** **Informática**
Jane Creevy Paul Hassett Sorcha Lenagh

## FIFTH EDITION QUINTA EDICIÓN

**Editorial Staff Redacción**

Teresa Álvarez García Gerard Breslin Jeremy Butterfield
Sharon Hunter Cordelia Lilly José María Ruiz Vaca

**Contributors Colaboradores**

Professor I. F. Ariza Diarmuid Bradley José Ramón Parrondo

**Computing Informática**

Robert McMillan

## THIRD AND FOURTH EDITIONS
## EDICIONES TERCERA Y CUARTA

**by/por**

Colin Smith

**in collaboration with en colaboración con**

Diarmuid Bradley Teresa de Carlos Louis Rodrigues
José Ramón Parrondo

**Editorial Management Dirección editorial**

Jeremy Butterfield

**Coordinating Editor Coordinador de la obra**

Gerard Breslin

**Assistant Editors Ayudantes de redacción**

Sharon Hunter
Lesley Johnston

**SECOND EDITION** **SEGUNDA EDICIÓN**

**by/por**

Colin Smith

**in collaboration with** **en colaboración con**

María Boniface  Hugo Pooley  Arthur Montague
Mike Gonzalez

**FIRST EDITION** **PRIMERA EDICIÓN**

**by/por**

Colin Smith

**in collaboration with** **en colaboración con**

Manuel Bermejo Marcos  Eugenio Chang-Rodríguez

## Colin Smith

In this, the first edition of the Spanish Dictionary not to have benefited from the contribution of the late Colin Smith, we would like to acknowledge his pioneering work in the field of English-Spanish lexicography. Not only was the first edition of the dictionary in 1971 the result of many years of devoted, scholarly labour on his part, he was also the main contributor to the second and third editions. In his memory and in his honour we have retained, with some slight changes, the section on word formation in Spanish which he wrote for the third edition. We in the editorial team are all indebted to him for the breadth of his vision and his constant encouragement, and hope that this latest edition is a fitting tribute to him, "il miglior fabbro".

## Colin Smith

En esta primera edición del diccionario de inglés que no se ha beneficiado de la colaboración del desaparecido Colin Smith, quisiéramos dejar constancia de nuestro reconocimiento a su labor pionera en el campo de la lexicografía bilingüe de inglés-español. No sólo fue la primera edición del diccionario de 1971 el resultado de muchos años de trabajo riguroso y erudito por su parte, si no que además su contribución a la segunda y tercera ediciones fue primordial. En su memoria y en su honor hemos mantenido, con alguna pequeña variación, la sección dedicada a la formación de palabras en español que escribió para la tercera edición. Nuestro equipo editorial se halla en deuda con él por su amplitud de miras y continuo apoyo, por lo que esperamos que esta nueva edición sea un tributo apropiado para "il miglior fabbro".

## Acknowledgements

## Agradecimientos

Guillermo Arce, Pamela Bacarisse, David Balagué, Jennie Bachelor, Clive Bashleigh, Peter Beardsell, William Bidgood, Tom Bookless, Everett L. Boyd, T.R.M. Bristow, Prof R.F. Brown, John Butt, Max Cawdron, Nick Gardner, A. Bryson Gerrard, Robert Burakoff, Trevor Chubb, Sabine Citron, G.T. Colegate, Joe Cremona, Dr G.A. Davies, Eve Degnen, Maureen Dolan, Carmen and Pablo Domínguez, Fr Carlos Elizalde C.P., John England, María Jesús Fernández Prieto, José Miguel Galván Déniz, G.C. Gilham, Paul Gomez, Isobel Gordon, H.B. Hall, Stephen Harrison, Patrick Harvey, Tony Heathcote, David Henn, Leo Hickey, Ian Jacob, Leonor del Pino Jiménez, Concepción and Pilar Jiménez Bautista, A. Johnson, F. Killoran, Norman Lamb, Emilio Lorenzo, A. Madigan, A. McCallum, Rosa María Manchón, Rodney Mantle, Duncan Marshall, María Martín, Hazel Mills, Alan Morley, Brian Morris, Brian Mott, Bernard Murphy, Ana Newton, Patrick Nield, Richard Nott, Hugh O'Donnell, Chantal Pérez Hernández, Dan Quilter, Hugo Pooley, Chris Pratt, Brian Powell, Robert Pring-Mill, M. Dolores Ramis, Sr J. and Sra M. del Río, Brian Steel, C.H. Stevenson, Diana Streeten, Sra A. Espinosa de Walker, Sra M.J. Fernández de Wangermann, Ian Weetman, G. Weston, Richard Wharton, Roger Wright, Alan Yates

# CONTENTS



# ÍNDICE DE MATERIAS

# Introduction

Since it was first published to great critical acclaim in 1971, the COLLINS SPANISH DICTIONARY has become one of the most highly-respected reference works of its kind. The extent of its coverage together with the clarity and accuracy of the information it gives have made it a recognized authority in the field of Spanish-English English-Spanish lexicography.

While building on all the strengths that have made the COLLINS SPANISH DICTIONARY so popular, including features such as the Language in Use guide to self-expression and the recent innovative encyclopaedic and usage boxes, this latest edition marks an exciting new step forward. As well as adding a wealth of new words and expressions which have come into the language since the last edition, we have used the huge English and Spanish databases developed through the groundbreaking research into computational linguistics carried out by COLLINS in partnership with the University of Birmingham since the 1970s to refine existing entries, senses and phrases. These multi-million-word corpora are collections of texts held on computer, which provide numerous examples of how words are actually used in the widest possible variety of contexts, be it in newspapers, in literature, in official reports or in ordinary spoken language. In much the same way as scientists who analyse objective data to confirm their hypotheses, dictionary editors now have access to vast databases of hard facts and evidence to back up their own linguistic intuition. The result is a degree of accuracy and depth of coverage that would be impossible to achieve using traditional methods alone. Here is an example of how authentic usage, as documented in our corpora, be it the Bank of English or the Banco de español, is reflected in our dictionary entries:

| | | |
|---:|---|---|
| disc. If the problem is | severe | and does not settle spontaneously |
| British system of justice took a | severe | blow. Let's hope that the |
| depressed and confidence has taken a | severe | blow from the turmoil in the |
| slow and tedious. I suffered from | severe | bouts of depression, migraine, fits |
| Pete suffered a fractured skull and | severe | brain damage. He went into a coma |
| Bosnia to Sarajevo because of the | severe | cold. Priorities will be blankets |
| the deeply damaged system. The | severe | conditions, which shocked EC |
| substantial loss of ozone could have | severe | consequences for life on Earth, |
| dictatorship here would be a very | severe | consequences in terms of trade, |
| and it will have especially | severe | consequences for the nations of the |
| his residence. This, at a time when | severe | constraints have been applied to |
| But at the same time he was a | severe | critic of American policy on the |
| said: "This bomb would have caused | severe | damage, injury and death within a |
| month, hurricane-force winds caused | severe | damage to property across much of |
| exploding under the bows, caused | severe | damage and slowed up the |
| Apart from anything else, the | severe | decline in Test-match crowds is |
| in the open and inflicting a | severe | defeat upon him, the pursuit of a |
| situation. The effect of the two | severe | defeats, and the continuous attack |
| interests adequately because of the | severe | defeats suffered in the preceding |
| Republic, has suffered several | severe | defeats and its very survival is |
| like cost, loss of child labour, | severe | discipline, outweigh the |
| Water companies claim that | severe | droughts are freak occurrences |
| to note that, despite its own | severe | economic problems, Turkey had |
| out at Warren after his son suffered | severe | facial injuries after beating |
| of sickness can therefore result in | severe | financial problems. With a PHI |
| City came to a virtual stop today. | Severe | flooding trapped people in their |
| to a new pipe-laying programme. The | severe | frost and rapid thaw caused small |
| and many families suffered | severe | hardship as a consequence. Little |
| the people continued to suffer | severe | hardship. Free-market policies |
| illness and yesterday awoke with a | severe | headache and stomach pains which |
| Hingham when he apparently died of a | severe | illness. The two were blindfolded |
| conditions such as TB or other | severe | illnesses; disorders of the |
| 14, was airlifted to hospital with | severe | injuries. He was undergoing an |
| as he walked his dog. She had | severe | injuries to the head. The |

**severe** [sɪˈvɪəʳ] ADJ (*compar* **severer**; *superl* **severest**) [1] (= *serious*) [*problem, consequence, damage*] grave, serio; [*injury, illness*] grave; [*defeat, setback, shortage*] serio; [*blow, reprimand*] fuerte, duro; [*pain, headache*] fuerte; **I suffered from ~ bouts of depression** padecía profundas *or* serias depresiones; **many families suffered ~ hardship as a consequence** muchas familias sufrieron enormes penurias a consecuencia de ello; **we have been under ~ pressure to cut costs** nos han presionado mucho para reducir gastos; **to suffer a ~ loss of blood** sufrir gran pérdida de sangre; **~ losses** (*Fin*) enormes *or* cuantiosas pérdidas *fpl*

[2] (= *harsh*) [*weather, conditions, winter*] duro, riguroso; [*cold*] extremo; [*storm, flooding, frost*] fuerte

[3] (= *strict*) [*person, penalty*] severo; [*discipline*] estricto; **I was his ~st critic** yo era su crítico más severo; **to be ~ with sb** ser severo con algn

[4] (= *austere*) [*person, appearance, expression*] severo, adusto; [*clothes, style*] austero; [*hairstyle*] (de corte) serio; [*architecture*] sobrio

One of our greatest challenges, given the sheer wealth of information to be presented, was to make such a sophisticated reference work simple and quick to use. The result is a completely new layout, designed to make different senses, set structures and idioms easier to locate even in the longest entries, which have been given a special treatment all their own.

By combining the tried-and-tested strengths of the existing dictionary with a new and innovative approach, we feel we have taken the most significant step forward in Spanish-English lexicography since our first edition in 1971. We are confident that the COLLINS SPANISH DICTIONARY will continue to be a valued companion for students, teachers, translators and language enthusiasts alike.

# Introducción

Desde la primera edición, aparecida en 1971, el diccionario COLLINS de inglés-español ha sido una de las obras de consulta más respetadas e influyentes en su campo. La extensión del vocabulario incluido, junto a la claridad y la fiabilidad de su contenido han hecho de él un diccionario cuya calidad es ampliamente reconocida en el mundo de la lexicografía de español-inglés.

Profundizando en la línea trazada por anteriores ediciones y además de elementos tan destacados como la guía de expresión "Lengua y uso" y las innovadoras notas enciclopédicas y gramaticales, hemos dado con esta edición un importante paso adelante. No sólo hemos añadido una profusión de neologismos y expresiones que han entrado en la lengua desde la última edición, sino que hemos refinado el tratamiento de las entradas explorando en profundidad sus distintas acepciones y usos gracias a las bases de datos de inglés y español creadas a partir de la investigación en lingüística computacional llevada a cabo por COLLINS en colaboración con la universidad de Birmingham desde los años 70. Estas colecciones de textos son poderosas herramientas informáticas de análisis que muestran cómo funcionan las palabras en el mayor número de contextos posibles, tales como el periodístico, el de la administración, la literatura o la lengua hablada. Al igual que en las ciencias, en las que los investigadores analizan información objetiva para confirmar sus hipótesis, los lexicógrafos tienen ahora acceso a vastos bancos de datos con las pruebas que confirman sus propias intuiciones lingüísticas. El resultado es un nivel de exactitud y profundidad en el vocabulario incluido que sería imposible conseguir utilizando únicamente métodos tradicionales. Aquí abajo puede verse un ejemplo de cómo el uso real, documentado en nuestros corpus, bien del Bank of English o del Banco de español, se refleja en las entradas de nuestro diccionario:

| | | |
|---:|---|---|
| y cuántos son productos de un apoyo | decidido | a otro candidato, como es usted en este |
| gobierno # El ministro mostró su apoyo | decidido | a que el Gobierno agote los plazos del |
| El portavoz de ciu manifestó un apoyo | decidido | a la resolución del Consejo General del |
| del teatro infantil y juvenil, el apoyo | decidido | a la autoría dramática autóctona y a la |
| municipal de Madrid ha dado apoyo | decidido | a la Escuela Normal de Ballet de Adolfo |
| Reclamamos de las instituciones un apoyo | decidido | al ballet clásico y denunciamos |
| Reserva Federal, dé una muestra de apoyo | decidido | al dólar, elevando los tipos de interés |
| sino también recompensas políticas: un | decidido | apoyo diplomático español y de la UE |
| Moscú, por su parte, critica a Bonn el | decidido | apoyo a la extensión de la Organización |
| cerealista y ganadera, encontramos un | decidido | apoyo a los demás sectores de la |
| momentos, Calvo Sotelo encontró un | decidido | apoyo a su propuesta entre la derecha. |
| a un alzamiento pacífico, vigoroso y | decidido | contra la injusticia, la corrupción, la |
| una pronta y pacífica conclusión con el | decidido | concurso de la OEA # dijo ayer el |
| de cinco millones de espectadores y el | decidido | elogio de la mayoría. De otro modo, el |
| Durante algunos minutos camino con paso | decidido, | contemplando de soslayo el desamparo |
| y de súbito le invade un sentimiento | decidido | de aversión por esta oscuridad helada, |
| sus comentaristas proviene de que este | decidido | adversario de las armas nucleares |
| como un hábil negociador y un | decidido | defensor del comercio multilateral y de |
| firmadas bajo tortura. Se mostró firme, | decidido, | defensor de otra justicia. El juez le |
| contemporáneo. Así lo vio ese otro | decidido | gnóstico, André Breton, por intermedio |
| nos podíamos esperar es que fuese un | decidido | impulsor de las matemáticas. En |
| que las cosas mismas". Santayana es un | decidido | materialista o, si se prefiere, un |
| de que aquél naciera), Jámblico, era | decidido | partidario de la teurgia, y su obra Los |
| de tensiones entre Felipe V, partidario | decidido | del reconocimiento, y el Consejo de |
| él. Simultáneamente, comenzaba a ser un | decidido | promotor del diálogo entre ETA y el |
| a San Sebastián, se ha dicho que era | decidido, | valiente, temperamental, vehemente. |
| verdadero y continuo, joven y vigoroso, | decidido | y leal, con un mundo soñado para la paz |
| clave dentro del equipo que parece estar | decidido | a abandonar el club cuando concluya su |
| durante una parte del día. No estaba nada | decidido | a abonarme. Me parecía mucho dinero, |
| al público, porque el Gobierno está | decidido | a asumir este compromiso, con y por la |
| que antes de partir y estaba totalmente | decidido | a casarme con tal de recuperarla, |
| evidentes dificultades, el padre está | decidido | a llevar adelante la división familiar, |
| defenderlo en la sesión próxima, y esta | decidido | a marcharse del Gobierno si se vota el |
| de tanta animadversión: el actor está | decidido | a montar un supercasino en la reserva |
| que jugarse la existencia. Que yo estoy | decidido | a sacar el asunto adelante y las |
| estadounidense, Bill Clinton, está | decidido | a seguir adelante con un proyecto de |
| que debe sufrir un artista cuando está | decidido | a seguir sin concesiones su verdadera |
| su segunda mujer. Les anunció que estaba | decidido | a suicidarse y todos los que le |
| de que me reconcilie, no lo haría. Estoy | decidido | a terminar con el matrimonio". El |
| crisis místicas, pero, sobre todo, | decidido | a convertirse en pintor, hizo progresos |

que le reafirme en su posición de líder. decidido a luchar por el título, su trabajo ha
en esquí de fondo, un joven triatleta decidido a ser bombero o un empleado de artes
la categoría social de la dama. decidido a seguir el juego, el dueño del hotel
la oportuna aclimatación. Me levanté decidido a comenzar el suplicio de la escalada
asomó la cabeza por la ventanilla decidido a echar una mano y, cuando se quiso dar
en el caso, acudió ayer a la Audiencia decidido a declarar. Pero esta mañana (por
exploré el terreno diplomático, decidido a intentar por mi cuenta y riesgo lo
sesteando, pero el Zaragoza salió decidido a resolver el partido y supo aprovechar
de los encuestados afirma no estar decidido del todo. Conviene saber que la
pero él está ya practicamente decidido. Se presentará como candidato
hablando dos o tres minutos y se dirigió decidido hacia mí. Cuando pasó al lado de Celia
refleja sentimentalmente quien cabalga decidido hacia el poder. Chirac tiene la lista
de asalto. Salió de su casa, se encaminó decidido y enfiló la mirada hacia la oficina de
me dirigí a la terminal. La cruzé decidido y salí al exterior. Tomé un taxi. Pasé

**decidido** ADJ [1] (= *firme*) [*apoyo*] wholehearted; [*paso, gesto*] purposeful; [*esfuerzo, intento*] determined; [*defensor, partidario*] staunch, strong; [*actitud, persona*] resolute; **dio su apoyo ~ al proyecto** he gave his solid *o* wholehearted support to the project; **hubo un ~ apoyo a su propuesta entre la derecha** there was solid support for his proposal from the right; **andaba con paso ~** she walked purposefully *o* with a purposeful stride; **los más ~s saltaron al agua** the most resolute jumped into the water
[2] **estar ~: voy a dejar el trabajo, ya estoy ~** I'm going to leave my job, I've made up my mind *o* I've decided; **estar ~ a hacer algo** to be resolved *o* determined to do sth; **estaba decidida a irse con él** she'd made up her mind to go with him, she was resolved *o* determined to go with him

Frente a tan abundante información, uno de nuestros mayores desafíos era convertir esta herramienta de consulta tan sofisticada en una obra sencilla y fácil de usar. El resultado es una presentación totalmente nueva, diseñada para que las distintas acepciones, locuciones y modismos puedan localizarse fácilmente incluso en las entradas más largas, a las que se ha dado un tratamiento especial.

La combinación de estas innovaciones tecnológicas con los puntos fuertes tradicionales de este diccionario constituyen en nuestra opinión el avance más significativo en el campo de la lexicografía bilingüe desde la publicación de la primera edición del 71. Estamos convencidos de que el diccionario COLLINS de inglés-español continuará siendo un valioso compañero para estudiantes, traductores, lingüistas y para todos los amantes de la lengua.

# Using the Dictionary

## Word order

Alphabetical order is followed except in the cases mentioned below. For easier reference, abbreviations, acronyms and proper names are given alphabetically in the wordlist. Although traditionally **CH** and **LL** have been considered separate letters in Spanish and words containing them used to be given after other **C/L** combinations on the Spanish side, it is now the policy of the Association of Spanish Language Academies to order such words according to the universal Latin alphabet as in English. This is the policy followed in this dictionary. **Ñ** continues to be considered a separate letter and is therefore given between **N** and **O**.

If two or more variants follow one another alphabetically, they are usually treated in the same entry and the more common form given first.

If variant spellings are not alphabetically adjacent, each is treated as a separate headword and there is a cross-reference to the form treated in depth. Note, however, that English words whose endings can be spelt either **-ize** or **-ise**, **-ization** or **-isation** etc are always included at the **z** spelling.

For the alphabetical order of compounds see **Compounds** and for that of phrasal verbs see **Phrasal verbs**.

## Cross-referring of headwords

Cross-references include alternative spellings, parts of irregular verbs, irregular plural forms, contracted forms and some prefixes and suffixes.

**armor** ['ɑːməʳ] N (*US*) = **armour**

**voy** *ver* **ir**

**gave** [geɪv] PT *of* **give**

## Homonyms

Superscript numbers are used to separate unrelated words which have the same spelling and pronunciation, e.g. **port¹**, **port²**, **choclo¹**, **choclo²**.

## Pronunciation

As Spanish pronunciation is generally entirely predictable, pronunciation rules are given on pages xxxv-xxxviii and IPA phonetic transcriptions are only included on the Spanish side where the pronunciation of a given word or its inflections is at odds with these, as is the case for some words of foreign origin, e.g. **camping**.

**camping** ['kampin] SM (*pl* **campings** ['kampin])

Since English pronunciation is far less predictable, phonetic transcriptions are included for all headwords on the English side and for irregular plural inflections where appropriate.

**amoeba** [ə'miːbə] N (*pl* **amoebas**, **amoebae** [ə'miːbiː])

For the pronunciation of two-word compounds, see the phonetic transcription given under each headword.

## Special entries

### Complex entries

Entries that are very long - often function words, delexical verbs or words which are used in a large number of set structures (**back**, **dar**) - are given special treatment in this dictionary. Complex entries with more than one part of speech begin with a special "menu" which shows how they are structured. Special notes inside the entry either explain important points of grammar and usage which cannot be properly demonstrated by examples alone, or refer you to another part of the dictionary. In entries on the English side the word BUT introduces exceptions to general translations which have been suggested. The beginning of each semantic category is clearly signposted with indicators in boxes, and set structures have been given special prominence to make them easy to locate. Finally, in entries where there are long sequences of examples containing

# Cómo utilizar el diccionario

## Orden alfabético

Se sigue siempre el orden alfabético, excepto en los casos mencionados más abajo. Para facilitar la consulta del diccionario se incluyen en el texto las abreviaturas, siglas y nombres propios en el lugar que les corresponde alfabéticamente. Aunque **CH** y **LL** se consideraban tradicionalmente letras, la Asociación de Academias de la Lengua Española ya no las considera como tales, de acuerdo al alfabeto latino universal, por lo que se encontrarán alfabetizadas como **C+H** y **L+L**. La **Ñ** continúa siendo una letra independiente.

Si dos o más variantes van una a continuación de otra en el orden alfabético, aparecen normalmente en la misma entrada y la variante más frecuente suele ir primero.

Las variantes ortográficas que no van una a continuación de otra aparecen como entradas independientes y se da una remisión a la variante en la que se desarrolla la entrada. Las palabras inglesas que pueden escribirse con las terminaciones **-ize** o **-ise, -ization** o **-isation**, etc, aparecen siempre escritas con **z**.

Para el orden alfabético de los compuestos, véase **Compuestos** y para los verbos frasales, véase **Verbos frasales**.

## Remisiones de una entrada a otra

Se envían a otras entradas las variantes ortográficas, las formas irregulares de los verbos, los plurales irregulares de las palabras inglesas, las formas contraídas y algunos prefijos y sufijos.

## Homónimos

Se usan cifras voladitas para separar las palabras que tienen la misma grafía y pronunciación, p.ej. **port¹**, **port²**, **choclo¹**, **choclo²**.

## Pronunciación

Al ser la pronunciación española por lo general previsible, se dan simplemente las normas de pronunciación en las páginas xxxv-xxxviii y sólo se incluyen las transcripciones en el alfabeto fonético internacional de aquellas palabras cuya pronunciación puede estar poco clara para los no hablantes de español, como es el caso de los extranjerismos, por ej. **camping**.

En la sección de inglés se incluye la transcripción fonética de todas las entradas, así como la del plural si es irregular, ya que la pronunciación inglesa es mucho menos previsible.

Para la pronunciación de los compuestos formados por dos palabras, véase la transcripción fonética de cada palabra.

## Entradas especiales

### Entradas complejas

A las entradas más largas, tales como algunos de los verbos más básicos y aquellas palabras que se usan en un gran número de expresiones fijas (**back**, **dar**), se les ha dado una presentación especial en este diccionario. Si tienen más de una categoría gramatical aparece un recuadro al comienzo de la entrada con todas ellas. En algunas de las entradas se verán o bien notas que explican puntos gramaticales importantes que no pueden aclararse sólo con ejemplos o bien remisiones a otra parte del diccionario. La palabra BUT en las entradas inglesas introduce las excepciones a las traducciones generales dadas. Al comienzo de cada acepción aparece un recuadro con un indicador para dicha acepción. Las estructuras fijas aparecen resaltadas de forma especial para que sean fácilmente localizables. Por último, en las entradas en las que hay párrafos largos con importantes

significant grammatical or lexical collocations, a key word is underlined and the examples are alphabetized on this word.

colocaciones gramaticales o léxicas, una palabra clave en la frase aparece subrayada y gobierna el orden alfabético de dichas frases.

### Cultural notes

Extra information on culturally significant events, institutions, traditions and customs which cannot be given in an ordinary translation or gloss is given in the form of boxed notes following the relevant entry. See index on page xxxiv.

### Notas culturales

Se ha dado una información adicional sobre aquellos acontecimientos, instituciones, costumbres y tradiciones culturales importantes a los que no puede darse una traducción normal o una pequeña explicación. Dicha información aparece en un recuadro tras la entrada correspondiente. Véase el índice en la página xxxiv.

### Language notes

These boxed notes are aimed at tackling certain areas of difficulty where even an advanced student may benefit from further explanation. They are designed to complement the dictionary entry in a clear and succinct fashion and to provide further helpful examples. The points covered in these notes were selected on the advice of practising teachers and academics. See index on page xxxiii.

### Notas lingüísticas

Estas notas lingüísticas, cuyo objetivo es aclarar y explicar aquellas dificultades que pueda tener incluso un estudiante avanzado, están diseñadas para complementar la entrada del diccionario de una forma clara y esquemática, proporcionando para ello más ejemplos ilustrativos. Los puntos que se han tratado en dichas notas se han seleccionado con la ayuda de profesores de ambos idiomas. Véase el índice en la página xxxiii.

## Finding your way through entries

### Part-of-speech categories

Grammatical functions are distinguished by bold face letters and abbreviations, for example:

## Cómo orientarse dentro de una entrada

### Categorías gramaticales

Las categorías gramaticales vienen marcadas por letras en negrita y por abreviaturas, por ej.:

**arder** ▸conjug 2a◂ Ⓐ VT ...
Ⓑ VI ...

See list of abbreviations used inside the front and back cover.

Sometimes two or more parts of speech are treated together on the Spanish side if the translations apply equally to each, for example:

Véase la lista de abreviaturas en el interior de las cubiertas del libro.

En algunas ocasiones dos o más categorías gramaticales aparecen juntas en las entradas españolas si la traducción es válida para todas ellas, por ej.:

**moldavo/a** ADJ, SM/F Moldavian, Moldovan

### Meaning categories

The diverse meanings of the headword within each entry or part-of-speech category are separated by numbers in bold face, [1] ... [2] ..., occasionally subdivided into [1.1], [1.2], etc. A certain order is normally followed: basic and concrete senses first, figurative and familiar ones later.

### Categorías semánticas

Las distintas acepciones de una entrada están separadas por números en negrita, [1] ... [2] ... y en ocasiones aparecen subdivididas en [1.1], [1.2], etc. Se sigue normalmente un cierto orden: primero los significados básicos y concretos, después los figurados y familiares.

### Highlighting

To enable you to home in quickly on the phrase you are looking for in entries or categories over a certain length, where it makes semantic sense we have underlined a key element in phrases and structures and alphabetized such phrases and structures accordingly.

### Subrayado

Para que sea posible localizar inmediatamente la frase buscada en entradas o categorías de mayor tamaño, hemos subrayado un elemento clave en diversas frases y estructuras en aquellos casos en los que tiene sentido semánticamente hacerlo. Dichas frases aparecen alfabetizadas siguiendo el elemento subrayado.

**sail** [seɪl] Ⓐ N [1] (*Naut*) (= *cloth*) vela *f*; **the age of ~** la época de la navegación a vela; **in** *or* **under full ~** a toda vela, a vela llena; **to lower the ~s** arriar las velas; **to set ~** [*ship, person*] hacerse a la vela, zarpar; **we set ~ from Portsmouth** nos hicimos a la vela en Portsmouth; **to set ~ for Liverpool** zarpar hacia Liverpool, hacerse a la vela con rumbo a Liverpool; **to take in the ~s** amainar las velas; **under ~** a vela; ✦***IDIOM*** **to take the wind out of sb's ~s** bajarle los humos a algn [2] (*Naut*) (= *trip*) paseo *m* en barco; **it's three days' ~ from here** desde aquí se tarda tres días en barco; **to go for a ~** dar una vuelta en barco

### Idioms, proverbs and set phrases

On the English side idioms are preceded by the label ✦***IDIOM*** or ✦***IDIOMS*** and proverbs by ✦***PROV*** or ✦***PROVS*** while on the Spanish side idioms are labelled ✦***MODISMO*** or ✦***MODISMOS*** and proverbs ✦***REFRÁN*** or ✦***REFRANES***. Both types of phrase are generally grouped at the end of the relevant sense category of the first invariable element in the phrase: e.g. **to ring the changes** and **to ring true/false** are all included under **ring**. Other types of set phrase are similarly given under the first lexical element, e.g. **red in the face** is given under **red**.
The only exception to this is where certain very common English and Spanish verbs such as **make** or **tener** form the basis

### Modismos, refranes y estructuras

En la parte de inglés los modismos aparecen precedidos de las marcas ✦***IDIOM*** o ✦***IDIOMS*** y los refranes de las marcas ✦***PROV*** o ✦***PROVS***. En la parte de español las marcas correspondientes son ✦***MODISMO*** o ✦***MODISMOS*** y ✦***REFRÁN*** o ✦***REFRANES***. Ambos tipos de expresiones se hallarán agrupados normalmente al final de la categoría semántica correspondiente del primer elemento invariable de cada expresión. Por ej.: **to ring the changes** y **to ring true/false** aparecen en la entrada **ring**. Otros tipos de expresiones fijas aparecen también bajo el primer elemento léxico, por ej. se incluye **red in the face** en la entrada **red**.

of a very large number of phrases, e.g. **to make an appointment**, **to make hay while the sun shines**, **to make sense**, **tener la impresión de que** .., **tener sentido**, **tener interés**.

Since the entries for these verbs are very long, phrases are treated under the second element so that the user will find them more easily in the shorter entry; **to make an appointment** is thus under **appointment** and **tener interés** under **interés**.

There is, however, also intentional duplication of phrases where appropriate. Thus **año bisiesto** belongs under **año** under the first rule we have given; but it is also the sole phrase under the headword **bisiesto**. In many other cases phrases are duplicated because they illustrate something about both headwords.

En el caso de verbos muy frecuentes en ambas lenguas, tales como **make** o **tener**, que se usan con numerosas expresiones, dichas expresiones suelen aparecer en el segundo elemento, por ej.: **to make an appointment**, **to make hay while the sun shines**, **to make sense**, **tener la impresión de que ...**, **tener sentido**, **tener interés**.

Dado el tamaño de las entradas de estos verbos, la frase aparece bajo el segundo elemento para que sea más fácil de encontrar. Así, **to make an appointment** aparece bajo **appointment** y **tener interés** bajo **interés**.

Hay, sin embargo, muchos casos en los que dichas expresiones aparecen en ambas entradas. Es el caso de **año bisiesto**, que según la norma mencionada debe ir bajo la entrada **año**, pero que es también la única frase en **bisiesto**. En otras ocasiones se duplican las expresiones si ilustran algo sobre ambas entradas.

### Repetition of the headword in the entry

To save space, where the headword occurs in its full form within the entry it is replaced by ~. Where it might otherwise be confusing or the phrase is a common sign, the full form is used.

### Repetición del lema en la entrada

Para ahorrar espacio, el lema se substituye por ~ cuando aparece completo dentro de la entrada. Se usa, sin embargo, la palabra completa en las frases cuando no hacerlo puede dar lugar a confusión o si dicha frase es un letrero.

**smoking** ['sməʊkɪŋ] Ⓐ N **~ is bad for you** el fumar te perjudica; **~ or non-~?** ¿fumador o no fumador?; **to give up ~** dejar de fumar; **"no smoking"** "prohibido fumar"; **no ~ area** zona *f* de no fumadores

**pisar** ▸conjug 1a◂ Ⓐ VT [1] (= *andar sobre*) to walk on; **¿se puede ~ el suelo de la cocina?** can I walk on the kitchen floor?
[2] (= *poner el pie encima de*) to tread on, step on; **perdona, te he pisado** sorry, I trod *o* stepped on your foot; **vio una cucaracha y la pisó** she saw a cockroach and trod *o* stood on it; **~ el acelerador a fondo** to step on the accelerator, put one's foot down*; **"prohibido pisar el césped"** "keep off the grass";

Compounds in both languages are given in full, as are pronominal verbs in Spanish and phrasal verbs in English.

Los compuestos nominales aparecen completos en ambos idiomas, así como los verbos pronominales en español y los verbos frasales en inglés.

**red** [red] Ⓐ ADJ (*compar* **redder**; *superl* **reddest**)
Ⓒ CPD ► **red admiral** N vanesa *f* roja ► **red alert** N alerta *f* roja; **to be on ~ alert** estar en alerta roja ► **the Red Army** N el Ejército Rojo ► **red blood cell** N glóbulo *m* rojo ► **red cabbage** N col *f* lombarda, lombarda *f*

**call ...**
►**call off** VT + ADV [1] (= *cancel*) [+ *meeting, race*] cancelar, suspender; [+ *deal*] anular; [+ *search*] abandonar, dar por terminado; **the strike was ~ed off** se desconvocó la huelga
[2] [+ *dog*] llamar (*para que no ataque*)

**levantar ...**
Ⓒ **levantarse** VPR [1] (= *alzarse*) [1·1] (*de la cama, del suelo*) to get up; **me levanto todos los días a las ocho** I get up at eight every day;

### Compounds

On the English-Spanish side of this dictionary, some entries include as their last category a section headed CPD or COMPOUND(S). In these will be found nouns made up of two or more separate words such as **sand dune** (under **sand**), **fast food** (under **fast**), **ear, nose and throat specialist** (under **ear**).

Each compound is preceded by a black triangle ►, and the order is alphabetical.

Single-word nouns such as **blackbird**, and words usually written with a hyphen such as **by-your-leave**, appear as headwords in their own right.

Only compound words functioning as nouns are shown in compound categories. Adjective compounds which can be written with a hyphen or without, usually depending on whether they precede or follow a noun, are shown as headwords in their hyphenated form.

### Compuestos

En la sección de inglés-español de este diccionario, algunas entradas incluyen una última categoría gramatical denominada CPD o COMPOUND(S). En ella se encontrarán los sustantivos formados por dos o más palabras como **sand dune** (bajo **sand**), **fast food** (bajo **fast**), **ear, nose and throat specialist** (bajo **ear**).

Los sustantivos compuestos que gráficamente forman una sola palabra y aquellos escritos normalmente con guión aparecen como entradas independientes.

Sólo aparecen bajo la categoría de compuestos aquellos que funcionan como sustantivo. Los compuestos que funcionan como adjetivo (que pueden escribirse con guión o sin él, según precedan o sigan a un sustantivo), aparecen como entradas independientes escritos con guión.

**hard** [hɑːd] Ⓐ ADJ ...
► **the hard core** N (= *intransigents*) los incondicionales, el núcleo duro; *see also* **hard-core**

**hard-core** [ˈhɑːdkɔːʳ] ADJ [*pornography*] duro; [*supporter, militant, activist*] acérrimo; [*conservative, communist*] acérrimo, empedernido; *see also* **hard**

Compounds which are used as both nouns and adjectives and are never hyphenated (**North American**, **West Indian**) are given as separate entries.

On the Spanish-English side compounds made up of a noun plus two or more separate words are shown within the relevant sense category of the first word preceded by a black triangle ►.

A los compuestos que se usan como adjetivo y sustantivo y que no llevan guión (**North American**, **West Indian**) se les considera entradas independientes.

En la sección de español-inglés los compuestos nominales formados por un sustantivo más una o más palabras aparecen por orden alfabético al final de la categoría semántica correspondiente y precedidos de un triángulo negro ►.

**copa** SF [1] (= *recipiente*) (*para bebidas*) glass; (*para postres*) dessert glass; **huevo a la ~** (*Andes, Cono Sur*) boiled egg ► **copa balón** balloon glass, brandy glass ► **copa de champán** champagne glass ...
[4] (*Dep*) (= *trofeo, competición*) cup ► **Copa de Europa** European Cup ► **Copa del Mundo** World Cup ► **Copa del Rey** (*Esp*) *Spanish FA Cup*

## Phrasal verbs

Phrasal verbs like **light up**, **show off** etc are listed in their own alphabetical sequence at the end of the entry for the main verb and are highlighted by a triangle symbol ►.

They are classified according to the following part of speech categories:-

| | |
|---|---|
| VT + ADV | phrasal verbs with the patterns:<br>**he took the lid off**<br>**he took off the lid** |
| VI + ADV | phrasal verbs with the pattern:<br>**the seat comes off** |
| VT + PREP | phrasal verbs with the pattern:<br>**her new hairstyle takes ten years off her** |
| VI + PREP | phrasal verbs with the pattern:<br>**she came off her bike** |

Where the phrasal verb form is identical in one meaning to a category of the main verb, it may be included in the main verb entry.

## Verbos frasales

Los verbos frasales como **light up**, **show off**, etc aparecen por orden alfabético al final de la entrada del verbo principal, marcados por un triángulo negro ►.

Se les clasifica según las siguientes categorías gramaticales:

| | |
|---|---|
| VT + ADV | verbos frasales con las estructuras:<br>**he took the lid off**<br>**he took off the lid** |
| VI + ADV | verbos frasales con la estructura:<br>**the seat comes off** |
| VT + PREP | verbos frasales con la estructura:<br>**her new hairstyle takes ten years off her** |
| VI + PREP | verbos frasales con la estructura:<br>**she came off her bike** |

Cuando el verbo frasal tiene el mismo significado que una de las categorías del verbo principal, puede ir incluido en la entrada de este último. Por ej., véase

**hobble** [ˈhɒbl] ...
Ⓒ VI (*also* **to ~ along**) cojear, andar cojeando; **to ~ to the door** ir cojeando a la puerta

Literal verb and preposition combinations are usually included in the entry for the main verb.

La combinación literal de verbo más preposición suele aparecer incluida en la entrada del verbo principal.

**pound**[2] ...
Ⓑ VI ...
[2] (= *strike*) **the sea ~ed against** *or* **on the rocks** el mar azotaba las rocas *or* batía contra las rocas; **somebody began ~ing at** *or* **on the door** alguien empezó a aporrear la puerta;

In the case of less common adverbs and prepositions the phrase may well appear under the adverb or preposition.

En el caso de los adverbios y preposiciones menos frecuentes la expresión puede estar en la entrada del adverbio o de la preposición.

**astern** [əˈstɜːn] ADV (*Naut*) a popa; **to fall ~** quedarse atrás; **to go ~** ciar, ir hacia atrás; **to make a boat fast ~** amarrar un barco por la popa; **~ of** detrás de

## Plurals

Irregular plural forms of English nouns are given on the English-Spanish side while those of Spanish nouns are given on the Spanish-English side.

Plural inflections for Spanish nouns are shown where the following rules do not apply:

**a)** If a Spanish noun ends in a vowel it takes **-s** in the plural (e.g. **casa-s**, **tribu-s**).

## Plurales

Los plurales irregulares de las entradas inglesas aparecen en la sección de inglés-español, mientras que los plurales irregulares de las entradas españolas aparecen en la sección de español-inglés.

Se han incluido los plurales de los sustantivos españoles que no siguen las siguientes normas:

**a)** Si el sustantivo termina en vocal se añade **-s** para formar el plural (p.ej. **casa-s**, **tribu-s**).

**b)** If it ends in a consonant (including for this purpose **y**) it takes **-es** in the plural (e.g. **pared-es**, **árbol-es**).

**c)** Nouns that end in stressed **í** take **-es** in the plural (e.g. **rubí-rubíes**). Exception: **esquí-esquís**.

**d)** Nouns that end in **-z** change this to **c** and add **-es** in the plural (e.g. **luz-luces**; **paz-paces**). The pronunciation is not affected.

**e)** The accent which is written on a number of endings of singular nouns is not needed in the plural (e.g. **nación-naciones**, **patán-patanes**, **inglés-ingleses**). Some words having no written accent in the singular need one in the plural (e.g. **crimen-crímenes**, **joven-jóvenes**).

There is little agreement about the plural of recent anglicisms and gallicisms, and some latinisms. Each case is treated separately in the dictionary.

Noun plurals in English are indicated after the headword only when they are truly irregular (e.g. **ox-oxen**), and in the few cases where a word in **-o** takes a plural in **-oes** (e.g. **potato-es**). In all other cases the basic rules apply:

**a)** Most English nouns take **-s** in the plural: **bed-s**, **site-s**, **photo-s**.

**b)** Nouns that end in **-s**, **-x**, **-z**, **-sh** and some in **-ch** [tʃ] take **-es** in the plural: **boss-es**, **box-es**, **dish-es**, **patch-es**.

**c)** Nouns that end in **-y** not preceded by a vowel change the **-y** to **-ies** in the plural: **lady-ladies**, **berry-berries** (but **tray-s**, **key-s**).

**b)** Si termina en consonante (la **y** se considera como consonante en esta posición) se añade **-es** para formar el plural (p.ej. **pared-es**, **árbol-es**).

**c)** Los sustantivos que terminan en **-í** acentuada forman el plural añadiendo **-es** (p.ej. **rubí-rubíes**). Excepción: **esquí-esquís**.

**d)** Los sustantivos que terminan en **-z** la cambian en **c** en plural (p.ej. **luz-luces; paz-paces**). Esto no afecta a la pronunciación.

**e)** La tilde de algunas terminaciones de los sustantivos en singular se suprime en el plural (p.ej. **nación-naciones**, **patán-patanes**, **inglés-ingleses**). Algunas palabras que no llevan tilde en singular la tienen en plural (p.ej. **crimen-crímenes**).

Debido a la confusión reinante en cuanto a la forma plural de los anglicismos y galicismos de reciente acuñación y de algún latinismo, se trata separadamente cada caso.

Los plurales de los sustantivos ingleses se incluyen tras el lema sólo cuando son irregulares (p.ej. **ox-oxen**), y en los pocos casos en los que una palabra terminada en **-o** forma el plural en **-oes** (p.ej. **potato-es**). En los demás casos se aplican las siguientes reglas:

**a)** La mayor parte de los sustantivos en inglés forman el plural añadiendo **-s**: **bed-s**, **site-s**, **photo-s**.

**b)** Los sustantivos terminados en **-s, -x, -z, -sh** y algunos en **-ch** [tʃ] forman el plural añadiendo **-es**: **boss-es**, **box-es**, **dish-es**, **patch-es**.

**c)** Los sustantivos terminados en **-y** no precedida por vocal forman el plural cambiando la **-y** en **-ies**: **lady-ladies**, **berry-berries** (pero **tray-s**, **key-s**).

Plural forms of the headword which differ substantially from the singular form are listed in their alphabetical place in the word list with a cross-reference, and repeated under the singular form.

Cuando es radicalmente distinto del singular, el plural aparece como entrada independiente con una remisión al singular, en donde aparecen ambas formas.

**children** [ˈtʃɪldrən] NPL *of* **child**

Spanish nouns which are invariable in the plural are marked INV or inv.

Los sustantivos españoles cuyo plural es idéntico al singular llevan la marca INV o inv.

**campus** SM INV (*Univ*) campus

**bottle ... ► bottle opener** N abrebotellas *m inv*, destapador *m*

## Verbs

All Spanish verb headwords are referred by number and letter (e.g. ▸1a◂, ▸2e◂) to the table of verb paradigms on pages 2118-2125. In a few cases in which verbs have slight irregularities or are defective, the fact is noted after the headword. English irregular or strong verbs have their principal parts noted in bold face after the headword; these are also listed on pages 2128-2129. Minor variations of spelling are listed on page 2130.

## Verbos

Los verbos españoles llevan una remisión en número y letra (p.ej.▸1a◂, ▸2e◂) al cuadro de conjugaciones en las págs. 2118-2125. En los casos en los que el verbo es ligeramente irregular o defectivo, se nota tal hecho en la entrada. El pretérito y el participio de pasado de los verbos irregulares ingleses aparecen tras el lema en negrita y puede verse la lista de dichos verbos en las págs. 2128-2129. Las irregularidades ortográficas de los verbos ingleses constan en la pág. 2130.

## Comparatives and superlatives

Where English adjectives have common inflected comparative and superlative forms, these are shown in the entry on the English-Spanish side.

## Comparativos y superlativos

El comparativo y el superlativo de los adjetivos ingleses se incluyen en la entrada en la sección de inglés-español si son de uso frecuente.

**easy** [ˈiːzɪ] Ⓐ ADJ (*compar* **easier**; *superl* **easiest**)

## Masculine and feminine nouns

On the Spanish-English side, parallel senses of nouns which change their endings predictably depending on whether they refer to a male or a female (e.g. **abuelo/abuela**, **profesor/profesora**) are treated under the entry for the masculine form even if there is also a separate entry for the feminine form in which other senses are treated.

## Sustantivos masculinos y femeninos

Si el sustantivo tiene terminaciones de masculino y femenino, se incluyen bajo la forma del masculino las acepciones comunes (por ej.: **abuelo/abuela**, **profesor/profesora**). Las acepciones específicas del femenino aparecen como entradas independientes.

**prima** SF [1] [*de seguro*] premium
[2] (= *gratificación*)

**primo/a** Ⓐ ADJ [1] [*número*] prime
Ⓑ SM/F [1] (= *pariente*) cousin;

Where a translation of a Spanish noun referring to a person varies depending on whether the referent is male or female, the masculine translation is separated from the feminine translation by a slash where this is not confusing.

Cuando las traducciones para el masculino y el femenino son distintas, aparecen separadas por una barra si la traducción así dada no lleva a confusión.

**francés/esa ...**
Ⓑ SM/F Frenchman/Frenchwoman

## Gender information

On both sides of the dictionary gender information is given for Spanish nouns.

## El género

Se da información sobre el género de los sustantivos españoles en ambas partes del diccionario.

| **English side** | | **Sección de inglés-español** |
|---|---|---|
| masculine noun (e.g. coche *m*) | m | sustantivo masculino (p.ej.: coche *m*) |
| feminine noun (e.g. aceituna *f*) | f | sustantivo femenino (p.ej.: aceituna *f*) |
| noun which is identical for masculine and feminine (e.g. hablante *mf*) | mf | sustantivo invariable en género (p.ej.: hablante *mf*) |
| masculine or feminine noun depending on the ending selected (e.g. profesor(a) *m/f*, niño/a *m/f*) | m/f | sustantivo masculino o femenino, según la terminación (p.ej.: profesor(a) *m/f*, niño/a *m/f*) |
| noun which can be either masculine or feminine (e.g. azúcar *m or f*) | m or f | sustantivo que puede ser masculino o femenino (p.ej.: azúcar *m or f*) |
| masculine noun used in the singular unlike the English (e.g. **capital assets** NPL activo *msing* fijo) | msing | sustantivo masculino usado en singular, a diferencia del inglés (p.ej.: **capital assets** NPL activo *msing* fijo) |
| feminine noun used in the singular unlike the English (e.g. **cash reserves** NPL reserva *fsing* en efectivo) | fsing | sustantivo femenino usado en singular, a diferencia del inglés (p.ej.: **cash reserves** NPL reserva *fsing* en efectivo) |
| masculine plural noun (e.g. consejos *mpl*) | mpl | sustantivo masculino plural (p.ej.: consejos *mpl*) |
| feminine plural noun (e.g. golosinas *fpl*) | fpl | sustantivo femenino plural (p.ej.: golosinas *fpl*) |
| masculine noun optionally used in the plural with the same meaning (e.g. remordimiento(s) *m(pl)*) | m (pl) | sustantivo masculino usado en ocasiones en plural con el mismo significado (p.ej.: remordimiento(s) *m(pl)*) |
| feminine noun optionally used in the plural with the same meaning (e.g. pasta(s) *f(pl)*) | f (pl) | sustantivo femenino usado en ocasiones en plural con el mismo significado (p.ej.: pasta(s) *f(pl)*) |

| **Spanish side** | | **Sección de español-inglés** |
|---|---|---|
| masculine noun (e.g. **coche** SM) | SM | sustantivo masculino (p.ej.: **coche** SM) |
| feminine noun (e.g. **aceituna** SM) | SF | sustantivo femenino (p.ej.: **aceituna** SF) |
| noun which is identical for masculine and feminine (e.g. **hablante** SMF) | SMF | sustantivo invariable en género (p.ej.: **hablante** SMF) |
| masculine or feminine noun depending on the ending selected (e.g. **profesor(a)** SM/F, **tío/a** SM/F) | SM/F | sustantivo masculino o femenino, según la terminación (p.ej.: **profesor(a)** SM/F, **tío/a** SM/F) |
| masculine or feminine noun (e.g. **azúcar** SM O SF) | SM O SF | sustantivo masculino o femenino (p.ej.: **azúcar** SM O SF) |
| masculine plural noun (e.g. **alicates** SMPL) | SMPL | sustantivo masculino plural (p.ej.: **alicates** SMPL) |
| feminine plural noun (e.g. **afueras** SFPL) | SFPL | sustantivo femenino plural (p.ej.: **afueras** SFPL) |

## Gender in examples

Where a Spanish example is ambiguous as to the gender of the subject of a verb in the third person singular, either "he" or "she" may have been used in the translation to try to reflect the gender balance in the real world.

## El género en los ejemplos

Cuando el género es ambiguo en los ejemplos españoles en los que se usa la forma de tercera persona del singular, la traducción al inglés puede ser tanto "he" como "she", en un intento de reflejar de esta forma el uso del género existente en la realidad.

## Attributive use

Where a Spanish adjective is translated by a noun modifier in English which can only be used before the noun, this is labelled *antes de s*.

## Uso aposicional

Cuando un adjetivo español se traduce por un sustantivo inglés que funciona como modificador de otro sustantivo y por lo tanto sólo puede ir antes del mismo, este hecho se indica tras la traducción.

**papelero/a** Ⓐ ADJ [1] (*Com*) paper *antes de s*

## Regional labels

Words and expressions which are restricted to particular areas of the English- or Spanish-speaking worlds are marked as such:

ENGLISH REGIONAL LABELS

Australia
Brit (= Britain)
Canada
EEUU[1] (= United States of America)
Engl (= England)
Escocia[1] (= Scotland)
Irl (= Ireland)
N Engl (= North of England)
New Zealand (= New Zealand)
Scot[2] (= Scotland)
US[2] (= United States of America)

[1] Spanish-English side only
[2] English-Spanish side only

## Marcas de región

Aparecen marcadas como tales aquellas palabras y expresiones cuyo uso en el mundo anglófono o hispanohablante es restringido a una región determinada.

MARCAS DE REGIÓN PARA EL INGLÉS

Australia
Brit (= Reino Unido)
Canada
EEUU[1] (= Estados Unidos de América)
Engl (= Inglaterra)
Escocia[1]
Irl (= Irlanda)
N Engl (= norte de Inglaterra)
New Zealand (= Nueva Zelanda)
Scot[2] (Escocia)
US[2] (= Estados Unidos de América)

[1] en la sección de español-inglés
[2] en la sección de inglés-español

SPANISH REGIONAL LABELS

And (= Andes region: Bolivia, Chile, Colombia, Ecuador, Peru)
Ant (= Antilles)
Arg (= Argentina)
Bol (= Bolivia)
CAm (= Central America: Costa Rica, El Salvador, Guatemala, Honduras, Nicaragua)
Caribe (Caribbean: Cuba, Puerto Rico, Santo Domingo, Panama, Venezuela)
Chile
Col (= Colombia)
Cono Sur[1] (= Southern Cone: Argentina, Chile, Paraguay, Uruguay)
Costa Rica
Cuba
Ecu (= Ecuador)
El Salvador
Esp[1] (= Spain)
Guat (= Guatemala)
Hond (= Honduras)
LAm (= Latin America: generally applicable to the whole region)
Mex[2]/Méx[1] (= Mexico)
Nic (= Nicaragua)
Pan (= Panama)
Par (= Paraguay)
Peru[2]
Puerto Rico
Santo Domingo
S. Cone[2] (= Southern Cone: Argentina, Chile, Paraguay, Uruguay)
Sp[2] (= Spain)
Uru (= Uruguay)
Ven (= Venezuela)

[1] Spanish-English side only
[2] English-Spanish side only

If the word is used particularly in a region, the regional label includes *esp* for especially: *esp LAm, esp Brit*

MARCAS DE REGIÓN PARA EL ESPAÑOL

And (= región andina: Bolivia, Chile, Colombia, Ecuador, Perú)
Ant (= Antillas)
Arg (= Argentina)
Bol (= Bolivia)
CAm (= Centroamérica: Costa Rica, El Salvador, Guatemala, Honduras, Nicaragua)
Caribe (Caribe: Cuba, Puerto Rico, Santo Domingo, Panamá, Venezuela)
Chile
Col (= Colombia)
Cono Sur[1] (= Cono Sur: Argentina, Chile, Paraguay, Uruguay)
Costa Rica
Cuba
Ecu (= Ecuador)
El Salvador
Esp[1] (= España)
Guat (= Guatemala)
Hond (= Honduras)
LAm (= Latinoamérica)
Mex[2]/Méx[1] (= México)
Nic (= Nicaragua)
Pan (= Panamá)
Par (= Paraguay)
Perú[1]
Puerto Rico
Santo Domingo
S. Cone[2] (= Cono Sur : Argentina, Chile, Paraguay, Uruguay)
Sp[2] (= España)
Uru (= Uruguay)
Ven (= Venezuela)

[1] en la sección de español-inglés
[2] en la sección de inglés-español

Si una palabra o expresión se usa especialmente en una región, la marca de región puede incluir la abreviatura *esp*: *esp LAm, esp Brit*

## Indicating material

General indicating material takes the following forms:

### In square brackets [ ]

1. Within verb entries, typical noun subjects of the headword.

## Material indicador

Puede aparecer de las siguientes formas:

### Entre corchetes [ ]

1. Dentro de los verbos, para los sustantivos que funcionan como sujeto de los mismos.

**stop** [stɒp] ...
Ⓒ VI 1 (= *stop moving*) [*person, vehicle*] pararse, detenerse; [*clock, watch*] pararse;

**parir** ▸conjug 3a◂ Ⓐ VI [*mujer*] to give birth, have a baby; [*yegua*] to foal; [*vaca*] to calve; [*cerda*] to farrow; [*perra*] to pup;

2. Within noun entries, typical noun complements of the headword.

2. Dentro de los sustantivos, para los complementos nominales de dichos sustantivos.

**bottom** [ˈbɒtəm] Ⓐ N 1 [*of box, cup, sea, river, garden*] fondo *m*; [*of stairs, page, mountain, tree*] pie *m*; [*of list, class*] último/a *m/f*; [*of foot*] planta *f*; [*of shoe*] suela *f*; [*of chair*] asiento *m*;

**tapa** SF 1 [*de caja, olla, piano*] lid; [*de frasco*] top; [*de depósito de gasolina*] cap;
2 [*de libro*] cover;
3 [*de zapato*] heelplate

3. Typical noun complements of adjectives.

3. Dentro de los adjetivos, para los sustantivos a los que suelen modificar dichos adjetivos.

**soft** [sɒft] Ⓐ ADJ ...
1 (= *not hard*) [*ground, water, cheese, pencil, contact lens*] blando; [*bed, mattress, pillow*] blando, mullido; [*metal*] maleable, dúctil;

**duro/a** Ⓐ ADJ [1] (= *resistente*) [*material, superficie, cama, agua*] hard; [*cable, alambre*] stiff; [*pan*] hard, stale; [*carne*] tough; [*legumbres*] hard; [*articulación, mecanismo*] stiff; [*músculo*] firm, hard;

4. Typical verb or adjective complements of adverbs.

4. Dentro de los adverbios, para los verbos o adjetivos a los que suelen modificar dichos adverbios.

**softly** [ˈsɒftlɪ] ADV [1] (= *quietly*) [*walk, move*] silenciosamente, sin hacer ruido; [*say*] bajito, en voz baja; [*whistle*] bajito;

**dulcemente** ADV [*sonreír, cantar*] sweetly; [*acariciar*] gently; [*amar*] tenderly, fondly; [*contestar*] gently, softly

**In square brackets with +**

Typical objects of verbs or of prepositions.

**Entre corchetes con el signo +**

Complemento nominal de verbos o preposiciones.

**water ...**
Ⓑ VT [+ *garden, plant*] regar; [+ *horses, cattle*] abrevar, dar de beber a; [+ *wine*] aguar, diluir,

**crear** ▸conjug 1a◂ VT [1] (= *hacer, producir*) [+ *obra, objeto, empleo*] to create; **...**
[2] (= *establecer*) [+ *comisión, comité, fondo, negocio, sistema*] to set up; [+ *asociación, cooperativa*] to form, set up;

►**abide by** VI + PREP [+ *rules*] atenerse a, obrar de acuerdo con; [+ *promise*] cumplir con; [+ *decision*] respetar, atenerse a; [+ *rules of competition*] ajustarse a, aceptar

**In parenthesises with =**

Synonyms and mini-definitions.

**Entre paréntesis con el signo =**

Sinónimos y mini-definiciones.

**wood ...** Ⓐ N [1] (= *material*)
[2] (= *firewood*) leña *f*
[3] (= *forest*) bosque *m*;

**oliva** Ⓐ SF [1] (= *aceituna*) olive;
[2] (= *árbol*) olive tree

**In parentheses ( )**

Other information and hints which guide the user.

**Entre paréntesis ( )**

Otro tipo de información que oriente al usuario.

**rise ...** Ⓐ N [1] **...**
(*in tone, pitch*) subida *f*, elevación *f*; **...**
[2] (= *increase*) (*in number, rate, value*) aumento *m*; (*in price, temperature*) subida *f*, aumento *m*; (*Brit*) (*in salary*) aumento *m* (de sueldo);

**pintar ...** Ⓐ VT [1] (*Arte*) (*con óleo, acuarela*) to paint; (*con lápices, rotuladores*) (= *dibujar*) to draw;

**Other indicators**

Cultural equivalent sign ≈: is used when the source language headword or phrase has no precise equivalent in the target language and is therefore untranslatable. In such cases the nearest cultural equivalent is given.

**Otros indicadores**

Signo de equivalencia cultural ≈: usado cuando la entrada en la lengua origen no tiene un equivalente preciso en la traducción, por lo que es intraducible. En tal caso se da el equivalente cultural más próxima.

**national ...**
► **National Insurance** N (*Brit*) ≈ Seguridad *f* Social; **...** ► **the National Lottery** N (*Brit*) ≈ la lotería primitiva

**ITV** SF ABR (*Esp*) (= **Inspección Técnica de Vehículos**) ≈ MOT

An explanatory gloss (in italics) is given in cases where there is no cultural equivalent in the target language.

Si no hay un equivalente cultural en la lengua término se da una explicación en cursiva en dicha lengua.

**RP** Ⓐ N ABBR **...** *pronunciación estándar del inglés*; **...**

**N²** **...** **20-N** *20th November, day of Franco's death*

## Field labels

Labels indicating subject fields occur in the following cases:

## Marcas de campo semántico

Se usan dichas marcas en los siguientes casos:

**muñeca** SF [1] (*Anat*) wrist

1. To differentiate various meanings of the headword.
2. When the meaning in the source language is clear but may be ambiguous in the target language.

1. Para diferenciar distintas acepciones de una palabra.
2. Cuando el significado en la lengua origen está claro pero puede ser ambiguo en la traducción.

**retention** [rɪ'tenʃən] N retención *f* (*also Med*)

**cimera** SF crest (*tb Heráldica*)

3. When a word is a technical word in the field in question.

3. Cuando se trata de una acepción técnica.

**veer** … VI … [*wind*] cambiar de dirección, rolar (*Met, Naut*);

A full list of the abbreviated field labels is given on the inside covers of the dictionary.

Puede verse la lista completa de las abreviaturas de campo semántico en el interior de las cubiertas del diccionario.

## Style labels

A dozen or so indicators of register are used to mark non-neutral words and expressions. These indicators are given for both source and target language and serve mainly as a warning to the reader using the foreign language. The following paragraphs explain the meaning of the most common style labels, of which a complete list is given with explanations on the inside covers of the dictionary.

**(i)** The abbreviation *frm* (for formal) denotes formal language such as that used on an official form, in pronouncements and other formal communications.

## Marcas de estilo

Se usan una serie de indicadores de registro como marcas de palabras y expresiones sin un registro neutro para la lengua origen y para la traducción. Estas marcas sirven principalmente de advertencia para el lector que use el idioma extranjero. Los siguientes párrafos explican el significado de las marcas de estilo más frecuentes, cuya lista completa puede verse en el interior de las cubiertas del diccionario.

**(i)** La abreviatura *frm* (de formal) denota un lenguaje usado en contextos formales como impresos oficiales, declaraciones y comunicados.

**heretofore** [ˌhɪətʊ'fɔːʳ] ADV (*frm*) (= *up to specified point*) hasta aquí; (= *up to now*) hasta ahora, hasta este momento; (= *previously*) con anterioridad

**colegir** ▸conjug 3c, 3k◂ (*frm*) VT [1] (= *juntar*) to collect, gather

**(ii)** * indicates that the expression, while not forming part of standard language, is used by all educated speakers in a relaxed situation, but would not be used in a formal essay or letter, or on an occasion when the speaker wishes to impress.

**(ii)** El asterisco * indica que la expresión no forma parte del lenguaje neutro, pero es usada en conversaciones y en la vida privada por todos los hablantes, aunque no se usaría en un ensayo, una carta oficial o en una ocasión en la que el hablante desee crear una impresión especial.

**bomb** …

►**bomb along*** VI + ADV ir a toda marcha*, ir a toda hostia (*Sp**);

**chollo*** SM [1] (= *buena oportunidad*) snip*, bargain;

**(iii)** ‡ indicates that the expression is used by some but not all educated speakers in a very relaxed situation. Such words should be handled with extreme care by the non-native speaker unless they are very fluent in the language and very sure of their company.

**(iii)** Dos asteriscos ‡ indican que no todos los hablantes cultos usan en la vida privada la expresión a la que se refieren. Tales palabras o expresiones han de ser usadas con precaución por los hablantes no nativos a no ser que tengan un amplio dominio del idioma y conozcan bien a sus interlocutores.

**clink²‡** [klɪŋk] N (= *jail*) trena‡ *f*

**agua** SF … **mear ~ bendita‡** to be a holy Joe*;

**(iv)** ‽ means "Danger!" Such words are liable to offend in any situation, and therefore are to be avoided by the non-native speaker.

**(iv)** Tres asteriscos ‽ indican ¡peligro!. Tales palabras o expresiones pueden resultar ofensivas en una situación determinada y por lo tanto es preferible que los hablantes no nativos las eviten.

**dick** … N …
[2] (‽) polla *f* (*Sp*‽), verga‽ *f*

**polla** SF …
[2] (‽) (= *pene*) prick‽;

**(v)** † denotes old-fashioned terms which are no longer in wide current use but which the foreign user will certainly find in reading, or may encounter in humorous use.

**(v)** † indica que un término es anticuado, apenas se usa en el lenguaje de hoy día, aunque pueden encontrarse en la literatura o en contextos humorísticos.

**dashed†*** [dæʃt] ADJ (*euph*) = **damned A2**

**edad** SF … **estar en ~ de merecer†** to be of courting age†;

**(vi)** †† denotes obsolete words which the user will normally find in literature, or may encounter in humorous use.

**(vi)** †† denota palabras arcaicas que se pueden encontrar en la literatura o en contextos humorísticos.

**amancebado**†† ADJ **estar** *o* **vivir ~s** to live together, cohabit

**(vii)** *liter* denotes an expression which belongs to literary language.

**(vii)** *liter* indica que una expresión pertenece al lenguage literario.

**past ...**
Ⓒ ADJ ...
[4] (= *over*) ... **in times ~** antiguamente, antaño (*liter*)

**(viii)** The labels and symbols above are used to mark either an individual word or phrase, or a whole category, or even a complete entry. Where a headword is marked with asterisks, any phrases in the entry will only have asterisks if they are of a different register from the headword. All English compounds are marked even if their register is the same as that of the headword.

Where individual phrases rather than the whole entry or category are stylistically marked, the style label is included after the phrase in question.

**(viii)** Las marcas y símbolos que se acaban de explicar pueden ir acompañando a una palabra, una expresión, una categoría o toda una entrada. Si el lema lleva asteriscos, las frases incluidas en esa entrada sólo llevan asteriscos si tienen un registro diferente del lema. Todos los compuestos ingleses llevan la marca de registro aunque este sea el mismo que el del lema.

Si se trata de expresiones individuales, no de toda la entrada o categoría, la marca de estilo aparece al final de dichas expresiones.

**eye** ... Ⓐ N [1] ... **to make (sheep's) ~s at sb*** lanzar miraditas insinuantes a algn, hacer ojitos a algn*; ...

Note that the second informal * refers only to *hacer ojitos a algn* and not to the translation given before the comma.

Where a phrase contains alternatives and both/all are stylistically marked, the register is shown at the end of the phrase.

El segundo asterisco sólo se refiere a *hacer ojitos a algn* y no a la traducción dada antes de la coma.

Si la frase incluye otras alternativas, se marca el registro al final de la frase si este se aplica a todas las variantes.

**cabeza** ... SF ... **andar** *o* **ir de ~***

Where a phrase contains alternatives and only one is stylistically marked, the register is shown as follows.

Si sólo una de las variantes necesita la marca de registro, ésta aparece como sigue:

**apurada*** SF (*LAm*) **¿por qué no te echas** *o* **pegas una ~?** why don't you get a move on* *o* hurry up?;

(only the first is informal)

(sólo la primera es informal)

**acostumbrado** ADJ ... **ya estoy ~ a que no me entiendan** I'm used to *o* (*frm*) accustomed to not being understood

(only the second is formal)

The user should not confuse the style label *liter* with the field label *Literat* which indicates that the term or expression so labelled belongs to the field of literature. Similarly, the user should note that the abbreviation *lit* indicates the literal as opposed to the figurative meaning of a word.

(sólo la segunda es formal)

Conviene tener en cuenta que no significan lo mismo la marca de estilo *liter* y la marca de campo semántico *Literat*, que indica que se trata de un término o expresión perteneciente al campo de la literatura. Del mismo modo, hay que recordar que la abreviatura *lit* indica que se trata del sentido literal de una palabra, no del figurado.

## Punctuation

A comma is used to separate translations which have the same or very similar meanings.

## Puntuación

Se usa una coma para separar las traducciones que tienen el mismo significado, o con un significado muy similar.

**perhaps** ... ADV quizá(s), tal vez;
**claro** Ⓐ ADJ ... [*color*] light, pale;

A semi-colon separates translations which are not interchangeable. Indicators are given to differentiate between non-interchangeable translations.

El punto y coma separa traducciones que no son intercambiables. Se dan indicadores para diferenciar estas traducciones.

**chair** ... (*gen*) silla *f*; (= *armchair*) sillón *m*, butaca *f*; (= *wheelchair*) silla *f* (de ruedas); (= *seat*) lugar *m*, asiento *m*;

**asesinar** ... VT [1] (= *matar*) to murder; (*Pol*) to assassinate

Alternative parts of phrases and translations are preceded by *or* (English-Spanish side) or *o* (Spanish-English side).

Las variantes de una frase o traducción aparecen precedidas de *or* en la sección de inglés-español y de *o* en la sección de español-inglés.

**fall** ...
Ⓑ VI [1] ... **to ~ to** *or* **on one's knees** arrodillarse, caer de rodillas;

**cabeza** ... SF ... **caer de ~** to fall headfirst *o* headlong;

An oblique / indicates alternatives in source language which are reflected exactly in the target language.

La barra indica alternativas en la lengua origen que se ven reflejadas igualmente en la lengua término.

**fact-finding ...** ADJ **on a ~ tour/mission**
en viaje/misión de reconocimiento;

On the Spanish-English side an oblique is also used to indicate that the translation differs depending on whether the referent is male or female.

También se usa para separar las traducciones de masculino y femenino en la sección de español-inglés.

**inglés/esa ...**
Ⓑ SM/F Englishman/Englishwoman;

Parentheses within illustrative phrases or their translations indicate that the material contained within them is optional.

El paréntesis dentro de las frases ilustrativas o de sus traducciones indica que el material contenido en ellos es opcional.

**Fahrenheit ...**
CPD ► **Fahrenheit thermometer** N termómetro *m* de (grados) Fahrenheit

Equivalent phrases are separated by a lozenge ◊.

Las frases equivalentes aparecen separadas por un rombo ◊.

**charge ... to ~ sth (up) to sb** ◊ **~ sth (up) to sb's account**

## Cross-references

These are used to refer the user to the headword under which a certain compound, idiom or phrase has been treated (see **Idioms, proverbs and set phrases** above).

## Remisiones

Se usan para enviar al usuario a las entradas en las que se encuentran otros compuestos, modismos y expresiones que incluyen la palabra en cuestión (véase más arriba **Modismos, refranes y expresiones**).

**purse ...** N ... *see also* **public A1**, **silk C**

**lechuga** SF ... *ver tb* **fresco A6**

They are also used to draw the user's attention to the full treatment of such words as numerals, days of the week and months of the year under certain key words.

También se usan para llamar la atención sobre las entradas en las que podrán encontrarse más frases y ejemplos relacionados con los numerales, los días de la semana y los meses del año.

**January ...** N enero *m*; *see* **July** *for usage*

The key words which are treated in depth are:

English: **five**, **fifth**, **Tuesday**, **July**

Spanish: **seis**, **seiscientos**, **sexto**, **sábado**, **septiembre**

Dichas entradas son:

Inglés: **five**, **fifth**, **Tuesday**, **July**

Español: **seis**, **seiscientos**, **sexto**, **sábado**, **septiembre**

## References at the foot of the page

If a word you are looking up has a triangle ▼ next to it in the margin, you will find the word repeated at the foot of the page, together with a number or numbers referring you to relevant topics in **Language in Use**. For example:

## Remisiones a pie de página

Si la palabra que se busca tiene un triángulo ▼ junto a ella al margen, se encontrará a pie de página una remisión de dicha palabra a una sección de **Lengua y Uso** en la que se tratan aspectos relevantes a ella. Por ej.:

▼ **abrazo ...**

| ➤ LENGUA Y USO: abrazo 2 48.2 |
|---|

synonym / sinónimo

**dally** ['dælɪ] VI 1 (= *dawdle*) tardar; **to ~ over sth** perder el tiempo con algo; *see also* **dilly-dally**
2 (= *amuse o.s.*) divertirse; **to ~ with** [+ *lover*] coquetear con, tener escarceos amorosos con; [+ *idea*] entretenerse con

IPA phonetics / transcripción fonética

Spanish gender / género en español

**Dalmatia** [dæl'meɪʃə] N Dalmacia *f*

**Dalmatian** [dæl'meɪʃən] Ⓐ N (= *person*) dálmata *mf*
Ⓑ ADJ dálmata

**dalmatian** [dæl'meɪʃən] N (= *dog*) perro *m* dálmata

homograph number / número de homógrafo

letters for different parts of speech / letras para las distintas categorías gramaticales

**daltonism** ['dɔːltənɪzəm] N daltonismo *m*

**dam**[1] [dæm] Ⓐ N (= *wall*) dique *m*, presa *f*; (= *reservoir*) presa *f*, embalse *m*
Ⓑ VT (*also* **~ up**) poner un dique a, represar; (*fig*) reprimir, contener

phrasal verb marked by ▶ / verbo frasal marcado con ▶

▶ **dam up** VT + ADV = **dam B**

**dam**[2]**:** [dæm] ADJ = **damn D, damned A2**

**dam**[3] [dæm] N (*Zool*) madre *f*

numbers for different senses / números para las distintas acepciones

**damage** ['dæmɪdʒ] Ⓐ N 1 (*gen*) daño *m*; (*visible, eg on car*) desperfectos *mpl*; (*to building, area*) daños *pl*; **to do** *or* **cause ~ to** [+ *building*] causar daños a; [+ *machine*] causar desperfectos en; **the bomb did a lot of ~** la bomba causó muchos daños; **not much ~ was caused to the car** el coche no sufrió grandes desperfectos
2 (*fig*) (*to chances, reputation etc*) perjuicio *m*, daño *m*; **to do** *or* **cause ~ to sth/sb** causar perjuicio a algo/algn, perjudicar algo/a algn; **the ~ is done** el daño ya está hecho; ✦*IDIOM* **what's the ~?*** (= *cost*) ¿cuánto va a ser?, ¿qué se debe?
3 **damages** (*Jur*) daños *mpl* y perjuicios; *see also* **recover A2**
Ⓑ VT (= *harm*) dañar; [+ *machine*] averiar, causar desperfectos en; [+ *health, chances, reputation*] perjudicar; **to be ~d in a collision** sufrir daños en un choque
Ⓒ CPD ▶ **damage limitation exercise** N campaña *f* para minimizar los daños

~ replaces headword / ~ sustituye al lema

cross-reference / remisión a otra entrada

typical objects of verb / típicos objetos del verbo

compounds marked by ▶ / compuestos marcados con ▶

**damaging** ['dæmɪdʒɪŋ] ADJ (*gen*) dañino; (*fig*) perjudicial (**to** para)

**damascene** ['dæməsiːn] Ⓐ ADJ damasquinado, damasquino
Ⓑ VT damasquinar

**Damascus** [də'mɑːskəs] N Damasco *m*

**damask** ['dæməsk] Ⓐ ADJ [*cloth*] adamascado; [*steel*] damasquinado
Ⓑ N (= *cloth*) damasco *m*; (= *steel*) acero *m* damasquinado
Ⓒ VT [+ *cloth*] adamascar; [+ *steel*] damasquinar
Ⓓ CPD ▶ **damask rose** N rosa *f* de Damasco

**dame** [deɪm] N 1 **Dame** (*Brit*) (= *title*) *título aristocrático para mujeres equivalente a "sir"*
2 (*esp Brit*†) dama *f*, señora *f*; (*Brit Theat*) *personaje de mujer anciana en las pantomimas británicas interpretado por un actor*; → PANTOMIME
3 (*US*†*) (= *woman*) tía* *f*, gachí *f* (*Sp*:)

old-fashioned / anticuado

cross-reference to cultural note / remisión a nota cultural

American English / inglés americano

Peninsular Spanish / español peninsular

**damfool:** ['dæm'fuːl] ADJ = **damn-fool**

**dammit**: ['dæmɪt] EXCL ¡maldita sea!*; ✦*IDIOM* **as near as ~** (*Brit*) casi, por un pelo

: very informal / : muy familiar

British English / inglés británico

**damn** [dæm] Ⓐ VT 1 (*Rel*) (= *condemn*) condenar; **the effort was ~ed from the start** desde el principio el intento estaba condenado a fracasar; **the critics ~ed the book** los críticos pusieron *or* tiraron el libro por los suelos; **I'll see him ~ed first** antes lo veré colgado; ✦*IDIOM* **to ~ sth/sb with faint praise** despachar algo/a algn con tímidos elogios
2 (= *swear at*) maldecir
3 (:) (*in exclamations*) **~ it!** ¡maldita sea!*; **him/you!** ¡maldito sea/seas!*; **~ this car!** ¡al diablo con este coche!; **well I'll be ~ed!** ¡ca-

**callana** SF [1] (*LAm Culin*) flat earthenware pan [2] (*Cono Sur hum*) (= *reloj*) pocket watch

**callandito*** ADV, **callandico*** ADV (= *sin ruido*) softly, very quietly; (= *furtivamente*) stealthily

**callar** ▸conjug 1a◂ Ⓐ VI [1] (= *dejar de hablar*) to be quiet; **¡calla, que no puedo oír la radio!** be *o* keep quiet, I can't hear the radio!, shut up *o* (*EEUU*) hush up, I can't hear the radio!*; **su madre le mandó ~** his mother ordered him to be quiet, his mother told him to shut up; **—Ernesto se casa —¡calla! ¡eso no puede ser!** "Ernesto is getting married" — "you're joking! that can't be true!"
[2] (= *no hablar*) to say nothing, keep quiet; **al principio optó por ~** initially he decided to say nothing *o* keep quiet; ✦*REFRÁN* **quien calla, otorga** silence is *o* gives *o* implies consent
Ⓑ VT [1] (= *hacer callar*) **calló a los niños con un cuento** he got the children to be *o* keep quiet by reading them a story; **reparten dinero para ~ las protestas** they're giving out money to silence *o* quell complaints; **¡calla *o* cállate la boca!*** shut your mouth!*, shut your face!*
[2] (= *ocultar*) to keep to o.s., keep quiet; **será mejor ~ este asunto** it's best to keep this matter to ourselves *o* keep this matter quiet
Ⓒ **callarse** VPR [1] (= *dejar de hablar*) to stop talking, go quiet; **al entrar el profesor todos se ~on** when the teacher came in, everyone stopped talking *o* went quiet; **¡cállense, por favor!** please be quiet!; **si empieza a hablar, ya no se calla** once he starts talking, he doesn't stop
[2] (= *no decir nada*) to say nothing, keep quiet; **en esas circunstancias es mejor ~se** in those circumstances, it would be best to say nothing *o* keep quiet

**calle** SF [1] (= *vía pública*) street; (*con más tráfico*) road; **una ~ muy céntrica** a street right in the centre of town; **~ abajo** down the street; **~ arriba** up the street; ✦*MODISMOS* **abrir ~** to make way, clear the way; **echar por la ~ de en medio** to push on, press on regardless; **se los lleva a todos de ~*** they just can't stay away from her, they find her irresistible; **llevar *o* traer a algn por la ~ de la amargura*** to make sb's life a misery* ▸ **calle cerrada** (*Ven, Col, Méx*), **calle ciega** (*Ven, Col*), **calle cortada** (*Cono Sur*) dead end, dead-end street, cul-de-sac ▸ **calle de doble sentido** two-way street ▸ **calle de sentido único**, **calle de una mano** (*Cono Sur*), **calle de una sola vía** (*Col*), **calle de un solo sentido** (*Chile*) one-way street ▸ **calle peatonal** pedestrianized street, pedestrian street ▸ **calle principal** main street ▸ **calle residencial** residential street (*with low speed limit and priority for pedestrians*) ▸ **calle sin salida** cul-de-sac, dead end, dead end street; *ver tb* **aplanar A1**, **cabo 2**
[2] (= *no casa*) [2·1] **la ~**: **he estado todo el día en la ~** I've been out all day; **se sentaba en la ~ a ver pasar a la gente** he used to sit out in the street *o* outside watching the people go by; **a los dos días de su detención ya estaba otra vez en la ~** two days after his arrest he was back on the streets again; **el grupo tiene ya tres discos en la ~** the group already have three records out; **irse a la ~** to go out, go outside; **¡iros a la ~ a jugar!** go and play outside!; **salir a la ~** (= *per-*

| remisión a la tabla de conjugaciones |
|---|
| reference to verb tables |

| inglés americano |
|---|
| American English |

| refrán |
|---|
| proverb |

| * familiar |
|---|
| * informal |

| = sinónimo |
|---|
| = synonym |

| expresión fija con una palabra subrayada |
|---|
| highlighted word in set expression |

| modismos |
|---|
| idioms |

| español de América |
|---|
| Latin American Spanish |

| compuestos marcados con ▸ |
|---|
| compounds marked by ▸ |

| aclaración de la traducción |
|---|
| translation clarified |

| remisiones a otra entrada |
|---|
| cross-references |

| ~ sustituye al lema |
|---|
| ~ replaces the headword |

Ⓓ CPD ► **harvest festival** N fiesta *f* de la cosecha ► **harvest home** N (= *festival*) ≈ fiesta *f* de la cosecha; (= *season*) cosecha *f* ► **harvest moon** N luna *f* llena ► **harvest time** N cosecha *f*, siega *f*

| equivalent in Spanish-speaking countries |
| --- |
| equivalencia en países hispanohablantes |

**harvester** ['hɑːvɪstəʳ] N [1] (= *person*) [*of cereals*] segador(a) *m/f*; [*of fruit, vegetables*] recolector(a) *m/f*; [*of grapes*] vendimiador(a) *m/f* [2] (= *machine*) cosechadora *f*; (= *combine harvester*) segadora-trilladora *f*

**harvesting** ['hɑːvɪstɪŋ] N = **harvest A1**

**has** [hæz] 3RD PERS SING PRESENT *of* **have**

| cross-reference |
| --- |
| remisión a otra entrada |

| • informal |
| --- |
| • familiar |

**has-been*** ['hæzbiːn] N vieja gloria *f*

**hash¹** [hæʃ] Ⓐ N [1] (*Culin*) picadillo *m* [2] (*) lío* *m*, embrollo *m*; **to make a ~ of sth** hacer algo muy mal; **he made a complete ~ of the interview** la entrevista le fue fatal; ✦*IDIOM* **to settle sb's ~** cargarse a algn*
Ⓑ CPD ► **hash browns** NPL *croquetas de patata hervida y cebolla*

| explanation (no Spanish equivalent) |
| --- |
| explicación (sin equivalencia en español) |

**hash²*** [hæʃ] N (= *hashish*) hachís *m*, chocolate* *m* (*Sp*), mota *f* (*CAm**)

| Central American Spanish |
| --- |
| español de Centroamérica |

| specialist field |
| --- |
| campo semántico |

**hash³** [hæʃ] N (*Typ*) almohadilla *f*

**hashish** ['hæʃɪʃ] N hachís *m*

**hasn't** ['hæznt] = **has not**

**hasp** [hɑːsp] N (*for padlock*) hembrilla *f*; (*on window*) falleba *f*; (*on box, book*) cierre *m*

**Hassidic** [hə'sɪdɪk] ADJ hasídico

**hassle** ['hæsl] Ⓐ N (*) (= *problem, difficulty*) lío *m*, problema *m*; **no ~!** ¡no hay problema!; **it's not worth the ~** no vale la pena
Ⓑ VT molestar, fastidiar

**hassock** ['hæsək] N (*Rel*) cojín *m*

**hast††** [hæst] *see* **have**

| archaic |
| --- |
| arcaico |

**haste** [heɪst] N prisa *f*, apuro *m* (*LAm*); **to do sth in ~** hacer algo precipitadamente *or* de prisa; **to make ~** darse prisa, apurarse (*LAm*); **to make ~ to do sth** apresurarse a hacer algo; ✦*PROVS* **more ~ less speed** ◊ **make ~ slowly** vísteme despacio que tengo prisa

| Latin American Spanish |
| --- |
| español de América |

| proverbs |
| --- |
| refranes |

**hasten** ['heɪsn] Ⓐ VT [+ *process*] acelerar; [+ *sb's end, downfall*] precipitar; **to ~ sb's departure** acelerar la partida *or* marcha de algn; **to ~ one's steps** apretar el paso; **to ~ death** precipitar *or* adelantar la muerte
Ⓑ VI apresurarse, darse prisa; **to ~ to do sth** apresurarse a hacer algo; **I ~ to add that ...** me apresuro a añadir que ...; **she ~ed to assure me that nothing was wrong** se apresuró a asegurarme que no pasaba nada

| examples |
| --- |
| ejemplos |

►**hasten away** VI + ADV marcharse precipitadamente (**from** de)

| preposition often used |
| --- |
| preposición usada normalmente |

►**hasten back** VI + ADV volver con toda prisa

►**hasten on** VI + ADV seguir adelante con toda prisa

**hastily** ['heɪstɪlɪ] ADV [1] (= *hurriedly*) de prisa, apresuradamente; **I ~ suggested that ...** me apresuré a sugerir que ...
[2] (= *rashly*) [*speak*] precipitadamente; [*judge*] a la ligera

| words which commonly co-occur |
| --- |
| palabras que se usan a menudo juntas |

**hasty** ['heɪstɪ] ADJ (*compar* **hastier**; *superl* **hastiest**) [1] (= *hurried*) apresurado, precipitado [2] (= *rash*) precipitado; **don't be so ~** no te precipites

| common comparative and superlative forms |
| --- |
| formas del comparativo y superlativo |

**hat** [hæt] Ⓐ N sombrero *m*; **to raise one's ~** (*in greeting*) descubrirse; **to take off one's ~** quitarse el sombrero; ✦*IDIOMS* **to eat one's ~**: **I'll eat my ~ if ...** que me maten si ...; **to hang one's ~ up** jubilarse; **my ~!** ¡caramba!; **that's old ~** eso no es nada nuevo; **to pass the ~ round** pasar el platillo; **to take one's ~ off to sb** quitarse el sombrero *or* descubrirse ante algn; **I take my ~ off to him** me descubro ante él; **to talk through one's ~*** decir

| idioms |
| --- |
| modismos |

**creador(a)** Ⓐ ADJ creative
Ⓑ SM/F [1] [*de movimiento, organización, personaje*] creator
[2] (= *artista*) artist; (= *diseñador*) designer; **los grandes ~es del Renacimiento** the great artists of the Renaissance; **los ~es de moda juvenil** designers of youth fashion
Ⓒ SM **el Creador** (*Rel*) the Creator

campo semántico
specialist field

**crear** ▸conjug 1a◂ VT [1] (= *hacer, producir*) [+ *obra, objeto, empleo*] to create; **el hombre fue creado a imagen de Dios** man was created in the image of God; **~on una ciudad de la nada** they created a city out of nothing
[2] (= *establecer*) [+ *comisión, comité, fondo, negocio, sistema*] to set up; [+ *asociación, cooperativa*] to form, set up; [+ *cargo, puesto*] to create; [+ *movimiento, organización*] to create, establish, found; **¿qué se necesita para ~ una empresa?** what do you need in order to set up *o* start a business?; **esta organización se creó para defender los derechos humanos** this organization was created *o* established *o* founded to defend human rights; **aspiraban a ~ un estado independiente** they aimed to create *o* establish *o* found an independent state
[3] (= *dar lugar a*) [+ *condiciones, clima, ambiente*] to create; [+ *problemas*] to cause, create; [+ *expectativas*] to raise; **el bloqueo ha creado una situación insostenible** the blockade has created an untenable situation; **el vacío creado por su muerte** the gap left *o* created by her death; **la nicotina crea adicción** nicotine is addictive
[4] (*liter*) (= *nombrar*) to make, appoint; **fue creado papa** he was made pope

objetos típicos del verbo
typical objects of verb

números para las distintas acepciones
numbers for different senses

**creatividad** SF creativity
**creativo/a** Ⓐ ADJ creative
Ⓑ SM/F (*tb* **~ de publicidad**) copywriter
**crece** SM *o* SF (*Cono Sur*) = **crecida**
**crecepelo** SM hair-restorer

remisión a otra entrada
cross-reference

**crecer** ▸conjug 2d◂ Ⓐ VI [1] (= *desarrollarse*) [*animal, planta, objeto*] to grow; **el jazmín ha dejado de ~** the jasmine has stopped growing; **te ha crecido mucho el pelo** your hair's grown a lot; **me he dejado ~ la barba** I've grown a beard; **crecí en Sevilla** I grew up in Seville; **la princesa fue creciendo en belleza y sabiduría** the princess grew in beauty and wisdom
[2] (= *aumentar*) [*cantidad, producción, sentimiento*] to grow; [*gastos*] to increase, rise; [*inflación*] to rise; [*desempleo*] to increase, grow, rise; **el número de heridos seguía creciendo** the number of wounded continued to grow; **la economía española ~á un 4%** the Spanish economy will grow by 4%; **crece el temor de un conflicto armado** there are growing fears of an armed conflict; **el viento fue creciendo en intensidad** the wind increased *o* grew in intensity; **~ en importancia** to grow in importance
[3] (= *extenderse*) [*ciudad*] to grow; [*río, marea*] to rise; [*luna*] to wax
Ⓑ **crecerse** VPR [1] (= *tomar fuerza*) **pocos jugadores saben ~se ante la adversidad** there are few players who can stand up and be counted in the face of adversity
[2] (*) (= *engreírse*) to get full of o.s.; **con nada que le digas ya se crece** whatever you say to him he still gets all full of himself *o* his head still starts to swell

sujetos típicos del verbo
typical subjects of verb

ejemplos
examples

letras para las distintas categorías gramaticales
letters for different parts of speech

verbo pronominal
pronominal verb

**in** [ɪn]

| | |
|---|---|
| A PREPOSITION | C ADJECTIVE |
| B ADVERB | D NOUN |

menu

menú

Ⓐ PREPOSITION

When ***in*** *is the second element in a phrasal verb, eg* ***ask in, fill in, look in****, etc, look up the verb. When it is part of a set combination, eg* ***in the country, in ink, in danger, covered in****, look up the other word.*

where to look

envío a otra entrada

1 ***in expressions of place*** en; (= *inside*) dentro de; **it's in London/Scotland/Galicia** está en Londres/Escocia/Galicia; **in the garden** en el jardín; **in the house** en casa; (= *inside*) dentro de la casa; **our bags were stolen, and our passports were in them** nos robaron los bolsos, y nuestros pasaportes iban dentro

language tip

nota de uso

*When phrases like* **in Madrid, in Germany** *are used to identify a particular group,* **de** *is the usual translation:*

**our colleagues in Madrid** nuestros colegas de Madrid; **the chairs in the room** las sillas de la habitación, las sillas que hay en la habitación *or* dentro de la habitación; **in here/there** aquí/allí dentro; **it's hot in here** aquí dentro hace calor

meaning indicator

indicador de acepción

2 ***in expressions of time*** 2·1 (= *during*) en; **in 1986** en 1986; **in May/spring** en mayo/primavera; **in the eighties/the 20th century** en los años ochenta/el siglo 20; **in the morning(s)/evening(s)** por la mañana/la tarde; **at four o'clock in the morning/afternoon** a las cuatro de la mañana/la tarde

2·2 (= *for*) **she hasn't been here in years** hace años que no viene

2·3 (= *in the space of*) en; **I did it in 3 hours/days** lo hice en 3 horas/días; **it was built in a week** fue construido en una semana

2·4 (= *within*) dentro de; **I'll see you in three weeks' time** *or* **in three weeks** te veré dentro de tres semanas; **he'll be back in a moment/a month** volverá dentro de un momento/un mes

3 ***indicating manner, medium*** en; **in a loud/soft voice** en voz alta/baja; **in Spanish/English** en español/inglés; **to pay in dollars** pagar en dólares; **it was underlined in red** estaba subrayado en rojo; **a magnificent sculpture in marble and copper** una magnífica escultura de *or* en mármol y cobre

4 ***= clothed in*** **she opened the door in her dressing gown** abrió la puerta en bata; **they were all in shorts** todos iban en *or* llevaban pantalón corto; **he went out in his new raincoat** salió con el impermeable nuevo; **you look nice in that dress** ese vestido te sienta bien

*When phrases like* **in the blue dress, in the glasses** *are used to identify a particular person,* **de** *is the usual translation:*

**the man in the hat** el hombre del sombrero; **the boy in the checked trousers** el chico de los pantalones de cuadros; *BUT* **the girl in green** la chica vestida de verde; *see also* **dressed**

translation exception

ejemplo con una traducción distinta a la general

5 ***giving ratio, number*** **one person in ten** una persona de cada diez; **one in five pupils** uno de cada cinco alumnos; **he had only a one in fifty chance of survival** sólo tenía una posibilidad entre cincuenta de sobrevivir; **what happened was a chance in a million** había una posibilidad entre un millón de que pasara lo que pasó; **20 pence in the pound** veinte peniques por (cada) libra; **once in a hundred years** una vez cada cien años; **in twos** de dos en dos; **these jugs are produced in their millions** estas jarras se fabri-

**decir**

▸conjug 3o◂
[A] VERBO TRANSITIVO [C] VERBO PRONOMINAL
[B] VERBO INTRANSITIVO [D] SUSTANTIVO MASCULINO
*Para otras expresiones con el participio, ver* ***dicho***.

menú

menu

remisión a otra entrada

where to look

(A) VERBO TRANSITIVO

[1] [= ***afirmar***] to say; **ya sabe ~ varias palabras** she can already say several words, she already knows several words; **—tengo prisa —dijo** "I'm in a hurry," she said; **viene y dice: —estás despedido*** he goes "you're fired"*; **olvídalo, no he dicho nada** forget I said anything; **¿decía usted?** you were saying?; **[como] dicen los madrileños** as they say in Madrid; **como decía mi abuela** as my grandmother used to say; **como iba diciendo ...** as I was saying ...; **¿cómo ha dicho usted?** pardon?, what did you say?; **~ para** *o* **entre sí** to say to o.s.

expresión fija con una palabra subrayada

highlighted word in set expression

◆ **decir que** to say (that); **mi amigo dice que eres muy guapa** my friend says (that) you're very pretty; **dicen que ...** they say (that) ..., people say (that) ...; **el cartel dice claramente que ...** the sign says clearly *o* clearly states that ...; **~ que sí/no** to say yes/no; — **¿viene? —dice que sí** "is she coming?" — "she says she is *o* she says so"; **la miré y me dijo que sí/no con la cabeza** I looked at her and she nodded/shook her head; *ver tb* **adiós B**

[2]

◆ **decir algo a algn** to tell sb sth; **¿quién te lo dijo?** who told you?; **se lo dije bien claro, pero no me hizo caso** I told her quite clearly, but she didn't take any notice of me; **tengo algo que ~te** there's something I want to tell you, I've got something to tell you; **hoy nos dicen las notas** they're telling *o* giving us our results today

estructuras fijas

set structures

◆ **decir a algn que** + *INDIC* to tell sb (that); **me dijo que no vendría** he told me (that) he wouldn't come; **ya te dije que no tiene ni idea** I told you he hasn't got a clue; **¿no te digo que no puedo ir?** I've already told you I can't go

◆ **decir a algn que** + *SUBJUN* (= *ordenar*) to tell sb to do sth; (= *pedir*) to ask sb to do sth; **la profesora me dijo que esperara fuera** the teacher told me to wait outside; **le dije que fuera más tarde** I told her to go later; **dile que venga a cenar mañana con nosotros** ask him to come and have supper with us tomorrow; **te digo que te calles** I said shut up

[3] [= ***contar***] [+ *mentiras, verdad, secreto*] to tell; **~ tonterías** to talk nonsense; *ver tb* **verdad 1**

indicador de acepción

meaning indicator

[4] [= ***llamar***] to call; **¿cómo le dicen a esto en Perú?** what do they call this in Peru?; **se llama Francisco, pero le dicen Paco** his name is Francisco, but he's known as Paco; **le dicen "el torero"** he's known as "el torero";

## Complex entries

all
any
as
ask
back
be
by
charge
do
for
get
give
go
good
hang
have
how
in
just
keep
know
make
mind
off
over
press
put
some
that
to
up
what
when
where
which
with

## Entradas complejas

caer
coger
dar
de
decir
dejar
echar
estar
hacer
ir
llegar
llevar
mano
más
pasar
poder
poner
por
quedar
querer
sacar
salir
ser
tener
tirar
tomar
valer
venir
ver
vuelta

## Language notes

ABLE, CAN
AFTER
AND
ASK
AVERAGE, HALF
BAD
BE
BECOME, GO, GET
BEFORE
BOTH
BUT
COME, GO
EASY, DIFFICULT, IMPOSSIBLE
ENOUGH
FORGET
GREAT, BIG, LARGE
GROUP
HOWEVER
HUNDRED
IF
LESS THAN, FEWER THAN
LET
LIKE
LOOK FOR
LOVE
MAJORITY, MOST
MINORITY
MORE THAN
NEW
OFTEN
OLD
OR
POOR
PURE
REMEMBER
SAD
SINCE
SMALL
AS SOON AS
STILL
STRANGE, RARE
TAKE
THEN
THERE IS, THERE ARE
THIS
UNTIL
USED TO
WEAR
WHO, WHOM
WHOSE
WHY
YET
YOU

## Notas lingüísticas

ABURRIDO
ACONSEJAR
ACOSTUMBRAR
ACUSAR
ALGUNO, ALGO
APENAS
ATENTAMENTE
AUNQUE
AYUDAR
BAJAR
CADA
CALIENTE
CANSADO
CANTIDAD
CÁRCEL
CASA
CASI
CIEN, CIENTO
CLÁSICO
COLEGIO
COLGAR
CÓMICO
CONOCER
CONSEJO
CUÁNTO
DECIR
DEJAR
DEMASIADO
DESDE
DIVERTIDO
DOS
DURANTE
ECONÓMICO
ELÉCTRICO
EN
ENFERMEDAD
ENTRAR
ESPERAR
EXPLICAR
HABLAR
HASTA
HOSPITAL
HÚMEDO
IGLESIA
KILOS, METROS, AÑOS
LLEGAR
MANERA, FORMA, MODO
MASCULINO
MUEBLE
NINGUNO
NOTICIA
OLVIDAR
PANTALONES, ZAPATOS, GAFAS
PAPEL
PAR
PAREJA
PASAR
PEDIR
PERSONA
PREFERIR
SABER
SALADO
SALIR
SER
SI
SUBIR
TODAVÍA
TODO
VACACIONES
VENIR
VIAJE

## Cultural notes

A LEVELS
ACLU
ACT OF PARLIAMENT
AFFIRMATIVE ACTION
ALL-AMERICAN
FIFTH AMENDMENT
AMERICAN DREAM
ANGLO-SAXON
APRIL FOOLS' DAY
ARCHBISHOP
ASCOT
ATTORNEY
AULD LANG SYNE
BACKBENCHER
BANK HOLIDAY
BASEBALL
BED AND BREAKFAST
BEST MAN
BILL OF RIGHTS
BOOKER PRIZE
BOXING DAY
BRITAIN
BRITISH COUNCIL
BUDGET
BUREAU OF INDIAN AFFAIRS
BURNS' NIGHT
BY-ELECTION
CABINET
CAJUN
CAPITOL
CAR BOOT SALE
CHECKS AND BALANCES
CHILDREN IN NEED
CHRISTMAS DINNER
CHURCHES OF ENGLAND/SCOTLAND
CITIZENS' ADVICE BUREAU
CITY NICKNAMES
COCKNEY
COLLEGE
COMIC RELIEF
COMMON LAW
COMMONWEALTH
COMPREHENSIVE SCHOOLS
CONGRESS
CONSTITUTION
CRICKET
DAR
DC – DISTRICT OF COLUMBIA
DEAN'S LIST
DEGREE
DIXIE
DOWNING STREET
DRIVE-IN
DRIVING LICENCE/DRIVER'S LICENSE
DUDE RANCH
EDINBURGH FESTIVAL
EISTEDDFOD
ELECTORAL COLLEGE
ENGLISH
ESTABLISHMENT
EXECUTIVE PRIVILEGE
STATE FAIR
FAIRNESS DOCTRINE
FCC
FDA
FOURTH OF JULY
FREEDOM OF INFORMATION ACT
FRONT BENCH
FULBRIGHT
GCSE
GLASTONBURY
GRADE
GRAMMAR SCHOOL
GRAND JURY
GRANT-MAINTAINED SCHOOL
GREEN-WELLIE BRIGADE
GREYHOUND RACING
GROUNDHOG DAY
GUY FAWKES NIGHT
HALLOWE'EN
HIGH SCHOOL
HIGHLAND GAMES
HOGMANAY
HOME COUNTIES
HONOURS LIST
IMPERIAL SYSTEM
IVY LEAGUE
LABOR DAY
LAND OF HOPE AND GLORY
LAWYERS
LEADER OF THE HOUSE
LEGION
LIBRARY OF CONGRESS
LIMERICK
LOLLIPOP LADY/MAN
LORD
MACY'S THANKSGIVING PARADE
MARGINAL SEAT
MASON-DIXON LINE
NAACP
NATIONAL GUARD
NATIONAL TRUST
NRA
NVQ
OFF-BROADWAY
OMBUDSMAN
OPEN UNIVERSITY
WE SHALL OVERCOME
OXBRIDGE
OXFAM
PAGE THREE
PANTOMIME
PEP RALLY
PHI BETA KAPPA
PILGRIM FATHERS
PLEDGE OF ALLEGIANCE
POET LAUREATE
POLITICALLY CORRECT
POPPY DAY
PREPARATORY SCHOOL
PRIMARIES
PRIVY COUNCIL
PROM
PUBLIC ACCESS TELEVISION
PULITZER
QC/KC
QUANGO
QUEEN'S/KING'S SPEECH
RA – ROYAL ACADEMY OF ARTS
RAG WEEK
REDBRICK UNIVERSITY
RHYMING SLANG
RSC – ROYAL SHAKESPEARE COMPANY
RUGBY
RULE BRITANNIA
SAVE THE CHILDREN
SLOANE RANGER
SMALL TOWN
SMITHSONIAN INSTITUTION
SORORITY/FRATERNITY
SPEAKER
SQUARE DANCE
STATE OF THE UNION ADDRESS
STATES' RIGHTS
SUNBELT
SUNDAY PAPERS
TABLOIDS AND BROADSHEETS
TEFL/EFL, TESL/ESL, ELT, TESOL/ESOL
TERRITORIAL ARMY
THANKSGIVING
THREE RS
V-E DAY
VICTORIAN
WASP
WESTMINSTER
WHIP
WHITEHALL
YANKEE
YEARBOOK
ZERO

## Notas culturales

ACADEMIA
APELLIDO
APERTURISMO
ARAUCANO
ARPILLERA
BARAJA ESPAÑOLA
BOE
CABALGATA DE REYES
CAMINO DE SANTIAGO
CARLISMO
CARNAVAL
CARPA
CASA DE CONTRATACIÓN
CASTELLANO
CATALÁN
CAVA
CCOO
CHICHA
CHURROS
COCA
COMEDIA
COMUNIDAD AUTÓNOMA
CONGRESO DE LOS DIPUTADOS
LA CONSTITUCIÓN ESPAÑOLA
CORRIDO
CORTES GENERALES
COSTUMBRISMO
CRIANZA
CULTERANISMO, CONCEPTISMO
DENOMINACIÓN DE ORIGEN
LOS DESAPARECIDOS
DIADA NACIONAL DE CATALUNYA
DNI
DON/DOÑA
ENCOMIENDA
ENTREMÉS
EP – EDUCACIÓN PRIMARIA
ERTZAINTZA
ESCUELA OFICIAL DE IDIOMAS
ESO
ESPERPENTO
ESTANCO
EUSKERA
23-F
FALANGE ESPAÑOLA
FALLAS
FIESTAS
FOLLETÍN
FRANQUISMO
FUEROS
GALLEGO
GAUCHO
GENERACIÓN DEL 27/DEL 98
GENERALITAT
GESTORÍA
EL GORDO
GRINGO
GUARANÍ
GUARDIA CIVIL
GUERRA CIVIL ESPAÑOLA
DÍA DE LA HISPANIDAD
DÍA DE LOS (SANTOS) INOCENTES
INSUMISO
JEREZ
LEÍSMO, LOÍSMO, LAÍSMO
LENGUAS COOFICIALES
LICENCIATURA
LOGSE
LOTERÍA
CONJUNTO MARIACHI
MARTES Y TRECE
MILI
MOVIDA MADRILEÑA
DÍA DE LOS MUERTOS
20-N
NÁHUATL
NOCHEBUENA
NOCHEVIEJA
OBJETOR DE CONCIENCIA
ONCE
OPOSICIONES
OPUS DEI
PACTOS DE LA MONCLOA
PAGA EXTRAORDINARIA
PARADOR NACIONAL
PELADO
PERONISMO
PÍCARO
POLICÍA
PRENSA DEL CORAZÓN
PRESIDENTE DEL GOBIERNO
PRESTACIÓN SOCIAL SUSTITUTORIA
PROVINCIA
HACER PUENTE
PULQUE
QUECHUA
QUINIELA
RAE
REALISMO MÁGICO
RECONQUISTA
RESERVA
DÍA DE REYES
ROMERÍA
SACRA
SAINETE
SANFERMINES
SAN ISIDRO
SAN JUAN
SANTO
SEMANA SANTA
SENADO
SOBREMESA
SOLERA
TERTULIA
LA TRANSICIÓN
TRIBUNAL CONSTITUCIONAL
TUNA
TURRÓN
ZARZUELA

# Spanish Pronunciation and Spelling

## Pronouncing European Spanish

**1** The pronunciation of European Spanish is generally quite clear from its spelling and the notes below should be sufficient for an English speaker to understand what written Spanish actually sounds like. Because Spanish pronunciation is so regular you will find that in Part I of the dictionary (Spanish into English) most of the headwords are not transcribed phonetically in IPA (International Phonetic Alphabet). Any words that do have a phonetic transcription are pronounced in a way that you would not expect, such as *reloj* [re'lo] for example, or they have been taken from another language and given a Spanish sound, often while keeping the original spelling.
The pronunciation described below could be called 'educated' Castilian. Pronunciation often heard in the Spanish regions, for example Andalusia, has not been covered. There are separate notes on the pronunciation of Latin American Spanish on p.xxxviii.

### 2 Placing the stress

There are simple rules for placing stress on Spanish words:

Ⓐ If a word ends in a vowel, or in *n* or *s* (often an indication of the plural of verbs and nouns respectively), the penultimate syllable is stressed: *zapato, zapatos, divide, dividen, dividieron, antiviviseccionista, telefonea, historia, diluviaba.*

Ⓑ If the word ends in a consonant other than *n* or *s*, the last syllable is stressed: *verdad, practicar, decibel, virrey, coñac, pesadez.*

Ⓒ If the word needs to be stressed in some way contrary to rules Ⓐ and Ⓑ, an acute accent is written over the vowel to be stressed: *hablará, guaraní, rubí, esté, rococó, máquina, métodos, viéndolo, paralítico, húngaro.* The same syllable is stressed in the singular and plural forms of each word, but an accent may have to be added or suppressed in the plural: *crimen, crímenes, nación, naciones.* There are a few exceptions to this rule, e.g. *carácter, caracteres,* and *régimen, regímenes.* Only in a few verb forms does the stress fall further back than the antepenultimate syllable: *cántamelo, prohíbaselo.*

### 3 Dividing syllables

You will have seen in 2Ⓐ above that in cases like *telefonea* and *historia* not all vowels count equally when dividing and stressing syllables. The convention is that *a, e* and *o* are 'strong' vowels while *i* and *u* are 'weak'. Bearing this in mind we can apply four rules:

Ⓐ Where there is a combination of weak + strong vowels, forming a single syllable (called a diphthong), the stress falls on the strong vowel: *baila, cierra, puesto, peine, causa.*

Ⓑ In a combination of weak + weak vowels, again forming a diphthong, the stress falls on the second element: *ruido, fuimos, viuda.*

Ⓒ Where two strong vowels are combined they are pronounced as two distinct syllables, the stress falling according to rules Ⓐ and Ⓑ in section 2 above: *ma/es/tro* (three syllables), *con/tra/er* (three syllables), *cre/er* (two syllables).

Ⓓ Any word that has a combination of vowels whose parts are not stressed according to the above rules is given an acute accent on the stressed part: *creído, período, baúl, ríe, tío.*

Note that in cases where IPA transcriptions are given for Spanish words, the stress mark ['] is inserted in the same way as explained for English. See **La pronunciación del inglés británico**, section 2.

### 4 Spanish letters and their sounds

All the examples given below are pronounced as in British English.

## Vowels

Spanish vowels are pronounced clearly and quite sharply, and unlike English are not extended to form diphthongs (e.g. **side** [saɪd], **know** [nəʊ]). Unstressed vowels are relaxed only slightly (compare English **natural** ['nætʃrəl] with Spanish natural [natu'ral]). Stressed vowels are pronounced slightly more open and short before **rr** (compare **carro** with **caro**, **perro** with **pero**).

| | | | |
|---|---|---|---|
| **a** | [a] | Not so short as **a** in English *pat, batter,* but not so long as in *rather, bar* | **pata**<br>**amara** |
| **e** | [e] | In an open syllable (one which ends in a vowel) like **e** in English *they,* but without the sound of the **y**. In a closed syllable (one which ends in a consonant) the sound is shorter, like the **e** in *set, wet* | **me**<br>**pelo**<br>**sangre**<br>**peldaño** |
| **i** | [i] | Not so short as **i** in the English *bit, tip,* but not so long as in *machine* | **iris**<br>**filo** |
| **o** | [o] | In an open syllable (one which ends in a vowel) like **o** in the English *note,* but without the sound of [ʊ] which ends the vowel in this word. In a closed syllable (one which ends in a consonant) it is a shorter sound, but not quite so short as in the English *pot, cot* | **poco**<br>**cosa**<br>**bomba**<br>**conté** |
| **u** | [u] | Like **u** in the English *rule* or **oo** in *food.* Silent after **q** and in the groups **gue**, **gui**, unless marked by a diaeresis (*argüir, fragüe, antigüedad*) | **luna**<br>**pula**<br>**aquel**<br>**pague** |
| **y** | [i] | When used as a vowel – i.e. in the conjunction **y** meaning 'and', as well as at the end of words such as *voy, ley* – it is pronounced like **i** | |

## Diphthongs

(Single syllables consisting of two vowels. See also section 3 above)

| | | | |
|---|---|---|---|
| **ai, ay** | [ai] | like **i** in the English *side* | **baile**<br>**hay** |
| **au** | [au] | like **ou** in English *sound* | **áureo**<br>**causa** |

| | | | |
|---|---|---|---|
| **ei, ey** | [ei] | like **ey** in the English *th**ey*** | **reina**<br>**rey** |
| **eu** | [eu] | like the vowel sounds in the English **may-you**, without the sound of the **y** | **deuda**<br>**feudo** |
| **oi, oy** | [oi] | like **oy** in the English *b**oy*** | **oiga**<br>**soy** |

## Semiconsonants

There are two semiconsonants in Spanish which appear in a variety of combinations as the first element. Not all the combinations are listed here.

| | | | |
|---|---|---|---|
| **i, y** | [i] | like **y** in the English ***y**es, **y**acht*<br>(See also the note under **y** in the list of consonants) | **bien**<br>**hielo**<br>**yunta**<br>**apoyo** |
| **u** | [w] | like **w** in the English ***w**ell* | **huevo**<br>**fuente**<br>**agua**<br>**guardar** |

## Consonants

| | | | |
|---|---|---|---|
| **b, v** | | These two letters have the same value in Spanish. There are two distinct pronunciations depending on position and context: | |
| | [b] | At the start of the breath group and after the written letters **m** and **n** (pronounced [m]) the sound is like the English **b** | **bomba**<br>**boda**<br>**enviar** |
| | [β] | In all other positions the sound is between an English **b** and **v** in which the lips do not quite meet (called a bilabial fricative, a sound unknown in English) | **haba**<br>**severo**<br>**yo voy**<br>**de Vigo** |
| **c** | | This letter has two different values: | |
| | [k] | **c** before **a**, **o**, **u** or a consonant is like the English **k** in keep, but without the slight aspiration which accompanies it | **calco**<br>**acto**<br>**cuco** |
| | [θ] | **c** before **e**, **i** is like the English **th** in ***th**in*. In parts of Andalusia and Latin America this is pronounced like **s** in English ***s**ame*, and is known as **seseo**. In words like *a**cc**ión*, *se**cc**ión* both types of c sound are heard [kθ] | **celda**<br>**hacer**<br>**cinco**<br>**cecear** |
| **ch** | [tʃ] | like **ch** in the English ***ch**ur**ch*** | **mucho**<br>**chorro** |
| **d** | | This letter has three different values depending on position and context: | |
| | [d] | At the start of the breath-group, and after **l**, **n** the sound is like the English **d** | **dama**<br>**aldea**<br>**andar** |
| | [ð] | Between vowels and after consonants other than **l**, **n** the sound is relaxed and similar to the English sound **th** [ð] in ***th**is*. In parts of Spain and in casual speech it is further relaxed and even disappears, especially in the **-ado** ending | **pide**<br>**cada**<br>**pardo**<br>**sidra** |
| | | In the final position, the second type of [ð] is further relaxed or completely omitted. In eastern parts of Spain this final **d** may be heard as a **t** | **verdad**<br>**usted**<br>**Madrid**<br>**callad** |
| **f** | [f] | like the English **f** in ***f**or* | **fama**<br>**fofo** |
| **g** | | This letter has three different values depending on position and context: | |
| | [x] | Before **e**, **i** it is the same as Spanish **j** (see below) | **Gijón**<br>**general** |
| | [g] | At the start of the breath group and after **n** the sound is that of the English **g** in ***g**et* | **gloria**<br>**rango**<br>**pingüe** |
| | [ɣ] | In other positions the sound is as in the second type above, but it is fricative and not plosive | **haga**<br>**agosto** |
| | | Note that in the group **gue**, **gui** the **u** is silent (***gu**erra*, ***gu**indar*) except when marked by a diaeresis (*antig**ü**edad*, *arg**ü**ir*). In the group **gua** all the letters are sounded (***gua**rdia*, ***gua**po*) | |
| **h** | | always silent | |
| **j** | [x] | a strong guttural sound not found in the English of England, but like the **ch** of Scots *lo**ch***, Welsh *ba**ch***, or German *Aa**ch**en*, *A**ch**tung*.<br>It is silent at the end of a word (*relo**j***) | **jota**<br>**jején**<br>**baraja** |

| | | | |
|---|---|---|---|
| **k** | [k] | like the English letter **k** in ***k**ick*, but without the slight aspiration which accompanies it | **kilo** |
| **l** | [l] | like English letter **l** in ***l**ove* | **lelo**<br>**pañal** |
| **ll** | [ʎ] | similar to the English **lli** in *mi**lli**on*. In parts of Spain and most parts of Latin America it is pronounced as [j] and in other parts as [ʒ]. The pronunciation as [j] is rapidly becoming more widely accepted in Spain. | **calle**<br>**ella**<br>**lluvia**<br>**millón** |
| **m** | [m] | like the letter **m** in English ***m**ade* | **mano**<br>**mamá** |
| **n** | [n] | like the letter **n** in English ***n**one*, but before **v** is pronounced as **m**, the group making [mb] (e.g. *e**nv**iar*, *si**n v**alor*) | **nadie**<br>**pan**<br>**pino** |
| **ñ** | [ɲ] | similar to the English sound **ni** [nj] in *o**ni**on* | **uña**<br>**ñoño** |
| **p** | [p] | like English letter **p** in ***p**ut*, but without the slight aspiration which accompanies it. It is often silent in *se**p**tiembre*, *sé**p**timo* | **padre**<br>**patata** |
| **q** | [k] | like English **k** in ***k**ick*, but without the slight aspiration which accompanies it. Always written in combination with **u**, which is silent | **que**<br>**quinqué**<br>**bosque**<br>**quiosco** |
| **r** | [r] | a single trill or vibration stronger than any **r** in the English of England, but like the Scots **r**. It is more relaxed in the final position and is silent in parts of Spain and Latin America. Pronounced like **rr** at the start of a word and also after **l**, **n**, **s** | **coro**<br>**quiere**<br>**rápido**<br>**real** |
| **rr** | [rr] | strongly trilled in a way that does not exist in English | **torre**<br>**burro**<br>**irreal** |
| **s** | | Two pronunciations: | |
| | [s] | Except in the instances mentioned next, it is like the letter **s** in English ***s**ame* | **casa**<br>**Isabel**<br>**soso** |
| | [z] | Before a voiced consonant (**b**, **d**, **g**, **l**, **m**, **n**) it is usually pronounced like **s** in English *ro**s**e*, *pha**s**e* | **desde**<br>**asgo**<br>**mismo**<br>**asno** |
| **t** | [t] | like English **t** in ***t**ame*, but without the slight aspiration which accompanies it | **título**<br>**pata** |
| **v** | | see **b** | |
| **w** | | found in a few recent loanwords only; usually pronounced like Spanish **b**, **v** or like an English **v**, or kept as English **w** | **wáter**<br>**week-end**<br>**wolframio** |
| **x** | | There are several possible pronunciations: | |
| | [ks] | Between vowels, **x** is pronounced like English **x** in *bo**x*** [ks], or | **máximo** |
| | [gs] | like **gs** in big stick [gs] | **examen** |
| | [s] | In a few words the **x** is pronounced between vowels like English **s** in ***s**ame*, but not by all Spanish speakers | **exacto**<br>**auxilio** |
| | [s] | Before a consonant **x** is pronounced like English **s** in ***s**ame*, but not by all Spanish speakers | **extra**<br>**sexto** |
| **y** | [j] | as a consonant or semiconsonant, **y** is pronounced as in English ***y**es*, ***y**outh*. In emphatic speech in Spain and Latin America this is similar to **j** in the English word jam [dʒ]. In Argentina, Chile etc this **y** is pronounced like the **s** in English *lei**s**ure* [ʒ] | **mayo**<br>**yo**<br>**mayor**<br>**ya** |
| **z** | [θ] | like the English **th** in ***th**in*. In parts of Andalusia and Latin America this is pronounced like the English **s** in ***s**ame*, and is known as **seseo** | **zapato**<br>**zorro**<br>**zumbar**<br>**luz** |

## 5 Additional notes on pronunciation

Ⓐ The letter **b** is usually not pronounced in groups with **s** such as **obscuro**, **substituir**. In practice, such words are generally written **oscuro**, **sustituir** etc and this is the spelling under which they are treated in the dictionary.

Ⓑ With one exception there are no real double consonants in Spanish speech. **cc** in words like **acción** is two separate sounds [kθ], while **ll** and **rr** have their own values (see table).
The exception is the **nn** group found in words with the prefix **in**-, e.g. **innato**, or occasionally **con**-, **sin**- as in **connatural**, **sinnúmero**. In these cases the **n** is pronounced double [nn].

Ⓒ When taking loanwords from other languages the majority of Spanish speakers will adapt the pronunciation of these words, usually while keeping the original spelling. For some examples of this, see the main dictionary text under **chalet, jazz** and **shock**.

Ⓓ No well-established Spanish word begins with what is called 'impure s', i.e. **s** plus a consonant as an initial group. When Spanish speakers have to pronounce a foreign word or name they will almost always add an initial e-sound, so that Smith becomes [ez'miθ] or [es'mis]. More recent anglicisms tend to be written in Spanish as **slip, slogan** etc, but are pronounced [ez'lip] and [ez'loɣan], while more established English loanwords are written **esnob, esplín** etc and are pronounced accordingly.

## 6 The letters of the Spanish alphabet

When letters of the alphabet are spoken one at a time, or when a word is spelled out letter by letter etc, the names of the letters are as follows:

| | | | | | |
|---|---|---|---|---|---|
| **a** | [a] | **j** | ['xota] | **r** | ['ere] |
| **b** | [be] (*in LAm* [be'larɣa]) | **k** | [ka] | **rr*** | ['erre] |
| **c** | [θe] *or* [se] | **l** | ['ele] | **s** | ['ese] |
| **ch*** | [tʃe] | **ll*** | ['eʎe] | **t** | [te] |
| **d** | [de] | **m** | ['eme] | **u** | [u] |
| **e** | [e] | **n** | ['ene] | **v** | ['uβe] (*in LAm* [be'korta]) |
| **f** | ['efe] | **ñ** | ['eɲe] | **w** | ['uβe 'doβle] (*in LAm* ['doβle be]) |
| **g** | [xe] | **o** | [o] | **x** | ['ekis] |
| **h** | ['atʃe] | **p** | [pe] | **y** | [i'ɣrjeɣa] |
| **i** | [i] | **q** | [ku] | **z** | ['θeta] *or* ['seta] |

The gender of the letters is feminine: '¿esto es una c o una t?' You also say 'una a' and 'la a', 'una h' and 'la h' (i.e. you do not apply the rule as in un ave, el agua).

*Though not strictly letters of the alphabet, these are considered separate sounds in Spanish.

# Pronouncing Latin American Spanish

The pronunciation of Latin American Spanish varies widely from place to place, so the following notes are intended to give a general picture only. As a rule, the Spanish spoken in the upland areas of Latin America is similar to Castilian Spanish, while the lowland and coastal areas have many features of Andalusian pronunciation. Vowel sounds are all roughly the same, but there are differences in the way consonants are pronounced.
These are listed below:

1 The Castilian [θ] sound (like the **th** in the English word ***th**in*) which is written **c** or **z** is pronounced as various kinds of **s** [s] throughout Latin America. This is known as **seseo**.

2 At the end of a syllable or a word, **s** is a slight aspiration, e.g. **las dos** [lah'doh], mosca ['mohka], but in parts of the Andes, upland Mexico and Peru the [s] sound is retained as in Castilian Spanish.

3 The Castilian written **ll** [ʎ] (like **lli** in the English word *mi**lli**on*) is pronounced in three different ways in Latin America. In parts of Colombia, all Peru, Bolivia, N. Chile and Paraguay it remains [ʎ]. In Argentina, Uruguay, upland Ecuador and part of Mexico it is pronounced [ʒ]. In the remaining areas it is pronounced [j]. When this last kind [j] is in contact with the vowels **e** and **i** it disappears altogether, and one finds incorrect written forms such as **gaína** (for **gallina**) and **biete** (for **billete**).

4 In all parts of Latin America you will often find confusion between the letters **l** and **r**: **clin** (for **crin**), **carma** (for **calma**) etc.

5 Written **h** is silent in Castilian, but in parts of Mexico and Peru this **h** is aspirated at the start of a word, so you may find incorrectly spelt forms such as **jarto** (for **harto**) and **jablar** (for **hablar**). Compare **halar/jalar** and other cases in the main dictionary text.

# Spanish Spelling

## 1 Use of capitals

As in English, capital letters are used to begin words in the following cases:
– for the first letter of the first word in a sentence
– for proper names (but see also below)

**María, el Papa, el Rey, la Real Academia Española,**
**Viernes Santo, el Partido Laborista, Dios**

Note that where the article is an integral part of the proper name, it also begins with a capital – **El Escorial, La Haya, La Habana** – but where the article is generally or optionally used with the name of a country, it does not begin with a capital – **la India, la Argentina**
– for abbreviations of titles:

**Sr., D., Excmª**

In the following cases usage differs from English:
– names of days and months:

**lunes, mayo**

– the pronoun **yo**, unless it begins a sentence
– while capitals are used for names of countries, they are not used for the adjectives derived therefrom:

**Francia**, but **francés**

Similarly, adjectives derived from proper names do not begin with a capital:

**... en los estudios lorquianos, las teorías einsteinianas**

– in the titles of books, films, plays etc, only the first word begins with a capital letter:

**Lo que el viento se llevó, Cien años de soledad**

– points of the compass begin with lower case:

**norte, sur** etc

(though they are capitalized if part of a name: **Korea del Sur**)
– official and noble titles:

**el duque de Alba, el ministro de Interior**

Note that capital letters can be accentuated in the same way as lower case letters.

## 2 Punctuation

Other than the differences listed below, punctuation in English and Spanish is very similar.

### Ⓐ Exclamation marks and question marks

An inverted exclamation mark (¡) or question mark (¿) is required at the start of the exclamation or question in addition to the standard exclamation mark or question mark at the end. The position of these marks does not always coincide with the beginning of the sentence:

**¡Qué calor hace!**
**Pues, ¿vamos o no vamos?**
**Son trece en total, ¿verdad?**

Ⓑ **Full stops**

These are used very much as in English, except that:

– they are generally used after abbreviations:

**Sr. Solís**

They are used in numbers where English uses a comma:

| *English* | *Spanish* |
|---|---|
| 10,587 | 10.587 |

Ⓒ **Commas**

A comma is used instead of the decimal point:

| *English* | *Spanish* |
|---|---|
| 10.1 | 10,1 *(diez coma uno)* |

Ⓓ **Colons**

These are used instead of a comma after the name of the recipient of a letter, though nowadays the colon is often left out altogether in these contexts

**Querida Dolores:**

**Muy Señor mío:**

Ⓔ **Semicolons**

These are sometimes used where a comma or a full stop would be expected in English, to denote a longer pause between phrases:

**Me habló de la familia, los amigos, el trabajo; sin embargo, no mencionó a su hijo.**

Ⓕ **Hyphens**

These are used very sparingly, since the tendency is for compound nouns and adjectives to be written as a single word:

**antifranquista, proeuropeo, antihistamínico**

When the two adjectives refer to different things, the hyphen is used:

**el eje franco-alemán, el pensamiento anglo-americano**

Hyphens are also used as in English to join nouns:

**misiles tierra-aire, el eje Roma-Berlín**

Confusion reigns in the use or absence of the hyphen in such combinations: **hombre rana, hombre-rana**. If the combination is brief there is a tendency to use the hyphen: **granja-escuela, grúa-puente, dos grúas-puente**. The Academy appears to rule against the hyphen but has hardly put its mind as yet to this relatively new and rapidly developing usage.

Ⓖ **The dash**

**1.** The dash is often used to insert parenthetical material where English would use a comma:

**la moción de censura fue aprobada por unanimidad — algo cada vez más raro en el parlamento — a últimas horas de la sesión.**

**2.** The dash is used to represent continuous dialogue where English would use inverted commas. It is used both to show a change of speaker and the resumption of dialogue after a pause:

**—¿Vas a venir? —dijo suavemente**

**—No puedo —contesté**

Note that punctuation in direct speech is placed after the dash.

Ⓗ **Quotation marks**

Traditionally "*comillas*" «...» were used to enclose quotations, unusual words, and so on. However, the tendency in some media these days is to use standard inverted commas, and the *El País* style guide, which is widely followed in Spain, recommends this.

## 3 Word division

The rules for splitting words in Spanish are not the same as for English. The main points are:

Ⓐ A single consonant between vowels is grouped with the second of them: **pa-lo, Barcelo-na**.

Ⓑ In a group of two consonants between vowels, the first is grouped with the preceding vowel and the second with the following vowel: **in-nato, des-mochar, paten-te**. But groups having **l** or **r** as the second element are considered as units and join the following vowel only: **re-probar, de-clarar**.

Ⓒ A group consisting of consonant + **h** may be split: **ex-hibición, Al-hambra**.

Ⓓ Remember that **ch**, **ll** and **rr** are considered as individual letters and must therefore never be split: **aprove-char, aga-lla, contra-rrevolucionario.**

Ⓔ In a group of three consonants, the first two join the preceding vowel: **trans-porte, cons-tante**. The exception to this rule is if the third consonant in this group is **l** or **r** only the first consonant joins the preceding vowel while the second and third join the following vowel: **som-bra, des-preciar, con-clave.**

Ⓕ Two vowels should never be separated, even where they form one syllable: **rui-do, maes-tro, pro-veer.**

Ⓖ Where it is obvious that a word is made up of two more words which have an independent existence of their own, the composite word can be split in ways that contradict the above rules: **latino-americano, re-examinar, vos-otros.** The same applies to some prefixes: **des-animar, ex-ánime.**

# Pronunciación y ortografía

## La pronunciación del inglés británico

Como es sabido, la ortografía del inglés se ajusta a criterios históricos y etimológicos y en muchos puntos apenas ofrece indicaciones ciertas de cómo ha de pronunciarse cada palabra. Por ello nos ha parecido aconsejable y de utilidad para los hispanohablantes dar para cada palabra inglesa una pronunciación figurada o transcripción. Al tratar de explicar en estas notas los sonidos del inglés mediante comparaciones con los sonidos del español en un espacio reducido nos damos cuenta de que realizamos una labor que no pasa de ser aproximativa.

### 1 Sistema de signos

Se emplean los signos de la IPA (International Phonetic Association). Hemos seguido en general las transcripciones de Daniel Jones, *English Pronouncing Dictionary*, London, Dent, 14th ed., 1989. En el prólogo de esta obra el autor explica los principios que le han guiado en su trabajo.

### 2 Acentuación

En las transcripciones el signo ['] se coloca delante de la sílaba acentuada. El signo [ˌ] se pone delante de la sílaba que lleva el acento secundario o más ligero en las palabras largas, p.ej. **acceleration** [ækˌselə'reɪʃən]. Dos signos de acento principal [' '] indican que las dos sílabas, o bien dos de las sílabas, se acentúan igualmente, p.ej. **A 1** ['eɪ'wʌn], **able-bodied** ['eɪbl'bɒdɪd].

### 3 Signos impresos en cursiva

En la palabra ***annexation*** [ˌænek'seɪʃ*ə*n], la [*ə*] en cursiva indica que este sonido puede o no pronunciarse; bien porque muchos hablantes la pronuncian pero otros muchos no, o bien porque es un sonido que se oye en el habla lenta y cuidada pero que no se oye en el habla corriente y en el ritmo de la frase entera.

### 4 Transcripciones alternativas

En los casos donde se dan dos transcripciones, ello indica que ambas pronunciaciones son igualmente aceptables en el uso culto, p.ej. **medicine** ['meds*ɪ*n,'medɪs*ɪ*n], o bien que la pronunciación varía bastante según la posición de la palabra en la frase y el contexto fonético, p.ej. **an** [æn, ən, n].

5 Véase también la nota sobre la pronunciación del inglés norteamericano (pág. xlii).

6 El orden en que se explican los signos abajo es más o menos ortográfico y no estrictamente fonético.

## Vocales

| | | | |
|---|---|---|---|
| [æ] | sonido breve, bastante abierto, parecido al de **a** en *c**a**rro* | **bat**<br>**apple** | [bæt]<br>['æpl] |
| [ɑː] | sonido largo parecido al de **a** en *c**a**ro* | **farm**<br>**calm** | [fɑːm]<br>[kɑːm] |
| [e] | sonido breve, bastante abierto, parecido al de **e** en *p**e**rro* | **set**<br>**less** | [set]<br>[les] |
| [ə] | 'vocal neutra', siempre átona; parecida a la **e** del artículo francés *l**e*** y a la **a** final del catalán (p.ej. *cas**a**, port**a***) | **above**<br>**porter**<br>**convey** | [ə'bʌv]<br>['pɔːtə^r]<br>[kən'veɪ] |
| [ɜː] | forma larga del anterior, en sílaba acentuada; algo parecido al sonido de **eu** en la palabra francesa *l**eu**r* | **fern**<br>**work**<br>**murmur** | [fɜːn]<br>[wɜːk]<br>['mɜːmə^r] |
| [ɪ] | sonido breve, abierto, parecido al de **i** en *esb**i**rro, **i**rreal* | **tip**<br>**pity** | [tɪp]<br>['pɪtɪ] |
| [iː] | sonido largo parecido al de **i** en *v**i**no* | **see**<br>**bean**<br>**ceiling** | [siː]<br>[biːn]<br>['siːlɪŋ] |
| [ɒ] | sonido breve, bastante abierto, parecido al de **o** en *c**o**rra, t**o**rre* | **rot**<br>**wash** | [rɒt]<br>[wɒʃ] |
| [ɔː] | sonido largo, bastante cerrado, algo parecido al de **o** en *p**o**r* | **ball**<br>**board** | [bɔːl]<br>[bɔːd] |
| [ʊ] | sonido muy breve, más cerrado que la **u** en *b**u**rro* | **soot**<br>**full** | [sʊt]<br>[fʊl] |
| [uː] | sonido largo, parecido al de **u** en ***u**no, s**u**pe* | **root**<br>**fool** | [ruːt]<br>[fuːl] |
| [ʌ] | sonido abierto, breve y algo oscuro, sin correspondencia en español; se pronuncia en la parte anterior de la boca sin redondear los labios | **come**<br>**rum**<br>**blood**<br>**nourish** | [kʌm]<br>[rʌm]<br>[blʌd]<br>['nʌrɪʃ] |

## Diptongos

| | | | |
|---|---|---|---|
| [aɪ] | sonido parecido al de **ai** en *fr**ai**le, v**ai**s* | **lie**<br>**fry** | [laɪ]<br>[fraɪ] |
| [aʊ] | sonido parecido al de **au** en *p**au**sa, s**au**ce* | **sow**<br>**plough** | [saʊ]<br>[plaʊ] |
| [eɪ] | sonido medio abierto, pero más cerrado que la **e** de *cas**é***; suena como si le siguiese una [i] débil, especialmente en sílaba acentuada | **fate**<br>**say**<br>**waiter**<br>**straight** | [feɪt]<br>[seɪ]<br>['weɪtə^r]<br>[streɪt] |

| | | | |
|---|---|---|---|
| [əʊ] | sonido que es una especie de **o** larga, sin redondear los labios ni levantar la lengua; suena como si le siguiese una [u] débil | **ago**<br>**also**<br>**atrocious**<br>**note** | [ə'gəʊ]<br>['ɔːlsəʊ]<br>[ə'trəʊʃəs]<br>[nəʊt] |
| [ɛə] | sonido que se encuentra únicamente delante de la **r**: el primer elemento se parece a la **e** de *perro,* pero es más abierto y breve; el segundo elemento es una forma débil de la 'vocal neutra' [ə] | **there**<br>**rare**<br>**fair**<br>**ne'er** | [ðɛəʳ]<br>[rɛəʳ]<br>[fɛəʳ]<br>[nɛəʳ] |
| [ɪə] | sonido cuyo primer elemento es una **i** medio abierta; el segundo elemento es una forma débil de la 'vocal neutra' [ə] | **here**<br>**interior**<br>**fear**<br>**beer** | [hɪəʳ]<br>[ɪn'tɪərɪəʳ]<br>[fɪəʳ]<br>[bɪəʳ] |
| [ɔɪ] | sonido cuyo primer elemento es una **o** abierta; seguido de una **i** abierta pero débil; parecido al sonido de **oy** en *v**oy*** o de **oi** en *c**oi**me* | **toy**<br>**destroy**<br>**voice** | [tɔɪ]<br>[dɪs'trɔɪ]<br>[vɔɪs] |
| [ʊə] | sonido cuyo primer elemento es una **u** medio larga; el segundo elemento es una forma débil de la 'vocal neutra' [ə] | **allure**<br>**sewer**<br>**pure** | [ə'ljʊəʳ]<br>[sjʊəʳ]<br>[pjʊəʳ] |

## Consonantes

| | | | |
|---|---|---|---|
| [b] | como la **b** de *tum**b**ar, um**b**río* | **bet**<br>**able** | [bet]<br>['eɪbl] |
| [d] | como la **d** de *con**d**e, an**d**ar* | **dime**<br>**mended** | [daɪm]<br>['mendɪd] |
| [f] | como la **f** de ***f**o**f**o, in**f**lar* | **face**<br>**snaffle** | [feɪs]<br>['snæfl] |
| [g] | como la **g** de ***g**rande, ran**g**o* | **go**<br>**agog** | [gəʊ]<br>[ə'gɒg] |
| [h] | es una aspiración fuerte, algo así como la jota castellana [x] pero sin la aspereza gutural de aquélla | **hit**<br>**reheat** | [hɪt]<br>['riː'hiːt] |
| [j] | como la **y** de *cu**y**o, re**y**es* | **you**<br>**pure**<br>**million** | [juː]<br>[pjʊəʳ]<br>['mɪljən] |
| [k] | como la **c** de ***c**ama* o la **k** de ***k**ilómetro,* pero acompañada por una ligera aspiración inexistente en español | **catch**<br>**kiss**<br>**chord**<br>**box** | [kætʃ]<br>[kɪs]<br>[kɔːd]<br>[bɒks] |
| [l] | como la **l** de ***l**eer, pa**l**a* | **lick**<br>**place** | [lɪk]<br>[pleɪs] |
| [m] | como la **m** de ***m**es, co**m**er* | **mummy**<br>**roam** | ['mʌmɪ]<br>[rəʊm] |
| [n] | como la **n** de ***n**ada, habla**n*** | **nut**<br>**sunny** | [nʌt]<br>['sʌnɪ] |
| [ŋ] | como el sonido que tiene la **n** en *ba**n**co, ra**n**go* | **bank**<br>**sinker**<br>**singer** | [bæŋk]<br>['sɪŋkəʳ]<br>['sɪŋəʳ] |
| [p] | como la **p** de ***p**alo, ro**p**a,* pero acompañada por una ligera aspiración inexistente en español | **pope**<br>**pepper** | [pəʊp]<br>['pepəʳ] |
| [r] | Es un sonido muy débil, casi semivocal, que no tiene la vibración fuerte que caracteriza la **r** española. Se articula elevando la punta de la lengua hacia el paladar duro. (NB: En el inglés de Inglaterra la **r** escrita se pronuncia únicamente delante de vocal; en las demás posiciones es muda. Véase abajo). | **rate**<br>**pear**<br>**fair**<br>**blurred**<br>**sorrow** | [reɪt]<br>[pɛəʳ]<br>[fɛəʳ]<br>[blɜːd]<br>['sɒrəʊ] |
| [ʳ] | Este signo en las transcripciones indica que la **r** escrita en posición final de palabra se pronuncia en el inglés británico en muchos casos cuando la palabra siguiente empieza con vocal. En algún dialecto inglés y sobre todo en los Estados Unidos esta **r** se pronuncia siempre, así cuando la palabra se pronuncia aislada como cuando la siguen otras (empezando con vocal o sin ella) | **bear**<br>**humour**<br>**after** | [bɛəʳ]<br>['hjuːməʳ]<br>['ɑːftəʳ] |
| [s] | como la **s** (sorda) de *ca**s**a, **s**esión* | **sit**<br>**scent**<br>**cents**<br>**pox** | [sɪt]<br>[sent]<br>[sents]<br>[pɒks] |
| [t] | como la **t** de ***t**ela, ra**t**a,* pero acompañada por una ligera aspiración inexistente en español | **tell**<br>**strut**<br>**matter** | [tel]<br>[strʌt]<br>['mætəʳ] |
| [v] | Inexistente en español (aunque se encuentra en catalán y valenciano). En inglés es sonido labiodental, y se produce juntando el labio inferior con los dientes superiores | **vine**<br>**river**<br>**cove** | [vaɪn]<br>['rɪvəʳ]<br>[kəʊv] |
| [w] | como la **u** de *h**u**evo, p**u**ede* | **wine**<br>**bewail** | [waɪn]<br>[bɪ'weɪl] |

| | | | |
|---|---|---|---|
| [z] | como la **s** (sonora) de *de**s**de, mi**s**mo* | **zero**<br>**roses**<br>**buzzer** | [ˈzɪərəʊ]<br>[ˈrəʊzɪz]<br>[ˈbʌzəʳ] |
| [ʒ] | Inexistente en español, pero como la **j** de las palabras francesas ***j**our, **j**alousie,* o como la **g** de las palabras portuguesas ***g**ente, **g**eral* | **rouge**<br>**leisure**<br>**azure** | [ruːʒ]<br>[ˈleʒəʳ]<br>[ˈeɪʒəʳ] |
| | Este sonido aparece a menudo en el grupo [dʒ], parecido al grupo **dj** de la palabra francesa *a**dj**acent* | **page**<br>**edge**<br>**jail** | [peɪdʒ]<br>[edʒ]<br>[dʒeɪl] |
| [ʃ] | Inexistente en español, pero como la **ch** de las palabras francesas ***ch**ambre, fi**ch**e,* o como la **x** de la palabra portuguesa *ro**x**o* | **shame**<br>**ocean**<br>**ration**<br>**sugar** | [feɪm]<br>[ˈəʊʃən]<br>[ˈræʃən]<br>[ˈʃʊgəʳ] |
| | Este sonido aparece a menudo en el grupo [tʃ], parecido al grupo **ch** del español *mu**ch**o, **ch**o**ch**o* | **much**<br>**chuck**<br>**natural** | [mʌtʃ]<br>[tʃʌk]<br>[ˈnætʃrəl] |
| [θ] | como la **z** de ***z**umbar,* o la **c** de ***c**iento* | **thin**<br>**maths** | [θɪn]<br>[mæθs] |
| [ð] | forma sonorizada del anterior, algo parecido a la **d** de *to**d**o, habla**d**o* | **this**<br>**other**<br>**breathe** | [ðɪs]<br>[ˈʌðəʳ]<br>[briːð] |
| [x] | sonido que en rigor no pertenece al inglés de Inglaterra, pero que se encuentra en el inglés de Escocia y en palabras escocesas usadas en Inglaterra etc; es como la **j** de ***j**oven, ro**j**o* | **loch** | [lɔx] |

## 7 Sonidos extranjeros

El grado de corrección con que un hablante de inglés pronuncia las palabras extranjeras que acaban de incorporarse al idioma depende – como en español – de su nivel cultural y de los conocimientos que pueda tener del idioma de donde se ha tomado la palabra. Las transcripciones que damos de tales palabras representan una pronunciación más bien culta. En las transcripciones la tilde [ ˜ ] indica que la vocal tiene timbre nasal (en muchas palabras de origen francés). En las pocas palabras tomadas del alemán aparece a veces la [x], para cuya explicación véase el cuadro de las consonantes.

## 8 Las letras del alfabeto inglés

Cuando se citan una a una, o cuando se deletrea una palabra para mayor claridad, o cuando se identifica un avión etc por una letra y su nombre, las letras suenan así:

| | | | | | |
|---|---|---|---|---|---|
| **a** | [eɪ] | **j** | [dʒeɪ] | **s** | [s] |
| **b** | [biː] | **k** | [keɪ] | **t** | [tiː] |
| **c** | [siː] | **l** | [el] | **u** | [juː] |
| **d** | [diː] | **m** | [em] | **v** | [viː] |
| **e** | [iː] | **n** | [en] | **w** | [ˈdʌbljuː] |
| **f** | [ef] | **o** | [əʊ] | **x** | [eks] |
| **g** | [dʒiː] | **p** | [piː] | **y** | [waɪ] |
| **h** | [eɪtʃ] | **q** | [kjuː] | **z** | [zed] (*en EEUU* [ziː]) |
| **i** | [aɪ] | **r** | [ɑːʳ] | | |

# La pronunciación del inglés norteamericano

Empleamos las abreviaturas (*Brit*) (British) y (*US*) (United States).

## 1 Acentuación

Las palabras que tienen dos sílabas o más después del acento principal llevan en inglés americano un acento secundario que no tienen en inglés británico, p.ej.

| | (*US*) | (*Brit*) |
|---|---|---|
| **dictionary** | ˈdɪkʃəˌnerɪ | ˈdɪkʃənrɪ |
| **secretary** | ˈsekrəˌterɪ | ˈsekrətrɪ |

En algunos casos se acentúa en inglés americano una sílaba distinta de la que lleva el acento en inglés británico, p.ej:

| | | |
|---|---|---|
| **primarily** | praɪˈmærɪlɪ | ˈpraɪmərɪlɪ |

Este cambio de acento se percibe ahora también, por influencia norteamericana, en el inglés de Inglaterra.

## 2 Entonación

El inglés americano se habla con un ritmo más lento y en un tono más monótono que en Inglaterra, debido en parte al alargamiento de las vocales que se apunta abajo.

## 3 Sonidos

Muchas de las vocales breves acentuadas en inglés británico se alargan mucho en inglés americano, y alguna vocal inacentuada en inglés británico se oye con más claridad en inglés americano, p.ej.

| | | |
|---|---|---|
| **rapid** | ˈræːpɪd | ˈræpɪd |
| **capital** | ˈkæːbɪdəl | ˈkæpɪtl |

Una peculiaridad muy notable del inglés americano es la nasalización de las vocales antes y después de las consonantes nasales [m, n, ŋ].

En las vocales individuales también hay diferencias. El sonido [ɑː] en inglés británico en muchas palabras se pronuncia en inglés americano como [æ] o bien [æː], p.ej.

| | (*US*) | (*Brit*) |
|---|---|---|
| **grass** | græs<br>græːs | grɑːs |
| **answer** | ˈænsər<br>ˈæːnsər | ˈɑːnsəʳ |

El sonido [ɒ] en inglés británico se pronuncia en inglés americano casi como una [ɑ] oscura, p.ej.

| | | |
|---|---|---|
| **dollar** | ˈdɑlər | ˈdɒləʳ |
| **hot** | hɑt | hɒt |
| **topic** | ˈtɑpɪk | ˈtɒpɪk |

El diptongo que se pronuncia en inglés británico [juː] en sílaba acentuada se pronuncia en la mayor parte de inglés americano sin [j], p.ej.

| | | |
|---|---|---|
| **Tuesday** | ˈtuːzdɪ | ˈtjuːzdɪ |
| **student** | ˈstuːdənt | ˈstjuːdənt |

Pero muchas palabras de este tipo se pronuncian en inglés americano igual que en inglés británico, p.ej. **music, pure, fuel**.

En último lugar entre las vocales, se nota que la sílaba final **-ile** que se pronuncia en inglés británico [aɪl] es a menudo en inglés americano [əl] o bien [ɪl], p.ej.

| | | |
|---|---|---|
| **missile** | ˈmɪsəl<br>ˈmɪsɪl | ˈmɪsaɪl |

Existen otras diferencias en la pronunciación de las vocales de palabras individuales, p.ej. **tomato**, pero éstas se tratan individualmente en el texto del diccionario.

En cuanto a las consonantes, hay que destacar dos diferencias. La consonante sorda [t] entre vocales suele sonorizarse bastante en inglés americano, p.ej.

| | (*US*) | (*Brit*) |
|---|---|---|
| **united** | jʊˈnaɪdɪd | juːˈnaɪtɪd |

o sufre lenición [t].

La *r* escrita en posición final después de vocal o entre vocal y consonante es por la mayor parte muda en inglés británico, pero se pronuncia a menudo en inglés americano, p.ej.

| | | |
|---|---|---|
| **where** | wɛər | wɛəʳ |
| **sister** | ˈsɪstər | ˈsɪstəʳ |

Hemos tomado esto en cuenta en las transcripciones en el texto del diccionario. También en posición final de sílaba (no sólo de palabra) se nota esta pronunciación de la *r* escrita:

| | (*US*) | (*Brit*) |
|---|---|---|
| **burden** | ˈbɜːrdn | ˈbɜːdn |
| **jersey** | ˈdʒɜːrzɪ | ˈdʒɜːzɪ |

Conviene advertir que aun dentro del inglés de Estados Unidos hay notables diferencias regionales; la lengua de Nueva Inglaterra difiere bastante de la del Sur, la del Medio Oeste no es la de California, etc. Los datos que constan arriba no son más que indicaciones muy someras.

# La ortografía del inglés

Vamos a hablar aquí de una serie de reglas ortográficas del inglés que pueden resultar de utilidad para los hablantes de español, así como de las diferencias ortográficas entre el inglés británico y el norteamericano. Nos referiremos, en primer lugar, al inglés británico.

## 1 Consonantes dobles

Ⓐ En las palabras monosílabas que acaban en una sola consonante, esta consonante se dobla cuando se añade un sufijo que empieza por vocal.

Ej: **knot** + **-ed** = **knotted**; **cut** + **-er** = **cutter**; **hit** + **-ing** = **hitting**

EXCEPCIONES:
Cuando en la palabra hay dos vocales juntas.

Ej: **feel** → **feeling**

Cuando la consonante final es doble.

Ej: **hand** → **handed**

Ⓑ En las palabras de dos o tres sílabas acabadas en consonante precedida de una sola vocal, esta consonante se dobla al añadírsele un sufijo, siempre que el énfasis de la raíz recaiga en la última sílaba.

Ej: **regret** + **-ing** = **regretting**; **transfer** + **-ed** = **transferred**; **begin** + **-er** = **beginner**

NOTA: cuando la última sílaba no va acentuada esto no ocurre.

Ej: **enter** + **-ed** = **entered**, **answer** + **-ing** = **answering**, **count** + **-er** = **counter**.

Sin embargo, existen algunas excepciones como:

**kidnap** → **kidnapper**, **kidnapped** etc; **worship** → **worshipping**, **worshipped** etc; **handicap** → **handicapped**, **handicapping**

Ⓒ En algunas palabras acabadas en **-l**, esta **l** se suele hacer doble en los dos casos siguientes:

– en las palabras acabadas por **-l** precedida de una sola vocal.

Ej: **equal** → **equalling**; **instil** → **instilled**; **repel** → **repellent**

– en las palabras acabadas en dos vocales que formen un diptongo.

Ej: **real** → **really**; **fuel** → **fuelled**

## 2 Cuando desaparece la -e final

Ⓐ En las palabras acabadas en una sola **-e** precedida de consonante, la **-e** desaparece cuando se añade un sufijo que empiece por vocal.

Ej: **care** → **cared**; **retrieve** → **retrieving**; **love** → **lovable**

NOTA: La excepción a esta regla la constituye la palabra **likeable** – aunque también existe la forma "likable" – así como algunas palabras que terminan por **-ce** o **-ge** (ver más abajo).

Ⓑ Cuando se añade a la palabra un sufijo que empiece por consonante, la **-e** final se mantiene.

Ej: **hate** → **hateful**

EXCEPCIONES:

**1.** Cuando la palabra acaba en **-able** o **-ible** y se le añade el sufijo adverbial **-ly**.

Ej: **possible** → **possibly**; **arguable** → **arguably**

**2.** En determinadas palabras, entre las que cabe destacar:

**whole** → **wholly**; **argue** → **argument**; **judge** → **judgment**; **true** → **truly**; **due** → **duly**

## 3 Palabras terminadas en -ce y -ge

Ⓐ Tanto en las palabras que terminan por **-ce** como en las que terminan por **-ge**, la **-e** final se mantiene al añadirles un sufijo que empiece por **a** o por **o**, a fin de que se mantenga el sonido suave de la **c** y la **g**.

Ej: **change** → **changeable**; **replace** → **replaceable**; **outrage** → **outrageous**

Ⓑ En las palabras que terminan en **-ce**, la **-e** se convierte en **i** antes del sufijo **-ous**.

Ej: **space** → **spacious**; **malice** → **malicious**

## 4 Palabras terminadas en -y

Ⓐ Cuando las palabras que terminan por **-y** van precedidas de una consonante, la **y** se convierte en **i** al añadírseles cualquier sufijo que empiece por vocal.

Ej: **try** → **tried**; **carry** → **carried**; **funny** → **funnier**; **easy** → **easily**

NOTA: Esto ocurre también en los sustantivos en singular acabados en **y** precedida de consonante, que forman el plural añadiendo el sufijo **-es**. Así: **baby** → **babies**; **lorry** → **lorries**. Y lo mismo en la formación de la tercera persona del presente: **hurry** → **she hurries**; **cry** → **she cries**.

EXCEPCIÓN: La única excepción a esta regla la constituye el sufijo **-ing**.

Ej: **try** + **ing** = **trying**; **carry** + **ing** = **carrying**.

Ⓑ Cuando la **-y** va precedida de vocal, esta **y** se mantiene.

Ej: **convey** → **conveyed**; **lay** → **layer**

NOTA: Los sustantivos que acaban en **y** precedida de vocal tienen un plural regular. Así: **boy** → **boys**; **key** → **keys**. En los verbos acabados en **y** precedida de vocal la tercera persona del presente se forma añadiendo solamente una **s**: **say** → **she says**; **stay** → **he stays**.

## 5 Grupos vocálicos -ie- y -ei-

En la mayoría de los casos, el orden de las letras de estos grupos vocálicos en el interior de una palabra es **-ie-**, a menos que la **i** vaya precedida de **c**, en cuyo caso ocurre lo contrario.

Ej: **retrieve, believe** pero **receive, deceipt**

Sin embargo, existen unas cuantas excepciones a esta regla, que son, entre otras, las siguientes palabras:

| | | | |
|---|---|---|---|
| beige | height | seize | weigh |
| eight | leisure | sleigh | weight |
| either | neighbour | their | weird |
| foreign | neither | veil | |
| freight | rein | vein | |

## 6 Sustantivos terminados en -o

Estos sustantivos forman el plural añadiendo el sufijo **-es**.

Ej: **tomato, tomatoes**; **hero, heroes**; **potato, potatoes**.

EXCEPCIONES:
Cuando terminan en dos vocales.

Ej: **studio, studios**; **radio, radios**.

Cuando los sustantivos son, en origen, palabras abreviadas.

Ej: **kilo, kilos**; **photo, photos**.

## 7 Palabras terminadas en -ence y -ense

En inglés británico los verbos derivados de ciertos sustantivos que se escriben con **-c-** se escriben con **-s-**. Pero, como veremos más adelante, esto no ocurre en inglés americano.

Ej: **a licence** pero **to license**
**the practice** pero **to practise**

## 8 Mayúsculas

Las mayúsculas se emplean más en inglés que en español. Se emplean como en español al principio de palabra en los siguientes casos: en la primera palabra de la frase; en los nombres propios de toda clase; en los nombres, sobrenombres y pronombres posesivos de Dios, Jesucristo, la Virgen etc; en las graduaciones y títulos de las autoridades del estado, del ejército, de la iglesia y de las empresas.

Las mayúsculas se emplean en inglés en los siguientes casos donde se escribe minúscula en español:

Ⓐ Los nombres de los días y meses: **Monday, Tuesday, May, June**

Ⓑ El pronombre personal de sujeto, primera persona: **I** (yo). Pero, a diferencia del español, en que se escribe Vd., Vds., el pronombre de segunda persona (igual que el resto de los pronombres) se escribe siempre con minúscula.

Ⓒ Los gentilicios: **I like the French, two Frenchwomen, French cheese, to talk French, a text in old Castilian**. Sin embargo, el adjetivo de nacionalidad puede escribirse con minúscula en algún caso cuando se refiere a una cosa corriente u objeto conocido de todos, p. ej. **a french window, french beans, german measles, venetian blinds**.

Ⓓ En los nombres y adjetivos derivados de otras clases de nombres propios: **a Darwinian explanation, a Thatcherite, the Elizabethans**.

Ⓔ En los sustantivos y adjetivos principales en los títulos de libros, películas, artículos etc: **A Clockwork Orange, Gone with the Wind**.

## 9 Apóstrofes

El apóstrofe se usa fundamentalmente en inglés:

Ⓐ En la formación del posesivo (el llamado posesivo sajón), para la que se añade una **s** precedida de apóstrofe al singular de cualquier sustantivo o al plural que no acabe en **-s**.

Ej: **my father's car**; **women's talk**

En los plurales de los sustantivos acabados en **-s** se añade solamente un apóstrofe.

Ej: **their friends' house; my daughters' social life**

Ⓑ En determinadas contracciones de palabras, para señalar la omisión de una o más letras.

Ej: **I am** → **I'm**; **you are** → **you're**; **he is** → **he's**; **I had/ I would** → **I'd**; **you have** → **you've**; **does not** → **doesn't**; **I shall/will** → **I'll** etc

## 10 Diferencias ortográficas entre el inglés británico y el norteamericano

### Palabras con el grupo vocálico -ou-

Ⓐ En las palabras terminadas en **-our** en inglés británico derivadas del latín, la **u** se suprime en inglés americano. Así, por ejemplo: inglés británico **colour** = inglés americano **color**; inglés británico **labour** = inglés americano **labor**. (Esto no afecta a los monosílabos como **dour, flour, sour,** donde no hay diferencia).

Ⓑ En inglés americano también se suprime la **u** cuando este grupo de letras se encuentra en el interior de la palabra. Así: inglés británico **mould** = inglés americano **mold**; inglés británico **smoulder** = inglés americano **smolder**.

### Palabras terminadas en -re *(Brit)*

Cuando esta terminación va precedida de consonante y el énfasis no recae en esta sílaba en inglés británico, normalmente cambia a **-er** en inglés americano: inglés británico **centre** = inglés americano **center**; inglés británico **metre** = inglés americano **meter**; inglés británico **theatre** = inglés americano **theater**. (Pero no existe diferencia en **acre, genre, lucre, massacre, mediocre, ogre**).

### Vocales finales

Ciertas vocales finales, que no tienen valor en la pronunciación, se escriben en inglés británico pero se suprimen en inglés americano: inglés americano **catalog** = inglés británico **catalogue**; inglés americano **prolog** = inglés británico **prologue**; inglés americano **program** = inglés británico **programme**; inglés americano **kilogram** = inglés británico **kilogramme**.

### Diptongos de origen griego o latino

En inglés americano se suele simplificar los diptongos de origen griego o latino **ae, oe,** escribiéndose sencillamente **e**: inglés americano **anemia** = inglés británico **anaemia**; inglés americano **anesthesia** = inglés británico **anaesthesia**. En inglés americano se duda entre **subpoena** y **subpena**; en inglés británico se mantiene siempre el primero.

### Palabras terminadas en -ence *(Brit)*

En algunos casos las palabras que en inglés británico terminan en **-ence** se escriben **-ense** en inglés americano: inglés británico **defence** = inglés americano **defense**; inglés británico **offence** = inglés americano **offense**.

### Consonantes dobles

Algunas consonantes que en inglés británico se escriben dobles, en inglés americano se escriben sencillas: inglés británico **waggon** = inglés americano **wagon** (aunque **wagon** se admite también en el Reino Unido). Pero esto ocurre sobre todo en formas verbales, al añadirse sufijos a verbos que acaban en consonante (ver más arriba). Así, por ejemplo: inglés británico **kidnapped** = inglés americano **kidnaped**; inglés británico **worshipped** = inglés americano **worshiped**.

En el caso de la **l** o **ll** intervocálicas, mientras en inglés británico la **l** se hace doble antes de un sufijo en las palabras que terminan en **l** precedida de una sola vocal o de dos vocales que forman un diptongo (ver más arriba), en inglés americano estas palabras se escriben con una sola **l**. Así, por ejemplo: inglés británico **councillor** = inglés americano **councilor**; inglés británico **traveller** = inglés americano **traveler**. Sin embargo, en posición de final de sílaba o de palabra, la **l** en inglés británico es a menudo **ll** en inglés americano: así inglés americano **enroll, enrolls** = inglés británico **enrol, enrols**; inglés americano **skillful** = inglés británico **skilful**.

### Uso familiar

En inglés americano se modifica algún otro grupo ortográfico del inglés, pero sólo en la escritura de tono familiar: inglés americano **tho** = inglés británico **though**; inglés americano **thru** = inglés británico **through**. También son más corrientes en inglés americano las formas como **Peterboro** (o bien **Peterboro'**), aunque éstas no son desconocidas en inglés británico.

### Algunas palabras aisladas

Existe una serie de palabras aisladas que se escriben de modo diferente:

| *(US)* | *(Brit)* | *(US)* | *(Brit)* |
|---|---|---|---|
| ax | axe | mustache | moustache |
| check | cheque | pajamas | pyjamas |
| cozy | cosy | plow | plough |
| disk | disc | skeptic | sceptic |
| gray | grey | tire | tyre |
| gypsy | gipsy | | |

Es importante observar, sin embargo, que existen algunas palabras que en inglés británico se escriben con ortografía americano, aunque en general su significado queda restringido a determinados contextos. Así, por ejemplo, encontramos **disk** y **program** con ortografía norteamericana, pero referidos exclusivamente a la Informática, mientras que en todos los demás casos se escribe **disc** y **programme**.

## 11 La puntuación

Se usan los mismos signos que en español, con las siguientes excepciones:

### Ⓐ Los signos de admiración e interrogación

Los signos de apertura de admiración e interrogación (¡¿) no se emplean en inglés.

Ej.: **What is her name?**
**Help!**

### Ⓑ El paréntesis

En inglés el paréntesis se prefiere en muchos casos a la doble raya con función parentética (—...—).

Ej.: **Old people think that the pace of modern life (i.e. from 1940 onwards) is far too fast.**

### Ⓒ Las comillas

Se utilizan para abrir y cerrar el diálogo y la oración directa, en lugar de la raya.

Ej.: **"Would you like a cup of coffee?" she asked, smiling shyly.**

### Ⓓ La raya

En inglés informal se usa a menudo, en lugar de los dos puntos o del punto y coma, para indicar que lo que sigue es conclusión o resumen de lo anterior.

Ej.: **Everybody was trying to speak at the same time — the noise was deafening.**

Y también bien para separar un comentario o una idea del resto de la frase.

Ej.: **She told me everything she knew — at least that's what I thought at the time.**

### Ⓔ El guión

Se usa, como en español, para formar palabras compuestas de otras dos o más palabras, así como para dividir palabras al final de renglón (ver más abajo).

También se usa en ocasiones en inglés británico para separar determinados prefijos, en los siguientes casos:

– cuando el prefijo acaba en la misma vocal con la que empieza la siguiente palabra.

Ej.: **co-opting, pre-eminent**

– cuando va delante de una palabra escrita con mayúscula.

Ej.: **anti-American, pre-Victorian**

– siempre que se trate de los prefijos **ex-** y **non-**.

Ej.: **ex-husband, non-proliferation**

## 12 La división de la palabra

Las reglas para dividir una palabra en final de renglón son menos estrictas en inglés que en español. En general se prefiere cortar la palabra tras vocal, **hori-zontal, vindi-cation**, pero se prefiere mantener como unidades ciertos sufijos comunes, **vindica-tion, glamor-ous**. De acuerdo con esto se divide la palabra dejando separada la desinencia **-ing**, p.ej. **sicken-ing**, pero si ésta está precedida por un grupo de consonantes, una de ellas se deja unida a **-ing**, p.ej. **tick-ling**. Los grupos de dos consonantes iguales se dividen: **pat-ter, yel-low, disap-pear**, así como los demás grupos consonánticos, que lo hacen de acuerdo con los elementos separables que forman la palabra: **dis-count, per-turb**.

# Diccionario Español-Inglés

# Spanish-English Dictionary

# A a

**A, a** SF (= *letra*) A, a

**a** PREP [1] (*indicando dirección*) [1·1] (*hacia alguna parte*) to; **voy a la tienda/al parque** I'm going to the shop/to the park; **ir a trabajar** *o* **al trabajo** to go to work; **de aquí a Sevilla se tarda una hora** it's an hour from here to Seville; **mirar al norte** to look north(wards); **de cara al norte** facing north; **torcer a la derecha** to turn (to the) right; **ir a casa** to go home

[1·2] (*hacia dentro*) into; **me caí al río/mar** I fell into the river/sea; **mirarse a los ojos** to look into each other's eyes; **subir a un avión** to get into a plane; **subirse a un tren** to get on a train

[1·3] **llegar a** [+ *ciudad, país*] to arrive in; [+ *edificio*] to arrive at; **¿cuándo llegaste a Londres?** when did you arrive in London?; **no ha llegado todavía a la oficina** she still hasn't arrived at the office

[1·4] (= *encima de*) onto; **se subieron al tejado** they climbed onto the roof; **bajaron del tren al andén** they stepped out of the train onto the platform

[2] (*indicando situación, distancia*) **al final de la calle** at the end of the street; **a la orilla del río** on the riverbank; **al lado del cine** next to the cinema; **siéntate a mi lado** sit next to me, sit beside me; **nos pusimos a la sombra** we moved into the shade; **está a siete km de aquí** it is seven km (away) from here; **de éste a aquél no hay mucha diferencia** there's not much difference between this one and that one; **a lo lejos** in the distance; **a la derecha** on the right; **a la izquierda** on the left; **estar a la mesa** to be at table; **estaba sentado a su mesa de trabajo** he was sitting at his desk

[3] (*con expresiones de tiempo*) [3·1] (*en un momento concreto*) at; **a las ocho** at eight o'clock; **a los 55 años** at the age of 55; **¿a qué hora llega el tren?** what time *o* when does the train arrive?; **estamos a tres de julio** it's the third of July; **a la mañana siguiente** the following morning; **a medianoche** at midnight; **a mediodía** at noon; **a la noche** at night; **a la tarde** in the afternoon; *ver tb* **tiempo**

[3·2] (*con tiempo transcurrido*) **a la semana** a week later; **al año** a year later; **al año de vivir en Caracas** after living in Caracas for a year; **a los pocos días** after a few days, a few days later; **"Cervantes, a los 400 años de su muerte"** "Cervantes 400 years after his death", "Cervantes 400 years on"; **a los 18 minutos de juego** in the 18th minute, 18 minutes into the game; **a la que te descuidas …** if you're not careful …, before you know where you are …

[3·3] (*indicando frecuencia*) **dos veces al día** twice a day; **una vez a la semana** once a week; **día a día vamos mejorando** we're improving with every day, we're improving day by day

[3·4] **al** (+ *INFIN*): **al entrar yo** when I came in; **al verlo, lo reconocí inmediatamente** when I saw him, I recognized him immediately; **nos cruzamos al salir** we bumped into each other as we were going out; **estar al llegar** to be about to arrive; **al no llegar a tiempo, quedamos fuera de la prueba** since we didn't arrive on time, we were eliminated from the race

[4] (*indicando modo*) **a la americana** American-style; **una cocina a gas** a gas stove; **funciona a pilas y a la red** it runs on batteries and on mains electricity; **una camisa a cuadros** a check *o* checked shirt; **una camisa a rayas** a striped shirt; **a pie/caballo** on foot/horseback; **fui a pie** I walked; **fui a caballo** I rode; **a oscuras** in the dark; **a lápiz** in pencil; **lo derribó a puñetazos** she knocked him to the ground; **lo mataron a navajazos** they stabbed him to death; **sabe a queso** it tastes of cheese; **huele a vino** it smells of wine; **es muy agradable al tacto** it feels very nice; **beber algo a sorbos** to sip sth; **despertarse al menor ruido** to wake at the slightest sound; **a mano** by hand; **hay que lavarlo a mano** it should be washed by hand; **escrito a mano** hand-written; **hecho a mano** handmade; **una sábana bordada a mano** a hand-embroidered sheet

[5] (*indicando cantidad, precio, velocidad*) **a un precio elevado** at a high price; **a 300 pesetas el kilo** at *o* for 300 pesetas a kilo; **los huevos están a 125 pesetas la docena** eggs are 125 pesetas a dozen; **al 5 por ciento** at 5 per cent; **íbamos a más de 120km por hora** we were going at *o* doing over 120km an hour; **poco a poco** little by little

[6] (*indicando finalidad*) [6·1] (*tras verbos*) to; **voy a verla** I'm going to see her; **ha ido a por agua a la fuente** she's gone to get some water from the fountain; **empezó a cantar** he began to sing, he started singing; **ha salido a tomar el aire** she's gone out for a breath of fresh air; **vengo a que me den un impreso** I've come to get a form

[6·2] (*tras sustantivos*) **el criterio a adoptar** the criterion to be adopted; **asuntos a tratar** items to be discussed; **"precio a convenir"** price negotiable; **¿cuál es la cantidad a pagar?** what do we have to pay?; **éste será el camino a seguir** this must be the path to take

[7] (*con complemento de persona*) [7·1] (*como complemento indirecto*) to; **¿le has dado el libro a él?** did you give him the book?, did you give the book to him?; **le enseñé a Pablo el libro que me dejaste** I showed Pablo the book you lent me, I showed the book you lent me to Pablo; **el Barcelona marcó cinco goles al Madrid** Barcelona scored five against Madrid

[7·2] (*como complemento directo*) *no se traduce*; **vi al jefe** I saw the boss; **llamé al médico** I called the doctor

[7·3] (*indicando procedencia*) from; **se lo compré a él** I bought it from him

[8] (*indicando condición*) **a no ser esto así, me iría** if this were not the case, I'd leave

[9] (*indicando desafío*) **a que** I bet; **¿a que no sabes quién ha llamado?** (I) bet you can't guess who called; **¿a que no te atreves a tirarte de cabeza?** (I) bet you don't dare dive in headfirst

[10] (*uso imperativo*) **¡a callar!** be quiet!; **¡a trabajar!** down to work!; **¡a comer!** lunch is ready!

[11] (= *en cuanto a*) **a supersticioso no hay quien le gane** when it comes to being superstitious, there's nobody quite like him

**A.** ABR = **aprobado**

**AA** ABR (*Aer*) = **Aerolíneas Argentinas**

**A.A.** ABR (= **Alcohólicos Anónimos**) AA

**AA.AA.** ABR (= **Antiguos Alumnos**) FPs

**AAE** SF ABR (= **Asociación de Aerolíneas Europeas**) AEA

**AA.EE.** ABR = **Asuntos Exteriores**

**ab.** ABR (= **abril**) Apr

**abacá** SM abaca, Manilla hemp

**abacado** SM (*Caribe*) avocado pear

**abacería** SF grocer's (shop), grocery store

**abacero/a** SM/F grocer

**ábaco** SM abacus

**abacora** SF (*LAm*) *type of tuna*

**abacorar** ▸conjug 1a◂ VT [1] (*Andes, Caribe*) (= *acosar*) to harass, bother; (= *sorprender*) to catch, surprise

[2] (*Caribe*) (= *acometer*) to undertake boldly; (= *seducir*) to entice away

[3] (*LAm Com*) to monopolize

**abad** SM abbot

**abadejo** SM [1] (= *pez*) [*de mar*] cod, codfish; [*de agua dulce*] ling; (*Caribe*) (= *pez espada*)

swordfish
2 (= *insecto*) Spanish fly
3 (*Culin*) dried salted cod
4 (= *ave*) kinglet

**abadengo** Ⓐ ADJ abbatial, of an abbot
Ⓑ SM abbacy

**abadesa** SF 1 (*Rel*) abbess
2 (*LAm**) madame, brothel keeper

**abadía** SF 1 (= *convento*) abbey
2 (= *oficio*) abbacy

**abajadero** SM slope, incline

**abajar** ▸conjug 1a◂ VT (*LAm*) = **bajar**

**abajeño/a** (*LAm*) Ⓐ ADJ lowland, coastal
Ⓑ SM/F lowlander, coastal dweller

**abajera** SF (*Cono Sur*) saddlecloth

**abajero** ADJ (*LAm*) lower, under

**abajino/a** (*Cono Sur*) Ⓐ ADJ northern
Ⓑ SM/F northerner

**abajo** Ⓐ ADV 1 (*indicando posición*) 1·1 (*gen*) down; **~ en el río** down at the river; **ahí** *o* **allá** *o* **allí** ~ down there; **aquí** ~ down here; **de** ~ lower, bottom; **yo duermo en la litera de ~** I sleep in the lower *o* bottom bunk; **la sábana de ~** the bottom sheet; **la parte de ~** the bottom; **el piso de ~** (= *planta inferior*) the next floor down; (= *planta baja*) the ground floor; **desde** ~ from below; **más** ~ (*en distancia*) further down; (*en altura*) lower down; **dos kilómetros más ~** two kilometres further down; **hay una farmacia un poco más ~** there's a chemist's further down the road; **unos escalones más ~** a few steps lower down; **vivo tres pisos más ~** I live three floors below; **de cintura para ~** from the waist down; **por ~** (= *en la parte inferior*) at the bottom; (= *por debajo*) underneath; **el abrigo está lleno de barro por ~** the bottom of the coat is all muddy; **tenía telarañas por ~** it had cobwebs underneath; **~ del todo** right at the bottom, at the very bottom; *ver tb* **boca**
1·2 (*en edificio, casa*) downstairs; **~ están la cocina y el salón** the kitchen and lounge are downstairs; **te están esperando ~** they're waiting for you downstairs; **los vecinos de ~** the downstairs neighbours; **hay una fiesta en el apartamento de ~** there's a party in the flat downstairs
2 (*indicando dirección*) 2·1 (*con sustantivos*) **aguas** ~ downriver, downstream; **continuaron aguas ~ durante un rato** they continued downriver *o* downstream for a while; **sigamos aguas ~ del río** let's carry on down the river; **calle** ~ down the street; **seguimos calle ~, hasta la plaza** we followed the street down to the square; **estuvimos calle arriba, calle ~, buscando al niño** we went up and down the street, looking for the child; **cuesta** ~ down the hill; **escaleras** ~ downstairs; **ladera** ~ down the hillside; **río** ~ downstream, downriver
2·2 (*con preposición*) **hacia** ~ downward(s), down; **se iban deslizando hacia ~** they were sliding downward(s) *o* down; **caminaba con la cabeza hacia ~** he walked with his head bent down; **para** ~: **me voy para ~** I'm going down; **no mires para ~** don't look down; **la economía va para ~** the economy is going downhill
2·3 (*con verbo*) **echar** ~ [+ *puerta, barricada*] to break down; [+ *gobierno*] to bring down; [+ *paz*] to break up; **venirse** ~ [*edificio, estructura, economía*] to collapse; [*planes, sueños*] to come to nothing; [*persona*] to go to pieces; **después del divorcio se vino ~** after the divorce he went to pieces; **este país se ha venido ~ por culpa de la guerra** this country has been ruined by war, war has brought this country to its knees
3 (*en un texto*) below; **en la foto de ~** in the photo below; **el ~ firmante** the undersigned
4 (*en una escala*) the bottom; **los cambios deben empezar por ~, a nivel local** change should begin at the bottom, at local level; **los de ~ siempre salimos perdiendo** those of us at the bottom (of the pile) are always the losers; **una revolución tiene que empezar desde ~** a revolution must start from the bottom up; **para** ~: **los responsables, de ministro para ~, deben dimitir** those responsible, from the minister down, should resign; **de 30 años para ~** 30 years old and under
5 (*esp LAm*) (= *debajo*) underneath
6 **~ de** (*LAm*) under; **~ de la camisa** under the shirt
Ⓑ EXCL down with!; **¡~ el gobierno!** down with the government!

**abajofirmante** SMF **el ~** ◊ **la ~** the undersigned

**abalanzadero** SM (*Méx*) ford, cattle crossing

**abalanzar** ▸conjug 1f◂ Ⓐ VT 1 (= *lanzar*) to hurl, throw
2 (= *impeler*) to impel
3 (= *pesar*) to weigh
4 (= *equilibrar*) to balance
Ⓑ **abalanzarse** VPR 1 (= *lanzarse*) to rush forward; [*multitud*] to surge forward; **todos se ~on hacia la salida** everyone rushed towards the exit; **~se sobre** to spring at, rush at; [*ave*] to pounce on
2 (*Cono Sur*) [*caballo*] to rear up

**abaldonar** ▸conjug 1a◂ VT (†) (= *degradar*) to degrade, debase; (= *insultar*) to affront

**abalear*** ▸conjug 1a◂ Ⓐ VT (*LAm*) to fire at, shoot up*; (*Andes*) (= *fusilar*) to shoot, execute
Ⓑ VI (*LAm*) to shoot off one's gun, fire in the air

**abaleo*** SM (*LAm*) shooting

**abalorio** SM glass bead; ✦***MODISMO*** **no vale un ~** it's worthless

**abalumar*** ▸conjug 1a◂ VT (*Méx*), **abalumbar*** ▸conjug 1a◂ VT (*Méx*) to pile up, stack

**abanarse*** ▸conjug 1a◂ VPR (*Cono Sur*) to show off

**abanderado/a** SM/F 1 (= *portaestandarte*) standard bearer
2 [*de un movimiento*] champion, leader
3 (*LAm*) (= *representante*) representative
4 (*Méx*) (= *linier*) linesman, assistant referee

**abanderar** ▸conjug 1a◂ VT 1 (*Náut*) to register
2 [+ *causa*] to champion; [+ *campaña*] to take a leading role in

**abanderizar** ▸conjug 1f◂ Ⓐ VT to organize into bands
Ⓑ **abanderizarse** VPR to band together; (*Cono Sur Pol*) to take sides, adopt a position

**abandonado** ADJ 1 (= *sin gente*) [*pueblo, vivienda vacía*] abandoned, deserted; [*fábrica, cantera*] disused; [*edificio en ruinas*] derelict
2 (= *desatendido*) [*jardín, terreno*] neglected; **la casa estaba muy abandonada, toda cubierta de polvo** the house was really neglected, completely covered in dust; **tienes ~s a los amigos** you've neglected your friends; **¡~ me tenías!** you'd forgotten all about me!; **tienen el negocio muy ~** they've allowed their business to decline; **dejar** ~ [+ *cónyuge, hijo*] to abandon, desert; [+ *animal, casa, vehículo*] to abandon; **huyeron dejando abandonadas sus armas** they fled abandoning their weapons; **el autobús nos dejó ~s en la carretera** the bus left us stranded *o* abandoned us by the roadside
3 (= *despreocupado*) slack; **es muy ~ para las cosas de la casa** he's very slack about everything to do with the house
4 (= *desaliñado*) scruffy, shabby; **a ver si no eres tan ~ y te arreglas un poco** come on, tidy yourself up a bit and stop looking so scruffy *o* shabby
5 (= *solitario*) desolate, forlorn (*frm*)

**abandonamiento** SM = **abandono**

**abandonar** ▸conjug 1a◂ Ⓐ VT 1 (= *dejar abandonado*) [+ *cónyuge, hijo*] to abandon, desert; [+ *animal, casa, posesiones*] to abandon; [+ *obligaciones*] to neglect; **la abandonó por otra mujer** he abandoned *o* deserted her for another woman; **no me abandones nunca** never leave me; **tuvimos que ~ nuestras pertenencias en la huida** we had to abandon all our belongings when we fled; **no debes ~ las labores de la casa** you shouldn't neglect the housework; **~ el barco** to abandon ship; ✦***MODISMO*** **~ a algn a su suerte** *o* **a la buena de Dios** to abandon *o* leave sb to their fate
2 (= *marcharse de*) [+ *lugar, organización*] to leave; **pronto podrán ~ el hospital** they will soon be able to leave the hospital; **abandonó la reunión hecho una furia** he stormed out of the meeting; **miles de refugiados han abandonado la ciudad** thousands of refugees have abandoned the city
3 (= *renunciar a*) [+ *estudios, proyecto*] to give up, abandon; [+ *costumbre, cargo*] to give up; [+ *privilegio, título*] to renounce, relinquish; **hemos abandonado la idea de montar un negocio** we have given up *o* abandoned the idea of starting a business; **he decidido ~ la política** I've decided to give up *o* abandon politics; **si el tratamiento no da resultado lo ~emos** if the treatment doesn't work, we'll abandon it; **no es fácil ~ el tabaco** it's not easy to give up smoking; **la guerrilla ha prometido ~ las armas** the guerrillas have promised to lay down their arms; **se comprometieron a ~ sus reivindicaciones territoriales** they promised to renounce *o* relinquish their territorial claims
4 [*buen humor, suerte*] to desert; **el valor la abandonó** her courage deserted her; **nunca los abandona la alegría** they are always happy
Ⓑ VI 1 (*Atletismo*) (*antes de la prueba*) to pull out, withdraw; (*durante la prueba*) to pull out, retire
2 (*Boxeo*) to concede defeat, throw in the towel* *o* (*EEUU*) sponge
3 (*Ajedrez*) to resign, concede
4 (*Inform*) to quit
Ⓒ **abandonarse** VPR 1 (= *no cuidarse*) to let o.s. go; **no deberías ~te aunque estés deprimida** you shouldn't let yourself go even though you're depressed; **aunque no se abandona nada parece cada vez más viejo** although he looks after himself very well he looks older every day
2 (= *entregarse*) to abandon o.s.; **nos aban-**

**donamos en manos de la suerte** we abandoned ourselves to the hand of fate; **~se a** [+ *alcohol, droga*] to give o.s. over *o* up to, abandon o.s. to; [+ *destino, suerte*] to abandon o.s. to; [+ *sueño*] to surrender to, give in to; **no te abandones a la desesperación** don't give in to despair
[3] (= *desanimarse*) to lose heart, get discouraged

**abandonismo** SM defeatism

**abandonista** ADJ, SMF defeatist

**abandono** SM [1] (= *acción*) [1·1] [*de lugar*] **ordenaron el ~ de la isla** they ordered people to abandon *o* leave the island; **el ~ de la zona por las tropas de ocupación** the withdrawal of the occupying forces from the region
[1·2] [*de actividad, proyecto*] abandonment; **votaron a favor del ~ del leninismo** they voted in favour of renouncing Leninism, they voted for the abandonment of Leninism; **ofrecen ayudas a los agricultores para el ~ de la producción** they are offering aid to farmers to cease production; **mi ~ del cargo se debió a problemas internos** I gave up the post because of internal problems
[1·3] (*Jur*) [*de cónyuge*] desertion; [*de hijos*] abandonment; **en caso de ~ de uno de los cónyuges** in the event of the desertion of either partner
► **abandono de deberes** dereliction of duty
► **abandono de la escuela** = **abandono escolar** ► **abandono del domicilio conyugal**, **abandono del hogar** desertion
► **abandono de tierras** land set aside, set-aside ► **abandono escolar** leaving school (*before school-leaving age*); **problemas causados por el ~ escolar** problems caused by students leaving school early
[2] (*Dep*) (*antes de la prueba*) withdrawal; (*durante la prueba*) retirement; (*Ajedrez*) resignation; **ganar por ~** to win by default (*thanks to an opponent's withdrawal*)
[3] (= *descuido*) neglect, abandon (*frm*); **la iglesia se encontraba en un terrible estado de ~** the church was in a terrible state of neglect *o* abandon (*frm*); **es lamentable el ~ que sufre la sanidad pública desde hace años** it's dreadful how public health has been so neglected for years; **darse al ~** to go downhill
[4] (= *vicio*) indulgence; **llevaba una vida de excesos y ~** she led a life of excess and indulgence; **viven en el mayor ~** they live in utter degradation
[5] (= *soledad*) desolation; **me invadió una sensación de ~** I was overcome by a feeling of desolation; **el pueblo presentaba un aspecto de ~** the town had a forlorn look about it
[6] (*Méx*) (= *ligereza*) abandon, ease

**abanicada** SF fanning, fanning action

**abanicar** ▸conjug 1g◂ Ⓐ VT to fan
Ⓑ **abanicarse** VPR to fan o.s.; ✦**MODISMO** **~se con algo** (*Cono Sur**) not to give a damn about sth*

**abanico** SM [1] (*para darse aire*) fan; **extender las cartas en ~** to fan out one's cards; **con hojas en ~** with leaves arranged like a fan
► **abanico de chimenea** fire screen
► **abanico eléctrico** (*Méx*) (= *ventilador*) electric fan
[2] (= *gama*) range ► **abanico de posibilidades** range of possibilities ► **abanico de salarios**, **abanico salarial** wage scale
[3] (*Náut*) derrick
[4] (*Caribe Ferro*) points signal

**abaniquear** ▸conjug 1a◂ (*LAm*) Ⓐ VT to fan
Ⓑ **abaniquearse** VPR to fan o.s.

**abaniqueo** SM (*con abanico*) fanning, fanning movement; (= *manoteo*) gesticulation

**abaniquero/a** SM/F (= *fabricante*) fan maker; (= *comerciante*) dealer in fans

**abarajar*** ▸conjug 1a◂ VT (*Cono Sur*) [+ *golpe*] to parry, counter

**abaratamiento** SM price reduction

**abaratar** ▸conjug 1a◂ Ⓐ VT [+ *artículo*] to make cheaper, lower the price of; [+ *precio*] to lower
Ⓑ **abaratarse** VPR to get cheaper, come down (in price)

**abarca** SF sandal

**abarcar** ▸conjug 1g◂ VT [1] (*con los brazos*) to get one's arms round
[2] (= *comprender*) to include, take in; (= *contener*) to contain, comprise; **el capítulo abarca tres siglos** the chapter covers three centuries; **sus conocimientos abarcan todo el campo de ...** his knowledge ranges over the whole field of ...; **abarca una hectárea** it takes up a hectare, it's a hectare in size
[3] [+ *tarea*] to undertake, take on; ✦**REFRÁN** **quien mucho abarca poco aprieta** don't bite off more than you can chew
[4] (*LAm*) (= *acaparar*) to monopolize, corner the market in
[5] (*con la vista*) to take in; **desde aquí se abarca todo el valle** you can take in the whole valley from here

**abarque** SM (*Andes*) (= *huevos*) clutch

**abarquillar** ▸conjug 1a◂ Ⓐ VT (= *arrollar*) to curl up, roll up; (= *arrugar*) to wrinkle
Ⓑ **abarquillarse** VPR (= *arrollarse*) to curl up, roll up; (= *arrugarse*) to crinkle

**abarraganarse** ▸conjug 1a◂ VPR to live together, set up home together

**abarrajado*** ADJ (*Cono Sur*) (= *libertino*) dissolute, free-living; (= *peleón*) quarrelsome, argumentative

**abarrajar*** ▸conjug 1a◂ Ⓐ VI (*Cono Sur*) to run away, flee
Ⓑ **abarrajarse** VPR [1] (*Andes*) (= *caer de bruces*) to fall flat on one's face
[2] (*Andes, Cono Sur*) (= *prostituirse*) to prostitute o.s., sell o.s.; (= *envilecerse*) to become corrupt, be perverted

**abarrajo** SM (*Andes*) fall, stumble

**abarrancadero** SM tight spot, jam

**abarrancar** ▸conjug 1g◂ Ⓐ VT to make cracks in, open up fissures in
Ⓑ **abarrancarse** VPR [1] (= *caer*) to fall into a ditch *o* pit
[2] (= *atascarse*) to get stopped up
[3] (*Náut*) to run aground
[4] (= *meterse en un lío*) to get into a jam

**abarrotar** ▸conjug 1a◂ Ⓐ VT [1] (= *llenar*) to pack; **el público abarrotaba la sala** the hall was packed with people; **el cine estaba abarrotado (de gente)** the cinema was packed; **abarrotado de** bursting with, stuffed full of
[2] (*Náut*) to stow, pack tightly
[3] (*Com*) to overstock
Ⓑ **abarrotarse** VPR [1] (= *llenarse*) to get packed
[2] (*LAm Com*) to become saturated; **~se de** (*Méx*) to be stuffed with, be bursting with

**abarrote** SM [1] (*Náut*) packing
[2] **abarrotes** (*LAm*) (= *ultramarinos*) groceries; **tienda de ~s** grocer's (shop), grocery store

**abarrotería** SF (*LAm*) grocer's (shop), grocery store

**abarrotero/a** SM/F (*LAm*) grocer

**abastar** ▸conjug 1a◂ VT to supply

**abastardar** ▸conjug 1a◂ Ⓐ VT to degrade, debase
Ⓑ VI to degenerate

**abastecedor(a)** Ⓐ ADJ supplying
Ⓑ SM/F [1] (= *proveedor*) supplier, purveyor (*frm*)
[2] (*Méx*) (= *carnicero*) wholesale butcher, meat supplier

**abastecer** ▸conjug 2d◂ VT to supply, provide (**de** with)

**abastecimiento** SM (= *acto*) supplying, provision; (= *servicio*) supply, provision; (= *víveres*) provisions *pl* ► **abastecimiento de agua** water supply

**abastero** SM (*Cono Sur, Méx*) wholesale butcher

**abasto** SM [1] (= *provisión*) supply; **dar ~ a** to supply; **dar ~ a un pedido** to fill an order, meet an order; **no da ~** there isn't enough (to go round); **no puedo dar ~ (a)** (*fig*) I can't cope *o* keep up (with)
[2] (*Cono Sur*) public meat market
[3] (*Caribe*) grocer's (shop), grocery store

**abatanado** ADJ skilled, skilful, skillful (*EEUU*)

**abatanar** ▸conjug 1a◂ VT [+ *paño*] to beat, full; (= *maltratar*) to beat

**abatatado** ADJ (*Cono Sur*) shy, coy

**abatatarse** ▸conjug 1a◂ VPR (*Cono Sur*) to be shy, be bashful

**abate** SM (*Rel frec hum*) father, abbé

**abatí** SM (*Andes, Cono Sur*) maize, Indian corn (*EEUU*)

**abatible** ADJ **asiento ~** tip-up seat; (*Aut*) reclining seat; **mesa de alas ~s** gate-leg(ged) table

**abatido** ADJ [1] (= *deprimido*) depressed, dejected; **estar muy ~** to be very depressed; **estar ~ por el dolor** to be writhing in pain; **tener la cara abatida** to be crestfallen, look dejected
[2] (= *despreciable*) despicable, contemptible
[3] (*Com, Fin*) depreciated

**abatimiento** SM [1] (= *derribamiento*) demolition, knocking down
[2] (= *depresión*) depression, dejection
[3] (= *moral*) contemptible nature

**abatir** ▸conjug 3a◂ Ⓐ VT [1] (= *derribar*) to demolish, knock down; [+ *tienda de campaña*] to take down; [+ *árbol*] to cut down, fell; [+ *ave*] to shoot down, bring down; [+ *bandera*] to lower, strike; [+ *persona*] to knock down
[2] [*enfermedad, dolor*] to lay low, prostrate (*frm*)
[3] (= *desanimar*) to depress, discourage; (= *humillar*) to humble, humiliate
Ⓑ **abatirse** VPR [1] (= *caerse*) to drop, fall; [*pájaro, avión*] to swoop, dive; **~se sobre** to swoop on
[2] (= *desanimarse*) to be depressed, get discouraged

**abayuncar** ▸conjug 1g◂ (*Méx*) Ⓐ VT [+ *vaca*] to

throw, ground; **~ a algn*** to put sb on the spot
Ⓑ **abayuncarse** VPR (*) to become countrified

**abbasí** ADJ, SMF Abbasid

**ABC** SM ABR, **abc** SM ABR = **abecé 2**

**Abderramán** SM Abd-al-Rahman

**abdicación** SF abdication

**abdicar** ▸conjug 1g◂ Ⓐ VT to renounce, relinquish; **~ la corona** to give up the crown, abdicate
Ⓑ VI to abdicate; **~ de algo** to renounce *o* relinquish sth; **~ en algn** to abdicate in favour of sb

**abdomen** SM abdomen

**abdominal** Ⓐ ADJ abdominal
Ⓑ SM sit-up

**abducción** SF (*Med*) abduction

**abductor** SM (*Anat*) abductor

**abecé** SM **1** (= *abecedario*) ABC, alphabet
**2** (= *lo básico*) rudiments *pl*, basic elements *pl*

**abecedario** SM alphabet; (= *libro*) primer, spelling book

**abedul** SM birch ► **abedul plateado** silver birch

**abeja** SF **1** bee ► **abeja asesina** killer bee ► **abeja machiega** queen bee ► **abeja macho** male bee, drone ► **abeja maestra** queen bee ► **abeja neutra**, **abeja obrera** worker bee ► **abeja reina** queen bee
**2** (*fig*) (= *hormiguita*) hard worker

**abejar** SM apiary

**abejarrón** SM bumblebee

**abejaruco** SM bee-eater

**abejera** SF beehive

**abejón** SM **1** (= *abejorro*) drone; (*Méx*) buzzing insect
**2** **hacer ~*** (*CAm*) (= *cuchichear*) to whisper; (*Caribe*) (= *silbar*) to boo, hiss

**abejonear** ▸conjug 1a◂ (*) VI (*Caribe*) to mumble, whisper

**abejorro** SM (= *insecto volador*) bumblebee; (= *coleóptero*) cockchafer

**abejucarse** ▸conjug 1g◂ VPR (*Méx*) to twist up, climb

**abellacado** ADJ villainous

**abellacar** ▸conjug 1g◂ VT to lower, degrade

**aberenjenado** ADJ violet-coloured, violet-colored (*EEUU*)

**aberración** SF aberration; **es una ~ bañarse cinco veces al día** it's crazy to have a bath five times a day

**aberrante** ADJ aberrant

**aberrar** ▸conjug 1a◂ VI to be mistaken, err

**aberrear** ▸conjug 1a◂ VT (*Andes*) to anger, annoy

**Aberri Eguna** SM *Basque national holiday*, ≈ Easter Sunday

**abertura** SF **1** (*gen*) opening, gap; (= *agujero*) hole; (= *grieta*) crack; (= *corte*) slit; (= *brecha*) gap
**2** (*Geog*) (= *cala*) cove; (= *valle*) wide valley, gap; (= *puerto*) pass
**3** (*Cos*) vent
**4** (= *franqueza*) openness, frankness

**abertzale** Ⓐ ADJ **movimiento ~** (Basque) nationalist movement
Ⓑ SMF Basque nationalist

**abetal** SM fir plantation, fir wood

**abeto** SM fir, fir tree ► **abeto blanco** silver fir ► **abeto del norte**, **abeto falso**, **abeto rojo** spruce

**abetunado** ADJ dark-skinned

**abetunar** ▸conjug 1a◂ VT (*LAm*) to polish, clean

**abey** SM (*Caribe*) jacaranda tree

**abiertamente** ADV openly; **ha condenado ~ el terrorismo** she has openly condemned terrorism

**abiertazo** ADJ (*CAm*) generous, open-handed

**abierto** Ⓐ PP *de* **abrir**
Ⓑ ADJ **1** [*puerta, armario, boca, herida*] open; **tenía el libro ~ por la página 23** she had the book open at page 23; **la puerta estaba un poco abierta** the door was ajar; **me miró con los ojos muy ~s** he looked at me with his eyes wide-open, he looked at me with wide-open eyes; **llevas la bragueta abierta** your flies are undone *o* open; **dejar ~** [+ *ventana, cortina, válvula*] to leave open; [+ *grifo*] to leave running, leave on; **dejó el tarro ~** he left the top off the jar; *ver tb* **boca**, **brazo**, **libro**
**2** [*comercio, museo, oficina*] open; **"abierto"** "open"; **estar ~ las 24 horas** to be open 24 hours; **estar ~ al público** to be open to the public
**3** (= *sin obstáculos*) [*competición, billete*] open; **un campeonato ~ a todos los menores de 25 años** a championship open to all those under 25; **en campo ~** in the open
**4** (= *extrovertido*) [*persona*] open, outgoing; [*carácter, mentalidad*] open; **tiene una mentalidad muy abierta** he's very open-minded, he's got a very open mind
**5** **estar ~ a** [+ *sugerencias, ideas*] to be open to; **tienen una actitud abierta al diálogo** they are open to dialogue
**6** (= *directo*) [*contradicción, oposición*] open; [*desafío*] direct; **se encuentran en ~ desacuerdo con él** they openly disagree with him
**7** (*TV*) **en ~: emitir un programa en ~** to broadcast a programme unscrambled; **emisión en ~** unscrambled programme
**8** (*Ling*) [*vocal, sonido*] open
Ⓒ SM (*Dep*) **el Abierto** the Open

**abigarrado** ADJ **1** (= *de diversos colores*) multi-coloured, multi-colored (*EEUU*); [*animal*] piebald, brindled; [*escena*] vivid, colourful, colorful (*EEUU*)
**2** (= *heterogéneo, variopinto*) motley
**3** [*habla*] disjointed, uneven

**abigarramiento** SM **1** [*de colores*] variety
**2** [*de ideas, objetos*] chaos

**abigarrar** ▸conjug 1a◂ VT *to paint etc in a variety of colours*

**abigeato** SM (*Méx*) cattle rustling

**abigeo** SM (*Méx*) cattle rustler

**-abilidad** *ver* **Aspects of Word Formation in Spanish 2**

**abintestato** ADJ intestate

**abiótico** ADJ abiotic

**abiselar** ▸conjug 1a◂ VT to bevel

**Abisinia** SF Abyssinia

**abisinio/a** ADJ, SM/F Abyssinian

**abismado** ADJ **1** (= *abstraído*) lost (*in thought*); **estaba ~ en su lectura** he was engrossed in his reading; **estaba ~ en sus pensamientos** he was lost *o* deep in thought
**2** (= *sorprendido*) astonished, amazed

**abismal** ADJ (= *enorme*) vast, enormous; [*diferencia*] irreconcilable

**abismalmente** ADV abysmally

**abismante*** ADJ (*LAm*) amazing, astonishing

**abismar** ▸conjug 1a◂ Ⓐ VT **1** (= *hundir*) **~ a algn en la tristeza** to plunge sb into sadness
**2** (= *humillar*) to cast down, humble
Ⓑ **abismarse** VPR **1** **~se en** to plunge into; **~se en el dolor** to abandon o.s. to grief
**2** (*LAm*) (= *asombrarse*) to be amazed, be astonished

**abismo** SM **1** (= *sima*) abyss, chasm; **de sus ideas a las mías hay un ~** our views are worlds *o* poles apart
**2** (= *profundidad*) depth(s); (*Rel*) hell; **desde los ~s de la Edad Media** from the dark depths of the Middle Ages; **estar al borde del ~** to be on the brink of ruin

**abizcochado** ADJ (*LAm*) spongy

**Abjacia** SF, **Abjasia** SF Abkhazia

**abjacio/a** ADJ, SM/F, **abjasio/a** ADJ, SM/F, **abjaso/a** ADJ, SM/F Abkhaz, Abkhazi, Abkhazian

**abjuración** SF (*Jur*) abjuration

**abjurar** ▸conjug 1a◂ Ⓐ VT to abjure, forswear
Ⓑ VI **~ de** to abjure, forswear

**ablación** SF [*de órgano*] removal ► **ablación del clítoris**, **ablación femenina** female circumcision

**ablactación** SF (*Med*) weaning

**ablactar** ▸conjug 1a◂ VT (*Med*) to wean

**ablandabrevas*** SMF INV useless person, good-for-nothing

**ablandador** SM ► **ablandador de agua** water softener ► **ablandador de carnes** (*Méx*) meat tenderizer

**ablandahigos*** SMF INV = **ablandabrevas**

**ablandamiento** SM (*gen*) softening (up); (= *moderación*) moderation

**ablandar** ▸conjug 1a◂ Ⓐ VT **1** (= *poner blando*) to soften; (*Culin*) to tenderize; [+ *vientre*] to loosen
**2** (= *conmover*) to touch; (= *mitigar*) to mitigate, temper; (= *calmar*) to soothe
**3** (*LAm Aut*) to run in, break in (*EEUU*)
Ⓑ VI (*Meteo*) [*frío*] to become less severe; [*viento*] to moderate; [*elementos*] decrease in force, die down
Ⓒ **ablandarse** VPR (= *ponerse blando*) to soften (up), get soft(er); [*persona*] to relent, soften; (*con la edad*) to mellow

**ablande** SM (*LAm Aut*) running-in

**ablativo** Ⓐ ADJ ablative
Ⓑ SM ablative ► **ablativo absoluto** ablative absolute

**-able** *ver* **Aspects of Word Formation in Spanish 2**

**ablución** SF ablution

**ablusado** Ⓐ ADJ (= *no tallado*) loose
Ⓑ SM (*Cono Sur*) loose garment

**abnegación** SF self-denial, abnegation (*frm*)

**abnegado** ADJ self-denying, self-sacrificing

**abnegarse** ▸conjug 1h, 1j◂ VPR to deny o.s., go without

**abobado** ADJ (= *que parece tonto*) stupid-looking; (= *asombrado*) bewildered

**abobamiento** SM (= *estupidez*) silliness, stupidity; (= *asombro*) bewilderment

**abobar** ▸conjug 1a◂ Ⓐ VT (= *entontecer*) to

make stupid; (= *asombrar*) to daze, bewilder
Ⓑ **abobarse** VPR to become stupid

**abocado** ADJ [*vino*] smooth, pleasant; [*jerez*] medium-sweet

**abocar** ▸conjug 1g◂ Ⓐ VT to pour out, decant
Ⓑ VI [1] (*Náut*) to enter a river/channel
[2] (= *ir a parar*) **~ a** to lead to, result in, end up in; **estar abocado al desastre** to be heading for disaster; **verse abocado a un peligro** to see danger looming ahead
[3] **estar abocado a hacer algo** to be designed to do sth; **esta medida está abocada a mejorar la situación** this measure is designed to *o* is intended to improve the situation
Ⓒ **abocarse** VPR [1] (= *aproximarse*) to approach; **~se con algn** to meet sb, have an interview with sb
[2] **~se a** (*Cono Sur*) to confront, face up to

**abocardo** SM (*Téc*) drill

**abocastro** SM (*Andes, Cono Sur*) ugly devil

**abocetar** ▸conjug 1a◂ VT to sketch

**abochornado** ADJ embarrassed

**abochornante** ADJ = **bochornoso 2**

**abochornar** ▸conjug 1a◂ Ⓐ VT (= *sofocar*) to suffocate; (= *avergonzar*) to shame, embarrass
Ⓑ **abochornarse** VPR to get flushed; [*planta*] to wilt; **~se de** to get embarrassed about

**abocinado** ADJ trumpet-shaped

**abocinar** ▸conjug 1a◂ Ⓐ VT (= *dar forma de bocina*) to shape like a trumpet; (*Cos*) to flare
Ⓑ **abocinarse** VPR (*) to fall flat on one's face

**abodocarse** ▸conjug 1g◂ VPR [1] (*CAm*) [*líquido*] to go lumpy
[2] (*Méx**) to come out in boils

**abofado** ADJ (*Caribe, Méx*) swollen

**abofarse** ▸conjug 1g◂ VPR (*Méx*) to stuff o.s.

**abofetear** ▸conjug 1a◂ VT to slap, hit (in the face)

**abogacía** SF (= *abogados*) legal profession; (= *oficio*) the law

**abogaderas** SFPL (*LAm*), **abogaderías** SFPL (*LAm pey*) specious arguments, false arguments

**abogado/a** SM/F [1] lawyer, attorney(-at-law) (*EEUU*); **ejercer de ~** to practise *o* (*EEUU*) practice law; **recibirse de ~** (*esp LAm*) to qualify as a lawyer ► **abogado/a auxiliar** (*Méx*) junior lawyer ► **abogado/a criminalista** criminal lawyer ► **abogado/a defensor(a)** defending counsel ► **abogado/a del Estado** public prosecutor, attorney general (*EEUU*) ► **abogado del diablo** devil's advocate ► **abogado/a de oficio** court-appointed counsel, duty solicitor, public defender (*EEUU*) ► **abogado/a de secano** barrack-room lawyer ► **abogado/a laboralista** labour lawyer, labor lawyer (*EEUU*) ► **abogado/a matrimonialista** divorce lawyer ► **abogado/a penalista** (*Méx*) criminal lawyer
[2] (= *defensor, partidario*) champion, advocate

**abogar** ▸conjug 1h◂ VI to plead; **~ por** (= *defender en juicio*) to plead for, defend; (= *propugnar*) to advocate, champion

**abolengo** SM (= *linaje*) ancestry, lineage; (= *patrimonio*) inheritance; **de rancio ~** of ancient lineage

**abolición** SF abolition

**abolicionismo** SM abolitionism

**abolicionista** SMF abolitionist

**abolir** ▸conjug 3a; defectivo◂ VT to abolish

**abolladura** SF [1] (*en metal*) dent
[2] (= *hinchazón*) bump; (= *cardenal*) bruise
[3] (*Arte*) embossing

**abollar** ▸conjug 1a◂ Ⓐ VT [1] [+ *metal*] to dent
[2] (*Med*) to raise a bump on
[3] (*Arte*) to emboss, do repoussé work on
Ⓑ **abollarse** VPR [1] [*metal*] to get dented
[2] [*persona*] to get bruised

**abollón** SM dent

**abollonar** ▸conjug 1a◂ VT to emboss

**abolsado** ADJ baggy

**abolsarse** ▸conjug 1a◂ VPR to become baggy

**abombachado** ADJ baggy

**abombado** ADJ [1] (= *convexo*) convex; (= *abovedado*) domed; (= *saltón*) bulging
[2] (*LAm*) (= *aturdido*) stunned
[3] (*Méx**) (= *borracho*) tight*
[4] (*LAm*) [*comida*] rotten; **estar ~** to smell bad, stink

**abombar** ▸conjug 1a◂ Ⓐ VT [1] (= *hacer convexo*) to make convex; (= *deformar*) to cause to bulge
[2] (*) (= *aturdir*) to stun; (= *desconcertar*) to disconcert, confuse
Ⓑ **abombarse** VPR (*LAm*) [1] (= *pudrirse*) to decompose, go off*
[2] (*) (= *emborracharse*) to get tight*

**abominable** ADJ abominable

**abominablemente** ADV abominably

**abominación** SF abomination; **es una ~** it's an abomination, it's detestable

**abominar** ▸conjug 1a◂ Ⓐ VT to abominate, detest
Ⓑ VI **~ de** to curse

**abonable** ADJ payable, due

**abonado/a** Ⓐ ADJ [1] (*Com*) paid, paid-up
[2] (*Agr*) fertilised
Ⓑ SM/F (*Telec*) (*a revista*) subscriber; (*Teat, Ferro*) season-ticket holder; **los ~s a la televisión por cable** cable TV subscribers

**abonamiento** SM = **abono**

**abonanzar** ▸conjug 1f◂ Ⓐ VI to grow calm, become settled
Ⓑ **abonanzarse** VPR to grow calm, become settled

**abonar** ▸conjug 1a◂ Ⓐ VT [1] (*Agr*) to fertilize; **abonan los campos cada primavera** they fertilize *o* put fertilizer on the fields every spring; **han abonado el jardín con estiércol** they've manured *o* put manure on the garden; **están abonando el terreno para cambiar la ley** they're preparing the ground for a change in the law
[2] (= *pagar*) [+ *cuota, salario, renta*] to pay; [+ *cheque, giro*] to cash; **abonamos una cuota anual de mil pesetas** we pay an annual fee of one thousand pesetas; **no nos han abonado las horas extras** we haven't been paid (for our) overtime; **"abonen al ser servidos"** "please pay as soon as you are served"; **la cajera no me quiso ~ el cheque** the cashier refused to cash the cheque; **tengo varios cheques para ~ en cuenta** I've got a few cheques to pay in; **me ~on los intereses en mi cuenta** the interest was credited to *o* paid into my account
[3] (= *fomentar*) [+ *hipótesis, teoría*] to lend weight to, lend credence to; [+ *esperanza*] to add to, fuel; **eso abona nuestras sospechas** that adds to our suspicions
Ⓑ **abonarse** VPR **~se a una revista** to subscribe to a magazine, take out a subscription to a magazine; **me he abonado a la ópera** I have bought a season ticket for the opera

**abonaré** SM promissory note, IOU

**abonero/a** SM/F [1] (*Méx*) (= *vendedor a plazos*) *street credit salesperson*
[2] (*LAm*) (= *que recoge abonos*) collector

**abono** SM [1] (*Agr*) (= *fertilizante*) manure, fertilizer; (= *acto*) fertilizing, manuring ► **abono químico** chemical fertilizer, artificial manure
[2] (*Com*) (= *pago*) payment; (= *plazo*) instalment, installment (*EEUU*); (= *crédito*) credit; (*LAm*) (= *entrega inicial*) down payment, deposit; **pagar por** *o* **en ~s** to pay by instalments *o* (*EEUU*) installments
[3] (*a periódico, revista, etc*) subscription; (*Teat, Ferro*) season ticket
[4] (= *aval*) guarantee
[5] (*Méx*) (= *recibo*) receipt

**aboquillado** ADJ tipped, filter-tipped

**abordable** ADJ [1] [*lugar*] accessible; [*tarea*] manageable; [*precio*] reasonable
[2] [*persona*] approachable; **no es nada ~** he's a difficult man

**abordaje** SM [1] (*Náut*) (= *choque*) collision; (= *invasión*) boarding; **¡al ~!** all aboard!
[2] [*de problema*] approach (**de** to); (*a persona*) accosting, approach

**abordar** ▸conjug 1a◂ Ⓐ VT [1] (= *acometer*) to tackle; **el libro aborda temas controvertidos** the book tackles some controversial subjects; **pidió más dinero para ~ el problema de la vivienda** he requested more money to tackle *o* deal with the housing problem
[2] (= *tratar*) to deal with; **el ministro se negó a ~ la cuestión en la rueda de prensa** the minister refused to deal with the subject at the press conference
[3] **~ a algn** to approach sb; **abordó al profesor en el pasillo** he approached the teacher in the corridor; **una multitud de periodistas la abordó al salir** a crowd of journalists accosted her as she was leaving
[4] (*Náut*) (= *atacar*) to board; (= *chocar con*) to ram
[5] (*Méx*) [+ *bus*] to board, get on; (*Caribe Aer*) to board
Ⓑ VI (*Náut*) to dock

**aborigen** Ⓐ ADJ aboriginal
Ⓑ SMF aborigine, aboriginal

**aborrascarse** ▸conjug 1g◂ VPR to get stormy

**aborrecer** ▸conjug 2d◂ VT [1] (= *odiar*) to loathe, detest; (= *aburrirse con*) to become bored by
[2] [+ *crías*] to desert, abandon

**aborrecible** ADJ loathsome, detestable

**aborrecido** ADJ hated, loathed

**aborrecimiento** SM (= *odio*) hatred, abhorrence; (= *aburrimiento*) boredom

**aborregado** ADJ **cielo ~** mackerel sky

**aborregarse** ▸conjug 1h◂ VPR [1] (*) (= *seguir*) to follow like a sheep/like sheep, tag along
[2] (*Meteo*) to cloud over
[3] (*LAm**) to be silly, get silly

**abortar** ▸conjug 1a◂ Ⓐ VI (*accidentalmente*) to have a miscarriage; (*deliberadamente*) to have an abortion; **se puede ~ gratuitamente** you can have a free abortion
Ⓑ VT [1] (= *abandonar*) [+ *plan, aterrizaje*] to abort

[2] (= *frustrar*) [+ *complot*] to foil, frustrate; [+ *motín, protesta*] to quell, put down; **el portero abortó el intento de gol** the goalkeeper frustrated the attempt at a goal
[3] (*Inform*) to abort

**abortero/a** SM/F abortionist

**abortista** Ⓐ ADJ [*clínica*] abortion *antes de s*; [*política*] pro-abortion
Ⓑ SMF [1] (= *partidario*) abortion campaigner
[2] (= *criminal*) abortionist; **~ ilegal** backstreet abortionist
Ⓒ SF *woman who has had an abortion*

**abortivo** Ⓐ ADJ abortive
Ⓑ SM abortifacient

**aborto** SM [1] (*Med*) (*accidental*) miscarriage; (*provocado*) abortion; (*Jur*) (criminal) abortion ► **aborto clandestino** backstreet abortion ► **aborto espontáneo** miscarriage ► **aborto eugenésico** eugenic abortion ► **aborto habitual** repeated miscarriage ► **aborto ilegal** illegal abortion ► **aborto libre y gratuito** free abortion on demand
[2] (*Biol*) monster, freak
[3] (= *fracaso*) failure
[4] (*) ugly man/woman; (*aplicado a mujer*) old cow*

**abortón** SM (*Vet*) premature calf

**abotagado** ADJ swollen, bloated

**abotagamiento** SM swelling

**abotagarse** ▸conjug 1h◂ VPR to swell up, become bloated

**abotargado** ADJ = **abotagado**

**abotargamiento** SM = **abotagamiento**

**abotargarse** ▸conjug 1h◂ VPR = **abotagarse**

**abotonador** SM buttonhook

**abotonar** ▸conjug 1a◂ Ⓐ VT [1] (= *abrochar*) to button up, do up
[2] (*Méx*) (= *tapar*) to block, obstruct
Ⓑ VI [*planta*] to bud
Ⓒ **abotonarse** VPR (= *abrocharse*) to button up, do up

**abovedado** Ⓐ ADJ vaulted, arched
Ⓑ SM vaulting

**abovedar** ▸conjug 1a◂ VT to vault, arch

**aboyar** ▸conjug 1a◂ VT [1] (*Náut*) to mark with buoys
[2] (*Méx*) to float

**abozalar** ▸conjug 1a◂ VT to muzzle

**abr.** ABR (= **abril**) Apr

**abra**[1] SF [1] (*Geog*) (= *cala*) inlet; (*entre montañas*) (mountain) pass
[2] (*Geol*) (= *grieta*) fissure
[3] (*LAm*) (= *claro*) clearing

**abra**[2] SF (*LAm*) panel, leaf (of a door)

**abracadabra** SM abracadabra

**abracadabrante** ADJ (= *aparatoso*) spectacular; (= *atractivo*) enchanting, captivating; (= *insólito*) unusual; (= *raro*) extravagant

**abracar** ▸conjug 1g◂ VT (*Méx*) = **abrazar**

**Abraham** SM, **Abrahán** SM Abraham

**abrasado** ADJ [1] (= *quemado*) burnt, burned (*EEUU*), burnt up
[2] **estar ~** (= *avergonzado*) to burn with shame; **estar ~ en cólera** to be in a raging temper

**abrasador** ADJ, **abrasante** ADJ burning, scorching

**abrasar** ▸conjug 1a◂ Ⓐ VT [1] (= *quemar*) to burn (up); (*con lejía*) to scorch; **murieron abrasados** they burned to death
[2] [+ *plantas*] [*sol*] to dry up, parch; [*viento*] to sear; [*helada*] to cut, nip
[3] (= *derrochar*) to squander, waste
[4] (= *avergonzar*) to fill with shame
Ⓑ VI **esta sopa abrasa** this soup's boiling
Ⓒ **abrasarse** VPR [1] (= *quemarse*) to burn (up); [*tierra*] to be parched
[2] **~se de amores** to be passionately in love; **~se de calor** to be roasting *o* sweltering; **~se de sed** to be parched, have a raging thirst

**abrasión** SF (= *erosión*) abrasion; (*Med*) graze

**abrasivo** ADJ, SM abrasive

**abrazadera** SF (= *soporte*) bracket, clamp; (*Tip*) (= *corchete*) bracket ► **abrazadera para papeles** paper clip

**abrazar** ▸conjug 1f◂ Ⓐ VT [1] [+ *persona*] to embrace, hug, hold
[2] (= *adoptar*) [+ *fe*] to adopt, embrace; [+ *doctrina*] to espouse; [+ *oportunidad*] to seize; [+ *profesión*] to adopt, enter, take up
[3] [+ *empresa*] to take charge of
[4] (= *abarcar*) to include, take in
Ⓑ **abrazarse** VPR to embrace (each other), hug (each other); **~se a** [*persona*] to embrace, hug; [*niño*] to cling to, clutch

▼ **abrazo** SM [1] (= *acción*) hug, embrace
[2] (*en cartas*) **un ~ afectuoso** *o* **cordial** with best wishes *o* kind regards; **un fuerte ~ (de)** love from

**abreboca** (*LAm*) Ⓐ ADJ absent-minded
Ⓑ SM appetizer

**abrebotellas** SM INV bottle opener

**abrecartas** SM INV letter opener, paper knife

**ábrego** SM south-west wind

**abrelatas** SM INV tin opener, can opener (*EEUU*)

**abrenuncio** EXCL not for me!

**abrevadero** SM (*Zool*) (*natural*) watering place; (*Agr*) (= *pilón*) drinking trough

**abrevar** ▸conjug 1a◂ Ⓐ VT [+ *animal*] to water; [+ *tierra*] to water, irrigate; [+ *pieles*] to soak
Ⓑ VI (*Zool*) to drink
Ⓒ **abrevarse** VPR (= *regodearse*) **~se en sangre** to wallow in blood

**abreviación** SF abridgement, shortening

**abreviadamente** ADV (= *sucintamente*) briefly, succinctly; (= *en forma resumida*) in an abridged form

**abreviado** ADJ (= *breve*) brief; (= *reducido*) shortened, abridged; **la palabra es forma abreviada de ...** the word is short for ...

**abreviar** ▸conjug 1b◂ Ⓐ VT [1] (= *acortar*) [+ *palabra*] to abbreviate; [+ *texto*] to abridge, reduce; [+ *discurso, estancia, etc*] to shorten, cut short
[2] (= *acercar*) [+ *fecha*] to bring forward; [+ *acontecimiento*] to hasten
Ⓑ VI (= *apresurarse*) to be quick; **bueno, para ~ ...** well, to cut a long story short ...

**abreviatura** SF abbreviation, contraction

**abriboca** ADJ INV (*Arg*) open-mouthed

**abridor** SM [*de botellas*] bottle opener; [*de latas*] tin opener, can opener (*EEUU*)

**abrigada** SF, **abrigadero** SM shelter, windbreak; **abrigadero de ladrones** (*Méx*) den of thieves

**abrigado** ADJ [1] (= *cubierto de ropa*) wrapped up (**con** in); **iba ~ con una chaqueta** he was wrapped up in a jacket; **tengo los pies bien ~s** my feet are nice and warm
[2] (= *que abriga*) [*ropa*] warm
[3] (= *protegido*) [*lugar*] sheltered, protected (**de** from)

**abrigador(a)** Ⓐ ADJ (*Andes, Méx*) warm
Ⓑ SM/F *person who covers up for another*

**abrigar** ▸conjug 1h◂ Ⓐ VT [1] (*del frío*) [*persona*] to wrap up; [*ropa, manta*] to keep warm; **abriga bien a los niños** wrap the kids up well; **este gorro de lana te ~á las orejas** this woolly hat will keep your ears warm
[2] (= *resguardar*) to shelter, protect (**de** from); **los árboles nos abrigaban del viento** the trees sheltered *o* protected us from the wind
[3] (= *ayudar*) to support; **tiene un buen equipo que le abriga** he's got a good team supporting him
[4] (= *albergar*) [+ *ambición, sospecha, temor*] to harbour, harbor (*EEUU*); [+ *duda*] to entertain, harbour, harbor (*EEUU*); [+ *esperanza, ilusión*] to cherish, harbour, harbor (*EEUU*); [+ *opinión*] to hold
Ⓑ VI [*ropa, manta*] to be warm; **esta manta no abriga nada** this blanket isn't warm at all; **este jersey abriga mucho** this jumper is nice and warm
Ⓒ **abrigarse** VPR [1] (*con ropa*) to wrap (o.s.) up; **salió a la nieve sin ~se** he went out in the snow without wrapping himself up; **¡abrígate bien!** wrap up well!; **usaban una manta para ~se** they used a blanket to keep themselves warm; **abrígate el cuello con la bufanda** cover your neck up with the scarf
[2] (= *resguardarse*) to shelter, take shelter (**de** from); **nos abrigamos de la tormenta bajo un árbol** we took shelter *o* sheltered from the storm under a tree; **se abrigaba en la presunción de inocencia** he sheltered behind the presumption of innocence

**abrigo** SM [1] (= *prenda*) coat; **un ~ de pieles** a fur coat; **un ~ de visón** a mink coat
[2] (= *protección*) [2·1] (*contra el frío*) **¿tienes suficiente ~?** are you warm enough?; **esta manta te servirá de ~** this blanket will keep you warm; **esta capa es un buen ~ para el invierno** this cloak is lovely and warm for the winter; **ropa de ~** warm clothes
[2·2] (*contra el viento, la lluvia*) shelter; **las rocas nos sirvieron de ~** the rocks sheltered us, the rocks gave us shelter; ✦**MODISMO de ~** (*Esp*) [*gastos, presupuesto, pelea*] huge; **tiene una bronquitis de ~** she has really bad bronchitis; **ten cuidado porque es un tipo de ~** be careful — he's a dodgy character*
[3] **al ~ de** [3·1] (= *protegido por*) [*seto, roca*] in the shelter of; [*noche, oscuridad*] under cover of; [*ley, poder*] under, under the protection of; **la ciudad está situada al ~ de unas colinas** the town is sheltered by hills; **charlamos al ~ de la lumbre** we chatted by the fireside; **escaparon al ~ de la noche** they escaped under cover of darkness; **crearon empresas al ~ de la nueva ley** they set up companies under the protection of the new law; **se crearon pequeños bancos al ~ del proceso de industrialización** the process of industrialization led to the creation of small banks
[3·2] (= *protegido de*) [*tormenta, viento*] sheltered from; [*escándalo, desgracias*] protected from; **nos pusimos al ~ del viento** we took shelter *o* we sheltered from the wind; **por su posición estaba al ~ de semejantes infortunios** the nature of his position protected him from such misfortunes; **al ~ de las miradas indiscretas** away from prying eyes; **una so-**

➤ LENGUA Y USO: abrazo 2 48.2

**ciedad al ~ de amenazas externas** a society immune to outside threats

[4] (*Náut*) natural harbour, natural harbor (*EEUU*), haven

**abril** SM April; **en el ~ de la vida** in the springtime of one's life; **una chica de 15 ~es** a girl of 15 summers (*liter*); ✦***MODISMO*** **estar hecho un ~** to look very handsome; ✦***REFRÁN*** **en ~ aguas mil** April showers bring May flowers; *ver tb* **septiembre**

**abrileño** ADJ April *antes de s*

**abrillantado** Ⓐ ADJ [*superficie*] polished; (*Culin*) glazed

Ⓑ SM [*de superficie*] polish(ing); (*Culin*) glaze, glazing

**abrillantadora** SF floor polisher

**abrillantamuebles** SM INV furniture polish

**abrillantar** ▸conjug 1a◂ VT (= *pulir*) to polish; [+ *piedra*] to cut; (*Culin*) to glaze; (= *mejorar*) to enhance, jazz up*

**abrir** ▸conjug 3a◂ (*pp* **abierto**) Ⓐ VT [1] (*algo que estaba cerrado*) [1·1] [+ *puerta, armario, libro, ojos*] to open; [+ *cremallera, bragueta*] to undo; **abre la ventana** open the window; **~ una puerta/ventana de par en par** to open a door/window wide; **le abrían las cartas** they were opening his letters; **abre la boca** open your mouth; (*en el dentista*) open wide; **no encuentro la llave para ~ la puerta** I can't find the key to open *o* unlock the door; **abrid el libro por la página 50** turn to page 50 in the book, open the book at page 50; ✦***MODISMO*** **en un ~ y cerrar de ojos** in the twinkling of an eye

[1·2] (*desplegando*) [+ *mapa, mantel*] to spread out; [+ *paraguas*] to open, put up; [+ *mano, abanico, paracaídas*] to open

[1·3] (*haciendo una abertura*) [+ *pozo*] to sink; [+ *foso, cimientos*] to dig; [+ *agujero, perforación*] to make, bore; [+ *camino*] to clear; (*LAm*) [+ *bosque*] to clear; **tuvimos que ~ camino cortando ramas** we had to cut a path through the branches; **he abierto un sendero en el jardín** I've made a path in the garden; **la explosión abrió una brecha en la pared** the explosion blew a hole in the wall; **las lluvias han abierto socavones en las calles** the rain has caused potholes to appear on the streets

[1·4] (*haciendo un corte*) [+ *sandía*] to cut open; [+ *herida*] to open; **abre el pan por la mitad** cut the loaf in half

[1·5] [+ *grifo, luz, agua*] to turn on; [+ *válvula*] to open; **abre el grifo del agua caliente** turn the hot water tap on; **abre un poco más el grifo** open the tap a bit more; **¿has abierto el gas?** have you turned the gas on?

[2] (= *encabezar*) [+ *manifestación, desfile*] to lead, head; [+ *baile*] to open, lead off; [+ *lista*] to head

[3] (= *inaugurar*) [3·1] [+ *acto, ceremonia*] to open; **se acaban de volver a ~ las negociaciones con los sindicatos** negotiations with the unions have been reopened; **el plazo para las solicitudes se abre en abril** applications may be made from April; **ya han abierto el plazo de matrícula** registration has already started

[3·2] (*Com*) [+ *negocio*] to set up, start; [+ *cuenta*] to open; **ha decidido ~ su propio negocio** she has decided to set up *o* start her own business; **han abierto un centro de atención al cliente** they've opened a customer service centre; **he abierto la cuenta con 50.000 pesetas** I opened the account with 50,000 pesetas; **~ un expediente a algn** (*investigación*) to open a file on sb; (*proceso*) to begin proceedings against sb; **~ una información** to open *o* start an inquiry

[3·3] (*Tip*) **~ comillas** to open quotes; **~ paréntesis** to open brackets

[3·4] (*Mil*) **¡abran fuego!** (open) fire!

[4] (= *ampliar*) [+ *perspectivas*] to open up; **este acuerdo abre nuevas perspectivas de paz** this agreement offers new hope of peace; **vivir en el extranjero le abrió la mente** living abroad opened up his mind *o* made him more open-minded; **estos países han abierto sus economías** these countries have opened their economy up

[5] [+ *apetito*] **las vitaminas te ~án el apetito** taking vitamins will improve your appetite; **ese olor me esta abriendo el apetito** that smell is making me hungry; **esta selección abre el apetito a los lectores** this selection is intended to whet the readers' appetite

Ⓑ VI [1] [*puerta, cajón*] to open; **esta puerta no abre** this door won't open

[2] [*persona*] to open the door, open up; **¡abre, soy yo!** open the door *o* open up, it's me!; **llamé pero no abrió nadie** I knocked at the door, but nobody answered; **esta llave no abre bien** this key is a bit stiff

[3] [*comercio, museo*] to open; **las tiendas abren a las diez** the shops open at ten o'clock; **los sábados no abrimos al público** we're not open to the public on Saturdays; **el banco abre de 9 a 1** the bank is open from 9 to 1; **el almacén volverá a ~ en septiembre** the warehouse will reopen in September

[4] [*flor*] to open

[5] (*en operación quirúrgica*) **vamos a tener que ~** we're going to have to open him up

[6] (*Meteo*) to clear up; **parece que está empezando a ~** it looks like it's starting to clear up

[7] (*Bridge*) to open; **~ de tres a un palo** to open three in a suit; **~ de corazones** to open (with a bid in) hearts

[8] (*Caribe**) (= *huir*) to escape, run off

Ⓒ **abrirse** VPR [1] [*paracaídas, paraguas, ventana, libro*] to open; **de repente se abrió la puerta** suddenly, the door opened; **se están abriendo las costuras** it's coming apart at the seams; **la madera se está abriendo** the wood is splitting

[2] (= *extenderse*) **ante nosotros se abría todo un mundo de posibilidades** a whole world of possibilities was opening up before us; **~se a algo** to open out onto sth; **la avenida se abre a una magnífica plaza** the avenue opens out onto a magnificent square

[3] [*persona*] [3·1] **no te abras tanto en las curvas** stay a bit closer to the side of the road when going round bends; **el delantero se abrió hacia la banda** the forward went wide

[3·2] **intentaron ~se paso entre la muchedumbre** they tried to make their way through the crowd; ✦***MODISMO*** **~se camino en la vida** to make one's way in life

[3·3] (**‡**) (= *largarse*) **¡me abro!** I'm off!; **¡ábrete!** shove off!*

[4] **~se a**: **tenemos que ~nos más al progreso** we have to open up more to progress; **~se a** *o* **con algn** to confide in sb

[5] (= *romperse, rajarse*) **se le ha abierto la herida** his wound has opened; **~se la cabeza** to crack one's head open; **~se el tobillo** to twist one's ankle, sprain one's ankle; **~se las venas** to slash one's wrists

[6] (*Meteo*) to clear, clear up

[7] (*Méx*) (= *echar marcha atrás*) to backtrack, back-pedal

**abrita** SF (*CAm*) short dry spell

**abrochador** SM [1] (= *abotonador*) buttonhook

[2] (*LAm*) (= *grapadora*) stapler, stapling machine

**abrochar** ▸conjug 1a◂ Ⓐ VT [1] [+ *botón, cremallera, vestido*] to do up; [+ *broche, hebilla*] to fasten; **¿me abrochas el vestido?** can you do up my dress?; **abróchale el abrigo al niño** do up the boy's coat; **¿me abrochas?** can you do me up?; **llevas los botones sin ~** your buttons are undone

[2] (*LAm*) [+ *papeles*] to staple (together)

[3] (*Méx*) (= *atar*) to tie up; (= *agarrar*) to grab hold of

[4] (*Andes*) (= *reprender*) to reprimand

Ⓑ **abrocharse** VPR **abróchate la camisa** do up your shirt; **el vestido se abrocha delante con cremallera** the dress does up at the front with a zip; **abróchate los zapatos** tie up your (shoe)laces; **abróchense el cinturón de seguridad** fasten your seat belts

**abrogación** SF abrogation, repeal

**abrogar** ▸conjug 1h◂ VT to abrogate, repeal

**abrojo** SM [1] (*Bot*) thistle; (*Mil*) caltrop

[2] **abrojos** (*Náut*) submerged rocks, reefs; (*Méx*) (= *matorral*) thorn bushes

**abroncar*** ▸conjug 1g◂ Ⓐ VT (= *avergonzar*) to shame, make ashamed; (= *ridiculizar*) to ridicule; (= *aburrir*) to bore; (= *molestar*) to annoy; [+ *orador*] to boo, heckle, barrack; (= *reprender*) to give a lecture to, tick off

Ⓑ **abroncarse** VPR (= *enfadarse*) to get angry

**abroquelarse** ▸conjug 1a◂ VPR **~ con** *o* **de** to shield o.s. with, defend o.s. with

**abrumador** ADJ [1] (= *agobiante*) crushing; (= *pesado*) burdensome; **es una responsabilidad ~a** it's a heavy responsibility

[2] (= *importante*) [*mayoría*] overwhelming; [*superioridad*] crushing, overwhelming

**abrumadoramente** ADV [1] (= *de forma agobiante*) crushingly

[2] (= *enormemente*) vastly, overwhelmingly

**abrumar** ▸conjug 1a◂ Ⓐ VT (= *agobiar*) to overwhelm; (= *oprimir*) to oppress, weigh down; (= *cansar*) to wear out, exhaust; **~ a algn de trabajo** to overload *o* swamp sb with work; **le ~on con atenciones** they made too much of a fuss of him

Ⓑ **abrumarse** VPR (*Meteo*) to get foggy, get misty

**abrupto** ADJ [1] [*cuesta*] steep; [*terreno*] rough, rugged

[2] [*tono*] abrupt

[3] [*cambio*] sudden

**abrutado** ADJ brutish, brutalized

**ABS** SM ABR (= **antilock braking system**) ABS

**absceso** SM abscess

**abscisión** SF incision

**absenta** SF absinth(e)

**absentismo** SM [*de obreros*] absenteeism; [*de terrateniente*] absentee landlordism ► **absentismo laboral** absenteeism from work

**absentista** SMF (= *obrero*) absentee; (= *terrateniente*) absentee landlord

**ábside** SM [*de iglesia*] apse; [*de tienda de campaña*] bell, bell end

**absintio** SM absinth(e)

**absolución** SF (*Rel*) absolution; (*Jur*) acquittal

**absoluta** SF [1] (= *declaración*) dogmatic statement, authoritative assertion
[2] (*Mil*) discharge; **tomar la ~** to take one's discharge, leave the service

**absolutamente** ADV [1] (= *completamente*) absolutely; **es ~ imposible** it's absolutely impossible; **está ~ prohibido** it is absolutely forbidden; **el puente estaba ~ destruido** the bridge was completely destroyed
[2] (*con negativos*) not at all, by no means; **~ nada** nothing at all; **—¿así que no viene nadie? —absolutamente** "so nobody is coming?" — "nobody at all"

**absolutismo** SM absolutism ► **absolutismo ilustrado** enlightened dictatorship

**absolutista** ADJ, SMF absolutist

**absolutizar** ▸conjug 1f◂ VT to pin down, be precise about

**absoluto** ADJ [1] (= *no relativo*) absolute; **los nacionalistas lograron mayoría absoluta** the nationalists got an absolute majority; **lo ~** the absolute
[2] (= *máximo*) [*prioridad*] top; [*reposo, fe*] complete; [*verdad*] absolute; **tengo la absoluta certeza de que vino** I'm absolutely certain that he came; **son de absoluta necesidad** they are absolutely necessary *o* essential; **guardaron el más ~ silencio** they remained absolutely silent; **nunca lo supe con certeza absoluta** I never knew for sure; **viven en la miseria más absoluta** they live in the most abject poverty; **existe compenetración absoluta entre los dos** there is a perfect understanding between them, they understand each other perfectly
[3] [*monarquía, poder*] absolute
[4] **en ~** not at all; **—¿es verdad? —no, en ~** "is it true?" — "no, absolutely not *o* no, not at all"; **—¿te importa? —en ~** "do you mind?" — "no, absolutely not *o* no, not at all"; **esa idea no me atrae en ~** that idea doesn't appeal to me at all *o* in the slightest; **no dijo nada en ~** he said absolutely nothing (at all); **no es en ~ extraño** it is by no means odd

**absolutorio** ADJ **fallo ~** verdict of not guilty

**absolver** ▸conjug 2h◂ (*pp* **absuelto**) VT (*Rel*) to absolve; (*Jur*) to acquit, clear (**de** of)

**absorbencia** SF absorbency

**absorbente** Ⓐ ADJ [1] (*Quím*) absorbent
[2] (= *interesante*) interesting, absorbing; [*tarea*] demanding; [*amor*] possessive, tyrannical
Ⓑ SM absorbent ► **absorbente higiénico** sanitary towel, sanitary napkin (*EEUU*)

**absorber** ▸conjug 2a◂ Ⓐ VT [1] [+ *líquido*] to absorb, soak up
[2] [+ *información*] to absorb, take in; [+ *recursos*] to use up; [+ *energías*] to take up; [+ *atención*] to command
Ⓑ **absorberse** VPR **~se en** to become absorbed *o* engrossed in

**absorbible** ADJ absorbable

**absorbidad** SF absorbency

**absorción** SF [1] [*de líquidos*] absorption
[2] (= *atracción*) absorption
[3] (*Com*) takeover

**absorto** ADJ absorbed, engrossed; **estar ~** (= *extasiado*) to be entranced; (= *pasmado*) to be amazed; **estar ~ (en sus pensamientos)** to be lost in thought; **estar ~ en un proyecto** to be engrossed in *o* taken up with a scheme

**abstemio/a** Ⓐ ADJ teetotal
Ⓑ SM/F teetotaller

**abstención** SF abstention

**abstencionismo** SM abstentionism

**abstencionista** SMF abstainer

**abstenerse** ▸conjug 2k◂ VPR (*gen*) to abstain; **~ de hacer algo** to refrain from doing sth; **en la duda, abstente** when in doubt, don't; **"abstenerse intermediarios"** "no dealers"; **"abstenerse si no cumplen los requisitos"** "those without the necessary qualifications need not apply"

**abstinencia** SF (*gen*) abstinence; (*Rel*) fasting; [*de drogas*] withdrawal

**abstinente** ADJ (*Rel*) abstinent, observing abstinence

**abstracción** SF [1] (= *acto*) abstraction; (*pey*) (= *despiste*) absent-mindedness
[2] **hacer ~ de** to leave aside, except

**abstractar** ▸conjug 1a◂ VT [+ *publicaciones*] to abstract, make abstracts of

**abstracto** ADJ abstract; **en ~** in the abstract

**abstraer** ▸conjug 2o◂ Ⓐ VT to abstract
Ⓑ **abstraerse** VPR to be lost in thought, be preoccupied; **~se de** to detach o.s. from

**abstraído** ADJ (= *ensimismado*) withdrawn; (= *inquieto*) preoccupied

**abstruso** ADJ abstruse

**absuelto** PP *de* **absolver**

**absurdamente** ADV absurdly

**absurdez** SF absurdity

**absurdidad** SF absurdity

**absurdo** Ⓐ ADJ absurd; **es ~ que** it is absurd that; **lo ~ es que ...** the ridiculous thing is that ...; **teatro del ~** theatre *o* (*EEUU*) theater of the absurd
Ⓑ SM absurdity, (piece of) nonsense; **decir ~s** to talk nonsense

**abubilla** SF hoopoe

**abucharar*** ▸conjug 1a◂ VT (= *abuchear*) to boo, jeer; (= *excluir*) to ostracize, marginalize; (= *criticar*) to slate*, criticize; (= *avergonzar*) to put to shame; **quedarse abucharado** to be left out, be ostracized

**abuchear** ▸conjug 1a◂ VT to boo, jeer at; **ser abucheado** (*Teat*) to be booed, be hissed (at)

**abucheo** SM booing, jeering; **ganarse un ~** (*Teat*) to be booed, be hissed (at)

**abuelado*** ADJ (*Cono Sur*) spoiled by one's grandparents

**abuelita** SF [1] (*Cono Sur*) (= *gorra*) baby's bonnet
[2] (*Andes*) (= *cuna*) cradle

**abuelito/a*** SM/F granddad/granny*, grandpa/grandma*; (*Méx*) grandfather/grandmother

**abuelo/a** SM/F [1] (= *pariente*) grandfather/grandmother; **mis ~s** my grandparents; **¡tu abuela!*** rubbish!; ✦*MODISMOS* **¡cuéntaselo a tu abuela!*** pull the other one!*, go tell that to the marines! (*EEUU*); **no necesitar abuela*** to blow one's own trumpet; **(éramos pocos) y parió la abuela*** and that was the last straw, and that was all we needed; **no tener abuela*** to be full of o.s.
[2] (= *anciano*) old man/old woman; **está hecho un ~** he looks like an old man
[3] (= *antepasado*) ancestor, forbear

**abulense** Ⓐ ADJ of/from Ávila
Ⓑ SMF native/inhabitant of Ávila; **los ~s** the people of Ávila

**abulia** SF total apathy

**abúlico** ADJ apathetic

**abulón** SM (*esp Méx*) abalone

**abultado** ADJ [1] (= *voluminoso*) bulky, unwieldy; [*labios, libro*] thick; (*Med*) swollen
[2] (= *exagerado*) exaggerated

**abultamiento** SM [1] (= *voluminosidad*) bulkiness, (large) size; (*Med*) swelling
[2] (= *exageración*) exaggeration

**abultar** ▸conjug 1a◂ Ⓐ VT [1] (= *aumentar*) to increase; (= *agrandar*) to enlarge; (= *hacer abultado*) to make bulky
[2] (= *exagerar*) to exaggerate
Ⓑ VI [1] (= *tener bulto*) to be bulky, be big
[2] (= *tener más importancia*) to increase in importance

**abundamiento** SM abundance, plenty; **a** *o* **por mayor ~** furthermore

**abundancia** SF [1] (= *multitud*) abundance; **hay gran ~ de olivos** there is a great abundance of olive trees; **en ~: hay copas en ~** there are plenty of glasses; **había bebida en ~** there was plenty to drink
[2] (= *copiosidad*) abundance; **bendijo la ~ de la cosecha** he blessed the abundance of the harvest
[3] (= *prosperidad*) **su familia vive en la ~** his family are very well-off; **la sociedad de la ~** the affluent society; ✦*MODISMO* **nadar en la ~** to be rolling in money; *ver tb* **cuerno**

**abundante** ADJ [1] (= *copioso*) abundant, plentiful; **el agua es ~ en toda la zona** water is abundant *o* plentiful throughout the area; **la fauna es ~ en el parque nacional** ◊ **el parque nacional es ~ en fauna** there is abundant wildlife in the national park, there is a wealth of fauna in the national park; **un país ~ en minerales** a country which is rich in minerals, a country which abounds in minerals; **una ~ ración de calamares** a generous portion of squid; **teníamos ~ comida** we had plenty of food; **tienes que hervirlos en agua ~** you have to boil them in plenty of water; **la nubosidad será ~ en Galicia** there will be extensive cloud in Galicia
[2] (*en plural*) a great many; **un texto con ~s citas** a text with a great many *o* numerous quotations; **los flamencos son muy ~s en toda la zona** there are a great many flamingos throughout the area; **existen ~s pruebas** there is plenty of proof

**abundantemente** ADV [*llover, sangrar*] heavily; [*crecer*] abundantly

**abundar** ▸conjug 1a◂ VI [1] (= *existir en abundancia*) to be plentiful; **el olivo abunda en el sur** olive trees are plentiful in the south; **este tipo de cáncer abunda entre personas sedentarias** this type of cancer is very common in *o* among sedentary people
[2] (*frm*) (= *tener en abundancia*) **~ en algo: la zona abunda en gas natural** the area is rich in natural gas, natural gas is plentiful in the area; **los periódicos abundan en anglicismos** the newspapers abound in *o* with anglicisms
[3] (= *profundizar*) **~ en algo** (*frm*) to elaborate on sth; **me gustaría ~ en ese comentario**

I'd like to elaborate on this remark; **no quiso ~ más en el asunto** he declined to elaborate

[4] (= *estar de acuerdo*) **yo abundo en esa opinión** I absolutely *o* wholeheartedly agree

**Abundio** SM *ver* **tonto A1.2**

**abundoso** ADJ (*LAm*) abundant

**abur*** EXCL so long!

**aburguesado** ADJ **un barrio ~** a gentrified area; **un hombre ~** a man who has become bourgeois, a man who has adopted middle-class ways

**aburguesamiento** SM embourgeoisement

**aburguesar** ▸conjug 1a◂ Ⓐ VT to gentrify

Ⓑ **aburguesarse** VPR [*persona*] to become bourgeois, adopt middle-class ways

**aburrición** SF (*LAm*) = **aburrimiento**

**aburridamente** ADV in a boring manner, boringly

**aburrido** ADJ (= *que aburre*) boring, tedious; (= *que siente aburrimiento*) bored; **un libro ~** a boring book; **una espera aburrida** a tedious wait; **¡estoy ~ de decírtelo!** I'm tired of telling you!

> **ABURRIDO**
>
> **¿"Bored" o "boring"?**
>
> • Usamos **bored** para referirnos al hecho de *estar* aburrido, es decir, de sentir aburrimiento:
>
> Si estás aburrida podrías ayudarme con este trabajo
>
> ***If you're bored you could help me with this work***
>
> • Usamos **boring** con personas, actividades y cosas para indicar que alguien o algo *es* aburrido, es decir, que produce aburrimiento:
>
> ¡Qué novela más aburrida!
>
> ***What a boring novel!***
>
> No me gusta salir con él; es muy aburrido
>
> ***I don't like going out with him; he's very boring***

**aburridón** ADJ (*Andes*) rather boring

**aburrimiento** SM boredom, tedium; **¡qué ~!** what a bore!

**aburrir** ▸conjug 3a◂ Ⓐ VT [1] (*gen*) to bore; (= *cansar*) to tire, weary

[2] (‡) [+ *dinero*] to blow*; [+ *tiempo*] to waste

Ⓑ **aburrirse** VPR to be bored, get bored (**con, de, por** with); **~se como una ostra** to be bored stiff

**abusado/a** (*Méx*) Ⓐ EXCL (*) (= *cuidado*) look out!, careful!

Ⓑ ADJ [1] (= *astuto*) sharp, cunning

[2] (= *cauteloso*) watchful, wary

Ⓒ SM/F swot*, grind (*EEUU**)

**abusador** ADJ (*Cono Sur*) abusive

**abusar** ▸conjug 1a◂ VI [1] (= *extralimitarse*) to take advantage; **es muy generoso pero no debéis ~** he's very generous but you mustn't take advantage; **~ de** [+ *persona*] to take advantage of; [+ *amistad, hospitalidad, amabilidad, privilegio*] to abuse; **de los débiles todo el mundo abusa** everyone takes advantage of the weak; **el acusado abusó de su condición de policía** the defendant abused his position as a policeman; **no quiero ~ de su tiempo** I don't want to take up too much of your time; **si siguen abusando de mi paciencia, un día estallaré** if they continue to try my patience, one of these days I'm going to explode; **~ de la confianza de algn** (= *aprovecharse*) to take advantage of sb's good will; (= *traicionar*) to betray sb's trust

[2] (= *usar en exceso*) **está bien beber de vez en cuando pero sin ~** drinking every so often is fine as long as you don't overdo it; **~ de**: **~ del tabaco** to smoke too much; **no conviene ~ de las grasas** it's not good to eat too much fat; **abusan de la jerga técnica** they use too much technical jargon

[3] (= *usar mal*) **~ de** [+ *dinero*] to misuse

[4] (*sexualmente*) **~ de algn** to (sexually) abuse sb

**abusión** SF (= *abuso*) abuse; (= *superstición*) superstition

**abusivamente** ADV unfairly

**abusivo** ADJ unfair; [*precio*] exorbitant, outrageous

**abuso** SM [1] (= *extralimitación*) [*de privilegios, cargo, fondos*] abuse; **se siguen cometiendo ~s en los derechos humanos** human rights abuses are still being committed; **cuando hay ~ de amistad** when unfair demands are made on friendship, when there are impositions made on friendship; **lo que te han cobrado es un ~** it's outrageous what they've charged you ► **abuso de autoridad** abuse of authority ► **abuso de confianza** (*Pol, Fin*) breach of trust, betrayal of trust; **su actitud me parece un ~ de confianza** I think he's taking liberties ► **abuso de poder** abuse of power

[2] (= *uso excesivo*) [*de tabaco, drogas*] abuse; [*de disolventes, pesticidas*] overuse; **el ~ del alcohol puede traer consecuencias fatales** alcohol abuse can have fatal consequences; **especies en peligro por el ~ de la caza** endangered species through overhunting; **había un ~ de adjetivos en el texto** there was too much *o* excessive use of adjectives in the text; **recibió varias quejas por ~ de fuerza** he received several complaints of excessive use of force; **no es recomendable el ~ de la sal en la comida** it's not advisable to put too much salt in your food; **hicieron uso y ~ del teléfono** they used the phone to excess

[3] (*tb* **~ sexual**) sexual abuse ► **abuso de menores** child abuse ► **abusos deshonestos** indecent assault *sing*

**abusón/ona*** Ⓐ ADJ (= *egoísta*) selfish; (= *engreído*) big-headed*; (= *insolente*) abusive

Ⓑ SM/F selfish person, bighead*; **eres un ~** you're a selfish pig*

**abute‡** ADV **vivir de ~** to live well, live like a prince; *ver tb* **dabuti**

**abyección** SF wretchedness, abjectness

**abyecto** ADJ wretched, abject

**a.C.** ABR (= **antes de Cristo**) BC

**a/c.** ABR [1] = **a cuenta**

[2] (= **al cuidado de**) c/o

**acá** ADV [1] (*esp LAm*) (= *aquí*) here, over here; **~ y allá** *o* **acullá** here and there; **pasearse de ~ para allá** to walk up and down *o* to and fro; **¡ven** *o* **vente para ~!** come over here!; **¡más ~!** more over this way!; **más ~ de** on this side of; **tráelo más ~** move it this way, bring it closer; **está muy ~** it's right here; **no tan ~** not so close, not so far this way

[2] (= *ahora*) at this time, now; **de** *o* **desde ayer ~** since yesterday; **de ~ a poco** of late; **¿de cuándo ~?** since when?

[3] (*LAm*) (= *como demostrativo*) this person *etc* here; **~ le contará** he'll tell you about it; **~ es mi señora** and this is my wife

**acabada** SF finish

**acabadero*** SM (*Méx*) **el ~** the limit, the last straw

**acabado** Ⓐ ADJ [1] (= *completo*) finished

[2] (= *viejo*) old, worn out; **estar ~** (*de salud*) to be a wreck; **está ~ como futbolista** he's finished as a footballer, his footballing days are over

[3] (*LAm*) (= *flaco*) thin; (*Méx*) (= *rendido*) exhausted; **está muy ~** (*Méx*) he's looking very old

Ⓑ SM (*Téc*) finish; **buen ~** high finish ► **acabado brillo** gloss finish ► **acabado satinado** matt finish

**acabador(a)** SM/F (*Téc*) finisher

**acabalar** ▸conjug 1a◂ VT to complete

**acaballadero** SM stud farm

**acaballado*** ADJ (*Cono Sur*) clumsy, gauche

**acaballar** ▸conjug 1a◂ VT to cover

**acabamiento** SM (= *acto*) finishing, completion; (= *final*) end; (= *muerte*) death; (*LAm*) (= *agotamiento*) exhaustion

**acabar** ▸conjug 1a◂ Ⓐ VT [1] (= *terminar*) [+ *actividad, trabajo*] (*gen*) to finish; (= *dar el toque final a*) to finish off; **¿habéis acabado la instalación de la antena?** have you finished installing the aerial?; **me falta poco para ~ el jersey** I've nearly finished the jumper; **me quedan sólo un par de horas para ~ este cuadro** it'll only take me another couple of hours to finish off this painting; **acabó sus días en prisión** he ended his days in prison

[2] (= *consumir*) to finish; **ya hemos acabado el aceite** we've used up *o* finished the oil; **cuando acabe esta cerveza me voy** when I've finished this beer I'm going

[3] (*LAm*) (= *hablar mal de*) **~ a algn** to speak ill of sb

Ⓑ VI [1] (= *terminar*) to finish, end; **¿te falta mucho para ~?** are you nearly finished?, have you got long to go?; **la crisis lleva años y no acaba** the recession has been going on for years and there's no sign of it ending; **es cosa de nunca ~** there's no end to it; **✦MODISMO acabáramos**: **acabáramos, ¿así que se trata de tu hijo?** oh, I see, so it's your son, then?; *ver tb* **cuento 1**, **rosario 1**

[2] **~ con** [2·1] [+ *comida*] to finish off; [+ *injusticia*] to put an end to, stop; [+ *relación*] to end; [+ *reservas*] to exhaust, use up; [+ *esperanzas*] to put paid to; **acabaron con la tarta en un minuto** they finished off the cake within a minute; **¿todavía no has acabado con la carta?** haven't you finished the letter yet?; **hay que ~ con tanto desorden** we must put an end to all this confusion; **hemos acabado con todas las provisiones** we've exhausted *o* used up all our supplies

[2·2] [+ *persona*] (= *atender*) to finish with; (= *matar*) to do away with; **cuando acabe con ella, te lavo la cabeza** when I'm done *o* finished with her, I'll wash your hair; **¡acabemos con él!** let's do away with him!*; **esto acabará conmigo** this will be the end of me

[3] **~ de hacer algo** [3·1] (*cuando se ha terminado*) **acabo de llamarla por teléfono** I have just phoned her; **acababa de entrar cuando sonó el teléfono** I had just come in when the phone rang

[3·2] (*cuando se está haciendo*) **cuando acabemos de pagarlo** when we finish paying for it; **✦MODISMOS para ~ de arreglarlo**: **para ~ de**

**arreglarlo, se fue sin despedirse** on top of everything, she left without even saying goodbye; **¡acaba de parir!*** spit it out!*

3.3 **no acabo de entender por qué lo hizo** I just can't understand why she did it; **no acabo de entender este concepto** I just can't seem to understand this concept; **ese candidato no me acaba de convencer** I'm not too sure about that candidate

4 (*con complemento de modo*) **la película acaba bien** the film has a happy ending; **su relación acabó mal** their relationship came to an unhappy end; **si sigues así vas a ~ mal** if you carry on like that you'll come to a sticky end; **acabé harto de tantas fiestas** I ended up getting fed up of all those parties; **la palabra acaba con** *o* **por "z"** the word ends in a "z"; **~ en algo** to end in sth; **espero que no acabe en tragedia** I hope it won't end in tragedy; **el palo acaba en punta** the stick ends in a point; **unos zapatos que acaban en punta** a pair of pointed shoes; **la fiesta acabó en un baile** the party ended with everyone dancing; **después de tanto hablar, todo acabó en nada** after all that talk, it all came to nothing

5 **~ haciendo algo** ◊ **~ por hacer algo** to end up doing sth; **acabó aceptándolo** he ended up accepting it

6 (*en una relación*) to finish, split up; **hemos acabado** we've finished, we've split up; **¿cuánto hace que acabaste con ella?** how long is it since you split up with *o* finished with her?

7 (*LAm***) (= *eyacular*) to come**

Ⓒ **acabarse** VPR 1 (= *terminarse*) [*acto, reunión*] to finish, come to an end; [*reservas*] to run out; **la impresora te avisa cuando se acaba el papel** the printer tells you when the paper runs out; **todo se acabó para él*** he's had it*; **¡se acabó!** that's it!; **¡un minuto más y se acabó!** one more minute and that will be it!; **¡te quedas aquí y se acabó!** you're staying here and that's that!; **le das el dinero y se acabó** just give her the money and be done with it; ✦***MODISMO*** **... y (san) se acabó** ... and that's the end of the matter

2 (*con complemento indirecto*) **se me ha acabado el tabaco** I'm out of cigarettes; **pronto se nos acabará la gasolina** we'll soon be out of petrol; **se me acabó la paciencia** my patience is exhausted *o* at an end, I've run out of patience

3 (*con valor enfático*) **acábate el café y nos vamos** drink your coffee up and we'll go

4 [*persona*] (= *morir*) to die; (*esp LAm*) (= *cansarse*) to wear o.s. out

**acabildar** ▸conjug 1a◂ VT to get together, organize into a group

**acabóse** SM, **acabose** SM **esto es el ~** this is the last straw; **la fiesta fue el ~** it was the party to end all parties, it was the best party ever

**acachetear** ▸conjug 1a◂ VT to slap, punch

**acachihuite** SM (*Méx*) (= *paja*) straw, hay; (= *cesto*) straw basket

**acacia** SF acacia ► **acacia falsa** locust tree

**acacito** ADV (*LAm*) = **acá**

**academia** SF 1 (= *establecimiento*) academy; (*Escol*) (private) school; **la Real Academia** the Spanish Academy; **la Real Academia de la Historia** the Spanish Academy of History ► **academia de baile** dance school ► **academia de comercio** business school ► **academia de idiomas** language school ► **academia de música** school of music, conservatoire ► **academia militar** military academy

2 (= *sociedad*) learned society

**ACADEMIA**

*In Spain* **academias** *are private schools catering for students of all ages and levels outside normal school and working hours. Some specialize in particular skills such as computing, languages and dressmaking while others offer extra tuition in core school subjects and syllabuses. For people hoping to do well enough in the* **oposiciones** *to get a post in the public sector, there are* **academias** *offering special preparatory courses for these notoriously difficult competitive examinations.*

⇨ *See also* OPOSICIONES

**académico/a** Ⓐ ADJ academic

Ⓑ SM/F academician, member (of an academy) ► **académico/a de número** full member (*of an academy*)

**acaecer** ▸conjug 2d◂ VI to happen, occur; **acaeció que ...** it came about that ...

**acaecimiento** SM happening, occurrence

**acahual** SM (*Méx*) (= *girasol*) sunflower; (= *yerba*) tall grass

**acáis*** SMPL peepers*, eyes

**acalambrarse** ▸conjug 1a◂ VPR to get cramp

**acalaminado** ADJ (*Cono Sur*) rough, uneven, bumpy

**acalenturarse** ▸conjug 1a◂ VPR to get feverish

**acallamiento** SM (= *silenciamiento*) silencing, quietening; (= *apaciguamiento*) pacification

**acallar** ▸conjug 1a◂ VT 1 (= *silenciar*) to silence, quieten, quiet (*EEUU*)

2 (= *calmar*) [+ *furia*] to assuage, pacify; [+ *crítica, duda*] to silence

**acaloradamente** ADV heatedly, excitedly

**acalorado** ADJ 1 (= *con calor*) heated, hot

2 (= *enardecido*) [*discusión*] heated; [*partidario*] passionate; (= *agitado*) agitated

**acaloramiento** SM 1 (= *calor*) heat

2 (= *enardecimiento*) vehemence, passion

**acalorar** ▸conjug 1a◂ Ⓐ VT 1 (= *calentar*) to make hot, warm up; (= *sobrecalentar*) to overheat

2 (= *enardecer*) to inflame, excite; [+ *pasiones*] to inflame; [+ *audiencia*] to work up; [+ *ambición*] to stir up, encourage

Ⓑ **acalorarse** VPR 1 (= *sofocarse*) to get hot, become overheated

2 (= *enardecerse*) [*persona*] (*al actuar*) to get excited, get worked up (**por** about); (*al hablar*) to get worked up; [*discusión*] to become heated

**acalórico** ADJ low-calorie *antes de s*, low in calories

**acaloro** SM anger

**acalote** SM (*Méx*) channel

**acamar** ▸conjug 1a◂ VT to beat down, lay

**acamastronarse** ▸conjug 1a◂ VPR (*LAm*) to get crafty, become artful

**acampada** SF camping; **ir de** *o* **hacer una ~** to go camping ► **acampada libre** camping rough, camping in the wild

**acampado/a** SM/F camper, motorhome (*EEUU*)

**acampanado** ADJ bell-shaped; [*pantalón*] flared, bell-bottomed

**acampar** ▸conjug 1a◂ Ⓐ VI to camp; (*Mil*) to encamp

Ⓑ **acamparse** VPR to camp

**acampo** SM pasture, common pasture

**acanalado** ADJ 1 (= *con canales*) grooved, furrowed

2 (*Arquit*) fluted

3 (*Téc*) [*hierro*] corrugated

**acanaladura** SF (= *canal*) groove, furrow; (*Arquit*) fluting

**acanalar** ▸conjug 1a◂ VT 1 (= *hacer canales*) to groove, furrow

2 (*Arquit*) to flute

3 (*Téc*) [+ *hierro*] to corrugate

**acanallado** ADJ disreputable, low

**acanelado** ADJ cinnamon-flavoured *o* (*EEUU*) -flavored, cinnamon-coloured *o* (*EEUU*) -colored

**acantilado** Ⓐ ADJ [*risco*] steep, sheer; [*costa*] rocky; [*fondo del mar*] shelving

Ⓑ SM cliff

**acanto** SM acanthus

**acantonamiento** SM 1 (= *lugar*) cantonment

2 (= *acto*) billeting, quartering

**acantonar** ▸conjug 1a◂ VT (*Mil*) (= *colocar*) to station; (*en domicilio privado*) to billet

**acaparación** SF = **acaparamiento**

**acaparador(a)** Ⓐ ADJ 1 (= *acumulador*) **las hormigas son animales ~es** ants are hoarders; **instintos ~es** acquisitive instincts

2 (= *egoísta*) (*con cosas*) selfish; (*con personas*) possessive

Ⓑ SM/F 1 [*de objetos, mercancías*] hoarder

2 (= *egoísta*) (*con cosas*) selfish person; (*con personas*) possessive person

**acaparamiento** SM 1 (= *acumulación*) hoarding, stockpiling; **hizo ~ de víveres** he hoarded *o* stockpiled provisions

2 (*Com*) (= *monopolio*) [*de ventas*] monopolizing; [*del mercado*] cornering

3 (= *apropiamiento*) **se quejaron del ~ del teléfono por uno de ellos** they complained that one of them was hogging* *o* monopolizing the phone; **consiguió el ~ de todas las miradas** he managed to capture everyone's attention

**acaparar** ▸conjug 1a◂ VT 1 (= *acumular*) [+ *víveres, bienes*] to hoard; **~ provisiones para el invierno** to hoard food supplies for the winter

2 (= *tener la totalidad de*) 2.1 [+ *producción, poder, conversación*] to monopolize; **acaparan la distribución de gasolina en la zona** they have a monopoly on the distribution of petrol in the area; **~ el mercado de algo** to corner the market in sth; **han acaparado el mercado del vino** they have cornered the wine market

2.2 (*pey*) to hog*, monopolize; **a ver si no acaparas el teléfono** don't hog* *o* monopolize the telephone, will you?

3 (= *quedarse con*) to take; **la película que acaparó todos los premios** the film which took all the prizes; **han acaparado un 25% del mercado de ventas a domicilio** they have captured *o* taken a 25% share of the home sales market; **la industria acapara la mayor parte de las ayudas del gobierno** industry gets most of the government aid

4 (= *poseer*) to hold; **la izquierda acapara**

**todos los puestos en el ayuntamiento** the left holds all of the council posts; **la empresa acapara el 40% de la tierra** the company owns 40% of the land

5 (= *ocupar*) to take up; **el accidente acaparó las primeras páginas de todos los periódicos** the accident took up the front pages in all the newspapers; **el cantante acapara los titulares estos días** the singer is front page news these days

6 [+ *atención, interés*] to capture; **este asunto acaparó la atención de todos los políticos** this issue captured the attention of all the politicians; **le gustaba ~ las miradas de todo el mundo** he liked to hog the limelight*

**acapetate** SM (*Méx*) straw mat

**acapillar**‡ ▸conjug 1a◂ VT (*Méx*) to grab, take hold of

**acápite** SM (*LAm*) (= *párrafo*) paragraph; (= *título*) subheading; **punto ~** full stop, new paragraph

**a cappella** [aka'pela] ADV a cappella

**acapullado** ADJ in bud

**acapulqueño/a** Ⓐ ADJ of/from Acapulco
Ⓑ SM/F native/inhabitant of Acapulco; **los ~s** the people of Acapulco

**acaracolado** ADJ spiral *antes de s*, winding, twisting

**acaramelado** ADJ 1 (*Culin*) **con sabor ~** toffee-flavoured *o* (*EEUU*) -flavored; **de color ~** toffee-coloured *o* (*EEUU*) -colored
2 (*fig*) (= *dulce*) sugary, oversweet; (= *correcto*) over-polite; **estaban ~s** [*amantes*] they were all lovey-dovey*

**acaramelar** ▸conjug 1a◂ Ⓐ VT to coat with caramel
Ⓑ **acaramelarse** VPR to become besotted with each other

**acardenalar** ▸conjug 1a◂ Ⓐ VT to bruise
Ⓑ **acardenalarse** VPR to get bruised, go black and blue

**acar(e)ar** ▸conjug 1a◂ VT (= *carear*) to bring face to face; (= *afrontar*) to face, face up to

**acariciador** ADJ caressing

**acariciar** ▸conjug 1b◂ VT 1 (= *hacer caricias*) to caress, stroke; (= *sobar*) to fondle; [+ *animal*] to pat, stroke; (= *rozar*) to brush
2 [+ *esperanzas*] to cherish, cling to; [+ *proyecto*] to have in mind

**acaricida** SM (*Cono Sur*) insecticide

**ácaro** SM mite

**acarraladura*** SF (*Andes, Cono Sur*) run, ladder

**acarreadizo** ADJ transportable, that can be transported

**acarreado/a** SM/F (*Méx*) *peasant bussed in by the government in order to vote*

**acarrear** ▸conjug 1a◂ VT 1 (= *transportar*) to transport, carry; (= *arrastrar*) to cart
2 (= *causar*) to cause, bring in its train *o* wake; **le acarreó muchos disgustos** it caused *o* brought him lots of problems; **acarreó la caída del gobierno** it led to the fall of the government

**acarreo** SM (= *flete*) haulage, carriage; **gastos de ~** transport charges

**acarreto** SM (*Caribe, Méx*) = **acarreo**

**acartonado** ADJ [*superficie*] like cardboard; (= *enjuto*) wizened

**acartonar** ▸conjug 1a◂ Ⓐ VT [+ *piel*] to weather
Ⓑ **acartonarse** VPR (= *ponerse rígido*) to grow stiff; (= *quedarse enjuto*) to become wizened

**acartuchado*** ADJ (*Cono Sur*) stuffy, stuck-up*

**acarvamiento** SM erosion

**acaserarse*** ▸conjug 1a◂ VPR (*Andes*††) to become attached; (*Com*) to become a regular customer (*of a shop*); (= *sentar la cabeza*) to settle down; (*Andes, Caribe*) (= *quedarse en casa*) to stay at home

**acaso** Ⓐ ADV 1 (*en preguntas retóricas*) **¿~ no te lo he dicho cien veces?** haven't I told you a hundred times?; **¿~ tengo yo la culpa de lo que haga mi hermana?** (how) am I to blame for what my sister does?; **¿~ yo lo sé?** how would I know?
2 (*frm*) (= *quizá*) perhaps; **~ no es verdad lo que dicen** perhaps what they say is not true; **es ~ el más prestigioso galardón de poesía** it is perhaps the most prestigious poetry award; **~ venga** perhaps he will come
3 **si ~**: **no quiero nada, si ~ algo de fruta** I don't want anything, except maybe *o* perhaps some fruit; **está bueno, si ~ un poco dulce** it's quite good, if perhaps a bit too sweet; **no tienes que ir, si ~ lo llamas por teléfono** you don't have to go, just give him a phone call; **si ~ llama, dímelo** if by any chance he phones, let me know
4 **por si ~** just in case; **yo por si ~ llevo impermeable** I'm wearing a raincoat just in case; **llévalo por si ~ hace falta** take it, just in case you need it; **por si ~ viniera** just in case he should come *o* were to come
Ⓑ SM (*frm*) chance; **al ~** at random; **por ~** ◊ **por un ~** by (any) chance

**acastañado** ADJ hazel

**acatamiento** SM [*de ley*] observance (**de** of), compliance (**de** with); (= *respeto*) respect (**a** for)

**acatar** ▸conjug 1a◂ VT 1 (= *respetar*) to respect; [+ *ley*] to observe, comply with
2 (= *subordinarse a*) to defer to
3 (*LAm*) (= *notar*) to notice, observe
4 (*Cono Sur, Méx*) (= *molestar*) to annoy

**acatarrado** ADJ **estar ~** to have a cold

**acatarrar** ▸conjug 1a◂ Ⓐ VT (*LAm*) (= *molestar*) to annoy, bother
Ⓑ **acatarrarse** VPR 1 (= *resfriarse*) to catch a cold
2 (*Cono Sur**) (= *emborracharse*) to get boozed up*

**acato** SM = **acatamiento**

**acatólico/a** ADJ, SM/F non-Catholic

**acaudalado** ADJ well-off, affluent

**acaudalar** ▸conjug 1a◂ VT to acquire, accumulate

**acaudillar** ▸conjug 1a◂ VT to lead, command

**acceder** ▸conjug 2a◂ VI 1 (= *aceptar*) to agree; **se lo propuse y accedieron** I suggested it and they agreed; **~ a algo** to agree to sth; **el director ha accedido a nuestra petición** the director agreed *o* acceded (*frm*) to our request; **~ a hacer algo** to agree to do sth
2 **~ a** (= *entrar*) 2·1 [+ *lugar*] to gain access to; [+ *grupo social, organización*] to be admitted to; **por esta puerta se accede al salón** you can gain access to the lounge through this door; **no pueden ~ al mercado laboral por no tener estudios** they have no access to the labour market because they have no qualifications; **este examen os permitirá ~ a la universidad** this exam will enable you to gain admittance to the university; **si ganan este partido, acceden a la final** if they win this match they go through to the final
2·2 (*Inform*) [+ *fichero, Internet*] to access; **no está autorizado a ~ a la base de datos** he is not authorized to access the database
3 (= *conseguir*) **~ a** [+ *información*] to gain access to, access; **fue la primera mujer en ~ a este puesto** she was the first woman to assume this post; **accedió a la secretaría general** he became secretary general; **las personas que no pueden ~ a una vivienda digna** people who have no access to decent housing; **los jóvenes tienen dificultades para ~ a un puesto de trabajo** young people have problems finding a job; **para ~ a estas becas es necesario ser europeo** only European citizens are eligible for these grants; **accedió a una graduación superior** he attained a higher rank, he was promoted to a higher rank; **~ al poder** to assume power; **~ a la propiedad de algo** to become the owner of sth; **~ al trono** to succeed to the throne

**accesibilidad** SF accessibility (**to** a)

**accesible** ADJ 1 [*lugar, texto, lenguaje, estilo*] accessible
2 [*persona*] approachable
3 [*precio, producto*] affordable

**accesión** SF 1 (= *consentimiento*) assent (**a** to), acquiescence (**a** in)
2 (= *accesorio*) accessory
3 (*Med*) attack

**accésit** SM (*pl* **accésits**) second prize

**acceso** SM 1 (= *posibilidad de entrar*) (*a edificio, institución, mercado, documentos*) access; (*a competición*) entry; **tenemos libre ~ a la biblioteca** we have free access to the library; **hay que garantizar el ~ público a la educación** we must guarantee public access to education; **tiene ~ a la información confidencial** she has access to confidential information; **"acceso prohibido"** ◊ **"prohibido el acceso"** "no entry", "no admittance"; **(código de) ~ internacional** (*Telec*) international (dialling) code; **eso coincidió con su ~ al poder** this coincided with his assuming power; **dar ~ a** [+ *lugar*] to lead to; [+ *institución*] to give entry to; [+ *competición*] to provide a place in; [+ *información*] to give access to; **de fácil ~**: **un puerto de fácil ~** a port with easy access; **los controles son de fácil ~** the controls are easily accessible; **~ gratuito** free admission ► **acceso al trono** accession
2 (= *llegada*) 2·1 (*en coche*) access; **no es posible el ~ por carretera** there is no access by road *o* no road access; **las inundaciones han cortado los ~s a la finca** floods have cut off access *o* the approaches to the estate; **carretera** *o* **vía de ~** (*a ciudad*) approach road; (*a autovía*) slip road
2·2 [*de avión*] approach
3 (= *entrada*) entrance; **el ~ principal del museo** the main entrance to the museum; **puerta de ~** entrance gate *o* door
4 (*Univ*) (= *ingreso*) entrance; **le negaron el ~ a la carrera que quería** they didn't let him join the course he wished; **curso de ~** access course; **prueba de ~** entrance exam
5 (*Inform*) access ► **acceso aleatorio** random access ► **acceso directo** direct access ► **acceso en serie** serial access ► **acceso múltiple** multi-access ► **acceso remoto** re-

➤ LENGUA Y USO: acceder 38.2, 38.3, 39.3

mote access ► **acceso secuencial** sequential access

6 (= *ataque*) 6·1 (*Med*) [*de asma, fiebre*] attack; [*de tos*] fit

6·2 [*de celos, cólera*] fit; [*de generosidad*] display; **en un ~ de ira** in a fit of rage

**accesoria** SF annex, outbuilding

**accesorio** Ⓐ ADJ accessory; [*gastos*] incidental

Ⓑ SM 1 (*gen*) accessory, attachment, extra; **accesorios** (*Téc*) accessories, spare parts; (*Aut*) spare parts; (*Teat*) props

2 (*de vestir*) accessory

**accidentado/a** Ⓐ ADJ 1 [*terreno*] rough, uneven

2 (= *turbado*) [*vida*] troubled, eventful; [*historial*] variable, up-and-down; [*viaje*] eventful

3 (*Med*) injured

4 (*Caribe Aut*) broken down; (*LAm euf*) (= *giboso*) hunchbacked

Ⓑ SM/F accident victim, casualty

**accidental** ADJ 1 (= *contingente*) accidental; (= *no deliberado*) unintentional; (= *fortuito*) [*encuentro*] casual, chance *antes de s*

2 (= *fugaz*) brief, transient; **un empleo ~** a temporary job

**accidentalidad** SF accident rate, number of accidents

**accidentalmente** ADV (= *por casualidad*) by chance; (= *sin querer*) accidentally, unintentionally

**accidentarse** ▸conjug 1a◂ VPR to have an accident; (*Méx Aut*) to (have a) crash

**accidente** SM 1 (= *suceso*) accident; **por ~** by accident, by chance; **una vida sin ~s** an uneventful life; **sufrir un ~** to have *o* meet with an accident; **hay ~s que no se pueden prever** accidents will happen ► **accidente aéreo** plane crash ► **accidente de carretera** road accident ► **accidente de circulación** traffic accident ► **accidente de trabajo, accidente laboral** industrial accident ► **accidente múltiple** multiple accident, pile-up

2 (*Med*) faint, swoon

3 (*Ling*) accidence

4 **~s** [*de terreno*] unevenness *sing*, roughness *sing*

5 **~ de la cara** (*Méx*) (= *rasgo*) feature

**acción** SF 1 (= *actividad*) action; **es hora de pasar a la ~** it's time to take action; **¡luces, cámara, ~!** lights, camera, action!; **el programa de ~** the programme of action; **en ~** in action; **puso el plan en ~** he put the plan in action; **ponerse en ~** to go into action; **estar en ~** (*Cuba**) to be busy; **hombre de ~** man of action; **película de ~** action film, action movie (*esp EEUU*) ► **acción directa** (*Pol*) direct action

2 (= *acto*) act; **llevaron a cabo una ~ condenable** they committed a reprehensible act; **deben ser juzgados por sus acciones y no por sus palabras** they should be judged by their deeds, not by their words; **buena ~** good deed; **mala ~**: **sufrirán justo castigo por sus malas acciones** they will receive fair punishment for their evil deeds; **es incapaz de una mala ~** he would never do anything bad; ✦**REFRÁN unir la ~ a la palabra** to suit the deed to the word ► **acción de gracias** thanksgiving

3 (= *efecto*) [*de medicamento, viento*] action; **su ~ sobre el sistema nervioso** its action on the nervous system; **por ~ química** by chemical action; **una crema adelgazante de ~ rápida** a fast-acting slimming cream; **lo recomiendan por su ~ relajante** it is recommended for its relaxing effect; **de ~ retardada** [*bomba, mecanismo*] delayed-action *antes de s*

4 (*Mil*) (*gen*) action; (= *operación*) operation; **han condenado la ~ militar estadounidense** the American military action has been condemned; **una de las zonas de ~ de la guerrilla** one of the areas where the guerrillas are active; **una ~ que dejó varios heridos** an operation which left several wounded; **muerto en ~** killed in action; **fuerza** *o* **brigada de ~ rápida** rapid action force ► **acción de guerra** military operation

5 (*Teat, Literat, Cine*) (= *trama*) action; **la ~ se desarrolla en Italia** the action takes place in Italy ► **acción aparte** by-play

6 (= *movimiento*) [*de la cara, cuerpo*] movement; **sus acciones eran cada vez más lentas** her movements were slower and slower

7 (*Jur*) action ► **acción judicial, acción legal** (*gen*) legal action; (= *pleito*) lawsuit; **van a emprender acciones legales** they are going to take legal action; **han presentado una ~ judicial contra el periódico** they have taken out a lawsuit against the newspaper ► **acción penal** criminal action ► **acción popular** (*Jur*) people's action

8 (*Com, Fin*) share; **capital en acciones** share capital; **emisión de acciones** share issue, stock issue ► **acción cotizada en bolsa** listed share, quoted share ► **acción liberada** fully-paid share ► **acción ordinaria** ordinary share, common stock (*EEUU*) ► **acción preferente** preference share, preferred stock (*EEUU*) ► **acción primitiva** ordinary share, common stock (*EEUU*) ► **acción prioritaria** priority share ► **acción sin voto** non-voting share

**accionado** SM shares *pl*, shareholding; **~ mayoritario** majority shareholding

**accionamiento** SM (*Mec*) operation; **el mecanismo que controla el ~ del motor** the mechanism which controls the operation of the engine; **una capota de ~ eléctrico** an electrically-operated top; **un motor con ~ a distancia** a remote-controlled engine

**accionar** ▸conjug 1a◂ Ⓐ VT 1 (*Mec*) [+ *mecanismo, motor, alarma*] to activate, operate; [+ *bomba, misil*] to activate, trigger; [+ *interruptor*] to switch; [+ *palanca*] to pull

2 (*Inform*) to drive

Ⓑ VI to gesticulate

**accionariado** SM 1 (= *acciones*) shares *pl*, total of shares, shareholding

2 (= *personas*) shareholders *pl*

**accionarial** ADJ share *antes de s*; **paquete ~** ◊ **participación ~** shareholding

**accionario** ADJ share *antes de s*, of stocks and shares, relating to stocks and shares

**accionista** SMF shareholder, stockholder; **~ mayoritario** majority shareholder

**accisa** SF excise duty

**ACE** SF ABR (= **Acción Católica Española**) *charitable and campaigning organization*

**acebo** SM holly, holly tree

**acebuche** SM 1 (= *árbol*) wild olive tree; (= *madera*) olive wood

2 (*) (= *simplón*) yokel, hillbilly (*EEUU*)

**acechadera** SF (= *escondite*) hiding place; (*Caza*) hide, blind (*EEUU*)

**acechador(a)** SM/F spy, watcher

**acechanza** SF = **acecho**

**acechar** ▸conjug 1a◂ VT (= *observar*) to spy on, watch; (= *esperar*) to lie in wait for; [+ *caza*] to stalk; (= *amenazar*) to threaten, beset; **~ la ocasión** to wait one's chance

**acecho** SM (= *acto de espiar*) spying, watching; (*Mil*) ambush; **estar al** *o* **en ~** to lie in wait; **cazar al ~** to stalk

**acechón*** ADJ spying, prying; **hacer la acechona** to spy, pry

**acecinar** ▸conjug 1a◂ Ⓐ VT [+ *carne*] to salt, cure

Ⓑ **acecinarse** VPR (= *quedarse enjuto*) to get very thin

**acedar** ▸conjug 1a◂ Ⓐ VT (= *poner agrio*) 1 to turn sour, make bitter

2 (= *amargar*) to sour, embitter

Ⓑ **acedarse** VPR (= *ponerse agrio*) to turn sour; [*planta*] to wither, yellow

**acedera** SF sorrel

**acedía** SF 1 (*Culin*) acidity, sourness

2 (*Med*) heartburn

3 (*fig*) (= *desabrimiento*) unpleasantness

4 (= *pez*) plaice

**acedo** ADJ (= *agrio*) acid, sour; (= *desagradable*) sour, unpleasant, disagreeable

**acéfalo** ADJ (= *sin cabeza*) headless; (= *sin líder*) leaderless

**aceitada**⁑ SF (*Cono Sur*) bribe, backhander*, sweetener (*EEUU*)

**aceitar** ▸conjug 1a◂ VT 1 (= *untar con aceite*) to oil

2 **~ a algn** (*Caribe, Cono Sur**) (= *sobornar*) to bribe sb, grease sb's palm*

**aceite** SM 1 (*Culin, Med, Téc*) oil; ✦**MODISMO echar ~ al fuego** to add fuel to the flames ► **aceite alcanforado** camphorated oil ► **aceite combustible** fuel oil ► **aceite de algodón** cottonseed oil ► **aceite de almendra** almond oil ► **aceite de ballena** whale oil ► **aceite de cacahuete** peanut oil ► **aceite de coco** coconut oil ► **aceite de colza** rapeseed oil ► **aceite de girasol** sunflower oil ► **aceite de hígado de bacalao** cod-liver oil ► **aceite de linaza** linseed oil ► **aceite de maíz** corn oil ► **aceite de oliva** olive oil ► **aceite de oliva refinado** refined olive oil ► **aceite de oliva virgen** virgin olive oil ► **aceite de ricino** castor oil ► **aceite de soja** soya oil ► **aceite lubricante** lubricating oil ► **aceite vegetal** vegetable oil

2 (⁑) (= *droga*) hash*; (*Méx*) LSD

**aceitera** SF (*Culin*) oil bottle; (*Aut*) oilcan; **~s** oil and vinegar set

**aceitero/a** Ⓐ ADJ oil *antes de s*

Ⓑ SM/F oil merchant

**aceitón** SM thick oil, dirty oil

**aceitoso** ADJ oily

**aceituna** SF olive ► **aceituna rellena** stuffed olive

**aceitunado** ADJ (= *verdoso*) olive *antes de s*, olive-coloured *o* (*EEUU*) -colored; (= *de tez aceitunada*) olive-skinned

**aceitunero/a** SM/F (*Com*) dealer in olives; (*Agr*) olive picker

**aceituno** Ⓐ ADJ (*LAm*) [*color*] olive; **(de) color ~** olive-coloured *o* (*EEUU*) -colored
Ⓑ SM [1] (= *árbol*) olive tree
[2] (‡) (= *guardia civil*) Civil Guard

**aceleración** SF (*Mec*) acceleration; (= *agilización*) speeding-up, hastening

**acelerada** SF acceleration, speed-up

**aceleradamente** ADV [1] (= *rápidamente*) rapidly
[2] (= *precipitadamente*) hastily

**acelerado** ADJ [1] (= *rápido*) [*avance, crecimiento, ritmo*] rapid; **con el corazón ~** with her heart racing *o* beating fast; **andaban con paso ~** they walked at a brisk pace; **los ochenta fueron una década muy acelerada** the eighties was a decade of hectic activity
[2] [*curso*] intensive, crash *antes de s*
[3] (*) [*persona*] hyper* ; **se le ve muy ~ últimamente** he's been very hyper lately*

**acelerador** SM accelerator, gas pedal (*EEUU*); **apretar** *o* **pisar el ~** (*lit*) to put one's foot down, step on the gas (*esp EEUU**); (*fig*) to step up the pace ► **acelerador de partículas** particle accelerator

**acelerar** ▸conjug 1a◂ Ⓐ VT [1] (*Aut*) [+ *coche*] to accelerate; [+ *motor*] to rev, rev up
[2] (= *apresurar*) [+ *cambio, proceso*] to speed up; [+ *acontecimiento*] to hasten; **deben ~ los trámites de aduana** they must speed up customs procedures; **las conversaciones ~on el final de la guerra** the talks hastened the end of the war; **~ la marcha** to go faster; **~ el paso** to quicken one's pace, speed up; **~ el ritmo de algo** to speed sth up
[3] (*Fís*) [+ *partícula, velocidad*] to accelerate
Ⓑ VI [1] (*Aut*) [*coche, conductor*] to accelerate; **no aceleres en las curvas** don't accelerate on the bends; **aceleró a fondo** he put his foot to the floor
[2] (*) (= *darse prisa*) to get a move on*, hurry up; **venga, acelera, que nos están esperando** come on, get a move on* *o* hurry up, they're waiting for us
Ⓒ **acelerarse** VPR [1] (= *apresurarse*) [*cambio, proceso*] to speed up; **el proceso se acelera si se eleva la temperatura** the process speeds up if the temperature is raised; **eso no será posible si se acelera la inflación** this will not be possible if inflation goes up any faster; **el corazón se le aceleró** her heart beat faster, her heart started racing; **~se a hacer algo** to hurry to do sth, hasten to do sth
[2] (*) (= *ponerse nervioso*) to get over-excited
[3] (*Fís*) (= *aumentar la velocidad*) to accelerate; **los objetos se aceleran en la caída** objects accelerate as they fall

**acelerón** SM [1] (*Aut*) sudden acceleration
[2] (*fig*) (= *gran paso*) leap forward; (= *aumento*) rapid increase; (= *mejora*) rapid improvement

**acelga** SF Swiss chard

**acémila** SF [1] (= *mula*) beast of burden, mule
[2] (= *persona torpe*) thick-headed person

**acemilero** SM muleteer

**acendrado** ADJ pure, unblemished; **de ~ carácter español** typically *o* thoroughly Spanish in nature

**acendrar** ▸conjug 1a◂ VT (= *purificar*) to purify; (*Téc*) (= *refinar*) to refine; (*Literat*) (= *pulir*) to refine

**acensuar** ▸conjug 1d◂ VT to tax

**acento** SM [1] (*Ling*) (*escrito*) accent; (*hablado*) stress, emphasis; **pon un ~ sobre la o** put an accent on the o; **el ~ cae en la segunda sílaba** the stress *o* emphasis is on the second syllable ► **acento agudo** acute accent ► **acento circunflejo** circumflex (accent) ► **acento ortográfico** written accent ► **acento tónico** tonic accent
[2] (= *deje*) accent; **tiene ~ francés** he has French accent; **tiene un ~ muy cerrado** he has a very strong *o* broad accent; **con (un) fuerte ~ andaluz** with a strong Andalusian accent; **hablan inglés sin nada de ~** they speak English without a trace of an accent; **un hombre de ~ sudamericano** a man with a South American accent
[3] (= *énfasis*) emphasis; **un programa de jazz con ~ latino** a jazz programme with the emphasis on Latin American jazz; **ha sido una campaña con ~ bipartidista** it has been a campaign with a two-party emphasis; **poner el ~ en algo** to put the emphasis on sth, emphasize *o* stress sth
[4] (*frm*) (= *tono*) tone (of voice); **lo anunció con ~ triunfal** he announced it with a note of triumph in his voice, he announced it in a triumphant tone of voice, he announced it triumphantly

**acentor** SM ► **acentor común** hedgesparrow, dunnock

**acentuación** SF accentuation

**acentuado** ADJ accented, stressed

**acentuamiento** SM increase

**acentuar** ▸conjug 1e◂ Ⓐ VT [1] (*Ling*) to accent, stress; **esta palabra se acentúa en la u** this word is stressed on the u
[2] (= *subrayar*) to emphasize, accentuate
[3] (*Inform*) to highlight
Ⓑ **acentuarse** VPR to become more noticeable, be accentuated; **se acentúa la tendencia a la baja en la Bolsa** the downward trend in the Stock Exchange is becoming more pronounced

**aceña** SF water mill

**aceñero** SM miller

**acepción** SF [1] (*Ling*) sense, meaning
[2] (*en el trato*) preference; **sin ~ de persona** impartially

**acepilladora** SF planing machine

**acepilladura** SF wood shaving

**acepillar** ▸conjug 1a◂ VT [1] (= *cepillar*) to brush; (*Téc*) to plane, shave
[2] (*LAm**) (= *adular*) to suck up to*

**aceptabilidad** SF acceptability

▼**aceptable** ADJ acceptable, passable

**aceptación** SF (= *acto*) acceptance; (= *aprobación*) approval; (= *popularidad*) popularity, standing; **mandar algo a la ~** (*Com*) to send sth on approval; **este producto tendrá una ~ enorme** this product will be widely welcomed; **no tener ~** to be unsuccessful

▼**aceptar** ▸conjug 1a◂ VT [1] [+ *oferta, propuesta, dimisión*] to accept; [+ *cheque, moneda, tarjeta, trabajo*] to accept, take; [+ *condición*] to accept, agree to; **aceptó las tareas que se le asignaron** he accepted the tasks he was assigned; **la impresora sólo acepta este tipo de papel** the printer only takes this type of paper; **se niega a ~ los hechos** he refuses to face the facts; **no han aceptado mi solicitud de trabajo** they have rejected my job application; **"no aceptamos devoluciones"** "no refunds given"
[2] **~ hacer algo** to agree to do sth; **aceptó rebajarnos el alquiler** he agreed to reduce our rent; **no ~ hacer algo** to refuse to do sth; **no acepta pagar su parte** he refuses to pay his share; **por fin ~on que se publicara** they finally agreed for it to be published, they finally allowed it to be published; **no acepta que las mujeres trabajen** he doesn't accept *o* agree that women should work
[3] **~ a algn** to accept sb; **no me ~on en la carrera de medicina** I wasn't accepted on the medical course; **me ~on muy bien en mi nuevo trabajo** I was made to feel very welcome in my new job; **¿aceptas a María por esposa?** do you take María to be your lawful wedded wife?

**acepto** ADJ acceptable, agreeable (**a, de** to), welcomed (**a, de** by)

**acequia** SF [1] (*Agr*) irrigation ditch, irrigation channel
[2] (*LAm*) (= *riachuelo*) stream; (= *alcantarilla*) sewer

**acera** SF pavement, sidewalk (*EEUU*); **los de la ~ de enfrente*** the gays

**acerado** ADJ [1] (*Téc*) steel *antes de s*; (*con punta de acero*) steel-tipped
[2] (= *mordaz*) sharp, cutting

**acerar** ▸conjug 1a◂ Ⓐ VT [1] (*Téc*) to make into steel
[2] (= *vigorizar*) to harden; (= *hacer mordaz*) [+ *estilo*] to sharpen up, make more incisive
Ⓑ **acerarse** VPR to toughen o.s., harden o.s.

**acerbamente** ADV (*fig*) harshly, scathingly

**acerbidad** SF acerbity, harshness

**acerbo** ADJ [*sabor*] bitter, sour; (= *cruel*) harsh, scathing; **tener un odio ~ a algo** to despise *o* detest sth

**acerca de** PREP about

**acercamiento** SM [1] (*a un lugar*) approach; **maniobras de ~ a la pista** runway approach manoeuvres; **golpe de ~** (*Golf*) approach shot
[2] (*a un tema*) introduction; **el documental es un excelente ~ a la mitología** the documentary is an excellent introduction to mythology
[3] (= *reconciliación*) (*entre personas*) reconciliation; (*entre países, posiciones*) rapprochement; **su muerte fue motivo de ~ entre los hermanos** her death led to a reconciliation between the brothers; **la obra trata de conseguir el ~ con el público** the play seeks to forge a closer relationship with the audience; **fue el artífice del ~ entre China y EE.UU.** he was the architect of the rapprochement between China and the US

**acercar** ▸conjug 1g◂ Ⓐ VT [1] (= *aproximar*) (*gen*) to move closer; (*al hablante*) to bring closer; **acerca la silla a la mesa** move your chair closer to the table; **acercó la cámara a uno de los actores** he moved the camera up to one of the actors; **acerca un poco la silla** bring your chair a bit closer; **acercó sus labios a los míos** he brought his lips close to mine; **un intento de ~ la cultura al pueblo** an attempt to bring culture to the people
[2] (= *dar*) (*sin moverse*) to pass; (*desde más lejos*) to bring over; **acércame las tijeras** pass the scissors; **¿puedes ~me aquel paquete?** can you bring me over that parcel?

➤ LENGUA Y USO: **aceptable** 38.2 **aceptar** 39.1, 46.6, 52.1, 52.5

3 (= *llevar en coche*) to take; **¿me puedes ~ a casa?** can you take me home?; **¿quieres que te acerque al aeropuerto?** do you want me to take you to the airport?
4 (= *unir*) [+ *culturas, países, puntos de vistas*] to bring closer (together); **hay intereses comunes que nos acercan** there are common interests that bring us closer (together); **van a celebrar una nueva reunión para intentar ~ posturas** they are having another meeting to try and bring the two sides closer (together)
Ⓑ **acercarse** VPR 1 (= *aproximarse*) 1·1 (*al hablante*) to come closer; (*a algo alejado del hablante*) to get closer; **acércate, que te vea** come closer so that I can see you; **no te acerques más, que te puedes quemar** don't get any closer, you could burn yourself; **al ver que se acercaban, el conductor se paró** when he saw them coming closer *o* approaching, the driver stopped; **unos pasos femeninos se acercaban por el pasillo** a woman's footsteps were coming up the corridor; **~se a**: **no te acerques tanto a la mesa** don't get so close to the table; **los periodistas no pudieron ~se al avión** the journalists couldn't get near the plane; **me acerqué a la ventana** I went up *o* over to the window; **señores pasajeros, nos estamos acercando a Heathrow** ladies and gentlemen, we're approaching Heathrow; **el paro se acerca al 10%** unemployment is approaching 10%
1·2 (= *abordar*) **~se a algn** (*al hablante*) to come up to sb; (*lejos del hablante*) to go up to sb; **se me acercó por la espalda** she came up behind me; **se le ~on para pedirle autógrafos** they went up to her to ask for autographs
1·3 **~se algo al oído** to put sth to one's ear
2 (*en el tiempo*) [*acontecimiento, momento*] to get closer, get nearer; **ya se acercan las vacaciones** the holidays are nearly here, the holidays are getting closer *o* nearer; **se acercaba la hora de despedirnos** it was nearly time to say goodbye; **~se a** [+ *fecha*] to approach; [+ *situación*] to get closer to; **se acercan a la edad de la jubilación** they are approaching retirement age; **nos acercábamos a la solución** we were getting closer to finding a answer
3 (= *ir*) **acércate a la tienda y trae una botella de agua** go over to the shop and get a bottle of water; **tengo que ~me a comprar el periódico** I just have to go and buy the paper; **ya me ~é un día a visitaros** one of these days I'll pay you a visit *o* I'll come and see you; **acércate por la oficina cuando puedas** call by the office when you get the chance
4 (= *parecerse*) **~se a algo**: **nuestros gustos se acercan más a la ópera** our tastes tend more towards opera; **los resultados se acercan bastante a lo que esperábamos** the results are fairly close to what we expected; **eso se acerca a la herejía** that is verging on heresy

**ácere** SM maple

**acería** SF steelworks, steel mill

**acerico** SM pincushion

**acero** SM steel; **tener buenos ~s** (= *aguante*) to have guts*; (= *hambre*) to be ravenously hungry ► **acero al carbono** carbon steel ► **acero al manganeso** manganese steel ► **acero bruto** crude steel ► **acero colado** cast steel ► **acero fundido** cast steel ► **acero inoxidable** stainless steel ► **aceros especiales** special steels

**acerote** SM (= *holgazán*) idler, loafer

**acérrimo** ADJ [*partidario*] staunch; [*enemigo*] bitter

**acerrojar** ▸conjug 1a◂ VT to bolt

**acertado** ADJ 1 (= *correcto*) [*diagnóstico, respuesta*] right, correct; [*descripción, resumen*] accurate; **han sido tres respuestas acertadas** you had three right *o* correct answers; **estuvieron ~s en su elección** they made the right *o* correct choice; **el portero estuvo muy ~ en la segunda mitad** the goalkeeper didn't put a foot wrong in the second half
2 (= *apropiado*) [*comentario, título, regalo*] appropriate; **la música del funeral no fue muy acertada** the music was not very appropriate for a funeral; **tu contestación estuvo muy acertada** your reply was very appropriate; **fue la compra más acertada de mi vida** it was the best purchase of my life; **creo que tu elección ha sido muy acertada** I think you've made a very good choice
3 (= *sensato*) [*juicio, consejo, idea*] wise; **seguí el ~ consejo de mi padre** I followed my father's wise advice; **estuviste muy poco ~ al decir eso** that wasn't a very wise thing to say

**acertante** Ⓐ ADJ [*quiniela, boleto*] winning
Ⓑ SMF [*de quiniela, concurso*] winner; **esta semana han aparecido tres máximos ~s** this week three winners got the top prize

**acertar** ▸conjug 1j◂ Ⓐ VT [+ *respuesta*] to get right; [+ *adivinanza*] to guess; **gana el que acierte antes cinco preguntas** the winner is the first one to get five answers right *o* to answer five questions correctly; **¿cuántos números has acertado esta semana?** how many numbers did you get this week?; **a ver si aciertas lo que traigo** see if you can guess what I've brought you
Ⓑ VI 1 (*al disparar*) to hit the target; **rara vez aciertan** they rarely hit their targets; **la bala le acertó de lleno en el corazón** the bullet hit him right in the heart; **disparó a matar pero no acertó** he shot to kill but he missed
2 (= *adivinar*) to get it right; **¡has acertado!** you got it right!; ✦**REFRÁN piensa mal y ~ás** think the worst and you won't be far wrong
3 (*al decir, hacer algo*) to be right; **aciertan cuando dicen que la corrupción no tiene solución** they're right when they say that there's no solution to corruption; **acertó al quedarse callado** he did the right thing keeping quiet, he was right to keep quiet; **~ con algo** (*al escoger*) to get sth right; **han acertado de pleno con el nuevo modelo de coche familiar** they've scored a real winner* *o* they've got it just right with their new family car; **habéis acertado con el regalo** you made just the right choice with that present; **~ en algo**: **habéis acertado en la elección** you have made the right choice; **~on de pleno en sus pronósticos** their forecasts were totally accurate *o* correct
4 **~ a hacer algo** (= *conseguir*) to manage to do sth; (*casualmente*) to happen to do sth; **acerté a encontrar la salida** I managed to find the exit; **no acerté a expresarme con claridad** I didn't manage to express myself clearly; **los médicos no aciertan a dar con lo que tiene** the doctors can't find out what's wrong with him; **no acierto a comprenderlo** I fail to understand it; **acertamos a pasar por delante de su casa** we happened to pass by his house
5 **~ con** (= *encontrar*) to manage to find; **acerté con el interruptor** I managed to find the switch; **tras mucho pensarlo acertamos con la solución** after a lot of thought we managed to find the solution
6 [*planta*] to flourish, do well

**acertijo** SM riddle, puzzle

**acervo** SM 1 (*Jur*) undivided estate, common property; **aportar algo a nuestro ~ común** to contribute sth to our collective heritage ► **acervo arqueológico** arch(a)eological wealth, arch(a)eological riches *pl* ► **acervo cultural** cultural heritage
2 (= *montón*) heap, pile; (= *provisión*) stock, store

**acetato** SM acetate ► **acetato de vinilo** vinyl acetate

**acético** ADJ acetic

**acetilénico** ADJ acetylene *antes de s*

**acetileno** SM acetylene

**acetona** SF acetone

**acetre** SM (= *vasija*) small pail; (*Rel*) holy water vessel, portable stoup

**acezar** ▸conjug 1f◂ VI to puff, pant

**achacable** ADJ **~ a** attributable to

**achacar** ▸conjug 1g◂ VT 1 **~ algo a** to attribute sth to, put sth down to; **~ la culpa a algn** to lay the blame on sb
2 (*LAm**) (= *robar*) to pinch*, nick**; (= *saquear*) to pillage, loot

**achacoso** ADJ sickly, ailing

**achaflanar** ▸conjug 1a◂ VT to chamfer, bevel

**achafranar**** ▸conjug 1a◂ VI (*Méx*) to fuck**, screw**

**achahuistlarse** ▸conjug 1a◂ VPR (*Méx*) to get depressed

**achalay** EXCL, **achachay** EXCL (*Andes*) **¡achalay!** brr!

**achampañado** ADJ champagne-flavoured *o* (*EEUU*) -flavored

**achamparse** ▸conjug 1a◂ VPR (*Cono Sur*) **~ algo** to keep sth which does not belong to one

**achancharse*** ▸conjug 1a◂ VPR 1 (*Andes*) (= *ponerse perezoso*) to get lazy
2 (*Cono Sur*) (= *engordar*) to get fat
3 (*Andes*) (= *ponerse violento*) to become embarrassed

**achantado*** ADJ (*CAm*) bashful, shy

**achantar** ▸conjug 1a◂ Ⓐ VT (= *intimidar*) to intimidate; (= *humillar*) to take down a peg; (*) (= *asustar*) to scare, frighten
Ⓑ **achantarse** VPR 1 (= *intimidarse*) to back down, eat one's words; **~se por las buenas** to be easily intimidated
2 (= *esconderse*) to hide away

**achaparrado** ADJ [*árbol*] stunted; [*persona*] stocky, thickset

**achapinarse** ▸conjug 1a◂ VPR (*CAm*) to adopt the local customs

**achaque** SM 1 (*Med*) ailment, malady ► **achaques de la vejez** ailments *o* infirmities of old age ► **achaques mañaneros** morning sickness
2 (= *defecto*) defect, fault, weakness
3 (= *asunto*) matter, subject; **en ~ de** in the matter of, on the subject of

4 (= *pretexto*) pretext; **con ~ de** under the pretext of

**achara** EXCL (*CAm*) what a pity!

**achares*** SMPL jealousy; **dar ~ a algn** to make sb jealous

**acharolado** ADJ polished, varnished

**achatamiento** SM 1 (= *allanamiento*) flattening
2 (*LAm*) (= *desmoralización*) loss of moral fibre; **sufrieron un ~** they lost heart, they felt down

**achatar** ▸conjug 1a◂ Ⓐ VT to flatten
Ⓑ **achatarse** VPR 1 (= *allanarse*) to flatten, become flat
2 (*Cono Sur, Méx*) (= *declinar*) to grow weak, decline; (*LAm*) (= *desmoralizarse*) to lose heart, feel down
3 (*Cono Sur, Méx*) (= *avergonzarse*) to be overcome with shame, be embarrassed; **quedarse achatado** to be ashamed, be embarrassed

**achicado** ADJ childish, childlike

**achicador** SM scoop, baler

**achicalado** ADJ (*Méx*) sugared, honeyed

**achicalar** ▸conjug 1a◂ VT (*Méx*) to cover in honey, soak in honey

**achicanado** ADJ Chicano, characteristic of Mexican-Americans

**achicar** ▸conjug 1g◂ Ⓐ VT 1 (= *empequeñecer*) to make smaller; (= *hacer de menos*) to dwarf; [+ *espacios*] to reduce; (*Cos*) to shorten, take in; (= *descontar*) to minimize
2 (= *desaguar*) to bale *o* (*EEUU*) bail out; (*con bomba*) to pump out
3 (*fig*) (= *humillar*) to humiliate; (= *intimidar*) to intimidate, browbeat
4 (*Andes*) (= *matar*) to kill
5 (*Andes, Caribe*) (= *sujetar*) to fasten, hold down
Ⓑ **achicarse** VPR 1 (= *empequeñecerse*) to get smaller; [*ropa*] to shrink
2 (*esp LAm*) (= *rebajarse*) to be intimidated, belittle o.s.

**achicharradero** SM inferno

**achicharrante** ADJ **calor ~** sweltering heat

**achicharrar** ▸conjug 1a◂ Ⓐ VT 1 (= *quemar*) to scorch; (*Culin*) to fry to a crisp; (*demasiado*) to burn; **el sol achicharraba la ciudad** the city was roasting in the heat
2 (*) (= *fastidiar*) to bother, plague, pester
3 (*Chile**) (= *aplastar*) to flatten, crush
4 (⁑) (= *matar*) to shoot, riddle with bullets
Ⓑ VI **hace un sol que achicharra** it's absolutely roasting
Ⓒ **achicharrarse** VPR to get burnt; **¡me estoy achicharrando!** I'm getting burnt to a cinder!

**achicharronar** ▸conjug 1a◂ VT (*LAm*) to flatten, crush

**achichiguar** ▸conjug 1i◂ VT 1 (*Méx**) (= *mimar*) to cosset, spoil
2 (*Agr*) to shade

**achichincle*** SM (*Méx*) minion

**achichuncle⁑** SMF (*Méx*) creep⁑, crawler⁑, brown-nose (*EEUU*⁑)

**achicopalado*** ADJ (*Méx*) depressed, gloomy

**achicoria** SF chicory, endive (*EEUU*)

**achiguado*** ADJ (*Méx*) spoiled

**achiguarse** ▸conjug 1i◂ VPR (*Cono Sur*) [*pared*] to bulge, sag; [*persona*] to get very fat

**achilarse** ▸conjug 1a◂ VPR (*Andes*) to turn cowardly

**achimero** SM (*CAm*) pedlar, peddler (*EEUU*), hawker

**achimes** SMPL (*CAm*) cheap goods, trinkets

**achín** SM (*CAm*) pedlar, peddler (*EEUU*), hawker

**achinado** ADJ 1 (*LAm*) (= *mestizo*) half-caste; (= *burdo*) coarse, common
2 [*aspecto*] Chinese-like, oriental; [*ojos*] slanting

**achinar*** ▸conjug 1a◂ Ⓐ VT to scare
Ⓑ **achinarse** VPR (*Cono Sur*) to become coarse

**achipolarse*** ▸conjug 1a◂ VPR (*Méx*) to grow sad, get gloomy

**achique** SM 1 (= *empequeñecimiento*) making smaller; [*de espacios*] reduction
2 (= *desagüe*) baling; (*con bomba*) pumping

**achiquillado** ADJ (*esp Méx*) childish

**achiquitar** ▸conjug 1a◂ VT (*LAm*) to make smaller, reduce

**achirarse** ▸conjug 1a◂ VPR (*Andes*) (= *nublarse*) to cloud over; (= *oscurecerse*) to get dark

**achís** EXCL atishoo!

**achispado** ADJ tipsy

**achispar*** ▸conjug 1a◂ Ⓐ VT (*LAm*) to cheer up, liven up
Ⓑ **achisparse** VPR to get tipsy

**-acho, -acha** *ver* **Aspects of Word Formation in Spanish 2**

**achocar** ▸conjug 1g◂ VT 1 (= *tirar*) to throw against a wall, dash against a wall
2 (= *pegar*) to hit, bash*
3 (*) (= *guardar*) to hoard, stash away*

**achocharse** ▸conjug 1a◂ VPR to get doddery, begin to dodder

**achoclonarse** ▸conjug 1a◂ VPR (*LAm*) to crowd together

**achocolatado** ADJ 1 [*color*] chocolate-brown
2 **estar ~⁑** (= *borracho*) to be canned⁑

**acholado** ADJ (*LAm*) 1 half-caste, part-Indian
2 (= *acobardado*) cowed; (= *avergonzado*) abashed

**acholar** ▸conjug 1a◂ (*LAm*) Ⓐ VT (= *avergonzar*) to embarrass; (= *intimidar*) to intimidate, scare
Ⓑ **acholarse** VPR 1 (= *acriollarse*) [*indígenas*] to have mestizo *o* half-breed ways, adopt mestizo *o* half-breed ways
2 (= *acobardarse*) to be cowed; (= *avergonzarse*) to be abashed, become shy; (= *sonrojarse*) to blush

**acholo** SM (*LAm*) embarrassment

**-achón, -achona** *ver* **Aspects of Word Formation in Spanish 2**

**achoramiento⁑** SM (*Cono Sur*) threat

**achubascarse** ▸conjug 1g◂ VPR to become threatening, cloud over

**achuchado*** ADJ 1 (= *difícil*) hard, difficult
2 **estar ~** (*Cono Sur*) (= *palúdico*) to have malaria; (= *acatarrado*) to have a chill; (= *febril*) to be feverish; (= *asustado*) to be scared, be frightened

**achuchar** ▸conjug 1a◂ Ⓐ VT 1 (= *aplastar*) to crush, squeeze flat
2 (= *empujar*) to shove, jostle; (= *acosar*) to harass, pester
3 **~ un perro contra algn** to set a dog on sb
Ⓑ **achucharse** VPR 1 [*amantes*] to cuddle, fondle (one another), pet*
2 (*Cono Sur*) (*paludismo*) to catch malaria; (= *acatarrarse*) to catch a chill; (= *tener fiebre*) to get feverish; (= *asustarse*) to get scared

**achuchón** SM 1 (= *abrazo*) squeeze
2 (= *empujón*) shove, push
3 **tener un ~** (*Med*) to be ill, be poorly

**achucutado** ADJ (*LAm*) (= *avergonzado*) abashed, ashamed; (= *deprimido*) gloomy, depressed; (= *agobiado*) overwhelmed

**achucutarse** ▸conjug 1a◂ VPR (*LAm*) (= *avergonzarse*) to be abashed, be ashamed; (= *estar afligido*) to be dismayed; (= *deprimirse*) to be depressed; (= *marchitarse*) to wilt

**achucuyarse** ▸conjug 1a◂ VPR (*CAm*) = **achucutarse**

**achuicarse** ▸conjug 1g◂ VPR (*Cono Sur*) (= *avergonzarse*) to be embarrassed; (= *apocarse*) to feel small

**achulado** ADJ, **achulapado** ADJ 1 (= *presumido*) cocky
2 (= *grosero*) coarse, uncouth

**achumado*** ADJ (*LAm*) drunk

**achumarse*** ▸conjug 1a◂ VPR (*LAm*) to get drunk

**achunchar** ▸conjug 1a◂ Ⓐ VT 1 (*Andes, Chile*) (= *avergonzar*) to shame
2 (*LAm*) (= *intimidar*) to scare
Ⓑ **achuncharse** VPR 1 (*Andes, Chile*) (= *avergonzarse*) to be ashamed
2 (*LAm*) (= *intimidarse*) to get scared

**achuntar** ▸conjug 1a◂ (*Cono Sur*) Ⓐ VT (= *hacer bien*) to do properly, get right
Ⓑ VI (= *acertar*) to guess right; (= *dar en el clavo*) to hit the nail on the head

**achuñuscar*** ▸conjug 1g◂ VT (*Cono Sur*) to squeeze

**achupalla** SF (*LAm*) pineapple

**achura** SF (*Cono Sur*) offal

**achurar** ▸conjug 1a◂ Ⓐ VT (*Cono Sur*) [+ *animal*] to gut; [+ *persona*] to kill
Ⓑ VI (*LAm*) (= *salir ganando*) to benefit from *o* do well out of

**achurrucarse** ▸conjug 1g◂ VPR (*CAm*) (= *marchitarse*) to wilt

**achurruscado*** ADJ rumpled, crumpled up

**achurruscar** ▸conjug 1g◂ VT (*Andes, Cono Sur*) to rumple, crumple up

**aciago** ADJ ill-fated, fateful, black*

**aciano** SM cornflower

**acíbar** SM 1 (= *jugo*) aloes
2 (= *amargura*) sorrow, bitterness

**acibarar** ▸conjug 1a◂ VT 1 (= *poner acíbar*) to add bitter aloes to, make bitter
2 (= *amargar*) to embitter; **~ la vida a algn** to make sb's life a misery

**acicalado** ADJ 1 [*persona*] smart, spruce; (*pey*) tarted up*, overdressed
2 [*metal*] polished, bright and shiny

**acicalar** ▸conjug 1a◂ Ⓐ VT 1 [+ *persona*] to dress up, bedeck
2 [+ *metal*] to polish, burnish, shine
Ⓑ **acicalarse** VPR to smarten o.s. up, spruce o.s. up

**acicate** SM incentive

**acicatear** ▸conjug 1a◂ VT [+ *persona*] to spur on; [+ *imaginación*] to fire

**acícula** SF (*Bot*) needle

**acidez** SF (*Quím*) acidity; (*Culin*) sourness

**acidia** SF indolence, apathy, sloth

**acidificar** ▸conjug 1g◂ Ⓐ VT to acidify
Ⓑ **acidificarse** VPR to acidify

**acidillo** ADJ slightly sour

**ácido** Ⓐ ADJ [1] [*sabor, olor*] sour, acid
[2] **estar ~** (*LAm**) (= *fabuloso*) to be great*, be fabulous*
Ⓑ SM [1] (*Quím*) acid ► **ácido acético** acetic acid ► **ácido ascórbico** ascorbic acid ► **ácido carbólico** carbolic acid ► **ácido carbónico** carbonic acid ► **ácido cianhídrico** hydrocyanic acid ► **ácido clorhídrico** hydrochloric acid ► **ácido lisérgico** lysergic acid ► **ácido nicotínico** nicotinic acid ► **ácido nítrico** nitric acid ► **ácido nitroso** nitrous acid ► **ácido nucleico** nucleic acid ► **ácido oxálico** oxalic acid ► **ácido ribonucleico** ribonucleic acid ► **ácido sulfúrico** sulphuric acid ► **ácido úrico** uric acid
[2] (*) (= *droga*) LSD, acid*; (= *pastilla*) acid tab*, LSD tab*

**acidófilo** ADJ acidophilous

**acidulante** SM acidulant, acidifier

**acídulo** ADJ acidulous

**acierto** SM [1] (= *respuesta correcta*) (*en concurso, examen*) correct answer; (*en quiniela, diagnóstico*) correct forecast; **cuenta los ~s y los errores** count the correct and incorrect answers; **una quiniela con 15 ~s** a coupon with 15 correct forecasts
[2] (= *buena decisión*) good move, good decision; **fue un ~ invitarla a la fiesta** it was a good move *o* decision to invite her to the party
[3] (= *cualidad*) **dudo del ~ de esa decisión** I doubt the wisdom of that decision; **con ~** (= *hábilmente*) skilfully, skillfully (*EEUU*); (= *correctamente*) rightly; **resolvió la situación con ~** she resolved the situation skilfully; **el periódico que con tanto ~ dirige** the paper which he edits so competently; **lo que con tanto ~ denominaron realismo** what they so rightly called realism; **tener el ~ de hacer algo** to have the good sense to do sth
[4] (= *éxito*) success; **es una historia de ~s y fracasos** it's a story of successes and failures
[5] (*Ftbl*) fine shot; **el gol llegó en un ~ de Cardeñosa** the goal came from a fine shot by Cardeñosa

**aciguatado*** ADJ (*Méx*) silly, stupid

**aciguatarse** ▸conjug 1a◂ VPR (*Caribe, Méx*) to grow stupid; (*) (= *enloquecer*) to go crazy, lose one's head

**acitrón** SM [1] (*Culin*) candied citron
[2] (*LAm Bot*) bishop's weed, goutweed

**acizañar*** ▸conjug 1a◂ VT to stir things*, cause trouble

**aclamación** SF acclamation; **elegir a algn por ~** to elect sb by acclamation; **aclamaciones** applause *sing*, acclaim *sing*; **entre las aclamaciones del público** amid applause from the audience

**aclamar** ▸conjug 1a◂ VT (= *proclamar*) to acclaim; (= *aplaudir*) to applaud; **~ a algn por jefe** to acclaim sb as leader, hail sb as leader

**aclaración** SF (*para hacer entender*) clarification; (*para dar razones*) explanation; **quisiera hacerles una ~** I'd like to clarify something; **exijo una ~ de tu comportamiento** I demand an explanation for your behaviour ► **aclaración marginal** marginal note

**aclarado** SM (*Esp*) rinse

**aclarar** ▸conjug 1a◂ Ⓐ VT [1] (= *explicar*) [+ *suceso, motivo*] to clarify; [+ *duda, malentendido*] to clear up; [+ *misterio*] to solve; **están tratando de ~ las circunstancias de su muerte** they are trying to clarify the circumstances surrounding her death; **todavía no se ha aclarado quién lo hizo** it is still not clear who did it; **con esto ya queda todo aclarado** with this now everything is clear; **dejaremos cinco minutos para ~ dudas** we'll leave five minutes to clear up any queries; **~ algo a algn** to explain sth to sb; **no pudo ~nos el motivo de su comportamiento** she couldn't explain the reasons for her behaviour; **me lo explicó dos veces pero no consiguió aclarármelo** she explained it to me twice but couldn't manage to make it clear; **le he escrito para ~ las cosas** I've written to him to make things clear; **~ que** to make it clear that; **quiero ~ que no soy racista** I want to make it clear that I am not a racist
[2] (*Esp*) [+ *ropa, vajilla, pelo*] to rinse; **se debe ~ con agua fría** it should be rinsed in cold water
[3] (= *diluir*) [+ *pintura, salsa*] to thin, thin down
[4] (= *hacer más claro*) [+ *color, pelo*] to make lighter, lighten
[5] [+ *bosque*] to clear
Ⓑ VI [1] (= *amanecer*) to get light; **ya estaba aclarando** it was already getting light
[2] (= *despejarse las nubes*) to clear up; **en cuanto aclare, saldremos** as soon as it clears up, we'll go out
[3] (*Esp*) (= *enjuagar*) to rinse
Ⓒ **aclararse** VPR [1] [*día, cielo*] to clear up
[2] (= *hacerse más claro*) [*pelo, color*] to go lighter; [*mancha*] to fade
[3] **~se la voz** to clear one's throat
[4] (*Esp**) [*persona*] **con tantas instrucciones no me aclaro** I'm confused by all these instructions; **explícamelo otra vez, a ver si me aclaro** explain it to me again and let's see if I understand; **¡a ver si te aclaras!** (= *decídete*) make up your mind!; (= *explícate*) what are you on about?*

**aclaratorio** ADJ explanatory

**aclayos**‡ SMPL (*Méx*) eyes

**aclimatación** SF acclimatization, acclimation (*EEUU*); (= *aire acondicionado*) air conditioning

**aclimatar** ▸conjug 1a◂ Ⓐ VT to acclimatize, acclimate (*EEUU*)
Ⓑ **aclimatarse** VPR to acclimatize o.s., get acclimatized; **~se a algo** to get used to sth

**acné** SF, **acne** SF acne

**ACNUR** SM ABR (= **Alto Comisariado de las Naciones Unidas para los Refugiados**) UNHCR

**-aco, -aca** *ver* **Aspects of Word Formation in Spanish 2**

**acobardamiento** SM intimidation

**acobardar** ▸conjug 1a◂ Ⓐ VT (= *intimidar*) to intimidate, cow; (= *atemorizar*) to overawe, unnerve
Ⓑ **acobardarse** VPR (= *asustarse*) to be intimidated, get frightened; (= *echarse atrás*) to flinch, shrink back (**ante** from, at)

**acobe*** SM (*Caribe*) iron

**acobrado** ADJ copper-coloured *o* (*EEUU*) -colored, coppery

**acocear** ▸conjug 1a◂ VT (= *cocear*) to kick; (= *maltratar*) to ill-treat, trample on; (= *insultar*) to insult

**acochambrar*** ▸conjug 1a◂ VT (*Méx*) to make filthy

**acocharse** ▸conjug 1a◂ VPR to squat, crouch

**acochinar**‡ ▸conjug 1a◂ VT to bump off‡

**acocil** SM (*Méx*) freshwater shrimp; **estar como un ~** to be red in the face

**acodado** ADJ bent

**acodalar** ▸conjug 1a◂ VT to shore up, prop up

**acodar** ▸conjug 1a◂ Ⓐ VT [+ *brazo*] to lean, rest; [+ *tubo*] to bend; [+ *planta*] to layer
Ⓑ **acodarse** VPR to lean (**en** on); **acodado en** leaning on; **~se hacia** to bend towards, curve towards

**acodiciarse** ▸conjug 1b◂ VPR **~ a** to covet

**acodo** SM layer

**acogedizo** ADJ gathered at random

**acogedor** ADJ (= *hospitalario*) welcoming; [*ambiente*] friendly, cosy, cozy (*EEUU*), warm; [*cuarto*] snug, cosy, cozy (*EEUU*)

**acoger** ▸conjug 2c◂ Ⓐ VT [1] (= *albergar*) [+ *huésped, refugiado*] to take in; [+ *visitante*] to receive; [+ *fugitivo*] to harbour, harbor (*EEUU*), shelter; **nuestro país acogió a los exiliados** our country took in the exiles; **muchas familias acogen a estudiantes** many families provide accommodation for *o* take in students; **la ciudad acoge todos los años a miles de visitantes** the city receives thousands of visitors every year; **que Dios la acoja en su seno** may God receive her soul; **niños acogidos en centros públicos** children housed *o* accommodated in public centres; **el hotel que acoge a los periodistas extranjeros** the hotel where the foreign journalists are staying; **acogen en sus filas a antiguos terroristas** they number former terrorists among their ranks
[2] (= *recibir*) [+ *noticia, idea, propuesta*] to receive; **acogieron la noticia con sorpresa** they were surprised at the news, they received the news with surprise; **nos acogieron con muestras de afecto** they received us with demonstrations of affection; **acogieron el plan como una oportunidad de reconvertir la industria** they welcomed the plan as an opportunity to restructure industry
[3] (= *ser sede de*) [*ciudad*] to host; [*edificio, auditorio*] to be the venue for; **Atenas acogió por segunda vez los Juegos Olímpicos** Athens hosted the Olympics for the second time; **el palacio acoge un ciclo de conciertos** the palace is the venue for a concert season
[4] (= *contener*) [4·1] [+ *espectadores*] to seat, hold; **el teatro podrá ~ a 100.000 espectadores** the theatre will be able to seat *o* hold 100,000 people
[4·2] [+ *obras*] **este edificio acoge al Museo de la Ciencia** this building houses the Science Museum; **los pasillos del nuevo centro ~án una exposición fotográfica** the corridors of the new centre will accommodate a photographic exhibition; **la exposición acoge obras religiosas** the exhibition includes *o* contains religious works
Ⓑ **acogerse** VPR [1] (= *acudir*) **~se a** [+ *ley, derecho*] to invoke; **se han acogido al derecho a no declarar** they have invoked the right not to testify; **se acogieron a la protección del santo** they turned to the saint for protection
[2] (= *beneficiarse*) **~se a: los trabajadores**

**que lo deseen podrán ~se a las bajas incentivadas** any workers who wish to may take voluntary redundancy; **~se a la amnistía** to accept the offer of amnesty

**acogible** ADJ (*Cono Sur*) acceptable

**acogida** SF [1] (= *recibimiento*) [*de noticia, producto, propuesta*] reception; **Madrid dispensó una fría ~ al espectáculo** Madrid afforded the show a very cold reception; **una calurosa ~** a warm welcome; **la ~ del disco fue muy favorable** the record was very favourably received; **tener buena/mala ~** to be well/poorly received; **¿qué ~ tuvo la idea?** how was the idea received?; **el centro de ~ de visitantes** the visitors' centre
[2] (= *albergue*) [2·1] (*Pol*) [*de refugiado, emigrante*] **tras la ~ de miles de refugiados** after accepting thousands of refugees; **un centro de ~** a reception centre; **país de ~** host country
[2·2] [*de personas necesitadas*] **un centro de ~ de personas sin hogar** a homeless hostel, a shelter for the homeless; **un centro de ~ de menores** a children's refuge; **dar ~ a algn** to accept sb; **familia de ~** host family
► **acogida familiar** (*Jur*) fostering; *ver tb* **casa 1**
[3] [*de ríos*] meeting place

**acogimiento** SM ► **acogimiento familiar, acogimiento judicial** fostering

**acogollar** ▸conjug 1a◂ (*Agr*) Ⓐ VT to cover up, protect
Ⓑ VI to sprout

**acogotar** ▸conjug 1a◂ VT (= *derribar*) to knock down, fell, poleaxe, poleax (*EEUU*); (= *dejar sin sentido*) to lay out; (*LAm*) (= *dominar*) to have at one's mercy; (= *agarrar*) to grab round the neck; **~ a algn** (*Cono Sur*) to harass sb for payment

**acohombrar** ▸conjug 1a◂ VT (*Agr*) to earth up

**acojinar** ▸conjug 1a◂ VT (*Téc*) to cushion

**acojonador**⁑ ADJ (*esp Esp*) = **acojonante**

**acojonamiento**⁑ SM (*esp Esp*) funk*, fear

**acojonante**⁑ ADJ (*esp Esp*) (= *impresionante*) tremendous, brilliant*

**acojonar**⁑ ▸conjug 1a◂ (*esp Esp*) Ⓐ VT [1] (= *atemorizar*) to put the wind up*, intimidate
[2] (= *impresionar*) to impress; (= *asombrar*) to amaze, overwhelm
Ⓑ **acojonarse** VPR [1] (= *acobardarse*) to back down; (= *inquietarse*) to get the wind up*; **¡no te acojones!** take it easy!*
[2] (= *asombrarse*) to be amazed, be overwhelmed
[3] (⁑) (*de miedo*) to freak out*, shit o.s.⁑

**acojone**⁑ SM, **acojono**⁑ SM (*esp Esp*) funk*, fear

**acolada** SF accolade

**acolchado** Ⓐ ADJ [*tela*] quilted, padded; [*sobre*] padded
Ⓑ SM [1] [*de tela*] quilting; [*de sobre*] padding
[2] (*Cono Sur*) eiderdown

**acolchar** ▸conjug 1a◂ VT [1] [+ *tela*] to quilt, pad
[2] (= *amortiguar*) [+ *sonido*] to muffle; [+ *golpe*] to soften

**acólito** SM (*Rel*) acolyte; (= *monaguillo*) server, altar boy; (*fig*) (= *adlátere*) acolyte, minion

**acollador** SM (*Náut*) lanyard

**acollar** ▸conjug 1l◂ VT (*Agr*) to earth up; (*Náut*) to caulk

**acollarar** ▸conjug 1a◂ VT [1] [+ *bueyes*] to yoke, harness; [+ *perro*] to put a collar on; (= *atar*) to tie by the neck
[2] (*Cono Sur*) to trap into marriage

**acollerar** ▸conjug 1a◂ Ⓐ VT, VI to gather, herd together
Ⓑ **acollerarse** VPR = **A**

**acomedido** ADJ (*LAm*) (= *generoso*) helpful, obliging; (= *solícito*) concerned, solicitous

**acomedirse** ▸conjug 3k◂ VPR (*LAm*) to offer to help; **~ a hacer algo** to do sth willingly

**acometedor** ADJ (= *emprendedor*) energetic, enterprising; [*toro*] fierce

**acometer** ▸conjug 2a◂ VT [1] (= *atacar*) to attack, set upon; [*toro*] to charge
[2] [+ *tarea*] to undertake, attempt; [+ *asunto*] to tackle, deal with; [+ *construcción*] to begin, start on
[3] [*sueño*] to overcome; [*miedo*] to seize, take hold of; [*dudas*] to assail; [*enfermedad*] to attack; **le acometieron dudas** he was assailed by doubts, he began to have doubts; **me acometió la tristeza** I was overcome with sadness

**acometida** SF [1] (= *ataque*) attack, assault; [*de toro*] charge
[2] (*Elec*) connection

**acometimiento** SM attack ► **acometimiento y agresión** (*Méx Jur*) assault and battery

**acometividad** SF [1] (= *energía*) energy, enterprise
[2] (= *agresividad*) aggressiveness; [*de toro*] fierceness; **mostrar ~** to show some fight *o* pluck
[3] (*Cono Sur*) (= *susceptibilidad*) touchiness

**acomodable** ADJ (= *adaptable*) adaptable; (= *que sirve*) suitable

**acomodación** SF (*gen*) accommodation; (= *adaptación*) adaptation; (= *arreglo*) arrangement

**acomodadizo** ADJ (= *complaciente*) accommodating, obliging; (= *manejable*) pliable

**acomodado** ADJ [1] (= *apropiado*) suitable, fit; [*precio*] moderate; [*artículo*] moderately priced
[2] (= *rico*) well-to-do, well-off

**acomodador(a)** SM/F usher/usherette

**acomodamiento** SM [1] (= *cualidad*) suitability, convenience
[2] (= *acto*) arrangement, agreement

**acomodar** ▸conjug 1a◂ Ⓐ VT [1] [+ *visitante, huésped*] to put up; **nos ~on en diferentes cuartos** they put us up in different rooms; **~on a los evacuados en la escuela** they put up *o* accommodated the evacuees in the school
[2] (= *sentar*) **nos ~on en nuestros asientos** they showed us to our seats
[3] (= *poner cómodo*) to make comfortable
[4] (= *albergar*) [*local*] to seat; [*vehículo*] to take; **una sala con capacidad para ~ a mil personas** a hall with a capacity of one thousand, a hall which can seat one thousand people
[5] (*frm*) (= *adaptar*) **~ algo a algo** to adapt sth to (suit) sth; **~on la historia a sus necesidades políticas** they adapted history to suit their political requirements; **tendrán que ~ la ley a la directiva europea** they will have to bring the law into line with the European directive; **tienes que ~ tus gastos a tus ingresos** you need to adjust your expenditure to your income
[6] (*frm*) (= *conciliar*) [+ *colores*] to match; [+ *enemigos, rivales*] to reconcile
[7] (*frm*) (= *suministrar*) **~ a algn con algo** to supply *o* provide sb with sth
[8] (*LAm*) (= *colocar*) to put; **acomoda aquí los libros** put the books here
[9] (*Cono Sur, Méx*) (= *dar trabajo a*) to get a job for, fix up (with a job)*; **acomodó a su primo en la oficina** he got his cousin a job in the office, he fixed his cousin up (with a job) in the office*
[10] (*Caribe*) (= *estafar*) to con*, trick
Ⓑ **acomodarse** VPR [1] (= *ponerse cómodo*) **¡acomódate!** make yourself comfortable; **se acomodó en el sillón** he settled down in the armchair; **se ~on en una mesa contigua a la nuestra** (*frm*) they sat at the next table to us
[2] (= *adaptarse*) **~se a algo** to adapt to sth; **yo me acomodo a todo** I'm easy*
[3] (*) (= *casarse*) to marry into money
[4] (*frm*) **~se de** to provide o.s. with
[5] (*LAm*) (= *ajustarse*) [+ *ropa, gafas*] to adjust

**acomodaticio** ADJ = **acomodadizo**

**acomodo** SM [1] (= *arreglo*) arrangement; (= *acuerdo*) agreement, understanding
[2] (= *puesto*) post, job; (*LAm pey*) (= *enchufe*) soft job, plum job
[3] (*LAm*) (= *soborno*) bribe

**acompañado/a** Ⓐ ADJ [1] [*persona*] **está ~** he's with someone; **los invitados no podrán ir ~s a la boda** guests can't take someone else along with them to the wedding; **~ de**: **entró acompañada de su padre** she came in with her father, she came in accompanied by her father; **la enciclopedia viene acompañada de un diccionario** the encyclopaedia comes with a dictionary; **bien/mal ~** in good/bad company; *ver tb* **solo**
[2] [*lugar*] busy, frequented
[3] **con falda acompañada** with skirt to match, with a skirt of the same colour *o* pattern
[4] **estar ~** (*Caribe**) to be drunk
Ⓑ SM/F (*LAm*) (= *amante*) lover; (= *cónyuge*) common-law husband/wife

**acompañamiento** SM [1] (= *cortejo*) (*como escolta*) escort; [*de rey*] retinue; [*de sepelio*] funeral procession; [*de boda*] wedding party
[2] (*Mús*) accompaniment; **con ~ de piano** with piano accompaniment; **cantar sin ~** to sing unaccompanied
[3] (= *acción*) accompaniment; **esta salsa sirve como ~ de pescados** this sauce makes a good accompaniment to fish; **filete y patatas como ~** steak served with potatoes
[4] (= *consecuencias*) aftermath; **el terremoto y su ~** the earthquake and its aftermath
[5] (*Teat*) (*en acotaciones escénicas*) retinue; (*en títulos de crédito*) supporting cast; **Macbeth y ~** Macbeth and his retinue

**acompañanta** SF (= *señora de compañía*) female companion, female chaperon; (*Mús*) accompanist

**acompañante** SMF (= *que acompaña*) companion, escort; (*Mús*) accompanist

**acompañar** ▸conjug 1a◂ Ⓐ VT [1] (*a alguna parte*) (*gen*) to go with, accompany (*frm*); **no quiero que me acompañe nadie** I don't want anyone to go with me; **¿quieres que te acompañe al médico?** do you want me to go to the doctor's with you?; **¡te acompaño!** I'll come with you!; **iba acompañado de dos guardaespaldas** he had two bodyguards with him, he was accompanied by two bodyguards; **su abogado lo acompañó en la rueda de prensa** his lawyer was with him at the press conference; **~ a algn a casa** to see sb home; **~ a algn a la puerta** to see sb to the door, see sb out

[2] (= *hacer compañía*) (*por un rato*) to keep company; (*como pareja*) to be companion to; **nos quedamos un rato para ~ a la abuela** we stayed a while to keep grandmother company; **su hermana la acompañó durante toda su enfermedad** her sister stood by her side throughout the illness; **la mujer que lo acompañó en sus últimos años** the woman who was his companion *o* who was companion to him in his last years; **~ a algn en algo** to join sb in sth; **se ofrecieron a ~me en la búsqueda** they offered to join me in the search; **le acompaño en el sentimiento** (*en un entierro*) please accept my condolences

[3] (= *ocurrir al mismo tiempo*) to accompany; **el escándalo que acompañó al estreno de la ópera** the scandal that accompanied the opening of the opera

[4] [*comida*] **este vino acompaña bien al queso** this wine goes well with cheese; **~ algo con** *o* **de algo** to serve sth with sth; **se puede ~ de una salsa** it can be served with a sauce

[5] [*documentos*] **la solicitud debe ir acompañada de un certificado** the application should be accompanied by a certificate

[6] (*Mús*) to accompany (**a, con** on); **estuvo acompañado a la guitarra por Juan Maya** he was accompanied on the guitar by Juan Maya

[7] (= *ser favorable*) **a ver si la suerte nos acompaña** let's hope we're lucky, let's hope our luck's in; **parece que nos acompaña la mala suerte** we seem to be dogged by *o* to be having a lot of bad luck; **el tiempo no nos acompañó** we were unlucky with the weather

Ⓑ VI [1] (= *hacer compañía*) to be company; **un perro acompaña mucho** a dog is good company

[2] [*comida*] **¿quieres un poco de pan para ~?** would you like some bread to go with it?

[3] [*ser favorable*] to be favourable *o* (*EEUU*) favorable; **si la coyuntura económica acompaña** if the economic climate is favourable; **es una pena que el tiempo no ~a** it's a shame the weather wasn't more favourable; **si el tiempo acompaña** weather permitting

Ⓒ **acompañarse** VPR (*Mús*) to accompany o.s. (**con, de** on); **se acompaña con la guitarra** she accompanies herself on the guitar

**acompaño** SM (*CAm, Méx*) meeting, group, crowd

**acompasado** ADJ [1] (*Mús*) (= *rítmico*) rhythmic, regular; (= *medido*) measured

[2] (= *pausado*) slow, deliberate

**acompasar** ▸conjug 1a◂ VT [1] (*Mús*) to mark the rhythm of; **~ la dicción** to speak with a marked rhythm

[2] (*Mat*) to measure with a compass

[3] (= *ajustarse a*) to match, keep in step with

**acomplejado** ADJ neurotic, hung-up*; **está ~ por su nariz** he's got a complex about his nose, he's got a thing about his nose

**acomplejante** ADJ (*Cono Sur*) inhibiting, embarrassing

**acomplejar** ▸conjug 1a◂ Ⓐ VT **~ a algn** to give sb a complex

Ⓑ **acomplejarse** VPR to get a complex (**con, por** about); **¡no te acomplejes!** don't get so worked up!

**acompletadores*** SMPL (*Méx*) beans

**acomunarse** ▸conjug 1a◂ VPR to join forces

**aconchabar*** ▸conjug 1a◂ Ⓐ VT (*LAm*) to take on, hire

Ⓑ **aconchabarse** VPR to gang up*

**aconchado/a*** SM/F (*Méx*) sponger*, scrounger*

**aconchar** ▸conjug 1a◂ Ⓐ VT [1] (= *poner a salvo*) to push to safety

[2] (*Náut*) (= *encallar*) to beach, run aground; [*viento*] to drive ashore

[3] (*Méx**) (= *reprender*) to tell off*

Ⓑ **aconcharse** VPR [1] (*Náut*) (= *volcarse*) to keel over; (= *encallarse*) run aground

[2] (*Cono Sur*) [*líquido*] to settle, clarify

[3] (*) (= *vivir de otro*) to sponge*, live off somebody else

**acondicionado** ADJ **bien ~** [*persona*] genial, affable, nice; [*objeto*] in good condition; **mal ~** [*persona*] bad-tempered, difficult; [*objeto*] in bad condition; **aire ~** air conditioning; **un laboratorio bien ~** a well-equipped laboratory

**acondicionador** SM conditioner ▸ **acondicionador de aire** air conditioner

**acondicionamiento** SM (*gen*) conditioning; (*Com*) shopfitting ▸ **acondicionamiento de aire** air conditioning

**acondicionar** ▸conjug 1a◂ VT [1] (= *arreglar*) to arrange, prepare; [+ *pelo*] to condition

[2] (*Com*) to fit out

[3] (= *aclimatar*) to air-condition

**acongojado** ADJ distressed, anguished

**acongojar** ▸conjug 1a◂ Ⓐ VT to distress, grieve

Ⓑ **acongojarse** VPR to become distressed; **¡no te acongojes!** don't distress yourself!, don't get upset!

**acónito** SM (*Bot*) aconite, monkshood

▼ **aconsejable** ADJ (= *conveniente*) advisable; (= *sensato*) sensible, politic; **nada** *o* **poco ~** inadvisable; **eso no es ~** that is not advisable; **no sería ~ que usted viniera** you would be ill-advised to come

**aconsejado** ADJ **bien ~** sensible; **mal ~** ill-advised

▼ **aconsejar** ▸conjug 1a◂ Ⓐ VT [1] (= *dar consejos a*) to advise; **~ a algn hacer algo** to advise sb to do sth

[2] [+ *cuidado*] to advise, recommend; [+ *virtud*] to preach

Ⓑ **aconsejarse** VPR to seek advice, take advice; **~ con** *o* **de** to consult; **~ mejor** to think better of it

**aconsonantar** ▸conjug 1a◂ VT, VI to rhyme (**con** with)

**acontecedero**† ADJ which could happen, possible

**acontecer** ▸conjug 2d◂ VI to happen, occur

**acontecimiento** SM event; **fue realmente un ~** it was an event of some importance; **fue todo un ~** it was quite an affair

**acopiar** ▸conjug 1b◂ VT (= *juntar*) to gather, gather together, collect; (*Com*) to buy up, get a monopoly of; [+ *miel*] to collect, hive

**ACONSEJAR**

**Aconsejar a algn que haga algo** se traduce al inglés con **advise** + **OBJETO** + **INFINITIVO** *con* **to**, es decir: **advise sb to do sth**:

Le aconsejé que (no) cambiase de trabajo

***I advised her (not) to change jobs***

Le aconsejaré a mi hermana que se lo piense dos veces

***I'll advise my sister to think it over carefully***

**NOTA:** Cuando se quiere aconsejar a una persona, en inglés se suele utilizar el condicional para que no parezca un mandato, como se ve en los siguientes ejemplos:

Le aconsejo que consulte a un abogado

***I would advise you to see a lawyer***

Te aconsejo que lo hagas

***I'd advise you to do it***

*Para otros usos y ejemplos ver la entrada.*

**acopio** SM [1] (= *acto*) gathering, collecting

[2] (= *cantidad*) collection; (= *suministro*) store, stock; [*de madera*] stack; (*Cono Sur*) (= *abundancia*) abundance; **hacer ~** to stock up (**de** with), lay in stocks (**de** of)

**acoplable** ADJ attachable

**acoplado** Ⓐ ADJ **un equipo bien ~** a well coordinated team

Ⓑ SM [1] (*Cono Sur Aut*) (= *remolque*) trailer, semitrailer (*EEUU*)

[2] (*Cono Sur**) (= *parásito*) hanger-on*, sponger*; (= *intruso*) gatecrasher

**acoplador** SM ▸ **acoplador acústico** acoustic coupler

**acoplamiento** SM (*Mec*) coupling; (*Elec*) connection; (*Telec, TV*) link-up, hook-up; [*de astronaves*] docking, link-up; (*Zool*) mating ▸ **acoplamiento de manguito** sleeve coupling ▸ **acoplamiento en serie** series connection ▸ **acoplamiento universal** universal joint

**acoplar** ▸conjug 1a◂ Ⓐ VT [1] (= *unir*) (*Téc*) to couple; (*Elec*) to connect, join up; [+ *carros*] to join up, hook up; [+ *astronaves*] to dock, link up; (*LAm Ferro*) to couple (up)

[2] (*Zool*) [+ *animales*] to mate, pair; [+ *bueyes*] to yoke, hitch

[3] (*Dep*) to coordinate; [+ *personas*] to associate, bring together; [+ *opiniones*] to reconcile; [+ *proyectos, esfuerzos*] to coordinate

Ⓑ **acoplarse** VPR [1] (*Zool*) to mate, pair

[2] (*Aer*) to dock

[3] (*Elec*) to cause feedback

[4] (= *hacer las paces*) to make it up, be reconciled

**acoplo** SM (*Elec*) feedback

**acoquinamiento** SM intimidation

**acoquinar** ▸conjug 1a◂ Ⓐ VT to scare, intimidate, cow

Ⓑ **acoquinarse** VPR to get scared, take fright

**acorar** ▸conjug 1a◂ VT to distress, afflict, upset

**acorazado** Ⓐ ADJ [*cámara*] security *antes de s*; [*vehículo*] reinforced, armoured, armored (*EEUU*), armour-plated, armor-plated (*EEUU*)

Ⓑ SM battleship

**acorazar** ▸conjug 1f◂ Ⓐ VT to armour-plate, armor-plate (*EEUU*)

Ⓑ **acorazarse** VPR (= *armarse de valor*) to steel o.s. (**contra** against); (= *hacerse insensible*) to become inured (**contra** to)

➤ LENGUA Y USO: **aconsejable** 29.2 **aconsejar** 28.2, 29.1, 29.2

**acorazonado** ADJ heart-shaped

**acorchado** ADJ [1] (= *esponjoso*) spongy, cork-like
[2] (*Med*) (= *insensible*) numb; [*boca*] furry

**acorchar** ▸conjug 1a◂ Ⓐ VT to cover with cork
Ⓑ **acorcharse** VPR [1] [*patata*] to go spongy
[2] (*Med*) [*pierna, dedos*] to go numb

**acordada** SF decree

**acordadamente** ADV unanimously, by common consent

**acordar** ▸conjug 1l◂ Ⓐ VT [1] (= *decidir*) [+ *precio, fecha*] to agree, agree on; **eso no es lo que acordamos** that is not what we agreed; **han acordado la suspensión provisional de las obras** it was agreed that the works should be suspended temporarily; **~ hacer algo** to agree to do sth; **~on retrasar la reunión** they agreed to put back the meeting; **~ que** to agree that; **acordamos que nadie saliera de la sala** we agreed that no one should leave the room
[2] [+ *opiniones*] to reconcile; [+ *instrumentos*] to tune; [+ *colores*] to blend, harmonize
[3] (= *recordar*) **~ algo a algn**†† to remind sb of sth; **~ a algn de hacer algo** ◊ **~ a algn que haga algo** (*Andes, Chile*) to remind sb to do sth
[4] (*LAm*) (= *conceder*) to grant, accord (*frm*)
Ⓑ VI **~ con algo** to go with sth, match sth
Ⓒ **acordarse** VPR to remember; **no me acuerdo** I don't *o* can't remember; **ya te lo traeré, si me acuerdo** I'll bring it for you, if I remember (to); **no quiero ni ~me** I don't even want to think about it; **ahora que me acuerdo** now that I think of it, come to think of it; **~se de algo/algn** to remember sth/sb; **¿te acuerdas de mí?** do you remember me?; **nadie se acordaba del número** nobody could think of *o* remember the number; **ya no me acordaba de que tenía una reunión** I'd completely forgotten that I had a meeting; **no quiero ni ~me del frío que pasamos** I can hardly bear to think of how cold we were; **el otro día me acordé de ti cuando …** I thought of you the other day when …; **me acuerdo mucho de mi infancia** I often think about *o* recall my childhood; **desde que te has ido, me acuerdo mucho de ti** since you left, I've missed you a lot; **¡te ~ás de ésta!** I'll teach you!, I'll give you something to remember me by!; **~se de hacer algo** to remember to do sth; **acuérdate de comprar pan** don't forget *o* remember to buy some bread; **~se de haber hecho algo** to remember doing sth; **me acuerdo de haber leído un artículo sobre eso** I remember reading an article about that; ✦***MODISMO*** **no se acuerda ni del santo de su nombre** he can hardly remember *o* he has trouble remembering his own name

**acorde** Ⓐ ADJ [1] **~ a** *o* **con** [+ *situación, posición*] appropriate to; [+ *ley, directiva*] in conformity *o* compliance with; **su comportamiento fue ~ a** *o* **con las circunstancias** her behaviour was appropriate to the circumstances; **un motor ~ a** *o* **con las normas ecológicas** an engine that complies with environmental regulations
[2] (*frm*) (= *coincidente*) **estar ~s** to be agreed, be in agreement
[3] (*Mús*) harmonious
Ⓑ SM (*Mús*) chord; **a los ~s de la marcha nupcial** to the strains of the wedding march

**acordeón** SM accordion ► **acordeón de botones** button accordion ► **acordeón de teclas, acordeón piano** piano accordion

**acordeonista** SMF accordionist

**acordonado** ADJ [1] (*Cos*) ribbed
[2] [*calle*] cordoned-off; [*moneda, borde*] milled
[3] (*LAm*) [*animal*] thin

**acordonamiento** SM [1] (*Cos*) ribbing
[2] (= *acción*) [*de calle*] cordoning off; [*de moneda, borde*] milling

**acordonar** ▸conjug 1a◂ VT [1] [+ *zapatos*] to do up, lace up
[2] [+ *lugar*] (*con guardias*) to cordon off; (*con cerca*) to surround
[3] [+ *moneda, borde*] to mill
[4] (*LAm*) [+ *terreno*] to prepare

**acornar** ▸conjug 1l◂ VT, **acornear** ▸conjug 1a◂ VT to gore

**acorralamiento** SM (= *cercamiento*) enclosing; (= *arrinconamiento*) cornering, trapping

**acorralar** ▸conjug 1a◂ VT (*Agr*) [+ *ganado*] to pen, corral; (= *arrinconar*) to corner; (= *intimidar*) to intimidate

**acorrer** ▸conjug 2a◂ Ⓐ VT to help, go to the aid of
Ⓑ VI to run up; **~ a algn** to hasten to sb

**acortamiento** SM shortening, reduction

**acortar** ▸conjug 1a◂ Ⓐ VT [+ *vestido, falda, traje*] to take up, shorten; [+ *artículo, texto*] to shorten, cut down; [+ *periodo, duración*] to shorten, reduce; **esta carretera ~á la distancia entre las dos ciudades** this road will shorten the distance between the two cities; **yendo por aquí acortamos camino** it's shorter if we go this way; **tuve que ~ las vacaciones y volver a casa** I had to cut short my holidays and go home; **el Barcelona está acortando distancias con el Real Madrid** Barcelona is catching up with Real Madrid
Ⓑ **acortarse** VPR to get shorter; **empiezan a ~se los días** the days are getting shorter

**acosar** ▸conjug 1a◂ VT [1] (= *atosigar*) to hound, harass; **~ a algn a preguntas** to pester sb with questions; **ser acosado sexualmente** to suffer (from) sexual harassment, be sexually harassed
[2] (= *perseguir*) to pursue relentlessly; [+ *animal*] to urge on

**acosijar** ▸conjug 1a◂ VT (*Méx*) = **acosar**

**acoso** SM [1] (= *atosigamiento*) harassment; **es víctima del ~ de la prensa** she's a victim of press harassment; **operación de ~ y derribo** (*Mil*) search and destroy operation; **una operación de ~ y derribo contra el presidente** a campaign to hound the president out of office ► **acoso sexual** sexual harassment
[2] (= *persecución*) relentless pursuit

**acostar** ▸conjug 1l◂ Ⓐ VT [1] (= *tender*) to lay down
[2] (*en cama*) to put to bed
[3] (*Náut*) to bring alongside
Ⓑ **acostarse** VPR [1] (= *tumbarse*) to lie down; (= *ir a dormir*) to go to bed; (*LAm*) (= *dar a luz*) to give birth; **nos acostamos tarde** we went to bed late; **Pilar se acostó con Juan** Pilar went to bed *o* slept with Juan; **ella se acuesta con cualquiera** she sleeps around; **es hora de ~se** it's bedtime
[2] (= *inclinarse*) to lean, bend

**acostillado** ADJ ribbed, with ribs

**acostumbrado** ADJ [1] (= *normal*) usual, customary (*frm*); **se vieron en el lugar ~** they met at the usual *o* (*frm*) customary place; **se acostó antes de lo ~** she went to bed earlier than usual
[2] **~ a algo** used to sth; **no estoy acostumbrada al calor** I'm not used to the heat; **está ~ a trabajar de noche** he's used to working at night; **ya estoy ~ a que no me entiendan** I'm used to *o* (*frm*) accustomed to not being understood
[3] **bien ~: su marido está muy bien ~** her husband is very well trained; **mal ~: sus hijos están muy mal ~s** her children are very spoilt; **su mujer lo tiene muy mal ~** his wife spoils him (rotten)

**acostumbrar** ▸conjug 1a◂ Ⓐ VT **~ a algn a algo** to get sb used to sth; **~ a algn a las dificultades** to get sb used to the problems; **~ a algn a hacer algo** to accustom sb to doing sth
Ⓑ VI **~ (a) hacer algo** to be used *o* accustomed to doing sth, be in the habit of doing sth; **los sábados acostumbra (a) ir al cine** on Saturdays he usually goes to the cinema
Ⓒ **acostumbrarse** VPR [1] **~se a algo** to get accustomed *o* used to sth; **se acostumbró a tomar chocolate** he got into the habit of drinking chocolate; **está acostumbrado a verlas venir** he's not easily fooled
[2] (*esp LAm*) **aquí no se acostumbra decir eso** people don't say that *o* that isn't said here; **no se acostumbra** it isn't customary *o* usual

**ACOSTUMBRAR**

• La forma pronominal **acostumbrarse a hacer algo** se traduce al inglés por **get used to** + **-ING**:
Te acostumbrarás a trabajar aquí
***You'll get used to working here***
Con el tiempo me acostumbré a estar sin él
***In time I got used to being without him***
• La expresión **estar acostumbrado a hacer algo** se traduce por **to be used to** + **-ING**:
Está acostumbrado a levantarse temprano
***He's used to getting up early***
**NOTA:** Otra forma de traducir esta estructura al inglés es con la construcción **to be accustomed to** + **-ING**, aunque tiene un registro formal:
***He's accustomed to getting up early***
• Cuando el verbo **acostumbrar** equivale a **soler**, se puede traducir de dos formas distintas en inglés, dependiendo de si la acción a la que se refiere ocurre en el pasado o en el presente.
• En el *pasado*, lo traducimos por **used to** + **INFINITIVO**:
Cuando era niña acostumbraba a rezar todas las noches
***When I was a child I used to pray every night***
El año pasado acostumbrábamos a vernos todos los viernes
***Last year we used to meet every Friday***
• En el *presente* se traduce por el adverbio **usually** + **PRESENTE SIMPLE**:
Los domingos acostumbro a levantarme tarde
***I usually get up late on Sundays***
*Para otros usos y ejemplos ver la entrada.*

**acotación** SF [1] (= *linde*) boundary mark; (*Geog*) elevation mark

[2] (*Tip*) (= *anotación*) marginal note
[3] (*Teat*) stage direction

**acotado** Ⓐ ADJ enclosed, fenced
Ⓑ SM (*tb* ~ **de caza**) game preserve

**acotamiento** SM (*Méx*) hard shoulder, berm (*EEUU*), emergency lane

**acotar** ▸conjug 1a◂ VT [1] [+ *terreno*] (= *marcar*) to survey, mark out; (= *poner cotos en*) to limit, set bounds to; [+ *caza*] to fence in, protect
[2] [+ *página*] to annotate; [+ *mapa*] to mark elevations on
[3] [+ *árboles*] to lop
[4] (= *aceptar*) to accept, adopt; (= *elegir*) to choose; (= *avalar*) to vouch for; (= *comprobar*) to check, verify

**acotejar** ▸conjug 1a◂ Ⓐ VT (*LAm*) [+ *cosas*] to put in order, arrange
Ⓑ **acotejarse** VPR (*LAm*) (= *acomodarse*) to come to an arrangement

**acotillo** SM sledgehammer

**acoyundar** ▸conjug 1a◂ VT to yoke

**acr.** ABR (= **acreedor**) Cr

**acracia** SF anarchy

**ácrata** Ⓐ ADJ anarchist(ic), libertarian
Ⓑ SMF anarchist, libertarian

**acrático** ADJ = **ácrata A**

**acre**[1] ADJ [1] [*sabor*] sharp, bitter; [*olor*] acrid, pungent
[2] [*temperamento*] sour; [*crítica*] sharp, biting, mordant

**acre**[2] SM acre

**acrecencia** SF [1] (*Jur*) accretion
[2] = **acrecentamiento**

**acrecentamiento** SM increase, growth

**acrecentar** ▸conjug 1j◂ Ⓐ VT (= *aumentar*) to increase, augment; (= *ascender*) [+ *persona*] to advance, promote
Ⓑ **acrecentarse** VPR to increase, grow

**acrecer** ▸conjug 2d◂ VT to increase

**acrecimiento** SM increase, growth

**acreditación** SF (= *acto*) accreditation; (= *autorización*) authorization, sanctioning

**acreditado** ADJ (*Pol*) accredited; (= *estimado*) reputable; **nuestro representante ~** our official agent; **una casa acreditada** a reputable firm

**acreditar** ▸conjug 1a◂ Ⓐ VT [1] (= *dar reputación a*) to do credit to, give credit to; **y virtudes que le acreditan** and qualities which do him credit
[2] (= *avalar*) to vouch for, guarantee; (= *probar*) to prove; (= *autorizar*) to sanction, authorize; **~ su personalidad** to establish one's identity
[3] (*Pol*) [+ *embajador*] to accredit
[4] (*Com*) to credit; (*Andes*) (= *fiar*) to sell on credit
Ⓑ **acreditarse** VPR to prove one's worth; **~se como** to get a reputation for; **~se en** to get a reputation in

**acreditativo** ADJ **documentos ~s** supporting documents

**acreedor(a)** Ⓐ ADJ **~ a** worthy of, deserving of
Ⓑ SM/F creditor ► **acreedor(a) común** unsecured creditor ► **acreedor(a) con garantía** secured creditor ► **acreedor(a) diferido/a** deferred creditor ► **acreedor(a) hipotecario/a** mortgagee

➤ LENGUA Y USO: actitud 33.1

**acreencia** SF (*LAm*) (= *saldo acreedor*) credit balance; (= *deuda*) debt, amount owing *o* owed

**acremente** ADV sharply, bitterly

**acribadura** SF sifting, sieving

**acribar** ▸conjug 1a◂ VT to sift, riddle

**acribillado** ADJ [*superficie*] pitted, pockmarked; **~ a** riddled with, peppered with; **~ de** filled with; **~ de picaduras** covered with stings

**acribillar** ▸conjug 1a◂ VT [1] to riddle, pepper; **~ a balazos** to riddle with bullets; **~ a puñaladas** to cover with stab wounds
[2] (= *fastidiar*) to pester, badger; **~ a algn a preguntas** to bombard sb with questions

**acridio** SM (*LAm*) locust

**acrílico** ADJ acrylic

**acrilonitrilo** SM acrylonitrile

**acriminación** SF incrimination, accusation

**acriminador(a)** Ⓐ ADJ incriminating
Ⓑ SM/F accuser

**acriminar** ▸conjug 1a◂ VT (*Jur*) to incriminate, accuse; (*fig*) [+ *falta*] to exaggerate

**acrimonia** SF [1] (= *olor*) acridness, pungency; (= *sabor*) sharpness, sourness
[2] (= *desabrimiento*) acrimony, bitterness

**acrimonioso** ADJ acrimonious

**acriollado** ADJ (*esp Cono Sur*) *adapted or adjusted to the customs of a Latin American country*

**acriollarse** ▸conjug 1a◂ VPR (*esp Cono Sur*) to go native

**acrisolado** ADJ (= *refinado*) pure; **una fe acrisolada** a faith tried and tested; **el patriotismo más ~** the noblest kind of patriotism; **de acrisolada honradez** of unquestionable honesty

**acrisolar** ▸conjug 1a◂ VT [1] (*Téc*) (= *purificar*) to purify, refine
[2] (= *acendrar*) to bring out, prove

**acristalado** ADJ glazed

**acristalamiento** SM glazing; **los ~s** the windows, the glazing; **doble ~** double glazing

**acristalar** ▸conjug 1a◂ VT to glaze

**acristianar** ▸conjug 1a◂ VT (= *hacer cristiano*) to christianize; [+ *niño*] to baptize

**acritud** SF = **acrimonia**

**acrobacia** SF acrobatics *sing* ► **acrobacia aérea** aerobatics *sing*, aerial acrobatics *sing*

**acróbata** SMF acrobat

**acrobático** ADJ acrobatic

**acrobatismo** SM acrobatics *sing*

**acrónimo** SM acronym

**Acrópolis** SF Acropolis

**acróstico** ADJ, SM acrostic

**acta** SF [1] [*de reunión*] minutes *pl*; **constar en ~**: **las pruebas documentales constan en ~** the documentary proof is in the minutes; **pidieron que su oposición al plan constara en ~** they asked for their opposition to the plan to be noted; **que conste en ~** let it be noted in the record; **levantar ~ de** [+ *reunión, sesión parlamentaria*] to write up the minutes of; [+ *acontecimiento, delito*] to make a(n official) report on; **tomar ~ de algo** (*Cono Sur*) to take note of sth, bear sth in mind
[2] [*de congreso*] proceedings *pl*; [*de organismo*] records *pl*
[3] (*Educ*) [*de notas*] student's achievement record
[4] (= *certificado*) certificate ► **acta de bautismo** certificate of baptism ► **acta de defunción** death certificate ► **acta de diputado** (*Pol*) certificate of election ► **acta de matrimonio** marriage certificate ► **acta de nacimiento** birth certificate ► **acta matrimonial** marriage certificate
[5] [*de acuerdo*] ► **acta constitutiva** charter ► **acta orgánica** (*LAm*) constitution ► **Acta Única Europea** Single European Act
[6] (*Jur*) **el juez levantó ~ del accidente** the judge drew up an official report on the accident ► **acta de acusación** bill of indictment ► **acta notarial** affidavit
[7] (*Rel*) (= *relato*) ► **actas de los mártires** lives of the martyrs ► **actas de un santo** life of a saint
[8] (*LAm*) (= *ley*) act, law

**actinia** SF actinia, sea anemone

**actínico** ADJ actinic

**actinio** SM actinium

▼ **actitud** SF [1] (= *comportamiento, disposición*) attitude; **no vas a conseguir nada con esa ~** you won't get anywhere with that attitude; **tienes que cambiar tu ~ ante la vida** you must change your attitude to life; **han adoptado una ~ firme** they have taken a firm stand *o* a tough stance
[2] (= *postura física*) posture; **tenía el mentón levantado, en ~ desafiante** he had his chin raised in a defiant posture; **adoptó una ~ pensativa** she adopted a thoughtful pose; **en ~ de**: **estaba en ~ de absoluta concentración** he was in state of total concentration; **las encontré en ~ de oración** I found them at prayer; **se incorporó en ~ de despedirse** he stood up as if he was going to leave
[3] (= *estado de ánimo*) frame of mind, mood; **en ~ resignada** in a resigned mood *o* frame of mind

**activación** SF [*de mecanismo*] activation; [*de gestión, actividad*] expediting, speeding-up

**activador** SM (*Téc*) activator; (= *estímulo*) stimulus

**activamente** ADV actively

**activar** ▸conjug 1a◂ VT (= *poner en marcha*) to activate; [+ *trabajo*] to expedite, speed up, hurry along; [+ *fuego*] to brighten up, poke; [+ *mercado*] to stimulate

**actividad** SF [1] (= *acción*) activity; **ha habido una intensa ~ diplomática** there has been intense diplomatic activity; **estos son meses de escasa ~ en el sector hotelero** these months are not very busy in the hotel sector; **ha sido una jornada de escasa ~ bursátil** trading was slow *o* sluggish on the stock exchange today; **en ~**: **el volcán aún está en ~** the volcano is still active; **estuvo en ~ hasta su muerte** he worked right up until his death; **la recolección está en plena ~** the harvest is in full swing
[2] (= *tarea profesional*) work; **los pescadores han reanudado su ~** the fishermen have gone back to work ► **actividad docente** teaching ► **actividad lucrativa** gainful employment
[3] **actividades** (= *actos*) activities *pl*; **es sospechoso de ~es terroristas** he is suspected of terrorist activities; **~es culturales** cultural activities; **~es deportivas** sporting activities; *ver tb* **extraescolar**

**activismo** SM activism

**activista** SMF activist

**activo** Ⓐ ADJ [1] (= *que obra*) active; (= *vivo*) lively, energetic; (= *ocupado*) busy
[2] (*Ling*) active
Ⓑ SM [1] (*Com*) assets *pl* ► **activo circulante** circulating assets *pl* ► **activo corriente** current assets *pl* ► **activo de la quiebra** bankrupt's estate ► **activo fijo** fixed assets *pl* ► **activo flotante** floating assets *pl* ► **activo inmaterial** intangible assets *pl* ► **activo intangible** intangible assets *pl* ► **activo invisible** invisible assets *pl* ► **activo líquido** liquid assets *pl* ► **activo neto** net worth ► **activo oculto** hidden assets *pl* ► **activo operante** operating assets *pl* ► **activo realizable** liquid assets *pl* ► **activos bloqueados** frozen assets ► **activos congelados** frozen assets ► **activos inmobiliarios** property assets, real-estate assets ► **activo tangible** tangible assets *pl* ► **activo y pasivo** assets and liabilities *pl*
[2] (*Mil*) **oficial en ~** serving officer; **estar en ~** to be on active service

**acto** SM [1] (= *acción*) act, action; **el ~ de escribir es un tipo de terapia** the act *o* action of writing is a kind of therapy; **no es responsable de sus ~s** he's not responsible for his actions; **la atraparon en el ~ de falsificar la firma** they caught her in the act of forging the signature; **hacer ~ de presencia** (= *asistir*) to attend, be present; (= *aparecer*) to appear; (= *dejarse ver brevemente*) put in an appearance; **morir en ~ de servicio** to die on active service; **el ~ sexual** the sexual *o* sex act ► **acto carnal** carnal act ► **acto de contrición** act of contrition ► **acto de desagravio** act of atonement ► **acto de fe** act of faith ► **acto de habla** speech act ► **acto reflejo** reflex action ► **Actos de los Apóstoles** Acts (of the Apostles)
[2] (= *ceremonia*) **celebrar un ~** to hold a function ► **acto inaugural** opening ceremony ► **acto oficial** official function ► **acto público** public engagement ► **acto religioso** (religious) service
[3] (*Teat*) act
[4] **en el ~** (= *inmediatamente*) there and then; **la ingresaron y la operaron en el ~** she was admitted and operated on there and then *o* on the spot; **murió en el ~** he died instantly; **"reparaciones en el acto"** "repairs while you wait"
[5] **~ seguido** ◊ **~ continuo** (*frm*) immediately after(wards)

**actor** Ⓐ ADJ (*Jur*) **parte ~a** prosecution
Ⓑ SM [1] (*Teat, Cine*) actor; **primer ~** leading man ► **actor cinematográfico, actor de cine** film actor, movie actor (*EEUU*) ► **actor de doblaje** dubber ► **actor de reparto** supporting actor
[2] (*Jur*) (= *demandante*) plaintiff

**actriz** SF actress; **primera ~** leading lady ► **actriz cinematográfica** film actress ► **actriz de doblaje** dubber ► **actriz de reparto** supporting actress

**actuación** SF [1] (= *intervención*) [*de cantante, deportista*] performance; [*de actor*] acting; **la primera ~ pública de la banda** the band's first public performance; **su ~ es lo peor de la película** the worst thing in the film is his acting ► **actuación en directo, actuación en vivo** live performance
[2] (= *espectáculo*) **todas sus actuaciones tuvieron un gran éxito de público** all his shows were a great success with the public; **habrá dos actuaciones de jazz** there will be two jazz sessions
[3] (= *acción*) action; **sus líneas de ~** their plan of action; **las actuaciones policiales fueron vanas** police action was to no avail; **criticaron la ~ del presidente ante la crisis** they criticized the president's handling of the crisis
[4] (= *conducta*) behaviour, behavior (*EEUU*), conduct; **la ~ de la policía en la manifestación** the behaviour *o* conduct of the police at the demonstration
[5] **actuaciones** (*Jur*) (legal) proceedings

**actual** ADJ [1] (= *de ahora*) [*situación, sistema, gobernante*] current, present; [*sociedad*] contemporary, present-day; [*moda*] current, modern; **el ~ campeón de Europa** the reigning *o* current *o* present European champion; **en el momento ~** at the present moment; **la ~ literatura francesa** French literature today, present-day French literature; **eso no le interesa a la juventud ~** that doesn't interest young people today; **el 6 del ~** the 6th of this month
[2] (= *de actualidad*) [*cuestión, tema*] topical; **en la reunión trataron temas muy ~es** they dealt with highly topical issues in the meeting
[3] (= *moderno*) up-to-date, fashionable; **ha cambiado su peinado por otro algo más ~** he's changed his hairstyle for a more up-to-date *o* fashionable one; **corbatas de diseño muy ~** very fashionable-looking ties; **emplean las técnicas más ~es** they use the most up-to-date *o* up-to-the-minute techniques, they use the latest techniques

**actualidad** SF [1] **en la ~** (= *hoy día*) nowadays; (= *en este momento*) currently, at present, presently (*EEUU*); **es un juego muy de moda en la ~** it's a very popular game nowadays; **hay en la ~ más de dos millones de parados** there are currently over two million unemployed, there are over two million unemployed at present
[2] (= *cualidad*) **las obras de Shakespeare no han perdido ~** the works of Shakespeare have not lost their topicality; **de ~** [*noticia, tema*] topical; [*modelo, diseño*] up-to-date, up-to-the-minute; **una cuestión de palpitante ~** a highly topical question; **poner algo de ~** to focus attention on sth; **eso ha puesto de ~ un problema olvidado** that has focused attention on a forgotten problem
[3] (*Periodismo*) **la ~** (= *asuntos*) current affairs *pl*; (= *noticias*) news, current news; **una revista sobre la ~ francesa** a magazine on French current affairs; **y ahora vamos a pasar a la ~ internacional** and now (for) international news
[4] **actualidades** (*en periódico*) current affairs; (*en cine*) newsreel *sing*

**actualización** SF (= *acto*) updating; (*Inform*) update, updating; (*Contabilidad*) discounting

**actualizador** ADJ modernizing

**actualizar** ▸conjug 1f◂ VT (= *poner al día*) to bring up to date, update; (*Inform*) to update; (*Contabilidad*) to discount

**actualmente** ADV [1] (= *en este momento*) currently, at present, presently (*EEUU*); **~ está rodando una nueva película** he's currently making a new film, he's making a new film at present
[2] (= *hoy día*) nowadays; **~ se usan métodos más eficaces** nowadays more efficient methods are used

**actuar** ▸conjug 1e◂ Ⓐ VI [1] [*actor*] to act; [*cantante, banda, compañía, equipo*] to perform; **~ en una película** to act *o* be in a film
[2] (= *obrar*) to act; **actúa como** *o* **de mediador en el conflicto** he's acting as a mediator in the conflict; **actúa de manera rara** he's acting *o* behaving strangely; **la indecisión no le dejaba ~** indecision prevented him from taking any action; **el árbitro actuó bien en el partido** the referee did a good job in the match
[3] (*Jur*) (= *proceder*) to institute (legal) proceedings; [*abogado*] to act; **el abogado que actúa en nombre de mi familia** the lawyer acting for my family
[4] (= *tener efecto*) to act; **la crema actúa directamente sobre la herida** the cream acts directly on the wound; **el freno actúa sobre la rueda trasera** the brake acts on the back wheel
Ⓑ VT (= *hacer funcionar*) to work, operate

**actuarial** ADJ actuarial

**actuario/a** SM/F [1] (*Jur*) clerk (of the court)
[2] (*Fin*) actuary

**acuache*** SM, **acuachi*** SM (*Méx*) mate, buddy (*EEUU**), pal*

**acuadrillar** ▸conjug 1a◂ Ⓐ VT (= *juntar en cuadrilla*) to form into a band; (*Chile*) (= *acometer*) to set upon
Ⓑ **acuadrillarse** VPR to band together, gang up

**acuanauta** SMF deep-sea diver

**acuaplano** SM surfboarding

**acuarela** SF watercolour, watercolor (*EEUU*); **pintor(a) a la ~** watercolourist, watercolorist (*EEUU*)

**acuarelista** SMF watercolourist, watercolorist (*EEUU*)

**Acuario** SM Aquarius

**acuario** SM aquarium

**acuárium** SM aquarium

**acuartelado** ADJ (*Heráldica*) quartered

**acuartelamiento** SM (*Mil*) quartering, billeting; (= *disciplina*) confinement to barracks

**acuartelar** ▸conjug 1a◂ Ⓐ VT (*Mil*) to quarter, billet; (= *disciplinar*) to confine to barracks
Ⓑ **acuartelarse** VPR to withdraw to barracks

**acuático** ADJ aquatic, water *antes de s*

**acuátil** ADJ aquatic, water *antes de s*

**acuatinta** SF aquatint

**acuatizaje** SM touchdown (*on water*), landing (*on water*)

**acuatizar** ▸conjug 1f◂ VI to come down (*on water*), land (*on water*)

**acuchamado** ADJ (*Caribe*) (= *triste*) sad, depressed

**acuchamarse** ▸conjug 1a◂ VPR (*Caribe*) to get depressed

**acuchillado** ADJ [1] [*vestido*] slashed
[2] (= *escarmentado*) wary, schooled by bitter experience

**acuchillar** ▸conjug 1a◂ Ⓐ VT [1] (= *cortar*) to knife, stab; [+ *vestido*] to slash
[2] [+ *persona*] to stab (to death), knife
[3] (*Téc*) to plane down, smooth

Ⓑ **acuchillarse** VPR **se ~on** they fought with knives, they slashed at each other

**acuchucar** ▸conjug 1g◂ VT (*Cono Sur*) to crush, flatten

**acucia** SF (= *diligencia*) diligence, keenness; (= *prisa*) haste; (= *anhelo*) keen desire, longing

**acuciadamente** ADV (= *diligentemente*) diligently, keenly; (= *con prisa*) hastily; (= *con deseo*) longingly

**acuciador** ADJ = **acuciante**

**acuciante** ADJ pressing; **necesidad ~** dire necessity, urgent *o* pressing need

**acuciar** ▸conjug 1b◂ VT [1] (= *estimular*) to urge on; (= *dar prisa a*) to hasten; (= *acosar*) to harass; [*problema*] to press, worry; **acuciado por el hambre** driven on by hunger

[2] (= *anhelar*) to yearn for, long for

**acucioso** ADJ (= *diligente*) keen, diligent

**acuclillarse** ▸conjug 1a◂ VPR to squat down

**ACUDE** SF ABR = **Asociación de Consumidores y Usuarios de España**

**acudir** ▸conjug 3a◂ VI [1] (*indicando movimiento*) (= *ir*) to go; (= *venir*) to come; **señor Martínez, acuda a información por favor** Mr Martínez, please go to the information desk; **dijo que ~ía a declarar voluntariamente** he said that he would testify voluntarily; **el perro acude cuando lo llamo** the dog comes when I call; **muchos profesores acuden cada año a nuestro congreso** every year many teachers come to *o* attend our conference; **miles de personas acudieron al aeropuerto** thousands of people turned up at *o* came to the airport; **sólo diez trabajadores acudieron a sus puestos** only ten workers showed up for work; **acudieron en su ayuda** they went to his aid; **no acudió a la cita** he did not keep the appointment, he did not turn up (for the appointment); **~ a una llamada** to answer a call; **~ al médico** to consult a doctor; **~ a la mente** to come to (one's) mind; **esta imagen acude a la mente de muchas personas** for many people this is the image that comes to mind; **~ a las urnas** to go to the polls

[2] (= *participar*) to take part; **el pasado año acudieron 130 expositores** last year 130 exhibitors took part

[3] (= *recurrir*) **~ a** to turn to; **no tenemos a quién ~** we have nobody to turn to; **acudo a ustedes para quejarme sobre ...** I am writing to complain about ...; **~ a los tribunales** to go to court

[4] (*Agr*) to produce, yield

**acueducto** SM aqueduct

**ácueo** ADJ aqueous

▼ **acuerdo** SM [1] (= *decisión conjunta*) agreement; (*implícito, informal*) understanding; (*de negocios*) deal; **ambas partes quieren llegar a un ~** both parties wish to come to *o* reach an agreement; **tenemos una especie de ~ para no hacernos la competencia** we have a sort of understanding that we will not become competitors; **llegaron a un ~ sin necesidad de acudir a juicio** they settled out of court; **de común ~** by mutual agreement, by mutual consent; **de** *o* **por mutuo ~** by mutual agreement, by mutual consent; **tomar un ~**: **no tomaron ni un solo ~ en la reunión** nothing was agreed on in the meeting; **se tomó el ~ de ofrecer ayuda a los países afectados** it was agreed to give aid to the affected countries ► **acuerdo de desarme** disarmament agreement, arms agreement ► **acuerdo de pago respectivo** (*Com*) knock-for-knock agreement, no-fault agreement (*EEUU*) ► **acuerdo de paz** peace agreement ► **acuerdo de pesca** fishing agreement ► **acuerdo de principio** agreement in principle ► **acuerdo entre caballeros** gentlemen's agreement ► **Acuerdo General sobre Aranceles Aduaneros y Comercio** General Agreement on Tariffs and Trade ► **acuerdo marco** framework agreement ► **acuerdo prematrimonial** prenuptial agreement ► **acuerdo tácito** unspoken agreement, tacit agreement ► **acuerdo verbal** verbal agreement

[2] **de ~** [2·1] (*independiente*) OK, all right; **sí, de ~** yes, OK, yes, all right; **cada uno pondremos 5.000 pesetas ¿de ~?** we'll each put in 5,000 pesetas, OK *o* all right?

[2·2] **estar de ~** to agree, be in agreement (*frm*); **en eso estamos de ~** we agree on that, we're in agreement on that (*frm*); **sigo sin estar de ~** I still don't agree; **estoy totalmente de ~ contigo** I totally agree with you; **estoy de ~ con que deberíamos mudarnos de casa** I agree that we should move house

[2·3] **ponerse de ~** to come to an agreement, reach (an) agreement; **aún no nos hemos puesto de ~** we still haven't come to an agreement, we still haven't reached (an) agreement; **no se ponían de ~ en nada** they couldn't agree on anything

[2·4] **de ~ con** according to, in accordance with (*frm*); **todo se hizo de ~ con las reglas** everything was done according to *o* (*frm*) in accordance with the regulations; **de ~ con el artículo 27** as laid down in article 27, in accordance with article 27 (*frm*); **de ~ con estas fuentes, las dos mujeres fueron secuestradas** according to these sources, the two women were kidnapped; **una casa de ~ con sus necesidades** a house to suit their needs

**acuícola** ADJ aquatic

**acuicultor(a)** SM/F fish farmer

**acuicultura** SF aquaculture

**acuidad** SF sharpness

**acuífero** Ⓐ ADJ aquiferous, water-bearing

Ⓑ SM aquifer

**acuilmarse** ▸conjug 1a◂ VPR (*CAm*) (= *deprimirse*) to get depressed; (= *acobardarse*) to lose one's nerve

**acuitadamente** ADV sorrowfully, with regret

**acuitar** ▸conjug 1a◂ Ⓐ VT to afflict, distress, grieve

Ⓑ **acuitarse** VPR to grieve, be grieved (**por** at, by)

**acular*** ▸conjug 1a◂ Ⓐ VT [1] [+ *caballo*] to back (**a** against, into)

[2] (= *acorralar*) to corner, force into a corner

Ⓑ VI (*Andes*) to back away

**acullá** ADV over there, yonder (*liter*)

**acullicar** ▸conjug 1g◂ VI (*Andes, Cono Sur*) to chew coca (leaves)

**aculturación** SF acculturation

**aculturar** ▸conjug 1a◂ VT to acculturate

**acumuchar** ▸conjug 1a◂ VT (*Cono Sur*) to pile up, accumulate

**acumulación** SF (= *acto*) accumulation; (= *reserva*) pile, stock; **una ~ de gas** a build-up of gas

**acumulador** Ⓐ ADJ accumulative

Ⓑ SM (= *batería*) storage battery; [*de calor*] storage heater

**acumular** ▸conjug 1a◂ Ⓐ VT [+ *posesiones*] to accumulate; [+ *datos*] to amass, gather

Ⓑ **acumularse** VPR to accumulate, gather, pile up; **se me acumula el trabajo** the work is piling up (on me)

**acumulativo** ADJ cumulative

**acúmulo** SM accumulation, build-up

**acunar** ▸conjug 1a◂ VT to rock, rock to sleep

**acuñación** SF [*de moneda*] minting; [*de frase*] coining

**acuñar** ▸conjug 1a◂ Ⓐ VT [1] [+ *moneda*] to mint; [+ *medalla*] to strike; [+ *frase*] to coin; [+ *rueda*] to wedge

[2] (*Caribe*) (= *llevar a cabo*) to finish successfully

Ⓑ **acuñarse** VPR (*CAm*) to hit o.s., sustain a blow

**acuosidad** SF (= *calidad*) wateriness; [*de fruta*] juiciness

**acuoso** ADJ (= *con agua*) watery; [*fruta*] juicy

**acupuntor(a)** SM/F acupuncturist

**acupuntura** SF acupuncture

**acupunturista** SMF acupuncturist

**acurrado** ADJ [1] (*Caribe, Méx*) (= *guapo*) handsome

[2] (*CAm*) (= *rechoncho*) squat, chubby

**acurrucarse** ▸conjug 1g◂ VPR to snuggle up, curl up

**acusación** SF (= *inculpación*) accusation; (*Jur*) (= *cargo*) charge, indictment; (= *acusador*) prosecution; **negar la ~** to deny the charge

**acusado/a** Ⓐ ADJ [1] (*Jur*) accused

[2] (= *marcado*) (*gen*) marked, pronounced; [*acento*] strong; [*contraste*] marked, striking; [*característica, rasgo, personalidad*] strong; [*color*] deep

Ⓑ SM/F accused, defendant

**acusador(a)** Ⓐ ADJ accusing, reproachful; **los letrados ~es** prosecuting counsel; **la parte ~a** the plaintiff

Ⓑ SM/F accuser ► **acusador(a) público/a** public prosecutor, procurator fiscal (*Escocia*), prosecuting *o* district attorney (*EEUU*)

**acusar** ▸conjug 1a◂ Ⓐ VT [1] (= *culpar*) to accuse; **~ a algn de algo** to accuse sb of sth; **nos acusan de racistas** they are accusing us of being racists; **~ a algn de hacer algo** to accuse sb of doing sth; **le acusan de promover la violencia** he is being accused of promoting violence

[2] (*Jur*) (= *incriminar*) charge; **~ a algn de algo** to charge sb with sth; **le han acusado de asesinato** he has been charged with murder; **~ a algn de hacer algo** to charge sb with doing sth; **le acusan de malversar fondos** he is being charged with embezzling funds

[3] (= *mostrar*) **sus caras acusaban el cansancio** tiredness showed in their faces; **la empresa acusaba cierta desorganización** the company was showing signs of disorganization

[4] (= *registrar*) to pick up, register; **este sismógrafo acusa la menor vibración** this seismometer picks up *o* registers the least vibra-

➤ LENGUA Y USO: acuerdo 2·2 38.1, 39.1, 40.1, 40.3

tion
[5] (*Correos*) **~ recibo de algo** to acknowledge receipt of sth
Ⓑ **acusarse** VPR [1] (= *confesarse*) to confess; **~se de (haber hecho) algo** to confess to (having done) sth
[2] (= *registrarse*) **mañana se ~á un aumento de las temperaturas** temperatures will rise tomorrow, tomorrow there will be a rise in temperature; **esta deficiencia se acusa aquí claramente** this deficiency is clearly noticeable here, this deficiency shows clearly here

**ACUSAR**

• Traducimos **acusar (de)** por **accuse (of)** en la mayoría de los casos:
Me acusó de haber mentido
***He accused me of lying***
¿De qué me estás acusando?
***What are you accusing me of?***
• Traducimos **acusar (de)** por **charge (with)** cuando se trata de una acusación formal que llevará a la celebración de un juicio:
No lo han acusado de ninguno de los cargos
***He hasn't been charged with anything***
Hasta ahora, la policía lo ha acusado solamente de uno de los asesinatos
***So far, the police have only charged him with one of the murders***
**NOTA:** El verbo **indict** tiene un significado parecido a **charge**, pero sólo se usa en contextos legales muy especializados.
*Para otros usos y ejemplos ver la entrada.*

**acusativo** ADJ, SM accusative

**acusatorio** ADJ accusatory, accusing

**acuse** SM ► **acuse de recibo** acknowledgement of receipt

**acusetas*** SMF INV (*Andes, Cono Sur*) telltale, sneak, tattler (*EEUU**)

**acusete*** SMF, **acusica*** SMF (*Esp*), **acusique*** SMF telltale, sneak, tattler (*EEUU**)

**acusón/ona*** Ⓐ ADJ telltale, sneaking
Ⓑ SM/F telltale, sneak, tattler (*EEUU**)

**acústica** SF acoustics

**acústico** Ⓐ ADJ acoustic
Ⓑ SM hearing aid

**acutí** SM (*LAm*) guinea pig

**AD** SF ABR (*Ven*) = **Acción Democrática**

**ADA** SF ABR (= **Ayuda del Automovilista**) ≈ AA, ≈ RAC, ≈ AAA (*EEUU*)

**-ada** *ver* **Aspects of Word Formation in Spanish 2**

**ADAC** SM ABR (= **avión de despegue y aterrizaje cortos**) VTOL

**adagio** SM (= *proverbio*) adage, proverb; (*Mús*) adagio

**adalid** SM leader, champion

**adamado** ADJ [*hombre*] effeminate, soft; [*mujer*] elegant, chic; (*pey*) flashy

**adamascado** ADJ damask

**adamascar** ►conjug 1g◄ VT to damask

**Adán** SM Adam

**adán** SM (= *sucio*) scruffy fellow; (= *vago*) lazy fellow; ✦***MODISMO*** **estar hecho un ~** to be terribly shabby

**adaptabilidad** SF adaptability, versatility

**adaptable** ADJ (= *versátil*) adaptable, versatile; (*Tip*) compatible

**adaptación** SF adaptation

**adaptador** SM adapter

**adaptar** ►conjug 1a◄ Ⓐ VT [1] (= *acomodar*) to adapt; (= *encajar*) to fit, make suitable (**para** for); (= *ajustar*) to adjust
[2] (*Inform*) to convert (**para** to)
Ⓑ **adaptarse** VPR to adapt (**a** to); **saber ~se a las circunstancias** to be able to adapt to the circumstances

**adaptativo** ADJ adaptive

**adaraja** SF toothing

**adarga** SF *leather oval shield*

**adarme** SM **ni un ~** not a whit; **no me importa un ~** I couldn't care less; **sin un ~ de educación** with no manners at all; **por ~s** in dribs and drabs

**a. de C.** ABR (= **antes de Cristo**) BC

**adecentar** ►conjug 1a◄ Ⓐ VT to tidy up
Ⓑ **adecentarse** VPR to tidy o.s. up

**adecuación** SF adaptation

**adecuadamente** ADV suitably

**adecuado** ADJ [1] (= *apropiado*) [*actitud, respuesta, ropa, tratamiento*] appropriate; [*documento, requisito*] appropriate, relevant; **los medios ~s para resolver el problema** the appropriate means to solve the problem; **es el traje más ~ para la primavera** it is the most suitable *o* appropriate outfit for spring; **exigen un uso ~ de los recursos** they are demanding that resources be used appropriately *o* properly; **una actitud poco adecuada** an inappropriate attitude; **estar en el momento y el lugar ~s** to be in the right place at the right time; **esta no es la pieza adecuada** this is not the right part; **el hombre ~ para el puesto** the right man for the job; **lo más ~ sería ...** the best thing *o* the most appropriate thing would be to ...
[2] (= *acorde*) **~ a algo**: **un precio ~ a mis posibilidades** a price within my budget *o* reach
[3] (= *suficiente*) [*dinero, tiempo*] sufficient

**adecuamiento** SM adjustment

**adecuar** ►conjug 1d◄ Ⓐ VT to adapt; **han adecuado el planteamiento a la nueva situación** they've adapted their approach to the new situation *o* in line with the new situation; **adecuó su charla a la edad de su audiencia** he adapted *o* tailored his speech to suit the age of the audience; **han adecuado los impuestos a la directiva europea** taxes have been adjusted in line with the European directive
Ⓑ **adecuarse** VPR [1] (= *adaptarse*) to adapt; **no se adecuó a las nuevas circunstancias** he failed to adapt to the new circumstances; **tenemos que ~nos a los avances técnicos** we have to keep up with *o* keep abreast of technical progress
[2] (*frm*) (= *ser apropiado*) to be suitable *o* right for sth; **este producto no se adecúa a lo que busco** this product is not suitable *o* right for what I want

**adefesiero*** ADJ (*Andes, Cono Sur*) (= *cómico*) comic, ridiculous; (= *torpe*) clumsy; (*en el vestido*) overdressed, camp*

**adefesio** SM [1] (= *persona rara*) queer bird, oddball*; (= *persona fea*) disaster*; (= *objeto feo*) monstrosity; (= *ropa fea*) outlandish attire, ridiculous attire; **estaba hecha un ~** she looked a sight
[2] (= *disparate*) piece of nonsense, absurdity; **hablar ~s** to talk nonsense

**adefesioso** ADJ (*Andes, Cono Sur*) nonsensical, ridiculous

**adehala** SF (= *propina*) gratuity, tip; [*de sueldo*] bonus

**a. de J.C.** ABR (= **antes de Jesucristo**) BC

**adela** SF (*CAm*) bittersweet

**adelaida** SF (*Méx*) fuchsia

**adelantado/a** Ⓐ ADJ [1] (= *avanzado*) [*país, método, trabajo*] advanced; **las obras están ya muy adelantadas** the work is now very advanced; **lleva la tesis bastante adelantada** she's quite well ahead with her thesis; **estar** *o* **ir ~ en los estudios** to be well ahead in one's studies; **sus ideas eran bastante adelantadas entonces** his ideas were quite ahead of their time
[2] [*reloj*] fast; **el despertador va unos minutos ~** the alarm clock is a few minutes fast
[3] (= *precoz*) [*persona*] advanced, ahead of one's age; **está muy ~ para su edad** he's very advanced for his age, he's well ahead of his age
[4] (= *prematuro*) [*cosecha, elecciones*] early; **es un regalo ~ de tu cumpleaños** it's an early birthday present
[5] (= *de antemano*) [*pago*] advance; **por ~** in advance; **hay que sacar el billete por ~** you need to buy the ticket in advance
[6] (= *atrevido*) forward, bold
[7] (*Dep*) (*en una posición*) **vio al portero ~ y disparó** he saw the goalkeeper out of goal and took a shot; **un pase ~** a forward pass
Ⓑ SM/F [1] (= *pionero*) pioneer; **ser un ~ en algo** to be a pioneer in sth
[2] (*Hist*) governor (*of a frontier province*)

**adelantamiento** SM [1] (*Aut*) overtaking, passing (*esp EEUU*); **realizó un ~ en una curva peligrosa** he overtook on a dangerous bend
[2] (= *en el tiempo*) **el ~ de las elecciones no ha sido posible** it has not been possible to bring forward the elections
[3] (= *progreso*) progress

**adelantar** ►conjug 1a◄ Ⓐ VT [1] (= *pasar por delante*) [+ *vehículo, rival*] to overtake, pass (*esp EEUU*); **adelantó al resto del pelotón** he overtook the rest of the pack; **la oposición ha adelantado al gobierno en las encuestas** the opposition has overtaken the government in the polls
[2] (= *mover de sitio*) [+ *ficha, meta*] to move forward; **~on la meta 300 metros** they moved the finishing line 300 metres further forward
[3] (*en el tiempo*) [3·1] [+ *fecha, acto*] to bring forward; **no van a ~ las elecciones** there is not going to be an early election, the election is not going to be brought forward; **no adelantemos acontecimientos** let's not get ahead of ourselves, let's not jump the gun*
[3·2] [+ *reloj*] to put forward; **hoy se adelantan los relojes una hora** today the clocks go forward (by) one hour
[4] (= *conseguir*) **no adelantamos nada con decírselo** we'll get nowhere by telling him; **¿qué adelantas con enfadarte?** getting upset won't get you anywhere
[5] (= *anticipar*) [5·1] [+ *sueldo, dinero*] to pay in advance, advance; **me ~on parte de la paga de Navidad** they paid me some of my Christmas bonus in advance, they advanced me some of my Christmas bonus; **el dinero es**

**para ~ pagas a las tropas** the money is for making advance payments to the troops

5·2 [+ *información*] to disclose, reveal; **ha adelantado las líneas generales de su plan** he has disclosed *o* revealed the outline of his plan; **como adelantó este periódico, ha aumentado la tasa de paro** as this newspaper revealed, the unemployment rate has gone up; **lo único que puedo ~te es que se trata de una buena noticia** the only thing that I can tell you now is that it is good news

6 (= *apresurar*) [+ *trabajo*] to speed up; **yo voy poniendo la mesa para ~ trabajo** I'll start laying the table to speed things up; **~ el paso** to speed up, quicken one's pace

7 (*Dep*) [+ *balón*] to pass forward

Ⓑ VI 1 (*Aut*) to overtake, pass (*EEUU*); **"prohibido ~"** "no overtaking", "no passing" (*EEUU*)

2 (= *avanzar*) to make progress; **por el atajo ~emos más** we'll make better progress if we take the shortcut; **llevamos un mes negociando sin ~ nada** we have spent a month negotiating without making any progress *o* headway

3 [*reloj*] to gain time; **ese reloj adelanta dos minutos diarios** that clock gains two minutes a day

Ⓒ **adelantarse** VPR 1 (= *avanzar*) to go forward, move forward; **se adelantó para darle dos besos** she stepped *o* went *o* moved forward to kiss him; **nos adelantamos a su encuentro** we went forward to meet him; **se adelantó a codazos** she elbowed her way forward

2 (= *ir por delante*) to go ahead; **me ~é a inspeccionar el camino** I'll go ahead and check the way; **~se en el marcador** (*Dep*) to go ahead

3 (= *anticiparse*) [*cosecha, primavera*] to come early; **el calor se ha adelantado este año** the hot weather has come early this year

4 **~se a** 4·1 [+ *deseos, preguntas*] to anticipate; **se adelantó a posibles preguntas** he anticipated possible questions

4·2 [+ *persona*] (= *hacer antes*) to get in before; (= *dejar atrás*) to get ahead of; **yo iba a comprarlo pero alguien se me adelantó** I was going to buy it but someone beat me to it *o* got in before me; **un grupo de 19 corredores se adelantó al pelotón** a group of 19 runners got ahead of the pack; **es un diseñador que se adelanta a su tiempo** as a designer he is ahead of his time

5 [*reloj*] to gain time

**adelante** ADV 1 (*indicando dirección*) forward; **tráelo para ~** bring it forward; **echado para ~** (= *inclinado*) leaning forward; (= *seguro de sí mismo*) self-assured; **hacia ~** forward; **el espejo estaba inclinado hacia ~** the mirror was tilted forward; **un paso (hacia) ~** a step forward; **mirar hacia ~** to look ahead; **llevar ~ un proyecto** to carry out a project; **sacar ~ una empresa/un espectáculo** to get a company/a show off the ground; **sacar ~ a los hijos** to give one's children a good education in life; **salir ~** [*proyecto, propuesta*] to go ahead; **hay que trabajar mucho para salir ~** you have to work hard to get on (in life); **si trabajamos juntos saldremos ~** if we all work together we'll get through this; **la orquesta no podrá salir ~ sin subvenciones** the orchestra won't be able to survive without subsidies, I don't know how we're going to go on; **seguir ~** to go on; **tuvimos una avería y no pudimos seguir ~** we broke down and couldn't go on any further; **mis hijos me dan fuerzas para seguir ~** my children give me the strength to keep going; **decidieron seguir ~ con sus proyectos** they decided to go ahead *o* carry on with their plans; **antes de seguir ~, ¿hay alguna pregunta?** before I go on, are there any questions?; *ver tb* **paso 3**

2 (*indicando posición*) **la fila dos es demasiado ~** row two is too near the front *o* too far forward; **está más ~** it's further on; **la parte de ~** the front; **más ~** (*en una sala*) further forward; (*en texto*) below; **prefiero sentarme más ~** I'd rather sit further forward; **véase nota más ~** see note below

3 (*indicando tiempo*) **en ~** from now on, in future; **en ~ las reuniones serán cada dos años** from now on *o* in future the meetings will be every two years; **desde el 13 de agosto en ~** from 13th August (onwards); **de ahora en ~** ◊ **de aquí en ~** from now on; **de hoy en ~** as from today; **más ~** later; **volveré a referirme al tema más ~** I will refer to the subject again later (on); **decidimos dejar la reunión para más ~** we decided to leave the meeting till a later date *o* till later

4 (*indicando cantidad*) **en ~** upwards; **de 500 pesetas en ~** from 500 pesetas (upwards); **para niños de tres años en ~** for children of three and upwards

5 **¡adelante!** (*autorizando a entrar*) come in!; (*animando a seguir*) go on!, carry on!; (*Mil*) forward!

6 **~ de** (*LAm*) in front of; **se sentó ~ de mí** he sat in front of me

**adelanto** SM 1 (= *progreso*) 1·1 (= *acción*) advancement; (= *resultado*) step forward; **esa ley supone un gran ~** that law marks a great step forward; **eso representa un ~ sobre el método actual** that is an improvement on the current method

1·2 **adelantos** (= *descubrimientos*) advances; **los ~s de la ciencia** the advances of science; **una cocina con los últimos ~s** a kitchen with the latest mod cons*

2 (*en tiempo*) **piden el ~ de las elecciones** they are asking for the elections to be brought forward; **han conseguido el ~ de la edad de jubilación** they have managed to get the retirement age lowered; **el tren llegó con un ~ de 15 minutos** the train arrived 15 minutes early; **de ~**: **con una hora de ~** an hour early; **su agenda está repleta con seis meses de ~** her diary is full six months ahead; **el reloj lleva diez minutos de ~** the clock is ten minutes fast; **llevaba tres minutos de ~ sobre el segundo corredor** he had a three-minute lead over the runner in second place

3 [*de información*] **facilitaron un ~ de los resultados** they released some of the results in advance; **el artículo es sólo un ~ de su próximo libro** the article is just a taster of his latest book

4 [*de dinero*] (= *anticipo*) advance; (= *depósito*) deposit; **solicitó un ~ de cien mil pesetas** he asked for an advance of one hundred thousand pesetas; **hay que hacer un ~ en metálico** it is necessary to make a cash deposit

5 (*Ajedrez*) (= *movimiento*) forward move

**adelfa** SF rosebay, oleander

**adelgazador** ADJ slimming, weight-reducing

**adelgazamiento** SM slimming

**adelgazante** Ⓐ ADJ slimming, weight-reducing

Ⓑ SM slimming product

**adelgazar** ▸conjug 1f◂ Ⓐ VT 1 (= *reducir el grosor*) to make thin, make slender; [+ *kilos*] to lose, take off; [+ *persona, figura*] to slim, reduce, slenderize (*EEUU*); [+ *palo*] to pare, whittle; [+ *punta*] to sharpen; [+ *voz*] to raise the pitch of

2 (*fig*) (= *purificar*) to purify, refine; [+ *entendimiento*] to sharpen

Ⓑ VI (= *perder peso*) to grow thin; (*con régimen*) to slim, lose weight

**Adelpha** [a'ðelfa] SF ABR (*Esp*) = **Asociación de Defensa Ecológica y del Patrimonio Histórico-artístico**

**ademán** SM 1 [*de mano*] gesture, movement; (= *postura*) posture, position; **en ~ de hacer algo** as if to do sth, getting ready to do sth; **hacer ~ de hacer** to make as if to do, make a move to do; **hacer ademanes** to gesture, make signs

2 **ademanes** (= *modales*) manners

▼**además** ADV 1 (= *también*) (*para añadir otro elemento*) also, in addition (*frm*); (*para reforzar un comentario*) what's more, besides, furthermore (*frm*), moreover (*frm*); **hay, ~, pistas de tenis y campos de golf** there are also tennis courts and golf courses, in addition, there are tennis courts and golf courses (*frm*); **y ~, me dijo que no me quería** and what's more, *o* and besides, he told me he didn't love me; **estoy cansado y, ~, no me apetece** I'm tired, and what's more, *o* besides, I don't feel like it; **quiero decirle, ~, que ésa no era mi intención** furthermore, *o* moreover I want to tell you that that was not my intention (*frm*)

2 **~ de** as well as, besides, in addition to (*frm*); **~ del alojamiento, necesitamos la comida** as well as *o* besides somewhere to stay we need food; **~ de una fotocopia, se requiere el documento original** as well as *o* (*frm*) in addition to a photocopy, we require the original document; **el examen fue largo, ~ de difícil** the exam was long as well as difficult; **~ de que** (+ *INDIC*) as well as + *ger*; **~ de que estaba cansado, no había comido** as well as being tired he hadn't eaten

**Adén** SM Aden

**ADENA** SF ABR (*Esp*) = **Asociación para la Defensa de la Naturaleza**

**adenoideo** ADJ adenoidal

**adentellar** ▸conjug 1a◂ VT to sink one's teeth into

**adentrarse** ▸conjug 1a◂ VPR **~ en** to go into, get inside; (= *penetrar*) to penetrate into; **~ en la selva** to go deep(er) into the forest; **~ en sí mismo** to become lost in thought

**adentro** Ⓐ ADV 1 (*esp LAm*) = **dentro 1**

2 **mar ~** out at sea, out to sea; **tierra ~** inland; **¡adentro!** come in!

Ⓑ PREP **~ de** (*LAm*) (= *dentro de*) inside; **~ mío** inside myself

Ⓒ SM 1 (*Cono Sur*) indoors, inside the house

2 **adentros** (*de persona*) innermost being *sing*, innermost thoughts; **dijo para sus ~s** he said to himself; **reírse para sus ~s** to laugh inwardly

➤ LENGUA Y USO: además 53.5

**contaminación** as far as the question of pollution is concerned
[2] (= *entristecer*) to sadden; (= *conmover*) to move; **su muerte nos afectó mucho** we were terribly saddened by his death; **me ~on mucho las imágenes del documental** I was very moved by the pictures in the documentary
[3] (*frm*) (= *fingir*) to affect, feign; **~ ignorancia** to affect *o* feign ignorance
[4] (*Jur*) to tie up, encumber
[5] (*LAm*) [+ *forma*] to take, assume
[6] (*LAm*) (= *destinar*) to allocate
Ⓑ **afectarse** VPR (*LAm*) (= *enfermar*) to fall ill

**afectísimo** ADJ affectionate; **suyo ~** yours truly

**afectividad** SF emotional nature, emotion; **falta de ~** (*en persona*) unemotional nature; (*en relación*) lack of emotion

**afectivo** ADJ affective

**afecto** Ⓐ ADJ [1] (= *apegado*) affectionate; **~ a** attached to
[2] **~ a** (*Jur*) (= *sujeto*) subject to, liable for
[3] **~ de** (*Med*) afflicted with
Ⓑ SM [1] (= *cariño*) affection, fondness (**a** for); **tomar ~ a algn** to become attached to sb
[2] (= *emoción*) feeling, emotion

**afectuosamente** ADV affectionately; (*en carta*) yours affectionately

**afectuosidad** SF affection

**afectuoso** ADJ affectionate

**afeitada** SF = **afeitado 1**

**afeitado** SM [1] [*de barba*] shave
[2] (*Taur*) blunting of the horns, trimming of the horns

**afeitadora** SF electric razor, electric shaver

**afeitar** ▸conjug 1a◂ Ⓐ VT [1] (= *rasurar*) to shave; [+ *cola, planta*] to trim; (*Taur*) [+ *cuernos*] to blunt, trim; [+ *toro*] to blunt the horns of, trim the horns of; **¡que te afeiten!*** get your head seen to!*
[2] (*) (= *pasar*) to brush, brush past, shave
[3] (= *maquillar*) to make up, paint, apply cosmetics to
Ⓑ **afeitarse** VPR [1] (= *rasurarse*) to shave, have a shave
[2] (= *maquillarse*) to make o.s. up, put one's make-up on

**afeite** SM make-up, cosmetic, cosmetics *pl*

**afelpado** ADJ plush, velvety

**afeminación** SF effeminacy

**afeminado** Ⓐ ADJ effeminate
Ⓑ SM effeminate man, poof*, fag (*EEUU*‡)

**afeminamiento** SM effeminacy

**afeminarse** ▸conjug 1a◂ VPR to become effeminate

**aferrado** ADJ stubborn; **seguir ~ a** to stick to, stand by

**aferrar** ▸conjug 1j◂ Ⓐ VT [1] (= *asir*) to grasp, seize
[2] (*Náut*) [+ *barco*] to moor; [+ *vela*] furl
Ⓑ **aferrarse** VPR [1] (= *agarrarse*) to cling, hang on
[2] **~se a** *o* **en** (= *obstinarse en*) to stick to, stand by; **~se a un principio** to stick to a principle; **~se a una esperanza** to cling to a hope; **~se a su opinión** to remain firm in one's opinion
[3] (*Náut*) [*barco*] to anchor, moor

**afestonado** ADJ festooned

**affaire** SM (SF *en Cono Sur*) affair, affaire

**affidávit** SM affidavit, sworn statement

**affmo./a** ABR = **afectísimo/a**

**Afganistán** SM Afghanistan

**afgano/a** ADJ, SM/F Afghan

**afianzado/a** SM/F (*LAm*) (= *novio*) fiancé; (= *novia*) fiancée

**afianzamiento** SM [1] (*Téc*) strengthening, securing
[2] (*Fin*) guarantee, security
[3] (*Jur*) surety, bond

**afianzar** ▸conjug 1f◂ Ⓐ VT [1] (= *reforzar*) to strengthen, secure; (= *sostener*) to support, prop up; (*fig*) (= *apoyar*) to support, back
[2] (*Com*) (= *avalar*) to guarantee, vouch for; (= *ser fiador*) to stand surety for
Ⓑ **afianzarse** VPR (= *sostenerse*) to steady o.s.; (*fig*) (= *establecerse*) to become strong, become established; **~se a** to catch hold of; **la reacción se afianzó después de la guerra** the reaction set in after the war

**afiche** SM (*esp LAm*) poster

**afición** SF [1] (= *apego*) fondness, liking (**a** for); (= *inclinación*) inclination (**a** towards); **cobrar ~ a** ◊ **tomar ~ a** to take a liking to; **tener ~ a** to like, be fond of
[2] (= *pasatiempo*) hobby, pastime; **¿qué aficiones tiene?** what are his interests?; **pinta por ~** he paints as a hobby
[3] **la ~** (*Dep*) the fans; **aquí hay una gran ~** support is strong here

**aficionado/a** Ⓐ ADJ [1] (= *entusiasta*) keen, enthusiastic; **es muy ~** he's very keen; **es muy aficionada a la pintura** she's very keen on painting
[2] (= *no profesional*) amateur; **un equipo de fútbol ~** an amateur football team
Ⓑ SM/F [1] (= *entusiasta*) (*de hobby*) enthusiast; (*como espectador*) lover; **un libro para los ~s al bricolaje** a book for DIY enthusiasts; **los ~s al teatro** theatre lovers; **todos los ~s a la música** all music lovers
[2] (= *no profesional*) amateur; **tenis para ~s** amateur tennis; **partido de ~s** amateur game; **función de ~s** amateur performance; **somos simples ~s** we're just amateurs
[3] [*de equipo, grupo*] fan, supporter; **gritaban los ~s** the fans were shouting

**aficionar** ▸conjug 1a◂ Ⓐ VT **~ a algn a algo** to interest sb in sth
Ⓑ **aficionarse** VPR **~se a algo** to get fond of sth, take a liking to sth

**afidávit** SM affidavit, sworn statement

**áfido** SM aphid

**afiebrado** ADJ feverish

**afijo** SM affix

**afiladera** SF grindstone, whetstone

**afilado** ADJ [*borde*] sharp; [*punta*] tapering, sharp

**afilador** SM (= *persona*) knife-grinder; (*Téc*) steel sharpener; (= *correa*) razor strop
► **afilador de lápices** pencil sharpener

**afiladura** SF sharpening

**afilalápices** SM INV pencil sharpener

**afilar** ▸conjug 1a◂ Ⓐ VT [1] [+ *herramienta*] (= *hacer más cortante*) to sharpen, put an edge on; (= *sacar punta*) to put a point on; [+ *cuchillo*] to whet, grind; [+ *navaja*] to strop
[2] (*Cono Sur*) (= *flirtear*) to flatter, court; (*Chile***) (= *joder*) to fuck**, screw**
Ⓑ **afilarse** VPR [1] [*cara*] to sharpen, grow thin; [*dedos*] to taper
[2] (*LAm*) (= *prepararse*) to get ready

**afiliación** SF (*Pol*) affiliation; [*de sindicatos*] membership

**afiliado/a** Ⓐ ADJ affiliated (**a** to), member *antes de s*; (*Com*) subsidiary; **los países ~s** the member countries
Ⓑ SM/F member

**afiliarse** ▸conjug 1b◂ VPR **~ a** to affiliate to, join

**afiligranado** ADJ [1] (*Cos*) filigreed
[2] (= *delicado*) delicate, fine; [*persona*] dainty

**afilón** SM (= *correa*) strop; (= *chaira*) steel

**afilorar** ▸conjug 1a◂ VT (*Caribe*) to adorn

**afín** Ⓐ ADJ [1] (= *lindante*) bordering, adjacent
[2] (= *relacionado*) similar; [*persona*] related
Ⓑ SMF (= *pariente*) relation by marriage

**afinación** SF [1] (*Mús*) tuning
[2] (*Aut*) tuning(-up)
[3] (= *perfeccionamiento*) refining, polishing; (= *fin*) completion

**afinado** ADJ [1] (*Mús*) in tune
[2] (= *acabado*) finished, polished

**afinador(a)** Ⓐ SM (*Mús*) tuning key
Ⓑ SM/F (= *persona*) tuner ► **afinador(a) de pianos** piano tuner

**afinar** ▸conjug 1a◂ Ⓐ VT [1] (*Mús*) to tune
[2] (*Aut*) to tune up
[3] (= *perfeccionar*) to put the finishing touch to, complete; (= *pulir*) to polish; (*Téc*) to purify, refine; [+ *puntería*] to sharpen, make more precise
Ⓑ VI to sing in tune, play in tune
Ⓒ **afinarse** VPR (= *pulirse*) to become polished

**afincado/a** Ⓐ ADJ settled
Ⓑ SM/F (*Cono Sur*) landowner

**afincarse** ▸conjug 1g◂ VPR [*persona*] to settle; [*creencia*] to take root

**afinidad** SF [1] (= *atracción*) affinity; (= *semejanza*) similarity; (= *parentesco*) relationship; **parentesco por ~** relationship by marriage
[2] (*Quím*) affinity

▼ **afirmación** SF affirmation

**afirmado** SM (*Aut*) road surface; (*Cono Sur*) (= *acera*) paving, paved surface

▼ **afirmar** ▸conjug 1a◂ Ⓐ VT [1] (= *reforzar*) to make secure, strengthen
[2] (= *declarar*) to assert, state; [+ *lealtad*] to declare, protest; **~ que** to affirm that; **~ bajo juramento** to swear under oath
[3] (*LAm*) [+ *golpe*] to deal, give
Ⓑ **afirmarse** VPR [1] (= *recobrar el equilibrio*) to steady o.s.; **~se en los estribos** (= *sujetarse*) to settle one's feet firmly in the stirrups; (*Cono Sur*) (= *aguantarse*) to grit one's teeth
[2] **~se en lo dicho** to stand by what one has said

**afirmativa** SF affirmative answer, yes*

**afirmativamente** ADV affirmatively; **contestar ~** to answer in the affirmative

**afirmativo** ADJ affirmative, positive; **en caso ~** if that is the case; **voto ~** vote in favour, vote for

**aflatarse** ▸conjug 1a◂ VPR (*LAm*) to be sad

**aflautado** ADJ high, fluty

**aflicción** SF affliction, sorrow

**aflictivo** ADJ distressing

**afligente** ADJ (*CAm, Méx*) distressing, upsetting

**afligido** Ⓐ ADJ [1] (= *apenado*) grieving, heartbroken; **los ~s padres** the bereaved parents

➤ LENGUA Y USO: afirmación 53.6 afirmar A2 53.1, 53.3, 53.5

[2] (*Med*) ~ **por** stricken with
Ⓑ SM **los ~s** (*que padecen*) the afflicted; (*por deceso*) the bereaved

**afligir** ▸conjug 3c◂ Ⓐ VT [1] (= *afectar*) to afflict; (= *apenar*) to pain, distress
[2] (*LAm*) (= *golpear*) to beat, hit
Ⓑ **afligirse** VPR to get upset; **no te aflijas** don't get upset, don't upset yourself (over it); **no te aflijas tanto** you must not let it affect you like this, don't get so worked up*

**aflojamiento** SM (= *acto*) loosening, slackening; [*de esfuerzo, presión*] weakening

**aflojar** ▸conjug 1a◂ Ⓐ VT [1] (= *dejar suelto*) [+ *corbata, cinturón, nudo*] to loosen; [+ *tuerca, rosca*] to slacken, loosen; [+ *disciplina, restricción, política, presión*] to relax; **se sentó y se aflojó (el nudo de) la corbata** he sat down and loosened (the knot in) his tie
[2] (= *relajar*) [+ *cuerda*] to slacken; [+ *músculo*] to relax
[3] (= *ralentizar*) **caminamos sin ~ el paso** *o* **la marcha** *o* **el ritmo** we walked without slackening our pace *o* without slowing down; **nuevas medidas para ~ la marcha de la economía** new measures to slow down the economy
[4] (*) [+ *vientre*] to loosen
[5] (*) [+ *dinero*] to fork out*, cough up*
Ⓑ VI [1] (*Meteo*) [*viento*] to drop; [*lluvia*] to ease off; [*calor*] to let up
[2] [*fiebre*] to subside; [*tensión*] to ease, subside
[3] [*ventas*] to tail off; **el negocio afloja en agosto** business slows down *o* eases up in August
[4] (*al andar, correr, competir*) to ease up, let up; **no aflojó hasta conseguir la victoria** he did not ease up *o* let up until he won
Ⓒ **aflojarse** VPR [1] [*algo apretado, cinturón, corbata*] to loosen; [*nudo, tuerca, rosca*] to come *o* work loose
[2] [*algo tenso, cuerda*] to slacken
[3] [*fiebre, interés*] to subside
[4] (*Caribe***) (= *ensuciarse*) to shit o.s.**

**afloración** SF outcrop

**aflorado** ADJ fine, elegant

**afloramiento** SM = **afloración**

**aflorar** ▸conjug 1a◂ VI (*Geol*) to crop out, outcrop; (= *surgir*) to come to the surface, emerge

**afluencia** SF [1] (= *aflujo*) influx; **la ~ de turistas** the influx of tourists; **la ~ de capital extranjero** the influx of foreign capital; **hubo gran ~ de público** there was a good turnout; **la ~ a las urnas fue escasa** there was a low turnout at the polls
[2] (*frm*) (= *elocuencia*) eloquence, fluency

**afluente** Ⓐ ADJ [1] [*agua, líquido*] inflowing
[2] [*discurso*] eloquent, fluent
Ⓑ SM (*Geog*) tributary

**afluir** ▸conjug 3g◂ VI [*agua, líquido*] to flow (**a** into); [*gente*] to flock (**a** into, to)

**aflujo** SM (*Med*) afflux, congestion; (*Mec*) inflow, inlet

**aflús*** ADJ (*LAm*) broke*, flat (*EEUU**)

**afluxionarse** ▸conjug 1a◂ VPR (*LAm*) to catch a cold

**afmo./a** ABR = **afectísimo/a**

**afoetear**†† ▸conjug 1a◂ VT (*Andes, Caribe*) to whip, beat

**afonía** SF loss of voice, aphonia

**afónico** ADJ [1] (= *sin voz*) voiceless; (= *ronco*) hoarse; **estar ~** to have lost one's voice
[2] [*letra*] silent, mute

**aforado/a** Ⓐ ADJ [*provincia, territorio*] *with a regional charter*; **persona aforada** *ver* **B**
Ⓑ SM/F *person with parliamentary immunity who can only be tried by the Supreme Court*

**aforador** SM gauger

**aforar** ▸conjug 1a◂ VT [1] (*Téc*) to gauge
[2] (= *valorar*) to appraise, value

**aforismo** SM aphorism

**aforístico** ADJ aphoristic

**aforjudo*** ADJ (*Cono Sur*) silly, stupid

**aforo** SM [1] (*Téc*) gauging
[2] (*Teat*) capacity; **el teatro tiene un ~ de 2.000** the theatre can seat 2,000
[3] (= *valoración*) appraisal, valuation
[4] (*Com*) import duty

**aforrar** ▸conjug 1a◂ Ⓐ VT [1] (= *forrar*) to line
[2] (*Cono Sur**) (= *golpear*) to smack, punch
Ⓑ **aforrarse** VPR [1] (= *abrigarse*) to wrap up warm, put on warm underclothes
[2] (*) (= *atiborrarse*) to stuff o.s.*, tuck it away*

**afortunadamente** ADV fortunately, luckily

**afortunado** ADJ (= *con suerte*) fortunate, lucky; (= *feliz*) happy; **poco ~** unsuccessful; **un comentario poco ~** a rather inappropriate comment

**AFP** SF ABR (= **alfa-fetoproteína**) AFP, afp

**afrailado*** ADJ (*LAm*) churchy*

**afrancesado/a** Ⓐ ADJ (*pey*) (= *que imita lo francés*) frenchified; (*Pol*) pro-French, supporting the French
Ⓑ SM/F (*pey*) (= *imitador de lo francés*) frenchified person; (*Pol*) pro-French person

**afrancesamiento** SM (= *sentimiento*) francophilism, pro-French feeling; (= *proceso*) gallicization, frenchification (*pey*)

**afrancesarse** ▸conjug 1a◂ VPR (= *asemejarse a lo francés*) to go French, become gallicized, acquire French habits; (*Pol*) to become a francophile

**afrechillo** SM (*Cono Sur*) bran

**afrecho** SM (= *salvado*) bran; (*LAm*) (= *serrín*) sawdust ► **afrecho remojado** mash

**afrenta** SF affront, insult

**afrentar** ▸conjug 1a◂ Ⓐ VT (= *insultar*) to affront, insult; (= *desacreditar*) to dishonour, dishonor (*EEUU*)
Ⓑ **afrentarse** VPR (= *avergonzarse*) to be ashamed (**de** of)

**afrentoso** ADJ (= *insultante*) insulting, outrageous; (= *vergonzoso*) shameful

**África** SF Africa ► **África Austral** Southern Africa ► **África del Norte** North Africa ► **África del Sur** South Africa ► **África negra** Black Africa

**africaans** SM Afrikaans

**africado** ADJ affricate

**africanidad** SF Africanness

**africanista** SMF (= *experto*) specialist in African affairs; (= *aficionado*) person interested in Africa

**africano/a** ADJ, SM/F African

**afrijolar** ▸conjug 1a◂ VT (*Andes*) to bother, annoy; **~ una tarea a algn** to give sb an unpleasant job to do

**afrikaner** ADJ, SMF (*pl* **afrikaners**) Afrikaner

**afro** ADJ Afro; **peinado ~** Afro hairstyle

**afroamericano** ADJ Afro-American

**afroasiático** ADJ Afro-Asian

**afrobrasileño** ADJ Afro-Brazilian

**afrocaribeño** ADJ Afro-Caribbean

**afrocubano** ADJ Afro-Cuban

**afrodisíaco** ADJ, SM, **afrodisiaco** ADJ, SM aphrodisiac

**Afrodita** SF Aphrodite

**afronegrismo** SM (*LAm*) *word borrowed from an African language*

**afrontamiento** SM confrontation

**afrontar** ▸conjug 1a◂ VT [1] [+ *dos personas*] to bring face to face
[2] [+ *peligro*] to confront, face up to; [+ *problema*] to deal with, tackle

**afrutado** ADJ fruity

**afta** SF (*Med*) sore

**aftershave** SM INV, **after-shave** [after'ʃeif] SM INV aftershave

**aftersun** SM INV, **after sun** SM INV [after'san] aftersun

**aftosa** SF (*tb* **fiebre ~**) foot-and-mouth disease

**afuera** Ⓐ ADV (*esp LAm*) out, outside; **¡afuera!** out of the way!, get out!; **de ~** from outside; **por ~** on the outside; **las hojas de ~** the outer leaves, the outside leaves
Ⓑ PREP **~ de** (*LAm*) outside
Ⓒ **afueras** SFPL outskirts

**afuerano/a** (*Chile*), **afuereño/a** (*Chile*), **afuerino/a** (*Chile*) Ⓐ ADJ strange, outside *antes de s*
Ⓑ SM/F [*de afuera*] outsider, stranger; (= *trabajador*) itinerant worker, casual worker

**afuetear** ▸conjug 1a◂ VT (*LAm*) to whip, beat

**afufa**** SF flight, escape; **tomar las ~s** to beat it*

**afufar**** ▸conjug 1a◂ VI, **afufarse** VPR to beat it*, get out quick

**afufón**** SM flight, escape

**afusilar** ▸conjug 1a◂ VT (*Méx*) to shoot

**afutrarse** ▸conjug 1a◂ VPR (*Cono Sur*) to dress up

**ag.** ABR (= **agosto**) Aug

**agachada*** SF trick, dodge*

**agachadiza** SF (= *ave*) snipe; **hacer la ~** to duck, try not to be seen

**agachado/a*** SM/F (*LAm*) down-and-out, bum (*EEUU**)

**agachar** ▸conjug 1a◂ Ⓐ VT [+ *cabeza*] to bend, bow; **~ las orejas*** to hang one's head
Ⓑ **agacharse** VPR [1] (= *agazaparse*) to stoop, bend down, bend over; (= *acuclillarse*) to squat; (= *bajar la cabeza*) to duck; (= *encogerse*) to cower
[2] (*fig*) (= *esconderse*) to go into hiding, lie low
[3] (*LAm*) (= *ceder*) to give in, submit
[4] (*Méx*) (= *callarse*) **~se algo** to keep sth under one's hat
[5] **~se con algo** (*Andes, Méx*) (= *robar*) to make off with sth, pocket sth
[6] (*LAm*) (= *prepararse*) to get ready

**agache** SM (*Andes*) (= *embuste*) fib, tale; **andar de ~** to be on the run

**agachón**** ADJ (*LAm*) weak-willed, submissive

**agafar**** ▸conjug 1a◂ VT to pinch*, nick*

**agalbanado** ADJ lazy, shiftless

**agalla** SF [1] (*Bot*) gall ► **agalla de roble** oak apple
[2] [*de pez*] gill

3 **agallas*** (= *valor*) pluck, guts*; **tener (muchas) ~s** to be brave, have guts*; **es hombre de ~s** he's got guts*
4 (*LAm*) **tener ~s** (= *ser glotón*) to be greedy; (= *ser tacaño*) to be mean; (= *ser descarado*) to have lots of cheek*
5 **tener ~s** (*Cono Sur*) (= *ser astuto*) to be sharp, be smart
6 **agallas** (= *amígdalas*) tonsils; (= *anginas*) tonsillitis

**agalludo** (*Cono Sur*) ADJ 1 (= *valiente*) daring, bold
2 (= *tacaño*) mean, stingy
3 (= *glotón*) greedy

**Agamenón** SM Agamemnon

**ágape** SM banquet, feast

**agareno/a** Ⓐ ADJ Moslem
Ⓑ SM/F Moslem

**agarrada** SF 1 (= *pelea*) scrap, brawl; (= *riña*) row, run-in*
2 (*Dep*) tackle

**agarradera** SF (*LAm*), **agarradero** SM 1 (= *asidero*) handle, grip; [*de cortina*] cord
2 (= *amparo*) protection
3 **agarraderas** (= *influencias*) pull *sing*, influence *sing*; **tener buenas ~s** to have friends in the right places

**agarrado** ADJ 1 mean, stingy
2 **baile ~** slow dance

**agarrador** ADJ (*Andes, Cono Sur*) strong

**agarrafar** ▸conjug 1a◂ VT to grab hold of

**agarrao*** SM slow dance

**agarrar** ▸conjug 1a◂ Ⓐ VT 1 (= *asir*) 1·1 (*sujetando*) to hold (on to); **agarra bien el bolso** hold on to your handbag firmly; **le señalaron falta por ~ a un jugador contrario** a free kick was given against him for holding on to one of the opposition; **lo tuvo bien agarrado hasta que llegó la policía** she held him until the police arrived; **entró agarrada del brazo de su padre** she came in holding her father's arm; **iban agarrados del brazo** they were walking arm in arm; **me agarró del brazo** he took me by the arm
1·2 (*con violencia*) to grab; **agarró al niño por el hombro** he grabbed the child by the shoulder; **la agarró de los pelos y no la soltaba** she grabbed her hair and refused to let her go
1·3 (*con fuerza*) to grip; **la agarró fuertemente del brazo** he gripped her arm tightly
2 (= *capturar*) to catch; **ya han agarrado al ladrón** they've already caught the thief
3 [+ *resfriado*] to catch; **he agarrado un buen resfriado** I've caught a nasty cold; **lo tiene bien agarrado al pecho** she's got a nasty chesty cough; ✦**MODISMO** **~la*** (= *emborracharse*) to get plastered*
4 (*) (= *conseguir*) to get, wangle*
5 (*esp LAm*) (= *coger*) **agarré otro pedazo de pastel** I took another piece of cake; **agarra el libro del estante** take the book off the shelf; **~ una flor** to pick a flower; **~ un tren** to catch a train; **la casa tiene tanto trabajo que no sé por dónde ~la** the house needs such a lot doing to it, I don't know where to start; **~ el vuelo** (= *despegar*) to take off
6 (*CAm, Caribe, Méx**) (= *captar*) to get*, understand
7 (*Cono Sur*) **~ a palos a algn*** to beat sb up*
8 (*Caribe***) to fuck**
Ⓑ VI 1 (= *asir*) **agarra por este extremo** hold it by this end, take hold of it by this end
2 (*Bot*) [*planta*] to take (root)
3 [*color*] to take
4 (*esp LAm*) (= *coger*) **agarre por esta calle** take this street; **agarró y se fue*** he upped and went*; **~ para** (= *salir*) to set out for
Ⓒ **agarrarse** VPR 1 (= *asirse*) to hold on; **¡agárrate bien!** hold (on) tight!; **~se a** *o* **de algo** to hold on to sth; **agárrate bien a la barandilla** hold on tight to the rail; **necesita algo adonde ~se** she needs something to hold on to; **me agarré al asiento con todas mis fuerzas** I held on to *o* gripped the seat with all my strength; **se ~on de los pelos** they tore at each other's hair; ✦**MODISMO** **¡agárrate!*** wait for it!, listen to this!; **pues ahora agárrate, porque lo que te voy a contar es mucho peor** I hope you're sitting down, because what I'm going to tell you now is much worse; **—¿sabes que le ha tocado la quiniela? —¡agárrate!** "did you know she won the pools?" — "never!"
2 (*Aut*) [*coche, neumático*] to hold the road; **este coche se agarra muy bien en las curvas** this car holds the road very well on bends; **estos neumáticos se agarran con fuerza al asfalto** these tyres have excellent grip
3 (*como excusa*) **~se a algo**: **se agarra a cualquier excusa** any (old) excuse will do him; **se agarra a su mala salud para conseguir lo que quiere** she uses her poor health as an excuse to get whatever she wants; **se agarró a que era el mayor para hacerse cargo de la expedición** he used the fact that he was the oldest to take charge of the expedition
4 (*) (= *cogerse*) **se agarró una buena borrachera** he got well and truly plastered*; **me agarré un cabreo tremendo** I got really narked*; **se agarró un buen berrinche cuando se enteró** she threw a tantrum *o* fit when she found out
5 (*esp LAm*) (= *pelear*) to have a fight; **se ~on a tiros** they started shooting at each other; **se ~on a puñetazos** they started hitting each other; **la tenía agarrada conmigo** he had it in for me*
6 (*Culin*) (= *pegarse*) to stick

**agarre** SM 1 (*LAm*) (= *agarro*) hold; (*Aut*) road-holding, road-holding quality
2 (*Andes*) (= *asidero*) handle
3 (= *valor*) guts* *pl*
4 **tener ~*** (= *tener influencia*) to have pull, be able to pull strings

**agarrete** ADJ (*Andes*) mean, stingy

**agarro** SM grasp, hold, clutch

**agarroch(e)ar** ▸conjug 1a◂ VT [+ *animal*] to jab with a goad; (*Taur*) to prick with a pike

**agarrón** SM 1 (= *tirón*) jerk, pull, tug
2 = **agarrada 1**

**agarroso** ADJ (*CAm*) sharp, acrid, bitter

**agarrotamiento** SM (= *apretón*) tightening; [*de músculos*] stiffening; (*Aut*) seizing up

**agarrotar** ▸conjug 1a◂ Ⓐ VT (= *atar*) to tie tight; [+ *persona*] to squeeze tight, press tightly; [+ *criminal*] to garrotte; [+ *músculos*] to stiffen; **esta corbata me agarrota** this tie is strangling me; **tengo los músculos agarrotados** I'm all stiff
Ⓑ **agarrotarse** VPR (*Med*) to stiffen, get numb; (*Aut*) to seize up

**agasajado/a** SM/F chief guest, guest of honour *o* (*EEUU*) honor

**agasajador** ADJ warm, welcoming

**agasajamiento** SM = **agasajo**

**agasajar** ▸conjug 1a◂ VT to entertain, fête

**agasajo** SM (= *acogida*) royal welcome; (= *regalo*) gift; **~s** hospitality

**ágata** SF agate

**agatas** ADV (*Cono Sur*) 1 (= *con dificultad*) with great difficulty, only with great difficulty
2 (= *apenas*) hardly, scarcely; **~ llegó, empezó a cantar** no sooner had he arrived than he started to sing

**agauchado** ADJ (*Cono Sur*) like a gaucho

**agaucharse** ▸conjug 1a◂ VPR (*Cono Sur*) *to imitate or dress like a gaucho*

**agave** SF agave, American aloe

**agavilladora** SF binder

**agavillar** ▸conjug 1a◂ Ⓐ VT [+ *trigo*] to bind, bind in sheaves; [+ *libro*] to bind
Ⓑ **agavillarse** VPR to gang up, band together

**agazapar** ▸conjug 1a◂ Ⓐ VT (*) to grab, grab hold of, nab*
Ⓑ **agazaparse** VPR (= *ocultarse*) to hide; (= *agacharse*) to crouch down, squat; **estaba agazapada tras las rocas** she was hidden behind the rocks; **tras esto se agazapa otra cosa** something else is concealed behind this

**agencia** SF 1 (= *empresa*) agency; (= *oficina*) office, bureau ► **agencia de cobro** debt-collecting agency ► **agencia de colocaciones** employment agency ► **agencia de contactos** dating agency ► **agencia de créditos** credit agency ► **agencia de damas de compañía** escort agency ► **agencia de información** news agency ► **agencia de noticias** news agency ► **agencia de patentes** patents office ► **agencia de prensa** news agency ► **agencia de promoción** development agency ► **Agencia de Protección de Datos** (*Esp*) *data protection agency* ► **agencia de publicidad** advertising agency ► **agencia de seguridad** security company ► **agencia de transportes** haulage company ► **agencia de turismo**, **agencia de viajes** travel agent's, travel agency ► **agencia exclusiva** exclusive agency ► **agencia inmobiliaria** estate agent's (office), real estate agency (*EEUU*) ► **agencia tributaria** Inland Revenue, Internal Revenue (*EEUU*) ► **agencia única** sole agency
2 (*Chile*) (= *montepío*) pawnshop

**agenciar** ▸conjug 1b◂ Ⓐ VT 1 (= *lograr*) to bring about, effect, engineer
2 (= *procurar*) to obtain, procure (**algo a algn** sth for sb); (*pey*) to wangle*, fiddle*
3 [+ *trato*] to negotiate
Ⓑ **agenciarse** VPR 1 (= *apañarse*) to look after o.s.; **yo me las ~é para llegar allí** I'll manage to get there somehow, I'll work out how to get there; **bien sabe agenciárselas** he takes good care of number one
2 (= *proporcionarse*) **~se algo** to get hold of sth, obtain sth

**agenciero** SM (*Cono Sur*) (= *agente*) agent, representative; [*de lotería*] lottery agent; (*Chile*) [*de montepío*] pawnbroker

**agencioso** ADJ active, diligent

**agenda** SF 1 (= *libro*) [*de citas, anotaciones*] diary, datebook (*EEUU*), notebook; [*de direcciones*] address book ► **agenda de bolsillo** pocket diary ► **agenda de despacho**,

**agenda de mesa** desk diary ► **agenda de trabajo** engagement book
[2] [*de reunión*] agenda
[3] [*de actividades*] agenda, schedule; **una ~ apretada** a very busy agenda *o* schedule

**agente** Ⓐ SMF (= *representante*) agent; (= *policía*) policeman/policewoman; (*LAm*) (= *oficial*) officer, official ► **agente acreditado** accredited agent ► **agente comercial** business agent ► **agente de bolsa** stockbroker ► **agente de exportación** export agent ► **agente de negocios** business agent, broker ► **agente de prensa** press agent ► **agente de publicidad** (*Com*) advertising agent; (*Teat*) publicity agent ► **agente de seguros** insurance agent ► **agente de transportes** carrier ► **agente de turismo** travel agent, courier ► **agente de ventas** sales agent, sales rep, sales representative ► **agente de viajes** travel agent ► **agente especial** special agent ► **agente extranjero** foreign agent ► **agente inmobiliario** estate agent, real estate agent *o* broker (*EEUU*), realtor (*EEUU*) ► **agente literario** literary agent ► **agente marítimo** shipping agent ► **agente oficial** official agent, authorized agent ► **agente provocador** agent provocateur ► **agente secreto** secret agent ► **agentes sociales** social partners (*employers and unions*) ► **agente tributario** tax inspector ► **agente único** sole agent ► **agente viajero** commercial traveller, salesman
Ⓑ SM (*Quím*) agent ► **agente químico** chemical agent

**agible** ADJ feasible, workable

**agigantado** ADJ gigantic, huge; **a pasos ~s** by leaps and bounds

**agigantar** ▸conjug 1a◂ Ⓐ VT to enlarge, increase greatly; **~ algo** to exaggerate sth
Ⓑ **agigantarse** VPR (*gen*) to seem huge; [*crisis*] to get much bigger, get out of proportion

**ágil** ADJ (= *ligero*) agile, nimble; (= *flexible*) flexible, adaptable

**agilidad** SF [1] (= *ligereza*) agility, nimbleness; (= *flexibilidad*) flexibility, adaptability; **con ~** nimbly, quickly
[2] (*Aut*) manoeuvrability, maneuverability (*EEUU*), handling

**agilipollado*** ADJ stupid, daft

**agilipollarse** ▸conjug 1a◂ VPR to get all confused, act like an idiot

**agilitar** ▸conjug 1a◂ Ⓐ VT (= *hacer ágil*) to make agile; (= *facilitar*) to help, make it easy for; (*LAm*) (= *activar*) to activate, set in motion
Ⓑ **agilitarse** VPR (= *hacerse ágil*) to limber up

**agilización** SF (= *aceleración*) speeding-up; (= *mejora*) improvement

**agilizar** ▸conjug 1f◂ Ⓐ VT (= *acelerar*) to speed up; (= *mejorar*) to improve, make more flexible
Ⓑ **agilizarse** VPR to speed up

**ágilmente** ADV nimbly, quickly

**agio** SM (= *especulación*) speculation, agio; (*Méx*) (= *usura*) usury

**agiotaje** SM speculation

**agiotista** SMF (= *especulador*) speculator; (*Méx*) (= *usurero*) usurer

**agitación** SF [1] [*de mano*] waving, flapping; [*de bebida*] shaking, stirring; [*de mar*] roughness
[2] (*Pol*) agitation; (= *bullicio*) bustle, stir; (= *intranquilidad*) nervousness; (= *emoción*) excitement

**agitado** Ⓐ ADJ [1] [*mar*] rough, choppy; [*aire*] turbulent; [*vuelo*] bumpy
[2] (*fig*) (= *trastornado*) agitated, upset; (= *emocionado*) excited; [*vida*] hectic
Ⓑ SM stirring, mixing

**agitador(a)** Ⓐ SM (*Mec*) agitator, shaker; (*Culin*) stirrer
Ⓑ SM/F (*Pol*) agitator

**agitanado** ADJ gipsy-like, gypsy-like (*EEUU*)

**agitar** ▸conjug 1a◂ Ⓐ VT [1] [+ *mano, bandera, arma*] to wave; **agitaba un pañuelo** she was waving a handkerchief; **el viento agitaba las hojas** the wind stirred the leaves; **el pájaro agitaba las alas** the bird was flapping its wings
[2] [+ *botella, líquido*] to shake; **agítese antes de usar** shake well before use; **agité al herido para que volviera en sí** I shook the injured man *o* I gave the injured man a shake to bring him round; **agitó el café con una cuchara** he stirred the coffee with a spoon
[3] (= *inquietar*) to worry, upset; **los rumores del accidente la ~on** the rumours about the accident worried *o* upset her
[4] (= *convulsionar*) [+ *multitud*] to stir up; **su asesinato agitó al país** his assassination stirred up the country
[5] (= *esgrimir*) to use; **agitan el miedo a la guerra para ganar votos** they use the fear of war to win votes
Ⓑ **agitarse** VPR [1] (= *moverse*) [*ramas*] to stir; [*bandera, toldo*] to flap; [*mar*] to get rough; [*barco*] to toss
[2] (= *inquietarse*) to get worried *o* upset
[3] (= *moverse inquieto*) **el enfermo se agitaba en la cama** the patient was tossing and turning; **la acusada se agitaba nerviosa** the defendant shifted uneasily

**aglomeración** SF agglomeration ► **aglomeración de gente** mass of people ► **aglomeración de tráfico** traffic jam ► **aglomeración urbana** urban sprawl

**aglomerado** Ⓐ ADJ massed together, in a mass; **viven ~s** they live on top of each other
Ⓑ SM (= *madera*) chipboard, Masonite® (*EEUU*); (*Téc*) agglomeration ► **aglomerado asfáltico** asphalt, blacktop (*EEUU*)

**aglomerar** ▸conjug 1a◂ Ⓐ VT to agglomerate, crowd together
Ⓑ **aglomerarse** VPR (= *juntarse*) to agglomerate, form a mass; (= *apiñarse*) to crowd together

**aglutinación** SF agglutination

**aglutinador** ADJ agglutinative, cohesive; **fuerza ~a** unifying force, force that draws things together

**aglutinadora** SF unifying force

**aglutinante** ADJ agglutinative

**aglutinar** ▸conjug 1a◂ Ⓐ VT [1] (*Med*) to agglutinate
[2] (= *unir*) to draw together, bring together
Ⓑ **aglutinarse** VPR [1] (*Med*) to agglutinate
[2] (= *unirse*) to come together, gel

**agnosticismo** SM agnosticism

**agnóstico/a** ADJ, SM/F agnostic

**agobiado** ADJ [1] [*persona*] **estar ~**: **estamos ~s de trabajo** we're up to our eyes in work*; **estaba agobiada por tantas visitas** she found all these visitors overwhelming *o* a bit too much*; **no puedo hacerlo porque estoy ~ con otras cosas** I can't do it, I'm rushed off my feet with other things* *o* I've got too much else on*
[2] [*lugar*] cluttered; **el dormitorio queda muy ~ con tantos muebles** the bedroom is very cluttered with all the furniture
[3] **ser ~ de hombros** (*Cono Sur*) to have a stoop

**agobiador** ADJ = **agobiante**

**agobiante** ADJ [1] [*calor, ambiente, lugar*] oppressive; **un día de verano ~** a stifling *o* sweltering summer's day
[2] (= *insoportable*) [*trabajo, día*] stressful; [*pena, ritmo*] unbearable; [*responsabilidad*] overwhelming; **es ~ verla sufrir y no poder hacer nada** it's unbearable watching her suffer and being unable to do anything; **una ~ sensación de soledad** an overwhelming sense of loneliness

**agobiar** ▸conjug 1b◂ Ⓐ VT [1] (= *oprimir*) [*problemas, responsabilidad, pena*] to overwhelm; [*ropa*] to stifle; **estamos agobiados por las incesantes llamadas telefónicas** we're overwhelmed with constant phone calls; **agobiado por las deudas, tuvo que volver a trabajar** weighed down by debts, he was forced to go back to work; **este bochorno me agobia** I find this close weather oppressive *o* stifling
[2] (= *angustiar*) **le agobian mucho los espacios cerrados** he gets really anxious in enclosed spaces; **me agobian las grandes ciudades** big cities are too much for me*, I find big cities very stressful; **me agobia un montón oír el fútbol por la radio*** hearing football on the radio really gets to me*
[3] (= *molestar*) to pester, harass; **estaban agobiándola con tantas preguntas** they were pestering *o* harassing her with so many questions
[4] (*) (= *meter prisa*) **no me agobies, ya terminaré el trabajo cuando pueda** please, give me a break *o* get off my back, I'll finish the work when I can*
Ⓑ **agobiarse** VPR (*) **no se agobia con nada** he doesn't let anything get on top of him *o* get to him*; **me agobié del calor que hacía** the heat was too much for me

**agobio** SM [1] (= *malestar*) **el calor y el ~ provocaron algunos mareos entre el público** it was so hot and crowded that some of the audience fainted
[2] (= *angustia*) **soñaban con unas vacaciones lejos del ~ del trabajo doméstico** they dreamed of holidays away from the stress of housework; **¡cuántos deberes! ¡qué ~!*** so much homework! it's a nightmare!*

**agolpamiento** SM throng, crush

**agolparse** ▸conjug 1a◂ VPR (= *apiñarse*) to throng, crowd together; (= *acumularse*) [*problemas*] to come one on top of another; [*lágrimas*] to come in a flood; **~ en torno a algn** to crowd round sb

**agonía** SF [1] [*de muerte*] death agony, death throes *pl*; (= *últimos momentos*) dying moments *pl*; **la época está en su ~** the period is in its death throes; **en su ~** on his death-bed; **acortar la ~ a un animal** to put an animal out of its misery
[2] (= *angustia*) anguish; (= *deseo*) desire, yearning

**agonías*** SMF INV moaner, misery guts*

**agónico** ADJ (= *moribundo*) dying; (= *angustiante*) agonizing

**agonioso** ADJ (*LAm*) (= *egoísta*) selfish; (= *fastidioso*) bothersome; **es tan ~** he's such a pest

**agonizante** Ⓐ ADJ (= *moribundo*) dying; [*luz*] failing
Ⓑ SMF dying person

**agonizar** ▸conjug 1f◂ VI to be dying, be in one's death throes; **~ por hacer algo** to be dying to do sth

**agonizos** SMPL (*Méx*) worries, troubles

**agora**†† ADV (*LAm*) = **ahora**

**ágora** SF main square

**agorafobia** SF agoraphobia

**agorafóbico/a** SM/F agoraphobe

**agorar** ▸conjug 1m◂ VT to predict, prophesy

**agorero/a** Ⓐ ADJ (= *que presagia*) prophetic; (= *que presagia males*) ominous; **ave agorera** bird of ill omen
Ⓑ SM/F (= *adivino*) soothsayer, fortune teller

**agostar** ▸conjug 1a◂ Ⓐ VT **1** (= *quemar*) to parch, burn up
**2** (= *marchitar*) to wither, kill before time
**3** (*Méx*) (= *pastar*) to graze on rough ground
Ⓑ **agostarse** VPR **1** (= *secarse*) to dry up, shrivel
**2** (= *marchitarse*) to die, fade away

**agosteño** ADJ August *antes de s*

**agosto** SM August; (= *cosecha*) harvest; (= *época*) harvest time; **hacer su ~** to feather one's nest, make one's pile; *ver tb* **septiembre**

**agotado** ADJ **1** (= *cansado*) **estar ~** to be exhausted, be worn out
**2** (= *acabado*) [*mercancía, producto*] sold out; [*existencias, provisión*] finished, exhausted; [*libro*] out of stock
**3** [*pila*] flat

**agotador** ADJ exhausting

**agotamiento** SM **1** (= *cansancio*) exhaustion ▸ **agotamiento nervioso** nervous strain ▸ **agotamiento por calor** heat exhaustion
**2** [*de reservas*] depletion, draining

**agotar** ▸conjug 1a◂ Ⓐ VT **1** (= *cansar*) wear out, tire out; **las vacaciones me agotan** holidays wear *o* tire me out, holidays are exhausting; **este niño me agota las fuerzas** this child wears *o* tires me out
**2** (= *terminar con*) [+ *recursos naturales, reservas*] to use up, exhaust; [+ *posibilidades*] to exhaust; **el público agotó las entradas en dos horas** all the tickets (were) sold out within two hours; **las jugueterías ~on sus existencias** the toyshops sold out; **han agotado todas las vías legales** they have exhausted all legal avenues; **antes de eso prefieren ~ la vía diplomática** they prefer to try all diplomatic options first; **agoté todos mis argumentos intentando convencerle** I ran out of arguments trying to persuade him; **agotamos todos los temas de conversación** we ran out of topics of conversation; **tanto papeleo me agota la paciencia** I lose patience with *o* get impatient with all this paperwork
**3** **he decidido ~ el plazo** I decided to take as much time as I was allowed; **he agotado todas las prórrogas** all my extensions have run out, I've used up all my extensions; **el gobierno pretende ~ la legislatura** the government aims to last out its term
Ⓑ VI (= *cansar*) **correr cuando hace calor agota** running in the heat tires you out, running in the heat is exhausting
Ⓒ **agotarse** VPR **1** (= *cansarse*) to get exhausted, tire o.s. out, wear o.s. out; **me agoto pronto nadando** I soon get exhausted when I swim, I soon tire *o* wear myself out when I swim, swimming soon tires *o* wears me out
**2** [*mercancia, artículo, género*] sell out; **se han agotado las entradas para el concierto** tickets for the concert have sold out; **ese producto se nos ha agotado** we've sold out of that product, that product is *o* has sold out
**3** [*recursos, reservas*] to run out; **se me agotó la gasolina** I ran out of petrol; **se me ~on los argumentos para defender mi tesis** I ran out of arguments to defend my thesis; **se me está agotando la paciencia** my patience is running out *o* wearing thin
**4** [*prórroga, tiempo*] to run out; **el tiempo se iba agotando** time was running out; **el plazo se agota mañana** the deadline is tomorrow

**agraceño** ADJ tart, sour

**agraciado/a** Ⓐ ADJ **1** (= *atractivo*) graceful, attractive; (= *encantador*) charming; **poco ~** plain
**2** (= *con suerte*) lucky; **ser ~ con** to be blessed with; **salir ~** to be lucky, be the winner
Ⓑ SM/F lucky winner

**agraciar** ▸conjug 1b◂ VT **1** (= *adornar*) to adorn; (= *ceder*) to grace; (= *hacer más atractivo*) to make more attractive
**2** [+ *preso*] to pardon
**3** **~ a algn con algo** to bestow sth on sb

**agradable** ADJ (= *grato*) pleasant, agreeable; **es un sitio ~** it's a nice place; **el cadáver no era muy ~ para la vista** the body was not a pretty sight; **ser ~ al gusto** to taste good, be tasty

**agradablemente** ADV pleasantly, agreeably

**agradar** ▸conjug 1a◂ Ⓐ VT to please, be pleasing to; **esto no me agrada** I don't like this
Ⓑ VI to please; **su presencia siempre agrada** your presence is always welcome; **si le agrada le traeré más café** if you wish I'll bring you more coffee
Ⓒ **agradarse** VPR to like each other

▼**agradecer** ▸conjug 2d◂ Ⓐ VT (= *dar las gracias a*) to thank; (= *sentirse agradecido*) to be grateful for; **(te) agradezco tu ayuda** thanks for your help; **se lo agradezco** thank you, I am much obliged to you (*frm*); **un favor que él no ~ía nunca lo bastante** a favour *o* (*EEUU*) favor he can never thank you enough for; **le ~ía me enviara** I would be grateful if you would send me; **eso no lo tiene que ~ a nadie** he has nobody to thank for that, he owes nobody thanks for that
Ⓑ **agradecerse** VPR **¡se agradece!** much obliged!, thanks very much!; **una copita de jerez siempre se agradece** a glass of sherry is always welcome

**agradecido** ADJ **1** **estar ~ (por algo)** to be grateful (for sth); **estamos muy ~s** we are very grateful; **me miró agradecida** she looked at me gratefully; **¡muy ~!** many thanks!, I'm very grateful!, I appreciate it!; **le quedaría muy ~ si me enviara un ejemplar** I should be very grateful if you would send me a copy
**2** **ser ~** [*persona*] to be appreciative; **es muy agradecida, cualquier cosita la pone contenta** she's very appreciative, any little thing makes her happy
**3** [*planta, tierra*] **son terrenos muy ~s** this land is easy to grow things on, this land is very easy to cultivate; **los olivos son árboles muy ~s** olive trees are very easy to grow
**4** (= *bien recibido*) **tu visita es siempre agradecida** you're always welcome here

▼**agradecimiento** SM (= *gratitud*) gratitude; (= *aprecio*) appreciation

**agrado** SM **1** (= *cualidad*) affability; **con ~** willingly
**2** (= *gusto*) **ser del ~ de algn** to be to sb's liking; **tengo el ~ de informarle que ...** (*LAm*) I have pleasure in informing you that ..., I am glad to tell you that ...

**ágrafo/a** ADJ, SM/F illiterate

**agramatical** ADJ ungrammatical

**agrandamiento** SM enlargement

**agrandar** ▸conjug 1a◂ Ⓐ VT (= *hacer más grande*) to make bigger, enlarge; (= *exagerar*) to exaggerate, magnify
Ⓑ **agrandarse** VPR to get bigger

**agranijado** ADJ pimply

**agrario** ADJ agrarian; **política agraria** agricultural policy; **reforma agraria** land reform

**agrarismo** SM (*Méx*) agrarian reform movement

**agrarista** (*Méx*) Ⓐ ADJ **movimiento ~** agrarian reform movement
Ⓑ SMF supporter of land reform

**agravación** SF, **agravamiento** SM (= *empeoramiento*) worsening; (*Med*) change for the worse

**agravado** SM **robo con ~** robbery with aggravation

**agravante** Ⓐ ADJ aggravating
Ⓑ SM *o* SF additional problem; (*Jur*) aggravating circumstance; **con la ~ de que** with the further difficulty that; **robo con ~** robbery with aggravation; **con la ~ de la nocturnidad** (*Jur*) made more serious by the fact that it was done at night

**agravar** ▸conjug 1a◂ Ⓐ VT **1** (= *hacer más grave*) [+ *pena*] to increase; [+ *dolor*] to make worse; [+ *situación*] to aggravate; (*fig*) (= *oprimir*) to oppress, burden (**con** with)
**2** (= *hacer más pesado*) to weigh down, make heavier
Ⓑ VI, **agravarse** VPR (= *empeorarse*) to worsen, get worse

**agraviar** ▸conjug 1b◂ Ⓐ VT (= *dañar*) to wrong; (= *insultar*) to offend, insult
Ⓑ **agraviarse** VPR to be offended, take offence, take offense (*EEUU*) (**de, por** at)

**agravio** SM (= *daño*) wrong, injury; (= *insulto*) offence, offense (*EEUU*), insult; (*Jur*) grievance, injustice ▸ **agravio comparativo** inequality, resentment arising from inequality ▸ **agravios de hecho** assault and battery

**agravión** ADJ (*Cono Sur*) touchy, quick to take offence

**agravioso** ADJ offensive, insulting

**agraz** SM **1** (= *uva*) sour grape; (= *jugo*) sour grape juice; **en ~** prematurely, before time
**2** (*fig*) (= *amargura*) bitterness, ill-feeling

**agrazar** ▸conjug 1f◂ Ⓐ VT **1** (= *amargar*) to embitter
**2** (= *fastidiar*) to vex, annoy
Ⓑ VI (= *saber amargo*) to taste sour, have a sharp taste

➤ LENGUA Y USO: **agradecer A** 31, 40.4, 46.1, 46.5, 47.1, 47.2, 47.5, 49, 52.1 **agradecimiento** 49

**agrazón** SM [1] (= *uva*) wild grape; (= *grosellero*) gooseberry bush
[2] (*fig*) (= *enfado*) vexation, annoyance

**agredir** ▸conjug 3a◂ VT (*físicamente*) to assault, set upon; (*verbalmente*) to attack

**agregado/a** Ⓐ SM/F [1] (= *profesor*) assistant
[2] (*Pol*) ► **agregado/a comercial** commercial attaché ► **agregado/a cultural** cultural attaché ► **agregado/a de prensa** press attaché ► **agregado/a militar** military attaché
[3] (*LAm*) (= *aparcero*) sharecropper; (*Cono Sur*) (= *inquilino*) paying guest; (*Caribe*) (= *jornalero*) day labourer, day laborer (*EEUU*)
Ⓑ SM [1] (*Téc*) aggregate
[2] (= *bloque*) concrete block

**agregaduría** SF (*Pol*) office of attaché; (*Escol*) assistantship

**agregar** ▸conjug 1h◂ Ⓐ VT [1] (= *añadir*) to add; ~ **algo a algo** to add sth to sth; **agregue el azúcar y remueva** add the sugar and stir; **—y no me satisface, agregó** "and I'm not satisfied," she added
[2] [+ *trabajador, empleado*] to appoint; **fue agregado a la oficina de prensa** he was appointed to the press office
Ⓑ **agregarse** VPR **~se a algo** to join sth; **se ~on a la fiesta** they joined the party

**agremiar** ▸conjug 1b◂ Ⓐ VT to form into a union, unionize
Ⓑ **agremiarse** VPR to form a union

**agresión** SF (= *acometida*) aggression; (*contra persona*) attack, assault; **pacto de no ~** nonaggression pact ► **agresión sexual** sexual assault

**agresivamente** ADV aggressively

**agresividad** SF (= *violencia*) aggressiveness; (= *vigor*) drive, punch, vigour, vigor (*EEUU*)

**agresivo** ADJ (= *violento*) aggressive; (= *vigoroso*) forceful, vigorous

**agresor(a)** Ⓐ ADJ **país ~** aggressor country
Ⓑ SM/F (= *atacante*) aggressor, attacker; (*Jur*) assailant

**agreste** ADJ [1] (= *campestre*) rural, country
[2] [*paisaje*] wild
[3] (*fig*) (= *tosco*) rough, uncouth

**agrete** ADJ sourish

**agriado** ADJ [1] [*persona*] (= *resentido*) sour, resentful; (= *exasperado*) angry, irritated
[2] (*Cono Sur*) (= *agrio*) sour, sharp

**agriar** ▸conjug 1b *o* 1c◂ Ⓐ VT [1] (= *avinagrar*) to turn sour
[2] (*fig*) (= *amargar*) to sour; (= *fastidiar*) to vex, annoy
Ⓑ **agriarse** VPR [1] (= *avinagrarse*) to turn sour
[2] (= *amargarse*) to become embittered; (= *fastidiarse*) to get cross, get exasperated; **se le ha agriado el carácter** he's turned into a right creep*

**agrícola** ADJ agricultural, farming *antes de s*

**agricultor(a)** Ⓐ ADJ agricultural, farming *antes de s*
Ⓑ SM/F farmer ► **agricultor(a) de montaña** hill farmer

**agricultura** SF agriculture, farming ► **agricultura biodinámica, agricultura biológica** organic farming ► **agricultura de montaña** hill farming ► **agricultura de rozas y quema** slash-and-burn agriculture ► **agricultura de subsistencia** subsistence farming ► **agricultura ecológica** organic farming ► **agricultura intensiva** intensive farming ► **agricultura orgánica** organic farming

**agricultural** ADJ (*LAm*) agricultural, farming *antes de s*

**agridulce** ADJ bittersweet; **cerdo ~** sweet and sour pork

**agriera** SF (*LAm*) heartburn

**agrietado** ADJ (= *con grietas*) cracked; [*piel*] chapped

**agrietar** ▸conjug 1a◂ Ⓐ VT (= *resquebrajar*) to crack, crack open; [+ *piel*] to chap
Ⓑ **agrietarse** VPR (= *resquebrajarse*) to crack; [*piel*] to become chapped

**agrifolio** SM holly

**agrimensor(a)** SM/F surveyor

**agrimensura** SF surveying

**agringado** ADJ (*LAm*) like a gringo, like a foreigner

**agringarse** ▸conjug 1h◂ VPR (*LAm*) to act *o* behave like a gringo, act *o* behave like a foreigner

**agrio** Ⓐ ADJ [1] (*al gusto*) sour, tart; (*fig*) (= *desabrido*) bitter, disagreeable
[2] [*camino*] rough, uneven; [*materia*] brittle; [*color*] garish
Ⓑ SM (= *zumo*) sour juice; **agrios** (= *frutas*) citrus fruits

**agriparse** ▸conjug 1a◂ VPR (*Cono Sur*) (= *coger gripe*) to get flu, get the flu (*esp EEUU*); **estar agripado** to have flu *o* (*esp EEUU*) the flu

**agriura** SF (*LAm*) sourness, tartness

**agro** SM agriculture

**agroalimentario** ADJ food and agriculture *antes de s*

**agrobiología** SF agrobiology

**agrobiológico** ADJ agrobiological

**agrobiólogo/a** SM/F agrobiologist

**agroenergética** SF *use of agricultural products as sources of energy*

**agroforestal** ADJ agroforestry *antes de s*

**agro-industria** SF agro-industry

**agronegocios** SMPL agribusiness

**agronomía** SF agronomy, agriculture

**agrónomo/a** Ⓐ ADJ **ingeniero ~** agricultural scientist
Ⓑ SM/F agronomist, agricultural expert

**agropecuario** ADJ farming *antes de s*; **sector ~** agriculture and fishing; **política agropecuaria** farming policy; **riqueza agropecuaria** agricultural wealth

**agropesquero** ADJ *relating to farming and fishing*

**agroproducto** SM farm produce

**agroquímico** ADJ, SM agrochemical

**agrosistema** SM agricultural ecosystem, farming ecosystem

**agroturismo** SM rural tourism

**agroturístico** ADJ rural tourism *antes de s*

**agrupación** SF [1] (= *grupo*) group, association; (= *reunión*) gathering; (= *unión*) union; (*Mús*) ensemble
[2] (= *acción*) grouping; (= *reunión*) coming together

**agrupamiento** SM grouping

**agrupar** ▸conjug 1a◂ Ⓐ VT (= *reunir en grupo*) to group, group together; [+ *gente, datos etc*] to gather, assemble; (= *amontonar*) to crowd together
Ⓑ **agruparse** VPR (*Pol*) to form a group; (= *juntarse*) to gather together, come together (**en torno a** round)

**agrura** SF [1] (= *sabor agrio*) sourness, tartness
[2] **agruras** (*Méx Med*) heartburn

**agua** SF [1] (*para beber, lavar*) water; **lavar en ~ fría** wash in cold water; **dame ~** give me a drink of water; **un motor refrigerado por ~** a water-cooled engine; **dos ~s con gas y una sin gas, por favor** two sparkling mineral waters and one still one, please; **ha sido un invierno de mucha ~** it's been a very wet winter, we've had a lot of rain this winter; **¡hombre al ~!** man overboard!; **lanzar un barco al ~** to launch a boat; **caer ~** to rain; **hace falta que caiga mucha ~** we need a lot of rain; **cayó ~ a mares** it poured down; **echarse al ~** (*lit*) to dive in; (*fig*) to take the plunge; **¡~ va!** look out!, careful!; **sin decir ~ va** without (any) warning; ♦*MODISMOS* **bailar el ~ a algn** (*Esp*) (= *adular*) to dance attendance on sb; (*Méx**) (= *coquetear*) to flirt with sb; **bañarse en ~ de rosas** to see the world through rose-tinted spectacles; **hacérsele la boca ~ a algn** (*Esp*) ◊ **hacérsele ~ la boca a algn** (*LAm*): **se me hace la boca ~ sólo de pensar en la sopa** just thinking about the soup makes my mouth water, my mouth is watering just thinking about the soup; **se le hace la boca ~ de pensar en los beneficios** he's drooling at the thought of the profit he'll make; **quedar en ~ de borrajas** [*promesas, proyectos*] to come to nothing; **cambiar el ~ al canario** *o* **a las aceitunas*** to take a leak*; **coger ~ en cesto** to labour in vain, be wasting one's time; **como ~ para chocolate** (*Méx**) furious; **estar con el ~ al cuello** to be in it up to one's neck*; **¿me da para mis ~s?** (*Méx*) how about a little something for me?; **echar a algn al ~** (*Chile**) to give sb away; **gastar el dinero como ~** to spend money like water; **como ~ de mayo** (*Esp*): **esperan la privatización como ~ de mayo** they are eagerly awaiting privatization; **la noticia fue recibida como ~ de mayo en los mercados financieros** the news was welcomed with open arms on the financial markets; **este dinero nos viene como ~ de mayo** this money is a godsend, this money couldn't have come at a better time; **llevar el ~ a su molino** to turn things to one's own advantage; **mear ~ bendita**‡ to be a holy Joe*; **es ~ pasada** that's all water under the bridge; **pescar en ~ turbia** to fish in troubled waters; **sacar ~ de las piedras** to work miracles; **de primera ~** (*Chile*) first hand; **ser como el ~ por San Juan** to be harmful, be unwelcome; ♦*REFRANES* **~ que no has de beber déjala correr** don't be a dog in the manger; **nunca digas de esta ~ no beberé** never say never; **de las ~s mansas me libre Dios** still waters run deep; **~ pasada no mueve molino** it's no good crying over spilt milk; **lo que por ~ viene, por ~ se va** (*Col*) easy come, easy go* ► **agua bendita** holy water ► **agua blanda** soft water ► **agua corriente** running water ► **agua (de) cuba** (*Chile*) bleach ► **agua de cebada** barley water ► **agua de colonia** eau de cologne ► **agua de espliego** lavender water ► **agua de fregar** dishwater ► **agua de fuego** firewater ► **agua de fusión de la nieve** meltwater ► **agua de lavanda** lavender water ► **agua del grifo** tap water ► **agua de lluvia** rainwater ► **agua de mar**

sea water ► **agua de rosas** rosewater ► **agua de seltz** seltzer, soda (water), seltzer water (EEUU) ► **agua destilada** distilled water ► **agua dulce** fresh water; **un pez de ~ dulce** a freshwater fish ► **agua dura** hard water ► **agua fuerte** *nitric acid solution* ► **agua Jane®** (*Uru*) bleach ► **agua mineral** mineral water; **~ mineral con gas** sparkling mineral water; **~ mineral sin gas** still mineral water ► **agua nieve** sleet; **cayó ~ nieve** it was sleeting ► **agua oxigenada** hydrogen peroxide ► **agua (de) panela** (*Col, Ven*) hot lemon ► **agua perra** (*Chile*) boiled water (*drunk for its cleansing properties*) ► **agua pesada** heavy water ► **agua potable** drinking water ► **agua salada** salt water; **un pez de ~ salada** a saltwater fish ► **agua tónica** tonic water; *ver tb* **claro**, **grabado**, **vía**

[2] (*CAm, Andes*) (= *gaseosa*) fizzy drink, soda (EEUU); (= *infusión*) herbal tea; **~ de manzanilla** camomile tea

[3] (*CAm*) (= *zumo*) juice; **~ de pera** pear juice

[4] **aguas** [*de mar, río*] waters; [*de la marea*] tide *sing*; **las frías ~s del Atlántico** the cold waters of the Atlantic; **Dios creó las ~s** God created the seas and the oceans; **~s abajo** downstream, downriver; **~s arriba** upstream, upriver; **hacer ~s** [*barco*] to take in water; [*explicación, teoría*] to be full of holes, not to hold water; [*relación, organización, proyecto*] to founder; **nuestro mercado interno hacía ~** our domestic market was foundering *o* in trouble; **romper ~s**: **rompió ~s camino del hospital** her waters broke on the way to the hospital; **tomar las ~s** to take the waters; ✦*MODISMOS* **estar** *o* **nadar entre dos ~s** to sit on the fence; **volver las ~s a su cauce**: **las ~s están volviendo a su cauce** things are returning to normal ► **aguas amnióticas** amniotic fluid *sing* ► **aguas de consumo** drinking water *sing* ► **aguas de escorrentía** run-off water *sing* ► **aguas de pantoque** bilge water *sing* ► **aguas fecales** sewage *sing* ► **aguas internacionales** international waters ► **aguas jurisdiccionales** territorial waters ► **aguas litorales** coastal waters ► **aguas llenas** high tide *sing* ► **aguas mayores** (*euf*) faeces *sing* (*frm*), feces *sing* (EEUU *frm*); **hacer ~s mayores** to have a bowel movement ► **aguas menores** (*euf*) urine *sing*; **hacer ~s menores** to pass water ► **aguas muertas** neap tide *sing* ► **aguas negras**, **aguas residuales**, **aguas servidas** (*Cono Sur*) sewage *sing* ► **aguas subterráneas** groundwater *sing* ► **aguas superficiales** surface water *sing* ► **aguas termales** thermal springs ► **aguas territoriales** territorial waters

[5] **aguas** (= *ondulación*) [5·1] [*de piedra preciosa*] veins; **la malaquita tenía unas ~s blancas** the malachite had white veins in it; **un papel azul haciendo ~s** a blue paper with a marbled design

[5·2] [*de tejado*] pitch, slope; **cubrir ~s** to put the roof on, top out; **tejado a dos ~s** gabled roof; **tejado a cuatro ~s** hipped roof

[6] **aguas** (= *destello*) sparkle *sing*; **el diamante tenía unas ~s preciosas** the diamond sparkled beautifully, the diamond had a wonderful sparkle

**aguacate** SM [1] (= *fruto*) avocado pear; (= *árbol*) avocado pear tree

[2] (*CAm**) (= *idiota*) idiot, fool

[3] **aguacates** (*Méx***) balls**, bollocks**

**aguacatero** SM avocado tree

**aguacero** SM shower, heavy shower, downpour

**aguacha** SF foul water, stagnant water

**aguachacha** SF (*CAm*) weak drink, nasty drink

**aguachado** ADJ (*Cono Sur*) tame

**aguachento** ADJ (*Andes, Cono Sur*) (= *aguado*) watery

**aguachinado** ADJ (*Caribe*) (= *acuoso*) watery; (= *blando*) soft

**aguachinarse** ▸conjug 1a◂ VPR (*Méx*) to be flooded

**aguachirle** SF [1] (= *bebida*) slops *pl*, dishwater

[2] (= *bagatela*) trifle, mere nothing

**aguacil** SM (*Cono Sur*) dragonfly

**aguacola** SF (*Méx*) fish glue

**aguada** SF [1] (*Agr*) watering place

[2] (*Náut*) water supply

[3] (*Min*) flood

[4] (*Arte*) watercolour, watercolor (EEUU), wash

**aguadilla** SF ducking; **hacer una ~ a algn** to duck sb, hold sb's head under water

**aguado** ADJ [1] (= *diluido*) [*sopa*] thin, watery; [*leche, vino*] watered down; [*café*] weak

[2] (*) (= *abstemio*) teetotal

[3] (*LAm*) (= *débil*) weak

[4] (*Méx*) (= *perezoso*) lazy, idle

**aguador(a)** SM/F water carrier, water seller

**aguaducho** SM [1] (= *arroyo*) freshet

[2] (= *quiosco*) refreshment stall, small open-air café

**aguafiestas** SMF INV spoilsport, killjoy

**aguafuerte** SF [1] (*Quím*) nitric acid

[2] (*Arte*) etching; **grabar algo al ~** to etch sth

**aguafuertista** SMF etcher

**aguaitada** SF (*LAm*) look, glance; **echar una ~ a** to take a look at

**aguaitar** ▸conjug 1a◂ Ⓐ VT [1] (*LAm*) (= *mirar*) to watch; (= *espiar*) to spy on, observe; (= *acechar*) to lie in wait for

[2] (*Andes, Caribe*) (= *esperar*) to wait for

[3] (*Cono Sur*) (= *ver*) to look, see

Ⓑ VI (*LAm*) **~ por la ventana** to look out of the window

**aguaje** SM [1] (= *marea*) tide, spring tide; (= *corriente*) current; (= *estela*) wake

[2] (= *provisión*) water supply; (*Agr*) watering trough

[3] (*CAm*) (= *aguacero*) downpour

**aguajirado** ADJ (*Caribe*) withdrawn, timid

**aguajirarse** ▸conjug 1a◂ VPR (*Caribe*) (= *tomar costumbres campesinas*) to become countrified, acquire peasant's habits *etc*; (= *ser reservado*) to be withdrawn, be reserved

**agualotal** SM (*CAm*) swamp, marsh

**aguamala** SF (*Andes*) jellyfish

**aguamanil** SM (= *jarro*) water jug; (= *jofaina*) washbasin, bathroom sink

**aguamar** SM jellyfish

**aguamarina** SF aquamarine

**aguamarse** ▸conjug 1a◂ VPR (*Andes*) to get scared, be intimidated

**aguamiel** SF [1] (= *hidromiel*) sugared water

[2] (*CAm, Méx*) (= *jugo del maguey*) fermented maguey juice, fermented agave juice

**aguamuerta** SF (*Cono Sur*) jellyfish

**aguanieve** SF sleet

**aguano** SM (*Andes*) mahogany

**aguanoso** ADJ [1] (= *lleno de agua*) wet, watery; [*tierra*] waterlogged

[2] (*Méx*) (= *insípido*) [*persona*] wet*

**aguantable** ADJ bearable, tolerable

**aguantaderas** SFPL **tener ~** to be patient, put up with a lot

**aguantadero*** SM (*Cono Sur*) hide-out

**aguantador(a)** Ⓐ ADJ (*LAm*) = **aguantón A**

Ⓑ SM/F (*) fence*, receiver, receiver of stolen goods

**aguantar** ▸conjug 1a◂ Ⓐ VT [1] (= *soportar deliberadamente*) to put up with, endure; **aguanté el dolor como pude** I bore *o* put up with *o* endured the pain as best as I could; **tenemos que estar aguantando continuas ofensas** we have to put up with *o* endure continual insults; **no ~é tus impertinencias ni un minuto más** I won't stand for *o* take *o* put up with your cheek a minute longer; ✦*MODISMO* **~ el chaparrón** to weather the storm

[2] (= *tener capacidad de resistir*) to stand up to; **esta planta aguanta bien el calor** this plant withstands *o* can take heat well, this plant stands up well to heat; **aguanta bastante bien el trabajo en la mina** he stands up pretty well to the work in the mine; **no sé si podré ~ ese ritmo** I don't know if I'll be able to stand the pace; **sabe ~ bien las bromas** he can take a joke; **no ~**: **no aguanto a los cotillas** I can't bear *o* stand gossips; **no aguanto ver sufrir a un animal** I can't bear *o* stand to see an animal suffering; **no aguantaba la rutina de los entrenamientos** he couldn't cope with *o* take the training programme; **no hay quien te aguante** you're impossible *o* insufferable; **este frío no hay quien lo aguante** this cold is just unbearable; **no hay quien aguante una ópera tan larga** who could sit through an opera that long?

[3] (= *sostener*) [*persona*] to hold; [*muro, columna*] to support, hold up; **aguanta un momento el paquete** hold the parcel a minute; **la pierna que aguanta la guitarra** the leg that supports the guitar; **se rompió el cable que aguantaba la antena** the cable holding up *o* supporting the aerial broke; **estas vigas pueden ~ cualquier peso** these beams can take any weight; **esta estantería no podrá ~ tantos libros** these shelves won't take so many books

[4] (= *contener*) [+ *respiración*] to hold; [+ *risa, llanto*] to hold back; **soy capaz de ~ la respiración durante dos minutos** I can hold my breath for two minutes; **el mundo aguantó la respiración temiendo un desastre** the world waited with bated breath, fearing a disaster; **apenas podía ~ la risa** she couldn't hold back her laughter; **~ las ganas de hacer algo** to resist the urge to do sth; **no pude ~ las ganas de decirle lo que pensaba** I couldn't resist telling her what I thought, I couldn't resist the urge to tell her what I thought; **se tuvo que ~ las ganas de llorar** she had to stifle her desire to cry

[5] (= *durar*) to last; **este abrigo no ~á otro invierno** this coat won't last another winter

Ⓑ VI [1] [*persona*] **ya no aguanto más** I can't bear it *o* stand it *o* take it any longer, I can't bear *o* stand *o* take any more; **cuando empe-**

**zaba a correr no aguantaba más de diez minutos** when she started running she couldn't keep going *o* last for more than ten minutes; **~é en Madrid hasta que pueda** I'll hang on *o* hold on in Madrid as long as I can; **yo me emborracho enseguida, pero él aguanta mucho** I get drunk straight away but he can really hold his drink; **tienes que ~ hasta el año que viene con esos zapatos** you'll have to make do with those shoes until next year; **yo ya no aguanto mucho, a las diez estoy en la cama** I can't take the pace any more, I'm in bed by ten; **aguantan poco sin aburrirse** they have a low boredom threshold, they're easily bored; **bailaremos hasta que el cuerpo aguante** we'll dance till we drop; **es de guapo que no se puede ~*** he's drop dead gorgeous*, he's to die for*
2 [*clavo, columna*] to hold; **¿crees que este clavo ~á?** do you think this nail will hold?; **esa columna va a ~ poco** that pillar won't hold (out) much longer
3 (*LAm**) (= *esperar*) to hang on*, hold on; **¡aguanta!** hang on* *o* hold on a minute!
Ⓒ **aguantarse** VPR 1 (= *mantenerse*) **estaba tan cansado que ya no me aguantaba de pie** I was so tired I could hardly stand; **~se de algo** to hang onto sth, hang on by sth; **me aguanté de una cuerda hasta que llegaron los bomberos** I hung onto a rope *o* I hung on by a rope until the firefighters came
2 (= *contenerse*) **¿por qué tenemos que ~nos y no responder?** why do we have to keep quiet and not respond?; **¿no puedes ~te hasta que lleguemos a casa?** can't you hold on until we get home?; **~se de hacer algo** to hold back from doing sth
3 (= *conformarse*) **no quería ir a la boda, pero me tuve que ~** I didn't want to go to the wedding but I had to grin and bear it; **¡si no te gusta el helado, ahora te aguantas!** if you don't like the ice cream, that's tough! *o* you can lump it!*
4 (= *soportarse*) **cuando me duele la cabeza no me aguanto ni yo** when I have a headache I'm unbearable; **no sé cómo te aguantas** you're impossible *o* insufferable
5 (*Méx*) (= *callarse*) to keep quiet, keep one's mouth shut*; **¡aguántate!** calm down!

**aguante** SM 1 (= *paciencia*) patience; **no tengo ningún ~ con los niños** I have no patience with children; **no tiene ninguna capacidad de ~** she has no capacity for patience
2 (= *resistencia*) (*ante el dolor*) endurance; (*ante el cansancio*) stamina, staying power; **¿ya estás cansado? ¡qué poco ~ tienes!** are you tired already? you've no staying power *o* stamina!; **no pongas libros en esa mesa, que tiene muy poco ~** don't put books on that table, it can't take much weight
3 (*Caribe**) **al ~ de algn** behind sb's back

**aguantón** Ⓐ ADJ (*Caribe, Méx*) long-suffering, extremely patient
Ⓑ SM (*Caribe**) **te darás un ~** you'll have a long wait

**aguapié** SM weak wine, plonk*

**aguar** ▸conjug 1i◂ VT 1 [+ *vino*] to water, water down
2 (*fig*) (= *estropear*) to spoil, mar; **~ la fiesta a algn** to spoil sb's fun
3 (*CAm, Cono Sur*) [+ *ganado*] to water

**aguarana** SMF (*Andes*) primitive jungle Indian

**aguardada** SF wait, waiting

**aguardadero** SM, **aguardado** SM hide, blind (*EEUU*)

**aguardar** ▸conjug 1a◂ Ⓐ VT (= *esperar*) to wait for, await; (*con ansias*) to expect; **no sabemos el futuro que nos aguarda** we don't know what's in store for us
Ⓑ VI (= *esperar*) to wait; **aguarde usted** I'm coming to that; **¡aguarda te digo!** hold your horses!*

**aguardentería** SF liquor store

**aguardentero/a** SM/F liquor seller

**aguardentoso** ADJ [*licor, bebida*] alcoholic; [*voz*] husky, gruff

**aguardiente** SM brandy, liquor ▸ **aguardiente de caña** rum ▸ **aguardiente de cerezas** cherry brandy ▸ **aguardiente de manzana** applejack

**aguardientoso** ADJ (*LAm*) = **aguardentoso**

**aguardo** SM hide, blind (*EEUU*)

**aguarrás** SM turpentine

**aguate** SM (*Méx*) (= *espina*) prickle, spine

**aguatero/a** SM/F (*Méx*) (= *aguador*) water carrier, water seller

**aguatocha** SF pump

**aguatoso** ADJ (*Méx*) prickly

**aguaturma** SF Jerusalem artichoke

**aguaviva** SF (*Cono Sur*) jellyfish

**aguayo** SM (*Andes*) multicoloured *o* (*EEUU*) multicolored woollen cloth (*for adornment, or carried as shoulder bag*)

**aguaza** SF (*Med*) liquid (*from a tumour*); (*Bot*) sap

**aguazal** SM (= *charco*) puddle; (= *pantano*) swamp

**aguazar** ▸conjug 1f◂ Ⓐ VT to flood, waterlog
Ⓑ **aguazarse** VPR to flood, become waterlogged

**agudeza** SF 1 [*de los sentidos, de la mente*] acuteness, sharpness; **con una enorme ~ visual** with very keen *o* sharp vision
2 (= *ingenio*) wit, wittiness
3 (= *comentario, golpe*) witticism

**agudización** SF [*de los sentidos, de la mente*] sharpening; [*de crisis*] deterioration, worsening

**agudizar** ▸conjug 1f◂ Ⓐ VT [+ *los sentidos, la mente*] to sharpen, make more acute; [+ *crisis*] to aggravate
Ⓑ **agudizarse** VPR [*los sentidos, la mente*] to sharpen; (= *empeorarse*) worsen; **el problema se agudiza** the problem is becoming more acute; **la competencia se agudiza** competition is intensifying

**agudo** ADJ 1 (= *afilado*) [*filo*] sharp; [*instrumento*] sharp, pointed
2 (= *intenso*) [*enfermedad, dolor*] acute; [*acento*] acute
3 [*ángulo*] acute
4 (= *incisivo*) [*mente, sentido*] sharp, keen; [*ingenio*] ready, lively; [*crítica*] penetrating; [*observación*] smart, clever; [*pregunta*] acute, searching
5 (= *gracioso*) witty
6 (*Mús*) [*nota*] high, high-pitched; [*voz, sonido*] piercing

**agué** EXCL (*CAm*) hello!

**agüeitar** ▸conjug 1a◂ (*LAm*) = **aguaitar**

**agüera** SF irrigation ditch

**agüero** SM omen, sign; **de buen ~** lucky; **ser de buen ~** to augur well; **de mal ~** of ill omen, unlucky; **pájaro de mal ~** bird of ill omen

**aguerrido** ADJ hardened, veteran

**aguerrir** ▸conjug 3a; imperfecto◂ VT to inure, harden

**agüevar‡** ▸conjug 1a◂ Ⓐ VT (*CAm, Méx*) to put down, shame
Ⓑ **agüevarse** VPR to cower, shrink

**aguijada** SF, **aguijadera** SF goad

**aguijar** ▸conjug 1a◂ Ⓐ VT [+ *buey, mula, etc*] to goad; (*fig*) (= *incitar*) to urge, spur on
Ⓑ VI (= *acelerar el paso*) to hurry along, make haste

**aguijón** SM 1 (= *puya*) goad; [*de insecto*] sting; [*de planta*] prickle, spine; **dar coces contra el ~** to kick against the pricks, struggle in vain
2 (= *incitación*) stimulus, incitement; **el ~ de la carne** sexual desire

**aguijonazo** SM prick, prick with a goad, jab; (*Zool, Bot*) sting

**aguijonear** ▸conjug 1a◂ VT = **aguijar A**

**aguijoneo** SM goading, provocation

**águila** SF 1 (= *ave*) eagle ▸ **águila calzada** booted eagle ▸ **águila culebrera** short-toed eagle ▸ **águila perdicera** Bonelli's eagle ▸ **águila pescadora** osprey ▸ **águila ratonera** buzzard ▸ **águila real** golden eagle; ✦**MODISMO ser un ~** to be a genius, be terribly clever
2 (*Cono Sur*) (= *estafador*) cheat, swindler; **andar a palos con el ~*** to be broke
3 [*de moneda*] **¿~ o sol?** (*Méx*) heads or tails?

**aguileña** SF columbine

**aguileño** ADJ [*nariz*] aquiline; [*rostro*] sharp-featured; [*persona*] hawk-nosed

**aguilera** SF eagle's nest, eyrie

**aguilillo/a** SM/F (*LAm*) fast horse

**aguilón** SM (= *ave*) large eagle; [*de grúa*] jib; (*Arquit*) gable, gable end; (*Andes*) (= *caballo*) large heavy horse

**aguilucho** SM (= *cría*) eaglet, young eagle; (*LAm*) (= *halcón*) hawk, falcon

**aguinaldo** SM 1 (= *propina*) Christmas box; (= *plus*) Christmas bonus
2 (*LAm*) (= *villancico*) Christmas carol

**aguita‡** SF (*Andes*) cash, dough‡, bread‡

**agüita** SF (*Chile*) [*de menta*] herb tea, herbal tea

**agüitado** ADJ (*Méx*) depressed, gloomy

**aguja** SF 1 (*Cos, Med*) needle; [*de sombrero*] hatpin; **darle a la ~*** to shoot up‡; ✦**MODISMO buscar una ~ en un pajar** to look for a needle in a haystack ▸ **aguja capotera** darning needle ▸ **aguja de arria** (*LAm*) pack needle ▸ **aguja de gancho** crochet hook ▸ **aguja de hacer punto** knitting needle ▸ **aguja de marear** compass, compass needle; **conocer la ~ de marear** to know one's way around ▸ **aguja de media**, **aguja de tejer** (*LAm*) knitting needle ▸ **aguja de zurcir** darning needle ▸ **aguja hipodérmica** hypodermic needle ▸ **aguja imantada**, **aguja magnética** compass, compass needle
2 (= *indicador*) [*de reloj*] hand; (*Téc*) pointer, hand; (*Mil*) firing pin; [*de tocadiscos*] stylus, needle; **tumbar la ~*** (*Aut*) to step on the gas*, go full out
3 (*LAm Agr*) (= *estaca*) fence post

4 ► **aguja de pino** (*Bot*) pine needle
5 (= *chapitel*) spire, steeple
6 **agujas** (*Culin*) (= *costillas*) shoulder *sing*, rib *sing*
7 **agujas** (*Ferro*) points, switch *sing* (*EEUU*)
8 (= *pez*) garfish
9 (*CAm, Méx*) (= *carne*) beef

**agujazo** SM prick, jab

**agujereado** ADJ full of holes

**agujerear** ▸conjug 1a◂ VT (= *hacer agujeros en*) to make holes in; (= *penetrar*) to pierce

**agujero** SM 1 (= *abertura*) hole; **hacer un ~ en** to make a hole in ► **agujero de hombre** manhole ► **agujero de ozono** ozone hole, hole in the ozone layer ► **agujero negro** black hole
2 (*Cos*) (*para agujas*) needle case; (*para alfileres*) pincushion
3 (*Fin*) (= *deuda*) hole, drain, deficit

**agujetas** SFPL 1 (= *rigidez*) stiffness *sing*; **tengo ~ en las piernas después del partido** my legs are stiff after the game
2 (*Méx*) (= *cordones*) shoelaces

**agujetero** SM (*LAm*) (= *alfiletero*) pincushion

**agujón** SM hatpin

**agur*** EXCL cheerio!*, so long!

**agusanado** ADJ maggoty, wormy

**agusanarse** ▸conjug 1a◂ VPR to get maggoty

**Agustín** SM Augustine

**agustino** ADJ, SM, **agustiniano** ADJ, SM Augustinian

**agutí** SM (*LAm*) guinea pig

**aguzado** ADJ (*LAm*) sharp, on the ball*

**aguzamiento** SM sharpening

**aguzanieves** SF INV wagtail

**aguzar** ▸conjug 1f◂ VT 1 (= *afilar*) to sharpen
2 (*fig*) (= *incitar*) to incite, stir up; [+ *ingenio*] to sharpen; [+ *apetito*] to whet; **~ el oído** to prick up one's ears; **~ la vista** to keep one's eyes peeled*

**ah** EXCL 1 (*para expresar sorpresa*) ah!, ha!, oh!; **¡ah del barco!** ship ahoy!
2 (*LAm*) (*para interrogar*) **¿ah?** what?

**a.h.** ABR (= **año de la Hégira**) AH

**ahechaduras** SFPL chaff *sing*

**ahechar** ▸conjug 1a◂ VT to sift

**aherrojamiento** SM oppression

**aherrojar** ▸conjug 1a◂ VT (= *encadenar*) to put in irons, fetter; (*fig*) (= *someter*) to oppress

**aherrumbrarse** ▸conjug 1a◂ VPR [*metal*] to rust, get rusty; [*color*] to take on the colour of iron

**ahí** ADV 1 (*en un lugar*) there; **ponlo ~** put it there; **~ está Antonio** there's Antonio; **~ llega el pelotón** here comes the pack; **ésa de ~ es mi madre** that woman over there is my mother; **¿Nina, estás ~?** Nina, are you there?; **de un salto puedo llegar hasta ~ enfrente** I can get over there in one jump; **~ abajo** down there; **~ arriba** up there; **~ dentro** in there, inside; **~ fuera** out there, outside; **~ mero** (*Méx*) ◊ **~ mismo** right there; **vivo ~ mismo** I live right there; **~ no más** (*LAm*) right (near) here; **por ~** (*indicando dirección*) that way; (*indicando posición*) over there; **entra por ~** go in that way; **busca por ~** look over there; **las tijeras deben de estar por ~** the scissors must be around somewhere; **hoy podemos ir a cenar por ~** we can go out for dinner tonight, we can eat out tonight; **¿no dicen por ~ que vivimos en un país libre?** don't they say we live in a free country?; **lleva muchos años viviendo por ~ fuera** he has been living abroad for many years; **debe de tener unos cincuenta años o por ~** she must be about fifty or so; **por ~ se le ocurre llamar** (*Cono Sur*) he might think to phone; **~ tiene** there you are; **~ tiene sus libros** there are your books; **¡~ va!: ~ va el balón, ¡cógelo!** there goes the ball, catch it!; **¡~ va, qué bonito!** wow, it's lovely!; **¡~ va, no me había dado cuenta de que eras tú!** well well! I didn't realise it was you; ✦**MODISMO ~ donde lo ves** believe it or not; **~ donde lo ves, come más que tú y yo juntos** believe it or not he eats more than you and me put together
2 (*en una situación*) **la injusticia no acaba ~** the injustice doesn't end there; **~ está la clave de todo** that's the key to everything; **¡~ está el problema!** that's the problem!; **~ está, por ejemplo, el caso de Luis** there's the case of Luis, for example; **~ estaba yo, con casi cincuenta años, y todavía soltero** there was I, about to turn fifty, and still a bachelor; **—¿está mejor tu mujer? —~ anda** *o* (*LAm*) **~ va** "is your wife better?" — "she's doing all right"; **¡hombre, haber empezado por ~!** why didn't you say so before?; **de ~** that's why; **de ~ las quejas de los inquilinos** that's why the tenants are complaining, hence the tenants' complaints (*frm*); **de ~ que me sintiera un poco decepcionado** that's why I felt a bit let down; **de ~ se deduce que …** from that it follows that …; **hasta ~: hasta ~ llego yo** I can work that much out for myself; **bueno, hasta ~ de acuerdo** well, I agree with you up to there *o* that point; **¡hasta ~ podíamos llegar!** what a nerve!, that's the limit!, can you credit it!; **he ~ el dilema** that's the dilemma, there you have the dilemma; **~ sí que** (*LAm*): **si hubiéramos ido más rápido, ~ sí que nos matamos** if we'd gone any faster, we'd definitely have been killed; **~ sí que me pillaste** you've really got me there; ✦**MODISMOS ¡~ es nada!** imagine!, wow!; **~ está el meollo** *o* **el quid de la cuestión** that's the crux of the matter, that's the whole problem; **hasta por ~ no más** (*Cono Sur*) up to a point
3 (*en el tiempo*) **~ mismo** (*LAm*) ◊ **~ no más** (*Chile*) there and then; **a partir de ~** from then on

**ahijado/a** SM/F (= *hijo adoptivo*) godson/goddaughter; (*fig*) (= *protegido*) protégé/protégée

**ahijar** ▸conjug 1a◂ VT 1 [+ *niño*] to adopt; [+ *animal*] to adopt, mother
2 **~ algo a algn** (= *imputar*) to impute sth to sb

**ahijuna**** EXCL (*LAm*) you bastard!**

**ahilar** ▸conjug 1a◂ Ⓐ VT (= *poner en fila*) to line up
Ⓑ VI (= *andar en fila*) to go in single file
Ⓒ **ahilarse** VPR (= *desmayarse*) to faint with hunger; [*planta*] to grow poorly; [*vino*] to turn sour, go off

**ahincadamente** ADV hard, earnestly

**ahincado** ADJ earnest

**ahincar** ▸conjug 1g◂ Ⓐ VT (= *instar*) to press, urge
Ⓑ **ahincarse** VPR (= *apresurarse*) to hurry up, make haste

**ahinco** SM, **ahínco** SM (= *seriedad*) earnestness, intentness; (= *énfasis*) emphasis; (= *empeño*) effort; (= *resolución*) determination, perseverance; **con ~** eagerly, hard, earnestly

**ahitar** ▸conjug 1a◂ Ⓐ VT to cloy, surfeit
Ⓑ **ahitarse** VPR (= *empacharse*) to stuff o.s. (**de** with), give o.s. a surfeit (**de** of); (*Med*) (= *indigestarse*) give o.s. indigestion

**ahíto** Ⓐ ADJ 1 (= *empachado*) gorged, satiated
2 (*fig*) (= *harto*) **estar ~ de** to be fed up with
3 (= *lleno*) full, packed tight
Ⓑ SM (= *empacho*) surfeit, satiety; (*Med*) (= *indigestión*) indigestion

**AHN** SM ABR (*Esp*) = **Archivo Histórico Nacional**

**ahogadero** SM 1 [*de animal*] throatband; [*de verdugo*] hangman's rope
2 (= *lugar caluroso*) **esto es un ~** it's stifling in here

**ahogado/a** Ⓐ ADJ 1 [*persona*] (*en agua*) drowned; (*por falta de aire*) suffocated; **morir ~** (*en agua*) to drown; (*por falta de aire*) to suffocate
2 (= *apagado*) [*voz, llanto*] stifled; [*grito*] muffled
3 [*lugar*] cluttered; **la cocina está ahogada con tantos muebles** the kitchen looks cluttered with so much furniture
4 (= *sin dinero*) **el club está ~ económicamente** the club is going under; **nos vimos ~s por las deudas** we were up to our eyes in debt
5 (*Méx**) (= *borracho*) drunk
Ⓑ SM/F drowned man/woman
Ⓒ SM (*Andes*) (= *salsa*) *sauce made with tomatoes, onions and peppers*; (= *guisado*) *stew made with tomatoes, onions and peppers*

**ahogador** SM (*Méx*) choke

**ahogar** ▸conjug 1h◂ Ⓐ VT 1 (= *matar*) (*en agua*) to drown; (*quitando el aire*) to suffocate; **lo ahogó en la bañera** she drowned him in the bath; **si riegas tanto el cactus lo vas a ~** if you keep watering the cactus so much you'll drown it; ✦**MODISMO ~ las penas** to drown one's sorrows
2 (= *asfixiar*) [*humo, espina, emoción*] to choke; [*angustia, pena*] to overcome; **el cuello de la camisa me está ahogando** the neck of this shirt is choking me; **su voz tiembla, ahogada por la emoción** her voice trembles, choked with emotion; **este calor me ahoga** this heat is suffocating me *o* is stifling; **la angustia me ahoga** I am overcome with anguish
3 (*económicamente*) [+ *empresa, país*] to cripple; **los impuestos ahogan a la pequeña empresa** taxation is crippling small businesses; **intentan ~ a Cuba con el bloqueo económico** they are trying to cripple Cuba with the economic blockade
4 (= *reprimir*) [+ *bostezo, tos*] to stifle; [+ *llanto*] to stifle, choke back
5 (= *detener*) [+ *fuego, llamas*] to smother; [+ *lucha, rebelión*] to crush, put down; [+ *voces, protestas*] to stifle; [+ *derechos, libertades*] to curtail; [+ *desarrollo, posibilidades, plan*] to hinder, block; **~on la rebelión en sangre** they crushed the rebellion with bloodshed; **las malas comunicaciones ahogan la expansión económica** bad communications are hindering *o* blocking economic expansion; **los aplausos ahogaban sus palabras** her words were drowned (out) by the applause; **el Bar-**

**celona ahogó las esperanzas del Deportivo** Barcelona put paid to *o* dashed Deportivo's hopes
[6] (= *bloquear*) to block; **las hojas ahogan las alcantarillas** the drains were blocked (up) with leaves
[7] (*Aut*) [+ *motor*] to flood
[8] (*Ajedrez*) [+ *rey*] to stalemate
Ⓑ **ahogarse** VPR [1] (*en agua*) (*accidentalmente*) to drown; (*suicidándose*) to drown o.s.; **se les ahogó el hijo en una piscina** their son drowned in a swimming pool; **no hay que regar tanto las plantas, porque se ahogan** you shouldn't water the plants so much, they'll get waterlogged; ✦*MODISMO* **~se en un vaso de agua** to make a mountain out of a molehill
[2] (= *asfixiarse*) [2·1] (*por falta de aire*) **subió la cuesta ahogándose** she climbed the hill gasping for breath; **si subo las escaleras deprisa me ahogo** if I go up the stairs too quickly I get out of breath
[2·2] (*por el calor*) to suffocate; **me ahogo de calor** I'm suffocating with this heat, the heat is stifling
[2·3] (*con humo, espina*) to choke (**con** on)
[3] (= *agobiarse*) **me ahogo en los ascensores** I get claustrophobic in lifts; **se ahoga en un mar de indecisiones** she is drowning in a sea of indecision
[4] (*Aut*) [*motor*] to flood

**ahogo** SM [1] (= *asfixia*) breathlessness; **una sensación de ~ le impedía hablar** a feeling of breathlessness prevented him from speaking; **el asma le produce ~** asthma makes him breathless
[2] (= *angustia*) feeling of distress
[3] (= *apuro económico*) financial difficulty; **hemos pasado unos ~s tremendos para comprar el piso** we went through tremendous difficulties to buy the flat

**ahoguío** SM (*Med*) = **ahogo 2**

**ahondar** ▸conjug 1a◂ Ⓐ VT to deepen, make deeper
Ⓑ VI **~ en** to study thoroughly, explore
Ⓒ **ahondarse** VPR to go in more deeply, sink in more deeply

**ahora** Ⓐ ADV [1] (= *en este momento*) now; **hace ~ un mes** a month ago now; **~ o nunca** now or never; **ese color se lleva mucho ~** people wear that colour a lot these days *o* now; **el ~ primer ministro** the present prime minister; **de ~ en adelante** from now on; **de ~** of today; **la juventud de ~** the youth of today, today's youth; **no es una cosa de ~** it's not a recent thing; **desde ~** from now on; **hasta ~** up to now, so far; **~ mismo** right now; **~ mismo están reunidos** they're in a meeting at the moment *o* right now; **a partir de ~** from now on; **por ~** for the moment, for now; **es todo lo que podemos hacer por ~** it's all we can do for the moment *o* for now; **por ~ ha dirigido sólo dos películas** up to now he has only directed two films; **~ que** now that; **~ que lo dices** now that you mention it; **~ que lo pienso** come to think of it, now that I think of it; **~ resulta que …** now it turns out that …; **~ sí que me voy** I'm definitely going this time; **~ sí que os habéis equivocado** this time you're definitely wrong
[2] (= *hace poco*) just now; **me lo acaban de decir ~** they've just told me; **acaban de llegar ~ mismito** they've just this minute arrived; **~ tiempo** (*Chile*) a while ago; **~ último** (*Chile*) recently
[3] (= *enseguida*) in a minute; **~ lo apunto** I'll write it down in a minute; **~ mismo voy** I'll be right there, I'll be there in a minute; **¡hasta ~!** see you in a minute!
Ⓑ CONJ [1] (= *sin embargo*) **~, yo entiendo que eso no fue lo acordado** I understand, though, that that is not what was agreed; **es muy barato; ~, si no te gusta no lo compro** it's very cheap; then again, if you don't like it I won't buy it; **~ bien** however; **~ que** although; **es listo, ~ que bastante vago** he's bright, although quite lazy
[2] (*uso distributivo*) **~ la quitan, ~ la ponen** one minute they take it away, the next they put it back; **la ducha escocesa, ~ caliente, ~ fría** the Scottish shower — one minute hot, the next cold

**ahorcado/a** Ⓐ ADJ (*Cono Sur**) flat broke*
Ⓑ SM/F hanged person

**ahorcadura** SF hanging

**ahorcajarse** ▸conjug 1a◂ VPR to sit astride; **~ en** to straddle

**ahorcamiento** SM hanging

**ahorcar** ▸conjug 1g◂ Ⓐ VT to hang; **a la fuerza ahorcan** there is no alternative; **¡que me ahorquen!** cross my heart!
Ⓑ **ahorcarse** VPR to hang o.s.

**ahorita** ADV (*esp LAm*), **ahoritica** ADV (*LAm*), **ahoritita** ADV (*Méx*) (= *en este momento*) right now, this very minute; (= *hace poco*) a minute ago, just now; (= *dentro de poco*) in a minute; **¡~ voy!** I'm just coming!, I'll be with you in a minute!

**ahormar** ▸conjug 1a◂ VT [1] (= *ajustar*) to fit, adjust (**a** to); (= *formar*) to shape, mould, to mold (*EEUU*); [+ *zapatos*] to break in, stretch; [+ *carácter*] to mould, mold (*EEUU*)
[2] **~ a algn** (= *poner en razón*) to make sb see sense

**ahorquillado** ADJ forked

**ahorquillar** ▸conjug 1a◂ Ⓐ VT [1] (= *apoyar*) to prop up
[2] (= *formar*) to shape like a fork
Ⓑ **ahorquillarse** VPR to fork, become forked

**ahorrador** ADJ thrifty

**ahorrar** ▸conjug 1a◂ Ⓐ VT [1] [+ *dinero, energía, tiempo, trabajo*] to save; **así podrás ~ algo de electricidad** this way you will be able to save some electricity; **tienen bastante dinero ahorrado** they have quite a lot of money saved up *o* put by
[2] (= *evitar*) [+ *disgustos, molestias, problemas*] to save; [+ *peligro*] to avoid; **me gustaría ~te las molestias** I'd like to save you the trouble; **te ~é los detalles** I'll spare you the details; **lo contó sin ~ detalles** she told it in great detail; **no ~ ataques/críticas contra algn** to show no mercy in one's attacks/criticism of sb; **no ~ elogios con algn** to be unstinting in one's praise of sb; **no ~ esfuerzos** to spare no effort, be unstinting in one's efforts
[3] (††) [+ *esclavo*] to free
Ⓑ VI to save; **está ahorrando para comprarse un coche** he's saving (up) to buy a car; **no encienden la calefacción para ~** they don't put the heating on to save money *o* to economize
Ⓒ **ahorrarse** VPR [1] [+ *dinero, tiempo*] to save; **al comprar esa casa se ahorró bastante dinero** buying that house saved him quite a lot of money; ✦*MODISMO* **no ahorrárselas con nadie** to be afraid of nobody
[2] (= *evitarse*) to save o.s.; **así te ahorras tener que ir al médico** this will save you *o* you'll save yourself having to go to the doctor's; **un regalo que te ahorras** it saves you having to buy a present, you save yourself having to buy a present; **podías haberte ahorrado los comentarios** I could have done without your comments; **por mí puedes ~te las molestias** as far as I'm concerned you can save yourself the trouble

**ahorrativo** ADJ (= *que no derrocha*) thrifty; (*pey*) (= *tacaño*) stingy, mean

**ahorrillos** SMPL small savings

**ahorrista** SMF saver

**ahorro** SM [1] (= *acto*) [*de dinero, energía, trabajo*] saving; **una política que fomenta el ~** a policy which promotes saving; **un plan de ~ energético** an energy saving scheme
[2] **ahorros** (= *dinero*) savings; **he gastado todos mis ~s** I've spent all my savings; **con el tiempo he conseguido reunir unos ahorrillos** over time I've managed to get some savings together; *ver tb* **caja**, **libreta**
[3] (= *cualidad*) thrift

**ahoyar** ▸conjug 1a◂ VT to dig holes in

**ahuchar**[1] ▸conjug 1a◂ VT to hoard, put by

**ahuchar**[2] ▸conjug 1a◂ VT (*Andes, Méx*) = **azuzar 2**

**ahuecado** ADJ **voz ahuecada** deep voice

**ahuecar** ▸conjug 1g◂ Ⓐ VT [1] (= *excavar*) to hollow, hollow out; **~ la mano** to cup one's hand
[2] (*Agr*) to loosen, soften; (*Cos*) to fluff out
[3] [+ *voz*] to deepen
[4] **~ el ala** to make o.s. scarce
Ⓑ VI **¡ahueca!*** beat it!*
Ⓒ **ahuecarse** VPR to show off

**ahuesarse** ▸conjug 1a◂ VPR (*Andes, Cono Sur*) [1] (*) (= *pasar de moda*) to go out of fashion; [*alimentos*] to go off, go bad; [*mercancías*] to get spoiled
[2] [*persona*] to get thin

**ahuevado** ADJ (*LAm*) silly, stupid

**ahuizote** SM [1] (*CAm, Méx*) (= *persona*) pain*, pain in the neck*, nuisance
[2] (= *maleficio*) evil spell, curse

**ahulado** SM (*CAm, Méx*) oilskin; **~s** rubber shoes

**ahumado** Ⓐ ADJ [1] (*Culin*) smoked; (= *lleno de humo*) smoky; [*vidrio*] tinted
[2] (*) (= *borracho*) tight*, tipsy
Ⓑ SM [1] (= *acción*) smoking, curing
[2] (*) (= *borracho*) drunk

**ahumar** ▸conjug 1a◂ Ⓐ VT [1] (*Culin*) to smoke, cure
[2] [+ *superficie*] to make smoky; [+ *sala*] to fill with smoke
[3] [+ *colmena*] to smoke out
Ⓑ VI to smoke, give out smoke
Ⓒ **ahumarse** VPR [1] [*comida*] to acquire a smoky flavour *o* (*EEUU*) flavor
[2] [*cuarto*] to be smoky
[3] (*) (= *emborracharse*) to get tight*

**ahusado** ADJ tapering

**ahusarse** ▸conjug 1a◂ VPR to taper

**ahuyentar** ▸conjug 1a◂ Ⓐ VT [1] (= *espantar*) to frighten off, frighten away; (= *mantener a distancia*) to keep off
[2] [+ *temores, dudas, etc*] to banish, dispel; **~**

**las penas con vino** to drown one's sorrows in wine
Ⓑ **ahuyentarse** VPR to run away; (*Méx*) to stay away

**AI** SF ABR (= **Amnistía Internacional**) AI

**AID** SF ABR (= **Agencia Internacional para el Desarrollo**) AID

**AIF** SF ABR (= **Asociación Internacional de Fomento**) IDA

**AIH** [ai'atʃe] SF ABR = **Asociación Internacional de Hispanistas**

**aimara, aimará** (*pl* **aimaraes**) Ⓐ ADJ, SMF Aymara, Aymara Indian
Ⓑ SM (*Ling*) Aymara

**aína** ADV (*liter*) speedily

**aindiado** ADJ (*LAm*) Indian-like, Indianized

**airadamente** ADV angrily

**airado** ADJ [1] (= *enojado*) angry; (= *violento*) wild, violent; **joven ~** angry young man; **salió ~ del cuarto** he stormed out of the room
[2] [*vida*] immoral, depraved

**airar** ▸conjug 1a◂ Ⓐ VT (= *enojar*) to anger; (= *irritar*) to annoy
Ⓑ **airarse** VPR to get angry (**de, por** at)

**airbag** ['erβag] SM (*pl* **airbags**) airbag

**aire** SM [1] (= *elemento*) air; **una bocanada de ~ fresco** a breath of fresh air; **parece que me falta el ~** I feel as if I can't breathe; **ir a la montaña a respirar ~ puro** to go to the hills where the air is pure; **¡fuera de aquí, aire!*** get out of here! scram!*; **al ~**: **lanzar algo al ~** to throw sth into the air; **la fruta se deja secar al ~** the fruit is left to dry uncovered; **un vestido con la espalda al ~** a backless dress; **estar en el ~** [*balón, paracaidista*] to be in the air; (*Radio*) to be on (the) air; **todo está en el ~ hasta que se conozcan los resultados** it's all up in the air until the results are known; **la polémica estaba en el ~** controversy hung in the air; **dejar una pregunta/problema en el ~** to leave a question/issue up in the air; **al ~ libre** (*con verbo*) outdoors, in the open air; (*con sustantivo*) outdoor *antes de s*, open-air *antes de s*; **el concierto se celebró al ~ libre** the concert was held outdoors *o* in the open air; **una piscina al ~ libre** an outdoor *o* open-air pool; **le gusta la vida al ~ libre** she loves the outdoor life; **actividades al ~ libre** outdoor activities; **salir al ~** (*Radio*) to go on (the) air; **saltar por los ~s** to blow up, explode; **tomar el ~** to get some fresh air; **salió a tomar un poco el ~** he went out to get *o* for some fresh air; **¡vete a tomar el ~!*** scram!*, clear off!*; **~ viciado** (*en habitación cerrada*) stale air; (*en fábrica, ciudad contaminada*) foul air; **volar por los ~s** to blow up, explode; **todas las esperanzas de paz han volado por los ~s** all hopes of peace have been dashed; ✦*MODISMOS* **a mi/tu/su ~**: **aprendieron a su ~** they learned in their own way; **le gusta hacer las cosas a su ~** he likes to do things his own way; **eso le permitió trabajar a su ~** that enabled her to work the way she wanted; **ir a su ~** to go one's own way, do one's own thing*; **beber los ~s por algn** to be madly in love with sb; **darle un ~ a algn**: **le dio un ~ y perdió el habla** he had a stroke and lost the power of speech; **estar de buen/mal ~** to be in a good/bad mood; **mantenerse del ~** to live on thin air; **mudarse a cualquier ~** to change from one minute to the next; **ofenderse del ~** to be really touchy; **seguir el ~ a algn** to humour sb; **vivir del ~** to live on thin air ▸ **aire acondicionado** air conditioning; **un vehículo con ~ acondicionado** an air-conditioned vehicle ▸ **aire colado** cold draught, cold draft (*EEUU*) ▸ **aire comprimido** compressed air; **una escopeta de ~ comprimido** an air rifle ▸ **aire detonante** firedamp ▸ **aire líquido** liquid air
[2] (*Meteo*) (= *viento*) wind; (= *corriente*) draught, draft (*EEUU*); **no corre nada de ~** there isn't a breath of wind; **entra mucho ~ por la puerta** there's a strong draught coming in through the door; **hoy hace mucho ~** it's very windy today; **entraba un ~ muy agradable de la calle** there was a lovely breeze coming in from the street; **dar ~ a algn** to fan sb; **la prensa no da ~ al éxito del gobierno** the press is giving no coverage to the government's success; **darse ~** to fan o.s.; ✦*MODISMOS* **¿qué ~s te traen por aquí?** what brings you here?; **cambiar** *o* **mudar de ~s** to have a change (of scene) ▸ **aires de cambio** (*Pol*) winds of change
[3] (= *aspecto*) air; **los techos altos le daban un ~ señorial a la casa** high ceilings gave a stately air to the house; **le respondió con ~ cansado** he replied wearily; **su cara tiene un ~ familiar** there's something familiar about his face; **tienen ~ de no haber roto un plato en su vida** they look as if butter wouldn't melt in their mouths; ✦*MODISMO* **darse ~s** to put on airs; **eso te pasa por darte ~s de superioridad** that's what happens when you think you're better than everyone else *o* when you put on airs; **no te des esos ~s de suficiencia conmigo** don't get on your high horse with me
[4] (= *parecido*) **¿no le notas un ~ con Carlos?** don't you think he looks a bit like Carlos?; **darse un ~ a algn** to look a bit like sb ▸ **aire de familia** family resemblance, family likeness
[5] (= *aerofagia*) wind; **las lentejas me provocan mucho ~** lentils give me a lot of wind
[6] (= *garbo*) style, panache; **lleva la ropa con mucho ~** she wears her clothes with great style *o* panache; **dio unos pases de muleta con buen ~** he did a few stylish passes with the cape
[7] (*Mús*) air; **música con ~s populares** music with popular airs

**aireación** SF ventilation

**aireado** SM (= *ventilación*) ventilation; [*de vino*] aeration

**aire-aire** ADJ **misil ~** air-to-air missile

**airear** ▸conjug 1a◂ Ⓐ VT [1] (= *ventilar*) to air, ventilate; [+ *ropa*] to air; **~ la atmósfera** to clear the air
[2] (= *difundir*) [+ *idea, cuestión*] to air; (*en prensa*) to discuss at length, give a lot of coverage to
[3] (= *publicar*) to gossip about
Ⓑ **airearse** VPR (= *tomar el aire*) to take the air; (= *resfriarse*) to catch a chill

**airecito** SM breeze, gentle wind

**aireo** SM ventilation

**aire-tierra** ADJ INV **misil ~** air-to-ground missile

**airón** SM [1] (= *ave*) heron
[2] (= *penacho*) tuft, crest

**airosamente** ADV gracefully, elegantly; **salir ~ de algo** to come through sth unscathed

**airosidad** SF grace, elegance

**airoso** ADJ [1] (= *elegante*) graceful, elegant; **quedar ~** ◊ **salir ~** to be successful, come out with flying colours; **salir ~ de algo** to come through sth unscathed
[2] (= *ventilado*) airy; [*cuarto*] draughty; [*lugar expuesto*] windy; [*tiempo*] windy, blowy

**aislación** SF insulation ▸ **aislación de sonido** soundproofing ▸ **aislación térmica** insulation

**aislacionismo** SM isolationism

**aislacionista** ADJ, SMF isolationist

**aislado** ADJ [1] (= *remoto*) isolated
[2] (= *incomunicado*) cut off; **quedamos ~s por las inundaciones** we were cut off by the floods; **están ~s de la civilización** they are cut off *o* isolated from civilization
[3] (= *suelto*) **un caso ~** an isolated case
[4] (*Elec*) insulated

**aislador** Ⓐ ADJ (*Elec*) insulating
Ⓑ SM (*Elec*) insulator

**aislamiento** SM [1] (= *acción*) isolation; (= *soledad*) loneliness, lonesomeness (*EEUU*) ▸ **aislamiento sensorial** sensory deprivation
[2] (*Elec*) insulation ▸ **aislamiento acústico** soundproofing ▸ **aislamiento térmico** insulation

**aislante** Ⓐ ADJ insulating
Ⓑ SM (*Elec*) insulator; (= *suelo impermeable*) groundsheet

**aislar** ▸conjug 1a◂ Ⓐ VT [1] (= *dejar solo*) to isolate; (= *separar*) to separate, detach
[2] [+ *ciudad, fortaleza*] to cut off
[3] (*Elec*) to insulate
Ⓑ **aislarse** VPR to isolate o.s., cut o.s. off (**de** from)

**AITA** SF ABR (= **Asociación Internacional del Transporte Aéreo**) IATA

**ajá** EXCL (= *¡estupendo!*) splendid!; (*indicando sorpresa*) aha!

**ajajay** EXCL = **ajay**

**ajamonarse*** ▸conjug 1a◂ VPR to get plump, run to fat

**ajar¹** SM garlic field, garlic patch

**ajar²** ▸conjug 1a◂ Ⓐ VT [1] (= *arrugar*) to crumple, crush
[2] (= *despreciar*) to abuse, disparage
Ⓑ **ajarse** VPR (= *arrugarse*) [*piel*] to get wrinkled; [*planta*] to wither, fade; [*chaqueta, vestido*] to get crumpled

**ajarabezado** ADJ **vino ~** wine with syrup added

**ajarafe** SM (*Geog*) tableland; (*Arquit*) terrace, flat roof

**ajardinar** ▸conjug 1a◂ VT to landscape; **zona ajardinada** landscaped area

**ajay** EXCL (*LAm*) (*risa*) ha!

**-aje** *ver* **Aspects of Word Formation in Spanish 2**

**ajedrea** SF savory

**ajedrecista** SMF chess player

**ajedrez** SM chess; **un ~** a chess set

**ajedrezado** ADJ chequered, checkered (*EEUU*)

**ajenjo** SM (= *planta*) wormwood; (= *bebida*) absinth, absinthe

**ajeno** ADJ [1] (= *de otro*) **con el dinero ~** with other people's money; **puso los huevos en un nido ~** it laid its eggs in another bird's nest; **esta semana juegan en campo ~** this week they are playing away from home; **a**

**costa ajena** at sb else's expense; **por cuenta ajena**: **trabaja por cuenta ajena** he works for someone else; **trabajador por cuenta ajena** employed worker; **es matón por cuenta ajena** he's a hired thug; **meterse en lo ~** to interfere in other people's affairs; *ver tb* **vergüenza 1**

[2] (= *no relacionado*) **~ a** outside; **según fuentes ajenas a la empresa** according to sources outside the company; **"prohibido el paso a toda persona ajena a la obra"** "authorized staff only past this point"; **hablaron de cosas ajenas al trabajo** they talked about things unconnected with work; **el malhumor es ~ a su carácter** he's not at all bad-tempered in character, being bad-tempered is quite alien to his character (*frm*); **reacciones ajenas a la racionalidad** irrational reactions; **el juez declaró que se mantendría ~ a la política** the judge declared that he would remain outside of politics; **por razones ajenas a nuestra voluntad** for reasons beyond our control

[3] (= *indiferente*) **no es ajena a los problemas de los ciudadanos** she is not indifferent to the population's problems; **nada de lo humano le es ~** (*liter*) everything human is his concern (*liter*); **siguió leyendo, ~ a lo que sucedía** she carried on reading, oblivious to what was happening

[4] (= *extraño*) strange; **todo le era ~ y desconocido** everything was strange and unknown

**ajerezado** ADJ sherry-flavoured *o* (*EEUU*) -flavored

**ajete** SM young garlic

**ajetreado** ADJ busy

**ajetrearse** ▸conjug 1a◂ VPR (= *atarearse*) to bustle about, be busy; (= *fatigarse*) to tire o.s. out

**ajetreo** SM (= *actividad*) hustle and bustle; (= *labor*) drudgery, hard work; **es un continuo ~** there's constant coming and going

**ají** SM (*pl* **ajíes, ajises**) (*LAm*) (= *pimiento picante*) chili; (= *pimiento dulce*) red pepper; (= *salsa*) chili sauce; ✦*MODISMOS* **estar hecho un ~** to be hopping mad; **ponerse como un ~** to go bright red, go bright red in the face; **refregarle a algn el ~** to criticize sb

**ajiaceite** SM *sauce of garlic and olive oil*

**ajiaco** SM (*LAm*) [1] (*Culin*) potato and chili stew; **meterse el ~*** to eat

[2] (= *lío*) mess, mix-up

**ajibararse** ▸conjug 1a◂ VPR (*Caribe*) = **aguajirarse**

**ajigolones** SMPL (*CAm, Méx*) troubles, difficulties

**ajilar** ▸conjug 1a◂ VI (*CAm, Méx*) to set out somewhere; (*Caribe*) to walk quickly

**ajilimoje** SM, **ajilimójili** SM *sauce of garlic and pepper*; **~s*** bits and pieces, things, odds and ends; **ahí está el ~*** that's the point, that's the trouble

**ajillo** SM chopped garlic; **al ~** with garlic, cooked in garlic

**ajimez** SM mullioned window

**ajiseco** SM (*Andes*) mild red pepper

**ajises*** SMPL (*LAm*) *de* **ají**

**ajizarse*** ▸conjug 1f◂ VPR (*Cono Sur*) to lose one's temper, get mad

**ajo** SM [1] (*Bot, Culin*) garlic; **un ~** a clove of garlic; (= *salsa*) garlic sauce; **¡~ y agua!*** you've just got to put up with it!; **harto de ~s** ill-bred, common; ✦*MODISMOS* **(tieso) como un ~** high and mighty, stuck-up*; **estar como el ~** (*Cono Sur*) to feel miserable; **andar en el ~** ◊ **estar en el ~** (= *involucrado*) to be mixed up in it; (= *enterado*) to be in on the secret; **revolver el ~** to stir up trouble ► **ajo tierno** young garlic

[2] (*) (= *palabrota*) swearword, oath, curse; ✦*MODISMOS* **echar ~s y cebollas** ◊ **soltar ~s y cebollas** to swear like a trooper, let fly*

**-ajo, -aja** *ver* **Aspects of Word Formation in Spanish 2**

**ajoaceite** SM *sauce of garlic and oil*

**ajoarriero** SM *dish of cod with oil, garlic and peppers*

**ajobar** ▸conjug 1a◂ VT to carry on one's back, hump*

**ajoblanco** SM *cold garlic and almond soup*

**ajobo** SM (= *carga*) load; (= *pesadumbre*) burden

**ajochar** ▸conjug 1a◂ VT (*Andes*) = **azuzar**

**ajonje** SM, **ajonjo** SM birdlime

**ajonjeo** SM (*Andes*) compliment, nice remark

**ajonjolí** SM sesame

**ajorca** SF bracelet, bangle

**ajornalar** ▸conjug 1a◂ VT to employ by the day

**ajotar** ▸conjug 1a◂ VT (*CAm*) = **azuzar** (*Caribe*) (= *desdeñar*) to scorn; (= *rechazar*) to rebuff

**ajoto** SM (*Caribe*) rebuff

**ajuar** SM [1] [*de novia*] (= *objetos*) trousseau; (= *dote*) dowry

[2] [*de niño*] layette

[3] (= *muebles*) household furnishings *pl*

**ajuarar** ▸conjug 1a◂ VT to furnish, fit up

**ajuiciado** ADJ sensible

**ajuiciar** ▸conjug 1b◂ VT to bring to one's senses

**ajumado/a*** Ⓐ ADJ tight*, tipsy

Ⓑ SM/F drunk, drunkard

**ajumarse*** ▸conjug 1a◂ VPR to get tight*, get tipsy

**ajuntar*** ▸conjug 1a◂ Ⓐ VT (*entre niños*) to make friends with, be friends with; **¡ya no te ajunto!** I'm not your friend any more!

Ⓑ **ajuntarse** VPR (= *amancebarse*) to live together, live in sin; (*entre niños*) **¡no me ajunto contigo!** I'm not your friend any more!

**Ajuria Enea** SF (= *residencia*) *residence of chief minister of Basque autonomous government*; (= *gobierno*) *Basque autonomous government*

**ajurídico** ADJ (*Cono Sur*) illegal

**ajustado** ADJ [1] (= *ceñido*) tight, tight-fitting; **unos vaqueros ~s** a pair of tight *o* tight-fitting jeans; **la blusa le quedaba muy ajustada** the blouse was very tight on her

[2] (= *con poco margen*) [*presupuesto*] tight; [*resultado*] tight, close; **tienen los precios más ~s del mercado** they have the most competitive prices in the market; **hemos tenido que venderlo todo a un precio muy ~** we had to sell everything at a very low profit; **los resultados de las elecciones han sido muy ~s** the election results were very tight *o* close; **la victoria fue muy ajustada** it was a very close victory

[3] (= *acertado*) accurate; **un ~ retrato de la sociedad española** an accurate portrait of Spanish society; **~ a algo** in keeping with sth; **usó un lenguaje ~ a la ocasión** his language was in keeping with the occasion; **~ a la ley** in accordance with the law

**ajustador** SM [1] (*Téc*) fitter; (*Tip*) compositor

[2] (*Col*) (= *sujetador*) (*tb* **~es**) bra

[3] (= *chaleco*) bodice

**ajustamiento** SM [1] [*de pieza, grifo*] (*al colocarla*) fitting; (*al apretarla*) tightening

[2] (*Fin*) settlement

**ajustar** ▸conjug 1a◂ Ⓐ VT [1] (*Téc*) [1·1] [+ *pieza, grifo*] (*colocando*) to fit; (*apretando*) to tighten; **¿cómo se ajusta la baca al vehículo?** how does the roof rack fit onto the vehicle?; **necesito unos alicates para ~ la válvula** I need some pliers to tighten the valve

[1·2] (= *regular*) [+ *volumen, temperatura*] to adjust, regulate; [+ *asiento, retrovisor*] to adjust; [+ *cinturón*] to tighten

[1·3] (*Chile, Méx*) [+ *motor*] to fix; **hay que ~le el motor a la moto** we need to fix the motorbike's engine

[2] (= *pactar*) [+ *acuerdo, trato*] to reach; [+ *boda*] to arrange; [+ *precio*] to agree on; **ya hemos ajustado el presupuesto con los albañiles** we have already agreed on the price with the builders; **el precio ha quedado ajustado en 50.000 pesetas** the price has been fixed *o* set at 50,000 pesetas; **~ cuentas con algn** (*lit*) to settle accounts with sb; (*fig*) to settle one's scores with sb

[3] (= *adaptar*) to adjust (**a** to); **deben ~ la producción a la demanda** they must adjust production to demand; **tuvieron una reunión para ~ diferencias** they had a meeting to settle their differences

[4] (*euf*) (= *reducir*) **han tenido que ~ el número de sucursales** the number of branches had to be rationalized (*euf*); **este año hemos tenido que ~ drásticamente el presupuesto** this year we have had to sharply reduce our budget

[5] (*Cos*) [+ *cintura, manga*] to take in; **hay que ~ la cintura** the waist needs taking in

[6] (*Tip*) to compose

[7] (†) [+ *criado*] to hire, engage

[8] (*CAm, Méx, Chile, Ven*) **~ un golpe a algn** to deal sb a blow; **~ un garrotazo a algn** to beat sb with a club

Ⓑ VI [1] (= *encajar*) to fit; **este corcho no ajusta en la botella** this cork doesn't fit in the bottle; **rellena con masilla los empalmes que no ajusten** fill the joints that don't fit together with putty

[2] (*Ven*) (= *agudizarse*) to get worse; **durante la noche me ajustó el dolor** the pain got worse during the night; **por el camino ajustó el aguacero** on the way, there was a sudden downpour

Ⓒ **ajustarse** VPR [1] (= *ceñirse*) [1·1] [*persona*] **¿me ayudas a ~me la corbata?** can you help me adjust my tie?; **salió del baño ajustándose los pantalones** he came out of the bathroom doing up his trousers

[1·2] [*zapato*] to fit; [*pantalón, vestido*] to cling; **el zapato debe ~se al pie lo mejor posible** the shoe should fit the foot as well as possible; **se ajusta al cuerpo como una segunda piel** it clings to the body like a second skin; *ver tb* **cinturón**

[2] (= *encajarse*) to fit; **el tapón no se ajustaba** the top didn't fit

[3] (= *adaptarse*) **~se a** [+ *situación, estilo*] to adapt to; [+ *necesidades*] to meet; [+ *presupuesto*] to be within; [+ *norma, regla*] to comply with; **los precios bajan para ~se a las demandas del mercado** prices go down

to meet the demands of the market; **el motor se ajusta a la nueva normativa europea** the engine complies with the new European standards; **este contrato se ajusta al presupuesto de nuestro club** this contract is within our club's budget; **tendrán que ~se al guión** they will have to keep to *o* follow the script; **(no) se ajusta a derecho** it is (not) legally admissible

4 (= *coincidir*) **la narración se ajusta a la verdad** the story agrees with the facts; **los rumores no siempre se ajustan a la realidad** rumours do not always reflect the real situation

5 (= *llegar a un acuerdo*) to come to an agreement (**con** with)

**ajuste** SM 1 (*Téc*) adjustment; **~ de zoom eléctrico** electric zoom adjustment; **estos tornillos necesitan algo de ~** these screws need a little tightening; **¿cómo se hace el ~ del brillo en este televisor?** how do you adjust the brightness on this television?; **~ fino** fine tuning; *ver tb* **carta 7**

2 (= *adaptación*) adjustment; **se producirán ~s de precios** price adjustments will occur; **mal ~** maladjustment ► **ajuste económico** economic adjustment ► **ajuste estructural** structural adjustment ► **ajuste financiero** financial settlement ► **ajuste de plantilla** (*Esp*) redeployment of labour *o* (*EEUU*) labor ► **ajuste laboral** redeployment of labour *o* (*EEUU*) labor ► **ajuste presupuestario** budget settlement ► **ajuste salarial** wage adjustment

3 (= *pacto*) **ha habido un ~ de costes** there has been an adjustment in costs; **tras el ~ del precio** after fixing the price ► **ajuste de cuentas** settling of scores

4 (*Cos*) **necesita unos pequeños ~s en la cintura** it needs to be taken in a little at the waist

5 (*Tip*) composition, make-up

6 (*Jur*) (= *honorarios*) retaining fee; (= *sobrepaga*) bonus ► **ajuste por aumento del costo de la vida** cost-of-living bonus

7 (*Méx*) [*de motor*] overhaul

**ajusticiable** SMF *person who may face capital punishment*

**ajusticiamiento** SM execution

**ajusticiar** ▸conjug 1b◂ VT to execute, put to death

**ajustón** SM (*Andes*) (= *castigo*) punishment; (= *mal trato*) ill-treatment

**al** *ver* **a**

**ala** Ⓐ SF 1 [*de insecto, pájaro*] wing; **de cuatro ~s** four-winged; **de ~s azules** blue-winged

2 [*de avión*] wing; **con ~s en delta** delta-winged; **con ~s en flecha** swept-wing ► **ala delta** hang glider

3 (*Pol*) wing; **el ~ izquierda del partido** the left wing of the party

4 (*Mil*) wing, flank

5 [*de edificio*] wing

6 (= *parte sobresaliente*) [*de sombrero*] brim; [*de corazón*] auricle; [*del techo*] eaves *pl*; [*de mesa*] leaf, flap

7 (*Dep*) (= *banda*) wing ► **ala derecha** outside-right ► **ala izquierda** outside-left

8 **✦*MODISMOS*** **ahuecar el ~*** to beat it*; **arrastrar el ~** (= *cortejar*) to be courting; (= *estar deprimido*) to be depressed; **se le cayeron las ~s del corazón** his heart sank; **cortar las ~s a algn** to clip sb's wings; **dar ~s a algn** to encourage sb; **del ~** (*Esp**) **las 1000 del ~** a cool 1000 pesetas*; **ser como ~ de mosca** to be paper thin, be transparent; **quedar tocado de ~** to be a lame duck; **tomar ~s*** to get cheeky*; **volar con las propias ~s** to stand on one's own two feet

Ⓑ SMF (*Dep*) winger; **medio ~** half-back, wing-half

**Alá** SM Allah

**alabado** SM 1 **al ~** (*Cono Sur*) (= *amanecer*) at dawn

2 **al ~** (*Méx*) (= *anochecer*) at nightfall

**alabador** ADJ eulogistic

**alabamiento** SM praise

**alabancioso** ADJ boastful

**alabanza** SF (*tb* **~s**) praise; **en ~ de** in praise of; **cantar las ~s de algn** to sing sb's praises; **digno de toda ~** thoroughly praiseworthy, highly commendable

**alabar** ▸conjug 1a◂ Ⓐ VT to praise; **~ a algn de** *o* **por algo** to praise sb for sth

Ⓑ **alabarse** VPR to boast; **~se de** to boast of being; **se alaba de** *o* **por prudente** he prides himself on being sensible

**alabarda** SF halberd

**alabardero** SM (*Hist*) halberdier; (*Teat*) member of the claque, paid applauder

**alabastrado** ADJ, **alabastrino** ADJ alabastrine, alabaster *antes de s*

**alabastro** SM alabaster

**álabe** SM (*Mec*) wooden cog, tooth; [*de noria*] bucket; [*de árbol*] drooping branch

**alabear** ▸conjug 1a◂ Ⓐ VT to warp

Ⓑ **alabearse** VPR to warp

**alabeo** SM warp, warping; **tomar ~** to warp

**alacalufe** SMF (*Cono Sur*) *Indian inhabitant of Tierra del Fuego*

**alacena** SF cupboard, closet (*EEUU*)

**alacrán** SM 1 (= *escorpión*) scorpion

2 (*Cono Sur*) (= *chismoso*) gossip, scandalmonger

**alacranear** ▸conjug 1a◂ VI to gossip, spread scandal

**alacraneo** SM (*Cono Sur*) gossip, scandal

**alacre** ADJ (*Méx*) ready and willing

**alacridad** SF alacrity, readiness; **con ~** with alacrity, readily

**alada** SF flutter, fluttering

**ALADI** SF ABR = **Asociación Latinoamericana de Integración**

**Aladino** SM Aladdin

**alado** ADJ (= *con alas*) winged; (= *ligero*) swift

**alafia** SF (*CAm*) verbosity, wordiness

**alafre** (*Caribe*) Ⓐ ADJ wretched, miserable

Ⓑ SM wretch

**alagartado** ADJ motley, variegated, many-colored (*EEUU*)

**alalá** SM *traditional song in parts of northern Spain*

**ALALC** SF ABR (= **Asociación Latinoamericana de Libre Comercio**) LAFTA

**alambicado** ADJ 1 (= *destilado*) distilled

2 (= *intrincado*) [*proceso, estilo*] intricate; [*teoría, misterio*] complex

3 (= *afectado*) [*estilo*] precious; [*modales*] affected

4 (= *sutil*) subtle

5 (= *dado con escasez*) given sparingly, given grudgingly

6 (= *reducido*) **precios ~s** rock-bottom prices

**alambicamiento** SM 1 (= *destilación*) distilling

2 (= *rebuscamiento*) preciosity, affectation

**alambicar** ▸conjug 1g◂ VT 1 (= *destilar*) to distil, distill (*EEUU*)

2 [+ *estilo*] to complicate unnecessarily

3 (= *escudriñar*) to scrutinize, investigate

4 (= *reducir*) (*gen*) to minimize, reduce to a minimum; [+ *precio*] to reduce to the minimum

**alambique** SM still; **dar algo por ~** to give sth sparingly *o* grudgingly; **pasar algo por ~** to go through sth with a fine-tooth comb

**alambiquería** SF (*Caribe*) distillery

**alambiquero** SM (*Caribe*) distiller

**alambrada** SF (= *red*) wire netting; (= *cerca*) wire fence; (*Mil*) barbed-wire entanglement ► **alambrada de espino**, **alambrada de púas** barbed-wire fence

**alambrado** SM (= *red*) wire netting; (= *cerca*) wire fence, wire fencing; (*Elec*) wiring, wiring system

**alambrar** ▸conjug 1a◂ VT (*Elec*) to wire; (*Agr*) to fence with wire

**alambre** SM wire; **estar hecho un ~** to be as thin as a rake ► **alambre cargado** live wire ► **alambre de espino**, **alambre de púas** barbed wire ► **alambre de tierra** earth wire, ground wire (*EEUU*) ► **alambre espinoso** barbed wire ► **alambre forrado** covered wire

**alambrera** SF (= *red*) wire netting, chicken wire; (= *cobertera*) wire cover; (*para chimenea*) fireguard

**alambrista** SMF tightrope walker

**alambrito** SM (*LAm*) tall thin person

**alambrón** SM wire rod

**alameda** SF (*Bot*) poplar grove; (= *avenida*) avenue, boulevard

**álamo** SM poplar ► **álamo blanco** white poplar ► **álamo de Italia** Lombardy poplar ► **álamo negro** black poplar ► **álamo temblón** aspen

**alamparse** ▸conjug 1a◂ VPR **~ por** to crave, have a craving for

**alancear** ▸conjug 1a◂ VT to spear, lance

**alano**[1] SM mastiff

**alano**[2] (*Hist*) Ⓐ ADJ of the Alani

Ⓑ **alanos** SMPL Alani

**alar** SM 1 [*de tejado*] eaves *pl*

2 (*LAm*) (= *acera*) pavement, sidewalk (*EEUU*)

**alarde** SM 1 display; **un ~ de patriotismo** a display of patriotism; **la decisión fue todo un ~ de serenidad** the decision was a feat of cool-headedness; **en un ~ de generosidad, me pagaron la cena** in a show *o* display of generosity they paid for my dinner; **en un ~ de falsa modestia** in a show of false modesty; **hacer ~ de**: **siempre hace ~ de sus riquezas** he is always showing off his wealth; **siempre está haciendo ~ de sus triunfos sexuales** he's always boasting about *o* of his sexual prowess; **el grupo hizo ~ de su poder de convocatoria** the band demonstrated *o* displayed their pulling power, it was a demonstration of the pulling power of the band

2 (*Mil††*) review

3 **alardes** (*esp LAm*) (= *jactancias*) boasts

**alardeado** ADJ much-vaunted

**alardear** ▸conjug 1a◂ VI to boast, brag (**de** about)

**alardeo** SM boasting, bragging

**alargadera** SF (*Quím*) adapter; (*Téc*) extension

**alargado** ADJ long, extended

**alargador** SM (*Cono Sur*) extension lead

**alargamiento** SM (*gen*) lengthening; (= *prórroga*) extension; (*Arquit*) extension

**alargar** ▸conjug 1h◂ Ⓐ VT [1] (*en longitud*) [+ *cuerda, goma*] to stretch; [+ *pista de aterrizaje*] to lengthen; [+ *cuello*] to crane; [+ *mano*] to stretch out; [+ *vestido*] to lengthen, let down
[2] (*en tiempo*) [+ *visita*] to prolong, extend; [+ *discurso, espera*] to prolong; [+ *relato*] to spin out; **esto alargó nuestra espera** this prolonged our wait, this forced us to wait longer
[3] [+ *cable de escalada*] to pay out
[4] (= *dar*) to hand, pass (**a** to)
[5] [+ *sueldo*] to increase, raise
[6] [+ *paso*] to quicken
Ⓑ **alargarse** VPR [1] (*en longitud*) to lengthen, get longer
[2] (*en tiempo*) [*días*] to grow longer; [*relato*] to drag out; [*orador*] to go on for a long time; **~se en algo** to expatiate on sth, enlarge upon sth; **se alargó en la charla** he spun his talk out
[3] (= *divagar*) to digress

**alargo** SM extension, lead

**alarido** SM shriek, yell; **dar ~s** to shriek, yell

**alarife** SMF [1] (*Constr*) (= *arquitecto*) master builder; (= *albañil*) bricklayer
[2] (*Cono Sur*) (= *tipo listo*) sharp customer* ; (= *mujer de vida alegre*) loose woman

**alarma** SF alarm; **falsa ~** false alarm; **dar la ~** to raise the alarm; **con creciente ~** with growing alarm, with growing concern; **timbre de ~** alarm bell; **voz de ~** warning note; **señal de ~** alarm signal ► **alarma aérea** air-raid warning ► **alarma antiincendios** fire alarm ► **alarma antirrobo** [*de coche*] car alarm, anti-theft alarm; [*de casa*] burglar alarm ► **alarma de incendios** fire alarm ► **alarma de ladrones** burglar alarm

**alarmante** ADJ alarming

**alarmantemente** ADV alarmingly

**alarmar** ▸conjug 1a◂ Ⓐ VT (= *dar alarma*) to alarm; (= *asustar*) to frighten; (*Mil*) to alert, rouse
Ⓑ **alarmarse** VPR to get alarmed, be alarmed; **¡no te alarmes!** don't be alarmed!

**alarmismo** SM alarmism

**alarmista** Ⓐ ADJ alarmist
Ⓑ SMF alarmist

**alauí** ADJ, **alauita** ADJ Moroccan

**Álava** SF Álava

**alavense** = **alavés**

**alavés/esa** Ⓐ ADJ of/from Álava
Ⓑ SM/F native/inhabitant of Álava; **los alaveses** the people of Álava

**alazán/ana** Ⓐ ADJ sorrel
Ⓑ SM/F sorrel, sorrel horse

**alazor** SM safflower; **aceite de ~** safflower oil

**alba** SF [1] (= *amanecer*) dawn, daybreak; **al ~** at dawn; **al rayar** o **romper el ~** at daybreak
[2] (*Rel*) alb

**albacea** SMF executor/executrix

**Albacete** SM Albacete

**albacetense** = **albaceteño**

**albaceteño/a** Ⓐ ADJ of/from Albacete
Ⓑ SM/F native/inhabitant of Albacete; **los ~s** the people of Albacete

**albacora** SF albacore, long fin tunny

**albahaca** SF basil

**albanega** SF hairnet

**albanés/esa** Ⓐ ADJ, SM/F Albanian
Ⓑ SM (*Ling*) Albanian

**Albania** SF Albania

**albano** = **albanés**

**albanokosovar** ADJ, SMF Kosovar Albanian

**albañal** SM (= *cloaca*) drain, sewer; (= *estercolero*) dung heap; (*fig*) (= *sitio sucio*) mess, muck heap*

**albañil** SMF builder, construction worker

**albañilería** SF (= *oficio*) bricklaying, building; **trabajo de ~** brickwork

**albaquía** SF balance due, remainder

**albar** ADJ white

**albarán** SM [1] (*Com*) delivery note, invoice
[2] (= *señal*) "to let" sign

**albarda** SF (*para la carga*) packsaddle; (*CAm*) (= *silla de montar*) saddle; **~ sobre ~** piling it on, with a lot of unnecessary repetition; ✦***MODISMO*** **¡como ahora llueven ~s!*** not on your life!

**albardar** ▸conjug 1a◂ VT to saddle, put a packsaddle on

**albardear*** ▸conjug 1a◂ VT (*CAm*) to bother, vex

**albardilla** SF [1] (= *silla de montar*) small saddle; (= *almohadilla*) cushion, pad
[2] (*Arquit*) coping
[3] (*Culin*) lard

**albareque** SM sardine net

**albaricoque** SM apricot

**albaricoquero** SM apricot tree

**albariño** SM *(type of) Galician wine*

**albarrada** SF [1] (= *muro*) wall
[2] (*Andes*) (= *cisterna*) cistern

**albatros** SM INV albatross, double eagle (*EEUU*)

**albayalde** SM white lead

**albazo** SM [1] (*Andes, Méx*) dawn raid
[2] (*Cono Sur*) dawn visit

**albeador(a)*** SM/F (*Cono Sur*) early riser

**albear*** ▸conjug 1a◂ VI (*Cono Sur*) to get up at dawn, get up early

**albedrío** SM (= *voluntad*) will; (= *capricho*) whim; (= *gusto*) pleasure; **libre ~** free will; **¡hágalo a su ~!** have it your way!

**albéitar** SM veterinary surgeon, veterinarian (*EEUU*)

**albeitería** SF veterinary medicine

**alberca** SF (= *depósito*) tank, reservoir; (*Méx*) (= *piscina*) swimming pool

**albérchigo** SM (= *fruto*) peach, clingstone peach; (= *árbol*) peach tree, clingstone peach tree

**albergar** ▸conjug 1h◂ Ⓐ VT [1] (= *acomodar*) [+ *visitante, refugiado, inmigrante*] to provide accommodation for; [+ *criminal, fugitivo*] to harbour; **fue condenado por ~ a un terrorista** he was found guilty of harbouring a terrorist
[2] (= *dar cabida a*) [+ *espectadores, público*] to accommodate, hold; [+ *evento, celebración*] to host; **el estadio puede ~ a 30.000 personas** the stadium can accommodate *o* hold 30,000 people, the stadium has a capacity of 30,000; **el edificio que alberga la sede del partido** the building which houses the party's headquarters; **este terreno ~á 300 chalets** this land will provide space for 300 houses
[3] [+ *esperanza*] to cherish; [+ *dudas*] to have; **aún alberga los rencores de la infancia** he still harbours childhood resentments
Ⓑ **albergarse** VPR [1] (= *refugiarse*) to shelter
[2] (= *alojarse*) to stay

**albergue** SM (= *refugio*) shelter, refuge; (= *alojamiento*) lodging; [*de montaña*] refuge, mountain hut; (*Zool*) lair, den; **dar ~ a algn** to take sb in ► **albergue de animales** animal refuge ► **albergue de carretera** roadhouse ► **albergue juvenil** youth hostel ► **albergue nacional** state-owned tourist hotel

**alberguista** SMF youth hosteller

**albero** Ⓐ ADJ white
Ⓑ SM [1] (*Geol*) pipeclay
[2] (= *paño*) dishcloth, tea towel

**Alberto** SM Albert

**albillo** ADJ white

**albina** SF salt lake, salt marsh

**albinismo** SM albinism

**albino/a** ADJ, SM/F albino

**Albión** SF Albion; **la pérfida ~** perfidious Albion

**albis** ADV **quedarse en ~** not to know a thing, not have a clue; **me quedé en ~** my mind went blank

**albo** ADJ (*liter*) white

**albogue** SM (= *flauta*) rustic flute, shepherd's flute; (= *gaita*) bagpipes; **~s** (= *platillos*) cymbals

**albóndiga** SF meatball

**albondigón** SM large meatball

**albor** SM [1] (= *color*) whiteness
[2] (= *luz*) dawn, dawn light ► **albor de la vida** childhood, youth
[3] (*liter*) **albores** dawn; **a los ~es** at dawn; **en los ~es de la ciencia** at the dawn of science

**alborada** SF (= *alba*) daybreak, dawn; (*Mil*) reveille; (*Mús poét*) aubade, dawn song; (*Méx Rel*) night procession

**alborear** ▸conjug 1a◂ VI to dawn

**albornoz** SM [1] (= *de baño*) bathrobe
[2] (= *prenda árabe*) burnous, burnouse

**alborotadamente** ADV (= *ruidosamente*) noisily; (= *con excitación*) excitedly

**alborotadizo** ADJ excitable

**alborotado** ADJ [1] [*persona*] (= *excitado*) agitated, excited; (= *ruidoso*) noisy; (= *precipitado*) hasty; (= *impetuoso*) reckless; (= *amotinado*) riotous
[2] [*período*] troubled, eventful
[3] [*mar*] rough

**alborotador(a)** Ⓐ ADJ (= *ruidoso*) boisterous, noisy; (*Pol*) (= *sedicioso*) seditious
Ⓑ SM/F (= *agitador*) agitator, troublemaker; (= *alumno*) troublemaker

**alborotar** ▸conjug 1a◂ Ⓐ VT (= *agitar*) to disturb, agitate; (= *amotinar*) to incite to rebel; (= *excitar*) to excite
Ⓑ VI to make a racket, make a row
Ⓒ **alborotarse** VPR [1] [*individuo*] to get excited, get worked up; [*multitud*] to riot; [*mar*] to get rough
[2] (*CAm*) (= *ponerse amoroso*) to become amo-

rous

[3] (*Cono Sur*) [*caballo*] to rear up

**alboroto** SM [1] (= *disturbio*) disturbance; (= *vocerío*) racket, row; (= *jaleo*) uproar; (= *motín*) riot; (= *pelea*) brawl; **armar un ~** to cause a commotion

[2] (= *susto*) scare, alarm

[3] **alborotos** (*CAm*) (= *rosetas de maíz*) popcorn *sing*

**alborotoso/a** (*Andes, Caribe*) Ⓐ ADJ troublesome, riotous

Ⓑ SM/F troublemaker

**alborozado** ADJ jubilant, overjoyed

**alborozar** ▸conjug 1f◂ Ⓐ VT to gladden, fill with joy

Ⓑ **alborozarse** VPR to be overjoyed, rejoice

**alborozo** SM joy, jubilation, rejoicing

**albricias** SFPL [1] (*como excl*) (= *¡felicidades!*) congratulations; **¡albricias! ¡lo conseguí!** whoopee! I got it!

[2] (= *regalo*) gift *sing*, reward *sing* (*to sb bringing good news*)

**albufera** SF lagoon

**álbum** SM (*pl* **álbums**, **álbumes**) album; (*Mús*) (= *disco*) album; (= *elepé*) LP ► **álbum de recortes** scrapbook ► **álbum de sellos** stamp album ► **álbum doble** double album

**albumen** SM (= *clara*) white of egg; (*Bot*) albumen

**albúmina** SF albumin

**albuminoso** ADJ albuminous

**albur** SM [1] (*Esp*) (= *pez*) bleak

[2] (= *riesgo*) chance, risk

[3] (*Méx*) (= *juego de palabras*) pun

[4] (*Caribe*) (= *mentira*) lie

**albura** SF (= *blancura*) whiteness; [*de huevo*] white of egg

**alburear** ▸conjug 1a◂ Ⓐ VT (*CAm*) to disturb, upset

Ⓑ VI [1] (*Andes*) (= *enriquecerse*) to make money, get rich

[2] (*Caribe*) (= *barrer para dentro*) to line one's pockets

[3] (*Méx*) (= *decir albores*) to pun, play with words

**ALCA** SF ABR (= **Área de Libre Comercio de las Américas**) FTAA

**alca** SF razorbill

**alcabala** SF [1] (*Hist*) (= *tributo*) sales tax

[2] (*LAm*) [*de policía*] roadblock

**alcachofa** SF [1] artichoke

[2] ► **alcachofa de (la) ducha**, **alcachofa de la ducha** shower head ► **alcachofa de regadera** rose

[3] (*Radio**) microphone

**alcahué*** SM = **cacahuete**

**alcahuete/a** Ⓐ SM/F [1] (= *proxeneta*) (*hombre*) procurer, pimp; (*mujer*) procuress, go-between

[2] (= *chismoso*) gossip

Ⓑ SM (*Teat*) drop curtain

**alcahuetear** ▸conjug 1a◂ VI to procure, pimp, to act as a go-between

**alcahuetería** SF procuring, pimping; **alcahueterías** pimping

**alcaide** SM (*Hist*) [*de castillo*] governor; [*de cárcel*] warder, guard (*EEUU*), jailer

**alcaidía** SF (= *cargo*) governorship; (= *edificio*) governor's residence

**alcaldable** SMF *candidate for mayor*

**alcaldada** SF abuse of authority

**alcalde** SM [1] [*de ayuntamiento*] mayor; (= *juez*) magistrate; **tener el padre ~** to have influence

[2] (*LAm**) (= *alcahuete*) procurer, pimp

**alcaldear*** ▸conjug 1a◂ VI to lord it, be bossy

**alcaldesa** SF mayoress

**alcaldía** SF (= *oficio*) mayoralty, office of mayor; (= *oficina*) mayor's office; (= *edificio*) town hall, city hall (*EEUU*)

**alcalducho*** SM jumped-up mayor, power-mad mayor

**álcali** SM alkali

**alcalino** ADJ alkaline

**alcaloide** SM alkaloid

**alcaloideo** ADJ alkaloid

**alcamonero** ADJ (*Caribe*) meddlesome

**alcamonías** SFPL [1] (*Culin*) aromatic seeds (*for seasoning*)

[2] (*) (= *alcahuetería*) pimping

**alcance** SM [1] (= *posibilidad de acceso*) [*de brazo, persona*] reach; [*de pensamiento*] scope; **el escaso ~ de la mente humana** the limited scope of the human mind; **al ~ de algn** available to sb; **empleó todos los medios a su ~** she used all the means available to her; **no tenía el dinero a su ~** he didn't have access to the money, he didn't have the money available; **estar al ~ de algn** to be within sb's reach; **vi que estaba a mi ~ y lo cogí** I saw that it was within my reach and I grabbed it; **el récord estaba a nuestro ~** the record was within our grasp *o* reach; **estas joyas no están al ~ de cualquiera** not everyone can afford these jewels; **hizo lo que estaba a su ~ por ayudarme** he did what he could to help me; **estar fuera del ~ de algn** (= *alejado, imposible*) to be out of sb's reach, be beyond sb's reach; (= *incomprensible*) to be over sb's head; (= *caro*) to be beyond sb's means; **"manténgase fuera del alcance de los niños"** "keep out of reach of children"; **quiero estar fuera del ~ de esas miradas** I don't want to be the object of those looks; **se encontraban fuera del ~ de los disparos** they were out of the gunfire; **al ~ de la mano** at hand, within arm's reach; **al ~ del oído** within earshot; **poner algo al ~ de algn** to make sth available to sb; **un intento de poner la cultura al ~ de todos** an attempt to make culture available to everyone; **al ~ de la vista** within sight; **cuando el faro estuvo al ~ de nuestra vista** when the lighthouse came into view *o* was within sight; **al ~ de la voz** within call

[2] (= *distancia*) (*Mil*) range; **al ~** within range; **de corto ~** [*arma, misil*] short-range *antes de s*; [*objetivo, proyecto*] short-term *antes de s*; **de gran** *o* **largo ~** [*faros*] full beam *antes de s*, high beam *antes de s* (*EEUU*); [*arma, misil, micrófono*] long-range *antes de s*; [*vuelo*] long haul *antes de s*; [*efecto, repercusiones*] far-reaching; **de medio** *o* **mediano ~** [*arma, misil*] medium-range; *ver tb* **buzón 1**

[3] (= *importancia*) [*de problema*] extent; [*de noticia, suceso*] importance, significance; **el ~ del problema** the extent of the problem; **esta huelga tiene mayor ~ para los trabajadores** this strike has greater importance *o* significance for the workers; **comprendió el verdadero ~ de lo ocurrido** she understood the true significance of what had happened; **una crisis de ~ planetario** a worldwide crisis

[4] (= *persecución*) pursuit; **andar** *o* **ir a los ~s de algn** to press close on sb; **dar ~ a algn** (= *capturar*) to capture sb; (= *llegar a la altura*) to catch up with sb; **cuando la policía le dio ~** when the police captured him; **a punto estuvo de dar ~ al líder de la carrera** he was on the point of catching (up with) the leader of the race; **el Barcelona ha dado ~ al Madrid en el número de puntos** Barcelona have caught up with Madrid in number of points; **andar** *o* **ir en los ~s a algn** to spy on sb; **seguir el ~ a algn** (*Mil*) to pursue sb

[5] (*Fin*) adverse balance, deficit

[6] (*Tip*) stop-press, stop-press news

[7] **alcances** [7·1] (= *inteligencia*) grasp *sing*; **ideas superiores a sus ~s** ideas beyond his grasp; **de cortos** *o* **pocos ~s** not very bright; **es hombre de cortos ~s** he's not a very intelligent man, he's not too bright

[7·2] (*CAm*) (= *calumnias*) calumnies, malicious accusations

[8] (*Chile*) **hacer un ~** to clear sth up, clarify sth ► **alcance de nombres**: **no es su padre, es sólo un ~ de nombres** he's not his father, it just happens that their names coincide

**alcancía** SF [1] (= *hucha*) money box; (*LAm*) (= *cepillo*) collection box, poor box

[2] (*Méx‡*) (= *cárcel*) nick*, slammer‡, can (*EEUU‡*)

**alcancil** SM (*Cono Sur*) procurer, pimp

**alcándara** SF (*para ropa*) clothes rack; (*para aves*) perch

**alcandora** SF beacon

**alcanfor** SM camphor

**alcanforado** ADJ camphorated

**alcanforar** ▸conjug 1a◂ Ⓐ VT to camphorate

Ⓑ **alcanforarse** VPR (*Andes, CAm, Caribe*) to disappear, make o.s. scarce*

**alcantarilla** SF [1] (*para aguas de desecho*) (= *boca*) drain; (= *cloaca*) sewer; (= *conducto*) culvert, conduit

[2] (*Caribe, Méx*) (= *fuente*) public fountain; (*Andes*) (*para goma*) *vessel for collecting latex*

**alcantarillado** SM sewer system, drains *pl*

**alcantarillar** ▸conjug 1a◂ VT to lay drains in

**alcanzadizo** ADJ easy to reach, easily reachable, accessible

**alcanzado** ADJ [1] (*) (= *necesitado*) hard up*, broke*; **salir ~** to make a loss

[2] (*Andes*) (= *fatigado*) tired; (= *atrasado*) slow, late

**alcanzar** ▸conjug 1f◂ Ⓐ VT [1] (*en carrera*) [1·1] [+ *persona*] (= *llegar a la altura de*) to catch up (with); **la alcancé cuando salía por la puerta** I caught up with her *o* I caught her up just as she was going out of the door; **están a punto de ~ al grupo de cabeza** they are about to catch (up with) the leading group; **dentro de poco ~á a su padre en altura** he'll soon be as tall as his father

[1·2] [+ *ladrón, autobús, tren*] to catch; **no nos ~án nunca** they'll never catch us

[2] (= *llegar a*) [+ *cima, límite, edad*] to reach; **por fin ~on la cima** they finally reached the summit; **alcanzó las cajas con un palo** she reached the boxes with a stick; **puede ~ una velocidad de 200km/h** it can reach speeds of up to 200km/h; **alcanzó el rango de general** he reached the rank of general; **la producción ha alcanzado las 20 toneladas** production has reached 20 tons; **el libro ha**

**alcanzado ya las seis ediciones** the book is already in its sixth edition; **las montañas alcanzan los 5.000m** the mountains rise to 5,000m; **el termómetro llegó a ~ los cuarenta grados** temperatures rose as high as forty degrees; **~ la mayoría de edad** to come of age; **alcanzó la orilla a nado** he made it to the shore by swimming, he swam back to the shore; **no llegó a ~ la pubertad** he never made it as far as puberty
[3] (= *conseguir*) [+ *acuerdo*] to reach; [+ *éxito, objetivo*] to achieve; **el acuerdo fue alcanzado tras muchos meses de conversaciones** the agreement was reached after many months of talks; **las expectativas no se corresponden con los resultados alcanzados** the expectations are out of proportion with the results that have been achieved; **~ la fama** to find fame, become famous; **~ la paz** to achieve peace
[4] (= *afectar*) to affect; **el cambio nos ~á a todos** the change will affect us all; **una ley que alcanza sobre todo a los jubilados** a law which mainly affects *o* hits pensioners
[5] [*bala*] to hit; **uno de los dos disparos alcanzó al presidente** the president was hit by one of the two shots; **la lancha fue alcanzada por un obús** the launch was hit by a shell
[6] (*esp LAm*) (= *dar*) to pass; **alcánzame la sal, por favor** could you pass (me) the salt, please?; **¿me alcanzas las tijeras?** could you pass me the scissors?
[7] (*) (= *entender*) to grasp, understand; **no alcanza más allá de lo que le han enseñado** he's only capable of understanding what he's been taught
Ⓑ VI [1] (= *llegar*) to reach (**a, hasta** as far as); **no alcanzo** I can't reach; **no alcanzaba al timbre** she couldn't reach (as far as) the doorbell; **hasta donde alcanza la vista** as far as the eye can see
[2] **~ a hacer algo** to manage to do sth; **no alcancé a verlo** I didn't manage to see him; **no alcanzo a ver cómo pudo suceder** I can't see how it can have happened; **no alcanzo a comprender sus razones** I just can't understand her reasons
[3] (= *ser suficiente*) to be enough; **con dos botellas ~á para todos** two bottles will be enough for everyone; **el sueldo no me alcanza para nada** I can't make ends meet on my salary; **¿te alcanza para el tren?** (*esp LAm*) have you got enough money for the train?
[4] (*LAm*) (= *ascender*) **¿a cuánto alcanza todo?** how much does it all come to?

**alcanzativo** ADJ (*CAm*) suspicious

**alcaparra** SF caper

**alcaraván** SM stone curlew

**alcaravea** SF caraway

**alcarreño/a** Ⓐ ADJ of/from La Alcarria
Ⓑ SM/F native/inhabitant of La Alcarria; **los ~s** the people of La Alcarria

**alcatraz** SM gannet

**alcaucil** SM [1] (*Cono Sur*) artichoke
[2] (*Cono Sur**) (= *informador*) informer, nark*; (= *alcahuete*) pimp

**alcaudón** SM shrike

**alcayata** SF meat hook, spike

**alcayota** SF squash, vegetable marrow

**alcazaba** SF citadel, castle

**alcázar** SM (*Mil*) fortress, citadel; (= *palacio*) royal palace; (*Náut*) quarter-deck

**alcazuz** SM liquorice

**alce**[1] SM (*Zool*) elk, moose; **~ de América** moose

**alce**[2] SM (*Naipes*) cut; **no dar ~ a algn** (*Cono Sur*) to give sb no respite, give sb no rest

**alción** SM (*Orn*) kingfisher; (*Mit*) halcyon

**alcista** (*Com, Fin*) Ⓐ ADJ **mercado ~** bull market, rising market; **la tendencia ~** the upward trend
Ⓑ SMF bull, speculator

**alcoba** SF [1] (= *dormitorio*) bedroom; (*Méx Ferro*) couchette, sleeping compartment ► **alcoba de huéspedes** spare room, guest room
[2] (= *mobiliario*) suite of bedroom furniture

**alcohol** SM alcohol; **lámpara de ~** spirit lamp ► **alcohol absoluto** absolute alcohol, pure alcohol ► **alcohol de quemar, alcohol desnaturalizado, alcohol metílico** methylated spirit ► **alcohol vínico** vinic alcohol

**alcoholemia** SF alcohol level of the blood; **control de ~** ◊ **prueba de ~** ◊ **test de ~** breath test, Breathalyser® test, Breathalyzer® (*EEUU*)

**alcoholero** ADJ alcohol *antes de s*

**alcohólico/a** Ⓐ ADJ alcoholic; **no ~** [*bebida*] non-alcoholic, soft
Ⓑ SM/F alcoholic

**alcoholímetro** SM Breathalyser®, Breathalyzer® (*EEUU*)

**alcoholismo** SM alcoholism

**alcoholista*** SMF (*Cono Sur*) drunk

**alcoholizado** ADJ **está ~** he's an alcoholic; **morir ~** to die of alcoholism

**alcoholizar** ►conjug 1f◄ Ⓐ VT to alcoholize
Ⓑ **alcoholizarse** VPR to become an alcoholic

**alcor** SM hill

**Alcorán** SM Koran

**alcornoque** SM [1] (= *árbol*) cork tree
[2] (*) (= *tonto*) idiot

**alcorza** SF [1] (*Culin*) icing, sugar paste
[2] (*Cono Sur**) (= *tipo sensible*) crybaby, sensitive soul

**alcorzar** ►conjug 1f◄ VT to ice

**alcotán** SM hobby

**alcotana** SF pickaxe, pickax (*EEUU*)

**alcubilla** SF cistern, reservoir

**alcucero** ADJ sweet-toothed

**alcurnia** SF ancestry, lineage; **de ~** of noble family, of noble birth

**alcurniado** ADJ aristocratic, noble

**alcuza** SF (*para aceite*) olive-oil bottle; (*LAm*) (= *vinagreras*) cruet, cruet stand

**alcuzcuz** SM couscous

**aldaba** SF [1] (*de puerta*) knocker, door knocker; (*para caballo*) hitching ring; **tener buenas ~s** to have friends in the right places
[2] **~s*** (= *tetas*) tits**

**aldabada** SF knock, knock on the door; **dar ~s en** to knock at

**aldabilla** SF latch

**aldabón** SM (= *aldaba*) large knocker, large door knocker; (= *asa*) handle

**aldabonazo** SM bang, loud knock, loud knock on the door; **dar ~s en** to bang at

**aldea** SF small village, hamlet

**aldeanismo** SM provincialism, parish-pump attitudes

**aldeano/a** Ⓐ ADJ [1] (= *de pueblo*) village *antes de s*; (= *de campo*) rustic; **gente aldeana** country people
[2] (*pey*) (= *pueblerino*) provincial, parish-pump *antes de s*; **actitud aldeana** parish-pump attitude
Ⓑ SM/F villager; **los ~s** the villagers

**aldehuela** SF hamlet

**aldeorrio** SM backward little place, rural backwater

**alderredor** ADV = **alrededor**

**aldosterona** SF aldosterone

**aldrina** SF aldrin

**aleación** SF (= *proceso*) alloying; (= *efecto*) alloy ► **aleación ligera** light alloy

**aleado** ADJ alloyed, alloy *antes de s*

**alear**[1] ►conjug 1a◄ VT (*Téc*) to alloy

**alear**[2] ►conjug 1a◄ VI [1] [*ave*] to flutter, flap, flap its wings; [*persona*] to move one's arms up and down
[2] (= *cobrar fuerzas*) to improve; **ir aleando** to be improving

**aleatoriamente** ADV randomly, at random

**aleatoriedad** SF randomness

**aleatorio** ADJ (*Estadística*) random, contingent; (= *fortuito*) accidental, fortuitous

**aleatorizar** ►conjug 1f◄ VT to randomize

**alebrarse** ►conjug 1j◄ VPR [1] (= *pegarse al suelo*) to lie flat
[2] (= *acobardarse*) to cower

**alebrestar** ►conjug 1a◄ Ⓐ VT (*LAm*) (= *poner nervioso*) to excite, make nervous; (= *alterar*) to distress, disturb
Ⓑ **alebrestarse** VPR [1] (= *ponerse nervioso*) to get excited; (= *alterarse*) to get distressed, become agitated; (= *rebelarse*) to rebel
[2] (*Andes*) [*caballo*] to rear up

**aleccionador** ADJ (= *instructivo*) instructive, enlightening; [*castigo*] exemplary

**aleccionamiento** SM (= *instrucción*) instruction, enlightenment; (*Pol euf*) repression

**aleccionar** ►conjug 1a◄ VT (= *instruir*) to instruct, enlighten; (= *castigar*) to teach a lesson to; (= *regañar*) to lecture

**alechado** ADJ (*LAm*) milky

**alechugado** ADJ (= *plisado*) pleated; (= *de volantes*) frilled, frilly

**alechugar** ►conjug 1h◄ VT (= *doblar con pliegues*) to fold, pleat; (= *rizar*) to frill

**aledaño** Ⓐ ADJ adjoining, bordering
Ⓑ SM boundary, limit; **los aledaños** the outskirts

**alefra*** EXCL (*Caribe*) touch wood!, knock on wood! (*EEUU*)

**alegación** SF (*Jur*) declaration, declaration in court; (*Caribe, Cono Sur, Méx*) (= *discusión*) argument ► **alegación de culpabilidad** (*Méx Jur*) plea of guilty ► **alegación de inocencia** (*Méx Jur*) plea of not guilty

**alegador(a)** Ⓐ ADJ (*Cono Sur*) argumentative
Ⓑ SM/F argumentative person

**alegal** ADJ (*Cono Sur*) illegal

**alegar** ►conjug 1h◄ Ⓐ VT [1] (*Jur*) to allege; (= *citar*) [+ *dificultad*] to plead; [+ *autoridad*] to quote; [+ *razones*] to put forward, adduce; [+ *méritos*] to cite, adduce; **~ que** to claim that, assert that; **alegando que ...** claiming that ..., on the grounds that ...

2 (*LAm*) (= *discutir*) to argue against, dispute
Ⓑ VI (*LAm*) to argue; (= *protestar*) to complain loudly, kick up a fuss

**alegata** SF (*LAm*) fight

**alegato** SM 1 (*Jur*) (*escrito*) indictment; (*oral*) allegation; (= *declaración*) statement, assertion
2 (*LAm*) (= *discusión*) argument, dispute

**alegoría** SF allegory

**alegóricamente** ADV allegorically

**alegórico** ADJ allegoric, allegorical

**alegorizar** ▸conjug 1f◂ VT to allegorize

**alegrador** ADJ cheering

▼ **alegrar** ▸conjug 1a◂ Ⓐ VT 1 (= *poner contento*) to cheer up; **le mandamos flores para ~la un poco** we sent her some flowers to cheer her up a bit; **me alegra que me preguntes eso** I'm glad you asked me that; **nos alegra saber que ha aprobado** we're pleased to hear that you passed
2 (= *animar*) [+ *fiesta, reunión*] to liven up; [+ *casa, cuarto*] to brighten up, cheer up; **el rojo te alegra la cara** red gives your face a bit of colour; **¡alegra esa cara!** cheer up!; **los niños alegran el hogar con sus risas** the children liven up *o* cheer up the house with their laughter
3 [+ *fuego*] to poke
4 [+ *toro*] to excite, stir up
5 (*Náut*) [+ *cuerda*] to slacken
Ⓑ **alegrarse** VPR 1 (= *complacerse*) to be happy, be pleased; **siempre se alegra cuando la visitamos** she's always happy *o* pleased when we go and visit her; **nos alegramos de *o* por tu decisión** we're very happy *o* pleased with your decision; **me alegro de verte** I'm pleased to see you, it's good to see you; **me alegro por ella** I'm happy *o* pleased for her; **—he aprobado —¡me alegro!** "I passed" — "I'm pleased to hear it!"; **me alegro muchísimo** I'm delighted; **—¿te importa que haya venido? —no, me alegro mucho** "do you mind me coming?" — "not at all, I'm pleased you've come"; **—ya puedo devolverte el dinero —me alegro de saberlo** "I can pay you back now" — "I'm glad to hear it"; **me alegro de que hayas venido, necesito tu ayuda** I'm glad you've come, I need your help; **me alegro de que saques el tema** I'm glad you mentioned that
2 (*) (= *emborracharse*) to get merry *o* tipsy*

**alegre** ADJ 1 (= *feliz*) [*persona*] happy; [*cara, carácter*] happy, cheerful; **recibimos una ~ noticia** we received some happy news; **estar ~ (por algo)** to be happy (about sth); **ser ~** to be cheerful *o* happy; **María es muy ~** María's a very cheerful *o* happy person
2 (= *luminoso*) [*día, habitación, color*] bright
3 [*música, fiesta*] lively
4 (*) (= *borracho*) **estar ~** to be merry *o* tipsy*
5 (= *irresponsable*) thoughtless
6 (= *inmoral*) [*vida*] fast; (†) [*chiste*] risqué, blue; *ver tb* **mujer 1**

**alegremente** ADV 1 (= *felizmente*) happily, cheerfully
2 (= *irresponsablemente*) gaily; **se lo gastó todo ~** he spent it all without a thought for tomorrow

**alegría** SF 1 (= *felicidad*) happiness, joy; (= *satisfacción*) gladness; (= *optimismo*) cheerfulness; (= *regocijo*) merriment; **¡qué ~!** how marvellous!, that's splendid!; **saltar de ~** to jump for joy ▸ **alegría vital** joie de vivre
2 (*pey*) (= *irresponsabilidad*) recklessness, irresponsibility
3 (*Bot*) ▸ **alegría de la casa** balsam
4 **alegrías** (*Mús*) *Andalusian song or dance*; (*Esp*‡) (= *genitales*) naughty bits‡

**alegro** SM allegro

**alegrón** SM 1 [*de felicidad*] thrill; **¡me dio un ~!** what a thrill I got!
2 [*de fuego*] sudden blaze, flare-up

**alegrona** SF (*LAm*) prostitute

**alehop** EXCL hup!

**alejado** ADJ 1 (= *distanciado*) remote; **en un pueblecito ~** in a remote little village; **vivimos algo ~s** we live quite far away, we live quite a distance away; **~ de** [*lugar*] distant from; [*persona*] away from; **un planeta muy ~ del sol** a planet very distant from the sun; **vive ~ de todo** he lives away from it all; **una lesión lo mantuvo ~ del fútbol** an injury kept him out of football; **ha pasado varios años alejada de los escenarios** she has spent several years off the stage; **viven completamente ~s de la realidad** they live completely cut off from the real world *o* from reality; **una sentencia muy alejada de la realidad actual** a sentence out of line with current thinking
2 (= *diferente*) removed (**de** from); **muy ~ de nuestro concepto de libertad** very far removed from our concept of freedom

**alejamiento** SM 1 (= *distanciamiento*) (*gen*) distance; (*como actividad*) distancing; **se ha producido un pequeño ~ entre los dos planetas** the two planets have shifted slightly apart *o* away from each other; **la obra supone un ~ de la tradición teatral** the work represents a break with *o* a distancing from theatrical tradition
2 (*entre personas*) **unos meses de ~ nos sentarán bien a los dos** a few months away from each other will do us both good, a few months apart will do us good; **se produjo un ~ entre el gobierno y los ciudadanos** there was a rift between the government and the people
3 [*de cargo*] removal
4 (= *actitud distante*) detachment

**Alejandría** SF Alexandria

**alejandrino** SM alexandrine

**Alejandro** SM Alexander ▸ **Alejandro Magno** Alexander the Great

**alejar** ▸conjug 1a◂ Ⓐ VT 1 (= *distanciar*) to move away (**de** from); **aleja un poco más el jarrón** move the vase away a little
2 (= *hacer abandonar*) (*de lugar*) to keep away (**de** from); (*de puesto*) to remove (**de** from); **ese olor aleja a los mosquitos** that smell keeps the mosquitoes away; **una enfermedad lo alejó de la vida pública** illness forced him to withdraw from public life; **lo hice para ~los de la tentación** I did it to keep them out of temptation's way; **~ a algn de algn** (= *distanciar*) to keep sb away from sb; (= *causar ruptura*) to cause a rift between sb and sb; **intentó ~la de mí** he tried to keep her away from me; **aquel asunto los alejó definitivamente** that matter caused a permanent rift between them
3 (= *desviar*) [+ *atención*] to distract; [+ *sospechas*] to remove; [+ *amenaza, peligro*] to remove; **tratan de ~ nuestra atención de los problemas** they are trying to distract our attention from the problems; **aleja de ti las tentaciones** stay out of temptation's way; **eso alejó el fantasma de la crisis** that removed the spectre of a crisis
Ⓑ **alejarse** VPR 1 (= *irse lejos*) to go away, move away (**de** from); **alejémonos un poco más** let's get *o* go *o* move a bit further away; **un coche rojo se alejaba del lugar** a red car was leaving the scene; **vieron ~se corriendo a dos jóvenes** they saw two youths running away; **se alejó lentamente** he walked off slowly; **no conviene ~se de la orilla** it's better not to go too far from the shore; **~se del buen camino** (*lit*) to lose one's way; (*fig*) to go *o* stray off the straight and narrow
2 (= *separarse*) **~se de algo**: **la carretera se aleja de la costa** the road veers away from the coast; **en esta obra se aleja de los problemas sociales** in this work she moves away from social problems; **cada vez se alejan más del descenso** they are moving further away from relegation; **después de su divorcio se alejó de la vida social** after her divorce she withdrew from social life; **poco a poco se fueron alejando de sus amigos** they gradually drifted apart from their friends; **~se del tema** to get off the subject
3 (= *desaparecer*) [*peligro*] to recede; [*ruido*] to grow fainter; **la amenaza de una guerra se fue alejando poco a poco** the threat of war gradually receded; **se aleja la posibilidad de un nuevo recorte de los tipos de interés** the possibility of a new cut in interest rates is becoming increasingly unlikely
4 (= *diferir*) **su comportamiento se aleja de lo normal** his behaviour is far from being normal; **lo que te he contado no se aleja de la verdad** what I have told you is not far from the truth; **la centralización del poder se aleja del espíritu de las sociedades cooperativas** the centralization of power is alien to the spirit of cooperative societies

**alelado** ADJ (= *aturdido*) stupefied, bewildered; (= *bobo*) foolish, stupid

**alelamiento** SM (= *aturdimiento*) bewilderment; (= *insensatez*) foolishness, stupidity

**alelar** ▸conjug 1a◂ Ⓐ VT to stupefy, bewilder
Ⓑ **alelarse** VPR to be stupefied, be bewildered

**aleluya** Ⓐ EXCL hallelujah!, hurray!
Ⓑ SM *o* SF (*Mús, Rel*) hallelujah, alleluia
Ⓒ SM 1 (= *Pascua*) Easter time
2 **ir al ~** (*Caribe**) (= *pagar a escote*) to go Dutch*, share costs
Ⓓ SF 1 (= *alegría*) **estar de ~** to rejoice
2 (*Arte*) (= *estampa*) Easter print, strip cartoon with rhyming couplets (*originally on religious themes*); (= *pintura mala*) (*) daub, bad painting
3 (*LAm*) (= *excusa*) frivolous excuse
4 (*poét*, *) doggerel

**alelúyico*** ADJ evangelical

**alemán/ana** Ⓐ ADJ, SM/F German
Ⓑ SM (*Ling*) German

**Alemania** SF Germany

**alentada** SF big breath, deep breath; **de una ~** in one breath

**alentado** ADJ 1 (= *valiente*) brave; (= *orgulloso*) proud, haughty
2 (*Cono Sur*) (= *sano*) healthy
3 (*CAm, Méx*) (= *mejorado*) improved, better

➤ LENGUA Y USO: **alegrar A1** 48.1, 51.1, 51.2 **B1** 51.3, 52.4

**alentador** ADJ encouraging

**alentar** ▸conjug 1j◂ Ⓐ VT [1] (= *animar*) to encourage, hearten; [+ *oposición*] to stiffen; [+ *esperanzas*] to raise; **en su pecho alienta la esperanza de ...** he cherishes the hope of ...; **~ a algn a hacer algo** to encourage sb to do sth
[2] (*LAm*) (= *aplaudir*) to clap, applaud
Ⓑ VI (= *brillar*) to burn, glow
Ⓒ **alentarse** VPR [1] (= *animarse*) to take heart, cheer up
[2] (*esp LAm Med*) to get better
[3] (*Andes, CAm*) (= *dar a luz*) to give birth (**de** to)

**aleonarse** ▸conjug 1a◂ VPR (*Cono Sur*) to get excited, get worked up

**aleoyota** SF (*Cono Sur*) pumpkin

**alepantado** ADJ (*Andes*) absent-minded

**alerce** SM larch, larch tree

**alergeno** SM, **alérgeno** SM allergen

**alergia** SF allergy; **tener ~ a** to be allergic to (*tb fig*) ► **alergia al polen, alergia polínica** pollen allergy, allergy to pollen ► **alergia primaveral** hay fever

**alérgico/a** Ⓐ ADJ allergic (**a** to)
Ⓑ SM/F allergic person

**alergista** SMF, **alergólogo/a** SM/F allergist, specialist in allergies

**alergológico** ADJ allergy *antes de s*

**alero** SM [1] (*Arquit*) eaves; (*Aut*) mudguard, fender (*EEUU*), wing; ✦*MODISMO* **estar** *o* **en el ~** (= *indeciso*) to be unsure, remain undecided
[2] (*Dep*) winger

**alerón** SM aileron

**alerta** Ⓐ EXCL watch out!
Ⓑ ADJ, ADV alert, watchful; **estar ~** ◊ **estar ojo ~** to be on the alert; **todos los servicios de auxilio están ~(s)** all the rescue services are on stand-by
Ⓒ SF alert; **dar la ~** ◊ **dar la voz de ~** to raise the alarm; **en estado de ~** on the alert; **en ~ de 24 horas** on 24-hour stand-by ► **alerta previa** early warning ► **alerta roja** red alert

**alertar** ▸conjug 1a◂ Ⓐ VT to alert; **~ a algn de algo** to alert sb to sth
Ⓑ VI to be alert, keep one's eyes open

**alesnado** ADJ (*Caribe*) brave, intrepid

**aleta** SF [1] (*Zool*) [*de pez*] fin; [*de foca*] flipper; [*de pájaro*] wing, small wing; [*de natación*] flipper ► **aleta dorsal** dorsal fin
[2] (*Mec*) [*de coche*] wing, fender (*EEUU*); [*de hélice*] blade

**aletargado** ADJ drowsy, lethargic

**aletargamiento** SM drowsiness, lethargy

**aletargar** ▸conjug 1h◂ Ⓐ VT (= *causar letargo*) to make drowsy, make lethargic
Ⓑ **aletargarse** VPR (= *padecer letargo*) to grow drowsy, become lethargic; (= *hibernar*) to become dormant, hibernate

**aletazo** SM [1] [*de ave*] wingbeat, flap, flap of the wing; [*de pez*] movement of the fin
[2] (*Cono Sur*) (= *bofetada*) punch, slap
[3] (*CAm*) (= *hurto*) robbery; (= *estafa*) swindle

**aletear** ▸conjug 1a◂ VI [*ave*] to flutter, flap its wings; [*pez*] to move its fins; [*persona*] to wave one's arms

**aleteo** SM [1] [*de ave*] fluttering, flapping of the wings; [*de pez*] movement of the fins
[2] (*Med*) (= *palpitación*) palpitation

**aleudar** ▸conjug 1a◂ Ⓐ VT to leaven, ferment with yeast
Ⓑ **aleudarse** VPR to rise

**aleve** ADJ treacherous, perfidious

**alevín** SM, **alevino** SM [1] (= *cría de pez*) fry, young fish
[2] (= *joven principiante*) youngster, novice

**alevosía** SF [1] (= *traición*) treachery
[2] (*Jur*) premeditation; **con ~** in a cold-blooded manner

**alevoso/a** Ⓐ ADJ treacherous
Ⓑ SM/F traitor

**alfa**[1] SF (= *letra*) alpha

**alfa**[2] SF (*LAm*) (= *alfalfa*) lucerne, alfalfa

**alfabéticamente** ADV alphabetically

**alfabético** ADJ alphabetic, alphabetical

**alfabetismo** SM literacy

**alfabetización** SF teaching people to read and write; **campaña de ~** literacy campaign

**alfabetizado** ADJ literate, that can read and write

**alfabetizador(a)** SM/F literacy tutor

**alfabetizar** ▸conjug 1f◂ VT [1] (= *clasificar*) to arrange alphabetically
[2] (= *enseñar*) to teach to read and write

**alfabeto** SM alphabet ► **alfabeto Morse** Morse code ► **alfabeto romano** Roman alphabet

**alfajor** SM (*Cono Sur*) *sweet biscuit with filling*; (*Esp*) (= *polvorón*) *cake eaten at Christmas*

**alfalfa** SF lucerne, alfalfa

**alfalfar** SM lucerne field

**alfandoque** SM [1] (*LAm Culin*) cheesecake
[2] (*Andes, Cono Sur Mús*) maraca

**alfanje** SM (= *sable*) cutlass; (= *pez*) swordfish

**alfanumérico** ADJ alphanumeric

**alfaque** SM (*Náut*) bar, sandbank

**alfaquí** SM Moslem doctor, ulema, expounder of the Law

**alfar** SM [1] (= *taller*) potter's workshop
[2] (= *arcilla*) clay

**alfarería** SF (= *arte*) pottery; (= *tienda*) pottery shop

**alfarero/a** SM/F potter

**alfarjía** SF batten (*esp for door or window frames*)

**alféizar** SM (*Arquit*) (= *corte del muro*) splay, embrasure; [*de ventana*] window sill

**alfeñicado*** ADJ [1] (= *débil*) weakly, delicate
[2] (= *afectado*) affected

**alfeñicarse*** ▸conjug 1g◂ VPR [1] (= *enflaquecerse*) to get terribly thin, look frail
[2] (= *remilgarse*) to act affectedly, be overnice

**alfeñique** SM [1] (= *persona débil*) weakling
[2] (= *afectación*) affectation
[3] (*Culin*) toffee-like paste, almond-flavoured *o* (*EEUU*) -flavored sugar paste

**alferecía** SF epilepsy

**alférez** SMF (*Mil*) second lieutenant, subaltern; (*Rel*) official standard bearer (*in processions*) ► **alférez de fragata** midshipman, middie (*EEUU**) ► **alférez de navío** sub-lieutenant, ensign (*EEUU*)

**alfil** SM bishop

**alfiler** SM [1] (*Cos*) pin; (= *broche*) brooch, clip; **aquí ya no cabe ni un ~** you can't squeeze anything else in; **prendido con ~es** shaky, hardly hanging together; **puesto con 25 ~es** dressed up to the nines ► **alfiler de corbata** tiepin ► **alfiler de gancho** (*Arg*) safety pin ► **alfiler de seguridad** (*LAm*) safety pin ► **alfiler de sombrero** hatpin
[2] (= *propina*) **~es** pin money, dress allowance; **pedir para ~es** to ask for a tip

**alfilerar** ▸conjug 1a◂ VT to pin together, pin up

**alfilerazo** SM (= *punzada*) pinprick; **tirar ~s a algn** (= *criticar*) to have a dig at sb

**alfilerillo** SM (*Andes, Cono Sur*) *type of spikenard used for animal feeding*

**alfiletero** SM (= *estuche*) needle case; (= *acerico*) pincushion

**alfolí** SM [*de granos*] granary; [*de sal*] salt warehouse

**alfombra** SF (*grande*) carpet; (*pequeña*) rug, mat ► **alfombra de baño** bath mat ► **alfombra de oración** prayer mat ► **alfombra mágica** magic carpet ► **alfombra voladora** flying carpet

**alfombrado** SM carpeting

**alfombrar** ▸conjug 1a◂ VT to carpet

**alfombrero/a** SM/F carpet maker

**alfombrilla** SF [1] rug, mat ► **alfombrilla roja** red carpet
[2] (*Med*) (= *sarampión*) German measles; (*Caribe*) (= *sarpullido*) rash; (*Méx*) (= *viruela*) smallpox

**alfonsí** ADJ Alphonsine (*esp re Alfonso X, 1252-84*)

**alfonsino** ADJ Alphonsine (*esp re recent kings of Spain named Alfonso*)

**Alfonso** SM Alphonso; **~ X el Sabio** Alphonso the Wise (*1252-84*)

**alforfón** SM buckwheat

**alforja** SF [*de jinete*] saddlebag; (*en bicicleta*) pannier; (= *mochila*) knapsack; **~s** (= *provisión*) provisions (*for a journey*); **sacar los pies de las ~s** to go off on a different tack; **para ese viaje no hacían falta ~s** there was no point in bringing all this stuff, you didn't have to go to such trouble; **pasarse a la otra ~** (*Cono Sur*) to overstep the mark, go too far

**alforjudo** ADJ (*Cono Sur*) silly, stupid

**alforza** SF (= *pliegue*) pleat, tuck; (= *cicatriz*) slash, scar

**alforzar** ▸conjug 1f◂ VT to pleat, tuck

**Alfredo** SM Alfred

**alga** SF seaweed, alga; **~ tóxica** toxic alga

**algaida** SF (*Bot*) bush, undergrowth; (*Geog*) dune

**algalia** SF [1] (= *perfume*) civet
[2] (*Med*) catheter

**algara** SF (*Hist*) raid

**algarabía** SF [1] (= *griterío*) hullabaloo
[2] (*Ling*) Arabic
[3] (*Bot*) cornflower

**algarada** SF [1] (= *griterío*) outcry; **hacer** *o* **levantar una ~** to kick up a tremendous fuss
[2] (*Hist*) cavalry raid, cavalry troop

**Algarbe** SM **el ~** the Algarve

**algarero** ADJ noisy, rowdy

**algarroba** SF carob, carob bean

**algarrobo** SM carob tree, locust tree

**algazara** SF din, uproar

**álgebra** SF algebra ► **álgebra de Boole** Boolean algebra

**algebraico** ADJ algebraic

**algecireño/a** Ⓐ ADJ of/from Algeciras
Ⓑ SM/F native/inhabitant of Algeciras; **los ~s** the people of Algeciras

**álgido** ADJ (= *muy frío*) icy, chilly; [*momento*] crucial, decisive

**algo** Ⓐ PRON [1] (*en oraciones afirmativas*) something; **estaba buscando ~ más barato** I was looking for something cheaper; **—¿no habéis comido nada? —sí, ~ hemos picado** "haven't you eaten anything?" — "yes, we've had a little snack"; **~ así**: **es músico o ~ así** he's a musician or something like that; **dura ~ así como tres horas** it's about three hours long; **~ de**: **tuve ~ de miedo** I was a bit scared; **sé ~ de inglés** I know a little English; **nos dieron ~ de comer** they gave us something to eat; **hay ~ de verdad en lo que dicen** there is some truth in what they say; **tenía ~ de revolucionario** there was something of the revolutionary in him; **tengo ~ de prisa** I'm in a bit of a hurry; **tienen ~ de razón** they are right to a certain extent *o* in a way; **en ~**: **queríamos ser útiles en ~** we wanted to be of some use; **se ha cambiado en ~ el plan** the plan has been changed slightly; **las dos hermanas se parecen en ~** there is a certain likeness between the two sisters; **estar en ~** (= *implicado*) to be involved in sth; (*Ven**) to be high on sth; **llegar a ser ~** to be something; **tomar ~** (*de beber*) to have a drink; (*de comer*) to have a bite (to eat); **¿quieres tomarte ~?** would you like a drink?; **llegamos a las tres y ~** we arrived at three something; **al nacer pesó tres kilos y ~** she weighed just over three kilos at birth; ✦*MODISMOS* **~ es ~** it's better than nothing; **creerse ~** to think one is somebody; **darle ~ a algn***: **casi me da ~ cuando falló el penalti** I nearly died when he missed the penalty; **si no deja de comer dulces un día le va a dar ~** if he doesn't stop eating sweet things something will happen to him one day; **cuando le da por ~ ...** when he gets something into his head ...; **por ~ será** there must be a reason for it; **si lo dice el director, por ~ será** if the manager says so, he must have his reasons *o* there must be a reason for it; **ya es ~**: **ha logrado un estilo propio, lo que ya es ~** she has achieved her own style, which is quite something

[2] (*en oraciones interrogativas, condicionales*) (*gen*) anything; (*esperando respuesta afirmativa*) something; **¿hay ~ para mí?** is there anything *o* something for me?; **¿puedes darme ~?** can you give me something?; **¿le has dado ~ más de dinero?** have you given him any more money?; **¿no le habrá pasado ~?** nothing has happened to him, has it?

Ⓑ ADV [1] (*con adjetivo*) rather, a little; **estos zapatos son ~ incómodos** these shoes are rather *o* a little uncomfortable; **puede parecer ~ ingenuo** he may seem slightly *o* rather *o* a little *o* somewhat (*frm*) naive

[2] (*con verbos*) a little; **me recuerda ~ a mi padre** he reminds me a little of my father; **la inflación ha subido ~ más de dos puntos** inflation has gone up by a little over two points

Ⓒ SM [1] **un ~**: **tiene un ~ que atrae** there's something attractive about him *o* there's something about him that's attractive; **había un ~ de tristeza en su expresión** there was something sad in his expression

[2] (*Col*) *mid-afternoon snack*; → ALGUNO, ALGO

**algodón** SM [1] (*Cos*) (= *material*) cotton; (= *planta*) cotton plant ► **algodón en rama** raw cotton; **se crió entre algodones** he was always pampered ► **algodón labrado** patterned cotton ► **algodón pólvora** gun cotton

[2] (*Med*) swab ► **algodón hidrófilo** cotton wool, absorbent cotton (*EEUU*)

[3] [*de azúcar*] candy floss, cotton candy (*EEUU*)

**algodonal** SM cotton plantation

**algodonar** ▸conjug 1a◂ VT to stuff with cotton wool, wad

**algodoncillo** SM milkweed

**algodoncito** SM cotton wool bud, cotton bud, Q-tip® (*EEUU*)

**algodonero/a** Ⓐ ADJ cotton *antes de s*

Ⓑ SM/F (= *persona*) (= *cultivador*) cotton grower; (= *comerciante*) cotton dealer

Ⓒ SM (= *planta*) cotton plant

**algodonosa** SF cotton grass

**algodonoso** ADJ cottony

**algorítmica** SF algorithms *pl*

**algoritmo** SM algorithm

**algoterapia** SF seaweed wrap treatment

**alguacil** SM (*Jur*) bailiff, constable (*EEUU*); (*Taur*) (*tb* **alguacilillo**) mounted official

**alguicida** SM algicide

**alguien** PRON (*gen*) somebody, someone; (*en frases interrogativas y negativas*) anybody, anyone; **si viene ~** if somebody comes, if anybody comes; **¿viste a ~?** did you see anybody?; **para ~ que conozca la materia** for anybody who is familiar with the subject; **~ se lo habrá dicho** somebody or other must have told him; **se cree ~** he thinks he's somebody

**alguita*** SF (*Andes*) money, dough*

**alguito** (*LAm*) = **algo**

**alguno/a** Ⓐ ADJ (*before masc sing* **algún**) [1] (*antes de s*) (*en oraciones afirmativas*) some; (*en oraciones interrogativas, condicionales*) any; **algún día lo comprenderás** some day you'll understand; **tuvimos algunas dificultades** we had a few *o* some difficulties; **llámame si tienes algún problema** call me if you have any problems; **¿conoces algún hotel barato?** do you know a cheap hotel?; **hubo alguna que otra nube** there were one or two clouds, there was the odd cloud; **objetos de alguna importancia** objects of some importance; **en alguna parte** somewhere; **alguna vez** (*en oraciones afirmativas*) at some point; (*en oraciones interrogativas, condicionales*) ever; **todos lo hemos hecho alguna vez** we've all done it at one time or another *o* at some point; **alguna vez le he oído hablar de ella** I have heard him mention her sometimes; **¿has estado alguna vez en Nueva York?** have you ever been to New York?

[2] (*después de s*) **no tiene talento ~** he has no talent at all; **nos atacaron sin motivo ~** they attacked us for no reason at all; **sin interés ~** without the slightest interest; **sin valor ~** completely worthless; *ver tb* **duda**

[3] **algunos** (= *varios*) several; **salvaron ~s cientos de vidas** they saved several hundred lives

Ⓑ PRON [1] (= *objeto*) one; **estará en ~ de esos cajones** it must be in one of those drawers; **de entre tantas camisas, seguro que alguna te gustará** out of all these shirts, there's bound to be one that you like; **~ que otro** one or two

[2] (= *persona*) someone, somebody; **siempre hay ~ que protesta** there is always one *o* someone *o* somebody who complains; **~ de ellos** one of them

[3] **algunos** (= *cosas*) some, some of them; (= *personas*) some, some of us, you *etc*; **vinieron ~s, pero no todos** some of them came, but not all; **~s no se han enterado todavía** some (people) haven't found out yet

**ALGUNO, ALGO**

**"Some" y "any" en oraciones afirmativas e interrogativas**

**Frases Afirmativas**

- En frases afirmativas debe usarse **some** o las formas compuestas de **some**:

  He leído algunos artículos interesantes sobre el tema
  ***I have read some interesting articles on the subject***
  Algunos no están de acuerdo
  ***Some people disagree***
  He comprado algo para ti
  ***I've bought something for you***

**Frases Interrogativas**

- En frases interrogativas que expresan algún tipo de ofrecimiento o petición y cuya respuesta se espera que sea positiva, también debe emplearse la forma **some**, *etc*:

  Tienes muchos libros. ¿Me dejas alguno?
  ***You've got lots of books. Can I borrow some?***

- En el resto de las frases interrogativas, empléese **any** o las formas compuestas de **any**:

  ¿Se te ocurre alguna otra idea?
  ***Do you have any other ideas?***
  ¿Hay algún sitio donde podamos escondernos?
  ***Is there anywhere we can hide?***

**Frases Condicionales**

- La construcción **si** + **verbo** + **algo** o **algún/alguna**, *etc* se traduce al inglés por **if** + **sujeto** + **verbo** + **any** o **some**, *etc*:

  Si necesitas algo, dímelo
  ***If you need anything, let me know***
  Si quiere algunas cintas, no deje de pedirlas
  ***If you would like some tapes, don't hesitate to ask***

**NOTA:** Hay que tener en cuenta que **some** se utiliza cuando tenemos más certeza de que la condición se vaya a cumplir.

⇨ *Ver tb* NINGUNO

*Para otros usos y ejemplos ver las entradas* ***algo*** *y* ***alguno.***

**alhaja** SF [1] (= *joya*) jewel, gem; (= *objeto precioso*) precious object, treasure; (= *mueble*) fine piece (of furniture)

[2] (= *persona*) treasure, gem; **¡buena ~!** (*iró*) she's a fine one!

**alhajado** ADJ (*Andes*) wealthy

**alhajar** ▸conjug 1a◂ VT [+ *persona*] to adorn (*with jewels*); [+ *habitación*] to furnish, appoint, appoint in delicate taste

**alhajera** SF (*Cono Sur*) jewel box

**alharaca** SF fuss; **hacer ~s** to make a fuss, make a great song and dance

**alharaquiento** ADJ demonstrative, highly emotional

**alhelí** SM wallflower, stock

**alheña** SF [1] (*Bot*) (= *arbusto*) privet; (= *flor*) privet flower
[2] (= *hongo*) blight, mildew
[3] (*para teñir*) henna

**alheñar** ▸conjug 1a◂ Ⓐ VT to dye with henna
Ⓑ **alheñarse** VPR to become mildewed, get covered in mildew

**alhóndiga** SF corn exchange

**alhucema** SF lavender

**aliacán** SM jaundice

**aliado/a** Ⓐ ADJ allied
Ⓑ SM/F ally; **los Aliados** the Allies
Ⓒ SM (*Cono Sur*) (= *emparedado*) toasted sandwich; (= *bebida*) mixed drink

**aliaga** SF = **aulaga**

**aliancista** (*Esp Pol, Hist*) Ⓐ ADJ **política ~** policy of Alianza Popular
Ⓑ SMF member of Alianza Popular

**alianza** SF [1] (= *pacto*) alliance; **la Alianza** (*Rel*) the Covenant; **Santa Alianza** Holy Alliance ► **la Alianza Atlántica** the Atlantic Alliance, NATO ► **Alianza para el Progreso** Alliance for Progress
[2] (= *anillo*) wedding ring

**aliar** ▸conjug 1c◂ Ⓐ VT to ally, bring into an alliance
Ⓑ **aliarse** VPR to form an alliance; **~se con** to ally o.s. with, side with

**alias** ADV, SM INV alias

**alicaído** ADJ (= *débil*) drooping, weak; (= *triste*) downcast, depressed

**Alicante** SM Alicante

**alicantina** SF trick, ruse

**alicantino/a** Ⓐ ADJ of/from Alicante
Ⓑ SM/F native/inhabitant of Alicante; **los ~s** the people of Alicante

**alicatado** SM tiling

**alicatar** ▸conjug 1a◂ VT [+ *pared*] to tile; [+ *azulejo*] to shape, cut

**alicate** SM [1] = **alicates**
[2] (*Arg*) (= *cortaúñas*) nail clippers *pl*

**alicates** SMPL pliers, pincers; **~ de corte** wire cutters

**Alicia** SF Alice; **"~ en el país de las maravillas"** "Alice in Wonderland"; **"~ a través del espejo"** "Alice through the Looking-glass"

**aliciente** SM (= *incentivo*) incentive, inducement; (= *atractivo*) attraction; **ofrece el ~ de** it has the attraction of; **ofrecer un ~** to hold out an inducement

**alicorarse*** ▸conjug 1a◂ VPR (*Andes*) to get boozed*

**alicorear** ▸conjug 1a◂ VT (*CAm*) to decorate, adorn

**alicrejo** SM (*CAm*) (= *animal feo*) *spider-like creature*; (*hum*) (= *rocín*) old horse, nag

**alicurco** ADJ (*Cono Sur*) sly, cunning

**alienación** SF (= *enajenación*) alienation; (*Psic*) alienation, mental derangement

**alienado/a** Ⓐ ADJ (= *marginado*) alienated; (*Psic*) insane, mentally ill
Ⓑ SM/F (= *marginado*) alienated person; (*Psic*) mentally ill person

**alienador** ADJ, **alienante** ADJ alienating, dehumanizing, inhuman

**alienar** ▸conjug 1a◂ VT = **enajenar**

**alienígena** Ⓐ ADJ (= *extranjero*) alien, foreign; (= *extraterrestre*) alien, extraterrestrial
Ⓑ SMF (= *extranjero*) alien, foreigner; (= *extraterrestre*) alien, extraterrestrial being

**alienista** SMF specialist in mental illness, psychiatrist, alienist (EEUU)

**aliento** SM [1] (= *hálito*) breath; **tiene mal ~** he has bad breath; **le huele el ~ a ajo** his breath smells of garlic
[2] (= *respiración*) **el ejercicio me dejó sin ~** the exercise left me breathless *o* out of breath; **contener el ~** to hold one's breath; **dar los últimos ~s** (*liter*) to breathe one's last (*liter*); **faltar el ~**: **me falta el ~** I'm out of breath; **recobrar** *o* **recuperar el ~** to get one's breath back; **tomar ~**: **paró, tomó ~ y continuó hablando** he stopped to get his breath back, then went on talking; **✦MODISMOS cortar a algn el ~** to take sb's breath away; **de un ~** (*frm*) (= *de una vez*) in one go
[3] (*frm*) (= *ánimo*) courage, spirit; **cobrar ~** to take heart; **dar ~ a algn** to encourage sb
[4] (= *tono*) **una novela de hondo ~ patriótico** a novel with a deeply patriotic spirit, a profoundly patriotic novel

**alifafe*** SM ailment

**aligación** SF (= *aleación*) alloy; (= *vínculo*) bond, tie

**aligeramiento** SM (= *reducción de peso*) lightening; (= *aliviamiento*) easing, alleviation; (= *aceleración*) speeding-up

**aligerar** ▸conjug 1a◂ Ⓐ VT (= *hacer ligero*) to lighten; [+ *dolor*] to ease, relieve, alleviate; (= *abreviar*) to shorten; (= *acelerar*) to quicken; **voy a dar un paseo para ~ las piernas** I'm going for a walk to stretch my legs
Ⓑ VI (= *darse prisa*) to hurry, hurry up
Ⓒ **aligerarse** VPR [*carga*] to get lighter; **~se de ropa** to put on lighter clothing

**aligustre** SM privet

**alijar**[1] ▸conjug 1a◂ VT (*Téc*) to sandpaper

**alijar**[2] ▸conjug 1a◂ VT [+ *carga*] to lighten; [+ *barco*] to unload; [+ *contrabando*] to land, smuggle ashore

**alijo** SM [1] (= *aligeramiento*) lightening; (= *descarga*) unloading
[2] (= *contrabando*) contraband, smuggled goods; **un ~ de armas** an arms cache, an arms haul; **un ~ de drogas** a drugs shipment, a consignment of drugs

**alilaya** Ⓐ SF (*Andes, Caribe*) (= *excusa*) lame excuse, flimsy excuse
Ⓑ SMF (*Méx*) (= *persona astuta*) cunning person, sharp character*

**alimaña** SF [1] (*Zool*) pest; **~s** vermin
[2] (= *persona*) bloodsucker*

**alimañero** SM gamekeeper, vermin destroyer

**alimentación** SF [1] (= *acción*) feeding; (= *comida*) food; **el coste de la ~** the cost of food; **la ~ de los niños** the feeding of children ► **alimentación insuficiente** malnutrition ► **alimentación natural** natural food, health foods
[2] (*Téc*) feed; (*Elec*) supply; **bomba de ~** feed pump ► **alimentación a la red** mains supply ► **alimentación automática de hojas** automatic sheet feeder ► **alimentación automática de papel** (automatic) paper feeder ► **alimentación por fricción** friction feed

**alimentador** SM (*Téc*) feeder ► **alimentador automático de hojas** automatic sheet feeder ► **alimentador automático de papel** (automatic) paper feeder ► **alimentador de red** mains power supply

**alimentar** ▸conjug 1a◂ Ⓐ VT [1] (= *dar de comer a*) to feed; **alimentan el ganado con piensos** they feed the cattle with animal fodder; **tengo una familia que ~** I've got a family to feed
[2] (= *nutrir*) to be nutritious *o* nourishing; **la comida rápida no te alimenta nada** fast food is not at all nutritious *o* nourishing
[3] [+ *imaginación*] to fire, fuel; [+ *esperanzas, pasiones*] to feed, fuel; [+ *sentimiento, idea*] to foster; **ese tipo de comentario alimenta el rencor** that sort of remark fosters resentment; **sus historias ~on mi deseo de ir a Perú** her stories strengthened *o* fuelled my desire to go to Peru
[4] [+ *hoguera, horno doméstico, fuego*] to feed, add fuel to; [+ *horno industrial*] to stoke; **el operario alimenta la máquina de** *o* **con combustible** the operator feeds fuel into the machine
[5] (*Elec*) to supply
Ⓑ VI to be nutritious, be nourishing; **esta comida no alimenta nada** this food is not at all nutritious *o* nourishing; **✦MODISMO huele que alimenta*** it smells delicious
Ⓒ **alimentarse** VPR [1] [*animal*] to feed; **se alimentan de carroña** they feed on carrion
[2] [*persona*] **en este país se alimentan fatal** people eat very poorly in this country; **se alimenta sólo de productos naturales** she eats only natural foods; **durante el naufragio se ~on sólo de fruta** while shipwrecked they lived *o* survived on fruit
[3] (*Mec*) **el motor se alimenta de gasoil** the engine runs on diesel

**alimentario** ADJ food *antes de s*; **la industria alimentaria** the food industry

**alimenticio** ADJ [1] (= *nutritivo*) nourishing, nutritive
[2] (= *relativo a comida*) food *antes de s*; **productos ~s** foodstuffs; **valor ~** food value, nutritional value

**alimento** SM [1] (= *comida*) food; **de mucho ~** nourishing; **de poco ~** of little nutritional value ► **alimento de primera necesidad** staple food ► **alimentos integrales** whole foods ► **alimentos naturales** health foods
[2] (= *apoyo*) encouragement, support; (= *incentivo*) incentive; [*de pasión*] fuel
[3] **alimentos** (*Jur*) maintenance allowance *sing*, alimony *sing* (EEUU)

**alimentoso** ADJ nourishing

**alimoche** SM Egyptian vulture

**alimón**: **al ~** ADV together, jointly, in collaboration

**alindado** ADJ foppish, dandified

**alindar**[1] ▸conjug 1a◂ VT (= *adornar*) to embellish, make pretty, make look nice; [+ *persona*] to doll up, prettify

**alindar**[2] ▸conjug 1a◂ Ⓐ VT [+ *tierra*] to mark off, mark out
Ⓑ VI (= *estar contiguo*) to adjoin, be adjacent

**alinderar** ▸conjug 1a◂ VT (*CAm, Cono Sur*) to mark out the boundaries of

**alineación** SF [1] (*Téc*) alignment; **estar fuera de ~** to be out of alignment, be out of true
[2] (*Dep*) line-up

**alineado** ADJ **países no ~s** non-aligned countries; **está ~ con el partido** he is in line with the party

**alineamiento** SM alignment; **no ~** non-alignment

**alinear** ▸conjug 1a◂ Ⓐ VT (*Téc*) to align; [+ *alumnos*] to line up, put into line; [+ *soldados*] to form up; (*Dep*) [+ *equipo*] to select, pick (**con** with)
Ⓑ **alinearse** VPR (= *ponerse en fila*) to line up; (*Mil*) to fall in; (*Inform*) to justify; **se ~on a lo largo de la calle** they lined up along the street

**aliñador** SM (*Cono Sur*) bonesetter

**aliñar** ▸conjug 1a◂ VT [1] (*Culin*) [+ *ensalada*] to dress; [+ *guiso*] to season
[2] (= *adornar*) to adorn, embellish; (= *preparar*) to prepare
[3] (*Cono Sur*) [+ *hueso*] to set

**aliño** SM [1] (*Culin*) [*de ensalada*] dressing; [*de guiso*] seasoning
[2] (= *adorno*) adornment, embellishment

**alioli** SM (*Culin*) *sauce of garlic and oil*

**alionar** ▸conjug 1a◂ VT (*Cono Sur*) to stir up

**alionín** SM blue tit

**alipego** SM (*CAm*) [1] (= *plus*) extra, bonus (*added as part of a sale*)
[2] (*) (= *persona no invitada*) gatecrasher, intruder

**aliquebrado** ADJ crestfallen

**alirón** Ⓐ EXCL (= *¡bien!*) hurray!
Ⓑ SM **cantar el ~** (*lit*) *to sing a chant celebrating one's team's victory*; (*fig*) to celebrate

**alisado** Ⓐ ADJ (= *liso*) smooth; (*Téc*) polished
Ⓑ SM (= *acción*) smoothing; (*Téc*) polishing, finishing

**alisador** SM (= *persona*) polisher; (= *herramienta*) smoothing blade, smoothing tool

**alisadura** SF (= *acción*) smoothing; (*Téc*) polishing; **~s** (= *raspaduras*) cuttings, shavings

**alisar**[1] ▸conjug 1a◂ VT [1] [+ *vestido*] to smooth, smooth down; [+ *pelo*] to smooth, sleek
[2] (*Téc*) to polish, finish

**alisar**[2] SM, **aliseda** SF alder grove

**alíscafo** SM, **aliscafo** SM hydrofoil

**alisios** SMPL **vientos ~** trade winds

**aliso** SM alder, alder tree

**alistamiento** SM (= *matrícula*) enrolment, enrollment (*EEUU*); (*Mil*) enlistment

**alistar** ▸conjug 1a◂ Ⓐ VT [1] (= *registrar*) to list, put on a list; (= *matricular*) to enrol, enroll (*EEUU*); (*Mil*) to enlist
[2] (= *disponer*) to prepare, get ready
[3] (*CAm*) [+ *zapato*] to sew, sew up
Ⓑ **alistarse** VPR [1] (= *matricularse*) to enrol *o* (*EEUU*) enroll; (*Mil*) to enlist, join up
[2] (*LAm*) (= *vestirse*) to dress up; (= *prepararse*) to get ready

**aliteración** SF alliteration

**aliterado** ADJ alliterative

**alitranca** SF (*Andes, Cono Sur*) brake, braking device

**aliviadero** SM overflow channel

**aliviador** ADJ comforting, consoling

**alivianarse*** ▸conjug 1a◂ VPR (*Méx*) to play it cool, be cool, be laid-back*

**aliviar** ▸conjug 1b◂ Ⓐ VT [1] [+ *dolor, sufrimiento, problema*] to ease, relieve; **medidas para ~ los efectos de la catástrofe** measures to ease *o* relieve the effects of the disaster
[2] [+ *carga, peso*] to lighten
[3] (= *consolar*) to soothe; **el vino alivia las penas** wine soothes away your troubles; **me alivia saberlo** I'm pleased to hear it
[4] (*frm*) **~ el paso** to quicken one's step
[5] (†) (= *robar*) **~ a algn de algo** to relieve sb of sth (*hum*)
Ⓑ VI (= *darse prisa*) to speed up
Ⓒ **aliviarse** VPR [1] [*dolor*] to ease
[2] [*enfermo*] to get better; **¡que te alivies!** get well soon!

**alivio** SM [1] (= *consuelo*) relief; **es un gran ~ haber aprobado por fin** it's a great relief to have passed at last, I'm relieved that I've passed at last; **¡qué ~!** what a relief!; **dio un suspiro de ~** he gave a sigh of relief
[2] [*de un dolor*] **los paños calientes le servirán de ~** the hot towels will ease *o* relieve his pain; **¡que siga el ~!** I hope you continue to improve!
[3] (*Esp*) **de ~*** awful, frightful; **me dio un susto de ~** he gave me an awful fright
[4] ► **alivio de luto** half-mourning

**aljaba** SF [1] (*para flechas*) quiver
[2] (*Cono Sur Bot*) fuchsia

**aljama** SF (*Hist*) [1] (= *barrio*) [*de moros*] Moorish quarter; [*de judíos*] Jewish quarter, ghetto
[2] (= *mezquita*) mosque; (= *sinagoga*) synagogue
[3] (= *reunión*) [*de moros*] gathering of Moors; [*de judíos*] gathering of Jews

**aljamía** SF *Spanish written in Arabic characters (14th-16th centuries)*

**aljamiado** ADJ **texto ~** *text of Spanish written in Arabic characters*

**aljibe** SM [1] (= *tanque*) cistern, tank; (*Náut*) water tender; (*Aut*) oil tanker
[2] (*Andes*) (= *pozo*) well; (= *calabozo*) dungeon, underground prison

**aljofaina** SF washbasin, washbowl

**aljófar** SM (= *perla*) pearl; [*de rocío*] dewdrop

**aljofarar** ▸conjug 1a◂ VT to bedew, cover with pearls of moisture

**aljofifa** SF floorcloth

**aljofifar** ▸conjug 1a◂ VT to wash, mop, mop up

**allá** ADV [1] (*indicando posición*) there, over there; (*dirección*) (over) there; **~ arriba** up there; **~ abajo** down there; **~ en Sevilla** down in Seville, over in Seville; **~ mismo** right there; **~ lejos** way off in the distance, away over there; **no tan ~** not so far; **más ~** further away, further over; **más ~ de** beyond; **más ~ de los límites** beyond the limits; **cualquier número más ~ de siete** any number higher than seven; **no sabe contar más ~ de diez** she can't count above ten, she can't count beyond ten; **por ~** thereabouts; **vamos ~** let's go there; **¡~ voy!** I'm coming!; ✦**MODISMOS el más ~** the beyond, the great beyond; **no muy ~*** (= *valer poco*) not much cop*; **no está muy ~** (*de salud*) he isn't very well; **~ lo veremos** we'll see when we get there, we'll sort that one out later
[2] **~ tú** that's up to you, that's your problem; **¡~ él!** that's his lookout!*, that's his problem!; **~ cada uno** that's for the individual to decide
[3] (*indicando tiempo*) **~ en 1600** back in 1600, way back in 1600, as long ago as 1600; **~ por el año 1960** round about 1960; **~ en mi niñez** in my childhood days

**allacito** ADV (*LAm*) = **allá**

**allanamiento** SM [1] (= *nivelación*) levelling, leveling (*EEUU*); (= *alisadura*) smoothing; (*Mil*) razing
[2] [*de obstáculos*] removal
[3] (*Jur*) submission (**a** to)
[4] (*esp LAm*) [*de policía*] raid; **el juez dispuso el ~ del domicilio** the judge granted the police a search warrant for the house ► **allanamiento de morada** breaking and entering
[5] (= *pacificación*) pacification

**allanar** ▸conjug 1a◂ Ⓐ VT [1] (= *nivelar*) to level, level out, make even; (= *alisar*) to smooth, smooth down; (*Mil*) to raze (to the ground)
[2] [+ *problema*] to iron out
[3] (*Jur*) [+ *casa*] (= *robar*) to break into, burgle, burglarize (*EEUU*); (*esp LAm*) [*policía*] to raid
[4] [+ *país*] to pacify, subdue
Ⓑ **allanarse** VPR [1] (= *nivelarse*) to level out, level off
[2] (= *derrumbarse*) to fall down, tumble down
[3] (*fig*) (= *acceder*) to submit, give way; **~se a** to accept, agree to; **se allana a todo** he agrees to everything

**allegadizo** ADJ gathered at random, put together unselectively

**allegado/a** Ⓐ ADJ [1] (= *afín*) near, close; **según fuentes allegadas al ministro** according to sources close to the minister
[2] [*pariente*] close; **los más ~s y queridos** one's nearest and dearest; **las personas allegadas a …** those closest to …
Ⓑ SM/F [1] (= *pariente*) relation, relative
[2] (= *partidario*) follower

**allegar** ▸conjug 1h◂ Ⓐ VT [1] (= *reunir*) to gather (together), collect
[2] (= *acercar*) **~ una cosa a otra** to put something near something else
[3] (= *añadir*) to add
Ⓑ **allegarse** VPR [1] (*fig*) (= *adherirse*) **~se a una opinión** to adopt a view; **~se a una secta** to become attached to a sect
[2] (= *llegar*) to arrive, approach; **~se a algn** to go up to sb

**allende** (*liter*) Ⓐ ADV on the other side
Ⓑ PREP beyond; **~ los mares** beyond the seas; **~ los Pirineos** on the other side of the Pyrenees; **~ lo posible** impossible

**allí** ADV [1] (*indicando posición*) there; **~ arriba** up there; **~ dentro** in there; **~ cerca** near there; **de ~** from there; **de ~ para acá** back and forth; **por ~** over there, round there; **hasta ~** as far as that, up to that point; **~ donde va despierta admiración** wherever he goes he makes a favourable impression; **está tirado por ~*** he's hanging around somewhere
[2] (*indicando tiempo*) **de ~ a poco** shortly afterwards
[3] (*expresiones*) **de ~** (= *por lo tanto*) and so, and thus (*frm o liter*); **de ~ que …** (= *por eso*) that is why …, hence … (*frm*); **de ~ a decir que es un timo** but that's a long way from calling it a swindle; **hasta ~ no más** (*LAm*) that's the limit

**allicito** ADV (*LAm*) = **allí**

**alma** SF [1] (= *espíritu*) soul; **una oración por su ~** a prayer for his soul; **no había ni un ~ en la iglesia** there wasn't a soul in the church; **un pueblo de 2.000 ~s** a village of 2,000 souls; **tenía ~ de poeta** she had a poetic spirit; **es mi amigo del ~** he's my soulmate; **ni ~ viviente** not a single living soul ► **alma bendita** kind soul ► **alma cándida** poor innocent ► **¡alma de cántaro!** you idiot! ► **alma caritativa, alma de Dios**

kind soul ► **alma en pena** lost soul ► **almas gemelas** soul mates, kindred spirits (*más frm*)
[2] ✦*MODISMOS* **tener el ~ en su almario** to have what it takes; **le arrancó el ~** he was devastated; **estaba con el ~ en la boca** my heart was in my mouth; **se le cayó el ~ a los pies** his heart sank; **huir** *o* **ir como ~ que lleva el diablo** to flee *o* go like a bat out of hell; **se echó el ~ a las espaldas** he abandoned all scruples; **en el ~**: **te lo agradezco en el ~** I'm eternally *o* deeply grateful; **se me clavó en el ~** = **me llegó al alma**; **me dolió en el ~** it broke my heart; **lo siento en el ~** I am truly sorry; **entregar el ~ (a Dios)** (*euf*) to depart this life; **hasta el ~**: **me mojé hasta el ~** I got soaked to the skin; **vomitó hasta el ~** she was violently sick; **estar con** *o* **tener el ~ en un hilo** to have one's heart in one's mouth *o* (*EEUU*) throat; **en lo más hondo de mi ~** from the bottom of my heart, in my heart of hearts; **irse el ~ tras algo/algn** to fall in love with sth/sb, fall for sth/sb; **me llegó al ~** (= *me dolió*) I was deeply hurt; (= *me conmovió*) I found it deeply moving *o* touching; **de mi ~**: **¡madre mía de mi ~!** ◊ **¡Dios mío de mi ~!** good God!, good grief!; **¡hijo de mi ~!** (*con cariño*) my darling boy!, my precious child!; (*con ironía*) my dear child!; **¡mi ~!** *o* **¡~ mía!, ¿qué te ha pasado?** my love! what's wrong?; **partir el ~ a algn** (= *hacer sufrir*) to break sb's heart; (= *golpear*) (*) to beat sb up; **partirse el ~**: **se parten el ~ trabajando** they work themselves into the ground; **se me parte el ~** it breaks my heart; **no puedo con mi ~** (*Esp**) I'm completely shattered*, I'm ready to drop*; **rendir el ~** to give up the ghost; **romper el ~ a algn** = **partir el alma a algn**; **romperse el ~** (*LAm*) to break one's neck; **me salió del ~** I just said it without thinking, it just came out; **no tener ~** to have no soul; **con toda el ~**: **lo deseo con toda el ~** I want it desperately; **la quiero con toda mi ~** I love her with all my heart; **lo odio con toda mi ~** I detest him, I hate his guts*; **tiró fuerte, con toda su ~** he pulled hard, with all his might; **vender el ~ al diablo** to sell one's soul to the devil; **con el ~ en vilo** = **con el alma en un hilo**; **le volvió el ~ al cuerpo** he recovered his composure
[3] (= *parte vital*) [*de grupo, organización*] driving force; [*de asunto*] heart, crux; **hasta que no lleguemos al ~ del asunto** until we get to the heart *o* crux of the matter; **es el ~ de la fiesta** she's the life and soul of the party
[4] (*Téc*) [*de cable*] core; [*de cuerda*] core, central strand; [*de cañón*] bore; [*de raíl*] web
[5] (*Bot*) pith
[6] (*Andes*) (= *cadáver*) corpse

**almacén** SM [1] [*de mercancías*] warehouse, store; **tener algo en ~** (= *de reserva*) to have sth in store; (*Com*) to stock sth ► **almacén de depósito** bonded warehouse ► **almacén depositario** (*Com*) depository
[2] (*Mec, Mil*) magazine
[3] (= *tienda*) shop, store; **almacenes** ◊ **grandes almacenes** department store *sing*; **Almacenes Pérez** Pérez Department Store ► **almacén frigorífico** cold store
[4] (*LAm*) (= *tienda de comestibles*) grocer's (shop)

**almacenable** ADJ that can be stored, storable

**almacenado** SM storage, warehousing

**almacenaje** SM [1] (= *servicio*) storage, storing ► **almacenaje de larga duración** long-term storage ► **almacenaje frigorífico** cold storage
[2] (= *gastos*) storage charge

**almacenamiento** SM (*en almacén, depósito*) warehousing; (*Inform*) storage ► **almacenamiento de datos** data storage ► **almacenamiento primario** primary storage ► **almacenamiento secundario** secondary storage ► **almacenamiento temporal en disco** spooling, disk spooling

**almacenar** ▸conjug 1a◂ VT [1] (*como negocio*) to store, warehouse
[2] [*cliente*] to put into storage; [+ *víveres*] to stock up (with)
[3] (= *guardar*) to keep, collect; [+ *rencor, odio*] to store up
[4] (*Inform*) to store

**almacenero/a** SM/F (*en almacén*) storekeeper; (*LAm*) (*en tienda*) shopkeeper, grocer, storekeeper (*EEUU*)

**almacenista** SM (= *dueño*) warehouse owner; (= *vendedor*) wholesaler; (*LAm*) (*en tienda*) shopkeeper, grocer, storekeeper (*EEUU*)

**almáciga** SF, **almácigo** SM plantation, nursery

**almádena** SF sledgehammer

**almadía** SF raft

**almadiarse** ▸conjug 1c◂ VPR to be sick, vomit

**almadraba** SF (= *acto, arte*) tunny fishing; (= *lugar*) tunny fishery; (= *redes*) tunny net, tunny nets *pl*

**almadreña** SF wooden shoe, clog

**almagre** SM red ochre, red ocher (*EEUU*)

**almajara** SF hotbed, forcing frame

**alma máter** SF [1] (= *impulsor*) driving force
[2] (*Univ*) alma mater

**almanaque** SM almanac; ✦*MODISMOS* **hacer ~s** to muse; **echar a algn vendiendo ~s** (*Andes, Cono Sur*) to send sb away with a flea in his ear

**almariarse** ▸conjug 1c◂ VPR (*CAm, Cono Sur*) to be sick, vomit

**almazara** SF oil mill, oil press

**almeja** SF [1] (*Zool*) clam
[2] (**) [*de mujer*] cunt**; **mojar la ~** to have a screw**

**almenado** ADJ battlemented, crenellated

**almenara** SF (= *fuego*) beacon; (= *araña*) chandelier

**almenas** SFPL battlements

**almendra** SF [1] (*Bot*) almond; ✦*MODISMO* **ser ~** (*Caribe*) (= *encanto*) to be a love, be a peach; ► **almendra amarga** bitter almond ► **almendra garapiñada** sugared almond ► **almendra tostada** toasted almond
[2] (= *semilla*) kernel, stone
[3] [*de vidrio*] cut-glass drop (*of chandelier*)

**almendrada** SF almond milk shake, *drink made with milk and almonds*

**almendrado** Ⓐ ADJ [1] [*forma*] almond-shaped; **de ojos ~s** almond-eyed
[2] [*sabor*] nutty
Ⓑ SM (= *dulce*) macaroon

**almendral** SM almond orchard

**almendrera** SF almond tree

**almendrillo** SM (*LAm*) almond tree

**almendro** SM almond tree

**almendruco** SM green almond

**Almería** SF Almería

**almeriense** Ⓐ ADJ of/from Almería
Ⓑ SMF native/inhabitant of Almería; **los ~s** the people of Almería

**almete** SM helmet

**almez** SM hackberry

**almiar** SM hayrick

**almíbar** SM syrup; **peras en ~** pears in syrup; **estar hecho un ~** (= *amable*) to be all sweetness and light; (*pey*) (= *meloso*) to overdo the flattery ► **almíbar de pelo** (*LAm*) heavy syrup

**almibarado** ADJ [1] (= *con almíbar*) syrupy; (= *dulce*) honeyed, oversweet
[2] (= *meloso*) sugary

**almibarar** ▸conjug 1a◂ VT (= *bañar en almíbar*) to preserve in syrup; **~ las palabras** to use honeyed words

**almidón** SM (= *fécula*) starch; (*Méx*) (= *engrudo*) paste

**almidonado** ADJ [1] [*ropa*] starched
[2] [*persona*] (= *estirado*) stiff, starchy; (= *pulcro*) dapper, spruce

**almidonar** ▸conjug 1a◂ VT to starch; **los prefiero sin ~** I prefer them unstarched

**almilla** SF [1] (= *jubón*) bodice
[2] (*Téc*) tenon
[3] (*Culin*) breast of pork

**alminar** SM minaret

**almirantazgo** SM admiralty

**almirante** SMF admiral

**almirez** SM mortar

**almizcle** SM musk

**almizcleño** ADJ musky

**almizclera** SF muskrat, musquash

**almizclero** SM musk deer

**almo** ADJ (*poét*) (= *vivificador*) nourishing; (= *digno de veneración*) sacred, venerable

**almocafre** SM weeding hoe

**almodrote** SM [1] (= *salsa*) cheese and garlic sauce
[2] (*fig*) (= *baturrillo*) hotchpotch, hodgepodge (*EEUU*)

**almofré** SM (*LAm*), **almofrez** SM (*LAm*) sleeping bag, bedroll

**almohada** SF [*de cama*] pillow; (= *funda*) pillowcase; (= *cojín*) cushion; **consultar algo con la ~** to sleep on sth ► **almohada mariposa** butterfly pillow ► **almohada neumática** air cushion

**almohade** ADJ, SMF Almohad

**almohadilla** SF [1] (= *almohada pequeña*) small pillow
[2] (= *cojincillo*) (*para alfileres*) pincushion; (*para sellos*) inkpad ► **almohadilla de entintar** inkpad
[3] (*LAm*) (= *agarrador*) holder (*for iron*)
[4] (*Arquit*) boss

**almohadillado** Ⓐ ADJ (= *acolchado*) padded, stuffed; (*Arquit*) dressed
Ⓑ SM dressed stone

**almohadón** SM (= *almohada grande*) large pillow, bolster; (*Rel*) hassock

**almohaza** SF currycomb

**almohazar** ▸conjug 1f◂ VT [+ *caballo*] to brush down, groom; [+ *piel*] to dress

**almoneda** SF (= *subasta*) auction; (= *liquidación*) clearance sale

**almoned(e)ar** ▸conjug 1a◂ VT to auction

**almorávide** ADJ, SMF Almoravid

**almorranas** SFPL piles

**almorta** SF vetch

**almorzar** ▸conjug 1f, 1l◂ Ⓐ VT (*a mediodía*) to have for lunch, lunch on (*frm*); (*a media mañana*) to have for breakfast, have for brunch
Ⓑ VI (*a mediodía*) to have lunch, lunch (*frm*); (*a media mañana*) to have breakfast; **vengo almorzado** I've had lunch

**almuecín** SM, **almuédano** SM muezzin

**almuerzo** SM (*a mediodía*) lunch; (*a media mañana*) breakfast, brunch; [*de boda*] wedding breakfast ► **almuerzo de gala** official luncheon ► **almuerzo de negocios** business lunch ► **almuerzo de trabajo** working lunch

**alnado/a** SM/F stepchild

**aló** EXCL (*esp LAm Telec*) hello!

**alobado**: ADJ dim*, thick*

**alocado/a** Ⓐ ADJ (= *loco*) crazy, mad; (= *irresponsable*) wild; (= *distraído*) scatterbrained
Ⓑ SM/F madcap

**alocar** ▸conjug 1g◂ (*LAm*) Ⓐ VT to drive mad; **me alocan las pizzas** I love pizzas, I'm mad for pizzas*
Ⓑ **alocarse** VPR to fly off the handle*, go crazy

**alocución** SF speech, address, allocution (*frm*)

**áloe** SM (*Bot*) aloe; (*Farm*) aloes

**alojado/a** SM/F (*LAm*) guest, lodger, roomer (*EEUU*)

**alojamiento** SM (= *lugar de hospedaje*) lodging, lodgings *pl*; (*Mil*) billet, quarters *pl*; (*Andes*) (= *pensión*) small hotel, boarding house; **buscar ~** to look for accommodation; **dar ~** to put up, accommodate

**alojar** ▸conjug 1a◂ Ⓐ VT (= *hospedar*) to put up, accommodate; (*Mil*) to billet, quarter
Ⓑ **alojarse** VPR to stay; (*Mil*) to be billeted, be quartered; **~se en** to stay at, put up at; **la bala se alojó en el pulmón** the bullet lodged in the lung

**alón** Ⓐ ADJ (*LAm*) (= *de ala grande*) large-winged; [*sombrero*] broad-brimmed
Ⓑ SM wing (*of chicken*)

**alondra** SF lark, skylark

**alongar** ▸conjug 1l◂ Ⓐ VT = **alargar A**
Ⓑ **alongarse** VPR to move away

**alopecia** SF alopecia

**alpaca** SF alpaca

**alpargata** SF rope-soled sandal, espadrille; **turismo de ~** travelling on the cheap*, tourism on a shoestring

**alpargatería** SF sandal shop

**alpargatero/a** Ⓐ ADJ (*) (= *de poca categoría*) low-class, down-market; (= *barato*) done on the cheap*
Ⓑ SM/F (= *fabricante*) *maker of canvas sandals*; (= *vendedor*) *seller of canvas sandals*

**alpargatilla** SMF crafty person

**alpende** SM shed, lean-to

**Alpes** SMPL Alps

**alpestre** ADJ (= *de los Alpes*) Alpine; (= *montañoso*) mountainous

**alpinismo** SM mountaineering, climbing

**alpinista** SMF mountaineer, climber

**alpinístico** ADJ mountaineering *antes de s*, climbing *antes de s*

**alpino** ADJ Alpine

**alpiste** SM [1] (= *semillas*) birdseed, canary seed
[2] (*) (= *alcohol*) drink, booze*
[3] (*LAm**) (= *dinero*) brass*

**alquería** SF farmhouse, farmstead

**alquiladizo/a** Ⓐ ADJ (= *que se alquila*) for rent, for hire; (= *que se puede alquilar*) that can be rented, that can be hired; (*pey*) (= *asalariado*) hireling
Ⓑ SM/F hireling

**alquilado/a** SM/F (*Caribe*) tenant

**alquilador(a)** SM/F (= *propietario*) renter, hirer; (= *usuario*) tenant, lessee

**alquilar** ▸conjug 1a◂ Ⓐ VT [1] [*propietario*] [+ *inmueble*] to let, rent, rent out; [+ *coche, autocar*] to hire, hire out; (*TV*) to rent, rent out; **"se alquila"** "to let", "for rent" (*EEUU*); **aquí no se alquila casa alguna** there is no house to let here
[2] [*usuario*] [+ *inmueble*] to rent; [+ *coche, autocar*] to hire; (*TV*) to rent; **turba alquilada** rent-a-mob*; **"por ~"** "to let", "for rent" (*EEUU*)
Ⓑ **alquilarse** VPR [1] [*persona*] (*como asalariado*) to hire o.s. out; (*Caribe*) (*como sirviente*) to go into service
[2] [*taxi*] to be for hire

**alquiler** SM [1] (= *acción*) [*de inmueble*] letting, renting; (*Téc*) plant hire; [*de coche, autocar*] hire, hiring; **coche de ~** hire car; **"alquiler sin conductor"** (*Esp*) "self-drive" ► **alquiler de úteros** surrogate motherhood, womb-leasing
[2] (= *precio*) [*de inmueble*] rent, rental; [*de coche, autocar*] hire charge; **contrato de ~** tenancy agreement; **control de ~es** rent control; **exento de ~es** rent-free; **madre de ~** surrogate mother; **pagar el ~** to pay the rent; **subir el ~ a algn** to raise sb's rent; **vivir de ~** to live in rented accommodation

**alquimia** SF alchemy

**alquimista** SM alchemist

**alquitara** SF still

**alquitarar** ▸conjug 1a◂ VT to distil

**alquitrán** SM tar ► **alquitrán de hulla** coal tar ► **alquitrán mineral** coal tar

**alquitranado** Ⓐ ADJ tarred, tarry
Ⓑ SM [*de carretera*] tarmac; (= *lienzo*) tarpaulin, tarp (*EEUU*)

**alquitranar** ▸conjug 1a◂ VT (= *untar con alquitrán*) to tar; [+ *carretera*] to tarmac

**alrededor** Ⓐ ADV [1] around; **todo ~** all around
[2] **~ mío,** *etc* (*Cono Sur*) around me, *etc*
[3] **~ de** (= *en torno a*) around; **todo ~ de la iglesia** all around the church; **mirar ~ de sí** ◊ **mirar ~ suyo** to look around *o* about one
[4] **~ de** (= *aproximadamente*) about, in the region of; **~ de 200** about 200
Ⓑ SM (= *contorno*) **mirar a su ~** to look around *o* about one; **~es** (*de un lugar*) surroundings, neighbourhood *sing*, neighborhood *sing* (*EEUU*); [*de ciudad*] outskirts; **en los ~es de Londres** in the area round London, on the outskirts of London

**Alsacia** SF Alsace

**Alsacia-Lorena** SF Alsace-Lorraine

**alsaciano/a** ADJ, SM/F Alsatian

**alt.** ABR [1] (= **altura**) ht
[2] (= **altitud**) alt.

**alta** SF [1] (*Med*) (*tb* **~ médica**) certificate of discharge; **dar a algn el ~ (médica)** ◊ **dar de ~ a algn** to discharge sb
[2] (*en club, organismo*) membership; **solicitó el ~ en el club de golf** he applied for membership of the golf club, he applied to be a member of the golf club; **solicité el ~ de la línea telefónica** I applied for a phone line; **causar ~** ◊ **darse de ~** to join; **doce nuevos miembros han causado ~** twelve new members have joined; **darse de ~ en la empresa** to join the company; **nos dimos de ~ en la Seguridad Social** we registered with Social Security
[3] (*Jur*) **dar una propiedad de ~** to register a property at the Land Registry
[4] (*Mil*) **dar a algn de ~** to pass sb (as) fit

**altamente** ADV highly; **es ~ venenoso** it's highly poisonous; **documentos ~ secretos** top secret documents

**altanería** SF [1] (= *altivez*) haughtiness, arrogance
[2] (*Caza*) hawking, falconry
[3] (*Meteo*) upper air

**altanero** ADJ [1] (= *altivo*) haughty, arrogant
[2] [*ave*] high-flying

**altar** SM altar; **llevar a algn al ~** to lead sb to the altar; **poner a algn en un ~** to put sb on a pedestal; **quedarse para adornar ~es** to be left on the shelf; **subir a los ~es** to be beatified, be canonized ► **altar mayor** high altar

**altaricón*** ADJ big-built, large

**altavoz** SM (*Radio*) loudspeaker; (*Elec*) amplifier

**altea** SF mallow

**altear** ▸conjug 1a◂ VT (*Cono Sur*) to order to stop, order to halt

**alterabilidad** SF changeability

**alterable** ADJ changeable

**alteración** SF [1] (= *cambio*) alteration, change
[2] (= *aturdimiento*) upset, disturbance; (*Med*) irregularity of the pulse ► **alteración del orden público** breach of the peace
[3] (= *riña*) quarrel, dispute
[4] (= *agitación*) strong feeling, agitation

**alterado** ADJ (= *cambiado*) changed; [*orden*] disturbed; (= *enfadado*) angry; (*Med*) upset, disordered

**alterar** ▸conjug 1a◂ Ⓐ VT [1] (= *cambiar*) to modify, alter; **tuvimos que ~ los planes por la huelga** we had to modify *o* alter our plans because of the strike
[2] (= *estropear*) [+ *alimentos*] to spoil; [+ *leche*] to sour; **la humedad alteró los alimentos** the humidity spoiled the food, the humidity made the food go bad
[3] (= *conmocionar*) to shake, upset; **la noticia del accidente la alteró visiblemente** she was visibly shaken *o* upset by the news of the accident
[4] **~ el orden** to disturb the peace
[5] (= *distorsionar*) [+ *verdad*] to distort, twist
Ⓑ **alterarse** VPR [1] (= *estropearse*) [*alimentos*] to spoil, go bad; [*leche*] to go sour
[2] [*voz*] to falter
[3] (= *turbarse*) to be shaken, be upset; **se alteró con la noticia de su muerte** he was shaken *o* upset by the news of her death; **¡tranquila, no te alteres!** keep calm!, don't get upset!; **continuó hablando sin ~se** he continued speaking unperturbed

**altercado** SM, **altercación** SF argument, altercation

**altercar** ▸conjug 1g◂ VI to argue, quarrel, wrangle

**álter ego** SM alter ego

**alteridad** SF otherness

**alternación** SF alternation

**alternadamente** ADV alternately

**alternado** ADJ alternate

**alternador** SM alternator

**alternancia** SF alternation ► **alternancia de cultivos** crop rotation ► **alternancia en el poder** power switching, taking turns in office

**alternante** ADJ alternating

**alternar** ▸conjug 1a◂ Ⓐ VT (*gen*) to alternate, vary; [+ *cultivos*] to rotate
Ⓑ VI [1] (= *turnar*) to alternate (**con** with); (*Téc*) to alternate, reciprocate
[2] (= *relacionarse*) to mix, socialize; (*) (= *ir a bares*) to go on a pub crawl*, go boozing*; **~ con un grupo** to mix with a group, go around with a group; **~ con la gente bien** to hobnob with top people; **tiene pocas ganas de ~** he doesn't want to mix, he is not inclined to be sociable; **~ de igual a igual** to be on an equal footing
Ⓒ **alternarse** VPR (= *hacer turnos*) to take turns, change about; **~se a los mandos** to take turns at the controls; **~se en el poder** to take turns in office

▼**alternativa** SF [1] (= *opción*) alternative, option, choice; **no tener ~** to have no alternative *o* option *o* choice; **tomar una ~** to make a choice
[2] (= *sucesión*) alternation; (= *trabajo*) shift work, work done in relays ► **alternativa de cosechas** crop rotation
[3] (*Taur*) *ceremony by which a novice becomes a fully qualified bullfighter*; **tomar la ~** *to become a fully qualified bullfighter*
[4] **alternativas** (*en actitud*) ups and downs, vicissitudes, fluctuations; **las ~s de la política** the ups and downs *o* vicissitudes of politics

**alternativamente** ADV alternately

**alternativo** ADJ (*Elec*) alternating; [*cultura, prensa*] alternative; **fuentes alternativas de energía** alternative energy sources

**alterne** SM (*con gente*) mixing, socialising; (*euf*) (= *relaciones sexuales*) sexual contact, sexual contacts *pl*; **club de ~** singles club; **estas chicas no son de ~** these girls don't sleep around*, these girls are not easy lays‡; *ver tb* **chica**

**alterno** ADJ (*Bot, Mat*) alternate; (*Elec*) alternating; **tiempo con nubes alternas** there will be patches of clouds

**altero** SM (*Méx*), **alterón** SM (*Andes*) heap, pile

**alteza** SF [1] (= *altura*) height
[2] (= *título*) **Alteza** Highness; **Su Alteza Real** His/Her Royal Highness; **sí, Alteza** yes, your Highness
[3] (= *elevación*) sublimity ► **alteza de miras** high-mindedness

**altibajos** SMPL ups and downs

**altillo** SM [1] (*Geog*) small hill, hillock
[2] (*LAm*) (= *desván*) attic
[3] (= *entreplanta*) mezzanine

**altilocuencia** SF grandiloquence

**altilocuente** ADJ, **altílocuo** ADJ grandiloquent

**altímetro** SM altimeter

➤ LENGUA Y USO: alternativa 1 45.4

**altimontano** ADJ high mountain *antes de s*, upland *antes de s*

**altinal** SM (*Méx*) pillar, column

**altiplanicie** SF high plateau

**altiplánico** ADJ high plateau *antes de s*

**altiplano** SM (= *meseta*) high plateau; (*LAm*) [*de los Andes*] high Andean plateau, altiplano

**altísimo** ADJ very high; **el Altísimo** the Almighty

**altisonancia** SF high-flown style

**altisonante** ADJ, **altísono** ADJ high-flown, high-sounding

**altitud** SF (*Aer*) height, altitude; (*Geog*) elevation; **a una ~ de** at a height *o* altitude of

**altivamente** ADV haughtily, arrogantly

**altivarse** ▸conjug 1a◂ VPR to give o.s. airs

**altivez** SF, **altiveza** SF haughtiness, arrogance

**altivo** ADJ haughty, arrogant

**alto**[1] Ⓐ ADJ [1] (*en altura*) [1·1] [*edificio, persona*] tall; [*monte*] high; **está muy ~ para su edad** he is very tall for his age; **los pisos ~s tienen más luz natural** the top flats have more natural light; **jersey de cuello ~** polo neck jumper, turtleneck; **camino de alta montaña** high mountain path; **zapatos de tacón** *o* (*Cono Sur, Perú*) **taco ~** high-heeled shoes, high heels; *ver tb* **mar**[1] **1**
[1·2] **lo ~**: **una casa en lo ~ de la cuesta** a house on top of the hill; **desde lo ~ del árbol** from the top of the tree; **lanzar algo de** *o* **desde lo ~** to throw sth down, throw sth down from above; ✦*MODISMO* **por todo lo ~**: **lo celebraron por todo lo ~** they celebrated it in style
[2] (*en nivel*) [*grado, precio, riesgo*] high; [*clase, cámara*] upper; **se han alcanzado muy altas temperaturas** there have been very high temperatures; **tiene la tensión alta** he has high blood pressure; **los alumnos de los niveles más ~s** the highest level students; **la marea estaba alta** it was high tide, the tide was in; **ha pagado un precio muy ~ por su descaro** he paid a very high price for his cheekiness; **una familia de clase alta** an upper class family; **la cámara alta del Parlamento ruso** the upper house of the Russian parliament; **ocupa una alta posición en el gobierno** he occupies a high-ranking position in the government; **tiene un ~ sentido del deber** he has a strong sense of duty; **alta burguesía** upper-middle class; **~ cargo** (*puesto*) high-ranking position; (*persona*) senior official, high-ranking official; **alta cocina** haute cuisine; **~/a comisario/a** High Commissioner; **Alto Comisionado** High Commission; **alta costura** high fashion, haute couture; **de alta definición** high-definition *antes de s*; **~/a ejecutivo/a** top executive; **alta escuela** (*Hípica*) dressage; **un jugador de alta escuela** a top quality player; **altas esferas** upper echelons; **alta fidelidad** high fidelity, hi-fi; **altas finanzas** high finance; **alta frecuencia** high frequency; **~ funcionario** senior official, high-ranking official; **oficiales de alta graduación** senior officers, high-ranking officers; **~s hornos** blast furnace; **~s mandos** senior officers, high-ranking officers; **de altas miras**: **es un chico de altas miras** he is a boy of great ambition; **alta presión** (*Téc, Meteo*) high pressure; **hoy continuarán las altas presiones** the high pressure system will continue today; **alta sociedad** high society; **alta tecnología** high technology; **temporada alta** high season; **alta tensión** high tension, high voltage; **alta traición** high treason; **alta velocidad** high speed; **Alta Velocidad Española** (*Esp*) *name given to high speed train system*
[3] (*en intensidad*) **el volumen está muy ~** the volume is very loud; **la calefacción está muy alta** the heating is very high; **en voz alta** [*leer*] out loud; [*hablar*] in a loud voice
[4] (*en el tiempo*) **hasta altas horas de la madrugada** until the early hours
[5] [*estilo*] lofty, elevated
[6] (= *revuelto*) **estar ~** [*río*] to be high; [*mar*] to be rough
[7] (*Geog*) upper; **el Alto Rin** the Upper Rhine
[8] (*Mús*) [*nota*] sharp; [*instrumento, voz*] alto
[9] (*Hist, Ling*) high; **~ antiguo alemán** Old High German; **la alta Edad Media** the high Middle Ages
Ⓑ ADV [1] (= *arriba*) high; **sube un poco más ~** go up a little higher; **ha llegado muy ~ en su carrera profesional** he's reached the top in his professional career; **lanzar algo ~** to throw sth high
[2] (= *en voz alta*) **gritar ~** to shout out loud; **hablar ~** (= *en voz alta*) to speak loudly; (= *con franqueza*) to speak out, speak out frankly; **¡más ~, por favor!** louder, please!; **pon la radio un poco más ~** turn the radio up a little; **pensar (en) ~** to think out loud, think aloud; *ver tb* **volar**
Ⓒ SM [1] (= *altura*) **el muro tiene 5 metros de ~** the wall is 5 metres high; **mide 1,80 de ~** he is 1.80 metres tall; **en ~**: **coloque los pies en ~** put your feet up; **con las manos en ~** (*en atraco, rendición*) with one's hands up; (*en manifestación*) with one's hands in the air; ✦*MODISMO* **dejar algo en ~**: **el resultado deja muy en ~ su reputación como el mejor del mundo** the result has boosted his reputation as the best in the world; **estas cosas dejan en ~ el buen nombre de un país** these things contribute to maintaining the country's good name
[2] (*Geog*) hill; **el pueblo está en un ~** the town lies on a hill ► **Altos del Golán** Golan Heights
[3] (*Arquit*) upper floor
[4] (*Mús*) alto
[5] ► **altos y bajos** ups and downs
[6] **pasar por ~** [+ *detalle, problema*] to overlook
[7] (*Chile*) [*de ropa, cartas*] pile
[8] (*Chile*) [*de tela*] length
[9] **los ~s** (*Cono Sur, Méx*) [*de casa*] upstairs; (*Geog*) the heights; **los ~s de Jalisco** the Jalisco heights

**alto**[2] Ⓐ SM [1] (= *parada*) stop; **dar el ~ a algn** to order sb to halt, stop sb; **hacer un ~** (*en viaje*) to stop off; (*en actividad*) to take a break; **a este bar vienen los camioneros que hacen un ~ en el camino** the lorry drivers stop off at this bar on the way; **hicieron un ~ en el trabajo para comer un bocadillo** they took a break from work to eat a sandwich; **poner el ~ a algo** (*Méx*) to put an end to sth ► **alto el fuego** (*Esp*) ceasefire
[2] (*Aut*) (= *señal*) stop sign; (= *semáforo*) lights *pl*
Ⓑ EXCL **¡alto!** halt!, stop!; **¡~ ahí!** stop there!; **¡~ el fuego!** cease fire!

**altocúmulo** SM altocumulus

**altomedieval** ADJ early medieval, of the High Middle Ages

**altoparlante** SM (*LAm*) loudspeaker

**altorrelieve** SM high relief

**altostrato** SM altostratus

**altozanero** SM (*Col*) porter

**altozano** SM [1] (= *otero*) small hill, hillock; [*de ciudad*] upper part
[2] (*Andes, Caribe*) (= *atrio*) cathedral forecourt, church forecourt

**altramuz** SM lupin

**altruismo** SM altruism

**altruista** (A) ADJ altruistic
(B) SMF altruist

**altura** SF [1] [*de edificio, techo, persona*] height; **el agua llegó hasta una ~ de 30cms** the water reached a height of 30cms; **las dos estanterías tienen la misma ~** the two bookshelves are the same height; **se necesita tener una ~ superior a 1,80** you have to be over 1.80 metres tall; **hubo olas de hasta tres metros de ~** there were waves up to three metres high, there were waves of up to three metres in height; **a la ~ de algo**: **la ventana quedaba a la ~ de mi cabeza** the window was level with my head; **sentí un dolor a la ~ de los riñones** I felt a pain around my kidneys; **se hizo un corte a la ~ del tobillo** he cut himself on the ankle ► **altura de caída** [*de cascada*] fall ► **altura de la vegetación** timber line
[2] (*en el aire*) height, altitude; **el avión subió a una ~ de 10.000 pies** the plane rose to a height *o* an altitude of 10,000 feet; **nos encontramos a 3.000 metros de ~ sobre el nivel del mar** we are 3,000 metres above sea level; **volaba a muy poca ~ del suelo** it was flying just above the ground; **ganar** *o* **tomar ~** to climb, gain height; **el globo empezó a perder ~** the balloon began to lose height; ► **altura de crucero** cruising height; *ver tb* **mal**
[3] (= *nivel*) **no llegó a la ~ que se exigía** he did not measure up to the standard required; **si lo insultas te estás rebajando a su ~** if you insult him you are just lowering yourself to his level; **no encuentra ningún rival a su ~** she can't find a rival to match her, she can't find a rival in her league; **un partido de gran ~** a really excellent game; **estar a la ~ de** [+ *persona*] to be in the same league as, be on a par with; [+ *tarea*] to be up to, be equal to; **no estamos a la ~ de los trabajadores japoneses** we are not in the same league as Japanese workers, we are not on a par with Japanese workers; **su último artículo no estaba a la ~ de los anteriores** his last article did not match up to the previous ones; **la novela no estaba a la ~ del concurso** the novel was not up to the standard set by the competition, the novel did not measure up to the competition standards; **supo estar a la ~ de las circunstancias** he managed to rise to the occasion; **no estábamos a la ~ de los acontecimientos** we didn't keep abreast of events; ✦*MODISMOS* **dejar** *o* **poner a algn a la ~ del betún** *o* (*Arg, Uru*) **de un felpudo** *o* (*Chile*) **del unto*** (*estando presente*) to make sb feel small; (*estando ausente*) to lay into sb; **quedar a la ~ del betún** (*Esp*): **si no los invitamos quedaremos a la ~ del betún** if we don't invite them, it'll look really bad
[4] (*Geog*) **a la ~ de** on the same latitude as; **a la ~ de Cádiz** on the same latitude as Cádiz; **a la ~ del km 8** at the 8th km, at the 8th km point; **hay retenciones a la ~ de Burgos** there are tailbacks near Burgos; **¿a qué ~ de la calle quiere que pare?** how far along the street do you want me to stop?
[5] (*Náut*) **buque de ~** seagoing vessel; **pesca de ~** deep-sea fishing; **remolcador de ~** deep-sea tug, ocean-going tug
[6] (*Dep*) (= *salto*) high jump; (= *distancia del suelo*) height; **acaban de superar la ~ de 1,90** they have managed to beat the height of 1.90
[7] (*Mús*) pitch
[8] [*de ideas, sentimientos*] sublimity, loftiness
[9] **alturas** [9·1] (= *lugar elevado*) (*Geog*) heights; (*Rel*) heaven *sing*; **en las ~s de Sierra Nevada** on the heights of Sierra Nevada; **¡Gloria a Dios en las ~s!** Glory to God in Heaven!; **estar en las ~s** (*Rel*) to be on high
[9·2] [*de organización*] upper echelons; **en las ~s abundan las intrigas palaciegas** court intrigues are plentiful in the upper echelons
[9·3] **a estas ~s** [*de edad*] at my/your/his/*etc* age; [*de tiempo*] at this stage; **a estas ~s no me preocupan las arrugas** at my age, wrinkles don't worry me; **a estas ~s del año las playas están casi vacías** at this stage of the year the beaches are almost empty; **a estas ~s nadie te va a preguntar nada** at this stage no one is going to ask you anything; **¿todavía no confías en mí a estas ~s?** you still don't trust me after all this time?; **a estas ~s no podemos volvernos atrás** having come this far we can't go back now, we can't go back at this stage
[9·4] (†) (= *pisos*) storey, story (*EEUU*); **una casa de cinco ~s** a five-storey house

**alubia** SF kidney bean
► **alubia pinta** pinto bean

**alucinación** SF hallucination

**alucinado** ADJ [1] (= *trastornado*) suffering hallucinations
[2] (*) (= *fascinado*) gobsmacked*; **me quedé ~** I was gobsmacked

**alucinador** ADJ hallucinatory, deceptive

**alucinante** (A) ADJ [1] (*Med*) hallucinatory
[2] (*Esp**) (= *fascinante*) attractive, beguiling; (= *misterioso*) mysterious; (*) (= *genial*) great, fantastic*
[3] (*Esp**) (= *inconcebible*) absurd; **es ~** it's mind-blowing*
(B) SM (*Méx*) hallucinogenic drug

**alucinar** ▸conjug 1a◂ (A) VT [1] (= *engañar*) to delude, deceive
[2] (*Esp**) (= *fascinar*) **me alucinó lo que pasó** I was gobsmacked at what happened‡
(B) VI [1] (= *padecer alucinaciones*) to hallucinate
[2] (*Esp**) (= *delirar*) **¡tú alucinas!** you're seeing things!; **¡este tío alucina!** this guy must be joking!*; **yo alucino con esa canción** I love this song; **yo alucinaba al ver tanta cosa** I was gobsmacked at all the stuff I saw‡
(C) **alucinarse** VPR to delude o.s.; **~se de algo*** to be gobsmacked at sth‡

**alucine*** SM delusion; **de ~** (= *genial*) fantastic*, great*; **¡qué ~!** (= *¡es genial!*) this is brill!*

**alucinógeno/a** (A) ADJ hallucinogenic
(B) SM/F (*) acid head‡
(C) SM (*Med*) hallucinogen

**alucinosis** SF INV hallucinosis

**alud** SM [1] [*de nieve*] avalanche
[2] (= *afluencia*) wave

**aludido** ADJ aforesaid, above-mentioned; **darse por ~** to take the hint; **no darse por ~** to pretend not to hear; **no te des por ~** don't take it personally

**aludir** ▸conjug 3a◂ VI **~ a** to allude to, mention

**aluego** ADV *etc* (*LAm*) = **luego**

**alujado** ADJ (*CAm, Méx*) bright, shining

**alujar** ▸conjug 1a◂ VT (*CAm, Méx*) to polish, shine

**alumbrado/a** (A) ADJ (*) drunk
(B) SM lighting ► **alumbrado de emergencia** emergency lighting ► **alumbrado de gas** gas lighting ► **alumbrado eléctrico** electric lighting ► **alumbrado fluorescente** fluorescent lighting ► **alumbrado público** street lighting
(C) SM/F (*Rel*) illuminist; **los Alumbrados** the Illuminati

**alumbramiento** SM [1] (*Elec*) (= *acción*) lighting up; (= *sistema*) lighting, illumination
[2] (*Med*) childbirth; **tener un feliz ~** to have a safe delivery

**alumbrar** ▸conjug 1a◂ (A) VT [1] (= *iluminar*) [+ *cuarto, calle, ciudad*] to light; [+ *estadio, edificio, monumento*] to light up; **una sola bombilla alumbraba el cuarto** the room was lit by a single bulb; **la felicidad alumbró su rostro** his face lit up with happiness; **el sol alumbra la tierra** the sun illuminates the earth
[2] (= *enfocar*) (*con linterna, foco*) **ve delante y alumbra el camino** you go ahead and light the way; **alumbra aquí** shine the light here
[3] (*frm*) [+ *asunto*] to shed light on
[4] (*frm*) (= *instruir*) to enlighten
[5] [+ *agua*] to find
[6] (*Rel*) [+ *ciego*] to give sight to
(B) VI [1] (= *dar luz*) to give light, shed light; **esta bombilla alumbra bien** this bulb gives a good light
[2] (*frm*) (= *dar a luz*) to give birth
(C) **alumbrarse** VPR (†) (= *emborracharse*) to get lit up*

**alumbre** SM alum

**aluminio** SM aluminium, aluminum (*EEUU*); **papel de ~** cooking foil, kitchen foil, silver foil

**aluminosis** SF INV (*Constr*) *degeneration of cement used in construction*

**alumnado** SM [1] (*Univ*) student body; (*Escol*) roll, pupils
[2] (*LAm*) (= *colegio*) college, school

**alumno/a** SM/F [1] (*Escol*) pupil; (*Univ*) student; **antiguo ~** (*Escol*) old boy, former pupil, alumnus (*EEUU*); (*Univ*) old student, former student, alumnus (*EEUU*) ► **alumno/a externo/a** day pupil ► **alumno/a interno/a** boarder
[2] (*Jur*) ward, foster child

**alunarse** ▸conjug 1a◂ VPR (*CAm*) to get saddle-sore (*horse*)

**alunizaje** SM [1] (= *aterrizaje en la luna*) landing on the moon, moon landing
[2] (*) (= *robo*) smash-and-grab raid

**alunizar** ▸conjug 1f◂ VI to land on the moon

**alusión** SF (= *mención*) allusion, reference; (= *indirecta*) hint; **hacer ~ a** to allude to, refer to

**alusivo** ADJ allusive

**aluvial** ADJ alluvial

**aluvión** SM [1] (*Geol*) alluvium ► **tierras de aluvión** alluvial soil *sing*, alluvial soils
[2] (*fig*) (= *alud*) flood; **llegan en incontenible ~** they come in an unstoppable flood ► **aluvión de improperios** stream *o* torrent of abuse

**aluvionado** SM alluviation

**álveo** SM riverbed, streambed

**alveolar** ADJ alveolar

**alvéolo** SM, **alveolo** SM (*Anat*) alveolus; [*de panal*] cell; (*fig*) (= *laberinto*) network, honeycomb

**alverja** SF [1] (= *arveja*) vetch
[2] (*LAm*) (= *guisante*) pea

**alverjilla** SF sweet pea

**alza** SF [1] (= *subida*) [*de precio, temperatura*] rise; **el ~ de los tipos de interés** the rise in interest rates; **la bolsa ha experimentado una fuerte ~** the stock market has risen sharply; **al ~** [*tendencia*] upward; [*inflación, precio*] rising; **revisar los precios al ~** to put prices up; **la Bolsa se mantuvo ayer al ~** the stock market continued its upward trend yesterday; **en ~** [*acciones, precio*] on the rise; **las acciones están en ~** the shares are rising *o* on the rise; **un artista en ~** a rising star; **un joven escritor en ~** an up-and-coming writer; **jugar al ~** (*Fin*) to speculate on a rising market; ✦***MODISMO*** **hacer algo por la pura ~** to do sth just for the sake of it
[2] (*Mil, Caza*) sights *pl* ► **alzas fijas** fixed sights ► **alzas graduables** adjustable sights
[3] (*en zapato*) raised insole

**alzacristales** SM INV ► **alzacristales eléctrico** electric windows *pl*

**alzacuello** SM, **alzacuellos** SM INV clerical collar, dog collar

**alzada** SF [1] [*de caballos*] height
[2] (*Arquit*) elevation, side view
[3] (*Jur*) appeal

**alzado/a** Ⓐ ADJ [1] (= *levantado*) raised; **con el puño ~** with a raised fist; *ver tb* **votación**
[2] (*Fin*) [*cantidad, precio*] fixed; [*quiebra*] fraudulent; [*persona*] fraudulently bankrupt; **por un precio ~** for a lump sum; *ver tb* **tanto D1**
[3] (*Méx, Ven*) (= *engreído*) big-headed
[4] (*Chile, Col, Perú, Ven*) (= *sublevado*) arrogant, cocky*
[5] (*LAm*) [*animal*] (= *arisco*) wild; **estar ~** (*Cono Sur*) to be on heat
[6] (*Andes*) (= *borracho*) drunk
Ⓑ SM/F (= *persona sublevada*) rebel ► **alzado/a en armas** armed insurgent
Ⓒ SM [1] (*Arquit*) elevation
[2] (*Tip*) gathering

**alzamiento** SM [1] (= *acción*) raising, lifting; **en el ~ del coche** in the raising *o* lifting of the car; **el juez ordenó el ~ del cadáver** the judge ordered the removal of the corpse
[2] (= *sublevación*) revolt, uprising; **~ en armas** armed revolt, armed uprising
[3] (*Com*) (*de precio*) rise, increase; (*en subasta*) higher bid ► **alzamiento de bienes** concealment of assets

**alzaprima** SF [1] (= *palanca*) lever, crowbar; (= *calce*) wedge
[2] (*Mús*) bridge
[3] (*Cono Sur*) (= *carro pesado*) heavy trolley, flat truck

**alzaprimar** ▸conjug 1a◂ VT (= *levantar*) to lever up, raise with a lever; (*fig*) (= *avivar*) to arouse, stir up

**alzar** ▸conjug 1f◂ Ⓐ VT [1] (= *levantar*) [1·1] [+ *objeto, persona*] to lift; [+ *objeto muy pesado*] to hoist; [+ *copa*] to raise; **no podía ~la del suelo** he could not lift her off the floor; **los manifestantes ~on sus banderas** the demonstrators raised *o* lifted up their flags; **alcemos nuestras copas por la victoria** let us raise our glasses to victory; **~on el telón unos minutos más tarde** the curtain went up a few minutes later
[1·2] [+ *brazo, cabeza, cejas*] to raise; **alzó los brazos al cielo** he raised up his arms to heaven; **alzó la mano para pedir la palabra** he put up *o* raised his hand to ask permission to speak; **~ la mirada** *o* **los ojos** *o* **la vista** to look up; **ni siquiera alzó la vista cuando entramos** she didn't even look up when we came in; **no alzó la mirada del libro ni un momento** he didn't look up *o* avert his gaze (*más frm*) from the book for one moment; **~ la voz** to raise one's voice; **a tu padre no le alces la voz** don't raise your voice at your father; **alza un poco más la voz, que no te oigo** speak up a little, I can't hear you; **alzan su voz contra la injusticia** they speak out against injustice; **siempre se ~án voces llamando a la unidad** there will always be calls for unity; *ver tb* **vuelo² 1**
[2] (= *erigir*) [+ *monumento*] to raise; [+ *edificio*] to erect
[3] [+ *mantel*] to put away
[4] [+ *prohibición*] to lift
[5] [+ *cosecha*] to gather in, bring in
[6] (*Rel*) [+ *cáliz, hostia*] to elevate
[7] (*Tip*) to gather
[8] (= *recoger*) (*Méx*) (*del suelo*) to pick up; (*LAm*) (*a un bebé*) to pick up
[9] (*Méx*) (= *ordenar*) [+ *casa, recámara*] to tidy up; **~ la mesa** to clear the table; **~ los trastes** to clear away the dishes
[10] (*Méx*) [+ *dinero*] to save
Ⓑ **alzarse** VPR [1] (= *ponerse en pie*) to rise; **cuando entró la novia todos se ~on** when the bride entered everyone stood up *o* rose to their feet
[2] [*edificio, monte, monumento*] (= *tener una altura determinada*) to rise; (= *estar situado*) to stand; **la cordillera se alza 2.500m sobre el nivel del mar** the mountain range rises 2,500m above sea level; **en la plaza se alzaba la iglesia** the church stood in the square; **el rascacielos se alza por encima del parque** the skyscraper rises *o* towers over the park
[3] (= *aumentar*) [*precio, temperatura*] to rise
[4] (= *rebelarse*) to rise up, rise, revolt (**contra** against); **~se en armas** to take up arms, rise up in arms
[5] (= *llevarse*) **~se con** [+ *premio, votos*] to win; [+ *dinero*] to run off with; **el Barcelona se alzó con el título de Liga** Barcelona won *o* took the League title; **se ~on con la mayoría absoluta** they won an absolute majority; **~se con el poder** to take power; **~se con la victoria** to win; **era el favorito indiscutible para ~se con la victoria** he was the undisputed favourite to win; **los primeros comicios en que los socialistas se han alzado con la victoria** the first elections in which the socialists have been victorious *o* have won; ✦***MODISMO*** **~se con el santo y la limosna** to make a clean sweep
[6] (*Com*) to go fraudulently bankrupt
[7] (*Andes*) (= *emborracharse*) to get drunk
[8] (*Méx, Ven*) (= *volverse engreído*) to get big-headed
[9] (*Chile, Col, Perú, Ven*) (= *rebelarse*) **le llamé la atención a la muchacha y se me alzó** I told the maid off and she answered me back; **por nada se alza** he gets bolshy at the slightest thing*
[10] **~se de hombros** (*Méx*) to shrug one's shoulders
[11] (*LAm*) [*animal*] (= *volverse arisco*) to run wild; (= *entrar en celo*) to be on heat

**alzaválvulas** SM INV tappet

**alzo** SM (*CAm*) theft

**A.M.** SF ABR (= **amplitud modulada**) AM

**a.m.** ABR (= **ante meridiem**) a.m., am

**ama** SF ► **ama de brazos** nurse, nursemaid ► **ama de cría** wet nurse ► **ama de cura** priest's housekeeper ► **ama de gobierno, ama de llaves** housekeeper ► **ama de leche** wet nurse ► **ama seca** nurse, nursemaid; *ver tb* **amo**

▼**amabilidad** SF (= *generosidad*) kindness; (= *cortesía*) courtesy; **tuvo la ~ de acompañarme** he was kind enough to come with me, he was good enough to come with me; **tenga la ~ de** (+ *INFIN*) please be so kind as to + *infin*

**amabilísimo** ADJ SUPERL *de* **amable**

▼**amable** ADJ kind, nice; **es usted muy ~** you are very kind; **si es tan ~** if you would be so kind; **ser ~ con algn** to be kind to sb, be nice to sb; **¡qué ~ ha sido usted trayéndolo!** how kind of you to bring it!; **¡muy ~!** thanks very much, that's very kind, that's very kind of you; **sea tan ~ (como para)** ◊ **si es tan ~ (como para)** (*LAm*) please be so kind as to

**amablemente** ADV kindly; **muy ~ me ayudó** he very kindly helped me

**amachambrarse** ▸conjug 1a◂ VPR (*Cono Sur*) = **amachinarse**

**amacharse** ▸conjug 1a◂ VPR (*LAm*) [*persona*] to dig one's heels in, refuse to be moved; [*caballo*] to refuse

**amachinarse** ▸conjug 1a◂ VPR (*LAm*) (= *amancebarse*) to set up house together; **~ con algn** to become sb's lover; **estar** *o* **vivir amachinado con** to live with

**amacho** ADJ (*CAm, Cono Sur*) (= *destacado*) outstanding; (= *fuerte*) strong, vigorous

**amaderado** ADJ woody

**amado/a** Ⓐ ADJ dear, beloved
Ⓑ SM/F lover, sweetheart

**amador(a)** Ⓐ ADJ loving, fond
Ⓑ SM/F lover

**amadrigar** ▸conjug 1h◂ Ⓐ VT to take in, give shelter to
Ⓑ **amadrigarse** VPR [*animal*] to go into its hole, burrow; [*persona*] (= *retraerse*) to go into retirement, hide o.s. away

**amadrinar** ▸conjug 1a◂ VT [+ *niño*] to be godmother to; [+ *soldado, regimiento*] to be patron to

**amaestrado** ADJ [1] [*animal*] trained; (*de circo*) performing
[2] [*plan*] well-thought out, artful

**amaestrador(a)** SM/F trainer

**amaestramiento** SM training

➤ LENGUA Y USO: **amabilidad** 31 **amable** 48.1

**amaestrar** ▸conjug 1a◂ VT [+ *persona*] to train, teach; [+ *animal*] to train; [+ *caballo*] to break in

**amagar** ▸conjug 1h◂ Ⓐ VT (= *amenazar*) to threaten, portend (*liter*); (= *dar indicios de*) to show signs of
Ⓑ VI (= *estar próximo*) to threaten, be impending; (*Med*) (= *manifestarse*) to show the first signs; (*Esgrima*) to feint; **~ a hacer algo** to threaten to do sth, show signs of doing sth
Ⓒ **amagarse** VPR 1 (*) (= *esconderse*) to hide
2 (*Cono Sur*) (= *tomar una postura amenazante*) to adopt a threatening posture

**amago** SM 1 (= *amenaza*) threat; (*fig*) (= *inicio*) beginning
2 (*Med*) (= *señal*) sign, symptom; (= *indicio*) hint; **un ~ de mapa** a rough map; **con un ~ de sonrisa** with the suggestion of a smile, with a faint smile ▸ **amago tormentoso** outbreak of bad weather
3 (*Esgrima*) feint

**amainar** ▸conjug 1a◂ Ⓐ VT [+ *vela*] to take in, shorten; [+ *furia*] to calm
Ⓑ VI, **amainarse** VPR [*viento*] to abate, die down; [*ira*] to subside; [*esfuerzo*] to slacken

**amaine** SM 1 [*de velas*] shortening
2 [*de ira, viento*] abatement, moderation; [*de esfuerzo*] lessening, slackening

**amaitinar** ▸conjug 1a◂ VT to spy on

**amaizado** ADJ (*Andes*) rich

**amalaya** EXCL (*LAm*) = **ojalá**

**amalayar** ▸conjug 1a◂ VT (*Andes, CAm, Méx*) to covet, long for; **~ hacer algo** to long to do sth

**amalgama** SF amalgam

**amalgamación** SF amalgamation

**amalgamar** ▸conjug 1a◂ Ⓐ VT (*Quím*) to amalgamate; (*fig*) (= *combinar*) to combine, blend
Ⓑ **amalgamarse** VPR to amalgamate

**Amalia** SF Amelia

**amamantar** ▸conjug 1a◂ VT 1 (= *dar el pecho a*) to suckle, nurse
2 (*Caribe*) (= *mimar*) to spoil

**amancebado**†† ADJ **estar** *o* **vivir ~s** to live together, cohabit

**amancebamiento** SM common-law union, cohabitation

**amancebarse**†† ▸conjug 1a◂ VPR to live together, cohabit

**amancillar** ▸conjug 1a◂ VT (= *manchar*) to stain; (= *deslustrar*) tarnish, dishonour, dishonor (*EEUU*)

**amanecer** ▸conjug 2d◂ Ⓐ VI 1 [*día*] to dawn; **el día amaneció lloviendo** at daybreak it was raining; **amanece a las siete** it gets light at seven; **nos amaneció en Granada** the next morning found us in Granada, the next morning we woke up in Granada
2 [*persona, ciudad*] to wake up (in the morning); **amanecimos en Vigo** the next morning found us in Vigo, the next morning we woke up in Vigo; **amaneció acatarrado** he woke up with a cold; **el pueblo amaneció cubierto de nieve** morning saw the village covered in snow, when the next day dawned the village was covered in snow; **amaneció rey** (*liter*) he woke up to find himself king; **amanecieron bailando** (*LAm*) they danced all night, they were still dancing at dawn; **¿cómo amaneció?** (*LAm*) how are you this morning?
Ⓑ SM dawn, daybreak; **al ~** at dawn, at daybreak

**amanecida** SF dawn, daybreak

**amanerado** ADJ (= *afectado*) mannered, affected; (*LAm*) (= *demasiado correcto*) excessively polite

**amaneramiento** SM affectation

**amanerarse** ▸conjug 1a◂ VPR to become affected

**amanezca** SF (*Caribe, Méx*) (= *alba*) dawn; (= *desayuno*) breakfast

**amanezquera** SF (*Caribe, Méx*) early morning, daybreak

**amanita** SF amanita

**amanojar** ▸conjug 1a◂ VT to gather by the handful, gather in bunches

**amansa** SF (*Cono Sur*) [*de fieras*] taming; [*de caballos*] breaking-in

**amansado** ADJ tame

**amansador(a)** SM/F (= *domador*) tamer; (*Méx*) [*de caballos*] horse breaker, horse trainer

**amansadora** SF (*Arg*) 1 (= *sala*) waiting room
2 (*) (= *espera*) long wait (*at government office*)

**amansamiento** SM 1 (= *acto*) [*de fieras*] taming; [*de caballos*] breaking-in
2 (= *cualidad*) tameness

**amansar** ▸conjug 1a◂ Ⓐ VT [+ *caballo*] to break in; [+ *fiera*] to tame; [+ *persona*] to tame, subdue; [+ *pasión*] to soothe
Ⓑ **amansarse** VPR [*persona*] to calm down; [*pasión*] to moderate

**amanse** SM (*Andes, Méx*) [*de caballos*] breaking-in; [*de fieras*] taming

**amante** Ⓐ ADJ loving, fond; **nación ~ de la paz** peace-loving nation
Ⓑ SMF (= *hombre, mujer*) lover; (= *mujer*) mistress; **tuvo muchas ~s** he had many mistresses

**amanuense** SMF (= *escribiente*) scribe, amanuensis; (= *copista*) copyist; (*Pol*) secretary

**amañado** ADJ 1 (= *falso*) fake, faked
2 (= *diestro*) skilful, skillful (*EEUU*), clever
3 [*resultado, pelea*] fixed, rigged

**amañador(a)** Ⓐ ADJ (*Andes, Caribe*) having a pleasant climate
Ⓑ SM/F (*) fixer*

**amañamiento** SM (= *manipulación*) fiddling, trickery; (*Pol*) rigging, gerrymandering

**amañanar** ▸conjug 1a◂ VI [*persona*] to wake up; [*día*] to dawn

**amañar** ▸conjug 1a◂ Ⓐ VT 1 (*pey*) (= *manipular*) [+ *resultado*] to alter, tamper with; [+ *elección*] to rig; [+ *foto*] to fake; [+ *partido, jurado*] to fix; [+ *cuentas*] to cook*; [+ *excusa*] to cook up
2 (= *hacer bien*) to do skilfully, do skillfully (*EEUU*), do cleverly
Ⓑ **amañarse** VPR 1 [*ser diestro*] to be skilful *o* (*EEUU*) skillful, be expert; (= *adquirir destreza*) to become expert, get the hang of it
2 (= *acostumbrarse*) to become accustomed to; **ya se amaña en Quito** he's beginning to feel at home in Quito
3 (= *llevarse bien con*) **~se con** to get along with
4 (*Caribe*) (= *mentir*) to tell lies, lie

**amaño** SM 1 (= *destreza*) skill, expertness, cleverness; **tener ~ para** to have an aptitude for
2 (= *ardid*) trick, guile
3 **amaños** (= *herramientas*) tools; (*Cono Sur*) (= *mañas*) underhand means

**amapola** SF poppy; **ponerse como una ~** to turn as red as a beetroot

**amar** ▸conjug 1a◂ VT to love

**amaraje** SM [*de hidroavión*] landing (*on the sea*); [*de nave espacial*] splashdown, touchdown ▸ **amaraje forzoso** ditching

**amaranto** SM amaranth

**amarar** ▸conjug 1a◂ VI [*hidroavión*] to land (*on the sea*); [*nave espacial*] to splash down, touch down; (*forzosamente*) to ditch

**amarchantarse** ▸conjug 1a◂ VPR (*Caribe, Méx*) **~ en** to deal regularly with

**amargado** ADJ bitter, embittered; **estar ~** to be bitter

**amargamente** ADV bitterly

**amargar** ▸conjug 1h◂ Ⓐ VT [+ *comida*] to make bitter, sour; [+ *persona*] to embitter; [+ *ocasión*] to spoil; **~ la vida a algn** to make sb's life a misery; **a nadie le amarga un dulce** something's better than nothing
Ⓑ VI to be bitter, taste bitter
Ⓒ **amargarse** VPR 1 [*comida*] to get bitter
2 [*persona*] to become bitter *o* embittered

**amargo/a** Ⓐ ADJ 1 [*sabor*] bitter, tart; **más ~ que tueras** ◊ **más ~ que la hiel** terribly bitter
2 (*fig*) (= *apenado*) bitter, embittered
3 (*Cono Sur*) (= *cobarde*) cowardly; (*Caribe*) (= *poco servicial*) unhelpful, offhand
Ⓑ SM 1 [*de sabor*] bitterness, tartness
2 **amargos** (= *licor*) bitters
3 (*Cono Sur*) (= *mate*) bitter tea, *bitter Paraguayan tea*
Ⓒ SM/F (*Cono Sur**) [*de mal genio*] grouch*; (= *vago*) shirker, skiver*

**amargón** SM dandelion

**amargor** SM, **amargura** SF 1 (= *sabor*) bitterness, tartness
2 (*fig*) (= *aflicción*) bitterness; (= *pena*) grief, sorrow

**amargoso** ADJ (*LAm*) = **amargo A**

**amariconado**‡, **amaricado**‡ Ⓐ ADJ effeminate
Ⓑ SM nancy boy‡, pansy*

**Amarilis** SF Amaryllis

**amarilla** SF (*Dep*) yellow card; *ver tb* **amarillo**

**amarillear** ▸conjug 1a◂ VI 1 (= *tirar a amarillo*) to be yellowish; (= *mostrarse amarillo*) to show yellow, look yellow
2 (= *volverse amarillo*) to go *o* turn yellow
3 (= *palidecer*) to pale

**amarillecer** ▸conjug 2d◂ VI to yellow, turn yellow

**amarillejo** ADJ yellowish

**amarillento** ADJ (= *que tira a amarillo*) yellowish; [*tez*] pale, sallow

**amarillez** SF (= *cualidad*) yellow, yellowness; [*de tez*] paleness, sallowness

**amarillismo** SM 1 (*Prensa*) sensationalist journalism
2 (*Pol**) *trade unionism which is in league with the bosses*

**amarillista** ADJ 1 [*prensa*] sensationalist
2 [*sindicato*] pro-management

**amarillo** Ⓐ ADJ [*color*] yellow; [*semáforo*] amber, yellow (*EEUU*); *ver tb* **prensa**, **sindicato**
Ⓑ SM 1 (= *color*) yellow ▸ **amarillo canario** canary yellow ▸ **amarillo limón** lemon yellow ▸ **amarillo mostaza** mustard yellow

► **amarillo paja** straw colour *o* (*EEUU*) color
[2] (*Caribe*) ripe banana; *ver tb* **amarilla**

**amarilloso** ADJ (*LAm*) yellowish

**amariposado*** ADJ effeminate

**amarra** SF [1] (*Náut*) mooring line; (*LAm*) (= *cuerda*) rope, line, cord; (*Méx*) (= *rienda*) rein, lead
[2] **amarras** (*Náut*) moorings; **cortar** *o* **romper las ~s** to break loose, cut adrift; **echar las ~s** to moor
[3] **amarras** (= *protección*) protection *sing*; **tener buenas ~s** to have good connections

**amarradera** SF (*Andes*) (*para barcos*) mooring; (*Méx*) (= *cuerda*) rope, line, tether

**amarradero** SM (= *poste*) post, bollard; (*para barco*) berth, mooring

**amarrado** ADJ (*LAm*) mean, stingy

**amarradura** SF mooring

**amarraje** SM mooring charges *pl*

**amarrar** ▸conjug 1a◂ Ⓐ VT [1] (= *asegurar*) (*esp LAm*) to fasten, tie up; [+ *barco*] to moor, tie up; [+ *cuerda*] to lash, belay; (*Naipes*) to stack; **está de ~** he's raving mad; ✦**MODISMO tener a algn bien amarrado** to have sb under one's thumb
[2] (*) (= *empollar*) to swot*, mug up*
Ⓑ VI (*) to get down to it in earnest
Ⓒ **amarrarse** VPR (*) **amarrársela** (*Andes, CAm*) to get tight*

**amarre** SM (= *acto*) fastening, tying; (= *lugar*) berth, mooring

**amarrete/a*** (*Cono Sur*) Ⓐ ADJ mean, stingy*
Ⓑ SM/F miser, skinflint, tightwad (*EEUU**)

**amarro** SM (*Andes*) (= *cuerda*) knotted string, knotted rope; (= *nudos*) mass of knots; (= *paquete*) bundle, packet, package (*EEUU*) ► **amarro de cigarrillos** packet of cigarettes

**amarrocar** ▸conjug 1g◂ VI (*Cono Sur*) to scrimp and save

**amarronado** ADJ chestnut, brownish

**amarroso** ADJ (*CAm*) acrid, sharp

**amartelado** ADJ lovesick; **andar** *o* **estar ~ con** to be in love with; **andan muy ~s** they're deeply in love

**amartelamiento** SM lovesickness, infatuation

**amartelar** ▸conjug 1a◂ Ⓐ VT [1] (= *dar celos a*) to make jealous
[2] (= *enamorar*) to make fall in love; [+ *corazón*] to win, conquer
Ⓑ **amartelarse** VPR to fall in love (**de** with)

**amartillar** ▸conjug 1a◂ VT (= *martillar*) to hammer; [+ *rifle*] to cock

**amasadera** SF kneading trough

**amasado** ADJ (*Caribe*) [1] [*sustancia*] doughy
[2] [*persona*] plump

**amasador(a)** SM/F kneader, baker

**amasadora** SF kneading machine

**amasadura** SF [1] (= *acto*) kneading
[2] (= *hornada*) batch

**amasamiento** SM (*Culin*) kneading; (*Med*) massage

**amasandería** SF (*Andes, Cono Sur*) ≈ bakery

**amasandero/a** SM/F (*Andes, Cono Sur*) ≈ baker

**amasar** ▸conjug 1a◂ VT [1] (*Culin*) [+ *masa*] to knead; [+ *harina, yeso*] to mix, prepare
[2] [+ *dinero*] to amass
[3] (*Med*) to massage
[4] (*) (= *tramar*) to cook up*, concoct

**amasiato** SM (*Méx, Perú*) cohabitation, common-law marriage; **su ~ duró mucho tiempo** they lived together for a long time

**amasigado** ADJ (*Andes*) dark, swarthy

**amasijar‡** ▸conjug 1a◂ VT (*Cono Sur*) to do in*

**amasijo** SM [1] (*Culin*) (= *acción*) kneading; (*Téc*) mixing
[2] (= *material*) mixture; (= *mezcla*) hotchpotch, hodgepodge (*EEUU*), medley
[3] (= *plan*) plot, scheme
[4] (*Caribe*) (= *pan*) wheat bread

**amasio/a** SM/F (*CAm, Méx*) (= *amante*) lover; (= *mujer*) mistress

**amate** SM (*LAm*) fig tree

**amateur** ADJ, SMF amateur

**amateurismo** SM amateurism

**amatista** SF amethyst

**amatorio** ADJ love *antes de s*; **poesía amatoria** love poetry

**amauta** SM (*Andes*) Inca elder

**amayorado** ADJ (*Andes*) precocious, forward

**amazacotado** ADJ (= *pesado*) heavy, awkward; (= *informe*) shapeless, formless; (*Literat*) ponderous, stodgy; **~ de detalles** crammed with details

**amazona** SF [1] (*Literat*) amazon; (*Dep*) horsewoman, rider; (= *mujer varonil*) (*pey*) mannish woman
[2] (= *traje*) riding suit

**Amazonas** SM Amazon; **el río ~** the Amazon

**Amazonia** SF Amazonia

**amazónico** ADJ Amazon *antes de s*, Amazonian

**ambages** SMPL **hablar sin ~** to come straight to the point

**ambagioso** ADJ involved, circuitous, roundabout

**ámbar** SM amber ► **ámbar gris** ambergris

**ambareado** ADJ (*Andes**) chestnut, auburn

**ambarino** ADJ amber, yellow (*EEUU*)

**Amberes** SM Antwerp

▼ **ambición** SF ambition

▼ **ambicionar** ▸conjug 1a◂ VT (= *desear*) to aspire to, seek; (= *codiciar*) to lust after, covet; **~ ser algo** to have an ambition to be sth

**ambiciosamente** ADV ambitiously

**ambicioso/a** Ⓐ ADJ [1] (= *que tiene ambición*) ambitious
[2] (*pey*) (= *egoísta*) proud, self-seeking
Ⓑ SM/F (*gen*) ambitious person; (= *oportunista*) careerist; **~ de figurar** social climber

**ambidextro** ADJ, **ambidiestro** ADJ ambidextrous

**ambientación** SF [1] (= *estilo*) setting; **una novela de ~ oriental** a novel set in the Far East, a novel with an oriental setting; **la ~ estaba muy bien conseguida** they captured the atmosphere very well ► **ambientación musical** incidental music
[2] (*Radio*) sound effects
[3] (= *adaptación*) **le cuesta bastante la ~ a los sitios nuevos** he finds it hard to adjust to new places

**ambientado** ADJ [1] [*película, obra*] **un relato ~ en los años veinte** a story set in the twenties; **la película está muy bien ambientada** the film has a very good atmosphere
[2] [*persona*] **estar ~** to be settled in, be at home
[3] (*Méx*) (= *climatizado*) air-conditioned

**ambientador(a)** Ⓐ SM/F (*Cine, TV*) dresser
Ⓑ SM air freshener

**ambiental** ADJ [1] (= *del aire*) **hay un 70% de humedad ~** there is 70% humidity; **la luz ~ era insuficiente** the lighting was not strong enough; *ver tb* **música 1**
[2] (= *medioambiental*) environmental; **contaminación ~** environmental pollution; **su entorno ~ fue muy negativo** he was in a very negative environment

**ambientalismo** SM environmentalism

**ambientalista** ADJ, SMF environmentalist

**ambientalmente** ADV environmentally; **una zona ~ protegida** an environmentally protected area

**ambientar** ▸conjug 1a◂ Ⓐ VT [1] (= *dar ambiente a*) **los fans ambientaban el partido** the fans gave the match some atmosphere; **~on la entrada del hotel con decorados exóticos** they livened up the hotel foyer with exotic decoration
[2] [+ *película, obra*] to set
[3] (= *orientar*) to orientate, direct
Ⓑ **ambientarse** VPR [1] (= *adaptarse*) to settle in, adjust; **donde quiera que va, se ambienta rápidamente** wherever he goes, he manages to settle in *o* adjust quickly; **pondré un poco de música para que nos vayamos ambientando** I'll put some music on to get some atmosphere going
[2] (= *orientarse*) to orientate o.s., get one's bearings

**ambiente** Ⓐ ADJ INV <u>**medio**</u> **~** environment; <u>**ruido**</u> **~** environmental noise; **trabajamos con 120 decibelios de ruido ~** we work at a noise level of 120 decibels; <u>**temperatura**</u> **~** room temperature; **"sírvase a temperatura ~"** "serve at room temperature"
Ⓑ SM [1] (= *aire*) **el ~ de la sala estaba muy cargado de humo** there was a very smoky atmosphere in the room, the air was really smoky in the room; **habrá ~ soleado en la costa** it will be sunny on the coast, there will be sunny weather on the coast ► **ambiente artificial** air conditioning
[2] (*creado por el entorno, la decoración*) atmosphere; **en medio de un ~ festivo** amid a festive atmosphere; **la madera da un ~ cálido al despacho** wood gives a warm feeling to *o* creates a warm atmosphere in the study; **no había un buen ~ en la oficina** there wasn't a good atmosphere in the office; **se respiraba un ~ de tensión** there was a feeling of tension; <u>**cambiar**</u> **de ~** to have a change of scene; <u>**crónica**</u> **de ~** background report; <u>**micrófono**</u> **de ~** field microphone; *ver tb* **música**
[3] (= *animación*) **¡qué ambientazo había en la plaza de toros!** what a great atmosphere there was in the bullring!; **el espléndido ~ cultural de París** the wonderful cultural life *o* ambience of Paris
[4] (= *entorno*) environment; **con su familia se siente en su ~** with her family, she really feels in her element; **~ <u>familiar</u>** home environment; **~ <u>laboral</u>** work environment
[5] **ambientes** (= *grupo social*) circles; **en ~s universitarios** in the university world, in university circles
[6] (‡) (*tb* **~ homosexual**) <u>**el**</u> **~** the gay scene, the scene‡; <u>**de**</u> **~** [*bar, discoteca*] gay *antes de s*
[7] (*Cono Sur*) (= *habitación*) room

**ambigú** SM buffet

➤ LENGUA Y USO: **ambición** 35.2 **ambicionar** 35.4

**ambiguamente** ADV ambiguously

**ambigüedad** SF ambiguity

**ambiguo** ADJ [1] (= *impreciso*) ambiguous; (= *incierto*) doubtful, uncertain; (= *equívoco*) noncommittal, equivocal
[2] (*) (= *bisexual*) bisexual
[3] (*Ling*) common

**ambilado** ADJ (*Caribe*) **estar** *o* **quedar ~** (= *boquiabierto*) to be left open-mouthed; (= *embobado*) to be distracted

**ámbito** SM [1] (= *campo*) field; (= *límite*) boundary, limit; **dentro del ~ de** within the limits of, in the context of; **en el ~ nacional** on a nationwide basis, on a nationwide scale; **en todo el ~ nacional** over the whole nation, throughout the country; **en el ~ nacional y extranjero** at home and abroad
[2] (*fig*) (= *esfera*) scope, range; **buscar mayor ~** to look for greater scope ► **ámbito de acción** sphere of activity

**ambivalencia** SF ambivalence

**ambivalente** ADJ ambivalent

**ambladura** SF **a paso de ~** at an amble

**amblar** ▸conjug 1a◂ VI to amble, walk in a leisurely manner

**ambo** SM (*Arg*) two-piece suit

**ambos** ADJ, PRON both; **vinieron ~** they both came; **~ tenéis los ojos azules** you've both got blue eyes; **~ a dos** both, both (of them) together

**ambrosía** SF ambrosia

**Ambrosio** SM Ambrose

**ambucia** SF (*Cono Sur*) (= *codicia*) greed, greediness; (= *hambre*) voracious hunger

**ambuciento** ADJ (*Cono Sur*) (= *codicioso*) greedy; (= *hambriento*) voracious

**ambulancia** SF (= *vehículo*) ambulance; (*Mil*) field hospital ► **ambulancia de correos** (*Esp*) post-office coach

**ambulanciero/a** SM/F ambulance man/woman

**ambulante** Ⓐ ADJ (= *que anda*) walking; [*circo, vendedor*] travelling, traveling (*EEUU*); [*biblioteca*] mobile; [*músico*] itinerant; [*actor*] strolling
Ⓑ SMF (= *vendedor callejero*) street seller, street vendor

**ambulatoriamente** ADV **tratar un paciente ~** to treat sb as an out-patient

**ambulatorio** Ⓐ SM (= *clínica*) national health clinic; (= *sección*) out-patients department
Ⓑ ADJ **tratar a algn en régimen ~** to treat sb as an out-patient

**ameba** SF amoeba, ameba (*EEUU*)

**amedrentador** ADJ frightening, menacing

**amedrentar** ▸conjug 1a◂ Ⓐ VT (= *asustar*) to scare, frighten; (= *intimidar*) to intimidate
Ⓑ **amedrentarse** VPR to be scared, be intimidated

**amejoramiento** SM (*LAm*) = **mejoramiento**

**amejorar** ▸conjug 1a◂ VT (*LAm*) = **mejorar A**

**amelcocharse** ▸conjug 1a◂ VPR [1] (*Caribe*) to fall in love
[2] (*Méx*) [*azúcar*] to harden, set
[3] (= *ser coqueta*) to be coy, be prim

**amelonado** ADJ [1] (= *forma*) melon-shaped
[2] **estar ~*** (= *enamorado*) to be lovesick

**amén** Ⓐ SM INV [1] (*Rel*) amen; ✦***MODISMOS*** **decir ~ a todo** to agree to everything; **en un decir ~** in a trice
[2] **~ de** (= *salvo*) except for, aside from (*EEUU*); (= *además de*) in addition to, besides
[3] **~ de que** (= *a pesar de*) in spite of the fact that
Ⓑ EXCL amen!

**-amen** *ver* **Aspects of Word Formation in Spanish 2**

**amenaza** SF threat ► **amenaza amarilla** yellow peril ► **amenaza de bomba** bomb scare ► **amenaza de muerte** death threat

**amenazador** ADJ, **amenazante** ADJ threatening, menacing

**amenazar** ▸conjug 1f◂ Ⓐ VT to threaten; **~ a algn de muerte** to threaten to kill sb; **me amenazó con despedirme** he threatened to fire me; **una especie amenazada de extinción** a species threatened with extinction; **la tarde amenazaba lluvia** it looked like rain in the evening; **~ violencia** to threaten violence
Ⓑ VI to threaten, impend; **~ con hacer algo** to threaten to do sth

**amenguar** ▸conjug 1i◂ VT [1] (= *disminuir*) to lessen, diminish
[2] (= *despreciar*) to belittle
[3] (= *deshonrar*) to dishonour, dishonor (*EEUU*)

**amenidad** SF pleasantness, agreeableness

**amenización** SF (= *mejoramiento*) improvement; [*de conversación*] enlivening; [*de estilo*] brightening up; [*de una reunión*] entertainment

**amenizar** ▸conjug 1f◂ VT (= *hacer agradable*) to make pleasant; [+ *conversación*] to enliven, liven up; [+ *estilo*] to brighten up; [+ *reunión*] to provide entertainment for, entertain

**ameno** ADJ (= *agradable*) pleasant, agreeable, nice; [*estilo*] engaging; [*libro*] enjoyable, readable; [*lectura*] light; **prefiero una lectura más amena** I prefer lighter reading; **es un sitio ~** it's a nice spot; **la vida aquí es más amena** life is more pleasant here

**amento** SM catkin

**América** SF (= *continente, Norteamérica*) America; (*LAm*) (= *Hispanoamérica*) South America, Spanish America, Latin America; **hacerse la ~** (*Cono Sur*) to make a fortune ► **América Central** Central America ► **América del Norte** North America ► **América del Sur** South America ► **América Latina** Latin America

**americana** SF coat, jacket ► **americana de sport** sports jacket; *ver tb* **americano**

**americanada** SF typically American thing, typically American thing to do

**americanismo** SM [1] (*Ling*) Americanism; (*LAm*) (= *imperialismo*) Yankee imperialism
[2] (*Caribe, Méx*) (= *apego a lo americano*) *liking for North American ways etc*

**americanista** SMF [1] (= *estudioso*) Americanist, specialist in indigenous American culture; (= *literato*) specialist in American literature
[2] (*CAm, Méx*) (= *aficionado*) *person with a liking for North American ways etc*

**americanización** SF americanization

**americanizar** ▸conjug 1f◂ Ⓐ VT to americanize
Ⓑ **americanizarse** VPR to become americanized

**americano/a** ADJ, SM/F (= *del continente, de Norteamérica*) American; (= *de Hispanoamérica*) Latin American, South American, Spanish American; *ver tb* **americana**

**americio** SM (*Quím*) americium

**amerindio/a** ADJ, SM/F American Indian, Amerindian

**ameritado** ADJ (*LAm*) worthy

**ameritar** ▸conjug 1a◂ VT (*LAm*) to deserve

**amerizaje** SM [*de hidroavión*] landing (*on the sea*); [*de nave espacial*] splashdown, touchdown

**amerizar** ▸conjug 1f◂ VI [*hidroavión*] to land (*on the sea*); [*nave espacial*] to splash down, touch down

**amestizado** ADJ *like a half breed*

**ametrallador(a)** SM/F machine gunner

**ametralladora** SF machine gun

**ametrallamiento** SM machine-gunning, machine-gun attack

**ametrallar** ▸conjug 1a◂ VT to machine-gun

**amianto** SM asbestos

**amiba** SF, **amibo** SM amoeba, ameba (*EEUU*)

**amigable** ADJ (= *amistoso*) friendly, sociable; (*Jur*) **~ componedor** arbitrator

**amigablemente** ADV amicably

**amigacho*** SM (*pey*) mate, buddy (*EEUU*), bachelor friend; **ha salido con los ~s** he's out with the boys; **esos ~s tuyos** those cronies of yours

**amigarse** ▸conjug 1h◂ VPR (= *hacerse amigos*) to get friendly, become friends; [*amantes*] to set up house together

**amigazo*** SM (*Cono Sur*) pal*, buddy (*EEUU*), close friend

**amígdala** SF tonsil

**amigdalitis** SF INV tonsillitis

**amigdalotomía** SF tonsillectomy

**amigo/a** Ⓐ SM/F [1] friend; **Manuel es un ~ mío** Manuel is a friend of mine; **es una amiga de Sofía** she is a friend of Sofía's *o* of Sofía; **es un ~ de la infancia** he's a childhood friend; **es una amiga del colegio** she's a school friend; **el perro es el mejor ~ del hombre** a dog is a man's best friend; **hacer ~s** to make friends ► **amigo/a de confianza** very close friend, intimate friend ► **amigo/a del alma** soulmate ► **amigo/a de lo ajeno** (*hum*) thief ► **amigo/a en la prosperidad** fair-weather friend ► **amigo/a íntimo/a** very close friend, intimate friend ► **amigo/a por correspondencia** penfriend
[2] (= *novio*) boyfriend/girlfriend
[3] (*en oración directa*) **pero, ~, ya no se puede hacer nada** there's nothing more we can do, my friend; **¡amigo! en ese tema ya no entro** hold on, I'm not getting mixed up in that!
Ⓑ ADJ [1] **son muy ~s** they are good *o* close friends; **Gonzalo es muy ~ de Pepe** Gonzalo is a good *o* close friend of Pepe's *o* of Pepe; **hacerse ~s** to become friends; **al final me hice muy ~ de Antonio** in the end Antonio and I became good friends; **se perdonaron y quedaron tan ~s** they made it up and everything was fine; **lo pagamos a medias y todos tan ~s** we'll go halves on it and that'll be fine
[2] **ser ~ de algo** to be fond of sth; **soy ~ del buen vino** I'm fond of good wine; **no soy muy ~ de las multitudes** I'm not very fond of *o* keen on crowds; **soy ~ de hablar con franqueza** I like straight talking
[3] [*país, fuego*] friendly

**amigote** SM mate*, sidekick*, buddy (*EEUU**); (*pey*) sidekick*, crony

**amiguero** ADJ (*LAm*) friendly

**amiguete*** SM (= *amigo*) mate, buddy (*EEUU*); (*con influencias*) influential friend, friend in the right place

**amiguismo** SM old-boy network, jobs for the boys

**amiguito/a** SM/F (= *novio*) boyfriend/girlfriend; (= *amante*) lover

**amiláceo** ADJ starchy

**amilanar** ▸conjug 1a◂ Ⓐ VT to scare, intimidate
Ⓑ **amilanarse** VPR to get scared, be intimidated (**ante, por** at)

**aminoácido** SM amino acid

**aminorar** ▸conjug 1a◂ VT [+ *precio*] to cut, reduce; [+ *velocidad*] to reduce

**amistad** SF [1] (= *cariño*) friendship; (= *relación amistosa*) friendly relationship, friendly connection; **hacer** *o* **trabar ~ con** to strike up a friendship with, become friends with; **llevar ~ con** to be on friendly terms with; **hacer las ~es** to make it up; **romper las ~es** to fall out
[2] **amistades** (= *amigos*) friends; (= *relaciones*) acquaintances; **invitar a las ~es** to invite one's friends

**amistar** ▸conjug 1a◂ Ⓐ VT [1] (= *hacer amigos*) to bring together, make friends of; (= *reconciliar*) to bring about a reconciliation between
[2] (*Méx*) (= *hacerse amigo de*) to befriend
Ⓑ **amistarse** VPR (= *hacerse amigos*) to become friends (**con** with), establish a friendship (**con** with); (= *reconciliarse*) to make it up

**amistosamente** ADV amicably, in a friendly way; **la carta termina ~** the letter ends in a friendly tone; **ayudémonos ~** let's help each other as friends

**amistoso** Ⓐ ADJ (= *amigable*) friendly, amicable; (*Dep*) friendly; (*Inform*) user-friendly
Ⓑ SM (*Dep*) friendly, friendly game

**amnesia** SF amnesia ► **amnesia temporal** blackout

**amnésico/a** ADJ, SM/F amnesiac, amnesic; **es ~** he suffers from memory loss *o* amnesia

**amniocentesis** SF INV amniocentesis

**amniótico** ADJ amniotic; **líquido ~** amniotic fluid

**amnistía** SF amnesty ► **Amnistía Internacional** Amnesty International

**amnistiado/a** Ⓐ ADJ amnestied
Ⓑ SM/F *person granted an amnesty*

**amnistiar** ▸conjug 1c◂ VT to amnesty, grant an amnesty to

**amo/a** Ⓐ SM/F [1] (= *de casa*) master/mistress; **¿está el ~?** is the master in? ► **amo/a de casa** house-husband/housewife
[2] (= *propietario*) owner
Ⓑ SM (= *jefe*) boss; **ser el ~** to be the boss; **ese corredor es el ~ de la pista** that runner rules the track; *ver tb* **ama**

**amoblado** (*LAm*) Ⓐ ADJ furnished
Ⓑ SM furniture

**amoblamiento** SM (*LAm*) furnishing

**amoblar** ▸conjug 1l◂ VT (*LAm*) to furnish

**amodorramiento** SM sleepiness, drowsiness

**amodorrarse** ▸conjug 1a◂ VPR [1] (= *adormecerse*) to get sleepy, get drowsy
[2] (= *dormirse*) to go to sleep

**amohinar** ▸conjug 1a◂ Ⓐ VT to vex, annoy
Ⓑ **amohinarse** VPR to sulk

**amohosado** ADJ (*Cono Sur*) rusty

**amojonar** ▸conjug 1a◂ VT to mark out, mark the boundary of

**amojosado** ADJ (*Bol*) rusty

**amoladera** SF [1] (= *piedra*) whetstone, grindstone
[2] (*LAm**) (= *tipo pesado*) nuisance, pain*

**amolado** ADJ [1] (*Cono Sur*) (= *fastidiado*) bothered, irritated
[2] (*Andes, Méx*) (= *ofendido*) offended; (= *que molesta*) irritating, annoying
[3] (*Andes*) (= *dañado*) damaged, ruined

**amolador** Ⓐ ADJ annoying
Ⓑ SM knife grinder

**amoladura** SF grinding, sharpening

**amolar** ▸conjug 1l◂ Ⓐ VT [1] (*Téc*) to grind, sharpen
[2] (= *fastidiar*) to pester, annoy; (= *perseguir*) to harass, pester
[3] (= *estropear*) to damage, ruin
[4] (*Méx***) (= *arruinar*) to screw up**, fuck up**; **¡lo amolaste!** you screwed it up!**, you fucked it up!**
Ⓑ **amolarse** VPR [1] (*esp LAm*) (= *enojarse*) to get cross, take offence *o* (*EEUU*) offense; (= *estropearse*) to be ruined
[2] (**) = **joder C**
[3] (= *enflaquecer*) to get thinner

**amoldable** ADJ adaptable

**amoldar** ▸conjug 1a◂ Ⓐ VT [1] (= *formar*) to mould, mold (*EEUU*) (**a, según** on)
[2] (= *ajustar*) to adapt (**a** to), adjust (**a** to)
Ⓑ **amoldarse** VPR to adapt o.s., adjust o.s. (**a** to)

**amonal** SM ammonal

**amonarse*** ▸conjug 1a◂ VPR to get tight*

**amondongado** ADJ fat, flabby

**amonedación** SF coining, minting

**amonedar** ▸conjug 1a◂ VT to coin, mint

**amonestación** SF [1] (= *reprimenda*) reprimand; (= *advertencia*) warning; (= *consejo*) piece of advice; (*Ftbl*) caution, yellow card; (*Jur*) caution
[2] **amonestaciones** (*Rel*) marriage banns; **correr las amonestaciones** to publish the banns

**amonestador** ADJ warning, cautionary

**amonestar** ▸conjug 1a◂ VT [1] (= *reprender*) to reprimand; (= *advertir*) to warn; (= *avisar*) to advise; (*Dep*) to caution, book; (*Jur*) to caution
[2] (*Rel*) to publish the banns of

**amoniacal** ADJ [*nitrógeno, cloruro*] ammoniacal; [*compuesto, disolución*] ammonia *antes de s*

**amoniaco, amoníaco** Ⓐ ADJ [*nitrógeno, cloruro*] ammoniacal; [*compuesto, disolución*] ammonia *antes de s*
Ⓑ SM ammonia ► **amoniaco líquido** liquid ammonia

**amononar** ▸conjug 1a◂ VT (*Cono Sur*) to improve the appearance of, smarten up; (*pey*) to prettify

**amontillado** SM amontillado, amontillado wine

**amontonadamente** ADV in heaps

**amontonado** ADJ heaped, heaped up, piled up; **viven ~s** they live on top of each other

**amontonamiento** SM [1] (= *acción*) [*de mercancías, cajas*] piling up, heaping; [*de dinero*] hoarding; [*de datos*] accumulation; [*de gente*] crowding, overcrowding; [*de coches*] traffic jam
[2] (= *montón*) [*de cajas*] heap, pile; [*de dinero*] stash; [*de gente*] crowd

**amontonar** ▸conjug 1a◂ Ⓐ VT [1] (= *apilar*) to pile (up), heap (up); [+ *datos*] to gather, collect; [+ *dinero*] to hoard; [+ *nieve, nubes*] to bank up; **viene amontonando fichas** he's been collecting data in large quantities; **~ alabanzas sobre algn** to heap praises on sb
[2] (*Andes*) (= *insultar*) to insult
Ⓑ **amontonarse** VPR [1] (= *apilarse*) to pile up; [*nubes*] to gather; [*hojas, nieve*] to drift; [*datos*] to accumulate; [*desastres*] to come one on top of another; [*gente*] to crowd, crowd together; **viven amontonados*** they're shacked up together*; **la gente se amontonó en la salida** people crowded into the exit, people jammed the exit; **se ~on los coches** the cars got into a jam
[2] (*) (= *enfadarse*) to fly off the handle*
[3] (*Andes*) [*terreno*] to revert to scrub

**amor** SM [1] (= *pasión*) love (**a** for); **por el ~ al arte** (*hum*) just for the fun of it; **hacer algo por ~ al arte** to do sth for nothing, do sth for free; **por el ~ de** for the love of; **por (el) ~ de Dios** for God's sake; **hacer algo con ~** to do sth lovingly, do sth with love; **lo hizo por ~** he did it for love; **casarse por ~** to marry for love; **matrimonio sin ~** loveless marriage; **una relación de ~-odio** a love-hate relationship; **hacer el ~** to make love; **hacer el ~ a** (= *cortejar*) to court; (= *hacer sexo*) to make love to ► **amor a primera vista** love at first sight ► **amor cortés** courtly love ► **amor de madre** mother love ► **amor fracasado** disappointment in love ► **amor interesado** cupboard love ► **amor libre** free love ► **amor maternal** mother love ► **amor platónico** platonic love ► **amor propio** amour propre, self-respect; **es cuestión de ~ propio** it's a matter of pride; **picarle a algn en el ~ propio** to wound sb's pride
[2] (= *persona*) love, lover; **mi ~** ◊ **~ mío** my love, my darling; **¡eres un ~!** you're a love!, you are sweet!; **primer ~** first love; **buscar un nuevo ~** to look for a new love; **tiene un ~ en la ciudad** he's carrying on an affair in town
[3] ✦*MODISMOS* **ir al ~ del agua** to go with the current; **estar al ~ de la lumbre** to be close to the fire; **~ con el ~ se paga** one good turn deserves another; (*iró*) an eye for an eye
[4] **amores** (= *amoríos*) love affair *sing*, romance *sing*; **tener mal de ~es** to be lovesick; **¡de mil ~es!** ◊ **¡con mil ~es!** I'd love to!, gladly!; **los mil ~es de don Juan** Don Juan's countless affairs; **requebrar a algn de ~es** to court sb

**amoral** ADJ amoral

**amoralidad** SF amorality

**amoratado** ADJ (= *morado*) purple, purplish; (*de frío*) blue; (= *golpeado*) black and blue, bruised; **ojo ~** black eye, shiner*

**amoratarse** ▸conjug 1a◂ VPR (= *ponerse morado*) to turn purple, go purple; (*de frío*) to turn blue; (*por golpes*) to turn black and blue

**amorcillo** SM [1] (= *amorío*) flirtation, lighthearted affair
[2] (= *Cupido*) Cupid

**amordazar** ▸conjug 1f◂ VT [+ *persona*] to gag; [+ *perro*] to muzzle; (*fig*) (= *hacer callar*) to gag, silence

**amorfo** ADJ amorphous, shapeless

**amorío** SM (*tb* **~s**) love affair, romance

**amorochado** ADJ (*LAm*) = **morocho A1**

**amorosamente** ADV lovingly, affectionately

**amoroso** ADJ [1] (= *cariñoso*) [*persona*] loving, affectionate; [*mirada*] amorous; [*carta*] love *antes de s*; **poesía amorosa** love poetry; **en tono ~** in an affectionate tone; **empezar a sentirse ~** to begin to feel amorous
[2] (*fig*) [*tierra*] workable; [*metal*] malleable; [*tiempo*] mild
[3] (*Cono Sur*) (= *dulce*) sweet, pretty, cute

**amorrar** ▸conjug 1a◂ VI (= *inclinar la cabeza*) to hang one's head; (*fig*) (= *enfurruñarse*) to be sullen, sulk; (*Náut*) to pitch, dip the bows under

**amortajar** ▸conjug 1a◂ VT to shroud

**amortecer** ▸conjug 2d◂ Ⓐ VT [+ *ruido*] to deaden, muffle; [+ *luz*] to dim; [+ *fuego*] to damp down; [+ *pasión*] to curb, control
Ⓑ VI (*Med*) to faint, swoon; [*ruido*] to become muffled, die away

**amortecido** ADJ **caer ~** to fall in a swoon, faint away

**amortecimiento** SM [1] [*de ruido*] deadening, muffling; [*de luz*] dimming
[2] [*de pasión*] controlling
[3] (*Med*) fainting

**amortiguación** SF = **amortiguamiento**

**amortiguador** Ⓐ ADJ (*de ruido*) deadening, muffling; (*de luz*) softening
Ⓑ SM (*Mec, Aut*) shock absorber; (*Ferro*) buffer; (*Elec*) damper ► **amortiguador de luz** dimmer (switch) ► **amortiguador de ruido** silencer, muffler (*EEUU*)

**amortiguamiento** SM [1] [*de ruido*] deadening, muffling; [*de choque, golpe*] cushioning, absorption; [*de color*] toning down; [*de luz*] dimming, softening
[2] (*Elec*) damping

**amortiguar** ▸conjug 1i◂ Ⓐ VT [1] [+ *ruido*] to deaden, muffle; [+ *choque*] to cushion, absorb; [+ *color*] to tone down; [+ *luz*] to dim, soften; [+ *fuego*] to damp down; (*Elec*) to damp
[2] (*fig*) (= *mitigar*) to alleviate
Ⓑ **amortiguarse** VPR [1] [*luz*] to grow dim; [*ruido*] to die down
[2] (*Cono Sur*) [*planta*] to wither
[3] (*Cono Sur*) (= *deprimirse*) to get depressed

**amortizable** ADJ redeemable

**amortización** SF [1] (*Fin*) [*de bono*] redemption; [*de préstamo*] repayment; [*de bienes*] depreciation; [*de puesto*] abolition
[2] (*Jur*) amortization

**amortizar** ▸conjug 1f◂ VT [1] (*Fin*) [+ *capital*] to write off; [+ *bono*] to redeem; [+ *préstamo*] to pay off, repay; [+ *puesto*] to abolish; **~ algo por desvalorización** to write sth off for depreciation
[2] (*Jur*) to amortize

**amos**⁑ EXCL *ver* **ir A12**

**amoscarse*** ▸conjug 1g◂ VPR [1] (= *enojarse*) to get cross, be peeved*
[2] (*Caribe, Méx*) (= *aturdirse*) to get confused; (= *avergonzarse*) to get embarrassed

**amostazar*** ▸conjug 1f◂ Ⓐ VT to make cross, peeve*
Ⓑ **amostazarse** VPR [1] (= *enojarse*) to get cross, get peeved*
[2] (*LAm*) (= *avergonzarse*) to be embarrassed, get embarrassed

**amotinado/a** Ⓐ ADJ (= *rebelde*) riotous; (*Mil, Náut*) mutinous
Ⓑ SM/F (*civil*) rioter; (*Pol*) rebel; (*Mil, Náut*) rebel, mutineer

**amotinador(a)** ADJ, SM/F = **amotinado**

**amotinamiento** SM [*civil*] riot; (*Pol*) rising, insurrection; (*Mil, Náut*) mutiny

**amotinar** ▸conjug 1a◂ Ⓐ VT to incite to riot, mutiny, *etc*
Ⓑ **amotinarse** VPR (= *causar disturbios*) to riot; (*Pol*) to rise up; (*Mil, Náut*) to mutiny

**amover** ▸conjug 2h◂ VT to dismiss, remove, remove from office

**amovible** ADJ [*pieza*] removable, detachable; [*empleo*] temporary

**amparador(a)** Ⓐ ADJ protecting, protective
Ⓑ SM/F (= *protector*) protector/protectress; [*de criminal*] harbourer, harborer (*EEUU*)

**amparar** ▸conjug 1a◂ Ⓐ VT [1] (= *proteger*) to protect (**de** from), shelter; (= *ayudar*) to help; **~ a los pobres** to help the poor; **lo ampara el ministro** the minister protects him; **la ley nos ampara** the law is there to protect us
[2] (*Jur*) [+ *criminal*] to harbour, harbor (*EEUU*)
[3] (*Caribe*) (= *pedir prestado*) to borrow
Ⓑ **ampararse** VPR [1] (= *buscar protección*) to seek protection, seek help; **~se con** *o* **de** *o* **en** to seek the protection of
[2] (*de la lluvia*) to shelter

**amparo** SM [1] (= *protección*) **buscó ~ en la familia** he sought refuge in his family; **mis nietos son mi único ~** my grandchildren are all I have; **al ~ de la ley** under the protection of the law; **actuaron al ~ de la oscuridad** they acted under cover of darkness; **viven al ~ de las donaciones de caridad** they live on *o* off charitable donations
[2] (= *refugio*) shelter, refuge; **la cabaña da ~ contra la nieve** the hut provides shelter from the snow, the hut gives refuge from the snow; **dio ~ a los terroristas** she sheltered the terrorists
[3] (*Jur*) **recurso de ~** *appeal on the grounds of unconstitutionality*

**ampáyar** SM, **ampáyer** SM (*LAm*) referee, umpire

**ampe** EXCL (*Andes*) please!

**amperímetro** SM ammeter

**amperio** SM ampère, amp

**ampliable** ADJ (= *extensible*) extendable, which can be extended (**a** to); (*Inform*) expandable (**a** to)

**ampliación** SF (= *acción*) extension; (*Fot*) enlargement; (= *expansión*) expansion ► **ampliación de capital**, **ampliación de capitales** increase of capital

**ampliado** SM (*LAm Pol*) general meeting

**ampliadora** SF enlarger

**ampliamente** ADV (= *cumplidamente*) amply; (= *extensamente*) extensively; **satisfará ~ la demanda** it will more than meet the demand

**ampliar** ▸conjug 1c◂ VT [1] (*en tamaño*) to extend; **queremos ~ el salón** we want to extend the living room, we want to make the living room bigger; **lee mucho para ~ su vocabulario** he reads a lot in order to extend *o* expand his vocabulary; **se fue a Inglaterra a ~ sus estudios** he went to England to broaden his studies
[2] (*en número*) to increase; **van a ~ las plazas de profesor** they are going to increase the number of teaching posts; **no ~án la plantilla** they are not going to increase *o* expand the headcount *o* the payroll
[3] [+ *prórroga, período*] to extend; **han ampliado el plazo de matrícula** they have put back the closing date for enrolment, they have extended the period for enrolment
[4] (*Fot*) to enlarge
[5] (*Com*) [+ *empresa, compañía*] to expand, grow; [+ *capital*] to increase; **deseamos ~ el campo de acción de la empresa** we want to extend *o* expand *o* broaden the company's area of business
[6] [+ *sonido*] to amplify
[7] [+ *idea, explicación*] to elaborate on
[8] [+ *poderes*] to extend, widen

**amplificación** SF (*Téc*) amplification; (*LAm Fot*) enlargement

**amplificador** SM amplifier

**amplificar** ▸conjug 1g◂ VT (*Téc*) to amplify; (*LAm Fot*) to enlarge

**amplio** ADJ [1] (= *espacioso*) [*habitación, interior*] spacious; [*avenida, calle*] wide; **el terremoto afectó a una amplia zona del sur** the earthquake affected a wide area in the south; **compró una amplia extensión de terreno** he bought a vast tract *o* stretch of land
[2] [*ropa*] loose(-fitting), roomy*; [*falda*] full
[3] [*margen*] wide; **un ~ margen a ambos lados** a wide margin on each side; **los socialistas ganaron las elecciones por amplia mayoría** the socialists won the election with a large majority
[4] [*conocimiento, vocabulario, poder, gama*] wide, extensive; **un ~ surtido de productos** a wide *o* extensive range of products
[5] [*sentido*] broad; **en el sentido ~ de la expresión** in the broad sense of the term
[6] [*repercusión*] far-reaching; **la noticia tuvo amplia difusión** *o* **~ eco en la prensa** the news was widely *o* extensively reported; **su novela tuvo amplia resonancia entre los intelectuales** his novel had great influence among the intellectuals
[7] [*informe*] full, detailed

**amplitud** SF [1] (= *espaciosidad*) [*de sala, habitación, interior*] spaciousness; [*de avenida, calle*] wideness; [*de terreno*] expanse, extent; **retiramos el sofá para dar ~ al cuarto** we moved the sofa to make the room bigger
[2] [*de ropa*] looseness; [*de falda*] fullness
[3] [*de conocimientos, vocabulario, poder, variedad*] extent ► **amplitud de criterio**, **amplitud de horizontes**, **amplitud de miras** broadmindedness
[4] **de gran ~** [*reforma, proyecto*] wide-ranging, far-reaching
[5] (*Radio*) ► **amplitud de banda** bandwidth ► **amplitud de onda** amplitude

**ampo** SM (= *blancura*) dazzling whiteness; (= *copo de nieve*) snowflake; **como el ~ de la nieve** as white as the driven snow

**ampolla** SF (*en la piel*) blister; (*de inyección*) ampoule; (= *frasco*) flask; **la decisión levantó ~s entre los ministros** the decision got a few backs up in the Cabinet

**ampollarse** ▸conjug 1a◂ VPR to blister, form blisters

**ampolleta** SF [1] [*de arena*] hourglass; [*de termómetro*] bulb
[2] (*LAm*) (= *bombilla*) bulb; ♦*MODISMO* **encendérsele a algn la ~*** to have a brainwave

**ampón** ADJ (= *voluminoso*) bulky; [*persona*] stout, tubby

**ampulosamente** ADV bombastically, pompously

**ampulosidad** SF bombast, pomposity

**ampuloso** ADJ bombastic, pompous

**amputación** SF amputation

**amputado/a** SM/F amputee

**amputar** ▸conjug 1a◂ VT to amputate, cut off

**amuchachado** ADJ boyish

**amuchar*** ▸conjug 1a◂ VT (*Andes, Cono Sur*) to increase, multiply

**amueblado** Ⓐ ADJ furnished (**con, de** with)
Ⓑ SM (*Cono Sur*) hotel, hotel room (*used for sexual encounters and paid for by the hour*)

**amueblamiento** SM furnishing

**amueblar** ▸conjug 1a◂ VT to furnish (**de** with); **sin ~** unfurnished

**amuermado*** ADJ bored

**amuermante*** ADJ (= *aburrido*) boring, dull; (= *ordinario*) banal, mundane

**amuermar*** ▸conjug 1a◂ Ⓐ VT to bore
Ⓑ **amuermarse** VPR [1] (= *tener sueño*) to feel sleepy (*after a meal*); (*fig*) (= *aburrirse*) to get bored; (= *deprimirse*) to get depressed
[2] (= *ponerse pesado*) to get very dull

**amuinar*** ▸conjug 1a◂ (*Méx*) Ⓐ VT to make cross, irritate
Ⓑ **amuinarse** VPR to get cross

**amujerado** ADJ effeminate

**amularse** ▸conjug 1a◂ VPR (*Méx*) [*persona*] to get stubborn, dig one's heels in; (*Com*) to become unsaleable, become a glut on the market

**amulatado** ADJ mulatto-like

**amuleto** SM amulet, charm

**amunicionar** ▸conjug 1a◂ VT to supply with ammunition

**amuñecado** ADJ doll-like

**amura** SF (*Náut*) (= *proa*) bow; (= *cabo*) tack

**amurallado** ADJ walled, fortified

**amurallar** ▸conjug 1a◂ VT to wall, fortify

**amurar** ▸conjug 1a◂ VI to tack

**amurrarse** ▸conjug 1a◂ VPR (*LAm*) to get depressed, become sad

**amurriarse** ▸conjug 1b◂ VPR (*Esp*) to get sad, get depressed

**amurruñarse** ▸conjug 1a◂ VPR (*Caribe*) (= *abrazarse*) to nestle together, cuddle up; (= *hacerse un ovillo*) to curl up

**amusgar** ▸conjug 1h◂ Ⓐ VT [+ *orejas*] to lay back, throw back; [+ *ojos*] to screw up, narrow
Ⓑ **amusgarse** VPR (*CAm*) to feel ashamed

**Ana** SF Ann, Anne

**anabólico** ADJ anabolic

**anabolizante** SM anabolic steroid

**anacarado** ADJ mother-of-pearl *antes de s*

**anacardo** SM (= *fruto*) cashew, cashew nut; (= *árbol*) cashew tree

**anaco** SM (*Andes*) poncho, Indian blanket

**anacoluto** SM anacoluthon

**anaconda** SF anaconda

**anacoreta** SMF anchorite

**Anacreonte** SM Anacreon

**anacronía** SF anachronism

**anacrónico** ADJ anachronistic

**anacronismo** SM anachronism

**ánade** SM duck ► **ánade friso** gadwall ► **ánade rabudo** pintail ► **ánade real** mallard ► **ánade silbón** wigeon

**anadear** ▸conjug 1a◂ VI to waddle

**anadeo** SM waddle, waddling

**anadón** SM duckling

**anaeróbico** ADJ, **anaerobio** ADJ anaerobic

**anafe** SM portable cooker

**anáfora** SF anaphora

**anafórico** ADJ anaphoric, anaphorical

**anagrama** SM anagram

**anal** ADJ anal

**analcohólico** ADJ non-alcoholic, soft

**anales** SMPL annals

**analfa*** ADJ, SMF = **analfabeto**

**analfabetismo** SM illiteracy ► **analfabetismo funcional** functional illiteracy

**analfabeto/a** Ⓐ ADJ illiterate
Ⓑ SM/F illiterate, illiterate person

**analgesia** SF analgesia

**analgésico** Ⓐ ADJ analgesic, painkilling
Ⓑ SM analgesic, painkiller

**análisis** SM INV [1] (= *examen*) analysis; (*detallado*) breakdown
[2] (*Fin*) ► **análisis de costos** cost analysis ► **análisis de costos-beneficios** cost-benefit analysis ► **análisis de mercados** market research ► **análisis de viabilidad** feasibility study ► **análisis financiero** financial analysis
[3] (*Med, Quím, Fís*) ► **análisis de sangre** blood test ► **análisis espectral** spectrum analysis ► **análisis orgánico** organic analysis
[4] (*Ling*) analysis, parsing ► **análisis del discurso** discourse analysis ► **análisis funcional** functional analysis
[5] (*Inform*) ► **análisis de la voz** speech analysis ► **análisis de sistemas** systems analysis

**analista** SMF (= *analizador*) analyst; (= *escritor de anales*) chronicler, annalist ► **analista de inversiones** investment consultant ► **analista de sistemas** systems analyst ► **analista financiero** financial analyst, market analyst

**analista-programador(a)** SM/F computer analyst and programmer

**analítico** ADJ analytic, analytical; **cuadro ~** analytic table

**analizable** ADJ analysable, analyzable (*EEUU*); **fácilmente ~** easy to analyse

**analizador(a)** SM/F analyst

**analizar** ▸conjug 1f◂ VT to analyse

**analogía** SF (= *correspondencia*) analogy; (= *semejanza*) similarity; **por ~ con** on the analogy of

**analógico** ADJ (= *que se corresponde*) analogical; (*Inform*) analog

**análogo** Ⓐ ADJ analogous, similar (**a** to)
Ⓑ SM analogue; **limpiar con alcohol o ~** clean with alcohol or similar substance

**ananá** SM, **ananás** SM INV, **ananasa** SF (*Andes*) pineapple

**anapesto** SM anapaest

**anaquel** SM shelf

**anaquelería** SF shelves *pl*, shelving

**anaranjado** Ⓐ ADJ orange, orange-coloured, orange-colored (*EEUU*)
Ⓑ SM orange, orange colour, orange color (*EEUU*)

**anarco/a*** SM/F anarchist

**anarcosindicalismo** SM anarcho-syndicalism

**anarcosindicalista** Ⓐ ADJ anarcho-syndical
Ⓑ SMF anarcho-syndicalist

**anarquía** SF anarchy

**anárquico** ADJ anarchic, anarchical

**anarquismo** SM anarchism

**anarquista** Ⓐ ADJ anarchist, anarchistic
Ⓑ SMF anarchist

**anarquizante** ADJ anarchic

**anarquizar** ▸conjug 1f◂ VT to cause anarchy in, cause complete chaos in

**anatema** SM anathema

**anatematizante** ADJ **palabras ~s** words of condemnation

**anatematizar** VT, **anatemizar** ▸conjug 1f◂ VT
[1] (*Rel*) to anathematize
[2] (= *maldecir*) to curse

**anatomía** SF [1] (= *ciencia, cuerpo*) anatomy
[2] (= *análisis*) anatomy

**anatómico** ADJ anatomical; **asiento ~** anatomically designed seat

**anatomizar** ▸conjug 1f◂ VT [1] (= *diseccionar*) to anatomize; (*Arte*) [+ *huesos, músculos*] to bring out, emphasize
[2] (= *analizar*) to anatomize, dissect

**anca** SF [1] (= *cacha*) rump, haunch; **no sufre ~s*** he can't take a joke; ♦*MODISMO* **llevar a algn a las ~s** o **en ~(s)** (*LAm*) to let sb ride pillion; **esto lleva el desastre en ~** (*LAm*) this spells disaster ► **ancas de rana** frog's legs
[2] **ancas*** (= *posaderas*) behind *sing*
[3] (*Andes*) (= *maíz*) toasted maize

**ancestral** ADJ (*de los antepasados*) ancestral; (= *antiguo*) ancient

**ancestro** SM (*esp LAm*) (= *persona*) ancestor; (= *linaje*) ancestry

**anchamente** ADV widely

**ancheta** SF [1] (= *lote*) small lot of goods; (= *negocio*) small business
[2] (= *ganancia*) gain, profit; (*Andes, Méx*) (= *ganga*) bargain; (= *negocio*) profitable deal; (= *oportunidad*) chance to make easy money; **¡vaya ~!** ◊ **¡buena ~!** some deal this turned out to be!
[3] (*Andes, Cono Sur*) (= *palabrería*) prattle, babble
[4] (*Caribe*) (= *broma*) joke; (= *estafa*) hoax

**ancho** Ⓐ ADJ [1] (= *amplio*) [*camino, puente, habitación*] wide; [*calle, sonrisa, manos*] broad; [*muro*] thick; **el salón es más ~ que largo** the living room is wider than it is long; **un tarro de boca ancha** a wide-necked bottle; **tenía las espaldas anchas** he had a broad back; **era muy ~ de hombros** he was very broad-shouldered; **plantas de hoja ancha** broad-leaved plants; **a lo ~ de algo** across sth; **colocaron una cuerda a lo ~ de la calle** they put a rope across the street; **había manifestantes a todo lo ~ de la avenida** there were demonstrators the length and breadth of the avenue; **por todo el ~ mundo** throughout the whole wide world, the world over; *ver tb* **Castilla, largo A6**
[2] (= *holgado*) [*chaqueta, pantalón*] loose, loose-fitting; [*falda*] full; [*manga*] wide; **que-**

**dar** *o* (*Esp*) **estar** *o* (*Esp*) **venir ~ a algn** to be too wide for sb; **la chaqueta le quedaba muy ancha** the jacket was too wide for him; **esta camisa me viene ancha** this shirt is too big for me, this shirt is on the big side*; **le viene muy ~ el cargo** the job is too much for him; ✦*MODISMO* **a sus anchas**: **puedes hojear a tus anchas todos los libros** you can leaf through all the books at your leisure; **con ellos podrá discutir a sus anchas** you can discuss things freely with them; **aquí estoy a mis anchas** I feel at ease here; **ponerse a sus anchas** to make o.s. comfortable, spread o.s.; *ver tb* **manga 1**
[3] (*Esp*) (= *cómodo, confortable*) **aquí te puedes sentir bien ancha** you can make yourself comfortable *o* at home here; **en dos coches iremos más ~s** we'll be more comfortable in two cars, we'll have more room if we go in two cars; ✦*MODISMOS* **quedarse tan ~** ◊ **quedarse más ~ que largo**: **le dijo cuatro verdades y se quedó tan ~** he gave him a piece of his mind and felt very pleased with himself; **no sabes lo ~ que me he quedado después de decírselo** it feels such a weight off my shoulders to have told him; *ver tb* **pancho**
[4] (= *liberal*) liberal, broad-minded; **~ de conciencia** (*Esp*) not overscrupulous; **~ de miras** broad-minded
[5] (= *orgulloso*) proud; **iba todo ~ con su traje nuevo** he was very proud in his new suit; **ponerse ~** to get conceited
Ⓑ SM [1] (= *anchura*) [*de camino, ventana*] width; [*de río*] width, breadth; **¿cuál es el ~ de la mesa?** what is the width of the table?; **todo el ~ de la habitación** the whole width of the room; **de ~**: **tiene doce metros de ~** it is twelve metres wide; **las dos mesas tienen lo mismo de ~** both tables are the same width; **4 metros de largo por 2 de ~** 4 metres long by 2 metres wide ► **ancho de banda** band width; *ver tb* **doble**
[2] (*Ferro*) (*tb* **~ de vía**) gauge, gage (*EEUU*); **~ europeo** European gauge; **~ internacional** international gauge; **~ normal** standard gauge

**anchoa** SF anchovy

**anchor** SM = **anchura**

**anchote** ADJ burly

**anchoveta** SF (*Andes*) anchovy (*for fishmeal*)

**anchura** SF [1] (= *amplitud*) [*de camino, ventana*] width; [*de río*] width, breadth; **de ~**: **un tronco de un metro de ~** a metre wide trunk; **tiene dos metros de ~** it is two metres wide ► **anchura alar** wingspan ► **anchura de banda** band width
[2] (*Cos*) [*de falda*] fullness
[3] (*Esp**) (= *descaro*) cheek*; **me habló con tanta ~** he talked to me with such a cheek *o* nerve* ► **anchura de conciencia** lack of scruple

**anchuroso** ADJ (= *ancho*) wide, broad; (= *espacioso*) spacious

**ancianidad** SF old age

**anciano/a** Ⓐ ADJ old, aged
Ⓑ SM/F [*de mucha edad*] old man/woman, elderly man/woman; (*Rel*) elder

**ancilar** ADJ ancillary

**ancla** SF anchor; **echar ~s** to drop anchor; **levar ~s** to weigh anchor ► **ancla de la esperanza** (*Náut*) sheet anchor; (*fig*) (= *única esperanza*) last hope

**ancladero** SM anchorage

**anclaje** SM [1] (*Náut*) (= *acción*) anchoring, anchorage; (= *fondeadero*) anchorage; (= *tributo*) mooring charge
[2] (*Aut*) catch, clamp (*of a seat belt*)

**anclar** ▸conjug 1a◂ Ⓐ VT to anchor
Ⓑ VI to anchor, drop anchor; **estar anclado a/en algo** to be anchored to/in sth

**ancón** SM [1] (*Náut*) cove
[2] (*Méx*) (= *rincón*) corner
[3] (*Andes*) (= *camino*) mountain pass

**áncora** SF anchor ► **áncora de salvación** sheet anchor, last hope

**andadas** SFPL (*Caza*) tracks; (= *aventuras*) adventures; (*Chile, Méx*) walk *sing*, stroll *sing*; **volver a las ~** to backslide, go back to one's old ways

**andaderas** SFPL baby walker *sing*

**andadero** ADJ passable, easy to traverse

**andado** ADJ (= *trillado*) worn, well-trodden; (= *corriente*) common, ordinary; [*ropa*] old, worn

**andador(a)** Ⓐ ADJ [1] (= *que anda rápido*) fast-walking; **es ~** he's a good walker
[2] (= *viajero*) fond of travelling, fond of gadding about
[3] (*Cono Sur*) [*caballo*] well-paced, long-striding
Ⓑ SM/F walker
Ⓒ SM [1] (*para niños*) baby walker; (*para enfermos*) Zimmer® frame
[2] **andadores** [*de niño*] reins
Ⓓ SF (*Méx*) prostitute, streetwalker, hustler (*EEUU**)

**andadura** SF [1] (= *acción*) walking; (= *manera*) gait, walk; (= *de caballo*) pace
[2] (*fig*) (= *camino*) path, course; (= *progreso*) progress; (= *avance*) advance; **comenzar nuevas ~s** to start again

**ándale** EXCL (*esp Méx*) come on!, hey!; *ver tb* **ándele**, **andar A11**

**andalón** ADJ (*Méx*) well-paced, long-striding

**Andalucía** SF Andalusia

**andalucismo** SM [1] (*Ling*) andalusianism, *word or phrase etc peculiar to Andalusia*
[2] (= *sentimiento*) *sense of the differentness of Andalusia*; (*Pol*) *doctrine or belief in Andalusian autonomy*

**andaluz(a)** Ⓐ ADJ, SM/F Andalusian
Ⓑ SM (*Ling*) Andalusian

**andaluzada*** SF (= *cuento*) tall story, *piece of typical Andalusian exaggeration*; (= *acto*) *the sort of thing one expects from an Andalusian*

**andamiaje** SM, **andamiada** SF (*Constr*) scaffolding; (*fig*) (= *estructura*) framework, structure

**andamio** SM (*Constr*) scaffold; **~s** scaffolding *sing* ► **andamio óseo** skeleton, bone structure

**andana** SF row, line; ✦*MODISMO* **llamarse ~** to go back on one's word

**andanada** SF [1] (*Mil*) broadside; (*fig*) (= *reprensión*) reprimand, rocket*; **soltar la ~ a algn** to give sb a rocket*; **soltar una ~** to say sth unexpected, drop a bombshell*; **por ~s** (*Cono Sur*) in excess, to excess ► **andanada verbal** verbal broadside
[2] (*Dep*) stand, grandstand; (*Taur*) *section of cheap seats*
[3] (= *andana*) [*de ladrillos*] layer, row

**andante** Ⓐ ADJ (= *que anda*) walking; **caballero ~** knight errant
Ⓑ SM (*Mús*) andante

**andanza** SF (= *suerte*) fortune; **~s** (= *vicisitudes*) deeds, adventures

**andar** ▸conjug 1p◂ Ⓐ VI [1] (= *ir a pie*) to walk; (= *moverse*) to move; (= *viajar*) to travel around; **iremos andando a la estación** we'll walk to the station; **vinimos andando** we walked here, we came on foot; **el tren empezó a ~** the train started moving; **la máquina empezó a ~** the machine started up; **anduvieron por Jamaica y Cuba** they travelled around Jamaica and Cuba; **~ a caballo** to ride; **~ tras algo/algn** to be after sth/sb; **~ tras una chica** to be *o* chase after a girl
[2] (= *funcionar*) to go, work; **el reloj no anda** the clock won't go, the clock isn't working; **el reloj anda bien** the clock keeps good time; **¿cómo anda esto?** how does this work?
[3] (*) (= *estar*) to be; **no sé por dónde anda** I don't know where he is; **anda por aquí** it's around here somewhere; **seguro que ése anda por Brasil** he's bound to be somewhere in Brazil; **~ alegre** to be *o* feel cheerful; **hay que ~ con cuidado** you have to be careful; **últimamente ando muy liado** I've been very busy lately; **~ bien de salud** to be well, be in good health; **andamos mal de dinero** we're badly off for money, we're short of money; **¿cómo andan las cosas?** how are things?; **¿cómo anda eso?** how are things going?; **¿qué tal andas?** how are you?; **¿cómo andas de tabaco?** how are you off for cigarettes?; **ando escaso de tiempo** I am pushed for time; **de ~ por casa**: **ropa de ~ por casa** clothes for wearing around the house; **un montaje muy de ~ por casa** a rough-and-ready production; **justicia de ~ por casa** rough-and-ready justice; ✦*MODISMO* **andan como Pedro por su casa** they act as if they owned the place; ✦*REFRÁN* **quien mal anda, mal acaba** you get what you deserve
[4] (= *rebuscar*) **¡no andes ahí!** keep away from there!; **~ en** to rummage around in; **han estado andando en el armario** they've been rummaging around in the cupboard; **no andes en mis cosas** keep out of my things
[5] **~ a**: **siempre andan a gritos** they're always shouting; **andan a la greña** *o* **a la gresca** they're at each other's throats
[6] **~ con algn** to go around with sb; **anda con una chica francesa** he goes around with a French girl; ✦*REFRÁN* **dime con quién andas y te diré quién eres** a man is known by the company he keeps
[7] **~ en** (= *estar implicado en*) to be involved in; **~ en pleitos** to be engaged *o* involved in lawsuits; **anda en la droga** he's involved with drugs; **sospecho que anda en ello Rosa** I suspect Rosa is involved; **¿en qué andas?** what are you up to?
[8] **~ haciendo algo** to be doing sth; **¿qué andas buscando?** what are you looking for?; **ando buscando un socio** I'm looking for a partner; **no andes criticándolo todo el tiempo** stop criticizing him all the time
[9] **~ por** (= *rondar*): **anda por los 50** he's about 50; **el pueblo anda por los 1.000 habitantes** the village has about 1,000 inhabitants; **anda por las 70.000 pesetas** it's around 70,000 pesetas
[10] ✦*MODISMO* **andando el tiempo**: **un niño**

**que, andando el tiempo, sería rey** a child who, in time, would become king; **andando el tiempo la pena de muerte desaparecerá** the death penalty will eventually disappear
[11] (*exclamaciones*) **¡anda!** (= *¡no me digas!*) well I never!; (= *¡vamos!*) come on!; **¡anda!, no lo sabía** well I never, I didn't know that!; **anda, dímelo** go on, tell me; **anda, no me molestes** just stop annoying me, will you?; **anda, no te lo tomes tan a pecho** come on, there's no need to take it to heart like that; **¡anda, anda!** come on!; **¡ándale (pues)!** (*Méx**) (= *apúrese*) come on!, hurry up!; (= *adiós*) cheerio!; (= *gracias*) thanks!; (*encontrando algo*) that's it!; **¡andando!** right, let's get on with it!; **andando, que todavía hay mucho que hacer** let's get moving, there's still a lot to do; **¡anda ya!**: **anda ya, no nos vengas con esnobismos** come on, don't be such a snob; **—dile que te gusta —¡anda ya, para que me suba el precio!** "tell her you like it" — "oh sure, so she can charge me more!"
Ⓑ VT [1] (= *recorrer a pie*) [+ *trecho*] to walk; **anduvimos varios kilómetros** we walked several kilometres; **me conocía muy bien el camino por haberlo andado varias veces** I knew the path very well, as I'd been down *o* walked it several times before
[2] (*LAm*) (= *llevar*) [+ *ropa*] to wear; [+ *objeto*] to carry; **yo no ando reloj** I don't wear a watch
Ⓒ **andarse** VPR [1] (= *irse*) to go off, go away; ✦***MODISMO*** **~se por las ramas** to beat about the bush
[2] **~se con**: **ándate con cuidado** take care; **no puedes ~te con tonterías** you can't afford to mess about; **no ~se con contemplaciones** *o* **remilgos** not to stand on ceremony; **no podía ~se con demasiados remilgos a la hora de elegir marido** she couldn't be too fussy when choosing a husband; **no podemos ~nos con contemplaciones a la hora de buscar una solución a la crisis** we can't afford to worry about the niceties when looking for a solution to the crisis; **no se anda con chiquitas** he doesn't mess about; **no ~se con rodeos** not to beat about the bush
[3] **~se en** [+ *herida, nariz*] to pick; (= *permitirse*) to indulge in; **no te andes en la nariz** don't pick your nose; **se andaba en la herida** he was picking at his wound
[4] **todo se andará** all in good time
Ⓓ SM walk, gait; **es de ~es rápidos** he walks quickly; **a más** *o* **todo ~** at full speed, as quickly as possible; ✦***MODISMOS*** **a largo ~**† (= *al final*) in the end; (= *a largo plazo*) in the long run; **estar en un ~**† to be on the same level

**andaras** SM (*Andes*) Indian flute

**andarica** SF (*Asturias*) crab

**andariego** ADJ fond of travelling, restless

**andarilla** SF (*Andes*) *type of flute*

**andarín** SM walker; **es muy ~** he is a great walker

**andarivel** SM [1] (*Téc*) cable ferry
[2] (*Náut*) (= *salvavidas*) lifeline
[3] (*esp LAm*) (= *puente*) rope bridge; (= *cerco*) rope barrier; [*de piscina*] lane
[4] (*Andes*) (= *adornos*) adornments *pl*, trinkets *pl*

**andas** SFPL [1] (*Med*) (= *camilla*) stretcher *sing*; (= *silla*) litter *sing*, sedan chair *sing*; **llevar a algn en ~** (*lit*) to carry sb on a platform; (*fig*) to treat sb with great deference
[2] (*Rel*) portable platform *sing*; (= *féretro*) bier *sing*

**ándele** EXCL (*Méx*) (= *¡venga!*) come on!, hurry up!; (= *¡ya ves!*) see what I mean!; (= *¡ya lo creo!*) get away!*; (= *correcto*) exactly!

**andén** SM [1] (*Ferro*) platform ► **andén de salida** departure platform ► **andén de vacío** arrival platform
[2] (*Náut*) quayside
[3] (*CAm, Col*) (= *acera*) pavement, sidewalk (*EEUU*)

**Andes** SMPL Andes

**andinismo** SM (*LAm*) mountaineering, climbing; **hacer ~** to go mountaineering, go climbing

**andinista** SMF (*LAm*) mountaineer, climber

**andino** ADJ Andean, of/from the Andes

**ándito** SM (= *pasillo*) outer walk, corridor; (= *acera*) pavement, sidewalk (*EEUU*)

**andoba*** SM guy*, chap*

**andolina** SF swallow

**andón** ADJ (*LAm*) = **andador A3**

**andonear** ▸conjug 1a◂ VI (*Caribe*) [*persona*] to amble along, stroll along; [*caballo*] to trot

**andorga*** SF belly

**andorina** SF swallow

**Andorra** SF Andorra

**andorrano/a** ADJ, SM/F Andorran

**andorrear*** ▸conjug 1a◂ VI (= *ajetrearse*) to bustle about, fuss around; (= *ir de acá para allá*) to gad about, move about a lot

**andorrero/a** Ⓐ ADJ bustling, busy
Ⓑ SM/F busy sort, gadabout
Ⓒ SF (*pey*) streetwalker, hustler (*EEUU**)

**andrajo** SM [1] rag, tatter; **~s** rags, tatters; **estar en ~s** ◊ **estar hecho un ~** to be in rags; **ser un ~ humano** to be a wreck*
[2] (= *pillo*) rascal, good-for-nothing
[3] (= *bagatela*) trifle, mere nothing

**andrajoso** ADJ ragged, in tatters

**Andrés** SM Andrew

**androcéntrico** ADJ male-centred, androcentric

**androcentrismo** SM male-centredness, androcentricity

**androfobia** SF hatred of men

**androgénico** ADJ androgenic

**andrógeno** SM androgen

**androginia** SF androgyny

**andrógino/a** Ⓐ ADJ androgynous
Ⓑ SM/F androgyne

**androide** SM android

**Andrómaca** SF Andromache

**andrómina*** SF fib*, tale

**andropausia** SF male menopause

**androsterona** SF androsterone

**andullo** SM (*Cuba, Méx*) plug of tobacco

**andurrial** SM [1] (= *lodazal*) bog, quagmire; (= *zanja*) ditch; (= *descampado*) piece of waste ground
[2] **andurriales** (= *lugar extraviado*) out-of-the way place *sing*; **en esos ~es** in that godforsaken place

**anduve, anduviera** *etc ver* **andar**

**anea** SF bulrush

**aneblar** ▸conjug 1j◂ Ⓐ VT (= *cubrir de niebla*) to cover with mist; (= *anublar*) to obscure, darken, cast a cloud over
Ⓑ **aneblarse** VPR (= *cubrirse de niebla*) to get misty; (= *anublarse*) to get dark

**anécdota** SF anecdote, story; **este cuadro tiene una ~** there's a tale attached to this picture

**anecdotario** SM collection of stories

**anecdótico** ADJ (= *de anécdota*) anecdotal; (= *trivial*) trivial; **contenido ~** story content; **valor ~** story value, value as a story; **el estudio se queda en lo ~** the study does not rise above the merely superficial

**anecdotismo** SM anecdotal nature, anecdotal quality, merely anecdotal quality

**anega** SF (*Cono Sur*) = **fanega**

**anegación** SF flooding

**anegadizo** ADJ [*tierra*] subject to flooding, frequently flooded; [*madera*] heavier than water

**anegar** ▸conjug 1h◂ Ⓐ VT [1] (= *ahogar*) to drown
[2] (= *inundar*) to flood; (*fig*) (= *abrumar*) to overwhelm
Ⓑ **anegarse** VPR [1] (= *ahogarse*) to drown
[2] (= *inundarse*) to flood, be flooded; **~se en llanto** to dissolve into tears
[3] (*Náut*) to sink, founder

**anejo** Ⓐ ADJ attached, joined on (**a** to)
Ⓑ SM (*Arquit*) annexe, outbuilding; [*de libro*] supplement, appendix

**anemia** SF anaemia, anemia (*EEUU*)

**anémico** ADJ anaemic, anemic (*EEUU*)

**anemómetro** SM anemometer, wind gauge ► **anemómetro registrador** wind-speed indicator

**anémona** SF, **anémone** SF anemone ► **anémona de mar** sea anemone

**aneroide** ADJ aneroid

**anestesia** SF anaesthesia, anesthesia (*EEUU*); **me operaron con ~** I was operated on under anaesthetic; **operar sin ~** to operate without (an) anaesthetic ► **anestesia general** general anaesthetic, general anesthetic (*EEUU*) ► **anestesia local** local anaesthetic, local anesthetic (*EEUU*)

**anestesiante** ADJ, SM anaesthetic, anesthetic (*EEUU*)

**anestesiar** ▸conjug 1b◂ VT to anaesthetize, anesthetize (*EEUU*), give an anaesthetic to, give an anesthetic to (*EEUU*)

**anestésico** ADJ, SM anaesthetic, anesthetic (*EEUU*)

**anestesista** SMF anaesthetist, anesthetist (*EEUU*)

**anexar** ▸conjug 1a◂ VT [1] (*Pol*) to annex
[2] [+ *documento*] to attach, append

**anexión** SF, **anexionamiento** SM annexation

**anexionar** ▸conjug 1a◂ Ⓐ VT to annex
Ⓑ **anexionarse** VPR to annex

**anexo** Ⓐ ADJ (= *anejo*) attached; (*en carta*) enclosed; **llevar** *o* **algo ~** ◊ **tener algo ~** to have sth attached; **~ a la presente ...** (*Méx*) please find enclosed ...
Ⓑ SM (*Arquit*) annexe; (*Rel*) dependency; [*de carta*] enclosure

**anfeta*** SF = **anfetamina**

**anfetamina** SF amphetamine

**anfetamínico/a** SM/F [1] (= *adicto*) amphetamine addict, speed freak*
[2] (*) (= *pesado*) bore, pain*; (= *imbécil*) idiot

**anfibio** Ⓐ ADJ (*Zool*) amphibious; [*avión, vehículo*] amphibian
Ⓑ SM amphibian; **los ~s** the amphibia
**anfibología** SF ambiguity
**anfibológico** ADJ ambiguous
**anfiteatro** SM amphitheatre, amphitheater (*EEUU*); (*Univ*) lecture theatre *o* (*EEUU*) theater; (*Teat*) dress circle ► **anfiteatro anatómico** dissecting room
**Anfitrión** SM Amphitryon
**anfitrión/ona** SM/F host/hostess
**ánfora** SF 1 (= *cántaro*) amphora; (*Cono Sur**) [*de marihuana*] marijuana pouch
2 (*Méx Pol*) ballot box
**anfractuosidad** SF 1 (= *aspereza*) roughness, unevenness; [*de camino*] bend; **~es** rough places
2 (*Anat*) (*de cerebro*) sulcus anfractuosity
**anfractuoso** ADJ rough, uneven
**angarillas** SFPL [*de albañil*] handbarrow *sing*; (*en bicicleta*) panniers; (*Culin*) cruet (stand) *sing*
**angarrio** ADJ (*Andes, Caribe*) terribly thin, thin as a rake*
**angas** SMPL ✦*MODISMO* **por ~ o por mangas** (*Andes*) like it or not
**ángel** SM 1 angel; **pasó un ~** (*silencio*) there was a sudden silence; (*en charla*) there was a lull in the conversation ► **ángel caído** fallen angel ► **ángel custodio, ángel de la guarda** guardian angel ► **ángel del infierno** hell's angel ► **ángel exterminador** angel of death
2 (= *gracia*) **tener ~** to have charm, be very charming; **tener mal ~** to be a nasty piece of work*
**angélica** SF angelica
**angelical** ADJ, **angélico** ADJ angelic, angelical
**angelino/a** Ⓐ ADJ of/from Los Angeles
Ⓑ SM/F native/inhabitant of Los Angeles; **los ~s** the people of Los Angeles
**angelito** SM (= *niño*) little angel; (*LAm*) (= *niño fallecido*) dead child; **¡angelito!** (*Cono Sur*) don't play the innocent!, pull the other one!*; **¡no seas ~!** (*Cono Sur*) don't be silly!
**angelón*** SM ► **angelón de retablo** fat old thing
**angelopolitano/a** (*Méx*) Ⓐ ADJ of/from Puebla
Ⓑ SM/F native/inhabitant of Puebla; **los ~s** the people of Puebla
**angelote** SM 1 (= *niño*) chubby child
2 (*LAm*) (= *persona*) decent person
3 (= *pez*) angel fish
**ángelus** SM INV angelus
**angina** SF 1 (*Med*) angina; (*Méx, Ven*) tonsil; **tener ~s** to have tonsillitis; (*gen*) to have a sore throat ► **angina de pecho** angina pectoris
2 **~s** (*Esp***) (= *pecho*) tits**
**angiosperma** SF angiosperm
**anglicanismo** SM Anglicanism
**anglicano/a** ADJ, SM/F Anglican
**anglicismo** SM anglicism
**anglicista** Ⓐ ADJ **tendencia ~** anglicizing tendency
Ⓑ SMF anglicist
**angliparla** SF (*hum*) Spanglish
**anglo...** PREF anglo...
**anglófilo/a** ADJ, SM/F anglophile
**anglofobia** SF anglophobia
**anglófobo/a** Ⓐ ADJ anglophobe, anglophobic
Ⓑ SM/F anglophobe
**anglófono/a** Ⓐ ADJ English-speaking
Ⓑ SM/F English speaker
**anglonormando/a** Ⓐ ADJ Anglo-Norman; **Islas Anglonormandas** Channel Isles
Ⓑ SM/F Anglo-Norman
Ⓒ SM (*Ling*) Anglo-Norman
**angloparlante**, **anglohablante** Ⓐ ADJ English-speaking
Ⓑ SMF English speaker
**anglosajón/ona** Ⓐ ADJ, SM/F Anglo-Saxon
Ⓑ SM (*Ling*) Anglo-Saxon
**Angola** SF Angola
**angoleño/a** ADJ, SM/F Angolan
**angolés** = **angoleño**
**angora** SF angora
**angorina** SF artificial angora
**angostar** ▸conjug 1a◂ Ⓐ VT (= *estrechar*) to narrow; (*Cono Sur*) (= *hacer pequeño*) to make smaller; [+ *ropa*] to take in
Ⓑ **angostarse** VPR to narrow, get narrow, get narrower
**angosto** ADJ narrow
**angostura** SF 1 (= *estrechez*) narrowness
2 (*Náut*) narrows *pl*, strait; (*Geog*) narrow pass
3 (= *bebida*) angostura
**angra** SF cove, creek
**ángstrom** SM (*pl* **ángstroms**) angstrom
**anguila** SF (= *pez*) eel; **~s** (*Náut*) slipway *sing*
**angula** SF elver, baby eel
**angulación** SF camera angle
**angular** Ⓐ ADJ angular; *ver* **piedra A1**
Ⓑ SM **gran ~** wide-angle lens
**Angulema** SF Angoulême
**ángulo** SM (*Mat*) angle; (= *esquina*) corner; (= *curva*) bend, turning; (*Mec*) knee, bend; **de ~ ancho** (*Fot*) wide-angle; **en ~** at an angle; **está inclinado con un ~ de 45 grados** it is leaning at an angle of 45 degrees; **formar ~ con** to be at an angle to ► **ángulo agudo** acute angle ► **ángulo alterno** alternate angle ► **ángulo del ojo** corner of one's eye ► **ángulo de mira** angle of sight ► **ángulo de subida** (*Aer*) angle of climb ► **ángulo de toma** (*Fot*) angle of shooting ► **ángulo muerto** (*Aut*) blind spot ► **ángulo oblicuo** oblique angle ► **ángulo obtuso** obtuse angle ► **ángulo recto** right angle; **de** *o* **en ~ recto** right-angled
**anguloso** ADJ [*cara*] angular, sharp; [*camino*] winding, zigzagging
**angurria** SF (*esp LAm*) 1 (= *hambre*) desperate hunger; **comer con ~** to eat greedily
2 (= *angustia*) extreme anxiety
3 (= *tacañería*) stinginess*
**angurriento** ADJ (*esp LAm*), **angurrioso** (*Cono Sur*) ADJ 1 (= *glotón*) greedy
2 (= *ansioso*) anxious
3 (*) (= *tacaño*) mean, stingy*
**angustia** Ⓐ SF 1 (= *miedo*) anguish, distress; **una mirada/sensación de ~** a look/feeling of anguish *o* distress; **un grito de ~** a cry of anguish, an anguished cry; **sentía un nudo de ~ en la garganta** I could feel a knot in my throat, from anguish; **¡estuve a punto de caerme por el acantilado! ¡qué ~!** I was just about to fall off the cliff! what an ordeal!; **da ~ ver esos niños tan delgados** it's distressing to see children as thin as that ► **angustia de muerte** death throes
2 (= *ansiedad*) (*por estrés, miedo*) anxiety; (*por inseguridad*) angst; **cada vez que voy en metro noto una terrible sensación de ~** every time I travel by underground I feel terribly anxious *o* I feel a terrible anxiety; **no podía contener la ~** he could not contain his anxiety; **su vejez estuvo llena de ~** he had an angst-ridden old age; **ataque de ~** anxiety attack, panic attack ► **angustia adolescente** adolescent angst ► **angustia existencial, angustia vital** (*Med*) state of anxiety; (*Psic*) angst
3 (*) (= *náuseas*) **me da ~ cuando como** I feel sick if I eat
Ⓑ SMF INV **ser un ~s*** to be a worrier
**angustiado** ADJ 1 (= *asustado*) [*persona*] distressed; [*expresión, mirada*] anguished; **están muy ~s por la desaparición de su hija** they are very distressed about their daughter's disappearance; **recordaba el rostro ~ de su familia** I recalled the anguished look *o* look of anguish of their family; **nos hizo una súplica angustiada** he let out an anguished plea
2 (= *preocupado*) anxious; **está ~ por no tener trabajo** he is very worried *o* he is anxious about not having a job
3 (= *avaro*) grasping, mean
**angustiante** ADJ distressing
**angustiar** ▸conjug 1b◂ Ⓐ VT 1 (= *agobiar*) to distress; **la angustiaba verlo sufrir** she was distressed to see him suffer, seeing him suffer distressed her
2 (= *preocupar*) to make anxious; **los exámenes no me angustian** exams don't make me anxious
Ⓑ **angustiarse** VPR 1 (= *agobiarse*) to be distressed (**por** at, on account of)
2 (= *preocuparse*) to get anxious; **no deberías ~te por un pequeño dolor** you shouldn't worry *o* get anxious about a slight pain
**angustiosamente** ADV 1 (= *con pena*) in an anguished voice; **—no iré —dijo ~** "I won't go," she said in an anguished voice; **estuvo llorando ~** he was crying inconsolably
2 (= *con preocupación*) anxiously
**angustioso** ADJ 1 (= *angustiado*) [*sensación*] distressed, anguished; [*voz, mirada*] anguished; **tres horas de angustiosa espera** three hours of anxious waiting
2 (= *agobiante*) [*habitación, espacio*] oppressive; [*problema, recuerdo, situación*] distressing; **tomar decisiones es siempre ~** taking decisions always makes one anxious; **pasamos unos momentos muy ~s** we went through moments of great anguish
3 (= *doloroso*) (*lit*) agonizing; (*fig*) heartbreaking; **sintió un ~ dolor** he felt an agonizing pain; **momentos de angustiosa soledad** moments of heartbreaking solitude
**anhá** EXCL (*Cono Sur*) = **anjá**
**anhelación** SF 1 (*Med*) panting
2 (= *ansia*) longing, yearning
**anhelante** ADJ 1 (= *jadeante*) panting
2 (= *ansioso*) eager; **esperar ~ algo** to long for sth
**anhelar** ▸conjug 1a◂ Ⓐ VT to long for, yearn for; **~ hacer algo** to be eager to do sth, long

to do sth
Ⓑ VI (*Med*) to gasp, pant

**anhelo** SM longing, desire (**de, por** for); **con ~** longingly; **tener ~s de** to be eager for, long for ► **anhelo de superación** urge to do better

**anheloso** ADJ [1] (*Med*) [*persona*] gasping, panting; [*respiración*] heavy, difficult, laboured, labored (*EEUU*)
[2] (= *ansioso*) eager, anxious

**anhídrido** SM ► **anhídrido carbónico** carbon dioxide

**Aníbal** SM Hannibal

**anidación** SF, **anidada** SF nesting

**anidamiento** SM nesting

**anidar** ▸conjug 1a◂ Ⓐ VT to take in, shelter
Ⓑ VI [1] (*Orn*) to nest, make its nest; (*Inform*) to nest
[2] (= *morar*) to live, make one's home; **la maldad anida en su alma** his heart is full of evil

**anieblar** ▸conjug 1a◂ = **aneblar**

**aniego** SM (*Andes, Cono Sur*), **aniegue** SM (*Méx*) flood

**anilina** SF aniline

**anilla** SF [1] [*de cortina*] curtain ring; [*de puro*] cigar band ► **anilla de desgarre** ring pull
[2] (*Orn*) ring
[3] **anillas** (*Gimnasia*) rings

**anillado** Ⓐ ADJ ringed, banded (*EEUU*), ring-shaped
Ⓑ SM ringing (*of birds*)

**anillamiento** SM ringing (*of birds*)

**anillar** ▸conjug 1a◂ VT (= *dar forma de anillo a*) to make into a ring, make rings in; (= *sujetar*) to fasten with a ring; (*Orn*) to ring

**anillejo** SM, **anillete** SM small ring, ringlet

**anillo** SM (*gen*) ring; [*de puro*] cigar band; **no creo que se me caigan los ~s por eso** I don't feel it's in any way beneath my dignity; **venir como ~ al dedo** to be just right, suit to a tee ► **anillo de boda** wedding ring ► **anillo de compromiso** engagement ring ► **anillo de crecimiento** growth ring ► **anillo de pedida** engagement ring ► **anillo pastoral** bishop's ring

**ánima** SF [1] (*Rel*) soul; **las ~s** (= *oración*) the Angelus *sing* ► **ánima bendita, ánima del purgatorio, ánima en pena** soul in purgatory
[2] (*Mil*) bore
[3] (*Cono Sur*) (= *santuario*) wayside shrine

**animación** SF [1] (= *alegría*) life; **a la fiesta le faltaba un poco de ~** the party lacked a bit of life, the party was a bit dead*; **hemos logrado darle un poco de ~ al bar** we have managed to liven up the bar, we have managed to put some life into the bar; **su poesía goza de cierta ~** his poetry possesses a certain liveliness
[2] (= *bullicio*) activity; **una intensa ~ en la Bolsa** an intense activity on the Stock Market; **una plaza con muchísima ~** a square with a lot of bustle *o* activity, a very lively square ► **animación suspendida** suspended animation
[3] (= *impulso*) **una campaña de ~ a la lectura** a reading promotion campaign; **coordinador de ~ social** social activities coordinator ► **animación (socio)cultural**: **en verano aumenta la ~ cultural** there are more cultural things going on in the summer; **departamento de ~ sociocultural** department of culture
[4] (*Cine*) animation ► **animación por ordenador** computer animation

**animadamente** ADV [*charlar*] animatedly, in a lively way; [*bailar*] in a lively way

**animado** ADJ [1] (= *con ánimo*) **no está muy ~ últimamente** he hasn't been in very high spirits recently; **estar ~ a hacer algo** to be keen to do sth
[2] (= *alentado*) **~ de** *o* **por algo/algn** encouraged by sth/sb, urged on by sth/sb; **~s por los hinchas** encouraged *o* urged on by the fans; **~s por el fanatismo** driven by fanaticism
[3] [*lugar*] (= *alegre*) lively; (= *concurrido*) [*bar, mercado*] bustling, busy; **una fiesta muy animada** a very lively party; **una mañana muy animada en la Bolsa** a very lively morning on the Stock Market; **la boda estuvo animada por un grupo de música** the wedding was livened up by a band
[4] (= *con vida*) animate; **un cortometraje ~** a short animation film; *ver tb* **dibujo 2**
[5] (*Ling*) animate

**animador(a)** SM/F (*TV*) host/hostess, presenter ► **animador(a) cultural** (*en ayuntamiento*) events organiser; (*en hotel*) entertainment manager ► **animador(a) turístico(a)** tourist coordinator

**animadora** SF [1] (= *cantante*) night-club singer
[2] (*Dep*) cheerleader

**animadversión** SF ill will, antagonism

**animal** Ⓐ ADJ [1] (= *de los animales*) animal; **instinto ~** animal instinct
[2] (*) (= *estúpido*) stupid; **el muy ~ no sabe la capital de España** he's so stupid he doesn't know what the capital of Spain is
[3] (*) (= *bruto*) **¡deja ya de empujar, no seas tan ~!** stop pushing, you great oaf *o* brute; **no seas ~, trátala con cariño** don't be such a brute, be kind to her; **¡el muy ~ se comió tres platos!** he had three helpings, the oaf *o* pig!
Ⓑ SM animal; **los ~es salvajes** wild animals; **soy un ~ político** I am a political animal; **ser ~ de costumbres** to be a creature of habit; **✦MODISMOS ser un ~ de bellota*** to be as thick as two short planks*; **comer como un ~*** to eat like a pig; **trabajar como un ~*** to work like a slave, work all the hours God sends* ► **animal de carga** (= *burro, buey*) beast of burden; **¡me tratas como a un ~ de carga!** what did your LAST servant die of?* ► **animal de compañía** pet ► **animal de laboratorio** laboratory animal ► **animal de tiro** draught animal, draft animal (*EEUU*) ► **animal doméstico** [*de compañía*] pet; [*de granja*] domestic animal
Ⓒ SMF (*) [1] (= *estúpido*) fool, moron*; **¡animal!, tres y dos son cinco** you fool *o* moron*, three plus two makes five
[2] (= *bruto*) brute; **el ~ de Juan seguía pegándole** that brute Juan kept on hitting him; **el ~ de Antonio se comió su plato y el mío** that pig Antonio ate all his own dinner and mine too; **eres un ~, lo has roto** you're so rough you've gone and broken it

**animalada** SF [1] (= *disparate*) silly thing (*to do o say*); (= *ultraje*) disgrace; (= *atrocidad*) outrage
[2] (*LAm*) (= *rebaño*) group of animals, herd of animals

**animalaje** SM (*Cono Sur*) group of animals, herd of animals

**animalejo** SM (= *animal*) odd-looking creature, nasty animal; (= *bicho*) creepy-crawly*

**animalidad** SF animality

**animalizarse** ▸conjug 1f◂ VPR to become brutalized

**animalote** SM big animal

**animalucho** SM (= *animal*) ugly brute; (= *bicho*) creepy-crawly*

**animar** ▸conjug 1a◂ Ⓐ VT [1] (= *alegrar*) [+ *persona triste*] to cheer up; [+ *habitación*] to brighten up; **unas flores la ~án** some flowers will cheer her up; **una sonrisa de ilusión animaba sus ojos** an excited smile brightened the look in her eyes
[2] (= *entretener*) [+ *persona aburrida*] to liven up; [+ *charla, fiesta, reunión*] to liven up, enliven; **un humorista animó la velada** a comedian livened up *o* enlivened the evening
[3] (= *alentar*) [+ *persona*] to encourage; [+ *proyecto*] to inspire; [+ *fuego*] to liven up; **había pancartas animando al equipo nacional** there were banners cheering on the national team; **te estaré animando desde las gradas** I'll be rooting for you *o* cheering you on from the crowd; **~ a algn a hacer** *o* **a que haga algo** to encourage sb to do sth; **esas noticias nos ~on a pensar que ...** that news encouraged us to think that ...; **ignoramos las razones que lo ~on a dimitir** we are unaware of the reasons for his resignation *o* the reasons that led him *o* prompted him to resign; **me animan a que siga** they're encouraging *o* urging me to carry on
[4] (*Econ*) [+ *mercado, economía*] to stimulate, inject life into
[5] (*Bio*) to animate, give life to
Ⓑ **animarse** VPR [1] (= *alegrarse*) [1·1] [*persona*] to cheer up; [*cara, ojos*] to brighten up; **necesito una copa para ~me** I need a drink to cheer me *o* myself up; **¡venga, anímate!** come on, cheer up!; **se le animó la cara al verme** her face brightened up when she saw me
[1·2] [*charla, fiesta, reunión*] to liven up; **hace falta más alcohol si quieres que la fiesta se anime** we need more alcohol if you want the party to get going *o* liven up
[2] (= *decidirse*) **si te animas, hemos quedado en el cine** if you feel like it, we're meeting at the cinema; **cuando la economía va bien, la gente se anima y gasta** when the economy is doing well people feel more like spending; **si tú te animas, yo también** I'm game if you are; **nos vamos a París, ¿te animas?** we're going to Paris, do you fancy *o* feel like coming?; **~se a hacer algo: ¿alguien se anima a acompañarme?** does anyone feel like coming with me?; **hasta el abuelo se animó a bailar** even grandpa got up and had a dance; **nadie se anima a dar su opinión** nobody dares to give their opinion; **parece que no se anima a llover** it looks as if it's not going to rain after all

**anime** SM (*Caribe*) polyethylene

**anímicamente** ADV mentally

**anímico** ADJ mental; **estado ~** state of mind

**animismo** SM animism

**animista** Ⓐ ADJ animistic
Ⓑ SMF animist

**animita** SF (*Cono Sur*) roadside shrine

➤ LENGUA Y USO: anhelo 35.4

**ánimo** SM 1 (= *moral*) spirits *pl*; **tiene mejor ~** he is in better spirits; **hay que mantener el ~ arriba** you've got to keep your spirits up; **admiro su fortaleza de ~** I admire her strength of spirit; **apaciguar** *o* **aplacar los ~s** to calm things down; **estar bajo de ~** to be in low spirits; **caer(se) de ~** to lose heart, get disheartened; **calmar los ~s** to calm things down; **dar ~s a algn** to cheer sb up; **enardecer** *o* **encrespar los ~s** to rouse passions, inflame passions; **los ~s estaban muy encrespados** feelings were running high; **no consigo hacerme el ~ de levantarme temprano** I can't bring myself to get up early; **levantar el ~** to raise one's spirits; **recobrar el ~** to regain the strength; **estar sin ~** to be in low spirits; **no tengo el ~ para bromas** I'm not in the mood for jokes; *ver tb* **disposición, estado**
2 (= *aliento*) encouragement; **un mensaje de ~** a message of encouragement; **¡ánimo!** (*para alegrar*) come on!, cheer up!; (*ante un reto*) come on!, go for it!; **dar** *o* **infundir ~(s) a algn** to give encouragement to sb, encourage sb
3 (= *fuerza, coraje*) courage; **hay que afrontar el futuro con mucho ~** you have to face the future with great strength *o* courage; **no me encuentro con ~ de ir al cine** I don't feel up to going to the cinema
4 (= *intención*) intention; **no he venido con ~ de pelea** I haven't come here to fight *o* with the intention of fighting; **no había ~ de venganza en lo que dijo** there was nothing vengeful in what he said; **no estaba en mi ~ decir nada ofensivo** I didn't mean to say anything offensive; **lo dijo sin ~ de ofenderte** he meant no offence, he didn't mean to offend you; **una empresa sin ~ de lucro** a non-profit-making company; *ver tb* **presencia**
5 (= *pensamiento*) mind; **la idea estaba presente en el ~ de todos** the idea was uppermost in everyone's thoughts *o* minds; **el suceso dejó una huella profunda en mi ~** the incident marked me deeply
6 (= *alma*) soul, spirit

**animosamente** ADV (= *con valor*) bravely; (= *con brío*) with spirit, in lively fashion

**animosidad** SF animosity, ill will

**animoso** ADJ (= *valiente*) brave; (= *brioso*) spirited, lively

**aniñado** ADJ 1 [*aspecto*] childlike; [*conducta*] childish, puerile
2 (*Cono Sur*) (= *animoso*) spirited, lively
3 (*Cono Sur*) (= *guapo*) handsome

**aniñarse** ▸conjug 1a◂ VPR to act childishly

**aniquilación** SF, **aniquilamiento** SM annihilation, destruction

**aniquilador** ADJ destructive

**aniquilar** ▸conjug 1a◂ Ⓐ VT 1 (= *destruir*) [+ *enemigo*] to annihilate, destroy; [+ *equipo rival*] to crush, annihilate
2 (= *matar*) to kill
Ⓑ **aniquilarse** VPR 1 (*Mil etc*) to be annihilated, be wiped out
2 (= *deteriorarse*) to deteriorate, decline; (*Med*) to waste away; [*riqueza*] to be frittered away

**anís** SM 1 (*Bot*) anise, aniseed
2 (= *bebida*) anisette; ✦*MODISMOS* **estar hecho un ~** (*Andes**) to be dressed up to the nines; **llegar a los anises** (*Andes**) to turn up late
3 (*Andes*) (= *energía*) strength, energy

**anisado** ADJ aniseed-flavoured, aniseed-flavored (*EEUU*)

**aniseros‡** SMPL (*Andes*) ✦*MODISMOS* **entregar los ~** to kick the bucket‡; **vaciar los ~ a algn** to bump sb off‡

**anisete** SM anisette

**anivelar** ▸conjug 1a◂ VT = **nivelar**

**aniversario** SM [*de un suceso*] anniversary; (= *cumpleaños*) birthday

**anjá** EXCL 1 (*Caribe, Méx**) (= *¡claro!*) of course!; (= *¡eso es!*) that's it!
2 (*Caribe*) (= *¡bravo!*) bravo!; (*reprobación*) come off it!*

**Anjeo** SM Anjou

**Ankara** SF Ankara

**ano** SM anus

**anoche** ADV yesterday evening, last night; **antes de ~** the night before last

**anochecedor(a)** SM/F late bird, *person who keeps late hours*

**anochecer** ▸conjug 2d◂ Ⓐ VI 1 (= *venir la noche*) to get dark
2 **anochecimos en Toledo** we got to Toledo as night was falling
Ⓑ SM nightfall, dusk; **al ~** at nightfall, at dusk; **antes del ~** before nightfall, before it gets dark

**anochecida** SF nightfall, dusk

**anodino** Ⓐ ADJ 1 (*Med*) anodyne (*frm*); (= *inocuo*) anodyne, harmless, inoffensive
2 [*persona*] dull
Ⓑ SM (*Med*) anodyne

**ánodo** SM anode

**anomalía** SF anomaly

**anómalo** ADJ anomalous

**anona** SF (*CAm, Méx*) scaly custard apple, sweetsop

**anonadación** SF, **anonadamiento** SM 1 (= *asombro*) amazement, astonishment
2 (= *abatimiento*) discouragement; (= *humillación*) humiliation
3 (= *destrucción*) annihilation, destruction; (= *derrota*) crushing

**anonadado** ADJ stunned; **me quedé ~ ante un paisaje tan bello** I was stunned *o* left speechless by the beauty of the countryside; **vuestras opiniones me tienen ~** your opinions leave me utterly perplexed

**anonadador** ADJ crushing, overwhelming

**anonadar** ▸conjug 1a◂ Ⓐ VT to stun; **me anonadó su descaro** I was stunned *o* left speechless by her cheek
Ⓑ **anonadarse** VPR 1 (= *ser derrotado*) to be crushed, be overwhelmed
2 (= *abatirse*) to get discouraged

**anónimamente** ADV anonymously

**anonimato** SM, **anonimia** SF anonymity; **mantenerse en el ~** to remain anonymous

**anónimo** Ⓐ ADJ anonymous; *ver* **sociedad 3**
Ⓑ SM 1 (= *anonimato*) anonymity; **conservar** *o* **guardar el ~** to remain anonymous
2 (= *persona*) anonymous person
3 (= *carta*) anonymous letter; (= *carta maliciosa*) poison-pen letter; (= *documento*) anonymous document; (= *obra literaria*) unsigned literary work

**anorak** SM anorak

**anorexia** SF anorexia ► **anorexia nerviosa** anorexia nervosa

**anoréxico/a** Ⓐ ADJ anorexic
Ⓑ SM/F anorexic

**anormal** ADJ 1 (= *no normal*) abnormal
2 (*) (= *imbécil*) silly, cretinous

**anormalidad** SF abnormality

**anormalmente** ADV abnormally, unusually

**anotación** SF 1 (= *nota*) (*por escrito*) note, annotation (*frm*); (*al hablar*) observation; **un manuscrito con anotaciones a mano de Cervantes** a manuscript with hand-written notes of Cervantes ► **anotación al margen** marginal note, note in the margin ► **anotación en cuenta** (*Com*) account entry
2 (= *acto*) **era el encargado de la ~ de todos los resultados** he was in charge of noting down the results
3 (*Baloncesto*) point

**anotador(a)** Ⓐ SM/F 1 (*Literat*) annotator
2 (*Dep*) scorer
Ⓑ SM (*LAm*) scorecard

**anotar** ▸conjug 1a◂ Ⓐ VT 1 (= *apuntar*) 1·1 (*en cuaderno*) to make a note of, note down; (*en lista, tabla*) to enter, record; **anota la cifra total** make a note of *o* note down the total figure; **anotó la matrícula del coche** he took down the registration number of the car; **anota los resultados en las casillas** enter the results in the boxes; **se han olvidado de ~ los intereses** they have forgotten to record the interest rates
1·2 (*Estadística*) [+ *velocidad, tiempo*] to log
2 (*esp Cono Sur*) (= *inscribir*) enrol, enroll (*EEUU*); **¿me ~on en el registro?** have you written me down in the register?; **anótame para la excursión** put me down for the outing
3 (*Literat*) [+ *texto, libro*] to annotate
4 (*Dep*) [+ *punto*] to score
Ⓑ **anotarse** VPR 1 (*Dep*) [+ *punto, gol*] to score; **~se una victoria** to win a victory, gain a victory; ✦*MODISMO* **¡anótate un tanto!*** give yourself a pat on the back!*
2 (*Fin*) [+ *precio*] to fetch; [+ *operación, puntos*] to register; **la serigrafía de Warhol se anotó 440.000 dólares** the Warhol screen print fetched 440,000 dollars; **el mercado bursátil se anotó 279,65 puntos** the stock market registered 279.65 points
3 (*esp Cono Sur*) (= *inscribirse*) to enrol, enroll (*EEUU*); **—estamos organizando un viaje —¡yo me anoto!** "we're organizing a trip" — "count me in! *o* I'll come too!"; **—Ana va a ayudarnos —nosotros también nos anotamos** "Ana is going to help us" — "we'll help too"

**anovulatorio** SM (= *inhibidor*) anovulant; (= *píldora*) contraceptive pill

**ANPE** SF ABR = **Asociación Nacional del Profesorado Estatal**

**anquilosado** ADJ 1 [*músculo, miembro*] stiff; (*Med*) ankylosed (*frm*)
2 [*pensamiento, sociedad*] stagnant

**anquilosamiento** SM, **anquilosis** SF 1 [*de músculo, pierna*] stiffness; (*Med*) ankylosis
2 [*de pensamiento, sociedad*] stagnation

**anquilosar** ▸conjug 1a◂ Ⓐ VT 1 [+ *músculo, pierna*] to get stiff; (*Med*) to ankylose (*frm*)
2 (= *detener*) to paralyze
Ⓑ VI (*Aut, Mec*) to seize up
Ⓒ **anquilosarse** VPR to stagnate

**anquilostoma** SM hookworm

**ánsar** SM goose

**ansarino** SM gosling

**Anselmo** SM Anselm

**ansia** SF [1] (= *anhelo*) yearning, longing; **~ de libertad/amor** yearning *o* longing for freedom/love; **~ de poder/riqueza/conocimiento/aventura** thirst for power/wealth/knowledge/adventure; **el ~ de superación** the will to outdo oneself; **el ~ de vivir la ayudó a recuperarse** the will to live helped her to recover; **el ~ de placeres** the desire for pleasure; **tenía ~s de verla** he was yearning *o* longing to see her; **comer con ~** to eat ravenously; **beber con ~** to drink thirstily; **besarse con ~** to kiss hungrily; **mirar con ~ a algn** to look longingly at sb
[2] (= *ansiedad*) anxiety, worry; (= *angustia*) anguish
[3] **ansias** (= *náuseas*) nausea *sing*; **tener ~s** to feel sick *o* nauseous

**ansiado** ADJ longed-for; **el momento tan ~** the long-awaited moment

**ansiar** ▸conjug 1b◂ Ⓐ VT to long for, yearn for; **~ hacer algo** to long to do sth, yearn to do sth
Ⓑ VI **~ por algn** to be madly in love with sb

**ansiedad** SF [1] (= *preocupación*) anxiety, worry
[2] (*Med*) anxiety, nervous tension

**ansina** ADV (*LAm*) = **así**

**ansiolítico** Ⓐ ADJ sedative
Ⓑ SM sedative, tranquillizer

**ansioso** ADJ [1] (= *preocupado*) anxious, worried; (= *deseoso*) eager, solicitous; **esperábamos ~s** we waited anxiously; **~ de** *o* **por algo** greedy for sth
[2] (*Med*) (= *tenso*) anxious, suffering from nervous tension; (= *bascoso*) sick, queasy

**anta** SF [1] (= *ciervo*) elk, moose
[2] (*LAm*) (= *danta*) tapir

**antagónico** ADJ antagonistic; (= *opuesto*) opposing

**antagonismo** SM antagonism

**antagonista** SMF antagonist

**antagonístico** ADJ = **antagónico**

**antagonizar** ▸conjug 1f◂ VT to antagonize

**antañazo**††* ADV a long time ago

**antaño** (*liter*) ADV long ago, in years past, in years gone by

**antañón**†* ADJ ancient, very old, of long ago

**antañoso** ADJ (*Andes*) ancient, very old

**antara** SF (*Andes*) Indian flute

**antarca** ADV (*Andes, Cono Sur*) on one's back; **caerse ~** to fall flat on one's back

**antártico** Ⓐ ADJ Antarctic
Ⓑ SM **el Antártico** the Antarctic

**Antártida** SF Antarctica

**ante**[1] SM [1] (*Zool*) (= *ciervo*) elk, moose; (= *búfalo*) buffalo; (*Méx*) (= *tapir*) tapir
[2] (= *piel*) suede
[3] (*Méx*) (= *dulce*) macaroon

▼ **ante**[2] PREP [1] (= *en presencia de*) [*persona*] before
[2] (= *enfrentado a*) [*peligro*] in the face of, faced with; [*dificultad, duda*] faced with; **~ esta posibilidad** in view of this possibility; **~ tantas posibilidades** faced with so many possibilities; **estamos ~ un gran porvenir** we have a great future before us
[3] **~ todo** above all; **~ todo hay que recordar que ...** first of all let's remember that ...

➤ LENGUA Y USO: ante[2] 3 53.5

**-ante** *ver* **Aspects of Word Formation in Spanish 2**

**ante...** PREF ante...

**anteado** ADJ buff-coloured, buff-colored (*EEUU*), fawn

**anteanoche** ADV the night before last

**anteayer** ADV the day before yesterday

**antebrazo** SM forearm

**anteburro** SM (*LAm*) tapir

**antecámara** SF (*Arquit*) anteroom, antechamber; (= *sala de espera*) waiting room; (*en parlamento*) lobby

**antecedente** Ⓐ ADJ previous, preceding; **visto lo ~** in view of the foregoing
Ⓑ SM [1] (*Mat, Fil, Gram*) antecedent
[2] **antecedentes** (= *historial*) record *sing*, history *sing*; [*de enfermedad*] history *sing*; **tener buenos ~s** to have a good record; **no tener ~s** to have a clean record; **un hombre sin ~s** a man with a clean record; **en esta familia no hay ~s de esta dolencia** this family doesn't have a history of this complaint; **¿cuáles son sus ~s?** what's his background?; **estar en ~s** to be well informed; **poner a algn en ~s** to put sb in the picture ► **antecedentes delictivos, antecedentes penales, antecedentes policiales** criminal record

**anteceder** ▸conjug 2a◂ VT to precede, go before

**antecesor(a)** Ⓐ ADJ preceding, former
Ⓑ SM/F (*en cargo etc*) predecessor; (= *antepasado*) ancestor, forebear (*frm*)

**antecocina** SF scullery

**antecomedor** SM (*LAm*) *room adjoining the dining room*

**antedatar** ▸conjug 1a◂ VT to antedate

**antedicho** ADJ aforesaid, aforementioned

**antediluviano** ADJ antediluvian

**anteiglesia** SF (*Rel*) porch

**antejuela** SF (*CAm*) = **lentejuela**

**antelación** SF **con ~** in advance, beforehand; **con mucha ~** long in advance, long beforehand

**antelina** SF suede

**antellevar** ▸conjug 1a◂ VT (*Méx*) to run over, knock down

**antellevón** SM (*Méx*) accident

**antemano**: **de ~** ADV in advance, beforehand

**antena** SF [1] (*Zool*) feeler, antenna; **tener ~ para** (= *intuición*) to have a feeling for, have a nose for
[2] (*Náut*) lateen yard
[3] (*Radio, TV, Telec*) aerial, antenna; **estar en ~** to be on the air; **permanecer en ~** to stay on the air; **salir en ~** to go out on the air, be broadcast; **el programa es el sexto en duración en ~** the programme is the sixth longest-running on TV ► **antena colectiva** communal aerial ► **antena de televisión** television aerial ► **antena direccional, antena dirigida** directional aerial ► **antena emisora** transmitting aerial ► **antena encerrada** built-in aerial ► **antena interior** indoor aerial ► **antena parabólica** satellite dish, dish antenna (*EEUU*) ► **antena receptora** receiving aerial
[4] **antenas*** (= *oídos*) ears

**antenatal** ADJ antenatal, prenatal

**antenombre** SM title

**anteojera** SF [1] (†) spectacle case
[2] **anteojeras** [*de caballo*] blinkers, blinders (*EEUU*)

**anteojero/a**† SM/F spectacle maker, optician

**anteojo** SM [1] (= *lente*) spyglass, telescope, small telescope ► **anteojo de larga vista** telescope
[2] **anteojos** (*esp LAm*) (= *gafas*) glasses, spectacles, eyeglasses (*EEUU*); (*Aut, Téc etc*) goggles; (= *prismáticos*) binoculars; (*para la ópera*) opera glasses; [*de caballo*] blinkers, blinders (*EEUU*) ► **anteojos ahumados** smoked glasses ► **anteojos de concha** horn-rimmed spectacles ► **anteojos de sol, anteojos para el sol** sunglasses

**antepagar** ▸conjug 1h◂ VT to prepay

**antepasado/a** Ⓐ ADJ previous, before last
Ⓑ SM/F ancestor, forbear (*frm*); **~s** ancestors

**antepatio** SM forecourt

**antepecho** SM [*de puente*] rail, parapet; [*de ventana*] ledge, sill; (*Mil*) parapet, breastwork

**antepenúltimo** ADJ last but two, antepenultimate (*frm*)

**anteponer** ▸conjug 2q◂ Ⓐ VT [1] (*lit*) to place in front (**a** of)
[2] (*fig*) (= *preferir*) to prefer (**a** to)
Ⓑ **anteponerse** VPR to be in front (**a** of)

**anteportal** SM porch

**anteproyecto** SM preliminary plan ► **anteproyecto de ley** draft bill

**antepuerto** SM outer harbour *o* (*EEUU*) harbor

**antepuesto** ADJ preceding, coming before

**antequerano/a** Ⓐ ADJ of/from Antequera
Ⓑ SM/F native/inhabitant of Antequera; **los ~s** the people of Antequera

**antera** SF anther

**anterior** ADJ [1] (*en el espacio*) [*parte*] front; **el motor está en la parte ~ del coche** the engine is in the front (part) of the car; **las patas ~es** the forelegs
[2] (*en una sucesión*) [*página, párrafo*] previous, preceding; **el capítulo ~** the previous *o* preceding chapter; **el capítulo ~ a éste** the chapter before this one; **se subió en la parada ~** he got on at the stop before *o* at the previous stop; **retiro lo ~** I take back what I just said
[3] (*en el tiempo*) previous; **en ~es ocasiones** on previous occasions; **el día ~** the day before; **un texto ~ a 1140** a text dating from before 1140; **las horas ~es a la operación** the hours before the operation; **la discusión ~ al asesinato** the discussion prior to the killing; **los enfrentamientos ~es a la guerra** the clashes leading up to *o* preceding the war; **eso fue muy ~ a tu llegada** that was a long time before you arrived
[4] (*Ling*) anterior

**anterioridad** SF priority; **con ~** previously, beforehand; **con ~ a esto** prior to this, before this

**anteriormente** ADV previously, before; **~, lo hacíamos así** we used to do it like this

**antes** Ⓐ ADJ before; **llame el día ~ para pedir cita** call the day before for an appointment; **ocurrió unos momentos ~** it happened a few moments earlier *o* before; **el tren ha llegado una hora ~** the train has arrived an hour early *o* before

Ⓑ ADV [1] *(en el tiempo)* [1·1] *(con relación a otro acontecimiento)* **yo llegué ~** I arrived first; **el edificio que habían comenzado dos años ~** the building that had been started two years before *o* previously; **no te vayas sin ~ consultarle** don't go without *o* before consulting her first, don't go without consulting her beforehand, don't go until you've consulted her; **lo vio ~ que yo** he saw it first *o* before I did *o* before me; **~ de algo** before sth; **~ de 1900** before 1900; **la cena estará lista para ~ de las nueve** dinner will be ready by *o* before nine; **una semana ~ de la firma del contrato** a week before *o* prior to *(más frm)* signing the contract; **~ de anoche** the night before last; **~ de ayer** the day before yesterday; **~ de terminado el discurso** before the speech was over; **~ de una semana no vamos a saber nada** we won't know anything for a week; **el año 27 ~ de Cristo** 27 BC, 27 before Christ; **~ de hacer algo** before doing sth; **~ de salir del coche, asegúrese de que están las ventanillas cerradas** before you get *o* before getting out of the car, make sure that the windows are closed; **mucho ~ de algo** long before sth; **mucho ~ de conocerte** a long time before I met you *o* meeting you, long before I met you *o* meeting you *(más frm)*; **~ de o que nada** *(en el tiempo)* first of all; *(indicando preferencia)* above all; **~ de nada dejad que me presente** first of all, allow me to introduce myself; **~ que nada, hay que mantener la calma** above all, we must keep calm; **somos, ~ que nada, demócratas** we are first and foremost democrats; **poco ~ de algo** just *o* shortly before sth; **~ de que** (+ *SUBJUN*) before; **~ de que te vayas** before you go; **esperamos lograrlo ~ de que termine la década** we hope to achieve this before the end of the decade

[1·2] *(en el pasado)* **~ fumaba un paquete de tabaco al día** before, I smoked a packet of cigarettes a day, I used to smoke a packet of cigarettes a day; **~ no pasaban estas cosas** these things didn't use to happen before *o* in the past; **de ~: nuestra casa de ~** our old house, our previous house; **ya no tienen la alegría de ~** they don't have the joie de vivre they used to have; **ya no soy el mismo de ~** I'm not the same person I was *o* I used to be; **fue una boda de las de ~** it was an old-style wedding; **ya no se hacen películas como las de ~** they don't make films like they used to *o* like they did in the old days

[1·3] (= *hasta ahora*) before, before now; **nunca ~ he tenido problemas** I've never had any problems before

[1·4] (= *más temprano*) earlier; **no he podido venir ~** I couldn't come any earlier; **los viernes salimos un poco ~** on Fridays we leave a little earlier; **no te he podido llamar ~** I couldn't call you sooner *o* earlier; **cuanto ~** as soon as possible; **cuanto ~ mejor** the sooner the better; **lo ~ posible** as soon as possible

[1·5] (= *más joven*) at a younger age, at an earlier age; **cada vez se casan los hijos ~** kids get married at a younger *o* an earlier age these days

[2] *(en el espacio)* before; **tres páginas ~** three pages before; **~ de algo** before sth; **la calle que hay ~ del semáforo** the street before the traffic lights

Ⓒ CONJ *(indicando preferencia)* sooner, rather; **preferimos ir en tren ~ que en avión** we prefer to go by train rather than by plane; **no cederemos: ~ gastamos todo nuestro dinero** we shall never give up: we would rather *o* sooner spend all our money; **~ bien** ◊ **~ al contrario** but rather; **~ no** *(Chile, Méx)* just as well, luckily; **vi lo furiosa que estaba, ~ no te pegó** I saw how angry she was, just as well *o* luckily she didn't hit you; **~ que hacer algo** rather than doing sth; **~ que irme a la India, preferiría viajar por Europa** rather than going to India, I'd prefer to travel around Europe

**antesala** SF (= *habitación*) anteroom, antechamber; **en la ~ de** (= *al borde de*) on the verge of, on the threshold of; **✦MODISMO hacer ~** (= *esperar*) to wait to go in *(to see sb/do sth)*; (= *pasar el tiempo*) to cool one's heels

**antesalazo** SM *(Méx)* long wait *(before admission)*

**antetítulo** SM introductory heading, prefatory heading

**anteúltimo** ADJ *(Cono Sur)* penultimate

**anti...** PREF anti...

**antiabortista** Ⓐ ADJ **campaña ~** anti-abortion campaign

Ⓑ SMF anti-abortionist

**antiaborto** ADJ INV anti-abortion, pro-life

**antiácido** ADJ, SM antacid

**antiadherencia** SF non-stick properties *pl*; **prueba ~** non-stick test

**antiadherente** ADJ non-stick

**antiaéreo** Ⓐ ADJ anti-aircraft

Ⓑ SM *(LAm)* anti-aircraft gun

**antialcohólico/a** Ⓐ ADJ *(Med)* **centro ~** detoxification unit; **grupo ~** alcoholics anonymous

Ⓑ SM/F teetotaller

**antialérgico** ADJ anti-allergic

**antiamericano** ADJ anti-American

**antiapartheid** ADJ anti-apartheid

**antiarrugas** ADJ INV anti-wrinkle, wrinkle *antes de s*

**antiatómico** ADJ **refugio ~** fall-out shelter

**antiatraco** ADJ INV, **antiatracos** ADJ INV **dispositivo ~** anti-theft device, security device

**antibacteriano** ADJ, SM antibacterial

**antibalas** ADJ INV bullet-proof

**antibalístico** ADJ antiballistic

**antibelicista** Ⓐ ADJ anti-war pacifist

Ⓑ SMF pacifist

**antibiótico** ADJ, SM antibiotic

**antibloqueo** SM **sistema de ~ de frenos** ABS braking system, anti-lock braking system

**antibombas** ADJ INV **refugio ~** bomb shelter

**anticalcáreo** ADJ **dispositivo ~** anti-scaling device

**anticanceroso** ADJ anti-cancer, cancer *antes de s*; **tratamiento ~** cancer treatment

**anticarro** ADJ INV anti-tank

**anticaspa** ADJ INV dandruff *antes de s*, anti-dandruff

**anticelulítico** ADJ anti-cellulite, cellulite *antes de s*

**antichoque** ADJ INV, **antichoques** ADJ INV **panel ~** shock-resistant panel

**anticiclón** SM anticyclone

**anticiclonal** ADJ, **anticiclónico** ADJ anticyclonic

**anticipación** SF (= *adelanto*) **hacer algo con ~** to do sth in good time; **llegar con ~** to arrive early, arrive in good time; **llegar con diez minutos de ~** to come ten minutes early; **reservar con ~** to book in advance, book early

**anticipadamente** ADV in advance, beforehand; **le doy las gracias ~** I thank you in advance

**anticipado** ADJ (= *con antelación*) early; **pago ~** advance payment; **gracias anticipadas** thanks in advance; **por ~** in advance, beforehand

**anticipar** ▸conjug 1a◂ Ⓐ VT [1] [+ *fecha, acontecimiento*] to bring forward; **~on las vacaciones** they took their holiday early; **no anticipemos los acontecimientos** let's not cross our bridges before we come to them, let's not get ahead of ourselves

[2] [+ *factura etc*] to pay in advance; [+ *dinero*] to advance, lend, loan

[3] **~ algo con placer** (= *esperar*) to look forward to sth; **~ las gracias a algn** (= *adelantar*) to thank sb in advance

[4] (= *prever*) to anticipate, foresee; **~ que ...** to anticipate that ...

Ⓑ **anticiparse** VPR [1] *[acontecimiento]* to take place early

[2] **~se a un acontecimiento** to anticipate an event; **~se a algn** to beat sb to it; **usted se ha anticipado a mis deseos** you have anticipated my wishes; **~se a hacer algo** to do sth ahead of time, do sth before the proper time; **~se a una época** to be ahead of one's time

**anticipo** SM [1] *[de dinero]* advance; **pedir un ~** to ask for an advance

[2] **ser el ~ de algo** to be a foretaste of sth; **esto es sólo un ~** this is just a foretaste, this is just a taste of what's to come

[3] *(Jur)* retaining fee

**anticlerical** ADJ, SMF anticlerical

**anticlericalismo** SM anticlericalism

**anticlímax** SM INV anticlimax

**anticlinal** SM [1] *(Geol)* anticline

[2] *(LAm)* watershed

**anticoagulante** ADJ, SM anticoagulant

**anticoba** SF brutal frankness, outspokenness

**anticolesterol** ADJ cholesterol-free, low in cholesterol

**anticomunista** ADJ, SMF anti-communist

**anticoncepción** SF contraception, birth-control

**anticoncepcional** ADJ birth-control *antes de s*, contraceptive

**anticoncepcionismo** SM contraception, birth control

**anticonceptivo** Ⓐ ADJ birth-control *antes de s*, contraceptive; **métodos ~s** methods of birth control; **píldora anticonceptiva** contraceptive pill

Ⓑ SM contraceptive

**anticongelante** ADJ, SM antifreeze

**anticonstitucional** ADJ unconstitutional

**anticonstitucionalidad** SF unconstitutionality

**anticontaminante** ADJ anti-pollution

**anticorrosivo** ADJ anticorrosive, antirust

**anticristo** SM Antichrist

**anticuado** ADJ [*maquinaria, infraestructura, tecnología*] antiquated; [*moda*] old-fashioned, out-of-date; [*técnica*] obsolete; **quedarse ~** to go out of date

**anticuario/a** Ⓐ ADJ antiquarian
Ⓑ SM/F (= *comerciante*) antique dealer; (= *coleccionista*) antiquarian, antiquary

**anticuarse** ▸conjug 1d◂ VPR (*Ling etc*) to become antiquated, go out of date; [*técnica*] to become obsolete

**anticucho** SM (*Perú, Chile*) kebab

**anticuerpo** SM antibody

**antidemocráticamente** ADV undemocratically

**antidemocrático** ADJ undemocratic

**antideportivo** ADJ unsporting, unsportsmanlike

**antidepresivo** Ⓐ ADJ antidepressant
Ⓑ SM antidepressant, antidepressant drug, stimulant

**antiderrapante** ADJ non-skid

**antideslizante** Ⓐ ADJ (*Aut*) non-skid; [*piso*] non-slip
Ⓑ SM non-skid tyre, non-skid tire (*EEUU*)

**antideslumbrante** ADJ anti-glare

**antidetonante** ADJ anti-knock

**antidisturbios** Ⓐ ADJ INV **policía ~** riot police, riot control police
Ⓑ SMF member of riot police

**antidóping** ADJ INV, **antidopaje** ADJ INV **control ~** drugs test, check for drugs

**antídoto** SM antidote (**contra** for, to)

**antidroga** ADJ INV **brigada ~** drug squad; **campaña ~** anti-drug campaign; **tratamiento ~** treatment for drug addiction

**antidúmping** ADJ INV **medidas ~** anti-dumping measures, measures against dumping

**antiecológico** ADJ **producto ~** product damaging to the environment, environmentally unsafe product

**antieconómico** ADJ uneconomic, uneconomical

**antienvejecimiento** ADJ INV anti-ageing

**antier** ADV (*LAm*) = **anteayer**

**antiestático** ADJ antistatic

**antiestético** ADJ unsightly, ugly

**antiestrés** ADJ INV anti-stress, stress *antes de s*

**antifascismo** SM anti-fascism

**antifascista** ADJ, SMF anti-fascist

**antifatiga** ADJ INV **píldora ~** anti-fatigue pill, pep pill*

**antifaz** SM [1] (= *máscara*) mask
[2] (⁎) (= *preservativo*) condom, johnny*, rubber (*EEUU**)

**antifeminismo** SM anti-feminism

**antifeminista** ADJ, SMF anti-feminist

**antífona** SF antiphony

**antifranquismo** SM opposition to Franco

**antifranquista** Ⓐ ADJ anti-Franco
Ⓑ SMF opponent of Franco, person opposed to Franco

**antifraude** ADJ INV **acción ~** action to combat fraud

**antifriccional** ADJ antifriction

**antifrís** SM (*LAm*) antifreeze

**antifuego** ADJ INV [*puerta, barrera*] fire *antes de s*, fireproof; **lucha ~** firefighting

**antigás** ADJ **careta ~** gas mask

**antígeno** SM antigen

**antigolpes** ADJ INV shockproof

**Antígona** SF Antigone

**antigripal** ADJ INV **vacuna ~** flu vaccine

**antigualla** SF (= *objeto*) old thing, relic; (= *cuento*) old story; (= *individuo*) has-been; **~s** old junk *sing*

**antiguamente** ADV in the past, in the old days; **~ las cosas eran de otra manera** things were different in the past *o* in the old days; **pongo en duda lo que ~ creía** now I'm questioning what I once thought

**antigüedad** SF [1] (= *época*) antiquity; **los artistas de la ~** the artists of antiquity, the artists of the ancient world; **alta ~ ◊ remota ~** high antiquity; **de toda ~** from time immemorial
[2] (= *edad*) antiquity, age; (*en empleo*) seniority; **la fábrica tiene una ~ de 200 años** the factory has been going *o* in existence for 200 years
[3] (= *objeto*) antique; **~es** antiques; **tienda de ~es** antique shop

**antiguerra** ADJ INV anti-war

**antiguo/a** Ⓐ ADJ [1] (= *viejo*) [*ciudad, costumbre*] old; [*coche*] vintage; [*mueble, objeto, libro*] antique; **las antiguas tradiciones** old traditions; **el Antiguo Testamento** the Old Testament; **rallies de coches ~s** vintage car rallies; **a la antigua (usanza)** in the old-fashioned way; **cocinan a la antigua usanza** they cook in the old style *o* in the old-fashioned way; **de** *o* **desde ~** from time immemorial; **una medicina usada desde muy ~** a medicine that has been used from time immemorial; **nuestra amistad viene de ~** our friendship dates back a long way; **en lo ~** in olden days (*liter*), in ancient times; *ver tb* **chapado, música**
[2] (*Hist*) [*civilización, restos*] ancient; **la antigua Grecia** ancient Greece; **el palacio árabe más ~** the oldest Arab palace, the most ancient Arab palace; **Antiguo Régimen** ancien régime; *ver tb* **edad 2**
[3] (= *anterior*) old, former; **la antigua capilla, ahora sala de exposiciones** the old *o* former chapel, now an exhibition hall; **un ~ novio** an old boyfriend, an ex-boyfriend; **mi ~ jefe** my former boss, my ex-boss; **la antigua Yugoslavia** the former Yugoslavia; **más ~** [*cliente, socio*] longest-standing; [*empleado, prisionero*] longest-serving; **el socio más ~** the most senior member, the longest-standing member, the oldest member; **es más ~ que yo en el club** he has been in the club longer than me; *ver tb* **alumno**
[4] (= *anticuado*) [*traje, estilo, persona*] old-fashioned; [*mentalidad*] outdated; **lleva un peinado muy ~** she has a very old-fashioned hair style
Ⓑ SM/F [1] (= *anticuado*) **tu madre es una antigua** your mother is really old-fashioned, your mother is a real fuddy-duddy*
[2] (= *veterano*) **el más ~** the oldest one; **los más ~s tienen derecho a votar primero** the oldest are entitled to vote first
[3] (*Hist*) **los ~s** the ancients

**antihéroe** SM antihero

**antihigiénico** ADJ unhygienic, insanitary

**antihistamínico** ADJ, SM antihistamine

**antihumano** ADJ inhuman

**antiimperialismo** SM anti-imperialism

**antiimperialista** ADJ, SMF anti-imperialist

**antiincendios** ADJ INV **equipo ~** fire-fighting team; **servicio ~** fire-fighting services

**antiinflacionista** ADJ anti-inflationary

**antiinflamatorio** ADJ, SM anti-inflammatory

**antillanismo** SM *word or phrase peculiar to the Antilles*

**antillano/a** Ⓐ ADJ of/from the Antilles, West Indian
Ⓑ SM/F native/inhabitant of the Antilles, West Indian; **los ~s** the people of the Antilles, the West Indians

**Antillas** SFPL Antilles, West Indies; **el mar de las ~** the Caribbean, the Caribbean Sea

**antilogaritmo** SM antilogarithm

**antilógico** ADJ illogical

**antílope** SM antelope

**antimacasar** SM antimacassar

**antimanchas** ADJ INV **superficie ~** stain-resistant surface

**antimateria** SF antimatter

**antimilitarismo** SM antimilitarism

**antimilitarista** ADJ, SMF antimilitarist

**antimisil** Ⓐ ADJ antimissile; **misil ~** antimissile missile
Ⓑ SM antimissile

**antimonio** SM antimony

**antimonopolio** ADJ INV, **antimonopolios** ADJ INV **ley ~** anti-trust law

**antimosquitos** ADJ INV mosquito *antes de s*; **red ~** mosquito net

**antinacional** ADJ unpatriotic

**antinatural** ADJ unnatural

**antiniebla** ADJ INV **faros ~** fog lamps

**antinomia** SF antinomy (*frm*), conflict of authority

**antinuclear** ADJ antinuclear

**Antioquía** SF Antioch

**antioxidante** Ⓐ ADJ antioxidant, anti-rust
Ⓑ SM antioxidant

**antipalúdico** ADJ antimalarial

**antipara** SF screen

**antiparabólico*** ADJ (*Caribe*) wild, over the top

**antiparasitario** Ⓐ ADJ antiparasitic
Ⓑ SM antiparasitic drug

**antiparras*** SFPL glasses, eyeglasses (*EEUU*), specs*

**antipatía** SF (= *sentimiento*) antipathy (**hacia** towards; **entre** between), dislike (**hacia** for); (= *actitud*) unfriendliness (**hacia** towards)

**antipático** ADJ unpleasant, disagreeable; **es un chico de lo más ~** he's a horrible *o* a thoroughly unpleasant boy; **me es muy ~** I don't like him at all; **en un ambiente ~** in an unfriendly environment, in an uncongenial atmosphere

**antipatizar** ▸conjug 1f◂ VI (*LAm*) to feel unfriendly; **~ con algn** to dislike sb

**antipatriótico** ADJ unpatriotic

**antiperras** SFPL (*Andes*) half-moon glasses, half-moon spectacles

**antípodas** SFPL antipodes

**antipolilla** ADJ INV mothproof

**antiproteccionista** ADJ anti-protectionist, free-trade *antes de s*

**antiproyectil** ADJ INV antimissile

**antiquísimo** ADJ ancient

**antiquista** (*Méx*) Ⓐ ADJ antiquarian
Ⓑ SMF antiquarian, antique dealer

**antirrábico** ADJ **vacuna antirrábica** anti-rabies vaccine

**antirracista** ADJ, SMF anti-racist

**antirreflectante** ADJ anti-glare

**antirreglamentario** ADJ (= *ilegal*) unlawful, illegal; (*Dep*) foul

**antirresbaladizo** ADJ non-skid

**antirretroviral** Ⓐ ADJ anti-retroviral
Ⓑ SM anti-retroviral drug

**antirrino** SM antirrhinum

**antirrobo** Ⓐ ADJ INV **sistema ~** anti-theft system
Ⓑ SM (*tb* **dispositivo ~**) anti-theft device

**antirruido** ADJ INV **sistema ~** noise-reduction system; **comisión ~** noise-abatement committee; **ley ~** noise-pollution law

**antisemita** Ⓐ ADJ anti-Semitic
Ⓑ SMF anti-Semite

**antisemítico** ADJ anti-Semitic

**antisemitismo** SM anti-Semitism

**antiséptico** ADJ, SM antiseptic

**antisocial** ADJ antisocial

**antisudoral** (*LAm*) ADJ, SM deodorant

**antitabaco** ADJ INV **campaña ~** anti-smoking campaign

**antitabaquismo** SM anti-smoking attitudes *pl*

**antitabaquista** ADJ anti-smoking

**antitanque** ADJ anti-tank

**antitaurino** ADJ anti-bullfighting

**antiterrorista** ADJ **medidas ~s** measures against terrorism; **Ley Antiterrorista** ≈ Prevention of Terrorism Act

▼**antítesis** SF INV antithesis

**antitetánica** SF anti-tetanus injection

**antitético** ADJ antithetic, antithetical

**antitranspirante** ADJ, SM anti-perspirant

**antivaho** ADJ INV **dispositivo ~** demister, demisting device

**antivirus** SM INV antivirus

**antiviviseccionista** SMF antivivisectionist

**antivuelco** ADJ INV **barra ~** anti-roll bar

**antofagastino/a** (*Cono Sur*) Ⓐ ADJ of/from Antofagasta
Ⓑ SM/F native/inhabitant of Antofagasta; **los ~s** the people of Antofagasta

**antojadizo** ADJ [1] (= *caprichoso*) **es muy ~** he's always taking a fancy to something or other
[2] (= *poco fiable*) unpredictable

**antojado** ADJ **~ con** *o* **por** (= *con capricho de*) taken by, hankering after; [*mujer embarazada*] craving for

**antojarse** ▸conjug 1a◂ VPR [1] (= *apetecer*) **antojársele a algn algo** to take a fancy to sth, want sth; **se me antoja una cervecita** I could go for a nice beer; **antojársele a algn hacer algo** to have a mind to do sth; **se le antojó ir al cine** he took it into his head to go to the cinema; **no se le antojó decir otra cosa** it didn't occur to him to say anything else; **no se me antoja ir** I don't feel like going
[2] (= *parecer*) **~ que** to imagine that; **se me antoja que no estará** I have the feeling that he won't be in; **¿cómo se le antoja esto?** how does this seem to you?

**antojitos*** SMPL (*Cono Sur*) (= *caramelos*) sweets, candy (*EEUU*); (*Méx*) (= *tapas*) snacks, nibbles

**antojo** SM [1] (= *capricho*) whim; **hacer a su ~** to do as one pleases; **cada uno a su ~** each to his own; **¿cuál es su ~?** what's your idea?; ✦***MODISMO*** **no morirse de ~** (*Cono Sur*) to satisfy a whim
[2] [*de embarazada*] craving; **tener ~s** to have cravings (*during pregnancy*)
[3] (*Anat*) birthmark

**antología** SF (= *colección*) anthology; (*Arte*) retrospective; **un gol de ~** a goal for the history books, a goal that will go down in history

**antológica** SF (*Arte*) retrospective

**antológico** ADJ [1] (*Arte*) **exposición antológica** retrospective
[2] (= *destacado*) memorable; **un gol ~** a goal for the history books, a goal that will go down in history

**antónimo** SM antonym

**Antonio** SM Anthony

**antonomasia** SF antonomasia; **por ~** par excellence

**antorcha** SF [1] (= *tea*) torch
[2] (= *guía*) mentor

**antracita** SF anthracite

**ántrax** SM anthrax

**antro** SM (= *cueva*) cavern; (* *pey*) (= *local*) dive* ► **antro de corrupción** den of iniquity

**antropofagia** SF cannibalism

**antropófago/a** Ⓐ ADJ man-eating *antes de s*, cannibalistic
Ⓑ SM/F cannibal; **~s** anthropophagi (*frm*), cannibals

**antropoide** ADJ, SMF anthropoid

**antropoideo** SM anthropoid

**antropología** SF anthropology ► **antropología social** social anthropology

**antropológico** ADJ anthropological

**antropólogo/a** SM/F anthropologist

**antropomorfismo** SM anthropomorphism

**antruejo** SM carnival (*three days before Lent*)

**antucá** SM (*Cono Sur*) sunshade, parasol

**antuviada** SF sudden blow, bump

**antuvión*** SM sudden blow, bump; **de ~** suddenly, unexpectedly

**anual** ADJ [*reunión, periodicidad*] yearly, annual; [*planta*] annual; **la cuota es de 10.000 pesetas ~es** the yearly *o* annual fee is 10,000 pesetas

**anualidad** SF [1] (*Fin*) annual payment ► **anualidad vitalicia** life annuity
[2] (= *suceso*) annual occurrence

**anualizado** ADJ (*Fin*) annual

**anualmente** ADV annually, yearly

**anuario** SM (= *libro*) yearbook, annual; (= *guía*) directory ► **anuario militar** military list ► **anuario telefónico** telephone directory

**anubarrado** ADJ cloudy, overcast

**anublar** ▸conjug 1a◂ Ⓐ VT [1] [+ *cielo*] to cloud, cloud over; [+ *luz*] to obscure
[2] [+ *planta*] to wither, dry up
Ⓑ **anublarse** VPR [1] [*cielo*] to cloud over, become overcast
[2] [*planta*] to wither, dry up
[3] (= *desvanecerse*) to fade away

**anudar** ▸conjug 1a◂ Ⓐ VT [1] (= *atar*) to knot, tie
[2] [+ *cuento*] to resume, take up again
[3] [+ *voz*] to choke, strangle
Ⓑ **anudarse** VPR [1] [*cinta*] to get into knots
[2] [*planta*] to remain stunted
[3] **se me anudó la voz (en la garganta)** I got a lump in my throat

**anuencia** SF consent

**anuente** ADJ consenting, consentient

**anulación** SF [*de contrato*] annulment, cancellation; [*de ley*] repeal

▼**anular**[1] ▸conjug 1a◂ Ⓐ VT [1] [+ *contrato*] to cancel, rescind; [+ *ley*] to repeal; [+ *decisión*] to override; [+ *matrimonio*] to annul
[2] [+ *elecciones, resultado*] to declare null and void; [+ *gol, tanto*] to disallow; **han anulado la votación por irregularidad** they have declared the vote null and void because of irregularities
[3] [+ *cita, viaje, evento*] to cancel; **~on el partido por causa de la lluvia** they cancelled the match because of the rain
[4] [+ *cheque*] to cancel
[5] [+ *efecto*] to cancel out, destroy
[6] (*Mat*) to cancel out
[7] [+ *persona*] to overshadow; **su potente carácter anula a sus amigos** her strong personality overshadows her friends
[8] (*frm*) (= *incapacitar*) to deprive of authority, remove from office
Ⓑ **anularse** VPR [1] (= *amilanarse*) to fade into the background; **se anula ante su padre** he fades into the background when his father is there
[2] (= *neutralizarse*) **los dos campos magnéticos se anulan** the two magnetic fields cancel each other out; **las dos sustancias se anulan mutuamente** the two substances neutralize each other

**anular**[2] Ⓐ ADJ ring-shaped, annular; **dedo ~** ring finger
Ⓑ SM ring finger

**anunciación** SF announcement; **Anunciación** (*Rel*) Annunciation

**anunciador(a)** SM/F (*Méx Radio, TV*) announcer; (*Teat*) compere

**anunciante** SMF advertiser

▼**anunciar** ▸conjug 1b◂ Ⓐ VT [1] (= *hacer público*) to announce; **han anunciado la devaluación de la peseta** they have announced the devaluation of the peseta; **el ministro anunció su dimisión** the minister announced that he was resigning; **la princesa anunció que se casaba** the princess announced that she was getting married; **anunciamos nuestra oposición a las privatizaciones** we declared our opposition to privatization
[2] (= *convocar*) to call; **han anunciado una rueda de prensa para hoy** they have called a press conference for today; **el gobierno ~á hoy la convocatoria de elecciones** the government will call elections today
[3] (*Com*) to advertise
[4] (= *augurar*) **no nos anuncia nada bueno** it is not a good sign, it bodes ill for us; **este viento anuncia tormenta** this wind means there is a storm coming; **el pronóstico del tiempo anuncia nevadas** they're forecasting snow, the weather forecast says there will be snow
[5] (*frm*) (*a una visita*) to announce; **el mayordomo anunció a la Duquesa de Villahermosa** the butler announced the Duchess of

➤ LENGUA Y USO: **antítesis** 53.3 **anular**[1] **A3** 47.4, 48.4 **anunciar A1** 51.1, 51.2

Villahermosa; **¿a quién debo ~?** who shall I say it is?, what name should I say?
Ⓑ **anunciarse** VPR [1] (*Com*) to advertise
[2] (= *augurarse*) **el festival se anuncia animado** it promises to be *o* looks like being a lively festival; **¿cómo se anuncia la cosecha este año?** how's the harvest looking this year?

▼**anuncio** SM [1] (*Com*) (*en un periódico*) advertisement, advert, ad*; (*en TV, radio*) advertisement, advert, commercial; (= *cartel*) poster; **poner un ~ en un periódico** to put an advertisement *o* advert *o* ad* in a newspaper; **"prohibido fijar** *o* **pegar anuncios"** "post *o* stick no bills"; **hombre ~** sandwich-board man ► **anuncio publicitario** advertisement, advert, commercial ► **anuncios clasificados** classified ads*, classified advertisements, classifieds ► **anuncios de relax** personal services ads ► **anuncios por palabras** classified ads, small ads*; *ver tb* **tablón**
[2] (= *notificación*) announcement; **el ~ de su muerte causó mucha tristeza** the announcement of her death caused great sadness; **hoy se hará el ~ de su boda** their wedding will be announced today; **un ~ de bomba** a bomb warning
[3] (= *presagio*) omen, sign; **fue un ~ de las desgracias futuras** it was an omen *o* a sign of the misfortunes to come; **es ~ de un futuro mejor** it heralds a better future; **esos nubarrones son ~ de tormenta** those black clouds mean there is a storm coming

**anuo** ADJ (*frm*) annual

**anverso** SM obverse

**anzuelo** SM (*para pescar*) fish hook; (= *aliciente*) bait, lure; **echar el ~** to offer a bait, offer an inducement; ✦***MODISMOS*** **picar en el ~** ◊ **tragarse el ~** to swallow the bait

**añada** SF [1] (= *año*) year, season
[2] (= *trozo de campo*) piece of field, strip

**añadido** Ⓐ ADJ (= *que se agrega*) added; (= *adicional*) additional, extra; **lo ~** what is added
Ⓑ SM [1] (*Tip*) addition
[2] (= *pelo*) hairpiece

**añadidura** SF (= *lo que se agrega*) addition; (*Com*) extra; **dar algo de ~** to give sth extra; **con algo de ~** with sth into the bargain; **por ~** in addition, on top of that

▼**añadir** ▸conjug 3a◂ VT [1] (= *agregar*) to add (**a** to)
[2] [+ *encanto, interés*] to add, lend

**añagaza** SF (*Caza*) lure, decoy; (= *ardid*) ruse

**añal** Ⓐ ADJ [1] [*suceso*] yearly, annual
[2] (*Agr*) year-old
Ⓑ SM yearling

**añangá** SM (*Cono Sur*) the devil

**añango** (*Andes*) Ⓐ ADJ [*niño*] sickly
Ⓑ SM small portion

**añañay*** EXCL (*Cono Sur*) great!*, super!*

**añapar** ▸conjug 1a◂ VT (*LAm*) to smash to bits

**añar** SM (*LAm*) **hace ~es que ...** it's ages since ...

**añascar** ▸conjug 1g◂ VT to scrape together, get together bit by bit

**añaz** SM (*Andes*) skunk

**añeja*** SF (*Caribe*) old lady*, mum*

**añejar** ▸conjug 1a◂ Ⓐ VT to age
Ⓑ **añejarse** VPR [*vino*] to mature, age; (= *ranciarse*) to get stale, go musty

**añejo** ADJ [1] (*Culin*) [*vino, queso*] mature; [*jamón*] well-cured
[2] (*pey*) (= *rancio*) stale, musty
[3] [*noticia, historia*] old, stale

**añicos** SMPL pieces, fragments; **hacer un vaso ~** to smash a glass to bits *o* to smithereens; **hacer un papel ~** to tear a piece of paper into little *o* tiny bits; **hacerse ~** to shatter; **estar hecho ~** (= *cansado*) to be worn out, be shattered*

**añil** Ⓐ SM (*Bot*) indigo; (= *color*) indigo; (*para lavado*) blue, bluing
Ⓑ ADJ INV indigo

**añilar** ▸conjug 1a◂ VT (= *teñir*) to dye indigo; [+ *ropa*] to blue

**añinos** SMPL lamb's wool *sing*

**año** SM [1] (= *periodo de tiempo*) year; **el ~ pasado** last year; **el ~ próximo** ◊ **el ~ que viene** next year; **el ~ entrante** the coming year; **el ~ antepasado** the year before last; **esperamos ~s y ~s** we waited years and years; **cinco toneladas al ~** five tons a year; **al ~ de casado** a year after his marriage, after he had been married a year; **el ~ 66 después de Cristo** 66 A.D.; **en el ~ 1980** in 1980; **en los ~s 60** in the sixties; **en estos últimos ~s** in recent years; **hace ~s** ◊ **~s ha** years ago; **los 40 ~s** ◊ **los ~s difíciles** *o* **negros** (*Esp*) the Franco years (*1936-75*); ✦***MODISMOS*** **estar de buen ~** to look well-fed; **en el ~ de la nana** *o* **pera** *o* **polca** in the year dot, way back; **una lavadora del ~ de la nana** *o* **de la pera** a washing machine from the year dot; **el ~ verde** (*LAm*) never; ✦***REFRÁN*** **dentro de cien ~s, todos calvos** we all die in the end ► **año bisiesto** leap year ► **año civil**, **año común** calendar year ► **año de gracia** year of grace ► **año de nuestra salud** year of Our Lord ► **año económico** financial year ► **año escolar** school year ► **año fiscal** tax year ► **año lectivo** academic year ► **año luz** light-year; **100 ~s luz** 100 light-years; **los nórdicos están a ~s luz** the Scandinavians are light-years ahead (of the rest of us); **el resto de corredores está a ~s luz de los dos campeones** the other runners are light-years behind the two champions ► **año natural** calendar year ► **Año Nuevo** New Year; **día de Año Nuevo** New Year's Day; **¡feliz ~ nuevo!** happy New Year!; **felicitar el ~ (nuevo) a algn** to wish sb (a) Happy New Year ► **año presupuestario**: **el ~ presupuestario va de noviembre a octubre** the budget covers the period from *o* runs from November to October ► **año sabático** sabbatical (year) ► **año santo** Holy Year
[2] [*de edad*] **¿cuántos ~s tienes?** how old are you?; **tengo nueve ~s** I'm nine (years old); **una niña de tres ~s** a three-year-old girl, a girl of three; **niños menores de un ~** children under (the age of) one; **(nunca) en los ~s que tengo** never in all my life; **a mis ~s** at my age; **a sus ~s se mueve como una quinceañera** at *o* despite her age she still moves like a teenager; **cumplir ~s** to have one's birthday; **cumplir (los) 21 ~s** to have *o* celebrate one's 21st (birthday); **entrado en ~s** elderly; **llevar diez ~s a algn** to be ten years older than sb; **¡por muchos ~s!** (*en cumpleaños*) many happy returns!; (*en brindis*) your *o* good health!; (†) (*en presentación*) how do you do?; **de pocos ~s** young; **quitarse ~s** (= *mentir*) to lie about one's age; **con ese lifting te has quitado diez ~s de encima** you look ten years younger after that face-lift; **sacar ~s a algn** to be older than sb; **le saca muchos ~s a su amiga** she is much older than her friend; → KILOS, METROS, AÑOS

**año-hombre** SM (*pl* **años-hombre**) man-year

**añojal** SM fallow land

**añojo/a** SM/F yearling

**añorante** ADJ yearning, longing

**añoranza** SF (= *recuerdos*) nostalgia, yearning, longing (**de** for); (*por pérdida*) sense of loss

**añorar** ▸conjug 1a◂ Ⓐ VT [+ *país*] to yearn for, miss, be homesick for; [+ *difunto, pérdida*] to mourn
Ⓑ VI to pine, grieve

**añoso** ADJ aged, full of years

**añublar** ▸conjug 1a◂ VI = **anublar**

**añublo** SM blight, mildew

**añudar** ▸conjug 1a◂ = **anudar**

**añusgar** ▸conjug 1h◂ Ⓐ VI (= *atragantarse*) to choke; (= *enfadarse*) to get angry
Ⓑ **añusgarse** VPR to get cross

**aojada** SF (*Andes*) skylight

**aojar** ▸conjug 1a◂ VT to put the evil eye on

**aojo** SM evil eye

**aoristo** SM aorist

**aorta** SF aorta

**aovado** ADJ oval, egg-shaped

**aovar** ▸conjug 1a◂ VI to lay eggs

**aovillarse** ▸conjug 1a◂ VPR to roll o.s. into a ball, curl up

**AP** SF ABR (*Esp Hist, Pol*) = **Alianza Popular**

**Ap.** ABR (= **apartado postal** *o* **de correos**) PO Box

**APA** SF ABR (= **Asociación de Padres de Alumnos**) ≈ PTA

**apa**[1] EXCL [1] (*Méx*) (= *¡Dios Santo!*) goodness me!, good gracious!
[2] (= *ánimo*) cheer up!; (= *levántate*) get up!, up you get!; (= *recógelo*) pick it up!; (= *basta*) that's enough!

**apa**[2]: **al ~** ADV (*Cono Sur*) on one's back

**apabullante** ADJ shattering, crushing, overwhelming

**apabullar** ▸conjug 1a◂ Ⓐ VT [+ *rival*] to crush; **se le ve algo apabullado por las circunstancias** he was rather overwhelmed by the situation
Ⓑ **apabullarse** VPR to panic

**apacentadero** SM pasture

**apacentar** ▸conjug 1j◂ Ⓐ VT [1] (*Agr*) [+ *ganado*] to graze, feed
[2] [+ *discípulos*] to teach; [+ *deseos, pasión*] to gratify
Ⓑ **apacentarse** VPR [1] (*Agr*) [*ganado*] to graze, feed
[2] (= *alimentarse*) to feed (**con, de** on)

**apachar** ▸conjug 1a◂ VT (*Perú*) to steal

**apache** SM/F [1] (= *indio*) Apache, Apache Indian
[2] (= *bandido*) crook, bandit

**apacheta** SF [1] (*Andes, Cono Sur Rel*) cairn, wayside shrine
[2] (= *montón*) pile, heap
[3] (*Pol*) clique; (= *confabulación*) ring, gang
[4] (*Com*) ill-gotten gains *pl*; ✦***MODISMO*** **hacer la ~*** to make one's pile*

**apachico** SM (*LAm*) bundle

➤ LENGUA Y USO: **anuncio 1** 46.1 **añadir 1** 53.5

[2] (= *patente*) apparent; **no hubo lesión ~** there was no apparent injury; **sin motivo ~** for no apparent reason; **ganó la carrera sin esfuerzo ~** she won the race with no apparent effort

[3] (*) (= *atractivo*) attractive, smart; **tiene un novio muy ~** she has a very good-looking boyfriend; **esta figurilla está aquí muy ~** this figurine looks very good *o* goes very well here

**aparentemente** ADV [1] (= *según parece*) seemingly

[2] (= *evidentemente*) visibly, outwardly

**aparición** SF [1] (= *acto*) appearance; (= *publicación*) publication; **un libro de próxima ~** a forthcoming book ► **aparición en público** public appearance

[2] (= *aparecido*) apparition, spectre

**apariencia** SF (= *aspecto*) appearance; **tiene la misma ~ que el planeta Tierra** it has the same appearance as planet Earth; **la misma ~ del resto de los estudiantes** the same appearance as the rest of the students; **bajo su ~ despistada hay un genio** behind his absent-minded appearance he is a genius; **con ~ de**: **una chica con ~ de alemana** a German-looking girl; **un jarabe con ~ de miel** a syrup that looks like honey; **de ~**: **una herida de sospechosa ~** a suspicious-looking wound; **es rico sólo de ~** he only appears to be rich; **en ~**: **José, en ~ rudo, es muy cortés** although José may seem *o* appear rude on the surface, he is very polite; **en ~, el coche estaba perfecto** to all appearances, the car was in perfect condition; **guardar** *o* **salvar las ~s** to keep up appearances; ✦*MODISMO* **las ~s engañan** appearances can be deceptive; *ver tb* **fiar C1**

**aparragado/a** (*Cono Sur*) Ⓐ ADJ stunted, dwarfish

Ⓑ SM/F dwarf

**aparragarse** ▸conjug 1h◂ VPR [1] (*CAm*) (= *hacerse un ovillo*) to roll up, curl up

[2] (*Cono Sur*) (= *agacharse*) to squat, crouch down

[3] (*CAm, Cono Sur, Méx*) (= *no crecer*) to remain stunted, stay small; (= *encogerse*) to shrink, grow small

**apartadero** SM (*Aut*) lay-by; (*Ferro*) siding

**apartadijo** SM [1] (= *porción*) small portion, bit

[2] = **apartadizo B**

**apartadizo** Ⓐ ADJ (= *huraño*) unsociable

Ⓑ SM recess, alcove, nook

**apartado** Ⓐ ADJ [1] (= *lejano*) remote, isolated; **un pueblo muy ~** a very remote *o* isolated village; **su casa está un poco apartada** her house is a bit out-of-the-way; **~ de** [*lugar*] far from; [*persona*] isolated from; **donde vivía, estaba ~ de todos nosotros** where he lived he was isolated from us all; **ha conseguido mantenerse ~ de los problemas** she's managed to keep out of the problems

[2] (= *solitario*) [*vida, persona*] solitary

Ⓑ SM [1] (*Correos*) (*tb* **~ de correos**) (*tb* **~ postal**) Post Office box, P.O. Box, box number; **~ de correos 325** P.O. Box 325

[2] (= *sección*) (*Literat*) section; (*Jur*) section, sub-section; **vamos a empezar por el ~ dedicado a la economía** let's begin with the section on the economy; **en el ~ de sanidad han aumentado los gastos** in the area of health, costs have increased

[3] (= *sala*) spare room, side room ► **apartado de localidades** ticket agency

[4] (*Metal*) extraction

**apartahotel** SM aparthotel

**apartamento** SM apartment, flat ► **apartamentos turísticos** holiday apartments

**apartamiento** SM [1] (= *separación*) separation

[2] (= *aislamiento*) seclusion, isolation

[3] (= *lugar*) secluded spot, remote area

**apartar** ▸conjug 1a◂ Ⓐ VT [1] (= *alejar*) **aparta las piezas blancas de las negras** separate the white pieces from the black ones; **aparta la sartén del fuego** take the pan off the heat; **lograron ~ la discusión de ese punto** they managed to turn the discussion away from that point; **no podía ~ mi pensamiento de ella** I couldn't get her out of my head; **~ la mirada/los ojos de algo** to look away from sth, avert one's gaze/one's eyes from sth (*liter*); **apartó la mirada de la larga fila de casas** she looked away from *o* (*liter*) averted her gaze from the long row of houses; **no aparta los ojos de la comida** he can't keep his eyes off the food

[2] (= *quitar de en medio*) **tuvo que ~ los papeles de la mesa para colocar allí sus libros** he had to push aside the papers on the table to place his books there; **apartó el micrófono a un lado** she put the microphone aside *o* to one side; **apartó la cortina y miró a la calle** he drew *o* pulled back the curtain and looked out into the street; **le apartó los cabellos de la frente** she brushed her hair off her forehead; **avanzaban apartando la maleza** they made their way through the undergrowth, pushing *o* brushing it aside as they went

[3] [+ *persona*] [3·1] (*de lugar*) **lo apartó un poco para hacerle algunas preguntas** she took him to one side to ask him a few questions; **los guardaespaldas apartaban a las fans** the bodyguards pushed the fans aside *o* away; **aparta al niño de la ventana** move the child away from the window

[3·2] (*de otra persona*) (*lit*) to separate; (*fig*) to drift apart; **si no los apartamos se matarán** if we don't separate them they'll kill each other; **el tiempo los ha ido apartando** they have grown *o* drifted apart with time

[3·3] (*de actividad, puesto*) to remove; **el ministro lo apartó de su puesto** the minister removed him from his post; **su enfermedad la apartó de la política activa** her illness kept her away from playing an active role in politics; **si yo fuera el entrenador, lo ~ía del equipo** if I was the coach I would remove him from the team; **lo ~on de su intención de vender la casa** they dissuaded him from selling the house

[4] (= *reservar*) to put aside, set aside; **si le interesa este vestido se lo puedo ~** if you like this dress I can put *o* set it aside for you; **"se apartan muebles"** "a deposit secures any piece of furniture"; **hemos apartado un poco de comida para él** we've put *o* set aside a little food for him; **picar las verduras y ~las a un lado** chop the vegetables and put them to one side

[5] (*Correos*) to sort

[6] (*Ferro*) to shunt, switch (*EEUU*)

[7] (*Agr*) [+ *ganado*] to separate, cut out

[8] (*Jur*) to set aside, waive

[9] (*Min*) to extract

Ⓑ **apartarse** VPR [1] (= *quitarse de en medio*) to move out of the way; **¿puedes ~te un poco?** can you move out of the way a bit?; **se apartó a tiempo para evitar el puñetazo** he moved aside *o* moved out of the way to avoid the punch; **se ~on para dejarla pasar** they moved aside to let her through; **¡apártense! ¡que está herido!** out of the way *o* stand clear! he's wounded!; **se apartó unos pasos** she moved *o* walked away a few paces; **~se de** [+ *persona, lugar, teoría*] to move away from; [+ *camino, ruta*] to stray from, wander off; [+ *actividad, creencia*] to abandon; **nos apartamos unos metros del vehículo** we moved a few metres away from the vehicle; **apártate del fuego** get *o* move away from the fire; **nunca se aparta de mi lado** she never leaves my side; **nunca se apartó de esta regla** he never strayed from this rule; **se apartó de la política** she left *o* abandoned politics; **no se aparta del teléfono por si suena** she's always sitting by the phone in case it rings; **consiguió ~se de la bebida** he managed to give up drinking; **¡apártate de mi vista!** get out of my sight!; ✦*MODISMO* **~se del buen camino** to go off the straight and narrow

[2] (= *distanciarse*) [*dos personas*] to part, separate; [*dos objetos*] to become separated; **con el tiempo se han ido apartando** they have drifted *o* grown apart with time; **las cifras se apartan de las predicciones** the figures are far off the predictions; **esta novela se aparta del estilo del resto de su obra** this novel is a far cry from the style of the rest of his work; **el libro se aparta del realismo sentimentalista** the book diverges *o* strays from sentimentalist realism

[3] (*Jur*) to withdraw from a suit

**aparte** Ⓐ ADJ INV separate; **guárdalo en un cajón ~** keep it in a different *o* separate drawer; **lo tuyo es un caso ~** you're a special case; **capítulo ~ merece la corrupción política** another question altogether is political corruption; **mantenerse ~** to keep away

Ⓑ ADV [1] (= *a un lado*) **se la llevó ~ para contarle sus confidencias** he took her aside to confide in her; **bromas ~, ¿qué os parece que me vaya a vivir a El Cairo?** joking aside *o* seriously though, what do you think of me going to live in Cairo?; **diferencias ideológicas ~, perseguimos el mismo fin** ideological differences aside, we're after the same thing; **dejando ~ el norte, este país no es muy montañoso** leaving aside the north, this country is not very mountainous; **hacerle a algn ~** to exclude sb; **poner algo ~** to put sth aside; **la ropa sucia ponla ~** put the dirty clothes to one side, put aside the dirty clothes; **ser algo ~** to be something superior; *ver tb* **modestia**

[2] (= *por separado*) separately; **tendremos que considerar eso ~** we'll have to consider that separately; **deberías lavar las toallas ~** you should wash the towels separately

[3] (= *además*) besides; **~, yo ya soy mayorcita para que me manden** besides, I'm too old to be bossed about like that; **—¿y no paga el alquiler? —sí, eso ~** "and he doesn't pay the rent?" — "yes, that as well"; **35.000 pesetas, ~ impuestos** 35,000 pesetas, taxes aside; **~ hay un examen práctico** there is also a prac-

tical exam

Ⓒ PREP **~ de** apart from; **~ del mal tiempo, las vacaciones fueron estupendas** apart from the bad weather, the holidays were great; **~ de que** apart from the fact that

Ⓓ SM [1] (*Teat*) aside; **hacer un ~ con algn** to take sb to one side

[2] (*Tip*) paragraph, new paragraph; **punto y ~** new paragraph

**apartheid** SM apartheid

**aparthotel** SM aparthotel

**apartidismo** SM non-political nature, non-party character

**apartidista** ADJ apolitical, non-party *antes de s*

**apasionadamente** ADV [1] (= *con pasión*) passionately

[2] (*pey*) (= *con parcialidad*) in a biased way, in a prejudiced way

**apasionado/a** Ⓐ ADJ [1] (= *con pasión*) [*persona*] passionate; [*discurso*] impassioned; **~ por algo** passionate about sth

[2] (= *parcial*) biased, prejudiced

Ⓑ SM/F admirer, devotee; **los ~s de Góngora** devotees of Góngora, Góngora enthusiasts

**apasionamiento** SM (= *entusiasmo*) passion, enthusiasm; (= *fervor*) vehemence, intensity; **hacer algo con ~** to do sth with passion

**apasionante** ADJ exciting, thrilling

**apasionar** ▸conjug 1a◂ Ⓐ VT [1] (= *entusiasmar*) **le apasiona el teatro de Shakespeare** he loves Shakespeare's plays; **le apasionan los ordenadores** he's mad about computers; **el grupo que apasiona a las quinceañeras** the group the teenagers are mad about; **a mí el fútbol no me apasiona** I'm not exactly passionate about football

[2] (*frm*) (= *afligir*) to afflict, torment

Ⓑ **apasionarse** VPR to get excited; **cuando habla de literatura se apasiona** she gets very excited when she talks about literature; **~se con algo** to get excited about sth; **~se por algo**: **se apasionó por la idea de una Europa única** he became very excited by the idea of a United Europe; **~se por algn** to fall madly in love with sb

**apaste** SM (*CAm*), **apaxte** SM (*CAm*) clay pot, clay jug

**apatía** SF (= *abulia*) apathy; (*Med*) listlessness

**apático** ADJ (= *abúlico*) apathetic; (*Med*) listless

**apátrida** Ⓐ ADJ [1] (= *sin nacionalidad*) stateless

[2] (*Cono Sur*) (= *sin patriotismo*) unpatriotic

Ⓑ SMF (*Cono Sur*) unpatriotic person

**apatronarse** ▸conjug 1a◂ VPR (*Andes, Cono Sur*) **~ de algn** (= *amancebarse*) to find a protector in sb; (= *buscar empleo*) to seek a domestic post with sb; (*Andes*) (= *encargarse*) to take charge of sb

**apatusco** SM [1] (= *adornos*) frills *pl*, adornments *pl*

[2] (*Caribe*) (= *enredo*) trick; (= *fingimiento*) pretence, pretense (*EEUU*); (= *intrigas*) intrigue

**APD** SF ABR (*Esp*) = **Asociación para el Progreso de la Dirección**

**Apdo.** ABR, **apdo.** ABR (= **apartado postal** *o* **de correos**) P.O. Box

**apeadero** SM [1] (*para montar*) mounting block, step

[2] (*Ferro*) halt, stopping place

[3] (= *alojamiento*) temporary lodging, pied-à-terre

➤ LENGUA Y USO: **apenas A1** 43.2

**apear** ▸conjug 1a◂ Ⓐ VT [1] (= *ayudar a bajar*) to help down, help to alight (**de** from); [+ *objeto*] to take down, get down (**de** from); [+ *árbol*] to fell

[2] [+ *caballo*] to hobble; [+ *rueda*] to chock

[3] (*Arquit*) to prop up

[4] [+ *problema*] to solve, work out; [+ *dificultad*] to overcome

[5] (= *disuadir*) **~ a algn de su opinión** to persuade sb that his opinion is wrong

[6] **~ el tratamiento a algn** (= *suprimir el tratamiento*) to drop sb's title

[7] (*) (= *despedir*) to give the boot*, sack*; **~ a algn de su cargo** to remove sb from his post

[8] (*Andes*) (= *matar*) to kill

[9] (*CAm*) (= *reprender*) to dress down*, tell off*

Ⓑ **apearse** VPR [1] (= *bajarse*) (*de caballo, mula*) to dismount; (*de tren, autobús*) to get off, alight (*frm*); **yo me apeo en la próxima parada** I'm getting off at the next stop; ✦**MODISMO no ~se del burro** to refuse to climb *o* back down

[2] **~se en** (*LAm*) to stay at, put up at

[3] **~se de algo** (*Andes*) (= *librarse*) to get rid of sth

[4] **no apeársela** (*CAm*) (= *estar borracho*) to be drunk all the time

**apechugar*** ▸conjug 1h◂ Ⓐ VI [1] (= *empujar*) to push, shove; **¡apechuga!** (= *ánimo*) buck up!, come on!

[2] **~ con** (= *aguantar*) to put up with, swallow; [+ *cometido*] (= *cargar con*) to take on; **~ con las consecuencias** to take the consequences

Ⓑ VT [1] (*Cono Sur, Caribe*) (= *agarrar*) to grab, grab hold of, seize

[2] (*Andes*) (= *sacudir*) to shake violently

Ⓒ **apechugarse** VPR **~se con algo** to face up to sth, take the consequences of sth

**apedazar** ▸conjug 1f◂ VT [1] (= *remendar*) to mend, patch

[2] (= *despedazar*) to tear to pieces, cut into pieces

**apedrear** ▸conjug 1a◂ Ⓐ VT (*como castigo*) to stone; (*en pelea*) to throw stones at

Ⓑ VI [1] (= *granizar*) to hail

[2] (*Méx**) (= *apestar*) to stink, reek

Ⓒ **apedrearse** VPR (*Bot*) to be damaged by hail

**apedreo** SM [1] (= *acto*) stoning

[2] (= *granizo*) hail

[3] (*Bot*) damage by hail

**apegadamente** ADV devotedly

**apegado** ADJ attached, devoted (**a** to)

**apegarse** ▸conjug 1h◂ VPR **~ a** to become attached to, become devoted to

**apego** SM attachment (**a** to), devotion (**a** to)

**apelable** ADJ (*Jur*) appealable, that can be appealed against, subject to appeal

**apelación** SF [1] (*Jur*) appeal; **sin ~** without appeal, final; **interponer ~** to appeal, lodge an appeal; **presentar su ~** to present one's appeal; **ver una ~** to consider an appeal

[2] (= *remedio*) help, remedy; **no hay ~** ◊ **esto no tiene ~** it's a hopeless case

**apelante** SMF appellant

**apelar** ▸conjug 1a◂ Ⓐ VI [1] (*Jur*) to appeal; **~ contra algo** to appeal (against) sth

[2] **~ a** [2·1] (= *invocar*) to appeal to; **apeló al sentido común para resolver el problema** he appealed to people's common sense to solve the problem; **apelamos al presidente a que cumpla sus compromisos** we appeal to the president to keep his promises

[2·2] (= *recurrir a*) to resort to; **tuvo que ~ a sus encantos personales** she had to resort to charm, she had to make use of her charm

Ⓑ VT (*Jur*) to appeal (against); **han apelado la sentencia** they have appealed (against) the sentence

**apelativo** SM (*Ling*) appellative; (= *apellido*) surname

**apeldar*** ▸conjug 1a◂ VT **~las** to beat it*

**apellidar** ▸conjug 1a◂ Ⓐ VT [1] (= *llamar*) to call

[2] (††) (= *aclamar*) **~ a algn por rey** to proclaim sb king

Ⓑ **apellidarse** VPR to be called; **¿cómo se apellida usted?** what's your surname?

**apellido** SM [1] (= *nombre de familia*) surname, family name ► **apellido de soltera** maiden name

[2] (= *apodo*) nickname

**APELLIDO**

*In the Spanish-speaking world most people use two* **apellidos**, *the first being their father's first surname, and the second their mother's first surname: e.g. the surname of the children of Juan* **García López**, *married to Carmen* **Pérez Rodríguez** *would be* **García Pérez**. *Married women normally retain their own surnames but in exceptional cases they add their husband's first surname to their first surname: e.g. Carmen Pérez de García. In such cases she could also be referred to as* **(la) señora de García**. *In Latin America it is usual for the second surname to be shortened to an initial in correspondence: e.g. Juan García L.*

**apelmazado** ADJ [1] [*masa*] compact, solid; [*salsa, líquido*] thick, lumpy; [*pelo*] matted

[2] [*estilo*] clumsy

**apelmazar** ▸conjug 1f◂ Ⓐ VT to compress

Ⓑ **apelmazarse** VPR to get lumpy

**apelotonar** ▸conjug 1a◂ Ⓐ VT to roll into a ball

Ⓑ **apelotonarse** VPR [*colchón*] to become lumpy; [*animal*] to curl up, curl up into a ball; [*gente*] to mass, crowd together

**apenado** ADJ [1] (= *triste*) sorry

[2] (*LAm*) (= *avergonzado*) ashamed, embarrassed; (= *tímido*) shy, timid

**apenar** ▸conjug 1a◂ Ⓐ VT [1] (= *afligir*) to grieve, cause pain to

[2] (*LAm*) (= *avergonzar*) to shame

Ⓑ **apenarse** VPR [1] (= *afligirse*) to grieve, distress o.s.; **~se de** *o* **por algo** to grieve about sth, distress o.s. on account of sth

[2] (*LAm*) (= *avergonzarse*) to be ashamed; (= *ser triste*) to be sorry, be sad; (= *ser tímido*) to be shy; (= *sonrojarse*) to blush; **no se apene, no tiene importancia** (*Méx*) don't worry, it doesn't matter

▼**apenas** Ⓐ ADV [1] (= *casi no*) hardly, scarcely (*más frm*); **~ consigo dormir** I can hardly *o* scarcely *o* barely sleep; **—¿has leído mucho últimamente? —apenas** "have you been reading much lately?" — "hardly anything"; **cocinan sin ~ aceite** they cook with hardly any oil; **siguió trabajando durante horas, sin ~ acusar el cansancio** he went on working for hours, without hardly showing signs of tiredness; **~ nada** hardly anything; **no recuerdo ~ nada** I don't remember hardly anything; **no sé ~ nada de ese tema** I don't know hardly anything about that subject, I know almost nothing *o* next to nothing about that subject; **~ nadie** hardly anybody; **~ sí**: **~ si nos habló durante toda la cena** he hardly *o* barely *o* scarcely said a word to us throughout the whole dinner; **~ si nos queda dinero** we have hardly any money left

[2] (= *casi nunca*) hardly ever; **ahora ~ voy** I hardly ever go now

[3] (= *escasamente*) only; **faltan ~ cinco minutos** there's only five minutes to go; **hace ~ un año que nos conocimos** it's only a year ago that we met; **había muy pocos alumnos, ~ diez o doce** there were very few students, only *o* barely ten or twelve; **yo ~ tenía catorce años** I was barely fourteen, I was only just fourteen

[4] (= *solamente*) only; **~ voy por la página cinco** I'm only on page five; **~ entonces me di cuenta de lo que pasaba** it was only then that I realized what was happening

Ⓑ CONJ (*esp LAm*) (= *en cuanto*) as soon as; **abandonaron la ciudad ~ amanecido** they left the city as soon as it got light; **~ llegue, te llamo** I'll phone you as soon as I arrive; **~ había cumplido quince años cuando …** he'd only just turned fifteen when …

**APENAS**

El adverbio **apenas** tiene dos traducciones principales en inglés: **hardly** y **scarcely**, este último usado en lenguaje más formal.

- Estos adverbios se colocan normalmente detrás de los verbos auxiliares y modales y delante de los demás verbos:

  Apenas podía hablar después del accidente
  ***He could hardly** o **scarcely speak after the accident***

  Apenas nos conocemos
  ***We hardly** o **scarcely know each other***

- Sin embargo, en oraciones temporales, podemos colocar **hardly** y **scarcely** al principio de la oración si queremos reforzar la inmediatez de algo, o como recurso estilístico en cuentos y relatos. En este caso los adverbios van siempre seguidos de un verbo auxiliar, con lo que se invierte el orden normal del sujeto y el verbo en inglés, quedando la estructura **hardly/ scarcely** + **had** + **SUJETO** + **PARTICIPIO** + **when** … :

  Apenas me había acostado cuando oí un ruido extraño
  ***Hardly** o **Scarcely had I gone to bed when I heard a strange noise***

**NOTA:** En este sentido se suele utilizar también **no sooner** + **had** + **SUJETO** + **PARTICIPIO** + **than** … :

  ***No sooner had I gone to bed than I heard a strange noise***

*Para otros usos y ejemplos ver la entrada.*

**apencar*** ▸conjug 1g◂ VI to slog away*, slave away*

**apendectomía** SF appendectomy

**apendejarse** ▸conjug 1a◂ VPR (*Caribe*) (= *hacer el tonto*) to get silly, act the fool; (= *acobardarse*) to lose one's nerve

**apéndice** SM [1] (*Anat, Literat*) appendix; (*Jur*) schedule
[2] (*fig*) (= *satélite*) appendage

**apendicitis** SF INV appendicitis

**Apeninos** SMPL Apennines

**apenitas** ADV (*Andes, Cono Sur*) = **apenas**

**apensionado** ADJ (*Andes, Cono Sur, Méx*) sad, depressed

**apensionar** ▸conjug 1a◂ Ⓐ VT (*Andes, Cono Sur, Méx*) to sadden, grieve
Ⓑ **apensionarse** VPR to become sad, get depressed

**apeñuscarse** ▸conjug 1g◂ VPR (*Cono Sur*) to crowd together

**apeo** SM [1] (*Jur*) surveying
[2] (*Arquit*) (= *soporte*) prop, support; (= *andamio*) scaffolding
[3] (*Agr*) felling

**apeorar** ▸conjug 1a◂ VI to get worse

**aperado** ADJ (*Cono Sur*) well-equipped

**aperar** ▸conjug 1a◂ Ⓐ VT [1] [+ *aparejo*] to repair
[2] [+ *caballo*] to harness
[3] (= *abastecer*) **~ a algn de herramientas** to provide *o* equip sb with tools
Ⓑ **aperarse** VPR **~se de algo** to equip o.s. with sth, provide o.s. with sth; **estar bien aperado para** to be well equipped for

**apercancarse** ▸conjug 1g◂ VPR (*Cono Sur*) to go mouldy, go moldy (*EEUU*)

**aperchar** ▸conjug 1a◂ VT (*CAm, Cono Sur*) to pile up, stack up

**apercibimiento** SM [1] (= *preparación*) preparation
[2] (= *aviso*) warning
[3] (*Jur*) caution

**apercibir** ▸conjug 3a◂ Ⓐ VT [1] (= *preparar*) to prepare; (= *proveer*) to furnish; **con los fusiles apercibidos** with rifles at the ready
[2] (= *avisar*) to warn, advise
[3] (*Jur*) to caution
[4] (= *ver*) to notice, see
[5] [+ *error etc*] = **percibir**
Ⓑ **apercibirse** VPR to prepare, prepare o.s., get ready (**para** for); **~se de** (= *proveerse*) to provide *o* equip o.s. with; (= *percibir*) to notice

**apercollar** ▸conjug 1l◂ VT [1] (= *agarrar*) to seize by the neck
[2] (= *matar*) to fell, kill (*with a blow on the neck*)
[3] (‡) (= *detener*) to knock off‡, nick‡

**apergaminado** ADJ [*papel*] parchment-like; [*piel*] dried up, wrinkled; [*cara*] wizened

**apergaminarse** ▸conjug 1a◂ VPR [*papel*] to become like parchment; [*piel*] to dry up, get yellow and wrinkled

**apergollar** ▸conjug 1a◂ VT (*LAm*) (= *agarrar*) to grab by the throat; (= *engañar*) to trap, ensnare

**aperital** SM (*Cono Sur*) = **aperitivo**

**aperitivo** SM (= *comida*) appetizer; (= *bebida*) aperitif

**apero** SM [1] (*Agr*) (= *instrumento*) implement; (= *animales*) ploughing team, plowing team (*EEUU*)
[2] (*LAm*) (= *arneses*) harness, trappings *pl*; (*LAm*) (= *silla*) saddle
[3] **aperos** (*Agr*) (= *equipo*) farm equipment *sing*

**aperrarse*** ▸conjug 1a◂ VPR (*Cono Sur*) to dig one's heels in

**aperreado*** ADJ wretched, lousy*; **llevar una vida aperreada** to lead a wretched *o* lousy* life

**aperreador*** ADJ bothersome, tiresome

**aperrear** ▸conjug 1a◂ Ⓐ VT [1] (= *azuzar perros contra*) to set the dogs on
[2] (*) (= *acosar*) to plague; (= *cansar*) to wear out, tire out
Ⓑ **aperrearse** VPR (*) [1] (= *ser acosado*) to get harassed; (= *trabajar demasiado*) to slave away*, overwork
[2] (*LAm*) (= *insistir*) to insist

**aperreo*** SM [1] (= *trabajo duro*) overwork; (= *problema*) harassment, worry
[2] (*LAm*) (= *molestia*) nuisance; (= *ira*) rage; **¡qué ~ de vida!** it's a dog's life!, what a life!

**apersogar** ▸conjug 1h◂ VT [+ *animal*] to tether, tie up; (*Caribe*) (= *atar cosas juntas*) to string together

**apersonado** ADJ **bien ~** presentable, nice-looking; **mal ~** unprepossessing

**apersonarse** ▸conjug 1a◂ VPR (*Jur*) to appear in person; (*Com*) to have a business interview

**apertura** SF [1] (= *acción*) opening; **la ~ de la caja torácica es una operación delicada** the opening of the rib cage is a delicate operation, opening the rib cage is a delicate operation; **la ~ del cajón activó la bomba** opening the box set off the bomb; **la ~ de la cuenta bancaria requiere tiempo** opening a bank account takes time; **la ~ de las puertas es automática** the doors open automatically
[2] (= *comienzo*) start, beginning; **hoy se celebra la ~ del curso académico** today is the start *o* beginning of the new academic year; **la ~ del plazo de matrícula se ha aplazado** the starting date for enrolment has been postponed; **la ~ del juicio se realiza hoy** the trial opens today; **ceremonia de ~** opening ceremony; **sesión de ~** opening session
[3] (*Fot*) aperture
[4] (*Pol*) (= *liberalización*) opening-up; **la ~ política tras la muerte de Franco** the political opening-up after Franco's death
[5] (*Jur*) [*de testamento*] reading; **~ de un juicio hipotecario** foreclosure
[6] (*Ajedrez*) opening

**aperturar** ▸conjug 1a◂ VT to open

**aperturismo** SM (= *liberalización*) liberalization, relaxation; (*Pol*) (= *política*) policy of liberalization

**APERTURISMO**

*In the final years of the Franco régime and after Franco's death in 1975, politicians who wanted to liberalize and democratize the political system were known as* **aperturistas** *while die-hard right-wingers who wanted the régime or something very similar to continue were known as* **inmovilistas**.

⇨ *See also* TRANSICIÓN A LA DEMOCRACIA

**aperturista** Ⓐ ADJ [*tendencia etc*] liberalizing, liberal
Ⓑ SMF liberalizer, liberal

**apesadumbrado** ADJ sad, distressed

**apesadumbrar** ▸conjug 1a◂ Ⓐ VT to grieve, sadden
Ⓑ **apesadumbrarse** VPR to be grieved, distress o.s. (**con, de** about, at)

**apesarar(se)** ▸conjug 1a◂ = **apesadumbrar**

**apescollar** ▸conjug 1l◂ VT (*Cono Sur*) to seize by the neck

**apesgar** ▸conjug 1h◂ VT to weigh down

**apestado** ADJ [1] (= *maloliente*) stinking, reeking; (*Med*) plague-ridden
[2] **estar ~ de** (= *repleto*) to be infested with

**apestar** ▸conjug 1a◂ Ⓐ VT [1] (*Med*) to infect (*with the plague*)
[2] (*con olor*) to stink out
[3] (*fig*) (= *corromper*) to corrupt, spoil, vitiate (*frm*); (= *molestar*) to plague, harass; (= *repugnar*) to sicken, nauseate
Ⓑ VI to stink, reek (**a** of)
Ⓒ **apestarse** VPR [1] (*Med*) (*con la peste*) to catch the plague; (*Andes, Cono Sur*) (= *resfriarse*) to catch a cold
[2] (*Bot*) to be blighted

**apestillar** ▸conjug 1a◂ VT (*Cono Sur*) [1] (= *agarrar*) to catch, grab hold of
[2] (= *regañar*) to tell off, reprimand

**apestoso** ADJ [1] (= *hediondo*) stinking, reeking; [*olor*] awful, putrid
[2] (= *asqueroso*) sickening, nauseating; (= *molesto*) annoying, pestilential

**apetachar** ▸conjug 1a◂ VT to patch, mend

▼**apetecer** ▸conjug 2d◂ Ⓐ VT [1] (= *desear*) to crave, long for
[2] (= *atraer*) **me apetece un helado** I feel like *o* I fancy an ice cream; **¿te apetece?** how about it?, would you like to?
Ⓑ VI **la idea no apetece** the idea has no appeal *o* is not very attractive; **un vaso de jerez siempre apetece** a glass of sherry is always welcome

**apetecible** ADJ attractive, tempting

**apetencia** SF hunger (**de** for)

**apetente** ADJ hungry

**APETI** SF ABR = **Asociación Profesional Española de Traductores e Intérpretes**

**apetite**† SM [1] (= *condimento*) seasoning (*to whet one's appetite*)
[2] (= *estímulo*) incentive

**apetito** SM [1] (= *gana de comer*) appetite (**de** for); **abrir el ~** to whet one's appetite; **ese olor me está abriendo el ~** that smell is making me hungry; **comer con ~** to eat heartily *o* with appetite; **siempre tiene muy buen ~** he's always got a good *o* hearty appetite; **¿tienes ~?** are you hungry?
[2] (= *deseo*) desire, relish (**de** for); **me quitó el ~ de hacerlo** it destroyed my appetite for doing it ► **apetito sexual** sexual appetite

**apetitoso** ADJ [1] (= *gustoso*) appetizing; (= *sabroso*) tasty; (= *tentador*) tempting, attractive
[2] (= *comilón*) fond of good food

**apí** SM [1] (*Andes*) *non-alcoholic maize drink*
[2] (*Andes, Cono Sur*) (= *añicos*) **el vaso se hizo ~** the glass was smashed to pieces

**apiadar** ▸conjug 1a◂ Ⓐ VT to move to pity
Ⓑ **apiadarse** VPR **~se de** to pity, take pity on

**apiado** SM (*Cono Sur*) celery liqueur

**apicarado** ADJ roguish, mischievous

**apicararse** ▸conjug 1a◂ VPR to go off the rails*

**ápice** SM [1] (= *punta*) apex, top
[2] [*de problema*] crux; **estar en los ~s de** to be well up in, know all about
[3] (*fig*) (= *jota*) **ni ~** not a whit; **no ceder un ~** not to yield an inch; **no importa un ~** it doesn't matter a bit

**apichicarse** ▸conjug 1g◂ VPR (*Cono Sur*) to squat, crouch

**apicultor(a)** SM/F beekeeper, apiarist (*frm*)

**apicultura** SF beekeeping, apiculture (*frm*)

**apilado** SM piling, heaping

**apiladora** SF stacker

**apilar** ▸conjug 1a◂ Ⓐ VT to pile up, heap up
Ⓑ **apilarse** VPR to pile up, mount

**apilonar** ▸conjug 1a◂ VT (*LAm*) = **apilar**

**apimplado*** ADJ sloshed*, pissed**, trashed (*EEUU*)

**apiñado** ADJ [1] (= *apretado*) crammed, packed (**de** with)
[2] [*forma*] cone-shaped, pyramidal (*frm*)

**apiñadura** SF, **apiñamiento** SM crowding, congestion

**apiñar** ▸conjug 1a◂ Ⓐ VT (= *agrupar*) to crowd together, bunch together; (= *apretar*) to pack in; [+ *espacio*] to overcrowd, congest
Ⓑ **apiñarse** VPR to crowd together, press together; **la multitud se apiñaba alrededor de él** the crowd pressed round him

**apio** SM [1] (= *planta*) celery ► **apio nabo** celeriac
[2] (*Esp*) (= *afeminado*) queer, poof, fag (*EEUU*)

**apiolar** ▸conjug 1a◂ VT [1] (= *detener*) to nab*, nick
[2] (= *matar*) to do in, bump off

**apiparse*** ▸conjug 1a◂ VPR to stuff o.s.*

**apir** SM (*LAm*), **apiri** SM (*LAm*) mine worker

**apirularse** ▸conjug 1a◂ VPR (*Cono Sur*) to get dressed up to the nines

**apisonadora** SF (*con rodillo*) steamroller, road roller; (= *pisón*) tamp hammer

**apisonar** ▸conjug 1a◂ VT (*con rodillo*) to roll, roll flat; (*con pisón*) to tamp down, ram down

**apitiquarse** ▸conjug 1a◂ VPR (*Andes*) to get depressed

**apitonar** ▸conjug 1a◂ Ⓐ VT [+ *cáscara*] to pierce, break through
Ⓑ VI [*cuernos*] to sprout; [*animal*] to begin to grow horns
Ⓒ **apitonarse** VPR (*) (= *enfadarse*) to go into a huff*; [*dos personas*] (= *pelearse*) to have a slanging match*

**apizarrado** ADJ slate-coloured, slate-colored (*EEUU*)

**aplacar** ▸conjug 1g◂ Ⓐ VT (= *apaciguar*) [+ *persona*] to appease, placate; [+ *hambre*] to satisfy; [+ *sed*] to quench, satisfy; **intenté ~ los ánimos de todos** I tried to calm everyone down
Ⓑ **aplacarse** VPR [*tormenta*] to die down; **al final se ~on los ánimos** people finally calmed down

**aplanacalles*** SM INV (*LAm*) idler, layabout*

**aplanado** ADJ [1] [*superficie*] levelled, leveled (*EEUU*)
[2] (*) [*persona*] **la noticia lo dejó ~** he was stunned by the news; **quedar ~** to be stunned

**aplanador** SM ► **aplanador de calles** idler, layabout

**aplanamiento** SM (= *nivelación*) levelling, leveling (*EEUU*), flattening; (= *derrumbe*) collapse

**aplanar** ▸conjug 1a◂ Ⓐ VT [1] (= *nivelar*) to level, make even; ✦***MODISMO* ~ calles** (*LAm**) to loaf about
[2] (*Andes*) [+ *ropa*] to iron, press
[3] (*) (= *asombrar*) to bowl over
Ⓑ **aplanarse** VPR [1] (*Arquit*) to collapse, cave in
[2] (= *desanimarse*) to get discouraged; (= *aletargarse*) to become lethargic, sink into lethargy

**aplanchar** ▸conjug 1a◂ VT (*LAm*) = **planchar A**

**aplastamiento** SM crushing

**aplastante** ADJ overwhelming, crushing

**aplastar** ▸conjug 1a◂ Ⓐ VT [1] [+ *insecto etc*] to squash, crush
[2] (*fig*) (= *vencer*) to crush, overwhelm; (*con argumentos*) to floor
Ⓑ **aplastarse** VPR [1] (= *quedarse plano*) to be squashed; [*coche*] to crash, smash (**contra** on, against)
[2] (= *espachurrarse*) to flatten o.s.; **se aplastó contra la pared** he flattened himself against the wall
[3] (*Cono Sur*) (= *desanimarse*) to get discouraged, lose heart; (= *atemorizarse*) to get scared, take fright; (= *agotarse*) to wear o.s. out, tire o.s. out

**aplatanado*** ADJ [1] (= *soso*) lumpish, lacking all ambition; (= *aletargado*) weary, lethargic
[2] **está ~** (*Caribe*) (= *acriollado*) he has gone native

**aplatanarse*** ▸conjug 1a◂ VPR [1] (= *abandonarse*) to become lethargic, sink into lethargy
[2] (*Caribe*) (= *acriollarse*) to go native

**aplatarse** ▸conjug 1a◂ VPR (*Caribe*) to get rich

**aplaudir** ▸conjug 3a◂ Ⓐ VT [1] [+ *actuación*] to applaud
[2] (= *aprobar*) to welcome, approve
Ⓑ VI (= *dar palmadas*) to applaud, clap

▼**aplauso** SM [1] (= *palmadas*) applause; **un ~ cerrado** a warm round of applause; **~s** applause *sing*, clapping *sing*
[2] (= *aprobación*) approval, acclaim

**aplazamiento** SM [*de acto*] postponement; (*Fin*) deferment

**aplazar** ▸conjug 1f◂ Ⓐ VT (= *posponer*) [+ *reunión, juicio*] (*antes de iniciarse*) to postpone, put back; (*ya iniciado*) to adjourn; [+ *pago*] to defer; **han aplazado el examen al martes** they have postponed the exam until Tuesday, they have put the exam back until Tuesday; **ha aplazado su decisión hasta su regreso** he has postponed *o* put off the decision until his return
Ⓑ VI (*CAm*) (= *suspender*) to fail

**aplebeyado** ADJ coarse, coarsened

**aplebeyar** ▸conjug 1a◂ Ⓐ VT to coarsen, degrade
Ⓑ **aplebeyarse** VPR to become coarse

**aplicabilidad** SF [1] [*de decisión, teoría*] applicability (**a** to); **la ~ de los principios de Mendel al hombre** the applicability of Mendel's principles to man; **una norma de ~ inmediata** a norm that will be made applicable immediately
[2] (*Téc*) applicability

**aplicable** ADJ [1] [*crema, pomada*] applicable; **"no es ~ a los niños"** "not to be used on children"
[2] [*interés, método*] applicable; **un ejemplo ~ en la mayoría de los casos** an example applicable *o* that can be applied to the majority of cases; **~ a algn/algo** applicable to sb/sth; **el 3% de comisión ~ a los empresarios** the 3% charge applicable to businessmen; **una oferta ~ a mayores de 60 años** an offer applicable to over-60s

➤ LENGUA Y USO: apetecer A2 28.1 aplauso 2 40.4

**aplicación** SF [1] (= *uso externo*) (*tb Med*) use, application (*frm*); **recomiendan la ~ de compresas frías** they recommend the use *o* application (*frm*) of cold compresses; **una o dos aplicaciones diarias** to be applied once or twice daily; **"sólo de ~ externa"** "for external use only"; **tras la ~ de la primera capa de pintura** after applying the first coat of paint; **~ tópica** external use
[2] (= *puesta en práctica*) [*de acuerdo, impuesto, medida*] implementation, application; [*de método*] implementation; [*de sanción, castigo*] imposition; **la ~ de las nuevas tecnologías en la industria** the implementation of new technologies in industry; **en ~ de la ley 9/1968** in accordance with law 9/1968; **una brigada encargada de vigilar la ~ de las sanciones** a brigade in charge of overseeing the imposition of sanctions
[3] (= *dedicación*) application; **le falta ~ en el estudio** he doesn't apply himself enough to his studies, le lacks application in his studies (*frm*)
[4] (= *aplique*) (*Cos*) appliqué; **una puerta con hermosas aplicaciones de metal** (*Téc*) a door with beautiful metalwork overlay
[5] **aplicaciones** (= *usos*) (*Téc*) uses, applications; (*Com, Inform*) applications; **un producto con múltiples aplicaciones en la industria** a product with multiple uses in industry; **aplicaciones comerciales** business applications; **aplicaciones de gestión** management applications
[6] (*Bol, Col, Ven*) (= *solicitud*) application; **enviar una ~** to send an application

**aplicado** ADJ [1] [*ciencia*] applied
[2] (= *estudioso*) conscientious, diligent; **un niño muy ~** a very conscientious *o* diligent child; **es muy ~ en matemáticas** he works very hard at mathematics

**aplicador** Ⓐ ADJ applicator *antes de s*
Ⓑ SM applicator

**aplicar** ▸conjug 1g◂ Ⓐ VT [1] (= *poner*) [1·1] (*Med*) [+ *crema, pomada*] to apply; [+ *inyección, tratamiento*] to give, administer (*frm*) (**a** to); **~ suavemente sobre la piel** apply lightly over the skin; **se debe ~ quimioterapia** it needs to be treated with chemotherapy
[1·2] (*frm*) [+ *pintura, pegamento*] to apply (*frm*)
[2] (= *poner en práctica*) [+ *teoría*] to put into practice; [+ *técnica*] to use; [+ *principio*] to apply; [+ *descuento*] to give; [+ *sanción, castigo*] to impose, apply; **ahora tienes que ~ lo que has aprendido** now you have to put into practice what you have learnt; **su objetivo es ~ los acuerdos de paz** her aim is to put the peace agreements into practice o effect; **no se puede ~ la ley a su caso** the law cannot be applied to their case; **le ~on la legislación antiterrorista en el interrogatorio** he was questioned under anti-terrorist laws; **medidas que serán aplicadas progresivamente** measures that will be implemented step by step; **van a ~ una política de austeridad** they are going to impose a policy of austerity; **durante el verano aplicamos descuentos especiales** during the summer we offer o give special discounts
[3] (= *dedicar*) **~ a algo** [+ *esfuerzos, tiempo*] to devote to sth; [+ *recursos*] to apply to sth; **aplica tus esfuerzos a conseguir tus objetivos** devote your efforts to achieving your aims
Ⓑ VI (*Bol, Col, Ven*) to apply; **~ a algo** to apply for sth
Ⓒ **aplicarse** VPR [1] [+ *crema, pomada*] to apply (**a, en** to); **aplíquese la pomada en la quemadura** apply the cream to the burn
[2] (= *esforzarse*) **si no te aplicas más, vas a suspender** if you don't work harder *o* if you don't apply yourself to your studies, you are going to fail; **~se en algo** to work hard at sth; *ver tb* **cuento[1] 1**

**aplique** SM (= *lámpara*) wall lamp; (*Teat*) piece of stage décor; (*Cos*) appliqué

**aplomado** ADJ self-confident

**aplomar** ▸conjug 1a◂ Ⓐ VT [1] (*Arquit*) to plumb
[2] (*Chile*) (= *dar vergüenza*) to embarrass
Ⓑ **aplomarse** VPR [1] (*Arquit*) to collapse, cave in
[2] (*Chile*) (= *avergonzarse*) to get embarrassed
[3] (= *ganar aplomo*) to become self-assured, gain confidence

**aplomo** SM (= *serenidad*) assurance, self-possession; (= *gravedad*) gravity, seriousness; (*pey*) (= *frescura*) nerve, cheek; **dijo con el mayor ~** he said with the utmost assurance; **perder el ~** to get worried, get rattled*; **¡qué ~!** what a nerve!, what a cheek!

**apocado** ADJ (= *tímido*) timid; (= *humilde*) lowly; (= *falto de voluntad*) spiritless, spineless

**apocalipsis** SM INV apocalypse; **el Apocalipsis** (*Biblia*) Revelations

**apocalíptico** ADJ (= *del Apocalipsis, espantoso*) apocalyptic; [*estilo*] obscure, enigmatic

**apocamiento** SM [1] (= *timidez*) timidity; (= *humildad*) lowliness; (= *falta de voluntad*) spinelessness
[2] (= *depresión*) depression, depressed state

**apocar** ▸conjug 1g◂ Ⓐ VT [1] (= *reducir*) to make smaller, reduce
[2] (= *humillar*) to belittle, humiliate; (= *intimidar*) to intimidate; **nada me apoca** nothing scares me
Ⓑ **apocarse** VPR (= *intimidarse*) to shy away; (= *rebajarse*) to sell o.s. short, run o.s. down

**apochongarse** ▸conjug 1h◂ VPR (*Cono Sur*) to get scared, be frightened

**apocopar** ▸conjug 1a◂ VT to apocopate (*frm*), shorten

**apócope** SF apocope, apocopation; **"san" es ~ de "santo"** "san" is an apocopated form of "santo"

**apócrifo** ADJ apocryphal

**apodar** ▸conjug 1a◂ VT to nickname, dub

**apoderado/a** SM/F agent, representative; (*Jur*) proxy, attorney; (*Mús, Dep*) manager

**apoderar** ▸conjug 1a◂ Ⓐ VT [1] (= *autorizar*) to authorize, empower
[2] (*Jur*) to grant power of attorney to
Ⓑ **apoderarse** VPR **~se de** to seize, take possession of

**apodíctico** ADJ apodictic, necessarily true

**apodo** SM (= *mote*) nickname; (*Jur*) false name, alias

**apódosis** SF INV apodosis

**apogeo** SM (*Astron*) apogee; (= *punto culminante*) peak, height; **estar en el ~ de su fama** to be at the height of one's fame; **estar en todo su ~** to be on top form

**apolillado** ADJ moth-eaten

**apolilladura** SF moth hole

**apolillar** ▸conjug 1a◂ Ⓐ VT (*Cono Sur**) **estarla apolillando** to be snoozing*
Ⓑ **apolillarse** VPR (*por la polilla*) to get moth-eaten; (= *hacerse viejo*) to get old

**apolíneo** ADJ (*Mit*) Apollonian; (*Literat*) classically handsome

**apolismado** ADJ (*Andes*) (= *enclenque*) sickly, weak; (*CAm*) (= *vago*) lazy; (*Méx, Caribe*) (= *deprimido*) gloomy, depressed; (*Caribe*) (= *estúpido*) stupid

**apolismar** ▸conjug 1a◂ Ⓐ VT (*LAm*) to ruin, destroy
Ⓑ VI (*CAm*) to laze about, idle
Ⓒ **apolismarse** VPR (*LAm*) (= *enfermar*) to grow weak, weaken; (= *deprimirse*) to get worried, get depressed; (= *desanimarse*) to lose heart

**apoliticismo** SM apolitical nature, non-political nature

**apolítico** ADJ (= *neutral*) apolitical; (*de interés general*) non-political

**apoliyar** ▸conjug 1a◂ VT = **apolillar**

**Apolo** SM Apollo

**apologética** SF apologetics *sing*

**apologético** ADJ apologetic

**apología** SF (= *defensa*) defence, defense (*EEUU*); (= *elogio*) eulogy; **una ~ del terrorismo** a statement in support *o* in defence of terrorism

**apologista** SMF apologist

**apoltronado** ADJ lazy, idle

**apoltronarse** ▸conjug 1a◂ VPR **se apoltronó en el sofá** she settled down on the sofa; **desde que se jubiló se ha apoltronado y no hace nada** he has taken it very easy since he retired and never does anything much

**apolvillarse** ▸conjug 1a◂ VPR (*Cono Sur*) to be blighted

**apoplejía** SF apoplexy, stroke

**apoplético** ADJ apoplectic

**apoquinar*** ▸conjug 1a◂ VT to fork out*, cough up*

**aporcar** ▸conjug 1g◂ VT to earth up

**aporrar*** ▸conjug 1a◂ Ⓐ VI to dry up*, get stuck (*in a speech etc*)
Ⓑ **aporrarse** VPR to become a bore, become a nuisance

**aporreado** Ⓐ ADJ [*vida*] wretched, miserable; [*persona*] rascally
Ⓑ SM (*Caribe*) meat stew, chili stew

**aporreamiento** SM beating

**aporrear** ▸conjug 1a◂ Ⓐ VT [1] (= *pegar*) to beat, club; (= *dar una paliza a*) to beat up
[2] (*con el puño*) to thump, pound; **~ el piano** to hammer away at the piano
[3] (*LAm*) (= *vencer*) to beat, defeat
[4] (= *acosar*) to bother, pester
Ⓑ **aporrearse** VPR (= *pelearse*) to lay into each other; (= *trabajar*) to slave away*, slog*

**aporreo** SM [1] (= *paliza*) beating
[2] (= *ruido*) thumping, pounding
[3] (= *molestia*) bother, nuisance

**aportación** SF contribution; **aportaciones de la mujer** dowry *sing*

**aportar** ▸conjug 1a◂ Ⓐ VT [1] [+ *bienes, dinero*] to contribute; **aportó sus conocimientos de física nuclear** he contributed his knowledge of nuclear physics; **~ ideas** to contribute ideas; **su estudio no aporta nada nuevo** his study contributes nothing new; **aporta el**

**25% del calcio necesario** it provides 25% of the calcium requirement; **el viaje me aportó nuevas sensaciones** the journey brought me new experiences
2 [+ *pruebas*] to provide
Ⓑ VI (*Náut*) to reach port
Ⓒ **aportarse** VPR (*Chile*) (= *aparecer*) to show up

**aporte** SM (*LAm*) contribution

**aportillar** ▸conjug 1a◂ Ⓐ VT (= *romper*) to break down, break open; [+ *muro*] to breach
Ⓑ **aportillarse** VPR (= *desplomarse*) to collapse, tumble down

**aposentar** ▸conjug 1a◂ Ⓐ VT to lodge, put up
Ⓑ **aposentarse** VPR to lodge, put up (**en** at)

**aposento** SM (= *cuarto*) room; (= *hospedaje*) lodging

**aposesionarse** ▸conjug 1a◂ VPR **~ de** to take possession of

**aposición** SF apposition; **en ~** in apposition

**apositivo** ADJ appositional

**apósito** SM dressing

**aposta** ADV on purpose, deliberately

**apostadero** SM (*Mil*) posting; (*Náut*) naval station

**apostador(a)** SM/F better, punter; **~(a) profesional** bookmaker

**apostar**[1] ▸conjug 1a◂ Ⓐ VT (*Mil*) to station, position; **había soldados apostados en todas las esquinas** there were soldiers stationed *o* positioned at every corner
Ⓑ **apostarse** VPR **~se en un lugar** to position o.s. in *o* at a place

**apostar**[2] ▸conjug 1l◂ Ⓐ VT to bet (**a, en** on); **he apostado mil pesetas en la quiniela** I've bet a thousand pesetas on the football pools; **~ algo a algo** to bet sth on sth; **aposté diez libras al ganador** I bet ten pounds on the winner; **ha apostado su futuro político a la victoria en las elecciones** he has staked his political future on the election victory; **~ algo a que** (+ *INDIC*) to bet sth that; **apuesto lo que sea a que es mentira** I'll bet you anything that it's a lie; **he apostado tres mil pesetas con él a que no gana** I've bet him three thousand pesetas that he won't win
Ⓑ VI to bet (**a, por** on); **no me gusta ~ a los caballos** I don't like to bet *o* gamble on the horses; **~ por algo**: **apostó por la calidad en vez de la cantidad** he opted *o* went for quality not quantity; **no todo el mundo apostaba por su éxito** not everyone believed in his success; **creía en el proyecto y apostó por nosotros** he believed in the project and was behind us all the way *o* backed us all the way; **han apostado por una política de neutralidad** they have committed themselves to a policy of neutrality; **~ a que** to bet that; **apuesto a que no lo encontráis** I bet that you don't find it; **—no creo que él sea culpable —pues yo apuesto a que sí** "I don't think he's guilty" — "I bet he is"
Ⓒ **apostarse** VPR to bet; **me apuesto cualquier cosa a que no vienen** I bet you anything they don't come; **¿qué te apuestas a que gano yo?** what do you bet that I'll win?; **apostárselas a** *o* **con algn** to compete with sb

**apostasía** SF apostasy

**apóstata** SMF apostate

**apostatar** ▸conjug 1a◂ VI 1 (*Rel*) to apostatize (**de** from)
2 (= *cambiar de bando*) to change sides

**apostema** SF abscess

**a posteriori** ADV 1 (= *después*) (*gen*) at a later stage; [*comprender*] with (the benefit of) hindsight
2 (*Lógica, Jur*) a posteriori

**apostilla** SF footnote

**apostillar** ▸conjug 1a◂ VT 1 (= *poner apostillas a*) to add notes to, annotate
2 (= *agregar*) to add, chime in with; [+ *observación*] to echo; **—sí, apostilló una voz** "yes," a voice added

**apóstol** Ⓐ SM (*Rel*) apostle
Ⓑ SMF [*de ideas, movimientos*] advocate

**apostolado** SM apostolate ► **apostolado seglar** lay ministry

**apostólico** ADJ apostolic

**apostrofar** ▸conjug 1a◂ VT 1 (= *dirigirse a*) to apostrophize (*frm*), address
2 (= *injuriar*) to insult

**apóstrofe** SM 1 (*en retórica*) apostrophe
2 (= *injuria*) insult; (= *reprensión*) rebuke, reprimand

**apóstrofo** SM apostrophe

**apostura** SF (= *esmero*) neatness; (= *elegancia*) elegance; (= *belleza*) good looks *pl*

**apotegma** SM apothegm, maxim

**apoteósico** ADJ huge, tremendous

**apoteosis** SF INV apotheosis

**apoyabrazos** SM INV armrest

**apoyacabezas** SM INV headrest

**apoyador(a)** Ⓐ SM (= *soporte*) support, bracket
Ⓑ SM/F (*Pol*) seconder

**apoyalibros** SM INV book end

**apoyapié(s)** SM INV footrest

▼**apoyar** ▸conjug 1a◂ Ⓐ VT 1 (= *reclinar*) to rest, lean; **apoya la cabeza en mi hombro** rest *o* lean your head on my shoulder; **no apoyes los codos en la mesa** don't put *o* lean your elbows on the table; **apoya la bicicleta contra la pared** lean the bicycle against the wall
2 (= *ayudar*) to support; **no me apoyan en nada de lo que hago** they don't support me in anything I do; **no ~emos más al gobierno** we will no longer support the government; **los nuevos datos apoyan mi teoría** the new information supports my theory
3 (= *basar*) to base; **apoya su argumento en los siguientes hechos** he bases his argument on the following facts
4 (= *secundar*) [+ *propuesta, idea*] to support
5 (*Arquit, Téc*) to support
Ⓑ **apoyarse** VPR 1 (= *reclinarse*) to lean; **apóyate aquí** lean on this; **~se en algo/algn** to lean on sth/sb; **apóyate en mi hombro para pasar el arroyo** lean on my shoulder while we cross the stream; **~se contra algo** to lean against sth; **me apoyé contra la pared** I leaned against the wall; **la cúpula se apoya en tres pilares** the dome is supported by three pillars
2 (= *basarse*) **~se en algo** to be based on sth; **¿en qué se apoya usted para decir eso?** on what do you base that statement?
3 (= *confiar*) **~se en algn** to rely on sb; **se apoyó en sus amigos para pasar la crisis** she relied on her friends to get through the crisis

**apoyatura** SF 1 (= *apoyo*) support
2 (*Mús*) appoggiatura

▼**apoyo** SM 1 (= *ayuda*) support; **siempre cuento con el ~ de mis padres** I can always rely on my parents' support; **han retirado su ~ parlamentario** they've withdrawn their support in parliament; **~ económico** financial support
2 (*a una propuesta, idea*) support, backing
3 (= *apoyatura*) support; **el paraguas también me sirve de ~** my umbrella is also a support

**apozarse** ▸conjug 1f◂ VPR (*Andes, Cono Sur*) to form a pool

**APRA** SF ABR (*Perú Pol*) = **Alianza Popular Revolucionaria Americana**

**apreciable** ADJ 1 (= *perceptible*) appreciable, substantial; [*cantidad*] considerable; **~ al oído** audible
2 [*persona*] (= *digno de aprecio*) worthy, esteemed; **los ~s esposos** the esteemed couple; **"Apreciable Señor ..."** (*Esp*) "Dear Sir ..."

**apreciación** SF 1 (= *evaluación*) appreciation, appraisal; (*Com, Fin*) valuation, appraisal (*EEUU*); **según nuestra ~** according to our estimation ► **apreciación del trabajo** job evaluation
2 (= *subida*) appreciation

**apreciado** ADJ worthy, esteemed

**apreciar** ▸conjug 1b◂ Ⓐ VT 1 (= *tener cariño a*) to be fond of, like; **aprecio mucho a tu padre** I'm very fond of your father
2 (= *valorar*) to value; **~ algo (en) mucho** to value sth highly; **~ algo (en) poco** to attach little value to sth, set little value on sth
3 (= *percibir*) [+ *comida, música*] to appreciate; **no sabe ~ un buen vino** he doesn't know how to appreciate a good wine
4 (*Fin*) [+ *moneda*] to revalue
5 (= *agradecer*) to appreciate; **aprecio mucho lo que han hecho por mí** I really appreciate what they've done for me
6 (= *detectar*) to notice, detect; **no apreció el sarcasmo en sus palabras** he didn't notice *o* detect the sarcasm in her words; **~on una fractura en el hueso** they detected *o* found a bone fracture; **este barómetro no aprecia cambios mínimos** this barometer doesn't detect *o* register very small changes
7 (*LAm*) (= *realzar*) to add value to, enhance, improve
Ⓑ **apreciarse** VPR 1 (= *percibirse*) **se aprecia la diferencia** you can tell *o* appreciate the difference; **como se aprecia en la radiografía ...** as you can see in the X-ray ...; **se ~á un aumento de las temperaturas** there will be a rise in temperature
2 [*moneda*] to appreciate, rise (in value); [*valor*] to appreciate, rise

**apreciativo** ADJ appreciative; **una mirada apreciativa** an appraising look, a look of appraisal

**apreciatorio** ADJ **presión apreciatoria** upward pressure; **tendencia apreciatoria** upward tendency, tendency to rise

**aprecio** SM 1 (*Com, Fin*) valuation, appraisal (*EEUU*)
2 (= *estima*) appreciation; **no hacerle ~ algo** to pay no heed to sth; **tener a algn en gran ~** to hold sb in high regard; **en señal de**

➤ LENGUA Y USO: **apoyar A2** 38.2, 39.1, 39.3, 40.2 **apoyo 2** 38.1, 38.2, 40.2

**mi ~** as a token of my esteem
3 (= *caso*) **no hacer ~ de algo** (*Méx*) to pay no attention to sth, take no notice of sth

**aprehender** ▸conjug 2a◂ VT 1 [+ *individuo*] to apprehend, detain; [+ *bienes*] to seize
2 (*Fil*) to understand; (= *concebir*) to conceive, think; (= *concretar*) to pin down

**aprehensible** ADJ (= *comprensible*) understandable; (= *concebible*) conceivable; **una idea difícilmente ~** an idea which is difficult to pin down, an idea not readily understood

**aprehensión** SF 1 [*de individuo*] apprehension, capture; [*de bienes*] seizure
2 (*Fil*) (= *comprensión*) understanding; (= *percepción*) conception, perception

**apremiador** ADJ, **apremiante** ADJ urgent, pressing

**apremiar** ▸conjug 1b◂ Ⓐ VT 1 (= *apurar*) to urge, urge on, press; (= *obligar*) to force; **~ a algn a hacer algo** ◊ **~ a algn para que haga algo** to press sb to do sth
2 (= *dar prisa a*) to hurry, hurry along
3 (= *oprimir*) to oppress; (= *acosar*) to harass
Ⓑ VI to be urgent; **apremiaba repararlo** it was an urgent task to repair it, it was urgent to get it repaired; **el tiempo apremia** time is pressing

**apremio** SM 1 (= *urgencia*) urgency, pressure; (= *obligación*) compulsion; **por ~ de trabajo/tiempo** because of pressure of work/time; **procedimiento de ~** compulsory procedure ► **apremio de pago** demand note
2 (*Jur*) writ, judgment
3 (= *opresión*) oppression; (= *acoso*) harassment

**aprender** ▸conjug 2a◂ Ⓐ VT to learn; **~ algo de memoria** to learn sth (off) by heart, memorize sth; **~ a hacer algo** to learn to do sth
Ⓑ VI to learn
Ⓒ **aprenderse** VPR = **A**

**aprendiz(a)** SM/F 1 [*de oficio*] apprentice; (*Com etc*) trainee, intern (*EEUU*); **estar de ~ con algn** to be apprenticed to sb; ♦*MODISMO* **~ de todo y oficial de nada** jack of all trades and master of none ► **aprendiz de brujo** sorcerer's apprentice ► **aprendiz(a) de comercio** business trainee
2 (= *novato*) beginner, novice; (*Dep*) novice, junior

**aprendizaje** SM 1 (*industrial etc*) apprenticeship; (*Com etc*) training period, internship (*EEUU*); **hacer su ~** to serve one's apprenticeship; **pagar su ~*** to learn the hard way
2 (= *el aprender*) learning; **dificultades de ~** learning difficulties

**aprensar** ▸conjug 1a◂ VT 1 (*Téc*) to press, crush
2 (*fig*) (= *oprimir*) to oppress, crush; (= *afligir*) to distress

**aprensión** SF 1 (= *miedo*) apprehension, fear; (= *capricho*) odd idea; (= *hipocondría*) hypochondria, fear of being ill
2 (= *reparo*) misgiving; (= *escrúpulos*) squeamishness

**aprensivo** ADJ (= *preocupado*) apprehensive, worried; (= *escrupuloso*) squeamish

**apresador(a)** SM/F captor

**apresamiento** SM capture

**apresar** ▸conjug 1a◂ VT 1 (= *coger*) to catch; [+ *criminal*] to capture, catch; [+ *buque*] to take
2 [*animal*] to seize
3 (*Jur*) to seize

**aprestado** ADJ ready; **estar ~ para** (+ *INFIN*) to be ready to + *infin*

**aprestar** ▸conjug 1a◂ Ⓐ VT (= *preparar*) to prepare, get ready; (*Arte*) to prime, size; [+ *tejido*] to size
Ⓑ **aprestarse** VPR to prepare, get ready; **~se a** *o* **para hacer algo** to prepare *o* get ready to do sth

**apresto** SM 1 (= *tratamiento*) stiffening, starching
2 (= *sustancia*) size

**apresuradamente** ADV hurriedly, hastily

**apresurado** ADJ (= *hecho con prisa*) hurried, hasty; [*paso*] quick

**apresuramiento** SM hurry, haste

**apresurar** ▸conjug 1a◂ Ⓐ VT (= *dar prisa a*) to hurry, hurry along; (= *acelerar*) to speed up; [+ *paso*] to quicken
Ⓑ **apresurarse** VPR to hurry, make haste; **~se a** *o* **por hacer algo** to hurry to do sth; **me apresuré a sugerir que ...** I hastily suggested that ..., I hastened to suggest that ...

**apretadamente** ADV tightly

**apretadera** SF 1 (= *correa, cuerda*) strap, rope
2 **apretaderas*** pressure *sing*, insistence *sing*

**apretado** ADJ 1 [*tapa, tornillo, ropa*] tight; **no hagas el nudo tan ~** don't make the knot so tight; **el jersey te queda demasiado ~** the jumper is too tight on you; **le puso la venda bien apretadita en la pierna** she put the bandage tightly around his leg, she tightened the bandage around his leg
2 (= *difícil*) difficult; **hemos pasado por épocas muy apretadas** we have been through some quite difficult *o* hard times; **andamos muy ~s de dinero** we are very short of money; **una victoria muy apretada** a very close victory
3 (= *ocupado*) [*agenda, mañana*] busy; **un ~ programa de actividades** a very full *o* busy programme of activities
4 (= *apretujado*) (*en asiento, vehículo*) squashed, cramped; **si te sientas ahí, vamos a estar muy ~s** if you sit there we're going to be really squashed *o* cramped; **pusieron a los hinchas ~s contra las vallas** they shoved *o* pushed the fans against the barriers
5 (*) (= *tacaño*) tight-fisted*, tight*
6 (*) (= *tozudo*) pig-headed*
7 [*escritura*] cramped
8 (*Méx*) (= *presumido*) conceited
9 (*Caribe*) (*sin dinero*) broke*, flat (*EEUU**)
10 (*Ven*) (= *aprovechado*) **usa el teléfono sin pedir permiso ¡qué ~ es!** he uses the phone without asking permission, he's got a real cheek*

**apretar** ▸conjug 1j◂ Ⓐ VT 1 [+ *tapa, tornillo, nudo*] to tighten
2 (= *pulsar*) [+ *interruptor, pedal, tecla*] to press; [+ *gatillo*] to squeeze, pull; **aprieta el botón derecho del ratón** press the right-hand button on the mouse; **~ el acelerador** to put one's foot down (on the accelerator), depress the accelerator (*frm*)
3 (= *apretujar*) 3.1 [+ *objeto*] to squeeze, grip; (*para que no caiga*) to clutch; **apretó bien los papeles en la cartera** he packed *o* squeezed the papers into the briefcase; **apretaba entre sus manos un ramo de flores** he was clutching a bunch of flowers in his hands; **con un puro apretado entre los dientes** with a cigar between his teeth; **hay que ~ el compost con los dedos** you have to press the compost down with your fingers; **~ los dientes** to grit one's teeth, clench one's teeth; **~ la mano a algn** to shake sb's hand; **~ el puño** to clench one's fist
3.2 [+ *persona*] (*contra pared, suelo*) to pin, press; (*con los brazos*) to clasp, clutch; **me apretaba con todo su cuerpo contra la pared** he pinned *o* pressed me against the wall with his whole body; **la apretó con fuerza entre sus brazos** he clasped *o* clutched her tightly in his arms
4 (= *presionar*) **~ a algn** to put pressure on sb; **nos aprieta mucho para que estudiemos** he puts a lot of pressure on us to study, he pushes us to study hard; ♦*MODISMO* **~ las clavijas** *o* **las tuercas a algn** to put *o* tighten the screws on sb
5 **~ el paso** to quicken one's pace
6 **aprieta mucho la letra cuando escribe** he bunches up the words when he writes
7 (*Mil*) [+ *asedio*] to step up, intensify; [+ *bloqueo*] to tighten
Ⓑ VI 1 (= *oprimir*) [*zapatos*] to be too tight, pinch one's feet; [*ropa*] to be too tight; **estos zapatos aprietan** these shoes are too tight, these shoes pinch my feet; **este vestido me aprieta en la cintura** this dress is too tight for me around the waist; *ver tb* **zapato**
2 (= *aumentar*) [*dolor, frío*] to get worse; [*viento*] to intensify; **es media mañana y el hambre aprieta** it's half way through the morning and I'm beginning to feel hungry; **cuando el frío aprieta** when the cold gets worse, when it gets really cold; **donde más aprieta el calor** where the heat is at its worst
3 (= *presionar*) to put on the pressure, pile on the pressure*; **la oposición aprieta cada vez más** the opposition are putting on more and more pressure; **si le aprietan un poco más, confesará** if they put a bit more pressure on him, he'll confess; **~ con el enemigo** to close with the enemy; *ver tb* **Dios 3**
4 (= *esforzarse*) **si apretáis un poco al final, aprobaréis** if you make an extra effort at the end, you'll pass
5 **~ a hacer algo**: **si aprieta a llover** if it starts to rain heavily; **apretamos a correr** we broke into a run
6 **¡aprieta!** nonsense!, good grief!
7 (*Chile*) (= *irse con prisa*) **apretemos que viene la profesora** let's run for it, the teacher's coming; **fueron los primeros en salir apretando después del golpe** they were the first ones to make a getaway after the coup
8 (‡) (*al defecar*) to push
Ⓒ **apretarse** VPR 1 (= *arrimarse*) (*en asiento*) to squeeze up; (*para abrigarse*) to huddle together; **¿os podéis ~ un poco para hacerme sitio?** could you squeeze up a bit to make room for me?; **los diez sospechosos se apretaban en dos bancos** the ten suspects were squeezed together on two benches; **se aprietan unos contra otros en busca de calor** they huddle together for warmth
2 **~se el cinturón** to tighten one's belt

**apretón** SM 1 (= *presión*) squeeze; **con un ~ en el brazo me indicó que me callase** he

squeezed my arm *o* he gave my arm a squeeze to tell me to be quiet; **los apretones y empujones del metro** the pushing and shoving on the underground ► **apretón financiero** financial squeeze
[2] (= *abrazo*) hug; **dar un ~ a algn** to give sb a hug ► **apretón de manos** handshake; **se dieron un ~ de manos** they shook hands
[3] (= *apuro*) = **aprieto 1**
[4] (= *esfuerzo*) push; **con un ~ más al final habría aprobado** with an extra effort at the end, he would have passed
[5] (*en una carrera*) dash, sprint
[6] (*euf*) [*de vientre*] urgent call of nature (*euf*)

**apretujar** ▸conjug 1a◂ VT (= *apretar*) to press hard, squeeze hard; (= *abrazar*) to hug, give a bear hug; (= *estrujar*) to crush, crumple; **estar apretujado entre dos personas** to be sandwiched *o* squashed between two people

**apretujón** SM [1] (= *apretón*) hard squeeze; (= *abrazo*) big hug, bear hug
[2] (= *agolpamiento*) press, crush, jam

**apretura** SF [1] = **apretón 1, 3**; = **apretujón 2**
[2] (= *pobreza*) poverty

**aprieto** SM [1] (= *apuro*) predicament; **estar** *o* **verse en un ~** to be in a predicament, be in a tight spot, be in an awkward situation; **poner a algn en un ~** to put sb in a predicament, put sb in an awkward situation; **la derrota puso en un ~ su continuidad como entrenador** the defeat put his continuation as trainer in jeopardy; **ayudar a algn a salir de un ~** to help sb out of trouble *o* out of a tight spot
[2] (= *presión*) = **apretón 1**

**a priori** ADV [1] (= *antes*) (*gen*) beforehand; [*juzgar*] in advance
[2] (*Lógica, Jur*) a priori

**apriorismo** SM *tendency to resolve matters quickly*

**apriorístico** ADJ [1] (= *deductivo*) a priori, deductive
[2] (= *precipitado*) hasty, premature

**aprisa** ADV quickly, hurriedly

**aprisco** SM sheepfold

**aprisionar** ▸conjug 1a◂ VT (= *encarcelar*) to imprison, put in prison; (= *atar*) to bind, tie; (= *atrapar*) to trap; (= *aherrojar*) (*tb fig*) to shackle

**aprismo** SM (*Andes*) *doctrine of APRA*

**aprista** Ⓐ ADJ pertaining to APRA, supporting APRA
Ⓑ SMF supporter of APRA

▼**aprobación** SF [1] (*Pol*) [*de una ley*] passing; **la ~ parlamentaria de la ley** the passing of the law by parliament; **esta ley requiere la ~ por referéndum** this law has to be ratified by a referendum; **el gobierno ha dado su ~ al tratado** the government has ratified the treaty
[2] [*de informe, plan, acuerdo*] approval, endorsement; **necesito tu ~ para realizar la venta** I need your approval *o* endorsement to go ahead with the sale; **mis padres nunca me dieron su ~ para casarme** my parents never gave my marriage their approval

**aprobado** Ⓐ ADJ approved
Ⓑ SM pass, passing grade (*EEUU*)

▼**aprobar** ▸conjug 1l◂ Ⓐ VT [1] [+ *ley, proyecto de ley*] to pass; [+ *informe, plan, acuerdo*] to approve, endorse; **el parlamento aprobó el tratado** the treaty was approved *o* endorsed by Parliament
[2] [+ *alumno, asignatura*] to pass; **¿aprobaste el examen?** did you pass the exam?; **no he aprobado las matemáticas** I haven't passed mathematics; **no me han aprobado la literatura** I didn't get a pass in literature
[3] [+ *decisión, actitud*] to approve of; **no apruebo tu amistad con esa chica** I don't approve of your friendship with that girl; **mi familia aprobó mi decisión de casarme** my family approved of my decision to get married
Ⓑ VI to pass; **aprobé en francés** I passed (in) French

**aprobatorio** ADJ **una mirada aprobatoria** an approving look

**aproches** SMPL [1] (*Mil*) approaches
[2] (*LAm*) (= *vecindario*) neighbourhood *sing*, neighborhood *sing* (*EEUU*), district *sing*

**aprontamiento** SM quick delivery, rapid service

**aprontar** ▸conjug 1a◂ Ⓐ VT (= *preparar*) to prepare without delay; (= *entregar*) to deliver at once
Ⓑ VI (= *pagar*) to pay in advance

**apronte** SM (*Cono Sur*) [1] (*Dep*) heat, preliminary race
[2] **~s** preparations; **irse en los ~s** to waste one's energy on unnecessary preliminaries

**apropiación** SF appropriation ► **apropiación ilícita** illegal seizure, misappropriation ► **apropiación indebida de fondos** misappropriation of funds, embezzlement

**apropiadamente** ADV appropriately, fittingly

**apropiado** ADJ appropriate (**para** for), suitable (**para** for)

**apropiar** ▸conjug 1b◂ Ⓐ VT [1] (= *adecuar*) to adapt (**a** to), fit (**a** to)
[2] **~ algo a algn** (= *dar*) to give sth to sb; (*LAm*) (= *asignar*) to assign sth to sb; (= *otorgar*) to award sth to sb
Ⓑ **apropiarse** VPR **~se (de) algo** to appropriate sth

**apropincuarse** ▸conjug 1d◂ VPR (*hum*) to approach

**aprovechable** ADJ **unos cuantos consejos ~s** some useful pieces of advice; **estas tablas son ~s para hacer cajas** those boards can be used to make boxes; **esa camisa es ~ todavía** you can still wear that shirt, that shirt is still wearable

**aprovechadamente** ADV profitably

**aprovechado/a** Ⓐ ADJ [1] (= *usado*) **terrenos muy poco ~s** lands that have not been made the best of; **bien ~** [*dinero, tiempo*] well-spent; [*espacio, recursos*] well-exploited; [*oportunidad*] well-taken, well-used; **el espacio está muy bien ~ en este apartamento** good use has been made of the space in this flat, the space in this flat has been really well exploited; **mal ~** [*dinero, tiempo, oportunidad*] wasted; [*espacio, recursos*] badly-exploited
[2] (= *oportunista*) selfish, self-seeking; **no seas tan ~** don't be so selfish *o* self-seeking; **ese vendedor es muy ~** that salesman is a real opportunist
[3] (= *ahorrador*) thrifty; **un contable muy ~** a very thrifty accountant
[4] (= *aplicado*) [*trabajador*] industrious, hardworking; [*alumno*] resourceful
Ⓑ SM/F (= *oportunista*) **es un ~** he's such a scrounger*, he's such an opportunist

**aprovechamiento** SM [1] (= *utilización*) use; **un mejor ~ del espacio** a better use of space; **carbón destinado a su ~ como combustible** coal intended to be used as fuel; **un sistema de ~ del suelo** a system of soil exploitation
[2] (= *provecho*) **sigue las asignaturas con ~** he is progressing in his studies; **conseguir** *o* **sacar el máximo ~ de algo** to get the maximum use *o* advantage out of sth, make the most of sth

**aprovechar** ▸conjug 1a◂ Ⓐ VT [1] (= *utilizar*) use; **algunas algas son aprovechadas en medicina** some algae are used in medicine; **un intento de ~ los recursos naturales de la zona** an attempt to take advantage of *o* use the area's natural resources; **ha sabido ~ la ocasión y hacer un buen negocio** he managed to take advantage *o* use the opportunity to make a profitable deal; **no quiso ~ su oferta** he chose not to take up their offer; **~ algo para hacer algo** to use sth to do sth, take advantage of sth to do sth; **aprovechó el descanso para tomarse un café** she used *o* took advantage of the break to have a coffee; **vamos a ~ este espacio para hacer un armario** we are going to use this space for a wardrobe; **aproveché que tenía la tarde libre para ir de compras** I took the opportunity of having an afternoon off to go shopping; **quiero ~ esta oportunidad para agradecerles a todos su apoyo** I want to take this opportunity to thank everyone for their support
[2] (= *sacar el máximo provecho de*) [+ *tiempo, espacio, ocasión*] to make the most of; [+ *conocimientos, experiencia*] to make use of, make good use of; **hay que organizarse y saber ~ el tiempo** you have to be organized and know how to make the most of *o* get the most out of your time; **hemos movido los muebles para ~ mejor el espacio** we moved the furniture to make better use of the space; **sabe ~ muy bien su atractivo** he knows how to make the most of his good looks; **Sánchez aprovechó el cansancio de su rival** Sánchez capitalized on *o* took advantage of her opponent's tiredness
Ⓑ VI [1] (= *obtener provecho*) **tú que eres soltera, aprovecha y disfruta** make the most of the fact that you're single and enjoy yourself; **su estrategia no le aprovechó para nada** his strategy did not prove to be of any use *o* advantage to him at all; **~ para hacer algo** to take the opportunity to do sth; **salió a pasear y aprovechó para hacer unas compras** he went out for a walk and took the opportunity to do some shopping; **aprovecha para pedirles el dinero que te deben** take the opportunity to ask them for the money they owe you; **¡que aproveche!** (*al comer*) enjoy your meal!, bon appétit!, enjoy! (*EEUU*)
[2] (= *progresar*) to progress; **en ese curso no aprovechamos nada** we didn't get anywhere with that course
Ⓒ **aprovecharse** VPR [1] (= *abusar*) to take advantage; **lo puedes usar, pero sin ~te** you can use it but don't take advantage; **todos se aprovechan de mí** everybody takes advantage of me
[2] (*Esp*) (= *sacar provecho de*) to make the most of; **aprovechaos ahora que tenéis tiempo** make the most of it now that you have time; **la mayoría no se aprovecha de estos beneficios** most people don't take ad-

➤ LENGUA Y USO: **aprobación 2** 40.2 **aprobar A3** 38.2, 40.3

vantage of these benefits; **hay que ~se de que tenemos tiempo libre** we have to make the most of the fact that we have free time

3 (*en sentido sexual*) **~se de** [+ *adulto*] to take advantage of; [+ *niño*] to abuse

**aprovechón/ona*** Ⓐ ADJ opportunistic

Ⓑ SM/F opportunist

**aprovisionador(a)** SM/F supplier

**aprovisionamiento** SM 1 (= *provisiones*) supply

2 (= *acto*) purchasing, buying

**aprovisionar** ▸conjug 1a◂ VT to supply

**aprox.** ABR (= **aproximadamente**) approx

**aproximación** SF 1 (*Mat*) approximation (**a** to)

2 (= *proximidad*) nearness, closeness; **no parece ni por ~ que vaya a ceder** he seems to be nowhere near giving up, he doesn't look remotely like giving up

3 (= *acercamiento*) approach (**a** to); (*Pol*) rapprochement

4 (*en lotería*) consolation prize

**aproximadamente** ADV approximately

**aproximado** ADJ (= *que se aproxima*) approximate; [*cálculo etc*] rough

**aproximamiento** SM = **aproximación**

**aproximar** ▸conjug 1a◂ Ⓐ VT to bring near, bring nearer (**a** to); **~ una silla** to bring a chair over, draw up a chair

Ⓑ **aproximarse** VPR 1 (= *arrimarse*) to come near, come closer; **~se a** (= *acercarse*) to near, approach; **el tren se aproximaba a su destino** the train was nearing *o* approaching its destination

2 **~se a** [+ *cierta edad*] to be nearly, be getting on for

3 **~se a** (= *intentar reconciliarse*) to approach, approximate to

**aproximativo** ADJ (= *que se aproxima*) approximate; [*cálculo etc*] rough

**Aptdo.** ABR, **aptdo.** ABR (= **apartado postal** *o* **de correos**) P.O. Box

**aptitud** SF 1 (= *conveniencia*) suitability, fitness (**para** for)

2 (= *capacidad*) aptitude, ability; **carece de ~** he hasn't got the talent; **demostrar tener ~es** to show promise ► **aptitud para los negocios** business sense

**apto** ADJ 1 (= *idóneo*) suitable (**para** for, to), fit (**para** for, to); **~ para desarrollar** suitable for developing; **~ (para menores)** (*Cine*) suitable for children; **no ~ (para menores)** (*Cine*) unsuitable for children; **~ para el servicio** (*Mil*) fit for military service

2 (= *hábil*) competent, capable; **ser ~ para aprender** to be quick to learn

3 (*Escol*) pass *antes de s*

**Apto.** ABR (= **apartamento**) Apt

**apuesta** SF 1 (*en juego*) bet; **la ~ era de 10.000 pesetas** the bet was 10,000 pesetas, it was a 10,000 peseta bet; **hagan sus ~s, señores** place your bets, ladies and gentlemen; **¿cuántas ~s has hecho esta semana en la quiniela?** how much did you bet on the pools this week?

2 (= *desafío*) **te hago una ~ a que …** I bet you that …

3 (= *opción*) **nuestra ~ por la modernización supondrá un aumento gradual de los gastos** our commitment to modernization will lead to a gradual increase in expenditure; **ésa es una ~ de futuro** that is a future hope, that is a hope for the future

4 (*Bridge*) bid

**apuesto** ADJ 1 (= *guapo*) handsome, nice-looking

2 (= *pulcro*) neat, elegant; (*hum*) (= *peripuesto*) dapper, natty

**Apuleyo** SM Apuleius

**apunamiento** SM (*Andes, Cono Sur*) altitude sickness, mountain sickness

**apunarse** ▸conjug 1a◂ VPR (*Andes, Cono Sur*) to get altitude *o* mountain sickness

**apuntación** SF (= *nota*) note; (*Mús*) notation

**apuntado** ADJ 1 (= *con punta*) [*ventana, sombrero*] pointed; [*arco*] lancet

2 (= *escrito*) **lo tengo ~ en alguna parte** I have it written down somewhere

3 (*Cono Sur**) (= *borracho*) merry*, tight*

**apuntador(a)** SM/F 1 (*Teat*) prompter; ✦*MODISMO* **no se salvó ni el ~*** no-one was spared

2 (*Méx Dep*) scorer

**apuntalamiento** SM propping-up, underpinning

**apuntalar** ▸conjug 1a◂ Ⓐ VT 1 (*Min, Arquit*) to prop up, shore up; (*Mec*) to strut

2 (= *respaldar*) to support, back

Ⓑ **apuntalarse** VPR (*Costa Rica*) to have a snack

**apuntamiento** SM 1 [*de arma*] aiming

2 (= *anotación*) **yo realicé el ~ de la mercancía** I noted down the merchandise

3 (*Jur*) judicial report

4 [*de arco, curva*] pointedness

5 [*de viga, muro*] support

**apuntar** ▸conjug 1a◂ Ⓐ VT 1 (= *dirigir*) [+ *cámara, pistola, misil*] to aim (**a** at), train (**a** on)

2 (= *sugerir*) to point out; **apuntó la necesidad de una huelga** he pointed out the need for a strike; **apuntó la posibilidad de que no hubiera sido un suicidio** she suggested the possibility that it had not been a suicide, she pointed out that it might not have been a suicide

3 (= *anotar*) 3·1 (*en cuaderno*) make a note of, note down; (*en lista, tabla*) to enter, record; **apuntó la dirección en su agenda** she made a note of the address in her diary, she noted down the address in her diary; **apuntó la temperatura en un gráfico** she recorded *o* wrote down the temperature on a graph; **apúntalo en mi cuenta** put it on my account; **~ una cantidad a cuenta de algn** to charge a sum to sb's account

3·2 (*Estadística*) [+ *velocidad, tiempo*] to log

4 (= *inscribir*) (*en lista*) to put down; (*en colegio, curso*) to enrol, enroll (*EEUU*); (*en concurso, competición*) to enter, put down; **¿me puedes ~ para la cena de Navidad?** could you put me down for the Christmas dinner?; **lo han apuntado en un colegio privado** they have enrolled him at a private school

5 (= *decir en voz baja*) (*a actor*) to prompt; **~ la respuesta a algn** to whisper the answer to sb

6 (= *afilar*) to sharpen, put a point on

7 (= *apostar*) [+ *dinero*] to bet

8 (*Cos*) to fasten

Ⓑ VI 1 (= *señalar*) (*con arma*) to aim; (*con dedo, objeto*) to point at; **no apuntes hacia ninguna persona** (*con arma*) don't aim at anybody *o* don't point your gun at anybody; (*con dedo*) don't point at anybody; **¡apunten! ¡disparen!** take aim! fire!; **~ con**: **todos le apuntaban con el dedo** everyone pointed their fingers at her; **no apuntes con la botella hacia la ventana** don't point the bottle at the window; **~ a algn con un arma** to aim a gun at sb, point a gun at sb; **me apuntó al pecho con un fusil** he aimed *o* pointed the gun at my chest; **apuntó con su pistola al cajero y se llevó todo el dinero** he held up the cashier with his gun and took all the money; ✦*MODISMO* **~ y no dar** to fail to keep one's word

2 (= *dirigirse*) to point; **la proa apuntaba hacia el sur** the prow was pointing south; **sus declaraciones apuntaban en la dirección opuesta** his statements pointed in the opposite direction; **ese chico apunta demasiado alto** that kid sets his sights too high

3 (= *anotar*) to note down; **¿tienes dónde ~?** have you got something to note this down on?; **apunta, dos kilos de patatas y uno de uvas** note this down *o* make a note, two kilos of potatoes and a kilo of grapes

4 (= *surgir*) [*barba*] to sprout; **ya empezaba a ~ el día** the day was dawning; **una tendencia que ya comenzaba a ~ a finales del siglo** a tendency that had already begun to emerge at the end of the century; **el maíz apunta bien este año** (*LAm*) the corn is coming on nicely this year

5 **~ a algo** to point to sth; **una hipótesis apunta al origen romano del yacimiento** one hypothesis suggests that the site is of Roman origin; **todo apunta a que van a ganar las elecciones** there is every indication *o* sign that they will win the elections, everything points to them winning the election; **todo parece ~ a que …** everything seems to indicate that …

6 (*LAm*) (= *apostar*) to bet, place bets

Ⓒ **apuntarse** VPR 1 (= *inscribirse*) (*en lista*) to put one's name down; (*en colegio, curso*) to enrol, enroll (*EEUU*), register; (*en partido, asociación*) to join; (*en concurso, competición*) to enter, put one's name down; **como el viaje es tan barato nos hemos apuntado** as the trip is so cheap we've put our names down to go; **he ido a ~me al paro** I went to sign on the dole; **nos hemos apuntado a un plan de pensiones** we have taken out *o* joined a pension plan; **me he apuntado a un curso de inglés** I've signed up for an English course, I've enrolled on an English course; **~se a una moda** to follow a fashion

2 (*) **¿te apuntas a un café?** do you fancy a coffee?; **nos vamos de vacaciones a Cuba, ¿alguien se apunta?** we are going on holiday to Cuba, anyone interested? *o* does anyone fancy coming?; **si vais al cine el domingo, llamadme, que yo me apunto** if you're going to the cinema on Sunday, call me, I'll be up for it*; ✦*MODISMO* **~se a un bombardeo** (*Esp*) to be game for anything, be up for anything*

3 (= *obtener*) **~se un tanto** (*Dep*) to score a point; (*fig*) to chalk up a point, score a point, stay one up; **~se una victoria** to score a win, chalk up a win

4 (= *vislumbrarse*) **a lo lejos se apuntaba la luz del faro** you could make out the lighthouse in the distance; **han seguido la dirección que ya se apuntaba al principio** they have continued in the direction that was evi-

dent from the start
5 [*vino*] to turn sour
6 (*Cono Sur**) (= *emborracharse*) to get tight*

**apunte** SM 1 **apuntes** (= *notas*) notes; **¿me puedes pasar los ~s de la última clase?** could you give me the notes from the last class?; **ahora unos breves ~s sobre la actualidad** now for some short news items; **sacar ~s** (*Educ*) to take notes; (*Arte*) to make sketches; **tomar ~s** to take notes; ♦***MODISMO*** **llevar al ~ a algn** (*Cono Sur*) (= *hacer caso*) to take notice of sb; (= *vigilar*) to keep tabs on sb* ► **apuntes de campo** nature notes
2 (*Com*) (= *anotación*) entry; (*Cono Sur*) (= *listado*) list of debts, note of money owing
3 (*Arte*) sketch
4 (*Literat*) outline
5 (= *amago*) hint; **con un ~ de sonrisa en los labios** with the hint of a smile on his lips
6 (*Teat*) (= *persona*) prompter; (= *texto*) prompt book
7 (*Naipes*) (= *jugador*) punter; (= *apuesta*) bet

**apuntillar** ▸conjug 1a◂ VT 1 [+ *toro*] to finish off
2 (*fig*) (= *rematar*) to round off

**apuñadura** SF knob, handle

**apuñalar** ▸conjug 1a◂ VT to stab, knife; **~ a algn por la espalda** (*lit, fig*) to stab sb in the back; **~ a algn con la mirada** to look daggers at sb

**apuñar** ▸conjug 1a◂ VT 1 (= *asir*) to seize, seize in one's fist
2 (*Cono Sur*) (= *amasar, heñir*) to knead, knead with the fists

**apuñear** ▸conjug 1a◂ VT, **apuñetear** ▸conjug 1a◂ VT to punch, strike

**apurada*** SF (*LAm*) **¿por qué no te echas** *o* **pegas una ~?** why don't you get a move on* *o* hurry up?; ♦***MODISMO*** **a las ~s** (*Arg, Uru*) in a rush; **todo lo hace a las ~s** she rushes everything, she does everything in a rush; **andaba a las ~s** she was in a rush

**apuradamente** ADV 1 (= *con dificultad*) with great difficulty; **logramos salir ~ de aquel agujero** we managed to get out of that hole with great difficulty; **consiguieron la victoria ~** they gained a hard-fought victory, they gained victory with great difficulty
2 (= *con precisión*) precisely, exactly
3 (*LAm*) (= *de prisa*) hurriedly, in a rush

**apurado** Ⓐ ADJ 1 (= *falto*) (*de dinero*) hard up; (*de tiempo*) in a hurry, in a rush; **a final de mes siempre ando algo ~** I'm always a bit hard up at the end of the month; **siempre voy muy ~ de tiempo** I'm always in a hurry *o* rush; **tú vives ~** you're always stressed out; ♦***MODISMO*** **casarse ~** (*LAm*) to have a shotgun wedding
2 (= *difícil*) [*situación*] critical; [*triunfo, victoria*] hard-fought; **en tan ~ trance, decidieron entregarse** being in such a critical state, they decided to give in; **un ~ triunfo frente el Cáceres** a hard-fought victory against Cáceres
3 (= *avergonzado*) **nunca te había visto tan apurada** I had never seen you so embarrassed; **estaba muy ~ porque iba a llegar tarde** I was really worried because I was going to be late
4 (*Esp*) (= *preciso*) [*limpieza, frenada*] precise, exact; [*afeitado*] close, smooth
Ⓑ SM (= *afeitado*) close shave; **la cuchilla que le proporciona el máximo nivel de ~** the razor that gives you the closest shave

**apuramiento** SM 1 (= *agotamiento*) exhaustion
2 (= *aclaración*) verification
3 (*Téc*) purification, refinement

**apurar** ▸conjug 1a◂ Ⓐ VT 1 (= *agotar*) [+ *bebida*] drink up; [+ *comida*] to eat up; [+ *provisión, medios*] to use up, exhaust, finish off; **apuró hasta la última gota de agua** he drank up the last drop of water; **apura tu copa, que nos vamos** drink up, we're going; **apuró la copa hasta el final** he drained the glass; **tenemos que ~ todos los medios para conseguir nuestro objetivo** we have to exhaust all our means to achieve our aim; **apuró hasta el último momento de sus vacaciones** he stretched out his holiday until the last moment
2 (= *agobiar*) to put pressure on, pressurize; **deja que haga lo que pueda sin ~lo** let him do what he can without pressurizing him *o* putting him under pressure; **no dejes que el trabajo te apure** don't let your work get on top of you; **si se me apura, yo diría que es la mejor playa de España** if pushed, I would say that it is the best beach in Spain
3 (= *avergonzar*) to embarrass; **me apuraba oírla hablar de esa manera** it really embarrassed me to hear her speak like that
4 (= *comprobar*) [+ *detalles*] to check on; [+ *cuestión*] to study minutely; [+ *misterio*] to clear up, get to the bottom of
5 (*esp LAm*) (= *meter prisa*) to rush, hurry; **¡no me apures!** don't rush *o* hurry me!
6 (*Téc*) to purify, refine
Ⓑ VI (*Chile*) to be urgent; **este trabajo le apura mucho** this job is very urgent; **me apura ver al doctor** I have to see the doctor urgently
Ⓒ **apurarse** VPR 1 (= *agobiarse*) to get upset, worry (**por** about, over); **se apura por poca cosa** she gets upset *o* worries about the slightest thing; **¡no te apures, que todo se arreglará!** don't worry, everything will be all right!
2 (= *esforzarse*) to make an effort, go hard at it; **~se por hacer algo** to strive to do sth
3 (*esp LAm*) (= *apresurarse*) to hurry, hurry up; **¡apúrate!** get a move on!; **no te apures** there's no hurry
4 **~se la barba** (*Esp*) to have a close shave

**apuro** SM 1 (= *aprieto*) predicament; **en caso de auténtico ~, siempre puedes vender las joyas** if you're in real difficulty *o* in a real predicament you can always sell the jewels; **pueden servir para un caso de ~** they might be useful in an emergency; **vencieron con ~s, por 90-87** they won 90-87, not without a struggle; **vivimos sin ~s gracias a esa pensión** we have no financial worries thanks to that pension; **en ~s**: **ayudan a empresas en ~s** they help companies in difficulty; **arriesgó su vida para socorrer a un anciano en ~s** he risked his life to help an old man in distress; **llámame si te ves en ~s** call me if you are in trouble; **se vieron en ~s para hacer el hojaldre** they found it difficult to make *o* had trouble making the puff pastry; **pasar ~s** [*de dinero*] to suffer hardship; (*al hacer algo*) to have difficulties; **antes de hacerse famoso pasó muchos ~s** before he became famous he suffered great hardship; **pasaron algunos ~s para llegar a la final** they had a bit of a struggle to reach the final; **poner a algn en ~s** to put sb in an awkward situation, make things awkward for sb; **sacar a algn de un ~** to get sb out of a mess; **me ha sacado de más de un ~** he has got me out of more than one mess; **gracias por sacarme del ~ delante de todos** thanks for getting me off the hook in front of everyone; **salir de un ~** to get out of a tight spot
2 (= *vergüenza*) embarrassment; **se desnudó sin ningún ~** he took off his clothes without any embarrassment; **en mi vida he pasado más ~** I've never been so embarrassed in all my life; **¡qué ~!** how embarrassing!; **me da ~** it embarrasses me, I'm embarrassed; **me da ~ hasta mirarla** I feel embarrassed just looking at her; **sigue dándome ~ entrar sola en los bares** I'm still too embarrassed to go into bars on my own
3 (*LAm*) (= *prisa*) rush; **tener ~** [*persona*] to be in a hurry, be in a rush; [*actividad*] to be urgent; **tenemos mucho ~ en llegar** we need to be there as soon as possible; ♦***MODISMO*** **casarse de ~** to have a shotgun wedding

**apurón** SM (*LAm*) (= *prisa*) great haste, great hurry; (*Cono Sur*) (= *impaciencia*) impatience; **andar a los apurones** (*Cono Sur*) to do things in a rush *o* hurry

**apurruñar** ▸conjug 1a◂ VT (*Caribe*) (= *maltratar*) to maltreat, handle roughly; (= *manosear*) to mess up, rumple

**aquejar** ▸conjug 1a◂ VT 1 (= *afligir*) to bother, trouble; (= *importunar*) to worry, harass; (= *cansar*) to weary, tire out; **¿qué le aqueja?** what's up with him?
2 (*Med*) to afflict; **le aqueja una grave enfermedad** he suffers from a serious disease

**aquel(la)** Ⓐ ADJ DEM that; **~los/as** those
Ⓑ SM (*Esp**) (= *gracia*) charm; (= *atractivo*) sex appeal; **tiene mucho ~** she's got it*, she certainly has sex appeal

**aquél(la)** PRON DEM that, that one; **~los/as** those, those ones; **éstos son negros mientras ~los son blancos** these ones are black, whereas those ones are white; **~ que está en el escaparate** the one that's in the window; **todo ~ que ...** anyone who ...; **como ~ que dice** so to speak

**aquelarre** SM 1 (= *reunión de brujas*) witches' coven
2 (= *barahúnda*) uproar, din

**aquello** PRON DEM INDEF that; **~ no tuvo importancia** that wasn't important; **~ no me gusta** I don't like that; **~ que te conté de mi hermano** that business about my brother I told you about; **~ de que no iba a venir fue mentira** when they said he wasn't coming it was a lie; **¡no se te olvide ~!** see you don't forget what I told you about *o* what I told you to do *etc*!; **~ fue de miedo*** that was awful, wasn't that awful?

**aquerenciado** ADJ (*Cono Sur, Méx*) in love, loving

**aquerenciarse** ▸conjug 1b◂ VPR 1 **~ a un lugar** [*animal*] to become attached to a place
2 (*Cono Sur, Méx*) (= *enamorarse*) to fall in love

**aqueridarse** ▸conjug 1a◂ VPR (*Caribe*) to set up house together, move in together

**aquí** ADV 1 (*en el espacio*) here; **~ dentro** in here; **~ mismo** right here; **ven ~** come here;

**soy de ~** I'm from (round) here; **la gente de ~** (the) people here; **a 2km de ~** 2km from here; **~ Pepe, ~ Manolo** this is Pepe and this is Manolo; **andar de ~ para allá** to walk up and down *o* to and fro; **hasta ~** so far, thus far (*frm*), as far as here; **por ~** round here; **por ~ cerca** round here somewhere; **venga por ~** come this way; **no pasó por ~** he didn't come this way; **he ~ la razón** (*frm*) herein lies the reason (*frm*); **✦MODISMOS ni de ~ a Lima** *o* **la Luna** there's no comparison; **y ~ no ha pasado nada** and we'll say no more about it; **hubo un lío de ~ te espero*** there was a tremendous fuss

[2] (*en el tiempo*) **de ~ en adelante** from now on; **de ~ a un mes** a month from now; **de ~ a nada** in next to no time; **hasta ~** up till now

[3] **de ~ que** and so, that's why

**aquiescencia** SF acquiescence

**aquiescente** ADJ acquiescent

**aquietar** ▸conjug 1a◂ Ⓐ VT (= *sosegar*) to quieten down, calm down; [+ *temor*] to allay

Ⓑ **aquietarse** VPR to calm, calm down

**aquijotado** ADJ quixotic

**aquilatar** ▸conjug 1a◂ Ⓐ VT [1] [+ *metal*] to assay; [+ *joya*] to value, grade

[2] (*fig*) (= *evaluar*) to size up, weigh up

Ⓑ **aquilatarse** VPR (*Cono Sur*) to improve

**Aquiles** SM Achilles

**aquilón** SM (*poét*) (= *viento*) north wind; (= *norte*) north

**Aquisgrán** SM Aachen, Aix-la-Chapelle

**aquisito*** ADV (*LAm*) = **aquí**

**aquistar**†† ▸conjug 1a◂ VT to win, gain

**Aquitania** SF Aquitaine

**A.R.** ABR = **Alteza Real**

**ara**[1] SF (= *altar*) altar; (= *piedra*) altar stone; **en ~s de** in honour *o* (*EEUU*) honor of; **en ~s de la exactitud** in the interests of precision

**ara**[2] SM (*LAm*) (= *pájaro*) parrot

**árabe** Ⓐ ADJ Arab; **lengua ~** Arabic; **palabra ~** Arabic word; **estilo ~** (*Arquit*) Mauresque

Ⓑ SMF [1] (= *de Arabia*) Arab

[2] (*Méx*) (= *vendedor ambulante*) hawker, street vendor

Ⓒ SM (*Ling*) Arabic

**arabesco** ADJ, SM arabesque

**Arabia** SF Arabia ► **Arabia Saudí, Arabia Saudita** Saudi Arabia

**arábigo** Ⓐ ADJ [*número*] Arabic

Ⓑ SM (*Ling*) Arabic; **está en ~*** it's Greek to me; **hablar en ~*** to talk double Dutch*

**arábigoandaluz** ADJ of Al-Andalus, *of Muslim (southern) Spain*

**arabismo** SM arabism

**arabista** SMF Arabist

**arabizar** ▸conjug 1f◂ VT to arabize

**arable** ADJ (*esp LAm*) arable

**arácnido** SM arachnid

**arada** SF [1] (*Agr*) (= *acción*) ploughing, plowing (*EEUU*)

[2] (= *tierra*) ploughed land, plowed land (*EEUU*)

[3] (= *jornada*) day's ploughing, day's plowing (*EEUU*)

**arado** SM [1] plough, plow (*EEUU*)

[2] (= *reja*) ploughshare, plowshare (*EEUU*)

[3] (*Andes*) (= *tierra*) ploughland, plowed land (*EEUU*), tilled land; (= *huerto*) orchard

**arador** SM ploughman, plowman (*EEUU*)

**Aragón** SM Aragon

**aragonés/esa** Ⓐ ADJ, SM/F Aragonese

Ⓑ SM (*Ling*) Aragonese

**aragonesismo** SM aragonesism, *word or phrase etc peculiar to Aragon*

**araguato** Ⓐ ADJ (*Caribe*) dark, tawny-coloured, tawny-colored (*EEUU*)

Ⓑ SM (*Andes, Caribe, Méx*) howler monkey

**arambel** SM [1] (*Cos*) patchwork hangings *pl*, patchwork quilt

[2] (= *triza*) rag, shred, tatter

**arana** SF (= *trampa*) trick, swindle; (= *mentira*) lie

**araná** SM (*Caribe*) straw hat

**arancel** SM tariff, duty ► **arancel protector** protective tariff

**arancelario** ADJ tariff *antes de s*, customs *antes de s*; **barrera arancelaria** tariff barrier; **protección arancelaria** tariff protection

**arándano** SM bilberry, blueberry ► **arándano agrio, arándano colorado, arándano encarnado** cranberry

**arandela** SF [1] (*Téc*) washer

[2] [*de vela*] drip collar

[3] (*Andes*) (= *chorrera*) frill, flounce

[4] **arandelas** (*Col*) (= *pastelitos*) teacakes, buns

**araña** SF [1] (*Zool*) spider; **tela de ~** spider's web; **✦MODISMO matar la ~** (= *comer*) to take the edge off one's appetite; (= *perder el tiempo*) to waste time

[2] (= *candelabro colgante*) chandelier ► **araña de mesa** candelabrum

**arañar** ▸conjug 1a◂ VT [1] (= *herir*) to scratch

[2] (= *recoger*) to scrape together; **pasó los exámenes arañando** (*Arg*) he just scraped through the exams

[3] (*) [+ *beneficios*] to rake off, cream off

**arañazo** SM, **arañón** SM scratch

**arañonero** SM spider plant

**arao** SM guillemot

**arar** ▸conjug 1a◂ VT [1] (*Agr*) to plough, plow (*EEUU*), till

[2] (*fig*) (= *hacer surcos en*) to mark, wrinkle

**arara** SM (*LAm*) parrot

**arate‡** SM blood

**araucano/a** ADJ, SM/F Araucanian

> **ARAUCANO**
>
> *The* **Araucanos** *from the south-east of Latin America fiercely resisted both Inca and Spanish attempts to colonize them and are known for their independence and indomitable spirit. Their exploits are celebrated in* **La Araucana**, *an epic poem by Alonso de Ercilla (1533-94). The* **Araucano** *language, also known as* **Mapuche**, *is today spoken by over 300,000 people in Chile and Argentina, and many words of Araucanian origin are used in Chilean and Argentinian Spanish. The name* **Chile** *is Araucanian for "Land's End".*

**araucaria** SF araucaria, monkey-puzzle tree

**arbitrador(a)** SM/F arbiter, arbitrator

**arbitraje** SM [1] (= *juicio*) arbitration ► **arbitraje industrial** industrial arbitration ► **arbitraje laboral** industrial arbitration

[2] (*Com*) arbitrage

[3] (*Dep*) refereeing

**arbitrajista** SMF arbitrageur

**arbitral** ADJ of a referee, of an umpire; **una decisión ~** a referee's ruling; **el equipo ~** the referee and his linesmen *o* assistant referees

**arbitrar** ▸conjug 1a◂ Ⓐ VT [1] [+ *disputa*] to arbitrate in; (*Tenis*) to umpire; (*Boxeo, Ftbl*) to referee

[2] [+ *recursos*] to bring together; [+ *fondos*] to raise

Ⓑ VI [1] (= *actuar como árbitro*) to arbitrate; (*Dep*) to umpire, referee; **~ en una disputa** to arbitrate in a dispute; **~ entre A y B** to arbitrate between A and B

[2] (*Fil*) to act freely, judge freely

Ⓒ **arbitrarse** VPR to get along, manage

**arbitrariamente** ADV arbitrarily

**arbitrariedad** SF [1] (= *cualidad*) arbitrariness

[2] (= *acto*) arbitrary act; (= *ultraje*) outrage

**arbitrario** ADJ arbitrary

**arbitrio** SM [1] (= *libre albedrío*) free will

[2] (= *medio*) means

[3] (*Jur*) decision, judgment; **al ~ de** at the discretion of; **dejar al ~ de algn** to leave to sb's discretion

[4] (= *impuesto*) excise tax ► **arbitrio municipal de plusvalía** municipal capital gains tax

**arbitrismo** SM arbitrariness, arbitrary nature

**arbitrista** SMF promoter of crackpot *o* utopian schemes

**árbitro/a** SM/F (*Jur*) arbiter, arbitrator; (*Tenis*) umpire; (*Boxeo, Ftbl*) referee

**árbol** SM [1] (*Bot*) tree; **✦MODISMOS los ~es no dejan ver el bosque** you can't see the wood for the trees; **estar en el ~** (*Andes*) to be in a powerful position ► **árbol de la ciencia** tree of knowledge, tree of knowledge of good and evil ► **árbol de Navidad** Christmas tree ► **árbol de Pascua** (*Cono Sur*) Christmas tree ► **árbol frutal** fruit tree ► **árbol genealógico** family tree

[2] (*Mec*) shaft ► **árbol del cigüeñal** crankshaft ► **árbol de levas** camshaft ► **árbol de transmisión** transmission shaft ► **árbol motor** driving shaft

[3] (*Náut*) mast ► **árbol mayor** mainmast

[4] (*Inform*) tree

**arbolado** Ⓐ ADJ [1] [*tierra*] wooded, tree-covered; [*calle*] tree-lined, lined with trees

[2] [*mar*] heavy

Ⓑ SM woodland

**arboladura** SF rigging

**arbolar** ▸conjug 1a◂ Ⓐ VT [+ *bandera*] to hoist, raise; [+ *buque*] to fit with masts; (= *esgrimir*) to brandish

Ⓑ **arbolarse** VPR [*caballo*] to rear up

**arboleda** SF grove, coppice

**arboledo** SM woodland

**arbolejo** SM small tree

**arbóreo** ADJ [1] (*Zool*) arboreal, tree *antes de s*

[2] (*forma*) tree-like, tree-shaped

**arborícola** ADJ arboreal, tree-dwelling

**arboricultor(a)** SM/F forester

**arboricultura** SF forestry

**arborización** SF replanting, replanting of trees, reafforestation

**arborizar** ▸conjug 1f◂ VI to plant trees, replant trees

**arbotante** SM [1] (*Arquit*) flying buttress

[2] (*Méx*) (= *lámpara*) wall lamp

**arbustivo** ADJ bushy

**arbusto** SM shrub, bush

**arca** SF [1] (= *cofre*) chest; (= *caja fuerte*) safe; **ser un ~ cerrada** [*persona*] to be inscrutable ► **arca de hierro** strongbox ► **arcas públicas** public funds
[2] (*Rel*) ► **Arca de la Alianza** Ark of the Covenant ► **Arca de Noé** Noah's Ark
[3] (= *depósito*) tank, reservoir ► **arca de agua** water tower
[4] (*Anat*) flank, side

**arcabucero** SM arquebusier, harquebusier

**arcabuco** SM thick forest, impenetrable vegetation

**arcabuz** SM arquebus, harquebus

**arcada** SF [1] (= *serie de arcos*) arcade
[2] [*de puente*] arch, span; **de una sola ~** single-span
[3] **arcadas** (*Med*) retching *sing*; **sentir ~s** to retch; **sentía ~s pensando aquello** the very thought of it made him feel sick

**árcade** ADJ, SMF Arcadian

**Arcadia** SF Arcady

**arcádico** ADJ, **arcadio** ADJ Arcadian

**arcaduz** SM [1] (= *caño*) pipe, conduit; [*de noria*] bucket
[2] (*fig*) (= *medio*) channel, way, means

**arcaico** ADJ archaic

**arcaísmo** SM archaism

**arcaizante** ADJ [*estilo*] old-fashioned; [*tono*] nostalgic; [*persona*] fond of archaisms

**arcángel** SM archangel

**arcano** Ⓐ ADJ arcane, recondite
Ⓑ SM secret, mystery

**arcar** ▸conjug 1g◂ = **arquear**

**arce** SM maple, maple tree

**arcediano** SM archdeacon

**arcén** SM [1] [*de autopista*] hard shoulder; [*de carretera*] verge, berm (*EEUU*) ► **arcén de servicio** service area
[2] (= *borde*) border, edge, brim; [*de muro*] curb, curbstone

**archi...** PREF arch...; (*en palabras compuestas, p.ej.*) **~conservador** ultra-conservative; **~fresco** as fresh as one can get; **~popular** extremely popular; **un niño ~malo** a terribly naughty child; **un hombre ~estúpido** an utterly stupid man

**archiconocido** ADJ extremely well-known, famous

**archidiácono** SM archdeacon

**archidiócesis** SF INV archdiocese

**archiduque** SM archduke

**archiduquesa** SF archduchess

**archienemigo/a** SM/F arch enemy

**archimillonario/a** SM/F multimillionaire

**archipámpano*** SM big shot*; **el ~ de Sevilla** the Great Panjandrum

**archipiélago** SM [1] [*de islas*] archipelago
[2] [*de problemas*] mass (of troubles), sea (of difficulties)

**archirrepetido** ADJ hackneyed, trite, overused

**archisabido** ADJ extremely well-known; **un hecho ~** common knowledge

**architonto/a** Ⓐ ADJ utterly silly
Ⓑ SM/F utter fool, complete idiot

**archivado** Ⓐ ADJ (*LAm*) out-of-date, old-fashioned
Ⓑ SM filing

**archivador(a)** Ⓐ SM/F (*en archivo*) archivist; (*en oficina*) filing clerk
Ⓑ SM (= *mueble*) filing cabinet; (= *carpeta*) file

**archivar** ▸conjug 1a◂ VT [1] (= *guardar en un archivo*) to file, store away; (*Inform*) to archive
[2] (*fig*) [+ *plan*] to shelve, put on the back burner; (= *memorizar*) to put to the back of one's mind
[3] (*LAm*) (= *retirar*) to take out of circulation
[4] (*Cono Sur*) (= *encarcelar*) to jail

**archivero/a** SM/F [*de oficina*] filing clerk; (= *bibliotecario*) archivist; **~ público** registrar

**archivista** SMF (*LAm*) archivist

**archivo** SM [1] (= *sitio*) archive, archives *pl*; **fotos de ~** library photos; **imágenes de ~** library pictures ► **Archivo Nacional** Public Record Office
[2] (= *documentos*) **~s** files; **buscaremos en los ~s** we'll look in the files ► **archivos policiales** police files, police records ► **archivo sonoro** sound archive
[3] (*Inform*) file, archive; **nombre de ~** file name ► **archivo de transacciones** transactions file ► **archivo fuente** source file ► **archivo maestro** master file
[4] **de ~*** (= *viejo*) ancient, out of the ark
[5] (*Andes*) (= *oficina*) office
[6] (*Cono Sur, Méx*) (= *cárcel*) jail, prison

**arcilla** SF clay ► **arcilla cocida** baked clay ► **arcilla de alfarería, arcilla figulina** potter's clay ► **arcilla refractaria** fire clay

**arcilloso** ADJ clayey

**arcipreste** SM archpriest

**arco** SM [1] (*Anat, Arquit, Geom*) arch ► **arco de herradura** horseshoe arch, Moorish arch ► **arco detector de metales** metal detector ► **arco ojival** pointed arch ► **arco redondo** round arch ► **arco triunfal** triumphal arch
[2] (= *arma*) bow ► **arcos y flechas** bows and arrows
[3] (*Mús*) bow ► **arco de violín** violin bow
[4] (*Pol*) (*fig*) ► **arco constitucional, arco parlamentario** *range of democratic parties represented in parliament* ► **arco político** political spectrum
[5] (*Mat, Elec*) arc ► **arco iris** rainbow ► **arco voltaico** arc lamp
[6] (*LAm Dep*) goal

**arcón** SM large chest

**ardedor** ADJ (*Caribe, Méx*) quick-burning, easy to light

**Ardenas** SFPL Ardennes

**ardentía** SF (*Med*) heartburn; (*Náut*) phosphorescence

**arder** ▸conjug 2a◂ Ⓐ VT [1] (= *quemar*) to burn
[2] (*esp LAm**) [*herida*] to sting, make smart
Ⓑ VI [1] (= *quemarse*) to burn; **~ sin llama** to smoulder, smolder (*EEUU*)
[2] [*abono*] to ferment; [*trigo etc*] to heat up
[3] (*poét*) (= *resplandecer*) to glow, shine, blaze; (= *relampaguear*) to flash
[4] (*fig*) (= *consumirse*) to burn, seethe; **~ de** *o* **en amor** to burn with love; **~ de** *o* **en ira** to seethe with anger; **~ en guerra** to be ablaze with war; ✦***MODISMO*** **la cosa está que arde** things are coming to a head
Ⓒ **arderse** VPR to burn away, burn up; [*cosecha etc*] to parch, burn up

**ardid** SM ruse; **~es** tricks, wiles

**ardido** ADJ [1] (= *valiente*) brave, bold, daring
[2] (*LAm*) (= *enojado*) cross, angry

**ardiente** ADJ [1] (= *que quema*) burning; (= *que brilla*) [*color*] blazing; [*flor*] bright red
[2] [*deseo, interés*] burning; [*amor*] ardent, passionate; [*aficionado*] passionate; [*partidario*] fervent, ardent

**ardientemente** ADV ardently, fervently, passionately

**ardilla** Ⓐ SF [1] (*Zool*) squirrel; **andar como una ~** to be always on the go ► **ardilla de tierra** gopher ► **ardilla listada** chipmunk
[2] (*LAm**) clever businessman/businesswoman, shrewd businessman/businesswoman; (*pey*) (= *trapichero*) wheeler-dealer*
Ⓑ ADJ INV (*) sharp, clever

**ardiloso** ADJ [1] (*Andes, Cono Sur*) (= *mañoso*) crafty, wily
[2] (*Cono Sur*) (= *soplón*) loose-tongued

**ardimiento¹** SM (= *acto*) burning

**ardimiento²** SM (= *bizarría*) courage, dash

**ardita** SF (*Andes, Caribe, Cono Sur*) = **ardilla**

**ardite** SM **(no) me importa un ~** I don't give a damn; **no vale un ~** it's not worth a brass farthing

**ardor** SM [1] (= *calor*) heat
[2] (*Med*) ► **ardor de estómago** heartburn
[3] (= *fervor*) ardour, ardor (*EEUU*), eagerness; (= *bizarría*) courage, dash; [*de argumento*] heat, warmth; **en el ~ de la batalla** in the heat of battle

**ardoroso** ADJ [1] (= *caliente*) hot, burning; **en lo más ~ del estío** in the hottest part of the summer
[2] (= *ferviente*) ardent, fervent

**arduamente** ADV arduously

**arduidad** SF arduousness

**arduo** ADJ arduous, hard

**área** SF [1] (= *zona, superficie*) area ► **área de castigo** (*Dep*) penalty area ► **área de descanso** (*Aut*) rest area ► **área de gol, área de meta** goal area ► **área de penalty** (*Dep*) penalty area ► **área de servicio** (*Aut*) service area
[2] (*Inform*) ► **área de excedentes** overflow area
[3] (= *campo*) **en el ~ de los impuestos** in the field of taxation
[4] (= *medida*) area (*100 square metres*)
[5] ► **área metropolitana** metropolitan area, urban district ► **área verde** (*Caribe*) green area, park area

**arena** SF [1] (*Geol*) sand; ✦***MODISMO*** **sembrar en ~** to labour *o* (*EEUU*) labor in vain ► **arenas de oro** (*fig*) gold dust *sing* ► **arenas movedizas** quicksands
[2] (*Med*) **arenas** stones
[3] (*Dep*) arena

**arenal** SM [1] (= *terreno arenoso*) sandy spot
[2] (*Golf*) bunker, sand trap (*EEUU*)
[3] (*Náut*) sands *pl*, quicksand

**arenar** ▸conjug 1a◂ VT [1] (= *restregar con arena*) to sand, sprinkle with sand
[2] (*Téc*) to sand, polish with sand, rub with sand

**arenga** SF [1] (= *discurso*) harangue*, sermon*
[2] (*Chile*) (= *discusión*) argument, quarrel

**arengar** ▸conjug 1h◂ VT to harangue

**arenguear** ▸conjug 1a◂ VI (*Cono Sur*) to argue, quarrel

**arenillas** SFPL (*Med*) stones

**arenisca** SF sandstone

**arenisco** ADJ sandy

**arenoso** ADJ sandy

**arenque** SM herring ► **arenque ahumado** kipper

**areómetro** SM hydrometer

**arepa** SF (*LAm*) corn pancake; **hacer ~s**** to make love (*lesbians*)

**arepera** SF (*LAm*) 1 (= *vendedora de arepas*) "arepa" seller
2 (**) (= *tortillera*) lesbian

**arepero** SM (*Caribe*) poor wretch

**arequipa** SF (*Andes*) rice pudding

**arequipeño/a** Ⓐ ADJ of/from Arequipa
Ⓑ SM/F native/inhabitant of Arequipa; **los ~s** the people of Arequipa

**arete** SM earring; ✦*MODISMO* **ir** *o* **estar de ~** (*Caribe*) to be a hanger-on

**argamandijo*** SM set of tools, tackle

**argamasa** SF mortar

**argamasar** ▸conjug 1a◂ Ⓐ VT to mortar
Ⓑ VI to mix mortar

**árgana** SF crane

**árganas** SFPL (*esp Cono Sur*) wicker baskets, panniers (*carried by horse*)

**Argel** SM Algiers

**Argelia** SF Algeria

**argelino/a** ADJ, SM/F Algerian

**argén** SM argent

**argentado** ADJ (*Téc*) silver-plated; [*voz*] silvery

**argentar** ▸conjug 1a◂ VT to silver-plate

**argénteo** ADJ = **argentino**[1]

**argentería** SF [*de plata*] silver embroidery; [*de oro*] gold embroidery

**Argentina** SF (*tb* **la ~**) the Argentine, Argentina

**argentinismo** SM argentinism, *word or phrase etc peculiar to Argentina*

**argentino**[1] ADJ (*poét*) silver, silvery

**argentino**[2]**/a** ADJ, SM/F Argentinian, Argentine

**argento** SM (*poét*) silver ► **argento vivo** quicksilver

**argo** SM argon

**argolla** SF 1 (= *anilla*) ring; (*para caballo*) hitching ring; (= *aldaba*) door knocker; (= *gargantilla*) choker; [*de servilleta*] serviette ring; (*LAm*) (= *anillo*) [*de boda*] wedding ring; [*de novios*] engagement ring; **cambio de ~s** (*Cono Sur*) engagement
2 (*Dep*) *a game like croquet*

**argollar** ▸conjug 1a◂ Ⓐ VT 1 (*Andes*) [+ *cerdo*] to ring; (*Méx*) (= *enganchar*) to hitch to a ring
2 **~ a algn** (*Méx*) to have a hold over sb (*because of a service rendered*)
Ⓑ **argollarse** VPR (*Andes*) to get engaged

**argón** SM argon

**argonauta** SM Argonaut

**Argos** SM Argus

**argot** [ar'go] SM (*pl* **argots**) slang ► **argot pasota** dropout slang

**argótico** ADJ slang *antes de s*

**argucia** SF sophistry (*frm*), hair-splitting; **~s** nit-picking* *sing*

**argüende** SM (*LAm*) argument

**argüir** ▸conjug 3g◂ Ⓐ VT 1 (= *razonar*) to argue, contend; (= *indicar*) to indicate, point to; (= *inferir*) to deduce; (= *probar*) to prove, show; **esto arguye su poco cuidado** this shows his lack of care; **de ahí arguyo su buena calidad** that tells me it's good quality
2 (= *argumentar, justificarse*) to argue, claim; **arguyó que no era culpa suya** he claimed it wasn't his fault
3 (= *reprochar*) to reproach; **me argüían con vehemencia** they vehemently reproached me; **~ a algn (de) su crueldad** to reproach sb for their cruelty
Ⓑ VI to argue (**contra** against, with)

**argumentable** ADJ arguable

**argumentación** SF (= *acción*) arguing; (= *razonamiento*) argument, reasoning

**argumentador** ADJ argumentative

**argumental** ADJ (*Literat*) plot *antes de s*; **línea ~** line of the plot, storyline

**argumentar** ▸conjug 1a◂ VT, VI to argue; **~ que ...** to argue that ..., contend that ...

**argumentista** SMF scriptwriter

▼**argumento** SM 1 [*de razonamiento*] argument (*tb Jur*); **no me convencen tus ~s** I'm not convinced by your arguments *o* reasoning
2 (*Literat, Teat*) plot; (*TV etc*) storyline ► **argumento de la obra** plot summary, outline
3 (*LAm*) (= *discusión*) argument, discussion, quarrel

**aria** SF aria

**aridecer** ▸conjug 2d◂ Ⓐ VT to dry up, make arid
Ⓑ VI, **aridecerse** VPR to dry up, become arid

**aridez** SF aridity, dryness

**árido** Ⓐ ADJ arid, dry
Ⓑ SM 1 **áridos** (*Com*) dry goods; **medida para ~s** dry measure
2 (= *hormigón*) sand and cement

**Aries** SM Aries

**ariete** SM 1 (*Mil*) battering ram
2 (*Dep*) striker

**arigua** SF (*Caribe*) wild bee

**arillo** SM earring

**ario/a** ADJ, SM/F Aryan

**ariqueño/a** Ⓐ ADJ of/from Arica
Ⓑ SM/F native/inhabitant of Arica; **los ~s** the people of Arica

**ariscar** ▸conjug 1g◂ Ⓐ VT (*CAm, Caribe*) [+ *animal*] to pacify, control; [+ *persona*] to make suspicious
Ⓑ **ariscarse** VPR (*CAm, Caribe*) to run away

**arisco** ADJ [*animal*] unfriendly; [*persona*] unsociable, standoffish, surly

**arista** SF (*Bot*) beard; (*Geom*) edge; (*Alpinismo*) arête; (*Arquit*) arris

**aristocracia** SF aristocracy

**aristócrata** SMF aristocrat

**aristocrático** ADJ aristocratic

**Aristófanes** SM Aristophanes

**aristón** SM mechanical organ

**Aristóteles** SM Aristotle

**aristotélico** ADJ Aristotelian

**aritmética** SF arithmetic

**aritmético/a** Ⓐ ADJ arithmetical
Ⓑ SM/F arithmetician

**Arlequín** SM Harlequin

**arlequín** SM 1 (= *persona cómica*) buffoon
2 (= *helado*) Neapolitan ice cream

**arlequinada** SF (*Hist*) harlequinade; (= *bufonada*) buffoonery, piece of buffoonery

**arlequinesco** ADJ grotesque, ridiculous

**Arlés** SF Arles

**arma** SF 1 (*Mil*) weapon; **los guerrilleros entregaron las ~s** the guerrillas handed over their weapons; **un fabricante de ~s** an arms manufacturer; **nos apuntaba con un ~** he pointed a gun at us; **¡a las ~s!** to arms!; **¡~s al hombro!** shoulder arms!; **alzarse en ~s** to rise up in arms; **¡descansen ~s!** order arms!; **¡presenten ~s!** present arms!; **rendir las ~s** to lay down one's arms; **estar sobre las ~s** to be under arms; **tocar (al) ~** to sound the call to arms; **tomar las ~s** to take up arms; ✦*MODISMOS* **de ~s tomar**: **es una mujer de ~s tomar** she's not someone you mess around with; **limpiar el ~**†** to have a screw**; **pasar a algn por las ~s** (= *ejecutar*) to execute sb; **volver el ~ contra algn** to turn the tables on sb ► **arma arrojadiza** missile ► **arma atómica** atomic weapon ► **arma biológica** biological weapon ► **arma blanca** cold steel ► **arma convencional** conventional weapon ► **arma de combate** assault weapon ► **arma de doble filo** double-edged sword ► **arma de fuego** firearm ► **arma larga** shotgun ► **arma negra** fencing foil ► **arma química** chemical weapon ► **arma reglamentaria** service weapon, regulation weapon ► **armas cortas** small arms
2 (= *medio*) weapon; **la mobilización popular es su ~ más fuerte** popular mobilization is its most powerful weapon; **su sarcasmo es sólo un ~ defensiva** her sarcasm is just self-defence
3 (*Mil*) (= *cuerpo*) arm ► **arma de infantería** infantry arm
4 (*Mil*) **las ~s** (= *profesión*) the military, the armed services
5 **armas** [*de escudo*] arms

**armada** SF 1 (*nacional*) navy; (*escuadra*) fleet; **la Armada Británica** the British Navy; **la Armada Invencible** the Spanish Armada; **un oficial de la ~** a naval officer
2 (*Cono Sur*) (= *lazo*) lasso

**armadía** SF = **almadía**

**armadijo** SM trap, snare

**armadillo** SM armadillo

**armado** ADJ 1 [*persona, lucha*] armed (**con, de** with); **ir ~** to go armed, be armed; ✦*MODISMO* **~ hasta los dientes** armed to the teeth
2 (= *montado*) mounted, assembled
3 [*hormigón*] reinforced
4 [*tela*] toughened
5 (*LAm*) (= *testarudo*) stubborn

**armador(a)** Ⓐ SM/F 1 (*Náut*) shipowner; (*Hist*) privateer
2 (*Mec*) fitter, assembler
Ⓑ SM 1 (= *vestido*) jerkin
2 (*LAm*) (= *chaleco*) waistcoat, vest (*EEUU*); (= *percha*) coat hanger

**armadura** SF 1 (*Mil, Hist*) armour, armor (*EEUU*); **una ~** a suit of armour
2 (*Téc*) (= *armazón*) framework; (*en hormigón*) reinforcing bars; [*de gafas*] frame; (*Anat*) skeleton; (*Elec*) armature ► **armadura de la cama** bedstead
3 (*Mús*) key signature

**armaduría** SF (*LAm*) car assembly plant

**Armagedón** SM Armageddon

**armamentismo** SM arms build-up

**armamentista** ADJ arms *antes de s*; **carrera ~** arms race

**armamento** SM 1 (*Mil*) armament; **~s** armaments, arms; *ver tb* **carrera 2**

➤ LENGUA Y USO: **argumento 1** 53.2, 53.3

[2] (*Náut*) fitting-out
[3] (*Téc*) framework

**armar** ▸conjug 1a◂ Ⓐ VT [1] [+ *persona, ejército*] to arm (**con, de** with); **un arsenal suficiente para ~ a un comando** enough weapons to arm a commando group; **vino armado de brocha y pintura** he came armed with a brush and paint; **se desconoce quién ha armado a los terroristas** it is not known who provided *o* supplied the terrorists with arms; *ver tb* **caballero**
[2] (= *montar*) [+ *mueble, ventana, juguete*] to assemble, put together; [+ *tienda de campaña*] to pitch, put up; [+ *trampa*] to set; (*LAm*) [+ *rompecabezas*] to piece together, put together; [+ *cigarrillo*] to roll; **tuvimos que desarmar la cama y volverla a ~** we had to take the bed apart and reassemble it *o* put it back together again
[3] (*) (= *organizar*) **~ una bronca** *o* **un escándalo** to kick up a fuss; **~on un follón tremendo con lo del cambio de horario** they kicked up a real fuss about the timetable change; **amenacé con marcharme armando un escándalo y cedieron** I threatened to leave and create a scene, so they gave in; **el cuadro que ha armado tanta polémica** the painting which has caused such controversy; **por favor, id entrando despacio, sin ~ jaleo** go in slowly please, without making a racket; **armarla** to stir up trouble; **buena la armó con esa declaración** he really stirred up trouble with that statement; **pienso ~la hasta que consiga lo que quiero** I'm going to make a real fuss until I get what I want
[4] [+ *hormigón*] to reinforce
[5] (*Mil*) [+ *bayoneta*] to fix; [+ *rifle, cañón*] to load; [+ *arco*] to bend
[6] (*Náut*) to fit out, commission
[7] (*Cos*) [+ *chaqueta, solapa*] to stiffen; **una chaqueta sin ~** a loose jacket
[8] **~ un pleito** (*LAm**) to kick up a fuss*, get ready
Ⓑ **armarse** VPR [1] [*soldado, atracador*] to arm o.s. (**con, de** with); ✦*MODISMO* **~se hasta los dientes** to be armed to the teeth
[2] (= *proveerse*) **~se de algo** to arm o.s. with sth; **los periodistas, armados de prismáticos y teleobjetivos** the journalists, armed with binoculars and telephoto lenses; **con este tráfico hay que ~se de paciencia** you need a lot of patience in traffic like this; **~se de valor** to pluck up courage
[3] (*) (= *organizarse*) **¡que follón se armó!** there was a big fuss; **¡menudo escándalo se armó con lo de esa boda!** what a commotion there was with that wedding!*; **se está armando una crisis** a crisis is brewing; *ver tb* **Dios 3**
[4] **~se un lío***: **me armé un lío tremendo con todas las direcciones que me diste** I got into a real muddle* *o* mess with all the addresses you gave me
[5] (*CAm*) to balk, shy
[6] (*CAm, Caribe*) (= *obstinarse*) to become obstinate; (= *negarse*) to refuse point blank; (*Ven*) [*caballo*] to come to a halt
[7] (*Méx**) (= *enriquecerse*) to make a packet*
[8] **~se con algo** (*Ven*) to run off with sth

**armario** SM [*de cocina*] cupboard, closet (*EEUU*); [*de ropa*] wardrobe, closet (*EEUU*) ► **armario botiquín** medicine chest *o* cabinet ► **armario empotrado** built-in cupboard ► **armario ropero** wardrobe, closet (*EEUU*)
**armatoste** SM [1] (= *objeto*) monstrosity; (*Mec*) contraption; (*Aut*) old crock*, jalopy*, old banger*
[2] (= *persona*) bungling great fool*
**armazón** SM *o* SF [1] (= *armadura*) frame; (*fig*) (= *esqueleto*) framework; (*Aer, Aut*) body, chassis; [*de mueble*] frame
[2] (*LAm*) (= *estantes*) shelving
**armella** SF eyebolt
**Armenia** SF Armenia
**armenio/a** ADJ, SM/F Armenian
**armería** SF [1] (= *museo*) military museum
[2] (= *tienda*) gunsmith's, gunsmith's shop
[3] (= *oficio*) gunmaking
[4] (*Heráldica*) heraldry
**armero** SM [1] (= *artesano*) gunsmith; (= *fabricante*) arms manufacturer
[2] (= *armario*) gun rack
**armiño** SM [1] (*Zool*) stoat
[2] (= *piel*) ermine
[3] (*Heráldica*) ermine
**armisticio** SM armistice
**armón** SM (*tb* **~ de artillería**) gun carriage, limber
**armonía** SF harmony; **en ~** in harmony (**con** with)
**armónica** SF harmonica, mouth organ; *ver tb* **armónico**
**armónicamente** ADV harmoniously
**armonicista** SMF harmonica player, mouth organist
**armónico** Ⓐ ADJ harmonic
Ⓑ SM (*Mús*) harmonic; *ver tb* **armónica**
**armonio** SM harmonium
**armoniosamente** ADV harmoniously
**armonioso** ADJ harmonious
**armonizable** ADJ **ser ~** to be reconcilable (**con** with)
**armonización** SF (*Mús*) harmonization; (= *conciliación*) reconciliation; **ley de ~** coordinating law
**armonizador** ADJ **ley ~a** coordinating law
**armonizar** ▸conjug 1f◂ Ⓐ VT (*Mús*) to harmonize; [+ *diferencias*] to reconcile
Ⓑ VI (*Mús*) to harmonize (**con** with); **~ con** (= *avenirse*) to harmonize *o* be in keeping with; [*colores*] to tone in with
**ARN** SM ABR (= **ácido ribonucleico**) RNA
**arnaco** SM (*Andes*) useless object, piece of lumber
**arnero** SM (*LAm*) sieve
**arnés** SM [1] (*Mil, Hist*) armour, armor (*EEUU*)
[2] (*en montañismo, paracaidismo*) harness ► **arnés de seguridad** safety harness
[3] **arneses** (= *arreos*) harness *sing*, trappings; (= *avíos*) gear *sing*, tackle *sing*
**árnica** SF [1] (= *planta, tintura*) arnica
[2] (*Dep*) **pedir ~** to throw in the towel
**aro**[1] SM [*de tonel*] ring, hoop; [*de rueda*] rim; (= *servilletero*) napkin ring; (*Andes, Cono Sur*) (= *arete*) earring; **aros** (= *juego*) quoits; ✦*MODISMOS* **hacer un ~** (*Cono Sur*) to have a break; **pasar por el ~** to fall into line ► **aro de émbolo** piston ring ► **aro de rueda** wheel rim
**aro**[2] SM (*Bot*) lords-and-ladies
**aroma** SM (= *perfume*) aroma, scent; [*de vino*] bouquet
**aromático** ADJ aromatic, sweet-scented
**aromatizador** SM air-freshener
**aromatizante** SM flavouring, flavoring (*EEUU*), aromatic spice
**aromatizar** ▸conjug 1f◂ VT (= *perfumar*) to scent; [+ *aire*] to freshen; (*Culin*) to spice, flavour with herbs, flavor with herbs (*EEUU*)
**arpa** SF harp; ✦*MODISMO* **tocar el ~*** to be a thief, live by thieving
**arpado** ADJ serrated
**arpar**[1] ▸conjug 1a◂ VT (= *arañar*) to scratch, claw, claw at; (= *hacer pedazos*) to tear, tear to pieces
**arpar**[2]**:** ▸conjug 1a◂ VT (*LAm*) (= *robar*) to pinch*, nick**:**
**arpegio** SM arpeggio
**arpeo** SM grappling iron
**arpero/a** SM/F (*Méx*) (= *ladrón*) thief, burglar; (= *arpista*) harpist
**arpía** SF (*Mit*) harpy; (= *mujer*) old bag*
**arpicordio** SM harpsichord
**arpillar** ▸conjug 1a◂ VT (*CAm*) to pile up
**arpillera** SF sacking, sackcloth

> **ARPILLERA**
>
> ***Arpilleras** is the term used for the colourful pictures made in many parts of Latin America by appliquéing scraps of fabric onto a hessian backing. During the Pinochet dictatorship in Chile they became politically significant since working-class women used them to depict the reality of life under military rule. As these **arpilleras** escaped the scrutiny of the male-dominated regime, they provided women with a means of recording events as well as obtaining income from abroad.*

**arpir** SM (*Andes, Cono Sur*) mine worker
**arpista** SMF (*Mús*) harpist; (*Cono Sur*) (= *ladrón*) thief, burglar
**arpón** SM harpoon
**arponar** ▸conjug 1a◂ VT, **arponear** ▸conjug 1a◂ VT to harpoon
**arponero** ADJ **navío ~** whaler, whaling vessel
**arquear** ▸conjug 1a◂ Ⓐ VT [1] (= *doblar*) to arch, bend
[2] [+ *lana*] to beat
[3] (*Náut*) to gauge; (*LAm Com*) to tot up
Ⓑ VI (*Med*) to retch
Ⓒ **arquearse** VPR (= *doblarse*) to arch, bend; [*superficie*] to camber
**arqueo** SM [1] (*Arquit*) arching
[2] (*Náut*) capacity; (*Com*) [*de caja*] filling up, cashing up ► **arqueo bruto** gross tonnage
**arqueolítico** ADJ Stone-Age *antes de s*
**arqueología** SF archaeology, archeology (*EEUU*) ► **arqueología industrial** industrial archaeology ► **arqueología submarina** underwater archaeology
**arqueológico** ADJ archaeological, archeological (*EEUU*); **investigación arqueológica** dig, excavation
**arqueólogo/a** SM/F archaeologist, archeologist (*EEUU*)
**arquería** SF arcade, series of arches
**arquero/a** SM/F [1] (*Mil*) bowman, archer

[2] (*Com*) cashier
[3] (*LAm Dep*) goalkeeper

**arqueta** SF chest

**arquetípico** ADJ archetypal, archetypical

**arquetipo** SM archetype

**Arquímedes** SM Archimedes

**arquimesa** SF desk, escritoire

**arquitecto/a** SM/F architect ► **arquitecto de jardines**, **arquitecto paisajista** landscape gardener

**arquitectónico** ADJ architectural

**arquitectura** SF architecture ► **arquitectura de jardines**, **arquitectura paisajista** landscape gardening

**arquitrabe** SM arquitrave

**arrabal** SM [1] (= *barrio de las afueras*) suburb; **~es** (= *afueras*) outskirts
[2] (*LAm*) (= *barrio bajo*) slums *pl*, slum quarter

**arrabalero/a** Ⓐ ADJ [1] (= *de las afueras*) suburban; (*pey*) (= *de barrio bajo*) of/from the poorer areas
[2] (= *basto*) common, coarse
Ⓑ SM/F [1] (= *de las afueras*) suburbanite; (*pey*) (= *de barrio bajo*) person from the poorer areas
[2] (= *persona basta*) common sort, coarse person

**arrabio** SM cast iron

**arracacha** SF (*Andes*) idiocy, silliness

**arracacho** SM (*Andes*) idiot

**arracada** SF pendant earring

**arracimado** ADJ clustered, in a cluster

**arracimarse** ▸conjug 1a◂ VPR to cluster together

**arraigadamente** ADV firmly, securely

**arraigado** ADJ [*costumbre*] deep-rooted; [*creencia*] deep-seated; [*persona*] property-owning

**arraigar** ▸conjug 1h◂ Ⓐ VT [1] (*fig*) (= *establecer*) to establish
[2] (*LAm Jur*) to place under a restriction order
Ⓑ VI [*planta*] to take root
Ⓒ **arraigarse** VPR [1] [*planta*] to take root
[2] [*costumbre*] to take root, establish itself, take a hold; [*persona*] to settle, establish o.s.

**arraigo** SM [1] (*Bot*) rooting; **de fácil ~** easily rooted
[2] (= *bienes*) land, real estate; **hombre de ~** man of property
[3] [*de creencia etc*] deep-seatedness; **de mucho** *o* **viejo ~** deep-rooted
[4] (= *influencia*) hold, influence; **tener ~** to have influence
[5] **orden de ~** (*Cono Sur, Méx*) restriction order

**arralar** ▸conjug 1a◂ VT (*Méx*) to thin out

**arramblar** ▸conjug 1a◂ VI **~ con*** to make off with, pinch*

**arrancaclavos** SM INV claw hammer

**arrancada** SF (= *arranque*) sudden start; (= *aceleración*) sudden acceleration; (= *sacudida*) jerk, jolt; (*esp LAm*) (= *fuga*) sudden dash, escape attempt

**arrancadero** SM starting point

**arrancado** Ⓐ ADJ (*) (= *arruinado*) broke*, penniless
Ⓑ SM (*Aut*) starting, ignition

**arrancador** SM starter

**arrancamiento** SM [*de diente, pelo*] pulling out; [*de planta, árbol*] uprooting; [*de carteles*] tearing down; [*de bolso, arma*] snatching; **una campaña de ~ de carteles electorales** a campaign to tear down election posters

**arrancar** ▸conjug 1g◂ Ⓐ VT [1] (= *sacar de raíz*)
[1·1] [+ *planta, pelo*] to pull up; [+ *clavo, diente*] to pull out; [+ *pluma*] to pluck; [+ *ojos*] to gouge out; [+ *botón, esparadrapo, etiqueta*] to pull off, tear off; [+ *página*] to tear out, rip out; [+ *cartel*] to pull down, tear down; **he estado arrancando las malas hierbas del jardín** I've been pulling up the weeds in the garden; **le arrancó la oreja de un mordisco** he bit off his ear; **azulejos arrancados de las paredes de una iglesia** tiles that have been pulled off the walls of a church
[1·2] [*explosión, viento*] to blow off; **una explosión le arrancó las dos piernas** an explosion blew both his legs off; **el vendaval ha arrancado varios árboles** the gale has uprooted several trees; **el golpe le arrancó dos dientes** the blow knocked two of his teeth out; *ver tb* **cuajo**, **raíz**
[1·3] (*Med*) [+ *flema*] to bring up
[2] (= *arrebatar*) to snatch (**a, de** from); (*con violencia*) to wrench (**a, de** from); **le arrancó al niño de los brazos** she snatched the baby from his arms; **no podían ~le el cuchillo** they were unable to get the knife off him, they were unable to wrest *o* wrench the knife from him; **el viento me lo arrancó de las manos** the wind blew it out of my hands, the wind snatched it from my hands (*más frm*)
[3] (= *provocar*) [+ *aplausos*] to draw; [+ *risas*] to provoke, cause; **el tenor arrancó una gran ovación** the tenor received a great ovation; **hemos conseguido ~le una sonrisa** we managed to get a smile out of him; **el beso arrancó algunos suspiros entre el público** when they kissed part of the audience let out a sigh; **~ las lágrimas a algn** to bring tears to sb's eyes
[4] (= *separar*) **~ a algn de** [+ *lugar*] to drag sb away from; [+ *éxtasis, trance*] to drag sb out of; [+ *vicio*] to wean sb off a bad habit; **no había forma de ~la del teléfono** there was no way I could drag her away from the phone
[5] (= *obtener*) [+ *apoyo*] to gain, win; [+ *victoria*] to snatch; [+ *confesión, promesa*] to extract; [+ *sonido, nota*] to produce; **no hubo forma de ~le una palabra** we couldn't get a word out of him; **~ información a algn** to extract information from sb, get information out of sb
[6] (*Aut*) [+ *vehículo, motor*] to start; **un motor de los que se arrancan con manivela** an engine that you crank up
[7] (*Inform*) [+ *ordenador*] to boot, boot up, start up; **tengo problemas para ~ el ordenador** I have problems starting up *o* booting the computer
Ⓑ VI [1] [*vehículo, motor*] to start; **el coche no arranca** the car won't start *o* isn't starting; **esperé hasta que arrancó el tren** I waited until the train left
[2] (= *moverse*) to get going, get moving; **¡venga, arranca!*** come on, get going *o* get moving!, come on, get a move on!*
[3] (= *comenzar*) to start; **¿desde dónde arranca el camino?** where does the road start?; **el momento donde arrancó nuestra relación** the moment when our relationship started; **~ a hacer algo** to start doing sth, start to do sth; **arrancó a hablar a los dos años** she started talking *o* to talk when she was two; **arrancó a cantar/llorar** he broke *o* burst into song/tears; **~ de** to go back to, date back to; **esta celebración arranca del siglo XV** this celebration dates *o* goes back to the 15th century; **problemas que arrancan de muy antiguo** problems that go back a long way
[4] (*Náut*) to set sail
[5] (*Arquit*) [*arco*] to spring (**de** from)
[6] (*Chile**) (= *escapar*) **salieron arrancado** they ran away; **arranquemos de aquí** let's get away from here; **tuvieron que ~ del país** they had to get out of the country; ✦*MODISMO* **~ a perderse** to make a dash for it*
Ⓒ **arrancarse** VPR [1] (= *quitarse*) [+ *pelo*] to pull out; [+ *botón*] to pull off; **he ido al dentista a ~me un diente** I went to the dentist to have a tooth pulled out *o* extracted
[2] (= *empezar*) **se ~on a cantar** they burst into song; **en mitad del paseo se arrancó a recitar un poema** in the middle of the walk she started to recite a poem; **~se por seguiriyas** to break into a seguidilla
[3] (*Chile**) (= *escaparse*) **se me arrancó el perro** my dog got away; **me arranqué de la oficina más temprano** I left the office earlier; **se ~on de la cárcel** they escaped from prison
[4] (*Chile**) (= *aumentar*) to shoot up*; **hay que evitar que se arranque la inflación** we have to prevent inflation from shooting up*
[5] (*Chile, Méx*) [*caballo*] to shy

**arranchar** ▸conjug 1a◂ Ⓐ VT [1] (*Náut*) [+ *velas*] to brace; [+ *costa*] to skirt, sail close to
[2] (*Andes*) (= *arrebatar*) to snatch away (**a** from)
Ⓑ **arrancharse** VPR [1] (= *reunirse*) to gather together; (= *comer*) to eat together
[2] (*Caribe, Méx*) (= *acomodarse*) to settle in, make o.s. comfortable; (*Caribe*) (= *adaptarse*) to make the best of it

**arrancón** SM (*Méx*) = **arrancada**

**arranque** SM [1] (*Mec*) starting mechanism; **el motor tiene algunos problemas de ~** the engine has problems getting started; ✦*MODISMO* **ni para el ~** (*Méx**) **¡10.000 pesos!, con eso ni para el ~** 10,000 pesos! that's nowhere near enough*; **no tengo ni para el ~** I haven't got nowhere near enough ► **arranque automático** starter motor ► **arranque en frío** cold start ► **arranque manual** crank start; *ver tb* **motor**
[2] (= *comienzo*) beginning; **el ~ de esta tradición se remonta al siglo XVIII** the beginning of this tradition dates back to the 18th century; **el ~ de la historia es muy original** the beginning of the story is very original; *ver tb* **punto**
[3] (= *impulso*) **me falta ~ para embarcarme en esta empresa** I'm not bold enough to embark on this venture; **aprovechando este ~ de la economía** taking advantage of this burst in the economy; **necesita un poco más de ~ para ganar el partido** he needs a little more drive to win the match
[4] (= *arrebato*) [*de generosidad, franqueza*] outburst; [*de ira, violencia*] fit; [*de energía*] burst; **en un ~ de generosidad** in an outburst of generosity; **en un ~ de celos** in a fit of jealousy
[5] (= *ocurrencia*) witty remark; **tiene muy buenos ~s** he makes some very witty remarks
[6] (= *base*) [*de columna, arco*] base; [*de escalera*] foot

**arranquera*** SF (*Andes, CAm, Caribe*), **arranquitis*** SF (*Andes, CAm, Caribe*) ♦**MODISMO estar en la ~** to be completely broke*

**arrapiezo** SM 1 (= *harapo*) rag, tatter
2 (= *mocoso*) whippersnapper

**arras** SFPL 1 (*Fin, Com*) pledge *sing*, security *sing*
2 (*Hist*) *13 coins given by bridegroom to bride*

**arrasador** ADJ = **arrollador**

**arrasamiento** SM (= *nivelación*) levelling, leveling (*EEUU*); [*de un edificio*] demolishing; [*de un territorio*] devastation; **bombardeo de ~** carpet bombing

**arrasar** ▸conjug 1a◂ Ⓐ VT 1 (= *nivelar*) to level; [+ *edificio*] to demolish; (*esp en guerra*) to raze to the ground; [*ciclón, terremoto*] to devastate
2 (= *colmar*) to fill to the brim
Ⓑ VI 1 (*Meteo*) to clear
2 (= *triunfar*) to triumph, achieve a great success; (*Pol etc*) to sweep the board
Ⓒ **arrasarse** VPR (*Meteo*) to clear; **se le ~on los ojos de** *o* **en lágrimas** her eyes filled with tears

**arrastracueros** SM INV (*Caribe*) crook, shyster (*EEUU*)

**arrastrada*** SF whore, hooker (*EEUU**); *ver tb* **arrastrado**

**arrastradizo** ADJ dangling, trailing

**arrastrado/a** Ⓐ ADJ 1 **llevar algo ~** to drag sth along
2 (= *pobre*) poor, miserable; **andar ~** to have a wretched life
3 (= *pícaro*) wily, rascally
4 (*LAm*) (= *servil*) cringing, servile
Ⓑ SM/F (= *pícaro*) rogue, rascal; (*Méx*) (= *necesitado*) down-and-out; *ver tb* **arrastrada**

**arrastradora** SF (*Perú*) prostitute

**arrastrar** ▸conjug 1a◂ Ⓐ VT 1 [+ *objeto pesado*] to drag; [+ *carro*] to pull; [+ *caravana*] to tow; [+ *vestido, capa*] to trail (along the ground); **no arrastres la silla por el suelo** don't drag that chair (along the ground); **~ los pies** to drag one's feet, shuffle along; **~ las palabras** to slur one's words
2 (= *transportar*) [*río, viento*] to sweep away *o* along; **la corriente arrastró las ramas** the current swept the branches away *o* along
3 (= *atraer*) to draw, attract; **su última película ha arrastrado mucho público** his latest film has drawn *o* attracted large audiences; **no te dejes ~ por esa idea** don't get carried away by that idea; **~ a algn a hacer algo** to sweep sb into doing sth
4 (= *soportar*) **este país arrastra desde hace décadas el problema del paro** this country's been dogged by unemployment for decades; **arrastra un complejo de inferioridad desde la adolescencia** he's had an inferiority complex ever since he was a youth
5 (= *provocar*) [+ *dificultad, problema*] to bring with it; **su dimisión arrastró varias crisis financieras** his resignation brought with it several financial crises
6 (*Bridge*) [+ *triunfos*] to draw
Ⓑ VI 1 [*vestido, capa*] to trail (along the ground), drag; **te arrastra el vestido** your dress is trailing (along the ground) *o* dragging
2 (*Bot*) to trail
Ⓒ **arrastrarse** VPR 1 (= *reptar*) [*bebé, serpiente*] to crawl; [*herido*] to drag o.s.; **la oruga se arrastraba lentamente por el suelo** the caterpillar crawled along the ground; **la víctima se arrastró hasta la puerta** the victim dragged himself to the door
2 (= *humillarse*) to grovel; **se arrastró ante el profesor para conseguir el aprobado** he grovelled to the teacher so as to get a pass mark

**arrastre** SM 1 (= *acción*) dragging, pulling; (*Aer*) drag; (*Pesca*) trawling; **flota de ~** trawling fleet, fleet of trawlers ► **arrastre por correa** belt-drive
2 (*Méx, CAm*) (= *influencia*) influence; **tener mucho ~** to have friends in high places
3 (*Taur*) removal of dead animal; **estar para el ~*** to be knackered*
4 (*Inform*) ► **arrastre de dientes** tractor ► **arrastre de papel por fricción** friction feed ► **arrastre de papel por tracción** tractor feed

**arrastrero** Ⓐ ADJ trawler *antes de s*; **flota arrastrera** trawling fleet, fleet of trawlers
Ⓑ SM trawler

**array** SM (*Inform*) array ► **array empaquetado** packed array

**arrayán** SM myrtle

**arre** EXCL (= *voz de arriero*) gee up!; (*LAm*) (*metiendo prisa*) hurry up!, get a move on!

**arreada** SF (*Cono Sur, Méx Agr*) round-up; (*Jur*) cattle-rustling; (*Mil*) press-ganging

**arreado** ADJ (*Andes, Cono Sur, Méx*) sluggish, ponderous

**arreador** SM 1 (= *arriero*) muleteer; (*Andes*) (= *capataz*) foreman
2 (*LAm*) (= *látigo*) long whip

**arrear** ▸conjug 1a◂ Ⓐ VT 1 (= *estimular*) [+ *ganado etc*] to drive
2 (= *poner arreos a*) to harness
3 (*CAm, Cono Sur, Méx*) [+ *ganado*] to rustle
4 (*) [+ *golpe*] to give
Ⓑ VI to hurry along; **¡arrea!** (= *muévete*) get moving!; (*repulsa*) get away!; (*Esp*) (*asombro*) Christ!, well I'm damned!; (*admiración*) look at that!

**arrebañaduras** SFPL leftovers

**arrebañar** ▸conjug 1a◂ VT (= *juntar*) to scrape together; [+ *comida*] to eat up, clear up

**arrebatadamente** ADV (= *apresuradamente*) suddenly, violently; (= *impetuosamente*) headlong, rashly; **hablar ~** to speak in a rush

**arrebatadizo** ADJ excitable, hot-tempered

**arrebatado** ADJ 1 (= *apresurado*) hasty, sudden, violent
2 (= *impetuoso*) rash, impetuous
3 (= *absorto*) rapt, bemused
4 (= *extático*) ecstatic
5 [*cara*] flushed

**arrebatamiento** SM 1 (= *acción*) snatching away, seizure
2 (= *abstracción*) captivation; (= *éxtasis*) ecstasy, rapture; (= *emoción*) excitement; (= *ira*) anger

**arrebatar** ▸conjug 1a◂ Ⓐ VT 1 (= *quitar violentamente*) to snatch away, wrench (**a** from); [+ *vida*] to take; [*viento etc*] to carry off, carry away; [+ *persona*] to carry away, carry off, abduct (*frm*); **le arrebató el revólver** he snatched the pistol from him; **le ~on la victoria** they snatched victory from under his very nose; **~ la vida a algn** to take sb's life
2 (= *conmover*) to stir; (= *cautivar*) to captivate; (= *alegrar*) to exhilarate; **se dejó ~ por su entusiasmo** he got carried away by his enthusiasm
3 (*Agr*) to parch
Ⓑ **arrebatarse** VPR 1 (= *excitarse*) to get carried away, get excited; **~se de cólera** to be overcome with anger
2 (*Culin*) to burn, overcook

**arrebatiña** SF scramble, scramble to pick sth up; **coger algo a la ~** to snatch sth up

**arrebato** SM (= *ira*) rage; (= *éxtasis*) ecstasy, rapture; **en un ~ de cólera** in an outburst of anger; **en un ~ de entusiasmo** in a sudden fit of enthusiasm

**arrebiatarse** ▸conjug 1a◂ VPR (*CAm*) (= *unirse*) to join up, join together; (*Méx*) (= *decir amén a todo*) to follow the crowd, agree automatically, agree automatically with everything

**arrebol** SM (= *colorete*) rouge; [*de cielo*] red glow; **arreboles** (= *nubes*) red clouds

**arrebolar** ▸conjug 1a◂ Ⓐ VT to redden
Ⓑ **arrebolarse** VPR 1 (= *pintarse*) to apply rouge
2 (= *enrojecer*) to blush
3 (*Caribe*) (= *vestirse*) to dress up

**arrebozar** ▸conjug 1f◂ Ⓐ VT 1 (= *embozar*) to cover, cover with a cloak; (= *disimular*) to conceal
2 (*Culin*) to cover, coat; [+ *taza*] to fill right up
Ⓑ **arrebozarse** VPR 1 (= *embozarse*) to cover one's face
2 (*Entomología*) to swarm

**arrebujar** ▸conjug 1a◂ Ⓐ VT 1 [+ *objetos*] to jumble together, jumble up
2 [+ *niño*] to wrap up, cover
Ⓑ **arrebujarse** VPR to wrap o.s. up (**con** in, with)

**arrechada** SF (*CAm, Méx*) = **arrechera**

**arrechar** ▸conjug 1a◂ Ⓐ VT (*LAm**) to arouse, excite
Ⓑ VI 1 (*CAm*) (= *animarse*) to show energy, begin to make an effort
2 (*LAm**) (= *estar cachondo*) to feel randy*
Ⓒ **arrecharse** VPR (*LAm**) 1 (= *ponerse cachondo*) to get aroused, get excited
2 (= *enfadarse*) to get angry

**arrechera** SF 1 (*LAm*) (= *celo*) [*de animal*] heat, mating urge; (*) [*de persona*] arousal
2 (*Méx*) (= *capricho*) whim, fancy
3 (*Caribe*) (= *mal humor*) bad mood

**arrecho** Ⓐ ADJ 1 (*LAm**) (*sexualmente*) **estar ~** [*persona*] to be in the mood, feel randy*; [*animal*] to be on heat
2 (*LAm**) (= *furioso*) angry, furious
3 (*CAm, Méx*) (= *vigoroso*) vigorous; (= *enérgico*) energetic; (= *valiente*) brave
4 (*Caribe*) **¡qué ~!** what fun!
Ⓑ SM 1 **en ~** (*CAm, Méx*) [*animal*] on heat
2 **es un ~** (*CAm*‡) (= *fastidio*) he's a bloody nuisance‡, he's a pain in the ass‡

**arrechucho*** SM 1 (= *impulso*) sudden impulse; [*de cólera*] fit, outburst; (= *dificultad*) unforeseen difficulty, new problem
2 (*Med*) turn

**arreciar** ▸conjug 1b◂ Ⓐ VI [*tormenta*] to get worse, intensify; [*viento*] to get stronger; [*demanda*] to intensify
Ⓑ **arreciarse** VPR 1 = **A**
2 (*Med*) to get stronger, pick up

**arrecife** SM reef ► **arrecife coralino, arrecife de coral** coral reef

**arrecirse** ▸conjug 3b◂ VPR (*LAm*) to be frozen stiff

**arredo:** EXCL **¡~ vaya!** (*CAm, Méx*) get lost!*

**arredomado** ADJ (*LAm*) sly, artful

**arredrar** ▸conjug 1a◂ Ⓐ VT 1 (= *asustar*) to scare, frighten
2 (= *hacer retirarse*) to drive back; (= *apartar*) to remove, separate
Ⓑ **arredrarse** VPR 1 (= *intimidarse*) to be scared, be frightened; **~se ante algo** to shrink away from sth; **sin ~se** unmoved, undaunted
2 (= *retirarse*) to draw back, move away (**de** from)

**arregazado** ADJ [*falda*] tucked up; [*nariz*] snub

**arregazar** ▸conjug 1f◂ VT to tuck up

**arregionado/a** Ⓐ ADJ 1 (*Andes, Méx*) (= *de mal genio*) ill-tempered, sharp; (*Andes*) (= *irreflexivo*) impulsive; (*Andes*) (= *mohino*) sulky; (*Andes*) cross, angry
2 (*Caribe*) (= *estimado*) highly regarded
Ⓑ SM/F (*Caribe*) highly respected person

**arreglada** SF ▶ **arreglada de bigotes** (*Cono Sur**) dirty deal, shady business

**arregladamente** ADV in an orderly way

**arreglado** ADJ 1 (= *ordenado*) [*habitación, casa*] neat and tidy; [*conducta*] orderly
2 (= *acicalado*) smart, smartly dressed; **¿dónde irá tan arreglada?** where would she go looking so smart *o* so smartly dressed?
3 [*asunto, pelea*] (= *resuelto*) sorted out; (= *amañado*) arranged; **un matrimonio ~** an arranged marriage; **un precio ~** a reasonable price
4 ✦*MODISMO* **estar ~**: **¡pues estamos ~s!** that's done it!*, we've really had it now!*; **estaría yo ~ si ahora tuviera que pagarlo todo** I would be in a fine mess now if I had to pay for it all myself*; **está arreglada si espera que yo la llame** if she expects me to call her, she's got another think coming*; **estamos ~s con tantos invitados** we are in a fine mess with so many guests coming*; **¡pues estamos ~s contigo!** you're nothing but trouble, you are!*
5 **~ a algo** in accordance with sth; **un código ~ a la ley** a code in accordance with the law
6 (*LAm*) (= *esterilizado*) sterilized

**arreglador(a)** SM/F arranger

**Arreglalotodo*** SM **el Señor ~** Mr Fixit*

**arreglar** ▸conjug 1a◂ Ⓐ VT 1 (= *reparar*) [+ *electrodoméstico, reloj*] to repair, fix, mend; [+ *coche*] to repair, fix; [+ *zapatos, vestido*] to mend, repair; [+ *casa*] to do up; **¿cuánto te ha costado ~ el coche?** how much did it cost you to have your car repaired *o* fixed?; **tengo que llevar estos zapatos a ~** I have to take these shoes to the mender's *o* to be mended; **quiero que le arreglen las mangas** I want to have the sleeves altered; **están arreglando la carretera de la costa** they are repairing the coast road; **vendrá un hombre a ~ el jardín** a man is coming to do the garden
2 (= *acicalar*) to get ready; **arregló a los niños para ir de paseo** she got the children ready for their stroll; **voy a que me arreglen el pelo** I'm going to have my hair done; **sólo quiero que me arregle las patillas** I only want you to tidy up the sideburns; **¡a ti te voy a ~ yo!** (*iró*) I'll show you!*
3 (= *resolver*) [+ *asunto*] to sort out; [+ *conflicto, disputa*] to settle; [+ *problema*] to solve, sort out; **consiguió ~ lo del préstamo** he managed to sort out the loan; **no te preocupes por el dinero, yo lo ~é** don't worry about the money, I'll sort it out *o* I'll take care of that; **intentaron ~ el conflicto de forma diplomática** they tried to sort out *o* settle the conflict by diplomatic means; **tuvimos que ~ varios números en las cuentas** we had to correct some figures in the accounts; **pegándole no vas a ~ nada** you're not going to solve anything by hitting him; **este dinero les ~á la vida** this money will help sort their lives out; **si te crees que vas a ~ el mundo, vas listo** (*iró*) if you think you're going to put the world to rights, you've got another think coming*; **~ cuentas con algn** to settle accounts with sb
4 (= *ordenar*) [+ *casa, habitación*] to tidy, tidy up; **los sábados arreglo mi cuarto** I tidy my room on Saturdays; **estoy arreglando la mesa para la cena** I'm arranging the table for dinner
5 (= *organizar*) to arrange; **ya lo tenemos todo arreglado para la mudanza** we have got everything ready *o* arranged for the move; **lo arregló todo para que la entrevista fuera el lunes** he fixed up *o* arranged everything so the interview could be on Monday
6 (= *acordar*) [+ *detalles*] to settle; [+ *cita*] to arrange, fix up; **dime lo que habéis arreglado** tell me what you've arranged; **ya hemos arreglado el precio** we have already agreed (on) the price; **hemos arreglado que si yo no puedo hacerlo lo hará él** we have arranged that if I can't do it, he will
7 (*Mús*) to arrange
8 (*Culin*) [+ *ensalada*] to dress
9 (*LAm*) (= *amañar*) to arrange
10 (*LAm*) [+ *deuda*] to pay, repay; **le trabajé un mes y todavía no me arregla** (*Chile*) I worked for him for a month and still haven't been paid
11 (*LAm*) (= *esterilizar*) [+ *macho*] to castrate; [+ *hembra*] to spay
12 (*Chile*) [+ *registro, documento*] to update
Ⓑ **arreglarse** VPR 1 (= *acicalarse*) to get o.s. ready; [+ *pelo, manos*] to do; **yo tardo poco en ~me** I won't take a moment to get myself ready; **se arregla mucho para ir a trabajar** she gets really dressed up to go to work; **~se la boca** to get one's teeth seen to; **~se la corbata** to adjust one's tie; **~se el pelo** [*uno mismo*] to fix one's hair; (*en peluquería*) to have one's hair done
2 (= *ponerse de acuerdo*) to come to an agreement; **no consiguieron ~se en el precio** they didn't manage to come to an agreement about the price; **~se a algo** to conform to sth; **las leyes deben ~se a los principios fundamentales** laws should conform to fundamental principles; **~se con algn**: **me he arreglado con ella para cambiar los turnos** I've arranged to swap shifts with her
3 [*novios*] (= *reconciliarse*) to make up; (†) (= *empezar a salir*) to start courting†; **estuvieron un tiempo peleados, pero ya se han arreglado** they fell out for a while, but now they made (it) up
4 (= *mejorarse*) to improve; **si las cosas no se arreglan la empresa tendrá que cerrar** if things don't improve the firm will have to close down; **si el tiempo se arregla, iremos a la playa** if the weather improves we'll go to the beach; **los problemas no se arreglan solos** problems don't sort themselves out
5 (= *apañarse*) to manage; **con este dinero me arreglo** I can get by *o* I can manage on this money; **~se con/sin algo** to manage with/without sth; **¿cómo os arregláis sin el coche?** how do you manage without the car?; **para comer me arreglo con un bocadillo** at lunch, I make do with a sandwich, I manage on a sandwich for lunch; ✦*MODISMO* **arreglárselas*** to manage; **¿cómo te las arreglas para trabajar tanto y no cansarte?** how do you manage to work so hard and not get tired?; **sabe arreglárselas muy bien solito** he manages perfectly well on his own; **arreglárselas para hacer algo** to manage to do sth; **no sé cómo se las arregla para salir adelante con ese sueldo** I don't know how he manages to get by on that salary; **ya me las ~é para convencerlo** I'll find a way of convincing him

**arreglista** SMF arranger

**arreglo** SM 1 (= *reparación*) repair; **la cocina necesita unos pequeños ~s** the kitchen needs a few repairs; **"se hacen ~s"** [*de ropa*] "alterations"; [*de electrodomésticos*] "repairs done"; **el ~ del televisor son 10.000 pesetas** it's 10,000 pesetas to repair *o* mend *o* fix the TV; **el horno no tiene ~** the oven is beyond repair; **ese problema tiene fácil ~** that problem is easy to sort out *o* solve; **mi marido no tiene ~*** my husband is a hopeless case*
2 (= *aseo*) [*de persona*] appearance; [*de pelo, barba*] trim; **cuida mucho su ~ personal** he takes great care over his appearance; **un ~ de barba** a beard trim
3 (= *orden*) order; **vivir con ~** to live an orderly life
4 (= *acuerdo*) agreement; **tenemos un arreglillo con el jefe** we have made a little arrangement with the boss; **con ~ a** [+ *norma, ley*] in accordance with; [+ *circunstancias, criterio*] according to; **con ~ a lo dispuesto en el artículo 47** in accordance with the provisions of Article 47; **los han ordenado con ~ a su tamaño** they have been arranged according to size; **llegar a un ~** to reach a compromise ▶ **arreglo de cuentas** settling of old scores
5 [*de amantes*] affair
6 (*Mús*) [*de obra original*] arrangement; (*a partir de texto literario*) setting
7 (*Inform*) array
8 ▶ **arreglo floral** flower arrangement; **clases de ~ floral** flower arranging classes

**arregostarse** ▸conjug 1a◂ VPR **~ a** to take a fancy to

**arregosto** SM fancy, taste (**de** for)

**arrejarse** ▸conjug 1a◂ VPR (*Cono Sur*) (= *arriesgarse*) to take a risk

**arrejuntado/a*** SM/F live-in lover; **los ~s** the couple living together

**arrejuntarse*** ▸conjug 1a◂ VPR to set up house together, shack up together*; **vivir arrejuntados** to live together

**arrejunte*** SM cohabitation, living together

**arrellanarse** ▸conjug 1a◂ VPR, **arrellenarse** ▸conjug 1a◂ VPR 1 (= *ponerse cómodo*) to lounge, sprawl; **~ en el asiento** to lie back in one's chair
2 (*en un trabajo*) to be happy in one's work

**arremangado** ADJ (= *vuelto hacia arriba*) turned up, tucked up; [*nariz*] turned up, snub

**arremangar** ▸conjug 1h◂ Ⓐ VT [+ *mangas, pantalones*] to roll up; [+ *falda*] to tuck up
Ⓑ **arremangarse** VPR (= *subirse las mangas*) to roll up one's sleeves; (= *subirse los pantalones*) to roll up one's trousers; (= *subirse la falda*) to tuck up one's skirt

**arrematar*** ▸conjug 1a◂ VT to finish, complete

**arremeter** ▸conjug 2a◂ Ⓐ VT [+ *caballo*] to spur on, spur forward
Ⓑ VI 1 (= *atacar*) to rush forward, attack; **~ a** *o* **contra algn** to attack sb, launch o.s. at sb; **el coche arremetió contra la pared** the car smashed into the wall
2 (*fig*) (= *chocar*) to offend good taste, shock the eye

**arremetida** SF 1 (= *ataque*) attack, assault; (= *empujón*) shove, push; (= *ímpetu*) onrush
2 [*de caballo*] sudden start

**arremolinarse** ▸conjug 1a◂ VPR [*gente*] to crowd around, mill around; [*corriente*] to swirl, eddy; [*bailadores, polvo*] to swirl, whirl

**arrempujar*** ▸conjug 1a◂ VT = **empujar**

**arrendable** ADJ **casa ~** house to let, house available for letting

**arrendador(a)** SM/F 1 (= *propietario*) landlord/landlady; (*Jur*) lessor; (*Com*) franchisor
2 (= *inquilino*) tenant; (*Jur*) lessee; (*Com*) franchisee

**arrendajo** SM 1 (*Orn*) jay
2 (= *imitador*) mimic

**arrendamiento** SM 1 [*de casa, piso*] renting; [*de tierras*] leasing; [*de máquinas, servicios*] hiring; **tomar una casa en ~** to rent a house
► **arrendamiento financiero** leasing
2 (= *precio*) rent, rental
3 (= *contrato*) contract, agreement; (*Com*) (= *concesión*) franchise

**arrendar**[1] ▸conjug 1j◂ VT 1 [*propietario*] [+ *inmuebles*] to let, lease; [+ *máquinas*] to hire out
2 [*usuario*] [+ *inmuebles*] to rent, lease; [+ *máquinas*] to hire

**arrendar**[2] ▸conjug 1j◂ VT [+ *caballo*] to tie, tether (*by the reins*)

**arrendatario/a** SM/F 1 [*de vivienda*] (= *inquilino*) tenant; (*Jur*) lessee, leaseholder
2 [*de coche*] hirer

**arrendero/a** SM/F (*Cono Sur, Méx*) = **arrendatario**

**arreo** SM 1 (= *adorno*) adornment
2 **arreos** [*de caballo*] harness *sing*, trappings; (= *avíos*) gear *sing*
3 (*LAm*) (= *animales*) drove, drove of cattle; (= *acto*) roundup

**arrepentidamente** ADV regretfully, repentantly

**arrepentido/a** Ⓐ ADJ (= *pesaroso*) sorry; (*Rel*) repentant; **terrorista ~** reformed terrorist; **estar ~ de algo** to regret sth, be sorry about sth; **se mostró muy ~** he was very sorry
Ⓑ SM/F (*Rel*) penitent; (= *terrorista*) reformed terrorist

**arrepentimiento** SM 1 (= *pesar*) regret; (*Rel*) repentance; [*de terrorista etc*] reformation
2 (*Arte*) (= *enmienda*) change (*made by the artist to a picture*)

**arrepentirse** ▸conjug 3i◂ VPR to repent, be repentant; **~ de algo** to regret sth; **~ de haber hecho algo** to regret doing sth, regret having done sth; **no ~ de nada** to have no regrets, not be sorry for anything

**arrequín** SM (*LAm*) 1 (= *ayudante*) helper, assistant
2 (*Agr*) leading animal, leading animal of a mule train

**arrequives** SMPL 1 (= *ropa*) finery *sing*, best clothes; (= *adornos*) frills, trimmings
2 (= *circunstancias*) circumstances

**arrestado** ADJ bold, daring

**arrestar** ▸conjug 1a◂ Ⓐ VT (= *detener*) to arrest, detain; (= *encarcelar*) to imprison, put in prison; **~ en el cuartel** (*Mil*) to confine to barracks
Ⓑ **arrestarse** VPR **~se a algo** to rush boldly into sth; **~se a todo** to be afraid of nothing

**arresto** SM 1 (*Jur*) (= *acción*) arrest; (= *detención*) remand; (*Mil*) detention, confinement; **estar bajo ~** to be under arrest
► **arresto domiciliario** house arrest
► **arresto mayor** (*Esp*) *imprisonment for from one month and a day to six months* ► **arresto menor** (*Esp*) *imprisonment for from one day to thirty days* ► **arresto preventivo** preventive detention
2 **arrestos** (= *arrojo*) daring *sing*; **tener ~s** to be bold, be daring

**arrevesado** ADJ (*LAm*) = **enrevesado**

**arria** SF (*LAm*) mule train, train of pack animals

**arriada** SF flood

**arriado** ADJ (*LAm*) = **arreado**

**arrianismo** SM Arianism

**arriano/a** ADJ, SM/F Arian

**arriar** ▸conjug 1c◂ Ⓐ VT 1 [+ *bandera*] to lower, strike; [+ *vela*] to haul down; [+ *cable*] to loosen
2 (= *inundar*) to flood
Ⓑ **arriarse** VPR to flood, become flooded

**arriate** SM 1 (*Bot*) (= *era*) bed, border
2 (= *camino*) road

**arriba** Ⓐ ADV 1 (*indicando situación*) above; **los platos y las tazas están ~** the cups and saucers are above; **allí ~** up there; **aquí ~** up here; **de ~**: **el botón de ~** the top button; **los dientes de ~** my top *o* upper row of teeth; **la parte de ~** the top; **la parte de ~ del biquini** the bikini top; **los de ~** those above; (= *los que mandan*) the people *o* those at the top; **estos azulejos hacen juego con los de ~** these tiles match those above; **órdenes (que vienen) de ~** orders from above; **desde ~** from above; **visto desde ~ parece más pequeño** seen from above it looks smaller; **está más ~** it's higher *o* further up; **pon esos libros ~ del todo** put those books right at the top
2 (*indicando dirección*) **escaparon (por la) calle ~** they escaped up the street; **de ~ abajo** from top to bottom, from head to foot; **rasgó el cuadro de ~ abajo** he slashed the painting from top to bottom; **me dio un masaje de ~ abajo** he massaged me from head to foot; **vestida de negro de ~ abajo** dressed completely in black, dressed in black from head to foot; **esa ley debe cambiar de ~ abajo** this act must be completely revised; **se puede mirar el catálogo de ~ abajo** you can read the catalogue through from beginning to end; **mirar a algn de ~ abajo** to look sb up and down; **andar para ~ y para abajo** ◊ **ir de ~ para abajo** to run back and forth; **hacia ~** up(wards); **mire hacia ~** look up; **hasta ~**: **subí hasta ~** I climbed to the top; **llenar la copa hasta ~** to fill the glass to the brim; **el estadio está lleno hasta ~** the stadium is chock-a-block; **está hasta ~ de trabajo*** he's up to his eyes in work*; **llegar ~** to get to the top; **"este lado para ~"** "this side up"; **de la cintura para ~** from the waist up; **un juego para niños de ocho años para ~** a game for children of eight and over; **de diez dólares para ~** from ten dollars upwards; *ver tb* **agua**, **cuesta**, **patas**
3 (*en casa*) upstairs; **~ están los dormitorios** the bedrooms are upstairs; **los vecinos de ~** our upstairs neighbours; **grité de tal manera que los de ~ lo oyeron** I shouted so loud that the people upstairs heard me
4 (*en texto*) above; **lo escrito ~** what has been written above; **como hemos dicho más ~** as has been said above; **la persona ~ mencionada** the abovementioned *o* aforementioned person
5 **~ de** (*esp LAm*) (= *encima de*) on top of; (= *por encima de*) above, over; (= *más alto que*) higher than, further up than; (= *más de*) more than; **lo dejé ~ del refrigerador** I left it on top of the fridge; **viven en el departamento ~ del mío** they live in the flat above mine; **el río ~ de la ciudad** the river above the town; **~ mío** (*esp Cono Sur*) over me, above me, on top of me
Ⓑ EXCL (= *a levantarse*) up you get!; **¡~ ese ánimo!** cheer *o* chin up!; **¡manos ~!** hands up!; **¡~ el telón!** raise the curtain!; **¡~ el Depor!** (*Dep*) up (with) Depor !; **¡~ el socialismo!** long live socialism!

**arribada** SF (*Náut*) arrival, entry into harbour *o* (*EEUU*) harbor; **entrar de ~** to put into port
► **arribada forzosa** unscheduled stop

**arribaje** SM (*Náut*) arrival, entry into harbour, entry into harbor (*EEUU*)

**arribano** ADJ (*Cono Sur*) upper, higher

**arribar** ▸conjug 1a◂ VI 1 (*esp LAm*) (= *llegar*) to arrive; (*Náut*) (= *llegar a puerto*) to put into port; (= *ir a la deriva*) to drift; **~ a** to reach
2 (*Med, Fin*) (= *convalecer*) to recover, improve

**arribazón** SF (= *abundancia de peces*) coastal abundance of fish, off-shore shoal; [*de dinero*] bonanza

**arribeño/a** SM/F 1 (*LAm*) (= *serrano*) highlander, inlander
2 (*Cono Sur*) (= *forastero*) stranger

**arribismo** SM social climbing

**arribista** SMF upstart, arriviste (*frm*)

**arribo** SM (*esp LAm*) arrival; **hacer su ~** to arrive

**arriendo** SM = **arrendamiento**

**arriero** SM muleteer

**arriesgadamente** ADV (= *peligrosamente*) riskily, dangerously; (= *intrépidamente*) daringly, boldly

**arriesgado** ADJ 1 [*acto*] risky, hazardous; **unas ideas arriesgadas** some dangerous ideas; **me parece ~ prometerlo** I would be rash to promise it
2 [*individuo*] (= *intrépido*) bold, daring; (*pey*) (= *impetuoso*) rash, foolhardy

**arriesgar** ▸conjug 1h◂ Ⓐ VT (= *poner a riesgo*) to risk, hazard; [+ *oportunidad*] to endanger, put at risk; [+ *conjetura*] to hazard, venture; [+ *dinero*] to stake

Ⓑ **arriesgarse** VPR to take a risk, expose o.s. to danger; **~se a hacer algo** to risk doing sth; **~se a una multa** to risk a fine; **~se en una empresa** to venture upon an enterprise

**arrimadero** SM (= *arrimo*) support; (= *apeadero*) mounting block, step

**arrimadillo** SM matting (*used as wainscot*)

**arrimadizo/a** Ⓐ ADJ (*fig*) parasitic
Ⓑ SM/F parasite, hanger-on

**arrimado/a** Ⓐ ADJ [1] [*imitación*] close
[2] (*Col, Méx, Ven**) (= *aprovechado*) **viven ~s con los suegros** they scrounge off their in-laws
[3] (*Méx**) (= *juntos*) **—¿son marido y mujer? —no, están ~s nomás** "are they married?" — "no, they're just living together"
Ⓑ SM/F [1] (*Col, Méx, Ven**) (= *aprovechado*) scrounger*
[2] (*Caribe*) (= *intruso*) unwelcome guest
[3] (*Andes*) (= *amante*) lover
[4] (*Cono Sur**) (= *mantenido*) kept man/woman (*pey*)

**arrimar** ▸conjug 1a◂ Ⓐ VT [1] (= *acercar*) to move nearer, move closer (**a** to), to bring nearer, bring closer (**a** to); **arrima tu silla a la mía** bring your chair nearer to mine; **~on el coche al bordillo a empujones** they pushed the car nearer to the kerb; **se saludan sólo arrimando la cara** they just touch cheeks when they greet each other; **arrima el sofá contra la pared** move *o* push the sofa against the wall; **~ las espuelas a un caballo** to dig one's spurs into a horse; **~ un golpe a algn** (*Méx**) to hit sb, strike sb; **~ el oído a la puerta** to put one's ear to the door; **vivir arrimado a algn** (*gen*) to live with sb; (*con dependencia económica*) to live off sb; (*sexualmente*) to shack up; *ver tb* **ascua, hombro**
[2] (= *ignorar*) [+ *persona*] to ignore; [+ *proyecto*] to shelve; **el plan quedó arrimado** the plan was shelved; **✦MODISMO ~ los libros** to give up studying, drop out*
[3] (*Náut*) [+ *carga*] to stow
Ⓑ **arrimarse** VPR [1] (*a un lugar*) to come nearer, come closer (**a** to); **arrímate un poco más a la pared** get a little nearer to the wall; **no te arrimes mucho al precipicio** don't get too close to the precipice; **se arrimó mucha gente a mirar** many people gathered round to look; **me arrimé a la pared para que no me vieran** I flattened myself against the wall so that they wouldn't see me; **se arrimó a la lumbre** she huddled closer to the fire
[2] **~se a algn** (*gen*) to come closer to sb; (*para pedir algo*) to come up to sb; (*buscando calor*) to snuggle up to sb; (*para sacar dinero*) to scrounge off sb*; **arrímate para que te vea mejor** come closer so I can see you better; **paraban la música si alguien se arrimaba demasiado a su pareja** they stopped the music if anyone got too close to their partner; **bailaban muy arrimados** they were dancing cheek-to-cheek, they were dancing very close; **se me fue arrimando hasta que se sentó a mi lado** he edged closer until he was sitting right next to me; **se nos arrimó a preguntar la hora** he came up to us to ask the time; **se arriman a los que están en el poder** they ingratiate themselves with those in power; **se ~on a la casa de la madre del marido** at home they scrounged off their mother in law*; **arrímate a mí** cuddle up to me, snuggle up to me; *ver tb* **sol**
[3] (*Taur*) to fight close to the bull
[4] (*Méx**) (= *vivir juntos*) to live together

**arrimo** SM [1] (= *ayuda*) protection; **al ~ de algn/algo** with the support of sb/with the help of sth; **prosperó al ~ de su tío** he prospered with his uncle's support; **nos resguardamos al ~ de un árbol** we sheltered under a tree
[2] (= *apego*) attachment; **no siente ~ por nadie** he doesn't feel attached to anybody, he doesn't feel any attachment to anybody
[3] (*) (= *amorío*) affair
[4] (*Constr*) partition
[5] (*Chile*) (= *consola*) (*tb* **mesa de ~**) console table

**arrimón** SM (= *holgazán*) loafer, idler; (= *gorrón*) sponger*; **estar de ~** to hang about, loaf around

**arrinconado** ADJ (= *olvidado*) forgotten, neglected; (= *marginado*) out in the cold*; (= *remoto*) remote; (= *abandonado*) abandoned

**arrinconar** ▸conjug 1a◂ Ⓐ VT [1] [+ *objeto*] to put in a corner; [+ *enemigo*] to corner
[2] (= *abandonar*) to lay aside, discard; (= *dar carpetazo a*) to shelve, put on the back burner; (= *apartar*) to push aside; (= *marginar*) to leave out in the cold*
Ⓑ **arrinconarse** VPR to become a recluse

**arriñonado** ADJ kidney-shaped

**arriñonar*** ▸conjug 1a◂ VT to wear out, exhaust; **estar arriñonado** to be knackered*

**arriscadamente** ADV boldly, resolutely

**arriscado** ADJ [1] (*Geog*) craggy
[2] [*persona*] (= *resuelto*) bold, resolute; (= *animoso*) spirited; (= *ágil*) brisk, agile

**arriscamiento** SM boldness, resolution

**arriscar**[1] ▸conjug 1g◂ Ⓐ VT to risk
Ⓑ **arriscarse** VPR to take a risk

**arriscar**[2] ▸conjug 1g◂ Ⓐ VT (*Andes, Cono Sur, Méx*) (= *doblar*) to turn up, fold up, tuck up; (= *encrespar*) to stiffen; [+ *nariz*] to wrinkle
Ⓑ VI [1] (*Andes*) (= *enderezarse*) to draw o.s. up, straighten up
[2] **~ a** (*LAm*) to amount to
Ⓒ **arriscarse** VPR [1] (= *engreírse*) to get conceited
[2] (*Andes, CAm*) (= *vestir con elegancia*) to dress up to the nines

**arriscocho** ADJ (*Andes*) restless

**arrivista** = **arribista**

**arrizar** ▸conjug 1f◂ VT (*Náut*) [+ *vela*] to reef; (= *asegurar*) to fasten, lash down

**arroba** SF [1] (= *medida de peso*) 25 pounds; (= *medida de líquidos*) *a variable liquid measure*; **✦MODISMO por ~s*** tons*, loads*; **tiene talento por ~s** he has loads of talent, he oozes talent*
[2] (*Internet*) (*en dirección electrónica*) at

**arrobador** ADJ entrancing, enchanting

**arrobamiento** SM (= *éxtasis*) ecstasy, rapture; (*Rel*) trance; **salir de su ~** to emerge from one's state of bliss, come back to earth*

**arrobar** ▸conjug 1a◂ Ⓐ VT to entrance, enchant
Ⓑ **arrobarse** VPR (= *embelesarse*) to go into ecstasies, be enraptured; [*místico etc*] to go into a trance

**arrobo** SM = **arrobamiento**

**arrocero/a** Ⓐ ADJ rice *antes de s*; **cultivo ~** rice cultivation; **industria arrocera** rice industry
Ⓑ SM/F (*Caribe*) gatecrasher

**arrochelarse** ▸conjug 1a◂ VPR (*Andes*) [*ganado*] to take a liking to a place; [*perro*] to refuse to go out; [*caballo*] to balk, shy

**arrodajarse** ▸conjug 1a◂ VPR (*CAm*) to sit cross-legged

**arrodillarse** ▸conjug 1a◂ VPR to kneel, kneel down, go down on one's knees; **estar arrodillado** to be kneeling, be kneeling down, be on one's knees

**arrogancia** SF (= *altanería*) arrogance, haughtiness; (= *orgullo*) pride

**arrogante** ADJ (= *altanero*) arrogant, haughty; (= *orgulloso*) proud

**arrogantemente** ADV (= *con altanería*) arrogantly, haughtily; (= *con orgullo*) proudly

**arrogarse** ▸conjug 1h◂ VPR **~ algo** to assume sth, take sth on o.s.

**arrojadamente** ADV boldly

**arrojadizo** ADJ **arma arrojadiza** missile, projectile

**arrojado** ADJ (= *valiente*) daring, dashing; (= *temerario*) reckless

**arrojallamas** SM INV flamethrower

**arrojar** ▸conjug 1a◂ Ⓐ VT [1] (= *lanzar*) to throw; (*con fuerza*) to hurl; **la niña arrojaba piedras al río** the girl was throwing stones into the river; **los hinchas ~on piedras contra la policía** the fans threw *o* hurled stones at the police; **arroja el papel al cubo de la basura** throw the paper into the wastepaper basket; **"no arrojar basura"** "no tipping"
[2] [+ *humo, lava*] to send out
[3] [+ *resultados, datos*] to produce; **la investigación ha arrojado datos muy negativos** the investigation has produced some very negative data; **la transacción arrojó un balance positivo** the transaction yielded a profit; **este estudio arroja (alguna) luz sobre el tema** this study sheds some light on the subject; **el accidente arrojó 80 muertos** (*LAm*) the accident left 80 dead
[4] (= *expulsar*) to throw out; **lo arrojó de casa por su comportamiento** she threw him out of the house because of his behaviour
[5] (*LAm*) (= *vomitar*) to bring up, vomit
Ⓑ **arrojarse** VPR (= *lanzarse*) to throw o.s.; (*con fuerza*) hurl o.s.; **se arrojó a mis brazos y lloró** he threw *o* flung himself into my arms and wept; **el ladrón se arrojó desde el quinto piso** the thief threw *o* hurled himself from the fifth floor; **el asesino se arrojó sobre su víctima** the killer threw *o* hurled himself on his victim

**arrojo** SM daring, fearlessness; **con ~** boldly, fearlessly

**arrollado** SM (*Cono Sur*) rolled pork

**arrollador** ADJ **un ataque ~** a crushing attack; **por una mayoría ~a** by an overwhelming majority; **es una pasión ~a** it is a consuming passion; **tenía una personalidad ~a** she had an overwhelming *o* overpowering personality

**arrollar**[1] ▸conjug 1a◂ VT [1] (= *enrollar*) (*gen*) to roll up; [+ *cable, cuerda, hilo*] to coil, wind
[2] (= *arrastrar*) [*río*] to sweep away, wash away; [+ *enemigo*] to rout; [+ *adversario*] to crush; [+ *peatón*] to run over, knock down; **~on a sus rivales** they crushed their rivals
[3] [+ *persona*] (*en debate*) to crush; (= *asombrar*) to dumbfound, leave speechless

**arrollar²** ▸conjug 1a◂ VT = **arrullar A**

**arromar** ▸conjug 1a◂ VT to blunt, dull

**arropar** ▸conjug 1a◂ Ⓐ VT 1 (= *vestir*) to wrap up, wrap up with clothes; (*en cama*) to tuck up, tuck up in bed
2 (*fig*) (= *proteger*) to protect
Ⓑ **arroparse** VPR to wrap o.s. up; **¡arrópate bien!** wrap up warm!

**arrope** SM (= *jarabe*) syrup; [*de mosto*] grape syrup; [*de miel*] honey syrup

**arrorró** SM (*LAm*) lullaby

**arrostrado** ADJ **bien ~** nice-looking; **mal ~** ugly

**arrostrar** ▸conjug 1a◂ Ⓐ VT [+ *consecuencias*] to face, face up to; [+ *peligro*] to brave, face
Ⓑ VI 1 **~ a algo** to show a liking for sth
2 **~ con = A**
Ⓒ **arrostrarse** VPR **~se con algn** to face up to sb

**arroyada** SF 1 (= *barranco*) gully, stream bed
2 (= *inundación*) flood, flooding

**arroyo** SM 1 (= *riachuelo*) stream, brook; (= *cauce*) watercourse; (*LAm*) (= *río*) river; (*Méx*) (= *barranco*) gully, ravine
2 (= *cuneta*) gutter; **poner a algn en el ~** to turn sb onto the streets; **sacar a algn del ~** to drag sb from the gutter; **ser del ~** to be an orphan

**arroyuelo** SM small stream, brook

**arroz** SM rice; ✦***MODISMO* hubo ~ y gallo muerto** (*Esp, Caribe**) it was a slap-up do* ► **arroz a la cubana** *rice with banana, tomato sauce and fried egg* ► **arroz blanco** white rice ► **arroz hervido** boiled rice ► **arroz hinchado** puffed rice ► **arroz con leche** rice pudding ► **arroz integral** brown rice

**arrozal** SM rice field, paddy field

**arrufarse** ▸conjug 1a◂ VPR (*Caribe*) to get annoyed, get angry

**arruga** SF 1 (*en piel*) wrinkle, line; (*en ropa*) crease
2 (*Andes**) (= *estafa*) swindle, con*; (= *deuda*) debt; **hacer una ~** (*Andes*) to cheat

**arrugado** ADJ [*cara etc*] wrinkled, lined; [*papel etc*] creased; [*vestido*] crumpled, creased up

**arrugar** ▸conjug 1h◂ Ⓐ VT [+ *cara*] to wrinkle, line; [+ *ceño*] to knit; [+ *papel*] to crumple, screw up; [+ *ropa*] to ruck up, crumple; **~ la cara** to screw up one's face; **~ el entrecejo** to knit one's brow, frown
Ⓑ **arrugarse** VPR 1 [*cara*] to wrinkle, wrinkle up, get wrinkled; [*ropa*] to crease, get creased; [*planta*] to shrivel up
2 (*Méx**) (= *asustarse*) to get scared, get frightened

**arrugue** SM (*Caribe*) = **arruga**

**arruinado** ADJ 1 [*persona, reputación, vida*] ruined
2 (*Cono Sur, Méx*) (= *enclenque*) sickly, stunted; (*Cono Sur*) (= *miserable*) wretched, down and out

**arruinamiento** SM ruin, ruination

**arruinar** ▸conjug 1a◂ Ⓐ VT 1 (= *empobrecer*) to ruin
2 (= *destruir*) to wreck, destroy
3 (*LAm*) (= *desvirgar*) to deflower
Ⓑ **arruinarse** VPR [*compañía*] to be ruined; [*edificio*] to fall into ruins, fall down, collapse

**arrullar** ▸conjug 1a◂ Ⓐ VT [+ *niño*] to lull to sleep, sing to sleep; [+ *amante*] to say sweet nothings to
Ⓑ VI to coo
Ⓒ **arrullarse** VPR to bill and coo

**arrullo** SM (*Orn*) cooing; [*de amantes*] billing and cooing; [*de agua, olas*] murmur; (= *canción*) lullaby

**arrumaco** SM 1 (= *caricia*) caress
2 (= *halago*) piece of flattery; **andar con ~** to flatter
3 (= *vestido etc*) *eccentric item of dress or adornment*
4 **arrumacos** (= *cariñitos*) show of affection *sing*, endearments

**arrumaje** SM stowage

**arrumar** ▸conjug 1a◂ Ⓐ VT 1 (*Náut*) to stow
2 (= *amontonar*) to pile up
Ⓑ **arrumarse** VPR to become overcast

**arrumbar¹** ▸conjug 1a◂ VT 1 [+ *objeto*] (= *apartar*) to put aside, discard; (= *olvidar*) to neglect, forget
2 [+ *individuo*] (*en discusión*) to silence, floor; (= *apartar*) to remove

**arrumbar²** ▸conjug 1a◂ (*Náut*) Ⓐ VI to set course (**hacia** for)
Ⓑ **arrumbarse** VPR to take one's bearings

**arrume** SM (*Andes, Caribe*) pile, heap

**arruncharse** ▸conjug 1a◂ VPR (*Andes*) to curl up, roll up

**arrurruz** SM arrowroot

**arrutanado** ADJ (*Andes*) plump

**arrutinarse** ▸conjug 1a◂ VPR to get into a routine, get set in one's ways

**arsenal** SM 1 (*Náut*) naval dockyard; (*Mil*) arsenal; **el ~ nuclear** the nuclear arsenal
2 (= *conjunto numeroso*) storehouse, mine

**arsenalera** SF (*Cono Sur*) surgeon's assistant, theatre auxiliary

**arsénico** SM arsenic

**arte** SM o SF (*gen m en sing, f en pl*) 1 (= *pintura, música*) art; **~s** (*Univ*) arts; **~s y oficios** arts and crafts; **bellas ~s** fine arts; **~ de vivir** art of living; **el séptimo ~** the cinema, film; **~ de los trucos** conjuring; **por ~ de magia** by magic, as if by magic; ✦***MODISMO* no tener ~ ni parte en algo** to have nothing whatsoever to do with sth ► **arte abstracto** abstract art ► **artes decorativas** decorative arts ► **artes gráficas** graphic arts ► **artes marciales** martial arts ► **arte poética** poetics *sing* ► **arte pop** pop art ► **artes plásticas** plastic arts; *ver tb* **amor 1**
2 (= *habilidad*) skill; (= *astucia*) craftiness; **malas ~s** trickery *sing*; **por malas ~s** by trickery
3 (= *artificio*) workmanship, artistry; **sin ~** (*como adj*) clumsy; (*como adv*) clumsily
4 (*Literat*) ► **arte mayor** *Spanish verse of eight lines each of twelve syllables dating from the 15th century* ► **arte menor** *Spanish verse usually of four lines each of six or eight syllables*
5 (*Pesca*) **~ de pesca** (= *red*) fishing net; (= *caña etc*) fishing tackle

**artefacto** SM 1 (*Téc*) device, appliance ► **artefacto explosivo** bomb, explosive device ► **artefacto incendiario** incendiary device ► **artefacto infernal** bomb, explosive device ► **artefacto nuclear** nuclear device ► **artefactos de alumbrado** light fittings, light fixtures
2 (*Arqueología*) artefact, artifact (*EEUU*)
3 (*Aut**) old crock, jalopy*, old banger*

**artejo** SM knuckle

**arteramente** ADV cunningly, artfully

**arteria** SF 1 (*Med*) artery
2 (= *calle*) artery; **la ~ principal de una ciudad** the main thoroughfare of a town

**artería** SF cunning, artfulness

**arterial** ADJ arterial

**arterioesclerosis** SF INV, **arteriosclerosis** SF INV arteriosclerosis

**artero** ADJ cunning, artful, crafty

**artesa** SF trough

**artesanal** ADJ craft *antes de s*, handicraft *antes de s*; **industria ~** craft industry, handicraft industry; **productos ~es** crafts, handicrafts

**artesanía** SF (= *arte*) craftmanship; (= *productos*) crafts *pl*, handicrafts *pl*; (= *artes y oficios*) arts and crafts; **obra de ~** piece of craftsmanship; **zapatos de ~** craft shoes, hand-made shoes

**artesano/a** Ⓐ ADJ home-made, home-produced
Ⓑ SM/F craftsman/craftswoman, artisan

**artesiano** ADJ **pozo ~** artesian well

**artesón** SM 1 [*de cocina*] kitchen tub
2 (*Arquit*) coffer, caisson; (= *adorno*) moulding, molding (*EEUU*)
3 (*Andes, Méx*) (= *bóveda*) vault; (= *arcos*) arcade, series of arches; (= *terraza*) flat roof, terrace

**artesonado** SM coffered ceiling

**artesonar** ▸conjug 1a◂ VT 1 (= *poner paneles a*) to coffer
2 (= *estucar*) to stucco, mould, mold (*EEUU*)

**ártico** Ⓐ ADJ Arctic
Ⓑ SM **el Ártico** the Arctic

**articulación** SF 1 (*Anat*) articulation (*frm*), joint
2 (*Mec*) joint ► **articulación esférica** ball-and-socket joint ► **articulación universal** universal joint
3 (*Ling*) articulation

**articuladamente** ADV distinctly, articulately

**articulado** Ⓐ ADJ 1 [*persona*] articulate
2 (*Anat, Mec*) articulated, jointed; (*Aut*) [*volante*] collapsible
Ⓑ SM [*de ley, reglamento*] article

**articular** ▸conjug 1a◂ Ⓐ VT 1 (*Ling*) to articulate
2 (*Mec*) to articulate, join together
3 (*Jur*) to article
4 (*Andes, Cono Sur**) (= *regañar*) to tell off*, dress down*
Ⓑ VI (*Cono Sur*) (= *reñir*) to quarrel, squabble; (= *quejarse*) to grumble, moan*

**articulista** SMF columnist, contributor (*to a paper*)

**artículo** SM 1 (*Com*) article, item; **~s** commodities, goods ► **artículos alimenticios** foodstuffs ► **artículos de consumo** consumer goods ► **artículos de escritorio** stationery ► **artículos de marca** branded goods; (*Com*) proprietary goods ► **artículos de plata** silverware *sing* ► **artículos de primera necesidad** basic commodities, essentials ► **artículos de tocador** toiletries
2 (*escrito*) article; (*TV*) feature, report; (*en revista erudita*) article, paper; (*en libro de referencia*) entry, article ► **artículo de fondo** leader, editorial ► **artículo de portada** cover story, front-page article
3 (*Ling*) article ► **artículo definido** definite article ► **artículo indefinido** indefinite arti-

cle
**4** [*de ley, documento*] article, section, item

**artífice** SMF (*Arte*) artist, craftsman/craftswoman; (= *hacedor*) maker; (= *inventor*) inventor; **el ~ de la victoria** the architect of victory

**artificial** ADJ [*flor, luz, inseminación*] artificial; [*material*] artificial, man-made; **fuegos ~es** fireworks

**artificialidad** SF artificiality

**artificializar** ▸conjug 1f◂ VT to make artificial, give an air of artificiality to

**artificialmente** ADV artificially

**artificiero/a** SM/F explosives expert, bomb-disposal officer

**artificio** SM **1** (= *arte*) art, craft; (= *truco*) artifice; (= *astucia*) cunning, sly trick
**2** (= *aparato*) device, appliance
**3** (= *hechura*) workmanship, craftsmanship

**artificiosamente** ADV (= *ingeniosamente*) skilfully, skillfully (*EEUU*), ingeniously; (= *astutamente*) cunningly, artfully

**artificioso** ADJ (= *ingenioso*) skilful, skillful (*EEUU*), ingenious; (= *astuto*) cunning, artful, sly

**artillería** SF **1** (*Mil*) artillery ► **artillería antiaérea** anti-aircraft guns *pl* ► **artillería de campaña** field guns *pl* ► **artillería pesada** heavy artillery
**2** (*Dep**) forward line

**artillero** SM **1** (*Mil*) artilleryman; (*Aer, Náut*) gunner; (*Min*) explosives expert
**2** (*Dep**) forward

**artilugio** SM **1** (= *aparato*) gadget, contraption
**2** (= *truco*) gimmick, stunt
**3** (= *chisme*) thingummy*, gizmo (*EEUU**), whatsit*

**artimaña** SF **1** (*Caza*) trap, snare
**2** (= *ingenio*) cunning

**artista** SMF **1** (*Arte*) artist
**2** (*Teat, Cine*) artist, artiste ► **artista de cine** film actor/film actress ► **artista de teatro** actor/actress ► **artista de variedades** variety artist *o* artiste ► **artista invitado/a** guest artist *o* artiste
**3** (*) (= *persona hábil*) **es un ~ haciendo paella** he's an expert at making paella

**artísticamente** ADV artistically

**artístico** ADJ artistic

**artrítico** ADJ arthritic

**artritis** SF INV arthritis ► **artritis reumatoide** rheumatoid arthritis

**artrópodo** SM arthropod; **artrópodos** SMPL (*como clase*) arthropoda

**Arturo** SM Arthur

**Artús** SM **el Rey ~** King Arthur

**aruñón** SM **1** (*Andes*) (= *ladrón*) thief, pickpocket
**2** = **arañazo**

**arveja** SF **1** (*Bot*) vetch
**2** (*LAm*) (= *guisante*) pea

**Arz.** ABR, **Arzbpo.** ABR (= **arzobispo**) Abp

**arzobispado** SM archbishopric

**arzobispal** ADJ archiepiscopal; **palacio ~** archbishop's palace

**arzobispo** SM archbishop

**arzón** SM saddle tree ► **arzón delantero** saddlebow

**as** SM **1** (*Naipes*) ace; (*dominó*) one ► **as de espadas** ace of spades; ✦*MODISMO* **guardarse un as en la manga** to have an ace up one's sleeve
**2** (*) (= *campeón*) ace; **es un as** he's a star* ► **as del fútbol** star player ► **as del volante** champion driver, crack driver*
**3** (*Tenis*) ace

**asa**[1] SF **1** (= *agarradero*) handle
**2** (= *pretexto*) lever, pretext; ✦*MODISMO* **ser muy del ~*** to be well in

**asa**[2] SF (*Bot*) (= *jugo*) juice

**asadera** SF (*Cono Sur*) baking tin

**asadero** Ⓐ ADJ roasting, for roasting
Ⓑ SM **1** (*Elec*) spit roaster; (= *lugar caluroso*) oven
**2** (*Méx*) (= *queso blando*) cottage cheese

**asado** Ⓐ ADJ **1** (*Culin*) roast *antes de s*, roasted; **carne asada** roast meat; **~ al horno** baked; **~ a la parrilla** grilled, broiled (*EEUU*); **bien ~** well done; **poco ~** rare
**2** (*LAm*) (= *enfadado*) cross, angry
**3** (*) **estar ~** (*Caribe*) to be broke*
Ⓑ SM **1** (*Culin*) roast, joint
**2** (*Cono Sur*) (= *comida*) barbecue; (= *carne asada*) barbecued meat

**asador** SM **1** (= *varilla*) spit; (= *aparato*) spit roaster ► **asador a rotación, asador rotatorio** rotary spit
**2** (= *restaurante*) carvery

**asadura** Ⓐ SF **1** (*Anat*) **asaduras** entrails, offal *sing*; (*Culin*) chitterlings; ✦*MODISMO* **echar las ~s** to bust a gut*
**2** (= *pachorra*) sluggishness, laziness; **tiene ~s** he's terribly lazy
Ⓑ SMF (*) stolid person, dull sort*

**asaetear** ▸conjug 1a◂ VT **1** to shoot, hit (*with an arrow*)
**2** (*fig*) (= *acosar*) to bother, pester

**asalariado/a** Ⓐ ADJ wage-earning
Ⓑ SM/F **1** (= *empleado*) wage earner
**2** (*pey*) (= *mercenario*) hireling; **es ~ de la Mafia** he's in the pay of the Mafia

**asalariar** ▸conjug 1b◂ VT to employ

**asalmonado** ADJ salmon coloured, salmon colored (*EEUU*)

**asaltabancos** SMF INV bank robber

**asaltador(a)** SM/F, **asaltante** SMF [*de persona*] attacker, assailant; [*de banco, tienda*] raider

**asaltar** ▸conjug 1a◂ VT **1** [+ *persona*] to attack, assault; (*Mil*) to storm; [+ *banco, tienda etc*] to break into, raid; (*en disturbios etc*) to loot, sack; **lo ~on cuatro bandidos** he was held up by four bandits; **anoche fue asaltada la joyería** the jeweller's was raided last night, last night there was a break-in at the jeweller's
**2** [*dudas*] to assail; [*idea*] to cross one's mind; **le asaltó una idea** he was struck by an idea, an idea crossed his mind
**3** [*desastre, muerte*] to fall upon, surprise, overtake

**asalto** SM **1** (= *atraco*) robbery; **~ a un banco** bank raid, bank robbery
**2** (*Mil*) attack, assault; **el ~ al Parlamento** the attack *o* assault on parliament, the storming of parliament; **tomar por ~** to take by storm; *ver tb* **tropa 1**
**3** (*Boxeo*) round
**4** (*Esgrima*) ► **asalto de armas** fencing bout
**5** (= *acoso*) hounding, harassment; **el continuo ~ de los paparazzi** the constant hounding *o* harassment by the paparazzi
**6** (*Caribe, Méx*) (= *fiesta sorpresa*) surprise party

**asamblea** SF **1** (= *reunión*) meeting; [*de trabajadores*] mass meeting; **llamar a ~** (*Mil, Hist*) to assemble, muster
**2** (= *congreso*) congress, assembly ► **asamblea general** general assembly ► **Asamblea Nacional** National Assembly

**asambleario** ADJ **las decisiones asamblearias** the assembly's decisions; **los representantes ~s** the representatives to the assembly

**asambleísta** SMF member of the assembly

**asapán** SM (*Méx*) flying squirrel

**asar** ▸conjug 1a◂ Ⓐ VT **1** (*Culin*) to roast; **~ al horno** to bake; **~ a la parrilla** to grill, broil (*EEUU*)
**2** (*fig*) (= *acosar*) to pester, plague (**con, a** with)
Ⓑ **asarse** VPR (*fig*) to be terribly hot, roast; **me aso de calor** I'm roasting, I'm boiling; **aquí se asa uno vivo** it's boiling hot here

**asascuarse*** ▸conjug 1d◂ VPR (*Méx*) to roll up into a ball

**asaz** ADV (*Literat*) very, exceedingly; **una tarea ~ difícil** an exceedingly difficult task

**asbesto** SM asbestos

**ascendencia** SF **1** (= *linaje*) ancestry; (= *origen*) origin; **de remota ~ normanda** of remote Norman ancestry
**2** (= *dominio*) ascendancy; (= *influencia*) hold, influence

**ascendente** Ⓐ ADJ [*movimiento*] ascending; [*tendencia*] rising, increasing; **en una curva ~** in an upward curve; **la carrera ~ del pistón** the upstroke of the piston; **el tren ~** the up train
Ⓑ SM (*Astrol*) ascendant

**ascender** ▸conjug 2g◂ Ⓐ VI **1** (= *subir*) [*persona*] (*en montaña*) to climb up; (*en el aire*) to rise, ascend (*frm*); **ascendieron hasta 3.500 metros** they climbed to 3,500 metres; **ascendieron por el otro lado del monte** they made their ascent on the other side of the mountain, they climbed up the other side of the mountain; **el globo ascendió por los aires** the balloon rose *o* ascended (*frm*) into the air; **ascendía por las escaleras** (*liter*) she ascended (*liter*) *o* climbed the steps
**2** [*temperatura, presión*] to go up, rise
**3** **~ a 3·1** [*empleado, equipo, militar*] to be promoted to; **ascendió al cargo de presidente de la compañía** he was promoted to company president, he rose to the position of company president; **el Málaga ha ascendido a primera división** Málaga have gone up to the first division, Málaga have been promoted to the first division; **~ al trono** to ascend the throne
**3·2** [*cantidad*] to amount to, come to; **los beneficios ascendieron a miles de libras** the profits amounted *o* came to thousands of pounds; **el número de heridos asciende ya a 20** the number of wounded has now risen to *o* has now reached 20; **¿a cuánto ascendió la factura?** how much did the bill come to?
Ⓑ VT [+ *empleado, militar*] to promote; **lo ascendieron a teniente** he rose *o* was promoted to the rank of lieutenant

**ascendiente** Ⓐ ADJ = **ascendente A**
Ⓑ SMF (= *persona*) ancestor, forebear (*frm*)
Ⓒ SM (= *influencia*) ascendancy (*frm*), (powerful) influence (**sobre** over)

**ascensión** SF [1] (= *subida*) (*a montaña*) ascent; (*al poder*) rise; **la ~ al Mont Blanc** the ascent of Mont Blanc; **la ~ del comunismo** the rise of communism; **desde su ~ al trono** (*frm*) since his accession to the throne (*frm*)
[2] [*de empleado, militar, equipo*] promotion (**a** to); **su ~ a teniente** his promotion to lieutenant; **la ~ del Chelsea en la liga ha sido vertiginosa** Chelsea's rise in the league has been dramatic
[3] (*Rel*) **la Ascensión** the Ascension; **Día de la Ascensión** Ascension Day

**ascensional** ADJ [*curva, movimiento etc*] upward; (*Astron*) ascendant, rising

**ascensionista** SMF [1] (= *escalador*) mountain climber, mountaineer
[2] (*en globo*) balloonist

**ascenso** SM [1] (= *subida*) (*a montaña*) ascent; (*al poder*) rise; **en el ~ al Everest** on the ascent of Everest; **se produjo el ~ de la burguesía al poder** the bourgeoisie rose to power
[2] (= *aumento*) [*de temperatura, precio, popularidad*] rise; [*de beneficios, impuestos*] increase; **habrá un ~ general de las temperaturas** temperatures will go up *o* rise everywhere, there will be a rise in temperatures everywhere; **temperaturas en ~** rising temperatures, temperatures on the rise; **la Bolsa experimentó un ~ de 4,5 puntos** shares on the Stock Exchange rose by 4.5 points; **se quejan del ~ de los impuestos** they are complaining about the increase in taxes
[3] (= *mejora*) rise; **preocupa el ~ electoral de los neofascistas** the increased popularity *o* the rise in popularity of the neo-fascists is giving cause for concern
[4] [*de empleado, militar, equipo*] promotion (**a** to); **soldados con posibilidades de ~** soldiers with promotion prospects; **su ~ a general** his promotion to the rank of general; **su ~ en la empresa ha sido impresionante** his rise within the company has been extraordinary; **acaban de conseguir el ~ a primera división** they have just managed to gain promotion to the first division

**ascensor** SM lift, elevator (*EEUU*); (*Téc*) elevator

**ascensorista** SMF lift attendant, elevator operator (*EEUU*)

**ascesis** SF asceticism

**asceta** SMF ascetic

**ascético** ADJ ascetic

**ascetismo** SM asceticism

**asco** SM [1] (= *sensación*) disgust, revulsion; **¡qué ~!** how disgusting!, how revolting!; **¡qué ~ de gente!** what awful *o* ghastly* people!; **coger ~ a algo** to get sick of sth; **dar ~ a algn** to sicken sb, disgust sb; **me das ~** you disgust me; **me dan ~ las aceitunas** I loathe olives; **hacer ~s a algo** to turn up one's nose at sth; **poner cara de ~** to look disgusted, pull a face; **morirse de ~** (*Esp**) to be bored to tears *o* to death
[2] (= *objeto*) **es un ~** it's disgusting; **estar hecho un ~** to be filthy; **poner a algn de ~** (*Méx**) to call sb all sorts of names

**ascua** SF live coal, ember; **¡~s!** ouch!; ✦***MODISMOS* arrimar el ~ a su sardina** to look after number one; **estar como ~ de oro** to be shining bright; **estar en ~s** to be on tenterhooks; **pasar por algo como sobre ~s** to rush through sth; **tener a algn sobre ~s** to keep sb on tenterhooks; **sacar el ~ con la mano del gato** ◊ **sacar el ~ con mano ajena** to get sb else to do the dirty work

**aseadamente** ADV (= *con limpieza*) cleanly; (= *con arreglo*) neatly, tidily

**aseado** ADJ (= *limpio*) clean; (= *arreglado*) neat, tidy

**aseador(a)** SM/F (*Chile*) cleaner

**asear** ▸conjug 1a◂ Ⓐ VT [1] (= *lavar*) to wash; (= *limpiar*) to clean up; (= *pulir*) to smarten up
[2] (= *adornar*) to adorn, embellish (*frm*)
Ⓑ **asearse** VPR to tidy o.s. up, smarten o.s. up

**asechanza** SF trap, snare

**asechar** ▸conjug 1a◂ VT to set a trap for

**asediador** SM besieger

**asediar** ▸conjug 1b◂ VT [1] (*Mil*) to besiege; (*Náut*) to blockade
[2] (= *molestar*) to bother, pester; [+ *amante*] to chase, lay siege to (*frm*)

**asedio** SM [1] (*Mil*) siege; (*Náut*) blockade
[2] (*Fin*) run ► **asedio de un banco** run on a bank

**asegún*** ADV, PREP (*LAm*) = **según**

**asegurable** ADV insurable

**aseguración** SF insurance

**asegurado/a** Ⓐ ADJ [1] (= *con seguro*) insured (**de, contra** against; **en** for); **la casa está asegurada contra incendios** the house is insured against fire; **sólo estaba ~ contra daños a terceros** he was only insured for third party liability; **el coche no estaba ~** the car was uninsured *o* was not insured; **¿está ~ su coche a todo riesgo?** is your car fully insured?
[2] (= *cierto*) **el éxito de la huelga está ~** the success of the strike is assured; **tenemos el éxito ~** we are bound to be successful
Ⓑ SM/F **el ~** (= *tomador*) the policyholder; (= *beneficiario*) the insured (*frm*)

**asegurador(a)** Ⓐ ADJ insurance *antes de s*
Ⓑ SM/F insurer; **~ indirecto** underwriter

**aseguradora** SF insurance company

▼ **asegurar** ▸conjug 1a◂ Ⓐ VT [1] (= *sujetar*) to secure; **unos cables aseguran la carpa** the marquee is held in place *o* secured by cables; **hay que ~ mejor el cuadro a la pared** the painting needs to be more firmly fixed *o* secured to the wall; **~ algo con algo** to secure sth with sth; **aseguró con cola las patas del armario** he secured the legs of the wardrobe with glue; **~on los fardos con cuerdas** they fastened *o* secured the bundles with rope
[2] (= *proteger*) [+ *zona, edificio*] to make secure (**contra** against)
[3] (= *garantizar*) [+ *derecho*] to guarantee; **eso asegura el cumplimiento de los acuerdos** that ensures *o* guarantees that the agreements will be fulfilled; **si quieres ~te el aprobado, tienes que estudiar más** if you want to be certain of passing, you'll have to study more; **es posible, pero no lo aseguro** it's possible, but I can't tell you for sure; **es verdad, se lo aseguro** it's true, take my word for it *o* I assure you; **~ a algn que** to assure sb that; **nos ~on que no habría retrasos** they assured us that there would not be any delays
[4] (= *declarar*) to maintain; **asegura que no salió de casa** he maintains that he didn't leave the house; **asegura no saber nada del asunto** he maintains *o* affirms that he knew nothing about the matter; **asegura estar dispuesto a ayudarnos** he says that he is willing to help us
[5] (*Com, Fin*) [+ *vehículo, vivienda*] to insure (**de, contra** against; **en** for); **han asegurado los cuadros en más de seis mil millones** the paintings have been insured for more than six thousand million; **deberías ~ el coche a todo riesgo** you should have your car fully insured, you should take out a comprehensive insurance policy
Ⓑ **asegurarse** VPR [1] (= *cerciorarse*) to make sure; **para ~nos del todo** in order to make quite sure; **ya me aseguro yo de que llegue a tiempo** I'll make sure that it arrives on time
[2] (= *garantizarse*) to make sure of, assure o.s. of; **tuvo que luchar para ~se la victoria** he had a struggle to make sure of victory *o* to assure himself of victory; **han conseguido ~se su presencia en la final** they have made sure of their presence in the final
[3] (*Com, Fin*) to insure o.s., take out an insurance policy

**ASELE** SF ABR = **Asociación para la Enseñanza del Español como Lengua Extranjera**

**asemejar** ▸conjug 1a◂ Ⓐ VT [1] (= *hacer parecido*) to make look alike, make similar; (= *copiar*) to copy
[2] (= *comparar*) to liken, compare (**a** to)
Ⓑ **asemejarse** VPR (= *parecerse*) (*de carácter*) to be alike, be similar; (*de aspecto*) to look alike; (= *compararse*) to compare (**a** to); **~se a** to be like, resemble

**asendereado** ADJ [1] [*camino*] beaten, well-trodden
[2] [*vida*] wretched, miserable

**asenderear** ▸conjug 1a◂ VT **~ a algn** to chase sb relentlessly, hound sb

**asenso** SM [1] (= *consentimiento*) assent; **dar su ~** to assent
[2] (= *acto de creer*) credence; **dar ~ a** to give credence to

**asentada** SF sitting; **de una ~** at one sitting

**asentaderas*** SFPL behind* *sing*, bottom *sing*, seat *sing*

**asentado** ADJ [1] (= *instalado*) [*persona*] settled; [*tropas*] located, positioned; [*ciudad, campamento*] situated, located; **los israelíes ~s en Cisjordania** Israelis settled on the West Bank; **no está ~ del todo en su trabajo** he's still not totally settled in his job; **un escritor argentino ~ en Madrid** an Argentinian writer living in Madrid; **un campamento ~ a orillas del río** a camp situated *o* located on the riverbanks; **la iglesia estaba asentada sobre terreno arcilloso** the church was built on clay soil; **la mesa no está bien asentada** the table is wobbly
[2] (= *establecido*) [*costumbre, tradición*] well-established; [*creencia*] deep-rooted, deeply-rooted, firmly held; **marcas firmemente asentadas en el mercado europeo** brands that are well-established in the European market; **una empresa asentada en España desde hace años** a company that has been established in Spain for many years; **la mafia está asentada aquí desde hace tiempo** the mafia has existed here for years; **sus argumentos están ~s en suposiciones** his argu-

➤ LENGUA Y USO: asegurar A3 42.1 B1 29.2, 42.1

ments are based on suppositions
3 [*persona*] **ser ~** to be well-balanced

**asentador** SM 1 [*de navajas*] razor strop
2 (*Com*) dealer, middleman

**asentamiento** SM 1 (= *acción*) [*de personas, partículas*] settlement
2 (= *lugar*) [*de personas*] settlement, establishment; [*de animales*] colony; **un ~ fenicio** a Phoenician settlement
3 (= *pueblo*) shanty town, township
4 (*Med*) settling

**asentar** ▸conjug 1j◂ Ⓐ VT 1 (= *colocar*) [+ *objeto*] to place, fix; [+ *tienda de campaña*] to pitch; [+ *campamento*] to set up, pitch
2 (= *establecer*) [+ *principio*] to lay down; [+ *opinión*] to state; **el documento en el que se asientan las bases de la paz** the document in which the foundations for peace are laid out *o* laid down; **como se asienta en las actas** as stated in the minutes
3 (= *sentar*) to seat, sit down; **lo ~on en el trono** they seated him on the throne; ✦**MODISMOS** **~ la cabeza** ◊ **~ el juicio** to settle down
4 (= *aplanar*) [+ *tierra*] to firm down; [+ *costura*] to flatten
5 (= *afilar*) [+ *filo*] to sharpen; [+ *cuchillo*] to sharpen, hone
6 [+ *golpe*] to deal
7 (*Com*) [+ *pedido*] to enter, book; [+ *libro mayor*] to enter up; **~ algo al debe de algn** to debit sth to sb; **~ algo al haber de algn** to credit sth to sb
8 (*Constr*) [+ *cimientos*] to lay down
9 (*Téc*) [+ *válvula*] to seat
10 (*Méx frm*) to state; **asentó que la economía estaba en vías de recuperación** he stated that the economy was recovering
Ⓑ VI to be suitable, suit
Ⓒ **asentarse** VPR 1 (= *estar situado*) [*ciudad*] to stand, be situated; **se asentaba sobre unos terrenos pantanosos** it stood *o* was situated on marshland
2 (= *posarse*) [*líquido, polvo*] to settle; [*ave*] to alight
3 (= *sentarse*) [*persona*] to sit down, seat o.s.
4 (= *consolidarse*) to settle; **parece que se asienta la moda de los vinos blancos jóvenes** young white wines seem to be becoming fashionable; **se ha asentado muy bien en ese papel** she has settled into that role very nicely
5 (= *basarse*) **~se en** *o* **sobre algo** to be based on sth
6 (*Arquit*) to subside
7 (*LAm*) (= *adquirir madurez*) to settle down

**asentimiento** SM assent, consent

**asentir** ▸conjug 3i◂ VI 1 (= *mostrarse conforme*) to assent, agree; **~ con la cabeza** to nod, nod one's head in agreement
2 **~ a** (= *consentir en*) to agree to, consent to; [+ *pedido*] to grant; [+ *convenio*] to accept; **~ a la verdad de algo** to recognize the truth of sth

**asentista** SMF contractor, supplier

**aseñorado** ADJ gentlemanly/ladylike

**aseo** SM 1 (= *acto*) washing, toilet (*frm*); (= *higiene*) cleanliness
2 **aseos** (= *retrete*) toilet *sing*, rest room *sing* (*EEUU*)

**Asepeyo** SF ABR (= **Asistencia Sanitaria Económica para Empleados y Obreros**) *job-related health insurance scheme*

**aséptico** ADJ aseptic

**asequible** ADJ (= *alcanzable*) attainable; [*plan*] feasible; [*precio*] reasonable, within reach

**aserción** SF assertion

**aserradero** SM sawmill

**aserrador(a)** SM/F sawyer

**aserradora** SF power saw, chain saw

**aserradura** SF (= *corte de sierra*) saw cut; **aserraduras** (= *serrín*) sawdust *sing*

**aserrar** ▸conjug 1j◂ VT to saw, saw through

**aserrín** SM sawdust

**aserruchar** ▸conjug 1a◂ VT (*LAm*) = **aserrar**

**asertar** ▸conjug 1a◂ VT to assert, affirm

**asertividad** SF assertiveness

**asertivo** ADJ assertive

**aserto** SM assertion

**asesinado/a** SM/F murder victim, murdered person

**asesinar** ▸conjug 1a◂ VT 1 (= *matar*) to murder; (*Pol*) to assassinate
2 (= *molestar*) to pester, plague to death, pester the life out of*

**asesinato** SM (= *acto*) murder, homicide (*EEUU*); (*Pol*) assassination ► **asesinato en primer grado** murder in the first degree, first-degree murder (*EEUU*) ► **asesinato en segundo grado** murder in the second degree, second degree murder (*EEUU*) ► **asesinato frustrado** attempted murder ► **asesinato legal** judicial murder ► **asesinato moral** character assassination ► **asesinatos en serie** serial killings

**asesino/a** Ⓐ ADJ murderous
Ⓑ SM/F murder/murderess, killer; (*Pol*) assassin ► **asesino/a en serie, asesino/a múltiple** serial killer ► **asesino/a profesional** hired killer

**asesor(a)** Ⓐ ADJ advisory
Ⓑ SM/F adviser, consultant ► **asesor(a) administrativo/a** management consultant ► **asesor(a) de cuentas** tax accountant ► **asesor(a) de imagen** public relations adviser ► **asesora del hogar** (*Cono Sur*) maid ► **asesor(a) financiero/a** financial adviser ► **asesor(a) fiscal** tax accountant ► **asesor(a) jurídico/a** legal adviser ► **asesor(a) técnico/a** technical adviser *o* consultant

**asesoramiento** SM advice

**asesorar** ▸conjug 1a◂ Ⓐ VT 1 (*Jur*) to advise, give legal advice to, give professional advice to
2 (*Com*) to act as consultant to
Ⓑ **asesorarse** VPR 1 **~se con** to take advice from, consult
2 **~se de una situación** to take stock of a situation

**asesorato** SM (*LAm*) 1 (= *acto*) advising
2 (= *oficina*) consultant's office

**asesoría** SF 1 (= *acto*) advising; (= *cargo*) consultancy ► **asesoría jurídica** legal advice ► **asesoría técnica** technical consultancy
2 (= *honorario*) adviser's fee
3 (= *oficina*) consultant's office

**asestar** ▸conjug 1a◂ VT 1 [+ *arma*] to aim (**a** at, in the direction of); [+ *tiro*] to fire
2 [+ *golpe*] to deal; **~ una puñalada a algn** to stab sb

**aseveración** SF assertion, contention

**aseveradamente** ADV positively

**aseverar** ▸conjug 1a◂ VT to assert

**asexuado** ADJ sexless

**asexual** ADJ asexual

**asfaltado** Ⓐ ADJ asphalt *antes de s*, asphalted
Ⓑ SM 1 (= *proceso*) asphalting
2 (= *superficie*) asphalt surface; (*Aer*) tarmac

**asfaltar** ▸conjug 1a◂ VT to asphalt

**asfáltico** ADJ asphalt *antes de s*, blacktop (*EEUU*)

**asfalto** SM asphalt, blacktop (*EEUU*); (*Aer*) tarmac; ✦**MODISMO** **regar el ~**⁑ to kick the bucket⁑

**asfixia** SF (= *agobio*) suffocation, asphyxiation; (*Med*) asphyxia

**asfixiador** ADJ, **asfixiante** ADJ suffocating; (*Med, Jur*) asphyxiating; **calor asfixiante** suffocating heat, stifling heat; **gas asfixiante** poison gas; **una política asfixiante para el comercio** a policy that stifles *o* strangles trade

**asfixiar** ▸conjug 1b◂ Ⓐ VT 1 (= *ahogar*) to suffocate; (*Med, Jur*) to asphyxiate; **asfixió a la víctima con un cojín** he suffocated the victim with a cushion; **se confirma que la víctima fue asfixiada** it has been confirmed that the victim was suffocated *o* asphyxiated; **este humo nos asfixia** this smoke is asphyxiating *o* suffocating us; **este calor seco me asfixia** this dry heat is suffocating; **los ~on con gas tóxico** they gassed them (to death); **la asfixió bajo el agua** he drowned her
2 (= *agobiar*) **el pequeño pueblo la asfixiaba** village life was suffocating *o* stifling her; **tanto trabajo lo asfixia** all this work is getting on top of him *o* getting to him *o* getting him down; **los impuestos han asfixiado el comercio** taxation has suffocated trade
Ⓑ **asfixiarse** VPR 1 (= *ahogarse*) to suffocate, asphyxiate; **me asfixio con tanto humo** all this smoke is suffocating me; **murieron asfixiados en el incendio** they suffocated (to death) *o* asphyxiated in the fire
2 (= *agobiarse*) to suffocate, feel stifled; **estar asfixiado** (= *sin dinero*) to be broke*; (= *en aprieto*) to be up the creek⁑; **estoy asfixiado con tantos exámenes** all these exams are getting on top of me
3 [*negocio, economía, empresario*] to be strangled; **este país se asfixia a causa del embargo** this country is being strangled by the embargo

**asgo** *ver* **asir**

▼ **así** Ⓐ ADV 1 (= *de este modo*) 1·1 (*con ser*) **—te engañaron, ¿no es ~? —sí, ~ es** "they deceived you, didn't they?" — "yes, they did", "they deceived you, isn't that so?" —"yes, it is"; **usted es periodista ¿no es ~?** you're a journalist, aren't you?; **yo soy ~** that's the way I am; **perdona, pero creo que eso no es ~** excuse me, but I think that's not true; **~ es como lo detuvieron** that's how *o* this is how they arrested him; ✦**MODISMO** **¡(que) ~ sea!**: **—sólo les falta ganar la copa —que ~ sea** "all they have to do is win the cup" — "let's hope they do"; **—que el Señor esté con vosotros —~ sea** "(may) God be with you" — "Amen"
1·2 (*con otros verbos*) like that, like this; **lo hizo ~** he did it like that *o* like this; **esto no puede seguir ~** things can't go on this way, this can't go on like this; **se iniciaba ~ una nueva etapa** thus *o* so a new phase began; **¡~**

➤ LENGUA Y USO: **así B2** 44.1

**se habla!** that's what I like to hear!; **~ ocurrió el accidente** that's how *o* this is how the accident happened; **~ me agradecen lo que hice por ellos** this is the thanks I get for what I did for them; **~ están las cosas** that's the way things are; **puede leer el contrato si ~ lo desea** you can read the contract if you wish; **¿por qué te pones ~? no es más que un niño** why do you get worked up like that? he's only a child; **—salúdelos de mi parte —~ lo haré** "give them my best wishes" — "I will"; **dijo que llamaría y ~ lo hizo** he said he would call and he did

2 (*acompañando a un sustantivo*) like that; **un hombre ~** a man like that, such a man (*más frm*); **¿por una cosa ~ se han enfadado?** they got angry over a thing like that?

3 **~ de** 3·1 (+ *SUSTANTIVO*) **tuvieron ~ de ocasiones de ganar y no las aprovecharon** they had so *o* this many chances to win but didn't take them

3·2 (+ *ADJ, ADV*) **un baúl ~ de grande** a trunk as big as this, a trunk this big; **él todo lo hace ~ de rápido** he does everything that fast, that's how fast he does everything; **no para de comer y luego ~ está de gordita** she never stops eating, that's why she's so plump; **no creo que puedas hacerlo ~ de bien** I can't believe that you can do it that well; **~ de feo era que …** (*LAm*) he was so ugly that …

4 **~ como** 4·1 (= *lo mismo que*) the same way as; **~ como tú te portes conmigo, me portaré yo** I'll behave the same way as you do to me; **~ en la Tierra como en el Cielo** on Earth as it is in Heaven

4·2 (= *mientras que*) whereas, while; **~ como uno de sus hijos es muy listo, el otro no estudia nada** whereas *o* while one of their children is very clever, the other doesn't study at all

4·3 (= *además de*) as well as; **se necesita el original ~ como una copia** you need the original as well as a copy

5 (*otras locuciones*) **~ las cosas** with things as they are; **por ~ decirlo** so to speak; **no ~** unlike; **los gastos fueron espectaculares, no ~ los resultados** the expenditure was astonishing, unlike the results; **¡~ no más!** (*Méx**) (= *sin cuidado*) anyhow; (= *sin motivo*) just like that; **es un tema muy importante para tratarlo ~ no más** it's a very important issue, you can't just treat it any old how; **a mí me cuesta tanto y él lo hace ~ no más** I find it really hard, but he does it easily *o* just like that; **se fue ~ no más, sin decir nada** he left just like that, without saying anything; **lo echaron del trabajo ~ no más** they gave him the sack just like that*; **o ~** about, or so; **20 dólares o ~** about 20 dollars, 20 dollars or so; **llegarán el jueves o ~** they'll arrive around Thursday, they'll arrive on Thursday or thereabouts; **~ sin más** just like that; **y ~ sucesivamente** and so on and so forth; **~ y todo** even so; **✦MODISMOS así así** so-so; **—¿cómo te encuentras hoy? —así así** "how do you feel today?" — "so-so"; **~ o asá*** ◊ **~ o asao*** ◊ **~ que asá*** it makes no odds, one way or another; **~ como ~** ◊ **~ que ~** just like that; **no gastan el dinero ~ como ~** they don't spend money willy-nilly; **no se hace ~ como ~** it's not as easy as all that; **~ porque sí** just for the sake of it, just for the hell of it*; **y empezó a insultarme ~ porque sí** and he began to insult me just for the sake *o* hell of it*; **no hemos conseguido el éxito ~ porque sí** it's no accident that we've become successful; **~ es la vida** such is life, that's life

Ⓑ CONJ 1 (= *aunque*) even if; **~ tenga que recorrer el mundo entero, la encontraré** even if I have to travel the whole world, I'll find her

2 (= *consecuentemente*) so; **se gastó todo el dinero y ~ no pudo ir de vacaciones** he spent all the money, so he couldn't go on holiday; **esperan lograr un acuerdo, evitando ~ la huelga** they are hoping to reach an agreement and so avoid a strike, they are hoping to reach an agreement, thereby *o* thus avoiding a strike (*frm*); **~ pues** so; **ha conseguido una beca, ~ pues, podrá seguir estudiando** he got a grant, so he can carry on studying; **~ (es) que** so; **estábamos cansados, ~ que no fuimos** we were tired so we didn't go

3 (= *ojalá*) **¡~ te mueras!** I hope you drop dead!*

4 (= *en cuanto*) **~ que** (+ *SUBJUN*) as soon as; **~ que te enteres, comunícamelo** as soon as you find out, let me know; **~ que pasen unos años todo se olvidará** in a few years everything will be forgotten

**Asia** SF Asia ► **Asia Menor** Asia Minor

**asiático/a** Ⓐ ADJ Asian, Asiatic
Ⓑ SM/F Asian

**asidero** SM 1 (= *asa*) handle
2 (= *agarro*) hold, grasp
3 (= *pretexto*) pretext; (= *base*) basis; **eso no tiene ~** there is no basis for that, that is unfounded

**asiduamente** ADV (= *con persistencia*) assiduously; (= *con regularidad*) frequently, regularly

**asiduidad** SF 1 (= *persistencia*) assiduousness
2 (= *regularidad*) regularity
3 **~es** attentions, kindnesses

**asiduo/a** Ⓐ ADJ (= *persistente*) assiduous; (= *frecuente*) frequent, regular; [*admirador*] devoted; **parroquiano ~** regular (customer); **como ~ lector de su periódico** as a regular reader of your newspaper
Ⓑ SM/F regular, regular customer; **era un ~ del café** he was one of the café's regulars *o* regular customers; **es un ~ del museo** he is a frequent visitor to the museum

**asiento** SM 1 (= *mueble*) seat, chair; (= *lugar*) place; [*de bicicleta*] saddle; **no ha calentado el ~** he hasn't stayed long; **tomar ~** to take a seat ► **asiento de atrás** [*de coche*] rear seat; [*de moto*] pillion seat ► **asiento delantero** front seat ► **asiento expulsor, asiento lanzable, asiento proyectable** (*Aer*) ejector seat ► **asiento reservado** reserved seat ► **asiento trasero** = **asiento de atrás**
2 (= *sitio*) site, location
3 (= *fondo*) [*de jarrón, silla*] bottom; (*) (= *nalgas*) bottom, seat
4 (*Mec*) seating ► **asiento de válvula** valve seating
5 (= *poso*) sediment
6 (*Arquit*) settling; **hacer ~** to settle, sink
7 (*Náut*) trim
8 (= *arraigo*) settling, establishment; **estar de ~** to be settled; **vivir de ~ con algn** to live in sin with sb
9 (*LAm*) (*tb* **~ minero**) (= *población minera*) mining town
10 (*Com*) (= *contrato*) contract; (*en libro*) entry ► **asiento contable** book-keeping entry ► **asiento de cierre** closing entry
11 (*Pol*) treaty, peace treaty
12 (= *estabilidad*) stability; (= *juicio*) good sense, judgment; **hombre de ~** sensible man

**asignable** ADJ **~ a** assignable to, which can be assigned to

**asignación** SF 1 (= *acto*) assignment, allocation; (= *cita*) appointment
2 (*Fin*) allowance ► **asignación de presupuesto** budget appropriation ► **asignación económica** allowance ► **asignación por kilometraje** ≈ mileage allowance ► **asignación presupuestaria** (*Caribe*) budget ► **asignación semanal** weekly allowance

**asignado** SM (*Andes*) wages paid in kind

**asignar** ▸conjug 1a◂ VT (= *adjudicar*) to assign; [+ *recursos etc*] to allocate, apportion; [+ *labor*] to set; (*Inform*) to allocate; [+ *persona*] to appoint; [+ *causas*] to determine

**asignatario/a** SM/F (*LAm*) heir/heiress, legatee

**asignatura** SF subject, course; **aprobar una ~** to pass a subject, pass in a subject ► **asignatura pendiente** (*Educ*) failed subject, resit subject; (= *asunto pendiente*) matter pending

**asigunas*** SFPL **según ~** (*Caribe*) it all depends

**asilado/a** SM/F (*en institución*) inmate; (*Pol*) refugee, political refugee

**asilar** ▸conjug 1a◂ Ⓐ VT 1 (= *internar*) to put into a home, put into an institution
2 (= *albergar*) to take in, give shelter to; (*LAm*) (= *dar asilo político a*) to give political asylum to
Ⓑ **asilarse** VPR 1 (= *refugiarse*) to take refuge (**en** in); (*Pol*) to seek political asylum
2 [*anciano etc*] to enter a home, enter an institution

**asilo** SM 1 (= *institución*) home, institution ► **asilo de ancianos** old people's home ► **asilo de huérfanos**† orphanage, children's home ► **asilo de locos** lunatic asylum ► **asilo de niños expósitos**† orphanage, children's home ► **asilo de pobres** poorhouse
2 (*Pol etc*) asylum; (*fig*) (= *abrigo*) shelter, refuge; **derecho de ~** right of sanctuary; **pedir (el) ~ político** to ask for political asylum

**asilvestrarse** ▸conjug 1a◂ VPR [*tierra*] to become wooded, revert to woodland; [*planta*] to establish itself in the wild

**asimetría** SF (= *falta de simetría*) asymmetry; (= *desequilibrio*) imbalance

**asimétrico** ADJ asymmetric, asymmetrical

**asimiento** SM 1 (= *acción*) seizing, grasping
2 (= *apego*) attachment

**asimilable** ADJ **fácilmente ~** readily assimilated, easy to assimilate

**asimilación** SF assimilation

**asimilado** Ⓐ ADJ similar, related; **establecimientos hoteleros y ~s** hotels and the like
Ⓑ SM (*LAm*) professional, person attached to the army

**asimilar** ▸conjug 1a◂ Ⓐ VT to assimilate
Ⓑ **asimilarse** VPR 1 (= *establecerse*) to become assimilated
2 **~se a** (= *parecerse*) to resemble

**asimismo** ADV (= *igualmente*) likewise, in the same way; (= *también*) also

**asín*** ADV = **así**

**asíncrono** ADJ asynchronous

**asintomático** ADJ asymptomatic

**asir** ▸conjug 3a; tiempo presente como **salir**◂ Ⓐ VT to grasp, take hold of (**con** with; **de** by); **ir asidos del brazo** to walk along arm-in-arm
Ⓑ VI (*Bot*) to take root
Ⓒ **asirse** VPR to take hold; **~se a** *o* **de** (= *agarrarse*) to seize; **~se de** (*fig*) (= *aprovecharse*) to avail o.s. of (*frm*), take advantage of; **~se con algn** to grapple with sb

**Asiria** SF Assyria

**asirio/a** ADJ, SM/F Assyrian

**asisito** ADV (*Andes etc*) = **así**

**asísmico** ADJ (*LAm*) **construcción asísmica** earthquake-resistant building; **medidas asísmicas** anti-earthquake measures

**asistencia** SF [1] (*Escol etc*) attendance (**a** at); (*Teat*) audience; **¿había mucha ~?** were there many people there?
[2] (= *ayuda*) help, assistance; (*Med*) care, nursing; (*en casa*) domestic help ► **asistencia intensiva** intensive care ► **asistencia letrada** legal aid ► **asistencia médica** medical care ► **asistencia pública** (*Cono Sur*) public health authority ► **asistencia sanitaria** health care ► **asistencia social** welfare work, social work
[3] (*Méx*) (= *habitación*) spare room, guest room, den (*EEUU*)
[4] **asistencias** (*Fin*) allowance *sing*

**asistencial** ADJ social security *antes de s*, welfare *antes de s* (*EEUU*)

**asistenta** SF charwoman, daily help ► **asistenta social** social worker

**asistente** SMF [1] (= *ayudante*) assistant; (*Mil*) orderly; (*Andes*) (= *criado*) servant ► **asistente social** social worker
[2] **los ~s** (= *presentes*) those present

**asistido/a** Ⓐ ADJ **~ por ordenador** computer-aided
Ⓑ SM/F (*Andes, Méx*) boarder, lodger, resident

**asistir** ▸conjug 3a◂ Ⓐ VI [1] (= *acudir*) to attend, go; **no se sabe cuántas personas ~án** it's not known how many people will attend *o* go; **¿va usted a ~?** will you be attending *o* going?; **~ a algo** to attend sth, go to sth; **no asistió a mi clase** he did not attend my lesson, he did not come to my lesson; **asiste a misa todos los domingos** he attends Mass every Sunday, he goes/comes to Mass every Sunday
[2] (*Naipes*) to follow suit
Ⓑ VT [1] (= *ayudar*) **~ a algn** to help sb, assist sb (*frm*); **una institución que asiste a los inmigrantes** an organization that helps immigrants
[2] (*Med*) **~ a** [+ *paciente, enfermo*] to care for, look after; [+ *herido, accidentado*] to look after, help; **~ un parto** to deliver a baby
[3] (= *presenciar*) **~ a algo** to witness sth; **estamos asistiendo a una nueva revolución tecnológica** we are witnessing a new technological revolution
[4] (*Jur*) **su abogado le asistió en la declaración** his lawyer was present when he gave his statement
[5] (*frm*) (= *respaldar*) **le asiste el derecho a recurrir la sentencia** you have the right to appeal (against) the sentence; **le asiste la razón** he has right on his side
[6] (*frm*) (= *atender*) to serve, wait on; **asistió a los invitados en el hotel** he served *o* waited on the hotel guests

**askenazi** ADJ, SMF Ashkenazi

**asma** SF asthma ► **asma bronquial** bronchial asthma

**asmático/a** ADJ, SM/F asthmatic

**asnada*** SF silly thing

**asnal*** ADJ asinine, silly

**asnar** ADJ **ganado ~** donkeys

**asnear*** ▸conjug 1a◂ VI (*LAm*) (= *hacer tonterías*) to act the fool, do sth silly; (= *ser patoso*) to be clumsy

**asnería*** SF silly thing

**asno/a** SM/F [1] (*Zool*) donkey, ass
[2] (= *tosco*) ass, fathead*; **¡soy un ~!** I'm an ass!*

**asociación** SF (= *acción*) association; (= *sociedad*) society, association; (*Com, Fin*) partnership; **por ~ de ideas** by association of ideas ► **asociación aduanera** customs union ► **asociación de padres de alumnos** parent-teacher association ► **asociación de vecinos** residents' association ► **asociación libre** free association ► **asociación obrera** trade union ► **asociación para el delito** criminal conspiracy

**asociado/a** Ⓐ ADJ associated; [*miembro etc*] associate
Ⓑ SM/F associate, member; (*Com, Fin*) partner

**asocial** Ⓐ ADJ asocial
Ⓑ SMF social misfit, socially maladjusted person

**asociar** ▸conjug 1b◂ Ⓐ VT [1] (= *relacionar*) to associate, connect; **se trata de ~ imágenes y números** it's all about associating *o* connecting images and numbers; **di con la solución asociando ideas** I came up with the solution by making (logical) connections; **~ algo con algo** to associate sth with sth, connect sth with sth; **asocio el azahar con Andalucía** I associate *o* connect orange blossom with Andalusia; **no quiero que me asocien con él** I don't want to be associated with him; **me suena, pero no puedo ~lo con nada** I know him, but I don't know where from *o* but I can't place him; **~ algo a algo** to link sth with *o* to sth; **asocian este gen al cáncer de mama** this gene is linked with *o* to breast cancer
[2] (*Com, Fin*) to take into partnership
[3] (= *unir*) [+ *recursos*] to pool, put together
Ⓑ **asociarse** VPR [1] **~se (con)** to join together (with), join forces (with); **los sindicatos de izquierda se ~on** the left-wing trade unions joined together *o* joined forces
[2] (*Com, Fin*) **~se (con)** to go into partnership (with)
[3] **~se a algo** to join sth, become a member of sth; **Grecia buscaba ~se a la UE** Greece was seeking to join *o* become a member of the EU
[4] [*circunstancias, hechos*] to combine

**asocio** SM (*LAm*) **en ~** in association (**de** with)

**asolación** SF destruction, devastation

**asolador** ADJ devastating

**asolanar** ▸conjug 1a◂ Ⓐ VT to dry up, parch
Ⓑ **asolanarse** VPR to dry up, be ruined

**asolar**[1] ▸conjug 1a◂ = **asolanar**

**asolar**[2] ▸conjug 1a◂ Ⓐ VT to raze, raze to the ground, destroy
Ⓑ **asolarse** VPR [*líquidos*] to settle

**asoleada** SF (*LAm*) sunstroke

**asoleado** ADJ (*CAm*) [1] [*persona*] stupid
[2] [*animal*] tired out

**asoleadura** SF (*Cono Sur*) sunstroke

**asolear** ▸conjug 1a◂ Ⓐ VT to put in the sun
Ⓑ **asolearse** VPR [1] (= *tomar el sol*) to sunbathe
[2] (*LAm*) (= *coger insolación*) to get sunstroke
[3] (*CAm*) (= *atontarse*) to get stupid

**asoleo** SM (*Méx*) sunstroke

**asomada** SF [1] (= *aparición*) brief appearance
[2] (= *vislumbre*) glimpse, sudden view

**asomadero** SM (*Andes*) viewing point, vantage point

**asomar** ▸conjug 1a◂ Ⓐ VT [1] [+ *cabeza, hocico*] (*hacia arriba*) to lift; (*hacia fuera*) to poke out; **el animal asoma el hocico y husmea el aire** the animal lifts its snout and sniffs the air; **abrió la puerta y asomó la cabeza** she opened the door and poked her head round it; **asomó la cabeza por encima de la valla para mirar** he peeped over the fence; **asomó la cabeza por el hueco de la escalera** he leaned over the stairwell; **"prohibido asomar la cabeza por la ventanilla"** "do not lean out of the window"; **¿desde cuándo no asomas la cabeza por aquí?*** when was the last time you came round here?*
[2] (*Taur*) **~ el pañuelo** to raise the flag
Ⓑ VI [1] (= *verse*) [*sol, luna*] (*al salir*) to come up; (*entre las nubes*) to come out; **el sol empezó a ~ en el horizonte/por entre las nubes** the sun began to come up on the horizon/come out from behind the clouds; **en la ventana asoma el cañón de un fusil** the barrel of a gun appears at the window; **Jerusalén asoma entre los montes** Jerusalem comes into sight between the hills; **le asomaba la cartera por el bolsillo del pantalón** his wallet was sticking out of his trouser pocket; **el vestido le asomaba por debajo del abrigo** her dress was showing below her coat; **de pronto asomó un buque entre la niebla** a ship suddenly loomed up out of the fog
[2] (*) [*persona*] **hace tiempo que no asoma por aquí** it's been a while since he came round here*; **se casó con el primero que asomó por la puerta** she married the first who poked *o* stuck his head round the door*
[3] (= *salir*) [*planta*] to come up; [*arruga, cana*] to appear; [*diente*] to cut; **ya empiezan a ~ los narcisos** the daffodils are beginning to come up now; **por la tarde le asomaba ya la barba** he already had five o'clock shadow*, by the afternoon his stubble was beginning to show; **ya le empiezan a ~ algunas canas** he has already got some grey hairs coming through *o* appearing; **ya le han asomado varios dientes** she has already cut several teeth
[4] (= *comenzar*) **nació apenas asomado el año** he was born at the very start of the new year, he was born when the new year had barely got underway
Ⓒ **asomarse** VPR [1] [*persona*] **algunos vecinos se ~on a mirar** some neighbours came out to look; **"prohibido asomarse"** "do not lean out of the window"; **~se a** *o* **por** [+ *precipicio, barandilla*] to lean over; [+ *ventana*] (*para mirar*) to look out of; (*sacando el cuerpo*) lo lean out of; **me asomé a la ventana y vi que no estaba el coche** I looked out of the window and saw that the car wasn't there; **la vie-**

**ron asomada a la ventana, regando las macetas** they saw her leaning out of the window, watering her plants; **asomaos a la terraza para ver la vista** come out on to the terrace to see the view; **¡ven, asómate a la puerta!** come on, come to the door!; **vamos a ~nos a las calles esta mañana** (*Radio, TV*) let's take a look at what's happening on the streets this morning; **si nos asomamos al panorama de la economía actual** if we take a brief look at the current economic situation
2 (= *mostrarse*) **el ciprés se asomaba por encima de la tapia** the cypress showed above the wall, the cypress protruded over the top of the wall
3 (*) (= *emborracharse*) to get tight*, get tipsy
4 (*Andes*) (= *acercarse*) to approach, come close, come close to

**asombradizo** ADJ easily alarmed

**asombrador** ADJ amazing, astonishing

**asombrar** ▸conjug 1a◂ Ⓐ VT 1 (= *extrañar*) to amaze, astonish; **nos asombra ese repentino cambio** we are amazed *o* astonished at this sudden change; **me asombra verte trabajar tanto** I'm amazed *o* astonished to see you working so hard; **este chico no deja de ~me** that boy never ceases to amaze me; **a mí ya nada me asombra** nothing surprises me any more
2 (*frm*) (= *hacer sombra*) to shade
3 (*frm*) (= *oscurecer*) [+ *color*] to darken
4 (*frm*) (*asustar*) to frighten
Ⓑ **asombrarse** VPR 1 (= *extrañarse*) to be amazed, be astonished; **me asombré con** *o* **de su extraña reacción** I was amazed *o* astonished by his strange reaction; **se asombró (de) que lo supieras** she was amazed *o* astonished that you knew; **no me asombro por** *o* **de nada** nothing surprises me
2 (*frm*) (= *asustarse*) to take fright
3 (*CAm*) (= *desmayarse*) to faint

**asombro** SM 1 (= *sorpresa*) amazement, astonishment; **lo miró con ~** he looked at it with amazement *o* astonishment; **para ~ de todos** ◊ **ante el ~ de todo el mundo** to everyone's amazement *o* astonishment; **tener cara** *o* **mirada de ~** to look amazed *o* astonished; **no salgo de mi ~** I can't get over it
2 (*frm*) (= *susto*) fear, fright

**asombrosamente** ADV amazingly, astonishingly

**asombroso** ADJ amazing, astonishing

**asomo** SM 1 (= *aparición*) appearance
2 (= *indicio*) sign, indication; **ante cualquier ~ de discrepancia** at the slightest hint of disagreement; **sin ~ de violencia** without a trace of violence; **ni por ~** (= *de ningún modo*) by no means; **¡ni por ~!** (= *¡ni en broma!*) no chance!, no way!

**asonada** SF 1 (= *personas*) mob, rabble
2 (= *motín*) riot, disturbance

**asonancia** SF 1 (*Literat*) assonance
2 (*fig*) (= *correspondencia*) correspondence, connection; **no tener ~ con** to bear no relation to

**asonantar** ▸conjug 1a◂ VT, VI to assonate (**con** with)

**asonante** ADJ Ⓐ SF assonant
Ⓑ SF assonant, assonant rhyme

**asonar** ▸conjug 1l◂ VI to assonate

**asordar** ▸conjug 1a◂ VT to deafen

➤ LENGUA Y USO: aspecto 2 53.2

**asorocharse** ▸conjug 1a◂ VPR (*LAm*) to get mountain sickness

**asosegar** ▸conjug 1h y 1j◂ = **sosegar**

**aspa** SF 1 (*Arquit*) crosspiece; [*de molino*] sail, arm; [*de ventilador*] blade; **en ~** X-shaped; **ventilador de ~** rotary fan
2 (*Mat*) multiplication sign
3 (*Téc*) reel, winding frame
4 (*Cono Sur*) (= *asta*) horn

**aspadera** SF reel, winder

**aspado** ADJ (*de forma*) X-shaped; [*persona*] with arms outstretched; **estar ~ en algo** to be all trussed up in sth

**aspador** SM reel, winder

**aspamentero** *etc* ADJ (*Cono Sur, Méx*) = **aspaventero** *etc*

**aspar** ▸conjug 1a◂ Ⓐ VT 1 (*Téc*) to reel, wind
2 (*) (= *fastidiar*) to vex, annoy; **¡que te aspen!** get lost!*; **¡que me aspen si lo sé!** I'm buggered if I know!**, I'm blowed if I know!*; **lo hago aunque me aspen** wild horses wouldn't stop me doing it, I'll do it if it's the last thing I do
3 (*Rel*) to crucify
Ⓑ **asparse** VPR 1 (= *retorcerse*) to writhe
2 (= *esforzarse*) to do one's utmost, go all out (**por algo** to get sth)

**aspaventero/a** Ⓐ ADJ excitable
Ⓑ SM/F excitable person

**aspaviento** SM exaggerated display of feeling; **hacer ~s** to make a great fuss

**aspecto** SM 1 (= *apariencia*) look; **no lo conozco, pero no me gusta su ~** I don't know him, but I don't like the look of him; **un señor con ~ de ejecutivo** a man who looks/looked like an executive; **un hombre de ~ saludable** a healthy-looking man; **tener ~ simpático** to look friendly; **¿qué ~ tenía?** what did he look like?; **el debate iba tomando un ~ desagradable** the discussion was starting to turn ugly; **tener buen ~** to look well; **tener mal ~**: **Juan tiene muy mal ~** Juan isn't looking good *o* well at all; **esa herida tiene mal ~** that wound looks nasty
► **aspecto exterior** outward appearance
2 (= *punto*) aspect; **los ~s a tener en cuenta para el análisis** aspects to bear in mind when analysing the problem; **estudiar todos los ~s de una cuestión** to study all aspects of an issue; **en algunos ~s me parece una obra genial** in some respects I think it is a work of genius; **el ~ más destacado de la teoría** the strong(est) point of the theory; **bajo ese ~** from that point of view
3 (*Geog*) aspect
4 (*Arquit*) aspect
5 (*Ling*) aspect
6 **al primer ~**† at first sight

**aspectual** ADJ aspectual

**ásperamente** ADV **contestó ~** he answered gruffly; **criticar ~** to criticize bitterly

**aspereza** SF [*de terreno*] roughness, ruggedness; (= *acidez*) sourness, tartness; [*de carácter*] surliness; **contestar con ~** to answer harshly; ✦*MODISMO* **limar ~s** to smooth things over

**asperges** SM INV 1 (= *aspersión*) sprinkling
2 (*Rel*) aspergillum

**asperillo** SM slight sour taste, slight bitter taste

**asperjar** ▸conjug 1a◂ VT (= *rociar*) to sprinkle; (*Rel*) to sprinkle with holy water

**áspero** ADJ 1 (*al tacto*) rough; [*terreno*] rough, rugged; [*filo*] uneven, jagged, rough
2 (*al gusto*) sour, tart
3 [*clima*] harsh; [*trato*] rough
4 [*voz*] rough, rasping; [*tono*] surly, gruff; [*temperamento*] sour; [*disputa etc*] bad-tempered

**asperón** SM sandstone

**aspersión** SF [*de agua etc*] sprinkling; (*Agr*) spraying; **riego por ~** watering by spray, watering by sprinklers

**aspersor** SM sprinkler

**áspid** SM, **áspide** SM asp

**aspidistra** SF aspidistra

**aspillera** SF loophole

**aspiración** SF 1 (*Zool, Med*) breathing in, inhalation; (*Ling*) aspiration; (*Mús*) short pause
2 (*Mec*) air intake
3 (= *anhelo*) aspiration; **aspiraciones** aspirations, ambition *sing*; **es un hombre sin aspiraciones** he's not an ambitious man, he's a man with no aspirations

**aspirada** SF aspirate

**aspirado** ADJ aspirate

**aspirador** Ⓐ ADJ **bomba ~a** suction pump
Ⓑ SM (*tb* **~ de polvo**) vacuum cleaner, hoover®; **pasar el ~** to vacuum, hoover

**aspiradora** SF vacuum cleaner, hoover®; **pasar la ~** to vacuum, hoover

**aspirante** Ⓐ ADJ 1 [*persona*] aspiring
2 (= *aspirador*) **bomba ~** suction pump
Ⓑ SMF candidate, applicant (**a** for); **~ de marina** naval cadet

**aspirar** ▸conjug 1a◂ Ⓐ VT 1 [+ *aire*] to breathe in, inhale; [+ *líquido*] to suck in, take in; [+ *droga*] to sniff
2 (*Ling*) to aspirate
Ⓑ VI **~ a algo** to aspire to sth; **no aspiro a tanto** I do not aim so high; **~ a hacer algo** to aspire to do sth, aim to do sth; **el que no sepa eso que no aspire a aprobar** whoever doesn't know that can have no hope of passing

**aspirina** SF aspirin

**aspudo** ADJ (*Cono Sur*) big-horned

**asqueante** ADJ nauseating, disgusting

**asquear** ▸conjug 1a◂ Ⓐ VT to disgust; **me asquean las ratas** I loathe rats, rats disgust me
Ⓑ **asquearse** VPR to be nauseated, feel disgusted

**asquerosamente** ADV disgustingly, revoltingly

**asquerosidad** SF 1 (= *suciedad*) filth; **estar hecho** *o* **ser una ~** to be filthy; **hacer ~es** to make a mess
2 (= *dicho*) obscenity; (= *truco*) dirty trick; **¡qué ~ acaba de decir!** what an obscene *o* a disgusting thing to say!

**asqueroso** ADJ 1 (= *repugnante*) disgusting, revolting; [*condición*] squalid; (= *sucio*) filthy
2 (= *de gusto delicado*) squeamish

**asquiento** ADJ (*Andes*) 1 (= *quisquilloso*) fussy
2 = **asqueroso**

**asta** SF 1 (= *arma*) lance, spear; (= *palo*) shaft; [*de banderas*] flagpole; [*de brocha*] handle; **a media ~** at half mast
2 (*Zool*) horn, antler; **dejar a algn en las ~s del toro** to leave sb in a jam *o* in a pickle*

**astabandera** SF (*LAm*) flagstaff, flagpole

**ástaco** SM crayfish

**astado** Ⓐ ADJ horned
Ⓑ SM bull

**astear** ▸conjug 1a◂ VT (*Cono Sur*) to gore

**aster** SF aster

**asterisco** SM asterisk; **señalar con un ~** ◊ **poner ~ a** to asterisk, mark with an asterisk

**asteroide** SM asteroid

**astigmático** ADJ astigmatic

**astigmatismo** SM astigmatism

**astil** SM [*de herramienta*] handle, haft; [*de flecha*] shaft; [*de balanza*] beam

**astilla** SF [1] (= *fragmento*) splinter, chip; **astillas** (*para fuego*) kindling *sing*; **hacer algo ~s** to smash sth into little *o* tiny pieces; **hacerse ~s** to shatter into little *o* tiny pieces; *ver* **palo 1**
[2] (*Esp**) (= *soborno*) small bribe, sweetener*; **dar ~ a algn** to give sb a cut*; **ese tío no da ~** he's a tight-fisted so-and-so*

**astillar** ▸conjug 1a◂ Ⓐ VT (= *hacer astillas*) to splinter, chip; (= *hacer pedazos*) to shatter, smash to pieces
Ⓑ **astillarse** VPR (= *levantarse astillas en*) to splinter; (= *hacerse pedazos*) to shatter, smash to pieces

**astillero** SM shipyard, dockyard

**astracán** SM astrakhan

**astracanada*** SF silly thing, silly thing to do

**astrágalo** SM (*Arquit, Mil*) astragal; (*Anat*) ankle bone, astragalus

**astral** ADJ astral

**astreñir** ▸conjug 3h y 3i◂ = **astringir**

**astrilla** SF (*Cono Sur*) = **astilla**

**astringente** Ⓐ ADJ astringent (*frm*), binding
Ⓑ SM astringent

**astringir** ▸conjug 3e◂ VT [1] (*Anat*) to constrict, contract; (*Med*) to bind
[2] (= *constreñir*) to bind, compel

**astro** SM [1] (*Astron*) star, heavenly body; **el ~ Rey** the sun
[2] (*Cine*) star

**astrofísica** SF astrophysics *sing*

**astrofísico/a** SM/F astrophysicist

**astrolabio** SM astrolab

**astrología** SF astrology

**astrológico** ADJ astrological

**astrólogo/a** SM/F astrologer

**astronauta** SMF astronaut

**astronáutica** SF astronautics *sing*

**astronave** SF spaceship

**astronometría** SF astrometry

**astronomía** SF astronomy

**astronómico** ADJ astronomical

**astrónomo/a** SM/F astronomer

**astroso** ADJ [1] (= *sucio*) dirty; (= *desaliñado*) untidy, shabby
[2] (= *malhadado*) ill-fated, ill-starred
[3] (= *vil*) contemptible

**astucia** SF [1] (= *sagacidad*) astuteness, cleverness; (= *maña*) guile, cunning; **actuar con ~** to act cunningly, be crafty
[2] **una ~** a clever trick

**astur** ADJ, SMF Asturian

**asturiano/a** Ⓐ ADJ, SM/F Asturian
Ⓑ SM (*Ling*) Asturian

**Asturias** SF (*tb* **el Principado de ~**) Asturias ► **príncipe de Asturias** crown prince, ≈ Prince of Wales

**asturleonés** ADJ of/from Asturias and León

**astutamente** ADV (= *con sagacidad*) cleverly, smartly; (= *con maña*) craftily, cunningly

**astuto** ADJ (= *sagaz*) astute, clever; (= *mañoso*) crafty, sly

**asueto** SM time off, break; **día de ~** day off; **tomarse una tarde de ~** to take an afternoon off

**asumible** ADJ [*responsabilidad, riesgo*] acceptable, permissible; [*cambio, error*] acceptable

**asumidamente** ADV supposedly

**asumir** ▸conjug 3a◂ Ⓐ VT [1] (= *responsabilizarse de*) [+ *reto, tarea*] to take on; [+ *cargo*] to take up; [+ *mando*] to take over, assume (*más frm*); **no han sido capaces de ~ la tarea de gobernar** they have been incapable of taking on the task of government; **el alcalde debería ~ sus responsabilidades por el accidente** the mayor should take *o* assume responsibilities for the accident; **el gobierno asumió el compromiso de crear empleo** the government committed itself *o* undertook the commitment (*más frm*) to creating employment; **ha asumido la cartera de Sanidad** he has been appointed Health Minister; **asumió la presidencia en 1999** he took up *o* assumed (*más frm*) the presidency in 1999; **ha asumido la dirección de la empresa en un momento muy difícil** he has taken control of *o* has taken over the company at a very difficult time; **los socialistas asumieron el poder en 1982** the socialists came to power in 1982
[2] (= *aceptar*) [+ *consecuencias*] to take, accept; [+ *crítica*] to accept; [+ *problema, enfermedad, derrota*] to come to terms with, accept; **un empresario debe invertir y ~ el riesgo** a businessman must invest and take the risk; **lo hice asumiendo el riesgo de ser castigado** I did it in the knowledge that I risked being punished; **estoy dispuesto a ~ todas las críticas** I am willing to accept all the criticism; **ya he asumido que no podré volver a esquiar** I've already come to terms with *o* accepted the fact that I won't be able to ski again; **la familia ha asumido su muerte con serenidad** the family has taken her death calmly
[3] (= *adoptar*) to adopt, take; **asumieron una actitud crítica** they adopted *o* took a critical stance; **la población había asumido una actitud contraria a la presencia militar** people had come out against the military presence; **asumió el papel de víctima** he took on the role of victim
[4] (= *adquirir*) to assume; **la cuestión del paro ha asumido una dimensión distinta** the question of unemployment has taken on *o* assumed a different dimension; **el fuego asumió enormes proporciones** the fire took on major proportions
[5] (= *suponer*) **~ que** to assume that; **asumieron que era cierto** they assumed that it was true
Ⓑ VI (*Pol*) to take office, take up office

**asunceño/a** Ⓐ ADJ of/from Asunción
Ⓑ SM/F native/inhabitant of Asunción; **los ~s** the people of Asunción

**Asunción** SF (*Geog*) Asunción

**asunción** SF assumption; **la Asunción** (*Rel*) the Assumption

**asunto** SM [1] (= *cuestión*) matter; **un ~ familiar grave** an urgent family matter; **vine a discutir unos ~s** I came to discuss several matters *o* issues; **no sé nada de ese ~** I don't know anything about it *o* the matter; **el ~ de los impuestos divide al gobierno** the government is divided on the matter *o* question *o* issue of taxes; **hemos tratado el ~ de nuestro divorcio** we've talked about the subject of our divorce; **~s a tratar** agenda; **no te metas en mis ~s** mind your own business; **¡esto es ~ mío!** that's my business *o* affair!; **¡~ concluido!** that's an end to the matter!; **—me ha llamado el jefe a su despacho —mal ~** "the boss has called me to his office" — "doesn't look good"; **ir al ~** to get down to business; **el ~ es que …** the thing is (that) … ► **asunto de honor** question of honour *o* (*EEUU*) honor
[2] (*Jur*) case; **estuvo implicado en un ~ de desfalco** he was involved in a case of embezzlement
[3] (*Pol*) **el ~ Rumasa** the Rumasa affair; **Ministerio de Asuntos Exteriores** Foreign Ministry, Foreign Office, State Department (*EEUU*) ► **asuntos exteriores** foreign affairs
[4] (= *aventura amorosa*) affair; **es ~ de faldas** there's a woman involved in this somewhere along the line ► **asunto de alcoba** bedroom intrigue
[5] (*Cono Sur*) **¿a ~ de qué lo hiciste?** why did you do it?
[6] (*Caribe*) **poner ~** to pay attention
[7] (*Literat*†) (= *tema*) subject

**asurar** ▸conjug 1a◂ VT [1] (*Culin etc*) to burn; (*Agr*) to burn up, parch
[2] (= *inquietar*) to worry

**asurcar** ▸conjug 1g◂ VT = **surcar**

**asustadizo** ADJ [1] [*persona*] (= *que se asusta mucho*) easily frightened; (= *nervioso*) nervy, jumpy
[2] [*animal*] shy, skittish

**asustar** ▸conjug 1a◂ Ⓐ VT (= *causar miedo a*) to frighten, scare; (= *espantar*) to alarm, startle
Ⓑ **asustarse** VPR to be frightened, get scared; **~se de algo** to be frightened by sth, get alarmed about sth; **¡no te asustes!** don't be alarmed!; **~se de hacer algo** to be afraid *o* scared *o* frightened to do sth

**asusto** SM (*Andes*) = **susto**

**A.T.** ABR (= **Antiguo Testamento**) OT

**-ata** *ver* **Aspects of Word Formation in Spanish 2**

**atabacado** ADJ [1] [*color*] tobacco-coloured, tobacco-colored (*EEUU*)
[2] **con aliento ~** (*Cono Sur*) with breath smelling of tobacco

**atabal** SM kettledrum

**atabalear** ▸conjug 1a◂ VI [*caballo*] to stamp; (*con dedos*) to drum

**atacable** ADJ attackable, assailable

**atacado** ADJ [1] (= *pusilánime*) fainthearted; (= *vacilante*) dithery, irresolute
[2] (= *tacaño*) mean, stingy

**atacador(a)** Ⓐ SM (*Mil*) ramrod
Ⓑ SM/F attacker, assailant

**atacadura** SF fastener, fastening

**atacante** SMF attacker, assailant

**atacar** ▸conjug 1g◂ Ⓐ VT [1] [+ *enemigo, ciudad, fortaleza*] to attack
[2] (*Med, Quím*) [*enfermedad, plaga, sustancia*]

to attack; **ataca al hígado** it attacks the liver; **la gripe me ataca todos los inviernos** I get struck down by the flu every winter; **me estaba atacando el sueño** I was succumbing to sleep; **este niño me ataca los nervios*** that child gets on my nerves*

3 (= *criticar*) [+ *teoría, planteamiento, propuesta*] to attack; **~on despiadadamente su enfoque marxista** they mercilessly attacked her Marxist approach

4 (= *combatir*) [+ *problema*] to tackle, combat; **se pretende ~ el desempleo** the aim is to tackle *o* combat unemployment; **pretenden ~ la epidemia de meningitis** they aim to tackle *o* combat the meningitis epidemic

5 (= *abordar*) **el gobierno debe ~ la reforma laboral** the government should get moving on labour reform*; **tengo que ~ a las matemáticas*** I'll have to get stuck into my maths*; **la orquesta atacó la novena de Beethoven** the band launched into Beethoven's Ninth; **¿puedo ~ al pastel?*** can I get stuck into the cake?*

Ⓑ VI to attack

Ⓒ **atacarse** VPR (*LAm**) to stuff o.s.*

**atachable** ADJ (*Méx*) compatible (**a** with)

**atachar** ▸conjug 1a◂ VT (*Méx*) to plug in

**ataché** SM (*CAm, Caribe*) paper clip

**ataderas*** SFPL garters

**atadero** SM (= *cuerda*) rope, fastening; (= *cierre*) fastening; (= *sitio*) place for tying; (*Méx*) (= *liga*) garter; **eso no tiene ~** you can't make head or tail of it, there's nothing to latch on to

**atadijo** SM loose bundle

**atado** Ⓐ ADJ 1 (= *amarrado*) tied

2 (= *tímido*) shy, inhibited; (= *indeciso*) irresolute

Ⓑ SM bundle; **~ de cigarrillos** (*Cono Sur*) packet of cigarettes

**atadora** SF binder

**atadura** SF 1 (= *acción*) tying, fastening

2 (= *cuerda*) string, rope; (*Agr*) tether

3 (= *enlace*) bond

4 (= *limitación*) limitation, restriction

**atafagar** ▸conjug 1h◂ VT 1 [+ *olor*] to stifle, suffocate

2 (= *molestar*) to pester the life out of

**ataguía** SF cofferdam, caisson

**atajar** ▸conjug 1a◂ Ⓐ VT 1 (= *interceptar*) to stop, intercept; [+ *ruta de fuga*] to cut off; (*Arquit*) to partition off; (*Dep*) to tackle; (*LAm*) (= *coger*) to catch, catch in flight; **~ un golpe** to parry a blow; **~ a algn** (*LAm*) to hold sb back (*to stop a fight*); **me quiso ~ al almuerzo** (*LAm*) she wanted me to stay for lunch

2 [+ *debate*] to cut short; [+ *discurso etc*] to interrupt; [+ *proceso*] to end, stop, call a halt to; [+ *abuso*] to put a stop to; **este mal hay que ~lo** we must put an end to this evil

Ⓑ VI (= *tomar un atajo*) to take a short cut (**por** by way of, across); (*Aut*) to cut corners

Ⓒ **atajarse** VPR 1 (= *detenerse*) to stop short

2 (= *avergonzarse*) to feel ashamed of o.s.; (= *aturdirse*) to be overcome by confusion, be all of a dither

3 (*Cono Sur*) (= *controlarse*) to keep one's temper, control o.s.

**atajo** SM 1 (*en camino*) short cut; ✦***MODISMO*** **echar por el ~** to seek a quick solution; ✦***REFRÁN*** **no hay ~ sin trabajo** short cuts don't help in the long run

2 (*Dep*) tackle

**atalaje** SM = **atelaje**

**atalaya** Ⓐ SF 1 (= *torre*) watchtower, observation post

2 (= *posición estratégica*) vantage point

Ⓑ SM lookout, observer

**atalayador(a)** SM/F lookout; (= *fisgón*) snooper, spy

**atalayar** ▸conjug 1a◂ VT (= *observar*) to observe; (= *vigilar*) to watch over, guard; (= *espiar*) to spy on

**atañer** ▸conjug 2f; defectivo◂ VI **~ a** to concern, have to do with; **en lo que atañe a eso** with regard to that, concerning that; **eso no me atañe** it's no concern of mine, it has nothing to do with me

**atapuzar** ▸conjug 1f◂ (*Caribe*) Ⓐ VT to fill, stop up

Ⓑ **atapuzarse** VPR to stuff o.s.

**ataque** SM 1 (*Mil*) attack; **se dejó expuesto al ~** he left himself open to attack; **un ~ a** *o* **contra algo/algn** an attack on sth/sb; **lanzar un ~** to launch an attack; **volver al ~** to return to the attack; **pasar al ~** to go on the offensive; **¡al ~!** charge! ► **ataque aéreo** air raid, air strike ► **ataque a superficie** ground attack, ground strike ► **ataque fingido** sham attack ► **ataque frontal** frontal attack ► **ataque por sorpresa** surprise attack ► **ataque preventivo** pre-emptive strike

2 (*Med*) attack; **le dio un ~ de tos** he had a coughing fit *o* a fit of coughing ► **ataque al corazón, ataque cardíaco** heart attack ► **ataque cerebral** brain haemorrhage *o* (*EEUU*) hemorrhage ► **ataque de nervios** nervous breakdown ► **ataque epiléptico** epileptic fit ► **ataque fulminante** stroke

3 (= *arranque*) fit; **me entró** *o* **dio un ~ de risa** I got a fit of the giggles; **cuando se entere le da un ~*** she'll have a fit when she finds out* ► **ataque de celos** fit of jealousy ► **ataque de ira** fit of anger

4 (= *crítica*) attack; **~ a** *o* **contra algo/algn** attack on sth/sb; **un duro ~ a** *o* **contra la ley electoral** a fierce attack on the electoral law

5 (*Dep*) attack

**atar** ▸conjug 1a◂ Ⓐ VT 1 (= *amarrar*) to tie, tie up; [+ *cautivo*] to bind, tie up; (= *abrochar*) to fasten; [+ *animal*] to tether; [+ *gavilla*] to bind; **zapatos de ~** lace-up shoes; **está de ~** he's raving mad; ✦***MODISMO*** **dejar algo atado y bien atado** to leave no loose ends, leave everything properly tied up

2 (= *impedir el movimiento a*) to stop, paralyze; ✦***MODISMOS*** **~ corto a algn** to keep sb on a close rein; **~ la lengua a algn** to silence sb; **~ las manos a algn** to tie sb's hands; **verse atado de pies y manos** to be tied hand and foot

Ⓑ VI **ni ata ni desata** this is getting us nowhere

Ⓒ **atarse** VPR 1 (= *liarse*) to get into a muddle; **~se en una dificultad** to get tied up in a difficulty

2 (= *sentirse violento*) to be embarrassed, get embarrassed

3 (= *ceñirse*) **~se a la letra** to stick to the literal meaning; **~se a una opinión** to stick to one's opinion, not budge from one's opinion

**ataracea** SF = **taracea**

**atarantado** ADJ (*Cono Sur*) impetuous

**atarantar** ▸conjug 1a◂ Ⓐ VT 1 (= *aturdir*) to stun, daze; **quedó atarantado** he was stunned, he was unconscious

2 (= *dejar atónito*) to stun, dumbfound

Ⓑ **atarantarse** VPR 1 to be stunned, be dumbfounded

2 (*Chile*) (= *darse prisa*) to hurry

3 (*Méx*) (*comiendo*) to stuff o.s.

4 (*CAm*) (*bebiendo*) to get drunk

**atarazana** SF dockyard

**atardecer** ▸conjug 2d◂ Ⓐ VI to get dark; **atardecía** night was falling

Ⓑ SM dusk, evening; **al ~** at dusk

**atardecida** SF dusk, nightfall

**atareado** ADJ busy, rushed; **andar muy ~** to be very busy

**atarear** ▸conjug 1a◂ Ⓐ VT to assign a task to

Ⓑ **atarearse** VPR to work hard, keep busy; **~se con algo** to be busy doing sth

**atarjea** SF (= *conducto*) sewage pipe, drain; (*Andes*) (= *presa de agua*) reservoir

**atarragarse** ▸conjug 1h◂ VPR (*LAm*) to stuff o.s., overeat

**atarugar** ▸conjug 1h◂ Ⓐ VT 1 (= *llenar*) to stuff, cram

2 (= *asegurar*) to fasten

3 [+ *agujero*] to plug, stop, bung up

4 (*) **~ a algn** (= *hacer callar*) to shut sb up

Ⓑ **atarugarse** VPR 1 (= *atragantarse*) to swallow the wrong way

2 (= *embrollarse*) to get confused, be in a daze

3 (*) (= *atiborrarse*) to stuff o.s., overeat

**atasajar** ▸conjug 1a◂ VT to jerk

**atascadero** SM 1 (= *lodazal*) mire, bog

2 (= *obstáculo*) stumbling block

**atascar** ▸conjug 1g◂ Ⓐ VT [+ *agujero etc*] to plug, bung up; [+ *cañería*] to clog up; [+ *fuga*] to stop; [+ *proceso*] to hinder

Ⓑ **atascarse** VPR 1 (*en lodazal*) to get stuck; (*Aut*) to get into a jam; [*motor*] to stall; **se quedó atascado a mitad de la cuesta** he got stuck halfway up the climb

2 (*fig*) (= *no poder seguir*) to get bogged down; (*en discurso*) to dry up*

3 [*cañería*] to get clogged up

4 (*LAm Med*) to have an internal blockage

**atasco** SM (= *obstrucción*) obstruction, blockage; (*Aut*) traffic jam

**ataúd** SM coffin, casket (*EEUU*)

**ataujía** SF 1 (*Téc*) damascene, damascene work

2 (*CAm*) (= *desagüe*) conduit, drain

**ataviar** ▸conjug 1c◂ Ⓐ VT 1 (= *vestir*) to dress up, get up (**con, de** in)

2 (*LAm*) (= *adaptar*) to adapt, adjust, accommodate

Ⓑ **ataviarse** VPR to dress up, get o.s. up (**con, de** in)

**atávico** ADJ atavistic

**atavío** SM (= *atuendo*) getup; **~s** finery *sing*

**atavismo** SM atavism

**ate** SM (*Méx*) quince jelly

**atecomate** SM (*Méx*) tumbler

**atediante** ADJ boring, wearisome

**atediar** ▸conjug 1b◂ Ⓐ VT to bore, weary

Ⓑ **atediarse** VPR to get bored

**ateísmo** SM atheism

**ateísta** ADJ atheistic

**atejonarse** ▸conjug 1a◂ VPR (*Méx*) to hide

**atelaje** SM 1 (= *caballos*) team, team of horses

[2] (= *arreos*) harness; (= *equipo*) equipment; (*) (= *ajuar*) trousseau

**atembado** ADJ (*Andes*) silly, stupid

**atemorizar** ▸conjug 1f◂ Ⓐ VT to frighten, scare
Ⓑ **atemorizarse** VPR to get frightened, get scared (**de, por** at, by)

**atempar*** ▸conjug 1a◂ VI (*CAm*) to wait, hang around

**atemperar** ▸conjug 1a◂ VT [1] (= *moderar*) to temper, moderate
[2] (= *ajustar*) to adjust, accommodate (**a** to); **~ los gastos a los ingresos** (*Com*) to balance outgoings with income

**atemporal** ADJ timeless

**atemporalado** ADJ stormy

**atemporalidad** SF timelessness

**Atenas** SF Athens

**atenazar** ▸conjug 1f◂ VT (*fig*) to grip; [+ *duda etc*] to torment, beset; **~ los dientes** to grit one's teeth; **el miedo me atenazaba** I was gripped by fear

**atención** SF [1] (= *interés*) attention; **la novela mantiene la ~ del lector** the novel keeps the reader's attention; **esta emisora dedica especial ~ a la música** this station places particular emphasis on music *o* devotes particular attention to music; **¡~, por favor!** attention, please!; **siguen con ~ las explicaciones** they follow the explanations attentively; **garantizarán los derechos de todos, con especial ~ a las minorías** they will guarantee everybody's rights, particularly those of minorities; **en ~ a algo** (*frm*) in view of sth; **en ~ a los intereses de los clientes** in view of the clients' interests; **el premio le fue concedido en ~ a sus méritos** she was awarded the prize on merit; **llamar la ~ a algn** (= *atraer*) to attract sb's attention; (= *reprender*) to tell sb off; **siempre va llamando la ~ por como viste** the way he dresses always catches the eye *o* attracts attention; **me llamó la ~ no verte por allí** I was surprised not to see you there; **a mí el chocolate no me llama mucho la ~** I'm not too fond of *o* keen on chocolate; **nos llamó la ~ sobre el peligro que corrían los refugiados** he drew our attention to the danger that the refugees were in; **me llamaron la ~ por llegar tarde** they told me off for arriving late; **prestar ~** to pay attention (**a** to); **léelo detenidamente, prestando especial ~ a la letra pequeña** read it carefully, paying particular attention to the small print; **prestad mucha ~ a lo que voy a decir** pay close attention to what I am going to say; **los niños necesitan que les presten mucha ~** children need to be given a lot of attention
[2] (= *precaución*) care; **necesitas poner más ~ en lo que haces** you need to take greater care over what you do; **cuando vayas de vacaciones, ~ a los precios** when you go on holiday, watch out for the prices; **"¡atención! — frenos potentes"** "beware!: powerful brakes"; **¡atención!** look out!, careful!; (*Mil*) attention!; *ver tb* **toque**
[3] (= *cortesía*) **no tuvo ni la ~ de enviarle unas flores** he didn't even have the kindness *o* thought to send her flowers; **le agradezco la ~** that's very thoughtful of you; **ha tenido una bonita ~ regalándome el libro** it was a really nice thought of hers to buy me that book; **me colmó de atenciones** he showered me with attention
[4] (= *asistencia*) **vive rodeada de todas las atenciones necesarias** she has all the care and attention that she needs; **han descuidado la ~ al público** they have neglected the customers; **horario de ~ al público** (*en oficina*) "hours of business"; (*en tienda*) "opening hours" ► **atención al cliente** customer service; **departamento de ~ al cliente** customer service department; **el personal de ~ al cliente** the staff who serve customers ► **atención médica** medical attention ► **atención personalizada** personalized service ► **atención primaria** primary health care ► **atención psicológica** counselling ► **atención psiquiátrica** psychiatric treatment; **centro de ~ psiquiátrica** psychiatric clinic ► **atención sanitaria** medical attention
[5] **atenciones** (= *obligaciones*) duties, responsibilities
[6] (*Correspondencia*) **a la ~ de** for the attention of; (*en sobre*) attention

**atencioso** ADJ (*LAm*) = **atento**

**atender** ▸conjug 2g◂ Ⓐ VT [1] (= *ocuparse de*)
[1·1] [+ *asunto*] to deal with; **atiende primero lo más urgente** deal with the most urgent things first; **para ~ los gastos de las vacaciones** to meet the holiday expenses
[1·2] [+ *paciente*] to look after; **en el hospital es donde mejor atendido está** you'll be better looked after in hospital; **están atendiendo a los animales heridos** they are looking after *o* seeing to *o* caring for the injured animals; **sólo atienden los casos urgentes** they only deal with urgent cases; **necesitamos a alguien que atienda a la abuela** we need someone to look after *o* care for grandma
[2] (= *recibir*) to see; **el propio presidente atendió al delegado** the president himself saw the delegate; **el doctor la ~á en un momento** the doctor will see you now
[3] (*Com*) [3·1] [+ *cliente*] (*en tienda*) to serve; (*en oficina*) to see; **¿lo atienden, señor?** are you being served, sir?; **siéntese, enseguida la ~án** take a seat, they'll see you in a minute
[3·2] [+ *consulta, negocio, oficina*] (*como encargado*) to run; (*como trabajador*) to work in; **yo atiendo el negocio personalmente** I run the business myself; **atiendo la recepción cuando la secretaria no está** I work in reception *o* I man the reception desk when the secretary is not there; **el servicio de habitaciones está mal atendido** the room service is very sloppy
[4] (= *prestar atención a*) [+ *ruego, petición*] to respond to, comply with (*frm*); [+ *necesidades, demanda*] to meet; [+ *compromiso, obligación*] to fulfill; [+ *reclamaciones, protesta, queja*] to deal with; [+ *aviso, consejo*] to heed; **deben ~ las demandas de la población** they should respond to the people's demands; **no atendieron la petición de extraditarlos a España** they did not comply with the request to extradite them to Spain (*frm*); **los 25 autobuses son insuficientes para ~ la demanda** the 25 buses are not enough to meet the demand; **Señor, atiende nuestras súplicas** (*Rel*) Lord, heed our prayers
[5] (*Telec*) [+ *teléfono, llamada*] to answer; **no había nadie para ~ el teléfono** there was nobody to answer the phone
[6] (*Mec*) [+ *máquina*] to supervise
[7] (*LAm*) (= *asistir a*) to attend, be present at
Ⓑ VI [1] (= *prestar atención*) to pay attention; **ahora, a ver si atendéis, que esto es importante** now, pay attention, this is important; **~ a algo/algn** to listen to sth/sb; **atended a lo que voy a decir** listen to what I'm going to say; **ahora atendedme un momento** pay attention to what I'm about to say; **¡tú atiende a lo tuyo!** mind your own business!; **atendiendo a** [+ *criterio, datos*] according to; [+ *situación, circunstancias*] bearing in mind, considering; **se han clasificado en distintos grupos atendiendo a su origen** they have been put into different groups according to their origin; **atendiendo a las circunstancias, lo recibiré personalmente** given the circumstances, I will see him in person, bearing in mind *o* considering the circumstances, I will see him in person; *ver tb* **razón 3**
[2] (= *ocuparse de*) **~ a** [+ *detalles*] to take care of; [+ *necesidades, demanda*] to meet; **lo primero que hace es ~ al desayuno de los niños** the first thing she does is to see to the kids' breakfast; **no quiso ~ a sus amenazas** he didn't heed their warnings; **~ a un giro** to honour *o* (*EEUU*) honor a draft; **~ a una orden o pedido** (*Com*) to attend to an order
[3] (*Com*) (= *servir*) to serve; **¿quién atiende aquí?** who's serving here?
[4] **~ por** to answer to the name of; **extraviado caniche blanco; atiende por Linda** lost: white poodle; answers to the name of Linda
[5] (*Telec*) [*teléfono, llamada*] to answer; **nadie atendió a nuestra llamada de socorro** nobody answered our distress call
[6] (*Mec*) [*máquina*] to supervise

**atendible** ADJ [*petición, reivindicación*] worthy of consideration; **esa objeción no es ~** that is not a valid objection, that objection is not worthy of consideration

**ateneo** SM cultural association, cultural centre, cultural center (*EEUU*)

**atenerse** ▸conjug 2k◂ VPR **~ a** [1] (= *ceñirse a*) **aténgase a lo que se le pregunta** confine yourself to answering the question
[2] (= *cumplir*) **~ a la ley** to abide by *o* obey the law; **aténgase a lo que se le ordena** follow the orders; **debes atenerte a lo acordado** you must stick to what has been agreed
[3] (= *remitirse a*) **me atengo a mis declaraciones previas** I stand by my previous statements; **simplemente nos atenemos a lo que has dicho** we are simply taking into account *o* bearing in mind what you said; **contigo nunca sé a qué atenerme** I never know what to expect with you; **si lo haces atente a las consecuencias** if you do it, you'll have to take the consequences
[4] (= *adaptarse a*) to keep within; **atente a tus ingresos y no gastes tanto** keep within your income and don't spend so much; **viven ateniéndose a sus posibilidades** they live within their means

**ateniense** ADJ, SMF Athenian

**atentado** Ⓐ ADJ (= *prudente*) prudent, cautious; (= *moderado*) moderate
Ⓑ SM (= *ofensa*) offence, felony (*EEUU*); (= *crimen*) outrage, crime; (= *ataque*) assault, attack; (*Pol*) attempt; **~ a** *o* **contra la vida de algn** attempt on sb's life; ► **atentado contra el pudor, atentado contra la honra** inde-

cent assault ► **atentado golpista** attempted coup ► **atentado terrorista** terrorist attack

**atentamente** ADV [1] (= *con atención*) [*escuchar, observar*] attentively; [*leer*] carefully; **debes seguir ~ todos sus consejos** you should follow all his advice carefully
[2] (= *cortésmente*) **se dirigió a mí muy ~** she spoke to me very kindly; **lo saludó muy ~** she greeted him very warmly; **le saluda ~** (*en cartas formales*) yours faithfully, yours sincerely, sincerely yours (*EEUU*)

**ATENTAMENTE**

Para traducir **atentamente** o **le saluda atentamente** al inglés británico hay que tener en cuenta la diferencia de uso entre **Yours sincerely** y **Yours faithfully**:
- Se traduce por **Yours sincerely** cuando hemos empezado la carta con **Dear Mr/Mrs Brown**, es decir, conocemos al destinatario y le queremos dar un tratamiento más cordial.
- Se traduce por **Yours faithfully** cuando no conocemos al destinatario de la carta y hemos empezado escribiendo **Dear Sir**, **Dear Sirs** o **Dear Sir or Madam**.
- En inglés americano se usa **Sincerely yours** en ambos casos.

*Para otros usos y ejemplos ver la entrada.*

**atentar** ▸conjug 1a◂ Ⓐ VI **~ a** *o* **contra** to commit an outrage against; **~ contra la honra de algn** to indecently assault sb; **~ contra la ley** to break the law; **~ contra la vida de algn** to make an attempt on sb's life
Ⓑ VT [+ *crimen etc*] to attempt, try to commit

**atentatorio** ADJ illegal, criminal; **un acto ~ a …** an act which poses a threat to …, an act which undermines …

**atento** ADJ [1] (= *pendiente*) [*persona*] attentive; [*mirada*] watchful; **tenéis que estar ~s en clase** you have to be attentive in class, you have to pay attention in class; **estáte ~ y avísanos si lo ves** stay alert *o* keep a look out and let us know if you see him; **ante la mirada atenta del árbitro** under the referee's watchful eye; **estar ~ a** [+ *explicación*] to pay attention to; [+ *peligro*] to be on the alert for, be on the lookout for; [+ *movimiento, ruido*] to listen out for; **estuvo muy ~ a todo lo que le decíamos** he paid full attention to everything we told him; **hay que estar ~ a cualquier error** you have to watch *o* listen out for the slightest mistake; **está siempre ~ a las nuevas tendencias** he always keeps an eye out for the latest trends
[2] (= *cortés*) attentive; **últimamente está muy ~ con ella** he has been very attentive to her recently; **fue muy ~ de tu parte** that was very thoughtful of you; **un dependiente muy ~** a very helpful *o* attentive sales assistant; **como indicaba en su atenta carta** (*frm*) as indicated in your kind letter (*frm*); **su ~ y seguro servidor** (*frm*) yours truly
[3] **~ a algo** in view of sth, in consideration of sth (*frm*); **~ a que** considering that, in view of the fact that

**atenuación** SF (= *aminoración*) attenuation; (*Ling*) understatement; [*de efectos etc*] lessening; (*Jur*) extenuation

**atenuante** Ⓐ ADJ extenuating; **circunstancias ~s** extenuating circumstances, mitigating circumstances
Ⓑ SM *o* F extenuating circumstance, mitigating circumstance

**atenuar** ▸conjug 1e◂ Ⓐ VT (= *aminorar*) to attenuate; (*Jur*) [+ *crimen etc*] to extenuate; [+ *importancia*] to minimize; [+ *impresión etc*] to tone down; [+ *impacto*] to cushion, lessen
Ⓑ **atenuarse** VPR to weaken

**ateo/a** Ⓐ ADJ atheistic
Ⓑ SM/F atheist

**ateperetarse** ▸conjug 1a◂ VPR (*CAm, Méx*) to get confused, get bewildered

**atepocate** SM (*Méx*) tadpole

**aterciopelado** ADJ velvety

**aterido** ADJ stiff with cold

**aterirse** ▸conjug 3a; imperfecto; úsase sólo en infin y pp◂ VPR to get stiff with cold

**aterrada** SF landfall

**aterrador** ADJ terrifying

**aterraje** SM (*Aer*) landing; (*Náut*) landfall

**aterrar**[1] ▸conjug 1a◂ Ⓐ VT to terrify
Ⓑ **aterrarse** VPR to be terrified (**de** by)

**aterrar**[2] ▸conjug 1j◂ Ⓐ VT [1] (= *derribar*) to pull down, demolish, destroy
[2] (= *cubrir*) to cover with earth; (*Agr*) to earth up
[3] (*CAm*) (= *obstruir*) to choke, obstruct
Ⓑ VI (*Aer*) to land; (*Náut*) to reach land
Ⓒ **aterrarse** VPR (*Náut*) to stand inshore; **navegar aterrado** to sail inshore

**aterrazamiento** SM terracing

**aterrazar** ▸conjug 1f◂ VT to terrace

**aterrizaje** SM (*Aer*) landing ► **aterrizaje a vientre** pancake landing ► **aterrizaje de emergencia** emergency landing, forced landing ► **aterrizaje de panza** pancake landing ► **aterrizaje de urgencia** emergency landing, forced landing ► **aterrizaje duro** hard landing ► **aterrizaje forzoso** emergency landing, forced landing ► **aterrizaje suave** soft landing ► **aterrizaje violento** crash landing

**aterrizar** ▸conjug 1f◂ VI to touch down, land

**aterronar** ▸conjug 1a◂ Ⓐ VT to cake, harden
Ⓑ **aterronarse** VPR to get lumpy

**aterrorizador** ADJ terrifying

**aterrorizar** ▸conjug 1f◂ VT (= *aterrar*) to terrify; (*Mil, Pol*) to terrorize

**atersar** ▸conjug 1a◂ VT to smooth

**atesar** ▸conjug 1j◂ VT (*LAm*) = **atiesar**

**atesoramiento** SM hoarding, accumulation

**atesorar** ▸conjug 1a◂ VT [+ *dinero, riquezas*] to hoard, accumulate; [+ *virtudes*] to possess

**atestación** SF (*Jur*) attestation; (*Pol*) deposition

**atestado**[1] SM (*Jur*) affidavit, statement ► **atestado policial** police statement

**atestado**[2] ADJ [1] (= *lleno*) packed; **~ de** packed with, crammed with, full of
[2] (= *testarudo*) obstinate, stubborn

**atestar**[1] ▸conjug 1a◂ VT (*Jur*) to attest, testify to; (= *dar prueba de*) to vouch for; **una palabra no atestada** an unattested word, an unrecorded word

**atestar**[2] ▸conjug 1j◂ Ⓐ VT (= *llenar*) to pack, stuff (**de** with); **~ a algn de frutas*** to stuff sb with fruit
Ⓑ **atestarse** VPR to stuff o.s. (**de** with)

**atestiguación** SF [1] (= *acción*) attestation
[2] (*Jur*) deposition, testimony

**atestiguar** ▸conjug 1i◂ VT (*Jur*) to testify to, give evidence of; (= *dar prueba de*) to attest, vouch for

**atezado** ADJ [1] (= *bronceado*) tanned
[2] (= *negro*) black

**atezar** ▸conjug 1f◂ Ⓐ VT [1] (*al sol*) to tan, burn
[2] (= *ennegrecer*) to blacken, turn black
Ⓑ **atezarse** VPR to get tanned

**atiborrado** ADJ **~ de** full of, stuffed with, crammed with

**atiborrar** ▸conjug 1a◂ Ⓐ VT to fill, stuff (**de** with); **~ a un niño de dulces*** to stuff a child with sweets
Ⓑ **atiborrarse** VPR to stuff o.s. (**de** with)

**ático** SM (= *desván*) attic; (= *apartamento*) penthouse

**atiesar** ▸conjug 1a◂ Ⓐ VT to tighten, tighten up
Ⓑ **atiesarse** VPR (= *ponerse tieso*) to tighten; (*en la construcción*) to bind

**atigrado** ADJ (= *con manchas*) striped, marked like a tiger; [*gato*] tabby

**atigronarse** ▸conjug 1a◂ VPR (*Caribe*) to get strong

**Atila** SM Attila

**atildado** ADJ elegant, stylish

**atildar** ▸conjug 1a◂ Ⓐ VT [1] (*Tip*) to put a tilde over
[2] (= *acicalar*) to tidy, clean, clean up
[3] (= *criticar*) to criticize, find fault with
Ⓑ **atildarse** VPR to spruce o.s. up

**atilincar** ▸conjug 1g◂ VT (*CAm*) to tighten, stretch

**atinadamente** ADV (= *correctamente*) correctly; (= *sensatamente*) sensibly; (= *pertinentemente*) pertinently; **según dijo ~** as he rightly said

**atinado** ADJ (= *correcto*) accurate, correct; (= *sensato*) wise, sensible; (= *pertinente*) pertinent; (= *agudo*) penetrating; **unas observaciones atinadas** some pertinent remarks; **una decisión poco atinada** a rather unwise decision

**atinar** ▸conjug 1a◂ Ⓐ VI [1] (= *acertar*) to be right; **siempre atina** he always gets it right, he always hits the nail on the head; **el médico no le atina** the doctor doesn't know what's wrong with him, the doctor can't find out what's wrong with him; **~ a** *o* **con** *o* **en** to hit upon, find; **~ al blanco** to hit the mark
[2] (= *conseguir*) **~ a hacer algo** to succeed in doing sth
Ⓑ VT [+ *solución*] to hit upon, find; (= *acertar*) to guess right; (= *encontrar*) to succeed in finding

**atingencia** SF (*LAm*) [1] (= *relación*) connection, relationship
[2] (= *obligación*) obligation
[3] (= *reserva*) qualification; (= *aclaración*) clarification; (= *observación*) remark, comment

**atingido** ADJ [1] (*Andes, Cono Sur*) depressed, down-in-the-mouth; (= *débil*) feeble, weak; (= *tímido*) timid
[2] (*Andes*) (= *sin dinero*) penniless
[3] (*Méx*) (= *taimado*) sly, cunning

**atingir** ▸conjug 3c◂ VT [1] (*LAm*) to concern, relate to
[2] (*Andes*) (= *oprimir*) to oppress

**atiparse*** ▸conjug 1a◂ VPR to stuff o.s.*

**atípicamente** ADV atypically, untypically

**atipicidad** SF atypical nature

**atípico** ADJ atypical, exceptional

**atiplado** ADJ high-pitched

**atiplar** ▸conjug 1a◂ Ⓐ VT [+ *voz*] to raise the pitch of
Ⓑ **atiplarse** VPR [*voz*] to go higher, become shrill; [*persona*] to talk in a high voice, talk in a squeaky voice

**atipujarse** ▸conjug 1a◂ VPR (*CAm, Méx*) to stuff o.s.

**atirantar** ▸conjug 1a◂ Ⓐ VT 1 (= *poner tirante*) to tighten, tauten; **estar atirantado entre dos decisiones** to be torn between two decisions
2 (*Andes, Cono Sur*) (= *estirar*) to stretch out on the ground
Ⓑ **atirantarse** VPR (*Méx**) (= *estirar la pata*) to kick the bucket*

**atisba** SM (*Andes*) (= *vigilante*) watchman, look-out; (= *espía*) spy

**atisbadero** SM peephole

**atisbador(a)** SM/F (= *guardia*) watcher; (= *espía*) spy

**atisbar** ▸conjug 1a◂ VT 1 (= *espiar*) to spy on, watch; (= *mirar*) to peep at; **~ a algn a través de una grieta** to peep at sb through a crack
2 (= *lograr ver*) to see, make out, discern (*frm*); **atisbamos un rayo de esperanza** we can just see a glimmer of hope

**atisbo** SM 1 (= *acción*) spying, watching
2 (= *indicio*) inkling, indication

**atizadero** SM 1 (*para el fuego*) poker
2 (= *estímulo*) spark, stimulus

**atizador** SM 1 (*para el fuego*) poker
2 (*fig*) ► **atizador de la guerra** warmonger

**atizar** ▸conjug 1f◂ Ⓐ VT 1 [+ *fuego*] to poke, stir; [+ *horno*] to stoke; [+ *vela*] to snuff, trim
2 [+ *discordia*] to stir up; [+ *pasión*] to fan, rouse
3 (*) [+ *golpe*] to give
Ⓑ VI **¡atiza!*** gosh!
Ⓒ **atizarse** VPR (*) 1 (= *fumar marihuana*) to smoke marijuana
2 (= *beberse*) **se atizó el vaso** he knocked back the whole glass*

**atizonar** ▸conjug 1a◂ VT to blight, smut

**Atlante** SM Atlas

**atlántico** Ⓐ ADJ Atlantic
Ⓑ SM **el (Océano) Atlántico** the Atlantic, the Atlantic Ocean

**Atlántida** SF Atlantis

**atlantista** Ⓐ ADJ NATO *antes de s*
Ⓑ SMF NATO supporter

**atlas** SM INV atlas

**atleta** SMF athlete

**atlético** ADJ athletic

**atletismo** SM athletics *sing*; **copa del mundo de ~** athletics world cup ► **atletismo en pista cubierta, atletismo en sala** indoor athletics

**atmósfera** SF 1 (*Fís, Meteo*) atmosphere; **mala ~** (*Radio*) atmospherics *pl*
2 (*en sitio cerrado*) atmosphere
3 (*fig*) (= *ambiente*) atmosphere
4 (*fig*) (= *campo*) sphere, sphere of influence; **Juan tiene buena ~** (*LAm*) Juan enjoys considerable social standing, Juan stands well with everybody

**atmosférico** ADJ atmospheric

**atoar** ▸conjug 1a◂ VT to tow

**atoc** SM (*Andes*) fox

**atocar** ▸conjug 1g◂ VT (*LAm*) = **tocar A**

**atocha** SF esparto

**atochal** SM esparto field

**atochamiento** SM (*Cono Sur*) traffic jam

**atochar** SM = **atochal**

**atocinado*** ADJ fat, tubby*

**atocinar** ▸conjug 1a◂ Ⓐ VT 1 (*Agr*) [+ *cerdo*] to cut up; [+ *carne*] to cure
2 (†*) (= *asesinar*) to do in*, bump off*
Ⓑ **atocinarse** VPR (†*) 1 (= *sulfurarse*) to fly off the handle
2 (= *enamorarse*) to fall madly in love

**atocle** SM (*Méx*) *sandy soil rich in humus*

**atol** SM (*LAm*) cornflour drink

**atolada** SM (*CAm*) party

**atole** SM (*LAm*) cornflour drink

**atoleada** SF (*CAm*) party

**atolería** SF (*LAm*) *stall etc where "atol" is sold*

**atolladero** SM 1 (= *lodazal*) mire, morass
2 (= *aprieto*) jam*, fix*; **estar en un ~** to be in a jam *o* a fix*; **salir del ~** to get out of a jam *o* a fix*; **sacar a algn del ~** to get sb out of a jam *o* a fix*

**atollar** ▸conjug 1a◂ VI, **atollarse** VPR 1 (= *atascarse*) to get stuck in the mud, get bogged down
2 (= *meterse en un lío*) to get into a jam *o* a fix*

**atolón** SM atoll

**atolondrado** ADJ 1 (= *aturdido*) bewildered, stunned
2 (= *irreflexivo*) thoughtless, reckless; (= *casquivano*) scatterbrained; (= *tonto*) silly

**atolondramiento** SM 1 (= *aturdimiento*) bewilderment
2 (= *irreflexión*) thoughtlessness, recklessness

**atolondrar** ▸conjug 1a◂ Ⓐ VT (= *aturdir*) to bewilder; (= *pasmar*) amaze
Ⓑ **atolondrarse** VPR (= *aturdirse*) to be bewildered; (= *quedarse pasmado*) to be amazed

**atomía** SF (*LAm*) 1 (= *acto*) evil deed, savage act
2 **decir ~s** to shoot one's mouth off* (**a** to)

**atómico** ADJ atomic

**atomista** Ⓐ ADJ atomistic
Ⓑ SMF atomist

**atomización** SF (*con atomizador*) spraying; (*Pol*) atomization

**atomizador** SM atomizer, spray

**atomizar** ▸conjug 1f◂ Ⓐ VT 1 (*con atomizador*) to spray
2 (*Pol*) to atomize
Ⓑ **atomizarse** VPR to break up (**en** into), fragment

**átomo** SM atom; **ni un ~ de** not a trace of ► **átomo de vida** spark of life

**atonal** ADJ atonal

**atonía** SF lethargy, apathy

**atónito** ADJ amazed, astounded; **me miró ~** he looked at me in amazement *o* astonishment

**átono** ADJ atonic, unstressed

**atontadamente** ADV (= *aturdidamente*) in a bewildered way; (= *como tonto*) stupidly, foolishly

**atontado** ADJ 1 (= *aturdido*) bewildered, stunned
2 (= *tonto*) stupid, thick*

**atontar** ▸conjug 1a◂ Ⓐ VT 1 (*Med*) to stupefy
2 (= *aturdir*) to bewilder, stun
Ⓑ **atontarse** VPR to get bewildered, get confused

**atontolinamiento** SM bewilderment

**atontolinar** ▸conjug 1a◂ VT (= *pasmar*) to daze; (= *aturdir*) to stun; **quedar atontolinado** to be in a daze

**atorafo** ADJ (*Caribe*) anxious

**atorar** ▸conjug 1a◂ Ⓐ VT 1 (= *obstruir*) to stop up, obstruct; (= *inmovilizar*) to stop, immobilize
2 (*esp LAm*) to stop, hold up
Ⓑ **atorarse** VPR 1 (*esp LAm*) (= *atragantarse*) to choke, swallow the wrong way; (= *trabarse la lengua*) to get tongue-tied
2 (*Cono Sur*) (= *ponerse salvaje*) to get wild, get fierce

**atormentador(a)** Ⓐ ADJ tormenting
Ⓑ SM/F torturer

**atormentar** ▸conjug 1a◂ Ⓐ VT 1 (*Mil etc*) to torture
2 (= *causar aflicción*) to torment; (= *acosar*) to plague, harass; (= *tentar*) to tantalize
Ⓑ **atormentarse** VPR to torment o.s.

**atornillador** SM screwdriver

**atornillar** ▸conjug 1a◂ VT 1 (*Téc*) to screw down
2 (*Méx**) (= *molestar*) to bother, annoy, pester*

**atoro** SM (*LAm*) 1 (= *destrucción*) destruction
2 (= *aprieto*) difficulty, fix*, jam*

**atorón** SM (*LAm*) traffic jam

**atorozarse** ▸conjug 1f◂ VPR (*CAm*) to choke, swallow the wrong way

**atorrante** (*Andes, Cono Sur*) Ⓐ ADJ lazy
Ⓑ SMF tramp, bum (*EEUU**)

**atorrantear** ▸conjug 1a◂ VI (*Cono Sur*) to live like a tramp, be on the bum (*EEUU*)

**atortolado** ADJ **están ~s** they're like two turtle-doves

**atortolar** ▸conjug 1a◂ VT (= *asustar*) to rattle, scare; (= *pasmar*) to shatter, flabbergast

**atortujar** ▸conjug 1a◂ Ⓐ VT to squeeze flat
Ⓑ **atortujarse** VPR (*CAm*) to be shattered, be flabbergasted

**atorunado** ADJ (*Cono Sur*) stocky, bull-necked

**atosigador** ADJ 1 (= *venenoso*) poisonous
2 (= *que importuna*) pestering, worrisome; (= *que presiona*) pressing

**atosigante** ADJ = **atosigador 2**

**atosigar** ▸conjug 1h◂ Ⓐ VT 1 (= *envenenar*) to poison
2 (= *importunar*) to harass, plague, pester*; (= *presionar*) to rush, put pressure on, pressurize
Ⓑ **atosigarse** VPR to slog away*, slave away*

**atóxico** ADJ non-poisonous

**atrabancar** ▸conjug 1g◂ Ⓐ VT to rush, hurry over
Ⓑ **atrabancarse** VPR to be in a fix*, get into a jam*

**atrabiliario** ADJ bad-tempered, irascible (*frm*)

**atrabilis** SF INV bad temper

**atracadero** SM pier

**atracado** ADJ (*CAm*) mean, stingy

**atracador(a)** Ⓐ SM/F (*en la calle*) mugger; (*en tienda, banco*) armed robber, raider ► **atracador(a) armado/a** armed robber ► **atracador(a) de bancos** bank robber
Ⓑ SM (†) [*de diligencias*] highwayman

**atracar** ▸conjug 1g◂ Ⓐ VT [1] (= *robar*) [+ *banco*] to hold up; [+ *individuo*] to mug; [+ *avión*] to hijack
[2] (*Náut*) to bring alongside; [+ *astronave*] to dock (**a** with)
[3] (= *atiborrar*) to stuff, cram
[4] (*LAm*) (= *molestar*) to harass, pester; (= *zurrar*) to thrash, beat
[5] (*Caribe Aut*) to park
Ⓑ VI (*Náut*) **~ al** *o* **en el muelle** to berth at the quay
Ⓒ **atracarse** VPR [1] (= *atiborrarse*) to stuff o.s. (**de** with)
[2] (*CAm, Méx*) (= *pelearse*) to brawl, fight
[3] (*Caribe*) (= *acercarse*) to approach, come up; **~se a** to approach, come up to

**atracción** SF [1] (*Fís*) attraction ▸ **atracción gravitatoria** gravity, gravitational pull
[2] (= *acción*) attraction; [*de persona*] attractiveness, appeal, charm ▸ **atracción sexual** sexual attraction
[3] (*tb* **~ de feria**) attraction, fairground attraction; **parque de atracciones** funfair; **atracciones** (*Teat*) (= *espectáculos*) attractions

**atraco** SM [*de banco etc*] holdup, robbery; [*de paseante*] mugging; [*de avión*] hijack, hijacking ▸ **atraco a mano armada** armed robbery; **¡es un ~!** (*fig*) it's daylight robbery!

**atracón*** SM blow-out*, chow-down (*EEUU*‡); **darse un ~** to stuff o.s. (**de** with), to pig out* (**de** on)

**atractivamente** ADV attractively

**atractividad** SF attractiveness

**atractivo** Ⓐ ADJ attractive
Ⓑ SM attractiveness, appeal

**atraer** ▸conjug 2o◂ Ⓐ VT [1] (*Fís*) to attract
[2] (= *hacer acudir a sí*) to draw, lure; [+ *apoyo etc*] to win, draw; [+ *atención*] to attract, engage; [+ *imaginación*] to appeal to; **dejarse ~ por** to allow o.s. to be drawn towards; **sabe ~(se) a la juventud** he knows how to win young people over
Ⓑ **atraerse** VPR **se atrajo las simpatías de todos** he won everyone's affection, everyone liked him; **se atrajo el rencor del jefe** the boss began to resent him

**atragantarse** ▸conjug 1a◂ VPR [1] (*al comer*) to choke (**con** on), swallow the wrong way; **me atraganté con una espina** I choked on a fish bone, I got a fish bone stuck in my throat; **se me atragantó una miga de pan** a crumb went down the wrong way
[2] (*al hablar*) to lose the thread of what one is saying
[3] (*) (= *caer mal*) **el tío ese se me atraganta** that guy gets up my nose*, I can't stomach that guy*

**atrague** SM **¡qué ~!** (*Caribe*) what an idiot!

**atraillar** ▸conjug 1a◂ VT to put on a leash

**atramparse** ▸conjug 1a◂ VPR [1] [*persona*] (= *caer en una trampa*) to fall into a trap; (= *meterse en un aprieto*) to get stuck, get o.s. into a jam*
[2] [*tubo*] to clog, get blocked up; (= *atascarse*) to stick, catch, jam

**atrancar** ▸conjug 1g◂ Ⓐ VT [1] [+ *puerta*] to bar, bolt; [+ *cañería*] to clog, block up; (*fig*) [+ *escotillas*] to batten down
[2] (*Cono Sur*) (= *estreñir*) to constipate
Ⓑ VI (*al andar*) to stride along, take big steps; (*al leer*) to skim
Ⓒ **atrancarse** VPR [1] (= *atascarse*) to get bogged down (**en** in); (*Mec*) to jam; (*haciendo algo*) to get stuck
[2] (*Méx**) (= *porfiarse*) to dig one's heels in, be stubborn
[3] (*Cono Sur**) (= *estreñirse*) to get constipated

**atranco** SM = **atascadero**

**atrapada** SF save

**atrapamaridos*** Ⓐ ADJ INV **mujer ~** = **B**
Ⓑ SF *woman on the look-out for a husband*

**atrapamoscas** SM INV flypaper

**atrapar** ▸conjug 1a◂ VT [1] (*en trampa*) to trap; (= *apresar*) to capture; [+ *resfriado etc*] to catch; **quedaron atrapados en la montaña** they were trapped on the mountainside; **~ un empleo** to land a job
[2] (= *engañar*) to take in, deceive

**atraque** SM [1] (*Náut*) mooring place, berth
[2] [*de astronave*] link-up, docking

**atrás** Ⓐ ADV [1] (*posición*) [1·1] (= *a la espalda*) behind; **la pelota le vino de ~** the ball came from behind; **la tienda está ahí ~** the shop is back there; **~ mío** (*esp Cono Sur*) behind me; **quedarse ~** to fall behind, get left behind
[1·2] (= *al final*) at the back; **los alumnos de ~ estaban fumando** the pupils at the back were smoking; **más ~ se ve mejor la pantalla** you can see the screen better if you sit further back; **ese capítulo está más ~** that chapter is further back; **la parte de ~** the back, the rear; **está muy ~ en la fila** he is a long way down the queue; **las patas de ~** the back legs; **la rueda de ~** the back *o* rear wheel; *ver tb* **asiento**
[2] (*dirección*) backwards; **dar un paso ~** to take a step back(wards); **ir hacia** *o* **para ~** to go back(wards); **échense ~, por favor** move back please; **lo has prometido y no puedes echarte ~** you can't back out now, you promised; *ver tb* **marcha 5**
[3] (*en sentido temporal*) **días ~** days ago; **cuatro meses ~** four months back; **este odio viene de ~** this hatred goes (a long) way back; **desde muy ~** for a very long time; **dejaron ~ sus rencores** they put aside their bitterness; **mirar ~** ◊ **volver la vista ~** to look back
[4] **~ de** (*LAm*) = **detrás 3**
Ⓑ EXCL **¡atrás!** back!, get back!

**atrasado** Ⓐ ADJ [1] (= *con retraso*) late, behind, behind time; [*pago*] overdue; [*número de revista etc*] back *antes de s*; **andar** *o* **estar ~** [*reloj*] to be slow; **estar un poco ~** [*persona*] to be a bit behind; **estar ~ en los pagos** to be in arrears; **estar ~ de medios** to be short of resources; **estar ~ de noticias** lack up-to-date information
[2] **estar ~** (*CAm**) (= *sin dinero*) to be broke*
[3] [*país*] backward; [*alumno etc*] slow, backward
Ⓑ SM **es un ~** he's behind the times

**atrasar** ▸conjug 1a◂ Ⓐ VT [+ *progreso*] to slow down; [+ *salida etc*] to delay; [+ *reloj*] to put back
Ⓑ VI [*reloj*] to lose time, be slow; **mi reloj atrasa ocho minutos** my watch is eight minutes slow
Ⓒ **atrasarse** VPR [1] (= *quedarse atrás*) to stay back, remain behind; [*tren etc*] to be late; [*reloj*] to be slow; **~se en los pagos** to be in arrears
[2] (*LAm*) [*proyecto etc*] to suffer a setback; (*Cono Sur*) (= *lastimarse*) to hurt o.s. (**de** in); [*mujer*] to be pregnant

**atraso** SM [1] (= *retraso*) delay, time lag; [*de reloj*] slowness; [*de país etc*] backwardness; **el tren lleva ~** the train is late; **salir del ~** to catch up, make up lost time; **llegar con 20 minutos de ~** to arrive 20 minutes late; **¡esto es un ~!** this is just holding things up!
[2] **atrasos** (*Com, Fin*) arrears; [*de pedidos etc*] backlog *sing*, quantity pending *sing*; **cobrar ~s** to collect arrears
[3] (*Andes*) (= *revés*) setback
[4] **tener un ~** (*LAm Med*) to have a period

**atravesada** SF (*LAm*) crossing, passage

**atravesado** ADJ [1] (= *de través*) **la farola quedó atravesada en la calle** the lamppost fell across the street; **✦MODISMO tener ~*: lo tengo ~** I can't stand him; **tengo ~ este programa de tele** I can't stand this TV programme
[2] (= *malintencionado*) treacherous
[3] (= *bizco*) squinting, cross-eyed
[4] (*Zool*) mongrel, cross-bred

**atravesar** ▸conjug 1j◂ Ⓐ VT [1] (= *colocar a través*) to put across; **atravesamos un tronco en el camino** we put a tree trunk across the road
[2] (= *cruzar*) [+ *calle, puente, frontera*] to cross; **~on España en tren** they crossed *o* travelled across Spain by train; **esta avenida atraviesa la capital** this road passes through *o* crosses the capital; **el túnel atraviesa la montaña** the tunnel goes *o* passes under the mountain
[3] (= *sufrir*) [+ *período, situación, crisis*] to go through; **mi familia atraviesa momentos difíciles** my family is going through a difficult time
[4] (= *perforar*) [+ *cuerpo, órgano*] to go through; **la bala le atravesó el cráneo** the bullet went through his skull; **~ a algn con una espada** to run sb through with a sword
Ⓑ **atravesarse** VPR [1] (= *colocarse a través*) **el camión se nos atravesó en la carretera** a lorry came out into the road in front of us; **se me ha atravesado una raspa en la garganta** I've got a fishbone stuck in my throat; **~se en una conversación** to butt into a conversation
[2] (*) (= *hacerse insoportable*) **se me ha atravesado Antonio** I've had all I can take of Antonio*

**atrayente** ADJ attractive

**atrechar** ▸conjug 1a◂ VI (*Caribe*) to take a short cut

**atrecho** SM (*Caribe*) short cut

**atreguar** ▸conjug 1i◂ Ⓐ VT to grant a truce to
Ⓑ **atreguarse** VPR to agree to a truce

**atrenzo** SM (*LAm*) (= *apuro*) trouble, difficulty; **estar en un ~** to be in trouble, have a problem

**atreverse** ▸conjug 2a◂ VPR [1] (= *osar*) to dare; **~ a hacer algo** to dare to do sth; **no me atrevo** ◊ **no me atrevería** I wouldn't dare; **¿te atreves?** are you game?, will you?; **¡atrévete!** (= *amenaza*) just you dare!; **~ a una empresa** to undertake a task; **~ con un rival** to take on a rival; **se atreve con todo** he'll tackle anything; **me atrevo con una tarta** I could manage a cake
[2] **~ con algn** ◊ **~ contra algn** (= *probar suerte*) to try one's luck with sb*; (= *insolentarse*) to be insolent to sb

**atrevidamente** ADV [1] (= *con audacia*) daringly, boldly
[2] (= *con insolencia*) cheekily

**atrevido/a** Ⓐ ADJ [1] [*persona*] (= *audaz*) daring, bold; (= *insolente*) cheeky, sassy (*EEUU*); **el periodista le hizo preguntas muy atrevidas** the reporter asked him some very daring *o* bold questions; **no seas tan ~ con el jefe** don't be so cheeky to the boss
[2] [*chiste*] daring, risqué; **un escote muy ~** a very daring neckline
Ⓑ SM/F cheeky person

**atrevimiento** SM [1] (= *audacia*) daring, boldness
[2] (= *insolencia*) insolence, cheek; (= *osadía*) forwardness

**atrevismo** SM ostentatiousness

**atrezzo** SM = **attrezzo**

**atribución** SF [1] (*Literat etc*) attribution
[2] (*Pol*) powers *pl*, functions *pl*

**atribuible** ADJ attributable (**a** to); **obras ~s a Góngora** works which are attributed to Góngora

▼**atribuir** ▸conjug 3g◂ Ⓐ VT [1] **~ a algn/algo** to attribute to sb/sth; [+ *excusa*] to put down to sb/sth; (*Jur*) to impute to sb/sth
[2] (*Pol*) **las funciones atribuidas a mi cargo** the powers conferred on me by my post
Ⓑ **atribuirse** VPR **~se algo** to claim sth for o.s.; **~se la responsabilidad de un atentado** to claim responsibility for an attack

**atribulación** SF affliction, tribulation

**atribulado** Ⓐ ADJ afflicted, suffering
Ⓑ SM **los ~s** the afflicted, the suffering, the sufferers

**atribular** ▸conjug 1a◂ Ⓐ VT to grieve, afflict
Ⓑ **atribularse** VPR to grieve, be distressed

**atributivo** ADJ attributive

**atributo** SM [1] (= *cualidad*) attribute
[2] (= *emblema*) emblem, sign of authority
[3] (*Ling*) predicate

**atril** SM (*para libro*) bookrest, reading desk; (*Mús*) music stand; (*Rel*) lectern

**atrincar** ▸conjug 1g◂ Ⓐ VT (*LAm*) to tie up tightly
Ⓑ **atrincarse** VPR (*Méx*) to be stubborn, dig one's heels in

**atrincheramiento** SM entrenchment

**atrincherar** ▸conjug 1a◂ Ⓐ VT to fortify with trenches
Ⓑ **atrincherarse** VPR [1] (*Mil*) to entrench o.s., dig in; **están muy fuertemente atrincherados** (*fig*) they are very strongly entrenched
[2] **~se en** (= *adoptar una postura*) to take one's stand on; (= *protegerse*) to take refuge in

**atrio** SM (*Hist*) atrium, inner courtyard; (*Rel*) vestibule, porch; [*de garaje*] forecourt

**atrochar** ▸conjug 1a◂ VI to take a short cut

**atrocidad** SF [1] (*Mil etc*) atrocity, outrage
[2] (*) (= *tontería*) foolish thing, silly thing; **decir ~es** to talk nonsense
[3] (*) (= *exageración*) **¡qué ~!** how dreadful!, how awful!; **la comedia es una ~** the play is awful; **me gustan los helados una ~** I'm extremely fond of ice cream

**atrofia** SF atrophy ► **atrofia muscular** muscular atrophy

**atrofiar** ▸conjug 1b◂ Ⓐ VT to atrophy
Ⓑ **atrofiarse** VPR to atrophy, be atrophied

**atrojarse** ▸conjug 1a◂ VPR (*Méx*) to be stumped (for an answer), be stuck (for an answer)

**atrompetado** ADJ bell-shaped; **nariz atrompetada** flared nostrils *pl*

**atronadamente** ADV recklessly, thoughtlessly

**atronado** ADJ reckless, thoughtless

**atronador** ADJ (= *ensordecedor*) deafening; [*aplausos*] thunderous

**atronamiento** SM bewilderment, stunned state

**atronar** ▸conjug 1l◂ VT [1] (= *ensordecer*) to deafen
[2] (= *aturdir*) to bewilder, stun
[3] (*Taur*) (= *acogotar*) to fell with a blow on the neck

**atropellada** SF (*Cono Sur*) attack, onrush

**atropelladamente** ADV **correr ~** to run helter-skelter; **hablar ~** to gabble; **decidir algo ~** to rush into a decision about sth

**atropellado** ADJ [*acto*] hasty, precipitate; [*estilo*] brusque, abrupt; [*ritmo*] violent

**atropellador/a** SM/F hooligan

**atropellaplatos*** SMF INV clumsy servant

**atropellar** ▸conjug 1a◂ Ⓐ VT [1] (= *arrollar*) to knock down, run over; **la atropelló un taxi** she was knocked down *o* run over by a taxi; **una multitud de gente me atropelló mientras paseaba** a crowd of people barged into me as I was out walking
[2] (= *humillar*) **no te dejes ~ por nadie** don't let anyone walk (all) over you
[3] (= *infringir*) [+ *derecho, constitución, estatuto*] to sweep aside, ride roughshod over
Ⓑ VI (*) (= *empujar*) to push; **oye, por favor, no atropelles** hey, stop pushing (and shoving), please
Ⓒ **atropellarse** VPR [1] (= *empujarse*) **entraron de uno en uno sin ~se** they went in one by one without pushing and shoving
[2] (= *precipitarse*) to rush; **el actor se atropelló al recitar** the actor gabbled his recitation; **no te atropelles y hazlo con tranquilidad** don't rush — take your time

**atropello** SM [1] (*Aut*) accident; (= *empujón*) shove, push; (= *codeo*) jostling
[2] (= *abuso*) abuse (**de** of), disregard (**de** for); **los ~s del dictador** the crimes of the dictator

**atroz** ADJ [1] (= *terrible*) atrocious; (= *cruel*) cruel, inhuman; (= *escandaloso*) outrageous
[2] (*) (= *enorme*) huge, terrific; (= *malísimo*) dreadful, awful

**atrozmente** ADV [1] (= *terriblemente*) atrociously; (= *con crueldad*) cruelly; (= *escandalosamente*) outrageously
[2] (*) (= *muchísimo*) dreadfully, awfully

**ATS** SMF ABR (*Esp*) (= **ayudante técnico sanitario**) Registered Nurse

**attaché** SM attaché case

**atto.** ABR = **atento**

**attrezzo** SM (*Teat*) properties *pl*; (= *equipo*) kit, gear

**ATUDEM** SF ABR (*Esp*) = **Asociación Turística de Estaciones de Esquí y Montaña**

**atuendo** SM [1] (= *vestido*) attire
[2] (= *boato*) pomp, show

**atufado*** ADJ [1] (= *enojado*) cross, angry; (*Andes*) dazed
[2] (*CAm, Caribe*) (= *vanidoso*) proud, stuck-up*

**atufamiento*** SM irritation, vexation

**atufar*** ▸conjug 1a◂ Ⓐ VT [1] [*olor*] to overcome, overpower
[2] (= *molestar*) to irritate, vex
Ⓑ **atufarse** VPR [1] [*vino*] to turn sour
[2] [*persona*] to be overcome (*by smell or fumes*)
[3] (= *enojarse*) to get cross, get angry (**con, de, por** at, with)
[4] (*Andes*) (= *aturdirse*) to get bewildered, become confused; (*CAm, Caribe*) (= *engreírse*) to be proud, become vain

**atufo*** SM irritation, vexation

**atulipanado** ADJ tulip-shaped

**atún** SM [1] (= *pez*) tuna (fish); ✦***MODISMO*** **querer ir por ~ y ver al duque** to want to have it both ways, want to have one's cake and eat it too
[2] (*) (= *imbécil*) nitwit*

**atunero** Ⓐ ADJ tuna *antes de s*
Ⓑ SM [1] (= *pescador*) tuna fisherman
[2] (= *barco*) tuna fishing boat

**aturar** ▸conjug 1a◂ VT to close up tight

**aturdidamente** ADV [1] (= *atolondradamente*) in a bewildered way
[2] (= *sin reflexionar*) thoughtlessly, recklessly

**aturdido** ADJ [1] (= *atolondrado*) bewildered, dazed
[2] (= *irreflexivo*) thoughtless, reckless

**aturdimiento** SM, **aturdidura** SF (*Cono Sur*)
[1] (= *atolondramiento*) bewilderment
[2] (= *irreflexión*) thoughtlessness, recklessness

**aturdir** ▸conjug 3a◂ Ⓐ VT [1] (*físicamente*) (*con golpe*) to stun, daze; [*ruido*] to deafen; [*droga, movimiento, vino*] to make giddy, make one's head spin
[2] (= *atolondrar*) to stun, dumbfound; (= *dejar perplejo*) to bewilder; **la noticia nos aturdió** the news stunned us, we were stunned by the news
Ⓑ **aturdirse** VPR (= *atolondrarse*) to be stunned; (= *quedarse perplejo*) to be bewildered

**aturrullado*** ADJ bewildered, perplexed

**aturrullar*** ▸conjug 1a◂ Ⓐ VT to bewilder, perplex
Ⓑ **aturrullarse** VPR to get flustered; **no te aturrulles cuando surja una dificultad** don't get flustered when a problem comes up

**atusamiento** SM smartness, elegance

**atusar** ▸conjug 1a◂ Ⓐ VT [+ *pelo*] (= *cortar*) to trim; (= *alisar*) to smooth, smooth down
Ⓑ **atusarse** VPR to dress up to the nines; **~se el bigote** to stroke one's moustache

**audacia** SF (= *atrevimiento*) boldness, audacity; (= *descaro*) cheek, nerve

**audaz** ADJ bold, audacious

**audazmente** ADV boldly, audaciously

**audibilidad** SF audibility

**audible** ADJ audible

**audición** SF [1] (*Med*) hearing
[2] (*Teat*) audition; **dar ~ a algn** to audition sb, give sb an audition; **le hicieron una ~ para el papel** they gave him an audition for the part
[3] (*Mús*) concert ► **audición radiofónica** radio concert
[4] (*LAm Com, Fin*) audit

**audiencia** SF [1] (= *acto*) audience; (= *entrevista*) formal interview; **recibir a algn en ~** to grant sb an audience
[2] (*Jur*) (= *tribunal*) court; (= *palacio*) assizes *pl*; (= *sala*) audience chamber ► **audiencia**

➤ LENGUA Y USO: atribuir A1 44.2

**pública** (*Pol*) public hearing
[3] (= *personas*) audience; [*de periódico*] readership; (*Radio, TV*) audience; **índice de ~** ratings *pl*, audience ratings *pl*

**audífono** SM [1] [*de sordo*] hearing aid
[2] (*LAm*) (= *auricular*) receiver; **audífonos** (= *cascos*) headphones

**audímetro** SM audience meter

**audio** SM audio

**audiofrecuencia** SF audio frequency

**audiolibro** SM audio book

**audiómetro** SM audiometer

**audiovisual** Ⓐ ADJ audiovisual
Ⓑ SM audiovisual presentation

**auditar** ▸conjug 1a◂ VT to audit

**auditivo** Ⓐ ADJ auditory (*frm*), hearing *antes de s*
Ⓑ SM receiver

**audito** SM audit, auditing

**auditor(a)** SM/F [1] (*Jur*) (*tb* **~(a) de guerra**) judge advocate
[2] (*Fin*) auditor ► **auditor(a) de cuentas** auditor ► **auditor(a) externo/a** external auditor
[3] (*Méx Ferro*) ticket inspector

**auditora** SF firm of auditors, auditors *pl*

**auditoría** SF (*Com, Fin*) audit, auditing ► **auditoría administrativa** management audit ► **auditoría de gestión** management audit ► **auditoría externa** external audit ► **auditoría financiera** financial audit ► **auditoría general** general audit ► **auditoría interna** internal audit ► **auditoría operativa** management audit

**auditorio** SM [1] (= *público*) audience
[2] (= *local*) auditorium, hall

**auge** SM [1] (= *apogeo*) peak; **el agroturismo aún no ha alcanzado su ~** rural tourism has not yet reached its peak; **Internet conocerá su ~ en la próxima década** the Internet will reach its peak in the next decade; **está en el ~ de su popularidad** he is at the peak *o* height of his popularity; **ya ha pasado el ~ del tecno** the heyday of techno is over
[2] (= *ascendencia*) **el rápido ~ del fundamentalismo** the rapid rise of fundamentalism; **un momento de ~ de la industria** a time of industrial growth; **una moda en ~** an increasingly popular fashion; **el feminismo está en ~** feminism is increasingly successful *o* influential, feminism is on the up and up*; **el sector turístico está en pleno ~** tourism is booming *o* experiencing a boom; **una empresa en pleno ~** a firm in full expansion
[3] (*Astron*) apogee

**Augias** SM **establos de ~** Augean Stables

**augurar** ▸conjug 1a◂ VT [*cosa*] to augur; [*individuo*] to predict, foresee; **~ que ...** to predict that ...

**augurio** SM [1] (= *presagio*) omen; (= *profecía*) prediction; **consultar los ~s** to take the auguries
[2] **augurios** (= *deseos*) best wishes (**para** for); **con nuestros ~s para ...** with our best wishes for ...; **mensaje de buenos ~s** goodwill message

**augustal** ADJ Augustan

**Augusto** SM Augustus

**augusto** ADJ august

**aula** SF (*Escol*) classroom; (*Univ*) lecture room ► **aula magna** assembly hall, main hall

**aulaga** SF furze, gorse

**aulario** SM lecture room building

**áulico/a** Ⓐ ADJ court *antes de s*, palace *antes de s*
Ⓑ SM/F courtier

**aullar** ▸conjug 1a◂ VI to howl, yell

**aullido** SM howl, yell; **dar ~s** to howl, yell

**aumentador** SM booster

**aumentar** ▸conjug 1a◂ Ⓐ VT [1] [+ *tamaño*] to increase; (*Fot*) to enlarge; (*Ópt*) to magnify
[2] [+ *cantidad*] to increase; [+ *precio*] to increase, put up; [+ *producción*] to increase, step up; **me van a ~ el sueldo** they are going to increase *o* raise my salary; **no aumentes la velocidad todavía** don't speed up yet; **esto aumentó el número de parados** this swelled the numbers of the unemployed
[3] [+ *intensidad*] to increase; **su dimisión ha aumentado la tensión política** his resignation has increased political tension; **estas pastillas pueden ~ las molestias** these tablets can make the problem worse
[4] (*Elec, Radio*) to amplify
Ⓑ VI [1] [*tamaño*] to increase
[2] [*cantidad, precio, producción*] to increase, go up; **las temperaturas ~án mañana** temperatures will rise tomorrow; **el número de asesinatos ha aumentado en 200** the number of killings has increased *o* gone up by 200; **este semestre aumentó la inflación en un 2%** inflation has increased *o* gone up by 2% over the last 6 months
[3] [*intensidad*] to increase; **el calor aumenta por la tarde** the heat increases in the afternoon; **su popularidad ha aumentado** his popularity has increased *o* risen; **la crispación política aumenta por momentos** political tension is increasing *o* rising by the moment
[4] **~ de** to increase in; **~ de peso** [*objeto*] to increase in weight; [*persona*] to put on *o* gain weight; **~ de tamaño** to increase in size

**aumentativo** ADJ, SM augmentative

**aumento** SM [1] [*de tamaño*] increase; (*Fot*) enlargement; (*Ópt*) magnification
[2] [*de cantidad, producción, velocidad, intensidad*] increase; [*de precio*] increase, rise; **un ~ del número de turistas** an increase in the number of tourists; **se registró un ~ de temperatura** an increase *o* rise in temperature was recorded; **un ~ del calor** a rise in temperature ► **aumento de peso** (*en objeto*) increase in weight; (*en persona*) weight gain ► **aumento de población** population increase ► **aumento de precio** rise in price ► **aumento de sueldo, aumento salarial** (pay) rise
[3] (*Elec, Radio*) amplification
[4] **ir en ~** to be on the increase
[5] (*Ópt*) magnification; **una lente de 30 ~s** a lens of 30x magnification; **unas gafas de mucho ~** glasses with very strong lenses
[6] (*Méx*) (= *posdata*) postscript

**aun** ADV [1] (= *incluso*) even; **yo pagaría mil y ~ dos mil** I'd pay a thousand, even two thousand; **~ siendo tan joven es muy responsable** even though he's so young he's very responsible; **~ los ricos sufrirán la crisis** (*frm*) even the rich will suffer the effects of the crisis
[2] **~ así: ~ así, no creo que fuera** even so, I don't think I'd go; **es muy rica y ~ así trabaja** she's very rich but she still works
[3] **~ cuando: ~ cuando me lo rogara, no se lo daría** even if he begged me I wouldn't give it to him; **va en camisa ~ cuando hace frío** he goes around in a shirt even when it's cold
[4] **ni ~** not even; **no lo aceptaría ni ~ regalado** I wouldn't accept it even as a present; **ni ~ pagándome haría yo eso** I wouldn't do that (even) if you paid me; **y ni ~ así lo haría** and I wouldn't do it even then

**aún** ADV [1] (= *todavía*) (*temporal*) still, yet; **~ está aquí** he's still here; **~ no lo sabemos** we still don't know, we don't know yet; **¿no ha venido ~?** hasn't he come yet?; → TODAVÍA
[2] (= *incluso*) even; **y ~ se permite el lujo de sermonearme** and he even goes so far as to lecture me; **más ~** even more; **la comida italiana me gusta más ~** I like Italian food even more *o* better; **si vienes lo pasaremos ~ mejor** if you come we'll enjoy ourselves even more
[3] (*) (= *quizás*) perhaps, maybe; **—¿lo comprarás? —si lo rebajan, ~** "will you buy it?" — "if they reduce it, perhaps."

**aunar** ▸conjug 1a◂ Ⓐ VT to join, unite
Ⓑ **aunarse** VPR to unite

**aunque** CONJ although, though, even though; **~ estaba cansado vino con nosotros** although he was tired he came with us; **~ no me creas** even though you may not believe me; **~ llueva vendremos** we'll come even if it rains; **es guapa ~ algo bajita** she's pretty but rather short, she's pretty even if she is on the short side; **~ más ...** however much ..., no matter how much ...

**AUNQUE**

**Aunque** se puede traducir al inglés por **although, though, even though** o **even if**.

• Por regla general, cuando la cláusula introducida por **aunque** indica un hecho (**aunque** + **INDICATIVO**), en inglés coloquial se traduce por **though** y en lenguaje más formal por **although**:

Aunque había un montón de gente, al final pude encontrar a Carlos
***Though there were a lot of people there, I managed to find Carlos***
No esperaba eso de él, aunque entiendo por qué lo hizo
***I did not expect that from him, although I can understand why he did it***

• **Even though** introduce la oración subordinada, enfatizando con más fuerza el contraste con la principal, cuando **aunque** va seguido de un hecho concreto, no una hipótesis, y equivale a **a pesar de que**:

Llevaba un abrigo de piel, aunque era un día muy caluroso
***She wore a fur coat, even though it was a very hot day***

• Si **aunque** tiene el sentido de **incluso si** (**aunque** + **SUBJUNTIVO**), se traduce por **even if**:

Debes ir, aunque no quieras
***You must go, even if you don't want to***
Me dijo que no me lo diría, aunque lo supiera
***He said he wouldn't tell me even if he knew***

*Para otros usos y ejemplos ver la entrada.*

**aúpa** Ⓐ EXCL (*al levantar a un niño*) up!, upsadaisy!; (*para animar*) up!, come on!; **¡~ Toboso!** up Toboso!
Ⓑ ADJ (*) **una función de ~** a slap-up do*; **una paliza de ~** a good thrashing*; **una tormenta de ~** a hell of a storm*; **es de ~** it's absolutely awful

**au pair** SMF au pair

**aupar** ▸conjug 1a◂ VT (= *levantar*) to help up; [+ *pantalón etc*] to hitch up; (= *ensalzar*) to praise; **sus discos la han aupado al primer puesto** her records have lifted her *o* shot her up to top spot; **~ a algn al poder** to raise sb to power

**aura** SF [1] (= *brisa*) gentle breeze, sweet breeze
[2] (= *popularidad*) popularity, popular favour, popular favor (*EEUU*)
[3] (*LAm*) (= *pájaro*) vulture, buzzard (*EEUU*)

**áureo** ADJ [1] (*liter*) (= *de oro*) golden
[2] (*Esp Hist*) **nuestra literatura áurea** our literature of the Golden Age

**aureola** SF, **auréola** SF (*Rel*) halo, aureole (*frm*); (= *gloria*) fame

**aureolar**†† ▸conjug 1a◂ VT (*esp LAm*) [+ *persona*] to praise, extol the virtues of; [+ *reputación etc*] to enhance, add lustre to

**aurícula** SF auricle

**auricular** Ⓐ ADJ aural, of the ear; **el pabellón ~** the outer ear
Ⓑ SM [1] (= *dedo*) little finger
[2] [*de teléfono*] receiver, handset; **auriculares** (= *cascos*) headphones, earphones

**auriculoterapia** SF auriculotherapy

**aurífero** ADJ gold-bearing

**aurora** SF (*lit, fig*) dawn ► **aurora boreal, aurora borealis** northern lights *pl*

**auscultación** SF sounding, auscultation (*frm*)

**auscultar** ▸conjug 1a◂ VT to sound, auscultate (*frm*)

**ausencia** SF absence; **condenar a algn en su ~** to sentence sb in his absence; **hacer buenas ~s de algn**† to speak kindly of sb in their absence, remember sb with affection; **tener buenas ~s**† to have a good reputation; **✦*MODISMO* en ~ del gato se divierten los ratones** when the cat's away the mice will play; *ver* **brillar 2**

**ausentarse** ▸conjug 1a◂ VPR (= *marcharse*) to absent o.s. (**de** from); (= *no acudir*) to stay away (**de** from)

**ausente** Ⓐ ADJ [1] (*físicamente*) absent (**de** from); **estar ~ de** to be absent from, be missing from; **estar ~ de su casa** to be away from home
[2] (*mentalmente*) daydreaming
Ⓑ SMF (*Escol etc*) absentee; (*Jur*) missing person

**auspiciado** ADJ sponsored, backed

**auspiciador(a)** Ⓐ ADJ **firma ~a** sponsoring firm
Ⓑ SM/F sponsor

**auspiciar** ▸conjug 1b◂ VT [1] (= *patrocinar*) to back, sponsor
[2] (*LAm*) (= *desear éxito a*) to wish good luck to

**auspicios** SMPL [1] (= *patrocinio*) auspices, sponsorship *sing*; **bajo los ~ de** under the auspices of, sponsored by
[2] (= *augurio*) omen; **buenos ~** good omen; **malos ~** bad omen

**auspicioso** ADJ auspicious

**austeramente** ADV (= *con frugalidad*) austerely; (= *con severidad*) sternly, severely

**austeridad** SF (= *frugalidad*) austerity; (= *severidad*) severity ► **austeridad económica** economic austerity

**austero** ADJ (= *frugal*) austere; (= *severo*) severe

**austral** Ⓐ ADJ [1] (= *del sur*) southern; **el Hemisferio Austral** the Southern Hemisphere
[2] (*Cono Sur*) (= *del sur de Chile*) of/from southern Chile
Ⓑ SM (*Arg*) *monetary unit from 1985-1991*

**Australia** SF Australia

**australiano/a** ADJ, SM/F Australian

**australopiteco/a** SM/F, **australopitecus** SMF Australopithecus

**Austria** SF Austria

**austríaco/a** ADJ, SM/F, **austriaco/a** ADJ, SM/F Austrian

**austro** SM (*liter*) (= *sur*) south; (= *viento*) south wind

**austro-húngaro** ADJ Austro-Hungarian

**autarquía** SF [1] (*Pol*) autarchy (*frm*), self-government
[2] (*Econ*) autarky (*frm*), national self-sufficiency

**autazo** SM (*LAm*) theft of a car

**auténtica** SF (*Jur*) (= *certificación*) certification; (= *copia*) authorized copy

**auténticamente** ADV authentically, genuinely

**autenticar** ▸conjug 1g◂ VT to authenticate

**autenticidad** SF authenticity

**auténtico** ADJ [1] (= *legítimo*) authentic; [*persona*] genuine; **un ~ espíritu de servicio** a true spirit of service; **es un ~ campeón** he's a real champion; **éste es copia y no el ~** this one is a copy and not the real one; **días de ~ calor** days of real heat, really hot days
[2] (*) (= *estupendo*) great*, brilliant*

**autentificar** ▸conjug 1g◂ VT to authenticate

**autería** SF (*Cono Sur*) (= *presagio*) evil omen, bad sign; (= *brujería*) witchcraft

**autero/a**[1] SM/F (*LAm*) (= *ladrón*) car thief

**autero/a**[2] SM/F (*Cono Sur*) [1] (= *pesimista*) pessimist, defeatist
[2] (= *gafe*) jinx*

**autillo** SM tawny owl

**autismo** SM autism

**autista** Ⓐ ADJ autistic
Ⓑ SMF autistic, autistic person; **es un ~** he's autistic

**autístico** ADJ autistic

**auto**[1] SM (*esp Cono Sur*) car, automobile (*EEUU*) ► **auto de choque** bumper car, dodgem

**auto**[2] SM [1] (*Jur*) edict, judicial decree ► **auto de comparecencia** summons, subpoena (*EEUU*) ► **auto de ejecución** writ of execution ► **auto de prisión** warrant for arrest ► **auto de procesamiento** charge, indictment
[2] **autos** (= *documentos*) proceedings, court record *sing*; **estar en ~s** to be in the know; **poner a algn en ~s** to put sb in the picture
[3] (*Rel, Teat*) mystery play, religious play ► **auto del nacimiento** nativity play ► **auto sacramental** eucharistic play
[4] (*Hist*) ► **auto de fe** auto-da-fé; **hacer un ~ de fe de algo**† (*fig*) to burn sth

**auto...** PREF auto..., self-...

**autoabastecerse** ▸conjug 2d◂ VPR (= *autoproveerse*) to supply o.s. (**de** with); (= *ser autosuficiente*) to be self-sufficient

**autoabastecimiento** SM self-sufficiency

**autoacusación** SF self-accusation

**autoacusarse** ▸conjug 1a◂ VPR to accuse o.s.

**autoadherente** ADJ self-adhesive

**autoadhesivo** ADJ self-adhesive

**autoadministrarse** ▸conjug 1a◂ VPR [1] **~ una droga** to take a drug
[2] (*Pol*) to govern o.s., be self-governing

**autoadulación** SF self-praise

**autoafirmación** SF assertiveness

**autoaislarse** ▸conjug 1a◂ VPR to isolate o.s.

**autoalarma** SF car alarm

**autoalimentación** SF (*Inform*) ► **autoalimentación de hojas** automatic paper feed

**autoanálisis** SM INV self-analysis

**autoanalizador** SM analyser, auto-analyser

**autoanalizarse** ▸conjug 1f◂ VPR to analyze o.s., do self-analysis

**autoaprovisionamiento** SM self-sufficiency

**autoayuda** SF self-help

**autobiografía** SF autobiography

**autobiográfico** ADJ autobiographic, autobiographical

**autobomba** SF fire engine

**autobombearse** ▸conjug 1a◂ VPR to blow one's own trumpet

**autobombo** SM self-praise, self-glorification; **hacerse el ~** to blow one's own trumpet

**autobronceador** SM self-tanning lotion

**autobús** SM bus; (*LAm*) [*de distancia*] coach, bus (*EEUU*) ► **autobús de dos pisos** double-decker, double-decker bus ► **autobús de línea** long-distance coach ► **autobús escolar** school bus

**autobusero/a** Ⓐ ADJ bus *antes de s*
Ⓑ SM/F bus driver

**autocalificarse** ▸conjug 1g◂ VPR **~ de** to describe o.s. as

**autocar** SM coach, bus (*EEUU*) ► **autocar de línea** long-distance coach, inter-city coach ► **autocar de línea regular** scheduled coach

**autocaravana** SF camper, motor home (*EEUU*), camping vehicle

**autocargador** ADJ **camión ~** self-loading truck

**autocarril** SM (*LAm*) railway car

**autocartera** SF holding of its own shares (*by a company*)

**autocensura** SF self-censorship

**auto-choque** SM bumper car, dodgem

**autocine** SM drive-in cinema

**autoclave** SM (*Med*) autoclave

**autocompasión** SF self-pity

**autocomplaciente** ADJ self-satisfied

**autocomprobación** SF self-test

**autoconcederse** ▸conjug 2a◂ VPR **~ un título** to grant o.s. a title

**autoconfesado** ADJ self-confessed

**autoconfesarse** ▸conjug 1a◂ VPR to confess o.s.

**autoconfesión** SF self-confession

**autoconfianza** SF self-confidence

**autoconservación** SF self-preservation

**autoconsumo** SM [*de alimentos*] personal consumption; [*de bienes*] personal use

**autocontrol** SM [1] (= *autodominio*) self-control, self-restraint
[2] (*Téc*) self-monitoring
**autoconvencerse** ▸conjug 2d◂ VPR to convince o.s.
**autocracia** SF autocracy
**autócrata** SMF autocrat
**autocrático** ADJ autocratic
**autocremarse** ▸conjug 1a◂ VPR to set fire to o.s., burn o.s. (to death)
**autocrítica** SF self-criticism
**autocrítico** ADJ self-critical
**autocross** SM INV autocross
**autóctono** ADJ indigenous, native
**autocue** SM autocue
**autodefensa** SF self-defence, self-defense (*EEUU*)
**autodefinirse** ▸conjug 3a◂ VPR to define o.s., state one's position
**autodegradación** SF self-abasement
**autodenominarse** ▸conjug 1a◂ VPR to call o.s.
**autodestrucción** SF self-destruction
**autodestructible** ADJ, **autodestructivo** ADJ self-destructive, self-destructing
**autodestruirse** ▸conjug 3g◂ VPR to self-destruct
**autodeterminación** SF self-determination
**autodidacta** Ⓐ ADJ [*persona*] self-taught; [*formación, método*] autodidactic (*frm*)
Ⓑ SMF autodidact, self-taught person
**autodidacto/a** ADJ, SM/F = **autodidacta**
**autodisciplina** SF self-discipline
**autodisciplinado** ADJ self-disciplined
**autodisparador** SM self-timer
**autodominio** SM self-control
**autódromo** SM racetrack, racing circuit
**autoedición** SF desktop publishing
**autoelevador** SM, **autoelevadora** SF (*Cono Sur*) forklift truck
**autoempleo** SM self-employment
**autoengaño** SM self-deception, self-delusion
**autoerótico** ADJ autoerotic
**autoescuela** SF driving school
**autoestima** SF self-esteem
**autoestop** SM = **autostop**
**autoestopista** SMF = **autostopista**
**autoevaluación** SF self-assessment
**autoexcluirse** ▸conjug 3g◂ VPR to exclude o.s.
**autoexploración** SF self-examination
**autoexpresión** SF self-expression
**autofecundación** SF self-fertilization
**autofelicitación** SF self-congratulation
**autofinanciable** ADJ, **autofinanciado** ADJ self-financing
**autofinanciarse** ▸conjug 1b◂ VPR to finance o.s.
**autógena** SF welding
**autógeno** ADJ autogenous
**autogestión** SF self-management
**autogiro** SM autogiro
**autogobernarse** ▸conjug 1j◂ VPR to govern o.s., be self-governing
**autogobierno** SM self-government
**autogol** SM own goal
**autogolpe** SM *coup organized by the government itself to allow it to take extra powers*
**autógrafo** SM autograph

**autohipnosis** SF INV autohypnosis, self-hypnosis
**autoimpuesto** ADJ self-imposed
**autoincluirse** ▸conjug 3g◂ VPR to include o.s.
**autoinculpación** SF [1] (= *autoacusación*) self-incrimination
[2] (*Jur*) plea of guilty
**autoinculparse** ▸conjug 1a◂ VPR to incriminate o.s.
**autoinducido** ADJ self-induced
**autoinfligido** ADJ self-inflicted
**autoinmune** ADJ autoimmune
**autoinmunidad** SF autoimmunity
**autoinmunitario** ADJ, **autoinmunológico** ADJ autoimmune
**autolavado** SM car-wash
**autolesionarse** ▸conjug 1a◂ VPR to inflict injury on o.s., injure o.s.
**autolimpiable** ADJ self-cleaning
**autollamarse** ▸conjug 1a◂ VPR to call o.s.
**automación** SF automation
**automarginación** SF dropping-out
**automarginado/a** Ⓐ ADJ **persona automarginada** drop-out
Ⓑ SM/F drop-out
**automarginarse** ▸conjug 1a◂ VPR to drop out; **~ de** to drop out of
**autómata** SM automaton, robot ► **autómata industrial** industrial robot
**automática** SF [1] (= *ciencia*) automation
[2] (= *lavadora*) washing machine
[3] (*Mil*) automatic
**automáticamente** ADV automatically
**automaticidad** SF automaticity
**automático** Ⓐ ADJ automatic; **lavadora automática** (automatic) washing machine
Ⓑ SM [1] (*Cono Sur*) (= *restaurante*) self-service restaurant, automat (*EEUU*)
[2] (= *cierre*) press stud, popper, snap (fastener) (*EEUU*)
**automatismo** SM automatism
**automatización** SF automation ► **automatización de fábricas** factory automation ► **automatización de oficinas** office automation
**automatizado** ADJ automated
**automatizar** ▸conjug 1f◂ VT to automate
**automedicarse** ▸conjug 1g◂ VPR to treat o.s.
**automedonte** SM (*LAm hum*) coachman
**automercado** SM (*Caribe*) supermarket
**automoción** SF [1] (= *transporte*) transport, road transport
[2] (= *automóvil*) **la industria de la ~** the car industry, the automobile industry (*EEUU*); **gasóleo de ~** diesel for automobiles
**automodelismo** SM model car racing
**automodelista** SMF model car enthusiast
**automotor** Ⓐ ADJ [1] (= *autopropulsado*) self-propelled
[2] (*LAm*) car *antes de s*, automobile *antes de s* (*EEUU*)
Ⓑ SM [1] (*Ferro*) diesel train
[2] (*LAm*) (= *vehículo*) motor vehicle
**automóvil** Ⓐ ADJ [1] (= *autopropulsado*) self-propelled
[2] car *antes de s*, automobile *antes de s* (*EEUU*)
Ⓑ SM car, automobile (*EEUU*); **ir en ~** to drive, go by car, travel by car ► **automóvil de alquiler** hire car ► **automóvil de carreras** racing car ► **automóvil de choque** bumper car, dodgem ► **automóvil de importación** imported car, foreign car
**automovilismo** SM motoring ► **automovilismo deportivo** motor racing
**automovilista** SMF motorist, driver
**automovilístico** ADJ car *antes de s*, auto *antes de s* (*EEUU*); **accidente ~** car accident; **industria automovilística** car industry
**automutilación** SF self-mutilation
**automutilarse** ▸conjug 1a◂ VPR to mutilate o.s.
**autonomía** SF [1] (= *independencia*) autonomy; (= *autogobierno*) self-government; **Estatuto de Autonomía** (*Esp*) Devolution Statute
[2] (= *territorio*) autonomous region, autonomy
[3] (*Aer, Náut*) range; **el avión tiene una ~ de 5.000km** the aircraft has a range of 5,000km; **de gran ~** long range ► **autonomía de vuelo** range
[4] [*de pila, batería*] battery range
**autonómico** ADJ (*Pol*) autonomous, self-governing; **elecciones autonómicas** elections for the autonomous regions; **política autonómica** policy concerning the autonomies; **el proceso ~** the process leading to autonomy; **región autonómica** autonomous region
**autonomismo** SM separatism, movement towards autonomy
**autónomo/a** Ⓐ ADJ [1] (*Pol*) autonomous, self-governing
[2] (*Inform*) stand-alone, off-line
[3] [*persona*] self-employed; **trabajo ~** self-employment
Ⓑ SM/F self-employed person
**autopatrulla** SM (*Méx*) patrol car
**autopegado** ADJ self-sealing
**autopiano** SM (*Caribe*) pianola
**autopista** SF motorway, freeway (*EEUU*) ► **autopista de la información** information superhighway ► **autopista de peaje** toll road, turnpike (*EEUU*) ► **autopista perimetral** ring road, bypass
**autopolinización** SF self-pollination
**autopreservación** SF self-preservation
**autoproclamado** ADJ self-proclaimed
**autoproclamarse** ▸conjug 1a◂ VPR to proclaim o.s.
**autoprofesor** SM teaching machine
**autoprogramable** ADJ **ordenador ~** intelligent computer
**autopropulsado** ADJ self-propelled
**autopropulsión** SF self-propulsion
**autopropulsor** ADJ self-propelling
**autoprotegerse** ▸conjug 2c◂ VPR to protect o.s.
**autopsia** SF post mortem, autopsy; **hacer** *o* **practicar la ~ a algn** to carry out an autopsy on sb
**autopublicidad** SF self-advertisement; **hacer ~** to indulge in self-advertisement
**autor(a)** SM/F [1] [*de obra*] author, writer; [*de idea*] creator, originator, inventor; **el ~ de la novela** the author of the novel; **el ~ del cuadro** the painter; **el ~ de mis días** my father
[2] [*de delito*] perpetrator; **los presuntos ~es del crimen** the suspected killers; **el ~ intelectual** the mastermind; **el ~ material** *the person directly responsible (for the crime)*

**autoría** SF authorship; **la ~ del atentado** the responsibility for the attack

**autoridad** SF 1 (= *potestad*) authority; **las ~es** the authorities; **~es aduaneras** customs authorities; **¡abran a la ~!** open up in the name of the law!; **entregarse a la ~** to give o.s. up (*to the police*) ► **autoridad de sanidad** health authorities *pl* ► **autoridad local** local authority
2 (= *persona*) authority
3 (= *boato*) pomp, show

**autoritario/a** ADJ, SM/F authoritarian

**autoritarismo** SM authoritarianism

**autoritativo** ADJ authoritative

**autorización** SF authorization, permission; **~ para hacer algo** authorization *o* permission to do sth

**autorizadamente** ADV officially, authoritatively

▼**autorizado** ADJ 1 (= *oficial*) authorized, official
2 (= *fiable*) authoritative
3 (*Com*) approved; **la persona autorizada** the officially designated person, the approved person

▼**autorizar** ▸conjug 1f◂ VT 1 (= *dar facultad a*) to authorize, empower; (= *permitir*) to approve, license; **~ a algn para** (+ *INFIN*) to authorize sb to + *infin*, empower sb to + *infin*; **el futuro no autoriza optimismo alguno** the future does not warrant *o* justify the slightest optimism
2 (*Jur*) to legalize

**autorradio** SF car radio

**autorrealización** SF self-fulfilment

**autorrealizado** ADJ self-fulfilled

**autorrealizarse** ▸conjug 1f◂ VPR to feel fulfilled

**autorregulable** ADJ self-adjusting

**autorregulación** SF self-regulation

**autorretrato** SM self-portrait

**autoservicio** SM 1 (= *tienda*) self-service store, self-service shop
2 (= *restaurante*) self-service restaurant

**autosostenerse** ▸conjug 2k◂ VPR to pay one's own way, be self-supporting

**autostop** SM hitch-hiking; **hacer ~** to hitch-hike, thumb lifts; **viajar en ~** to hitch-hike; **fuimos haciendo ~ de Irún a Burgos** we hitch-hiked from Irún to Burgos, we got a lift from Irún to Burgos

**autostopismo** SM hitch-hiking

**autostopista** SMF hitch-hiker

**autosuficiencia** SF 1 (*Econ*) self-sufficiency
2 (*pey*) (= *petulancia*) smugness

**autosuficiente** ADJ 1 (*Econ*) self-sufficient
2 (*pey*) (= *petulante*) smug

**autosugestión** SF autosuggestion

**autotanque** SM tanker, tank truck (*EEUU*)

**autotitularse** ▸conjug 1a◂ VPR to title o.s., call o.s.

**autoventa** ADJ INV **vendedor ~** travelling salesman, representative who travels by car

**autovía** SF main road, trunk road, state highway (*EEUU*) ► **autovía de circunvalación** bypass, ring road

**autovivienda** SF caravan, trailer

**Auvernia** SF Auvergne

**auxiliar**[1] Ⓐ ADJ 1 (*Univ*) assistant *antes de s*
2 (*Ling*) auxiliary
3 [*plantilla*] ancillary
Ⓑ SMF 1 (= *subordinado*) assistant ► **auxiliar administrativo** administrative assistant ► **auxiliar de cabina** steward/stewardess ► **auxiliar de clínica**, **auxiliar de enfermería** auxiliary nurse, nursing auxiliary, nurse's aide (*EEUU*) ► **auxiliar de laboratorio** lab assistant, laboratory assistant ► **auxiliar de vuelo** steward/stewardess ► **auxiliar domiciliario** domestic, home help, home helper (*EEUU*) ► **auxiliar sanitario** health worker ► **auxiliar técnico sanitario** nurse
2 (*Univ*) ► **auxiliar de conversación** conversation assistant ► **auxiliar de lengua inglesa** English language assistant
3 (*Dep*) linesman, assistant referee ► **auxiliar técnico** (*LAm Dep*) coach, trainer

**auxiliar**[2] ▸conjug 1b◂ VT 1 (= *ayudar*) to help, assist; [+ *agonizante*] to attend
2 (*Pol etc*) to aid, give aid to

**auxilio** SM help, assistance (*más frm*); **primeros ~s** (*Med*) first aid; **acudir en ~ de algn** to come to sb's aid; **pedir ~** to ask for help *o* assistance; **prestar ~** to give help *o* assistance ► **auxilio espiritual** (*Rel*) consolations of religion *pl*; (= *sacramentos*) last rites *pl* ► **auxilio social** welfare service

**Av.** ABR (= **Avenida**) Av., Ave

**a/v** ABR (*Com*) = **a vista**

**avada**‡ SM (*Caribe*) queer‡, fag (*EEUU*‡)

**avahar** ▸conjug 1a◂ Ⓐ VT to blow on, warm with one's breath
Ⓑ VI, **avaharse** VPR to steam, give off steam *o* vapour

**aval** SM 1 (*Com*) endorsement; [*de firma*] guarantee; **dar su ~ a** [+ *fiador*] to be a guarantor for; (*Fin*) to underwrite ► **aval bancario** banker's reference
2 (*Pol*) backing, support

**avalancha** SF 1 [*de nieve*] avalanche
2 (*fig*) **una ~ de gente** a flood *o* torrent of people; **una ~ de cartas** an avalanche of letters

**avalar** ▸conjug 1a◂ VT 1 (*Fin*) to underwrite; [+ *individuo*] to act as guarantor for
2 (*Com*) to endorse, guarantee; [+ *persona*] (= *responder de*) to answer for

**avalentado** ADJ, **avalentonado** ADJ boastful, arrogant

**avalista** SMF (*Fin*) guarantor; (*Com*) endorser

**avalorar** ▸conjug 1a◂ VT 1 (*Com*) to appraise
2 (= *animar*) to encourage

**avaluación** SF (*LAm*), **avaluada** (*LAm*) SF valuation, appraisal

**avaluar** ▸conjug 1e◂ VT to value, appraise (**en** at)

**avalúo** SM valuation, appraisal

**avancarga** SF ► **cañón de avancarga** muzzle loader

**avance** SM 1 (= *movimiento*) advance; **el ~ de las tropas** the advance of the troops; **el ~ del feminismo** the advance of feminism
2 (= *progreso*) advance; **grandes ~s en el terreno de la genética** major advances in the field of genetics; **Pedro ha hecho grandes ~s en matemáticas** Pedro has made great progress in mathematics; **la reunión concluyó sin ~s** no progress had been made by the end of the meeting
3 (*Fin*) advance (payment)
4 (*Cine*) (= *tráiler*) trailer; **un ~ de la programación matinal** (*TV*) a look ahead at the morning's programmes ► **avance informativo** news headlines, advance news summary
5 (*Com*) (= *balance*) balance; (= *cálculo*) estimate
6 (*Elec*) lead
7 (*Mec*) feed
8 (*Cono Sur*) (= *ataque*) attack, raid
9 (*Cono Sur*) (= *regalo*) tempting offer, inducement (*made to secure sb's goodwill*)
10 (*CAm*) (= *robo*) theft

**avante** ADV (*esp LAm*) (= *adelante*) forward; (*Náut*) forward, ahead; **todo ~** (*Náut*) full steam ahead; **¡avante!** forward!; **salir ~** to get ahead, get on in the world

**avanzada** SF (*Mil*) (= *soldados*) advance party, advance guard; (= *puesto*) outpost

**avanzadilla** SF (= *patrulla*) scout, patrol; (= *avanzada*) advance party

**avanzado** ADJ (= *adelantado*) advanced; [*pómulo*] prominent; [*diseño*] advanced; [*ideas, tendencia*] advanced, avant-garde, progressive; **de edad avanzada** ◊ **~ de edad** advanced in years; **a una hora avanzada** at a late hour

**avanzar** ▸conjug 1f◂ Ⓐ VT 1 (= *mover*) to move forward, advance; **avanzó la ficha cuatro casillas** he moved the counter forward four spaces, he advanced the counter four spaces; **avanza un poco tu silla** move your chair forward a bit
2 [+ *dinero*] to advance
3 [+ *opinión, propuesta*] to put forward
4 [+ *resultado*] to predict; [+ *predicción*] to make
5 (*Caribe*) (= *vomitar*) to vomit
Ⓑ VI 1 (= *ir hacia adelante*) to advance, move forward; **el ejército avanzó de madrugada** the army advanced *o* moved forward at dawn; **no me esperéis, seguid avanzando** don't wait for me, carry on
2 (= *progresar*) to make progress; **estudio mucho pero no avanzo** I work hard but I don't make any progress *o* headway; **ha avanzado mucho en química** she has made great progress in chemistry; **las conversaciones de paz no parecen ~** the peace talks do not seem to be progressing *o* making (any) progress; **la genética avanza a ritmo vertiginoso** genetics is progressing *o* advancing at a dizzy speed
3 [*noche, invierno*] to draw on, approach
Ⓒ **avanzarse** VPR **~se algo** (*CAm, Méx*) to steal sth

**avanzo** SM (*Com*) (= *balance*) balance sheet; (= *cálculo*) estimate

**avaricia** SF avarice, greed, greediness

**avariciosamente** ADV avariciously, greedily

**avaricioso** ADJ, **avariento** ADJ avaricious, greedy

**avariosis** SF INV (*LAm*) syphilis

**avaro/a** Ⓐ ADJ miserly, mean; **ser ~ de** *o* **en alabanzas** to be sparing in one's praise; **ser ~ de palabras** to be a person of few words
Ⓑ SM/F miser

**avasallador** ADJ overwhelming

**avasallamiento** SM subjugation

**avasallar** ▸conjug 1a◂ Ⓐ VT 1 (= *subyugar*) to subjugate
2 **~ a algn** (= *obligar*) to steamroller sb (*into*

➤ LENGUA Y USO: autorizado 1 36.2 autorizar 1 36.3

*agreement or compliance*)
Ⓑ **avasallarse** VPR to submit, yield

**avatar** SM [1] (= *encarnación*) incarnation; (= *transformación*) change, transformation; **~es** (= *vicisitudes*) ups and downs
[2] (= *etapa*) phase; (= *ola*) wave ► **avatar destructivo** wave of destruction

**Avda.** ABR (= **Avenida**) Av., Ave

**AVE** SM ABR (= **Alta Velocidad Española**) *high speed train*

**ave** SF (= *pájaro*) bird; (*esp LAm*) (= *pollo*) chicken ► **ave acuática, ave acuátil** water bird ► **ave canora, ave cantora** songbird ► **ave de corral** chicken, fowl ► **ave del paraíso** bird of paradise ► **ave de paso** bird of passage ► **ave de presa, ave de rapiña** bird of prey ► **ave marina** sea bird ► **ave negra** (*Cono Sur*) crooked lawyer ► **ave nocturna** night bird (*tb fig*) ► **aves de corral** poultry *sing* ► **ave zancuda** wader, wading bird

**avechuco*** SM ragamuffin, ne'er-do-well

**avecinarse** ▸conjug 1a◂ VPR to approach, come near

**avecindarse** ▸conjug 1a◂ VPR to take up one's residence, settle

**avefría** SF lapwing

**avejentado** ADJ [*piel, rostro*] old; **le encontré ~ para su edad** I thought he looked old for his age

**avejentar** ▸conjug 1a◂ Ⓐ VT **el pelo blanco te avejentaba mucho** your grey hair made you look much older *o* put years on you
Ⓑ VI, **avejentarse** VPR to age

**avejigar** ▸conjug 1h◂ Ⓐ VT to blister
Ⓑ **avejigarse** VPR to blister

**avellana** SF [1] (*Bot*) hazelnut
[2] (*Perú*) firecracker

**avellanado** ADJ [1] [*color*] nutbrown
[2] [*piel*] wrinkled, wizened
[3] [*sabor*] nutty

**avellanal** SM hazel wood

**avellanar**[1] SM hazel wood

**avellanar**[2] ▸conjug 1a◂ Ⓐ VT (*Téc*) to countersink
Ⓑ **avellanarse** VPR to become wrinkled

**avellanedo** SM hazel wood

**avellano** SM hazel nut tree

**avemaría** SF [1] (*Rel*) (= *cuenta*) rosary bead; (= *oración*) Ave Maria, Hail Mary
[2] **al ~** at dusk; **en un ~** in a twinkling, in a jiffy*; **saber algo como el ~*** to know sth inside out

**avena** SF oats *pl* ► **avena loca, avena morisca, avena silvestre** wild oats *pl*

**avenado** ADJ half-crazy, touched*, nuts*

**avenal** SM oatfield

**avenamiento** SM drainage

**avenar** ▸conjug 1a◂ VT to drain

**avenencia** SF (= *acuerdo*) agreement; (*Com*) deal

**avenida** SF [1] (= *calle*) avenue
[2] [*de río*] flood, spate

**avenido** ADJ **están muy bien ~s** [*personas*] they get on well; [*pareja*] they're well matched; **están muy mal ~s** [*personas*] they get on badly; [*pareja*] they're badly matched

**avenimiento** SM agreement, compromise

**avenir** ▸conjug 3a◂ Ⓐ VT to reconcile, bring together
Ⓑ VI to come to pass

Ⓒ **avenirse** VPR [1] (*Com etc*) to come to an agreement; [*hermanos etc*] to get on well together; **no se avienen** they don't get on
[2] **~se con algo** (= *estar de acuerdo*) to be in agreement with sth; (= *resignarse*) to resign o.s. to sth; **~se con algn** to reach an agreement with sb; **¡allá te las avengas!*** that's your look-out!*, that's up to you!
[3] **~se a hacer algo** to agree to do sth

**aventado** ADJ (*LAm*) daring

**aventador** SM (*para fuego*) fan, blower; (*Agr*) winnowing fork

**aventadora** SF winnowing machine

**aventajadamente** ADV outstandingly, extremely well

**aventajado** ADJ outstanding; **~ de estatura** exceptionally tall

**aventajar** ▸conjug 1a◂ Ⓐ VT [1] (= *superar*) to surpass, excel (**en** in); (*en carrera*) to outstrip; (*CAm Aut*) to overtake; **~ con mucho a algn** to beat sb easily, to be far better than sb, leave sb standing*; **Juan aventaja a Pablo por cuatro puntos** Juan leads Pablo by four points
[2] (= *mejorar*) to improve, better
[3] (= *preferir*) to prefer
Ⓑ **aventajarse** VPR (= *adelantarse*) to get ahead; **~se a** to surpass, excel

**aventar** ▸conjug 1j◂ Ⓐ VT [1] [+ *fuego*] to fan, blow; (*Agr*) to winnow
[2] (= *expulsar*) to chuck out*, throw out; (*LAm*) (= *arrojar*) to throw
[3] (= *lanzar al aire*) to cast to the winds; [*viento*] to blow away; (*Caribe Agr*) to dry in the wind
Ⓑ **aventarse** VPR [1] [*vela etc*] to fill with air, swell up
[2] (‡) (= *largarse*) to beat it*
[3] (= *atacar*) to attack
[4] (*LAm*) (= *tirarse*) to throw o.s.; (= *arriesgarse*) to take risks

**aventón*** SM (*Méx*) (= *empujón*) push, shove; **pedir ~** to hitch a lift, hitch a ride (*EEUU*)

**aventura** SF [1] (= *suceso*) adventure; **nos contó las ~s de su viaje** he told us of the adventures he had had on his journey; **una película de ~s** an adventure film
[2] (= *riesgo*) **invertir ahora es una ~** investing at this time is a gamble; **se fue a América a buscar trabajo a la ~** he went to America and took a chance on *o* gambled on finding work, he went to America on the off-chance of finding work; **se lanzaron a la ~ de montar un negocio** they embarked on the venture of setting up a business
[3] (*) (= *amorío*) fling*, brief affair; **tuvo una ~ con un estudiante** she had a fling* *o* a brief affair with a student
[4] (*frm*) (= *contingencia*) chance, contingency

**aventurado** ADJ risky, hazardous; **es ~ suponer …** it's a bit too much to suppose that …

**aventurar** ▸conjug 1a◂ Ⓐ VT (= *arriesgar*) to venture, risk; [+ *opinión etc*] to hazard; [+ *capital*] to risk, stake
Ⓑ **aventurarse** VPR to dare, take a chance; **~se a hacer algo** to venture to do sth, risk doing sth; ✦***REFRÁN*** **el que no se aventura no pasa la mar** nothing ventured, nothing gained

**aventurero/a** Ⓐ ADJ adventurous, enterprising
Ⓑ SM/F adventurer/adventuress

Ⓒ SM (*Mil*) mercenary, soldier of fortune; (*pey*) (= *arribista*) social climber

**avergonzado** ADJ **estar ~** to be ashamed (**de, por** about, at)

**avergonzar** ▸conjug 1f, 1l◂ Ⓐ VT (= *hacer pasar vergüenza*) to shame, put to shame; (= *poner en un aprieto*) to embarrass
Ⓑ **avergonzarse** VPR [1] (= *sentir vergüenza*) to be ashamed (**de, por** about, at, of); **~se de hacer algo** to be ashamed to do sth; **se avergonzó de haberlo dicho** he was ashamed at having said it
[2] (= *sentirse violento*) to be embarrassed

**avería**[1] SF [1] (*Com etc*) damage; (*Mec*) breakdown; **en caso de ~ llame al 3474** in the event of a breakdown call 3474; **el coche tiene una ~** there's something wrong with the car
[2] (*Cono Sur*) (= *matón*) tough guy*, thug; (= *criminal*) dangerous criminal; **ser de ~** to be dangerous

**avería**[2] SF (*Orn*) (= *pajarera*) aviary; (= *aves*) flock of birds

**avería**[3] SF (*Com, Náut*) average ► **avería gruesa** general average

**averiado** ADJ [1] (*Mec*) broken down, faulty; **los faros están ~s** the lights have failed, there's something wrong with the lights; **"Averiado"** "Out of order"
[2] [*fruto etc*] damaged, spoiled

**averiar** ▸conjug 1c◂ Ⓐ VT (*Mec*) to cause a breakdown in, cause a failure in; (= *estropear*) to damage
Ⓑ **averiarse** VPR [1] (*Mec*) to have a breakdown; (= *estropearse*) to get damaged; **debe de haberse averiado** [*coche*] it must have broken down; [*ascensor*] it must be out of order; **se averió el arranque** the starter failed, the starter went wrong
[2] (*Méx*) (= *perder la virginidad*) to lose one's virginity

**averiguable** ADJ verifiable

**averiguación** SF [1] (= *comprobación*) verification; (= *investigación*) inquiry, investigation
[2] (*CAm, Méx*) (= *riña*) quarrel, argument

**averiguadamente** ADV certainly

**averiguado** ADJ certain, established; **es un hecho ~** it is an established fact

**averiguador(a)** SM/F investigator

**averiguar** ▸conjug 1i◂ Ⓐ VT to find out, establish (*frm*); **debemos ~ cuándo llega el tren** we must find out when the train arrives; **averigua cuál es su hermano** find out who the brother is; **nunca ~on quién era el asesino** they never found out *o* (*frm*) established *o* discovered who the killer was; **~ la solución** to find out the answer; **ya han averiguado la identidad del padre** they have found out *o* (*frm*) established *o* discovered the identity of the father; **~ las causas de un problema** to find out *o* (*frm*) establish the causes of a problem; **un estudio para ~ el alcance de la tragedia** a study to find out *o* (*frm*) establish the extent of the tragedy; **han averiguado que el presidente malversaba fondos** it has been established *o* discovered that the president was embezzling funds; **—¿quién ha roto el vaso? —¡averigua!** "who broke the glass?" — "who knows!"
Ⓑ VI (*CAm, Méx**) (= *pelear*) to quarrel
Ⓒ **averiguarse** VPR (*tb* **averiguárselas**) (*esp Méx*) to manage, get by; **yo me (las) averiguo**

➤ LENGUA Y USO: aventajar A1 32.2

**muy bien solo** I manage *o* get by very well on my own; **yo me (las) averiguo con poco dinero** I get by *o* manage without much money; **ya me (las) ~é por mi cuenta** I'll manage *o* get by on my own; **averíguate(las) como puedas** you'll have to manage as best you can; **averíguate(las) con lo que tengas** make do with what you've got; **ya me las ~é para llegar a Barcelona** I'll find a way of getting to Barcelona somehow; **~se** *o* **averiguárselas con algn: tú olvídate, ya me (las) ~é yo con él** don't worry about it I'll sort it out with him; **~se** *o* **averiguárselas bien con algn** to get on (well) with sb; **ellos dos se las averiguan bien** the two of them get on well (together)

**averiguata** SF (*Méx*) argument, fight

**averigüetas*** SMF INV (*Andes*) snooper, busybody

**averrugado** ADJ warty

▼**aversión** SF (= *repulsión*) aversion; (= *aborrecimiento*) disgust, loathing; **~ hacia** *o* **por algo** aversion to sth; **~ a algn** aversion for sb; **cobrar ~ a algn/algo** to take a strong dislike to sb/sth

**avestruz** SM [1] (= *ave*) ostrich ► **avestruz de la pampa** rhea
[2] (*LAm**) (= *imbécil*) dimwit*, idiot

**avetado** ADJ veined, streaked

**avetoro** SM bittern

**avezado** ADJ accustomed, inured; **los ya ~s en estos menesteres** those already experienced in such activities

**avezar** ►conjug 1f◄ Ⓐ VT to accustom, inure (**a** to)
Ⓑ **avezarse** VPR to become accustomed; **~se a algo** to get used to sth, get hardened to sth, get inured to sth (*frm*)

**aviación** SF [1] (= *locomoción*) aviation
[2] (*Mil*) air force; **la ~ francesa** the French air force

**AVIACO** SF ABR (*Esp*) (= **Aviación y Comercio S.A.**) *airline*

**aviado** ADJ [1] **estar ~** (*Arg*) to be well off, have all one needs
[2] **estar ~** (*en un lío*) to be in a mess; **¡~s estamos!** what a mess we're in!, we're in a right mess!

**aviador(a)**[1] SM/F [1] (*Aer*) (= *piloto*) pilot, airman; (= *tripulante*) crew member; (*Mil*) member of the air force
[2] (*Méx**) phantom employee

**aviador(a)**[2] SM/F (*Andes, Caribe*) (= *financiador*) mining speculator, mining financier; (= *prestamista*) moneylender, loan shark*

**aviar** ►conjug 1c◄ Ⓐ VT [1] (= *preparar*) to get ready, prepare; (= *ordenar*) to tidy up; (= *proveer*) to supply (**de** with)
[2] (*LAm*) (= *prestar dinero a*) to advance money to
[3] **~ a algn** (= *dar prisa a*) to hurry sb up, gee sb up*; **¡vamos aviando!** let's get a move on!
Ⓑ **aviarse** VPR to get ready; **~se para hacer algo** to get ready to do sth

**aviario** SM aviary

**aviatorio** ADJ (*LAm*) **accidente ~** air crash, plane crash

**avícola** ADJ poultry *antes de s*; **granja ~** poultry farm

**avicultor(a)** SM/F poultry farmer

**avicultura** SF poultry farming

**ávidamente** ADV (= *con entusiasmo*) avidly, eagerly; (= *con codicia*) greedily

**avidez** SF (= *entusiasmo*) avidity, eagerness (**de** for); (= *codicia*) greed, greediness (**de** for); **con ~** (= *con entusiasmo*) avidly, eagerly; (= *con codicia*) greedily

**ávido** ADJ (= *entusiasta*) avid, eager (**de** for); (= *codicioso*) greedy (**de** for); **~ de sangre** bloodthirsty

**aviejarse** ►conjug 1a◄ VPR to age before one's time

**avieso** Ⓐ ADJ [1] (= *torcido*) distorted, crooked
[2] (= *perverso*) perverse, wicked; (= *siniestro*) sinister; (= *rencoroso*) spiteful
Ⓑ SM (*Andes*) abortion

**avifauna** SF birds *pl*, bird life

**avilantarse** ►conjug 1a◄ VPR to be insolent

**avilantez** SF insolence

**avilés/esa** Ⓐ ADJ of/from Ávila
Ⓑ SM/F native/inhabitant of Ávila; **los abileses** the people of Ávila

**avilesino/a** Ⓐ ADJ of/from Avilés
Ⓑ SM/F native/inhabitant of Avilés; **los ~s** the people of Avilés

**avillanado** ADJ boorish, uncouth

**avinagrado** ADJ [*sabor*] sour, acid; [*individuo*] sour, jaundiced

**avinagrar** ►conjug 1a◄ Ⓐ VT to sour
Ⓑ **avinagrarse** VPR [*individuo*] to be crotchety; [*vino etc*] to turn sour

**Aviñón** SM Avignon

**avío** SM [1] (= *prevención*) preparation, provision; [*de pastor*] provisions for a journey
[2] (*LAm Agr*) loan
[3] **hacer su ~*** (= *enriquecerse*) to make one's pile*; (*iró*) (= *armarla*) to make a mess of things
[4] **¡al ~!** (= *¡en marcha!*) get cracking!, get on with it!
[5] **avíos** (= *equipo*) gear *sing*

**avión** SM [1] (*Aer*) aeroplane, plane, aircraft, airplane (*EEUU*); **por ~** (*Correos*) by airmail; **enviar artículos por ~** to send goods by plane; **ir en ~** to go by plane, go by air ► **avión a chorro** jet plane ► **avión ambulancia** air ambulance ► **avión a reacción** jet plane ► **avión de carga** freight plane, cargo plane ► **avión de caza** fighter, pursuit plane ► **avión de chorro** jet plane ► **avión de combate** fighter, pursuit plane ► **avión de despegue vertical** vertical take-off plane ► **avión de papel** paper dart ► **avión de pasajeros** passenger aircraft ► **avión de reacción** jet plane ► **avión de transporte** transport plane ► **avión espía** spy plane ► **avión sanitario** air ambulance
[2] (*Orn*) martin
[3] **hacer el ~ a algn*** (= *hacer daño*) to do sb down, cause sb harm; (*esp Andes*) (= *estafar*) to cheat sb
[4] (*CAm*) (= *juego*) hopscotch

**avionazo** (*esp Méx*) SM plane crash, accident to an aircraft

**avioncito** SM ► **avioncito de papel** paper dart

**avionero** SM (*Andes, Cono Sur*) airman

**avioneta** SF light aircraft

**aviónica** SF aviation, avionics *sing*

**avionístico** ADJ aeroplane *antes de s*, flying *antes de s*; **miedo ~** fear of flying

**avisadamente** ADV sensibly, wisely

**avisado** ADJ sensible, wise; **mal ~** rash, ill-advised

**avisador(a)** Ⓐ SM (= *timbre*) electric bell; (*Culin*) timer ► **avisador de incendios** fire alarm
Ⓑ SM/F [1] (= *informante*) informant; (= *mensajero*) messenger; (= *denunciador*) informer
[2] (*Cine, Teat*) programme seller

▼**avisar** ►conjug 1a◄ VT [1] (= *informar*) to tell, notify (*frm*); **¿por qué no me avisaste?** why didn't you tell me?; **avísale cuando acabes** tell him *o* let him know when you finish; **la policía ya ha avisado a los familiares** the police have now told *o* (*frm*) notified *o* (*frm*) informed the family; **me avisó (de) que no comería en casa** she told me she wouldn't be eating at home; **nos avisó (de) que se casaba** he told us he was getting married; **lo hizo sin ~** he did it without telling anyone; **se presentó en casa sin ~** he turned up at home without telling anyone *o* without warning; **me ~on con una semana de antelación** they gave me a week's notice
[2] (= *llamar*) to call; **~ un taxi** to call a taxi; **~ al médico** to call the doctor, send for the doctor; **"avisamos grúa"** (*Esp*) "cars parked here will be towed away"
[3] (= *advertir*) to warn; **te aviso (de) que te denunciaré si no pagas** I warn you I shall report you if you don't pay; **un dispositivo que avisa (de) que la línea está interceptada** a device that warns you that the line is bugged

**aviso** SM [1] (= *notificación*) notice; **recibimos un ~ por escrito** we received written notice *o* notice in writing; **"Aviso: cerrado el lunes"** "Notice: closed Mondays"; **hasta nuevo ~** until further notice; **sin previo ~** without warning *o* notice; **salvo ~ contrario** unless otherwise informed; **dar ~ a algn de algo** to notify *o* inform sb of sth; **mandar ~** to send word ► **aviso de bomba** bomb alert
[2] (= *advertencia*) warning; **el bombardeo fue un ~ a los rebeldes** the bombing was a warning to the rebels; **poner a algn sobre ~** to warn sb; **ya está usted sobre ~** you have been warned
[3] (*Com, Fin*) demand note; **según (su) ~** as per order, as ordered ► **aviso de envío** dispatch note ► **aviso de mercancías** advice note
[4] (*Inform*) prompt
[5] (*esp LAm Com*) advertisement ► **aviso económico** classified advertisement ► **aviso mural** poster, wall poster

**avispa** SF [1] (= *insecto*) wasp
[2] (= *persona*) sharp person, clever person

**avispado** ADJ [1] (= *astuto*) sharp, clever; (*pey*) (= *taimado*) sly, wily
[2] (*LAm*) (= *nervioso*) jumpy*, nervous

**avispar** ►conjug 1a◄ Ⓐ VT [+ *caballo*] to spur on; (= *despabilar*) to prod
Ⓑ **avisparse** VPR (= *despabilarse*) to liven up; (= *preocuparse*) to fret, worry; (*LAm*) (= *alarmarse*) to become alarmed

**avispero** SM [1] (= *nido*) wasps' nest
[2] (*Med*) carbuncle
[3] (*) (= *enredo*) hornet's nest, mess; **meterse en un ~** to get o.s. into a jam*

**avispón** SM hornet

**avistamiento** SM sighting

➤ LENGUA Y USO: **aversión** 34.3 **avisar 1** 30

**avistar** ▸conjug 1a◂ Ⓐ VT to sight, catch sight of
Ⓑ **avistarse** VPR to have an interview (**con** with)

**avitaminosis** SF INV vitamin deficiency

**avituallamiento** SM provisioning, supplying

**avituallar** ▸conjug 1a◂ Ⓐ VT to provision, supply with food
Ⓑ **avituallarse** VPR to provision o.s.

**avivado/a*** (*Cono Sur*) Ⓐ ADJ forewarned, alerted
Ⓑ SM/F smart alec*, wise guy (*EEUU**)

**avivar** ▸conjug 1a◂ Ⓐ VT [+ *fuego*] to stoke, stoke up; [+ *color*] to brighten; [+ *dolor*] to intensify; [+ *pasión*] to excite, arouse; [+ *disputa*] to add fuel to; [+ *interés*] to stimulate; [+ *esfuerzo*] to revive; [+ *efecto*] to enhance, heighten; [+ *combatientes*] to urge on
Ⓑ **avivarse** VPR (= *cobrar vida*) to revive, take on new life; (= *animarse*) to cheer up, become brighter; **¡avívate!** look alive!, snap out of it!

**avizor** Ⓐ ADJ **estar ojo ~** to be on the alert, be vigilant
Ⓑ SM watcher

**avizorar** ▸conjug 1a◂ VT to watch, spy on

**avocastro** SM (*Cono Sur*) = **abocastro**

**avorazado** ADJ (*Méx*) greedy, grasping

**avutarda** SF great bustard

**axial** ADJ axial

**axila** SF armpit

**axiológico** ADJ axiological

**axioma** SM axiom

**axiomático** ADJ axiomatic

**axis** SM INV axis

**ay** Ⓐ EXCL [1] (*dolor*) ow!, ouch!
[2] (*pena*) oh!, oh dear!; **¡ay de mí!** whatever shall I do?; **¡ay del que lo haga!** woe betide the man who does it!
[3] (*sorpresa*) oh!, goodness!
Ⓑ SM (= *gemido*) moan, groan; (= *suspiro*) sigh; (= *grito*) cry; **un ay desgarrador** a heartrending cry

**aya** SF governess

**ayatolá** SM, **ayatollah** SM ayatollah

**Ayax** SM Ajax

**ayer** Ⓐ ADV yesterday; **repitieron el capítulo de ~** yesterday's episode was repeated; **~ por la mañana** yesterday morning; **antes de ~** the day before yesterday; **~ eran terroristas, hoy en día comparten el gobierno** yesterday they were terrorists, today they are part of the government; **~ mismo** (*Esp*) ◊ **~ mismamente** o (*LAm*) **no más** only yesterday; **parece que fue ~** it seems like (only) yesterday; **no es (cosa) de ~** it's nothing new; ✦*MODISMO* **no nací ~** I wasn't born yesterday
Ⓑ SM **el ~** (*liter*) yesteryear (*liter*); **las canciones del ~** the songs of yesteryear (*liter*); **el Madrid del ~** the Madrid of yesteryear (*liter*), old Madrid

**ayllu** SM (*Andes*) Indian commune

**aymara** ADJ, SMF, **aymará** ADJ, SMF Aymara

**ayo** SM tutor

**ayote** SM (*Méx, CAm*) (= *calabaza*) pumpkin; (*hum*) (= *cabeza*) nut‡, noggin (*EEUU*‡), bonce‡; **dar ~s a algn** to jilt sb, give sb the elbow; **la fiesta fue un ~** (*Méx*) the party was a disaster

**ayotoste** SM armadillo

**ayte.** ABR (= **ayudante**) asst

**Ayto** ABR = **Ayuntamiento**

**ayuda** Ⓐ SF [1] (= *asistencia*) help, assistance (*más frm*) ► **ayuda a domicilio** home help, home helper (*EEUU*) ► **ayudas a la navegación** aids to navigation, navigational aids ► **ayuda compensatoria** ≈ income support, welfare (*EEUU*) ► **ayuda económica** economic aid ► **ayuda humanitaria** humanitarian aid ► **ayuda visual** visual aid ► **ayudas audiovisuales** audiovisual aids ► **ayudas familiares** family allowances
[2] (*Med*) (= *enema*) enema; (*LAm*) (= *laxante*) laxative
Ⓑ SM (= *paje*) page ► **ayuda de cámara** valet

**ayudado** SM (*Taur*) *two-handed pass with the cape*

**ayudador(a)** SM/F helper

**ayudanta** SF helper, assistant

**ayudante** SMF (= *que ayuda*) helper, assistant; (*Mil*) adjutant; (*Téc*) technician; (*Golf*) caddie; (*Escol, Univ*) assistant ► **ayudante de dirección** (*Teat etc*) production assistant ► **ayudante de laboratorio** lab(oratory) assistant, lab(oratory) technician ► **ayudante del electricista** electrician's assistant, electrician's helper (*EEUU*) ► **ayudante de realización** (*TV*) production assistant ► **ayudante ejecutivo** executive assistant ► **ayudante técnico sanitario** Registered Nurse

**ayudantía** SF (= *cargo*) assistantship; (*Mil*) adjutancy; (*Téc*) post of technician

**ayudar** ▸conjug 1a◂ Ⓐ VT (= *asistir*) to help, assist, aid; **~ a algn a hacer algo** to help sb to do sth; **¿me puedes ~ con la limpieza esta tarde?** can you help me out with the cleaning this afternoon?; **me ayudó a bajar del autobús** he helped me off the bus; **me ayuda muchísimo** he's a great help to me, he helps me a lot
Ⓑ **ayudarse** VPR (*mutuamente*) to help each other; (= *valerse de*) to make use of, use; ✦*REFRÁN* **ayúdate y Dios te ~á** God helps those who help themselves

> **AYUDAR**
>
> **Ayudar** se puede traducir por **help**, **assist** y **aid**.
>
> • La manera más frecuente de traducir **ayudar** es por **help**. Si **help** va seguido de un verbo, éste puede ir en infinitivo *con o sin* **to**:
>
> ¿Puedes ayudarnos?
> ***Can you help (us)?***
> Siempre le ayuda con la tarea
> ***He always helps her with her homework***
> ¿Me puedes ayudar a preparar la cena?
> ***Can you help me (to) get dinner ready?***
>
> • **Ayudar** se traduce por **assist** en un registro bastante más formal y se construye frecuentemente en la estructura **to assist somebody with something**:
>
> La comadrona ayudó al médico con el parto
> ***The midwife assisted the doctor with the delivery***
>
> • **Ayudar** se traduce por **aid** en inglés formal en el contexto de asesorar o prestar ayuda a un grupo de personas necesitadas:
>
> ...los intentos de Estados Unidos de ayudar a los refugiados kurdos...
> ***...attempts by the United States to aid Kurdish refugees...***
>
> *Para otros usos y ejemplos ver la entrada.*

**ayudista** SMF (*Cono Sur*) supporter

**ayudita*** SF small contribution

**ayunar** ▸conjug 1a◂ VI (= *no comer*) to fast; **~ de algo** (*fig*) (= *privarse*) to go without sth

**ayunas** SFPL **salir en ~** to go out without any breakfast; **estar** o **quedarse en ~** (= *ser ignorante*) to be completely in the dark; (= *no caer*) to miss the point

**ayuno** Ⓐ SM fast, fasting; **guardar ~** to fast; **día de ~** fast day
Ⓑ ADJ [1] (*Rel etc*) fasting
[2] (= *privado*) deprived; **estar ~ de algo** to know nothing about sth

**ayuntamiento** SM [1] (= *corporación*) district council, town council, city council
[2] (= *Casa Consistorial*) town hall, city hall
[3] (= *cópula*) sexual intercourse; **tener ~ con algn** to have intercourse with sb

**ayuntar** ▸conjug 1a◂ VT [1] (*Náut*) to splice
[2] (*Andes Agr*) to yoke, yoke together

**ayuya** SF (*Cono Sur*) flat roll, scone

**azabachado** ADJ jet-black

**azabache** SM (*Min*) jet; **~s** jet trinkets

**azacán/ana** SM/F drudge, slave; **estar hecho un ~** to be worked to death

**azacanarse** ▸conjug 1a◂ VPR to drudge, slave away

**azada** SF hoe

**azadón** SM large hoe, mattock, pickax (*EEUU*)

**azadonar** ▸conjug 1a◂ VT to hoe

**azafata** SF [1] (*Aer*) air hostess, stewardess, flight attendant (*EEUU*); (*TV*) hostess; (*Náut*) stewardess; (= *compañera*) escort (*supplied by escort agency*) ► **azafata de congresos** conference hostess ► **azafata de vuelo** air hostess
[2] (*Cono Sur*) = **azafate**
[3] (*Hist*) lady-in-waiting

**azafate** SM flat basket, tray

**azafrán** SM saffron

**azafranado** ADJ [*color*] saffron-coloured, saffron-colored (*EEUU*); [*sabor*] saffron-flavoured, saffron-flavored (*EEUU*)

**azafranar** ▸conjug 1a◂ VT (*Culin*) (= *dar color a*) to colour with saffron, color with saffron (*EEUU*); (= *sazonar*) to flavour with saffron, flavor with saffron (*EEUU*)

**azagaya** SF assegai, javelin

**azahar** SM orange blossom

**azalea** SF azalea

**azar** SM [1] (= *suerte*) chance, fate; **al ~** at random; **por ~** accidentally, by chance; **juego de ~** game of chance; **los ~es de la vida** life's ups and downs; **no es un ~ que ...** it is no mere accident that ..., it is not a matter of chance that ...; **decir al ~** to say to nobody in particular
[2] (= *desgracia*) accident, piece of bad luck

**azararse¹** ▸conjug 1a◂ VPR [1] (= *malograrse*) to go wrong, go awry
[2] = **azorar B**

**azararse²** ▸conjug 1a◂ VPR (= *ruborizarse*) to blush, redden

**azarear** ▸conjug 1a◂ VT, **azarearse** VPR = **azorar**

**azarosamente** ADV (= *con riesgo*) hazardously; (= *con percances*) eventfully

**azaroso** ADJ [1] (= *arriesgado*) risky, hazardous; [*vida*] eventful
[2] (= *malhadado*) unlucky

**Azerbaiyán** SM Azerbaijan

**azerbaiyaní** ADJ, SMF Azerbaijani

**azerbaiyano/a** ADJ, SM/F Azerbaijani

**azerí** Ⓐ ADJ Azeri
Ⓑ SMF (= *persona*) Azeri
Ⓒ SM (*Ling*) Azeri

**ázimo** ADJ unleavened

**aznarismo** SM *policies and following of José María Aznar - Spanish Prime Minister from 1996*

**aznarista** Ⓐ ADJ *related to José María Aznar or his policies*, Aznar *antes de s*; [*intelectual, círculos*] pro-Aznar
Ⓑ SMF Aznar supporter

**-azo, -aza** *ver* **Aspects of Word Formation in Spanish 2**

**azocar** ▸conjug 1g◂ VT (*Caribe*) to pack tightly

**azófar** SM brass

**azogado** Ⓐ ADJ restless, fidgety; **temblar como un ~** to shake like a leaf, tremble all over
Ⓑ SM silvering

**azogar** ▸conjug 1h◂ Ⓐ VT (= *cubrir con azogue*) to coat with quicksilver; [+ *espejo*] to silver
Ⓑ **azogarse** VPR to be restless, be fidgety

**azogue** SM mercury, quicksilver; **ser un ~** to be always on the go; **tener ~** to be restless, be fidgety

**azolve** SM (*Méx*) sediment, deposit

**azonzado** ADJ (*Cono Sur*) silly, stupid

**azor** SM goshawk

**azora** SF (*LAm*) = **azoramiento**

**azorado** ADJ [1] (= *alarmado*) alarmed, upset
[2] (= *turbado*) embarrassed, flustered
[3] (= *emocionado*) excited

**azoramiento** SM [1] (= *alarma*) alarm
[2] (= *turbación*) embarrassment, fluster
[3] (= *emoción*) excitement

**azorar** ▸conjug 1a◂ Ⓐ VT [1] (= *alarmar*) to alarm
[2] (= *turbar*) to embarrass, fluster
[3] (= *emocionar*) to excite; (= *animar*) to urge on, egg on
Ⓑ **azorarse** VPR [1] (= *alarmarse*) to get alarmed, get rattled*
[2] (= *sentirse violento*) to be embarrassed, get flustered

**Azores** SFPL Azores

**azoro** SM [1] (*esp LAm*) = **azoramiento**
[2] (*CAm*) (= *fantasma*) ghost

**azorrillarse** ▸conjug 1a◂ VPR (*Méx*) to hide away, keep out of sight

**azotacalles** SMF INV idler, loafer

**azotaina** SF beating, spanking; **¡te voy a dar una ~!** I'm going to give you a good hiding!*

**azotamiento** SM whipping, flogging

**azotar** ▸conjug 1a◂ Ⓐ VT [1] (= *latigar*) to whip, flog; (= *zurrar*) to thrash, spank; (*Agr*) to beat; [*lluvia, olas*] to lash; **un viento huracanado azota la costa** a hurricane is lashing the coast
[2] ✦*MODISMO* **~ las calles** to loaf around the streets
Ⓑ **azotarse** VPR (*Méx*) (= *darse aires*) to put on airs, fancy o.s.

**azotazo** SM [*de látigo*] stroke, lash; [*de mano*] spank

**azote** SM [1] (= *látigo*) whip, scourge
[2] (= *golpe*) [*de látigo*] stroke, lash; [*de mano*] spanking; **ser condenado a 100 ~s** to be sentenced to 100 lashes ► **azotes y galeras** the same old stuff
[3] (= *calamidad*) scourge; **Atila, el ~ de Dios** Attila, the Scourge of God

**azotea** SF [1] (*Arquit*) (= *terraza*) flat roof, terrace roof; (*Andes, Cono Sur*) (= *casa*) flat-roofed adobe house
[2] (⁑) (= *cabeza*) bonce⁑, head; **estar mal de la ~** to be round the bend *o* twist⁑, be off one's head

**azotera** SF (*LAm*) (= *acto*) beating, thrashing; (= *látigo*) cat-o'-nine-tails

**AZT** SM ABR (= **azidotimidina**) AZT

**azteca** ADJ, SMF Aztec

**azúcar** SM *o* SF (*en LAm gen SF*) sugar ► **azúcar blanca/o** white sugar ► **azúcar blanquilla/o** white sugar ► **azúcar cande**, **azúcar candi** sugar candy, rock candy ► **azúcar de caña** cane sugar ► **azúcar de cortadillo** lump sugar ► **azúcar Demerara** demerara sugar, brown sugar ► **azúcar en polvo** (*Col*) icing sugar, confectioner's sugar (*EEUU*) ► **azúcar en terrón** lump sugar ► **azúcar extrafina/o**, **azúcar fina/o** caster sugar ► **azúcar flor** (*Chile*) icing sugar, confectioners' sugar (*EEUU*) ► **azúcar impalpable** (*Arg*) icing sugar, confectioners' sugar (*EEUU*) ► **azúcar lustre** caster sugar ► **azúcar mascabada/o** cane sugar ► **azúcar morena/o**, **azúcar negra/o** brown sugar

**azucarado** ADJ sugary, sweet

**azucarar** ▸conjug 1a◂ VT [1] (= *agregar azúcar a*) to sugar, add sugar to; (= *bañar con azúcar*) to ice with sugar, coat with sugar
[2] (*fig*) (= *suavizar*) to soften, mitigate; (= *endulzar*) to sweeten

**azucarera** SF sugar refinery

**azucarería** SF (*Caribe, Méx*) sugar shop

**azucarero** Ⓐ ADJ sugar *antes de s*; [*zona*] sugar-producing, sugar-growing
Ⓑ SM sugar bowl

**azucena** SF white lily, Madonna lily ► **azucena rosa** belladonna lily ► **azucena tigrina** tiger lily

**azud** SM, **azuda** SF (= *noria*) waterwheel; (= *presa*) dam, irrigation dam, mill dam

**azuela** SF adze

**azufre** SM (*Quím*) sulphur, sulfur (*EEUU*); (*Rel etc*) brimstone

**azufroso** ADJ sulphurous, sulfurous (*EEUU*)

**azul** Ⓐ ADJ blue; **sangre ~** noble blood, blue blood
Ⓑ SM (= *color*) blue; (= *grado*) blueness ► **azul celeste** sky blue ► **azul claro** light blue ► **azul de cobalto** cobalt blue ► **azul de mar** navy blue ► **azul de ultramar** ultramarine ► **azul eléctrico** electric blue ► **azul marino** navy blue ► **azul de Prusia** Prussian blue ► **azul pavo** peacock blue ► **azul turquesa** turquoise

**azulado** ADJ blue, bluish

**azular** ▸conjug 1a◂ Ⓐ VT to colour blue, color blue (*EEUU*), dye blue
Ⓑ **azularse** VPR to turn blue

**azulear** ▸conjug 1a◂ VI [1] (= *volverse azul*) to go blue, turn blue
[2] (= *tirar a azul*) to be bluish; (= *mostrarse azul*) to show blue, look blue

**azulejar** ▸conjug 1a◂ VT to tile

**azulejería** SF [1] (= *azulejos*) tiling
[2] (= *industria*) tile industry

**azulejista** SMF tiler

**azulejo** SM [1] (= *ladrillo vidriado*) glazed tile; (*en el suelo*) floor tile
[2] (*Caribe*⁑) (= *policía*) cop*
[3] (*Méx*) (= *color*) bluish colour, bluish color (*EEUU*)
[4] (*Méx*) (= *pez*) *sardine-like fish*

**azulenco** ADJ bluish

**azulete** SM blue (*for washing*)

**azulgrana** Ⓐ ADJ INV [1] [*color*] blue and scarlet
[2] (*Dep*) of Barcelona Football Club
Ⓑ SMPL INV **los Azulgrana** the Barcelona club, the Barcelona team

**azulina** SF cornflower

**azulino** ADJ bluish

**azulón** ADJ, SM deep blue

**azuloso** ADJ (*LAm*) bluish

**azumagarse** ▸conjug 1h◂ VPR (*Cono Sur*) to rust, get rusty

**azumbrado*** ADJ tight*

**azumbre** SM *liquid measure (= 2.016 litres)*

**azur** SM azure

**azurumbado** ADJ (*CAm, Méx*) (= *tonto*) silly, stupid; (= *borracho*) drunk

**azuzar** ▸conjug 1f◂ VT [1] **~ a los perros a algn** to set the dogs on sb, urge the dogs to attack sb
[2] (*fig*) [+ *persona*] to egg on, urge on, incite; [+ *emoción*] to stir up, fan

# B b

**B, b** [be] SF (= *letra*) B, b; **se escribe con B de Barcelona** it's written with a B

**B.** ABR (*Rel*) = **Beato/a**

**baba** SF 1 (= *saliva*) [*de adulto*] spittle, saliva; [*de niño*] dribble; [*de perro*] slobber; **echar ~** to drool, slobber; [*niño*] to dribble; **mala ~*** (= *malhumor*) bad temper; (= *mal genio*) nasty character; ✦***MODISMO*** **se le caía la ~** he was thrilled to bits *o* pieces
2 (= *mucosidad*) (*en nariz*) mucus; [*de caracol*] slime, secretion
3 (*Col, Ven*) small crocodile

**babador** SM bib

**babalao*** SM (*Cuba*) quack

**babasfrías** SM INV (*Andes, Méx*) fool

**babaza** SF 1 (= *mucosidad*) [*de caracol*] slime; [*de nariz*] mucus
2 (*Zool*) slug

**babear** ▸conjug 1a◂ Ⓐ VI 1 (= *echar saliva*) [*adulto*] to slobber, drool; [*niño*] to dribble
2 (= *quedarse admirado*) to drool (**por** over)
Ⓑ **babearse** VPR 1 (*Méx**) **~se por algo** to yearn for sth, drool at the thought of sth
2 (*Cono Sur*) to feel flattered, glow with satisfaction

**Babel** SM Babel; **Torre de ~** Tower of Babel

**babel** SM *o* SF bedlam

**babeo** SM [*de adulto*] slobbering, drooling; [*de niño*] dribbling; [*de perro*] slobbering

**babero** SM 1 [*de bebé*] (*para el pecho*) bib; (*más grande*) apron
2 (*para el colegio*) smock

**babi*** SM 1 [*de bebé*] bib
2 (*para el colegio*) smock

**Babia** SF ✦***MODISMO*** **estar en ~** to be daydreaming, be in the clouds

**babieca** Ⓐ ADJ simple-minded, stupid
Ⓑ SMF dolt

**babilla** SF (*Vet*) stifle

**Babilonia** SF (= *ciudad*) Babylon; (= *reino*) Babylonia

**babilonia** SF bedlam; *ver tb* **babilonio**

**babilónico** ADJ Babylonian

**babilonio/a** ADJ, SM/F Babylonian; *ver tb* **babilonia**

**bable** SM *Asturian dialect*

**babor** SM port, port side; **a ~** to port, on the port side; **poner el timón a ~** ◊ **virar a ~** to turn to port, port the helm; **¡tierra a ~!** land to port!; **de ~** port *antes de s*

**babosa** SF slug; *ver tb* **baboso**

**babosada*** SF 1 (*CAm, Méx*) (= *disparate*) piece of stupidity; **¡~s!** rubbish!; **decir ~s** to talk nonsense *o* rubbish
2 (*LAm*) (= *persona inútil*) dead loss*, useless thing*

**babosear** ▸conjug 1a◂ Ⓐ VT 1 [*perro*] to slobber over
2 (= *halagar*) to drool over
3 (*Méx**) (= *manosear*) to manhandle
4 (*CAm, Méx**) (= *tratar de bobo*) to take for a fool, treat like a fool
5 (= *tratar superficialmente*) **muchos han baboseado este problema** lots of people have taken a superficial look at this problem
6 (*CAm*) to insult
Ⓑ VI 1 (= *echar saliva*) [*adulto*] to slobber, drool; [*niño*] to dribble; [*perro*] to slobber
2 (*Méx*) (= *holgazanear*) to mess about

**baboseo** SM 1 (= *saliva*) [*de adulto*] drooling, slobbering; [*de niño*] dribbling; [*de perro*] slobbering
2 (= *halago excesivo*) infatuation, drooling

**baboso/a** Ⓐ ADJ 1 (= *con baba*) [*adulto*] drooling, slobbering; [*niño*] dribbling; [*perro*] slobbering; [*caracol*] slimy
2 [*persona*] (= *sentimental*) slushy; (= *sensiblero*) mushy, foolishly sentimental; (= *adulador*) fawning, snivelling; (= *sucio*) dirty
3 (*LAm*) (= *tonto*) silly
4 (*CAm**) rotten*, caddish*
Ⓑ SM/F (*Méx, CAm*) fool, idiot; (*pey*) drip*; *ver tb* **babosa**

**babucha** SF 1 (= *zapatilla*) slipper; ✦***MODISMO*** **llevar algo a ~** (*Cono Sur*) to carry sth on one's back
2 (= *prenda*) (*Caribe*) child's bodice; (*LAm*) loose blouse, smock
3 **babuchas** (*Caribe*) rompers; (*Méx*) high-heeled boots

**babuino** SM baboon

**babujal** SM (*Caribe*) witch, sorcerer

**baby** SM 1 (*LAm*) (= *bebé*) baby; (*Aut*) small car, mini; **~ fútbol** table football
2 = **babi**

**baca** SF 1 (= *portaequipajes*) luggage rack, roof rack
2 (= *techo*) [*de autocar*] top; (*contra la lluvia*) rainproof cover

**bacal** SM (*Méx*) corncob

**bacalada:** SF sweetener*, backhander*, payola (*EEUU*)

**bacaladero** ADJ cod *antes de s*; **flota bacaladera** cod fleet

**bacaladilla** SF blue whiting

**bacalao** SM 1 (= *pez*) cod, codfish; ✦***MODISMOS*** **cortar el ~*** to be the boss, have the final say, run the show; **¡te conozco, ~!*** I've rumbled you!*; **ser un ~*** to be as thin as a rake
2 (*Cono Sur*) miser, scrooge*
3 (*Esp***) cunt**

**bacán*** Ⓐ ADJ posh*, classy*
Ⓑ SM (= *rico*) wealthy man; (= *protector*) sugar daddy*; (= *señorito*) playboy; (= *elegante*) toff*, dude (*EEUU*)

**bacanal** Ⓐ ADJ bacchanalian
Ⓑ **bacanales** SFPL orgy *sing*

**bacanalear** ▸conjug 1a◂ VI (*CAm*) to have a wild time

**bacane** SM (*Caribe*) driving licence, driver's license (*EEUU*)

**bacanería*** SF (*Cono Sur*) (= *elegancia*) sharp dressing, nattiness; (= *ostentación*) vulgar display, ostentation

**bacante** SF 1 (*Mit*) bacchante
2 (= *mujer ebria*) drunken and noisy woman

**bacará** SM, **bacarrá** SM baccarat

**bacelador*** SM (*Caribe*) con man

**bacelar** ▸conjug 1a◂ VT (*Caribe*) to con, trick

**bacenica** SF (*LAm*) = **bacinica**

**baceta** SF (*Naipes*) pack, stock

**bacha** SF (*Caribe*) spree, merry outing

**bachata** SF (*Caribe*) spree

**bachatear** ▸conjug 1a◂ VI (*Caribe*) to go on a spree, go out for a good time

**bachatero** SM (*Caribe*) reveller, carouser

**bache** SM 1 (*Aut*) hole, pothole ► **bache de aire** (*Aer*) air pocket
2 (= *mal momento*) bad patch, rough patch; **atravesar un ~** to go through a bad *o* rough patch; **remontar el** *o* **salir del ~** to get through the bad *o* rough patch, pull through; **salvar el ~** to get the worst over, be over the worst ► **bache económico** slump, depression

**bacheado** ADJ [*carretera*] pot-holed

**bachicha** SF 1 (*Cono Sur pey*) (= *italiano*) dago**, wop**, guinea (*EEUU***)
2 (*Méx*) (= *restos*) leftovers *pl*; (= *colilla*) cigarette end, cigar stub; [*de bebida*] dregs *pl*
3 (*Méx Fin*) nest egg, secret hoard

**bachiche** SM (*Andes pey*) = **bachicha 1**

**bachiller** Ⓐ ADJ (††) garrulous, talkative
Ⓑ SMF (*Escol*) secondary school graduate, high school graduate (*EEUU*)
Ⓒ SM 1 (*Escol*†) *ver* **bachillerato**
2 (†† *hum*) (= *charlatán*) windbag*

[6] (*Cono Sur*) (= *alojarse*) to stay, put up; **~se en** to stay at; *ver tb* **pantalón 1**

**bajareque** SM [1] (*LAm*) (= *tapia*) mud wall
[2] (*Caribe*) (= *cabaña*) hovel, shack
[3] (*CAm*) (= *llovizna*) fine drizzle
[4] (*CAm*) (= *caña*) bamboo

**bajativo** SM (*Cono Sur*) digestif

**bajel** SM (*liter*) (= *barco*) vessel, ship

**bajera** SF [1] (*Arquit*) lower ground floor, basement
[2] (*Andes, CAm, Caribe*) (= *hojas*) *lower leaves of the tobacco plant*; (= *tabaco*) rough tobacco, inferior tobacco
[3] (*Andes, CAm, Caribe*) (= *persona sin importancia*) insignificant person, nobody
[4] (*Cono Sur*) horse blanket

**bajero** ADJ [1] (= *de abajo*) lower, under-; **falda bajera** underskirt; **sábana bajera** bottom sheet
[2] (*CAm*) (*en cuesta, bajada*) downhill, descending

**bajetón** ADJ (*LAm*) short, small

**bajeza** SF [1] (= *maldad*) vileness, baseness
[2] (= *acto malvado*) mean deed, vile deed

**bajial** SM (*LAm*) (= *terreno bajo*) lowland; (= *terreno inundado*) flood plain

**bajini***, **bajinis***: **por lo ~(s)** ADV [*decir*] very quietly, in an undertone

**bajío** SM [1] (*Náut*) shoal, sandbank
[2] (*LAm*) lowland; **el Bajío** (*Méx*) *the fertile plateau of northern Mexico*
[3] **bajíos** (*Méx*) *flat arable land on a high plateau*

**bajista** Ⓐ ADJ downward; **tendencia ~** downward *o* bearish trend
Ⓑ SMF (*Mús*) bassist
Ⓒ SM (*Fin*) bear

**bajo** Ⓐ ADJ [1] (= *de poca altura*) [*objeto*] low; [*persona*] short; [*parte*] lower, bottom; [*tierra*] low-lying; [*agua*] shallow; **una silla muy baja** a very low chair; **mi hermano es muy ~** my brother is very short; **en la parte baja de la ciudad** in the lower part of the town; **planta baja** ground floor, first floor (*EEUU*); **los ~s fondos** the underworld *sing*
[2] (= *inclinado*) **contestó con la cabeza baja** she answered with her head bowed; **con los ojos ~s** with downcast eyes
[3] (= *reducido, inferior*) [*precios, temperaturas, frecuencia*] low; [*calidad*] low, poor; **de baja calidad** low-quality, poor-quality; **de ~ contenido en grasas** low-fat; **~ en calorías** low-calorie; **la temporada baja** the low season; **estar ~ de algo**: **estar ~ de ánimo** *o* **de moral** to be in low spirits; **estar ~ de forma (física)** to be unfit, be out of shape
[4] [*sonido*] faint, soft; [*voz, tono*] low; **hablar en voz baja** to speak quietly *o* in a low voice; **decir algo por lo ~** to say sth under one's breath; **hacer algo por lo ~** to do sth secretly
[5] [*etapa*] **en la baja Edad Media** in the late Middle Ages; **~ latín** Low Latin
[6] [*oro, plata*] *with a high level of impurities*
[7] [*color*] (= *apagado*) dull; (= *pálido*) pale
[8] (= *humilde*) low, humble; [*clase*] lower; [*condición*] lowly; [*barrio*] poor; [*tarea*] menial
[9] (*pey*) (= *vulgar*) common, ordinary; (= *mezquino*) base, mean
[10] **por lo ~** (= *a lo menos*) at (the) least
Ⓑ SM [1] (*Cos*) [*de vestido*] hem; [*de pantalones*] turn-up, cuff (*EEUU*)
[2] [*de edificio*] (= *piso*) ground floor, first floor (*EEUU*); **vivo en un ~** I live on the ground floor ► **bajo comercial** ground-floor *o* (*EEUU*) first-floor business premises
[3] (*Mús*) (= *instrumento*) bass; (= *voz*) bass; (= *guitarrista*) bass (guitar) player, bassist; **Elena toca el ~ en un grupo** Elena plays bass (guitar) in a group ► **bajo profundo** basso profundo
[4] **bajos** [*de edificio*] ground floor *sing*, first floor *sing* (*EEUU*); [*de coche*] underside (*EEUU*); (*euf*) [*del cuerpo*] private parts
[5] (= *hondonada*) hollow
[6] (*Náut*) = **bajío 1**
Ⓒ ADV [*volar*] low; [*tocar, cantar*] quietly, softy; **el avión volaba muy ~** the plane was flying very low; **hablar ~** (= *en voz baja*) to speak quietly, speak softly; (= *tener una voz suave*) to be softly spoken, be soft spoken; **¡más ~, por favor!** quieter, please!
Ⓓ PREP [1] (= *debajo de*) under; **Juan llevaba un libro ~ el brazo** Juan was carrying a book under his arm; **~ cero** below zero; **estamos a dos grados ~ cero** it's two degrees below zero; **~ la lluvia** in the rain; **~ tierra** underground; **toda la familia está ya ~ tierra** the whole family are dead and buried
[2] (= *dependiente de, sometido a*) under; **~ Napoleón** under Napoleon; **~ los efectos de la droga** under the influence of drugs; **~ el título de ...** under the title of ...; **~ mi punto de vista** from my point of view; **~ el reinado de** in the reign of; **está ~ la tutela de su tío** her uncle is her legal guardian; *ver tb* **fianza 1, juramento 1, llave 1**

**bajón** SM [1] (= *descenso*) [*de presión, temperatura*] fall, drop; [*de salud*] decline, worsening; (*Com, Fin*) sharp fall; **dar** *o* **pegar un ~** [*persona, salud*] to go downhill; [*precios*] to fall away sharply; [*mercado*] to slump ► **bajón de moral** slump in morale
[2] (*Mús*) bassoon
[3] (*) withdrawal symptoms *pl* (*after drug use*)

**bajorrelieve** SM bas-relief

**bajuno** ADJ [*truco*] base, underhand

**bajura** SF [1] **pesca de ~** shallow-water fishing, coastal fishing
[2] (*de poca altura*) lowness
[3] (*de tamaño pequeño*) smallness, small size
[4] (*Caribe Geog*) lowland

**bakaladero/a*** Ⓐ ADJ rave *antes de s*
Ⓑ SM/F raver

**bakalao*** Ⓐ ADJ INV rave *antes de s*
Ⓑ SM rave, rave music; **la ruta del ~** *weekend-long tour of a series of rave parties*

**bala** Ⓐ SF [1] (= *proyectil*) bullet; **una ~ perdida lo alcanzó en el hombro** he was hit in the shoulder by a stray bullet; **sonaron dos disparos de ~** two gunshots rang out; **disparar una ~** to fire a bullet; **a prueba de ~s** bullet-proof; **un chaleco a prueba de ~s** a bullet-proof vest; ✦***MODISMOS*** **como una ~** like a shot; **entró como una ~** he came shooting in, he came in like a shot; **el tren pasó como una ~** the train shot *o* flew past; **comió como una ~ y se fue** he bolted his food down and left; **no le entran ~s** (*Chile*) he's as hard as nails*; **ni a ~** (*Méx, Col**) no way*; **estar** *o* **quedar con la ~ pasada** (*Chile*) to be seething; **ser una ~** (*Caribe**) to be a pain in the neck*; **tirar con ~** not to pull one's punches ► **bala de cañón** cannonball ► **bala de fogueo** blank (cartridge) ► **bala de goma** plastic bullet, rubber bullet ► **bala de salva** blank round ► **bala fría** spent bullet ► **bala trazadora** tracer bullet
[2] (= *fardo*) bale; **una ~ de heno** a bale of hay
[3] (*Tip*) ► **bala de entintar** ink ball, inking ball
[4] (*LAm Dep*) shot; **lanzamiento de ~** shot put
Ⓑ SMF (*) (= *juerguista*) ✦***MODISMO*** **ser un ~ perdida** to be a good-for-nothing

**balaca** SF [1] (*LAm*) (= *baladronada*) boast, brag
[2] (*Andes*) (= *boato*) show, pomp

**balacada** SF (*Cono Sur*) = **balaca**

**balacear** ▸conjug 1a◂ VT (*CAm, Méx*) to shoot, shoot at

**balacera** SF (*CAm, Méx*) (= *tiroteo*) shooting, exchange of shots; (= *balas*) hail of bullets; (= *enfrentamiento armado*) shoot-out

**balada** SF (*Mús*) ballad, ballade; (*Literat*) ballad

**baladí** ADJ trivial, paltry

**baladista** SMF (= *compositor*) writer of ballads; (= *cantante*) ballad singer

**baladrar** ▸conjug 1a◂ VI to scream, howl

**baladre** SM oleander, rosebay

**baladrero** ADJ loud, noisy

**baladro** SM scream, howl

**baladrón/ona** Ⓐ ADJ boastful
Ⓑ SM/F braggart, bully

**baladronada** SF (= *dicho*) boast, brag; (= *hecho*) piece of bravado

**baladronear** ▸conjug 1a◂ VI (= *decir*) to boast, brag; (= *hacer*) to indulge in bravado

**bálago** SM [1] (= *paja*) straw, long straw
[2] (= *jabón*) soapsuds *pl*, lather

**balance** SM [1] (*Fin*) [*de una cuenta*] balance; (= *documento*) balance (sheet); (*Com*) [*de existencias*] stocktaking, inventory (*EEUU*); **hacer ~** [*de una cuenta*] to draw up a balance; [*de existencias*] to take stock, do the stocktaking ► **balance consolidado** consolidated balance sheet ► **balance de comprobación** trial balance ► **balance de pagos** balance of payments ► **balance de situación** balance sheet
[2] (= *resultado*) **el ~ de víctimas mortales en el accidente** the death toll in the accident, the number of dead in the accident; **el equipo tiene un ~ de dos victorias y tres derrotas** so far the team have had two wins and three defeats; **un abogado con un buen ~ de casos ganados** a lawyer who has won a good proportion of his cases
[3] (= *evaluación*) [*de hecho, situación*] assessment, evaluation; **los puntos negros en el ~ del año académico** the black spots in the assessment *o* evaluation of the academic year; **hizo ~ de los cinco años de su gobierno** he assessed *o* evaluated *o* took stock of the five years of his government
[4] (= *balanceo*) to-and-fro motion; [*de un barco*] roll, rolling
[5] (= *indecisión*) vacillation
[6] (*Caribe*) (= *mecedora*) rocking chair

**balanceado** SM (*Boxeo*) swing

**balancear** ▸conjug 1a◂ Ⓐ VT to balance
Ⓑ **balancearse** VPR [1] (= *oscilar*) [*persona*] (*al andar*) to move to and fro; (*en mecedora, columpio*) to rock; [*péndulo*] to swing; [*barco, avión*] to roll
[2] (= *vacilar*) to hesitate, waver, vacillate (*frm*)

**balanceo** SM [1] (= *vaivén*) (*al andar*) to-and-fro motion; (*al mecerse*) rocking; [*de barco, avión*] roll, rolling
[2] (*LAm Aut*) (*tb* ~ **de ruedas**) wheel balancing

**balancín** SM [1] (= *barra*) [*de balanza*] balance beam; [*de equilibrista*] balancing pole; (*para llevar cargas*) yoke
[2] (*para mecerse*) (= *columpio*) seesaw, teeter-totter (*EEUU*); (= *mecedora*) rocking chair; (= *juguete*) child's rocking toy
[3] (*Mec*) (*en motor*) rocker, rocker arm; [*de carro*] swingletree; [*de máquina*] beam
[4] (*Náut*) outrigger

**balandra** SF yacht, sloop

**balandrán** SM cassock

**balandrismo** SM yachting

**balandrista** SMF yachtsman/yachtswoman

**balandro** SM yacht, sloop

**balanza** SF [1] (= *instrumento*) scales *pl*; (*Quím*) balance; ✦*MODISMO* **estar en la** ~ to be in the balance ► **balanza de cocina** kitchen scales *pl* ► **balanza de cruz** grocer's scales *pl* ► **balanza de laboratorio** precision scales *pl* ► **balanza de muelle** spring balance ► **balanza de precisión** precision scales *pl* ► **balanza romana** steelyard
[2] (*Com, Pol*) balance ► **balanza comercial, balanza de pagos** balance of payments ► **balanza de poder, balanza política** balance of power ► **balanza por cuenta corriente** balance on current account
[3] (*frm*) (= *sensatez*) judgment

**balaquear** ▸conjug 1a◂ VI to boast

**balar** ▸conjug 1a◂ VI to bleat, baa

**balasto**[1] SM (*Ferro*) sleeper, tie (*EEUU*)

**balasto**[2] SM (*Cono Sur, Méx*) (*gen*) ballast; (*Téc*) aggregate

**balastro** SM = **balasto**[2]

**balata** SF (*LAm Aut*) brake lining

**balaustrada** SF balustrade

**balaustre** SM baluster

**balay** SM (*LAm*) wicker basket

**balazo** SM (= *tiro*) shot; (= *herida*) bullet wound; **matar a algn de un** ~ to shoot sb dead

**balboa** SF *Panamanian currency unit*

**balbucear** ▸conjug 1a◂ VT, VI [*adulto*] to stammer, stutter; [*niño*] to babble

**balbuceo** SM [*de adulto*] stammering, stuttering; [*de niño*] babbling

**balbuciente** ADJ [*persona, voz*] stammering, stuttering; [*niño*] babbling

**balbucir** ▸conjug 3f◂ VT, VI (*se usan únicamente las formas que tienen* **i** *en la desinencia*) = **balbucear**

**Balcanes** SMPL **los** ~ the Balkans; **los Montes** ~ the Balkan Mountains; **la Península de los** ~ the Balkan Peninsula

**balcánico** ADJ Balkan

**balcanización** SF Balkanization

**balcarrias** SFPL, **balcarrotas** SFPL (*Andes*) sideburns

**balcón** SM [1] (= *terraza pequeña*) balcony
[2] (= *mirador*) vantage point

**balconada** SF row of balconies

**balconeador(a)** SM/F (*Cono Sur*) onlooker, observer

**balconear** ▸conjug 1a◂ Ⓐ VT (*Cono Sur*) to watch closely (*from a balcony*); (*en juego*) to sneak a look at
Ⓑ VI (*CAm*) [*amantes*] to talk at the window

**balconero** SM cat burglar

**balda** SF shelf

**baldada** SF (*Cono Sur*) bucketful

**baldado/a** Ⓐ PP *de* **baldar**
Ⓑ ADJ [1] (= *lisiado*) crippled
[2] (*) (= *agotado*) **estar** ~ to be knackered*
Ⓒ SM/F cripple, disabled person

**baldaquín** SM, **baldaquino** SM canopy

**baldar** ▸conjug 1a◂ VT [1] (= *lisiar*) to cripple
[2] (*) (= *agotar*) to shatter
[3] (*Naipes*) to trump

**balde**[1] SM (= *cubo*) bucket, pail ► **balde de la basura** (*LAm*) trash can

**balde**[2] SM [1] **de** ~ (= *gratis*) (for) free, for nothing; **obtener algo de** ~ to get sth (for) free, get sth for nothing; **vender algo medio de** ~ to sell sth for a song
[2] **estar de** ~ (= *ser superfluo*) to be unwanted; (= *estorbar*) to be in the way
[3] **en** ~ in vain; **los años no pasan en** ~ the years don't go by in vain; **por lo menos el viaje no ha sido en** ~ at least the journey wasn't in vain; **¡ni en ~!** (*LAm*) no way!*, not on your life!
[4] **¡no de ~!** (*CAm*) goodness!, I never noticed!

**baldear** ▸conjug 1a◂ VT [1] (= *limpiar*) (*con cubos de agua*) to wash (down), swill with water; (*con manguera*) to hose down
[2] (*Náut*) to bale out, bail out (*EEUU*)

**baldeo** SM [1] (= *limpieza*) (*con cubos de agua*) washing-down; (*con manguera*) hosing down
[2] (‡) (= *navaja*) chiv‡, knife

**baldío** Ⓐ ADJ [1] (= *sin cultivos*) [*campo*] fallow, uncultivated; [*terreno*] waste
[2] (= *inútil*) vain, useless
[3] (= *ocioso*) lazy, idle
Ⓑ SM (*Agr*) (= *campo sin cultivos*) uncultivated land, fallow land; (= *solar*) wasteland

**baldón** SM (= *afrenta*) affront, insult; (= *deshonra*) blot, stain

**baldonar** ▸conjug 1a◂ VT (= *insultar*) to insult; (= *deshonrar*) to blot, disgrace

**baldosa** SF [1] (*para el suelo*) floor tile
[2] (*LAm*) (= *lápida*) tombstone

**baldosado** SM (= *suelo*) (*en casa*) tiled floor, tiling; (*en el exterior*) paving

**baldosar** ▸conjug 1a◂ VT [+ *suelo*] to tile; [+ *camino*] to pave (*with flagstones*)

**baldoseta** SF small tile

**baldosín** SM tile

**balduque** SM red tape

**baleado/a** SM/F (*CAm, Méx*) shooting victim, person who has been shot

**balear**[1] ▸conjug 1a◂ (*CAm, Méx*) Ⓐ VT (= *disparar contra*) to shoot, shoot at; (= *matar*) to shoot down, shoot dead; **morir baleado** to be shot dead
Ⓑ **balearse** VPR (*esp LAm*) to exchange shots, shoot at each other

**balear**[2] Ⓐ ADJ Balearic
Ⓑ SMF native/inhabitant of the Balearic Isles; **los ~es** the people of the Balearic Islands

**Baleares** SFPL (*tb* **Islas** ~) Balearics, Balearic Islands

**baleárico** ADJ Balearic

**baleo** SM [1] (*CAm, Méx*) (= *tiroteo*) shooting
[2] (*Méx*) (= *abanico*) fan

**balero** SM [1] (*LAm*) (= *juguete*) cup-and-ball toy
[2] (*Méx Mec*) ball bearing
[3] (*Cono Sur‡*) head, nut‡, noggin (*EEUU‡*)

**balido** SM bleat, baa

**balín** SM pellet; **balines** buckshot *sing*

**balinera** SF (*Andes*) ball bearing, ball bearings *pl*

**balística** SF ballistics *sing*

**balístico** ADJ ballistic

**balita** SF [1] (= *balín*) pellet
[2] (*Cono Sur*) (= *canica*) marble

**baliza** SF [1] (= *boya*) (*Náut*) buoy, marker; (*Aer*) beacon, marker
[2] **balizas** (*LAm Aut*) sidelights, parking lights

**balizaje** SM, **balizamiento** SM ► **balizaje de pista** (*Aer*) runway lighting, runway beacons *pl*

**balizar** ▸conjug 1f◂ VT (*Náut*) to mark with buoys; (*Aer*) to light *o* mark with beacons

**ballena** SF [1] (*Zool*) (= *animal*) whale; (= *hueso*) whalebone; **parece una ~*** she's like a beached whale* ► **ballena azul** blue whale
[2] (*Cos*) [*de corsé*] bone, stay

**ballenato** SM whale calf

**ballenear** ▸conjug 1a◂ VI to whale, hunt whales

**ballenera** SF whaler, whaling ship

**ballenero** Ⓐ ADJ whaling; **industria ballenera** whaling industry
Ⓑ SM [1] (= *pescador*) whaler
[2] (= *barco*) whaler, whaling ship

**ballesta** SF [1] (*Hist*) crossbow
[2] (*Mec*) spring; **las ~s** the springs, the suspension *sing*

**ballestero** SM (*Hist*) crossbowman

**ballestrinque** SM clove hitch

**ballet** [ba'le] SM (*pl* **ballets** [ba'les]) (= *disciplina, espectáculo*) ballet; (= *grupo de bailarines*) troupe of dancers, dance troupe ► **ballet acuático** synchronized swimming

**balletístico** ADJ ballet *antes de s*

**balneario** Ⓐ ADJ **estación balnearia** spa
Ⓑ SM [1] (*Med*) spa, health resort
[2] (*LAm*) seaside resort

**balneoterapia** SF balneotherapy

**balompédico** ADJ soccer *antes de s*, football *antes de s*

**balompié** SM soccer, football

**balón** SM [1] (*Dep*) ball; ✦*MODISMOS* **achicar balones*** ◊ **echar balones fuera*** to dodge the issue ► **balón de boxeo** boxing ball, punchball ► **balón de playa** beach ball ► **balón de reglamento** regulation ball ► **balón suelto** loose ball
[2] (= *recipiente*) (*Quím*) bag (*for gas*); (*Meteo*) balloon; (*Arg*) (= *vaso*) balloon glass; (*Andes, Cono Sur*) (= *bombona*) drum, canister ► **balón de oxígeno** oxygen cylinder; **la noticia fue un ~ de oxígeno para la economía** the news gave the economy a real boost
[3] (*Com*) bale

**balonazo** SM **me dio un** ~ he thumped me with the ball

**baloncestista** SMF basketball player

**baloncestístico** ADJ basketball *antes de s*

**baloncesto** SM basketball

**balonmanear** ▸conjug 1a◂ VI (*Dep*) to handle, handle the ball

**balonmanista** SMF handball player

**balonmano** SM handball

**balonvolea** SM volleyball

**balota** SF (*Perú*) ballot

**balotaje** SM (*Méx*) (= *votación*) balloting, voting; (= *recuento*) counting of votes

**balotar** ▸conjug 1a◂ VI (*Perú*) to ballot, vote

**balsa**[1] SF [1] (*Náut*) (= *embarcación*) raft ► **balsa de salvamento**, **balsa salvavidas** life raft ► **balsa neumática** rubber dinghy
[2] (*Bot*) balsa, balsa wood

**balsa**[2] SF [1] (= *charca*) pool, pond; **el pueblo es una ~ de aceite** the village is as quiet as the grave
[2] (*Méx*) (= *pantano*) swamp, marshy place

**balsadera** SF, **balsadero** SM ferry, ferry station

**balsámico** ADJ [1] (*de bálsamo*) balmy
[2] (= *relajante*) soothing

**bálsamo** SM [1] (= *sustancia*) balsam, balm
[2] (= *consuelo*) balm, comfort
[3] (*Cono Sur*) [*de pelo*] hair conditioner

**balsar** SM (*Andes, Caribe*) overgrown marshy place

**balsear** ▸conjug 1a◂ VT [1] [+ *río*] to cross by ferry, cross on a raft
[2] [+ *personas, mercancías*] to ferry across

**balsero/a** SM/F [1] (= *conductor de balsa*) ferryman/ferrywoman
[2] **balseros** boat people (*especially Cuban, seeking refuge in the USA*)

**balsón**[1] SM (*Méx*) (= *pantano*) swamp, bog; (= *agua estancada*) stagnant pool

**balsón**[2] ADJ (*Andes*) fat, flabby

**balsoso** ADJ (*Andes*) soft, spongy

**Baltasar** SM Balthazar; (*Biblia*) Belshazzar; *ver tb* **cena**

**báltico** ADJ Baltic; **los estados ~s** the Baltic states; **el Mar Báltico** the Baltic, the Baltic Sea

**baluarte** SM bastion

**balumba** SF [1] (= *masa*) (great) bulk, mass
[2] (= *montón*) pile, heap
[3] (*LAm*) (= *alboroto*) noise, uproar

**balumbo** SM bulky thing, cumbersome object

**balumoso** ADJ (*LAm*) bulky, cumbersome

**baluquero** SM (*Fin*) forger

**balurdo** Ⓐ ADJ (*LAm*) flashy
Ⓑ SM (*Cono Sur**) crooked deal*

**bamba**[1] SMF (*Caribe*) black man/black woman

**bamba**[2] SF [1] (*Esp*) (= *zapatilla*) plimsoll, sneaker (*EEUU*)
[2] (*CAm, Ven*) (= *moneda*) silver coin
[3] (*Andes Bot*) bole, swelling (*on tree trunk*)
[4] (*Andes*) (= *gordura*) fat, flabbiness

**bamba**[3]† SF (*Esp*) fuzz‡, police

**bambalear** ▸conjug 1a◂ VI = **bambolear**

**bambalina** SF (*Teat*) drop, drop scene; **entre ~s** behind the scenes

**bambalúa** SM (*LAm*) clumsy fellow, lout

**bambarria*** SMF idiot, fool

**bamboleante** ADJ [1] (= *inestable*) [*persona, mesa*] wobbly; [*paso*] unsteady
[2] [*pantalones*] baggy

**bambolear** ▸conjug 1a◂ VI, **bambolearse** ▸conjug 1a◂ VPR (*al andar*) to sway; [*péndulo, lámpara*] to swing, sway; [*silla, mesa*] to wobble; [*tren*] to sway

**bamboleo** SM [*de péndulo, lámpara*] swinging, swaying; [*de silla, mesa*] wobbling, unsteadiness; [*de tren*] rolling

**bambolla*** SF (= *ostentación*) show, ostentation; (= *farsa*) sham

**bambollero*** ADJ showy, flashy

**bambú** SM bamboo

**bambudal** SM (*Andes*) bamboo grove

**banal** ADJ (= *poco importante*) [*comentario, tema*] banal; [*persona*] ordinary, commonplace

**banalidad** SF [1] (= *cualidad*) [*de comentario, tema*] banality; [*de persona*] ordinariness
[2] **banalidades** small talk *sing*, trivialities; **intercambiar ~es con algn** to swap small talk with sb, exchange trivialities with sb

**banalizar** ▸conjug 1f◂ VT to trivialize

**banana** SF (*esp LAm*) (= *fruta*) banana; (= *árbol*) banana tree

**bananal** SM (*LAm*), **bananera** SF (*LAm*) banana plantation

**bananero** Ⓐ ADJ [1] (*LAm*) (= *de bananas*) banana *antes de s*; **compañía bananera** banana company; **plantación bananera** banana plantation
[2] (*Pol*) third-world *antes de s*, backward; **república bananera** banana republic
[3] (*) vulgar, coarse
Ⓑ SM banana tree

**banano** SM [1] (= *árbol*) banana tree
[2] (*LAm*) (= *fruta*) banana

**banas** SFPL (*Méx Rel*) banns

**banasta** SF large basket, hamper

**banasto** SM large round basket

**banca** SF [1] (*Com, Fin*) banking; **horas de ~** banking hours; **la Banca** the banking community, the banks *pl* ► **banca comercial** commercial banking ► **banca industrial** merchant banking, investment banking ► **banca telefónica** telephone banking
[2] (*en juegos*) bank; **hacer saltar la ~** to break the bank; **tener la ~** to be banker, hold the bank
[3] (= *puesto*) stand, stall
[4] (*LAm*) (= *asiento*) bench
[5] (*Cono Sur*) (= *influencia*) pull, influence; **tener (gran) ~** to have (lots of) pull *o* influence

**bancada** SF [1] (= *banco*) stone bench
[2] (*Mec*) bed, bedplate
[3] (*Náut*) thwart, (oarsman's) seat ► **bancada corrediza** [*de remo*] sliding seat

**bancal** SM [1] (*Agr*) (= *terraza*) terrace; (= *terreno cultivado*) patch, plot
[2] (*Mec*) runner, bench cover

**bancar** ▸conjug 1g◂ (*Cono Sur*) Ⓐ VT [1] (= *pagar*) to pay for
[2] (= *aguantar*) to put up with
Ⓑ **bancarse** VPR **~se algo/a algn** to put up with sth/sb

**bancario/a** Ⓐ ADJ bank *antes de s*, banking; **giro ~** bank draft
Ⓑ SM/F bank clerk, bank employee

**bancarrota** SF [1] (*Fin*) bankruptcy; **declararse en** *o* **hacer ~** to go bankrupt
[2] (= *fracaso*) failure

**bancazo** SM (*Méx*) bank robbery

**banco** SM [1] (= *asiento*) (*al aire libre*) bench, seat; (*en iglesia*) pew; [*de carpintero*] bench ► **banco azul** (*Pol*) ministerial benches *pl* ► **banco de pruebas** (*lit*) test bed; (*fig*) testing ground
[2] (*Com, Fin*) bank ► **banco central** central bank ► **banco comercial** commercial bank ► **banco de ahorros** savings bank ► **banco de crédito** credit bank ► **banco de inversiones** investment bank ► **banco de liquidación** clearing house ► **banco ejidal** (*Méx*) cooperative bank ► **banco emisor** issuing bank ► **banco en casa** home banking ► **banco fiduciario** trust company ► **banco mercantil** merchant bank ► **Banco Mundial** World Bank ► **banco por acciones** joint-stock bank
[3] (= *reserva*) [*de información, órganos*] bank ► **banco de datos** data bank ► **banco de esperma** sperm bank ► **banco de memoria** memory bank ► **banco de sangre** blood bank
[4] (*Geog*) (*en el mar*) bank, shoal; (= *estrato*) stratum, layer; (*Andes*) (= *suelo aluvial*) deposit (*of alluvial soil*); (*Caribe*) (= *tierra elevada*) raised ground ► **banco de arena** sandbank ► **banco de hielo** ice field, ice floe ► **banco de niebla** fog bank ► **banco de nieve** snowdrift
[5] [*de peces*] shoal, school

**banda** SF [1] (= *grupo*) [*de música*] band; [*de delincuentes, amigos*] gang; [*de guerrilleros*] band; [*de partidarios*] party, group; [*de aves*] flock; **negociaciones a tres ~s** three-party talks, trilateral negotiations; ✦*MODISMO* **cerrarse en ~** to stand firm, be adamant ► **banda armada** armed gang ► **banda terrorista** terrorist group
[2] (= *cinta*) (*en la ropa*) band, strip; [*de gala*] sash ► **banda magnética** magnetic strip ► **banda transportadora** conveyor belt
[3] (= *franja*) [*de tierra*] strip, ribbon; [*de carretera, pista de atletismo*] lane ► **banda ancha** broad band ► **banda de frecuencia** band, waveband ► **la banda de Gaza** the Gaza Strip ► **banda de rodaje**, **banda de rodamiento** (*Aut*) tread ► **banda de sonido** sound track ► **la Banda Oriental** (*esp Cono Sur*) Uruguay ► **banda salarial** wage scale ► **banda sonora** soundtrack
[4] (= *lado*) [*de río*] side, bank; [*de monte*] side, edge; [*de barco*] side; **de la ~ de acá** on this side; **dar un barco a la ~** to careen a ship; **irse a la ~** to list; ✦*MODISMO* **coger a algn por ~**: **¡como te coja por ~!** I'll get even with you!
[5] (*Dep*) sideline, touchline; **fuera de ~** out of play, in touch; **sacar de ~** to take a throw-in, throw the ball in ► **línea de banda** sideline, touchline
[6] (*Billar*) cushion

**bandada** SF [1] (*Zool*) [*de aves*] flock; [*de peces*] shoal
[2] (*LAm*) = **banda 1**

**bandazo** SM [1] (= *sacudida*) (*al andar*) lurch, jolt; (*Náut*) heavy roll; (*LAm Aer*) air pocket, sudden drop; **dar ~s: el coche iba dando ~s** the car was swerved from side to side; **caminaba dando ~s** he stumbled along, he reeled from side to side
[2] (= *cambio repentino*) marked shift

**bandear** ▸conjug 1a◂ Ⓐ VT [1] (*CAm*) (= *perseguir*) to pursue, chase; (= *pretender*) to court
[2] (*CAm*) (= *herir*) to wound severely; (*Cono Sur*) (*con comentario*) to hurt

[3] (*Cono Sur*) (= *cruzar*) to cross, go right across

Ⓑ **bandearse** VPR [1] (= *ir de un lado a otro*) to move to and fro; (*Méx Náut*) to move to the other side of a boat

[2] (*Cono Sur Pol*) to change parties

[3] (*Méx*) (= *vacilar*) to vacillate; (= *cambiar de dirección*) to go one way and then another

[4] (*Esp**) (= *arreglárselas*) to shift for o.s., get by on one's own

**bandeja** SF [1] (*para llevar a la mesa, en nevera*) tray; ✦*MODISMO* **poner** *o* **servir algo en ~ (de plata) a algn** to hand sth to sb on a plate; **te lo han puesto en ~** they've made it very easy for you ► **bandeja de alimentación de papel** (*Inform*) paper-feed tray ► **bandeja de entrada** in-tray ► **bandeja de quesos** cheeseboard ► **bandeja de salida** out-tray ► **bandeja para horno** oven tray

[2] (*Cono Sur*) (*en carretera*) central reservation, median strip (*EEUU*)

**bandera** SF [1] [*de país, ciudad*] flag; [*de regimiento*] colours, colors *pl* (*EEUU*); **la ~ está a media asta** the flag is (flying) at half mast; **arriar la ~** to lower *o* strike the colours; **izar la ~** to raise *o* hoist the flag; **jurar ~** to swear allegiance to the flag; ✦*MODISMO* **estar hasta la ~*** to be packed out ► **bandera a cuadros**, **bandera ajedrezada** chequered flag, checkered flag (*EEUU*) ► **Bandera Azul** Blue Flag ► **bandera blanca** white flag ► **bandera de conveniencia** flag of convenience ► **bandera de esquina** corner flag ► **bandera de la paz** white flag ► **bandera de parlamento** (*Hist*) flag of truce, white flag ► **bandera de popa** ensign ► **bandera de proa** jack ► **bandera negra**, **bandera pirata** Jolly Roger, skull and crossbones ► **bandera roja** red flag ► **la bandera roja y gualda** the Spanish flag

[2] (= *idea*) banner; **bajo la ~ de la renovación** under the banner of change and renewal

[3] [*de taxi*] **bajar la ~** to pick up a fare

[4] ✦*MODISMO* **de ~** (*Esp*†) fantastic; **se ha comprado un coche de ~** she's bought a fantastic car; **es una mujer de ~** she's one hell of a woman*

[5] (*Inform*) marker, flag

**banderazo** SM **el ~ de llegada** the chequered flag, the checkered flag (*EEUU*); **el ~ de salida** the starting signal; **dar el ~ de salida** to signal the start, give the starting signal

**bandería** SF (= *bando*) faction; (= *parcialidad*) bias, partiality

**banderilla** SF [1] (*Taur*) banderilla; ✦*MODISMOS* **clavar ~s a algn** to goad sb; **poner un par de ~s a algn** to taunt sb, provoke sb ► **banderilla de fuego** banderilla with attached firecracker

[2] (*Culin*) savoury appetizer, savory appetizer (*EEUU*)

[3] (*LAm*) scrounging

**banderillear** ▸conjug 1a◂ VT (*Taur*) *to stick the banderillas into the neck of the bull*

**banderillero** SM (*Taur*) banderillero, *bullfighter who uses the banderillas*

**banderín** SM (*para adornar*) small flag, pennant; (*Ferro*) signal flag ► **banderín de enganche** recruiting centre, recruiting post ► **banderín de esquina** corner flag

**banderita** SF (= *bandera pequeña*) little flag; [*de caridad*] flag (*sold for charity*); **día de la ~** flag day

**banderizo** ADJ [1] (= *faccioso*) factional, factionalist

[2] (= *alterado*) fiery, excitable

**banderola** SF [1] (= *bandera pequeña*) banderole; (*Mil*) pennant ► **banderola de esquina** corner flag

[2] (*Cono Sur*) (= *travesaño*) transom

**bandidaje** SM, **bandidismo** SM banditry

**bandido** SM [1] (= *delincuente*) bandit, outlaw

[2] (*) **¡bandido!** you rogue!, you beast!

**bando** SM [1] (= *edicto*) edict, proclamation

[2] **bandos** (*Rel*) banns

[3] (= *facción*) (*Pol*) faction, party; (*Dep*) side; **uno del otro ~*** one of them*; **pasarse al otro ~** to change sides

**bandola** SF [1] (*Mús*) mandolin

[2] (*Andes*) (= *capa*) bullfighter's cape

[3] (*Caribe*) (= *fuete*) knotted whip

**bandolera** SF bandoleer; **llevar algo en ~** to wear sth across one's chest; *ver tb* **bandolero**

**bandolerismo** SM brigandage, banditry

**bandolero/a** Ⓐ SM/F bandit

Ⓑ SM (*Hist*) highwayman; *ver tb* **bandolera**

**bandolina** SF mandolin

**bandoneón** SM (*Cono Sur*) *large accordion*

**bandullo‡** SM belly, guts* *pl*; **llenarse el ~** to stuff o.s.*

**bandurria** SF bandurria (*lute-type Spanish instrument*)

**Banesto** SM ABR = **Banco Español de Crédito**

**bangaña** SF (*LAm*), **bangaño** SM (*LAm*) [1] (*Bot*) calabash, gourd, squash (*EEUU*)

[2] (= *vasija*) vessel made from a gourd

**Bangladesh** SM Bangladesh

**bangladesí** ADJ, SMF Bangladeshi

**banjo** SM banjo

**banquear** ▸conjug 1a◂ VT [1] (*Aer*) to bank

[2] (*LAm*) to level, flatten out

**banqueo** SM [1] terraces *pl*, terracing

[2] (*Aer*) bank, banking

**banquero/a** SM/F banker

**banqueta** SF [1] (= *taburete*) stool; (= *banquillo*) low bench; (*Aut*) bench seat ► **banqueta de piano** piano stool

[2] (*CAm, Méx*) (= *acera*) pavement, sidewalk (*EEUU*)

**banquetazo*** SM spread*, blow-out*

**banquete** SM banquet, feast ► **banquete anual** annual dinner ► **banquete de boda(s)** wedding reception ► **banquete de gala** state banquet

**banquetear** ▸conjug 1a◂ VI to banquet, feast

**banquillo** SM (= *asiento*) bench; (*Dep*) bench, team bench; (*Jur*) dock; **el portero tuvo que quedarse en el ~** the goalkeeper had to stay *o* remain on the bench ► **banquillo de los acusados** dock

**banquina** SF (*Arg, Uru*) hard shoulder, berm (*EEUU*)

**banquisa** SF ice field, ice floe

**banquito** SM (*Arg*) stool

**bantam** SF [1] (*tb* **gallina de ~**) bantam

[2] (*LAm*) (= *persona*) small restless person

**bántam** SM (*esp LAm Dep*) bantamweight

**bantú** ADJ, SMF Bantu

**banyo** SM (*LAm*) banjo

**bañada** SF (*LAm*) [1] (= *baño*) (*en bañera*) bath; (*en mar, río*) swim, dip

[2] [*de pintura*] coat

**bañadera** SF [1] (*LAm*) bathtub, bath

[2] (*Arg*) open-top bus

**bañado** SM [1] (*LAm*) (= *pantano*) swamp, marshland

[2] (*Andes*) (= *charco*) rain pool

[3] (*Téc*) bath

**bañador(a)** Ⓐ SM/F bather, swimmer

Ⓑ SM [1] (= *prenda*) [*de mujer*] bathing costume, swimsuit, bathing suit; [*de hombre*] (swimming) trunks *pl*

[2] (*Téc*) tub, trough

**bañar** ▸conjug 1a◂ Ⓐ VT [1] **~ a algn** to bath sb, bathe sb (*EEUU*), give sb a bath; **bañé al bebé esta mañana** I bathed the baby this morning, I gave the baby a bath this morning

[2] (*Culin*) **una galleta bañada en coñac** a biscuit dipped *o* soaked in brandy; **he bañado el pastel de** *o* **con chocolate** I've covered the cake with chocolate icing, I've iced the cake with chocolate

[3] (= *dar una capa de*) to plate; **esta pulsera está bañada en oro** this bracelet is gold-plated

[4] (= *cubrir*) **bañado en sangre/sudor** [*persona*] bathed *o* drenched in blood/sweat; [*ropa*] drenched in blood/sweat; **tenía la cara bañada en lágrimas** her face was bathed in *o* wet with tears

[5] [*mar, lago*] to wash (*liter*); **el Mediterráneo baña las costas catalanas** the Catalan coast is washed by the Mediterranean; **la capital está bañada por el Guadalquivir** the Guadalquivir runs through the capital

[6] [*luz, sol*] to flood, bathe; **el sol bañaba de luz su cuarto** the sun flooded his room with light, the sun bathed his room in light

Ⓑ **bañarse** VPR [1] (*en bañera*) to have a bath, take a bath; (*en mar, piscina*) to swim; **siempre me baño por la mañana** I always have *o* take a bath in the morning; **en verano vamos a ~nos al río** in the summer we go swimming in the river; **"prohibido bañarse"** "no bathing"

[2] **¡anda a ~te!** (*Cono Sur**) get lost!*, go to hell!‡

**bañata*** SM (*Esp*) swimsuit, bathing costume

**bañera** SF bath, bathtub

**bañero/a** SM/F (*Cono Sur*) lifeguard

**bañista** SMF [1] (*en mar, río*) bather

[2] (*Med*) (*en balneario*) patient

**baño** SM [1] (= *bañera*) bath, bathtub; **cuarto de ~** bathroom; (= *aseo*) toilet, bathroom (*esp EEUU*)

[2] (= *acción*) (*en bañera*) bath; (*en el mar, piscina*) swim; **darse** *o* **tomar un ~** (*en bañera*) to have *o* take a bath; (*en mar, piscina*) to have a swim, go for a swim; **playas aptas para el ~** beaches suitable for bathing ► **baño de asiento** hip bath ► **baño de burbujas** foam bath, bubble bath ► **baño de ducha** showerbath ► **baño de espuma** foam bath, bubble bath ► **baño de fuego** baptism of fire ► **baño de masas**, **baño de multitudes** walkabout; **darse un ~ de masas** *o* **multitudes** to go on a walkabout, mingle with the crowd ► **baño de pies** foot bath ► **baño de sangre** bloodbath ► **baño de sol**: **darse** *o* **tomar un ~ de sol** to sunbathe ► **baño de vapor** steam bath ► **baño ocular** eyebath

► **baño ruso** (*Cono Sur*) steam bath ► **baño turco** Turkish bath

3 (*Culin*) **le dio un ~ de licor a las galletas** she soaked the biscuits in liqueur; **le he dado un ~ de chocolate al pastel** I've covered the cake with chocolate icing, I've iced the cake with chocolate ► **baño María** bain-marie

4 [*de oro, plata*] plating; [*de pintura*] coat; **el pendiente tiene un ~ de plata** the earring is silver-plated ► **baño de revelado** developing bath

5 (*Arte*) wash

6 **baños** (*Med*) spa *sing*; **ir a ~s†** to take the waters†, bathe at a spa (*EEUU*) ► **baños termales** thermal baths

7 (= *paliza*) **darle un ~ a algn*** to thrash sb*, wipe the floor with sb*

8 (*Caribe*) (= *lugar*) cool place

**bao** SM (*Náut*) beam

**baobab** SM baobab

**baptismo** SM **el ~** the Baptist faith

**baptista** ADJ, SMF Baptist

**baptisterio** SM baptistery

**baque** SM bang, thump

**baqueano/a** ADJ, SM/F = **baquiano**

**baquelita** SF bakelite

**baqueta** SF 1 (*Mil*) ramrod; ✦***MODISMOS*** **correr ~s** ◊ **pasar por ~s** to run the gauntlet; **mandar a ~** to rule tyrannically; **tratar a algn a (la) ~** to treat sb harshly

2 (*Mús*) [*de tambor*] drumstick; (*CAm, Méx*) [*de marimba*] hammer

**baquetazo** SM **tratar a algn a ~ limpio*** to give sb a hard time

**baqueteado** ADJ [*persona*] experienced; [*mueble*] worse for wear, battered

**baquetear** ▸conjug 1a◂ VT 1 (= *fastidiar*) to annoy, bother

2 (= *maltratar*) to treat harshly; **ha sido baqueteado por la vida** life's been hard on him

**baqueteo** SM annoyance, bother; **es un ~** it's an imposition, it's an awful bind*

**baquetudo** ADJ (*Caribe*) sluggish, slow

**baquía** SF (*LAm*) 1 (= *conocimientos locales*) local expertise

2 (†) (= *habilidad*) expertise, skill

**baquiano/a** Ⓐ ADJ 1 (*LAm*) (= *que conoce una región*) familiar with a region

2 (*esp LAm*) (= *experto*) expert, skilful, skillful (*EEUU*); ✦***REFRÁN*** **para hacerse ~ hay que perderse alguna vez** one learns the hard way

Ⓑ SM/F 1 (*LAm*) (= *guía*) guide, scout; (*Náut*) pilot

2 (*esp LAm*) (= *experto*) expert; (= *experto local*) local expert, *person with an intimate knowledge of a region*

**báquico** ADJ (*liter*) Bacchic (*liter*)

**báquiro** SM (*Col, Ven*) peccary

**bar** SM bar ► **bar de alterne**, **bar de citas** singles bar ► **bar de copas** nightclub

**baraca** SF *charismatic gift of bringing good luck blessing*

**barahúnda** SF (= *alboroto*) uproar

**baraja** SF 1 (= *juego de cartas*) pack of cards; (*Méx*) cards; **jugar ~** (*LAm*) to play cards; ✦***MODISMOS*** **jugar a** *o* **con dos ~s** to play a double game, double deal; **romper la ~** to break off the engagement, end the conflict

2 **barajas** (= *pelea*) fight *sing*, set-to* *sing*

**BARAJA ESPAÑOLA**

*The Spanish deck of cards differs from its British and American counterpart, known in Spain as the* **baraja francesa**. *The four Spanish suits,* **oros, copas, espadas** *and* **bastos** *("golden coins", "goblets", "swords" and "clubs") each contain 9 numbered cards, although for certain games only 7 are used, and 3 picture cards:* **sota, caballo** *and* **rey** *(jack, queen, king).*

**barajadura** SF shuffle, shuffling

**barajar** ▸conjug 1a◂ Ⓐ VT 1 [+ *cartas*] to shuffle

2 (= *considerar*) [+ *nombres, candidatos*] to consider, weigh up; **se baraja la posibilidad de que ...** the possibility that ... is being weighed up *o* considered, there is discussion about the possibility that ...; **las cifras que se barajan ahora** the figures now being put *o* bandied about

3 (= *mezclar*) to jumble up, mix up

4 (*Cono Sur, Méx*) [+ *asunto*] (= *confundir*) to confuse; (= *demorar*) to delay

5 (*Cono Sur*) (= *ofrecer*) to pass round, hand round

6 (*Cono Sur*) (= *agarrar*) to catch (*in the air*); ✦***MODISMO*** **~ algo en el aire** to see the point of sth

Ⓑ VI to quarrel, squabble

Ⓒ **barajarse** VPR 1 (*esp LAm*) (= *pelear*) to fight, brawl

2 (= *mezclarse*) to get jumbled up, get mixed up

**barajo** Ⓐ EXCL (*LAm euf*) = **carajo**

Ⓑ SM (*Andes*) (= *pretexto*) pretext, excuse; (= *salida*) loophole

**barajuste** SM (*Caribe*) stampede, rush

**baranda**[1] SF 1 [*de balcón*] rail, railing; [*de escalera*] handrail

2 (*Billar*) cushion

**baranda**[2]**:** SM chief, boss

**barandal** SM (= *pasamanos*) handrail; (= *soporte de pasamanos*) base, support; (= *balaustrada*) balustrade

**barandilla** SF [*de balcón*] rail, railing; [*de escalera*] banisters *pl*, bannisters *pl*; (*Andes*) altar rail

**barata** SF 1 (*Méx*) (= *venta*) sale, bargain sale; (= *mercado*) street market

2 (*Andes*) (= *sección de gangas*) bargain counter; (= *tienda*) cut-price store; ✦***MODISMO*** **a la ~*** (= *sin orden*) any old how*; **tratar a algn a la ~** to treat sb with scorn

3 (*Chile*) (= *cucaracha*) cockroach, roach (*EEUU*)

**baratear** ▸conjug 1a◂ VT (= *vender barato*) to sell cheaply; (= *vender perdiendo dinero*) to sell at a loss

**baratejo*** ADJ cheap and nasty, trashy

**baratero/a** Ⓐ ADJ 1 (*esp LAm*) (= *barato*) cheap; [*tendero*] cut-proce *antes de s*, discount *antes de s*; **tienda baratera** shop offering bargains, cut-price store, discount store

2 (*Cono Sur*) [*regateo*] haggling

Ⓑ SM/F 1 (*en el juego*) *person who extracts money from winning gamblers*

2 (*LAm*) (= *tendero*) cut-price shopkeeper, discount storekeeper

3 (*Cono Sur*) (= *persona que regatea*) haggler

**baratez** SF (*Caribe*), **baratía** SF (*Andes*) cheapness

**baratija** SF 1 (= *objeto*) trinket; (= *cosa insignificante*) trifle

2 **baratijas** (*Com*) cheap goods; (*pey*) trash *sing*, junk *sing*

**baratillero** SM seller of cheap goods

**baratillo** SM 1 (= *artículos usados*) secondhand goods *pl*; (= *artículos baratos*) cheap goods *pl*

2 (= *tienda*) secondhand shop, junk shop; (= *sección de gangas*) bargain counter

3 (= *saldo*) bargain sale; **cosa de ~** trash, junk

4 (= *mercadillo*) street market

**barato** Ⓐ ADJ 1 (= *económico*) cheap; **este vestido es muy ~** this dress is very cheap; **el café sale más ~ a granel** coffee is cheaper if you buy it in bulk; ✦***REFRÁN*** **lo ~ sale caro** buying cheap things is false economy, cheap things turn out expensive in the end

2 (= *de mala calidad*) [*música, imitación*] cheap; [*novela*] trashy

3 (= *indigno*) [*demagogia, electoralismo*] cheap; **esa actitud es patriotismo ~** that attitude is just cheap patriotism

Ⓑ ADV cheap, cheaply; **el coche nos costó ~** the car was cheap; **en este restaurante se come muy ~** you can eat very cheaply in this restaurant; **vivo muy ~** I live very cheaply

Ⓒ SM (= *mercadillo*) street market

**baratón** Ⓐ ADJ (*Andes, CAm, Méx*) [*argumento*] weak, feeble; [*comentario*] well-worn, trite

Ⓑ SM (*CAm*) (= *ganga*) bargain; (= *saldo*) sale

**baratura** SF low price, cheapness

**baraúnda** SF = **barahúnda**

**barba** Ⓐ SF 1 (= *pelo*) beard; **llevar** *o* **tener ~** to have a beard; **lleva** *o* **tiene ~ de tres días** he's got three days' stubble, he's got three days' growth of beard; **tiene la ~ cerrada** *o* **muy poblada** he's got a very thick beard, his beard grows thickly; **arreglarse** *o* **hacerse** *o* **recortarse la ~** to trim one's beard; **dejarse ~: me estoy dejando ~** I'm growing a beard; **por ~: dos naranjas por ~** two oranges apiece *o* per head; ✦***MODISMOS*** **colgar ~s al santo** to give sb his due; **hacer algo en las ~s de algn** to do sth right under sb's nose; **hacerle la ~ a algn** (*Méx*) (= *adular*) to fawn on sb, flatter sb; **llevar a algn de la ~** to lead sb by the nose; **mentir por la ~** to lie through one's teeth; **tener pocas ~s** to be inexperienced; **a ~ regalada** abundantly; **subirse a las ~s de algn** to be cheeky to sb; **tirarse de las ~s** to be tearing one's hair (out); **un hombre con toda la ~** a real man, a regular guy (*EEUU**); ✦***REFRÁN*** **cuando las ~s de tu vecino veas pelar pon las tuyas a remojar** you should learn from other people's mistakes ► **barba de chivo** goatee (beard) ► **barba honrada** distinguished personage

2 (= *mentón*) chin

3 [*de ave*] wattle; [*de mejillón, cabra*] beard ► **barba de ballena** whalebone

4 (*Bot*) [*de raíz*] beard

Ⓑ SM (*Teat*†) (= *papel*) old man's part; (= *actor*) *performer of old men's roles*; (= *villano*) villain

**Barba Azul** SM Bluebeard

**barbacana** SF [*de defensa*] barbican; (= *tronera*) loophole, embrasure

**barbacoa** SF 1 (= *asadero*) barbecue
2 (*CAm, Méx, Ven*) (= *carne*) barbecued meat
3 (*LAm*) (= *cama*) bed (*made with a hurdle supported on sticks*)
4 (*Andes*) (= *estante*) rack (*for kitchen utensils*)
5 (*Andes*) (= *desván*) loft, attic
6 (*Andes*) tap dance

**Barbada** SF **la ~** Barbados

**barbado** Ⓐ ADJ bearded, with a beard
Ⓑ SM 1 (= *hombre con barba*) man with a beard; (= *hombre adulto*) full-grown man
2 (*Bot*) cutting (*with roots*); **plantar de ~** to transplant, plant out

**Barbados** SM Barbados

**barbar** ▸conjug 1a◂ VI 1 (= *dejarse barba*) to grow a beard
2 (*Bot*) to strike root

**Bárbara** SF Barbara

**bárbaramente** ADV 1 (= *cruelmente*) cruelly, savagely
2 (*) (= *estupendamente*) tremendously*; **pasarlo ~** to have a tremendous time*

**barbáricamente** ADV barbarically

**barbárico** ADJ barbaric

**barbaridad** SF 1 (= *desatino*) **es una ~ conducir con esta niebla** it's madness to drive in this fog; **es capaz de hacer cualquier ~** he's capable of anything, he will stop at nothing; **decir ~es** (= *tonterías*) to talk nonsense; **¡qué ~!**: **¡qué ~! ¿cómo puedes comer tanto?** that's incredible *o* amazing! how can you eat so much?; **¡qué ~! ¡consentirle que hable así a sus padres!** that's awful! letting him talk to his parents like that!; **¡qué ~! ¡qué bien hablas el inglés!** that's incredible *o* amazing! your English is really good!
2 (= *brutalidad*) atrocity; **las ~es que se cometieron en la guerra** the atrocities committed during the war; **las pruebas con animales son una ~** it is horrible to experiment on animals
3 (= *palabrota*) **cuando se enfada dice** *o* **suelta muchas ~es** he says some terrible things when he gets angry
4 **una ~*** (= *mucho*) (*como adv*) **comimos una ~** we ate loads *o* tons *o* masses*, we stuffed ourselves*; **cuesta una ~** it costs a fortune; **nos divertimos una ~** we had a great *o* fantastic time*; **nos gustó una ~** we thought it was great *o* fantastic*; **habló una ~** he talked his head off*; **se nota una ~** it sticks out a mile*; **me quiere una ~** he loves me to death*; **había una ~ de gente** there were loads *o* tons *o* masses of people*

**barbarie** SF 1 (= *atraso*) barbarism
2 (= *crueldad*) barbarity, cruelty

**barbarismo** SM 1 (*Ling*) barbarism
2 = **barbarie**

**bárbaro/a** Ⓐ ADJ 1 (*Hist*) barbarian
2 (= *cruel*) barbarous, cruel; (= *espantoso*) awful, frightful
3 (= *grosero*) rough, uncouth; (= *inculto*) ignorant
4 (*) (= *increíble*) tremendous*, smashing*; **un éxito ~** a tremendous *o* smashing success*; **es un tío ~** he's a great *o* fantastic guy*; **hace un frío ~** it's freezing; **¡qué ~!** (= *estupendo*) great!, terrific!; (= *horrible*) how awful!
Ⓑ ADV (*) (= *estupendamente*) brilliantly; **lo pasamos ~** we had a tremendous time*; **canta ~** she sings brilliantly, she's a terrific singer
Ⓒ EXCL (*Cono Sur**) fine!, OK!*
Ⓓ SM/F 1 (*Hist*) barbarian
2 (= *bruto*) uncouth person; **conduce como un ~** he drives like a madman; **gritó como un ~** he gave a tremendous shout, he shouted like mad

**barbarote*** SM brute, savage

**barbas*** SM INV beardie*, bearded guy*

**barbear** ▸conjug 1a◂ Ⓐ VT 1 (*LAm*) to shave
2 (*CAm, Méx*) (= *lisonjear*) to fawn on, flatter
3 (*Méx*) [+ *ganado*] to throw, fell
4 (*esp LAm*) (= *alcanzar*) to come up to, be as tall as
5 (*CAm*) (= *fastidiar*) to annoy, bore
6 (*) (= *ver*) to see, spot
7 (*CAm**) (= *regañar*) to tell off
Ⓑ VI 1 **~ con = A4**
2 (*CAm**) (= *entrometerse*) to stick one's nose in, poke one's nose in

**barbechar** ▸conjug 1a◂ VT 1 (= *dejar en barbecho*) to leave fallow
2 (= *arar*) to plough for sowing, plow for sowing (*EEUU*)

**barbechera** SF fallow, fallow land

**barbecho** SM 1 (= *terreno*) fallow, fallow land; **estar en ~** (*Agr*) to be left fallow; (*fig*) to be in preparation; ✦*MODISMO* **firmar como en un ~** to sign without reading
2 (= *tierra arada*) ploughed land ready for sowing
3 (= *preparación*) preparation for sowing

**barbería** SF 1 (= *peluquería*) barber's, barber's shop
2 (= *arte*) hairdressing

**barbero** Ⓐ ADJ (*CAm, Méx**) (= *adulador*) grovelling; [*niño*] affectionate, cuddly
Ⓑ SM 1 (= *peluquero*) barber; **"El ~ de Sevilla"** "The Barber of Seville"
2 (*Guat, Méx**) flatterer

**barbeta*** SMF (*Cono Sur*) fool

**barbetear** ▸conjug 1a◂ VT (*Méx*) [+ *ganado*] to throw (to the ground) *o* fell (*by twisting the head of*)

**barbicano** ADJ grey-bearded, white-bearded

**barbihecho** ADJ freshly shaven

**barbijo** SM (*Andes, Cono Sur*) 1 (= *correa*) chinstrap
2 (= *chirlo*) slash, scar
3 (= *pañuelo*) headscarf (*knotted under the chin*)

**barbilampiño** Ⓐ ADJ 1 (= *sin barba*) beardless, clean-shaven
2 (= *de cara de niño*) baby-faced
3 (= *inexperto*) inexperienced
Ⓑ SM (= *novato*) novice, greenhorn

**barbilindo** ADJ (= *pulcro*) dapper, spruce; (*pey*) dandified, foppish

**barbilla** SF chin, tip of the chin

**barbiponiente** ADJ 1 (= *con barba incipiente*) beginning to grow a beard, with a youthful beard
2 (= *inexperto*) inexperienced, green

**barbiquejo** SM 1 = **barbijo 1, 3**
2 (*Caribe*) (= *bocal*) bit

**barbiturato** SM barbiturate

**barbitúrico** ADJ, SM barbiturate

**barbo** SM barbel ► **barbo de mar** red mullet, goatfish (*EEUU*)

**barbón** SM 1 (= *hombre con barba*) bearded man, man with a (big) beard; (= *anciano*) greybeard, old hand
2 (*Zool*) billy goat

**barbotear** ▸conjug 1a◂ VT, **barbotar** ▸conjug 1a◂ VT to mutter, mumble

**barboteo** SM muttering, mumbling

**barbudo** Ⓐ ADJ bearded
Ⓑ SM (*a veces pey*) bearded man

**barbulla** SF hullabaloo

**barbullar** ▸conjug 1a◂ VI to jabber away, talk noisily

**Barça** SM **el ~** (*Esp**) Barcelona Football Club

**barca** SF boat, small boat ► **barca de pasaje** ferry ► **barca de pesca**, **barca pesquera** fishing boat

**barcada** SF 1 (= *carga*) boat load
2 (= *viaje*) boat trip; (= *travesía*) ferry crossing

**barcaje** SM toll

**barcarola** SF barcarole

**barcaza** SF barge ► **barcaza de desembarco** (*Mil*) landing craft

**Barcelona** SF Barcelona

**barcelonés/esa** Ⓐ ADJ of/from Barcelona
Ⓑ SM/F native/inhabitant of Barcelona; **los barceloneses** the people of Barcelona

**barchilón/ona** SM/F 1 (*Andes*) (= *enfermero*) nurse
2 (*Andes, Cono Sur*) (= *curandero*) quack doctor

**barcia** SF chaff

**barcino** ADJ reddish-grey

**barco** SM (= *embarcación*) boat; [*de gran tamaño*] ship, vessel (*frm*); **en ~** by boat, by ship; ✦*MODISMO* **como ~ sin timón** irresolutely, lacking a firm purpose ► **barco almirante** flagship ► **barco cablero** cable ship ► **barco carbonero** collier ► **barco cisterna** tanker ► **barco contenedor** container ship ► **barco de apoyo** support ship ► **barco de carga** cargo boat ► **barco de guerra** warship ► **barco de vapor** steamer ► **barco de vela** sailing boat, sailboat (*EEUU*) ► **barco meteorológico** weather ship ► **barco minero** collier ► **barco náufrago** wreck ► **barco nodriza** supply ship ► **barco patrullero** patrol boat ► **barco vivienda** houseboat; *ver tb* **abandonar A1**

**barco-madre** SM (*pl* **barcos-madre**) mother ship

**barda** SF 1 protective covering on a wall; (*Méx*) high hedge, fence, wall
2 **bardas** top *sing* of a wall, walls
3 (‡) jacket

**bardal** SM wall topped with brushwood

**bardana** SF burdock

**bardar** ▸conjug 1a◂ VT to thatch

**bardo** SM bard

**baremar** ▸conjug 1a◂ VT to assess

**baremo** SM 1 (= *escala de valores*) scale
2 (= *criterio*) yardstick, gauge, gage (*EEUU*)
3 (*Mat*) ready reckoner

**bareo*** SM **ir de ~** to go drinking, go pubcrawling*

**barillero** SM (*Méx*) hawker, street vendor

**bario** SM barium

**barítono** SM baritone

**barjuleta** SF knapsack

**barloventear** ▸conjug 1a◂ VI [1] (*Náut*) to beat to windward
[2] (= *vagar*) to wander about

**Barlovento**: **Islas de ~** SFPL Windward Isles

**barlovento** SM windward; **a ~** to windward; **de ~** windward *antes de s*; **ganar el ~ a** to get to windward of

**barman** SM (*pl* **barmans**) barman, bartender

**Barna.** ABR = **Barcelona**

**barniz** SM [1] (= *sustancia*) (*para dar brillo*) varnish; (*para cerámica*) glaze; (*en metal*) gloss, polish; **dar (de) ~ a algo** to varnish sth ► **barniz de uñas** nail varnish
[2] (= *cualidad superficial*) veneer
[3] (*Aer*) dope

**barnizado** SM varnishing

**barnizar** ▸conjug 1f◂ VT [1] (= *cubrir con barniz*) [+ *madera, mueble*] to varnish; [+ *cerámica*] to glaze
[2] (= *encubrir*) to put a gloss on

**barométrico** ADJ barometric

**barómetro** SM barometer ► **barómetro aneroide** aneroid barometer

**barón** SM [1] (= *título*) baron; (*Pol*) chief, big wig*
[2] (*Caribe**) pal*, buddy (*EEUU*)

**baronesa** SF baroness

**baronía** SF barony

**baronial** ADJ baronial

**barquero/a** SM/F [*de barcaza, barca*] boatman/boatwoman; [*de embarcadero*] ferryman/ferrywoman

**barquía** SF skiff, rowing boat, rowboat (*EEUU*)

**barquilla** SF [1] (*Aer*) [*de globo*] basket; [*de dirigible*] gondola, car
[2] (*Náut*) log
[3] (*LAm*) = **barquillo**

**barquillo** SM (*Culin*) rolled wafer; (= *helado*) cornet, cone

**barquinazo** SM [1] (= *caída*) tumble, hard fall
[2] (= *movimiento brusco*) (*Aut*) bump, jolt; (*Andes*) sudden start

**barra** SF [1] (= *pieza alargada*) bar; [*de metal*] bar, ingot; (*en armario*) rail; (*en un bar*) bar, counter; (*en autoservicio*) counter; (*Mec*) rod; [*de bicicleta*] crossbar; **beber en la ~** to drink at the bar; **la bandera de las ~s y estrellas** the Stars and Stripes; ✦***MODISMOS*** **a ~s derechas** honestly; **no pararse en ~s** to stick at nothing ► **barra americana** singles bar ► **barra antivuelco** anti-roll bar ► **barra de carmín** lipstick ► **barra de cereales** cereal bar ► **barra de chocolate** (*Cono Sur*) bar of chocolate, chocolate bar, candy bar (*EEUU*) ► **barra de cortina** curtain rod ► **barra de equilibrio(s)** beam ► **barra de espaciado** space bar ► **barra de labios** lipstick ► **barra de pan** French stick, French loaf ► **barra espaciadora** space bar ► **barra estabilizadora** anti-roll bar ► **barra fija** horizontal bar, fixed bar ► **barra libre** free bar ► **barras asimétricas** asymmetric bars ► **barras paralelas** parallel bars
[2] (*Tip*) (*tb* **~ oblicua**) oblique stroke, slash ► **barra inversa** backslash
[3] (*Heráldica*) stripe, bar
[4] (*Náut*) bar, sandbank
[5] (*Jur*) (= *banquillo*) dock; **llevar a algn a la ~** to bring sb to justice; **la Barra** (*Méx*) the Bar, the legal profession, the Bar Association (*EEUU*)
[6] (*Mús*) bar
[7] (*Cono Sur*) (= *público*) (*en concierto, espectáculo*) audience, spectators *pl*; (*Dep*) fans *pl*, supporters *pl*; **había mucha ~** there was a big audience
[8] (*Cono Sur*) (= *pandilla*) gang; (= *camarilla*) clique, coterie
[9] (*Caribe*) river mouth, estuary

**Barrabás** SM Barrabas; ✦***MODISMO*** **ser un ~** [*adulto*] to be wicked; [*niño*] to be mischievous, be naughty

**barrabasada** SF mischief, piece of mischief

**barraca¹** SF [1] (= *cabaña*) hut, cabin; [*de obreros*] workmen's hut; (*en Valencia*) small farmhouse
[2] (= *chabola*) shanty, hovel; **una zona de ~s** an area of shantytown
[3] (*en feria*) stall, booth ► **una barraca de feria** a fairground stall *o* booth ► **barraca de tiro al blanco** shooting gallery ► **barraca persa** (*Cono Sur*) cut-price store
[4] (*Andes*) (= *depósito*) large storage shed; (*en mercado*) market stall
[5] ✦***MODISMO*** **creerse algo a la ~** to believe sth implicitly

**barraca²** SF (*LAm Mil*) barracks

**barracón** SM [1] (= *cabaña*) big hut; (*Caribe Agr*) farmworkers' living quarters
[2] (*en feria*) (= *caseta*) large booth, stall; (= *espectáculo*) sideshow ► **barracón de espejos**, **barracón de la risa** hall of mirrors

**barracuda** SF barracuda

**barragana** SF (= *concubina*) concubine; (††) morganatic wife

**barrajes** SMPL (*Andes*) shanty town *sing*

**barranca** SF gully, ravine

**barrancal** SM place full of ravines

**barranco** SM [1] (= *hondonada*) gully, ravine
[2] (= *precipicio*) cliff; [*de río*] steep riverbank
[3] (= *obstáculo*) difficulty, obstacle

**barraquismo** SM problem of the slums, shanty town problem

**barrar** ▸conjug 1a◂ VT to daub, smear (**de** with)

**barreal** SM (*Cono Sur*) (= *tierra*) heavy clay land; (*CAm*) (= *pantano*) bog

**barrear** ▸conjug 1a◂ VT (= *poner barricadas*) to barricade, fortify; (= *bloquear con una barra*) to bar, fasten with a bar

**barredera** SF [1] (= *vehículo*) street sweeper, road sweeper ► **barredera de alfombras**, **barredera mecánica** carpet sweeper
[2] (= *persona*) street sweeper, road sweeper

**barredor** SM (*tb* **~ de frecuencia**) frequency sweeper

**barredura** SF [1] (= *acción*) sweep, sweeping
[2] **barreduras** (= *restos*) sweepings; (= *basura*) rubbish *sing*, refuse *sing*, garbage (*EEUU*)

**barreminas** SM INV minesweeper

**barrena** SF [1] (= *taladro*) (*para pared*) drill; (*para asfalto*) pneumatic drill; (*Min*) rock drill, mining drill ► **barrena de guía** centre *o* (*EEUU*) center bit ► **barrena de mano**, **barrena pequeña** gimlet
[2] (*Aer*) **entrar en ~** to go into a spin

**barrenado*** ADJ **estar ~** to be dotty*

**barrenar** ▸conjug 1a◂ VT [1] (= *taladrar*) [+ *madera, metal*] to drill, bore; [+ *roca*] to blast; [+ *barco*] to scuttle
[2] (= *volar*) to blast
[3] (= *frustrar*) to foil, frustrate
[4] (*Jur*) to violate, infringe

**barrendero/a** SM/F street sweeper, road sweeper

**barrenillo** SM [1] (*Zool*) borer
[2] (*Caribe*) (= *empeño*) foolish persistence; (*Cono Sur, Méx*) (= *preocupación*) constant worry; (= *manía*) pet idea

**barreno** SM (= *perforación*) borehole; (*Min*) blasthole; **dar ~ a un barco** to scuttle a ship

**barreño** SM washing bowl, washbowl

**barrer** ▸conjug 2a◂ Ⓐ VT [1] (*con escoba*) to sweep; [+ *suelo*] to sweep, sweep clean; [+ *habitación*] to sweep (out); [+ *objeto*] to sweep aside, sweep away
[2] (*Mil, Náut*) to sweep *o* rake (*with gunfire*)
[3] (= *eliminar*) [+ *obstáculo*] to sweep aside, sweep away; [+ *rival*] to sweep aside, overwhelm; [+ *dudas*] to sweep aside, dispel; **los candidatos del partido barrieron a sus adversarios** the party's candidates swept their rivals aside; ✦***MODISMO*** **~ con todo** to make a clean sweep
Ⓑ VI [1] (= *con escoba*) to sweep up
[2] (= *llevarse*) ✦***MODISMOS*** **~ para** *o* **hacia dentro** to look after number one; **comprar algo al ~** (*Cono Sur*) to buy sth in a job lot
Ⓒ **barrerse** VPR [1] (*Méx*) [*caballo*] to shy, start
[2] (*Méx**) (= *humillarse*) to grovel

**barrera** SF [1] (= *obstáculo*) barrier; **levantó la ~ para dejarnos pasar** he lifted the barrier to let us through; **crema ~** barrier cream; **contraconcepción anticonceptivo de ~** barrier contraception; **método anticonceptivo de ~** barrier method; **ya ha traspasado la ~ de los treinta** he has past the 30-year-old mark ► **barrera aduanera**, **barrera arancelaria** tariff barrier ► **barrera comercial** trade barrier ► **barrera coralina** coral reef ► **barrera de color** colour *o* (*EEUU*) color bar ► **barrera de contención** containing wall ► **barrera del sonido** sound barrier; **este avión supera** *o* **traspasa** *o* **rompe la ~ del sonido** this plane can break the sound barrier ► **barrera de seguridad** safety barrier ► **barrera generacional** generation gap ► **barrera protectora** safety barrier ► **barrera racial** colour *o* (*EEUU*) color bar
[2] (*en carretera*) roadblock ► **barrera de peaje**, **barrera de portazgo** toll gate, turnpike
[3] (*Ferro*) crossing gate
[4] (*Taur*) (= *valla*) barrier; (= *primera fila*) first row; *ver tb* **toro 3**
[5] (*Dep*) [*de jugadores*] wall
[6] (*Mil*) (= *barricada*) barricade; (= *parapeto*) parapet ► **barrera de fuego** barrage ► **barrera de fuego móvil** creeping barrage
[7] (= *impedimento*) barrier, obstacle; **poner ~s a algo** to hinder sth, obstruct sth

**barrero** Ⓐ ADJ (*Cono Sur*) [*caballo*] that likes heavy going
Ⓑ SM (= *tierra fangosa*) muddy ground; (*Andes, Cono Sur*) (= *saladar*) salt soil

**bar-restaurante** SM bar-cum-restaurant

**barretina** SF *Catalan cap*

**barriada** SF (= *barrio*) quarter, district; (*LAm*) (= *chabolas*) slum, shanty town

**barrial** SM [1] (*Méx*) (= *tierra*) heavy clay land
[2] (*LAm*) (= *pantano*) bog

**barrica** SF large barrel, cask

**barricada** SF barricade

**barrida** SF (*con escoba*) sweep, sweeping; [*de policía*] sweep, raid; (*en elecciones*) landslide

**barrido** SM (*con escoba*) sweep, sweeping; (*Elec*) scan, sweep; ✦**MODISMO vale tanto para un ~ como para un fregado** he can turn his hand to anything

**barriga** SF [1] (*Anat*) belly; (= *panza*) paunch; **echar ~** to get middle-age spread; **estás echando ~** you're getting a bit of a belly*; **con la cerveza echas ~** beer makes you fat; **me duele la ~** I have a sore stomach; **hacer una ~ a una chica*** to get a girl in the family way; **llenarse la ~** to stuff o.s.; **tener ~*** (= *estar encinta*) to be in the family way*; (= *ser gordo*) to be fat; ✦**MODISMO rascarse** *o* **tocarse la ~*** to do damn-all*
[2] (= *parte abultada*) [*de jarra*] belly, rounded part; [*de muro*] bulge

**barrigón/ona**, **barrigudo/a** Ⓐ ADJ potbellied
Ⓑ SM/F (*Andes, Caribe**) child, kid*

**barriguera** SF girth, horse's girth

**barril** SM [1] (= *tonel*) (*gen*) barrel; [*de madera*] cask; [*de metal*] keg; **cerveza de ~** draught *o* (*EEUU*) draft beer, beer on draught; ✦**MODISMOS comer del ~** (*Andes*) to eat poor-quality food; **ser un ~ de pólvora** to be a powder keg ► **barril de petróleo** barrel of oil
[2] (*LAm*) (= *cometa hexagonal*) hexagonal kite

**barrila*** SF row; **dar la ~** to kick up a fuss

**barrilería** SF [1] (= *almacén*) barrel store
[2] (= *tienda, taller*) cooper's shop
[3] (= *arte*) cooperage

**barrilero/a** SM/F cooper

**barrilete** Ⓐ SM [1] (= *barril*) [*de metal*] keg; [*de madera*] cask
[2] [*de revólver*] chamber
[3] (*Téc*) clamp
[4] (*Méx Jur*) junior barrister
[5] (*Cono Sur*) (= *cometa de juguete*) kite
Ⓑ SF (*Cono Sur*) restless woman

**barrilla** SF (*Bot, Quím*) barilla, saltwort

**barrillo** SM (= *grano*) pimple; (*con la cabeza negra*) blackhead

**barrio** SM [1] (= *distrito*) area, district, neighborhood (*EEUU*); **una casa en un ~ residencial** a house in a residential area *o* district *o* (*EEUU*) neighborhood; **el ~ de Gracia** Gracia district; **mi ~** my part of town, my neighborhood (*EEUU*); **un piso en un ~ céntrico** a flat in the centre of town; **vive en el ~ judío de Córdoba** he lives in the Jewish quarter of Cordova; **los ~s de la periferia** the outlying suburbs *o* areas, the outskirts; **tiendas de ~** local shops, corner shops, neighborhood stores (*EEUU*); **cine de ~** local cinema; ✦**MODISMOS el otro ~*** the next world; **irse al otro ~*** to snuff it*; **mandar a algn al otro ~*** to do sb in* ► **barrio bruja** (*Andes*) shanty town ► **barrio chino** [*de mayoría china*] Chinatown, Chinese quarter; [*de prostitución*] (*Esp*) red-light district ► **barrio comercial** [*de negocios*] business quarter, commercial district; [*de tiendas*] shopping area, shopping district ► **barrio de chabolas** shanty town ► **barrio de tolerancia** (*Andes*) red-light district ► **barrio dormitorio** commuter suburb, dormitory suburb ► **barrio exterior** outer suburb ► **Barrio Gótico** *historic district with principally Gothic architecture* ► **barrio latino** Latin quarter ► **barrio miseria**† shanty town ► **barrio obrero** working-class area, working-class district, working-class neighborhood (*EEUU*) ► **barrios bajos** poorer areas (of town) ► **barrios marginales** poorer areas (of town)
[2] (*LAm*) shanty town

**barriobajero** ADJ [1] [*zona, vida*] slum *antes de s*
[2] (= *vulgar*) vulgar, common

**barrisco**: **a ~** ADV jumbled together, in confusion, indiscriminately

**barritar** ▸conjug 1a◂ VI [*elefante*] to trumpet

**barrito** SM trumpeting

**barrizal** SM mire

**barro** SM [1] (= *lodo*) mud; **me llené de ~** I got covered in mud
[2] (*Arte*) (= *arcilla*) potter's clay; **~ cocido** baked clay; **una vasija de ~** a clay pot
[3] (= *loza*) earthenware; **un cacharro de ~** an earthenware dish; **barros** earthenware *sing*, crockery *sing*
[4] (⁑) (= *dinero*) dough⁑, brass*; **tener ~ a mano** to be in the money
[5] (*Cono Sur**) (= *desacierto*) **hacer un ~** to drop a clanger*
[6] (*Anat*) pimple
[7] ► **barros jarpa** (*Chile*), **barros luca** (*Chile*) *toasted ham and cheese sandwich*

**barroco** Ⓐ ADJ [1] [*estilo, período*] baroque
[2] (= *recargado*) elaborate
Ⓑ SM (= *estilo*) baroque, baroque style; (= *período*) baroque period

**barroquismo** SM [1] (= *estilo barroco*) baroque, baroque style
[2] (= *adorno excesivo*) excess

**barroso** ADJ [1] (= *con barro*) muddy
[2] [*color*] mud-coloured, mud-colored (*EEUU*); [*ganado*] reddish; (*CAm*) (= *blancuzco*) off-white
[3] (*Anat*) pimply

**barrote** SM [1] [*de celda*] bar; **los ~s de la ventana** the bars on the window
[2] [*de silla*] rung

**barruntar** ▸conjug 1a◂ VT (= *adivinar*) to guess, conjecture; (= *sospechar*) to suspect

**barrunte** SM sign, indication

**barrunto** SM [1] (= *adivinanza*) guess, conjecture; (= *indicio*) sign, indication; (= *sospecha*) suspicion; (= *presentimiento*) foreboding
[2] (*Caribe, Méx Meteo*) *north wind which brings rain*

**Barsa** SM = **Barça**

**bartola** SF ✦**MODISMO echarse** *o* **tenderse a la ~*** to be lazy, take it easy*

**bartolear** ▸conjug 1a◂ VI (*Cono Sur*) to be lazy, take it easy*

**bartolina** SF (*CAm, Méx*) dark cell, dungeon

**Bartolo** SM (*forma familiar*) *de* **Bartolomé**

**bartolo*** ADJ (*Méx*) thick*, stupid

**Bartolomé** SM Bartholomew

**bartulear** ▸conjug 1a◂ VI (*Cono Sur*) to think hard, rack one's brains

**bártulos*** SMPL things, belongings; (*Téc*) tools; **liar los ~** to pack up one's things *o* belongings

**barucho*** SM (*pey*) seedy bar

**barullento** ADJ (*Cono Sur*) noisy, rowdy

**barullo** SM [1] (= *alboroto*) racket; (= *confusión*) confusion; **armar ~** to make a racket; **esta habitación está hecha un ~** this room is a mess
[2] **a ~** in abundance, in great quantities

**barzón** SM saunter, stroll; **dar barzones** to saunter around, stroll around

**barzonear** ▸conjug 1a◂ VI to saunter around, stroll around

**basa** SF [1] (*Arquit*) base (*of a column*)
[2] (= *fundamento*) basis, foundation

**basalto** SM basalt

**basamentar** ▸conjug 1a◂ VT = **basar**

**basamento** SM (*Arquit*) base

▼ **basar** ▸conjug 1a◂ Ⓐ VT [+ *teoría, argumento*] to base; **basó su teoría en los más modernos descubrimientos** he based his theory on the very latest discoveries
Ⓑ **basarse** VPR [1] (= *tener como base*) **~se en algo** to be based on sth; **la película está basada en hechos reales** the film is based on actual events
[2] (= *usar como base*) **para la novela me basé en la vida de mi abuela** the novel was inspired by the life of my grandmother, I based the novel on the life of my grandmother; **¿en qué te basas para decir eso?** what basis *o* grounds have you got for saying that?

**basca** SF [1] (*) (= *grupo*) crowd; (= *pandilla*) gang, pals *pl*
[2] (= *impulso*) **le dio la ~** he had a sudden urge
[3] (= *rabieta*) fit of rage, tantrum
[4] **bascas** (*esp LAm Med*) nausea *sing*, sick feeling *sing*; **le entraron ~s** he felt nauseated, he felt sick; **dar ~s a algn** to turn sb's stomach

**bascosidad** SF [1] (= *porquería*) filth, dirt
[2] (*Andes*) (= *obscenidad*) obscenity

**bascoso** ADJ [1] (= *delicado*) squeamish, easily upset; (*Med*) queasy
[2] (*LAm*) (= *nauseabundo*) nauseating, sick-making*
[3] (*Andes*) (= *obsceno*) obscene

**báscula** SF (= *con plato*) scales *pl*, weighing machine; (*romana*) steelyard; (*para camiones*) weighbridge ► **báscula biestable** flip-flop, toggle ► **báscula de(l) baño** bathroom scales *pl* ► **báscula de cocina** kitchen scales *pl* ► **báscula de puente** weighbridge

**basculable** ADJ (*Aut*) [*luz*] directional, with swinging beam

**basculante** SM tipper, dumper, dump truck (*EEUU*)

**báscula-puente** SF weighbridge

**bascular** ▸conjug 1a◂ VI [1] (= *inclinarse*) to tilt, tip up; (= *columpiarse*) to seesaw; (= *mecerse*) to rock to and fro
[2] (*Pol*) to swing
[3] (*Inform*) to toggle

**base** Ⓐ SF [1] (= *parte inferior*) base; **la ~ de la columna** the base of the pillar; **este jarrón tiene muy poca ~** this vase has a very narrow base; **la fecha de caducidad viene en la ~ del paquete** the use-by date is on the base *o* the bottom of the pack; **la ~ del cráneo** the base of the skull
[2] (= *fondo*) [*de pintura*] background; [*de maquillaje*] foundation; **sobre una ~ de amarillo** on a yellow background; **primero se coloca una ~ de tomate** start by laying a tomato base
[3] (= *fundamento*) basis; **ese artículo no tie-**

➤ LENGUA Y USO: basar B2 44.1

**ne ~ científica alguna** that article has no scientific basis at all; **la ~ del éxito está en el trabajo** the key to success is hard work; **carecer de ~** [*acusación*] to lack foundation, be unfounded; [*argumento*] to lack justification, be unjustified; **de ~** [*error, dato*] basic, fundamental; [*activista, apoyo*] grass-roots *antes de s*; **en ~ a** (*uso periodístico*) **un programa elaborado en ~ a criterios subjetivos** a programme based on subjective criteria; **en ~ a lo que acabamos de ver** based on what we have just seen; **en ~ a que: no publicaron la carta en ~ a que era demasiado larga** they didn't publish the letter because it was too long; **partir de una ~: un juez tiene que partir de una ~ de neutralidad absoluta** a judge must start out from a position of absolute neutrality; **partiendo de esta ~, nos planteamos la necesidad ...** on this assumption, we think it necessary ...; **partir de la ~ de que ...** to take as one's starting point that ...; **sentar las ~s de algo** to lay the foundations of sth; **Chomsky sentó las ~s de la gramática generativa** Chomsky laid the foundations of generative grammar; **su visita sentó las ~s para una futura cooperación** her visit paved the way for *o* laid the foundations of future cooperation; **sobre la ~ de algo** on the basis of sth; **hay que negociar sobre la ~ de resoluciones previas** we must negotiate on the basis of previous resolutions; ✦***MODISMO*** **coger a algn fuera de ~** (*CAm, Caribe*) to catch sb out ► **base de poder** power base

[4] (= *componente principal*) **la leche es la ~ de su alimentación** his diet is milk-based; **la ~ de este jabón es la soda** this soap is soda-based; **a ~ de algo: una dieta a ~ de arroz** a rice-based diet, a diet based on rice; **un plato a ~ de verduras** a vegetable-based dish, a dish based on vegetables; **este aparato funciona a ~ de ultrasonidos** this machine works with ultrasound; **sólo conseguirás salir adelante a ~ de mucho esfuerzo** you will only get ahead by working hard; **a ~ de hacer algo** by doing sth; **así, a ~ de no hacer nada, poco vas a conseguir** you won't achieve much by doing nothing; **a ~ de insistir, la convenció para comprar la casa** by *o* through his insistence, he persuaded her to buy the house; ✦***MODISMO*** **a ~ de bien** (*Esp**) **hoy hemos trabajado a ~ de bien** we've done loads of work today*; **nos divertimos a ~ de bien** we had a whale of a time*; **cenamos a ~ de bien** we had a really good meal ► **base imponible** (*Econ*) taxable income

[5] (= *conocimientos básicos*) grounding; **le falta un poco de ~** he doesn't have the proper grounding; **este manual le aportará una buena ~ de química** this handbook will give you a good grounding in chemistry

[6] (*Mil*) base ► **base aérea** air base ► **base aeronaval** naval air base ► **base avanzada** forward base ► **base de lanzamiento** launch site ► **base de operaciones** operations base ► **base espacial** space station ► **base naval** naval base

[7] **bases** [7·1] (= *condiciones*) [*de concurso*] conditions, rules; [*de convocatoria*] requirements

[7·2] (*Pol*) **las ~s** the rank and file

[8] (*Inform*) ► **base de datos** database ► **base de datos documental** documentary database ► **base de datos relacional** relational database

[9] (*Mat*) (*en una potencia*) base

[10] (*Quím*) base

[11] (*Téc*) base, mounting

[12] (*Agrimensura*) base, base line

[13] (*Ling*) (*tb* **~ derivativa**) base form

[14] (*Béisbol*) base

[15] (‡) (= *droga*) base

Ⓑ SMF (*Baloncesto*) guard

Ⓒ ADJ INV [1] (= *de partida*) [*campamento, campo*] base *antes de s*; [*puerto*] home *antes de s*; **dejamos el campamento ~ por la mañana** we left base camp in the morning

[2] (= *básico*) [*idea*] basic; [*documento, texto*] provisional, draft; **han aprobado el texto ~ para el nuevo convenio** they have approved the provisional *o* draft text of the new agreement; **alimento ~** staple (food); **color ~** base colour *o* (*EEUU*) color; *ver tb* **salario, sueldo**

**baseballista** SMF (*LAm*) baseball player

**basebolero/a** Ⓐ ADJ (*Caribe*) baseball *antes de s*

Ⓑ SM/F (*Caribe*) baseball player

**básica** SF = **EGB**

**básico** ADJ basic

**Basilea** SF Basle, Basel

**basílica** SF basilica

**basilisco** SM (*Mit*) basilisk; (*Méx*) iguana; ✦***MODISMOS*** **estar hecho un ~** to be furious; **ponerse como un ~** to get terribly angry

**básket** SM basketball

**basoto** ADJ of/from Lesotho

**basquear** ▸conjug 1a◂ (*LAm*) VI (= *sentir náuseas*) to be nauseated, feel sick; **hacer ~ a algn** to make sb feel sick, turn sb's stomach

**básquet** SM (*tb* **pelota ~**) basketball

**basquetbolero/a** Ⓐ ADJ (*LAm*) basketball *antes de s*

Ⓑ SM/F (*LAm*) basketball player

**basquetbolista** SMF (*LAm*) basketball player

**basquetbolístico** ADJ (*LAm*) basketball *antes de s*

**basquiña** SF skirt

**basta** SF tacking stitch, basting stitch

**bastante** Ⓐ ADJ [1] (= *suficiente*) enough (**para** for); **hay ~ sitio para todos** there is enough room for everyone; **¿no tienes ya ~s?** haven't you got enough?; **no había ~ público** there wasn't a big enough audience

[2] (= *mucho*) quite a lot of, a fair amount of; **han dejado ~ comida** they've left quite a lot of *o* a fair amount of food; **hace ~ frío** it's quite cold; **se marchó hace ~ rato** he left quite some time ago; **la calidad deja ~ que desear** the quality leaves much to be desired

[3] (= *muchos*) quite a lot of, quite a few; **había ~s invitados en la recepción** there were quite a lot of *o* quite a few guests at the reception; **—¿tienes muchos cuadros? —bastantes** "do you have many paintings?" — "quite a few"

[4] (*Méx*) (= *demasiado*) too much

Ⓑ ADV [1] (= *suficiente*) enough; **ya has comido ~** you've eaten enough; **no tenemos ~ para ir de vacaciones** we haven't enough to go on holiday; **ya tienen ~ como para que vayamos también nosotros con nuestros problemas** they've got enough on their plate already without us taking our problems along; **es lo ~ alto como para alcanzarlo** he's tall enough to reach it

[2] (= *de forma considerable*) (*con verbos*) quite a lot; (*con adjetivos, adverbios*) quite; **los niños han cambiado ~** the children have changed a fair amount *o* quite a lot; **lo he visto ~ últimamente** I've seen a fair amount of him *o* quite a lot of him recently; **me gusta ~** I quite like it, I like it quite a lot; **el libro está ~ bien** it's a fairly good book, it's quite a good book; **estoy ~ cansado** I'm rather *o* quite tired; **habla inglés ~ bien** she speaks quite good English, her English is quite good; **vivo ~ lejos** I live quite a long way away

**bastantemente** ADV sufficiently

**bastar** ▸conjug 1a◂ Ⓐ VI [1] (= *ser suficiente*) to be enough; **eso me basta** that's enough for me; **esta información debería ~ al juez** this information should be enough for the judge; **baste decir que ...** suffice it to say that ...; **como ejemplo, baste decir que los beneficios han aumentado en un 20%** by way of example, suffice it to say that profits have risen by 20%; **~ para hacer algo** to be enough to do sth; **suele ~ una esponja para absorber el agua** a sponge is usually enough *o* all it takes to soak up the water; **me bastó una foto para reconocerlo** one look at a photo was enough to recognize him, one look at a photo was all it took for me to recognize him; **una mirada bastó para hacerme callar** one look was enough to make me shut up, one look was all it took to make me shut up; **me bastó leer el primer párrafo para saber que era un genio** I only had to read the first paragraph to know that he was a genius; **basta que ... para que ...: basta que queramos llegar pronto a casa, para que haya un atasco** just when we want to get home quickly, there's a traffic jam; **basta saber que ...** it is enough to know that ...

[2] (*terciopersonal*) **con eso basta** that's enough; **me basta con tu palabra** your word's good enough for me; **con la intención basta** it's the thought that counts; **basta con dar una vuelta por la ciudad para ...** you only need to take a walk round the city to ...; **no basta con ...** it's not enough to ...; **no basta con decir que uno no es culpable, hay que demostrarlo** it's not enough to say you're not guilty, you have to prove it

[3] (*exclamación*) **¡basta!** ◊ **¡basta ya!** that will do!, that's enough!; **¡basta de charla!** that's enough chatter!; **¡basta de tonterías!** that's enough nonsense!; **¡basta ya de llorar!** that's enough crying!

[4] ✦***MODISMOS*** **hasta decir basta: nevó hasta decir basta** it snowed like there was no tomorrow; **bailamos hasta decir basta** we danced till we dropped; **es honrado hasta decir basta** he's as honest as the day is long; **~ y sobrar** to be more than enough; **con esa comida basta y sobra para un mes** that food is more than enough for a month; **no hablamos alemán, nos basta y sobra con el inglés** we don't speak German, English is all we need

Ⓑ **bastarse** VPR **yo sola me basto para cuidarlo** I'm well capable of looking after him on my own; **se bastan y se sobran para llevar ellos el negocio** they're more than capable of running the business themselves; **~se a sí mismo** to be self-sufficient

➤ LENGUA Y USO: **básico** 53.2

**bastardear** ▸conjug 1a◂ Ⓐ VT to bastardize
Ⓑ VI [1] (*Bot*) to degenerate
[2] (= *degenerar*) to degenerate, fall away

**bastardía** SF [1] (= *cualidad*) bastardy
[2] (= *bajeza*) meanness, baseness
[3] (= *acción vil*) wicked thing

**bastardilla** SF (*Tip*) (*tb* **letra ~**) italic type, italics *pl*; **en ~** in italics; **poner en ~** to italicize

**bastardo/a** Ⓐ ADJ [1] (= *ilegítimo*) bastard
[2] (= *mezquino*) mean, base
[3] (*Bot*) (= *híbrido*) hybrid, mixed
Ⓑ SM/F bastard

**bastear** ▸conjug 1a◂ VT to tack, stitch loosely

**bastedad** SF, **basteza** SF coarseness, vulgarity

**bastero/a** SM/F (*Méx*) pickpocket

**bastes**‡ SMPL (*Esp*) fingers

**bastez** SF coarseness, vulgarity

**bastidor** SM [1] (= *armazón*) (*Téc, Cos*) frame, framework; [*de ventana*] frame; [*de lienzo*] stretcher; [*de vehículo*] chassis
[2] (*Teat*) wing; **entre ~es** behind the scenes; **estar entre ~es** to be offstage; **dirigir entre ~es** to pull the strings
[3] (*Andes, Cono Sur*) (= *celosía*) lattice window
[4] (*Caribe*) (= *catre*) metal bedstead
[5] (*Caribe, Méx*) (= *colchón*) interior sprung mattress

**bastilla** SF hem

**bastillar** ▸conjug 1a◂ VT to hem

**bastimentar** ▸conjug 1a◂ VT to supply, provision

**bastimento** SM [1] (= *provisiones*) supply
[2] (*Náut*) vessel

**bastión** SM bastion

**basto** Ⓐ ADJ [1] [*superficie, piel*] coarse
[2] [*persona, comportamiento*] rude, vulgar
Ⓑ SM [1] (*Naipes*) ace of clubs; **bastos** clubs (*one of the suits in the Spanish card deck*); ✦***MODISMO*** **pintan ~s** things are getting tough, the going's getting tough; → BARAJA ESPAÑOLA
[2] (= *albarda*) packsaddle
[3] (*LAm*) **bastos** soft leather pad (*used under the saddle*)

**bastón** SM [1] (*para andar*) (walking) stick; **necesita llevar ~ para andar** he needs a stick for walking ► **bastón alpino, bastón de alpinista** alpenstock ► **bastón de esquí** ski stick ► **bastón de estoque** swordstick ► **bastón de montaña** alpenstock
[2] [*de policía*] truncheon, billy (club) (*EEUU*); [*de militar*] baton; ✦***MODISMOS*** **empuñar el ~** to take command; **meter el ~** to intervene ► **bastón de mando** baton, sign of authority
[3] (*Heráldica*) vertical bar, pallet

**bastonazo** SM (= *golpe*) blow (*with a stick*)

**bastoncillo** SM [1] (*para los oídos*) cotton bud, Q-tip® (*EEUU*)
[2] (*Anat*) rod, retinal rod

**bastoncito** SM [1] [*de pan*] bread stick
[2] (*para los oídos*) cotton bud, Q-tip® (*EEUU*)

**bastonear** ▸conjug 1a◂ VT to beat (*with a stick*), hit (*with a stick*)

**bastonera** SF umbrella stand

**bastonero/a** SM/F [1] [*de bailes*] master of ceremonies (*at a dance*), compere, emcee (*EEUU*)
[2] (*Caribe*) scoundrel, tough nut*

**bastón-taburete** SM shooting stick

**basuco*** SM cocaine base, unpurified cocaine

**basura** SF [1] (= *desechos*) (*en casa*) rubbish, garbage (*EEUU*); (*por el suelo*) litter; **hay mucha ~ en la calle** there's a lot of litter in the street; **"prohibido arrojar basuras (y escombros)"** "no dumping", "no tipping" ► **basura espacial** space junk ► **basura radiactiva** radioactive waste
[2] (= *contenedor*) (*en casa*) dustbin, trash can (*EEUU*); (*en la calle*) litter bin, trash can (*EEUU*); **tirar algo a la ~** to put *o* throw sth in the bin
[3] (= *persona o cosa despreciable*) trash, rubbish; **es una ~*** he's a shocker*, he's a rotter*; **la novela es una ~** the novel is rubbish

**basural** SM (*LAm*) rubbish dump

**basurear** ▸conjug 1a◂ VT **~ a algn** (*Cono Sur*) (= *empujar*) to push sb along; (= *humillar*) to humiliate sb; (= *insultar*) to be rude to sb, rubbish sb*

**basurero/a** Ⓐ SM/F (= *persona*) dustman/dustwoman, garbage collector (*EEUU*)
Ⓑ SM [1] (= *vertedero*) rubbish dump; (*Agr*) dung heap
[2] (*LAm*) (= *cubo*) litter bin, trash can (*EEUU*)

**basuriento** ADJ (*Andes, Cono Sur*) full of rubbish

**Basutolandia** SF (*Hist*) Basutoland

**bata**[1] SF [1] (*para levantarse de la cama*) dressing gown; (*encima de la ropa*) housecoat; [*de playa*] wrap
[2] [*de médico*] white coat; [*de científico*] laboratory coat, lab coat ► **bata blanca** white coat
[3] (= *guardapolvo*) overall, smock

**bata**[2]‡ SF mother

**batacazo** SM [1] (= *porrazo*) thump
[2] (*LAm*) (= *golpe de suerte*) stroke of luck, fluke

**bataclán** SM (*LAm*) striptease show, burlesque show (*EEUU*)

**bataclana** SF (*LAm*) striptease girl, stripper

**batahola*** SF (= *ruido*) din, hullabaloo*; (= *jaleo*) rumpus*

**bataholear** ▸conjug 1a◂ VI, **batajolear** ▸conjug 1a◂ VI (*Andes*) (= *pelear*) to brawl; (= *ser travieso*) to be mischievous, play pranks

**batalla** SF [1] (= *lucha*) battle; **librar** *o* **trabar ~** to do battle ► **batalla campal** pitched battle
[2] (= *sufrimiento*) fight, struggle; **ropa de ~** everyday clothes *pl*
[3] (*Aut*) wheelbase

**batallador(a)** Ⓐ ADJ battling, fighting
Ⓑ SM/F (= *luchador*) battler, fighter; (*Dep*) fencer

**batallar** ▸conjug 1a◂ VI (= *luchar*) to battle, fight

**batallita** SF **contar ~s*** to go over old times

**batallón** Ⓐ ADJ **cuestión batallona** vexed question
Ⓑ SM battalion ► **batallón de castigo, batallón disciplinario** punishment squad

**batán** SM [1] (= *lugar*) fulling mill; (= *herramienta*) fulling hammer
[2] (*Cono Sur*) (= *tintorería*) dry cleaner's
[3] (*Andes*) (= *espesura de tela*) thickness (*of cloth*)

**batanar** ▸conjug 1a◂ VT [1] (*Téc*) to full
[2] (*) to beat, thrash

**batanear** ▸conjug 1a◂ VT = **batanar 2**

**batanero/a** SM/F fuller

**bataola** SF = **batahola**

**batasuno/a** Ⓐ ADJ of Herri Batasuna
Ⓑ SM/F member/supporter of Herri Batasuna

**batata** Ⓐ ADJ [1] (*Cono Sur*) (= *tímido*) bashful, shy
[2] (*Caribe, Cono Sur*) (= *simple*) simple, gullible
[3] (*Caribe*) (= *llenito*) chubby, plump; (= *rechoncho*) squat
Ⓑ SF [1] (*Bot*) sweet potato, yam
[2] (*Cono Sur*) (= *timidez*) bashfulness, embarrassment
[3] (*Andes, Caribe*) (= *pantorrilla*) calf (*of the leg*)
[4] (*Cono Sur**) (= *coche*) car, auto(mobile) (*EEUU*)

**batatar** SM (*LAm*) sweet potato field

**batatazo*** SM (*esp LAm*) (= *golpe de suerte*) stroke of luck, fluke

**batayola** SF (*Náut*) rail

**bate** SM (*esp LAm*) bat, baseball bat; ✦***MODISMO*** **estar al ~ de algo** (*CAm, Caribe*) to be in charge of sth ► **bate de béisbol** baseball bat ► **bate de polo** polo stick

**batea** SF [1] (= *bandeja*) tray
[2] (*LAm*) (= *artesa para lavar*) washing trough
[3] (*Min*) washing pan
[4] (*Ferro*) flat car, low waggon
[5] (*Náut*) flat-bottomed boat, punt

**bateador(a)** SM/F batter

**batear** ▸conjug 1a◂ Ⓐ VT to hit
Ⓑ VI [1] (*esp LAm Dep*) to bat
[2] (*Caribe**) (= *tragar*) to overeat

**batel** SM small boat, skiff

**batelero/a** SM/F boatman/boatwoman

**batelón** SM (*LAm*) canoe

**batería** Ⓐ SF [1] (*Elec*) battery; **se ha agotado la ~** the battery is flat; ✦***MODISMO*** **(re)cargar las ~s** to recharge one's batteries ► **batería de arranque** starter battery ► **batería seca** dry battery
[2] (= *fila*) [*de luces*] bank, battery; (*en teatro*) footlights *pl*; (*para gallinas*) battery; [*de soldados*] battery; **aparcar en ~** to park at an angle to the kerb
[3] (*Mús*) (= *instrumento*) drums *pl*; [*de orquesta*] percussion instruments *pl*; **¿tocas la ~?** do you play the drums?
[4] (*Culin*) ► **una batería de cocina** a set of kitchen equipment
[5] (*LAm Béisbol*) hit, stroke
[6] (*Andes*) (= *ronda de bebidas*) round
[7] (*Méx*) **dar ~** to raise a rumpus; **dar ~ a algn*** to make trouble for sb, make a lot of work for sb
Ⓑ SMF (= *persona*) (*en grupo*) drummer

**baterista** SMF (*LAm*) drummer

**batey** SM (*Caribe*) outbuildings *pl* (*of sugar refinery*)

**batiburrillo** SM hotchpotch, hodgepodge (*EEUU*)

**baticola** SF [1] [*de montura*] crupper
[2] (*Andes*) (= *taparrabos*) loincloth
[3] (*Cono Sur*) (= *pañal*) nappy, diaper (*EEUU*)

**batida** SF [1] (= *búsqueda*) [1·1] (*Caza*) beating
[1·2] [*de policía, ejército*] (*buscando algo*) search; (*haciendo detenciones*) raid; **por las noches salíamos a hacer una ~** we used to comb *o* search the area at night; **dieron una ~ por el centro de la ciudad** they carried out a raid in the city centre
[2] (= *acuñación*) minting

4 (*con admiración, asombro*) **¡qué ~! ¡ha ganado todos los partidos!** she's amazing *o* incredible! she's won all the matches!; **¡qué ~! ¡se come cuatro huevos diarios!** it's amazing! she eats four eggs a day!; **¡qué ~ eres, le has ganado al campeón!** what a star! you beat the champion!
Ⓑ SMF (*) (= *bruto*) **¡eres un ~!** you're a brute!, you're an animal!*; **el muy ~ se ha bebido media botella de whisky él solo** that animal drank half a bottle of whisky on his own*; **es un ~ con el trabajo** he works like a dog*
Ⓒ SF (*Zool*) beast; ✦*MODISMO* **ser una mala ~** to be a nasty piece of work* ► **bestia de arrastre** draught animal, draft animal (*EEUU*) ► **bestia de carga** beast of burden, pack animal ► **bestia de tiro** draught animal, draft animal (*EEUU*) ► **bestia feroz**, **bestia salvaje** wild animal, wild beast ► **bestia negra**, **bestia parda** bête noire

**bestiada*** SF **una ~ de algo** masses of sth, tons of sth*; ✦*MODISMO* **disfrutar ~s** to enjoy o.s. hugely

**bestial** ADJ 1 (= *violento*) beastly, bestial; **instintos ~es** beastly *o* bestial instincts; **fue un crimen ~** it was a beastly *o* brutal crime
2 (*) (= *enorme*) terrific*, tremendous*; **la máquina hacía un ruido ~** the machine made a terrific *o* tremendous noise*; **tengo un sueño ~** I'm incredibly tired; **tengo unas ganas ~es de irme de vacaciones** I'm just dying to go on holiday*
3 (*Esp**) (= *estupendo*) smashing*, super*; **¡es un tío ~!** he's a smashing *o* super guy!*; **pasamos un rato ~** we had a smashing *o* super time*, we had a whale of a time*

**bestialidad** SF 1 (= *cualidad*) beastliness, bestiality
2 (= *acción brutal*) act of brutality; **en las guerras se cometen muchas ~es** in wars many acts of brutality are committed
3 (*) (= *disparate*) **comer tanto es una ~** eating so much is just gross*; **no dice más que ~es** he's so coarse
4 (*) (= *cantidad excesiva*) **la cena nos costó una ~** the meal cost us a fortune *o* packet*; **los precios han subido una ~** prices have rocketed*; **he dormido una ~** I slept for absolutely ages*; **una ~ de** a mass of*, tons of*; **había una ~ de gente** there were masses of people*, there were tons of people*
5 (*en sentido sexual*) bestiality

**bestialismo** SM bestiality

**bestialmente** ADV 1 (= *violentamente*) savagely; **fue ~ asesinado** he was savagely murdered
2 (*) (= *enormemente*) **era ~ rico** he was filthy rich*
3 (*Esp**) (= *estupendamente*) **lo pasamos ~** we had a great *o* super time*, we had a whale of a time*

**bestiario** SM bestiary

**best-seller** SM (*pl* **best-sellers**) bestseller

**besucar*** ▸conjug 1g◂ VT = **besuquear**

**besucón/ona*** Ⓐ ADJ **es muy ~** he's always dishing out kisses*
Ⓑ SM/F **es un ~** he's always dishing out kisses*

**besugo** Ⓐ SM sea bream; **ojos de ~** bulging eyes
Ⓑ SMF (*) idiot

**besuguera** SF 1 (*Culin*) fish pan
2 (*Náut*) fishing boat
3 (*Galicia*) (= *pez*) bream

**besuquear*** ▸conjug 1a◂ Ⓐ VT to cover with kisses
Ⓑ **besuquearse** VPR (= *besarse*) to kiss (each other) a lot; (= *magrearse*) to neck*, smooch*

**besuqueo*** SM (*con besos*) kissing; (*con arrumacos*) necking*, smooching*

**beta** SF beta

**betabel** (*Méx*) Ⓐ ADJ old, ancient
Ⓑ SM beetroot, beet (*EEUU*)

**betabloqueador** SM betablocker

**betarraga** SF (*LAm*), **betarrata** SF beetroot, beet (*EEUU*)

**betel** SM betel

**Bética** SF (*Literat*) Andalusia; (*Hist*) Baetica

**bético** ADJ 1 (*Literat*) Andalusian
2 (= *del Betis*) of Real Betis F.C.

**betonera** SF (*Cono Sur*) concrete mixer

**betún** SM 1 (*para zapatos*) shoe polish; **dar (de) ~ a algo** to polish sth; ✦*MODISMO* **darse ~*** to show off
2 (*Quím*) (*tb* **~ asfáltico**) bitumen ► **betún de Judea**, **betún judaico** asphalt; *ver tb* **altura 3**

**betunero/a** SM/F shoeblack, bootblack

**bezo** SM (= *labio*) thick lip; (*Med*) proud flesh

**bezudo** ADJ thick-lipped

**bi...** PREF bi...

**biaba*** SF (*Cono Sur*) punch; **dar la ~ a algn** (= *golpear*) to beat sb up; (= *derrotar*) to defeat sb, crush sb

**bianual** ADJ, SM (*Bot*) biannual

**bianualmente** ADV biannually

**biatlón** SM biathlon

**Bib.** ABR (= **Biblioteca**) Lib

**biberón** SM feeding bottle, baby's bottle; **voy a dar el ~ al niño** I'm going to give the baby his bottle

**Biblia** SF Bible; **la Santa ~** the Holy Bible; ✦*MODISMOS* **es la ~ (en verso)*** it's the tops*; **saber la ~ en verso** to know everything

**bíblico** ADJ biblical

**biblio...** PREF biblio...

**bibliobús** SM mobile library, bookmobile (*EEUU*)

**bibliofilia** SF bibliophily, love of books

**bibliófilo/a** SM/F bibliophile, book lover

**bibliografía** SF bibliography

**bibliográfico** ADJ bibliographic(al)

**bibliógrafo/a** SM/F bibliographer

**bibliomanía** SF bibliomania

**bibliometría** SF bibliometry

**bibliométrico** ADJ bibliometric

**bibliorato** SM (*Cono Sur*) box file

**biblioteca** SF 1 (= *edificio*) library ► **biblioteca ambulante** mobile library, bookmobile (*EEUU*) ► **biblioteca circulante** [*de préstamo*] lending library; (*ambulante*) circulating library ► **biblioteca de consulta** reference library ► **biblioteca de préstamo** lending library ► **biblioteca pública** public library ► **biblioteca universitaria** university library
2 (= *mueble*) bookcase, bookshelves *pl*

**bibliotecario/a** Ⓐ ADJ library *antes de s*; **servicios ~s** library services
Ⓑ SM/F librarian

**bibliotecnia** SF, **bibliotecología** SF, **biblioteconomía** SF library science, librarianship

**biblioteconomista** SMF librarian

**bicameral** ADJ (*Pol*) two-chamber, bicameral

**bicameralismo** SM *system of two-chamber government*

**bicampeón/ona** SM/F two-times champion, twice champion

**bicarbonatado** ADJ bicarbonated, fizzy

**bicarbonato** SM bicarbonate ► **bicarbonato sódico**, **bicarbonato de soda** (*Quím*) bicarbonate of soda; (*Culin*) baking soda

**bicentenario** ADJ, SM bicentenary

**bíceps** SM INV biceps

**bicha** SF 1 (*) (= *serpiente*) snake; ✦*MODISMO* **mentar la ~** to bring up an unpleasant subject ► **bicha negra** bête noire, pet aversion
2 (*CAm*) (= *niña*) child, little girl
3 (*Andes*) (= *olla*) large cooking pot

**bichadero** SM (*Cono Sur*) watchtower, observation tower

**bichará** SM (*Cono Sur*) poncho (*with black and white stripes*)

**bicharraco/a*** SM/F 1 (*Zool*) (= *animal*) creature; (= *insecto*) creepy-crawly*
2 (*iró*) (= *niño*) little monster

**biche** Ⓐ ADJ 1 (*LAm*) (= *no maduro*) unripe, immature
2 (*Cono Sur*) (= *débil*) weak; (= *de mal color*) pale, off-colour
3 (*Méx**) (= *fofo*) soppy*, empty-headed
Ⓑ SM (*Andes*) large cooking pot

**bicheadero** SM (*Cono Sur*) = **bichadero**

**bichear** ▸conjug 1a◂ VT (*esp Cono Sur*) (= *mirar*) to observe; (= *espiar*) to spy on

**bicherío** SM (*LAm*) (= *insectos*) insects *pl*, bugs *pl*, creepy-crawlies* *pl*

**bichero** SM 1 (*en barca*) boat hook
2 (*Pesca*) gaff

**bichi**⁑ ADJ (*Méx*) naked, starkers⁑

**bichicori*** ADJ (*Méx*) skinny

**bichito** SM 1 small creature, little insect
2 (⁑) (= *ácido*) LSD tablet

**bicho** SM 1 (*Zool*) (*gen*) small animal; (= *insecto*) bug, creepy-crawly*; (*Taur*) bull; (*Cuba, Cono Sur*) (= *gusano*) maggot, grub; (*Andes*) (= *serpiente*) snake; (*LAm*) (= *animal extraño*) odd-looking creature; ✦*MODISMOS* **de puro ~** (*LAm*) out of sheer pig-headedness; **matar el ~** to quench one's thirst; **tener ~** to be dying of thirst; ✦*REFRÁN* **~ malo nunca muere** the devil looks after his own
2 **bichos** vermin *sing*, pests
3 (*) (= *persona*) oddball*; **mal ~** rogue, villain; **es un mal ~** he's a nasty piece of work, he's a rotter*; **todo ~ viviente** every living soul, every man-jack of them ► **bicho raro** weirdo*
4 (* *pey*) (= *niño*) brat*; **sí, bichito** yes, my love
5 (*CAm*) (= *niño*) child, little boy
6 (*Andes*) (= *peste aviar*) fowl pest
7 (*Mil*) squaddie*, recruit
8 (*Caribe*) (= *chisme*) what's-it*, thingummy*
9 (*CAm, Méx***) (= *pene*) prick**

**bichoco** ADJ (*Cono Sur*) (= *inútil*) useless; (*para el trabajo*) unfit to work

**bici*** SF bike*

**bicicleta** SF bicycle, cycle; **andar** *o* **ir en ~** to cycle; **montar en ~** to ride a bike ► **bicicleta de carreras** racing bicycle ► **bicicleta de ejercicio**, **bicicleta de gimnasio** exercise bike ► **bicicleta de montaña** mountain bike ► **bicicleta estática**, **bicicleta fija**, **bicicleta gimnástica** exercise bike

**bicicletero/a*** Ⓐ ADJ bicycle *antes de s*
Ⓑ SM/F cyclist

**biciclo**†† SM velocipede††

**bicicross** SM INV cyclo-cross

**bicilíndrico** ADJ two-cylinder *antes de s*, twin-cylinder *antes de s*

**bicimoto** SM (*CAm*) moped

**bicoca** SF [1] (*Esp**) (= *trabajo fácil*) cushy job*; (= *ganga*) bargain
[2] (*LAm Rel*) (= *solideo*) skullcap, calotte
[3] (*Andes, Cono Sur*) (= *golpe*) slap, smack; (*con los dedos*) snap of the fingers

**bicolor** ADJ two-colour, two-color (*EEUU*); (*Aut*) two-tone

**bicultural** ADJ bicultural

**bicúspide** Ⓐ ADJ bicuspid
Ⓑ SM bicuspid

**BID** SM ABR (= **Banco Interamericano de Desarrollo**) IDB

**bidé** SM, **bidet** [bi'de] SM (*pl* **bidés** *o* **bidets**) bidet

**bidel** SM (*LAm*) bidet

**bidimensional** ADJ two-dimensional

**bidireccional** ADJ bidirectional; **~ simultáneo** full duplex

**bidón** SM (= *barril*) (*grande*) drum; (*pequeño*) can ► **bidón de aceite** oil drum ► **bidón de basura** rubbish bin, trash can (*EEUU*)

**biela** SF (*Téc*) connecting rod

**bielástico** ADJ with two-way stretch

**bielda** SF winnowing fork

**bieldar** ▸conjug 1a◂ VT to winnow (*with a fork*)

**bieldo** SM winnowing rake

**Bielorrusia** SF Belorussia

**bielorruso/a** ADJ, SM/F Belorussian

**bien** Ⓐ ADV [1] (= *satisfactoriamente*) well; **hablas ~ el español** you speak good Spanish, you speak Spanish well; **el libro se ha vendido ~** the book has sold well; **no veo muy ~** I can't see very well; **lo sé muy ~** I know that perfectly well; **viven ~** they live well; **me gusta la carne ~ hecha** I like my meat well-done; **~ gracias, ¿y usted?** fine thanks, and you?; **¡muy ~!** very good!; (*aprobando un discurso*) hear, hear!; **¡qué ~!** great!, excellent!; **oler ~** to smell good; **saber ~** to taste good
[2] (= *correctamente*) **¿has puesto ~ la rueda?** have you put the wheel on properly?; **si no cierras la tapa ~, se saldrá el líquido** if you don't screw the top on properly, the liquid will leak out; **se limpia ~ el pescado** clean the fish thoroughly *o* well; **¡~ hecho!** well done!; **has contestado ~** you gave the right answer, you answered correctly; **no consigo hacerlo ~** I can't seem to do it right; **haces ~** you're (quite) right; **hacer ~ en**: **hiciste ~ en decírselo** you were right to tell him, you did the right thing in telling him
[3] **estar ~**: **¿estás ~?** are you all right?, are you OK?; **aquí se está ~** it's nice here; **¡está ~!, lo haré** O.K. *o* all right, I'll do it!; **¡pues sí que estamos ~!** this is a fine mess we're in!; **ese libro está muy ~** that book's very good, that's a very good book; **estás muy ~ con ese sombrero** you look really nice with that hat; **la casa está muy ~** the house is really nice; **está muy ~ que ahorres dinero** it's very good that you're saving; **que esté(s) ~** (*Col**) bye*; **¡eso no está ~!** (*a un niño*) that's not very nice!; **te está ~ la falda** the skirt fits you fine; **¡ya está ~!** that's enough!; **ya está ~ de quejas** that's (quite) enough complaining; **estar ~ de algo**: **estar ~ de salud** to be well, be in good health; **estar ~ de dinero** to be well off; **no está ~ de la cabeza** he isn't right in the head
[4] (= *de acuerdo*) **¡bien!** all right!, O.K.!; — **¿quieres que vayamos al cine? —bien** "shall we go to the cinema?" — "O.K. *o* all right"; **si a ustedes les parece ~** if it's all right with *o* by you
[5] (= *muy*) **un café ~ caliente** a nice hot coffee; **un coche ~ caro** a pretty expensive car; **~ temprano** pretty early; **estoy ~ seguro** I am pretty certain; **eso es ~ tonto** that's pretty silly; **esperamos hasta ~ entrada la noche** we waited until very late at night, we waited until well into the night
[6] **~ de** (= *muchos*): **~ de veces** lots of times; **¡te han dado ~ de regalos!** you got a lot of presents!; **bebe ~ de café** he drinks a lot of coffee
[7] (= *de buena gana*) **yo ~ iría, pero …** I'd gladly go, but …, I'd be happy to go, but …; **~ me tomaría ahora un café** I'd love a coffee now
[8] (= *fácilmente*) easily; **~ se ve que …** it is easy to see that …; **¡~ podía habérmelo dicho!** he could have told me!
[9] (*locuciones*) **estar a ~ con algn** to be on good terms with sb; **de ~ en ~** *o* **mejor** better and better; **~ que mal** one way or another, by hook or by crook; **más ~** rather; **más ~ bajo** on the short side, rather short; **más ~ creo que …** I actually think …; **pues ~** well; **tener a ~ hacer algo** to see fit to do sth; **sus padres tienen a ~ que se vaya a vivir con su tía** her parents have seen fit to send her to live with her aunt; **le ruego tenga a ~ inscribirme en la lista** please be so kind as to include me on the list, I would be grateful if you would include me on the list; **le ruego tenga a ~ comunicarlo a sus lectores** please be kind enough to inform your readers; **~ es verdad que …** it is of course true that …; **¿y ~?** well?
Ⓑ CONJ [1] **si ~** although; **si ~ es cierto que …** although it's true that …
[2] **no ~** ◊ **ni ~** (*Cono Sur*): **no ~ llegó, empezó a llover** no sooner had he arrived than it started to rain, as soon as he arrived it started to rain
[3] (*en alternancia*) **~ por avión, ~ en tren** either by air or by train; **~ se levantó, ~ se sentó** whether he stood up or sat down
Ⓒ ADJ [*persona*] well-to-do; [*restaurante, barrio*] posh*; **son gente ~** they're well-to-do; **son de casa ~** they come from a good home
Ⓓ SM [1] (= *bondad*) good; **el ~ y el mal** good and evil; **hacer el ~** to do good; **hombre de ~** good man
[2] (= *provecho*) good; **el ~ común** *o* **público** the common good; **en ~ de** for the good of; **hacer algo para el ~ de** to do sth for the good of; **es por tu ~** it's for your own good
[3] (*apelativo*) **mi ~** my dear, my darling
[4] **bienes** (= *géneros*) goods; (= *propiedad*) property *sing*, possessions; (= *riqueza*) riches, wealth *sing* ► **bienes activos** active assets ► **bienes de capital** capital goods ► **bienes de consumo** consumer goods ► **bienes de consumo duraderos** consumer durables ► **bienes de equipo** capital goods ► **bienes de inversión** capital goods ► **bienes de la tierra** agricultural produce *sing* ► **bienes de producción** industrial goods ► **bienes de servicio** services ► **bienes dotales** dowry *sing* ► **bienes duraderos** durables ► **bienes fungibles** perishables ► **bienes gananciales** shared possessions ► **bienes inmuebles** real estate *sing* ► **bienes mostrencos** unclaimed property *sing* ► **bienes muebles** personal property *sing*, goods and chattels ► **bienes públicos** government property *sing* ► **bienes raíces** real estate *sing*, realty *sing* (*EEUU*) ► **bienes relictos** estate *sing*, inheritance *sing* ► **bienes semovientes** livestock *sing* ► **bienes terrestres** worldly goods

**bienal** Ⓐ ADJ biennial
Ⓑ SF biennial exhibition, biennial show

**bienamado** ADJ beloved

**bienandante** ADJ (= *feliz*) happy; (= *próspero*) prosperous

**bienandanza** SF (= *felicidad*) happiness; (= *prosperidad*) prosperity

**bienaventuradamente** ADV happily

**bienaventurado** ADJ [1] (*Rel*) blessed
[2] (= *feliz*) happy, fortunate
[3] (= *ingenuo*) naïve

**bienaventuranza** SF [1] (*Rel*) (= *vida eterna*) bliss, eternal bliss
[2] **las Bienaventuranzas** the Beatitudes
[3] (= *felicidad*) happiness; (= *bienestar*) well-being, prosperity

**bienestar** SM (= *satisfacción*) well-being, welfare; (= *comodidad*) comfort ► **bienestar social** social welfare; **estado de ~ social** welfare state

**bienhablado** ADJ well-spoken

**bienhadado** ADJ lucky

**bienhechor(a)** Ⓐ ADJ beneficent, generous
Ⓑ SM/F benefactor/benefactress

**bienhechuría** SF (*Caribe*) improvement (*to property*)

**bienintencionado** ADJ well-meaning

**bienio** SM two-year period

**bienoliente** ADJ sweet-smelling, fragrant

**bienpensante** Ⓐ ADJ sanctimonious, goody-goody*
Ⓑ SMF do-gooder*, goody-goody*

**bienquerencia** SF (= *afecto*) affection; (= *buena voluntad*) goodwill

**bienquerer** ▸conjug 2t◂ Ⓐ VT to like, be fond of
Ⓑ SM (= *afecto*) affection; (= *buena voluntad*) goodwill

**bienquistar** ▸conjug 1a◂ Ⓐ VT to bring together, reconcile
Ⓑ **bienquistarse** VPR to become reconciled; **~se con algn** to gain sb's esteem

**bienquisto** ADJ well-liked, well-thought-of (**con, de, por** by)

**bienudo*** ADJ (*Cono Sur*) well-off

**bienvenida** SF [1] (*a un lugar*) welcome; **dar la**

**~ a algn** to welcome sb; **calurosa ~** warm welcome; **fiesta de ~** welcome party
[2] (= *saludo*) greeting

**bienvenido** ADJ, EXCL **¡bienvenido!** welcome!; **¡bienvenidos a bordo!** welcome on board!; **siempre serás ~ aquí** you will always be welcome here

**bienvivir** ▸conjug 3a◂ VI (= *vivir con comodidad*) to live in comfort; (*de acuerdo con las reglas*) to live decently, lead a decent life

**bies** SM **al ~** (*Cos*) on the cross

**bifásico** ADJ (*Elec*) two-phase

**bife** SM (*Cono Sur*) [1] (= *filete*) steak, beefsteak
[2] (= *bofetada*) slap

**bífido** ADJ [*lengua*] forked; *ver tb* **espina 3**

**bifidus** SM INV, **bífidus** SM INV **yogur con ~ activo** yoghurt with live *o* active bifidus

**bifocal** Ⓐ ADJ bifocal; **gafas ~es** bifocals
Ⓑ **bifocales** SMPL *o* SFPL bifocals

**bifronte** ADJ two-faced

**biftec** SM steak, beefsteak

**bifurcación** SF (= *división*) [*de calle*] fork; (*Elec*) junction; (*Inform, Ferro*) branch

**bifurcado** ADJ forked

**bifurcarse** ▸conjug 1g◂ VPR [*camino*] to fork, branch off; [*vía*] to diverge

**bigamia** SF bigamy

**bígamo/a** Ⓐ ADJ bigamous
Ⓑ SM/F bigamist

**bigardear*** ▸conjug 1a◂ VI to loaf around, laze around

**bigardo/a** Ⓐ ADJ (= *vago*) lazy, idle; (= *libertino*) licentious
Ⓑ SM/F (= *vago*) idler; (= *libertino*) libertine

**bígaro** SM, **bigarro** SM winkle

**bignonia** SF ► **bignonia del Cabo** Cape honeysuckle

**bigornia** SF (double-headed) anvil

**bigotazo** SM huge moustache, huge mustache (*EEUU*)

**bigote** SM [1] (*tb* **~s**) moustache, mustache (*EEUU*); **~ de cepillo** toothbrush moustache; ✦***MODISMOS*** **chuparse los ~s** (*Cono Sur*) to lick one's lips; **de ~*** terrific*, marvellous; (*pey*) awful; **menear el ~*** to eat, scoff*
[2] (*Zool*) whiskers *pl* ► **bigotes de morsa** walrus moustache

**bigotudo** ADJ with a big moustache *o* (*EEUU*) mustache

**bigudí** SM curler, hair curler

**bijirita** SF (*Caribe*) [1] (= *cometa*) kite
[2] ✦***MODISMO*** **empinar la ~*** (= *beber*) to booze*, drink a lot; (= *enriquecerse*) to make money by dubious methods

**bikini** SM (SF *en Arg*) bikini

**bilateral** ADJ bilateral

**bilbaíno/a** Ⓐ ADJ of/from Bilbao
Ⓑ SM/F native/inhabitant of Bilbao; **los ~s** the people of Bilbao

**Bilbao** SM Bilbao

**bilbilitano/a** Ⓐ ADJ of/from Calatayud
Ⓑ SM/F native/inhabitant of Calatayud; **los ~s** the people of Calatayud

**Bilbo** SM = **Bilbao**

**biliar** ADJ bile *antes de s*, gall *antes de s*; **cálculo ~** gallstone

**bilingüe** ADJ bilingual

**bilingüismo** SM bilingualism

**bilioso** ADJ [1] (*Med*) bilious
[2] (= *irritable*) bilious, peevish

**bilis** SF INV (*Med*) bile; ✦***MODISMOS*** **descargar la ~ en** *o* **contra algn** to vent one's spleen on sb; **se le exalta la ~** he gets very cross; **eso me revuelve la ~** it makes my blood boil; **tragar ~** to put up with it

**billar** SM [1] (= *juego*) billiards; (*con 22 bolas*) snooker; **mesa de ~** billiard table/snooker table ► **billar americano** pool ► **billar automático**, **billar romano** pin table
[2] (= *mesa*) billiard table/snooker table
[3] **billares** [*de billar*] billiard hall/snooker hall/pool hall; [*de otros juegos*] amusement arcade

**billete** SM [1] (*Fin*) note, bill (*EEUU*); **un ~ de cinco libras** a five-pound note; **un ~ de 100 dólares** a 100-dollar bill; ✦***MODISMO*** **tener ~ largo** (*Cono Sur**) to be rolling in it* ► **billete de banco** banknote
[2] [*de transporte*] ticket; **¿puedes comprarme** *o* **sacarme el ~?** can you buy me a ticket?; **medio ~** half fare; **un ~ de libre circulación** a travel-card ► **billete azul** *ticket for off-peak travel* ► **billete de avión** plane ticket ► **billete de ida** single *o* (*EEUU*) one-way ticket ► **billete de ida y vuelta** return *o* (*EEUU*) round-trip ticket ► **billete kilométrico** *concessionary ticket allowing free travel for a certain number of kilometres* ► **billete sencillo** single *o* (*EEUU*) one-way ticket
[3] (*esp LAm*) [*de cine, espectáculo*] ticket; **ya están los ~s a la venta** tickets are now on sale ► **billete de abono** season ticket ► **billete de favor** complimentary ticket
[4] [*de lotería*] ticket
[5] (†) (= *carta*) note, short letter ► **billete amoroso** love letter, billet-doux

**billetera** SF, **billetero** SM wallet, billfold (*EEUU*)

**billón** SM billion, trillion (*EEUU*)

**billonario/a** SM/F billionaire

**bilobulado** ADJ bilobate

**bilongo** SM (*Cuba*) (= *mal de ojo*) evil eye; **echar ~ en** to put the evil eye on, cast a spell on; **tener ~** to bristle with difficulties

**bilonguear** ▸conjug 1a◂ VT (*Caribe*) to cast a spell on, put the evil eye on

**bimba**[1]* SF top hat, topper*

**bimba**[2]* SF (*Méx*) (= *embriaguez*) drunkenness; (= *borrachera*) drunken spree, binge

**bimba**[3]‡ SF wallet, billfold (*EEUU*)

**bimbalete** SM (*Méx*) (= *columpio*) swing; (*basculante*) seesaw, teeter-totter (*EEUU*)

**bimbollo** SM (*Méx*) bun

**bimensual** ADJ [1] (= *cada dos meses*) bimonthly, two-monthly
[2] (= *dos veces al mes*) fortnightly, semimonthly (*EEUU*)

**bimensuario** Ⓐ ADJ bimonthly, two-monthly
Ⓑ SM bimonthly publication

**bimestral** ADJ bimonthly, two-monthly

**bimestralmente** ADV bimonthly, every two months

**bimestre** Ⓐ ADJ bimonthly, two-monthly
Ⓑ SM [1] (= *período*) two-month period
[2] (= *pago*) bimonthly payment, two-monthly payment

**bimilenario** Ⓐ ADJ bimillenary
Ⓑ SM bimillenary, two-thousandth anniversary

**bimotor** Ⓐ ADJ twin-engined
Ⓑ SM twin-engined plane

**binadera** SF, **binador** SM weeding hoe

**binar** ▸conjug 1a◂ VT to hoe, dig over

**binario** ADJ [1] (*Mat, Inform*) binary
[2] (*Mús*) two-four

**bincha** SF (*Andes, Cono Sur*) hairband

**bingo** SM [1] (= *juego*) bingo; **hacer ~** (*lit*) to get a (full) house; (*fig*) to hit the target, turn up trumps
[2] (= *sala*) bingo hall

**binguero/a** SM/F bingo hall attendant

**binoculares** SMPL [1] (= *prismáticos*) binoculars; (*Teat*) opera glasses
[2] (= *quevedos*) pince-nez *sing*

**binóculo** SM pince-nez

**binomio** SM [1] (*Mat*) binomial
[2] (= *pareja*) **el ~ ejército-gobierno** the government-army pairing

**bio...** PREF bio...

**bioactivo** ADJ bioactive

**bioagricultura** SF organic farming

**biocarburante** SM biofuel

**biociencia** SF bioscience

**biodegradable** ADJ biodegradable

**biodegradación** SF biodegradation

**biodegradar** ▸conjug 1a◂ Ⓐ VT to biodegrade
Ⓑ **biodegradarse** VPR to biodegrade

**biodetergente** SM biodegradable detergent

**biodiversidad** SF biodiversity

**bioestadística** SF biostatistics *pl*, vital statistics *pl*

**bioética** SF bioethics *sing*

**bioético/a** Ⓐ ADJ bioethical
Ⓑ SM/F bioethicist, expert in bioethics

**biofísica** SF biophysics *sing*

**biogás** SM biogas

**biogénesis** SF biogenesis

**biogenética** SF genetic engineering

**biografía** SF biography

**biografiado/a** SM/F subject of a biography, biographee

**biografiar** ▸conjug 1c◂ VT to write the biography of

**biográfico** ADJ biographical

**biógrafo/a** Ⓐ SM/F biographer
Ⓑ SM (*LAm*†) (= *cine*) cinema, movie theater (*EEUU*)

**bioingeniería** SF bioengineering

**biología** SF biology ► **biología aplicada** applied biology ► **biología celular** cell biology ► **biología marina** marine biology ► **biología molecular** molecular biology ► **biología vegetal** plant biology

**biológico** ADJ [*ciclo, origen, padre*] biological; [*alimento*] organic; **cultivo ~** organically-grown produce; **guerra biológica** biological warfare

**biólogo/a** SM/F biologist

**biomagnetismo** SM biomagnetism

**biomasa** SF biomass

**biombo** SM folding screen

**biomédico** ADJ biomedical

**biometría** SF biometry, biometrics *sing*

**biónico** ADJ bionic

**bioorgánico** ADJ bio-organic

**biopsia** SF biopsy

**bioquímica** SF biochemistry

**bioquímico/a** Ⓐ ADJ biochemical
Ⓑ SM/F biochemist
**biorritmo** SM biorhythm
**bioscopia** SF bioscopy
**bioseguridad** SF biosafety
**biosensor** SM biosensor
**biosfera** SF biosphere
**biosíntesis** SF INV biosynthesis
**biosintético** ADJ biosynthetic
**biotecnología** SF biotechnology
**biotecnológico** ADJ biotechnological
**biotecnólogo/a** SM/F biotechnologist
**biótico** ADJ biotic
**biotipo** SM biotype
**biotopo** SM biotope
**biotransformación** SF biotransformation
**bióxido** SM dioxide ► **bióxido de carbono** carbon dioxide
**BIP** SM ABR (= **Banco Internacional de Pagos**) BIS
**bip** SM pip, beep
**bipartidismo** SM two-party system
**bipartidista** ADJ two-party *antes de s*
**bipartido** ADJ bipartite, two-party *antes de s*
**bipartito** ADJ = **bipartido**
**bípedo** SM biped
**biplano** SM biplane
**biplaza** Ⓐ ADJ INV two-seater *antes de s*
Ⓑ SM (*Aer*) two-seater
**bipolaridad** SF bipolarity
**biquini** SM (SF *en Arg*) bikini
**BIRD** SM ABR (= **Banco Internacional para la Reconstrucción y el Desarrollo**) IBRD
**birdie** SM (*Golf*) birdie
**BIRF** SM ABR = **Banco Internacional de Reconstrucción y Fomento**
**birimbao** SM Jew's harp
**birlar*** ▸conjug 1a◂ VT (= *quitar*) to pinch*, nick*; **me han birlado la bici** my bike's been nicked *o* pinched*; **le birló la novia** he pinched his girl*; **le ~on el empleo** he was done out of the job*
**birlibirloque** SM ✦**MODISMO por arte de ~** as if by magic
**birlocha** SF [1] (= *cometa*) kite
[2] (*Méx*‡) (= *auto*) old banger‡, jalopy
**birlonga** SF ✦**MODISMO hacer algo a la ~** to do sth carelessly, do sth sloppily
**Birmania** SF Burma
**birmano/a** ADJ, SM/F Burmese
**birome** SF (*Cono Sur*) (= *bolígrafo*) ballpoint pen, Biro®; (= *lápiz*) propelling pencil
**birra*** SF beer
**birreactor** Ⓐ ADJ twin-jet *antes de s*
Ⓑ SM twin jet, twin-jet plane
**birreta** SF (*Rel*) biretta, cardinal's hat
**birrete** SM [1] (= *gorro*) (*Univ*) mortarboard; (*Jur*) judge's cap
[2] (*Rel*) = **birreta**
**birrí** SM (*Andes*) snake
**birria** SF [1] (*esp Esp*) (= *cosa fea*) monstrosity; (= *cosa inútil*) useless object; **la novela es una ~*** the novel is rubbish *o* trash; **entre tanta ~** among so much trash
[2] (*Andes**) (= *obsesión*) set idea
[3] (*Cono Sur, Méx*) (= *bebida*) tasteless drink; (*Méx*) (= *guiso*) stew
[4] ✦**MODISMO jugar de ~** (*LAm*) to play half-heartedly
[5] (*CAm**) (= *cerveza*) beer
**birriondo** ADJ (*LAm*) [1] (*) (= *asustadizo*) jumpy, highly strung
[2] (‡) (= *cachondo*) randy*, horny*
**birrioso*** ADJ awful
**biruji** SM (*esp Cono Sur*) chilly wind
**birutilla** SF (*Cono Sur*) pot scourer
**birutillar** ▸conjug 1a◂ VT (*Cono Sur*) to polish
**bis** Ⓐ ADV (= *dos veces*) twice; (*en una calle*) **vive en el 24 ~** he lives at 24B
Ⓑ SM (*Teat*) encore; **la banda hizo dos ~es** the band played two encores; **¡bis!** encore!
**bisabuelo/a** SM/F great-grandfather/great-grandmother; **~s** great-grandparents
**bisagra** SF Ⓐ ADJ **acontecimiento ~** decisive event, event that marks a watershed; **partido ~** *party that holds the balance of power*
Ⓑ SF [1] (*Téc*) hinge
[2] (*) [*de caderas*] waggle, wiggle
**bisar** ▸conjug 1a◂ Ⓐ VT [1] to give as an encore, repeat
[2] (*Cono Sur*) to encore, demand as an encore
Ⓑ VI to give an encore
**bisbisar** ▸conjug 1a◂ VT to mutter, mumble
**bisbisear** ▸conjug 1a◂ VT (= *murmurar*) to mutter, mumble; (*Cono Sur*) to whisper
**bisbiseo** SM muttering, mumbling
**bisbita** SF pipit
**biscote** SM rusk, melba toast (*EEUU*)
**biscúter** SM (*Aut*) three-wheeler
**bisecar** ▸conjug 1g◂ VT to bisect
**bisel** SM [1] (*Téc*) bevel, bevel edge
[2] (*Mús*) finger hole, keyhole
**biselado** ADJ bevel *antes de s*, bevelled
**biselar** ▸conjug 1a◂ VT to bevel
**bisemanal** ADJ twice-weekly
**bisemanalmente** ADV twice-weekly
**bisexuado** ADJ hermaphrodite, twin-sex
**bisexual** ADJ, SMF bisexual
**bisexualidad** SF bisexuality
**bisgra**‡ SF (*Caribe*) armpit
**bisiesto** ADJ **año ~** leap year
**bisilábico** ADJ, **bisílabo** ADJ two-syllabled
**bismuto** SM bismuth
**bisnieto/a** SM/F great-grandson/great-granddaughter; **~s** great-grandchildren
**bisnis**‡ SM INV (= *clientela*) (prostitute's) clients, clientèle
**bisojo** ADJ = **bizco A**
**bisonte** SM bison
**bisoñada** SF (= *comentario*) naïve remark; (= *acto*) naïve thing to do
**bisoñé** SM toupée
**bisoñez** SF inexperience
**bisoño** Ⓐ ADJ (= *principiante*) green, inexperienced; (*Mil*) raw
Ⓑ SM (= *principiante*) greenhorn; (*Mil*) raw recruit, rookie*
**bisté** SM, **bistec** SM (*pl* **bistés** *o* **bistecs**) [1] (= *filete*) steak, beefsteak
[2] (‡) tongue; ✦**MODISMO achantar el ~** to shut one's trap‡
**bistongo** ADJ (*CAm, Caribe, Méx*) spoiled, indulged
**bisturí** SM scalpel
**bisunto** ADJ greasy, grubby
**bisutería** SF costume jewellery *o* (*EEUU*) jewelry, imitation jewellery *o* (*EEUU*) jewelry
**bit** SM (*Inform*) bit ► **bit de parada** stop bit ► **bit de paridad** parity bit
**bitácora** SF (*Náut*) binnacle
**bitensional** ADJ (*Elec*) *equipped to work on two different voltages*
**bíter** SM bitters
**bitio** SM bit
**bitoque** SM [1] [*de barril*] bung, spigot
[2] (*CAm*) (= *desagüe*) drain
[3] (*LAm*) (= *cánula*) short tube, injection tube (*of a syringe*)
[4] (*Cono Sur*) (= *canilla*) tap, faucet (*EEUU*)
[5] (*Cono Sur*) (= *bulto*) bump, swelling
**bituminoso** ADJ bituminous
**bivalvo** ADJ, SM bivalve
**bivio** SM (*LAm*) road junction
**Bizancio** SM Byzantium
**bizantino/a** Ⓐ ADJ [1] (*Hist*) Byzantine
[2] (= *baldío*) idle, pointless; (= *irreal*) oversubtle, unreal; **discusión bizantina** pointless argument
[3] (*fig*) (= *decadente*) decadent
Ⓑ SM/F Byzantine
**bizarramente** ADV [1] (= *valientemente*) gallantly, bravely
[2] (= *generosamente*) generously, splendidly
**bizarría** SF [1] (= *valor*) gallantry, bravery
[2] (= *generosidad*) generosity
**bizarro** ADJ [1] (= *valiente*) gallant, brave
[2] (= *generoso*) generous
**bizbirindo** ADJ (*Méx*) lively, bright
**bizcar** ▸conjug 1g◂ Ⓐ VT [+ *ojo*] to wink
Ⓑ VI to squint, be cross-eyed
**bizco/a** Ⓐ ADJ cross-eyed, squinting; **mirada bizca** squint, cross-eyed look; **ponerse ~** to squint, look cross-eyed; ✦**MODISMOS dejar a algn ~** to leave sb open-mouthed; **quedarse ~** to be flabbergasted
Ⓑ SM/F cross-eyed person, someone with a squint
Ⓒ ADV **mirar ~** to squint, look cross-eyed
**bizcochera** SF biscuit barrel, biscuit tin
**bizcochería** SF (*Méx*) pastry shop
**bizcocho** SM [1] (*Culin*) (= *pastel*) sponge cake; (*más pequeño*) sponge finger, lady finger (*EEUU*); ✦**MODISMO embarcarse con poco ~** to set out unprepared ► **bizcocho borracho** *sponge soaked in wine and syrup*
[2] (*Náut*) hardtack
[3] (= *cerámica*) biscuit ware
[4] (*Méx*) (= *galleta*) biscuit
[5] (*Méx***) (= *órgano sexual*) cunt**
**bizcorneado** ADJ (*Caribe*) = **bizco A**
**bizcornear** ▸conjug 1a◂ VI (*Caribe*) to squint
**bizcorneto** ADJ (*Andes, Méx*) = **bizco A**
**Bizkaia** SF Biscay (*Basque province*)
**bizma** SF poultice
**bizmar** ▸conjug 1a◂ VT to poultice
**biznieto/a** SM = **bisnieto**
**bizquear** ▸conjug 1a◂ VI to squint
**bizquera*** SF (*esp LAm*) squint
**bla-bla-bla** SM claptrap, hot air
**blanca** SF [1] (*Hist*) *old Spanish copper coin*; ✦**MODISMOS estar sin ~*** ◊ **no tener ~*** to be broke*, be skint*
[2] (*Mús*) minim, half note (*EEUU*)
[3] (*Ajedrez*) white piece; **yo llevo las ~s** I'll

be white

4 (*Dominó*) blank ► **blanca doble** double blank

5 (‡) (= *cocaína*) coke‡; (= *heroína*) smack‡; *ver tb* **blanco**

**Blancanieves** SF Snow White

**blanco/a** Ⓐ ADJ 1 (= *de color blanco*) white; **el pantalón ha quedado blanquísimo** the trousers have come out really white; **se te está poniendo el pelo ~** your hair is going white; **un vino ~** a white wine; **es de color ~** it's white; ✦***MODISMO*** **~ como la nieve** as white as snow

2 [*raza*] white; **una mujer blanca** a white woman

3 (= *pálido*) [*cara, cutis*] fair; **soy muy ~ de piel** I'm very fair-skinned; **estar ~** [*cara*] to be pale; [*cuerpo*] to be white; **tenía la cara muy blanca** his face was very pale; **el más ~ de toda la playa** the whitest person on the beach; ✦***MODISMO*** **~ como la cera** *o* **como el papel** *o* **como la pared** as white as a sheet

4 (*Literat*) [*verso*] blank

Ⓑ SM/F (= *persona*) white man/woman; **el ladrón era un ~, fuerte, de 1,80** the thief was white, heavily built, 6ft tall; **llegó acompañado de dos ~s** he arrived with two white people; **los ~s** white people; *ver tb* **trata**

Ⓒ SM 1 (= *color*) white; **me gusta el ~ para vestir** I like wearing white; **calentar algo al ~** to heat sth till it is white-hot; **de ~**: **casarse de ~** to get married in white, have a white wedding; **pintar algo de ~** to paint sth white; **vestirse de ~** to wear white; **en ~ y negro** black and white; **imágenes en ~ y negro** black and white pictures; ✦***MODISMOS*** **decir que lo ~ es negro** to swear that black is white; **no distinguir lo ~ de lo negro** to be unable to tell right from wrong; **poner los ojos en ~** to roll one's eyes; **verlo todo ~ o negro** to see everything in black and white ► **blanco de España** whiting ► **blanco de plomo** white lead ► **blanco y negro** (*Culin*) *iced coffee with cream*; *ver tb* **carpintero 1, punta A2**

2 (= *parte blanca*) ► **blanco de la uña** half-moon ► **blanco del huevo** white of the egg, egg white ► **blanco del ojo** white of the eye; ✦***MODISMO*** **no parecerse a algn ni en el ~ de los ojos** to look nothing like sb

3 (= *blancura*) whiteness

4 (= *objetivo*) target; **el puente era un ~ fácil** the bridge was an easy target; **apunta al ~** aim for the target; **dar en el ~** (*lit*) to hit the target; **tus críticas han dado en el ~** your criticisms were right on target *o* were spot on; **has dado en el ~ escogiendo esta carrera** you did exactly the right thing in choosing that degree course; **ese comentario tuyo dio en el ~, por eso dolió tanto** that remark of yours hit home, that's why it hurt so much; **hacer ~** to hit the target; **hacer ~ en algo** to hit sth; **la patrullera hizo ~ en dos lanchas** the patrol boat hit two launches; **la prensa la hizo ~ de sus críticas** the press singled her out for criticism, she was the target of attacks by the press; **lo hicieron ~ de sus sátiras** they held him up to ridicule; **ser (el) ~ de** [+ *crítica*] to be the target of; [+ *burla*] to be the butt of; **se convirtió en el ~ de sus críticas** he became the target of their criticism; **la modelo fue el ~ de todas las miradas** the model was the centre of attention, all eyes were on the model ► **blanco móvil** moving target; *ver tb* **tiro 1**

5 (= *espacio sin escribir*) blank, blank (space); **un ~ entre las dos palabras** a blank (space) between the two words

6 **en ~** blank; **una página en ~** a blank page; **un cheque en ~** a blank cheque; **rellene los espacios en ~** fill in the blanks; **dejar algo en ~** to leave sth blank; **he dejado el examen en ~** I left the exam paper blank, I didn't write anything on the exam paper; **dejé varias preguntas en ~ en el examen** there were several questions I didn't answer in the exam; **votar en ~** to return a blank ballot paper; ✦***MODISMOS*** **pasar la noche en ~** not to sleep a wink*, have a sleepless night; **quedarse en ~**: **el concursante se quedó en ~** the contestant's mind went blank; **no pude contestar porque se me quedó la mente en ~** I couldn't answer because my mind went blank

7 (= *pausa*) gap, break; **hay varios ~s entre las clases** there are several gaps *o* breaks between classes

8 (= *mancha blanca*) (*pequeña*) white spot; (*más grande*) white patch

9 (*Puerto Rico*) (= *formulario*) blank, blank form

10 **los Blancos** (*Uru Pol*) *political party*; *ver tb* **blanca**

**blancón** ADJ (*Andes*) white-skinned

**blancor** SM whiteness

**blancote** Ⓐ ADJ 1 sickly white, unhealthily white

2 (*) (= *cobarde*) yellow*, cowardly

Ⓑ SM (*) yellow belly*, coward

**blancura** SF whiteness

**blancuzco** ADJ (= *parecido al blanco*) whitish; (= *blanco sucio*) dirty-white, off-white

**blandamente** ADV 1 (*al tacto*) (= *sin aspereza*) mildly, gently; (= *mullido*) tenderly

2 (*en el trato*) indulgently

**blandear**[1] ▸conjug 1a◂ VT = **blandir**

**blandear**[2] ▸conjug 1a◂ Ⓐ VT (= *convencer*) to convince, persuade

Ⓑ VI, **blandearse** VPR (= *ceder*) to soften, yield, give way; **~ con algn** to humour sb, humor sb (*EEUU*)

**blandengue*** Ⓐ ADJ soft, weak

Ⓑ SMF softie*

**blandenguería*** SF softness, weakness

**blandiporno*** ADJ INV **película ~** soft-porn film

**blandir** ▸conjug 3a; defectivo; no utilizado en presente◂ Ⓐ VT to brandish, flourish

Ⓑ **blandirse** VPR to wave to and fro, swing

**blando/a** Ⓐ ADJ 1 (= *tierno*) [*madera, droga, agua*] soft; [*pasta*] smooth; [*carne*] tender; (*pey*) flabby; **~ de boca** [*caballo*] tender-mouthed; **~ de carnes** flabby; **~ al tacto** soft to the touch

2 (= *indulgente*) [*persona*] soft, indulgent; [*carácter*] soft, delicate; [*política*] soft, wet; **~ de corazón** soft-hearted, sentimental; **ser ~ con el crimen** to be soft on crime; **llevar una vida blanda** to live an easy life

3 (= *cobarde*) cowardly

Ⓑ SM/F (*Pol*) soft-liner, moderate; (*Mil*) dove

**blandón** SM (*Rel*) (= *vela delgada*) wax taper; (= *candelabro*) large candlestick

**blandorro/a*** Ⓐ ADJ [*sabor*] tasteless, insipid; [*sonrisa*] weak, sheepish

Ⓑ SM/F 1 (= *pusilánime*) weakling, wimp*

2 (= *cobarde*) coward

**blanducho** ADJ (*pey*) [*madera, superficie*] soft; [*carne*] flabby (*pey*)

**blandujo** ADJ softish

**blandura** SF 1 (= *suavidad*) [*de madera, cama*] softness; [*de carne*] tenderness; [*de agua, pasta*] softness

2 (= *templanza*) [*de clima*] mildness

3 (= *dulzura*) gentleness, tenderness

4 **blanduras** endearments, sweet nothings

**blanduzco** ADJ softish

**blanqueada** SF 1 (*LAm*) (= *blanqueo*) [*de ropa*] bleaching; [*de pared, casa*] whitewashing

2 (*Méx Dep**) whitewash

**blanqueado** Ⓐ ADJ [*pared, casa*] whitewashed

Ⓑ SM = **blanqueo**

**blanqueador(a)** SM/F bleacher

**blanquear** ▸conjug 1a◂ Ⓐ VT 1 (= *poner blanco*) [+ *dientes*] to whiten; [+ *ropa*] to bleach; [+ *pared, fachada*] to whitewash; [+ *oro, plata*] to blanch; **la nieve blanqueaba el paisaje** the snow turned the landscape white, the snow whitened the landscape

2 (*Esp**) [+ *dinero*] to launder*; [+ *falta, persona culpable*] to whitewash

Ⓑ VI to turn white, go white; **el pelo le blanqueó con los años** his hair went *o* turned white over the years; **ya blanquea la nieve en las montañas** the mountains are now covered in white (snow)

**blanquecer** ▸conjug 2d◂ VT = **blanquear A1, B**

**blanquecino** ADJ off-white, whitish

**blanqueo** SM [*de dientes*] whitening; [*de pared, casa*] whitewashing; [*de ropa*] bleaching ► **blanqueo de dinero** money laundering

**blanquiazul** Ⓐ ADJ 1 blue and white

2 (*Dep*) of Espanyol football club

Ⓑ SMF Espanyol player/supporter *etc*; **los ~es** Espanyol football club/team *etc*

**blanquillo** Ⓐ ADJ whitish; **azúcar ~** white sugar; **trigo ~** white wheat

Ⓑ SM 1 (*CAm, Méx*) (= *huevo*) egg

2 (*Chile, Perú*) (= *durazno*) white peach

3 (*Caribe, Cono Sur*) (= *pez*) whitefish

**blanquimiento** SM bleach, bleaching solution

**blanquín** SM ► **blanquín de gallina** (*Caribe euf*) hen's egg

**blanquinegro** ADJ black-and-white

**blanquita‡** SF (*Caribe*) cocaine

**blasfemador(a)** Ⓐ ADJ blasphemous

Ⓑ SM/F blasphemer

**blasfemamente** ADV blasphemously

**blasfemar** ▸conjug 1a◂ VI 1 (*Rel*) to blaspheme (**contra** against)

2 (= *decir tacos*) to curse, swear

**blasfemia** SF 1 (*Rel*) blasphemy

2 (= *taco*) swearword, curse

**blasfemo/a** ADJ, SM/F = **blasfemador**

**blasón** SM 1 (*Heráldica*) (= *escudo*) coat of arms; (= *ciencia*) heraldry

2 (= *honor*) honour, honor (*EEUU*), glory

**blasonar** ▸conjug 1a◂ Ⓐ VT 1 [+ *escudo*] to emblazon

2 (= *encomiar*) [+ *persona*] to praise, extol

Ⓑ VI to boast, boast about

**blazer** SM blazer

**bleck** SM (*Cono Sur*) pitch, tar; ✦*MODISMO* **dar una mano de ~ a algn** to discredit sb, blacken sb's name

**bledo** SM *ver* **importar² A2.1**

**bleque** SM (*Cono Sur*) = **bleck**

**blindado** Ⓐ ADJ [*vehículo*] armour-plated, armor-plated (*EEUU*); [*chaleco*] bullet-proof; [*cable*] shielded; **carro ~** armoured *o* (*EEUU*) armored car; **puerta blindada** reinforced door
Ⓑ SM (*Mil*) armoured vehicle, armored vehicle (*EEUU*)

**blindaje** SM [*de vehículo*] armour-plating, armor-plating (*EEUU*); [*de cable*] shield

**blindar** ▸conjug 1a◂ VT [+ *vehículo*] to armour-plate, armor-plate (*EEUU*); [+ *cable*] to shield

**b.l.m.** ABR (= **besa la mano**) *courtesy formula*

**bloc** SM (*pl* **blocs**) (*para notas*) pad, writing pad ► **bloc de dibujos** sketch pad ► **bloc de ejercicios** jotter, exercise book ► **bloc de notas** [*de estudiante*] notepad; [*de periodista*] reporter's notebook ► **bloc de taquigrafía** shorthand book

**blocaje** SM (= *bloqueo*) (*Dep*) tackle, stop; (*Mil*) blockade; (*Mec*) gripping, locking

**blocao** SM (*Mil*) blockhouse

**blocar** ▸conjug 1g◂ VT (*Dep*) [+ *jugador*] to tackle; [+ *balón*] to stop, trap

**blof** SM (*LAm*) bluff; **hacer un ~ a algn** to bluff sb

**blofear** ▸conjug 1a◂ (*LAm*) VI to boast, brag

**blofero** ADJ (*LAm*) boastful, bragging

**blofista** SMF (*LAm*) boaster, braggart

**blonda** SF [1] (= *encaje*) blond lace
[2] (*Cono Sur*) (= *rizo*) curl

**blondo** ADJ [1] (*liter*) (= *rubio*) blond, fair, flaxen (*liter*)
[2] (*LAm*) (= *liso*) soft, smooth, silken
[3] (*CAm*) (= *lacio*) lank
[4] (*Cono Sur, Méx*) (= *rizado*) curly

**bloque** SM [1] (= *trozo*) [*de piedra, mármol*] block; [*de helado*] brick ► **bloque de casas** block, block of houses ► **bloque de cilindros** cylinder block ► **bloque de hormigón** block of concrete ► **bloque de papel** = **bloc** ► **bloque de sellos** block of stamps ► **bloque de viviendas** block of flats ► **bloque publicitario** commercial break
[2] (= *bloqueo*) (*en tubo, salida*) block, blockage, obstruction
[3] (*Pol*) bloc; **el ~ comunista** the communist bloc; **en ~** en bloc
[4] (*Inform*) block

**bloqueante** Ⓐ ADJ paralysing, inhibiting
Ⓑ SM (= *droga*) inhibitor, anticatalyst

**bloquear** ▸conjug 1a◂ Ⓐ VT [1] (= *obstaculizar*) [+ *entrada, salida*] to block (off); [+ *camino, proyecto, proceso*] to block; **un tractor bloqueaba la carretera** the road was blocked by a tractor, a tractor was blocking the road; **~on la puerta con un sillón** they blocked *o* barricaded the door with an armchair; **los manifestantes ~on la calle en protesta** the demonstrators blocked the street as a protest; **la oposición bloqueó la ley en la cámara** the opposition blocked the bill in parliament; **la policía nos bloqueó el paso** the police barred our way
[2] (= *atascar*) [+ *mecanismo*] to jam (up), block; [+ *cerradura, línea telefónica*] to jam; [+ *volante*] to lock; **los oyentes ~on la centralita de la emisora** listeners jammed the radio station's switchboard
[3] (= *aislar*) to cut off; **quedaron bloqueados por la nieve** they were cut off by the snow
[4] (*Mil*) to blockade
[5] (*Com, Fin*) to freeze; **fondos bloqueados** frozen assets
[6] (*Dep*) [+ *jugador*] to tackle; [+ *balón*] to stop, trap
Ⓑ **bloquearse** VPR [1] (= *paralizarse*) [*persona*] **me bloqueé en el examen** my mind went blank in the exam, I had a (mental) blank in the exam; **cuando me habla me bloqueo** when he speaks to me I get completely tongue-tied; **me quedé bloqueado ante tanta información** I was overwhelmed by the amount of information; **siempre me bloqueo ante el peligro** I always freeze in the face of danger
[2] (= *atascarse*) [*mecanismo*] to jam (up); [*cerradura, línea telefónica, centralita*] to jam; [*frenos, volante*] to lock

**bloqueo** SM [1] (*Mil*) blockade; **burlar** *o* **forzar el ~** to run the blockade
[2] (*Com, Fin*) ► **bloqueo de fondos** freezing of assets ► **bloqueo informativo** news blackout
[3] ► **bloqueo mental** mental block

**b.l.p.** ABR (= **besa los pies**) *courtesy formula*

**bluejean** SM INV (*LAm*) jeans *pl*, denims *pl*

**blufar** *etc* ▸conjug 1a◂ VI = **blofear** *etc*

**bluff** SM bluff

**blumes** SMPL ✦*MODISMO* **tener ~** (*Caribe**) to be fussy, be finicky

**blusa** SF [1] (= *camisa*) blouse
[2] (= *mono*) overall
[3] (= *bata*) smock

**blusero/a** Ⓐ ADJ blues *antes de s*, rhythm and blues *antes de s*
Ⓑ SM/F blues fan, rhythm and blues fan

**blusón** SM (= *camisa grande*) long shirt, loose shirt; [*de pintor*] smock

**Blvr.** ABR (= **Bulevar**) Blvd

**BM** SM ABR (= **Banco Mundial**) WB

**BN** Ⓐ ABR (*Esp*) = **Biblioteca Nacional**
Ⓑ SM ABR (*Perú*) = **Banco de la Nación**

**b/n** ABR (= **blanco y negro**) b/w

**B.º** ABR [1] (*Fin*) (= **Banco**) bk
[2] (*Com*) = **beneficiario**

**boa** SF boa

**boardilla** SF = **buhardilla**

**boatiné** SF **bata de ~** padded dressing-gown

**boato** SM show, ostentation

**bob** SM bobsleigh

**bobada** SF silly thing, stupid thing; **esto es una ~** this is nonsense; **este programa es una ~** this programme is stupid; **decir ~s** to say silly things, talk nonsense; **¡no digas ~s!** come off it!, don't talk nonsense!; **hacer ~s** to do stupid things; **cuando está borracho no para de hacer ~s** when he's drunk he's always doing stupid things

**bobales*** SMF INV nitwit*, dolt

**bobalicón/ona** Ⓐ ADJ utterly stupid
Ⓑ SM/F nitwit, clot*, dumbbell (*EEUU**)

**bobamente** ADV (= *tontamente*) stupidly; (= *inocentemente*) naïvely

**bobático*** ADJ silly, half-witted

**bobear** ▸conjug 1a◂ VI (= *hacer tonterías*) to fool about, do silly things; (= *decir tonterías*) to talk nonsense, say silly things

**bobelas*** SMF INV idiot, chump*

**bobera** SF = **bobería**

**boberá** SMF (*Caribe*) fool

**bobería** SF [1] (= *cualidad*) silliness, idiocy
[2] = **bobada**

**bobeta** Ⓐ ADJ (*Cono Sur*) silly, stupid
Ⓑ SMF (*Cono Sur*), **bobetas** SMF INV (*Andes*) fool, idiot

**bobicomio** SM (*Andes*) lunatic asylum

**bóbilis** ADV ✦*MODISMO* **de ~** (= *gratis*) free, for nothing; (= *sin esfuerzo*) without lifting a finger

**bobina** SF (= *carrete*) (*Cos*) reel; (*Téc, Pesca*) spool; (*Fot*) spool, reel; (*Aut, Elec*) coil ► **bobina de encendido** ignition coil

**bobinado** SM (*Elec*) winding

**bobinadora** SF winder, winding machine

**bobinar** ▸conjug 1a◂ VT to wind

**bobo/a** Ⓐ ADJ (= *tonto*) silly, stupid; (= *ingenuo*) simple, naïve; ✦*MODISMO* **estar** *o* **andar ~ con algo** to be crazy about sth
Ⓑ SM/F (= *tonto*) idiot, fool; (*Teat*) clown, funny man; ✦*MODISMOS* **entre ~s anda el juego** (*iró*) they're well matched, one's as bad as the other; **a los ~s se les aparece la madre de Dios** fortune favours fools
Ⓒ SM/F [1] (*Caribe**) (= *reloj*) watch
[2] (*Cono Sur*) (= *corazón*) heart, ticker*

**boboliche** SMF (*Andes*) fool

**bobsleigh** ['bobslei] SM bobsleigh

**boca** Ⓐ SF [1] (*Anat*) mouth; **no debes hablar con la ~ llena** you shouldn't talk with your mouth full; **tengo que arreglarme la ~** I must get my teeth seen to; **aceituna de ~** eating olive; **(respiración) ~ a ~** mouth-to-mouth resuscitation; **¡cállate la ~!*** shut up!*, shut your mouth!‡; **~ abajo** face down; **estar tumbado ~ abajo** to be lying face down; **se cuelgan los manojos ~ abajo** hang the bunches upside down; **~ arriba** face up; **poner a algn ~ arriba** to turn sb on his back ► **boca de escorpión** wicked tongue ► **boca de mar** (*Culin*) crab stick
[2] **en ~ de**: **suena extraño en ~ de un socialista** it sounds odd coming from a socialist; **está en ~ de todos** it's on everybody's lips; **puso esa frase en ~ de un personaje suyo** he gave that phrase to one of his characters; **por ~ de** through; **hablan por ~ del negociador** they speak through the negotiator; **lo sabemos por ~ de los propios autores del delito** we know so from the people responsible for the crime
[3] ✦*MODISMOS* **no abrió la ~ en toda la tarde** he didn't open his mouth *o* he didn't say a word all afternoon; **buscar la ~ a algn** (= *hacer hablar*) to try to draw sb out; (= *provocar*) to provoke sb; **coserse la ~*** to keep quiet, keep mum*; **dar ~*** to gab*, chat; **de ~ en ~**: **la cosa anda de ~ en ~** the story is doing the rounds; **ella anda de ~ en ~** everyone is talking about her; **de ~ para afuera**: **apoyó la idea de ~ para afuera** he paid lip-service to the idea; **eso lo dice de ~ para afuera** he's just saying that, that's what he says (but he doesn't mean it); **decir algo con la ~ chica** *o* **pequeña** to say sth without really meaning it; **sin decir esta ~ es mía** without a word to anybody; **hablar por ~ de ganso** to parrot other people's opinions; **hacer ~**

to whet sb's appetite; **se me hace la ~ agua** my mouth is watering; **irse la ~ a algn**: **se me fue la ~** it just slipped out; **llenársele la ~ a algn**: **esa Europa con la que se les llena la ~** this Europe that they're always talking about; **se le llena la ~ del coche** all he can talk about is the car; **meter a algn en la ~ del lobo** to put sb on the spot; **meterse en la ~ del lobo** to put one's head in the lion's mouth; **(oscuro) como ~ de lobo** pitch black; **partir la ~ a algn*** to smash sb's face in*; **a pedir de ~**: **todo salió a pedir de ~** it all turned out perfectly; **quedarse con la ~ abierta** to be dumbfounded; **me lo has quitado de la ~** you took the words right out of my mouth; **¡que tu ~ sea santa!** (*Caribe*) I hope you're right!; **tapar la ~ a algn** to keep sb quiet, shut sb up*; **torcer la ~** (= *hacer un gesto*) to make a wry face; (= *burlarse*) to sneer; ✦***REFRANES*** **en ~ cerrada no entran moscas** silence is golden; **el que tiene ~ se equivoca** we all make mistakes, to err is human; **por la ~ muere el pez** silence is golden, it's best to keep one's own counsel; *ver tb* **sabor**

4 (= *abertura, entrada*) [*de túnel, cueva, vasija*] mouth; [*de tonel*] bunghole; [*de puerto*] entrance; [*de arma*] muzzle; ✦***MODISMO*** **a ~ de jarro**: **beber a ~ de jarro** to drink to excess; **disparar a ~ de jarro** to shoot point-blank, shoot at close range ► **boca de incendios** hydrant ► **boca del estómago** pit of the stomach ► **boca de metro** underground *o* (*EEUU*) subway entrance ► **boca de mina** pithead, mine entrance ► **boca de riego** hydrant ► **boca de río** river mouth, estuary

5 [*de vino*] flavour, flavor (*EEUU*); **tener buena ~** to have a good flavour

6 [*de crustáceo*] pincer

7 [*de herramienta*] cutting edge

8 ► **boca de dragón** (*Bot*) snapdragon

9 (*Inform*) slot

10 **bocas** (= *personas*) mouths; **son seis ~s las que tengo que alimentar** I have six mouths to feed

Ⓑ SM 1 ► **boca a boca**: **aplicar** *o* **hacer** *o* **practicar el ~ a ~ a algn** to give sb mouth-to-mouth resuscitation, give sb the kiss of life

2 (⁑) [*de cárcel*] screw⁑, warder

**bocabajear** ▸conjug 1a◂ VT (*LAm*) to put down, crush

**bocabajo** SM (*Caribe*) beating

**bocacalle** SF side street; **la primera ~ a la derecha** the first turning *o* road on the right

**bocacha** SF 1 (⁑) bigmouth⁑

2 (*Mil, Hist*) blunderbuss

**bocacho** ADJ (*Cono Sur**) big-mouthed

**Bocacio** SM Boccaccio

**bocadear** ▸conjug 1a◂ VT to cut up (*for eating*)

**bocadillería** SF (*Esp*) snack bar, sandwich bar

**bocadillo** SM 1 (*Esp*) sandwich (*made with French bread*); **un ~ de queso** a cheese baguette

2 (*en historietas*) balloon, bubble

**bocadito** SM 1 (= *mordisco*) morsel, bit

2 **bocaditos** (*Andes*) snack *sing*, appetizer *sing*; ✦***MODISMO*** **a ~s** piecemeal

3 (*Caribe*) (= *cigarrillo*) *cigarette wrapped in tobacco leaf*

**bocado** SM 1 (= *de comida*) mouthful; (= *aperitivo*) snack; **~ exquisito** titbit; **no he probado ~ en todo el día** I've not had a bite to eat all day; **intentaba hablar entre ~ y ~** I was trying to talk between mouthfuls; **tomar un ~** to have a bite to eat; ✦***MODISMOS*** **no hay para un ~** that's not nearly enough; **el ~ del león** the lion's share; **~ sin hueso** sinecure, soft job

2 (= *mordisco*) bite; **le arrancó la oreja de un ~** he bit his ear off; **pegar un ~ a algo/algn** to bite sth/sb; **le he dado sólo un ~ a tu tortilla** I've only had a bite out of your omelette

3 (*para caballo*) bit

4 ► **bocado de Adán** Adam's apple

5 (*) (= *astilla*) sweetener*, backhander*, payola (*EEUU*)

6 (*Andes*) (= *veneno*) poison, animal poison

**bocajarro** ADV **a ~** [*disparar*] at point-blank range; **decir algo a ~** to say sth bluntly, say sth without mincing one's words

**bocal** SM 1 (= *jarro*) pitcher, jar

2 (*Mús†*) mouthpiece

**bocallave** SF keyhole

**bocamanga** SF 1 (*Cos*) cuff, wristband

2 (*Méx*) (= *agujero*) hole for the head (*in a cape*)

**bocamina** SF (*Min*) pithead, mine entrance

**bocana** SF estuary

**bocanada** SF 1 (= *ráfaga*) [*de humo*] puff; [*de viento, aliento*] gust, blast; ✦***MODISMO*** **echar ~s** to boast, brag

2 [*de vino*] mouthful, swallow

3 ► **bocanada de gente** crush of people

**bocaracá** SM (*CAm*) snake

**bocarada** SF (*LAm*) = **bocanada**

**bocarte** SM anchovy

**bocata*** SM sandwich

**bocatería*** SF ≈ sandwich bar

**bocatero/a** SM/F (*Caribe*) loudmouth*, braggart

**bocatoma** SF (*LAm*) water intake, inlet pipe

**bocazas*** SMF INV bigmouth*

**bocera** SF smear on the lips

**boceras*** SMF INV loudmouth*

**bocetista** SMF sketcher

**boceto** SM (= *esquema*) sketch, outline; (= *diseño*) design; (= *maqueta*) model, mock-up

**bocha** SF 1 (= *bola*) bowl; **juego de las ~s** bowls

2 (*Cono Sur⁑*) (= *cabeza*) nut*, noggin (*EEUU⁑*)

**bochar** ▸conjug 1a◂ VT 1 (*LAm*) (= *rechazar*) to rebuff, reject; **~ a algn** to give sb a dressing down

2 (*Arg**) (= *suspender*) to fail, flunk*

**boche** SM 1 (*Chile*) husks *pl*, chaff

2 (*LAm*) (= *rechazo*) snub; **dar ~ a algn** to snub sb

3 (*Andes, Cono Sur*) row, fuss

**bochinche** SM 1 (= *jaleo*) uproar, commotion

2 (*Andes, Caribe*) (= *chisme*) piece of gossip

3 (*Méx*) (= *baile*) rave-up*; (= *fiesta*) wild party

4 (*Méx*) (= *bar*) seedy bar, dive*

5 (*Méx*) (= *tienda*) local store

6 (*Caribe*) muddle, mess

**bochinchear** ▸conjug 1a◂ VI (*LAm*) to make a commotion

**bochinchero/a** (*esp LAm*) Ⓐ ADJ rowdy, brawling

Ⓑ SM/F (*LAm*) brawler

**bochinchoso** ADJ 1 (*LAm*) (= *chismoso*) gossiping, gossipy

2 (*Andes*) (= *agresivo*) rowdy, noisy

3 (= *quisquilloso*) fussy, finicky

**bocho** SM **ser un ~** (*Cono Sur*) to be brainy, be clever

**bochorno** SM 1 (= *calor*) sultry weather, stuffy weather*

2 (*Med*) hot flush

3 (= *vergüenza*) embarrassment, shame; **¡qué ~!** how embarrassing!

**bochornoso** ADJ 1 [*tiempo, día*] close*, stuffy*

2 (= *vergonzoso*) degrading, shameful; **es un espectáculo ~** it is a degrading spectacle, it is a shameful sight

**bocina** SF 1 (*Mús, Aut*) horn; **tocar la ~** (*Aut*) to sound one's horn, blow one's horn ► **bocina de niebla** foghorn

2 (= *megáfono*) megaphone

3 (*LAm*) (= *trompetilla*) ear trumpet

4 (*Méx Telec*) mouthpiece

5 (*Cono Sur*) (= *soplón*) grass⁑, informer, fink (*EEUU⁑*)

**bocinar** ▸conjug 1a◂ VI (*Aut*) to sound one's horn, blow the horn, hoot

**bocinazo** SM (*Aut*) toot, blast (*of the horn*); ✦***MODISMO*** **dar el ~⁑** to grass⁑

**bocinero/a** SM/F horn player

**bocio** SM goitre, goiter (*EEUU*)

**bock** [bok] SM (*pl* **bocks** [bok]) beer glass, tankard

**bocón/ona** Ⓐ ADJ 1 (= *jactancioso*) boastful, big-mouthed⁑

2 (*Caribe, Cono Sur*) (= *gritón*) loud-mouthed; (= *chismoso*) backbiting, gossipy

3 (*Méx*) (= *poco discreto*) indiscreet

Ⓑ SM/F bigmouth⁑

**bocoy** SM hogshead, large cask

▼**boda** SF 1 (= *ceremonia*) wedding, marriage; (= *convite*) reception, wedding reception

2 (= *aniversario*) ► **bodas de diamante** [*de pareja*] diamond wedding *sing*, diamond wedding anniversary *sing*; [*de asociación*] diamond jubilee ► **bodas de oro** [*de pareja*] golden wedding *sing*, golden wedding anniversary *sing*; [*de asociación*] golden jubilee ► **bodas de plata** [*de pareja*] silver wedding *sing*, silver wedding anniversary *sing*; [*de asociación*] silver jubilee

**bodega** SF 1 (= *depósito*) [*de alimentos*] storeroom; [*de vinos*] wine cellar; [*de una casa*] cellar

2 (*tb* **~ de carga**) (*Aer, Náut*) hold

3 (= *tienda*) [*de vinos, licores*] wine shop; (*LAm*) [*de comestibles*] grocer's shop, grocery store (*EEUU*)

4 (*esp LAm*) (= *bar*) bar

**bodegaje** SM (*Chile*) storage

**bodegón** SM 1 (= *restaurante*) cheap restaurant

2 (*Arte*) still life

**bodegonista** SMF still-life painter

**bodeguero/a** Ⓐ ADJ (*Caribe*) coarse, common

Ⓑ SM/F 1 [*de vino*] (= *productor*) wine producer; (= *encargado*) cellarman/cellarwoman; (= *dueño*) owner of a bodega

2 (*Andes, Caribe*) (= *tendero*) grocer

**bodijo*** SM (= *boda*) quiet wedding; (*pey*) misalliance

**bodolle** SM (*Cono Sur*) billhook

➤ LENGUA Y USO: **boda 1** 51.3

**bodoque** SM [1] [*de ballesta*] small ball, pellet
[2] (*CAm, Méx Med*) (= *bulto*) lump, swelling; (= *bolita*) lump, ball
[3] (*Méx*) (= *tonto*) dimwit*
[4] (*CAm*) (= *manojo*) bunch
[5] (*Méx*) (= *cosa mal hecha*) badly-made thing

**bodorrio** SM [1] (= *boda*) (*pey*) poor wedding
[2] (*Méx*) (= *fiesta*) rowdy party

**bodrio** SM [1] (*) (= *porquería*) rubbish, garbage (*EEUU*), trash; **la película era un ~** the film was rubbish *o* a load of tosh*; **un ~ de sitio** an awful place
[2] (*esp LAm*) (= *confusión*) mess

**body** SM (*pl* **bodies**) body stocking

**BOE** SM ABR (*Esp*) (= **Boletín Oficial del Estado**) ≈ Hansard, ≈ The Congressional Record (*EEUU*)

**BOE**

*The* **Boletín Oficial del Estado** *is a daily Spanish-government publication in which new laws, directives and executive decisions are published together with advertisements for public-sector posts and contracts. It is provided free of charge to all government agencies and state organizations including schools, embassies and public libraries.*

**bóer** Ⓐ ADJ Boer
Ⓑ SMF (*pl* **bóers**) Boer

**bofe** SM (*Zool*) lung; ✦*MODISMOS* **echar los ~s*** to slog one's guts out; **echar los ~s por algo*** to go all out for sth

**bofetada** SF (= *tortazo*) slap in the face; (= *puñetazo*) punch, punch in the face; **dar de ~s a algn** to hit *o* punch *o* slap sb; **darse de ~s** [*personas*] to come to blows; [*colores*] to clash

**bofetón** SM punch, punch in the face

**bofia‡** Ⓐ SF **la ~** the pigs‡ *pl*
Ⓑ SMF pig‡, cop*

**boga¹** SF (= *moda*) fashion, vogue; **la ~ de la minifalda** the fashion for the miniskirt; **estar en ~** to be in fashion, be in vogue; **poner algo en ~** to establish a fashion for sth

**boga²** SF (*Ferro*) bogey

**boga³** Ⓐ SMF (= *remador*) rower, oarsman/oarswoman
Ⓑ SF rowing

**bogada** SF stroke (*of an oar*)

**bogador(a)** SM/F, **bogante** SMF rower, oarsman/oarswoman

**bogar** ▸conjug 1h◂ VI to row

**bogavante** SM [1] (*Náut*) stroke, first rower
[2] (*Zool*) lobster

**bogotano/a** Ⓐ ADJ of/from Bogotá
Ⓑ SM/F native/inhabitant of Bogotá; **los ~s** the people of Bogotá

**bogotazo** SM [1] (*LAm*) *Bogotá rising of 1948*
[2] (*Andes*) ruin, destruction, pillage

**bohardilla** SF = **buhardilla**

**Bohemia** SF Bohemia

**bohémico** ADJ (*Geog*) Bohemian

**bohemio/a** ADJ, SM/F [1] (*Geog*) Bohemian
[2] (= *poco convencional*) bohemian

**bohío** SM (*LAm*) (= *choza*) hut, shack

**boicot** SM (*pl* **boicots**) boycott; **hacer el ~ a algo** to boycott sth

**boicotear** ▸conjug 1a◂ VT to boycott

**boicoteo** SM boycott, boycotting

**boicotero** SM (*LAm*) boycott

**boina** Ⓐ SF beret
Ⓑ SMF ► **boina verde** commando

**boite** [bwat] SF, **boîte** [bwat] SF nightclub

**boj** SM (= *planta*) box; (= *madera*) boxwood

**boje** ADJ (*Méx*) silly, stupid

**bojote** SM [1] (*LAm*) (= *paquete*) bundle, package
[2] **un ~ de** a lot of, a load of*
[3] (*CAm*) (= *trozo*) lump, chunk
[4] (*Caribe*) (= *alboroto*) fuss, row

**bol** SM [1] (= *cuenco*) bowl; (*para ponche*) punchbowl
[2] (*LAm*) (= *lavafrutas*) finger bowl
[3] (*Dep*) ninepin
[4] (*Pesca*) dragnet

**bola** SF [1] (= *cuerpo esférico*) ball; [*de helado*] scoop; (= *canica*) marble; **van a sacar la ~ premiada** they're going to pick the winning ball; **del susto se me ha hecho una ~ en el estómago** my stomach knotted up with fright; ✦*MODISMO* **estar hecho una ~** (= *gordo*) to be round as a barrel, be chubby*; (= *acurrucado*) to be curled up (in a ball) ► **bola de alcanfor** mothball ► **bola de contar** abacus bead ► **bola de cristal** crystal ball ► **bola de fuego** (*Mil*) fireball; (*Meteo*) ball lightning ► **bola del mundo** globe ► **bola de naftalina** mothball ► **bola de nieve** snowball ► **bola de tempestad**, **bola de tormenta** storm signal ► **bola negra** black ball; *ver tb* **pie 2**, **queso 1**
[2] (*Dep*) ball; [*de petanca*] boule; ✦*MODISMOS* **andar como ~ huacha** (*Chile*) ◊ **andar como ~ sin manija** (*Arg, Uru*) to be at a loose end; **dar ~** (*Cono Sur**) to take notice; **se lo he dicho mil veces pero no me da ~** I've told him a thousand times but he doesn't take any notice *o* a blind bit of notice; **¡dale ~!** what, again!; **dar la ~** (*Esp*†‡) to be released (from jail); **dejar que ruede la ~** to let things take their course; **escurrir la ~** to take French leave; **ir a su ~** (*Esp**) to do one's own thing*; **aquí cada uno va a su ~** everyone does their own thing here*; **tú (ve) a tu ~** just do your own thing*; **parar ~(s)** (*Col, Ven*) to pay attention; **no me paró ~s** he didn't take any notice, he didn't pay attention; **pasar la ~*** to pass the buck*; **pasarse de la ~** (*Caribe**) to go too far; **no rascar ~** (*Esp*‡) not to lift a finger* ► **bola de billar** billiard ball, snooker ball; ✦*MODISMO* **tener la cabeza como una ~ de billar** to be as bald as a coot ► **bola de partido** (*Esp Tenis*) match ball ► **bola de set** (*Esp Tenis*) set point
[3] (*en lana, algodón*) bobble; **para que no le salgan ~s es mejor lavarlo a mano** it's best to wash it by hand to stop bobbles; **hacerse ~s** [*jersey, abrigo*] to get bobbly; (*Méx**) [*persona*] to get o.s. tied up in knots
[4] (*Esp*) (= *músculo*) [*del brazo*] biceps; [*de la pantorrilla*] calf muscle; **sacar ~** to flex one's muscles
[5] (‡) (= *cabeza*) nut*, noggin (*EEUU*‡); **tú estás mal de la ~** you're nuts*; ✦*MODISMO* **cambiar la ~** (*Caribe**) to change one's mind
[6] **bolas**** (= *testículos*) balls**; ✦*MODISMOS* **en ~s‡** (= *desnudo*) naked; **tíos en ~s** naked men; **aquí todo el mundo va** *o* **está en ~s** everyone goes round naked *o* in the nude here; **en esta cala está permitido ponerse en ~s** they allow nude bathing on this beach; **tras el incendio nos quedamos en ~s** the fire completely cleaned us out*; **hasta las ~s**** pissed off**; **estoy hasta las ~s de él** I'm pissed off with him**; **me tiene hasta las ~s con sus tonterías** I'm pissed off with his fooling around**, I've had it up to here ith his fooling around*; **pillar a algn en ~s‡** to catch sb on the hop*; **¡qué ~s!** (*Caribe, Cono Sur**) what a nerve!*
[7] (*) (= *mentira*) fib; **¡vaya ~ que nos metiste!** what a fib you told us!; **este niño nos quiere meter una ~** that boy's trying to put one past us*; **¡qué ~ más grande!** what a whopper!*; **¿no te habrás tragado esa ~?** you didn't swallow that one, did you?*, you didn't fall for it, did you?*
[8] (= *rumor*) **correr la ~** to spread the word; **¿quién ha corrido la ~ de que se van a vivir al extranjero?** who's been spreading the word that they're going to move abroad?
[9] (*Méx*) **dar ~** to polish shoes
[10] (*Naipes*) (grand) slam; **media ~** small slam
[11] (*Náut*) signal (with discs)
[12] (*Tip*) golf ball
[13] (*Mec*) ball bearing
[14] (*Méx*) (= *jaleo*) row, hubbub; (= *pelea*) brawl; ✦*MODISMO* **se armó la ~** all hell broke loose*

**bolacear** ▸conjug 1a◂ VI (*Cono Sur*) to talk rubbish

**bolaco** SM (*Cono Sur*) ruse, device

**bolada** SF [1] (= *lanzamiento*) (*Ftbl*) throw; (*Atletismo*) putt; (*Billar*) stroke
[2] (*LAm*) (= *suerte*) stroke of luck, lucky break; (= *ganga*) bargain, good deal
[3] (*Cono Sur*) ► **bolada de aficionado** (*Cono Sur*) intervention (*by a third party*)
[4] (*LAm*) (= *mentira*) fib, lie
[5] (*Méx*) (= *chiste*) joke, witty comment; (= *engaño*) trick, con*
[6] (*Cono Sur*) (= *golosina*) titbit, treat

**bolado** SM [1] (*LAm**) (= *asunto*) deal, affair; **esta noche tengo un ~** I've got something on tonight
[2] (*Méx*) (= *amorío*) love affair, flirtation
[3] (*CAm*) clever stroke
[4] (*CAm*) (= *cuento*) fib, tale; (= *chisme*) rumour, piece of gossip
[5] (*LAm**) (= *favor*) **¡hazme un ~!** do me a favour!*

**bolamen**** SM balls** *pl*

**bolardo** SM bollard

**bolata** SM ex-con‡, old lag‡

**bolate** SM (*Andes*) = **volate**

**bolazo** SM [1] (*Cono Sur*) (= *tontería*) silly remark, piece of nonsense; (= *noticia falsa*) false news; (= *mentira*) fib, lie; (= *error*) mistake, error; ✦*MODISMO* **mandarse un ~** to put one's foot in it
[2] (*Méx*) ✦*MODISMO* **al** *o* **de ~** at random

**bolchevique** ADJ, SMF Bolshevik

**bolchevismo** SM Bolshevism

**bolea** SF (*Dep*) volley

**boleada¹** SF (*Méx*) shoeshine

**boleada²** SF (*Cono Sur**) hunt, hunting expedition (*with bolas*)

**boleado¹** (*Cono Sur*) ADJ **estar ~** to have lost one's touch

**boleado²** SM (*Méx*) shoeshine

**boleador(a)** SM/F (*Méx*) (= *limpiabotas*) shoeshine boy/girl

**boleadoras** SFPL (*Cono Sur*) bolas; → GAUCHO

**bolear** ▸conjug 1a◂ Ⓐ VT [1] (= *lanzar*) [+ *pelota*] to throw; **has boleado esa pelota demasiado baja** you threw that ball too low
[2] (*LAm*) (= *cazar*) *to catch with bolas*
[3] (*LAm*) (= *vencer*) to floor, flummox*
[4] (*LAm*) [+ *candidato*] to reject, blackball; (*) [+ *obrero*] to sack*, fire*
[5] (*Méx*) [+ *zapatos*] to polish, shine
Ⓑ VI (*Billar*) to play for fun, knock the balls about
Ⓒ **bolearse** VPR [1] (*Cono Sur*) (= *darse la vuelta*) [*caballo*] to rear and fall; [*coche*] to overturn
[2] (*Cono Sur*) (= *avergonzarse*) to be shamefaced

**boleco** ADJ (*CAm*) drunk

**bolera** SF bowling alley, skittle alley

**bolería** SF (*Méx*) shoeshine shop

**bolero**[1] ADJ truant

**bolero**[2] SM (*Mús*) bolero

**bolero**[3] SM (*Méx*) bootblack, shoeshine boy

**boleta** SF [1] (*LAm*) (= *billete*) ticket; (= *recibo*) receipt
[2] (*LAm*) [*de voto*] ballot paper, voting paper; (*Cono Sur Jur*) draft
[3] (*Cono Sur**) ✦*MODISMOS* **hacer la ~ a algn** to bump sb off*; **ser ~** to be condemned to death

**boletería** SF (*LAm*) [1] (= *agencia*) ticket agency; (*en estación*) ticket office, booking office; (*Teat*) box office
[2] (*Dep*) (= *recaudación*) gate, takings *pl*

**boletero/a** SM/F (*LAm*) ticket clerk, ticket seller

**boletín** SM [1] (= *publicación informativa*) bulletin; (*Univ*) journal, review; (*Escol*) report ► **boletín de inscripción** registration form ► **boletín de noticias** news bulletin ► **boletín de pedido** order form ► **boletín de precios** price list ► **boletín de prensa** press release ► **boletín de suscripción** subscription form ► **boletín facultativo** medical report ► **boletín informativo** news bulletin, news sheet ► **boletín meteorológico** weather report *o* forecast ► **boletín naviero** shipping register ► **Boletín Oficial del Estado** (*Esp*) ≈ Hansard, ≈ The Congressional Record (*EEUU*); → BOE
[2] (= *billete*) ticket
[3] (*Mil*) pay warrant

**boleto** SM [1] [*de quiniela*] coupon ► **boleto de apuestas** betting slip ► **boleto de lotería** lottery ticket ► **boleto de quinielas** pools coupon
[2] (*LAm*) (= *billete*) ticket ► **boleto de ida y vuelta** return *o* (*EEUU*) round-trip ticket
[3] ✦*MODISMO* **de ~** (*LAm*) at once

**boli*** SM pen, Biro®, ballpoint pen

**bolichada** SF lucky break, stroke of luck; ✦*MODISMO* **de una ~** at one go

**boliche**[1] SM [1] (= *juego*) bowls *sing*, bowling
[2] (= *bola*) jack
[3] (= *bolos*) skittles *sing*
[4] (= *bolera*) bowling alley
[5] (= *juguete*) cup-and-ball toy
[6] (= *red*) small dragnet
[7] (= *horno*) small furnace, smelting furnace

**boliche**[2] SM [1] (*LAm*) (= *tenducha*) small grocery store; (*Cono Sur*) (= *café*) cheap snack bar
[2] (*Andes*) (= *tahona*) cheap bakery
[3] (*Cono Sur*) (= *garita*) gambling den

**boliche**[3]* SM (*LAm*) Bolivian

**bolichera** SF (*Perú*) fishing boat

**bolichero/a** SM/F (*LAm*) grocer, shopkeeper

**bólido** SM [1] (*Aut*) racing car; **iba como un ~*** he was really shifting*
[2] (*Náut*) powerboat, speedboat
[3] (*Astron*) meteorite

**bolígrafo** SM pen, ballpoint pen, Biro®

**bolilla** SF [1] (*Cono Sur*) (= *canica*) marble
[2] (*Cono Sur Univ*) (piece of paper bearing) examination question; **dar ~ a algo** to take notice of sth

**bolillo** SM [1] (*Cos*) bobbin (*for lacemaking*)
[2] (*LAm Mús*) drumstick
[3] (*Méx*) (= *panecillo*) bread roll

**bolina** SF [1] (= *cabo*) bowline; (= *sonda*) lead, sounding line; **de ~** close-hauled; **navegar de ~** to sail close to the wind
[2] (*) (= *jaleo*) racket, row

**bolinga:** Ⓐ ADJ **estar ~** to be canned*
Ⓑ SF **estar de ~** to be on the booze*; **ir de ~** to go on the booze*

**bolita** SF [1] (= *bola pequeña*) (*hueca*) small ball; (*maciza*) pellet; (*Cono Sur*) (= *canica*) marble
[2] (*Cono Sur Pol*) ballot paper

**bolívar** SM *Venezuelan currency unit*; ✦*MODISMO* **no verle la cara a Bolívar*** to be broke*

**Bolivia** SF Bolivia

**bolivianismo** SM bolivianism, *word/phrase etc peculiar to Bolivia*

**boliviano/a** ADJ, SM/F Bolivian

**bollera:** SF dyke**; *ver tb* **bollero**

**bollería** SF (= *dulces*) pastries *pl*; (= *establecimiento*) baker's (shop), pastry shop

**bollero/a** SM/F baker, pastry cook *o* chef; *ver tb* **bollera**

**bollo** SM [1] (*Culin*) [*de pan*] bread roll; (*dulce*) scone, bun; ✦*MODISMOS* **perdonar el ~ por el coscorrón** to realize that it's more trouble than it's worth; **no pela ~** (*Caribe*) he never gets it wrong
[2] (*en el coche*) dent; **tengo el coche lleno de ~s** my car is full of dents
[3] (*Med*) bump, lump
[4] (*Cos*) puff
[5] (= *confusión*) confusion, mix-up; ✦*MODISMOS* **armar un ~** to make a fuss; **meter a algn en un ~** to get sb into trouble
[6] **bollos** (*Andes*) (= *problemas*) troubles
[7] (*CAm, Caribe***) cunt**

**bollón** SM [1] (= *tachón*) stud, ornamental stud
[2] (= *pendiente*) button earring

**bolo**[1] SM [1] (= *cilindro*) skittle, ninepin (*EEUU*); ✦*MODISMOS* **andar en ~** (*Andes*) to be naked; **ir en ~** (*Caribe*) to run off, run away; **tumbar ~** (*Andes*) to do well, bring it off
[2] **bolos** (= *juego*) skittles *sing*, ninepins (*EEUU*) *sing*; ✦*MODISMO* **echar a rodar los ~s** to stir up trouble, make mischief
[3] (*Med*) large pill
[4] (*Naipes*) slam
[5] (= *moneda*) (*Caribe*) one-peso coin; (*Ven*) one-bolívar coin
[6] (*Méx*) (= *regalo*) christening present (*from godparents*)
[7] (**) (= *pene*) prick**

**bolo**[2] (*CAm, Cuba, Méx*) Ⓐ ADJ drunk
Ⓑ SM drunk

**bolo**[3]: SM (*Mús*) gig, concert

**bolón** SM [1] (*Cono Sur*) (= *piedra*) quarry stone
[2] (*Cuba, Méx*) (= *muchedumbre*) mob

**Bolonia** SF Bologna

**bolonio/a*** SM/F dunce, ignoramus

**boloñesa** SF bolognese sauce, meat sauce

**bolsa** SF [1] (*para llevar algo*) bag; **una ~ de caramelos** a bag of sweets; **una ~ de patatas** *o* (*LAm*) **papas fritas** a packet *o* bag of crisps; **una ~ de papel** a paper bag; **una ~ de plástico** a plastic bag; ✦*MODISMO* **hacer algo ~** (*Cono Sur**) to ruin sth; **le pegaron hasta dejarlo hecho ~** they beat him to a pulp ► **bolsa de agua caliente** hot-water bottle ► **bolsa de asar** roasting bag ► **bolsa de asas** carrier bag ► **bolsa de aseo** toilet bag ► **bolsa de basura** (*para cubo grande*) rubbish bag, bin bag, garbage bag (*EEUU*); (*para cubo pequeño*) bin liner ► **bolsa de cultivo** growbag ► **bolsa de deportes** sports bag ► **bolsa de hielo** ice-pack ► **bolsa de la compra** shopping bag ► **bolsa de mano** overnight bag, travelling bag ► **bolsa de palos** (*Golf*) golf bag ► **bolsa de playa** beach bag ► **bolsa de tabaco** tobacco pouch ► **bolsa para el mareo** sickbag
[2] (*Méx*) [*de mujer*] handbag
[3] (= *bolsillo*) pocket
[4] (*Zool*) [*de canguro*] pouch; [*de calamar*] sac
[5] (*Anat*) [*de sangre, pus*] build-up; **una pequeña ~ de pus** a small build-up of pus; **tenía unas ~s enormes en los ojos** she had huge bags under her eyes ► **bolsa de aguas** amniotic sac; **ya ha roto la ~ de aguas** her waters have broken ► **bolsa escrotal** scrotum ► **bolsa lacrimal** tear duct
[6] (= *acumulación*) [*de gas, personas*] pocket; **muchos votos procedían de la ~ de indecisos** many of their votes came from those who were undecided; **una enorme ~ de desempleo** a huge number of unemployed, very high levels of unemployment ► **bolsa de agua** pocket of water ► **bolsa de aire** air pocket ► **bolsa de gas** pocket of gas ► **bolsa de petróleo** pocket of oil ► **bolsa de pobreza** pocket of poverty
[7] (= *arruga*) (*en papel pintado*) bubble; **esa blusa te hace ~s** that blouse goes all baggy *o* doesn't hang right on you
[8] (*Fin*) (= *mercado*) **la Bolsa** the Stock Exchange, the Stock Market; **perdieron casi todo jugando a la ~** they lost almost everything playing the market; **las empresas que cotizan en ~** quoted *o* listed companies; **sacar una emisión a ~** to float an issue on the stock market *o* exchange ► **bolsa de cereales** corn exchange ► **bolsa de divisas** currency market, foreign exchange market ► **bolsa de empleo** employment office ► **bolsa de granos** corn exchange ► **bolsa de la propiedad** property section, property page(s) ► **bolsa de trabajo** employment exchange ► **bolsa negra** (*Chile*) black market
[9] [*de dinero*] **sólo busca engordar la ~** all he's trying to do is line his pockets*; **¡la ~ o la vida!** your money or your life!; ✦*MODISMOS* **no abrir la ~** to be tight with one's money; **hacer algo a la ~** (*Chile*) to do sth at somebody else's expense ► **bolsa de estudios** (study) grant ► **bolsa de viaje**

travel grant
10 (*Boxeo*) purse

**bolsear** ▸conjug 1a◂ Ⓐ VT **la ~on** she had her handbag stolen; **~ a algn** (*CAm, Méx*) to pick sb's pocket
Ⓑ VI 1 (*CAm, Méx*) (= *robar*) to pick pockets
2 (*CAm, Cono Sur, Méx*) (= *estafar*) to cheat, swindle

**bolsicón** SM (*Andes*) thick flannel skirt

**bolsicona** SF (*Andes*) peasant woman

**bolsillo** SM 1 [*de chaqueta, pantalón*] pocket; **lo pagué de mi ~** I paid it out of my own pocket; **guardar algo en el ~** to put sth in one's pocket; ✦***MODISMOS*** **doler a algn en el ~** to hurt sb's pocket; **meterse a algn en el ~** to have sb eating out of one's hand; (*Pol**) to buy sb off; **rascarse el ~*** to pay up, fork out*; **tener a algn en el ~** to have sb eating out of one's hand, have sb in one's pocket; **tentarse el ~** to consider one's financial circumstances
2 **de ~** pocket *antes de s*, pocket-size; **acorazado de ~** pocket battleship; **edición de ~** pocket edition

**bolsín** SM kerb market (*in stocks and shares*)

**bolsiquear** ▸conjug 1a◂ VT (*Cono Sur*) **~ a algn** (= *registrar*) to search sb's pockets, go through sb's pockets; (= *robar*) to pick sb's pockets

**bolsista** SMF 1 (*Fin*) stockbroker
2 (*CAm, Méx*) (= *ratero*) pickpocket

**bolsita** SF (*tb* **~ de té**) tea bag

**bolso** SM 1 [*de mano*] bag, handbag, purse (*EEUU*) ► **bolso de aseo** toilet bag ► **bolso de bandolera** shoulder bag ► **bolso de viaje** travelling bag, traveling bag (*EEUU*)
2 (= *monedero*) purse, moneybag, pocketbook
3 (*Náut*) **hacer ~** [*vela*] to fill, belly out

**bolsón** Ⓐ ADJ 1 (*Andes*) (= *tonto*) silly, foolish
2 (*Caribe*) (= *perezoso*) lazy
Ⓑ SM 1 (*Perú*) (= *bolso*) bag, handbag, purse (*EEUU*)
2 (*Bol Min*) lump of ore
3 (*LAm*) [*de escuela*] satchel, schoolbag
4 (*Méx*) (= *lago*) lagoon
5 (*Andes*) (= *tonto*) fool

**bolsonada** SF (*Andes, Cono Sur*) silly thing to do

**boludear**⁑ ▸conjug 1a◂ VI (*Cono Sur*) to piss about⁑

**boludez**⁑ SF (*Cono Sur*) 1 (= *cosa fácil*) piece of cake*
2 (= *acto*) stupid thing to do
3 **boludeces** shit⁑ *sing*, crap⁑ *sing*

**boludo/a**⁑ (*Cono Sur*) Ⓐ ADJ thick*, stupid
Ⓑ SM/F arsehole⁑, asshole (*EEUU*⁑), jerk (*EEUU**)

**bomba** Ⓐ SF 1 (*Mil*) bomb; **arrojar** *o* **lanzar una ~** (*desde un avión*) to drop a bomb; (*desde el suelo*) to throw a bomb; **poner una ~** to plant a bomb; **a prueba de ~(s)** bomb-proof; **un muro de hormigón a prueba de ~s** a bomb-proof concrete wall; **tiene un estómago a prueba de ~** he's got a cast-iron stomach; **es de una honestidad a prueba de ~** he is as honest as the day is long; ✦***MODISMO*** **caer** *o* **sentar como una ~** [*noticia*] to come as a bombshell, be a bombshell; **la cena me cayó como una ~** dinner did not agree with me at all; **las especias me sientan como una ~ en el estómago** spices really upset my stomach ► **bomba atómica** atomic bomb ► **bomba cazabobos** booby-trap bomb ► **bomba de acción retardada** time bomb ► **bomba de dispersión** cluster bomb ► **bomba de efecto retardado** time bomb ► **bomba de fósforo** incendiary bomb ► **bomba de fragmentación** fragmentation bomb ► **bomba de hidrógeno** hydrogen bomb ► **bomba de humo** (*lit*) smoke bomb; (*fig*) smokescreen; **es una ~ de humo para encubrir otras cosas** it is a smokescreen to cover up other things ► **bomba de implosión** suction bomb ► **bomba de mano** (hand) grenade ► **bomba de mortero** mortar bomb, mortar shell ► **bomba de neutrones** neutron bomb ► **bomba de profundidad** depth charge ► **bomba de racimo** (*Cono Sur*) cluster bomb ► **bomba de relojería** time bomb ► **bomba fétida** stink bomb ► **bomba fosfórica** incendiary bomb ► **bomba H** H-bomb ► **bomba incendiaria** incendiary bomb ► **bomba lacrimógena** tear-gas canister, tear-gas bomb ► **bomba lapa** limpet mine ► **bomba nuclear** nuclear bomb ► **bomba volante** flying bomb
2 (*Téc*) [*de agua, de aire*] pump; **la ~ de la bicicleta** the bicycle pump; **dar a la ~** to pump, work the pump ► **bomba aspirante** suction pump ► **bomba bencinera** (*Chile*) petrol station, gas station (*EEUU*) ► **bomba de aire** (air) pump ► **bomba de alimentación** feed pump ► **bomba de cobalto** (*Med*) cobalt bomb ► **bomba corazón-pulmón** (*Med*) heart-lung machine ► **bomba de engrase** grease gun ► **bomba de gasolina** (*en motor*) fuel pump; (*en gasolinera*) petrol *o* (*EEUU*) gas(oline) pump ► **bomba de inyección (de combustible)** (fuel) injection pump ► **bomba de pie** foot pump ► **bomba de succión** suction pump ► **bomba impelente** force pump ► **bomba impulsora** force pump
3 (*Periodismo*) 3·1 (= *notición*) bombshell; **la dimisión del presidente fue una auténtica ~** the president's resignation was a real bombshell; **esta boda ha sido la ~ del año** this wedding has been the big news of the year; **noticia ~** bombshell
3·2 (*) (= *éxito*) smash hit*; **este disco será una ~** this record will be a smash hit*
4 (*Mús*) slide
5 [*de lámpara*] glass, globe
6 (*Andes, Caribe*) (= *burbuja*) bubble; (= *pompa de jabón*) soap bubble
7 (*Col, Ven*) (*tb* **~ gasolinera**) petrol station, gas station (*EEUU*)
8 (*Chile*) [*de bomberos*] (= *vehículo*) fire engine; (= *estación*) fire station; (= *cuerpo*) fire brigade
9 (*Andes, Ven*) (= *globo*) balloon; (*Caribe*) (= *cometa*) round kite
10 (*Caribe*) (= *tambor*) big drum; (= *baile*) *dance accompanied by a drum*
11 (*CAm, Perú*) (= *borrachera*) drunkenness; **estar en ~** to be drunk
12 (*LAm*) (= *rumor*) false rumour; (= *mentira*) lie; (*Caribe*) (= *noticia falsa*) hoax
Ⓑ ADJ INV (*Esp*†*) (= *estupendo*) **estar ~** [*persona*] to be gorgeous*; **esa tía está ~** that girl is gorgeous*; **éxito ~*** phenomenal success; **el grupo está teniendo un éxito ~ en su gira** the group is having a phenomenally successful tour
Ⓒ ADV (*Esp**) **pasarlo ~** to have a whale of a time*, have a super time*

**bombachas** SFPL 1 (*Andes, Cono Sur*) (= *pantalón*) baggy trousers
2 (*Cono Sur*) (= *bragas*) panties

**bombacho** Ⓐ ADJ baggy, loose-fitting
Ⓑ **bombachos** SMPL (= *pantalones*) baggy trousers; [*de golf*] plus-fours

**bomba-lapa** SF (*pl* **bombas-lapa**) limpet mine

**bombardear** ▸conjug 1a◂ VT 1 (= *lanzar bombas*) (*desde el aire*) to bomb; (*desde tierra*) to bombard, shell
2 (= *lanzar preguntas*) to bombard (**a, con** with); **~ a algn a preguntas** to bombard sb with questions

**bombardeo** SM 1 (*Mil*) (*desde el aire*) bombing; (*con artillería*) bombardment, shelling ► **bombardeo aéreo** (*contable*) air raid, air attack; (*incontable*) air bombardment (**contra, sobre** on); ► **bombardeo de saturación** saturation bombing ► **bombardeo en picado** dive bombing; *ver tb* **apuntar C2**
2 [*de preguntas*] bombardment

**bombardero** Ⓐ ADJ bombing
Ⓑ SM (*Aer*) bomber

**bombardino** SM (*Mús*) tuba, bass saxhorn

**bombasí** SM fustian

**bombástico** ADJ (= *grandilocuente*) bombastic; (*Caribe*) (= *elogioso*) complimentary, eulogistic

**bomba-trampa** SF (*pl* **bombas-trampa**) booby-trap bomb

**bombazo** SM 1 (= *explosión*) explosion
2 (*) (= *notición*) bombshell
3 (*) (= *éxito*) smash hit*; **esa película puede ser un ~** that film could be a smash hit*

**bombeador** SM 1 (*Cono Sur Aer*) bomber
2 (*Cono Sur*) (= *explorador*) scout; (= *espía*) spy

**bombear** ▸conjug 1a◂ Ⓐ VT 1 (*Téc*) [+ *agua, sangre*] to pump
2 (*Ftbl*) to lob; **un balón bombeado** a high ball
3 (*Mil*) to shell
4 (*Cos*) to pad
5 (= *alabar*) to praise up, inflate the reputation of
6 (*Cono Sur**) (= *espiar*) to spy on, observe closely
7 (*Andes, Ven*) (= *despedir*) to sack*, fire*
8 (*CAm*) (= *robar*) to steal
Ⓑ VI (*Caribe*) (= *emborracharse*) to get drunk
Ⓒ **bombearse** VPR [*techo, pared*] to bulge; [*madera*] to warp

**bombeo** SM 1 (= *acción*) pumping; **estación de ~** pumping station
2 (= *convexidad*) [*de superficie*] bulge; [*de madera*] warp

**bombero/a** SM/F 1 (*de incendios*) firefighter, fireman; **cuerpo de ~s** fire brigade; **llamar a los ~s** to call the fire brigade
2 (= *persona problemática*) troublemaker; *ver tb* **idea 2**
3 (*Arg Mil*) (= *explorador*) spy, scout
4 (*LAm Aut*) petrol-pump attendant, gas station attendant (*EEUU*)

**bombilla** SF 1 (*Elec*) bulb, light bulb; ✦***MODISMO*** **se le encendió la ~** (= *se dio cuenta*) the penny dropped; (= *tuvo una idea genial*) he had a brilliant idea ► **bombilla de flash, bombilla fusible** flash bulb
2 (*Náut*) ship's lantern

[3] (*Cono Sur*) (= *tubito*) *tube for drinking maté*; (= *pajita*) drinking straw
[4] (*Méx*) (= *cuchara*) ladle

**bombillo** SM [1] (*LAm Elec*) light bulb
[2] (*Téc*) U-bend, trap

**bombín** SM [1] (= *sombrero*) bowler hat, derby (*EEUU*)
[2] (*Cono Sur*) [*de aire*] pump

**bombita** SF (*Cono Sur*) light bulb

**bombo** Ⓐ ADJ [1] (= *aturdido*) dumbfounded, stunned
[2] (*LAm*) (= *tibio*) lukewarm
[3] (*Cuba*) (= *comida*) tasteless, insipid; [*persona*] stupid, thick*
[4] (*Méx*) [*carne*] bad, off
Ⓑ SM [1] (*Mús*) bass drum; **tengo la cabeza como un ~** my head's throbbing *o* buzzing; ✦***MODISMOS*** **estar con ~*** to be in the family way*; **hacer un ~ a una chica*** to put a girl in the family way*; **anunciar algo a ~ y platillo** to announce sth amid a lot of hype, go in for a lot of publicity about sth; **poner a algn ~** (*Méx**) (= *insultar*) to hurl insults at sb; (= *golpear*) to hit sb
[2] (*en sorteos*) drum
[3] (*) (= *elogio exagerado*) exaggerated praise; (*Teat, Cine*) hype*; **dar ~ a algn** to praise sb to the skies; **darse ~** to blow one's own trumpet*
[4] (*Cono Sur*) ✦***MODISMOS*** **mandar a algn al ~‡** to knock sb off‡; **irse al ~** to come to grief, fail
[5] (*Náut*) barge, lighter
[6] (*Caribe*) (= *sombrero*) bowler hat, derby (*EEUU*)

**bombón** SM [1] [*de chocolate*] chocolate
[2] (*) (= *objeto*) beauty, gem; (= *chica*) peach*, smasher*
[3] (*) (= *chollo*) gift*, cinch‡

**bombona** SF [1] ► **bombona de butano** gas cylinder
[2] (= *garrafón*) carboy

**bombonera** SF [1] (= *caja*) sweet box; (= *lata*) sweet tin, sweet box
[2] (*) (= *lugar*) cosy little place

**bombonería** SF sweetshop, confectioner's, confectioner's shop, candy store (*EEUU*)

**bómper** SM (*CAm, Caribe*) bumper, fender (*EEUU*)

**Bón.** ABR (= **Batallón**) Battn

**bonachón** ADJ (= *de buenas intenciones*) good-natured, easy-going; (*pey*) simple, naïve

**bonachonamente** ADV (= *con buenas intenciones*) good-naturedly, in an easy-going way; (*pey*) naïvely

**bonaerense** Ⓐ ADJ of/from Buenos Aires
Ⓑ SMF native/inhabitant of Buenos Aires; **los ~s** the people of Buenos Aires

**bonancible** ADJ [*viento*] light

**bonanza** SF [1] (*Náut*) fair weather, calm conditions; **ir en ~** (*Náut*) to have fair weather; (= *prosperar*) to go well, prosper
[2] (*Min*) bonanza
[3] (= *prosperidad*) prosperity, boom; **estar en ~** (*Com*) to be booming; **ir en ~** go well, prosper

**bonazo** ADJ = **buenazo**

**bonchar*** ▸conjug 1a◂ VI (*Caribe*) (= *hacer una fiesta*) to have a party; (= *pasarlo bien*) to have a good time

**bonche¹** SM (*LAm*) (= *montón*) load, bunch

**bonche²*** SM (*Caribe*) [1] (= *fiesta*) party
[2] (= *cosa divertida*) amusing thing; (= *persona divertida*) amusing person

**bonche³*** SM petting*, necking*

**bonchón** SM, **bonchona** SF fun-loving person

**bondad** SF (= *cualidad*) goodness; (= *amabilidad*) kindness; **tener la ~ de hacer algo** to be so kind as to do sth, be good enough to do sth; **tenga la ~ de pasar** please go in; **tenga la ~ de no fumar** please refrain from smoking

**bondadosamente** ADV [1] (= *amablemente*) kindly
[2] (= *con buenas intenciones*) good-naturedly

**bondadoso** ADJ (= *amable*) kind-hearted; (= *de buenas intenciones*) good-natured

**bondi** SM (*Cono Sur*) tram

**bonete** SM (*Rel*) biretta; (*Univ*) mortarboard; **¡bonete!** (*CAm**) not on your life!, no way!*; ✦***MODISMO*** **a tente ~** doggedly, insistently

**bonetería** SF (*esp Méx*) haberdasher's (shop), notions store (*EEUU*)

**bóngalo** SM, **bongaló** SM bungalow

**bongo** SM (*Náut*) (*LAm*) large canoe; (*Andes*) small punt

**bongó** SM (*Caribe*) bongo, bongo drum

**boni‡** SM = **boniato**

**boniata** Ⓐ ADJ (*LAm*) edible, non-poisonous
Ⓑ SF (*Caribe*) edible yucca, cassava

**boniato** SM sweet potato, yam

**bonificación** SF [1] (= *pago*) bonus; (*esp Agr*) betterment, improvement (*in value*)
[2] (*Com*) (= *descuento*) allowance, discount
[3] (*Dep*) allowance of points

**bonificar** ▸conjug 1g◂ Ⓐ VT [1] (*Agr*) to improve
[2] (*Com*) to allow, discount
Ⓑ **bonificarse** VPR to improve

**bonísimo** (*frm*) ADJ SUPERL *de* **bueno**

**bonitamente** ADV (= *con delicadeza*) nicely, neatly; (= *con maña*) craftily

**bonitero** Ⓐ ADJ bonito *antes de s*
Ⓑ SM [1] (= *pescador*) bonito fisherman
[2] (= *barco*) bonito fishing boat

**bonito¹** Ⓐ ADJ [1] (= *bello*) pretty; **María es un ~ nombre** María is a pretty name; **Amelia tiene una cara bonita** Amelia has a pretty face; **el pueblo más ~ de Andalucía** the prettiest village in Andalusia; **es un bebé muy ~** he's a very pretty baby, he's a lovely baby; **un hombre ~** (*Cono Sur*) a handsome man; **¡qué ~! ¡contestarle así a tu padre!** (*iró*) that's nice, answering your father back like that!; **¡~ follón se armó!*** (*iró*) there was certainly a bit of a row!; **lo ~**: **lo ~ sería que no hubiera guerras** it would be nice if there were no wars; **quedar ~**: **ese cuadro queda ahí muy ~** that picture looks very nice there; **el vendedor me lo pintó todo muy ~** the salesman painted me a very pretty picture of it; ✦***MODISMO*** **~ como un sol** as pretty as a picture
[2] (= *considerable*) **una bonita cantidad** *o* **suma** a tidy little sum*, a pretty penny*
Ⓑ ADV (*LAm**) nicely; **ella canta ~** she sings nicely; **se te ve ~** it looks good on you

**bonito²** SM (= *pez*) tuna, bonito

**bonitura** SF (*LAm*) beauty, attractiveness

**bono** SM [1] (= *vale*) voucher, certificate ► **bono de metro** underground pass
[2] (*Fin*) bond ► **bono de caja** debenture bond ► **bono del estado** government bond ► **bono del Tesoro** Treasury bond ► **bono de tesorería** debenture bond

**bono-bus** SM (*pl* **bono-buses**) (*Esp*), **bonobús** SM (*pl* **bonobuses**) (*Esp*) bus pass

**bono-loto** SF, **bonoloto** SF *state-run weekly lottery*; → [LOTERÍA]

**bono-metro** SM underground pass

**bonsai** SM bonsai

**bonzo** SM bonze; **quemarse a lo ~** to set o.s. alight

**boñiga** SF, **boñigo** SM [*de vaca*] cow pat; [*de caballo*] horse dung

**boom** [bum] SM boom; **dar ~ a un problema** to exaggerate a problem, make a meal of a problem ► **boom inmobiliario** property boom

**boomerang** [bumeran] SM (*pl* **boomerangs**) boomerang

**boqueada** SF gasp; **dar la última ~** to breathe one's last

**boquear** ▸conjug 1a◂ Ⓐ VT to say, utter, pronounce
Ⓑ VI [1] (= *quedar boquiabierto*) to gape, gasp
[2] (= *estar expirando*) to be at one's last gasp
[3] (= *terminar*) to be in its final stages

**boquera** Ⓐ SF [1] (*Agr*) sluice
[2] (*Med*) lip sore
Ⓑ **boqueras‡** SMF INV screw‡, warder

**boqueriento** ADJ [1] (*Med*) suffering from lip sores
[2] (*Cono Sur*) (= *miserable*) wretched, miserable

**boquerón** SM [1] (= *pez*) fresh anchovy
[2] (= *abertura*) wide opening, big hole
[3] (*) (= *persona*) = **malagueño**

**boquete** SM [1] (= *agujero*) hole; **abrieron un ~ en el muro** they made a hole in the wall
[2] (= *abertura*) gap, opening

**boqui‡** SMF screw‡, warder

**boquiabierto** ADJ open-mouthed; **quedarse ~** to be dumbstruck

**boquiancho** ADJ wide-mouthed

**boquiblando** ADJ [*caballo*] tender-mouthed

**boquifresco*** ADJ (= *descarado*) outspoken, cheeky*, sassy (*EEUU**)

**boquilla** SF [1] (*Mús*) mouthpiece
[2] (= *extremo*) [*de manga*] nozzle; [*de cocina*] burner; [*de biberón*] teat, nipple (*EEUU*); [*de pipa*] stem; (*para fumar*) cigarette holder; **cigarros con ~** tipped cigarettes
[3] ✦***MODISMO*** **de ~**: **apoyó la idea de ~** he paid lip-service to the idea; **eso lo dice de ~** he's just saying that, that's what he says (but he doesn't mean it); **promesa de ~** insincere promise, promise not meant to be kept
[4] (*Andes*) (= *chisme*) rumour, piece of gossip

**boquillazo** SM (*Andes*) rumour, talk

**boquillero** ADJ (*Caribe*) smooth-talking, sweet-talking

**boquirroto** ADJ talkative, garrulous

**boquirrubio** Ⓐ ADJ [1] (= *gárrulo*) talkative; (= *de mucha labia*) glib; (= *indiscreto*) indiscreet, loose-tongued
[2] (= *simple*) simple, naïve
Ⓑ SM fop, dandy

**boquita** SF **~ de piñón** pursed lips *pl*

**boquitinguero** ADJ (*Cono Sur*) gossipy

**boquituerto** ADJ wry-mouthed

**boquiverde*** ADJ foul-mouthed

**boraciar** ▸conjug 1b◂ VI (*Cono Sur*) to boast, brag

**bórax** SM borax

**borbollar** ▸conjug 1a◂ VI, **borbollear** ▸conjug 1a◂ VI [1] (= *burbujear*) to bubble, boil up
[2] (= *chisporrotear*) to splutter

**borbollón** SM = **borbotón**

**borbollonear** ▸conjug 1a◂ VI = **borbollar**

**Borbón** SM Bourbon

**borbónico** ADJ Bourbon *antes de s*

**borbotar** ▸conjug 1a◂ [1] VI (= *hacer burbujas*) to bubble; (*al hervir*) to boil, boil up, boil over
[2] (= *nacer*) to gush forth, well up

**borbotón** SM (= *de agua, líquido*) bubbling, boiling; **salir a borbotones** [*agua, sangre*] to gush out; **hablar a borbotones** to talk nineteen to the dozen

**borceguí** SM (= *botín*) high shoe, laced boot; [*de bebé*] bootee

**borda** SF (*Náut*) [1] gunwale, rail; **motor de fuera ~** outboard motor; ✦*MODISMO* **echar** *o* **tirar algo por la ~** to throw sth overboard
[2] (= *vela*) mainsail
[3] (= *choza*) hut

**bordada** SF (*Náut*) tack; **dar ~s** (*lit*) to tack; (*fig*) to pace to and fro

**bordado** SM embroidery, needlework

**bordadora** SF needlewoman

**bordadura** SF embroidery, needlework

**bordalesa*** SF (*Cono Sur*) *wine barrel holding 225 litres*

**bordante** SMF (*Caribe, Méx*) lodger, roomer (*EEUU*)

**bordar** ▸conjug 1a◂ [1] VT (*Cos*) to embroider; **bordado a mano** hand-embroidered
[2] (= *hacer perfectamente*) to do supremely well; **ha bordado su papel** she was excellent in her part

**borde[1]** SM [1] [*de asiento, andén, pañuelo*] edge; [*de plato*] rim, lip; [*de vaso, sombrero*] brim; [*de carretera, camino*] side; [*de ventana*] ledge; [*de río*] edge, bank; **se sentó en el ~ del sofá** she sat down on the edge of the sofa; **fotos con los ~s en blanco** photos with white borders *o* edges; **sembró semillas en los ~s del césped** he sowed some seeds at the sides *o* edges of the lawn; **iba andando por el ~ de la carretera** she was walking by the roadside *o* by the side of the road; **en el ~ del Sena** on the banks of the Seine ► **borde de ataque** (*Aer*) leading edge ► **borde de la acera** kerb, curb (*EEUU*) ► **borde de salida** (*Aer*) trailing edge
[2] **al ~ de** [+ *precipicio, lago, cráter*] at *o* on the edge of; [+ *quiebra, histeria, crisis*] on the verge of; **el régimen está al ~ del colapso** the regime is on the verge of collapse *o* on the point of collapsing; **estamos al mismo ~ del desastre** we are on the very brink of disaster; **su carrera política está al ~ del abismo** her political career is teetering on the edge of the abyss; **están al ~ de los cuarenta años** they're close to forty, they're hitting *o* pushing forty*; **al ~ del mar** beside the sea; **al ~ de la muerte** at death's door; **estuvo al ~ de la muerte por congelación** she nearly froze to death

**borde[2]** (*Esp*) Ⓐ ADJ [1] (‡) (= *antipático*) nasty; **estuviste muy ~ con él** you were very nasty to him; **estuvo toda la mañana en plan ~** he was in a strop‡ *o* in a foul mood* all morning; **ponerse ~ (con algn)** to get stroppy (with sb)*, get nasty (with sb)
[2] [*planta, árbol*] wild
[3] (††) [*niño*] illegitimate
Ⓑ SMF (‡) **¡eres un ~!** you're a nasty piece of work!*

**bordear** ▸conjug 1a◂ Ⓐ VT [1] (= *rodear*) to skirt (round); **tuvimos que ~ la montaña** we had to skirt round the mountain; **navegamos bordeando la costa** we sailed along the edge of the coast
[2] [*calle, árboles*] (= *estar alrededor de*) to border, border on; (= *flanquear*) to line; **la calle que bordeaba el parque** the street bordering (on) the park; **un paseo que bordea el mar** a promenade running along the sea; **un camino bordeado de cipreses** a road lined with cypress trees
[3] (= *acercarse a*) [+ *edad*] to be approaching, be close to; [+ *genialidad, obsesión*] to border on; **bordea los sesenta años** he's approaching sixty, he's close to sixty; **su comportamiento bordea la estupidez** his behaviour borders on stupidity
[4] (*Cono Sur*) (= *evitar*) **~ un asunto** to skirt round *o* avoid a (tricky) subject
Ⓑ VI (*Náut*) to tack

**bordejada** SF (*Caribe Náut*) tack

**bordejar** ▸conjug 1a◂ VI (*Caribe*), **bordejear** ▸conjug 1a◂ VI (*Caribe Náut*) to tack

**bordelés/esa** Ⓐ ADJ of/from Bordeaux
Ⓑ SM/F native/inhabitant of Bordeaux; **los bordeleses** the people of Bordeaux

**bordería*** SF stroppiness*; **decir ~s** to be rude

**bordillo** SM kerb, curb (*EEUU*)

**bordin** SM (*Andes, Caribe, Méx*) boarding house

**bordinguero/a** SM/F (*Andes, Caribe, Méx*) landlord/landlady

**bordo** SM [1] (*Náut*) **a ~** aboard, on board; **"bienvenidos a ~"** "welcome aboard"; **estar a ~ del barco** to be on board the ship; **con ordenador de a ~** with on-board computer; **ir a ~** (*Náut*) to go on board; (*Aer*) to board; **de alto ~**: **buque de alto ~** big ship, seagoing vessel; **personaje de alto ~** distinguished person, influential person
[2] (= *bordada*) tack; **dar ~s** to tack
[3] (*Méx Agr*) roughly-built dam
[4] (*Cono Sur*) (= *dique*) raised furrow
[5] (*CAm*) [*de montaña*] peak, summit

**bordó** (*Arg*) ADJ INV, SM maroon

**bordón** SM [1] (= *bastón*) [*de peregrino*] staff; [*de ciego*] stick
[2] (= *ayuda*) helping hand
[3] (*Mús*) (= *cuerda*) bass string; (= *registro*) bass stop, bourdon
[4] (*Literat*) refrain
[5] (*Andes, CAm*) (= *hijo menor*) youngest son

**bordona** SF (*Cono Sur*) *sixth string of the guitar*; **bordonas** bass strings of the guitar

**bordoncillo** SM pet word, pet phrase

**bordonear** ▸conjug 1a◂ Ⓐ VT (*Mús*) to strum
Ⓑ VI (*Andes*) (= *zumbar*) to hum

**bordoneo** SM (*Mús*) strumming

**boreal** ADJ northern; **el hemisferio ~** the northern hemisphere

**borgesiano** ADJ, **borgiano** ADJ Borgesian, characteristic of J L Borges

**Borgoña** SF Burgundy

**borgoña** SM (*tb* **vino de ~**) Burgundy

**bórico** ADJ boric

**boricua** ADJ, SM/F, **borinqueño/a** ADJ, SM/F Puerto Rican

**Borja** SM (= *familia italiana*) Borgia

**borla** SF [*de cortina*] tassel; [*de gorro*] pompom; (*Univ*) tassel; **tomar la ~** (*Univ*) to take one's master's degree *o* doctorate ► **borla de empolvarse** powder puff

**borlete** SM (*Méx*), **borlote** SM (*Méx*) row, uproar

**borne** SM (*Elec*) terminal

**borneadizo** ADJ easily warped, flexible

**bornear** ▸conjug 1a◂ Ⓐ VT [1] (= *torcer*) to twist, bend
[2] (*Arquit*) to put in place, align
[3] (*Méx*) [+ *pelota*] spin
Ⓑ **bornearse** VPR to warp, bulge

**borneco** ADJ (*Cono Sur*) small, short

**borneo** SM [1] (= *torcimiento*) twisting, bending
[2] (*Arquit*) alignment
[3] (*Náut*) swinging at anchor

**boro** SM (*Quím*) boron

**borona** SF [1] (= *maíz*) maize, corn (*EEUU*)
[2] (= *mijo*) millet
[3] (*CAm*) (= *migaja*) crumb

**borra** SF [1] (= *relleno*) (*para colchones*) flock; (*para cojines*) stuffing
[2] (= *pelusa*) [*de polvo*] fluff; (*Bot*) down ► **borra de algodón** cotton waste ► **borra de seda** floss silk
[3] (*Zool*) yearling ewe
[4] (= *sedimento*) sediment, lees
[5] (*) (= *charla insustancial*) empty talk; (= *tonterías*) trash, rubbish

**borrachear*** ▸conjug 1a◂ VI to booze*, get drunk habitually

**borrachera** SF [1] (= *estado*) drunkenness; **coger** *o* **pillar** *o* **agarrar** *o* (*Méx*) **ponerse una ~** to get drunk; **quitarse la ~** to sober up
[2] (= *juerga*) spree, binge

**borrachez** SF drunkenness, drunken state

**borrachín** SM boozer*

**borracho/a** Ⓐ ADJ [1] [*persona*] **está ~** he's drunk; **es muy ~** he's a drunkard, he's a heavy drinker; ✦*MODISMO* **estar ~ como una cuba** to be plastered*, be blind drunk*
[2] (= *poseído*) drunk, blind (**de** with)
[3] (*Culin*) [*bizcocho*] tipsy (*soaked in liqueur o spirit*); [*fruta*] marinated
[4] (*de color*) violet
Ⓑ SM/F drunkard, drunk

**borrado** SM erasure

**borrador** SM [1] (= *versión*) [*de texto*] first draft, rough copy; [*de pintura, dibujo*] rough sketch; **hacer un nuevo ~** to do a redraft
[2] (= *cuaderno*) scribbling pad, scratch pad (*EEUU*); (*Com*) daybook
[3] (*para pizarra*) rubber, duster, eraser (*EEUU*)

**borradura** SF erasure, crossing out

**borraja** SF borage; *ver tb* **agua 1**

**borrajear** ▸conjug 1a◂ VT, VI to scribble, scrawl

**borrar** ▸conjug 1a◂ Ⓐ VT [1] (= *hacer desaparecer*) [1·1] [+ *palabra, dibujo*] (*con goma*) to rub out, erase; (*con borrador*) to rub off, clean off; **la fecha había sido cuidadosamente borrada** the date had been carefully rubbed out *o* erased; **borra lo que has puesto en la pizarra** rub off *o* clean off what you've put on the blackboard; **bórralo con Tippex** white it out with Tipp-Ex®, tippex it out; ✦*MODISMO* **~ a algn/algo del mapa** to wipe sb/sth off the map

1·2 [+ *señal, mancha*] to remove; [+ *pintada*] to clean off; [+ *huellas*] to wipe off, rub off

1·3 [+ *mensaje, fichero*] to delete, erase; [+ *canción, película*] to tape over, erase; **he borrado todos los mensajes del contestador** I've erased *o* deleted all the messages on the answering machine; **¿no habrás borrado el partido de fútbol?** you haven't taped over *o* erased the football match, have you?

1·4 [+ *impresión*] to wipe away, erase; **he borrado de mi mente aquellas imágenes** I have wiped away *o* erased those images from my mind; **consiguió ~ aquellos malos recuerdos** he managed to wipe away *o* erase all those painful memories; **era como si se hubieran borrado 40 años de la historia** it was as if 40 years of history had been wiped clean *o* erased; **no podía ~ de su cara las huellas del cansancio** he was unable to wipe away the signs of fatigue from his face

2 (= *limpiar*) [+ *disquete, cinta*] to erase; [+ *pantalla*] to clear; **~ la pizarra** to clean the blackboard

3 (= *dar de baja a*) **~ a algn de** [+ *clase, actividad*] to take sb out of, remove sb from; [+ *lista, curso*] to take sb off, remove sb from; **borró a los niños de la clase de natación** she took the children out of the swimming class, she removed the children from the swimming class; **bórranos de la excursión del sábado** take us off the list for Saturday's outing, count us out of Saturday's outing*

4 (*Fot*) (= *poner borroso*) to blur

5 (*Pol*) **~ a algn** (*euf*) to deal with sb, dispose of sb

Ⓑ **borrarse** VPR 1 (= *darse de baja*) **~se de** [+ *club, asociación*] to cancel one's membership of, resign from; [+ *curso*] to drop out of; **se borró de la biblioteca** she cancelled her library membership; **siempre hay alguien que se borra del curso al principio** there's always somebody who drops out of the course at the beginning

2 (= *desaparecer*) [*señal, marca*] to fade away; [*imagen, recuerdo*] to fade; [*duda, sospecha, temor*] to disappear, be dispelled; [*sonrisa*] to vanish; **se había borrado el código** the code number had faded away; **eso se borra con agua** that comes off *o* washes off with water; **lo que pasó aquel día se me ha borrado con el tiempo** the memory of what happened that day has faded with time; **no se han borrado las sospechas entre la pareja** the suspicion between the two of them has not disappeared *o* been dispelled

3 (*Fot*) to fade

**borrasca** SF 1 area of low pressure, depression; **viene una ~ por el Atlántico** there's low pressure *o* a low approaching from the Atlantic

2 (= *tormenta*) (*en tierra*) storm; (*en el mar*) squall

3 (= *peligro*) peril, hazard; (= *mala racha*) setback

4 (*) (= *juerga*) orgy, spree

**borrascoso** ADJ 1 [*tiempo*] stormy; [*viento*] squally, gusty

2 (= *problemático*) stormy, tempestuous

**borrasquero** ADJ riotous, wild

**borregada*** SF student rag*, prank

**borregaje** SM (*Cono Sur*) flock of lambs

**borrego/a** Ⓐ SM/F 1 (*Zool*) (= *oveja joven*) lamb, yearling lamb; (= *oveja adulta*) sheep

2 (= *persona*) **le siguieron como ~s** they followed him like sheep

Ⓑ SM 1 (*Cuba, Méx**) hoax

2 **borregos** (= *nubes*) fleecy clouds; (*Náut*) foamy crests of waves, white horses, white caps (*EEUU*)

**borreguil** ADJ meek, like a lamb

**borreguillo** SM fleece ► **forro de borreguillo** fleece lining

**borricada** SF silly thing, piece of nonsense

**borrico/a** Ⓐ SM/F 1 (*Zool*) donkey/she-donkey

2 (= *persona*) fool

Ⓑ SM (*Téc*) sawhorse, sawbuck (*EEUU*)

**borricón*** SM, **borricote*** SM (= *hombre paciente*) long-suffering person

**borriquete** SM (*Arte*) easel; (*Téc*) sawhorse, sawbuck (*EEUU*)

**borrón** SM 1 (= *mancha*) blot, stain; ✦*MODISMO* **hacer ~ y cuenta nueva** (= *olvidar el pasado*) to let bygones be bygones; (= *empezar de nuevo*) to wipe the slate clean

2 (= *vergüenza*) blemish

3 (*Literat*) rough draft; (*Arte*) preliminary sketch; **estos borrones** (*iró*) these humble jottings

**borronear** ▸conjug 1a◂ VT 1 (= *garabatear*) to scribble, scrawl

2 (= *hacer borrador de*) to make a rough draft of

**borroso** ADJ 1 (= *indistinguible*) [*foto, imagen*] blurred, indistinct; [*escrito*] smudgy; **lo veo todo ~** everything is blurred

2 [*idea, recuerdo*] vague, hazy

**boruca*** SF row, din

**borujo** SM lump, pressed mass, packed mass

**borujón** SM 1 (*Med*) bump, lump

2 (= *lío*) bundle

**boruquear** ▸conjug 1a◂ VT (*Méx*) (= *revolver*) to mix up, mess up; (= *inmiscuirse*) to stir up

**boscaje** SM 1 (= *bosque*) thicket, grove

2 (*Arte*) woodland scene

**Bosco** SM **el ~** Hieronymus Bosch

**boscoso** ADJ wooded

**Bósforo** SM **el (Estrecho del) ~** the Bosp(h)orus

**Bosnia** SF Bosnia ► **Bosnia Herzegovina** Bosnia Herzegovina

**bosnio/a** ADJ, SM/F Bosnian

**bosorola** SF (*CAm, Méx*) sediment, dregs *pl*

**bosque** SM 1 (= *terreno con árboles*) wood; (*más denso*) forest

2 (*LAm**) (= *selva*) jungle, rainforest ► **bosque pluvial** rainforest

**bosquecillo** SM copse, small wood

**bosquejar** ▸conjug 1a◂ VT 1 (*Arte*) to sketch

2 (= *dar forma a*) [+ *idea*] to sketch, outline; [+ *plan*] to draft

**bosquejo** SM 1 (*Arte*) sketch

2 (= *forma provisional*) [*de idea*] sketch, outline; [*de plan*] draft

**bosquete** SM copse, small wood

**bosquimán(a)** SM/F, **bosquimano/a** SM/F African bushman/bushwoman

**bosta** SF (= *excremento*) dung, droppings *pl*; (*para estiércol*) manure

**bostezar** ▸conjug 1f◂ VI to yawn

**bostezo** SM yawn

**bota** SF 1 (= *calzado*) boot; ✦*MODISMOS* **morir con las ~s puestas** to die with one's boots on; **ponerse las ~s*** (= *enriquecerse*) to strike it rich; (= *comer mucho*) to have a blow-out* ► **botas camperas** cowboy boots ► **botas de agua** wellingtons, gumboots ► **botas de campaña** cowboy boots ► **botas de esquí** ski boots ► **botas de fútbol** football boots ► **botas de goma** gumboots ► **botas de media caña** ankle boots ► **botas de montaña** mountain boots ► **botas de montar** riding boots

2 ► **bota de vino** *wineskin bottle*

3 (= *tonel*) large barrel

4 (= *medida*) 516 litres

**botada** SF (*LAm*) (= *tirada*) [*de objeto, pelota*] throw, throwing; [*de basura*] throwing away; (*) [*de trabajador*] sacking*

**botadero** SM 1 (*LAm*) (= *vertedero*) rubbish dump

2 (*Andes*) (= *vado*) ford

**botado/a** Ⓐ ADJ 1 (= *descarado*) cheeky, sassy (*EEUU**)

2 (*Méx**) (= *barato*) dirt cheap

3 (*CAm*) (= *despilfarrador*) spendthrift

4 (*Andes*) (= *resignado*) resigned; (= *dispuesto para todo*) ready for anything, resolute

5 (*CAm, Méx*) (= *borracho*) blind drunk

Ⓑ SM/F 1 (*LAm*) (*tb* **niño ~**) foundling

2 (*Andes*) (= *vago*) good-for-nothing, bum (*EEUU**)

**botador(a)** Ⓐ SM/F (*LAm*) (= *despilfarrador*) spendthrift

Ⓑ SM 1 (*Náut*) pole, punt pole

2 (= *sacaclavos*) nail-puller, claw-hammer

**botadura** SF 1 (*Náut*) launching

2 (*LAm*) = **botada**

**botafuego** SM (††) linstock; (*) quick-tempered person

**botalodo** SM (*Andes, Caribe*) mudguard, fender (*EEUU*)

**botalón** SM 1 (*Náut*) outrigger ► **botalón de foque** jib-boom

2 (*Andes, Cono Sur*) (= *viga*) beam, prop

3 (*Andes*) (= *poste*) post, stake; [*de atar*] hitching post

**botana** SF (*Méx*) snack, appetizer

**botanearse*** ▸conjug 1a◂ VPR **~ a algn** (*LAm*) to speak ill of sb, drag sb's name through the dirt

**botaneo*** SM (*LAm*) gossip, malicious gossip, slander

**botánica** SF botany

**botánico/a** Ⓐ ADJ botanical

Ⓑ SM/F botanist

**botanista** SMF botanist

**botar** ▸conjug 1a◂ Ⓐ VT 1 (*Dep*) [+ *pelota*] to bounce

2 (*Náut*) [+ *barco*] to launch; [+ *timón*] to put over

3 (*LAm*) (= *tirar*) to throw away, throw out, chuck out*; (= *despedir*) to fire*, sack*; **~ un saque de esquina** to take a corner kick; **lo ~on de su trabajo** he was fired *o* sacked*

4 (*LAm*) (= *derrochar*) to fritter away,

squander
5 (*Chile, Col, Ven*) (= *derramar*) to spill
6 (*Chile, Col, Ven*) (= *derribar*) [+ *florero, persona*] to knock over; [+ *árbol*] to knock down
Ⓑ VI 1 (*Esp*) [*pelota*] to bounce; [*coche*] to bump, jolt; [*caballo*] to rear up
2 (*Esp*) [*persona*] to jump; **estaba botando de alegría** she was jumping for joy; **✦MODISMO está que bota*** he's hopping mad*

**botaratada** SF wild scheme, nonsensical idea

**botarate** SM/F 1 (= *loco*) madcap
2 (= *imbécil*) idiot
3 (*LAm*) (= *despilfarrador*) spendthrift

**botarel** SM buttress

**botarga** SF motley, clown's outfit

**botavara** SF 1 (*Náut*) boom
2 (*Caribe*) [*de carro*] pole, shaft

**bote**[1] SM 1 [*de pelota*] bounce; **dar un ~** to bounce
2 (*Esp*) (= *salto*) [*de persona, caballo*] jump; **se levantó de un ~** he jumped up, he leapt to his feet; **dar** *o* **pegar un ~** [*persona*] to jump; [*coche*] to bump, jolt; **✦MODISMOS a ~ pronto*** (just) off the top of one's head*; **dar el ~ a algn*** to chuck sb out*, give sb the boot*, give sb the push*; **darse el ~** (*Esp**) to beat it*; **de ~ y voleo** instantly
3 (= *arremetida*) (*con un arma*) thrust; (*con el cuerpo*) lunge

**bote**[2] SM 1 (= *recipiente*) [*de vidrio*] jar; [*de plástico*] container; [*de metal*] (*para conservas, pintura*) can, tin; (*para bebidas*) can; **un ~ de colonia** a bottle of cologne; **de ~** canned, tinned; **esta sopa es de ~** this is canned *o* tinned soup; **es rubia de ~*** she's a fake blonde; **✦MODISMOS chupar del ~** (*Esp**) to line one's own pocket*, feather one's own nest*; **estar de ~ en ~*** to be packed, be jam-packed*; **estar en el ~** (*Esp**) [*título, premio*] to be in the bag*, be all sewn up*; **meterse a algn en el ~** (*Esp**) to talk sb round, sweet-talk sb*; **pegarse el ~ con algn** to get on with sb like a house on fire*; **tener algo en el ~** (*Esp**) to have sth in the bag*, have sth all sewn up*; **tener a algn (metido) en el ~** (*Esp**) to have sb in one's pocket* ► **bote de basura** (*Méx*) dustbin, trash can (*EEUU*) ► **bote de cerveza** (*Esp*) (*lleno*) can of beer; (*vacío*) beer can ► **bote de cuestación** collecting tin ► **bote de humo** smoke canister
2 (*como propina*) **hoy hemos sacado un ~ de 5.000 pesetas** we got 5,000 pesetas in tips today; **100 pesetas para el ~** 100 pesetas for the tips box; **"bote"** "tips"
3 (= *fondo común*) kitty; **poner un ~** to have a kitty; **pusimos un ~ de diez libras cada uno** we each put ten pounds into the kitty
4 (*en lotería, quiniela*) jackpot; **hay un ~ de 300 millones** the jackpot is 300 million
5 (*CAm, Méx, Ven*‡) (= *cárcel*) jail, nick*, can (*EEUU**)

**bote**[3] SM (= *barca*) [*de pesca*] boat; (*deportivo*) skiff ► **bote de a ocho** racing eight ► **bote de carrera** skiff ► **bote de paseo** rowing boat, rowboat (*EEUU*) ► **bote de paso** ferryboat ► **bote de remos** rowing boat, rowboat (*EEUU*) ► **bote de salvamento** lifeboat ► **bote hinchable** inflatable dinghy ► **bote neumático** rubber dinghy ► **bote patrullero** patrol boat ► **bote salvavidas** lifeboat

**botella** SF 1 (= *envase*) bottle; **de** *o* **en ~** bottled; **cerveza de ~** bottled beer; **media ~** half bottle; **~ de vino** (= *contenido*) bottle of wine; (= *envase*) wine bottle ► **botella de Leiden** Leyden jar
2 (*Caribe*) (= *prebenda*) sinecure, soft job (*in government*)

**botellazo** SM blow with a bottle

**botellería** SF (*Cono Sur*) wine shop

**botellero** SM wine rack

**botellín** SM small bottle, half bottle

**botepronto** SM (*Dep*) half-volley; *ver tb* **bote**[1] **1**

**botería** SF (*Cono Sur*) shoe shop

**bote-vivienda** SM (*pl* **botes-vivienda**) houseboat

**botica** SF 1 (= *establecimiento*) chemist's, chemist's shop, pharmacy (*EEUU*), drugstore; **✦MODISMO de todo como en ~** everything under the sun
2 (‡) (= *cremallera*) trouser fly, flies *pl*

**boticario/a** SM/F chemist, druggist (*EEUU*)

**botija** Ⓐ SF 1 (= *vasija*) earthenware jug; **✦MODISMOS estar como una ~** to be as round as a barrel; **poner a algn como ~ verde** (*CAm*) to insult sb
2 (*CAm*) (= *tesoro*) buried treasure
Ⓑ SMF (*Uru**) (= *chaval*) kid*

**botijo** SM 1 (= *recipiente*) *earthenware drinking jug with spout and handle*
2 (*) [*de policía*] water cannon

**botijón*** ADJ (*Méx*) pot-bellied

**botijuela** SF (*LAm*) 1 (= *jarro*) earthenware jug
2 (= *tesoro*) buried treasure

**botillería** SF (*Chile*) off-licence, liquor store (*EEUU*)

**botillero** SM (*Méx*) shoemaker, cobbler

**botín**[1] SM [*de guerra*] booty, plunder; [*de ladrón*] loot

**botín**[2] SM 1 (= *calzado*) ankle boot
2 (= *polaina*) legging, spat
3 (*Chile*) (= *borceguí*) bootee
4 (*Cono Sur*) (= *calcetín*) sock

**botina** SF (= *calzado*) high shoe; [*de bebé*] bootee

**botiquín** SM 1 (= *armario*) medicine cabinet; (= *conjunto de medicinas*) first-aid kit ► **botiquín de emergencia**, **botiquín de primeros auxilios** first-aid kit
2 (= *enfermería*) first-aid post, first-aid station (*EEUU*), sick bay
3 (*Caribe hum*) (*para bebidas*) drinks cupboard

**boto** Ⓐ ADJ 1 [*punta*] blunt
2 (= *torpe*) dull, dim
Ⓑ SM *wineskin bottle*

**botón** SM 1 (*Cos, Téc*) button; **apretar** *o* **pulsar el ~** to press the button; **✦MODISMO ¡ni un ~!*** not a sausage!* ► **botón de alarma** alarm, alarm button ► **botón de arranque** starter, starter switch ► **botón de contacto** push-button ► **botón de destrucción** destruct button ► **botón de muestra** sample, illustration ► **botón de presión** push-button
2 (*Bot*) bud ► **botón de oro** buttercup

**botonadura** SF buttons *pl*, set of buttons

**botonar** ▸conjug 1a◂ (*LAm*) Ⓐ VT to button, button up
Ⓑ VI to bud, sprout

**botones** SM INV bellboy, bellhop (*EEUU*)

**Botsuana** SF Botswana

**botulismo** SM botulism

**boutique** [bu'tik] SF boutique ► **boutique del pan** *fashionable bakery specializing in foreign and wholefood bread*

**bóveda** SF 1 (*Arquit*) vault ► **bóveda celeste** vault of heaven ► **bóveda craneal** cranial cavity ► **bóveda de cañón** barrel vault
2 (= *cueva*) cave, cavern

**bovedillas*** SFPL **✦MODISMO subirse a las ~** to go up the wall*

**bovino** Ⓐ ADJ bovine; **carne bovina** beef; **ganado ~** cattle
Ⓑ SM bovine; **ovinos y ~s** sheep and cattle; **carne de ~** beef

**box** SM 1 (*Aut*) pit; **entrar en ~es** to go into the pits, make a pit stop
2 (*Equitación*) stall
3 (*LAm*) (= *boxeo*) boxing

**boxeador(a)** SM/F boxer

**boxear** ▸conjug 1a◂ VI to box

**boxeo** SM boxing

**bóxer** SMF boxer, boxer dog

**boxístico** ADJ, **boxeril** ADJ (*Cono Sur*) boxing *antes de s*

**boya** SF (*Náut*) buoy; (*Pesca*) float ► **boya de campana** bell buoy

**boyada** SF drove of oxen

**boyante** ADJ 1 (*Náut*) buoyant
2 (= *próspero*) [*persona*] buoyant; [*negocio*] prosperous

**boyar** ▸conjug 1a◂ VI to float

**boyazo** SM (*CAm, Cono Sur*) punch

**boyé** SM (*Cono Sur*) snake

**boyera** SF, **boyeriza** SF cattle shed

**boyero/a** Ⓐ SM/F (= *persona*) oxherd, drover
Ⓑ SM 1 (= *perro*) cattle dog
2 (*Andes*) (= *aguijada*) goad, spike

**bozada** SF (*Andes*) halter

**bozal** Ⓐ SM 1 [*de perro*] muzzle
2 (*LAm*) [*de caballo*] halter
Ⓑ ADJ 1 (= *nuevo*) [*recluta*] new, raw; [*animal*] wild, untamed
2 (= *tonto*) stupid
3 (*LAm*) [*negro*] pure
4 (*LAm*) *speaking broken Spanish*

**bozo** SM 1 [*de adolescente*] fuzz
2 (= *boca*) mouth, lips *pl*
3 (= *cabestro*) halter, headstall

**bracamonte** SM (*Andes*) ghost

**bracear** ▸conjug 1a◂ Ⓐ VT 1 (*Náut*) to measure in fathoms
2 [+ *horno*] to tap
Ⓑ VI 1 (= *mover los brazos*) to swing one's arms; (*al nadar*) to swim
2 (= *luchar*) to wrestle, struggle

**bracero** SM 1 (*Agr*) (= *jornalero*) farmhand, farm labourer *o* (*EEUU*) laborer
2 (= *peón*) labourer, laborer (*EEUU*), navvy
3 **ir de ~** to walk arm-in-arm

**bracete** SM **ir del ~** to walk arm-in-arm

**bracmán** SM Brahman, Brahmin

**braco** Ⓐ ADJ pug-nosed
Ⓑ SM (*tb* **perro ~**) setter

**braga** SF [1] **bragas** [*de mujer*] knickers, panties; ✦*MODISMOS* **dejar a algn en ~s*** to leave sb empty-handed; **estar en ~s*** to be broke*, be skint*; **estar hecho una ~*** to be knackered*; **pillar a algn en ~s*** to catch sb with his pants down*
[2] [*de niño*] nappy, diaper (*EEUU*)
[3] (*Náut, Téc*) sling, rope (*for hoisting*)

**bragado** ADJ gritty

**bragadura** SF (*Cos*) crotch

**braga-faja** SF panty girdle

**bragapañal** SM disposable nappy, disposable diaper (*EEUU*)

**bragazas*** SM INV henpecked husband

**braguero** SM (*Med*) truss

**bragueta** SF (*Cos*) fly, flies *pl*, zipper (*EEUU*); ✦*MODISMOS* **estar como ~ de fraile** (*Cono Sur*) to be very solemn; **oír por la ~*** (= *estar sordo*) to be stone-deaf; (= *entender mal*) to misunderstand; (= *ser torpe*) to be pretty thick*; **ser hombre de ~** to be a real man

**braguetazo*** SM marriage for money; **dar el ~** to marry for money

**braguetero** Ⓐ ADJ [1] (= *lascivo*) lecherous, randy
[2] (*LAm*) (*al casarse*) *who marries for money*; (*Andes, Caribe*) (= *vividor*) *who lives on a woman's earnings*; **todos saben que es ~** everyone knows he married for money
Ⓑ SM lecher, womanizer

**braguillas** SM INV brat

**braguitas** SFPL panties

**brahmán** SM Brahman, Brahmin

**braille** ['braile] SM Braille

**brama** SF (*Zool*) rut, rutting season

**bramadero** SM (*LAm*) tethering post

**bramante** SM twine, string

**bramar** ▸conjug 1a◂ VI [1] (*Zool*) [*toro, elefante*] to bellow; [*león*] to roar
[2] [*persona*] **están que braman con el alcalde*** they're hopping mad with the mayor
[3] (*Meteo*) [*viento*] to howl, roar; [*mar*] to thunder

**bramido** SM [*de toro, elefante*] bellow, bellowing; [*de león*] roar, roaring

**brandy** SM brandy

**branquia** SF gill; **~s** gills

**brasa** SF live coal, hot coal; **carne a la ~** grilled meat, barbecued meat; ✦*MODISMOS* **atizar la ~** to stir things up, add fuel to the flames; **estar en ~s** to be on tenterhooks; **estar hecho una ~** to be very flushed

**brasear** ▸conjug 1a◂ VT to braise

**brasería** SF grill

**brasero** SM [1] (= *como calefacción*) [*de carbón*] brazier; (*eléctrico*) heater
[2] (*Méx*) fireplace
[3] (*Andes*) (= *hoguera*) large bonfire
[4] (*Méx*) (= *hornillo*) small stove

**Brasil** SM Brazil

**brasileño/a** ADJ, SM/F, **brasilero/a** ADJ, SM/F Brazilian

**brava** SF [1] (*Méx*) (= *disputa*) row, fight; ✦*MODISMO* **a la ~** like it or not; **a la ~ tendrás que ir** you'll have to go whether you like it or not
[2] (*Caribe*) ✦*MODISMO* **dar una ~ a algn** to lean on sb*, intimidate sb

**bravata** SF [1] (= *amenaza*) threat
[2] (= *fanfarronada*) boast, brag; **echar ~s** to boast, talk big*

**braveador(a)** Ⓐ ADJ blustering, bullying
Ⓑ SM/F bully

**bravear** ▸conjug 1a◂ VI [1] (= *jactarse*) to boast, talk big
[2] (= *bravuconear*) to bluster

**bravera** SF vent, window (*in an oven*)

**bravero/a** (*Caribe*) Ⓐ ADJ bullying
Ⓑ SM/F bully

**braveza** SF [1] (= *ferocidad*) [*de animal*] ferocity, savageness; [*del viento*] fury
[2] (= *valor*) bravery

**bravío** Ⓐ ADJ [1] (*Zool*) (= *feroz*) ferocious, savage; (= *indómito*) wild, untamed
[2] (*Bot*) wild
[3] (= *rudo*) uncouth, coarse
Ⓑ SM ferocity

**bravo** Ⓐ ADJ [1] [*animal*] fierce, ferocious; *ver tb* **toro 1**
[2] [*persona*] (= *malhumorado*) bad-tempered; (= *jactancioso*) boastful, swaggering; (= *valentón*) boastful, swaggering; **ponerse ~ con algn** to get angry with sb
[3] [*mar*] rough, stormy; [*paisaje*] rugged; *ver tb* **costa² 1**
[4] (= *excelente*) fine, excellent
[5] (*LAm Culin*) hot, spicy
Ⓑ EXCL bravo!, well done!
Ⓒ SM thug

**bravucón/ona** Ⓐ ADJ swaggering
Ⓑ SM/F braggart

**bravuconada** SF boast

**bravura** SF [1] (= *ferocidad*) ferocity
[2] (= *valor*) bravery
[3] = **bravata**

**braza** SF [1] (*Natación*) breaststroke; **nadar a ~** to swim breaststroke ► **braza de espalda** back stroke ► **braza de mariposa** butterfly stroke
[2] (*Náut*) ≈ fathom

**brazada** SF [1] (= *movimiento*) movement of the arms
[2] (*Remo*) stroke
[3] (*Natación*) stroke, style
[4] (= *cantidad*) armful
[5] (*LAm Náut*) (= *braza*) ≈ fathom

**brazado** SM armful

**brazal** SM [1] (= *banda de tela*) armband
[2] (*Agr*) irrigation channel

**brazalete** SM [1] (= *joya*) bracelet
[2] (= *banda de tela*) armband

**brazo** SM [1] [*de persona*] arm; [*de animal*] foreleg; **se echó a los ~s de su madre** he threw himself into his mother's arms; **dar el ~ a algn** to give sb one's arm; **le dio el ~ al bajar del autobús** he gave her his arm as they got off the bus; **coger a algn del ~** to take sb by the arm; **cogió a su hermano del ~** she took her brother by the arm; **iban (cogidos) del ~** they were walking arm in arm; **llevar a algn en ~s** to carry sb in one's arms; ✦*MODISMOS* **con los ~s abiertos** with open arms; **dar el ~ a torcer** to give way, give in; **luchar a ~ partido** to fight tooth and nail; **ser el ~ derecho de algn** to be sb's right-hand man/woman ► **brazo de gitano** (*Culin*) swiss roll ► **brazo de reina** (*Cono Sur Culin*) swiss roll; *ver tb* **huelga 1**, **cruzado A1**
[2] [*de sillón, tocadiscos, grúa, cruz*] arm ► **brazo de lámpara** lamp bracket ► **brazo de lámpara de gas** gas bracket ► **brazo de lectura** pick-up arm ► **brazo lector** pick-up arm
[3] (= *sección*) ► **brazo armado** military wing ► **brazo político** political wing ► **brazo secular** secular arm
[4] (*Geog*) ► **brazo de mar** inlet, arm of the sea, sound; ✦*MODISMO* **estar** *o* **ir hecho un ~ de mar** to be dressed up to the nines* ► **brazo de río** channel, branch of river
[5] [*de árbol*] branch, limb
[6] (*liter*) (= *fuerza*) arm; **el ~ de la ley** the long arm of the law
[7] **brazos** (= *trabajadores*) hands, men

**brazuelo** SM (*Zool*) shoulder

**brea** SF [1] (= *alquitrán*) tar, pitch
[2] (= *cubierta*) tarpaulin, tarp (*EEUU*)

**break** [brek] SM (*Mús*) break dancing

**brear** ▸conjug 1a◂ VT [1] (= *maltratar*) to abuse, ill-treat; **~ a algn a golpes** *o* **palos** to beat sb up
[2] (= *embromar*) to make fun of, tease

**brebaje** SM potion; (*hum*) brew, concoction

**brecha** SF [1] (= *abertura*) breach, opening; **abrir ~ en una muralla** to breach a wall; **batir en ~** (*Mil*) to breach; (*fig*) to get the better of; ✦*MODISMOS* **estar en la ~** to be in the thick of things; **hacer ~ en algn** to make an impression on sb; **seguir en la ~** to go on with one's work, keep at it
[2] (*entre personas*) rift; (*entre opiniones*) gap
[3] (*Med*) gash, wound

**brecina** SF (*Bot*) heath

**breck** SM (*Cono Sur*) = **breque 2**

**brécol** SM broccoli

**brega** SF [1] (= *lucha*) struggle; **andar a la ~** to slog away
[2] (= *riña*) quarrel, row
[3] (= *broma*) trick, practical joke; **dar ~ a algn** to play a trick on sb

**bregar** ▸conjug 1h◂ VI [1] (= *luchar*) to struggle, fight (**con** against, with)
[2] (= *reñir*) to quarrel
[3] (= *trabajar mucho*) to slog away; **tendremos que hacerlo bregando** we shall have to do it by sheer hard work

**breguetear** ▸conjug 1a◂ VI (*Andes*) to argue

**breje:** SM (*Esp*) **¿cuántos ~s tienes?** how old are you?

**brejetero** ADJ (*Caribe*) trouble-making, mischief-making

**breke** SM (*CAm Aut*) brake

**bren** SM bran

**breña** SF, **breñal** SM scrub, rough ground

**breñoso** ADJ (= *con maleza*) rough, scrubby; (= *con zarzas*) brambly

**breque** SM (*LAm*) [1] (= *carroza*) brake
[2] (*Ferro*) guard's van, baggage car (*EEUU*)
[3] (*Mec*) brake

**brequear** ▸conjug 1a◂ VT, VI (*LAm*) to brake

**brequero** SM (*Andes, CAm, Méx*) brakeman

**Bretaña** SF Brittany

**brete** SM [1] (= *cepo*) shackles *pl*
[2] (= *apuro*) predicament; **estar en un ~** to be in a jam*; **poner a algn en un ~** to put sb on the spot
[3] (*Caribe*⁑) screw⁑, lay⁑

**breteles** SMPL (*LAm*) straps (*on garment*)

**bretón/ona** Ⓐ ADJ, SM/F Breton

Ⓑ SM [1] (*Ling*) Breton
[2] **bretones** (= *coles*) Brussels sprouts

**breva** SF [1] (*Bot*) early fig; ✦***MODISMOS*** **¡no caerá esa ~!** no such luck!; **pelar la ~** (*Cono Sur*) to steal; **poner a algn como una ~** to beat sb black and blue
[2] (= *puro*) flat cigar; (*Caribe*) [*de calidad*] good-quality cigar
[3] (*LAm*) (= *tabaco*) chewing tobacco
[4] (*) (= *puesto*) plum, plum job; (= *gaje*) perk*
[5] (= *cosa fácil*) **es una ~** it's a cinch*, it's a pushover*; **para él es una ~** it's chickenfeed to him*

**breve** Ⓐ ADJ [1] (= *corto*) short, brief; **una ~ rueda de prensa** a short *o* brief press conference; **continuaremos tras un ~ descanso** we shall continue after a short break *o* a brief pause; **un brevísimo periodo de tiempo** a very short period of time; **enviaron una nota muy ~, sólo dos líneas** they sent a very short note, just two lines long; **seré muy ~** I shall be very brief; **dimos un ~ repaso a la lección** we briefly went over the lesson; **expuso el problema en ~s palabras** he briefly explained the problem; **en ~s palabras, se negó a dimitir** in short, he refused to resign; **en ~** (= *pronto*) shortly, before long
[2] [*vocal*] short
Ⓑ SM [1] (*Prensa*) short news item
[2] (*Rel*) papal brief
Ⓒ SF (*Mús*) breve

**brevedad** SF [*de mensaje*] shortness; [*de texto*] brevity; [*de estilo*] conciseness; **con** *o* **a la mayor ~ (posible)** as soon as possible; **bueno, para mayor ~ ...** well, to be brief ...; **llamado por ~ ...** called for short ...

**brevemente** ADV briefly, concisely

**brevería** SF (*Tip*) note, short news item; (*en conversación*) snippet; **"Breverías"** (= *sección de periódico*) "News in Brief"

**brevete** SM [1] (= *nota*) note, memorandum
[2] (*LAm Aut*) driving licence *o* (*EEUU*) license

**breviario** SM (*Rel*) breviary; (= *compendio*) compendium

**brezal** SM moor, heath

**brezar** ▸conjug 1f◂ VT to rock, lull (*in a cradle*)

**brezo** SM [1] (*Bot*) heather
[2] [*de pipa*] briar

**briaga** SF (*Méx*) drunkenness

**briago** ADJ (*Méx*) drunk

**briba** SF vagabond's life, idle life; **andar** *o* **vivir a la ~** to loaf around, be on the bum (*EEUU*)

**bribón/ona** Ⓐ ADJ [1] (= *vago*) lazy
[2] (= *criminal*) dishonest, rascally
Ⓑ SM/F [1] (= *vagabundo*) vagabond, vagrant
[2] (= *holgazán*) loafer
[3] (= *granuja*) rascal, rogue

**bribonada** SF dirty trick, piece of mischief

**bribonear** ▸conjug 1a◂ VI [1] (= *gandulear*) to idle, loaf around
[2] [*ser granuja*] to be a rogue, play dirty tricks

**bribonería** SF [1] (= *briba*) vagabond's life, idle life
[2] (= *picardía*) roguery

**bribonesco** ADJ rascally, knavish

**bricbarca** SF *large sailing ship*

**bricolador(a)** SM/F do-it-yourself enthusiast, DIY enthusiast

**bricolage** SM do-it-yourself, DIY

**bricolagista** SMF do-it-yourself enthusiast, DIY enthusiast

**bricolaje** SM do-it-yourself, DIY

**bricolajista** SMF, **bricolero/a** SM/F do-it-yourself enthusiast, DIY enthusiast

**brida** SF [1] [*de caballo*] bridle; **ir a toda ~** to go at top speed; ✦***MODISMO*** **tener a algn a ~ corta** to keep sb on a tight rein, keep sb under strict control
[2] (*Téc*) (= *abrazadera*) clamp; [*de tubería*] flange
[3] (*Ferro*) fishplate
[4] (*Med*) adhesion

**bridge** [briʒ, britʃ] SM (*Naipes*) bridge

**bridgista** [bri'ʒista] SMF bridge player

**bridgístico** [bri'ʒistiko] ADJ bridge *antes de s*; **el mundo ~** the bridge world

**bridón** SM [*de caballo*] snaffle; (*Mil*) bridoon

**briega** SF [1] (= *pelea*) fight, brawl
[2] (= *trabajo duro*) slog

**brigada** Ⓐ SF [1] (*Mil*) brigade
[2] (= *grupo*) [*de obreros*] gang; [*de policía*] squad ▸ **brigada antidisturbios** riot squad ▸ **brigada antidrogas** drug squad ▸ **brigada de bombas** bomb-disposal unit ▸ **brigada de delitos monetarios** fraud squad ▸ **brigada de estupefacientes** drug squad ▸ **brigada fluvial** river police ▸ **brigada móvil** flying squad ▸ **brigada sanitaria** sanitation department ▸ **Brigadas Internacionales** International Brigades
Ⓑ SMF (*Mil*) sergeant major

**brigadier** SM brigadier, brigadier-general (*EEUU*)

**brigadilla** SF squad, detachment

**brigadista** SMF **~ internacional** member of the International Brigade

**brigán** SM (*CAm, Caribe Hist*) brigand, bandit

**brigandaje** SM (*Caribe Hist*) brigandage, banditry

**brigantino/a** Ⓐ ADJ of/from La Corunna
Ⓑ SM/F native/inhabitant of La Corunna; **los ~s** the people of La Corunna

**Brígida** SF Bridget

**Briján** SM ✦***MODISMO*** **saber más que ~** to be very smart, know the lot

**brik** SM (*pl* **briks**) carton

**brillante** Ⓐ ADJ [1] (= *reluciente*) [*luz, sol, color*] (*gen*) bright; (*muy fuerte*) brilliant; [*superficie pulida*] shiny; [*pelo*] glossy, shiny; [*joyas, lentejuelas*] sparkling, glittering; **un estampado amarillo ~** a bright *o* brilliant yellow pattern; **los focos eran demasiado ~s** the floodlights were too bright; **un vestido de satén ~** a shiny satin dress; **¡qué ~ ha quedado el suelo!** the floor is really shiny now!; **frota los zapatos hasta que estén bien ~s** polish the shoes until they are nice and shiny; **tenía los ojos ~s por la emoción** her eyes sparkled with excitement
[2] (= *excelente*) brilliant; **al final de su ~ carrera deportiva** at the end of her brilliant sporting career; **su actuación fue absolutamente ~** her performance was absolutely outstanding *o* brilliant; **su ~ conversación** her sparkling conversation
Ⓑ SM diamond, brilliant; **un anillo de ~s** a diamond ring

**brillantemente** ADV [1] (= *extraordinariamente*) brilliantly; **respondió ~ a sus preguntas** he answered her questions brilliantly; **la orquesta ha despedido ~ la temporada** the orchestra bid a brilliant farewell to the season
[2] (= *con brillo*) brightly

**brillantez** SF [1] (= *brillo*) (*gen*) brightness; (*más fuerte*) brilliance
[2] (= *excelencia*) brilliance; **ahí está la ~ de la novela** that is the brilliance of the novel; **con ~** brilliantly; **hemos cumplido nuestro objetivo con ~** we have achieved our aim brilliantly; **ganaron el partido con ~** they won the match in brilliant style; **dar ~ a algo** to add a bit of sparkle to sth
[3] (= *boato*) splendour, splendor (*EEUU*)

**brillantina** SF brilliantine, hair cream

**brillar** ▸conjug 1a◂ VI [1] (= *relucir*) [*luz, sol*] to shine; [*estrella, ojos*] to shine, sparkle; [*metal, superficie, pelo*] (*gen*) to shine; (*por estar mojado, grasiento*) to glisten; [*joyas, lentejuelas*] to sparkle, glitter; **la luz de la vela brillaba en la oscuridad** the light of the candle shone in the dark; **le brillaban los ojos de alegría** her eyes shone *o* sparkled with happiness; **¡cómo te brillan los zapatos!** what shiny shoes!; **el mar brillaba a la luz de la luna** the sea glistened in the moonlight; **le brillaba la cara por el sudor** his face glistened with sweat
[2] (= *sobresalir*) to shine; **Argentina brilló en la segunda mitad** Argentina shone in the second half; ✦***MODISMOS*** **~ con luz propia** to stand out on one's own; **~ por su ausencia**: **el ingenio ha brillado por su ausencia** there has a been a distinct lack of ingenuity; **en la cena las bebidas ~on por su ausencia** there was a distinct lack of drinks at dinner

**brillazón** SF (*Cono Sur*) mirage

**brillo** SM [1] (= *resplandor*) [*de luz, sol, estrella*] (*gen*) brightness; (*más fuerte*) brilliance; [*de pantalla*] brightness; [*de tela, pelo, zapatos, superficie*] shine, sheen; [*de papel, foto*] glossiness; [*de joyas, lentejuelas*] sparkle, glitter; **estas luces emiten demasiado ~** these lights are too bright; **el ~ de la luna sobre el agua** the moonlight shining on the water; **lo noté en el ~ de sus ojos** I noticed it in her sparkling eyes; **el ~ de la navaja lo asustó** he was frightened by the gleam of the knife; **estos zapatos no tienen ~** these shoes have no shine; **¿le revelamos las fotos con ~?** would you like gloss photos?, would you like a gloss finish to the photos?; **se puede ajustar el ~** the brightness can be adjusted; **dar** *o* **sacar ~ a** [+ *suelo, plata, zapatos*] to polish, shine; [+ *muebles*] to polish; **este producto da mucho ~ a la madera** this product gives wood an excellent shine ▸ **brillo de labios** lip gloss ▸ **brillo de uñas** clear nail polish, clear nail varnish
[2] (= *esplendor*) brilliance, splendour, splendor (*EEUU*); **fueron cautivados por el ~ de la profesión** they were captivated by the splendour of the profession; **la ausencia de varios jugadores importantes ha restado ~ al torneo** the absence of several important players has taken the shine off the tournament

**brilloso** ADJ (*LAm*) shiny

**brin** SM fine canvas, duck

**brincar** ▸conjug 1g◂ Ⓐ VT [+ *pasaje*] (*en lectura*) to skip, miss out
Ⓑ VI [1] (*esp LAm*) (= *saltar*) [*niño*] to jump (up

and down); (*con un solo pie*) to hop; [*cordero*] to skip about, gambol; ♦*MODISMOS* **está que brinca** he's hopping mad; **~ de cólera** to fly into a rage
2 (= *rebotar*) to bounce
Ⓒ **brincarse** VPR **~se a algn** (*Andes*‡) to bump sb off‡

**brinco** SM (= *salto*) (*gen*) jump, leap; (*al correr*) skip; **de** *o* **en un ~** at one bound; **dar ~s** to hop (about), jump (about); **pegar un ~** to jump, give a start; ♦*MODISMOS* **a ~s** by fits and starts; **¿para qué son tantos ~s estando el suelo parejo?** (*CAm, Méx*) what's all the fuss about?; **quitar los ~s a algn** to take sb down a peg

**brindar** ▸conjug 1a◂ Ⓐ VT 1 (= *ofrecer*) to offer, afford; **los árboles brindaban sombra** the trees afforded shade; **~ a algn (con) algo** to offer sth to sb; **le brinda la ocasión** it gives *o* affords him the opportunity; **bríndame un cigarro** (*hum*) give me a cigarette; **me brindó una copa** he bought me a drink
2 (= *dedicar*) to dedicate (**a** to)
Ⓑ VI **~ por algn/algo** to drink to sb/sth, toast sb/sth; **~on por los novios** they drank a toast to the newly-weds; **¡brindemos por la unidad!** here's to unity!
Ⓒ **brindarse** VPR **~se a hacer algo** to offer to do sth; **se brindó a ayudarme** he offered to help me

**brindis** SM INV 1 (*para celebrar algo*) toast; **hacer un ~ por algn/algo** to toast sb/sth, drink a toast to sb/sth
2 (= *dedicatoria*) dedication, ceremony of dedication
3 (*Andes, Caribe*) (= *recepción*) official reception; (= *fiesta*) cocktail party

**brío** SM 1 (= *ánimo*) spirit, verve; **es hombre de ~s** he's a man of spirit, he's a man of mettle
2 (= *decisión*) determination; **cortar los ~s a algn** to clip sb's wings
3 (= *elegancia*) elegance

**briosamente** ADV 1 (= *con ánimo*) with spirit, dashingly, with verve
2 (= *con decisión*) resolutely
3 (= *elegantemente*) elegantly

**brioso** ADJ 1 (= *animoso*) spirited, full of verve
2 (= *decidido*) determined
3 (= *elegante*) elegant

**briqueta** SF briquette

**brisa** SF breeze

**brisca** SF *Spanish card game similar to whist but in which it is not necessary to follow suit*

**brisera** SF (*LAm*), **brisero** SM (*LAm*) windshield (*for a lamp*)

**brisita** SF **tener** *o* **pasar una ~** to be hungry, have an empty stomach

**británico/a** Ⓐ ADJ British
Ⓑ SM/F British person, Briton, Britisher (*EEUU*); **los ~s** the British

**britano/a** (*Hist, Literat*) Ⓐ ADJ British
Ⓑ SM/F Briton

**brizna** SF 1 (= *hebra*) [*de hierba*] blade; [*de judía*] string
2 (= *trozo*) piece, fragment; (*muy pequeño*) scrap; **no me queda ni una ~** I haven't a scrap left
3 (*LAm*) drizzle

**briznar** ▸conjug 1a◂ VI (*LAm*) to drizzle

**broca** SF 1 (*Cos*) reel, bobbin
2 (*Mec*) (drill) bit
3 [*de zapato*] tack

**brocado** SM brocade

**brocal** SM 1 (= *borde*) rim, mouth
2 [*de pozo*] curb, parapet
3 (*Méx*) kerb, curb (*EEUU*)

**brocha** Ⓐ SF 1 (= *para pintar*) paintbrush, large paintbrush; **pintor de ~ gorda** (*lit*) painter and decorator; (*fig*) bad painter
2 ► **brocha de afeitar** shaving brush
3 (*Cono Sur*) skewer, spit
4 (*CAm**) (= *zalamero*) creep‡
Ⓑ ADJ (*CAm*) meddling, creeping*, servile; ♦*MODISMO* **hacerse ~** (*CAm*) to play the fool

**brochada** SF, **brochazo** SM brushstroke

**broche** SM 1 (*Cos*) clasp, fastener
2 (= *joya*) brooch; ♦*MODISMOS* **el ~ final** ◊ **el ~ de oro** the finishing touch
3 (*LAm*) (*para papel*) paperclip; (*Cono Sur*) (*para ropa*) clothes peg, clothespin (*EEUU*)

**brocheta** SF skewer

**brochón** Ⓐ ADJ (*Caribe*) flattering
Ⓑ SM whitewash brush

**bróculi** SM, **brocolí** SM broccoli

**bróder*** SM (*pl* **bróders**) (*CAm*) lad, fellow*

**broker** SM (*pl* **brokers**) (*Cono Sur Fin*) broker

**brollero** ADJ (*Caribe*) troublemaking, mischief-making

**broma** SF 1 (= *cachondeo*) **ni en ~** never, not on any account; **lo decía en ~** I was only joking, I was only kidding*; **estar de ~** to be in a joking mood; **tomar algo a ~** to take sth as a joke
2 (= *chiste*) joke; **no es ninguna ~** it's no joke, this is serious; **la ~ me costó caro** the affair cost me dear; **no hay ~s con la autoridad** you can't play games with the authorities; **~s aparte ...** joking aside ...; **¡déjate de ~s!** quit fooling!, joke over!; **gastar ~s** to tell jokes; **gastar una ~ a algn** to play a joke on sb; **estar para ~s: ¡para ~s estoy!** (*iró*) a fine time for joking!; **no está para ~s** he's in no mood for jokes; **entre ~s y veras** half-joking(ly) ► **broma pesada** practical joke, hoax
3 (*Caribe, Cono Sur*) (= *decepción*) disappointment; (= *molestia*) vexation, annoyance
4 (*Zool*) shipworm

**bromato** SM bromate

**bromazo** SM unpleasant joke, stupid practical joke

**bromear** ▸conjug 1a◂ VI to joke, crack jokes*; **creía que bromeaba** I thought he was joking

**bromista** Ⓐ ADJ **es muy ~** he's full of jokes, he's a great one for jokes
Ⓑ SMF (= *chistoso*) joker; (= *gracioso*) practical joker, leg-puller*; **lo ha hecho algún ~** some joker did this

**bromuro** SM bromide

**bronca*** SF 1 (= *follón*) row; **armar una ~** to kick up a fuss; **se armó una ~ tremenda** there was an almighty row*; **buscar ~** to be looking for a fight, be spoiling for a fight; **dar una ~ a algn** (*Teat, Taur*) to give sb the bird*
2 (= *regañina*) ticking off*; **nos echó una ~ fenomenal** he came down on us like a ton of bricks*
3 (= *ruido*) racket*
4 (*Cono Sur*) (= *rabia*) anger, fury; **me da ~** it makes me mad*

**broncamente** ADV (= *con dureza*) roughly, harshly; (= *con malos modos*) rudely

**bronce** SM 1 (= *aleación*) bronze; **una medalla de ~** a bronze medal; ♦*MODISMOS* **ligar ~** (*Esp**) to get a suntan; **ser de ~** to be inflexible, be deaf to all appeals ► **bronce de campana** bell metal ► **bronce de cañon** gunmetal ► **bronce dorado** ormolu
2 (= *latón*) brass
3 (*Mús*) brass instruments
4 (*Arte*) bronze, bronze statue
5 (= *moneda*) copper coin
6 (*LAm*) (= *campana*) bell

**bronceado** Ⓐ ADJ 1 [*persona, piel*] tanned, brown
2 (*color*) bronze, bronze coloured *o* (*EEUU*) colored
Ⓑ SM 1 [*de piel*] tan, suntan
2 (*Téc*) bronze finish

**bronceador** SM suntan lotion

**broncear** ▸conjug 1a◂ Ⓐ VT 1 [+ *piel*] to tan, bronze
2 (*Téc*) to bronze
Ⓑ **broncearse** VPR to get a tan, get a suntan

**broncería** SF (*Cono Sur*) ironmonger's (shop), ironmongery, hardware store (*EEUU*)

**bronco** ADJ 1 [*superficie*] rough, coarse
2 [*metal*] brittle
3 [*voz*] gruff, hoarse; (*Mús*) rasping, harsh
4 [*actitud, porte*] gruff, rude
5 [*caballo*] unbroken

**broncodilatador** SM bronchodilator

**bronconeumonía** SF bronchopneumonia

**broncopulmonar** ADJ broncho-pulmonary

**bronquedad** SF 1 [*de superficie*] roughness
2 [*de metal*] brittleness
3 [*de voz*] gruffness, harshness

**bronquial** ADJ bronchial

**bronquina*** SF = **bronca 1**

**bronquinoso*** ADJ (*Caribe*) quarrelsome, brawling

**bronquios** SMPL bronchial tubes; **estaba malo de los ~** he had a bad chest

**bronquítico/a** Ⓐ ADJ bronchitic
Ⓑ SM/F bronchitis sufferer

**bronquitis** SF INV bronchitis ► **bronquitis crónica** chronic bronchitis

**broquel** SM shield

**broquelarse** ▸conjug 1a◂ VPR to shield o.s.

**broquero** SM (*Méx*) brace

**broqueta** SF skewer

**brota** SF bud, shoot

**brotar** ▸conjug 1a◂ VI 1 (*Bot*) [*planta, semilla*] to sprout, bud; [*hoja*] to sprout, come out; [*flor*] to come out
2 [*agua*] to spring up; [*río*] to rise; [*lágrimas, sangre*] to well (up)
3 (= *aparecer*) to spring up; **han brotado sectas por todos sitios** sects have sprung up all over the place; **las protestas populares ~on de la crisis económica** popular protest sprang from the recession; **como princesa brotada de un cuento de hadas** (*liter*) like a princess out of a fairy tale
4 (*Med*) (= *epidemia*) to break out; (= *erupción, grano, espinilla*) to appear; **le ~on granos por toda la cara** spots appeared all over his face, he came out in spots all over his face

**brote** SM 1 (*Bot*) shoot ► **brotes de soja** bean sprouts, bean shoots

2 (= *aparición*) [*de rebelión*] outbreak; [*de enfermedad*] outbreak; **un ~ de violencia** an outbreak of violence; **un ~ de sarampión** an outbreak of measles
3 (= *erupción cutánea*) rash

**broza** SF 1 (*Bot*) dead leaves, brushwood
2 (*en discurso*) rubbish, trash, garbage (*EEUU*)
3 (= *brocha*) hard brush
4 (*Tip*) printer's brush

**brucelosis** SF INV brucellosis

**bruces** ADV **de ~** face down; **caer de ~** to fall flat on one's face; **estar de ~** to lie face downwards, lie flat on one's stomach

**bruja** Ⓐ ADJ **estar ~** (*Caribe, Méx*‡) to be broke*, be flat (*EEUU**); **ando bien ~**‡ I'm skint‡
Ⓑ SF 1 (= *hechicera*) witch
2 (*) (= *arpía*) old hag*; (*Méx*) woman
3 (*Caribe, Cono Sur*) (= *fantasma*) spook*, ghost; (= *puta*) whore
4 (*Orn*) barn owl

**Brujas** SF Bruges

**brujear** ▸conjug 1a◂ Ⓐ VT (*Caribe*) (*tb fig*) to stalk, pursue
Ⓑ VI 1 (= *hacer brujería*) to practise witchcraft
2 (*Caribe, Méx*) (= *ir de juerga*) to go on a spree

**brujería** SF 1 (= *hechizos*) witchcraft, sorcery, (black) magic
2 (*Caribe*) (= *pobreza*) poverty

**brujeril** ADJ witch-like

**brujo** Ⓐ ADJ enchanting
Ⓑ SM 1 (= *hechicero*) wizard, sorcerer
2 (*LAm*) shaman, medicine man*

**brújula** SF 1 (*Náut*) compass; ✦***MODISMO*** **perder la ~** to lose one's bearings ▸ **brújula de bolsillo** pocket compass
2 (= *mira*) guide, norm

**brujulear** ▸conjug 1a◂ Ⓐ VT 1 [+ *cartas*] to uncover (*gradually*)
2 (*) (= *adivinar*) to guess
3 (= *tratar de conseguir*) to intrigue for, try to wangle
Ⓑ VI (*) 1 to manage, get along, keep going
2 (*Andes, Caribe*) to go on the booze*, go on a bender‡

**brulote** SM 1 (*Chile*) rude word, dirty word
2 (*Cono Sur*) (= *escrito*) obscene letter

**bruma** SF (= *niebla*) mist, fog; (*en el mar*) sea mist ▸ **bruma del alba** morning mist

**brumoso** ADJ misty, foggy

**bruno** ADJ dark brown

**bruñido** Ⓐ ADJ polished, burnished
Ⓑ SM 1 (= *acto*) polish, polishing ▸ **bruñido de zapato** shoeshine
2 (= *brillo*) shine, gloss

**bruñidor(a)** SM/F polisher, burnisher

**bruñir** ▸conjug 3h◂ Ⓐ VT 1 (= *sacar brillo a*) [+ *metal, mármol*] to polish, burnish
2 (= *maquillar*) to make up (*with cosmetics*)
3 (*CAm*) (= *molestar*) to pester
Ⓑ **bruñirse** VPR to make up, make o.s. up

**bruscamente** ADV 1 (= *repentinamente*) suddenly, brusquely, sharply
2 (= *rudamente*) sharply, abruptly

**brusco** Ⓐ ADJ 1 (= *repentino*) [*descenso, curva, declive*] sharp; [*movimiento*] sudden; [*cambio*] abrupt, sudden
2 (= *grosero*) [*actitud, porte*] curt, brusque; [*comentario*] rude
Ⓑ SM (*Bot*) butcher's broom

**Bruselas** SF Brussels

**bruselas** SFPL tweezers; **unas ~** a pair of tweezers

**bruselense** Ⓐ ADJ of/from Brussels
Ⓑ SMF native/inhabitant of Brussels; **los ~s** the people of Brussels

**brusquedad** SF 1 (= *cambio repentino*) suddenness
2 (= *rudeza*) brusqueness, abruptness; **hablar con ~** to speak sharply

**brutal** ADJ 1 (= *salvaje*) brutal
2 (*) (= *genial*) terrific*
3 (*CAm*) (= *asombroso*) incredible, amazing

**brutalidad** SF 1 (= *cualidad*) brutality
2 (= *acción*) **una ~** an act of brutality
3 (= *estupidez*) stupidity
4 (*) **me gusta una ~** I think it's great, I love it

**brutalizar** ▸conjug 1f◂ Ⓐ VT (= *tratar mal*) [+ *persona, animal*] to brutalize, treat brutally; [+ *mujer*] to rape
Ⓑ **brutalizarse** VPR to become brutalized

**brutalmente** ADV brutally

**bruteza** SF 1 (= *brutalidad*) brutality
2 (= *tosquedad*) coarseness, roughness

**Bruto** SM Brutus

**bruto/a** Ⓐ ADJ 1 (= *salvaje*) brutish; **¡no seas ~!** don't be so rough!
2 (= *estúpido*) stupid, ignorant; **¡no seas ~!** don't be an idiot!; **es muy ~** he's pretty thick*
3 (= *inculto*) uncouth
4 (= *sin alterar*) [*materias*] raw; [*medidas*] gross; **en ~** [*superficie, terreno*] rough; [*diamantes*] uncut; **hierro en ~** crude iron, pig iron; **peso ~** gross weight; **petróleo ~** crude oil; **producto ~** gross product; **salario ~** gross salary; **a lo ~** roughly, crudely; ✦***MODISMO*** **más ~ que un adoquín** as dumb as an ox
5 **pegar a algn en ~** (*Caribe*) to beat sb mercilessly
6 (*Cono Sur*) (= *de mala calidad*) poor-quality, inferior
Ⓑ SM (*animal*) brute, beast
Ⓒ SM/F 1 (= *salvaje*) brute, boor; **¡bruto!** you beast!
2 (= *idiota*) idiot

**bruza** SF 1 (= *cepillo*) coarse brush; (*para caballos*) horse brush
2 (*Tip*) printer's brush

**Bs.As.** ABR (= **Buenos Aires**) BA

**Bto./a.** ABR (*Rel*) = **Beato/a**

**bto.** ABR (= **bruto**) gr

**bu*** SM bogeyman; **hacer el bu a algn** to scare sb

**búa** SF pimple

**buba** SF, **bubón** SM (= *inflamación*) bubo

**bubónico** ADJ **peste bubónica** bubonic plague

**bubute** SM (*Caribe*) beetle

**bucal** ADJ [*higiene*] oral; **por vía ~** orally, by mouth

**bucanero** SM buccaneer

**bucarán** SM buckram

**búcaro** SM 1 (= *jarrón*) vase
2 (= *arcilla*) clay, fragrant clay

**buccino** SM whelk

**buceador(a)** SM/F diver

**bucear** ▸conjug 1a◂ VI 1 (= *nadar bajo el agua*) to swim under water; (= *sumergirse*) to dive
2 (= *investigar*) to explore, look below the surface

**buceo** SM diving ▸ **buceo de saturación** saturation diving

**buchaca** SF (*CAm, Caribe*) (= *bolso*) saddlebag; (*Billar*) pocket

**buchada** SF mouthful (*of liquid*)

**buchante**‡ SM shot

**buche** SM 1 (= *estómago*) (*Orn*) crop; (*Zool*) maw; (*liter*) belly; ✦***MODISMOS*** **guardar algo en el ~** to keep sth very quiet; **llenar el ~*** to fill one's belly; **sacar el ~*** to show off; **sacar el ~ a algn*** to make sb talk
2 (= *trago*) mouthful; (*Andes*) shot, slug (*EEUU*) (*of drink*); **hacer ~s con algo** to rinse one's mouth out with sth
3 (*Cos*) (= *bolsa*) bag; (= *arruga*) wrinkle, pucker; **hacer ~** to be baggy, wrinkle up
4 (*LAm Med*) (= *bocio*) goitre, goiter (*EEUU*); (= *paperas*) mumps
5 (*Andes*) (= *chistera*) top hat
6 (*Caribe*) (= *tonto*) fool, idiot

**buchí** SM (*CAm*) rustic, peasant

**buchinche** SM (*Caribe*) (= *casa*) hovel; (= *tienda*) pokey little shop

**bucle** SM 1 [*de pelo*] curl, ringlet
2 (= *curva*) curve, bend; (*Aer, Inform*) loop ▸ **bucles anidados** nested loops

**bucodental** ADJ [*salud, higiene*] oral; [*tratamiento, clínica*] dental

**bucólica** SF 1 (*Literat*) bucolic poem, pastoral poem
2 (*) meal

**bucólico** ADJ bucolic, pastoral

**Buda** SM Buddha

**budín** SM 1 (= *dulce*) pudding; (*LAm*) (= *pastel*) cake; **~ de pescado** fish pie
2 (*) (= *persona*) **esa chica es un ~** that girl's a peach *o* a smasher*

**budismo** SM Buddhism

**budista** ADJ, SMF Buddhist

**budleia** SF buddleia

**buen** ADJ *ver* **bueno**

**buenamente** ADV 1 (= *fácilmente*) easily, without difficulty
2 (= *de buena gana*) willingly

**buenamoza** SF (*Andes euf*) jaundice

**buenaventura** SF 1 (= *suerte*) good luck, good fortune
2 (= *adivinación*) fortune; **decir** *o* **echar la ~ a algn** to tell sb's fortune

**buenazo/a** Ⓐ ADJ (= *buena persona*) kindly, good-natured; (= *sufrido*) long-suffering
Ⓑ SM/F good-natured person; **el ~ de Marcos** good old Marcos; **ser un ~** to be kindhearted, be soft (*pey*)

**buenmozo** ADJ (*Cono Sur*) good-looking, handsome

**bueno/a** Ⓐ ADJ (*before sm sing* **buen**) 1 (*gen*) good; [*tiempo*] fine, good, fair; **es un buen libro** it's a good book; **está muy ~ este bizcocho** this sponge cake is lovely *o* really good; **tiene buena voz** she has a good voice; **les gusta la buena vida** they like the good life; **es buen traductor** he's a good translator; **hace buen tiempo** the weather's fine *o* good *o* fair; **los ~s tiempos** the good old days; **la mano buena** (*hum*) the right hand;

**¡~ está!** (*LAm*) that's enough!; **¡qué ~!** (*esp LAm*) excellent!, great!; **lo ~ es que ...** the best thing is that ..., the best part is that ...; **lo ~ fue que ni siquiera quiso venir** the best thing *o* part was that he didn't even want to come; ✦***REFRÁN*** **lo ~, si breve, dos veces ~** brevity is the soul of wit

[2] (= *bondadoso*) [*persona*] kind, good; **fue muy ~ conmigo** he was very kind *o* good to me; **es usted muy ~** you are very kind; **sé ~** be good; **es buena persona** he's a nice person, he's a good sort; ✦***MODISMO*** **es más ~ que el pan** he's a good soul

[3] (= *apropiado*) good; **éste es un buen momento para comprar** this is a good time to buy; **no es ~ que esté solo** it's not good for him to be alone; **ser ~ para** to be good for; **esta bebida es buena para la salud** this drink is good for your health

[4] (*de salud*) **estar ~** to be well; **ponerse ~** to get better

[5] (*) (= *atractivo*) **está muy ~** he's a bit of all right*, he's gorgeous*

[6] (= *considerable*) good, large; **un buen número de ...** a good *o* large number of ...; **una buena cantidad de dinero** a large amount of money; **un buen trozo de ...** a nice big piece of ...; **le eché un buen rapapolvo** I gave him a good telling-off; **le di un buen susto** I gave him a real fright; **ganó ~s duros** she earned a good deal of money

[7] (*iró*) **¡buen conductor!** a fine driver you are!, some driver you are!; **¡ésa sí que es buena!** that's a good one!; **¡buena la has liado** *o* **hecho!** you've really gone and done it now!; **¡en buen lío me he metido!** I've got myself into a fine mess!; **¡estaría ~!*** I should hope not!; **estaría ~ que ...** it would be just great if ...; **luego verás lo que es ~*** then you'll see; **le pusieron ~*** (= *lo pegaron*) they beat the living daylights out of him*; (= *lo criticaron*) they slagged him off*; **le dio un tortazo de los ~s** he gave him a hell of a thump*

[8] (*en saludos*) **¡buenas!** hello!; **~s días** good morning; **buenas tardes** (*a primera hora*) good afternoon; (*más tarde*) good evening; **¿qué hay de ~?** what's new?

[9] ✦***MODISMOS*** **estar de buenas** to be in a good mood; **estar en la buena** (*Andes*) (*de buen humor*) to be in a good mood; (= *tener suerte*) to be in luck; **hacer algo a la buena de Dios** to do sth any-old-how; **por las buenas**: **resolver algo por las buenas** to settle sth amicably; **irás por las buenas o por las malas** you'll go whether you like it or not; **si no me obedeces por las buenas, tendrás que hacerlo por las malas** you can either do as I say willingly, or I'll have to force you to do it; **de buenas a primeras** suddenly, without warning; **decir una noticia a algn de buenas a primeras** to spring a piece of news on sb

Ⓑ ADV **¡bueno!** all right!, O.K.!; (*Méx Telec*) hello!; **~, pues ...** well ...; **~, resulta que ...** well, it so happens that ...; **~, ¿y qué?** well, so what?, well?; **¡pero ~, cómo puedes ser tan bruto!** honestly, how can you be so stupid!; **pero ~, no nos vamos a meter en historias** but anyway, let's not go into this

Ⓒ SM/F [1] **el ~** [*de la película*] the goody*, the good guy*

[2] **el ~ de Manolo** good old Manolo

**buenón*** ADJ nice-looking, good-looking

**Buenos Aires** SM Buenos Aires

**buey** SM [1] (*Zool*) ox ► **buey almizclado** musk ox ► **buey corneta** (*Andes, Cono Sur*) one-horned ox; (*fig*) (= *entrometido*) busybody, nosey-parker*; ✦***MODISMO*** **nunca falta un ~ corneta** (*Andes, Cono Sur*) there's always someone who can't keep his mouth shut ► **buey de Francia** crab ► **buey de mar** *variety of crab or crawfish* ► **buey marino** manatee ► **buey muerto** (*Caribe*) bargain

[2] ✦***MODISMOS*** **como ~es** enormous; **chinches como ~es** bedbugs the size of elephants, enormous bedbugs; **cuando vuelen los ~es** when pigs fly; **hablar de ~es perdidos** (*Cono Sur*) to waste one's breath; **pegar ~es** (*CAm*) to go to sleep; **poner los ~es antes que el carro** to put the cart before the horse; **saber con los ~es que ara** (*Caribe*) to know who your friends are; **sacar el ~ de la barranca** (*Méx*) to bring it off; **ser un ~ para algo**: **es un ~ para el trabajo** he's a tremendous worker; **~ suelto** free agent; (= *soltero*) bachelor

[3] (*LAm*) (= *cornudo*) cuckold

[4] (*Caribe*) (= *dineral*) big sum of money

**bueyada** SF (*LAm*) drove of oxen

**bufa*** Ⓐ ADJ (*Caribe, Méx*) tight*, drunk

Ⓑ SF [1] (= *broma*) joke, piece of clowning

[2] (*Caribe*) (= *embriaguez*) drunkenness

**búfalo** Ⓐ ADJ (*Caribe**) great*, fantastic*

Ⓑ SM buffalo

**bufanda** SF [1] (= *prenda*) scarf

[2] (‡) (= *soborno*) sweetener*, back-hander*

[3] (= *gaje*) perk*

**bufar** ▸conjug 1a◂ Ⓐ VI [*toro*] to snort; [*gato*] to spit; **está que bufa** he's furious; **~ de ira** to snort with rage

Ⓑ **bufarse** VPR (*Méx*) [*pared*] to bulge

**bufarrón*** SM (*Cono Sur*) pederast, child molester

**bufé** SM (*pl* **bufés**) = **bufet**

**bufeo** SM (*CAm, Caribe, Méx*) (= *atún*) tunny; (= *delfín*) dolphin

**bufet** [bu'fe] SM (*pl* **bufets**) [1] (= *comida*) (= *cena*) buffet supper, cold supper; (= *almuerzo*) buffet lunch ► **bufet libre** fixed buffet, set-price buffet; **"bufet libre: 10 euros"** "eat as much as you like for 10 euros"

[2] (= *comedor*) [*de hotel*] dining room

[3] (= *restorán*) restaurant

[4] (= *mueble*) sideboard

**bufete** SM [1] (= *mesa*) desk

[2] [*de abogado*] (= *oficina*) lawyer's office; (= *negocio*) legal practice; **establecer su ~** to set up in legal practice

[3] (*Culin*) = **bufet 1**

**buffer** SM (*Inform*) buffer

**buffet** [bu'fe] SM (*pl* **buffets**) = **bufet 1**

**bufido** SM snort

**bufo** Ⓐ ADJ [1] (= *cómico*) comic, farcical; **ópera bufa** comic opera

[2] (*Caribe*) spongy

Ⓑ SM [1] (= *payaso*) clown, funny man; (*Mús*) buffo

[2] (*Cono Sur‡*) (= *homosexual*) queer (‡), fag (*EEUU‡*)

**bufón** Ⓐ ADJ funny, comical

Ⓑ SM [1] (= *payaso*) clown

[2] (*Hist*) jester

**bufonada** SF [1] (= *comentario*) jest; (= *acto*) piece of buffoonery

[2] (*Teat*) farce

**bufonear** ▸conjug 1a◂ VI, **bufonearse** VPR [1] (= *bromear*) to joke, jest

[2] (= *payasear*) to clown, play the fool

**bufonesco** ADJ [1] (= *gracioso*) funny, comical

[2] (= *de payaso*) clownish

**bufoso*** SM (*Arg*) gun, shooter*

**buga*** SM [1] (*Aut*) car, wheels* *pl*

[2] (= *persona*) straight person*, heterosexual

**buganvilla** SF bougainvillea

**bugle** SM bugle

**bugui-bugui** SM boogie-woogie

**buhardilla** SF, **buharda** SF [1] (= *desván*) loft

[2] (= *ventana*) dormer window, dormer (*EEUU*)

**búho** SM [1] (*Orn*) owl, long-eared owl ► **búho real** eagle owl

[2] (= *persona*) unsociable person, recluse

**buhonería** SF [1] (= *acto*) peddling, hawking

[2] (= *mercancías*) pedlar's wares *pl*, hawker's wares *pl*

**buhonero** SM pedlar, ped(d)ler (*EEUU*), hawker

**buido** ADJ [1] (= *puntiagudo*) sharp, pointed

[2] (= *estriado*) fluted, grooved

**buitre** Ⓐ SM (*Orn*) vulture ► **buitre alimoche** Egyptian vulture ► **buitre leonado** Griffon vulture

Ⓑ SMF (*) (= *persona gorrona*) scrounger*

**buitrear** ▸conjug 1a◂ Ⓐ VT [1] (*) (= *gorronear*) to scrounge*

[2] (*LAm*) (= *matar*) to kill

[3] (*Andes, Cono Sur**) (= *vomitar*) to throw up, vomit

Ⓑ VI (*Andes, Cono Sur*) to be sick, vomit

**buitrón** SM fish trap

**buja** SF (*Méx Aut*) axle box

**bujarra‡** SM, **bujarrón‡** SM queer‡, fag (*EEUU‡*)

**buje** SM axle box, bushing

**bujería** SF trinket, knick-knack

**bujero‡** SM hole

**bujía** SF [1] (*Aut*) spark plug

[2] (*Elec*) candle power

[3] (†) (= *vela*) candle; (= *candelero*) candlestick

[4] (*CAm*) (= *bombilla*) light bulb

**bula** SF (*Rel*) bull; ✦***MODISMOS*** **no poder con la ~*** to have no strength left for anything; **no me vale la ~ de Meco** I'm done for

**bulbiforme** ADJ bulbiform

**bulbo** SM [1] (*Anat, Bot, Med*) bulb

[2] (*Méx*) valve, tube (*EEUU*)

[3] (*Cono Sur Elec*) bulb

**bulboso** ADJ bulbous

**buldog** [bul'dog] SM (*pl* **buldogs**) bulldog

**bule** SM (*Méx Bot*) gourd, squash (*EEUU*); (= *cántaro*) water pitcher; ✦***MODISMO*** **llenarse hasta los ~s** to stuff o.s.*; ✦***REFRÁN*** **el que nace para ~ hasta jícara no para** you can't escape your destiny

**bulerías** SFPL *Andalusian song accompanied with clapping and dancing*

**bulevar** SM boulevard, avenue

**Bulgaria** SF Bulgaria

**búlgaro/a** Ⓐ ADJ, SM/F Bulgarian

Ⓑ SM (*Ling*) Bulgarian

**bulimia** SF bulimia, binge-eating syndrome (*EEUU*)

**bulín** SM (*Cono Sur*) [1] [*de soltero*] bachelor flat
[2] (= *burdel*) room (*used for sexual encounters*)

**bulla** SF [1] (= *bullicio*) row, racket; **armar** *o* **meter ~** to make a row, make a racket*
[2] (= *bronca*) quarrel, brawl; **meter algo a ~** to throw sth into confusion
[3] (= *prisa*) hurry; **tengo mucha ~** I'm in a real hurry; **métele ~** hurry him up along
[4] (= *muchedumbre*) crowd, mob
[5] **ser el hombre de la ~** (*Caribe*) to be the man of the moment

**bullabesa** SF fish soup, bouillabaisse

**bullaje** SM noisy crowd, mob

**bullanga** SF disturbance, riot

**bullanguero/a** Ⓐ ADJ riotous, rowdy
Ⓑ SM/F [1] (= *persona ruidosa*) noisy person
[2] (= *alborotador*) troublemaker

**bullaranga** SF (*LAm*) [1] (= *bullicio*) noise, row
[2] (= *disturbio*) riot

**bullarengue‡** SM bottom, woman's bottom

**bulldog** SM (*Zool*) bulldog

**bulldozer** [bul'doθer] SM (*pl* **bulldozers** [bul'doθer]) bulldozer

**bullebulle*** SMF (= *entrometido*) busybody; (= *intranquilo*) fusspot, fussbudget (*EEUU**)

**bullero** ADJ (*LAm*) = **bullicioso**

**bullicio** SM [1] (= *ruido*) din, hubbub
[2] (= *actividad*) activity, bustle
[3] (= *confusión*) confusion
[4] (= *disturbio*) disturbance

**bulliciosamente** ADV [1] (= *ruidosamente*) [*protestar*] noisily; [*jugar*] boisterously
[2] (= *con gran actividad*) busily

**bullicioso** ADJ [1] (= *ruidoso*) [*lugar*] noisy; [*niño*] boisterous
[2] (= *con actividad*) busy, bustling

**bullir** ▸conjug 3h◂ Ⓐ VI [1] [*agua*] (= *hervir*) to boil; (= *agitarse*) to bubble (up); **el agua bullía ligeramente** the water bubbled gently; *ver tb* **sangre A2**
[2] (= *moverse*) to move, stir; **no bullía** he didn't move, he never stirred; **Londres está que bulle de juventud** London is bursting with young people; **la ciudad bullía de actividad** the town was humming with activity; **bullía de indignación** he was seething with indignation
[3] [*insectos*] to swarm
Ⓑ VT to move, stir; **no bulló pie ni mano** he did not lift a finger
Ⓒ **bullirse** VPR to move, stir

**bulo** SM hoax

**bulón** SM bolt

**bulto** SM [1] (= *abultamiento*) bulge; **se le notaba un ~ debajo de la chaqueta** you could see a shape *o* bulge under his jacket; ✦*MODISMOS* **buscar el ~ a algn*** to provoke *o* push sb; **menear el ~ a algn*** to thrash sb
[2] (= *silueta*) shape; **vimos un ~ moviéndose entre los árboles** we saw a shape moving in the trees; **sin gafas sólo distingo los ~s** without glasses I can only make out shapes; **ir al ~** (*Taur*) to go for the body; (*Ftbl*) to go for the man
[3] (= *volumen*) space, room; **no ocupa** *o* **hace ~** it doesn't take up any space *o* room; **he comprado regalos que ocupen poco ~** I've bought presents that won't take up much space *o* that are not too bulky; **error de ~** glaring error; **de mucho ~** (*lit*) bulky; (*fig*) important; **de poco ~** (*lit*) small; (*fig*) unimportant; **llevaba dos bolsas de poco ~** she carried two small bags; **no discutamos por cosas de poco ~** let's not argue about unimportant things; ✦*MODISMOS* **a ~** at a rough guess; **así, a ~, debe de haber unas mil botellas** at a rough guess there must be about a thousand bottles; **calcular algo a ~** to work sth out roughly, make a rough estimate of sth; **decir algo a ~**: **di algo a ~** just have a guess; **escurrir el ~*** (= *desaparecer*) to duck out*; (= *cambiar de tema*) to dodge the issue*; **ir de ~** ◊ **hacer ~** to swell the number(s), make up the number(s); **allí sólo estábamos para hacer ~** we were only there to make up *o* swell the numbers; **no hay que hacer nada, sólo ir de ~** we don't have to do anything, we just have to be there *o* to go along
[4] (= *paquete*) [*de compra*] bag; [*de ropa, papel*] bundle; [*de equipaje*] piece of luggage *o* (*EEUU*) baggage; **vino cargado de ~s del supermercado** he arrived laden with bags from the supermarket; **el camión trajo todos los ~s pesados** the truck brought all the heavy loads; **pon los ~s en el maletero** put the luggage in the boot, put the baggage in the trunk (*EEUU*) ► **bulto de mano** item of hand luggage
[5] (*Med*) (= *quiste*) lump; (= *chichón*) bump; **le salió un ~ en el cuello** he got a lump on his neck; **del golpe me salió un ~ en la frente** I got a bump on my forehead when I hit myself
[6] (= *estatua*) statue
[7] (*Mil‡*) squaddie*, recruit
[8] (*Ven*) [*de escolar*] satchel, bag

**bululú*** SM (*Ven*) excitement, fuss

**bumerán** SM boomerang

**bumerang** [bume'ran] SM (*pl* **bumerangs** [bume'ran]) boomerang

**bunga** SF (*Caribe*) lie

**bungalow** ['boŋgalo, buŋga'lo] SM (*pl* **bungalows** ['boŋgalo, buŋga'lo]) bungalow

**bungee** ['banji] SM bungee jumping

**bungo** SM (*CAm*) = **bongo**

**buniato** SM = **boniato**

**bunjo** SM **hacer ~** (*Caribe*) to hit the jackpot

**búnker** ['buŋker] SM (*pl* **búnkers** ['buŋker]) [1] (*Mil*) bunker
[2] (*Golf*) bunker, sand trap (*EEUU*)
[3] (*Pol*) reactionary clique, reactionary core

**búnquer** SM = **búnker**

**buñolería** SF [1] (= *panadería*) *bakery where "buñuelos" are made*
[2] (= *tienda*) *shop where "buñuelos" are sold*

**buñuelo** SM [1] (*Culin*) fritter, ≈ doughnut, ≈ donut (*EEUU*)
[2] (*) (= *chapuza*) botched job, mess

**BUP** SM ABR (*Esp Escol*) (= **Bachillerato Unificado y Polivalente**) *former secondary-school certificate and course for 14-17 age group*

**buque** SM [1] (= *barco*) ship, boat; **ir en ~** to go by ship, go by sea ► **buque almirante** flagship ► **buque anfibio** amphibious craft ► **buque carguero** freighter ► **buque cisterna** tanker ► **buque correo** mailboat ► **buque costero** coaster ► **buque de abastecimiento** supply ship ► **buque de carga** freighter ► **buque de desembarco** landing craft ► **buque de guerra** warship; (*Hist*) man-of-war ► **buque de línea** liner; (*Hist*) ship of the line ► **buque de pasajeros** passenger ship ► **buque de ruedas** paddle-steamer ► **buque de vapor** steamer, steamship ► **buque de vela** sailing ship ► **buque escolta** escort vessel ► **buque escuela** training ship ► **buque espía** spy ship ► **buque factoría** factory ship ► **buque fanal**, **buque faro** lightship ► **buque granelero** bulk-carrier ► **buque hospital** hospital ship ► **buque insignia** flagship ► **buque mercante** merchantman, merchant ship ► **buque minador** minelayer ► **buque nodriza** mother ship ► **buque portacontenedores** container ship ► **buque portatrén** train ferry ► **buque velero** sailing ship
[2] (= *cabida*) capacity
[3] (= *casco*) hull

**buqué** SM bouquet (*of wine*)

**buraco** SM (*Cono Sur*) hole

**burata‡** SF (*Caribe*) cash, dough‡

**burbuja** SF bubble; **un refresco sin ~s** a still drink; **un refresco con ~s** a fizzy drink; **hacer ~s** [*persona*] to blow bubbles; [*gaseosa*] to fizz

**burbujeante** ADJ bubbly, fizzy

**burbujear** ▸conjug 1a◂ VI [*agua hirviendo*] to bubble; [*champán, gaseosa*] to fizz

**burbujeo** SM bubbling

**burda‡** SF door

**burdégano** SM hinny

**burdel** SM brothel

**Burdeos** SM Bordeaux

**burdeos** Ⓐ ADJ INV maroon, dark red
Ⓑ SM INV (*tb* **vino de ~**) claret, Bordeaux, Bordeaux wine

**burdo** ADJ [1] [*persona*] coarse, rough
[2] [*excusa, mentira*] clumsy

**burear*** ▸conjug 1a◂ (*Andes*) Ⓐ VT to con*, trick
Ⓑ VI to go out on the town*

**bureo*** SM [1] (= *diversión*) entertainment, amusement; **ir de ~** to go out on the town*
[2] (= *paseo*) stroll; **darse un ~** to go for a stroll

**bureta** SF burette

**burgalés/esa** Ⓐ ADJ of/from Burgos
Ⓑ SM/F native/inhabitant of Burgos; **los burgaleses** the people of Burgos

**burgo** SM hamlet

**burgomaestre** SM burgomaster

**burgués/esa** Ⓐ ADJ [1] (= *de clase media*) middle-class; **pequeño ~** lower middle-class
[2] (*Pol pey*) bourgeois
[3] (= *de la ciudad*) town *antes de s*
Ⓑ SM/F [1] (*de clase media*) middle-class person; (*Pol pey*) bourgeois; **pequeño ~** lower middle-class person; (*Pol pey*) petit bourgeois
[2] (= *ciudadano*) townsman/townswoman

**burguesía** SF middle-class, bourgeoisie; **alta ~** upper middle class; **pequeña ~** lower middle class; (*Pol pey*) petit bourgeoisie

**buril** SM burin, engraver's chisel

**burilar** ▸conjug 1a◂ VT to engrave

**burla** SF [1] (= *mofa*) gibe, taunt; **hacer ~ de algn** to make fun of sb, mock sb; **hace ~ de todo** he makes fun of *o* mocks everything
[2] (= *broma*) joke; **fue una ~ cruel** it was a cruel trick
[3] **burlas** joking *sing*, fun *sing*; **de ~s** in fun, tongue in cheek; **gastar ~s con algn** to make fun of sb; **entre ~s y veras** half-joking(ly)

**burladero** SM 1 (*Taur*) covert (*barrier behind which the bullfighter protects himself from the bull*)
2 (*Aut*) traffic island; (*en túnel*) recess

**burlador(a)** Ⓐ ADJ mocking
Ⓑ SM/F 1 (= *cínico*) mocker
2 (= *bromista*) practical joker
Ⓒ SM (†) Don Juan

**burlar** ▸conjug 1a◂ Ⓐ VT 1 (= *engañar*) [+ *persona*] to deceive, trick; [+ *enemigo*] to outwit; [+ *vigilancia*] to defeat; [+ *bloqueo*] to run
2 (= *frustrar*) [+ *ambición, plan*] to thwart, frustrate; [+ *esperanzas*] to ruin, frustrate
3 (= *seducir*) to seduce
4 (*) (= *saber usar*) to know how to use, be able to handle; **ya burla la moto** she can handle the bike now*
Ⓑ **burlarse** VPR 1 (= *bromear*) to joke, banter; **yo no me burlo** I'm serious, I'm not joking
2 **~se de algn** to mock sb, make fun of sb

**burlería** SF 1 (= *mofa*) mockery
2 (= *engaño*) trick, deceit
3 (= *cuento*) tall story, fairy tale
4 (= *bromas*) fun

**burlesco** ADJ 1 (= *cómico*) funny, comic
2 (*Literat*) burlesque

**burlete** SM draught excluder, weather strip (*EEUU*)

**burlisto** ADJ (*Cono Sur, CAm, Méx*) = **burlón A**

**burlón/ona** Ⓐ ADJ (= *bromista*) [*persona*] mocking, teasing; [*risa, voz*] sardonic; **dijo ~** he said teasingly
Ⓑ SM/F 1 (= *bromista*) joker
2 (= *mofador*) mocker, scoffer
Ⓒ SM (*Méx**) mockingbird

**buró** SM 1 (= *escritorio*) bureau, (roll-top) desk
2 ► **buró político** (*Pol*) executive committee
3 (*Méx*) (= *mesita de noche*) bedside table, night stand *o* table (*EEUU*)

**burocracia** SF bureaucracy

**burócrata** SMF 1 (*pey*) bureaucrat
2 (= *funcionario*) civil servant, administrative official, public official

**burocrático** ADJ 1 (*pey*) bureaucratic
2 (= *de los funcionarios*) official, civil service *antes de s*

**burocratizar** ▸conjug 1f◂ VT to bureaucratize

**buromática** SF, **burótica** SF office automation, office computerization

**burra** SF 1 (*Zool*) donkey, she-donkey; *ver tb* **burro B3**
2 (*Esp**) (= *bicicleta*) bike

**burrada** SF 1 (= *tontería*) stupid thing; **decir ~s** to talk nonsense; **hacer ~s** to do stupid things; **no hagas ~s con el coche** don't do anything stupid with the car
2 (*) (= *mucho*) **me gusta una ~** I like it a lot; **sabe una ~** he knows a hell of a lot*; **una ~ de cosas** a whole heap of things, loads of things*

**burrajo** ADJ (*Méx*) vulgar, rude

**burrear:** ▸conjug 1a◂ VT 1 (= *robar*) to rip off:
2 (= *engañar*) to con*

**burrero/a** Ⓐ ADJ (*Cono Sur hum*) horse-loving, race-going
Ⓑ SM/F 1 (*Méx*) mule driver, donkey driver
2 (*Caribe*) (= *malhablado*) coarse person, foul-mouthed person
3 (*Cono Sur hum*) horse-lover
Ⓒ SM (*CAm*) (= *burros*) *large herd of donkeys*

**burricie*** SF stupidity

**burro** Ⓐ ADJ 1 (*) (= *estúpido*) stupid; **¡qué ~! ¡no sabe la capital de Italia!** what a fool *o* moron*, he doesn't know the capital of Italy!
2 (= *bruto*) **¡deja de empujar, no seas ~!** stop pushing, you great oaf *o* you big brute!*; **¡el muy ~ se comió el pastel entero!** he ate the whole cake, the pig!*
3 (= *obstinado*) pig-headed*; **ponerse ~** to dig one's heels in, be pigheaded*
Ⓑ SM 1 (*Zool*) donkey; (*Cono Sur hum*) racehorse; (= *perdedor en carrera*) also-ran; **salto de ~** (*Méx*) leapfrog; ✦*MODISMOS* **apearse** *o* **bajar(se) del ~*** to back down; **a pesar de las críticas, el gobierno no se apea** *o* **baja del ~** in spite of the criticism, the government refuses to back down; **¡el niño no se apea** *o* **baja del ~!** this kid doesn't know when he's beaten!; **bajar del ~ a algn** to take sb down a peg (or two)*, put sb in his/her place*; **caer ~s aparejados** (*Caribe**) to rain cats and dogs; **caerse del ~*** to admit defeat; **es un ~ cargado de letras** he's a pompous ass*; **comer ~**: **esto comió ~** (*Cono Sur**) it got lost, it vanished; **el ~ grande, ande o no ande*** never mind the quality, feel the width*; **no ver tres en un ~***: **sin gafas no veo tres en un ~** without my glasses I'm as blind as a bat*; **en el bosque no se veía tres en un ~** in the wood you couldn't see your hand in front of your face*; **poner a algn a caer de un ~*** to savage sb, tear sb to shreds; **ver ~s negros** (*Cono Sur**) to see stars; **si los ~s volaran** pigs might fly; **si los ~s volaran, todos nos haríamos ricos con ese negocio** this business could make us rich, and pigs might fly ► **burro de agua** (*Caribe, Méx*) big wave ► **burro de carga**: **trata a su empleados como ~s de carga** he treats his workers like slaves
2 (*) (= *estúpido*) fool, moron*; **¡burro!, tres y dos son cinco** you fool *o* moron*, three plus two makes five!
3 (*) (= *bruto*) **eres un ~, lo has roto** you're so rough you've gone and broken it; **el ~ de Juan seguía pegándole** that brute Juan kept on hitting him; **el ~ de Antonio se comió su plato y el mío** that pig Antonio ate all his own dinner and mine too*; ✦*MODISMO* **trabaja como un burro** he works like a slave, he works all the hours God sends*
4 (= *obstinado*) stubborn fool; **es un ~ y no lo vas a convencer** he's so pig-headed* *o* stubborn you'll never persuade him
5 (*Naipes*) ≈ old maid
6 (*Téc*) sawhorse, sawbuck (*EEUU*)
7 (*Méx*) (= *escalera*) stepladder
8 (*Andes, Caribe*) (= *columpio*) swing

**burrumazo*** SM (*Caribe*) blow, thump

**bursátil** ADJ stock-exchange *antes de s*, stock-market *antes de s*; **crisis ~** stock-market crisis; **desplome ~** stock-market crash

**bursitis** SF INV bursitis

**burucuyá** SF (*Arg, Par*) passionflower

**burujaca** SF (*LAm*) saddlebag

**burujo** SM = **borujo**

**burundanga** SF (*Cuba*) 1 (= *objeto sin valor*) piece of junk; **es ~** it's just a piece of junk; **de ~** worthless
2 (= *lío*) mess, mix-up

**burusca** SF (*CAm*) kindling

**bus** SM 1 (= *autobús*) bus, coach
2 (*Inform*) bus ► **bus de expansión** expansion bus ► **bus de memoria** memory bus

**busa:** SF **tener ~** (*Esp*) to feel hungry

**busaca** SF 1 (*Andes, Caribe*) saddlebag
2 (*Caribe*) satchel

**busca** Ⓐ SF search; **la niebla dificultaba la ~** the search was hampered by fog; **están analizando la muestra a la ~ de impurezas** they are analyzing the sample in search of impurities *o* to search for impurities; **en ~ de** in search of; **salieron en ~ del niño desaparecido** they set off in search of the missing child; **empezó a llamar por teléfono a todas partes en mi ~** he began phoning around everywhere to try and find me; **se marcharon en ~ de fortuna** they went off to seek their fortune ► **busca y captura**: **el juez dictó orden de ~ y captura del fugitivo** the judge ordered the fugitive's (immediate) capture; **estar en ~ y captura** to be wanted, be on the run*
Ⓑ SM (*Esp*) (= *mensáfono*) bleeper*, pager

**buscabullas*** SMF (*Caribe, Méx*) troublemaker

**buscada** SF = **busca A**

**buscador(a)** Ⓐ SM/F (= *persona*) ► **buscador(a) de agua** water-diviner ► **buscador(a) de diamantes** diamond prospector ► **buscador(a) de fortuna** fortune-seeker ► **buscador(a) de oro** gold prospector ► **buscador(a) de setas** mushroom-gatherer ► **buscador(a) de talentos** talent spotter, talent scout ► **buscador(a) de tesoros** treasure hunter
Ⓑ SM 1 (*Internet*) search engine
2 (= *mecanismo*) scanner

**buscaniguas** SM INV (*Andes, CAm*) squib, cracker

**buscapersonas** SM INV = **busca B**

**buscapié** SM hint

**buscapiés** SM INV jumping jack, firecracker (*EEUU*)

**buscapleitos** SMF INV (*LAm*) troublemaker

**buscar** ▸conjug 1g◂ Ⓐ VT 1 (= *tratar de encontrar*) 1·1 [+ *persona, objeto perdido, trabajo*] to look for; **estuvieron buscando a los montañeros** they were searching for *o* looking for the mountaineers; **llevo meses buscando trabajo** I've been job-hunting for months, I've been looking for a job for months; **el ejército busca a un comando enemigo** the army is searching for *o* looking for an enemy commando unit; **el terrorista más buscado del país** the most wanted terrorist in the country; **"se busca piso"** "flat wanted"; **"chico busca chica"** "boy seeks girl"; **el acomodador me buscó un asiento al fondo** the usher found me a seat at the back; **las plantas buscan la luz** plants grow towards the light; ✦*MODISMO* **~le tres pies al gato** (= *buscar complicaciones*) to complicate matters, make things difficult; (= *buscar defectos*) to split hairs, nitpick*; ✦*REFRÁN* **busca y encontrarás** seek and you shall find
1·2 (*en diccionario, enciclopedia*) to look up; **busca el número en la guía** look up the number in the directory
1·3 (*con la vista*) to try to spot, look for; **lo busqué entre el público pero no lo vi** I tried to spot him *o* looked for him in the crowd but I didn't see him

2 (= *tratar de conseguir*) [+ *solución*] to try to find; **no sé lo que buscas con esa actitud** I don't know what you're aiming to *o* trying to achieve with that attitude; **con esta novela se busca la creación de un estilo diferente** this novel attempts to *o* aims to create a different style; **yo no busco la fama** I'm not looking for fame; **sólo buscaba su dinero** he was only out for *o* after her money; **como tienen una niña ahora van buscando la parejita** as they've got a girl they're trying for a boy now; **~ excusas** to make excuses; **~ hacer algo** to seek to do sth, try to do sth; **siempre buscaba hacerlo lo mejor posible** she always sought *o* tried to do the best possible thing; **ir a ~ algo/a algn**: **ha ido a ~ una servilleta** she's gone to fetch *o* get a napkin; **ve a ~ a tu madre** go and fetch *o* get your mother; **voy a ~ tabaco** I'll go and get some cigarettes; ✦*MODISMOS* **~la** ◊ **~ pelea** to be looking for a fight, be looking for trouble; **vino buscando pelea** he was looking for trouble *o* a fight, he was spoiling for a fight•; **~ la ruina a algn** to be the ruin of sb; **este hijo mío me va a ~ la ruina** this son of mine will be the ruin of me
3 (= *recoger*) to pick up, fetch; **¿vais a ir a ~me a la estación?** are you going to pick me up *o* fetch me from the station?; **vino a ~ sus plantas** she came to pick up *o* fetch her plants
4 (*Inform*) to search
5 (= *preguntar por*) to ask for; **¿quién me busca?** who is asking for me?
Ⓑ VI to look; **ya puedes dejar de ~, aquí tienes las llaves** you can stop looking, here are the keys; **¿has buscado bien?** have you looked properly?; **busca en la página 45** look on page 45; **¡busca!** (*al perro*) fetch!
Ⓒ **buscarse** VPR 1 [+ *marido, trabajo*] to find (o.s.); [+ *ayuda, patrocinador*] to get, find; **deberías ~te un ayudante** you should find yourself an assistant; **ya tendrías que ~te trabajo** you should find yourself a job *o* start looking for a job; ✦*MODISMO* **~se la vida•** (= *ganar dinero*) to try to earn *o* make a living; (= *arreglárselas solo*) to manage on one's own, get by on one's own; **yo me busco la vida como puedo** I (try to) earn *o* make a living as best as I can; **no me vengas con historias, búscate la vida** stop bothering me, sort it out for yourself
2 [+ *problemas*] **no te busques más problemas** don't bring more problems on yourself, don't make more trouble for yourself; **él se lo buscó** he brought it on himself, he asked for it•; ✦*MODISMO* **buscársela•** to ask for trouble, ask for it•; **te la estás buscando** you're asking for it, you're asking for trouble; **él se la buscó** he asked for it•

**buscarruidos** SM INV rowdy, troublemaker

**buscas•** SFPL (*LAm*) perks•, profits on the side

**buscatesoros** SMF INV treasure hunter, treasure seeker

**buscavidas** SMF INV 1 (= *persona ambiciosa*) go-getter
2 (= *fisgón*) snooper, nosey-parker•

**buscón/ona** Ⓐ ADJ (= *deshonesto*) thieving, crooked
Ⓑ SM/F (††) (= *ladronzuelo*) petty thief, rogue

**buscona** SF (*pey*) whore

**buseca** SF 1 (*Andes, Caribe*) small bus, minibus
2 (*Cono Sur*) thick stew

**busilis•** SM INV difficulty, snag; **ahí está el ~** that's the problem; **dar en el ~ del asunto** to reach the crux of the matter

**búsqueda** SF search (**de** for); **continúa la ~ de los desaparecidos** the search for the missing people continues; **hacer una ~** to do a search; **a** *o* **en ~ de algo** in search of sth; **estamos trabajando en la ~ de una vacuna** we're working on finding a vaccine ► **búsqueda del tesoro** treasure hunt ► **búsqueda de votos** canvassing ► **búsqueda y sustitución** (*Inform*) find and replace

**busto** SM 1 (= *escultura*) bust ► **busto parlante** talking head
2 (*Anat*) chest

**butaca** SF 1 (= *sillón*) armchair, easy chair ► **butaca orejera** wing-chair
2 (*Teat*) seat ► **butaca de platea**, **butaca de patio** seat in the stalls *o* (*EEUU*) orchestra

**butacón** SM large armchair

**butanero** SM gas-bottle delivery man

**butano** SM (*tb* **gas ~**) butane, butane gas; **bombona de ~** large Calor®, *large butane gas cylinder*; **color ~** orange

**butaque** SM (*LAm*) small armchair

**buten** ADV **de ~•** terrific•, tremendous•

**butifarra** SF 1 (= *embutido*) *Catalan sausage*; ✦*MODISMO* **hacer (la) ~ a algn•** ≈ to give sb the two-fingers sign, make an obscene gesture to sb
2 (•) (= *media*) *badly-fitting stocking*
3 (*Perú*) *meat and salad roll*
4 ✦*MODISMOS* **tomar a algn para la ~** (*Cono Sur•*) to make a laughing stock of sb

**butiondo** ADJ lewd, lustful

**butrón•** SM 1 (= *agujero*) *hole made to effect a break-in*
2 (= *robo*) burglary, break-in

**butronero•** SM burglar

**butuco** ADJ (*CAm*) short, squat

**buz** SM respectful kiss, formal kiss; **hacer el ~** to bow and scrape

**buzamiento** SM (*Geol*) dip

**buzar** ▸conjug 1f◂ VI (*Geol*) to dip

**buzo**[1] SM diver

**buzo**[2] SM (*Andes, Cono Sur*) (= *chándal*) tracksuit; (= *mono*) jumpsuit

**buzón** SM 1 (*Correos*) (*en casa*) letterbox, mailbox (*EEUU*); (*en calle*) postbox, letterbox, mailbox (*EEUU*); **echar una carta al ~** to post a letter; ✦*MODISMOS* **cerrar el ~:** to keep one's trap shut•; **vender un ~ a algn** (*Cono Sur•*) to sell sb a dummy, pull the wool over sb's eyes ► **buzón de alcance** late-collection postbox ► **buzón de sugerencias** suggestions box ► **buzón de voz** voice mail
2 (*Inform*) mailbox
3 (= *tapón*) plug
4 (= *compuerta*) sluice
5 (*Pol*) *courier in secret organization*

**buzonear** ▸conjug 1a◂ VT to deliver door-to-door

**buzonero/a** SM/F (*LAm*) postal employee (*who collects from letterboxes*)

**byte** SM (*Inform*) byte

# C c

**C¹, c** [θe] (*esp LAm*) [se] SF (= *letra*) C, c
**C²** ABR (= **centígrado**) C
**C.** ABR (= **Compañía**) Co
**c.** ABR [1] (= **capítulo**) ch, c., chap
[2] (= **cuenta**) a/c, acc., acct.
**c³** ABR (= **centímetros cúbicos**) cc
**C-14** ABR (= **carbono 14**) C.14; **datación por C-14** C.14 dating
**C/** ABR (= **Calle**) St
**c/** ABR [1] (= **cuenta**) a/c, acc., acct.
[2] (= **capítulo**) ch, c., chap
[3] (= **carretera**) Rd
**Cª** ABR (= **compañía**) Co.
**ca** EXCL not a bit of it!, never!
**C.A.** ABR [1] (*Elec*) (= **corriente alterna**) AC
[2] (*Esp Pol*) = **Comunidad Autónoma**
[3] (*Dep*) (= **Club Atlético**) AC
**cabal** Ⓐ ADJ [1] (= *exacto*) **llegó a las doce ~es** he arrived at exactly twelve o'clock, he arrived at twelve o'clock precisely; **500 pesetas ~es** exactly 500 pesetas
[2] (*frm*) (= *completo*) **una ~ formación humanística** a thorough classical education; **esto nos proporciona una idea ~ del asunto** this provides us with a clearer and fuller picture of the matter
[3] (= *sensato*) upright
Ⓑ **cabales** SMPL **no está en sus ~es** she isn't in her right mind; **perdió sus ~es por ella** he lost his mind over her
Ⓒ EXCL (†) **¡cabal!** perfectly correct!, right!
**cábala** SF [1] (*Rel*) cab(b)ala
[2] (= *intriga*) cabal, intrigue
[3] **cábalas** (= *conjeturas*) **hacer ~s** to speculate, conjecture
**cabalgada** SF (*Hist*) (= *tropa*) troop of riders; (= *incursión*) cavalry raid
**cabalgador** SM rider, horseman
**cabalgadura** SF [*de montar*] mount, horse; [*de carga*] beast of burden
**cabalgar** ▸conjug 1h◂ Ⓐ VT [1] [*jinete*] to ride
[2] [*semental*] to cover, serve
Ⓑ VI to ride, go riding; **~ en mula** to ride (on) a mule; **~ sin montura** ◊ **~ a pelo** to ride bareback
**cabalgata** SF [1] (= *desfile*) mounted procession, cavalcade ► **cabalgata de Reyes** Twelfth Night procession
[2] [*de jinete*] ride

**CABALGATA DE REYES**

*The* **cabalgata de Reyes** *is a float parade held on 5 January, the eve of Epiphany, in most Spanish towns and cities. It celebrates the coming of the Three Kings with their gifts for the infant Jesus. In the course of the* **cabalgatas**, *the Three Kings throw sweets into the crowd.*
*⇒ See also* DÍA DE REYES

**cabalidad** SF **a ~** perfectly, adequately
**cabalista** SMF schemer, intriguer
**cabalístico** ADJ (= *de la cábala*) cabalistic; (= *misterioso*) occult, mysterious
**caballa** SF (Atlantic) mackerel
**caballada** SF [1] (*Zool*) drove of horses
[2] (*LAm*) (= *animalada*) stupid thing to do; **has hecho una ~** that was a stupid thing to do
**caballaje** SM horsepower
**caballar** ADJ horse *antes de s*, equine; **ganado ~** horses *pl*; **cara ~** horse-face
**caballazo** SM (*LAm*) collision between two horsemen, accident involving a horse
**caballejo** SM [1] (= *poney*) pony
[2] (= *rocín*) old horse, nag*
**caballerango** SM (*Méx*) groom
**caballerear** ▸conjug 1a◂ VI to play the gentleman
**caballeresco** ADJ [1] (*Hist*) knightly, chivalric; **literatura caballeresca** chivalresque literature, books of chivalry; **orden caballeresca** order of chivalry
[2] [*sentimiento*] fine, noble; [*carácter*] gentlemanly, noble; [*conducta*] chivalrous
**caballerete** SM [1] (= *jovenzuelo*) young man
[2] (= *presumido*) cocky youngster, Jack-the-lad*
**caballería** SF [1] (= *montura*) mount, steed (*liter*); (= *caballo*) horse; (= *mula*) mule ► **caballería de carga** beast of burden
[2] (*Mil*) cavalry ► **caballería ligera** light cavalry, light horse
[3] (*Hist*) chivalry; (= *orden*) order of chivalry; **libros de ~s** books of chivalry ► **caballería andante** knight errantry
[4] **andarse en ~s** to overdo the compliments
[5] (*CAm, Caribe, Cono Sur, Méx Agr*) *a land measurement of varying size (usually 42 hectares)*
**caballericero** SM (*CAm, Caribe*) groom
**caballeriza** SF [1] (= *cuadra*) stable; [*de cría*] stud, horse-breeding establishment ► **caballeriza de alquiler** livery stable
[2] (= *empleados*) stable hands *pl*, grooms *pl*
**caballerizo** SM groom, stableman ► **caballerizo del rey** equerry ► **caballerizo mayor del rey** master of the king's horse
**caballero** SM [1] (= *hombre educado*) gentleman; **es todo un ~** he is a real gentleman; *ver tb* **pacto**
[2] (*fórmula de cortesía*) **¿qué desea tomar, ~?** what would you like to drink, sir?; **señoras y ~s** ladies and gentlemen
[3] (= *hombre*) **camisa de ~** man's shirt; **peluquería de ~s** gents' hairdresser's; **servicio de ~s** gents, men's toilets, men's; **ropa de ~** menswear; **"caballeros"** (= *servicios*) "gents", "gentlemen"
[4] (*Hist*) knight; **los ~s de la Tabla Redonda** the Knights of the Round Table; **armar ~ a algn** to knight sb; **el Caballero de la Triste Figura** the Knight of the Doleful Countenance, Don Quixote; **~ de Santiago** Knight of (the Order of) Santiago ► **caballero andante** knight errant
**caballerosamente** ADV (= *con cortesía*) like a gentleman, in a gentlemanly fashion; (= *con nobleza*) chivalrously
**caballerosidad** SF (= *cortesía*) gentlemanliness; (= *nobleza*) chivalry
**caballeroso** ADJ (= *cortés*) gentlemanly; (= *noble*) chivalrous; **poco ~** ungentlemanly
**caballerote** SM (*pey*) so-called gentleman, gentleman unworthy of the name
**caballete** SM (*Arte*) easel; (*Téc*) trestle; [*de tejado, de tierra labrada*] ridge; [*de chimenea*] cowl; (*Anat*) bridge (of the nose) ► **caballete de pintor** painter's easel ► **caballete de serrar** sawhorse, sawbuck (*EEUU*) ► **caballete para bicicleta** bicycle clamp, bicycle rest
**caballista** SMF (= *jinete*) horseman/woman; (= *experto*) expert on horses
**caballito** SM [1] (= *caballo*) little horse, pony; ✦***MODISMO* llevar a algn a ~** to give sb a piggy-back ► **caballito del diablo** dragonfly ► **caballito de mar** sea horse ► **caballito de niño** (*para mecerse*) rocking horse; (*con palo (y rueda)*) hobby-horse ► **caballito marino** sea horse
[2] (*Méx*) (= *compresa*) sanitary towel, sanitary napkin (*EEUU*)
[3] **caballitos** [*de feria*] merry-go-round *sing*, carousel *sing* (*esp EEUU*)
**caballo** SM [1] (= *animal*) horse; **a ~: una mujer a ~** a woman on horseback *o* riding a horse; **vino a ~** he came on horseback, he rode here; **me gusta montar a ~** I like (to go) horse riding; **paseo a ~** (horse) ride; **tropas de a ~** mounted troops; ✦***MODISMOS* de ~:**

huge, massive; **una dosis de ~** a huge dose, a massive dose; **una depresión de ~** a terrible depression, a really deep depression; **a ~ entre**: **Andalucía, a ~ entre oriente y occidente** Andalusia, halfway between the east and the west; **vivo a ~ entre Madrid y Barcelona** I spend my time between Madrid and Barcelona, I spend half my time in Madrid, half in Barcelona; **como ~ desbocado** rashly, hastily; **ir a mata ~*** to go at breakneck speed, go like the clappers*; ♦***REFRÁN*** **a ~ regalado no le mires el diente** don't look a gift horse in the mouth ► **caballo blanco**† white knight ► **caballo de batalla**: **han convertido el asunto en su ~ de batalla personal** the issue has become their hobbyhorse; **esto se convirtió en el ~ de batalla de la reunión** this became the bone of contention in the meeting ► **caballo de carga** packhorse ► **caballo de carreras** racehorse ► **caballo de caza** hunter ► **caballo de guerra** warhorse, charger ► **caballo de manta**, **caballo de silla** saddle horse ► **caballo de tiro** carthorse, plough horse, plow horse (*EEUU*) ► **Caballo de Troya** Trojan horse

2 (*Ajedrez*) knight; (*Naipes*) *equivalent of queen in the Spanish pack of cards*

3 (*Mec*) (*tb* **~ de fuerza, ~ de vapor**) horsepower; **un motor de 100 ~s** a 100 horsepower engine; **¿cuántos ~s tiene este coche?** what horsepower is this car?, what's this car's horsepower?; **un dos ~s** a 2CV ► **caballo de vapor decimal** metric horsepower

4 (*Dep*) ► **caballo con arcos** pommel horse, side horse ► **caballo de saltos** vaulting horse, long horse

5 [*de carpintero*] sawhorse, sawbuck (*EEUU*)

6 (‡) (= *heroína*) smack‡, sugar‡

**caballón** SM (*Agr*) ridge

**caballuno** ADJ horse-like, horsy

**cabalmente** ADV (= *exactamente*) exactly; (= *bien*) properly; (= *completamente*) completely, fully; (= *a conciencia*) thoroughly

**cabanga** SF (*CAm*) nostalgia, blues*, homesickness; **estar de ~** to be homesick

**cabaña** SF 1 (= *choza*) hut, cabin; (*pobre*) hovel, shack ► **cabaña de madera** log cabin

2 (*Billar*) baulk

3 (*Agr*) (= *rebaño*) (large) flock; (= *ganado*) livestock

4 (*Cono Sur*) (= *estancia*) cattle-breeding ranch

**cabañero** SM herdsman

**cabañuelas** SFPL (*LAm*) folk weather predictions, *weather predictions made by country people, based on weather variations in the first few days of January and August*; (*Andes*) (= *lluvias*) first summer rains; (*Méx*) (= *periodo*) first twelve days of January (*used to predict the weather*)

**cabaré** SM, **cabaret** [kaβa're] SM (*pl* **cabarés** *o* **cabarets**) (= *espectáculo*) cabaret, floor show; (= *boîte*) cabaret, nightclub

**cabaretera** SF (= *bailarina*) cabaret entertainer, cabaret dancer, showgirl; (= *chica de alterne*) night-club hostess

**cabaretero** ADJ of a nightclub; **con ambiente ~** with a nightclub atmosphere

**cabás** SM schoolbag, satchel

**cabe**[1] PREP (*liter*) close to, near to

**cabe**[2] SM (*Dep*) header

➤ LENGUA Y USO: **caber 5** 53.2

**cabe**[3] SM (= *golpe*) **dar un ~ a algo** to harm sth, do harm to sth; **dar un ~ al bolsillo** to make a hole in one's pocket ► **cabe de pala** windfall, lucky break

**cabeceada** SF (*LAm*) nod (of the head), shake of the head; **dar ~s** to nod off; **echarse una ~** to have a nap

**cabecear** ▸conjug 1a◂ Ⓐ VT 1 [+ *balón*] to head

2 [+ *vino*] to strengthen; [+ *vinos*] to blend

3 (*Cos*) to bind (the edge of)

Ⓑ VI 1 (*al dormir*) to nod off; (= *negar*) to shake one's head; [*caballo*] to toss its head

2 [*barco*] to pitch; [*carruaje*] to lurch, sway; [*carga*] to shift, slip

**cabeceo** SM 1 (*al dormir*) nod; (= *negativa*) shake of the head; [*de caballo*] toss of the head

2 [*de un barco*] pitching; [*de un carruaje*] lurching, lurch; [*de una carga*] shifting, slipping

**cabecera** SF 1 [*de página*] top; [*de artículo*] heading; [*de carta*] opening; (*Inform*) title-page; **la noticia apareció en la ~ de todos los periódicos** the news made the headlines in all the newspapers; **ha ocupado la ~ de todos los telediarios** it has been headline news on every news programme ► **cabecera de cartel** main attraction

2 [*de río*] headwaters *pl*

3 [*de manifestación*] head, front

4 [*de cama*] headboard; **tenía una bandera a la ~ de la cama** he had a flag at the head of the bed; *ver tb* **libro 1**, **médico B**

5 [*de mesa*] head; **se sentaron en la ~ de la mesa** they sat at the head of the table

6 [*de organización, ministerio*] top (level); **desde la ~ del ministerio** from top ministerial level

**cabecero** SM headboard, bedhead

**cabeciduro** ADJ (*Andes, Caribe*) stubborn, pigheaded

**cabecilla** SMF ringleader

**cabellera** SF 1 (= *pelo*) hair, head of hair; (= *postizo*) switch, hairpiece; ♦***MODISMO*** **soltarse la ~*** to let one's hair down

2 (*Astron*) tail

**cabello** SM hair; **analizaremos sólo un ~** we shall analyse just a single hair; **llevaba el ~ recogido atrás** she had *o* wore her hair tied back; **te deja los ~s brillantes** it leaves your hair shiny ► **cabello de ángel** *confectionery and pastry filling made of pumpkin and syrup*

**cabelludo** ADJ (= *peludo*) hairy, shaggy; (*Bot*) fibrous

▼ **caber** ▸conjug 2l◂ VI 1 (= *haber espacio para*) to fit (**en** into); **tu guitarra no cabe en mi armario** your guitar won't fit in my cupboard; **en este baúl no cabe** it won't fit in *o* go into this trunk, there's no room for it in this trunk; **en mi coche caben dos maletas más** there's room for two more suitcases in my car; **¿cabe alguien más?** is there room for anyone else?; **¿cabemos todos?** is there room for us all?; **no cabe nadie más** there's no room for anyone else; **en este baúl ya no cabe más** there's no more room (for anything) in this trunk; ♦***MODISMOS*** **¡no me cabe en la cabeza!** I can't understand it!; **no ~ en sí** (= *estar feliz*) to be beside o.s.; (= *ser engreído*) to be big-headed*, to be full of o.s.; **no cabe en sí de contento** *o* **gozo** he's beside himself with joy, he's over the moon

2 (= *tener cabida*) **en la bandeja de papel caben 100 hojas** the paper tray will hold 100 sheets; **en este depósito caben 20 litros** this tank holds 20 litres; **un sofá donde caben dos** a two-seater sofa

3 **~ por** to go through; **eso no cabe por esta puerta** that won't go through this door

4 (*Mat*) **veinte entre cinco cabe a cuatro** five into twenty goes four (times)

5 [*ser posible*] 5·1 [+ *explicación*] to be possible; **sólo caben dos explicaciones** there are only two possible explanations; **la única explicación que cabe es que ...** the only possible explanation is that ...; **todo cabe en ese chico** that boy is capable of anything, nothing would surprise me from that boy; **no cabe en él hacerlo** he doesn't have it in him to do it; **ya no caben más lamentaciones** it's no use complaining; **no cabe perdón** it's inexcusable

5·2 (+ *INFIN*) **cabe imaginar distintas posibilidades** different possibilities can be imagined; **la persona más generosa que cabe imaginar** the most generous person you could imagine, the most generous person imaginable; **cabe intentar otro sistema** it would be worth trying another system; **cabe preguntar si ...** one might *o* could ask whether ...

5·3 **dentro de lo que cabe** under the circumstances; **se trata al animal lo mejor posible dentro de lo que cabe** the animal is treated as well as possible under the circumstances; **nos llevamos bastante bien, dentro de lo que cabe** we get on quite well, under the circumstances *o* considering; **no cabe duda de que ...** there is *o* can be no doubt that ..., the only thing for it is to ..., there's nothing for it but to ...; **no cabe más que**: **no cabe más que esperar a ver lo que pasa** we can only wait *o* all we can do is wait *o* the only thing for it is to wait and see what happens; **no cabe más que obedecer** there's no option but to obey; **cabe la posibilidad de que ...**: **¿no cabe la posibilidad de que usted haya sido utilizada?** is it not possible that you might have been used?; **cabe la posibilidad que en unos días nos comuniquen algo** (there is a chance that) we may hear from them in a few days; **el flash no resulta aconsejable, puesto que cabe la posibilidad de asustar a los animales** it's best not to use a flash as it is liable to frighten the animals; **si cabe**: **a mí me parece que es aún mejor, si cabe** I think it's even better, if that's possible; **ahora está más amable, si cabe** she's even friendlier now; **mejoraremos, si cabe, el servicio posventa** we will improve our after-sales service, wherever possible

6 (= *corresponder*) **me cabe el honor/la satisfacción de presentarles (a) ...** I have the honour/it gives me great pleasure to introduce ...; **me cupo el privilegio de ...** I had the privilege of ...; **me cupo la responsabilidad de dirigir el país** the responsibility of running the country fell to me; **le cupieron 120 dólares** his share was 120 dollars, he got 120 dollars (as his share); *ver tb* **suerte 1**

**cabestrar** ▸conjug 1a◂ VT to halter, put a halter on

**cabestrillo** SM sling; **con el brazo en ~** with one's arm in a sling

**cabestro** SM [1] (= *brida*) halter; ✦**MODISMO llevar a algn del ~** to lead sb by the nose
[2] (= *buey*) leading ox, bell-ox
[3] (*) (= *cornudo*) cuckold; (= *lerdo*) thickie*

**cabeza** Ⓐ SF [1] [*de persona*] head; **se rascó la ~** he scratched his head; **me duele la ~** I've got a headache, my head aches; **los aviones pasan por encima de nuestras ~s** the planes are flying overhead; **afirmar con la ~** to nod (one's head); **agarrarse la ~** to hold one's head in one's hands; **asentir con la ~** to nod (one's head); **caer de ~** to fall headfirst *o* headlong; **se tiró al agua de ~** he dived headfirst into the water; **marcar de ~** (*Dep*) to score with a header; **lavarse la ~** to wash one's hair; **levantar la ~** (= *mirar*) to look up; **negar con la ~** to shake one's head; **por ~: cinco dólares por ~** five dollars a head, five dollars per person; **se me va la ~** I feel giddy; **volver la ~** to look round, turn one's head; **al oírlos volví la ~** when I heard them I looked round *o* turned my head; **me da vueltas la ~** my head's spinning
[2] ✦**MODISMOS andar** *o* **ir de ~*** to be snowed under; **andar en ~** (*LAm*) to go bareheaded; **no estar bien de la ~*** = **estar mal de la cabeza**; **cortar ~s: será necesario cortar ~s** heads will have to roll; **esconder la ~** to keep one's head down; **írsele a algn de la ~: se me fue de la ~** it went right out of my mind; **jugarse la ~** to risk one's neck; **lanzarse de ~ a** (= *atacar*) to rush headlong at; (= *precipitarse*) rush headlong into; **levantar ~** to get back on one's feet again; **el Sporting sigue sin levantar ~** Sporting still haven't managed to end their poor run of form, Sporting haven't managed to turn the corner; **el país no termina de levantar ~** the country still hasn't managed to turn the corner; **hay sectores como construcción que empiezan a levantar ~** some sectors, such as construction, are starting to pick up; **estar mal de la ~*: hace falta estar mal de la ~ para hacer eso** you'd have to be out of your mind to do that; **no quiero acabar mal de la ~** I don't want to go off my head; **mantener la ~ fuera del agua** to keep one's head above water; **meter la ~ en la arena** to bury one's head in the sand; **meter algo en la ~ a algn: por fin le metimos en la ~ que ...** we finally got it into his head that ...; **metérsele a algn en la ~: se le ha metido en la ~ hacerlo solo** he's taken *o* got it into his head to do it alone; **esa melodía la tengo metida en la ~** I can't get that tune out of my head; **pasársele a algn por la ~: jamás se me pasó por la ~** it never entered my head; **perder la ~ por** to lose one's head over; **es ~ de pescado** (*Cono Sur**) it's sheer nonsense; **hablar ~s de pescado** (*Cono Sur**) to talk drivel, talk through the back of one's head*; **tener ~ de pollo** (*Cono Sur**) to have a memory like a sieve; **quitar algo de la ~ a algn** to get sth out of sb's head; **romper la ~ a algn** to smash sb's face in; **romperse la ~** to rack one's brains; **sacarse una idea de la ~** to get an idea out of one's head; **sentar ~** to settle down; **subirse a la ~: el vino se me subió a la ~** the wine went to my head; **tener ~** to be bright; **tengo la ~ como un bombo** my head is ringing; **tener la ~ dura** to be stubborn; **tener la ~ sobre los hombros** to have one's head screwed on (the right way); **tener mala ~** (= *tener mala memoria*) to have a bad memory; (= *ser despistado*) to be absent-minded; **estar tocado de la ~** to be soft in the head; **traer de ~ a algn** to drive sb mad; **vestirse por la ~**† (= *ser mujer*) to be female; (= *ser sacerdote*) to be a cleric; *ver tb* **calentar A1**
[3] (= *frente*) **a la ~ de: a la ~ de la manifestación** at the head *o* front of the demonstration; **con Pérez a la ~ del gobierno** with Pérez at the head of the government; **ir en ~** to be in the lead; **ir en ~ de la lista** to be at the top of the list, head the list
[4] (= *distancia*) head; **ganar por una ~ (escasa)** to win by a (short) head; **le saca una ~ a su hermano** he is a head taller than his brother
[5] (*de montaña*) top, summit
[6] (= *objeto*) ► **cabeza atómica** atomic warhead ► **cabeza buscadora** homing head, homing device ► **cabeza de ajo** bulb of garlic ► **cabeza de biela** (*Mec*) big end ► **cabeza de dragón** (*Bot*) snapdragon ► **cabeza de escritura** (*Tip*) golf ball ► **cabeza de guerra** warhead ► **cabeza de impresión** (*Inform*) head, printhead ► **cabeza de partido** administrative centre ► **cabeza de plátanos** (*LAm*) bunch of bananas ► **cabeza de playa** beachhead ► **cabeza de puente** bridgehead ► **cabeza explosiva** warhead ► **cabeza grabadora** recording head ► **cabeza impresora** (*Inform*) head, printhead ► **cabeza nuclear** nuclear warhead ► **cabeza sonora** recording head
Ⓑ SMF [1] (= *líder*) head, leader; **es ~ de las fuerzas armadas** he's head *o* the leader of the armed forces; **es ~ del grupo rebelde** he's the leader of the rebel group
[2] ► **cabeza caliente** extremist ► **cabeza cuadrada*** bigot ► **cabeza de chorlito*** scatterbrain ► **cabeza de familia** head of the household ► **cabeza de serie** (*Dep*) seed ► **cabeza de serrín*** airhead* ► **cabeza de turco** scapegoat ► **cabeza dura** stubborn person; **es un ~ dura** he's as stubborn as a mule ► **cabeza hueca** idiot ► **cabeza pelada** (*Hist*) Roundhead ► **cabeza rapada** skinhead ► **cabeza sin seso** idiot ► **cabeza visible** head, leader

**cabezada** SF [1] (= *cabezazo*) head butt, butt; (= *porrazo*) blow on the head; ✦**MODISMO darse de ~s** to rack one's brains
[2] (= *cabeceo*) shake of the head, nod; **dar ~s** to nod (sleepily), doze; **dar** *o* **echar una ~** have a nap
[3] (*Náut*) pitch, pitching; **dar ~s** to pitch
[4] (= *parte de arreos*) head stall; [*de bota*] instep; [*de zapato*] vamp
[5] (*Andes, Cono Sur*) saddle tree
[6] (*Caribe, Cono Sur*) [*de río*] headwaters

**cabezadita** SF **echar una ~*** to have a snooze*, doze

**cabezal** SM [1] (= *almohada*) pillow, bolster; [*de dentista etc*] headrest; (*Med*) pad, compress
[2] (*Inform*) head; [*de vídeo, cassette*] head
[3] **~ de enganche** (*Aut*) towbar

**cabezazo** SM (*gen*) head butt, butt; (= *porrazo*) bump on the head; (*Dep*) header

**cabezo** SM (*Geog*) hillock, small hill; (*Náut*) reef

**cabezón** Ⓐ ADJ [1] (*) (= *cabezudo*) bigheaded, with a big head; (= *terco*) pigheaded
[2] [*vino*] heady
Ⓑ SM [1] (*) (= *cabeza*) big head
[2] (*Cos*) hole for the head
[3] (= *cuello*) collar band; **llevar a algn de los cabezones** to drag sb along against his will
[4] **cabezones** (*en un río*) white water *sing*

**cabezonada*** SF pig-headed thing to do

**cabezonería*** SF pig-headedness

**cabezota*** Ⓐ ADJ pig-headed
Ⓑ SMF pig-headed person

**cabezudo** Ⓐ ADJ (*) = **cabezón A**
Ⓑ SM *carnival figure with an enormous head*

**cabezuela** SF (*Bot*) head (of a flower); (= *capullo*) rosebud

**cabida** SF [1] (= *capacidad*) (*en depósito, caja*) capacity; (*en vehículo*) space, room; **necesitamos un depósito de mayor ~** we need a tank with a greater capacity; **en este autobús no hay ~ para 20 personas** this bus can't hold *o* take 20 people, there isn't space *o* room in this bus for 20 people; **dar ~ a: el auditorio puede dar ~ a más de mil espectadores** the concert hall can accommodate more than a thousand people, the concert hall has a capacity of more than a thousand; **los hoteles no podrán dar ~ a tantos turistas** the hotels will not be able to accommodate so many tourists; **con el nuevo tratado se da ~ a los países del Este** the new treaty opens the way for *o* embraces the Eastern bloc countries; **tener ~: el teatro tiene ~ para 600 personas** the theatre holds 600 people, the theatre has a capacity of 600; **la impresora tiene ~ para 200 hojas** the printer can hold *o* take up to 200 sheets
[2] (= *aceptación*) **no hay ~ para la superstición** there is no place *o* room for superstition; **dar ~ a: en este periódico no se da ~ a las ideas de vanguardia** there's no place *o* room for avant-garde ideas in this newspaper; **ya no le vamos a dar más ~ en esta casa** he will no longer be welcome in this house; **tener ~: personajes de ese tipo no tienen ~ en nuestro programa** there is no place *o* room in our programme for characters like that
[3] (*Náut*) capacity
[4] (= *terreno*) area

**cabildear** ▸conjug 1a◂ VI (= *presionar*) to lobby; (= *conspirar*) to intrigue

**cabildeo** SM (= *presión*) lobbying; (= *intrigas*) intriguing, intrigues *pl*

**cabildero/a** SM/F lobbyist, member of a pressure group; (*pey*) intriguer

**cabildo** SM [1] (*Rel*) (= *personas*) chapter; (= *junta*) chapter meeting
[2] (*Pol*) (= *ayuntamiento*) town council; (*Parl*) lobby ► **cabildo insular** (*en Canarias*) inter-island council
[3] (*Caribe*) [*de negros*] gathering of black people; (= *reunión desordenada*) riotous assembly

**cabilla**** SF **dar ~ a algn** to fuck sb**, screw sb**

**cabillo** SM end; (*Bot*) stalk, stem

**cabina** SF [1] [*de discjockey, intérprete*] booth; (*tb* **~ telefónica, ~ de teléfono(s)**) telephone booth, telephone box; **no te pude llamar porque no había ninguna ~** I couldn't call you because there was no phone box ► **cabina de grabación** recording booth ► **cabina de prensa** press box ► **cabina de proyección** projection room ► **cabina electoral** voting booth

[2] [*de tren, camión*] cab
[3] (*Aer*) [*de pasajeros*] cabin; [*de pilotos*] cockpit ► **cabina a presión** pressurized cabin ► **cabina de mando** (*Aer*) flight deck, cockpit
[4] (*Náut*) bridge

**cabinada** SF cabin cruiser

**cabinero/a** SM/F (*Col*) (= *hombre*) steward, flight attendant (*EEUU*); (= *mujer*) air hostess, stewardess, flight attendant (*EEUU*)

**cabinista** SMF projectionist

**cabio** SM (= *viga*) beam, joist; [*del techo*] rafter; (*en puerta, ventana*) lintel, transom

**cabizbajo** ADJ dejected, downcast, crestfallen

**cabla** SF (*LAm*) trick

**cable** SM [1] (*Elec*) (= *hilo*) wire; (*con cubierta aislante*) cable; **tiene varios ~s sueltos** there are several loose wires; **el ~ del micrófono/amplificador** the microphone/amplifier cable *o* lead; ✦***MODISMOS* se le cruzaron los ~s*** he totally flipped*; **se le pelaron los ~s** (*CAm**) he got all mixed up ► **cable de alta tensión** high-voltage cable ► **cable de cobre** copper wire
[2] (*Mec*) [*de acero*] cable; ✦***MODISMO* echar un ~ a algn*** to give sb a helping hand ► **cable de remolque** towline, towrope
[3] (*Telec*) cable, wire; **televisión por ~** cable television, cable TV ► **cable coaxial** coaxial cable ► **cable de fibra óptica** fibreoptic cable, optical fibre, optical fiber (*EEUU*) ► **cable óptico** optical cable
[4] (= *cablegrama*) cable; **enviar un ~ a algn** to cable sb

**cableado** SM wiring

**cablear** ▸conjug 1a◂ VT to wire up

**cablegrafiar** ▸conjug 1c◂ VI to cable, wire

**cablegráfico** ADJ cable *antes de s*; **transferencia cablegráfica** cable transfer

**cablegrama** SM cable, cablegram

**cablero** SM cable ship

**cablevisión** SF cable television, cable TV

**cablista** ADJ (*LAm*) sly, cunning

**cabo** SM [1] (= *trozo pequeño*) [*de cuerda, hilo*] thread; [*de vela, lápiz*] stub; **falta cortar los cabitos de hilo** the loose threads just need cutting off; **iluminamos la habitación con un ~ de vela** we used the stub *o* end of a candle to light the room with; **escribía con un cabito** he was writing with a pencil stub ► **cabo de vela** (*Náut*) rope, cable
[2] (*locuciones*) **al ~** (*frm*) (= *al final*) in the end; (= *después de todo*) at the end of the day; **al ~, su dedicación a la música ha rendido sus frutos** in the end, his dedication to music has borne fruit, his dedication to music has finally borne fruit; **al ~, su gran satisfacción era oír los aplausos** at the end of the day, his greatest satisfaction was to hear the applause; **al ~ de** after; **al ~ de tres meses** after three months, three months later; **llevar a ~** [+ *acción, investigación, tarea*] to carry out; [+ *viaje*] to make; **estamos llevando a ~ un proyecto en colaboración con la universidad** we are carrying out a joint project with the university; **ya hemos llevado a ~ la recogida de firmas** we have already collected the signatures; **en esta piscina se llevarán a ~ las pruebas de natación** the swimming events will take place in this pool; ✦***MODISMOS* atar ~s**: **atando ~s, me di cuenta de que ...** I put two and two together and realized that ...; **de ~ a ~** ◊ **de ~ a rabo** from beginning to end, from start to finish; **me leí el libro de ~ a rabo en un día** I read the book from beginning to end *o* from start to finish in a day; **me recorrí el pueblo de ~ a rabo y no encontré ningún restaurante** I went all through the village and didn't find a single restaurant; **estar al ~ de la calle de algo** (*Esp*) to be fully aware of sth; **no dejar ningún ~ suelto** (*preparando algo*) to leave nothing to chance; (*investigando algo*) to tie up all the loose ends; *ver tb* **fin 3.1**
[3] (= *graduación*) [*de militar*] corporal; [*de policía*] sergeant ► **cabo de escuadra** corporal ► **cabo de mar** petty officer ► **cabo primero** first officer
[4] (*Geog*) cape ► **Cabo Cañaveral** Cape Canaveral ► **Cabo de Buena Esperanza** Cape of Good Hope ► **Cabo de Hornos** Cape Horn ► **Cabo Verde** Cape Verde
[5] (*Remo*) stroke

**cabotaje** SM cabotage, coasting trade, coastal traffic

**caboverdiano/a** ADJ, SM/F Cape Verdean

**cabra** SF [1] (*Zool*) goat; (= *hembra*) nanny goat, she-goat; (= *almizclero*) musk deer; ✦***MODISMO* estar como una ~** to be crazy; ✦***REFRÁN* la ~ siempre tira al monte** a leopard does not change its spots, what's bred in the bone will out in the flesh ► **cabra montés** Spanish ibex
[2] (*LAm*) (= *truco*) trick, swindle; (= *dado*) loaded dice
[3] (*Cono Sur*) (= *carro*) light carriage; [*de carpintero*] sawhorse, sawbuck (*EEUU*)
[4] (*Cono Sur**) (= *niña*) little girl
[5] (= *moto*) motorbike; *ver tb* **cabro**

**cabracho** SM large-scaled scorpion fish

**cabrahígo** SM wild fig

**cabrales** SM INV *strong cheese from Asturias*

**cabré** *etc ver* **caber**

**cabreado**‡ ADJ pissed off**

**cabreante**‡ ADJ infuriating, maddening

**cabrear**‡ ▸conjug 1a◂ (A) VT to piss off**
(B) **cabrearse** VPR [1] (= *enfadarse*) to get pissed off**
[2] (= *sospechar*) to get suspicious
[3] (*Cono Sur*) (= *aburrirse*) to get bored

**cabreo**‡ SM **¡menudo ~ lleva!** she's really pissed off!**; **coger un ~** to fly off the handle*, fly into a rage

**cabreriza** SF goat shed, goat house

**cabrerizo/a** (A) SM/F goatherd
(B) ADJ (= *de las cabras*) goat *antes de s*

**cabrero/a** (A) ADJ (*Cono Sur**) bad-tempered; **ponerse ~** to fly off the handle*
(B) SM/F goatherd

**cabrestante** SM capstan, winch

**cabria** SF hoist, derrick ► **cabria de perforación** drilling rig

**cabrio** SM rafter

**cabrío** (A) ADJ goatish; **macho ~** billy goat, he-goat
(B) SM (= *rebaño*) herd of goats

**cabriola** [1] SF gambol, skip; **hacer ~s** [*persona*] to caper about; [*caballo*] to buck, prance around; [*cordero*] to gambol
[2] (*Caribe*) (= *travesura*) prank, piece of mischief

**cabriolar** ▸conjug 1a◂ VI [*persona*] to caper (about), prance (around); [*caballo*] to buck; [*cordero*] to gambol

**cabriolé** SM cabriolet

**cabriolear** ▸conjug 1a◂ VI = **cabriolar**

**cabritada*** SF dirty trick

**cabritas** SFPL (*Chile*) popcorn *sing*

**cabritilla** SF kid, kidskin

**cabrito** SM [1] (*Zool*) kid; **a ~** astride
[2] (*) (= *cabrón*) swine*; (= *cornudo*) cuckold; [*de prostituta*] client; **¡cabrito!** you swine!*
[3] **cabritos** (*Chile*) (= *palomitas*) popcorn *sing*

**cabro/a** (A) SM (*LAm Zool*) (= *macho*) he-goat, billy goat
(B) SM/F (*Cono Sur**) [1] (= *niño*) small child, kid; (= *amante*) lover, sweetheart
[2] (‡) (= *homosexual*) queer‡, fag (*EEUU*‡); *ver tb* **cabra**

**cabrón/ona**** (A) SM (= *cornudo*) cuckold
(B) SM/F [1] **¡cabrón!** you bastard!**; **es un ~** he's a bastard**; **el muy ~ le robó el coche** the bastard stole his car**; **el tío ~ ese** that bastard**
[2] (*LAm*) [*de burdel*] brothel keeper; (*Andes, Cono Sur*) (= *chulo*) pimp; (*CAm, Cono Sur*) (= *traidor*) traitor; (*Andes*) (= *maricón*) queer‡, fag (*EEUU*‡); **¡cabrón!** (= *idiota*) you stupid berk!‡

**cabronada**** SF [1] (= *mala pasada*) dirty trick; **hacer una ~ a algn** to play a dirty trick on sb
[2] (= *lata*) fag*, bugger**

**cabronazo**** SM bastard**, bugger**; **¡jo, ~!** (*hum*) hey, you old bastard!**

**cabroncete*** SM little twerp*

**cabruno** ADJ goat *antes de s*

**cábula** SF (*LAm*) [1] (= *complot*) intrigue, cabal
[2] (= *trampa*) trick, stratagem
[3] (= *amuleto*) amulet

**cabulear** ▸conjug 1a◂ VI (*Andes, CAm, Caribe*) to scheme

**cabulero** (*Andes, CAm, Caribe*) (A) ADJ tricky, cunning, scheming
(B) SM trickster, schemer

**cabuya** SF (*LAm Bot*) pita, agave; (= *fibra*) pita fibre; (*Náut*) (= *cuerda*) rope, cord, *especially one made from pita fibre*; ✦***MODISMOS* dar ~** (*Caribe*) to put things off; **ponerse en la ~*** to cotton on*; **vérsele a algn las ~s** to see what sb is up to, see what sb's (little) game is

**caca*** SF [1] (*lenguaje infantil*) poo*, poop (*EEUU**), number two*; **¿quieres hacer ~?** do you want to do a poo?*; **el niño tiene** *o* **se ha hecho ~** the child has pooed himself*; **¡caca!** (= *no toques*) dirty!
[2] (= *birria*) rubbish, crap**; **tenemos un ejército que es una ~** our army is rubbish, our army is crap**; **estoy hecha una ~** I feel like shit**

**caca-can*** SM pooper-scooper*

**cacaguatal** SM (*CAm*) cocoa field

**cacahual** SM (*LAm*) cacao plantation

**cacahuete** SM, **cacahuate** (*Méx*) SM peanut, monkey nut; (= *groundnut*) (= *planta*) groundnut; **aceite de ~** peanut oil

**cacao** SM [1] (*Bot*) cacao; (= *bebida*) cocoa; **~ en polvo** cocoa powder; ✦***MODISMOS* pedir ~** (*LAm*) to give in, beg for mercy; **ser gran ~** to have influence; **no valer un ~** (*LAm*) to be worthless
[2] (*) (= *jaleo*) fuss, to-do; ✦***MODISMOS* armar** *o* **montar un ~** to cause havoc; **se armó un buen ~** all hell broke loose*; **tener un ~ en**

**la cabeza*** to be all mixed up ► **cacao mental*** mental confusion

**cacaotal** SM cocoa plantation

**cacaraña** SF [1] (= *señal*) pockmark
[2] (*CAm*) (= *garabato*) scribble

**cacarañado** ADJ pitted, pockmarked

**cacarañar** ▸conjug 1a◂ VT [1] [*viruelas*] to pit, scar, pockmark
[2] (*Méx*) (= *arañar*) to scratch; (= *pellizcar*) pinch

**cacarear** ▸conjug 1a◂ Ⓐ VT to boast about, make much of; **ese triunfo tan cacareado** that much-trumpeted victory
Ⓑ VI [*gallina*] to cluck; [*gallo*] to crow

**cacareo** SM [*de gallo*] crowing; [*de gallina*] clucking; (*fig*) boasting, crowing

**cacarico** ADJ (*CAm*) numb

**cacarizo** ADJ (*Méx*) pitted, pockmarked

**cacastle** SM (*CAm, Méx*) (= *esqueleto*) skeleton; (= *canasta*) large wicker basket; (= *armazón*) wicker carrying frame

**cacatúa** SF [1] (*Orn*) cockatoo
[2] (*) (= *vieja*) old bat*, old bag*, old cow*

**cacaxtle** SM (*CAm, Méx*) = **cacastle**

**cacera** SF ditch, irrigation channel

**cacereño/a** Ⓐ ADJ of/from Cáceres
Ⓑ SM/F native/inhabitant of Cáceres; **los ~s** the people of Cáceres

**cacería** SF [1] (= *actividad*) hunting, shooting; **ir de ~** to go hunting, go shooting
[2] (= *partida*) hunt, shoot, shooting party; **organizar una ~** to organize a hunt ► **cacería de brujas** witch-hunt ► **cacería de zorros** fox hunt
[3] (= *animales cazados*) bag, total of animals etc bagged
[4] (*Arte*) hunting scene

**cacerola** SF pan, saucepan

**cacerolazo** SM (*Cono Sur*) banging on pots and pans (*as political protest*)

**cacha** SF [1] [*de arma*] butt
[2] (‡) (*Anat*) (= *muslo*) thigh; **cachas** (= *muslos*) thighs; (= *culo*) bottom *sing*; ✦***MODISMOS* estar ~s** (= *ser musculoso*) to have plenty of muscles, be well set-up; (= *ser atractivo*) to be dishy*; [*mujer*] to be hot stuff*; **hasta las ~s** up to the hilt, completely
[3] (*Andes*) (= *cuerno*) horn
[4] (*Andes*) [*de gallo*] *metal spur attached to the leg of a fighting cock*
[5] (*Andes*) (= *arca*) large chest
[6] (*Chile**) (= *burla*) **sacar ~(s) a** o **de algn** to make fun of sb
[7] (*LAm*) (= *cachete*) cheek
[8] (*CAm**) (= *apaño*) crooked deal*
[9] (*CAm*) (= *oportunidad*) opportunity
[10] ✦***MODISMOS* estar a medias ~s** (*Méx**) to be tipsy; **estar fuera de ~** to be out of danger; **hacer la ~** (*CAm**) to put one's back into it; **hacer ~s** (*CAm**) to try hard; **¡qué ~!** (*CAm**) what a nuisance!

**cachaciento** ADJ (*CAm, Cono Sur*) = **cachazudo A**

**cachaco*** SM [1] (*Perú*) (= *policía*) copper*, cop*
[2] (*Andes, Caribe*) (= *petimetre*) fop, dandy; (= *desaliñado*) scruff*
[3] (*Caribe**) (= *entrometido*) busybody, noseyparker*
[4] (*Col*) (= *bogotano*) person from Bogotá

**cachada** SF [1] (*LAm*) (= *embestida*) butt, thrust; (*Taur*) goring
[2] (*Cono Sur*) (= *broma*) joke, leg-pull*

**cachador*** (*Cono Sur*) Ⓐ ADJ fond of practical jokes
Ⓑ SM practical joker

**cachafaz*** ADJ (*LAm*) (= *pillo*) rascally; (= *taimado*) crafty; (= *fresco*) cheeky*, sassy (*EEUU**)

**cachalote** SM sperm whale

**cachancha** SF (*Caribe*) patience; **estar de ~ con algn*** to suck up to sb*

**cachaña** SF (*Chile*) [1] (*Orn*) small parrot
[2] (= *broma*) hoax, leg-pull*; (= *mofas*) mockery, derision
[3] (= *arrogancia*) arrogance
[4] (= *estupidez*) stupidity
[5] (= *arrebatiña*) rush, scramble (for sth)

**cachañar** ▸conjug 1a◂ VT (*Chile*) **~ a algn** to pull sb's leg; (*Cono Sur*) = **cachar**[1]

**cachar**[1] ▸conjug 1a◂ VT [1] (*Andes, CAm*) (= *cornear*) to butt, gore
[2] (*Cono Sur*) (= *ridiculizar*) to make fun of, ridicule; (= *fastidiar*) to annoy, irritate
[3] (*Andes, Cono Sur***) (= *follar*) to screw**
[4] (*Méx**) (= *registrar*) to search
[5] (= *romper*) to smash, break, break in pieces; [+ *madera*] to split; (*Agr*) to plough up

**cachar**[2] ▸conjug 1a◂ VT [1] (*Cono Sur*) [+ *bus etc*] to catch
[2] (*CAm*) (= *obtener*) to get, obtain; (*CAm, Cono Sur*) (= *robar*) to steal
[3] (*Cono Sur, Méx*) [+ *delincuente*] to surprise, catch in the act
[4] (*Cono Sur*) [+ *sentido etc*] to penetrate; [+ *persona, razón*] to understand; **sí, te cacho** sure, I get it*
[5] (*Andes, CAm, Caribe Dep*) [+ *pelota*] to catch

**cacharpari** SM (*Perú*) farewell banquet

**cacharpas** SFPL (*LAm*) (= *trastos*) useless objects, lumber *sing*, junk *sing*; (= *cosas sueltas*) odds and ends

**cacharpaya** SF (*Andes, Cono Sur*) (= *fiesta*) send-off, farewell party; (*Cono Sur*) (= *despedida*) farewell; (= *festividad*) minor festivity

**cacharpearse** ▸conjug 1a◂ VPR (*LAm*) to dress up

**cacharra‡** SF gun, pistol, rod (*EEUU**)

**cacharrazo*** SM bash*, bang; **darse** o **pegarse un ~** (*Aut*) to prang the car*

**cacharrear** ▸conjug 1a◂ VT (*CAm, Caribe*) to throw into jail, jail

**cacharrería** SF [1] (= *tienda*) crockery shop; **como un elefante en una ~** like a bull in a china shop
[2] (= *cacharros*) crockery, pots *pl*
[3] (*Andes*) (= *ferretería*) ironmongery

**cacharro** SM [1] [*de cocina*] pot, dish; **fregar los ~s** to do o wash the dishes ► **cacharros de cocina** pots and pans
[2] (*) (= *trasto*) useless object, piece of junk; (*Aut*) old crock, jalop(p)y; (*Andes*) trinket
[3] (*) (= *aparato*) gadget
[4] (‡) (= *pistola*) rod‡, pistol
[5] (*CAm, Caribe*) (= *cárcel*) jail

**cachativa** SF **tener ~** (*Cono Sur*) to be quick on the uptake

**cachaza** SF [1] (= *lentitud*) **lo hace todo con mucha ~** he does everything very slowly; **¡menuda ~, llegaremos tarde por su culpa!** he's so slow, we're going to be late because of him!
[2] (= *licor*) ≈ rum

**cachazo** SM (*LAm*) (= *golpe*) butt (*with the horns*); (= *herida*) goring

**cachazudo/a** Ⓐ ADJ (= *lento*) slow; (= *flemático*) calm, easy-going
Ⓑ SM/F (= *lento*) slowcoach*, slowpoke (*EEUU**); (= *tranquilo*) phlegmatic person

**cache**[1]* ADJ (*Arg*) tacky, kitsch

**cache**[2] SM o SF (*Inform*) cache, cache memory

**caché** SM = **cachet**

**cachear** ▸conjug 1a◂ VT [1] (= *registrar*) to search, frisk (for weapons)
[2] (*LAm Taur*) to butt, gore
[3] (*LAm*) (= *pegar*) to punch, slap
[4] (= *abrir*) to split, cut open

**cachejo*** SM (*Esp*) **un ~ (de) pan** a little bit of bread; **aquel ~ de partido** that awful game

**cachemir** SM, **cachemira** SF cashmere

**Cachemira** SF Kashmir

**cacheo** SM searching, frisking (for weapons)

**cachería** SF [1] (*Andes, CAm Com*) small business, sideline
[2] (*Cono Sur**) (= *falta de gusto*) bad taste; (= *desaseo*) slovenliness

**cachero** Ⓐ ADJ [1] (*CAm, Caribe*) (= *embustero*) deceitful
[2] (*CAm*) (= *trabajador*) hard-working, diligent
Ⓑ SM (*LAm*) sodomite

**cachet** [ka'tʃe] SM (*pl* **cachets** [ka'tʃes]) [1] (= *sello distintivo*) cachet; (= *carácter*) character, temperament
[2] [*de artista*] fee

**cachetada** SF (*LAm*) (= *golpe*) slap, clip on the ear; (= *paliza*) beating

**cachetazo** SM [1] (*LAm*) (= *bofetada*) slap, punch; (*fig*) snub
[2] (*LAm*) (= *trago*) swig*, slug (*EEUU**)
[3] (*CAm, Caribe**) (= *favor*) favour, favor (*EEUU*); **¡hazme un ~!** do me a favour!

**cachete** SM [1] (= *golpe*) slap, punch in the face; **darse de ~s con algn** to fight with sb
[2] (= *arma*) dagger
[3] (= *mejilla*) (fat) cheek; (*Med*) swollen cheek
[4] (*CAm*) (= *favor*) favour, favor (*EEUU*)
[5] **cachetes** (*Cono Sur**) (= *culo*) bottom *sing*

**cacheteada** SF (*Cono Sur*) slap, box on the ear

**cachetear** ▸conjug 1a◂ Ⓐ VT (*LAm*) (= *pegar*) to slap o smack in the face
Ⓑ VI (*Cono Sur*) (= *comer*) to eat well

**cachetero** SM [1] (= *puñal*) dagger
[2] (*Taur*) *bullfighter who finishes the bull off with a dagger*

**cachetina*** SF fist fight, punch-up*

**cachetón** ADJ (*) [1] (*LAm*) (= *de cara rechoncha*) plump-cheeked, fat-faced
[2] (*Méx*) (= *descarado*) impudent, barefaced; (*Cono Sur*) (= *orgulloso*) proud, haughty
[3] (*CAm*) (= *atractivo*) attractive, congenial

**cachicamo** SM (*Andes, Caribe*) armadillo

**cachicán†** Ⓐ ADJ sly, crafty
Ⓑ SM [1] (*Agr*) foreman
[2] (*) (= *hombre astuto*) sly character

**cachicuerno** ADJ [*arma*] with a horn handle

**cachifo/a*** SM/F [1] (*Col*) (= *jovenzuelo*) kid*
[2] (*Ven*) (= *criado*) servant

**cachila*** SF (*Cono Sur*) old heap*, old banger*

**cachimba** Ⓐ SF [1] (= *pipa*) pipe
[2] (*CAm*) (= *cartucho*) empty cartridge
[3] (*Cono Sur*) (= *pozo*) *shallow well or water hole*
[4] (*Cuba*‡) (= *prostituta*) tart‡, slut‡
[5] ♦*MODISMO* **fregar la ~ a algn*** to get on sb's nerves
Ⓑ ADJ (*) fantastic*, great*; *ver tb* **cachimbo**

**cachimbazo*** SM (*CAm*) [1] (= *golpe*) thump, blow
[2] (= *trago*) shot, slug (*EEUU**)

**cachimbo/a** Ⓐ SM/F [1] (*Caribe*) (= *pobre*) poor man/woman
[2] (*Perú Univ*) fresher, freshman; *ver tb* **cachimba**
Ⓑ SM [1] (*LAm*) (= *pipa*) pipe; **chupar ~** (*Ven*) to smoke a pipe; (*hum*) [*niño*] to suck one's thumb
[2] (*Caribe*) (= *ingenio*) small sugar mill
[3] (*CAm**) (= *montón*) pile, heap
[4] (*Andes Mil*) soldier, squaddie*

**cachimbón*** ADJ (*CAm*) smart, sharp

**cachipolla** SF mayfly

**cachiporra** SF [1] (= *porra*) truncheon, cosh, (billy) club (*EEUU*)
[2] (*Cono Sur**) (= *jactancioso*) braggart

**cachiporrazo*** SM blow with a truncheon *etc*

**cachiporrear*** ▸conjug 1a◂ Ⓐ VT (*Mús etc*) to bash*, pound
Ⓑ **cachiporrearse** VPR (*Cono Sur*) to brag, boast

**cachito** SM [1] (= *trocito*) a bit, a little; **a ~s** bit by bit
[2] (*LAm**) (= *poquito*) **espera un ~** just a minute, hang on a sec*; **un ~ de café** a drop of coffee
[3] (*Andes*) (= *juego de dados*) dice game; (= *cubilete*) dice cup

**cachivache** SM [1] (= *vasija*) pot
[2] **cachivaches** (= *trastos*) trash *sing*, junk *sing*

**cacho**[1] SM [1] (*) (= *miga*) crumb; (= *trozo*) bit, small piece; **¡~ de gloria!** my precious!; **¡~ de ladrón!** you thief!; **es un ~ de pan*** he's really kind, he's got a heart of gold; **a ~s** bit by bit; **caerse a ~s** to fall apart, be falling to pieces
[2] (*LAm*) (= *cuerno*) horn; (*Cono Sur*) (*para beber*) cup (made of horn)
[3] (*Andes, Cono Sur*) (= *dados*) dice, set of dice; (= *cubilete*) dice cup; **jugar al ~** to play dice
[4] (*Cono Sur*) [*de plátanos*] bunch
[5] (*Cono Sur*) (= *géneros*) unsaleable *o* unsold goods *pl*; (= *objeto*) useless thing
[6] (*LAm*) (= *chiste*) funny story, joke; (= *broma*) prank, practical joke; (*Caribe*) (= *mofa*) mockery, derision
[7] (*Caribe*‡) (= *marijuana*) joint‡, spliff‡
[8] (*Caribe*‡*) (= *pene*) prick‡*
[9] (*Cono Sur*) (= *problema*) problem; (= *apuro*) jam*, tricky situation
[10] ♦*MODISMOS* **¡~s para arriba!** (*Cono Sur**) that's marvellous!, splendid!; **echar ~ a algn** (*Andes**) to outshine sb, go one better than sb; **empinar el ~** (*LAm**) (= *beber*) to drink; **estar fuera de ~** to be in safe keeping, be out of danger; **pegar los ~s a algn** (*CAm**) to cheat on sb, be unfaithful to sb; **raspar el ~ a algn** (*Cono Sur**) to tell sb off*

**cacho**[2] SM (= *pez*) [*de río*] chub; [*de mar*] (red) surmullet

**cachón** SM (= *ola*) wave, breaker; (= *cascada*) small waterfall

**cachondear*** ▸conjug 1a◂ (*CAm, Méx*) Ⓐ VI (= *acariciar*) to pet*, make out (*EEUU*‡); (= *besarse*) to snog‡, smooch*
Ⓑ **cachondearse** VPR [1] to take things as a joke; **~se de algn** to take the mickey out of sb‡, make fun of sb
[2] (*LAm**) to get turned on*

**cachondeo*** SM [1] (= *bromas*) joking; (= *guasa*) laugh*, messing about; (= *burla*) teasing, nagging; **estar de ~** to be in the mood for a laugh; **hacer algo en plan de ~** to do sth for a lark *o* a laugh; **tomar a ~** to treat as a joke; **para ella la vida es un ~ continuo** life for her is just one big joke
[2] (= *juerga*) **estar de ~** to live it up, have a great time
[3] (= *jaleo*) trouble; **armar un ~** to make a fuss
[4] (= *desastre*) farce, mess; **¡esto es un ~!** what a farce this is!, what a mess!

**cachondez*** SF [1] [*de animal*] heat
[2] [*de persona*] randiness*

**cachondo*** ADJ [1] [*animal*] on heat
[2] (= *persona*) randy*, horny*; **ser ~** to be sexy; **estar ~** to feel randy *o* horny*
[3] (= *juerguista*) fun-loving, riotous
[4] (= *gracioso*) funny, amusing, jokey; **~ mental** crazy but likable

**cachorro/a** SM/F [1] (*Zool*) (*gen*) cub; (= *perro*) puppy, pup
[2] (*LAm*) (= *persona*) uncouth person; **¡cachorro!** (*Caribe**) you brute!, you rat!*

**cachuca**‡ SF (*Andes*) nick‡, can (*EEUU**), prison

**cachucha**‡ SF (*Col, Méx*) cap

**cachucho** SM [1] (= *pez*) sea bream
[2] (= *alfiletero*) pin box
[3] (*Andes*) (= *sustento*) daily bread; **ganarse el ~** to make a living

**cachudo** Ⓐ ADJ [1] (*Méx*) (= *con cuernos*) horned
[2] (*Col*) (= *rico*) wealthy
[3] (*Cono Sur*) suspicious, distrustful; (= *taimado*) cunning
[4] (*Méx*) (= *triste*) long-faced, miserable
Ⓑ SM **el ~** the devil, the horned one

**cachuela** SF [1] (*Culin*) *stew made from pig or rabbit offal*
[2] (*LAm*) (*en un río*) rapids *pl*

**cachupín/ina** SM/F (*CAm, Méx Hist pey*) Spanish settler

**cachureo** SM (*Cono Sur*) bric-a-brac, junk, bits and pieces *pl*

**cachuzo*** ADJ (*Arg*) worn-out, old

**cacica** SF (*LAm*) (= *jefe*) woman chief; (= *esposa*) chief's wife; (*Pol*) wife of a local boss *etc*

**cacicada** SF (= *arbitrariedad*) despotic act, high-handed act; (= *abuso*) abuse of authority

**cacillo** SM ladle

**cacimba** SF [1] (*Andes, Caribe, Cono Sur*) beach well; (*Caribe*) [*de árbol*] *hollow of tree where rain water is collected*; (*Andes*) (= *wáter*) outdoor privy
[2] (*Caribe, Méx*) (= *casucha*) hovel, slum

**cacique** SM [1] (*LAm Hist*) chief, headman; (*Pol*) local party boss; (*fig*) petty tyrant, despot
[2] (*Cono Sur*) (= *vago*) *person who lives idly in luxury*
[3] (*Andes, CAm, Méx*) (= *ave*) oriole

**caciquil** ADJ despotic, tyrannical

**caciquismo** SM (*Pol*) (system of) dominance by the local party boss; (*fig*) petty tyranny, despotism

**cacle** SM (*Méx*) rough leather sandal

**caco*** SM [1] (= *ladrón*) thief; (= *carterista*) pickpocket; (= *criminal*) crook*
[2] (= *cobarde*) coward

**cacofonía** SF cacophony

**cacofónico** ADJ cacophonous

**cactus** SM INV, **cacto** SM cactus

**cacumen*** SM (= *inteligencia*) brains *pl*; (= *agudeza*) nous* *sing*

**CADA**

• **Cada** se traduce por **each** cuando queremos individualizar, cuando se conocen o se le quiere dar importancia a los elementos dentro del grupo:

A cada miembro del personal se le asignó una tarea específica
***Each member of staff was allocated a specific task***
Quiero tener una charla con cada uno de vosotros
***I want to have a chat with each of you***

• Se traduce por **every** cuando el número de elementos del grupo no se conoce o no importa, cuando se está generalizando:

Cada empresa funciona de una manera distinta
***Every company works differently***
Cada día me dice una cosa
***Every day he tells me something different***
Cada vez que viene nos trae un regalo
***Every time he comes he brings us a present***

NOTA: En expresiones como **cada dos meses/cada tres años**/*etc*, **cada** se traduce por **every**:

Se hace una revisión cada tres meses
***He has a check-up every three months***

• Cuando hablamos sólo de dos cosas o personas, **cada** solamente se puede traducir por **each**:

Es importante que cada gemelo desarrolle su propia personalidad
***It is important that each twin develops his own personality***

NOTA: Cuando **each** o **every** forman parte del sujeto, el verbo va en singular.
*Para otros usos y ejemplos ver la entrada.*

**cada** ADJ INV [1] (*uso distributivo*) (*con elementos individuales*) each; (*con números, tiempo*) every; **~ uno de los jugadores dispone de cuatro fichas** each player has four counters; **habrá una mesa por ~ ocho invitados** there will one table for every eight guests; **han aumentado los beneficios en todos y ~ uno de los sectores** profits have risen in each and every sector; **~ cual busca la felicidad como quiere** we all seek *o* each one of us seeks happiness in our own way
[2] (*indicando frecuencia*) every; **juega al fútbol ~ domingo** he plays football every Sunday; **~ cierto tiempo** every so often, every now and then; **~ dos días** every couple of days, every other day; **los problemas de ~ día** everyday problems; **cinco de ~ diez** five out of every ten; **¿~ cuánto tiempo?** how often?; **~ que** (*Méx*) whenever, every time (that); **~ vez que** whenever, every time (that); **~ vez que voy al extranjero** whenever *o*

every time (that) I go abroad; ✦*MODISMO* ~ **dos por tres** every other minute, all the time; ~ **dos por tres sonaba el teléfono** the phone rang every other minute *o* all the time

[3] (*indicando progresión*) ~ **vez más** more and more; **te necesito ~ vez más** I need you more and more; **encontrar trabajo es ~ vez más difícil** finding a job is increasingly difficult *o* is (getting) more and more difficult; **me siento ~ vez más viejo** I feel (I'm getting) older and older; ~ **vez mejor** better and better; ~ **vez menos** less and less; ~ **vez peor** worse and worse

[4] (*uso enfático*) **¡tienes ~ cosa!** the things you come out with!; **¡oye una ~ historia!** the things you hear nowadays!; **¡se compra ~ coche!** you should see the cars he buys!

**cadalso** SM (*Jur*) (= *patíbulo*) scaffold; (*Téc*) stand, platform

**cadarzo** SM floss, floss silk

**cadáver** SM [*de persona*] (dead) body, corpse; [*de animal*] body, carcass; **¡sobre mi ~!** ◊ **¡por encima de mi ~!** over my dead body!; **ingresó ~** he was dead on arrival (at hospital) ► **cadáver en el armario** (*fig*) skeleton in the cupboard

**cadavérico** ADJ cadaverous, ghastly; (= *pálido*) deathly pale

**caddie** SMF, **caddy** ['kadi] SMF (*Golf*) caddie

**cadena** SF [1] [*de eslabones, de joyería*] chain; **se me salió la ~ de la bici** the chain came off my bike, my bike chain came off; **la ~ del perro** the dog chain; **la ~ del reloj** the watch chain; **tirar de la ~ (del wáter)** to flush the toilet, pull the chain; **no echó la ~ de la puerta** he didn't put the door-chain on ► **cadena (antirrobo)** chain ► **cadena de distribución** distribution chain ► **cadena de oruga** caterpillar track

[2] (*Radio, TV*) (= *canal*) channel ► **cadena de televisión** TV channel

[3] (*Audio*) ► **cadena de sonido** sound system ► **cadena musical** music centre, sound system

[4] (*Com*) [*de hoteles, tiendas, restaurantes*] chain ► **cadena comercial** retail chain

[5] ► **cadena montañosa** mountain range

[6] (= *sucesión*) [*de acontecimientos, átomos*] chain; [*de atentados*] string, series; **en ~: colisión en ~** multiple collision, (multiple) pile-up; **efecto en ~** knock-on effect; **reacción en ~** chain reaction; **trabajo en ~** assembly-line work ► **cadena alimenticia** food chain ► **cadena de caracteres** (*Inform*) character string ► **cadena de ensamblaje** assembly line ► **cadena de fabricación** production line ► **cadena de montaje** assembly line ► **cadena de producción** production line

[7] ► **cadena perpetua** (*Jur*) life imprisonment, life; **el juez lo condenó a ~ perpetua** the judge sentenced him to life (imprisonment)

[8] **cadenas** (*Aut*) tyre *o* (*EEUU*) tire chains; **es obligatorio el uso de ~s** the use of tyre chains is compulsory

**cadencia** SF [1] (= *ritmo*) cadence, rhythm

[2] (*Mús*) (*en frase musical*) cadence; [*de solista*] cadenza

[3] (= *frecuencia*) **a una ~ de 1.000 unidades diarias** at the rate of 1,000 units per day

**cadencioso** ADJ [*voz*] melodious; [*música*] rhythmic(al); [*andares*] swinging

**cadeneta** SF (*Cos*) chain stitch ► **cadeneta de papel** paper chain

**cadenilla** SF, **cadenita** SF small chain; (= *collar*) necklace

**cadera** SF hip; **ponerse una prótesis de ~** to have a hip replacement

**caderamen*** SM big hips *pl*, massive hips *pl*

**cadetada** SF thoughtless action, irresponsible act

**cadete** SM (*Mil etc*) cadet; (*Dep*) junior; (*LAm*) (= *aprendiz*) apprentice; (*en oficina*) office boy

**cadí** SM (*Hist*) cadi

**Cádiz** SM Cadiz

**cadmio** SM cadmium

**caducar** ▸conjug 1g◂ VI [1] (*Com, Jur*) to expire, lapse; [*permiso, plazo*] to run out; [*costumbre*] to fall into disuse; **esta oferta caduca el 31 de mayo** valid until May 31, this offer runs until May 31; **el abono ha caducado** the season ticket has expired

[2] [*comida*] to be *o* go past its sell-by date

**caducidad** SF expiry, expiration (*EEUU*); **fecha de ~** (*gen*) expiry date; [*de alimentos*] sell-by date, best-before date

**caduco** ADJ [1] (*Bot*) deciduous; **árbol de hoja caduca** deciduous tree

[2] [*persona*] senile, decrepit

[3] [*ideas etc*] outdated, outmoded

[4] [*belleza*] faded

[5] [*placer etc*] fleeting

[6] (*Com, Jur*) lapsed, expired, invalid; **quedar ~** to lapse, be out of date, have expired

**caduquez** SF senility, decrepitude

**C.A.E.** ABR (*Com*) (= **cóbrese al entregar**) COD

**caedizo** Ⓐ ADJ (= *inestable*) unsteady; (= *débil*) weak; (*Bot*) deciduous

Ⓑ SM (*Andes*) (= *edificio*) shed; (= *techo*) sloping roof

**caer**

▸conjug 2n◂
[A] VERBO INTRANSITIVO [B] VERBO PRONOMINAL
*Para las expresiones **caer en la cuenta, caer en desuso, caer en el olvido, caer enfermo, caer redondo, caerse de risa**, ver la otra entrada.*

Ⓐ VERBO INTRANSITIVO

[1] [*persona, objeto*] [1·1] (*desde la posición vertical*) to fall; **me hice daño al ~** I fell and hurt myself; **cayó al suelo y se dio un golpe en la cabeza** he fell to the ground and hit his head; **tropezó y cayó de espaldas** she stumbled and fell on her back; **cayó muerto de un tiro** he was shot dead; **hacer ~ algo** to knock sth over; **al pasar hizo ~ la lámpara** he knocked the lamp over as he brushed past

[1·2] (*desde una altura*) to fall; **cayó de un tercer piso** he fell from the third floor; **el niño cayó al río** the child fell into the river; **cayó una bomba en el mercado** a bomb fell on the market; **el avión cayó al mar** the plane came down in the sea; **el coche cayó por un barranco** the car went over a cliff; **dejar ~** [+ *objeto*] to drop; [+ *comentario*] to slip in; **se sobresaltó y dejó ~ la bandeja** she gave a start and dropped the tray; **dejó ~ que estaba buscando otro trabajo** he let slip that he was looking for another job; **dejarse ~** (*sobre sofá, cama*) to fall; (= *visitar*) to drop in, drop by; **se dejó ~ sobre la cama** he fell onto the bed; **suele dejarse ~ por aquí** he usually drops in *o* by; ~ **sobre algo/algn** to fall on sth/sb; **una gran piedra cayó sobre el tejado** a large stone fell on the roof; **cayeron sobre nosotros rocas enormes** huge boulders fell on us; **los presos cayeron sobre el guarda** the prisoners fell on the warder; **los fotógrafos cayeron sobre ella** the photographers pounced on her; **queremos que caiga sobre él todo el peso de la Ley** we want the full weight of the law to be brought to bear on him; ✦*MODISMO* **estar al ~** to be imminent; **su excarcelación está al ~** his release is imminent *o* is expected any day; **el jefe está al ~** the boss will be here any moment

[2] [*lluvia, helada*] **la lluvia caía incesantemente sobre Madrid** the rain was falling continuously on Madrid; **cayó un chaparrón** there was a heavy shower; **¡qué nevada ha caído!** what a heavy snowfall!, what a heavy fall of snow!; **cayó un rayo en la torre** the tower was struck by lightning

[3] [= *colgar*] to hang, fall; **es una tela que cae mucho** it's a fabric which hangs *o* falls nicely; **le caía un mechón sobre la frente** a lock of hair fell across his forehead

[4] [= *bajar*] [*precio, temperatura*] to fall, drop; **~á la temperatura por debajo de los veinte grados** the temperature will fall *o* drop below twenty degrees; **el dólar cayó más de cinco centavos** the dollar fell over five cents; **la bolsa de Nueva York ha vuelto a ~** the New York stock exchange has fallen again; *ver tb* **picado B2**

[5] [= *ser derrotado*] [*soldados, ejército*] to be defeated; [*deportista, equipo*] to be beaten; [*ciudad, plaza*] to fall, be captured; [*criminal*] to be arrested; **cayó en la final ante su rival polaco** he was beaten in the final by his Polish rival; **ha caído el gobierno** the government has fallen

[6] [= *morir*] to fall, die; **muchos cayeron en el campo de batalla** many fell *o* died on the field of battle; **cayó como un valiente** he died a hero; **cayeron abatidos por las balas** they were killed by the gunfire; ✦*MODISMOS* ~ **como chinches** ◊ ~ **como moscas** to drop like flies

[7] ~ **en** (= *incurrir*): ~ **en un engaño** to be tricked; **no debemos ~ en el triunfalismo** we mustn't give way to triumphalism *o* to crowing over our triumphs; ~ **en el error de hacer algo** to make the mistake of doing sth; ~ **en la tentación** to give in *o* yield to temptation; **y no nos dejes ~ en la tentación** (*Biblia*) and lead us not into temptation; ✦*MODISMO* ~ **bajo**: **¡qué bajo has caído!** (*moralmente*) how low can you get!, how can you sink so low?; (*socialmente*) you've certainly come down in the world!; *ver tb* **trampa 2**

[8] [= *darse cuenta*] **no caigo** I don't get it*. I don't understand; **ya caigo** I see, now I understand, now I get it*; ~ **en que** to realize that

[9] [*fecha*] to fall, be; **su cumpleaños cae en viernes** her birthday falls *o* is on a Friday; **¿en qué cae el día de Navidad?** what day is Christmas Day?, what day does Christmas fall on?

[10] [= *tocar*] **el premio gordo ha caído en Madrid** the first prize (in the lottery) *o* the jackpot went to Madrid; **~le a algn: le pueden ~ muchos años de condena** he could

get a very long sentence; **le puede ~ una multa de 50 dólares** he could get a 50 dollar fine; **✦MODISMO ¡la que nos ha caído encima!** that's just what we needed!; *ver tb* **suerte 3**

11 *= estar situado* to be; **¿por dónde cae eso?** whereabouts is that?; **eso cae más hacia el este** that lies *o* is further to the east

12 **~ dentro de** (= *estar comprendido en*): **no cae dentro de mis atribuciones** it is not within my powers; **esta cuestión no cae dentro del ámbito de este trabajo** that falls outside the scope of this study; **eso cae dentro de la responsabilidad de los ayuntamientos** that falls within the remit of town councils

13 *= causar impresión* **no les caí** (*CAm*) I didn't hit it off with them, I didn't get on well with them, they didn't take to me; **~ bien a algn**: **me cae (muy) bien** I (really) like him, I like him (very much); **no me cae nada bien** I don't like him at all; **Pedro no le cayó bien a mi padre** Pedro didn't make a very good impression on my father, my father didn't really take to Pedro; **~ gordo** *o* **fatal a algn***: **me cae gordo** *o* **fatal el tío ése** I can't stand that guy; **~ mal a algn**: **me cae mal** I don't like him

14 *= sentar* 14·1 [*información, comentario*] **me cayó fatal lo que me dijiste** I was very upset by what you said, what you said really upset me; **la noticia cayó como un mazazo** the news was a blow

14·2 [*ropa*] **~le bien a algn** to suit sb; **~le mal a algn** not to suit sb

15 *= terminar* **al ~ la noche** at nightfall; **al ~ la tarde** at dusk

Ⓑ **caerse** VERBO PRONOMINAL

1 *persona, objeto* 1·1 (*desde la posición vertical*) [*persona, objeto*] to fall over; [*edificio*] to collapse, fall (down); **¿te has caído?** did you fall over?; **¡cuidado, no te caigas!** watch out or you'll fall over!; **tropecé y estuve a punto de ~me** I tripped and nearly fell (over); **se cayó y se torció el tobillo** she fell (over) and twisted her ankle; **se ha caído el perchero** the coat stand has fallen over; **el edificio se está cayendo** the building is falling down; **~se al suelo** to fall to the ground

1·2 (*desde una altura*) to fall; **se cayó al agua** she fell into the water; **se cayó por la ventana** he fell out of the window; **~se de algo** to fall off sth; **se cayó del caballo** he fell off his horse; **los libros se cayeron del estante** the books fell off the shelf; **el niño se cayó de la cama** the child fell out of bed

1·3 **caérsele algo a algn: se me cayeron las monedas** I dropped the coins; **se me ha caído el guante** I've dropped my glove; **sin el botón se te van a ~ los pantalones** without the button your trousers will fall down

2 *= desprenderse* [*hoja*] to fall off; [*diente*] to fall out; **se me está cayendo el pelo** my hair is falling out; **se me ha caído un botón de la chaqueta** a button has come off my jacket

3 **~se de: se cae de cansancio** he's so tired he could drop; **me caigo de sueño** I'm so sleepy I could drop, I'm asleep on my feet; **el edificio se cae de viejo** the building is so old it's falling to bits *o* it's on the point of collapsing

**café** SM 1 (*Bot*) (= *bebida*) coffee; **~ ~** real coffee, coffee that really is coffee ► **café americano** large black coffee ► **café cerrero** (*Andes*) strong black coffee ► **café completo** (*Cono Sur*) continental breakfast ► **café con leche** white coffee, coffee with milk, coffee with cream (*EEUU*); (*) (= *homosexual*) queer*, fag (*EEUU**) ► **café cortado** coffee with a dash of milk ► **café descafeinado** decaffeinated coffee ► **café en grano** coffee beans *pl* ► **café exprés** expresso coffee ► **café helado** iced coffee ► **café instantáneo** instant coffee ► **café irlandés** Irish coffee ► **café molido** ground coffee ► **café negro** (small) black coffee ► **café pintado** (*Andes*), **café quemado** (*Caribe*) coffee with a drop of milk ► **café solo** black coffee ► **café soluble** instant coffee ► **café tinto** (*LAm*) black coffee ► **café torrefacto** roasted coffee ► **café tostado** roasted coffee

2 (= *cafetería*) café, coffee shop ► **café cantante** café with entertainment

3 (*Cono Sur**) (= *reprimenda*) ticking-off*

4 **✦MODISMO mal ~*: estar de mal ~** to be in a bad mood; (*CAm*) to be out of sorts; **tener mal ~** (= *genio*) to have a nasty temper; (= *intenciones*) to have evil intentions

5 **color ~** brown; **~ avellana** (*como adj*) nut-brown

**cafecito** SM (*LAm*) black coffee

**café-concierto** SM café which provides musical entertainment

**cafeína** SF caffein(e)

**cafetal** SM 1 (= *plantío*) coffee plantation

2 (*CAm*) (= *árbol*) coffee tree

**cafetalero/a** (*LAm*) Ⓐ ADJ coffee *antes de s*, coffee-growing; **industria cafetalera** coffee industry

Ⓑ SM/F coffee grower

**cafetalista** SMF (*LAm*) coffee grower

**cafetear*** ▸conjug 1a◂ VT (*Cono Sur*) to tick off*, tell off*

**café-teatro** SM (= *lugar*) *café with live theatre*; (= *espectáculo*) live entertainment; (= *comedia*) stand-up comedy

**cafetera** SF 1 (= *aparato*) coffee maker, coffee machine; (= *jarra*) coffee pot; **✦MODISMO estar como una ~*** to be off one's head *o* rocker* ► **cafetera automática** coffee machine ► **cafetera de filtro** filter coffee maker ► **cafetera exprés** espresso coffee maker

2 (*Aut**) old banger*, jalop(p)y*; [*de policía*] police car; *ver tb* **cafetero**

**cafetería** SF 1 (*gen*) café, coffee shop; (= *autoservicio*) cafeteria; (*Ferro*) buffet, refreshment car (*EEUU*)

2 (*LAm*) (= *tienda*) retail coffee shop

**cafetero/a** Ⓐ ADJ 1 [*finca, sector*] coffee *antes de s*; [*país*] coffee producing; **industria cafetera** coffee industry

2 (= *aficionado al café*) **soy muy ~** I really like (my) coffee

3 (= *aficionado a los cafés*) fond of going to cafés; **es muy ~** he spends a lot of time in cafés

Ⓑ SM/F (*) (= *dueño*) café proprietor, café owner; (= *cultivador*) coffee grower; (= *comerciante*) coffee merchant; *ver tb* **cafetera**

**cafetín** SM small café

**cafeto** SM coffee tree

**cafetucho** SM seedy little café

**cafiche*** SM (*Cono Sur*) pimp, ponce*

**cafichear*** ▸conjug 1a◂ VI (*Cono Sur*) to live off sb else, ponce*

**caficho*** SM (*Cono Sur*) pimp, ponce*

**caficultor(a)** SM/F (*CAm*) coffee grower

**caficultura** SF (*CAm*) coffee growing

**cáfila** SF group, flock (*esp on the march*); **una ~ de disparates** a string of nonsense

**cafiolo*** SM (*Cono Sur*) pimp, ponce*

**cafre** Ⓐ SMF 1 [*de África*] Kaffir

2 (= *bruto*) savage; **como ~s** like savages, like beasts

Ⓑ ADJ 1 (*de África*) Kaffir

2 (= *brutal*) uncouth, boorish

**caftán** SM caftan, kaftan

**cagaaceite** SM missel thrush, mistle thrush

**cagada**** SF 1 (= *excremento*) shit**, crap**; **~s de perro** dog shit** *sing*

2 (= *error*) cock-up**, fuck-up**, screw-up (*EEUU***)

3 (= *tonterías*) crap**, balls** *pl*; **decir una ~** to talk a load of crap**

4 (= *porquería*) crap**; **el discurso fue una ~** the speech was total crap**

**cagadera**** SF (*LAm*) **tener ~** to have the shits** *o* trots* *o* runs*

**cagadero**** SM bog*, john (*EEUU**)

**cagado**** ADJ shit-scared**; **no se atreve a salir, está ~ de miedo** he daren't go out, he's shit-scared**; **no seas tan ~** don't be such a gutless coward

**cagajón*** SM horse-dung, mule-dung

**cagalera**** SF **tener ~** to have the shits** *o* trots* *o* runs*; **¡menuda ~!** what a mess!

**cagar**** ▸conjug 1h◂ Ⓐ VI (= *defecar*) to shit**, have a shit**, take a shit (*EEUU***); **✦MODISMO ¡está que no caga!** he's on cloud nine!

Ⓑ VT 1 [+ *ropa*] to dirty, soil

2 **✦MODISMOS ~la** to blow it*, balls up**; **¡la hemos cagado!** we've ballsed up!**, we've blown it!*; **ir cagando leches** to bomb along*; **irse cagando leches** to leg it*, scarper*

3 (*Arg*) (= *dañar*) to harm

4 (*Arg*) (= *defraudar*) to rip off*

Ⓒ **cagarse** VPR 1 to shit o.s.**; **se cagó en los pantalones** he shat himself**, he messed his pants

2 **✦MODISMOS ~se de miedo** to shit o.s.**; **~se de risa** to piss o.s. (laughing)**; **me cago de risa con los chistes de tu hermano** your brother's jokes really crack me up*; **~se en algn/algo** not to give a toss* *o* a shit** *o* a fuck** about sb/sth; **¡me cago en diez** *o* **en la mar** *o* **en la leche!** bloody hell!**, shit!**; **¡cada vez que bebía se cagaba en la madre de todo el mundo!** whenever he drank he'd start effing and blinding at everything and everyone *o* telling everyone to go to hell*; **¡me cago en la puta** *o* **en la hostia!** fucking hell!**; **¡me cago en la leche que mamaron!** screw them!**; **¡me cago en el gobierno!** to hell with *o* sod the government!*; **... y se caga la perra ...** (*Esp*) and you never saw anything like it; **~se patas abajo**: **tenía tanto miedo que se cagó patas abajo** he was so frightened, he shat himself**

3 **✦MODISMO que te cagas** (*como adj*) damn*, bloody*; **¡en la sierra hace un frío que te cagas!** it's bloody freezing in the

mountains!✱; **el jefe tiene una cara que te cagas** the boss has got a bloody nerve✱; **la película estaba que te cagabas** the film was bloody brilliant✱; **la tía estaba que te cagas** she was drop dead gorgeous•

**cagarruta** SF [1] [*de animal*] pellet, dropping
[2] **es una ~ de su padre** (*Esp*✱) he's the spitting image of his father

**cagatintas**• SMF INV [1] (= *oficinista*) penpusher, pencil pusher (*EEUU*)
[2] (*Andes*) (= *avaro*) miser

**cagón/ona**✱✱ Ⓐ ADJ [1] = **cagado**
[2] [*bebé*] **ser ~** to keep dirtying one's nappies
Ⓑ SM/F [1] (= *cobarde*) wimp•
[2] (= *bebé*) **ser un ~** to keep dirtying one's nappies

**caguama** SF (*Méx*) large turtle

**cague**✱✱ SM **le entró un ~ de mucho cuidado** he was scared shitless✱✱

**cagüen**✱✱ = **cago en**; *ver* **cagar C2**

**cagueruelas**✱ SFPL the runs✱, the trots✱

**cagueta**✱ SMF, **caguetas**✱ SMF INV, **caguica**✱ SMF INV chicken

**caguitis**✱ SF INV **entrarle ~ a algn** to get the wind up•

**Cahispa** SF ABR = **Caja Hispana de Previsión**

**cahuín** SM (*Chile*) [1] (= *borrachera*) drunkenness
[2] (✱) (= *lío*) cock-up✱, screw-up (*EEUU*✱✱)
[3] (= *reunión*) rowdy gathering

**caída** SF [1] (= *accidente*) fall; [*de caballo*] fall, tumble; **tuvo una aparatosa ~ de la moto** he had a spectacular fall from his motorbike; **sufrir una ~** to have a fall, take a tumble; **durante un campeonato regional, sufrió una grave ~ del caballo** during a regional championship, he had a bad fall *o* tumble off his horse ► **caída de agua** waterfall ► **caída de cabeza**: **sufrir una ~ de cabeza** to fall headfirst, header• ► **caída en barrena** spiral fall
[2] [*de gobierno, imperio*] fall, collapse; [*de un gobernante*] downfall; **la ~ del Muro de Berlín** the collapse *o* fall of the Berlin Wall; **la crisis ocasionó la ~ del gobierno** the crisis brought down the government; **la ~ del Imperio Romano** the fall of the Roman Empire; **la ~ de Napoleón se produjo en Waterloo** Waterloo was Napoleon's downfall
[3] (= *pérdida*) [*de cabello, dientes*] loss; **un champú contra la ~ del cabello** a shampoo that helps prevent hair loss
[4] (*Dep*) ► **caída al vacío, caída libre** free fall
[5] (= *descenso*) [*de precios, ventas*] fall, drop; [*de divisa*] fall; **la espectacular ~ de precios afectó con gran dureza a numerosas economías** many economies were hard hit by the dramatic fall *o* drop in prices; **el gobierno está decidido a frenar la ~ de la peseta** the government is determined to curb the fall of the peseta; **~ de la temperatura** drop in temperature; **~ de tensión** (*Med*) drop in blood pressure; (*Elec*) drop in voltage; **~ de la actividad económica** downturn in the economy; **~ en picado** sharp fall; **el banco intervino para evitar la ~ en picado del dólar** the bank intervened to stop the dollar taking a nose-dive *o* plummeting
[6] **a la ~ del sol** *o* **de la tarde** at sunset
[7] (= *desprendimiento*) fall; **había una continua ~ de piedras desde la cima de la montaña** rocks fell continuously from the top of the mountain
[8] (= *inclinación*) [*de terreno*] slope; (*brusco*) drop
[9] [*de tela, ropa*] hang; **esta chaqueta tiene buena ~** this jacket hangs well ► **caída de hombros** slope of the shoulders ► **caída de ojos**: **tenía una ~ de ojos entre coqueta y malvada** the way she lowered her eyes was somewhere between coquettish and wicked
[10] (*Rel*) **la Caída** the Fall
[11] ► **caída radiactiva** radioactive fallout
[12] **caídas** [12·1] (•) (= *golpes*) witty remarks; **¡qué ~s tiene!** isn't he witty?
[12·2] (= *lana*) low-grade wool *sing*

**caído** Ⓐ ADJ (*gen*) fallen; [*cabeza*] hanging; [*hombros*] drooping; [*cuello*] turndown; [*flor etc*] limp, drooping; **estar ~ de sueño** to be dead tired
Ⓑ SM [1] (= *muerto*) **los ~s** the fallen; **los ~s por España** (*en el bando franquista*) those who died for Spain; **monumento a los ~s** war memorial, monument to the fallen
[2] (*Méx*) (= *soborno*) backhander•, sweetener•

**caifán**• SM (*Méx*) pimp•, ponce•

**caigo** *etc ver* **caer**

**caimacán** SM (*Andes*) (= *persona importante*) important person, big shot•; (= *estrella*) ace, star, expert

**caimán** SM [1] (= *cocodrilo*) caiman, alligator
[2] (*Andes*) (= *iguana*) iguana
[3] (*LAm*) (= *estafador*) con man, swindler
[4] (*Méx Téc*) chain wrench
[5] (*Andes*) (= *gandul*) lazybones•

**caimanear** ▸conjug 1a◂ (*LAm*) Ⓐ VT (= *estafar*) to swindle, cheat
Ⓑ VI (= *cazar*) to hunt caiman *o* alligators

**caimiento** SM [1] (= *acto*) fall, falling; (*Med*) decline
[2] (= *desfallecimiento*) dejection

**Caín** SM Cain; ✦*MODISMOS* **pasar las de ~**• to go through hell•; **venir con las de ~**• to have evil intentions

**cainismo** SM fratricidal violence, fratricidal treachery

**cainita** ADJ (*frm*) **odio ~** brotherly hatred; **un país ~** a country where brother hates brother

**cairel** SM (= *peluca*) wig; (*Cos*) fringe

**cairelear** ▸conjug 1a◂ VT to trim, fringe

**Cairo** SM **el ~** Cairo

**caita** (*Cono Sur*) Ⓐ ADJ INV (= *montaraz*) wild, untamed; (= *huraño*) unsociable, withdrawn
Ⓑ SM (= *trabajador*) migratory agricultural worker

**caite** SM (*CAm*) rough sandal

**caitearse** ▸conjug 1a◂ VPR **caiteárselas** (*CAm*) to run away, beat it•

**caja** SF [1] (= *recipiente*) box; [*de cervezas, refrescos*] crate; **una ~ de cartón** a cardboard box; **la ~ tonta**• (= *tele*) the box•, the goggle-box•, the idiot box (*EEUU*•) ► **caja china** Chinese box ► **caja de cerillas** (*llena*) box of matches; (*vacía*) matchbox ► **caja de colores** box of crayons ► **caja de herramientas** toolbox ► **caja de Pandora** Pandora's box ► **caja de sorpresas** (= *juego*) jack-in-the-box; **ser una ~ de sorpresas** to be full of surprises ► **caja de zapatos** shoebox ► **caja negra** [*de avión*] black box
[2] (*Com*) (*en supermercado*) checkout; (*en tienda*) till, cash desk; (*en banco*) window, cash desk; **robaron todo el dinero que había en la ~** they stole all the money in the till; **para pagar, pase por ~** please pay at the cash desk *o* till *o* checkout; **entrar en ~**: **ha entrado muy poco dinero en ~** takings have been low; **hacer ~** to cash up; **después de cerrar hacen ~** after closing they cash up; **hicieron una ~ de 500.000 pesetas** they took (in) 500,000 pesetas; **ingresar en ~**: **hemos ingresado 50.000 ptas en ~** we have taken (in) 50,000 pesetas ► **caja B** B account, secret account *o* fund, slush fund ► **caja de ahorros** savings bank ► **caja de caudales** safe, strongbox ► **caja de pensiones** pension fund ► **caja de resistencia** emergency fund, contingency fund ► **caja fuerte** safe, strongbox ► **Caja Postal de Ahorros** ≈ Post Office Savings Bank ► **caja registradora** cash register, cash till
[3] [*de reloj*] case, casing; [*de radio, TV*] casing, housing; [*de fusil*] stock ► **caja de cambios** (*Mec*) gearbox ► **caja de empalmes** junction box ► **caja de fusibles** fuse box ► **caja del cigüeñal** crankcase ► **caja de registro** manhole, inspection hole
[4] (*Mús*) (= *tambor*) drum; [*de piano*] case; [*de violín*] soundbox; ✦*MODISMO* **despedir** *o* **echar a algn con ~s destempladas** to send sb packing•, throw *o* kick sb out ► **caja de música** music box ► **caja de resonancia** [*de un instrumento*] soundbox; **sirve de ~ de resonancia a los terroristas** it's a sounding board for terrorists ► **caja de ritmos** drum machine, beatbox•
[5] (*Anat*) ► **caja craneana** skull, cranial cap ► **caja de dientes**• set of choppers• ► **caja torácica** thoracic cavity
[6] (•) (= *ataúd*) box•, coffin ► **caja de muerto** coffin, casket (*EEUU*)
[7] (*Bot*) seed case, capsule
[8] (*Tip*) case ► **caja alta** upper case ► **caja baja** lower case
[9] (*Mil*) **entrar en ~** to join up, enlist ► **caja de reclutamiento**, **caja de reclutas** recruiting office
[10] (*Cono Sur*) (= *lecho de río*) (dried up) riverbed

**cajear**• ▸conjug 1a◂ VT (*Andes, CAm*) to beat up•

**cajero/a** Ⓐ SM/F (*gen*) cashier; (*en banco*) cashier, (bank) teller; (*en supermercado etc*) checkout operator
Ⓑ SM ► **cajero automático** cash dispenser, automated *o* automatic teller machine (*frm*)

**cajeta** SF [1] (*LAm*) (= *dulce de leche*) fudge, soft toffee; (*Méx*) (= *dulce de jalea*) jelly; (*CAm, Méx*) (= *caramelo*) sweet, candy (*EEUU*)
[2] (*CAm, Méx*) (*para dulces*) round sweet box
[3] (*Andes, CAm*) [*de animal*] lip
[4] ✦*MODISMO* **de ~** (*CAm, Méx*) (*iró*) first-class, super
[5] (*Méx*•) (= *cobarde*) coward; (= *enclenque*) wimp•
[6] (*Cono Sur*✱✱) (= *vagina*) cunt✱✱

**cajete** SM (*Méx*) [1] (= *cazuela*) earthenware pot *o* bowl
[2] (•) (= *wáter*) toilet, loo•, john (*EEUU*✱)
[3] (✱) (= *culo*) bum✱, ass (*EEUU*✱)

**cajetilla** Ⓐ SF [1] (= *paquete*) packet, pack (*EEUU*) ► **cajetilla de cigarrillos**, **cajetilla de tabaco** packet *o* (*EEUU*) pack of cigarettes
[2] (*Caribe*) (= *dientes*) teeth *pl*
Ⓑ SM (*Cono Sur*•) (= *petimetre*) dude•, toff•; (= *urbanita*) city slicker (*EEUU*); (= *afeminado*) poof✱, queen✱, fag (*EEUU*✱)

**cajista** SMF compositor, typesetter

**cajón** SM 1 [*de mueble*] drawer ► **cajón de sastre**: **esta palabra es un ~ de sastre** this is a catch-all term; **esta sección es un ~ de sastre** this section is a bit of a ragbag *o* mixed bag
2 (= *caja*) big box, crate ► **cajón de embalaje** crate, packing case ► **cajón de suspensión**, **cajón hidráulico** caisson
3 (*Méx*) (= *puesto*) stall ► **cajón de ropa** draper's (shop), dry-goods store (*EEUU*)
4 (*Dep*) ► **cajón de salida** starting gate
5 ♦*MODISMO* **de ~***: **eso es de ~** that goes without saying
6 (*Andes, Cono Sur*) (= *ataúd*) coffin, casket (*EEUU*)
7 (*LAm Geog*) ravine

**caju** SM cashew (nut)

**cajuela** SF (*Méx Aut*) boot, trunk (*EEUU*)

**cal** SF lime; ♦*MODISMOS* **cerrar algo a ~ y canto** to shut sth firmly *o* securely; **de ~ y canto** firm, strong; **dar una de ~ y otra de arena** to apply a policy of carrot and stick ► **cal apagada**, **cal muerta** slaked lime ► **cal viva** quicklime

**cala**[1] SF 1 (*Geog*) (= *ensenada*) cove
2 (*Náut*) hold
3 (*Pesca*) fishing ground

**cala**[2] SF 1 (*Culin*) [*de fruta*] sample slice; **hacer ~ y cata** to test for quality
2 (*Med*) (= *supositorio*) suppository; (= *sonda*) probe
3 (*Aut*) dipstick

**cala**[3]* SF (*Esp*) peseta

**cala**[4]‡ SM (*Mil*) glasshouse‡, prison

**calabacear*** ▸conjug 1a◂ VT (*Univ*) [+ *candidato*] to fail; [+ *amante*] to jilt

**calabacera** SF pumpkin (plant)

**calabacín** SM 1 (*Bot*) courgette, zucchini (*EEUU*)
2 (= *idiota*) dolt

**calabacita** SF (*Esp*) courgette, zucchini (*EEUU*)

**calabaza** SF 1 (*Bot*) pumpkin; (= *recipiente*) gourd, calabash
2 (= *idiota*) dolt
3 (*) (= *cabeza*) bonce‡, nut*, noggin (*EEUU*‡)
4 **dar ~s a** [+ *candidato, estudiante*] to fail; [+ *amante*] to jilt; (= *ofender*) to snub, offend; **llevarse** *o* **recibir ~s** [*estudiante*] to fail; [*amante*] to be jilted; **salir ~** to be a flop*, prove a miserable failure

**calabazada** SF (= *cabezada*) head butt; (= *golpe en la cabeza*) blow on the head

**calabazazo** SM bump on the head

**calabazo** SM 1 (*Bot*) pumpkin, gourd, squash (*EEUU*)
2 (*Caribe Mús*) drum

**calabobos*** SM INV drizzle

**calabozo** SM (= *prisión*) prison; (= *celda*) prison cell; (*Mil*) military prison; (*esp Hist*) dungeon

**calabrote** SM (*Náut*) cable-laid rope, cable rope

**calache*** SM (*CAm*) thing, thingummyjig*, thingamajig (*EEUU**); **reúne tus ~s** get your things, get your bits and pieces

**calada** SF 1 (= *mojada*) soaking
2 [*de red*] lowering
3 [*de ave*] swoop, dive
4 [*de tabaco*] puff, drag*
5 (*) (= *regañada*) ticking-off*; **dar una ~ a algn** to tick sb off*, haul sb over the coals

**caladero** SM fishing ground

**calado** Ⓐ ADJ 1 (= *mojado*) soaked; **estar ~ (hasta los huesos)** to be soaked (to the skin)
2 (*Cos*) openwork *antes de s*
3 [*gorro etc*] **con la boina calada hasta las orejas** with his beret pulled down over his ears
4 [*bayoneta*] fixed
Ⓑ SM 1 (*Téc*) fretwork; (*Cos*) openwork
2 (*Náut*) depth of water; [*de barco*] draught, draft (*EEUU*); **en iguales ~s** on an even keel
3 (*fig*) depth; (= *alcance*) scope; (= *importancia*) importance; **una razón de mayor ~** a more convincing reason; **un descubrimiento de gran ~** a very important discovery
4 (*Mec*) stall, stalling

**calafate** SM caulker, shipwright

**calafatear** ▸conjug 1a◂ VT to caulk, plug up

**calaguasca** SF (*LAm*) rum

**calagurritano/a** Ⓐ ADJ of Calahorra
Ⓑ SM/F native/inhabitant of Calahorra; **los ~s** the people of Calahorra

**calamaco** SM (*Méx Culin*) kidney bean

**calamar** SM squid ► **calamares a la romana** squid rings fried in batter

**calambrazo*** SM attack of cramp

**calambre** SM 1 (*muscular*) **me dan ~s** I get cramp ► **calambre de escribiente** writer's cramp
2 (*Elec*) shock; **un cable que da ~** a live wire

**calambur** SM (*LAm*) pun

**calamidad** SF (= *desastre*) calamity, disaster; (= *persona*) **es una ~** he's a dead loss*; **estar hecho una ~** to be in a very bad way; **¡vaya ~!** what terrible luck!

**calamina** SF 1 (*Med, Min*) calamine
2 (*Chile, Bol, Perú*) (= *chapa*) corrugated iron

**calaminado** ADJ (*LAm*) bumpy, uneven

**calamita** SF lodestone; (= *aguja*) magnetic needle

**calamitosamente** ADV calamitously, disastrously

**calamitoso** ADJ calamitous, disastrous

**cálamo** SM (*Bot*) stem, stalk; (*Mús*) reed; (*Mús Hist*) flute; (= *pluma*) pen; **empuñar el ~** to take up one's pen; **menear ~** to wield a pen

**calamocano*** ADJ 1 (= *borracho*) merry*, tipsy
2 (= *cariñoso*) doting

**calamoco** SM icicle

**calamorra*** SF head, nut‡

**calamorrada*** SF (= *cabezada*) head butt; (= *golpe en la cabeza*) bump on the head

**calandraco** ADJ (*Andes, Cono Sur*) (= *fastidioso*) annoying, tedious; (= *casquivano*) scatter-brained

**calandria**[1] SF (*Orn*) calandra lark

**calandria**[2] Ⓐ SF 1 (*Téc*) calender
2 (*Fin*‡) one peseta
3 (= *argot*) underworld slang, argot
Ⓑ SMF (*) (= *persona*) malingerer

**calaña** SF sort; **gente de esa ~** people of that ilk *o* sort

**calañés** SM (*Andalucía*) *hat with a turned-up brim*

**calar**[1] Ⓐ ADJ calcareous (*frm*), lime *antes de s*
Ⓑ SM limestone quarry

**calar**[2] ▸conjug 1a◂ Ⓐ VT 1 [*líquido, lluvia, humedad*] to soak (through); **la lluvia me caló la ropa** the rain soaked *o* drenched my clothes; **~ a algn (hasta) los huesos** to cut sb through to the bone; **un frío y una humedad que calan los huesos** cold and damp that cut through to the bone
2 (*) (= *percatar*) to suss (out)*; **lo calé nada más conocerlo** I had him sussed as soon as I'd met him*; **¡nos ha calado!** he's sussed *o* rumbled us!*, we've been sussed *o* rumbled!*
3 (*Téc*) [+ *metal, madera*] to fret; **sierra de ~** fret saw
4 [+ *bayoneta*] to fix
5 [+ *mástil*] to fix, fit; [+ *vela*] to lower; [+ *red*] to cast; **el buque cala 12 metros** the ship draws 12 metres, the ship has a draught of 12 metres
6 (*Andes*) (= *aplastar*) to crush, flatten; (= *humillar*) to humiliate
Ⓑ VI (= *penetrar*) **esa moda no caló en España** that fashion did not take on *o* catch on in Spain; **su defensa caló en el jurado** the arguments in his defence got through to the jury; **una ideología que está calando en la sociedad** an ideology that is catching on in society; **esta opinión ha calado entre la población** this opinion has taken deep root among the public; **su mensaje caló hondo en nuestra generación** her message had a deep effect *o* made a deep impression on our generation
Ⓒ **calarse** VPR 1 (= *mojarse*) to get soaked, get drenched; **me calé hasta los huesos** I got soaked to the skin
2 [*material, ropa*] to let water in, get wet; [*zapatos*] to let water in; **esos zapatos se calan** those shoes will let water in as soon as it rains
3 [*motor, vehículo*] to stall; **se le caló el coche** his car stalled
4 [+ *sombrero, gorra*] to pull down; [+ *gafas, careta*] to put on; **se caló el sombrero hasta la frente** he pulled his hat down over his forehead

**calarredes** SM INV trawler

**calatear** ▸conjug 1a◂ VT (*Perú*) to undress

**calato** ADJ (*Perú*) (= *desnudo*) naked; (*fig*) penniless, broke*

**calavera** Ⓐ SF 1 (*Anat*) skull
2 (*Méx Aut*) tail-light, rear light
3 (*Entomología*) death's-head moth
Ⓑ SM (= *juerguista*) reveller; (= *locuelo*) madcap; (= *libertino*) rake, roué; (= *canalla*) rotter†, cad†, heel†

**calaverada** SF madcap escapade

**calaverear** ▸conjug 1a◂ VI to live it up*; (*pey*) to lead a wild life, live recklessly

**calca** SF 1 (*Perú*) (= *granero*) barn, granary
2 (*LAm*) (= *copia*) copy

**calcado** Ⓐ ADJ (= *idéntico*) **ser ~ a algo** to be just like sth; **ese bolso es ~ al mío** that bag is just like mine; **ser ~ a algn** to be the spitting image of sb; **es ~ a su padre** he's the spitting image of his father
Ⓑ SM (*Téc*) tracing

**calcañal** SM, **calcañar** SM, **calcaño** SM heel

**calcar** ▸conjug 1g◂ VT 1 (*Téc*) to trace, make a tracing of
2 (= *plagiar*) to copy, imitate; **~ A en B** (= *copiar*) to model A on B, base A on B

**calcáreo** ADJ calcareous, lime *antes de s*

**calce** SM 1 (*Mec*) (= *llanta*) (steel) tyre; (=

*cuña*) wedge, shim; (= *punta*) iron tip
[2] (*Andes*) (= *empaste*) filling (*of a tooth*)
[3] (*Méx Tip*) [*de documento*] foot (of a document), lower margin; (= *firma*) signature; **firmar al ~** to sign at the foot *o* bottom of the page
[4] (*Cono Sur*) (= *oportunidad*) chance, opportunity

**cal. cen.** ABR (= **calefacción central**) c.h.

**calcés** SM masthead

**calceta** SF [1] **hacer ~** to knit
[2] (= *media*) (knee-length) stocking
[3] (= *hierro*) fetter, shackle

**calcetería** SF [1] (= *oficio*) hosiery
[2] (= *tienda*) hosier's (shop)

**calcetero/a** SM/F hosier

**calcetín** SM sock; ✦***MODISMO*** **darle la vuelta al ~** to turn things upside-down ► **calcetín de viaje⁑** French letter, rubber (*esp EEUU⁑*)

**calcha** SF (*Cono Sur*) [1] (= *ropa*) clothing; [*de cama*] bedding; (= *arreos*) harness
[2] (= *cerneja*) fetlock
[3] (= *flequillo*) fringe (of hair)
[4] (= *harapos*) tatters *pl*, strands *pl*

**calchona** SF (*Cono Sur*) ghost, bogey; (*fig*) hag

**calchudo** ADJ (*Cono Sur*) shrewd, cunning

**calcícola** Ⓐ ADJ calcicolous
Ⓑ SF calcicole

**calcificación** SF calcification

**calcificante** ADJ calcifying

**calcificar** ▸conjug 1g◂ VT, **calcificarse** VPR to calcify

**calcífugo** ADJ calcifugous

**calcina** SF concrete

**calcinación** SF calcination

**calcinar** ▸conjug 1a◂ Ⓐ VT [1] (= *quemar*) to burn, reduce to ashes, blacken; **las ruinas calcinadas del edificio** the charred remains of the building; **cuerpos calcinados** charred bodies; **murió calcinado** he burned to death
[2] (*) (*fastidiar*) to bother, annoy
Ⓑ **calcinarse** VPR to calcine

**calcio** SM calcium

**calco** SM [1] (*Téc*) tracing
[2] (*Ling*) calque (**de** on), loan translation (**de** from)
[3] (= *imitación*) copy, imitation; **ser un ~ de algn** to be the spitting image of sb
[4] **calcos⁑** (= *pies*) plates⁑, feet; (= *zapatos*) shoes

**calcomanía** SF transfer, decal (*EEUU*)

**calculable** ADJ calculable

**calculador** ADJ [1] (*gen*) calculating
[2] (*LAm*) (= *egoísta*) selfish, mercenary

**calculadora** SF calculator; (*Hist*) calculating machine ► **calculadora de bolsillo** pocket calculator

**calcular** ▸conjug 1a◂ VT [1] (*Mat*) (*exactamente*) to calculate, work out; **debes ~ la cantidad exacta** you must calculate *o* work out the exact number; **~ la distancia entre dos puntos** to calculate *o* work out the distance between two points; **calculé mal la distancia y me caí** I misjudged the distance and fell
[2] (*estimativamente*) **~ que** to reckon (that); **calculo que debe de tener unos cuarenta años** I reckon *o* (*esp EEUU*) figure he must be about 40 (years old); **¿cuánto calculas que puede costar?** how much do you reckon it might cost?; **se calcula que habrá unos diez heridos** about ten people are estimated to have been wounded; **calculo que llegará mañana** I reckon *o* (*esp EEUU*) figure he'll come tomorrow
[3] (= *planear*) to work out, figure out; **lo calculó todo hasta el más mínimo detalle** he worked *o* figured it all out down to the last detail
[4] (*) (= *imaginar*) **—¿tienes ganas de ir? —¡calcula!** "are you looking forward to going?" — "what do you think? *o* you bet (I am)!"*
[5] (*Arquit*) [+ *puente, bóveda*] to design, plan

**cálculo** SM [1] (*gen*) calculation, reckoning; (= *conjetura*) estimate, conjecture; (*Mat*) calculus; **según mis ~s** by my reckoning, by my calculations; **obrar con mucho ~** to act cautiously; **hoja de ~** spreadsheet; **libro de ~s hechos** ready reckoner ► **cálculo de costo** costing, pricing (*EEUU*) ► **cálculo de probabilidades** theory of probability ► **cálculo diferencial** differential calculus ► **cálculo mental** mental arithmetic
[2] (*Med*) stone ► **cálculo biliar** gallstone

**Calcuta** SF Calcutta

**calda** SF [1] (= *calentamiento*) (*gen*) heating; (*en hornos de fundición*) stoking
[2] **caldas** (= *baños*) hot springs, hot mineral baths

**caldeado** ADJ lively; **ambiente ~** (= *animado*) lively atmosphere; (= *tenso*) heated atmosphere; **los ánimos estaban ~s** feelings were running high, an argument broke out and the atmosphere grew very tense *o* heated

**caldeamiento** SM warming, heating

**caldear** ▸conjug 1a◂ Ⓐ VT (= *calentar*) to warm (up), heat (up); (*Téc*) to weld; **~ los ánimos de la gente** to work people up
Ⓑ **caldearse** VPR [*local*] to get hot; [*ambiente*] to get tense *o* heated

**caldeo** SM warming, heating; (*Téc*) welding

**caldera** SF (*Téc*) boiler; (= *caldero*) cauldron; (*Cono Sur*) (= *cacerola*) pot; (= *tetera*) teapot; (= *pava*) kettle; (*Andes*) crater; ✦***MODISMO*** **las ~s de Pe(d)ro Botero** hell

**calderero** SM boilermaker ► **calderero remendón** tinker

**caldereta** SF [1] (*Culin*) [*de pescado*] fish stew; [*de cordero*] lamb stew
[2] (= *caldera pequeña*) small boiler; (= *cacerola*) stewpan
[3] (*Rel*) holy water vessel
[4] (*Caribe*) (= *viento*) warm wind from the sea

**calderilla** SF [1] (*Fin*) small change; **en ~** in small change
[2] (*Rel*) holy water vessel

**caldero** SM cauldron, copper

**calderón** SM [1] (*Mús*) pause (sign)
[2] (= *caldera grande*) large boiler, cauldron
[3] (*Tip*) paragraph sign, section mark

**calderoniano** ADJ relating to Calderón; **héroe ~** Calderonian hero; **estudios ~s** Calderón studies

**caldo** SM [1] (= *sopa*) soup, broth; (= *consomé*) (clear) soup; **con un caldito te sentirás mejor** you'll feel better with some nice hot soup *o* broth inside you
[2] [*de guiso*] juice; **tómate el ~ del estofado** have some of the juice from the stew; **la salsa se hace con el ~ de la carne** the sauce is made from the stock *o* juice of the meat; **hierva las verduras/los huesos para hacer el ~** boil the vegetables/the bones to make a stock; **cubitos de ~** stock cubes
[3] ► **caldo de cultivo** (*Biol*) culture medium; (*fig*) breeding ground; **el ~ de cultivo del fascismo** the breeding ground of fascism
[4] ✦***MODISMOS*** **cambiar el ~ a las aceitunas⁑** to have a leak⁑; **hacer el ~ gordo a algn*** to make things easy for sb, make it easy for sb; **se le hacía ~ la cabeza** (*Cono Sur*) he worried a lot about it; **poner a algn a ~*** (= *regañar*) to tell sb off, give sb a ticking off*; ✦***REFRÁN*** **si no quieres ~, taza y media** *o* **dos tazas** it never rains but it pours
[5] (= *vino*) wine; **los ~s jerezanos** the wines of Jerez
[6] (= *aceite*) oil
[7] (*Méx*) sugar cane juice

**caldoso** ADJ [*sopa*] watery, thin; [*arroz*] soggy

**calducho** SM (*Cono Sur*) day off

**cale** SM slap, smack

**calé** Ⓐ ADJ gipsy *antes de s*, gypsy *antes de s*
Ⓑ SMF gipsy, gypsy

**calefacción** SF heating; **sistema de ~** heating (system) ► **calefacción central** central heating

**calefaccionable** ADJ **espejo exterior ~** heated wing mirror

**calefaccionar** ▸conjug 1a◂ VT (*Cono Sur*) to heat (up)

**calefactor** Ⓐ ADJ heating *antes de s*; **sistema ~** heating system
Ⓑ SM heater

**calefón** SM (*Cono Sur*) water heater, boiler ► **calefón a gas** gas-fired water heater *o* boiler

**caleidoscópico** ADJ kaleidoscopic

**caleidoscopio** SM kaleidoscope

**calendar** ▸conjug 1a◂ VT to schedule, programme, program (*EEUU*)

**calendario** SM calendar; [*de reforma etc*] timetable; [*de trabajo etc*] schedule; ✦***MODISMO*** **hacer ~s** to muse, dream ► **calendario de pared** wall calendar ► **calendario de taco** tear-off calendar

**caléndula** SF marigold

**calentador** SM heater ► **calentador de agua** water heater ► **calentador de cama** (*Hist*) bedwarmer, warming pan ► **calentador de gas** gas-fired boiler *o* water heater ► **calentador de inmersión** immersion heater ► **calentador eléctrico** electric fire ► **calentadores de piernas** legwarmers

**calentamiento** SM [1] (= *acción*) (*a temperatura alta*) heating; (*a temperatura media*) warming; **a consecuencia de un ~ excesivo** as a result of overheating ► **calentamiento de la atmósfera, calentamiento del planeta, calentamiento global** global warming
[2] (*Dep*) warm-up

**calentar** ▸conjug 1j◂ Ⓐ VT [1] [+ *líquido, metal, mineral, comida*] (*a temperatura alta*) to heat (up); (*a temperatura media*) to warm (up); **¿caliento un poco más la sopa?** shall I heat (up) the soup a bit more?; **tómate este café, que te caliente un poco el estómago** have this coffee, it will warm you up inside; **¿dónde puedo ~ la voz?** where can I warm up?; **estaban calentando piernas antes del partido** they were doing leg warm-up exercises before the match; **~ motores** (*lit*) to warm up the engines; (*fig*) to gather momentum; **los coches ya están calentando motores** the cars are already warming up their engines; **ya calentaba motores la huelga general** the general strike was already gathering momentum; ✦*MODISMO* **~ la cabeza** *o* **los cascos a algn*** (= *marear*) to pester sb; (= *empujar*) to egg sb on; **tras ~le mucho la cabeza han conseguido convencerlo** after endlessly pestering him they finally convinced him; **le ~on los cascos hasta que se metió en la pelea** they egged him on until he finally joined in the fight; *ver tb* **rojo B1**

2 [+ *ambiente, ánimos*] **no fueron capaces de ~ los ánimos de los asistentes** they couldn't get the audience fired up; **el torero inició la faena de rodillas para ~ al público** the bullfighter began with kneeling passes to get the spectators warmed up

3 (*) (*sexualmente*) to turn on*

4 (*esp LAm**) (= *enojar*) to make cross, make mad (*esp EEUU**)

5 (*) (= *zurrar*) **~ bien a algn** to give sb a good hiding

6 (*Chile**) [+ *examen, materia*] to cram for*

Ⓑ VI 1 (= *dar calor*) [*sol*] to get hot; [*estufa, radiador, fuego*] to give off heat, give out heat; **cuando caliente más el sol** when the sun gets hotter; **el radiador apenas calienta** the radiator hardly gives off *o* gives out any heat

2 (*Dep*) to warm up, limber up

Ⓒ **calentarse** VPR 1 (= *caldearse*) [*persona*] to warm o.s. up; [*plancha, sartén*] to heat up, get hot; [*habitación*] to warm up; [*motor, coche*] (*al encenderse*) to warm up; (*en exceso*) to overheat; **nos calentamos a la lumbre** we warmed ourselves up by the fire; ✦*MODISMO* **~se la cabeza** *o* **los cascos (por algo)*** to agonize (about sth), fret (over sth)

2 (*) (= *animarse*) **se calentaban con los aplausos del público** they got a buzz from the audience's applause*; **los ánimos se ~on y acabaron a golpes** feelings began to run high *o* things got heated and it ended in a punch-up

3 (*) (*sexualmente*) to get turned on*

4 (*LAm**) (= *enojarse*) to get cross, get mad (*esp EEUU**)

5 (*Cono Sur**) (= *disgustarse*) to get upset

**calentón*** Ⓐ ADJ randy*, horny*

Ⓑ SM 1 (*Andes, Cono Sur**) randy devil*, horny devil*

2 **darse el ~** ◊ **tener un ~** to feel randy *o* horny*

**calentorro/a*** SM/F randy *o* horny devil*

**calentura** SF 1 (*Med*) fever, (high) temperature; **estar con** *o* **tener ~** to be feverish, have a temperature; ✦*MODISMO* **tener ~ de pollo** (*hum*) to pretend to be ill

2 (*en labios*) cold sore

3 (*Chile*) tuberculosis

4 (*Andes, Cono Sur*) (= *cachondez*) (*) randiness*, horniness*

5 (*LAm*) (= *furia*) anger

**calenturiento** ADJ 1 (*Med*) feverish

2 (= *impúdico*) dirty, prurient; (= *exaltado*) rash, impulsive; **las mentes calenturientas** (*Pol etc*) the hotheads

3 (*Cono Sur*) (= *tísico*) consumptive, tubercular

**calenturón*** SM high fever

**calenturoso** ADJ feverish

**calera** SF (= *cantera*) limestone quarry; (= *horno*) limekiln

**calero** Ⓐ ADJ lime *antes de s*

Ⓑ SM limekiln

**calés*** SMPL bread* *sing*, money *sing*

**calesa** SF chaise, calash, buggy

**calesera** SF *Andalusian jacket*

**calesín** SM gig, fly

**calesita** SF (*Andes, Cono Sur*) merry-go-round, carousel (*EEUU*)

**caleta** SF 1 (*Geog*) cove, small bay, inlet

2 (*Andes*) (= *barco*) coasting vessel, coaster

3 (*Andes*) (= *escondite*) cache

**caletero/a** Ⓐ SM/F 1 (*Caribe*) (= *estibador*) docker, port worker

2 (*Caribe*) (*en tienda*) shop assistant, salesclerk (*EEUU*)

Ⓑ SM (*LAm Ferro*) milk train

**caletre*** SM gumption*, brains *pl*; **no le cabe en el ~** he can't get it into his thick head*

**calibración** SF calibration

**calibrado** ADJ calibrated

**calibrador** SM (*gen*) gauge, gage (*EEUU*); [*de mordazas*] calliper(s) ► **calibrador de alambre** wire gauge

**calibraje** SM calibration

**calibrar** ▸conjug 1a◂ VT (*Téc*) to calibrate; (*fig*) (= *evaluar*) to gauge, gage (*EEUU*), measure

**calibre** SM 1 (= *diámetro*) [*de bala, proyectil, casquillo*] calibre, caliber (*EEUU*); [*de pistola, rifle, cañón*] calibre, bore; [*de tubo, conducto, tornillo*] calibre; **de alto** *o* **gran** *o* **grueso ~** large-bore; **de bajo** *o* **pequeño ~** small-bore; **casquillos del ~ 9 parabellum** .9 Parabellum cases; **nunca he visto un coche de tal ~** I've never seen such a massive car

2 (= *importancia*) calibre; **no tenemos un poeta del ~ de Lorca** we do not have a poet of the calibre of Lorca; **tienen problemas de gran ~** they have problems of a serious nature

3 (*Cono Sur*) **palabras de grueso ~** rude words, crude language *sing*; **un chiste de grueso ~** a crude joke

**calicanto** SM (*Caribe, Cono Sur*) (= *muro*) stone wall; (= *muelle*) jetty

**calicatas*** SFPL (= *culo*) backside* *pl*

**caliche** SM 1 (*LAm*) saltpetre bed, caliche; (= *terreno*) nitrate-bearing ground

2 (*Cono Sur*) (= *jalbegue*) *crust of whitewash which flakes from a wall*

3 **echar un ~**** to have a screw**

**calicó** SM calico

**calidad** SF 1 [*de objeto, material, producto*] quality; [*de servicio*] quality, standard; **la ~ del agua ha empeorado** the quality of the water has worsened; **han mejorado la ~ de la enseñanza** they have improved the quality *o* standard of education, they have raised standards in education; **de (buena) ~** good-quality, quality *antes de s*; **fruta de (buena) ~** good-quality fruit, quality fruit; **turismo de ~** quality tourism; **vinos de ~** quality wines; **de mala ~** low-quality, poor-quality ► **calidad de vida** quality of life

2 (= *condición*) position, status; **su ~ de presidente se lo prohíbe** his position *o* status as president prohibits him from doing so; **en ~ de: te lo digo en ~ de amigo** I'm telling you as a friend

3 (*Inform*) ► **calidad de borrador** draft quality, draft ► **calidad de carta, calidad de correspondencia** letter quality ► **calidad de texto** text quality

**cálido** ADJ (*gen*) hot; [*color, sonrisa*] warm; [*aplausos*] enthusiastic

**calidoscópico** ADJ kaleidoscopic

**calidoscopio** SM kaleidoscope

**calienta** *etc ver* **calentar**

**calientabiberones** SM INV bottle warmer

**calientabraguetas**** SF INV prick-teaser**, prick-tease**, cock-teaser**

**calientacamas** SM INV electric blanket

**calientafuentes** SM INV hotplate, plate warmer

**calientapiernas** SMPL legwarmers

**calientapiés** SM INV (*gen*) foot warmer; [*de agua caliente*] hot-water bottle

**calientaplatos** SM INV hotplate, plate warmer

**calientapollas**** SF INV (*Esp*) prick-teaser**, pricktease**, cock-teaser**

> **CALIENTE**
>
> A la hora de traducir el adjetivo **caliente**, hay que tener en cuenta la diferencia en inglés entre los adjetivos **warm** y **hot**.
>
> • Se utiliza **warm** cuando nos referimos a algo que está templado, que no quema o que no está suficientemente frío:
>
> El biberón del niño ya está caliente
> ***The baby's bottle is warm now***
> ¡Esta cerveza está caliente!
> ***This beer is warm!***
>
> • Se emplea **hot** cuando estamos hablando de una temperatura alta, que puede quemar:
>
> No toques la sartén, está muy caliente
> ***Don't touch the frying pan, it's very hot***
> Me apetece un café calentito
> ***I fancy a nice hot cup of coffee***
>
> *Para otros usos y ejemplos ver la entrada.*

**caliente** ADJ 1 (= *que quema*) hot; **no toques la plancha, que está ~** don't touch the iron, it's hot; **un café bien ~** a piping hot coffee; **dieron la noticia cuando todavía estaba ~** the news was released hot off the press; **comer ~** to have a hot meal, have some hot food; **servir algo ~** to serve sth hot; ✦*MODISMOS* **en ~**: **tuvo que responderle en ~** he had to answer him there and then *o* on the spur of the moment; **así, en ~, no sé qué decirle** offhand, I don't know what to say; **agarrar a algn en ~** (*Méx**) to catch sb red-handed

2 (= *no frío*) warm; **esta cerveza está ~** this beer is warm; **si te abrigas con la manta estarás más calentito** if you wrap the blanket around you, you'll feel warmer; **el cuerpo estaba todavía ~ cuando lo tocaron** the body was still warm to the touch; **me gusta el pan calentito** I like my bread nice and warm; ✦*REFRÁN* **ande yo ~ y ríase la gente** (*en el vestir*) I dress for comfort, not for show; (*en el comportamiento*) I do my own thing and don't care what people say

3 (= *violento*) [*época, lugar*] turbulent; [*discusión*] heated; [*batalla*] raging; (*LAm*) [*persona*] angry, mad*; **los sindicatos anunciaron un otoño ~** trade unions warned of a turbulent autumn ahead; **~ de cascos** hot-headed

4 (*en juegos*) warm; **¡caliente, caliente!** warm!, getting warmer!

5 (*) (*en sentido sexual*) **estar ~** to feel horny*; **poner ~ a algn** to turn sb on*, make sb horny*; **ponerse ~** to get turned on*, get horny*

**califa** SM caliph

**califal** ADJ caliphal; **la Córdoba ~** Cordova under the Caliphs, the Cordova of the Caliphs

**califato** SM caliphate

**calificación** SF 1 (*Escol etc*) grade, mark
2 [*de una película*] rating, certificate; **la película recibió la ~ X** the film was awarded an X certificate, the film was X-rated
3 (= *descripción*) description
4 (= *posición*) rating, standing

**calificado** ADJ 1 (= *competente*) qualified, competent; [*obrero*] skilled
2 (= *conocido*) well-known, eminent
3 (*Der*) [*prueba*] undisputed; [*robo*] proven
4 (*Méx Jur*) qualified, conditional

**calificar** ▸conjug 1g◂ Ⓐ VT 1 **~ algo/a algn como** *o* **de algo** to describe sth/sb as sth, call sb/sth sth; **calificó su política como** *o* **de racismo encubierto** he called their policy covert racism, he described their policy as covert racism; **el párroco lo calificó de impertinente** the parish priest described him as *o* called him impertinent; **documentos calificados como alto secreto** documents classified as top secret
2 (*Escol*) [+ *examen*] to mark, grade (*EEUU*); [+ *alumno*] to give a mark to, give a grade to (*EEUU*)
3 (*frm*) (= *ennoblecer*) to distinguish
Ⓑ **calificarse** VPR (*LAm Pol*) to register as a voter

**calificativo** Ⓐ ADJ qualifying
Ⓑ SM **sólo merece el ~ de …** it can only be described as …; **lo que han hecho estos gamberros no tiene ~s** what these hooligans have done beggars belief

**California** SF California

**california** SF (*Cono Sur*) 1 (= *carrera*) horse-race
2 (*Téc*) wire stretcher

**californiano/a** ADJ, SM/F Californian

**calígine** (*poét*) SF (= *neblina*) mist; (= *oscuridad*) gloom

**caliginoso** ADJ (*poét*) (*con neblina*) misty; (= *oscuro*) gloomy

**caligrafía** SF (= *arte*) calligraphy; (= *letra*) handwriting

**caligrafiar** ▸conjug 1c◂ VT to write in a stylish hand

**caligráfico** ADJ calligraphic

**calilla** SF (*LAm*) 1 (= *persona*) bore
2 (= *molestia*) nuisance
3 (= *engaño*) hoax; (= *broma*) tired *o* old joke

**calima** SF = **calina**

**calimocho** SM wine and cola

**calina** SF haze, mist

**calinoso** ADJ hazy, misty

**calipso** SM calypso

**caliqueño** SM 1 (= *cigarro*) type of cheap cigar
2 (**) prick**; **echar un ~** to have a screw**

**calistenia** SF callisthenics *sing*, calisthenics *sing* (*EEUU*)

**cáliz** SM 1 (*Rel*) chalice, communion cup; (= *copa*) goblet, cup ▸ **cáliz de amargura** bitter cup, cup of sorrow
2 (*Bot*) calyx

**caliza** SF limestone

**calizo** ADJ **piedra caliza** limestone; **tierra caliza** limy soil

**callada** SF **a la** *o* **de ~** on the quiet, secretly; **dar la ~ por respuesta** to say nothing in reply

**calladamente** ADV (= *silenciosamente*) quietly, silently; (= *en secreto*) secretly

**callado** ADJ 1 [*carácter*] quiet, reserved
2 (= *silencioso*) quiet; **todo estaba muy ~** everything was very quiet; **tener algo ~** to keep quiet about sth, keep sth secret; **¡qué ~ te lo tenías!** you kept pretty quiet about it!; **más ~ que un muerto** as quiet as a mouse*; **pagar para tener ~ a algn** to pay to keep sb quiet, pay for sb's silence; **nunca te quedas ~** you always have an answer for everything

**callampa** SF (*Chile*) 1 (= *hongo*) mushroom; (= *paraguas*) umbrella, brolly*
2 **callampas** (= *suburbios*) shanty town *sing*

**callana** SF 1 (*LAm Culin*) flat earthenware pan
2 (*Cono Sur hum*) (= *reloj*) pocket watch

**callandito*** ADV, **callandico*** ADV (= *sin ruido*) softly, very quietly; (= *furtivamente*) stealthily

**callar** ▸conjug 1a◂ Ⓐ VI 1 (= *dejar de hablar*) to be quiet; **¡calla, que no puedo oír la radio!** be *o* keep quiet, I can't hear the radio!, shut up *o* (*EEUU*) hush up, I can't hear the radio!*; **su madre le mandó ~** his mother ordered him to be quiet, his mother told him to shut up; **—Ernesto se casa —¡calla! ¡eso no puede ser!** "Ernesto is getting married" — "you're joking! that can't be true!"
2 (= *no hablar*) to say nothing, keep quiet; **al principio optó por ~** initially he decided to say nothing *o* keep quiet; ✦**REFRÁN quien calla, otorga** silence is *o* gives *o* implies consent
Ⓑ VT 1 (= *hacer callar*) **calló a los niños con un cuento** he got the children to be *o* keep quiet by reading them a story; **reparten dinero para ~ las protestas** they're giving out money to silence *o* quell complaints; **¡calla** *o* **cállate la boca!*** shut your mouth!*, shut your face!*
2 (= *ocultar*) to keep to o.s., keep quiet; **será mejor ~ este asunto** it's best to keep this matter to ourselves *o* keep this matter quiet
Ⓒ **callarse** VPR 1 (= *dejar de hablar*) to stop talking, go quiet; **al entrar el profesor todos se ~on** when the teacher came in, everyone stopped talking *o* went quiet; **¡cállense, por favor!** please be quiet!; **si empieza a hablar, ya no se calla** once he starts talking, he doesn't stop
2 (= *no decir nada*) to say nothing, keep quiet; **en esas circunstancias es mejor ~se** in those circumstances, it would be best to say nothing *o* keep quiet

**calle** SF 1 (= *vía pública*) street; (*con más tráfico*) road; **una ~ muy céntrica** a street right in the centre of town; **~ abajo** down the street; **~ arriba** up the street; ✦**MODISMOS abrir ~** to make way, clear the way; **echar por la ~ de en medio** to push on, press on regardless; **se los lleva a todos de ~*** they just can't stay away from her, they find her irresistible; **llevar** *o* **traer a algn por la ~ de la amargura*** to make sb's life a misery* ▸ **calle cerrada** (*Ven, Col, Méx*), **calle ciega** (*Ven, Col*), **calle cortada** (*Cono Sur*) dead end, dead-end street, cul-de-sac ▸ **calle de doble sentido** two-way street ▸ **calle de sentido único**, **calle de una mano** (*Cono Sur*), **calle de una sola vía** (*Col*), **calle de un solo sentido** (*Chile*) one-way street ▸ **calle peatonal** pedestrianized street, pedestrian street ▸ **calle principal** main street ▸ **calle residencial** residential street (*with low speed limit and priority for pedestrians*) ▸ **calle sin salida** cul-de-sac, dead end, dead end street; *ver tb* **aplanar A1**, **cabo 2**
2 (= *no casa*) 2·1 **la ~**: **he estado todo el día en la ~** I've been out all day; **se sentaba en la ~ a ver pasar a la gente** he used to sit out in the street *o* outside watching the people go by; **a los dos días de su detención ya estaba otra vez en la ~** two days after his arrest he was back on the streets again; **el grupo tiene ya tres discos en la ~** the group already have three records out; **irse a la ~** to go out, go outside; **¡iros a la ~ a jugar!** go and play outside!; **salir a la ~** (= *persona*) to go outside; (= *disco, publicación*) to come out; **llevo varios días sin salir a la ~** I haven't been out of the house *o* outside for several days; **el periódico salió ayer a la ~ por última vez** the paper came out yesterday for the last time; ✦**MODISMOS coger la ~*** to up and leave*; **dejar a algn en la ~** to put sb out of a job; **echar a algn a la ~** to throw sb out on the street; **echarse a la ~** to take to the streets; **hacer la ~** (*euf*) to walk the streets; **poner a algn (de patitas) en la ~*** to kick sb out; **quedarse en la ~** (= *sin trabajo*) to be out of a job; (= *sin vivienda*) to be homeless; **tomar la ~** to take to the streets; *ver tb* **hombre A1**
2·2 **de ~**: **ropa de ~** (= *no de estar en casa*) *clothes for wearing outside the house*; (= *no de gala*) everyday clothes *pl*; **iba vestido de ~** (*Mil*) he was wearing civilian clothes, he was wearing civvies*
3 **la ~** (= *gente*) the public; **vamos a oír ahora la opinión de la ~** we're now going to hear what members of the public think; **la presión de la ~** the pressure of public opinion
4 (*Natación, Atletismo*) lane; (*Golf*) fairway
5 (*Aer*) ▸ **calle de rodadura**, **calle de rodaje** taxiway

**calleja** SF = **callejuela**

**callejear** ▸conjug 1a◂ VI to wander (about) the streets, stroll around; (*pey*) to loaf around, hang about

**callejera** SF street-walker

**callejero** Ⓐ ADJ 1 (*gen*) street *antes de s*; **accidente ~** street accident; **disturbios ~s** street riots; **mercado ~** street market
2 [*persona*] **son muy ~s** they are always out and about; *ver tb* **perro A1**
Ⓑ SM 1 (*guía*) street directory, street plan
2 (*Aut*) runabout

**callejón** SM (= *calleja*) alley, passage; (*Andes*) (= *calle*) main street; (*Taur*) space between inner and outer barriers; (*Geog*) narrow pass ▸ **callejón sin salida** cul-de-sac, dead end; (*fig*) blind alley; **las negociaciones están en un ~ sin salida** the negotiations are at an impasse, the negotiations are stalemated; **gente de ~** (*Andes*) low-class people

**callejuela** SF 1 (= *calle*) side street, small street; (= *pasaje*) alley, passage

2 (= *subterfugio*) subterfuge; (*fig*) way out (of the difficulty)

**callicida** SM corn cure

**callista** SMF chiropodist, podiatrist (*EEUU*)

**callo** SM 1 (*Med*) [*de pie*] corn; [*de mano*] callus, callosity (*frm*); ✦**MODISMOS criar ~s** to become inured, become hardened; **dar el ~** (*Esp*•) to slog, work hard, slave away•
2 (•) (= *persona fea*) **María/Juan es un ~** María/Juan is as ugly as sin
3 **callos** (*Culin*) tripe *sing*

**callosidad** SF callosity (*frm*), hard patch (*on hand etc*)

**calloso** ADJ calloused, rough

**calma** SF 1 (= *tranquilidad*) calm; **la ~ ha vuelto al equipo** calm has been restored to the team; **en la ~ de la noche** in the calm of the night; **¡calma!** (*en una discusión*) calm down!; (*ante un peligro*) keep calm!; **cuando llegaron los niños se acabó la ~** when the children arrived, the peace and quiet ended; **pasó la noche en ~** he had a peaceful night; **hubo un periodo de ~ entre las elecciones municipales y las legislativas** there was a lull between the local and the general elections; **con ~** calmly; **conservar** *o* **mantener la ~** to keep calm, stay calm; **perder la ~** to lose one's cool•; **tomárselo con ~** to take it easy•
2 (= *relajo excesivo*) **me atendieron con una ~ increíble** they served me in a very relaxed fashion
3 (*Náut, Meteo*) calm; **navegamos con la mar en ~** we sailed in a calm sea ▸ **calma chicha** dead calm

**calmadamente** ADV calmly

**calmado** ADJ calm; **estar ~** to be calm; **sería mejor esperar a que las cosas estén más calmadas** it would be better to wait until things have calmed down *o* are calmer

**calmante** Ⓐ ADJ soothing, sedative
Ⓑ SM sedative, tranquillizer

**calmar** ▸conjug 1a◂ Ⓐ VT 1 (= *relajar*) [+ *persona*] to calm (down); [+ *ánimos*] to calm; [+ *nervios*] to calm, steady; **intenté ~la pero seguía llorando** I tried to calm her down but she kept crying; **estas pastillas le ayudarán a ~ la ansiedad** these pills will help reduce *o* relieve your anxiety; **esta medida ~á la tensión en el país** this measure will reduce tension in the country
2 (= *aliviar*) [+ *dolor, picor*] to relieve; [+ *tos*] to soothe; [+ *sed*] to quench
Ⓑ **calmarse** VPR 1 [*persona*] to calm down; **¡cálmese!** calm down!
2 (*Meteo*) [*viento*] to drop; [*olas*] to calm down; ✦**MODISMO ~se las aguas: las aguas se ~án tras las elecciones** things will quieten down after the elections
3 (*Fin*) [*mercado*] to settle down

**calmazo** SM dead calm

**calmécac** SM (*Méx Hist*) *Aztec school for priests*

**calmo**[1] ADJ [*aguas, mar, persona*] calm; [*ambiente*] peaceful

**calmo**[2] ADJ (*esp LAm*) [*tierra*] barren

**calmosamente** ADV 1 (= *con tranquilidad*) calmly
2 (= *lentamente*) slowly, sluggishly

**calmosidad** SF 1 (= *tranquilidad*) calm, calmness
2 (= *lentitud*) slowness, sluggishness

**calmoso** ADJ 1 (= *tranquilo*) calm
2 (= *lento*) slow, sluggish

**caló** SM gipsy dialect, gypsy dialect

**calofriarse** ▸conjug 1c◂ VPR = **escalofriarse**

**calofrío** SM = **escalofrío**

**calor** SM (*a veces* SF) 1 (= *alta temperatura*) heat; **no puedo dormir con este ~** I can't sleep in this heat; **no soporto los ~es del verano** I can't cope with the heat in summer; **un material resistente al ~** a heat-resistant material; **¡qué ~!** it's really hot!; **nos sentamos al ~ de la chimenea** we sat by the heat of the fire, we sat by the warm fireside; **dar ~**: **el fuego da un ~cito muy agradable** the fire gives off a very pleasant heat; **esta camiseta me da demasiado ~** this shirt is too hot *o* warm; **entrar en ~** to get warm; **un café para entrar en ~** a coffee to warm you/us up; **hacer ~** to be hot; **hace muchísimo ~** it's very hot; **mañana hará mucho ~** it will be very hot tomorrow; **pasar ~** to be hot; **nunca he pasado tanto ~ como hoy** I've never been *o* felt as hot as today; **tener ~** to be hot; **tengo mucho ~** I'm very hot; *ver tb* **asar B**
2 (= *afecto*) warmth and affection; **un niño falto de ~** a child deprived of warmth and affection ▸ **calor humano** human warmth
3 **calores** [*de la menopausia*] hot flushes, hot flashes (*EEUU*)

**caloría** SF calorie

**calórico** ADJ caloric

**calorífero** Ⓐ ADJ heat-producing, heat-giving
Ⓑ SM (= *sistema*) heating system; (= *estufa*) furnace, stove; (= *radiador*) heater, radiator ▸ **calorífero mural** wall radiator

**calorífico** ADJ calorific; **potencia calorífica** calorific value

**calorifugar** ▸conjug 1h◂ VT [+ *caldera, tubo*] to lag

**calorífugo** ADJ (= *resistente*) heat-resistant, non-conducting; (= *incombustible*) fireproof

**calorro/a**• SM/F gipsy, gypsy

**calostro** SM colostrum

**calote**• SM (*Cono Sur*) swindle, trick, con•; **dar ~** to skip payments, leave without paying

**calotear**• ▸conjug 1a◂ VT (*Cono Sur*) to swindle, con•

**calta** SF (*tb* **~ palustre**) marsh marigold

**caluga** SF (*Cono Sur*) toffee

**caluma** SF (*Perú*) gap, pass (*in the Andes*)

**calumnia** SF (= *difamación*) slander, calumny (*frm*); (*Jur*) (*oral*) slander (**de** of); (*escrita*) libel (**de** on)

**calumniador(a)** SM/F (= *difamador*) slanderer; (*en prensa etc*) libeller

**calumniar** ▸conjug 1b◂ VT (= *difamar*) to slander; (*en prensa etc*) to libel; ✦**REFRÁN calumnia, que algo queda** if you throw enough mud, some sticks

**calumnioso** ADJ (= *difamatorio*) slanderous; (*en prensa etc*) libellous, libelous (*EEUU*)

**calurosamente** ADV warmly, enthusiastically

**caluroso** ADJ [*día, tiempo*] warm, hot; [*recibimiento*] warm, enthusiastic; [*aplausos*] enthusiastic

**calva** SF (= *cabeza*) bald head; (= *parte sin pelo*) bald patch; (*en alfombra, piel, tela*) bare patch, worn place; [*de bosque etc*] clearing

**Calvados** SM Calvados

**calvario** SM 1 (= *via crucis*) Stations of the Cross *pl* ▸ **el Calvario** (*Biblia*) Calvary
2 (= *martirio*) torment; **su matrimonio fue un ~** her marriage was a torment (to her); **pasar un ~** to suffer agonies

**calvatrueno**†• SM 1 (= *calvo*) bald pate
2 (= *tarambana*) madcap

**calvero** SM 1 [*de bosque*] glade, clearing
2 (= *cantera*) clay pit

**calvicie** SF baldness ▸ **calvicie precoz** premature baldness

**calvinismo** SM Calvinism

**calvinista** Ⓐ ADJ Calvinist, Calvinistic
Ⓑ SMF Calvinist

**calvo** Ⓐ ADJ 1 [*persona*] bald; [*piel*] bald, hairless; **un señor ~ con gafas** a bald man with glasses; **quedarse ~** to go bald; ✦**MODISMO más ~ que una bola de billar** as bald as a coot; *ver tb* **tanto C2**
2 [*terreno*] bare, barren
Ⓑ SM bald man

**calza** SF 1 (*Mec*) wedge, chock; **poner ~ a** to wedge, chock, scotch
2 (•) (= *media*) stocking
3 (*Col Med*) (= *empaste de dientes*) filling
4 **calzas**† (= *medias*) hose *pl*; (= *pantalón*) breeches; ✦**MODISMO estar en ~s prietas** to be in a fix

**calzada** SF (= *carretera*) road; [*de casa*] drive; (*LAm*) (= *avenida*) avenue; (*Caribe*) (= *acera*) pavement, sidewalk (*EEUU*) ▸ **calzada romana** Roman road; **el coche se salió de la ~** the car went off *o* left the road

**calzado** Ⓐ ADJ **conviene ir ~** it's better to wear shoes, one has to wear something on one's feet; **~ con** wearing; **iba calzada con unos zapatos rojos** she was wearing red shoes
Ⓑ SM footwear; **vendemos todo tipo de ~** we sell all types of footwear *o* shoes; **fábrica de ~** shoe factory

**calzador** SM shoehorn; (*Andes, Cono Sur*) penholder

**calzar** ▸conjug 1f◂ Ⓐ VT 1 [+ *zapatos etc*] (= *llevar*) to wear; (= *ponerse*) to put on; **calzaba zapatos verdes** she was wearing green shoes; **¿qué número calza usted?** what size shoes do you wear *o* take?, what size do you take?; ✦**MODISMO el que primero llega se la calza** first come first served
2 [+ *niño etc*] to put shoes on; (= *proveer de calzado*) to provide with footwear, supply with shoes; **me ayudó a ~me las botas** he helped me to put my boots on
3 (*Mil etc*) [+ *armas*] to bear
4 (*Téc*) [+ *rueda etc*] to scotch, chock; (*con cuña*) to put a wedge (under); (= *bloquear*) to block; (= *asegurar*) to secure
5 (*Col*) [+ *diente*] to fill
6 (= *poner punta a*) to tip, put an iron tip on
Ⓑ VI 1 **calza bien** he wears good shoes
2 (•) ✦**MODISMOS calza poco** ◊ **no calza mucho** he's pretty dim•
Ⓒ **calzarse** VPR 1 **~se los zapatos** to put one's shoes on
2 (•) **~se un empleo** to get a job; **~se a algn** to keep sb under one's thumb
3 **~se a algn**∵ to screw sb∵

**calzo** SM 1 (*gen*) wedge; (*Mec*) shoe, brakeshoe; (*Náut*) skid, chock
2 (*Ftbl*) professional foul (*euf*)

**calzón** SM [1] (*Esp*) (= *pantalón corto*) shorts *pl*; ♦*MODISMOS* **amarrarse los calzones** to act resolutely; **hablar a ~ quitado** (= *hablar claro*) to call a spade a spade, speak openly *o* frankly; (*sin parar*) to talk without stopping; **ponerse los calzones** to wear the trousers; **tener (muchos) calzones** (*Méx*) to be tough ► **calzón de baño**† bathing trunks *pl*
[2] (*LAm*) (= *ropa interior*) [*de mujer*] pants *pl*, knickers *pl*, panties *pl* (*esp EEUU*); [*de hombre*] underpants, pants, shorts (*EEUU*)
[3] (*LAm*) [*de bebé*] ► **calzón desechable** disposable nappy ► **calzón de vinilo** plastic pants
[4] **calzones rotos** (*Cono Sur Culin*) doughnuts, donuts (*EEUU*)

**calzonarias** SFPL (*Andes, Col*), **calzonarios** SMPL (*Pan*) pants, knickers, panties (*esp EEUU*)

**calzonazos*** SM INV (= *marido*) henpecked husband; (= *tonto*) stupid twit*; (= *débil*) wimp*

**calzoncillos** SMPL underpants, pants, shorts (*EEUU*) ► **calzoncillos del nueve largo*, calzoncillos marianos*** long johns*

**calzoneras** SFPL (*Méx*) trousers buttoned down the sides

**calzoneta** SF (*CAm, Méx*) swimming trunks *pl*

**calzonudo** ADJ (*Andes, CAm, Cono Sur*) (= *estúpido*) stupid; (= *débil*) weak-willed, timid; (*Méx*) (= *enérgico*) energetic; (= *audaz*) bold, brave

**CAM** SF ABR = **Comunidad Autónoma de Madrid**

**cama** SF [1] bed; **una ~ para los invitados** a spare bed; **una habitación con dos ~s** a twin-bedded room; **está en la ~ durmiendo** he's asleep in bed, he's in bed sleeping; **caer en ~** to fall ill; **estar en ~** to be in bed; **guardar ~** to stay in bed; **hacer la ~** to make the bed; **irse a la ~** to go to bed; **llevarse a algn a la ~** to get sb into bed; **meterse en la ~** to go to bed; **mojar la ~** to wet the bed, wet one's bed ► **cama camera** three-quarter bed ► **cama de agua** water bed ► **cama de campaña** camp bed ► **cama de matrimonio** double bed ► **cama de tijera** folding bed ► **cama doble** double bed ► **cama elástica** trampoline ► **cama individual** single bed ► **cama litera** bunk bed ► **cama nido** truckle bed, trundle bed (*EEUU*) ► **cama plegable** folding bed ► **cama redonda** group sex ► **cama solar** sunbed ► **cama turca** divan bed; ♦*REFRÁN* **quien mala ~ hace en ella yace** you've made your bed and now you must lie in it
[2] [*de carro*] floor
[3] (*Geol*) layer

**camachuelo** SM bullfinch

**camada** SF [1] (*Zool*) litter, brood; (= *pandilla*) gang, band; **son lobos de una ~** they're birds of a feather
[2] (*Geol*) layer; (*Arquit*) course (of bricks); [*de huevos, frutas*] layer

**camafeo** SM cameo

**camagua** SF (*CAm*) ripening maize, ripening corn (*EEUU*); (*Méx*) unripened maize

**camal** SM [1] (= *cabestro*) halter
[2] (= *palo*) pole (*from which dead pigs are hung*); (*Andes*) (= *matadero*) slaughterhouse, abattoir

**camaleón** SM chameleon

**camaleónico** ADJ chameleon-like

**camalote** SM camalote (*aquatic plant*)

**camama*** SF (= *mentira*) lie; (= *engaño*) trick

**camamila** SF camomile

**camanance** SM (*CAm*) dimple

**camanchaca*** SF (*Cono Sur*) thick fog, peasouper*

**camándula** SF [1] (= *rosario*) rosary
[2] (= *astucia*) **tener muchas ~s*** to be full of tricks, be a sly sort

**camandulear** ▸conjug 1a◂ VI to be sanctimonious, be falsely devout; (*LAm*) (= *intrigar*) to intrigue, scheme; (= *vacilar*) to bumble, avoid taking decisions

**camandulería** SF sanctimoniousness, false devotion

**camandulero/a** Ⓐ ADJ (= *beato*) sanctimonious, falsely devout; (= *taimado*) sly, tricky; (*LAm*) (= *enredador*) intriguing, scheming; (= *zalamero*) fawning, bootlicking*
Ⓑ SM/F (= *gazmoño*) prude, prig; (= *hipócrita*) hypocrite; (= *vividor*) sly sort, tricky person; (*LAm*) (= *intrigante*) intriguer, schemer

**cámara** Ⓐ SF [1] [*de fotos, televisión*] camera; **a ~ lenta** in slow motion; **a ~ rápida** in fast-forward ► **cámara de cine** film camera ► **cámara de fotos** camera ► **cámara de seguridad** security camera ► **cámara de vídeo** video camera ► **cámara fotográfica** camera ► **cámara oculta** hidden camera ► **cámara oscura** camera obscura; *ver tb* **chupar A1**
[2] (†) (= *habitación*) chamber ► **cámara acorazada** [*de archivo*] strongroom, vaults *pl*; [*de banco*] vaults *pl* ► **cámara ardiente** funeral chamber ► **cámara de aislamiento** isolation room ► **cámara de descompresión** decompression chamber ► **cámara de gas** [*de ejecución*] gas chamber ► **cámara de tortura** torture chamber ► **cámara frigorífica** cold-storage room, refrigerated container ► **cámara mortuoria** funeral chamber ► **cámara nupcial** bridal chamber
[3] (*Pol*) house, chamber ► **Cámara Alta** Upper House, Upper Chamber ► **Cámara Baja** Lower House, Lower Chamber ► **Cámara de Comercio** Chamber of Commerce ► **Cámara de los Comunes** House of Commons ► **Cámara de los Lores** House of Lords ► **Cámara de Representantes** House of Representatives ► **cámara legislativa** legislative chamber ► **Cámara Regional** regional parliament
[4] (*Hist*) [*de palacio*] royal chamber; **médico de ~** royal doctor; **gentilhombre de ~** gentleman-in-waiting; *ver tb* **ayuda B**
[5] (*Náut*) (= *camarote*) cabin; [*de oficiales*] wardroom ► **cámara de cartas** chart house ► **cámara de motores** engine room
[6] [*de neumático*] (inner) tube; **cubierta sin ~** tubeless tyre, tubeless tire (*EEUU*)
[7] (*Mec*) ► **cámara de combustión** combustion chamber ► **cámara de compresión** compression chamber ► **cámara de oxígeno** oxygen tent
[8] (*Anat*) cavity
[9] **cámaras** (*Med*†) diarrhoea *sing*, diarrhea *sing* (*EEUU*); ♦*MODISMO* **tener ~s en la lengua** to tell tales (out of school)
Ⓑ SMF camera operator, cameraman/camerawoman

**camarada** SMF [1] (*en partido político*) comrade
[2] (*en el trabajo*) colleague; (*en el colegio*) school friend
[3] (= *amigo*) pal*, mate*, buddy (*EEUU**)

**camaradería** SF (*en partido político*) comradeship; (*entre amigos*) camaraderie, matiness*; (*en deportes*) camaraderie, team spirit

**camarata:** SM waiter

**camarera** SF (*en hotel*) maid, chambermaid; (*en casa*) parlourmaid

**camarero/a** Ⓐ SM/F [1] (*en restaurante*) waiter/waitress ► **camarero/a principal** head waiter, maître (d'hôtel) (*EEUU*)
[2] (*Náut*) steward/stewardess; (*Aer*) steward/stewardess, flight attendant (*EEUU*)
Ⓑ SM (*Hist*) chamberlain ► **camarero mayor** (*Hist*) royal chamberlain

**camareta** SF (*Náut*) cabin ► **camareta alta** deckhouse

**camarico** SM (*Cono Sur*) [1] (= *lugar*) favourite place
[2] (= *amor*) love affair

**camarilla** SF [1] [*de presidente etc*] entourage; (*pey*) clique, coterie
[2] (*en organización*) faction; (*en partido*) (party) caucus; (*en cuerpo legislativo*) lobby, pressure group
[3] (= *cuarto*) small room

**camarín** SM [1] (*Teat*) dressing room; (= *tocador*) boudoir; (= *cuarto pequeño*) side room
[2] (*Rel*) (*para imagen*) chapel; (*para joyas*) *room where jewels etc belonging to an image are kept*
[3] (*LAm*) [*de tren*] sleeping compartment; [*de barco*] cabin; [*de ascensor*] lift car, elevator car (*EEUU*)

**camarista** SMF (*Arg*) member of Court of Appeal

**camarógrafo/a** SM/F cameraman/camerawoman

**camarón** SM [1] (*Zool*) shrimp
[2] (*CAm*) (= *propina*) tip, gratuity
[3] (*Andes**) (= *traidor*) turncoat; **hacer ~** to change sides, go over to the other side *o* camp
[4] (*CAm**) (= *trabajo*) casual *o* occasional work
[5] (*Cono Sur*) (= *litera*) bunk (bed)

**camaronear** ▸conjug 1a◂ VI [1] (*Méx*) (= *pescar camarones*) to go shrimping
[2] (*Andes Pol*) to change sides

**camaronero** SM (*Andes*) kingfisher

**camarote** SM (*Náut*) cabin ► **camarote de lujo** first-class cabin, stateroom

**camarotero** SM (*LAm*) steward, cabin servant

**camaruta*** SF bar girl

**camastro** SM rickety old bed

**camastrón** Ⓐ ADJ (*) sly, untrustworthy
Ⓑ SM (*CAm*) (= *cama*) large bed, double bed

**camayo** SM (*Perú Agr*) foreman, overseer (*of a country estate*)

**cambado** ADJ (*Andes, Caribe, Cono Sur*) bow-legged

**cambalache** SM [1] (= *trueque*) swap, exchange
[2] (*LAm*) (= *tienda*) secondhand shop, junk shop

**cambalachear** ▸conjug 1a◂ VT to swap, exchange

**cambar** ▸conjug 1a◂ VT (*Caribe, Cono Sur*) = **combar**

**cámbaro** SM crayfish

**cambiable** ADJ 1 (= *modificable*) changeable
2 (= *intercambiable*) exchangeable (**por** for)

**cambiadiscos** SM INV record-changer

**cambiadizo** ADJ changeable

**cambiado** ADJ 1 (= *diferente*) **estás muy cambiada desde la última vez que te vi** you've really changed since the last time I saw you
2 (= *intercambiado*) reversed; **sus padres tenían los papeles ~s** the parents' roles were reversed

**cambiador** SM [*de dinero*] moneychanger; [*de productos*] barterer; (*LAm Ferro*) pointsman, switchman (*EEUU*)

**cambiante** Ⓐ ADJ (= *variable*) [*situación*] changing; [*tiempo, viento*] changeable; [*persona, carácter*] moody; **vivimos en un mundo ~** we live in an ever-changing world
Ⓑ SMF (= *cambista*) moneychanger
Ⓒ SM 1 (= *tela*) iridescent fabric
2 **cambiantes** (*en nácar, tela*) changing colours, iridescence *sing*

**cambiar** ▸conjug 1b◂ Ⓐ VT 1 (= *modificar*) to change; **tendremos que ~ el color de nuestro logotipo** we'll need to change the colour of our logo; **eso no cambia mucho las cosas** that doesn't change things much
2 (= *intercambiar*) to exchange, swap*; **te cambio el rotulador verde por el rojo** I'll exchange my green pen for that red one, I'll swap you the green pen for the red one*; **¿me cambias el sitio?** can we change places?, can we swap places?*
3 (= *reemplazar*) to change; **¿les has cambiado el agua a los peces?** have you changed the water in the fish tank?; **ha ido a ~le los pañales al niño** she's gone to change the baby's nappy; **¿me lo puede ~ por otra talla?** could I change *o* exchange this for another size?
4 (= *trasladar*) to move; **van a ~ la oficina al piso de arriba** they are going to move the office up a floor; **nos van a ~ de aula** they are moving us to another classroom
5 (*Fin, Com*) to change; **tengo que ~ 100.000 pesetas en** *o* (*LAm*) **a libras** I have to change 100,000 pesetas into pounds; **¿tienes para ~me 5.000 pesetas?** have you got change for a 5,000 peseta note?
Ⓑ VI 1 (= *volverse diferente*) [*persona, situación*] to change; [*voz*] to break; **desde que te fuiste nada ha cambiado** nothing has changed since you left; **nada lo hará ~** nothing will make him change; **si es así, la cosa cambia** if it's true, that changes things, well that's a different story then; **con doce años ya le había cambiado la voz** his voice had already broken at the age of twelve
2 **~ de** [+ *actitud, canal, dirección*] to change; [+ *casa*] to move; **cuando no le interesa algo, cambia de tema** whenever he isn't interested in something, he changes the subject; **su vida cambió de rumbo 180 grados** the course of her life changed completely; **tú lo que necesitas es ~ de aires** what you need is a change of scene; **~ de dueño** to change hands; **~ de idea** *u* **opinión** to change one's mind; **~ para mejor/peor** to change for the better/worse; *ver tb* **camisa 1**, **tercio 2**
3 (*Transporte*) to change; **tienes que ~ en King's Cross** you have to change at King's Cross
4 (*Radio*) **¡cambio!** over!; **¡cambio y corto!** ◊ **¡cambio y fuera!** over and out!

➤ LENGUA Y USO: cambio 4 44.1

Ⓒ **cambiarse** VPR 1 [*persona*] to change, get changed; **me cambio y estoy lista** I'll just change *o* I'll just get changed and then I'll be ready
2 [+ *peinado, ropa, camisa*] to change; **¿te has cambiado el peinado?** have you changed your hairstyle?
3 **~se de algo** to change sth; **llovió tanto que tuve que ~me de chaqueta** it rained so much that I had to change jackets; **para ~se de médico hay que rellenar este formulario** to change doctors you need to fill in this form; **~se de casa** to move house
4 (= *intercambiarse*) to exchange, swap*; **¿nos cambiamos las camisetas?** shall we exchange *o* swap* T-shirts?; **siempre están cambiándose la ropa** they are always borrowing each other's clothes; **~se por algn** to change places with sb, swap places with sb*; **no me ~ía por ella** I wouldn't want to swap* *o* change places with her

**cambiario** ADJ (*Fin*) exchange *antes de s*; **estabilidad cambiaria** stability of *o* in the exchange rate; **liberalización cambiaria** freeing of exchange controls *o* rates *etc*

**cambiavía** SM (*Caribe, Méx Ferro*) 1 (= *persona*) pointsman, switchman (*EEUU*)
2 (= *agujas*) points *pl*, switch (*EEUU*)

**cambiazo*** SM (*Com*) switch; **dar el ~** to switch the goods; **dar el ~ a algn** to switch the goods on sb

▼**cambio** SM 1 (= *variación*) change; **ha habido un ~ de planes** there has been a change of plan; **el matrimonio supuso un ~ radical en mi vida** marriage meant a complete change in my life; **el entrenador ha hecho ya tres ~s en lo que va de partido** the coach has already made three substitutions *o* changes so far in the match; **estamos en la época de ~ entre el otoño y el invierno** we are in the changeover period between autumn and winter; **necesito un ~ de aires** I need a change of scene; **siempre nos veíamos durante el ~ de clase** we always used to meet in the break between classes; **un ~ para mejor/peor** a change for the better/worse ► **cambio climático** climatic change ► **cambio de agujas** (*Ferro*) points junction, switch junction (*EEUU*) ► **cambio de domicilio** change of address ► **cambio de gobierno** (*completo*) change of government; (*parcial*) reshuffle ► **cambio de guardia** changing of the guard ► **cambio de impresiones** exchange of views ► **cambio de la marea** turn of the tide ► **cambio de línea** (*Inform*) line feed ► **cambio de marchas** (= *acción*) gear change; (= *mecanismo*) gear stick, gearshift (*EEUU*); **hacer el ~ de marchas** to change gear; **un coche con ~ automático de marchas** a car with an automatic gearbox ► **cambio de opinión** change of opinion, turn in opinion ► **cambio de página** (*Inform*) form feed ► **cambio de pareja** change of partners (*in dancing*) ► **cambio de rasante**: **prohibido adelantar en un ~ de rasante** no overtaking on the brow of a hill ► **cambio de sentido** change of direction ► **cambio de sexo** sex change ► **cambio de tercio** (*Taur*) change of stage (*in a bullfight*); **se produjo un ~ de tercio en la conversación** the conversation changed direction *o* subject ► **cambio de velocidades** = **cambio de marchas** ► **cambio de vía** (*Ferro*) points *pl*, switches *pl* (*EEUU*); **hacer el ~ de vía** to go through the points *o* switches ► **cambio genético** genetic change
2 (= *intercambio*) exchange, swap*; **hicimos un ~ de coche** we exchanged cars, we swapped cars*; **salimos ganando con el ~** the exchange worked out in our favour
3 (*Fin*) 3·1 (= *dinero suelto*) change; **no tengo ~ para el teléfono** I don't have any change for the phone; **¿tienes ~ de 5.000 pesetas?** do you have change for 5,000 pesetas?, can you change 5,000 pesetas?; **quédese con el ~** keep the change; **te han dado mal el ~** they've given you the wrong change
3·2 [*de moneda extranjera*] (= *tipo*) exchange rate; **son 40 dólares al ~** that is 40 dollars at the current exchange rate; **al ~ del mes de febrero** at the February exchange rate; **"Cambio"** "Bureau de Change", "Change" ► **cambio a término** forward exchange ► **cambio de divisas** foreign exchange
4 **a ~** in return, in exchange; **lo ganó todo sin ceder nada a ~** he won it all without giving anything in return; **"admitimos su coche usado a ~"** "cars taken in part exchange", "trade-ins accepted"; **a ~ de** in return for, in exchange for; **reclamaba dinero a ~ de su silencio** he demanded money in return *o* exchange for keeping quiet (about it)
5 **en ~** whereas; **yo nunca llego a tiempo, en ~ ella es muy puntual** I never arrive on time, whereas she is very punctual; **¿pero qué ha sucedido en ~?** but instead, what has happened?

**cambista** SMF money changer

**Camboya** SF Cambodia, Kampuchea

**camboyano/a** ADJ, SM/F Cambodian, Kampuchean

**cambray** SM cambric

**cambrón** SM (= *espino*) buckthorn; (= *zarza*) bramble

**cambrona*** SF (*Cono Sur*) tough cotton cloth

**cambucho** SM (*Cono Sur*) (= *cono*) paper cone; (= *cesta*) straw basket for waste paper *o* dirty clothes; (= *tapa*) straw cover (*for a bottle*); (= *cuartucho*) miserable little room

**cambujo/a** (*CAm, Méx*) Ⓐ ADJ [*animal*] black; [*persona*] dark, swarthy
Ⓑ SM/F mestizo

**cambullón*** SM (*LAm*) (= *estafa*) swindle; (= *compló*) plot, intrigue; (= *cambio*) swap, exchange

**cambur** SM (*Ven*) 1 (= *plátano*) banana; (= *árbol*) banana tree
2 (*) (= *prebenda*) government post, soft job, cushy number*; (= *dinero*) windfall
3 (= *funcionario*) public servant, state employee

**cambuto** ADJ (*Perú*) (= *pequeño*) small, squat; (= *gordito*) chubby

**camelar** ▸conjug 1a◂ VT 1 (= *persuadir*) to cajole, win over; **tener camelado a algn** to have sb wrapped round one's little finger
2 [+ *mujer*] (= *flirtear*) to flirt with, make up to*; (= *conquistar*) to attract
3 (*Méx*) (= *mirar*) to look into, look towards *etc*; (= *espiar*) to spy on; (= *perseguir*) to pursue, hound

**camelia** SF camellia

**camelista** SMF 1 (= *cuentista*) joker
2 (= *halagador*) flatterer, bootlicker*

**camellar*** ▸conjug 1a◂ VI (*Caribe*) to work (hard)

**camellear:** ▸conjug 1a◂ VI to push drugs, be a pusher

**camelleo:** SM drug-pushing

**camellero** SM camel driver

**camello** SM [1] (*Zool*) camel ► **camello bactriano** Bactrian camel
[2] (:) (= *traficante*) dealer*, pusher*
[3] (*Náut*) camel

**camellón** SM [1] (*Méx Aut*) central reserve *o* reservation, median strip (*EEUU*)
[2] (= *bebedero*) drinking trough
[3] (*Agr*) ridge (*between furrows*)

**camelo*** SM [1] (= *timo*) swindle; **¡esto es un ~!** it's all a swindle!; **me huele a ~** it smells fishy*, there's something funny going on here
[2] (= *mentira*) humbug; **dar ~ a algn** (= *reírse*) to make fun of sb; (= *engañar*) to put one over on sb; **a mí me da que es un ~** I don't believe a word of it*
[3] (= *flirteo*) flirtation; (= *coba*) blarney

**camerino** SM (*Teat*) dressing room; (*Méx Ferro*) roomette

**camero** ADJ [1] [*colcha, sábana*] for a three-quarter bed; **cama camera** three-quarter bed
[2] (*Caribe*) (= *grande*) big

**Camerún** SM Cameroon

**camilla** SF (*Med*) stretcher; (= *sofá*) couch, sofa; (= *cuna*) cot; (= *mesa*) table with a heater underneath

**camillero/a** SM/F stretcher-bearer

**camilucho** SM (*Cono Sur, Méx*) Indian day labourer

**caminante** SMF (= *viajero*) traveller, traveler (*EEUU*), wayfarer (*liter*); (*a pie*) walker

**caminar** ▸conjug 1a◂ Ⓐ VI [1] (= *andar*) to walk; **iban caminando por el parque** they were walking in the park; **fuimos caminando a casa de María** we walked to María's house; **hemos venido caminando** we walked (here), we came on foot; **salen a ~ después de comer** they go (out) for a walk after lunch; **~ sin rumbo** to walk *o* wander about aimlessly
[2] (= *progresar*) to move; **el cortejo caminaba en silencio** the funeral procession was moving silently; **caminamos hacia una sociedad sin clases** we are moving towards a classless society
[3] (*LAm*) (= *funcionar*) to work; **esto no camina** this doesn't work
Ⓑ VT to walk; **caminamos cuatro kilómetros** we walked four kilometres

**caminata** SF (= *paseo largo*) long walk; (*campestre*) hike, ramble

**caminero** Ⓐ ADJ **peón ~** navvy, road labourer, road laborer (*EEUU*)
Ⓑ SM (*LAm*) road builder

**caminito** SM ► **caminito de rosas** (*fig*) primrose path

**camino** SM [1] (*sin asfaltar*) track; (= *sendero*) path; (= *carretera*) road; **un ~ de montaña** a mountain path; **~ de tierra** dirt track; **~ sin firme** unsurfaced road; **✦*MODISMO* todos los ~s conducen a Roma** all roads lead to Rome ► **Caminos, Canales y Puertos** (*Univ*) Civil Engineering ► **camino de acceso** access road ► **camino de Damasco** road to Damascus ► **camino de entrada** access road ► **camino de herradura** bridle path ► **camino de ingresos**, **camino de peaje** toll road ► **camino de rosas**: **la vida no es ningún ~ de rosas** life's no bed of roses ► **Camino de Santiago** *pilgrims' route to Santiago de Compostela*, Way of St James ► **camino de sirga** towpath ► **camino forestal** forest track; (*para paseos*) forest trail ► **camino francés** (*Hist*) = **Camino de Santiago** ► **camino real** highroad (*also fig*) ► **camino trillado**: **~s turísticos no trillados** tourist routes that are off the beaten track; **experimentan con nuevas técnicas, huyen de los ~s trillados** they are experimenting with new techniques and avoiding conventional approaches *o* the well-trodden paths; **este escritor ha recorrido los ~s trillados de sus antecesores** this writer has been down the well-trodden paths followed by his predecessors ► **camino vecinal** minor road
[2] (= *ruta*) [2·1] (*lit*) way, route; (= *viaje*) journey; **volvimos por el ~ más corto** we took the shortest way *o* route back; **¿sabes el ~ a su casa?** do you know the way to his house?; **es mucho ~** it's a long way; **está a varios días de ~** it's several days' journey away; **después de tres horas de ~** after travelling for three hours; **nos quedan 20 kms de ~** we still have 20 kms to go; **¿cuánto ~ hay de aquí a San José?** how far is it from here to San José?; **~ de Lima** on the way to Lima; **iba ~ de Nueva York** I was on my way to New York; **abrirse ~ entre la multitud** to make one's way through the crowd; **de ~ a**: **lo puedo recoger de ~ al trabajo** I can collect it on my way to work; **la farmacia me queda de ~** the chemist's is on my way; **echar ~ adelante** to strike out; **en el ~** on the way, en route; **nos encontramos en el ~ a Zaragoza** we met on the way to Zaragoza; **tienen dos niños, y otro en ~** they have two children, and another on the way; **ponerse en ~** to set out *o* off; **a medio ~** halfway (there); **a medio ~ paramos para comer** halfway there, we stopped to eat; **se quedaron a mitad de ~** they only got halfway (there); **a mitad de ~ entre Dublín y la frontera** halfway between Dublin and the border; **la verdad está a mitad de ~ entre las dos posturas** the truth is somewhere between the two views
[2·2] (*fig*) (= *medio*) path, course; **es el ~ a la fama** it's the path to fame; **es el ~ al desastre** it's the road to ruin; **el ~ a seguir**: **yo te explico el ~ a seguir** I'll tell you the way *o* route; **me indicaron el ~ a seguir para resolver el problema** they showed me what needed to be done to solve the problem; **censurar estos programas no es el ~ a seguir** censoring these programmes isn't the solution *o* the right thing to do; **✦*MODISMOS* abrirse ~ en la vida** to get ahead (in life); **allanar el ~**: **eso sería allanar el ~ a sus adversarios** that would make things easy for their rivals; **los nervios de su rival le allanaron el ~** her opponent's nerves made it easy for her; **errar el ~** to lose one's way; **estar en ~** to be on the way; **estamos en ~ de solucionar el problema** we're on the way to solving the problem; **está en ~ de desaparecer** it's on its way out; **ir ~ de**: **va ~ de convertirse en un gran centro financiero** it is on its way to becoming a major financial centre; **vamos ~ del desastre** we are heading for disaster; **ir por buen ~** to be on the right track; **traer a algn por buen ~** (= *orientar*) to put sb on the right track *o* road; (= *desengañar*) to set sb straight; **ir por mal ~** to be on the wrong track; **las cosas van por buen ~** things are going well; **llevar a algn por mal ~** to lead sb astray; **quedarse en el ~**: **varios corredores se quedaron en el ~** several runners didn't make it to the end; **un 70% sacó el diploma y el resto se quedó en el ~** 70 per cent of them got the diploma, the rest didn't make it; **ir por su ~** to go one's own sweet way; **en vez de seguir las normas él fue por su ~** instead of following the rules he just went his own sweet way *o* did his own thing; **no me fijo en mis rivales, yo sigo por mi ~** I don't take any notice of what my rivals are doing, I just do my own thing; **tirar por el ~ de en medio** to take the middle way
[3] (*Inform*) path
[4] (*Andes, Cono Sur*) (= *alfombra, tapete*) runner, strip of carpet *o* matting ► **camino de mesa** table runner

**CAMINO DE SANTIAGO**

*The* **Camino de Santiago** *is a medieval pilgrim route stretching from the Pyrenees to Santiago de Compostela in northwest Spain, where tradition has it that the body of Saint James the Apostle (Spain's patron saint) is buried. At one time Santiago de Compostela came next only to Jerusalem and Rome as the most popular destination for Christian pilgrims from all over Europe. Those who had made the long, dangerous journey returned proudly wearing on their hat or cloak the* **venera** *or* **concha** *(scallop shell) traditionally associated with this pilgrimage — Saint James' body had reportedly been found covered in scallops. Today this symbolic shell can still be seen all along the* **Camino de Santiago**, *carved on ancient buildings and painted on modern-day road signs marking the historic route for the benefit of tourists and pilgrims.*
*In astronomy the* **Camino de Santiago** *is another name for the* **Vía Láctea** *(Milky Way), hence the title of Buñuel's famous satirical film about the route to Compostela.*

**camión** SM (*Aut*) lorry, truck (*esp EEUU*); [*de reparto*] van; [*de caballos*] heavy wagon, dray; (*Méx*) bus; (= *carga*) lorryload, truckload (*esp EEUU*); **dos camiones de alimentos** two lorryloads of food; **estar como un ~*** to be a smasher*, be gorgeous ► **camión articulado** articulated lorry, trailer truck (*EEUU*) ► **camión blindado** armoured truck, armored truck (*EEUU*) ► **camión bomba** lorry bomb, truck bomb ► **camión cisterna** tanker, tank wagon ► **camión de agua** water cart, water wagon ► **camión de bomberos** fire engine ► **camión de caja a bajo nivel** low loader ► **camión de carga** haulage truck ► **camión de la basura** dustcart, refuse lorry, garbage truck (*EEUU*) ► **camión de mudanzas** removal van, moving van (*EEUU*) ► **camión de reparto** delivery van ► **camión de riego** water cart, water wagon ► **camión de volteo** (*Méx*) dump truck ► **camión frigorífico** refrigerator lorry, refrigerated truck ► **camión ganadero** cattle truck ► **camión vivienda** camper van ► **camión volquete** dump truck, tipper truck

**camionaje** SM haulage, trucking (*EEUU*)

**camionero/a** SM/F [1] lorry driver, truck driver (*EEUU*)
[2] (*Méx*) (*en autobús*) bus driver

**camioneta** SF (= *camión*) van, light truck; (= *coche*) estate car, station wagon (*EEUU*); (*CAm*) (= *autobús*) bus; (*Caribe*) minibus ► **camioneta de reparto** delivery van ► **camioneta detectora** detector van ► **camioneta de tina** (*CAm*) pick-up (truck)

**camión-grúa** SM (*pl* **camiones-grúa**) tow truck, towing vehicle

**camionista** SM = **camionero**

**camión-tanque** SM (*pl* **camiones-tanque**) tanker

**camisa** SF [1] (= *prenda*) shirt; ✦***MODISMOS*** **cambiar de ~** to change sides; **jugarse hasta la ~** to put one's shirt on it*, bet one's last penny; **no llegarle a algn la ~ al cuerpo**: **no le llegaba la ~ al cuerpo** he was simply terrified; **meterse en ~ de once varas** to get into it way over one's head; **perder hasta la ~** to lose everything, lose the shirt off one's back ► **camisa de dormir** nightdress ► **camisa de fuerza** straitjacket; *ver tb* **manga 1**
[2] (*LAm*) garment, article of clothing
[3] (= *piel*) [*de serpiente*] slough; [*de guisante, trigo*] skin
[4] (*Mec*) case, casing ► **camisa de agua** water jacket ► **camisa de gas** gas mantle
[5] [*de libro*] dust jacket

**camisería** SF (= *tienda*) outfitter's; (= *taller*) shirtmaker's

**camisero** Ⓐ ADJ [*blusa, vestido*] shirt *antes de s*
Ⓑ SM (*que confecciona*) shirt maker; (= *vendedor*) outfitter

**camiseta** SF [1] (*interior*) vest, singlet, undershirt (*EEUU*); (*exterior*) T-shirt; **una ~ de algodón** a cotton vest; **una ~ sin mangas** a sleeveless vest; **una ~ de tirantes** a vest; ✦***MODISMO*** **ponerse la ~** (*Cono Sur**) to roll up one's sleeves, put one's back into it
[2] (*Dep*) shirt, jersey, strip; **la ~ de la selección nacional** the national team shirt *o* jersey; ✦***MODISMO*** **sudar la ~*** to sweat blood ► **camiseta de deporte** sports shirt, sports jersey
[3] (*LAm*) nightdress

**camisilla** SF (*Caribe, Cono Sur*) = **camiseta**

**camisola** SF (*Méx*) sports shirt

**camisolín** SM stiff shirt front, dickey

**camisón** SM [*de mujer*] nightdress, nightgown; [*de hombre*] nightshirt

**camita**[1] ADJ, **camítico** ADJ (*de Cam*) Hamitic

**camita**[2] SF (= *cama*) small bed, cot

**camomila** SF camomile

**camón** SM (= *cama grande*) big bed; (*Arquit*) oriel window ► **camón de vidrios** glass partition

**camorra** SF fight, row, set-to*; **armar ~** to kick up a row; **buscar ~** to go looking for trouble

**camorrear*** ▸conjug 1a◂ VI (*CAm, Cono Sur*) to have a row

**camorrero/a** ADJ, SM/F = **camorrista**

**camorrista** Ⓐ ADJ rowdy, troublemaking
Ⓑ SMF rowdy, hooligan

**camotal** SM (*LAm*) sweet potato field *o* plot

**camote** SM [1] (*LAm*) (= *batata*) sweet potato; (*Méx*) (= *bulbo*) tuber, bulb
[2] (*CAm, Cono Sur Med*) bump, swelling
[3] (*Cono Sur*) (= *piedra*) large stone
[4] (*Cono Sur*) (= *persona*) bore
[5] (*CAm*) [*de pierna*] calf
[6] (*CAm**) (= *molestia*) nuisance, bother
[7] (*LAm*) (= *amor*) love; (= *enamoramiento*) crush*; **tener un ~ con algn** to have a crush on sb*
[8] (*Andes, Cono Sur**) (= *amante*) lover, sweetheart
[9] (*Cono Sur*) (= *mentirilla*) fib
[10] (*Andes, Cono Sur*) (= *tonto*) fool
[11] (*LAm**) **poner a algn como ~** to give sb a telling off*; ✦***MODISMO*** **tragar ~** (= *tener miedo*) to have one's heart in one's mouth; (= *balbucir*) to stammer

**camotear** ▸conjug 1a◂ Ⓐ VI [1] (*Méx*) (= *vagar*) to wander about aimlessly
[2] (*CAm*) (= *molestar*) to be a nuisance, cause trouble
Ⓑ VT [1] (*Cono Sur*) (= *estafar*) to rob, fleece*; (= *engañar*) to take for a ride*
[2] (*CAm*) (= *molestar*) to annoy

**campa** Ⓐ SF open field, open space
Ⓑ ADJ INV **tierra ~** treeless land

**campal** ADJ **batalla ~** pitched battle

**campamentista** SMF camper

**campamento** SM camp, encampment; **~ para prisioneros** prison camp; **~ de refugiados** refugee camp ► **campamento de base** base camp ► **campamento de trabajo** labour *o* (*EEUU*) labor camp ► **campamento de verano** holiday camp

**campana** Ⓐ SF [1] [*de iglesia, puerta*] bell; [*de orquesta*] bell, chime; **a ~ tañida** ◊ **a toque de ~** to the sound of bells; ✦***MODISMOS*** **echar** *o* **lanzar las ~s a vuelo** to celebrate; **aún es pronto para echar las ~s al vuelo** it's still too early to celebrate *o* to start spreading the good news; **estar ~** (*Caribe**) to be fine; **hacer ~(s)*** to play truant; **oír ~s (y no saber de dónde vienen)** not to have a clue
[2] (*Téc*) [*de la chimenea*] hood ► **campana de humos**, **campana extractora** extractor hood
[3] (*Buceo*) ► **campana de buzo**, **campana de inmersión** diving bell
[4] (*Cono Sur*) (= *campo*) country(side)
Ⓑ SMF (*LAm**) (= *vigilante*) look-out; **hacer de ~** to keep watch

**campanada** SF [1] [*de campana*] stroke, peal
[2] (= *escándalo*) scandal, sensation; **detener al Ministro sería una ~ tremenda** arresting the Minister would cause a tremendous scandal *o* stir; **dar la ~** to cause (quite) a stir

**campanario** SM [1] [*de iglesia etc*] belfry, bell tower, church tower
[2] (*pey*) **de ~** mean, narrow-minded; **espíritu de ~** parochial *o* parish-pump attitude

**campanazo** SM [1] = **campanada 2**
[2] (*Andes*) (= *advertencia*) warning

**campaneado** ADJ much talked-of

**campanear** ▸conjug 1a◂ VI [1] (*Mús*) to ring the bells
[2] (*LAm**) [*ladrón*] to keep watch

**campaneo** SM pealing, chiming

**campanero** SM (*Téc*) bell founder; (*Mús*) bell ringer

**campaniforme** ADJ bell-shaped

**campanilla** SF [1] (= *campana*) small bell, handbell; (*eléctrica*) bell; **de (muchas) ~s** high-class, grand
[2] (= *burbuja*) bubble
[3] (*Anat*) uvula
[4] (*Cos*) tassel
[5] (*Bot*) bellflower, campanula ► **campanilla blanca**, **campanilla de febrero** snowdrop

**campanillazo** SM loud ring, sudden ring

**campanillear** ▸conjug 1a◂ VI to ring, tinkle

**campanilleo** SM ringing, tinkling

**campanología** SF campanology, bell-ringing

**campanólogo/a** SM/F campanologist, bell-ringer

**campante** ADJ [1] (= *despreocupado*) **siguió tan ~** he went on as if nothing had happened *o* without batting an eyelid; **allí estaba tan ~** there he sat as cool as a cucumber
[2] (= *destacado*) outstanding

**campanudo** ADJ [1] [*objeto*] bell-shaped; [*falda*] wide, flared
[2] [*estilo*] high-flown, bombastic, windy*; [*orador*] pompous; **dijo ~** he said pompously

**campánula** SF bellflower, campanula ► **campánula azul** bluebell

**campaña** SF [1] (*Pol, Com*) campaign; **una ~ antidroga** an anti-drugs campaign, a campaign against drugs; **una ~ de recogida de firmas** a petition; **hacer ~** to campaign ► **campaña de descrédito**, **campaña de desprestigio** smear campaign ► **campaña de imagen** image campaign ► **campaña de protesta** protest campaign ► **campaña de publicidad** advertising campaign ► **campaña de ventas** sales campaign ► **campaña electoral** election campaign ► **campaña publicitaria** advertising campaign
[2] (*Mil*) campaign; **la ~ de Rusia** the Russian campaign; *ver tb* **hospital**, **tienda 2**, **traje**[2]
[3] (= *campo*) countryside; (= *llano*) plain

**campañol** SM vole

**campar** ▸conjug 1a◂ VI [1] (*Mil etc*) to camp
[2] (= *sobresalir*) to stand out, excel; **~ por sus respetos** to please o.s.

**campear** ▸conjug 1a◂ VI [1] (*Agr*) [*ganado*] to go to graze, go out to pasture; [*persona*] to work in the fields
[2] (*Bot*) to show green
[3] (*Mil*) to reconnoitre; (*LAm*) to scour the countryside
[4] **ir campeando*** to carry on, keep going
[5] (*LAm*) (= *ir de camping*) to camp, go camping
[6] (*Andes*) (= *atravesar*) to make one's way through
[7] (*Andes*) (= *fardar*) to bluster

**campechana** SF [1] (*Caribe, Méx*) (= *bebida*) cocktail
[2] (*Méx*) [*de mariscos*] seafood cocktail

**campechanería** SF, **campechanía** SF (= *cordialidad*) good nature, cheerfulness; (= *franqueza*) frankness, openness; (= *generosidad*) generosity

**campechano** ADJ [1] (= *cordial*) good-natured, cheerful, genial; (= *franco*) frank, open; (= *generoso*) generous; (= *amigable*) comradely
[2] (*Caribe**) (= *campesino*) peasant *antes de s*

**campeón/ona** SM/F champion ► **campeón/ona de venta** best seller

**campeonar** ▸conjug 1a◂ VI to win the championship, emerge as champion

**campeonato** SM 1 (*Dep*) championship; **el ~ de Liga** the League championship; **los ~s de pista cubierta** the indoor championships
2 (*Esp**) **de ~: se armó una bronca de ~** there was one hell of an argument*; **se agarra unas borracheras de ~** he gets incredibly *o* unbelievably drunk, he gets blind drunk*

**campeonísimo/a** SM/F undisputed champion

**campera** SF (*Arg*) windcheater, bomber jacket* ► **campera de duvet** (*Cono Sur*) quilted jacket

**campero** Ⓐ ADJ 1 (= *al descubierto*) unsheltered, (out) in the open; **fiesta campera** open-air party; **ganado ~** stock that sleeps out in the open
2 (*LAm*) [*persona*] knowledgeable about the countryside; (= *experto en agricultura*) expert in farming matters
3 [*animal*] trained to travel in difficult country, sure-footed
Ⓑ SM (*Col*) (= *vehículo*) four-wheel drive (vehicle)

**camperuso/a*** (*Caribe*) Ⓐ ADJ 1 (= *rural*) rural, rustic
2 (= *huraño*) reserved, stand-offish
Ⓑ SM/F (= *campesino*) peasant

**campesinado** SM peasantry, peasants *pl*

**campesino/a** Ⓐ ADJ [*población*] rural; [*familia, revuelta*] peasant *antes de s*; **una organización campesina** an organization representing peasant farmers; **siempre ocultó su origen ~** she always concealed her rustic *o* peasant origins; **la vida campesina** country life, rural life
Ⓑ SM/F 1 (= *persona del campo*) country person
2 (= *labrador*) farmer; (= *labrador pobre*) peasant
3 (*Andes*) (= *indio*) Indian

**campestre** ADJ 1 country *antes de s*, rural
2 (*Bot*) wild

**camping** ['kampin] SM (*pl* **campings** ['kampin]) 1 (= *actividad*) camping; **estar** *o* **ir de ~** to go camping; **hacer ~** to go camping
2 (= *lugar*) campsite, campground (*EEUU*)

**campiña** SF (= *campo*) countryside, open country; (*cultivado*) flat stretch of farmland, large area of cultivated land

**campirano/a** SM/F (*LAm*) 1 (= *campesino*) peasant; (*pey*) rustic, country bumpkin, hick (*EEUU**)
2 (*Agr*) (= *perito*) expert in farming matters; (= *guía*) guide, pathfinder; (= *jinete*) skilled horseman; (= *ganadero*) stockbreeding expert

**campiruso/a** ADJ, SM/F (*Caribe*) = **camperuso**

**campista¹** SMF camper

**campista²** Ⓐ ADJ 1 (*CAm, Caribe*) rural, country *antes de s*
2 (*LAm*) = **campero A2**
Ⓑ SM (*CAm*) herdsman, cattleman, herder (*EEUU*)

**campisto** Ⓐ ADJ (*CAm*) rural, country *antes de s*
Ⓑ SM 1 (*CAm*) (= *campesino*) peasant
2 (*CAm Agr*) (= *veterinario*) amateur vet

**campo** SM 1 (= *terreno no urbano*) country; **viven en el ~** they live in the country *o* countryside; **los domingos salimos al ~** on Sundays we go out to the country; **el ~ está precioso** the countryside looks beautiful; **la gente del ~** country people *o* folk; **a ~ raso** out in the open ► **campo a través** cross-country; **campeonato de ~ a través** cross-country championship; **los tres prisioneros huyeron ~ a través** the three prisoners fled cross-country
2 (*Agr*) (*para cultivar*) **un ~ de trigo** a wheat field; **~s de amapolas** poppy fields; **los obreros del ~** farm workers, agricultural workers; **los productos del ~** farm produce, country produce; **trabajar en el ~** to work the land ► **campo de cultivo** (*lit*) farm land; (*fig*) breeding ground
3 (*Dep*) (= *estadio*) ground; (= *cancha*) pitch, field (*EEUU*); **jugaron en el ~ del Barcelona** they played at Barcelona's ground; **el portero tuvo que abandonar el ~** the goalkeeper had to leave the pitch *o* field; **el equipo perdió en su ~** the team lost at home ► **campo de deportes** sports ground ► **campo de fútbol** football pitch ► **campo de golf** golf course ► **campo de juego** playing field
4 (= *espacio delimitado*) ► **campo de aterrizaje** landing field ► **Campo de Gibraltar** *Spanish territory around the border with Gibraltar* ► **campo de minas** minefield ► **campo de tiro** firing range; **estar dentro del ~ de tiro de algn** to be in sb's firing range ► **campo petrolífero** oilfield ► **campo santo** cemetery, churchyard ► **Campos Elíseos** (*en París*) Champs Elysées; (*Mit*) Elysian Fields
5 (*Mil*) (= *campamento*) camp; **levantar el ~** (*Mil*) to break camp, strike camp; (= *irse*) to make tracks*; ✦***MODISMO* dejar el ~ libre** to leave the field open ► **campo de aviación** airfield, airdrome (*EEUU*) ► **campo de batalla** battlefield; **quedar en el ~ de batalla** to fall in battle ► **campo de concentración** concentration camp ► **campo de ejercicios** exercise ground ► **campo de entrenamiento** training camp ► **campo de exterminio** extermination camp ► **campo de maniobras** training camp ► **campo de pruebas** testing ground ► **campo de refugiados** refugee camp ► **campo de trabajo** [*de castigo*] labour *o* (*EEUU*) labor camp; [*de vacaciones*] work camp
6 (= *grupo*) field ► **campo alfanumérico** alphanumeric field ► **campo léxico** lexical field ► **campo numérico** numeric field ► **campo semántico** semantic field
7 (= *ámbito*) field; **el ~ de las ciencias** the field of science; **investigación de ~** field investigation ► **campo de acción, campo de actuación** scope, room for manoeuvre *o* (*EEUU*) maneuver ► **campo de investigación** field of investigation ► **campo gravitatorio** gravity field, field of gravity ► **campo magnético** magnetic field ► **campo visual** field of vision, visual field; *ver tb* **trabajo 1**
8 (*Arte*) background
9 (*Heráldica*) field
10 (*Andes*) (= *estancia*) farm, ranch; (*Cono Sur*) (= *tierra pobre*) barren land; (*Andes, Cono Sur Min*) mining concession
11 (*LAm*) (= *espacio*) space, room; **no hay ~** there's no room *o* space

**camposantero** SM cemetery official

**camposanto** SM churchyard, graveyard, cemetery

**Campsa** SF ABR (*Esp*) = **Compañía Arrendataria de Monopolio de Petróleos, S.A.**

**campus** SM INV (*Univ*) campus

**campusano** SM, **campus(i)o** SM (*CAm*) peasant

**camuesa** SF pippin, dessert apple

**camueso** SM 1 (*Bot*) apple tree
2 (*) (= *tonto*) dolt, blockhead*, clod (*EEUU**)

**camuflado** ADJ camouflaged; [*coche policial*] unmarked

**camuflaje** SM camouflage

**camuflar** ►conjug 1a◄ VT to camouflage

**can** SM 1 (*hum*) (= *perro*) dog, mutt*, pooch*
2 (*Mil*) trigger
3 (*Arquit*) corbel

**cana¹** SF (*tb* **~s**) white *o* grey *o* (*EEUU*) gray hair; ✦***MODISMOS* echar una ~ al aire*** to let one's hair down; **faltar a las ~s** to show a lack of respect for one's elders; **peinar ~s** to be getting on

**cana²** (*LAm**) Ⓐ SF 1 (= *cárcel*) jail; (= *celda*) prison cell; **caer en ~** to land in jail
2 (= *policía*) police
Ⓑ SM (= *policía*) policeman

**canabis** SM cannabis

**canaca** SMF 1 (*Andes, Cono Sur*‡) (= *chino*) Chink‡, Chinese
2 (*Cono Sur*) (= *dueño*) brothel-keeper; (= *burdel*) brothel

**Canadá** SM **el ~** Canada

**canadiense** Ⓐ ADJ, SMF Canadian
Ⓑ SM (*tb* **chaqueta ~**) lumber jacket

**canal** Ⓐ SM 1 (*Náut, Geog*) (*natural*) channel; (*artificial*) canal; **Canal de la Mancha** English Channel; **Canal de Panamá** Panama Canal ► **Canal de Suez** Suez Canal
2 (*Agr, Ing*) (= *conducto*) channel ► **canal de desagüe** drain ► **canal de drenaje** drainage channel ► **canal de riego** irrigation channel
3 (*Anat*) canal, tract ► **canal del parto** birth canal ► **canal digestivo** digestive tract
4 (*TV*) channel; **no cambies de ~** don't change *o* switch channels ► **canal autonómico** *television channel of an autonomous region* ► **canal de pago** pay channel, subscription channel ► **canal de televisión** television channel ► **canal por cable** cable channel ► **canal vía satélite** satellite channel
5 (= *medio*) channel; **el problema se resolvió por los ~es habituales** the problem was resolved through the usual channels ► **canal de distribución** distribution channel ► **canales de comunicación** channels of communication, communication channels
6 (*Caribe Aut*) lane
Ⓑ SF 1 (*Téc*) pipe, conduit ► **canal maestra** main pipe
2 (*Arquit*) [*de columna*] groove; **~es** fluting *sing*
3 (*Agr*) dressed carcass; **peso en ~** dressed weight

**canaladura** SF = **acanaladura**

**canaleta** SF (*Cono Sur*) (= *canalón*) gutter (*on roof*); (= *tubería*) pipe, conduit

**canalete** SM paddle

**canalización** SF 1 [*de un río*] canalization
2 [*de inversiones etc*] channelling, channeling (*EEUU*)
3 (*Téc*) piping; (*Elec*) wiring; [*de gas etc*] mains *pl*; (*LAm*) [*de cloacas*] sewerage system, drains

**canalizar** ►conjug 1f◄ VT 1 [+ *río*] to canalize; [+ *agua*] to harness; (*por tubería*) to pipe; [+ *aguas de riego*] to channel

[2] [+ *inversiones etc*] to channel, direct
[3] (*Elec*) [+ *impulso, mensaje*] to carry

**canalizo** SM navigable channel

**canalla*** Ⓐ SMF swine*; **¡canalla!** you swine!
Ⓑ SF rabble, riffraff; **la ~ periodística** *o* **de la prensa** the press mob*

**canallada** SF (= *hecho*) dirty trick; (= *dicho*) nasty remark, vile thing to say

**canallesco** ADJ mean, despicable; **diversión canallesca** low form of amusement

**canalón** SM [1] (= *cañería*) (*en el tejado*) gutter, guttering; (= *bajante*) drainpipe
[2] **canalones** (*Culin*) cannelloni

**canana** SF [1] (*Mil*) cartridge belt
[2] (*LAm Med*) goitre
[3] (*Caribe*) (= *mala pasada*) mean trick, dirty trick
[4] **cananas** (*LAm*) (= *esposas*) handcuffs

**canapé** SM [1] (= *sofá*) sofa, couch
[2] (*Culin*) canapé

**Canarias** SFPL (*tb* **las Islas ~**) the Canaries, the Canary Islands

**canario¹/a** Ⓐ ADJ from/of the Canary Islands
Ⓑ SM/F Canary Islander, native/inhabitant of the Canary Isles; **los ~s** the people of the Canary Islands

**canario²** Ⓐ SM [1] (*Orn*) canary
[2] (**) prick**
[3] (*LAm*) (= *amarillo*) canary yellow
Ⓑ EXCL (*) well I'm blowed!*

**canarión/ona** SM/F native/inhabitant of Gran Canaria

**canasta** SF [1] (= *cesta*) (round) basket; (*para comida*) hamper; (*Com*) crate ► **canasta para papeles** wastepaper basket
[2] (*Baloncesto*) basket ► **canasta triple** three-point shot
[3] (*Naipes*) canasta
[4] (*Méx, Col Aut*) luggage rack

**canastero/a** SM/F basket maker, basketweaver

**canastilla** SF [1] [*de bebé*] (baby's) layette
[2] (*Andes, Caribe, Cono Sur*) [*de novia*] trousseau; (*hum*) bottom drawer, hope chest (*EEUU*)
[3] (= *cestita*) small basket; (*Méx*) (= *papelera*) wastepaper basket ► **canastilla de la costura** sewing basket

**canastillo** SM [1] (= *bandeja*) wicker tray, small basket
[2] [*de bebé*] (baby's) layette

**canasto** SM [1] (= *cesto*) large basket; [*de comida*] hamper; (*Com*) crate
[2] (*Col*) (= *criado*) servant
[3] **¡canastos!** good heavens!

**cáncamo** SM (*Náut*) eyebolt ► **cáncamo de argolla** ringbolt

**cancamurria*** SF = **murria**

**cancamusa*** SF trick; **armar una ~ a algn** to throw sand in sb's eyes

**cancán** SM [1] (= *baile*) cancan
[2] (= *enagua*) stiff, flounced petticoat
[3] **cancanes** (*Cono Sur*) (= *pantimedias*) tights, pantyhose *sing* (*EEUU*)

**cáncana** SF (*Cono Sur*) [*de asar*] spit; [*de vela*] candlestick; (*Andes*) (= *persona*) thin person

**cancanco*** SM (*Caribe Aut*) breakdown

**cancanear** ▸conjug 1a◂ VI [1] (= *gandulear*) to loiter, loaf about
[2] (*Cono Sur*) (= *bailar*) to dance the cancan
[3] (*Andes, CAm, Méx*) (= *tartamudear*) to stammer; (= *expresarse mal*) to express o.s. with difficulty; (= *leer mal*) to read haltingly

**cancaneo** SM (*Andes, CAm, Méx*) (*al leer*) faltering; (= *tartamudeo*) stammering

**cáncano** SM louse; ✦**MODISMO andar como ~ loco** to go round in circles

**cancel** SM [1] (= *contrapuerta*) storm door, windproof door
[2] (= *tabique*) partition, thin wall; (*Méx*) (= *mampara*) folding screen

**cancela** SF wrought-iron gate

**cancelación** SF cancellation; (*Inform*) deletion

**cancelar** ▸conjug 1a◂ VT [1] [+ *pedido, suscripción, tarjeta*] to cancel; [+ *cuenta bancaria*] to close
[2] [+ *reunión, concierto, viaje, proyecto*] to cancel; **~on el vuelo a causa de la nieve** they cancelled the flight because of the snow
[3] [+ *deuda*] to pay off; **tendré que ahorrar para ~ el crédito** I'll have to save up to pay off my debt
[4] (*LAm*) (= *pagar*) to pay, settle

**cancelaría** SF papal chancery

**cáncer** SM [1] (*Med*) cancer ► **cáncer cervical, cáncer de cuello uterino** cervical cancer, cancer of the cervix ► **cáncer de los huesos** bone cancer ► **cáncer de mama** breast cancer ► **cáncer de ovario** ovarian cancer ► **cáncer de pulmón** lung cancer
[2] **Cáncer** (*Astron*) Cancer

**cancerado** ADJ (*Med*) cancerous; (*fig*) corrupt

**cancerarse** ▸conjug 1a◂ VPR [1] (*Med*) [*tumor*] to become cancerous; [*persona*] to get cancer
[2] (*fig*) to become corrupt

**cancerbero** SM [1] (= *guardameta*) goalkeeper
[2] (*Mit*) **el Cancerbero** Cerberus

**cancerígeno** ADJ carcinogenic

**cancerología** SF (= *estudio*) study of cancer, cancer research; (= *tratamiento*) cancer treatment

**cancerólogo/a** SM/F cancer specialist

**canceroso/a** Ⓐ ADJ cancerous
Ⓑ SM/F cancer patient, cancer sufferer

**cancha** SF [1] (*Dep*) (= *de tenis, baloncesto*) court; [*de fútbol*] ground ► **cancha de bolos** (*LAm*) bowling alley ► **cancha de golf** (*LAm*) golf course
[2] (*Cono Sur*) (= *espacio*) room; **abrir ~** to make way, make room; ✦**MODISMOS estar en su ~** to be in one's element; **dar ~ a algn**: **hay que dar ~ a los jóvenes escritores** we have to give a chance to young writers; **medios de difusión que dan mucha ~ a los terroristas** media that give a lot of coverage *o* exposure to terrorists
[3] (*en aeropuerto*) ► **cancha de aterrizaje** (*Cono Sur*) landing strip, runway
[4] (*LAm*) (= *experiencia*) experience; **tener ~** to be experienced
[5] (*LAm*) (= *hipódromo*) racecourse, racetrack (*EEUU*); ✦**MODISMO en la ~ se ven los pingos** *o* **gallos** actions speak louder than words
[6] (*LAm*) (= *maíz*) toasted corn
[7] (*Andes**) (= *tajada*) cut

**canchar** ▸conjug 1a◂ VT (*Andes, Cono Sur*) to toast

**canche** ADJ [1] (*CAm*) (= *rubio*) blond(e)
[2] (*Andes*) [*comida*] poorly seasoned, tasteless

**canchero/a** Ⓐ ADJ (*Cono Sur Dep*) experienced
Ⓑ SM/F [1] (*LAm Dep*) (= *cuidador*) groundsman/groundswoman; (= *jugador*) experienced player
[2] (= *experto*) experienced person
[3] (*Cono Sur*) (= *vago*) layabout, loafer

**canchón** SM (*Andes*) enclosed field

**cancilla** SF gate

**canciller** SMF [1] (= *presidente*) chancellor; **el ~ Kohl** Chancellor Kohl
[2] (*LAm Pol*) (= *ministro*) ≈ Foreign Secretary, ≈ Secretary of State (*EEUU*), Minister for Foreign Affairs

**cancilleresco** ADJ chancellery *antes de s*, chancery *antes de s*; (= *diplomático*) diplomatic

**cancillería** SF (*en embajada*) chancery, chancellery; (*LAm*) (= *ministerio*) ministry of foreign affairs, foreign ministry

**canción** SF [1] (*Mús*) song ► **canción de amor** love song ► **canción de cuna** lullaby ► **canción infantil** nursery rhyme ► **canción protesta** protest song
[2] (*Literat*) ballad ► **canción de gesta** chanson de geste, epic poem

**cancionero** SM (*Mús*) song book; (*Literat*) anthology, collection of verse

**cancionista**† SMF [1] (= *compositor*) songwriter
[2] (= *cantante*) singer, vocalist; [*de baladas*] ballad singer

**canco** SM [1] (*Cono Sur*) (= *jarro*) earthenware jug; (= *tiesto*) flowerpot; (= *orinal*) chamberpot
[2] **cancos** (*Andes, Cono Sur*) (= *nalgas*) buttocks; (= *caderas*) hips

**cancro** SM (*Bot*) canker; (*Med*) cancer

**candado** SM [1] (*gen*) padlock; [*de libro*] clasp, hasp; **cerrar algo con ~** to padlock sth; **poner algo bajo siete ~s** to lock sth safely away ► **candado digital** combination lock
[2] (*Andes*) (= *barba*) goatee beard

**candanga** SM (*Méx*) **el ~** the devil

**candar** ▸conjug 1a◂ VT to lock

**cande** ADJ **azúcar ~** sugar candy, rock candy

**candeal** Ⓐ ADJ **pan ~** white bread; **trigo ~** bread wheat
Ⓑ SM (*Cono Sur Culin*) egg flip

**candela** SF [1] (= *vela*) candle; (= *candelero*) candlestick; (*Fís*) candle power; **en ~** (*Náut*) vertical; ✦**MODISMOS acabársele la ~ a algn**:** **se le acabó la ~** he snuffed it**; **arrimar ~ a algn*** to give sb a tanning*; **estar con la ~ en la mano** to be at death's door
[2] (*esp LAm*) (= *fuego*) fire; (*para cigarro*) light; **pegar** *o* **prender ~ a** to set fire to, set alight; ✦**MODISMOS dar ~*** to be a nuisance; **dar ~ a algn*** to rough sb up*
[3] (*Bot*) blossom

**candelabro** SM candelabra

**Candelaria** SF Candlemas

**candelaria** SF (*Bot*) mullein

**candelejón*** ADJ (*Andes*) simple, slow

**candelero** SM [1] (= *candelabro*) candlestick; (= *lámpara*) oil lamp; ✦**MODISMO en (el) ~**: **estar en el ~** [*persona*] to be in the spotlight *o* limelight; [*tema*] to be in the news; **poner algo en ~** to bring sth into the limelight; **tema en ~** hot topic, subject of great current interest
[2] (*Náut*) stanchion

**candelilla** SF [1] (= *vela*) small candle
[2] (*Bot*) catkin
[3] (*LAm*) (= *luciérnaga*) glow worm; (*Cono Sur*) (= *libélula*) dragonfly; (*Andes*) (= *niño*) lively

child
[4] (*Caribe, Cono Sur Cos*) hem, border
**candelizo** SM icicle
**candelo** ADJ (*Andes*) reddish-blond(e)
**candencia** SF white heat
**candente** ADJ [1] [*metal*] (= *rojo*) red-hot; (= *blanco*) white-hot
[2] [*cuestión*] burning; **un tema de ~ actualidad** a red-hot issue, a subject that everyone is talking about
**candi** ADJ **azúcar ~** sugar candy, rock candy
**candidatizar** ▸conjug 1f◂ VT to propose, nominate
**candidato/a** SM/F [1] (= *aspirante*) candidate (**a** for); (*para puesto*) applicant (**a** for)
[2] (*Cono Sur*⁑) sucker⁑
**candidatura** SF [1] (*a un cargo*) candidature, candidacy; **presentar su ~** to put o.s. forward for a post, stand for a post
[2] (= *lista*) list of candidates; (= *papeleta*) ballot paper
**candidez** SF [1] (= *simpleza*) simplicity, ingenuousness; (= *inocencia*) naïveté; (= *estupidez*) stupidity
[2] (= *comentario*) silly remark
**cándido** ADJ [1] (= *simple*) simple, ingenuous; (= *inocente*) naïve; (= *estúpido*) stupid
[2] (*poét*) snow-white
**candil** SM [1] (= *lámpara*) oil lamp; (*Méx*) (*tb* **~ de prisma**) chandelier; ✦***MODISMO*** **(poder) arder en un ~** [*vino*] to pack a powerful punch, be very strong; [*tema etc*] to be pretty strong stuff
[2] (*Zool*) tine, small horn
**candileja** SF [1] (= *depósito*) oil reservoir of a lamp; (= *lámpara*) small oil lamp
[2] **candilejas** (*Teat*) footlights
**candinga**[1] SF (*Cono Sur*) impertinence, insistence
**candinga**[2] SM (*Méx*) **el ~** the devil
**candiota** SF wine cask
**candiotero** SM cooper
**candombe** SM (*LAm*) African dance
**candomblé** SM candomblé
**candonga** SF [1] (*) (= *lisonjas*) blarney, flattery; (= *truco*) trick; (= *broma*) playful trick, hoax, practical joke; (= *guasa*) teasing; **dar ~ a algn** to tease sb, kid sb*
[2] **candongas** (*Andes*) (= *pendientes*) earrings
[3] (⁑) (= *moneda*) one peseta
[4] (⁑) (*Anat*) scrotum
[5] (⁑) (= *mujer*) whore, tart⁑, slut⁑
**candongo*** Ⓐ ADJ (= *zalamero*) smooth, oily; (= *taimado*) sly, crafty; (= *vago*) lazy
Ⓑ SM (= *cobista*) creep⁑, toady*, flatterer; (= *taimado*) sly sort; (= *vago*) shirker, idler, lazy blighter⁑
**candonguear*** ▸conjug 1a◂ Ⓐ VT (= *bromear*) to tease, kid*
Ⓑ VI (= *vaguear*) to shirk, dodge work
**candonguero*** ADJ = **candongo A**
**candor** SM [1] (= *inocencia*) innocence, lack of guile; (= *candidez*) frankness, candidness
[2] (*poét*) pure whiteness
**candorosamente** ADV (= *con inocencia*) innocently, guilelessly, simply; (= *con franqueza*) frankly, candidly
**candoroso** ADJ (= *inocente*) innocent, guileless; (= *franco*) frank, candid
**candungo** SM (*Perú*) idiot

**canear*** ▸conjug 1a◂ VT to bash*, hit
**caneca** SF [1] (*Méx*) (= *vasija*) glazed earthenware pot; (*Cono Sur*) (= *balde*) wooden bucket; (*Col*) (*para basura*) rubbish bin, garbage can (*EEUU*); (*Caribe*) (= *bolsa de agua*) hot water bottle; (*Andes*) (= *lata*) can, tin; [*de petróleo etc*] drum; (= *porrón*) wine bottle (with a spout)
[2] (*Cuba*) (= *medida*) liquid measure of 19 ltrs
**caneco** ADJ (*Andes*) tipsy
**canela** Ⓐ SF [1] (*Bot, Culin*) cinnamon; ✦***MODISMO*** **ser ~ fina** *o* **en rama**: **Ana es ~ fina** *o* **en rama** Ana is wonderful; **este torero es ~ fina** he's a brilliant bullfighter; **prueba estas gambas, son ~ fina** try these prawns, they're exquisite ► **canela en polvo** ground cinnamon ► **canela en rama** stick cinnamon; *ver tb* **flor A3**
[2] (*Caribe*) (= *mulata*) mulatto girl
Ⓑ EXCL (*euf*) good gracious!
**canelero** SM cinnamon tree
**canelo** Ⓐ ADJ cinnamon(-coloured *o* (*EEUU*) -colored)
Ⓑ SM cinnamon tree; ✦***MODISMO*** **hacer el ~*** to act *o* play the fool
**canelón** SM [1] = **canalón 2**
[2] (= *carámbano*) icicle
[3] (*CAm*) (= *rizo*) corkscrew curl
[4] **canelones** (*Culin*) cannelloni
**canesú** SM [1] (= *parte superior*) yoke
[2] (= *prenda*) underbodice, camisole
**caney** SM [1] (*Ven*) (= *cabaña*) log cabin, hut; (*Caribe*) [*de jefe*] chief's house; (*Andes, Caribe*) (= *cobertizo*) large shed
[2] (*LAm*) [*de río*] river bend
**canfín** SM (*CAm, Caribe*) petrol, gasoline (*EEUU*)
**cangalla*** SMF (*LAm*) coward
**cangallar*** ▸conjug 1a◂ VT (*Andes, Cono Sur*) to pinch*, swipe⁑
**cangilón** SM [1] (= *jarro*) pitcher; [*de metal*] metal tankard; [*de noria*] bucket, scoop
[2] (*LAm*) (= *carril*) cart track, rut
**cangrejo** SM [1] [*de mar*] crab; [*de río*] crayfish; **está más rojo que un ~** (*por el sol*) he is as pink *o* red as a lobster; ✦***MODISMO*** **avanzar como los ~s** to make little headway
[2] (*Náut*) gaff
[3] (*Andes*) (= *idiota*) idiot; (= *granuja*) rogue, crafty person
[4] (*LAm*) (= *misterio*) mystery, enigma
[5] (⁑) (= *moneda*) 25 peseta coin
**cangri⁑** SM [1] (= *cárcel*) nick⁑, can (*EEUU*⁑), prison
[2] (*Rel*) church
[3] (= *moneda*) 25-peseta coin
**cangro** SM (*Andes, CAm, Méx*) cancer
**canguelo*** SM, **canguis*** SM **le entró el ~ justo antes de entrar** he got the jitters just before he went in*; **tener ~** to have the jitters*
**canguro** Ⓐ SM [1] (*Zool*) kangaroo
[2] (= *impermeable*) cagoule
[3] (*Náut*) ferry
Ⓑ SMF (*) [*de niños*] baby-sitter; **esta noche hago de ~** I'm baby-sitting tonight; **—¿a qué te dedicas? —trabajo de ~** "what do you do for a living?" — "I do some baby-sitting"
**caníbal** Ⓐ ADJ [1] (= *antropófago*) cannibal(istic), man-eating
[2] (= *feroz*) fierce, savage
Ⓑ SMF cannibal
**canibalesco** ADJ cannibalistic

**canibalismo** SM [1] (= *antropofagia*) cannibalism
[2] (= *ferocidad*) fierceness, savageness
**canibalizar** ▸conjug 1f◂ VT to cannibalize
**canica** SF [1] (= *bola*) marble
[2] **canicas** (= *juego*) marbles; (⁂) (= *testículos*) balls⁂
**caniche** SMF poodle
**canicie** SF greyness, grayness (*EEUU*), whiteness (*of hair*)
**canícula** SF [1] (= *verano*) dog days *pl*; (= *calor*) midsummer heat
[2] (= *mediodía*) midday sun
[3] **Canícula** Dog Star, Sirius
**canicular** Ⓐ ADJ **calores ~es** midsummer heat
Ⓑ **caniculares** SMPL dog days
**canicultura** SF dog breeding
**canijo*** ADJ [1] (= *pequeño*) puny; (= *endeble*) weak, sickly
[2] (*Méx*) (= *astuto*) sly
**canilla** SF [1] (= *espinilla*) (*tb* **~ de la pierna**) shinbone, shin; (*esp LAm*) (= *pierna*) shank, thin leg
[2] (= *cúbito*) (*tb* **~ del brazo**) armbone, ulna
[3] (*Orn*) wing bone
[4] (*Téc*) bobbin, reel
[5] (*esp LAm*) (= *grifo*) tap, faucet (*EEUU*); [*de tonel*] spigot, tap; **irse como una ~*** ◊ **irse de ~*** to have the trots⁑
[6] [*de tela*] rib
[7] (*Méx*) **a ~** by hook or by crook; **tener ~** to be very strong
[8] (*Caribe*) (= *cobardía*) cowardice
**canillento** ADJ (*Andes*) long-legged
**canillera** SF [1] (*Dep*) shin guard
[2] (*LAm*) (= *miedo*) fear; (= *cobardía*) cowardice
**canillita** SM (*Andes, Cono Sur*) newsboy
**canillón** ADJ, **canilludo** ADJ (*LAm*) long-legged
**canina** SF dog dirt
**caninez** SF ravenous hunger
**canino** Ⓐ ADJ canine, dog *antes de s*; **exposición canina** dog show; **hambre canina** ravenous hunger; **tener un hambre canina** to be ravenous
Ⓑ SM canine (tooth)
**canje** SM exchange
**canjeable** ADJ (*gen*) exchangeable; (*Fin*) exchangeable for cash, cashable
**canjear** ▸conjug 1a◂ VT [+ *prisioneros*] to exchange; [+ *cupón*] to cash in
**cannabis** SM cannabis
**cano** ADJ [1] [*pelo, barba*] (= *gris*) grey, gray (*EEUU*); (= *blanco*) white; **una mujer de pelo ~** a grey-haired *o* (*EEUU*) gray-haired *o* white-haired woman
[2] [*persona*] (= *con pelo gris*) grey-haired, gray-haired (*EEUU*); (= *con pelo blanco*) white-haired
**canoa** SF [1] (*gen*) canoe ► **canoa automóvil** motor boat, launch ► **canoa fuera borda** outboard motorboat
[2] (*) (= *porro*) joint*
[3] (*LAm*) (= *conducto*) conduit, pipe; (= *comedero*) feeding trough; [*de gallinas*] chicken coop; [*de palomas*] dovecot
**canódromo** SM dog track
**canoero/a** SM/F (*LAm*), **canoísta** SMF canoeist
**canólogo/a** SM/F expert on dogs

**canon** SM (*pl* **cánones**) [1] (= *modelo*) canon (*frm*); **una novela que sigue los cánones tradicionales** a novel which follows the traditional norms *o* canons; **el ~ de belleza** the model of beauty
[2] (*Rel*) canon; **✦MODISMO como mandan los cánones**: **se niega a dimitir, como mandan los cánones de la dignidad política** he is refusing to resign, as the norms of political dignity require; **primero tomamos un vinito, como mandan los cánones** (*hum*) first let's have our requisite glass of wine
[3] (= *impuesto*) tax, levy ► **canon de arrendamiento** rate of rental ► **canon del agua** water charge, water rate ► **canon de traspaso** (*Dep*) transfer fee
[4] (*Mús*) canon

**canonical** ADJ of a canon *o* prebendary, canonical

**canonicato** SM (*Rel*) canonry; (*) sinecure, cushy job*

**canónico** ADJ canonical; **derecho ~** canon law

**canóniga** SF nap before lunch; **✦MODISMO coger una ~*** to have one too many

**canónigo** SM canon

**canonista** SM canon lawyer, expert in canon law

**canonización** SF canonization

**canonizar** ▸conjug 1f◂ VT (*Rel*) to canonize; (*fig*) to applaud, show approval of

**canonjía** SF (*Rel*) canonry; (*) sinecure, cushy job*

**canoro** ADJ melodious, sweet, tuneful; **ave canora** songbird

**canoso** ADJ [1] [*persona*] (= *con pelo gris*) grey-haired, gray-haired (EEUU); (= *con pelo blanco*) white-haired
[2] [*pelo, barba*] (= *gris*) grey, gray (EEUU); (= *blanco*) white

**canotaje** SM boating

**canotier** SM, **canotié** SM straw hat, boater

**cansadamente** ADV [1] (= *fatigadamente*) wearily, in a tired way
[2] (= *de forma aburrida*) tediously, boringly

**CANSADO**

**¿"Tired" o "tiring"?**

Hay que tener en cuenta la diferencia entre **tired** y **tiring** a la hora de traducir **cansado**.

- Lo traducimos por **tired** cuando queremos indicar que *estamos* o que nos sentimos cansados:

  Se sintió cansado y se marchó
  ***He felt tired and left***
  Estoy cansado de trabajar
  ***I'm tired of working***
  Estábamos cansados del viaje
  ***We were tired after the journey***

- Lo traducimos por **tiring** cuando queremos indicar que algo *es* **cansado**, es decir, que nos produce cansancio:

  Conducir 140 kms. todos los días es muy cansado
  ***Driving 140 kms every day is very tiring***

*Para otros usos y ejemplos ver la entrada.*

**cansado** ADJ [1] (= *fatigado*) [*persona*] tired (**de** from); [*aspecto, apariencia*] weary, tired; [*ojos*] tired, strained; **lo noto ~ últimamente** he's been looking tired lately; **es que nació cansada** (*iró*) she was born lazy; **con voz cansada** with a weary voice; *ver tb* **vista A1**
[2] (= *harto*) **estar ~ de algo** to be tired of sth; **estoy ~ de que me hagan siempre la misma pregunta** I'm tired of always being asked the same question; **estamos más que ~s de tanta corrupción** we are sick and tired of all this corruption; **¡ya estoy ~ de vuestras tonterías!** I've had enough of this nonsense of yours!; **estar ~ de hacer algo** to be tired of doing sth; **estoy ~ de tanto viajar** I'm tired of so much travelling; **sus amigos, ~s de esperarlo, se habían ido** tired of waiting, his friends had left
[3] (= *pesado*) tiring; **debe de ser ~ corregir tantos exámenes** it must be tiring marking *o* to mark so many exams, marking so many exams must be tiring
[4] **✦MODISMO a las cansadas** (*Cono Sur*) at long last

**cansador** ADJ (*Cono Sur*) tiring

**cansancio** SM [1] (= *fatiga*) tiredness; **ante los primeros síntomas de ~** at the first signs of tiredness *o* weariness; **ya empezaban a acusar el ~** they were already beginning to feel tired *o* weary; **estar muerto de ~** to be dead tired
[2] (= *hastío*) boredom; **ha dejado el trabajo por ~** he left his job out of boredom; **✦MODISMO hasta el ~** endlessly; **lo hemos discutido hasta el ~** we've discussed it endlessly

**cansar** ▸conjug 1a◂ Ⓐ VT [1] (= *fatigar*) to tire, tire out; **no canse más a la paciente con sus preguntas** don't tire the patient (out) with your questions; **me cansa mucho trabajar en el jardín** I get really tired working in the garden, working in the garden really tires me out, I find working in the garden really tiring; **~ la vista** to strain one's eyes, make one's eyes tired
[2] (= *aburrir*) **no quiero ~os con tanta gramática** I don't want to bore you with too much grammar; **me cansa ir siempre a los mismos bares** I get tired of *o* bored with always going to the same old bars, it's boring always going to the same old bars
[3] (*Agr*) [+ *tierra*] to exhaust
Ⓑ VI [1] (= *fatigar*) to be tiring; **conducir cansa mucho** driving is very tiring
[2] (= *hartar*) **los niños cansan a veces** children can sometimes be tiresome *o* trying
Ⓒ **cansarse** VPR [1] (= *fatigarse*) to get tired; **me canso mucho subiendo las escaleras** I get very tired going up stairs; **se cansa con nada** the slightest effort makes him tired, he gets tired at the slightest effort; **cuando ando mucho se me cansan las piernas** when I walk a lot my legs get very tired; **se me cansan los ojos con la televisión** television strains my eyes, my eyes get tired watching television
[2] (= *hartarse*) to get bored; **~se de algo** to get tired of sth, get bored with sth; **se cansó de él y lo dejó** she got tired of him *o* got bored with him and left him; **~se de hacer algo** to get tired of doing sth; **me cansé de esperar y me fui** I got tired of waiting and left; **no me canso de repetirle que deje de fumar** I'm always telling him to stop smoking

**cansera*** SF bother; (*LAm*) wasted effort

**cansinamente** ADV (= *con cansancio*) wearily; (= *sin vida*) lifelessly

**cansino** ADJ [1] (= *lento*) weary; **andaba con paso ~** he walked wearily, he walked with a weary step
[2] (= *pesado*) tiring

**cantable** Ⓐ ADJ suitable for singing, to be sung; (*Mús*) cantabile, melodious
Ⓑ SM *sung part of a "zarzuela"*

**Cantabria** SF (*gen*) Cantabria; (*frec*) Santander

**cantábrico** ADJ Cantabrian; **Mar Cantábrico** Bay of Biscay; **los (Montes) ~s** the Cantabrian Mountains

**cántabro/a** ADJ, SM/F Cantabrian

**cantada*** SF (*Méx*) squealing*, grassing*, ratting (EEUU*)

**cantadera** SF (*LAm*) loud singing, prolonged singing

**cantado** ADJ **✦MODISMO estar ~** to be totally predictable

**cantador(a)** SM/F folksinger, singer of popular songs

**cantal** SM [1] (= *piedra*) boulder; (= *bloque*) stone block
[2] (= *pedregal*) stony ground

**cantaleta** SF (*LAm*) (= *repetición*) boring repetition *o* chorus, tedious refrain; (= *quejas*) constant nagging

**cantaletear** ▸conjug 1a◂ VT (*LAm*) [1] (= *repetir*) to repeat ad nauseam, say over and over
[2] (= *embromar*) to laugh at, make fun of

**cantalupo** SM, **cantalupa** (*CAm*) SF cantaloupe

**cantamañanas*** SMF INV bullshitter**

**cantante** Ⓐ SMF singer; **es ~ de un grupo de rock** he's a singer in a rock band ► **cantante de ópera** opera singer
Ⓑ ADJ singing; *ver tb* **voz 2.2**

**cantaor(a)** SM/F Flamenco singer

**cantar** ▸conjug 1a◂ Ⓐ VI [1] (*Mús*) to sing; **cantas muy bien** you sing very well; **en esa región hablan cantando** (*fig*) they talk in a singsong way in that region; **los monjes cantaban en la abadía** the monks chanted *o* sang in the abbey; *ver tb* **voz 2.2**
[2] [*pájaro*] to sing; [*gallo*] to crow; [*cigarra, grillo*] to chirp
[3] (*liter*) (= *alabar*) to sing of, sing the praises of; **los poetas que le cantan a la mar** the poets who sing of *o* sing the praises of the sea
[4] (*) (= *revelar*) to spill the beans*; (*a la policía*) to squeal*; **✦MODISMOS ~ de plano** to tell all, make a full confession; **los hechos cantan por sí solos** the facts speak for themselves
[5] (*) (= *oler mal*) to stink*, reek; **te cantan los pies** your feet really stink* *o* reek
Ⓑ VT [1] [+ *canción*] to sing; [+ *mantra, canto gregoriano*] to chant; [+ *misa*] to sing, say; [+ *número de lotería*] to call out; **✦MODISMOS ~las claras*** to call a spade a spade; **~ a algn las cuarenta*** to give sb a piece of one's mind*; **su madre le cantó las cuarenta cuando llegó a casa** his mother gave him a piece of her mind when he got home*; **~ victoria**: **es muy pronto para ~ victoria, la crisis política continúa** it is too early to claim victory, the political crisis continues; **—creo que ya está solucionado —no cantes victoria** "I think it's sorted out" — "don't speak too soon" *o* "don't count your chickens (before they're hatched)"

[2] (*liter*) [+ *mérito, belleza*] to praise, eulogize
[3] (= *revelar*) to confess; **cantó todo lo que sabía** he confessed all that he knew
Ⓒ SM [1] (= *canción*) song; (*Rel*) chant
[2] (*Literat*) **el Cantar de los Cantares** the Song of Songs; ✦***MODISMO*** **eso es otro ~** that's another story ► **cantar de gesta** chanson de geste, epic poem; *ver tb* **gallo[1] 1**

**cántara** SF [1] (= *recipiente*) large pitcher
[2] (= *medida*) *liquid measure = 1.613 centilitres*

**cantarería** SF [1] (= *tienda*) pottery shop, earthenware shop
[2] (= *cerámica*) pottery

**cantarero** SM potter, dealer in earthenware

**cantárida** SF (= *insecto*) Spanish fly; (*Med*) cantharides

**cantarín/ina** Ⓐ ADJ [*persona*] fond of singing; [*arroyo*] tinkling, babbling; [*voz*] singsong, lilting
Ⓑ SM/F singer

**cántaro** SM [1] (= *vasija*) pitcher, jug; (= *cantidad*) jugful; **a ~s** in plenty; ✦***MODISMO*** **llover a ~s** to rain cats and dogs, rain buckets
[2] **cántaros‡** (= *pechos*) tits‡

**cantata[1]** SF (*Mús*) cantata

**cantata[2]‡** SF (= *soplo*) tip-off

**cantautor(a)** SM/F singer-songwriter

**cante** SM [1] (*Mús*) ► **cante flamenco, cante jondo** Andalusian gipsy singing, Flamenco singing
[2] (= *extravagancia*) **dar el ~*** to make a fool of o.s.; **con ese peinado vas a dar el ~** you'll look really silly with that haircut; **ser un ~*** to be ridiculous; **no puedes salir con ese sombrero, es un ~** you can't go out wearing that hat, it looks ridiculous
[3] (‡) (= *soplo*) tip-off (to the police)

**cantegril** SM (*Uru*) shanty town, slum

**cantera** SF [1] (*Min*) quarry, pit ► **cantera de arena** sandpit ► **cantera de piedra** stone quarry
[2] [*de artistas etc*] source; (*Dep*) reserve of young players; **Escocia es una ~ de grandes futbolistas** Scotland produces many talented footballers

**canterano/a** Ⓐ ADJ reserve *antes de s*
Ⓑ SM/F reserve player

**cantería** SF [1] (*Min*) quarrying, stone cutting
[2] (*Arquit*) masonry, stonework
[3] (= *piedra*) piece of masonry, stone, ashlar

**cantero** SM [1] (*Min*) quarryman; (*Arquit*) stonemason
[2] (= *cabo*) end, extremity ► **cantero de pan** crust of bread
[3] (*Cono Sur*) [*de plantas*] bed, plot; [*de flores*] flowerbed; (*Andes, Méx*) [*de caña*] plot of sugar cane

**cántico** SM (*Rel*) canticle; (*fig*) song

**cantidad** Ⓐ SF [1] (= *medida*) amount, quantity; **hay que poner la misma ~ de azúcar que de harina** you have to add the same amount *o* quantity of sugar as of flour; **según la ~ de trabajo que tengas** depending on the amount of work you have; **hay que sumar ambas ~es** you have to add the two amounts together; **en ~: hemos recibido mercancía en ~** we have received huge amounts *o* quantities of stock; ✦***MODISMO*** **en ~es industriales** (*hum*): **bebo café en ~es industriales** I drink coffee by the bucketful *o* by the gallon ► **cantidad de movimiento** (*Fís*) momentum
[2] [*de personas, animales, cosas*] number; **había gran ~ de gente** there was a large number of people; **¿has visto la ~ de discos que tienes?** do you realize just how many records you've got?
[3] (*) (= *gran cantidad*) [3·1] **~ de** loads of*; **tengo ~ de trabajo** I've got loads of work*; **vino a verme ~ de gente** loads of people came to see me*; **tengo ~ de cosas que hacer** I've loads to do*
[3·2] (*LAm*) **cualquier ~*** loads*; **—¿había mucha gente? —¡cualquier ~!** "were there many people?" — "loads!"*; **cualquier ~ de errores** loads of mistakes*
[4] [*de dinero*] sum, amount; **por una pequeña ~ se lo enviamos a su domicilio** for a small sum *o* amount we'll deliver it to your house; **hay que abonar una ~ a cuenta** a payment must be made on account; **pagaron ~es millonarias por los derechos de la película** they paid millions for the film rights ► **cantidad alzada** flat rate ► **cantidad a pagar** amount to pay ► **cantidad bruta** gross amount ► **cantidad neta** net amount ► **cantidad simbólica** nominal fee
[5] [*de sílaba*] quantity
Ⓑ ADV (*esp Esp‡*) **sabe ~ de eso** he knows loads about that*; **le va el alcohol ~** he's into drinking in a big way‡; **me gustas ~** I like you a lot, I think you're really cool‡; **ese asunto es ~ de chungo** the whole thing's really dodgy*; **ese tío está ~ de bueno** that guy's really hunky*

**cantiga** SF, **cántiga** SF song, poem

**cantil** SM (*en roca*) shelf, ledge; [*de costa*] coastal shelf; (= *risco*) cliff

**cantilena** SF [1] (= *canción*) ballad, song
[2] = **cantinela**

**cantillos** SMPL (= *juego*) jacks

**cantimplora** SF (*para agua*) water bottle, canteen; (*para licores*) hip flask; (*Téc*) syphon; (*Andes*) powder flask; **¡cantimplora!** (*Andes**) not on your life!

**cantina** SF [1] (*Ferro*) buffet, refreshment car; (*Mil etc*) canteen, cafeteria (*EEUU*); (= *café-bar*) snack bar; (*LAm*) bar, saloon; (*Cono Sur*) (= *restaurante*) cheap restaurant
[2] (= *bodega*) wine cellar
[3] (= *para llevar comida*) hamper; (*Andes*) [*de leche*] milk churn
[4] **cantinas** (*Méx*) (= *alforjas*) saddlebags

**cantinela** SF **la misma ~** the same old story; **y toda esa ~*** and all that jazz*

**cantinero/a** SM/F (= *bárman*) barman/barmaid, bartender; (= *dueño*) publican

**cantinflismo** SM (*Méx*) babble, empty chatter

**cantío** SM (*Caribe*) folksong, popular song

**cantiral** SM stony ground, stony place

**canto[1]** SM [1] (*Mús*) (= *arte*) singing; (= *canción*) song; (*Rel*) chant; **estudió ~ en Barcelona** she studied singing in Barcelona; **clases de ~** singing lessons; **se oían los ~s alegres de los niños** you could hear the joyful songs of the children ► **canto de sirena** siren call, siren song ► **canto gregoriano** Gregorian chant, (Gregorian) plainsong ► **canto llano** plainsong
[2] [*de pájaro*] song; [*de gallo*] crow; [*de grillo, chicharra*] chirp ► **canto del cisne** swan song
[3] (*liter*) song, hymn; **un ~ a la libertad** a hymn *o* song to freedom

> **CANTIDAD**
>
> **Cantidad**, como sustantivo, se puede traducir al inglés por **amount**, **number**, **sum**, **quantity** y **figure**.
>
> • Cuando **cantidad** expresa cuánto tenemos, necesitamos u obtenemos de algo se traduce por **amount**, palabra que se usa en el contexto de nombres incontables:
>
> Le preocupaba la cantidad de trabajo que tenía que hacer
> ***He was worried about the amount of work he had to do***
>
> **!** Se puede decir **a large amount** y **a small amount**, pero es incorrecto decir **a big amount** o **a little amount**:
>
> • Cuando hablamos de una **cantidad** de personas, animales o cosas, (nombres en plural), **cantidad** se traduce por **number**. Con la expresión **the number of** el verbo va en singular y con **a number of** en plural:
>
> En los últimos 30 años la cantidad de consumidores de electricidad ha aumentado en un 50 por ciento
> ***In the last 30 years, the number of electricity consumers has risen by 50 per cent***
> Me esperaban una gran cantidad de recibos sin pagar
> ***A large number of bills were waiting for me***
>
> **!** Hay que tener en cuenta que con **number** también podemos utilizar **large** y **small**, pero no **big** ni **little**.
>
> • Hablando de dinero, **cantidad** se traduce por **sum**. Puede aparecer con **large**, **small** o **huge**:
>
> Los fabricantes gastan enormes cantidades de dinero en anunciar sus productos
> ***Manufacturers spend huge sums of money on advertising their products***
>
> • Una **cantidad** que se puede medir o contar se puede traducir por **quantity**. Puede ir acompañado de **large** o **small**:
>
> Quiero un kilo de patatas y la misma cantidad de manzanas
> ***I'd like a kilo of potatoes and the same quantity of apples***
> Sólo necesitas una cantidad muy pequeña
> ***You only need a very small quantity***
>
> NOTA: **Amount** también es posible en el contexto de sustancias incontables:
> ***You only need a very small amount***
>
> • Una **cantidad** específica, expresada numéricamente, se traduce por **figure**, que puede aparecer con los adjetivos **high** y **low**:
>
> Al final se decidieron por una cantidad de veinte mil libras
> ***Finally, they decided on a figure of twenty thousand pounds***
>
> *Para otros usos y ejemplos ver la entrada.*

**canto[2]** SM [1] (= *borde*) [*de mesa, libro*] edge; **de ~: el libro cayó de ~** the book fell on its side; **pon el libro de ~** stand the book on end *o* on its side; ✦***MODISMOS*** **al ~*: cada vez que se veían, pelea al ~** every time they saw each other there was inevitably an argument, every time they saw each other an argument was the order of the day; **faltar el ~ de un duro: ha faltado el ~ de un duro para que se caiga** he was *o* came this close to falling ► **canto de pan** heel of bread, crust (of bread)

2 (= *piedra*) pebble; ✦MODISMO **darse con un ~ en los dientes*** to think o.s. lucky, count o.s. lucky; **si no llega a las 1.000 pesetas nos podemos dar con un ~ en los dientes** we can think *o* count ourselves lucky if it comes to less than 1,000 pesetas ► **canto rodado** pebble

**cantón**[1] SM 1 (*Pol*) canton
2 (*Mil*) cantonment
3 (= *esquina*) corner

**cantón**[2] SM (*Cos*) cotton material

**cantonada** SF **dar ~ a algn** to dodge sb, shake sb off

**cantonal** ADJ cantonal

**cantonear** ▸conjug 1a◂ VI to loaf around

**cantonera** SF 1 (= *anaquel*) corner shelf; (= *escuadra*) corner bracket, angle iron; (= *mesita*) corner table; (= *armario*) corner cupboard; [*de libro, mueble etc*] corner piece
2 (*) (= *prostituta*) streetwalker, hustler (*EEUU**)

**cantonero** SM loafer, idler, good-for-nothing

**cantonés/esa** Ⓐ ADJ, SM/F Cantonese
Ⓑ SM (*Ling*) Cantonese

**cantor(a)** Ⓐ ADJ singing, that sings; **ave ~a** songbird
Ⓑ SM/F (= *persona*) singer; (*Orn*) songbird

**Cantórbery** SM Canterbury

**cantorral** SM stony ground, stony place

**cantuariense** ADJ of/from Canterbury

**cantuja** SF (*Perú*) underworld slang

**cantúo:** ADJ **una mujer cantúa** a woman with a smashing figure*

**canturía** SF (= *canto*) singing, vocal music; (= *ejercicio*) singing exercise; (*pey*) monotonous singing, droning

**canturrear** ▸conjug 1a◂ VT, VI to sing softly, croon; (*con la boca cerrada*) to hum

**canturreo** SM soft singing, crooning; (*con la boca cerrada*) humming

**canutazo:** SM telephone call

**canutero** SM (*LAm*) barrel (*of pen*)

**canuto** Ⓐ SM 1 (= *tubo*) small tube, small container
2 (*) (= *porro*) joint*
3 (*Bot*) internode
4 (*) (= *persona*) telltale, tattletale (*EEUU*)
5 (*) (= *teléfono*) phone, blower*
6 (*Cos*) needle case
Ⓑ ADJ (*) 1 super*, smashing*
2 ✦MODISMO **pasarlas canutas** to have a rough time of it

**canzonetista** SF vocalist, crooner

**caña** SF 1 (= *junco*) reed; (= *tallo*) stem, stalk; **un techo de ~** a roof of reed thatch; **azúcar de ~** cane sugar; **ron de ~** cane rum; ✦MODISMOS **dar** *o* **meter ~:**: **la policía le dio ~ a los manifestantes** the police laid into the demonstrators*; **la prensa le ha dado ~ al gobierno** the press has really laid into the government, the press has really given the government some stick*; **le han metido ~ al jefe para que nos aumente el sueldo** they've been going on at my boss to give us a pay rise; **tendrás que darle** *o* **meterle ~ si quieres acabarlo pronto** you'll have to get stuck into it if you want to finish it soon; **le mete mucha ~ al coche** he really steps on the gas; **las ~s se vuelven lanzas** a joke can easily turn into something unpleasant ► **caña de azúcar** sugar cane ► **caña de bambú** cane ► **caña dulce, caña melar** sugar cane; *ver tb* **miel**
2 (*tb* **~ de pescar**) fishing rod
3 (= *vaso*) **una ~ (de cerveza)** a small glass of beer; **¡dos ~s!** two beers please; **una ~ de vino** a tall wineglass, a long glass
4 (*Anat*) [*de la pierna*] shinbone; [*de caballo*] shank
5 [*de bota*] leg; **botas de media ~** calf-length boots
6 [*de columna*] shaft
7 (*esp LAm*) (= *aguardiente*) cane liquor; **estar con la ~ mala** (*Cono Sur**) to have a hangover*
8 (*Min*) gallery
9 (*Náut*) [*de ancla*] shank; [*de timón*] tiller, helm
10 (*Caribe**) (= *trago*) swig*, drink
11 (*Andes, Caribe*) (= *bulo*) false rumour; (= *bravata*) bluff, bluster
12 (*LAm*) (= *pajita*) (drinking) straw
13 (†**) (= *pene*) prick**

**cañabrava** SF (*LAm*) reed

**cañada** SF 1 (= *barranco*) gully, ravine; (= *valle*) glen
2 (*Agr*) (= *camino*) cattle track, drover's road
3 (*LAm*) (= *arroyo*) stream; (= *terreno*) low-lying wet place

**cañadón** SM (*Cono Sur*) *low-lying part of a field flooded in wet weather*

**cañamar** SM hemp field

**cañamazo** SM embroidery canvas

**cañamelar** SM sugar-cane plantation

**cañameno** ADJ hempen

**cañamero** ADJ hemp *antes de s*

**cañamiel** SF sugar cane

**cáñamo** SM (*Bot*) hemp; (= *tela*) hemp cloth; (*CAm, Caribe, Cono Sur*) (= *cuerda*) hemp rope ► **cáñamo agramado** dressed hemp ► **cáñamo índico** (*CAm*), **cáñamo indio** Indian hemp, marijuana plant

**cañamón** SM hemp seed; (*para pájaros*) birdseed

**cañata:** SF (glass of) beer

**cañavera** SF reed grass

**cañaveral** SM 1 (*Bot*) reedbed
2 (*Col Agr*) sugar-cane plantation

**cañazo** SM (*Andes*) cane liquor; ✦MODISMO **dar ~ a algn** to play a trick on sb

**cañear*** ▸conjug 1a◂ VI to drink, carouse

**cañengo** ADJ (*Andes, Caribe*), **cañengue** ADJ (*Andes, Caribe*) (= *débil*) weak, sickly; (= *flaco*) skinny

**cañeo*** SM drinking, carousal

**cañería** SF 1 (= *tubo*) pipe; (= *sistema*) pipes *pl*, piping; (= *desaguadero*) drain
2 (*Mús*) organ pipes
3 (:) (= *vena*) main line:

**cañero** Ⓐ ADJ 1 (*LAm*) sugar-cane *antes de s*; **machete ~** sugar-cane knife
2 (*Andes, Caribe*) (= *mentiroso*) lying; (= *fanfarrón*) boastful
Ⓑ SM 1 (*Téc*) pipe fitter
2 (*LAm Agr*) owner *o* manager of a sugar-cane plantation
3 (*Andes, Caribe*) (= *mentiroso*) bluffer; (= *fanfarrón*) boaster

**cañete** SM small pipe

**cañí** ADJ, SMF = **calé**

**cañita** SF (*Andes*) (drinking) straw

**cañiza** SF coarse linen

**cañizal** SM, **cañizar** SM (*natural*) reedbed; (*Agr*) sugar-cane plantation

**cañizo** SM wattle

**caño** SM 1 (= *tubo*) tube, pipe; (*Mús*) pipe; [*de fuente*] jet, spout; (*Arquit*) gutter; (= *alcantarilla*) drain, (open) sewer; (*Andes*) (= *grifo*) tap, faucet (*EEUU*)
2 (*Min*) gallery
3 (= *bodega*) wine cellar
4 (*Náut*) navigation channel, deep channel; (*Andes, Caribe*) (= *río*) narrow navigable river

**cañón** Ⓐ SM 1 [*de artillería*] cannon; **el castillo estaba defendido por 30 cañones** the castle was defended by 30 cannons ► **cañón antiaéreo** anti-aircraft gun ► **cañón antitanque** anti-tank gun ► **cañón de agua** water cannon ► **cañón de avancarga** muzzle loader ► **cañón de campaña** field gun ► **cañón de nieve (artificial)** snow cannon
2 [*de escopeta*] barrel; ✦MODISMO **ni a ~** *o* **cañones** (*Chile, Perú*) not at all ► **cañón arponero** harpoon ► **cañón de ánima rayada, cañón rayado** rifled barrel, rifled bore; *ver tb* **escopeta 1**
3 [*de pipa*] stem; [*de pluma*] quill, calamus
4 (= *valle*) canyon, gorge; **el Gran Cañón del Colorado** the Grand Canyon
5 (*Andes*) (= *puerto de montaña*) pass; (= *vereda*) mountain path
6 (*Mús*) (organ) pipe
7 (*Arquit*) [*de ascensor*] shaft
8 (*Téc*) [*de televisor*] (electron) gun ► **cañón de luz** spot(light) ► **cañón láser** laser gun
9 (*Andes Bot*) trunk
Ⓑ ADJ INV (†) (= *estupendo*) fabulous*, marvellous, marvelous (*EEUU**); **una mujer ~** one hell of a woman:
Ⓒ ADV (†) ✦MODISMO **pasarlo ~** to have a whale of a time*

**cañonazo** SM 1 (*Mil*) cannon shot; **cañonazos** (= *fuego*) cannon fire *sing*; **salva de 21 ~s** 21-gun salute ► **cañonazo de advertencia** (*Náut*) warning shot, shot across the bows
2 (*Ftbl*) shot, volley, fierce shot

**cañonear** ▸conjug 1a◂ Ⓐ VT to shell, bombard
Ⓑ **cañonearse** VPR (*Cono Sur**) to get tight*

**cañoneo** SM shelling, bombardment

**cañonera** SF 1 (*Náut*) (*tb* **lancha ~**) gunboat
2 (*LAm*) (= *pistolera*) holster
3 (*Mil, Hist*) embrasure

**cañonero/a** Ⓐ SM/F (*LAm Dep*) striker
Ⓑ SM (*Mil*) gunboat

**cañusero/a** SM/F (*Andes*) owner of a sugar-cane plantation

**cañutero** SM pincushion

**cañuto** SM = **canuto**

**caoba** SF mahogany

**caolín** SM kaolin

**caos** SM INV chaos; **su mesa de trabajo era un ~ total** his desk was complete chaos, his desk was a complete mess; **esta ciudad es un auténtico ~** this city is a complete shambles* ► **caos circulatorio** traffic chaos

**caótico** ADJ chaotic

**caotizar** ▸conjug 1f◂ VT to throw into disarray, cause chaos in

**C.A.P.** SM ABR (= **Certificado de Aptitud Pedagógica**) ≈ PGCE

**cap.** ABR, **cap.º** ABR (= **capítulo**) ch, c., chap

**capa** SF [1] (= *prenda*) cloak, cape; **una comedia de ~ y espada** a cloak-and-dagger play; ✦***MODISMOS*** **andar** *o* **estar de ~ caída** (= *estar triste*) to look *o* be crestfallen, be down in the mouth; (= *estar en decadencia*) to be in *o* on the decline; **defender algo a ~ y espada** to fight tooth and nail for sth; **hace de su ~ un sayo** he does as he pleases ► **capa de agua** (= *chubasquero*) raincape ► **capa torera** bullfighter's cape
[2] (= *estrato*) layer; **la ~ atmosférica** the atmosphere; **las ~s de la atmósfera** the layers *o* strata of the atmosphere; **la ~ de ozono** the ozone layer; **amplias ~s sociales** *o* **de la población** broad strata of society; **un corte de pelo a ~s** a layered cut; **madera de tres ~s** three-ply wood ► **capa freática** aquifer, phreatic stratum
[3] (= *recubrimiento*) **una ~ de hielo** a sheet of ice; **una ~ de nieve** a blanket of snow; **los muebles tenían una densa ~ de polvo** the furniture had a thick layer of dust; **una fina ~ de grasa** a film of grease; **le di dos ~s de pintura** I gave it two coats of paint; **el pastel tiene dos ~s de chocolate** the cake has two layers of chocolate
[4] (*Náut*) **estar** *o* **ponerse a la ~** to lie to
[5] (*frm*) **so** *o* **bajo ~ de** (= *bajo la apariencia de*) in *o* under the guise of; (= *con el pretexto de*) on *o* under the pretext of, as a pretext for; **so** *o* **bajo ~ ética, predican un puritanismo extremo** in *o* under the guise of ethics, they are preaching extreme puritanism; **so** *o* **bajo ~ de modernizar la empresa han reducido la plantilla** on *o* under the pretext of modernizing the company they have cut back the staff

**capaburro** SM (*LAm*) pirana

**capacha*** SF [1] (*Cono Sur*) (= *cárcel*) nick*, slammer*, can (*EEUU**); **caer en la ~** to fall into the trap
[2] (= *espuerta*) basket

**capacheca** SF (*Andes, Cono Sur*) street vendor's barrow *o* stall

**capacho** SM [1] (= *cesto*) wicker basket, big basket; (*Téc*) hod; (*LAm*) (= *alforja*) saddlebag
[2] (*Andes, Cono Sur*) (= *sombrero*) old hat

**capacidad** SF [1] [*de vehículo, teatro, depósito*] capacity; **una sala con ~ para 900 personas** a hall with a capacity of 900 people; **un disquete con ~ de 1.44 MB** a diskette with a capacity of 1.44 MB; **"capacidad: 40 viajeros sentados"** "seating capacity: 40"; **un avión con ~ para 155 pasajeros** a 155-seater aircraft, an aircraft that can carry 155 passengers ► **capacidad de almacenamiento** storage capacity ► **capacidad de carga** carrying capacity, freight capacity ► **capacidad útil** effective capacity; *ver tb* **medida 1**
[2] (= *habilidad*) ability; **necesitamos una persona con ~ para afrontar desafíos** we require a person with the ability to face challenges; **esas bacterias tienen una mayor ~ de reproducción** those bacteria have a greater capacity for reproduction; **su ~ para manejar el balón era asombrosa** his ball skills were amazing; **no tiene ~ para los negocios** he has no business sense *o* business acumen ► **capacidad adquisitiva** (*Com*) purchasing power, buying power ► **capacidad de aprendizaje** learning ability ► **capacidad de convocatoria** [*de orador*] pulling power; [*de huelga, manifestación*] appeal, popular appeal ► **capacidad de decisión** decision-making ability ► **capacidad de ganancia** (*Com*) earning power, earning capacity ► **capacidad de trabajo**: **tiene una enorme ~ de trabajo** she can get through a tremendous amount of work, she has an enormous capacity for hard work ► **capacidad financiera** financial standing ► **capacidad física** physical capacity ► **capacidad intelectual** intellectual ability ► **capacidad mental** mental ability
[3] (= *autoridad*) authority; **no tenemos ~ para modificar las decisiones del gobierno** we do not have the authority to alter government decisions
[4] (*Jur*) capacity ► **capacidad civil** civil capacity ► **capacidad legal** legal capacity

**capacitación** SF [1] (*Educ*) **conseguir la ~ de piloto** to qualify as a pilot
[2] (*Jur*) capacitation

**capacitado** ADJ **el candidato más ~** the best-qualified candidate; **estar ~ para hacer algo** to be qualified to do sth; **los únicos ~s para alcanzar los cuartos de final** the only ones capable of reaching the quarter-finals

**capacitar** ▸conjug 1a◂ Ⓐ VT [1] (= *preparar*) to prepare; **una formación que no capacita a los jóvenes para incorporarse en el mercado laboral** training which fails to give young people the skills they need to enter the job market, training which fails to prepare young people for the job market
[2] (= *habilitar*) to qualify; **este título me capacita para ejercer como abogado** this qualification qualifies *o* entitles me to work as a lawyer
Ⓑ **capacitarse** VPR **~se para algo** to qualify for sth

**capacitor** SM capacitor

**capadura** SF castration

**capar** ▸conjug 1a◂ VT [1] [+ *animal*] to castrate, geld
[2] (*fig*) to reduce, cut down, curtail
[3] (*Caribe, Méx Agr*) to cut back, prune
[4] (*Andes, Caribe*) [+ *comida*] to start on

**caparazón** SM [1] (= *concha*) shell; **encerrarse en su ~** to withdraw into one's shell; **salir de su ~** to come out of one's shell
[2] (*para caballo*) (*con comida*) nosebag; (= *manta*) caparison

**caparrón** SM bud

**caparrosa** SF copperas, vitriol ► **caparrosa azul** copper sulphate

**capataz** SMF foreman/forewoman, overseer

**capaz** ADJ [1] (= *competente*) capable, able; **es una persona muy ~** he is a very capable *o* able person; **~ de hacer algo** capable of doing sth; **antibióticos capaces de curar la infección** antibiotics capable of curing the infection; **no han sido capaces de localizar las joyas** they were unable to find the jewels; **una película ~ de hacerme llorar** a film that can make me cry; **no es ~ ni de freír un huevo** he can't even fry an egg; **¡es ~ de no venir!** he's quite capable of not coming!; **es ~ de cualquier tontería** he can do some really stupid things, he's capable of the stupidest things; **ser ~ para algo** to be capable of sth; **~ para testar** (*Jur*) competent to make a will
[2] (= *que se atreve*) **¿no me crees ~?** do you think I won't?; **ser ~** to dare; **¿a que no eres ~?** you wouldn't dare!, I bet you wouldn't!; **si eres ~, dime eso otra vez** just say that again, if you dare!; **ser ~ de hacer algo**: **si soy ~ de hacerlo** if I can bring myself to do it; **no fue ~ de tirarse a la piscina** he just couldn't bring himself to dive into the pool; **fui ~ de decirle lo que pensaba** I managed to tell him what I thought
[3] (= *con capacidad*) **un auditorio ~ para 1.200 personas** an auditorium with a capacity of 1,200 people, an auditorium that holds 1,200 people
[4] (*LAm**) **~ que**: **~ que llueva** it might rain; **~ que se perdió** he might have got lost; **es ~ que venga mañana** he might come tomorrow

**capazo** SM (= *cesto*) large basket; (*para niño*) Moses basket, (wicker) carrycot

**capcioso** ADJ cunning, deceitful; **pregunta capciosa** trick question

**capea** SF *bullfight with young bulls*

**capeador** SM *bullfighter who uses the cape*

**capear** ▸conjug 1a◂ Ⓐ VT [1] (*Taur*) wave the cape at; (*fig*) to take in, deceive
[2] (*Náut*) **~ el temporal** (*lit, fig*) to ride out *o* weather the storm
[3] (= *esquivar*) to dodge
[4] (*Culin*) to top, cover (**con** with)
Ⓑ VI (*Náut*) to ride out the storm

**capellada** SF (= *puntera*) toecap; (= *remiendo*) patch

**capellán** SM chaplain ► **capellán castrense**, **capellán de ejército** military chaplain, padre*

**capellanía** SF chaplaincy

**capelo** SM [1] (*Rel*) (= *sombrero*) cardinal's hat; (= *dignidad*) cardinalate
[2] (*Cono Sur, Méx*) (= *tapa*) bell glass, glass cover
[3] (*LAm Univ*) ► **capelo de doctor** doctor's gown

**capero** SM hallstand, hatstand

**Caperucita Roja** SF (Little) Red Riding Hood

**caperuza** SF [*de tela*] (pointed) hood; (*Mec*) hood, cowling; [*de bolígrafo*] cap, top ► **caperuza de chimenea** chimney cowl

**Cap. Fed.** ABR (*Arg*) = **Capital Federal**

**capi[1]*** SM = **capitán**

**capi[2]** SF (*Andes, Cono Sur*) (= *harina*) white maize flour; (= *maíz*) maize, corn (*EEUU*); (= *vaina*) unripe pod

**capi[3]*** SF (*esp LAm*) capital (city)

**capia** SF (*Andes, Cono Sur*) white maize flour

**capiango** SM (*Cono Sur*) clever thief

**capicúa** Ⓐ ADJ palindromic (*frm*)
Ⓑ SM palindrome (*frm*), symmetrical number (*e.g. 12321*)

**capigorra** SM, **capigorrón** SM idler, loafer

**capilar** Ⓐ ADJ hair *antes de s*, capillary; **loción ~** hair lotion; **tubo ~** capillary
Ⓑ SM capillary

**capilaridad** SF capillarity

**capilla** SF [1] (*Rel*) chapel ► **capilla ardiente** funeral chapel ► **capilla de la Virgen** Lady Chapel ► **capilla mayor** choir, chancel
[2] **estar en (la) ~** [*condenado a muerte*] to be awaiting execution; (= *estar en peligro*) to be in great danger; (= *estar sobre ascuas*) to be on tenterhooks
[3] (*Mús*) choir
[4] (*Tip*) proof sheet; **estar en ~s** to be at the proof stage, be in proof

➤ LENGUA Y USO: **capaz 1** 43.4

5 (= *camarilla*) group of supporters, following
6 (= *caperuza*) cowl; (*Téc*) hood, cowl

**capiller(o)** SM churchwarden, sexton

**capillo** SM 1 [*de bebé*] baby's bonnet; [*de halcón*] hood
2 (*Bot, Zool*) = **capullo**

**capirotazo** SM flip, flick

**capirote** SM 1 (*Univ, Orn*) hood
2 (= *golpe*) flip, flick
3 **tonto de ~** dunce, complete idiot
4 (*Culin*) cloth strainer (*for coffee etc*)

**capirucho** SM hood

**capiruchu** SM (*CAm*) *child's toy consisting of wooden cup and ball*

**capisayo** SM (*Andes*) vest, undershirt (*EEUU*)

**capitación** SF poll tax, capitation

**capital** Ⓐ ADJ 1 (= *clave*) [*nombre, personaje*] key; [*rasgo*] main; **una figura ~ de la democracia española** a key figure in Spanish democracy; **su obra ~ es el Quijote** his supreme work is Don Quixote; **esta pregunta es de importancia ~** this question is of paramount *o* cardinal *o* capital importance; **esto tuvo una importancia ~ en su vida** this was of paramount *o* cardinal importance in his life; **los puntos ~es de su discurso** the cardinal *o* main points of her speech; **la ciudad ~** the capital city
2 (= *mortal*) **pecado ~** mortal sin; **la pena ~** capital punishment
3 (*LAm*) **letra ~** capital letter
Ⓑ SM (*Fin*) [*de empresa*] capital; [*de persona*] capital, money; **la empresa ha ampliado el ~** the company has increased its capital ► **capital activo** working capital ► **capital en acciones** share capital, equity capital ► **capital extranjero**: **la entrada de ~ extranjero** the inflow of foreign capital; **han vendido la empresa al ~ extranjero** they have sold the company to foreign capital *o* investors ► **capital fijo** fixed capital ► **capital flotante** floating capital ► **capital humano** human resources *pl* ► **capital privado** private capital ► **capital riesgo** risk capital, venture capital
Ⓒ SF 1 [*de país*] capital (city); [*de provincia*] main city, provincial capital; **soy de Málaga ~** I am from the city of Málaga (*as opposed to the province*); **Praga, la ~ europea de la cerveza** Prague, the beer capital of Europe
2 (*Tip*) decorated initial capital

**capitalidad** SF capital status, status as capital

**capitalino/a** (*LAm*) Ⓐ ADJ of/from the capital
Ⓑ SM/F 1 native/inhabitant of the capital; **los ~s** those that live in the capital
2 (*) city slicker*

**capitalismo** SM capitalism ► **capitalismo de Estado** state capitalism ► **capitalismo monopolista** monopoly capitalism ► **capitalismo salvaje** ruthless capitalism

**capitalista** ADJ, SMF capitalist

**capitalización** SF capitalization; [*de interés*] compounding

**capitalizar** ▸conjug 1f◂ VT 1 to capitalize; [+ *interés*] to compound
2 (*fig*) to capitalize on, turn to one's advantage

**capitán** SM (*gen*) captain; (*fig*) leader, chief; (*Méx*) (*en hotel*) maître d'(hôtel) ► **capitán de corbeta** lieutenant commander ► **capitán de fragata** commander ► **capitán del puerto** harbour *o* (*EEUU*) harbor master ► **capitán de navío** captain ► **capitán general** [*de ejército*] ≈ field marshal; [*de armada*] chief of naval operations

**capitana** SF 1 (*Dep, Mil*) (woman) captain; (*Hist*) captain's wife
2 (*Náut*) flagship

**capitanear** ▸conjug 1a◂ VT [+ *equipo*] to captain; [+ *rebeldes*] to lead, command

**capitanía** SF 1 (*Mil*) (= *rango*) captaincy; (= *edificio*) headquarters *pl* ► **capitanía del puerto** harbour master's office ► **capitanía general** (= *puesto*) *command of a military district*; (= *edificio*) *headquarters of a military district*
2 (*Náut*) (= *derechos*) harbour dues *pl*, harbor dues *pl* (*EEUU*)

**capitel** SM (*Arquit*) capital

**capitolio** SM (= *edificio grande*) large edifice, imposing building; (= *acrópolis*) acropolis; **el Capitolio** the Capitol

**capitoné** SM 1 [*de mudanzas*] removal van, moving van (*EEUU*), furniture van
2 (*Cono Sur*) quilt, quilted blanket

**capitonear** ▸conjug 1a◂ VT (*Cono Sur*) to quilt

**capitoste*** SM (= *jefe*) bigwig*, boss; (= *tirano*) petty tyrant

**capitulación** SF 1 (*Mil*) capitulation, surrender ► **capitulación sin condiciones** unconditional surrender
2 (= *convenio*) agreement, pact; **capitulaciones (de boda** *o* **matrimoniales)** marriage contract *sing*, marriage settlement *sing*

**capitular**[1] ▸conjug 1a◂ Ⓐ VT 1 [+ *condiciones*] to agree to, agree on
2 (*Jur*) to charge (**de** with), impeach
Ⓑ VI 1 (*Mil*) (= *rendirse*) to capitulate, surrender
2 (= *pactar*) to come to terms, make an agreement (**con** with)

**capitular**[2] ADJ (*Rel*) chapter *antes de s*; **sala ~** chapter house, meeting room

**capitulear** ▸conjug 1a◂ VI (*Andes, Cono Sur Parl*) to lobby

**capituleo** SM (*Andes, Cono Sur Parl*) lobbying

**capítulo** SM 1 [*de libro*] chapter; [*de ley*] section; **eso es ~ aparte** that's another question altogether; **esto merece ~ aparte** this deserves separate treatment
2 (= *reprensión*) reproof, reprimand ► **capítulo de culpas** charge, impeachment
3 (= *tema*) subject, matter; **en el ~ de las pensiones …** on the subject of pensions …; **ganar ~** to make one's point
4 (= *contrato*) ► **capítulos matrimoniales** marriage contract *sing*, marriage settlement *sing*
5 (= *junta*) meeting (*of a council*); (*Rel*) chapter; **✦MODISMO llamar a algn a ~** to call sb to account, take sb to task
6 (*Rel*) chapter house

**capo** Ⓐ SM (= *jefe*) boss; (= *persona influyente*) bigwig*; (= *perito*) expert; [*de la mafia*] capo; (*esp Col*) drug baron; **es un ~** (*en arte, profesión*) he's a real pro*, he's brilliant
Ⓑ ADJ INV great*, fabulous*

**capó** SM (*Aut*) bonnet, hood (*EEUU*); (*Aer*) cowling

**capoc** SM kapok

**capón**[1]* SM rap on the head

**capón**[2] Ⓐ ADJ castrated
Ⓑ SM 1 (= *pollo*) capon; (*) (= *hombre*) eunuch
2 (*Cono Sur*) (= *cordero*) castrated sheep, wether; (= *carne*) mutton
3 (*Cono Sur**) (= *novato*) novice, greenhorn

**caponera** SF 1 (*Agr*) chicken coop, fattening pen; (*fig*) place of easy living, open house
2 (‡) (= *cárcel*) clink‡

**caporal** SM (*Mil*) corporal; (= *jefe*) chief, leader; (*esp LAm*) (= *capataz*) foreman (*on cattle ranch*)

**capot** [ka'po] SM (*Aut*) bonnet, hood (*EEUU*)

**capota** SF 1 (= *prenda*) bonnet
2 [*de carruaje, cochecito*] hood; (*Aut*) hood, top (*EEUU*); (*Aer*) cowling ► **capota plegable** folding hood, folding top (*EEUU*)

**capotar** ▸conjug 1a◂ VI (*Aut*) to turn over, overturn; (*Aer*) to nose-dive; (*fig*) to fall down, collapse

**capote** SM 1 (= *capa*) cloak; (*Mil*) cape, capote; **✦MODISMOS de ~** (*Méx*) on the sly, in an underhand way; **darse ~** (*Méx*) to give up one's job; **dijo algo para su ~** he said sth to himself; **echar un ~ a algn** to give *o* lend sb a helping hand; **hacer ~** (*Arg**) to be very successful
2 (*Taur*) (bullfighter's) cape ► **capote de brega** *cape used in the first part of the bullfight* ► **capote de paseo** *bullfighter's ceremonial capelet*

**capotear** ▸conjug 1a◂ VT 1 (*Taur*) to play with the cape
2 (= *engañar*) to deceive, bamboozle
3 (= *esquivar*) to dodge, duck
4 (*Cono Sur Naipes*) to win all the tricks against, whitewash*

**capotera** SF 1 (*LAm*) (= *colgador*) clothes hanger
2 (*Cono Sur*) (= *azotaina*) beating
3 (*CAm*) (= *lona*) tarpaulin, tarp (*EEUU*)

**capotudo** ADJ frowning, scowling

**capricho** SM 1 (= *antojo*) whim, (passing) fancy, caprice (*liter*); **tiene sus ~s** he has his little whims; **es un ~ nada más** it's just a passing fancy; **por puro ~** just to please o.s.; **entra y sale a su ~** he comes and goes as he pleases; **hacer algo a ~** to do sth any old how
2 (= *cualidad*) whimsicality, fancifulness
3 (*) (*amante*) plaything*
4 (*Mús*) caprice, capriccio; (*Arte*) caprice

**caprichosamente** ADV capriciously

**caprichoso** ADJ 1 [*persona*] capricious
2 [*idea, novela, etc*] whimsical, fanciful

**caprichudo** ADJ stubborn, obstinate, unyielding (*about one's odd ideas*)

**Capricornio** SM Capricorn

**cápsula** SF (*Med, Aer*) capsule; [*de botella*] cap; [*de tocadiscos*] pick-up; [*de cartucho*] case; (*Caribe*) cartridge ► **cápsula de mando** command module ► **cápsula espacial** space capsule ► **cápsula fulminante** percussion cap

**capsular** ADJ capsular; **en forma ~** in capsule form

**captación** SF ► **captación de capital** (*Fin*) capital raising ► **captación de clientes**: **es la encargada de la ~ de clientes** she's in charge of attracting new customers ► **captación de datos** data capture ► **captación de fondos** fundraising ► **captación de votos** vote-winning

**captador** SM (*Téc*) sensor

**captafaros** SM INV (*tb* **placa de ~**) reflector

**captar** ▸conjug 1a◂ VT [1] (= *atraer*) [+ *dinero, capital*] to raise; [+ *votos*] to win; [+ *clientes, audiencia*] to attract; **con la campaña ~on miles de nuevos votantes** through the publicity campaign they won thousands of new voters; **intentaron ~ nuevos clientes** they tried to attract new clients; **esto no logró ~ el interés del público** this failed to capture public interest; **llora para ~ la atención de sus padres** he cries to get his parents' attention
[2] [+ *emisora, señal*] to pick up; **no capto BBC1** I don't *o* can't pick up BBC1; **un aparato que capta las señales acústicas** a device that picks up *o* captures sound signals; **esta antena no capta bien las imágenes** you don't get a good picture with this aerial, this aerial doesn't give a good picture; **un videoaficionado captó esta escena** this scene was caught on amateur video
[3] (= *comprender*) [+ *sentido, esencia*] to get, grasp; **supo ~ la importancia política del asunto** she managed to grasp the political significance of the matter; **no ha sabido ~ el mensaje del electorado** she has failed to pick up on *o* get *o* understand the message from the electorate; **no captó la indirecta** he didn't get *o* take the hint
[4] [+ *aguas*] to collect; **el pantano capta las aguas de lluvia** the reservoir collects rainwater

**captor(a)** SM/F captor

**captura** SF [*de prisionero, animal*] capture; [*de droga*] seizure; [*de pesca*] catch ► **captura de datos** data capture

**capturar** ▸conjug 1a◂ VT [+ *prisionero, animal*] to capture; [+ *droga*] to seize

**capturista** SMF (*Méx*) typist; (*en computadora*) computer operator, keyboarder

**capucha** SF [1] [*de prenda*] hood; (*Rel*) hood, cowl ► **capucha antihumo** smoke hood
[2] (= *acento*) circumflex accent

**capuchina** SF [1] (*Bot*) nasturtium
[2] (*Rel*) Capuchin sister

**capuchino** SM [1] (*Rel*) Capuchin
[2] (*LAm Zool*) Capuchin monkey
[3] (= *café*) cappuccino (coffee)

**capucho** SM cowl, hood

**capuchón** SM [1] [*de pluma*] top, cap
[2] [*de prenda*] hood
[3] (*Fot*) hood
[4] ► **capuchón de válvula** (*Aut*) valve cap
[5] (= *prenda*) capuchin, lady's hooded cloak

**capujar** ▸conjug 1a◂ VT (*Cono Sur*) [1] (= *atrapar*) to catch in the air, snatch out of the air; (= *arrebatar*) to snatch
[2] (= *anticiparse*) to say what sb was about to say

**capullada**‡ SF daft thing to do/say

**capullo**[1] SM [1] (= *flor*) bud ► **capullo de rosa** rosebud
[2] (*Zool*) cocoon
[3] (‡) (*del pene*) head; ✦**MODISMO porque no me sale del ~** because I don't want to
[4] [*de bellota*] cup
[5] (*tela*) coarse silk cloth

**capullo**[2]**/a**‡ SM/F (= *imbécil*) twit*; **¡eres un ~!** you're a daft sod!‡

**caqui** SM khaki, olive drab (*EEUU*); ✦**MODISMO marcar el ~** to do one's military service

**caquino** SM (*Méx*) **reírse a ~s** ◊ **reírse a ~ suelto** to laugh uproariously, cackle

**cara** SF [1] (= *rostro*) face; **tiene la ~ alargada** he has a long face; **en la fiesta me encontré con varias ~s conocidas** I saw several familiar faces at the party; **se los tiré a la ~** I threw them in his face; **los banqueros sin ~** the faceless bankers; **conocido como "~ cortada"** known as "scarface"; **~ a ~**: **se encontraron ~ a ~** they met face to face; **un encuentro ~ a ~** a face-to-face encounter; **asomar la ~** to show one's face; **de ~**: **corrimos con el viento de ~** we ran into the wind; **el sol les daba de ~** the sun was shining in their eyes; **el viento me pegaba de ~** the wind was blowing into my face; **de ~ a**: **nos sentamos de ~ al sol** we sat facing the sun; **de ~ al norte** facing north; **reformas de ~ a las próximas elecciones** reforms with an eye on the next elections *o* for the next elections; **no soy nada optimista de ~ al futuro** I'm not at all optimistic about the future; **hay que estar prevenidos de ~ a afrontar los cambios** we have to be prepared for the changes; **volver la ~ hacia algn** to turn one's face towards sb; **no vuelvas la ~ atrás** don't look back; **no se puede volver la ~ ante la corrupción** you cannot turn a blind eye to corruption; ✦**MODISMOS caérsele a algn la ~ de vergüenza**: **se le tendría que caer la ~ de vergüenza** she ought to be ashamed of herself; **se le caía la ~ de vergüenza** he blushed with embarrassment; **cruzar la ~ a algn** to slap sb in the face; **dar la ~** to face the consequences; **dar la ~ por algn** to come to sb's defence; **a ~ descubierta** openly; **decir algo en la ~ de algn** to say sth to sb's face; **a dos ~s**: **actuar a dos ~s** to engage in double-dealing; **echar algo a la ~***: **lo mejor que te puedes echar a la ~** the very best you could wish for; **echar algo en ~ a algn** to reproach sb for sth; **echaron en ~ a los estudiantes su escasa participación** they reproached the students for not joining in enough; **le echan en ~ haber abandonado su país** they accuse him of having abandoned his country; **hacer ~ a** [+ *dificultades*] to face up to; [+ *enemigo*] to stand up to; **huir la ~ a algn** to avoid sb; **lavar la ~ a algo** to make sth look presentable; **le lavó la ~ al piso** she made the flat look presentable; **querían lavar la ~ al partido** they wanted to make the party look better; **mirar a algn a la ~** to look sb in the face; **partir la ~ a algn** to smash sb's face in; **cuidado con lo que dices o te parto la ~** just watch it or I'll smash your face in; **partirse la ~ con algn** to have a fight with sb; **partirse la ~ por algo** to fight for sth; **plantar ~ a** [+ *persona, críticas*] to stand up to; [+ *problema*] to face up to, confront, **por la ~***: **entrar por la ~ en una fiesta** to gatecrash a party; **es alcalde por la ~** he's only mayor because of his connections; **está viviendo con sus padres y cobrando el paro por la ~** he's living with his parents and getting away with claiming dole money at the same time; **no me lo van a dar por mi ~ bonita** they're not going to hand it to me on a plate; **romper la ~ a algn** to smash sb's face in; **sacar la ~ por algn** to stick up for sb; **nos veremos las ~s** you haven't seen the last of me
[2] (= *expresión*) **poner mala ~** to grimace, make a (wry) face; **no pongas esa ~** don't look like that; **puso ~ de alegría** his face lit up; **tener ~ de**: **tenía ~ de querer pegarme** he looked as if he wanted to hit me; **tener ~ de estar aburrido** to look bored; **tener buena ~** [*enfermo*] to be looking well; [*comida*] to look appetizing; **tener mala ~** [*enfermo*] to look ill; [*comida*] to look bad; ✦**MODISMOS poner ~ de circunstancias** to look serious; **tener ~ de acelga** (*por enfado*) to have a face a mile long; (*por enfermedad*) to look pale, look washed out; **tener ~ de aleluya** to look overjoyed, be beaming with joy; **tener ~ de chiste** to be wearing a ridiculous expression; **tener ~ de corcho** to be a cheeky devil*; **tener ~ de estatua** to have a wooden expression; **tener ~ de hereje** to be as ugly as sin; **tener ~ de (justo) juez** to look stern; **tener ~ de monja boba** to look all innocent; **tener ~ de palo** to have a wooden expression; **tener ~ de pascua(s)** to be grinning from ear to ear; **tener ~ de pocos amigos** to look very unfriendly; **tener ~ de vinagre** to have a sour face
[3] (*) (= *descaro*) cheek*, nerve*; (= *valor*) nerve*; **¡qué ~ más dura!*** what a cheek *o* nerve!*; **¡qué ~ tienes!** what a cheek you've got!*, you've got a nerve!*; **¿con qué ~ le voy a pedir eso?** how do you expect me to have the nerve to ask her for that?*; **tener ~ para hacer algo** to have the nerve to do sth*; ✦**MODISMOS tener más ~ que espalda** ◊ **tener más ~ que un elefante con paperas** to be a cheeky devil*
[4] (= *lado*) [*de moneda, montaña, figura geométrica*] face; [*de disco, planeta, papel*] side; [*de tela*] face, right side; (*Arquit*) face, front; **escribir por ambas ~s** to write on both sides; **intentaron ascender por la ~ norte** they tried to climb the north face; **~ A** (*en disco*) A side; **~ adelante** facing forwards; **~ atrás** facing backwards; **~ o cruz** ◊ **~ o ceca** (*Arg*) heads or tails; **echar** *o* **jugar** *o* **sortear algo a ~ o cruz** to toss for sth; **lo echamos a ~ o cruz** we tossed for it; **~ y cruz**: **~ y cruz de una cuestión** both sides of a question

**caraba**‡ SF **es la ~** it's the absolute tops‡; (*pey*) it's the last straw

**carabao** SM Philippine buffalo

**cárabe** SM amber

**carabela** SF caravel

**carabina** SF [1] (*Mil*) carbine, rifle; ✦**MODISMO ser la ~ de Ambrosio*** to be a dead loss* ► **carabina de aire comprimido** airgun
[2] (= *persona*) chaperone; **hacer** *o* **ir de ~** to go as chaperone, play gooseberry*

**carabinero** SM [1] (*Mil*) rifleman, carabineer; [*de frontera*] border guard; (*LAm*) policeman
[2] (*Zool*) prawn

**cárabo** SM tawny owl

**caracha*** SF (*LAm*) mange, itch

**carachento*** ADJ (*LAm*), **carachoso*** ADJ (*LAm*) mangy, scabby

**caracho** (A) ADJ violet-coloured
(B) EXCL **¡caracho!** (*Andes**) sugar!*, shoot!*, I'll be darned! (*EEUU**)

**caracol** SM [1] (*Zool*) snail; (*esp LAm*) (= *concha*) (sea) shell, snail shell ► **caracol comestible** edible snail ► **caracol de mar** winkle
[2] (= *rizo*) curl

[3] (*Arquit*) spiral; (*Cono Sur*) *circular shopping centre*; **escalera de ~** spiral staircase, winding staircase; **subir en ~** [*humo*] to spiral up, corkscrew up; **hacer ~es** [*persona*] to weave about, zigzag; (*pey*) to reel, stagger; [*caballo*] to prance about
[4] **¡~es!** (*euf*, *) (*sorpresa*) good heavens!; (*ira*) damn it!

**caracola** SF (*Zool*) large shell

**caracoleante** ADJ winding, spiral

**caracolear** ▸conjug 1a◂ VI [*caballo*] to prance about, caracole

**caracolillo** SM kiss-curl

**carácter** SM (*pl* **caracteres**) [1] [*de persona*] character; **tiene un ~ muy fuerte** he has a strong personality; **no tiene ~** he lacks character, he's a weak character; **tener el ~ abierto** to be open, have an open nature; **tener buen ~** to be good-natured; **persona de ~** person of *o* with character; **una persona de mucho ~** person with a strong character *o* a lot of personality; **de ~ duro** hard-natured; **imprimir ~** to be character-building, build up character; **pasé un año en el ejército y eso imprime ~** I spent a year in the army, and that builds up character; **tener mal ~** to be ill-tempered; **tener el ~ reservado** to be of a quiet *o* reserved disposition
[2] [*de edificio, estilo*] character; **una casa con mucho ~** a house with a lot of character
[3] (= *índole*) nature; **algunos datos de ~ biográfico** some biographical data; **problemas de ~ general** problems of a general nature; **una visita con ~ oficial/privado** an official/private visit; **información de ~ reservado** information of a confidential nature; **la despenalización tiene ~ retroactivo** the decriminalization will be applied retrospectively; **un aumento de sueldo con ~ retroactivo** a backdated pay rise; **la estación se utilizará para trenes de ~ urbano** the station will be used by trains serving the city; **con ~ de urgencia** as a matter of urgency
[4] (*Biol*) trait, characteristic ► **carácter adquirido** acquired characteristic ► **carácter dominante** dominant trait, dominant characteristic ► **carácter hereditario** hereditary trait ► **carácter recesivo** recessive trait
[5] (*Tip*) character; **una pintada con caracteres árabes** (a piece of) graffiti written in Arabic; **está escrito con caracteres góticos** it is written in Gothic (script) ► **caracteres de imprenta** block letters ► **carácter de letra** handwriting
[6] (*Inform*) character ► **carácter alfanumérico** alphanumeric character ► **carácter comodín** wild character ► **carácter de cambio de página** form feed character ► **carácter de petición** prompt ► **carácter libre** wildcard character
[7] (*LAm Literat, Teat*) character

**caracteriológico** ADJ character *antes de s*; **cambio ~** character change, change of character

**característica** SF characteristic, feature

**característicamente** ADV characteristically

▼**característico/a** Ⓐ ADJ characteristic (**de** of)
Ⓑ SM/F (*Teat*) character actor/actress

**caracterizable** ADJ (that can be) characterized

**caracterización** SF characterization

➤ LENGUA Y USO: **característico A** 53.1

**caracterizado** ADJ (= *distinguido*) distinguished, of note; (= *especial*) special, peculiar, having special characteristics; (= *típico*) typical

**caracterizar** ▸conjug 1f◂ Ⓐ VT [1] (*gen*) to characterize; (= *distinguir*) to distinguish, set apart; (= *tipificar*) to typify
[2] (*Teat*) [+ *papel*] to play with great effect
[3] (= *honrar*) to confer (a) distinction on, confer an honour on
Ⓑ **caracterizarse** VPR [1] **~se por algo** to be characterized by sth
[2] (*Teat*) to make up, dress for the part

**caracú** SM (*LAm*) bone marrow

**caradura** Ⓐ SMF cheeky person, sassy person (*EEUU*); **¡caradura!** you've got a cheek *o* a nerve!*
Ⓑ SF cheek*, nerve*

**carajear** ▸conjug 1a◂ VT (*Cono Sur*) to insult, swear at

**carajiento** ADJ (*Andes*) foul-mouthed

**carajillo** SM *coffee with a dash of brandy, anis etc*

**carajito*** SM (*LAm*) kid*, small child

**carajo**** Ⓐ SM [1] (*con valor enfático*) **—me debes dinero —¡qué dinero ni qué ~!** "you owe me some money" — "I don't owe you a damn *o* bloody thing!" *o* "like hell I do!"‡; **¡qué ~, si no quiere venir que se quede!** if he doesn't want to come he can damn well *o* bloody well stay!‡
[2] **un ~: no entendí un ~** I didn't understand a damn *o* bloody thing‡; **me importa un ~** I couldn't give a damn* *o* toss‡; **no vale un ~** it isn't worth a thing *o* penny; **—llévame a mi casa —¡y un ~!** "take me home" — "like hell I will!"*
[3] **al ~: ¡al ~ con los libros!** to hell with the books!*; **irse al ~: ¡vete al ~!, estoy harto de ti** go to hell! I'm sick of you‡; **¿que te ha tocado la lotería? ¡vete al ~!** you've won the lottery? like hell (you have)!*; **todo el trabajo se fue al ~** all the work went down the tubes*; **mandar al ~: si te molesta, mándalo al ~** if he bothers you, tell him to piss off**
[4] **del ~: hace un frío del ~** it's bloody freezing*; **una bronca del ~** a hell of a row; **¡esta paella está del ~!** this is a damn good paella!, this paella is bloody brilliant‡
[5] (= *pene*) prick**, dick**; ✦**MODISMO en el quinto ~** in the back of beyond*
Ⓑ EXCL **¡carajo!** damn (it)!*; **¡cállate ya, ~!** shut up, damn it!*; **¡~, qué viento!** this damn *o* bloody wind!‡; **¡~ con el coche!** this damn *o* bloody car!‡, damn this car!‡

**caramanchel** SM [1] (*LAm*) (= *cabaña*) hut, shack
[2] (*Andes*) (= *puesto*) street vendor's stall

**caramba** EXCL (*indicando sorpresa*) good gracious!; (*indicando extrañeza*) how strange!; (*indicando protesta*) for crying out loud!

**carámbano** SM icicle

**carambola** SF (*Billar*) (= *juego*) billiards *sing*; (= *golpe*) cannon, carom (*EEUU*); **¡carambolas!** (*LAm euf**) hell!*, wow!*; ✦**MODISMO por ~** by fluke

**caramel** SM sardine

**caramelear*** ▸conjug 1a◂ VT (*Andes*) (= *engañar*) to con*, deceive; (= *engatusar*) to suck up to*, flatter

**caramelizado** ADJ caramelized

**caramelo** SM [1] (= *golosina*) sweet, piece of candy (*EEUU*)
[2] (*Culin*) caramel; **un jersey color ~** a caramel-coloured *o* (*EEUU*) caramel-colored jersey; **a punto de ~** [*azúcar*] caramelized; ✦**MODISMO estar a punto de ~** [*proyecto*] to be ripe for implementation; **el acuerdo está ya a punto de ~** the agreement is on the verge of success; **—¿se ha convencido? —no, pero está a punto de ~** "is he persuaded?" — "no, but he's not far off it"; **un par de horas en la cárcel te ponen a punto de ~** a couple of hours in jail soon soften you up
[3] (= *incentivo*) sweetener; **es sólo un ~ para evitar protestas** it's just a sweetener to stop us protesting; **agitan el ~ de los subsidios para ganar votos** they're waving the carrot of subsidies to attract votes; **su apoyo es un ~ envenenado** his support is a sugar-coated pill

**caramillo** SM [1] (*Mús*) flageolet
[2] (= *montón*) untidy heap
[3] (= *chisme*) piece of gossip; **armar un ~** to make mischief, start a gossip campaign
[4] (= *jaleo*) fuss, trouble

**caramilloso**† ADJ fussy

**caranchear** ▸conjug 1a◂ VT (*Cono Sur*) to irritate, annoy

**carancho** SM [1] (*Perú*) (= *búho*) owl
[2] (*Cono Sur*) (= *buitre*) vulture, turkey buzzard (*EEUU*)

**caranga** SF (*Andes, CAm*), **carángano** SM (*LAm*) louse

**carantamaula**† SF [1] (= *careta*) grotesque mask
[2] (*) (= *cara*) ugly mug‡; (= *persona*) ugly person

**carantoña** SF [1] (= *caricia*) caress; (= *zalamería*) sweet talk; **no me vengas con ~s** don't give me any of your sweet talk; **hacer ~s a algn** (= *acariciar*) to caress sb; (= *halagar*) to sweet-talk sb, butter sb up
[2] (= *careta*) grotesque mask; ✦**MODISMO es una ~*** she's mutton dressed up as lamb*
[3] (*) (= *cara*) ugly mug‡

**caraota** SF (*Ven*) bean

**carapacho** SM shell, carapace; **meterse en su ~** to go into one's shell

**carapintada** Ⓐ ADJ ultra right-wing
Ⓑ SMF rebel, right-wing ultranationalist

**caraqueño/a** Ⓐ ADJ of/from Caracas
Ⓑ SM/F native/inhabitant of Caracas; **los ~s** the people of Caracas

**caráspita** EXCL (*Cono Sur*) damn!

**carátula** SF [1] (= *portada*) [*de vídeo*] case; [*de disco*] sleeve
[2] (= *careta*) mask; **la ~** (*Teat*) the stage, the theatre
[3] (*Méx*) (= *muestra de reloj*) face, dial

**caratular** ▸conjug 1a◂ VT (*Cono Sur*) to entitle, call

**caravana** SF [1] (*Aut*) [*de camiones, coches*] convoy; (= *atasco*) tailback, line of traffic (*EEUU*); **ir en ~** to go in convoy; **las ~s que se forman en el camino de la playa** the tailbacks of traffic heading for the beach
[2] (= *remolque*) caravan, trailer (*EEUU*)
[3] (*Hist*) caravan
[4] (*Caribe*) (= *trampa*) bird trap
[5] (*Méx*) (= *cortesía*) flattering remark, com-

pliment; **bailar** *o* **correr** *o* **hacer la ~ a algn** to overdo the compliments with sb
[6] **caravanas** (*Cono Sur*) (= *pendientes*) large earrings

**caravanera** SF, **caravansera** SF, **caravasar** SM caravanserai

**caravaning** [kara'βanin] SM caravanning, RV *o* camper vacationing (*EEUU*)

**caravanismo** SM caravanning, RV *o* camper vacationing (*EEUU*)

**caravanista** SMF caravaner

**caray** EXCL = **caramba**

**carbohidrato** SM carbohydrate

**carbólico** ADJ carbolic

**carbón** SM [1] (*Min*) coal ► **carbón bituminoso** soft coal, bituminous coal ► **carbón de leña** charcoal ► **carbón de piedra** coal ► **carbón menudo** small coal, slack ► **carbón pardo** brown coal ► **carbón térmico** steam coal ► **carbón vegetal** charcoal; ♦***MODISMO*** **¡se acabó el ~!** that's that, then!
[2] (*Tip*) (*tb* **papel ~**) carbon paper; **copia al ~** carbon copy
[3] (*Arte*) charcoal; **dibujo al ~** charcoal drawing
[4] (*Elec*) carbon
[5] (*Agr*) smut

**carbonada** SF [1] (= *cantidad de carbón*) large load of coal
[2] (*Andes, Cono Sur*) (= *guiso*) meat stew; (= *carne*) chop, steak
[3] (*Cono Sur*) (= *sopa*) thick soup, broth; (= *picadillo*) mince, ground meat (*EEUU*)

**carbonatado** ADJ carbonated

**carbonato** SM carbonate ► **carbonato de calcio** calcium carbonate ► **carbonato sódico** sodium carbonate

**carboncillo** SM charcoal; **un retrato al ~** a portrait in charcoal

**carbonear** ▸conjug 1a◂ VT [1] (= *convertir en carbón*) to make charcoal of
[2] (*Cono Sur*) (= *incitar*) to push, egg on

**carbonera** SF [1] (= *mina*) coalmine
[2] (*en casa*) coal bunker
[3] (*Téc*) charcoal kiln; *ver tb* **carbonero**

**carbonería** SF coalyard

**carbonero/a** Ⓐ ADJ coal *antes de s*; **barco ~** collier; **estación carbonera** coaling station
Ⓑ SM/F (= *vendedor*) coal merchant, coalman; *ver tb* **fe 1**
Ⓒ SM [1] (*Náut*) collier
[2] (*Orn*) coal tit; *ver tb* **carbonera**

**carbónico** Ⓐ ADJ carbonic
Ⓑ SM (*Cono Sur*) (*tb* **papel ~**) carbon, carbon paper

**carbonífero** ADJ carboniferous; **la industria carbonífera** the coal industry

**carbonilla** SF [1] (*Min*) coal dust
[2] (*Aut*) carbon, carbon deposit
[3] (*LAm Arte*) charcoal

**carbonización** SF (*Quím*) carbonization

**carbonizar** ▸conjug 1f◂ Ⓐ VT [1] (*Quím*) to carbonize
[2] [+ *madera*] to make charcoal of; **quedar carbonizado** (= *quemado*) to be charred, be burnt to a cinder; (= *electrocutado*) to be electrocuted
Ⓑ **carbonizarse** VPR (*Quím*) to carbonize

**carbono** SM carbon ► **carbono 14** carbon 14

**carbonoso** ADJ carbonaceous

**carborundo** SM carborundum

**carbunclo** SM [1] (*Min*) carbuncle
[2] (*Med*) anthrax

**carbunco** SM (*Med*) anthrax

**carburador** SM carburettor, carburetor (*EEUU*)

**carburante** SM fuel

**carburar** ▸conjug 1a◂ VI [1] (*Aut*) to carburet
[2] (*) (= *dar buen rendimiento*) **esta lavadora no carbura** this washing machine is not working very well; **no he dormido bien y hoy no carburo** I haven't slept well and I can't think straight today *o* I'm not very with it today*

**carburo** SM carbide ► **carburo de silicio** silicon carbide

**carca*** ADJ, SMF INV [1] (= *reaccionario*) reactionary
[2] (= *anticuado*) square*; **¡qué tío más ~!** what a square!

**carcacha*** SF (*Méx Aut*) old crock

**carcaj** SM [1] (= *para flechas*) quiver
[2] (*Méx*) rifle case

**carcajada** SF loud laugh, guffaw; **reírse a ~s** to roar with laughter; **soltar una ~** to burst out laughing

**carcajeante** ADJ [*conducta*] riotous; [*abrazo*] hearty; [*decisión*] ridiculous, laughable

**carcajear** ▸conjug 1a◂ VI, **carcajearse** VPR to roar with laughter

**carcamal*** SM old crock*

**carcamán**[1] SM [1] (*Náut*) tub, hulk
[2] (*Andes, Caribe**) old crock*, wreck

**carcamán**[2]**/ana** SM/F [1] (*Caribe**) (= *persona*) low-class person
[2] (*Andes, Caribe**) (= *inmigrante*) poor immigrant
[3] (*Cono Sur Pol*) diehard, reactionary

**carcancha** SF (*Méx*) bus

**carcasa** SF [1] (= *armazón*) casing
[2] (*Aut*) [*de motor*] chassis; [*de neumático*] carcass

**carcayú** SM wolverine

**cárcel** SF [1] (= *prisión*) prison, jail; **poner** *o* **meter a algn en la ~** to jail sb, send sb to jail ► **cárcel de régimen abierto** open prison ► **cárcel del pueblo** people's prison ► **cárcel modelo** model prison
[2] (*Téc*) clamp

**carcelario** ADJ prison *antes de s*

**carcelería** SF imprisonment, detention

**carcelero** Ⓐ ADJ prison *antes de s*
Ⓑ SM warder, jailer, guard (*EEUU*)

**carcinogén** SM carcinogen

**carcinogénesis** SF INV carcinogenesis

**carcinogénico** ADJ carcinogenic

**carcinógeno** SM carcinogen

**carcinoma** SM carcinoma

**carcocha** SF (*Andes*) = **carcacha**

**carcoma** SF [1] (= *insecto*) woodworm
[2] (= *preocupación*) anxiety, perpetual worry

**carcomer** ▸conjug 2a◂ Ⓐ VT [1] [+ *madera*] to eat into, eat away
[2] [+ *salud*] to undermine
Ⓑ **carcomerse** VPR [1] (*Arquit*) to be worm-eaten
[2] (*Med*) to waste away

**carcomido** ADJ [1] [*madera*] infested with woodworm
[2] (= *podrido*) rotten, decayed

**CÁRCEL**

### Uso del artículo

A la hora de traducir expresiones como **a la cárcel**, **en la cárcel**, **desde la cárcel**, *etc*, hemos de tener en cuenta el motivo por el que alguien acude al recinto o está allí.

- Se traduce **a la cárcel** por **to jail** *o* **to prison**, **en la cárcel** por **in jail** *o* **in prison**, **desde la cárcel** por **from jail** *o* **from prison** *etc*, cuando alguien va o está allí en calidad de preso:

  ¿Cuánto tiempo estuvo en la cárcel?
  ***How long was he in jail*** *o* ***prison?***
  No sabemos por qué los metieron en la cárcel
  ***We don't know why they were sent to jail*** *o* ***prison***

- Se traduce **a la cárcel** por **to the jail** *o* **to the prison**, **en la cárcel** por **in the jail** *o* **in the prison**, **desde la cárcel** por **from the jail** *o* **from the prison** *etc*, cuando alguien va o está allí por otros motivos:

  Fueron a la cárcel a inspeccionar el edificio
  ***They went to the jail*** *o* ***prison to inspect the building***
  Las visitas no pueden estar en la cárcel más de media hora
  ***Visitors may only stay at the jail*** *o* ***prison for half an hour***

*Para otros usos y ejemplos ver la entrada.*

**carcoso** ADJ (*Andes*) dirty, mucky

**carda** SF [1] (*Bot*) teasel
[2] (*Téc*) teasel, card
[3] (= *acto*) carding
[4] (*) (= *reprimenda*) reprimand; **dar una ~ a algn** to rap sb's knuckles

**cardamomo** SM cardamom

**cardán** SM universal joint

**cardar** ▸conjug 1a◂ VT [1] (*Textiles*) to card, comb; ♦***MODISMO*** **~ la lana a algn*** to tell sb off, rap sb's knuckles
[2] [+ *pelo*] to backcomb
[3] (**) (= *copular*) to screw**, fuck**

**cardenal** SM [1] (*Rel*) cardinal
[2] (*Med*) bruise
[3] (*Orn*) cardinal, cardinal bird
[4] (*Chile Bot*) geranium

**cardenalato** SM cardinalate

**cardenalicio** ADJ **capelo ~** cardinal's hat

**cardencha** SF (*Bot, Téc*) teasel

**cardenillo** SM verdigris

**cárdeno** ADJ [*color*] purple, violet; [*agua*] opalescent

**cardiaco/a**, **cardíaco/a** Ⓐ ADJ [1] cardiac, heart *antes de s*; **ataque ~** heart attack
[2] (*) **estar ~ con algo** to be delighted with sth
Ⓑ SM/F sufferer from a heart complaint

**cardinal** ADJ cardinal

**cardio...** PREF cardio...

**cardiocirujano/a** SM/F heart surgeon

**cardiograma** SM cardiogram

**cardiología** SF cardiology

**cardiológico** ADJ cardiological

**cardiólogo/a** SM/F cardiologist

**cardiorrespiratorio** ADJ cardiorespiratory

**cardiosaludable** ADJ good for the heart

**cardiovascular** ADJ cardiovascular

**cardo** SM thistle; ✦*MODISMO* **es un ~*** (= *insociable*) he's a prickly customer*; (= *feo*) he's as ugly as sin*

**cardón** SM (*Cono Sur*) *species of giant cactus*

**cardumen** SM, **cardume** SM [1] (*Pesca*) shoal
[2] (*Andes, Cono Sur**) (= *muchos*) mass; **un ~ de gente** a mass of people, a load of people*

**carea** SM sheepdog

**carear** ▸conjug 1a◂ Ⓐ VT [+ *personas*] to bring face to face; [+ *textos*] to compare
Ⓑ **carearse** VPR to come face to face

▼ **carecer** ▸conjug 2d◂ VI [1] **~ de** to lack; **carece de talento** he lacks talent, he has no talent; **no carecemos de dinero** we don't lack for money, we're not short of money; **eso carece de sentido** that doesn't make sense
[2] (*Cono Sur*) (= *hacer falta*) **carece hacerlo** we/you have to do it, it is necessary to do it; **carece no dejarla** we must not let her

**carecimiento** SM lack, need

**carel** SM side, edge

**carena** SF [1] (*Náut*) careening; **dar ~ a algo** to careen sth
[2] (†*) ragging*, teasing, hazing (*EEUU**); **dar ~ a algn** to rag sb*, tease sb, haze sb (*EEUU**)

**carenar** ▸conjug 1a◂ VT to careen

**carencia** SF [1] (= *ausencia*) lack; (= *escasez*) lack, shortage, scarcity (*frm*); **una ~ absoluta de recursos económicos** a total lack of economic resources; **la ~ de agua y alimentos empieza a ser preocupante** the lack *o* shortage *o* scarcity of water is starting to become worrying; **para compensar las ~s vitamínicas** to make up for vitamin deficiencies; **sufrió graves ~s emocionales y materiales** he suffered extreme emotional and material deprivation
[2] (*Econ*) (= *periodo*) *period free of interest payments and debt repayments*

**carencial** ADJ **estado ~** state of want; **enfermedad ~** deficiency disease

**carente** ADJ **~ de** lacking in, devoid of (*frm*)

**carentón** ADJ (*Cono Sur*) large-faced

**careo** SM (*Jur*) confrontation, face-to-face meeting; **someter a los sospechosos a un ~** to bring the suspects face to face

**carero*** ADJ [*tienda*] expensive, dear, pricey*

**carestía** SF [1] (= *escasez*) scarcity, shortage; **época de ~** period of shortage
[2] (*Com*) high price, high cost ▸ **carestía de la vida** high cost of living

**careta** SF mask; **quitar la ~ a algn** to unmask sb ▸ **careta antigás** gas mask ▸ **careta de esgrima** fencing mask ▸ **careta de oxígeno** oxygen mask

**careto⁑** SM ugly mug⁑; **¡vaya ~ que tiene!** what an ugly mug!⁑

**carey** SM [1] (= *material*) tortoiseshell
[2] (*Zool*) turtle

**carga** SF [1] (= *cargamento*) [1·1] [*de camión, lavadora*] load; [*de barco*] cargo; [*de tren*] freight; **el camión volcó con toda la ~** the lorry overturned with a full load; **la lavadora admite cinco kilos de ~** the washing machine has a maximum load of five kilos
[1·2] (= *acto*) loading; **"zona reservada para carga y descarga"** "loading and unloading only"; **andén de ~** loading platform; **de ~ frontal** front-loading *antes de s*; **de ~ superior** top-loading *antes de s*
[1·3] (= *peso*) load; **no puedo con tanta ~** I can't take *o* manage such a heavy load; **la ~ que aguantaba la columna** the weight supported by the column
▸ **carga aérea** air cargo ▸ **carga de fractura** breaking load ▸ **carga de pago** payload ▸ **carga de rotura** breaking load ▸ **carga fija, carga muerta** dead load ▸ **carga útil** payload; *ver tb* **bestia C, buque 1**
[2] (= *responsabilidad*) burden; **no quiero ser una ~ para mis hijos** I don't want to be a burden to my children; **la ~ de la prueba** (*Jur*) the burden of proof; **yo soy quien lleva la ~ de esta casa** I'm the one who takes responsibility for everything in this house; **no sabes la ~ que me quitas de encima** you can't imagine what a weight off my mind that is ▸ **carga de trabajo** workload ▸ **carga financiera** (*por gastos*) financial burden; (*por intereses*) financial expense, financing cost ▸ **carga fiscal, carga impositiva** tax burden ▸ **carga lectiva** *hours of attendance at lectures or seminars* ▸ **cargas familiares** dependants, dependents (*EEUU*) ▸ **cargas sociales** social security contributions ▸ **carga tributaria** tax burden
[3] (= *contenido*) **el discurso tenía una fuerte ~ emocional** the speech was charged with great emotion; **se caracteriza por un exceso de ~ ideológica** it is characterized by its excessive ideological content
[4] (*en armas*) charge; **una ~ de tres kilos de explosivo** three kilos of explosives ▸ **carga de pólvora** (*Min*) gunpowder charge ▸ **carga de profundidad** depth charge ▸ **carga explosiva** explosive charge
[5] (= *recambio*) [*de pluma*] cartridge; [*de bolígrafo*] refill; **se le ha acabado la ~ al mechero** the lighter has run out of fuel
[6] (= *ataque*) (*Mil, Dep*) charge; **¡a la ~!** charge!; ✦*MODISMO* **volver a la ~: a los pocos minutos el equipo volvió a la ~** a few minutes later the team returned to the attack; **el grupo vuelve a la ~ con un nuevo disco** the group are back with a new record ▸ **carga de caballería** cavalry charge ▸ **carga policial** police charge
[7] (*Elec*) [*de un cuerpo*] charge; [*de generador, circuito*] load ▸ **carga eléctrica** electrical charge, electric charge ▸ **carga estática** static

**cargada** SF [1] (*Méx*) ✦*MODISMO* **ir a la ~** to jump on the bandwagon
[2] (*Cono Sur**) nasty practical joke

**cargaderas** SFPL (*Andes*) braces, suspenders (*EEUU*)

**cargadero** SM [1] (*Min*) (*en estación*) loading platform, goods platform; (*en puerto*) loading bay
[2] (*Arquit*) lintel

**cargado** Ⓐ PP *de* **cargar**
Ⓑ ADJ [1] (= *con cargamento*) loaded; **el ascensor iba demasiado ~** the lift was overloaded; **la furgoneta iba cargada hasta los topes** the van was packed full; **déjame que te ayude, que vas muy cargada** let me help you, you've got such a lot to carry; **~ de algo: los árboles estaban ya ~s de fruta** the trees were already weighed down *o* loaded down with fruit; **se presentó ~ de regalos** he arrived weighed down *o* loaded down with presents; **viajaba cargada de maletas** she was travelling with a ton of luggage, she was travelling loaded down with *o* weighed down with luggage; **iba cargada de joyas** she was dripping with jewels; **estamos muy ~s de trabajo** we're snowed under (with work), we're overloaded with work; **un país ~ de deudas** a country burdened *o* weighed down with debt; **la dejó cargada de hijos** he left her a brood of children to look after; **estar ~ de años** to be weighed down with age; **fue un partido ~ de tensión** it was a match fraught with tension; **ser ~ de espaldas** *o* **hombros** to be round-shouldered; **estar ~ de razón** to be totally in the right
[2] (= *fuerte*) [*café, bebida alcohólica*] strong; **este gin tonic está muy ~** this gin and tonic is too strong
[3] [*ambiente*] (= *no respirable*) stuffy; (= *lleno de humo*) smoky; (= *tenso*) fraught, tense; **abre la ventana que esto está muy ~** open the window, it's very stuffy in here; **el ambiente de la reunión estaba cada vez más ~** the atmosphere in the meeting became increasingly fraught *o* tense
[4] (*Meteo*) (= *bochornoso*) close, overcast
[5] (*Mil*) [*arma*] loaded; [*bomba, mina*] live
[6] (*Elec*) [*batería, pila*] charged; [*cable*] live
[7] [*dados*] loaded
[8] [*ojos*] heavy; **tener los ojos ~s de sueño** to have one's eyes heavy with sleep
[9] (*) (= *borracho*) tanked up⁑; **salimos bien ~s del bar** when we left the bar we were really tanked up⁑

**cargador(a)** Ⓐ SM/F (= *persona*) [*de camión*] loader; [*de barco*] docker; [*de horno*] stoker; (*Méx*) porter ▸ **cargador(a) de muelles** docker
Ⓑ SM [1] (*Téc*) [*de pistola, metralleta*] magazine; [*de cañón*] chamber; [*de bolígrafo*] filler; [*de pluma*] cartridge ▸ **cargador de acumuladores, cargador de baterías** battery charger ▸ **cargador de discos** (*Inform*) disk pack ▸ **cargador de pilas** battery charger
[2] (*Mil, Hist*) ramrod
[3] **cargadores** (*Col*) (= *tirantes*) braces, suspenders (*EEUU*)

**cargadora** SF (*Andes, Caribe*) nursemaid

**cargamento** SM [1] [*de barco, avión*] (= *mercancías*) cargo; (= *remesa*) shipment; **el ~ del buque** the ship's cargo; **el último ~ de cigarrillos** the last shipment of cigarettes; **se han incautado de un ~ de armas** they have seized an arms shipment ▸ **cargamento de retorno** return cargo
[2] [*de camión, tren*] load

**cargante*** ADJ [*discurso, personaje*] annoying; [*tarea*] irksome; [*persona*] trying; **¡qué tío más ~!** what a pain that bloke is!*

**cargar** ▸conjug 1h◂ Ⓐ VT [1] [+ *peso*] (= *echar*) to load; (= *llevar*) to carry; **~on los sacos en dos camiones** they loaded the sacks onto two lorries; **iba cargando la pesada cruz** he was carrying the heavy cross; **iba cargando al niño sobre los hombros** he was carrying the child on his shoulders; **cargó a sus espaldas una enorme mochila** he swung a huge rucksack up onto his back; **cuando cargaba el peso sobre la pierna mala** when he shifted the weight onto his bad leg
[2] (= *llenar*) [2·1] [+ *vehículo, pistola, lavadora, cámara*] to load; **han terminado de ~ el avión** they've finished loading the plane; **~on el coche hasta arriba de maletas** they loaded the car up with suitcases

➤ LENGUA Y USO: carecer 1 53.6

2·2 (= *llenar de combustible*) [+ *mechero, pluma*] to fill; [+ *batería, pilas*] to charge; [+ *horno*] to stoke

2·3 (*en exceso*) **has cargado la sopa de sal** you've overdone the salt *o* put too much salt in the soup; **tratamos de no ~ a los alumnos con demasiadas horas de clase** we try not to overburden the students with too many teaching hours; ✦***MODISMOS*** **~ la mano** ◊ **~ las tintas** to exaggerate

2·4 [+ *imaginación, mente*] to fill; **le cargó la cabeza de ideas disparatadas** she filled his head with wild ideas

2·5 (*Inform*) to load

3 (= *cobrar*) 3·1 (*en cuenta*) to charge; **~ una cantidad en cuenta a algn** to charge an amount to sb's account; **me lo pueden ~ en mi cuenta** you can charge it to my account; **~ una factura con un porcentaje por servicio** to add a service charge to a bill

3·2 [+ *contribución*] to charge for; [+ *impuesto*] to levy

4 (= *hacer recaer*) **~ las culpas (de algo) a algn** to blame sb (for sth), put the blame (for sth) on sb; **buscan a alguien a quien ~ la culpa** they are looking for somebody to blame *o* to put the blame on; **~ la culpabilidad en** *o* **sobre algn** to hold sb responsible, put the blame on sb

5 (= *agobiar*) **~ a algn de algo: el ser campeones nos carga de responsabilidad** being champions places a lot of responsibility on our shoulders; **~ a algn de nuevas obligaciones** to burden sb with new duties; **~ a algn de deudas** to encumber sb with debts

6 (= *acusar*) to charge, accuse; **~ algo a algn** ◊ **~ a algn con algo** to charge sb with sth, accuse sb of sth; **~ a algn de poco escrupuloso** to accuse sb of being unscrupulous, charge sb with being unscrupulous

7 (= *soportar*) [+ *culpa*] to take; [+ *responsabilidad*] to accept; [+ *carga*] to shoulder; **cargó toda la responsabilidad del fracaso** he accepted full responsibility for the disaster

8 (*) (= *fastidiar*) **esto me carga** this gets on my nerves*, this bugs me*; **deja de ~me** stop being such a pain*

9 (*) (= *suspender*) to fail

10 (*Mil*) (= *atacar*) to charge, attack

11 (*Náut*) [+ *vela*] to take in

12 [+ *dados*] to load

13 (*LAm*) (= *llevar*) **¿cargas dinero?** have you got any money on you?; **~ anteojos** to wear glasses; **~ revólver** to carry a gun

14 (*Andes, Cono Sur*) [*perro*] to attack, go for

Ⓑ VI 1 (= *echar carga*) (*Aut*) to load up; (*Náut*) to take on cargo

2 **~ con** 2·1 [+ *objeto*] (= *levantar*) to pick up; (= *llevar*) to carry

2·2 [+ *culpa, responsabilidad*] to take; [+ *consecuencias*] to suffer; **la empresa ~á con los gastos del viaje** the company will bear the travel expenses

3 (= *atacar*) **la policía cargó contra los manifestantes** the police charged the demonstrators; **el presidente cargó contra la prensa** the president attacked the press; **~ sobre algn** (= *presionar*) to urge sb, press sb; (= *molestar*) to pester sb

4 (= *apoyarse*) **~ en** *o* **sobre algo** [*persona*] to lean on *o* against sth; [*muro, bóveda*] to rest on sth, be supported by sth

5 (*Ling*) [*acento*] to fall (**en, sobre** on)

6 (*Meteo*) to turn, veer (**a** to; **hacia** towards)

Ⓒ **cargarse** VPR 1 (= *llenarse*) **~se de** [+ *fruta, dinero*] to be full of, loaded with; [+ *culpa, responsabilidad*] to take; **mis pulmones se ~on de humo** my lungs filled with smoke; **el árbol se había cargado de manzanas** the tree was heavy laden with apples; **~se de hijos** to have lots of children; **~se de paciencia** to summon up one's patience

2 (*) (= *destruir*) [+ *jarrón, juguete*] to smash, break; [+ *esperanzas, vida*] to ruin; **¡te lo has cargado!*** you've gone and knackered it*

3 [*aire, ambiente*] **la atmósfera se cargó antes de la tormenta** the atmosphere became oppressive before the storm; **el ambiente se cargó de humo** the air became filled with smoke

4 [*cielo*] to become overcast

5 (*Elec*) to become charged

6 (*) (= *hartarse*) **me he cargado ya de tantas lamentaciones tuyas** I've had enough of your moaning

7 (*) (= *enfadarse*) to get annoyed

8 (*Esp**) **~se a algn** (= *suspender*) to fail sb; (= *matar*) to bump sb off*, do sb in‡; (= *eliminar*) to get rid of sb, remove sb

9 **cargársela*** to get into hot water*, get it in the neck*; **te la vas a ~** you're in for it*, you've had it*

**cargazón** SF 1 (= *carga*) load; (*Náut*) cargo, shipment

2 (*Med*) heaviness ► **cargazón de espaldas** stoop

3 (*Meteo*) bank of heavy cloud

4 (*Cono Sur*) heavy crop of fruit (*on tree*)

**cargo** SM 1 (= *puesto*) post; **ocupa el ~ de comisario europeo desde hace tres años** he has held the office *o* post of European Commissioner for three years; **dejó el ~ de embajador en 1992** he left his post as ambassador in 1992; **alto ~** (= *persona*) top official, senior official; (= *puesto*) high-ranking position, top post; **ha dimitido un alto ~ directivo** a top *o* senior official has resigned; **han quedado vacantes tres altos ~s** three high-ranking positions *o* top posts have become vacant; **desempeñar un ~** to hold a position; **jurar el ~** to be sworn in; **poner el ~ a disposición de algn** (*euf*) to offer up one's post to sb ► **cargo público** (= *puesto*) public office; (= *persona*) person in public office

2 **a ~ de** 2·1 (= *responsable de*) in charge of, responsible for; **las tropas a ~ de los refugiados** the troops in charge of *o* responsible for the refugees; **los detectives a ~ de la investigación** the detectives in charge of *o* heading the investigation

2·2 (= *bajo la responsabilidad de*) **la presentación del programa estuvo a ~ de una actriz desconocida** the programme was presented by an unknown actress; **"formación a ~ de la empresa"** "training will be provided"; **la clausura del festival estará a ~ de Plácido Domingo** Plácido Domingo will be the main attraction of the festival's closing ceremony; **un concierto a ~ de la orquesta de cámara de la ciudad** a concert performed by the city's chamber orchestra; **la llamada irá a mi ~** I'll pay for the phone call; **las reparaciones correrán a ~ del dueño** the cost of repairs will be met by the owner, repairs will be paid for by the owner; **tener algo a su ~** to be in charge of sth, be responsible for sth; **20 policías tenían a su ~ la seguridad del monarca** 20 policemen were in charge of *o* responsible for the king's security; **los niños que tengo a mi ~** the children in my care *o* charge (*frm*)

3 **hacerse ~ de** (= *encargarse*) to take charge of; (= *pagar*) to pay for; (= *entender*) to realize; **cuando él murió, su hijo se hizo ~ del negocio** when he died, his son took charge of *o* took over the business; **el ejército se hizo ~ del poder** the army took over power *o* took control; **el abuelo se hizo ~ del niño** the boy's grandfather took care of him; **deben hacerse ~ de los daños causados a los muebles** they should pay for breakages to the furniture; **la empresa no quiso hacerse ~ de la reparación** the company refused to meet the costs of repair; **me hago ~ de la importancia de estas conversaciones** I am aware of *o* realize how important these talks are; **—estamos pasando unos momentos difíciles —sí, ya me hago ~** "we're going through difficult times" — "yes, I understand *o* realize"

4 (*Com*) charge; **podrá recibir información sin ~ alguno** you can receive information free of charge; **paga siempre con ~ a su cuenta corriente** he always charges payments directly to his current account

5 (*Jur*) charge; **el fiscal retiró los ~s contra el acusado** the prosecution dropped all the charges against the defendant; **fue puesto en libertad sin ~s** he was released without charge ► **cargo de conciencia**: **tengo ~ de conciencia por el tiempo perdido** I feel guilty about all that wasted time; *ver tb* **pliego**, **testigo A1**

6 (*Chile, Perú*) (= *certificación*) date stamp (*providing proof of when a document was submitted*)

**cargosear*** ▸conjug 1a◂ VT (*LAm*) to pester, annoy

**cargoso*** ADJ (*LAm*) annoying

**carguera** SF (*Andes, Caribe*) nursemaid

**carguero** SM 1 (= *vehículo*) (*Náut*) cargo boat; (*Aer*) freight plane ► **carguero militar** military transport craft

2 (*Andes, Cono Sur*) (= *bestia de carga*) beast of burden

**carguío** SM load

**cari** ADJ (*Cono Sur*) grey, gray (*EEUU*)

**cariacontecido** ADJ crestfallen, down in the mouth

**cariado** ADJ [*muela*] decayed

**cariadura** SF caries, decay

**cariancho** ADJ broad-faced

**cariar** ▸conjug 1b◂ Ⓐ VT to cause to decay, cause decay in

Ⓑ **cariarse** VPR to decay, become decayed

**cariátide** SF caryatid

**caribe** Ⓐ ADJ 1 (*Geog*) Caribbean; **Mar Caribe** Caribbean, Caribbean Sea

2 (*LAm*) (= *caníbal*) cannibalistic

Ⓑ SM/F Carib

**caribeño/a** Ⓐ ADJ Caribbean

Ⓑ SM/F Carib

**caribú** SM caribou

**caricato** SM (*Cono Sur, Méx*) = **caricatura**

**caricatura** SF 1 [*de persona*] caricature

2 (*en periódico, dibujos animados*) cartoon

**caricaturesco** ADJ absurd, ridiculous

**caricaturista** SMF 1 (= *dibujante*) caricaturist
2 [*de periódico, dibujos animados*] cartoonist

**caricaturización** SF caricaturization, caricaturing

**caricaturizar** ▸conjug 1f◂ VT to caricature

**caricia** SF (*a persona*) caress; (*a animal*) pat, stroke; **hacer ~s a** to caress, stroke

**caricioso** ADJ caressing, affectionate

**CARICOM** SM ABR (= **Caribbean Community and Common Market**) CARICOM

**caridad** SF charity; **vive de la ~ de las gentes del barrio** she lives on *o* off the charity of the local people; **obra de ~** act of charity; **condonarle la deuda es una obra de ~** writing off his debt is an act of charity; **hizo muchas obras de ~** she did many charitable deeds; **dinero destinado a obras de ~** money given to charity, charity money; **¡una limosna, por ~!** could you spare some change *o* a little money (out of charity), please?; ✦***REFRÁN*** **la ~ empieza por uno mismo** charity begins at home

**caries** SF INV 1 (*Med*) tooth decay, caries; **está recomendado contra la ~** it's recommended for the prevention of tooth decay; **tengo una ~ en la muela del juicio** I've got some decay in my wisdom tooth
2 (*Agr*) blight

**carigordo*** ADJ fat-faced

**carilampiño** ADJ 1 (= *afeitado*) clean-shaven
2 (= *joven*) smooth-faced, beardless

**carilargo*** ADJ 1 (= *de cara larga*) long-faced
2 (= *enfadado*) annoyed

**carilla** SF 1 [*de folio, página*] side
2 (= *careta*) bee veil

**carilleno*** ADJ round-faced, full-faced

**carillo*** ADJ a bit expensive, on the dear side

**carillón** SM carillon

**carimbo** SM (*LAm*) branding iron

▼**cariño** SM 1 (= *afecto*) love, affection; **demostró mucho ~ por sus hijas** he showed great love *o* affection for his daughters; **falta de ~** lack of affection; **palabras de ~** affectionate words; **coger ~ a algn/algo** to grow *o* become fond of sb/sth, become attached to sb/sth; **con ~**: **trata a sus plantas con mucho ~** she takes loving care of her plants; **lo recuerdo con ~** I have fond memories of it, I remember it with great affection; **con ~, Luis** (*en carta*) love (from) Luis; **dar ~ a algn** to be affectionate to sb; **sentir ~ por algn** to be fond of sb, like sb; **tener ~ a algn/algo** to be fond of sb/sth, like sb/sth; **tomar ~ a algn/algo** to grow *o* become fond of sb/sth, become attached to sb/sth
2 (*apelativo*) darling, honey*; **ven aquí, ~** come here darling
3 (= *caricia*) **dar** *o* **hacer (un) ~ a algn** to caress sb, stroke sb
4 (*LAm*) (= *regalo*) gift, token (of affection)
5 **cariños** (= *saludos*) love; **Rosa te manda muchos ~s** Rosa sends her love

**cariñosamente** ADV affectionately, lovingly, fondly

**cariñoso** ADJ affectionate, loving

**carioca** Ⓐ ADJ of/from Rio de Janeiro
Ⓑ SMF native/inhabitant of Rio de Janeiro; **los ~s** the people of Rio de Janeiro

**cariparejo*** ADJ poker-faced, inscrutable

**carirraído*** ADJ brazen, shameless

➤ LENGUA Y USO: **cariño 1** 50.3

**carirredondo*** ADJ round-faced

**carisellazo** SM (*Andes*) toss of a coin; **echar un ~** to toss a coin, spin a coin

**carisma** SM charisma

**carismático** ADJ charismatic

**carita** SF (= *cara pequeña*) little face; ✦***MODISMOS*** **de ~** (*Andes*) first-class; **dar** *o* **hacer ~** (*Méx*) [*mujer*] to return a smile, flirt, flirt back; **hacer ~s** (*Andes*) to make faces

**caritativamente** ADV charitably

**caritativo** ADJ charitable (**con, para** to)

**cariz** SM 1 (= *aspecto*) look; **este asunto está tomando mal ~** this is beginning to look bad, I don't like the look of this; **en vista del ~ que toman las cosas** in view of the way things are going
2 (*Meteo*) outlook

**carlanca** SF 1 (= *collar*) spiked dog-collar
2 (*Andes, CAm*) (= *grillo*) shackle, fetter
3 (*CAm, Cono Sur*) (= *persona*) bore, pest, drag; (= *aburrimiento*) boredom, tedium; (= *enojo*) annoyance, irritation
4 **carlancas** (= *picardía*) tricks, cunning *sing*; **tener muchas ~s** to be full of tricks

**carlinga** SF cockpit, cabin

**carlismo** SM Carlism

> **CARLISMO**
>
> *The controversial change which Ferdinand VII of Spain made to the law in order to allow his daughter Isabella to succeed him instead of his brother, Carlos María Isidro de Borbón, gave rise to Carlism, a movement supporting Carlos's claim to the throne. It also sparked off a series of armed conflicts. The First Carlist War (1833-1839) was declared by Carlos when Isabella came to the throne, the Second (1860) was started by his son of the same name, and the Third (1872-76) by a grandson, another Don Carlos. The last Carlist pretender, Alfonso, died in 1936 without descendants, although that did not prevent the* **Falange Española** *from later backing the Carlist cause in an attempt to prevent the current king, Juan Carlos, being designated Franco's successor. To this day there is still a Carlist party in Spain.*
>
> ⇨ *See also* FALANGE ESPAÑOLA

**carlista** ADJ, SMF Carlist

**carlistada** SF Carlist attack, Carlist uprising

**Carlitos** SM (*forma familiar*) *de* **Carlos** Charlie

**Carlomagno** SM Charlemagne

**Carlos** SM Charles

**Carlota** SF Charlotte

**carlota** SF (*Culin*) charlotte

**carmelita** Ⓐ ADJ 1 (*Rel*) Carmelite
2 (*LAm*) light brown, tan
Ⓑ SMF Carmelite; **~ descalzo** discalced Carmelite

**carmelitano** ADJ Carmelite

**carmelito** ADJ (*LAm*) light brown, tan

**Carmelo** SM Carmelite convent

**Carmen** SM (*Rel*) Carmelite Order

**carmen**[1] SM (*en Granada*) villa with a garden

**carmen**[2] SM (*liter*) song, poem

**carmenar*** ▸conjug 1a◂ VT 1 (= *cardar*) [+ *lana*] to card, teasel; [+ *seda*] to unravel; [+ *pelo*] to disentangle; **~ a algn*** to pull sb's hair
2 (*) (= *estafar*) to fleece, swindle

**carmesí** ADJ, SM crimson

**carmín** SM 1 (= *color*) carmine
2 (= *pintalabios*) lipstick
3 (*Bot*) dog rose

**carminativo** ADJ carminative

**carmíneo** ADJ carmine, crimson

**carnada** SF bait

**carnal** Ⓐ ADJ 1 (*Rel*) carnal, of the flesh
2 [*pariente*] full, blood *antes de s*; **hermano ~** full brother; **primo ~** first cousin; **tío ~** real uncle
Ⓑ SM (*Méx**) pal*, buddy (*EEUU**)

**carnalidad** SF lust, carnality

**carnaval** SM 1 (= *fiesta*) carnival
2 (*Rel*) Shrovetide; **martes de ~** Shrove Tuesday

> **CARNAVAL**
>
> **Carnaval** *is the traditional period of fun, feasting and partying that precedes the start of Lent* (**Cuaresma**)*. The most important day is probably Shrove Tuesday* (**Martes de Carnaval**)*, but throughout* **Carnaval** *there are fancy-dress parties, parades and firework displays. In some places in Spain, the changeover from* **Carnaval** *to Lent on Ash Wednesday is marked by the* **Entierro de la Sardina***. This is a grotesque funeral parade in which the symbolic cardboard figure of a sardine is marched through the streets and finally ceremonially burnt or buried. Although banned under Franco, partly because of the irreverent nature of the activities and partly because of the dangers posed by people wandering around freely in disguise,* **Carnaval** *has recently enjoyed a revival in Spain, with Cádiz and Tenerife being particularly well known for their celebrations.*

**carnavalero** ADJ, **carnavalesco** ADJ carnival *antes de s*

**carnavalito** SM (*Andes, Chile*) folk song and dance

**carnaza** SF 1 (= *cebo*) (*para peces*) groundbait; (*para leones*) scraps *pl* of meat
2 [*de escándalo, suceso*] **dar ~ a la gente** to feed people (with) juicy titbits

**carne** Ⓐ SF 1 (*Culin*) meat; ✦***MODISMOS*** **poner toda la ~ en el asador** to pull out all the stops, give it one's all; **no ser ~ ni pescado** to be neither fish nor fowl, be neither one thing nor the other; **ser ~ de algo***: **son ~ de cañón** they are cannon-fodder; **son ~ de prestamista** they are prime targets for moneylenders; **eran ~ de prisión** they were prime candidates to end up in prison ► **carne adobada** marinated meat ► **carne asada** roast meat ► **carne blanca** white meat ► **carne bovina**, **carne de bovino** beef ► **carne congelada** frozen meat ► **carne cruda** raw meat ► **carne de carnero** mutton ► **carne de cerdo**, **carne de chancho** (*LAm*) pork ► **carne de cordero** lamb ► **carne de res** (*LAm*) beef ► **carne deshilachada** (*CAm, Méx*) stewed meat ► **carne de ternera** veal ► **carne de vaca** beef ► **carne de venado** venison ► **carne magra**, **carne mollar** lean meat ► **carne marinada** (*LAm*) salt meat ► **carne molida** (*LAm*), **carne picada** mince, ground meat (*esp EEUU*) ► **carne porcina** pork ► **carne roja** red meat ► **carne salvaji-**

**na** game ► **carnes blandas** (*Cono Sur*) white meat *sing* ► **carne tapada** stewed meat, stew
2 (*Anat*) flesh; ✦**MODISMOS de ~ y hueso**: **las marionetas parecían actores de ~ y hueso** the puppets were just like real-life actors; **ser de ~ y hueso** to be only human; **me enamoro como cualquier chica de mi edad, soy de ~ y hueso** I fall in love like any girl of my age, I'm only human; **en ~ y hueso** in the flesh; **en ~ viva**: **tenía las rodillas en ~ viva** his knees were raw; **un programa que muestra el horror en ~ viva** a programme that shows the full horror ► **carne de gallina** gooseflesh, goose pimples *pl*, goose bumps *pl* (*EEUU*); **me pone la ~ de gallina** [*de frío, emoción*] it gives me goose pimples *o* (*EEUU*) goose bumps; [*de miedo*] it gives me the creeps, it makes my flesh crawl
3 **carnes** [*de persona*] **de abundantes ~s** amply proportioned; **criar** *o* **echar ~s** to put on weight; **entrado** *o* **metido en ~s** plump, overweight; **algo metidita en ~s** somewhat plump; **de pocas ~s** thin, skinny
4 (*Rel*) flesh; **la ~ es débil** the flesh is weak; **el Verbo se hizo ~** the Word was made flesh; **los pecados de la ~** sins of the flesh
5 (*Bot*) flesh, pulp; (*LAm*) [*de árbol*] heart(wood) ► **carne de membrillo** quince jelly
Ⓑ ADJ **color ~** flesh-coloured, flesh-colored (*EEUU*); **medias de color ~** flesh-coloured tights

**carné** SM = **carnet**

**carneada** SF (*Cono Sur*) slaughter, slaughtering

**carnear** ▸conjug 1a◂ VT 1 (*Cono Sur*) [+ *ganado*] to slaughter; [+ *persona*] to murder, butcher
2 (*Chile*) to deceive, take in*

**carnecería** SF = **carnicería**

**carnerada** SF flock of sheep

**carnerear** ▸conjug 1a◂ VI (*Cono Sur*) to blackleg, be a strikebreaker

**carnerero** SM shepherd

**carnero** SM 1 (*Zool*) sheep, ram; ✦**MODISMOS no hay tales ~s** there's no such thing; **cantar para el ~**‡ to kick the bucket‡, peg out‡ ► **carnero de la sierra** (*LAm*), **carnero de la tierra** (*LAm*) llama, alpaca, vicuña ► **carnero de simiente** breeding ram ► **carnero marino** seal
2 (*Culin*) mutton
3 (= *piel*) sheepskin
4 (*Cono Sur*) (= *esquirol*) blackleg, scab*
5 ✦**MODISMO botarse** *o* **echarse al ~** (*Cono Sur*) to chuck it all up*, throw in the towel

**carnestolendas** SFPL Shrovetide *sing*

**carnet** [kar'ne] SM (*pl* **carnets** [kar'nes]) **tiene ~ del partido socialista** he has a membership card for the Socialist party; **un miembro con ~** a card-carrying member; **una fotografía tamaño ~** a passport-sized photo ► **carnet de conducir** driving licence, driver's license (*EEUU*); **sacarse el ~ de conducir** to get one's driving licence ► **carnet de estudiante** student card ► **carnet de identidad** identity card; → DNI ► **carnet de prensa** press pass ► **carnet de socio** membership card

**carnicería** SF 1 (*Com*) butcher's, butcher's shop
2 (= *matanza*) slaughter, carnage; **ha sido una ~ de inocentes** it was a slaughter of the innocent
3 (*Andes*) slaughterhouse

**carnicero/a** Ⓐ ADJ 1 (= *carnívoro*) carnivorous, meat-eating
2 (= *cruel*) cruel, bloodthirsty
Ⓑ SM/F 1 (= *persona*) butcher
2 (= *carnívoro*) carnivore, meat-eater

**cárnico** ADJ meat *antes de s*; **industria cárnica** meat industry

**carnitas** SFPL (*Méx*) barbecued pork *sing*

**carnívoro** Ⓐ ADJ carnivorous, meat-eating
Ⓑ SM carnivore, meat-eater

**carnosidad** SF 1 (= *masa carnosa*) fleshy part
2 (= *gordura*) corpulence, fleshiness
3 (*Med*) proud flesh

**carnoso** ADJ meaty

**carnudo** ADJ fleshy

**caro** Ⓐ ADJ 1 (= *costoso*) expensive, dear; **un coche carísimo** a very expensive car; **costar ~** to be expensive, cost a lot; **el abrigo me costó muy ~** my coat was very expensive, my coat cost a lot; **le costó ~ tal atrevimiento** his daring cost him dear; **pagar ~ algo** to pay dearly for sth; **pagó cara su insolencia** he paid dearly for his insolence; **salir ~**: **un piso amueblado sale más ~** a furnished flat is more expensive; **en total el viaje nos salió muy ~** altogether the trip was *o* proved very expensive
2 (= *querido*) (*liter*) dear, beloved; **las cosas que nos son tan caras** the things which are so dear to us; **¡mi ~ amigo!** my dear *o* beloved friend!
Ⓑ ADV **vender ~**: **esa tienda vende ~** that shop is expensive

**carocas**†* SFPL 1 (= *lisonjas*) flattery *sing*
2 (= *caricias*) caresses

**carocha*** SF (*Méx*) old banger*, jalopy*

**caroleno** SM (*Méx*) backslang

**Carolina**[1] SF Caroline

**Carolina**[2] SF (*Geog*) ► **Carolina del Norte** North Carolina ► **Carolina del Sur** South Carolina

**carolingio** ADJ Carolingian

**carón** (*LAm*) Ⓐ ADJ broad-faced
Ⓑ SM (‡) mug‡, face

**carona** SF 1 (*Equitación*) (= *paño*) saddlecloth; (= *parte del caballo*) saddle; ✦**MODISMO andar con las ~s ladeadas** (*Cono Sur*) to have problems
2 (*Cono Sur*) bed

**carota*** SMF cool customer*

**carótida** SF carotid, carotid artery

**carozo** SM 1 cob of maize, corncob (*EEUU*)
2 (*LAm*) [*de fruta*] stone, pit (*EEUU*)

**carpa**[1] SF (= *pez*) carp ► **carpa dorada** goldfish

**carpa**[2] SF 1 [*de circo*] big top
2 (= *toldo*) awning
3 (*esp LAm*) (= *tienda de campaña*) tent
4 (*Méx*) travelling show

**CARPA**

*In Mexico a* **carpa** *is a travelling show held under a big top. Originating in the nationalistic aftermath of the Mexican revolution,* **carpas** *toured agricultural communities and mining towns offering a menu of satire, slapstick humour, dramatic sketches and humorous monologues, as well as acrobatics, tightrope walking and other circus entertainments. It was in the* **carpa** *that the Mexican comic character, Cantinflas, started life.*
⇨ *See also* PELADO

**carpanta** SF 1 (*) (= *hambre*) ravenous hunger
2 (*Méx*) gang

**Cárpatos** ADJ **Montes ~** Carpathians

**carpeta** SF 1 (*para papeles, documentos*) folder, file; ✦**MODISMO cerrar la ~** to close the file (*in an investigation*) ► **carpeta de anillas** ring binder ► **carpeta de información** information folder, briefing kit
2 (= *cartera*) briefcase
3 [*de mesa*] table cover
4 (*LAm*) (= *pupitre*) table, desk

**carpetazo** SM ✦**MODISMO dar ~ a algo** to shelve sth, do nothing about sth

**carpetovetónico** ADJ terribly Spanish, Spanish to the core

**carpidor** SM (*LAm*), **carpidora** SF (*LAm*) weeding hoe

**carpincho** SM (*Cono Sur*) capybara

**carpintear** ▸conjug 1a◂ VI 1 (*como profesional*) to carpenter
2 (*como aficionado*) to do woodwork (*as a hobby*)

**carpintería** SF 1 (= *arte, oficio*) carpentry, joinery
2 (= *afición*) woodwork
3 (= *taller*) carpenter's shop

**carpintero** SM 1 (*Téc*) carpenter ► **carpintero de blanco** joiner ► **carpintero de buque** ship's carpenter, shipwright ► **carpintero de carretas**, **carpintero de prieto** cartwright, wheelwright ► **carpintero de ribera** = **carpintero de buque**
2 (*Orn*) woodpecker

**carpir** ▸conjug 3a◂ VT (*LAm*) to weed, hoe

**carraca** SF 1 (*Mús, Dep*) rattle
2 (= *vehículo viejo*) (= *coche*) old banger, jalopy*; (= *barco*) tub
3 (*Téc*) ratchet brace
4 ✦**MODISMO echar ~** (*Andes*) to lie

**carraco** Ⓐ ADJ feeble, decrepit
Ⓑ SM (*) (= *coche*) old banger*, jalopy*

**carrada** SF (*Cono Sur*) = **carretada**

**carral** SM barrel, vat

**carralero** SM cooper

**carrasca** SF kermes oak; ✦**MODISMO ser de ~*** to be absolutely awful

**carrascoloso**‡ ADJ (*LAm*) grumpy*, touchy, irritable

**carraspear** ▸conjug 1a◂ VI (*al hablar*) to be hoarse, have a frog in one's throat; (*al aclararse*) to clear one's throat

**carraspeo** SM **es incómodo oír en el cine los continuos ~s** it's unpleasant hearing people continuously clearing their throats in the cinema

**carraspera** SF hoarseness

**carrasposo** ADJ 1 (*Med*) hoarse, with a sore throat
2 (*LAm*) rough, harsh

**carrera** SF 1 (= *acción*) (*tb Béisbol*) run; **tuvimos que pegarnos una ~ para no perder el tren** we had to run for it so as not to miss the train; **emprendí una loca ~ en dirección a la salida** I made a mad dash *o* rush for

the exit; **¿nos echamos una ~ hasta el muro?** race you to the wall?; **nos fuimos de una ~ y llegamos en cinco minutos** we ran for it *o* rushed over and got there in five minutes; ✦***MODISMOS*** **a la ~** at (full) speed, hurriedly; **consiguieron escapar a la ~** they managed to make a quick getaway; **siento tener que dar explicaciones tan a la ~** I'm sorry to have to explain in such a rush; **tuvo que hacer el trabajo a la ~** he had to rush through the job *o* do the job in a rush; **a ~ tendida** at full speed, flat out* ► **carrera de aterrizaje** landing run ► **carrera de despegue** take-off run ► **carrera del oro** gold rush
2 (= *competición*) race; **las ~s de Fórmula 1** Formula 1 races ► **carrera armamentista, carrera armamentística** arms race ► **carrera campo a través** cross country race ► **carrera ciclista** (bi)cycle race ► **carrera contrarreloj** (*lit*) time trial; (*fig*) race against time ► **carrera corta** dash, sprint ► **carrera de armamentos** arms race ► **carrera de caballos** horse race ► **carrera de coches** motor race ► **carrera de ensacados** (*Cono Sur*) sack race ► **carrera de fondo** long-distance race ► **carrera de galgos** greyhound race ► **la Carrera de Indias** (*Hist*) the Indies run ► **carrera de medio fondo** middle-distance race ► **carrera de obstáculos** (*Atletismo, Equitación*) steeplechase; (*para niños*) obstacle race ► **carrera de relevos** relay, relay race ► **carrera de resistencia** long-distance race ► **carrera de sacos** sack race ► **carrera de vallas** (*Atletismo*) hurdles; (*Equitación*) steeplechase ► **carrera espacial** space race ► **carrera pedestre** walking race ► **carrera popular** fun run
3 (*tb* **~ universitaria**) (university) course; **no sabe qué hará cuando termine la ~** he doesn't know what he'll do after university *o* when he finishes his course; **está en primero de ~** she's in her first year (at university); **quiere que sus hijos estudien una ~** she wants her children to go to university; **había comenzado a estudiar la ~ de Medicina** she had started studying medicine; **dar ~ a algn** to pay sb through college; **hacer una ~**: **estoy haciendo la ~ de Económicas** I'm doing a degree in economics; **tener ~** to have a (university) degree ► **carrera de ciencias** science degree ► **carrera de letras** arts degree
4 (*tb* **~ profesional**) career; **tuvo una brillante ~ como actriz** she had an outstanding career as an actress; **se encuentra en uno de los momentos más difíciles de su ~ política** this is one of the most difficult moments of her political career; **diplomático de ~** career diplomat; **militar de ~** career officer; **hacer ~** to advance one's career, pursue a career; **quiso hacer ~ en el partido** he tried to pursue a career *o* advance his career in the party; **muchos prefieren hacer ~ en el extranjero** many prefer to pursue careers abroad; ✦***MODISMOS*** **hacer ~ de** *o* **con algn** to make headway with sb; **no hago ~ con este niño** I can't make any headway *o* I'm getting nowhere with this child; **hacer la ~*** to be on the game* ► **carrera artística** [*de actor*] career as an actor; [*de pintor, escultor*] artistic career ► **carrera cinematográfica** film career ► **carrera literaria** literary career, career as a writer ► **carrera militar** career as a soldier, military career ► **carrera política** political career, career as a politician
5 (*en medias*) run, ladder
6 (= *recorrido*) [*de desfile*] route; [*de taxi*] ride, journey; [*de barco*] run, route; [*de estrella, planeta*] course; **la ~ del sol** the course of the sun
7 (= *avenida*) avenue
8 (*Mec*) [*de émbolo*] stroke; [*de válvula*] lift ► **carrera ascendente** upstroke ► **carrera descendente** downstroke
9 (= *hilera*) row, line; [*de ladrillos*] course
10 (= *viga*) beam, rafter
11 (*Mús*) run

**carrerilla** SF **a ~** non-stop, continuously; **de ~** on the trot, in succession; **lo dijo de ~** he reeled it off in one go; **tomar ~** to take a run up

**carrerista** Ⓐ ADJ fond of racing
Ⓑ SMF 1 (= *aficionado a carreras de caballos*) racing man/woman, racegoer, professional punter
2 (= *ciclista*) racing cyclist
3 (*Pol*) careerist, career politician
Ⓒ SF (*) streetwalker, hustler (*EEUU**)

**carrero** SM carter, cart driver

**carreta** SF 1 (= *carro*) (*cubierta*) waggon, wagon; (*sin cubrir*) cart; ✦***MODISMO*** **tener la ~ llena** (*Caribe*) to be weighed down by problems ► **carreta de bueyes** oxcart ► **carreta de mano** = **carretilla 1**
2 (*Col, Ven*) wheelbarrow

**carretada** SF waggonload, wagonload, cart load; ✦***MODISMO*** **a ~s**: **había pan a ~s** there was loads of bread; **llegaron a ~s** they came by the waggonload

**carretaje** SM cartage, haulage

**carrete** SM 1 (*Fot*) film
2 (*Cos*) reel, bobbin; ✦***MODISMOS*** **dar ~ a algn*** to keep sb amused *o* entertained; **tiene ~ para rato*** she could gab all day*
3 (*Elec*) coil ► **carrete de encendido** (*Aut*) ignition coil ► **carrete de inducción** induction coil
4 (*Pesca*) reel

**carretear** ▸conjug 1a◂ VT 1 [+ *carga*] to cart, haul
2 [+ *carro*] to drive
3 (*Aer*) to taxi

**carretel** SM 1 (*Pesca*) reel, fishing reel
2 (*Náut*) log reel

**carretela** SF 1 (*Hist*) coach, carriage
2 (*CAm*) (= *carro*) cart

**carretera** SF road, highway (*esp EEUU*); **la ~ entre Barcelona y Sitges** the Barcelona-Sitges road, the road between Barcelona and Sitges; **de ~**: **bar de ~** roadside bar; **accidente de ~** road accident, traffic accident; **control de ~** roadblock; **por ~**: **un viaje por ~** a road journey, a journey by road; **transporte por ~** road transport; **circulación por ~** (road) traffic; **hemos venido por ~** we drove here ► **carretera comarcal** local road, ≈ B road ► **carretera de acceso** approach road ► **carretera de circunvalación** bypass, ring road, beltway (*EEUU*) ► **carretera general** main road ► **carretera nacional** ≈ A road, ≈ state highway (*EEUU*) ► **carretera radial** arterial road

**carretero** Ⓐ ADJ **camino ~** vehicular road
Ⓑ SM 1 (= *transportista*) cartwright, wheelwright; ✦***MODISMOS*** **fumar como un ~** to smoke like a chimney; **jurar como un ~** to swear like a trooper
2 (*LAm*) road

**carretilla** SF 1 (*tb* **~ de mano**) handcart, barrow ► **carretilla de horquilla, carretilla elevadora** fork-lift truck
2 (*Hort*) wheelbarrow
3 (*en tienda*) trolley, cart (*EEUU*)
4 (= *buscapiés*) squib, cracker
5 (*Cono Sur*) (= *quijada*) jaw, jawbone
6 (*Col*) (= *serie*) lot, series
7 ✦***MODISMO*** **de ~**: **saber algo de ~** to know sth by heart; **aprender algo de ~** to learn sth parrot fashion *o* by rote

**carretón** SM small cart ► **carretón de remolque** trailer

**carricero** SM ► **carricero común** reed warbler

**carricoche** SM covered wagon, caravan, gipsy caravan

**carricuba** SF water cart

**carriel** SM (*Andes, CAm*) leather case

**carril** SM 1 (*en carretera*) lane; **el camión invadió el ~ izquierdo** the truck wandered into the left lane ► **carril bici** cycle lane, bikeway (EEUU) ► **carril bus** bus lane ► **carril de acceso** slip road ► **carril de aceleración** acceleration lane ► **carril de adelantamiento** overtaking lane, fast lane
2 (*Ferro*) (= *vía*) rail; (*Caribe, Cono Sur*) (= *tren*) train
3 (= *camino*) track, lane
4 (*Agr*) [*del arado*] furrow
5 (*LAm Dep*) (= *calle*) lane

**carrilano** (*Chile*) Ⓐ ADJ railway *antes de s*, railroad *antes de s* (*EEUU*)
Ⓑ SM railway labourer, railroad laborer (*EEUU*)

**carril-bici** SM (*pl* **carriles-bici**), cycle lane, bikeway (*EEUU*)

**carril-bus** SM (*pl* **carriles-bus**), bus lane

**carrilera** SF 1 (= *rodera*) rut, track
2 (*Caribe Ferro*) siding

**carrilero** SM 1 (*Andes Ferro*) railwayman, railroad man (*EEUU*)
2 (*Cono Sur**) (= *embaucador*) con man*

**carrillera** SF 1 (*Zool*) jaw
2 [*de casco*] chinstrap

**carrillo** SM 1 (*Anat*) cheek, jowl; ✦***MODISMO*** **comer a dos ~s** to stuff o.s.*, stuff one's face*
2 (*Téc*) pulley

**carrindanga*** SF (*Cono Sur*) old banger*, jalopy*

**carriola** SF truckle bed

**carrito** SM 1 (*para llevar cosas*) (*en supermercado*) trolley, cart (*EEUU*); (*en hotel*) tea trolley, serving trolley ► **carrito de bebidas** drinks trolley ► **carrito de golf** golf trolley ► **carrito de postres** dessert trolley
2 (*Caribe*) (= *taxi*) taxi

**carrizal** SM reedbed

**carrizo** SM 1 (*Bot*) reed
2 **carrizos** (*Andes, Méx*) (= *piernas*) thin *o* spindly legs, pins**, gams (*EEUU**)
3 ✦***MODISMO*** **no nos ayudan un ~** (*Ven*) they do nothing at all to help us

**carro** SM 1 (= *carreta*) cart, waggon, wagon; ✦***MODISMOS*** **aguantar ~s y carretas** to put up with anything; **apearse** *o* **bajarse del ~*** to leave off, give it a rest*; **¡para el ~!*** hold your horses!; **pararle el ~ a algn*** to tell sb to stop; **poner el ~ delante de las mulas** *o* **los bueyes** to put the cart before the horse; **subirse al ~** to climb *o* jump on the bandwagon;

**tirar del ~** to do all the donkey work; **untar el ~ a algn** to grease sb's palm ► **carro alegórico** float ► **carro aljibe** water cart ► **carro de golf** golf buggy ► **carro de guerra** (*Hist*) chariot ► **carro de la compra** shopping trolley, shopping cart (*EEUU*)
2 (*Mil*) tank ► **carro blindado** armoured car, armored car (*EEUU*), armour-plated car, armor-plated car (*EEUU*) ► **carro de asalto, carro de combate** tank
3 (*LAm*) (= *coche*) car; (= *taxi*) cab, taxi; (= *vagón*) carriage, car (*esp EEUU*); (= *autobús*) bus, coach ► **carro comedor** (*Méx*) dining car, restaurant car ► **carro correo** mail van ► **carro cuba** tank truck ► **carro de mudanzas** removal van, moving van (*EEUU*) ► **carro dormitorio** (*Méx*) sleeping car ► **carro fúnebre** hearse ► **carro tranvía, carro urbano** tramcar, streetcar (*EEUU*)
4 [*de máquina de escribir*] carriage
5 (= *carga*) cartload; **un ~ de problemas** a whole load of problems

**carrocería** SF 1 (*Aut*) bodywork
2 (= *taller*) coachbuilder's, body shop

**carrocero/a** SM/F coachbuilder, car-body maker

**carrocha** SF eggs *pl* (*of insect*)

**carromato** SM covered wagon, caravan, gypsy caravan

**carroña** SF carrion

**carroñero** ADJ 1 [*persona*] vile, foul
2 **animal ~** animal which feeds on carrion

**carroño** ADJ 1 (= *putrefacto*) rotten, putrid, foul
2 (*Andes*) (= *cobarde*) cowardly

**carroza** Ⓐ SF 1 (= *vehículo*) [*de caballos*] coach, carriage; [*de carnaval*] float ► **carroza fúnebre** hearse
2 (*Náut*) awning
Ⓑ SMF 1 (= *viejo*) old boy*, old geezer‡; (= *vieja*) old girl*
2 (= *carca*) old fogey*
Ⓒ ADJ INV (*) 1 (= *viejo*) old
2 (= *carca*) **es muy ~** he's an old fogey*

**carruaje** SM carriage

**carrujo‡** SM (*LAm*) joint‡, reefer‡

**carrusel** SM 1 [*de verbena*] merry-go-round, roundabout, carousel (*EEUU*)
2 (*Fot*) carrousel, circular slide tray
3 [*de regalos*] revolving display

**carry-all** SM (*Cono Sur*) estate car, station wagon (*EEUU*)

**carta** SF 1 (*Correos*) letter; **echar una ~ (al correo)** to post a letter; ✦**MODISMOS a ~ cabal** thoroughly, in every respect; **era honrado a ~ cabal** he was totally honest; **es un caballero a ~ cabal** a true *o* real gentleman; **tomar ~s en el asunto** to step in ► **carta abierta** open letter ► **carta adjunta** covering letter ► **carta certificada** registered letter ► **carta de acuse de recibo** letter of acknowledgement ► **carta de amor** love letter ► **carta de asignación** letter of allotment ► **carta de aviso** letter of advice ► **carta de despido** letter of dismissal, pink slip (*EEUU**) ► **carta de dimisión** letter of resignation ► **carta de pésame** letter of condolence ► **carta de presentación** letter of introduction; **esta exposición es la mejor ~ de presentación del pintor** this exhibition is the best introduction to the painter ► **carta de recomendación** (*para un trabajo*) letter of recommendation; (*como presentación*) letter of introduction ► **carta de solicitud** (letter of) application ► **carta pastoral** pastoral letter ► **carta postal** (*LAm*) postcard ► **carta urgente** special-delivery letter
2 (*Jur, Com*) (= *documento*) ► **carta blanca** carte blanche; **dar ~ blanca a algn** to give sb carte blanche; **tener ~ blanca** to have a free hand, have carte blanche ► **carta de ciudadanía** naturalization papers *pl* ► **carta de crédito** letter of credit; **~ de crédito documentaria** documentary letter of credit; **~ de crédito irrevocable** irrevocable letter of credit ► **carta de emplazamiento** summons ► **carta de hidalguía** letters patent of nobility *pl* ► **carta de intenciones** letter of intent ► **carta de naturaleza** naturalization papers *pl*; ✦**MODISMO adquirir** *o* **tomar ~ de naturaleza** to come to be like one of the natives, be thoroughly accepted ► **carta de pago** receipt, discharge in full ► **carta de pedido** (*Com*) order ► **carta de portes** bill of lading ► **carta de venta** bill of sale ► **carta ejecutoria** letters patent of nobility *pl* ► **carta verde** (*Aut*) green card, certificate of insurance (*EEUU*) ► **cartas credenciales** credentials
3 (= *estatuto*) charter; **la Carta de las Naciones Unidas** the United Nations Charter ► **Carta de Derechos** Bill of Rights ► **Carta Magna** (= *constitución*) constitution; (*Brit Hist*) Magna Carta ► **Carta Social (Europea)** (European) Social Charter
4 (*Naipes*) card; **una baraja de ~s españolas** a pack of Spanish (playing) cards; **echar las ~s a algn** to tell sb's fortune (*with cards*); **fui a una pitonisa a que me echara las ~s** I went to a fortune-teller to have my fortune told with cards; **jugar a las ~s** to play cards; ✦**MODISMOS ¡~ canta!** there it is in black and white!; **enseñar las ~s** to show one's hand; **poner las ~s boca arriba** *o* **sobre la mesa** to put *o* lay one's cards on the table; **no saber a qué ~ quedarse** not to know what to think, be undecided; **a ~s vistas** openly, honestly ► **carta de figura** picture card
5 (*Culin*) menu; **a la ~** à la carte ► **carta de vinos** wine list
6 (= *mapa*) (*Geog*) map; (*Náut*) chart ► **carta acotada** contour map ► **carta astral** star chart ► **carta bomba** letter-bomb ► **carta de flujo** flowchart ► **carta de marear** chart ► **carta de navegación, carta de viaje, carta de vuelo** flight plan ► **carta geográfica, carta marítima** chart ► **carta meteorológica** weather chart, weather map ► **carta náutica, carta naval** chart
7 (*TV*) ► **carta de ajuste** test card

**carta-bomba** SF (*pl* **cartas-bomba**) letter-bomb

**cartabón** SM 1 (= *instrumento*) [*de dibujante*] set square, triangle (*EEUU*); [*de carpintero*] square, set square
2 (*Mil*) quadrant

**cartagenero/a** Ⓐ ADJ of/from Cartagena
Ⓑ SM/F native/inhabitant of Cartagena; **los ~s** the people of Cartagena

**cartaginés/esa** ADJ, SM/F Carthaginian

**Cartago** SF Carthage

**cartapacio** SM 1 (= *cuaderno*) notebook
2 (= *carpeta*) folder

**carta-tarjeta** SF (*pl* **cartas-tarjeta**) letter card

**cartear** ►conjug 1a◄ Ⓐ VI (*Naipes*) to play low
Ⓑ **cartearse** VPR to correspond (**con** with); **se ~on durante dos años** they wrote to each other for two years

**cartel** SM 1 (= *póster*) poster; **el ~ del Festival** the poster for the Festival; **"se prohíbe fijar carteles"** "stick no bills", "post no bills"; **ser cabeza de ~** to be top of the bill; **en ~: esa película ya no está en ~** that film is not showing yet, that film is not on yet; **"Cats" lleva años en ~** "Cats" has been running for years
2 (= *letrero*) sign; **no vi el ~ de "prohibido fumar"** I didn't see the no smoking sign
3 (= *fama*) **tener ~** to be well known; **un torero de ~** a star bullfighter

**cártel** SM cartel, trust

**cartela** SF 1 (= *papel*) slip of paper, bit of card
2 (*Arquit*) console

**cartelera** SF [*de cine*] hoarding, billboard; (*en periódico*) entertainments *pl*, what's on section*; **se mantuvo en la ~ durante tres años** it ran for three years

**cartelero** SM billsticker, billposter

**cartelista** SMF poster artist, poster designer

**cartelón** SM large notice

**carteo** SM correspondence, exchange of letters

**cárter** SM (*Mec*) housing, case ► **cárter de cigüeñal** crankcase

**cartera** SF 1 (= *monedero*) [*de hombre*] wallet, billfold (*EEUU*); [*de mujer*] purse, billfold (*EEUU*)
2 (*LAm*) (= *bolso*) handbag, purse (*EEUU*)
3 [*de colegial*] satchel, schoolbag
4 (*para documentos*) briefcase; ✦**MODISMO en ~** in the pipeline; **tenemos en ~ varios proyectos** we have several projects in the pipeline ► **cartera de mano** briefcase
5 (*Pol*) **renunció a la ~ de Cultura** he turned down the post of Minister of Culture; **el actual titular de la ~ de Interior** the present Minister of the Interior; **ministro sin ~** minister without portfolio
6 (*Com, Fin*) ► **cartera de acciones** stock portfolio, share portfolio ► **cartera de pedidos** order book ► **cartera de valores** securities portfolio
7 (*Cos*) (*en bolsillo*) pocket flap; *ver tb* **cartero**

**carterero/a** SM/F (*Cono Sur*) pickpocket

**carterista** SMF pickpocket

**carterita** SF ► **carterita de fósforos** (*esp LAm*) book of matches

**cartero/a** SM/F postman/postwoman, mailman/mailwoman (*EEUU*); *ver tb* **cartera**

**cartesiano/a** ADJ, SM/F Cartesian

**cartilaginoso** ADJ cartilaginous

**cartílago** SM cartilage

**cartilla** SF 1 (*Escol*) primer, first reader; ✦**MODISMOS cantar** *o* **leer la ~ a algn** to take sb to task, give sb a severe ticking off; **no saber (ni) la ~** not to know a single thing
2 (= *documento*) ► **cartilla de ahorros** bank book ► **cartilla de identidad** identity card ► **cartilla del paro** unemployment card ► **cartilla de racionamiento** ration book ► **cartilla de seguridad, cartilla de seguro** social security card
3 (*Rel*) certificate of ordination
4 (*Mil*) record

**cartografía** SF cartography, mapmaking

**cartografiado** SM mapping

➤ LENGUA Y USO: carta 1 48.1

**cartográfico** ADJ cartographic, cartographical
**cartógrafo/a** SM/F cartographer, mapmaker
**cartomancia** SF fortune-telling (*with cards*)
**cartomante** SMF fortune-teller (*who uses cards*)
**cartón** SM [1] (= *material*) cardboard ► **cartón acanalado** corrugated cardboard ► **cartón alquitranado** tar paper ► **cartón de embalaje** wrapping paper ► **cartón de encuadernar** millboard ► **cartón ondulado** corrugated cardboard ► **cartón piedra** papier mâché
[2] (= *caja*) ► **cartón de huevos** (*lleno*) box of eggs; (*vacío*) egg box ► **cartón de leche** (*lleno*) carton of milk; (*vacío*) milk carton ► **cartón de tabaco** pack of cigarettes
[3] (*Arte*) cartoon
[4] [*de bingo*] card
**cartoné** SM **en ~** [*libro*] in boards, bound in boards
**cartón-madera** SM hardboard
**cartuchera** SF [1] (*para pistola*) cartridge belt
[2] (*) (*en muslos*) *excess fat on the upper thighs*
**cartuchería** SF cartridges *pl*, ammunition
**cartucho** SM [1] (*Mil*) cartridge ► **cartucho en blanco** blank cartridge
[2] (= *bolsita*) paper cone; [*de monedas*] roll
[3] ► **cartucho de datos** (*Inform*) data cartridge
**Cartuja** SF (*Rel*) Carthusian order
**cartuja** SF Carthusian monastery
**cartujano** ADJ, SM Carthusian
**cartujo** SM Carthusian
**cartulaje**: SM pack of cards
**cartulario** SM cartulary
**cartulina** SF card; **una ~** a piece of card ► **cartulina amarilla** (*Ftbl*) yellow card ► **cartulina roja** (*Ftbl*) red card
**carura** SF [1] (*Andes, CAm, Cono Sur*) (= *lo costoso*) high price, dearness
[2] (*Andes, CAm, Cono Sur*) (= *objeto*) expensive thing; **en esta tienda sólo hay ~s** everything in this shop is dear
[3] (*Cono Sur*) (= *carestía*) lack, shortage
**CASA** SF ABR (*Esp*) = **Construcciones Aeronáuticas, S.A.**
**casa** SF [1] (= *vivienda*) house; **una ~ en el campo** a house in the country, a country house; **ir de ~ en ~ vendiendo** to sell things from door to door ► **casa adosada** *luxury terraced villa* ► **Casa Blanca**: **la Casa Blanca** the White House ► **casa consistorial** town hall ► **casa cuartel** *Civil Guard police station including living quarters for families of policemen* ► **casa cuna** (*Hist*) foundling home; (*moderna*) day-nursery, crèche ► **casa de acogida** (*para enfermos, menores*) hostel; (*para mujeres maltratadas*) refuge ► **casa de alquiler**: **vivo en una ~ de alquiler** I live in rented accommodation ► **casa de asistencia** boarding house ► **casa de azotea** penthouse ► **casa de baños** public bathhouse ► **casa de bebidas**† drinking house ► **casa de beneficencia**† poor-house ► **casa de bombas** pumphouse ► **casa de campaña** (*LAm*) tent ► **casa de campo** country house ► **casa de citas** brothel ► **casa de comidas** *cheap restaurant* ► **casa de corrección**† young offenders institution, reformatory (*EEUU*) ► **casa de correos** post office ► **casa de cultura** *municipal arts centre* ► **casa de Dios** house of God ► **casa de ejercicios** retreat house ► **casa de fieras** zoo ► **casa de guarda** lodge ► **casa de huéspedes** boarding house ► **casa de juego** gambling house ► **casa de labor**, **casa de labranza** farmhouse ► **la Casa de la Moneda** *Chilean presidential palace* ► **casa de locos** (= *manicomio*) madhouse, asylum; (= *lugar caótico*) madhouse ► **casa de maternidad** maternity hospital ► **casa de muñecas** doll's house ► **casa de pisos** block of flats, apartment block ► **casa de putas*** brothel ► **casa de seguridad** (*Cono Sur Pol*) safe house ► **casa de socorro** first-aid post ► **casa de tolerancia**† house of ill repute ► **casa de vecindad** tenement block ► **casa de vicio**† brothel ► **casa encantada** haunted house ► **casa mortuoria** house of the deceased ► **casa pareada** semi-detached house ► **casa parroquial** parish house ► **casa religiosa** [*de monjes*] monastery; [*de monjas*] convent ► **casa rodante** caravan, trailer ► **la Casa Rosada** *Argentinian presidential palace* ► **casa solariega** (*habitada*) family seat, ancestral home; (*usada como museo*) stately home
[2] (= *hogar*) home; **estábamos en ~** we were at home; **se fue a ~** she went home; **estábamos en ~ de Juan** we were at Juan's (place); **¿dónde tiene usted su ~?** where is your home?; **está usted en su ~** make yourself at home; **es una ~ con alegría** it's a happy home, it's a happy household; **la ~ de Lorca en Fuentevaqueros** Lorca's former home in Fuentevaqueros; **abandonar la ~** to leave home; **de ~**: **un animal de ~** a pet, a family pet; **ropa de ~** clothes for wearing around the house; **estoy vestido de ~** I'm in the clothes I wear around the house; **en ~** at home; **debes dejar claro quién manda en ~** you should make it quite clear who's in charge at home; **¿está la señora en (la) ~?** is the lady of the house in?, is the lady of the house at home?; **me he dejado los libros en (mi) ~** I've left my books at home; **está fuera de ~** she's out, she's not at home; **ir a ~** to go home; **ir hacia ~** to head for home; **ir a ~ de Juan** to go to Juan's (place); **llevar la ~** to run the household; **poner ~** to set up house; **poner ~ a una mujer** to set a woman up in a little place; **estar por la ~** to be about the house; **salir de ~** to leave home; **sentirse como en su ~** to feel at home; **siéntase como en su ~** make yourself at home; **ser de la ~** to be like one of the family ► **casa paterna** parents' home ► **casa y comida** board and lodging
[3] ✦*MODISMOS* **de andar por ~**: **zapatos de andar por ~** shoes for wearing around the house; **una explicación de andar por ~** a rough-and-ready explanation; **psicoanálisis de andar por ~** homespun psychoanalysis; **como una ~***: **una rata como una ~** a massive great rat; **una mentira como una ~** a whopper*; **un penalti como una ~** a clear-cut penalty; **está en ~ Dios*** it's miles away*; **echar la ~ por la ventana** to spare no expense; **echaron la ~ por la ventana comprándonos regalos para la boda** they really went to town on buying us presents for our wedding*; **empezar la ~ por el tejado** to put the cart before the horse; **franquear la ~ a algn** to open one's house to sb; **hacer ~** to get rich; **poner a algn en ~** to do sb a great favour; **poner su ~ en orden** to put one's own house in order; **no tener ~ ni hogar** to be homeless; **esto es la ~ de Tócame Roque** everyone just does as they like in this house, it's utter chaos in this house
[4] (= *asociación*) ► **casa de España** *club for expatriate Spaniards* ► **casa de Galicia** *Club for expatriate Galicians* ► **Casa del Pueblo** (*Pol*) *social club run by Spanish socialist party*
[5] (*Dep*) home ground; **la ~ del Real Madrid** Real Madrid's (home) ground; **equipo de ~** home team; **jugar en ~** to play at home; **jugar fuera de ~** to play away (from home); **perdieron en ~ ante el Betis** they lost at home to Betis
[6] (*en juegos*) home; **si sacas tres seguidos, te vuelves a tu ~** if you get three in a row you go back to the beginning *o* go back to home
[7] (*en bar, restaurante*) **un postre de la ~** one of our own special desserts; **una botella de vino de la ~** a bottle of house wine; **hoy invita la ~** it's on the house today
[8] (= *empresa*) firm, company ► **casa armadora** shipping company ► **casa bancaria** banking house ► **casa central** head office ► **casa de banca** banking house ► **casa de discos** record company ► **casa de empeños** pawnshop ► **casa de (la) moneda** mint ► **casa de modas** fashion house ► **casa de préstamos** pawnshop ► **casa discográfica** record company ► **casa editorial** publishing house ► **casa matriz** (= *oficina*) head office; (= *empresa*) parent company
[9] (= *linaje*) house; **la Casa de Saboya** the House of Savoy; **la Casa de Austria** the Hapsburgs ► **casa real** royal household

**CASA**

### Uso de la preposición "to" con "home"

A la hora de traducir expresiones como **ir a casa**, **volver a casa**, **venir a casa**, hay que tener en cuenta que **home** sigue directamente al verbo (*sin* **to**):

Quiero irme a casa
***I want to go home***
No puede volver a casa
***He can't go back home***

**NOTA:** Sin embargo, **to** sí se pone cuando **home** viene calificado:

Quiere volver a su antigua casa
***She wants to return to her former home***

*Para otros usos y ejemplos ver la entrada.*

**CASA DE CONTRATACIÓN**

*The* **Casa de Contratación** *was responsible for the regulation of Spain's trade with her Latin American colonies. Founded in 1503 by the Crown, the* **Casa de Contratación** *supervised all transatlantic ships operating between certain ports in Spain and Latin America, notably between Cádiz in Spain and Veracruz in Mexico. The* **Casa** *also collected the levy (known as the* **quinto**) *of a fifth of all colonial gold and silver, and regulated the African slave trade with Cartagena de Indias, Colombia. As the volume of trade increased, the* **Casa** *operated armed fleets to protect shipments from piracy.*

**casabe** SM cassava
**casa-bote** SF (*pl* **casas-bote**) houseboat
**casaca** SF [1] (= *prenda*) dress coat; (*Andes, Cono Sur*) blouson, zip jacket; ✦*MODISMO*

**cambiar de ~** to be a turncoat ► **casaca de montar** riding coat
2 (*) (= *boda*) wedding, marriage

**casación** SF cassation, annulment

**casacón** SM greatcoat

**casa-cuartel** SF (*pl* **casas-cuarteles**) residential barracks (*for Civil Guard*)

**casadero** ADJ marriageable, old enough to get married; **una muchacha en edad casadera** a girl of marriageable age, a girl old enough to get married

**casado/a** Ⓐ ADJ married; **¿está** *o* (*LAm*) **es usted casada?** are you married?; **está ~ con mi prima** he's married to my cousin; **todas sus hijas están muy bien casadas** all her daughters have married well
Ⓑ SM/F married man/woman; **estuvo saliendo con un ~** she was going out with a married man; **Pierce es su apellido de casada** Pierce is her married name; **no está contenta con su vida de casada** she is dissatisfied with married life; **los ~s** (= *hombres*) married men; (= *hombres y mujeres*) married people; **los recién ~s** the newlyweds
Ⓒ SM 1 (*Tip*) imposition
2 (*LAm Culin*) *two separate varieties of food eaten together*

**casal** SM 1 (*en el campo*) (= *casa*) country house; (= *granja*) farmhouse; (= *solar*) ancestral home
2 (*Cono Sur*) (= *pareja*) [*de esposos*] married couple; [*de animales*] pair

**casamata** SF casemate

**casamentero/a** SM/F matchmaker

**casamiento** SM (= *unión*) marriage; (= *ceremonia*) wedding, wedding ceremony ► **casamiento a la fuerza** shotgun wedding ► **casamiento de conveniencia** marriage of convenience ► **casamiento por amor** love match

**casampolga** SF (*CAm Zool*) black widow spider

**Casandra** SF Cassandra

**casapuerta** SF entrance hall, vestibule

▼**casar** ▸conjug 1a◂ Ⓐ VT 1 (= *unir en matrimonio*) to marry; **los casó el cura del pueblo** they were married by the village priest
2 (= *dar en matrimonio*) to marry off; **ya ha casado a todas sus hijas** she's married off all her daughters
3 (= *hacer coincidir*) to match up; **casa los estampados antes de coser las telas** match up the patterns before sewing the pieces together
4 (*Tip*) to impose
Ⓑ VI 1 (= *armonizar*) **estas dos piezas casan perfectamente** these two pieces go together *o* fit together perfectly; **hay una serie de datos que no casan** there are a number of details that don't tally *o* match up; **sus dos declaraciones no casan** her two statements do not match up *o* tally; **~ con algo**: **el color de la alfombra no casa con el del sofá** the colour of the carpet doesn't go with that of the sofa; **mis noticias no casan con las tuyas** the news I have doesn't tally with *o* match yours; **tanta modestia no casa con sus ansias de poder** such modesty doesn't go with *o* tally with his craving for power
2 (*frm*) (= *contraer matrimonio*) **casó con una chica del pueblo** he married *o* he got married to a girl from the town
Ⓒ **casarse** VPR to marry, get married; **¿cuándo te casas?** when are you getting married?; **se casó con una italiana** he married an Italian woman, he got married to an Italian woman; ✦***MODISMO*** **no ~se con nadie**: **respeta a todo el mundo, pero no se casa con nadie** he respects everyone but doesn't side with any of them; *ver tb* **civil A2**, **iglesia**, **nupcias**, **penalti**

**casa-refugio** SF (*pl* **casas-refugio**) refuge for battered wives

**casatienda** SF shop with dwelling accommodation, shop with flat over it

**casba** SF, **casbah** SF kasbah

**casca** SF 1 (= *corteza*) bark (*for tanning*)
2 (= *uvas*) marc (*of grapes*)
3 ► **cascas almibaradas** candied peel

**cascabel** Ⓐ SM little bell; ✦***MODISMOS*** **de ~ gordo** pretentious; **ser un ~** to be a scatterbrain; **echar** *o* **soltar el ~** to drop a hint; **poner el ~ al gato** to bell the cat; *ver tb* **serpiente**
Ⓑ SF (*LAm*) rattlesnake, rattler (*EEUU**)

**cascabela** SF (*LAm*) rattlesnake, rattler (*EEUU**)

**cascabelear** ▸conjug 1a◂ Ⓐ VT to take in*, beguile
Ⓑ VI 1 (*LAm*) (= *tintinear*) to jingle, tinkle
2 (= *ser atolondrado*) to be a scatterbrain
3 (*Cono Sur*) (= *refunfuñar*) to moan, grumble

**cascabeleo** SM jingling, tinkling

**cascabelero/a*** Ⓐ ADJ scatterbrained
Ⓑ SM/F scatterbrain

**cascabillo** SM 1 (= *campanilla*) little bell
2 (*Bot*) husk, shuck (*EEUU*)

**cascada** SF waterfall, cascade

**cascado** ADJ 1 [*objeto*] broken, broken down
2 [*persona*] worn out
3 (*Mús*) [*voz*] cracked; [*piano*] tinny

**cascajo** SM 1 (= *grava*) gravel, piece of gravel
2 [*de vasija*] fragments *pl*, shards *pl*
3 (= *trasto*) junk, rubbish, garbage (*EEUU*); ✦***MODISMO*** **estar hecho un ~*** to be a wreck*

**cascajoso** ADJ gritty, gravelly

**cascanueces** SM INV nutcracker; **un ~** a pair of nutcrackers

**cascar** ▸conjug 1g◂ Ⓐ VT 1 (= *romper*) [+ *nuez*] to crack; [+ *huevo*] to break, crack; [+ *taza, plato*] to chip
2 (*) (= *pegar*) **cuando se entere tu padre, te casca** when your father finds out, he'll thump you *o* give you a bashing*; **cuando se pelea con sus amigos, siempre le cascan** when he fights with his friends they always give him a bashing*
3 (*) (= *poner*) **me ~on una multa por aparcar mal** I was landed with *o* slapped with a fine for parking in the wrong place*
4 (= *chivar*) to squeal*, tell*
5 ✦***MODISMO*** **~la**⁑ (= *morirse*) to kick the bucket*; **la cascó la semana pasada** he kicked the bucket last week*
Ⓑ VI (*) (= *charlar*) to chatter, natter*
Ⓒ **cascarse** VPR 1 (= *romperse*) [*nuez*] to crack; [*huevo*] to break, crack; [*taza, plato*] to chip; **se le ha cascado la voz** his voice has gone
2 ✦***MODISMO*** **cascársela**∵ to wank∵, jerk off∵

**cáscara** SF 1 (= *cubierta*) [*de huevo, nuez*] shell; [*de grano*] husk, shuck (*EEUU*); [*de fruta*] peel, rind, skin; **patatas cocidas con ~** potatoes in their jackets; ✦***MODISMOS*** **ser de la ~ amarga*** to be wild, be a troublemaker; (*Pol*) have radical ideas; (*sexualmente*) to be the other sort; **dar ~s de novillo a algn** (*LAm*) to thrash sb ► **cáscara de huevo** eggshell ► **cáscara de limón** lemon peel ► **cáscara de plátano** banana skin ► **cáscara sagrada** (*Farm*) cascara
2 (* *euf*) **¡cáscaras!** well I'm blowed!*; ✦***MODISMO*** **no hay más ~s** there's no other way out*
3 **cáscaras** (*Andes*⁑) (= *ropa*) clothes, togs*, threads (*EEUU**)
4 ✦***MODISMO*** **tener ~** (*CAm**) to have a cheek*

**cascarazo*** SM 1 (*Andes, Caribe*) (= *puñetazo*) punch
2 (*Andes*) (= *azote*) lash
3 (*Caribe*) (= *trago*) swig*, slug (*EEUU**)

**cascarear*** ▸conjug 1a◂ Ⓐ VT (*Andes, CAm*) to belt*, smack
Ⓑ VI (*Méx**) to scrape a living

**cascarilla** Ⓐ ADJ (*Caribe, Cono Sur*) (= *enojadizo*) touchy, quick-tempered
Ⓑ SF 1 (*Caribe, Cono Sur*) quick-tempered person
2 (*Andes, Cono Sur Med*) medicinal herb

**cascarón** SM eggshell, broken eggshell; ✦***MODISMOS*** **meterse en su ~** to go into one's shell; **está recién salido del ~** he's a bit wet behind the ears

**cascarrabias** SMF INV grouch*

**cascarria** SF (*Cono Sur*) 1 (*) (= *mugre*) filth, muck
2 (*Agr*) sheep droppings *pl*

**cascarriento*** ADJ (*Cono Sur*) filthy, greasy, mucky*

**cascarrón*** ADJ gruff, abrupt, rough

**cascarudo** Ⓐ ADJ thick-shelled, having a thick skin
Ⓑ SM (*Cono Sur*) beetles (*collectively*)

**casco** SM 1 [*de soldado*] helmet; [*de obrero*] protective helmet, safety helmet, hard hat; [*de motorista, ciclista*] (crash) helmet; **los ~s azules (de la ONU)** the UN blue berets; ► **casco de acero** steel helmet
2 [*de ciudad*] ► **casco antiguo**: **el ~ antiguo de la ciudad** the old quarter *o* part of the city ► **casco histórico**: **el ~ histórico de la ciudad** the historic city centre *o* (*EEUU*) center ► **casco urbano** built-up area ► **casco viejo**: **el ~ viejo de la ciudad** the old quarter *o* part of the city
3 (= *envase*) empty bottle; **te dan 20 pesetas al devolver el ~** they give you 20 pesetas back on the empty (bottle); **había ~s (de botellas) por todo el parque** there were empty bottles *o* empties all over the park
4 **cascos** [*de walkman*] headphones
5 **cascos*** (= *cabeza*) nut* *sing*; ✦***MODISMOS*** **alegre** *o* **ligero de ~s** (= *irreflexivo*) reckless, foolhardy; (= *frívolo*) flighty; **sentar los ~s** to settle down; *ver tb* **calentar A1**
6 (= *pezuña*) hoof
7 (= *trozo*) [*de fruta*] segment, piece; [*de cebolla*] slice; [*de vasija*] fragment, shard
8 (*Náut*) [*de barco*] hull
9 (*Mec*) [*de cableado*] casing
10 (*LAm*) (= *edificio vacío*) empty building

➤ LENGUA Y USO: **casar C** 51.3

[11] (*LAm Agr*) ranch house, ranch and outbuildings; (*Cono Sur*) [*de hacienda*] part, section

[12] [*de sombrero*] crown

**cascorros*** SMPL (*Méx*) shoes

**cascorvo*** ADJ (*CAm*) bow-legged

**cascote** SM piece of rubble; **~s** rubble *sing*

**cascundear** ▸conjug 1a◂ VT (*CAm*) to beat, thrash

**cáseo** SM curd

**caseoso** ADJ cheesy, like cheese

**casería** SF [1] (= *casa*) country house

[2] (*LAm*†) (= *clientela*) customers *pl*, clientèle

**caserío** SM country house

**caserna** SF (*LAm*) barracks *pl*

**casero/a** Ⓐ ADJ [1] (= *hecho en casa*) [*comida, sopa, artefacto*] homemade; [*remedio*] household, home *antes de s*; **cocina casera** home cooking; **un vídeo ~** a home video; **eso es filosofía casera** that is homespun philosophy; **tareas caseras** housework *sing*, domestic chores; **de fabricación casera** homemade; **sufrió un pequeño accidente ~** she had a minor domestic accident, she had a small accident at home

[2] (= *hogareño*) **soy muy ~** I'm the home-loving sort, I'm the stay-at-home type; **llevan una vida muy casera** they're always at home

[3] (*Dep*) **una victoria casera** a home win, a win for the home side; **un árbitro ~** *a referee biased in favour of the home team*

Ⓑ SM/F [1] (= *propietario*) landlord/landlady

[2] (*en casa de campo*) caretaker

[3] (= *inquilino*) tenant, occupier

[4] (= *persona hogareña*) home bird*, homebody (*EEUU*)

[5] (*LAm*) (= *cliente*) customer, client

[6] (*Caribe*) (= *repartidor*) delivery man/woman

**caserón** SM large house, ramshackle house

**caseta** SF [1] (= *lugar cerrado*) [*de bañista*] changing room; (*en exposición*) stand; (*en mercado*) stall ► **caseta del timón** (*Náut*) wheelhouse ► **caseta de perro** kennel, doghouse (*EEUU*)

[2] [*de feria*] stall

[3] (*Ftbl*) dugout; **mandar a algn a la ~** to send sb for an early bath, send sb off

**casete** [ka'set] Ⓐ SF (= *cinta*) cassette

Ⓑ SM (= *aparato*) cassette player

**casetera** SF (*LAm*) cassette deck

**cash** [katʃ] SM (*pl* **cash**) (*tb* **~ and carry**) cash-and-carry store

**casi** ADV [1] (= *indicando aproximación*) almost, nearly; **está ~ terminado** it's almost *o* nearly finished; **son ya ~ las tres** it's almost *o* nearly three o'clock; **¡huy!, ~ me caigo** oops! I almost *o* nearly fell over; **hace ~ un año que empezó la guerra** it's almost a year since war broke out; **nada ha cambiado en los ~ dos años transcurridos** nothing has changed in what is almost two years; **despidieron a la ~ totalidad de la plantilla** they sacked virtually *o* practically the entire staff; **estaba congelado, o ~** it was frozen, or very near it; **ocurre lo mismo en ~ todos los países** the same thing happens in virtually *o* practically all countries; **—¿habéis terminado? —casi, casi** "have you finished?" — "just about *o* very nearly"; **~ nada** almost *o* virtually nothing, hardly anything; **no sabemos ~ nada de lo que está ocurriendo** we know almost *o* virtually nothing about what's going on, we know hardly anything about what's going on; **100 dólares ..., ¡~ nada!** (*iró*) 100 dollars, a mere trifle!; **~ nunca** hardly ever, almost never; **~ nunca hay sitio en la biblioteca** there is hardly ever any room in the library; **~ siempre** almost always

[2] (*indicando indecisión*) almost; **no sé, ~ prefiero no ir** I don't know, I think I'd rather not go; **~ sería mejor empezar otra vez** it might be better to start again

> **CASI**
>
> Las dos traducciones principales de **casi** en inglés son **almost** y **nearly**:
>
> Estoy casi lista
> ***I'm almost*** *o* ***nearly ready***
> Eran casi las cuatro cuando sonó el teléfono
> ***It was almost*** *o* ***nearly four o'clock when the telephone rang***
> Nos vemos casi todos los días
> ***We meet almost*** *o* ***nearly every day***
>
> • Cuando **almost** y **nearly** acompañan a un verbo, se colocan detrás de éste si se trata de un verbo auxiliar o modal y delante en el caso de los demás verbos:
>
> Casi me rompo la muñeca
> ***I almost*** *o* ***nearly broke my wrist***
> Mi hijo ya casi habla
> ***My son can almost*** *o* ***nearly talk***
>
> Sin embargo, hay algunos casos en los que no podemos utilizar **nearly**:
>
> • delante de adverbios que terminan en **-ly**
>
> "¿Qué estáis haciendo aquí?", nos preguntó casi con enfado
> ***"What are you doing here?" he asked almost angrily***
>
> • delante de **like**:
>
> Se comporta casi como un niño
> ***He behaves almost like a child***
>
> • acompañando a adjetivos o sustantivos que, normalmente, no pueden ser modificados:
>
> El mono tenía una expresión casi humana
> ***The monkey had an almost human expression***
> Me pareció casi un alivio
> ***I found it almost a relief***
>
> • delante de palabras de sentido negativo, como **never**, **no**, **none**, **no-one**, **nothing** y **nowhere**; en estos casos, muchas veces se traduce también por **practically**:
>
> No dijo casi nada
> ***She said almost*** *o* ***practically nothing***
> No había casi nadie en la fiesta
> ***There was almost*** *o* ***practically no-one at the party***
>
> **NOTA:** En estos casos también se puede usar la construcción **hardly** + **ever**/**any**/**anything**/ *etc*:
>
> ***She said hardly anything*** ◇ ***There was hardly anyone at the party***
>
> *Para otros usos y ejemplos ver la entrada.*

**casilla** SF [1] (= *caseta*) [*de jardín*] hut, shed; (*en parque, jardín zoológico*) keeper's lodge; (*en mercado*) stall; [*de guardagujas*] pointsman's *o* (*EEUU*) switchman's hut ► **casilla electoral** (*Méx*) polling-station

[2] (= *compartimento*) (*para cartas*) pigeonhole, mail box (*EEUU*); [*de caja*] compartment; [*de formulario*] box; [*de papel*] ruled column, section ► **casilla de correos**, **casilla postal** post office box (number), P.O. Box

[3] (*en ajedrez, damas*) square; ✦***MODISMOS*** **sacar a algn de sus ~s** to infuriate sb, drive sb up the wall*; **salirse de sus ~s** to fly off the handle*

[4] (= *cabina*) (*en tren, camión*) cab

[5] (*Teat*) box office

[6] (*Andes*) (= *retrete*) lavatory, bathroom (*EEUU*)

[7] (*Caribe*) (= *trampa*) bird trap

**casillero** SM [1] (*para cartas*) (*en oficina*) pigeonholes *pl*, set of pigeonholes; (*en oficina de correos*) sorting rack

[2] (*para equipaje*) luggage locker

[3] (*Ftbl**) scorer

**casimba** SF (*LAm*) = **cacimba**

**casimir** SM cashmere

**casimiro** ADJ (*LAm hum*) cross-eyed

**casinista** SM clubman, member of a casino

**casino** SM [1] [*de juego*] casino

[2] (*club social*) club

[3] (*Cono Sur*) (= *comedor*) canteen

**Casio** SM Cassius

**casis** SF INV (*tb* **~ de negro**) blackcurrant (bush) ► **casis de rojo** redcurrant (bush)

**casita** SF small house, cottage; **los niños están jugando a las ~s** the children are playing houses

▼ **caso** SM [1] (= *circunstancia*) [1·1] (*gen*) case; **ahí tienes el ~ de Pedro** take Pedro's case; **en esos ~s la policía corta la circulación** in such cases the police block the road off; **en el ~ de Francia** in France's case, in the case of France; **me creía en el ~ de informarles** I felt obliged to inform you

[1·2] **en ~ afirmativo** if so; **en (el) ~ contrario** if not, otherwise; **en cualquier ~** in any case; **en ~ de** in the event of; **esto protege al conductor en ~ de accidente** this protects the driver in the event of an accident; **en ~ de necesidad** if necessary; **en ~ de no ser posible** should it not be possible; **en (el) ~ de que venga** if he comes, should he come; **en ~ de que llueva, iremos en autobús** if it rains, we'll go by bus; **en ese ~** in that case; **en el mejor de los ~s** at best; **en ~ necesario** if necessary; **en ~ negativo** if not, otherwise; **en el peor de los ~s** at worst; **en su ~** where appropriate; **su finalidad es el cuidado y, en su ~, educación de los niños** their aim is to care for and, where appropriate, educate the children; **en tal ~** in such a case; **en todo ~** in any case; **en último ~** as a last resort, in the last resort; **en uno u otro ~** one way or the other; *ver tb* **extremo[1] 1**

[1·3] **darse el ~: todavía no se ha dado el ~** such a situation hasn't yet arisen; **dado el ~ que tuvieras que irte, ¿a dónde irías?** in the event that you did have to go, where would you go?; **el ~ es que ...: el ~ es que se me olvidó su nombre** the thing is I forgot her name; **el ~ es que tiene razón** the fact is (that) she's right; **el ~ es que no me gustó** basically I didn't like it; **el ~ es que me entiendan** the main thing is to make myself understood; **hablar al ~** to keep to the point; **hacer al ~** to be relevant; **pongamos por ~ que ...** let us suppose that ...; **pongamos por ~ a Luis** let's take Luis as an example; **ponte en mi ~** put yourself in my position; **según el ~** as the case may be; **necesitan una o dos sesiones de rayos, según el ~**

➤ LENGUA Y USO: caso 4 29.2

they need either one or two X-ray treatment sessions, as the case may be *o* depending on the circumstances; **sustitúyase, según el ~, por una frase u otra** replace with one or other of the phrases, as appropriate; **según lo requiera el ~** as the case may require, depending on the requirements of the case in question; **este ejemplo debería servir para el ~** this example should serve our purpose *o* should do; **no tiene ~** (*Méx*) there's no point (in it); **¡vamos al ~!** let's get down to business!; **vaya por ~ ...** to give an example ...; **venir al ~** to be relevant; **no venir al ~** to be beside the point; **verse en el ~ de hacer algo** to be obliged to do sth
[2] (*Med*) case; **ha habido tres ~s de meningitis** there have been three cases of meningitis ► **caso clínico** clinical case
[3] (= *asunto*) affair; (*Jur*) case; **el ~ Hess** the Hess affair; **la juez encargada del ~** the judge hearing the case; **es un ~ perdido** [*situación*] it's a hopeless case; [*persona*] he's a dead loss, he's hopeless ► **caso de autos** case in hand ► **caso de conciencia** question of conscience ► **caso fortuito** (*Jur*) act of God; (= *suceso imprevisto*) unforeseen circumstance ► **caso límite** extreme case
[4] **hacer ~ a** *o* **de algo** to take notice of sth, pay attention to sth; **no me hacen ~** they take no notice of me, they pay no attention to me; **no le hagas ~** don't take any notice of him; **¡no haga usted ~!** take no notice!; **hazle ~, que ella tiene más experiencia** listen to her, she has more experience; **maldito el ~ que me hace*** a fat lot of notice he takes of me*; **ni ~: tú a todo lo que te diga ¡ni ~!*** take no notice of what he says!; **se lo dije, pero ni ~** I told him, but he took absolutely no notice; **hacer ~ omiso de algo** to ignore sth
[5] (*Ling*) case

**casona** SF large house

**casorio*** SM [1] (= *matrimonio precipitado*) hasty marriage, unwise marriage
[2] (*Méx*) (= *boda*) wedding, marriage

**caspa** SF dandruff

**Caspio** ADJ **Mar ~** Caspian Sea

**caspiroleta** SF (*Andes, Caribe, Cono Sur*) egg-nog, egg flip

**cáspita** EXCL my goodness!

**casposo** ADJ covered in dandruff

**casquería** SF tripe and offal shop

**casquero/a** SM/F seller of tripe and offal

**casquete** SM [1] (= *casco*) (*Mil*) helmet; (*Mec*) cap ► **casquete de hielo** icecap ► **casquete de nieve** snowcap ► **casquete polar** polar icecap
[2] (= *gorra*) skullcap
[3] **echar un ~**** to have a screw**

**casquijo** SM gravel

**casquillo** SM [1] (= *cápsula*) (*Téc*) ferrule, tip; (*Mil*) cartridge case ► **casquillo de bala** bullet shell
[2] (*LAm*) horseshoe

**casquinona** SF (*Andes*) (= *botella*) beer bottle; (= *cerveza*) beer

**casquivano/a** Ⓐ ADJ scatterbrained
Ⓑ SM/F scatterbrain

**casta** SF [1] (= *clan*) caste; **el sistema de ~s de la India** the Indian caste system
[2] (= *estirpe*) stock; **es de ~ de aristócratas** she is of aristocratic stock; **eso me viene de ~** it's in my blood; ✦**REFRÁN de ~ le viene al galgo** it's in the blood *o* genes
[3] (= *grupo social*) class; **la ~ militar** the military class
[4] (= *calidad*) class; **el equipo jugó con ~** the team played with class; **un toro de ~** a thoroughbred bull; **un torero de ~** a top class bullfighter
[5] (*Méx Tip*) font

**castamente** ADV chastely, purely

**castaña** SF [1] (= *fruto*) chestnut ✦**MODISMOS conducir a toda ~*** to drive flat out; **sacar a algn las ~s del fuego** to get sb off the hook; **ser una ~*** to be a drag*; **¡toma ~!*** (*indicando disfrute*) take that!; (*indicando sorpresa*) just imagine! ► **castaña de agua** water chestnut ► **castaña de Indias** horse chestnut ► **castaña del Brasil** Brazil nut ► **castaña de Pará** Brazil nut
[2] (*) (= *golpe*) punch; **darse una ~** to give o.s. a knock
[3] (*) (= *borrachera*) **cogerse una ~** to get pissed**
[4] [*de pelo*] bun, chignon
[5] (= *vasija*) demijohn
[6] (*) (= *año*) **tiene 71 ~s** he's 71 (years old)

**castañar** SM chestnut grove

**castañazo*** SM (= *puñetazo*) punch, thump; (= *choque*) bump

**castañero/a** SM/F chestnut seller

**castañeta** SF [1] (*con dedos*) snap (*of the fingers*)
[2] **castañetas** (*Mús*) castanets

**castañetazo** SM snap, crack, click

**castañetear** ▸conjug 1a◂ Ⓐ VT [1] [+ *dedos*] to snap
[2] (*Mús*) to play on the castanets
Ⓑ VI [1] (= *sonar*) [*dedos*] to snap, click; [*dientes*] to chatter; [*huesos*] to crack; **~ con los dedos** to snap one's fingers
[2] (*Mús*) to play the castanets

**castañeteo** SM [1] (= *sonido*) [*de dedos*] snapping; [*de dientes*] chattering; [*de huesos*] cracking
[2] (*Mús*) sound of the castanets

**castaño** Ⓐ ADJ [*pelo*] chestnut, chestnut-coloured, chestnut-colored (*EEUU*); [*ojos*] brown; ✦**MODISMO esto pasa de ~ oscuro** this is beyond a joke
Ⓑ SM (*Bot*) chestnut tree; ✦**MODISMO pelar el ~** (*Caribe**) to hoof it* ► **castaño de Indias** horse chestnut tree

**castañuela** SF castanet; ✦**MODISMO estar como** *o* **hecho unas ~s** to be very merry, be in high spirits

**castañuelo** ADJ [*caballo*] chestnut-coloured, chestnut-colored (*EEUU*), brown

**castellanizar** ▸conjug 1f◂ VT to hispanicize, give a Spanish form to

**castellano/a** Ⓐ ADJ (*Pol*) Castilian; (*Ling*) Spanish
Ⓑ SM/F Castilian
Ⓒ SM (*Ling*) Castilian, Spanish

**CASTELLANO**

*In the Spanish-speaking world* **castellano** *rather than* **español** *is a very common term for the Spanish language. Under the Spanish Constitution* **castellano** *is Spain's official language, but in some of the* **Comunidades Autónomas** *it shares official status with another language. Use of one or other term in Spain will depend on where the speaker is from, and where they place themselves in the linguistic debate, while in general the Latin Americans tend to favour the term* **castellano**.

⇨ *See also* LENGUAS COOFICIALES, COMUNIDAD AUTÓNOMA

**castellanohablante, castellanoparlante**
Ⓐ ADJ Castilian-speaking, Spanish-speaking
Ⓑ SMF Castilian speaker, Spanish speaker

**castellonense** ADJ, SMF = **castellonés**

**castellonés/esa** Ⓐ ADJ of/from Castellón
Ⓑ SM/F native/inhabitant of Castellón; **los castellonenses** the people of Castellón

**casticidad** SF, **casticismo** SM [1] (*Ling*) purity, correctness
[2] [*de costumbres*] traditional character, authenticity

**casticista** ADJ, SMF purist

**castidad** SF chastity, purity

**castigador(a)** SM/F ladykiller/seductress

**castigar** ▸conjug 1h◂ VT [1] (*por delito, falta*)
[1·1] [+ *delincuente, pecador, culpable*] to punish (**por** for); [+ *niño*] (*gen*) to punish; (*sin salir*) to ground, keep in; **es un delito que puede ser castigado con 15 años de prisión** it is a crime punishable by 15 years' imprisonment; **la profesora me dejó castigado al terminar las clases** the teacher kept me in *o* made me stay behind after school; **la ~on por decir mentiras** she was punished for telling lies; **lo ~on sin postre** he was not allowed any dessert as punishment; **~ la carne** (*Rel*) to mortify the flesh
[1·2] (*Dep*) to penalize (**por** for); **lo ~on con tarjeta amarilla** he was given a yellow card; **el árbitro los castigó con un penalti** the referee awarded a penalty against them
[1·3] (*Com, Pol*) to punish; **Cuba fue castigada con sanciones comerciales** Cuba was punished with economic sanctions; **el socialismo salió muy castigado de las urnas** socialism suffered heavy losses in the elections
[2] (= *perjudicar*) [*guerra, crisis*] to afflict, affect; [*calor*] to beat down on; [*frío*] to bite into; **el sol castigó con dureza a los tenistas** the sun beat down mercilessly on the tennis players; **la ciudad más castigada por los bombardeos** the city worst hit by the bombing
[3] (*físicamente*) (= *maltratar*) to damage, harm; **castigamos a nuestro cuerpo con los excesos en la bebida** we harm our bodies with excessive drinking; **~ el hígado** (*iró*) to damage one's liver
[4] [+ *caballo*] to ride hard; **~ mucho a un caballo** to ride a horse very hard
[5] (= *corregir*) [+ *estilo*] to refine; [+ *texto*] to correct, revise
[6] (= *enamorar*) to seduce
[7] (*Com*) [+ *gastos*] to reduce
[8] (*Méx*) (= *apretar*) [+ *tornillo, cuerda*] to tighten (up)

**castigo** SM [1] (*por delito, falta*) punishment; **celda de ~** punishment cell; **una cosa así no puede quedarse sin ~** such an act cannot go unpunished; **el gobierno ha sufrido un duro ~ en las urnas** the government has suffered heavy losses in the elections ► **castigo corporal** corporal punishment ► **castigo divino** divine retribution

[2] (*Dep*) penalty; **área de ~** penalty area, penalty box; **golpe de ~** (*Rugby*) penalty, penalty kick
[3] (= *tormento*) **ese cantante es un ~ que no nos merecemos** we don't deserve to have a singer like that inflicted upon us; **el partido fue un ~ para los aficionados** the match was purgatory for the fans; **la artillería sometió durante horas a la ciudad a un duro ~** the artillery pounded the city for hours on end
[4] (*Literat*) correction

**Castilla** SF Castile ► **Castilla la Nueva** New Castile ► **Castilla la Vieja** Old Castile; ✦*MODISMO* **¡ancha es ~!** it takes all sorts!

**castilla** SF (*Cono Sur, Méx*) [1] (*Ling*) Castilian, Spanish; ✦*MODISMO* **hablar la ~** to speak Spanish
[2] ✦*MODISMO* **de ~** (*Hist*) Spanish, from the old country

**Castilla-León** SM Castile and León

**castillejo** SM [1] (*Arquit*) scaffolding
[2] [*de niño*] babywalker

**castillo** SM castle ► **castillo de arena** sandcastle ► **castillo de fuego** firework set piece ► **castillo de naipes** house of cards ► **castillo de popa** aftercastle ► **castillo de proa** forecastle; ✦*MODISMO* **~s en el aire** castles in the air

**casting** ['kastin] SM (*Cine*) casting

**castizo** ADJ [1] (= *tradicional*) traditional
[2] (= *auténtico*) pure, authentic; **es un tipo ~** he's one of the best; **un aragonés ~** a true-blue Aragonese, an Aragonese through and through
[3] (*Ling*) pure, correct

**casto** ADJ chaste, pure

**castor** SM beaver

**castoreño** SM [1] (= *sombrero*) beaver
[2] (*Taur*) picador's hat

**castóreo** SM (*Farm*) castor

**castra** SF [1] (*Bot*) (= *acto*) pruning
[2] (= *época*) pruning season

**castración** SF [1] (*Zool*) castration, gelding
[2] (*Bot*) pruning
[3] (*Agr*) extraction of honeycombs

**castrado** Ⓐ ADJ castrated
Ⓑ SM eunuch

**castrar** ▸conjug 1a◂ VT [1] (*Zool*) [+ *toro*] to castrate; [+ *caballo*] to geld; [+ *gato*] to doctor
[2] (*Bot*) to prune, cut back
[3] (= *debilitar*) to impair, weaken

**castrense** ADJ army *antes de s*, military

**castro** SM [1] (= *fortaleza*) hill-fort
[2] (*Hist*) Iron-Age settlement

**casual** Ⓐ ADJ [1] (= *fortuito*) chance *antes de s*; **un encuentro ~** a chance encounter; **es un hecho ~ y aislado** it's an isolated, chance happening; **su éxito no es ~, sino fruto del trabajo** his success cannot be put down to chance but is the product of hard work; **el descubrimiento de la obra fue ~** the work was discovered by chance; **nada es ~** nothing happens by chance; **de forma** *o* **manera ~** by chance; **no es ~ que …** it's no coincidence that …
[2] (*Ling*) case *antes de s*; **desinencia ~** case ending
Ⓑ SM **por un ~*** by any chance

**casualidad** SF [1] (= *azar*) chance; (= *coincidencia*) coincidence; **¿cree en el destino o en la ~?** do you believe in destiny or in chance?; **sería mucha ~** *o* **ya sería ~ que os pusieseis enfermos los dos al mismo tiempo** it would be too much of a coincidence if you both fell ill at the same time; **nuestra victoria no ha sido fruto de la ~** our victory was no fluke; **da la ~ de que …** it (just) so happens that …; **dio la ~ de que …** it just so happened that …; **ese día dio la ~ de que decidí salir a dar una vuelta** that day I happened to decide to go out for a walk, as luck would have it I decided to go out for a walk that day; **de** *o* **por ~** by chance; **tuve muchísima suerte en el accidente: estoy vivo de ~** I was really lucky in the accident: it's purely by chance *o* pure chance that I'm still alive; **un día entró de ~** he dropped in *o* by one day; **nos enteramos casi por ~** we found out almost by accident; **¿no tendrás un pañuelo, por ~?** you wouldn't happen to have a handkerchief, would you?; **no meten un gol ni por ~** they've got no chance *o* hope of scoring a goal; **no toca un libro ni por ~** he would never think of picking up a book; **¡qué ~!** what a coincidence!; **¡qué ~ verle aquí!** what a coincidence meeting you here!, fancy meeting you here!
[2] (= *suceso casual*) coincidence; **fue una pura ~** it was sheer coincidence; **mi carrera profesional es una suma de ~es** my career has been a series of coincidences; **por una de esas ~es de la vida** by one of life's little coincidences
[3] **casualidades** (*CAm*) (= *víctimas*) casualties

**casualmente** ADV by chance, fortuitously (*frm*); **~ lo vi ayer** I happened to see him yesterday

**casuario** SM cassowary

**casuca** SF, **casucha** SF hovel

**casuista** SMF casuist

**casuística** SF casuistry

**casulla** SF chasuble

**cata**[1] SM *o* SF [1] (= *acto*) tasting, sampling ► **cata de vino** wine tasting
[2] (= *porción*) sample
[3] (*LAm Min*) trial excavation, test bore
[4] ✦*MODISMO* **ir en ~ de algo*** to go looking for sth

**cata**[2] SF (*LAm*) (= *loro*) parrot

**catabre** SM (*Andes, Caribe*) gourd

**catacaldos**† SM INV [1] (= *persona inconstante*) rolling stone
[2] (= *entrometido*) busybody, meddler
[3] (*Arte*) dilettante

**cataclismismo** SM doomwatching

**cataclismista** SMF doomwatcher

**cataclismo** SM cataclysm

**catacumbas** SFPL catacombs

**catador** SM [1] [*de comida*] taster, sampler
[2] [*de vinos*] taster

**catadura** SF [1] (= *acto*) tasting, sampling
[2] (= *aspecto*) looks *pl*, appearance; **de mala ~** nasty-looking

**catafalco** SM catafalque

**catafotos** SMPL (*Aut*) cat's-eyes

**catajarria** SF (*Caribe*) string, series

**catalán/ana** Ⓐ ADJ, SM/F Catalan, Catalonian
Ⓑ SM (*Ling*) Catalan

> **CATALÁN**
>
> *Catalan is a romance language whose earliest literature dates back to the 12th century. In the Middle Ages Catalan military expansion spread the use of the language beyond modern Catalonia, but following the unification of Castile and Aragon the language lost ground to Castilian. During the Franco régime the use of Catalan and other minority national languages was prohibited in the media and in public institutions. This, together with the influx of Castilian-speaking immigrants, posed a threat to the survival of the language. Since 1979, when Catalonia's autonomous government, the* **Generalitat**, *was reestablished and Catalan gained* **lengua cooficial** *status, the language has returned to public life in Catalonia and is flourishing. Indeed, many Catalan authors publish first in Catalan and only later in Castilian. Outside Catalonia, Catalan is also spoken by large numbers of people in the Balearic Islands and Andorra.* **Valenciano**, *a language spoken in the Valencia region, is closely related.*
> ⇨ *See also* LENGUAS COOFICIALES

**catalanismo** SM [1] (*Ling*) catalanism, *word or phrase etc peculiar to Catalonia*
[2] (= *tendencia*) *sense of the differentness of Catalonia*; (*Pol*) doctrine of Catalan autonomy, belief in Catalan autonomy

**catalanista** Ⓐ ADJ that supports *etc* Catalan autonomy; **el movimiento ~** the movement for Catalan autonomy; **la familia es muy ~** the family strongly supports Catalan autonomy
Ⓑ SMF supporter *etc* of Catalan autonomy

**catalanizar** ▸conjug 1f◂ VT to make Catalan, make a Catalan version of

**catalejo** SM spyglass, telescope

**catalepsia** SF catalepsy

**cataléptico/a** ADJ, SM/F cataleptic

**Catalina** SF Catherine

**catálisis** SF INV catalysis

**catalítico** ADJ catalytic

**catalizador** SM [1] (*Quím*) catalyst
[2] (*Aut*) catalytic converter

**catalizar** ▸conjug 1f◂ VT to catalyse

**catalogable** ADJ classifiable

**catalogación** SF cataloguing, cataloging (*EEUU*)

**catalogar** ▸conjug 1h◂ VT [1] (*en catálogo*) to catalogue, catalog (*EEUU*)
[2] (= *clasificar*) to classify (**de** as); **una zona catalogada de interés artístico** an area classified *o* designated as "of artistic interest"

**catálogo** SM catalogue, catalog (*EEUU*); **el libro está fuera de ~** the book is out of print ► **catálogo colectivo** union catalogue ► **catálogo de materias** subject index ► **catálogo de viajes** travel brochure

**Cataluña** SF Catalonia

**catamarán** SM catamaran

**cataplasma** SF [1] (*Med*) poultice
[2] (*) (= *persona*) bore

**cataplines*** SMPL goolies**

**cataplum** EXCL bang!, crash!

**catapulta** SF catapult, slingshot (*EEUU*)

**catapultar** ▸conjug 1a◂ VT to catapult

**catapum** EXCL bang!, crash!

**catapún*** ADJ **una cosa del año ~** an ancient old thing*; **películas del año ~** films from the year dot

**catar** ▸conjug 1a◂ VT [1] (*Culin*) to taste, sample
[2] (= *examinar*) to examine, inspect
[3] (= *mirar*) to look at; **¡cata! ◊ ¡cátale!** just look at him!
[4] [+ *colmenas*] to extract honeycombs from

**catarata** SF [1] (*Geog*) waterfall, cataract ► **Cataratas de Niágara** Niagara Falls
[2] (*Med*) cataract

**catarral** ADJ catarrhal

**catarriento** ADJ (*LAm*) = **catarroso**

**catarro** SM (*Med*) (= *resfriado*) cold; (= *mucosidad*) catarrh; **pescarse** o **pillarse un ~** to catch a cold ► **catarro crónico del pecho** chest trouble

**catarroso** ADJ with a cold; (*Med*) catarrhal

**catarsis** SF INV catharsis

**catártico** ADJ cathartic

**catasalsas**† SM INV = **catacaldos**

**catastral** ADJ relating to the property register; **valores ~es** property values, land values

**catastro** SM property register, land registry

**catástrofe** SF catastrophe, disaster; **esta guerra ha supuesto una ~ para el país** this war has been a catastrophe *o* a disaster for the country; **~ aérea/ferroviaria** air/rail disaster; **la fiesta fue una ~** the party was a disaster ► **catástrofe natural** natural disaster

**catastrófico** ADJ catastrophic, disastrous

**catastrofismo** SM alarmism

**catastrofista** Ⓐ ADJ alarmist
Ⓑ SMF alarmist

**catatán** SM (*Cono Sur*) punishment

**catatar** ▸conjug 1a◂ VT (*Andes*) to ill-treat

**catauro** SM (*Caribe*) basket

**catavinos** SM INV [1] (= *enólogo*) wine taster
[2] (= *copa*) wine taster's glass
[3] (*) (= *bebedor*) boozer*

**cate** SM [1] (= *golpe*) punch, bash*
[2] (*) (= *suspenso*) **dar un ~ a algn** to fail sb, flunk sb (*EEUU**)

**catear** ▸conjug 1a◂ VT [1] (= *buscar*) to search
[2] (= *probar*) to test, try
[3] (*) [+ *candidato, estudiante, examen*] to fail, flunk (*EEUU**)
[4] (*LAm Min*) to prospect
[5] (*Méx*) [*policía*] to raid

**catecismo** SM catechism

**catecúmeno/a** SM/F catechumen

**cátedra** Ⓐ SF [1] (*en universidad*) chair, professorship; **ostentar una ~** to hold a chair (**de** in); **hablar ex ~** (*Rel*) to speak ex cathedra; (*fig*) to speak with authority; **hacer oposiciones** *u* **opositar para una ~** to compete for a chair *etc* by public competitive examination; **sentar ~ sobre algo** to pontificate about sth
[2] (*en enseñanza secundaria*) post of head of department
[3] (= *aula*) seminar room
[4] (*Caribe**) wonder, marvel; **es ~ ◊ está la ~** it's marvellous
Ⓑ ADJ (*Caribe*) wonderful, marvellous, excellent

**catedral** SF cathedral; ✦**MODISMO como una ~*** enormous, gigantic

**catedralicio** ADJ cathedral *antes de s*

**catedrático/a** SM/F [1] [*de universidad*] professor ► **catedrático/a de inglés** professor of English
[2] (*en enseñanza secundaria*) head of department ► **catedrático/a de inglés** head of English, head of the English department

**cátedro*** SM = **catedrático**

**categoría** SF [1] (*en clasificación*) category; **existen tres ~s diferentes** there are three different categories; **obtuvo la ~ de cinturón amarillo** he got his yellow belt; **hoteles de máxima ~** top-class *o* top-flight hotels; **de primera ~** [*hotel, servicio*] first-class *antes de s* ► **categoría gramatical** part of speech ► **categoría laboral** work category ► **categoría profesional** professional status ► **categoría social** social group
[2] (= *calidad*) quality; **fue un espectáculo de ~** it was a top-quality show; **telenovelas de ínfima ~** soap operas of the very worst kind; **han confirmado su reconocida ~ artística** they have confirmed their recognized status *o* standing as artists; **no hay hoy ningún maestro de su ~** nowadays there are no maestros of his calibre *o* in his class; **es hombre de cierta ~** he is a man of some standing; **productos de baja ~** poor quality products; **de ~** [*deportista, artista*] top-class *antes de s*; **es una orquesta de ~** it is a top-class orchestra
[3] (= *apartado*) (*en premio*) category; (*en deporte*) event; **en la ~ de ensayo** in the essay section *o* category; **en la ~ femenina** in the women's event
[4] (= *rango profesional*) grade; (*Mil*) rank; **fue ascendido a la ~ de director general** he was promoted (to the position of) director general; **oficial de baja ~** low-ranking officer

**categóricamente** ADV categorically

**categórico** ADJ [*respuesta*] categorical; [*mentira*] outright, downright; [*orden*] express

**categorización** SF categorization

**categorizar** ▸conjug 1f◂ VT to categorize

**catenaria** SF (*Elec, Ferro*) overhead power cable

**cateo** SM (*Méx*) search, raid

**catequesis** SF INV (*Rel*) catechesis

**catequista** SMF (*Rel*) catechist

**catequizar** ▸conjug 1f◂ VT [1] (*Rel*) to catechize, instruct in Christian doctrine
[2] (*) (= *convencer*) to win over, talk round

**catering** ['katerin] SM INV catering ► **empresa de catering** caterer's, catering firm

**caterva** SF throng, crowd; **venir en ~** to come in a throng, come thronging

**catetada*** SF piece of nonsense

**catéter** SM catheter

**catetismo*** SM slow-wittedness, boorishness, stupidity

**cateto/a*** SM/F yokel*, hick (*EEUU**)

**catimbao** SM (*Andes, Cono Sur*) clown, carnival clown

**catinga** SF [1] (*Andes, Cono Sur*) (= *olor corporal*) [*de persona*] body odour; [*de animales*] strong smell
[2] (*Cono Sur*) (= *soldado*) soldier

**catingoso** ADJ (*Andes, Cono Sur*), **catingudo** ADJ (*Andes, Cono Sur*) stinking, foul-smelling

**catire/a** (*Caribe, Col*) Ⓐ ADJ (= *de pelo rubio*) fair, fair-haired; (= *de piel blanca*) fair-skinned
Ⓑ SM/F [*de pelo rubio*] fair-haired person; [*de piel blanca*] fair-skinned person

**catisumba** SF (*CAm*), **catisumbada** SF (*CAm*) **una ~ de algo** lots of sth, loads of sth

**catita** SF (*LAm*) parrot

**catitear** ▸conjug 1a◂ VI (*Cono Sur*) to dodder, shake (*with old age*)

**catiusca** Ⓐ ADJ (*Esp*) **botas ~s** wellington boots
Ⓑ SF wellington boot, welly*

**catoche** SM (*Méx*) bad mood, bad temper

**catódico** ADJ cathodic, cathode *antes de s*

**cátodo** SM cathode

**catolicidad** SF catholicity

**catolicismo** SM Catholicism, Roman Catholicism

**católico/a** Ⓐ ADJ (*Rel*) Catholic, Roman Catholic; **no ~** non-Catholic; ✦**MODISMO no estar muy ~*** to be under the weather
Ⓑ SM/F Catholic

**Catón** SM Cato

**catón** SM [1] (= *crítico*) severe critic
[2] (= *libro*) primer, first reading book; **eso está en el ~** that is absolutely elementary

**catorce** Ⓐ ADJ INV, PRON (*gen*) fourteen; (*ordinal, en la fecha*) fourteenth; **le escribí el día ~** I wrote to him on the fourteenth
Ⓑ SM (= *número*) fourteen; (= *fecha*) fourteenth; *ver tb* **seis**

**catorceavo** Ⓐ SM fourteenth part
Ⓑ ADJ fourteenth; *ver tb* **sexto**

**catorrazo** SM (*Méx*), **catorro** SM (*Méx*) punch, blow

**catracho/a*** (*CAm pey*) Ⓐ ADJ of/from El Salvador, Salvadorean
Ⓑ SM/F native/inhabitant of El Salvador, Salvadorean; **los ~s** the people of El Salvador

**catre** SM [1] (= *litera*) cot; ✦**MODISMO cambiar el ~** to change the subject ► **catre de tijera**, **catre de viento** campbed, folding bed
[2] (*) (= *cama*) bed
[3] ► **catre de balsa** (*Cono Sur*) (= *barquito*) raft

**catrecillo** SM folding seat

**catrera*** SF (*Cono Sur*) bunk, bed

**catrín**† SM (*CAm, Méx*) toff*, dude (*EEUU**)

**catsup** SM ketchup, catsup (*EEUU*)

**Catulo** SM Catullus

**caucarse** ▸conjug 1g◂ (*Cono Sur*) VPR [1] [*persona*] to get old
[2] [*comida*] to go stale

**caucasiano/a** ADJ, SM/F Caucasian

**caucásico/a** ADJ, SM/F Caucasian

**Cáucaso** SM Caucasus

**cauce** SM [1] (= *lecho*) [*de río, arroyo*] riverbed; [*de canal*] bed; (= *curso*) course; **el ~ del río se seca en verano** the riverbed dries up in the summer; **desviaron el ~ del río** they changed *o* diverted the course of the river; **tras las riadas, las aguas han vuelto a su ~** the river has returned to its normal level after the floods
[2] (= *medio*) channel, means; **por ~s legales** through legal channels *o* means; **han actuado fuera de los ~s oficiales** they have acted outside the official channels; **tras el encuentro, las negociaciones volvieron a su ~** following that encounter, negotiations returned to their normal course; ✦**MODISMO dar ~ a algo**: **este juego da ~ a la imaginación de los niños** this game provides a channel *o* outlet for children's imagination
[3] (*Agr*) irrigation channel

**cauch** SM (*CAm, Caribe*) couch

**cauchal** SM rubber plantation

**cauchar** Ⓐ SM (*Andes*) rubber plantation
Ⓑ VI ▸conjug 1a◂ (*Andes*) to tap, tap trees for rubber

**cauchera** SF 1 (*Bot*) rubber plant, rubber tree
2 (*Andes*) (= *cauchal*) rubber plantation

**cauchero/a** Ⓐ ADJ rubber *antes de s*; **industria cauchera** rubber industry
Ⓑ SM/F (*LAm*) worker in a rubber plantation

**caucho**[1] SM 1 (= *material*) rubber ► **caucho en bruto** natural rubber ► **caucho esponjoso** foam rubber ► **caucho natural** natural rubber ► **caucho sintético** synthetic rubber
2 (*LAm Aut*) tyre, tire (*EEUU*)
3 (*LAm*) (= *impermeable*) raincoat, mac
4 (*Andes*) (= *manta*) waterproof blanket; (= *zapato*) rubber shoe

**caucho**[2] SM (*Caribe*) couch

**cauchutado** ADJ rubberized

**cauchutar** ▸conjug 1a◂ VT to rubberize

**caución** SF 1 (= *cautela*) caution, wariness
2 (*Jur*) security, bond; **admitir a algn a ~** to grant sb bail

**caucionar** ▸conjug 1a◂ VT 1 (= *prevenir*) to prevent, guard against
2 (*Jur*) to bail, go bail for

**caudal** SM 1 [*de río*] volume (of water); **el ~ del río es el normal para esta época del año** the volume of water in the river is normal for this time of year; **el ~ del río desciende en verano** the level of the river goes down in the summer; **la ciudad se abastece del ~ del Guadalquivir** the city draws its water supply from the Guadalquivir
2 (= *fortuna*) fortune, wealth; **malgastó todo su ~** he squandered his entire fortune *o* all his wealth ► **caudal público, caudales públicos** public funds; *ver tb* **caja 2**
3 [*de información, datos, ideas*] wealth, volume

**caudaloso** ADJ 1 [*río*] wide, fast-flowing; (*liter*) mighty
2 (= *abundante*) copious, abundant

**caudillaje** SF 1 (= *jefatura*) leadership; **bajo el ~ de algn** under the leadership of sb
2 (*LAm Pol pey*) tyranny, rule by political bosses

**caudillismo** SM autocratic government

**caudillo** SM 1 (*Mil*) leader, chief; **el Caudillo** (*Esp*) the Caudillo, Franco
2 (*Pol*) boss*
3 (*LAm*) (= *tirano*) tyrant; (= *líder*) political boss, leader

**caula** SF (*CAm, Cono Sur*) plot, intrigue

**cauri** SM cowrie

▼**causa**[1] SF 1 (= *motivo*) cause; **la niebla pudo haber sido la ~ del accidente** the accident could have been caused by fog, the fog could have been the cause of *o* reason for the accident; **algunos protestaron sin ~ justificada** some protested for no good reason *o* without true cause; **por ~s ajenas a nuestra voluntad** for reasons beyond our control; **el fuego se inició por ~s desconocidas** it is not known how the fire was started; **veamos cuál es la ~ de todo esto** let us see what the reason for this is; **relación ~-efecto** cause and effect relationship ► **causa final** final cause ► **causa primera** first cause; *ver tb* **conocimiento 2, doctor A**
2 **a** *o* **por ~ de** because of; **el concierto fue aplazado a ~ de la lluvia** the concert was postponed because of rain; **dos personas han muerto a ~ de una explosión** two people have died in an explosion; **no quiero que sufras por mí ~** I don't want you to suffer for my sake *o* on my account
3 (= *ideal*) cause; **la ~ palestina** the Palestinian cause; **es por una buena ~** it's for a good cause; **hacer ~ común con algn** to make common cause with sb ► **causa perdida** lost cause
4 (*Jur*) (*tb* **~ judicial**) lawsuit, case ► **causa criminal** criminal prosecution

**causa**[2] SF 1 (*Cono Sur*) (= *tentempié*) snack, light meal
2 (*Perú*) (= *plato*) *fish and potato pie, served cold*

**causal** Ⓐ ADJ 1 [*factor, relación*] causal
2 (*Ling*) **oración ~** clause of reason
Ⓑ SF reason, grounds *pl*

**causalidad** SF causality

**causante** Ⓐ ADJ **la explosión ~ del incendio** the explosion that caused the fire
Ⓑ SMF 1 (= *origen*) cause; **el mal tiempo fue el ~ del retraso** the delay was caused by bad weather; **eres el ~ de todas mis desgracias** you are the cause of all my misfortunes
2 (*Méx*) taxpayer
3 (*Jur*) [*de sucesión*] **el ~** the deceased

**causar** ▸conjug 1a◂ VT [+ *problema, consecuencia, víctima*] to cause; [+ *impresión*] to make; **su mal carácter le causa muchos problemas** his temper causes him a lot of problems; **el tobillo aún le causa algún problema** his ankle is still giving him trouble; **la explosión causó heridas a dos personas** the explosion injured two people, the explosion left two people injured; **la noticia ha causado gran preocupación** the news has caused enormous concern; **sus declaraciones han causado el efecto esperado** her statements have produced *o* had the desired effect; **el poema le causó una honda impresión** the poem made a great impression on him; **su frialdad me causa un profundo dolor** I find his coolness very hurtful; **~ asombro a algn** to amaze sb; **~ emoción a algn** to move sb; **~ extrañeza a algn** to puzzle sb; **~ risa a algn** to make sb laugh

**causativo** ADJ causative

**causear** ▸conjug 1a◂ VI (*Chile*) to have a snack

**causeo** SM (*Cono Sur*) = **causa**[2]

**cáustica** SF caustic

**cáustico** ADJ caustic

**cautamente** ADV cautiously, warily, carefully

**cautela** SF 1 (= *cuidado*) caution, wariness; **con mucha ~** very cautiously; **tener la ~ de hacer algo** to take the precaution of doing sth
2 (*pey*) (= *astucia*) cunning

**cautelar**[1] ADJ precautionary; **prisión ~** preventive detention

**cautelar**[2] ▸conjug 1a◂ Ⓐ VT 1 (= *prevenir*) to prevent, guard against
2 (*LAm*) (= *defender*) to protect, defend
Ⓑ **cautelarse** VPR to be on one's guard (**de** against)

**cautelosamente** ADV 1 (= *con cautela*) cautiously, warily, carefully
2 (*pey*) (= *astutamente*) cunningly, craftily

**cauteloso** ADJ 1 (= *cuidadoso*) cautious, wary, careful
2 (*pey*) (= *astuto*) cunning, crafty

**cauterio** SM 1 (*Med*) cautery, cauterization
2 (= *remedio*) drastic remedy

**cauterizador** Ⓐ ADJ cauterizing
Ⓑ SM cautery, cauterant

**cauterizar** ▸conjug 1f◂ VT 1 (*Med*) to cauterize
2 (= *atajar*) to eradicate

**cautivador** ADJ, **cautivante** ADJ captivating

**cautivar** ▸conjug 1a◂ VT 1 (= *hacer prisionero a*) (*Mil*) to capture, take prisoner
2 (= *hechizar*) to captivate; **su belleza me cautivó** her beauty captivated me

**cautiverio** SM, **cautividad** SF 1 [*de prisionero*] captivity
2 [*de siervo*] bondage, serfdom

**cautivo/a** ADJ, SM/F captive

**cauto** ADJ cautious, wary, careful

**cava**[1] SM cava

> **CAVA**
>
> *A sparkling white or occasionally rosé Spanish wine,* **cava** *is produced mainly in the* **Penedès** *region using the traditional techniques developed in Champagne, France. To maintain the constant temperature important to the process, the wine is stored and fermented in cellars or* **cavas**, *hence the name. Varieties of* **cava** *include: medium (***semiseco***), dry (***seco***), very dry (***brut***) and the extra dry variety especially recommended by connoisseurs called* **brut nature**.

**cava**[2] SF 1 (= *lugar*) (= *para el vino*) wine cellar; [*de garaje*] pit
2 (*Caribe*) (= *nevera*) icebox

**cava**[3] SF (= *acción*) digging

**cavador(a)** SM/F digger ► **cavador(a) de oro** gold digger

**cavadura** SF digging, excavation

**cavar** ▸conjug 1a◂ Ⓐ VT (*en el suelo*) [+ *fosa, hoyo*] to dig; [+ *pozo*] to sink; (*Agr*) [+ *tierra*] to dig over; [+ *cepas*] to dig round
Ⓑ VI 1 (*en el suelo*) to dig
2 (= *investigar*) to delve (**en** into), go deeply (**en** into)
3 (= *meditar*) to meditate profoundly (**en** on)

**cavazón** SF digging, excavation

**caverna** SF cave, cavern

**cavernícola** Ⓐ ADJ 1 (= *de caverna*) cave-dwelling, cave *antes de s*; **hombre ~** caveman
2 (*Pol**) reactionary
Ⓑ SMF 1 (= *habitante de caverna*) cave dweller
2 (*Pol**) reactionary, backwoodsman

**cavernoso** ADJ 1 (= *hueco*) [*lugar*] cavernous; [*montaña*] full of caves, honeycombed with caves
2 [*voz*] resounding, deep

**caviar** SM caviar, caviare

**cavidad** SF cavity ► **cavidad bucal** oral cavity ► **cavidad nasal** nasal cavity ► **cavidad oral** oral cavity

**cavilación** SF 1 (= *meditación*) deep thought, rumination
2 (= *sospecha*) suspicion

**cavilar** ▸conjug 1a◂ VI to think deeply, ponder

➤ LENGUA Y USO: causa[1] 2 44.1

**cavilosear** ▸conjug 1a◂ VI [1] (*Caribe*) (= *ilusionarse*) to harbour illusions; (= *vacilar*) to vacillate, hesitate
[2] (*CAm*) (= *chismear*) to gossip

**cavilosidad** SF suspicion

**caviloso** ADJ [1] (= *obsesionado*) brooding, suspicious
[2] (*CAm*) (= *chismoso*) gossipy, backbiting
[3] (*Andes*) (= *agresivo*) quarrelsome, touchy; (= *quisquilloso*) fussy, finicky

**cayado** SM [1] (*Agr*) crook
[2] (*Rel*) crozier

**cayena** SF cayenne pepper

**cayendo** *etc ver* **caer**

**cayo** SM (*Ant*) islet, key ► **Cayo Hueso** Key West

**cayubro** ADJ (*Andes*) reddish-blond, red-haired

**cayuca:** SF (*Caribe*) head, bean*

**cayuco** SM (*LAm*) *small Indian canoe*

**caz** SM [1] [*de riego*] irrigation channel
[2] [*de molino*] millrace

**caza** Ⓐ SF [1] (= *acción*) hunting; (*con fusil*) shooting; **la ~ del jabalí** boar hunting; **la ~ del zorro** foxhunting; **la ~ de la perdiz** partridge shooting; **~ con hurón** ferreting; **a la ~ de algo**: **los periodistas andan siempre a la ~ de noticias** journalists are always on the hunt for *o* out in pursuit of news; **van a la ~ de nuevos talentos** they are on the hunt for new talent; **dar ~ a** (= *perseguir*) to give chase to, pursue; (= *alcanzar*) to hunt down; **dieron ~ al ciervo** they gave chase to *o* pursued the deer; **dieron orden de dar ~ al fugitivo** they ordered the fugitive to be hunted down; **los corredores consiguieron dar ~ al escapado** the runners managed to catch (up with) the breakaway leader; **ir de ~** to go hunting; (*con fusil*) to go (out) shooting; ✦*MODISMO* **levantar la ~** to put up the game ► **caza de brujas** witchhunt ► **caza de control** culling ► **caza del hombre** manhunt ► **caza furtiva** poaching ► **caza mayor** game hunting ► **caza menor** small game hunting; (*con fusil*) small game shooting ► **caza submarina** underwater fishing ► **caza y captura**: **estar a la ~ y captura de la noticia** to be on the hunt for news; **operación de ~ y captura de criminales** operation to track down and catch criminals; *ver tb* **coto**[1] **1**
[2] (= *animal cazado*) game; (*Culin*) game ► **caza mayor** big game ► **caza menor** small game
Ⓑ SM (*Aer*) fighter (plane) ► **caza de escolta** escort fighter

**cazaautógrafos** SMF INV autograph hunter

**cazabe** SM (*LAm Culin*) cassava bread, cassava flour

**caza-bombardero** SM fighter-bomber

**cazaclavos** SM INV nail puller

**cazadero** SM hunting ground

**cazador(a)** SM/F (*gen*) hunter; (*a caballo*) huntsman/huntswoman ► **cazador(a) de alforja**, **cazador(a) de pieles** trapper ► **cazador(a) furtivo/a** poacher

**cazadora** SF jacket ► **cazadora de cuero**, **cazadora de piel** leather jacket ► **cazadora tejana** denim jacket

**cazador-recolector** SM (*pl* **cazadores-recolectores**) hunter-gatherer

**cazadotes** SM INV fortune-hunter

**cazaejecutivos** SMF INV (*Com*) headhunter

**cazafortunas** SMF INV fortune hunter, gold digger

**cazagenios** SMF INV [1] (*Univ*) talent scout, talent spotter
[2] (*Com*) headhunter

**cazamariposas** SM INV butterfly net

**cazaminas** SM INV minesweeper

**cazamoscas** SM INV flycatcher

**cazanazis** SMF INV Nazi-hunter

**cazar** ▸conjug 1f◂ Ⓐ VT [1] [+ *animales*] to hunt; (*con fusil*) to shoot
[2] [+ *ladrón, fugitivo*] to hunt down
[3] [+ *corredor, ciclista*] to catch (up with)
[4] [+ *votos*] to capture; [+ *electores, votantes*] to win (over)
[5] (*) (= *atrapar*) to land*; **al final cazó un magnífico empleo** in the end he landed an excellent job*; **su aspiración es ~ un hombre para casarse** her ambition is to land herself a husband*
[6] (*) (= *sorprender*) to catch; **los cazó robando** he caught them stealing
[7] (*) (= *comprender*) to understand; **es el mejor alumno, lo caza todo enseguida** he's the best pupil, he understands *o* gets* everything at once; *ver tb* **vuelo**[2] **1**
Ⓑ VI to hunt; **salir a ~** to go (out) hunting; (*con fusil*) to go (out) shooting

**cazarrecompensas** SMF INV bounty hunter

**cazasubmarinos** SM INV [1] (*Náut*) (= *en superficie*) destroyer; (*sumergible*) hunter-killer
[2] (*Aer*) anti-submarine craft

**cazatalentos** SMF INV talent scout, talent spotter

**cazatanques** SM INV **avión ~** anti-tank aircraft

**cazatesoros** SMF INV treasure hunter

**cazaturistas** ADJ INV **lugar ~** tourist trap, touristy place

**cazcalear**†* ▸conjug 1a◂ VI to fuss around, buzz about

**cazcarrias** SFPL splashes of mud (*on one's clothes*)

**cazcarriento** ADJ splashed with mud, mud-stained

**cazo** SM [1] (= *cacerola*) saucepan ► **cazo de cola** gluepot
[2] (= *cucharón*) ladle
[3] (‡) (= *chulo*) pimp

**cazolero** SM milksop

**cazoleta** SF [1] [*de cocina*] pan, small pan
[2] [*de pipa*] bowl
[3] [*de sostén*] cup
[4] [*de espada*] guard
[5] [*de escudo*] boss
[6] (*Mec*) housing

**cazón** SM dogfish

**cazonete** SM (*Náut*) toggle

**cazuela** SF [1] (= *recipiente*) [*de metal*] pan; [*de barro*] casserole (dish)
[2] (= *guiso*) stew, casserole
[3] (*Teat*) gods *pl*

**cazurro** ADJ [1] (= *huraño*) surly, sullen
[2] (= *testarudo*) stubborn

**cazuz** SM ivy

**CC** Ⓐ SF ABR (*Esp Pol*) = **Coalición Canaria**
Ⓑ ABR [1] (*Aut*) = **Código de la Circulación**
[2] (*Pol*) = **Comité Central**
[3] = **Cuerpo Consular**

**C.C.** ABR (*Elec*) (= **corriente continua**) DC

**c.c.** ABR (= **centímetros cúbicos**) cc

**c/c** ABR (= **cuenta corriente**) C/A, a/c (*EEUU*)

**CCAA** SFPL ABR (*Esp Pol*) = **Comunidades Autónomas**

**CCI** SF ABR (= **Cámara de Comercio Internacional**) ICC

**CCOO** SFPL ABR (*Esp*) (= **Comisiones Obreras**) *Communist trades union*

> **CCOO**
>
> **Comisiones Obreras** *is the Spanish communist trade union federation. Banned under the dictatorship of General Franco, it was relegalized following Franco's death and is nowadays one of Spain's two largest trades unions, together with* **UGT**.

**CD** SM ABR (= **compact disc**) CD

**C.D.** ABR [1] (= **Cuerpo Diplomático**) CD
[2] = **Club Deportivo**

**c/d** ABR [1] (= **en casa de**) c/o
[2] (*Com*) = **con descuento**

**C. de J.** ABR (= **Compañía de Jesús**) S.J.

**CD-I** [θeðe'i] SM ABR (= **Compact Disc Interactive**) CD-I

**C.D.N.** SM ABR (*Esp*) (= **Centro Dramático Nacional**) ≈ RADA

**CD-ROM** [θeðe'rom] SM ABR (= **Compact Disc Read-Only Memory**) CD-ROM

**CDS** SM ABR (*Esp Pol*) = **Centro Democrático y Social**

**Cdte.** ABR (= **comandante**) Cdr, Cmdr

**CDU** SF ABR = **Clasificación Decimal Universal**

**CE** Ⓐ SF ABR (= **Comunidad Europea**) EC
Ⓑ SM ABR = **Consejo de Europa**

**ce** SF the name of the letter *c*, C; ✦*MODISMOS* **ce por be** down to the tiniest detail; **por ce o por be** somehow or other

**ceba** SF [1] (*Agr*) fattening
[2] [*de arma*] priming
[3] [*de horno*] stoking

**cebada** SF barley ► **cebada perlada** pearl barley

**cebadal** SM barley field

**cebadera** SF [1] (*Agr*) nosebag
[2] (*Téc*) hopper

**cebadero** SM [1] (= *comerciante*) barley dealer
[2] (= *mula*) leading mule (*of a team*)
[3] (= *sitio*) feeding place
[4] (*Téc*) *mouth for charging a furnace*

**cebado** Ⓐ ADJ (*LAm*) [*animal*] man-eating
Ⓑ SM [1] (*Agr*) fattening
[2] [*arma de fuego*] priming

**cebador** SM (*Cono Sur Aut*) choke

**cebadura** SF = **ceba 1**

**cebar** ▸conjug 1a◂ Ⓐ VT [1] [+ *animal*] to fatten (up); **ceban a los pavos con piensos artificiales** they fatten up the turkeys on artificial feeds; **cuando voy a casa mi madre me ceba*** when I go home my mother feeds me up
[2] [+ *anzuelo, cepo, trampa*] to bait
[3] [+ *fuego, horno*] to feed, stoke (up); [+ *arma*] to prime
[4] (*frm*) [+ *pasión, odio*] to feed, nourish; [+ *cólera*] to feed
[5] (*Cono Sur*) [+ *maté*] to brew
Ⓑ VI [*tuerca, tornillo*] to catch, grip; [*clavo*] to go in
Ⓒ **cebarse** VPR **~se con** *o* **en algn: la oposi-**

**ción se cebó con** *o* **en el presidente** the opposition launched a savage *o* furious attack on the president; **el paro se ceba especialmente en los jóvenes** unemployment hits young people particularly hard; **estaba enfadada y se cebó conmigo** she was angry and took it out on me *o* vented her anger on me

**cebeísmo** SM enthusiasm for CB radio

**cebeísta** SMF CB radio enthusiast

**cebellina** SF (*Zool*) sable

**cebiche** SM (*Cono Sur Culin*) *raw fish or shellfish dish*

**cebo** SM [1] (*Pesca*) bait
[2] (*Agr*) feed, fodder
[3] (*Téc*) fuel
[4] [*de arma*] charge, primer

**cebolla** SF [1] (*Bot*) (= *hortaliza*) onion; [*de tulipán*] bulb ► **cebolla escalonia** shallot
[2] (*) (= *cabeza*) nut*

**cebollado** ADJ (*LAm*) cooked with onions

**cebollana** SF chive

**cebolleta** SF [1] (*Bot*) (= *cebolla*) spring onion, green onion (*EEUU*); (= *cebollana*) chive
[2] (‡) (= *pene*) prick‡

**cebollina** SF, **cebollino** SM [1] (= *cebolleta*) spring onion, green onion (*EEUU*)
[2] (= *semilla*) onion seed
[3] (= *cebollana*) chive

**cebollita** SF (*LAm Bot*) (*tb* ~ **china**) spring onion

**cebollón** SM [1] (*Cono Sur pey*) old bachelor
[2] (*) (= *borrachera*) **llevaba un ~ enorme cuando salió del bar** he was plastered when he left the bar*

**cebollona** SF (*Cono Sur pey*) old maid*, spinster

**cebolludo** ADJ [1] (*Bot*) bulbous
[2] (*) [*persona*] vulgar

**cebón** Ⓐ ADJ fat, fattened
Ⓑ SM fattened animal

**ceboruco** SM [1] (*Caribe*) (= *arrecife*) reef
[2] (*Méx*) (= *terreno quebrado*) rough rocky place
[3] (*Caribe*) (= *maleza*) brush, scrub, scrubland

**cebra** SF zebra

**cebú** SM zebu

**CECA** SF ABR [1] (= **Comunidad Europea del Carbón y del Acero**) ECSC
[2] = **Confederación Española de Cajas de Ahorro**

**Ceca** SF **andar** *o* **ir de la ~ a la Meca** to go hither and thither, chase about all over the place

**ceca** SF (*Fin*) mint

**CECE** SF ABR = **Confederación Española de Centros de la Enseñanza**

**cecear** ▸conjug 1a◂ VI (*por defecto*) to lisp; (*Ling*) to pronounce "s" as "th"

**ceceo** SM (*por defecto*) lisp; (*Ling*) pronunciation of "s" as "th"

**ceceoso** ADJ lisping, with a lisp

**Cecilia** SF Cecily

**Cecilio** SM Cecil

**cecina** SF [1] (= *carne seca*) cured meat, smoked meat
[2] (*Cono Sur*) jerked meat, jerked beef

**CEDA** SF ABR (*Esp Hist*) = **Confederación Española de Derechas Autónomas**

**ceda** SM ► **ceda el paso** (*Aut*) priority, right of way

**cedazo** SM sieve

**cedente** SMF (*Jur*) assignor

**ceder** ▸conjug 2a◂ Ⓐ VT [1] [+ *propiedad*] to transfer; [+ *territorio*] to cede (*frm*), hand over; **me cedió el asiento** she let me have her seat, she gave up her seat (for me); **cedió los derechos de autor a su familia** she gave up *o* over the authorial rights to her family; **el director ha cedido el puesto a su colaborador** the director has decided to hand over the post to his colleague; ~ **la palabra a algn** to give the floor to sb (*frm*), call upon sb to speak; **"ceda el paso"** "give way", "yield" (*EEUU*); ~ **terreno a algn/algo** to give ground to sb/sth
[2] (*Dep*) [+ *balón*] to pass
Ⓑ VI [1] (= *transigir*) to give in, yield (*frm*); **los negociadores tendrán que ~** the negotiators will have to give way *o* yield; ~ **a algo** to give in to sth, yield to sth; ~ **al chantaje** to give in *o* yield to blackmail; ~ **ante algn/algo** to give in to sb/sth, yield to sb/sth; **no ~emos a** *o* **ante sus amenazas** we will not give in to *o* yield to their threats; ~ **en algo**: **no ceden en su empeño de ganar la liga** they're not giving in *o* up in their endeavour to win the league
[2] (= *disminuir*) [*viento*] to drop, die down; [*lluvia*] to ease up; [*frío*] to abate, ease up; [*fiebre*] to go down; [*dolor*] to lessen
[3] [*suelo, viga*] to give way, give; **el techo cedió y se derrumbó** the roof gave (way) and collapsed
[4] (= *dar de sí*) [*zapatos, prenda, elástico*] to stretch, give; **el tejido ha cedido y me queda ancho** the material has stretched *o* given and now it's too big for me

**cedible** ADJ transferable

**cedilla** SF cedilla

**cedizo** ADJ [*carne*] high, tainted

**cedro** SM cedar

**cedrón** SM (*Cono Sur Culin*) lemon verbena

**cédula** SF [1] (= *documento*) document; **dar ~ a algn** to license sb ► **cédula de aduana** customs permit ► **cédula de cambio** bill of exchange ► **cédula de identidad** (*LAm*) identity card, ID ► **cédula en blanco** blank cheque, blank check (*EEUU*) ► **cédula hipotecaria** mortgage bond ► **cédula personal** identity card ► **cédula real** royal letters patent
[2] (= *ficha*) index card
[3] (*Com*) warrant

**cedulista** SMF (*Fin*) holder (*of a certificate, etc*)

**CEE** SF ABR (= **Comunidad Económica Europea**) EEC

**cefalea** SF migraine

**cefálico** ADJ cephalic

**céfiro** SM zephyr

**cegador** ADJ blinding; **brillo ~** blinding glare

**cegajoso** ADJ weepy, bleary-eyed

**cegamiento** SM [*de tubería*] blockage

**cegar** ▸conjug 1h, 1j◂ Ⓐ VT [1] (= *deslumbrar*) to blind; **el camión me cegó con las luces** the lights of the lorry blinded me
[2] (= *ofuscar*) [+ *persona*] to blind; **le ciega la pasión** he is blinded by passion
[3] (= *obstruir*) [+ *tubería, agujero*] to block up, stop up; [+ *pozo*] to block up; [+ *puerta, ventana*] to wall up
Ⓑ VI to go blind, become blind
Ⓒ **cegarse** VPR [1] (= *ofuscarse*) to be blinded (**de** by); **se cegó de furia** he was blinded by anger
[2] (= *obstruirse*) to block

**cegato*** ADJ, **cegatón*** ADJ half blind*

**cegatoso** ADJ = **cegajoso**

**cegué** *ver* **cegar**

**ceguera** SF, **ceguedad** SF [1] (= *pérdida de visión*) blindness ► **ceguera nocturna** night blindness
[2] (= *obcecación*) blindness (to reason)

**CEI** SF ABR (= **Comunidad de Estados Independientes**) CIS

**ceiba** SF (*LAm Bot*) ceiba tree, kapok tree

**Ceilán** SM (*Hist*) Ceylon

**ceilanés/esa** ADJ, SM/F (*Hist*) Ceylonese

**ceja** SF [1] (*Anat*) eyebrow; **~s pobladas** bushy eyebrows, thick eyebrows; **arquear las ~s** to raise one's eyebrows; **fruncir las ~s** to knit one's brows, frown; ✦***MODISMOS*** **estar endeudado hasta las ~s*** to be up to one's eyes in debt; **meterse algo entre ~ y ~*** to get sth firmly into one's head; **tener a algn entre ~ y ~*** to have no time for sb; **quemarse las ~s*** to burn the midnight oil
[2] (*Téc*) rim, flange
[3] (*Cos*) edging
[4] (*Arquit*) projection
[5] (*Geog*) brow, crown
[6] (*Mús*) bridge

**cejar** ▸conjug 1a◂ VI [1] (= *retroceder*) to move back, go back; (*en discusión*) to back down; **no ~** to keep it up, keep going; **no ~ en sus esfuerzos** to keep at it; **no ~ en su trabajo** to keep up the work; **sin ~** unflinchingly
[2] (= *ceder*) to give way, back down

**cejijunto** ADJ with eyebrows very close together

**cejilla** SF (*Mús*) bridge

**cejudo** ADJ with bushy eyebrows

**celacanto** SM coelacanth

**celada** SF [1] (= *emboscada*) ambush, trap; **caer en la ~** to fall into the trap
[2] (*Hist*) helmet

**celador(a)** SM/F (= *vigilante*) [*de edificio*] guard; [*de cárcel*] warder, guard (*EEUU*); [*de centro escolar*] porter; [*de museo*] attendant, warder; [*de hospital*] hospital porter; [*de aparcamiento*] parking attendant

**celaje** SM [1] (= *nubes*) (*Meteo*) sky with coloured *o* (*EEUU*) colored clouds; (*Náut*) clouds *pl*; **~s** sunset clouds
[2] (*Arte*) cloud effect
[3] (*Arquit*) skylight
[4] (= *presagio*) sign, promising sign, token
[5] (*Andes, Caribe*) (= *fantasma*) ghost; ✦***MODISMO*** **como un ~** in a flash

**celar**[1] ▸conjug 1a◂ Ⓐ VT (= *vigilar*) [+ *paciente, seguridad*] to watch over; (*en un examen*) to invigilate; ~ **la justicia** to see that justice is done
Ⓑ VI ~ **por** *o* **sobre algo** to watch over sth

**celar**[2] ▸conjug 1a◂ VT (= *ocultar*) to conceal, hide

**celda** SF cell ► **celda de castigo** solitary confinement cell

**celdilla** SF [1] [*de colmena*] cell
[2] (*Arquit*) niche

**cele** ADJ (*CAm*) [1] [*color*] light green
[2] [*fruta*] unripe

**celebérrimo** ADJ SUPERL de **célebre**

**celebración** SF [1] (= *realización*) **tras la ~ de las elecciones** after the elections were held; **durante la ~ del pleno municipal** during the council meeting
[2] (= *fiesta*) celebration; **una ~ familiar** a family celebration; **un año de grandes celebraciones** a year of great celebrations
[3] (*Rel*) [*de misa, festividad*] celebration; **coincidiendo con la ~ del Ramadán** coinciding with the celebration of Ramadan
[4] (= *alabanza*) celebration

**celebrante** SM (*Rel*) celebrant, officiating priest

**celebrar** ▸conjug 1a◂ Ⓐ VT [1] (= *festejar*) [+ *aniversario, acontecimiento*] to celebrate; **siempre celebramos la Navidad en familia** we always celebrate Christmas as a family; **estamos celebrando que hemos aprobado los exámenes** we're celebrating passing our exams; **en mayo se celebra el día de los trabajadores** Labour Day is in May; **el día 22 se celebra la fiesta de santa Cecilia** the 22nd is the feast day of Saint Cecilia; **tu santo se celebra el día 19 de marzo** your saint's day is on the 19th of March
[2] (= *llevar a cabo*) [+ *congreso, juicio, elecciones, fiesta*] to hold; [+ *acuerdo, contrato*] to sign; **la reunión se ~á el viernes por la tarde** the meeting will take place *o* will be held on Friday afternoon; **el partido no pudo ~se a causa de la lluvia** the match could not be played because of rain
[3] (*frm*) (= *alegrarse de*) **lo celebro** I'm delighted; **lo celebro por él** I'm very pleased for him; **celebro comprobar que conserva su sentido del humor** I'm delighted *o* very pleased to see that he's still got his sense of humour; **celebro que hayas aceptado ese trabajo** I'm delighted *o* very pleased that you've accepted that job; **celebro que no sea nada grave** I'm glad it's nothing serious
[4] (= *alabar*) [+ *valor, belleza*] to celebrate, praise; [+ *ventajas*] to preach, dwell on; [+ *bromas, gracias*] to laugh at
[5] (*Rel*) [+ *boda, ceremonia*] to perform; **~ una misa** to celebrate mass, say mass
Ⓑ VI [*sacerdote*] to celebrate mass, say mass

**célebre** ADJ famous, celebrated, noted (**por** for)

**celebridad** SF [1] (= *fama*) celebrity, fame
[2] (= *persona famosa*) celebrity

**celeque** ADJ (*CAm*) green, unripe

**célere** ADJ (*liter*) rapid, swift

**celeridad** SF speed, swiftness; **con ~** quickly, promptly

**celeste** ADJ [1] (= *del cielo*) heavenly
[2] [*color*] sky blue

**celestial** ADJ [1] (*Rel*) celestial
[2] (= *delicioso*) heavenly

**celestina** SF procuress

**celestinazgo** SM procuring

**celibato** SM celibacy

**célibe** ADJ, SMF celibate

**célico** ADJ (*liter*) heavenly, celestial

**celidonia** SF celandine

**celinda** SF (*Bot*) mock orange

**cellisca** SF sleet

**cellisquear** ▸conjug 1a◂ VI to sleet

**cello**[1] SM (*Mús*) cello

**cello**[2] SM = **celo**[2]

**celo**[1] SM [1] (= *diligencia*) zeal; **hacer algo con ~** to do sth zealously *o* with zeal ► **celo profesional** professional commitment, commitment to one's job; *ver tb* **huelga 1**
[2] (*Rel*) zeal
[3] (*Zool*) [*de hembra*] oestrus, estrus (*EEUU*); [*de macho*] rut; **una hembra en ~** a female on heat *o* in season; **estar en ~** to be on heat, be in season
[4] **celos** jealousy *sing*; **los ~s la consumen** she's eaten up with jealousy; **dar ~s a algn** to make sb jealous; **tener ~s de algn** to be jealous of sb

**celo**[2]® SM (= *cinta adhesiva*) Sellotape®, Scotchtape® (*EEUU*), sticky tape

**celo**[3] SM (*Mús*) cello

**celofán** SM cellophane

**celosamente** ADV [1] (= *con fervor*) zealously
[2] (*pey*) (= *sin confianza*) suspiciously, distrustfully
[3] (= *con celos*) jealously

**celosía** SF [1] (= *enrejado*) lattice, lattice window
[2] (= *contraventana*) slatted shutter
[3] (= *celos*) jealousy

**celoso** ADJ [1] [*marido, hermano*] jealous (**de** of)
[2] (= *ferviente*) zealous; (*en el trabajo*) conscientious
[3] (= *desconfiado*) suspicious, distrustful
[4] (*LAm Mec*) highly sensitive
[5] (*Andes*) [*barca*] unsteady, easily upset
[6] (*LAm*) [*arma*] delicate, liable to go off; **éste es un fusil ~** this gun is quite liable to go off

**celta** Ⓐ ADJ Celtic
Ⓑ SMF Celt
Ⓒ SM (*Ling*) Celtic

**Celtiberia** SF Celtiberia

**celtibérico/a** ADJ, SM/F Celtiberian

**celtíbero/a** ADJ, SM/F Celtiberian

**céltico** ADJ Celtic

**célula** SF [1] (*Biol, Elec*) cell ► **célula de silicio** silicon chip ► **célula fotoeléctrica** photoelectric cell ► **célula fotovoltaica** photovoltaic cell ► **célula germen** germ cell ► **célula grasa** fat cell ► **célula nerviosa** nerve cell ► **célula sanguínea** blood cell
[2] (*Pol*) cell ► **célula terrorista** terrorist cell
[3] (*Aer*) airframe

**celular** ADJ cellular, cell *antes de s*; **tejido ~** cell tissue; *ver tb* **coche**[1] **1**

**celulítico** ADJ [*célula, proceso*] cellulite *antes de s*; [*persona*] with cellulite

**celulitis** SF INV cellulitis

**celuloide** SM celluloid; **llevar algo al ~** to make a film of sth

**celulosa** SF cellulose

**CEM** SM ABR (*Esp*) = **Centro de Estudios para la Mujer**

**cementación** SF (*Téc*) case-hardening, cementation

**cementar** ▸conjug 1a◂ VT (*Téc*) to case-harden, cement

**cementera** SF cement works

**cementerio** SM (*municipal*) cemetery; (*en iglesia*) graveyard ► **cementerio de coches** used-car dump, junkyard (*EEUU*) ► **cementerio nuclear** nuclear waste dump

**cementero** ADJ cement *antes de s*

**cementista** SM cement worker

**cemento** SM [1] [*de construcción*] cement ► **cemento armado** reinforced concrete ► **cemento Portland** Portland cement ► **cemento reforzado** reinforced concrete
[2] (*LAm*) (= *pegamento*) glue
[3] [*de diente*] cement

**cemita** SF (*LAm*) white bread roll

**CEN** SM ABR (*Esp*) = **Consejo de Economía Nacional**

**cena** SF (*a última hora*) supper; (*como comida principal*) dinner; **nos invitó a una ~ en el restaurante** he invited us to dinner at a restaurant; **la Última Cena** the Last Supper ► **Cena de Baltasar** Belshazzar's Feast ► **cena de gala** dinner function, formal dinner; (*Pol*) state banquet ► **cena de negocios** business dinner ► **cena de trabajo** working dinner

**cena-bufete** SF (*pl* **cenas-bufete**) buffet-supper

**cenáculo** SM group, coterie

**cenador** SM arbour, arbor (*EEUU*)

**cenaduría** SF (*Méx*) eating house, restaurant

**cena-espectáculo** SF (*pl* **cenas-espectáculo**) dinner show, dinner with a floor show

**cenagal** SM [1] (= *pantano*) bog, quagmire
[2] (= *desorden*) mess, nasty business

**cenagoso** ADJ muddy

**cena-homenaje** SF (*pl* **cenas-homenaje**) formal dinner, celebratory dinner; **ofrecer una ~ a algn** to hold a dinner for sb

**cenar** ▸conjug 1a◂ Ⓐ VI (*a última hora*) to have supper; (*como comida principal*) to have dinner; (*en ocasión formal*) to dine (*frm*); **cenamos a las diez de la noche** we have supper at ten o'clock; **los británicos cenan a las seis** the British have dinner at six o'clock; **el rey cenó en la embajada de Alemania** the king had dinner at *o* (*frm*) dined at the German Embassy; **vengo cenado** I've had dinner *o* supper already, I've had (my) dinner, I've already eaten; **me han invitado a ~** they've asked me to dinner; **salir a ~** to go out to dinner, dine out (*frm*)
Ⓑ VT (*a última hora*) to have for supper; (*como comida principal*) to have for dinner; **siempre ceno algo muy ligero** I always have a very light supper

**cenceño** ADJ thin, skinny; *ver tb* **pan 1**

**cencerrada** SF *noise made with cowbells, pots and pans etc, on festive occasions or in mockery*

**cencerrear** ▸conjug 1a◂ VI [1] [*campanillas*] to jingle
[2] [*motor*] to rattle
[3] (*Mús*) to make a dreadful noise

**cencerreo** SM [1] [*de campanillas*] jangle
[2] [*de motor*] rattle, clatter
[3] (*Mús*) dreadful noise

**cencerro** SM cowbell; ✦***MODISMOS*** **a ~s tapados** stealthily, on the sly; **estar como un ~*** to be round the bend*

**cendal** SM [1] (= *gasa*) gauze
[2] (= *tela fina*) fine silk stuff, sendal

**Cenebad** SM ABR (*Esp Escol*) = **Centro Nacional de Educación Básica a Distancia**

**cenefa** SF [1] (*Cos*) edging, border
[2] (*Arquit*) border

➤ LENGUA Y USO: celebrar A4 38.1

**cenetista** Ⓐ ADJ **política ~** policy of the CNT
Ⓑ SMF member of the CNT

**cenicero** SM ashtray

**cenicienta** SF **soy la ~ de la casa** I'm the dogsbody round here; **la Cenicienta** Cinderella

**ceniciento** ADJ ashen (*liter*), ash-coloured, ash-colored (*EEUU*)

**cénit** SM, **cenit** SM zenith

**ceniza** SF [1] (= *polvo*) ash; **reducir algo a ~s** to reduce sth to ashes; **✦MODISMO huir de las ~s y dar en las brasas** to jump out of the frying pan into the fire
[2] **cenizas** [*de persona*] ashes, mortal remains

**cenizo** Ⓐ ADJ [1] [*color*] ashen (*liter*), ash-coloured, ash-colored (*EEUU*)
[2] (*) (= *de mala suerte*) **es un avión ~** it's a plane with a jinx on it*
Ⓑ SM [1] (*) (= *mala suerte*) jinx*; **tener el ~** to have a jinx on one*; **✦MODISMO entrar el ~ en casa** to have a spell of bad luck
[2] (= *persona*) jinx*
[3] (*Bot*) goosefoot

**cenobio** SM monastery

**cenobita** SMF c(o)enobite

**cenojil** SM garter

**cenorrio*** (*hum*) SM posh dinner*, slap-up do*

**cenotafio** SM cenotaph

**cenote** SM (*CAm, Méx*) natural well

**censado** SM census-taking

**censal** ADJ = **censual**

**censar** ▸conjug 1a◂ VT to take a census of

**censista** SMF census official, census taker

**censo** SM [1] (= *lista*) census; **elaborar** *o* **hacer un ~** to take a census ► **censo de población** population census ► **censo electoral** electoral roll, list of registered voters (*EEUU*)
[2] (*Hist, Fin*) (= *tributo*) tax; (= *alquiler*) (annual) ground rent

**censor** SM [1] (*Pol*) censor
[2] (*Com, Fin*) ► **censor(a) de cuentas** auditor ► **censor(a) jurado/a de cuentas** chartered accountant, certified public accountant (*EEUU*)
[3] (= *crítico*) critic

**censual** ADJ [1] [*demografía*] census *antes de s*, relating to a census
[2] (*Fin*) mortgage *antes de s*
[3] (= *de elecciones*) electoral, relating to the electoral roll

**censura** SF [1] (= *supresión*) censorship; **la ~ de prensa** press censorship; **sometieron todos sus libros a la ~** they censored all his books
[2] (= *institución*) censors *pl*; **el autor tuvo problemas con la ~** the author had problems with the censors
[3] (= *condena*) censure (*frm*), criticism; **lanzó palabras de ~ contra los políticos** he spoke words of censure (*frm*) *o* criticism against the politicians; **digno de ~** reprehensible; *ver tb* **moción 1**, **voto 1**
[4] (*Com, Fin*) ► **censura de cuentas** auditing

**censurable** ADJ reprehensible

**censurar** ▸conjug 1a◂ VT [1] (*Pol*) to censor
[2] [+ *obra, película*] to censor
[3] (= *criticar*) to censure (*frm*), criticize

**censurista** Ⓐ ADJ censorious
Ⓑ SMF critic, faultfinder

➤ LENGUA Y USO: **centrar C1** 53.2, 53.6

**cént** ABR (= **céntimo**) c

**centaura** SF centaury

**centauro** SM centaur

**centavo** SM [1] (*partitivo*) hundredth, hundredth part
[2] (*Fin*) cent

**centella** SF [1] (= *chispa*) spark
[2] (= *rayo*) flash of lightning; **salió como una ~ del cuarto** he was out of the room as quick as a flash *o* in a flash

**centelleante** ADJ [*luz, diamante*] sparkling; [*estrella*] twinkling; [*metal*] gleaming, glinting; [*fuego*] flickering

**centellear** ▸conjug 1a◂ VI [*luz, diamante*] to sparkle; [*estrella*] to twinkle; [*metal*] to gleam, glint; [*fuego*] to flicker

**centelleo** SM [*de luz, diamante*] sparkle; [*de estrella*] twinkle; [*de metal*] glint

**centena** SF, **centenada** SF hundred

**centenal** SM [1] (*Agr*) rye field
[2] (= *centena*) hundred

**centenar**[1] SM hundred; **a ~es** by the hundred, in hundreds, in their hundreds

**centenar**[2] SM (*Agr*) rye field

**centenario/a** Ⓐ ADJ centenary
Ⓑ SM/F centenarian, hundred-year-old person
Ⓒ SM centenary, centennial

**centeno** SM rye

**centésima** SF hundredth, hundredth part

**centesimal** ADJ centesimal

**centésimo** Ⓐ ADJ hundredth; **centésima parte** hundredth
Ⓑ SM [1] (*partitivo*) hundredth, hundredth part; *ver tb* **sexto**
[2] (*LAm*) (= *moneda*) centésimo, *one-hundredth part of a balboa etc*

**centígrado** ADJ centigrade

**centigramo** SM centigram

**centilitro** SM centilitre, centiliter (*EEUU*)

**centímetro** SM centimetre, centimeter (*EEUU*); → KILOS, METROS, AÑOS

**céntimo** SM [1] hundredth part
[2] [*de una peseta*] cent; **no vale un ~** it's worthless

**centinela** SMF (*Mil*) sentry, guard; **estar de ~** to be on guard; **hacer ~** to keep watch, be on the look-out

**centiplicado** ADJ hundredfold

**centolla** SF, **centollo** SM spider crab

**centón** SM [1] (*Cos*) patchwork quilt
[2] (*Literat*) cento

**central** Ⓐ ADJ [1] (= *principal*) [1·1] [*personaje, idea*] central, main; **el personaje ~ de la novela** the central *o* main character in the novel; **el tema ~ de la reunión** the main subject of the meeting
[1·2] [*oficina*] head *antes de s*; [*banco*] central; [*ordenador*] mainframe *antes de s*; **la oficina ~ del banco** the head office of the bank; **la empresa tiene su sede ~ en Nueva York** the company's headquarters is in New York; *ver tb* **calefacción**
[2] (= *del medio*) [*región, zona*] central; **en la zona ~ de la imagen** in the centre of the image; **la parte ~ de la plaza** the centre of the square
[3] (= *no regional*) [*gobierno, administración*] central
Ⓑ SF [1] (*tb* **oficina ~**) [*de empresa*] head office; (*a nivel internacional*) headquarters; **la ~ de la OMS en Ginebra** the headquarters of the WHO in Geneva ► **central de abasto** (*Méx*) market ► **central de correos** main post office, general post office ► **central de teléfonos** telephone exchange ► **central obrera**, **central sindical** trade union confederation ► **central telefónica** telephone exchange
[2] (= *factoría*) plant, station; (*tb* **~ nuclear**) nuclear power station; **la ~ de Chernobyl** Chernobyl nuclear power station ► **central azucarera** (*Cuba, Perú*) sugar mill ► **central de bombeo** pumping-station ► **central de energía** power station ► **central depuradora** sewage works *pl* ► **central eléctrica** power station ► **central hidroeléctrica** hydroelectric power station ► **central lechera** dairy ► **central térmica** power station; **~ térmica de fuel-oil/de gas** oil-fired/gas-fired power station
Ⓒ SMF (*Ftbl*) central defender

**centralidad** SF centrality, central importance

**centralismo** SM centralism

**centralista**[1] ADJ, SMF centralist

**centralista**[2] SM (*Caribe*) sugar-mill owner

**centralita** SF (*Telec*) switchboard

**centralización** SF centralization

**centralizado** Ⓐ ADJ centralized; **cierre ~** central locking
Ⓑ SM centralization

**centralizar** ▸conjug 1f◂ VT to centralize

➤ **centrar** ▸conjug 1a◂ Ⓐ VT [1] (= *colocar*) [+ *imagen, texto*] to centre, center (*EEUU*); **la foto no está bien centrada** the photo is not centred correctly; **el cuadro no está centrado** the picture isn't straight; **~ el balón** to knock the ball into the centre
[2] (= *concentrar*) [+ *investigación*] to focus, centre, center (*EEUU*); [+ *esfuerzos*] to concentrate; [+ *atención*] to focus; **la policía centró las investigaciones en torno a dos jóvenes delincuentes** the police investigation focused *o* centred on two young criminals, the police focused *o* centred their investigation on two young criminals; **he centrado mi nueva obra en sólo dos personajes** my new play focuses on *o* centres on only two characters; **los cuadros de Goya ~on el interés del público** Goya's paintings captured the interest of the public
Ⓑ VI (*Dep*) to centre, center (*EEUU*)
Ⓒ **centrarse** VPR [1] **~se en** [*estudio, investigación, debate, programa*] to be focused on, centre on, center on (*EEUU*); [*obra, película, exposición*] to be focused on; **la atención internacional se centraba en El Salvador** international attention focused on *o* centred on El Salvador; **sus investigaciones se centran en la Europa medieval** her research focuses on *o* centres on medieval Europe; **un mercado centrado exclusivamente en los jóvenes** a market aimed exclusively at *o* geared exclusively toward young people
[2] (= *equilibrarse*) to settle down; **tuvo una época muy loca pero después se centró** he went through a very wild period but then he settled down
[3] (= *acomodarse*) to settle in, find one's feet

**céntrico** ADJ central; **está muy ~** it's very central; **un restaurante ~** a restaurant in the centre of town, a downtown restaurant (*EEUU*)

**centrífuga** SF centrifuge

**centrifugadora** SF 1 (*para ropa*) spin-dryer
2 (*Téc*) centrifuge

**centrifugar** ▸conjug 1h◂ VT 1 [+ *ropa*] to spin-dry
2 (*Téc*) to centrifuge

**centrífugo** ADJ centrifugal

**centrípeto** ADJ centripetal

**centrismo** SM centrism, *political doctrine of the centre*

**centrista** Ⓐ ADJ centrist
Ⓑ SMF centrist, *member of a centrist party*

**centro** Ⓐ SM 1 (= *medio*) centre, center (*EEUU*); **las regiones del ~ del país** the central areas of the country, the areas in the centre of the country; **pon el jarrón en el ~ de la mesa** put the vase in the middle *o* centre of the table; **el balón se hallaba en el ~ del campo** the ball was in midfield; ✦***MODISMO*** **estar en su ~** to be in one's element ► **centro de gravedad** centre of gravity ► **centro de mesa** centrepiece ► **centro neurálgico** nerve centre
2 [*de ciudad*] centre, center (*EEUU*); **no se puede aparcar en el ~** you can't park in the centre (of town), you can't park downtown (*EEUU*); **un edificio del ~ de Madrid** a building in the centre of Madrid *o* in Madrid town centre *o* (*EEUU*) in downtown Madrid; **"centro ciudad"** "city centre", "town centre"; **ir al ~** to go into town, go downtown (*EEUU*)
3 (*Pol*) centre, center (*EEUU*); **ser de ~** [*persona*] to be a moderate; [*partido*] to be in the centre; **los partidos de ~ izquierda** the parties of the centre-left, the centre-left parties
4 (= *foco*) [*de huracán*] centre, center (*EEUU*); [*de incendio*] seat; **ha sido el ~ de varias polémicas últimamente** he has been at the centre *o* heart of various controversies lately; **el gobierno se ha convertido en el ~ de las críticas** the government has become the target of criticism; **ser el ~ de atención** *o* **atracción** *o* **interés** to be the focus *o* centre of attention; **Zaire fue el ~ del interés internacional** Zaire was the focus of *o* was at the centre of international attention; **ser un ~ de intrigas** to be a hotbed of intrigue; **ser el ~ de las miradas: Roma es estos días el ~ de todas las miradas** all eyes are on Rome at the moment
5 (= *establecimiento*) centre; **dos alumnos han sido expulsados del ~** two students have been expelled from the school *o* centre; **~s con más de 500 trabajadores** companies with over 500 workers ► **centro cívico** community centre ► **centro comercial** shopping centre, shopping mall ► **centro cultural** (*en un barrio, institución*) (local) arts centre; [*de otro país*] cultural centre ► **centro de abasto** (*Méx*) market ► **centro de acogida**: **~ de acogida de menores** children's home; **~ de acogida para mujeres maltratadas** refuge for battered women; **~ de acogida de refugiados** refugee reception centre ► **centro de atención de día** day-care centre ► **centro de atención primaria** primary care centre ► **centro de beneficios** profit centre ► **centro de cálculo** computer centre ► **centro de coordinación** [*de la policía*] operations room ► **centro de datos** data processing centre ► **centro de decisión** decision-making centre ► **centro de detención** detention centre ► **centro (de determinación) de costos** (*Com*) cost centre ► **centro de día** day centre ► **centro de distribución** distribution centre ► **centro de enseñanza** (*gen*) educational institution; (= *colegio*) school ► **centro de enseñanza media**, **centro de enseñanza secundaria** secondary school ► **centro de enseñanza superior** higher education institution ► **centro de jardinería** garden centre, garden center (*EEUU*) ► **centro de llamadas** call centre ► **centro de planificación familiar** family planning clinic ► **centro de proceso de datos** data processing centre ► **centro de protección de menores** child protection centre ► **centro de rastreo** (*Astron*) tracking centre ► **centro de salud** health centre ► **centro de trabajo** workplace; **en los ~s de trabajo** in the workplace ► **centro docente** educational institution ► **centro escolar** school ► **centro espacial** space centre ► **centro médico** (*gen*) medical establishment; (= *hospital*) hospital ► **centro penitenciario** prison, penitentiary (*EEUU*) ► **centro recreacional** (*Cuba, Ven*) sports centre, leisure centre ► **centro sanitario** = **centro médico** ► **centro universitario** (= *facultad*) faculty; (= *universidad*) university
6 (= *población*) ► **centro de población** population centre ► **centro turístico** (= *lugar muy visitado*) tourist centre; (*diseñado para turistas*) tourist resort ► **centro urbano** urban area, city
7 (= *ropa*) (*CAm*) (= *juego*) trousers and waistcoat, pants and vest (*EEUU*); (*Andes, Caribe*) (= *enaguas*) underskirt; (*Andes*) (= *falda*) thick flannel skirt
Ⓑ SMF (*Ftbl*) centre; **delantero ~** centre-forward; **medio ~** centre-half

**centroafricano/a** Ⓐ ADJ Central African
Ⓑ SM/F native *o* inhabitant of the Central African Republic

**Centroamérica** SF Central America

**centroamericano/a** ADJ, SM/F Central American

**centrocampismo** SM midfield play

**centrocampista** SMF (*Dep*) midfielder; **los ~s** the midfield

**centrocampo** SM midfield

**centroderecha** SM centre-right

**Centroeuropa** SF Central Europe

**centroeuropeo/a** ADJ, SM/F Central European

**centroizquierda** SM centre-left

**cénts** ABR (= **céntimos**) c

**centuplicar** ▸conjug 1g◂ VT to increase a hundredfold, centuplicate (*frm*)

**céntuplo** Ⓐ ADJ hundredfold, centuple
Ⓑ SM centuple

**centuria** SF century

**centurión** SM centurion

**cenutrio*** SM twit*, twerp*

**cénzalo** SM mosquito

**cenzontle** SM (*CAm, Méx*) mockingbird

**ceñido** ADJ 1 [*vestido*] figure-hugging; [*traje*] tight-fitting; [*vaqueros*] skintight
2 (= *reducido*) **una novela ceñida a las normas clásicas** a novel that sticks close to classical principles; **~ y corto** brief and to the point
3 [*curva*] tight

**ceñidor** SM sash, girdle

**ceñir** ▸conjug 3h, 3k◂ Ⓐ VT 1 (= *ajustar*) **el vestido le ceñía el cuerpo** the dress clung to *o* hugged her body, the dress was really tight-fitting; **la faja le ceñía el talle** the sash fitted tightly around her waist
2 (*Cos*) to take in; **habrá que ~ más el talle** the waist will need to be taken in more
3 (*liter*) (= *rodear*) to surround, encircle; **la muralla que ciñe la ciudad** the wall that surrounds *o* encircles the city; **un lazo de terciopelo le ceñía la cintura** she had a velvet ribbon around her waist, a velvet ribbon encircled *o* (*liter*) girdled her waist; **ceñí su cuerpo con mis brazos** I wrapped my arms around his body
4 (*liter*) (= *llevar puesto*) **la corona que ciñó nuestro rey** the crown that our king wore, the crown that rested on the head of our king
Ⓑ **ceñirse** VPR 1 (= *reducirse*) **~se a algo: esta biografía se ciñe a la vida personal del autor** this biography limits itself *o* restricts itself to the author's personal life; **me voy a ~ a algunos detalles significativos** I am going to limit *o* restrict myself to certain relevant details
2 (= *atenerse*) **~se a algo: no se ciñeron a lo acordado** they did not keep to *o* stick to the agreement; **será difícil ~se al presupuesto** it will be difficult to keep to *o* keep within *o* stay within the budget; **por favor, cíñase a las preguntas del fiscal** please keep to the questions of the public prosecutor, please limit yourself to answering the questions of the public prosecutor
3 (*frm*) (= *ponerse*) to put on; **quiso ~se de nuevo el traje de novia** she wanted to put on her wedding dress again; **se ciñó la correa alrededor de la cintura** she put the belt around her waist; **se ciñó la gorra y se marchó** he put *o* pulled his hat on and left; **~se la corona** to be crowned, take the crown (*liter*); **~se la espada**†† to put on one's sword, gird one's sword (*liter*)

**ceño** SM 1 (= *expresión*) frown, scowl; **arrugar** *o* **fruncir el ~** to frown, knit one's brows; **mirar con ~ a algn** to frown at sb, scowl at sb, give black looks to sb
2 [*de las nubes, del mar*] threatening appearance

**ceñudo** ADJ frowning, scowling

**CEOE** SF ABR (= **Confederación Española de Organizaciones Empresariales**) ≈ CBI

**CEP** SM ABR (*Esp*) (= **Centro de Educación de Profesores**) *teacher training centre*

**cepa** SF 1 (= *tronco*) [*de árbol*] stump; [*de vid*] stock
2 [*de persona*] stock; **es de buena ~ castellana** he's of good Castilian stock; **es un inglés de pura ~** he's English through and through, he's every inch an Englishman
3 (*Arquit*) pier
4 (*Biol*) strain
5 (*Méx*) (= *hoyo*) pit, trench

**CEPAL** SF ABR (= **Comisión Económica para América Latina y el Caribe**) ECLAC

**cepero** SM trapper

**cepillado** SM 1 [*de ropa, dientes, pelo*] brushing; **se elimina con un suave ~** you can get rid of it with a gentle brushing
2 [*de madera*] planing

**cepilladura** SF = **cepillado**

**cepillar** ▸conjug 1a◂ Ⓐ VT 1 [+ *ropa, dientes, pelo*] to brush

2 [+ *madera*] to plane, plane down
3 (*) (= *suspender*) to fail, flunk (*esp EEUU**)
4 (*) (= *adular*) to flatter, butter up
5 (*) (= *robar*) to rip off*
6 (*) (= *ganar*) to win, take (**a** from)
Ⓑ **cepillarse** VPR 1 [+ *dientes, pelo*] to brush
2 **~se a algn*** (= *matar*) to bump sb off*; (**) (= *copular con*) to screw sb**
3 (*) (= *robar*) **~se algo** to rip sth off*

**cepillo** SM 1 (*para ropa, dientes, pelo*) brush; **lleva el pelo cortado al ~** he has a crew cut ► **cepillo de baño** toilet brush ► **cepillo de dientes** toothbrush ► **cepillo de púas (metálicas)** wire brush ► **cepillo para el pelo** hairbrush ► **cepillo para la ropa** clothes brush ► **cepillo para las uñas** nailbrush
2 (*para barrer*) brush ► **cepillo para el suelo** scrubbing brush
3 (*para madera*) plane
4 (*Rel*) poorbox, alms box
5 (*LAm*) (= *adulador*) flatterer, bootlicker*

**cepillón/ona:** Ⓐ ADJ soapy*
Ⓑ SM/F creep*

**cepo** SM 1 (*Caza*) trap, snare ► **cepo conejero** snare ► **cepo lobero** wolf-trap
2 (*Aut*) (wheel) clamp
3 [*de yunque, ancla*] stock
4 (*Bot*) branch, bough
5 (*Rel*) poorbox, alms box

**ceporrez*** SF idiocy

**ceporro*** SM 1 (= *idiota*) twit*, idiot
2 (= *gordo*) **estar como un ~** to be very fat

**Cepsa** SF ABR (*Com*) = **Compañía Española de Petróleos, Sociedad Anónima**

**CEPYME** SF ABR = **Confederación Española de la Pequeña y Mediana Empresa**

**cequión** SM (*Cono Sur*) *large irrigation channel*

**cera** SF 1 wax; **depilarse a la ~** ◊ **hacerse la ~** to wax one's legs *o* arms *etc*; ✦***MODISMO*** **ser como una ~** to be as gentle as a lamb ► **cera de abejas** beeswax ► **cera de los oídos** earwax ► **cera de lustrar** wax polish ► **cera de para suelos** floor polish
2 **ceras** [*de colmena*] honeycomb *sing*
3 (*Andes, Méx*) (= *vela*) candle

**cerafolio** SM chervil

**cerámica** SF 1 (*Arte*) ceramics *sing*, pottery
2 (= *conjunto de objetos*) ceramics *pl*, pottery

**cerámico** ADJ ceramic

**ceramista** SMF potter

**cerbatana** SF 1 (*Mil*) blowpipe
2 (= *juguete*) peashooter
3 (*Med*) ear trumpet

**cerca¹** SF (= *valla*) [*de madera, alambre*] fence; [*de piedra, ladrillo*] wall ► **cerca eléctrica** electrified fence, electric fence ► **cerca viva** hedge

**cerca²** Ⓐ ADV 1 (*indicando proximidad*) (*de aquí o allí*) near, nearby; (*entre objetos, personas*) close; **no había un hospital ~** there wasn't a hospital near there *o* nearby; **está aquí ~** it's very *o* just near here; **¿está ~ la estación?** is the station near here *o* nearby?; **está tan ~ que puedo ir andando** it's so near here *o* so close I can just walk; **las casas están tan ~ que se pueden oír las conversaciones de los vecinos** the houses are so close (to each other) that you can hear what the neighbours are saying; **quería tener más ~ a los amigos** he wanted to be nearer (to) *o* closer to his friends; **las vacaciones están ya ~** the holidays are nearly here, the holidays are not far off now; **~ de** near (to), close to; **viven ~ de la playa** they live near (to) *o* close to the beach; **estaba sentada ~ de mí** she was sitting near me; **se sentía muy ~ de su familia** she felt very close to her family
2 **de ~** 2·1 (= *a poca distancia*) [*ver*] close up; [*seguir, observar, vigilar*] closely; **no veo bien de ~** I can't see things close up, I'm longsighted; **visto de ~, parece mayor** when you see him close up *o* at close quarters, he seems older; **pudo ver de ~ la pobreza** she got to see poverty close at hand *o* at close quarters; **el coche iba a gran velocidad, seguido de ~ por su escolta** the car was travelling at a high speed, followed closely by its escort; **seguí de ~ la guerra a través de los periódicos** I followed the war closely in the newspapers
2·2 (= *en persona*) in person; **para todos aquellos que no puedan ver la exposición de ~** for all those unable to see the exhibition in person; **he tenido la oportunidad de conocer de ~ a muchos famosos** I have had the opportunity of meeting many famous people personally *o* in person; **los que lo conocen de ~ hablan muy bien de él** those who know him well speak very highly of him; **la crisis me ha afectado muy de ~** the crisis has affected me personally; **no conoce de ~ los problemas de la población** he does not have first-hand *o* personal knowledge of the people's problems
3 **~ de** (= *casi*) nearly; **hay ~ de ocho toneladas** there are nearly eight tons of it; **~ de 2.500 personas** nearly 2,500 people; **son ~ de las seis** it's nearly six o'clock; **estar ~ de hacer algo** to come close to doing sth; **he estado ~ de tirar el libro por la ventana** I've come close to throwing that book out of the window; **estuvimos tan ~ de conseguir la victoria ...** we were so close to obtaining victory ...
4 (*esp Cono Sur*) **~ nuestro/mío** near us/me
Ⓑ SM (†) 1 (= *aspecto*) **tiene buen ~** it looks all right close up
2 **cercas** (*Arte*) foreground *sing*

**cercado** SM 1 (= *recinto*) enclosure; (= *huerto*) enclosed garden, orchard
2 (= *valla*) fence, wall ► **cercado eléctrico** electrified fence
3 (*Andes*) (= *ejido*) communal lands
4 (*Andes Hist*) *state capital and surrounding towns*

**cercanía** SF 1 (= *proximidad*) nearness, proximity
2 **cercanías** (= *alrededores*) neighbourhood *sing*, neighborhood (*EEUU*) *sing*, vicinity *sing*; (= *suburbios*) outskirts, suburbs; **tren de ~s** suburban train, commuter train

**cercano** ADJ 1 [*lugar*] nearby; **entraron en un bar ~** they went to a nearby bar; **acudió a la comisaría más cercana** he went to the nearest police station; **sentía la presencia cercana de su madre** he felt the presence of his mother nearby; **~ a** close to, near, near to; **un hotel ~ al aeropuerto** a hotel close to *o* near (to) the airport; **una cifra cercana a los tres millones de dólares** a figure close to three million dollars
2 [*amigo, pariente*] close; **su colaborador más ~** his closest collaborator; **~ a** close to; **según fuentes cercanas al ministerio** according to sources close to the ministry; **personas cercanas a la organización terrorista** people closely linked to the terrorist organization
3 (*en el tiempo*) **en el futuro ~** in the near future; **cree cercana la firma del acuerdo** he believes that they are close to signing the agreement; **ahora, cuando está ~ el primer aniversario de su muerte** now, as the first anniversary of her death approaches

**Cercano Oriente** SM Near East

**cercar** ▸conjug 1g◂ VT 1 [+ *campo, terreno*] to enclose; (*con vallas*) to fence in, wall in
2 [+ *persona*] to surround, ring
3 (*Mil*) [+ *pueblo, ciudad*] to surround, besiege; [+ *tropas*] to cut off, surround

**cercén** ADV **cortar a ~** to sever; **cortar un brazo a ~** to sever an arm

**cercenar** ▸conjug 1a◂ VT 1 (= *recortar*) to cut *o* trim the edges of
2 [+ *brazo, pierna*] to sever
3 (= *reducir*) [+ *gastos*] to cut down, reduce; [+ *texto*] to shorten, cut down

**cerceta** SF teal, garganey

**cerciorar** ▸conjug 1a◂ Ⓐ VT **~ a algn de algo** to convince sb of sth
Ⓑ **cerciorarse** VPR **~se de algo** make sure *o* certain of sth; **cerciórense de que las luces están apagadas** make sure *o* certain that the lights are switched off

**cerco** SM 1 (*Agr*) (= *recinto*) enclosure
2 (*LAm*) (= *valla*) fence, hedge; ✦***MODISMO*** **saltar el ~** (*Cono Sur*) to jump on the bandwagon
3 (*Téc*) [*de rueda*] rim; [*de tonel*] hoop
4 (= *borde externo*) [*de estrella*] halo; [*de mancha*] ring
5 (= *corrillo*) social group, circle
6 (*Mil*) siege; **alzar** *o* **levantar el ~** to raise the siege; **poner ~ a algo** to lay siege to sth, besiege sth
7 (*Arquit*) casing, frame

**cercón** ADV (*LAm*) rather close

**cerda** SF 1 (*Zool*) sow; *ver tb* **cerdo**
2 (= *pelo*) [*de cepillo, jabalí, tejón*] bristle; [*de caballo*] horsehair
3 (**) (= *puta*) slut

**cerdada** SF dirty trick

**cerdear** ▸conjug 1a◂ VI 1 (*Mús*) to rasp, screech
2 (*) (= *aplazar*) to put things off

**Cerdeña** SF Sardinia

**cerdito/a** SM/F piglet

**cerdo¹** SM 1 (*Zool*) pig, hog (*EEUU*); **todos los políticos son unos ~s** all politicians are bastards *o* swine*; ✦***MODISMO*** **comer como un ~** (= *mucho*) to stuff o.s; (= *sin modales*) to eat like a pig; ✦***REFRÁN*** **a todos los ~s les llega su San Martín** everyone gets their just deserts sooner or later, everyone gets their comeuppance in the end ► **cerdo ibérico** Iberian pig ► **cerdo marino** porpoise; *ver tb* **cerda**
2 (*Culin*) pork; **carne de ~** pork

**cerdo²/a*** Ⓐ ADJ 1 (= *sucio*) filthy, dirty
2 (= *malhablado*) **no digas palabrotas, no seas tan ~** don't swear *o* curse, don't be so foul-mouthed *o* crude
3 (= *maleducado*) **no eructes en público, no seas ~** don't belch in public, don't be such a pig *o* don't be so gross!

[4] (= *canalla*) rotten*
Ⓑ SM/F [1] (= *sucio*) slob*; **¡mira cómo tienes la habitación! ¡eres un ~!** look at the state of your room! you're a real slob! *o* you're filthy!*
[2] (= *malhablado*) foul-mouthed pig
[3] (= *maleducado*) **es un ~, siempre habla con la boca llena** he's such a pig *o* so gross eating with his mouth full all the time*
[4] (= *canalla*) swine*/cow*; *ver tb* **cerda**

**cerdoso** ADJ bristly

**cereal** Ⓐ ADJ cereal, grain *antes de s*
Ⓑ SM [1] (= *grano*) cereal, grain ► **cereal forrajero** fodder grain
[2] **cereales** [*de desayuno*] cereal *sing*, cereals; **he tomado ~es para desayunar** I've had cereal for breakfast

**cerealista** Ⓐ ADJ grain-producing *antes de s*
Ⓑ SMF cereal farmer; (*Com*) grain dealer

**cerealístico** ADJ grain *antes de s*, cereal *antes de s*

**cereal-pienso** SM (*pl* **cereales-pienso**) fodder grain

**cerebelo** SM cerebellum

**cerebral** ADJ [1] (= *del cerebro*) cerebral, brain *antes de s*
[2] (*pey*) (= *calculador*) scheming, calculating

**cerebralismo** SM intellectualism, cerebralism

**cerebro** SM [1] (*Anat*) brain; ♦***MODISMOS*** **estrujarse el ~*** to rack one's brains; **ser un ~*** to be brilliant, be really brainy ► **cerebro electrónico** electronic brain ► **cerebro gris** éminence grise
[2] (= *dirigente*) brains *pl*; **es el ~ del equipo** he's the brains of the team

**ceremonia** SF [1] (= *acto*) ceremony ► **ceremonia de apertura** opening ceremony ► **ceremonia de clausura** closing ceremony ► **ceremonia inaugural** inaugural ceremony ► **ceremonia religiosa** religious ceremony, (religious) service
[2] (= *afectación*) formality, ceremoniousness; **es muy llano y le molesta tanta ~** he's very straightforward and all this formality annoys him; **¡déjate de ~s!** don't stand on ceremony!; **sin ~s: el rey nos habló sin ~s** the king spoke to us plainly *o* without any ceremony; **se despidió sin ~s** he said goodbye without a fuss

**ceremonial** ADJ, SM ceremonial

**ceremoniosamente** ADV ceremoniously

**ceremonioso** ADJ [*reunión, saludo, visita*] formal; [*ambiente*] ceremonious

**céreo** ADJ (*liter*) waxen (*liter*)

**cerería** SF wax-chandler's shop, chandlery

**cerero** SM wax chandler

**cereza** SF [1] (= *fruta*) cherry; **un jersey rojo ~** a cherry-red jumper ► **cereza silvestre** wild cherry
[2] (*LAm*) (= *cáscara*) husk of coffee bean

**cerezal** SM cherry orchard

**cerezo** SM cherry tree

**cerilla** SF [1] (= *fósforo*) match
[2] (*Anat*) earwax
[3] (*Rel*) wax taper

**cerillazo*** SM **pegar un ~ a algo** to set a match to sth

**cerillero/a** SM/F match seller

**cerillo** SM (*LAm*) match

**cernedor** SM sieve

**cerneja** SF fetlock

**cerner** ►conjug 2g◄ Ⓐ VT [1] (*filtrar*) [+ *harina*] to sift, sieve; [+ *tierra*] to sieve
[2] (= *observar*) to scan, watch
Ⓑ VI [1] (*Bot*) to bud, blossom
[2] (*Meteo*) to drizzle
Ⓒ **cernerse** VPR [1] [*ave*] to hover; [*avión*] to circle
[2] [*amenaza*] **~se sobre algo/algn** to hang over sth/sb
[3] (*al andar*) to waddle

**cernícalo** SM [1] (*Orn*) kestrel
[2] (*) (= *persona torpe*) lout, dolt
[3] **coger un ~*** to get tight*
[4] (*Andes Orn*) hawk, falcon

**cernidillo**† SM [1] (= *modo de andar*) swagger, rolling gait
[2] (*Meteo*) drizzle

**cernido** SM [1] (= *acto*) sifting
[2] (= *harina*) sifted flour
[3] (*Andes Meteo*) drizzle

**cernidor** SM sieve

**cernidura** SF sifting

**cero** SM [1] (*Fís, Mat*) zero; **ocho grados bajo ~** eight degrees below zero; **desde las ~ horas** from twelve o'clock midnight; ♦***MODISMOS*** **estoy a ~ de dinero** I'm broke*; **empezar** *o* **partir de ~** to start from scratch; **tendremos que partir nuevamente de ~** we'll have to start from scratch again; **ser un ~ a la izquierda** to be useless ► **cero absoluto** absolute zero
[2] (*Ftbl, Rugby*) nil, zero (*EEUU*); **ganaron por tres goles a ~** they won by three goals to nil, they won three nil; **empataron a ~** they drew nil-nil, it was a no-score draw; **estamos 40 a ~** (*Tenis*) it's 40-love
[3] (*Educ*) nought; **me han puesto un ~** I got nought out of ten
[4] (*) (= *coche-patrulla*) police car

**ceroso** ADJ waxen (*liter*), waxy

**cerote** SM [1] (*Téc*) wax, shoemaker's wax
[2] (*) (= *miedo*) panic
[3] (*CAm, Méx*) (= *excremento*) piece of human excrement, stool; ♦***MODISMOS*** **estar hecho un ~** (*Andes*) ◊ **tener ~** (*Cono Sur, Méx*) to be covered in muck

**cerotear** ►conjug 1a◄ VT [+ *hilo*] to wax

**cerquillo** SM [1] (*LAm*) (= *flequillo*) fringe, bangs *pl* (*EEUU*)
[2] [*de monje*] *fringe of hair round the tonsure*
[3] (*Téc*) seam, welt

**cerquita*** ADV quite near, close by

**cerradero** Ⓐ ADJ (= *dispositivo*) locking, fastening; **caja cerradera** box that can be locked, box with a lock
Ⓑ SM (= *mecanismo de cierre*) locking device; (*en cerradura*) strike, keeper; [*de monedero*] purse strings

**cerrado** ADJ [1] (= *no abierto*) [*puerta, ventana, boca*] closed; [*puño*] clenched; [*curva*] sharp, tight; **escuchaban música con los ojos ~s** they were listening to music with their eyes closed; **respira con la boca cerrada** breathe with your mouth closed; **"cerrado"** "closed"; **"cerrado por vacaciones"** "closed for holidays", "closed for vacation" (*EEUU*); **"cerrado por reformas"** "closed for refurbishment"; **la puerta no estaba cerrada con llave** the door was not locked; **se lo dio en un sobre ~** he gave it to her in a sealed envelope; **¿está el grifo bien ~?** is the tap turned off properly?; **esa fábrica lleva varios años cerrada** that factory has been closed for years; **el caso está ~** the case is closed; **el mitin se celebró en un recinto ~** the rally was held indoors; **huele a ~** it smells stuffy in here; **~ a** closed to; **los jardines están ~s al público** the gardens are closed to the public; **el aeropuerto permanece ~ al tráfico aéreo** the airport remains closed to all air traffic; *ver tb* **puerta 3**
[2] (= *apretado*) [*barba*] thick, full; [*bosque*] dense, thick; [*ambiente, atmósfera*] stuffy; **el candidato fue recibido con una cerrada ovación** the presidential candidate was given a rapturous welcome; *ver tb* **descarga 3**
[3] [*cielo*] cloudy, overcast; [*noche*] dark, black; **era ya noche cerrada cuando llegamos a casa** it was completely dark by the time we got home
[4] (*Ling*) [*acento*] broad, strong; [*vocal*] closed; **tiene un acento muy ~** she has a very broad *o* strong accent; **hablaba con ~ acento gallego** he spoke with a broad *o* strong *o* thick Galician accent
[5] [*persona*] [5·1] (= *intransigente*) **la gente de este pueblo es muy cerrada** the people in this village don't much like strangers; **no está ~ a ningún tipo de sugerencias** he is open to all suggestions
[5·2] (= *torpe*) (*tb* **~ de mollera**) dense, thick*
[5·3] (= *reservado*) reserved
[6] (*Com*) [*precio*] fixed; **a precio ~** at a fixed price

**cerradura** SF (*Mec*) lock ► **cerradura de combinación** combination lock ► **cerradura de golpe**, **cerradura de muelle** spring lock ► **cerradura de seguridad** safety lock

**cerraja** SF [1] (*Mec*) lock
[2] (*Bot*) sow thistle

**cerrajería** SF [1] (= *oficio*) locksmith's craft, locksmith's trade
[2] (*Com*) locksmith's, locksmith's shop

**cerrajero/a** SM/F locksmith

**cerrar** ►conjug 1j◄ Ⓐ VT [1] (*hablando de un objeto abierto*) [+ *puerta, ventana, boca*] to close, shut; [+ *cremallera*] to do up; [+ *camisa*] to button, do up; [+ *cortina*] to draw; [+ *paraguas, válvula*] to close; [+ *carta*] to seal; [+ *costura, herida*] to sew up; **no puedo ~ esta maleta** I can't close *o* shut this suitcase; **cierra los ojos** close *o* shut your eyes; **~ algo de golpe** to slam sth shut; **cerró el libro de golpe** she banged *o* slammed the book shut; **los colegios ~on sus puertas a causa de la huelga** the schools closed because of the strike; **cerré la puerta con llave** I locked the door; **cierra el pico*** shut your trap‡; **~ el puño** to clench one's fist; *ver tb* **fila 3.2**
[2] (= *desconectar*) [+ *gas, grifo, radiador*] to turn off
[3] (= *bloquear*) [+ *agujero, brecha, tubo*] to block (up); [+ *frontera, puerto*] to close; **una roca cerraba la entrada a la cueva** a rock was obstructing the entrance to the cave; **han cerrado la frontera** they have closed the border; **~ el paso a algn** to block sb's way; **trató de entrar, pero le ~on el paso** he tried to get in, but they blocked *o* barred his way
[4] [+ *tienda, negocio*] (*al final de la jornada*) to close, shut; (*para siempre*) to close, close down
[5] [+ *jardín, terreno*] (*con cerca*) to fence in; (*con muro*) to wall in
[6] (= *poner fin a*) [6·1] [+ *debate, narración,*

*programa*] to close, end; **~ el sistema** (*Inform*) to shut down the system
6·2 [+ *desfile*] to bring up the rear of; **los manifestantes que cerraban la marcha** the demonstrators bringing up the rear *o* at the rear; **cierra la cabalgata la carroza de Santa Claus** the last float in the procession is the one with Santa Claus
7 **~ un trato** to seal a deal
Ⓑ VI 1 (*hablando de un objeto abierto*) [*puerta, ventana*] to close, shut; [*bragueta*] to do up; [*paraguas, válvula*] to close; [*herida*] to close up; **la puerta cierra mal** the door won't close *o* shut properly; **un estuche que cierra con llave** a jewellery box with a lock
2 [*persona*] **cierra, que se va a escapar el gato** close *o* shut the door or the cat will get out; **te dejo las llaves para que cierres** I am leaving you the keys so you can lock up
3 [*tienda, negocio*] to close, shut; **¿a qué hora cierran las tiendas el sábado?** what time do the shops close *o* shut on Saturday?; **cerramos a las nueve** we close at nine; **las discotecas no cierran en toda la noche** the discos stay open all night
4 (*Fin*) (*en la Bolsa*) to close
5 (*en dominó*) to block; (*en Scrabble*) to use one's tiles up; **¡cierro!** I'm out!
6 (= *atacar*) **~ con** *o* **contra algn** to grapple with sb; **~ con el enemigo** to engage the enemy at close quarters
Ⓒ **cerrarse** VPR 1 [*puerta, ventana*] to close, shut; [*bragueta*] to do up; [*paraguas, válvula*] to close; [*herida*] to close up; **la puerta se cerró detrás de mí** the door closed *o* shut behind me; **la ventana se cerró de golpe** the window slammed shut; **este sofá-cama se cierra con gran facilidad** this sofa-bed is very easy to fold away; **se me cierran los ojos** I can't keep my eyes open
2 [*persona*] **ciérrate bien el abrigo** do your coat up properly; **~se la cremallera** to do one's zip up
3 (*Com*) to close, shut; **la tienda se cierra a las nueve** the shop closes *o* shuts at nine; **el museo se cerró por obras** the museum closed for refurbishment
4 (= *obcecarse*) **~se a algo**: **no hay que ~se a nada sin probarlo primero** you should never dismiss anything without trying it first; **no puedes ~te a la evidencia** you can't ignore the evidence; **~se en algo**: **se ~on en una actitud beligerante** they persisted with a belligerent attitude; **~se en hacer algo** to persist in doing sth; ✦***MODISMO*** **~se en banda** (= *mostrarse inflexible*) to refuse to budge; (= *unirse*) to close ranks
5 (= *terminar*) to close, end; **el trimestre se cerró con un aumento del desempleo** the quarter closed *o* ended with a rise in unemployment; **se ha cerrado el plazo para las votaciones** the period for voting has closed *o* is over
6 [*cielo*] to cloud over, become overcast; [*invierno, noche*] to close in
7 (*Mil*) to close ranks

**cerrazón** SF 1 (= *obstinación*) bloody-mindedness
2 (= *torpeza*) dimwittedness
3 [*del cielo*] threatening sky, storm clouds *pl*

**cerrero** ADJ 1 [*animal*] wild
2 [*persona*] rough, uncouth
3 (*LAm*) (= *sin azúcar*) unsweetened, bitter

➤ LENGUA Y USO: certeza 1 43.1

**cerril** ADJ 1 [*terreno*] rough, mountainous
2 [*animal*] untamed, unbroken
3 [*persona*] (= *brusca*) rough, uncouth; (= *de miras estrechas*) small-minded

**cerrilismo** SM 1 (= *brusquedad*) roughness, uncouthness
2 (= *estrechez de miras*) small-mindedness

**cerrillar** ▸conjug 1a◂ VT [+ *moneda*] to mill

**cerro** SM 1 (*Geog*) hill; ✦***MODISMO*** **andar** *o* **echarse** *o* **ir por los ~s de Úbeda** to wander off the point, go off at a tangent
2 (*Zool*) back; ✦***MODISMO*** **ir en ~** to ride bareback
3 (*Téc*) *bunch of cleaned hemp or flax*
4 (*Andes*) (= *montón*) heap, load; **un ~ de algo** a heap of sth, a load of sth

**cerrojazo** SM slamming; **dar un ~** (*lit*) to slam the bolt; (*fig*) to end unexpectedly

**cerrojo** SM 1 (= *mecanismo*) bolt, latch; **echar el ~** to bolt the door
2 (*Dep*) (*tb* **táctica de ~**) defensive play, negative play

**certamen** SM competition, contest ► **certamen de belleza** beauty contest

**certeramente** ADV accurately

**certero** ADJ 1 (= *correcto*) [*respuesta*] accurate; [*decisión*] correct, right; [*acto*] sure
2 [*tiro*] well-aimed; **es un cazador ~** he's a crack shot

▼ **certeza** SF 1 (= *seguridad*) certainty; **tener la ~ de que …** to know for certain that …, be sure that …; **¿lo sabes con ~?** do you know (that) for certain?
2 (= *precisión*) accuracy

**certidumbre** SF 1 (= *seguridad*) certainty
2 (= *confianza*) conviction

**certificable** ADJ certifiable

**certificación** SF 1 (= *acción*) certification
2 (*Correos*) registration
3 (*Jur*) affidavit

**certificado** Ⓐ ADJ 1 (*Correos*) [*carta, paquete*] registered; **envié la carta por correo ~** I sent the letter by registered mail *o* post
2 (= *aprobado*) certified; **el avión estaba ~ para volar** the plane was certified to fly
Ⓑ SM 1 (= *documento*) certificate ► **certificado de acciones** (*Com*) share *o* stock certificate ► **certificado de aptitud** certificate of attainment ► **certificado de autenticidad** certificate of authenticity ► **certificado de ciudadanía** naturalization papers *pl* ► **certificado de defunción** death certificate ► **certificado de depósito** certificate of deposit ► **certificado de escolaridad** *completion certificate for compulsory education* ► **certificado de estudios** school-leaving certificate ► **certificado de garantía** certificate of guarantee ► **certificado de nacimiento** birth certificate ► **certificado de origen** certificate of origin ► **certificado de penales** good-conduct certificate ► **certificado de vacuna** vaccination certificate ► **certificado escolar** = **certificado de escolaridad** ► **certificado médico** medical certificate
2 (*Correos*) registered item

**certificar** ▸conjug 1g◂ VT 1 (*Jur*) to certify; **~ que …** to certify that …
2 (*Correos*) to register

**certitud** SF certainty

**cerúleo** ADJ (*liter*) cerulean (*liter*), sky blue

**cerumen** SM earwax

**cerval** ADJ deer *antes de s*, deer-like

**cervantino** ADJ Cervantine; **estilo ~** Cervantine style, style of Cervantes; **estudios ~s** Cervantes studies, studies of Cervantes

**cervantista** SMF Cervantes scholar, specialist in Cervantes

**cervatillo** SM fawn

**cervato** SM fawn

**cervecera** SF brewery

**cervecería** SF (= *bar*) bar, public house, beer hall (*EEUU*)

**cervecero/a** Ⓐ ADJ beer *antes de s*; **la industria cervecera** the brewing industry
Ⓑ SM/F brewer

**cerveza** SF beer; **una caña de ~** a glass of beer *o* lager ► **cerveza de barril** draught beer, draft beer (*EEUU*) ► **cerveza de malta** malt beer ► **cerveza de sifón** (*CAm*) = **cerveza de barril** ► **cerveza embotellada** bottled beer ► **cerveza negra** stout ► **cerveza rubia** lager

**cervical** ADJ 1 (= *del cuello*) neck *antes de s*, cervical
2 (= *del útero*) cervical

**Cervino** SM **el Monte ~** Mont Cervin, the Matterhorn

**cerviz** SF 1 (= *nuca*) nape (of the neck); ✦***MODISMOS*** **bajar** *o* **doblar la ~** to submit, bow down; **de dura ~** stubborn, headstrong
2 (= *útero*) cervix

**cervuno** ADJ deer-like

**cesación** SF cessation, suspension ► **cesación del fuego** ceasefire ► **cesación de pagos** suspension of payments

**cesante** Ⓐ ADJ 1 [*empleado*] redundant, laid-off; (*esp LAm*) unemployed
2 [*funcionario*] suspended; **el ministro ~** the outgoing minister
3 [*embajador*] recalled
Ⓑ SMF redundant worker, laid-off worker (*EEUU*)

**cesantear** ▸conjug 1a◂ VT (*Cono Sur*) to dismiss, sack*

**cesantía** SF (*esp LAm*) (= *desempleo*) unemployment; (= *paga*) redundancy money, redundancy payment; [*de funcionario*] suspension

**cesar** ▸conjug 1a◂ Ⓐ VI 1 (= *parar*) to stop; **un ruido que no cesa** an incessant noise; **no ~ de hacer algo**: **el paro no cesa de aumentar** unemployment is constantly increasing; **no cesaba de repetirlo** he kept repeating it; **no cesa de hablar** he never stops talking; **sin ~** incessantly, nonstop; **repetía sin ~ que siempre estaríamos juntos** she kept saying that we would always be together
2 (= *dimitir*) to leave, quit (*EEUU*); **acaba de ~ como presidente de la empresa** he has just left his job as company director; **~ en su cargo** [*empleado*] to resign, leave one's job; [*alto cargo*] to leave office
Ⓑ VT 1 (= *despedir*) to dismiss; **ha sido cesado de su cargo en el ministerio** he has been dismissed from his post at the ministry
2 (= *parar*) [+ *ataque*] to stop

**César** SM Caesar; ✦***REFRÁN*** **dar al ~ lo que es del ~ y a Dios lo que es de Dios** to render unto Caesar that which is Caesar's and unto God that which is God's

**cesaraugustano/a** ADJ, SM/F = **zaragozano**

**cesárea** SF (*Med*) Caesarean, Caesarean section; **le han tenido que hacer una ~** she had to have a Caesarean (section)

**cesáreo** ADJ [1] Caesarean
[2] (*Med*) **operación cesárea** Caesarean section

**cese** SM [1] (= *parada*) cessation; **un acuerdo sobre el ~ de la violencia** an agreement on the cessation of violence; **un ~ temporal de los bombardeos** a temporary halt *o* cessation to the bombing; **el ~ de (las) hostilidades** the cessation of hostilities ► **cese de alarma** (*Mil*) all-clear signal ► **cese de pagos** suspension of payments ► **cese el fuego** ceasefire
[2] (= *despido*) dismissal; **dar el ~ a algn** to dismiss sb
[3] (= *dimisión*) resignation; **entregué mi ~ al jefe** I handed in my resignation *o* gave in my notice to the boss

**CESEDEN** SM ABR (*Esp*) = **Centro Superior de Estudios de la Defensa Nacional**

**CESID** SM ABR, **Cesid** SM ABR (*Esp*) (= **Centro Superior de Información de la Defensa**) *military intelligence service*

**cesio** SM caesium, cesium (*EEUU*)

**cesión** SF [1] [*de territorio*] cession (*frm*), giving up
[2] (*Jur*) granting, transfer ► **cesión de bienes** surrender of property

**cesionario/a** SM/F grantee, assignee

**cesionista** SMF grantor, assignor

**césped** SM [1] (= *planta*) grass ► **césped artificial** artificial turf, Astroturf®
[2] (= *terreno plantado*) lawn
[3] (*Dep*) pitch

**cesta** SF [1] (= *canasta*) basket; ✦**MODISMO llevar la ~*** to play gooseberry, be a third wheel (*EEUU*) ► **cesta de costura** sewing basket ► **cesta de la compra** shopping basket; (*Econ*) *cost of a week's shopping* ► **cesta de Navidad** Christmas box, Christmas hamper ► **cesta de picnic** picnic hamper
[2] (*en baloncesto, pelota vasca*) basket

**cestada** SF basketful

**cestería** SF [1] (= *arte*) basketmaking
[2] (= *conjunto de cestas*) wickerwork, basketwork; **silla de ~** wicker chair, wicker-work chair
[3] (= *tienda*) basketwork shop

**cestero/a** SM/F basketmaker

**cestillo** SM [1] (= *cesto pequeño*) small basket
[2] [*de globo*] basket

**cesto** SM [1] (= *canasta*) basket, hamper ► **cesto de la colada** linen basket, clothes basket
[2] ✦**MODISMO estar hecho un ~*** to be very drowsy
[3] (*) (= *gamberro*) lout

**cesura** SF caesura

**cetáceo** ADJ, SM cetacean

**cetárea** SF, **cetaria** SF shellfish farm

**cetme** SM rifle

**cetorrino** SM basking shark

**cetrería** SF falconry, hawking

**cetrero** SM [1] (*Caza*) falconer
[2] (*Rel*) verger

**cetrino** ADJ [*tez*] sallow; [*persona, temperamento*] melancholy

**cetro** SM [1] (= *bastón de mando*) sceptre, scepter (*EEUU*); ✦**MODISMO empuñar el ~** to ascend the throne
[2] (= *poder*) sway, dominion
[3] (*LAm Dep*) crown, championship

**CEU** SM ABR (*Esp*) (= **Centro de Estudios Universitarios**) *private university*

**Ceuta** SF Ceuta

**ceutí** Ⓐ ADJ from *o* of Ceuta
Ⓑ SMF native *o* inhabitant of Ceuta; **los ~es** the people of Ceuta

**C.F.** ABR (= **Club de Fútbol**) FC

**cf.** ABR (= **compárese**) cf

**CFC** SM ABR (= **clorofluorocarbono**) CFC

**cfr.** ABR (= **confróntese**) cf

**CG** SF ABR (*Esp Pol*) = **Coalición Galega**

**cg** ABR (= **centígramo(s)**) cg

**CGC-L** SM ABR (*Esp*) = **Consejo General de Castilla y León**

**CGPJ** SM ABR (*Esp*) (= **Consejo General del Poder Judicial**) *government body which oversees legal profession*

**CGS** SF ABR (*Guat, El Salvador*) = **Confederación General de Sindicatos**

**CGT** SF ABR [1] (*Méx, Perú, Esp*) = **Confederación General de Trabajadores**
[2] (*Arg*) = **Confederación General del Trabajo**

**Ch, ch** [tʃe] SF *combination of consonants formerly considered a separate letter of the Spanish alphabet*

**ch.** ABR (= **cheque**) ch

**cha** SM Shah

**chabacanear** ▸conjug 1a◂ VI (*LAm*) to say *o* do coarse things

**chabacanería** SF [1] (= *mal gusto*) vulgarity, bad taste
[2] (= *comentario grosero*) **una ~** a coarse *o* vulgar remark

**chabacanizar** ▸conjug 1f◂ VT to trivialize

**chabacano**[1] ADJ [*chiste*] vulgar, coarse, in bad taste; [*objeto*] cheap; [*trabajo*] shoddy

**chabacano**[2] SM (*Méx*) apricot, apricot tree

**chabola** SF shack; **~s** shanty town

**chabolismo** SM *problem of shanty towns*

**chabolista** Ⓐ ADJ slum *antes de s*, shanty-town *antes de s*
Ⓑ SMF slum dweller, shanty-town dweller

**chabón/a*** Ⓐ ADJ daft, stupid
Ⓑ SM/F twit*

**chaca*** SF ✦**MODISMO estar en la ~** (*Caribe*) to be flat broke*

**chacal** SM jackal

**chacalín/ina** (*CAm*) SM/F [1] (= *niño*) kid*, child
[2] (= *camarón*) shrimp

**chacanear** ▸conjug 1a◂ VT [1] (*Cono Sur*) [+ *caballo*] to spur violently
[2] (*Cono Sur*) (= *fastidiar*) to pester, annoy
[3] (*Andes*) (= *usar*) to use daily

**chacaneo** SM ✦**MODISMO para el ~** (*Andes*) for daily use, ordinary

**chácara**[1] SF [1] (*LAm*) sore, ulcer
[2] (*CAm*) large bag (*made of leather*)

**chácara**[2] SF (*LAm*) = **chacra**

**chacarera** SF *Argentinian folk dance*; *ver tb* **chacarero**

**chacarería** SF [1] (*LAm Agr*) market gardens *pl*, truck farms *pl* (*EEUU*)
[2] (*Andes, Cono Sur*) (= *industria*) horticulture, market gardening, truck farming (*EEUU*)

**chacarero/a** Ⓐ SM/F (*LAm*) (= *granjero*) small farmer, market gardener, truck farmer (*EEUU*); *ver tb* **chacarera**
Ⓑ SM (*Chile*) (*tb* **sandwich ~**) sandwich
Ⓒ ADJ (*LAm*) small farm *antes de s*

**chacha*** SF [1] (= *criada*) maid, housemaid
[2] (†) (= *niñera*) nanny, nursemaid

**chachacaste** SM (*CAm*) liquor, brandy

**chachachá** SM, **cha-cha-cha** SM [1] (= *baile*) cha-cha-cha, cha-cha
[2] (= *juego*) solitaire

**chachal** SM (*CAm*) charm necklace

**chachalaca*** (*CAm, Méx*) Ⓐ ADJ chatty
Ⓑ SF chatterbox

**chachar** ▸conjug 1a◂ VT (*LAm*) [+ *coca*] to chew

**cháchara** SF [1] chatter, chit-chat*; **estar de ~*** to chatter, gab*
[2] **cháchara**s (*Méx*) (= *trastos*) junk *sing*
[3] (*Andes*) (= *chiste*) joke

**chacharachas** SFPL (*Cono Sur*) useless ornaments

**chacharear** ▸conjug 1a◂ Ⓐ VT (*Méx*) to deal in
Ⓑ VI to chatter, gab*

**chacharería** SF (*Cono Sur, Méx*) trinkets *pl*

**chacharero/a** Ⓐ ADJ chattering
Ⓑ SM/F [1] (*) (= *parlanchín*) chatterbox
[2] (*Méx*) (= *vendedor*) rag-and-bone man

**chachi*** Ⓐ ADJ great*, brill*; **¡qué ~!** that's great!, that's brill!*; **¡estás ~!** you look great!*
Ⓑ ADV great*, brill*; **nos lo pasamos ~** we had a great* time

**chachipén** ADJ, ADV = **chachi**

**chacho*** SM [1] (= *chico*) boy, lad
[2] (*CAm*) (= *gemelo*) twin
[3] (*Méx*) (= *criado*) servant

**chachos** SMPL (*CAm*) Siamese twins

**chacina** SF [1] (= *carne para embutidos*) pork
[2] (= *embutidos*) cold meats *pl*, cold cuts *pl* (*EEUU*)
[3] (= *cecina*) dried meat

**chacinería** SF pork butcher's, pork butcher's shop

**chacinero** ADJ pork *antes de s*; **industria chacinera** pigmeat industry

**chacó** SM shako

**chacolí** SM *sharp-tasting Basque wine*

**chacolotear** ▸conjug 1a◂ VI to clatter

**chacoloteo** SM clatter, clattering

**chacón** SM Philippine lizard

**chacota*** SF **estar de ~** to be in a joking mood; **echar** *o* **tomar algo a ~** to make fun of sth

**chacotear** ▸conjug 1a◂ Ⓐ VI to have fun
Ⓑ **chacotearse** VPR **~se de algo** to make fun of sth

**chacoteo** SM (*Cono Sur*) = **chacota**

**chacotería** SF (*Cono Sur*) = **chacota**

**chacotero** ADJ, **chacotón** ADJ (*Cono Sur*) fond of a joke

**chacra** SF (*Andes, Cono Sur*) small farm

**chacuaco** Ⓐ ADJ (*LAm*) coarse, rough
Ⓑ SM [1] (*CAm*) (= *cigarro*) roughly-made cigar
[2] (*CAm, Méx*) (= *colilla*) cigar stub

**Chad** SM Chad

**chadiano/a** ADJ, SM/F Chadian

**chador** SM chador

**chafa*** ADJ (*Méx*) useless

**chafallar** ▸conjug 1a◂ VT to botch, botch up

**chafallo** SM botched job

**chafalonía** SF (*Andes*) *worn-out gold jewellery*

**chafalote** Ⓐ ADJ (*Cono Sur*) (= *ordinario*) common, vulgar
Ⓑ SM 1 = **chafarote**
2 (*LAm***) (= *pene*) prick**

**chafar** ▸conjug 1a◂ VT 1 (= *aplastar*) [+ *pelo*] to flatten; [+ *ropa*] to crumple, crease; [+ *patatas*] to mash
2 [+ *persona*] ~ *o* **dejar chafado a algn** to crush sb, take the wind out of sb's sails*; **quedó chafado** he was speechless
3 (= *estropear*) to ruin, spoil; **~ las vacaciones a algn** to ruin sb's holidays; **le ~on el negocio** they messed up the deal for him
4 (*Cono Sur*) (= *engañar*) to hoax, deceive

**chafardear** ▸conjug 1a◂ VI to gossip

**chafardeo** SM gossip

**chafardero/a** Ⓐ ADJ **es muy ~** he's a terrible gossip
Ⓑ SM/F gossip

**chafarote** SM 1 (= *alfanje*) cutlass
2 (*) (= *espada*) sword
3 (*LAm*) machete
4 (*CAm**) (= *policía*) cop*

**chafarrinada** SF spot, stain

**chafarrinar** ▸conjug 1a◂ VT to blot, stain

**chafarrinón** SM spot, stain; ✦***MODISMO*** **echar un ~ a algn**† to smear *o* slander sb

**chafiro** SM (*CAm, Méx*), **chafirro** SM (*CAm, Méx*) knife

**chaflán** SM 1 (= *inclinación*) bevel; **la casa que hace ~** the house on the corner
2 (= *casa*) corner house

**chaflanar** ▸conjug 1a◂ VT to bevel, chamfer

**chaflar*** ▸conjug 1a◂ VT (*Chile*) to expel, fire*

**chagra** Ⓐ SF (*Ecu*) = **chacra**
Ⓑ SM (*Andes*) peasant farmer

**chagrín** SM shagreen

**chagua** SF (*Andes*) gang

**chaguar** ▸conjug 1i◂ VT (*Cono Sur*) [+ *ropa*] to wring, wring out; [+ *vaca*] to milk

**cháguar** SM (*LAm*) (= *fibra*) agave fibre, hemp

**cháguara** SF (*Cono Sur*) = **cháguar**

**chagüe** SM (*CAm*) swamp, bog

**chagüite** SM (*CAm, Méx*) (= *pantano*) swamp; (= *campo*) flooded field; (= *bananal*) banana plantation

**chagüitear*** ▸conjug 1a◂ VI (*CAm, Méx*) to chat, natter*

**chah** SM Shah

**chai*** SF bird*, chick (*EEUU**)

**chaine** SM (*Andes, CAm*) shoeshine

**chainear** ▸conjug 1a◂ VT (*CAm*) to shine, polish

**chaira** SF 1 [*de afilar*] sharpening steel
2 [*de zapatero*] shoemaker's knife

**chairar** ▸conjug 1a◂ VT (*Cono Sur*) to sharpen

**chal** SM shawl ► **chal de noche** evening wrap

**chala** SF 1 (*Andes, Cono Sur*) [*de maíz*] maize leaf, maize husk
2 (*Cono Sur**) money, dough*; ✦***MODISMO*** **pelar la ~ a algn** to fleece sb*
3 (*Cono Sur*) (= *zapato*) sandal

**chalado*** ADJ crazy*; **¡estás ~!** you're crazy!*; **¡ven acá, ~!** come here, you idiot!; **estar ~ por algo/algn** to be crazy about sth/sb*

**chaladura*** SF crankiness*

**chalán** SM 1 [*de caballos*] dealer, horse dealer
2 (= *estafador*) shady businessman, shark
3 (*LAm*) horse breaker

**chalana** SF barge, lighter

**chalanear** ▸conjug 1a◂ Ⓐ VT 1 (= *tratar con maña*) [+ *persona*] to beat down; [+ *negocio*] to bring off
2 (*LAm*) (= *adiestrar*) to break in, tame
3 (*Cono Sur**) (= *acosar*) to pester
4 (*CAm*) (= *burlarse de*) to make fun of
Ⓑ VI to bargain shrewdly

**chalaneo** SM, **chalanería** SF 1 (= *trato*) hard bargaining, horse trading
2 (= *trampas*) trickery, deception

**chalaquear*** ▸conjug 1a◂ (*CAm*) Ⓐ VT to trick, con*
Ⓑ VI to chatter away, rabbit on*

**chalar*** ▸conjug 1a◂ Ⓐ VT to drive crazy *o* round the bend*
Ⓑ **chalarse** VPR to go crazy*, go off one's rocker*; **se ha chalado por ella** he's crazy *o* nuts about her; **se chaló por su vecina** he fell madly in love with his neighbour; **se ha chalado por las motos** he's crazy about motorbikes

**chalchihuite** SM (*Méx*) jade

**chale*** SMF (*Méx pey*) Chink*

**chalé** SM = **chalet**

**chaleco** SM [*de traje*] waistcoat, vest (*EEUU*); [*de lana*] sleeveless pullover; ✦***MODISMOS*** **a ~** (*CAm, Méx*) by hook or by crook; **quedar como ~ de mono** (*Cono Sur*) to lose one's credibility ► **chaleco antibalas** bulletproof vest ► **chaleco de fuerza** (*LAm*) straitjacket ► **chaleco salvavidas** life jacket, life preserver (*EEUU*)

**chalecón** Ⓐ ADJ (*Méx*) tricky, deceitful
Ⓑ SM con man*

**chalequear** ▸conjug 1a◂ VT (*Cono Sur, Méx*) (= *estafar*) to trick; (= *robar*) to steal

**chalet** [tʃa'le] SM (*pl* **chalets** [tʃa'les]) 1 (= *casa con jardín*) (*independiente*) detached house; (*en hilera*) terraced house; [*de campo*] villa, cottage; [*de una sola planta*] bungalow; [*de montaña*] chalet ► **chalet adosado** terraced house ► **chalet pareado** semi-detached house, duplex (*EEUU*)
2 (*Dep*) clubhouse

**chalina** SF 1 (= *corbata ancha*) cravat
2 (*LAm*) scarf

**chalón** SM (*LAm*) shawl, wrap

**chalona** SF (*LAm*) dried meat, dried mutton

**chalote** SM shallot

**chalupa**[1] SF 1 (= *embarcación*) launch, boat ► **chalupa salvavidas** lifeboat
2 (*Méx*) small canoe

**chalupa**[2] SF (*Méx Culin*) stuffed tortilla

**chalupa**[3]* ADJ crazy; **volver ~ a algn** to drive sb crazy

**chamaco/a** SM/F (*esp Méx*) 1 (= *niño*) kid
2 (= *novio*) boyfriend/girlfriend

**chamada** SF 1 (= *leña*) brushwood
2 (= *incendio*) brushwood fire
3 (*) (= *humo*) smoke

**chamagoso*** ADJ (*Méx*) (= *mugriento*) filthy; (= *chabacano*) crude, rough

**chamal** SM (*Andes, Cono Sur*) blanket (*worn by Indian women as tunic, men as trousers*)

**chamanto** SM (*Chile*) ruana dress, poncho

**chamar*** ▸conjug 1a◂ VT, VI to smoke

**chámara** SF, **chamarasca** SF 1 (= *leña*) kindling, brushwood
2 (= *incendio*) brush fire, blaze

**chamarilero/a** SM/F, **chamarillero/a** SM/F secondhand dealer

**chamarra** SF 1 (= *chaqueta*) sheepskin jacket, leather jacket
2 (*CAm, Méx*) (= *manta*) rough blanket, poncho
3 (*CAm**) (= *engaño*) con*, swindle

**chamarrear*** ▸conjug 1a◂ VT (*CAm*) to con*, swindle

**chamarrero** SM (*Caribe*) quack doctor

**chamarro** SM (*LAm*) 1 (= *manta*) coarse woollen *o* (*EEUU*) woolen blanket
2 (= *serape*) poncho, woollen *o* (*EEUU*) woolen cape

**chamba**[1] SF 1 (*Andes*) (= *tierra*) turf, sod; (= *charca*) pond, pool; (= *zanja*) ditch
2 (*Méx**) (= *trabajo*) work, business; (= *sueldo*) wages *pl*, pay; (= *sueldo bajo*) low pay; (= *chollo*) soft job*
3 (*Caribe, Méx**) dough*, bread (*EEUU**)

**chamba**[2]* SF luck; **por ~** by a fluke; **¡vaya ~ que has tenido!** you lucky thing!

**chambeador(a)*** (*Méx*) Ⓐ ADJ hard-working
Ⓑ SM/F hard worker, slogger*

**chambear*** ▸conjug 1a◂ (*Méx*) VI to earn one's living

**chambelán** SM chamberlain

**chamberga*** SF coat

**chambergo** SM 1 (= *sombrero*) [*de ala ancha*] broad-brimmed soft hat; (*Hist*) cocked hat
2 (= *chaquetón*) (*) coat

**chambero** SM (*Méx*) draughtsman, draftsman (*EEUU*)

**chambón/ona*** Ⓐ ADJ 1 (= *patoso*) clumsy
2 (= *afortunado*) lucky
3 (= *desaseado*) slovenly
Ⓑ SM/F fluky player; ✦***MODISMO*** **hacer algo a la chambona** (*Andes*) to do sth in a rush

**chambonada*** SF 1 (= *torpeza*) awkwardness, clumsiness
2 (= *suerte*) luck
3 (= *error*) blunder

**chambonear*** ▸conjug 1a◂ VI 1 [*ser torpe*] to botch up
2 (= *tener suerte*) to have a stroke of luck, win by a fluke

**chamborote** ADJ (*Andes, CAm*) long-nosed

**chambra**[1] SF 1 (= *bata*) housecoat
2 (= *blusa*) blouse
3 (= *chaqueta*) loose jacket

**chambra**[2] SF (*Caribe*) (= *alboroto*) din, hubbub

**chambra**[3] SF (*Caribe*) (= *machete*) machete, broad knife

**chambrana** SF (*Andes, Caribe*) row, uproar

**chambre*** SM (*CAm*) tittle-tattle, gossip

**chambroso*** ADJ (*CAm*) gossipy

**chamburgo** SM (*Andes*) pool, stagnant water

**chamelicos*** SMPL (*Andes, Cono Sur*) (= *trastos*) lumber *sing*, junk *sing*; (= *ropa*) old clothes

**chamiza** SF 1 [*de techo*] thatch, thatch palm
2 (= *leña*) brushwood

**chamizo** SM 1 (= *cabaña*) thatched hut
2 (= *chabola*) shack
3 (= *mina*) illegal coalmine
4 (= *leño*) half-burned log; (= *árbol*) half-burned tree

**chamo/a*** SM/F (*LAm*) kid*, child

**chamorro** Ⓐ ADJ [*cabeza*] shorn, close-cropped
Ⓑ SM ► **chamorro de cerdo** (*Méx*) leg of pork

**champa** SF [1] (*Andes, Chile*) (= *tierra*) sod, turf
[2] (*Andes, Chile*) [*de pelo*] (= *greña*) mop of hair; (= *maraña*) tangled mass
[3] (*CAm*) (= *cobertizo*) shed; (= *tienda de campaña*) tent

**champán** SM champagne

**champanero** ADJ champagne *antes de s*

**champanizar** ▸conjug 1f◂ VT [+ *vino*] to add a sparkle to

**Champaña** SF Champagne

**champaña** SM champagne

**champañazo** SM (*Cono Sur*) champagne party

**champañero** ADJ champagne *antes de s*

**champi*** SM = **champiñón**

**champiñón** SM mushroom

**champú** SM shampoo ► **champú acondicionador** conditioning shampoo ► **champú anticaspa** anti-dandruff shampoo

**champudo** ADJ (*LAm*) [*pelo*] dishevelled, messy; [*persona*] long-haired

**champurrado** SM (*LAm*) [1] [*de bebidas*] mixture of alcoholic drinks, cocktail
[2] (*) (= *lío*) mess
[3] (*Méx*) [*de chocolate*] *thick chocolate drink*

**champurrar** ▸conjug 1a◂ VT (*esp LAm*) [+ *bebidas*] to mix, make a cocktail of

**champurreado** SM (*Cono Sur*) [1] (*Culin*) hastily-prepared dish
[2] (= *prisa*) hash, botch
[3] = **champurrado**

**champurrear** ▸conjug 1a◂ VT (*Caribe*) [1] [+ *bebidas*] to mix, make a cocktail of
[2] = **chapurrear**

**chamuchina*** SF (*LAm*) [1] (= *turba*) rabble, mob
[2] (= *niños*) crowd of small children, mob of kids*
[3] (*Andes, Caribe*) (= *jaleo*) row, shindy*; (= *riña*) row, quarrel

**chamullar‡** ▸conjug 1a◂ Ⓐ VT to speak, talk; **yo también chamullo el caló** I can talk slang too; **¿qué chamullas tú?** what are you burbling about?
Ⓑ VI [1] (= *hablar*) to speak, talk; **chamullaban en árabe** they were jabbering away in Arabic
[2] (*Cono Sur*) to cook up a story

**chamuscar** ▸conjug 1g◂ Ⓐ VT [1] (= *quemar*) to scorch, singe
[2] (*Méx*) (= *vender barato*) to sell cheap
Ⓑ **chamuscarse** VPR [1] (= *quemarse*) to get scorched, singe
[2] (*Andes**) to fly off the handle*

**chamusquina** SF [1] (= *quemadura*) singeing, scorching
[2] (= *riña*) row, quarrel; ✦**MODISMO esto huele a ~** there's trouble brewing
[3] (*Andes, CAm*) (= *niños*) bunch of kids*

**chan** SM (*CAm*) local guide

**chanada*** SF trick, swindle

**chanar‡** ▸conjug 1a◂ VT (*tb* **~ de algo**) to understand sth

**chanca** SF (*Andes, Cono Sur*) [1] (= *molienda*) grinding, crushing
[2] (= *paliza*) beating

**chancaca** SF [1] (*CAm*) [*de maíz*] maize cake, wheat cake
[2] (*LAm*) (= *azúcar*) dark brown sugar
[3] (*Andes Med*) sore, ulcer

**chancadora** SF (*Chile*) grinder, crusher

**chancar** ▸conjug 1g◂ VT (*LAm*) [1] (= *moler*) to grind, crush
[2] (= *pegar*) to beat, ill-treat
[3] (*Andes, Cono Sur*) (= *estropear*) to botch, bungle

**chance** Ⓐ SM (*a veces* SF) (*LAm*) [1] (= *oportunidad*) chance; **dale ~** let him have a go
[2] (= *suerte*) good luck
Ⓑ CONJ (*Méx*) maybe, perhaps

**chancear** ▸conjug 1a◂ VI, **chancearse** VPR [1] (= *bromear*) to joke, make jokes (**de** about); **~se de algn** to make fun of sb
[2] (= *jugar*) to fool about, play around (**con** with)

**chancero** ADJ fond of a joke

**chancha** SF [1] (*LAm Zool*) sow
[2] (*Cono Sur*) (= *carro*) small wooden cart; (*) (= *bicicleta*) bike*
[3] (*Andes*) ✦**MODISMO hacer la ~*** to play truant, play hooky (*EEUU*)

**chanchada*** SF (*LAm*) dirty trick

**chánchamo** SM (*Méx Culin*) tamale

**cháncharas** SFPL ✦**MODISMO andar en ~ máncharas** to beat about the bush

**chanchería** SF (*LAm*) pork-butcher's, pork-butcher's shop

**chanchero** SM (*LAm*) pork butcher

**chanchi*** ADJ, ADV = **chachi**

**chanchito*** SM (*LAm*) **mi ~** my darling

**chancho** (*LAm*) Ⓐ ADJ dirty, filthy
Ⓑ SM [1] (= *cerdo*) pig, hog (*EEUU*); (= *carne*) pork; ✦**MODISMOS son como ~s** they're as thick as thieves; **hacerse el ~ rengo** to pretend not to notice; **quedar como ~** to come off badly ► **chancho salvaje** wild boar
[2] (*Ajedrez*) blocked piece
[3] (*Cono Sur*) = **chancadora**
[4] (*Cono Sur*) [*de suelos*] floor polisher

**chanchono*** SM lie

**chanchullero/a*** Ⓐ ADJ crooked, bent*
Ⓑ SM/F crook

**chanchullo*** SM fiddle*, wangle*; **andar en ~s** to be on the fiddle*, be mixed up in something shady

**chanciller** SM = **canciller**

**chancillería** SF chancery

**chancla** SF [1] (= *zapatilla*) flip-flop, thong (*EEUU*)
[2] (= *zapato viejo*) old shoe

**chancleta** Ⓐ SF [1] flip-flop, thong (*EEUU*); **ir en ~s** to wear flip-flops; ✦**MODISMOS estar hecho una ~*** to be a wreck*; **tirar la ~** (*Cono Sur*) to have a good time
[2] (*LAm*) baby girl
[3] (*Caribe*) accelerator
Ⓑ SMF (*) good-for-nothing

**chancletero** ADJ (*LAm*), **chancletudo** ADJ (*LAm*) [1] (= *ordinario*) common, low-class
[2] (= *desaseado*) scruffy

**chanclo** SM [1] (= *zueco*) clog
[2] [*de goma*] overshoe, galosh

**chancón/ona*** SM/F (*Andes*) swot*, grind (*EEUU**)

**chancro** SM chancre

**chandal** SM (*pl* **chandals**), **chándal** SM (*pl* **chándals**) tracksuit

**chanelar*** ▸conjug 1a◂ VT to catch on to, twig*

**chanfaina** SF [1] (*Culin*) cheap stew
[2] (*Andes, CAm*) (= *enredo*) mess; (= *suerte*) lucky break

**chanfle** SM [1] (*Cono Sur**) cop*
[2] (*LAm*) = **chaflán**

**chanflón** ADJ [1] (= *deforme*) misshapen
[2] (= *basto*) crude, coarse

**changa** SF [1] (*Andes, Cono Sur*) (= *chapuza*) odd job
[2] (*Andes*) (= *propina*) tip (*to a porter*)
[3] (*Caribe*) (= *broma*) joke; *ver tb* **chango**

**changador** SM (*Andes, Cono Sur*) (= *mozo de cordel*) porter; (= *trabajo*) odd job

**changango** SM (*Cono Sur*) (= *guitarra*) small guitar

**changarín*** SM (*Arg*) casual labourer, casual laborer (*EEUU*)

**changarro** SM (*Méx*) small shop

**changarse‡** ▸conjug 1h◂ VPR to break, break down, go wrong

**chango/a** Ⓐ ADJ [1] (*Méx*) (= *listo*) quick, sharp; **¡ponte ~!** wake up!
[2] (*Chile*) (= *tonto*) silly
[3] (*Caribe, Méx*) (= *juguetón*) mischievous, playful
[4] (*Cono Sur*) (= *molesto*) annoying
[5] **la gente está changa** (*Méx*) there are lots of people
Ⓑ SM/F [1] (*Méx*) small monkey
[2] (*Cono Sur, Méx*) (= *niño*) kid; (= *criado*) young servant; *ver tb* **changa**

**changuear** ▸conjug 1a◂ VI (*Andes, Caribe, Méx*) = **chancear**

**changüí†*** SM [1] (= *chiste*) joke
[2] (= *engaño*) trick; **dar changüí a algn** (= *engañar*) to trick sb; (= *tomar el pelo*) to tease sb

**changurro** SM crab

**chanquetes** SMPL whitebait *pl*

**chanta‡** SMF (*Cono Sur*) (= *fanfarrón*) loud-mouth*; (= *informal*) fraud

**chantaje** SM blackmail; **hacer ~ a algn** to blackmail sb ► **chantaje emocional** emotional blackmail

**chantajear** ▸conjug 1a◂ VT to blackmail

**chantajista** SMF blackmailer

**chantar** ▸conjug 1a◂ VT [1] **~ algo a algn** to tell sb sth to his face
[2] (*Perú, Chile**) (= *arrojar*) to throw, chuck; **~ a algn en la cárcel** to throw sb in jail, put sb in jail; **~ a algn en la calle** to throw sb out
[3] (*Cono Sur*) (= *abandonar*) to leave in the lurch; (= *engañar*) to deceive, trick
[4] (*Andes, Cono Sur*) [+ *golpe*] to give

**chantre** SM (*Rel*) precentor

**chanza** SF [1] (= *chiste*) joke; **de** *o* **en ~** in fun, as a joke; **estar de ~** to be joking
[2] **chanzas** (= *diversión*) fun *sing*

**chañaca** SF (*Cono Sur*) [1] (*Med*) itch, rash
[2] (= *mala reputación*) bad reputation

**chao*** EXCL bye*, cheerio*, so long (*esp EEUU**), see ya (*esp EEUU**)

**chapa** SF [1] (= *material*) sheet metal; **la escultura incorpora ~ y madera** the sculpture includes sheet metal and wood
[2] (= *lámina*) **una ~ de metal** a metal sheet, a sheet of metal; **una ~ de madera** a wooden

panel; **una ~ de acero** a steel plate; **la ~ del coche** the panel of the car; **una mesa revestida con ~ de nogal** a table covered with a walnut veneer ► **chapa acanalada**, **chapa ondulada** corrugated iron (sheet)
3 [*de policía*] badge; [*de adorno*] badge; **lleva la cazadora llena de ~s** he has badges all over his jacket
4 [*de botella*] cap, top
5 (*Cono Sur*) [*de matrícula*] ► **chapa de patente** licence *o* (*EEUU*) license plate
6 **chapas** (= *juego*) *game of throwing bottle tops*
7 (*Esp*‡) *one-hundred-peseta coin*; ✦MODISMO **estar sin ~**† not to have a farthing *o* cent
8 ✦MODISMO **hacer ~s**‡ (= *prostituirse*) to turn tricks‡
9 (*LAm*) (= *cerradura*) lock; (= *tirador*) (door) handle
10 **hombre de ~**† sensible man

**chapado** ADJ [*metal*] plated; [*muebles*] veneered, finished; **~ de roble** with an oak veneer, with an oak finish; **~ de oro** gold-plated; ✦MODISMO **~ a la antigua** old-fashioned, of the old school

**chapalear** ▸conjug 1a◂ VI = **chapotear**

**chapaleo** SM = **chapoteo**

**chapapote** SM (*Méx*) (= *pez*) tar, pitch; (= *asfalto*) asphalt

**chapar** ▸conjug 1a◂ Ⓐ VT 1 (= *cubrir*) [+ *metal*] to plate; [+ *muebles*] to veneer, finish; [+ *pared*] to tile
2 [+ *frase, observación*] to come out with; **le chapó un "no" como una casa** he gave him a flat "no"
3 (‡) (= *cerrar*) [+ *local, negocio*] to shut, close
4 (*Perú*) (= *asir*) to seize; (= *atrapar*) to catch; (= *espiar*) to spy on
Ⓑ VI 1 (‡) (= *estudiar*) to swot*, cram*
2 (‡) (= *dormir*) to kip*, sleep

**chaparra** SF 1 (= *árbol*) kermes oak
2 (= *maleza*) brush, scrub

**chaparrada** SF = **chaparrón**

**chaparral** SM thicket (*of kermes oaks*), chaparral

**chaparrear** ▸conjug 1a◂ VI (= *llover*) to pour down

**chaparreras** SFPL (*Méx*) leather chaps

**chaparro/a** Ⓐ ADJ 1 (= *rechoncho*) squat
2 (*esp LAm*) (= *bajito*) short
Ⓑ SM dwarf oak, kermes oak
Ⓒ SM/F 1 (= *persona*) short chubby person
2 (*Méx*) child, kid*

**chaparrón** SM 1 (*Meteo*) downpour, cloudburst; ✦MODISMO **aguantar el ~** to face the music*
2 [*de insultos*] barrage; [*de cartas*] flood

**chapatal** SM muddy place

**chape** SM (*Andes, Cono Sur*) tress, pigtail

**chapear** ▸conjug 1a◂ Ⓐ VT 1 = **chapar A1**
2 (*LAm Agr*) to weed
3 (= *sonar*) to rattle
4 **~ a algn** (*Caribe*) to cut sb's throat
Ⓑ VI (*LAm*) to clear the ground

**chapeau** [tʃa'po] Ⓐ EXCL bravo!, well done!
Ⓑ SM 1 ✦MODISMO **hacer ~** to take off one's hat (**ante** to)
2 (= *felicitación*) congratulations

**chapeo**‡ SM hat

**chapero**‡ SM 1 (= *prostituto*) rent boy*
2 (= *homosexual*) queer**, poof**, fag (*EEUU*‡)

**chapeta** SF flush (*on the cheeks*)

**chapetón** Ⓐ ADJ (*LAm**) (= *novato*) inexperienced, green*; (= *torpe*) clumsy, awkward
Ⓑ SM 1 (*LAm**) *European greenhorn in Latin America*
2 (*Méx*) horse brass
3 (= *lluvia*) downpour

**chapetonada** SF 1 (*Andes**) *illness suffered by Europeans on arrival in Latin America*
2 (*Ecu*) (= *novatada*) blunder
3 (*Andes, Cono Sur*) (= *torpeza*) awkwardness, clumsiness
4 (*Caribe*) (= *aguacero*) sudden downpour

**chapín** Ⓐ ADJ (*LAm*) bowlegged, with crooked feet
Ⓑ SM 1 (= *zueco*) clog
2 (*CAm*) Guatemalan

**chapinada** SF (*CAm hum*) *action typical of a Guatemalan*, dirty trick

**chapiri**‡ SM hat

**chápiro*** SM **¡por vida del ~!** ◊ **¡voto al ~!** damn it!

**chapisca** SF (*CAm*) maize harvest

**chapista** SM 1 (*Téc*) tinsmith
2 (*Aut*) panel beater

**chapistería** SF body shop

**chapita*** SF (*Andes*) cop*

**chapitel** SM (*Arquit*) [*de columna*] capital; [*de torre*] spire

**chapo**[1] ADJ (*Méx*) stunted, dwarf *antes de s*

**chapo**[2] SM (*Méx Culin*) maize porridge

**chapó** Ⓐ EXCL bravo!, well done!
Ⓑ SM ✦MODISMO **hacer ~** to take one's hat off (**ante** to)

**chapodar** ▸conjug 1a◂ VT 1 [+ *árbol*] to prune
2 (= *reducir*) to cut down, reduce

**chapola** SF (*Andes*) butterfly

**chapolín** SM (= *juego*) pool

**chapopote** SM (*Méx*) = **chapapote**

**chapote** SM (*CAm, Caribe, Méx*) (= *pez*) pitch, tar; (= *asfalto*) asphalt

**chapotear** ▸conjug 1a◂ VI (*en el agua*) to splash about; **~ en el barro** to splash around in the mud

**chapoteo** SM splashing

**chaptalizar** ▸conjug 1f◂ VT to chaptalize, add sugar to

**chapucear** ▸conjug 1a◂ VT 1 [+ *trabajo*] to botch, make a mess of
2 (*Méx*) (= *estafar*) to swindle

**chapuceramente** ADV shoddily

**chapucería** SF 1 (= *cualidad*) shoddiness
2 (= *chapuza*) botched job, shoddy piece of work

**chapucero/a** Ⓐ ADJ 1 [*trabajo*] shoddy, slapdash
2 [*persona*] sloppy, slapdash
Ⓑ SM/F bungler

**chapulín** SM 1 (*Méx*) large grasshopper
2 (*CAm**) child, kid*

**chapupa*** SF ✦MODISMO **me salió de pura ~** (*CAm*) it was pure luck, it was sheer fluke

**chapuro** SM (*CAm*) asphalt

**chapurrear*** ▸conjug 1a◂ VT, **chapurrar*** ▸conjug 1a◂ VT **chapurrea el italiano** he speaks broken *o* bad Italian

**chapuz** SM 1 = **chapuza**
2 (= *chapuzón*) ducking

**chapuza** SF 1 (= *trabajo mal hecho*) botched job, shoddy piece of work
2 (= *trabajo ocasional*) odd job; **siempre está haciendo ~s en la casa** he's always doing odd jobs around the house
3 (*Méx*) trick, swindle

**chapuzar** ▸conjug 1f◂ Ⓐ VT to duck
Ⓑ VI, **chapuzarse** VPR to dive, dive in

**chapuzas*** SMF INV botcher*

**chapuzón** SM 1 (= *zambullida*) dip, swim; **darse un ~** to go for a dip, go for a swim
2 [*de cápsula*] splashdown
3 (*LAm**) cloudburst, downpour

**chaqué** SM morning coat

**chaquet** [tʃa'ke] SM (*pl* **chaquets** [tʃa'kes]) = **chaqué**

**chaqueta** SF jacket; ✦MODISMOS **cambiar de ~** to change sides; **volarse la ~** (*CAm***) to toss off** ► **chaqueta de cuero** leather jacket ► **chaqueta de punto** cardigan

**chaquetar** ▸conjug 1a◂ VT, VI (*Méx*) = **chaquetear**

**chaquete** SM backgammon

**chaquetear*** ▸conjug 1a◂ Ⓐ VT to slag off‡, criticize
Ⓑ VI 1 (= *cambiar de política*) to change sides, be a turncoat, turn traitor
2 (= *acobardarse*) to go back on one's word, chicken out*, rat*

**chaquetero/a*** SM/F turncoat

**chaquetón** SM three-quarter coat

**charada** SF charade

**charadrio** SM plover

**charal** SM (*Méx*) small fish; ✦MODISMO **estar como ~*** to be as thin as a rake

**charaludo*** ADJ (*Méx*) thin

**charamusca** SF 1 (*LAm*) (*tb* **~s**) firewood, kindling
2 (*Cono Sur, Méx*) (= *dulce*) candy twist
3 (*Caribe*) (= *alboroto*) noise, row

**charanga** SF 1 (*Mús, Mil*) brass band; *ver tb* **España**
2 (*) (= *jaleo*) hullabaloo*, racket*
3 (*LAm*) (= *baile*) informal dance, hop*

**charango** SM (*LAm*) small guitar

**charanguero** ADJ = **chapucero A**

**charape** SM (*Méx*) *type of "pulque"*

**charca** SF pond, pool

**charchina*** SF (*LAm*) old crock, old banger‡, jalopy

**charco** SM pool, puddle; ✦MODISMO **cruzar** *o* **pasar el ~** to cross the water; (*esp*) to cross the Pond (*the Atlantic*)

**charcón**[1] ADJ (*Andes, Cono Sur*) thin, skinny

**charcón**[2] SM pool (*in a river*)

**charcutería** SF 1 (= *productos*) cooked pork products *pl*
2 (= *tienda*) pork butcher's, pork butcher's shop

**charcutero/a** SM/F pork butcher

**charla** SF 1 (= *conversación*) chat; ✦MODISMO **es de ~ común** it's common knowledge
2 (= *chismes*) gossip
3 (= *conferencia*) talk ► **charla literaria** literary talk, informal literary lecture ► **charla radiofónica** radio talk

**charla-coloquio** SF (*pl* **charlas-coloquio**) talk (*followed by debate*)

**charlado*** SM **echar un ~** to have a chat

**charlador** ADJ talkative
**charladuría** SF (*tb* **~s**) prattle
**charlar** ▸conjug 1a◂ VI 1 (= *conversar*) to chat (**de** about)
2 (= *chismear*) to gossip
**charlatán/ana** Ⓐ ADJ 1 (= *hablador*) talkative
2 (= *chismoso*) gossipy
Ⓑ SM/F 1 (= *hablador*) chatterbox
2 (= *chismoso*) gossip
3 (= *estafador*) trickster, confidence trickster, con man*
4 (= *vendedor aprovechado*) smooth-tongued salesman
**charlatanear** ▸conjug 1a◂ VI to chatter away
**charlatanería** SF 1 (= *locuacidad*) talkativeness; (*pey*) hot air
2 (= *chismorreo*) gossip
3 (= *engaños*) quackery, charlatanism
4 [*de vendedor*] sales talk, patter
**charlatanismo** SM = **charlatanería 1**
**charlestón** SM charleston
**charleta** SMF (*Cono Sur*) 1 (= *hablador*) chatterbox
2 (= *chismoso*) gossip
**charli**‡ SM 1,000-peseta note
**charlista** SMF speaker, lecturer
**Charlot** SM Charlie Chaplin
**charlota** SF *type of frozen cream cake*
**charlotada** SF 1 (*Teat*) gag
2 (*Taur*) mock bullfight
**charlotear** ▸conjug 1a◂ VI to chatter, talk a lot
**charloteo** SM chatter
**charnego/a** SM/F (*pey*) *Southern Spanish immigrant who has settled in Catalonia*
**charnela** SF, **charneta** SF hinge
**charol** SM 1 (= *barniz*) varnish; ✦**MODISMO darse ~** to brag
2 (= *cuero*) patent leather
3 (*LAm*) (= *bandeja*) tray
**charola** SF 1 (*LAm*) (= *bandeja*) tray
2 **charolas** (*CAm*) (= *ojos*) eyes
**charolado** ADJ polished, shiny
**charolar** ▸conjug 1a◂ VT to varnish
**charolés** ADJ, SM Charolais
**charpa** SF (*CAm*) 1 (*Mil*) pistol belt, sword belt
2 (*Med*) sling
**charquear** ▸conjug 1a◂ VT (*LAm*) 1 [+ *carne*] to dry, jerk
2 [+ *persona*] to slash, cut to pieces
**charquecillo** SM (*Andes Culin*) dried salted fish
**charqui** SM 1 (*LAm*) (= *carne*) jerked beef, jerky (*EEUU*)
2 (*Cono Sur*) (= *frutas*) dried fruit; (= *legumbres*) dried vegetables *pl*; ✦**MODISMO hacer ~ a algn** = **charquear 2**
**charquicán** SM (*Cono Sur Culin*) *dish of dried meat and vegetables*
**charra** SF 1 (*Salamanca*) (= *campesina*) peasant woman; (= *mujer de clase baja*) low-class woman, coarse woman
2 (*CAm*) (= *sombrero*) broad-brimmed hat
3 (*Andes*) (= *grano*) itch, pimple
4 (*CAm***) (= *pene*) prick**, tool**; *ver tb* **charro**
**charrada** SF 1 (= *adorno*) flashy ornament
2 (= *torpeza*) coarseness
3 (*Mús*) country dance
**charral** SM (*CAm*) scrub, scrubland
**charramasca** SF (*CAm*) firewood, kindling
**charrán**[1] SM (*Orn*) tern
**charrán**[2] SM rascal, villain
**charranada*** SF dirty trick
**charrar**‡ ▸conjug 1a◂ VI 1 (= *hablar*) to talk, burble
2 (= *soplar*) to blab
**charrasca** SF 1 (*LAm*) knife
2 (††) trailing sword
**charrasquear*** ▸conjug 1a◂ VT 1 (*Méx*) (= *apuñalar*) to knife, stab
2 (*Andes, CAm, Caribe*) (= *rasguear*) to strum
**charré** SM trap, dog-cart
**charreada** SF (*Méx*) public fiesta
**charrería** SF (*Méx*) horsemanship
**charretera** SF 1 (*Mil*) epaulette
2 (*Cos*) shoulder pad
**charro** Ⓐ ADJ 1 [*gente*] rustic
2 (= *de mal gusto*) [*ropa*] loud, gaudy; [*objeto*] flashy, showy
3 (= *salmantino*) Salamancan
4 (*Méx*) [*costumbres*] traditional, picturesque; → CONJUNTO, MARIACHI
Ⓑ SM 1 (= *pueblerino*) rustic
2 (*Méx*) (= *vaquero*) typical Mexican
3 (*Méx*) (= *sombrero*) wide-brimmed hat
4 (*Méx**) corrupt union boss
5 (*Salamanca*) peasant; *ver tb* **charra**
**charrúa** ADJ, SMF (*Cono Sur*) Uruguayan
**chart** (*pl* **charts**) (*Bolsa*) Ⓐ SM (= *gráfico*) market forecast, stock market forecast
Ⓑ SMF (= *analista*) market analyst
**chárter** Ⓐ ADJ INV **vuelo ~** charter, charter flight
Ⓑ SM (*pl* **chárters** [ˈtʃarter]) charter, charter flight
**chartista** Ⓐ ADJ market *antes de s*, stock market *antes de s*
Ⓑ SMF market analyst
**chasca** SF 1 (= *leña*) brushwood (*from pruning trees*)
2 (*Andes, Cono Sur*) (= *greña*) mop of hair, tangled hair
**chascar** ▸conjug 1g◂ Ⓐ VT 1 (= *hacer sonar*) [+ *lengua*] to click; [+ *dedos*] to snap; [+ *látigo*] to crack; [+ *grava*] to crunch
2 [+ *comida*] to swallow
Ⓑ VI [*leña*] to crackle
**chascarrillo** SM funny story
**chasco** SM 1 (= *desilusión*) disappointment; **dar un ~ a algn** to disappoint sb; **llevarse un ~** to be disappointed, be let down; **¡vaya ~ que me llevé!** I was just sick about that!, I felt really let down
2 (= *broma*) trick, joke; **dar un ~ a algn** to play a trick on sb
**chascón** ADJ (*Chile*) (= *greñudo*) with a tangled mop of hair
**chasis** SM INV, **chasís** SM INV (*LAm*) 1 (*Aut*) chassis; ✦**MODISMO quedarse en el ~*** to get terribly thin
2 (*Fot*) plateholder
**chasque** SM (*LAm*) = **chasqui**
**chasquear**[1] ▸conjug 1a◂ VT 1 (= *decepcionar*) to disappoint, let down
2 (= *engañar*) to play a trick on, fool
3 [+ *promesa*] to break
**chasquear**[2] ▸conjug 1a◂ Ⓐ VT, VI = **chascar**
Ⓑ **chasquearse** VPR (*Andes**) to make a mess of things, mess things up*
**chasqui** SM (*LAm Hist*) messenger, courier
**chasquido** SM (= *ruido seco*) [*de lengua*] click; [*de dedos*] snap; [*de madera*] crack
**chasquilla** SF (*Andes, Cono Sur*), **chasquillas** SFPL (*Andes, Cono Sur*) (= *flequillo*) fringe, bangs *pl* (*EEUU*)
**chat** SM (*Internet*) chat room
**chata** SF 1 (*Med*) bedpan
2 (*Náut*) barge
3 (*Cono Sur Ferro*) flatcar
4 (*) (= *escopeta*) sawn-off shotgun
**chatarra** SF scrap, scrap iron; **vender para ~** to sell for scrap ► **chatarra espacial** space junk
**chatarrería** SF scrapyard, scrap merchant's, junkyard (*EEUU*)
**chatarrero/a** SM/F scrap dealer, scrap merchant
**chatear*** ▸conjug 1a◂ VI to have a few glasses of wine
**chateo*** SM drinking; **ir de ~** to go out for a few glasses of wine
**chati*** SMF love, darling
**chato** Ⓐ ADJ 1 [*nariz*] snub
2 (= *plano*) [*objeto*] flattened, blunt; [*barco*] flat
3 (*Arquit*) low, squat
4 (*Andes, Chile*) [*persona*] short
5 (*Méx*) (= *pobre*) poor, wretched; ✦**MODISMO quedarse ~*** to be disappointed (**con** at)
Ⓑ SM tumbler, wine tumbler
**chatón** SM large mounted stone
**chatre** ADJ (*Andes, Cono Sur*) smartly-dressed; ✦**MODISMO está hecho un ~** he's looking very smart
**chatungo*** ADJ = **chato A1**
**chau** EXCL = **chao**
**chaucha** Ⓐ ADJ INV (*LAm*) 1 (*Agr*) early
2 (*Med*) [*nacimiento*] premature; [*mujer*] who gives birth prematurely
3 (*Cono Sur*) (= *malo*) poor-quality; (= *soso*) insipid, tasteless, characterless; (= *de mal gusto*) in poor taste
Ⓑ SF 1 (*LAm*) (= *patata*) early potato
2 (*Cono Sur*) (= *judía verde*) string bean
3 (*Perú*) (= *comida*) food; ✦**MODISMO pelar la ~** (*Andes, Cono Sur*) to brandish *o* use one's knife
4 (*Chile, Perú**) (= *dinero*) dough*; **le cayó la ~** the penny dropped
5 **chauchas** (*Cono Sur**) peanuts*, trifles
**chauchau** SM (*Chile, Perú*) stew, chow*
**chauchera** SF (*Andes, Cono Sur*) purse, coin purse (*EEUU*)
**chauchero** SM (*Cono Sur*) 1 (= *recadero*) errand boy
2 (= *trabajador*) poorly-paid worker
**chaufa** SF (*LAm*) Chinese fried rice
**chauvinismo** SM chauvinism
**chauvinista** ADJ, SMF chauvinist
**chava**‡ SMF (*CAm, Méx*) = **chaval**
**chaval(a)*** SM/F lad/lass, boy/girl, kid*; **es todavía un ~** he's only a kid still
**chavalada*** SF = **chavalería**
**chavalería*** SF young people, kids* *pl*
**chavalo*** SM (*Nic*) lad, kid*
**chavalongo** SM (*Cono Sur*) 1 (= *fiebre*) fever

[2] (= *insolación*) sunstroke
[3] (= *modorra*) drowsiness, drowsy feeling

**chavea*** SMF lad, kid*

**chaveta** Ⓐ SF [1] (*Téc*) cotter, cotter pin; ✦*MODISMO* **perder la ~*** to go off one's rocker*; **perder la ~ por algn** to lose one's head over sb
[2] (*LAm*) (= *navaja*) broad-bladed knife
Ⓑ ADJ INV **estar ~‡** to be nuts*

**chavetear** ▸conjug 1a◂ VT (*Andes, Caribe*) to knife

**chavo/a** Ⓐ SM **no tener** *o* **estar sin un ~** to be skint*, be stony broke*
Ⓑ SM/F (*Méx, CAm**) guy*/girl

**chavó*** SM lad, kid*

**chayote** SM chayote, vegetable pear (*EEUU*)

**chayotera** SF chayote, chayote plant

**che¹** SF the (name of the) letter ch

**che²** EXCL (*Cono Sur*) hey!; (*en conversación*) man, boy, friend

**che³*** SM (*Chile*) Argentinian

**checa** SF [1] (= *policía*) secret police
[2] (= *comisaría*) secret police headquarters; (‡) (= *cárcel*) nick‡, jail

**checar** ▸conjug 1g◂ VT (*esp Méx*) = **chequear**

**cheche** SM (*Caribe*) bully, braggart

**chechear** ▸conjug 1a◂ VT (*Cono Sur*) = **vosear**

**chécheres** SMPL (*Andes, CAm*) (= *cosas*) things, gear *sing*; (= *cachivaches*) junk *sing*, lumber *sing*

**chechón** ADJ (*Méx*) spoilt, pampered

**checo/a** Ⓐ ADJ, SM/F Czech
Ⓑ SM (*Ling*) Czech

**checoslovaco/a** ADJ, SM/F Czechoslovakian

**Checoslovaquia** SF Czechoslovakia

**chef** SM (*pl* **chefs**) chef

**cheira** SF = **chaira**

**Chejov** SM Chekhov

**chele** ADJ (*CAm*) fair, blond/blonde

**chelear** ▸conjug 1a◂ VT (*CAm*) to whiten, whitewash

**cheli*** SM [1] bloke*, guy*; **ven acá, ~** come here, man
[2] (*Ling*) Madrid slang

**chelín** SM shilling

**chelista** SMF cellist

**chelo¹** ADJ (*Méx*) fair, blond/blonde

**chelo²** SM (*Mús*) (= *instrumento*) cello; (= *músico*) cellist

**chepa** Ⓐ SF hump
Ⓑ SMF hunchback

**cheposo/a** Ⓐ ADJ hunchbacked
Ⓑ SM/F hunchback

▼**cheque** SM cheque, check (*EEUU*); **un ~ por 50.000 pesetas** a cheque for 50,000 pesetas; **cobrar un ~** to cash a cheque; **extender un ~** to make out *o* write a cheque; **pagar con ~** to pay by cheque ► **cheque abierto** open cheque ► **cheque abierto cruzado** crossed cheque ► **cheque al portador** cheque payable to bearer ► **cheque bancario** banker's cheque ► **cheque caducado** out-of-date cheque ► **cheque conformado** certified cheque ► **cheque de compensación** clearing cheque ► **cheque de viaje, cheque de viajero** traveller's cheque ► **cheque en blanco** blank cheque ► **cheque nominativo** order cheque; **un ~ nominativo a favor de Luis González** a cheque made out to *o* made payable to Luis González ► **cheque regalo** gift voucher ► **cheque sin fondos** bounced cheque

➤ LENGUA Y USO: **cheque** 47.5

**chequear** ▸conjug 1a◂ VT [1] (*esp LAm*) (= *comprobar*) [+ *cuenta, documento, salud*] to check; [+ *persona*] to check on, check up on
[2] (*LAm*) [+ *equipaje*] to check in
[3] (*LAm*) [+ *cheque*] to make out, write
[4] (*Méx Aut*) to service

**chequeo** SM [1] (*Med*) check-up
[2] (*Aut*) service

**chequera** SF (*LAm*) cheque book, checkbook (*EEUU*)

**cherife** SM (*LAm*) sheriff

**cherna** SF wreckfish

**chero*** SM (*CAm*) pal*, mate*, buddy (*EEUU**)

**cheruto** SM cheroot

**cherva** SF castor oil plant

**cheurón** SM chevron

**chévere*** Ⓐ ADJ (*Col, Ven*) great*, fabulous*
Ⓑ SM (*Caribe*) bully, braggart

**chevió** SM, **cheviot** SM cheviot

**chibola** SF (*CAm*) [1] (= *refresco*) fizzy drink, pop*, soda (*EEUU*)
[2] = **chibolo**
[3] (= *canica*) marble

**chibolo** SM (*Andes, CAm*) bump, swelling

**chic** Ⓐ ADJ INV chic, smart
Ⓑ SM elegance

**chica** SF [1] (= *criada*) maid, servant
[2] ► **chica de alterne** bar-girl, bar-room hostess ► **chica de conjunto** chorus girl; *ver tb* **chico**

**chicana** SF (*Méx*) chicanery

**chicanear** ▸conjug 1a◂ VI (*Méx*) to use trickery, be cunning

**chicanería** SF (*LAm*) chicanery

**chicanero** ADJ [1] (*Méx*) tricky, crafty
[2] (*Andes*) (= *tacaño*) mean

**chicano/a** Ⓐ ADJ Chicano, Mexican-American
Ⓑ SM/F Chicano, Mexican immigrant in the USA

**chicar*** ▸conjug 1g◂ VI (*Andes*) to booze*, drink

**chicarrón/ona** Ⓐ ADJ strapping, sturdy
Ⓑ SM/F strapping lad/sturdy lass

**chicato*** ADJ (*Cono Sur*) short-sighted, near-sighted (*EEUU*)

**chicha¹** SF [1] (*LAm*) (= *bebida*) maize liquor, corn liquor (*EEUU*); ✦*MODISMOS* **ni ~ ni limonada** *o* **limoná*** neither fish nor fowl, neither one thing nor the other; **estas cosas están como ~** (*Andes**) there are hundreds *o* any number of these things; **sacar la ~ a algo/algn** (*Cono Sur**) to milk sth/sb dry ► **chicha de uva** unfermented grape juice
[2] (*Andes, CAm**) (= *berrinche*) rage, bad temper; **estar de ~** to be in a bad mood

**CHICHA**

***Chicha*** *is a strong alcoholic drink made from fermented maize and produced in Peru, where it is associated with ceremonial and ritual occasions. It is now an element of what is known as* ***chicha*** *culture, a dynamic blend of traditional Indian and modern imported styles and fashions created out of the migration of the rural poor to major cities.* ***Chicha*** *music has become the most popular music in Peru. It combines the traditional Andean* ***huayno*** *with tropical, Afro-Hispanic music and electronic instruments.*

**chicha²*** SF meat; ✦*MODISMOS* **tiene poca(s) ~(s)** she's as thin as a rake*; **de ~ y nabo** insignificant

**chicha³** ADJ **calma ~** (*Náut*) dead calm

**chícharo** (*LAm*) SM [1] (= *guisante*) pea
[2] (= *garbanzo*) chickpea

**chicharra** SF [1] (*Entomología*) harvest bug, cicada; ✦*MODISMOS* **es como ~ en verano** it's nasty, it's unpleasant; **canta la ~** it's terribly hot, it's roasting*
[2] (= *persona habladora*) chatterbox
[3] (*Elec*) (= *timbre*) bell, buzzer; (*Telec*) bug*, bugging device
[4] (*CAm, Caribe*) (= *chicharrón*) crackling (*of pork*)
[5] (‡) (= *droga*) reefer*
[6] (‡) (= *monedero*) purse, coin purse (*EEUU*)

**chicharrero¹** SM [1] (= *horno*) oven, hothouse
[2] (*) (= *lugar muy caliente*) oven, furnace

**chicharrero²/a** Ⓐ ADJ of/from Tenerife
Ⓑ SM/F native/inhabitant of Tenerife; **los ~s** the people of Tenerife

**chicharro** SM horse-mackerel

**chicharrón** SM [1] (*Culin*) **chicharrones (de cerdo)** pork scratchings, pork cracklings (*EEUU*); ✦*MODISMO* **estar hecho un ~*** [*carne*] to be burnt to a cinder; [*persona*] to be as red as a lobster*
[2] (*por el sol*) lobster*
[3] (*Caribe*) (= *adulador*) flatterer

**chiche** Ⓐ ADJ (*CAm*) easy, simple; **está ~** it's a cinch*
Ⓑ ADV (*CAm*) easily
Ⓒ SM [1] (*CAm, Méx**) (= *pecho*) breast, tit‡
[2] (*Cono Sur*) (= *joya*) trinket; (= *juguete*) small toy
Ⓓ SF (*Méx*) nursemaid

**chichear** ▸conjug 1a◂ VT, VI to hiss

**chicheo** SM hiss, hissing

**chichera‡** SF (*CAm*) jail, clink‡, can (*EEUU**)

**chichería** SF (*Andes*) [1] (= *bar*) chicha bar
[2] (= *fábrica*) chicha brewery

**chichero** SM [1] (= *vendedor*) chicha seller
[2] (= *fabricante*) chicha maker

**chichi*** SF [1] (= *vulva*) fanny**, beaver (*EEUU***)
[2] (*Méx*) (= *teta*) tit**
[3] (*Méx*) (= *niñera*) nursemaid

**chichicaste** SM (*CAm*) [1] (*Bot*) nettle
[2] (*Med*) nettle rash

**chichigua** SF [1] (*CAm, Méx*) (= *niñera*) nursemaid
[2] (*Caribe*) (= *cometa*) kite
[3] (*Méx*) (= *animal manso*) tame animal; (= *hembra*) nursing animal
[4] (*Méx**) pimp

**chicho** SM [1] (= *bucle*) curl, ringlet
[2] (= *bigudí*) curler, roller

**chichón¹*** ADJ [1] (*Cono Sur*) (= *jovial*) merry, jovial
[2] (*CAm*) (= *fácil*) easy, straightforward; **está ~** it's a piece of cake*

**chichón²** SM (= *bulto*) lump, swelling

**chichonear** ▸conjug 1a◂ VI (*Cono Sur*) to joke

**chichonera** SF helmet

**chichus** SM (*CAm*) flea

**chicle** SM chewing gum ► **chicle de globo** bubble gum ► **chicle sin azúcar** sugar-free chewing gum

**chiclear** ▸conjug 1a◂ VI (*CAm, Méx*) [1] (= *cosechar*) to extract gum
[2] (= *masticar chicle*) to chew gum

**chiclero** SM (*Méx, CAm*) gum collector

**chico/a** Ⓐ ADJ [1] (= *pequeño*) small, little; ✦*MODISMOS* **dejar ~ a algn** to put sb in the shade; **quedarse ~** to be humiliated; *ver tb* **patria, perra 2**
[2] (= *joven*) young; **yo era muy ~, pero me acuerdo de ella** I was very young but I remember her; **de ~ no me gustaban las verduras** I didn't like vegetables when I was little, as a child, I didn't like vegetables
Ⓑ SM/F [1] (= *joven*) boy/girl; **me gusta un ~ de Barcelona** there's a guy* *o* boy from Barcelona I like; **es un buen ~** he's a good lad; **el entrenador tiene bien preparados a sus ~s** the trainer has his lads well prepared; **las chicas de la oficina** the girls at the office
[2] (= *niño*) boy/girl; **los ~s de la clase** the boys in the class ► **chico de la calle** street kid* ► **chico de los recados** office boy, messenger boy
[3] (= *hijo*) boy/girl; **no nos hemos divorciado aún por los ~s** we haven't got divorced yet because of the kids* *o* children
[4] (= *novio*) boyfriend/girlfriend; **¿sales con algún ~?** are you going out with anyone?, have you got a boyfriend?
[5] (*apelativo*) [5·1] (*a un adulto*) **mira, ~, déjalo** OK, just leave it, will you?; **chica, ¡qué cambiada estás!** hey! *o* you know, you look so different!; **¡hola, ~s! ¿qué tal?** hi, guys! how're you doing?*; **hola chicas ¡ya estoy aquí!** hi, girls, here I am!
[5·2] (*a un niño*) **¡oye, ~! ¿quieres ganarte un poco de dinero?** hey! do you want to earn yourself a bit of money?; **chica, ¡no corras!** don't run, dear!; *ver tb* **chica**
Ⓒ SM (*LAm Naipes*) game, round; (*Billar*) game; (*Snooker*) frame

**chicolear*** ▸conjug 1a◂ Ⓐ VI [1] (*Méx*) (= *flirtear*) to flirt, say nice things
[2] (*Andes*) (= *divertirse*) to amuse o.s., have a good time
Ⓑ **chicolearse** VPR (*Andes*) to amuse o.s.

**chicoleo** SM (*Méx*) [1] (= *piropo*) compliment
[2] (*) (= *flirteo*) flirting
[3] (*Andes*) (= *cosa infantil*) childish thing; **no andemos con ~s** let's be serious

**chicolero** ADJ flirtatious

**chicoria** SF chicory

**chicota** SF (*pey*) big girl

**chicotazo** SM (*LAm*) lash

**chicote** SM [1] (*) (= *chico*) big chap*, fine lad
[2] (*Náut*) piece of rope, rope end
[3] (*LAm*) whip, lash
[4] (*) (= *puro*) cigar; (= *colilla*) cigar stub

**chicotear** ▸conjug 1a◂ (*LAm*) Ⓐ VT [1] (= *azotar*) to whip, lash
[2] (= *pegar*) to beat up
[3] (*Andes*) (= *matar*) to kill
Ⓑ VI [*cola*] to lash about

**chifa** SM (*Chile, Perú*) Chinese restaurant

**chifla** SF (*Dep*) [1] (= *sonido*) hissing, whistling
[2] (= *silbato*) whistle

**chifladera*** SF (*CAm, Méx*) crazy idea

**chiflado/a*** Ⓐ ADJ crazy*, barmy*; **esa chica le tiene ~** he's crazy about that girl; **estar ~ con** *o* **por algo/algn** to be crazy about sth/sb
Ⓑ SM/F nutter*, nutcase*

**chifladura** SF [1] = **chifla**
[2] (*) (= *locura*) craziness; **una ~** a crazy idea, a wild scheme; **su ~ es el ajedrez** he is crazy *o* mad about chess; **ese amor no es más que una ~** what he calls love is just a foolish infatuation

**chiflar[1]** ▸conjug 1a◂ Ⓐ VT [1] [+ *silbato*] to blow
[2] (*Teat*) to hiss, boo, whistle at
[3] (*) (= *beber*) to drink, knock back*
[4] (*) (= *encantar*) to entrance, captivate; (= *volver loco*) to drive crazy; **esa chica le chifla** he's crazy about that girl; **me chiflan los helados** I just adore ice cream; **me chifla ese grupo** I think that group is fantastic*
Ⓑ VI [1] (*esp LAm*) to whistle, hiss
[2] (*CAm, Méx*) [*ave, pájaro*] to sing
Ⓒ **chiflarse** VPR (*) [1] **~se con** *o* **por algo/algn** to go crazy about sth/sb
[2] ✦*MODISMO* **chiflárselas** (*CAm*) to snuff it*

**chiflar[2]** ▸conjug 1a◂ VT (*Téc*) [+ *cuero*] to pare, pare down

**chiflato** SM whistle

**chifle** SM [1] (= *silbido*) whistle
[2] [*de ave*] call, bird call
[3] (*CAm, Caribe Hist*) powder horn, powder flask

**chiflete** SM whistle

**chiflido** SM (*esp LAm*) [1] (= *silbido*) whistle
[2] (= *siseo*) hiss

**chiflón** SM [1] (*LAm*) (= *viento*) (sudden) draught *o* (*EEUU*) draft (*of air*)
[2] (*CAm, Caribe, Cono Sur*) [*de río*] rapids *pl*, very strong current; (*CAm*) waterfall
[3] (*Méx*) (= *caz*) flume, race
[4] (*Méx*) (= *tobera*) nozzle

**chigüín/ina*** SM/F (*CAm*) kid*

**chihuahua** SM Chihuahua

**chiíta** ADJ, SMF, **chiita** ADJ, SMF Shiite, Shi'ite

**chilaba** SF jellaba(h)

**chilacayote** SM (*LAm*) gourd

**chilango/a** (*Méx*) Ⓐ ADJ of/from Mexico City
Ⓑ SM/F native/inhabitant of Mexico City; **los ~s** the people of/from Mexico City

**chilaquiles** SMPL (*Méx*) *tortilla fried in thick chili or green tomato*

**chilco** SM (*Chile*) wild fuchsia

**Chile** SM Chile

**chile** SM [1] (*Bot, Culin*) chili, chili pepper ► **chile con carne** chili con carne
[2] (*CAm**) (*tb* **~s**) (= *broma*) joke

**chilear*** ▸conjug 1a◂ VI (*CAm*) to tell jokes

**chilena** SF overhead kick, scissors kick

**chilenismo** SM chilenism, *word or phrase peculiar to Chile*

**chileno/a** ADJ, SM/F Chilean

**chilicote** SM (*Andes, Cono Sur Entomología*) cricket

**chilindrón** SM **al ~** cooked with tomatoes and peppers

**chilla[1]** SF (= *tabla*) thin board, weatherboard, clapboard (*EEUU*)

**chilla[2]** SF (*Chile*) (= *zorro*) small fox

**chilla[3]** SF (*Méx*) [1] (= *pobreza*) poverty; **estar en la ~** to be very poor
[2] (*Teat*) gods, gallery

**chillador** ADJ howling, screeching, screaming

**chillante** ADJ [1] (= *que chilla*) howling, screeching
[2] = **chillón**

**chillar** ▸conjug 1a◂ Ⓐ VI [1] (= *gritar*) [*persona*] to shriek, scream; [*gato, animal salvaje*] to screech, yowl; [*ratón*] to squeak; [*cerdo*] to squeal; [*ave*] to screech, squawk; [*radio*] to blare; ✦*MODISMOS* **el cochino chilló** (*Caribe, Méx*) he let the cat out of the bag*, he squealed*; **no ~** (*LAm*) to keep one's mouth shut, not say a word
[2] (*Mec*) [*frenos*] to screech, squeal
[3] [*colores*] to scream, jar, be loud
[4] (*LAm*) (= *llorar*) to bawl
Ⓑ **chillarse** VPR [1] (*LAm*) (= *quejarse*) to complain (**con** to), protest (**con** to)
[2] (*Andes, Caribe, Méx**) (= *enojarse*) to get cross; (= *ofenderse*) to take offence, get into a huff
[3] (*CAm*) (= *sofocarse*) to get embarrassed

**chillería** SF row, hubbub

**chillido** SM [*de persona*] shriek, scream; [*de gato, animal salvaje*] screech, yowling; [*de ratón*] squeak; [*de cerdo*] squeal; [*de ave*] screech, squawk

**chillo** SM [1] (*CAm*) (= *deuda*) debt
[2] (*Caribe*) (= *muchedumbre*) rabble, mob
[3] (*Andes*) (= *ira*) anger; (= *protesta*) loud protest

**chillón[1]/ona*** Ⓐ ADJ [1] [*persona*] loud, shrill, noisy
[2] [*sonido, tono*] shrill
[3] [*color*] loud, garish, lurid; **un naranja ~** a loud *o* garish *o* lurid orange colour
[4] (*LAm*) (= *quejumbroso*) moaning, whingeing*
Ⓑ SM/F (*LAm*) [1] (= *quejón*) moaner, whinger
[2] (= *gritón*) loudmouth*

**chillón[2]** SM (*Téc*) small nail, panel pin, finishing nail (*EEUU*)

**chillonamente** ADV [*hablar, quejarse*] loudly, shrilly; [*vestir*] loudly

**chilpayate*** SM (*Méx*) kid*

**chilposo** ADJ (*Cono Sur*) ragged, tattered

**chimal** SM (*Méx*) dishevelled hair, mop of hair

**chimar** ▸conjug 1a◂ VT [1] (*CAm, Méx*) (= *molestar*) to annoy, bother
[2] (*CAm*) (= *arañar*) to scratch
[3] (*CAm***) (= *copular*) to fuck**, screw**

**chimba[1]** SF [1] (*Andes, Cono Sur*) (= *orilla*) opposite bank (of a river); (= *barrio*) suburb
[2] (*Andes*) (= *vado*) ford

**chimba[2]** SF (*Andes*) (= *trenza*) pigtail

**chimbar** ▸conjug 1a◂ VT (*Andes, Cono Sur*) to ford

**chimbero** ADJ (*Cono Sur*) [1] (*de chimba*) slum *antes de s*
[2] (= *grosero*) coarse, rough

**chimbo** Ⓐ ADJ (*) [1] (*Col, Ven*) (= *gastado*) worn-out, wasted, old
[2] (*Col*) (= *falso*) fake; [*cheque*] dud*
Ⓑ SM (*Andes*) piece of meat

**chimenea** SF [1] (*en el tejado*) chimney; [*de fábrica*] smokestack, chimney ► **chimenea de aire** air shaft ► **chimenea refrigeradora** cooling tower
[2] (*dentro de casa*) fireplace, hearth; **encender la ~** to light the fire ► **chimenea francesa** fireplace
[3] [*de barco*] funnel
[4] (*Min*) shaft
[5] (*) (= *cabeza*) nut*, noggin (*EEUU**), head; ✦*MODISMO* **estar mal de la ~** to be wrong in the head*

**chimichurri** SM (*Cono Sur*) strong barbecue sauce

**chimiscolear** ▸conjug 1a◂ VI (*Méx*) 1 (= *chismear*) to go around looking for gossip
2 (= *curiosear*) to poke one's nose in*

**chimiscolero/a** SM/F (*Méx*) gossip, busybody

**chimpancé** SMF chimpanzee

**chimpín** SM (*Andes*) brandy, liquor

**chimuelo** ADJ (*LAm*) toothless

**china**[1] SF 1 (= *porcelana*) china, chinaware
2 (= *piedra*) pebble; ✦**MODISMOS poner ~s** to put obstacles in the way; **tocarle a algn la ~***: **nos tocó la ~ de ser niños en los cincuenta** we had the misfortune *o* bad luck to be children in the fifties; **te ha tocado la ~ de cuidar de los niños** you drew the short straw, you've got to look after the children
3 (⁑) [*de droga*] lump, piece
4 (= *seda*) China silk
5 **chinas** (= *juego*) *game played with pebbles*
6 (*Andes*) (= *trompo*) spinning-top
7 (= *abanico*) fan, blower
8 (*Caribe, Méx*) (= *naranja*) orange; *ver tb* **chino**

**china**[2] SF (*Andes, Cono Sur*) (= *niñera*) nursemaid; *ver tb* **chino**

**China** SF China

**chinaca⁑** SF **la ~** (*Méx*) the plebs*, the proles

**chinado⁑** ADJ crazy

**chinaloa⁑** SF (*Méx*) heroin, smack⁑

**chinampa** SF (*Méx*) man-made island (*for cultivation on lakes*)

**chinar⁑** ▸conjug 1a◂ VT to carve up*, slash

**chinarro** SM large pebble, stone

**chinazo** SM blow from a stone; ✦**MODISMO le tocó el ~*** he had bad luck

**chinchada** SF (*Cono Sur*) tug-of-war

**chinchal** SM (*Caribe*) [*de tabaco*] tobacco stall; (= *tienda*) small shop

**chinchar*** ▸conjug 1a◂ Ⓐ VT to pester, annoy; **me chincha tener que hacerlo** it annoys *o* bugs* me having to do it
Ⓑ **chincharse** VPR to get annoyed, get cross; **¡para que te chinches!** so there!; **¡y que se chinchen los demás!** and the others can go jump in the lake!* *o* can get stuffed!⁑

**chincharrero** SM (*Andes*) small fishing boat

**chinche** Ⓐ SM *o* SF 1 bedbug; ✦**MODISMO caer** *o* **morir como ~s** to die like flies
2 (= *chincheta*) drawing pin, thumbtack (*EEUU*)
3 (= *molestia*) nuisance
4 (*Cono Sur**) (= *rabieta*) pique, irritation
Ⓑ SMF (= *persona molesta*) nuisance; (*Andes, CAm*) naughty child

**chincheta** SF drawing pin, thumbtack (*EEUU*)

**chinchetear** ▸conjug 1a◂ VT to pin up

**chinchibí** SM (*Andes, CAm, Cono Sur*), **chinchibirra** SF (*Cono Sur*) ginger beer

**chinchilla** SF chinchilla

**chinchín**[1] SM 1 (= *música*) street music
2 (*Cono Sur*) (= *sonajero*) baby's rattle

**chinchín**[2] SM (*Caribe*) drizzle

**chin-chin** EXCL chin-chin, cheers

**chinchón** SM *aniseed spirit from the town of Chinchón*

**chinchona** SF quinine

**chinchorrería** SF 1 (= *pesadez*) fussiness
2 (= *chisme*) piece of gossip

**chinchorrero** ADJ 1 (= *quisquilloso*) fussy (*about details*)
2 (= *chismoso*) gossipy

**chinchorro** SM 1 (= *red*) dragnet
2 (= *chalupa*) rowing boat, rowboat (*EEUU*)
3 (*LAm*) (= *hamaca*) hammock; (= *vivienda*) poor tenement
4 (*Caribe*) (= *tienda*) little shop

**chinchoso** ADJ 1 full of bugs
2 = **chinchorrero**
3 (= *pesado*) tiresome

**chinchudo*** ADJ (*Cono Sur*) **estar ~** to be in a grumpy mood

**chinchulines** SMPL (*Cono Sur Culin*) chitterlings, chitlins

**chindar⁑** ▸conjug 1a◂ VT to chuck out*

**chinear** ▸conjug 1a◂ Ⓐ VT (*CAm*) 1 (= *llevar en brazos*) to carry in one's arms
2 (= *mimar*) to spoil
Ⓑ VI (*Cono Sur*) *to have an affair with someone of mixed race*

**chinel⁑** SM guard

**chinela** SF 1 (= *zapatilla*) slipper
2 (= *chanclo*) clog

**chinero**[1] SM china cupboard

**chinero**[2] ADJ (*Andes, Cono Sur*) *fond of mixed-race girls*

**chinesco** ADJ Chinese; *ver tb* **sombra 1**

**chinetero** ADJ (*Cono Sur*) = **chinero**[2]

**chinga*** SF (*CAm*) 1 (= *colilla*) fag end, cigar stub
2 (= *posos*) dregs *pl*
3 (*CAm, Caribe*) (= *pequeña cantidad*) drop, small amount; **una ~ de agua** a drop of water
4 (*Caribe*) (= *borrachera*) drunkenness
5 (*Méx**) (= *paliza*) beating-up

**chingada**** SF (*CAm, Méx*) 1 (= *acto sexual*) fuck**, screw**; **hijo de la ~** bastard**, son of a bitch (*EEUU***)
2 (= *molestia*) bloody nuisance**

**chingadazo*** SM (*CAm, Méx*) bash*, punch

**chingado**** ADJ (*CAm, Méx*) lousy**, bloody**; **estar ~** to be cross, be upset

**chingadura** SF (*Cono Sur*) failure

**chingana** SF 1 (*Andes, Cono Sur*) dive*, tavern; [*de baile*] cheap dance hall
2 (*Cono Sur*) (= *fiesta*) wild party

**chinganear** ▸conjug 1a◂ VI (*Andes, Cono Sur*) to go out on the town, live it up*

**chinganero/a** (*Andes, Cono Sur*) Ⓐ ADJ fond of living it up*, wildly social
Ⓑ SM/F owner of a "chingana"

**chingar** ▸conjug 1h◂ Ⓐ VT 1 (= *beber con exceso*) to knock back*
2 (**) (= *copular*) to fuck**, screw**; ✦**MODISMOS no chingues** (*Méx*) don't mess me around*; **¡chinga tu madre!** (*Méx*) fuck off!**
3 (*CAm*) [+ *cola*] to dock, cut off
Ⓑ VI 1 to get pissed**
2 (*CAm, Méx**) to lark about*
Ⓒ **chingarse** VPR (*) 1 (= *emborracharse*) to get pissed*
2 (*CAm, Méx*) to fail; **la fiesta se chingó** the party was a disaster*

**chingo** Ⓐ ADJ 1 (*CAm*) [*vestido*] short; [*cuchillo*] blunt; [*animal*] tailless
2 (*CAm*) (= *desnudo*) naked, half-naked
3 (*Ven*) (= *pequeño*) small
4 (*Ven**) [*persona*] snub-nosed; [*nariz*] snub
5 (*Ven**) (= *loco*) **estar ~ por algo** to be crazy about sth
Ⓑ SM 1 (*Andes*) (= *caballo*) colt
2 (*Andes, CAm*) (= *barca*) small boat
3 **chingos** (*CAm*) underclothes
4 (*Méx**) **un ~ de algo** loads of sth*

**chingón*** SM (*Méx*) big shot*, boss

**chingue** SM (*Chile*) skunk

**chinguear** *etc* ▸conjug 1a◂ VT (*CAm*) = **chingar**

**chinguirito** SM 1 (*Caribe, Méx*) (= *licor*) rough liquor, firewater
2 (*Andes, Caribe*) (= *trago*) swig*

**chinita** SF (*Andes, Cono Sur Zool*) (= *mariquita*) ladybird, ladybug (*EEUU*)

**chinito/a** SM/F 1 (*Cono Sur*) (= *criado*) servant/maid
2 (*LAm*) (*apelativo*) dear, dearest
3 (*Andes, Caribe, Cono Sur*) (= *indio*) Indian boy/Indian girl

**chino**[1]**/a** Ⓐ ADJ Chinese; **barrio ~** red-light district
Ⓑ SM/F 1 (= *persona*) Chinese man/woman; ✦**MODISMOS quedar como un ~** (*Cono Sur**) to come off badly; **trabajar como un ~** (*esp Cono Sur**) to work like a dog; **es trabajo de ~s*** it's slave labour *o* (*EEUU*) labor
2 (*LAm*) (= *mestizo*) mestizo, person of mixed race (*of Amerindian and European parentage*); (= *indio*) Indian, Amerindian
3 (*LAm*) (= *criado*) servant/maid
Ⓒ SM 1 (*Ling*) Chinese; ✦**MODISMOS hablar en ~*** to talk gobbledygook; **ni que hablara en ~** it was all Greek to me; **me suena a ~*** [*idioma*] it sounds like double Dutch to me; [*tema*] it's all Greek to me
2 (*Culin*) conical strainer
3 (*Andes, CAm*) (= *cerdo*) pig, hog (*EEUU*)
4 **chinos** (*Méx*) (= *rizos*) curls
5 (*Arg, CAm*) (= *rabia*) anger; **le salió el ~** he lost his temper; **tener un ~** to be angry; *ver tb* **china**

**chino**[2] SM (*Geol*) pebble, stone

**chinólogo/a** SM/F expert in Chinese affairs, Sinologist; (*hum*) China watcher

**chinorri⁑** SF bird*, chick (*EEUU*⁑)

**chip** SM 1 (*Inform*) chip; ✦**MODISMO cambiarse el ~*** to get up to date, get with it ► **chip de memoria** memory chip ► **chip de silicio** silicon chip
2 (*Culin*) crisp, chip (*EEUU*)
3 (*Golf*) chip, chip shot

**chipe*** Ⓐ ADJ (*CAm*) 1 (= *enfermizo*) weak, sickly
2 (= *llorón*) whining, snivelling
Ⓑ SMF (*Andes, CAm, Méx*) baby of the family

**chipear** ▸conjug 1a◂ Ⓐ VT (*CAm*) to bother, pester
Ⓑ VI (*Andes, CAm*) to moan, whine

**chipén**†⁑ Ⓐ ADJ ✦**MODISMO de ~** super*, smashing*
Ⓑ ADV marvellously, really well; **comer de ~** to have a super meal*
Ⓒ SF **la ~** the truth

**chipi** ADJ, SMF = **chipe**

**chipiar*** ▸conjug 1a◂ VT (*CAm*) to bother, pester

**chipichipi*** SM (*CAm, Méx*) continuous drizzle

**chipichusca*** SF whore, hooker (*EEUU*⁑)

**chipil*** ADJ (*Méx*) sad, gloomy

**chipión*** SM (*CAm*) telling-off*

**chipirón** SM baby squid

**chipotear** ▸conjug 1a◂ VT (*CAm*) to slap

**Chipre** SF Cyprus

**chipriota** ADJ, SMF Cypriot

**chiquear** ▸conjug 1a◂ Ⓐ VT (*Méx*) [1] (= *mimar*) to spoil, indulge
[2] (= *dar coba a*) to flatter, suck up to*
Ⓑ **chiquearse** VPR [1] (*Méx*) (= *mimarse*) to be pampered
[2] (*CAm*) (= *contonearse*) to swagger along, sway one's hips

**chiqueo** SM [1] (*Caribe, Méx*) (= *caricia*) caress
[2] (*CAm*) (= *contoneo*) swagger

**chiquero** Ⓐ SM [1] (= *pocilga*) pigsty, pigpen (*EEUU*)
[2] (*Taur*) bull pen
[3] (*Cono Sur*) hen run
Ⓑ ADJ [*persona*] fond of kids

**chiquilicuatro*** SM, **chiquilicuatre*** SM nobody, insignificant person; **es un ~** he's a nobody

**chiquilín*** SM (*CAm, Cono Sur, Méx*) tiny tot, small boy

**chiquillada** SF [1] childish prank; **esos son ~s** that's kid's stuff*
[2] (*esp LAm**) (= *niños*) kids* *pl*, group of children

**chiquillería** SF kids* *pl*

**chiquillo/a** SM/F kid*, child

**chiquirín** SM (*CAm Entomología*) cricket

**chiquirritín*** ADJ, **chiquirrito*** ADJ small, tiny

**chiquitear** ▸conjug 1a◂ VI [1] (= *jugar*) to play like a child
[2] (*) (= *beber*) to tipple

**chiquitín/ina*** Ⓐ ADJ tiny
Ⓑ SM/F tiny tot

**chiquito/a** Ⓐ ADJ (*esp LAm**) small; ✦*MODISMO* **es ~ pero matón** he may be small but he's tough
Ⓑ SM/F (*) kid*; ✦*MODISMO* **no andarse con chiquitas** not to beat about the bush
Ⓒ SM [1] (= *vaso*) small glass of wine
[2] (*Cono Sur**) (= *pedacito*) **un ~** a bit, a little

**chiquitura** SF [1] (*CAm*) (= *nimiedad*) small thing
[2] (*CAm*) = **chiquillada**

**chira** SF [1] (*Andes*) (= *andrajo*) rag, tatter
[2] (*CAm*) (= *llaga*) wound, sore

**chirajos** SMPL [1] (*CAm*) (= *trastos*) lumber, junk
[2] (*Andes*) (= *andrajos*) rags, tatters

**chirajoso** ADJ (*CAm*) ragged, tattered

**chircal** SM (*Andes*) brickworks *pl*, tileworks *pl*

**chiri**‡ SM joint‡

**chiribita** SF [1] (= *chispa*) spark; ✦*MODISMO* **estar que echa ~s*** to be hopping mad
[2] **chiribitas*** (= *destellos*) spots before the eyes; ✦*MODISMO* **los ojos le hacían ~s** her eyes sparkled, her eyes lit up
[3] (*Bot*) daisy

**chiribitil** SM [1] (= *desván*) attic, garret
[2] (= *cuchitril*) cubbyhole

**chiribito** SM poker

**chirigota** SF [1] (*) (= *broma*) joke; **fue motivo de ~** it got a laugh, it caused some amusement; **estar de ~** to be joking; **tomarse algo a ~** to take sth as a joke *o* in good heart; (*pey*) to treat sth too lightly
[2] (*en carnaval*) *group that sings humorous and satirical songs during Carnival*

**chirigotero** ADJ full of jokes, facetious

**chirimbolo*** SM [1] (= *trasto*) thingummyjig*, thingamajig (*EEUU**)
[2] **chirimbolos** (= *bártulos*) things, gear* *sing*

**chirimía** SF shawm

**chirimiri** SM drizzle

**chirimoya** SF [1] (= *fruta*) custard apple, cherimoya (*EEUU*)
[2] (‡) (= *cabeza*) nut*, noggin (*EEUU**), head

**chirimoyo** SM [1] (= *planta*) custard apple tree, cherimoya tree (*EEUU*)
[2] (*Cono Sur**) dud cheque*

**chirinada** SF [1] (*Cono Sur*) (= *fracaso*) failure, disaster
[2] = **chirinola**

**chiringuito** SM refreshment stall, refreshment stand

**chirinola** SF [1] (= *discusión*) heated discussion
[2] (= *nimiedad*) trifle, bagatelle
[3] (= *juego*) skittles *pl*

**chiripa** SF [1] (*) (= *casualidad*) fluke, stroke of luck; **de** *o* **por ~** by a fluke, by chance
[2] (*Billar*) lucky break

**chiripá** SM (*Cono Sur*) Amerindian breeches *pl*, *kind of blanket worn as trousers*; **gente de ~** country people, peasants

**chiripero** Ⓐ ADJ lucky, fluky
Ⓑ SM lucky sort

**chirís*** SMF (*CAm*) kid*, child

**chirivía** SF [1] (*Bot*) parsnip
[2] (*Orn*) wagtail

**chirivisco** SM (*CAm*) firewood, kindling

**chirla**[1] SF mussel, clam

**chirla**[2]‡ SF armed hold-up

**chirlata*** SF whore, hooker (*EEUU*‡)

**chirle** ADJ [1] [*sopa*] insipid
[2] (= *aburrido*) flat, dull, wishy-washy*; **poeta ~** mere versifier, third-rate poet

**chirlo** SM [1] (= *corte*) gash, slash (*in the face*)
[2] (= *cicatriz*) scar, long scar
[3] (*Arg**) (= *cachete*) slap

**chirola*** SF [1] (*CAm, Caribe*) (= *cárcel*) nick*, jail, can (*EEUU**)
[2] (*Arg*) **chirolas** (= *monedas*) **unas pocas ~s** a few pennies

**chirona**‡ SF nick*, jail, can (*EEUU**); **estar en ~** to be in the nick*; **lo metieron en ~** he was banged up‡

**chiros** SMPL (*Andes*) rags, tatters

**chiroso** ADJ (*Andes, CAm*) ragged, tattered

**chirota** SF (*CAm*) tough woman

**chirote*** ADJ (*Andes*) daft*

**chirri**‡ SM joint‡

**chirriado** ADJ (*Andes*) (= *gracioso*) witty; (= *alegre*) merry, jovial

**chirriar** ▸conjug 1b◂ VI [1] (*Zool*) [*grillo*] to chirp, sing; [*ave*] to screech, squawk
[2] [*bisagra, puerta*] to creak, squeak
[3] [*frenos*] to screech, squeal
[4] (*Andes*) (= *tiritar*) (*de frío*) to shiver

**chirrido** SM [1] (*Zool*) [*de grillo*] chirp, chirping; [*de ave*] screech, screeching, squeak, squeaking
[2] [*de bisagra, puerta*] creak, creaking, squeak, squeaking
[3] [*de frenos*] screeching, squealing

**chirrión** SM [1] (= *carro*) tumbrel
[2] (*Andes, CAm, Méx*) (= *látigo*) whip
[3] (*CAm*) (= *sarta*) string, line
[4] (*CAm*) (= *charla*) chat, conversation (*esp between lovers*)

**chirrionar** ▸conjug 1a◂ VT (*Méx*) to whip, lash

**chirrisco** ADJ [1] (*CAm, Caribe*) (= *diminuto*) very small, tiny; **viejo ~** dirty old man
[2] (*Méx**) [*mujer*] flirtatious

**chirucas** SFPL *canvas mountain boots*

**chirumen*** SM nous*, savvy*

**chirusa*** SF (*Cono Sur*) (= *niña*) girl, kid*; (= *mujer*) poor woman

**chis** EXCL (*pidiendo silencio*) sh!; (*llamando a alguien*) hey!, psst!

**chischís** SM (*Andes, CAm, Caribe*) drizzle

**chiscón** SM hovel

**chisgarabís*** SM meddler, nosey-parker*

**chisguete*** SM swig*, drink

**chisme** SM [1] (*) (= *cosa*) thing; **¿y este ~ para qué sirve?** and what's this thing for?; **tiene la cartera llena de ~s** her bag is full of all sorts of things *o* bits and pieces; **un ~ para cortar metal** a thing *o* whatnot* *o* thingummyjig* for cutting metal with
[2] (= *cotilleo*) **se sabe todos los ~s** he knows all the gossip; **me contó un ~ sobre Juan** she told me the gossip about Juan

**chismear** ▸conjug 1a◂ VI to gossip, spread scandal

**chismería** SF, **chismerío** SM (*Cono Sur*) gossip, scandal

**chismero/a** ADJ, SM/F = **chismoso**

**chismografía** SF gossip

**chismorrear** ▸conjug 1a◂ VI = **chismear**

**chismorreo** SM = **chismería**

**chismoso/a** Ⓐ ADJ gossiping, scandalmongering
Ⓑ SM/F gossip

**chispa** Ⓐ SF [1] [*de luz, fuego*] spark; ✦*MODISMOS* **echar ~s: está que echa ~s*** he's hopping mad*; **perder ~** to lose one's/its sparkle
[2] (= *gota de lluvia*) drop; **caen ~s** it's just spitting
[3] (= *pizca*) bit, tiny amount; **una ~ de café** a tiny drop of coffee; **una ~ de sal** a pinch of salt; **ni ~** not the least bit; **eso no tiene ni ~ de gracia** that's not in the least bit funny; **si tuviera una ~ de inteligencia** if he had an ounce of intelligence
[4] (= *ingenio*) wit; **la historia tiene ~** the story's quite amusing; **Juan tiene ~** John's quite witty; ✦*MODISMO* **es de ~ retardada*** he's slow on the uptake
[5] (*) (= *borrachera*) drunkenness; **coger** *o* **pillar una ~** to get sloshed*; **estar con** *o* **tener la ~** to be tight*
[6] (*CAm, Méx*) **dar ~** to work, be successful, yield results
[7] (*Andes*) (= *rumor*) rumour, rumor (*EEUU*)
[8] (*Andes*) (= *arma*) gun, weapon
Ⓑ ADJ INV [1] (= *borracho*) **estar ~*** to be sloshed*
[2] (*Méx*) (= *divertido*) funny, amusing
Ⓒ SM (*) (*tb* **~s**) electrician

**chisparse*** ▸conjug 1a◂ VPR [1] (*Andes*) (= *emborracharse*) to get tight*
[2] (*CAm, Méx*) (= *huir*) to run away, slip off

**chispazo** SM [1] spark; ✦*MODISMO* **primeros ~s** first signs
[2] = **chisme 2**

**chispeante** ADJ sparkling, scintillating

**chispear** ▸conjug 1a◂ VI [1] [*leña, fuego*] to throw out sparks

[2] (= *destellar*) to sparkle, scintillate
[3] (*Meteo*) to drizzle

**chispero**[1] Ⓐ ADJ (*Andes, Caribe*) gossiping, scandalmongering
Ⓑ SM (*CAm*) [1] (††) (= *encendedor*) lighter
[2] (*Aut*) spark plug, sparking plug

**chispero**[2]**/a*** Ⓐ ADJ of low-class Madrid
Ⓑ SM/F low-class inhabitant of Madrid

**chispita*** SF **una ~ de vino** a drop of wine

**chisporrotear** ▸conjug 1a◂ VI [*aceite*] to spit; [*carne*] to sizzle; [*leña*] to crackle; [*fuego*] to throw out sparks

**chisporroteo** SM [*de aceite*] spitting, spluttering; [*de carne*] sizzling; [*de leña*] sparking, crackling

**chisquero** SM pocket lighter

**chist** EXCL = **chis**

**chistada** SF bad joke

**chistar*** ▸conjug 1a◂ VI **nadie chistó** nobody said a word; **a ése no le chista nadie** you don't dare answer him back; **no ~** not to say a word; **sin ~** without a word

**chiste** SM joke; **caer en el ~** to get the joke, get it; **dar en el ~** to guess right; **hacer ~ de algo** ◊ **tomar algo a ~** to take sth as a joke; **tiene ~** it's funny; **no veo el ~** I don't get it ► **chiste verde** blue joke, dirty joke

**chistera** SF [1] (= *sombrero*) top hat ► **chistera de mago** magician's hat
[2] (*Pesca*) fish basket
[3] (*Dep*) *variety of pelota racket*

**chistosamente** ADV funnily, amusingly

**chistoso/a** Ⓐ ADJ funny, amusing
Ⓑ SM/F wit, funny person

**chistu** SM = **txistu**

**chistulari** SM = **txistulari**

**chita**[1] SF ✦**MODISMO a la ~ callando** (= *sin molestar*) unobtrusively; (= *con disimulo*) on the quiet, on the sly

**chita**[2] SF [1] (*Anat*) anklebone; ✦**MODISMOS dar en la ~*** to hit the nail on the head; **no se me da una ~*** ◊ **(no) me importa una ~*** I don't care two hoots (**de** about)
[2] (= *juego*) *boys' game played with an anklebone*
[3] (*Méx*) (= *saco*) net bag; (= *dinero*) money; (= *ahorros*) small amount of money saved, nest egg

**chita**[3]***** EXCL (*Chile*) (= *caramba*) damn!*, Jesus!*; **¡por la ~!** damn it!*

**chiticalla*** SMF quiet sort

**chiticallando** ADV = **chita**[1]

**chitón** EXCL sh!

**chiva** Ⓐ SF [1] (*Zool*) kid; (= *cabra*) nanny goat; ✦**MODISMO estar como una ~*** to be crazy
[2] (*LAm*) (= *barba*) goatee, goatee beard
[3] (*CAm*) (= *manta*) blanket, bedcover; **~s** bedclothes
[4] (*Andes, CAm*) (= *autobús*) bus; (= *coche*) car
[5] (*Caribe, Cono Sur*) (= *niña*) naughty little girl; (*CAm, Cono Sur*) (= *marimacho*) mannish woman; (*Andes, Caribe, Cono Sur*) (= *vividora*) immoral woman
[6] (*CAm, Cono Sur*) (= *rabieta*) rage, tantrum
[7] (*Caribe*) (= *mochila*) knapsack
[8] **chivas** (*Méx**) (= *trastos*) junk *sing*
[9] (*Cono Sur**) fib, tall story; ✦**MODISMO meter una ~** to cook up a story
[10] (*Caribe**) (= *delator*) grass‡, informer
Ⓑ ADJ (*CAm**) (= *despabilado*) alert, sharp
Ⓒ EXCL (*CAm**) look out!, careful!

**chivar*** ▸conjug 1a◂ Ⓐ VT (*LAm*) (= *fastidiar*) to annoy, upset
Ⓑ **chivarse** VPR [1] (= *dar un chivatazo*) to squeal* (**a, con** on), grass* (**a, de** on); **se chivó a la policía** he squealed *o* grassed to the police*; **~se a la maestra** to tell the teacher
[2] (*LAm*) to get annoyed

**chivata‡** SF [1] (= *linterna*) torch
[2] (= *pluma*) fountain-pen

**chivatazo*** SM tip-off; **dar el ~** to inform, give a tip-off

**chivatear** ▸conjug 1a◂ Ⓐ VI [1] = **chivar B1**
[2] (*Cono Sur*) to shout
[3] (*Andes, Cono Sur*) (= *saltar*) to jump about; (= *retozar*) to indulge in horse-play, have a noisy free-for-all
[4] (*Caribe*) (= *impresionar*) to create a big impression
Ⓑ **chivatearse** VPR (*Caribe*) to get scared

**chivato** SM [1] (*) (= *soplón*) informer
[2] (*Zool*) kid
[3] (*Ven**) prominent person
[4] (*LAm*) (= *niño*) child, kid*
[5] (*Andes*) (= *pillo*) rascal, villain
[6] (*Andes*) (= *aprendiz*) apprentice, mate
[7] (*Cono Sur*) (= *aguardiente*) cheap liquor, firewater
[8] (*Aut*) indicator, indicator light
[9] (= *busca*) pager, beeper

**chivearse*** ▸conjug 1a◂ VPR (*CAm*) to get embarrassed

**chivera** SF (*Andes, CAm*) goatee, goatee beard

**chivero** SM [1] (*Andes*) (= *conductor*) bus driver
[2] (*Andes*) (= *matón*) brawler
[3] (*Caribe*) (= *intrigante*) intriguer

**chiviroso*** ADJ (*CAm*) outgoing, extrovert

**chivitería** SF (*Uru*) steakburger stall

**chivito** SM (*Uru*) steakburger ► **chivito canadiense** *meat, egg and salad sandwich*

**chivo** Ⓐ SM [1] (*Zool*) billy goat; ✦**MODISMO esto huele a ~** (*Caribe, Cono Sur**) this smells fishy, there's something fishy about this* ► **chivo expiatorio** scapegoat
[2] (*Cono Sur*) (= *rabia*) fit of anger; ✦**MODISMOS comer ~** (*Andes, Caribe**) ◊ **ponerse como ~** (*CAm, Caribe**) to be furious
[3] (*CAm*) (= *dados*) dice; (= *juego*) game of dice
[4] (*Caribe*) (= *estafa*) fraud; (= *intriga*) plot, intrigue; (= *acto de contrabando*) smuggling; (= *géneros*) contraband, smuggled goods *pl*
[5] (*Méx*) (= *jornal*) day's wages; (= *anticipo*) advance; (= *soborno*) backhander*, sweetener*
[6] (*Caribe*) (= *golpe*) punch, blow
[7] (*Andes, CAm*) (= *niño*) naughty boy, scamp
[8] (*CAm**) (= *guatemalteco*) Guatemalan
[9] (*CAm‡*) (= *chulo*) pimp
[10] (‡) (= *maricón*) poofter‡
Ⓑ ADJ (*CAm**) [1] (= *guatemalteco*) Guatemalan
[2] **andas bien ~** you're looking very smart

**chivón/ona** (*Caribe*) Ⓐ ADJ annoying, irritating
Ⓑ SM/F bore

**chocante** ADJ [1] (= *sorprendente*) startling, striking
[2] (= *raro*) odd, strange; **lo ~ es que** the odd thing about it is that
[3] (= *escandaloso*) shocking, scandalous
[4] (*esp LAm*) (= *pesado*) tiresome; (= *desagradable*) offensive, unpleasant

**chocantería** SF (*LAm*) [1] (= *descaro*) impertinence
[2] (= *chiste*) coarse joke

**chocar** ▸conjug 1g◂ Ⓐ VI [1] (= *colisionar*) [*coches, trenes*] to collide, crash; [*barcos*] to collide; **los dos coches ~on de frente** the two cars crashed head on *o* were in a head-on collision; **~ con** *o* **contra** [+ *vehículo*] to collide with, crash into; [+ *objeto*] to bang into; [+ *persona*] to bump into; **para no ~ contra el avión** to avoid crashing into *o* colliding with the plane; **el buque chocó con una mina** the ship struck a mine; **el balón chocó contra el poste** the ball hit the post; **chocaban unos contra otros por los pasillos** people bumped into each other in the corridors
[2] (= *enfrentarse*) [*opiniones, personalidades*] to clash; **~ con** [+ *ideas, intereses*] to run counter to, be at odds with; [+ *obstáculos, dificultades*] to come up against, run into; [+ *personas*] to clash with; **esa propuesta choca con los intereses de EEUU** that proposal runs counter to *o* is at odds with American interests; **no choca con ninguna idea religiosa** it does not clash with any religion; **ésa sería una de las mayores dificultades con las que ~ían en este proyecto** that would be one of the biggest problems they would come up against in this project; **por su carácter chocaba a menudo con sus compañeros de trabajo** he often clashed with his colleagues because of his confrontational nature
Ⓑ VT [1] (= *sorprender*) to shock; **¿no te choca la situación actual?** don't you find the current situation shocking?; **me chocó muchísimo lo que dijo** I was really shocked by what he said, what he said really shocked me; **me choca que no lo hayan hecho** I am surprised that they haven't done it; **no me choca que haya dimitido** I'm not surprised that he's resigned
[2] (= *hacer chocar*) [+ *vasos*] to clink; [+ *manos*] to shake; **¡chócala!*** ◊ **¡choca esos cinco!*** put it there!*; **~ la mano de algn** to shake hands with sb
[3] (*Méx*) (= *asquear*) to disgust; **me choca su actitud** I find his attitude offensive
Ⓒ **chocarse** VPR (*Méx Aut*) to have a crash

**chocarrear** ▸conjug 1a◂ VI [1] (= *tontear*) to clown, act the fool
[2] (= *contar chistes*) to tell rude jokes

**chocarrería** SF [1] (= *cualidad*) coarseness, vulgarity
[2] **una ~** a dirty joke

**chocarrero** ADJ coarse, vulgar

**chocha** SF (*tb* **~ perdiz**) woodcock; *ver tb* **chocho**[3]

**chochada*** SF (*CAm*) (= *nimiedad*) triviality; **~s** bits and pieces

**chochaperdiz** SF woodcock

**chochear** ▸conjug 1a◂ VI [1] (*por la edad*) to dodder, be senile
[2] (*por el cariño*) to be soft

**chochecientos*** ADJ umpteen*

**chochera** SF [1] (= *cualidad*) senility
[2] (= *acción*) sentimental act
[3] (= *adoración*) **tener ~ por algn** to dote on sb, be crazy about sb
[4] (*Andes, Cono Sur*) (= *preferido*) favourite, favorite (*EEUU*), pet

**chochez** SF = **chochera 1, 2, 3**

**chochín** SM [1] (*Orn*) wren

[2] (‡) (= *novia*) bird‡, chick (*EEUU‡*)

**chochita** SF wren

**chocho**[1] Ⓐ ADJ [1] (= *senil*) doddering, senile

[2] (= *embelesado*) soft, doting, sentimental; **estar ~ por algn** to dote on sb, be soft on sb

[3] (*Cono Sur*) (= *contento*) delighted, pleased

Ⓑ EXCL (*CAm**) no kidding!*, really?

**chocho**[2] SM [1] (= *caramelo*) candy stick; **chochos** (= *golosinas*) sweets, candy *sing* (*EEUU*) ▸ **chochos de vieja** *lupin seeds sold at street stalls, fairs etc for eating*

[2] (‡‡) (= *vulva*) pussy‡‡

[3] (*) (= *lío*) rumpus*, shindy*

**chocho**[3]**/a*** Ⓐ ADJ (*CAm*) (= *nicaragüense*) Nicaraguan

Ⓑ SM/F [1] (= *drogadicto*) drug addict

[2] (*CAm*) (= *nicaragüense*) Nicaraguan; *ver tb* **chocha**

**chochoca‡** SF (*CAm*) nut‡, noggin (*EEUU‡*), head

**chocholear** ▸conjug 1a◂ VT (*Andes*) to spoil, pamper

**chock** SM (*Andes, Caribe Aut*) choke

**choclo**[1] SM [1] (= *zueco*) clog; ✦**MODISMO meter el ~** (*Méx**) to put one's foot in it

[2] (*Méx*) low-heeled shoe

**choclo**[2] SM [1] (*LAm Agr*) (= *planta*) maize, corn (*EEUU*); (= *mazorca*) corncob; (= *granos*) sweetcorn

[2] **choclos** (*Cono Sur*) [*de niño*] (= *brazos*) children's arms; (= *piernas*) children's legs

[3] (*Andes*) **un ~ de algo** a group of sth, a lot of sth

[4] (*Cono Sur*) (= *dificultad*) difficulty, trouble; (= *molestia*) annoyance; (= *carga*) burden, task

**choclón** SM (*Chile*) crowd

**choco**[1] (*Chile*) SM poodle

**choco**[2] ADJ (*Andes, Cono Sur*) (= *rojo*) dark red; (= *chocolate*) chocolate-coloured, chocolate-colored (*EEUU*); (= *moreno*) swarthy, dark

**choco**[3] Ⓐ ADJ (*Chile*) [1] (= *manco*) one-armed

[2] (= *cojo*) one-legged

[3] (= *tuerto*) one-eyed

Ⓑ SM [1] (*Cono Sur*) (= *tocón*) stump (*of tree*)

[2] (*Andes*) (= *sombrero*) top hat

[3] (*Méx‡‡*) (= *vulva*) cunt‡‡

**choco**[4] SM (*Zool*) cuttlefish

**choco**[5]**‡** SM (= *droga*) = **chocolate B2**

**chocolatada** SF *party or gathering at which one drinks hot chocolate*

**chocolate** Ⓐ ADJ (*LAm*) chocolate-coloured, chocolate-colored (*EEUU*)

Ⓑ SM [1] (*para comer*) chocolate; (*para beber*) drinking chocolate, cocoa ▸ **chocolate blanco** white chocolate ▸ **chocolate con leche** milk chocolate ▸ **chocolate negro** plain chocolate

[2] (‡) (= *hachís*) hash*, pot*; **darle al ~** to be hooked on drugs

[3] (*LAm hum*) blood; ✦**MODISMOS dar a algn agua de su propio ~** (*Méx**) to give sb a taste of his own medicine; **sacar el ~ a algn** to make sb's nose bleed, give sb a bloody nose

**chocolatera** SF [1] chocolate pot

[2] (*) piece of junk

**chocolatería** SF [1] (= *fábrica*) chocolate factory

[2] (= *tienda*) chocolate shop

**chocolatero** Ⓐ ADJ (= *de chocolate*) chocolate *antes de s*; **no soy muy ~** I'm not very fond of *o* keen on chocolate, I'm not a great one for chocolate *o* a great chocolate eater*

Ⓑ SM [1] (*Andes*) (*para chocolate*) chocolate pot

[2] (*Caribe, Méx*) (= *viento*) strong northerly wind

**chocolatina** SF chocolate bar

**chocolear** ▸conjug 1a◂ (*Andes*) Ⓐ VT to dock, cut off the tail of

Ⓑ VI to get depressed

**chófer** SMF, **chofer** SMF (*LAm*) [1] [*de coche*] driver

[2] [*de autobús*] bus driver

**cholada** SF (*Andes pey*) *action typical of a "cholo"*

**cholar‡** ▸conjug 1a◂ VT to nick‡, pinch*

**cholería** SF (*Andes*), **cholerío** SM (*Andes*) *group of "cholos"*

**cholga** SF (*Cono Sur*) mussel

**cholla*** SF [1] (= *cabeza*) nut*, noggin (*EEUU**), head

[2] (= *cerebro*) brains *pl*

[3] (*CAm*) (= *herida*) wound, sore

[4] (*Andes, CAm*) laziness, slowness

**chollo*** SM [1] (= *buena oportunidad*) snip*, bargain; **el piso es un ~ por ese precio** the apartment is a snip* *o* a bargain at that price; **¡qué ~ de trabajo!** what a cushy job!*

[2] (= *amorío*) love affair

**cholludo** ADJ (*Andes, CAm*) lazy, slow

**cholo/a** Ⓐ ADJ [1] (*LAm*) half-breed*, mestizo

[2] (*Chile*) (= *miedoso*) cowardly

Ⓑ SM/F [1] (*Andes, Cono Sur*) (= *mestizo*) dark-skinned person

[2] (*CAm*) (= *indio*) half-civilized Indian

[3] (*Cono Sur*) (= *indio*) Indian

[4] (*LAm*) (= *peruano*) Peruvian

[5] (*Cono Sur*) (= *cobarde*) coward

[6] (*Andes*) (*apelativo*) darling, honey (*EEUU*)

**chomba** SF (*Chile*), **chompa** SF (*Andes, Cono Sur*) sweater, jumper

**chompipe** SM (*CAm*) turkey

**chonchón** SM (*Chile*) lamp

**chonco** (*CAm*) Ⓐ ADJ = **choco**[3]

Ⓑ SM stump

**chongo** SM [1] (*Méx*) (= *moño*) bun

[2] (*Cono Sur*) (= *cuchillo*) blunt knife, worn-out knife

[3] (*Caribe*) (= *caballo*) old horse

[4] (*CAm, Méx*) **chongos** (= *trenzas*) pigtails

**chonta** SF (*Andes*) palm shoots *pl*

**chontal** Ⓐ ADJ [1] (*CAm*) (= *salvaje*) wild, uncivilized; (= *rebelde*) rebellious; (= *revoltoso*) unruly

[2] (*Andes, CAm, Caribe*) (= *inculto*) uncivilized; (= *grosero*) rough, coarse

[3] (*Caribe*) (= *de habla inculta*) rough-spoken

Ⓑ SM (*Andes*) peach palm

**chop** SM (*Chile*) [1] (= *vaso*) large beer glass

[2] (= *cerveza*) draught beer, draft beer (*EEUU*)

**chopa*** SF jacket

**chopazo*** SM (*Cono Sur*), **chope** SM (*Cono Sur*) punch, bash*

**chopera** SF poplar grove

**chopería** SF (*Chile*) bar, beer bar

**chopito** SM baby squid

**chopo** SM [1] (*Bot*) black poplar ▸ **chopo de Italia, chopo lombardo** Lombardy poplar

[2] (*Mil**) gun; ✦**MODISMO cargar con el ~** to join up

**chopp** SM (*Chile*) = **chop**

**choque** SM [1] [*de vehículos*] crash, collision ▸ **choque frontal** head-on collision ▸ **choque múltiple** multiple crash, pile-up; *ver tb* **coche**[1] **1**

[2] (= *desavenencia*) clash; **hubo un ~ entre ambos ministros** there was a clash between the two ministers; **un ~ de personalidades** a personality clash; **un ~ de culturas** a clash of cultures

[3] (= *lucha*) clash; **hubo varios ~s entre la población civil** there were several clashes between civilians; *ver tb* **fuerza 8, tropa 1**

[4] (*Dep*) (= *partido*) encounter, clash

[5] (= *conmoción*) **su muerte fue un ~ para ella** his death was a shock for her; **sufrí un ~ cultural al llegar a este país** I had a culture shock when I came to this country

[6] (*Med*) shock

**choquezuela** SF kneecap

**chorar‡** ▸conjug 1a◂ VT [1] [+ *casa*] to burgle, burglarize (*EEUU*)

[2] [+ *objeto*] to rip off‡

**chorbo/a‡** SM/F [1] (= *novio*) boyfriend; (= *novia*) girlfriend, bird*, chick (*EEUU‡*)

[2] (= *tío*) bloke‡, guy*; (= *tía*) bird*, chick (*esp EEUU‡*)

**chorcha** SF [1] (*Méx*) (= *fiesta*) noisy party; **una ~ de amigos** a group of friends (*out for a good time*)

[2] (*CAm Orn*) crest, comb

[3] (*CAm Med*) goitre

[4] (*CAm‡‡*) (= *clítoris*) clit‡, clitoris

**chorchero** ADJ (*Méx*) party-loving

**chorchi‡** SM soldier

**chorear*** ▸conjug 1a◂ Ⓐ VI (*Chile*) (*refunfuñar*) to grumble, complain; **estar choreado** to be miffed*, be upset

Ⓑ VT [1] (*Chile*) (= *hartar*) **me chorea** it gets up my nose*

[2] (*Cono Sur, Perú*) (= *robar*) to pinch*, nick*

**choreo** SM (*Chile*) complaint

**chori*** SM [1] (= *cuchillo*) chiv‡, knife

[2] = **chorizo 3**

**choricear*** ▸conjug 1a◂ VT to rip off‡, lift*

**choricería*** SF crookedness*, corruption

**choricero*** SM = **chorizo 3**

**chorizada‡** SF [1] (= *engaño*) swindle, con*

[2] (= *robo*) theft

**chorizar*** ▸conjug 1f◂ VT (= *robar*) to nick*; **me han chorizado la bici** they've nicked my bike*

**chorizo** SM [1] (*Culin*) *hard pork sausage*

[2] (*en circo*) balancing pole

[3] (*) (= *ratero*) small-time crook*; (= *maleante*) criminal; (= *carterista*) pickpocket

[4] (*Andes, Cono Sur Culin*) **bife de ~** rump steak

[5] (*Andes, Cono Sur Arquit*) *mixture of clay and straw used in plastering*

[6] (*Andes**) (= *idiota*) idiot

[7] (*Caribe*) (= *mulato*) mulatto

**chorlito** SM, **chorlitejo** SM (*Orn*) plover; *ver tb* **cabeza B2**

**chorlo/a** SM/F (*Andes, CAm, Caribe*) great-great-grandchild

**choro**[1]**‡** SM [1] (= *persona*) thief, burglar

[2] (*Ling*) thieves' slang

**choro**[2] SM (*Andes, Cono Sur Zool*) mussel

**chorote** SM [1] (= *bebida*) (*Méx, Ven*) drinking

chocolate (*with brown sugar*); (*Andes*) thick drinking chocolate
[2] (*Caribe*) (= *bebida espesa*) *any thick drink*; (= *bebida aguada*) watery drink; (= *café*) coffee
[3] (*Andes*) (= *chocolatera*) unglazed chocolate pot

**chorra** Ⓐ SF [1] (‡) (= *suerte*) luck; **¡qué ~ tiene!** how jammy can you get!*; **de ~** by chance
[2] (*Cono Sur*) underworld slang
[3] (✱) (= *pene*) prick✱
Ⓑ SMF (‡) (= *idiota*) fool, idiot

**chorrada** SF [1] [*de líquido*] extra drop; ✦*MODISMO* **dar algo con ~** to give sth and a bit extra
[2] (*) (= *objeto insignificante*) knick-knack; **le regalaremos cualquier ~** we'll give her some little thing
[3] (*) (= *tontería*) **la película es una ~** the film is nonsense*; **no digas ~s** stop talking drivel
[4] (‡) [*de orina*] **echar la ~** to have a piss✱

**chorrar‡** ▸conjug 1a◂ VT = **chorar**

**chorrear** ▸conjug 1a◂ Ⓐ VI [1] (= *salir a chorros*) to gush (out), spout; **la sangre le chorreaba por la frente** blood was gushing (out) *o* spouting from his forehead; **estar chorreando de sudor** to be dripping with sweat
[2] (= *gotear*) to drip; **la ropa chorrea todavía** the clothes are still dripping water *o* wringing wet
[3] [*dinero*] to trickle in, come in in dribs and drabs; **chorrean todavía las solicitudes** applications are still trickling in *o* coming in in dribs and drabs
Ⓑ VT [1] (*Mil**) (= *regañar*) to tick off*, dress down*
[2] (= *verter*) to pour
[3] (*Cono Sur*) (= *robar*) to pinch*
[4] (*Andes*) (= *mojar*) to soak
Ⓒ **chorrearse** VPR **~se algo*** to pinch sth

**chorreo** SM [1] (= *flujo*) gushing, spouting
[2] (= *goteo*) dripping
[3] [*de dinero*] trickle (**de** on)
[4] (*) (= *reprimenda*) ticking-off*, dressing-down*
[5] ► **chorreo mental‡** nonsense, rubbish, garbage (*EEUU*)

**chorreón** SM [1] (= *cascada*) cascade
[2] (= *de aceite, vinagre*) *ver tb* **chorretón**

**chorrera** SF [1] (= *pitorro*) spout
[2] **chorreras** (*Cos*) frill *sing*; *ver tb* **jamón A1**
[3] (*Méx*) (= *montón*) stream, string; **una ~ de algo** a stream *o* string of sth
[4] (*Caribe**) (= *regañina*) ticking-off*, dressing-down*

**chorrero‡** ADJ jammy‡, lucky

**chorretada** SF [1] (= *chorro*) squirt, jet
[2] = **chorrada 1**

**chorretón** SM [1] (= *chorro*) **echa un buen ~ de aceite** put plenty of oil on it; **un ~ de agua de colonia** a splash of cologne
[2] (= *mancha*) dribble

**chorrillo** SM steady trickle

**chorro** SM [1] [*de líquido*] jet, stream; **salía un buen ~ de agua del grifo** there was a strong flow of water from the tap; **se añade un chorrito de leche** add a drop of milk; **beber a ~** to drink without touching the bottle
[2] (*Téc*) jet, blast; **un avión con propulsión a ~** jet-propelled plane; **motor a ~** jet engine ► **chorro de arena** sandblast ► **chorro de vapor** steam jet
[3] (= *montón*) stream, string; **un ~ de insultos** a stream *o* string of insults; **un ~ de palabras** a torrent of words; **un ~ de voz** a verbal blast, a really loud voice; ✦*MODISMO* **a ~s** in plenty, in abundance; **llover a ~s** to pour (down); **salir a ~s** to gush forth, come spurting out; **hablar a ~s** to talk nineteen to the dozen
[4] (‡) (= *suerte*) jam‡, luck; **¡qué ~ tiene!** he's so jammy!‡
[5] (*Cono Sur**) (= *ladrón*) thief, pickpocket
[6] (*Andes*) [*de látigo*] lash
[7] (*CAm*) (= *grifo*) tap, faucet (*EEUU*)
[8] (*Caribe**) (= *reprimenda*) ticking-off*, dressing-down*

**chorvo/a‡** SM/F = **chorbo**

**chota** SF ✦*MODISMO* **estar como una ~*** to be hopping mad*

**chotacabras** SM INV nightjar, goatsucker (*EEUU*)

**chotear*** ▸conjug 1a◂ Ⓐ VT [1] (*LAm*) (= *burlarse de*) to make fun of
[2] (*Andes*) (= *mimar*) to spoil, pamper
[3] (*CAm*) [+ *sospechoso*] to shadow, tail
Ⓑ **chotearse** VPR [1] (= *bromear*) to joke (**de** about)
[2] (= *confesar*) to cough‡, inform

**choteo*** SM kidding*, joking; **estar de ~** to be kidding*

**chotis** SM INV *traditional dance of Madrid*; ✦*MODISMO* **ser más agarrado que un ~*** to be tight-fisted

**choto** Ⓐ ADJ [1] (*CAm*) (= *abundante*) abundant, plentiful
[2] (= *de poco valor*) crummy‡
[3] (= *viejo*) clapped-out*
Ⓑ SM [1] (*Zool*) (= *cabrito*) kid; (= *ternero*) calf; ✦*MODISMO* **ser un viejo ~** to be a stupid old twit*
[2] (*Cono Sur‡*) (= *pene*) prick✱

**chotuno** ADJ [*cabrito, ternero*] sucking, very young; [*cordero*] weakly; ✦*MODISMO* **oler a ~** to smell bad

**chova** SF crow, rook ► **chova piquirroja** chough

**chovinismo** *etc* SM = **chauvinismo** *etc*

**chow-chow** ['tʃautʃau] SM (*pl* **chow-chow**) chow

**choza** SF hut, shack

**chozno/a** SM/F great-great-great-grandchild

**christmas** ['krismas] SF, **chrisma** ['krisma] SM (*pl* **christmas** ['krismas]) Christmas card

**chubasco** SM [1] (*Meteo*) heavy shower ► **chubasco de nieve** brief snowstorm
[2] (= *contratiempo*) setback; **aguantar el ~** to weather the storm

**chubascoso** ADJ squally, stormy

**chubasquero** SM [1] (= *impermeable*) cagoule, foul-weather gear (*EEUU*)
[2] (‡ *hum*) French letter

**chucán** ADJ (*CAm*) [1] (= *gracioso*) buffoonish
[2] (= *grosero*) coarse, rude

**chúcaro** ADJ (*LAm*) [1] (= *salvaje*) wild, untamed
[2] (= *tímido*) shy

**chucear** ▸conjug 1a◂ VT (*LAm*) to prick, goad

**chucha** SF [1] (*Zool*) bitch
[2] (*) (*apelativo*) sweetheart
[3] (*Andes Zool*) opossum
[4] (*Andes*) (= *olor*) B.O.
[5] (*Andes*) (= *juego*) hide-and-seek
[6] (*Andes, Cono Sur*) (= *vulva*) cunt✱
[7] (†) (= *peseta*) peseta

**chuchada** SF (*CAm*) trick, swindle

**chuchear**[1] ▸conjug 1a◂ VI to hunt, trap, fowl

**chuchear**[2] ▸conjug 1a◂ VI = **cuchichear**

**chuchería** SF [1] (= *golosina*) sweet, candy (*EEUU*)
[2] (= *bocada*) titbit
[3] (= *adorno*) trinket

**chuchito** SM = **chucho B10**

**chucho** Ⓐ ADJ [1] (*CAm**) (= *tacaño*) mean, stingy*
[2] (*Andes*) [*fruta*] soft, watery; [*persona*] wrinkled
[3] (*Méx*) (*chismoso*) gossipy
Ⓑ SM [1] (= *perro callejero*) mongrel; **¡chucho!** down boy!
[2] (= *pastel*) *custard-filled doughnut*
[3] (*) (= *novio*) sweetheart
[4] (*Caribe Ferro*) switch
[5] (*Caribe*) (= *látigo*) rawhide whip
[6] (*Cono Sur*) (= *cárcel*) jail
[7] (*LAm*) (= *escalofrío*) shakes *pl*, shivers *pl*; (= *fiebre*) fever; **entrarle a algn el ~*** to get the jitters*
[8] (*CAm**) (= *persona ostentosa*) spiv*
[9] (*LAm‡*) (= *canuto*) joint*, reefer*
[10] (*Andes, CAm, Méx Culin*) tamale

**chuchoca*** SF (*Cono Sur*) ✦*MODISMO* **estar en la ~** to be in the thick of it, be where the action is

**chuchumeca*** SF (*Andes, Cono Sur*) whore, tart*, hooker (*EEUU**)

**chuchumeco*** SM [1] (*Méx*) (= *enano*) dwarf, runt
[2] (= *tacaño*) mean person, skinflint
[3] (*Cono Sur*) (= *enfermizo*) sickly person; (= *derrochador*) wastrel
[4] (*Andes*) (= *viejo*) old dodderer
[5] (*Andes, Caribe**) (= *encopetado*) toff*, dude (*EEUU**)
[6] (*Caribe**) (= *idiota*) idiot

**chuchurrío*** ADJ [1] [*flor, planta*] wilted
[2] [*persona*] down

**chuco** ADJ [1] (*Andes, CAm, Méx*) [*pescado*] high, off
[2] (*CAm*) (= *asqueroso*) disgusting, filthy

**chucrú** SM, **chucrut** SM, **chucruta** SF sauerkraut

**chueca** SF [1] (*Bot*) stump
[2] (*Anat*) *round head of a bone*
[3] (= *broma*) practical joke, prank; **gastar una ~ a algn** to play a joke on sb

**chueco** ADJ (*LAm*) [1] (= *torcido*) crooked, bent; **un negocio ~** a crooked deal*
[2] (= *patizambo*) bandy-legged
[3] (*Andes, Cono Sur*) (= *patituerto*) pigeon-toed
[4] (*Méx*) (= *manco*) one-armed; (= *con una sola pierna*) one-legged
[5] (*Méx*) (= *de mala vida*) loose-living; (= *sospechoso*) suspicious

**chufa** SF [1] (= *tubérculo*) tiger nut; **horchata de ~** *drink made from tiger nuts*
[2] (*) (= *puñetazo*) bash*, punch
[3] (†*) (= *peseta*) peseta

**chufeta** SF = **chufleta**

**chufla** SF joke, merry quip; **a ~** jokingly; **tomar algo a ~** to take sth as a joke

**ciclomotor** SM moped

**ciclón** SM cyclone; ✦*MODISMO* **como un ~: entró como un ~ en la cocina** he burst into the kitchen; **salió como un ~ del despacho** she dashed out of the office ► **ciclón tropical** tropical cyclone

**cíclope** SM Cyclops

**ciclópeo** ADJ gigantic, colossal

**ciclorama** SM cyclorama

**ciclostil** SM cyclostyle

**ciclostilado** ADJ cyclostyled

**ciclostilar** ▸conjug 1a◂ VT to cyclostyle

**ciclostilo** SM = **ciclostil**

**ciclotrón** SM cyclotron

**cicloturismo** SM touring by bicycle

**cicloturista** SMF touring cyclist

**-cico** -cica; (*a veces tb* **-ecico, -ecica**) *ver* **Aspects of Word Formation in Spanish 2**

**CICR** SM ABR (= **Comité Internacional de la Cruz Roja**) ICRC

**cicuta** SF hemlock

**cidiano** ADJ relating to the Cid; **estudios ~s** Cid studies

**cidra** SF citron

**cidracayote** SM (*LAm*) gourd, calabash

**cidro** SM citron, citron tree

**ciego/a** Ⓐ ADJ **1** (= *invidente*) blind; **es ~ de nacimiento** he has been blind from *o* since birth, he was born blind; **la justicia es ciega** justice is blind; **dejar ~ a algn** to blind sb; **las luces me dejaron ~ por un momento** the lights blinded me for a moment; **el accidente la dejó ciega** she was blinded in the accident; **estar ~** to be blind; **pero ¿estás ~? ¿no ves que el semáforo está en rojo?** are you blind or what? can't you see the lights are red?; **quedarse ~** to go blind; **se quedó ~ después del accidente** he was blinded in the accident, he went blind as a result of the accident; ✦*MODISMO* **más ~ que un topo** as blind as a bat

**2** (*por ofuscación*) **2·1** [*persona*] blind; **~ a** blind to; **~ a las necesidades del resto del mundo** blind to the needs of the rest of the world; **~ de celos** blind with jealousy; **~ de dolor** in absolute agony; **~ de ira** *o* **rabia** blind with rage

**2·2** [*violencia*] mindless, senseless; [*fanatismo*] mindless

**3** (= *total*) [*confianza, fe*] unquestioning, blind (*pey*); **tenían una confianza ciega en su líder** they had unquestioning *o* (*pey*) blind faith in their leader; **exijo de todos mis hombres una obediencia ciega** I demand unquestioning obedience from all my men

**4** (= *bloqueado*) [*arco, entrada*] blind; [*conducto, tubo*] blocked

**5** (‡) (= *borracho*) blind drunk*, pissed‡; (*con drogas duras*) high*; (*con drogas blandas*) stoned‡; **ponerse ~ a** *o* **de algo** (= *borracho*) to get pissed on sth‡, get trashed on sth (*EEUU*‡); (*con drogas duras*) to get high on sth*; (*con drogas blandas*) to get stoned on sth‡; (*comiendo*) to stuff o.s. with sth*

**6 a ciegas 6·1** (= *sin ver*) **andar** *o* **caminar a ciegas** to grope one's way; **avanzamos a ciegas hasta encontrar el interruptor** we groped our way to the light switch; **buscó a ciegas la puerta** he searched blindly for the door, he groped about searching for the door; **volar a ciegas** to fly blind

**6·2** (= *sin pensar*) [*actuar, decidir*] in the dark; [*obedecer*] unquestioningly, blindly (*pey*); **creíamos a ciegas todo lo que decía el partido** we unquestioningly *o* (*pey*) blindly believed everything the party said, we believed everything the party said without question; *ver tb* **cita 1.2**

Ⓑ SM/F (= *invidente*) blind man/blind woman; **una organización de ~s** an organization for the blind, a blind people's organization

Ⓒ SM **1** (*Esp*‡) **¡qué ~ llevaba!** [*de alcohol*] he was blind drunk* *o* pissed!‡; [*de drogas duras*] he was high as a kite*; [*de drogas blandas*] he was stoned out of his mind‡

**2** (*Anat*) caecum, cecum (*EEUU*)

**3** (*Caribe*) (= *claro*) forest clearing

**cielito** SM **1** (*Mús*) *Argentinian folk dance*

**2** (= *apelativo cariñoso*) my love, sweetheart

**cielo** SM **1** (*Astron, Meteo*) sky; **el ~ está cubierto** the sky is overcast *o* cloudy; **el ~ estaba despejado** it was a cloudless *o* clear day; **a ~ abierto** [*mina, explotación*] opencast, open cut (*EEUU*); **a ~ descubierto** in the open; ✦*MODISMOS* **cambiar del ~ a la tierra** (*Chile*) to change out of all recognition; **llegar** *o* **venir (como) caído** *o* **llovido del ~** (*inesperado*) to come (totally) out of the blue; (*muy oportuno*) to be a godsend; **irse al ~ con todo y zapatos** (*Méx*): **tú te vas al ~ con todo y zapatos** you'll be blessed in heaven; **juntársele a algn el ~ con la tierra** (*LAm*): **se le juntó el ~ con la tierra** he lost his nerve; **poner a algn por los ~s** to praise sb to the skies; **remover ~ y tierra** to move heaven and earth; **tocar el ~ con las manos** (*Cono Sur, Perú, Col*): **conseguir que me ayude es tocar el ~ con las manos** getting him to help me would be virtually impossible; **si me lo ganara sería como tocar el ~ con las manos** if I won it, it would be like a dream come true; **venírsele a algn el ~ abajo**: **se le vino el ~ abajo** the heavens opened

**2** (*Rel*) heaven; **Padre Nuestro que estás en los ~s** Our Father who art in heaven; **¡cielos!** good heavens!; **ganar el ~** to win salvation; **ir al ~** to go to heaven; ✦*MODISMOS* **clamar al ~: es una injusticia que clama al ~** it is a gross injustice; **¡esto clama al ~!** it's an outrage!, it's outrageous!; **estar en el séptimo ~** to be in seventh heaven; **ganar el ~ con rosario ajeno** to cash in on other people's hard work; **ver el ~ abierto: cuando me ofrecieron el trabajo vi el ~ abierto** when I was offered the job I saw my chance; **vimos el ~ abierto cuando dijo que podíamos quedarnos en su casa** it was a great relief when he said we could stay in his house

**3** (*) (*uso afectivo*) **¡mi ~!** ◊ **¡~ mío!** my love, sweetheart; **el jefe es un ~** the boss is a real sweetie*; **¡has fregado los platos! eres un ~** you've washed the dishes! you're a real angel

**4** (= *parte superior*) [*de la boca*] roof; [*de una cama*] canopy; (*CAm*) [*de un coche*] roof ► **cielo máximo** (*Aer*) ceiling

**5** (*Arquit*) (*tb* **~ raso**) ceiling

**ciempiés** SM INV centipede

**cien[1]** ADJ, PRON (*antes de s, apócope de* **ciento**) a hundred, one hundred; **~ mil** a hundred thousand; **las últimas ~ páginas** the last hundred pages; **diez por ~** ten per cent; **es de lana ~ por ~** it's pure wool, it's a hundred per cent wool; **es español ~ por ~** he's Spanish through and through; **lo apoyo al ~ por ~** I support it wholeheartedly; ✦*MODISMOS* **estar hasta el ~** (*Andes*) to be on one's last legs; **me pone a ~*** (= *enfadar*) it drives me up the wall*; (= *calentar sexualmente*) it makes me feel horny *o* randy*; *ver tb* **seis**

> **CIEN, CIENTO**
>
> • La traducción de **cien(to)** puede ser **a hundred** o **one hundred**:
>
> Tengo que escribir cien páginas
> ***I've got to write a*** o ***one hundred pages***
> Murió a la edad de ciento veinte años
> ***He died at the age of a*** o ***one hundred and twenty***
> Sin embargo, hay que utilizar siempre **one hundred**
>
> • cuando **cien(to)** va detrás de otra cifra:
>
> El curso cuesta dos mil ciento noventa libras
> ***The course costs two thousand one hundred and ninety pounds***
>
> • cuando se quiere precisar que se trata de **cien(to)** y no de doscientos, *etc*:
>
> ***I said "one hundred" not "two hundred"***
>
> *Para otros usos y ejemplos ver las entradas* ***cien*** *y* ***ciento***.

**cien[2]**‡ SM bog‡, lavatory, john (*EEUU**)

**ciénaga** SF marsh, swamp

**ciencia** SF **1** (= *conocimiento*) science; **los avances de la ~** the advances of science; ✦*MODISMOS* **saber algo a ~ cierta** to know sth for certain *o* for a fact; **no tener mucha ~: esto no tiene mucha ~** there's nothing difficult about it ► **ciencia ficción** science fiction ► **ciencia infusa: lo sabe por ~ infusa** (*iró*) he has God-given intelligence

**2** (= *doctrina*) science, sciences *pl*; **un hombre de ~** a man of science ► **ciencias naturales** natural science *sing* ► **ciencias ocultas** occultism *sing* ► **ciencias sociales** social science, social sciences *pl*

**3 ciencias** (*Educ*) science *sing*, sciences; **estudia una carrera de ~s** she's doing a science degree ► **Ciencias de la Educación** Education *sing* ► **Ciencias de la Información** Media Studies ► **Ciencias Económicas** Economics *sing* ► **Ciencias Empresariales** Business Studies ► **Ciencias Exactas** Exact Sciences ► **Ciencias Físicas** Physical Science *sing* ► **Ciencias Políticas** Political Science *sing*

**ciencia-ficción** SF science fiction

**Cienciología** SF Scientology

**cieno** SM **1** (= *lodo*) mud

**2** (= *depósito fluvial*) silt

**cienoso** ADJ muddy, miry

**científicamente** ADV scientifically

**cientificidad** SF scientific nature

**científico/a** Ⓐ ADJ scientific

Ⓑ SM/F scientist ► **científico/a social** social scientist

**cientifismo** SM scientific spirit

**cientista** SMF (*LAm*) scientist; **~ social** social scientist

**ciento** Ⓐ ADJ, PRON a hundred, one hundred; **~ veinte** one hundred and twenty, a hundred and twenty

Ⓑ SM **1** a hundred, one hundred; **~s de personas** hundreds of people; **te lo he dicho ~s de veces** I've told you hundreds of times; **varios ~s de profesores** several hundred teachers; **a** *o* **por ~s: casos como éste se producen a** *o* **por ~s** there are cases like this by the hundred, there are hundreds of cases like this; **las víctimas se cuentan a** *o* **por ~s** the death toll runs into hundreds; ✦*MODISMOS* **dar ~ y raya a algn** to be more than a match for sb; **~ y la madre***: **¡allí había ~ y la madre!** the world and his wife were there*, there were loads of people there*; → CIEN, CIENTO

2 **por ~** per cent; **el cuarenta y dos por ~ de los estudiantes** forty-two per cent of the students; **hay un cinco por ~ de descuento** there is a five per cent discount; **el ~ por ~** a *o* one hundred per cent; **el ~ por ~ de las participantes son mujeres** a *o* one hundred per cent of the participants are women; **los hoteles están al ~ por ~ de su capacidad** the hotels are full to capacity, the hotels have a hundred per cent occupancy

**cierne** SM blossoming, budding; **en ~(s)** (*Bot*) in blossom; (*fig*) in its infancy; **es un ajedrecista en ~s** he's a budding chess champion

**cierra** *etc ver* **cerrar**

**cierre** SM 1 (= *acto*) [*de verja, puerta*] (*gen*) closing, shutting; (*con llave*) locking; (*automático*) central locking; [*de edificio, establecimiento, frontera*] closing; **un dispositivo especial controla el ~ de la puerta** the door is closed *o* shut by a special device; **se está incumpliendo el horario de ~ de los bares** bars are not observing closing time; **cuatro horas después del ~ de los colegios electorales** four hours after the polling stations closed; **el mal tiempo obligó al ~ del aeropuerto** the airport was forced to close due to the bad weather ► **cierre empresarial**, **cierre patronal** lockout

2 (= *fin*) [*de una emisión*] closedown; [*de campaña electoral*] end, close; [*de la Bolsa*] close; [*de año fiscal*] end; **el mitin de ~ de la campaña electoral** the final rally of the electoral campaign; **al ~**: **al ~ de esta edición de noticias** at the end of this news bulletin; **al ~ de impresión** at the time of going to press; **al ~ de la sesión de ayer** at the close of trading yesterday; **precio de ~** closing price

3 [*de negocio, carretera, instalaciones*] closure; **los vecinos piden el ~ de la factoría** local residents are demanding the closure of the factory; **muchos comerciantes se verán obligados al ~ de sus comercios** many traders will find themselves having to close down their businesses

4 (= *mecanismo*) [*de maleta, puerta*] catch; [*de collar, pulsera, libro*] clasp; [*de vestido*] fastener, snap fastener ► **cierre antirrobo** anti-theft lock ► **cierre centralizado** (*Aut*) central locking ► **cierre de dirección** (*Aut*) steering lock ► **cierre eclair** (*Chile*) zip, zip fastener, zipper (*esp EEUU*) ► **cierre hermético** airtight seal ► **cierre metálico** (= *persiana*) metal shutter; (= *cremallera*) metal zip ► **cierre relámpago** (*Cono Sur, Perú*) zip, zip fastener, zipper (*esp EEUU*)

5 **echar el ~** 5·1 (*a un local, comercio*) (*temporalmente*) to close; (*definitivamente*) to close down; **estaba echando el ~ a la tienda** he was locking the shop up *o* locking up the shop

5·2 (*Esp**) (= *callar*) **¡echa el ~!** give it a rest!; **echar el ~ a algn** to shut sb up

**cierrecler** SM (*Chile*) zip, zip fastener, zipper (*esp EEUU*)

**cierro** SM (*Chile*) fence

**ciertamente** ADV certainly; **no era ~ uno de los más inteligentes** he was certainly not one of the brightest

**cierto** ADJ 1 (= *verdadero*) true; **los rumores resultaron ser ~s** the rumours turned out to be true; **¿es ~ eso?** is that really so?, is that true?; **ha mejorado mucho, ¿no es ~?** it has improved a lot, don't you think?; **es ~, es mejor que nos vayamos** yes *o* you're right, I think we'd better go; **~, es un problema grave** it's certainly a serious problem; **estar en lo ~** to be right; **lo ~ es que** the fact is that, the truth of the matter is that; **nadie habló sobre ello pero lo ~ es que todos estaban preocupados** nobody talked about it but the fact is *o* the truth of the matter is that everyone was worried; **es ~ que** it's true that; **no es ~ que mi mujer me haya abandonado** it is not true that my wife has walked out on me

2 (= *seguro*) certain, sure; **les espera una muerte cierta** they are heading for certain death; **hay indicios ~s de mejoría** there are clear signs of improvement; **lo único ~ es que ...** the only sure thing is that ...; **saber algo de ~** to know sth for certain

3 (*uso indefinido*) 3·1 (*en sing*) a certain; **cierta persona que yo conozco** a certain person I know; **no me gusta ~ tipo de literatura** there's a certain type of literature which I don't like; **ocurre con cierta frecuencia** it happens fairly frequently; **en todos sus movimientos había un ~ aire de misterio** everything he did had a certain air of mystery about it; **me alejé de allí con una cierta sensación de preocupación** I left there feeling a little anxious, I left there with a certain feeling of anxiety; **~ día de mayo** one day in May; **en cierta ocasión** on one occasion, once; **durante ~ tiempo** for a while; **estuvieron buscándolo durante ~ tiempo** they looked for it for a while; **las monedas nacionales se mantendrían en uso durante un ~ tiempo** national currencies would continue to be used for a (certain) time; *ver tb* **edad 1**, **manera 2**, **modo 2**, **punto 8**, **sentido B6**

3·2 (*en pl*) some, certain; **es mejor no hablar de ciertas cosas** some *o* certain things are better not discussed

4 **por ~** by the way, incidentally; **por ~, ¿qué es de tu hermano?** by the way, *o* incidentally, what's your brother doing now?; **un libro que, por ~, recomiendo totalmente** a book which, by the way, *o* incidentally, I would thoroughly recommend

**cierva** SF hind

**ciervo** SM (*Zool*) (*gen*) deer; (*macho*) stag, buck; (*Culin*) venison ► **ciervo común** red deer ► **ciervo volante** stag beetle

**cierzo** SM north wind

**CIF** SM ABR (= **Cédula de Identificación Fiscal**) company or personal tax code

**cifosis** SF INV (*Med*) kyphosis

**cifra** SF 1 (= *dígito*) figure; **las ~s dadas por el Ministerio** the figures provided by the Ministry; **un número de seis ~s** a six-figure number ► **cifras de ventas** sales figures

2 (= *cantidad*) number; **piensa una ~** think of a number; **la ~ de parados es preocupante** the number of unemployed people is worrying; **la ~ oficial de muertos** the official death toll; **ganan ~s astronómicas** they earn astronomical sums

3 **en ~** (= *codificado*) coded, in code

**cifradamente** ADV 1 (= *en clave*) in code

2 (= *resumiendo*) in brief, in a shortened form

**cifrado** Ⓐ ADJ [*mensaje*] coded, in code

Ⓑ SM (en)coding, ciphering

**cifrar** ▸conjug 1a◂ Ⓐ VT 1 [+ *mensaje*] to code, write in code; (*Ling*) to encode

2 [+ *esperanzas, ilusiones*] to pin, place (**en** on)

3 [+ *ganancias, pérdidas*] to calculate; **cifran las pérdidas por el terremoto en miles de millones** losses caused by the earthquake have been calculated at billions

4 [+ *discurso, explicación*] (= *compendiar*) to summarize; (= *abreviar*) to abbreviate

Ⓑ **cifrarse** VPR **todas las esperanzas se cifran en él** all hopes are centred on him

**cigala** SF Dublin Bay prawn

**cigarra** SF cicada

**cigarral** SM (*Toledo*) *country house on the banks of the Tagus*

**cigarrera** SF 1 (= *estuche*) cigar case

2 (= *obrera*) cigar maker; (= *vendedora*) cigar seller

**cigarrería** SF (*LAm*) (= *tienda*) tobacconist's (shop), tobacco *o* smoke shop (*EEUU*); (= *fábrica*) tobacco factory

**cigarrero** SM (= *obrero*) cigar maker; (= *vendedor*) cigar seller

**cigarrillo** SM cigarette; **cajetilla** *o* **paquete de ~s** pack(et) of cigarettes; **cartón de ~s** box of cigarettes; **liar un ~** to roll a cigarette

**cigarro** SM 1 (= *cigarrillo*) cigarette

2 (*tb* **~ puro**) cigar ► **cigarro habano** Havana cigar

**cigoto** SM zygote

**ciguato** ADJ 1 (*Caribe, Méx*) (= *simple*) simple, stupid

2 (*Caribe, Méx*) (= *pálido*) pale, anaemic, anemic (*EEUU*)

**cigüeña** SF 1 (*Orn*) stork

2 (*Mec*) crank, handle; (*Náut*) winch, capstan

3 (*CAm Mús*) barrel organ

4 (*Caribe Ferro*) bogie, bogy

**cigüeñal** SM crankshaft

**CIJ** SF ABR (= **Corte Internacional de Justicia**) ICJ

**cija** SF (= *cuadra*) sheep shed; (= *pajar*) hayloft

**cilampa** SF (*CAm*) drizzle

**cilampear** ▸conjug 1a◂ VI (*CAm*) to drizzle

**cilantro** SM (*Bot, Culin*) coriander

**cilicio** SM (= *vestidura áspera*) hair shirt; (= *con pinchos*) *spiked belt or chain etc worn by penitents*

**cilindrada** SF cylinder capacity

**cilindradora** SF steamroller, road roller

**cilindraje** SM cylinder capacity

**cilindrar** ▸conjug 1a◂ VT to roll, roll flat

**cilíndrico** ADJ cylindrical

**cilindrín‡** SM cigarette, fag*; **incinerar el ~** to light up

**cilindro** SM 1 (*Mat, Téc*) cylinder; (*en máquina de escribir*) roller ► **cilindro compresor**, **cilindro de caminos** steamroller, road roller

➤ LENGUA Y USO: **cierto 1** 53.3, 53.4 **2** 53.6

2 (*Méx*) (= *organillo*) barrel organ
3 (*) (= *sombrero de copa*) top hat

**cilla** SF 1 (= *granero*) tithe barn, granary
2 (= *diezmo*) tithe

**cima** SF 1 [*de montaña*] top, summit; **la ~ del Aconcagua** the top *o* summit of Aconcagua; **dieron ~ a la montaña** they reached *o* got to the summit *o* top of the mountain; **las ~s más altas de los Alpes** the highest peaks in the Alps
2 (= *cúspide*) **está en la ~ de su carrera** she is at the peak *o* height of her career; **llegó a la ~ del éxito profesional** she achieved the pinnacle of success in her profession; **conoció las más altas ~s del poder** he knew *o* experienced the very heights of power; **han dado ~ a las negociaciones** they brought the negotiations to a successful conclusion
3 [*de árbol*] top

**cimarra** SF **hacer ~** (*Cono Sur*) to play truant

**cimarrón/ona** Ⓐ ADJ 1 (*LAm Bot, Zool*) wild, untamed
2 (*LAm*) [*persona*] (= *inculto*) rough, uncouth; (= *vago*) lazy; **negro ~** (*Hist*) runaway slave, fugitive slave
3 (*Cono Sur*) [*mate*] bitter, unsweetened
Ⓑ SM/F (*Hist*) runaway slave, maroon
Ⓒ SM (*Cono Sur*) unsweetened mate

**cimarronear** ▸conjug 1a◂ VI (*LAm*) to run away

**cimba** SF 1 (*Andes*) (= *cuerda*) plaited rope of hard leather
2 (*Andes*) (= *trenza*) pigtail
3 (*Andes*) (= *escala*) rope ladder

**címbalo** SM cymbal

**cimbel** SM 1 (= *señuelo*) decoy (*also fig*)
2 (‡) [*de hombre*] prick‡

**cimborio** SM, **cimborrio** SM 1 (*Arquit*) (= *cúpula*) dome; (= *base*) base of a dome
2 (*Min*) roof

**cimbrar** ▸conjug 1a◂ VT 1 (= *agitar*) to shake, swish, swing; (= *curvar*) to bend
2 **~ a algn*** to clout sb (with a stick); **le cimbró de un porrazo** he clouted him with his stick

**cimbreante** ADJ swaying

**cimbrear** ▸conjug 1a◂ Ⓐ VT (= *hacer oscilar*) to swish, swing; (= *curvar*) to bend; (= *agitar*) to shake
Ⓑ VI to swing round
Ⓒ **cimbrearse** VPR 1 (= *balancearse*) to sway; (= *curvarse*) to bend; (= *agitarse*) to shake; **~se al viento** to sway in the wind
2 (= *andar con garbo*) to walk gracefully

**cimbreño** ADJ [*vara*] pliant, flexible; [*talle*] willowy, lithe

**cimbreo** SM (= *balanceo*) swaying; (= *agitación*) shaking; (= *curvado*) bending

**cimbrón** SM 1 (*Andes, CAm, Cono Sur*) (= *sacudida*) shudder
2 (*LAm*) [*de lazo*] crack
3 (= *tirón*) jerk, yank*, tug
4 (*Cono Sur, Méx*) (= *espadazo*) *blow with the flat of a sword*
5 (*Andes*) (= *dolor*) sharp pain

**cimbronada** SF, **cimbronazo** SM 1 (*Andes, Cono Sur, Méx*) = **cimbrón**
2 (*Caribe*) earthquake

**cimentación** SF 1 (= *cimientos*) foundation
2 (= *acción*) laying of foundations

**cimentar** ▸conjug 1j◂ VT 1 (*Arquit*) to lay the foundations of *o* for
2 (= *fundar*) to found, establish
3 (= *reforzar*) [+ *relaciones, cooperación*] to strengthen, cement
4 [+ *oro*] to refine

**cimera** SF crest (*tb Heráldica*)

**cimero** ADJ (= *superior*) [*pico*] highest, topmost; [*puesto*] highest; [*proyecto, figura*] crowning, finest

**cimiento** SM (*Arquit*) foundation; [*de amistad, sociedad*] foundation; **abrir los ~s** to dig the foundations; **echar los ~s de algo** to lay the foundations for sth

**cimitarra** SF scimitar

**cimpa** SF (*Andes*) = **cimba**

**cinabrio** SM cinnabar

**cinc** SM zinc

**cincel** SM chisel

**cincelado** SM (= *labrado*) chiselling; (= *grabado*) engraving

**cincelador** SM 1 (= *persona*) (*en metal*) engraver; (*en piedra*) stone cutter
2 (= *herramienta*) (chipping) chisel, chipping hammer

**cincelar** ▸conjug 1a◂ VT 1 [+ *piedra, mármol*] to chisel, carve, cut; [+ *metal*] engrave
2 [+ *proyecto*] to fine-tune; [+ *memorias*] to be specific about

**cincha** SF 1 [*de caballo*] girth, saddle strap; ✦***MODISMO*** **a revienta ~s** (= *apresuradamente*) at breakneck speed, hurriedly; (*LAm*) (= *con renuencia*) reluctantly
2 (*para sillas*) webbing
3 (*Andes*) **tener ~** to have some black/Indian blood in one

**cinchada** SF (*Cono Sur, Méx*) tug-of-war

**cinchar** ▸conjug 1a◂ Ⓐ VT [+ *caballo*] to girth, secure the girth of; (*Téc*) to band, hoop, secure with hoops
Ⓑ VI (*Cono Sur**) (= *trabajar*) to work hard; **~ por** (= *apoyar*) to root for

**cincho** SM (*gen*) belt, girdle; (= *aro*) iron hoop, metal band; (*CAm, Caribe, Méx*) = **cincha 1**

**cinchona** SF (*LAm*) quinine bark

**cinco** Ⓐ ADJ INV, PRON (*gen*) five; (*ordinal, en la fecha*) fifth; **las ~** five o'clock; **le escribí el día ~** I wrote to him on the fifth; ✦***MODISMOS*** **estar sin ~*** ◊ **no tener ni ~*** to be broke*; **le dije cuántas son ~** I told him a thing or two; **no estar en sus ~*** to be off one's rocker*; **saber cuántas son ~** to know what's what; **tener los ~ muy listos*** to be light-fingered; **¡vengan esos ~!*** shake on it!*
Ⓑ SM 1 (= *número*) five; (= *fecha*) fifth; (*Educ*) five (*the pass mark*); **sacar un ~ pelado** to scrape through*
2 (*Ven*) (= *guitarra*) five-stringed guitar
3 (*Méx**) (= *trasero*) bottom, backside*
4 (*CAm, Méx*) (= *moneda*) five-peso piece; *ver tb* **seis**

**cincuenta** ADJ INV, PRON, SM (*gen*) fifty; (*ordinal*) fiftieth; **los (años) ~** the fifties; ✦***MODISMO*** **cantar las ~ a algn** to haul sb over the coals; *ver tb* **seis**

**cincuentañero/a** Ⓐ ADJ fiftyish, about fifty
Ⓑ SM/F *person of about fifty, person in his/her fifties*

**cincuentavo** SM fiftieth part; *ver tb* **sexto B**

**cincuentena** SF fifty, about fifty; **una ~ de** fifty-odd, fifty or so

**cincuentenario** SM 50th anniversary

**cincuenteno** ADJ fiftieth; *ver tb* **sexto A**

**cincuentón/ona** Ⓐ ADJ fifty-year old, fiftyish
Ⓑ SM/F *person in his/her fifties*

**cine** SM 1 (= *arte*) cinema; **el ~ español** Spanish cinema; **hacer ~** to make films *o* movies (*esp EEUU*); **de ~: actor de ~** film actor, movie actor (*EEUU*); **festival de ~** film festival; **era una casa de ~*** it was a fairytale house, the house was like something out of a film; **me lo pasé de ~*** I had a fantastic *o* brilliant time, I had a whale of a time* ▸ **cine de acción** action films *pl*, action movies *pl* (*EEUU*) ▸ **cine de animación** animated films *pl* ▸ **cine de arte y ensayo** art cinema ▸ **cine de autor** auteur cinema ▸ **cine de aventuras** adventure films *pl*, adventure movies *pl* (*esp EEUU*) ▸ **cine de terror** horror films *pl*, horror movies *pl* (*esp EEUU*) ▸ **cine mudo** silent films *pl*, silent movies *pl* ▸ **cine negro** film noir ▸ **cine sonoro** talking films *pl*, talkies* *pl*
2 (= *local*) cinema, movie theater (*EEUU*); **¿quieres ir al ~?** do you want to go to the cinema *o* (*esp EEUU*) the movies? ▸ **cine de barrio** local cinema, local (movie) theater (*EEUU*) ▸ **cine de verano** open-air cinema, open-air movie theater (*EEUU*)

**cine...** PREF cine...

**cineasta** SMF film maker, moviemaker (*EEUU*)

**cine-club** SM (*pl* **cine-clubs, cine-clubes**) film club

**cinefilia** SF love of the cinema

**cinéfilo/a** SM/F (= *aficionado*) film fan, movie fan (*EEUU*); (= *especialista*) film buff*, movie buff (*EEUU*)

**cinegética** SF hunting, the chase

**cinegético** ADJ hunting *antes de s*, of the chase

**cinema** SM cinema, movie theater (*EEUU*)

**cinemateca** SF film library, film archive

**cinemático** ADJ cinematic

**cinematografía** SF cinematography, films, film making, movie making (*EEUU*)

**cinematografiar** ▸conjug 1a◂ VT to film

**cinematográfico** ADJ film *antes de s*, cinematographic (*frm*)

**cinematógrafo** SM 1 (= *cine*) cinema, movie theater (*EEUU*)
2 (= *aparato*) (film) projector

**cineración** SF incineration

**cinerama** SM cinerama

**cinerario** ADJ 1 [*urna*] cinerary
2 = **ceniciento**

**cinéreo** ADJ ash-grey, ash-gray (*EEUU*), ashen (*liter*)

**cineteca** SF (*LAm*) film archive

**cinética** SF kinetics *sing*

**cinético** ADJ kinetic

**cingalés/esa** Ⓐ ADJ Sinhalese
Ⓑ SM/F Sinhalese; **los cingaleses** the Sinhalese
Ⓒ SM (*Ling*) Sinhalese

**cíngaro/a** Ⓐ ADJ gipsy
Ⓑ SM/F gipsy (*esp Hungarian*)

**cinguería** SF (*Cono Sur*) (= *obra*) sheet-metal work; (= *taller*) sheet-metal shop

**cinguero** SM (*Cono Sur*) sheet-metal worker

**cínicamente** ADV cynically

**cínico/a** Ⓐ ADJ cynical
Ⓑ SM/F cynic

**cinismo** SM cynicism; **¡qué ~!** how cynical!, what a nerve!*

**cinofilia** SF [1] (*gen*) dog-fancying, dog-breeding
[2] (= *personas*) dog-fanciers, dog-breeders

**cinólogo/a** SM/F canine expert

**cinta** SF [1] (= *tira*) ribbon; **se recogió el pelo con una ~** she tied her hair back with a ribbon ► **cinta adhesiva** adhesive tape ► **cinta aislante**, **cinta de aislar** (*CAm, Méx*) insulating tape ► **cinta elástica** elastic ► **cinta métrica** tape measure
[2] [*de vídeo, sonido*] tape ► **cinta de audio** audio tape ► **cinta de casete** cassette tape ► **cinta de vídeo** video tape ► **cinta limpiadora** head cleaner, head-cleaning tape ► **cinta magnética** magnetic tape ► **cinta magnetofónica** audio tape ► **cinta virgen** blank tape
[3] (*Cine*) film
[4] (*Téc*) ► **cinta de equipajes** baggage *o* luggage carousel ► **cinta transportadora** conveyor belt
[5] (*Culin*) ► **cinta de cerdo**, **cinta de lomo** loin of pork
[6] (*Bot*) spider plant

**cinteado** ADJ beribboned

**cintero** SM [1] [*de mujer*] girdle
[2] (= *cuerda*) rope

**cintillo** SM [1] [*de sombrero*] hatband; (*LAm*) (*para pelo*) hairband
[2] (= *anillo*) small ring with jewels
[3] (*Tip*) heading, collective heading
[4] (*Caribe*) (= *bordillo*) kerb, curb (*EEUU*)

**cinto** SM (= *cinturón*) belt; [*de traje típico, militar*] girdle, sash; **armas de ~** side arms ► **cinto negro** black belt

**cintura** SF [1] (*Anat*) waist; **me rodeó la ~ con los brazos** she put her arms around my waist; **tiene poca ~** she has a slim waist; **tengo 76cm de ~** my waist (measurement) is 76cm; **de ~ para abajo** from the waist down; **con la dieta redujo unos centímetros de ~** with his diet he reduced his waistline by a few centimetres, with his diet he took a few centimetres off his waistline ► **cintura de avispa** wasp waist
[2] [*de falda, pantalón*] waist; **un pantalón ancho de ~** a pair of trousers that are loose-fitting around the waist; **un vestido alto de ~** a high-waisted dress; ✦***MODISMO*** **meter a algn en ~** to bring sb into line, make sb toe the line

**cinturilla** SF waistband

**cinturón** SM [1] (*gen*) belt; [*de traje típico, militar*] girdle, sash; (†) [*de espada*] sword belt; ✦***MODISMO*** **apretarse** *o* **ajustarse el ~** to tighten one's belt ► **cinturón de castidad** chastity belt ► **cinturón de salvamento** lifebelt, life preserver (*EEUU*) ► **cinturón de seguridad** safety belt ► **cinturón salvavidas** lifebelt, life preserver (*EEUU*)
[2] (= *zona*) belt, zone; **el ~ industrial de Madrid** the Madrid industrial belt ► **cinturón de miseria** slum area; (*Méx*) [*de chabolas*] shanty town ► **cinturón verde** green belt
[3] (*Dep*) belt
[4] (= *carretera*) ► **cinturón de circunvalación**, **cinturón de ronda** ring road, bypass, beltway (*EEUU*)

**ciña**, **ciñendo** *etc ver* **ceñir**

**CIP** SM ABR [1] (*Esp*) = **Club Internacional de Prensa**
[2] (*Esp*) = **Centro de Investigación para la Paz**
[3] (*Perú*) = **Centro Internacional de la Papa**

**cipayo** SM [1] (*Brit Mil, Hist*) sepoy
[2] (*Cono Sur Pol*) *politician in the service of foreign commerce*

**cipe** SM (*LAm*) sickly baby

**cipo** SM (= *monumento*) memorial stone; (= *mojón*) milestone, signpost

**cipote** Ⓐ ADJ [1] (*Andes, Caribe*) (= *estúpido*) stupid, thick*
[2] (*CAm*) (= *rechoncho*) plump, chubby
Ⓑ SM [1] (*CAm, Caribe*) (= *chico*) lad, youngster
[2] (*Esp***) (= *pene*) prick**
[3] (*CAm*) (= *maza*) Indian club
[4] (*) (= *idiota*) chump*, blockhead*, clod (*EEUU**)
[5] (*Andes**) **~ de chica** smashing girl*; **~ de película** great film*
[6] (*) (= *barriga*) belly, guts*

**cipotear**** ▸*conjug 1a*◂ VT (*Esp*) to screw**

**ciprés** SM cypress (tree)

**cipresal** SM cypress grove

**CIR** SM ABR (*Esp Mil*) = **Centro de Instrucción de Reclutas**

**circadiano** ADJ circadian

**circense** ADJ circus *antes de s*, of the circus

**circo** SM [1] (= *espectáculo*) circus ► **circo ambulante** travelling circus, traveling circus (*EEUU*) ► **circo romano** Roman circus
[2] (*Geol*) cirque ► **circo glaciar** glacier cirque, glacial cirque

**circonio** SM zirconium

**circuir** ▸conjug 3g◂ VT to encircle, surround

**circuitería** SF circuitry

**circuito** SM [1] (= *pista*) circuit, track; **un ~ de fórmula-1** a formula-1 circuit ► **circuito de carreras** racetrack, racecourse (*esp EEUU*), (motor) racing circuit ► **circuito urbano** city circuit, town circuit
[2] (= *círculo*) circuit; **el mejor tenista del ~ profesional** the best tennis player on the professional circuit; **sus películas forman parte del ~ comercial** his films are mainstream commercial films
[3] (*Elec*) circuit; **corto ~** short circuit
[4] (*Telec*) ► **circuito cerrado (de televisión)** closed-circuit (television)
[5] (= *gira*) tour; **un ~ en autobús por Andalucía** a bus tour around Andalusia

**circulación** SF [1] (*Aut*) traffic; **calle de gran ~** busy street; **en el continente la ~ es por la derecha** on the Continent they drive on the right ► **circulación prohibida** no traffic ► **circulación rodada** vehicular traffic; **"cerrado a la circulación rodada"** "closed to vehicular traffic *o* vehicles" ► **circulación única** (*Méx*) one way (traffic)
[2] (*Med*) circulation ► **circulación de la sangre**, **circulación sanguínea** circulation of the blood
[3] (*Fin*) circulation; **estar fuera de ~** to be out of circulation, be no longer current; **poner algo en ~** to issue sth, put sth into circulation ► **circulación fiduciaria** paper money, paper currency

**circulante** ADJ [1] (*gen*) circulating; [*biblioteca*] mobile
[2] (*Fin*) [*capital*] working

**circular** ▸conjug 1a◂ Ⓐ VI [1] [*vehículo*] to run; **el metro no circula los domingos** the underground does not run on Sundays, there is no underground service on Sundays; **este tren circula a muy alta velocidad** this train goes *o* travels *o* runs at very high speeds; **mañana ~án muchos vehículos por las carreteras** there will be many vehicles on the roads tomorrow; **circule por la izquierda** drive on the left
[2] [*peatón*] to walk; **por favor, circulen por la acera** please walk on the pavement; **¡circulen!** move along!
[3] [*ciudadano, mercancía*] to move around; **los españoles pueden ~ libremente por la UE** Spaniards can move around freely *o* have free movement within the EU
[4] [*moneda*] to be in circulation
[5] [*sangre*] to circulate; [*agua*] to flow
[6] [*rumor*] to go round, circulate
Ⓑ VT to circulate
Ⓒ ADJ (= *redondo*) circular; **un edificio ~** a circular building; **un salón con** *o* **de forma ~** a circular *o* round hall; **el autobús tiene un recorrido ~** the bus follows *o* has a circular route; **una carta ~** a circular
Ⓓ SF (= *carta*) circular

**circularidad** SF circularity

**circulatorio** ADJ [1] (*gen*) circulatory
[2] (*Aut*) traffic *antes de s*; **colapso ~** traffic jam, traffic stoppage

**círculo** SM [1] (= *circunferencia*) circle; **las sillas estaban puestas en ~** the chairs were set out in a circle ► **círculo de giro**, **círculo de viraje** turning circle ► **círculo máximo** great circle ► **círculo polar antártico** Antarctic Circle ► **círculo polar ártico** Arctic Circle ► **círculo vicioso** vicious circle
[2] (= *grupo*) circle; **los ~s íntimos del ministro confirmaron su dimisión** sources close to the minister confirmed his resignation
[3] (= *club*) club
[4] (= *campo*) scope, compass, extent

**circun...** PREF circum...

**circuncidar** ▸conjug 1a◂ VT [1] (*Med*) to circumcise
[2] (= *restringir*) to curtail; (= *moderar*) to moderate

**circuncisión** SF circumcision

**circunciso/a** Ⓐ ADJ (*Med*) circumcised
Ⓑ SM/F (*gen*) circumcised man/woman; (*Hist*) *term used in the past to refer to either a Jew or a Moor*

**circundante** ADJ surrounding

**circundar** ▸conjug 1a◂ VT to surround

**circunferencia** SF circumference

**circunferir** ▸conjug 3i◂ VT to circumscribe, limit

**circunflejo** SM circumflex

**circunlocución** SF, **circunloquio** SM circumlocution, roundabout expression

**circunnavegación** SF circumnavigation

**circunnavegar** ▸conjug 1a◂ VT to sail round, circumnavigate

**circunscribible** ADJ circumscribable

**circunscribir** ▸conjug 3a◂ (*pp* **circunscrito**) Ⓐ VT to circumscribe (**a** to)
Ⓑ **circunscribirse** VPR (= *limitarse*) to be limited, be confined (**a** to)

**circunscripción** SF (*gen*) circumscription; (*Mil*) district; (*Pol*) constituency, electoral district

**circunspección** SF circumspection, prudence

**circunspecto** ADJ [*persona*] circumspect; [*palabras*] carefully chosen, guarded

**circunstancia** SF circumstance; **dadas las ~s** in *o* under the circumstances; **estar a la altura de las ~s** to rise to the occasion; **en las ~s actuales** under present circumstances, the way things are at the moment ► **circunstancias agravantes** aggravating circumstances ► **circunstancias atenuantes** extenuating *o* mitigating circumstances

**circunstanciado** ADJ detailed

**circunstancial** ADJ [1] (*gen*) circumstantial; [*caso*] incidental; **mi estancia en Lima era ~** I just happened to be in Lima
[2] (= *temporal*) [*arreglo, acuerdo*] makeshift, temporary

**circunstante** (A) ADJ [1] (= *que rodea*) surrounding
[2] (= *presente*) present
(B) SMF **los ~s** those present

**circunvalación** SF **carretera de ~** ring road, bypass, beltway (*EEUU*)

**circunvecino** ADJ adjacent, neighbouring, neighboring (*EEUU*), surrounding

**cirial** SM processional candlestick

**cirílico** ADJ, SM Cyrillic

**cirio** SM [1] (*Rel*) (wax) candle
[2] (*) (= *jaleo*) squabble; **montar un ~** to kick up a row

**cirquero** SM (= *empresario*) circus impresario; (*Méx*) (= *trabajador*) acrobat

**cirro** SM cirrus

**cirrocúmulo** SM cirrocumulus

**cirrosis** SF INV cirrhosis ► **cirrosis hepática** cirrhosis of the liver

**cirrostrato** SM cirrostratus

**ciruela** SF plum ► **ciruela claudia** greengage ► **ciruela damascena** damson ► **ciruela pasa**, **ciruela seca** prune ► **ciruela verdal** greengage

**ciruelo** SM [1] (*Bot*) plum tree
[2] (**) (= *pene*) prick**
[3] (*) (= *necio*) dolt, idiot

**cirugía** SF surgery ► **cirugía estética** cosmetic surgery ► **cirugía plástica** plastic surgery

**ciruja** SMF (*Cono Sur*) scavenger (*on rubbish dumps*)

**cirujano/a** SM/F surgeon ► **cirujano/a plástico/a** plastic surgeon

**ciscar** ▸conjug 1g◂ (A) VT [1] (= *ensuciar*) to dirty *o* soil *o* mess up (*frm*)
[2] (*Cuba, Méx**) (= *avergonzar*) to put to shame
[3] (*Caribe, Méx*) (= *meterse con*) to provoke, needle*
(B) **ciscarse** VPR [1] (*euf*) (= *hacerse de vientre*) to do one's business*; (*encima*) to mess oneself; **los que se ciscan en las teorías** those who thumb their noses at theories; **¡me cisco en todo!*** blast it!*
[2] (*Cuba, Méx**) (= *avergonzarse*) to feel ashamed
[3] (*Caribe, Méx*) (= *ofenderse*) to get upset, take offence

**cisco** SM [1] (*Min*) coaldust, dross; ✦***MODISMOS*** **estar hecho (un) ~*** to be a wreck, be all in; **hacer algo ~** to tear sth to bits, smash sth to smithereens
[2] (*) (= *riña*) row, shindy*; **armar un ~** ◊ **meter ~** to kick up a row, make trouble
[3] (*Méx*) (= *miedo*) fear, fright

**ciscón** ADJ (*Caribe, Méx*) touchy

**Cisjordania** SF the West Bank

**cisjordano/a** (A) ADJ of/from the West Bank
(B) SM/F native/inhabitant of the West Bank; **los ~s** the people of the West Bank

**cisma** SM [1] (*Rel*) schism; (*Pol*) split; (= *desacuerdo*) discord, disagreement
[2] (*Andes*) (= *remilgo*) prudery
[3] (*Andes*) (= *chismes*) gossip

**cismático** ADJ [1] (*Rel*) schismatic(al); (*fig*) troublemaking, dissident
[2] (*Andes*) (= *remilgado*) prudish
[3] (*Andes*) (= *chismoso*) gossipy

**cisne** SM [1] (*Orn*) swan
[2] (*Cono Sur*) (= *borla de empolvarse*) powder puff

**Cister** SM, **Císter** SM Cistercian Order

**cisterciense** ADJ, SM Cistercian

**cisterna** SF cistern, tank; **buque ~** tanker

**cistitis** SF INV cystitis

**cita** SF [1] (= *encuentro*) [1·1] (*con médico, profesional*) appointment; **tengo ~ con el dentista** I have a dental appointment, I have an appointment at the dentist's; **concertar una ~** to make an appointment, arrange an appointment; **pedir ~** to make an appointment
[1·2] [*de novios*] date; **tener una ~** to have a date
► **cita a ciegas** blind date
[2] (= *reunión*) meeting; **tengo una ~ con la junta directiva** I have a meeting with the board of directors; **los ciudadanos tienen una ~ con las urnas el domingo** the country goes to the polls on Sunday; **acudir a una ~** to attend a meeting; **darse ~** (= *quedar citado*) to arrange to meet; (= *encontrarse*) to gather; **los mejores atletas del mundo se han dado ~ aquí hoy** the world's top athletes have gathered here today; **lugar de ~** meeting place; **este café es lugar de ~ de escritores famosos** this café is a meeting place for famous writers; *ver tb* **casa 1**
[3] (= *punto de encuentro*) event; **los Juegos Olímpicos son la ~ más importante del deporte mundial** the Olympic Games are the most important sporting event in the world; **ser ~ obligada**: **este festival es ~ obligada para los amantes de la danza** this festival is a must for lovers of dance; **estos días París se convierte en ~ obligada para los diseñadores de moda** for these few days, Paris becomes the only place to be for fashion designers
[4] (= *mención literal*) [*de escrito, libro*] quotation; [*de parte de discurso, declaraciones*] quote; **una ~ de Quevedo** a quotation from Quevedo; **varias ~s del presidente** several quotes from the president; **la ~ más famosa de Groucho Marx** Groucho Marx's most famous quote; **un diccionario de ~s** a dictionary of quotations ► **cita textual** direct quote; **se escribe así cuando se trata de una ~ textual** it's written like this when it's a direct quote; **"es intolerable" (~ textual de un compañero de la oficina)** "it's intolerable", as a colleague from work said, in the words of a colleague from work, "it's intolerable"

**citable** ADJ quotable

**citación** SF [1] [*de un libro*] quotation
[2] (*Jur*) summons, citation ► **citación a licitadores** invitation to tender ► **citación judicial** summons, subpoena

**citadino/a*** (*LAm*) (A) ADJ urban
(B) SM/F urban *o* city dweller

**citado** ADJ aforementioned; **en el ~ país** in the aforementioned country

**citar** ▸conjug 1a◂ (A) VT [1] (= *mencionar*) [1·1] [+ *ejemplo, caso*] to quote, cite; **el informe cita a Francia, Italia e Irlanda** the report quotes *o* cites France, Italy and Ireland; **todo tipo de plásticos, entre los que podemos ~ el nilón** all kinds of plastics, such as nylon for example
[1·2] [+ *frase, autor, fuentes*] to quote; **cita a Platón en su libro** he quotes Plato in his book; **las fuentes citadas por el periódico** the sources quoted by the newspaper; **~ textualmente** to quote word for word, quote verbatim; **~on textualmente varios párrafos** they quoted several paragraphs word for word *o* verbatim; **no quería que ningún "imbécil" —cito textualmente— le quitara el puesto** he wasn't having any "idiot" — and I quote — taking the job away from him
[2] (= *convocar*) **la ~on a las nueve de la mañana** she was given an appointment for nine in the morning; **¿está usted citado?** do you have an appointment?; **la cité para ultimar unos detalles** I arranged to see her to go over some details
[3] (*Jur*) [*juez*] to summon; [*abogado, defensa, fiscal*] to call; **~ a algn a declarar** to summon sb to give evidence; **tiene facultades para ~ testigos** he has the power to call witnesses
[4] (*Taur*) to incite, provoke
(B) **citarse** VPR [1] [*varias personas*] to arrange to meet; **nos citamos a las cuatro** we arranged to meet at four; **quedamos citados para el día siguiente** we made a date for the following day; **~se con algn** to arrange to meet sb
[2] [*novios*] to make a date

**cítara** SF zither

**-cito, -cita** (*a veces tb* **-ecito, -ecita**) *ver* **Aspects of Word Formation in Spanish 2**

**citófono** SM (*Andes*) buzzer

**citología** SF [1] (= *análisis*) smear test
[2] (*Biol*) cytology

**citotóxico** ADJ cytotoxic

**citrato** SM citrate

**cítrico** (A) ADJ citric
(B) **cítricos** SMPL citrus fruits

**citrícola** ADJ citrus *antes de s*

**citrón** SM lemon

**CiU** ABR (*Esp Pol*) (= **Convergència i Unió**) *Catalan political coalition*

**ciudad** SF [1] (*de gran tamaño*) city; (*más pequeña*) town; **se levanta temprano para ir a la ~** he gets up early to go into the city *o* into town; **la ~ de Granada** (the city of) Granada; **la Ciudad Condal** *name for the city of Barcelona*; **la Ciudad del Turia** *name for the city of Valencia* ► **Ciudad del Cabo** Cape Town ► **Ciudad del Vaticano** Vatican City ► **Ciudad de México** Mexico City ► **ciudad dormitorio** dormitory town, bedroom com-

munity (EEUU) ► **ciudad natal** home town, native city, native town ► **ciudad perdida** (*Méx*) shanty town
[2] (= *instalaciones*) ► **ciudad deportiva** sports complex ► **ciudad sanitaria** hospital complex ► **ciudad universitaria** university campus

**ciudadanía** SF [1] (= *habitantes*) citizens *pl*, citizenry (*frm*); (*Hist*)
[2] (= *status*) citizenship; **derechos de ~** rights of citizenship ► **ciudadanía de honor** freedom of the city

**ciudadano/a** Ⓐ ADJ civic, city *antes de s*; **el orgullo ~** civic pride
Ⓑ SM/F citizen; **el ~ de a pie** the man in the street; **~ de honor** freeman of the city; **~ del mundo** citizen of the world; **~s de segunda clase** second-class citizens

**ciudadela** SF [1] (*Mil*) citadel, fortress
[2] (*LAm*) (= *casa pobre*) tenement block

**ciudad-estado** SF (*pl* **ciudades-estado**) city-state

**ciudadrealeño/a** Ⓐ ADJ of/from Ciudad Real
Ⓑ SM/F native/inhabitant of Ciudad Real; **los ~s** the people of Ciudad Real

**civeta** SF civet cat

**civeto** SM civet

**cívico** Ⓐ ADJ [*deber*] civic; [*persona*] public-spirited, civic-minded
Ⓑ SM [1] (*Arg*) (= *vaso de cerveza*) large glass of beer
[2] (*LAm*) (= *policía*) policeman

**civil** Ⓐ ADJ [1] (= *no militar*) [*autoridad, aviación*] civil; [*vida, víctima, población*] civilian; **guerra ~** civil war; **va vestido de ~** he's wearing civilian clothes, he's in civilian clothes; **la sociedad ~** civil society
[2] (= *no religioso*) civil; **matrimonio ~** civil wedding, registry office wedding; **contrajo matrimonio ~** he got married in a registry office (wedding); **casarse por lo ~** to have a civil wedding, have a registry office wedding, be married in a civil ceremony
[3] (*Jur*) [*responsabilidad, desobediencia*] civil; *ver tb* **código 1**, **derecho C1**, **gobernador B**, **guardia A**, **protección**, **registro 5**
Ⓑ SMF [1] (= *persona no militar*) civilian
[2] (= *guardia*) civil guard

**civilidad** SF civility, courtesy, politeness

**civilización** SF civilization

**civilizado** ADJ civilized

**civilizador** ADJ civilizing

**civilizar** ▸conjug 1f◂ Ⓐ VT to civilize
Ⓑ **civilizarse** VPR to become civilized

**civilizatorio** ADJ civilizing

**civismo** SM sense of civic responsibility, public-spiritedness

**cizalla** SF, **cizallas** SFPL [1] (= *tijeras*) wire cutters, metal shears; (= *guillotina*) guillotine
[2] (= *fragmento*) shavings, metal clippings

**cizaña** SF [1] (*Bot*) darnel; (*Biblia*) tares
[2] (= *discordia*) discord; **meter** *o* **sembrar ~** to sow discord (**entre** among), create a rift (**entre** between)
[3] (= *vicio*) vice, corruption, harmful influence

**cizañar** ▸conjug 1a◂ VT, **cizañear** VT to sow discord among

**cizañero/a** SM/F troublemaker, mischief-maker

**cl** ABR (= **centilitro(s)**) cl

➤ LENGUA Y USO: claro A2 42.1, 53.2, 53.6

**clac** Ⓐ SM (*pl* **claques**) opera hat, cocked hat
Ⓑ SF claque

**clamar** ▸conjug 1a◂ Ⓐ VT [+ *justicia, venganza*] to clamour for, clamor for (EEUU), cry out for; [+ *inocencia*] to proclaim
Ⓑ VI (= *protestar*) to protest; **~ contra** to protest against, cry out against; **~ por** to clamour for, clamor for (EEUU), to cry out for; ✦**MODISMO ~ al cielo** *o* **a Dios** to be an absolute outrage; **una injusticia que clama al cielo** an absolutely outrageous injustice

**clamor** SM [1] (= *griterío*) clamour, clamor (EEUU), roar; **el ~ de los espectadores** the clamour *o* roar of the spectators
[2] (= *protesta*) outcry; **un gran ~ contra la corrupción** a great outcry against corruption; **este poema es un ~ contra la violencia** this poem is a protest against death
[3] [*de campana*] toll

**clamorear** ▸conjug 1a◂ Ⓐ VT = **clamar A**
Ⓑ VI [*campana*] to toll

**clamoreo** SM [1] (= *griterío*) clamour(ing), clamor(ing) (EEUU), prolonged shouting
[2] (= *ruegos*) beseeching, pleading
[3] (= *protestas*) sustained outcry, vociferous protests ► **clamoreos de protesta** vociferous protests

**clamorosamente** ADV clamorously

**clamoroso** ADJ [1] [*éxito*] resounding, enormous; [*acogida, recibimiento*] rapturous
[2] (= *vociferante*) clamorous

**clan** SM (*Hist*) clan; [*de gángsters*] family, mob*

**clandestinamente** ADV clandestinely

**clandestinidad** SF secrecy, clandestinity, secret nature; **en la ~** in secrecy; **movimiento en la ~** (*Pol*) underground movement; **pasar a la ~** to go into hiding, go underground

**clandestinista** SM (*LAm*) bootlegger

**clandestino/a** Ⓐ ADJ [1] [*reunión, cita*] secret, clandestine; [*boda*] secret; [*pasos*] stealthy
[2] (*Pol*) [*actividad, movimiento*] clandestine, underground; [*agente*] secret, undercover; [*inmigrante*] illegal; **andar ~** (*LAm Pol*) to be underground
Ⓑ SM/F illegal immigrant
Ⓒ **clandestinos** SMPL (*Andes*) shacks

**clánico** ADJ clannish, clan *antes de s*

**claque** SF claque

**claqué** SM tap dancing

**claqueta** SF clapperboard

**clara** SF [1] [*de huevo*] egg white; **bata las ~s a punto de nieve** whisk the egg whites until they form peaks; **una ~ de huevo** the white of an egg, an egg white
[2] (*Esp*) (= *cerveza con gaseosa*) shandy, lager shandy
[3] (= *calva*) bald patch

**claraboya** SF skylight

**claramente** ADV clearly; **es una medida ~ inadecuada** this measure is clearly inadequate

**clarea** SF *white wine with cinnamon, sugar and spices added*

**clarear** ▸conjug 1a◂ Ⓐ VI [1] (*Meteo*) (= *despejarse*) to clear up
[2] (*al amanecer*) [*día*] to dawn, break; [*cielo*] to grow light; **ya empieza a ~** it's starting to get light now
[3] (= *escasear*) **con la altura el monte ya clarea** as you go up the vegetation becomes more sparse; **ya le empieza a ~ el pelo** he's beginning to lose his hair
[4] (= *transparentarse*) [*tela*] to be transparent; **ya empiezan a ~le las sienes** he's beginning to go grey at the temples
Ⓑ VT (= *iluminar*) to light up; (= *aclarar*) to make lighter
Ⓒ **clarearse** VPR [1] [*tela*] to be transparent
[2] (*) (= *delatarse*) to give the game away

**clareo**✱ SM **darse un ~** (= *pasear*) to take a stroll; (= *irse*) to hoof it*

**clarete** SM (= *tinto claro*) light red wine; [*de Burdeos*] claret

**claridad** SF [1] (= *luminosidad*) light; **me despierta la ~** the light wakes me; **en la ~ de la mañana** in the light of the morning, in the brightness of the morning light (*liter*); **este cuarto tiene mucha ~** this room is very light
[2] [*de explicación*] clarity; **explicar/expresar algo con ~** to explain sth clearly
[3] (= *nitidez*) [*de sonido, voz*] clarity; [*de imagen*] sharpness, clarity; **oír/ver algo con ~** to hear/see sth clearly
[4] (= *sinceridad*) frankness; **hablar con ~** to speak frankly

**claridoso** ADJ (*CAm, Méx*) blunt, plain-spoken

**clarificación** SF [1] (= *aclaración*) clarification
[2] [*de vino, licor*] clarification
[3] (= *iluminación*) illumination, lighting (up)

**clarificador** ADJ = **clarificante A**

**clarificante** Ⓐ ADJ [*experiencia, charla*] illuminating, enlightening; [*notas, teoría*] explanatory
Ⓑ SM clarifier, clarifying agent

**clarificar** ▸conjug 1g◂ VT [1] [+ *asunto, problema*] to clarify
[2] [+ *líquidos*] to clarify
[3] (= *iluminar*) to illuminate, light (up)

**clarín** Ⓐ SM [1] (*Mús*) (= *instrumento*) bugle, trumpet; [*de órgano*] clarion
[2] (*Chile Bot*) sweet pea
Ⓑ SMF (= *instrumentista*) bugler

**clarinada*** SF uncalled-for remark

**clarinazo** SM warning signal

**clarinero** SM bugler

**clarinete** Ⓐ SM (= *instrumento*) clarinet
Ⓑ SMF (= *persona*) clarinettist

**clarinetista** SMF clarinettist

**clarión** SM chalk, white crayon

**clarisa** Ⓐ ADJ **monja ~** = **B**
Ⓑ SF nun of the Order of St Clare

**clarividencia** SF [1] (= *adivinación*) clairvoyance
[2] (= *previsión*) farsightedness; (= *discernimiento*) discernment; (= *intuición*) intuition

**clarividente** Ⓐ ADJ [1] (= *que adivina el futuro*) clairvoyant
[2] (= *previsor*) far-sighted; (= *discerniente*) discerning; (= *intuitivo*) intuitive
Ⓑ SMF clairvoyant

⮟ **claro** Ⓐ ADJ [1] (= *no oscuro*) [*piel*] fair; [*color*] light, pale; **un vestido verde ~** a light *o* pale green dress; **pelo castaño ~** light brown hair; **una alemana de ojos ~s** a blue-eyed German girl
[2] (= *evidente*) [2·1] (*con sustantivos*) [*ejemplo, prueba, ventaja*] clear; [*inconveniente*] obvious; [*desastre*] total, absolute; **esto es un ~ reflejo de que el sistema no funciona** this is a clear indication that the system does not work; **España ganó por un ~ 15-6** Spain won a decisive 15-6 victory, Spain were clear

winners by 15-6; **... aseguró, en clara referencia a sus superiores** ... he asserted, clearly referring *o* in an obvious reference to his superiors

2·2 (*con verbos*) **dejar algo ~** to make sth clear; **ha dejado bien ~ que no quiere vernos más** he has made it quite clear he does not want to see us again; **dejar las cosas claras** *o* **en ~** to get things clear, get things straight*; **estar ~** to be clear; **el futuro del equipo no está muy ~** the future of the team is not very clear; **¿está ~?** is that clear?; **estar ~ que** to be clear that, be obvious that; **está ~ que así no vamos a ninguna parte** it's clear *o* obvious that we'll get nowhere like this; **no está nada ~ que nuestro partido vaya a ganar las elecciones** it's not at all clear that our party will win the election; **quedar ~** to be clear; **si te lees la bibliografía, te quedará todo más ~** if you read the books on the reading list, it'll all be clearer to you *o* you'll have a better idea of things; **así quedarán claras nuestras intenciones** this way our intentions will be (quite) clear; **tener algo ~** to be sure of sth, be clear about sth; **ni siquiera tengo ~ lo que me espera mañana** I'm not even sure *o* clear what's in store for me tomorrow; **es importante tener nuestro objetivo bien ~** it is important to be sure of our objective; **no lo tengo nada ~** I'm not at all sure, I don't really know

2·3 ✦***MODISMOS*** **a las claras**: **prefiero decírselo a las claras** I prefer to tell him straight (out); **su triunfo deja bien a las claras el buen momento que atraviesa** his victory is a clear indication *o* sign that he is on excellent form; **ser más ~ que el agua** ◊ **ser ~ como la luz del día** to be crystal-clear; **las cuentas claras**: **me gustan las cuentas claras** I like to have *o* keep things clear; **el ministro ha presentado las cuentas claras al Parlamento** the minister has been quite straightforward with Parliament; **llevarlo** (*Esp*) *o* **tenerlo ~** (*iró*): **lo tienes ~** things won't be easy for you; **sacar algo en ~ (de algo)**: **sólo hemos sacado en ~ que no pretende dimitir** all that we can safely *o* definitely say is that he has no intention of resigning; **lo único que la policía consiguió sacar en ~ durante el interrogatorio** the only definite thing the police got from the interview; **no he sacado nada en ~ de esa conferencia** I'm still none the wiser after that lecture; **ver algo ~**: **no ven ~ cómo van a poder terminar a tiempo** they can't really see how they are going to finish on time; **el ministro ve ~ que se puede lograr un acuerdo** the minister is optimistic about reaching an agreement; **lo vi ~ en cuanto oí la noticia** it became clear to me when I heard the news; **sus padres no veían muy ~ el tema** his parents weren't too sure about the matter

3 (= *poco espeso*) [*té, café*] weak; [*caldo*] thin

4 (= *luminoso*) [*día, mañana*] bright; [*habitación, casa*] light, bright

5 (= *transparente*) [*agua*] clear; [*tejido*] transparent

6 (= *nítido*) [*sonido, voz*] clear; [*imagen*] sharp, clear

7 (= *escaso*) [*pelo*] thin; [*bosque*] light, sparse

8 (= *preciso*) [*idea*] clear; **tiene las ideas muy claras** he really knows what he wants from life; **una mente clara** (*lit*) a clear mind; (*fig*) a clear thinker

9 (= *sincero*) frank; **ser ~** to be frank

Ⓑ ADV 1 (= *con precisión*) [*oír, ver, hablar*] clearly

2 (= *sinceramente*) frankly; **hablar ~** to speak frankly, be frank; ✦***MODISMO*** **~ y raspado** (*Ven*) frankly and to the point

3 (*tras invitaciones, peticiones*) sure; — **¿puedo usar tu coche mañana? —¡claro!** "can I use your car tomorrow?" — "sure!"; **—¿queréis venir a cenar? —¡claro!** "would you like to come to dinner?" — "sure!"

4 (*uso enfático*) **¡claro! por eso estaba ayer tan rara** of course! that's why she was acting so funny yesterday; **a menos que, ~ está, él también la conozca** unless of course he knows her too; **—¿por qué no te disfrazas tú? —¡~, para que os riáis de mí todos!** "why don't you dress up?" — "oh sure, so you can all laugh at me!"; **~ que**: **~ que nadie se imaginaba lo que vendría después** of course nobody could imagine what would happen afterwards; **¡~ que no!** of course not!; **~ que no es verdad** of course it isn't true; **¡~ que sí!** yes, of course!

Ⓒ SM 1 (*Meteo*) bright spell, sunny interval; **habrá nubes y ~s** it will be cloudy with bright spells *o* sunny intervals; **un pequeño ~ entre las nubes** a slight break in the clouds
► **claro de luna** moonlight

2 [*de tiempo*] lull; **aprovechamos un clarillo para salir a comprar** we took advantage of a little lull to go and do some shopping; ✦***MODISMO*** **velar de ~ en ~** to lie awake all night

3 (= *espacio despejado*) (*entre personas*) space; (*entre árboles*) clearing; [*de pelo*] bald patch; **se pueden ver algunos ~s en la sala** there are a few (empty) spaces in the hall

4 (*en un texto*) gap, space; (*en discurso*) pause

5 (*Arquit*) (= *claraboya*) skylight; (= *abertura*) window (opening)

6 (*Caribe Culin*) guava jelly

7 (*Caribe*) (= *bebida*) sugar-cane brandy

**claroscuro** SM chiaroscuro

**clase** Ⓐ SF 1 (*Escol*) 1·1 (= *lección*) lesson, class; **una ~ de historia** a history lesson *o* class; **~ de música** music lesson; **~ de conducir** driving lesson; **dar** *o* (*Chile*) **hacer ~(s)** [*profesor*] to teach; (*Esp*) [*alumno*] to have lessons; ✦***MODISMO*** **fumarse** *o* **saltarse** *o* **soplarse la ~*** to skip class*, skive off*

1·2 (= *instrucción*) school; **hoy no tengo ~** I don't have school today; **los viernes salgo de ~ a las cuatro** on Fridays I finish school at four; **faltar a ~** to miss school, be absent

1·3 (= *aula*) classroom

1·4 (= *grupo de alumnos*) class; **es el primero de la ~** he is top of the class; **la gente de mi ~** my classmates, my class; **compañero de ~** classmate
► **clase nocturna** evening class ► **clase particular** private lesson; **doy clases particulares de francés** I teach private lessons in French; **"se dan clases particulares"** "private tuition offered"

2 (*Univ*) 2·1 (*práctica*) (= *lección, instrucción*) class; (= *aula*) classroom; **hoy no tengo ~** I don't have any classes today; **dar** *o* (*LAm frm*) **dictar ~** [*profesor*] to teach; [*alumno*] (*Esp*) to have classes

2·2 (= *lección*) lecture; **hoy no voy a ~** I'm not going to any lectures today, I'm not going to University today; **dar ~** [*profesor*] to teach, lecture; [*alumno*] to have lectures; **doy ~ de Derecho Civil** I teach civil law

2·3 (= *aula*) lecture room
► **clase magistral** master class

3 (= *tipo*) kind, sort; **gente de todas ~s** all kinds *o* sorts of people, people of all kinds; **les deseo toda ~ de felicidad** I wish you every happiness; **con toda ~ de detalles** in great detail, down to the last detail

4 (= *calidad*) quality; **productos de primera ~** top-quality products

5 (*en viajes*) class; **primera ~** first class; **viajar en primera ~** to travel first class; **segunda ~** second class, standard class; **un billete de segunda ~** a second class ticket ► **clase económica** economy class ► **clase preferente** club class ► **clase turista** tourist class

6 (= *elegancia*) class; **una persona con ~** someone with class; **tener ~** to have class; **tu hermana tiene mucha ~** your sister has a lot of class, your sister's very classy

7 (*Sociol*) class; **la lucha de ~s** the class struggle; **las ~s acomodadas** the well-to-do, the moneyed classes; **la ~ dirigente** *o* **dominante** the ruling class; **la ~ médica** the medical profession; **la ~ política** politicians *pl*, the political establishment (*Sociol*); **las ~s privilegiadas** the privileged classes ► **clase alta** upper class; **una joven de ~ alta** an upper-class girl ► **clase baja** lower class; **un chico de ~ baja** a lower-class boy ► **clase media** middle class; **una familia de ~ media** a middle-class family ► **clase media-alta** upper-middle class ► **clase media-baja** lower-middle class ► **clase obrera** working class; **la mentalidad de la ~ obrera** the working-class mentality ► **clase social** social class

8 (*Biol, Bot*) class

9 (*Mil*) ► **clases de tropa** non-commissioned officers

Ⓑ ADJ (*Andes**) first-rate, classy*

**CLÁSICO**

**¿"Classic" o "classical"?**

Hay que tener en cuenta que el adjetivo **clásico** se puede traducir por **classic** o por **classical**:

- Se traduce por **classic** cuando el sustantivo al que acompaña reúne todas las características propias de su especie o cuando nos referimos a películas, libros, etc de una calidad extraordinaria:

  Es el clásico ejemplo de niño mimado
  ***He's a classic example of a spoilt child***
  ...una de las historias de detectives clásicas de esa época...
  ***...one of the classic detective stories of that time...***

- Se traduce por **classical** cuando **clásico** hace referencia a la música clásica o a asuntos relacionados con las civilizaciones griega y romana:

  Cuanta más música clásica escucho más me gusta
  ***The more classical music I listen to the more I enjoy it***
  El Partenón es uno de los ejemplos más significativos de la arquitectura clásica
  ***The Parthenon is one of the most significant examples of classical architecture***

*Para otros usos y ejemplos ver la entrada.*

**clásicas** SFPL (*Univ*) classics

**clasicismo** SM classicism

**clásico** Ⓐ ADJ [1] (*Arte, Mús*) classical
[2] (= *característico*) classic; **el ~ error de los estudiantes ingleses** the classic mistake of students of English; **es la clásica plazuela española** it is a typical Spanish square
[3] (= *de época*) [*coche*] vintage
[4] [*costumbre*] time-honoured; **le dio el ~ saludo** he gave him the time-honoured greeting
[5] (= *destacado*) outstanding, remarkable
Ⓑ SM [1] (= *obra, película*) classic
[2] (= *artista, escritor*) outstanding figure, big name*

**clasificable** ADJ classifiable

**clasificación** SF [1] (= *categorización*) classification
[2] (= *ordenación*) [*de documentos*] classification; (*Inform, Correos*) sorting
[3] (*Náut*) rating
[4] (*en torneo*) qualification
[5] (= *lista*) table, league

**clasificado** Ⓐ ADJ [*anuncios*] classified; [*película*] rated
Ⓑ **clasificados** SMPL (*LAm*) classifieds

**clasificador** SM [1] (= *mueble*) filing cabinet
► **clasificador de cartas** letter file
[2] (= *aparato*) collator
[3] (= *persona*) classifier

**clasificar** ▸conjug 1g◂ Ⓐ VT [1] (= *categorizar*) to classify; **lo ~on bajo la letra B** they classified it under letter B
[2] (= *ordenar*) [+ *documentos*] to classify; (*Correos, Inform*) to sort
Ⓑ **clasificarse** VPR (*Dep*) **mi equipo se clasificó en segundo lugar** my team came *o* was placed second; **no se clasificó el equipo para la final** the team did not qualify for the final

**clasificatoria** SF (= *ronda*) qualifying round; (*Atletismo*) heat

**clasificatorio** ADJ [*fase, prueba*] qualifying; **tabla clasificatoria** league table

**clasismo** SM [1] (= *actitud discriminatoria*) classism
[2] (= *estructura social*) class structure

**clasista** Ⓐ ADJ [1] [*actitud*] class-conscious, classist; (*pey*) snobbish; **Gran Bretaña es aún una sociedad muy ~** Britain is still a very class-conscious society; **un análisis ~** a classist analysis
[2] (= *de clases*) class *antes de s*
Ⓑ SMF class-conscious person; (*pey*) snob

**claudia** SF greengage

**claudicación** SF giving way, abandonment of one's principles, backing down
► **claudicación moral** failure in one's moral duty

**claudicar** ▸conjug 1g◂ VI [1] (= *rendirse*) to give in; **no claudicó ante el chantaje** he did not give in to the blackmail
[2] (= *renunciar*) **~ de algo** to renounce sth; **no podemos ~ de nuestras convicciones** we cannot renounce our convictions
[3] (†) (= *cojear*) to limp
[4] (†) (= *engañar*) to act deceitfully
[5] (†) (= *vacilar*) to waver, stall

**Claudio** SM Claudius

**claustral** SMF (*Univ*) member of the Senate

**claustro** SM [1] (*Rel*) cloister
[2] (*Univ*) staff, faculty (*EEUU*); (= *junta*) senate; (= *asamblea*) staff meeting
[3] (*Anat*) ► **claustro materno** womb

**claustrofobia** SF claustrophobia

**claustrofóbico** ADJ claustrophobic

**cláusula** SF clause ► **cláusula de exclusión** (*Com*) exclusion clause ► **cláusula de reajuste de los precios** escalation clause
► **cláusula de rescisión** cancellation clause
► **cláusula de revisión** trigger clause

**clausura** SF [1] [*de local, edificio*] closure
[2] [*de olimpiada, congreso*] closing ceremony; [*de tribunal*] closing session; **discurso de ~** closing speech
[3] (*Rel*) (= *recinto*) cloister; (= *reclusión religiosa*) cloister, religious seclusion; **convento de ~** enclosed convent, enclosed monastery
[4] (*Méx Jur*) [*de negocio*] closing down

**clausurar** ▸conjug 1a◂ VT [1] [+ *debate, curso*] to close, bring to a close
[2] [+ *negocio, edificio*] to close, close down
[3] (*LAm*) [+ *casa*] to close (up)

**clava** SF club, cudgel

**clavada** SF [1] (= *salto*) dive
[2] (*) **pegar una ~ a algn** to rip sb off*, overcharge sb

**clavadista** SMF (*CAm, Méx Dep*) diver

**clavado** Ⓐ ADJ [1] (= *fijo*) (*con clavos, puntas*) nailed
[2] (= *decorado*) [*mueble*] studded with nails
[3] [*ropa*] just right
[4] **dejar a algn ~** to leave sb speechless; **quedó ~** he was speechless *o* dumbfounded
[5] **a las cinco clavadas** at five sharp *o* on the dot
[6] (= *idéntico*) **es Pedro ~** he's the spitting image of Pedro; **es** *o* (*LAm*) **está ~ a su padre** he's the spitting image of his father
[7] **¡clavado!** exactly!, precisely!
Ⓑ SM (= *salto*) dive; **dar un ~** to dive, take a dive

**clavar** ▸conjug 1a◂ Ⓐ VT [1] (= *hincar*) [+ *clavo*] to hammer in; **le clavó un cuchillo en el cuello** he stuck a knife in his throat; **me clavé un alfiler mientras cosía** I stuck a needle in(to) my finger while I was sewing; **le clavó las uñas en la cara** she dug her nails into his face; **~ banderillas** (*Taur*) *to thrust banderillas into the bull's neck*
[2] (= *fijar*) (*con clavos*) to nail; **ha clavado unas tablas en la puerta** he has nailed some panels onto the door; **clavó con chinchetas un póster de su equipo** he pinned up a poster of his team; ✦***MODISMO*** **~ la mirada** *o* **los ojos en algn/algo** to fix one's gaze *o* one's eyes on sb/sth
[3] [+ *joya*] to set, mount
[4] (*Ftbl*) [+ *pelota*] to hammer, drive; **el delantero clavó el balón en la red** the forward hammered *o* drove the ball into the net
[5] (*) (= *cobrar de más*) to rip off*; **me ~on 50.000 pesetas por una cena** I got ripped off to the tune of 50,000 pesetas for a meal; **—pagué cinco mil pesetas —pues, te han clavado** "I paid five thousand pesetas" — "you were ripped off"
[6] (*) (= *hacer perfecto*) **—¿cómo has hecho el examen? —lo he clavado** "how did the exam go?" — "it was spot on"*
[7] (*Méx**) (= *robar*) to swipe*, nick*, pinch*
Ⓑ **clavarse** VPR [1] [*espina, astilla*] **se me ha clavado una astilla en la mano** I've got a splinter in my hand; **se me clavó una raspa en la garganta** a fishbone got stuck in my throat
[2] (*reflexivo*) **se clavó la espada** he stabbed himself with his sword
[3] (*CAm, Méx Dep*) to dive

**clave** Ⓐ SF [1] (= *código*) code; **la ~ de la caja fuerte** the code of *o* to the safe; **la ~ secreta** the secret code; **en ~** in code; **hablan en ~** they speak in code; **mensaje en ~** coded message, message in code ► **clave de búsqueda** (*Inform*) search key ► **clave de clasificación** (*Inform*) sort key
[2] (= *quid*) key; **la ~ del problema** the key to the problem; **una de las ~s para entender el tema** one of the keys to understanding the subject
[3] (*Mús*) clef ► **clave de fa** bass clef
► **clave de sol** treble clef
[4] (= *sentido*) **una interpretación en ~ económica** an economic interpretation, an interpretation from an economic viewpoint *o* perspective; **una novela escrita en ~ de humor** a novel written in a humorous style *o* tone
[5] (*Arquit*) keystone
Ⓑ SM (*Mús*) harpsichord
Ⓒ ADJ (= *esencial*) [*tema, punto, factor, personaje*] key *antes de s*; **una figura ~ en la política catalana** a key figure in Catalan politics; **cuestión ~** key question; **palabra ~** keyword

**clavecín** SM spinet

**clavel** SM carnation; ✦***MODISMO*** **no tener un ~*** to be broke*

**clavellina** SF pink

**clavelón** SM marigold, African marigold

**clavero**[1] SM (*Bot*) clove tree

**clavero**[2] SM (= *llavero*) key-holder

**claveteado** SM studding, studs

**clavetear** ▸conjug 1a◂ VT [1] (= *adornar*) [+ *puerta, mueble*] to stud, decorate with nails
[2] [+ *cordón*] to put a metal tip on, tag
[3] [+ *trato*] to clinch, close

**clavicémbalo** SM harpsichord, clavicembalo

**clavicordio** SM clavichord

**clavícula** SF collar bone, clavicle

**clavidista** SMF (*Méx Dep*) diver

**clavija** SF (*Carpintería*) peg, dowel, pin; (*Mús*) peg; (*Elec*) plug; ✦***MODISMO*** **apretar las ~s a algn** to put the screws on sb* ► **clavija de dos patas, clavija hendida** cotter pin, split pin

**clavijero** SM [1] (*Mús*) pegbox
[2] (= *percha*) clothes rack

**clavillo** SM, **clavito** SM [1] (*Téc*) pivot, pin
► **clavillo de tijeras** pin, rivet
[2] (*Bot*) clove

**clavo** SM [1] [*de carpintero*] nail; [*de adorno*] stud; ✦***MODISMOS*** **agarrarse a un ~ ardiendo**: **estoy tan desesperado que me agarraría a un ~ ardiendo** I'm so desperate I'd do anything *o* I'm capable of anything; **los estudiantes se agarran a esta ley como a un ~ ardiendo** the students are pinning their hopes on this law as their last hope; **como un ~**: **llegó a las dos en punto, como un ~** she arrived at two o'clock on the dot; **a las doce, como un ~, llamaba a la puerta** at twelve o'clock, as regular as clockwork, he would call at the door; **dar en el ~** to hit the nail on the head; **dar una en el ~ y ciento en la he-**

**rradura** to be more often wrong than right; **entrar de ~** to squeeze in; **¡por los ~s de Cristo!** for heaven's sake!; **remachar el ~** (= *empeorar*) to make matters worse; **meter algo de ~** to slip sth in; **ser una verdad de ~ pasado** to be patently obvious; ✦**REFRÁN un ~ saca a otro ~** a new worry helps to take the pain away *o* take your mind off the old one ► **clavo romano** brass-headed nail ► **clavo sin cabeza** panel pin
2 [*de botas de fútbol*] stud; [*de zapatillas de correr*] spike
3 [*de montañismo*] piton
4 (*Bot*) (*tb* **~ de olor**) clove
5 (= *callo*) corn
6 (*Med*) (= *pieza metálica*) (metal) pin, (metal) rod
7 (*CAm, Méx Min*) *rich vein of ore*
8 (*Andes, Cono Sur*) (= *cosa desagradable*) **es un ~ tener que levantarse temprano** it's a real pain *o* bind having to get up so early; **¡vaya ~ que te han vendido!** they've sold you a dud!*
9 (*CAm, Méx*) (= *problema*) problem, snag

**claxon** SM (*pl* **claxons** *o* **cláxones**) horn; **tocar el ~** to sound *o* blow one's horn, hoot, honk

**claxonar** ▸conjug 1a◂ VI to sound *o* blow one's horn, hoot, honk

**claxonazo** SM hoot, toot (on the horn), honk

**clemátide** SF clematis

**clemencia** SF (= *misericordia*) mercy, clemency; (*Jur*) leniency

**clemente** ADJ (= *misericordioso*) merciful, clement; (*Jur*) lenient

**clementina** SF clementine, tangerine

**Cleopatra** SF Cleopatra

**cleptomanía** SF kleptomania

**cleptómano/a** Ⓐ ADJ kleptomaniac
Ⓑ SM/F kleptomaniac

**clerecía** SF 1 (= *oficio*) priesthood
2 (= *grupo*) clergy

**clergyman** [klerxi'man] ADJ INV **traje ~** *modernized form of priest's attire (adopted in Spain 1962)*

**clerical** Ⓐ ADJ clerical
Ⓑ SM (*CAm, Caribe*) clergyman, minister

**clericalismo** SM clericalism

**clericato** SM, **clericatura** SF priesthood

**clericó** SM (*Cono Sur*) mulled wine

**clérigo** SM (*católico*) priest; (*anglicano*) clergyman, priest

**clero** SM clergy

**clic** SM click; **hacer ~ en algo** (*Inform*) to click on sth; **hacer ~ dos veces en algo** to double-click on sth

**cliché** SM 1 (*Tip*) stencil
2 (= *tópico*) cliché
3 (*Fot*) negative

**click** SM = **clic**

**cliente** SMF [*de tienda, bar, restaurante, banco*] customer; [*de empresa*] customer, client; [*de hotel*] guest, customer; **el ~ siempre tiene la razón** the customer is always right ► **cliente fijo**, **cliente habitual** regular customer; *ver tb* **atención 4**, **servicio 1.3**

**clientela** SF (*Com*) clientele, customers *pl*; (*Med*) practice, patients *pl*

**clientelismo** SM patronage system

**clima** SM (*Meteo*) climate; [*de reunión*] atmosphere; [*de situación*] climate ► **clima artificial** (*LAm*) air conditioning ► **clima de opinión** climate of public opinion

**climatérico** ADJ climacteric

**climático** ADJ climatic

**climatización** SF air conditioning

**climatizado** ADJ air-conditioned

**climatizador** SM air-conditioner

**climatología** SF (= *ciencia*) climatology; (= *tiempo*) weather

**climatológico** ADJ climatological; **estudios ~s** studies in climate *o* climatic change

**climatólogo/a** SM/F climatologist

**clímax** ['klimas] SM INV climax

**clinch** [klinʃ] SM (*LAm*), **clincha** SF (*LAm*) clinch

**clínica** SF 1 (= *hospital*) clinic; [*de formación*] teaching hospital ► **clínica ambulatoria** outpatients' department ► **clínica de reposo** convalescent home, rest home
2 (*Univ*) clinical training; *ver tb* **clínico**

**clínicamente** ADV clinically; **~ muerto** clinically dead

**clínico/a** Ⓐ ADJ [*asistencia, análisis*] clinical; **hospital ~** teaching hospital
Ⓑ SM/F (= *médico*) consultant; *ver tb* **clínica**

**clip** SM (*pl* **clips** [klis]) 1 [*de sujección*] (*para papeles*) paper clip; [*de collar, pulsera*] fastener; [*de pantalón*] trouser-clip
2 (*LAm*) (= *pendiente*) clip-on earring
3 [*de vídeo*] videoclip

**clipe** SM = **clip**

**clíper** SM clipper

**clisar** ▸conjug 1a◂ VT to stereotype, stencil

**clisé** SM 1 (*Tip*) cliché, stereotype plate; (*Fot*) negative
2 (= *tópico*) cliché

**clisos**‡ SMPL peepers‡, eyes

**clitoridectomía** SF clitoridectomy

**clítoris** SM INV clitoris

**clo** SM cluck (= **hacer clo**) to cluck

**cloaca** SF sewer, drain

**cloacal** ADJ 1 (= **sistema cloacal**) sewage system
2 (*hum*) [*chiste*] lavatorial

**cloch(e)** SM (*CAm, Méx*) clutch

**clon** SM clone

**clonación** SF, **clonaje** SM cloning

**clonar** ▸conjug 1a◂ VT to clone

**clónico** Ⓐ ADJ clonal, cloned
Ⓑ SM (*Inform*) clone

**cloquear** ▸conjug 1a◂ VI to cluck

**cloqueo** SM clucking

**cloración** SF chlorination

**clorador** SM chlorinator

**cloral** SM chloral

**clorar** ▸conjug 1a◂ VT to chlorinate

**clorhídrico** ADJ hydrochloric

**clorinar** ▸conjug 1a◂ VT to chlorinate

**clorinda** SF (*Cono Sur*) bleach

**cloro** SM chlorine

**clorofila** SF chlorophyl(l)

**clorofluorocarbono** SM chlorofluorocarbon

**cloroformar** ▸conjug 1a◂ VT (*LAm*), **cloroformizar** ▸conjug 1f◂ VT to chloroform

**cloroformo** SM chloroform

**cloruro** SM chloride ► **cloruro de cal** chloride of lime ► **cloruro cálcico** calcium chloride ► **cloruro de hidrógeno** hydrogen chloride ► **cloruro de polivinilo** polyvinyl chloride ► **cloruro sódico** sodium chloride

**closet** SM, **clóset** SM (*LAm*) (*gen*) (built-in) cupboard; (*para ropa*) (built-in) wardrobe, closet (*EEUU*)

**clown** [klawn] SM (*pl* **clowns** [klawn]) clown

**clownesco** ADJ clownish

**club** SM (*pl* **clubs** *o* **clubes**) 1 (= *sociedad*) club ► **club de fans** fan club ► **club de fútbol** football club ► **club de golf** golf club ► **club deportivo** sports club ► **club de tiro** shooting club, rifle club ► **club náutico** yacht club
2 (= *bar*) club ► **club de alterne** hostess club ► **club de carretera** roadside brothel ► **club nocturno** night club

**clubista** SMF club member

**clueca** SF broody hen

**clueco** ADJ 1 [*gallina*] broody
2 (*Cono Sur*) (= *enfermizo*) sickly, weak
3 (*Caribe**) (= *engreído*) stuck-up*

**cluniacense** ADJ, SM Cluniac

**clutch** SM (*Méx*) clutch

**cm** ABR (= **centímetro(s)**) cm

**cm²** ABR (= **centímetros cuadrados**) sq. cm

**cm³** ABR (= **centímetros cúbicos**) cc

**CN** SF ABR (= **carretera nacional**) ≈ "A" road

**CNA** SM ABR (= **Congreso Nacional Africano**) ANC

**CNC** SM ABR (*Col*) = **Consejo Nacional del Café**

**CNEA** SF ABR (*Arg*) = **Comisión Nacional de Energía Atómica**

**Cnel.** ABR (= **Coronel**) Col

**CNI** SF ABR (*Chile*) (= **Central Nacional de Informaciones**) *Chilean secret police*

**CNMV** SF ABR = **Comisión Nacional del Mercado de Valores**

**CNT** SF ABR 1 (*Esp*) (= **Confederación Nacional del Trabajo**) *anarchist trade union*
2 (*Cono Sur, Méx*) (= **Confederación Nacional de Trabajadores**) *trade union*

**co...** PREF co...

**coa** SF 1 (*CAm, Caribe, Méx Agr*) (*para cavar*) long-handled narrow spade; (*para sembrar*) pointed stick for sowing seed
2 (*Cono Sur*) (= *argot*) underworld slang

**coacción** SF coercion, compulsion; **con ~** under duress

**coaccionador** ADJ constraining, compelling

**coaccionar** ▸conjug 1a◂ VT to coerce, pressure

**coactivo** ADJ coercive

**coacusado/a** SM/F co-defendant

**coadjutor(a)** SM/F assistant, coadjutor (*frm*)

**coadyuvar** ▸conjug 1a◂ VI **coadjuvar a** to contribute to

**coagulación** SF [*de sangre*] coagulation, clotting; [*de leche*] curdling

**coagulante** SM coagulant

**coagular** ▸conjug 1a◂ Ⓐ VT [+ *sangre*] to coagulate, clot, congeal; [+ *leche*] to curdle
Ⓑ **coagularse** VPR to coagulate; [*sangre*] to coagulate, clot, congeal; [*leche*] to curdle

**coágulo** SM clot, coagulum (*frm*) ► **coágulo de sangre**, **coágulo sanguíneo** blood clot

**coalescente** ADJ coalescent

**coalición** SF coalition; **gobierno de ~** coalition government

**coalicionarse** ▸conjug 1a◂ VPR to form a coalition

**coaligado/a** Ⓐ ADJ **estar ~s** to be allied
Ⓑ SM/F ally

**coaligarse** ▸conjug 1h◂ VPR to make common cause (**con** with)

**coartada** SF alibi; **alegar una ~** to produce an alibi

**coartar** ▸conjug 1a◂ VT to limit, restrict

**coaseguro** SM coinsurance

**coatí** SM (*LAm*) coati

**coautor(a)** SM/F joint author, co-author

**coaxial** ADJ coaxial

**coba** SF [1] (= *adulación*) soft soap*, cajolery; **dar ~ a algn** to suck up to sb, soft-soap sb*, play up to sb
[2] (= *mentirilla*) fib; (= *truco*) neat trick

**cobalto** SM cobalt

**cobarde** Ⓐ ADJ (*en lucha, aventura*) cowardly; (*ante sangre, alturas*) faint-hearted; (= *tímido*) timid
Ⓑ SMF coward

**cobardear** ▸conjug 1a◂ VI to be a coward, show cowardice, act in a cowardly way

**cobardía** SF (= *miedo*) cowardice, cowardliness; (= *timidez*) faint-heartedness, timidity

**cobardón** SM shameful coward, great coward

**cobaya** SF guinea pig

**cobayismo** SM *use of animals or humans in medical experiments*

**cobayo** SM guinea pig

**cobertera** SF [1] (= *tapadera*) lid, cover; [*de reloj*] watchcase
[2] (*Bot*) white water lily
[3] (†) (= *alcahueta*) procuress

**cobertizo** SM [1] (*para animales, útiles*) shed
[2] (= *refugio*) shelter ▸ **cobertizo de aviación** hangar ▸ **cobertizo de coche** carport
[3] (= *tejadillo*) lean-to

**cobertor** SM bedspread, coverlet

**cobertura** SF [1] (*Radio, TV*) [*de noticia, acontecimiento*] coverage; **la ceremonia recibió amplia ~ informativa** the ceremony was widely covered, the ceremony received wide news coverage
[2] (*Radio, TV, Telec*) (= *ámbito*) range; **este teléfono sólo tiene ~ nacional** this phone only has a range within this country; **una emisora de ~ regional** a regional radio station
[3] [*de un crédito*] cover ▸ **cobertura de desempleo** unemployment benefit, unemployment insurance (*EEUU*) ▸ **cobertura de dividendo** dividend cover ▸ **cobertura del seguro** insurance cover ▸ **cobertura sanitaria** health care ▸ **cobertura social** welfare (services) *pl*
[4] (= *cubierta*) **el fuego ha dañado la ~ vegetal** the fire has damaged the vegetation

**cobija** SF [1] (*Arquit*) ridge tile
[2] (*LAm*) (= *manta*) blanket; [*de vestir*] poncho; **las ~s** the bedclothes; ✦***MODISMO* pegársele a algn las ~s** to oversleep
[3] (*Caribe*) (= *techo*) roof (of palm leaves)

**cobijar** ▸conjug 1a◂ Ⓐ VT [1] (= *proteger*) to protect, shelter; (= *hospedar*) to take in, give shelter to; (*Pol, Jur*) to harbour, harbor (*EEUU*)
[2] (*Andes, Caribe*) (= *techar*) to thatch, roof with palms
Ⓑ **cobijarse** VPR to (take) shelter

**cobijo** SM (= *protección, hospedaje*) shelter

**cobista*** Ⓐ ADJ greasy*, smarmy*
Ⓑ SMF bootlicker*, toady*

**cobo** SM (*Caribe*) [1] (*Zool*) sea snail
[2] (= *persona*) unsociable person, shy person; **ser un ~** to be shy, be withdrawn

**cobra**[1] SF (*Zool*) cobra

**cobra**[2] SF (*Caza*) retrieval

**cobrable** ADJ, **cobradero** ADJ [*cheque*] cashable; [*precio*] chargeable; [*suma*] recoverable

**cobrador(a)** SM/F [1] (*Com*) collector
[2] (*en bus, tren*) conductor/conductress

**cobranza** SF [1] = **cobro**
[2] (*Caza*) retrieval

**cobrar** ▸conjug 1a◂ Ⓐ VT [1] (= *pedir como pago*) to charge; **cobran 200 dólares por arreglarlo** they charge 200 dollars to repair it; **¿qué me va usted a ~?** what are you going to charge me?; **¿cuánto os cobra de alquiler?** how much rent does she charge you?; **me han cobrado demasiado** they've charged me too much, they've overcharged me; **¿me cobra, por favor?** how much do I owe you?, can I have the bill, please?; **¿me cobra los cafés?** how much do I owe you for the coffees?
[2] (= *recibir*) **no han cobrado el dinero prometido** they haven't been paid *o* received the money they were promised; **no hemos cobrado los dividendos** we haven't received any dividends; **cobran un sueldo anual de nueve millones** they get *o* earn *o* receive an annual salary of nine million; **¿cuánto cobras al año?** how much do you get *o* earn a year?; **nuestro vecino está cobrando el paro** our neighbour is on unemployment benefit; **cantidades a *o* por ~** amounts payable, amounts due; **cuentas a *o* por ~** accounts receivable; ✦***MODISMO* ~ palos** (= *paliza*) to get a beating; (= *crítica*) to get *o* receive a lot of criticism
[3] (= *recoger dinero de*) [+ *deuda, alquiler, impuesto*] to collect; [+ *cheque*] to cash; [+ *subsidio, pensión*] to draw; **voy a ir a ~ el desempleo** I'm going to draw my unemployment benefit; **tienen problemas para ~ las multas** they have problems collecting the fines
[4] (= *adquirir*) **los ordenadores han cobrado una gran importancia** computers have become very important; **~ actualidad** to become topical; **~ cariño a algn** to grow fond of sb; **~ fama** to become famous; **~ fama de inteligente/ladrón** to acquire a reputation for being intelligent/a thief; **~ fuerzas** to gather one's strength; **~ vida** [*personaje, juego*] to come alive; **el campo reverdece y cobra vida** the field turns green again and is infused with new life; **en la película todo cobra vida propia** the film takes on a life of its own
[5] (= *recuperar*) [+ *pieza de caza*] to retrieve, fetch; [+ *cuerda*] to pull in, take in
[6] (*LAm*) **~ a algn** to press sb for payment
Ⓑ VI [1] (= *recibir dinero*) [1·1] (*como sueldo*) to be paid; **cobra los viernes** he gets paid on Fridays; **te pagaré en cuanto cobre** I'll pay you as soon as I get my wages; **el lechero vino a ~** the milkman came for his money, the milkman came to be paid; **los atletas cobran por participar en la carrera** the athletes get paid *o* receive a fee for taking part in the race
[1·2] (*por servicio*) to charge; **ahora cobran por renovar la tarjeta** they have introduced a charge for renewing your card; **no cobramos por llevarlo a domicilio** we don't charge for delivery; **~ por los servicios prestados** to charge for services rendered
[2] (*) (= *recibir golpes*) **¡vas a ~!** you're (in) for it!
Ⓒ **cobrarse** VPR [1] (= *recibir dinero*) **¡cóbrese, por favor!** can I pay, please?; **¡se cobra aquí, por favor!** pay over here, please!
[2] **~se un favor** to call in a favour; **~se (la) venganza** to take one's revenge
[3] [+ *muertos, víctimas*] to claim; **el accidente se cobró la vida de tres personas** the accident claimed the lives of three people
[4] **~se de una pérdida** to make up for a loss
[5] (*Med*) (= *volver en sí*) to come to

**cobre** SM [1] (*Min*) copper; (*LAm**) (= *céntimo*) cent; **no tengo un ~** I haven't a cent/penny; ✦***MODISMOS* batir(se) el ~** (= *trabajar mucho*) to work with a will, work hard, hustle (*EEUU*); (*en discusión*) to get worked up; **batirse el ~ por** (+ *INFIN*) to go all out to + *infin*
[2] (*Culin*) copper pans *pl*
[3] (*Mús*) brass
[4] (*LAm*) ✦***MODISMO* enseñar el ~** to show one's true colours

**cobreado** ADJ copperplated

**cobreño** ADJ (= *de cobre*) copper *antes de s*; (= *parecido al cobre*) coppery

**cobrero** SM coppersmith

**cobrizo** ADJ coppery, copper-coloured, copper-colored (*EEUU*)

**cobro** SM [1] (= *recaudación*) [*de cheque*] cashing, encashment (*frm*); [*de salario, subsidio*] receipt, collection; [*de pensión*] collection, drawing; [*de factura, deuda*] collection; **endurecerán los requisitos para el ~ de pensiones** they will tighten up the requirements for drawing *o* collecting pensions; **protestó por el ~ de 2.000 pesetas por el servicio** he complained about the 2,000 peseta charge for the service; **cargo *o* comisión por ~** collection charge ▸ **cobro revertido**: **llamada a ~ revertido** reverse charge call, collect call (*EEUU*); **llamar a ~ revertido** to reverse the charges, call collect (*EEUU*), call toll-free (*EEUU*)
[2] (= *pago*) **nos comprometemos a garantizar el ~ de las pensiones** we make a guarantee that the pensions will be paid
[3] (†) **poner algo en ~** to put sth in a safe place, put sth out of harm's way; **ponerse en ~** to take refuge

**coca**[1] SF [1] (*Bot*) coca; (= *droga*) coke*
[2] (*Méx**) ✦***MODISMO* de ~** free

**COCA**

*In Peru, Colombia and Bolivia, the leaves of the Erythroxylon coca plant have traditionally been chewed as a mild stimulant and for a variety of medicinal purposes. As such, they are sold quite legally in street markets. Since* **coca** *is also the raw material for cocaine, peasant farmers in remote areas grow it to sell to the illegal drugs trade. Cartels in Cali and Medellín control most of the processing, shipment and distribution of cocaine and retain most of the profits. The cocaine industry brings few benefits to the vast majority of Latin Americans and the power struggle between the drug barons and government is responsible for widespread violence.*

**coca**[2] SF [1] (*) (= *cabeza*) head, nut*, noggin (*EEUU**)
[2] (*) (= *golpe*) rap on the nut*
[3] [*de pelo*] bun, coil
[4] (*en cuerda*) kink

**coca**[3]* SF Coke®, Coca-Cola®

**cocacho** SM (*Andes, Cono Sur*) tap on the head

**cocacolo/a** SM/F (*Andes*) frivolous teenager

**cocacolonización** SF (*hum*) Americanization

**cocada** SF [1] (*CAm Culin*) coconut sweet
[2] (= *viaje*) length of a journey
[3] (*Andes Aut*) tyre *o* (*EEUU*) tire grip
[4] (*Bol, Perú*) coca plug

**cocaína** SF cocaine

**cocaínico** ADJ cocaine *antes de s*

**cocainomanía** SF cocaine addiction

**cocainómano/a** SM/F cocaine addict

**cocal** SM coca plantation

**cocalero/a** (A) ADJ coca *antes de s*
(B) SM/F coca grower

**cocción** SF [1] (*Culin*) (*gen*) cooking; (= *hervor*) boiling; (= *duración*) cooking time; **el agua de ~** cooking liquid ► **cocción al horno** baking ► **cocción al vapor** steaming
[2] (*Téc*) firing, baking

**cóccix** SM INV coccyx

**cocear** ▸conjug 1a◂ VT, VI to kick (**contra** against)

**cocer** ▸conjug 2b, 2h◂ (A) VT [1] (*Culin*) (= *hervir*) to boil; **cocemos la leche antes de tomarla** we boil the milk before drinking it; *ver tb* **haba 1**
[2] (*Culin*) (= *guisar*) to cook; **cueza el pescado a fuego suave** cook the fish over a gentle heat; **~ al vapor** to steam; **~ al horno** to bake
[3] (*Téc*) [+ *ladrillos, cerámica*] to fire
(B) VI [*vino*] to ferment
(C) **cocerse** VPR [1] (= *hervir*) to boil
[2] (= *guisarse*) to cook; (*al vapor*) to steam; (*al horno*) to bake; **la carne tarda más en ~se que el pescado** meat takes longer to cook than fish
[3] (*) (= *tramarse*) **algo raro se está cociendo en el comité** something strange is brewing in the committee; **voy a ver qué se cuece por aquí** I'm going to see what's going on here
[4] (*) (= *pasar calor*) to bake*, roast*, boil*; **en este piso se cuece uno en verano** this apartment is baking *o* roasting *o* boiling in summer*
[5] (*) (= *emborracharse*) to get plastered*, get smashed*

**cocha** SF (*Andes, Cono Sur*) (= *charca*) pool; (= *pantano*) swamp; (= *laguna*) lagoon; *ver tb* **cocho**

**cochambre** SF (= *mugre*) filth, muck; **esa silla es una ~** that chair is filthy *o* disgusting; ✦***MODISMO*** **caer en la ~** to sink very low

**cochambroso** ADJ filthy

**cochayuyo** SM (*LAm*) edible seaweed

**cochazo*** SM whacking great car*

**coche**[1] SM [1] (= *automóvil*) car, automobile (*EEUU*); (*frm*) **fuimos a Almería en ~** we drove to Almeria, we went to Almeria by car; **una exposición de ~s antiguos** a vintage car show ► **coche blindado** armoured car, armored car (*EEUU*) ► **coche bomba** car bomb ► **coche celular** police van, patrol wagon (*EEUU*) ► **coche de alquiler** hire car ► **coche de bomberos** fire engine ► **coche de caballos** coach, carriage ► **coche de carreras** racing car ► **coche de choque** bumper car, dodgem car ► **coche de cortesía** courtesy car ► **coche de época** vintage car ► **coche de línea** coach, long distance bus (*esp EEUU*) ► **coche de muertos** hearse ► **coche de ocasión** used car, second-hand car ► **coche deportivo** sports car ► **coche de punto**† taxi ► **coche de turismo** private car ► **coche escoba** (*Ciclismo*) sag wagon ► **coche fúnebre** hearse ► **coche K** unmarked police-car ► **coche mortuorio** hearse ► **coche patrulla** patrol car ► **coche radio-patrulla** radio patrol car ► **coche usado** used car, second-hand car ► **coche Z, coche zeta** police car, patrol car; ✦***MODISMO*** **en el ~ de San Fernando** on Shanks's pony, on Shanks's mare (*EEUU*)
[2] (*Ferro*) coach, car (*esp EEUU*), carriage ► **coche cama** sleeping car, sleeper, Pullman (*EEUU*) ► **coche comedor** dining car, restaurant car ► **coche de correos** mail van ► **coche de equipajes** luggage van, baggage car (*EEUU*) ► **coche de literas** couchette car ► **coche de viajeros** passenger coach ► **coche directo** through carriage
[3] [*de bebé*] pram, baby carriage (*EEUU*)
[4] (*Méx*) (= *taxi*) taxi, cab

**coche**[2] SM (*CAm, Méx*) (= *animal*) pig, hog (*esp EEUU*); (= *carne*) pork ► **coche de monte** wild pig *o* boar

**coche-bomba** SM (*pl* **coches-bomba**) car bomb

**coche-cabina** SM (*pl* **coches-cabina**) bubble-car

**coche-cama** SM (*pl* **coches-cama**) sleeping car, sleeper, Pullman (*EEUU*)

**cochecillo** SM small carriage *etc* ► **cochecillo de inválido** invalid carriage

**cochecito** SM [1] (= *juguete*) toy car ► **cochecito de niño** toy car
[2] (*para bebé*) pram, baby carriage (*EEUU*); (*para niño*) pushchair, (baby) buggy, stroller (*EEUU*)
[3] (*Med*) wheelchair

**coche-comedor** SM (*pl* **coches-comedor**) dining-car, restaurant car

**coche-correo** SM (*pl* **coches-correo**) (*Ferro*) mail-van, mobile sorting-office

**coche-cuba** SM (*pl* **coches-cuba**) tank lorry, water wagon

**coche-habitación** SM (*pl* **coches-habitación**) caravan, trailer (*EEUU*)

**cochemonte** SM (*CAm*) wild pig, wild boar

**coche-patrulla** SM (*pl* **coches-patrulla**) patrol car

**cochera** SF [*de coches*] carport; [*de autobuses*] depot; [*de trenes*] engine shed; [*de tranvías*] tram shed, tram depot; [*de carruajes*] coach house ► **cochera de alquiler** livery stable

**cocherada** SF (*Méx*) coarse *o* vulgar expression

**coche-restaurante** SM (*pl* **coches-restaurante**) dining car, restaurant car

**cochería** SF (*Arg*) undertaker's

**cochero** (A) ADJ **puerta cochera** carriage entrance
(B) SM coachman; ✦***MODISMO*** **hablar (en) ~** (*Méx*) to use coarse language ► **cochero de punto**† cabman, cabby*

**cocherón** SM (*Ferro*) engine-shed, locomotive depot

**coche-salón** SM (*pl* **coches-salón**) (*Ferro*) saloon coach

**cochina** SF sow; *ver tb* **cochino**

**cochinada** SF [1] (= *suciedad*) filth, filthiness
[2] (= *comentario*) filthy remark
[3] (= *cosa*) filthy object, dirty thing
[4] (= *canallada*) dirty trick; **hacer una ~ a algn** to play a dirty trick on sb

**Cochinchina** SF Cochin China; *ver tb* **Conchinchina**

**cochinear*** ▸conjug 1a◂ VI to talk dirty

**cochinería** SF = **cochinada**

**cochinilla** SF [1] (*Zool*) woodlouse
[2] (*Culin*) cochineal
[3] **de ~** (*Cuba, Méx*) trivial, unimportant

**cochinillo** SM (= *animal*) piglet; (= *carne*) suck(l)ing pig

**cochino/a** (A) ADJ [1] (= *sucio*) filthy, dirty
[2] [*trabajo, sueldo, vacaciones*] rotten*, lousy*; [*mentira*] filthy*, rotten*; [*tiempo*] rotten*, lousy*, filthy*; **esta vida cochina** this rotten *o* miserable life*
(B) SM/F [1] (= *animal*) pig, hog (*esp EEUU*) ► **cochino de leche** sucking pig, suckling pig
[2] (= *mala persona*) swine*
[3] (= *guarro*) filthy pig*; *ver tb* **cochina**

**cochiquera** SF, **cochitril** SM pigsty (*tb fig*)

**cocho/a*** (*LAm*) (A) ADJ old
(B) SM/F old man/old woman; *ver tb* **cocha**

**cochón** SM (*Hond*) poof*, queer*, fag (*EEUU**)

**cochoso** ADJ (*Andes*) filthy

**cochura**† SF [1] (= *acto*) = **cocción**
[2] (= *hornada*) batch of (loaves, cakes, bricks *etc*)

**cocido** (A) ADJ [1] (*Culin*) boiled, cooked; **bien ~** well done
[2] (= *borracho*) **estar ~*** to be sloshed*
[3] (= *acalorado*) **estar ~*** to be roasting*
[4] **estar ~ en algo*** to be well versed in sth, be expert at sth
(B) SM (*Esp*) stew (*of meat, bacon, chickpeas etc*); ✦***MODISMO*** **ganarse el ~** to earn one's living

**cociente** SM (*Mat*) quotient; (*Dep*) [*de goles*] goal average ► **cociente intelectual** intelligence quotient, IQ

**cocina** SF [1] (= *habitación*) kitchen; **muebles de ~** kitchen units; ✦***MODISMO*** **llegar hasta la ~** (*Dep*) to slice *o* burst through the defence ► **cocina amueblada** fitted kitchen; *ver tb* **batería A4**, **cuchillo 1**
[2] (= *aparato*) stove, cooker ► **cocina de gas** gas cooker, gas stove ► **cocina de petróleo** (*LAm*) oil stove ► **cocina económica** range ► **cocina eléctrica** electric cooker, electric stove (*esp EEUU*)
[3] (= *actividad*) cooking, cookery; (= *arte*) cuisine, cookery; **no me gusta nada la ~** I don't like cookery *o* cooking at all; **libro de ~** cookery book, cookbook (*EEUU*); **la ~ valenciana** Valencian cuisine, Valencian cookery; **alta ~** haute cuisine ► **cocina casera** home cooking

**cocinada** SF (*LAm*) (period of) cooking, cooking time

**cocinado** SM cooking

**cocinar** ▸conjug 1a◂ (A) VT to cook
(B) VI [1] (= *guisar*) to cook
[2] (= *tramar*) to plot, cook up*; **deben estar cocinando algo** they must be plotting something, they must be up to something

**cocinero/a** SM/F cook

**cocineta** SF (*LAm*) 1 (= *cuarto*) kitchenette, small kitchen
2 (= *aparato*) small cooker, small stove

**cocinilla** SF 1 (= *cuarto*) kitchenette, small kitchen
2 (= *aparato*) (*cocina pequeña*) small cooker, small stove; [*de alcohol*] spirit stove, alcohol stove (*EEUU*); (= *escalfador*) chafing dish

**cocker** ['koker] SM cocker spaniel, cocker

**coco[1]** SM 1 (*Bot*) (= *fruto*) coconut; (= *árbol*) coconut palm
2 (*) (= *cabeza*) nut*, noggin (*EEUU**), head; **se ha dado un golpe en el ~** he banged his head, he banged himself on the nut*; **no anda muy bien del ~** she's not right in the head*; **tuve que romperme el ~ para resolver el problema** I had to rack my brains to come up with an answer to the problem; ✦**MODISMOS comer el ~ a algn**: **la tele les ha comido el ~** the TV has got them brainwashed; **mira, tío, no me comas el ~** hey, stop going on about it; **comerse el ~** to worry (one's head); *ver tb* **comedura**
3 (= *prodigio*) whizz*; **mi hermano es un ~ para las matemáticas** my brother is a whizz at maths*

**coco[2]** SM 1 (= *fantasma*) bogeyman, boogeyman (*EEUU**); **¡que viene el ~!** the bogeyman's coming!
2 (= *persona fea*) **es un ~** he's an ugly devil, he's ugly as sin*
3 **hacer ~s a algn** (= *carantoñas*) to make eyes at sb; (= *halagos*) to coax sb, wheedle sb

**coco[3]** SM 1 (= *bacteria*) coccus
2 (= *insecto*) weevil

**cococha** SF *in cod and hake, fleshy part of the jaw, considered a delicacy*

**cocodrilo** SM crocodile

**cocol** SM (*Méx*) sesame seed bun

**cocoliche** SM (*Cono Sur Ling*) *hybrid Spanish of Italian immigrants*

**cócona** SF (*Caribe*) tip

**coconote** SM (*Méx*) 1 (= *niño*) chubby child
2 (= *adulto*) squat person

**cocoroco** ADJ (*Cono Sur**) (= *engreído*) stuck-up*; (= *descarado*) insolent, cheeky*, sassy (*EEUU**)

**cocorota** SF nut*, noggin (*EEUU**), head

**cocoso** ADJ worm-eaten

**cocotal** SM coconut plantation, coconut grove

**cocotero** SM coconut palm

**cóctel** ['koktel, 'kotel] SM (*pl* **cóctels** *o* **cócteles**) 1 (= *bebida*) cocktail
2 (= *snack, entrante*) cocktail ► **cóctel de frutas** fruit cocktail ► **cóctel de gambas** prawn cocktail ► **cóctel de mariscos** seafood cocktail
3 (= *reunión*) cocktail party; **ofrecer un ~ en honor de algn** to hold a cocktail party in sb's honour
4 ► **cóctel (Molotov)** petrol bomb, Molotov cocktail

**coctelera** SF cocktail shaker

**cocuyo** SM (*LAm*) 1 (= *insecto*) firefly, glowfly (*EEUU*)
2 (*Aut*) rear light

**cod.** ABR = **código**

**coda** SF 1 (*Mús*) coda
2 (*Téc*) wedge

**codal** SM 1 (*Bot*) layered vine shoot
2 (*Arquit*) strut, prop

**codaste** SM stern post

**codazo** SM 1 (= *golpe*) **darle un ~ a algn** (*disimuladamente*) to give sb a nudge, nudge sb; (*con fuerza*) to elbow sb; **abrirse paso a ~s** to elbow one's way through
2 (*Méx*) ✦**MODISMO dar ~ a algn** to tip sb off, warn sb

**codear** ▸conjug 1a◂ Ⓐ VT 1 (= *empujar con el codo*) to elbow, jostle, nudge
2 (*Andes, Cono Sur*) (= *insistir*) **~ a algn** to keep on at sb, pester sb
Ⓑ VI 1 (= *empujar con el codo*) (*disimuladamente*) to nudge; (*con fuerza*) to elbow, jostle; **abrirse paso codeando** to elbow one's way through
2 (*Andes, Cono Sur**) to sponge*, live by sponging*
Ⓒ **codearse** VPR (= *alternar*) **~se con** to hobnob with, rub shoulders with

**codeína** SF codeine

**CODELCO** SF ABR (*Chile*) = **Corporación del Cobre**

**codeo*** (*LAm*) SM 1 (= *sablazo*) sponging*
2 (= *insistencia*) pestering

**codera** SF (= *parche*) elbow patch; [*de protección*] elbow guard

**codeso** SM laburnum

**códice** SM codex

**codicia** SF (= *avaricia*) greed; (*por lo ajeno*) covetousness

**codiciable** ADJ desirable, covetable

**codiciado** ADJ [*medalla, trofeo*] coveted; [*zona, casa*] sought-after; **obtuvo el ~ título** he won the coveted title

**codiciar** ▸conjug 1b◂ VT [+ *dinero, bienes*] to desire; [+ *lo ajeno*] to covet

**codicilo** SM codicil

**codiciosamente** ADV greedily, covetously

**codicioso** ADJ covetous, greedy

**codificación** SF 1 (*Jur*) codification
2 [*de mensajes, textos*] encoding ► **codificación de barras** bar coding

**codificado** SM **el programa se emitirá en ~** the programme will be encrypted

**codificador** SM encoder

**codificar** ▸conjug 1g◂ VT 1 (*Jur*) to codify
2 [+ *mensaje, información*] to encode, code; (*TV*) to encrypt, scramble

**código** SM 1 (= *reglamento*) code ► **código civil** civil code ► **código de conducta** code of conduct ► **Código de Derecho Canónico** Canon Law Code ► **código de la circulación** highway code ► **código de leyes** statute book ► **código deontológico** code of practice, ethics (*esp EEUU*) ► **código ético** code of ethics ► **código militar** military law ► **código penal** penal code
2 [*de signos, números*] code; **teclee su ~ secreto** key in your password ► **código binario** binary code ► **código de acceso** access code ► **código de barras** bar code ► **código de colores** colour code, color code (*EEUU*) ► **código de máquina** (*Inform*) machine code ► **código de operación** (*Inform*) operational code ► **código de señales** signal code ► **código genético** genetic code ► **código hexadecimal** hexadecimal code ► **código legible por máquina** machine-readable code ► **código máquina** (*Inform*) machine code ► **código postal** postcode, zip code (*EEUU*)

**codillo** SM 1 (*Zool*) (= *articulación*) elbow; (= *pata*) upper foreleg; [*de cerdo*] knuckle ► **codillo de cerdo** (*Méx Culin*) pig's trotter
2 (*Téc*) elbow (joint), bend
3 (*Bot*) stump (of a branch)

**codirigir** ▸conjug 3c◂ VT to co-direct

**codo[1]** SM 1 (*Anat*) elbow; [*de caballo*] knee; ✦**MODISMOS a base de ~s**: **sacó la oposición a base de ~s** he won the post by sheer hard work *o* through sheer hard graft; **comerse los ~s de hambre** to be utterly destitute; **dar con el ~ *o* de ~ a algn** (*CAm*) to nudge sb; **empinar el ~*** to have a few*, bend the elbow*; **hablar por los ~s** to talk nineteen to the dozen, talk a blue streak (*EEUU*); **hacer ~s** ◊ **hincar los ~s** to swot*; **morderse un ~** (*Méx, Cono Sur*) to restrain o.s.; **partirse *o* romperse los ~s** to slog*; **ser del ~** ◊ **ser duro de ~** (*CAm*) to be mean ► **codo de tenista** tennis elbow
2 **codo a codo**: **hubo un ~ a ~ por el segundo puesto** there was a close battle for second place, it was neck and neck for second place; **las elecciones serán un ~ a ~ entre socialistas y nacionalistas** the elections are going to be a close-run thing *o* a neck and neck affair between the Socialists and Nationalists; **fue un combate ~ a ~** it was a neck and neck fight
3 **codo con codo** (*como adverbio*): **enemigos políticos se sentaron ~ con ~ en el funeral** political foes sat down together *o* sat side by side with each other at the funeral, political foes rubbed shoulders with each other at the funeral; **en las elecciones quedaron ~ con ~ con los socialistas** in the elections they were neck and neck with the Socialists; **luchar ~ con ~** to fight shoulder to shoulder, fight side by side; **trabajar ~ con ~** to work side by side *o* closely together
4 [*de camisa, chaqueta*] elbow
5 [*de tubería*] elbow, bend
6 (= *medida*) cubit

**codo[2]*** ADJ (*Méx*) (= *tacaño*) mean, stingy

**codorniz** SF quail

**COE** SM ABR = **Comité Olímpico Español**

**coedición** SF [*de libro*] joint publication; (= *acto*) joint publishing

**coeditar** ▸conjug 1a◂ VT to publish jointly

**coeducación** SF coeducation

**coeducacional** ADJ coeducational

**coeficiente** SM (*Mat*) coefficient; (*Econ*) rate; (*Med*) degree ► **coeficiente aerodinámico** drag factor ► **coeficiente de caja** cash deposit requirement ► **coeficiente de incremento** rate of increase ► **coeficiente de inteligencia** intelligence quotient, IQ ► **coeficiente de penetración aerodinámica** drag factor ► **coeficiente intelectual**, **coeficiente mental** intelligence quotient, IQ

**coercer** ▸conjug 2b◂ VT to constrain (*frm*)

**coerción** SF coercion (*frm*)

**coercitivamente** ADV coercively

**coercitivo** ADJ coercive

**coestrella** SMF co-star

**coetáneo/a** ADJ, SM/F contemporary (**con** with); **es famoso entre sus ~s** he is famous among his peers *o* contemporaries

**coevo** ADJ coeval

**coexistencia** SF coexistence ► **coexistencia pacífica** peaceful coexistence

**coexistente** ADJ coexistent

**coexistir** ▸conjug 3a◂ VI to coexist (**con** with)

**cofa** SF top ► **cofa mayor** maintop

**cofabricar** ▸conjug 1g◂ VT to manufacture jointly

**cofia** SF [*de enfermera, criada, monja*] cap; (††) coif; (†) (= *redecilla*) hair net

**cofinanciación** SF joint financing

**cofinanciar** ▸conjug 1b◂ VT to finance jointly

**cofrade** SM member (of a brotherhood), brother

**cofradía** SF (*Rel*) brotherhood, fraternity; (= *gremio*) guild, association; [*de ladrones etc*] gang; → SEMANA SANTA

**cofre** SM (= *caja*) chest; (*para joyas*) casket, jewellery *o* (*EEUU*) jewelry box, jewel case; (*Méx Aut*) bonnet, hood (*EEUU*)

**cofrecito** SM casket

**cofundador(a)** SM/F co-founder

**cogedero** Ⓐ ADJ [*fruto*] ripe for picking Ⓑ SM handle

**cogedor** SM [*de polvo, basura*] dustpan; [*de ceniza*] (small) shovel

## coger

▸conjug 2c◂
A VERBO TRANSITIVO
B VERBO INTRANSITIVO
C VERBO PRONOMINAL
*Para las expresiones **coger desprevenido, coger in fraganti**, ver la otra entrada.*

Ⓐ VERBO TRANSITIVO

1 *= con la mano* 1·1 (= *tomar*) to take; **¿puedo ~ éste?** can I take this one?; **~ un libro de un estante** to take a book from a shelf; **coge un poco más de queso** have a bit more cheese; **~ a algn de la mano** to take sb by the hand; **ir cogidos de la mano** to walk along holding hands *o* hand in hand

1·2 (= *levantar*) to pick up; **cogió la guitarra y se puso a tocar** he picked up the guitar and started to play; **coge al niño, que está llorando** pick up the baby, he's crying; **cogió el bolso y salió de casa** she picked up her handbag and went out

1·3 (*con fuerza*) to grasp; **la cogió por la muñeca y no la soltó** he grabbed her by the wrist and wouldn't let go

1·4 (= *sostener*) to hold; **coge bien el bolígrafo** hold the biro properly; **no ha cogido un fusil en la vida** he's never held a gun in his life

2 *= escoger* to pick; **cogió el azul** she picked the blue one; **coge el que más te guste** take *o* pick the one you like best; **has cogido un mal momento** you've picked a bad time

3 *+ flor, fruta* to pick

4 *= quitar* (*gen*) to take; (= *pedir prestado*) to borrow; **me coge siempre las cerillas** he's always taking my matches; **¿quién ha cogido el periódico?** who's taken the newspaper?; **¿te puedo ~ el bolígrafo?** can I borrow your pen?; **te he cogido la regla** I've borrowed your ruler, I've pinched your ruler*

5 *= apuntar* to take (down); **cogió la dirección del cliente** she took (down) the customer's address; **~ apuntes** to take notes

6 *esp Esp = conseguir* to get; **¿nos coges dos entradas?** would you get us two tickets?; **cógeme un buen sitio** get me a good place; **he cogido un billete de avión** I've bought an air ticket; **~ hora para el dentista/en la peluquería** to make an appointment to see *o* with the dentist/at the hairdresser's

7 *= adquirir* 7·1 [+ *enfermedad*] to catch; **~ un resfriado** to catch a cold; **el niño cogió sarampión** the child got *o* caught measles; **~ frío** to get cold; **ha cogido una insolación** she's got sunstroke

7·2 [+ *costumbre, hábito*] to get into; [+ *acento*] to pick up; **ha cogido la costumbre de morderse las uñas** she has got into the habit of biting her nails; **ha cogido la manía de las quinielas** he's caught the pools craze; **cogieron acento irlandés** they picked up an Irish accent

7·3 [+ *fuerzas*] to gather; [+ *velocidad*] to gather, pick up

8 *= atrapar* 8·1 (*esp Esp*) [+ *persona, pez, balón*] to catch; **¡coge la pelota!** catch the ball!; **¡por fin te he cogido!** caught you at last!; **les cogieron con varios kilos de heroína** they were caught with several kilos of heroin

8·2 (*esp Esp*) [*toro*] (= *cornear*) to gore; (= *voltear*) to toss

8·3 (*esp Esp*) [*coche*] (= *atropellar*) to knock down, run over

8·4 (*Mil*) to take prisoner, capture; **han cogido a quince soldados** fifteen soldiers have been taken prisoner *o* have been captured

9 *esp Esp = sorprender* to catch; **la cogieron robando** they caught her stealing; **~ a algn en una mentira** to catch sb lying, catch sb in a lie; **la guerra nos cogió en Francia** the war found *o* caught us in France; **la noche nos cogió todavía en el mar** the night caught us still at sea; **antes que nos coja la noche** before night overtakes us *o* comes down on us; ✦***MODISMOS*** **~ a algn detrás de la puerta** ◊ **~ a algn en la hora tonta** to catch sb at a disadvantage; **~ de nuevas a algn** to take sb by surprise

10 *= empezar a sentir* **~ aversión a algo** to take a strong dislike to sth; **~ cariño a algn** to grow *o* become fond of sb, become attached to sb; **~ celos de algn** to become jealous of sb

11 *= tomarse* to take; **no sé si podré ~ vacaciones** I don't know if I'll be able to take any holidays; **¿vas a ~ fiesta mañana?** are you going to take tomorrow off?, are you going to take the day off tomorrow?

12 *= entender* [+ *sentido, giro*] to get; **¿no has cogido el chiste?** don't you get the joke?

13 *esp Esp = aceptar* [+ *empleados, trabajo*] to take on; [+ *alumnos*] to take in; [+ *pacientes*] (*en hospital*) to take in; (*en consultorio*) to take on; **acabo de ~ una secretaria nueva** I've just taken on a new secretary

14 *= alquilar* to take, rent; **cogimos un apartamento** we took *o* rented an apartment

15 *= viajar en* [+ *tren, avión, autobús*] to take; **vamos a ~ el tren** let's take *o* get the train; **quiero ~ el tren de las tres** I want to catch the three o'clock train

16 *= ir por* to take; **coja la primera calle a la derecha** take the first street on the right; **no cojas las curvas tan rápido** don't take the bends so fast

17 *= recibir* [+ *emisora, canal*] to pick up, get; **con esta radio cogemos Radio Praga** we can pick up *o* get Radio Prague on this set

18 *= retener* [+ *polvo*] to gather, collect; **esta moqueta coge mucho polvo** this carpet gathers *o* collects a lot of dust; **los perros cogen pulgas** dogs get *o* catch fleas

19 *= aprender* to pick up; **los niños lo cogen todo enseguida** children pick things up very quickly

20 *= incorporarse a* **cogí la conferencia a la mitad** I joined the discussion halfway through; **cogí la obra casi al final** the play was almost over when I got there

21 *Méx, Arg, Ven**: sexualmente* to fuck**, screw**

Ⓑ VERBO INTRANSITIVO

1 *= estar* to be; **¿coge muy lejos de aquí?** is it very far from here?; **el cine coge bastante cerca** the cinema is quite near here; **el banco me coge de camino** the bank's on my way

2 *= ir* **~ por**: **cogió por esta calle** he went down this street

3 *Esp* = caber* to fit; **aquí no coge** there's no room for it here, it doesn't fit (in) here

4 *planta* to take

5 *Méx, Arg, Ven**: sexualmente* to fuck**, screw**

6 ✦***MODISMO*** **cogió y se fue*** he just upped and left *o* offed*

Ⓒ **cogerse** VERBO PRONOMINAL

1 *= sujetarse* **~se a** *o* **de algo** to hold on to sth; **se cogió a** *o* **de las rejas** he held on to the bars; **cógete a** *o* **de la cuerda** hold on to the rope; **~se a algn** to hold on to sb; **cógete a mí, que aquí resbala** hold on to me, it's slippery here

2 *enfático* 2·1 (= *pillarse*) [+ *catarro, gripe*] to catch; **~se los dedos en la puerta** to catch one's fingers in the door; **~se una borrachera** to get drunk

2·2 (= *tomarse*) [+ *vacaciones*] to take; **hace tiempo que no me cojo unas vacaciones** it's a long time since I took a holiday

2·3 (= *agarrar*) [+ *objeto*] to grab; **cógete una silla** grab a chair

**cogestión** SF joint management

**cogida** SF 1 (*Taur*) (= *cornada*) goring; **sufrir una ~** to be gored 2 (*Agr*) (= *cosecha*) harvest; (*Pesca*) catch; (= *acto*) [*de moras, fresas*] picking, gathering; [*de cereales*] harvesting 3 (*LAm***) screw**, fuck**

**cogido** SM (*Cos*) fold, gather, tuck

**cogienda** SF 1 (*Andes, Caribe*) = **cogida 2** 2 (*Méx***) fucking**, screwing**

**cognado** ADJ, SM cognate

**cognición** SF, **cognitividad** SF cognition

**cognitivo** ADJ, **cognoscitivo** ADJ cognitive

**cogollo** SM 1 (*Bot*) [*de lechuga, col*] heart; [*de árbol*] top; (*LAm*) [*de caña de azúcar*] sugar-cane top; (= *brote*) shoot, sprout 2 (= *lo mejor*) best part, cream; **el ~ de la sociedad** the cream of society 3 [*de asunto, problema*] heart, crux; [*de ciudad*] centre, center (*EEUU*) 4 (*Caribe*) (= *sombrero*) straw hat

**cogorza*** SF **pescar una ~** to get plastered*

**cogotazo** SM (= *golpe*) blow on the back of the neck; (*Boxeo*) rabbit punch

**cogote** SM 1 (*Anat*) back of the neck, nape; **coger a algn por el ~** to take sb *o* grab sb *o* pick sb up by the scruff of the neck; ✦***MODISMOS*** **estar hasta el ~** to have had it up to here; **ponérselas en el ~** (*CAm‡*) to beat it*
2 **de ~** (*Cono Sur*) [*animal*] fat; **carne de ~** (*Cono Sur*) rubbish, trash, garbage (*EEUU*)

**cogotudo‡** Ⓐ ADJ (*Andes, Cono Sur*) well-heeled*, filthy rich*; (*Caribe*) powerful
Ⓑ SM (*LAm*) (= *nuevo rico*) self-made man, parvenu; **es un ~** he's got friends in high places

**coguionista** SMF co-scriptwriter

**cogujada** SF woodlark

**cogulla** SF cowl

**cohabitación** SF (= *vida en común*) cohabitation (*frm*); (*Pol*) coexistence

**cohabitar** ▸conjug 1a◂ VI (= *vivir juntos*) to live together, cohabit (*frm*); (*Pol*) to coexist

**cohechar** ▸conjug 1a◂ VT to bribe, offer a bribe to

**cohecho** SM bribery

**coheredero/a** SM/F coheir/coheiress, joint heir/joint heiress

**coherencia** SF 1 [*de ideas, razonamiento, exposición*] coherence
2 [*de acciones, proyecto, política*] consistency
3 (*Fís*) cohesion

**coherente** ADJ 1 [*texto, idea, exposición, argumentación*] coherent; **no sería ~ cumplir con sus órdenes** it wouldn't make sense to follow his orders
2 [*proyecto, política*] consistent; **~ con** in line with, in tune with

**coherentemente** ADV 1 (= *razonar, exponer, pensar*) coherently
2 (= *actuar*) consistently

**cohesión** SF cohesion

**cohesionado** ADJ united, unified

**cohesionador** ADJ **elemento ~** unifying force

**cohesionar** ▸conjug 1a◂ VT to unite, bring together

**cohesivo** ADJ cohesive

**cohete** Ⓐ SM 1 (*gen*) rocket ▸ **cohete de señales** flare, distress rocket ▸ **cohete espacial** (space) rocket ▸ **cohete luminoso** flare, distress rocket
2 (*Méx**) (= *pistola*) piece*, pistol
3 (*Cono Sur*) **al ~** to no effect
4 (*Méx*) (= *mecha*) blasting fuse
Ⓑ ADJ (*CAm, Méx**) (= *borracho*) drunk, tight*

**cohetería** SF 1 (= *fábrica*) fireworks factory; (= *tienda*) fireworks shop
2 (= *ciencia*) rocketry

**cohibición** SF 1 (*Jur*) restraint
2 (*Med*) inhibition

**cohibido** ADJ 1 (= *tímido*) shy, timid, self-conscious; (= *incómodo*) awkward, ill-at-ease; **sentirse ~** to feel awkward *o* ill-at-ease
2 (*Jur*) restrained, restricted
3 (*Med*) inhibited

**cohibir** ▸conjug 3a◂ Ⓐ VT 1 (= *incomodar*) to make awkward *o* ill-at-ease; (= *avergonzar*) to make shy, embarrass
2 (*Jur*) to restrain, restrict
3 (*Med*) to inhibit
Ⓑ **cohibirse** VPR 1 (= *incomodarse*) to feel awkward *o* ill-at-ease; (= *avergonzarse*) to feel embarrassed, become shy
2 (*Med*) to feel inhibited

**cohombro** SM cucumber

**cohonestar** ▸conjug 1a◂ (*frm*) VT 1 [+ *acto*] to cover up
2 [+ *diferencias*] to reconcile

**cohorte** SF cohort

**COI** SM ABR (= **Comité Olímpico Internacional**) IOC

**coima** SF 1 (*LAm**) (= *soborno*) backhander*, sweetener*, bribe; (= *acto*) bribing, bribery
2 (‡) (*en el juego*) rake-off*
3 (††) (= *concubina*) concubine; (= *puta*) whore

**coimacracia*** SF (*Perú*) rule of graft

**Coimbra** SF Coimbra

**coime** SM 1 (*Andes*) (= *camarero*) waiter
2 (†) (= *chulo*) pimp, ponce
3 (†) (*en el juego*) gambling operator

**coimear** ▸conjug 1a◂ VT (*Andes, Cono Sur*) (= *sobornar*) to bribe; (= *aceptar sobornos*) to take bribes from

**coimero/a** (*Andes, Cono Sur*) Ⓐ ADJ easily bribed, bent‡
Ⓑ SM/F bribe-taker; **son unos ~s** they are all bent‡

**coincidencia** SF 1 (= *casualidad*) coincidence; **es pura ~** it's just a coincidence, it's pure coincidence; **dio la ~ de que yo también estaba allí** it was a coincidence that I was also there
2 (= *acuerdo*) agreement; **en ~ con** in agreement with

**coincidente** ADJ coincident; **ser ~ con algn/algo** to be coincident with sb/sth

**coincidentemente** ADV coincidentally

**coincidir** ▸conjug 3a◂ VI 1 (*en el tiempo*) to happen at the same time, occur simultaneously (*frm*), to coincide; **para que se produzca una explosión han de ~ varias circunstancias** for an explosion to occur several circumstances must happen at the same time; **~ con algo** to coincide with sth; **la exposición coincide con el 50 aniversario de su muerte** the exhibition coincides with the 50th anniversary of his death; **mis vacaciones nunca coinciden con las de los niños** my holidays are never at the same time as my children's; **no puedo ir al concierto porque coincide con el examen** I can't go to the concert because it clashes with the exam
2 (*en un lugar*) to happen to meet; **coincidimos en el teatro** we happened to meet at the theatre; **he coincidido con él en varias fiestas pero nunca nos han presentado** I've coincided with him at some parties but we've never been introduced; **el punto en que las dos líneas coinciden** the point at which both lines meet
3 (= *estar de acuerdo*) 3·1 **~ con algn** to agree with sb; **coincido plenamente contigo en este punto** I fully agree with you on this point; **~ en algo**: **todos coinciden en que ésta es su mejor película** everyone agrees that this is his best film; **los observadores internacionales coinciden en afirmar que ...** international observers all agree that ...
3·2 [*informes, versiones, resultados*] to coincide; **las conclusiones de ambos estudios coinciden** the conclusions of the two studies coincide; **ambos ensayos coinciden en sus conclusiones** both essays reach the same conclusion; **~ con algo** to agree with sth, coincide with sth; **los hechos no coinciden exactamente con las declaraciones del testigo** the facts don't exactly agree with the witness's statement
4 (= *ajustarse*) [*huellas, formas*] to match, match up; **~ con algo** to match (up with) sth; **sus huellas dactilares no coinciden exactamente con las del asesino** his fingerprints don't match the murderer's exactly *o* don't match up exactly with the murderer's

➤ LENGUA Y USO: coincidir 3 53.6

**cointérprete** SMF fellow actor

**coinversión** SF joint investment

**coipo** SM, **coipu** SM (*LAm*) coypu

**coirón** SM (*Andes*) thatch

**coito** SM intercourse, coitus (*frm*) ▸ **coito anal** anal intercourse, anal sex

**cojan** *etc ver* **coger**

**cojear** ▸conjug 1a◂ VI 1 [*persona*] (= *estar cojo*) to limp, hobble (along); (= *ser cojo*) to be lame; **cojea de la pierna izquierda** (*temporalmente*) she's limping on her left leg; (*permanentemente*) she's lame in her left leg, she has a limp in her left leg; ✦***MODISMOS*** **cojean del mismo pie** they're two of a kind; **sabemos de qué pie cojea** we know his weak points *o* weaknesses
2 [*mueble*] to wobble, be wobbly

**cojera** SF (= *estado*) lameness; (*al andar*) limp

**cojijo†** SM 1 (*Entomología*) bug, small insect
2 (= *queja*) peeve*, grudge, grumble

**cojijoso†** ADJ peevish, grumpy

**cojín** SM 1 (= *almohadilla*) cushion
2 (‡ *euf*) = **cojón**

**cojinete** SM 1 (= *almohadilla*) small cushion
2 (*Mec*) bearing ▸ **cojinete a bolas, cojinete de bolas** ball bearing ▸ **cojinete de rodillos** roller bearing
3 (*Ferro*) chair
4 **cojinetes** (*Andes, Caribe, Méx*) saddlebags

**cojinillos** SMPL (*CAm, Méx*) saddlebags

**cojo[1]/a** Ⓐ ADJ 1 (= *de andar defectuoso*) lame; **está un poco ~ por la caída** he's a bit lame from the fall; **~ de un pie** lame in one foot; **salió ~ del campo de juego** he left the ground limping; *ver tb* **pata A2**
2 (= *con una sola pierna, pata*) one-legged; **el típico pirata ~** the typical one-legged pirate; **se quedó ~ en la guerra** he lost a leg in the war
3 [*mueble, objeto*] wobbly
4 (= *incompleto*) [*equipo, organización*] weak, lame; **su expulsión dejó ~ al equipo** his sending-off left the team weak
Ⓑ SM/F 1 [*de andar defectuoso*] lame person
2 (*con una sola pierna*) one-legged person; ✦***REFRÁN*** **el ~ echa la culpa al empedrado** a bad workman blames his tools

**cojo[2]** *ver* **coger**

**cojón**‡‡ SM 1 (= *testículo*) ball‡; ✦***MODISMOS*** **con cojones**: **es un tío con cojones** he's got balls‡‡ *o* guts*; **echar cojones a algo** to brave sth out; **estar hasta los cojones**: **estoy hasta los cojones de este trabajo** I'm really pissed off with this job‡, I'm fed up to the back teeth with this job*; **ya estoy hasta los cojones de que me insulte** I'm totally pissed off (with) being insulted‡; **hago lo que me sale de los cojones** I do what I damn well like o bloody well like*; ¡olé sus cojones! good for him!; pasarse algo por (el forro de) los cojones: me lo paso por los cojones I don't give a fuck** o toss* about it; tener cojones: no tienes cojones de decírmelo a la cara you haven't got the balls to tell me to my face**; tocar los cojones a algn: este tío me está tocando los cojones this guy is pissing me off*; tocarse los cojones: se pasa el día tocándose los cojones he spends all day doing fuck all** o sod all*

2 (como exclamación) callaos ya, ¡cojones! shut up, for fuck's sake!**; ¡los cojones! ◊ ¡y un ~!: —dame el dinero —¡(y) un ~ o los cojones! "give me the money" — "go fuck yourself!"**

3 (como intensificador) ¿qué cojones haces aquí? what the fuck are you doing here!**; pero, ¿quién cojones se han creído que son? who the fuck do they think they are?**; de cojones: ¡hace un frío de cojones! it's fucking freezing!**; con dos sueldos viven de cojones with two salaries they have a fucking great life**; de los cojones: no aguanto al periodista ese de los cojones I can't stand that fucking journalist**; por cojones: tienes que hacerlo por cojones you fucking well have to do it**

4 un ~ (como adverbio): cuesta un ~ it's worth a fucking fortune**; no me importa un ~ lo que tú digas I don't give a fuck what you think**; ese tío sabe un ~ he knows fucking loads**

cojonudamente* ADV brilliantly, awesomely (EEUU*)

cojonudo* ADJ 1 (Esp) (= estupendo) brilliant*, awesome (EEUU*); un tío ~ a great bloke* o guy*; ¡qué ~! great stuff!*

2 (= grande) huge, colossal; (= muy importante) very important; (= destacado) outstanding

3 (= gracioso) really funny

4 (LAm) (= holgazán) lazy, slow; (= tonto) stupid

cojudear* ▸conjug 1a◂ (LAm) Ⓐ VT to con*, swindle

Ⓑ VI to mess about

cojudez** SF (Andes, Cono Sur) nonsense, stupidity; ¡déjate de cojudeces! stop pissing around!**

cojudo/a Ⓐ ADJ 1 [animal] (= sin castrar) entire, not castrated; (= semental) used for stud purposes

2 (Cono Sur**) (= estúpido) stupid

Ⓑ SM/F cretin*, stupid prick**

cok [kok] SM, coke ['koke] SM (LAm Min) coke

col SF cabbage ► col china Chinese leaves pl, bok choy (EEUU) ► col de bruselas (Brussels) sprout ► col de Saboya savoy (cabbage) ► col lombarda red cabbage ► col rizada curly kale ► col roja red cabbage; ✦REFRÁN entre ~ y ~, lechuga variety is the spice of life

col. ABR 1 (= columna) col

2 = colaboradores; y ~ et al.

col.ª ABR (= columna) col

cola¹ SF 1 [de animal, avión, cometa] tail; ✦MODISMOS tener ~ de paja (Uru*) to feel guilty; traer ~: la decisión del árbitro va a traer ~ this is not the last we will hear of the referee's decision ► cola de caballo (= en el pelo) pony tail; (= planta) horsetail ► cola de milano, cola de pato (Téc) dovetail ► cola de rata (Pesca) fly line

2 [de frac] tail; [de vestido] train

3 (= hilera) queue, line (EEUU); hay una ~ enorme en la taquilla del cine there's a huge queue at the box office; se formó una ~ de dos kilómetros debido al accidente a two-kilometre tailback formed because of the accident; ¡a la ~! get in the queue!, get in line! (EEUU); hacer ~ to queue (up), line up (EEUU); ponerse a la ~ to join o get into the queue, join o get into the line (EEUU)

4 (= parte final) [de manifestación] tail end, back; [de carrera] back; el ciclista estaba en o a la ~ del pelotón the cyclist was at the back of o at the tail end of the pack; los equipos en la ~ de la tabla the teams at the foot o bottom of the table; estamos a la ~ de las sociedades civilizadas we are at the bottom of the league of civilized societies; el equipo está en el tercer puesto por la ~ the team is sitting third place from (the) bottom

5 (*) (= pene) willy*, weenie (EEUU*)

6 (Ven Aut) pedir ~ to ask for a lift o ride (EEUU)

7 (Cono Sur*) (= trasero) bum*, bottom, ass (EEUU*); (= cóccix) coccyx

cola² SF (= pegamento) glue, gum; (para decorar) size; pintura a la ~ distemper; (Arte) tempera; ✦MODISMOS comer ~ (Cono Sur) to be let down, be disappointed; no pegar ni con ~: esas cortinas no pegan ni con ~ those curtains just don't go with the rest; el final de la película no pega ni con ~ the ending of the film is totally unconvincing; el verde y el azul no pegan ni con ~ green and blue just don't go together ► cola de carpintero wood glue ► cola de contacto contact adhesive ► cola de impacto impact adhesive ► cola de pescado fish glue ► cola de retal size

cola³ SF 1 (= planta) cola, kola

2 (= bebida) cola, Coke®

3 (Andes) (= refresco) fizzy drink ► cola de naranja orangeade

cola⁴* SM (Chile) poof*, queer*

colaboración SF 1 (= cooperación) collaboration; escrito en ~ con mi tutor written in collaboration with my tutor

2 (en periódico) (gen) contribution; (= artículo) article

3 [de congreso] paper

4 (= donativo) contribution

colaboracionismo SM collaboration

colaboracionista SMF collaborator, collaborationist

colaborador(a) SM/F 1 (en trabajo, misión) collaborator, co-worker

2 (en periódico, revista) contributor

3 (en congreso) contributor

4 (con dinero) contributor

colaborar ▸conjug 1a◂ VI to collaborate; ambas organizaciones ~on estrechamente the two organizations collaborated closely o worked closely together; te necesitamos ¡colabora! we need you, come and join us!; ~ a algo to contribute to sth; colaboró a la resolución del problema he contributed to solving the problem; ~ con algn to collaborate with sb; ~ con algo: colaboramos con los movimientos pacifistas we are collaborating with the peace groups; colaboró con diez mil pesetas he contributed ten thousand pesetas; ~ en algo: nuestra empresa ~á en el proyecto our company is to collaborate on the project; el viento colaboró en la propagación del incendio the wind contributed to the spread of the fire; ~ en un periódico to contribute to a newspaper, write for a newspaper

colaborativo ADJ collaborative

colación SF 1 (= mención) sacar o traer a ~ to mention, bring up

2 (= refrigerio) light meal, collation (frm)

3 (= comparación) collation, comparison

4 (LAm) (= dulce) box of sweets

5 (Univ) conferral

colacionar ▸conjug 1a◂ VT to collate, compare

colada SF 1 (= lavado) washing; hacer la ~ to do the washing; día de ~ washday; tender la ~ to hang out the washing; todo saldrá en la ~ it will all come out in the wash

2 (= lejía) bleach, lye

3 (Geol) outflow

4 (Agr) sheep run, cattle run; ver tb colado

coladera SF 1 (Culin) strainer

2 (Méx) (= alcantarilla) sewer

coladero SM (para té, infusión) strainer; (con agujeros) colander; [de malla] sieve; ✦MODISMO dejar como un ~ to riddle with bullets

coladicto/a SM/F glue-sniffer*

colado/a Ⓐ ADJ 1 [metal] cast

2 ✦MODISMO estar ~ por algn* to be madly in love with sb

3 aire ~ draught, draft (EEUU)

Ⓑ SM/F (= intruso) intruder; (en fiesta, recepción) gatecrasher; ver tb colada

colador SM (para té, infusión) strainer; (con agujeros) colander; [de malla] sieve; ✦MODISMO dejar como un ~ to riddle with bullets

coladura SF 1 (= filtración) straining

2 (*) (= metedura de pata) clanger*, blunder

3 coladuras grounds, dregs

colágeno SM collagen

colapsar ▸conjug 1a◂ Ⓐ VT 1 (= derribar) to cause to collapse

2 [+ tráfico, circulación] to bring to a halt o standstill; [+ puerta] to jam, block; [+ entrada] to block

Ⓑ VI, colapsarse VPR (= derrumbarse) to collapse, go to pieces

colapso SM 1 (Med) el boxeador sufrió un ~ the boxer collapsed ► colapso cardíaco heart failure ► colapso cardiovascular circulatory collapse ► colapso respiratorio respiratory failure

2 [de régimen, imperio, empresa] collapse; el país está al borde del ~ económico the country is on the verge of economic collapse

3 (= paralización) el accidente provocó el ~ del tráfico the accident caused traffic to come to a standstill o to grind to a halt

colar ▸conjug 1l◂ Ⓐ VT 1 [+ leche, infusión, verduras, caldo] to strain

2 (*) (furtivamente) 2·1 [objetos] to sneak; consiguió ~lo por la aduana he managed to sneak it through customs; le coló un gol al portero he sneaked a goal past the keeper

2·2 ~ algo a algn (= dar algo malo) to palm sth off on sb, palm sb off with sth; (= hacer creer algo) to spin sb a yarn about sth*; quiso

**~nos varias monedas falsas** he tried to palm off some forged coins on us *o* palm us off with some forged coins; **me coló una peras podridas** he palmed off some rotten pears on me, he slipped me some rotten pears; **el ladrón intentó ~les que era el revisor de la luz** the burglar tried to pass himself off as the electricity man, the burglar tried to spin them a yarn about being the electricity man; **¡a mí no me la cuelas!** don't give me any of that!*
[2·3] **~ a algn** (*en espectáculo, cine*) to sneak sb in
[3] [+ *metal*] to cast
[4] (= *blanquear*) [+ *ropa*] to bleach
Ⓑ VI [1] (*) (= *ser creído*) **diles que estás enfermo, igual cuela** say you're ill, they might swallow it*; **me parece que tu historia no va a ~** I don't think your story will wash*, I don't think they'll swallow your story*; **tienes que copiar muy bien la firma para que cuele el cheque** you'll need to copy the signature very well if you want the cheque to go through
[2] (*) (= *beber*) to booze*, tipple
Ⓒ **colarse** VPR [1] (= *filtrarse*) **el agua se cuela por las rendijas** the water seeps (in) through *o* gets in through the cracks; **se le coló el balón** the ball slipped past him; **la moto se iba colando entre la fila de coches** the motorbike slipped through the line of cars
[2] [*personas*] (*sin pagar*) to get in without paying; (*en lugar prohibido*) to sneak in; (*en fiesta*) to gatecrash; **intentaron ~se en el concierto** they tried to get into the concert without paying; **se coló silenciosamente en la habitación** he sneaked quietly into the room; **un equipo de segunda división se había colado en las semifinales** a second division team had slipped through to the semifinals
[3] [*error*] **se le ~on varias faltas al revisar el texto** he overlooked several mistakes when revising the text
[4] (*en una cola*) to jump the queue, cut in line (*EEUU*); **se me intentó ~** he tried to jump the queue in front of me; **¡oiga, no se cuele!** excuse me, there's a queue!
[5] (*Esp**) (= *equivocarse*) to get it wrong*; **¡huy! ¡me colé!** oops! I got it wrong!*; **ahí te has colado porque yo no dije nada de eso** you got it wrong there, because I didn't say anything about that
[6] (*Esp*) (= *enamorarse*) **~se por algn** to fall for sb

**colateral** ADJ collateral

**colca** SF (*Andes*) (= *troje*) barn, granary; (= *almacén*) storeroom; (= *ático*) attic store, loft

**colcha** SF bedspread, counterpane

**colchón** SM [1] (*gen*) mattress; **✦MODISMO servir de ~ a** to act as a buffer for ► **colchón de aire** airbed; (*Téc*) air cushion ► **colchón de muelles** spring mattress, interior sprung mattress ► **colchón de plumas** feather bed ► **colchón neumático** airbed
[2] (= *precio*) floor price, reserve price; (= *fondos*) reserve fund

**colchoneta** SF mat

**colcrén** SM cold cream

**cole*** SM = **colegio 1**

**colear** ▸conjug 1a◂ Ⓐ VT [1] [+ *toro*] to hold on to the tail of
[2] (*LAm**) (= *regañar*) to nag, give a hard time*
[3] (*CAm*) (= *seguir*) to tail, follow
Ⓑ VI [1] [*perro*] to wag its tail; [*caballo*] to swish its tail; [*pez*] to wriggle
[2] (*fig*) **el asunto todavía colea** the affair is still not settled; **✦MODISMO estar vivito y coleando** to be alive and kicking
[3] (*CAm, Caribe*) (*en edad*) **colea en los 50** he's close on 50, he's knocking on 50*
Ⓒ **colearse** VPR (*Caribe*) [1] (*Aut*) to skid (out of control)
[2] [*huésped*] to arrive unexpectedly *o* uninvited

**colección** SF collection; **es de ~** (*Méx*) it's a collector's item

**coleccionable** Ⓐ ADJ collectable
Ⓑ SM (= *objeto*) collectable; (*Prensa*) pull-out section

**coleccionador(a)** SM/F collector

**coleccionar** ▸conjug 1a◂ VT, VI to collect

**coleccionismo** SM collecting

**coleccionista** SMF collector

**colecta** SF [1] (= *recaudación*) collection (for charity)
[2] (*Rel*) collect

**colectar** ▸conjug 1a◂ VT to collect

**colecticio** ADJ [1] (*Mil*) raw, untrained
[2] **tomo ~** omnibus edition, collected works

**colectivamente** ADV collectively

**colectivero** SM (*LAm*) (mini-)bus driver, *driver of a "colectivo"*

**colectividad** SF (*gen*) collectivity; (= *grupo*) group, community; **en ~** collectively

**colectivización** SF collectivization

**colectivizar** ▸conjug 1f◂ VT to collectivize

**colectivo** Ⓐ ADJ [1] [*responsabilidad, esfuerzo*] collective; [*obra, proyecto*] collective, group *antes de s*; **el transporte ~** collective transport; **acción colectiva** joint action; *ver tb* **convenio**, **inconsciente B**, **negociación**
[2] (*Ling*) collective
Ⓑ SM [1] (= *grupo*) group; **el ~ más desfavorecido de la sociedad** the least favoured group in society
[2] (*LAm*) (= *autobús*) bus; (= *taxi*) taxi

**colector** SM [1] (*Elec*) collector; (*Mec*) sump, trap; **~ de aguas residuales** main sewer ► **colector solar** solar panel
[2] (†) (= *recaudador*) collector

**colega** SMF [1] [*de trabajo*] colleague
[2] (= *amigo*) (*) mate*, pal*, buddy (*EEUU**); (*en oración directa*) man*

**colegiado/a** Ⓐ ADJ [1] [*médico, profesor, ingeniero*] member of a professional body; **has de estar ~ para ejercer de profesor** you have to be a member of the professional association of teachers to work as a teacher; **decisión colegiada** decision voted on by members; **tribunal ~** bench of judges
[2] (*LAm*) (= *cualificado*) qualified
Ⓑ SM/F (*Dep*) referee; (*Med*) doctor

**colegial(a)** Ⓐ ADJ [1] (*Escol*) school *antes de s*
[2] (*Rel*) collegiate
[3] (*Méx*) (= *inexperto*) raw, green*, inexperienced
Ⓑ SM/F schoolboy/schoolgirl

**colegialidad** SF [1] (= *cuerpo*) college; [*asociación, institución*] collegiate, membership
[2] (= *cualidad*) collegiality, corporate feeling

**colegiarse** ▸conjug 1a◂ VPR to become a member of a professional body

**colegiata** SF collegiate church

**colegiatura(s)** SF(PL) (*Méx*) school fees, university fees

**colegio** SM [1] (*Escol*) school; **mañana no hay ~** there's no school tomorrow; **ir al ~** to go to school; **los niños están en el ~** the children are at school; **estudió en este ~** he went to this school ► **colegio de curas** Catholic boys school (*run by priests*) ► **colegio de monjas** convent school ► **colegio de pago** fee-paying school ► **colegio mayor** (*Univ*) hall of residence; (*Hist*) college ► **colegio privado** private school ► **colegio público** state school, public school (*EEUU*) ► **Colegio Universitario** university college
[2] (= *corporación*) ► **colegio cardenalicio** College of Cardinals ► **colegio de abogados** bar (association) ► **colegio de arquitectos** architects' association ► **Colegio de cardenales** College of Cardinals ► **colegio de médicos** medical association
[3] (*Pol*) ► **colegio electoral** (= *lugar*) polling station; (= *electores*) electoral college

**COLEGIO**

**Uso del artículo**

A la hora de traducir expresiones como **al colegio/a la escuela** o **en el colegio/en la escuela**, **desde el colegio/desde la escuela** *etc*, hemos de tener en cuenta el motivo por el que alguien acude al recinto o está allí:

• Se traduce **al colegio/a la escuela** por **to school**, **en el colegio** o **en la escuela** por **at school** y **desde el colegio** o **desde la escuela** por **from school** cuando alguien va o está allí en calidad de alumno:

El primer día que fui al colegio me pasé toda la mañana llorando
***The first day I went to school I spent the whole morning crying***
Juan todavía está en el colegio. Lo han castigado
***Juan's still at school. He's been given a detention***

• Se traduce **al colegio/a la escuela** por **to the school**, **en el colegio/en la escuela** por **at the school** y **desde el colegio/desde la escuela** por **from the school** cuando alguien va o está en el centro por otros motivos:

Ayer fueron mis padres al colegio para hablar con el director
***Yesterday my parents went to the school to talk to the headmaster***
Podemos quedar en el colegio y luego ir a tomar algo
***We can meet at the school and then go for a drink***

*Para otros usos y ejemplos ver la entrada.*

**colegir** ▸conjug 3c, 3k◂ (*frm*) VT [1] (= *juntar*) to collect, gather
[2] (= *inferir*) to infer (**de** from); **de lo cual colijo que …** from which I deduce *o* gather that …

**coleóptero** SM coleopteran, coleopteron

**cólera** Ⓐ SF [1] (= *ira*) anger, rage; **descargar la ~ en** to vent one's anger on; **montar en ~** to fly into a rage
[2] (*Anat*) bile
Ⓑ SM (*Med*) cholera

**colérico** ADJ (= *furioso*) angry, furious; (= *malhumorado*) irritable, bad-tempered

**colero** SM (*Chile*) top hat

**colesterol** SM cholesterol

**coleta** SF [1] [*de pelo*] ponytail; (*Taur*) pigtail; **gente de ~** bullfighters; ✦*MODISMO* **cortarse la ~** to quit, retire, hang up one's spurs*; **me cortaré la ~ si ...*** I'll eat my hat if ...
[2] (= *adición*) postscript, afterthought

**coletazo** SM [1] [*de animal*] *blow or thrash or swipe with the tail*
[2] (*Aut*) swaying movement; **dar ~s** to sway about; ✦*MODISMO* **está dando los últimos ~s** [*régimen, sistema*] it's in its death throes; [*moda*] it's had its day; [*huracán*] it's petering out

**coletero** SM scrunchy

**coletilla** SF (*en carta, discurso*) postscript, afterthought; (*en frase*) tag

**coleto** SM [1] (*) ✦*MODISMOS* **decir para su ~** to say to o.s.; **echarse algo al ~** (= *comer*) to put sth away; (= *beber*) to drink sth down; **echarse un libro al ~** to get through *o* polish off a book*
[2] (*Caribe*) (= *fregasuelos*) mop
[3] (*Hist*) doublet, jerkin

**colgadero** SM (= *gancho*) peg; (= *percha*) hanger

**colgadizo** (A) ADJ hanging, loose
(B) SM (= *tejadillo*) piece of roofing; (*Caribe*) (= *techo*) flat roof

**colgado** (A) PP *de* **colgar**
(B) ADJ [1] (= *pendiente*) **la bombilla colgada del techo** the light bulb hanging from the ceiling; **este cuadro estuvo ~ muchos años en el museo de la ciudad** this picture hung for many years in the city museum; **me dejaron ~ del teléfono** I was left hanging on the phone; **está ~ del teléfono todo el día** he's on the phone all day long; *ver tb* **colgar B**
[2] (= *ahorcado*) hanged, hung
[3] (*) [*asignatura*] **tengo la física colgada** I have to resit *o* retake physics; **me han dejado el inglés ~** I've failed English
[4] **dejar ~ a algn*** (*en una situación difícil*) to leave sb in the lurch*; (*en una cita*) to stand sb up*; **se fue del país y me dejó ~ con todas las facturas del negocio** he's left the country and left me in the lurch with all the company invoices to sort out*; **vendrás ¿no?, espero que no me dejes ~** you'll be there, won't you? I hope you're not going to stand me up*
[5] (‡) (= *drogado*) spaced out‡; (= *chiflado*) nuts*; (= *sin dinero*) broke*, short of money; **estoy ~ de deudas** I'm up to my neck in debts*
[6] (‡) (= *enviciado*) **~ de algo** hooked on sth*; **estar ~ del bingo** to be hooked on bingo*; **estar ~ de las emociones fuertes** to be hooked on big thrills*; **estar ~ de la tele** to be glued to the TV*
[7] (‡) (= *enamorado*) **estoy muy ~ de ella** I'm crazy about her*
[8] (*Chile**) (= *ignorante*) clueless*; **salí muy ~ de la clase** I left the class completely clueless*; **estoy muy ~ en geografía** I haven't got a clue about geography*, I'm clueless in geography*
(C) SMF (‡) [1] (= *drogadicto*) druggie*
[2] (= *chiflado*) nutter*

**colgadura** SF (*tb* **~s**) hangings *pl*, drapes *pl*; (= *tapiz*) tapestry ► **colgaduras de cama** bed hangings *o* curtains

**colgajo** SM [1] (= *trapo*) strip, shred
[2] (*Bot*) bunch (*of grapes hung to dry*)
[3] (*Med*) flap of skin

**colgante** (A) ADJ hanging; **jardín ~** hanging garden; *ver tb* **puente A1**
(B) SM [1] (= *joya*) pendant
[2] (*Arquit*) festoon
[3] (*Caribe*) [*de reloj*] watch chain

**colgar** ▸conjug 1h, 1l◂ (A) VT [1] (= *colocar pendiendo*) [+ *cuadro, diploma*] to hang, put up; [+ *colada, banderines*] to hang out; [+ *cartel, letrero, lámpara, cortina*] to put up; [+ *ropa*] (*en armario*) to hang up; (*para secar*) to hang out; **cuelga el abrigo en la percha** hang your coat on the hook; **cada día cuelgan el cartel de "no hay billetes"** every day the "sold out" sign goes up; **le colgó un collar al** *o* **del cuello** he put *o* hung a necklace around her neck; ✦*MODISMOS* **~ las botas** to hang up one's boots; **~ los estudios** to give up one's studies; **~ los hábitos** to leave the priesthood; **~ los libros** to give up one's studies; **~ la raqueta** to hang up one's racket; **~ el uniforme** to hang up one's uniform
[2] (= *ahorcar*) to hang; **¡que lo cuelguen!** hang him!, string him up!*
[3] [+ *teléfono*] to put down; **~ a algn** to hang up on sb, put the phone down on sb; **colgó el teléfono** he hung up; **dejar el teléfono mal colgado** to leave the phone off the hook
[4] (= *atribuir*) [+ *apodo, mote*] to give; **le ~on el mote de "el lobo"** they nicknamed him "el lobo"; **enseguida te cuelgan la etiqueta de envidioso** they label you as jealous straight away; **~ la culpa a algn** to pin the blame on sb; *ver tb* **sambenito 1**
(B) VI [1] [*cuadro, lámpara*] to hang; **~ de** [+ *techo*] to hang from; [+ *pared*] to hang on; **hay telarañas colgando del techo** there are cobwebs hanging from the ceiling; **lo encontraron con la jeringuilla aún colgando del brazo** he was found with the syringe still hanging from his arm; **de la pared colgaba un espejo** there was a mirror hanging on the wall; **llevar algo colgado a** *o* **del cuello** to wear sth round one's neck
[2] (= *caer suelto*) [*rizos, tirabuzones*] to hang down; **le colgaban dos ricitos sobre la frente** she had two little curls hanging down over her forehead; **la ropa le colgaba por todas partes** his clothes were hanging off him
[3] (*al teléfono*) to hang up; **han colgado** they've hung up, they've put the phone down; **no cuelgue, por favor** please, hold the line
(C) **colgarse** VPR [1] (= *estar suspendido*) **~se de** to hang from; **se colgó de una grúa durante varias horas** he hung from a crane for several hours; **~se del brazo de algn** to take hold of sb's arm, take sb by the arm; **~se del cuello de algn** to throw one's arms around sb's neck; **~se del teléfono**: **se colgó del teléfono durante más de una hora** she was on the phone for over an hour
[2] (= *ahorcarse*) to hang o.s.
[3] (= *ponerse*) to put on; **se colgó el bolso del** *o* **al hombro** she put her bag on her shoulder
[4] (*Esp*‡) (= *con drogas*) to flip*, blow one's head‡
[5] (*Chile, Méx*) *to plug illegally into the mains*

> **COLGAR**
>
> **¿"Hanged" o "hung"?**
>
> • Cuando **colgar** significa **ahorcar**, **hang** es un verbo regular y **hanged** es tanto el pasado como el participio:
>
> Le colgaron al amanecer
> ***He was hanged at dawn***
>
> • En el resto de los casos **hang** es irregular, y **hung** es la forma tanto de pasado como de participio:
>
> He colgado el cuadro en mi habitación
> ***I've hung the picture in my room***
>
> *Para otros usos y ejemplos ver la entrada.*

**colibrí** SM hummingbird

**cólico** SM colic

**colicuar** ▸conjug 1d◂ (A) VT (= *derretir*) to melt; (= *disolver*) to dissolve
(B) **colicuarse** VPR (= *derretir*) to melt; (= *disolver*) to dissolve; [*gas*] to liquefy

**colifato*** (*Cono Sur*) (A) ADJ nuts‡, crazy
(B) SM madman, nutcase‡

**coliflor** SF cauliflower

**coligado** (A) ADJ allied, coalition *antes de s*; **estar ~s** to be allied, be in league
(B) SM ally

**coligarse** ▸conjug 1h◂ VPR to unite, join together, make common cause (**con** with)

**coliguacho** SM (*Cono Sur*) horsefly

**coligüe** SM (*Arg, Chile*) bamboo

**colilla** SF cigarette butt, cigarette end, fag end‡; ✦*MODISMO* **ser una ~*** to be past it, be all washed up*

**colimba*** (*Arg*) (A) SM recruit, conscript, draftee (*EEUU*)
(B) SF military service; **hacer la ~** to do one's military service

**colimbo**[1] SM (*Orn*) diver, loon (*EEUU*)

**colimbo**[2] SM (*Arg*) recruit, conscript, draftee (*EEUU*)

**colín** SM (*Caribe*) cane knife

**colina** SF hill

**colinabo** SM kohlrabi

**colindante** ADJ adjacent, adjoining, neighbouring, neighboring (*EEUU*)

**colindar** ▸conjug 1a◂ VI to adjoin, be adjacent; **~ con** [*país*] to have a border with; [*casa, finca*] to adjoin

**colirio** SM eye drops *pl*

**colirrojo** SM redstart

**colís** SM (*Andes*) cane knife

**Coliseo** SM Coliseum

**colisión** SF [1] [*de vehículos*] collision, crash ► **colisión de frente** head-on collision ► **colisión en cadena** multiple collision, multiple pile-up ► **colisión frontal** head-on collision ► **colisión múltiple** multiple collision, multiple pile-up
[2] (*entre personas, intereses, ideas*) clash

**colisionar** ▸conjug 1a◂ VI to collide; **~ con** *o* **contra** [*tren, autobús, coche*] to collide with; [*persona, ideas*] to clash with, conflict with

**colista** (A) SM (*Dep*) bottom team (in the league)
(B) SMF person standing in a queue, person standing in a line (*EEUU*)

**colita**[1] SF (*Ven Aut*) lift; **hacer ~** to hitchhike, thumb a lift

**colita**[2]* SF [*de niño*] willy*, weenie (*EEUU**)

**colitis** SF INV colitis

**colla** SMF (*Bol, Perú*) Indian from the altiplano

**collado** SM 1 (= *colina*) hill; (*más pequeña*) hillock
2 (= *puerto*) mountain pass

**collage** [ko'la:ʒ] SM collage

**collalba** SF (*Orn*) wheatear

**collar** SM 1 (= *adorno*) necklace; (= *insignia*) chain (of office) ► **collar de perlas** pearl necklace
2 [*de perro*] (dog) collar; (*Zool*) collar, ruff
3 (*Mec*) collar, ring
4 ► **collar de fuerza** stranglehold

**collarín** SM surgical collar ► **collarín ortopédico** orthopaedic collar

**colleja** SF 1 (*planta*) campion
2 (*) (*golpe*) slap on the back of the neck

**collera** SF 1 (*Agr*) horse collar
2 **colleras** (*Cono Sur*) (= *gemelos*) cufflinks

**collie** ['koli] SM collie

**collín** SM (*CAm*), **collines** SM (*Andes*) cane knife, machete

**colmado** Ⓐ ADJ [*vaso*] full to the brim (**de** with), full (**de** of); [*río*] overflowing (**de** with); [*plato, cuchara*] heaped (**de** with); **una cucharada colmada** a heaped tablespoonful; **una carrera colmada de incidentes** an eventful race
Ⓑ SM (= *tienda*) grocer's shop, grocery store (*EEUU*); (*Andalucía*) (= *bodega*) retail wine shop; (= *restaurante*) cheap seafood restaurant

**colmar** ►conjug 1a◄ VT 1 (= *llenar*) [+ *vaso, recipiente*] to fill to the brim, fill to overflowing, fill right up (**de** with); [+ *cuchara, plato*] to heap (**de** with)
2 [+ *ambición, esperanzas*] to fulfil, fulfill (*EEUU*), realize
3 **~ a algn de algo: ~ a algn de honores** to shower sb with honours *o* (*EEUU*) honors; **~ a algn de improperios** to heap insults *o* abuse on sb, shower sb with insults *o* abuse; **~ a algn de alabanzas** to heap praise on sb

**colmatación** SF silting

**colmena** SF 1 [*de abejas*] beehive, hive; **este edificio/barrio es una ~** this building is a warren
2 (*Méx*) (= *abeja*) bee; (= *conjunto*) bees

**colmenar** SM apiary

**colmenero/a** SM/F beekeeper

**colmillo** SM (*Anat*) eye tooth, canine (tooth); (*Zool*) fang; [*de elefante, morsa, jabalí*] tusk; **enseñar los ~s** to show one's teeth, bare one's teeth; ✦***MODISMOS* escupir por el ~** to talk big*, brag; **tener ~s** (*Méx*) to be long in the tooth*; **tener el ~ torcido** to be an old fox; **¡ya tengo ~s!** (*Méx*) you can't fool me!

**colmillón** SM (*LAm*) greed

**colmilludo** ADJ 1 (= *dentudo*) with big teeth *o* fangs *o* tusks
2 (*) (= *sagaz*) sharp, alert

**colmo** SM **¡eres el ~! ¡deja ya de quejarte!** you really take the biscuit! just stop complaining!; **¡esto es el ~! ¡ya no lo aguanto más!** this is the last straw! I can't stand it any longer!; **tu hermano es el ~, no paro de reírme con él** your brother is hilarious *o* is something else*, he makes me laugh so much; **el ~ de la elegancia** the height of elegance; **para ~** to top it all, to cap it all; **y, para ~, se le rompió el ordenador** and to top *o* cap it all his computer broke; **para ~ de desgracias** *o* **de males** to make matters worse; ✦***MODISMO* ser el ~ de los ~s: que la mismísima policía le robe es ya el ~ de los ~s** to be robbed by the police themselves really is the limit

**colocación** SF 1 (= *acto*) (*gen*) placing; [*de bomba*] planting; [*de baldosa, moqueta, primera piedra*] laying; [*de cuadro*] hanging; **la simple ~ de un espejo frente a otro da sensación de espacio** simply placing one mirror opposite another creates an impression of space; **una fuga de gas producida por la incorrecta ~ del regulador** a gas leak caused by the incorrect installation of the regulator *o* by installing the regulator incorrectly; **la campaña consistirá en la ~ de carteles en lugares públicos** the campaign will consist of putting up posters in public places
2 (= *empleo*) job; **no encuentro ~** I can't find a job; **agencia de colocaciones** employment agency
3 (= *situación*) positioning; **el balón no entró gracias a la buena ~ del portero** thanks to the good positioning of the goalkeeper, the ball did not go in; **he cambiado la ~ de los muebles** I've rearranged the furniture
4 (*Com*) [*de acciones*] placing, placement

**colocado** ADJ 1 (*en trabajo*) **estar ~** to be in work, have a job; **mi hija está muy bien colocada** my daughter has a very good job
2 (*Esp*‡) (= *drogado*) high*; (= *borracho*) smashed*, plastered*, trashed (*EEUU*‡)
3 **apostar para ~** to back (a horse) for a place
4 (*Chile**) **estar ~** to be well in*; **estar ~ con algn** to be well in with sb*

**colocar** ►conjug 1g◄ Ⓐ VT 1 (= *situar*) (*gen*) to place; [+ *cartel*] to put up; [+ *bomba*] to plant, place; [+ *tropas*] to position, place; [+ *baldosa, moqueta, primera piedra*] to lay; [+ *cuadro*] to hang; (*Náut*) [+ *quilla*] to lay down; **coloca en cada plato una bola de helado** place a scoop of ice cream on each plate; **colocamos la estatua en el centro** we placed the statue in the centre; **de un solo pase colocó la pelota en la portería** he put *o* placed the ball in the net with just one touch; **coloca las tazas en su sitio** put the cups away; **~on carteles en el colegio** they put posters up around the school; **~ un producto en el mercado** to place a product on the market
2 (= *ordenar*) [+ *muebles, objetos, libros*] to arrange; **tenemos que ~ los muebles de otro modo** we need to arrange the furniture differently; **he colocado las revistas por orden alfabético** I've arranged the magazines in alphabetical order; **colocó a los niños en fila** he lined the children up
3 (= *dar trabajo*) **~ a algn** [*agencia*] to get sb a job; [*empresario, jefe*] to give sb a job; **ha colocado a su hermano como camarero en su bar** he got his brother a job as a waiter in his bar
4 (*Fin*) [+ *acciones, dinero*] to place
5 (†) (= *casar*) to marry off; **tiene a todas sus hijas bien colocadas** she has all her daughters nicely married off
6 (*) (= *endilgar*) **~ algo a algn** to palm sth off on sb, palm sb off with sth; **nos han colocado un vídeo que no funciona** they've palmed us off with a video that doesn't work; **no sé a quién ~ estas enciclopedias** I don't know who to palm these encyclopaedias off on; **otra vez quería ~nos el mismo rollo** he tried to fob us off with the same old story again*
Ⓑ VI (*Esp*‡) [*drogas, alcohol*] **este vino coloca** this wine is pretty strong stuff
Ⓒ **colocarse** VPR 1 (*en un lugar*) (*de pie*) to stand; (*sentado*) to sit; **colócate aquí** stand here; **siempre se coloca en el mismo asiento** she always sits in the same seat; **me coloqué en primera fila** I took my place in the front row
2 (*en una clasificación*) **se acaban de ~ en quinto lugar** they have just moved into fifth place; **el programa se ha colocado en el primer lugar de la lista de audiencia** the programme is now top of the ratings *o* has reached the top of the ratings
3 (*en un trabajo*) to get a job; **se ha colocado como** *o* **de enfermera** she's got a job as a nurse
4 (*Esp*‡) (= *emborracharse*) to get pissed‡, get trashed (*EEUU*‡) (**con** on); (= *drogarse*) to get high* (**con** on)

**colocata**‡ SMF (= *borracho*) drunk*; (= *drogado*) junkie*

**colocho** (*CAm*) Ⓐ ADJ (= *rizo*) curly(-haired)
Ⓑ **colochos** SMPL 1 (= *rizos*) curls
2 (= *virutas*) wood shavings

**colocolo** SM (*Chile*) 1 (= *gato montés*) cod-cod, *type of wildcat*
2 (= *monstruo*) mythical monster

**colocón**‡ SM **cogerse un ~** to get high‡

**colodrillo** SM back of the neck

**colofón** SM 1 (*Tip*) colophon
2 (*) (= *culminación*) culmination

**colofonia** SF rosin, colophony

**Colombia** SF Colombia

**colombianismo** SM *word/phrase etc peculiar to Colombia*

**colombiano/a** Ⓐ ADJ of/from Colombia
Ⓑ SM/F native/inhabitant of Colombia; **los ~s** the Colombians, the people of Colombia

**colombicultor(a)** SM/F pigeon-breeder

**colombicultura** SF pigeon-breeding

**colombino** ADJ of Columbus, relating to Columbus

**colombofilia** SF pigeon breeding, pigeon-fancying

**colombófilo/a** SM/F pigeon-fancier

**colon** SM (*Anat*) colon

**Colón** SM Columbus

**colón** SM monetary unit of Costa Rica and El Salvador

**Colonia** SF Cologne

**colonia**[1] SF 1 (= *territorio*) colony; **las antiguas ~s españolas** the former Spanish colonies
2 (= *comunidad*) [*de personas*] community; [*de animales, células*] colony; **la ~ norteamericana en Madrid** the American community in Madrid ► **colonia bacteriana** bacterial colony
3 (= *grupo de edificios*) ► **colonia obrera** working-class housing scheme ► **colonia penal** penal colony
4 (= *campamento*) summer camp; **irse de ~s** to go (off) to summer camp ► **colonia de va-**

**caciones** holiday camp ► **colonia de verano** summer camp
[5] (*Méx*) residential suburb, residential area; **Colonia Quintanilla del D.F.** the Quintanilla area of the capital ► **colonia proletaria** shanty town
[6] (= *cinta*) silk ribbon

**colonia²** SF (*tb* **agua de ~**) cologne, eau de Cologne

**coloniaje** SM (*LAm*) (= *época*) colonial period; (= *sistema*) colonial government; (*pey*) (= *esclavitud*) slavery

**colonial** ADJ [*época*] colonial; [*alimentos, productos*] overseas *antes de s*, imported (*originally referring to imports from Spanish colonies*)

**colonialismo** SM colonialism

**colonialista** ADJ, SMF colonialist

**colonización** SF [*de país, territorio*] colonization

**colonizador(a)** Ⓐ ADJ [*proceso, país, lengua*] colonizing
Ⓑ SM/F [*de país, territorio*] colonist, colonizer

**colonizar** ▸conjug 1f◂ VT [1] [+ *país, territorio*] to colonize
[2] (*Biol*) to colonize

**colono/a** SM/F [1] [*de país, territorio*] colonist; (= *nativo de una colonia*) colonial
[2] (*Agr*) tenant farmer
[3] (*Caribe*) [*de azúcar*] sugar planter
[4] (*Andes Hist*) (= *indio*) Indian bound to an estate

**coloqueta‡** SF [1] (= *detención*) arrest; **dar una ~ a** to nick‡, arrest
[2] (= *redada*) police sweep
[3] = **colocata**

**coloquial** ADJ colloquial

**coloquiante** SMF (= *hablante*) speaker; (*en charla, debate*) person taking part in a discussion; **mi ~** the person I was (*etc*) talking to

**coloquiar** ▸conjug 1b◂ VI to talk, discuss

**coloquio** SM [1] (= *debate*) discussion; **un ~ sobre el aborto** a discussion about abortion; **charla-~** ◊ **conferencia-~** talk followed by a discussion
[2] (= *congreso*) conference, symposium; **un ~ internacional sobre el comercio** an international trade conference *o* symposium
[3] (*frm*) (= *diálogo*) dialogue, dialog (*EEUU*), colloquy (*frm*)

**color** SM (a veces SF) [1] (= *coloración*) colour, color (*EEUU*); **los ~es del arco iris** the colours of the rainbow; **el ~ azul** blue; **¿de qué ~ es?** what colour is it?; **¿de qué ~ tiene los ojos?** what colour are her eyes?, what colour eyes does she have?; **es de ~ verde** it's green; **una falda (de) ~ rojo** a red skirt; **un traje (de) ~ canela** a cinnamon-coloured suit; **lo quisiera en ~ verde** I'd like it in green; **a ~** colour *antes de s*, color *antes de s* (*EEUU*); **fotocopias a ~** colour photocopying; **a todo ~** full-colour; **coger ~** = **tomar color**; **dar ~ a algo** to colour sth in; **le dio ~ al dibujo** he coloured in the drawing; **de ~**: **ropa de ~** coloured *o* (*EEUU*) colored clothes; **viste de ~** she wears coloured clothes; **en ~** colour *antes de s*; **película en ~** colour film; **televisión en ~** colour television; **tomar ~**: **esa tela no ha tomado bien el ~** that material has not dyed at all well; **cuando la cebolla haya tomado ~** when the onion has gone *o* turned golden brown; **el proyecto empieza a tomar ~** the project is starting to take shape ► **color apagado** subdued colour ► **color pastel** pastel colour ► **color primario** primary colour
[2] [*de la cara*] colour, color (*EEUU*); **tener buen ~** to have good colour; **tener mal ~** to look off colour; ✦**MODISMOS** **ponerse de mil ~es** to go bright red; **sacar los ~es a algn** to make sb blush; **le salieron los ~es** she blushed, she flushed red
[3] (= *raza*) colour, color (*EEUU*); **sin distinción de sexo o ~** regardless of sex or colour; **persona de ~** coloured person
[4] (= *tipismo*) **la feria ha perdido el ~ de antaño** the festival has lost the flavour *o* (*EEUU*) flavor *o* feel it used to have ► **color local** local colour
[5] ✦**MODISMOS** **de ~ de rosa**: **lo describió todo de ~ de rosa** she described it all in very rosy terms; **verlo todo ~ de rosa** to see everything through rose-tinted *o* rose-coloured spectacles; **la vida no es de ~ de rosa** life isn't all roses; **no hay ~*** there's no comparison; **subido de ~** [*chiste*] risqué; [*discusión*] heated
[6] **colores** (*tb* **lápices de ~es**) coloured pencils, crayons; **una caja de ~es** a box of coloured pencils *o* crayons
[7] **colores** (*Dep*) colours; **una bufanda con los ~es del Barcelona** a scarf with the Barcelona colours; **los ~es nacionales** the national colours
[8] (= *cosmético*) blusher, rouge; **ponerse ~** to put on blusher *o* rouge
[9] (= *interés*) colour; **el partido no tuvo ~** the game lacked colour
[10] (††) **so ~ de** under pretext of

**coloración** SF (*gen*) coloration, colouring, coloring (*EEUU*); (*Zool*) coloration

**colorado** Ⓐ ADJ [1] (= *rojo*) red; ✦**MODISMOS** **~ como un tomate** as red as a beetroot *o* (*EEUU*) beet; **poner ~ a algn** to make sb blush; **ponerse ~** to blush
[2] (*LAm*) [*chiste*] blue
Ⓑ SM [1] (= *color*) red
[2] (*Caribe*) (= *escarlatina*) scarlet fever
[3] **los Colorados** *Uruguayan political party*

**colorante** Ⓐ ADJ colouring, coloring (*EEUU*)
Ⓑ SM colouring (matter)

**colorar** ▸conjug 1a◂ VT (= *pintar*) to colour, color (*EEUU*); (= *teñir*) to dye, tint; **~ algo de amarillo** to colour/dye sth yellow

**coloratura** SF coloratura

**coloreado** Ⓐ ADJ (= *pintado*) coloured, colored (*EEUU*); (= *teñido*) tinted
Ⓑ SM (= *pintado*) colouring, coloring (*EEUU*); (= *teñido*) tinting

**colorear** ▸conjug 1a◂ Ⓐ VT [1] = **colorar**
[2] (= *justificar*) to justify, put in a favourable light; (= *quitar importancia a*) to whitewash, gloss over
Ⓑ VI [1] [*frutos*] to ripen
[2] (= *tirar a rojo*) to be reddish
[3] (= *ponerse colorado*) to redden

**colorete** SM rouge, blusher

**colorido** SM colour(ing), color(ing) (*EEUU*) ► **colorido local** local colour

**colorín** Ⓐ ADJ (*Cono Sur*) strawberry *o* reddish blond(e)
Ⓑ SM [1] (= *color*) bright colour, bright color (*EEUU*); **con muchos colorines** all bright and colourful; **¡qué colorines tiene el niño!** what rosy cheeks the little fellow has!; **y ~, colorado, este cuento se ha acabado** and they all lived happily ever after, and that is the end of the story
[2] (*Orn*) goldfinch
[3] (*Med*) measles

**colorinche*** (*Arg, Perú*) Ⓐ ADJ loud*
Ⓑ SM loud colour*, loud color (*EEUU**)

**colorir** ▸conjug 3a; defectivo◂ Ⓐ VT [1] (= *pintar*) to colour, color (*EEUU*)
[2] (*fig*) = **colorear A2**
Ⓑ VI to take on a colour, take on a color (*EEUU*), colour up, color up (*EEUU*)

**colorista** Ⓐ ADJ colouristic, coloristic (*EEUU*)
Ⓑ SMF colourist

**colosal** ADJ [*edificio, montaña*] colossal; [*comida, fiesta*] amazing*, fantastic*

**coloso** SM [1] (= *titán*) colossus; **el ~ del norte** (*esp LAm*) *the United States*
[2] (*Cono Sur Aut*) trailer

**coludo** ADJ (*Cono Sur*) long-tailed

**columbario** SM columbarium

**Columbina** SF Columbine

**columbrar** ▸conjug 1a◂ (*liter*) VT [1] (= *divisar*) to make out, glimpse
[2] (= *conjeturar*) to guess
[3] [+ *solución*] to begin to see

**columna** SF [1] (*Arquit*) column
[2] (*Tip*) [*de periódico*] column; **~ periodística** newspaper column; **un documento escrito a dos ~s** a document in two-columns, a two-column document
[3] [*de soldados, tanques*] column; **~ blindada** armoured *o* (*EEUU*) armored column; *ver tb* **quinto A**
[4] (*Anat*) (*tb* **~ vertebral**) spine, spinal column, backbone; **son la ~ vertebral del equipo** they form the backbone of the team; **la más firme ~ de la democracia** the steadiest pillar of democracy
[5] (*Aut*) ► **columna de dirección** steering column
[6] (*Téc*) [*de mercurio*] column

**columnata** SF colonnade

**columnista** SMF columnist

**columpiar** ▸conjug 1b◂ Ⓐ VT **~ a algn** (*en columpio*) to push sb; (*en mecedora*) to rock sb
Ⓑ **columpiarse** VPR [1] (*en columpio*) to swing; (*en mecedora*) to rock
[2] (*) (= *meter la pata*) to drop a clanger*
[3] (†) (*fig*) to swing to and fro, seesaw

**columpio** SM [1] [*de niños*] swing ► **columpio basculante**, **columpio de tabla** seesaw, teeter-totter (*EEUU*)
[2] (*LAm*) (= *mecedora*) rocking chair

**colusión** SF collusion

**colza** SF (*Bot*) rape, colza; **aceite de ~** rapeseed oil

**coma¹** SM (*Med*) coma; **en ~** in a coma; **entrar en (estado de) ~** to go into a coma; **salir del (estado de) ~** to come out of the coma ► **coma diabético** diabetic coma ► **coma profundo** deep coma

**coma²** SF [1] (*Tip*) comma; ✦**MODISMO** **sin faltar** *o* **sin saltarse una ~**: **recitó todo el poema sin saltarse una ~** he recited the whole poem word perfect *o* without leaving out a single word; *ver tb* **punto 2**
[2] (*Mat*) ≈ point (*Spanish uses a comma in place of a point*); **doce ~ cinco** twelve point five ► **coma decimal** decimal point ► **coma**

**flotante** floating point
3 (*Mús*) comma

**comadre** SF 1 (= *chismosa*) gossip
2 (= *vecina*) neighbour, neighbor (*EEUU*); (= *amiga*) friend
3 (= *madrina*) godmother
4 (*Med*) (= *partera*) midwife
5 (= *alcahueta*) go-between, procuress
6 (‡) (= *maricón*) pansy‡

**comadrear** ▸conjug 1a◂ VI to gossip

**comadreja** SF weasel

**comadreo** SM, **comadrería** SF chatting, nattering*

**comadrona** SF midwife

**comal** SM (*CAm, Méx*) (clay) griddle

**comanche** ADJ, SMF Comanche

**comandancia** SF 1 (= *función*) command
2 (= *grado*) rank of major
3 (= *central*) headquarters *pl*
4 (= *zona*) area under a commander's jurisdiction
5 (*Méx*) police station

**comandanta** SF 1 (*gen*) commander; (*Mil*) major; (*Hist*) major's wife
2 (*Náut*) flagship

**comandante** SMF 1 (= *jefe*) commander, commandant; (*Aer*) (*tb* **~ de vuelo**) captain; **segundo ~** copilot, second pilot; (*tb* **~ de policía**) (*Méx*) chief of police, chief superintendent ► **comandante en jefe** commander-in-chief
2 (= *grado*) major

**comandar** ▸conjug 1a◂ VT to command

**comandita** SF limited partnership, silent partnership (*EEUU*); **en ~*** all together, as a team; **fuimos todos en ~ a hablar con el jefe** we all went together to talk to the boss

**comanditario** ADJ **socio ~** sleeping partner, silent partner (*EEUU*)

**comando** SM 1 (*Mil*) (= *grupo*) commando unit, commando group ► **comando de acción** active service unit ► **comando de información** intelligence unit ► **comando suicida** suicide squad ► **comando terrorista** terrorist cell, terrorist squad
2 (*Mil*) (= *soldado*) commando
3 (*Mil*) (= *mando*) command
4 (*Téc*) control; (*Inform*) command ► **comando a distancia** remote control ► **comando vocal** voice command
5 (= *prenda*) duffle coat

**comarca** SF *administrative division comprising a number of municipalities*

**comarcal** ADJ [*carretera*] local; [*emisora*] regional

**comarcano** ADJ neighbouring, neighboring (*EEUU*), bordering

**comarcar** ▸conjug 1g◂ VI to border (**con** on), be adjacent (**con** to)

**comatoso** ADJ comatose

**comba** SF 1 (= *curvatura*) bend; (*en viga*) warp, sag
2 (= *cuerda*) skipping rope, jump rope (*EEUU*); **saltar a la ~** to skip, jump rope (*EEUU*); **dar a la ~** to turn the skipping rope
3 (= *juego*) skipping, jumping rope (*EEUU*)
4 ✦*MODISMO* **no pierde ~** he doesn't miss a trick

**combadura** SF 1 = **comba 1**
2 (*Aut*) camber

**combar** ▸conjug 1a◂ Ⓐ VT (= *curvar*) to bend, curve
Ⓑ **combarse** VPR (= *hacer curva*) to bend, curve; (= *alabearse*) to bulge, warp; [*techo*] to sag

**combate** SM (*Mil*) combat; (*Boxeo*) contest, fight; [*de ideas, sentimientos*] conflict; **estar fuera de ~** (*lit, fig*) to be out of action; (*Boxeo*) to be knocked out; **dejar** *o* **poner a algn fuera de ~** (*lit, fig*) to put sb out of action; (*Boxeo*) to knock sb out; **ganar por fuera de ~** to win by a knockout ► **combate a muerte** fight to the death ► **combate naval** naval battle, sea battle ► **combate singular** single combat

**combatiente** SMF combatant; **no ~** non-combatant

**combatir** ▸conjug 3a◂ Ⓐ VI [*ejército, soldado*] to fight; **su padre combatió en la Guerra** his father fought in the War; **ha combatido por conseguir un acuerdo** she has fought to achieve an agreement
Ⓑ VT [+ *fraude, desempleo, injusticia, enfermedad*] to combat, fight; [+ *frío*] to fight (off); **dedicó todo su esfuerzo a ~ al enemigo** he put all his effort into fighting *o* combatting the enemy; **combatió las tesis capitalistas** he fought against *o* combatted capitalist theses; **un buen libro para ~ el aburrimiento** a good book to fight off *o* combat boredom; **medidas para ~ el fuego** fire-fighting measures

**combatividad** SF fighting spirit

**combativo** ADJ combative, spirited

**combazo** SM (*Cono Sur*) punch

**combés** SM waist

**combi**[1]* SF 1 (= *prenda*) slip
2 (= *ardid*) fiddle*, wangle*

**combi**[2]* SF, **combinable** SF 1 (= *furgoneta*) combi (van)
2 (*Méx*) (= *bus*) minibus

**combinación** SF 1 [*de elementos, factores*] combination; **una elegante ~ de colores** an elegant combination of colours
2 [*de números*] combination; **sabía la ~ de la caja fuerte** he knew the combination of the safe; **la ~ ganadora del sorteo** the winning combination (of the draw)
3 (*Quím*) compound
4 [*de transportes*] connection; **hay muy buena ~ de autobuses** there is a very good bus connection
5 (= *prenda*) slip
6 (*Literat*) ► **combinación métrica** stanza form, rhyme scheme

**combinacional** ADJ combinatory, combinational

**combinadamente** ADV jointly, in combination with (**con** with)

**combinado** SM 1 [*de bebidas*] cocktail
2 (*Cono Sur*) radiogram
3 (= *equipo*) selection, team

**combinar** ▸conjug 1a◂ Ⓐ VT 1 [+ *esfuerzos, movimientos*] to combine; [+ *colores*] to match, mix
2 [+ *plan, proyecto*] to devise, work out
Ⓑ **combinarse** VPR 1 [*personas*] to get together, join together; **~se para hacer algo** to get *o* join together to do sth
2 (*Méx*) (= *alternarse*) to take it in turns

**combinatoria** SF (*Mat*) combinatorial analysis

**combinatorio** ADJ combinatorial, combinative; **análisis ~** (*Mat*) combinatorial analysis

**combo** Ⓐ ADJ (= *combado*) bent; (= *arqueado*) bulging; (= *torcido*) warped
Ⓑ SM 1 (*LAm*) (= *martillo*) sledgehammer
2 (*Andes, Cono Sur*) (= *golpe*) slap; (= *puñetazo*) punch
3 (*Col**) (= *pandilla*) gang

**combustible** Ⓐ ADJ combustible
Ⓑ SM (= *carburante*) fuel ► **combustible fósil** fossil fuel ► **combustible líquido** liquid fuel

**combustión** SF combustion ► **combustión espontánea** spontaneous combustion

**comebolas*** SM INV (*Caribe*) sucker*, mug*

**comecocos*** Ⓐ SM INV 1 (= *obsesión*) obsession, hang-up*; (= *pasatiempo*) brainteaser, idle pastime, absorbing but pointless activity; (= *lavacerebros*) brainwashing exercise
2 (= *preocupación*) nagging worry
3 (= *videojuego*) Pacman®
Ⓑ SMF INV 1 (= *preocupación*) worry
2 (= *persona*) **es todo un ~ y los tiene a todos haciendo lo que él quiere** he brainwashes everyone into doing what he wants

**COMECON** SM ABR (= **Council for Mutual Economic Assitance**) Comecon

**comedero** Ⓐ SM 1 (*Agr*) feeding trough, trough; (*Orn*) feeding box, feeder
2 (= *comedor*) dining room; [*de animal*] feeding place
3 (*Caribe*) (= *prostíbulo*) brothel
4 (*Andes*) (= *sitio favorito*) haunt, hang-out*
Ⓑ ADJ (†) (= *comestible*) eatable, edible

**comedia** SF 1 (*Teat*) (= *obra cómica*) comedy; **alta ~** high comedy; **La divina ~** The Divine Comedy ► **comedia de costumbres** comedy of manners ► **comedia de enredo** comedy of intrigue ► **Comedia del Arte** commedia dell'arte ► **comedia musical** musical ► **comedia negra** black comedy
2 (*Teat*) (= *obra dramática*) play; **una ~ en un acto** a one-act play ► **comedia de capa y espada** cloak-and-dagger play
3 (*TV*) ► **comedia de situación** situation comedy, sitcom*
4 (= *fingimiento*) play-acting; **¡déjate ya de tanta ~!** stop your play-acting!; **hacer ~** to play-act; **¡deja de hacer ~ y di la verdad!** stop play-acting *o* pretending and tell the truth!

**COMEDIA**

*The Spanish* **comedias** *written by dramatists of the Golden Age, or* **Edad de Oro**, *were five-act plays performed in open-air theatres. They involved stock characters similar to those of the Italian Commedia dell'Arte: a beautiful lady, her suitor, servants and go-betweens. In these* **comedias**, *which were not always comical in nature, action and a moral theme took precedence over character. Cloak and dagger episodes were built around plots involving disguises and mistaken identity. They dealt primarily with affairs of the nobility, while peasants were there to provide comic relief or to enhance particular pastoral themes. One of the most prolific* **comedia** *writers was Lope de Vega, who wrote on religious, historical and social themes. Other major* **comedia** *writers were Pedro Calderón de la Barca and Tirso de Molina, from whose pen came the figure of the* *archetypal seducer, Don Juan, in* **El Burlador de Sevilla y Convidado de Piedra** *(1630).*

**comediante/a** SM/F [1] (*Teat*) (= *actor*) actor/ actress
[2] (= *humorista*) (= *hombre, mujer*) comedian; (*sólo mujer*) comedienne
[3] (= *farsante*) play-actor

**comedidamente** ADV (= *moderadamente*) moderately; (= *cortésmente*) courteously

**comedido** ADJ [1] (= *moderado*) moderate, restrained
[2] (*esp LAm*) (= *solícito*) obliging

**comedieta** SF light comedy

**comedimiento** SM [1] (= *moderación*) moderation, restraint
[2] (*esp LAm*) (= *solicitud*) helpfulness

**comedio†** SM [1] [*de territorio, lugar*] middle
[2] (= *intervalo*) interval

**comediógrafo/a** SM/F playwright

**comedirse** ▸conjug 3k◂ VPR [1] (*en conducta*) (= *mostrar moderación*) to show restraint; **~ en las palabras** to choose one's words carefully
[2] **~ a** (*LAm*) + INFIN to offer to + *infin*, volunteer to + *infin*

**comedón** SM blackhead

**comedor** Ⓐ SM [1] (*en casa*) dining room; (*en barco, tren*) restaurant; (*en colegio, facultad*) dining hall, lunch room (*EEUU*); (*en trabajo*) canteen; *ver tb* **salón 1**
[2] (= *mobiliario*) dining-room suite
Ⓑ ADJ **Juan es muy buen ~** Juan's a big eater, Juan likes his food

**comedura** SF **~ de coco** *o* **de tarro*** = **comecocos A1**

**comefuegos** SMF INV fire-eater

**comegente‡** SM (*Andes, Caribe*) glutton

**comehostias*** SMF INV goody-goody*

**comején** SM [1] (= *insecto*) termite, white ant
[2] (*Andes*) (= *glotón*) glutton
[3] (*Andes*) (= *preocupación*) nagging worry, gnawing anxiety

**comelitona** SF (*Méx*) = **comilona**

**comelón/ona** ADJ, SM/F (*LAm*) = **comilón**

**comelona** SF (*LAm*) = **comilona**

**comemierdas**** SMF INV shit**

**comendador** SM knight commander (*of a military order*)

**comendatorio** ADJ **carta comendatoria** letter of recommendation

**comensal** SMF [1] (= *compañero de mesa*) fellow diner (*frm*); **habrá 13 ~es** there will be 13 for dinner, there will be 13 people dining (*frm*); **mis ~es** my fellow diners (*frm*)
[2] (*Andes*) (*en hotel*) guest

**comensurabilidad** SF commensurability

**comentador(a)** SM/F commentator

**comentar** ▸conjug 1a◂ Ⓐ VT [1] (= *explicar*) [+ *poema, texto*] to comment on
[2] (= *hablar de*) [+ *noticia, hecho*] to discuss; **no pude ~ la situación con nadie** I couldn't discuss the situation with anyone; **antes prefiero ~lo con mi mujer** I'd like to discuss it with my wife first; **es un secreto, no lo comentes** it's a secret, don't tell anyone (about it) *o* don't mention it to anyone
[3] (= *decir*) **le estaba comentando que estás muy cambiada** I was saying to *o* telling him that you've changed a lot; **me han comentado que se casa** I've heard *o* I gather he's getting married; **me han comentado que es un buen libro** I've heard that it's a good book
[4] (*TV, Radio*) [+ *partido*] to commentate on
Ⓑ VI [1] (= *opinar*) **no quiso ~ al respecto** she didn't want to comment on it; **~ sobre algo** to comment on sth
[2] (*) (= *charlar*) to chat; **comentando con los amigos, se le escapó el secreto** he let slip the secret while chatting to *o* talking to friends

**comentario** SM [1] (= *observación*) comment; **hizo varios ~s irónicos sobre mi familia** he made some sarcastic comments *o* remarks about my family; **esto merece ~ aparte** this deserves separate comment; **"sin ~s"** "no comment"; **el tema no merece ~** the matter does not deserve mention; **sin más ~, pasemos a ver la película** without further ado, let's watch the film; **hacer un ~: le hizo un ~ al oído** she said something in his ear; **no hizo ~ alguno al respecto** he made no comment on the matter
[2] (= *redacción*) essay; **un ~ sobre "El Quijote"** an essay on Don Quixote ▸ **comentario de texto** (*literario*) (literary) commentary; (*lingüístico*) textual analysis
[3] **comentarios** (= *cotilleo*) gossip *sing*; **dar lugar a ~s** to lead to gossip

**comentarista** SMF commentator; **~ deportivo** sports commentator

**comento** (*frm*) SM [1] (= *observación*) comment
[2] (*de un texto*) commentary
[3] (= *embuste*) lie

**comenzar** ▸conjug 1f, 1j◂ Ⓐ VT to begin, start, commence (*frm*); **comenzamos el rodaje ayer** we began *o* started *o* commenced (*frm*) filming yesterday; **comenzó la charla con un agradecimiento** she began *o* started the talk with a word of thanks; **comenzó su carrera literaria hace dos décadas** she began her literary career two decades ago; **la empresa comienza la construcción hoy** the company starts the construction work today; **hemos comenzado mal el año** we started the year badly; **comenzamos el recorrido en la iglesia** we start our trip at the church
Ⓑ VI [*proyecto, campaña, historia, proceso*] to begin, start; **¿puedo ~?** may I start *o* begin?, can I start *o* begin?; **el partido comienza a las ocho** the match starts *o* begins at eight; **comenzó diciendo que estaba de acuerdo conmigo** she began by saying that she agreed with me; **comenzó a los diez años haciendo recados** he began *o* started at the age of ten as a messenger boy; **al ~ el año** at the start *o* beginning of the year; **~ a hacer algo** to start *o* begin doing sth, start *o* begin to do sth; **la nieve comenzó a caer de nuevo** the snow started falling again, the snow began to fall again; **comencé a trabajar a los dieciocho años** I started *o* began working at eighteen; **podéis ~ a comer** you can start eating; **los invitados ya han comenzado a llegar** the guests have started arriving *o* to arrive; **aquel día comenzó a tener problemas con el oído** that day she began having trouble with her hearing; **~ con algo: la película comienza con una pelea** the film starts *o* begins with a fight; **para ~** to start with; **para ~, una sopa de verduras** to start with, vegetable soup; **~ por: no sé por dónde ~** I don't know where to start *o* begin; **la reforma ha comenzado por la educación** reform has started *o* begun with education; **comenzó por agradecernos nuestra presencia** she started *o* began by thanking us for coming; **para sentirte mejor, comienza por comer bien** in order to feel better, start by eating well; **su nombre comienza por m** his name begins with m; **todos sois culpables, comenzando por ti** you're all guilty, starting with you

**comer** ▸conjug 2a◂ Ⓐ VT [1] [+ *comida*] to eat; **¿quieres ~ algo?** would you like something to eat?; **no tienen qué ~** they have nothing to eat; ✦*MODISMO* **sin ~lo ni beberlo: sin ~lo ni beberlo, me vi envuelto en un caso de contrabando de drogas** without really knowing how, I found myself involved in a drug smuggling case; **ha recibido una herencia sin ~lo ni beberlo** he's come into an inheritance without having done anything to deserve it; *ver tb* **coco**[1] **2**, **tarro 2**
[2] (= *almorzar*) to have for lunch, eat for lunch; **los domingos suelo ~ paella** on Sundays I usually have paella for lunch
[3] (= *hacer desaparecer*) **el pelo te come la cara** your hair's covering half your face; **esto come las existencias** this devours the stocks; **poco a poco el polvo fue comiendo la casa** dust gradually took over the house; **~ terreno: la derecha les está comiendo terreno** the right is gaining ground on them; **el equipo se dejó ~ el terreno** the team conceded a lot of ground
[4] (= *destruir, consumir*) **un ácido que come la plata** an acid that corrodes silver; **el agua comió la piedra** the water wore down the stone; **eso les come la moral** that's eating away at their morale; **le come la envidia por dentro** she is eaten up *o* consumed with envy
[5] (= *escocer*) **el picor me come la pierna** my leg's stinging
[6] (*Ajedrez*) to take
Ⓑ VI [1] (= *ingerir alimento*) to eat; **¿qué hay para ~?** what have we got to eat?, what is there to eat?; **los leones tienen que cazar para ~** lions have to hunt to eat; **¡come y calla!** shut up and eat your food!*; **~ de algo** (= *tomar comida*) to eat sth; (= *vivir*) to live off sth; **come de los platos de los demás** she eats other people's food; **no todos podemos ~ de lo que cultivamos** not all of us can live off what we grow ourselves; **~ fuera** to eat out; ✦*MODISMOS* **~ con los ojos: siempre comes con** *o* **por los ojos** your eyes are bigger than your stomach; **~ como una vaca** *o* **fiera** to eat like a horse; **no ~ ni dejar ~** to be a dog in the manger; **el mismo que come y viste** the very same
[2] (= *tomar la comida principal*) (*esp Esp*) (*a mediodía*) to have lunch; (*LAm*) (*por la noche*) to have dinner; **comemos a la una** we have lunch at one; **me gusta ~ fuerte y cenar poco** I like to have a big lunch and a light evening meal
[3] **dar de ~** to feed; **estaba dando de ~ al niño** she was feeding her child; **dar de ~ a las gallinas** to feed the hens; **ni siquiera nos dio de ~** she didn't even give us anything to eat
[4] (*Andes***) **~ a algn** to screw sb**
Ⓒ **comerse** VPR [1] [+ *comida*] to eat; **sólo me he comido un bocadillo** all I've had to

➤ LENGUA Y USO: **comenzar B** 53.1, 53.2

eat is a sandwich; **¿quién se ha comido mi queso?** who's eaten my cheese?; **se lo comió todo** he ate it all (up); **~se las uñas** to bite one's nails; ***✦MODISMOS* ~se a algn a besos** to smother sb in kisses; **~se a algn con los ojos** *o* **la vista** to devour sb with one's eyes; **¿cómo se come eso?** what on earth is that?; **está para comérsela*** she's really gorgeous *o* tasty*; **~se el mundo** to conquer the world; **~se a algn por pies** to take sb in completely; *ver tb* **coco[1] 2**, **rosca 2**, **tarro 2**, **vista A2.2**

[2] (= *destruir*) **el sol se ha ido comiendo los colores de la alfombra** the sun has bleached the carpet, the sun has caused the colours of the carpet to fade; **el ácido se ha comido el metal** the acid has eaten the metal away; ***✦MODISMO* se comen unos a otros** they're at daggers drawn

[3] [+ *capital, recursos*] to eat up; **en un mes se comió toda la herencia** he blew his entire inheritance within a month

[4] (= *saltarse*) [+ *párrafo*] to miss out; [+ *consonante*] to swallow; **se come las palabras** he swallows his words

Ⓓ SM **tan necesario como el ~** as necessary as eating; **era muy parco en el ~** he didn't eat much, he wasn't a big eater; **el buen ~** good food; **Fernando es de buen ~** Fernando enjoys his food

**comerciabilidad** SF marketability, saleability

**comerciable** ADJ [1] (*Com*) marketable, saleable; **valores ~s** marketable securities

[2] (†) (= *sociable*) sociable

**comercial** Ⓐ ADJ [1] (= *de tiendas*) [*área, recinto*] shopping *antes de s*; **un centro ~** a shopping centre

[2] (= *financiero*) [*carta, operación*] business *antes de s*; [*balanza, déficit, guerra, embargo*] trade *antes de s*; [*intercambio, estrategia*] commercial; **el interés ~ de la empresa** the commercial *o* trading interests of the company; **su novela alcanzó un gran éxito ~** his novel was very successful commercially, his novel achieved great commercial success; **han reanudado las relaciones ~es** they have resumed trading relations; *ver tb* **agente A**, **local B1**

[3] [*aviación, avión, piloto*] civil

[4] [*cine, teatro, literatura*] commercial; **una película muy ~** a very commercial film

Ⓑ SMF (= *vendedor*) salesperson

**comercializable** ADJ marketable, saleable

**comercialización** SF (= *explotación comercial*) commercialization; (= *puesta en mercado*) marketing

**comercializar** ▸conjug 1f◂ VT (= *explotar comercialmente*) to commercialize; (= *lanzar al mercado*) to market

**comercialmente** ADV commercially

**comerciante** SMF [1] (*gen*) trader, dealer; (*a gran escala*) merchant; (= *tendero*) shopkeeper, storekeeper (*EEUU*) ► **comerciante al por mayor** wholesaler ► **comerciante al por menor** retailer ► **comerciante exclusivo** sole trader

[2] (= *interesado*) **es un ~** he's very money-minded

**comerciar** ▸conjug 1b◂ VI [*dos empresas*] to do business (together); [*naciones*] to trade; **~ con** [+ *empresa*] to do business with, have dealings with; [+ *país*] to trade with; [+ *mercancías*] to deal in, trade in, handle

**comercio** SM [1] (= *actividad*) trade, commerce; **medidas para favorecer el ~ con Francia** measures to promote trade *o* commerce with France; **defensores del libre ~** champions of free trade; **el ~ de textiles** the textile trade ► **comercio de exportación** export trade ► **comercio de importación** import trade ► **comercio exterior** foreign trade ► **comercio interior** domestic trade ► **comercio internacional** international trade ► **comercio minorista** retail trade; *ver tb* **cámara A3**

[2] (= *tienda*) shop, store (*EEUU*); **¿a qué hora cierran hoy los ~s?** what time do the shops *o* stores close today?; **ha comenzado la huelga del ~** the shopkeepers' *o* (*EEUU*) storekeepers' strike has started

[3] (= *intercambio*) ► **comercio carnal** sexual intercourse ► **comercio social** social intercourse

**comestible** Ⓐ ADJ (= *digerible*) edible

Ⓑ **comestibles** SMPL [1] (= *alimentos*) food *sing*; (*Com*) foodstuffs; (*en tienda, supermercado*) groceries; **tienda de ~s** grocer's (shop), grocery (*EEUU*)

[2] (= *provisiones*) provisions

**cometa[1]** SM (*Astron*) comet, sweetener*, backhander*

**cometa[2]** SF kite ► **cometa delta** (*Andes*), **cometa voladora** (*Andes*) hang glider

**cometer** ▸conjug 2a◂ VT [+ *crimen, delito, pecado*] to commit; [+ *atentado*] to carry out; [+ *error*] to make; **ha cometido una falta de ortografía** she made a spelling mistake; **el tenista cometió dos dobles faltas** the tennis player made two double faults; **no ~ás actos impuros** thou shalt not commit impure acts

**cometido** SM task, mission; **tiene un ~ difícil en este viaje** she has a difficult task *o* mission on this trip; **el detective cumplió con su ~** the detective fulfilled his task *o* mission; **el ~ del Metro es el transporte de viajeros** the task of the Metro is to transport passengers

**comezón** SF [1] (= *picor*) itch, itching; [*de calor*] tingle, tingling sensation; **siento ~ en el brazo** my arm itches, my arm is tingling

[2] (= *inquietud*) itch (**por** for); **sentir ~ de hacer algo** to feel an itch to do sth

**comi*** SF = **comisaría 1**

**comible** ADJ eatable

**Comibol** SF ABR (*Bol*) = **Corporación Minera de Bolivia**

**cómic** ['komik] SM (*pl* **cómics** ['komik]) comic

**comicastro/a** SM/F ham (actor/actress)*

**comicidad** SF funniness, comicalness

**comicios** SMPL elections, voting *sing*

**cómico/a** Ⓐ ADJ [1] (= *gracioso*) comic(al), funny

[2] (*Teat*) comedy *antes de s*; **autor ~** playwright

Ⓑ SM/F [1] (*Teat*) (comic) actor/actress

[2] (= *humorista*) comedian/comedienne

**comida** SF [1] (= *alimento*) food; **le echas mucha sal a la ~** you put too much salt on your food; **sirvió la ~ en cuencos** she served the food in bowls; **nos hemos quedado sin ~** we've got no food left; **no me gusta la ~ india** I don't like Indian food; **mamá está haciendo** *o* **preparando la ~** mum is making lunch; **no sirven ~ después de las tres** they don't serve food *o* meals after three o'clock; **acábate la ~** finish your meal, eat up your meal ► **comida a domicilio** meals on wheels *pl* ► **comida basura** junk food ► **comida casera** home cooking ► **comida infantil** baby food ► **comida para gatos** cat food ► **comida para perros** dog food ► **comida precocinada**, **comida preparada** ready meals *pl*, pre-cooked meals *pl* ► **comida rápida** fast food

[2] (= *acto de comer*) meal; **ganamos una ~ para dos personas** we won a meal for two; **tómese una pastilla después de cada ~** take one tablet after meals; **hacemos la ~ fuerte al mediodía** we have our main meal at midday ► **comida de negocios** business lunch ► **comida de trabajo** working lunch

[3] (*esp Esp*) (= *almuerzo*) lunch; **la hora de la ~** lunch time

[4] (*LAm*) (= *cena*) dinner, evening meal

[5] (‡) ► **comida de coco**, **comida de tarro**: **en la mili le han hecho una ~ de coco** *o* **tarro** they brainwashed him when he was in the army; **este libro es una ~ de coco** *o* **tarro** this book is pretty heavy stuff*

> **CÓMICO**
>
> **¿"Comic" o "comical"?**
>
> El adjetivo **cómico** se puede traducir por **comic** y **comical**, pero éstos no son intercambiables.
>
> **Comic**
>
> • Algo que es **cómico** porque se hace o se dice con la intención de hacer reír a la gente se traduce al inglés por **comic**:
>
> El efecto cómico se consigue poniéndose ropa que te queda grande
>
> ***Comic effect is achieved by wearing clothes that are too big***
>
> • **Cómico** también se traduce por **comic** para describir algo perteneciente o relativo a la comedia:
>
> ...un actor cómico...
>
> ***...a comic actor...***
>
> **NOTA:** Hay que tener en cuenta que en este caso **comic** nunca funciona como atributo.
>
> **Comical**
>
> • **Cómico** se traduce por **comical** para describir algo o a alguien que resulta gracioso o absurdo (a menudo porque es raro o inesperado):
>
> Su gesto rozaba lo cómico
>
> ***Her expression was almost comical***
>
> Hay algo en él ligeramente cómico
>
> ***There is something slightly comical about him***
>
> *Para otros usos y ejemplos ver la entrada.*

**comidilla** SF [1] **ser la ~ del barrio** to be the talk of the town

[2] (= *pasatiempo*) hobby, special interest

**comido** ADJ [1] **estar ~** to have had lunch *etc*; **vengo ~** I've had lunch (before coming)

[2] ***✦MODISMO* es lo ~ por lo servido** it doesn't pay, it's not worth while

**comience** SM (*Andes*) = **comienzo**

**comienzo** SM [1] (= *principio*) [*de película, historia, partido*] beginning, start; [*de proyecto, plan*] beginning; [*de enfermedad*] onset; **desde el ~ supe que el asesino era el mayordomo** I knew the butler was the murderer from the beginning *o* the start; **ese fue el ~ de una**

**serie de desastres** that was the first in a series of disasters; **al ~: al ~ no entendía nada** at first I didn't understand anything; **al ~ de la primavera** in early Spring, at the start of Spring; **los ~s: en los ~s de este siglo** at the beginning of this century; **en los ~s del proceso democrático** in the early *o* initial stages of the democratic process; **una etapa muy difícil en sus ~s** a very difficult stage, initially

[2] **dar ~** [*acto, curso*] to start, begin, commence (*frm*); **la ceremonia dio ~ a las cinco de la tarde** the ceremony started *o* began *o* (*frm*) commenced at five o'clock

[3] **dar ~ a** [+ *acto, ceremonia*] to begin, start; [+ *carrera*] to start; [+ *etapa*] to mark the beginning of; **su último libro daba ~ a una nueva etapa** his last book marked the beginning of a new phase; **el director dio ~ al curso académico** the headmaster inaugurated the academic year

**comillas** SFPL quotation marks, quotes (*EEUU*); **entre ~** in inverted commas, in quotes (*EEUU*)

**comilón/ona** Ⓐ ADJ greedy

Ⓑ SM/F (= *buen comedor*) big eater; (= *glotón*) glutton, pig*

**comilona*** SF feast, blowout*

**cominero/a** Ⓐ ADJ fussy

Ⓑ SM/F fusspot*, fussbudget (*EEUU*), fussy person

**comino** SM cumin, cumin seed; ✦***MODISMOS*** **no vale un ~** it's not worth tuppence; **(no) me importa un ~** ◊ **no se me da un ~** I couldn't give a toss‡, I couldn't care less (**de** about)

**Comintern** SF ABR (= **Communist International**) Comintern

**comiquero** ADJ comic

**comisaría** SF [1] [*de policía*] police station, precinct (*EEUU*)

[2] (*Mil*) administrative office; (*Náut*) purser's office

**comisariado** SM [1] (= *delegación*) commission

[2] (*Pol*) commissary

**comisariato** SM administrative office

**comisario/a** SM/F [1] (= *delegado*) commissioner; **alto ~** high commissioner ► **comisario/a europeo/a** European commissioner

[2] [*de policía*] superintendent, captain (*EEUU*)

[3] (*Pol*) commissar

[4] (*Mil*) administrative officer, service corps officer

[5] [*de exposición*] organizer

[6] (*Náut*) purser

[7] [*de hipódromo*] steward ► **comisario/a de carreras** course steward

**comiscar** ▸conjug 1g◂ VT to nibble (at)

**comisión** SF [1] (= *encargo*) assignment, task, commission (*frm*); (= *misión*) mission, assignment

[2] (*Pol*) commission; (= *junta*) committee ► **comisión de seguimiento** watchdog committee ► **Comisión Europea** European Commission ► **comisión investigadora** investigating committee, board of enquiry, board of inquiry (*EEUU*) ► **Comisiones Obreras** Communist trade union ► **comisión mixta** joint committee ► **comisión parlamentaria** parliamentary committee ► **comisión permanente** standing committee ► **comisión planificadora** planning board

[3] (*Fin*) board

[4] (*Com*) (= *pago*) commission; **a ~** on a commission basis ► **comisión porcentual** percentage commission (**sobre** on); ► **comisión sobre las ventas** sales commission

[5] (= *ejecución*) commission; [*de ultraje*] perpetration; **pecado de ~** sin of commission

[6] ► **comisión de servicio(s)** (= *destino provisional*) secondment, temporary transfer; (= *permiso de ausencia*) leave of absence

**comisionado/a** SM/F [1] (= *delegado*) commissioner

[2] (= *miembro*) (*Pol*) committee member; (*Com, Fin*) board member

**comisionar** ▸conjug 1a◂ VT to commission

**comisionista** SMF commission agent, person working on a commission basis

**comiso** SM (*Jur*) [1] (= *acto*) seizure, confiscation

[2] (= *géneros*) confiscated goods

**comisquear** ▸conjug 1a◂ VT = **comiscar**

**comistrajo** SM bad meal, awful food

**comisura** SF corner, angle, commissure (*frm*) ► **comisura de los labios** corner of the mouth

**comité** SM committee ► **comité de apelación** committee *o* board of appeal ► **comité de dirección** steering committee ► **comité de empresa** works committee, shop stewards' committee ► **Comité de No Intervención** Non-Intervention Committee ► **comité de redacción** (*gen*) drafting committee; (*Prensa*) editorial committee ► **Comité Directivo** (*Dep*) board (of management) ► **comité ejecutivo** executive board

**comitiva** SF (= *cortejo*) retinue; **la ~ del rey** the King's retinue; **la ~ de fotógrafos que sigue todos sus pasos** (*fig, hum*) the retinue of photographers who follow his every move ► **comitiva fúnebre** cortège, funeral procession

**como** Ⓐ ADV [1] (*indicando semejanza*) like; **tienen un perro ~ el nuestro** they've got a dog like ours; **se portó ~ un imbécil** he behaved like an idiot; **es ~ un pez** it's like a fish; **juega ~ yo** he plays like me *o* like I do; **~ éste hay pocos** there are few like this *o* him; **sabe ~ a queso** it tastes a bit like cheese; **blanco ~ la nieve** as white as snow; **tuvo resultados ~ no se habían conocido antes** it had results such as had never been known before

[2] (*introduciendo ejemplo*) such as; **hay peces, ~ truchas y salmones** there are fish, such as trout and salmon; **tiene ventajas, ~ son la resistencia y durabilidad** it has advantages, such as *o* like strength and durability

[3] (*indicando modo*) [3·1] (+ *INDIC*) **lo hice ~ me habían enseñado** I did it as I had been taught; **hazlo ~ te dijo ella** do it like* *o* the way she told you; **toca ~ canta** she plays like* *o* the same way as she sings; **no es ~ me lo imaginaba** it isn't as *o* like* I imagined it; **prefiero ~ lo haces tú** I prefer it the way you do it; **la manera ~ sucedió** the way (in which) it happened; **fue así ~ comenzó** that was how it began; **lo levanté ~ pude** I lifted it as best I could; **tal ~: tal ~ lo había planeado** just as *o* the way I had planned it

[3·2] (+ *SUBJUN*) **hazlo ~ quieras** do it however you want *o* like; **hazlo ~ puedas** do your best, do the best you can; **~ sea** at all costs; **tratan de mantenerse en el poder ~ sea** they will do whatever it takes to stay in power; **está decidido a salvar ~ sea la vida del niño** he's determined to do whatever it takes to save the child's life; **sea ~ sea** in any case; **hay que evitar que nos eliminen sea ~ sea** we must avoid getting knocked out at all costs

[4] (= *en calidad de*) as; **lo usé ~ cuchara** I used it as a spoon; **asistió ~ espectador** he attended as a spectator; **lo dice ~ juez** he says it speaking as a judge; **vale más ~ poeta** he is better as a poet

[5] (= *más o menos*) about, around; **había ~ cincuenta** there were about *o* around fifty; **vino ~ a las dos** he came at about *o* around two; **sentía ~ tristeza** she felt a sort *o* kind of sadness

[6] (*con valor causal*) **libre ~ estaba** free as he was

Ⓑ CONJ [1] (+ *INDIC*) (= *ya que*) as, since; **~ no tenía dinero** as *o* since I had no money

[2] (+ *INDIC*) (= *según*) as; **~ dice mi profesor** as my teacher says; **~ se ve en el gráfico** as you can see from the diagram; **tal (y) ~ están las cosas** the way things are, as things stand; **tal ~ están los precios de las motos ...** with motorbike prices as they are at the moment ...

[3] (+ *INDIC*) (= *cuando*) as soon as; **así ~ nos vio lanzó un grito** as soon as he saw us he shouted

[4] (+ *INDIC*) (= *que*) **verás ~ les ganamos** we'll beat them, you'll see; **ya verás ~ no vienen** I bet they won't come; **de tanto ~: tienen las manos doloridas de tanto ~ aplaudieron** they clapped so much their hands hurt; **de tanto ~ odio a los dos, no sé a quien odio más** I hate them both so much, I don't know which I hate the most

[5] (+ *SUBJUN*) (= *si*) if; **~ vengas tarde, no comes** if you're late you'll get nothing to eat; **~ sea cierto, ¡estamos perdidos!** if it's true, we're done for!; **¡~ lo pierdas!** you'd better not lose it!, don't you lose it!; **~ no: ~ no lo haga en seguida ...** if he doesn't do it at once ..., unless he does it at once ...; **no salimos, ~ no sea para ir al cine** we only go out if it's to go to the cinema, we don't go out unless it's to go to the cinema

[6] **~ que** as if; **¡~ que yo soy tonto y me creo esas mentiras!** as if I was stupid enough to believe lies like that!; **¡~ que te van a pagar!** don't tell me they're going to pay you!; **hizo ~ que no nos veía** he pretended not to see us; **al tragar nota ~ que le molesta** he shows discomfort when swallowing

[7] **~ si** as if, as though; **siguió leyendo, ~ si no hubiera oído nada** he kept on reading, as if *o* as though he hadn't heard; **sentí ~ si fuera a caerme** I felt as if *o* as though I was about to fall; **~ si no hubiera pasado nada** as if *o* as though nothing had happened; **se comporta ~ si me odiara** he behaves as if *o* as though he hated me; **~ si fuera a llover** as if *o* as though it was going to rain

[8] **~ para: ¡es ~ para denunciarlos!** it's enough to make you want to report them to the police!; **tampoco es ~ para enfadarse tanto** there's no need to get so angry about it

[9] (*CAm, Méx*) **a ~ dé** *o* **diera lugar** at any cost; *ver tb* **así A5**, **pronto A4**, **querer B1, B3, C**

**cómo** Ⓐ ADV [1] (*interrogativo*) [1·1] (= *de qué modo*) how?; **¿~ se hace?** how do you do it?; **¿~ se escribe?** how do you spell it?; **¿~ están tus nietos?** how are your grandchildren?; **¿~ está usted?** how are you?; **¿~ te llamas?** what's your name?; **¿~ te va?** how are you doing?; **¿~ lo has pasado en la fiesta?** how was the party?; **¿y eso tú ~ lo sabes?** but, how do you know?; **no sé ~ hacerlo** I don't know how to do it; **—¿~ va el Barcelona? —el primero** "how's Barcelona doing" — "they're first"; **¿~ soportas a ese idiota?** how do you put up with that idiot?; **¿~ se te ocurrió llamarlo tan tarde?** what(ever) were you thinking of, ringing him so late?; **no me digas ~ tengo que comportarme** don't you tell me how to behave; **fue así ~ comenzó todo** that was how it all began; **no había ~ seguir su ritmo** there was no way of keeping up with him
[1·2] (*en descripciones*) **¿~ es tu casa?** what's your house like?; **¿~ es tu hermano?** what's your brother like?; **¿~ es de alto el armario?** how tall is the cupboard?, what height is the cupboard?; **¿~ está de alto tu niño?** how tall is your child?
[1·3] (= *¿por qué?*) why?; **¿~ es que no viniste?** why didn't you come?; **—no fui a la fiesta —¿~ no?** "I didn't go to the party" — "why not *o* how come?"; **—¿me dejas este libro? —¡~ no!** "can I borrow this book?" — "of course!"
[1·4] (*indicando extrañeza*) what?; **¿cómo? ¿que tú no lo sabías?** what? you mean you didn't know?; **¿y ~ es eso?** how come?, how can that be?; **¿~ que Mónica no vino a la boda?** what do you mean, Monica didn't come to the wedding?; **¿~ te atreves?** how dare you!; **—pues no lo haré —¿~ que no?** "I won't do it" — "what do you mean, you won't do it?"; **—¿~ que no sabes nada? —no me lo creo** "what do you mean, you don't know anything about it?" — "I don't believe you"
[1·5] (= *¿perdón?*) sorry?, what's that?; **¿~ dice?** I beg your pardon?
[1·6] **¿a ~?: ¿a ~ están** *o* **son las peras?** how much are the pears?; **¿a ~ estamos hoy?** what's the date today?
[2] (*exclamativo*) **¡~ llueve!** look at the rain!; **¡~ corre!** he can certainly run!; **¡hay que ver ~ está el tiempo!** what terrible weather!; **¡~ me gusta ir a la playa!** I love going to the beach!; **—toma, un regalito —¡~ eres!** "here's a small present" — "you shouldn't have!"; **—no quiero prestarte dinero —¡~ eres!** "I won't lend you any money" — "you mean thing!"; **¡~ te has puesto de harina!** you're covered in flour!; **está lloviendo ¡y ~!** just look at the rain!
Ⓑ EXCL **¡cómo! ¿sólo cuatro libros?** what do you mean, four books!; **¡pero ~! ¿todavía no has acabado?** what are you doing! haven't you finished yet?
Ⓒ SM **el ~ y el por qué de las cosas** the whys and wherefores; **aclaró el ~ y el dónde podremos pescar** he explained the conditions for us to be allowed to fish

**cómoda** SF chest of drawers

**cómodamente** ADV (= *confortablemente*) comfortably; (= *convenientemente*) conveniently

**comodidad** SF [1] (= *confort*) comfort; **vivir con ~** to live in comfort
[2] (= *conveniencia*) convenience; **pensar en su propia ~** to consider one's own interest; **venga a su ~** come at your convenience
[3] **comodidades** (= *servicios*) comforts, amenities; (*LAm Com*) commodities, goods ► **comodidades de la vida** good things of life, life's comforts

**comodín** Ⓐ SM [1] (*Naipes*) joker
[2] (= *excusa*) pretext, stock excuse
[3] (*Ling*) catch-all, all-purpose word
[4] (*Inform*) wildcard
[5] (*Mec*) useful gadget
Ⓑ ADJ (*Andes, Caribe, Méx*) = **comodón**

**cómodo** ADJ [1] (= *confortable*) [*cama, silla, habitación*] comfortable; [*trabajo, tarea*] agreeable
[2] (= *conveniente*) [*instrumento, objeto*] handy; [*arreglo, horario*] convenient
[3] (= *descansado*) comfortable; **así estarás más ~** you'll be more comfortable this way; **ponerse ~** to make o.s. comfortable
[4] [*persona*] (= *perezoso*) lazy; (= *tranquilo*) laid-back*

**comodón/a** Ⓐ ADJ (= *regalón*) comfort-loving; (= *pasivo*) easy-going, liking a quiet life; (= *perezoso*) lazy
Ⓑ SM/F (= *perezoso*) lazybones*; **es un ~** he likes his home comforts

**comodonería** SF love of comfort

**comodoro** SM commodore

**comoquiera** CONJ [1] **~ que** + INDIC since, in view of the fact that
[2] **~ que** + SUBJUN in whatever way; **~ que sea eso** however that may be

**comp.** ABR (= **compárese**) cp

**compa*** SMF [1] (*CAm, Méx*) (= *compañero*) pal*, buddy (*EEUU**)
[2] (*Nic Hist*) Nicaraguan freedom fighter

**compacidad** SF compactness

**compact** SM (*pl* **compacts**) (*tb* **~ disc**) compact disc

**compactación** SF compacting, compression

**compactadora** SF compacter

**compactar** ▸conjug 1a◂ VT to compact, compress

**compacto** Ⓐ ADJ compact; **disco ~** compact disc
Ⓑ SM (*Mús*) compact hi-fi system

**compadecer** ▸conjug 2d◂ Ⓐ VT (= *apiadarse de*) to pity, be sorry for; (= *comprender*) to sympathize with
Ⓑ **compadecerse** VPR [1] **~se de** = A
[2] (†) **~se con** to fit with

**compadrada** SF (*Cono Sur*) cheek, insolence

**compadrazgo** SM [1] (= *parentesco*) *status of godfather*
[2] (*LAm*) (= *amistad*) close friendship

**compadre** SM [1] (= *padrino*) godfather
[2] (*esp LAm**) (= *amigo*) friend, pal*, buddy (*esp EEUU**); (*en oración directa*) friend
[3] (*Cono Sur*) (= *jactancioso*) braggart, loudmouth; (= *engreído*) show-off*; (= *matón*) bully

**compadrear** ▸conjug 1a◂ VI [1] (*esp LAm**) [*amigos*] to be mates*, be buddies (*EEUU**)
[2] (*Cono Sur*) (= *jactarse*) to brag, show off; (= *presumir*) to put on airs; (= *amenazar*) to give threatening looks

**compadreo** SM (*esp LAm*) companionship, close contact

**compadrito** SM (*Cono Sur*) = **compadre 3**

**compaginable** ADJ compatible; **motivos difícilmente ~s** motives that are hard to reconcile

**compaginación** SF (= *armonización*) arrangement, combination; [*de papeles impresos*] putting in order, collation; (*Tip*) makeup

**compaginar** ▸conjug 1a◂ Ⓐ VT [1] (= *armonizar*) to combine; **~ el trabajo con la familia** to combine work and having a family
[2] (= *ordenar*) to put together, put in order
[3] (*Tip*) to make up
Ⓑ **compaginarse** VPR (= *concordar*) to agree, tally; **~se con** (*gen*) to tally with; [+ *colores*] to blend with; **esa conducta no se compagina con su carácter** this behaviour is out of character for him

**compañerismo** SM (= *camaradería*) comradeship, friendship; (*Dep etc*) team spirit

**compañero/a** SM/F [1] (*gen*) companion; (*Dep, Naipes*) partner; (*Dep*) [*de equipo*] team-mate ► **compañero/a de armas** comrade-in-arms ► **compañero/a de baile** dancing partner ► **compañero/a de cama** bedfellow ► **compañero/a de candidatura** running mate ► **compañero/a de clase** schoolmate, classmate ► **compañero/a de cuarto** roommate ► **compañero/a de infortunio** companion in misfortune ► **compañero/a de juego** playmate ► **compañero/a de piso** flatmate, roommate (*EEUU*) ► **compañero/a de rancho** messmate ► **compañero/a de trabajo** (*en fábrica*) workmate, fellow worker; (*en oficina*) colleague ► **compañero/a de viaje** fellow traveller, fellow traveler (*EEUU*) ► **compañero/a sentimental** partner
[2] **dos calcetines que no son ~s** two odd socks, two socks which do not match; **¿dónde está el ~ de éste?** where is the one that goes with this?, where is the other one (of the pair)?
[3] (*Pol*) brother/sister; **¡compañeros!** comrades!

**compañía** SF [1] (*gen*) company; **en ~ de** with, accompanied by, in the company of; **pasé la tarde en ~ de unos amigos** I spent the afternoon with *o* (*frm*) in the company of some friends; **hacer ~ a algn** to keep sb company; **andar en malas ~s** ◊ **frecuentar malas ~s** to keep bad company
[2] (*Com, Teat, Rel*) company; **Pérez y Compañía** Pérez and Company ► **compañía afiliada** associated company ► **compañía concesionadora** franchiser ► **compañía de bandera** national company ► **Compañía de Jesús** Society of Jesus ► **compañía de seguros** insurance company ► **compañía inversionista** investment trust ► **compañía naviera** shipping company ► **compañía (no) cotizable** (un)listed company ► **compañía pública** public company ► **compañía tenedora** holding company
[3] (*Mil*) company

**comparabilidad** SF comparability

**comparable** ADJ comparable (**a** to; **con** with)

▼**comparación** SF [1] (= *cotejo*) comparison; **en ~ con** in comparison with, beside; **es sin ~** it is beyond compare
[2] (*Literat*) simile

▼**comparado** ADJ [1] [*estudio, proyecto*] comparative
[2] **~ con** compared with *o* to

➤ LENGUA Y USO: **comparación 1** 32.1, 32.3, 32.5, 53.5 **comparado 2** 32.1, 53.5

**complexión** SF 1 (*Anat*) build, constitution; **un hombre de ~ fuerte** a well-built man, a man with a strong constitution
2 (*LAm*) (= *tez*) complexion

**complexionado** ADJ **bien ~** strong, tough, robust; **mal ~** weak, frail

**complexional** ADJ constitutional

**complicación** SF 1 (= *problema*) complication; **han surgido complicaciones** complications have arisen; **una persona sin complicaciones** an uncomplicated person
2 (= *cualidad*) complexity; **no captó la ~ del asunto** he did not grasp the complexity of the matter

**complicado** ADJ (= *complejo*) complicated, complex; (*Med*) [*fractura*] compound; [*estilo*] elaborate; [*persona*] complex; [*método*] complicated, involved; (*Jur*) involved, implicated

**complicar** ▸conjug 1g◂ Ⓐ VT 1 (*gen*) to complicate
2 (*Jur*) to involve, implicate (**en** in)
Ⓑ **complicarse** VPR 1 (*gen*) to get complicated; **~se la vida** to make life difficult for o.s.
2 **~se en algo** to get involved *o* mixed up in sth

**cómplice** SMF accomplice

**complicidad** SF complicity, involvement (**en** in)

**compló** SM, **complot** SM (*pl* **complots**) plot, conspiracy, intrigue

**complotado/a** SM/F plotter, conspirator

**complotar** ▸conjug 1a◂ VI to plot, conspire

**complutense** ADJ of Alcalá de Henares

**componedor(a)** SM/F **~ de huesos** bonesetter

**componenda** SF 1 (= *arreglo temporal*) temporary arrangement
2 (= *acuerdo sucio*) shady deal

**componente** Ⓐ ADJ (*gen*) component, constituent
Ⓑ SM 1 (= *miembro*) member
2 (= *parte*) (*Quím*) component; (*Mec*) part, component; (*Culin*) ingredient ► **componentes lógicos** (*Inform*) software
3 (*Meteo*) **un viento de ~ norte** a northerly wind

**componer** ▸conjug 2q◂ (*pp* **compuesto**) Ⓐ VT
1 (= *constituir*) [+ *comité, jurado, organización*] to make up; **los doce miembros que componen la junta** the twelve members who make up the board; **componen el jurado once personas** the jury is made up of eleven people; **los cuadros que componen esta exposición** the pictures that make up this exhibition, the pictures in this exhibition
2 (= *escribir*) [+ *poesía, sinfonía, canción*] to compose, write; [+ *poema, tratado, redacción*] to write; **compuso la música de varios ballets** he composed *o* wrote the music for several ballets
3 (= *arreglar*) [+ *objeto roto*] to mend, repair, fix; (*Med*) [+ *hueso*] to set; **a éste no hay quien le componga*** he's a hopeless case
4 (= *curar*) [+ *estómago*] to settle; [+ *espíritu*] to soothe; [+ *abuso*] to set to rights, correct
5 (*Tip*) [+ *texto*] to typeset, set, compose
6 (*Culin*) to prepare
Ⓑ **componerse** VPR 1 **~se de** to consist of; **se compone de seis partes** it consists of six parts; **la cena se compone de dos platos y postre** dinner consists of two courses and dessert
2 (= *arreglarse*) to dress up; **le gusta ~se para salir** she likes to dress up to go out
3 [*tiempo atmosférico*] to improve, clear up
4 (*Méx*) [*persona*] to recover, get better
5 **componérselas*** to manage; **me las compuse cómo pude y salí adelante** I managed as best I could and carried on; **siempre se las compone para salirse con la suya** he always manages to get his own way; ✦**MODISMO** **¡allá** *o* **que se las componga (como pueda)!*** that's his problem, that's his funeral*

**componible** ADJ 1 [*objeto roto*] repairable, worth mending
2 (= *que se puede conciliar*) reconcilable, capable of settlement

**comportable** ADJ bearable

**comportamental** ADJ behavioural, behavioral (*EEUU*)

**comportamiento** SM 1 behaviour, behavior (*EEUU*); **un premio al buen ~** a prize for good behaviour ► **comportamiento sexual** sexual behaviour, sexual behavior (*EEUU*) ► **comportamiento social** social behaviour, social behavior (*EEUU*)
2 [*de mercado, automóvil*] performance; **el ~ de la Bolsa** the performance of the stock market ► **comportamiento en carretera** road performance

**comportar** ▸conjug 1a◂ Ⓐ VT 1 (= *significar*) to involve; **no comporta obligación alguna** it carries no obligation, you are under no obligation
2 (= *aguantar*) to bear, endure, put up with
3 (*Andes, Cono Sur*) (= *causar*) to entail, bring with it
Ⓑ **comportarse** VPR to behave; **~se como es debido** to behave properly, conduct o.s. in a proper fashion (*frm*); **~se mal** to misbehave, behave badly

**comporte** SM 1 = **comportamiento**
2 (= *porte*) bearing, carriage

**composición** SF 1 (*Mús, Quím, Arte*) composition
2 (*Educ*) essay
3 ► **composición de lugar** stocktaking, inventory; **hacerse una ~ de lugar** to take stock (of one's situation)
4 (*Tip*) typesetting ► **composición por ordenador** computer typesetting
5 [*de desacuerdo*] settlement; [*de personas*] reconciliation ► **composición procesal** (*Jur*) out-of-court settlement
6 (= *arreglo*) arrangement

**compositor(a)** SM/F 1 (*Mús*) composer
2 (*Tip*) compositor
3 (*Cono Sur*) (= *curandero*) quack doctor, bonesetter

**compost** ['kompos] SM compost

**compostación** SF, **compostaje** SM composting

**compostelano/a** Ⓐ ADJ of/from Santiago de Compostela
Ⓑ SM/F native/inhabitant of Santiago de Compostela; **los ~s** the people of Santiago de Compostela

**compostura** SF 1 (= *dignidad*) composure; **perder la ~** to lose one's composure
2 (= *arreglo*) mending, repair; **estar en ~** to be under repair
3 (= *constitución*) composition, make-up; (= *estructura*) structure
4 (†) (= *condimento*) condiment, seasoning
5 (†) (= *aseo*) neatness; (= *adorno*) adornment
6 (†) (= *acuerdo*) arrangement, agreement, settlement

**compota** SF compote, preserve ► **compota de manzanas** stewed apples

**compotera** SF dessert dish

**compra** SF 1 (= *proceso*) purchase, purchasing, buying; **hacer la ~** to do the shopping; **tengo que ir a la ~** I've got to do the shopping, I've got to go shopping; **ir de ~s** to go shopping; **prueba de ~** proof of purchase; **ticket de ~** receipt ► **compra a crédito** buying on credit ► **compra a granel** (*Com*) bulk buying ► **compra al contado** cash purchase ► **compra a plazos** hire purchase, installment plan (*EEUU*) ► **compra proteccionista** (*Com*) support buying ► **compra y venta** buying and selling
2 (= *artículo*) purchase; **es una buena ~** it's a good buy

**comprador(a)** SM/F (*Com*) buyer, purchaser; (*en tienda*) shopper, customer ► **comprador(a) principal** head buyer

**comprar** ▸conjug 1a◂ Ⓐ VT 1 (= *adquirir*) [+ *casa, comida, regalo*] to buy, purchase (*frm*); **¿te has comprado por fin la bici?** did you buy the bike in the end?; **~ algo a algn** (*para algn*) to buy sth for sb, buy sb sth; (*de algn*) to buy sth from sb; **le compré un vestido a mi hija** I bought a dress for my daughter, I bought my daughter a dress; **siempre le compro la carne a este carnicero** I always buy my meat from this butcher; **si decides vender el coche, yo te lo compro** if you decide to sell the car, I'll buy it from *o* off you; **~ algo al contado** to pay cash (for sth), pay sth in cash; **~ algo al detalle** to buy sth retail; **~ algo a plazos** to buy sth on hire purchase; **~ algo al por mayor** to buy sth wholesale; **~ algo al por menor** to buy sth retail; **~ deudas** to factor
2 (= *sobornar*) to bribe, buy off*; **intentaron ~ al juez** they tried to bribe *o* buy off* the judge; **el árbitro está comprado** they've bribed the referee
Ⓑ VI (= *hacer la compra*) to buy, shop; **nunca compro en grandes almacenes** I never buy *o* shop in department stores

**compraventa** SF 1 (*gen*) buying and selling, dealing; **negocio de ~** second-hand shop
2 (*Jur*) contract of sale

**comprender** ▸conjug 2a◂ Ⓐ VT 1 (= *entender*) to understand; **espero que comprendan nuestras razones** I hope that they understand our reasons; **compréndeme, no me quedaba más remedio** you have to understand, I had no choice; **te comprendo perfectamente** I understand perfectly; **no acabo de ~ qué es lo que pasa** I still don't understand what's going on; **no comprendo cómo ha podido pasar esto** I don't see *o* understand how this could have happened; **hacer ~ algo a algn**: **esto bastó para hacernos ~ su posición** this was all we needed to understand his position; **hacerse ~** to make o.s. understood
2 (= *darse cuenta*) to realize; **al final comprendió que yo no iba a ayudarle** he finally realized I wasn't going to help him; **comprendemos perfectamente que haya gente a**

**quien le molesta el tabaco** we fully understand *o* appreciate that some people are bothered by smoking
3 (= *incluir*) to comprise (*frm*); **la colección comprende cien discos y cuarenta libros** the collection consists of *o* (*frm*) comprises a hundred records and forty books; **el primer tomo comprende las letras de la A a la G** the first volume covers *o* (*frm*) comprises letters A to G; **está todo comprendido en el precio** the price is all-inclusive; **el período comprendido entre 1936 y 1939** the period from 1936 to 1939 *o* between 1936 and 1939; *ver tb* **edad 1**
Ⓑ VI 1 (= *entender*) to understand; **¿comprendes?** do you understand?; **no hay forma de hacerle ~** there is no way to make him understand
2 (= *darse cuenta*) **¡ya comprendo!** now I see!, I get it (now)!*; **como tú ~ás, no soy yo quién para juzgarlo** as you will appreciate *o* understand, I'm not the best person to judge him

**comprensible** ADJ 1 (= *justificable*) understandable; **es ~ que haya actuado así** it's understandable that he behaved in that way; **no es ~ que no haya dicho nada** it's hard to understand why he hasn't said anything
2 (= *inteligible*) **eso no le resulta ~ a nadie** nobody can understand that; **un arte ~** an accessible art

**comprensiblemente** ADV understandably

**comprensión** SF 1 (= *entendimiento*) understanding; **los dibujos nos ayudan a la ~ del texto** the drawings help us to understand the text *o* help our understanding of the text; **un ejercicio de ~ auditiva** a listening comprehension test
2 (= *actitud comprensiva*) understanding; **ha mostrado una gran ~ con nuestros problemas** he has shown great understanding of our problems

**comprensivo** ADJ understanding

**compresa** SF 1 (*para mujer*) sanitary towel, sanitary napkin (*EEUU*)
2 (*Med*) compress

**compresibilidad** SF compressibility

**compresible** ADJ compressible

**compresión** SF compression

**compresor** SM compressor

**comprimible** ADJ compressible

**comprimido** Ⓐ ADJ (*gen*) compressed
Ⓑ SM (*Med*) pill, tablet ► **comprimido para dormir** sleeping pill

**comprimir** ▸conjug 3a◂ Ⓐ VT 1 (*Téc*) to compress (**en** into); (= *prensar*) to press (down), squeeze down; (*Inform*) to pack; (= *condensar*) to condense
2 (= *controlar*) to control; [+ *lágrimas*] to hold back
Ⓑ **comprimirse** VPR (*gen*) to get compressed; [*personas*] to squeeze *o* squash together

**comprobable** ADJ verifiable, capable of being checked; **un alegato fácilmente ~** an allegation which is easy to prove

**comprobación** SF (= *proceso*) checking, verification; (= *datos*) proof; **de difícil ~** hard to prove; **en ~ de ello** as proof of what I say ► **comprobación general de cuentas** (*Com*) general audit

**comprobador** SM tester ► **comprobador de lámparas** valve tester

**comprobante** Ⓐ ADJ **documento ~** supporting document
Ⓑ SM (= *documento*) proof, supporting document; (*Com*) receipt, voucher

**comprobar** ▸conjug 1l◂ VT 1 (= *examinar*) [+ *billete, documento, frenos*] to check; **compruebe el aceite antes de salir de viaje** check your oil before setting out; **compruebe el cambio antes de salir de la tienda** check your change before leaving the shop; **comprobó la hora y decidió marcharse** he checked the time and decided to leave; **tendré que ~ si se han cumplido los objetivos** I shall have to see *o* check whether the objectives have been met; **necesito algún documento para ~ su identidad** I need some document that proves your identity, I need some proof of identity; **compruebe nuestros productos usted mismo** try our products for yourself
2 (= *confirmar*) [+ *teoría, existencia*] to prove; [+ *eficacia, veracidad*] to verify, confirm; **pudimos ~ que era verdad** we were able to verify *o* confirm *o* establish that it was true; **comprobó sus ideas experimentalmente** he proved his arguments through experiments
3 (*frm*) (= *darse cuenta*) to realize; **~on que el candidato era demasiado joven** they realized that the candidate was too young

**comprometedor** ADJ compromising

**comprometer** ▸conjug 2a◂ Ⓐ VT 1 (= *poner en evidencia*) to compromise; **aquellas cartas lo comprometían** those letters compromised him
2 (= *implicar*) **~ a algn en algo** (*futuro*) to involve sb in sth; (*pasado*) to implicate sb in sth
3 (= *obligar*) **~ a algn a algo** to commit sb to sth; **esta firma no le compromete a nada** this signature does not commit you to anything
4 (= *arriesgar*) [+ *conversaciones, éxito, reputación, paz*] to jeopardize; **han comprometido la neutralidad del país** they have jeopardized the neutrality of the country; **su rebelión comprometió la vida de los rehenes** his rebellion endangered *o* jeopardized the hostages' lives
5 (= *apalabrar*) [+ *habitación, entrada*] to reserve, book; **ya he comprometido la casa** I've already promised the house to someone
6 (= *invertir*) to invest, tie up; **ha comprometido todo su capital en esta empresa** he has invested all his capital in this company, all his capital is tied up in this company
7 (*frm*) (= *afectar*) **la bala le comprometió el pulmón** the bullet damaged his lung; **la gangrena le ha comprometido la rodilla** the gangrene has spread to *o* affected his knee
Ⓑ **comprometerse** VPR 1 (= *contraer un compromiso*) to commit o.s.; **no te comprometas demasiado pronto** don't commit yourself too soon; **~se a algo** to commit o.s. to sth; **la compañía se compromete a una subida de 30.000 pesetas mensuales** the company is committed to a pay rise of 30,000 pesetas a month; **se compromete con él a cosas que luego no cumple** he makes him promises he then doesn't keep; **~se en algo** to commit o.s. to sth; **~se a hacer algo** to commit o.s. to doing sth, undertake to do sth; **se han comprometido a reducir el paro** they have committed themselves to reducing unemployment, they have undertaken to reduce unemployment; **me comprometí a ayudarte y lo haré** I promised to help you and I will, I said I'd help you and I will; **me comprometo a terminar el trabajo para el viernes** I promise to finish the work by Friday
2 (= *implicarse socialmente*) to commit o.s., make a commitment; **~se políticamente (con algo)** commit o.s. politically (to sth), to make a political commitment (to sth)
3 (= *citarse*) **ya me he comprometido para el sábado** I've arranged to do something else on Saturday; **~se con algn** to arrange to see sb
4 [*novios*] to get engaged; **se han comprometido y se casarán pronto** they have got engaged and will be getting married soon; **~se con algn** to get engaged to sb

**comprometido** ADJ 1 (= *difícil*) awkward, embarrassing; **nos vimos en una situación muy comprometida** we found ourselves in a very awkward *o* embarrassing situation
2 (*socialmente*) [*escritor, artista*] politically committed, engagé; [*arte*] politically committed; **un artista no ~** art which is not politically committed, art without any political commitment; **estar ~ con algo** to be committed to sth; **está ~ con la causa** he's committed to the cause
3 (*por cita, trabajo*) **ya están ~s para jugar el sábado** they've already arranged to play on Saturday, they've booked to play on Saturday; **ya estaba ~ con otro proyecto** he was already committed to another project; **estar ~ a hacer algo** to be committed to doing sth
4 (*antes del matrimonio*) engaged; **estar ~ con algn** to be engaged to sb

**compromisario/a** SM/F convention delegate

**compromiso** SM 1 (= *obligación*) 1·1 (*por acuerdo, ideología*) commitment; **el gobierno reiteró su ~ con el plan de paz** the government reiterated its commitment to the peace plan; **nuestro ~ con la cultura** our commitment to cultural projects; **esperamos que cumplan con su ~ de bajar los impuestos** we hope they will honour their commitment to lowering taxes; **sin ~** without obligation; **pida presupuesto sin ~** ask for an estimate without obligation
1·2 (*por convenciones sociales*) **aunque no tenemos ~ con ellos, los vamos a invitar** we're going to invite them even though we're under no obligation to; **si le regalas ahora algo, la pondrás en el ~ de invitarte a cenar** if you give her a present now, you'll make her feel obliged to take you out to dinner; **por ~** out of a sense of duty; **fui a la boda por ~** I felt obliged to go to the wedding, I went to the wedding out of a sense of duty; **por ~ no lo hagas** don't feel obliged to do it; **verse en el ~** to feel obliged; **me vi en el ~ de tener que invitarlos a cenar** I felt obliged to invite them to dinner
► **compromiso político** political commitment ► **compromiso público** public commitment ► **compromiso social** social commitment
2 (= *aprieto*) **poner a algn en un ~** to put sb in an awkward position
3 (= *acuerdo*) agreement; (*con concesiones mutuas*) compromise; **aceptar un ~** to accept a compromise; **una fórmula de ~** a compro-

mise, a compromise formula; **una solución de ~** a compromise solution ► **compromiso histórico** historic agreement ► **compromiso verbal** unwritten agreement
[4] (= *cita*) [4·1] (*con otras personas*) engagement; **ahora, si me disculpan, tengo que atender otros ~s** now, if you will excuse me, I have other engagements; **mañana no puede ser, tengo un ~** tomorrow is impossible, I'm otherwise engaged; **¿tienes algún ~ para esta noche?** do you have anything arranged for tonight?
[4·2] (*Dep*) match; **en su próximo ~ frente al Zaragoza** in their next match against Zaragoza
[5] [*de matrimonio*] engagement; **han roto su ~** they have broken off their engagement; **soltero y sin ~** single and unattached ► **compromiso matrimonial** engagement, engagement to marry
[6] (*Med*) **una afección cardíaca con ~ hepático** a heart condition affecting the liver

**compuerta** SF [1] (*en canal*) sluice, floodgate; (*en puerta*) hatch
[2] (*Inform*) gate

**compuesto** Ⓐ PP *de* **componer**; **estar ~ de** to be composed of, consist of; **un caldo ~ de apio y cebolla** a soup (made) of celery and onion; **un grupo ~ por 15 personas** a group of 15 people
Ⓑ ADJ [1] (*Mat, Fin, Ling, Quím*) compound; (*Bot*) composite
[2] (= *elegante*) dressed up, smart; ✦***MODISMO*** **compuesta y sin novio** all dressed up and nowhere to go
[3] (= *tranquilo*) composed
Ⓒ SM [1] (*Quím*) compound ► **compuesto químico** chemical compound
[2] (*Ling*) compound, compound word
[3] (*Med, Odontología*) compound

**compulsa** SF [1] (= *cotejo*) checking, comparison
[2] (*Der, Admin*) certified true copy, attested copy

**compulsar** ▸conjug 1a◂ VT [1] (= *comparar*) to collate, compare
[2] (*Der, Admin*) to make an attested copy of

**compulsión** SF compulsion

**compulsivamente** ADV compulsively

**compulsivo** ADJ [1] [*deseo, hambre*] compulsive
[2] (= *obligatorio*) compulsory

**compulsorio** ADJ (*LAm*) compulsory

**compunción** SF (*liter*) (= *arrepentimiento*) compunction, remorse; (= *tristeza*) sorrow

**compungido** ADJ (= *arrepentido*) remorseful, contrite; (= *triste*) sad, sorrowful

**compungir** ▸conjug 3c◂ Ⓐ VT (= *arrepentir*) to make remorseful, arouse feelings of remorse in
Ⓑ **compungirse** VPR (= *arrepentirse*) to feel remorseful (**por** about, because of), feel sorry (**por** for); (= *entristecerse*) to feel sad, be sorrowful

**compurgar** ▸conjug 1h◂ VT (*Andes, Cono Sur, Méx*) [+ *ofensa*] to purge; (*Méx Jur*) [+ *pena*] to serve out

**computación** SF (*esp LAm*) [1] (= *cálculo*) calculation
[2] (*esp LAm Inform*) computing; **cursos de ~** computer courses

**computacional** ADJ (*esp LAm*) computational, computer *antes de s*

**computador** SM (*esp LAm*), **computadora** SF (*esp LAm*) computer ► **computador central** mainframe computer ► **computador de (sobre) mesa** desktop computer ► **computador digital** digital computer

**computadorización** SF computerization

**computadorizado** ADJ computerized

**computadorizar** ▸conjug 1f◂ VT to computerize

**computar** ▸conjug 1a◂ VT to calculate, compute (**en** at)

**computarización** SF computerization

**computarizado** ADJ computerized

**computarizar** ▸conjug 1f◂ VT to computerize

**computerización** SF computerization

**computerizado** ADJ computerized

**computerizar** ▸conjug 1f◂ VT to computerize

**computista** SMF computer user

**cómputo** SM (= *cálculo*) calculation, computation; (*Méx*) (= *suma*) total; **según nuestros ~s** according to our calculations

**COMSAT** SM ABR (= **satélite de comunicaciones**) Comsat, COMSAT

**comulgante** SMF communicant

**comulgar** ▸conjug 1h◂ Ⓐ VT (*Rel*) to administer communion to
Ⓑ VI [1] (*Rel*) to take communion, receive communion
[2] **~ con** (*gen*) to like, accept, agree with; [+ *ideas*] to share; [+ *personas*] to sympathize with; **hay varias cosas con las que ella no comulga** there are several things that she doesn't agree with; *ver tb* **rueda 1**

**comulgatorio** SM communion rail, altar rail

**común** Ⓐ ADJ [1] (= *compartido*) [*afición, intereses*] common; [*amigo*] mutual; **tienen una serie de características comunes** they share a series of features, they have a series of common features *o* features in common; **a través de un amigo ~** through a mutual friend; **~ a algn/algo** common to sb/sth; **una situación ~ a todos los países europeos** a situation common to all European countries; **lo ~ a todas las democracias** what all democracies share in common, a feature common to all democracies
[2] (= *colectivo*) [*causa, frente, espacio*] common; [*gastos*] communal; **tener algo en ~** to have sth in common; **su pasión por el fútbol es lo único que tienen en ~** their passion for football is all they have in common; **no tenemos nada en ~** we have nothing in common; **la pareja tuvo dos hijos en ~** the couple had two children together; **hacer algo en ~** to do sth together; **poner en ~** [+ *iniciativas, problemas*] to share; *ver tb* **acuerdo 1**, **bien D2**, **denominador**, **fosa**, **lugar 1**, **mercado**, **sentido B1.2**
[3] (= *frecuente*) [*enfermedad, opinión*] common, widespread; [*costumbre*] widespread; [*cualidad*] common, ordinary; **el consumo de alcohol es una práctica ~** alcohol consumption is very common *o* widespread; **el concierto fue más largo de lo ~** the concert was longer than usual; **~ y corriente** perfectly ordinary; **fuera de lo ~** exceptional, extraordinary; **tiene una voz única, algo fuera de lo ~** she has a unique voice, quite exceptional *o* extraordinary; **por lo ~** as a rule; **~ y silvestre** (*LAm*) = **común y corriente** *ver tb* **delincuente**, **nombre 2**
[4] (*Esp Educ*) [*asignatura*] core
Ⓑ SM [1] **el ~ de los mortales** ordinary mortals, any ordinary person; **el ~ de las gentes** the common man; **bienes del ~** public property
[2] (*) (= *retrete*) toilet, bathroom
[3] (*Pol*) (*en el Reino Unido*) **los Comunes** the Commons; **la Cámara de los Comunes** the House of Commons

**comuna** SF [1] (= *comunidad*) commune
[2] (*LAm*) (= *municipio*) municipality, county (*EEUU*)

**comunacho/a** SM/F (*Cono Sur pey*) commie*

**comunal** ADJ communal, community *antes de s*

**comunalmente** ADV communally, as a community

**comunicable** ADJ [1] [*opinión, conocimiento*] **una emoción difícilmente ~** an emotion difficult to communicate *o* convey
[2] [*persona*] sociable

**comunicación** SF [1] (= *conexión*) communication; **¿tenemos otra vez ~ con el estadio?** has communication with the stadium been restored?; **no existe ~ entre los dos pueblos** there is no way of getting from one town to the other, there is no means of communication between the two towns; **entre nosotros falla la ~** we just don't communicate well, we have poor communication ► **comunicación de masas** mass communication ► **comunicación no verbal** non-verbal communication; *ver tb* **medio C4**
[2] (= *contacto*) contact; **no hemos tenido más ~ con él** we have had no further contact with him; **establecer ~ con algn** to establish contact with sb; **estar en ~ con algn** to be in contact *o* touch with sb; **ponerse en ~ con algn** to get in contact *o* touch with sb, contact sb
[3] (*por teléfono*) **cortar la ~** to hang up; **dijo su nombre y se cortó la ~** he said his name and the line went dead *o* we were cut off
[4] **comunicaciones** (= *conjunto de medios*) communications; **se han interrumpido las comunicaciones a causa del temporal** communications have been interrupted due to bad weather; **el satélite facilitará las comunicaciones** the satellite will facilitate communications
[5] (= *escrito*) (= *mensaje*) message; (= *informe*) report; (*Pol*) communiqué
[6] (*Univ*) (*en congreso*) paper; **presentar una ~ (sobre algo)** to give *o* present a paper (on sth)
[7] (*Literat*) rhetorical question

**comunicacional** ADJ communication *antes de s*

**comunicado** Ⓐ ADJ [1] [*habitaciones*] connected; **las dos habitaciones están comunicadas** the two rooms are connected
[2] [*pueblo, zona*] **la urbanización está muy mal comunicada** the housing estate has poor transport connections *o* is not easily accessible; **el pueblo está bien ~ por tren** the town has good train connections, the town is easily accessible by train
Ⓑ SM (= *notificación*) statement, press release, communiqué (*frm*); **han hecho público un ~ con la lista de los candidatos** they have issued a statement *o* press release *o* (*frm*) com-

muniqué with the list of candidates ► **comunicado conjunto** joint statement, joint communiqué (*frm*) ► **comunicado de prensa** press release ► **comunicado oficial** official statement

**comunicador(a)** SM/F communicator; **un buen ~** a good communicator

**comunicante** SMF [1] (= *informador*) informant; **según ~ anónimo** according to an anonymous *o* unnamed source

[2] (*en congreso*) speaker; *ver tb* **vaso 3**

▼**comunicar** ▸conjug 1g◂ Ⓐ VT [1] (= *decir*) [1·1] [+ *decisión, resultado*] to announce; **ha comunicado su decisión de abandonar la orquesta** he has announced his decision to leave the orchestra; **ha sido el encargado de ~ la noticia** he was given the task of announcing the news; **no pudo ~ la situación exacta del velero** he was unable to give *o* state the yacht's exact position; **según ~on fuentes del gobierno** according to government sources

[1·2] **~ algo a algn** to inform sb of sth; **una vez comunicado el hallazgo a la policía** once the police had been informed of the discovery; **le ~on su despido por carta** they informed her of her dismissal by letter; **cuando le ~on la noticia** when they told her the news; **~ a algn que** to inform sb that; **comunicamos a los señores pasajeros que ...** we would like to inform passengers that ...; **nos comunican desde Lisboa que ...** we have heard from Lisbon that ...

[2] (*al teléfono*) **¿me comunica con la dirección, por favor?** could I speak to the manager, please?, could you put me through to the manager, please?

[3] (= *transmitir*) [+ *sensación, entusiasmo*] to convey, communicate, transmit; (*Fís*) [+ *movimiento, fuerza*] to transmit; **nos comunicó su miedo** his fear spread to us *o* communicated itself to us

[4] (= *unir*) to connect; **el pasillo comunica ambas oficinas** the offices are connected by a corridor; **han comunicado el comedor con la cocina** the dining-room and the kitchen have been knocked together

Ⓑ VI [1] (*Esp*) [*teléfono*] to be engaged; **su teléfono comunicaba todo el tiempo** her telephone was engaged all the time; **está comunicando** ◊ **comunica** it's engaged; *ver tb* **señal 8**

[2] [*cuarto, habitación*] to connect; **la cocina comunica con el comedor** the kitchen connects with the dining-room

[3] (*Esp*) [*persona*] **sabe ~ con la gente** she's a good communicator

Ⓒ **comunicarse** VPR [1] (= *establecer comunicación*) [1·1] (*uso recíproco*) to communicate; **se comunican en inglés/por fax** they communicate in English/by fax, they use English/fax (to communicate); **aunque no nos vemos, nos comunicamos a menudo** although we don't see each other, we're often in touch *o* in contact

[1·2] (*uso transitivo*) **nos comunicamos nuestras impresiones** we exchanged impressions

[1·3] **~se con algn** to communicate with sb; **necesitan una emisora con la que ~se con nosotros** they need a radio to communicate with us; **se comunicó telefónicamente con su esposa** he spoke to his wife on the phone; **en mi trabajo tengo que ~me con gente de muchos paises** my work brings me into contact with people from many different countries

[2] (= *entenderse*) **~se bien con algn** to connect well with sb; **hay gente con la que me comunico muy bien** there are some people I connect with really well; **se comunica mal con sus empleados** he can't communicate with his employees

[3] (= *transmitirse*) **el entusiasmo del capitán se comunicó a toda la tripulación** the captain's enthusiasm spread to *o* communicated itself to the whole crew

[4] (= *unirse*) to be connected (**con** to); **sus habitaciones se comunicaban** they had adjoining rooms, their rooms were connected; **el salón se comunica con la cocina a través de un pasillo** the living room is connected to the kitchen by a corridor

**comunicatividad** SF communicativeness, powers of communication

**comunicativo** ADJ [*método, función, persona*] communicative; **tiene una gran capacidad comunicativa** he is a great communicator, he has great communicative skills; **es muy poco ~** he's very uncommunicative

**comunicología** SF communication theory

**comunicólogo/a** SM/F communication theorist

**comunidad** SF [1] (*gen*) community; (= *sociedad*) society, association; (*Rel*) community; (*Andes*) commune (*of free Indians*); **de** *o* **en ~** (*Jur*) jointly ► **comunidad autónoma** (*Esp*) autonomous region ► **Comunidad Británica de Naciones** British Commonwealth ► **Comunidad de Estados Independientes** Commonwealth of Independent States ► **comunidad de vecinos** residents' association ► **Comunidad (Económica) Europea** European (Economic) Community ► **Comunidad Europea del Carbón y del Acero** European Coal and Steel Community ► **comunidad lingüística** speech community

[2] (= *pago*) [*de piso*] service charge, charge for communal services

**COMUNIDAD AUTÓNOMA**

*In Spain the* **comunidades autónomas** *are any of the 19 administrative regions consisting of one or more provinces and having political powers devolved from Madrid, as stipulated by the 1978 Constitution. They have their own democratically elected parliaments, form their own cabinets and legislate and execute policies in certain areas such as housing, infrastructure, environment, health and education, though Madrid still retains jurisdiction for all matters affecting the country as a whole, such as defence, foreign affairs and justice. The* **Comunidades Autónomas** *are: Andalucía, Aragón, Asturias, Islas Baleares, Canarias, Cantabria, Castilla y León, Castilla-La Mancha, Cataluña, Extremadura, Galicia, Madrid, Murcia, Navarra, País Vasco, La Rioja, Comunidad Valenciana, Ceuta, and Melilla.*

*The term* **Comunidades Históricas** *refers to Galicia, Catalonia and the Basque Country, which for reasons of history and language consider themselves to some extent separate from the rest of Spain. They were given a measure of independence by the Second Republic (1931-1936), only to have it revoked by Franco in 1939. With the transition to democracy, these groups were the most vociferous and successful in their demand for home rule, partly because they already had experience of federalism and had established a precedent with autonomous institutions like the Catalan* **Generalitat**.

**comunión** SF communion; **Primera Comunión** First Communion; **hacer la Primera Comunión** to take one's First Communion

**comunismo** SM communism

**comunista** Ⓐ ADJ communist

Ⓑ SMF communist; **~ libertario** libertarian communist

**comunitariamente** ADV communally

**comunitario** Ⓐ ADJ [1] [*centro, servicios, cooperación*] community *antes de s*; [*jardín, pasillos*] communal

[2] (= *de la comunidad europea*) Community *antes de s*

Ⓑ SM (= *país*) EC member state

**comunizar** ▸conjug 1f◂ VT to communize

**comúnmente** ADV commonly; **como ~ se cree** as is commonly believed; **lo que ~ se llama mal de amores** what is commonly called love sickness

**con** PREP [1] (*indicando compañía, instrumento, medio*) with; **vivo ~ mis padres** I live with my parents; **¿~ quién vas a ir?** who are you going with?; **atado ~ cuerda** tied with string; **lo tomo ~ limón** I take it with lemon; **~ su ayuda** with his help; **ducharse ~ agua fría** to have a cold shower; **lo he escrito ~ bolígrafo** I wrote it in pen; **andar ~ muletas** to walk on *o* with crutches; **~ este sol no hay quien salga** no one can go out in this sun; **~ el tiempo** in the course of time, with time

[2] (*indicando características, estado*) **un hombre ~ principios** a man of principle; **llegó ~ aspecto relajado** she arrived looking relaxed; **un amigo ~ aspecto de jugador de rugby** a friend who is built like a rugby player; **gente joven ~ ganas de divertirse** young people out for a good time; **murió ~ 60 años** she died at the age of 60

[3] (*indicando combinación*) and; **pan ~ mantequilla** bread and butter; **vodka ~ naranja** vodka and orange; **café ~ leche** white coffee; **arroz ~ leche** rice pudding

[4] (*indicando contenido*) **una cazuela ~ agua caliente** a pan of hot water; **un maletín ~ dinero** a briefcase full of money; **encontraron una maleta ~ 800.000 dólares** they found a suitcase containing 800,000 dollars *o* with 800,000 dollars in it

[5] (*indicando modo*) **se levantó ~ rapidez** he got up quickly; **ábrelo ~ cuidado** open it carefully; **anda ~ dificultad** she walks with difficulty; **desayunamos ~ apetito** we ate our breakfast with relish; **estar ~ algo**: **estar ~ dolor de muelas/la pierna escayolada** to have toothache/one's leg in plaster; **está ~ la gripe** he's got flu; **~ mucho gusto** certainly, by all means

[6] (*como complemento personal de algunos verbos*) to; **¿~ quién hablas?** who are you speaking to?; **voy a hablar ~ Luis** I'll talk to Luis; **se ha casado ~ Jesús** she's married Jesús, she's got married to Jesús; **estoy emparentado ~ la duquesa** I am related to the duchess; **no sabemos lo que va a pasar ~**

➤ LENGUA Y USO: comunicar A1 51.4

**nosotros** we don't know what's going to happen to us; **me escribo ~ ella** she and I write to each other
7 (*tras adjetivos*) to, towards; **amable ~ todos** kind to *o* towards everybody; **ser insolente ~ el jefe** to be disrespectful to *o* towards the boss
8 (*con decimales*) **once ~ siete** (*11,7*) eleven point seven (*11.7*); **un dólar ~ cincuenta centavos** one dollar fifty cents
9 (= *pese a*) in spite of; **~ tantas dificultades, no se descorazonó** in spite of all *o* for all the difficulties he didn't lose heart; **~ ser su madre, le odia** even though she is his mother she hates him; **~ todo (y ~ eso), la gente se lo pasó bien** in spite of everything, people had a good time
10 (*en exclamaciones*) **¡vaya ~ el niño!*** the cheeky monkey!*; **¡~ lo bien que se está aquí!** and it's so nice here too!; **no me dejó ni un trocito, ~ lo que me gustan esos caramelos** he didn't even let me have a tiny piece, and he knows how much I like those sweets
11 (*indicando una condición*) 11·1 (+ *INFIN*) **~ estudiar un poco apruebas** with a bit of studying you should pass; **cree que ~ confesarlo se librará del castigo** he thinks that by owning up he'll escape punishment; **~ decirle que no voy, se arreglará todo** when I tell him I'm not going, everything will be fine; **~ llegar a las seis estará bien** if you come by six it will be fine; **~ llegar tan tarde nos perderemos la comida** by arriving so late we're going to miss the meal
11·2 **~ que** + *SUBJUN*: **~ que me digas tu teléfono basta** if you just give me your phone number that'll be enough; **~ que me invite, me conformo** as long as *o* provided that she invites me, I don't mind; **basta ~ que nos remita la tarjeta cumplimentada** all you have to do is send us the completed card; *ver tb* **tal C4**

**Conacyt** SM ABR (*Méx*) = **Consejo Nacional de Ciencia y Tecnología**

**CONADEP** SF ABR (*Arg Pol*) = **Comisión Nacional sobre la Desaparición de Personas**

**Conasupo** SF ABR (*Méx*) (= **Compañía Nacional de Subsistencias Populares**) *government buying and selling organization for subsidized food, clothes and furniture*

**conato** SM 1 (= *intento*) attempt; **hizo un ~ de entrar** he made an attempt to get in ► **conato de robo** attempted robbery
2 (*frm*) (= *esfuerzo*) **poner ~ en algo** to put an effort into sth

**concatenación** SF linking, concatenation (*frm*) ► **concatenación de circunstancias** chain *o* series of circumstances

**concatenar** ▸conjug 1a◂ VT to link together

**concavidad** SF concavity, hollow, cavity

**cóncavo** Ⓐ ADJ concave
Ⓑ SM hollow, cavity

**concebible** ADJ conceivable, thinkable; **no es ~ que …** it is unthinkable that …

**concebir** ▸conjug 3k◂ Ⓐ VT 1 (= *crear*) [+ *plan, proyecto*] to conceive, devise; [+ *personaje*] to create; [+ *historia*] to think up, invent
2 (= *imaginar*) to conceive of, imagine; **no concibo una tarde de verano sin una siesta** I can't conceive of *o* imagine a summer afternoon without a siesta
3 (= *entender*) **una forma diferente de ~ las cosas** a different way of seeing things; **eso es amor concebido sólo como pasión** this is love viewed only as passion; **concebía el Estado como su propiedad personal** he thought *o* considered the State his personal property; **no concibe que haya gente con ideas mejores que las suyas** he can't comprehend that there are people with better ideas than his
4 (= *engendrar*) [+ *hijo*] to conceive; **el gol nos hizo ~ esperanzas de victoria** the goal brought *o* gave us hopes of victory; **esto le hizo ~ la sospecha de que pasaba algo** this planted the suspicion in his mind *o* made him suspect that something was wrong
Ⓑ VI (= *quedar encinta*) to conceive, become pregnant; **concibió a una avanzada edad** she conceived *o* became pregnant at a late age

**conceder** ▸conjug 2a◂ VT 1 (= *dar*) [+ *beca, premio*] to award, grant; [+ *crédito, permiso, deseo, entrevista*] to grant; **su mujer no quería ~le el divorcio** his wife didn't want to grant *o* give him a divorce; **el juez les concedió el divorcio** the judge granted them a divorce; **sólo concedió unos minutos para unas preguntas** he only allowed a few minutes for some questions; **el árbitro les concedió el gol** the referee awarded them the goal; **le concedieron el honor de presidir el congreso** they conferred on him the honour of presiding over the conference; **¿me concede el honor de este baile?** may I have the pleasure of this dance?
2 (*frm*) (= *admitir*) to concede, admit; **concedo que el error fue mío** I concede *o* admit it was my mistake

**concejal(a)** SM/F town *o* city councillor, town *o* city councilman/councilwoman (*EEUU*)

**concejalía** SF post of town *o* city councillor, post of town councilman (*EEUU*), seat on the town *o* city council

**concejil** ADJ (= *del concejo*) council *antes de s*; (= *municipal*) municipal, public

**concejo** SM council; **~ municipal** town council, city council

**concelebrar** ▸conjug 1a◂ VT to concelebrate

**concentración** SF 1 (= *centralización*) concentration, centralization; **contra la ~ de poder en Madrid** against the concentration *o* centralization of power in Madrid
2 (*mental*) concentration
3 (= *mitin*) gathering, meeting, rally; (*Dep*) [*de equipo*] base; **una ~ en pro de los derechos humanos** a gathering in support of human rights; **una ~ de motos** a motorcycling rally
4 (*Educ*) ► **concentración escolar** *rural school at centre of a catchment area*
5 (*LAm Com*) merger

**concentrado** Ⓐ ADJ concentrated
Ⓑ SM 1 (*Culin*) extract, concentrate ► **concentrado de carne** meat extract
2 (*Pol*) demonstrator

**concentrar** ▸conjug 1a◂ Ⓐ VT to concentrate
Ⓑ **concentrarse** VPR 1 (= *reunirse*) to gather (together), assemble; **se ~on cientos de personas** hundreds of people gathered (together)
2 (*mentalmente*) to concentrate (**en** on); **concéntrate en lo que estás haciendo** concentrate on what you're doing
3 (= *estar concentrado*) to concentrate, be concentrated; **el interés se concentra en esta lucha** interest is centred on this fight

**concéntrico** ADJ concentric

**concepción** SF 1 (*Biol*) conception; **la Inmaculada Concepción** the Immaculate Conception
2 (= *idea*) conception, idea
3 (= *facultad*) understanding

**conceptismo** SM conceptism, *witty, allusive and involved style of esp 17th century*; → CULTERANISMO, CONCEPTISMO

**conceptista** Ⓐ ADJ [*estilo, novela*] witty, allusive and involved
Ⓑ SMF (= *escritor*) writer in the style of conceptism

▼**concepto** SM 1 (= *idea*) concept, notion; **formarse un ~ de algo** to get an idea of sth; **un ~ grandioso** a bold conception, a bold plan
2 (= *opinión*) view, judgment; **en mi ~** in my view; **formarse un ~ de algn** to form an opinion of sb; **¿qué ~ has formado de él?** what do you think of him?; **tener buen ~ de algn, tener en buen ~ a algn** to think highly of sb
3 (= *condición*) heading, section; **bajo ningún ~** in no way, under no circumstances; **bajo todos los ~s** from every point of view, in every way, in every respect; **en** *o* **por ~ de** as, by way of; **se le pagó esa cantidad en** *o* **por ~ de derechos** he was paid that amount as royalties; **deducciones en** *o* **por ~ de seguro** deductions for social security; **por dicho ~** for this reason; **por ningún ~** in no way
4 (*Literat*) conceit

**conceptual** ADJ conceptual

**conceptualización** SF conceptualization

**conceptualizar** ▸conjug 1f◂ VT to conceptualize

**conceptuar** ▸conjug 1e◂ VT to judge, deem (*frm*); **le conceptúo poco apto para eso** I think *o* consider him unsuited for that; **~ a algn de** *o* **como …** to regard sb as …, deem sb to be (*frm*)

**conceptuosamente** ADV (= *con ingenio*) wittily; (*pey*) over-elaborately, in a mannered way

**conceptuoso** ADJ (= *ingenioso*) witty, full of conceits; (*pey*) overelaborate, mannered

**concerniente** ADJ **~ a** concerning, relating to; **en lo ~ a** with regard to, concerning

▼**concernir** ▸conjug 3i; defectivo◂ VI **~ a** to concern; **eso a mí no me concierne** that does not concern me, that is of no concern to me, that is not of my concern; **por lo que a mí concierne** as far as I am concerned; **en lo que concierne a …** with regard to …, concerning …

**concertación** SF 1 (= *acto*) harmonizing; (= *coordinación*) coordination; (= *reconciliación*) reconciliation; **política de ~** consensus politics *pl* ► **concertación social** social harmony
2 (= *pacto*) agreement, pact

**concertadamente** ADV (= *metódicamente*) methodically, systematically; (= *ordenadamente*) in an orderly fashion; (= *armoniosamente*) harmoniously

**concertado** ADJ 1 (= *metódico*) systematic, concerted; (= *ordenado*) ordered; (= *armonioso*) harmonious

➤ LENGUA Y USO: concepto 1 53.1 2 40.4 concernir 53.2

2 [*centro, colegio, hospital*] officially approved, state assisted

**concertar** ▸conjug 1j◂ Ⓐ VT 1 (*frm*) [+ *entrevista*] to arrange, set up; **~ una cita** to arrange *o* make an appointment

2 [+ *salario, precio*] to agree (on); [+ *póliza, seguro*] to take out; **~ un acuerdo** to reach an agreement; **han concertado una estrategia** they have agreed (on) a strategy; **hemos concertado suprimir dos puntos del acuerdo** we have agreed to delete two points from the agreement; **le ~on matrimonio cuando tenía diez años** they arranged her marriage when she was ten years old

3 (*Mús*) (= *armonizar*) [+ *voces*] to harmonize; [+ *instrumentos*] to tune (up)

Ⓑ VI 1 (*frm*) [*cifras, datos*] to agree, match (up)

2 (*Ling*) to agree

3 (*Mús*) [*voces*] to harmonize; [*instrumentos*] to be in tune

Ⓒ **concertarse** VPR **~se para hacer algo** (*frm*) to agree to do sth

**concertina** SF (= *instrumento*) concertina

**concertino/a** SM/F leader of the orchestra, concertmaster (*EEUU*)

**concertista** SMF soloist, solo performer; **~ de guitarra** concert guitarist; **~ de piano** concert pianist

**concesión** SF 1 (*en acuerdo, negociación*) concession, granting

2 (*Jur, Pol*) [*de nacionalidad, libertad*] granting

3 [*de un premio*] award

4 (*Com*) [*de fabricación*] licence, license (*EEUU*); [*de venta*] franchise; [*de transporte*] concession, contract

**concesionario/a** SM/F (*Com*) (*gen*) licence holder, license holder (*EEUU*), licensee; [*de venta*] franchisee, authorized dealer; [*de transportes*] contractor ► **concesionario/a exclusivo/a** sole agency, exclusive dealership

**concesivo** ADJ concessive

**Concha** SF (*forma familiar*) *de* **María de la Concepción**

**concha** SF 1 (*Zool*) shell; ✦**MODISMOS meterse en su ~** to retire into one's shell; **tener muchas ~s** to be very sharp, be a sly one; **tiene más ~s que un galápago** he's as slippery as an eel ► **concha de perla** (*Andes*) mother-of-pearl; → CAMINO DE SANTIAGO

2 (= *carey*) tortoiseshell

3 [*de porcelana*] flake, chip

4 (*Teat*) prompt box

5 (*Andes, Caribe*) (= *descaro*) nerve, cheek*; **¡qué ~ la tuya!** you've got a nerve!, you've got a cheek!*

6 (*Andes*) (= *pereza*) sloth, sluggishness

7 (*LAm euf*) = **coño;** ✦**MODISMO ¡~(s) de tu madre!** bastard!**, son of a bitch! (*EEUU***)

8 (*Caribe*) (= *cartucho*) cartridge case

9 (*Caribe*) (= *piel*) peel; (= *corteza*) bark

**conchabado/a** SM/F (*LAm*) servant

**conchabar** ▸conjug 1a◂ Ⓐ VT 1 (*LAm*) [+ *persona*] to hire for work, engage, employ

2 (= *mezclar*) to mix, blend

3 (*Andes, Cono Sur*) (= *trocar*) to barter

Ⓑ **conchabarse** VPR 1 (= *confabularse*) to gang up (**contra** on), conspire, plot (**contra** against); **los dos estaban conchabados** the two were in cahoots*

2 (*LAm*) (= *colocarse, esp como criado*) to hire o.s. out, get a job (as a servant)

**conchabo** SM 1 (*LAm*) (= *contratación*) hiring, engagement; **oficina de ~** (*Cono Sur*) employment agency for domestics

2 (*Cono Sur*) (= *permuta*) barter(ing)

**cónchale** EXCL (*Caribe*) **¡cónchale!** well!, goodness!, jeez (*EEUU**)

**Conchinchina*** SF ✦**MODISMO estar en la ~** to be miles away, be on the other side of the world

**Conchita** SF = **Concha**

**conchito** SM (*Andes, Cono Sur*) youngest child, baby of the family

**concho**[1] SM 1 (*LAm*) (= *poso*) dregs *pl*, sediment; (= *residuo*) residue; ✦**MODISMOS hasta el ~** to the very end; **irse al ~** (*Cono Sur*) to go down, go under, sink

2 **conchos** (= *sobras*) left-overs

**concho**[2]* EXCL (*euf*) sugar!*

**concho**[3] SM (*Caribe*) (= *taxi*) taxi

**concho**[4] (*CAm*) Ⓐ ADJ crude, vulgar

Ⓑ SM (= *campesino*) peasant; (*pey*) (= *paleto*) rustic, country bumpkin, hick (*EEUU*)

**concho**[5] SM (*Andes, Cono Sur*) = **conchito**

**conchudo/a*** Ⓐ ADJ (*Andes, Cono Sur*) sluggish, slow

Ⓑ SM/F 1 (*Andes, Cono Sur*) (= *idiota*) bloody idiot**, jerk (*EEUU**)

2 (*Puerto Rico*) (= *persona terca*) stubborn person, pigheaded person

**conciencia** SF 1 (= *moralidad*) conscience; **pesará sobre su ~** it will weigh on his conscience; **no tienes ~, tratar así a tu pobre madre** you have no conscience, treating your poor mother like that; **en ~** in all conscience; **en ~ no podemos permitir que se produzca esa situación** in all conscience, we cannot allow that situation to arise; **actuar** *u* **obrar en ~** to act in good conscience; **votar en ~** to vote according to one's conscience; **libertad de ~** freedom of conscience; **tener la ~ limpia** to have a clear conscience; **tener mala ~** to have a guilty *o* bad conscience; **remorder a algn la ~**: **me remuerde la ~ por haberle mentido** I've got a guilty *o* bad conscience about lying to him; **tener la ~ tranquila** to have a clear conscience ► **conciencia de culpa** guilty conscience; *ver tb* **ancho A4**, **anchura 3**, **cargo 5**, **gusanillo 4**, **objetor**, **preso B**

2 **a ~** (= *con dedicación*) conscientiously; (= *con mala intención*) on purpose; **trabaja a ~** she works conscientiously; **me tuve que preparar a ~ para el examen** I had to prepare very thoroughly for the exam; **una casa construida a ~** a solidly *o* well built house; **lo has hecho a ~ para fastidiarme** you deliberately did it to annoy me, you did it on purpose to annoy me

3 (= *capacidad de juicio*) awareness; **debería haber una mayor ~ sobre los riesgos del alcohol** people should be more aware of the risks of alcohol, there should be greater awareness of the risks of alcohol; **lo ha hecho con plena ~ del daño que podía causar** he did it in full knowledge of the damage he might cause, he was fully aware of the damage he might cause when he did it; **a ~ de que ...** fully aware that ..., in the certain knowledge that ...; **despertar la ~ de algn** to raise sb's consciousness *o* awareness; **tener ~ de algo**: **no tienen ~ de nación** they have no sense of national identity; **tenían plena ~ de lo que hacían** they were fully aware of what they were doing; **tomar ~ de algo** to become aware of sth; **tomar ~ de que ...** to become aware that ... ► **conciencia crítica** critical awareness ► **conciencia de clase** class consciousness ► **conciencia social** social conscience

4 (*Med*) consciousness; **perder la ~** to lose consciousness

**concienciación** SF (*Esp*) **una campaña de ~ ciudadana** a campaign to raise public awareness

**concienciado** ADJ (*Esp*) socially aware

**concienciar** ▸conjug 1b◂ (*Esp*) Ⓐ VT (= *sensibilizar*) **~ a algn de un problema** to raise sb's awareness of an issue; **un anuncio para ~ a los conductores de que no beban** an advert to raise drivers' awareness about drink-driving

Ⓑ **concienciarse** VPR **~se de algo** to become aware of sth

**concientización** SF (*LAm*) = **concienciación**

**concientizado** ADJ (*LAm*) = **concienciado**

**concientizar** ▸conjug 1f◂ VT (*LAm*) = **concienciar**

**concienzar** ▸conjug 1f◂ VT = **concienciar**

**concienzudamente** ADV conscientiously; **trabaja ~** she works conscientiously; **un informe realizado ~** a painstaking report

**concienzudo** ADJ 1 [*estudiante, trabajador*] conscientious

2 [*estudio, esfuerzo*] painstaking, thorough

**concierto** SM 1 (*Mús*) (= *función*) concert; (= *obra*) concerto ► **concierto de arias** song recital ► **concierto de cámara** chamber concert ► **concierto sinfónico** symphony concert

2 (*frm*) (= *acuerdo*) agreement; **de ~ con** in agreement with; **quedar de ~ acerca de** to be in agreement with regard to; **los fabricantes, en ~ con los vendedores, se han negado a la exportación de los vehículos** the manufacturers, together with the retailers, have refused to export the vehicles

3 (*Pol*) (= *orden*) order; **la incorporación de España al ~ europeo** Spain's admission into Europe; *ver tb* **orden A1.2**

**conciliable** ADJ reconcilable; **dos opiniones no fácilmente ~s** two opinions which it is not easy to reconcile

**conciliábulo** SM secret meeting, secret discussion

**conciliación** SF 1 (*entre personas*) conciliation, reconciliation

2 (= *afinidad*) affinity, similarity

**conciliador(a)** Ⓐ ADJ conciliatory

Ⓑ SM/F conciliator

**conciliar**[1] ▸conjug 1b◂ Ⓐ VT 1 [+ *enemigos*] to reconcile; [+ *ideas*] to harmonize, bring into line

2 **~ el sueño** to get to sleep

3 [+ *respeto, antipatía*] to win, gain

Ⓑ **conciliarse** VPR = **A3**

**conciliar**[2] Ⓐ ADJ (*Rel*) of a council, council *antes de s*

Ⓑ SM council member

**conciliatorio** ADJ conciliatory

**concilio** SM council; **el Segundo Concilio Vaticano** the Second Vatican Council

**concisamente** ADV concisely, briefly

**concisión** SF conciseness, brevity

**lección de ~** he knew it all right through, he could say it all from memory
**8** (*Méx*) **comida corrida** fixed price menu
Ⓑ SM **1** (*Méx*) (= *balada*) ballad
**2** (*Perú*) (= *fugitivo*) fugitive from justice

**CORRIDO**

***Corridos*** *are Mexican ballads, usually sung by a solo voice and accompanied on the guitar. Traditionally they were used to narrate important events to semi-literate communities, and favourite themes include the Mexican Revolution and Mexican migration to the USA. The* ***corrido*** *is similar in form to the Spanish* ***romance*** *from which it derives, but deals with the common people's struggle for justice, rather than the chivalrous deeds of the aristocracy.*

**corriente** Ⓐ ADJ **1** (= *frecuente*) [*error, apellido*] common; **las intoxicaciones son bastante ~s en verano** cases of food poisoning are fairly common in summer; **la cocaína era ~ en sus fiestas** cocaine was commonly used *o* was commonplace at their parties; **aquí es ~ que la policía te pida la documentación** here it's quite common for the police to ask you for identification; **una combinación de cualidades que no es ~ encontrar en una misma persona** a combination of qualities not commonly *o* often found in the same person; **un término de uso ~** a common term, a term in common use; **poco ~** unusual
**2** (= *habitual*) usual, customary; **lo ~ es llamar antes de venir** the usual thing is to phone before coming, it's customary to phone before coming; **es ~ que la familia de la novia pague la boda** it's customary for the bride's family to pay for the wedding, the bride's family usually pays for the wedding
**3** (= *no especial*) ordinary; **no es nada especial, es sólo un anillo ~** it's nothing special, it's just an ordinary ring; **fuera de lo ~** out of the ordinary; **normal y ~** perfectly ordinary; **salirse de lo ~** to be out of the ordinary; ✦***MODISMO* ~ y moliente** (*Esp*) very ordinary; **tiene un trabajo ~ y moliente** he has a very ordinary job, he has a run-of-the-mill job
**4** (*en curso*) [*déficit, mes, año*] current; **el día 2 del ~ mes de marzo** (on) the second of this month; *ver tb* **cuenta 4**, **gasto 2**, **moneda 2**
**5** [*agua*] running
**6** (†) (= *en regla*) in order; **tiene ~ la documentación** his papers are in order; **todo está ~ para nuestra partida** everything is ready *o* fixed up for our departure; **estar** *o* **ir ~ en algo** to be up to date with sth; **está ~ en los pagos** he is up to date with his payments
Ⓑ SM **1 al ~** **1·1** (= *al día*) up to date; **estoy al ~ de mis pagos a Hacienda** I'm up to date with *o* on my tax payments; **poner algo al ~** to bring sth up to date
**1·2** (= *informado*) **estar al ~ (de algo)** to know (about sth); **puedes hablar sin miedo, ya estoy al ~** you can talk freely, I know (all) about it; **¿estaba usted al ~?** did you know (about it)?; **mantener a algn al ~ (de algo)** to keep sb up to date (on sth), keep sb informed (about sth); **poner a algn al ~ (de algo)** to bring sb up to date (on sth), inform sb (about sth); **ponerse al ~ (de algo)** to get up to date (with sth), catch up (on sth); **tener a algn al ~ (de algo)** to keep sb up to date (on sth), keep sb informed (about sth)
**2** (*en cartas*) **el día 9 del ~** *o* **de los ~s** the 9th of this month
Ⓒ SF **1** [*de fluido*] current; **la ~ lo arrastraba hacia el mar** the current was carrying him out to sea; ✦***MODISMOS* dejarse llevar por la ~** to follow the crowd *o* stream, go with the flow (*esp EEUU*); **ir** *o* **navegar** *o* **nadar contra (la) ~** to swim *o* go against the tide; **seguir la ~ a algn** to humour *o* (*EEUU*) humor sb; **cuando se pone a hablar así es mejor seguirle la ~** when he starts talking like that it's best to humour him ▸ **corriente de agua** stream of water ▸ **corriente de Humboldt** Humboldt Current ▸ **corriente de lava** lava flow, stream of lava ▸ **corriente del Golfo** Gulf Stream ▸ **corriente sanguínea** bloodstream ▸ **corriente submarina** undercurrent, underwater current
**2** [*de aire*] draught, draft (*EEUU*); **hay mucha ~** it's very draughty ▸ **corriente de aire** (*gen*) draught, draft (*EEUU*); (*Téc*) air current, air stream ▸ **corriente en chorro** jet stream ▸ **corriente térmica** thermal
**3** (*Elec*) current; **anoche se cortó la ~** there was a power cut last night; **el cable tiene ~** the wire is live; **dar ~**: **no toques ese cable que da ~** don't touch that wire, it's live; **me dio (la) ~** I got a shock, I got an electric shock ▸ **corriente alterna** alternating current ▸ **corriente continua** direct current ▸ **corriente difásica** two-phase current ▸ **corriente directa** direct current ▸ **corriente eléctrica** electric current ▸ **corriente trifásica** three-phase current
**4** (= *tendencia*) (*ideológica*) tendency; (*artística*) trend; **una ~ más radical dentro del partido** a more radical tendency within the party; **la ~ renovadora de la derecha** the trend towards renewal on the Right; **las ~s modernas del arte** modern trends in art ▸ **corriente de opinión** current of opinion ▸ **corriente de pensamiento** school of thought

**corrientemente** ADV usually, normally

**corrillero/a** SM/F idler, person with time to gossip

**corrillo** SM (= *grupo*) huddle, small group; (*pey*) clique, coterie

**corrimiento** SM **1** (*Geol*) slip ▸ **corrimiento de tierras** landslide
**2** (*Med*) (= *secreción*) discharge; (*Caribe, Cono Sur*) (= *reúma*) rheumatism; (*Andes*) (= *flemón*) tooth abscess
**3** (= *vergüenza*) embarrassment
**4** (*Inform*) scrolling

**corrincho** SM **1** (= *muchedumbre*) mob
**2** (*Andes*) (= *jaleo*) uproar, row
**3** (*Andes*) (= *emoción*) excitement; (= *prisa*) haste

**corro** SM **1** [*de gente*] ring, circle; **la gente hizo ~** the people formed a ring *o* circle
**2** (= *baile*) ring-a-ring-a-roses; **los niños cantan esto en ~** the children sing this in a ring
**3** (*Fin*) pit, ring (*in the stock exchange*)
**4** (*Agr*) plot, small field, patch

**corroboración** SF corroboration

**corroborar** ▸conjug 1a◂ VT to corroborate

**corroborativo** ADJ corroborative

**corroer** ▸conjug 2a◂ Ⓐ VT **1** (*Téc*) to corrode
**2** (*Geol*) to erode
**3** (= *reconcomer*) to corrode, eat away; **le corroen los celos** he is eaten up with jealousy
Ⓑ **corroerse** VPR to corrode, become corroded

**corromper** ▸conjug 2a◂ Ⓐ VT **1** (= *pudrir*) [+ *madera*] to rot; [+ *alimentos*] to turn bad
**2** (= *estropear*) [+ *costumbres, lengua, joven*] to corrupt; [+ *placeres*] to spoil
**3** (= *sobornar*) to bribe
**4** (*) (= *enojar*) to vex, annoy
Ⓑ VI (*) to smell bad, stink*
Ⓒ **corromperse** VPR **1** (= *pudrirse*) [*madera*] to rot; [*alimentos*] to go bad
**2** [*personas*] to become corrupted

**corrompido** ADJ **1** [*cosas*] rotten, putrid
**2** [*personas*] corrupt

**corroncha** SF (*Andes, CAm*) crust, scale

**corroncho** ADJ **1** (*Caribe*) (= *torpe*) slow, sluggish
**2** (*Andes*) [*persona*] difficult, prickly

**corronchoso** ADJ (*Andes, CAm, Caribe*) (= *burdo*) rough, coarse; (= *escamoso*) crusty, scaly

**corrongo** ADJ (*CAm, Caribe*) (= *excelente*) first-rate, splendid; (= *encantador*) charming, attractive

**corrosión** SF (*Quím*) corrosion; (*Geol*) erosion

**corrosivo** Ⓐ ADJ [*sustancia*] corrosive; [*lenguaje, estilo*] caustic
Ⓑ SM corrosive

**corrte.** ABR (= **corriente, de los corrientes**) inst

**corrugación** SF contraction, shrinkage

**corrupción** SF **1** (= *pudrición*) rot, decay
**2** (*moral*) corruption
**3** (*Jur*) corruption, graft; (= *soborno*) graft, bribery; **en el gobierno existe mucha ~** there is a lot of corruption in the government ▸ **corrupción de menores** corruption of minors
**4** [*de lengua, texto*] corruption

**corruptela** SF **1** (= *corrupción*) corruption
**2** (= *abuso*) corrupt practice, corrupt practise (*EEUU*), abuse

**corruptible** ADJ **1** [*persona*] corruptible, bribable
**2** [*alimentos*] perishable

**corrupto** ADJ corrupt

**corruptor(a)** Ⓐ ADJ corrupting
Ⓑ SM/F corrupter, perverter

**corsario** SM privateer, corsair

**corsé** SM corset; (*fig*) straitjacket

**corso[1]/a** ADJ, SM/F Corsican

**corso[2]** SM (*Náut, Hist*) privateering, piratical enterprise

**corta** SF felling, cutting

**cortaalambres** SM INV wire cutters

**cortabolsas** SM INV pickpocket

**cortacésped** SM lawnmower

**cortacircuitos** SM INV circuit breaker, trip switch

**cortacorrientes** SM INV circuit breaker, trip switch

**cortacutícula** SF cuticle scissors

**cortada** SF **1** (*LAm*) (= *corte*) cut; (= *atajo*) short cut
**2** [*de pan*] slice
**3** (*Tenis*) stroke giving backspin

➤ LENGUA Y USO: **corroborar** 38.1

**cortadillo** SM [1] (= *vaso*) small glass, small tumbler
[2] (= *azúcar*) lump of sugar
[3] (*) (= *ligue*) affair

**cortado** Ⓐ ADJ [1] (= *recortado, partido*) cut; **la carne cortada en trozos grandes** meat cut into large chunks; **~ a pico** [*montaña, acantilado*] steep, sheer, precipitous
[2] (= *pasado*) [*leche, mayonesa*] off; **tener** *o* **sentir el cuerpo ~** to feel off colour
[3] [*piel, labios*] chapped
[4] [*calle, carretera*] closed; **"carretera cortada por obras"** "closed for roadworks"
[5] [*café*] coffee with a little milk
[6] [*estilo*] (*gen*) disjointed; (*al hablar*) clipped
[7] [*película*] cut
[8] (*) [*persona*] shy; **es un tío muy ~** he's a really shy bloke*; **está ~ porque no os conoce** he's shy because he doesn't know you; **dejar ~** to cut short; **me dejó ~ en mitad de lo que estaba diciendo** he cut me short in the middle of what I was saying; **quedarse ~**: **no te quedes ~, hombre, di algo** come on, don't be shy, say something; **me quedé ~ cuando entré en la habitación y los vi besándose** I was left speechless when I came into the room and found them kissing
[9] **estar ~** (*esp LAm**) (= *arruinado*) to be broke*
Ⓑ SM [1] (= *café*) coffee with a little milk
[2] (*Ballet*) leap

**cortador(a)** Ⓐ ADJ cutting
Ⓑ SM/F cutter
Ⓒ SM ► **cortador de cristal** glass cutter

**cortadora** SF cutter, cutting-machine ► **cortadora de césped** lawnmower

**cortadura** SF [1] (= *incisión*) cut; (*grande*) slash, slit
[2] (*Geog*) narrow pass, defile
[3] **cortaduras** (= *recortes*) cuttings, clippings

**cortafrío** SM cold chisel

**cortafuego(s)** SM (INV) fire-break, fire lane (*EEUU*)

**cortahuevos** SM INV egg-slicer

**cortahumedades** SM INV damp course

**cortalápices** SM INV pencil sharpener

**cortante** Ⓐ ADJ [1] [*instrumento*] cutting, sharp
[2] [*viento*] cutting, biting; **hace un frío ~** it's bitterly cold
[3] [*respuesta*] sharp, cutting
Ⓑ SM (= *trinchador*) cleaver, chopper

**cortapapel** SM (*LAm*), **cortapapeles** SM INV (*para cartas*) paper knife; (*Téc*) paper cutter, guillotine

**cortapicos** SM INV earwig

**cortapisa** SF [1] (= *restricción*) restriction, condition; **sin ~s** with no strings attached
[2] (= *traba*) snag, obstacle; **poner ~s a algo/algn** to restrict *o* hold back sth/sb; **se pone ~s para sí mismo** he makes obstacles for himself; **hablar sin ~s** to talk freely
[3] (= *gracia*) charm, wit

**cortaplumas** SM INV penknife

**cortapuros** SM INV cigar cutter

**cortar** ▸conjug 1a◂ Ⓐ VT [1] (*con algo afilado*) (*gen*) to cut; (*en trozos*) to chop; (*en rebanadas*) to slice; **corta la manzana por la mitad** cut the apple in half; **¿quién te ha cortado el pelo?** who cut your hair?; **corta el apio en trozos** cut *o* chop the celery into pieces
[2] (= *partir*) [+ *árbol*] to cut down; [+ *madera*] to saw; **~ la cabeza a algn** to cut sb's head off
[3] (= *dividir*) to cut; **la línea corta el círculo en dos** the line cuts *o* divides the circle in two
[4] (= *interrumpir*) [4·1] [+ *comunicaciones, agua, corriente*] to cut off; [+ *carretera, puente*] (= *cerrar*) to close; (= *bloquear*) to block; **han cortado el gas** the gas has been cut off; **las tropas estan intentando ~ la carretera que conduce al aeropuerto** the troops are trying to cut off the road to the airport; **han cortado el tráfico durante unos minutos** they've closed the road to traffic for a few minutes; **"carretera cortada al tráfico"** "road closed"; **sus seguidores han cortado la calle** her followers have blocked off the road; **nos ~on la retirada** they cut off our retreat; **~ la hemorragia** to stop the bleeding
[4·2] [+ *relaciones*] to break off; [+ *discurso, conversación*] to cut short; **~ la comunicación** to hang up
[5] (= *suprimir*) to cut; **la censura cortó una de las escenas** the censors cut one of the scenes
[6] [*frío*] to chap, crack; **el frío me corta los labios** the cold is chapping *o* cracking my lips
[7] (*Dep*) [+ *balón*] to slice
[8] [+ *baraja*] to cut
[9] (*) [+ *droga*] to cut*
Ⓑ VI [1] (= *estar afilado*) to cut; **estas tijeras no cortan** these scissors are blunt *o* don't cut; *ver tb* **sano 1**
[2] (*Inform*) **"~ y pegar"** "cut and paste"
[3] (*Meteo*) **hace un viento que corta** there's a bitter *o* biting wind
[4] (= *acortar*) **podemos ~ por el parque** we can take a shortcut through the park; **es mejor que cortéis por el atajo** it would be better if you took the shortcut
[5] **~ con** (= *terminar*): **~ con el pasado** to make a break with the past; **hay que ~ con este comportamiento** we must put a stop to this behaviour; **es absurdo ~ con tu tía por culpa de su marido** it's ridiculous to break off contact with your aunt because of her husband; **ha cortado con su novia** he's broken up with *o* finished with his girlfriend
[6] **¡corta!*** give us a break!*; *ver tb* **rollo A5**
[7] (*Naipes*) to cut
[8] (*Radio*) **¡corto!** over!; **¡corto y cierro!** over and out!
[9] (*LAm Telec*) to hang up; **cortó** he hung up
Ⓒ **cortarse** VPR [1] [1·1] (*con algo afilado*) [*persona*] to cut o.s.; **te vas a ~** you're going to cut yourself
[1·2] **me corté el dedo con un cristal** I cut my finger on a piece of glass; **~se las uñas** to cut one's nails; **ha ido a ~se el pelo** she's gone to get her hair cut, she's gone to the hairdresser's, she's gone for a haircut; **se cortó las venas** she slashed her wrists; ✦*MODISMO* **cortársela****: **si no acepta, me la corto** I'll be bloody amazed if he doesn't accept it**
[2] (= *rajarse*) [*manos, labios*] to get chapped; [*material*] to split, come apart
[3] (*Culin*) [*mayonesa, natillas*] to curdle; [*leche*] to go off, curdle
[4] (*) (= *cohibirse*) to get embarrassed; **no te cortes** don't be shy; **no se corta a la hora de decir lo que piensa** she doesn't hold back at all when it comes to saying what she thinks; ✦*MODISMO* **no ~se un pelo**: **el entrenador, que no se corta un pelo, ha culpado al árbitro de la derrota** the coach, never one to hold back, has blamed the referee for the defeat
[5] (= *interrumpirse*) [*luz*] to go off, go out; **se ha cortado la comunicación** the line's gone dead; **se cortó la llamada** I was cut off
[6] (*Cono Sur**) (= *separarse*) to become separated (from the others), get left behind; (= *irse*) to clear off*; (*en trato*) to get left out; **~se solo** to go off on one's own
[7] (*Cono Sur**) (= *morirse*) to die

**cortaúñas** SM INV nail clippers

**cortavidrios** SM INV glass cutter

**cortavientos** SM INV windbreak

**corte**[1] SM [1] (= *incisión, herida*) cut; **le hizo un ~ a la madera** he made a cut in the wood; **tienes un pequeño ~ en la pierna** you have a small cut on your leg; **hacerse un ~** to cut o.s.; **me he hecho un ~ en el dedo** I've cut my finger ► **corte longitudinal** lengthwise section, longitudinal section ► **corte transversal** cross section
[2] (*tb* **~ de pelo**) cut, haircut ► **corte a navaja** razor cut ► **corte a tijera** scissor cut
[3] (*Cos*) (= *diseño*) cut; **un traje de ~ muy moderno** a suit with a very modern cut ► **corte y confección** dressmaking
[4] (= *interrupción*) cut; **persisten los ~s de agua** the water keeps being cut off; **la censura dejó la película sin ~s** the censor did not cut the film ► **corte de carretera** (*para obras, accidente*) road closure; (*como protesta*) roadblock ► **corte de corriente** power cut ► **corte de digestión** stomach cramp ► **corte de luz** power cut ► **corte publicitario** commercial break
[5] (= *estilo*) **literatura de ~ tradicional** traditional (type) literature; **un discurso de ~ fascista** a speech with fascist undertones; **un sistema fiscal de ~ occidental** a western-style taxation system
[6] (= *trozo*) ► **corte de carne** cut of meat ► **corte (de helado)** wafer, ice cream sandwich (*EEUU*)
[7] (*) (= *respuesta contundente*) **dar un ~ a algn**: **¡vaya ~ que te dieron!** that was one in the eye for you, wasn't it!; **dale un buen ~ y no te molestará más** tell him where to go and he won't bother you any more* ► **corte de mangas** *rude gesture made with the arm and hand which is the equivalent of giving the V-sign or, in the US, the finger*; **le hizo un ~ de mangas a los fotógrafos** he made a *o* the V-sign at the photographers, he gave two fingers to the photographers, he gave the photographers the finger (*EEUU*); **sus declaraciones son un ~ de mangas a la Constitución** his statements are a two-fingered salute to the Constitution
[8] (*) (= *vergüenza*) **es un ~ que te vean tus padres fumando** it's embarrassing when your parents see you smoking; **¡qué ~, me besó delante de todos!** how embarrassing! he kissed me in front of everyone!; **me da ~ que me vean contigo** I'm embarrassed to be seen with you; **me da mucho ~ hablar en público** I get really embarrassed if I have to speak in public; **llevarse un ~**: **me llevé un buen ~ cuando supe que tenía novio** I felt really silly when I found out she had a boyfriend

9 (= *borde*) edge; **con ~s dorados** with gilt edges; **dar ~ a algo** to sharpen sth, put an edge on sth
10 [*de disco*] track
11 (*Min*) stint
12 (*Cono Sur*) (= *importancia*) **darse ~s** to put on airs

**corte²** SF 1 [*de un rey*] (= *residencia*) court; (= *séquito*) court, entourage, retinue; **los ciudadanos de la ~** the court dwellers ► **corte celestial** heavenly court; *ver tb* **villa 1**
2 **hacer la ~ a algn** (= *cortejar*) to pay court to sb; (= *halagar*) to win favour with sb, lick sb's boots*, suck up to sb*; **no deja de hacerme la ~ a ver si le presto dinero** he keeps licking my boots *o* sucking up to me so that I'll lend him some money
3 (*Jur*) law court ► **Corte de Justicia** Court of Justice ► **Corte Suprema** Supreme Court
4 (= *ciudad*) capital, capital city; **La Corte** Madrid
5 **lasCortes** (*Pol*) Spanish parliament; **el Presidente disolvió las Cortes** the President dissolved Parliament; **una manifestación frente a las Cortes** a demonstration outside the Parliament building ► **Cortes Constituyentes** constituent assembly ► **Cortes de Castilla-La Mancha** Regional Assembly of Castile and La Mancha ► **Cortes de Castilla y León** Regional Assembly of Castile and León ► **Cortes Generales** Parliament

**CORTES GENERALES**

*The Spanish parliament consists of a lower house, the* **Congreso de los Diputados**, *and an upper house, the* **Senado**. *Members of the lower house are called* **diputados** *and members of the* **Senado** *are* **senadores**.
⇨ *See also* CONGRESO DE LOS DIPUTADOS, SENADO

**cortedad** SF 1 [*de tiempo*] shortness, brevity; [*de espacio*] smallness; (*tb* **~ de alcances**) stupidity ► **cortedad de vista** shortsightedness
2 (= *escasez*) dearth, lack
3 (= *timidez*) shyness, bashfulness ► **cortedad de ánimo** diffidence

**cortejar** ▸conjug 1a◂ VT to court, woo

**cortejo** SM 1 (= *séquito*) entourage, retinue
2 (*Rel*) procession ► **cortejo fúnebre** funeral cortège, funeral procession ► **cortejo nupcial** wedding party
3 (= *acción*) wooing, courting

**cortés** ADJ 1 (= *atento*) courteous, polite
2 **amor ~** courtly love

**cortesana** SF courtesan

**cortesanía** SF politeness

**cortesano** Ⓐ ADJ of the court, courtly; **ceremonias cortesanas** court ceremony
Ⓑ SM courtier

**cortesía** SF 1 (= *conducta*) courtesy, politeness; **visita de ~** courtesy call; **entrada de ~** complimentary ticket; **días de ~** (*Com*) days of grace; **por ~** as a courtesy
2 (= *etiqueta*) social etiquette; **la ~ pide que …** etiquette demands that …
3 [*de carta*] formal ending
4 (= *reverencia*) [*de hombre*] bow; [*de mujer*] curtsy; **hacer una ~ a algn** [*hombre*] to bow to sb; [*mujer*] to curtsy to sb
5 (= *regalo*) present, gift

**cortésmente** ADV courteously, politely

**córtex** SM cortex

**corteza** SF 1 [*de árbol*] bark; [*de pan*] crust; [*de fruta*] peel, skin; [*de queso, tocino*] rind; **se añade una ~ de limón** add a bit of lemon peel ► **corteza cerebral** cerebral cortex ► **corteza de cerdo** pork rind ► **corteza terrestre** earth's crust
2 (= *exterior*) outside, outward appearance
3 (= *grosería*) roughness, coarseness

**corticoide** SM corticoid

**cortijo** SM farmhouse

**cortina** SF (*para ventana*) curtain, drape (*EEUU*); (*Téc*) retaining wall; (*fig*) screen; ✦*MODISMOS* **correr la ~** to draw a veil over sth; **descorrer la ~** to draw back the veil ► **cortina de ducha** shower curtain ► **cortina de fuego** (*Mil*) barrage ► **cortina de hierro** (*Pol*) iron curtain ► **cortina de humo** smoke screen ► **cortina de tienda** tent flap ► **cortina musical** (*Cono Sur TV*) musical interlude

**cortinado** SM (*Cono Sur*) curtains *pl*

**cortinilla** SF lace curtain

**cortisona** SF cortisone

**corto** Ⓐ ADJ 1 [*longitud, distancia*] short; **llevaba el pelo muy ~** she had very short hair; **una camisa de manga corta** a short-sleeved shirt; **vinimos por el camino más ~** we came by the shortest route; **un relato ~** a short story; **el vestido se le ha quedado ~** the dress has got too short for her; **el tiro se quedó ~** the shot fell short; *ver tb* **pantalón 1**
2 [*periodo, visita, reunión*] short, brief; **en un ~ espacio de tiempo** in a short space of time; **los días se van haciendo más ~s** the days are getting shorter; **la película se me hizo muy corta** the film was over *o* went very quickly; *ver tb* **plazo 1**
3 (= *escaso*) [*ración*] small; **dos niñas de corta edad** two very young girls; **~ de algo**: **un café con leche, pero ~ de café** a coffee with plenty of milk, a milky coffee; **~ de oído** hard of hearing; **ando** *o* **voy ~ de dinero** I'm short of money; **ando** *o* **voy muy ~ de tiempo** I'm short of time, I'm pressed *o* pushed for time; **~ de vista** shortsighted, nearsighted (*EEUU*); **quedarse ~**: **costará unos tres millones, y seguro que me quedo ~** it will cost three million, and I'm probably underestimating; **le dijo lo que pensaba de él, pero se quedó ~** she told him what she thought of him, but it still wasn't enough; **nos quedamos ~s con la bebida en la fiesta** we didn't have enough drink for the party; **esta ley se queda corta en sus pretensiones** this law does not go far enough
4 (= *tímido*) shy; ✦*MODISMO* **ni ~ ni perezoso** as bold as brass
5 (= *torpe*) dim*, thick*; ✦*MODISMO* **es más ~ que las mangas de un chaleco*** he's as thick as two short planks*; *ver tb* **alcance 7.1**, **entendederas**
Ⓑ SM 1 (*Cine*) short, short film, short movie (*EEUU*)
2 [*de cerveza, vino*] small glass; [*de café*] black coffee
Ⓒ SF **a la corta o a la larga** sooner or later

**cortocircuitar** ▸conjug 1a◂ VT to short-circuit

**cortocircuito** SM short-circuit; **poner(se) en ~** to short-circuit

**cortometraje** SM short

**cortón¹** SM (*Entomología*) mole cricket

**cortón²*** ADJ 1 (= *tímido*) bashful, timid
2 **es muy ~** (*CAm*) (= *que interrumpe*) he's always interrupting

**cortopunzante** ADJ (*Cono Sur*) sharp

**Coruña** SF **La ~** Corunna

**coruñés/esa** Ⓐ ADJ of/from Corunna
Ⓑ SM/F native/inhabitant of Corunna; **los coruñeses** the people of Corunna

**corva** SF back of the knee

**corvadura** SF (= *curvatura*) curvature; (*Arquit*) arch

**corvejón** SM [*de caballo*] hock; [*de gallo*] spur

**corveta** Ⓐ ADJ (*CAm*) bow-legged
Ⓑ SF curvet, prance

**corvetear** ▸conjug 1a◂ VI to curvet, prance

**corvina** SF sea bass, croaker

**corvo** ADJ (= *curvo*) curved, bent; [*nariz*] hooked

**corza** SF doe

**corzo/a** SM/F roe deer

**cosa** SF 1 (= *objeto*) thing; **¿qué es esa ~ redonda?** what's that round thing?; **cogí mis ~s y me fui** I picked up my things and left; **no es otra ~ que una bolsa de plástico** it's nothing more than a plastic bag, it's just a plastic bag; **para el dolor de cabeza no tengo otra ~ que aspirina** all I have for headaches is aspirin; **~s de comer** things to eat; **las ~s del jardín** the gardening things; ✦*MODISMOS* **es ~ fina*** it's excellent stuff*; **es ~ de ver** it's well worth seeing, you have to see it
2 (*uso indefinido*) **¿alguna ~ más?** anything else?; **o ~ así**: **20 kilos o ~ así** 20 kilos or thereabouts; **y ~s así** and suchlike; **cualquier ~** anything; **haría cualquier ~ por ella** I'd do anything for her; **este vino no es cualquier ~** this isn't just any old wine; **gran ~**: **el coche no vale gran ~** the car isn't worth much; **no ha servido de gran ~** it hasn't been much use; **la película no fue gran ~** the film wasn't up to much; **como futbolista no es gran ~** he's not a great footballer, he's not much of a footballer; **poca ~**: **lo qué recibieron a cambio fue poca ~** they didn't get much in return, they got very little in return; **vive bien con poca ~** she lives well on very little; **no te preocupes por tan poca ~** don't worry about a little thing like that; **jugamos a las cartas, leemos y poca ~ más** we play cards, read and do little else *o* and that's about it; **la vida es tan corta y somos tan poca ~** life is so short and we're so insignificant; **la chica es muy poquita ~** there's not much of her; **una ~** something; **hay una ~ que no me gusta** there is one thing I don't like; **¿me puedes decir una ~?** can you tell me something?; **una ~, se me olvidaba preguntarte por el precio** by the way, I forgot to ask you about the price; **en general está muy bien, sólo una ~ …** on the whole, it's very good, there's just one thing …
3 (= *asunto*) **eso es ~ tuya** that's your affair; **es ~ fácil** it's easy; **¿has visto ~ igual?** did you ever see the like?; **¡qué ~ más extraña!** how strange!; **es ~ de nunca acabar** there's no end to it; **ésa es ~ vieja** so what's new?, that's ancient history; **¡vaya una ~!** well!, there's a thing!; **la ~ es que …** the thing is (that) …; **la ~ puede acabar mal** things could end badly; **la ~ no está tan clara** it's not that clear; **la ~ está en considerar el problema desde otro ángulo** the thing to

do *o* the trick is to consider the problem from another angle; **no es ~ de broma** *o* **risa** it's no laughing matter; **no es ~ de que lo dejes todo** there's no need for you to give it all up; **no sea ~ que** in case; **trae el paraguas, no sea ~ que llueva** bring your umbrella in case it rains; **otra ~**: **no se hablaba de otra ~** people talked about nothing else; **¿hay otra ~ que pueda hacer?** is there anything else I can do?; **eso es otra ~** that's another matter *o* thing (entirely); **otra ~ es que la ley imponga 40 horas semanales para todos** it's another matter entirely for the law to oblige everyone to work 40 hours a week; **otra ~ sería si ...** it would be quite another matter if ...; **~ rara**: **y, ~ rara, nadie lo vio** and, oddly *o* funnily enough, nobody saw it; ✦*MODISMOS* **a otra ~, mariposa** it's time to move on; **como quien no quiere la ~**: **lo miraba como quien no quiere la ~** she cast a casual glance at the boy; **se levantó y se fue como quien no quiere la ~** she got up and left as inconspicuously as possible; **como si tal ~**: **me devolvió el libro roto como si tal ~** he gave me back the damaged book as if nothing had happened; **le dije que había sido seleccionado para el trabajo y se quedó como si tal ~** I told him he had got the job and he barely reacted; **decir una ~ por otra** to lie

4 (= *nada*) **no hay ~ peor** there's nothing worse; **jamás he visto ~ semejante** I've never seen anything like it, I've never seen the like of it; **¡no hay tal ~!** nothing of the sort!; **nunca he dicho nada sobre ese tema ni ~ que se le parezca** I never said anything about that subject or anything like it; ✦*MODISMO* **no es ninguna ~ del otro jueves** *o* **mundo** it's nothing to write home about

5 **cosas** 5·1 (= *acciones, asuntos*) **¡son ~s de Juan!** that's Juan all over!, that's just like Juan!; **son ~s de la edad** it's just old age; **¡~s de niños!** boys will be boys!; **¡qué ~s dices!** you do say some silly things!; **¡tienes unas ~s!** the things you say!; **meterse en ~s de otros** to stick one's nose in other people's business; ✦*MODISMO* **decir cuatro ~s a algn** to give sb a piece of one's mind

5·2 **las ~s** (= *situación*) things; **las ~s van mejor** things are going better; **tal como están las ~s** as things stand; **así las ~s, se marchó de la reunión** at this point, she left the meeting; **¡lo que son las ~s!** just imagine!, fancy that!; ✦*MODISMO* **las ~s de palacio van despacio** it all takes time, the mills of God grind slowly

6 **~ de** (*indicando tiempo*) about; **es ~ de un par de semanas** it takes about a couple of weeks; **en ~ de diez minutos** in about ten minutes

7 (‡) (*droga*) hash*

8 (*LAm*) (*como conj*) **~ que**: **camina lento, ~ que no te canses** walk slowly so (that) you don't get tired; **no le digas nada, ~ que no se ofenda** don't say anything to him, that way he won't get offended, don't say anything to him in case he gets offended

**cosaco/a** ADJ, SM/F 1 (= *soldado*) Cossack; ✦*MODISMO* **beber como un ~** to drink like a fish
2 (*Cono Sur*) (= *policía*) mounted policeman

**coscacho** SM (*Andes, Cono Sur*) rap on the head

**coscarana** SF cracknel

**coscarse*** ▸conjug 1g◂ VPR to catch on, get it*

**coscoja** SF kermes oak

**coscolino** ADJ 1 (*Méx*) (= *malhumorado*) peevish, touchy; [*niño*] naughty
2 (*moralmente*) of loose morals

**coscorrón** SM 1 (= *golpe*) bump on the head
2 (= *contratiempo*) setback, knock

**coscurro** SM hard crust, hard crust of bread

**cosecha** SF 1 (= *recogida*) harvest; (= *temporada*) harvest, harvest time; **la ~ de 1972** (= *vino*) the 1972 vintage; **una buena ~ de éxitos políticos** a whole crop of political successes; **la película recibió una ~ de premios** the film received a whole crop of prizes
2 (= *producto*) crop; **de ~ propia** home-grown, home-produced; ✦*MODISMO* **cosas de su propia ~** things of one's own invention; **no añadas nada de tu ~** don't add anything that you've made up
3 (= *producción*) yield

**cosechado** SM harvesting

**cosechadora** SF combine harvester, combine (*EEUU*)

**cosechar** ▸conjug 1a◂ VT 1 (= *recoger*) [+ *cereales*] to harvest, reap; [+ *frutas*] to harvest, pick
2 (= *cultivar*) to grow, cultivate; **aquí sólo cosechan patatas** the only thing they grow here is potatoes
3 (= *ganar*) [+ *admiración, premios*] to win; [+ *respeto*] to win, earn; [+ *fracasos , éxitos*] to achieve; [+ *enemigos*] to earn, make; **no cosechó sino disgustos** all he got was troubles

**cosechero/a** SM/F harvester

**cosechón** SM bumper crop

**coseno** SM cosine

**coser** ▸conjug 2a◂ Ⓐ VT 1 [+ *vestido*] to sew, sew up; [+ *botón*] to sew on, stitch on; **es cosa de ~ y cantar** it's easy as pie*, it's as simple as ABC*
2 (*Med*) to stitch, stitch up; (*Náut*) to lash; **~ con grapas** to staple
3 (= *unir*) to unite, join closely (**con** to)
4 ✦*MODISMOS* **~ a algn a balazos** to riddle sb with bullets; **~ a algn a puñaladas** to stab sb repeatedly, carve sb up*; **lo encontraron cosido a puñaladas** his body was found full of stab wounds
Ⓑ VI to sew
Ⓒ **coserse** VPR **~se con algn** to become closely attached to sb

**cosher** ADJ INV kosher

**cosiaca** SF (*LAm*) small thing

**cosido** SM sewing, needlework

**cosificación** SF treating as an object; **el capitalismo conduce a la ~ de los obreros** capitalism leads to the workers being treated as objects

**cosificar** ▸conjug 1g◂ VT to treat as an object

**cosignatario/a** SM/F cosignatory

**cosijoso** ADJ (*CAm, Méx*) 1 (= *molesto*) bothersome, annoying
2 (= *displicente*) peevish, irritable

**cosmética** SF cosmetics *pl*

**cosmético** ADJ, SM cosmetic

**cosmetizar** ▸conjug 1f◂ VT to make cosmetic improvements to

**cosmetólogo/a** SM/F cosmetician

**cósmico** ADJ cosmic

**cosmódromo** SM cosmodrome

**cosmogonía** SF cosmogony

**cosmografía** SF cosmography

**cosmógrafo/a** SM/F cosmographer

**cosmología** SF cosmology

**cosmonauta** SMF cosmonaut

**cosmopolita** ADJ, SMF cosmopolitan

**cosmos** SM INV cosmos

**cosmovisión** SF world view

**coso**[1] SM (= *recinto*) enclosure; (*esp Taur*) bullring

**coso**[2] SM (= *insecto*) woodworm

**coso**[3]* SM (*esp Cono Sur*) (= *cosa*) thingummy*, thingamajig (*EEUU**), what-d'you-call-it

**cospel** SM (*Arg*) telephone token

**cosquillar** ▸conjug 1a◂ VT to tickle

**cosquillas** SFPL tickling, tickling sensation; **buscar las ~ a algn** to tease sb; **me hace ~** it tickles; **hacer ~ a algn** to tickle sb; **siento ~ en el pie** my foot tickles; **tener ~** to be ticklish; ✦*MODISMO* **no sufre ~** ◊ **tiene malas ~** he's touchy, he can't take a joke

**cosquillear** ▸conjug 1a◂ VT to tickle; **me cosquillea la idea de ...** I've a notion to ..., I've half a mind to ...

**cosquilleo** SM tickling, tickling sensation

**cosquilloso** ADJ 1 (= *que tiene cosquillas*) ticklish
2 (= *quisquilloso*) touchy, prickly*

**costa**[1] SF 1 **a ~ de algo/algn: nos estuvimos riendo a ~ suya** we had a laugh at his expense; **lo ha conseguido a ~ de muchos sacrificios** he has achieved it by making many sacrifices; **quiere quedarse en el poder a ~ de lo que sea** he wants to remain in power at all costs *o* no matter what *o* whatever happens; **a toda ~** at all costs; **hay que impedir a toda ~ que esto se repita** we must prevent this from happening again at all costs
2 **costas** (*Jur*) costs; **condenar a algn en ~s** to order sb to pay costs

**costa**[2] SF 1 (*Geog*) [*del mar*] coast; **pasamos las vacaciones en la ~** we spend our holidays on the coast; **la ~ mediterránea** the Mediterranean coast; **la ~ del Pacífico** the Pacific coast; **la ~ del Atlántico es muy accidentada** the Atlantic coastline is very rugged ► **la Costa Azul** the Côte d'Azur ► **la Costa Blanca** the Costa Blanca ► **la Costa Brava** the Costa Brava ► **la Costa del Sol** the Costa del Sol ► **la Costa de Oro** the Gold Coast
2 (*Náut*) shore; **fuimos bordeando la ~ hasta el puerto** we hugged the shore all the way to the port ► **costa afuera** offshore
3 (*Cono Sur*) [*de un río*] bank, riverbank; [*de un lago*] shore

**costabravense** ADJ of the Costa Brava

**Costa de Marfil** SF Ivory Coast

**costado** SM 1 [*de objeto*] side; **neumáticos de ~ blanco** white-walled tyres
2 (*Anat*) side; **de ~** [*tumbarse*] on one's side; [*moverse*] sideways; **español por los cuatro ~s** Spanish through and through
3 (*Náut*) side; (*Mil*) flank
4 (*Méx Ferro*) platform

**costal** SM sack, bag; ✦***MODISMO*** **estar hecho un ~ de huesos** to be all skin and bone, be a bag of bones

**costalada** SF, **costalazo** SM (= *caída*) bad fall; **darse una ~** to fall on one's back

**costalar** ▸conjug 1a◂ VI (*Cono Sur*) to roll over

**costanera** SF [1] (= *costado*) side, flank
[2] (= *cuesta*) slope
[3] (*Cono Sur*) (= *paseo marítimo*) seaside promenade, seaside drive
[4] (*Caribe*) (*alrededor de un pantano*) firm ground (*surrounding a swamp*)
[5] **costaneras** (*Arquit*) rafters

**costanero** ADJ [1] (= *que está en cuesta*) sloping
[2] (= *costero*) coastal

▼**costar** ▸conjug 1l◂ Ⓐ VT [1] (*en dinero*) to cost; **la lámpara cuesta 7.995 ptas** the lamp is *o* costs 7,995 pesetas; **¿cuánto te ha costado el libro?** how much did you pay for the book?, how much did the book cost (you)?; **¿cuánto cuesta este libro?** how much is this book?, how much does this book cost?; **el porte no me ha costado nada** it didn't cost me anything to have it delivered, the delivery didn't cost me anything; **reparar el tejado me ha costado un dineral** it cost me a fortune to have the roof mended; ✦***MODISMO*** **~ un ojo de la cara*** to cost an arm and a leg*
[2] (*en esfuerzo, tiempo*) **me ha costado lo mío llegar adonde he llegado** it's taken a lot to get where I am; **cada traducción nos cuesta muchas horas de trabajo** each translation takes us many hours of work; **~ trabajo**: **cuesta poco trabajo ser amable** it doesn't take much to be pleasant, it's not so hard to be pleasant; **¿te ha costado trabajo encontrar la casa?** did you have trouble finding the house?; ✦***MODISMOS*** **cueste lo que cueste** whatever it takes; **~ Dios y ayuda**: **me costó Dios y ayuda convencerla** I had a hard job *o* time persuading her; *ver tb* **sangre A2**
[3] (*en consecuencias*) to cost; **ese error te ~á el puesto** that mistake will cost you your job *o* will lose you your job; **el accidente por poco le cuesta la vida** the accident nearly cost him his life; **la violación le costó doce años de cárcel** the rape earned him twelve years in prison, he got twelve years in prison for the rape
Ⓑ VI [1] (*en dinero*) **este abrigo me ha costado muy barato** this coat was very cheap
[2] (*en dificultad*) to be hard, be difficult; **al principio cuesta, pero luego se hace más fácil** it's hard *o* difficult at first but then it gets easier; **cuesta reconocerlo, pero es verdad** it's hard *o* difficult to admit it, but it's true; **~ a algn**: **lo que más me cuesta es el inglés** the thing I find hardest *o* most difficult is English; **me cuesta creer que seas hermano suyo** I find it hard *o* difficult to believe that you are his brother; **¿por qué no me llamas? ¡si no te cuesta nada!** why don't you give me a call? it's not so hard *o* difficult!; **no me cuesta nada llevarte** it's no trouble to give you a lift
[3] (*en consecuencias*) **~ caro a algn** to cost sb dear; **un error que le costó caro** a mistake that cost him dear; **eso que acabas de decir te va a ~ caro** you'll pay dearly for what you've just said

**Costa Rica** SF Costa Rica

**costarricense** ADJ, SMF Costa Rican

**costarriqueñismo** SM *word or phrase peculiar to Costa Rica*

**costarriqueño/a** ADJ, SM/F Costa Rican

**costasoleño** ADJ of the Costa del Sol

**coste** SM (*Esp*) cost; **el ~ global de la operación** the overall cost of the operation; **el ~ social de la guerra** the social cost of the war; **a precio de ~** at cost, at cost price ▸ **coste de compra** initial cost ▸ **coste de fabricación** manufacturing cost ▸ **coste de la vida** cost of living ▸ **coste de mantenimiento** upkeep, maintenance cost ▸ **coste de reemplazo** replacement cost ▸ **coste efectivo** actual cost ▸ **coste neto** net cost ▸ **coste real** real cost ▸ **costes salariales** wage costs ▸ **costes de explotación** operating costs ▸ **costes de producción** production costs ▸ **costes financieros** financial costs ▸ **coste, seguros y flete** cost, insurance and freight, C.I.F. ▸ **costes laborales unitarios** unitary labour *o* (*EEUU*) labor costs

**costear**[1] ▸conjug 1a◂ Ⓐ VT (= *financiar*) to pay for, finance (*más frm*); (*Com, Fin*) to finance; (*Radio, TV*) to back, sponsor; **costea los estudios a su sobrino** he is paying for his nephew's education, he is financing his nephew's studies; **no lo podemos ~** we can't afford it
Ⓑ **costearse** VPR **~se los estudios** to pay for one's studies; **~se los caprichos** to pay for one's little indulgences

**costear**[2] ▸conjug 1a◂ VT (*Náut*) to sail along the coast of; [+ *río*] to sail close to the banks of

**costear**[3] ▸conjug 1a◂ VT (*Cono Sur*) [+ *ganado*] to pasture

**coste-eficacia** SM cost-efficiency

**costeño/a** Ⓐ ADJ coastal
Ⓑ SM/F (*LAm*) coastal dweller

**costera** SF [1] [*de paquete*] side
[2] (*Geog*) slope
[3] (= *costa*) coast
[4] (*Pesca*) fishing season

**costero** ADJ coastal; [*barco, comercio*] coasting

**costilla** SF [1] (*Anat*) rib
[2] (*Culin*) sparerib ▸ **costilla de cerdo** pork chop, pork cutlet
[3] (*) ✦***MODISMOS*** **todo carga sobre mis ~s** everything falls on my shoulders; **medir las ~s a algn** to beat sb
[4] (*) (= *mujer*) wife, better half*

**costillar** SM [1] (*Anat*) ribcage
[2] (*Culin*) ribs *pl*

**costilludo** ADJ broad-shouldered, strapping

**costipado** ADJ, SM = **constipado**

**costo** SM [1] (*esp LAm Fin*) cost ▸ **costo de expedición** shipping charges *pl*; *ver tb* **coste**
[2] (*LAm*) (= *esfuerzo*) trouble, effort
[3] (*Esp*‡) (= *hachís*) dope‡

**costosamente** ADV expensively

**costoso** ADJ costly, expensive

**costra** SF [1] (= *corteza*) crust
[2] (*Med*) scab
[3] [*de vela*] snuff

**costroso** ADJ [1] (= *con corteza*) crusty
[2] (*Med*) scabby

**costumbre** SF [1] (*tradicional*) custom; **costumbres** customs, ways; **las ~s de esta provincia** the customs of this province; **novela de ~s** novel of (local) customs and manners
[2] [*de una persona*] habit; **persona de buenas ~s** respectable person, decent person; **he perdido la ~** I've got out of the habit; **tener la ~ de hacer algo** ◊ **tener por ~ hacer algo** to be in the habit of doing sth
[3] **de ~** (*adj*) usual; (*adv*) usually; **como de ~** as usual; **más que de ~** more than usual

**costumbrismo** SM (*Literat*) *literature of local customs and manners*

> **COSTUMBRISMO**
>
> **Costumbrismo** *is a literary genre which emerged in Spain in the 1830s. It concentrated on a detailed depiction of social and regional traditions and customs and often contrasted them with the changes brought by industrial development. Among the most noted writers of this movement were Fernán Caballero, Pedro Antonio de Alarcón, Juan Valera and José María de Pereda.*

**costumbrista** Ⓐ ADJ (*Literat*) of local customs and manners
Ⓑ SMF *writer about local customs and manners*

**costura** SF [1] (= *puntadas*) seam; **sin ~** seamless; **sentar las ~s** to press the seams; ✦***MODISMO*** **sentar las ~ a algn*** to give sb a hiding*
[2] (= *labor*) sewing, needlework; (= *confección*) dressmaking; **alta ~** haute couture, high fashion; **la ~ italiana** Italian fashion
[3] (*Náut*) seam

**costurar** ▸conjug 1a◂ VT, VI, **costurear** VT, VI (*LAm*) = **coser**

**costurera** SF dressmaker, seamstress

**costurero** SM (= *caja*) sewing box; (= *cuarto*) sewing room

**cota**[1] SF [1] (*Hist*) ▸ **cota de malla** coat of mail
[2] (*Caribe*) (= *blusa*) blouse

**cota**[2] SF [1] (*Geog*) height above sea level; (= *altura*) height, level; **misil de baja ~** low-flying missile; **volar a baja ~** to fly low
[2] (= *cifra*) number, figure ▸ **cota de popularidad** level of popularity

**cotarro** SM [1] (*) (= *grupo*) ✦***MODISMOS*** **alborotar el ~** to stir up trouble; **dirigir el ~** to be the boss, rule the roost
[2] (†) (= *albergue*) night shelter for tramps; ✦***MODISMO*** **andar** *o* **ir de ~ en ~** to wander about, gad about
[3] (*Cono Sur**) (= *colega*) mate*, pal*, buddy (*EEUU**)

**coteja** SF (*LAm*) equal, match

**cotejar** ▸conjug 1a◂ VT [1] (= *comparar*) to compare, collate
[2] (*Andes, Caribe*) (= *arreglar*) to arrange

**cotejo** Ⓐ ADJ (*LAm*) similar, same
Ⓑ SM [1] (= *comparación*) comparison, collation
[2] (*Dep*) match, game

**cotelé** SM (*Chile*) corduroy

**cotense** SM (*Andes, Cono Sur, Méx*), **cotensia** SF (*Andes, Cono Sur*), **cotensio** SM (*Cono Sur*) coarse hemp fabric

**coterna** SF (*Andes*) broad hat

**coterráneo/a** Ⓐ ADJ from the same country, from the same region
Ⓑ SM/F compatriot, fellow-countryman/-woman; **un ~ le dio trabajo a Reilly en Mé-**

➤ LENGUA Y USO: costar A2 53.6

**xico** a fellow-countryman gave Reilly work in Mexico

**cotí** SM ticking

**cotidianeidad** SF daily nature, routine character

**cotidiano** ADJ daily, everyday; **la vida cotidiana** daily life, everyday life

**cotiledón** SM cotyledon

**cotilla*** SMF gossip

**cotillear*** ▸conjug 1a◂ VI to gossip

**cotilleo*** SM gossip, gossiping

**cotillero/a** SM/F = **cotilla**

**cotillón** SM ≈ New Year's Eve party

**cotín** SM (*Dep*) backhand return

**cotitular** SMF joint owner

**cotiza** SF (*LAm*) rough sandal

**cotización** SF [1] (*Fin*) price ► **cotización de apertura** opening price ► **cotización de cierre**, **cotización de clausura** closing price
[2] [*de club*] dues *pl*, subscription; (*a la Seguridad Social*) (National Insurance) contributions *pl* ► **cotización empresarial** employer contribution
[3] (= *cambio*) exchange rate

**cotizado** ADJ (= *solicitado*) in demand, sought-after; (= *estimado*) valued, esteemed; **uno de los corredores más ~s del ciclismo español** one of the most highly regarded Spanish cyclists; **un fotógrafo italiano, ~ internacionalmente** an internationally esteemed *o* acclaimed Italian photographer

**cotizante** SMF contributor

**cotizar** ▸conjug 1f◂ Ⓐ VI [1] (= *contribuir*) to make contributions, pay contributions; **no tiene pensión porque nunca ha cotizado** he doesn't have a pension because he hasn't made *o* paid any contributions; **~ a la Seguridad Social** to pay National Insurance contributions
[2] (*Fin*) **nuestra empresa cotiza ahora en Bolsa** our company is now quoted on the Stock Exchange; **al cierre cotizó a 870 pesetas** it closed at 870 pesetas, at the close it stood at 870 pesetas
Ⓑ VT [1] (= *pagar*) [+ *cuota, recibo, impuesto*] to pay
[2] (*Caribe, Cono Sur*) (= *valorar*) to value (**en** at)
[3] (*Cono Sur*) (= *prorratear*) to share out proportionally
[4] (*Andes, Caribe*) (= *vender*) to sell
Ⓒ **cotizarse** VPR [1] (*Com, Fin*) [*acciones*] to stand at, be quoted at; [*divisa*] to stand at; **estas acciones se están cotizando a once dólares** these shares are standing *o* are (being) quoted at eleven dollars; **éste es el valor que más se cotiza** this is the most commonly quoted price; **el dólar se cotizó hoy a 102,32 yenes** the dollar stood at 102.32 yen today
[2] (= *valorarse*) to be valued; **esos vídeos se cotizan en el mercado negro a 100 dólares cada uno** those videos are worth 100 dollars each on the black market, those videos are valued on the black market at 100 dollars each; **los conocimientos de inglés se cotizan muy alto** knowledge of English is highly valued

**coto**[1] SM [1] (= *reserva*) reserve ► **coto cerrado** closed shop; **los académicos son un ~ cerrado** the academic world is a closed shop ► **coto de caza** game preserve ► **coto de pesca** fishing preserve ► **coto forestal** forest reserve, forest estate ► **coto privado** private reserve ► **coto redondo** large estate
[2] **poner ~ a algo** to put a stop to sth; **medidas para poner ~ a la violencia** measures to put a stop to the violence
[3] (= *mojón*) boundary stone
[4] (*Com*) (= *acuerdo*) price-fixing agreement
[5] (*Bridge*) rubber

**coto**[2] SM (*LAm Med*) goitre, goiter (*EEUU*)

**cotón** SM [1] (= *tela*) printed cotton, cotton fabric
[2] (*Méx*) (= *camisa*) shirt; (= *blusa*) blouse

**cotona** SF [1] (*LAm*) (= *camisa*) *tightly woven cotton shirt*
[2] (*Méx*) (= *cazadora*) leather jacket, suede jacket
[3] (*Caribe*) (= *camisón*) child's nightdress

**cotonete** SM (*Méx*) cotton bud, Q-tip® (*EEUU*)

**cotorina** SF (*Méx*) jerkin

**cotorra** SF [1] (*Orn*) (= *loro*) parrot; (= *urraca*) magpie
[2] (*) (= *persona*) chatterbox*, windbag* (*pey*)

**cotorrear*** ▸conjug 1a◂ VI to chatter

**cotorreo*** SM [1] (= *plática*) chatter
[2] (*Méx**) (= *diversión*) fun, good time

**cotorrera** SF female parrot; = **cotorra 2**

**cotorro*** ADJ (*Méx*) (= *platicón*) chatty, talkative; (= *alborotado*) loud, noisy

**cototo** SM (*Cono Sur*) bump, bruise, bruise on the head

**cotudo** ADJ [1] (*LAm*) suffering from goitre *o* goiter (*EEUU*)
[2] (*Andes*) (= *tonto*) stupid

**cotufa** SF [1] (*Bot*) Jerusalem artichoke
[2] **cotufas** (*LAm*) popcorn *sing*

**coturno** SM buskin; (*Hist*) cothurnus; ✦*MODISMO* **de alto ~** lofty, elevated

**COU** SM ABR (*Esp*) (= **Curso de Orientación Universitaria**) *formerly, preparatory one-year course for the university entrance examinations*

**covacha** SF [1] (= *cueva*) small cave
[2] (= *vivienda*) hovel
[3] (*LAm*) (= *trastera*) lumber room, storage space
[4] (*Andes*) (= *puesto*) vegetable stall
[5] (*Caribe*) (= *perrera*) kennel

**covachuela** SF hovel

**covadera** SF (*LAm*) guano deposit

**cover*** SM (*Prensa*) cover story; (*Mús*) cover version

**covin** SM (*Cono Sur*), **covín** SM (*Cono Sur*) popcorn

**cowboy** [kao'βoi] SM (*pl* **cowboys**) cowboy

**coxcojilla** SF, **coxcojita** SF hopscotch

**coxis** SM INV coccyx

**coy** SM [1] (*Náut*) hammock
[2] (*Andes, Caribe*) (= *cuna*) cradle

**coyón*** ADJ (*Méx*) cowardly

**coyotaje*** SM (*Méx*) fixing*

**coyote** SM [1] (*Zool*) coyote, prairie wolf
[2] (*Méx, CAm**) (= *intermediario*) fixer*; (= *sablista*) con man*; (= *guía*) *guide for would-be immigrants to US*
[3] (*Méx Com, Fin*) speculator, dealer in shares *etc*

**coyotear** ▸conjug 1a◂ (*Méx*) VI [1] (*Com, Fin*) to deal in shares, speculate in shares
[2] [= *ser intermediario*] to act as go-between; [= *ser sablista*] to be a con man*

**coyunda** SF [1] (*CAm*) (= *correa*) strap; (= *dogal*) halter; (= *tralla*) lash, *part of whip*
[2] (*hum*) (*conyugal*) yoke, yoke of marriage

**coyuntura** SF [1] (*Anat*) joint
[2] (= *momento*) juncture; **en esta ~** at this juncture, at this moment in time; **esperar una ~ favorable** to wait for a suitable moment ► **coyuntura crítica** critical moment, critical juncture, conjuncture (*frm*)
[3] (= *situación*) situation; **la ~ política** the political situation

**coyuntural** ADJ relating to the moment *o* situation *etc*, relating to the present moment *o* situation *etc*; **datos ~es** relevant data; **medidas ~es** immediately relevant measures; **solución ~** interim solution

**coyunturalismo** SM opportunism

**coyunturalmente** ADV responding to the demands of the moment

**coz** SF [1] (= *patada*) kick; **dar (de) coces a** to kick; **tirar coces** to lash out (*tb fig*); ✦*MODISMO* **dar coces contra el aguijón** to kick against the pricks
[2] [*de fusil*] (= *retroceso*) recoil, kick; (= *culata*) butt
[3] [*de agua*] backward flow
[4] (= *insulto*) insult, rude remark; **tratar a algn a coces** to treat sb like dirt

**CP** ABR [1] (*Esp*) = **Caja Postal**
[2] (*Esp Com*) (= **contestación pagada**) RP
[3] (*LAm*) (= **casilla postal**) PO Box

**CP/M** SM ABR (= **Central Program for Microprocessors**) CP/M

**CPN** ABR (*Esp*) = **Cuerpo de la Policía Nacional**

**cps.** ABR (= **caracteres por segundo**) cps

**crac**[1] SM (*Com, Fin*) crash; **el viernes del Crac** Black Friday; **el ~ del 29** the 1929 Stock Exchange crash ► **crac financiero** financial crash

**crac**[2] EXCL crack!, snap!; **hizo crac y se abrió** it went snap! *o* crack! and came open

**crack** SM [1] (*LAm Dep*) (= *persona*) top player, star player; (= *caballo*) champion horse
[2] (*) (= *droga*) crack⁑

**crampón** SM crampon

**cranearse*** ▸conjug 1a◂ VPR (*Chile, Perú*) to dream up

**cráneo** SM skull, cranium (*frm*); ✦*MODISMOS* **ir de ~***: **voy de ~** it's all going wrong for me; **va a ir de ~ si hace eso*** he'll be in trouble if he does that; **ir de ~ con algn*** to be on bad terms with sb; **esto me lleva** *o* **trae de ~*** this is driving me crazy *o* nuts*

**crápula** Ⓐ SF (= *embriaguez*) drunkenness; (= *disipación*) dissipation
Ⓑ SM wastrel

**crapuloso** ADJ (= *borracho*) drunken; (= *disoluto*) dissolute, dissipated

**craquear** ▸conjug 1a◂ VT to crack

**craqueo** SM cracking

**crasitud** SF fatness

**craso** ADJ [1] (= *gordo*) [*persona*] fat; [*líquido*] greasy, thick
[2] [*error*] gross, crass
[3] (*Andes, Cono Sur*) (= *grosero*) coarse

**cráter** SM crater

**crawl** [krol] SM crawl, front crawl

**crayón** SM crayon, chalk

**crayota** SF (*Andes*) wax crayon

**creación** SF [1] (= *acción*) [1·1] [*de obra, objeto, empleo, ambiente*] creation; **para la ~ artística es necesaria la libertad de expresión** freedom of expression is necessary for artistic creation; **alterna la ~ literaria con la profesión periodística** she divides her time between literary work and journalism; **un empleo de nueva ~** a newly created position
[1·2] [*de empresa, asociación*] **incentivos para la ~ de empresas** incentives aimed at creating new businesses; **piden la ~ de una comisión de investigación** they are asking for a committee of inquiry to be set up; **empresas de nueva ~** newly-created businesses; **Canadá es miembro de la OTAN desde su ~** Canada has been a member of NATO since its creation *o* foundation
[2] (= *cosa creada*) creation; **presentará sus últimas creaciones en Milán** he will show his latest creations *o* designs in Milano; **su última ~ teatral** his latest work for the stage
[3] **la Creacción** (*Rel*) the Creation

**creacionismo** SM creationism

**creacionista** SMF creationist

**creador(a)** Ⓐ ADJ creative
Ⓑ SM/F [1] [*de movimiento, organización, personaje*] creator
[2] (= *artista*) artist; (= *diseñador*) designer; **los grandes ~es del Renacimiento** the great artists of the Renaissance; **los ~es de moda juvenil** designers of youth fashion
Ⓒ SM **el Creador** (*Rel*) the Creator

**crear** ▸conjug 1a◂ VT [1] (= *hacer, producir*) [+ *obra, objeto, empleo*] to create; **el hombre fue creado a imagen de Dios** man was created in the image of God; **~on una ciudad de la nada** they created a city out of nothing
[2] (= *establecer*) [+ *comisión, comité, fondo, negocio, sistema*] to set up; [+ *asociación, cooperativa*] to form, set up; [+ *cargo, puesto*] to create; [+ *movimiento, organización*] to create, establish, found; **¿qué se necesita para ~ una empresa?** what do you need in order to set up *o* start a business?; **esta organización se creó para defender los derechos humanos** this organization was created *o* established *o* founded to defend human rights; **aspiraban a ~ un estado independiente** they aimed to create *o* establish *o* found an independent state
[3] (= *dar lugar a*) [+ *condiciones, clima, ambiente*] to create; [+ *problemas*] to cause, create; [+ *expectativas*] to raise; **el bloqueo ha creado una situación insostenible** the blockade has created an untenable situation; **el vacío creado por su muerte** the gap left *o* created by her death; **la nicotina crea adicción** nicotine is addictive
[4] (*liter*) (= *nombrar*) to make, appoint; **fue creado papa** he was made pope

**creatividad** SF creativity

**creativo/a** Ⓐ ADJ creative
Ⓑ SM/F (*tb* **~ de publicidad**) copywriter

**crece** SM o SF (*Cono Sur*) = **crecida**

**crecepelo** SM hair-restorer

**crecer** ▸conjug 2d◂ Ⓐ VI [1] (= *desarrollarse*) [*animal, planta, objeto*] to grow; **el jazmín ha dejado de ~** the jasmine has stopped growing; **te ha crecido mucho el pelo** your hair's grown a lot; **me he dejado ~ la barba** I've grown a beard; **crecí en Sevilla** I grew up in Seville; **la princesa fue creciendo en belleza y sabiduría** the princess grew in beauty and wisdom
[2] (= *aumentar*) [*cantidad, producción, sentimiento*] to grow; [*gastos*] to increase, rise; [*inflación*] to rise; [*desempleo*] to increase, grow, rise; **el número de heridos seguía creciendo** the number of wounded continued to grow; **la economía española ~á un 4%** the Spanish economy will grow by 4%; **crece el temor de un conflicto armado** there are growing fears of an armed conflict; **el viento fue creciendo en intensidad** the wind increased *o* grew in intensity; **~ en importancia** to grow in importance
[3] (= *extenderse*) [*ciudad*] to grow; [*río, marea*] to rise; [*luna*] to wax
Ⓑ **crecerse** VPR [1] (= *tomar fuerza*) **pocos jugadores saben ~se ante la adversidad** there are few players who can stand up and be counted in the face of adversity
[2] (*) (= *engreírse*) to get full of o.s.; **con nada que le digas ya se crece** whatever you say to him he still gets all full of himself *o* his head still starts to swell
[3] (*Cos*) **en el cuello se le crece un punto** increase one stitch at the neck, add one stitch at the neck

**creces** SFPL [1] **con ~** amply, fully; **superó las expectativas con ~** she far exceeded *o* surpassed all expectations; **superó con ~ el récord** he beat the record by a long way *o* a long chalk, he smashed the record; **pagar con ~ un error** to pay dearly for a mistake; **pagó con ~ lo que debía** he paid back the full amount and more, he gave back everything he owed and more; **había cumplido su obligación con ~** he had amply carried out his obligation; **devolver un favor/el cariño con ~** to return a favour/sb's affection hundredfold
[2] (*Cos*) room to let out; **para los niños se hace la ropa con ~** children's clothes are made to be let out

**crecida** SF [*de río*] (= *aumento del cauce*) rise in level; (= *inundación*) flooding

**crecido** ADJ [1] [*persona*] **está muy ~ para su edad** he's very tall *o* big for his age; **está ya crecidita para saber lo que se hace** (*iró*) she's old enough to know what she's doing
[2] [*río*] high; **el río siempre viene ~ a la altura del puente** the level of the river is always higher where it goes under the bridge; **los ríos van ~s por los deshielos de la primavera** the rivers are swollen from the spring thaws, river levels are high from the spring thaws
[3] [*cantidad, número*] large
[4] [*pelo, barba*] **tienes el pelo mucho más ~ que cuando te vi la última vez** your hair is much longer than last time I saw you; **llevaba la barba crecida de un día** he had a day's growth (on his chin)
[5] (= *engreído*) vain, conceited

**creciente** Ⓐ ADJ [1] [*tendencia, demanda, volumen*] growing, increasing; **existe un ~ interés por las nuevas tecnologías** there is growing *o* increasing interest in new technology
[2] [*luna*] waxing; *ver tb* **cuarto B2**
Ⓑ SM (*Astron*) [*de la luna*] crescent ► **el Creciente Rojo** the Red Crescent
Ⓒ SF [*de río*] flood ► **creciente del mar** flood tide

**crecientemente** ADV increasingly

**crecimiento** SM [1] (*en seres vivos*) growth; **el deporte favorece el ~** sport is good for growth; **tiene problemas de ~** he has growth problems
[2] (= *aumento*) growth; **bajo ~** low growth rate; **modelos de ~ económico** models of economic growth; **el ~ del gasto público** the growth *o* increase in public spending; **una población en ~** a growing population ► **crecimiento cero** (*Fin*) zero growth ► **crecimiento demográfico** population growth ► **crecimiento negativo** (*Fin*) negative growth ► **crecimiento sostenido** sustained growth ► **crecimiento vegetativo** (*Sociol*) natural increase

**credencial** Ⓐ ADJ accrediting; *ver tb* **carta 2**
Ⓑ SF [1] (= *documento*) document confirming appointment
[2] **credenciales** credentials

▼ **credibilidad** SF credibility

**crediticio** ADJ credit *antes de s*

**crédito** SM [1] (= *fe*) credit; **dar ~ a algo** to believe sth, credit sth; **no podía dar ~ a sus oídos/ojos** he could hardly believe his ears/eyes
[2] (= *fama*) standing, reputation; **persona (digna) de ~** reliable person; **tiene ~ de muy escrupuloso** he has the reputation of being thoroughly honest
[3] (*Com, Fin*) credit; **a ~** on credit; **abrir ~ a** to give credit to ► **crédito a corto plazo** short-term credit ► **crédito a la exportación** export credit ► **crédito a largo plazo** long-term credit ► **crédito al consumidor** consumer credit ► **crédito bancario** bank credit ► **crédito de aceptación** acceptance credit ► **crédito de vivienda** mortgage ► **crédito diferido** deferred credit ► **crédito hipotecario** mortgage loan ► **crédito personal** personal credit ► **crédito puente** bridging loan, bridge loan (*EEUU*) ► **crédito renovable**, **crédito rotativo** revolving credit
[4] (*Univ*) credit
[5] (*Cine, TV*) **~s** credits

**credo** SM (*Rel*) creed; **el Credo** the Creed

**credulidad** SF credulity

**crédulo/a** Ⓐ ADJ gullible, credulous
Ⓑ SM/F **es tan ~** he's so gullible

**creederas** SFPL **tiene buenas ~** he's very gullible

**creencia** SF belief (**en** in); **en la ~ de que ...** in the belief that ...

**creencial** ADJ relating to belief

▼ **creer** ▸conjug 2e◂ Ⓐ VI [1] (= *pensar*) **es de Madrid, según creo** I believe she's from Madrid; **no creo** I don't think so; **es difícil, no creas** it's hard enough, I can tell you
[2] **~ en** to believe in; **creen en Dios** they believe in God; **creo en la igualdad** I believe in equality; **¿crees en los fantasmas?** do you believe in ghosts?
Ⓑ VT [1] (= *considerar cierto*) to believe; **nadie me cree** nobody believes me; **créame** believe me, take my word for it; **no creo lo que dijo** I don't believe what she said; **¡ya lo creo!**: **—¿quieres un café? —¡ya lo creo!** "do you want some coffee?" — "you bet!"*; **¡ya lo creo que está roto!** you bet it's broken!, it

➤ LENGUA Y USO: **credibilidad** 53.6 **creer B2** 33.2, 53.5

certainly is broken!; **¿que yo voy a ir andando hasta el faro? ¡ya lo creo!** (*iró*) you think I'm going to walk all the way to the lighthouse? you must be joking!*; **¿que tú no sabías lo del examen? ¡sí, sí, ya lo creo!** (*iró*) you didn't know about the exam? oh, sure you didn't!*
[2] (= *pensar*) to think; **creen haber descubierto el motivo** they think (that) they've discovered the reason; **~ que** to think (that); **no creo que pueda ir** I don't think I'll be able to go; **creo que es sincera** I think she's sincere, I believe her to be sincere; **creo que sí** I think so; **creo que no** I don't think so; **no puedo ~ que esto esté pasando** I can't believe this is happening; **no se vaya usted a ~ que ...** don't go thinking that ..., I wouldn't want you to think that ...
[3] (= *considerar*) to think; **no lo creía capaz de hacerlo** I didn't think him capable of doing it; **lo creo mi deber** I think *o* consider it (to be) my duty
Ⓒ **creerse** VPR [1] (= *considerar cierto*) to believe; **no me lo creo** I don't believe it; **eso no se lo ~á nadie** no one will believe that; **se cree todo lo que le dicen** he believes everything he's told; **hace falta que yo me lo crea** I remain to be convinced; **¡que te crees tú eso!*** you must be joking!*; **¡no te lo crees ni tú!*** come off it!*
[2] (= *pensar*) to think; **¿de dónde te crees que sacan el dinero?** where do you think they get the money?; **¿pero tú qué te crees, que soy millonario?** what do you think I am, a millionaire or something?
[3] (= *considerarse*) to think; **se cree muy listo** he thinks he's pretty clever; **¿quién te crees que eres?** who do you think you are?; **se cree alguien** he thinks he's somebody; **¿qué se ha creído?** who does he think he is?

**creíble** ADJ believable, credible; **¿es ~ que ...?** is it conceivable that ...?

**creíblemente** ADV credibly

**creído/a** Ⓐ ADJ [1] (= *engreído*) conceited
[2] (= *crédulo*) credulous, trusting
Ⓑ SM/F **es un ~** he's very full of himself

**crema** Ⓐ SF [1] (*en cosmética, de zapatos*) cream ► **crema antiarrugas** anti-wrinkle cream ► **crema base** foundation cream ► **crema bronceadora** suntan lotion, suntan cream ► **crema de afeitar** shaving cream ► **crema de belleza** beauty cream ► **crema de día** day cream ► **crema de manos** hand cream ► **crema de noche** night cream ► **crema depilatoria** hair removing cream, depilatory cream ► **crema de protección solar** sun protection cream ► **crema de zapatos** shoe cream ► **crema hidratante** moisturizer, moisturizing cream ► **crema nutritiva** nourishing cream
[2] (= *licor*) cream liqueur, crème
[3] (*Culin*) (*tb* **~ de leche**) cream; **~ líquida** single cream, pouring cream; **una ~ de champiñones** cream of mushroom (soup) ► **crema agria** sour cream, soured cream ► **crema batida** whipped cream ► **crema catalana** *dessert similar to crème brûlée* ► **crema de cacahuete** peanut butter ► **crema de cacao, crema de chocolate** chocolate filling ► **crema inglesa** custard ► **crema pastelera** confectioner's cream, custard, crème pâtissière
[4] **la ~** (= *lo mejor*) the cream; **la ~ de la sociedad** the cream of society
[5] (*Tip*) (= *diéresis*) diaeresis, dieresis (*EEUU*)
[6] (*Cono Sur*) ✦**MODISMO dejar la ~*** to make a hash of things*, put one's foot in it
Ⓑ ADJ INV [*color*] cream, cream-coloured, cream-colored (*EEUU*); **una chaqueta ~ claro** a light cream *o* cream-coloured jacket; **un coche color ~** a cream(-coloured) car

**cremación** SF cremation

**cremallera** SF [1] (*en material*) zip, zipper (*EEUU*); **cerrar la ~** do the zip *o* zipper up; **cierre de ~** zip, zip fastener, zipper (*EEUU*); ✦**MODISMO echar la ~*** to shut up*, button up*
[2] (*Téc*) rack ► **cremallera y piñón** rack and pinion

**cremar** ►conjug 1a◄ VT (*Méx*) to cremate

**crematístico** ADJ financial, economic

**crematorio** Ⓐ ADJ **horno ~** = **B**
Ⓑ SM crematorium

**crémor** SM (*tb* **~ tártaro**) cream of tartar

**cremosidad** SF creaminess

**cremoso** ADJ creamy

**crencha** SF parting, part (*EEUU*)

**creosota** SF creosote

**crep**[1] SM (= *tela*) crêpe, crepe, crape; (= *caucho*) crêpe (rubber), crepe (rubber)

**crep**[2] SM, **crepa** SF (*LAm Culin*) pancake, crêpe

**crepar**‡ ►conjug 1a◄ VI (*Cono Sur*) to peg out‡, kick the bucket‡

**crepe** SM *o* SF = **crep**[2]

**crepé** SM [1] = **crep**[1]
[2] (*Méx*) (= *peluca*) wig

**crepería** SF pancake restaurant, crêperie

**crepitación** SF [*de leño*] crackling; [*de bacon*] sizzling

**crepitar** ►conjug 1a◄ VI [*leño*] to crackle; [*bacon*] to sizzle

**crepuscular** ADJ twilight *antes de s*, crepuscular (*liter, frm*); **luz ~** twilight

**crepúsculo** SM twilight, dusk

**cresa** SF [1] (= *larva*) larva
[2] [*de abeja*] eggs of the queen bee

**crescendo** SM crescendo; **ir en ~** to increase, get louder *o* greater *etc*

**Creso** SM Croesus

**crespo** Ⓐ ADJ [1] (= *rizado*) [*pelo*] curly; [*hoja*] curled
[2] [*estilo*] involved, tortuous
[3] [*persona*] cross, angry
Ⓑ SM (*esp Caribe*) (= *rizo*) curl, ringlet

**crespón** SM crêpe, crepe, crape

**cresta** SF [1] (*Orn*) (*gen*) crest; [*de gallo*] comb
[2] (*Geog*) crest
[3] [*de ola*] crest; ✦**MODISMO en la ~ de la ola** on the crest of a wave
[4] (= *peluca*) wig, toupée

**crestería** SF (*Arquit*) (= *coronamiento*) cresting; (= *almenas*) crenellations *pl*

**crestomatía** SF anthology, collection of texts

**crestón** SM [1] [*de celada*] crest
[2] (*Min*) outcrop

**Creta** SF Crete

**creta** SF chalk

**cretáceo** ADJ cretaceous

**cretense** ADJ, SMF Cretan

**cretinada** SF silly thing to do *o* say *etc*, stupid thing to do *o* say *etc*

**cretinez** SF stupidity

**cretinismo** SM cretinism

**cretino/a** Ⓐ ADJ cretinous
Ⓑ SM/F cretin

**cretona** SF cretonne

**cretoso** ADJ chalky

**creyendo** *etc ver* **creer**

**creyente** SMF believer; **no ~** non-believer, unbeliever

**cría** SF [1] (*Agr*) (= *actividad*) rearing; (*para la reproducción*) breeding; **hembra de ~** breeding female ► **cría caballar** horse breeding ► **cría de ganado** cattle breeding, stockbreeding ► **cría de peces** fish farming
[2] (*Zool*) (= *camada*) litter; (= *individuo*) baby animal; **una ~ de ballena** a baby whale; **una ~ de león** a lion cub

**criadero** SM [1] (*Bot*) nursery
[2] (*Zool*) breeding place, breeding ground ► **criadero de ostras** oyster bed ► **criadero de peces** fish hatchery, fish farm
[3] (*Geol*) vein, seam

**criadilla** SF [1] (*Culin*) testicle ► **criadillas de tierra** truffles
[2] (= *pan*) small loaf, roll
[3] (= *patata*) potato, tuber

**criado/a** Ⓐ ADJ reared, brought up; **bien ~** well-bred; **mal ~** *ver* **malcriado**
Ⓑ SM/F [1] (= *sirviente*) (= *hombre*) servant; (= *mujer*) servant, maid ► **criado/a para todo** servant with general duties ► **criado/a por horas** (= *hombre*) *servant paid by the hour*; (= *mujer*) daily, *maid paid by the hour*
[2] (*Naipes*) jack, knave

**criador(a)** Ⓐ SM/F breeder
Ⓑ SM **el Criador** (*Rel*) the Creator

**criajo/a*** SM/F wretched child, urchin

**criandera** SF (*LAm*) nursemaid, wet nurse

**crianza** SF [1] (*Agr*) (= *actividad*) rearing; (*para la reproducción*) breeding
[2] (*Med*) lactation
[3] [*de vinos*] vintage ► **vinos de crianza** vintage wines
[4] (= *educación*) breeding; **mala ~** lack of breeding; **sin ~** ill-bred

> **CRIANZA**
>
> *Quality Spanish wine is often graded* **Crianza, Reserva** *or* **Gran Reserva** *according to the length of bottle-ageing and barrel-ageing it has undergone.* **Crianza** *wines are in their third year, reds having spent at least twelve months in cask and whites six.*
>
> ⇨ *See also* RESERVA

**criar** ►conjug 1c◄ Ⓐ VT [1] (= *educar*) [+ *niño*] to bring up, raise (*esp EEUU*); **los crió su abuela hasta los diez años** they were brought up *o* raised by their grandmother till they were ten; ✦**REFRÁN Dios los cría y ellos se juntan** birds of a feather flock together
[2] (= *amamantar*) to nurse, suckle, feed; **al niño lo crió su tía** the baby was nursed *o* suckled *o* fed by his aunt; **~ con biberón** to bottle-feed; **~ con el pecho** to breast-feed
[3] [+ *ganado*] to rear, raise; [+ *aves de corral*] to breed; (*para competición*) to breed; ✦**REFRÁN cría cuervos (que te sacarán los ojos)**: **qué mala suerte tuvo con sus hijos; ya sabes, cría cuervos ...** she's been so unlucky with her children, after all she's done for them

**crucero** SM [1] (= *barco*) cruise ship, (cruise) liner; (*Mil*) cruiser ► **crucero de batalla** battle cruiser ► **crucero de lujo** luxury cruise ship, luxury (cruise) liner ► **crucero pesado** heavy cruiser
[2] (= *viaje*) cruise; **hacer un ~** to go on a cruise; **velocidad de ~** cruising speed ► **crucero de placer, crucero de recreo** pleasure cruise
[3] (*Arquit*) [*de templo*] transept
[4] (= *viga*) crosspiece
[5] (*Aut*) [*de carreteras*] crossroads; (*Ferro*) crossing
[6] (= *persona*) crossbearer
[7] (*Astron*) ► **Crucero (Austral)** Southern Cross
[8] (= *misil*) cruise missile

**cruceta** SF [1] (= *viga*) crosspiece; (*Náut, Mec*) crosstree
[2] (*Mec*) crosshead
[3] (*Cono Sur*) (= *torniquete*) turnstile

**crucial** ADJ crucial

**crucificar** ▸conjug 1g◂ VT (*Rel*) to crucify; **si llega a perecer alguien, te crucifico** if anyone gets killed, I'll crucify you

**crucifijo** SM crucifix

**crucifixión** SF crucifixion

**cruciforme** ADJ cruciform

**crucigrama** SM crossword (puzzle)

**crucigramista** SMF crossword enthusiast

**cruda*** SF (*LAm*) (= *resaca*) hangover

**crudelísimo** ADJ, SUPERL *de* **cruel** (*liter*) most cruel, terribly cruel

**crudeza** SF [1] [*de imágenes, descripción*] coarseness, crudeness, crudity; **expresar algo con ~** to put sth crudely
[2] [*del invierno*] harshness, bleakness
[3] (*Culin*) [*de carne*] rawness; [*de frutas*] unripeness
[4] [*de comida*] indigestibility
[5] [*de agua*] hardness
[6] (= *comida*) undigested food (in the stomach)

**crudo** Ⓐ ADJ [1] (*Culin*) [1·1] (= *sin cocinar*) [*carne*] raw; [*verduras*] raw, uncooked
[1·2] (= *poco hecho*) underdone; **las patatas están crudas** the potatoes are underdone *o* are not properly cooked
[2] **de color ~** natural; **un jersey de color ~** a natural-coloured *o* (*EEUU*) natural-colored jersey
[3] (*Téc*) [*producto*] untreated; [*seda*] raw; [*lino*] unbleached
[4] [*clima, invierno*] harsh, severe
[5] [*descripción*] crude, coarse; [*imágenes*] harrowing; **la cruda realidad** the harsh reality
[6] (*) (= *difícil*) **lo tienen ~ para encontrar un trabajo** they're having a hard *o* tough time finding a job; **lo tendrán ~ si piensan que …** they'll have a tough time of it if they think that …; **lo veo muy ~** it doesn't look (too) good
[7] [*agua*] hard
Ⓑ SM [1] (= *petróleo*) crude (oil)
[2] (*LAm**) (= *resaca*) hangover
[3] (*Perú*) (= *arpillera*) sackcloth

**cruel** ADJ cruel; **fue una ~ ironía** it was a cruel irony; **el destino ~** cruel fate; **ser ~ con algn** to be cruel to sb

**crueldad** SF [1] (= *cualidad*) cruelty; **tratar a algn con ~** to treat sb cruelly
[2] (= *acción*) cruelty; **¡es una ~!** that's so cruel!, it's such a cruel thing to do *o* say!

**cruelmente** ADV cruelly

**cruento** ADJ (*liter*) bloody, gory

**crujía** SF (*Arquit*) corridor, gallery; (*Med*) ward; (*Náut*) midship gangway; [*de cárcel*] wing; ✦***MODISMO*** **pasar ~** to have a tough time of it

**crujido** SM [1] [*de papel, hojas, seda*] rustle, rustling; [*de madera, mueble, rama*] creak, creaking; [*de nieve, grava*] crunch, crunching; [*de leña ardiendo*] crackle, crackling
[2] [*de articulaciones, huesos*] crack, cracking; [*de dientes*] grinding

**crujiente** ADJ [*galleta*] crunchy; [*pan*] crunchy, crusty; [*seda*] rustling; [*madera*] creaking

**crujir** ▸conjug 3a◂ VI [1] [*papel, seda, hojas*] to rustle; [*madera, mueble, rama*] to creak; [*leña ardiendo*] to crackle; [*galletas, nieve, grava*] to crunch
[2] [*articulación, hueso*] to crack; [*dientes*] to grind; **le crujen los dientes** his teeth are grinding; **hacer ~ los nudillos** to crack one's knuckles

**crupier** SMF croupier

**crustáceo** SM crustacean

**cruz** SF [1] (= *figura*) cross; **en ~** cross-shaped; **coloque los dos palos en ~** put the two sticks in a cross-shape *o* in the shape of a cross; **con los brazos en ~** with one's arms outstretched; **firmar con una ~** to make one's mark; **hacerse cruces** to cross o.s.; **se hacía cruces cada vez que oía una palabrota** he crossed himself every time he heard a swearword; ✦***MODISMOS*** **cargar la ~** (*Méx**) to have a hangover; **¡~ y raya!** that's quite enough!, no more!; **a partir de ahora, a los Pérez, ¡~ y raya!** that's it, I'm through with the Pérez family! *o* I've had it with the Pérez family!; **por éstas que son cruces** by all that is holy; **quedar en ~** to be in an agonizing situation ► **cruz de hierro** iron cross ► **Cruz del Sur** Southern Cross ► **cruz de Malta** Maltese Cross ► **cruz de mayo** (*LAm*), **cruz gamada** swastika ► **cruz griega** Greek cross ► **cruz latina** Latin cross ► **Cruz Roja** Red Cross
[2] (= *suplicio*) **¡qué ~ tengo con estos hijos!** these kids of mine are a nightmare!*; **cada uno lleva su ~** each of us has his cross to bear
[3] [*de espada*] hilt; [*de ancla*] crown; (*Tip*) dagger
[4] [*de moneda*] tails; **¿cara o ~?** heads or tails?
[5] (*Zool*) withers *pl*

**cruza** SF (*LAm*) [1] (*Biol*) cross, hybrid
[2] (*Agr*) second ploughing *o* (*EEUU*) plowing

**cruzada** SF [1] (*Hist, fig*) crusade; **una ~ contra el terrorismo** a crusade against terrorism
[2] **La Cruzada** *the Civil War of 1936-39 (in official Spanish usage up to 1975)*

**cruzadilla** SF (*CAm*) level crossing, grade crossing (*EEUU*)

**cruzado** Ⓐ ADJ [1] (= *atravesado*) **se sentó con las piernas cruzadas** he sat down with his legs crossed; **con los brazos ~s** with one's arms folded *o* crossed; **no podemos quedarnos con los brazos ~s** we can't sit back and do nothing, we can't just sit idly by and do nothing
[2] [*chaqueta, americana*] double-breasted
[3] [*cheque*] crossed
[4] (*Zool*) crossbred
[5] (*Andes**) hopping mad*, furious
Ⓑ SM [1] (*Hist*) crusader
[2] (= *moneda*) cruzado (*Brazilian currency unit*)

**cruzador(a)*** SM/F (*Méx*) shoplifter

**cruzamiento** SM [1] (*Biol*) crossing
[2] (*Ferro*) crossover

**cruzar** ▸conjug 1f◂ Ⓐ VT [1] [+ *calle, río, frontera, puente*] to cross; **han cruzado el Atlántico** they've crossed the Atlantic; **~ la (línea de) meta** to cross the finishing line; **al ~ la puerta** *o* **el umbral del palacio** when you set foot inside the palace; **~on el lago a nado** they swam across the lake
[2] [*arrugas, líneas*] **profundas arrugas le cruzaban la cara** her face was covered in wrinkles; **una profunda cicatriz le cruzaba la mano** a deep scar ran across his hand; **el corte le cruzó la espalda de un lado a otro** the cut ran right across his back
[3] (= *poner cruzado*) **~ un palo sobre otro** to place one stick across another; **~ la espada con algn** to cross swords with sb; **~ los dedos** (*lit, fig*) to cross one's fingers; **el equipo se juega la Copa —cruzo los dedos— mañana** the team is playing for the Cup tomorrow — (I'm keeping my) fingers crossed; **~ las piernas** to cross one's legs
[4] [+ *palabras*] to exchange; **no ~on ni una palabra** they didn't exchange a (single) word
[5] [+ *apuestas*] to place, make
[6] (*Biol*) [+ *plantas, razas*] to cross
[7] (*Náut*) to cruise
[8] (*esp LAm Agr*) *to plough a second time in a criss-cross pattern*
[9] (*Andes, Cono Sur*) (= *atacar*) to fight, attack
[10] (*Ven*) **~ (los) aros** to celebrate the engagement ceremony (*involving the exchange of rings*)
Ⓑ VI [*peatón*] to cross; **cruza ahora, que no vienen coches** cross now, there are no cars coming; **~ por el puente** to cross over the bridge; **~ por el paso de peatones** to cross at the zebra crossing
Ⓒ **cruzarse** VPR [1] [*dos cosas, líneas*] to intersect, cross; [*caminos*] to cross; **nuestras cartas se ~on** our letters crossed in the post; **se ~on las miradas de los dos** their eyes met; ✦***MODISMO*** **se le ~on los cables*** (*por enfado*) he just lost it*, he flipped*; (*por confusión*) he just lost track*
[2] [*personas, vehículos*] [2·1] (= *encontrarse*) to pass each other; **iban tan deprisa que se ~on sin darse cuenta** they were in such a hurry that they passed each other without even noticing; **se cruzó con ella en la escalera** he passed her on the stairs; **hace tiempo que no me cruzo con él** I haven't seen him for a long time
[2·2] (= *pasar por delante*) **se le cruzó otro coche y para evitarlo, se salió de la carretera** another car pulled out in front of him and he swerved off the road to avoid it; **dos hechos que se ~on en su camino cambiaron su vida** two things that happened to him changed his life
[3] **~se con algn** (*Andes*) to fight sb, attack sb
[4] (*Chile**) (= *ponerse bravucón*) **se le cruzó por un asunto de dinero** he took him on over money matters; **se cruza con cualquiera que lo contradiga** he'll stand up to anybody who contradicts him; **no te me cruces** don't get cocky with me*
[5] (*Ven*) **~se (los) aros con algn** to exchange rings with sb

**CSD** SM ABR (*Esp*) (= **Consejo Superior de Deportes**) ≈ Sports Council

**c.s.f.** ABR (= **coste, seguro, y flete**) c.i.f.

**CSIC** [θe'sik] SM ABR (*Esp*) = **Consejo Superior de Investigaciones Científicas**

**CSN** SM ABR (*Esp*) = **Consejo de Seguridad Nuclear**

**CSP** SM ABR (*Esp*) = **Cuerpo Superior de Policía**

**cta.** ABR, **c.ta** ABR (= **cuenta**) a/c, acc., acct

**cta. cte.** ABR (= **cuenta corriente**) C/A, a/c (*EEUU*)

**cta. cto.** ABR (= **carta de crédito**) L/C

**ctdad.** ABR (= **cantidad**) qty

**cte.** ABR (= **corriente, de los corrientes**) inst

**CTI** SM ABR (= **Centro de Tratamiento Intensivo**) ICU

**CTM** SF ABR (*Méx*) = **Confederación de Trabajadores de México**

**ctra.** ABR (= **carretera**) Rd

**CTV** SF ABR (*Ven*) = **Confederación de Trabajadores de Venezuela**

**cu** SF Q, *name of the letter Q*

**c/u** ABR (= **cada uno**) ea

**cuacar** ▸conjug 1g◂ (*Andes, Caribe, Cono Sur*) VT **no me cuaca** (= *no quiero*) I don't want to; (= *no me cuadra*) it doesn't suit me

**cuácara** SF (*Andes*) (= *levita*) frock coat; (*Cono Sur*) (= *blusa*) workman's blouse

**cuache** (*CAm*) ADJ, SMF = **cuate**

**cuaco** SM [1] (*LAm*) (= *rocín*) nag
[2] (= *bolsista*) bag snatcher

**cuaderna** SF (*Náut*) (= *madera*) timber, lumber (*EEUU*); (= *costilla*) rib, frame

**cuadernillo** SM [1] (*gen*) booklet; **~ de sellos** book of stamps
[2] (*Tip*) quinternion
[3] (*Rel*) liturgical calendar

**cuadernito** SM notebook

**cuaderno** SM [1] (*para notas*) notebook; (*Escol*) jotter, exercise book, workbook (*EEUU*); **~ de espiral** spiral notebook, spiral-bound notebook ► **cuaderno de bitácora** (*Náut*) logbook ► **cuaderno de campo** field diary ► **Cuaderno de Cortes** (*Hist*) official parliamentary record ► **cuaderno de navegación** logbook ► **cuaderno de trabajo** logbook
[2] (*) (= *baraja*) pack of cards

**cuadra** SF [1] (*para caballos*) stable; **los mejores son los caballos de la ~ Martín** the best horses are from the Martín stable; **tienes la habitación que parece una ~*** your room looks like a pigsty*, your room is an absolute tip* ► **cuadra de carreras** racing stable
[2] (*LAm*) (= *manzana*) block; **vivo a dos ~s de aquí** I live two blocks from here
[3] [*de hospital*] ward
[4] (*Mil*) (= *barracón*) barracks *pl*
[5] (= *sala*) hall, large room; (*Andes*) reception room
[6] (*Andes*) (= *casa*) small rural property (*near a town*)
[7] (= *medida*) (*Cono Sur*) ≈ 125.50 metres; (*Andes, CAm, Caribe, Uru*) ≈ 83.5 metres

**cuadrada** SF (*Mús*) breve

**cuadrado/a** Ⓐ ADJ [1] (*Mat*) square; **dos metros ~s** two square metres; ✦***MODISMO* tenerlos ~s**** to have balls**
[2] [*objeto, superficie*] square
[3] (= *corpulento*) **estar ~** to be well-built, be hefty*
[4] (*Caribe, Cono Sur*) (= *grosero*) coarse, rude
[5] (*Andes*) (= *elegante*) graceful, elegant
[6] (*LAm**) (= *poco flexible*) **ser ~** to be narrow-minded
[7] (*Arg, Uru**) (= *poco inteligente*) dense, stupid
[8] (*Chile, Ven**) **estar ~ con algn** to side with sb; **el pueblo está ~ con el presidente** the people are siding with the president
Ⓑ SM/F (= *persona poco inteligente*) idiot
Ⓒ SM [1] (*Mat, Geom*) square; **cinco (elevado) al ~** five square(d), the square of five ► **cuadrado mágico** magic square
[2] (= *regla*) ruler, parallel ruler
[3] (*Téc*) die
[4] (*Cos*) gusset
[5] (*Tip*) quad, quadrat
[6] (*Caribe, Cono Sur**) (= *persona*) boor, oaf

**Cuadragésima** SF Quadragesima

**cuadragésimo** ADJ [1] (= *ordinal*) fortieth
[2] (= *partitivo*) **una cuadragésima parte** one fortieth; *ver tb* **sexto A**

**cuadrangular** ADJ quadrangular

**cuadrángulo** Ⓐ ADJ quadrangular
Ⓑ SM quadrangle

**cuadrante** SM [1] (*Mat, Náut*) quadrant; **el ~ noroccidental de la Península** the northwestern part *o* corner of the Peninsula
[2] [*de radio*] dial; [*de reloj*] face ► **cuadrante (solar)** sundial

**cuadrar** ▸conjug 1a◂ Ⓐ VI [1] [*cuentas, cifras*] to tally; **los números no cuadran** the numbers don't tally; **~ con algo** to square with sth, tally with sth
[2] [*misterio, historia*] to fit together; **todo parecía ~ perfectamente** everything seemed to fit together perfectly; **~ con algo** to fit in with sth; **su reacción no cuadraba con lo que me habían dicho de él** his reaction was at odds with *o* didn't fit in with what they had told me about him
[3] [*estilo, muebles*] to go, look right; **una silla Luis XIV no cuadra en esta habitación** a Louis XIV chair doesn't go in this room *o* doesn't look right in this room; **~ con algo** to go with sth
[4] **~ a algn** to suit sb; **los papeles dramáticos le cuadran muy bien a un actor como él** dramatic roles suit an actor like him very well; **ven mañana si te cuadra** come tomorrow if it suits you *o* if that's convenient
[5] **~ hacer algo** to be ready to do sth
[6] (*Ven**) (= *quedar*) to arrange to meet; **cuadramos para encontrarnos después del cine** we arranged to meet after the cinema; **¿a qué hora cuadraste con él?** what time did you arrange to meet him?
[7] (*Col**) (= *ennoviar*) **Juan y Ana se han cuadrado** Juan and Ana are going out; **~se con algn** to go out with sb
[8] (*Chile, Ven**) **~se con algn** to side with sb; **el pueblo se cuadró con el ministro** the people sided with the minister
[9] (*Chile**) **~se con algo** to donate sth
[10] (*Col, Ven, Perú*) (= *aparcar*) to park
[11] (*Perú, Ven**) **~se a algn** to take sb on; **se me cuadró y por poco me pega** he took me on and nearly hit me
Ⓑ VT [1] (*Mat*) to square
[2] (*Téc*) to square, square off
[3] (*Perú*) (= *aparcar*) [+ *carro*] to park
Ⓒ **cuadrarse** VPR [1] [*soldado*] to stand to attention
[2] (*en una actitud*) to dig one's heels in
[3] (*Caribe*) (= *enriquecerse*) to make one's pile*; (= *tener éxito*) to come out on top

**cuadratín** SM (*Tip*) quadrat, quad, space

**cuadratura** SF (*Mat*) quadrature; **la ~ del círculo** squaring the circle

**cuadrícula** SF (*Tip*) grid, ruled squares; [*de mapa*] grid

**cuadriculado** ADJ **papel ~** squared paper, graph paper; **mapa ~** grid map

**cuadricular** ▸conjug 1a◂ Ⓐ VT to draw squares on, draw a grid on
Ⓑ ADJ [*papel*] ruled in squares, squared; [*tela*] chequered, checkered (*EEUU*)

**cuadrilátero** Ⓐ ADJ quadrilateral, four-sided
Ⓑ SM (*Mat*) quadrilateral; (*Boxeo*) ring

**cuadrilla** SF [1] [*de amigos*] party, group; [*de obreros*] gang, team; **una ~ de chiquillos** a bunch of kids*; **¡menuda ~!** a fine bunch they are! ► **cuadrilla de demolición** demolition squad
[2] (*Taur*) *bullfighting team*
[3] (*Mil*) squad; (††) armed patrol ► **cuadrilla de noche** night shift, night squad

**cuadrillazo** SM (*Andes, Cono Sur*) gang attack

**cuadrillero** SM [1] (= *jefe*) [*de grupo*] group leader; [*de banda*] gang leader
[2] (*esp Andes, Cono Sur pey*) hooligan
[3] (= *trabajador*) worker (*in a team*)

**cuadrilongo** Ⓐ ADJ oblong
Ⓑ SM oblong

**cuadringentésimo** ADJ four hundredth

**cuadripartido** ADJ quadripartite

**cuadrito** SM (*Culin*) cube; **cortar en ~s** to dice

**cuadrivio** SM quadrivium

**cuadro** SM [1] (= *cuadrado*) square; **una camisa/un vestido a** *o* **de ~s** a checked *o* check shirt/dress; **~s escoceses** tartan (pattern); ✦***MODISMOS* quedarse a ~s*** to be flabbergasted*; **en ~: el equipo llegó en ~ al partido** they brought a drastically reduced side *o* team to the match; **hacerse la vida de ~s** *o* **cuadritos** (*Méx*) to make things complicated; **ser del otro ~** (*Uru**) to be gay
[2] (*Arte*) (= *pintura*) painting; (= *reproducción*) picture; **dos ~s de Velázquez** two paintings by Velázquez, two Velazquez paintings; **pintar un ~** to do a painting, paint a picture; ✦***MODISMO* ir hecho un ~** to be a (real) sight* ► **cuadro de honor** roll of honour, honor roll (*EEUU*)
[3] (= *escena*) (*Teat*) scene; (*fig*) scene, sight; **fue un ~ desgarrador** it was a heart-breaking scene *o* sight; **desde el avión los escaladores ofrecían un ~ impresionante** seen from the plane the climbers were an impressive sight; **llegaron calados hasta los huesos y llenos de barro ¡vaya ~!** they arrived soaked to the skin and covered in mud, what a sight (they were)! ► **cuadro viviente, cuadro vivo** tableau vivant
[4] (= *gráfico*) table, chart ► **cuadro sinóptico** synoptic chart
[5] (= *tablero*) panel ► **cuadro de conmutadores, cuadro de distribución** (*Elec*) switchboard ► **cuadro de instrumentos** (*Aer*) instrument panel; (*Aut*) dashboard ► **cuadro de mandos** control panel
[6] (= *armazón*) [*de bicicleta, ventana*] frame
[7] **cuadros** (*tb* **~s de mando**) (*en empresa*) managerial staff; (*Admin, Pol*) officials; (*Mil*)

commanding officers ► **cuadros dirigentes** (*en empresa*) senior management; (*Admin, Pol*) senior officials; (*Mil*) senior officers ► **cuadros medios** (*en empresa*) middle management; (*Admin, Pol*) middle-ranking officials; (*Mil*) middle-ranking officers ► **cuadros superiores** = **cuadros dirigentes**

**8** (*Med*) symptoms *pl*, set of symptoms; **el paciente presentaba un ~ vírico** the patient presented with viral symptoms (*frm*), the patient showed symptoms of a virus ► **cuadro clínico** symptoms *pl*, clinical symptoms *pl*

**9** (= *descripción*) picture; **un verdadero ~ de la sociedad** a true picture of society ► **cuadro de costumbres** (*Literat*) *description of local customs*

**10** (*en jardín, huerto*) bed, plot

**11** (*Mil*) (= *formación*) square; ✦*MODISMO* **formar el ~** to close ranks

**12** (*Dep*) team; **el ~ argentino** the Argentinian team

**13** (*Cono Sur*) (= *matadero*) slaughterhouse, abattoir

**14** (*Cono Sur*) (= *bragas*) knickers *pl*, panties *pl*

**15** (*Andes*) (= *pizarra*) blackboard

**cuadrúpedo** SM quadruped, four-footed animal

**cuádruple** Ⓐ ADJ quadruple, fourfold

Ⓑ SM **yo he pagado el ~** I paid four times that; **el ~ del salario mínimo** four times the minimum salary

**cuadruplicado** ADJ quadruplicate; **por ~** in quadruplicate

**cuadruplicar** ▸conjug 1g◂ Ⓐ VT to quadruple; **hemos cuadruplicado nuestras ventas este año** we have quadrupled our sales this year; **las pérdidas cuadruplican las del año pasado** losses are four times last year's

Ⓑ **cuadruplicarse** VPR to quadruple, increase fourfold

**cuádruplo** Ⓐ ADJ fourfold, quadruple

Ⓑ SM = **cuádruple B**

**cuajada** SF [*de leche*] curd; (= *requesón*) curd cheese, cottage cheese; (*como postre*) junket

**cuajado** Ⓐ ADJ **1** [*leche*] curdled; [*sangre*] coagulated, congealed

**2** (= *lleno*) **~ de** full of, filled with; **un cielo ~ de estrellas** a star-spangled sky, a star-studded sky, a sky studded with stars; **una corona cuajada de diamantes** a diamond-studded crown, a crown studded with diamonds; **una tapia cuajada de pintadas** a wall covered in graffiti; **una situación cuajada de peligros** a situation fraught with dangers; **un texto ~ de problemas** a text bristling with problems

**3** (= *asombrado*) **estar ~** to be dumbfounded

**4** (= *dormido*) **quedarse ~** to fall asleep

Ⓑ SM ► **cuajado de limón** lemon curd

**cuajaleche** SM **1** (*Culin*) cheese rennet

**2** (*Bot*) bedstraw

**cuajar** ▸conjug 1a◂ Ⓐ VT **1** [+ *leche*] to curdle; [+ *gelatina*] to set; [+ *sangre*] to coagulate, clot; [+ *grasa*] to congeal

**2** **~ algo de** (= *cubrir*) to cover sth with, adorn sth with; (= *llenar*) to fill sth with; **cuajó el tablero de cifras** he covered the board with figures

Ⓑ VI **1** [*nieve*] to lie; [*leche*] to curdle

**2** [*moda, producto*] to catch on, take off; [*plan*] to take shape; [*idea, propuesta*] to be well received, be acceptable; [*truco*] to come off, work; **el acuerdo no cuajó** the agreement didn't come off *o* work out

**3** (*Méx*) (= *charlar*) to chat

Ⓒ **cuajarse** VPR **1** [*leche*] to curdle; [*sangre*] to congeal, coagulate; [*gelatina*] to set

**2** **~se de** to fill (up) with

**3** (= *dormirse*) to fall fast asleep

**cuajarón** SM clot

**cuajo** SM **1** (*Zool, Culin*) rennet; **~ en polvo** powdered rennet

**2** **arrancar algo de ~** to tear sth out by its roots; **arrancar una puerta de ~** to wrench a door out of its frame; **extirpar un vicio de ~** to eradicate a vice completely

**3** (= *cachaza*) phlegm, calmness; **tiene mucho ~** he's very phlegmatic

**4** **coger un ~*** to cry one's eyes out; *ver tb* **llorar B1**

**5** (*Méx**) (= *charla*) chatter

**6** (*Méx**) (= *mentirijilla*) fib

**7** (*Méx**) (= *proyecto*) pipe dream

**8** (*Méx Escol*) (= *recreo*) playtime, recess (*EEUU*)

**9** (*Méx*) (= *látigo*) short whip

**cual** Ⓐ PRON **1** **el ~/la ~/ los ~es/las ~es**

**1·1** (*aplicado a cosas*) which; **un balcón desde el ~ se puede ver toda la bahía** a balcony from which you can see the whole bay; **obtuvo una beca, gracias a la ~ pudo subsistir varios años** he got a grant, which gave him enough to live on for several years; **el estado al ~ se ha solicitado la extradición** the country from which extradition has been requested

**1·2** (*aplicado a personas*) (*como sujeto*) who; (*como objeto*) who, whom; (*tras preposición*) whom; **se reunieron con el presidente, el ~ les informó del asunto** they had a meeting with the president, who briefed them on the affair; **tengo gran amistad con el director, al ~ conozco desde hace muchos años** the director, who *o* whom I have known for many years, is a great friend of mine; **había ocho chicos, tres de los ~es hablaban en inglés** there were eight boys, three of whom were speaking in English

**2** **lo ~** which; **se rieron mucho, lo ~ me disgustó** they laughed a lot, which upset me; **con lo ~** with the result that; **se han construido dos escuelas más, con lo ~ contaremos con más de 2.000 plazas escolares** two more schools have been built, with the result that *o* which means that we will have more than 2,000 school places; **llegué tarde, con lo ~ no pude entrar** I arrived late, which meant I couldn't get in; **por lo ~** and therefore, consequently

**3** **cada ~**: **miembros de distintas religiones, cada ~ con su libro sagrado** members of different religions, each (one) with their holy book; **cada ~ puede hacer lo que crea conveniente** everyone may do what they think fit; **depende del gusto de cada ~** it depends on individual taste, it depends on each individual's taste; **allá cada ~** everyone must look out for themselves; **allá cada ~ con su conciencia** that is a matter for each individual's conscience

**4** **sea ~ sea** *o* **fuese** *o* **fuere** whatever; **nuestra postura no variará sea ~ sea el resultado de las elecciones** our position will not change whatever the outcome of the election (is *o* may be); **quiere entrar en un club de golf, sea ~ sea** he wants to join a golf club, and any one will do

Ⓑ ADV, CONJ (*liter*) like; **en la novela su amada se suicida ~ nueva Ofelia** in the novel his loved one commits suicide like a modern-day Ophelia; **frágil ~ mariposa** as delicate as a butterfly; **~ si** as if; **todos aplaudieron su sugerencia, ~ si de una idea genial se tratara** everyone applauded his suggestion, as if it were the most brilliant idea; *ver tb* **tal C1**

Ⓒ ADJ (*Jur*) said, aforementioned; **los ~es bienes** the said *o* aforementioned property

**cuál** Ⓐ PRON **1** (*interrogativo*) what, which (one); **¿~ quieres?** which (one) do you want?; **¿~ es su opinión sobre el tema?** what's your opinion on the subject?; **¿~ es el que dices?** which one are you talking about?; **ignora ~ será el resultado** he does not know what the outcome will be

**2** **a ~ más**: **son a ~ más gandul** each *o* one is as lazy as the other; **una serie de coches a ~ más rápido** a series of cars each faster than the last; **gritaban a ~ más** one was shouting louder than the other; **~ más ~ menos** some more, some less

**3** (*exclamativo*) **¡~ no sería mi asombro!** imagine the surprise I got!, imagine my surprise!; **¡~ gritan esos malditos!** (*frm*) how those wretched people shout!

Ⓑ ADJ (*esp Méx, Perú, Ven*) which?; **¿~ libro dices?** which book do you mean?; **¿~es carros?** which cars?; **tú ¿a ~ colegio vas?** which school do you go to?

**cualidad** SF **1** (= *virtud*) quality; (= *talento*) talent; **tiene buenas ~es** he has good qualities; **su principal ~ era la lealtad** loyalty was their main virtue, their foremost quality was loyalty; **defectos y ~es** faults and virtues; **hizo una demostración de sus ~es como actriz** she demonstrated her talent as an actress; **jóvenes que apuntan ~es** promising young people

**2** (= *atributo*) attribute, characteristic

**3** (*Fís, Fil*) property

**cualificado** ADJ **1** [*obrero*] skilled, qualified; **obrero no ~** unskilled worker

**2** **estar ~ para hacer algo** to be qualified to do sth

**3** = **calificado**

**cualitativamente** ADV qualitatively

**cualitativo** ADJ qualitative

**cualquier(a)**[1] (*pl* **cualesquier(a)**) ADJ INDEF **1** (*antes de s*) any; **como en ~ otro país europeo** as in any other European country; **~ día se presenta aquí** he could turn up here any day; **~ persona de por aquí te diría lo mismo** anyone from round here would tell you the same; **en ~ caso** in any case; **~ cosa** anything; **en un lugar como este puede ocurrir ~ cosa** in a place like this anything could happen; **en ~ lugar del mundo** anywhere in the world; **en ~ momento** at any time, (at) any moment; ✦*MODISMO* **~ tiempo pasado fue mejor** the grass is always greener (on the other side of the fence)

**2** (*después de s*) any; **—¿cuál prefieres? —me da igual, uno ~a** "which one do you prefer?" — "it doesn't matter, any one (will do)"; **sucedió un día ~a** it happened on a day like any other day; **el presidente tendrá que ir a juicio, como un ciudadano ~a** the president will have to go to court, like any ordinary citizen; **éste no es un coche ~a** this is not just any old car

3 (*LAm*) (= *bastante*) **tienen ~ cantidad de juguetes** they have loads of toys*; **puede comer ~ cantidad y no se llena** he can eat loads and not get full*

**cualquiera**[2] (*pl* **cualesquiera**) Ⓐ PRON INDEF 1 (= *cualquier persona*) anyone, anybody; (= *cualquier cosa*) any one; **en un club como ése no admiten a ~** they don't accept just anyone *o* anybody into that club; **~ puede ser candidato a la presidencia** anyone *o* anybody can stand for president; **esos precios están al alcance de ~** those prices are within everyone's *o* everybody's means; **tal como gritaban los niños, ~ diría que los estaba torturando** the way the children were screaming anyone would think I was torturing them; **puedes coger ~** you can choose any one (you like); **es una costumbre como otra ~** it is a custom like any other

2 **~ de** any, any of; **puede acudir a ~ de las sucursales del banco** you can go to any branch *o* any of the branches of the bank; **~ de mis alumnos podría realizar este proyecto** any *o* anyone of my pupils could do this project; **~ de los dos** either (one) of them, either of the two; **llama a Pedro o a Carlos, ~ de los dos** call Pedro or Carlos, either (one) of them *o* either of the two; **~ de los dos equipos** either team *o* either (one) of the two teams

3 **~ que** (+ *SUBJUN*) 3·1 (*en general*) whatever; (*ante una elección*) whichever; **~ que sea el color de su piel** whatever the colour of their skin; **~ que sea tu problema** whatever your problem is, no matter what your problem is; **respetaremos el resultado de la votación, ~ que sea** we will respect the result of the vote, whatever that may be; **es caro, pero ~ que compres te va a costar una fortuna** it's expensive, but whichever (one) you buy it'll cost you a fortune

3·2 (= *persona*) anyone who, anybody who; **~ que lo conozca te diría lo mismo** anyone *o* anybody who knows him *o* whoever knows him would tell you the same

4 (*en exclamaciones*) **¡~ sabe!** who knows?; **¡~ le interrumpe ahora!** I wouldn't interrupt him at the minute!; **¡así ~!** it's all right for some!*

Ⓑ SM **un ~** a nobody; **yo no me caso con un ~** I'm not marrying just anybody

Ⓒ SF (*pey*) **una ~** a hussy*

**cuan** ADV (*liter*) **tan estúpidos ~ criminales** as stupid as they are criminal

**cuán** ADV how; **¡~ agradable fue todo eso!** how delightful it all was!

**cuando** Ⓐ CONJ 1 (*con valor temporal*) (*en un momento concreto*) when; (*en cualquier momento*) whenever; **~ llegué a su casa él ya se había ido** when I got to his house he had already left; **te lo diré ~ nos veamos** I'll tell you when I see you; **ven ~ quieras** come when(ever) you like; **~ iba allí lo veía** whenever I went there I saw him, I used to see him when(ever) I went there; **me acuerdo de ~ jugábamos en el patio** I remember when we used to play in the yard; **lo dejaremos para ~ estés mejor** we'll leave it until you're better

2 (*con valor condicional, causal*) if; **~ él lo dice, será verdad** if he says so, it must be true; **~ no te ha dicho nada todavía, es que no piensa invitarte** if he hasn't said anything yet, that means he isn't thinking of inviting you

3 (*con valor adversativo*) when; **yo lo hago todo, ~ es él quien debería hacerlo** I'm the one that does it all, when it should be him; *ver tb* **aun 3**

Ⓑ ADV 1 **fue entonces ~ comprendí la importancia del problema** it was then that *o* that was when I understood the seriousness of the problem; **en abril es ~ más casos hay** April is when there are most cases, it's in April that there are most cases; **de ~ en ~** ◊ **de vez en ~** from time to time, now and again, every so often

2 **~ más** at (the) most; **tardaremos, ~ más, una semana** it will take us a week at (the) most *o* at the outside; **~ menos** at least; **esperamos llegar, ~ menos, a las semifinales** we are hoping to reach the semifinals, at least; **~ mucho** at (the) most; **~ no** if not; **docenas, ~ no cientos, de películas** dozens, if not hundreds, of films

Ⓒ PREP **eso fue ~ la guerra** that was during the war; **ocurrió ~ la boda** it happened at the time of the wedding; **~ niño yo era muy travieso** as a child *o* when I was a child I was very naughty

**cuándo** ADV 1 (*en oraciones interrogativas*) when; **¿~ te lo dijo?** when did he tell you?; **no sé ~ será** I don't know when it will be; **no me ha dicho aún desde ~ sabe la noticia** he hasn't told me yet how long he has known the news (for); **¿de ~ acá?** since when?; **¿desde ~?** since when?; **¿desde ~ os conocéis?** how long have you known each other?; **¿desde ~ trata uno así a su padre?** since when do you treat your father like that?; **¿hasta ~?** how long?; **¿hasta ~ vamos a aguantar esta injusticia?** how long are we going to put up with this injustice?; **¿hasta ~ ya no te veo?** when will I see you again *o* next?, how long will it be till I see you again?; **¿para ~ ...?** when ... by?; **¿para ~ estará listo el proyecto?** when will the project be ready (by)?; **¿para ~ una edición de sus obras completas?** when are we (ever) going to see an edition of his complete works?; **✦*MODISMO*** **no tener para ~** (*Chile**): **a este paso no tenemos para ~ terminar** we're never going to finish at this rate; **—¿esta lista ya? —¡no tiene para ~!** "is she ready yet?" — "she'll be a long time yet!"

2 **¡~ no!** (*LAm*) just to make a change!; **se le perdieron las llaves ¡~ no!** he lost his keys, just to make a change!

**cuandoquiera** CONJ **~ que ...** whenever ...

**cuantía** SF 1 (= *cantidad*) 1·1 (= *importe*) quantity, amount; **¿cómo se calcula la ~ de la pensión?** how is the amount *o* level of pension calculated?; **el fraude supera la ~ de cinco millones** the fraud amounts to more than five million

1·2 (= *alcance*) extent; **se ignora la ~ de las pérdidas** the extent of the losses is not known

2 (= *importancia*) importance; **de mayor ~** more important, more significant; **de menor ~** ◊ **de poca ~** unimportant, of little account

**cuántico** ADJ **teoría cuántica** quantum theory

**cuantificable** ADJ quantifiable

**cuantificación** SF quantifying; **hacer una ~ de** to quantify

**cuantificador** SM quantifier

**cuantificar** ▸conjug 1g◂ VT 1 [+ *daños, pérdidas*] to quantify (*frm*), assess

2 (*Fís*) to quantize

3 (*Lógica*) to quantify

**cuantimás*** ADV **~ que** all the more so because

**cuantioso** ADJ [*suma, beneficios, daños*] substantial, considerable; [*pérdidas*] substantial, heavy; **el terremoto causó ~s daños materiales** the earthquake caused substantial *o* considerable material damage

**cuantitativamente** ADV quantitatively

**cuantitativo** ADJ quantitative

**cuanto** Ⓐ ADJ 1 (*indicando cantidad*) **daremos ~s créditos se precisen** we will give as many loans as (are) needed *o* whatever loans are needed; **~s hombres la ven se enamoran de ella** all the men that see her fall for her

2 (*en correlación*) **~ más** the more; **~s más invitados vengan más comida habrá que preparar** the more guests come, the more food we'll have to prepare; **~ menos** the less; **~ menos dinero tiene la gente, menos gasta en salir a comer** the less money people have, the less they spend on eating out; **~s menos errores hagas mejor** the fewer mistakes you make, the better

3 **unos ~s** (= *no muchos*) a few; (= *bastantes*) quite a few; **sólo unos ~s funcionarios permanecerán en el país** only a few officials will stay in the country; **he leído unos ~s libros suyos** I've read quite a few of his books

Ⓑ PRON 1 (*indicando cantidad*) all; **tiene todo ~ desea** he has everything *o* all (that) he wants; **tome ~ quiera** take as much as you want, take all you want

2 (*en correlación*) **~s más** the more; **~s más mejor** the more the better; **~s menos** the fewer

3 **unos ~s** (= *no muchos*) a few; (= *bastantes*) quite a few; **lo sabíamos unos ~s, pero la mayoría no** a few of us knew, but most people didn't; **hay unos ~s en clase que no hacen más que molestar** there are a few people in the class who do nothing but cause trouble; **—¿cuántos vinieron? —unos ~s** "how many people came?" — "quite a few"

Ⓒ ADV, CONJ 1 (*expresando correlación*) **~ antes mejor** the sooner the better; **~ más** the more; **~ más intentes convencerlo, menos caso te hará** the more you try to persuade him, the more he will ignore you; **~ más corto mejor** the shorter, the better; **~ menos** the less; **~ menos se hable sobre este asunto mejor** the less (that is) said about this issue, the better

2 (*locuciones*) 2·1 **~ antes** as soon as possible; **tiene que estar terminado ~ antes** it has to be finished as soon as possible; **ven ~ antes** come as soon as you can *o* as soon as possible

2·2 **en ~** (= *tan pronto como*) as soon as; (= *en calidad de*) as; **en ~ lo supe me fui** as soon as I heard I left; **iré en ~ pueda** I'll go as soon as I can; **el cuento infantil, en ~ género literario** children's stories, as a literary genre

2·3 **en ~ a** as regards, as for; **en ~ a tu aumento de sueldo, lo discutiremos en diciembre** as regards *o* as for your pay rise, we'll discuss it in December; **el sistema tiene ventajas en ~ a seguridad y comodidad**

**cúbito** SM ulna

**cubo** SM 1 (= *balde*) bucket, painful, pail; **~ para el carbón** coal scuttle ► **cubo de (la) basura** (*en casa*) dustbin, trash can (*EEUU*); (*en la calle*) litter bin, trash can (*EEUU*)
2 (= *contenido*) bucketful, bucket, pailful, pail
3 (*Mat*) cube; **cinco elevado al ~** five cubed
4 (*Geom*) cube ► **cubo de Rubik** Rubik cube
5 (*Mec*) barrel, drum
6 [*de rueda*] hub
7 [*de molino*] millpond
8 (*Arquit*) round turret

**cuboflash** SM (*Fot*) flashcube

**cubrebocas** SM INV (*Med*) mask

**cubrebotones** SM INV button-cover

**cubrecama** SM coverlet, bedspread

**cubrecorsé** SM camisole

**cubremesa** SF table cover

**cubreobjetos** SM INV (*Biol*) slide cover

**cubrerradiadores** SM INV *cover for radiator*

**cubrerrueda** SF mudguard, fender (*EEUU*)

**cubretetera** SM tea cosy, tea cozy (*EEUU*)

**cubrimiento** SM [*de objeto*] covering; [*de noticia*] coverage

**cubrir** ▸conjug 3a◂ (*pp* **cubierto**) Ⓐ VT 1 (= *ocultar*) 1·1 [+ *superficie, objeto*] to cover; **un velo le cubría el rostro** a veil covered her face; **las nubes cubrían la cima de la montaña** the mountain top was covered by clouds; **habían cubierto el suelo de papeles** they had covered the floor with papers
1·2 [*agua*] **lo cubrieron las aguas** the waters closed over it; **no te metas donde te cubra el agua** don't go out of your depth
1·3 (= *poner techo a*) to roof, roof over; **queremos ~ parte del patio** we want to roof (over) part of the patio
1·4 [+ *fuego*] to make up, bank up
2 (= *llenar*) [+ *agujero*] to fill in; [+ *hueco*] to fill; **cubrieron el hoyo con la tierra del jardín** they filled in the hole with soil from the garden; **~ el hueco existente en el mercado** to fill the existing gap in the market; **~ a algn de alabanzas** to heap praises on sb; **~ a algn de atenciones** to lavish attention on sb; **~ a algn de besos** to smother sb with kisses; **~ a algn de improperios** to shower sb with insults; **~ a algn de oprobio** to bring shame on sb
3 (= *proteger*) (*Dep, Mil*) to cover; **intenta llegar a las líneas enemigas: nosotros te ~emos** try to get to the enemy lines: we'll cover you; **~ su retirada** to cover one's retreat
4 (= *recorrer*) [+ *ruta, distancia*] to cover; **cubrió 80 kms en una hora** he covered 80 km in an hour; **el autocar cubría el trayecto entre León y Madrid** the coach was travelling between León and Madrid
5 (= *ocupar*) [+ *vacante, plaza*] to fill
6 (= *pagar*) [+ *gastos, déficit, préstamo*] to cover; **esto apenas cubre los gastos** this scarcely covers the expenses
7 (= *satisfacer*) [+ *necesidades, demanda*] to meet; **esto cubre todas nuestras necesidades** this meets all our needs
8 (*Prensa*) [+ *suceso*] to cover; **todos los periódicos cubrieron la noticia** all the newspapers covered the event
9 (*Zool*) (= *montar*) to cover
10 (= *disimular*) [+ *emoción*] to cover up, conceal; **cubre su tristeza con una falsa alegría** she covers up *o* conceals her sadness with a false cheerfulness; **✦MODISMO ~ las apariencias** *o* **las formas** to keep up appearances
Ⓑ **cubrirse** VPR 1 [*persona*] 1·1 (= *ocultarse*) to cover o.s.; **~se la cabeza** to cover one's head; **~se el rostro** to cover one's face
1·2 (= *ponerse el sombrero*) to put on one's hat
2 (= *llenarse*) **~se de algo** to be covered with *o* in sth; **el campo se cubre de flores en primavera** the countryside is covered with flowers in spring; **~se de gloria** (*lit*) to cover o.s. with *o* in glory; (*iró*) to show o.s. up
3 (= *protegerse*) to cover o.s.; **~se contra un riesgo** to cover *o* protect o.s. against a risk; **✦MODISMO ~se las espaldas** to cover o.s., cover one's back
4 (*Meteo*) [*cielo*] to become overcast

**cuca** SF 1 (*) (= *peseta*) peseta
2 (**) [*de hombre*] prick**; (*CAm*) [*de mujer*] pussy**
3 (= *cucaracha*) cockroach, roach*
4 (= *jugador*) compulsive gambler
5 **cucas** (= *dulces*) sweets, candy (*EEUU*)

**cucambé** SM (*Andes*) hide-and-seek

**cucamente** ADV (= *con astucia*) shrewdly; (= *taimadamente*) slyly, craftily

**cucamonas*** SFPL (= *palabras*) sweet nothings; (= *caricias*) caresses; (= *magreo*) fondling *sing*, petting* *sing*; **ella me hizo ~** she gave me a come-hither look

**cucaña** SF 1 (= *juego*) greasy pole
2 (*) (= *chollo*) cinch*, piece of cake*; (= *prebenda*) plum job*, soft job*; (= *ganga*) bargain

**cucañero/a*** SM/F (= *astuto*) smart cookie*, shrewd person; (= *parásito*) hanger-on

**cucar** ▸conjug 1g◂ VT 1 (= *guiñar*) to wink
2 (= *burlarse de*) to deride, poke fun at
3 (*LAm*) (= *instar*) to urge on, incite, provoke

**cucaracha** Ⓐ SF 1 (*Zool*) cockroach
2 (*Méx**) (= *coche*) old crock, old banger
3 (‡) (= *droga*) roach‡
4 (*Inform*) chip
Ⓑ SM (*) priest

**cucarachero** SM 1 (*Andes, Caribe*) (= *parásito*) parasite, hanger-on
2 (*Andes*) (= *adulador*) flatterer, creep‡

**cucha** SF (*Arg*) (= *cama*) bed; (= *caseta de perro*) kennel

**cuchara** Ⓐ SF 1 (*para comer*) spoon; **✦MODISMOS con la ~ grande** (*esp LAm*): **despacharse** *o* **servirse con la ~ grande** to look after number one*; **meter algo a algn con ~** to spoon-feed sb sth; **meter (la) ~** (*en conversación*) to butt in; (*en asunto*) to shove one's oar in; **soplar ~*** to eat; **soplar ~ caliente*** to eat well ► **cuchara de café** coffee spoon, ≈ teaspoon ► **cuchara de palo** wooden spoon ► **cuchara de postre** dessert spoon ► **cuchara de servir** serving spoon, tablespoon ► **cuchara de sopa** soup spoon
2 (*Téc*) scoop, bucket
3 (= *cucharón*) ladle
4 (*LAm*) (= *llana*) flat trowel; **albañil de ~** skilled bricklayer
5 (*CAm, Chile**) **hacer ~(s)** to pout
6 **militar de ~*** officer who has risen from the ranks, ranker
Ⓑ SMF (*Méx**) (= *carterista*) pickpocket

**cucharada** SF spoonful; **una ~ colmada** a heaped spoonful; **una ~ rasa** a level spoonful; **comer algo a ~s** to eat sth by the spoonful ► **cucharada de café** teaspoonful ► **cucharada de sopa**, **cucharada sopera** tablespoonful

**cucharadita** SF teaspoonful

**cucharear** ▸conjug 1a◂ VT 1 (*Culin*) to spoon out, ladle out
2 (*Agr*) to pitch, pitchfork

**cucharetear** ▸conjug 1a◂ VI 1 (*con cuchara*) to stir (with a spoon)
2 (= *entrometerse*) to meddle

**cucharilla** SF, **cucharita** SF 1 [*de café, té*] teaspoon
2 (*Pesca*) spoon
3 (*Golf*) wedge

**cucharón** SM 1 (*Culin*) ladle; **✦MODISMO tener el ~ por el mango** to be the boss, be in control
2 (*Téc*) scoop, bucket

**cuche** SM (*CAm*) pig, hog (*esp EEUU*)

**cuché** SM art paper

**cuchi** (*Perú*) Ⓐ EXCL *call to a pig or hog*
Ⓑ SM pig, hog (*esp EEUU*)

**cuchichear** ▸conjug 1a◂ VI to whisper (**a** to)

**cuchicheo** SM whispering

**cuchilear*** ▸conjug 1a◂ VT (*LAm*) to egg on

**cuchilla** SF 1 blade ► **cuchilla de afeitar** razor blade
2 (= *cuchillo*) large kitchen knife; [*de carnicero*] chopper, cleaver
3 [*de arado*] coulter, colter (*EEUU*)
4 (*LAm*) (= *cortaplumas*) penknife
5 (*Geog*) ridge, crest; (*Chile*) (= *colinas*) sharp ridge; (*Caribe*) (= *cumbre*) mountain top

**cuchillada** SF 1 (= *corte*) stab; (= *herida*) stab wound; **me di una ~ en el dedo** I cut my finger with a knife; **murió de una ~ en la garganta** she died from a knife wound *o* stab wound to the throat; **dar una ~ a algn** to stab sb; **matar a algn a ~s** to stab sb to death; **fue asesinado a ~s** he was stabbed to death; **hubo ~s** there was a serious fight; (*fig*) the knives really came out; **una ~ de cien reales††** a long gash, a severe wound; **✦MODISMO dar ~** (*Teat**) to make a hit
2 (*Cos*) slash, slit

**cuchillazo** SM = **cuchillada 1**

**cuchillería** SF 1 (= *cubiertos*) cutlery, flatware (*EEUU*)
2 (= *tienda*) cutler's (shop), flatware store (*EEUU*)

**cuchillero** Ⓐ ADJ (*LAm*) quarrelsome, fond of brawling
Ⓑ SM cutler

**cuchillo** SM 1 (*gen*) knife; **✦MODISMOS pasar a ~** to put to the sword; **remover el ~ en la llaga** to turn the knife in the wound ► **cuchillo de carne** steak knife ► **cuchillo de caza** hunting knife ► **cuchillo de cocina** kitchen knife ► **cuchillo del pan** breadknife ► **cuchillo de trinchar** carving knife
2 (*Arquit*) upright, support
3 ► **cuchillo de aire** sharp draught, sharp draft (*EEUU*)
4 (= *colmillo*) fang, tusk
5 (*Cos*) gore

**cuchipanda*** SF blow-out*, chow-down (*EEUU‡*); **ir de ~** to go out on the town

**cuchitril** SM [1] (= *cuartucho*) hole*, hovel
[2] (*Agr*) (= *pocilga*) pigsty, pigpen (*EEUU*)

**cucho**[1] SM (*Andes*) = **cuchitril 1**

**cucho**[2]**/a** SM/F [1] (*CAm*) (= *jorobado*) hunchback
[2] (*Méx*) (= *manco*) limbless person
[3] (*Cono Sur*) (= *gato*) puss

**cucho**[3]* ADJ (*Méx*) (= *deprimido*) gloomy, depressed

**cuchuche** SM **ir a ~** (*CAm*) to ride piggyback

**cuchuflé** SM (*Caribe*) = **cuchuflí**

**cuchufleta*** SF [1] (= *broma*) joke, crack*
[2] (*Méx*) (= *baratija*) trinket, trifle

**cuchuflí*** SM (*Caribe*) uncomfortable place; (= *celda*) cell

**cuchugos** SMPL (*Andes, Caribe*) saddlebags

**cuchumbo** SM (*CAm*) (= *embudo*) funnel; (= *balde*) bucket, pail; [*de dados*] dice box; (= *juego*) game of dice

**cuclillas** SFPL **en ~** squatting, crouching; **ponerse en ~** to squat; **sentarse en ~** to sit on one's heels

**cuclillo** SM [1] (*Orn*) cuckoo
[2] (*) (= *cornudo*) cuckold

**cuco/a** Ⓐ ADJ [1] (= *persona*) (= *taimado*) sly, crafty; (= *astuto*) shrewd
[2] (= *bonito*) pretty, cute
Ⓑ SM/F (*) (= *persona*) wily bird*, sly one
Ⓒ SM [1] (*Orn*) cuckoo
[2] (= *oruga*) grub, caterpillar
[3] (*) (= *jugador*) gambler
[4] ✦**MODISMO hacer ~ a algn** (*Méx*) to poke fun at sb
[5] (*Cono Sur*) (= *sabelotodo*) smart guy*, wise guy*, know-all*
[6] (*Caribe***) (= *sexo femenino*) cunt**
[7] (*Andes, Cono Sur*) (= *fantasma*) bogeyman

**cucú** SM (= *canto*) cuckoo

**cucuche** (*CAm*) SM **ir a ~** to ride astride

**cucufato/a*** (*Andes, Cono Sur*) Ⓐ ADJ (= *hipócrita*) hypocritical, two-faced*; (= *mojigato*) prudish
Ⓑ SM/F (= *hipócrita*) hypocrite; (= *mojigato*) prude; (= *loco*) nut‡

**cuculí** SM (*Andes, Cono Sur*) wood pigeon

**cucurucho** SM [1] [*de papel*] (paper) cone, (paper) twist, cornet; (*para helado*) cone, cornet
[2] (= *helado*) (ice-cream) cone
[3] (*Rel*) penitent's hood, pointed hat
[4] (*Aut*) cone
[5] (*Andes, CAm, Caribe*) (= *cumbre*) top, summit, apex
[6] (*Caribe*) (= *cuchitril*) hovel, shack

**cucurucú** SM, **cucurrucú** SM (*LAm*) cockadoodledoo

**cueca** SF (*Andes, Cono Sur*) *popular handkerchief dance*; (*Chile*) *Chilean national dance*

**cuelga** SF [1] (= *acto*) hanging (*of fruit etc to dry*); (= *racimo*) bunch (*of drying fruit etc*)
[2] (= *regalo*) birthday present
[3] (*Andes, Cono Sur Geog*) fall (*in the level of a stream etc*)

**cuelgacapas** SM INV (*en pared*) coat rack; (*de pie*) coat stand

**cuelgue‡** SM [1] [*de drogas*] high‡; **lleva un ~** he's completely high *o* spaced out‡, he's really out of it *o* off his head‡
[2] [*de vergüenza*] **¡qué ~!** how awful!, how embarrassing!

➤ LENGUA Y USO: **cuenta 3** 47.5

**cuellicorto** ADJ short-necked

**cuellilargo** ADJ long-necked

**cuello** SM [1] (*Anat*) neck; **cortar el ~ a algn** to cut sb's throat; ✦**MODISMOS apostar el ~*: me apuesto el ~ a que no te atreves** I bet you anything you don't dare; **erguir el ~** to be stuck-up*; **jugarse el ~*** to stick one's neck out, put one's neck on the line; **levantar el ~** to get on one's feet again ► **cuello del útero, cuello uterino** cervix, neck of the womb
[2] [*de prenda*] collar; (= *talla*) (collar) size; ✦**MODISMO de ~ blanco** white-collar *antes de s* ► **cuello (a la) caja** crew neck ► **cuello alto** polo neck, turtle neck ► **cuello blando** soft collar ► **cuello (de) cisne** polo neck, turtleneck (*esp EEUU*) ► **cuello de pajarita** wing collar ► **cuello de pico** V-neck ► **cuello de quita y pon** detachable collar ► **cuello de recambio** spare collar ► **cuello postizo** detachable collar
[3] [*de botella*] neck ► **cuello de botella** (*Aut*) bottleneck

**Cuenca** SF Cuenca

**cuenca** SF [1] (*Geog*) bowl; (*fluvial*) basin; **la ~ del Ebro** the Ebro basin ► **cuenca hullera, cuenca minera** coalfield
[2] [*del ojo*] socket
[3] (*Hist*) (= *escudilla*) wooden bowl, begging bowl

**cuenco** SM [1] (= *recipiente*) earthenware bowl
[2] (= *concavidad*) hollow; [*de cuchara*] bowl ► **cuenco de la mano** hollow of the hand

▼**cuenta** SF [1] (*Mat*) (= *operación*) calculation, sum; **hacer una ~** to do a calculation; **echar** *o* **hacer ~s: vamos a hacer ~s de lo que ha costado la fiesta** let's work out how much the party cost; **no paraba de echar ~s con los dedos** she kept doing sums *o* adding things up on her fingers; ✦**MODISMOS hacer las ~s de la lechera** to indulge in wishful thinking, count one's chickens before they are hatched; **la ~ de la vieja**: **su hijo tiene 35, así que por la ~ de la vieja ella debe de tener 60** her son's 35, so I guess she must be 60; *ver tb* **claro A2.3**
[2] (= *cálculo*) count; **llevar la ~ (de algo)** to keep count (of sth); **perder la ~ (de algo)** to lose count (of sth); **salir a ~: sale más a ~** it works out cheaper; **no sale a ~** it isn't worth it; ✦**MODISMOS hacer algo con su ~ y razón** to be fully aware of what one is doing; **más de la ~: habla más de la ~** she talks too much; **ha bebido más de la ~** he's had one too many; **me cobraron más de la ~** they charged me over the odds; **pesa más de la ~** it weighs more than it should; **salirle las ~s a algn: al Estado no le salen las ~s** the State isn't able to balance its books; **le salieron mal las ~s** his plans went wrong ► **cuenta atrás** countdown; **ha empezado la ~ atrás para las próximas Olimpiadas** the countdown to the next Olympics has already begun
[3] (= *factura*) bill; [*de restaurante*] bill, check (*EEUU*); **¿nos puede traer la ~?** could we have *o* could you bring us the bill, please?; **pasar la ~ a algn** to send sb the bill; **pedir la ~** to ask for the bill; **vivir a ~ de algn** to live at sb's expense; ✦**MODISMO presentar las ~s del Gran Capitán** to make excessive demands
[4] (*Fin*) (*en banco*) account; **habían cargado los gastos en mi ~** they had charged the expenses to my account; **"únicamente en ~ del beneficiario"** "payee only"; **a ~** on account; **un dividendo a ~** an interim dividend; **retenciones a ~ del impuesto sobre la renta** income tax deducted at source; **le dieron una cantidad a ~ de lo que le debían** they paid him part of the money they owed him; **abonar una cantidad en ~ a algn** to credit a sum to sb's account; **abrir una ~** to open an account; **liquidar una ~** to settle an account ► **cuenta a plazo (fijo)** fixed-term deposit account ► **cuenta bancaria** bank account ► **cuenta corriente** current account, checking account (*EEUU*) ► **cuenta de ahorro(s)** deposit account, savings account ► **cuenta de amortización** depreciation account ► **cuenta de asignación** appropriation account ► **cuenta de caja** cash account ► **cuenta de capital** capital account ► **cuenta de crédito** credit account, loan account ► **cuenta de depósitos** deposit account ► **cuenta de diversos** sundries account ► **cuenta de gastos** expense account ► **cuenta de gastos e ingresos** income and expenditure account ► **cuenta de pérdidas y ganancias** profit and loss account ► **cuenta en participación** joint account ► **cuenta pendiente** unpaid bill, outstanding account ► **cuenta personal** personal account ► **cuenta por cobrar** account receivable ► **cuenta por pagar** account payable ► **cuenta presupuestaria** budget account ► **cuenta vivienda** mortgage account
[5] (*en disputa*) **ajustar ~s con algn** to settle one's scores with sb; **lo está buscando para ajustar ~s** he is searching for him because he has a few scores to settle with him; **voy a ajustarle las ~s** I'm going to have it out with him; **ajustar viejas ~s con algn** to settle an old score with sb; **arreglar las ~s a algn** (*Méx**) to punish sb; **tener ~s pendientes con algn** to have unfinished business with sb; **no querer ~s con algn** to want nothing to do with sb
[6] (= *explicación*) **dar ~ de algo** (= *informar*) to recount sth, report sth; (= *acabar*) to finish sth off; **tiene que darle ~ a ella de sus actos** he has to account to her for his actions; **no tiene que dar ~s a nadie** he's not answerable to anyone; **dar buena ~ de una botella** to finish off a bottle; **exigir** *o* **pedir ~s a algn** to call sb to account, bring sb to book; **rendir ~s a algn** to report to sb; **en resumidas ~s** in short, in a nutshell
[7] (= *consideración*) **caer en la ~ (de algo)** to catch on (to sth), see the point (of sth); **por fin cayó en la ~** he finally caught on, the penny finally dropped; **cuando cayó en la ~ de que lo engañaban** when he realized that they were deceiving him; **darse ~** (= *enterarse*) to realize; (= *ver*) to notice; **perdona, no me había dado ~ de que eras vegetariano** sorry, I didn't realize (that) you were a vegetarian; **¿te has dado ~ de que han cortado el árbol?** did you notice (that) they've cut down the tree?; **hay que darse ~ de que ...** one must not forget that ...; **¡date ~! ¿tú crees que es posible tener tanta cara?** just look at that, can you believe that anyone could have such a cheek!; **¿te das ~?** (*Arg*) can you believe it!; **habida ~ de eso** bearing that in mind; **haz ~ de que no voy** (*esp LAm*) just imagine I'm not going; **tener en ~** to take into account, bear in mind; **también hay que tener en ~ su edad** you must also take her

age into account, you must also bear in mind her age; **imponen sus ideas sin tener en ~ la opinión de la gente de la calle** they impose their ideas without taking ordinary people's opinions into consideration; **es otra cosa a tener en ~** that's another thing to remember *o* be borne in mind; **tomar algo en ~ a algn** to hold sth against sb; **está borracho y no sabe lo que dice, no se lo tomes en ~** he's drunk and doesn't know what he's saying, don't take any notice of him *o* don't hold it against him; **traer ~**: **no me trae ~ ir** it's not worth my while going; **trae ~ emplear a más gente** it's worth employing more people; **lo harán por la ~ que les trae** *o* **tiene** they'll do it if they know what's good for them

8 (= *responsabilidad*) **esta ronda corre de mi ~** this round's on me; **por mi ~** (= *solo*) on my own; **yo he de resolver esto por mi ~** I have to resolve this on my own; **trabajar por ~ ajena** to be an employee; **trabajar por ~ propia** to work for o.s., be self-employed; **por ~ y riesgo de algn** at one's own risk; **lo hizo por su ~ y riesgo, sin consultar a nadie** she did it off her own bat, without consulting anyone; *ver tb* **apañar B1**

9 (*en embarazo*) **está fuera de ~s** ◊ **ha salido de ~s** she's due

10 [*de rosario, collar*] bead; **~s de cristal** glass beads

**cuentacorrentista** SMF account holder, account holder of a current account

**cuentacuentos** SMF INV storyteller

**cuentagotas** SM INV dropper; ✦*MODISMO* **a** *o* **con ~** drop by drop, bit by bit

**cuentakilómetros** SM INV 1 [*de distancias*] mileometer, milometer, odometer (*esp EEUU*)

2 (= *velocímetro*) speedometer

**cuentarrevoluciones** SM INV rev counter, tachometer (*frm*)

**cuente** *etc ver* **contar**

**cuentear** ▸conjug 1a◂ Ⓐ VT 1 (*Andes*) (= *pretender*) to court; (= *felicitar*) to compliment

2 (*Méx**) (= *tomar el pelo*) to kid*, have on*

Ⓑ VI (*CAm*) to gossip

**cuenterete** SM (*CAm*) (= *chisme*) piece of gossip; (= *cuento*) tall story, tale

**cuentero/a*** SM/F (*Cono Sur*) 1 (= *mentiroso*) liar, fibber*

2 (= *estafador*) confidence trickster, con man*

**cuentista** SMF 1 (*Literat*) (= *escritor*) short-story writer; (= *narrador*) storyteller

2 (= *chismoso*) gossip; (= *soplón*) telltale

3 (= *mentiroso*) liar, fibber*

4 (*esp LAm**) (= *estafador*) confidence trickster, con man*

**cuentística** SF genre of the short story

**cuento¹** SM 1 (= *historia corta*) short story; (*para niños*) story, tale; **el ~ de Blancanieves** the tale *o* story of Snow White; **contar un ~** to tell a story; **de ~**: **un héroe de ~** a storybook *o* fairytale hero; **una casita de ~** a fairytale house; **ir con el ~**: **en seguida le fue con el ~ a la maestra** he went straight off and told the teacher; ✦*MODISMOS* **aplicarse el ~** to take note; **el ~ de la lechera**: **eso es como el ~ de la lechera** it's a case of wishful thinking; **es el ~ de nunca acabar** it's a never-ending story ► **cuento corto** short story ► **cuento de hadas** a fairytale; **vive en un ~ de hadas** she lives in a fairytale world ► **cuento infantil** children's story

2 (*) (= *mentira*) **no le duele nada, no es nada más que ~** it doesn't hurt at all, he's just putting it on; **todo eso es puro ~ para no ir al colegio** he just made it all up because he doesn't want to go to school; **¡no me cuentes ~s!** ◊ **¡no me vengas con ~s!** ◊ **¡déjate de ~s!** don't give me that!*; **eso se me hace ~** (*Cono Sur**) I don't believe that for a minute, come off it!*; **tener ~**: **tu hermanito tiene mucho ~** your little brother is a big fibber*; ✦*MODISMOS* **tener más ~ que siete viejas** to have the gift of the gab*; **vivir del ~** to live by one's wits ► **cuento chino** tall story, cock-and-bull story*; **¡no me vengas con ~s chinos!** don't give me that (rubbish)!* ► **el cuento del tío** (*Andes, Cono Sur*) confidence trick, confidence game (*EEUU*) ► **cuento de viejas** old wives' tale

3 (*otras locuciones*) **¿a ~ de qué?**: **¿a ~ de qué sacas ese tema ahora?** what are you bringing that up for now?; **traer algo a ~** to bring sth up; **venir a ~**: **eso no viene a ~** that's irrelevant, that doesn't come into it, that has nothing to do with it; **todo esto viene a ~ de lo que acaba de pasar** this all has some bearing on what has just happened; **lo dijo sin venir a ~** she said it for no reason at all

4 (*frm*) (= *cómputo*) **sin ~** countless

**cuento²** SM [*de bastón*] point, tip

**cuera** SF 1 (*LAm*) (= *piel*) hide; (= *correa*) leather strap

2 (*Méx*) (= *chaqueta*) leather jacket

3 **cueras** (*CAm*) leggings (*for riding*)

4 (*Andes, CAm, Caribe*) (= *paliza*) flogging

**cuerazo** SM (*LAm*) lash

**cuerda** SF 1 (*gruesa*) rope; (*fina*) string, cord; (*para saltar*) skipping rope, jump rope (*EEUU*); **un metro de ~** a metre (length) of rope; **ató la caja con un trozo de ~** she tied up the box with a piece of string; **se ha roto la ~ de la persiana** the cord on the blind has broken; ✦*MODISMOS* **bajo ~**: **ha conseguido un visado bajo ~** she's got hold of a visa under the counter; **han llegado a un acuerdo bajo ~** they have reached an agreement in secret, they have made a secret agreement; **estirar la ~**: **estiraron la ~ para derrocar al gobierno** they put pressure on to bring the government down ► **cuerda de plomada** plumbline ► **cuerda de salvamento** lifeline ► **cuerda floja** tightrope; ✦*MODISMO* **caminar en la ~ floja** to walk a tightrope ► **cuerda salvavidas** lifeline

2 (*Mec*) [*de reloj*] winder; [*de juguete*] clockwork mechanism; **se me ha roto la ~ del reloj** the winder on my watch has broken; **un reloj de ~** a wind-up watch; **dale ~ al reloj** wind up the clock; **el juguete funciona con ~** it's a clockwork toy; ✦*MODISMOS* **dar ~ a algn***: **no para de hablar, parece que le han dado ~** he never stops talking, you'd think he'd been wound up; **quedarle ~ a algn***: **a ese viejo aún le queda mucha ~** the old boy's still got plenty of life *o* steam left in him*; **tener ~***: **después de dos años sin verse, estos tienen ~ para rato*** after two years apart, those two have got enough to keep them going for a while yet

3 (*Mús*) [*de instrumento*] string; **un cuarteto de ~** a string quartet; **sección de ~** string section, strings *pl*; ✦*MODISMO* **son de la misma ~** they're as bad as each other

4 (*Anat*) ► **cuerdas vocales** vocal cords

5 **cuerdas** (*Boxeo*) ropes; (*Hípica*) rails; ✦*MODISMO* **contra las ~s** on the ropes; **el escándalo puso al gobierno contra las ~s** the scandal put the government on the ropes

6 (*Mat, Arquit*) chord

7 (*Pesca*) *style of fishing with three or more flies mounted on struts tied to the main line*

**cuerdamente** ADV 1 (= *sensatamente*) sanely

2 (= *prudentemente*) wisely, sensibly

**cuerdo** ADJ 1 [*persona*] sane

2 [*acto*] sensible, wise

**cuereada** SF (*LAm*) beating, hiding*

**cuerear** ▸conjug 1a◂ VT 1 (*LAm*) [+ *animal*] to skin; [+ *persona*] to beat, whip, flay

2 **~ a algn** (*Caribe, Cono Sur*) to tear a strip off sb

**cuerito** SM **de ~ a ~** (*LAm*) from end to end

**cueriza** SF (*LAm*) beating, hiding*

**cuerna** SF 1 (*Zool*) horns *pl*; [*de ciervo*] antlers *pl*

2 (= *vaso*) drinking horn

3 (*Caza*) horn, hunting horn

**cuerno** SM 1 (*Zool*) horn; [*de ciervo*] antler; **el Cuerno de Africa** the Horn of Africa; **¡cuerno(s)!** gosh!*, blimey!‡; ✦*MODISMOS* **¡(y) un ~!** my foot!, you must be joking!; **coger al toro por los ~s** to take the bull by the horns; **estar en los ~s (del toro)** to be in a jam*; **irse al ~** [*negocio*] to fail, go to the wall*; [*proyecto*] to fall through; **¡que se vaya al ~!** he can go to hell!; **mandar a algn al ~** to tell sb to go to hell*; **mandar algo al ~** to consign sth to hell; **poner los ~s a algn** to cheat on sb, cuckold sb†; **romperse los ~s** to break one's back working, work one's butt off (*EEUU**); **¡así te rompas los ~s!** I hope you break your neck!; **saber a ~ quemado**: **esto me sabe a ~ quemado** it makes my blood boil ► **cuerno de la abundancia** horn of plenty

2 (*Culin*) roll, croissant

3 (*Mil*) wing

4 (*Mús*) horn ► **cuerno alpino** alpenhorn

**cuero** SM 1 (= *piel*) (*curtida*) leather; (*sin curtir*) skin, hide; [*de conejo*] pelt; **una chaqueta de ~** a leather jacket; ✦*MODISMOS* **andar en ~s** to go about stark naked; **dejar a algn en ~s** to clean sb out* ► **cuero adobado** tanned skin ► **cuero cabelludo** scalp ► **cuero charolado** patent leather

2 (= *odre*) wineskin

3 (‡) (= *borracho*) old soak‡; ✦*MODISMO* **estar hecho un ~** to be (as) drunk as a lord, be (as) drunk as a skunk (*esp EEUU**)

4 [*de grifo*] washer

5 (*LAm*) (= *látigo*) whip; ✦*MODISMO* **arrimar** *o* **dar el ~ a algn** to give sb a beating *o* thrashing

6 (*Dep*) (= *balón*) ball

7 (*Andes, Caribe pey*) (= *prostituta*) whore, hooker (*EEUU**); (*Andes*) (= *solterona*) old maid; (*Caribe‡*) (= *vieja*) old bag‡; (*Andes, Méx**) (= *amante*) mistress

8 (*CAm, Caribe**) (= *descaro*) cheek*, nerve*

9 (‡) (= *cartera*) wallet

**cuerpada*** SF (*Chile*) **tiene buena ~** she's got a good body

**cuerpazo*** SM 1 (= *cuerpo grande*) huge frame, mighty bulk

2 (= *cuerpo sexy*) bod*

**cuerpear** ▸conjug 1a◂ VI (*Cono Sur*) to dodge

**cuerpo** SM [1] (*Anat*) body; **me dolía todo el ~** my body was aching all over, I was aching all over; **se le metió el frío en el ~** he caught a chill; **nos sacó dos ~s de ventaja** she was two lengths ahead of us; **~ a ~**: **fue una lucha ~ a ~** it was hand-to-hand combat; **un ~ a ~ entre los dos políticos** a head-on *o* head-to-head confrontation between the two politicians; **de ~ entero** [*retrato, espejo*] full-length; **de medio ~** [*retrato, espejo*] half-length; **¡~ a tierra!** hit the ground!; **dar con el ~ en tierra** to fall down, fall to the ground; ✦*MODISMOS* **en ~ y alma** body and soul, wholeheartedly; **a ~ gentil**: **salió a ~ gentil** he went out without wrapping up properly; **un combate a ~ gentil** a hand-to-hand fight; **a ~ limpio** (= *sin ayuda*) unaided; **a ~ de rey**: **vive a ~ de rey** he lives like a king; **nos trataron a ~ de rey** they treated us like royalty; **hacer del ~** (*euf*) to defecate, have a bowel movement; **hurtar el ~** to sneak away, sneak off; **hurtó el ~ y eludió a sus vecinos** he sneaked off *o* away and avoided his neighbours; **pedirle a algn algo el ~**: **hice lo que en ese momento me pedía el ~** I did what my body was telling me to do at that moment
[2] (= *cadáver*) body, corpse; **encontraron el ~ entre los matorrales** they found the body *o* corpse in the bushes; **de ~ presente**: **su marido aún estaba de ~ presente** her husband had not yet been buried; **funeral de ~ presente** funeral service, funeral
[3] (= *grupo*) **el ~ social** society ► **cuerpo de baile** corps de ballet ► **cuerpo de bomberos** fire brigade, fire department (*EEUU*) ► **cuerpo de doctrina** body of teaching ► **cuerpo de leyes** body of laws ► **cuerpo de policía** police force ► **cuerpo de sanidad** medical corps ► **cuerpo diplomático** diplomatic corps ► **cuerpo electoral** electorate ► **cuerpo legislativo** legislative body
[4] (= *parte*) [*de mueble*] section, part; [*de un vestido*] bodice; (= *parte principal*) main body; **un armario de dos ~s** a cupboard in two sections *o* parts
[5] (= *objeto*) body, object ► **cuerpo celeste** heavenly body ► **cuerpo compuesto** compound ► **cuerpo del delito** corpus delicti ► **cuerpo extraño** foreign body ► **cuerpo geométrico** geometric shape ► **cuerpo simple** element
[6] (= *consistencia*) [*de vino*] body; **un vino de mucho ~** a full-bodied wine; **dar ~ a algo**: **el suavizante que da ~ a su cabello** the conditioner that gives your hair body; **hay que darle un poco más ~ a la salsa** the sauce needs thickening a bit more; **sugirieron varios puntos para dar ~ al proyecto** they suggested several points to round out *o* give more substance to the project; **tomar ~** [*plan, proyecto, personaje, historia*] to take shape; **batió las claras hasta que tomaron ~** she beat the egg whites until they were fluffy *o* stiff; **el vino va tomando ~ con los años** aging gives the wine more body
[7] (*Tip*) [*de letra*] point, point size; **negritas del ~ seis** six-point bold

**cuerudo** ADJ [1] (*LAm*) [*caballo*] slow, sluggish
[2] (*LAm*) (= *incordiante*) annoying
[3] (*Cono Sur*) (= *valiente*) brave, tough
[4] (*CAm, Caribe*) (= *descarado*) impudent, cheeky*, sassy (*EEUU**)

**cuervo** SM [1] (= *ave*) raven; (*Cono Sur*) (= *buitre*) vulture, buzzard (*EEUU*) ► **cuervo marino** cormorant
[2] (*) (= *cura*) priest

**cuesco** SM [1] (*Bot*) stone
[2] (*) (= *pedo*) fart‡
[3] (*Mec*) millstone (*of oil mill*)

**cuesta** SF [1] (= *pendiente*) hill, slope; **mi casa está al final de la ~** my house is at the top of the hill; **una ~ empinada** a steep slope; **bajamos la ~ corriendo** we ran down the hill; **~ abajo** downhill; **ir ~ abajo** to go downhill; **~ arriba** uphill; **me canso más cuando voy ~ arriba** I get more tired when I go uphill; **se me hace muy ~ arriba estudiar tan tarde** I find it a struggle to study so late at night; **la ~ de enero** *period of financial stringency following Christmas spending*
[2] **a ~s** on one's back; **siempre va con su guitarra a ~s** he always goes around with his guitar on his back *o* slung over his shoulder; **llevé al niño a ~s a la cama** I carried the child up to bed on my back *o* shoulders; **se recorrieron Europa con la mochila a ~s** they went backpacking all around Europe; **se echa todas las responsabilidades a ~s** she takes all the responsibilities on her own shoulders

**cuestación** SF charity collection

**cueste** *etc ver* **costar**

▼**cuestión** SF [1] (= *asunto*) matter, question; **quedan algunas cuestiones por resolver** there are still a few matters *o* questions to be resolved; **eso es otra ~** that's another matter; **¡sigue gritando, la ~ es no dejarme tranquilo!*** (*iró*) carry on shouting, don't mind me!; **no sé por qué, pero la ~ es que ahora soy más pobre*** I don't know why, but the fact is that I'm poorer now than I was; **~ de**: **una ~ de honor** a matter of honour; **resolver el problema no es sólo ~ de dinero** the answer to the problem is not just a question of money; **su entrega a la policía es ~ de tiempo** it's only a matter of time before he gives himself up to the police; **todo es ~ de proponérselo** it's all a matter *o* question of telling yourself you can do it; **será ~ de irse ya a casa** it's time we were thinking of going home; **puedes beber, pero no es ~ de que te emborraches** you can have a drink or two, but there's no need to get drunk; **para solucionarlo tan sólo es ~ de que lo habléis** all you have to do to solve the problem is talk it over; **en ~** in question; **la persona en ~ resultó ser mi padre** the person in question turned out to be my father; **falleció en ~ de segundos** she died in a matter of seconds; **en ~ de política social hemos avanzado poco** we have made little progress in terms of social policy; *ver tb* **quid, vida 1**
[2] (= *pregunta*) question; **el examen se compone de tres cuestiones** the exam is made up of three questions; **la ~ está en saber si ella estaba al corriente** the question is whether she knew ► **cuestión de confianza** vote of confidence
[3] (= *duda*) **poner algo en ~** to call sth into question, raise doubts about sth

**cuestionable** ADJ questionable

**cuestionador** ADJ questioning

**cuestionamiento** SM questioning

**cuestionar** ▸conjug 1a◂ Ⓐ VT to question
Ⓑ VI to argue
Ⓒ **cuestionarse** VPR to ask o.s., question

**cuestionario** SM [*de sondeo*] questionnaire; (*Escol, Univ*) question paper

**cuestor**[1] SM (*Hist*) quaestor, questor (*EEUU*)

**cuestor**[2]**(a)** SM/F charity collector

**cuete** Ⓐ ADJ (*Méx**) drunk
Ⓑ SM [1] (*Andes, CAm, Méx*) (= *pistola*) pistol
[2] (*CAm, Méx*) = **cohete**
[3] (*Méx**) (= *embriaguez*) drunkenness
[4] (*Méx Culin*) steak

**cuetearse** ▸conjug 1a◂ VPR (*Andes*) [1] (= *explotar*) to go off, explode
[2] (‡) (= *morirse*) to kick the bucket‡

**cueva** SF [1] (*Geog*) cave ► **cueva de ladrones** den of thieves
[2] (*para vino*) cellar, vault
[3] (*Cono Sur***) (= *vagina*) pussy**
[4] **tener ~** (*Cono Sur*‡) (= *suerte*) to be lucky

**cuévano** SM pannier, deep basket

**cuezo** SM ✦*MODISMO* **meter el ~*** to poke *o* stick one's nose in*

**cui** (*pl* **cuis, cuises**) SM (*LAm*) guinea pig

**cuica** SF (*Andes*) earthworm

**cuico/a** SM/F [1] (*Cono Sur*) (= *forastero*) foreigner, outsider
[2] (*Andes, Cono Sur pey*) (= *boliviano*) Bolivian; (*Caribe*) (= *mejicano*) Mexican
[3] (*Méx**) (= *policía*) pig**, cop*

**cuidadero/a** SM/F keeper

▼**cuidado** Ⓐ SM [1] (= *precaución*) [1·1] (*como advertencia directa*) **¡cuidado!** look out!, watch out!; **¡~ con el techo!** mind the ceiling!; **¡~ con los rateros!** watch out for pickpockets!; **"cuidado con el perro"** "beware of the dog"; **¡mucho ~ con lo que haces!** be very careful what you do!; **~ con hacer algo**: **cuidadito con abrir la boca** keep your mouth shut, remember!; **¡~ con perderlo!** mind you don't lose it!
[1·2] **tener ~ (con algo)** to be careful (of sth); **¡ten ~!** careful!; **ten ~ con el paquete** careful with the parcel; **hay que tener ~ con los coches al cruzar la carretera** you must beware of cars when you cross the road; **tener ~ con algn** to watch out for sb, watch sb*, be careful of sb; **tener ~ de no hacer algo** to be careful *o* take care not to do sth; **debe tener ~ de no tomar mucho el sol** you should be careful *o* take care not to sunbathe too much
[1·3] **andarse con ~** to tread carefully, tread warily; **¡ándate con ~!** watch how you go!, watch your step!
[2] (= *atención*) care; **las prendas delicadas deben lavarse con ~** delicate garments should be washed with care; **analicemos con ~ el último de los ejemplos** let's analyse the last of the examples carefully; **poner/tener ~ en algo** to take care over sth; **pondremos especial ~ en la programación dedicada a los niños** we will take special care in planning children's programming; **han tenido sumo ~ en subrayar que no es su responsabilidad** they have taken the greatest care to stress that it is not their responsibility
[3] [*de niño, enfermo, planta, edificio*] care; **recibió los ~s de varias enfermeras** she received medical care from a number of nurses; **los ~s regulares de manos y pies** regular hand and footcare; **¿es ése el pago que merecen nuestros ~s amorosos?** is that all the

reward we get for our tender loving care?; **estar al ~ de** (= *encargado de*) [+ *niños, familia, plantas*] to look after; [+ *proyecto*] to be in charge of; (= *cuidado por*) [*niños, jardín*] to be in the care of; [*departamento, sección*] to be run by; **antes la mujer tenía que quedarse al ~ de la casa** formerly women had to stay at home and look after the house; **una organización dedicada al ~ de minusválidos** an organization dedicated to caring for the disabled; **el monasterio está al ~ de la edición de miles de documentos** the monastery is in charge of editing thousands of documents; **dejó a su hija al ~ de una amiga** she left her daughter in the care of a friend; **la sección de publicidad está al ~ de M. Moyano** M. Moyano is in charge of the advertising department ► **cuidado personal** personal care ► **cuidados intensivos** intensive care *sing*; **unidad de ~s intensivos** intensive care unit ► **cuidados médicos** medical care *sing* ► **cuidados paliativos** palliative care *sing*

[4] (= *preocupación*) worry, concern; **pierda usted ~, ya me hago yo cargo de todo** don't worry about it, I'll take care of everything; **dar ~** to give cause for concern; **estar con ~** ◊ **sentir ~** to be anxious, be worried; ✦*MODISMOS* **tener** *o* **traer sin ~**: **me tiene sin ~ lo que pase a partir de ahora** I don't care at all *o* I couldn't care less what happens from now on; **¡allá ~s!** let others worry about that!, that's their funeral!*

[5] **de ~*** [*chapuza, bromista*] real; **les echó una bronca de ~** he gave them a real telling-off*; **son unos racistas de ~** they're real racists; **es un tacaño de ~** he's really stingy; **está enfermo de ~** he is really *o* seriously ill; **traía una intoxicación de ~** she had bad food poisoning; **un enemigo de ~** a fearsome enemy

Ⓑ ADJ [*aspecto*] impeccable; [*trabajo, selección*] meticulous, careful; **una película con una ambientación muy cuidada** a film in which careful attention has been paid to the setting; **una cuidada edición de la obra** a beautifully-produced edition of the work; **el interior del coche está muy ~** the interior of the car is impeccable

**cuidador/a** SM/F [1] [*de niños*] childminder; [*de enfermos*] carer

[2] [*de caballos*] trainer; [*de zoo*] keeper, zookeeper; [*de terreno*] caretaker

[3] (*Boxeo*) second

**cuidadosamente** ADV carefully

**cuidadoso** ADJ [1] (= *atento*) [*persona, observación, estrategia*] careful; **es muy ~ con sus cosas** he's very careful with his things; **es muy ~ de su aseo personal** he takes a lot of care over his personal hygiene

[2] (= *prudente*) careful; **hay que ser ~ con gente así** you have to be careful with people like that

[3] (= *solícito*) attentive

**cuidar** ▸conjug 1a◂ Ⓐ VT [1] (= *atender*) [+ *familia, jardín, edificio*] to look after, take care of; [+ *rebaño*] to tend; **las personas que deciden quedarse en casa y ~ a sus hijos** people who decide to stay at home and look after their children; **se dedica a ~ niños por las noches** she does baby-sitting in the evenings; **una organización que cuida a los huérfanos de guerra** an organization caring for orphans of war

[2] (= *preocuparse por*) [+ *muebles, propiedades, entorno, salud*] to look after, take care of; **no cuidan nada la casa** they don't look after the house at all, they don't take any care of the house; **se preocupa mucho de ~ la línea** she watches her figure very carefully

[3] (= *poner atención en*) [+ *detalles, ortografía*] to pay attention to, take care over; **en ese restaurante cuidan mucho los detalles** they pay great attention to detail *o* take great care over the details in that restaurant; **el director cuidó al máximo la puesta en escena de la obra** the director took the greatest care over the production of the play; **cuida mucho su imagen liberal** she carefully cultivates her liberal image

Ⓑ VI [1] **~ de** to look after, take care of; **¿quién ~á de ti?** who will look after you?, who will take care of you?; **~ de hacer algo** to take care to do sth; **siempre cuidaba de mantener el termo lleno de agua caliente** he always took care to keep the thermos full of hot water; **cuide de no caer** careful you don't fall; **~ de que** to make sure that; **cuide de que no pase nadie** make sure nobody gets in; **cuidó de que todo saliera bien** he made sure that everything went smoothly

[2] **~ con**† to be careful of; **cuida con esa gente** be careful of those people

Ⓒ **cuidarse** VPR [1] [*persona*] to look after o.s., take care of o.s.; **desde que se quedó viudo ha dejado de ~se** since he lost his wife he hasn't been looking after himself properly *o* taking proper care of himself; **se cuida mucho** she takes good care of herself; **¡cómo te cuidas!** you do know how to look after yourself well!; **¡cuídate!** (*al despedirse*) take care!

[2] **~se de algo** (= *encargarse*) to take care of sth; (= *preocuparse*) to worry about sth; **los organizadores se cuidan del alojamiento y las comidas** the organizers take care of accommodation and meals; **no se cuida del qué dirán** she doesn't worry about what people think; **~se de hacer algo** to be careful to do sth, take care to do sth; **todos se cuidan de no ser los primeros en hacerlo** everyone is careful not to *o* takes care not to be the first to do it; **~se muy mucho de hacer algo** to take good *o* great care to do sth

**cuido**†† SM care; **en** *o* **para su ~** for your own good

**cuita**[1] SF (*liter*) (= *preocupación*) worry, trouble; (= *pena*) grief, affliction; (*civil, doméstico*) strife; **contar sus ~s a algn** to tell sb one's troubles

**cuita**[2] SF (*CAm, Méx*) (= *estiércol*) poultry manure; (= *excremento*) dung

**cuitado** ADJ (*liter*) [1] (= *preocupado*) worried, troubled

[2] (= *tímido*) timid

**cuitlacoche** SM (*Méx*) black mushroom (*that grows on corn*)

**cuja** SF [1] (= *cama*) bedstead

[2] (*CAm, Méx*) (= *sobre*) envelope

**cujinillos** SMPL (*Guat, Méx*) saddlebags

**culada** SF **darse una ~*** to drop a clanger*

**culamen*** SM bottom, bum*, butt (*esp EEUU**)

**culandrón‡** SM queer‡, fag (*EEUU‡*)

**culantrillo** SM maidenhair

**culantro** SM coriander

**culata** SF [1] (*Mec*) [*de fusil*] butt; [*de cañón*] breech; [*de cilindro*] head

[2] (*Zool*) haunch, hindquarters

[3] (= *parte trasera*) rear, back

[4] (*Cono Sur*) (= *cobertizo*) hut, shelter

**culatazo** SM kick, recoil

**culé*** SMF *supporter of Barcelona Football Club*

**culear** ▸conjug 1a◂ Ⓐ VT (*Andes, Cono Sur, Méx***) to fuck**, screw**

Ⓑ VI [1] (*) (= *mover el culo*) to waggle one's bottom, waggle one's backside

[2] (*Andes, Cono Sur, Méx***) (= *fornicar*) to fuck**, screw**

**culebra** SF [1] (*Zool*) snake; **hacer ~** to zigzag ► **culebra de anteojos** cobra ► **culebra de cascabel** rattlesnake, rattler (*EEUU**)

[2] (*Mec*) worm (*of a still*)

[3] (*) (= *alboroto*) disturbance, disorder

[4] (*Andes*) (= *cuenta*) debt, bill

[5] (*Méx*) (= *manguera*) hosepipe

**culebrear** ▸conjug 1a◂ VI [*culebra*] to wriggle, wriggle along; [*carretera*] to zigzag, wind; [*río*] to wind, meander

**culebreo** SM [*de culebra*] wriggling; [*de carretera*] zigzag, winding; [*de río*] winding, meandering

**culebrina** SF [1] (*Meteo*) forked lightning

[2] (*Hist*) culverin

**culebrón*** SM soap opera, soap*

**culeco** ADJ [1] (*LAm*) [*gallina*] broody

[2] (*LAm*) [*persona*] home-loving

[3] (*Andes, Caribe, Cono Sur*) (= *enamorado*) **estar ~** to be head over heels in love

[4] **estar ~ con algo** (*Andes, CAm, Caribe, Méx**) (= *satisfecho*) to be very pleased about sth, be over the moon about sth; (= *orgulloso*) to be very proud of sth

**culera** SF seat (*of trousers*)

**culeras*** SMF INV coward, chicken*

**culero/a** Ⓐ ADJ lazy

Ⓑ SM [1] (= *pañal*) nappy, diaper (*EEUU*)

[2] (*CAm‡*) (= *maricón*) poof‡, queer‡, fag (*EEUU‡*)

Ⓒ SM/F (*) [1] [*de drogas*] drug courier, drug smuggler

[2] (*Méx*) (= *cobarde*) coward

**culí** SM coolie

**culibajo*** ADJ short, dumpy

**culigordo*** ADJ big-bottomed, broad in the beam*

**culillo*** SM [1] (*Andes, CAm, Caribe*) (= *miedo*) fear

[2] **tener ~** (*Caribe*) to be in a rush

**culín** SM (= *gota*) drop; **sólo queda un ~ de vino** there's only a tiny drop of wine left

**culinario** ADJ culinary, cooking *antes de s*

**culipandear** ▸conjug 1a◂ VI (*Caribe*) to stall, hedge

**culmen** Ⓐ SM [1] (= *colmo*) **el ~ de la ignorancia** the height of ignorance; (= *persona*) the epitome of ignorance

[2] (= *punto culminante*) **el ~ de su carrera** the crowning moment of his career; **llegar a su ~** to reach its height

Ⓑ ADJ **el momento ~ de su carrera** the crowning moment of her career; **el momento ~ de la campaña electoral** the culminating moment of the electoral campaign, the climax of the electoral campaign

**culminación** SF culmination

**culminante** ADJ [1] (*Geog*) highest, topmost

[2] [*momento*] culminating; **el momento ~ de la revolución** the culminating moment of the

revolution, the climax of the revolution; **este fue el momento ~ de su carrera** this was the crowning moment of his career; **en el momento ~ de la fiesta, se apagaron las luces** at the high point of the party, the lights went out; **el punto ~ de la novela** the climax of the novel

**culminar** ▸conjug 1a◂ Ⓐ VT [+ *objetivo*] to reach, attain; [+ *acuerdo*] to conclude; [+ *tarea, carrera*] to finish
Ⓑ VI to culminate (**en** in)

**culo** SM 1 (*) (= *nalgas*) backside*, bum*, arse**, ass (*EEUU*‡), butt (*EEUU**); (= *ano*) arsehole**, asshole (*EEUU***); **le dio un puntapié en el ~** he kicked him in the backside*; **le limpió el culito al niño** he wiped the baby's bottom; **caer de ~** to fall on one's backside*; **dar a algn por el ~**** (= *sexualmente*) to bugger sb; (= *fastidiar*) to piss sb off**; **me da por ~ tener que trabajar tan temprano** it really pisses me off having to go to work so early**; **¡que te den por (el) ~!**** fuck you!**, screw you!**; ✦*MODISMOS* **confunde el ~ con las témporas**‡ he can't tell his arse from his elbow**; **el ~ del mundo**‡: **está en el ~ del mundo** it's in the back of beyond; **es el ~ del mundo** it's the arsehole of the world**; **dejar a algn con el ~ al aire*** to leave sb stranded; **ir con el ~ a rastras*** to be in a fix *o* jam*; **ir de ~**‡: **con tanta llamada, esta mañana voy de ~** with all these calls this morning I'm way behind*; **si no apruebas esta asignatura vas de ~** if you don't pass this subject you've had it*; **en cuanto al paro, el país va de ~** the country's unemployment record is disastrous; **lamer el ~ a algn**‡ to lick sb's arse *o* (*EEUU*) ass*, kiss sb's arse *o* (*EEUU*) ass*; **meterse algo por el ~****: **¡métetelo por el ~!** stick it up your ass!**; **mojarse el ~**‡: **para conseguirlo tendrás que mojarte el ~** you won't achieve that without getting your feet wet*; **partirse el ~**‡: **me partí el ~ de risa con él** I laughed myself silly with him; **se parten el ~ por encontrar entradas** they're pulling their hair out trying to get tickets; **pasarse algo por el ~**** not to give a shit about sth**; **perder el ~ por algn/algo**‡: **pierde el ~ por ella** he's nuts about her*; **pierde el ~ por conocerlos** she's dying to be introduced to them; **ser un ~ de mal asiento**: **se mudó cinco veces en un año, es un ~ de mal asiento** she moved house five times in one year, she just can't stay in one place; **tomar por ~****: **¡vete a tomar por ~!**** screw you!**, fuck off!**, piss off**; **¡que se vayan a tomar por ~!**** they can go screw themselves**, they can fuck *o* piss off**; **si nos pillan nos vamos todos a tomar por ~** if they catch us we'll all be fucked *o* screwed**; **el proyecto se fue a tomar por ~** the project went down the toilet‡; **les mandó a tomar por ~** he told them to fuck off *o* piss off**; **un día se hartó y mandó el trabajo a tomar por ~** one day he got fed up with it and jacked his job in*; **su casa está a tomar por ~** her house is in the back of beyond; **~ que veo, ~ que deseo** if I see something I like then I have to have it
2 (*) [*de vaso, botella*] bottom; **el vaso se rompió por el ~** the bottom of the glass broke; **—¿queda cerveza? —sí, un culillo** "is there any beer left in there?" — "yes, a drop"; **se bebió los ~s de todos los vasos** he drank the dregs of all the glasses; **gafas de ~ de vaso** pebble glasses

➤ LENGUA Y USO: culpa 1 45.2

**culón** ADJ = **culigordo**

**culote** SM, **culottes** SMPL 1 (*Dep*) cycling shorts *pl*
2 (= *prenda íntima*) French knickers *pl*

**culpa** SF 1 (= *responsabilidad*) fault, blame; **es ~ suya** it's his fault, he's to blame; **la ~ fue de los frenos** the brakes were to blame; **no le alcanza ~** (*frm*) no blame attaches to him, he is blameless; **cargar con la ~ a algn** to pin *o* put the blame on sb; **echar la ~ a algn de algo** to blame sb for sth; **siempre me echan la ~ a mí** they're always blaming me *o* saying it's my fault; **por ~ del mal tiempo** because of the bad weather; **tener la ~ de algo** to be to blame for sth; **nadie tiene la ~** nobody is to blame, it's nobody's fault; **tú tienes la ~** you're to blame, it's your fault
2 (*Jur*) guilt
3 (= *pecado*) sin; **pagar las ~s ajenas** to pay for somebody else's sins

**culpabilidad** SF 1 (= *culpa*) guilt, culpability (*frm*); **admitió su ~ públicamente** he made a public admission of his guilt, he admitted his guilt publicly; **sentimiento de ~** guilt feelings *pl*, feelings of guilt *pl*; **complejo de ~** guilt complex
2 (*Jur*) guilt; **veredicto de ~** verdict of guilty
3 (= *responsabilidad*) responsibility

**culpabilizar** ▸conjug 1f◂ VT = **culpar**

**culpable** Ⓐ ADJ 1 [*persona*] guilty; **confesarse ~** to plead guilty; **declarar ~ a algn** to find sb guilty; **la persona ~** the person to blame *o* at fault, the culpable person (*frm*); (*Jur*) the guilty person, the culprit
2 [*acto*] blameworthy; **con descuido ~** with culpable negligence (*frm*)
Ⓑ SMF 1 (= *responsable*) person to blame, person at fault
2 (*Jur*) (= *responsable de un delito*) culprit; (= *condenado por un delito*) offender, guilty party

**culpado/a** Ⓐ ADJ guilty
Ⓑ SM/F culprit; (*Jur*) the accused

**culpar** ▸conjug 1a◂ VT (= *acusar*) to blame; **~ a algn de algo** to blame sb for sth

**culposo** ADJ (*esp LAm*) guilty, culpable

**cultamente** ADV (= *de manera culta*) in a cultured way; (*pey*) (= *con afectación*) affectedly, in an affected way

**culteranismo** SM (*Literat*) *latinized, precious and highly metaphorical style (esp 17th century)*

> **CULTERANISMO, CONCEPTISMO**
>
> ***Culteranismo** and **conceptismo** were opposing literary fashions which developed in the early 17th century in Spain. Luis de Góngora was the main exponent of **culteranismo**, also known as **gongorismo**. His poetry was very learned in style, full of metaphor, classical allusions, neologisms and deliberate syntactic playfulness. By contrast, **conceptismo**, as championed by Francisco de Quevedo, meant very precise, economic and rational language with complex ideas presented in a simple and succinct style. Góngora, who was much vilified in his time, and not only by Quevedo, found posthumous favour with generations of modern Spanish poets, most notably the **Generación del 27**.*
>
> ⇨ *See also* GENERACIÓN DEL 27/98

**culterano/a** (*Literat*) Ⓐ ADJ *latinized, precious and highly metaphorical*
Ⓑ SM/F writer in the style of "culteranismo"

**cultismo** SM learned word

**cultista** ADJ learned

**cultivable** ADJ cultivable, arable

**cultivado** ADJ [*campo, superficie*] cultivated; [*persona*] cultured, cultivated; [*perla*] cultured

**cultivador**[1] SM (*Agr*) cultivator

**cultivador**[2]**(a)** SM/F farmer, grower; **~ de vino** winegrower; **~ de café** coffee grower, coffee planter

**cultivar** ▸conjug 1a◂ VT 1 (*Agr*) [+ *tierra*] to farm, cultivate, till; [+ *cosecha*] to grow, raise
2 (*Biol*) to culture
3 [+ *amistad, arte, estudio*] to cultivate; [+ *talento*] to develop; [+ *memoria*] to develop, improve

**cultivo** SM 1 (= *acto*) cultivation, growing
2 (= *cosecha*) crop; **el ~ principal de la región** the chief crop of the area; **rotación de ~s** crop rotation
3 (*Biol*) culture; *ver tb* **caldo 3**

**culto** Ⓐ ADJ 1 [*persona*] cultured, educated; (*pey*) (= *afectado*) affected
2 [*palabra, frase*] learned
Ⓑ SM 1 (*Rel*) (= *veneración*) worship; (= *ritual*) cult (**a** of); **libertad de ~** freedom of worship; **el ~ a Zeus** the cult of Zeus; **rendir ~ a** (*lit*) to worship; (*fig*) to pay homage *o* tribute to
2 (= *admiración*) cult; **de ~** cult *antes de s*; **una película de ~** a cult movie ► **culto a la personalidad** personality cult

**cultrún** SM (*Cono Sur*) drum

**cultura** SF 1 (= *civilización*) culture; **la ~ griega** Greek culture; **la ~ clásica** Classical culture
2 (= *saber*) **Juan tiene mucha ~** Juan is very knowledgeable *o* widely-read; **un hombre de gran ~** a very knowledgeable *o* cultured man ► **cultura de masas** popular culture ► **cultura general** general knowledge ► **cultura popular** popular culture
3 (= *artes*) culture; **este gobierno no invierte en ~** this government is not investing in culture; **Ministerio de Cultura** Minister of Culture

**cultural** ADJ cultural; **tiene un bajo nivel ~** he's not very (well-)educated

**culturalmente** ADV culturally

**culturismo** SM body building

**culturista** SMF body builder

**culturización** SF education, enlightenment

**culturizar** ▸conjug 1f◂ Ⓐ VT to educate, enlighten
Ⓑ **culturizarse** VPR to educate o.s., improve one's mind

**cuma** SF 1 (*CAm*) (= *cuchillo*) curved machete, curved knife
2 (*Andes*) (= *mujer*) woman (*of the village*); (= *comadre*) gossip

**cumbancha** SF (*Caribe*) spree, drinking bout

**cumbia** SF (= *música*) *Colombian dance music*; (= *baile*) *popular Colombian dance*

**cúmbila** SM (*Caribe*) pal*, buddy (*esp EEUU*)

**cumbo** SM 1 (*CAm*) (= *chistera*) top hat; (= *hongo*) bowler hat, derby (*EEUU*)
2 (*CAm*) (= *taza*) narrow-mouthed cup

**cumbre** Ⓐ SF (*Geog*) summit, top; (*fig*) top, height; **conferencia en la ~** (*Pol*) summit, summit conference; **está en la ~ de su poderío** he is at the height of his power; **hacer ~** to make it to the top
Ⓑ ADJ INV **conferencia ~** summit conference; **momento ~** culminating point; **es su libro ~** it's his most important book

**cume** SM (*CAm*), **cumiche** SM (*CAm*) baby of the family

**cumpa*** SM (*LAm*) pal*, buddy (*esp EEUU*)

**cumpleañero/a** SM/F (*LAm*) birthday boy/ birthday girl

**cumpleaños** SM INV birthday; **¡feliz ~!** happy birthday!, many happy returns!

**cumplido** Ⓐ ADJ [1] (= *perfecto*) complete, full; **un ~ caballero** a perfect gentlemen
[2] (= *amplio*) [*ropa*] full; [*ración*] large, plentiful
[3] (= *cortés*) courteous, correct; (= *formal*) formal
[4] **tiene sesenta años ~s** he's sixty years old
Ⓑ SM [1] (= *alabanza*) compliment
[2] (= *cortesía*) **visita de ~** courtesy call; **por ~** (= *por cortesía*) out of politeness, as a matter of courtesy; (= *por obligación*) out of a sense of duty; **¡sin ~s!** no ceremony, please!; **andarse con ~s** ◊ **usar ~s** to stand on ceremony, be formal; **cambiar los ~s de etiqueta** to exchange formal courtesies

**cumplidor** ADJ reliable, trustworthy

**cumplimentar** ▸conjug 1a◂ VT [1] [+ *formulario*] to complete, fill in
[2] [+ *órdenes*] to carry out; [+ *deber*] to perform
[3] (*frm*) [+ *superior, jefe*] to pay one's respects to (**por** on)

**cumplimentero** ADJ formal, ceremonious

**cumplimiento** SM [1] (= *satisfacción*) **el ~ de su promesa le reportará buena fama** fulfilling *o* keeping his promise will earn him a good reputation; **el ~ de sus obligaciones** keeping *o* fulfilling his obligations; **le felicitó por el ~ de todos los objetivos propuestos** he congratulated him on achieving all the proposed aims
[2] [*de ley*] observance, compliance; **una ley de obligado ~ para los ciudadanos** a law that is binding on all citizens; **en ~ de lo estipulado por el acuerdo** in adherence to the terms stipulated in the agreement; **dar ~ a** to fulfil; **falta de ~** non-fulfilment
[3] [*de condena*] **pasará tres años en prisión en ~ de la condena** he will spend three years in prison in order to complete his sentence
[4] (*Com*) expiry, expiration (*EEUU*)

**cumplir** ▸conjug 3a◂ Ⓐ VT [1] (= *llevar a cabo*) [+ *amenaza*] to carry out; [+ *promesa*] to keep; [+ *objetivo, sueño*] to achieve; [+ *ambición*] to fulfil, fulfill (*EEUU*), achieve; [+ *papel*] to play; **los contratan para ~ las misiones más difíciles** they are hired to carry out *o* do the most difficult tasks; **la cárcel no cumple su función preventiva** prison is failing to fulfil its role as *o* to act as a deterrent; **los parques naturales cumplen la función de proteger nuestro patrimonio natural** nature reserves serve to protect our natural heritage; **cumplió su palabra de aumentarnos el sueldo** he kept his promise to give us a pay rise; **les ha acusado de no ~ su palabra** he has accused them of failing to keep *o* breaking their word
[2] (= *obedecer*) [+ *ley, norma, sentencia*] to observe, obey; [+ *orden*] to carry out, obey; **sólo estoy cumpliendo órdenes** I'm only carrying out *o* obeying orders; **~ la voluntad del difunto** to carry out the wishes of the deceased; **hacer ~ la ley/un acuerdo** to enforce the law/an agreement
[3] (= *alcanzar*) [+ *condición, requisito*] to comply with, fulfil, fulfill (*EEUU*), meet; **estos productos no cumplen las condiciones sanitarias exigidas** these products do not comply with *o* fulfil *o* meet the necessary health requirements; **cumplió su deseo de viajar a la India** he fulfilled his wish of travelling to India
[4] (= *realizar*) [+ *condena, pena*] to serve; [+ *servicio militar*] to do, complete; **está cumpliendo 30 días de arresto** he is serving 30 days detention; **tiene el servicio militar cumplido** he has done *o* completed his military service
[5] (*con periodos de tiempo*) [5·1] [+ *años*] **hoy cumple ocho años** she's eight today, it's her eighth birthday today; **el rey cumple hoy años** today is the King's birthday; **cumple 40 años en diciembre** she'll be 40 in December; **cuando cumplas los 21 años** when you're 21, when you reach the age of 21; **¿cuántos años va a ~?** how old is he going to be?; **¡que cumplas muchos más!** many happy returns!
[5·2] [+ *aniversario, días*] **la democracia cumple su vigésimo aniversario** democracy is celebrating its twentieth anniversary; **el premio cumple su cincuentenario** the prize is currently in its fiftieth year; **el paro en el transporte cumple hoy su cuarto día** this is the fourth day of the transport strike
[6] (*Naipes*) [+ *contrato*] to make
Ⓑ VI [1] (= *terminar*) [*plazo*] to end, expire; [*pago*] to fall due
[2] (= *hacer lo correcto*) to do one's duty; **tengo la tranquilidad de haber cumplido** at least I can say that I did my duty *o* what was expected of me; **es muy profesional y siempre cumple** she is very professional — she never lets you down; **yo siempre cumplo en mi trabajo** I always do my job properly; **mi marido no cumple en la cama** (*hum*) my husband isn't performing (in bed); **prepárales una sopita y con eso cumples** just make them a bit of soup, that's as much as can be expected of you
[3] **~ con** [+ *compromiso, acuerdo*] to honour, honor (*EEUU*); [+ *ley*] to observe, obey; [+ *condición, requisito, criterio*] to fulfil, fulfill (*EEUU*), comply with, meet; **estaba cumpliendo con su deber** he was doing his duty; **~ con los trámites de la aduana** to go through customs; **tendrá que ~ con lo estipulado en el acuerdo** he will have to comply with what was stipulated in the agreement; **tendrán que ~ con el calendario acordado** they will have to comply with the schedule we agreed on; **para ~ con los criterios de Maastricht** in order to comply with *o* meet the Maastricht criteria; **~ con la iglesia** to fulfil one's religious obligations
[4] **~ por algn** to act on sb's behalf
[5] (*frm*) (= *corresponder*) **lo he recibido dos veces, con la amabilidad que me cumple** I've received him twice, with the friendliness that is expected of me
[6] (*Mil*) to finish one's military service
Ⓒ **cumplirse** VPR [1] (= *realizarse*) [*deseo, sueño, vaticinio*] to come true; [*plan, proyecto*] to be implemented
[2] (= *acabarse*) [*plazo*] to expire; **se cumplió el plazo de dos años del visado** the two years of the visa expired; **el viernes se cumple el plazo para entregar las solicitudes** Friday is the deadline *o* last day for handing in applications; **la jornada se cumplió sin incidentes** the day passed off without incident; **hoy se cumple el 40 aniversario de su muerte** today is the 40th anniversary of her death; **ayer se cumplió un año desde que fui puesto en libertad** it was a year yesterday since I was released; **ayer se cumplió el quinto día de la campaña electoral** yesterday was the fifth day of the election campaign

**cumquibus** SM INV (*hum*) **el ~** the wherewithal (*hum*)

**cumucho** SM (*Cono Sur*) [1] (= *multitud*) gathering, mob, crowd
[2] (= *cabaña*) hut, hovel

**cumulativo** ADJ cumulative

**cúmulo** SM [1] (= *montón*) heap, accumulation (*frm*); **un ~ de datos** a heap of facts; **un ~ de obstáculos** a whole series of obstacles; **es un ~ de virtudes** he's full of virtues, he's a paragon of virtue
[2] (*Meteo*) cumulus

**cumulonimbo** SM cumulonimbus

**cuna** SF [1] [*de bebé*] cot, crib (*EEUU*); (*con balancines*) cradle; **canción de ~** lullaby; **casa ~** children's home ► **cuna portátil** carrycot
[2] (= *lugar de nacimiento*) [*de persona*] birthplace; [*de tendencia, movimiento*] cradle; **Málaga, la ~ de Picasso** Málaga, the birthplace of Picasso; **Atenas, la ~ de las olimpiadas** Athens, the birthplace of the Olympics; **Escocia, la ~ del golf** Scotland, the home of golf
[3] (= *linaje*) **de ~ humilde** of humble birth *o* stock *o* origin; **de noble ~** of noble birth; ♦ ***MODISMO*** **criarse en buena ~** to be born with a silver spoon in one's mouth
[4] **cunas** (= *juego*) cat's cradle *sing*

**cundir** ▸conjug 3a◂ VI [1] (= *rendir*) to produce a good quantity; **hoy no me ha cundido el trabajo** I didn't get very far with my work today, I didn't get much work done today; **no me cunde el tiempo** I'm not getting very far, I'm not getting a lot done, I'm not making very much headway
[2] (= *extenderse*) to spread; **la noticia cundió** the news spread; **cunde el rumor que ...** there's a rumour going round that ...; **¡que no cunda el pánico!** there's no need for panic!, don't panic!
[3] (= *multiplicarse*) to increase; **van cundiendo los efectos del paro** the effects of unemployment are multiplying
[4] (= *hincharse*) [*arroz*] to swell

**cunear** ▸conjug 1a◂ Ⓐ VT to rock, cradle
Ⓑ **cunearse** VPR to rock, sway; (*al andar*) to swing along

**cuneco/a** SM/F (*Ven*) baby of the family

**cuneiforme** ADJ cuneiform

**cuneta** SF [1] [*de calle*] gutter; [*de carretera*] ditch; ♦ ***MODISMOS*** **dejar a algn en la ~**: **Juan deja a Pedro en la ~** Juan leaves Pedro standing, Juan leaves Pedro way behind; **que-**

➤ LENGUA Y USO: cumpleaños 50.3

**darse en la ~** to get left behind, miss the bus*
[2] (*CAm, Méx*) [*de acera*] kerb, curb (*EEUU*)

**cunicultura** SF rabbit breeding

**cuña** SF [1] (*Téc*) wedge; [*de rueda*] chock
[2] (*Tip*) quoin
[3] **meter ~** to sow discord
[4] (*) (= *pez gordo*) big shot*, fat cat*; **tener ~s** to have a lot of influence *o* pull
[5] (*CAm, Caribe Aut*) two-seater car
[6] (*Radio, TV*) spot, slot; (*Prensa*) space filler, brief item ► **cuña publicitaria** commercial

**cuñadismo*** SM nepotism, old boy network

**cuñado/a** SM/F brother-/sister-in-law

**cuñete** SM keg

**cuño** SM [1] (*Téc*) die-stamp; **de nuevo ~** [*palabra*] newly-coined; [*persona*] new-fledged
[2] (= *sello*) stamp, mark

**cuota** SF [1] (= *parte proporcional*) share; **han aumentado sus ~s de poder en el gobierno** they've increased their share of power within the government ► **cuota de mercado** market share ► **cuota de pantalla** (*TV*) share of the viewing figures ► **cuota electoral** share of the vote
[2] (= *parte asignada*) quota; **una reducción en la ~ española de producción de aceite** a reduction in Spain's oil production quota
[3] (= *cantidad fija*) [*de club*] membership fee, membership fees *pl*; [*de sindicato*] dues *pl* ► **cuota de conexión** connection charge, connection fee ► **cuota de enganche** down payment ► **cuota de inscripción** (*a un curso*) enrolment fee, enrollment fee (*EEUU*); (*a una conferencia*) registration fee ► **cuota de instalación** installation charge, installation fee ► **cuota de socio** membership fee ► **cuota patronal** employer's contribution (*to national insurance*)
[4] (*LAm*) (= *plazo*) **por ~s** by instalments *o* (*EEUU*) installments

**cuotidiano** (*frm*) ADJ = **cotidiano**

**cupaje** SM blending, blending of wines

**cupe** *etc ver* **caber**

**cupé** SM coupé

**Cupido** SM Cupid

**cupiera** *etc ver* **caber**

**cuplé** SM *type of light, sometimes risqué song originally sung in variety shows*

**cupletista** SF cabaret singer, singer of "cuplés"

**cupo** SM [1] (*Fin, Com*) quota ► **cupo de azúcar** sugar quota ► **cupo de importación** import quota
[2] (*LAm*) capacity; **no hay ~** there's no room; **"no hay cupo"** (*Teat*) "house full", "sold out"
[3] (*Mil*) draft; **excedente de ~** exempt from military service

**cupolino** SM hubcap

**cupón** SM (= *vale*) coupon; [*de lotería*] ticket; **~ de (los) ciegos** (*Esp*) *ticket for the lottery for the blind* ► **cupón de dividendos** dividend voucher ► **cupón de franqueo internacional** international reply coupon ► **cupón de interés** interest warrant ► **cupón de racionamiento** ration coupon ► **cupón de regalo** gift voucher, gift token, gift certificate (*EEUU*) ► **cupón de respuesta internacional** international reply coupon ► **cupón obsequio** gift voucher, gift token, gift certificate (*EEUU*)

**cuponazo*** SM special lottery prize

**cuprero** ADJ (*Chile*) copper *antes de s*

**cúpula** SF [1] (*Arquit*) dome, cupola
[2] (*Náut*) turret
[3] (*Bot*) husk, shell
[4] (*Pol*) party leadership, leading members; (*Com, Fin*) top management

**cuquería** SF craftiness

**cura[1]** SM [1] (*Rel*) priest; **sí, señor ~** yes, father ► **cura obrero** worker priest ► **cura párroco** parish priest
[2] (†) (= *yo mismo*) I, myself; **este ~** yours truly*; **no se ofrece este ~** this poor devil isn't volunteering

**cura[2]** SF [1] (*Med*) (= *curación*) cure; (= *tratamiento*) treatment; **no tiene ~** (*lit*) there is no cure for it; (*fig*) there's no remedy, it's quite hopeless; **tiene ~** it can be cured, it is curable; **primera ~** first aid ► **cura de choque** shock treatment ► **cura de reposo** rest therapy ► **cura de sueño** sleep therapy ► **cura de urgencia** emergency treatment, first aid
[2] ► **cura de almas** (*Rel*) cure of souls

**curable** ADJ curable

**curaca[1]** SM (*Andes*) (= *cacique*) Indian chief, Indian native authority

**curaca[2]** SF (*Andes*) (= *ama*) priest's housekeeper

**curación** SF (*Med*) (= *proceso*) cure, healing; (= *tratamiento*) treatment; **primera ~** first aid

**curadillo** SM [1] (*Culin*) dried cod
[2] (*Téc*) bleached linen

**curado** Ⓐ ADJ [1] (*Culin*) cured; [*pieles*] tanned, prepared
[2] (*Andes, Cono Sur*) (= *borracho*) drunk
[3] (= *endurecido*) hardened, inured; **estar ~ de espanto(s)** to have seen it all before
Ⓑ SM (*Culin*) curing

**curador(a)** SM/F [1] (*Jur*) (= *tutor*) guardian; (= *administrador*) executor
[2] [*de museo*] curator
[3] [*de enfermos*] healer ► **curador(a) por fe** faith-healer

**curalotodo** Ⓐ ADV INV cure-all
Ⓑ SM cure-all

**curanderismo** SM folk medicine; (*pey*) quack medicine, quackery

**curandero/a** SM/F quack, quack doctor

**curar** ▸conjug 1a◂ Ⓐ VT [1] (*Med*) (= *tratar*) to treat; (= *sanar*) to cure; **le están curando el resfriado con antibióticos** they're treating her cold with antibiotics; **este tratamiento me curó la bronquitis** this treatment cured my bronchitis; **le curó la herida con alcohol** she treated *o* dressed his wound with alcohol; **no le consiguió ~ la herida** he couldn't get his wound to heal; **para ~ los males de la sociedad** (*fig*) to cure all of society's ills; ✦*REFRÁN* **el tiempo lo cura todo** time is a great healer
[2] [+ *carne, pescado*] to cure; [+ *queso*] to mature; [+ *piel*] to tan; [+ *tela*] to bleach; [+ *madera*] to season
Ⓑ VI (*Med*) [*fármaco, medicamento*] to work; (*frm*) [*paciente*] to get better, recover
Ⓒ **curarse** VPR [1] (*Med*) [*paciente*] to get better, recover; [*herida*] to heal (up); **no se me ha curado la herida todavía** my wound still hasn't healed (up); **~se de algo: ya me he curado de la gripe** I've got over the flu now; **nunca se curó del mal de amores** he never got over his unrequited love; *ver tb* **salud 2**
[2] (*frm*) (= *preocuparse*) **~se de algo: nunca se curó de agradar a sus súbditos** he never made any effort to please his subjects
[3] (*Andes, Cono Sur**) (= *emborracharse*) to get drunk; (*Méx**) (*de resaca*) to have the hair of the dog*

**curare** SM curare, curari

**curasao** SM curaçao

**curativo** ADJ curative

**curato** SM curacy, parish

**curazao** SM curaçao

**curca** SF (*Andes, Cono Sur*) (= *joroba*) hump

**curco/a** (*Andes, Cono Sur*) Ⓐ ADJ hunchbacked
Ⓑ SM/F hunchback

**curcuncho/a** (*Andes, Chile*) Ⓐ SM (= *joroba*) hump
Ⓑ SM/F (= *jorobado*) hunchback

**curda*** Ⓐ ADJ sloshed*, pissed**, trashed (*EEUU**); **estar ~** to be sloshed*, be pissed**, be trashed (*EEUU**)
Ⓑ SF drunkenness; **agarrar una ~** to get sloshed*, get pissed**, get trashed (*EEUU**); **estar (con la) ~** ◊ **estar en ~** (*Cono Sur*) to be sloshed*, be pissed**, be trashed (*EEUU**); **tener una ~** to be sloshed*, be pissed**, be trashed (*EEUU**)

**curdo/a** Ⓐ ADJ Kurdish
Ⓑ SM/F Kurd

**cureña** SF gun carriage; **a ~ rasa** out in the open, exposed to the elements

**curia** SF [1] (*Rel*) (*tb* **~ romana**) papal Curia
[2] (*Jur*) legal profession, the Bar, the Bar Association (*EEUU*)

**curiana** SF cockroach

**curiara** SF (*Ven*) dugout canoe

**curiche*** SM (*Cono Sur*) black man

**curiosamente** ADV [1] (= *extrañamente*) curiously, oddly
[2] (= *pulcramente*) neatly, cleanly

**curiosear** ▸conjug 1a◂ Ⓐ VT [1] (= *husmear*) to nose out
[2] (= *mirar*) (*en una tienda*) to look over, look round
Ⓑ VI [1] (= *husmear*) to snoop, pry
[2] (= *mirar*) (*en una tienda*) to look round, wander round; (= *explorar*) to poke about; **~ por las tiendas** to wander round the shops; **~ por los escaparates** to go window-shopping

**curiosidad** SF [1] (= *interés*) curiosity; (= *indiscreción*) inquisitiveness; **despertar la ~ de algn** to arouse sb's curiosity; **estar muerto de ~** to be dying of curiosity; **tenemos ~ por saber si ...** we are curious to know if ...; **la ~ de noticias me llevó allí** the quest for news took me there
[2] (= *objeto*) curiosity, curio
[3] (= *aseo*) neatness, cleanliness
[4] (= *esmero*) care, carefulness, conscientiousness

**curioso/a** Ⓐ ADJ [1] [*persona*] curious; (= *indiscreto*) inquisitive; **estar ~ por saber** to be curious to know; **~ de noticias** eager for news
[2] (= *raro*) [*acto, objeto*] curious, odd; **¡qué ~!** how odd!, how curious!
[3] (= *aseado*) neat, clean, tidy
[4] (= *cuidadoso*) careful, conscientious
Ⓑ SM/F [1] (= *presente*) bystander, onlooker
[2] (= *interesado*) **los ~s de la literatura** those interested in literature
[3] (= *cotilla*) busybody

**curiosón/ona** SM/F busybody

**curita** SF (*LAm*) plaster, sticking plaster, Band-Aid® (*EEUU*)

**currante*** SMF worker

**currar*** ▸conjug 1a◂ VI, **currelar*** ▸conjug 1a◂ VI to work

**curre*** SM, **currelo*** SM work

**curricular** ADJ curriculum *antes de s*

**currículo** SM curriculum

**curriculum** SM, **currículum** SM (*tb* ~ **vitae**) curriculum vitae, résumé (*EEUU*)

**currinche** SM [1] (*Tip*) apprentice journalist, cub reporter
[2] (*) (= *persona insignificante*) little man, non-entity

**currito*** SM working man, working bloke*

**Curro** SM (*forma familiar*) *de* **Francisco**

**curro** Ⓐ ADJ [1] (= *elegante*) smart; (= *ostentoso*) showy, flashy
[2] (= *presumido*) cocky, brashly confident
Ⓑ SM [1] (*) = **curre**
[2] (= *golpe*) bash*, punch; **dar un** ~ to beat up
[3] (*Arg**) (= *estafa*) rip-off*

**curroadicto/a*** SM/F workaholic

**currusco*** SM hard crust (*at the end of French bread*)

**currutaco/a** Ⓐ ADJ [1] (= *ostentoso*) showy, loud
[2] (*LAm*) (= *bajito*) short, squat
Ⓑ SM/F [1] (*LAm*) (= *persona bajita*) shortie*
[2] (†) (= *petimetre*) toff*, dandy
[3] **currutacos** (*CAm*) (= *diarrea*) diarrhoea *sing*, diarrhea *sing* (*EEUU*)

**curry** SM [1] (= *especia*) curry powder; **pollo al** ~ curried chicken
[2] (= *plato*) curry

**cursante** SMF (*LAm*) student

**cursar** ▸conjug 1a◂ Ⓐ VT [1] [+ *orden, mensaje*] to send, dispatch; [+ *solicitud*] to deal with
[2] [+ *asignatura*] to study; [+ *curso*] to take, attend; ~ **Matemáticas** to read Maths
[3] (*frm*) [+ *sitio*] to frequent
Ⓑ VI **el mes que cursa** the present month

**cursi** Ⓐ ADJ [1] [*persona*] (= *amanerado*) affected; (= *remilgado*) prissy; (*en sus gustos*) twee
[2] [*objeto*] twee
Ⓑ SMF **es una** ~ (= *amanerada*) she's so affected; (= *niña remilgada*) she's so prissy; (*en sus gustos*) she's so twee

**cursilada** SF = **cursilería 2**

**cursilería** SF [1] (= *cualidad*) (= *amaneramiento*) (*gen*) affectation; [*de niña remilgada*] prissiness; (= *mal gusto*) tweeness
[2] (= *acto*) **no soporto las ~s que dice** I can't stand her affected way of speaking; **hizo la cursilada de cortarle el pelo al caniche** he was twee enough to get the poodle's hair cut

**cursillista** SMF member, member of a course

**cursillo** SM (= *curso*) short course; (= *conferencias*) short series of lectures

**cursilón/ona** SM/F = **cursi**

**cursiva** SF (*Tip*) italics *pl*; (= *escritura*) cursive writing

**cursivo** ADJ (*Tip*) italic; [*escritura*] cursive

**curso** SM [1] (*Escol, Univ*) (= *año escolar*) year; (= *clase*) year, class (*esp EEUU*); **este ~ empieza el dos de septiembre** this school year begins on the second of September; **los alumnos del segundo** ~ second year pupils, the second years; **es el único chico de mi** ~ he's the only boy in my year
[2] (= *estudios*) course; **un ~ de informática** a course in computing; **apertura/clausura de** ~ beginning/end of term ► **curso acelerado** crash course, intensive course ► **curso de actualización** refresher course ► **Curso de Orientación Universitaria** = COU ► **curso de reciclaje** refresher course ► **curso intensivo** crash course, intensive course ► **curso lectivo** academic year ► **curso por correspondencia** correspondence course
[3] [*de río*] course ► **curso de agua**, **curso fluvial** watercourse
[4] (= *desarrollo*) course; **un nuevo tratamiento que retrasa el ~ de la enfermedad** a new treatment which delays the course of the illness; **deja que las cosas sigan su** ~ let matters take their course; **seguimos por la tele el ~ de la carrera** we watched the progress *o* course of the race on TV; **la recuperación del enfermo sigue su ~ normal** the patient is recovering normally; **en** ~: **el proceso judicial está en** ~ the case is under way *o* in progress; **el año en** ~ the present year, the current year; **en el ~ de**: **en el ~ de la entrevista** during the interview, in *o* during the course of the interview; **en el ~ de la vida** in the course of a lifetime; **en el ~ de los años** over the years
[5] (*frm*) **dar ~ a algo**: **dar ~ a una solicitud** to deal with an application; **estaba dando ~ a las instrucciones recibidas** she was carrying out the instructions she had received; **dio ~ a su indignación** she gave vent to her anger; **dar libre ~ a algo: dio libre ~ a sus pensamientos** he gave free rein to his thoughts; **dimos libre ~ a la imaginación** we let our imagination run wild
[6] (*Com*) **moneda de ~ legal** legal tender

**cursor** SM [1] (*Téc*) slide
[2] (*Inform*) cursor

**curtido** Ⓐ ADJ [1] [*cuero*] tanned
[2] [*piel*] hardened, leathery; [*cara*] (*por sol*) tanned; (*por intemperie*) weather-beaten
[3] (= *experimentado*) **estar ~ en** to be expert at, be skilled in
Ⓑ SM [1] (= *acto*) tanning
[2] (= *cuero*) tanned leather, tanned hides *pl*

**curtidor** SM tanner

**curtiduría** SF, **curtiembre** SF (*LAm*) tannery

**curtir** ▸conjug 3a◂ Ⓐ VT [1] [+ *cuero*] to tan
[2] [+ *piel*] to tan, bronze
[3] (= *acostumbrar*) to harden, inure
Ⓑ **curtirse** VPR [1] (*por sol*) to become tanned; (*por intemperie*) to get weather-beaten
[2] (= *acostumbrarse*) to become inured (**contra** to)
[3] (*LAm*) (= *ensuciarse*) to get o.s. dirty

**curul** SF (*Col Pol*) seat (in parliament)

**curva** SF [1] [*de carretera, camino*] bend ► **curva en herradura** hairpin bend
[2] (*Mat*) curve ► **curva de demanda** (*Com*) demand curve ► **curva de indiferencia** indifference curve ► **curva de la felicidad** (*hum*) paunch, beer-belly ► **curva de nivel** contour line ► **curva de rentabilidad** (*Com*) break-even chart
[3] **curvas*** [*de mujer*] vital statistics; **¡tiene unas ~s!** what a body she's got!

**curvar** ▸conjug 1a◂ Ⓐ VT [+ *material*] to bend; [+ *labios*] to curl
Ⓑ **curvarse** VPR [*material*] to bow; [*estante*] to sag, bend; [*madera*] to warp

**curvatura** SF curvature ► **curvatura terrestre** Earth's curvature

**curvilíneo** ADJ curved, curvilinear

**curvo** ADJ [1] (= *curvado*) curved, bent
[2] (*Andes*) (= *estevado*) bow-legged
[3] (*Caribe*) (= *zurdo*) left-handed

**cusca** SF [1] **hacer la ~ a algn*** to play a dirty trick on sb
[2] (*CAm*) (= *coqueta*) flirt
[3] (*Méx**) (= *puta*) tart*, hooker (*EEUU**), whore

**cuscha** SF (*CAm*) liquor, rum

**cuscurrante** ADJ crunchy, crisp

**cuscurro** SM crouton

**cuscús** SM INV couscous

**cusma** SF (*Perú*) sleeveless shirt, tunic

**cuspa** SF (*Andes*) weeding

**cuspar** ▸conjug 1a◂ VT (*Andes*) to weed

**cúspide** SF [1] (*Anat*) cusp
[2] (*Geog*) summit, peak; (*fig*) pinnacle, apex
[3] (*Mat*) apex

**cusqui** SF **hacer la ~*** to bug*, annoy

**custodia** SF [1] (= *cuidado*) care, safekeeping, custody; **bajo la ~ de** in the care *o* custody of ► **custodia policial** police protection ► **custodia preventiva** protective custody
[2] (= *escolta*) guard, escort
[3] (*Rel*) monstrance

**custodiar** ▸conjug 1b◂ VT [1] (= *vigilar*) to guard, watch over
[2] (= *cuidar de*) to take care of, look after
[3] (= *proteger*) [+ *derechos, libertades*] to defend

**custodio/a** Ⓐ ADJ **ángel** ~ guardian angel
Ⓑ SM/F (= *guardián*) custodian; (*Méx, Perú*) police officer

**cususa** SF (*CAm*) home-made liquor, home-made rum

**CUT** SF ABR (*Chile*) = **Central Unitaria de Trabajadores**

**cutacha** SF (*LAm*) = **cuma**

**cutama** SF [1] (*Chile*) (= *saco*) bag; (= *alforja*) saddlebag
[2] (= *torpe*) clumsy person

**cutáneo** ADJ cutaneous, skin *antes de s*

**cutaras** SFPL (*CAm, Caribe, Méx*), **cutarras** SFPL (*CAm*) sandals, rough shoes

**cúter** SM cutter

**cutí** SM ticking

**cutícula** SF cuticle

**cutis** SM INV skin, complexion

**cuto** ADJ [1] (*Andes, CAm*) [*persona*] (= *tullido*) maimed, crippled; (= *desdentado*) toothless
[2] (*Andes, CAm*) [*objeto*] damaged, spoiled
[3] (*Andes*) (= *corto*) short

**cutre*** ADJ [1] [*persona*] (= *tacaño*) mean, stingy; (= *vulgar*) vulgar, coarse
[2] [*lugar*] squalid, shabby; **un sitio ~** a dive*, a hole*
[3] [*objeto*] tacky*

**cutrería*** SF [1] [*de persona*] (= *tacañería*) meanness, stinginess; (= *vulgaridad*) vulgarity, coarseness
[2] [*de lugar*] (= *miseria*) squalidness, shabbiness; **su bar es una auténtica ~** his bar is a real dive *o* hole*

➤ LENGUA Y USO: **curriculum** 46.2

3 [*de objeto*] **ese vestido me parece una ~** I think that dress is tacky*

**cutter** ['kuter] SM (*pl* **cutters**) [*de carpintero*] Stanley knife®, razor knife (*EEUU*); (*para papel*) artist's scalpel

**cuya** SF (*Caribe, Cono Sur*) gourd, drinking vessel

**cuyano/a*** ADJ, SM/F (*Chile*) Argentinian

**cuy(e)** (*pl* **cuis** *o* **cuyes**) SM (*LAm*) guinea pig

**cuyo** Ⓐ ADJ REL 1 (*de persona*) whose, of whom (*frm*); (*de cosa*) of which, whose; **la señora en cuya casa nos hospedábamos** the lady in whose house we were staying; **el asunto ~s detalles conoces** the matter of which you know the details
2 **en ~ caso** in which case; **por cuya razón** and for this reason
Ⓑ SM (†*) (= *amante*) lover

**cuz** EXCL **¡cuz ~!** (*dicho a un perro*) here boy!

**cuzqueño/a** Ⓐ ADJ of/from Cuzco
Ⓑ SM/F native/inhabitant of Cuzco; **los ~s** the people of Cuzco

**C.V.** Ⓐ SM ABR (= **curriculum vitae**) CV
Ⓑ SMPL ABR (= **caballos de vapor**) HP, h.p.

**C y F** ABR (= **costo y flete**) CAF, c.a.f., C and F

**czar** SM = **zar**

# D d

**D, d** [de] SF (= *letra*) D, d
**D.** ABR [1] = **Don**; → DON/DOÑA
[2] (*Fin*) = **debe**
[3] (= **diciembre**) Dec
**Da.** ABR, **D.ª** ABR = **Doña**; → DON/DOÑA
**dable** ADJ possible, feasible; **en lo que sea ~** as far as possible; **no es ~ hacerlo** it is not possible *o* feasible to do it
**dabuti:** Ⓐ ADJ (= *estupendo*) super*, smashing*
Ⓑ ADV **pasarlo ~** to have a great time
**DAC** SM ABR (*LAm*) (= **diseño asistido por computador**) CAD
**daca**†† EXCL hand it over!; *ver tb* **toma B**
**dacrón**® SM Dacron®
**dactilar** ADJ **huellas ~es** fingerprints
**dactílico** ADJ dactylic
**dáctilo** SM dactyl
**dactilografía** SF typing, typewriting
**dactilografiar** ▸conjug 1c◂ VT to type
**dactilógrafo/a** SM/F typist
**dactilograma** SM (*Méx*) fingerprint
**dadá** SM, **dadaísmo** SM dadaism
**dadista** SMF (*Méx*) dice player
**dadito** SM (*Culin*) small cube; **cortar en ~s** to dice
**dádiva** SF [1] (= *regalo*) gift
[2] (= *compensación*) sop
**dadivosidad** SF generosity, open-handedness
**dadivoso** ADJ generous, open-handed
**dado[1]** SM [1] (*en juegos*) die; **dados** dice; **echó** *o* **tiró los ~s** he threw the dice; **jugar a los ~s** to play dice
[2] (*Arquit*) dado
[3] (*Mec*) block
▼ **dado[2]** ADJ [1] (= *determinado*) **en un caso ~** in a given case; **dada su corta edad** in view of his youth; **dadas estas circunstancias** in view of *o* given these circumstances
[2] **ser ~ a algo** to be given to sth; **es muy ~ a discutir** he is much given to arguing
[3] ✦*MODISMO* **ir ~** (*): **si crees que te voy a pagar las vacaciones, vas ~** if you think I'm going to pay for your holidays, you've another think coming!
[4] **~ que** + *SUBJUN* provided that, so long as; + *INDIC* given that
**dador(a)** SM/F [1] (*Com*) drawer
[2] [*de carta*] bearer
[3] (*Naipes*) dealer
**Dafne** SF Daphne
**daga** SF [1] (= *espada corta*) dagger
[2] (*Caribe*) (= *machete*) machete
**dagazo** SM (*Caribe, Méx*) stab wound
**daguerrotipo** SM daguerreotype
**daifa** SF [1] (= *querida*) mistress, concubine
[2] (= *prostituta*) prostitute
**daiquiri** SM, **daiquirí** SM daiquiri
**dalia** SF dahlia
**Dalila** SF Delilah
**daliniano** ADJ Daliesque
**dallar** ▸conjug 1a◂ VT to scythe, mow with a scythe
**dalle** SM scythe
**Dalmacia** SF Dalmatia
**dálmata** Ⓐ SMF [1] (= *persona*) Dalmatian
[2] (= *perro*) dalmatian, dalmatian dog
Ⓑ ADJ Dalmatian
**daltónico** ADJ, **daltoniano** ADJ colour-blind, color-blind (*EEUU*)
**daltonismo** SM colour blindness, color blindness (*EEUU*)
**dama** SF [1] (= *señora*) lady; **~s y caballeros** ladies and gentlemen; **primera ~** (*Teat*) leading lady; (*Pol*) First Lady (*EEUU*) ► **dama de compañía** (*LAm*) lady companion ► **la Dama de Hierro** the Iron Lady ► **dama de honor** [*de reina*] lady-in-waiting; [*de novia*] bridesmaid ► **dama de noche** night jasmine ► **dama joven** (*Teat*) ingénue ► **dama regidora** carnival queen
[2] (= *mujer noble*) lady
[3] (= *amante*) lady, mistress; **el poeta y su ~** the poet and his lady *o* mistress
[4] (= *pieza*) (*Ajedrez, Naipes*) queen; (*Damas*) king
[5] **damas** (*juego*) draughts, checkers (*EEUU*)
**damajuana** SF, **damasana** (*LAm*) SF demijohn
**Damasco** SM Damascus
**damasco** SM [1] (= *tela*) damask
[2] (= *ciruela*) damson
[3] (*LAm*) (= *árbol*) apricot tree; (= *albaricoque*) apricot
**damasquinado** Ⓐ ADJ [*espada, metal*] damascene
Ⓑ SM damascene, damascene work
**damasquinar** ▸conjug 1a◂ VT to damascene, damask
**damasquino** ADJ [1] [*espada, metal*] damascene, damask
[2] (*de Damasco*) Damascene
**damero** SM [1] (= *pasatiempo*) *type of crossword*
[2] (= *tablero*) draughtboard, checkerboard (*EEUU*)
**damesana** SF (*LAm*) demijohn
**damisela** SF (*Hist*) damsel; (*pey*) courtesan, prostitute
**damita** SF (*CAm*) young lady
**damnificado/a** SM/F victim
**damnificar** ▸conjug 1g◂ VT [+ *persona*] to injure, harm; [+ *cosa*] to damage
**Damocles** SM Damocles
**dandi**, **dandy** Ⓐ SM dandy, fop
Ⓑ ADJ INV **estilo ~** dandy style
**dandismo** SM foppishness, foppish ways
**danés/esa** Ⓐ ADJ Danish
Ⓑ SM/F [1] (= *persona*) Dane
[2] (= *perro*) (*tb* **gran ~**) Great Dane
Ⓒ SM (= *idioma*) Danish
**Daniel** SM Daniel
**danta** SF (*LAm*) [1] (= *tapir*) tapir
[2] (= *anta*) elk, moose
**dantesco** ADJ [1] (*Literat*) of Dante, relating to Dante; **la obra dantesca** Dante's works
[2] (= *horrible*) nightmarish; **un espectáculo ~** a nightmarish sight
**dantzari** [dan'sari] SMF *Basque folk-dancer*
**Danubio** SM Danube
**danza** SF [1] (= *arte*) dance ► **danza contemporánea** contemporary dance
[2] (= *baile*) dance; ✦*MODISMO* **siempre está en ~** he's always on the go* ► **danza de apareamiento** courtship dance, mating display ► **danza de espadas** sword dance ► **danza de figuras** square dance ► **danza de la muerte** dance of death, danse macabre ► **danza de los siete velos** dance of the seven veils ► **danza del vientre** belly dance ► **danza de salón** ballroom dancing ► **danza guerrera** war dance ► **danza macabra** = **danza de la muerte**
[3] (*) (= *negocio sucio*) shady affair; (= *lío*) mess; **meterse en la ~** to get caught up in a shady affair
[4] (*) (*jaleo*) row, rumpus*; **armar una ~** to kick up a row *o* rumpus*; ✦*MODISMO* **no metas los perros en ~** let sleeping dogs lie
**danzante/a** SM/F [1] (= *bailarín*) dancer
[2] (*) (= *persona activa*) live wire; (= *entrometido*) busybody; (= *zascandil*) scatterbrain, featherbrain (*EEUU*)
**danzar** ▸conjug 1f◂ Ⓐ VI [1] (= *bailar*) to dance; ✦*MODISMO* **llevo toda la mañana danzando*** I've been on the go all morning*
[2] (*) (= *entrometerse*) to meddle
Ⓑ VT to dance
**danzarín/ina** Ⓐ ADJ (= *nervioso*) jumpy
Ⓑ SM/F [1] (= *bailarín*) dancer; **danzarina del**

➤ LENGUA Y USO: **dado[2]** 4 44.1

**vientre** belly dancer
[2] = **danzante 2**

**dañado** ADJ [1] [*edificio, pelo, fruta*] damaged
[2] [*persona*] twisted, perverted

**dañar** ▸conjug 1a◂ (A) VT [1] [+ *objeto, pelo, piel, salud*] to damage, harm; **el alcohol le ha dañado el hígado** alcohol has damaged his liver; **la recesión ha dañado el tejido social** the recession has damaged the social fabric; ✦*MODISMO* **~ la vista**: **es tan feo que daña la vista** it's an eyesore
[2] [+ *cosecha*] to damage, spoil
[3] [+ *reputación, carrera, proyecto*] to damage, harm; **es un intento de ~ su imagen pública** it's an attempt to damage *o* harm his public image
(B) **dañarse** VPR [1] (= *hacerse daño*) to be hurt, be injured; **el ciclista se dañó al caer** the cyclist was hurt *o* injured when he fell off; **se dañó el brazo escalando** she hurt *o* injured her arm while climbing
[2] [*objeto*] to be damaged; **los cimientos no llegaron a ~se en el incendio** the foundations were not damaged in the fire
[3] [*cosecha*] to be damaged, be spoiled

**dañinear** ▸conjug 1a◂ (*Cono Sur*) VT [1] = **dañar**
[2] (= *robar*) to steal

**dañino/a** (A) ADJ [1] (*para la salud*) harmful; **animales ~s** vermin *sing*, pests
[2] (*para el desarrollo de algo*) damaging (**para** to)
(B) SM/F (*Cono Sur*) thief

**daño** SM [1] (*a algo*) damage, harm; **el granizo ha producido grandes ~s a los cultivos** the hail has caused extensive damage to crops; **estas medidas han ocasionado un gran ~ a la industria** these measures have caused a great deal of harm to the industry; **~s y perjuicios** damages ► **daños colaterales** collateral damage
[2] (*a alguien*) (*físico, emocional*) pain; (*económico*) harm; **¡ay, qué ~!** ow, that hurts!; **en ~ de** (*frm*) to the detriment of; **por mi ~** (*frm*) to my cost; **causar** *o* **hacer ~ a algn** to hurt sb; **¡suelta, que me haces ~!** let go, you're hurting me!; **el ajo me hace ~** garlic doesn't agree with me, garlic disagrees with me; **tanta comida picante hace ~ al estómago** all that spicy food is bad for the stomach; **hacerse ~** to hurt o.s.; **¿te has hecho ~?** have you hurt yourself?; **se hizo ~ en el pie** he hurt his foot ► **daños corporales** physical injury *sing*
[3] (*Med*) (= *mal*) problem, trouble; **los médicos no saben dónde está el ~** the doctors can't tell where the problem *o* trouble is
[4] (*LAm*) (= *maleficio*) spell, curse

**dañoso** ADJ harmful

**DAO** SM ABR (= **diseño asistido por ordenador**) CAD

**dar**

▸conjug 1q◂
[A] VERBO TRANSITIVO
[B] VERBO INTRANSITIVO
[C] VERBO PRONOMINAL
*Para las expresiones* ***dar importancia, dar ejemplo, dar las gracias, dar clases, dar a conocer, dar a entender, darse prisa,*** *ver la otra entrada.*

(A) VERBO TRANSITIVO
[1] [= **entregar, conceder**] [+ *objeto, mensaje, permiso*] to give; [+ *naipes*] to deal (out); [+ *noticias*] to give, tell; **le dio un bocadillo a su hijo** he gave his son a sandwich; **se lo di a Blanca** I gave it to Blanca; **me dieron un diploma por mi buen comportamiento** I was given a diploma for good conduct; **le dieron el primer premio** he was awarded *o* given first prize; **déme dos kilos** I'll have two kilos, two kilos, please; **ir dando cuerda** to pay out rope; **~ los buenos días a algn** to say good morning to sb, say hello to sb
[2] [= **realizar**] [+ *paliza*] to give; [+ *paso*] to take; **~ un alarido** to shriek; **~ una bofetada a algn** to slap sb; **~ un golpe a algn** to hit sb; **dio un golpe en la mesa** he banged on the table; **~ un grito** to let out a cry, give a cry; **~ un paseo** to go for a walk, take a walk; **~ un suspiro** to heave *o* give a sigh, sigh
[3] [= **celebrar**] [+ *fiesta*] to have, throw; **la embajada ~á una recepción** the embassy will hold a reception
[4] [= **encender**] [+ *luz*] to turn on; **¿has dado el gas?** have you turned on the gas?
[5] [= **presentar**] [+ *obra de teatro*] to perform, put on; [+ *película*] to show, screen; **dan una película de Almodóvar** there's an Almodóvar film on, they're showing *o* screening an Almodóvar film; **¿qué dan hoy en la tele?** what's on TV tonight?
[6] [= **hacer sonar**] [*reloj*] to strike; **el reloj dio las tres** the clock struck three; **ya han dado las ocho** it's past *o* gone eight o'clock
[7] [= **producir**] [+ *fruto*] to bear; [+ *ganancias, intereses*] to yield; **~ flores** to flower; **este negocio da mucho dinero** there's a lot of money in this business; **una inversión que da un 7% de interés** an investment that pays *o* yields 7% interest
[8] [= **tener como resultado**] **el cálculo dio 99** the sum worked out at 99; **el atleta dio positivo en el control antidoping** the athlete tested positive for drugs
[9] [= **hacer sentir**] [+ *placer*] to give; **me dio mucha alegría verla** I was very pleased to see her; **las babosas me dan asco** I find slugs disgusting *o* revolting; **este jersey me da demasiado calor** this jumper is too hot, I'm too hot in this jumper; **da gusto hablar con él** he's really nice to talk to; **tu padre me da miedo** I'm scared *o* frightened of your father; **me da pena tener que tirarlo** it's a pity to have to throw it away; **el vino me da sueño** wine makes me sleepy
[10] [* = **fastidiar**] to ruin; **vinieron a visitarme y me dieron la tarde** they came to visit and ruined my afternoon; **¡me estás dando las vacaciones!** you're ruining the holiday for me!
[11]
◆ **dar por** (= *considerar*) to consider; **doy el asunto por concluido** I consider the matter settled, I regard the matter as settled; **le dieron por desaparecido** they gave him up for lost; **doy el dinero por bien empleado** I consider it money well spent; **lo daba por seguro** he was sure *o* certain of it; **lo podemos ~ por terminado** we can consider it finished
[12] ✦*MODISMOS* **¡y dale!** (= *¡otra vez!*) not again!; **estar/seguir dale que dale** *o* **dale que te pego** *o* (*LAm*) **dale y dale** to go/keep on and on; **la vecina está dale que dale al piano** our neighbour is pounding away at the piano; **estoy dale que dale a este problema** I've been bashing away at this problem*; **a mí no me la das*** you can't fool me; **¡ahí te las den todas!*** you just couldn't care less!; **por si vienen mal dadas** in case of emergency; (*ahorrar*) for a rainy day; **para ~ y tomar**: **tenemos botellas para ~ y tomar** we've got loads *o* stacks of bottles; **aquí hay basura para ~ y tomar** there's tons of rubbish here; **me da que ...** I have a feeling (that)...; **me da que no va a venir** I have a feeling (that) he's not going to come

(B) VERBO INTRANSITIVO
[1] [= **entregar**] to give; **dame, yo te lo arreglo** give it here, I'll fix it for you; ✦*REFRÁN* **a quien dan no escoge** beggars can't be choosers
[2] [= **entrar**] **me dieron ganas de vomitar** I felt like being sick; **si te da un mareo siéntate** if you feel giddy, sit down; **le dio un fuerte dolor en el costado** he felt a sudden sharp pain in his side; **le dio un infarto** he had a heart attack
[3] [= **importar**] **¡qué más da!** ◊ **¡da igual!** it doesn't matter!, never mind!; **¿qué más te da?** what does it matter to you?; **¿qué más da un sitio que otro?** surely one place is a good as another!, it doesn't make any difference which place we choose; **lo mismo da** it makes no difference *o* odds; **me da igual** ◊ **lo mismo me da** ◊ **tanto me da** it's all the same to me, I don't mind
[4] [**seguido de preposición**]
◆ **dar a** (= *estar orientado*) [*cuarto, ventana*] to look out onto, overlook; [*fachada*] to face; **mi habitación da al jardín** my room looks out onto *o* overlooks the garden
◆ **darle a** (= *hacer funcionar*) [+ *botón*] to press; (= *golpear*) to hit; [+ *balón*] to kick; **dale a la tecla roja** hit *o* press the red key; **~le a la bomba** to pump, work the pump; **dale más fuerte a la bomba** pump harder; **¡dale!** hit him!; **no es capaz de ~le al balón de cabeza** he can't head the ball
◆ **dar con** (= *encontrar*) [+ *persona*] to find; [+ *idea, solución*] to hit on, come up with; **dimos con él dos horas más tarde** we found him two hours later; **al final di con la solución** I finally hit on the solution, I finally came up with the solution; **no doy con el nombre** I can't think of the name; **~ consigo en** to end up in; **dio consigo en la cárcel** he ended up in jail
◆ **dar contra** (= *golpear*) to hit; **el barco dio contra el puente** the ship hit the bridge
◆ **dar de**: **~ de palos a algn** to give sb a beating; **~ de puñetazos a algn** to punch sb; **~ de barniz a algo** to varnish sth; **~ de beber a algn** to give sb something to drink; **~ de comer a algn** to feed sb; **~ de sí** [*comida, bebida*] to go a long way; **lo que cada uno puede ~ de sí** what each person can contribute
◆ **dar en** [+ *blanco, suelo*] to hit; [+ *solución*] to hit on, come up with; **el sol me da en la cara** the sun is in my eyes; **~ en hacer algo** to take to doing sth; **han dado en llamarle Boko** they've taken to calling him Boko
◆ **darle a algn por hacer algo**: **le ha dado por no venir a clase** he has taken to cutting classes; **les dio por venir a vernos** they took it into their heads to come and see us; **últimamente le ha dado por el golf** he's taken up

➤ LENGUA Y USO: **dar B3** 34.5

thought it!

13

◆ el qué dirán: **pero no quiso por el qué dirán** but she didn't want to because of what people might say; **se preocupa mucho por el qué dirán** she's always worried about what people will say *o* think

Ⓑ VERBO INTRANSITIVO

1 *invitando a hablar* **—¿te puedo pedir un favor? —dime** "can I ask you a favour?" — "go ahead"; **¿diga?** ◊ **¿dígame?** (*al teléfono*) hello?; **usted dirá** (*invitando a hablar*) go ahead; (*sirviendo bebida*) say when; (*en tienda*) can I help you?; **—¿te gustaría cambiar de coche? —¡hombre, ya me dirás!** "would you like a new car?" — "you bet I would!"

2 *= indicar* **su nombre no me dice nada** her name doesn't mean anything to me; **su mirada lo dice todo** her expression says it all *o* speaks volumes; **eso dice mucho de su personalidad** that says a lot about her personality; **una situación que tan mal dice de nuestro gobierno** a situation which shows our government in such a bad light

Ⓒ **decirse** VERBO PRONOMINAL

1 *uso reflexivo* **yo sé lo que me digo** I know what I'm talking about *o* saying; **me dije que no volvería a hacerlo** I promised myself *o* told myself I wouldn't do it again; **él se lo dice todo** he seems to have all the answers; **al verlo me dije: —han pasado muchos años** when I saw him, I said *o* thought to myself "it's been a long time"

2 *uso impersonal* **se dice** it is said, they *o* people say; **no se diría eso ahora** you'd never say such a thing nowadays; **¿cómo se dice "cursi" en inglés?** what's the English for "cursi"?, how do you say "cursi" in English?; **se les ha dicho que ...** they have been told that ...; **y no se diga ...** not to mention ...; **no se diga que ...** never let it be said that ...; **se diría que no está** she doesn't seem to be here; **alto, lo que se dice alto, no es** he's not what you'd call tall, he's not exactly tall; **hablar portugués, lo que se dice hablar, no sé** I can't really speak Portuguese properly; **esto es lo que se dice un queso** now this is what I call a cheese; ✦*MODISMO* **eso se dice muy pronto** that's easier said than done

3 *= llamarse* to be called; **esta plaza se dice de la Revolución** this is called Revolution Square

Ⓓ SUSTANTIVO MASCULINO

1 *= dicho* saying; ✦*MODISMO* **es un ~** it's a manner of speaking; **pongamos, es un ~, que Picasso naciera en Madrid ...** let's suppose, just for the sake of argument, that Picasso had been born in Madrid...

2 **a ~ de** according to; **a ~ de la gente mayor** according to the older generation; **a ~ de todos** by all accounts

**decisión** SF 1 (*= determinación*) decision; (*Jur*) judgment; **forzar una ~** to force the issue; **tomar una ~** to make *o* take a decision ► **decisión por mayoría** majority decision
2 (*= firmeza*) decisiveness
3 (*= voluntad*) determination

**decisivo** ADJ [*resultado, factor, influencia, papel*] decisive; [*argumento*] winning; [*voto*] deciding; **una etapa decisiva de mi vida** a crucial *o* decisive stage in my life

> **DECIR**
>
> **¿"Say" o "tell"?**
>
> • **Decir** se puede traducir por **say** o por **tell**. Por regla general, **say** simplemente *dice* y **tell** *informa* u *ordena hacer algo.*
>
> • **Decir** generalmente se traduce por **say** en estilo directo. Normalmente no lleva un complemento de persona pero si se menciona a quién se está dirigiendo el hablante, el complemento de persona tiene que ir precedido por la preposición **to**:
>
> "Ya son las tres", dije.
> ***"It's already three o'clock," I said***
> "¡Qué tiempo más malo!" Eso fue lo único que me dijo
> ***"What awful weather!" That's all he said to me***
>
> • En estilo indirecto, **decir** se puede traducir por **say** cuando simplemente se cuenta lo que alguien ha dicho. Si **say** lleva complemento de persona, éste se coloca después del complemento directo:
>
> Dijo que se tenía que marchar
> ***He said he had to leave***
> Me dijo algo que no entendí
> ***He said something to me that I didn't understand***
>
> • **Decir** se traduce por **tell** cuando se *informa* o se *ordena hacer algo*. Suele llevar un objeto de persona sin la preposición **to**:
>
> Me dijo que tenía una entrevista de trabajo
> ***He told me he had a job interview***
> ¡Te he dicho que no lo toques!
> ***I told you not to touch it!***
>
> • Hay algunos usos idiomáticos en los que **decir** se traduce por **tell** aunque no lleva complemento de persona. Por ejemplo: **to tell the truth** (decir la verdad) y **to tell a lie** (decir una mentira).
>
> **Otros verbos**
>
> • Si **decir** va acompañado de un calificativo en español, a menudo se puede traducir al inglés por otros verbos que no sean **say** o **tell**:
>
> "Lo he perdido todo", dijo entre sollozos
> ***"I've lost everything," she sobbed***
> Dijo con voz ronca algo sobre necesitar un médico
> ***He croaked something about needing a doctor***
>
> *Para otros usos y ejemplos ver la entrada.*

**decisorio** Ⓐ ADJ decision-making; **poderes ~s** decision-making powers; **proceso ~** decision-making process
Ⓑ SM (*Méx Jur*) judgment, verdict

**declamación** SF (*gen*) declamation; [*de poema*] recital, recitation

**declamador(a)** SM/F orator

**declamar** ▸conjug 1a◂ VT Ⓐ VT (*gen*) to declaim; [+ *versos, poema*] to recite
Ⓑ VI to declaim

**declamatorio** ADJ declamatory

**declaración** SF 1 (*= proclamación*) declaration ► **declaración de amor** declaration of love ► **declaración de derechos** (*Pol*) bill of rights ► **declaración de guerra** declaration of war ► **declaración de intenciones** declaration of intent ► **declaración de principios** declaration of principles ► **declaración de quiebra** declaration of bankruptcy
2 **declaraciones** (*a la prensa*) statement *sing*; **no quiso hacer declaraciones a los periodistas** he refused to talk to journalists, he refused to make a statement to journalists ► **declaraciones conjuntas** joint statement *sing*
3 (*a Hacienda*) tax return; **hacer la ~** to do one's tax return ► **declaración conjunta** joint tax return ► **declaración de aduana(s)** customs declaration ► **declaración de impuestos, declaración de ingresos, declaración de la renta** income tax return
4 (*Jur*) (*ante la policía, en juicio*) statement; **firmó una ~ falsa** he signed a false statement; **las declaraciones de los testigos son contradictorias** the evidence given by the witnesses is contradictory, the witnesses' statements are contradictory; **prestar ~** (*ante la policía*) to make a statement; (*en un juicio*) to give evidence, testify; **tomar la ~ a algn** to take a statement from sb ► **declaración de culpabilidad** plea of guilty, guilty plea ► **declaración de inocencia** plea of not guilty, not guilty plea ► **declaración inmediata** (*Méx*) verbal statement ► **declaración judicial** statement in court ► **declaración jurada** sworn statement, affidavit
5 [*de incendio, epidemia*] outbreak
6 (*Naipes*) bid

**declaradamente** ADV openly

**declarado** ADJ [*actitud, intención*] professed; **un ateo ~** a professed atheist

**declarante** SMF 1 (*Jur*) deponent
2 (*Naipes*) bidder

**declarar** ▸conjug 1a◂ Ⓐ VT 1 (*= proclamar*) [+ *guerra, independencia*] to declare; **Japón declaró la guerra a China** Japan declared war on China; **fue declarado el estado de sitio** a state of siege was declared; **el tribunal declaró la inconstitucionalidad de la ley** the court declared the law unconstitutional; **yo os declaro marido y mujer** I pronounce you man and wife; ✦*MODISMOS* **tener declarada la guerra a algo** to have declared war on sth; **tener declarada la guerra a algn** to have it in for sb*
2 (*= considerar*) to declare; **el tribunal médico lo declaró no apto para el servicio militar** the medical board declared him unfit for military service; **el bosque fue declarado zona protegida** the forest was declared a conservation area; **fue declarada abierta la competición** the competition was declared open; **el premio fue declarado desierto** the prize was not awarded; **este matrimonio podría ~se nulo** this marriage could be annulled; **~ culpable a algn** to find sb guilty; **~ inocente a algn** to find sb innocent
3 (*= manifestar*) (*en público, ante el juez*) to state; (*como anuncio, noticia*) to announce; **declaró su apoyo a la democracia** he stated his support for democracy; **el ministro declaró no saber nada del asunto** the minister stated that he knew nothing of the matter; **según declaró un portavoz del gobierno** as a government spokesperson announced
4 (*Com*) (*en la aduana, a Hacienda*) to declare; **¿(tiene) algo que ~?** (do you have) anything to declare?; **"nada que declarar"** "nothing to declare"

[5] (*Naipes*) to bid; **declaró dos picos** she bid two spades; **declaró menos de lo que tenía** he underbid
(B) VI [1] (*Jur*) (= *testificar*) to give evidence, testify; **fue llamada a ~ por el juez** the judge called her to give evidence *o* to testify; **~ en falso** to commit perjury
[2] (= *declarar impuestos*) to submit one's tax return
[3] (*Naipes*) to bid
(C) **declararse** VPR [1] (= *reconocerse*) to declare o.s.; **se han declarado objetores de conciencia** they have declared themselves conscientious objectors; **~se a favor de algo** to declare o.s. in favour of sth; **~se en bancarrota** *o* **quiebra** to declare o.s. bankrupt; **poco después de ~se abiertamente homosexual** shortly after coming out as a homosexual, shortly after announcing in public that he was a homosexual; **~se culpable** to plead guilty; **~se en huelga** to go on strike; **~se inocente** to plead not guilty; **~se en suspensión de pagos** to call in the receivers
[2] **~se a algn** to declare one's love to sb; **se le declaró en el jardín** he declared his love to her in the garden; **¿se te ha declarado ya?** has he told you he loves you yet?
[3] [*epidemia, guerra*] to break out; **se declaró un incendio en el almacén** a fire broke out in the warehouse; **el incendio se declaró en la cocina y se extendió por toda la casa** the fire started in the kitchen and spread throughout the house

**declaratoria** (*Jur*) (A) ADJ declaratory
(B) SF declaration

**declinable** ADJ declinable

**declinación** SF [1] (*Ling*) declension
[2] (*Astron, Náut*) declination
[3] (= *decaimiento*) decline, falling-off

▼**declinar** ▸conjug 1a◂ (A) VT [1] (= *rechazar*) [+ *honor, invitación*] to decline; (*Jur*) to reject; **declinamos cualquier responsabilidad** we cannot accept responsibility; **~ hacer algo** to decline to do sth
[2] (*Ling*) to decline
(B) VI [1] (= *decaer*) to decline, decay
[2] (*liter*) [*día*] to draw to a close
[3] [*terreno*] to slope (away *o* down)
[4] (*Ling*) to decline

**declive** SM [1] [*de terreno, superficie*] incline, gradient; **un terreno en ~** sloping ground
[2] (= *decadencia*) decline; **en ~: es una ciudad en ~** it's a city in decline; **una ideología en ~** an ideology in decline *o* on the wane; **el consumo de alcohol está** *o* **va en ~** alcohol consumption is declining *o* is on the decline

**decocción** SF decoction

**decodificador** SM = **descodificador**

**decodificar** ▸conjug 1g◂ VT = **descodificar**

**decolaje** SM (*Andes, Chile*) take-off

**decolar** ▸conjug 1a◂ VI (*Andes, Chile*) to take off

**decolorado** ADJ [*pelo*] bleached; [*piel, ropa*] discoloured, discolored (*EEUU*)

**decolorante** SM bleaching agent

**decolorar** ▸conjug 1a◂ (A) VT [+ *pelo*] to bleach; [+ *piel, ropa*] to discolour, discolor (*EEUU*)
(B) **decolorarse** VPR [*pelo*] to get bleached; [*piel, ropa*] to get discoloured, become discolored (*EEUU*), fade; **el pelo se me ha decolorado con el sol** the sun has bleached my hair

➤ LENGUA Y USO: **declinar A1** 39.3

**decomisar** ▸conjug 1a◂ VT to seize, confiscate

**decomiso** SM seizure, confiscation

**descongestionante** SM decongestant

**deconstrucción** SF deconstruction

**decoración** SF [1] (= *adorno*) decoration ► **decoración de escaparates** window dressing ► **decoración de interiores, decoración del hogar** interior decorating
[2] (*Cine, Teat*) set, scenery

**decorado** SM (*Cine, Teat*) scenery, set

**decorador(a)** SM/F [1] [*de interiores*] decorator, interior decorator ► **decorador(a) de escaparates** window dresser
[2] (*Teat*) set designer

**decorar**[1] ▸conjug 1a◂ VT [+ *casa, habitación*] to decorate (**de** with)

**decorar**[2] ▸conjug 1a◂ VT [1] (= *aprender*) to learn, memorize
[2] (= *recitar*) to chorus

**decorativo** ADJ decorative

**decoro** SM [1] (= *decencia, dignidad*) decorum, decency ► **decoro virginal** maidenly modesty
[2] (= *honor*) honour, honor (*EEUU*), respect

**decorosamente** ADV decorously

**decoroso** ADJ [*conducta, lenguaje*] decorous; [*empleo, sueldo*] decent

**decrecer** ▸conjug 2d◂ VI [1] (= *disminuir*) [*importancia, interés*] to decrease; [*nivel de agua*] to subside, go down
[2] [*días*] to draw in

**decreciente** ADJ decreasing, diminishing

**decrecimiento** SM, **decremento** SM decrease

**decrépito** ADJ decrepit

**decrepitud** SF decrepitude

**decretar** ▸conjug 1a◂ (A) VT [1] (= *ordenar*) to order; (*por decreto*) to decree; **~ que** to decree that
[2] [+ *premio*] to award (**a** to); **el árbitro ha decretado penalti** the referee has awarded a penalty
[3] (*Méx*) [+ *dividendo*] to declare
(B) VI (*Jur*) to deliver a judgment

**decretazo*** SM *decree that comes into force without being agreed on by a majority*

**decreto** SM decree, order; (*Parl*) act; **real ~** royal decree; **por real ~** (*lit*) by royal decree; (*fig*) compulsorily, willy-nilly

**decreto-ley** SM (*pl* **decretos-leyes**) order in council, government decree

**decúbito** SM (*Med*) ► **decúbito prono** prone position ► **decúbito supino** supine position

**decuplar** ▸conjug 1a◂ VT, **decuplicar** ▸conjug 1g◂ VT to multiply tenfold, increase tenfold

**décuplo** (A) ADJ tenfold
(B) SM **es el ~ de lo que era** it is ten times what it was, it has increased tenfold

**decurso** SM (*liter*) **en el ~ de los años** over the years; **en el ~ del tiempo** in the course of time

**dedada** SF (= *cantidad*) (*lit*) thimbleful; (*fig*) very small quantity; **una ~ de mermelada** a spot *o* dab of jam; **una ~ de pimienta** a pinch of pepper; ✦*MODISMO* **dar una ~ de miel a algn** to give sb a crumb of comfort

**dedal** SM [1] (*Cos*) thimble
[2] (= *cantidad*) thimbleful

**dedalera** SF foxglove

**dédalo** SM [1] (= *laberinto*) labyrinth
[2] (= *lío*) tangle, mess

**dedazo** SM fingermark

**dedicación** SF [1] (= *entrega*) dedication (**a** to); **las profesiones de ~ humanitaria** the caring professions; **con ~ exclusiva** *o* **plena** full-time *antes de s*; **trabajar con ~ plena** to work full-time; **"dedicación plena"** "full-time"
[2] [*de discurso, libro*] dedication
[3] (*Rel*) consecration

**dedicar** ▸conjug 1g◂ (A) VT [1] [+ *obra, canción*] to dedicate; **dedico este poema a mis padres** this poem is dedicated to my parents; **me dedicó una copia firmada de su última novela** she presented me with a signed copy of her latest novel; **quisiera ~ unas palabras de agradecimiento a ...** I should like to address a few words of thanks to ...; **el festival dedicó un homenaje al actor** the festival paid tribute to the actor
[2] [+ *tiempo, espacio, atención*] to devote, give; [+ *esfuerzo*] to devote; **dedico un día a la semana a ordenar mis papeles** I devote *o* give one day a week to organizing my paperwork; **ha dedicado toda su vida a los derechos humanos** she has dedicated *o* devoted her whole life to human rights; **dedica este terreno al cultivo del tulipán** he uses this land for growing tulips; **un programa dedicado a los deportes de invierno** a programme about *o* on winter sports
[3] (*Rel*) to dedicate, consecrate
(B) **dedicarse** VPR [1] (*como profesión*) **~se a: se dedica a la enseñanza** he is a teacher, he's in teaching; **¿a qué se dedica usted?** what do you do (for a living)?; **se dedican a arreglar electrodomésticos** they repair domestic appliances
[2] (*como afición*) **~se a: se dedica a ver la tele todo el día** he spends the whole day watching TV; **en el verano se dedicó a la cerámica** he spent the summer doing *o* making pottery; **¡dedícate a lo tuyo!** mind your own business!
[3] (= *entregarse*) **~se a** to devote o.s. to; **se dedicó completamente a cuidar de sus padres** she devoted herself entirely to looking after her parents

**dedicatoria** SF dedication, inscription

**dedicatorio** ADJ dedicatory

**dedil** SM fingerstall

**dedillo** SM **conocer algo al ~** to know sth like the back of one's hand; **cumplir una orden al ~** to follow an order to the letter; **saber algo al ~** to have sth at one's fingertips

**dedismo*** SM arbitrary selection, arbitrary nomination

**dedo** SM [1] [*de mano, guante*] finger; [*de pie*] toe; **con la punta** *o* **la yema de los ~s** with one's fingertips; **apuntar** *o* **señalar algo/a algn con el ~** (*señalando*) to point at sth/sb; (*acusando*) to point the finger at sth/sb; **meterse el ~ en la nariz** to pick one's nose; ✦*MODISMOS* **a ~***: **vine a ~** I hitched here*; **he viajado por toda Alemania a ~** I hitched all round Germany*; **ha entrado a ~** he got the job because he knew somebody, he got the job through contacts; **han adjudicado a ~ todas las obras** they handed out all the building contracts to people they knew; **co-**

**hecho las ~s de muchos niños** a book which has delighted many children

**deliciosamente** ADV delightfully

**delicioso** ADJ [1] [*momento, sonido*] delightful
[2] [*comida, bebida*] delicious

**delictivo** ADJ criminal *antes de s*

**Delilá** SF Delilah

**delimitación** SF delimitation

**delimitar** ▸conjug 1a◂ VT to delimit

**delincuencia** SF crime; **las cifras de la ~** the incidence of crime ► **delincuencia de menores**, **delincuencia juvenil** juvenile delinquency ► **delincuencia informática** computer crime ► **delincuencia menor** petty crime

**delincuencial** ADJ criminal

**delincuente** Ⓐ ADJ delinquent
Ⓑ SMF (= *maleante*) criminal ► **delincuente común** common criminal ► **delincuente habitual** habitual offender ► **delincuente juvenil** juvenile delinquent

**delineación** SF, **delineamiento** SM delineation ► **delineación industrial** technical drawing

**delineador** SM eyeliner

**delineante** SMF draughtsman/draughtswoman, draftsman/draftswoman (*EEUU*)

**delinear** ▸conjug 1a◂ VT [1] [+ *contornos*] to outline
[2] [+ *plan, propuesta*] to delineate

**delinquimiento** SM delinquency

**delinquir** ▸conjug 3e◂ VI to commit an offence *o* (*EEUU*) offense

**deliquio** SM swoon, fainting fit

**delirante** ADJ [1] (*Med*) delirious, raving
[2] (= *disparatado*) [*idea*] crazy; [*chiste*] hilarious

**delirantemente** ADV deliriously

**delirar** ▸conjug 1a◂ VI [1] (*Med*) to be delirious
[2] (= *desatinar*) to rave, talk nonsense; **¡tú deliras!*** you must be mad!

**delirio** SM [1] (*Med*) delirium
[2] (= *frenesí*) **cuando acabó de hablar fue el ~** when he finished speaking the place went wild; **el chocolate me gusta con ~** I absolutely adore chocolate
[3] (= *manía*) ► **delirio de persecución** persecution mania ► **delirios de grandeza** delusions of grandeur
[4] **delirios** (= *disparate*) nonsense *sing*

**delírium** SM ► **delírium tremens** delirium tremens

**delito** SM [1] (*Jur*) (= *acción criminal*) crime; (= *infracción*) offence, offense (*EEUU*) ► **delito común** common crime ► **delito contra la propiedad** crime against property ► **delito de menor importancia** minor offence ► **delito de sangre** violent crime ► **delito fiscal** tax offence ► **delito menor** minor offence ► **delito político** political crime
[2] (= *fechoría*) (*lit*) felony; (*fig*) misdeed

**delta** Ⓐ SM (*Geog*) delta; *ver tb* **ala A2**
Ⓑ SF (= *letra*) delta

**deltaplano** SM [1] (= *aparato*) hang-glider
[2] (= *deporte*) hang-gliding

**deltoideo** ADJ, SM deltoid

**deludir** ▸conjug 3a◂ VT to delude

**delusorio** ADJ delusive

**demacración** SF emaciation

**demacrado** ADJ gaunt, haggard

**demacrarse** ▸conjug 1a◂ VPR to become emaciated

**demagogia** SF demagogy, demagoguery

**demagógico** ADJ demagogic

**demagogismo** SM demagogy, demagoguery

**demagogo** SM demagogue, demagog (*EEUU*)

**demanda** SF [1] (= *solicitud*) request (**de** for); (*exigiendo*) demand (**de** for); **escribir en ~ de ayuda** to write asking for help; **ir en ~ de algo** to go in search of sth, go looking for sth; ✦*MODISMO* **morir en la ~** to die in the attempt ► **demanda de extradición** extradition request ► **demanda del Santo Grial** quest for the Holy Grail ► **demanda de pago** demand for payment
[2] (*esp LAm*) (= *pregunta*) inquiry
[3] (*Com*) demand; **hay una gran ~ de profesores** teachers are in great demand; **tener ~** to be in demand; **ese producto no tiene ~** there is no demand for that product ► **demanda de mercado** market demand ► **demanda final** final demand ► **demanda indirecta** derived demand; *ver tb* **oferta 2**
[4] (*Teat*) call
[5] (*Elec*) load ► **demanda máxima** peak load
[6] (*Jur*) action, lawsuit; **entablar ~** to bring an action, sue; **presentar ~ de divorcio a algn** to sue sb for divorce ► **demanda civil** private prosecution ► **demanda judicial** legal action

**demandado/a** SM/F defendant; (*en divorcio*) respondent

**demandante** SMF [1] (*Jur*) plaintiff
[2] ► **demandante de empleo** job seeker

**demandar** ▸conjug 1a◂ VT [1] (= *exigir*) to demand
[2] (*Jur*) to sue, file a lawsuit against; **demandó al periódico por difamación** he sued the paper for libel; **~ a algn por daños y perjuicios** to sue sb for damages

**demaquillador** SM make-up remover

**demarcación** SF [1] [*de frontera, zona*] demarcation; **línea de ~** demarcation line
[2] (*Dep*) position

**demarcar** ▸conjug 1g◂ VT to demarcate

**demarraje** SM spurt, break, dash

**demarrar** ▸conjug 1a◂ VI to spurt, break away, make a dash

**demás** Ⓐ ADJ **los ~ libros** the other books, the rest of the books; **y ~ gente de ese tipo** and other people of that sort
Ⓑ PRON [1] **lo ~** the rest (of it); **los ~** the others, the rest (of them); **esto es lo importante y lo ~ se puede eliminar** this is the important thing, we can get rid of the rest; **todo lo ~** all the rest, everything else; **las ~ no tenían dinero** the others didn't have any money, the rest (of them) didn't have any money, no-one else had any money; **esta ropa es de Juan y lo ~ de Pedro** these clothes are Juan's and the others *o* the rest are Pedro's
[2] **por lo ~** otherwise, apart from that; **es muy larga, pero, por lo ~, es una buena novela** it's very long, but otherwise *o* apart from that it's a good novel
[3] **y ~** and so on, and so forth; **vimos la catedral, la muralla y ~** we saw the cathedral, the walls and so on *o* and so forth
[4] **por ~** (*frm*) [4·1] (= *a propósito*) **una característica que, por ~, no es exclusiva suya** a characteristic which, incidentally *o* by the way, is not unique to him; **ha escrito decenas de novelas, por ~ excelentes** he has written dozens of novels, which are excellent by the way, he has written dozens of novels, excellent ones at that
[4·2] (= *en vano*) **está por ~ presentar una queja** it is pointless to make a complaint; **nunca está por ~ solicitarlo** you have nothing to lose by asking for it, it is always worthwhile asking for it
[4·3] (= *demasiado*) excessively; **un informe extenso por ~** an excessively long report; **un político alabado por ~** a politician who has received excessive praise

**demasía** SF [1] (= *exceso*) excess; **con** *o* **en ~** too much, excessively; **habló en ~** he talked too much; **el maquillaje, en ~, es poco natural** too much make-up *o* an excess of make-up doesn't look very natural
[2] (= *insolencia*) insolence

**demasiado** Ⓐ ADJ [1] (= *excesivo*) too much; **eso es ~** that's too much; **hace ~ calor** it's too hot; **con ~ cuidado** with excessive care; **¡esto es ~!** that's the limit!; **no tengo ~ tiempo** I don't have much time; **¡qué ~!*** wow!*
[2] **demasiados** too many
Ⓑ ADV [1] (= *en exceso*) (*con adjetivos, adverbios*) too; (*con verbos*) too much; **es ~ pesado para levantarlo** it is too heavy to lift; **~ bien lo sé** I know it only too well; **comer ~** to eat too much
[2] (*LAm*) (= *mucho*) **lo siento ~** I'm very *o* really sorry; **es ~ sabio** he's very wise

> **DEMASIADO**
>
> **¿"Too", "too much" o "too many"?**
>
> • **Demasiado** se traduce por **too** delante de *adjetivos* y *adverbios*:
>
> Hace demasiado calor
> ***It's too hot***
> Hace un día demasiado bueno para quedarse trabajando en casa
> ***It's too nice a day to stay at home working***
> Hablas demasiado deprisa
> ***You talk too quickly***
>
> • Se traduce por **too much** cuando **demasiado** describe o se refiere a nombres *incontables* y como complemento de verbos:
>
> Le he echado demasiada agua a las patatas
> ***I've put too much water in the potatoes***
> Creo que he comido demasiado
> ***I think I've eaten too much***
> Habla demasiado
> ***He talks too much***
>
> NOTA: Cuando acompaña a un verbo de tiempo **demasiado** suele traducirse como **too long**:
>
> Ha tardado demasiado en acabar la tesis
> ***He's taken too long to finish his thesis***
>
> **Too many**
>
> • Se traduce por **too many** cuando **demasiado** precede a nombres *contables* en *plural*:
>
> Tiene demasiadas preocupaciones
> ***She has too many worries***
>
> *Para otros usos y ejemplos ver la entrada.*

**demasié*** Ⓐ ADJ, ADV **¡qué ~!** wow!*
Ⓑ SM **es un ~** it's way over the top

**demediar** ▸conjug 1b◂ Ⓐ VT to divide in half
Ⓑ VI to be divided in half

**demencia** SF madness, insanity ► **demencia senil** senile dementia

**demencial** ADJ mad, demented

**dementar** ▸conjug 1a◂ Ⓐ VT to drive mad
Ⓑ **dementarse** VPR to go mad, become demented

**demente** Ⓐ ADJ mad, demented
Ⓑ SMF lunatic; (*Med*) mental patient

**demérito** SM 1 (*frm*) (= *falta*) demerit (*frm*), fault; **es un ~ para nuestra familia** it brings discredit on *o* to our family; **va en ~ de todos** it brings discredit to everyone, it discredits everyone
2 (= *indignidad*) unworthiness
3 (*LAm*) (= *menosprecio*) contempt

**demeritorio** ADJ undeserving, unworthy

**demo*** SMF (*Chile*) Christian Democrat

**democracia** SF democracy ► **democracia parlamentaria** parliamentary democracy ► **democracia popular** people's democracy

**demócrata** Ⓐ ADJ 1 [*valores, país*] democratic
2 (*en Estados Unidos*) Democrat
Ⓑ SMF 1 (*gen*) democrat
2 (*en Estados Unidos*) Democrat

**democratacristiano/a** ADJ, SM/F Christian Democrat

**democráticamente** ADV democratically

**democrático** ADJ democratic

**democratización** SF democratization

**democratizador** ADJ democratizing

**democratizar** ▸conjug 1f◂ VT to democratize

**democristiano/a** ADJ, SM/F Christian Democrat

**demodé** ADJ démodé, passé

**demografía** SF demography

**demográficamente** ADV demographically

**demográfico** ADJ demographic; **la explosión demográfica** the population explosion

**demógrafo/a** SM/F demographer

**demoledor** ADJ 1 [*ataque, efecto*] shattering
2 (= *destructivo*) [*argumento*] overwhelming; [*crítica*] devastating

**demoledoramente** ADV overwhelmingly

**demoler** ▸conjug 2h◂ VT [+ *edificio*] to demolish, pull down; [+ *argumento, teoría*] to demolish

**demolición** SF demolition, disbanding

**demonche** SM (*euf*) = **demonio**

**demoniaco** ADJ, **demoníaco** ADJ demoniacal, demonic

**demonio** SM 1 (= *diablo*) devil; **ese ~ de niño** that demon *o* little devil of a child; **ser el mismísimo ~** to be a right little devil ► **demonio familiar** familiar spirit
2 (*) ✦**MODISMOS ir como el ~** to go like the devil, go hell for leather; **esto pesa como un ~** this is hellishly heavy; **¡vete al ~!** go to the devil *o* hell!; **¡que se lo lleve el ~!** to hell with it!; **un ruido de todos los** *o* **de mil ~s** a hell of a noise*; **esto sabe a ~s** this tastes awful; **tiene el ~ en el cuerpo** he can't sit still for five minutes
3 (*) (*frases de sentido exclamativo*) **¡qué ~s!** (*expresando ira*) hell!, damn it!; (*expresando sorpresa*) well, I'll be blowed!, what the devil?; **¡qué príncipe ni qué ~s!** prince my foot!*; **¿quién ~s será?** who the devil can that be?; **¿dónde ~s lo habré dejado?** where the devil can I have left it?

**demonología** SF demonology

**demontre** SM (*euf*) = **demonio**

**demora** SF 1 (= *retraso*) delay; **sin ~** without delay
2 (*Náut*) bearing

**demorar** ▸conjug 1a◂ Ⓐ VT [+ *viaje*] to delay; [+ *llegada, terminación*] to hold up
Ⓑ VI 1 (= *detenerse*) to stay on, linger on; **¡no demores!** don't be long!
2 (= *perder tiempo*) to waste time; **~ en hacer algo** (*LAm*) to take a long time to do sth, be slow in doing sth; **no demores mucho** don't be too long
Ⓒ **demorarse** VPR 1 = **B**
2 (= *tardar mucho*) to take a long time, be slow; **¿cuántos días se demora para ir allá?** (*LAm*) how many days does it take to get there?; **~se en hacer algo** to take a long time to do sth, be slow in doing sth

**demorón** ADJ (*LAm*) (= *lento*) slow; **ser ~ en hacer algo** to take a long time to do sth, be slow in doing sth

**demoroso** ADJ (*LAm*) 1 (= *moroso*) late, overdue
2 (= *lento*) slow; **ser ~ en hacer algo** to take a long time to do sth, be slow in doing sth

**demos** *ver* **dar**

**demoscopia** SF public opinion research

**demoscópico** ADJ **sondeo ~** public opinion survey, survey of public opinion

**Demóstenes** SM Demosthenes

**demostrable** ADJ demonstrable

**demostración** SF 1 (= *comprobación*) [*de ejemplo, producto*] demonstration; [*de teorema, teoría*] proof; **hicieron una ~ del funcionamiento** they gave a demonstration of how it worked ► **demostración comercial** commercial exhibition, trade exhibition
2 (= *manifestación externa*) [*de cariño, fuerza*] show; [*de amistad*] gesture; [*de cólera*] display

▼**demostrar** ▸conjug 1l◂ VT 1 (= *probar*) to prove; **usted no puede ~ nada** you can't prove anything; **demostró que Galileo tenía razón** she proved Galileo right, she proved *o* showed that Galileo was right; **demostró lo mal que hablaba francés** it proved *o* showed how badly he spoke French; **ha demostrado ser muy buena amiga** she has shown herself to be a very good friend
2 (= *enseñar*) to show, demonstrate; **nos ~on cómo funcionaba el sistema eléctrico** they showed us *o* demonstrated to us how the electrical system worked
3 (= *mostrar*) [+ *emoción, sentimiento*] to show, display; **no demostró ningún interés en mis problemas** he showed *o* displayed no interest in my problems

**demostrativo** Ⓐ ADJ demonstrative
Ⓑ SM demonstrative

**demótico** ADJ demotic

**demudación** SF change, alteration (*of countenance*)

**demudado** ADJ [*rostro*] upset, distraught

**demudar** ▸conjug 1a◂ Ⓐ VT [+ *rostro*] to change, alter
Ⓑ **demudarse** VPR 1 [*expresión*] to change, alter
2 [*persona*] (= *perder color*) to turn pale; (= *alterarse*) to look upset; **se le demudó el rostro** the colour drained from her face; **continuó sin ~se** he went on without turning a hair

**den** *ver* **dar**

**denante** ADV (*LAm*), **denantes** ADV (*LAm*) (= *hace un rato*) earlier, a while ago; (= *antiguamente*) in past times

**dendrocronología** SF dendrochronology

**dendrograma** SM dendrogram, tree diagram

**denegación** SF [*de permiso, petición*] refusal; [*de derechos*] denial ► **denegación de auxilio** (*Jur*) failure to offer assistance (*though legally bound to do so*)

**denegar** ▸conjug 1h, 1j◂ VT 1 (= *rechazar*) [+ *permiso, petición*] to refuse; [+ *derechos*] to deny
2 (*Jur*) [+ *cargo*] to deny

**dengoso** ADJ (= *afectado*) affected; (= *coqueto*) coy

**dengue** SM 1 (= *remilgo*) prudery; **no me vengas con esos ~s** I don't want to hear your silly complaints
2 [*de persona*] (= *afectación*) affectation; (= *coquetería*) coyness
3 (*Med*) dengue fever, breakbone fever
4 (*Andes*) (= *contoneo*) wiggle

**denguero** ADJ = **dengoso**

**denier** SM denier

**denigración** SF denigration

**denigrante** ADJ 1 (= *difamante*) degrading
2 (= *injurioso*) insulting

**denigrar** ▸conjug 1a◂ VT (= *difamar*) to denigrate, run down; (= *injuriar*) to insult

**denigratorio** ADJ denigratory; **campaña denigratoria** campaign of denigration, smear campaign

**denodadamente** ADV boldly, dauntlessly, intrepidly; **luchar ~** to fight bravely

**denodado** ADJ bold, brave

**denominación** SF 1 (= *acto*) naming
2 (= *nombre*) name, designation ► **denominación social** (*Méx*) official company name
3 [*de billete*] denomination; **moneda de baja ~** (*LAm*) low value coin

**DENOMINACIÓN DE ORIGEN**

*The* **Denominación de Origen**, *abbreviated to* **D.O.**, *is a prestigious product classification which is awarded to food products such as wines, cheeses, sausages and hams that are produced in designated Spanish regions according to stringent production criteria.* **D.O.** *labels serve as a guarantee of quality.*

**denominado** ADJ named, called; **el ~ jet lag** so-called jet lag

**denominador** SM denominator ► **denominador común** (*Mat fig*) common denominator

**denominar** ▸conjug 1a◂ VT to name, designate

**denostar** ▸conjug 1l◂ VT (*frm*) to insult

**denotación** SF (*Ling, Fil*) denotation

**denotar** ▸conjug 1a◂ VT 1 (= *significar*) (*tb Ling*) to denote
2 (= *indicar*) to indicate, show; **eso denota un cambio en su política** that indicates a change in policy; **denotó nerviosismo en la entrevista** he showed a certain nervousness in the interview

➤ LENGUA Y USO: **demostrar 2** 53.3, 53.4

**densamente** ADV densely

**densidad** SF [1] (= *concentración*) [*de sustancia, tráfico*] density; [*de humo, vegetación*] thickness, denseness; [*de caracteres*] (*Inform*) pitch ► **densidad de grabación** recording density ► **densidad de población** population density
[2] [*de discurso, relato*] denseness
[3] (*Fís*) density

**denso** ADJ [1] (= *concentrado*) [*sustancia*] dense; [*tráfico*] heavy; [*humo, vegetación*] thick, dense
[2] [*discurso, relato*] dense
[3] (*Fís*) dense

**dentado** Ⓐ ADJ [*filo*] jagged; [*sello*] perforated; (*Bot*) dentate; **rueda dentada** cog
Ⓑ SM [*de sello*] perforation

**dentadura** SF teeth *pl*; **tener mala ~** to have bad teeth ► **dentadura artificial**, **dentadura postiza** false teeth *pl*, dentures *pl*

**dental** Ⓐ ADJ dental
Ⓑ SF (*Ling*) dental

**dentamen*** SM teeth *pl*

**dentar** ▸conjug 1j◂ Ⓐ VT [+ *filo*] to make jagged; [+ *superficie, sello*] to perforate; **sello sin ~** imperforate stamp, unperforated stamp
Ⓑ VI [*niño*] to teethe

**dentellada** SF [1] (= *mordisco*) bite, nip; **partir algo a ~s** to sever sth with one's teeth
[2] (= *señal*) tooth mark

**dentellar** ▸conjug 1a◂ VI [*dientes*] to chatter; **estaba dentellando** his teeth were chattering; **el susto le hizo ~** the fright made his teeth chatter

**dentellear** ▸conjug 1a◂ VT to nibble

**dentera** SF [1] (= *grima*) **dar ~ a algn** to set sb's teeth on edge
[2] (= *envidia*) envy, jealousy; **dar ~ a algn** to make sb jealous; **le da ~ que le hagan fiestas al niño** it makes him jealous when they make a fuss of the baby

**dentición** SF [1] (= *acto*) teething; **estar con la ~** to be teething
[2] (= *dientes*) teeth *pl* ► **dentición de leche** milk teeth

**dentífrico** Ⓐ ADJ tooth *antes de s*; **pasta dentífrica** toothpaste
Ⓑ SM toothpaste

**dentilargo** ADJ long-toothed

**dentina** SF dentine, dentin (*EEUU*)

**dentista** SMF dentist

**dentistería** SF (*Col, Ven*) [1] (= *ciencia*) dentistry
[2] (= *clínica*) dental clinic, dental surgery, dentist's office (*EEUU*)

**dentística** SF (*Chile*) dentistry

**dentón** ADJ toothy

**dentradera** SF (*Andes*), **dentrera** SF (*Andes*) housemaid

**dentro** ADV [1] inside; **María está ~** María is inside; **allí ~** in there; **vamos ~** let's go in(side); **comimos ~ porque estaba lloviendo** we ate inside *o* indoors because it was raining; **de** *o* **desde ~** from inside, from within (*frm*); **para ~**: **se fueron para ~** they went in(side); **mételo para ~ para que quepa en la funda** push it in so that it fits in the cover; **por ~** inside; **el edificio es precioso por ~** the building is beautiful inside; **la sandía es roja por ~** a watermelon is red on the inside; **el vestido lleva un forro por ~** the dress is lined *o* has a lining inside; **se siente muy desgraciado por ~** he feels very unhappy inside
[2] **~ de** [2·1] (= *en el interior de*) in, inside; **~ de la casa** in(side) the house; **tenía un pañuelo ~ del bolso** she had a handkerchief in *o* inside her bag; **lo metió ~ del cajón** he put it in the drawer; **ascensos ~ de la empresa** promotions within the company
[2·2] (= *después de*) in; **~ de tres meses** in three months, in three months' time; **llegará ~ de poco** he'll be here shortly
[2·3] (= *en los límites de*) within; **esto no está ~ de mi competencia** this is not within my area of responsibility; **~ de lo posible** as far as possible; **su reacción estaba ~ de lo previsto** her reaction was what one might have expected; **~ de todo, me puedo considerar afortunado** all in all *o* all things considered, I can count myself lucky; *ver tb* **caber 5.3**

**dentrodera** SF (*Andes*) servant

**denudación** SF denudation

**denudar** ▸conjug 1a◂ VT to denude, lay bare

**denuedo** SM (*liter*) valour, valor (*EEUU*)

**denuesto** SM (*liter*) insult; **llenar a algn de ~s** to heap insults on sb

**denuncia** SF [1] [*de delito, infracción, accidente*] **hizo** *o* **presentó** *o* **puso una ~ en comisaría** he made a formal complaint *o* accusation to the police, he reported it to the police; **hice** *o* **presenté** *o* **puse una ~ por el** *o* **del robo del bolso** I reported the theft of the bag; **hacer** *o* **presentar** *o* **poner una ~ contra algn** to report sb, make *o* file a formal complaint against sb ► **denuncia falsa** false accusation
[2] (= *crítica*) condemnation, denunciation; **el artículo es una ~ de las injusticias del sistema** the article is a condemnation *o* denunciation of the unfairness of the system

**denunciable** ADJ [*delito*] indictable, punishable

**denunciación** SF denunciation

**denunciador(a)** SM/F, **denunciante** SMF [1] [*de delito*] accuser; **el ~ del accidente** the person who reported the accident
[2] (= *delator*) informer

**denunciar** ▸conjug 1b◂ VT [1] [+ *delito, accidente*] to report; **el accidente fue denunciado a la policía** the accident was reported to the police; **denuncié en comisaría el robo de mi bolso** I reported the theft of my handbag to the police; **han denunciado al director por malversación de fondos** the manager has been reported for embezzlement; **denunció a su alumno por insultarle** she reported the student for insulting her
[2] (= *criticar*) to condemn, denounce; **denunció la política derechista del gobierno** he condemned *o* denounced the government's right-wing policies
[3] (*frm*) (= *indicar*) to reveal, indicate; **el olor denunciaba la presencia del gas** the smell revealed *o* indicated the presence of gas
[4] (†) (= *presagiar*) to foretell

**denuncio** SM = **denuncia 1**

**deontología** SF (= *ciencia*) deontology; (*profesional*) professional ethics *pl*

**D.E.P.** ABR (= **descanse en paz**) RIP

**Dep.** ABR [1] (= **Departamento**) Dept
[2] (*Com*) = **Depósito**

**deparar** ▸conjug 1a◂ VT (= *proporcionar*) to provide with, afford (*frm*); **nos deparó la ocasión de conocer a su familia** it provided us with *o* (*frm*) afforded us the opportunity to meet his family; **los placeres que el viaje nos deparó** the pleasures which the trip afforded us (*frm*); **pero también nos deparó la solución** but it also furnished us with the solution; **lo que el destino nos depare** what fate has *o* holds in store for us; ✦*MODISMO* **¡Dios te la depare buena!** and the best of luck!

**departamental** ADJ departmental

**departamento** SM [1] [*de empresa, universidad*] department; **Departamento de Lingüística Aplicada** Department of Applied Linguistics ► **departamento de envíos** dispatch department ► **departamento de visados** visa section ► **departamento jurídico** legal department
[2] [*de caja, tren*] compartment ► **departamento de fumadores** smoking compartment ► **departamento de no fumadores** non-smoking compartment ► **departamento de primera** first-class compartment
[3] (*Náut*) ► **departamento de máquinas** engine room
[4] (*LAm*) (= *piso*) flat, apartment (*EEUU*)
[5] (*Andes, Chile*) (= *provincia*) province

**departir** ▸conjug 3a◂ VI (*frm*) converse (*frm*) (**con** with; **de** about)

**depauperación** SF [1] (= *empobrecimiento*) impoverishment
[2] (*Med*) weakening

**depauperar** ▸conjug 1a◂ VT [1] (= *empobrecer*) to impoverish
[2] (*Med*) to weaken

**dependencia** SF [1] (= *estado*) dependence (**de** on); ► **dependencia psicológica** psychological dependence, psychological dependency
[2] (= *parentesco*) relationship
[3] (*Arquit*) (= *habitación*) room ► **dependencia policial** police station; **permanecer en ~s policiales** to remain in police custody
[4] (*Com*) (= *sección*) section, office; (= *sucursal*) branch office; (= *empleados*) personnel, employees *pl*
[5] (*Pol*) dependency
[6] **dependencias** (= *anexo*) [*de edificio, castillo*] outbuildings; [*de aparato*] accessories

▼**depender** ▸conjug 2a◂ VI [1] **—¿vas a ir? —depende** "are you going?" — "it depends"
[2] **~ de algn/algo** to depend on sb/sth; **mi futuro depende de este examen** my future depends on this exam; **depende de lo que diga mi madre** it depends (on) what my mother says; **no te eches atrás ahora, que dependo de ti** don't back out now, I'm relying *o* depending on you; **sin coche, dependes de los demás** without a car you depend on *o* you're dependent on other people, without a car you have to rely on other people; **todavía depende económicamente de sus padres** he is still financially dependent on his parents; **depende completamente de las drogas** she is completely dependent on drugs
[3] **~ de** [*empleado, institución*] to be accountable to, be answerable to; **esta oficina depende de la Generalitat** this office is accountable *o* answerable to the Generalitat
[4] **~ de algn** (= *corresponder a*): **lo siento, su aceptación no depende de mí** I'm sorry, it's not up to me whether you are accepted or not

➤ LENGUA Y USO: **depender 2** 52.6

[5] (*Pol*) **un territorio que depende de Gran Bretaña** a British dependency

**dependiente[1]** ADJ dependent (**de** on)

**dependiente[2]/a** SM/F (*en tienda*) shop assistant, sales assistant, salesclerk (*EEUU*)

**depilación** SF, **depilado** SM (*con crema, con depiladora*) hair removal, depilation; (*con cera*) waxing; (*con pinzas*) plucking

**depilador** Ⓐ ADJ **crema ~a** hair remover, depilatory cream
Ⓑ SM hair remover, depilatory

**depiladora** SF hair remover

**depilar** ▸conjug 1a◂ Ⓐ VT (*con crema, con depiladora*) to remove (unwanted) hair from; (*con cera*) to wax; (*con pinzas*) to pluck
Ⓑ **depilarse** VPR **~se las piernas** to wax one's legs; **~se las cejas** to pluck one's eyebrows

**depilatorio** Ⓐ ADJ depilatory
Ⓑ SM hair remover, depilatory

**deplorable** ADJ [*conducta*] deplorable; [*estado*] appalling; **vuestro comportamiento fue ~** your behaviour was deplorable

**deplorar** ▸conjug 1a◂ VT [1] (= *lamentar*) to deplore; **lo deploro mucho** I'm extremely sorry
[2] (= *censurar*) to condemn

**deponente** Ⓐ ADJ [1] (*Ling*) deponent
[2] (*Jur*) **persona ~** deponent, person making a statement
Ⓑ SMF (*Jur*) deponent

**deponer** ▸conjug 2q◂ Ⓐ VT [1] (= *dejar*) [+ *armas*] to lay down; [+ *actitud*] to change; **no conseguirás que deponga su actitud** you won't be able to persuade him to change his attitude
[2] (= *quitar*) [+ *rey*] to depose; [+ *gobernante*] to oust, overthrow; [+ *ministro*] to remove from office
Ⓑ VI [1] (*Jur*) to give evidence
[2] (*CAm, Méx*) (= *vomitar*) to vomit

**deportación** SF deportation

**deportar** ▸conjug 1a◂ VT to deport

**deporte** SM sport; **es muy aficionada al ~** she is very keen on sport; **el fútbol es mi ~ favorito** football is my favourite sport; **unas zapatillas de ~** a pair of sports shoes *o* trainers *o* (*EEUU*) sneakers ► **deporte blanco** winter sports *pl*; (*esp*) skiing ► **deporte de competición** competitive sport ► **deporte de exhibición** show event ► **deporte del remo** rowing ► **deporte de vela** sailing ► **deporte hípico** horse-riding ► **deporte náutico** (*con lancha*) water sports *pl* (*in which a boat is used*); (*con velero*) yachting ► **deportes acuáticos** water sports ► **deportes de invierno** winter sports

**deportista** Ⓐ ADJ sports *antes de s*, sporting; **el público ~** the sporting public; **es muy ~** she's very keen on sport(s), she's very sporty*
Ⓑ SMF sportsman/sportswoman

**deportivamente** ADV [1] (= *sin agresividad*) sportingly; **se tomó la derrota muy ~** she took the defeat very sportingly
[2] (= *relacionado con el deporte*) **hablando ~** in sporting terms; **viste ~** she wears sports clothes

**deportividad** SF sportsmanship

**deportivo** Ⓐ ADJ [1] [*club, periódico, zapatillas*] sports *antes de s*; *ver tb* **puerto 1**
[2] [*actitud*] sporting, sportsmanlike
[3] [*ropa*] casual
Ⓑ SM [1] (*Aut*) sports car
[2] **deportivos** (= *zapatos*) sports shoes, trainers, tennis shoes (*EEUU*)
[3] (*Prensa*) sports paper

**deposición** SF [1] (= *derrocamiento*) [*de rey*] deposition; [*de gobernante*] overthrow, ousting; [*de ministro*] removal from office, sacking
[2] (*Jur*) (= *testimonio*) deposition, evidence
[3] (*euf*) (= *acto*) bowel movement; (= *excremento*) stool; **hacer una ~** to have a bowel movement

**depositador(a)** SM/F, **depositante** SMF (*Com, Fin*) depositor

**depositar** ▸conjug 1a◂ Ⓐ VT [1] (*frm*) (= *colocar*) [+ *flor, ofrenda*] to place (**en, sobre** on); [+ *mercancías*] to put away, store; **"depositen las bolsas en información"** "please leave your bags at the information desk"; **~ la confianza en algn** to place one's trust in sb
[2] (*Fin*) [+ *dinero, joyas*] to deposit
Ⓑ **depositarse** VPR [*líquido, polvo*] to settle

**depositaría** SF (*Fin*) trust

**depositario/a** SM/F [*de dinero*] depository, trustee; [*de secreto*] repository ► **depositario/a judicial** official receiver

**depósito** SM [1] (= *contenedor*) (*gen*) tank ► **depósito de agua** (= *tanque*) water tank, cistern; (= *pantano*) reservoir ► **depósito de combustible** fuel tank ► **depósito de gasolina** petrol tank, gas tank (*EEUU*)
[2] (= *almacén*) [*de mercancías*] warehouse, depot; [*de animales, coches*] pound; (*Mil*) depot; [*de desechos*] dump; **mercancías en ~** bonded goods ► **depósito afianzado** bonded warehouse ► **depósito de aduana** customs warehouse ► **depósito de alimentación** (*Inform*) feeder bin ► **depósito de basura** rubbish dump, tip ► **depósito de cadáveres** mortuary, morgue ► **depósito de carbono** coal tip ► **depósito de equipajes** left-luggage office, checkroom (*EEUU*) ► **depósito de libros** book stack ► **depósito de locomotoras** engine shed, roundhouse (*EEUU*) ► **depósito de maderas** timber yard, lumber yard (*EEUU*) ► **depósito de municiones** ammunition dump
[3] (*Com, Fin*) deposit; **dejar una cantidad en ~** to leave a sum as a deposit ► **depósito a la vista** sight deposit ► **depósito a plazo (fijo)** fixed-term deposit ► **depósito bancario** bank deposit
[4] (*Quím*) sediment, deposit

**depravación** SF [1] (= *cualidad*) depravity
[2] (= *acto*) depraved act

**depravado/a** Ⓐ ADJ depraved, corrupt
Ⓑ SM/F degenerate

**depravar** ▸conjug 1a◂ Ⓐ VT to deprave, corrupt
Ⓑ **depravarse** VPR to become depraved

**depre*** Ⓐ SF (= *depresión*) **tiene la ~** she's feeling a bit low
Ⓑ ADJ **estar ~** to be feeling down

**depreciación** SF depreciation ► **depreciación acelerada** accelerated depreciation ► **depreciación normal** wear and tear

**depreciar** ▸conjug 1b◂ Ⓐ VT to depreciate, reduce the value of
Ⓑ **depreciarse** VPR to depreciate

**depredación** SF [1] (= *saqueo*) pillage
[2] (*Zool*) predation

**depredador** Ⓐ ADJ [*animal, instinto*] predatory
Ⓑ SM (*Zool*) predator

**depredar** ▸conjug 1a◂ VT [1] (= *saquear*) to pillage
[2] (*Zool*) to prey on

**depresión** SF [1] (*Med*) depression ► **depresión nerviosa** nervous breakdown ► **depresión posparto** postnatal depression
[2] (= *hondonada*) (*en terreno*) depression; (*en horizonte, camino*) dip
[3] (= *descenso*) [*de temperatura, presión*] drop, fall (**de** in); **~ del mercurio** fall in temperature
[4] (*Econ*) depression, recession
[5] (*Meteo*) depression

**depresivo/a** Ⓐ ADJ [*carácter, persona*] depressive; **es una persona depresiva** she's a depressive, she's always feeling depressed
Ⓑ SM/F depressive

**deprimente** Ⓐ ADJ depressing
Ⓑ SM depressant

**deprimido** ADJ depressed

**deprimir** ▸conjug 3a◂ Ⓐ VT [1] (*Psic*) to depress; **este tiempo me deprime** I find this weather depressing, this weather gets me down*; **la muerte de su marido la deprimió** the death of her husband sent her into a depression *o* made her depressed
[2] (*Com*) [+ *mercado, economía*] to depress; [+ *consumo*] to slow (down)
[3] (*Med*) [+ *sistema inmunológico*] to depress
Ⓑ **deprimirse** VPR to get depressed, become depressed

**deprisa** ADV *ver* **prisa**

**depuración** SF [1] (= *purificación*) [*de agua*] treatment, purification; [*de aguas residuales*] treatment; [*de estilo*] refinement
[2] (*Pol*) purge
[3] (*Inform*) debugging

**depurado** ADJ [*estilo*] pure, refined

**depurador** SM purifier

**depuradora** SF [*de agua*] water-treatment plant; (*en piscina*) filter system ► **depuradora de aguas residuales** sewage plant *o* farm

**depurar** ▸conjug 1a◂ VT [1] (= *purificar*) [+ *agua*] to treat, purify; [+ *aguas residuales*] to treat; [+ *sangre*] to cleanse
[2] (*Pol*) to purge
[3] (*Inform*) to debug
[4] (*Caribe**) [+ *empleado*] to fire*

**depurativo** SM blood tonic

**dequeísmo** SM *tendency to use "de que" in place of "que" (eg "pienso de que")*

**der.** ABR, **der.º** ABR (= **derecho**) r

**derbi** SM (*pl* **derbis**), **derby** SM (*pl* **derbys**) (local) derby

**derecha** SF [1] (= *lado derecho*) **la ~** the right; **está prohibido adelantar por la ~** you're not allowed to overtake on the right; **se sentó a la ~ del embajador** he sat on the right *o* to the right of the ambassador; **toma el desvío de la ~** take the turning on the right; **seguir por la ~** to keep (to the) right; **torcer a la ~** to turn right; ✦***MODISMO*** **no dar** *o* **hacer nada a ~s** (*Esp*) not to do *o* get anything right; *ver tb* **conducción 2**
[2] (*Anat*) (*tb* **mano ~**) right hand; (*tb* **pierna ~**) right leg; **escribe con la ~** he writes with his right hand
[3] (*Esp Pol*) **la ~** the Right; **ser de ~s** to be right-wing; *ver tb* **extremo B**

**derechamente** ADV [1] (= *en línea recta*) straight, directly
[2] (= *correctamente*) properly, rightly

**derechazo** SM [1] (*Boxeo*) right
[2] (*Tenis*) forehand drive
[3] (*Taur*) *pass with the cape*

**derechismo** SM right-wing outlook *o* tendencies *etc*

**derechista** (A) ADJ right-wing
(B) SMF right-winger

**derechización** SF drift towards the right

**derechizar** ▸conjug 1f◂ (A) VT [+ *partido*] to lead towards the right
(B) **derechizarse** VPR to move to the right, become right-wing

**derecho** (A) ADJ [1] [*línea, dirección*] (= *recto*) straight; (= *vertical*) upright, straight; **traza las líneas derechas** draw the lines straight; **siéntate ~** sit upright *o* straight; **anda derecha** walk upright, stand straight when you walk; **poner algo ~** (= *no torcido*) to put sth straight, straighten sth; (= *no caído*) to stand sth upright; ✦MODISMO **tener a algn más ~ que una vela** to have sb under one's thumb
[2] (= *del lado derecho*) [*brazo, pierna, oreja*] right; [*lado, cajón*] right-hand; **tiene toda la parte derecha del cuerpo paralizada** he's paralysed down the right side of his body; **entre por la puerta derecha** go through the right-hand door; *ver tb* **brazo 1**, **ojo 1**
[3] (= *honrado*) honest, straight
[4] (*CAm*) (= *afortunado*) lucky
(B) ADV [1] (= *en línea recta*) **seguir ~** to carry *o* go straight on; **siga todo ~** carry *o* go straight on
[2] (= *directamente*) straight; **después del cine, derechito para casa** after the cinema, straight home; **fui ~ a Londres** I went straight to London
(C) SM [1] (*Jur*) (= *estudios, legislación*) law; (= *justicia*) justice; **estudiante de Derecho** law student; **Facultad de Derecho** Faculty of Law; **lo que manda el ~ en este caso** what justice demands in this case; **conforme a ~** in accordance with the law; **no actuó conforme a ~** he acted unlawfully; **propietario en ~** legal owner; **por ~** in law, legally; **lo que me corresponde por ~** what is legally mine, what is mine by law; **por ~ propio** in one's own right ▸ **derecho administrativo** administrative law ▸ **derecho canónico** canon law ▸ **derecho civil** civil law ▸ **derecho comunitario** Community law ▸ **derecho consuetudinario** common law ▸ **derecho de compañías** company law ▸ **derecho de familia** family law ▸ **derecho del trabajo** labour *o* (*EEUU*) labor law ▸ **derecho de sociedades** company law ▸ **derecho escrito** statute law ▸ **derecho fiscal** tax law ▸ **derecho foral** *legislation pertaining to those Spanish regions which have charters called "fueros"* ▸ **derecho internacional** international law ▸ **derecho laboral** labour law, labor law (*EEUU*) ▸ **derecho marítimo** maritime law ▸ **derecho mercantil** commercial law ▸ **derecho penal** criminal law ▸ **derecho político** constitutional law ▸ **derecho positivo** statute law ▸ **derecho privado** private law ▸ **derecho procesal** procedural law ▸ **derecho público** public law ▸ **derecho romano** Roman law ▸ **derecho tributario** tax law
[2] [*de persona, entidad*] right; **"se reserva el derecho de admisión"** "the management reserve(s) the right to refuse admission"; **¿con qué ~ me hablas así?** what right have you to talk to me that way?; **es miembro de pleno ~** he's a full member; **¡no hay ~!** it's not fair!; **~ a la educación** right to education; **el ~ a la libertad** the right to be free; **~ a la intimidad** right to *o* of privacy; **lo único que nos queda es el ~ al pataleo** (*hum*) the only thing we can do is kick up a fuss*; **~ al voto** ◊ **~ a votar** (*gen*) right to vote; (*como derecho civil*) franchise, right to vote; **con ~ a algo** entitled to sth; **declaraciones de la renta con ~ a devolución** tax returns entitled to a rebate; **entrada con ~ a consumición** *entrance ticket including one free drink*; **dar ~ a hacer algo** to give the right to do sth; **eso no te da ~ a hablarme así** that doesn't give you the right to talk to me that way; **estar en su ~** to be within one's rights; **claro, estás en tu ~ de decir lo que quieras** of course, you are perfectly entitled to say whatever you like; **tener ~ a algo** to be entitled to sth; **no tenemos ~ a vacaciones** we are not entitled to holidays; **tener ~ a hacer algo** to have a *o* the right to do sth; **no tienes ningún ~ a insultarme** you have no right to insult me ▸ **derecho de asilo** right of asylum ▸ **derecho de huelga** right to strike ▸ **derecho de paso** right of way, easement (*EEUU*) ▸ **derecho de pernada** (*Hist*) droit du seigneur ▸ **derecho de réplica** right of reply ▸ **derecho de retención** (*Com*) lien ▸ **derecho de reunión** right of assembly ▸ **derecho de tránsito** right of passage ▸ **derecho de veto** right of veto ▸ **derecho de visita** right of access ▸ **derecho divino** divine right ▸ **derecho preferente** preferential right ▸ **derechos civiles** civil rights ▸ **derechos de la mujer** women's rights
[3] **derechos** (*Com*) rights; **"reservados todos los ~s"** "all rights reserved"; **tienen los ~s exclusivos para la venta del disco** they have the exclusive rights to sales of the record ▸ **derechos cinematográficos** film rights ▸ **derechos de antena** broadcasting rights ▸ **derechos de autor** copyright *sing* ▸ **derechos de edición** publishing rights ▸ **derechos de emisión** (*TV, Radio*) broadcasting rights ▸ **derechos de patente** patent rights ▸ **derechos editoriales** publishing rights ▸ **derechos humanos** human rights; **Declaración de los Derechos Humanos** Declaration of Human Rights
[4] **derechos** (= *honorarios*) [*de arquitecto, notario*] fee(s); (= *impuestos*) duty *sing*; **franco de ~s** duty-free; **sujeto a ~s** subject to duty, dutiable ▸ **derechos aduaneros**, **derechos arancelarios**, **derechos de aduana** customs duty ▸ **derechos de asesoría**, **derechos de consulta** consulting fees, consultancy fees ▸ **derechos de autor** royalties ▸ **derechos de enganche** (*Telec*) connection charges ▸ **derechos de entrada** import duties ▸ **derechos de exportación** export duties ▸ **derechos de importación** import duties ▸ **derechos de matrícula** registration fee *sing* ▸ **derechos de muelle** dock dues, docking fees (*EEUU*) ▸ **derechos de peaje** (*Aut*) toll *sing* ▸ **derechos portuarios** harbour dues, harbor dues (*EEUU*) ▸ **derechos reales** *tax paid after the completion of an official transaction*
[5] (*tb* **lado ~**) [*de tela, papel*] right side; [*de calcetín, chaqueta*] outside; **¿cuál es el ~ de esta tela?** which is the right side of this fabric?; **puedes planchar la falda por el ~** you can iron the skirt on the outside; **poner algo al** *o* **del ~** to put sth the right side *o* way up; **pon el mantel del ~** put the tablecloth the right side *o* way up; **ponte la camiseta al ~** put your T-shirt on the right way round

**derechohabiente** SMF rightful claimant

**derechura** SF [1] (= *honestidad*) straightness; **hablar en ~** to speak plainly, talk straight; **hacer algo en ~** to do sth right away
[2] (= *franqueza*) directness
[3] (= *justicia*) rightness, justice
[4] (*LAm*) (= *suerte*) luck, good luck

**deriva** SF (*Náut*) drift; **buque a la ~** ship adrift, drifting ship; **ir** *o* **estar a la ~** to drift; **el país va a la ~** the country has lost direction ▸ **deriva continental**, **deriva de los continentes** continental drift

**derivación** SF [1] (= *procedencia*) derivation
[2] (*Elec*) shunt; **hacer una ~ en un alambre** to tap a wire; **en ~** shunt *antes de s*
[3] (*Ling*) (= *etimología*) etymology, derivation; (= *composición*) word formation ▸ **derivación regresiva** back-formation
[4] [*de río*] diversion

**derivado** (A) ADJ derived
(B) SM [1] (*Ling*) derivative
[2] (*Industria, Quím*) by-product ▸ **derivado cárnico** meat product ▸ **derivado del petróleo** oil product ▸ **derivado lácteo** milk product; **~s lácteos** dairy products

**derivar**[1] ▸conjug 1a◂ (A) VI [1] **~ de algo** (= *provenir de*) to derive from sth; **esta palabra deriva del griego** this word derives from *o* is derived from the Greek; **esta crisis deriva de una mala política financiera** this crisis stems from *o* springs from bad financial policy; **de estos datos se deriva que ...** from this it follows that ...
[2] **~ en algo** (= *tener como resultado*) to lead to sth, result in sth; **esto derivó en la pérdida de las colonias** this led to *o* resulted in the loss of the colonies; **derivó en tragedia** it ended in tragedy
[3] **~ hacia algo** to turn to sth; **la conversación derivó hacia otros temas** the conversation moved on to *o* turned to different topics; **en su vejez su interés derivó hacia la literatura** in his old age his interest turned to literature
[4] (*Náut*) to drift
(B) VT [1] [+ *carretera, río*] to divert
[2] [+ *conversación, charla*] to divert, steer; **derivó el debate hacia temas menos controvertidos** he diverted *o* steered the discussion towards less controversial subjects
[3] (*Mat*) to derive
[4] (*Elec*) to shunt
(C) **derivarse** VPR **~se de algo** [*palabra, término*] to derive from sth, be derived from sth

**derivar**[2] ▸conjug 1a◂ VI (*Náut*) to drift

**derivativo** ADJ, SM derivative

**dermatología** SF dermatology

**dermatólogo/a** SM/F dermatologist

**dérmico** ADJ skin *antes de s*; **enfermedad dérmica** skin disease

**dermohidratante** SM skin moisturizer

**dermoprotector** (A) ADJ skin *antes de s*
(B) SM skin protector

**derogación** SF [*de ley*] repeal; [*de contrato*] revocation

**derogar** ▸conjug 1h◂ VT [+ *ley*] to repeal; [+ *contrato*] to revoke

**derrabar** ▸conjug 1a◂ VT to dock, cut off the tail of

**derrabe** SM [*de monte*] rock-fall; [*de techo*] cave-in

**derrama** SF [1] (= *reparto*) apportionment of (local) tax
[2] (= *sobretasa*) special levy
[3] (= *tasación*) valuation, rating
[4] (= *vale*) credit voucher
[5] (= *dividendo*) interim dividend payment

**derramadero** SM spillway ► **derramadero de basura** rubbish dump

**derramamiento** SM [1] [*de líquido*] spilling; (*al rebosar*) overflowing ► **derramamiento de sangre** bloodshed
[2] [*de vidas, recursos*] squandering
[3] (= *esparcimiento*) scattering

**derramar** ▸conjug 1a◂ Ⓐ VT [1] (*fuera de recipiente*) [+ *líquido*] to spill; [+ *sangre, lágrimas, luz*] to shed; **~ una taza de café** to spill a cup of coffee
[2] (= *desaprovechar*) [+ *talento, dinero*] to squander, waste
[3] (= *esparcir*) [+ *favores*] to lavish, pour out; [+ *chismes, noticias*] to spread
[4] [+ *impuestos*] to apportion
Ⓑ **derramarse** VPR [1] (= *salirse*) [*líquido*] to spill; [*harina*] to pour out, spill out; **llenar una taza hasta ~se** to fill a cup to overflowing
[2] (= *esparcirse*) to scatter; **la multitud se derramó por todos lados** the crowd scattered in all directions

**derrame** SM [1] (= *acto*) = **derramamiento 1**
[2] (*Med*) **tiene un ~ en el ojo** he's got a burst blood vessel in his eye ► **derrame cerebral** brain haemorrhage *o* (*EEUU*) hemorrhage ► **derrame sinovial** synovitis
[3] (= *salida*) (*por encima del recipiente*) overflow; (*en pluma, recipiente*) leakage

**derrapada** SF, **derrapamiento** SM skid, skidding

**derrapante** ADJ **"camino derrapante"** (*Méx*) "slippery road"

**derrapar** ▸conjug 1a◂ Ⓐ VI (*Aut*) to skid
Ⓑ **derraparse** VPR (*Méx*) [1] (= *patinar*) to slip
[2] **~se por algn*** to be mad about sb*

**derrape** SM [1] (*Aut*) skid
[2] (*Caribe*‡) (= *alboroto*) uproar, shindy*

**derredor** SM **al** *o* **en ~ (de)** around, about; **en su ~** round about him

**derrelicto** SM (*Náut*) derelict

**derrengado** ADJ [1] (= *torcido*) bent, twisted
[2] (= *cojo*) crippled, lame
[3] (= *cansado*) **estar ~** to ache all over; **dejar ~ a algn** to wear sb out

**derrengante** ADJ exhausting, crippling

**derrengar** ▸conjug 1h◂ Ⓐ VT [1] (= *torcer*) to bend, twist
[2] **~ a algn** (= *deslomar*) to break sb's back; (= *agotar*) to wear sb out
Ⓑ **derrengarse** VPR (*) to collapse; **~se de risa** to collapse with laughter, fall about laughing

**derrepente** SM (*CAm*) **de** *o* **en un ~** *ver* **repente 2**

**derretido** ADJ [1] (= *fundido*) [*mantequilla, helado*] melted; [*metal*] molten; [*nieve*] thawed
[2] **estar ~ por algn** to be crazy about sb

**derretimiento** SM [1] (= *fundido*) [*de mantequilla, helado*] melting; [*de nieve*] thawing; **se produjo el ~ del metal en el horno** the metal was melted (down) in the furnace
[2] (= *derroche*) squandering

**derretir** ▸conjug 3k◂ Ⓐ VT (= *fundir*) [+ *mantequilla, helado*] to melt; [+ *metal*] to melt, melt down; [+ *nieve*] to melt, thaw
Ⓑ **derretirse** VPR [1] (= *fundirse*) [*mantequilla, helado, metal*] to melt; [*nieve*] to thaw, melt
[2] (*) (= *sulfurarse*) to get worked up
[3] (*) (= *mostrarse sensible*) to come over all sentimental; **te derrites cada vez que te habla** whenever she speaks to you, you go all soppy *o* come over all sentimental

**derribar** ▸conjug 1a◂ Ⓐ VT [1] (= *derrumbar*) [+ *edificio*] to knock down, pull down; [+ *puerta*] to batter down; [+ *barrera*] to tear down; **van a ~ la fábrica** they are going to knock down *o* pull down the factory; **el huracán derribó varias casas** the hurricane blew down *o* brought down a number of houses
[2] [+ *persona*] to knock down; (*Boxeo*) to floor
[3] (*Aer*) to shoot down, bring down; **fue derribado sobre el lago** he was shot down over the lake
[4] (*Caza*) to shoot, bag
[5] [+ *gobierno*] to bring down, topple
[6] [+ *pasión*] to subdue
Ⓑ **derribarse** VPR [1] (= *caer al suelo*) to fall down, collapse
[2] (= *tirarse al suelo*) to throw o.s. down

**derribo** SM [1] [*de edificio*] knocking down, demolition
[2] (*Lucha*) throw, take-down (*EEUU*)
[3] (*Aer*) shooting down
[4] (*Pol*) overthrow
[5] **derribos** (= *escombros*) rubble *sing*, debris *sing*

**derrisco** SM (*Caribe*) gorge, ravine

**derrocadero** SM cliff, precipice, steep place

**derrocamiento** SM [1] [*de gobierno*] overthrow
[2] [*de edificio*] demolition

**derrocar** ▸conjug 1g◂ Ⓐ VT [1] (*Pol*) [+ *gobierno*] to overthrow, topple; [+ *ministro*] to oust
[2] [+ *edificio*] to knock down, demolish
[3] (= *despeñar*) to hurl down
Ⓑ **derrocarse** VPR **~se por un precipicio** to throw o.s. over a cliff

**derrochador(a)** ADJ, SM/F spendthrift

**derrochar** ▸conjug 1a◂ VT [1] [+ *dinero, recursos*] to squander, waste
[2] (= *tener*) [+ *energía, salud*] to be bursting with, be full of; **~ mal genio** to be excessively bad-tempered

**derroche** SM [1] (= *despilfarro*) waste, squandering; **regar todos los días es un ~ de agua** it's a waste of water watering the plants every day; **con un imperdonable ~ de recursos** with an unforgivable squandering of resources; **no se puede tolerar tal ~** such extravagance *o* wastefulness cannot be tolerated
[2] (= *abundancia*) abundance, excess; **con un ~ de buen gusto** with a fine display of good taste

**derrochón/ona** ADJ, SM/F = **derrochador**

**derrota**[1] SF [1] (= *camino, vereda*) route, track
[2] (*Náut*) course

**derrota**[2] SF (*Dep, Mil*) defeat; **sufrir una grave ~** (*en batalla, partido*) to suffer a heavy defeat; (*en proyecto*) to suffer a grave setback

**derrotado** ADJ [1] (= *vencido*) [*ejército*] defeated; [*equipo*] losing, defeated
[2] [*vestidos, persona*] shabby; **un actor ~** a down-and-out actor

**derrotar** ▸conjug 1a◂ Ⓐ VT [1] (= *vencer*) [+ *ejército*] to defeat; [+ *equipo*] to defeat, beat
[2] (= *estropear*) [+ *ropa*] to tear, ruin; (*fig*) [+ *salud*] to ruin
Ⓑ **derrotarse** VPR (‡) [*delincuente*] to cough‡, sing‡; **~se de algn** to grass on sb‡

**derrotero** SM [1] (*Náut*) course; ✦**MODISMO** **tomar otro(s) ~(s)** to adopt a different course
[2] (*Caribe*) (= *tesoro*) hidden treasure

**derrotismo** SM defeatism

**derrotista** ADJ, SMF defeatist

**derruir** ▸conjug 3g◂ VT to demolish, tear down

**derrumbadero** SM [1] (= *precipicio*) cliff, precipice, steep place
[2] (= *peligro*) danger, hazard

**derrumbamiento** SM [1] [*de edificio*] (= *desplome*) collapse; (= *demolición*) demolition ► **derrumbamiento de piedras** rockfall ► **derrumbamiento de tierra** landslide
[2] [*del techo*] collapse, cave-in
[3] (= *descenso brusco*) [*de pacto, sistema*] collapse; [*de precios*] sharp fall

**derrumbar** ▸conjug 1a◂ Ⓐ VT [1] [+ *edificio*] to knock down, demolish
[2] (= *despeñar*) to fling down, hurl down
[3] (= *volcar*) to upset, overturn
Ⓑ **derrumbarse** VPR [1] (= *hundirse*) [*edificio*] to collapse, fall down; [*techo*] to fall in, cave in
[2] (= *precipitarse*) [*persona*] to fling o.s., hurl o.s. (**por** down, over)
[3] [*esperanzas*] to collapse; **se han derrumbado los precios** prices have tumbled

**derrumbe** SM [1] = **derrumbamiento**
[2] (= *precipicio*) cliff, precipice, steep place
[3] (= *peligro*) danger, hazard

**derviche** SMF dervish

**des...** PREF de..., des..., un..., dis...; **~colonización** decolonization; **~militarizado** demilitarized; **~empleo** unemployment; **~favorable** unfavourable; **~gana** unwillingness; **~alentador** discouraging

**desabastecer** ▸conjug 2d◂ VT to leave short

**desabastecido** ADJ **estar ~ de algo** to be out of sth; **nos cogió ~s de gasolina** it caught us out of *o* without petrol

**desabastecimiento** SM shortage, scarcity

**desabillé** SM deshabille

**desabolladura** SF (*esp LAm Aut*) panel beating

**desabollar** ▸conjug 1a◂ VT to knock the dents out of

**desabonarse** ▸conjug 1a◂ VPR to stop subscribing, cancel one's subscription

**desabono** SM [1] (= *acto*) cancellation of one's subscription
[2] (= *descrédito*) discredit; **hablar en ~ de algn** to say damaging things about sb, speak ill of sb

**desaborido/a** Ⓐ ADJ [*comida*] insipid, tasteless; [*persona*] dull
Ⓑ SM/F **es un ~** he's so dull, he's such a bore

**desautorizado** ADJ [1] (= *no aprobado*) (*gen*) unauthorized; [*informe*] repudiated
[2] (= *no oficial*) unofficial
[3] (= *no justificado*) unwarranted

**desautorizar** ▸conjug 1f◂ VT [1] (= *quitar autoridad a*) [+ *oficial*] to deprive of authority; [+ *palabras, declaración*] to discredit
[2] [+ *noticia*] to deny

**desavenencia** SF (= *desacuerdo*) disagreement; (= *riña*) quarrel

**desavenido** ADJ [1] (= *opuesto*) contrary
[2] (= *incompatible*) incompatible; **ellos están ~s** they have fallen out

**desavenir** ▸conjug 3r◂ Ⓐ VT (= *enemistar*) to make trouble between
Ⓑ **desavenirse** VPR to fall out (**con** with)

**desaventajado** ADJ disadvantageous

**desavisado** ADJ (= *desprevenido*) unwary; (= *desinformado*) uninformed

**desayunado** ADJ **vengo ~** I've had breakfast; **estar ~** to have had breakfast

**desayunar** ▸conjug 1a◂ Ⓐ VT to have for breakfast
Ⓑ VI, **desayunarse** VPR to have breakfast [1] (= *tomar el desayuno*) **~ con café** to have coffee for breakfast
[2] (= *enterarse*) **ahora me desayuno de ello** this is the first I've heard of it; **~ con algo** to get the first news of sth

**desayuno** SM breakfast ► **desayuno a la inglesa, desayuno británico** English breakfast ► **desayuno buffet** buffet breakfast ► **desayuno continental** continental breakfast ► **desayuno de trabajo** working breakfast

**desazón** SF [1] (= *desasosiego*) uneasiness
[2] (= *falta de sabor*) tastelessness
[3] (*Med*) discomfort

**desazonante** ADJ annoying, upsetting

**desazonar** ▸conjug 1a◂ Ⓐ VT [1] (= *desasosegar*) to make uneasy
[2] [+ *comida*] to make tasteless
Ⓑ **desazonarse** VPR [1] (*Med*) to be out of sorts
[2] (= *irritarse*) to be annoyed
[3] (= *preocuparse*) to worry

**desbancar** ▸conjug 1g◂ Ⓐ VT [1] (*de un puesto*) (= *quitar el puesto a*) to oust; (= *suplantar a*) to supplant (*in sb's affections*); **el corredor fue desbancado por el pelotón a cinco km de la meta** the pack overtook the leader five km from the finish
[2] (*en juegos*) [+ *banca*] to bust*; [+ *persona*] to take the bank from
Ⓑ VI (*Naipes*) to go bust*

**desbandada** SF rush (*to get away*); **hubo una ~ general de turistas** there was a mass exodus of tourists; **cuando empezó a llover hubo una ~ general** when it started to rain everyone rushed for shelter; **a la ~** in disorder; **retirarse a la ~** to retreat in disorder; **salir en ~** to run off *o* scatter in all directions

**desbandar*** ▸conjug 1a◂ VT (*Caribe*) [+ *empleado*] to fire*

**desbandarse** ▸conjug 1a◂ VPR [1] (*Mil*) to disband
[2] (= *huir*) to run off *o* scatter in all directions

**desbande*** SM (*Cono Sur*) rush (*to get away*)

**desbarajustar** ▸conjug 1a◂ VT [1] (= *causar confusión*) to throw into confusion
[2] (= *desordenar*) to mess up

**desbarajuste** SM confusion, chaos; **¡qué ~!** what a mess!

**desbaratamiento** SM [1] (= *descomposición*) [*de planes*] thwarting; [*de teoría*] destruction; [*de empresa, grupo*] ruin; **los culpan del ~ de nuestra región** they blame them for ruining our region
[2] (*Mil*) rout
[3] (*Med*) ► **desbaratamiento de vientre** bowel upset
[4] (= *derroche*) squandering

**desbaratar** ▸conjug 1a◂ Ⓐ VT [1] (= *descomponer*) [+ *plan*] to spoil, thwart; [+ *de empresa, grupo*] to ruin; [+ *teoría*] to destroy; [+ *sistema*] to disrupt, cause chaos in
[2] (*Mil*) to rout
[3] [+ *fortuna*] to squander
[4] (*Mec*) to take to pieces
Ⓑ VI to talk nonsense
Ⓒ **desbaratarse** VPR [1] (*Mec*) to break down
[2] [*persona*] (= *descontrolarse*) to fly off the handle*; (= *desestabilizarse*) to become unbalanced

**desbarbar*** ▸conjug 1a◂ Ⓐ VT [+ *persona*] to shave; [+ *papel*] to trim, trim the edges of; [+ *planta*] to cut back, trim
Ⓑ **desbarbarse** VPR to shave

**desbarrancadero** SM (*LAm*) precipice

**desbarrancar** ▸conjug 1g◂ Ⓐ VT [1] (*LAm*) to fling over a precipice
[2] (*Andes, Caribe*) (= *arruinar*) to ruin
[3] (*Andes**) (= *aplastar*) to crush
Ⓑ **desbarrancarse** VPR [1] (*LAm*) to fall over a precipice
[2] (*) to come down in the world

**desbarrar** ▸conjug 1a◂ VI [1] (*al hablar*) to talk rubbish
[2] (= *hacer tonterías*) to act the fool

**desbastación** SF = **desbaste**

**desbastado** ADJ planed

**desbastar** ▸conjug 1a◂ Ⓐ VT [1] (*Téc*) [+ *madera*] to plane down; [+ *piedra*] to smooth down
[2] [+ *recluta, aprendiz*] to knock the corners off, lick into shape
Ⓑ **desbastarse** VPR [*persona*] to acquire some polish

**desbaste** SM [1] (*Téc*) [*de madera*] planing; [*de piedra*] smoothing
[2] [*de persona*] polishing

**desbeber‡** ▸conjug 2a◂ VI to piss**

**desbloquear** ▸conjug 1a◂ VT [1] (= *quitar un obstáculo de*) [+ *caño*] to unblock; [+ *tráfico*] to free, get moving; [+ *negociación*] to break the stalemate in
[2] (*Com, Fin*) to unfreeze
[3] (*Mil*) to break the blockade of

**desbloqueo** SM [*de negociación*] breaking of the deadlock; [*de cuenta*] unfreezing, unblocking, freeing

**desbocado** ADJ [1] [*caballo*] runaway
[2] [*herramienta*] worn
[3] [*vestido, jersey*] baggy
[4] [*persona*] (= *malhablado*) foulmouthed; (= *descarado*) cheeky, sassy (*EEUU*)
[5] [*cañón*] wide-mouthed
[6] (*LAm*) [*líquido*] overflowing

**desbocar** ▸conjug 1g◂ Ⓐ VT [+ *vasija, taza*] to break the rim of
Ⓑ VI = **desembocar**
Ⓒ **desbocarse** VPR [1] (= *descontrolarse*) [*caballo*] to bolt; [*multitud*] to run riot, get out of control
[2] [*vestido, jersey*] to go baggy
[3] [*persona*] (= *insultar*) to let out a stream of insults

**desbolado‡** ADJ (*Cono Sur*) disorganized

**desbole‡** SM (*Cono Sur*) (= *desorden*) mess, mix-up; (= *alboroto*) row, racket

**desbordamiento** SM [1] [*de lago, río*] overflowing; **tras el ~ del río** after the river burst its banks *o* overflowed; **el ~ de los gastos** overspending
[2] (= *manifestación*) [*de cólera, fanatismo*] outburst; [*de alegría*] overflowing; [*de energía*] surge; **mi aguante está al borde del ~** my temper is about to boil over, my temper is at boiling point
[3] (*Inform*) overflow

**desbordante** ADJ [1] (= *que rebosa*) **una copa ~ de champán** a glass full to the brim with champagne; **la sala estaba ~ de gente** the room was full to bursting
[2] (= *abundante*) [*alegría, entusiasmo, actividad*] overwhelming; [*humor, imaginación*] unbounded, boundless
[3] **~ de** [+ *salud, entusiasmo, energía*] brimming (over) with; **una carta ~ de felicidad** a letter brimming (over) with happiness

**desbordar** ▸conjug 1a◂ Ⓐ VT [1] (= *rebosar*) **la lluvia ha desbordado el río** the rain has caused the river to burst its banks *o* to overflow; **la leche estuvo a punto de ~ el cazo** the milk nearly boiled over; **han desbordado la centralita con tantas llamadas** the switchboard has been inundated *o* overwhelmed with calls
[2] (= *exceder*) [+ *límite, previsiones*] to exceed; [+ *persona, tolerancia*] to be beyond, be too much for; **los beneficios han desbordado todas nuestras previsiones** profits have exceeded all our forecasts; **su fama ha desbordado las fronteras de este país** her fame has spread far beyond this country; **el trabajo me desborda** the work is just too much for me
[3] [+ *energía, entusiasmo*] to be brimming (over) with; **desborda alegría y buen humor** he's brimming (over) with happiness and good humour
[4] (*Mil*) [+ *enemigo, policía*] to break through; **~on las líneas enemigas** they broke through enemy lines
[5] (*Dep*) (= *aventajar*) to outplay; **~on por completo al equipo visitante** they totally outplayed the visiting team
Ⓑ **desbordarse** VPR [1] (= *rebosar*) [1·1] [*lavabo, río*] to overflow; [*líquido*] to overflow, spill (over); **con el deshielo se ha desbordado el cauce del río** with the thaw the river has burst its banks *o* overflowed; **se desbordó la espuma de la cerveza** the froth on the beer overflowed *o* spilled over; **~se de algo** to be overflowing with sth; **el cajón se desbordaba de cartas** the drawer was overflowing with letters
[1·2] **~se fuera de** [*epidemia, guerra*] to spread beyond; **la guerra se ha desbordado fuera de nuestras fronteras** the war has spread beyond our borders
[2] (= *desatarse*) [*ira*] to boil over; **la euforia se desbordó al final del partido** they were unable to contain their euphoria at the end of the match; **llegó un momento en que la**

**emoción se desbordó** it got to a point when emotions got out of hand *o* control
[3] (= *excederse*) to get carried away; (*pey*) to lose control; **el público se desbordó en aplausos** the audience applauded ecstatically; **~se de alegría** to be brimming (over) with happiness

**desborde** SM (*Cono Sur*) = **desbordamiento**

**desbraguetado*** ADJ **estar ~** to be broke*

**desbravador** SM horse-breaker

**desbravar** ▸conjug 1a◂ Ⓐ VT (= *amansar*) [+ *caballo*] to break in; [+ *animal salvaje*] to tame
Ⓑ VI, **desbravarse** VPR [1] [*animal salvaje*] to become tamer
[2] (= *perder fuerza*) [*corriente*] to lose its strength; [*viento*] to drop, become less wild; [*licor*] to lose its strength

**desbrozadora** SF weeding machine

**desbrozar** ▸conjug 1f◂ VT [+ *camino*] to clear (*of rubbish*); [+ *campo*] to clear of scrub; [+ *cosecha*] to weed

**desburocratizar** ▸conjug 1f◂ VT to make less bureaucratic

**descabal** ADJ, **descabalado** ADJ incomplete

**descabalar** ▸conjug 1a◂ VT [+ *juego*] to leave incomplete; [+ *medias*] to lose one of a pair of; [+ *planes*] to scupper

**descabalgar** ▸conjug 1h◂ Ⓐ VI to dismount
Ⓑ VT to unseat, remove from office

**descabellado** ADJ [*plan, idea*] crazy, wild, preposterous

**descabellar** ▸conjug 1a◂ VT [1] [+ *pelo*] to ruffle
[2] (*Taur*) *to kill with a thrust to the neck*

**descabello** SM (*Taur*) final thrust, coup de grâce

**descabezado** ADJ [1] (= *sin cabeza*) headless
[2] (= *insensato*) wild

**descabezar** ▸conjug 1f◂ Ⓐ VT [1] (= *quitar la cabeza de*) [+ *persona*] to behead; [+ *árbol*] to lop; [+ *planta*] to top
[2] [+ *dificultad*] to surmount
Ⓑ **descabezarse** VPR [1] (*Bot*) to shed its grain
[2] [*persona*] to rack one's brains

**descachalandrado*** ADJ (*Andes*) shabby, scruffy

**descachalandrarse*** ▸conjug 1a◂ VPR (*Andes*) to dress carelessly

**descachar** ▸conjug 1a◂ VT (*Andes, Caribe, Cono Sur*) to de-horn

**descacharrado** ADJ (*CAm*) dirty, slovenly

**descacharrante*** ADJ hilarious

**descacharrar** ▸conjug 1a◂ VT = **escacharrar**

**descachimbarse*** ▸conjug 1a◂ VI (*CAm*) to fall flat on one's face, come a cropper*

**descafeinado** Ⓐ ADJ [1] [*café*] decaffeinated
[2] [*lenguaje, ideales*] diluted, watered-down
Ⓑ SM decaffeinated coffee

**descafeinar** ▸conjug 1a◂ VT [1] [+ *café*] to decaffeinate
[2] [+ *lenguaje, ideales*] to dilute, water down

**descalabrado** ADJ **salir ~** to come out the loser (**de** in)

**descalabrar** ▸conjug 1a◂ Ⓐ VT [1] (= *golpear*) [+ *objeto*] to smash, damage; **~ a algn** to split sb's head open
[2] (= *perjudicar*) to harm, damage
[3] (*Náut*) to cripple, disable
Ⓑ **descalabrarse** VPR to hurt one's head

**descalabro** SM [1] (= *contratiempo*) blow, setback ► **descalabro electoral** disaster at the polls
[2] (*Mil*) defeat

**descalcificación** SF (*Med*) lack of calcium, calcium deficiency

**descalificación** SF [1] (*Dep*) disqualification
[2] (= *pérdida de crédito*) discrediting ► **descalificación global** widespread condemnation

**descalificar** ▸conjug 1g◂ VT [1] (*Dep*) to disqualify
[2] (= *desacreditar*) to discredit

**descalzar** ▸conjug 1f◂ Ⓐ VT [1] **~ a algn** to take off sb's shoes
[2] (= *quitar la cuña*) [+ *rueda*] to remove the chocks from; [+ *armario, mesa*] to remove the wedge(s) from
Ⓑ **descalzarse** VPR [1] to take off one's shoes; **~se los guantes** to take off one's gloves
[2] [*caballo*] to cast a shoe

**descalzo** ADJ [1] (= *sin calzado*) barefoot, barefooted; **estar ~** ◊ **estar con los pies ~s** to be barefoot(ed); **ir ~** to go barefoot(ed)
[2] (*Rel*) discalced
[3] (= *indigente*) destitute; **su padre lo dejó ~** his father left him without a bean

**descamarse** ▸conjug 1a◂ VPR to flake off, scale off; (*Med*) to desquamate

**descambiar*** ▸conjug 1b◂ VT [1] (= *intercambiar*) to swap, change back
[2] (*Com*) [+ *camisa, libro*] to change

**descaminado** ADJ [*proyecto*] misguided; **andar** *o* **ir ~** to be on the wrong track; **en eso no andas muy ~** you're not far wrong there; **andar ~ en algo** to be mistaken in *o* about sth

**descaminar** ▸conjug 1a◂ Ⓐ VT (= *hacer perderse*) (*lit*) to misdirect, put on the wrong road; (*fig*) to lead astray
Ⓑ **descaminarse** VPR (*en camino*) to go the wrong way; (*en proyecto, actividad*) to go astray

**descamisado/a** Ⓐ ADJ [1] (= *sin camisa*) shirtless
[2] (= *con la camisa abierta*) open-shirted
[3] (= *mal vestido*) ragged, shabby
Ⓑ SM/F [1] (= *desharrapado*) ragamuffin
[2] (= *vagabundo*) down-and-out
[3] (*Arg Hist, Pol*) Peronist

**descamisar** ▸conjug 1a◂ Ⓐ VT [1] [+ *persona*] (= *quitar la camisa*) to strip the shirt off; (= *arruinar*) to ruin; (*en el juego*) to fleece
[2] [+ *fruta*] to peel
Ⓑ **descamisarse** VPR (*Cono Sur*) to take off one's shirt

**descampado** SM open space, area of empty ground; **comer al ~** to eat in the open air; **vivir en ~** to live in open country; **se fue a vivir en ~** he went off to live in the wilds

**descansadero** SM stopping place, resting place

**descansado** ADJ [1] [*persona*] rested, refreshed
[2] [*lugar*] restful

**descansapié** SM pedal, footrest

**descansar** ▸conjug 1a◂ Ⓐ VI [1] (= *reposar*) to rest, have a rest; **siéntate aquí y descansa** sit down here and have a rest, sit down here and rest; **paramos en un bar a** *o* **para ~** we stopped at a bar for a rest *o* to have a rest; **necesito ~ para despejarme** I need (to have) a rest to clear my head; **no descansé en todo el día** I didn't have a moment's rest all day; **nadé diez largos sin ~** I swam ten lengths without a rest *o* break; **no ~á hasta conseguir que dimita el presidente** he will not rest until he gets the president to resign; **va al campo a ~ de las preocupaciones** she goes to the country to get away from *o* get a break from her worries
[2] (= *dormir*) **a medianoche, se retiraron a ~** at midnight they retired (to bed); **¡hasta mañana! ¡que descanses!** see you in the morning! sleep well!
[3] **~ sobre algo** [*cúpula, tejado*] to be supported by sth, rest on sth; [*argumento, tesis*] to be based on sth
[4] (= *estar enterrado*) **aquí descansan los restos mortales de José Fernández** here lie the mortal remains of José Fernández; **tu tío, que en paz descanse** your uncle, may he rest in peace; **descanse en paz** rest in peace
[5] (*Mil*) **¡descansen!** at ease!, stand at ease!
[6] (*Agr*) [*terreno, parcela*] to rest, lie fallow
Ⓑ VT [1] (= *apoyar*) to rest; **dejé de leer para ~ la vista** I stopped reading to rest my eyes
[2] (*Mil*) **¡descansen armas!** order arms!

**descansillo** SM (*en escalera*) landing

**descanso** SM [1] (= *reposo*) rest; **los niños no me dejan ni un minuto de ~** the children don't give me a moment's rest; **hoy es jornada de ~ en la competición** today is a rest day in the competition; **el silencio será bueno para el ~ del bebé** the quiet will be a good chance for the baby to get some rest *o* sleep; **tengo tres días de ~ a la semana** I get three days off every week
[2] (= *pausa*) break; (*Dep*) half-time; (*Teat*) interval, intermission (*EEUU*); **hago un ~ cada dos horas** I have *o* take a break every two hours; **estudió sin ~ hasta aprobar** she studied constantly until she passed; **condujo toda la noche sin ~** he drove all night without a break
[3] (= *alivio*) relief; **ya he aprobado, ¡qué ~!** I've passed! what a relief!; **es un ~ saber que estás tan cerca** it puts my mind at rest to know you are so close by
[4] (*Rel*) **rogamos una oración por su eterno ~** we ask you to pray for her eternal rest
[5] (*en escalera*) landing
[6] (*Téc*) rest, support

**descañonar** ▸conjug 1a◂ VT [1] [+ *gallina*] to pluck
[2] [+ *cara*] to shave against the grain
[3] (*Naipes**) to fleece, clean out*

**descapachar** ▸conjug 1a◂ VT (*Andes*) [+ *maíz*] to husk

**descapiruzar** ▸conjug 1f◂ VT (*Andes*) to rumple the hair of

**descapitalización** SF [1] (= *pérdida*) **la empresa sufrió una ~ de 13.000 millones** the net worth of the company fell by 13,000 million
[2] (*intencionada*) asset-stripping

**descapitalizado** ADJ undercapitalized

**descapitalizar** ▸conjug 1f◂ VT [1] (*no intencionadamente*) **~ una empresa** to reduce a company's net worth
[2] (*intencionadamente*) to asset strip

**descapotable** ADJ, SM (*Aut*) convertible

**descapsulador** SM bottle-opener

**descaradamente** ADV [1] (= *sin vergüenza*)

Ⓑ **descuajaringarse** VPR [1] (= *partirse*) [*brazo, pierna*] to come apart; **~se de risa** to split one's sides laughing; **es para ~se** it's enough to make you die laughing*
[2] (= *cansarse*) to tire o.s. out
[3] [*objeto*] to fall to bits

**descuajeringar** ▸conjug 1h◂ VT = **descuajaringar**

**descuartizamiento** SM [*de animal*] carving up, cutting up; [*de cuerpo, cadáver*] quartering

**descuartizar** ▸conjug 1f◂ VT [1] (= *despedazar*) [+ *animal*] to carve up, cut up; [+ *cuerpo, cadáver*] to quarter
[2] (= *hacer pedazos*) to tear apart; **ni que me descuarticen** not even if they tear me apart

**descubierta** SF [1] (*Mil*) reconnoitring, patrolling
[2] ✦*MODISMO* **a la ~** (= *sin disfraz*) openly; (= *sin protección*) in the open

**descubierto** Ⓐ PP *de* **descubrir**
Ⓑ ADJ [1] (= *sin cubrir*) [*cabeza, pecho*] bare; [*patio, piscina*] open-air; [*autobús, carroza*] open-top; [*cielo*] clear; **salió con el pecho ~** he went out bare-chested; **llevaba los hombros ~s** her shoulders were bare; **dame una carta boca abajo y dos descubiertas** give me one card face down and two face up
[2] (= *sin protección*) [*situación*] open, exposed; **una zona descubierta del bosque** an open area of the wood
[3] (= *sin sombrero*) bareheaded
[4] (*Com*) [*préstamo*] unbacked
Ⓒ SM [1] **al ~** (= *al aire libre*) outdoors, out in the open; (= *sin rodeos*) openly; (*Mil*) under fire; **pasamos la noche al ~** we spent the night outdoors *o* in the open; **dejar algo al ~** to expose sth (to view); **la humedad dejó al ~ varios murales antiguos** the damp brought some ancient murals to view, the damp exposed some ancient murals (to view); **la falda dejaba sus rodillas al ~** the skirt left her knees bare, the skirt exposed her knees; **poner algo al ~** to expose sth; **la operación policial que puso al ~ la estafa** the police operation that exposed the fraud; **quedar al ~** to be exposed; **quedaron al ~ sus malas intenciones** her bad intentions came to light *o* were exposed
[2] (*Com*) (*en cuenta corriente*) overdraft; (*en presupuesto*) shortage; **estar en ~** to be overdrawn, be in the red*; **girar al** *o* **en ~** to overdraw; **vender al ~** to sell short

**descubretalentos** SMF INV = **cazatalentos**

**descubridero** SM look-out post

**descubridor(a)** SM/F [1] [*de lugar, invento, deportista*] discoverer
[2] (*Mil*) scout

**descubrimiento** SM [1] (= *hallazgo*) [*de país, invento, deportista*] discovery; **la era de los grandes ~s** the age of great discoveries; **este restaurante ha sido todo un ~** this restaurant has been a real find *o* discovery
[2] [*de conspiración, estafa*] uncovering
[3] [*de secreto*] revelation
[4] [*de estatua, placa*] unveiling

**descubrir** ▸conjug 3a◂ (*pp* **descubierto**) Ⓐ VT [1] (= *encontrar*) [+ *tesoro, tratamiento, persona oculta*] to discover, find; [+ *país, deportista*] to discover; **al revisar las cuentas ha descubierto numerosas irregularidades** when he went over the accounts he discovered *o* found numerous irregularities; **descubra Bruselas, corazón de Europa** discover Brussels, the heart of Europe; **he descubierto una tienda de ropa fantástica** I've discovered a fantastic clothes shop; **se dedica a ~ nuevos talentos** her job is to discover new talent; **los análisis han descubierto la presencia de un virus** the tests have revealed *o* shown up the presence of a virus; ✦*MODISMO* **~ América** to reinvent the wheel
[2] (= *averiguar*) [+ *verdad*] to find out, discover; **he descubierto la causa de su malhumor** I've found out *o* discovered why he's in such a bad mood; **descubrió que era alérgica a las gambas** she found out *o* discovered she was allergic to prawns
[3] (= *sacar a la luz*) [+ *conspiración, estafa*] to uncover; [+ *secreto, intenciones*] to reveal; **una red de narcotraficantes descubierta en Colombia** a drug-trafficking ring uncovered in Colombia; **nunca nos ~á sus secretos** he will never tell us his secrets, he will never reveal his secrets to us; **ha descubierto su verdadera identidad** he has revealed his true identity
[4] (= *delatar*) to give away; **fue la criada quien los descubrió a la policía** it was the maid who gave them away to the police; **lo descubrió su voz** his voice gave him away
[5] (= *destapar*) [+ *estatua, placa*] to unveil; [+ *cacerola*] to take the lid off; [+ *naipes*] to turn over, lay up; [+ *cara*] to uncover; **descubrió la cara y su contrincante le asestó un derechazo en la mandíbula** he uncovered his face and his opponent landed a right on his jaw; **le descubrió el tobillo para ver la cicatriz** she uncovered his ankle to look at the scar; ✦*MODISMO* **~ el juego a algn** to call sb's bluff; *ver tb* **pastel A3**
[6] (= *divisar*) to make out; **apenas se podía ~ al avión entre las nubes** you could just make out the plane among the clouds
[7] (*liter*) (= *transparentar*) to reveal; **la seda le descubría el escote** the silk revealed *o* exposed her cleavage
Ⓑ **descubrirse** VPR [1] (= *quitarse el sombrero*) to take one's hat off; (*para saludar*) to raise one's hat (in greeting); **~se ante algo/algn** to take one's hat off to sth/sb; **ante tal muestra de valor hay que ~se** you have to take your hat off to her for such bravery
[2] (= *dejar ver*) [+ *cara, rostro*] to uncover; [+ *cabeza*] to bare; **descúbrase el brazo, por favor** roll up your sleeve, please
[3] (= *delatarse*) to give o.s. away; **se descubrió con una falsa coartada** he gave himself away with a false alibi
[4] **~se a** *o* **con algn** to pour one's heart out to sb
[5] (= *mostrarse*) to reveal o.s.; **se descubre como un compositor de gran talento** he has revealed himself to be a composer of great talent

**descuelgue** SM [1] (*de algo colgado*) removal, taking out
[2] (*) (*de hacer algo*) opting out

**descuento** SM [1] (*Com*) discount; **un ~ del 3%** a discount of 3%, a 3% discount; **acciones a ~** shares below par; **con ~** at a discount; **hacer ~** to give a discount; **me hicieron un buen ~** they gave me a good discount; **¿me podría hacer un ~?** could I have a discount? ► **descuento por no declaración de siniestro** no claims bonus ► **descuento por pago al contado** cash discount ► **descuento por volumen de compras** volume discount
[2] (*Dep*) injury time, overtime (*EEUU*)

**descuerar*** ▸conjug 1a◂ VT [1] (*Chile*) to tell off*
[2] (*Cono Sur*) (= *desollar*) to flay, skin
[3] (*Cono Sur*) (= *infamar*) to defame

**descuernar** ▸conjug 1a◂ VT (*Andes, CAm, Caribe*) to de-horn

**descueve*** ADJ (*Cono Sur*) great*, fantastic*

**descuidadamente** ADV [1] (= *despreocupadamente*) carelessly
[2] (= *desaliñadamente*) untidily

**descuidado** ADJ [1] [*persona*] (= *despreocupado*) careless; (= *olvidadizo*) forgetful; (= *desprevenido*) unprepared; (= *tranquilo*) easy in one's mind; **coger** *o* **pillar a algn ~** to catch sb off his guard; **puedes estar ~** you needn't worry, you can relax
[2] (= *desaliñado*) [*aspecto*] untidy, slovenly; [*habitación*] untidy, messy
[3] (= *abandonado*) neglected; **con aspecto de niños ~s** with the look of neglected children

**descuidar** ▸conjug 1a◂ Ⓐ VT [1] (= *desatender*) [+ *deberes*] to neglect; [+ *consejo*] to disregard; **ha descuidado mucho su negocio** he has neglected his business a lot
[2] (= *olvidar*) to overlook
Ⓑ VI (= *no preocuparse*) not to worry; **¡descuida!** don't worry!, it's all right!; **descuida, que yo me encargo de esto** don't worry, I'll take care of this
Ⓒ **descuidarse** VPR [1] (= *no prestar atención*) to be careless; **~se de algo** not to bother about sth; **~se de hacer algo** not to bother to do sth, neglect to do sth
[2] (= *desprevenirse*) to drop one's guard; **si te descuidas ◊ como te descuides** if you don't watch out; **a poco que te descuides te cobran el doble** you've got to watch them all the time or they'll charge you double; **a poco que te descuides ya no está** before you know where you are it's gone; **en cuanto me descuidé me lo robaron** the moment I dropped my guard *o* stopped watching out they stole it from me
[3] (= *abandonarse*) to let o.s. go

**descuidero/a** SM/F sneak thief, pickpocket

**descuido** SM [1] (= *distracción*) **en un ~ le robaron el bolso** her bag was stolen when she wasn't looking *o* in a moment of inattention; **al menor ~ te puedes salir de la carretera** if your attention wanders *o* if you get distracted, even for a moment, the car can go off the road; **la colisión ocurrió por un ~ del maquinista** the crash was caused by a careless mistake on the part of the driver; **se me olvidó invitarla por ~** I carelessly forgot to invite her; **dejó caer el pañuelo como por ~** she dropped her handkerchief as if by accident
[2] (*frm*) (= *negligencia*) carelessness; **no toleran el ~ en el aspecto externo** they don't tolerate any carelessness in one's appearance; **con ~** carelessly

**desculpabilizar** ▸conjug 1f◂ VT to exonerate, free from blame

**desculturización** SF cultural impoverishment

**desde** PREP [1] (*indicando origen*) from; **lo llamaré ~ la oficina** I'll ring him from the office; **~ Burgos hay 30km** it's 30km from

Burgos; **~ Ávila hasta Madrid** from Ávila to Madrid; **~ abajo** from below; **~ arriba** from above; **~ lejos** from a long way off, from afar (*liter*)

2 (*con cantidades, categorías*) from; **camisetas ~ 1000 pesetas** T-shirts from 1000 pesetas; **los platos van ~ la pasta hasta la paella** the dishes range from pasta to paella

3 (*en el tiempo*) **~ el martes** (= *el pasado*) since Tuesday; (= *el próximo*) after Tuesday; **~ el siglo XV en adelante** from the 15th century onward; **no existe ~ 1960** it ceased to exist in 1960; **~ ahora** from now on; **¿~ cuándo vives aquí?** how long have you been living here?; **¿~ cuándo ocurre esto?** how long has this been happening?; **~ entonces** since then; **~ hace tres años** for three years; **está lloviendo ~ hace tres días** it's been raining for three days; **~ el 4 hasta el 16** from the 4th until *o* to the 16th; **cerramos ~ las dos hasta las cuatro** we close from two until *o* to four; **~ niño** since childhood, since I was a child; **la conozco ~ niño** I've known her since I was a child; **~ siempre** always; — **¿~ cuándo eres comunista?** —**~ siempre** "since when have you been a communist?" — "I've always been one"

4 **~ luego** 4·1 (= *por supuesto*) of course; — **¿vendrás?** —**~ luego** "are you coming?" — "of course (I am)"; **eso, ~ luego, no es culpa mía** that, of course, is not my fault; — **¿quieres venir con nosotros?** —**~ luego que sí** "do you want to come with us?" — "of course I do"; —**¿no sabes nada de eso?** —**~ luego que no** "you don't know anything about it?" — "of course not"; **no era muy morena pero rubia ~ luego que no** she wasn't really dark-haired, but she certainly wasn't blonde

4·2 (*como coletilla*) **~ luego, vaya fama estamos cogiendo** we're certainly getting quite a reputation; **~ luego, ¿quién lo iba a pensar?** I ask you, who would have thought it?, well, who would have thought it?; **¡mira que olvidarte de llamar! ¡~ luego que eres despistado!** how could you forget to phone? you're so absent-minded!

5 **~ que** since; **~ que llegó el invierno** since winter arrived; **~ que llegó no ha salido** he hasn't been out since he arrived; **~ que se ha mudado está mejor** he's been better since he moved; **~ que se inventó la televisión** (ever) since television was invented; **escribo ~ que era pequeña** I've been writing since I was little; **~ que puedo recordar** ever since I can remember, as long as I can remember

**desdecir** ▸conjug 3o◂ Ⓐ VI 1 (= *desmerecer*) **~ de algo** to be unworthy of sth; **desdice de su patria** he is unworthy of his country; **esta novela no desdice de las otras** this novel is well up to the standard of the others

2 (= *no corresponder*) **~ de algo** to clash with sth; **la corbata desdice del traje** the tie clashes *o* doesn't go with the suit

Ⓑ **desdecirse** VPR to go back on what one has said; **~se de algo** to go back on sth; **~se de una promesa** to go back on a promise

**desdén** SM scorn, disdain; **al ~** disdainfully

**desdentado** ADJ toothless

**desdeñable** ADJ contemptible; **nada ~** far from negligible

**desdeñar** ▸conjug 1a◂ Ⓐ VT 1 (= *despreciar*) to scorn, disdain

2 (= *rechazar*) to turn up one's nose at

Ⓑ **desdeñarse** VPR **~se de hacer algo** to scorn to do sth, not deign to do sth

> **DESDE**
>
> **Expresiones temporales**
>
> En expresiones temporales, **desde** puede traducirse por **since**, **from** o, en combinación con **hace**/**hacía** por **for**.
>
> • **Desde** (**que**) se traduce por **since** siempre que se especifique a partir de cuándo comenzó una acción o un estado que sigue desarrollándose en el presente o en el momento en que se habla:
>
> Llevo aquí de vacaciones desde el viernes
> ***I have been here on holiday since Friday***
> No come mejillones desde que sufrió aquella intoxicación alimenticia
> ***He hasn't eaten mussels since he had that bout of food poisoning***
> Dijo que no la había visto desde la guerra
> ***He said he hadn't seen her since the war***
>
> ! Hay que tener en cuenta que en casos como éstos cuando se trata de algo que comienza en el pasado y sigue en el presente, el inglés hace uso del *pretérito perfecto* (en sus formas simple o progresiva).
>
> • Traducimos **desde** por **from** cuando **desde** simplemente indica el momento en el que empezó la acción cuando la oración indica el final de la acción o se implica, de algún modo, que ésta ya ha terminado:
>
> Y desde aquel día el rey no volvió a hablar del asunto
> ***And from that day on(wards), the king never spoke about the subject again***
>
> • La construcción **desde** ... **hasta** se traduce por **from** ... **until** o por **from** ... **to**:
>
> Trabajamos desde las nueve de la mañana hasta las cinco de la tarde
> ***We work from nine in the morning until*** *o* ***to five in the afternoon***
> Tendrás que pagar el alquiler desde julio hasta octubre
> ***You will have to pay rent from July until*** *o* ***to October***
>
> • **Desde hace** y **desde hacía** se traducen por **for** ya que van seguidos de una cantidad de tiempo:
>
> Estoy esperando desde hace más de una hora
> ***I have been waiting for over an hour***
> No se había sentido tan feliz desde hacía años
> ***He hadn't felt so happy for years***
>
> • En oraciones interrogativas, **desde cuándo** se traduce por **how long**. En este tipo de preguntas, el inglés utiliza el pretérito perfecto para referirse a algo que empezó en el pasado y continúa en el presente:
>
> ¿Desde cuándo os conocéis?
> ***How long have you known each other?***
>
> *Para otros usos y ejemplos ver la entrada.*

**desdeñosamente** ADV (= *con desprecio*) scornfully, disdainfully

**desdeñoso** ADJ scornful, disdainful

**desdibujado** ADJ 1 [*contorno*] blurred

2 (= *descolorado*) faded

**desdibujar** ▸conjug 1a◂ Ⓐ VT to blur, blur the outlines of

Ⓑ **desdibujarse** VPR to get blurred, fade; **el recuerdo se ha desdibujado** the memory has become blurred

**desdicha** SF 1 (= *infelicidad*) unhappiness

2 (= *contratiempo*) misfortune; **tuve la ~ de ser amigo suyo** I had the misfortune to be a friend of his, I was unlucky enough to be a friend of his; **para mí ~, mi suegra vive con nosotros** unfortunately for me, my mother-in-law lives with us

3 (*) (= *persona, cosa inútil*) dead loss*

**desdichadamente** ADV unhappily

**desdichado/a** Ⓐ ADJ 1 [*persona*] (= *infeliz*) unhappy; (= *desgraciado*) unlucky; **¡qué ~ soy!** how wretched I am!

2 [*día*] ill-fated; **fue un día ~** it was an ill-fated day

Ⓑ SM/F poor devil

**desdicho** PP *de* **desdecir**

**desdinerar** ▸conjug 1a◂ Ⓐ VT to impoverish

Ⓑ **desdinerarse** VPR (*) to cough up*, fork out*

**desdoblado** ADJ 1 [*carretera*] two-lane

2 [*personalidad*] split

3 (*Escol*) **grupo ~** group which has been split into two

**desdoblamiento** SM 1 [*de carreteras*] widening

2 ► **desdoblamiento de la personalidad** split personality

3 (*Escol*) [*de grupos*] splitting into two

**desdoblar** ▸conjug 1a◂ Ⓐ VT 1 (= *desplegar*) [+ *pañuelo*] to unfold; [+ *mantel*] to spread out; [+ *alambre*] to untwist

2 (*Quím*) to break down (**en** into)

3 (= *duplicar*) to double; **~ un cargo** to split the functions of a post

4 [+ *carretera*] to widen

5 [+ *tema*] to expand upon, explain

Ⓑ **desdoblarse** VPR to divide, split in two

**desdoble** SM (*Fin*) reorganization of capital

**desdorar** ▸conjug 1a◂ VT to tarnish

**desdoro** SM (*en fama, reputación*) stigma, dishonour, dishonor (*EEUU*); **consideran un ~ trabajar** they think it dishonourable to work; **es un ~ para todos** it is a blot on us all; **hablar en ~ de algn** to speak disparagingly of sb, discredit sb by what one says

**desdramatizar** ▸conjug 1f◂ VT [+ *situación*] to take the drama out of; [+ *crisis*] to defuse

**deseabilidad** SF desirability

**deseable** ADJ 1 [*situación, solución*] desirable; **sería ~ un cambio** a change would be desirable; **no** *o* **poco ~** undesirable

2 [*cuerpo, persona*] desirable

▼ **desear** ▸conjug 1a◂ VT 1 (= *anhelar*) to want; **sólo deseo que me dejen en paz** I just want to be left in peace; **no deseo que le pase nada malo** I wouldn't want *o* wish anything bad to happen to him; **un embarazo no deseado** an unwanted pregnancy; **la vida que tanto había deseado** the life she had wanted so much *o* longed for; **dejar bastante** *o* **mucho que ~** to leave a lot to be desired; ✦***MODISMO*** **no se lo deseo a nadie** *o* **ni a mi peor enemigo** I wouldn't wish it on anyone *o* my worst enemy; **estar deseando algo**: **estaba deseando conocerte** I've been looking forward to meeting you; **estoy deseando que esto termine** I'm really looking forward to this finishing, I can't wait for this to finish; **estoy deseando que lleguen las vacaciones** I'm really looking forward to the holidays, I can't wait for *o* till the holidays; **ser de ~**: **sería de ~ que actualizaran**

➤ LENGUA Y USO: **desear 1, 3** 48.1, 48.2, 50.1, 50.2, 50.3, 50.4, 50.5, 51.3

**su información** it would be desirable for them to update their information; **es de ~ que mejoren nuestras relaciones** an improvement in our relations would be desirable; **no hemos avanzado tanto como sería de ~** we haven't made as much progress as we would have liked; *ver tb* **ver B9**
[2] (*frm*) [2·1] (*en peticiones*) to wish; **~ía ver al director** I would like *o* I wish to see the manager; **el doctor desea hablar un momento con usted** the doctor wishes to speak to you for a moment; **todo se hará como tú desees** everything will be done as you wish
[2·2] (*en preguntas, sugerencias*) **si lo desea se lo podemos enviar por correo** if you wish we can send it by post; **¿~ía el señor algún postre?** would Sir like a dessert?, do you wish a dessert?; **¿qué desean beber?** what would you like to drink?; **¿desea que le hagamos una factura?** do you wish us to make out an invoice?; **¿qué desea?** can I help you?
[3] (*en fórmulas de cortesía*) [+ *éxito, suerte*] to wish; **os deseamos una Feliz Navidad** we wish you a Merry Christmas; **te deseo la mejor suerte del mundo** I wish you the best luck in the world; **le deseamos una pronta recuperación** we wish you a prompt recovery
[4] (*sexualmente*) to want

**desecación** SF [*de terreno*] (*de forma artificial*) draining, drainage; (*por el sol*) drying, desiccation (*frm*)

**desecado** ADJ [1] [*fruta*] dried
[2] [*lago, terreno*] (*de forma artificial*) drained; (*por el sol*) dried up

**desecar** ▸conjug 1g◂ Ⓐ VT [1] [+ *fruta*] to dry; [+ *coco*] to dessicate (*frm*)
[2] (= *quitar la humedad*) [*persona*] to drain; **el sol ha desecado el lago** the sun has dried up the lake
Ⓑ **desecarse** VPR to dry up

**desecha** SF (*Andes*) = **desecho**

**desechable** ADJ [1] [*jeringuilla, pañal*] disposable; **envases ~s** non-returnable containers; **la oferta no es ~** the offer is not to be turned down lightly
[2] [*variable*] temporary

**desechar** ▸conjug 1a◂ VT [1] (= *tirar*) [+ *basura*] to throw out; [+ *objeto inútil*] to scrap, get rid of
[2] (= *rechazar*) [+ *consejo, miedo*] to cast aside; [+ *oferta*] to reject; [+ *plan*] to drop
[3] (= *censurar*) to censure, reprove
[4] [+ *llave*] to turn

**desecho** SM [1] (= *residuo*) **productos de ~** waste products; **ropa de ~** castoffs *pl*
► **desecho de hierro** scrap iron
[2] **desechos** (= *desperdicios*) (*gen*) rubbish *sing*, garbage *sing* (*EEUU*); [*de la industria*] waste *sing*; [*de animal*] offal *sing*; [*de ropa*] castoffs; [*de animal*] offal *sing*
► **desechos radiactivos** radioactive waste
[3] (*) (= *persona inútil*) dead loss*; **el ~ de la sociedad** the scum *o* dregs *pl* of society
[4] (= *desprecio*) contempt, scorn
[5] (*LAm*) (= *atajo*) short cut; (= *desvío*) detour; (= *sendero*) path, temporary road

**desegregación** SF desegregation

**desegregar** ▸conjug 1h◂ VT to desegregate

**desellar** ▸conjug 1a◂ VT to unseal, open

**desembalaje** SM unpacking

**desembalar** ▸conjug 1a◂ VT to unpack

**desembanastar** ▸conjug 1a◂ Ⓐ VT [1] (= *sacar*) to unpack
[2] (*) [+ *espada*] to draw
[3] [+ *secreto*] to blurt out
Ⓑ **desembanastarse** VPR [1] [*animal*] to break out
[2] (= *bajar*) to alight

**desembarazado** ADJ [1] (= *desenvuelto*) free and easy; **~ de trabas** free, unrestrained
[2] (= *libre*) clear, free
[3] (= *sin carga*) unburdened, light

**desembarazar** ▸conjug 1f◂ Ⓐ VT [1] [+ *camino, cuarto*] to clear; **~ un cuarto de trastos** to clear a room of furniture
[2] **~ a algn de algo** to rid sb of sth
[3] (*Andes, Caribe, Cono Sur*††) (= *dar a luz a*) to give birth to
Ⓑ **desembarazarse** VPR **~se de algo** to get rid of sth

**desembarazo** SM [1] (= *acto*) [*de camino, cuarto*] clearing; [*de carga*] unburdening
[2] (= *desenfado*) ease, naturalness; **hablar con ~** to talk easily, talk freely
[3] (*LAm*) (= *parto*) birth

**desembarcadero** SM quay, landing stage

**desembarcar** ▸conjug 1g◂ Ⓐ VT [+ *personas*] to disembark; [+ *mercancías*] to unload
Ⓑ VI [1] (*de barco, avión*) [*pasajeros*] to disembark; [*tropas*] to land, disembark
[2] (*esp LAm*) (*de tren*) to alight (*frm*) (**de** from), get out (**de** of)
[3] **estar para ~*** to be about to give birth

**desembarco** SM [*de pasajeros*] disembarkation; [*de tropas*] landing, disembarkation; [*de mercancías*] unloading

**desembargar** ▸conjug 1h◂ VT (*Jur*) to lift the embargo on

**desembargo** SM lifting (*of an embargo*)

**desembarque** SM [*de pasajeros*] disembarkation; [*de mercancías*] unloading

**desembarrancar** ▸conjug 1g◂ VT [+ *barco*] to refloat

**desembarrar** ▸conjug 1a◂ VT to clear of mud, remove the silt from

**desembaular** ▸conjug 1a◂ VT [1] [+ *equipaje*] to unpack
[2] (= *descargarse de*) to unburden o.s. of

**desembocadero** SM, **desembocadura** SF [*de río*] mouth; [*de alcantarilla*] outfall; [*de calle*] opening, end

**desembocar** ▸conjug 1g◂ VI [1] **~ en** [*río*] to flow into, run into; [*calle*] to join, lead into
[2] **~ en** (= *terminar en*) to end in, result in; **esto desembocó en una tragedia** this ended in *o* led to tragedy

**desembolsar** ▸conjug 1a◂ VT [1] (= *pagar*) to pay out
[2] (= *gastar*) to lay out

**desembolso** SM [1] (= *pago*) payment
► **desembolso de capital** capital outlay
► **desembolso inicial** deposit
[2] (= *gastos*) outlay, expenditure; **cubrir ~s** to cover expenses

**desembozar** ▸conjug 1f◂ VT to unmask

**desembragar** ▸conjug 1h◂ Ⓐ VT (*Mec*) [+ *embrague*] to release, let out; [+ *marcha*] to disengage
Ⓑ VI (*Aut*) to declutch, let out the clutch

**desembrague** SM (*Aut*) (= *acto*) declutching; (= *mecanismo*) clutch release

**desembravecer** ▸conjug 2d◂ Ⓐ VT [+ *animal*] to tame; [+ *persona*] to calm, pacify
Ⓑ **desembravecerse** VPR to calm down

**desembriagar** ▸conjug 1h◂ Ⓐ VT to sober up
Ⓑ **desembriagarse** VPR to sober up

**desembrollar** ▸conjug 1a◂ VT [1] [+ *madeja*] to unravel
[2] [+ *asunto, malentendido*] to sort out

**desembuchar** ▸conjug 1a◂ Ⓐ VT [1] [*ave*] to regurgitate
[2] (*) [+ *conclusiones*] to come out with
Ⓑ VI (*) (= *confesar*) to spill the beans*; **¡desembucha!** out with it!, spit it out!
Ⓒ **desembucharse** VPR (*Chile*) to be sick

**desemejante** ADJ dissimilar; **su comportamiento es muy ~ al de su padre** his behaviour is very dissimilar to his father's

**desemejanza** SF dissimilarity

**desemejar** ▸conjug 1a◂ Ⓐ VT to alter, alter the appearance of, change (*for the worse*)
Ⓑ VI to be dissimilar, look different, not look alike

**desempacar** ▸conjug 1g◂ VT (*esp LAm*) to unpack

**desempacharse** ▸conjug 1a◂ VPR [1] (*Med*) **se desempachó** his stomach settled down
[2] (= *perder la timidez*) to come out of one's shell

**desempacho** SM (= *soltura*) ease; (= *despreocupación*) unconcern; (= *desparpajo*) forwardness

**desempadronarse⁑** ▸conjug 1a◂ VPR (*Méx*) to do o.s. in⁑, commit suicide

**desempantanar** ▸conjug 1a◂ VT [+ *asunto, problema*] to clear up, resolve

**desempañador** SM (*Aut*) demister

**desempañar** ▸conjug 1a◂ VT [+ *cristal*] (*con trapo*) to wipe clean; [*dispositivo antivaho*] to demist, defog (*EEUU*)

**desempapelar** ▸conjug 1a◂ VT [+ *pared*] to strip; [+ *paquete*] to unwrap

**desempaquetar** ▸conjug 1a◂ VT to unpack, unwrap

**desempatar** ▸conjug 1a◂ VI **van a jugar la prórroga para ver si desempatan** extra time will be played to try and break the deadlock *o* to get a result

**desempate** SM [1] (*Ftbl*) (= *partido*) **el ~ llegó con el gol de Roque** the breakthrough came with Roque's goal; **marcó el gol del ~ en el minuto 15** he put his side ahead *o* broke the deadlock in the 15th minute ► **desempate a penaltis** penalty shoot-out
[2] (*Tenis*) tie break

**desempedrar** ▸conjug 1j◂ VT [+ *calle*] to take up the paving stones of; ✦*MODISMO* **ir desempedrando la calle** to dash along the street

**desempeñar** ▸conjug 1a◂ Ⓐ VT [1] [+ *propiedades, joyas*] to redeem, get out of pawn; **~ a algn** to get sb out of debt, pay sb's debts
[2] (= *llevar a cabo*) [+ *deber, función*] to perform, carry out; [+ *papel*] (*tb Teat*) to play
[3] (= *ocupar*) [+ *cargo*] to occupy, hold
Ⓑ **desempeñarse** VPR [1] (= *quitarse deudas*) to get out of debt
[2] **~se como** (*LAm*) to act as

**desempeño** SM [1] [*de propiedades, joyas*] redeeming, redemption
[2] [*de deber*] performance, carrying out; [*de cargo*] carrying out; **durante el ~ de sus funciones como presidente** in the course of

carrying out *o* performing his duties as president

[3] (*Teat*) performance; **un ~ meritorio** a worthy performance; **una mujer de mucho ~** a most active and able woman

**desempleado/a** Ⓐ ADJ unemployed, out of work

Ⓑ SM/F unemployed man/woman; **los ~s** the unemployed

**desempleo** SM [1] (= *falta de trabajo*) unemployment ► **desempleo de larga duración** long-term unemployment

[2] (= *subsidio*) unemployment benefit; **cobrar el ~** to draw unemployment benefit

**desempolvar** ▸conjug 1a◂ VT [1] [+ *libros, muebles*] to dust; [+ *objeto no usado*] to dust off

[2] [+ *recuerdos*] to revive

**desencadenamiento** SM [*de pasión, energía*] unleashing ► **desencadenamiento de hostilidades** outbreak of hostilities

**desencadenante** Ⓐ ADJ **los factores ~s del accidente** the factors which triggered (off) *o* caused the accident

Ⓑ SM cause, trigger

**desencadenar** ▸conjug 1a◂ Ⓐ VT [1] (= *quitar las cadenas de*) [+ *prisionero*] to unchain; [+ *perro*] to unleash

[2] (= *desatar*) [+ *ira*] to unleash; [+ *crisis*] to trigger, set off

Ⓑ **desencadenarse** VPR [1] (= *soltarse*) to break loose

[2] (= *estallar*) [*tormenta*] to burst; [*guerra*] to break out; **se desencadenó una violenta reacción** a violent reaction was unleashed; **se ~on los aplausos** applause broke out

**desencajado** ADJ [*cara*] twisted, contorted; [*mandíbula*] dislocated; [*ojos*] wild

**desencajar** ▸conjug 1a◂ Ⓐ VT [1] (*Anat*) [+ *hueso*] to throw out of joint; [+ *mandíbula*] to dislocate

[2] (*Mec*) to disconnect, disengage

Ⓑ **desencajarse** VPR [*cara*] to become distorted *o* contorted; [*ojos*] to look wild; **se le desencajó la mandíbula** he dislocated his jaw

**desencajonar** ▸conjug 1a◂ VT to unpack

**desencallar** ▸conjug 1a◂ VT [+ *barco*] to refloat

**desencaminado** ADJ (*lit*) headed in the wrong direction; (*fig*) misguided; **no vas muy ~** you're not far wrong there

**desencantar** ▸conjug 1a◂ VT [1] (= *quitar la ilusión a*) to disillusion, disenchant

[2] (= *quitar un encantamiento a*) to free from a spell

**desencanto** SM disillusion, disillusionment, disenchantment

**desencapotarse** ▸conjug 1a◂ VPR [*cielo*] to clear, clear up

**desenchufar** ▸conjug 1a◂ Ⓐ VT to disconnect, unplug

Ⓑ **desenchufarse** VPR (* *hum*) to unwind, switch off

**desencoger** ▸conjug 2c◂ Ⓐ VT [1] (= *extender*) to spread out

[2] (= *alisar*) to smooth out, straighten out

Ⓑ **desencogerse** VPR to lose one's timidity

**desencolarse** ▸conjug 1a◂ VPR to come unstuck

**desenconar** ▸conjug 1a◂ Ⓐ VT [1] [+ *cólera*] to calm down, soothe

[2] [+ *inflamación*] to soothe

Ⓑ **desenconarse** VPR [1] (= *calmarse*) [*odio*] to die down; [*persona*] to calm down

[2] [*inflamación*] to die down, go down

**desencontrarse** ▸conjug 1n◂ VPR (= *separarse*) to become separated, get split up; (= *no encontrarse*) to fail to meet up

**desencorvar** ▸conjug 1a◂ VT to unbend, straighten, straighten out

**desencuadernar** ▸conjug 1a◂ Ⓐ VT to unbind

Ⓑ **desencuadernarse** VPR to come unbound

**desencuadrado** ADJ (*Fot*) off centre

**desencuentro** SM [1] (= *falta de encuentro*) failure to meet up

[2] (= *falta de acuerdo*) mix-up

**desendeudar** ▸conjug 1a◂ Ⓐ VI (*LAm*) to pay one's debts, get out of the red

Ⓑ **desendeudarse** VPR (*LAm*) to pay one's debts, get out of the red

**desenfadaderas** SFPL **tener buenas ~** (= *no alterarse*) to be unflappable, be slow to anger; (*al salir de problemas*) to be good at getting out of jams

**desenfadado** ADJ [1] [*aire, carácter*] free, uninhibited

[2] [*persona*] (= *despreocupado*) free-and-easy, carefree; (= *desenvuelto*) self-confident; (= *descarado*) forward; (*en el vestir*) casual

[3] [*espacio*] free, unencumbered

**desenfadar** ▸conjug 1a◂ Ⓐ VT to pacify, calm down

Ⓑ **desenfadarse** VPR to calm down

**desenfado** SM [1] (= *despreocupación*) free-and-easy manner

[2] (= *libertad*) freedom, lack of inhibition

[3] (= *descaro*) forwardness

[4] (= *desenvoltura*) self-confidence

**desenfocado** ADJ (*por mal uso*) out of focus; (*de forma intencionada*) in soft focus

**desenfocar** ▸conjug 1g◂ Ⓐ VT [1] (*Fot*) to get out of focus

[2] [+ *asunto*] to read wrongly

Ⓑ **desenfocarse** VPR (*Fot*) to go out of focus

**desenfoque** SM (*por mal uso*) lack of focus, state of being out of focus; (*de forma intencionada*) soft focus

**desenfrenadamente** ADV wildly, in an uncontrolled way

**desenfrenado** ADJ [*persona*] wild, uncontrolled; [*apetito, pasiones*] unbridled

**desenfrenarse** ▸conjug 1a◂ VPR [1] (= *desmandarse*) [*persona*] to lose all self-control; [*multitud*] to run riot

[2] (*Meteo*) [*tempestad*] to burst; [*viento*] to rage

**desenfreno** SM [1] [*de pasiones*] unleashing

[2] (= *libertinaje*) licentiousness

**desenfundar** ▸conjug 1a◂ Ⓐ VT [+ *pistola*] to pull out, draw

Ⓑ VI (*) to flash*

**desenganchar** ▸conjug 1a◂ Ⓐ VT [1] (= *soltar*) [+ *cortinas*] to unhook; [+ *vagones*] to uncouple; [+ *caballo*] to unhitch

[2] (*Mec*) to disengage

Ⓑ **desengancharse** VPR (‡) to kick the habit*; **~se de algo** to come off sth

**desengañado** ADJ [1] (= *decepcionado*) disillusioned

[2] (*Andes, Cono Sur*) (= *feo*) terribly ugly

**desengañar** ▸conjug 1a◂ Ⓐ VT [1] (= *desilusionar*) to disillusion; **es mejor no ~la** it is best not to take away her hopes *o* not to disillusion her

[2] (= *decepcionar*) to disappoint

[3] (= *abrir los ojos a*) to open the eyes of

Ⓑ **desengañarse** VPR [1] (= *desilusionarse*) to become disillusioned (**de** about)

[2] (= *decepcionarse*) to be disappointed

[3] (= *abrir los ojos*) to see the light, see things as they really are; **¡desengáñate!** wise up!*

**desengaño** SM [1] (= *desilusión*) disillusion, disillusionment; **los ~s te enseñarán** you'll learn the hard way

[2] (= *decepción*) disappointment; **sufrir un ~ amoroso** to be disappointed in love

**desengranar** ▸conjug 1a◂ VT to disengage

**desengrasado** ADJ [1] [*máquina*] rusty, needing oil

[2] (*Culin*) fat-free

**desengrasar** ▸conjug 1a◂ VT to degrease

**desenhebrar** ▸conjug 1j◂ VT to unthread

**desenjaular** ▸conjug 1a◂ VT [1] [+ *animal*] to take out of a cage

[2] (*) [+ *preso*] to let out of jail

**desenlace** SM [*de libro, película*] ending, dénouement (*frm*); [*de aventura*] outcome; **~ fatal** *o* **trágico** tragic ending; **el libro tiene un ~ feliz** the book has a happy ending

**desenlatar** ▸conjug 1a◂ VT (*LAm*) [+ *latas*] to open

**desenlazar** ▸conjug 1f◂ Ⓐ VT [1] (= *desatar*) to untie

[2] (= *resolver*) [+ *problema*] to solve; [+ *asunto*] to unravel

Ⓑ **desenlazarse** VPR [1] (= *desatarse*) to come undone

[2] [*libro, película*] to end, turn out

**desenmarañar** ▸conjug 1a◂ VT [1] [+ *cuerda, lana, pelo*] to untangle, disentangle

[2] [+ *misterio*] to unravel, clear up

**desenmascarar** ▸conjug 1a◂ VT (*lit*) to unmask; (*fig*) to unmask, expose

**desenojar** ▸conjug 1a◂ VT to soothe, appease, calm down

**desenredar** ▸conjug 1a◂ Ⓐ VT [1] [+ *pelo, lana*] to untangle, disentangle

[2] [+ *dificultad, problema*] to straighten out

Ⓑ **desenredarse** VPR (*de un problema*) to extricate o.s. (**de** from)

**desenredo** SM [1] (= *acto*) unravelling, disentanglement

[2] (*Literat*) dénouement

**desenrollar** ▸conjug 1a◂ Ⓐ VT [+ *alfombra*] to unroll; [+ *cable*] to unwind

Ⓑ **desenrollarse** VPR [*alfombra*] to unroll; [*cable*] to unwind

**desenroscar** ▸conjug 1g◂ VT [+ *tornillo*] to unscrew

**desensibilizar** ▸conjug 1f◂ VT to desensitize

**desensillar** ▸conjug 1a◂ VT to unsaddle

**desentablar** ▸conjug 1a◂ Ⓐ VT to break up

Ⓑ **desentablarse** VPR **se desentabló una discusión** a row broke out

**desentenderse** ▸conjug 2g◂ VPR [1] (= *simular ignorancia*) **~ de algo** to pretend not to know about sth

[2] (= *repudiar*) **~ de algo** to wash one's hands of sth, want nothing to do with sth; **se ha desentendido del asunto** he wants nothing to do with the matter

**desentendido** ADJ **hacerse el ~** to pretend not to notice; **se hizo el ~** he didn't take the hint; **no te hagas el ~** don't pretend you haven't heard

**desentendimiento** SM **su ~ sobre el asunto** his refusal to have anything to do with the matter

**desenterrar** ▸conjug 1j◂ VT [1] [+ *cadáver*] to disinter; [+ *tesoro*] to unearth
[2] [+ *recuerdo, odio*] to rake up

**desentonado** ADJ [1] (*Mús*) out of tune
[2] [*color*] clashing

**desentonar** ▸conjug 1a◂ Ⓐ VI [1] (= *no encajar*) [*persona, comentario*] to be out of place; [*colores*] to clash (**con** with); **para no ~** so as to do the right thing, so as to fall into line; **el edificio desentona con el entorno** the building doesn't fit in with the surroundings
[2] (*Mús*) to be out of tune
Ⓑ **desentonarse** VPR to raise one's voice angrily

**desentono** SM [1] (= *cualidad*) rudeness, disrespect
[2] (= *tono*) rude tone of voice

**desentorpecer** ▸conjug 2d◂ VT [1] [+ *miembro*] to stretch, loosen up
[2] (*) [+ *persona*] to polish up

**desentramparse*** ▸conjug 1a◂ VPR to get out of the red

**desentrañar** ▸conjug 1a◂ VT [1] (= *resolver*) [+ *misterio*] to get to the bottom of, unravel; [+ *significado*] to puzzle out
[2] (= *destripar*) to disembowel

**desentrenado** ADJ [*jugador*] out of training; [*soldado*] untrained

**desentumecer** ▸conjug 2d◂ Ⓐ VT [+ *miembro*] to stretch; [+ *músculos*] to loosen up
Ⓑ **desentumecerse** VPR to loosen up

**desenvainar** ▸conjug 1a◂ VT [1] (= *sacar de la vaina*) [+ *espada*] to draw, unsheathe; [+ *guisantes*] to shell; [+ *garras*] to show, put out
[2] (= *mostrar*) to reveal, expose

**desenvoltura** SF [1] (= *facilidad*) (*al moverse*) ease; (*al hablar*) fluency
[2] (= *falta de timidez*) confidence, self-confidence
[3] (*pey*) (= *desparpajo*) forwardness, brazenness

**desenvolver** ▸conjug 2h◂ (*pp* **desenvuelto**)
Ⓐ VT [1] (= *desliar*) [+ *paquete*] to unwrap; [+ *rollo*] to unwind, unroll; [+ *lana*] to disentangle, unravel
[2] [+ *teoría*] to develop
Ⓑ **desenvolverse** VPR [1] [*persona*] to manage, cope; **se desenvuelve muy bien en público** he comes across really well in public
[2] [*acción, suceso*] (= *suceder*) to go off; (= *desarrollarse*) to develop

**desenvolvimiento** SM development

**desenvuelto** Ⓐ PP *de* **desenvolver**
Ⓑ ADJ [1] (= *falto de timidez*) confident, self-confident
[2] (*al hablar*) fluent; (*pey*) forward, brazen

**desenyugar** ▸conjug 1h◂ VT (*LAm*), **desenyuntar** ▸conjug 1a◂ VT (*LAm*) to unyoke

▼ **deseo** SM [1] (= *anhelo*) desire, wish; **mi mayor ~ es encontrar un trabajo** my dearest wish *o* greatest desire is to find a job; **el ~ de poder** the lust for power; **un inacabable ~ de saber** an unquenchable thirst for knowledge; **llegó al poder con buenos ~s de mejorarlo todo** he came to power with every intention of improving things; **tengo ~s de verla** I yearn to see her, I'm longing to see her; **ardo en ~s de conocerla** (*liter*) I have a burning desire to meet her
[2] (= *cosa deseada*) wish; **pedir** *o* **formular un ~** to make a wish; **su último ~ fue que la incineraran** her dying wish was to be cremated; **nuestro ~ es que seas feliz** our wish is for you to be happy; **con mis mejores ~s para el Año Nuevo** with best wishes for the New Year; **tus ~s son órdenes** your wish is my command
[3] (*tb* **~ sexual**) desire

**deseoso** ADJ **estar ~ de hacer algo** to be anxious *o* eager to do sth

**desequilibrado/a** ADJ Ⓐ ADJ [*persona*] unbalanced; [*rueda*] out of balance, not properly balanced, out of true; [*distribución*] one-sided, lop-sided
Ⓑ SM/F unbalanced person; **es un ~ mental** he's mentally unbalanced

**desequilibrador** ADJ destabilizing

**desequilibrar** ▸conjug 1a◂ Ⓐ VT [1] [+ *barca, mueble*] to unbalance, make unbalanced
[2] [+ *persona*] (*físicamente*) to throw off balance; (*psicológicamente*) to unbalance
[3] **~ un país/régimen** to destabilize a country/regime
Ⓑ **desequilibrarse** VPR [*balanza*] to get out of balance; [*persona*] to become mentally unbalanced

**desequilibrio** SM [1] [*de mente*] unbalance
[2] (*entre cantidades*) imbalance
[3] (*Med*) unbalanced mental condition

**deserción** SF [1] (*Mil*) desertion
[2] (= *abandono*) (*de un partido a otro*) defection; (*de una actividad*) giving up

**desertar** ▸conjug 1a◂ VI to desert; **~ de** (*Mil*) to desert; **~ del hogar** to abandon one's home; **~ de sus deberes** to neglect one's duties; **~ de una tertulia** to stop going to a gathering

**desértico** ADJ [1] (= *del desierto*) desert *antes de s*
[2] (= *árido*) desert-like, barren
[3] (= *despoblado*) deserted

**desertificar** ▸conjug 1g◂ VT = **desertizar**

**desertización** SF [1] [*de terreno*] desertification
[2] (= *despoblación*) depopulation

**desertizar** ▸conjug 1f◂ VT [1] [+ *terreno*] to turn into a desert
[2] (= *despoblar*) to depopulate

**desertor(a)** SM/F (*Mil*) deserter; (*Pol*) defector

**deservicio** SM disservice

**desescalada** SF de-escalation

**desescalar** ▸conjug 1a◂ VT, VI to de-escalate

**desescamar** ▸conjug 1a◂ VT to descale, remove the fur from (*EEUU*)

**desescarchador** SM (*Mec*) defroster

**desescolarización** SF lack of schooling

**desescolarizado** ADJ **niños ~s** children deprived of schooling

**desescombrar** ▸conjug 1a◂ VT [1] [+ *lugar*] to clear up, clear of rubbish *o* debris *etc*, clean up
[2] [+ *cadáver*] to dig out, extract

**desescombro** SM clearing-up, clean-up

**desespañolizar** ▸conjug 1f◂ VT [+ *costumbre*] to weaken the Spanish nature of; [+ *persona*] to cause to become less Spanish, wean away from Spanish habits *etc*

**desesperación** SF [1] (= *pérdida de esperanza*) despair, desperation; **mirar a algn con ~** to look at sb despairingly; **nadar con ~** to swim desperately
[2] (= *resultado*) **es una ~** it's maddening; **es una ~ tener que ...** it's infuriating to have to ...

**desesperada** SF ✦MODISMO **hacer algo a la ~** to do sth as a last resort *o* in desperation

**desesperadamente** ADV desperately, despairingly

**desesperado/a** Ⓐ ADJ [1] (= *sin esperanza*) [*persona*] desperate; [*caso, situación*] hopeless; **estar ~ de algo** to have despaired of sth, have lost hope of sth
[2] [*esfuerzo*] furious, frenzied
Ⓑ SM/F **como un ~** like mad; **come como una desesperada** she eats as if she were half-starved

**desesperante** ADJ [*situación*] infuriating; [*persona*] infuriating, hopeless

**desesperanza** SF despair

**desesperanzar** ▸conjug 1f◂ Ⓐ VT to drive to despair
Ⓑ **desesperanzarse** VPR to lose hope, despair

**desesperar** ▸conjug 1a◂ Ⓐ VT [1] (= *exasperar*) **mi hermano me desespera** my brother drives me mad *o* crazy, my brother is infuriating *o* maddening; **me desespera que el tren llegue tarde** it's infuriating *o* maddening when the train is late
[2] (= *desalentar*) **no dejes que sus críticas te desesperen** don't let their criticism make you lose hope *o* heart, don't let their criticism get to you*; **tantos problemas la ~on y acabó dimitiendo** all these problems drove her to despair and in the end she resigned
Ⓑ VI (= *perder la esperanza*) to despair, lose hope; **sigue adelante, no desesperes** keep at it, don't despair *o* lose hope; **~ de hacer algo** (*frm*) to despair of doing sth, lose all hope of doing sth; ✦REFRÁN **el que espera, desespera** waiting gets you down
Ⓒ **desesperarse** VPR [1] (= *exasperarse*) **me desespero con tanto trabajo** all this work is driving me mad *o* crazy; **me estaba desesperando porque el taxi no llegaba** the taxi still hadn't come and I was going mad *o* crazy *o* getting desperate
[2] (= *desalentarse*) to despair, lose hope; **nunca se desespera aunque las cosas le vayan mal** she never loses hope *o* despairs even when things go badly for her; **no te desesperes si no apruebas a la primera** if you don't pass first time, don't despair *o* give up hope

**desespero** SM (*LAm*) despair, desperation

**desespinar** ▸conjug 1a◂ VT [+ *pescado*] to fillet, bone

**desestabilización** SF destabilization

**desestabilizador** ADJ [1] [*campaña, influencia*] destabilizing
[2] [*elemento, grupo*] subversive

**desestabilizar** ▸conjug 1f◂ VT [1] [+ *situación*] to destabilize
[2] [+ *confianza, orden moral*] to undermine

**desestancar** ▸conjug 1g◂ VT [+ *producto*] to remove the state monopoly from, allow a free market in

**desestiba** SF (*Náut*) unloading

➤ LENGUA Y USO: **deseo 1** 35.5

**desestibar** ▸conjug 1a◂ VT (*Náut*) to unload

**desestimable** ADJ insignificant

**desestimar** ▸conjug 1a◂ VT **1** (= *menospreciar*) to look down on
**2** (*Jur*) [+ *demanda, moción*] to reject

**desestímulo** SM disincentive

**desestructurado** ADJ badly structured; **familia desestructurada** broken home

**desexilio** SM (*LAm*) return from exile, return home

**desfachatado*** ADJ brazen, impudent, barefaced

**desfachatez** SF **1** (= *descaro*) brazenness, cheek
**2 una ~** a cheeky remark*, a brazen remark

**desfalcador(a)** SM/F embezzler

**desfalcar** ▸conjug 1g◂ VT to embezzle

**desfalco** SM embezzlement

**desfallecer** ▸conjug 2d◂ VI **1** (= *perder las fuerzas*) to get weak; **~ de ánimo** to lose heart
**2** (= *desmayarse*) to faint

**desfallecido** ADJ (= *débil*) weak

**desfallecimiento** SM **1** (= *debilidad*) weakness
**2** (= *desmayo*) fainting fit

**desfasado** ADJ **1** (= *anticuado*) behind the times
**2** (*Téc*) out of phase
**3 estar ~** (*Aer*) to be suffering from jetlag

**desfasar** ▸conjug 1a◂ VT **1** (= *dejar anticuado*) to phase out
**2** (*Elec*) to change the phase of

**desfase** SM (= *diferencia*) gap; **hay un ~ entre las dos generaciones** there's a generation gap ► **desfase horario** jet lag

**desfavorable** ADJ unfavourable, unfavorable (*EEUU*)

**desfavorablemente** ADV unfavourably, unfavorably (*EEUU*)

**desfavorecer** ▸conjug 2d◂ VT **1** [+ *persona, causa*] **estas medidas ~án a los pequeños agricultores** these measures will hurt small farmers *o* go against the interests of small farmers; **han desfavorecido las calles peatonales** they are opposed to the pedestrianization of the streets
**2** (= *sentar mal a*) [*ropa*] not to suit

**desfavorecido** ADJ **1** (= *discriminado*) disadvantaged
**2** (= *afeado*) **siempre salgo ~ en las fotos** I never look good in photos

**desfibradora** SF shredder, shredding machine

**desfibrar** ▸conjug 1a◂ VT [+ *papel*] to shred

**desfibrilador** SM defibrillator

**desfiguración** SF, **desfiguramiento** SM **1** (= *transformación*) [*de persona*] disfigurement; [*de monumento*] defacement; [*de la realidad*] distortion
**2** (*Fot*) blurring
**3** (*Radio*) distortion

**desfigurado** ADJ [*persona*] disfigured; [*sonido, voz, sentido, realidad*] distorted; [*foto*] blurred

**desfigurar** ▸conjug 1a◂ VT **1** (= *transformar*) [+ *cara*] to disfigure; [+ *cuerpo*] to deform; [+ *cuadro, monumento*] to deface; [+ *voz, sonido*] to distort, disguise; [+ *sentido*] to twist; [+ *suceso*] to misrepresent; **una cicatriz le desfigura la cara** his face is disfigured by a scar; **la niebla lo desfigura todo** the fog makes everything look strange
**2** (*Fot*) to blur

**desfiladero** SM defile, gorge

**desfilar** ▸conjug 1a◂ VI **1** (*Mil*) to parade; **~on ante el general** they marched past the general
**2** (= *pasar*) to come, pass by; **por su despacho han desfilado muchos acreedores** many creditors have passed through his office; **según acababan, iban desfilando por la puerta** as they finished, they filtered out of the door
**3** [*modelo*] to model; **nunca he desfilado con ropa de Armani** I've never modelled Armani clothes

**desfile** SM **1** (*Mil*) parade ► **desfile aéreo** flypast, flyover (*EEUU*) ► **desfile de la victoria** victory parade ► **desfile de promoción** passing-out parade ► **desfile naval** naval review
**2** [*de carrozas*] procession
**3** ► **desfile de modas, desfile de modelos** fashion show, fashion parade

**desfiscalización** SF exemption from tax

**desfiscalizar** ▸conjug 1f◂ VT to exempt from taxation

**desfloración** SF deflowering, defloration

**desflorar** ▸conjug 1a◂ VT **1** (= *aspecto, reputación*) to tarnish
**2** [+ *asunto*] to touch on
**3** (*liter*) [+ *mujer*] to deflower (*liter*)

**desfogar** ▸conjug 1h◂ Ⓐ VT [+ *cólera, frustración*] to vent (**con, en** on)
Ⓑ VI (*Náut*) [*tormenta*] to burst
Ⓒ **desfogarse** VPR [*persona*] to vent one's anger (**con, en** on); **tiene que hacer deporte para ~se** he needs to do sport to let off steam

**desfogue** SM venting

**desfondado** ADJ (*Fin*) bankrupt

**desfondar** ▸conjug 1a◂ Ⓐ VT **1** (= *romper el fondo*) to knock the bottom out of, stave in (*tb Náut*)
**2** (*Agr*) to plough deeply
Ⓑ **desfondarse** VPR to go to pieces, have the bottom fall out of one's life

**desforestación** SF deforestation

**desforestar** ▸conjug 1a◂ VT to deforest

**desformatear** ▸conjug 1a◂ VT to unformat

**desgaire** SM **1** (= *desaseo*) slovenliness, carelessness; **vestido al ~** dressed in a slovenly way
**2** (= *desdén*) scornful attitude, disdain; ✦*MODISMOS* **hacer algo al ~** to do sth with a scornful air; **mirar a algn al ~** to sneer at sb, look scornfully at sb

**desgajado** ADJ separated, unconnected

**desgajar** ▸conjug 1a◂ Ⓐ VT **1** (= *desprender*) [+ *rama*] to tear off; [+ *página, capítulo*] to tear out
**2** [+ *naranja*] to split into segments
**3 ~ a algn de un lugar** to tear sb away from somewhere
Ⓑ **desgajarse** VPR **1** [*rama*] to come off, break off
**2 ~se de algn** to tear o.s. away from sb

**desgalichado** ADJ **1** [*movimiento*] clumsy, awkward
**2** (= *poco cuidado*) [*vestido*] shabby, slovenly, sloppy; [*persona*] down-at-heel, unprepossessing

**desgana** SF **1** (= *falta de apetito*) lack of appetite
**2** (= *apatía*) unwillingness, reluctance; **su ~ para hacerlo** his unwillingness *o* reluctance to do it; **hacer algo a** *o* **con ~** to do sth unwillingly *o* reluctantly
**3** (*Med*) weakness, faintness

**desganadamente** ADV **1** [*comer*] in a desultory fashion
**2** [*decir, hacer*] without much interest, in a desultory fashion

**desganado** ADJ **1** (= *sin apetito*) not hungry; **estar** *o* **sentirse ~** to have no appetite
**2** (= *sin entusiasmo*) half-hearted; **estar ~** to be lethargic

**desganarse** ▸conjug 1a◂ VPR **1** (= *perder el apetito*) to lose one's appetite
**2** (= *perder el entusiasmo*) to lose interest (**de** in), get fed up (**de** with)

**desgano** SM = **desgana**

**desgañitarse*** ▸conjug 1a◂ VPR to shout one's head off*

**desgarbado** ADJ [*movimiento*] clumsy, ungainly; [*persona*] gawky

**desgarbo** SM [*de movimiento*] clumsiness; [*de persona*] gracelessness; [*de aspecto*] slovenliness

**desgarrado** ADJ **1** [*ropa*] (= *rasgado*) torn; (= *hecho trizas*) tattered, in tatters
**2** (= *descarado*) shameless, barefaced, brazen
**3** (= *vicioso*) licentious

**desgarrador** ADJ [*escena, noticia*] heartbreaking, heartrending; [*grito*] piercing; [*emoción*] heartrending

**desgarramiento** SM **1** [*de tela*] tearing, ripping
**2** [*de sociedad, país*] upheaval

**desgarrar** ▸conjug 1a◂ VT **1** [+ *vestido, papel*] to tear, rip
**2** [+ *corazón*] to break
**3** (*LAm*) [+ *flema*] to cough up

**desgarro** SM **1** (*en tela, papel*) tear, rip
**2** (*Med*) sprain
**3** (= *descaro*) brazenness
**4** (= *jactancia*) boastfulness
**5** (*LAm*) (= *expectoración*) expectoration; (= *flema*) phlegm

**desgarrón** SM **1** (*en tela, papel*) big tear
**2** (= *sentimiento*) agony

**desgastar** ▸conjug 1a◂ Ⓐ VT **1** [+ *ropa, zapatos, tejido, moqueta, neumático*] to wear out; [+ *tacones, suela*] to wear down; [+ *superficie*] to wear away; **las olas han desgastado las rocas** the waves have worn away the rocks; **la corrupción ha desgastado al gobierno** corruption has weakened the government
**2** [+ *rival, contrincante*] to wear down
Ⓑ VI (= *debilitar*) **veinte años de poder desgastan** after twenty years in power you get stale *o* run out of steam
Ⓒ **desgastarse** VPR **1** (= *gastarse*) [*ropa, zapatos, tejido, neumático*] to wear out; [*tacones, suela, grada*] to wear down; [*superficie, roca*] to wear away; **la cuerda se desgastó con el roce** friction wore away the rope
**2** (= *agotarse*) [*persona*] to wear o.s. out

**desgaste** SM **1** [*de ropa, zapatos, neumático*] wear; [*de superficie, roca*] wearing away, erosion
**2** (= *agotamiento*) **su larga enfermedad provocó un ~ en su organismo** her long ill-

2 [+ *partido*] to break up
Ⓑ **desmembrarse** VPR 1 [*país*] to break up
2 [*partido*] to fall apart

**desmemoria** SF poor memory, forgetfulness

**desmemoriado** ADJ forgetful, absent-minded

**desmemoriarse** ▸conjug 1b◂ VPR to grow forgetful, become absent-minded

**desmentida** SF denial; **dar una ~ a algo** to deny sth

**desmentido** SM = **desmentida**

**desmentimiento** SM denial

**desmentir** ▸conjug 3i◂ Ⓐ VT 1 (= *negar*) [+ *acusación*] to deny, refute; [+ *rumor*] to scotch, squelch (*EEUU*); [+ *teoría*] to refute; [+ *carácter, orígenes*] to belie; **~ rotundamente una acusación** to deny a charge flatly
2 (= *llevar la contraria*) [+ *persona*] to contradict
Ⓑ VI to be out of line; **~ de algo** to belie sth
Ⓒ **desmentirse** VPR 1 (= *contradecirse*) to contradict o.s.
2 (= *desdecirse*) to go back on one's word

**desmenuzable** ADJ crumbly

**desmenuzar** ▸conjug 1f◂ Ⓐ VT 1 (*Culin*) [+ *pan*] to crumble; [+ *pescado, pollo*] to flake
2 (= *examinar*) to examine minutely
Ⓑ **desmenuzarse** VPR to crumble

**desmerecedor(a)** Ⓐ ADJ undeserving
Ⓑ SM/F undeserving person

**desmerecer** ▸conjug 2d◂ Ⓐ VT to be unworthy of
Ⓑ VI 1 (= *deteriorarse*) to deteriorate
2 (= *perder valor*) to lose value
3 **~ de algo** to compare unfavourably *o* (*EEUU*) unfavorably with sth; **ésta no desmerece de sus otras películas** this is every bit as good as his earlier films

**desmesura** SF 1 (= *desproporción*) disproportion
2 (= *exceso*) excess, enormity
3 (= *falta de moderación*) lack of moderation

**desmesuradamente** ADV disproportionately, excessively; **abrir ~ la boca** to open one's mouth extra wide

**desmesurado** ADJ 1 (= *desproporcionado*) disproportionate
2 (= *enorme*) [*ambición*] boundless; [*dimensiones*] enormous
3 (= *descarado*) insolent

**desmesurarse** ▸conjug 1a◂ VPR to become insolent, forget o.s., lose all restraint

**desmigajar** ▸conjug 1a◂ Ⓐ VT to crumble
Ⓑ **desmigajarse** VPR to crumble

**desmigar** ▸conjug 1h◂ VT = **desmigajar**

**desmilitarización** SF demilitarization

**desmilitarizado** ADJ demilitarized

**desmilitarizar** ▸conjug 1f◂ VT to demilitarize

**desmineralizado** ADJ 1 [*actuación*] lifeless, lacklustre, lackluster (*EEUU*)
2 [*persona*] run down

**desmineralizar** ▸conjug 1f◂ VT to demineralize

**desmirriado** ADJ weedy

**desmitificación** SF demythologizing

**desmitificador** ADJ demythologizing

**desmitificar** ▸conjug 1g◂ VT to demythologize

**desmochar** ▸conjug 1a◂ VT 1 (= *cortar la parte superior de*) [+ *árbol*] to pollard, cut the top off; [+ *cuernos*] to blunt, file down
2 [+ *texto*] to cut

**desmoche** SM 1 [*de árbol*] pollarding
2 **hubo un ~ en el primer examen** there was a ruthless weeding out of candidates in the first exam

**desmocho** SM lopped branches, cuttings

**desmodular** ▸conjug 1a◂ VT (*Radio*) [+ *mensaje*] to scramble

**desmolado** ADJ toothless

**desmoldar** ▸conjug 1a◂ VT (*Culin*) to remove from its mould

**desmonetizar** ▸conjug 1f◂ VT 1 (*Fin*) to demonetize
2 (*Cono Sur*) (= *desvalorizar*) to devalue, devaluate (*EEUU*)

**desmontable** Ⓐ ADJ 1 (= *desarmable*) [*mueble, estantería*] which can be taken apart; [*pieza*] detachable
2 (= *plegable*) collapsible
Ⓑ SM tyre lever, tire lever (*EEUU*)

**desmontaje** SM dismantling, stripping down

**desmontar** ▸conjug 1a◂ Ⓐ VT 1 (= *desarmar*) (*gen*) to dismantle; [+ *mueble, estantería*] to take apart; [+ *motor*] to strip down; [+ *máquina*] to take apart, take to pieces; [+ *tienda de campaña*] to take down; (*Náut*) [+ *vela*] to take down
2 [+ *terreno*] (= *nivelar*) to level; (= *quitar los árboles a*) to clear
3 [+ *jinete*] to throw, unseat; **~ a algn de un vehículo** to help sb down from a vehicle
4 (*Mil*) [+ *escopeta*] to uncock; [+ *artillería*] to knock out
Ⓑ VI to dismount, alight (**de** from)

**desmonte** SM 1 (= *acto*) (*al allanar*) levelling, leveling (*EEUU*); (*al quitar los árboles*) clearing; **los trabajos exigirán el ~ de 200 metros cúbicos** the work will necessitate the removal of 200 cubic metres
2 (= *terreno*) levelled ground, leveled ground (*EEUU*)
3 (*Ferro*) cutting, cut (*EEUU*)
4 (= *madera*) felled timber

**desmoralización** SF demoralization

**desmoralizado** ADJ demoralized

**desmoralizador** ADJ demoralizing

**desmoralizar** ▸conjug 1f◂ Ⓐ VT 1 [+ *ejército, persona*] to demoralize
2 [+ *costumbres*] to corrupt
Ⓑ **desmoralizarse** VPR to lose heart, get demoralized

**desmoronadizo** ADJ 1 (= *que se desmigaja*) crumbling
2 (= *destartalado, maltrecho*) rickety

**desmoronado** ADJ [*casa, edificio*] tumbledown

**desmoronamiento** SM crumbling, collapse

**desmoronar** ▸conjug 1a◂ Ⓐ VT 1 (= *desgastar*) to wear away
2 (= *erosionar*) to erode; **la erosión ha desmoronado loa muros** erosion has caused the walls to crumble
Ⓑ **desmoronarse** VPR 1 (= *derrumbarse*) [*montaña, casa*] to crumble; [*ladrillos*] to fall, come down
2 (= *decaer*) to decay; **tras la muerte de su marido se desmoronó** after her husband's death she went to pieces

**desmotivación** SF lack of motivation

**desmotivado** ADJ unmotivated, lacking motivation

**desmotivar** ▸conjug 1a◂ VT to discourage

**desmovilización** SF demobilization

**desmovilizar** ▸conjug 1f◂ VT to demobilize

**desmultiplicar** ▸conjug 1g◂ VT (*Mec*) to gear down

**desnacionalización** SF denationalization

**desnacionalizado** ADJ 1 [*industria*] denationalized
2 [*persona*] stateless

**desnacionalizar** ▸conjug 1f◂ VT to denationalize

**desnarigada** SF (*hum*) **la ~** the skull

**desnarigado** ADJ flat-nosed

**desnatado** ADJ [*leche*] skimmed

**desnatar** ▸conjug 1a◂ VT 1 [+ *leche*] to skim; **leche sin ~** whole milk
2 (*Metal*) to remove the scum from

**desnaturalizado** ADJ 1 (*Quím*) denatured; **alcohol ~** methylated spirits *sing*
2 [*persona*] unnatural

**desnaturalizar** ▸conjug 1f◂ Ⓐ VT 1 (*Quím*) to denature
2 (= *corromper*) [+ *persona*] to pervert; [+ *significado, sucesos*] to distort
Ⓑ **desnaturalizarse** VPR (= *perder la nacionalidad*) to give up one's nationality

**desnivel** SM 1 [*de terreno*] (= *desigualdad*) drop; (= *tierra alta*) high ground; (= *tierra baja*) low ground
2 (= *diferencia*) difference (**entre** between)
3 (*Pol, Sociol*) inequality

**desnivelado** ADJ 1 [*terreno*] uneven
2 (= *desequilibrado*) unbalanced

**desnivelar** ▸conjug 1a◂ VT 1 [+ *terreno*] to make uneven
2 (= *desequilibrar*) [+ *calidad*] to make uneven; [+ *composición*] to upset, unbalance; [+ *balanza*] to tip

**desnucar** ▸conjug 1g◂ Ⓐ VT to break the neck of
Ⓑ **desnucarse** VPR to break one's neck

**desnuclearización** SF nuclear disarmament, denuclearization

**desnuclearizado** ADJ **región desnuclearizada** nuclear-free area

**desnuclearizar** ▸conjug 1f◂ VT to denuclearize

**desnudar** ▸conjug 1a◂ Ⓐ VT 1 [+ *persona*] to undress; **él la desnudaba con la mirada** he was undressing her with his eyes
2 (*liter*) [+ *espada*] to unsheathe (*liter*)
3 (*Geol*) to denude
4 (*) [+ *jugador*] to fleece*
Ⓑ **desnudarse** VPR 1 [*persona*] to undress, get undressed; **~se de cintura para arriba** to strip to the waist
2 **~se de algo** to get rid of sth; **el árbol se está desnudando de sus hojas** the tree is shedding *o* losing its leaves

**desnudez** SF 1 [*de persona*] nakedness, nudity
2 [*de paisaje*] bareness

**desnudismo** SM nudism

**desnudista** SMF nudist

**desnudo** Ⓐ ADJ 1 (= *sin ropa*) [*persona*] naked; [*cuerpo*] naked, bare; **cavar con las manos desnudas** to dig with one's bare hands; **iba andando con los pies ~s** she was walking along barefoot
2 (= *sin adorno*) [*árbol*] bare; [*paisaje*] bare, featureless; **en las paredes desnudas** on the bare walls
3 (= *arruinado*) ruined, bankrupt; **quedarse**

~ to be ruined, be bankrupt; **~ de ideas** devoid of ideas
4 (= *puro*) [*verdad*] plain, naked; [*estilo*] unadorned
Ⓑ SM 1 (*Arte*) nude; **la retrató al ~** he painted her in the nude; **llevaba los hombros al ~** her shoulders were bare ► **desnudo integral** full-frontal nudity
2 **poner al ~** to lay bare

**desnutrición** SF malnutrition, undernourishment

**desnutrido** ADJ undernourished

**desobedecer** ▸conjug 2d◂ VT, VI to disobey

**desobediencia** SF disobedience ► **desobediencia civil** civil disobedience

**desobediente** ADJ disobedient

**desobstruir** ▸conjug 3g◂ VT to unblock, unstop, clear

**desocupación** SF 1 (*esp LAm*) (= *desempleo*) unemployment
2 (= *ocio*) leisure
3 [*de piso, fábrica*] clearance, clearing

**desocupado** ADJ 1 (= *libre*) [*asiento*] empty; [*casa, piso*] unoccupied; [*mesa en restaurante*] free
2 [*tiempo*] spare, free
3 [*persona*] (= *libre*) free, not busy; (= *sin empleo*) unemployed

**desocupar** ▸conjug 1a◂ Ⓐ VT 1 (= *vaciar*) [+ *casa, piso*] to vacate, move out of; [+ *recipiente*] to empty
2 (= *desalojar*) [+ *fábrica, sala*] to clear, clear out
3 [+ *contenido*] to remove, take out
Ⓑ VI (*) (= *defecar*) to go to the toilet
Ⓒ **desocuparse** VPR 1 (= *quedar libre*) to be free; **cuando me desocupe, te llamo** I'll call you when I'm free; **se ha desocupado aquella mesa** that table's free now
2 **~se de un puesto** to give up a job
3 (*Caribe, Cono Sur*) (= *dar a luz*) to give birth

**desodorante** SM deodorant

**desodorizar** ▸conjug 1f◂ VT to deodorize

**desoír** ▸conjug 3p◂ VT to ignore, disregard

**desojarse** ▸conjug 1a◂ VPR to strain one's eyes

**desolación** SF desolation

**desolado** ADJ 1 [*lugar*] desolate
2 [*persona*] devastated; **estoy ~ por aquello** I'm devastated about that

**desolador** ADJ 1 (= *entristecedor*) [*imagen*] heartbreaking, heartrending; [*noticia*] devastating, distressing; [*paisaje*] bleak, cheerless
2 [*epidemia*] devastating

**desolar** ▸conjug 1a◂ Ⓐ VT 1 [+ *ciudad, poblado*] to devastate, lay waste (to) (*liter*)
2 [+ *persona*] to devastate
Ⓑ **desolarse** VPR to be devastated

**desolidarizarse** ▸conjug 1f◂ VPR **~ de algn/algo** to dissociate o.s. from sb/sth

**desolladero** SM slaughterhouse

**desollado*** ADJ brazen, barefaced

**desollador(a)** Ⓐ SM/F 1 [*de animal*] skinner
2 (= *extorsionista*) extortioner, robber
Ⓑ SM (*Orn*) shrike

**desolladura** SF 1 (= *herida*) graze, abrasion (*frm*)
2 (= *acto*) (*de despellejar*) skinning, flaying; (*de extorsionar*) extortion, piece of robbery

**desollar** ▸conjug 1l◂ Ⓐ VT 1 (= *quitar la piel a*) to skin, flay
2 **~ vivo a algn** (= *hacer pagar*) to fleece sb; (= *criticar*) to tear sb to pieces
Ⓑ **desollarse** VPR **me he desollado la rodilla** I've grazed my knee

**desopinar** ▸conjug 1a◂ VT to denigrate

**desorbitado** ADJ 1 (= *excesivo*) [*precio*] exorbitant; [*pretensión*] exaggerated
2 **con los ojos ~s** popeyed

**desorbitante** ADJ excessive, overwhelming

**desorbitar** ▸conjug 1a◂ Ⓐ VT 1 (= *exagerar*) to exaggerate
2 (= *interpretar mal*) to get out of perspective
Ⓑ **desorbitarse** VPR 1 [*persona*] to lose one's sense of proportion
2 [*asunto*] to get out of hand

**desorden** SM 1 (= *falta de orden*) [*de objetos, ideas*] chaos; [*de casa, habitación*] mess, untidiness; **no puedo encontrar nada entre tanto ~** I can't find anything amid all this chaos; **en ~** [*gente*] in confusion; [*objetos*] in a mess, in disorder (*más frm*); **la casa estaba en un ~ total** the house was in a complete mess; **poner las cosas en ~** to upset things
2 (= *confusión*) confusion
3 **desórdenes** (= *alborotos*) disturbances; (= *excesos*) excesses; (*Med*) disorders; **~es en las comidas** eating disorders

**desordenadamente** ADV 1 [*colocarse*] untidily
2 [*entrar*] in a disorderly fashion
3 [*escribir*] unmethodically

**desordenado** ADJ 1 (= *sin orden*) [*habitación, persona*] untidy, messy; [*objetos*] in a mess, jumbled
2 (= *asocial*) [*vida*] chaotic; [*conducta*] disorderly; [*carácter*] unmethodical; [*niño*] wild, unruly
3 [*país*] chaotic

**desordenar** ▸conjug 1a◂ Ⓐ VT 1 (= *poner en desorden*) [+ *cajón, armario*] to mess up; [+ *pelo*] to mess up, muss (up) (*EEUU**); [+ *habitación*] to make untidy, mess up; [+ *papeles*] to jumble up
2 (= *causar confusión a*) to throw into confusion
3 (*Mec*) to put out of order
Ⓑ **desordenarse** VPR [*casa*] to get untidy, get into a mess; [*papeles*] to get jumbled up

**desorejado** ADJ 1 (= *disoluto*) dissolute
2 (*Andes, Caribe, Cono Sur*) (= *sin mangos*) without handles
3 (*Andes*) (= *duro de oído*) hard of hearing; (*Mús*) tone deaf; ✦**MODISMO hacerse el ~*** to turn a deaf ear
4 (*Caribe*) (= *pródigo*) lavish
5 (*CAm*) (= *tonto*) silly

**desorganización** SF disorganization

**desorganizar** ▸conjug 1f◂ VT to disorganize

**desorientado** ADJ 1 (= *perdido*) **estoy algo ~** I've lost my bearings
2 [*juventud*] disorientated, disoriented (*esp EEUU*)

**desorientamiento** SM, **desorientación** SF disorientation

**desorientar** ▸conjug 1a◂ Ⓐ VT 1 (= *extraviar*) **~ a algn** to disorientate sb, disorient sb (*esp EEUU*); **me desorientó el nuevo edificio de la esquina** the new building on the corner made me lose my bearings *o* disorientated me
2 (= *despistar*) to lead astray
3 (= *confundir*) to confuse
Ⓑ **desorientarse** VPR 1 (= *extraviarse*) to lose one's way, lose one's bearings
2 (= *confundirse*) to get confused

**desovar** ▸conjug 1l◂ VI [*pez, anfibio*] to spawn; [*insecto*] to lay eggs

**desove** SM [*de pez, anfibio*] spawning; [*de insecto*] egg-laying

**desovillar** ▸conjug 1a◂ VT 1 [+ *lana*] to unravel, unwind
2 [+ *misterio*] to unravel, clarify

**desoxidar** ▸conjug 1a◂ VT to deoxidize, de-rust

**despabiladeras** SFPL snuffers; **unas ~** a pair of snuffers

**despabilado** ADJ 1 (= *despierto*) wide awake
2 (= *despejado*) sharp, quick

**despabilar*** ▸conjug 1a◂ Ⓐ VT 1 (= *despertar*) to wake up; **despabila a los niños, que es tarde** wake the children up *o* wake up the children, it's late; **el café me ha despabilado** the coffee's woken me up
2 (= *avivar el ingenio de*) to buck up; **a ver si la despabilas un poco** maybe you can buck her up a bit*, maybe you can buck her ideas up a bit*
3 [+ *vela*] to snuff (out)
Ⓑ VI 1 (= *despertar*) to wake up; **despabila, que son las ocho** wake up, it's eight o'clock
2 (= *estar alerta*) to wake up, buck up*; **despabila o te engañarán siempre** wake up *o* buck up*, or you'll always end up being taken for a ride; **—ésta es mi última oportunidad —¡pues despabila!** "this is my last chance" — "better buck up then!* *o* better get your act together then!"*
3 (= *apresurarse*) to hurry up, get a move on*; **despabila si no quieres llegar tarde** better hurry up *o* get a move on* or you'll be late
4 (*Andes*) (= *pestañear*) to blink
Ⓒ **despabilarse** VPR 1 (= *despertarse*) to wake up; **despabílate que son ya las diez** wake up, it's ten o'clock already; **yo me despabilo con un café** one cup of coffee and I'm awake
2 (= *estar alerta*) to wake up, buck up*; **despabílate si no quieres que te tomen por tonto** you'd better wake up *o* buck up* if you don't want people to take you for a fool
3 (= *apresurarse*) to hurry up, get a move on*
4 (*CAm, Caribe, Cono Sur*) (= *marcharse*) to vanish; (= *escaparse*) to slip away, slope off*

**despachaderas** SFPL 1 (= *respuesta*) surly retort *sing*, unfriendly answer *sing*
2 (= *inteligencia*) resourcefulness *sing*, quickness of mind *sing*
3 (= *sentido práctico*) business sense *sing*, practical know-how *sing*; **tener buenas ~** to be practical, be on the ball
4 (= *descaro*) brazenness *sing*, insolence *sing*

**despachado** ADJ 1 (*Com*) **un kilo de patatas bien ~** a good kilo of potatoes; ✦**MODISMO ir ~** (*Esp**) **coge un pedazo y vas ~** take a piece and that's your lot*; **si se cree que me va a engañar, va ~** if he thinks he can fool me, he's got another think coming* *o* he'd better think again
2 (*Esp*) (= *descarado*) brazen, insolent
3 (*Esp*) (= *ingenioso*) resourceful

**despachador(a)** Ⓐ ADJ prompt, quick
Ⓑ SM/F 1 (= *empleado*) quick worker
2 ► **despachador(a) de equipaje** baggage handler

**despachante** SMF (*Cono Sur*) [1] [*de oficina*] clerk
[2] (*tb* **~ de aduanas**) customs agent

**despachar** ▸conjug 1a◂ Ⓐ VT [1] (= *atender*) [+ *problema, asunto*] to deal with; [+ *correspondencia*] to deal with, see to; **el consejo despachó todos los temas pendientes** the council dealt with all the outstanding issues; **quisiera dejar despachado este asunto hoy** I would like to get this matter settled *o* out of the way today
[2] (= *terminar*) [2·1] (*Com*) [+ *informe, negocio*] to finish
[2·2] (*) [+ *libro, tarea*] to knock off*; [+ *comida*] to dispose of*; [+ *bebida*] to knock back*; **ya llevo medio capítulo despachado** I've already knocked off half a chapter*; **despachamos el helado entre nosotros** between us we disposed of the ice cream*
[3] (= *vender*) [+ *fruta, entrada*] to sell
[4] (= *servir*) to serve; **¿le están despachando, señora?** are you being served, madam?; **en seguida le despacho** I'll be with you right away
[5] (= *enviar*) [+ *paquete, carta*] to send, mail (*EEUU*); [+ *mensajero*] to send; [+ *mercancías*] to ship, dispatch (**a** to)
[6] **~ a algn*** (*de un lugar*) to send sb packing*; (*de un trabajo*) to sack sb*, fire sb*; (= *matar*) to get rid of sb, dispatch sb; **lo despaché de una patada** I kicked him out
Ⓑ VI [1] (*Com*) [*dependiente*] to serve; [*establecimiento*] to be open (for business); **a partir de las cinco no despachan** they are not open (for business) after five
[2] (*Esp*) (*en reunión*) **~ con** (*gen*) to have a meeting with; [+ *asesor, abogado*] to consult (with); **~ sobre algo** to discuss sth
[3] (*Esp**) (= *darse prisa*) to hurry up; **¡venga, despacha, que es tarde!** hurry up *o* come on, we're late!
Ⓒ **despacharse** VPR [1] (= *servirse*) to serve o.s.; **usted mismo puede ~se** you can serve yourself; ✦***MODISMO*** **~se con el cucharón*** (*sirviendo comida*) to help o.s. to the biggest *o* best portion; (*fig*) to look after number one
[2] (*Esp**) (= *criticar*) **~se bien** *o* **a gusto con algn** (*delante de algn*) to give sb a piece of one's mind; (*a espaldas de algn*) to really lay into sb*; **se despachó bien con ella por llegar tarde** he gave her a piece of his mind for being late*; **se han despachado a gusto con el nuevo gobierno** they really laid into the new government*; **se despachó a gusto en su crítica a la película** he didn't pull his punches in his review of the film, he really laid into the film*
[3] (*) (= *terminar*) [+ *libro, tarea*] to knock off; [+ *comida*] to dispose of*; [+ *bebida*] to knock back*; **me despaché la conferencia en media hora** I knocked off my talk in half an hour*; **en un momento se ~on dos botellas de vino** they put away *o* knocked back two bottles of wine in no time*
[4] **~se de algo** to get rid of sth

**despachero/a** SM/F (*Chile*) shopkeeper, storekeeper (*EEUU*)

**despacho** SM [1] (= *oficina*) [1·1] [*de abogado, arquitecto*] office; (*en una casa*) study; **una mesa de ~** an office desk; **el Despacho Oval** the Oval Office
[1·2] (= *muebles*) office furniture
[2] (= *tienda*) shop; (*Chile*) grocer's shop
► **despacho de billetes, despacho de boletos** (*LAm*) booking office ► **despacho de localidades** box office ► **despacho de lotería** lottery ticket shop ► **despacho de pan** bread shop, bakery ► **despacho de telégrafos** telegraph office
[3] (= *mensaje*) (*Periodismo*) report; (*Mil*) dispatch; (*Pol*) communiqué ► **despacho de oficial** (*Mil*) commission ► **despacho telegráfico** telegram, wire (*EEUU*)
[4] (= *venta*) sale; **los domingos no hay ~ de billetes** there are no ticket sales on Sundays; **géneros sin ~** unsaleable goods; **tener buen ~** to find a ready sale, be in good demand
[5] (= *envío*) dispatch, sending (out) ► **despacho aduanal, despacho de aduanas** customs clearance
[6] (*Pol*) meeting, consultation
[7] (= *cualidad*) **tener buen ~** to be very efficient, be on top of one's job

**despachurrar** ▸conjug 1a◂ Ⓐ VT [1] [+ *fruta, pastel*] to crush, squash
[2] [+ *cuento*] to mangle
[3] [+ *persona*] to flatten
Ⓑ **despachurrarse** VPR [*fruta, pastel*] to get squashed, get crushed

**despacio** ADV [1] (= *lentamente*) slowly; **conduce muy ~** he drives very slowly; **¿puede hablar más ~?** can you speak more slowly?; *ver tb* **cosa 5.2**
[2] (= *silenciosamente*) **salí ~ para no molestar a nadie** I left quietly so as not to disturb anybody; **habla ~ que están durmiendo** speak quietly, they're asleep, keep your voice down, they're asleep
[3] (= *suavemente*) gently; **llamó ~ a la puerta** he knocked gently at the door

**despaciosamente** ADV (*LAm*) slowly

**despacioso** ADJ slow, deliberate

**despacito*** ADV [1] (= *lentamente*) slowly; **¡despacito!** slowly does it!; ✦***MODISMO*** **~ y buena letra** easy does it
[2] (= *suavemente*) softly

**despampanante*** ADJ [*chica*] stunning

**despampanar** ▸conjug 1a◂ Ⓐ VT [1] [+ *vid*] to prune, trim
[2] (*) (= *asombrar*) to shatter, stun, bowl over
Ⓑ VI (*) (= *desconcertarse*) to blow one's top*; (= *desahogarse*) to give vent to one's feelings
Ⓒ **despampanarse** VPR (*) to give o.s. a nasty knock

**despancar** ▸conjug 1g◂ VT (*Andes*) [+ *maíz*] to husk

**despanzurrar** ▸conjug 1a◂ Ⓐ VT to crush, squash
Ⓑ **despanzurrarse** VPR [1] (= *despachurrar*) to get squashed, get crushed (**contra** against)
[2] (= *reventar*) to burst

**desparasitar** ▸conjug 1a◂ VT [1] (*de larvas*) to worm; (*de piojos*) to delouse
[2] [+ *lugar*] to disinfest

**desparejado** ADJ, **desparejo** ADJ odd; **están ~s** they're odd, they don't match

**desparpajar** ▸conjug 1a◂ (*CAm, Méx*) Ⓐ VT (= *desparramar*) to scatter
Ⓑ VI, **desparpajarse** VPR (= *despertarse*) to wake up

**desparpajo** SM [1] (= *desenvoltura*) self-confidence
[2] (= *descaro*) (*pey*) nerve*, cheek*
[3] (= *inteligencia*) savoir-faire
[4] (*CAm*) (= *confusión*) muddle
[5] (*Andes*) (= *comentario*) flippant remark

**desparramado** ADJ [*hojas, lentejas*] scattered; **la leche estaba desparramada por la mesa** the milk was spilled all over the table

**desparramar** ▸conjug 1a◂ Ⓐ VT [1] (= *esparcir*) [+ *hojas, lentejas*] to scatter (**por** over); [+ *líquido*] to spill
[2] (= *desperdiciar*) [+ *fortuna*] to squander; [+ *atención*] to spread too widely
Ⓑ **desparramarse** VPR [1] (= *esparcirse*) [*hojas, lentejas*] to scatter; [*líquido*] to spill, be spilt
[2] (*) (= *pasarlo bomba*) to have a whale of a time*

**desparrame*** SM confusion, disorder

**desparramo** SM [1] (*Caribe, Cono Sur*) (= *esparcimiento*) [*de objetos*] scattering, spreading; [*de líquido*] spilling
[2] (*Caribe, Cono Sur*) (= *fuga*) rush, stampede
[3] (*Cono Sur*) (= *desorden*) confusion, disorder

**despatarrado** ADJ **cayó al suelo ~** he fell over on the ground and was left sprawling; **no te sientes tan despatarrada** don't sit with your legs wide apart like that

**despatarrante*** ADJ side-splitting

**despatarrar** ▸conjug 1a◂ Ⓐ VT [1] (= *aturdir*) to amaze, dumbfound
[2] (= *asustar*) to scare to death
Ⓑ **despatarrarse** VPR [1] (= *abrir las piernas*) to open one's legs wide; (*en el suelo, al caer*) to do the splits
[2] (*) **~se de risa** to split one's sides laughing

**despatriar** ▸conjug 1b◂ VT (*Andes, Caribe*) to exile

**despavorido** ADJ terrified

**despeado** ADJ footsore, weary

**despearse** ▸conjug 1a◂ VPR to get footsore, get utterly weary

**despechado** ADJ spiteful

**despechar** ▸conjug 1a◂ Ⓐ VT [1] (= *provocar*) to anger, enrage
[2] (= *causar pena a*) to spite
[3] (= *hacer desesperar*) to drive to despair
[4] (*) [+ *niño*] to wean
Ⓑ **despecharse** VPR to get angry

**despecho** SM [1] (= *ojeriza*) spite; **por ~** out of sheer spite
[2] **a ~ de algo** in spite of sth, despite sth
[3] [*de niño*] weaning

**despechugado*** ADJ [*hombre*] bare-chested; [*mujer*] bare-breasted

**despechugarse*** ▸conjug 1h◂ VPR [*hombre*] to bare one's chest; [*mujer*] to bare one's breast

**despectivamente** ADV [1] (= *con desprecio*) contemptuously, scornfully
[2] (*Ling*) pejoratively

**despectivo** ADJ [1] (= *despreciativo*) contemptuous, scornful; **hablar de algn en términos ~s** to speak disparagingly of sb
[2] (*Ling*) pejorative

**despedazar** ▸conjug 1f◂ VT [1] (= *hacer pedazos*) [+ *objeto*] (*con la mano*) to tear apart, tear to pieces; (*con cuchillo*) to cut into pieces; [+ *presa*] to tear to pieces; [+ *víctima*] to chop (up) into pieces
[2] (= *criticar*) to tear to shreds, tear to pieces
[3] [+ *corazón*] to break

**despedida** SF [1] (*antes de irse*) goodbye, farewell; (*antes de viaje*) send-off; **cena/función de ~** farewell dinner/performance; **regalo de**

~ parting gift
2 (= *ceremonia*) farewell ceremony ► **despedida de soltera** hen party ► **despedida de soltero** stag party
3 (= *final*) (*en carta*) closing formula; (*Literat*) envoi; (*Mús*) final verse
4 (*Inform*) log off, log out

**despedir** ▸conjug 3k◂ Ⓐ VT 1 (= *decir adiós a*) (*gen*) to say goodbye to; [+ *visita*] to see out; [+ *cliente*] to show out; **fuimos a ~lo a la estación** we went to see him off at the station; **¿cómo vais a ~ el año?** how are you going to see the new year in?
2 (= *librarse de*) [+ *empleado*] to dismiss, sack*; [+ *inquilino*] to evict; **~ algo de sí** to get rid of sth; **~ un pensamiento de sí** to put a thought out of one's mind
3 (= *lanzar*) [+ *objeto*] to hurl, fling; [+ *flecha*] to fire; [+ *jinete*] to throw; **salir despedido** to fly off*; ✦**MODISMO ~ el espíritu** to give up the ghost
4 (= *desprender*) [+ *olor, calor*] to give off
Ⓑ **despedirse** VPR 1 (= *decir adiós*) to say goodbye, take one's leave (*frm*); **se despidieron** they said goodbye to each other; **~se de algn** (*gen*) to say goodbye to sb, take one's leave of sb (*frm*); (*en estación, aeropuerto*) to see sb off; **¡ya puedes ~te de ese dinero!** you can say *o* kiss goodbye to that money!; **se despide atentamente** yours sincerely, sincerely yours (*EEUU*), yours faithfully
2 (= *dejar un empleo*) to give up one's job

**despegado/a** Ⓐ ADJ 1 (= *separado*) detached, loose; **el sobre está ~** the envelope has come unstuck; **el libro está ~** the book is falling apart
2 [*persona*] (= *indiferente*) cold, indifferent; **es muy ~** he isn't very close to his family
Ⓑ SM/F **es un ~ de la familia** he has cut himself off from his family

**despegar** ▸conjug 1h◂ Ⓐ VT 1 (= *desprender*) [+ *cosas pegadas*] to unstick; [+ *sobre*] to open; **sin ~ los labios** without uttering a word
2 (= *separar*) to detach
Ⓑ VI (*Aer*) [*avión*] to take off; [*cohete*] to blast off
Ⓒ **despegarse** VPR 1 [*objeto*] to come unstuck; **se ha despegado el cartel** the poster's come unstuck
2 [*persona*] to become alienated (**de** from); **~se de los amigos** to break with one's friends; **~se del mundo** to renounce worldly things

**despego** SM = **desapego**

**despegue** SM 1 (*Aer*) [*de avión*] takeoff; [*de cohete*] blast-off ► **despegue corto** short take-off ► **despegue vertical** vertical takeoff
2 (= *crecimiento*) boom; **en los años sesenta hubo un ~ económico** in the sixties the economy took off, there was an economic boom in the sixties ► **despegue industrial** industrial boom

**despeinado** Ⓐ ADJ [*pelo*] ruffled, messed up; **estoy ~** my hair's a mess
Ⓑ SM tousled hairstyle

**despeinar** ▸conjug 1a◂ Ⓐ VT [+ *pelo*] to ruffle; **¡me has despeinado!** look at the mess you've made of my hair!
Ⓑ **despeinarse** VPR to get one's hair in a mess

**despejable** ADJ explicable; **difícilmente ~** hard to explain

**despejado** ADJ 1 (= *sin obstáculos*) [*camino, mente*] clear; [*campo*] open; [*habitación, plaza*] spacious
2 [*cielo, día*] clear
3 (= *despierto*) awake, wide awake; (*Med*) free of fever
4 [*persona*] **ser ~** to be bright, be smart

**despejar** ▸conjug 1a◂ Ⓐ VT 1 (*lugar*) to clear; **los bomberos ~on el teatro** the firemen cleared the theatre of people; **la policía obligó a ~ el tribunal** the police ordered the court to be cleared
2 (*Dep*) (*balón*) to clear
3 (= *resolver*) [+ *misterio*] to clear up; (*Mat*) [+ *incógnita*] to find
4 (*Inform*) [+ *pantalla*] to clear
5 (*Med*) [+ *nariz*] to unblock; [+ *cabeza*] to clear; [+ *persona*] to wake up
Ⓑ VI 1 (*de un lugar*) **¡despejen!** (*al moverse*) move along!; (*haciendo salir*) everybody out!
2 (*Dep*) to clear, clear the ball
3 (*Meteo*) to clear
Ⓒ **despejarse** VPR 1 (*Meteo*) [*cielo*] to clear; [*día*] to clear up; **se está despejando** the weather's clearing up
2 [*persona*] (= *despabilarse*) to brighten up; **me lavé la cara con agua fría para ~me** I washed my face with cold water to wake myself up; **voy a salir a ~me un poco** I'm going out to clear my head a bit
3 [*misterio*] to be cleared up

**despeje** SM 1 (*Dep*) clearance
2 [*de mente*] clarity, clearness of mind

**despejo** SM (*al pensar*) brightness; (*al actuar*) self-confidence, ease of manner; (*al hablar*) fluency

**despellejar** ▸conjug 1a◂ VT 1 [+ *animal*] to skin
2 (= *criticar*) to tear to pieces
3 (*) (= *arruinar*) **~ a algn** to fleece sb

**despelotado*** ADJ 1 (= *desnudo*) half-naked, scantily clad
2 (= *desorganizado*) (*LAm*) disorganized

**despelotar*** ▸conjug 1a◂ Ⓐ VT to strip, undress
Ⓑ **despelotarse** VPR 1 to strip, strip off
2 **~se de risa** to laugh fit to bust*

**despelote*** SM 1 (*) (= *desnudez*) stripping off
2 **¡vaya ~!** what a laugh!*; **se ha comprado un coche que es un ~** (*Cono Sur*) he's bought a fantastic car
3 (*LAm*) (= *lío*) mess
4 (*Caribe*) (= *juerga*) binge, great night

**despeluchado** ADJ dishevelled, disheveled (*EEUU*), tousled

**despeluchar** ▸conjug 1a◂ VT to dishevel, tousle

**despeluz(n)ar** ▸conjug 1f◂ Ⓐ VT 1 [+ *pelo*] to dishevel, tousle, rumple; **~ a algn** to horrify sb, make sb's hair stand on end
2 (*Caribe*) (= *arruinar*) to ruin, leave penniless
Ⓑ **despeluz(n)arse** VPR 1 [*pelo*] to stand on end
2 [*persona*] to be horrified

**despenalización** SF legalization, decriminalization

**despenalizar** ▸conjug 1f◂ VT to legalize, decriminalize

**despenar** ▸conjug 1a◂ VT 1 (= *consolar*) to console
2 (⁑) (= *matar*) to do in⁑, kill

**despendedor** ADJ extravagant

**despendolado*** ADJ uninhibited, wild*

**despendole*** SM lack of inhibitions, lack of restraint

**despensa** SF 1 (= *armario*) pantry, larder
2 (= *provisión de comestibles*) stock of food
3 (*Náut*) storeroom

**despensero** SM 1 (= *criado*) butler, steward
2 (*Náut*) storekeeper

**despeñadero** SM 1 (*Geog*) cliff, precipice
2 (= *riesgo*) risk, danger

**despeñadizo** ADJ dangerously steep, sheer, precipitous

**despeñar** ▸conjug 1a◂ Ⓐ VT (= *arrojar*) to throw over a cliff
Ⓑ **despeñarse** VPR 1 (*por un barranco*) [*persona*] to throw o.s. over a cliff; [*coche*] to go over a cliff *o* off the side of the road
2 (= *caer*) to fall headlong

**despeño** SM 1 (= *caída*) fall, drop
2 (= *fracaso*) failure, collapse

**despepitar** ▸conjug 1a◂ Ⓐ VT to remove the pips from
Ⓑ **despepitarse** VPR 1 (= *gritar*) to bawl, shriek
2 (= *obrar*) to rave, act wildly; **~se por algo** to long for sth, go overboard for sth*; **~se por hacer algo** to long to do sth; ✦**MODISMO salir despepitado*** to rush out, go rushing out

**despercudir** ▸conjug 3a◂ VT 1 (= *limpiar*) to clean, wash
2 (*LAm*) [+ *persona*] to liven up, wake up, ginger up

**desperdiciado** ADJ wasteful

**desperdiciador(a)** ADJ, SM/F spendthrift

**desperdiciar** ▸conjug 1b◂ VT [+ *comida, tiempo*] to waste; [+ *oportunidad*] to waste, throw away; [+ *fortuna*] to waste, squander

**desperdicio** SM 1 [*de tiempo*] waste; [*de dinero*] waste, squandering; **esta carne no tiene ~** all this meat can be eaten; **el libro no tiene ~** the book is excellent from beginning to end; **el muchacho no tiene ~** (*iró*) there's very little to be said in his favour
2 **desperdicios** [*de comida*] scraps; (*Biol, Téc*) waste products ► **desperdicios de algodón** cotton waste *sing* ► **desperdicios de cocina** kitchen scraps ► **desperdicios de hierro** scrap iron *sing*

**desperdigado** ADJ scattered, dotted

**desperdigar** ▸conjug 1h◂ Ⓐ VT (= *esparcir*) [+ *rebaño, objetos*] to scatter; [+ *energía*] dissipate
Ⓑ **desperdigarse** VPR to scatter

**desperezarse** ▸conjug 1f◂ VPR to stretch, stretch o.s.

**desperezo** SM stretch

**desperfecto** SM flaw, imperfection; **sufrió algunos ~s en el accidente** it suffered slight damage in the accident

**despernado** ADJ footsore, weary

**despersonalizar** ▸conjug 1f◂ VT to depersonalize

**despertador(a)** Ⓐ SM/F (= *persona*) knocker-up
Ⓑ SM alarm clock ► **despertador de viaje** travelling clock, traveling clock (*EEUU*)

**despertamiento** SM 1 [*de persona*] awaken-

ing
[2] [*de cultura, civilización*] awakening, rebirth

**despertar** ▸conjug 1j◂ Ⓐ VT [1] (*del sueño*) to wake, wake up, awaken (*liter*)
[2] (= *recordar, incitar*) [+ *esperanzas*] to raise; [+ *recuerdo*] to revive; [+ *sentimiento*] to arouse; **me despertó el apetito** it whetted my appetite
Ⓑ VI, **despertarse** VPR to wake up, awaken; **siempre me despierto temprano** I always wake up early; **~ a la realidad** to wake up to reality
Ⓒ SM awakening; **el ~ religioso** the religious awakening; **el ~ de la primavera** the awakening of spring

**despestañarse** ▸conjug 1a◂ VPR (*Cono Sur*) [1] (= *desojarse*) to strain one's eyes
[2] (*) (= *estudiar*) to burn the midnight oil, swot*, grind (*EEUU**)

**despiadadamente** ADV mercilessly, relentlessly

**despiadado** ADJ [*persona*] heartless; [*ataque*] merciless

**despicarse** ▸conjug 1g◂ VPR to get even, get one's revenge

**despichar** ▸conjug 1a◂ Ⓐ VT (*Andes, Caribe, Cono Sur*) (= *aplastar*) (*lit*) to crush, flatten; (*fig*) to crush
Ⓑ VI (‡) to kick the bucket‡

**despido** SM [1] dismissal, sacking* ▸ **despido arbitrario** wrongful dismissal, unfair dismissal ▸ **despido colectivo** wholesale redundancies *pl* ▸ **despido disciplinario** dismissal on disciplinary grounds ▸ **despido forzoso** compulsory redundancy ▸ **despido improcedente** wrongful dismissal, unfair dismissal ▸ **despido incentivado** voluntary redundancy ▸ **despido injustificado** wrongful dismissal, unfair dismissal ▸ **despido injusto** wrongful dismissal, unfair dismissal ▸ **despido libre** right to hire and fire ▸ **despido voluntario** voluntary redundancy
[2] (= *pago*) severance pay, redundancy payment

**despiece** SM [1] [*de res*] quartering, carving-up
[2] (*Prensa*) comment, personal note

**despierto** ADJ [1] (= *no dormido*) awake
[2] (= *listo*) sharp
[3] (= *alerta*) alert

**despiezar** ▸conjug 1f◂ VT [1] [+ *res*] to quarter, carve up
[2] [+ *máquina, motor*] to break up

**despilfarrado** ADJ [1] (= *derrochador*) extravagant, wasteful
[2] (= *desaseado*) ragged, shabby

**despilfarrador(a)** Ⓐ ADJ (= *malgastador*) (*de dinero*) extravagant, wasteful; (*de recursos, esfuerzos*) wasteful
Ⓑ SM/F spendthrift

**despilfarrar** ▸conjug 1a◂ VT [+ *dinero*] to waste, squander; [+ *recursos, esfuerzos*] to waste

**despilfarro** SM [1] (= *derroche*) (= *acción*) waste, squandering; (= *cualidad*) extravagance, wastefulness
[2] (= *desaseo*) slovenliness

**despintar** ▸conjug 1a◂ Ⓐ VT [1] (= *quitar pintura a*) to take the paint off
[2] [+ *hechos*] to distort
[3] (*Chile**) **no ~ algo a algn** not to spare sb from sth
Ⓑ VI **éste no despinta de su casta** he is in no way different from the rest of his family
Ⓒ **despintarse** VPR [1] [*color*] to fade; (*con la lluvia*) to wash off
[2] **~se algo** to forget sth, wipe sth from one's mind; **no se me despinta que ...** I never forget that ..., I remember vividly that ...
[3] (*LAm*) [*maquillaje*] to run, get smudged
[4] (*Chile**) **no ~se de algn** *o* **algo** never to be without sb *o* sth

**despiojar** ▸conjug 1a◂ VT [1] (= *quitar los piojos a*) to delouse
[2] (*fig*) **~ a algn** to rescue sb from the gutter

**despiole*** SM (*Arg*) mess

**despiporrante*** ADJ killingly funny

**despiporre*** SM (= *caos*) mayhem; **¡fue el ~!** it was something out of this world!, it was just about the end!; **esto es el ~** this is the limit!

**despique** SM satisfaction, revenge

**despistado/a** Ⓐ ADJ [1] (= *distraído*) vague, absentminded
[2] (= *confuso*) confused, muddled; **ando muy ~ con todo esto** I'm terribly muddled about all this
Ⓑ SM/F (= *distraído*) scatterbrain, absent-minded person; **es un ~** he's very absent-minded; ✦**MODISMO hacerse el ~** (*para no entender*) to pretend not to understand; (*para no ver a algn*) to pretend not to be looking

**despistaje** SM (*Med*) early detection, early diagnosis

**despistar** ▸conjug 1a◂ Ⓐ VT [1] [+ *perro*] to throw off the scent; **lograron ~ a sus perseguidores** they managed to give the slip to *o* shake off their pursuers
[2] (= *confundir*) to mislead, fox; **esa pregunta está hecha para ~** that question is designed to mislead you
[3] (‡) (= *robar*) to nick‡; (= *timar*) rip off‡
[4] (*Med*) to detect early, diagnose at an early stage
Ⓑ **despistarse** VPR [1] (= *extraviarse*) to take the wrong route *o* road
[2] (= *confundirse*) to get confused
[3] (= *distraerse*) to get absent-minded; **no puedes ~te ni un momento** you can't let your attention wander for a moment

**despiste** SM [1] (= *error*) slip; **ha sido un ~** it was just a momentary lapse
[2] (= *distracción*) absent-mindedness; **¡qué ~ tienes!** you're so absent-minded!; **tiene un terrible ~** he's terribly absent-minded

**desplacer** ▸conjug 2w◂ Ⓐ VT to displease
Ⓑ SM displeasure

**desplanchar** ▸conjug 1a◂ Ⓐ VT [+ *ropa*] to crease, crumple
Ⓑ **desplancharse** VPR to crease, crumple

**desplantador** SM trowel

**desplantar** ▸conjug 1a◂ VT [1] [+ *planta*] to pull up, uproot, take up
[2] [+ *objeto*] to move out of vertical, tilt, put out of plumb

**desplante** SM [1] (= *dicho cortante*) rude remark; **dar** *o* **hacer un ~ a algn** to be short with sb
[2] **me hizo un ~** (*LAm**) she stood me up*
[3] (*en baile*) wrong stance
[4] (= *descaro*) insolence, lack of respect
[5] (*LAm**) (= *disparate*) crazy idea

**desplazado/a** Ⓐ ADJ [1] [*pieza*] wrongly placed
[2] **sentirse un poco ~** to feel rather out of place
Ⓑ SM/F (= *inadaptado*) misfit; (*Pol*) displaced person

**desplazamiento** SM [1] (= *movimiento*) [*de partículas*] displacement; [*de tropas*] movement ▸ **desplazamiento continental** continental drift ▸ **desplazamiento de tierras** landslide
[2] (= *viaje*) journey; **utiliza el tren para los ~s cortos** she uses the train for short journeys; **habrá más de diez millones de ~s en todo el país** over ten million journeys will be made throughout the country; **reside en Madrid aunque hace frecuentes ~s** she lives in Madrid but travels frequently
[3] [*de opinión, votos*] shift, swing ▸ **desplazamiento de la demanda** (*Com*) shift in demand
[4] (*Inform*) scrolling ▸ **desplazamiento hacia abajo** scrolling down ▸ **desplazamiento hacia arriba** scrolling up
[5] (*Náut*) displacement

**desplazar** ▸conjug 1f◂ Ⓐ VT [1] (= *mover*) [+ *objeto*] to move; [+ *tropas*] to transfer
[2] (= *suplantar*) to take the place of; **las cámaras digitales no han conseguido ~ a las convencionales** digital cameras have not taken the place of *o* superseded conventional ones; **lo ~on de su cargo** he was ousted from his position
[3] (*Fís, Náut, Téc*) to displace
[4] (*Inform*) to scroll
Ⓑ **desplazarse** VPR [1] [*objeto*] to move, shift
[2] [*persona, vehículo*] to go, travel; **tiene que ~se 25km todos los días** he has to travel 25km every day; **el avión se desplaza a más de 1500km/h** the aircraft travels at more than 1500km/h
[3] [*votos, opinión*] to shift, swing; **se ha desplazado un 4% de los votos** there has been a swing of 4% in the voting

**desplegable** Ⓐ ADJ **menú ~** pull-down menu
Ⓑ SM [1] (= *folleto*) folder, brochure
[2] (*Prensa*) centrefold

**desplegar** ▸conjug 1h, 1j◂ Ⓐ VT [1] (= *extender*) [+ *mapa, mantel*] to unfold; [+ *periódico*] to open, open out; [+ *alas*] to spread; [+ *bandera, velas*] to unfurl
[2] (*Mil*) [+ *misiles, tropas*] to deploy
[3] (= *utilizar*) [+ *energías*] to use; [+ *recursos*] to deploy
[4] [+ *misterio*] to clarify
Ⓑ **desplegarse** VPR [1] (= *extenderse*) [*flor*] to open, open out; [*alas*] to spread, spread out
[2] (*Mil*) to deploy

**despliegue** SM [1] (*Mil*) deployment
[2] [*de fuerzas*] display, show

**desplomarse** ▸conjug 1a◂ VPR [1] (= *derrumbarse*) [*persona, gobierno*] to collapse; [*edificio*] to topple over; (*al vacío*) to plummet down; **se ha desplomado el techo** the ceiling has fallen in; **caer desplomado** to collapse; **el avión se desplomó** the plane fell *o* dropped out of the sky
[2] (*Fin*) [*precios*] to slump, tumble

**desplome** SM [1] [*de edificio, sistema*] collapse; **de repente se produjo el ~ del edificio** the building suddenly collapsed
[2] (*Fin*) [*de cotización, divisa*] collapse, slump
[3] (*Aer*) pancake landing
[4] (*Alpinismo, Arquit, Geol*) overhang

**desplumar** ▸conjug 1a◂ Ⓐ VT [1] [+ *ave*] to pluck
[2] (*) (= *estafar*) to fleece*
Ⓑ **desplumarse** VPR to moult, molt (*EEUU*)

**despoblación** SF depopulation ► **despoblación del campo, despoblación rural** rural population drift

**despoblado** Ⓐ ADJ (= *con insuficientes habitantes*) underpopulated; (= *con pocos habitantes*) depopulated; (= *sin habitantes*) unpopulated
Ⓑ SM deserted spot

**despoblar** ▸conjug 1l◂ Ⓐ VT [1] (*de personas*) to depopulate
[2] (*de objetos*) to clear; **~ una zona de árboles** to clear an area of trees
Ⓑ **despoblarse** VPR to become depopulated, lose its population

**despojar** ▸conjug 1a◂ Ⓐ VT (*de bienes*) to strip; (*de honores, títulos*) to divest; (*Jur*) to dispossess; **habían despojado la casa de muebles** they had stripped the house of furniture; **verse despojado de su autoridad** to be stripped of one's authority
Ⓑ **despojarse** VPR [1] (= *desnudarse*) to undress
[2] **~se de** [+ *ropa*] to take off; [+ *hojas*] to shed; [+ *poderes*] to relinquish, give up; [+ *prejuicios*] to get rid of, free o.s. from

**despojo** SM [1] (= *saqueo*) plundering
[2] (*Mil*) (= *botín*) plunder, loot
[3] **despojos** [*de comida*] left-overs; [*de animal*] offal *sing*; [*de edificio*] rubble *sing*; [*de mineral*] debris *sing* ► **despojos de hierro** scrap iron *sing* ► **despojos mortales** mortal remains

**despolitización** SF depoliticization

**despolitizar** ▸conjug 1f◂ VT to depoliticize

**despolvorear** ▸conjug 1a◂ VT to dust

**desportillado** ADJ [1] [*taza, plato*] chipped
[2] (= *en malas condiciones*) [*coche*] battered; [*piso*] dingy

**desportilladura** SF chip

**desportillar** ▸conjug 1a◂ Ⓐ VT to chip
Ⓑ **desportillarse** VPR to get chipped

**desposado** ADJ recently married; **los ~s** the newly-weds

**desposar** ▸conjug 1a◂ Ⓐ VT [*sacerdote, novio*] to marry; **yo te desposo** I take you to be my lawful wedded wife/husband
Ⓑ **desposarse** VPR [1] (= *formalizar el noviazgo*) to get engaged (**con** to)
[2] (= *casarse*) to marry, get married

**desposeer** ▸conjug 2e◂ Ⓐ VT to dispossess (**de** of); **~ a algn de su autoridad** to strip sb of his authority
Ⓑ **desposeerse** VPR **~se de algo** to give sth up, relinquish sth

**desposeído/a** SM/F **los ~s** the have-nots, the dispossessed

**desposeimiento** SM (*frm*) dispossession

**desposorios** SMPL [1] (= *esponsales*) betrothal *sing*
[2] (= *ceremonia*) marriage *sing*, marriage ceremony *sing*

**déspota** SMF despot ► **déspota ilustrado/a** enlightened despot

**despóticamente** ADV despotically

**despótico** ADJ despotic

**despotismo** SM despotism ► **despotismo ilustrado** enlightened despotism

**despotorrarse*** ▸conjug 1a◂ VPR to laugh o.s. silly*

**despotricar** ▸conjug 1g◂ VI to rant and rave (**contra** about)

**despreciable** ADJ [1] [*persona*] despicable, contemptible
[2] (= *sin valor*) [*objeto*] worthless; [*cantidad*] negligible; **una suma nada ~** a not inconsiderable amount

**despreciar** ▸conjug 1b◂ Ⓐ VT [1] [+ *persona*] to despise, scorn; **desprecian a los extranjeros** they look down on foreigners
[2] (= *rechazar*) [+ *oferta, regalo*] to spurn, reject; **~ los peligros** to scorn the dangers; **no hay que ~ tal posibilidad** one should not discount such a possibility
Ⓑ **despreciarse** VPR **~se de hacer algo** to think it beneath o.s. to do sth, not deign to do sth

**despreciativamente** ADV scornfully, contemptuously

**despreciativo** ADJ [*observación, tono*] scornful, contemptuous; [*comentario*] derogatory

**desprecintar** ▸conjug 1a◂ VT to unseal

**desprecio** SM [1] (= *desdén*) scorn, contempt; **lo miró con ~** she looked at him contemptuously
[2] (= *desaire*) slight, snub; **le hicieron el ~ de no acudir** they snubbed him by not coming

**desprender** ▸conjug 2a◂ Ⓐ VT [1] (= *soltar*) [+ *gas, olor*] to give off; [+ *piel, pelo*] to shed
[2] (= *separar*) **el viento desprendió unas tejas del tejado** the wind detached some tiles from the roof; **desprendió el toallero de la pared** he took the towel rail down from the wall; **tuve que ~ el botón del abrigo** I had to take the button off my coat
Ⓑ **desprenderse** VPR [1] (= *soltarse*) [*pieza, botón*] to come off, become detached (*frm*); [*roca*] to come away; [*pintura, cal*] to peel, come off; **se te ha desprendido un botón del abrigo** one of the buttons has come off your coat; **se ha desprendido la cortina del salón** the living room curtain has come down
[2] [*gas, olor*] to issue; **se desprendía humo de la chimenea** smoke was issuing from the chimney; **en la reacción se desprende gas** gas is given off in the reaction; **se desprendían chispas del fuego** sparks were shooting out from the fire
[3] **~se de algo** (= *deshacerse*): **logramos ~nos de mi hermana pequeña** we managed to get rid of *o* shake off my little sister; **tuvimos que ~nos del coche** we had to part with *o* get rid of the car; **nunca se desprende de su muñequita** she never lets go of her little doll; **las serpientes se desprenden de la piel en esta época del año** snakes shed their skins at this time of year
[4] (= *concluirse*) **de esta declaración se desprende que ...** from this statement we can gather that ...

**desprendido** ADJ [1] (= *suelto*) [*pieza*] loose, detached; **uno de tus botones está ~** one of your buttons is coming off
[2] (= *generoso*) generous

**desprendimiento** SM [1] [*de pieza*] loosening ► **desprendimiento de matriz** prolapse ► **desprendimiento de retina** detachment of the retina; **ha sufrido un ~ de retina** he has a detached retina ► **desprendimiento de tierras** landslide
[2] (= *generosidad*) generosity

**despreocupación** SF [1] (= *falta de preocupación*) unconcern; (*al vestir*) sloppiness
[2] (= *tranquilidad*) nonchalance
[3] (= *indiferencia*) indifference

**despreocupadamente** ADV [*hablar, jugar*] nonchalantly; [*disfrutar*] in a carefree way; **se viste ~** she doesn't take much care about the way she dresses

**despreocupado** ADJ [1] (= *sin preocupación*) unworried, unconcerned; **vive ~ de todo** he has a carefree existence
[2] (*al hablar, jugar*) nonchalant
[3] (*en el vestir*) casual; (*pey*) careless, sloppy
[4] (= *imparcial*) unbias(s)ed, impartial
[5] (*Rel*) (= *indiferente*) indifferent, apathetic; (= *tolerante*) broad-minded
[6] (†) [*mujer*] loose

**despreocupamiento** SM lack of interest, apathy

**despreocuparse** ▸conjug 1a◂ VPR [1] (= *descuidarse*) **tú despreocúpate del coche, que ya me encargo yo** don't you worry about the car, I'll take care of it
[2] (= *ser indiferente*) to be unconcerned

**despresar** ▸conjug 1a◂ VT (*Cono Sur*) [+ *ave*] to cut up, carve up

**desprestigiar** ▸conjug 1b◂ Ⓐ VT [1] (= *criticar*) to disparage, run down
[2] (= *desacreditar*) to discredit; **tus meteduras de pata desprestigian a toda la profesión** your faux pas tarnish the reputation of our whole profession
Ⓑ **desprestigiarse** VPR to lose one's prestige

**desprestigio** SM [1] (= *denigración*) disparagement
[2] (= *descrédito*) discredit, loss of prestige; **campaña de ~** smear campaign; **esas cosas que van en ~ nuestro** those things which are to our discredit

**desprevención** SF unreadiness, unpreparedness

**desprevenido** ADJ (= *no preparado*) unready, unprepared; **coger** *o* **pillar** *o* (*LAm*) **agarrar a algn ~** to catch sb unawares, catch sb off his guard

**desprivatizar** ▸conjug 1f◂ VT to take into public ownership

**desprogramar** ▸conjug 1a◂ VT to deprogramme, deprogram (*EEUU*)

**desprolijo*** ADJ (*Arg*) untidy, sloppy*

**desproporción** SF disproportion, lack of proportion

**desproporcionadamente** ADV disproportionately

**desproporcionado** ADJ disproportionate

**despropósito** SM [1] (= *salida de tono*) inappropriate remark
[2] (= *disparate*) piece of nonsense

**desprotección** SF [1] (= *falta de protección*) vulnerability, defencelessness, defenselessness (*EEUU*)
[2] (*Jur*) lack of legal protection
[3] (*Inform*) deprotection

**desprotegido** ADJ unprotected, defenceless, defenseless (*EEUU*)

**desproveer** ▸conjug 2a◂ (*pp* **desprovisto** *y* **desproveído**) VT **~ a algn de algo** to deprive sb of sth

**na el color de los ojos** the gene which determines eye colour; **~on un precio tras largas negociaciones** after lengthy negotiations they determined *o* fixed a price; **"precio por ~"** "price to be agreed"; **~ el rumbo** (*Aer, Náut*) to set a course; **el reglamento determina que ...** the rule lays down *o* states that ...
[2] (= *averiguar*) [+ *peso, volumen, causa*] to determine; [+ *daños*] to assess; **la policía logró ~ la verdad del asunto** the police succeeded in determining the truth of the matter
[3] (= *motivar*) to bring about, cause; **aquello determinó la caída del gobierno** that brought about *o* caused the fall of the government
[4] (= *decidir*) to decide; **~on asignarle más fondos al proyecto** they decided to allocate more funds to the project; **esto la determinó a continuar sus estudios** this decided her to continue with her studies
[5] (*Ling*) to determine
Ⓑ **determinarse** VPR (= *decidirse*) to decide, make up one's mind; **debe ~se por un médico u otro** you must decide on one doctor or another; **~se a hacer algo** to determine to do sth, decide to do sth

**determinativo** Ⓐ ADJ determinative
Ⓑ SM (*Ling*) determiner

**determinismo** SM determinism

**determinista** Ⓐ ADJ deterministic
Ⓑ SMF determinist

**detersión** SF cleansing

**detestable** ADJ [*persona*] hateful; [*costumbre*] detestable; [*sabor, tiempo*] foul

**detestablemente** ADV detestably

**detestación** SF detestation, hatred, loathing

▼ **detestar** ▸conjug 1a◂ VT to detest, loathe

**detonación** SF (= *acción*) detonation; (= *ruido*) explosion

**detonador** SM detonator

**detonante** Ⓐ ADJ explosive
Ⓑ SM [1] (= *explosivo*) explosive
[2] (= *causa*) trigger (**de** for); **eso fue el ~ de la crisis** that was what sparked off *o* triggered the crisis

**detonar** ▸conjug 1a◂ VI to detonate, explode

**detracción** SF disparagement

**detractor(a)** Ⓐ ADJ disparaging
Ⓑ SM/F detractor

**detraer** ▸conjug 2o◂ VT [1] (= *quitar*) to remove, separate, take away
[2] (= *desviar*) to turn aside
[3] (= *denigrar*) to disparage; (*Pol*) to knock*

**detrás** ADV [1] (= *en la parte posterior*) **el jardín está ~** the garden is at the back; **tiene una cremallera ~** it has a zip at the back; **en el coche me gusta sentarme ~** when I'm in the car I like to sit in the back; **los más altos que se pongan ~** can the tallest ones please stand at the back?; **yo estaba delante y él ~** I was in front and he was behind; **de ~**: **el asesino salió de ~** the murderer came out from behind; **los alumnos de ~ estaban fumando** the pupils at the back were smoking; **por ~**: **la atacaron por ~** she was attacked from behind; **siempre critica a sus amigos por ~** he's always criticizing his friends behind their backs; **la foto lleva una dedicatoria (por) ~** the photo has a dedication on the back
[2] (= *a continuación*) **primero el apellido y ~ el nombre** first the surname and then the forename; **paso yo delante y tú vienes ~** I'll go first and you follow; **entraron en el cuarto uno ~ de otro** they went into the room one after the other
[3] **~ de** behind; **~ del edificio** behind the building; **¿quién está ~ de este complot?** who's behind this plot?, who's behind all this?; **Susana anda ~ de Antonio** Susana's after Antonio; **por ~ de** behind; **dos puestos por ~ del Atlético** two places behind Atlético; **la carretera pasa por ~ del parque** the road goes behind the park
[4] **~ mío/tuyo** (*esp LAm**) behind me/you; **se colocó ~ nuestro** he stood behind us

**detrasito*** ADV (*LAm*) behind

**detrimente** ADJ detrimental

**detrimento** SM detriment; **lo hizo sin ~ de su dignidad** he did it without detriment to his dignity; **en ~ de algo** to the detriment of sth

**detrito** SM, **detritus** SM [1] (*Geol*) detritus
[2] (= *desechos*) debris

**detuve** *etc ver* **detener**

**deuda** SF [1] (= *obligación*) debt; **una ~ de gratitud** a debt of gratitude; **estar en ~ con algn** (= *estar agradecido*) to be indebted to sb
[2] (*Com*) debt; **contraer ~s** to get into debt; **estar lleno de ~s** to be heavily in debt; **estar en ~ con algn** (= *deber dinero*) to be in debt to sb ▸ **deuda a largo plazo** long-term debt ▸ **deuda exterior, deuda externa** foreign debt ▸ **deuda incobrable** bad debt ▸ **deuda morosa** bad debt ▸ **deuda pública** national debt, public borrowing ▸ **deudas activas** assets ▸ **deudas pasivas** liabilities
[3] (*Rel*) **perdónanos nuestras ~s** forgive us our trespasses *o* sins

**deudo/a** SM/F relative

**deudor(a)** Ⓐ ADJ [1] **saldo ~** debit balance
[2] **le soy muy ~** I am greatly indebted to you
Ⓑ SM/F debtor ▸ **deudor(a) hipotecario/a** mortgager ▸ **deudor(a) moroso/a** slow payer

**deuterio** SM (*Quím*) deuterium

**devalar** ▸conjug 1a◂ VI (*Náut*) to drift off course

**devaluación** SF devaluation

**devaluar** ▸conjug 1e◂ VT to devalue, devaluate (*EEUU*)

**devaluatorio** ADJ **tendencia devaluatoria** tendency to depreciate, tendency to lose value

**devanadera** SF (*Cos*) reel, spool

**devanado** SM (*Elec*) winding

**devanador** SM (= *carrete*) spool, bobbin

**devanar** ▸conjug 1a◂ Ⓐ VT [1] [+ *hilo*] to wind
[2] [*araña, gusano*] to spin
Ⓑ **devanarse** VPR [1] **~se los sesos** to rack one's brains
[2] (*Méx*) **~se de dolor** to double up with pain; **~se de risa** to double up with laughter

**devanear** ▸conjug 1a◂ VI to rave, talk nonsense

**devaneo** SM [1] (= *fruslería*) idle pursuit
[2] (= *amorío*) flirtation
[3] (*Med*) delirium

**devastación** SF devastation

**devastador** ADJ devastating

**devastadoramente** ADV devastatingly

**devastar** ▸conjug 1a◂ VT to devastate

**devengado** ADJ (*Fin*) [*intereses*] accrued; [*sueldo*] due, outstanding

**devengar** ▸conjug 1h◂ VT [1] [+ *intereses*] to yield, pay
[2] [+ *sueldo*] (= *ganar*) to earn; (= *tener que cobrar*) to be due

**devengo** SM [1] (= *beneficio*) amount earned
[2] **devengos** (= *ingresos*) income *sing*

**devenir** ▸conjug 3r◂ Ⓐ VI **~ en algo** to become sth, turn into sth
Ⓑ SM [1] (= *movimiento progresivo*) process of development; **una nación en perpetuo ~** a nation which is changing all the time, a nation in a constant process of development
[2] (= *transformación*) transformation

**devoción** SF [1] (*Rel*) devotion, devoutness; **la ~ a esta imagen** the veneration of this image; **con ~** devoutly; *ver* **santo B2**
[2] (= *admiración*) devotion (**a** to); **sienten ~ por su madre** they are devoted to their mother; **tener gran ~ a algn** to be absolutely devoted to sb; **tener por ~ hacer algo** to be in the habit of doing sth; ✦**MODISMO estar a la ~ de algn** to be completely under sb's thumb
[3] (= *práctica religiosa*) devotion, religious observance

**devocional** ADJ devotional

**devocionario** SM prayer book

**devolución** SF [1] [*de algo prestado, robado*] return; **nos pidió por escrito la ~ de los libros** he wrote asking for the books to be returned; **consiguieron la ~ de las joyas** they managed to get the jewels back
[2] (*Com*) [*de compra*] return; [*de dinero*] refund; **exigimos la ~ del dinero** we demand a refund; **"no se admiten devoluciones"** "no refunds will be given", "no goods returnable"; **sin ~** non-returnable ▸ **devolución de derechos** (*Fin*) drawback ▸ **devolución de impuestos** tax refund
[3] (*Jur, Pol*) [*de poder, territorio*] devolution
[4] [*de favor, visita*] return

**devolver** ▸conjug 2h◂ (*pp* **devuelto**) Ⓐ VT [1] (= *retornar*) [+ *algo prestado, robado*] to give back, return; [+ *carta, llamada, pelota, golpe*] to return; [+ *polizón, refugiado*] to return, send back; **¿cuándo tienes que ~ esos libros?** when do you have to take back *o* return those books?; **consiguió que le devolvieran las joyas** he managed to get the jewels back; **leyó la nota y se la devolvió** she read the note and handed *o* gave it back to him; **si nos devuelve el envase le descontamos 50 pesetas** if you bring back *o* return the container you'll get a 50 peseta discount; **"devuélvase al remitente"** "return to sender"; **le devolvió la bofetada** she slapped him back; **devuelve el florero a su sitio** put the vase back in its place; ✦**MODISMOS ~ la pelota a algn** to give sb tit for tat; **~ mal por bien** to return bad for good
[2] (*Com*) [2.1] (= *rechazar*) [+ *producto, mercancía*] (*en mano*) to take back, return; (*por correo*) to send back, return; **devolvió el abrigo a la tienda** he took the coat back to the shop, he returned the coat to the shop; **si a su hijo no le gusta lo puede ~** if your son doesn't like it you can return it *o* bring it back; **si desea ~lo, usted se hace cargo de los gastos del envío** if you choose to send it back *o* return it you have to pay the postage
[2.2] (= *reembolsar*) [+ *dinero*] (*de una compra*) to

➤ LENGUA Y USO: detestar 34.3

refund, give back; (*de un préstamo*) to pay back; **si no está satisfecho con la compra le devolvemos su dinero** if you are not satisfied with your purchase we will refund your money *o* give you your money back; **¿cuándo me vas a ~ el dinero que te presté?** when are you going to pay me back *o* give me back the money I lent you?; **la máquina me devolvía las monedas** the machine rejected my coins

2·3 [+ *cambio*] to give, give back; **me tiene que ~ 500 pesetas** you have to give me back 500 pesetas, you owe me 500 pesetas; **estoy esperando que me devuelva el cambio** I'm waiting for my change; **"no devuelve cambio"** "no change given"

2·4 (*Fin*) [+ *cheque sin fondos*] to return

3 (= *corresponder*) [+ *cumplido, favor*] to return; **¿cuándo me vais a ~ la visita?** when are you going to pay a return visit *o* to return the visit?; **¿cómo podría ~te este favor?** how can I ever return this favour?

4 (= *restituir*) 4·1 [+ *salud, vista*] to restore, give back; **un sueñecito te ~á la energía** a nap will give you your energy back

4·2 (*a su estado original*) to restore; **el nuevo tratado ha devuelto la paz a la zona** the new treaty has restored peace to the area; **el sonido del teléfono me devolvió a la realidad** the sound of the telephone brought me back to reality

5 (*liter*) [+ *imagen*] to reflect; **el espejo nos devolvía una imagen distorsionada** the mirror reflected a distorted image of us

6 (= *vomitar*) to bring up

Ⓑ VI (= *vomitar*) to be sick; **creo que voy a ~** I think I'm going to be sick

Ⓒ **devolverse** VPR (*LAm*) (= *regresar*) to turn back

**devorador** ADJ [*pasión*] devouring; [*fuego*] all-consuming; [*hambre*] ravenous

**devorar** ▸conjug 1a◂ VT 1 (= *comer ávidamente*) [*animal*] to devour; [*persona*] to devour, wolf down*; **este coche devora los kilómetros** this car eats up the miles; **devora las novelas de amor** she laps up love stories; **la devoraba con la mirada** (*con cólera*) he looked at her as if he could kill her; (*con deseo*) he devoured her with his eyes

2 (= *destruir*) [+ *fortuna*] to run through; **todo lo devoró el fuego** the fire consumed everything; **lo devoran los celos** he is consumed with jealousy

**devotamente** ADV devoutly

**devoto/a** Ⓐ ADJ 1 (*Rel*) [*persona*] devout; [*obra*] devotional; **ser muy ~ de un santo** to have a special devotion to a saint; ✦***MODISMO*** **ser ~ de la Virgen del puño** (*hum*) to be tight-fisted

2 (= *apegado, fiel*) devoted (**de** to); **su ~ amigo** your devoted friend; **su ~ servidor** (*frm*) your devoted servant; **es muy ~ de ese café** he is a big fan of that café

Ⓑ SM/F 1 (*Rel*) devout person; **los ~s** the faithful; (*en iglesia*) the congregation *sing*

2 (= *aficionado*) devotee; **la artista y sus ~s** the artist and her devotees *o* fans; **los ~s del ajedrez** devotees of chess

**devuelto** Ⓐ PP *de* **devolver**

Ⓑ SM (*) sick, vomit

**dextrosa** SF dextrose

**deyección** SF (*tb* **deyecciones**) 1 (*Med*) (= *acto*) motion; (= *heces*) excretion

2 (*Geol*) [*de avalancha*] debris; [*de erupción volcánica*] ejecta *pl*

**deyectar** ▸conjug 1a◂ VT (*Geol*) to deposit, leave, lay down

**D.F.** ABR (*Méx*) = **Distrito Federal**

**Dg** ABR = **decagramo(s)**

**dg** ABR (= **decigramo(s)**) dg

**D.G.** ABR 1 = **Dirección General**

2 (= **Director General**) DG

**DGS** SF ABR (*Esp*) 1 (= **Dirección General de Seguridad**) *national police headquarters*

2 (= **Dirección General de Sanidad**) ≈ Department of Health

**DGT** SF ABR 1 = **Dirección General de Tráfico**

2 = **Dirección General de Turismo**

**dho.** ABR (= **dicho**) aforesaid

**di** *etc ver* **dar**, **decir**

**día** SM 1 (= *período de 24 horas*) day; **pasaré un par de ~s en la playa** I'll spend a couple of days at the beach; **todos los ~s** every day; **pollitos de un ~** day-old chicks; **a los pocos ~s** within *o* after a few days, a few days later; **~ a ~** day in day out, day by day; **prefiero el ~ a ~** I prefer to do things from one day to the next *o* on a day-to-day basis; **el ~ a ~ en la gestión financiera de la empresa** the day-to-day running of the company's financial business; **siete veces al ~** seven times a day; **tres horas al ~** three hours a day; **al otro ~** the following day; **al ~ siguiente** the following day; **ese problema es ya de ~s** that's an old problem; **menú del ~** today's menu; **pan del ~** fresh bread; **de ~ en ~** from day to day; **~ (de) por medio** (*LAm*) every other day, on alternate days; **ocho ~s** a week; **quince ~s** a fortnight; **un ~ sí y otro no** every other day; **~ tras ~** day after day; ✦***MODISMOS*** **a ~s** at times; **cuatro ~s** a couple of days, a few days; **todo el santo ~** the whole blessed day; **no tener más que el ~ y la noche** not to have two pennies to rub together ► **día azul** (*Ferro*) *cheap ticket day* ► **día de asueto** day off ► **día de ayuno** fast day ► **día de boda** wedding day ► **día de detención** quiet day ► **día de diario, día de entresemana** weekday ► **día de fiesta** holiday, public holiday ► **día de inactividad** quiet day ► **día de la banderita** flag day ► **Día de la Hispanidad** Columbus Day (*12 October*) ► **día de la Madre** Mother's Day ► **Día de la Raza** = **Día de la Hispanidad** ► **día del espectador** *day each week when cinema tickets are discounted* ► **día del Juicio (Final)** Judgment Day; **estaremos aquí hasta el ~ del Juicio** (*iró*) we'll be here till Kingdom come ► **Día de los Difuntos** All Souls' Day, Day of the Dead ► **día de los enamorados** St Valentine's Day ► **día de los inocentes** ≈ April Fools' Day (*1 April*) ► **Día de (los) Muertos** (*Méx*) All Souls' Day, Day of the Dead ► **día de paga** pay day ► **Día de Reyes** Epiphany (*6 January*) ► **día de trabajo** working day ► **día de tribunales** *day on which courts are open* ► **día de vigilia** day of abstinence ► **día feriado, día festivo** holiday, public holiday ► **día franco** (*Mil*) day's leave ► **día hábil** working day ► **día inhábil** non-working day ► **día laborable** working day ► **día lectivo** teaching day ► **día libre** day off ► **día malo, día nulo** off day ► **días de gracia** (*Com*) days of grace ► **día señalado** (*gen*) special day; (*en calendario*) red-letter day ► **día útil** working day, weekday;

→ DÍA DE LOS (SANTOS) INOCENTES, DÍA DE REYES

2 (= *no noche*) daytime; **durante el ~** during the day(time); **en pleno ~** in broad daylight; **hace buen ~** the weather's good today, it's a fine day; **¡buenos ~s!** ◊ **¡buen ~!** (*Cono Sur*) good morning!; **dar los buenos ~s a algn** to say good morning to sb; **de ~** by day, during the day; **duerme de ~ y trabaja de noche** he sleeps by day and works by night, he sleeps during the day and works at night; **ya es de ~** it's already light; **mientras sea de ~** while it's still light; **~ y noche** night and day

3 (= *fecha*) date; **¿qué ~ es hoy?** (*del mes*) what's the date today?; (*de la semana*) what day is it today?; **iré pronto, pero no puedo precisar el ~** I'll be going soon, but I can't give an exact date; **llegará el ~ dos de mayo** he'll arrive on the second of May; **hoy, ~ cinco de agosto** today, fifth August; **~ lunes/martes** *etc* (*LAm*) Monday/Tuesday *etc*; **el ~ de hoy** today; **el ~ de mañana** (*lit*) tomorrow; (*fig*) at some future date

4 (= *momento sin precisar*) **algún ~** some day; **un buen ~** one fine day; **cada ~ es peor** it's getting worse every day *o* by the day; **un ~ de éstos** one of these days; **el ~ menos pensado** when you least expect it; **en los ~s de la reina Victoria** in Queen Victoria's day, in Queen Victoria's times; **cualquier ~ (de estos)** one of these days; **cualquier ~ tendrá un accidente** he's going to have an accident one of these days *o* any day now; **¡cualquier ~!** (*iró*) not on your life!; **cualquier ~ viene** (*iró*) we'll be waiting till the cows come home for him to turn up; **¡cualquier ~ te voy a comprar una casa!** if you think I'm going to buy you a house you've got another think coming!; **en nuestros ~s** nowadays; **la prensa de nuestros ~s** today's press, the press these days; **uno de los principales problemas de nuestros ~s** one of the major problems of our day *o* our times; **ha durado hasta nuestros ~s** it has lasted to the present day; **otro ~** some other day, another day; **déjémoslo para otro ~** let's leave it for the moment *o* for another day; **¡hasta otro ~!** so long!; ✦***MODISMOS*** **de un ~ para otro** any day now; **en ~s de Dios** *o* **del mundo** *o* **de la vida** never; **en su ~** (*referido al futuro*) in due course; (*referido al pasado*) in its/their *etc* day; **¡tal ~ hará un año!*** a fat lot I care!*; *ver tb* **hoy**

5 (= *actualidad*) **del ~** [*estilo*] fashionable, up-to-date; (= *fresco*) **pescado del ~** fresh fish; **estar al ~** (= *actualizado*) to be up to date; (= *de moda*) to be with it; **quien quiera estar al ~ en esta especialidad, que lea ...** anyone who wishes to keep up to date with this area of study, should read ...; **está al ~ vestir así** it's the thing to dress like that; **poner al ~** [+ *texto, contabilidad*] to bring up to date; [+ *base de datos*] to update; [+ *diario*] to write up; **ponerse al ~ (en algo)** to get up to date (with sth); **vivir al ~** to live from one day to the next

**diabetes** SF INV diabetes

**diabético/a** ADJ, SM/F diabetic

**diabla** SF, **diablesa** SF she-devil; ✦***MODISMO*** **a la ~** carelessly, any old how*

**sea ~!** praise be to God!; **¡~ te bendiga!** ◊ **¡~ te lo pague!** God bless you!; **¡que ~ nos coja confesados!** God help us!; **¡con ~!** ◊ **¡vaya usted con ~!** (may) God be with you!††, Godspeed!††; **¡plegue a ~!** please God!; **¡válgame ~!** good God!; **¡vive ~!** by God!; **¡~ me librе!** God forbid!, Heaven forbid!; **¡líbreme ~ de que ...!** God *o* Heaven forbid that I ...!; **¡líbreme ~ de ese sufrimiento!** Heaven forbid that I should suffer so!; **¡por ~!** for heaven's sake!; **—¿puedo fumar? —¡claro, por ~!** "may I smoke?" — "of course! *o* please do!"; **una limosnita ¡por (el amor de) ~!** a few pennies, for the love of God!; **¡~ quiera que no llueva mañana!** let's hope it doesn't rain tomorrow; **¡no lo quiera ~!** God forbid!; **—ojalá te cures pronto —¡~ quiera!** "let's hope you get better soon!" — "I hope so too!"; **¡vaya por ~!** (*con compasión*) oh dear!; (*con fastidio*) oh blast!*; *ver tb* **bendito**

3 ◆*MODISMOS* **armar la de ~ (es Cristo)*** to raise hell, cause an almighty row; **a la buena de ~** (= *sin esmerarse*) any old how; (= *sin planificar*) just like that; **¡me cago en ~!**** for Christ's sake!‡, for fuck's sake!**; **costar ~ y ayuda**: **costó ~ y ayuda convencerlo** it was a real job to persuade him; **dejado de la mano de ~**: **una casa dejada de la mano de ~** a godforsaken house; **estos pueblos están dejados de la mano de ~** these villages have been abandoned to their fate; **estás dejado de la mano de ~** there's no hope for you; **~ dirá** time will tell; **sin encomendarse a ~ ni al diablo** without thought for the consequences; **estar de ~** to be God's will; **estaba de ~ que pasara** it was God's will that it happened; **como ~ me dio a entender** as best as I could; **a ~ gracias** ◊ **gracias a ~** thank heaven, thank God; **como que hay (un) ~** (*esp Cono Sur*) you can bet on it; **como que hay ~ que ...** you can bet (your bottom dollar) that ...; **como ~ manda** (*con verbo*) properly; (*con sustantivo*) proper; **¡siéntate como ~ manda!** sit properly!; **a ver si te echas una novia como ~ manda** it's time you got yourself a proper girlfriend; **~ mediante** God willing; **~ mediante nos veremos en mayo otra vez** God willing, we'll see each other again in May; **como ~ lo echó** *o* **trajo al mundo*** stark naked, in one's birthday suit†; **un sitio donde ~ pasó de largo** (*hum*) a godforsaken spot; **que ~ me perdone, pero ...** may God forgive me, but ...; **poner a ~ por testigo** to swear by almighty God; **pongo a ~ por testigo que no sabía la verdad** as God is my witness *o* I swear by almighty God, I did not know the truth; **ponerse a bien con ~** to make one's peace with God; **si ~ quiere** God willing; **hasta mañana si ~ quiere** good night, God bless!; **que sea lo que ~ quiera**: **he decidido hacerlo, y que sea lo que ~ quiera** I've decided to do it, and worry about it later; **sabe ~** God knows; **sabe ~ dónde estará** God knows where he is; **sólo ~ sabe lo que he sufrido** God alone knows what I've suffered; **lo vino ~ a ver** he struck lucky, he had a stroke of luck; **que venga ~ y lo vea** may God strike me dead, I'll eat my hat; ◆*REFRANES* **~ aprieta pero no ahoga** *o* (*Cono Sur*) **ahorca** ◊ **~ castiga pero no a palos** (*Chile*) God shapes the back for the burden; **a ~ rogando y con el mazo dando** (*haciendo el bien*) God helps those who help themselves; (*si no se cumple lo que se dice*) practise what you preach; **~ da pan a quien no tiene dientes** it's a cruel world; **~ los cría y ellos se juntan** birds of a feather flock together; *ver tb* **clamar B**, **madrugar A1**

**dios(a)** SM/F god/goddess; **los ~es paganos** the pagan gods; **comimos como ~es** we ate like kings; ◆*MODISMOS* **no hay ~ que***: **no hay ~ que entienda eso** no-one on earth could understand that*; **ni ~*** no one; **en el accidente no se salvó ni ~** no one survived the accident; **todo ~*** everyone; **lo sabía todo ~** the world and his wife knew about it*, everyone knew about it; **tienes que pagar como todo ~** you have to pay like everyone else

**dióxido** SM dioxide ► **dióxido de carbono** carbon dioxide ► **dióxido de nitrógeno** nitrogen dioxide

**dioxina** SF dioxin

**Dip.** ABR = **Diputación**

**diploma** SM diploma

**diplomacia** SF diplomacy

**diplomado/a** Ⓐ ADJ qualified
Ⓑ SM/F 1 (= *con diploma*) holder of a diploma
2 (*Univ*) (= *con diplomatura*) graduate

**diplomarse** ▸conjug 1a◂ VPR (*esp LAm*) to graduate (*from college etc*)

**diplomática** SF 1 (*Hist, Jur*) diplomatics *sing*
2 (= *cuerpo*) diplomatic corps
3 (= *carrera*) diplomatic career, career in the foreign service; *ver tb* **diplomático**

**diplomáticamente** ADV diplomatically

**diplomático/a** Ⓐ ADJ 1 [*carrera, cuerpo*] diplomatic
2 (= *que tiene tacto*) diplomatic, tactful
Ⓑ SM/F diplomat; *ver tb* **diplomática**

**diplomatura** SF diploma course; → LICENCIATURA

**dipsomanía** SF dipsomania

**dipsomaníaco/a** SM/F, **dipsómano/a** SM/F dipsomaniac

**díptero** SM dipteran

**díptico** SM 1 (*Arte*) diptych
2 (*Com*) leaflet

**diptongar** ▸conjug 1h◂ VT, VI to diphthongize

**diptongo** SM diphthong

**diputación** SF 1 (= *delegación*) deputation
2 (*Pol*) ► **diputación permanente** standing committee ► **diputación provincial** (= *edificio*) ≈ county council offices *pl*, ≈ county commission offices *pl* (*EEUU*); (= *personas*) ≈ county council, ≈ county commission (*EEUU*); (= *edificio*) ≈ county council offices *pl*

**diputado/a** SM/F 1 (= *delegado*) delegate
2 (*Pol*) ≈ member of parliament, ≈ representative (*EEUU*); **el ~ por Guadalajara** the member for Guadalajara ► **diputado/a a Cortes** (*Esp*) member of the Spanish Cortes ► **diputado/a provincial** ≈ member of a county council, ≈ member of a county commission; → CONGRESO DE LOS DIPUTADOS

**diputar** ▸conjug 1a◂ VT to delegate, depute

**dique** SM 1 (= *muro de contención*) (*en río*) dyke, dike (*esp EEUU*); (*en puerto*) dock; **entrar en ~** ◊ **hacer ~** to dock ► **dique de contención** dam ► **dique flotante** floating dock ► **dique seco** dry dock
2 (= *rompeolas*) breakwater
3 (= *impedimento*) **poner un ~ a algo** to check sth, restrain sth; **es un ~ contra la expansión** it is a barrier to expansion

**diquelar*** ▸conjug 1a◂ VT 1 (= *ver*) to see
2 (= *vigilar*) to watch over, keep an eye on
3 (= *comprender*) to twig*, catch on to

**Dir.** ABR 1 = **dirección**
2 (= **director**) dir

**dire*** SMF = **director**

**diré** *etc ver* **decir**

**dirección** SF 1 (= *sentido*) direction; **la ~ del viento** the wind direction; **¿podría indicarme la ~ de la playa?** could you show me the way to the beach?; **"dirección prohibida"** "no entry"; **salir con ~ a** to leave for; **salió con ~ desconocida** he left for an unknown destination; **el tráfico con ~ a Barcelona** traffic for Barcelona; **trenes con ~ este** eastbound trains; **ir en ~ contraria** to go the other way; **de dos direcciones** (*Esp*): **calle de dos direcciones** two-way street; **conmutador de dos direcciones** two-way switch; **ir en ~ a** to go in the direction of, go towards, head for; **el taxi iba en ~ al aeropuerto** the taxi was going in the direction of *o* towards the airport, the taxi was heading for the airport; **el tráfico en ~ a Burgos** traffic for Burgos; **calle de ~ obligatoria** *o* **única** one-way street
2 (= *orientación*) way; **desconozco la ~ que están siguiendo los acontecimientos** I don't know which way events are going
3 (= *señas*) address; **su nombre y ~ completa** your full name and address; **la carta llevaba una ~ equivocada** the letter was wrongly addressed *o* had the wrong address; **poner la ~ a un sobre** to address an envelope ► **dirección absoluta** absolute address ► **dirección comercial** business address ► **dirección del remitente** return address ► **dirección electrónica** e-mail address ► **dirección particular** home address ► **dirección postal** postal address ► **dirección profesional** business address ► **dirección relativa** relative address
4 (= *control*) [*de empresa, hospital, centro de enseñanza*] running; [*de partido*] leadership; [*de película*] direction; **tomar la ~ de una empresa** to take over the running of a company; **le han confiado la ~ de la obra** he has been put in charge of the work; **se ha hecho cargo de la ~ de la orquesta** he's been appointed conductor of the orchestra; **con ~ de Polanski** directed by Polanski ► **dirección colectiva**, **dirección colegiada** (*Pol*) collective leadership ► **dirección de escena** stage management ► **dirección de orquesta** conducting ► **dirección empresarial** business management ► **dirección escénica** stage management
5 (= *personal directivo*) **la ~** [*de empresa, centro escolar*] the management; [*de partido*] the leadership; [*de periódico*] the editorial board; **"prohibido fumar en este local: la dirección"** "smoking is prohibited in this building: the management"; **habrá cambios en la ~ del partido** there will be changes in the party leadership
6 (= *cargo*) (*en colegio*) headship, principalship (*EEUU*); (*en periódico, revista*) editorship; (*en partido*) leadership; [*de gerente*] post of manager; [*de alto cargo*] directorship
7 (= *despacho*) (*en colegio*) headteacher's of-

fice, principal's office (*EEUU*); (*en periódico, revista*) editor's office; [*de gerente*] manager's office; [*de alto cargo*] director's office

8 (= *oficina principal*) head office ► **Dirección General de Seguridad** State Security Office, State Security Service ► **Dirección General de Turismo** State Tourist Office ► **dirección provincial** *regional office of a government department*

9 (*Aut, Náut*) steering; **tiene la ~ averiada** the steering is faulty; **mecanismo de ~** steering (mechanism) ► **dirección asistida**, **dirección hidráulica** (*LAm*) power steering

**direccional** Ⓐ ADJ directional

Ⓑ **direccionales** SFPL (*Col, Méx Aut*) indicators, turn signals (*EEUU*)

**direccionamiento** SM (*Inform*) addressing

**direccionar** ▸conjug 1a◂ VT 1 (*Inform*) to address

2 [+ *máquina, vehículo*] to operate

**directa** SF (*Aut*) top gear

**directamente** ADV directly; **fui ~ a casa** I went straight home

**directiva** SF 1 (= *dirección*) [*de empresa*] board of directors; [*de partido*] executive committee, leadership

2 (*Jur*) directive

3 **directivas** (= *instrucciones*) guidelines

**directivo(a)** Ⓐ ADJ [*junta*] managing; [*función*] managerial, administrative; [*clase*] executive

Ⓑ SM/F (*Com*) manager; **un congreso de los ~s de la industria** a conference for industry executives

**directo** Ⓐ ADJ 1 [*línea*] straight

2 [*pregunta, respuesta, lenguaje*] direct, straightforward; **es muy directa hablando** she's very direct

3 [*tren*] direct, through; [*vuelo*] direct, non-stop

4 **ir ~ a** to go straight to; **fui directa a la comisaría** I went straight *o* directly to the police station; **el balón fue ~ a portería** the ball went straight into the goal; **este tren va ~ a Granada** this is a through *o* direct train to Granada, this train goes direct to Granada

5 (= *sin intermediario*) direct; **recibo órdenes directas del sargento** I get my orders straight *o* direct from the sergeant

6 (*Ling*) [*complemento, traducción*] direct

7 (*Radio, TV*) **en ~** live; **una entrevista en ~** a live interview; **transmitir en ~** to broadcast live

Ⓑ SM (*Boxeo*) straight punch; (*Tenis*) forehand drive

**director(a)** Ⓐ ADJ [*consejo, junta*] governing; [*principio*] guiding

Ⓑ SM/F 1 (= *responsable*) [*de centro escolar*] headteacher, headmaster/headmistress, principal; [*de periódico, revista*] editor; (*Cine, TV*) director; [*de orquesta*] conductor; [*de hospital*] manager, administrator; [*de prisión*] governor, warden (*EEUU*) ► **director(a) artístico/a** artistic director ► **director(a) de cine** film director ► **director(a) de coro** choirmaster ► **director(a) de departamento** (*Univ*) head of department ► **director(a) de escena** stage manager ► **director(a) de funeraria** undertaker, funeral director, mortician (*EEUU*) ► **director(a) de interiores** (*TV*) studio director ► **director(a) de orquesta** orchestra conductor ► **director(a) de tesis** thesis supervisor, research supervisor

2 (*Com*) (= *gerente*) manager; (*de mayor responsabilidad*) director ► **director(a) adjunto/a** assistant manager ► **director(a) de empresa** company director ► **director(a) de exportación** export manager ► **director(a) de finanzas** financial director ► **director(a) de sucursal** branch manager ► **director(a) ejecutivo/a** executive director, managing director ► **director(a) general** general manager ► **director(a) gerente** managing director ► **director(a) técnico/a** technical manager

Ⓒ SM (*Rel*) ► **director espiritual** spiritual director

**directorial** ADJ (*Com*) managing, executive; **clase ~** managers *pl*, management class

**directorio** SM 1 (= *norma*) directive

2 (= *junta directiva*) directors *pl*, board of directors

3 (*Inform*) directory ► **directorio principal** root directory

4 ► **directorio de teléfonos**, **directorio telefónico** (*Méx*) telephone directory

**directriz** SF 1 (= *norma*) guideline

2 (*Mat*) directrix

**dirigencia** SF leadership

**dirigente** Ⓐ ADJ leading; **la clase ~** the ruling class

Ⓑ SMF (*Pol*) leader; **los ~s del partido** the party leaders ► **dirigente de la oposición** leader of the opposition

**dirigible** Ⓐ ADJ (*Aer, Náut*) steerable

Ⓑ SM dirigible, airship, blimp (*EEUU*)

**dirigido** ADJ [*misil*] guided; **~ a distancia** remote controlled

**dirigir** ▸conjug 3c◂ Ⓐ VT 1 (= *orientar*) [+ *persona*] to direct; [+ *asunto*] to advise, guide; **lo dirigió con ayuda de un mapa** she showed him the way *o* directed him with the help of a map; **¿por qué no vas tú delante y nos diriges?** why don't you go first and lead the way?; **un asesor le dirige las finanzas** a consultant advises him on his finances; **estos principios dirigen nuestra política** these are the guiding principles behind our policy; **dirigían sus pasos hacia la iglesia** they made their way *o* walked towards the church; *ver tb* **palabra 2**

2 (= *apuntar*) [+ *arma, telescopio*] to aim, point (**a, hacia** at); [+ *manguera*] to turn (**a, hacia** on), point (**a, hacia** at); **dirigió los focos al escenario** he pointed *o* directed the lights towards the stage; **ordenó ~ el fuego hacia el enemigo** he ordered them to direct *o* aim their fire at the enemy

3 (= *destinar*) 3·1 [+ *carta, comentario, pregunta*] to address (**a** to); **la carta iba dirigida al director** the letter was addressed to the editor

3·2 [+ *libro, programa, producto*] to aim (**a** at); **una publicación dirigida al mercado infantil** a publication aimed at the children's market

3·3 [+ *acusación, críticas*] to make (**a, contra** against), level (**a, contra** at, against); [+ *ataques*] to make (**a, contra** against); **dirigieron graves acusaciones contra el ministro** serious accusations were made against the minister, serious accusations were levelled at *o* against the minister; **le dirigieron fuertes críticas** he was strongly criticized, he came in for some strong criticism

3·4 [+ *esfuerzos*] to direct (**a, hacia** to, towards); **hay que ~ todos nuestros esfuerzos hacia este fin** we must direct all our efforts to this end

4 (= *controlar*) [+ *empresa, hospital, centro de enseñanza*] to run; [+ *periódico, revista*] to edit, run; [+ *expedición, país, sublevación*] to lead; [+ *maniobra, operación, investigación*] to direct, be in charge of; [+ *debate*] to chair; [+ *proceso judicial*] to preside over; [+ *tesis*] to supervise; [+ *juego, partido*] to referee; **dirige el Departamento de Biología** he runs the Biology Department; **el Partido Comunista dirigió los destinos del país durante siete décadas** the Communist Party controlled the fate of the country for seven decades; **el equipo de jugadores que dirige Muñoz** the team of players led by Muñoz; **dirigió la investigación desde Madrid** he directed the investigation from Madrid; **dirigió mal las negociaciones** he handled the negotiations badly, he mismanaged the negotiations; *ver tb* **cotarro 1**

5 (*Cine, Teat*) to direct

6 (*Mús*) [+ *orquesta, concierto*] to conduct; [+ *coro*] to lead; **¿quién ~á el coro?** who will be the choirmaster?, who will lead the choir?

7 (= *conducir*) [+ *coche*] to drive; [+ *barco*] to steer; [+ *caballo*] to lead; **dirigió su coche hacia la izquierda** he steered *o* drove his car towards the left

Ⓑ **dirigirse** VPR 1 (= *ir*) **~se a** *o* **hacia** to head for; **se dirigía a la oficina cuando lo arrestaron** he was on his way to *o* heading for the office when he was arrested; **se dirigió en su coche al aeropuerto** he drove to the airport; **se dirigió hacia él y le dio una bofetada** she went over to him and slapped him

2 (= *ponerse en contacto*) **~se a algn** (*oralmente*) to speak to sb, address sb (*frm*); (*por escrito*) to contact sb; **el presidente se dirigió a la nación** the president spoke to *o* (*frm*) addressed the nation; **¿se dirige usted a mí?** are you speaking to me?; **"diríjase a ..."** "contact ..."; **me dirijo a usted para solicitarle su ayuda** I am writing (to you) to request your help

3 (= *estar destinado*) **~se a algo** to be aimed at sth; **el programa se dirige a los adultos** the programme is aimed at *o* geared towards adults; **toda sus esfuerzos van dirigidos a conseguir un nuevo récord** she is concentrating all her efforts on setting a new record

**dirigismo** SM control ► **dirigismo estatal** state control

**dirigista** ADJ, SMF interventionist

**dirimente** ADJ [*argumento*] decisive; [*voto*] casting; [*opinión, decisión*] final

**dirimir** ▸conjug 3a◂ VT 1 [+ *contrato, matrimonio*] to dissolve, annul

2 [+ *disputa*] to settle

**discada** SF (*LAm*) collection of records

**discado** SM (*Andes, Cono Sur*) dialling, dialing (*EEUU*) ► **discado directo** direct dialling

**discapacidad** SF disability ► **discapacidad física** physical disability ► **discapacidad psíquica** mental disability

**discapacitado/a** Ⓐ ADJ incapacitated, disabled

Ⓑ SM/F disabled person ► **discapacitado/a psíquico/a** mentally disabled person

**discapacitar** ▸conjug 1a◂ VT to incapacitate, handicap

**discar** ▸conjug 1g◂ VT (*Andes, Cono Sur*) to dial

**discernidor** ADJ discerning, discriminating

**discernimiento** SM discernment

**discernir** ▸conjug 3k◂ Ⓐ VT [1] (= *distinguir*) to distinguish, discern; **~ una cosa de otra** to distinguish one thing from another
[2] (*Jur*) [+ *tutor*] to appoint
[3] (*esp LAm*) [+ *premio*] to award (**a** to)
Ⓑ VI to discern, distinguish (**entre** between)

**disciplina** SF [1] (= *normas*) discipline; **~ férrea** iron will ► **disciplina de partido, disciplina de voto** party discipline, party whip; **romper la ~ de voto** to defy the party whip ► **disciplina inglesa** bondage and discipline
[2] (*Dep*) discipline; **ganó en la ~ de suelo** she came first in the floor exercises

**disciplinante** SMF (*Rel*) flagellant, penitent

**disciplinar** ▸conjug 1a◂ VT [1] (= *instruir*) [+ *persona, instintos*] to discipline; [+ *soldados*] to drill
[2] (= *azotar*) to whip, scourge

**disciplinario** ADJ disciplinary

**discipulado** SM [1] (*Rel*) discipleship
[2] (= *personas*) pupils *pl*, student body

**discípulo/a** SM/F [1] (*Rel, Fil*) disciple
[2] (= *alumno*) pupil, student

**discjockey** [dis'jokei] SMF disc jockey

**disco**[1] SM [1] (*Mús*) record; **siempre está con el mismo ~** ◊ **no cambia de ~*** he's like a cracked record* ► **disco compacto** compact disc ► **disco de larga duración** long-playing record ► **disco de oro** golden disc ► **disco de plata** silver disc ► **disco de platino** platinum disc ► **disco microsurco** long-playing record ► **disco sencillo** single
[2] (*Inform*) disk ► **disco de arranque** startup disk, boot disk ► **disco de cabeza fija** fixed-head disk ► **disco duro, disco fijo** hard disk ► **disco flexible, disco floppy** floppy disk ► **disco magnético** magnetic disk ► **disco óptico** optical disk ► **disco rígido** hard disk ► **disco virtual** virtual disk
[3] (*Dep*) discus
[4] (= *señal*) (*Ferro*) signal ► **disco rojo** red light ► **disco verde** green light
[5] ► **disco de freno** (*Aut*) brake disc
[6] (*Telec*) dial
[7] ► **disco volante** flying saucer

**disco**[2]* SF (= *discoteca*) disco

**discóbolo/a** SM/F discus thrower

**discografía** SF [1] (= *discos publicados*) records *pl*; **toda la ~ de los Beatles** the Beatles' entire back catalogue, all the records released by the Beatles
[2] (= *colección*) record collection

**discográfica** SF record company, record label

**discográfico** ADJ record *antes de s*; **casa discográfica** record company, record label; **éxito ~** chart hit; **el momento ~ actual** the present state of the record industry

**díscolo** ADJ [1] (= *rebelde*) unruly
[2] (= *travieso*) mischievous

**disconforme** ADJ [*opinión*] differing; **estar ~** to be in disagreement, disagree (**con** with)

**disconformidad** SF disagreement; **en ~ con el espíritu olímpico** contrary to the Olympic spirit

**discontinuidad** SF lack of continuity, discontinuity

**discontinuo** ADJ discontinuous; **línea discontinua** (*Aut*) broken line

**discordancia** SF discord; **eso está en ~ con lo que dijo antes** that contradicts what she said earlier

**discordante** ADJ [1] (*Mús*) discordant
[2] [*opiniones*] clashing; **su traje fue la nota ~ en la reunión** his suit stuck out like a sore thumb in the meeting

**discordar** ▸conjug 1l◂ VI [1] (*Mús*) to be out of tune
[2] (= *estar en desacuerdo*) [*personas*] to disagree (**de** with); [*colores, opiniones*] to clash

**discorde** ADJ [1] (*Mús*) [*sonido*] discordant; [*instrumento*] out of tune
[2] [*opiniones*] clashing; **su actitud es ~ con la política del partido** his attitude is out of line with party policy
[3] **estar ~** [*personas*] to disagree (**de** with), be in disagreement (**de** with)

**discordia** SF discord, disagreement; **sembrar la ~** to sow discord

**discoteca** SF [1] (= *lugar de baile*) disco, club, nightclub
[2] (= *colección de discos*) record collection
[3] (*LAm*) (= *tienda*) record shop

**discotequero/a** Ⓐ ADJ disco *antes de s*; **yo no soy muy ~*** I'm not into clubbing *o* going to discos
Ⓑ SM/F nightclubber

**discreción** SF [1] (= *prudencia*) discretion; **tenemos que actuar con ~** we must act discreetly; **me callé por ~** I tactfully kept quiet
[2] **a ~: añadir azúcar a ~** add sugar to taste; **comer a ~** to eat as much as one likes; **con vino a ~** with as much wine as one wants; **¡a ~!** (*Mil*) stand easy!; **rendirse a ~** (*Mil*) to surrender unconditionally
[3] **a ~ de algn** at sb's discretion

**discrecional** ADJ [1] [*poder*] discretionary
[2] (= *facultativo*) optional; **parada ~** request stop, flag stop (*EEUU*); **servicio ~ de autobuses** private bus service

**discrecionalidad** SF discretional nature

**discrepancia** SF [1] (= *diferencia*) discrepancy
[2] (= *desacuerdo*) disagreement

**discrepante** ADJ [*visión, opiniones*] divergent; **hubo varias voces ~s** there were some dissenting voices

**discrepar** ▸conjug 1a◂ VI [1] (= *estar en desacuerdo*) to disagree (**de** with); **discrepamos en varios puntos** we disagree on a number of points; **discrepo de esa opinión** I disagree with that view
[2] (= *diferenciarse*) to differ (**de** from)

**discretamente** ADV [1] (= *sin notarse*) discreetly
[2] (= *sobriamente*) soberly
[3] (= *modestamente*) unobtrusively

**discretear** ▸conjug 1a◂ VI to try to be clever, be frightfully witty

**discreto** ADJ [1] (= *poco llamativo*) [*color, vestido*] sober; [*advertencia*] discreet
[2] [*persona*] (= *prudente*) discreet; (= *listo*) shrewd
[3] (= *mediano*) average, middling; **de inteligencia discreta** reasonably intelligent; **le daremos un plazo ~** we'll allow him a reasonable time; **unas ganancias discretas** modest profits
[4] (*Fís*) discrete

**discriminación** SF discrimination (**contra** against); ► **discriminación laboral** discrimination in the workplace ► **discriminación positiva** positive discrimination, affirmative action (*EEUU*) ► **discriminación racial** racial discrimination ► **discriminación sexual** sex discrimination

**discriminado** ADJ **sentirse ~** to feel that one has been unfairly treated *o* has been discriminated against

**discriminador** SM discriminator

**discriminar** ▸conjug 1a◂ Ⓐ VT [1] [+ *persona, colectivo*] to discriminate against
[2] [+ *colores, sabores*] to differentiate between
Ⓑ VI to discriminate (**entre** between)

**discriminatoriamente** ADV unfairly, in a biased way

**discriminatorio** ADJ discriminatory

▼ **disculpa** SF [1] (= *pretexto*) excuse
[2] (= *perdón*) apology; **pedir ~s a algn por algo** to apologize to sb for sth

**disculpable** ADJ excusable, pardonable

▼ **disculpar** ▸conjug 1a◂ Ⓐ VT (= *perdonar*) to excuse, forgive; **disculpa que venga tarde** forgive me for coming late; **¡discúlpeme!** I'm sorry!; **le disculpan sus pocos años** his youth is an excuse, his youth provides an excuse; **te ruego me disculpes con el anfitrión** please make my apologies to the host
Ⓑ **disculparse** VPR to apologize (**con** to); **se disculpó por haber llegado tarde** he apologized for arriving late

**disculpativo** ADJ apologetic

**discurrideras*** SFPL wits, brains

**discurrir** ▸conjug 3a◂ Ⓐ VT (= *inventar*) to think up; **esos chicos no discurren nada bueno** these lads are up to no good
Ⓑ VI [1] (= *recorrer*) to roam, wander (**por** about, along)
[2] [*río*] to flow
[3] [*tiempo*] to pass; **la sesión discurrió sin novedad** the meeting went off quietly; **el verano discurrió sin grandes calores** the summer passed without great heat
[4] (= *meditar*) to meditate (**en** about, on); **discurre menos que un mosquito** he just never thinks
[5] (= *hablar*) to discourse (**sobre** about, on)

**discursear** ▸conjug 1a◂ VI to speechify

**discursivo** ADJ discursive

**discurso** SM [1] (= *alocución*) speech; **pronunciar un ~** to make a speech, give a speech; **otra vez me soltó el mismo discursito de siempre** he gave me the same old lecture as always ► **discurso de clausura** closing speech
[2] (= *forma de hablar*) rhetoric; **su ~ nacionalista** his nationalist rhetoric
[3] (= *habla*) speech, faculty of speech; **análisis del ~** discourse analysis
[4] [*del tiempo*] **en el ~ del tiempo** with the passage of time; **en el ~ de cuatro generaciones** in the space of four generations

**discusión** SF [1] (= *riña*) argument; **eso no admite ~** there can be no argument about that; **tener una ~** to have an argument
[2] (= *debate*) discussion; **estar en ~** to be under discussion ► **discusión de grupo** group discussion

➤ LENGUA Y USO: **disculpa** 45.1 **disculpar A** 45.1

**discutibilidad** SF debatable nature

▼**discutible** ADJ debatable, arguable; **80.000 pesetas ~s** 80,000 pesetas o.n.o.; **es ~ si ...** it is debatable *o* arguable whether ...; **de mérito ~** of dubious worth

**discutido** ADJ [1] (= *hablado*) much-discussed
[2] (= *controvertido*) controversial; **su éxito fue discutidísimo** their success was highly controversial

**discutidor** ADJ argumentative, disputatious

▼**discutir** ▸conjug 3a◂ Ⓐ VT [1] (= *debatir*) [+ *plan, proyecto, idea*] to discuss; [+ *precio*] to argue about
[2] (= *contradecir*) to question, challenge; **~ a algn lo que está diciendo** to question *o* challenge what sb is saying
Ⓑ VI [1] (= *dialogar*) to discuss, talk
[2] (= *disputar*) to argue (**de, sobre** about, over); **¡no discutas!** don't argue!; **no le discutas porque él sabe más que tú del tema** don't argue with him because he knows more about the subject than you do; **~ de política** to argue about politics, talk politics

**discutón*** ADJ argumentative

**disecar** ▸conjug 1g◂ VT [1] (*Med*) to dissect
[2] (*para conservar*) [+ *animal*] to stuff; [+ *planta*] to preserve, mount

**disección** SF [1] (*Med*) dissection
[2] (= *de animal*) stuffing; (*de plantas*) preserving, mounting

**diseccionar** ▸conjug 1a◂ VT to dissect, analyse

**diseminación** SF [*de ideas*] dissemination; [*de semillas*] scattering ► **diseminación nuclear** spread of nuclear weapons

**diseminar** ▸conjug 1a◂ VT to spread, disseminate (*frm*)

**disensión** SF disagreement, dissension

**disentería** SF dysentery

**disentimiento** SM dissent, disagreement

**disentir** ▸conjug 3i◂ VI to dissent (**de** from), disagree (**de** with)

**diseñador(a)** SM/F designer ► **diseñador(a) de modas** fashion designer ► **diseñador(a) gráfico/a** graphic designer

**diseñar** ▸conjug 1a◂ VT [1] (*Téc*) to design
[2] (*Arte*) to draw, sketch
[3] (*con palabras*) to outline

**diseño** SM [1] (= *actividad*) design; **de ~ italiano** Italian-designed; **camisa de ~** designer shirt; **un asiento con ~ ergonómico** an ergonomically-designed seat ► **diseño asistido por ordenador, diseño asistido por computador** (*LAm*) computer-aided design ► **diseño de interiores** interior design ► **diseño de modas** fashion design ► **diseño gráfico** graphic design ► **diseño industrial** industrial design ► **diseño textil** textile design
[2] (= *dibujo*) (*Arte*) drawing, sketch; (*Cos*) pattern

**disertación** SF dissertation

**disertar** ▸conjug 1a◂ VI to discourse (**acerca de, sobre** upon); **~ largamente sobre algo** to speak at length about sth

**disfavor** SM disfavour, disfavor (*EEUU*)

**disforme** ADJ [1] (= *mal hecho*) ill-proportioned, badly-proportioned
[2] (= *monstruoso*) monstrous

**disforzado*** ADJ (*Andes*) [1] (= *santurrón*) prim, prudish
[2] (= *descarado*) cheeky*, sassy (*EEUU*)

**disfraz** SM [1] (= *traje*) (*para una fiesta*) fancy dress, costume (*EEUU*); (*para engañar a algn*) disguise; **yo fui a la fiesta con un ~ de pirata** I went to the party dressed as a pirate *o* in a pirate costume; **llevaba un ~ de hombre** she was disguised as a man; **baile de disfraces** fancy-dress ball
[2] (= *pretexto*) facade (**de** for); **bajo el ~ de algo** under the cloak of sth
[3] (*Mil*) camouflage

**disfrazado** ADJ disguised (**de** as); **ir ~ de algo** (*para ocultar algo*) to masquerade as sth; (*para fiesta*) to dress up as sth

**disfrazar** ▸conjug 1f◂ Ⓐ VT [1] [+ *persona*] to disguise (**de** as); **lo ~on de soldado** they disguised him as a soldier
[2] (= *ocultar*) [+ *sentimiento, verdad, intención*] to disguise, conceal; [+ *sabor*] to disguise
[3] (*Mil*) to camouflage
Ⓑ **disfrazarse** VPR [*persona*] (*para una fiesta*) to dress up (**de** as); (*para ocultarse de algo*) to disguise o.s. (**de** as)

▼**disfrutar** ▸conjug 1a◂ Ⓐ VT [1] (= *gozar de*) to enjoy; **espero que disfrutes tus vacaciones** I hope you enjoy your holiday
[2] (*frm*) (= *poseer*) to enjoy; **disfruta una posición inmejorable en el mercado** it enjoys an excellent market position
Ⓑ VI [1] (= *gozar*) to enjoy o.s.; **los niños disfrutan en la piscina** the children enjoy themselves in the swimming pool; **disfruté muchísimo hablando con ella** I very much enjoyed talking to her; **¡que disfrutes!** enjoy yourself!; **~ con algo** to enjoy sth; **Juan disfruta con el buen cine** Juan enjoys good films; **~ de algo** to enjoy sth; **tú sabes ~ de la vida** you know how to enjoy life
[2] **~ de algo** (= *poseer*) to enjoy sth; **disfruta de excelente salud** he enjoys excellent health; **disfrutan de una pensión del Estado** they enjoy *o* receive a state pension

**disfrute** SM enjoyment; **todos tenemos derecho al ~ de unas vacaciones** we all have the right to enjoy *o* have holidays

**disfuerzo** SM (*Andes*) [1] (= *descaro*) impudence, effrontery
[2] (= *remilgo*) prudishness
[3] **disfuerzos** (= *amenazas*) threats, bravado *sing*

**disfunción** SF malfunction

**disfuncionalidad** SF malfunction

**disgregación** SF [1] [*de grupo*] disintegration, breaking up
[2] [*de roca*] breaking up

**disgregar** ▸conjug 1h◂ Ⓐ VT [+ *grupo*] to break up; [+ *manifestantes*] to disperse
Ⓑ **disgregarse** VPR to disintegrate, break up (**en** into)

**disgresión** SF digression

**disgustar** ▸conjug 1a◂ Ⓐ VT to upset; **comprendí que le disgustaba mi presencia** I realized that my presence upset him; **me disgusta tener que repetirlo** I don't like having to repeat it; **es un olor que me disgusta** it's a smell I don't like; **estaba muy disgustado con el asunto** he was very displeased *o* upset about the matter
Ⓑ **disgustarse** VPR [1] (= *enfadarse*) to get upset
[2] (= *molestarse*) to be displeased, be offended (**con** about)
[3] [*amigos*] to fall out (**con** with)

**disgusto** SM [1] (= *pena*) **la noticia me causó un gran ~** I was very upset by the news; **eso te va a costar un ~** that is going to get you into trouble; **vas a darle un ~ a mamá con tan malas notas** Mum's going to be upset about those bad marks of yours; **nunca nos dio un ~** he never caused us any worry *o* trouble; **vas a matar a tu madre a ~s*** you'll be the death of your mother*, you'll send your mother to an early grave*; **—la han despedido —¡qué ~!** "they've fired her" — "that's terrible *o* awful!"
[2] (= *riña*) quarrel, row; **como sigas así, tú y yo tendremos un ~** if you carry on like that, we're going to fall out
[3] **a ~: hacer algo a ~** to do sth unwillingly; **estar** *o* **sentirse a ~** to be *o* feel ill at ease

**disidencia** SF [1] (*Pol*) dissidence
[2] (*Rel*) dissent

**disidente** Ⓐ ADJ (*Pol*) dissident
Ⓑ SMF [1] (*Pol*) dissident
[2] (*Rel*) dissenter, nonconformist

**disidir** ▸conjug 3a◂ VI to dissent

**disílabo** Ⓐ ADJ disyllabic
Ⓑ SM disyllable

**disímil** ADJ not alike, dissimilar

**disimilación** SF dissimilation

**disimulación** SF [1] (= *cualidad*) dissimulation
[2] [*de objeto, puerta*] concealment

**disimuladamente** ADV [1] (= *solapadamente*) furtively
[2] (= *astutamente*) cunningly, slyly
[3] (= *ocultamente*) covertly

**disimulado** ADJ [1] (= *solapado*) furtive, underhand
[2] (= *astuto*) sly
[3] (= *oculto*) covert; **estaba ~ entre unos papeles** it was hidden among some papers; ✦**MODISMO hacerse el ~** to pretend not to notice

**disimular** ▸conjug 1a◂ Ⓐ VT [1] [+ *emoción, alegría, tristeza*] to hide, conceal; **no pudo ~ lo que sentía** he couldn't hide *o* conceal what he felt
[2] [+ *defecto, roto*] to cover up, hide; [+ *sabor, olor*] to hide; **disimuló la mancha con un poco de pintura** she covered up *o* hid the mark with a bit of paint
[3] (†) (= *perdonar*) to excuse
Ⓑ VI (= *fingir*) to pretend; **lo sé todo, así que no disimules** I know everything so don't bother pretending; **has sido tú, no disimules** it was you, don't pretend it wasn't; **ahí está Juan: disimula** there's Juan: pretend you haven't seen him

**disimulo** SM [1] (= *fingimiento*) dissimulation; **con ~** cunningly, craftily
[2] (= *tolerancia*) tolerance

**disimulón*** ADJ furtive, shady

**disipación** SF [*de costumbres*] dissipation; [*de dinero*] squandering; [*de niebla*] lifting

**disipado** ADJ [1] (= *libertino*) dissipated
[2] (= *derrochador*) extravagant

**disipador(a)** SM/F spendthrift

**disipar** ▸conjug 1a◂ Ⓐ VT [1] (*Meteo*) [+ *niebla*] to drive away; [+ *nubes*] to disperse
[2] (= *hacer desaparecer*) [+ *duda, temor*] to dispel, remove; [+ *esperanza*] to destroy
[3] [+ *dinero*] to squander, fritter away (**en** on)
Ⓑ **disiparse** VPR [1] (*Meteo*) [*niebla*] to lift;

➤ LENGUA Y USO: **discutible** 53.6 **discutir A** 53.6 **disfrutar B1** 34.2

[*nubes*] to disperse
**2** [*dudas*] to be dispelled

**disjunto** ADJ separate, discrete

**diskette** SM = **disqueta**

**dislate** SM **1** (= *absurdo*) absurdity; **eso es un ~** that's an absurd *o* ridiculous thing to do
**2 dislates** (= *disparates*) nonsense *sing*; **un texto cargado de ~s** a text full of nonsense *o* stupid comments

**dislexia** SF dyslexia

**disléxico/a** ADJ, SM/F dyslexic

**dislocación** SF **1** (*Med*) dislocation
**2** [*de estado*] dismemberment

**dislocado** ADJ **1** (*Med*) dislocated
**2** (= *alocado*) wild, unrestrained

**dislocar** ▸conjug 1g◂ Ⓐ VT (*Med*) to dislocate
Ⓑ **dislocarse** VPR (*Med*) **~se el tobillo** to dislocate one's ankle; **se le ha dislocado el hombro** he has dislocated his shoulder

**disloque*** SM **1** (= *locura*) **al llegar la medianoche aquello fue ya el ~** when midnight came it was utter madness; **es el ~** it's the last straw
**2** (= *confusión*) confusion

**disminución** SF **1** (= *reducción*) [*de población, cantidad*] decrease, drop, fall; [*de precios, temperaturas*] drop, fall; [*de velocidad*] decrease, reduction; **una ~ en las importaciones** a drop *o* fall in imports; **la ~ de la capa de ozono** the depletion of the ozone layer; **uno de los síntomas es la ~ de la actividad política** one of the symptoms is a decrease in political activity; **continuar sin ~** to continue unchecked *o* unabated
**2** (*Med*) [*de dolor*] reduction; [*de fiebre*] drop, fall
**3** (*Cos*) [*de puntos*] decreasing

**disminuido/a** Ⓐ ADJ **1** (= *achicado*) inadequate; **no me siento ~ ante nadie** there's no one that makes me feel inadequate
**2** (*Med*) handicapped
**3** (*Econ*) [*intervalo, valor*] diminished
Ⓑ SM/F (*Med*) handicapped person; **un centro para ~s** a centre for the disabled *o* the handicapped ► **disminuido/a físico/a** physically-handicapped person ► **disminuido/a psíquico/a** mentally handicapped person ► **disminuido/a visual** visually handicapped person

**disminuir** ▸conjug 3g◂ Ⓐ VT **1** (= *reducir*) [+ *nivel, precio, gastos, intereses*] to reduce, bring down; [+ *riesgo, incidencia, dolor*] to reduce, lessen; [+ *temperatura*] to lower, bring down; [+ *prestigio, autoridad*] to diminish, lessen; [+ *fuerzas*] to sap; [+ *entusiasmo*] to dampen; **algunos bancos han disminuido en un 0,15% sus tipos de interés** some banks have reduced *o* brought down their interest rates by 0.15%; **hemos tenido que ~ la dosis** we've had to reduce the dose; **las vacunas disminuyen la resistencia a otros virus** vaccinations lower resistance to other germs; **disminuyó la velocidad para tomar la curva** she slowed down *o* reduced her speed to go round the bend; **durante el día disminuyen la vigilancia** security is not so strict during the day; **esta medicina me disminuye las fuerzas** this medicine is making me weaker *o* sapping my strength
**2** (*Cos*) [+ *puntos*] to decrease
Ⓑ VI **1** (= *decrecer*) [*número, población*] to decrease, drop, fall; [*temperatura, precios*] to drop, fall; [*distancia, diferencia, velocidad, tensión*] to decrease; [*fuerzas, autoridad, poder*] to diminish; [*días*] to grow shorter; [*luz*] to fade; [*prestigio, entusiasmo*] to dwindle; **ha disminuido la tasa de natalidad** the birth rate has decreased *o* dropped *o* fallen; **el número de asistentes ha disminuido últimamente** attendance has decreased *o* dropped *o* fallen recently; **ya le está disminuyendo la fiebre** his temperature is dropping *o* falling now; **el paro disminuyó en un 0,3%** unemployment dropped *o* fell by 0.3%; **su poder disminuyó con el paso del tiempo** his power diminished as time went by; **con esta pastilla te ~á el dolor** this tablet will relieve *o* ease your pain
**2** (= *empeorar*) [*memoria, vista*] to fail
**3** (*Cos*) [*puntos*] to decrease

**Disneylandia** SF Disneyland

**disociable** ADJ separable

**disociación** SF dissociation

**disociar** ▸conjug 1b◂ Ⓐ VT to dissociate (**de** from)
Ⓑ **disociarse** VPR to dissociate o.s. (**de** from)

**disoluble** ADJ soluble

**disolución** SF **1** (= *acto*) dissolution
**2** (*Quím*) solution ► **disolución de goma** rubber solution
**3** (*Com*) liquidation
**4** (*moral*) dissoluteness, dissipation

**disoluto** ADJ dissolute

**disolvente** SM solvent

**disolver** ▸conjug 2h◂ (*pp* **disuelto**) Ⓐ VT **1** [+ *azúcar, sal*] to dissolve
**2** [+ *contrato, matrimonio, parlamento*] to dissolve
**3** [+ *manifestación*] to break up; (*Mil*) to disband
Ⓑ **disolverse** VPR **1** [*azúcar, sal*] to dissolve
**2** (*Com*) to go into liquidation
**3** (= *deshacerse*) [*manifestación*] to break up; [*parlamento*] to dissolve

**disonancia** SF **1** (*Mús*) dissonance
**2** (= *falta de armonía*) discord; **hacer ~ con algo** to be out of harmony with sth

**disonante** ADJ **1** (*Mús*) dissonant
**2** (= *discordante*) discordant

**disonar** ▸conjug 1l◂ VI **1** (*Mús*) to be out of tune
**2** (= *no armonizar*) to lack harmony; **~ con algo** to be out of keeping with sth, clash with sth

**dísono** ADJ discordant

**dispar** ADJ [*opiniones, aficiones*] different, disparate; [*rendimiento*] inconsistent

**disparada** SF (*LAm*) **1** (= *salida apresurada*) sudden departure; **ir a la ~** to go at full speed; **irse a la ~** to be off like a shot; **tomar la ~** (*Cono Sur**) to beat it*
**2** (= *prisa*) rush

**disparadero** SM trigger, trigger mechanism; ♦**MODISMO poner a algn en el ~** to drive sb to distraction

**disparado** ADJ **1** (= *con prisa*) **entrar ~** to shoot in; **ir ~** to go like mad; **salir ~** to shoot out, be off like a shot
**2** (*Caribe‡*) randy*, horny‡

**disparador** Ⓐ ADJ (*Méx**) lavish
Ⓑ SM **1** [*de arma*] trigger
**2** (*Téc*) [*de cámara fotográfica*] release; [*de reloj*] escapement ► **disparador automático** delayed action release ► **disparador de bombas** bomb release

**disparar** ▸conjug 1a◂ Ⓐ VT **1** [+ *arma de fuego, proyectil, tiro*] to fire; [+ *flecha*] to shoot; [+ *gatillo*] to pull; **le ~on tres balazos** they fired three shots at him
**2** (*Dep*) [+ *penalti, falta*] to take
**3** (*Fot*) **para ~ la cámara, aprieta el botón** to take a photograph, press the button; **los paparazzi ~on sus cámaras al verla salir** the paparazzi clicked their cameras when they saw her come out; **dispara el flash, que está oscuro** use the flash, it's dark; **"prohibido disparar el flash"** "no flash photography"
**4** [+ *consumo, precio*] **la subida del petróleo ha disparado la inflación** the rise in oil prices has caused inflation to shoot up
**5** (= *hacer saltar*) [+ *alarma*] to trigger, set off; [+ *proceso, reacción*] to spark, spark off
Ⓑ VI **1** (*con un arma*) to shoot, fire; **¡quieto o disparo!** stop or I'll shoot *o* fire!; **los cazadores ~on al ciervo** the hunters shot *o* fired at the deer; **le ~on a la cabeza** they shot *o* fired at his head; **la policía disparó contra los manifestantes** the police fired on *o* shot at the demonstrators; **¡no dispares!** don't shoot!; **el asesino disparó a matar** the murderer shot to kill; **¡disparad!** fire!; **apuntó al blanco y disparó** he aimed at the target and fired
**2** (*Dep*) to shoot; **el delantero disparó a puerta** the forward shot at *o* for goal
**3** (*Fot*) to shoot; **¡enfoca y dispara!** focus the camera and shoot
**4** (*Méx**) (= *gastar mucho*) to spend lavishly
**5** = **disparatar**
Ⓒ **dispararse** VPR **1** [*arma de fuego*] to go off, fire
**2** [*alarma*] to go off
**3** [*consumo, precios, inflación*] to shoot up, rocket
**4** [*pánico, violencia*] to take hold
**5** (*al hablar*) to get carried away*
**6** (*LAm*) (= *marcharse*) to rush off, shoot off*

**disparatadamente** ADV absurdly, nonsensically

**disparatado** ADJ crazy, nonsensical

**disparatar** ▸conjug 1a◂ VI **1** (= *decir disparates*) to talk nonsense
**2** (= *hacer disparates*) to behave foolishly

**disparate** SM **1** (= *comentario*) foolish remark; **¡no digas ~s!** don't talk nonsense!; **¡qué ~!** what rubbish!, how absurd!
**2** (= *acción*) **sacar el coche con esta niebla es un ~** taking the car out in this fog is just crazy *o* is a stupid thing to do; **está tan desesperado que es capaz de cualquier ~** he's so desperate he's capable of doing something really stupid
**3** (= *error*) blunder; **hiciste un ~ protestando** it was foolish of you to complain
**4** (*) **había un ~ de gente** there were absolutely loads of people; **costar un ~** to cost a ridiculous amount; **reírse un ~** to laugh o.s. silly
**5** (*Arquit*) folly

**disparejo** ADJ **1** (= *diferente*) different
**2** (= *desnivelado*) uneven; **los dos cuadros estaban ~s en la pared** the two pictures weren't level with each other on the wall

**disparidad** SF disparity

**disparo** SM [1] (= *tiro*) shot; **se oyeron varios ~s** some shooting was heard; **hacer ~s al aire** to fire into the air, shoot into the air ► **disparo de advertencia, disparo de intimidación** warning shot; (*Náut*) shot across the bows ► **disparo de salida** starting shot ► **disparo inicial** [*de cohete*] blast-off
[2] (*Dep*) shot; **un buen ~ del delantero** a good shot by the striker
[3] (*Mec*) release

**dispendiador** ADJ free-spending, big-spending

**dispendio** SM waste

**dispendioso** ADJ expensive

**dispensa** SF [1] (= *exención*) exemption (**de** from)
[2] (*Rel*) dispensation

**dispensabilidad** SF dispensable nature

**dispensable** ADJ dispensable

**dispensación** SF dispensation

**dispensador** SM dispenser

**dispensadora** SF ► **dispensadora de monedas** change machine

**dispensar** ►conjug 1a◄ Ⓐ VT [1] (= *conceder*) [+ *ayuda*] to give; [+ *honores*] to grant; [+ *atención*] to pay; [+ *acogida*] to give, accord; [+ *receta*] to dispense
[2] (= *perdonar*) to excuse; **¡dispénseme usted!** I beg your pardon!, sorry!; **~ que algn haga algo** to excuse sb for doing sth
[3] (= *eximir*) to exempt (**de** from), excuse (**de** from); **~ a algn de una obligación** to excuse sb from an obligation; **me ~on del pago de la multa** they waived my fine, they excused me from payment of the fine; **~ a algn de hacer algo** to excuse sb from doing sth; **le han dispensado de hacer gimnasia** he's been excused from doing gymnastics; **así el cuerpo queda dispensado de ese esfuerzo** thus the body is freed from that effort *o* relieved of that effort
Ⓑ **dispensarse** VPR **no puedo ~me de esa obligación** I cannot escape that duty

**dispensario** SM [1] (= *clínica*) community clinic
[2] (*en hospital*) outpatients' department

**dispepsia** SF dyspepsia

**dispéptico** ADJ dyspeptic

**dispersar** ►conjug 1a◄ Ⓐ VT [+ *multitud, grupo*] to disperse, scatter; [+ *manifestación*] to break up; [+ *enemigo*] to rout
Ⓑ **dispersarse** VPR [*multitud, grupo*] to disperse, scatter; [*manifestación*] to break up

**dispersión** SF [1] (= *acto*) [*de grupo, multitud*] dispersion; [*de manifestación*] breaking up; [*de energía, neutrones*] diffusion
[2] (= *resultado*) dispersal

**disperso** ADJ [1] (= *diseminado*) scattered, dispersed; **~s en** *o* **por** scattered across *o* over
[2] [*discurso, mente*] unfocussed, unfocused (*EEUU*)

**displicencia** SF [1] (= *mal humor*) peevishness
[2] (= *desgana*) lack of enthusiasm; **trató a sus invitados con ~** he treated his guests in an offhand manner

**displicente** ADJ [1] (= *malhumorado*) peevish
[2] (= *poco entusiasta*) unenthusiastic
[3] (= *despreciativo*) offhand, disdainful

**disponer** ►conjug 2q◄ (*pp* **dispuesto**) Ⓐ VT [1] (= *colocar*) (*por orden*) to arrange; (*en fila*) to line up; (*de otro modo*) to set out; **dispuso los discos por orden alfabético** he arranged the records in alphabetical order; **dispuso a los niños de dos en dos** he lined up the children in twos; **dispuso los cubiertos sobre la mesa** he set out the cutlery on the table; **dispón las sillas en círculo** set out *o* arrange the chairs in a circle
[2] (= *preparar*) to prepare, get ready; **dispuso la sala para el concierto** he prepared the hall *o* he got the hall ready for the concert; **~ la mesa** to lay the table
[3] (= *mandar*) [3·1] [*persona, comisión*] to order; [*juez*] to rule, decree, order; **dispuso cerrar todas las puertas** he ordered all the doors to be shut; **el general dispuso que no saliera nadie** the general gave orders that *o* ordered that nobody was to go out; **el médico dispuso que guardara cama** the doctor ordered that she should stay in bed; **se dispuso que debía abandonar el país** it was decreed that he should leave the country; **mis padres lo han dispuesto así** my parents have decided that it should be that way; **el juez ha dispuesto que tenía que pagar la multa** the judge ruled *o* decreed *o* ordered that he must pay the fine
[3·2] (*en código, testamento*) to lay down, stipulate; **el artículo 52 dispone que …** Article 52 lays down *o* stipulates that …; **dispuso que su patrimonio no fuera dividido** she laid down *o* stipulated that her estate should not be divided
Ⓑ VI [1] **~ de algo** (= *tener*) to have sth (at one's disposal); **no dispongo de dinero suficiente** I don't have enough money (at my disposal); **disponemos de muy poco tiempo** there is very little time available (to us), we have very little time (at our disposal); **los medios de que disponemos** the means available to us, the means at our disposal; **dispone de coche propio** he has his own car; **dispone de quince días para apelar** you have fifteen days to appeal
[2] **~ de algo** (= *hacer uso de*) to make use of sth, use sth; **no puede ~ de esos bienes hasta que él muera** she cannot make use of *o* use those assets until his death; **puede ~ de mí para lo que necesites** I am at your disposal for whatever you might need
Ⓒ **disponerse** VPR [1] **~se a hacer algo** (= *estar a punto de*) to be about to do sth; (= *decidir*) to resolve to do sth; **en ese momento nos disponíamos a salir** at that moment we were about to go out; **me dispuse a cumplir con mi deber** I resolved to do my duty
[2] (= *colocarse*) **~se para algo** to get into position for sth; **los coches se disponían para la salida** the cars were getting into position for the start

**disponibilidad** SF [1] [*de persona, producto*] availability; **empleado en ~** unposted employee, employee available for posting
[2] **disponibilidades** (*Com*) resources, liquid assets; **~es líquidas** available liquid assets

**disponible** ADJ [1] (= *libre*) [*asiento, habitación, dinero*] available; [*tiempo*] spare; **quedan varias plazas ~s** there are various seats available; **no nos queda ninguna habitación ~** we don't have any vacancies *o* any rooms available; **este mes no tengo tiempo ~** I can't spare *o* I don't have the time this month
[2] **estar ~** [*persona, habitación*] to be available, be free; **si me necesitas, por las tardes estoy ~** if you need me, I'm available *o* free in the afternoons; **¿a qué hora estará ~ la habitación?** what time will the room be available *o* free?; **la casa ya está ~ para que la ocupéis** the house is now ready for you to move in
[3] [*militar*] available, available for duty

**disposición** SF [1] (= *colocación*) [*de muebles, capítulos*] arrangement; [*de casa, habitación*] layout; **la ~ del escenario** the layout of the stage
[2] (= *disponibilidad*) disposal; **a ~ de algn** at sb's disposal; **un número de teléfono a ~ del público** a telephone number for public use *o* at the public's disposal; **estamos a tu ~ para lo que haga falta** we are at your disposal for whatever you may need; **puso su cargo a ~ de la asamblea** he offered his resignation to the assembly; **pasar a ~ judicial** to be taken into custody; **tener algo a su ~** to have sth at one's disposal, have sth available
[3] (= *voluntad*) willingness; **han demostrado su ~ hacia el diálogo** they have shown their willingness to enter into a dialogue; **estar en ~ de hacer algo** (= *con ánimo de*) to be ready *o* willing to do sth; (= *en condiciones de*) to be in a position to do sth ► **disposición de ánimo** frame of mind
[4] (= *aptitud*) aptitude, talent (**para** for); **no tenía ~ para la pintura** he had no aptitude *o* talent for painting
[5] (*Jur*) (= *cláusula*) provision; (= *norma*) regulation; **según las disposiciones del código** according to the provisions of the statute; **una ~ ministerial** a ministerial order *o* regulation; **última ~** last will and testament
[6] **disposiciones** (= *medidas*) arrangements; **adoptar** *o* **tomar las disposiciones para algo** to make arrangements for sth

**dispositivo** SM [1] (*Mec*) (= *aparato*) device; (= *mecanismo*) mechanism ► **dispositivo de alimentación** hopper ► **dispositivo de arranque** starting mechanism ► **dispositivo de seguridad** (= *mecanismo*) safety catch, safety (*EEUU*); (= *medidas*) security measures *pl* ► **dispositivo intrauterino** intrauterine device, coil ► **dispositivo periférico** peripheral device
[2] **dispositivos** (*Mil*) forces ► **dispositivos de seguridad** security forces

**dispuesto** Ⓐ PP *de* **disponer**
Ⓑ ADJ [1] (= *preparado*) arranged, ready; **todo está ~ para las elecciones** everything is set *o* arranged *o* ready for the elections; **~ según ciertos principios** arranged according to certain principles; **los platos están ya ~s en la mesa** the plates are already laid out *o* set on the table; **¿estáis ~s para salir?** are you ready to leave?
[2] (= *decidido*) willing; **es una persona muy dispuesta** she's always ready and willing; **estar ~ a: estábamos ~s al diálogo** we were willing *o* prepared to discuss the matter; **estoy ~ a ir a juicio si fuera necesario** I am quite prepared to go to court if necessary; **no estoy ~ a que me insulten** I refuse to be insulted; **bien ~** well-disposed; **estaba bien ~ hacia su oferta** he was well-disposed to their offer; **mal ~** ill-disposed; **poco ~** reluctant, unwilling; **parece poco dispuesta a colaborar** she seems reluctant *o* unwilling to cooperate

**doce** Ⓐ ADJ INV, PRON (*gen*) twelve; (*ordinal, en la fecha*) twelfth; **las ~** twelve o'clock; **le escribí el día ~** I wrote to him on the twelfth
Ⓑ SM (= *número*) twelve; (= *fecha*) twelfth; *ver tb* **seis**

**doceavo** Ⓐ ADJ twelfth
Ⓑ SM [1] (*numeral*) twelfth
[2] (*Tip*) **en ~** in duodecimo

**docena** SF dozen; **media ~ de huevos** half a dozen eggs; **a** *o* **por ~s** by the dozen ► **docena del fraile** baker's dozen

**docencia** SF teaching

**doceno** ADJ twelfth

**docente** Ⓐ ADJ teaching *antes de s*; **centro ~** educational institution; **personal ~** teaching staff; **personal no ~** non-academic staff
Ⓑ SMF teacher

**dócil** ADJ [*animal*] docile; [*persona*] submissive, meek

**docilidad** SF [*de animal*] docility; [*de persona*] submissiveness, meekness

**dócilmente** ADV meekly

**doctamente** ADV learnedly

**docto/a** Ⓐ ADJ learned, erudite
Ⓑ SM/F scholar, learned person

**doctor(a)** Ⓐ SM/F (*Med, Univ*) doctor; **fue investido ~ honoris causa** he was made an honorary doctor; ✦***REFRÁN*** **~es tiene la Iglesia** there are plenty of people well able to pass an opinion (on that) ► **doctor(a) en derecho** doctor of laws ► **doctor(a) en filosofía** Doctor of Philosophy
Ⓑ SM (*Rel*) father, saint

**doctorado** SM doctorate, PhD; **estudiante de ~** PhD student

**doctoral** ADJ [1] [*tesis, conferencia*] doctoral
[2] [*tono*] pedantic, pompous

**doctorando/a** SM/F PhD student

**doctorar** ▸conjug 1a◂ Ⓐ VT to confer a doctorate on
Ⓑ **doctorarse** VPR to receive *o* get one's PhD *o* doctorate

**doctrina** SF [1] (= *ideología*) doctrine
[2] (= *enseñanza*) teaching

**doctrinal** ADJ doctrinal

**doctrinar** ▸conjug 1a◂ VT to teach

**doctrinario/a** Ⓐ ADJ doctrinaire
Ⓑ SM/F doctrinarian

**doctrinero** SM (*LAm*) parish priest (*among Indians*)

**docudrama** SM docudrama, dramatized documentary

**documentación** SF [1] [*de vehículo*] documentation ► **documentación del barco** ship's papers *pl*
[2] [*de persona*] papers *pl*, documents *pl*; **la ~, por favor** your papers, please
[3] (*Prensa*) reference section

**documentadamente** ADV in a well-informed way

**documentado** ADJ [1] (= *informado*) **un libro bien ~** a well documented *o* researched book; **no estaba bien ~** I was not very well informed (about the subject)
[2] (= *con documentación*) **no voy ~** I don't have my papers with me

**documental** ADJ, SM documentary

**documentalista** SMF [1] (*TV*) documentary maker
[2] (*en biblioteca*) documentalist

**documentar** ▸conjug 1a◂ Ⓐ VT to document
Ⓑ **documentarse** VPR to do research, do one's homework

**documento** SM [1] (= *escrito*) document ► **documento justificativo** voucher, certificate ► **documento nacional de identidad** identity card; → [DNI] ► **documentos de envío** dispatch documents ► **documentos del coche** car documents
[2] (= *certificado*) certificate
[3] (= *testimonio*) document; **es un ~ vivo de aquella época** it is a living document of that period

**dodecafónico** ADJ dodecaphonic

**dodecafonismo** SM twelve-tone system, dodecaphonism

**dodecágono** SM dodecagon

**dodo** SM, **dodó** SM dodo

**dodotis**® SM INV nappy, diaper (*EEUU*)

**dogal** SM [1] (*para animal*) halter
[2] (*para ahorcar*) noose; **estar con el ~ al cuello** to be in a terrible fix *o* jam

**dogma** SM dogma

**dogmáticamente** ADV dogmatically

**dogmático** ADJ dogmatic

**dogmatismo** SM dogmatism

**dogmatizador(a)** SM/F dogmatist

**dogmatizar** ▸conjug 1f◂ VI to dogmatize

**dogo** SM bull mastiff ► **dogo alemán** Great Dane

**dola*** SF = **pídola**

**dolamas** SFPL, **dolames** SFPL [*de un caballo*] hidden defects; (*LAm**) chronic illness *sing*

**dólar** SM dollar; *ver tb* **montado 4**

**dolencia** SF ailment

**doler** ▸conjug 2h◂ Ⓐ VI [1] (*Med*) to hurt; **¿(te) duele?** does it hurt?; **la inyección no duele** the injection doesn't hurt; **me duele el brazo** my arm hurts; **me duele la cabeza** my head hurts; (*por migraña, resaca*) I've got a headache; **me duele el estómago** I've got (a) stomach ache; **me duelen las muelas** I've got toothache; **me duele la garganta** I've got a sore throat
[2] (= *afligir*) to hurt; **ese comentario me dolió** I was hurt by that comment, that comment hurt; **no me duele gastarme el dinero en esto** I don't mind spending money on this, spending money on this doesn't bother me; **me duele no poder prestártelo** I'm very sorry I can't lend it to you; **¡ahí le duele!** so THAT'S where the problem is!
Ⓑ **dolerse** VPR (*frm*) [1] (= *sufrir*) **me duelo por su ausencia** I miss him terribly; **¡duélete de mí!** pity me!
[2] (= *arrepentirse*) **~se de algo** to regret sth; **se duele de su pasado egoísta** she regrets her selfish past; **~se de los pecados** to repent of one's sins
[3] (= *quejarse*) to complain

**dolido** ADJ **estar ~ con algn** to be hurt by sb

**doliente** Ⓐ ADJ [1] (= *dolorido*) aching
[2] (= *enfermo*) ill
[3] (= *triste*) sorrowful; **la familia ~** the bereaved family
Ⓑ SMF [1] (*Med*) sick person
[2] (*en entierro*) mourner

**dolmen** SM dolmen

**dolo** SM fraud, deceit; **sin ~** openly, honestly

**dolomía** SF, **dolomita** SF dolomite

▼**dolor** SM [1] (*físico*) pain; **estar con ~es** (*antes del parto*) to feel one's labour pains beginning ► **dolor de cabeza** headache ► **dolor de espalda** backache ► **dolor de estómago** stomach ache ► **dolor de muelas** toothache ► **dolor de oídos** earache ► **dolores de parto** labour pains, labor pains (*EEUU*) ► **dolor sordo** dull ache
[2] (= *pesar*) grief, sorrow; **con ~ de mi corazón** with an ache in my heart; **le causa mucho ~** it causes him great distress

**dolorido** ADJ [1] (*Med*) sore; **la parte dolorida** the part which hurts
[2] [*persona*] distressed, upset
[3] [*tono*] pained

**Dolorosa** SF (*Rel*) **la ~** the Madonna, Our Lady of Sorrow

**dolorosa** SF (*hum*) bill, check (*EEUU*) (*in a restaurant*)

**dolorosamente** ADV [1] (*Med*) painfully
[2] (= *angustiosamente*) painfully, distressingly

**doloroso** ADJ [1] (*Med*) painful
[2] (= *angustioso*) painful, distressing

**doloso** ADJ fraudulent, deceitful

**doma** SF [*de caballo*] breaking-in; [*de animal salvaje*] taming

**domable** ADJ tamable

**domador(a)** SM/F [*de fieras*] tamer, trainer ► **domador(a) de caballos** horse-breaker

**domadura** SF = **doma**

**domar** ▸conjug 1a◂ VT [1] [+ *animal salvaje*] (= *amansar*) to tame; (= *adiestrar*) to train
[2] [+ *caballo*] to break in
[3] [+ *emoción*] to master, control

**domeñar** ▸conjug 1a◂ VT = **domar**

**domesticación** SF [1] (*en costumbres*) domestication
[2] [*de animal salvaje*] taming

**domesticado** ADJ tame; **un tejón ~** a tame badger, a pet badger

**domesticar** ▸conjug 1g◂ Ⓐ VT to tame, domesticate
Ⓑ **domesticarse** VPR to become tame, become domesticated

**domesticidad** SF [1] (= *vida de hogar*) domesticity
[2] [*de animal*] captivity; **el lobo no vive bien en ~** the wolf does not take to living in captivity

**doméstico/a** Ⓐ ADJ [1] [*vida, servicio*] domestic *antes de s*; **animal ~** pet; **economía doméstica** home economy, housekeeping; **gastos ~s** household expenses; **las tareas domésticas** housework *sing*
[2] [*vuelo*] domestic
Ⓑ SM/F servant, domestic

**Domiciano** SM Domitian

**domiciliación** SF (*Fin*) direct debiting; **la ~ de los pagos** payment by direct debit

**domiciliado** ADJ **~ en Valencia** resident in Valencia

**domiciliar** ▸conjug 1b◂ Ⓐ VT [1] (*Fin*) **~ el pago de algo** to pay sth by direct debit; **pago domiciliado** direct debit, payment by direct debit; **~ su cuenta** to give the number of one's account, authorize direct debiting of one's account
[2] (*Méx*) [+ *carta*] to address
Ⓑ **domiciliarse** VPR to take up residence

**domiciliario** ADJ **arresto ~** house arrest; **asistencia domiciliaria** home help

➤ LENGUA Y USO: **dolor 2** 51.4

**domicilio** SM (= *hogar*) home, residence (*frm*); **servicio a ~** home delivery service; **ventas a ~** door-to-door selling; **sin ~ fijo** of no fixed abode ► **domicilio conyugal** conjugal home ► **domicilio particular** private residence ► **domicilio social** (*Com*) head office, registered office

**dominación** SF [1] (*Pol*) domination
[2] (*Mil*) commanding position

**dominador** ADJ [1] [*papel, persona*] dominating
[2] [*carácter*] domineering

**dominante** Ⓐ ADJ [1] (= *despótico*) domineering
[2] (= *predominante*) [*viento, tendencia, opinión, ideología*] dominant, prevailing; [*grupo, cultura, rasgo, tema, color*] dominant; [*papel, rol*] dominant, leading; **el consenso ha sido la nota ~ en las negociaciones** consensus has been the keynote *o* tenor of the negotiations; **el país ~ en ingeniería genética** the leading nation in genetic engineering
[3] (*Biol*) [*macho, gen*] dominant
[4] (*Mús*) dominant
Ⓑ SF (*Mús*) dominant

**dominar** ►conjug 1a◄ Ⓐ VT [1] (= *controlar*) [+ *población, territorio*] to dominate; [+ *países*] to rule, rule over; [+ *adversario*] to overpower; [+ *caballo*] to control; **le domina la envidia** he is ruled by envy; **el tenista español dominó todo el set** the Spanish tennis player dominated the whole set
[2] (= *contener*) [+ *incendio, epidemia*] to check, bring under control; [+ *rebelión*] to put down, suppress; [+ *pasión*] to control, master; [+ *nervios, emoción*] to control; [+ *dolor*] to overcome
[3] [+ *técnica, tema*] to master; **domina bien la materia** she has a good grasp of the subject; **domina cuatro idiomas** he's fluent in four languages
[4] (= *estar por encima de*) **la catedral domina toda la ciudad** the cathedral dominates *o* towers above the whole town; **desde el castillo se domina toda la vega** from the castle you can look out over the whole plain
Ⓑ VI [1] [*edificio*] to tower
[2] (= *predominar*) [*color, rasgo*] to stand out; [*opinión, tendencia*] to predominate
Ⓒ **dominarse** VPR to control o.s.

**dómine** SM (*Hist*) schoolmaster

**domingas‡** SFPL boobs‡

**Domingo** SM Dominic

**domingo** SM Sunday; **el traje de los ~s** one's Sunday best; ✦*MODISMO* **hacer ~** to take a day off ► **Domingo de la Pasión** Passion Sunday ► **Domingo de Ramos** Palm Sunday ► **Domingo de Resurrección** Easter Sunday; *ver tb* **sábado**

**dominguejo** SM (*Andes, Cono Sur*) scarecrow

**dominguero/a** Ⓐ ADJ Sunday *antes de s*; **pintor ~** Sunday painter; **el traje ~** one's Sunday best
Ⓑ SM/F [1] (= *excursionista*) Sunday excursionist
[2] (= *conductor*) Sunday driver

**Dominica** SF Dominica

**dominical** Ⓐ ADJ Sunday *antes de s*; **periódico ~** Sunday newspaper
Ⓑ SM Sunday supplement

**dominicanismo** SM *word or phrase peculiar to the Dominican Republic*

**dominicano/a** ADJ, SM/F (*Geog, Rel*) Dominican

**dominico** SM, **domínico** SM = **dominicano**

**dominio** SM [1] (= *control*) control; **tiene el ~ de la situación** he is in control of the situation ► **dominio de sí mismo, dominio sobre sí mismo** self-control
[2] (= *conocimiento*) command; **es impresionante su ~ del inglés** his command of *o* fluency in English is impressive; **¡qué ~ tiene!** isn't he good at it?; ✦*MODISMO* **es del ~ público** it's common knowledge
[3] (= *autoridad*) authority (**sobre** over)
[4] (= *territorio*) dominion
[5] (*Educ*) field, domain

**dominó** SM [1] (= *juego*) dominoes *pl*; (= *conjunto de fichas*) set of dominoes
[2] (= *pieza*) domino

**dom.º** ABR (= **domingo**) Sun

**domo** SM (*Méx*) skylight

**domótica** SF home automation

**domótico** ADJ automated, smart*

**don¹** SM [1] (= *talento*) gift; **tiene un ~ especial para la música** she has a special gift for music; **tiene ~ con los niños** she has a way with children ► **don de gentes**: **tener ~ de gentes** to know how to handle people, be good with people ► **don de lenguas** gift for languages ► **don de mando** leadership qualities *pl*; (*Mil*) generalship ► **don de palabra** gift of the gab*, gift of gab (*EEUU**)
[2] (= *deseo*) wish; **el hada le concedió tres ~es** the fairy gave him three wishes
[3] (= *regalo*) gift

**don²** SM [1] (*tratamiento de cortesía*) **Don** (*en carta, sobre*) Esquire; **Sr. Don Fernando García** (*en correspondencia*) Mr F. García, Fernando García Esq.; **¿habéis visto a ~ Fernando?** have you seen Mr García?; **es ~ perfecto, él cree que nunca se equivoca** (*iró*) he thinks he's Mr Perfect and never makes a mistake; **el rey ~ Pedro** King Peter; *ver tb* **Juan**
[2] (*Arg, Col**) (*tratamiento popular*) mate*, buddy (*EEUU**)

**DON/DOÑA**

*A courtesy title,* **don/doña** *placed before the first name of an older or more senior man/woman is a way of showing them your respect when talking to them or about them. E.g.* **"¿Podría hablar con don César Roca?", "Buenos días doña Alicia. ¿Qué tal su viaje?"** *Although now becoming rarer, in Spain* **Don** *and* **Doña**, *often abbreviated to* **D.** *and* **Dña.**, *are commonly used before full names on official documents and contracts. In formal correspondence, they are used in combination with* **Sr.**, **Sra.** *and* **Srta.**, *e.g.* **Sr. D. Bernardo Esplugas Martín, Sra. Dña. Ana Rodríguez**.

**dona** SF [1] (*Cono Sur*) gift
[2] **donas** (*Méx*) trousseau *sing*

**donación** SF [1] [*de bienes, órganos*] donation ► **donación de sangre** blood donation
[2] (*Jur*) gift

**donado/a** SM/F lay brother/lay sister

**donador(a)** SM/F donor

**donaire** SM [1] (*al hablar*) wit
[2] (*al moverse*) grace, elegance
[3] **un ~** a witticism; **dice muchos ~s** he's terribly witty

**donante** SMF donor ► **donante de órganos** organ donor ► **donante de sangre** blood donor

**donar** ►conjug 1a◄ VT [+ *órganos*] to donate; [+ *sangre, propiedades, dinero*] to give, donate

**donativo** SM donation

**doncel** SM [1] (= *noble*) young nobleman, young squire
[2] (*Hist*) page

**doncella** SF [1] (= *criada*) maidservant
[2] (= *virgen*) maiden, virgin
[3] (*Hist, Literat*) maid, maiden

**doncellez** SF [1] (= *virginidad*) virginity, maidenhood
[2] (*Anat*) maidenhead

**donde** Ⓐ ADV [1] (+ *INDIC*) where; **la nota está ~ la dejaste** the note's where you left it; **la casa ~ nací** the house where I was born, the house I was born in; **el sitio ~ lo encontré** the place (where) I found it; **a ~**: **ahí es a ~ vamos nosotros** that's where we're going; **fue a ~ estaban ellos** he went to (the place) where they were; **de ~**: **el país de ~ vienen** the country they come from; **la caja de ~ lo sacó** the box he took it out of, the box from which he took it; **en ~**: **fui a la India, en ~ nos conocimos** I went to India, (which is) where we met; **el pueblo en ~ vive** the village where *o* in which he lives; **por ~**: **la escalera por ~ había salido** the empty staircase down which he had left; **la puerta por ~ se entra** the door you go in by; **la calle por ~ íbamos andando** the street we were walking along; **por ~ pasan lo destrozan todo** they destroy everything, wherever they go; **va siempre por ~ se le dice** she always goes wherever you tell her to
[2] (+ *SUBJUN*) wherever; **~ tú quieras** wherever you want; **quiero un trabajo ~ sea** I want a job anywhere *o* wherever; **estén ~ estén** wherever they may be; **vayas ~ vayas** wherever you go, everywhere you go; **vayas por ~ vayas** whichever way you go; ✦*REFRÁN* **(allí) ~ fueres, haz lo que vieres** when in Rome, do as the Romans do
[3] (*Cono Sur*) (= *ya que*) as, since
Ⓑ PREP [1] (= *al lado de*) **es allí, ~ la catedral** it's over there by the cathedral; **lo guardamos ~ la ropa de cama** we keep it with the bed linen
[2] (= *en casa de*) **vamos ~ Ricardo** we're going to Ricardo's; **están cenando ~ mi madre** they are having dinner at my mother's

**dónde** INTERROG ADV [1] (*en cláusulas interrogativas*) where?; **¿~ lo dejaste?** where did you leave it?; **¿a ~ vás?** where are you going?; **¿de ~ eres?** where are you from?; **¿en ~?** where?; **¿por ~ se va al estadio?** how do I get to the stadium?; **¿por ~ queda la estación?** whereabouts is the station?
[2] (*en estilo indirecto*) where; **no sé ~ lo puse** I don't know where I put it; ✦*MODISMO* **mira por ~***: **¡buscaban a un intérprete y mira por ~ me llamaron a mí!** they were looking for an interpreter and what do you know, they called me!; **¿así que tú has sido el vencedor? pues qué bien, mira por ~** (*iró*) so you won? well, stranger things have happened, I suppose (*iró*)
[3] (*LAm*) (= *¿cómo?*) how?

**dondequiera** Ⓐ ADV anywhere; **por ~** everywhere, all over the place

[*pan*] hard, stale; [*carne*] tough; [*legumbres*] hard; [*articulación, mecanismo*] stiff; [*músculo*] firm, hard; **la cerradura está muy dura** the lock is very stiff; ✦***MODISMOS*** **más ~ que una piedra** ◊ **más ~ que un mendrugo** as hard as nails, as tough as old boots; *ver tb* **huevo 1**

[2] (= *agresivo*) [*clima, tiempo, crítica*] harsh, severe; [*deporte, juego*] rough; [*ataque*] fierce; [*castigo, sentencia*] severe, harsh; [*carácter, actitud*] tough; **fue un ~ golpe para el partido** it was a severe *o* heavy blow to the party; **una postura dura contra la droga** a tough stance *o* hard line against drugs; **el sector ~ del partido** the hardliners in the party; **es muy ~ con sus hijos** he's very strict *o* tough with his children; **hay que tener mano dura con los estudiantes** you have to be firm *o* strict with students, students need a firm hand; **rock ~** hard rock; ✦***MODISMO*** **a las duras y a las maduras** through thick and thin, through good times and bad; *ver tb* **disco 2**, **núcleo**, **porno**

[3] (= *difícil*) [*tarea, prueba, examen*] hard; **el slálom es una prueba muy dura** the slalom is a very hard *o* tough race; **este coche ha pasado las pruebas más duras** this car has passed the most stringent tests; **lo tienes ~ para aprobar*** it will be hard *o* difficult for you to pass; **¡qué dura es la vida!** it's a hard life!; ✦***MODISMO*** **ser ~ de pelar** to be a hard nut to crack; *ver tb* **hueso 2**

[4] (*) (= *torpe*) **es muy ~ para las matemáticas** he's hopeless *o* no good at maths*; **~ de mollera** dense*, dim*; **~ de oído** (= *medio sordo*) hard of hearing; (*Mús*) tone deaf

[5] (*Méx**) (= *borracho*) **estar ~** to be drunk

Ⓑ ADV hard; **mi padre trabaja ~** my father works hard; **pégale** *o* **dale ~** hit him hard

Ⓒ SM (= *cinco pesetas*) five pesetas; (= *moneda*) five-peseta coin; **estar sin un ~*** to be broke*; ✦***MODISMOS*** **¡lo que faltaba para el ~!*** it's the last straw!; **¡y que te den dos ~s!*** and you can get knotted!*; **vender ~s a tres pesetas**: **cree que en Estados Unidos venden ~s a tres pesetas** he thinks that in the States the streets are paved with gold

Ⓓ SM/F [1] (*en película, historia*) tough character; **se hizo el ~ para disimular su tristeza** he acted the tough guy *o* hard man in order to hide his sadness

[2] (*Pol*) hard-liner

**dux** SM doge

**DVD** SM ABR (= **disco de vídeo digital**) DVD

**DYA** SF ABR (= **Detente y Ayuda**) *Spanish highway assistance organization*

# E e

**E**[1], **e** [e] SF (*letra*) E, e

**E**[2] ABR (= **este**) E

**e** CONJ (*before words beginning with i and hi, but not hie*) and; *ver tb* **y**

**-e** *ver* **Aspects of Word Formation in Spanish 2**

**e/** ABR (*Com*) (= **envío**) shpt

**EA** (*Esp*) Ⓐ ABR (*Mil*) = **Ejército del Aire**
Ⓑ SM ABR (*Pol*) (= **Eusko Alkartasuna**) *Basque political party*

**ea** EXCL (*llamando la atención*) hey!, say! (*EEUU*); (*dando ánimos*) come on!; **¡ea pues!** well then!; (= *veamos*) let's see!; **¡ea, andamos!** come on, let's go!

**EAU** SMPL ABR (= **Emiratos Árabes Unidos**) UAE

**ebanista** SMF cabinetmaker, carpenter

**ebanistería** SF [1] (= *oficio*) cabinetmaking
[2] (= *obra*) woodwork, carpentry
[3] (= *taller*) cabinetmaker's (work shop)

**ébano** SM ebony

**ebonita** SF ebonite

**ebriedad** SF intoxication (*frm*), drunkenness

**ebrio** ADJ [1] intoxicated (*frm*), drunk
[2] (*fig*) blind (**de** with); **~ de alegría** beside o.s. with joy

**Ebro** SM Ebro

**ebullición** SF [1] [*de líquidos*] boiling; **entrar en ~** to begin to boil, come to the boil; **punto de ~** boiling point
[2] (*fig*) (= *movimiento*) movement, activity; (= *estado cambiante*) state of flux; (= *alboroto*) turmoil; (= *emoción*) ferment; **la juventud está en ~** young people are boiling over (with excitement); **llevar un asunto a ~** to bring a matter to the boil

**ebúrneo** ADJ (*liter*) ivory, like ivory

**eccehomo** SM poor wretch; **estar hecho un ~** to be in a sorry state

**eccema** SM eczema

**ECG** SM ABR (= **electrocardiograma**) ECG

**echacuervos** SM INV [1] (= *chulo*) pimp
[2] (= *tramposo*) cheat, impostor

**echada** SF [1] (= *acción*) throw, cast; [*de moneda*] toss
[2] (*Méx*) (= *fanfarronada*) boast

**echadizo/a** Ⓐ ADJ [1] [*persona*] spying, sent to spy
[2] [*propaganda*] secretly spread; [*carta*] circulated in a clandestine way
[3] [*material*] waste
Ⓑ SM/F spy

**echado** ADJ, PP *de* **echar** [1] **estar ~** to lie, be lying (down)
[2] (*CAm, Caribe*) (*económicamente*) well-placed, in a good position
[3] (*CAm**) (= *perezoso*) lazy, idle
[4] (*Andes**) (= *engreído*) stuck-up*, toffee-nosed*
[5] ✦***MODISMOS* es muy ~ pa'lante*** he's very pushy, he's very forward, he's not backward in coming forward*; **es muy ~ p'atrás*** (= *arrogante*) he's full of himself; (= *tímido*) he's very shy

**echador(a)** Ⓐ ADJ (*CAm, Méx*) boastful, bragging
Ⓑ SM/F [1] ► **echador(a) de cartas** fortune teller
[2] (*CAm, Méx*) (= *presumido*) boaster, braggart

**echao*** ADJ = **echado 4, 5**

## echar

▸conjug 1a◂
[A] VERBO TRANSITIVO [C] VERBO PRONOMINAL
[B] VERBO INTRANSITIVO
*Para las expresiones* ***echar abajo, echar en cara, echar la culpa, echar en falta, echar de menos, echar a perder, echar raíces, echar a suertes****, ver la otra entrada.*

Ⓐ VERBO TRANSITIVO

[1] [= ***tirar***] [+ *pelota, piedra, dados*] to throw; [+ *basura*] to throw away; [+ *ancla, red*] to cast; [+ *moneda al aire*] to toss; [+ *mirada*] to cast, give; [+ *naipe*] to deal; **échame las llaves** throw me the keys; **échalo a la basura** throw it away; **¿qué te han echado los Reyes?** ≈ what did you get for Christmas?; ✦***MODISMO* ~las** (*Cono Sur**) to leg it*, scarper*; *ver tb* **cara 4**

[2] [= ***poner***] to put; **~ carbón a la lumbre** to put coal on the fire; **he echado otra manta en la cama** I've put another blanket on the bed; **¿te echo mantequilla en el pan?** shall I put some butter on your bread?; **échale un poco de azúcar a la mezcla** add a little sugar to the mixture; **tengo que ~ gasolina** I need to fill up (with petrol); *ver tb* **leña 1**

[3] [= ***verter***] to pour; **echó un poco de vino en un vaso** he poured some wine into a glass; **~ cera en un molde** to pour wax into a mould

[4] [= ***servir***] [+ *bebida*] to pour; [+ *comida*] to give; **échame agua** could you give *o* pour me some water?; **¿te echo más whisky?** shall I pour you some more whisky?; **no me eches tanto** don't give me so much; **tengo que ~ de comer a los animales** I have to feed the animals; ✦***MODISMO* lo que le echen**: **resiste lo que le echen** she can take whatever they throw at her

[5] [= ***dejar salir***] **la chimenea echa humo** smoke is coming out of the chimney; **¡qué peste echan tus zapatos!*** your shoes stink to high heaven!*; *ver tb* **chispa A1**, **espuma 1**, **hostia 6**, **leche 9**, **peste 3**, **sangre A1**

[6] [= ***expulsar***] (*de casa, bar, tienda, club*) to throw out; (*del trabajo*) to fire*, sack*; (*de colegio*) to expel; **cuando protesté me ~on** when I protested they threw me out; **me echó de su casa** he threw me out of his house; **lo han echado del colegio** he's been expelled from school; **la ~on del trabajo** she's been fired *o* sacked*; **~ algo de sí** to get rid of sth, throw sth off

[7] [= ***producir***] [+ *dientes*] to cut; [+ *hojas*] to sprout; **está empezando a ~ barriga** he's starting to get a bit of a belly *o* paunch; **¡vaya mal genio que has echado últimamente!** you've become *o* got really bad-tempered recently!

[8] [= ***cerrar***] **~ la llave/el cerrojo** to lock/bolt the door; **~ el freno** to brake; **echa la persiana** can you draw the blinds?

[9] [= ***mover***] [9·1] [+ *parte del cuerpo*] **~ la cabeza a un lado** to tilt *o* cock one's head to one side; **~ el cuerpo hacia atrás** to lean back
[9·2] (= *empujando*) to push; **~ a algn a un lado** to push sb aside; **~ atrás a la multitud** to push the crowd back

[10] [= ***enviar***] [+ *carta*] to post, mail (*EEUU*); **eché la carta en el buzón** I posted the letter; **¿dónde puedo ~ esta postal?** where can I post this postcard?

[11] [= ***calcular***] to reckon; **¿cuántos kilos le echas?** how much do you think *o* reckon she weighs?; **¿cuántos años le echas?** how old do you think *o* reckon he is?; **échale una hora andando** you can reckon on it taking you an hour if you walk

[12] [= ***dar***] [+ *discurso*] to give, make; **~ maldiciones** to curse; **~ una reprimenda a algn** to tick sb off, give sb a ticking-off; **he ido a que me echen las cartas** I've had my cards read

[13] [***con sustantivos que implican acciones***] [+ *trago, partida*] to have; **¿echamos un café?** shall we have a coffee?; **salió al balcón a ~ un cigarrillo** he went out onto the balcony for a smoke *o* cigarette; **~ una multa a algn** to fine sb, give sb a fine; *ver tb* **polvo 5**, **vistazo**

[14] [***+ tiempo***] **hay que ~le muchas horas** it

takes a long time; **de jóvenes nos echábamos nuestros buenos ratos de charla** we used to spend a lot of time talking when we were younger; **esta semana he echado cuatro horas extras** I did four hours overtime this week

15 ** en cine, televisión* to show; **~on un programa sobre Einstein** there was a programme about Einstein on, they showed a programme about Einstein; **¿qué echan en el cine?** what's on at the cinema?

16 *+ cimientos* to lay

17 *Zool* (*para procrear*) **ha echado a su perra con un pastor alemán** he has mated his bitch with a German shepherd

18 *Caribe, Cono Sur = azuzar* [*+ animal*] to urge on

Ⓑ VERBO INTRANSITIVO

*= tirar* **¡echa para adelante!** lead on!; **ahora tienes que ~ para adelante y olvidarte del pasado** you need to get on with your life and forget about the past; **es un olor que echa para atrás*** it's a smell that really knocks you back*; **echa para allá** move up; **~ por una calle** to go down a street; **echemos por aquí** let's go this way

◆ **echar a** + *INFIN*: **~ a correr** to break into a run, start running; **~ a reír** to burst out laughing, start laughing

Ⓒ **echarse** VERBO PRONOMINAL

1 *= lanzarse* to throw o.s.; **~se en brazos de algn** to throw o.s. into sb's arms; **los niños se ~on al agua** the children jumped into the water; **~se sobre algn** (*gen*) to hurl o.s. at sb, rush at sb; (*= atacando*) to fall on sb

2 *= acostarse* to lie down; **voy a ~me un rato** I'm going to lie down for a bit; **me eché en el sofá y me quedé dormido** I lay down *o* stretched out on the sofa and fell asleep; **se echó en el suelo** he lay down on the floor

3 *= moverse* **échate un poco para la izquierda** move a bit to the left; **me tuve que ~ a la derecha para que adelantara** I had to pull over to the right to let him overtake; **~se atrás** (*lit*) to throw o.s. back(wards), move back(wards); (*fig*) to back out; **¡échense para atrás!** move back!

4 *= ponerse* **se echó laca en el pelo** she put some hairspray on; **se echó una manta por las piernas** she put a blanket over her legs

◆ **echarse a** + *INFIN*: **se echó a correr** she broke into a run, she started running

5 *uso enfático* **~se una novia** to get o.s. a girlfriend; **~se un pitillo** to have a cigarette *o* smoke; **~se una siestecita** to have a nap; **~se un trago** to have a drink; *ver tb* **A13**

6 **echárselas de** to make o.s. out to be; **se las echa de experto** he makes himself out to be an expert

7 *Méx* **~se algo encima** (*= asumir*) to take responsibility for sth; **~se a algn encima** to alienate sb, turn sb against one

8 *Méx* = matar* **~se a algn** to bump sb off*

**echarpe** SM (*a veces* SF) (woman's) stole, scarf

**echazón** SF 1 (*= acto*) throwing
2 (*Náut*) jetsam

**echón/ona*** SM/F (*Caribe, Méx*) braggart, swank*; **¡qué ~!** isn't he full of himself!*

**echona** SF (*Cono Sur*) small sickle, reaping hook

**eclecticismo** SM eclecticism

**ecléctico/a** ADJ, SM/F eclectic

**eclesial** ADJ ecclesiastic(al), church *antes de s*

**eclesiástico** Ⓐ ADJ (*gen*) ecclesiastic, ecclesiastical; [*autoridades*] church *antes de s*
Ⓑ SM clergyman, ecclesiastic

**eclesiología** SF ecclesiology

**eclipsamiento** SM eclipse

**eclipsar** ▸conjug 1a◂ VT (*Astron*) to eclipse; (*fig*) to eclipse, outshine

**eclipse** SM eclipse ► **eclipse lunar** eclipse of the moon, lunar eclipse ► **eclipse solar** eclipse of the sun, solar eclipse

**eclíptica** SF ecliptic

**eclisa** SF (*Ferro*) fishplate

**eclosión** SF 1 (*= aparición*) bloom, blooming; **hacer ~** [*huevos, larva*] to hatch; **el modernismo hizo ~ en Latinoamérica muy pronto** modernism burst onto the scene very early in Latin America
2 (*Entomología*) hatching, emerging; **hacer ~** to hatch, emerge

**eclosionar** ▸conjug 1a◂ VI (*Entomología*) to hatch, emerge

**eco** SM 1 (*= sonido*) echo; **hacer ~** to echo
2 (*= reacción*) echo; **despertar** *o* **encontrar ~** to produce a response (**en** from); **la llamada no encontró ~** the call produced no response, the call had no effect; **hacer ~** to make an impression; **hacerse ~ de una opinión** to echo an opinion; **tener ~** to catch on, arouse interest

**eco...** PREF eco...

**ecoclimático** ADJ ecoclimatic

**ecoequilibrio** SM ecobalance

**ecografía** SF (*= imagen*) ultrasound scan; (*= técnica*) ultrasound scanning

**ecolalia** SF (*Psic*) echolalia

**ecolecuá** EXCL (*LAm*) exactly!, that's it!

**ecología** SF ecology

**ecológicamente** ADV ecologically

**ecológico** ADJ [*desastre, zona, equilibrio*] ecological; [*producto*] environment-friendly; [*cultivo*] organic, organically-grown

**ecologismo** SM conservation(ism), environmentalism

**ecologista** Ⓐ ADJ conservation *antes de s*, environmental; **el partido ~** the Green party
Ⓑ SMF ecologist, environmentalist; **los ~s** the Greens

**ecólogo/a** SM/F ecologist, environmentalist

**ecómetro** SM echo sounder

**economato** SM (*= tienda*) cooperative store; [*de empresa*] company store; (*Mil*) ≈ NAAFI, ≈ PX (*EEUU*)

**econometría** SF econometrics *sing*

**econométrico** ADJ econometric

**economía** SF 1 (*gen*) economy ► **economía de empleo completo** full-employment economy ► **economía de guerra** war economy ► **economía de libre empresa**, **economía de libre mercado** free-market economy ► **economía de mercado** market economy ► **economía de pleno empleo** full-employment economy ► **economía de subsistencia** subsistence economy ► **economía dirigida** planned economy ► **economía doméstica** domestic service, home economics ► **economía mixta** mixed economy ► **economía negra** black economy ► **economía oculta** hidden economy ► **economía política** political economy ► **economías de escala** economies of scale ► **economía subterránea**, **economía sumergida** underground economy, black economy
2 (*= estudio*) economics *sing*
3 (*= ahorro*) economy, saving; **hacer ~s** to make economies, economize
4 (*tb* **(Ministerio de) Economía (y Hacienda)**) Ministry of Finance, Treasury Department (*EEUU*)

**económicamente** ADV economically; **los ~ débiles** (*euf*) the poor; **los ~ fuertes** (*euf*) the well-off, the wealthy

**economicidad** SF 1 (*gen*) *economic nature or working etc*
2 (*= rentabilidad*) economic viability, profitability

**económico** ADJ 1 (*gen*) economic; [*año*] fiscal, financial; **la situación económica** the economic situation
2 (*= barato*) economical, inexpensive; **edición económica** cheap edition, popular edition
3 (*= ahorrativo*) thrifty; (*pey*) miserly

**ECONÓMICO**

**¿"Economic" o "economical"?**

• El adjetivo **económico** se traduce por **economic** cuando se refiere al comercio o las finanzas:

China ha vivido cinco años de reformas económicas
***China has lived through five years of economic reforms***
...el ritmo del crecimiento económico...
***...the pace of economic growth...***

• **Económico** se traduce por **economical** cuando se usa para describir algo que presenta una buena relación calidad-precio:

Resulta más económico tener un coche de gasoil
***It is more economical to have a diesel-engined car***

**NOTA: Economic** se puede usar en inglés para traducir **rentable**:

Mantendremos las tarifas altas para que el servicio resulte rentable
***We shall keep the fares high to make the service economic***

*Para otros usos y ejemplos ver la entrada.*

**economista** SMF economist

**economizar** ▸conjug 1f◂ Ⓐ VT to economize on; **~ tiempo** to save time
Ⓑ VI to economize

**ecónomo/a** SM/F (*gen*) trustee, guardian; (*Rel*) ecclesiastical administrator

**ecosensible** ADJ ecosensitive

**ecosistema** SM ecosystem

**ecosonda** SF, **ecosond(e)ador** SM echo sounder

**ecotasa** SF green tax, eco-tax

**ecotipo** SM ecotype

**ectodermo** SM ectoderm

**ectópico** ADJ ectopic

**ectoplasma** SM ectoplasm

**ECU** SF ABR (= **Unidad de Cuenta Europea**) ECU

**ecu** SM ecu

**ecuación** SF equation ► **ecuación cuadrática, ecuación de segundo grado** quadratic equation ► **ecuación diferencial** differential equation

**Ecuador** SM **el ~** Ecuador

**ecuador** SM [1] (*Geog*) equator
[2] (= *punto medio*) mid point, half-way point, half-way mark; **estamos en el ~ de nuestra vida** we're at the mid-point in our lives

**ecualizador** SM equalizer

**ecualizar** ▸conjug 1f◂ VT to equalize, tie (*EEUU*)

**ecuánime** ADJ [*carácter*] level-headed; [*humor, ánimo*] calm; [*juicio*] impartial

**ecuanimidad** SF [1] (= *serenidad*) level-headedness, equanimity
[2] (= *imparcialidad*) impartiality

**ecuatoreñismo** SM, **ecuatorianismo** SM *word o phrase etc peculiar to Ecuador*

**ecuatorial** ADJ equatorial

**ecuatoriano/a** ADJ, SM/F Ecuadoran

**ecuestre** ADJ equestrian

**ecuménico** ADJ ecumenical

**ecumenismo** SM ecumenicism

**eczema** SM eczema

**ed.** ABR [1] (= **edición**) ed
[2] (= **editor**) ed
[3] = **editorial**

**edad** SF [1] [*de persona, animal, árbol*] age; **¿qué ~ tiene?** how old is he?, what age is he?; **tenemos la misma ~** we're the same age; **a tu ~ yo ya sabía leer** I could read when I was your age; **jóvenes de ~es comprendidas entre los 18 y los 26 años** young people aged 18 to 26, young people between the age of 18 and 26; **no aparenta la ~ que tiene** she doesn't look her age; **su madre le dobla la ~** her mother is twice her age; **¿qué ~ le echas?** how old do you think he is?; **~ adulta** adulthood; **llegar a la ~ adulta** to become an adult, reach adulthood; **a la ~ de ocho años** at the age of eight; **murió a los 85 años de ~** she died when she was 85 *o* at the age of 85; **una mujer de ~ avanzada** a woman of advanced years; **se casó a una ~ avanzada** she married late in life; **un señor de cierta ~** a gentleman of a certain age; **a cierta ~ ya empiezan los dolores** at a certain age the aches and pains start; **un niño de corta ~** a young child; **una persona de ~** an elderly person; **en ~ escolar** of school age; **estar en (la) ~ de hacer algo** = **tener edad de hacer algo**; **~ de (la) jubilación** retirement age; **~ límite** age limit; **~ madura** middle age; **persona de ~ madura** middle-aged person; **mediana ~** = **edad madura**; **tener ~ de hacer algo** to be old enough to do sth; **ya tienes ~ de trabajar** you're old enough to work now; **no tener ~ para hacer algo** (= *ser muy joven*) not to be old enough to do sth, not to be of an age to do sth; (= *ser muy mayor*) to be too old to do sth; **ya no tengo ~ para ir a la discoteca** I'm too old now to go out clubbing; **tercera ~** (= *personas*) senior citizens *pl*, older people *pl*; (= *edad*) old age; **excursiones organizadas para la tercera ~** organized trips for senior citizens *o* older people; **llegar a la tercera ~ es traumático para muchas personas** for many people, reaching old age is traumatic; **✦MODISMOS estar en ~ de merecer†** to be of courting age†; **estar en la ~ del pavo** to be at that difficult *o* awkward age ► **edad mental** mental age ► **edad penal** age of legal responsibility, age of criminal responsibility ► **edad viril** manhood; *ver tb* **mayor A4, B1, mayoría 2, menor A1.4, B**
[2] (*Hist*) age ► **Edad Antigua** *period from the beginning of history to the decline of the Roman Empire* ► **Edad Contemporánea** Modern Age, Modern Period ► **Edad de(l) Bronce** Bronze Age ► **Edad de(l) Hierro** Iron Age ► **Edad de Oro** (*Literat*) Golden Age (*of Spanish literature*) ► **Edad de Piedra** Stone Age ► **Edad Media** Middle Ages *pl* ► **Edad Moderna** *period from the Middle Ages to the French Revolution*

**edafología** SF pedology, study of soils

**edecán** SM [1] aide-de-camp
[2] (*Méx*) assistant

**edema** SM oedema, edema (*EEUU*)

**Edén** SM Eden, Paradise; **es un ~** it's an earthly paradise, it's paradise on earth

**ed. física** ABR (= **educación física**) PE

**edible** ADJ (*LAm*) edible

**edición** SF [1] (= *acto*) publication, issue; (= *industria*) publishing; (*Inform*) editing; **el mundo de la ~** the publishing world; **✦MODISMO ser la segunda ~ de algn** to be the very image of sb, be the spitting image of sb* ► **edición de sobremesa** desktop publishing ► **edición electrónica** (= *creación*) electronic publishing; (= *texto*) electronic edition ► **edición en pantalla** on-line editing
[2] [*de libro*] edition; **en ~ de** edited by; **"al cerrar la ~"** (*Tip*) "stop-press" ► **edición aérea** airmail edition ► **edición de bolsillo** pocket edition ► **edición de la mañana** morning edition ► **edición económica** cheap edition, popular edition ► **edición extraordinaria** special edition ► **edición numerada** numbered edition ► **edición príncipe** first edition ► **edición semanal** weekly edition ► **edición viva** edition in print, available edition
[3] **ediciones** (= *editorial*): **Ediciones Ramírez** Ramirez Publications
[4] (= *celebración*) **es la tercera ~ de este festival** this is the third occasion on which this festival has been held

**edicto** SM edict, proclamation

**edificabilidad** SF suitability for building

**edificable** ADJ **terreno ~** building land, land available for building

**edificación** SF [1] (*Arquit*) construction, building
[2] (*moral*) edification

**edificante** ADJ edifying; **una escena poco ~** an unedifying spectacle

**edificar** ▸conjug 1g◂ VT [1] (*Arquit*) to build, construct
[2] (*moralmente*) to edify

**edificio** SM [1] (*Arquit*) building, edifice (*frm*) ► **edificio de apartamentos** block of flats, apartment building *o* house (*EEUU*) ► **edificio de oficinas** office block ► **edificio inteligente** smart building, intelligent building
[2] (*moral*) edification

**edil** SMF [1] (*Esp*) (= *concejal*) town councillor, councilman/councilwoman (*EEUU*); (= *dignatario*) civic dignitary
[2] (*Hist*) aedile

**Edimburgo** SM Edinburgh

**Edipo** SM Oedipus

**editaje** SM editing

**editar** ▸conjug 1a◂ VT [1] (= *publicar*) to publish
[2] (= *corregir*) (*tb Inform*) to edit

**editor(a)** Ⓐ ADJ publishing *antes de s*; **casa ~a** publishing house
Ⓑ SM/F [1] [*de libros, periódicos*] publisher
[2] (= *redactor*) editor, compiler; (*TV*) editor
[3] (*LAm*) [*de periódico*] editor
Ⓒ SM (*Inform*) ► **editor de pantalla** screen editor ► **editor de texto** text editor

**editorial** Ⓐ ADJ [1] [*industria, mundo*] publishing *antes de s*; **casa ~** publishing house
[2] [*función, política*] editorial
Ⓑ SM leading article, editorial
Ⓒ SF publishing house

**editorialista** SMF leader writer

**editorializar** ▸conjug 1f◂ VI to write editorials; **el periódico editorializa contra …** the paper argues editorially against …; **el diario editorializa …** the paper says in its editorial …

**Edo.** ABR (*Méx*) = **Estado**

**edredón** SM eiderdown ► **edredón nórdico** duvet, comforter (*EEUU*)

**ed. religiosa** ABR (= **educación religiosa**) RE, RI

**Eduardo** SM Edward

**educabilidad** SF educability

**educable** ADJ educable (*frm*), teachable

**educación** SF [1] (*en el colegio*) education; **han aumentado el presupuesto de ~** they've increased the education budget; **(Ministerio de) Educación y Ciencia** Ministry of Education and Science ► **educación a distancia** distance learning ► **educación compensatoria** remedial education ► **educación de adultos** adult education ► **educación especial** special education ► **educación física** physical education ► **educación medioambiental** environmental education ► **educación preescolar** pre-school education, nursery education ► **educación primaria** primary education ► **educación privada** private education ► **educación sanitaria** health education ► **educación secundaria** secondary education ► **Educación Secundaria Obligatoria** (*Esp*) *secondary education, for 12- to 16-year-olds* ► **educación sexual** sex education
[2] (*en familia*) upbringing; **Rosa recibió una ~ muy estricta** Rosa had a very strict upbringing, Rosa was very strictly brought up
[3] (= *modales*) manners *pl*, good behavior (*EEUU*); **no tiene ~** she has no manners; **buena ~** good manners *pl*; **con ~**: **se lo pedí con ~** I asked her politely; **falta de ~**: **eso es una falta de ~** that's rude; **¡qué falta de ~!** how rude!; **mala ~** bad manners *pl*; **es de mala ~ comportarse así** it's bad manners *o* rude to behave like that
[4] [*de voz, oído, animal*] training

**educacional** ADJ educational

**educacionista** SMF educationist, educationalist

**educado** ADJ (= *de buenos modales*) well-mannered, polite; (= *instruido*) cultivated; **mal ~** (= *de malos modales*) ill-mannered; (= *grosero*) rude

**educador(a)** SM/F educator, teacher

**educando/a** SM/F pupil

**educar** ▸conjug 1g◂ Ⓐ VT [1] (*Educ*) to educate; **la han educado en un colegio bilingüe** she was educated at a bilingual school
[2] (*en familia*) to bring up; **~on a sus hijos de una manera muy estricta** their children were brought up very strictly
[3] [+ *voz, oído*] to train
[4] [+ *animal*] to train
Ⓑ **educarse** VPR to be educated; **se educó en un colegio de pago** he was educated at a fee-paying school

**educativo** ADJ [1] (= *instructivo*) educational; **juguete ~** educational toy
[2] (= *pedagógico*) **política educativa** education policy; **sistema ~** education system; **reforma educativa** educational o school reform

**edulcoración** SF sweetening

**edulcorante** SM sweetener

**edulcorar** ▸conjug 1a◂ VT to sweeten

**EE.UU.** ABR (= **Estados Unidos**) US, USA

**efe** SF (name of the letter) F

**efectismo** SM sensationalism; **su obra rehúye todo ~** his work rejects all sensationalism; **la escena final de la película es de un gran ~** the final scene in the film is really dramatic

**efectista** Ⓐ ADJ sensationalist
Ⓑ SMF sensationalist

**efectivamente** ADV [1] (= *verdaderamente*) really; **tengo que comprobar si ~ es así** I have to check if it really is like that
[2] (*confirmando algo*) indeed; **~, el robo fue llevado a cabo por dos personas** the theft was indeed carried out by two people; **—fue ese retraso lo que le salvó la vida —~, así es** "it was that delay that saved his life" — "yes, that's right o indeed it was"; **pensé que iba a llegar tarde, y, ~, así fue** I thought he would be late, and sure enough, he was

**efectividad** SF effectiveness; **exigieron que la policía actuara con una mayor ~** they demanded that the police act much more effectively

**efectivo** Ⓐ ADJ [1] (= *eficaz*) [*vacuna, táctica*] effective; **el tratamiento comenzará a ser ~ dentro de un mes** the treatment will begin to take effect o will become effective within a month
[2] (= *real*) **el poder ~ está en manos de la oposición** the real power is in the hands of the opposition; **la orden no será efectiva hasta mañana** the order will not take effect o become effective until tomorrow; **hacer ~** [+ *plan*] to put into effect; [+ *multa, pago*] to make payable; [+ *cheque*] to cash; **el gobierno hará efectiva la subida salarial antes de marzo** the government will put the pay rises into effect before March; **su dimisión, anunciada el martes, se hizo efectiva el jueves** his resignation, announced on Tuesday, took effect o became effective on Thursday
Ⓑ SM [1] (= *dinero*) cash; **en ~** in cash; **50 libras en ~** £50 (in) cash; **tres premios en ~** three cash prizes ► **efectivo en caja**, **efectivo en existencia** cash in hand
[2] **efectivos** (*Mil*) forces; **~s de la Policía** ◊ **~s policiales** police officers

**efecto** SM [1] (= *consecuencia*) effect; **los ~s devastadores de la crisis** the devastating effects of the crisis; **ya empiezo a notar los ~s de la anestesia** I'm starting to feel the effect of the anaesthetic now; **los cambios no produjeron ningún ~** the changes did not have o produce (*frm*) any effect; **la reforma tuvo por ~ el aumento de los ingresos** the reform had the effect of increasing revenue; **conducía bajo los ~s del alcohol** he was driving under the influence of alcohol; **causar ~** = **surtir** o **tener efecto**; **hacer ~** to take effect; **el calmante no le ha hecho ningún ~** the sedative has had no effect on him o has not taken effect; **por ~ de** (= *por acción de*) by; (= *a consecuencia de*) as a result of; **nos movíamos por ~ del viento** we were being driven by the wind; **la producción de vino se estancó por ~ de la crisis** wine production came to a halt as a result of the crisis; **de ~ retardado** [*bomba*] delayed-action *antes de s*; **es de ~s retardados** (*hum*) he's a bit slow on the uptake*; **surtir** o **tener ~** to have an effect; **el truco no surtió el ~ deseado** the trick did not have the desired effect; **las picaduras de avispas pueden tener ~s graves** wasp stings can have serious effects ► **efecto 2000** (*Inform*) millennium bug, Y2K ► **efecto bumerán** boomerang effect ► **efecto dominó** domino effect ► **efecto embudo** funnel effect ► **efecto invernadero** greenhouse effect ► **efecto óptico** optical illusion ► **efectos especiales** special effects ► **efectos secundarios** side effects ► **efectos sonoros** sound effects ► **efecto túnel** tunnel effect ► **efecto útil** (*Mec*) efficiency, output
[2] **en ~** indeed; **nos encontramos, en ~, ante un invento revolucionario** we are indeed faced with a revolutionary invention; **en ~, así es** yes, indeed o that's right; **y en ~, el libro estaba donde él dijo** sure enough, the book was where he had said it would be
[3] (= *vigencia*) [*de ley, reforma*] **una ley con ~ desde 1950** a law that has been in force since 1950; **~ retroactivo**: **esas medidas tendrán ~ retroactivo** those measures will be applied retroactively o retrospectively; **una subida con ~s retroactivos desde primeros de año** an increase backdated to the beginning of the year; **tener ~** to take effect, come into effect
[4] (*frm*) (= *objetivo*) purpose; **a ~s fiscales/prácticos** for tax/practical purposes; **a estos ~s se convocó una nueva reunión** a new meeting was called for this purpose; **a ~s legales** for legal purposes, in legal terms; **a ~s de contrato, los dos cónyuges son copropietarios** for the purposes of the contract, husband and wife are co-owners; **a ~s de máxima seguridad** in order to ensure the tightest security; **al ~** for the purpose; **una comisión designada al ~** a specially established commission, a commission set up for the purpose; **a ~s de hacer algo** in order to do sth; **a ~s de conseguir una rebaja de su condena** in order to achieve a reduction of his sentence; **llevar a ~** [+ *acción, cambio*] to carry out; [+ *acuerdo, pacto*] to put into practice; [+ *reunión, congreso*] to hold; **llevaron a ~ sus amenazas** they carried out their threats; **la reunión se llevará a ~ en Bruselas** the meeting is to be held in Brussels; **a tal ~** to this end, for this purpose; **a tal ~, han convocado un referéndum** to this end o for this purpose, a referendum has been called; **una habitación habilitada a tal ~** a room fitted out for this purpose; **a todos los ~s** to all intents and purposes; **lo reconoció como hijo suyo a todos los ~s** he recognized him to all intents and purposes as his son
[5] (= *impresión*) effect; **no sé qué ~ tendrán mis palabras** I don't know what effect o impact my words will have; **les has causado un ~ sorprendente a mis padres** you've made quite an impression on my parents; **ser de buen/mal ~** to create o give a good/bad impression; **es de mal ~ llegar tarde a una reunión** being late for a meeting creates o gives a bad impression
[6] (*Dep*) (*gen*) spin; (*Ftbl*) swerve; **sacó la pelota con ~** she put some spin on her service, she served with topspin; **dar ~ a la pelota** ◊ **lanzar la pelota con ~** (*Tenis*) to put spin on the ball; (*Ftbl*) to put a swerve on the ball
[7] **efectos** (*Com*) (= *bienes*) stock *sing*, goods; (= *documentos*) bills ► **efectos a cobrar** bills receivable ► **efectos a pagar** bills payable ► **efectos bancarios** bank bills ► **efectos de consumo** consumer goods ► **efectos de escritorio** writing materials ► **efectos descontados** bills discounted ► **efectos navales** chandlery *sing* ► **efectos personales** personal effects
[8] (*Numismática*) ► **efecto postal** postage stamp

**efectuación** SF accomplishment

**efectuar** ▸conjug 1e◂ VT [+ *acción, reparación, investigación*] to carry out; [+ *viaje, visita, declaración, pago*] to make; [+ *disparo*] to fire; [+ *censo*] to take; **la policía efectuó un registro en la vivienda** the police searched the house, the police carried out a search of the house; **los pagos serán efectuados en metálico** the payments will be made in cash; **el tren ~á parada en todas las estaciones** the train will stop at all stations

**efedrina** SF ephedrine

**efeméride** SF event (*remembered on its anniversary*); **"efemérides"** (*en periódico*) "list of the day's anniversaries"

**efervescencia** SF [1] [*de líquidos*] fizziness; **entrar** o **estar en ~** to effervesce
[2] (= *alboroto*) commotion; (= *ánimo*) high spirits *pl*

**efervescente** ADJ [1] (= *con burbujas*) [*pastilla, sustancia*] effervescent; [*bebida*] fizzy
[2] (= *animado*) high-spirited

**eficacia** SF [*de ley, remedio, producto, sanción*] effectiveness; [*de persona, método*] efficiency

**eficaz** ADJ [*ley, remedio, producto, sanción*] effective; [*persona, método, instrumento*] efficient

**eficazmente** ADV [1] (= *con efecto*) effectively
[2] (= *eficientemente*) efficiently

**eficiencia** SF efficiency

**eficiente** ADJ efficient

**eficientemente** ADV efficiently

**efigie** SF [1] (= *busto, escultura*) effigy
[2] (= *imagen pintada*) image; **tiene en su despacho una ~ de su abuelo** in his office he's got a portrait of his grandfather; **el euro tendrá la ~ del rey** the euro will carry a likeness of the king
[3] (*liter*) (= *personificación*) **es la ~ de la desesperación** she's despair personified

**efímera** SF mayfly

**efímero** ADJ ephemeral

**eflorescente** ADJ efflorescent

**efluvio** SM outpour, outflow; **un ~ de optimismo** a sudden burst of optimism

**efugio** SM subterfuge, evasion

**efusión** SF [1] (= *derramamiento*) [*de sentimientos*] outpouring; [*de sangre*] shedding ► **efusión de sangre** bloodshed, shedding of blood
[2] [*de persona*] (*gen*) effusion, outpouring; (*en el trato*) warmth, effusiveness; (*pey*) gushing manner; **con ~** effusively; **efusiones amorosas** amorous excesses

**efusivamente** ADV warmly, effusively; **me saludó muy ~** he gave me a very warm greeting, he greeted me very warmly; **me felicitó muy ~ por mi cumpleaños** he congratulated me very warmly *o* effusively on my birthday

**efusividad** SF effusiveness

**efusivo** ADJ [*persona, modales*] effusive; [*gracias*] effusive, warm; **mis más efusivas gracias** my warmest thanks

**EGB** SF ABR (*Esp*) (= **Educación General Básica**) *former primary school education*

**Egeo** SM **el Mar ~** the Aegean Sea

**égida** SF aegis, protection; **bajo la ~ de** under the aegis of

**egipcio/a** ADJ, SM/F Egyptian

**Egipto** SM Egypt

**egiptología** SF Egyptology

**eglantina** SF eglantine

**eglefino** SM haddock

**égloga** SF eclogue

**ego** SM ego

**egocéntrico** ADJ egocentric, egocentrical, self-centred, self-centered (*EEUU*)

**egocentrista** SMF egocentric, self-centred person, self-centered person (*EEUU*)

**egoísmo** SM egoism, selfishness

**egoísta** Ⓐ ADJ egoistical, selfish
Ⓑ SMF egoist, selfish person

**egoístamente** ADV egoistically, selfishly

**egoistón*** ADJ rather selfish

**ególatra** Ⓐ ADJ egomaniacal
Ⓑ SMF egomaniac

**egolatría** SF egomania

**egotismo** SM egotism

**egotista** Ⓐ ADJ egotistical, egotist
Ⓑ SMF egotist

**egregio** ADJ eminent, distinguished

**egresado/a** SM/F (*LAm*) (= *licenciado*) graduate

**egresar** ▸conjug 1a◂ VI (*LAm*) [1] (= *irse*) to go out, leave; **~ de** to go away from
[2] (*Univ*) to graduate

**egreso** SM (*LAm*) [1] (= *acto*) departure
[2] (= *salida*) exit
[3] (*Univ*) graduation
[4] (*Fin*) outgoings *pl*, expenditure

**eh** EXCL [1] (*llamando la atención*) hey!, say! (*EEUU*); **¡eh, ven aquí!** hey, come here!; **¡a mí no me repliques, eh!** hey, don't you answer me back!
[2] (*cuando no se ha entendido algo*) eh?; — **¿quieres venir con nosotros? —¿eh?** "do you want to come with us?" — "eh?"

**eider** SM eider duck

**Eire** SM Eire

**ej.** ABR (= **ejemplo**) ex

**eje** SM [1] (*Geog, Mat*) axis; ✦***MODISMO*** **partir a algn por el ~***: **¿que no vienes?, pues me partes por el ~** so you're not coming? well, that really upsets up my plans; **me hizo una pregunta que me partió por el ~** he asked me a question which really stumped *o* floored me* ► **eje de abscisas** x-axis ► **eje de ordenadas** y-axis ► **eje de rotación** axis of rotation ► **eje de simetría** axis of symmetry
[2] [*de rueda*] axle ► **eje delantero** front axle ► **eje trasero** rear axle
[3] [*de máquina*] shaft, spindle; ✦***MODISMO*** **untar el ~ a algn*** to grease sb's palm ► **eje de balancín** rocker shaft ► **eje de la hélice** propeller shaft ► **eje de impulsión, eje motor** drive shaft ► **eje del cigüeñal** crankshaft
[4] (= *centro*) **la economía fue el ~ de la conversación** the economy was the main topic of conversation, the conversation centred on the economy; **el ~ de la doctrina** the central point of the doctrine
[5] (*Hist*) **el Eje** the Axis
[6] ► **eje vial** (*Méx Aut*) urban motorway

**ejecución** SF [1] (= *ajusticiamiento*) execution ► **ejecución sumaria** summary execution
[2] (= *cumplimiento*) [*de orden*] carrying out, execution; [*de deseos*] fulfilment, fulfillment (*EEUU*); **poner en ~** to carry out
[3] (*Mús*) performance
[4] (*Jur*) attachment

**ejecutable** ADJ feasible, practicable; **legalmente ~** legally enforceable

**ejecutante** Ⓐ SMF (*Mús*) performer
Ⓑ SM (*Jur*) distrainer

**ejecutar** ▸conjug 1a◂ VT [1] (= *ajusticiar*) to execute
[2] (= *hacer cumplir*) [+ *orden, sentencia*] to carry out, execute; [+ *deseos*] to perform, fulfil, fulfill (*EEUU*)
[3] (*Mús*) to perform, play
[4] (*Inform*) to run
[5] (*Jur*) to attach, distrain on

**ejecutiva** SF (*Pol*) executive body, executive committee

**ejecutivo/a** Ⓐ ADJ [1] [*función, poder*] executive
[2] (= *urgente*) [*petición*] pressing, insistent; [*respuesta*] prompt; [*negocio*] urgent, immediate
Ⓑ SM (*Pol*) executive; **el Ejecutivo** the Executive
Ⓒ SM/F (*Com*) executive ► **ejecutivo/a de cuentas** account executive ► **ejecutivo/a de ventas** sales executive

**ejecutor(a)** SM/F executor/executrix; **los ~es testamentarios** the executors of the will

**ejecutoria** SF [1] (= *título*) letters patent of nobility; (*fig*) pedigree
[2] (*Jur*) final judgment

**ejem** EXCL hem! (*cough*)

**ejemplar** Ⓐ ADJ exemplary, model
Ⓑ SM [1] (= *individuo*) (*gen*) example; (*Zool*) specimen, example; [*de libro*] copy; [*de revista*] number, issue ► **ejemplar de firma** specimen signature ► **ejemplar de regalo** complimentary copy ► **ejemplar gratuito** free copy ► **ejemplar obsequio** complimentary copy
[2] (= *precedente*) example, model, precedent; **sin ~** unprecedented

**ejemplaridad** SF exemplariness

**ejemplarizador** ADJ, **ejemplarizante** ADJ exemplary

**ejemplarizar** ▸conjug 1f◂ VT (*esp LAm*) (= *dar ejemplo*) to set an example to; (= *ilustrar*) to exemplify, illustrate

**ejemplificar** ▸conjug 1g◂ VT to exemplify, illustrate

▼ **ejemplo** SM [1] (= *paradigma*) example; **¿puedes ponerme** *o* **darme un ~?** can you give me an example?; **por ~** for example, for instance; **poner como** *o* **de** *o* **por ~** to give as an example; **tomar algo por ~** to take sth as an example
[2] (= *modelo*) example; **dar ~ a algn** to set sb an example; **servir de** *o* **como ~** to serve as an example; ✦***MODISMOS*** **predicar con el ~** to set a good example, lead by example; **ser el vivo ~ de algo** to be a model of sth; **es el vivo ~ de la cortesía** he's a model of politeness

**ejercer** ▸conjug 2b◂ Ⓐ VT [1] [+ *medicina, abogacía*] to practise, practice (*EEUU*); **es abogado pero no ejerce su profesión** he's a lawyer by training, but he doesn't practise
[2] (= *hacer efectivo*) [+ *influencia*] to exert, exercise; [+ *poder*] to exercise, wield; **ejerce mucha influencia sobre sus hermanos** he exerts *o* has a great deal of influence on his brothers
[3] [+ *derecho*] to exercise; **~ el derecho al voto** to exercise one's right to vote
Ⓑ VI [*profesional*] to practise, practice (*EEUU*) (**de** as); **es médico, pero ya no ejerce** he's a doctor, but he no longer practises

**ejercicio** SM [1] (*físico*) exercise; **la natación es un ~ muy completo** swimming is an all-round exercise; **hacer ~** to exercise ► **ejercicio de calentamiento** warm-up exercise ► **ejercicio de estiramiento** stretching exercise ► **ejercicio de mantenimiento** keep-fit exercise ► **ejercicios gimnásticos** gymnastic exercises
[2] (*Educ*) exercise; **la maestra nos puso varios ~s** the teacher gave us several exercises to do ► **ejercicio escrito** written exercise ► **ejercicio práctico** practical
[3] (*Mil*) exercise; **las tropas españolas participan en los ~s de la OTAN** Spanish troops are taking part in NATO exercises ► **ejercicio acrobático** (*Aer*) stunt ► **ejercicios de tiro** target practice *sing*
[4] [*de cargo*] **en el ~ de mi cargo** in the exercise of my duties; **abogado en ~** practising *o* (*EEUU*) practicing lawyer; **hicieron ~ de su derecho al voto** they exercised their right to vote
[5] (*Com, Fin*) financial year, fiscal year; **durante el ~ actual** during the current financial year ► **ejercicio contable** year of account, accounting year ► **ejercicio fiscal** fiscal year, tax year ► **ejercicio presupuestario** budget year
[6] (*Rel*) ► **ejercicios espirituales** retreat *sing*

**ejerciente** ADJ practising, practicing (*EEUU*)

**ejercitar** ▸conjug 1a◂ Ⓐ VT [+ *músculo, memoria*] to exercise; [+ *profesión*] to practise, practice (*EEUU*); [+ *ejército*] to drill, train; [+ *alumno*] to train, coach
Ⓑ **ejercitarse** VPR [+ *músculos, memoria*] to exercise; [+ *profesión*] to practise, practice (*EEUU*); (*Mil*) to drill, train

**ejército** SM [1] (*Mil*) army; **estar en el ~** to be in the army; **los tres ~s** the forces, the Services ► **ejército del aire** Air Force

➤ LENGUA Y USO: **ejemplo** 53.1, 53.5

**embocadura** SF [1] (= *entrada*) [*de río*] mouth; (*Náut*) passage, narrows *pl*
[2] (= *pieza*) [*de flauta, trompeta*] mouthpiece; [*de cigarrillo*] tip; [*de brida*] bit
[3] [*de vino*] flavour, flavor (*EEUU*)
[4] (*Teat*) proscenium arch

**embocar** ▸conjug 1g◂ Ⓐ VT [1] (= *insertar*) **~ algo** to put sth into sb's mouth; **~ la comida** to cram one's food, wolf one's food; **~ algo en un agujero** to insert sth into a hole; **~ la bola** (*Golf*) to hole the ball; (*Billar*) to pocket the ball, pot the ball
[2] **~ un negocio** to undertake a piece of business
[3] **~ algo a algn** (*fig*) to put one over on sb; **~ un túnel** to go into a tunnel, enter a tunnel
Ⓑ VI (*Golf*) to hole out

**embochinchar** ▸conjug 1a◂ VT (*LAm*) to throw into confusion, create chaos in

**emboinado** ADJ wearing a beret

**embolado** SM [1] (*Teat*) bit part, minor role
[2] (*) (= *mentira*) fib*, lie
[3] (*) (= *aprieto*) jam*, fix*; **meter a algn en un ~*** to put sb in a tight spot*
[4] (= *toro*) *bull with wooden balls on its horns*

**embolador(a)** SM/F (*Andes*) shoeblack, bootblack (*EEUU*)

**embolar** ▸conjug 1a◂ VT [1] (*Taur*) [+ *cuernos*] to tip with wooden balls
[2] (*Andes*) [+ *zapatos*] to black
[3] (*CAm, Méx**) (= *emborrachar*) to make drunk

**embolia** SF (*Med*) embolism ► **embolia cerebral** brain embolism, blood clot on the brain

**embolismar*** ▸conjug 1a◂ VT to gossip about

**embolismo** SM [1] (= *lío*) muddle, mess, confusion
[2] (= *cotilleo*) gossip, backbiting
[3] (= *engaño*) hoax, trick

**émbolo** SM plunger; (*Mec*) piston

**embolsar*** ▸conjug 1a◂ VT, **embolsicar** ▸conjug 1g◂ VT [1] (*LAm*) (*en bolsillo*) to pocket, put into one's pocket
[2] [+ *dinero, ganancias*] to collect, take in
[3] (*Billar*) to pot, pocket

**embolsillar** ▸conjug 1a◂ VT **~ las manos** to put one's hands in one's pockets

**embonar** ▸conjug 1a◂ VT [1] (*Caribe, Cono Sur, Méx*) [+ *tierra*] to manure
[2] (= *mejorar*) to improve
[3] (*Náut*) to sheathe
[4] (*Andes, Méx*) [+ *cuerda*] to join (the ends of)
[5] (*Andes, Caribe, Méx*) **le embona el sombrero** the hat suits him

**emboque*** SM (= *engaño*) trick, hoax

**emboquillado** ADJ [*cigarrillo*] tipped

**emboquillar** ▸conjug 1a◂ VT [1] [+ *cigarrillo*] to tip
[2] (*Cono Sur Arquit*) to point, repoint

**emborrachar** ▸conjug 1a◂ Ⓐ VT to make drunk
Ⓑ **emborracharse** VPR to get drunk (**con, de** on)

**emborrar** ▸conjug 1a◂ VT [1] (= *rellenar*) to stuff, pad, wad (**de** with)
[2] (*) [+ *comida*] to cram, wolf

**emborrascarse** ▸conjug 1g◂ VPR [1] (*Meteo*) to get stormy
[2] (= *irritarse*) to get cross, get angry
[3] (*Com*) [*negocio*] to fail
[4] (*Cono Sur, Méx*) [*mina*] to peter out

**emborronar** ▸conjug 1a◂ Ⓐ VT (= *manchar*) to blot, make blots on; (= *garabatear*) to scribble on
Ⓑ VI (= *manchar*) to make blots; (= *garabatear*) to scribble
Ⓒ **emborronarse** VPR to get smudged

**emboscada** SF ambush; **tender una ~ a** to lay an ambush for

**emboscarse** ▸conjug 1g◂ VPR to lie in ambush; **estaban emboscados cerca del camino** they were in ambush near the road

**embotado** ADJ (*lit, fig*) dull, blunt

**embotamiento** SM [1] (= *acción*) dulling, blunting (*tb fig*)
[2] (= *estado*) dullness, bluntness (*tb fig*)

**embotar** ▸conjug 1a◂ VT [1] [+ *objeto*] to blunt
[2] [+ *sentidos*] to dull, blunt; (= *debilitar*) to weaken, enervate

**embotellado** Ⓐ ADJ [*líquido, bebida*] bottled; [*discurso*] prepared, prepared beforehand
Ⓑ SM bottling

**embotellador(a)** Ⓐ ADJ **planta ~a** bottling plant; **compañía ~a** bottling company, bottler's
Ⓑ SM/F bottler

**embotellamiento** SM [1] (= *atasco*) traffic jam
[2] (= *lugar*) bottleneck
[3] [*de líquido*] bottling

**embotellar** ▸conjug 1a◂ Ⓐ VT [1] [+ *líquido*] to bottle
[2] (*Mil*) to bottle up
[3] (*Cono Sur, Caribe*) [+ *discurso*] to prepare beforehand, memorize
Ⓑ **embotellarse** VPR [1] (*Aut*) [*tráfico*] to get into a jam; [*vehículo*] to get caught in a traffic jam
[2] (*Caribe*) to learn a speech off by heart

**emboticarse** ▸conjug 1g◂ VPR (*Cono Sur, Méx*) to stuff o.s. with medicines

**embotijar** ▸conjug 1a◂ Ⓐ VT (= *enfrascar*) to put into jars, keep in jars
Ⓑ **embotijarse** VPR [1] (= *hincharse*) to swell, swell up
[2] (= *encolerizarse*) to fly into a passion

**embovedar** ▸conjug 1a◂ VT to arch, vault

**embozadamente** ADV covertly, stealthily

**embozado** ADJ [1] (= *cubierto*) muffled up (to the eyes)
[2] (= *disimulado*) covert, stealthy

**embozalar** ▸conjug 1a◂ VT (*Cono Sur*) to muzzle

**embozar** ▸conjug 1f◂ Ⓐ VT [1] (= *cubrir*) to muffle, muffle up
[2] (= *ocultar*) to cloak
Ⓑ **embozarse** VPR to muffle o.s. up (**con, de** in)

**embozo** SM [1] [*de la capa*] top of the cape, fold of the cape; ✦*MODISMO* **quitarse el ~** to drop the mask, end the play-acting
[2] [*de sábana*] turnover
[3] [*de persona*] (= *astucia*) cunning; (= *disimulo*) concealment; **sin ~** frankly, openly

**embragar** ▸conjug 1h◂ Ⓐ VT [1] (*Aut, Mec*) [+ *motor*] to engage; [+ *piezas*] to connect, couple
[2] (*Náut*) to sling
Ⓑ VI (*Aut etc*) to put the clutch in

**embrague** SM clutch; ✦*MODISMO* **le patina el ~*** he's not right up top*, he's got a screw loose*

**embravecer** ▸conjug 2d◂ Ⓐ VT to enrage, infuriate
Ⓑ VI (*Bot*) to flourish
Ⓒ **embravecerse** VPR [1] [*mar*] to get rough, get choppy
[2] [*persona*] to get furious

**embravecido** ADJ [1] [*mar*] rough, choppy; [*viento*] wild
[2] [*persona*] furious, enraged

**embravecimiento** SM rage, fury

**embrear** ▸conjug 1a◂ VT to tar, cover with tar; **~ y emplumar a algn** to tar and feather sb

**embretar** ▸conjug 1a◂ Ⓐ VT (*LAm*) [+ *animales*] to pen, corral
Ⓑ VI (*Cono Sur*) (= *asfixiarse*) to suffocate; (= *ahogarse*) to drown

**embriagador** ADJ [*olor, perfume*] intoxicating; [*vino*] heady

**embriagar** ▸conjug 1h◂ Ⓐ VT [1] (= *emborrachar*) to make drunk
[2] (= *fascinar*) to delight, enrapture
Ⓑ **embriagarse** VPR (= *emborracharse*) to get drunk

**embriaguez** SF [1] (= *borrachera*) drunkenness
[2] (= *entusiasmo*) rapture, delight

**embridar** ▸conjug 1a◂ VT [1] [+ *caballo*] to bridle, put a bridle on
[2] (= *contener*) to check, restrain

**embriología** SF embryology

**embriólogo/a** SM/F embryologist

**embrión** SM [*de ser vivo*] embryo; [*de proyecto, idea*] germ; **en ~** (*lit*) in embryo; (*fig*) in its infancy, in its early stages

**embrionario** ADJ embryonic

**embrocación** SF embrocation

**embrocar** ▸conjug 1g◂ Ⓐ VT [1] (*Cos*) [+ *hilo*] to wind (*on to a bobbin*); [+ *zapatos*] to tack
[2] [+ *líquido*] to pour from one container into another
[3] (= *volcar*) to turn upside down, invert
Ⓑ **embrocarse** VPR **~se un vestido** (*Méx*) to put a dress on over one's head

**embrollante** ADJ muddling, confusing

**embrollar** ▸conjug 1a◂ Ⓐ VT [1] (= *confundir*) to muddle, confuse
[2] (= *involucrar*) to involve, embroil (*frm*)
Ⓑ **embrollarse** VPR to get into a muddle, get into a mess; **~se en un asunto** to get involved in a matter

**embrollista** SMF (*Andes, CAm, Cono Sur*) = **embrollón**

**embrollo** SM (= *confusión*) muddle, confusion; (= *aprieto*) fix*, jam*; (= *fraude*) fraud, trick; (= *mentira*) lie, falsehood

**embrollón(a)** SM/F troublemaker

**embromado*** ADJ [1] (*LAm*) tricky*, difficult
[2] **estar ~** to be in a fix*; (*Med*) to be in a bad way; (*Fin*) to be in financial trouble o difficulties; (= *tener prisa*) to be in a hurry

**embromar** ▸conjug 1a◂ Ⓐ VT [1] (= *burlarse de*) to tease, make fun of
[2] (= *engañar*) to hoodwink
[3] (= *engatusar*) to wheedle, cajole
[4] (*LAm**) (= *molestar*) to annoy; (= *perjudicar*) to harm, set back
[5] (*Chile*) (= *atrasar*) to delay unnecessarily
Ⓑ **embromarse** VPR (*LAm*) (= *enojarse*) to get cross, get angry; (= *aburrirse*) to get bored

**embroncarse** ▸conjug 1g◂ VPR (*Cono Sur*) to get angry

**embrujado** ADJ [*persona*] bewitched; [*lugar*] haunted; **una casa embrujada** a haunted house

**embrujar** ▸conjug 1a◂ VT [+ *persona*] to bewitch, put a spell on; [+ *lugar*] to haunt; **la casa está embrujada** the house is haunted

**embrujo** SM 1 (= *acto*) bewitching
2 (= *maldición*) curse
3 (= *ensalmo*) spell, charm; **el ~ de la Alhambra** the enchantment *o* magic of the Alhambra

**embrutecer** ▸conjug 2d◂ Ⓐ VT to stupefy, dull the senses of
Ⓑ **embrutecerse** VPR to be stupefied

**embuchacarse** ▸conjug 1g◂ VPR (*CAm, Méx*) **~ algo** to pocket sth

**embuchado** SM 1 (*Culin*) sausage
2 (*Pol*) electoral fraud
3 (*Teat*) gag

**embuchar** ▸conjug 1a◂ VT 1 (*Culin*) to stuff with minced meat
2 (*) [+ *comida*] to wolf, bolt; **estoy embuchado de cerveza*** I'm bloated with beer

**embudar** ▸conjug 1a◂ VT (*Téc*) to fit with a funnel, put a funnel into

**embudo** SM 1 (*para líquidos*) funnel; ✦***MODISMO*** **la ley del ~** one law for one and another for another; **esto es como la ley del ~** there's one law for some people and another for the rest around here
2 [*de tráfico*] bottleneck

**embullar** ▸conjug 1a◂ (*LAm*) VT 1 (= *excitar*) to excite
2 [+ *enemigo*] to put to flight

**embullo** SM (*CAm*) (= *ruido*) excitement, revelry

**emburujar** ▸conjug 1a◂ Ⓐ VT 1 (= *mezclar*) to jumble together, jumble up; (= *amontonar*) to pile up; [+ *hilo*] to tangle up
2 (*Andes*) (= *desconcertar*) to bewilder
Ⓑ **emburujarse** VPR (*Andes, Caribe, Méx*) to wrap o.s. up

**emburujo** SM (*Caribe*) ruse, trick

**embuste** SM 1 (= *mentira*) lie
2 **embustes** (= *adornos*) trinkets

**embustero/a** Ⓐ ADJ 1 (= *mentiroso*) lying
2 **persona embustera** (*Cono Sur*) person who cannot spell properly
3 (*CAm*) (= *altanero*) haughty
Ⓑ SM/F (= *mentiroso*) liar

**embute** SM (*Méx*) bribe

**embutido** SM 1 (*Culin*) sausage
2 (*Téc*) inlay, inlaid work, marquetry
3 (*Cono Sur, Méx, Ven*) lace insert
4 (= *acción*) stuffing

**embutir** ▸conjug 3a◂ Ⓐ VT 1 (= *meter*) to stuff (**en** into); **ella estaba embutida en un vestido apretadísimo** she was squeezed into a terribly close-fitting dress
2 (*) (= *atiborrar*) to pack tight, stuff, cram (**de** with; **en** into)
3 (*Téc*) [+ *madera*] to inlay; [+ *metal*] to hammer, work
Ⓑ **embutirse** VPR (*) to stuff o.s. (**de** with)

**eme** SF 1 (name of the letter) M
2 (* *euf*) = **mierda**

**emergencia** SF 1 (= *urgencia*) emergency; **de ~** emergency *antes de s*
2 (= *acción*) emergence

**emergente** ADJ 1 [*nación, ideología, mercado*] emerging, emergent
2 (= *resultante*) resultant, consequent

**emerger** ▸conjug 2c◂ VI (= *aparecer*) to emerge; [*submarino*] to surface

**emeritense** Ⓐ ADJ of/from Mérida
Ⓑ SMF native/inhabitant of Mérida; **los ~s** the people of Mérida

**emérito** ADJ emeritus

**emético** ADJ, SM emetic

**emigración** SF [*de personas*] emigration; [*de aves*] migration

**emigrado/a** SM/F emigrant; (*Pol etc*) émigré(e)

**emigrante** ADJ, SMF emigrant

**emigrar** ▸conjug 1a◂ VI [*personas*] to emigrate; [*aves*] to migrate

**Emilia** SF Emily

**emilianense** ADJ of San Millán de la Cogolla

**emilio*** SM (*Inform hum*) e-mail; **mandar un ~ a algn** to e-mail sb

**eminencia** SF 1 (= *excelencia*) eminence
2 (*en títulos*) **Su Eminencia** His Eminence; **Vuestra Eminencia** Your Eminence
3 (*Geog*) height, eminence

**eminente** ADJ eminent, distinguished

**eminentemente** ADV eminently, especially

**emir** SM emir

**emirato** SM emirate

**emisario/a** SM/F emissary, envoy

**emisión** SF 1 (= *acción*) emission; (*Fin etc*) issue; (*Bolsa*) share issue ► **emisión de acciones, emisión de valores** flotation ► **emisión gratuita de acciones** rights issue
2 (*Radio, TV*) (= *difusión*) broadcasting; (= *programa*) broadcast, programme, program (*EEUU*) ► **emisión deportiva** sports programme ► **emisión publicitaria** commercial, advertising spot
3 (*Inform*) output

**emisor** Ⓐ ADJ **banco ~** issuing bank
Ⓑ SM 1 (*Radio, TV*) transmitter ► **emisor de radar** radar station
2 (*Fin*) issuing company

**emisora** SF radio station, broadcasting station ► **emisora comercial** commercial radio station ► **emisora de onda corta** shortwave radio station ► **emisora pirata** pirate radio station

**emisor-receptor** SM walkie-talkie

**emitir** ▸conjug 3a◂ VT 1 [+ *sonido, olor*] to emit, give off, give out
2 (*Fin*) [+ *dinero, sellos, bonos*] to issue; [+ *dinero falso*] to circulate; [+ *préstamo*] to grant, give
3 (= *expresar*) [+ *opinión*] to express; [+ *veredicto*] to return, issue, give; [+ *voto*] to cast
4 (*Radio, TV*) to broadcast; [+ *señal*] to send out

**Emmo.** ABR = **eminentísimo**

**emoción** SF 1 (= *sentimiento*) emotion; **llorar de ~** to be moved to tears; **sentir una honda ~** to feel a deep emotion; **nos comunica una ~ de nostalgia** it gives us a nostalgic feeling
2 (= *excitación*) excitement; **¡qué ~!** (*lit*) how exciting!; (*iró*) big deal!; **al abrirlo sentí gran ~** I felt very excited when I opened it; **con la ~ del momento no me di cuenta** in the heat of the moment I just didn't realise; **la ~ de la película no disminuye** the excitement *o* tension of the film does not flag

**emocionado** ADJ 1 (= *conmovido*) deeply moved, stirred
2 (= *entusiasmado*) excited

**emocional** ADJ emotional

**emocionante** ADJ 1 (= *conmovedor*) moving
2 (= *excitante*) exciting, thrilling

**emocionar** ▸conjug 1a◂ Ⓐ VT (= *excitar*) to excite, thrill; (= *conmover*) to move, touch
Ⓑ **emocionarse** VPR (= *entusiasmarse*) to get excited; (= *conmoverse*) to be moved, be touched; **¡no te emociones tanto!** don't get so worked up!; **me emociono con las películas románticas** I get all emotional when I watch romantic films; **cuando le gusta un tema se emociona y no para de hablar** when she's interested in a subject she gets carried away and doesn't stop talking

**emoliente** ADJ, SM emollient

**emolumento** SM emolument

**emotividad** SF emotive nature

**emotivo** ADJ [*persona*] emotional; [*escena*] moving, touching; [*palabras*] emotive, moving

**empacada** SF (*LAm*) 1 [*de caballo*] balk, shy
2 (= *terquedad*) obstinacy

**empacadora** SF 1 (*Agr*) baler
2 (*Méx*) packing company

**empacar** ▸conjug 1g◂ Ⓐ VT 1 (*esp LAm*) (*gen*) to pack; (*Andes, Méx*) (= *embalar*) to package
2 (*Agr*) to bale
Ⓑ VI (*Méx*) (= *hacer las maletas*) to pack
Ⓒ **empacarse** VPR 1 (= *enfadarse*) to get rattled*
2 (*LAm*) [*caballo*] to balk, shy
3 (*LAm*) (= *obstinarse*) to dig one's heels in

**empachado** ADJ 1 [*estómago*] upset; **estoy ~ de comer tanto chocolate** I've got indigestion from eating all that chocolate; **estoy ~ de tanto deporte en televisión** I'm fed up with all this sport on television
2 (= *avergonzado*) embarrassed

**empachar** ▸conjug 1a◂ Ⓐ VT 1 (= *causar indigestión*) to give indigestion to; **el chocolate empacha** chocolate gives you indigestion
2 (*fig*) (= *molestar*) to annoy; (= *aburrir*) to bore; **me empacha tanta música tecno** I get fed up with all this techno music
Ⓑ **empacharse** VPR 1 (*Med*) to get indigestion
2 (= *molestarse*) to get annoyed
3 (= *aburrirse*) to get bored, get fed up*
4 (= *avergonzarse*) to get embarrassed, feel awkward

**empacho** SM 1 (*Med*) indigestion; **darse** *o* **coger un ~ de algo** (*fig*) to get a bellyful of sth*
2 (= *timidez*) bashfulness; **sin ~** without ceremony; **no tener ~ en hacer algo** to have no objection to doing sth

**empachoso** ADJ 1 [*comida*] indigestible; **la nata me resulta empachosa** cream gives me indigestion
2 [*persona*] (= *empalagoso*) cloying, oversweet; (= *vergonzoso*) embarrassing

**empadronamiento** SM 1 (= *censo*) [*de habitantes*] census; [*de electores*] electoral register, list of registered voters (*EEUU*)
2 (= *acto*) [*de habitantes*] census taking; [*de electores*] registration

**empadronar** ▸conjug 1a◂ Ⓐ VT (= *censar*) (*como habitante*) to take a census of; (*como

2 (= *encantar*) **me enamora este paisaje** I simply adore this scenery, I just love this scenery
Ⓑ **enamorarse** VPR to fall in love (**de** with)

**enamoricarse*** ▸conjug 1g◂ VPR, **enamoriscarse*** ▸conjug 1g◂ VPR to be infatuated (**de** with), get a crush* (**de** on)

**enancar** ▸conjug 1g◂ Ⓐ VT **~ a algn** (*LAm*) to put sb on the crupper (of one's horse)
Ⓑ VI (*Cono Sur*) (= *seguir*) to follow, be a consequence (**a** of)
Ⓒ **enancarse** VPR 1 (*LAm*) to get up on the crupper, ride behind
2 (*Méx*) [*caballo*] to rear up

**enanez** SF (*lit*) dwarfishness; (*fig*) stunted nature

**enangostar** ▸conjug 1a◂ Ⓐ VT to narrow
Ⓑ **enangostarse** VPR to narrow, get narrower

**enanismo** SM (*Med*) dwarfism

**enanito/a** SM/F dwarf

**enano/a** Ⓐ ADJ dwarf *antes de s*
Ⓑ SM/F dwarf, midget; (*pey*) runt; ✦*MODISMO* **disfrutar** *o* **pasárselo como un ~** to have a brilliant time

**enantes** ADV (*Andes*) = **denante(s)**

**enarbolar** ▸conjug 1a◂ Ⓐ VT [+ *bandera*] to hoist; [+ *espada*] to flourish
Ⓑ **enarbolarse** VPR 1 [*persona*] to get angry
2 [*caballo*] to rear up

**enarcar** ▸conjug 1g◂ VT 1 [+ *tonel*] to put a hoop on
2 (= *arquear*) [+ *cejas*] to raise; [+ *lomo*] to arch; [+ *pecho*] to throw out

**enardecer** ▸conjug 2d◂ Ⓐ VT 1 (= *dar fuerza a*) [+ *pasión*] to inflame; [+ *discusión*] to enliven, liven up
2 [+ *público*] (= *entusiasmar*) to fill with enthusiasm; (= *provocar*) to incite, inflame
Ⓑ **enardecerse** VPR 1 (*Med*) to become inflamed
2 (= *entusiasmarse*) to get excited (**por** about)

**enarenar** ▸conjug 1a◂ Ⓐ VT to cover with sand
Ⓑ **enarenarse** VPR (*Náut*) to run aground

**enastado** ADJ horned

**encabalgamiento** SM (*Literat*) enjambement

**encabestrar** ▸conjug 1a◂ Ⓐ VT 1 [+ *caballo*] to put a halter on
2 (= *convencer*) to induce
Ⓑ **encabestrarse** VPR (*LAm*) to dig one's heels in

**encabezado** Ⓐ ADJ [*vino*] fortified
Ⓑ SM 1 (*Méx Prensa, Tip*) (= *encabezamiento*) heading; (= *titular*) headline
2 (*Caribe*) (= *capataz*) foreman

**encabezamiento** SM 1 (= *en periódico*) headline, caption; (= *de carta*) heading; (= *preámbulo*) foreword, preface; (*Com*) bill head, letterhead
2 (= *registro*) roll, register

**encabezar** ▸conjug 1f◂ VT 1 [+ *movimiento, revolución, partido, delegación*] to lead; **dirigentes sindicalistas encabezaban la manifestación** union leaders led the demonstration
2 [+ *lista, liga*] to head, be at the top of; **el Betis encabeza la clasificación de la Liga** Betis are at the top of *o* heading the League; **el ciclista español encabeza la carrera** the Spanish cyclist is in the lead
3 [+ *carta, artículo*] to head; **la cita que encabeza el artículo** the quotation heading the article
4 [+ *vino*] to fortify
5 (††) [+ *población*] to register (*for tax purposes*)

**encabrestarse** ▸conjug 1a◂ VPR (*LAm*) = **emperrarse**

**encabritamiento*** SM fit of bad temper

**encabritar** ▸conjug 1a◂ Ⓐ VT (*) to rile*, make cross
Ⓑ **encabritarse** VPR 1 [*caballo*] to rear up
2 (*) (= *enfadarse*) to get riled*, get cross

**encabronar*** ▸conjug 1a◂ Ⓐ VT to make angry
Ⓑ **encabronarse** VPR to get riled*, get cross

**encabuyar** ▸conjug 1a◂ VT (*Andes, Caribe*) to tie up

**encachado** ADJ (*Cono Sur*) appealing, attractive

**encachar** ▸conjug 1a◂ Ⓐ VT 1 (*Taur*) [+ *cabeza*] to lower before charging
2 (*Chile**) to make nice
Ⓑ **encacharse** VPR (*Chile**) to spruce o.s. up

**encachilarse*** ▸conjug 1a◂ VPR (*Arg*) to get furious

**encachimbado*** ADJ **está ~** (*CAm*) he's livid, he's hopping mad*

**encachimbarse*** ▸conjug 1a◂ VPR (*CAm*) to fly off the handle*, lose one's temper

**encachorrarse** ▸conjug 1a◂ VPR (*Andes*) to get angry

**encadenación** SF, **encadenamiento** SM 1 [*de personas, objetos*] chaining, chaining together
2 [*de hechos, ideas*] linking, connection, concatenation (*frm*)

**encadenado** SM (*Cine*) fade, dissolve

**encadenar** ▸conjug 1a◂ Ⓐ VT 1 (= *atar con cadenas*) (*lit*) to chain, chain together; (*fig*) to tie down; **los negocios le encadenan al escritorio** business ties him to his desk
2 [+ *prisionero*] to fetter, shackle
3 [+ *de hechos, ideas*] to connect, link
4 (= *inmovilizar*) to shackle, paralyze, immobilize
Ⓑ VI (*Cine*) to fade in; **~ a** to fade to

**encajable** ADJ **500 piezas ~s una dentro de la otra** 500 pieces that fit together; **esa idea no es ~ en su concepción del mundo** that idea doesn't fit into the way he sees the world

**encajadura** SF 1 (= *acto*) insertion
2 (*para meter algo*) (= *hueco*) socket; (= *ranura*) groove; (= *armazón*) frame

**encajar** ▸conjug 1a◂ Ⓐ VT 1 (= *acoplar*) [+ *pieza, tapón*] to fit; [+ *partes*] to fit together; **no he podido ~ las dos partes** I haven't managed to fit the two parts together; **~ algo en algo** to fit sth into sth
2 (= *aceptar*) [+ *broma, crítica*] to take; [+ *desgracia, derrota*] to handle, cope with; **hay que ~ las críticas con sentido del humor** you have to be able to take criticism and not lose your sense of humour; **el equipo no supo ~ el resultado** the team couldn't handle *o* cope with the result; **no supo ~ el golpe** he couldn't handle it
3 (*) **~ algo a algn** (= *endilgar*) to lumber sb with sth*, dump sth on sb*; (= *timar*) to palm sth off on *o* onto sb*; **cada vez que se van me encajan a su gato** every time they go away they lumber me with their cat* *o* they dump their cat on me*; **le encajó un billete falso** he managed to palm a fake note off onto him*; **a mí no me encajas tú esa historia** I won't be taken in by a story like that
4 (= *dar, meter*) [+ *golpe, patada*] to give; **le encajó un buen bofetón** he gave him a good slap; **no le dejó ~ ni un solo comentario** she didn't let him get a word in edgeways
5 (= *dejarse meter*) to let in; **llevamos tres partidos sin ~ un gol** we've gone three matches without letting in a goal
Ⓑ VI 1 (= *ajustar*) [*puerta*] to fit; [*piezas*] to fit (together); **las dos partes ~on perfectamente** both parts fitted (together) perfectly; **~ en algo** to fit into sth
2 (= *coincidir*) [*teoría, coartada*] to fit; **aquí hay algo que no encaja** something here doesn't tally *o* fit; **ahora todo empieza a ~** it's all beginning to fall into place *o* fit together now; **~ con algo** to tie in with sth, tally with sth; **su versión no encaja con lo que he oído** his version does not tie in *o* tally with what I've heard
3 (= *integrarse*) **~ con algn** to fit in with sb; **los nuevos alumnos ~on bien con sus compañeros** the new students fitted in well with their classmates; **~ en** [+ *serie, papel*] to be right for; [+ *ambiente*] to fit in; **un espectáculo que puede ~ bien en Broadway** a show that could be just right for Broadway; **no creo que vayas a ~ en ese papel** I don't think you'll be right for *o* suit that role; **no le costó ~ en la oficina** he had no trouble fitting in in the office; **sus ideas encajan dentro de una mentalidad conservadora** her ideas are in keeping with a conservative mentality
Ⓒ **encajarse** VPR 1 (= *atrancarse*) **la puerta se quedó encajada** the door got jammed *o* stuck; **se me ha encajado el dedo en la botella** my finger's got stuck in the bottle; **el coche se encajó dentro del muro** the car jammed into the wall
2 (= *ponerse*) [+ *abrigo, sombrero*] to put on; **se encajó el sombrero hasta las orejas** he pulled his hat (on) down to his ears
3 (*Méx*) (= *aprovecharse*) to take advantage; **~se con algn** to take advantage of sb

**encaje** SM 1 (*Cos*) lace; **una blusa de ~** a lace blouse; **se le veían los ~s de las enaguas** you could see the lace of her petticoat ► **encaje de bolillos** (*lit*) bobbin lace; **tengo que hacer ~ de bolillos para que el sueldo me llegue a fin de mes** I have to juggle things around constantly to make ends meet
2 [*de piezas*] fitting
3 (= *cabida*) **una obra de difícil ~ en el concepto de teatro moderno** a work which does not fit easily into the concept of modern theatre
4 (*Téc*) (= *hueco*) socket; (= *ranura*) groove
5 (= *taracea*) inlay, mosaic ► **encaje de aplicación** appliqué, appliqué work
6 (*Fin*) reserve, stock ► **encaje de oro** gold reserve

**encajero/a** SM/F lacemaker

**encajetillar** ▸conjug 1a◂ VT to pack in boxes, box

**encajonado** SM cofferdam

**encajonar** ▸conjug 1a◂ Ⓐ VT 1 (= *guardar*) to box, box up, put in a box; (*Mec*) to box in
2 [+ *río*] to canalize
3 (= *meter en un sitio estrecho*) to squeeze in, squeeze through

Ⓑ **encajonarse** VPR [*río*] to run between steep banks

**encajoso‡** SM (*LAm*) creep‡

**encalabrinar*** ▸conjug 1a◂ Ⓐ VT [1] (= *emborrachar*) to go to one's head
[2] **~ a algn** (= *enojar*) to get sb worked up; (= *atraer*) to attract sb
Ⓑ **encalabrinarse** VPR [1] **~se de algn** to become infatuated with sb, get a crush on sb
[2] (= *empeñarse*) to get an obsession, get the bit between one's teeth

**encaladura** SF [1] (= *blanqueo*) whitewash, whitewashing
[2] (*Agr*) liming

**encalambrarse** ▸conjug 1a◂ VPR (*LAm*) (= *acalambrarse*) to get cramp; (= *aterirse*) to grow stiff with cold

**encalamocar** ▸conjug 1g◂ Ⓐ VT (*Andes, Caribe*) [1] (= *emborrachar*) to make drunk
[2] (= *aturdir*) to confuse, bewilder
Ⓑ **encalamocarse** VPR (*Andes, Caribe*) [1] (= *emborracharse*) to get drunk
[2] (= *aturdirse*) to get confused, get bewildered

**encalar** ▸conjug 1a◂ VT [1] [+ *pared*] to whitewash
[2] (*Agr*) to lime

**encalatarse** ▸conjug 1a◂ VPR (*Andes*) [1] (= *desnudarse*) to strip naked
[2] (= *arruinarse*) to be ruined

**encalladero** SM shoal, sandbank

**encalladura** SF stranding, running aground

**encallar** ▸conjug 1a◂ Ⓐ VI [1] (*Náut*) to run aground, get stranded (**en** on)
[2] [*negociación*] (= *fracasar*) to fail; (= *estancarse*) to get bogged down
Ⓑ **encallarse** VPR [1] (*Náut*) to run aground, get stranded (**en** on)
[2] [*carne*] to go rubbery

**encallecer** ▸conjug 2d◂ VI, **encallecerse** VPR to harden, form corns

**encallecido** ADJ hardened

**encalmada** SF period of calm

**encalmado** ADJ [1] (*Náut*) becalmed
[2] (*Com, Fin*) quiet, slack

**encalmarse** ▸conjug 1a◂ VPR to calm down

**encalomarse‡** ▸conjug 1a◂ VPR to hide

**encalvecer** ▸conjug 2d◂ VI to go bald

**encamar** ▸conjug 1a◂ Ⓐ VT [1] (*CAm, Méx*) (= *hospitalizar*) to take to hospital, hospitalize
[2] (*Caribe*) [+ *animal*] to litter, bed down; (*Méx*) [+ *niño*] to put to bed
Ⓑ **encamarse** VPR [1] [*persona*] to take to one's bed; **estar encamado** to be confined to bed; **~se con algn** (*Andes, Cono Sur*) to go to bed with sb, sleep with sb
[2] [*cosecha*] to be laid, be flattened
[3] [*animal*] to crouch, hide

**encamburarse** ▸conjug 1a◂ VPR (*Caribe*) (*gen*) to make good; (*como funcionario*) to achieve public office

**encame** SM den, lair

**encamillado/a** SM/F (*CAm, Méx*) stretcher case

**encaminamiento** SM (*Inform*) routing

**encaminar** ▸conjug 1a◂ Ⓐ VT [1] (= *orientar*) [+ *plan, esfuerzo*] to direct; [+ *alumno, hijo*] to guide, direct; **el proyecto está encaminado a ayudarles** the plan is designed to help them, the plan is aimed at helping them; **aquel maestro lo encaminó en sus estudios** that teacher guided *o* directed him in his studies
[2] (= *dirigir*) to direct; **una señora me encaminó hacia la autopista** a lady directed me towards the motorway; **encaminó sus pasos hacia el monasterio** (*liter*) he turned his steps towards the monastery (*liter*)
Ⓑ **encaminarse** VPR [1] **~se a** *o* **hacia** (= *dirigirse a*) to head for, set out for; **nos encaminamos hacia el pueblo** we headed *o* set out for the village
[2] **~se a** (= *tener como objetivo*) to be designed to, be aimed at; **nuestros esfuerzos se encaminan a la solución del conflicto** our efforts are designed to solve the conflict, our efforts are aimed at solving the conflict

**encamotado*** ADJ (*LAm*) **estar ~** to be in love (**de** with)

**encamotarse*** ▸conjug 1a◂ VPR (*LAm*) to fall in love (**de** with)

**encampanado** ADJ bell-shaped

**encampanar** ▸conjug 1a◂ Ⓐ VT [1] (= *elevar*) to raise
[2] (*Andes, Caribe*) (= *encumbrar*) to raise, raise on high
[3] (*Andes, Caribe, Méx**) (= *abandonar*) to leave in the lurch, leave in a jam*
[4] **~ a algn a** (*Caribe*) to send sb to
[5] (*Méx*) (= *agitar*) to excite, agitate
Ⓑ **encampanarse** VPR [1] (*LAm*) (= *encumbrarse*) to rise
[2] (*Col, Méx*) (= *enamorarse*) to fall in love
[3] (*Méx*) (= *meterse en un lío*) to get into a jam*
[4] (*Caribe*) to go off to a remote spot
[5] (*Andes**) (= *complicarse*) to become difficult, get complicated

**encanado/a*** SM/F (*Andes*) prisoner

**encanalar** ▸conjug 1a◂ VT, **encanalizar** ▸conjug 1f◂ VT to pipe

**encanallarse** ▸conjug 1a◂ VPR (= *envilecerse*) to become a bastard‡

**encanar‡** ▸conjug 1a◂ VT (*Andes, Cono Sur*) to throw into jail

**encandecer** ▸conjug 2d◂ VT to make white-hot

**encandelar** ▸conjug 1a◂ VT (*Caribe*) to annoy, irritate

**encandelillar** ▸conjug 1a◂ VT (*LAm*) to dazzle

**encandellar** ▸conjug 1a◂ VT (*Andes*) [+ *fuego*] to fan

**encandiladera†** SF procuress†

**encandilado** ADJ [1] (*) (= *deslumbrado*) **estar ~ con algn** to be all taken with sb
[2] (= *tieso*) high, erect

**encandiladora†** SF procuress†

**encandilar** ▸conjug 1a◂ Ⓐ VT [1] (= *fascinar*) to daze, bewilder
[2] (= *deslumbrar*) to dazzle
[3] [+ *lumbre*] to stir, poke
[4] [+ *emoción*] to kindle, stimulate
Ⓑ **encandilarse** VPR [1] [*ojos*] to light up
[2] (= *quedar fascinado*) **se encandiló con la belleza de Laura** he was taken with *o* dazzled by Laura's beauty
[3] (*Andes, Caribe*) (= *asustarse*) to get scared

**encanecer** ▸conjug 2d◂ VI, **encanecerse** VPR [1] [*pelo*] to go grey, go gray (*EEUU*); [*persona*] to go grey
[2] (*con moho*) to go mouldy, go moldy (*EEUU*)

**encanijado** ADJ weak, puny

**encanijarse** ▸conjug 1a◂ VPR to grow weak, become emaciated

**encanillar** ▸conjug 1a◂ VT to wind (on to a spool)

▼**encantado** ADJ [1] (= *muy contento*) delighted; **si te encargas tú, yo por mí encantada** I'd be only too pleased *o* I'd be delighted if you'd take care of it; **estar ~ con algo/algn** to be delighted with sth/sb; **está encantada con el piso nuevo** she's delighted with the new flat; **estar ~ de algo: estoy ~ de tu éxito** I'm delighted at your success; **estoy encantada de poder ayudarte** I'm delighted to be able to help you
[2] (*en fórmulas de presentación*) **~ de conocerlo** (I'm) delighted to meet you; **—el Sr. Martínez —¡encantado!** "let me introduce you to Mr Martínez" — "how do you do!" *o* "pleased to meet you!"
[3] (= *embrujado*) enchanted
[4] (= *distraído*) **¡espabila, que parece que estés encantada!** wake up, you seem to be in a trance!

**encantador(a)** Ⓐ ADJ [*persona*] charming, delightful; [*lugar*] lovely
Ⓑ SM/F magician, enchanter/enchantress
▸ **encantador(a) de serpientes** snake charmer

**encantadoramente** ADV charmingly, delightfully

**encantamiento** SM enchantment

▼**encantar** ▸conjug 1a◂ Ⓐ VI (*con complemento personal*) to love; **me encanta tu casa** I love your house; **me encantan las flores** I adore *o* love flowers; **me ~ía que vinieras** I'd be delighted if you come, I'd love you to come
Ⓑ VT to cast a spell on *o* over, bewitch

**encanto** SM [1] (= *atractivo*) charm; **el pueblecito tiene mucho ~** the village has a lot of charm *o* is very charming; **no es guapa, pero tiene su ~** she isn't pretty, but she has charm; **se dejó seducir por sus ~s** he allowed himself to be seduced by her charms
[2] (= *maravilla*) **el niño es un ~** he's a charming *o* lovely *o* delightful little boy; **¡qué ~ de jardín!** what a lovely garden!
[3] (*uso apelativo*) darling; **¡oye, ~!** hello, gorgeous!*
[4] (= *encantamiento*) spell; **romper el ~** to break the spell; **el bolso desapareció como por ~** the bag disappeared as if by magic

**encañada** SF ravine

**encañado** SM pipe

**encañar** ▸conjug 1a◂ VT [1] [+ *agua*] to pipe
[2] [+ *planta*] to stake
[3] [+ *tierra*] to drain

**encañizado** SM wire netting fence

**encañonar** ▸conjug 1a◂ Ⓐ VT [1] [+ *agua*] to pipe
[2] (*) (= *asaltar con arma*) to stick up*, hold up; (= *amenazar*) to cover (with a gun)
Ⓑ VI [*ave*] to grow feathers

**encapado** ADJ cloaked, wearing a cloak

**encapotado** ADJ [1] [*cielo*] cloudy, overcast
[2] (*con capa*) wearing a cloak

**encapotar** ▸conjug 1a◂ Ⓐ VT to cover with a cloak
Ⓑ **encapotarse** VPR [1] [*cielo*] to become cloudy, cloud over, become overcast
[2] (= *ponerse la capa*) to put on one's cloak
[3] (= *enfurruñarse*) to frown

➤ LENGUA Y USO: encantado 1 38.3, 52.1 encantar A 52.2, 52.4, 52.5

**encapricharse** ▸conjug 1a◂ VPR to take a fancy (**con, por** to)

**encapuchado/a** Ⓐ ADJ hooded
Ⓑ SM/F masked man/woman

**encapuchar** ▸conjug 1a◂ VT **~ un pozo de petróleo** to cap an oil well

**encarado** ADJ **bien ~** nice-looking; **mal ~** evil-looking

**encaramar** ▸conjug 1a◂ Ⓐ VT 1 (= *subir*) to raise, lift up
2 (= *alabar*) to praise, extol, extoll (*EEUU*)
Ⓑ **encaramarse** VPR (= *subirse*) to perch, sit up high; **~se a** [+ *árbol*] to climb up to, climb on to

**encarapitarse** ▸conjug 1a◂ VPR (*Andes, Caribe*) = **encaramar B**

**encarar** ▸conjug 1a◂ Ⓐ VT 1 [+ *problema*] to face, face up to, confront
2 [+ *dos cosas*] to bring face to face
3 [+ *arma*] to aim, point
Ⓑ VI (*Cono Sur*) to fall sick
Ⓒ **encararse** VPR **~se a** *o* **con algn** to confront sb

**encarcelación** SF, **encarcelamiento** SM imprisonment

**encarcelar** ▸conjug 1a◂ VT to imprison, jail

**encarecer** ▸conjug 2d◂ Ⓐ VT 1 (*Com*) to put up the price of
2 (= *alabar*) to praise, extol, extoll (*EEUU*)
3 **le encarezco que lo haga** I urge you to do it
Ⓑ VI, **encarecerse** VPR (*Com*) to get dearer

**encarecidamente** ADV insistently, earnestly

**encarecimiento** SM 1 [*de precio*] increase, rise
2 (= *alabanza*) extolling
3 (= *insistencia*) stressing, emphasizing; **con ~** insistently, strongly

**encargado/a** Ⓐ ADJ **estar ~ de algo** to be in charge of sth, be responsible for sth; **¿puedo hablar con la persona encargada de los impuestos?** can I speak to the person in charge of *o* responsible for taxes?; **la arteria encargada de conducir la sangre** the artery responsible for directing blood flow
Ⓑ SM/F (= *responsable*) [*de tarea, expedición*] person in charge; [*de tienda, restaurante*] manager; [*de parque, cementerio*] groundkeeper; **quisiera hablar con el ~ de las obras** I would like to speak to the person in charge of the building work; **él era el ~ de las bebidas** he was in charge of the drinks; **el ~ de la librería** the person in charge of the bookshop, the manager of the bookshop ► **encargado/a de campo** (*Dep*) groundsman/groundswoman ► **encargado/a de curso** student representative ► **encargado/a de la recepción** receptionist ► **encargado/a de mostrador** counter clerk ► **encargado/a de negocios** (*Pol*) chargé d'affaires ► **encargado/a de obra** site manager ► **encargado/a de prensa** press officer ► **encargado/a de relaciones públicas** public relations officer ► **encargado/a de seguridad** security officer ► **encargado/a de vestuario** (*Teat*) wardrobe manager; (*Cine, TV*) costume designer

▼**encargar** ▸conjug 1h◂ Ⓐ VT 1 [+ *tarea, misión*] to give; **encargó el cuidado de sus hijos a un familiar** he left his children in the care of a relative; **~ a algn de algo** to give sb the job of doing sth; **lo ~on de resolver el conflicto** he was given the job of resolving the conflict
2 (*a profesional, empresa*) [+ *obra de arte, informe*] to commission; **nos ~on el diseño del folleto** they commissioned us to design the brochure
3 (= *hacer un pedido de*) to order; **hemos encargado dos pizzas** we've ordered two pizzas; **encargué los libros por correo** I ordered the books by post; **le he encargado un traje al sastre** I've ordered a suit from my tailor; ✦***MODISMOS*** **~ familia** to start a family; **~ un niño**: **¿habéis encargado otro niño?** are you having another child?, do you have another one on the way?*
4 (= *pedir como favor*) **le encargué dos latas de caviar ruso** I asked him to bring *o* buy me two tins of Russian caviar; **me ha encargado varias cosas del supermercado** she's asked me to get her some things from the supermarket; **~ a algn que haga algo** to ask sb to do sth; **me encargó que le regara las plantas** he asked me to water his plants
5 (= *aconsejar*) to advise; **le encargó varias veces que no dejara el tratamiento** he advised him several times not to stop the treatment
6 (*Chile Der*) **~ reo a algn** to submit sb to trial
Ⓑ **encargarse** VPR **~se de** (= *ocuparse de*) to take care of; (= *ser responsable de*) to be in charge of; (= *tomar la responsabilidad de*) to take charge of; **¿qué empresa se va a ~ de la mudanza?** which firm is going to do *o* take care of the moving?; **ya me encargo yo de decírselo a todo el mundo** I'll make sure everyone knows, I'll take care of telling everyone; **de ése me encargo yo personalmente** (*hum*) I'll see to him myself!, I'll take care of him myself!; **yo me encargo de los asuntos culturales** I'm in charge of cultural affairs; **yo me encargo normalmente de cocinar** I normally do the cooking, I'm normally in charge of the cooking; **no irá, de eso me encargo yo** he won't go, I'll see to that *o* I'll make sure of that; **cuando ella murió, él se encargó del negocio** when she died, he took over the business *o* he took charge of the business

**encargatoria** SF (*Chile Der*) (*tb* **~ de reo**) committal for trial

**encargo** SM 1 (= *pedido*) order; **su ~ se perdió en el correo** your order got lost in the post; **de** *o* **por ~** [*traje, vestido*] tailor made, made to order; [*muebles*] made to order; **"se hacen tartas por ~"** "cakes made to order"; **ni hecho de ~ podrías ser más torpe** (*hum*) you couldn't be more clumsy if you tried
2 (*profesional*) job, commission; **todavía no me ha salido ningún ~** I haven't been given any jobs *o* commissions yet; **una exposición realizada por ~ del Ayuntamiento** an exhibition commissioned by the Council
3 (*para comprar algo*) errand; **ha salido a hacer un ~ a la tienda** he's gone to the shop on an errand; **le hice varios ~s de Nueva York** I asked him to buy a few things in New York, I asked him to bring back a few things from New York
4 ✦***MODISMOS*** **dejar a algn con ~** (*LAm**) to leave sb in the family way*; **traer a algn de ~** (*Méx**) to give sb a hard time*

**encargue** SM ✦***MODISMO*** **estar de ~** (*Cono Sur**) to be expecting, be in the family way*

**encariñado** ADJ **estar ~ con** to be fond of

**encariñarse** ▸conjug 1a◂ VPR **~ con** to grow fond of, get attached to; (*Psic*) to bond

**Encarna** SF (*forma familiar*) *de* **Encarnación**

**encarnación** SF (*Rel*) incarnation; (= *personificación*) embodiment, personification

**encarnadino** ADJ blood-red

**encarnado** ADJ 1 (*Rel*) incarnate; **es la sencillez encarnada** it's simplicity itself
2 (= *rojo*) [*color*] red; [*tez*] ruddy, florid (*pey*); **ponerse ~** to blush

**encarnadura** SF **tiene buena ~** his skin heals (up) well

**encarnar** ▸conjug 1a◂ Ⓐ VT 1 (= *personificar*) to personify; (*Teat*) [+ *papel*] to play, bring to life; **Iago encarna el odio** Iago is hatred personified
2 [+ *anzuelo*] to bait
Ⓑ VI 1 (*Rel*) to become incarnate
2 (*Med*) to heal, heal up
3 [*arma*] to enter the flesh, penetrate the body
Ⓒ **encarnarse** VPR (*Rel*) to become incarnate, be made flesh

**encarnecer** ▸conjug 2d◂ VI to put on flesh

**encarnizadamente** ADV bloodily, fiercely

**encarnizado** ADJ 1 [*batalla, lucha*] bloody, fierce
2 (= *sangrante*) [*herida*] red, inflamed; [*ojo*] bloodshot

**encarnizamiento** SM 1 (= *ira*) rage, fury
2 (= *crueldad*) bitterness, ferocity

**encarnizar** ▸conjug 1f◂ Ⓐ VT (= *volver cruel*) to make cruel; (= *enfadar*) to enrage
Ⓑ **encarnizarse** VPR to fight fiercely; **~se con algn** to attack sb viciously

**encaro** SM 1 (= *mirada*) stare, staring, gaze
2 (= *puntería*) aim, aiming
3 (*Hist*) blunderbuss

**encarpetar** ▸conjug 1a◂ VT 1 (= *guardar*) [+ *papeles*] to file away; [+ *proyecto*] to shelve, bury
2 (*LAm*) [+ *moción*] to shelve, bury

**encarrilamiento** SM [*de conducta*] improvement; [*de niño*] guidance

**encarrilar** ▸conjug 1a◂ VT 1 [+ *tren*] to put back on the rails
2 (= *dirigir*) to direct, guide; **no es fácil ~ a los niños en nuestros días** it's not easy to guide *o* provide guidance to one's children these days; **mejorar la conducta** to improve one's behaviour; **ir encarrilado** to be on the right lines; (*pey*) to be in a rut

**encarrujar** ▸conjug 1a◂ VT (*Cono Sur Cos*) to ruffle, frill

**encartado/a** SM/F (*Jur*) accused, defendant

**encartar** ▸conjug 1a◂ Ⓐ VT 1 (*Jur*) to summon
2 (= *proscribir*) to outlaw
3 (= *registrar*) to enrol, enroll (*EEUU*)
Ⓑ VI (*Naipes*) to lead
Ⓒ **encartarse** VPR (*Naipes*) *to take on one's opponent's suit*

**encarte** SM 1 (*Tip*) insert, inset
2 (*Naipes*) lead

**encartonar** ▸conjug 1a◂ VT 1 (= *cubrir*) to cover with cardboard
2 (*Tip*) to bind in boards

**encartuchar** ▸conjug 1a◂ VT (*LAm*) [+ *papel*] to roll up into a cone

➤ LENGUA Y USO: **encargar A3** 47.2

**encasar** ▸conjug 1a◂ VT [+ *hueso*] to set

**encasillado** Ⓐ ADJ [*actor*] typecast
Ⓑ SM pigeonholes *pl*, set of pigeonholes

**encasillamiento** SM 1 pigeonholing; **de difícil ~** difficult to categorize
2 (*Teat*) typecasting

**encasillar** ▸conjug 1a◂ VT 1 (= *poner en casillas*) to pigeonhole, categorize; (= *clasificar*) to classify; **no me gusta que me encasillen como escritor romántico** I don't like being pigeonholed *o* categorized as a romantic writer
2 (*Teat*) to typecast

**encasquetar** ▸conjug 1a◂ VT 1 [+ *sombrero*] to pull down tight
2 (*) **~ algo a algn** to foist sth on sb
3 (*) **~ una idea a algn** to put an idea into sb's head
4 (*Teat*) to typecast

**encasquillador** SM (*LAm*) blacksmith

**encasquillar** ▸conjug 1a◂ Ⓐ VT 1 (*LAm*) [+ *caballo*] to shoe
2 (*) (= *incriminar*) to frame*
Ⓑ **encasquillarse** VPR 1 [*bala, revólver*] to jam
2 (*Andes*) (*en discurso*) to get stuck, dry up*
3 (*Caribe*) (= *asustarse*) to get scared
4 (*Caribe**) (= *vacilar*) to waver

**encastillado** ADJ 1 (*Arquit*) castellated
2 [*persona*] (= *soberbio*) haughty; (= *obstinado*) stubborn

**encastillar** ▸conjug 1a◂ Ⓐ VT to fortify, defend with castles
Ⓑ **encastillarse** VPR 1 (*Mil*) to take to the hills
2 (*Hist*) to shut o.s. up in a castle
3 (= *obstinarse*) to refuse to yield; **~se en un principio** to stick to a principle, refuse to give up a principle

**encatrado** SM (*Cono Sur*) hurdle

**encatrinarse** ▸conjug 1a◂ VPR (*Méx*) to dress up

**encauchado** SM (*Andes, Caribe*) (= *tela*) rubberized cloth; (= *capa*) waterproof cape

**encauchar** ▸conjug 1a◂ VT to rubberize, waterproof

**encausado/a** SM/F (*Jur*) accused, defendant

**encausar** ▸conjug 1a◂ VT to prosecute, sue

**encauzar** ▸conjug 1f◂ VT 1 [+ *agua, río*] to channel
2 (= *dirigir*) to channel, direct; **las protestas se pueden ~ a fines positivos** the protests can be guided into useful channels

**encefalitis** SF INV encephalitis ► **encefalitis letárgica** sleeping sickness, encephalitis lethargica (*frm*)

**encefalograma** SM encephalogram

**encefalomielitis** SF INV ► **encefalomielitis miálgica** myalgic encephalomyelitis

**encefalopatía** SF ► **encefalopatía espongiforme bovina** bovine spongiform encephalopathy

**enceguecer** ▸conjug 2d◂ (*LAm*) Ⓐ VT to blind
Ⓑ VI, **enceguecerse** VPR to go blind

**encelar** ▸conjug 1a◂ Ⓐ VT to make jealous
Ⓑ **encelarse** VPR 1 [*persona*] to become jealous
2 (*Zool*) to rut, be on heat

**encenagado** ADJ 1 (= *enfangado*) muddy, mud-stained
2 (= *enviciado*) sunk in vice, depraved

**encenagarse** ▸conjug 1h◂ VPR 1 (= *enfangarse*) to get muddy
2 (= *enviciarse*) to become depraved

**encendedor** SM 1 (= *mechero*) lighter ► **encendedor de bolsillo** pocket lighter ► **encendedor de cigarrillos** cigarette lighter ► **encendedor de cocina** gas poker ► **encendedor de gas** gas lighter ► **encendedor del gas** gas poker
2 (= *persona*) lamplighter

**encender** ▸conjug 2g◂ Ⓐ VT 1 (= *prender*) [+ *fuego, cigarrillo*] to light; [+ *cerilla*] to strike; [+ *luz, radio*] to turn on, switch on, put on; [+ *gas*] to light, turn on; (*Inform*) to toggle on, switch on
2 (= *avivar*) [+ *pasiones*] to inflame; [+ *entusiasmo*] to arouse; [+ *celos, odio*] to awake; [+ *guerra*] to spark off
3 (*Caribe*) (= *azotar*) to beat; (= *castigar*) to punish
Ⓑ **encenderse** VPR 1 (= *prenderse*) to light; **¿cuándo se encienden las luces?** when is lighting-up time?
2 [*cara, ojos*] to light up
3 [*persona*] (= *exaltarse*) to get excited; (= *ruborizarse*) to blush; (= *estallar*) to break out; **~se de ira** to flare up with rage, fly into a temper

**encendida*** SF (*Caribe*) (= *paliza*) beating; (= *reprimenda*) telling-off*

**encendidamente** ADV passionately, ardently

**encendido** Ⓐ ADJ 1 (*gen*) alight; [*colilla, fuego*] lighted, lit; [*luz, radio*] on, switched on; [*hilo*] live; [*color*] glowing
2 (= *rojo vivo*) bright red; [*mejillas*] glowing; [*cara*] (*por el vino*) flushed; (*por la ira*) purple; [*mirada*] fiery, passionate
Ⓑ SM [*de faroles*] lighting; (*Aut*) ignition ► **encendido eléctrico** electric lighting

**encendimiento** SM (= *pasión*) passion, ardour, ardor (*EEUU*); (= *ansia*) eagerness; (= *intensidad*) intensity

**encenizar** ▸conjug 1f◂ VT to cover with ashes

**encentar** ▸conjug 1j◂ VT 1 (*para el uso*) to begin to use
2 [+ *pan*] to cut the first slice from

**encerado** Ⓐ ADJ 1 [*suelo*] waxed, polished
2 (= *de color cera*) wax-coloured, wax-colored (*EEUU*)
Ⓑ SM 1 (= *hule*) oilcloth
2 (*Escol*) blackboard
3 (*Náut*) tarpaulin, tarp (*EEUU*)

**encerador(a)** Ⓐ SM/F (= *persona*) polisher
Ⓑ SF polishing machine

**encerar** ▸conjug 1a◂ VT [+ *suelo*] to wax, polish

**encercamiento** SM (*LAm*) encirclement

**encercar** ▸conjug 1g◂ VT (*LAm*) = **cercar**

**encerotar** ▸conjug 1a◂ VT [+ *hilo*] to wax

**encerradero** SM fold, pen

**encerrado** ADJ **no soporto pasar todo el día encerrada** I can't stand being shut in all day; **el prisionero llevaba siete años encerrado** the prisoner had been locked up for seven years; **la puerta dio un portazo y me quedé encerrado** the door slammed shut and I was locked in

**encerrar** ▸conjug 1j◂ Ⓐ VT 1 (= *meter*) to shut (up); (*con llave*) to lock (up); **encerré el gato en la cocina** I shut the cat (up) in the kitchen; **lo ~on en su celda** they locked him in his cell; **la ~on en un psiquiátrico** they locked her up in a mental hospital; **~ una frase entre paréntesis** to put a phrase in brackets
2 (= *contener*) to contain; **el libro encierra profundas verdades** the book contains profound truths; **el plan encierra graves problemas** the plan has serious problems
3 (= *implicar*) to involve; **cualquier cambio encierra ciertos riesgos** any change involves certain risks
4 (*Ajedrez, Damas*) to block
Ⓑ **encerrarse** VPR 1 (= *meterse*) to shut o.s. (up); (*con llave*) to lock o.s. (up); **se encerró en su cuarto** she shut herself (up) in her room; **~se en sí mismo** to withdraw into o.s.; **~se en el silencio** to maintain a total silence
2 (*como protesta*) to hold a sit-in, stage a sit-in; **los manifestantes se ~on en el ayuntamiento** the demonstrators held *o* staged a sit-in in the town hall
3 (*Méx*) (= *ser hosco*) to be stand-offish

**encerrona** SF 1 (= *protesta*) sit-in
2 (= *trampa*) trap; **preparar a algn una ~** (*fig*) to lay *o* set a trap for sb

**encespedar** ▸conjug 1a◂ VT to turf

**encestar** ▸conjug 1a◂ VI (*Dep*) to score (a basket)

**enceste** SM (*Dep*) basket

**enchalecar** ▸conjug 1g◂ VT to place in a straitjacket

**enchapado** SM [*de metal*] plating; [*de madera*] veneer

**enchapar** ▸conjug 1a◂ VT 1 (*Téc*) (*con metal*) to plate, overlay (*with metal*); (*con madera*) to veneer
2 (*Méx*) [+ *puerta*] to fit locks to

**enchaquetarse** ▸conjug 1a◂ VPR 1 (= *vestirse elegante*) to dress up
2 (*Andes, Caribe*) to put one's jacket on

**encharcada** SF pool, puddle

**encharcado** ADJ [*terreno*] swamped

**encharcar** ▸conjug 1g◂ Ⓐ VT 1 (= *formar charcos en*) to cover with puddles, turn into pools
2 (= *inundar*) to swamp, flood
Ⓑ **encharcarse** VPR 1 [*tierra*] to swamp, get flooded
2 [*agua*] (= *estancarse*) to become stagnant
3 (*Med*) [*pulmones*] to get clogged up
4 (*LAm*) (= *enfangarse*) to get muddy
5 (*Cono Sur*) (= *atascarse*) to get stuck in a puddle
6 **~se en los vicios** to wallow in vice

**encharralarse** ▸conjug 1a◂ VPR (*CAm*) to make an ambush, lie in ambush

**enchastrar** ▸conjug 1a◂ VT (*Cono Sur*) to dirty, make dirty

**enchauchado*** ADJ (*Cono Sur*) well-heeled

**enchicharse*** ▸conjug 1a◂ VPR 1 (*LAm*) (= *emborracharse*) to get drunk on chicha
2 (*Andes, CAm*) (= *enojarse*) to get angry, lose control

**enchilada** SF (*CAm, Méx*) stuffed tortilla

**enchilado** Ⓐ ADJ 1 (*CAm, Méx Culin*) seasoned with chili
2 (*Méx*) (= *rojo*) bright red
Ⓑ SM (*CAm, Méx*) stew with chili sauce

**enchilar** ▸conjug 1a◂ Ⓐ VT 1 (*LAm Culin*) to season with chili
2 (*Méx*) (= *molestar*) to annoy
Ⓑ VI (*Méx*) to sting, burn

Ⓒ **enchilarse** VPR (*Méx**) (= *enfadarse*) to get angry, get mad (*EEUU*); (*Méx*) (= *ruborizarse*) to go red in the face

**enchiloso** ADJ (*CAm, Méx*) [*sabor*] hot

**enchilotarse*** ▸conjug 1a◂ VPR (*Cono Sur*) to get cross

**enchinar** ▸conjug 1a◂ (*Méx*) Ⓐ VT [+ *pelo*] to curl, perm
Ⓑ **enchinarse** VPR **se le enchinó el cuerpo** he got goose pimples *o* goosebumps *o* (*EEUU*) gooseflesh

**enchinchar** ▸conjug 1a◂ Ⓐ VT [1] (*LAm*) (= *molestar*) to put out, bother
[2] (*Méx*) [+ *persona*] to cause to waste time; [+ *asunto*] to delay
Ⓑ **enchincharse** VPR [1] (*LAm*) (= *infestarse*) to get infested with bugs
[2] (*Arg, Méx*) (= *enfadarse*) to get bad-tempered

**enchiquerar** ▸conjug 1a◂ VT to pen, corral

**enchironar*** ▸conjug 1a◂ VT to jail, lock up, put away*

**enchisparse*** ▸conjug 1a◂ VPR (*LAm*) to get tight*

**enchisterado** ADJ top-hatted, with a top hat on

**enchivarse*** ▸conjug 1a◂ VPR (*Andes*) to fly into a rage

**enchufable** ADJ which plugs in, plug-in *antes de s*

**enchufado/a*** Ⓐ SM/F (*en escuela*) teacher's pet; (*en trabajo*) well-connected person, person with pull
Ⓑ ADJ **estar ~** to have connections

**enchufar** ▸conjug 1a◂ Ⓐ VT [1] (*Elec*) to plug in
[2] (*Téc*) (*gen*) to join, fit together, fit in; [+ *dos tubos*] to telescope together
[3] (*) (*en un trabajo*) **la han enchufado para el puesto de secretario** they have set *o* lined her up for the secretary's job (*using contacts*), they pulled strings to get her the secretary's job
Ⓑ **enchufarse** VPR (*) [1] (*en el trabajo*) to wangle o.s. a job*, get a cushy job‡
[2] (= *relacionarse bien*) to get in with the right people

**enchufe** SM [1] (*Elec*) (= *macho*) plug; (= *hembra*) socket; (*en la pared*) point, socket
► **enchufe múltiple** adaptor
[2] (*Téc*) (= *conexión*) joint; (= *manguito*) sleeve, jacket (*EEUU*)
[3] (*) (= *puesto laboral*) cushy job*
[4] (*) (= *influencia*) useful contact; **lo consiguió por ~s** he pulled strings to do it; **tener ~s** to have connections

**enchufismo*** SM string-pulling*, wirepulling (*EEUU**)

**enchufista*** SM/F person who can pull strings, wirepuller (*EEUU**)

**encía** SF gum

**encíclica** SF encyclical

**enciclopedia** SF encyclopaedia, encyclopedia

**enciclopédico** ADJ encyclopaedic, encyclopedic

**encielar** ▸conjug 1a◂ VT (*CAm, Cono Sur*) to roof, put a roof on

**encierra** SF (*Cono Sur*) [1] (= *acto*) penning (*of cattle, for slaughter*)
[2] (= *pasto*) winter pasture

**encierre** SM (*Caribe*) penning (*of cattle, for slaughter*)

**encierro** SM [1] (*de manifestantes*) sit-in; (*en fábrica*) sit-in, work-in
[2] (= *reclusión*) **nunca sale de su habitación, no hay quien la saque de su ~** she never leaves her room, no one can persuade her to come out
[3] (*Taur*) (= *fiesta*) *running of the bulls*; (= *toril*) bull pen; → SANFERMINES
[4] (†) (= *cárcel*) prison

**encima** ADV [1] (*en el espacio*) **allí está el cerro y ~ el castillo** you can see the hill there and the castle on top; **le puse un libro ~** I put a book on top of it; **déjelo ahí ~** leave it up there; **el gato se me sentó ~** the cat sat on me; **me he echado el café ~** I've spilt the coffee on myself; **~ de** (*con contacto*) on top of; (*sin contacto*) above; **déjalo ~ de la mesa** leave it on top of the table; **colgó el cuadro ~ del sofá** he hung the painting above the sofa; **llevar** *o* **tener algo ~**: **no llevaba ~ la documentación** I didn't have the papers on me; **nunca tiene dinero ~** he never has any money on him; **creo que ya tienes bastante ~** I think you've got enough on your plate; **venirse ~ de algn** [*animal, vehículo*] to come (straight) at sb, bear down on sb; [*peso, mueble*] to fall on (top of) sb; **el armario se le vino ~** the wardrobe fell on top of me; **no sabía lo que se le venía ~ cuando llegara a casa** he didn't know what was going to hit him when he got home; ✦**MODISMOS echarse a algn ~** (*LAm*) to get on the wrong side of sb; **con su actitud se echó ~ a todos sus compañeros** he got on the wrong side of all his colleagues because of his attitude; **echársele ~ a algn** (= *atrapar*) to catch up with sb; (= *criticar*) to come down (hard) on sb; **el Parlamento se le echó ~** Parliament came down (hard) on him; **estar ~ de algn** (= *estar pendiente*) to stand over sb; (*pey*) to be on someone's back*; **tengo que estar siempre ~ de mis hijos para que estudien** I always have to stand over my children to make them work; **tengo a mi jefe siempre ~** my boss is always on my back*; **hacerse ~** (*LAm euf*) ◊ **hacérselo ~** (*Esp euf*) (= *orinarse*) to wet o.s.; (= *defecar*) to mess o.s.; **poner a algn el dedo** *o* **la mano ~** to lay a finger on sb; **quitarse algo/a algn de ~** to get rid of sth/sb; **nos hemos quitado un gran problema de ~** that's a great problem out of the way for us; *ver tb* **mundo 5**
[2] (*en el tiempo*) upon; **ya tenemos el invierno ~ otra vez** winter is upon us again; **tenían ya la guerra ~** war was imminent *o* upon them; **se nos echó la noche ~** it grew dark, night fell; **se nos viene ~ la fecha de la boda** the wedding is nearly upon us, the wedding is just around the corner
[3] **por ~** [3·1] (= *por lo alto*) over; **le eché una manta por ~** I put a blanket over her; **el avión les pasó por ~** the plane passed overhead; **por ~ tiene a su jefe y al director** there's his boss and the director above him; **por ~ de** over; **el avión pasó rozando por ~ de la catedral** the plane skimmed over the top of the cathedral; **ha nevado por ~ de los 2.500m** there is snow above *o* over 2,500 metres; **estar por ~ de algo** (*en cantidad, nivel*) to be above sth; (*en preferencia*) to come before sth; **la asistencia estuvo por ~ de lo habitual** there was above average attendance; **no hay nadie por ~ de ella** there's no one above her; **estoy por ~ de él en categoría** I'm higher in rank *o* level than him; **eso está por ~ de mis posibilidades** that's beyond my means; **la felicidad está por ~ del dinero** happiness comes before money; **estar por ~ del bien y del mal** to be above the law; **por ~ de todo** above all; **quiero hacerlo por ~ de todo** I want to do it above all else; **la seguridad por ~ de todo** safety first
[3·2] (= *superficialmente*) **hoy hemos limpiado muy por ~** we've just done a quick clean today; **hicimos una revisión por ~ del texto** we had a quick check on the text; **hojear algo por ~** to leaf through sth
[4] (= *además*) on top of that; **y ~ no me dio ni las gracias** and on top of that he didn't even thank me; **te lo envían a casa y ~ te regalan un libro** they send it to your house and you get a free book too *o* as well; **le toca la lotería y ~ se queja** she wins the lottery and even then she complains; **~ de** besides, as well as; **y luego, ~ de todo lo que dijo, se fue sin disculparse** and then, as well as *o* on top of saying all that, he left without apologizing
[5] (*esp Cono Sur*) **~ mío/tuyo/***etc* above me/you/*etc*; **está siempre ~ mío vigilando lo que hago** he's always on top of me watching everything I do

**encimar** ▸conjug 1a◂ Ⓐ VT [1] (*LAm**) to add as a bonus
[2] (*Dep*) to mark
Ⓑ VI (*Naipes*) to add a new stake

**encime** SM (*Andes*) bonus, extra

**encimera** SF worktop, work surface

**encimero** ADJ top, upper

**encina** SF ilex, holm oak

**encinar** SM holm-oak wood

**encinta** ADJ pregnant; (*Zool*) with young; **mujer ~** pregnant woman; **dejar a una chica ~** to get a girl pregnant

**encintado** SM kerb, curb (*EEUU*)

**encizañar** ▸conjug 1a◂ Ⓐ VT to sow discord among, create trouble among
Ⓑ VI to sow discord, cause trouble

**enclaustrar** ▸conjug 1a◂ Ⓐ VT [1] (*Rel*) to cloister
[2] (= *ocultar*) to hide away
Ⓑ **enclaustrarse** VPR (= *encerrarse*) to shut o.s. away; **se enclaustró en su cuarto para prepararse los exámenes** he shut himself away in his room to prepare for the exams

**enclavado** ADJ (= *situado*) **las ruinas están enclavadas en un valle** the ruins are set deep in a valley

**enclavar** ▸conjug 1a◂ VT [1] (= *situar*) to place
[2] (*Téc*) (= *clavar*) to nail; (= *traspasar*) to pierce, transfix
[3] (= *empotrar*) to embed, set
[4] (*) (= *engañar*) to swindle, con*

**enclave** SM enclave

**enclavijar** ▸conjug 1a◂ VT to peg, pin

**enclenclé** ADJ (*LAm*) terribly thin

**enclenco** ADJ (*Andes, Caribe*) = **enclenque**

**enclenque** ADJ weak, sickly

**enclítica** SF enclitic

**enclítico** ADJ enclitic

**enclocar** ▸conjug 1g y 1l◂ VI, **encloquecer** ▸conjug 2d◂ VI to go broody

**encobar** ▸conjug 1a◂ VI, **encobarse** VPR [*gallina*] to brood

**encocorante*** ADJ annoying, maddening

**encocorar*** ▸conjug 1a◂ Ⓐ VT to annoy, madden
Ⓑ **encocorarse** VPR [1] (= *enojarse*) to get cross, get mad
[2] (*Caribe*) (= *sospechar*) to get suspicious
[3] (*Cono Sur*) to put on airs

**encofrado** SM (*Téc*) form, plank mould

**encofrar** ▸conjug 1a◂ VT to plank, timber, lumber (*EEUU*)

**encoger** ▸conjug 2c◂ Ⓐ VT [1] [+ *tejidos*] to shrink
[2] (= *acobardar*) to intimidate
Ⓑ VI [*tela*] to shrink
Ⓒ **encogerse** VPR [1] to shrink
[2] **~se de hombros** to shrug one's shoulders
[3] [*persona*] (= *acobardarse*) to cringe; (= *desanimarse*) to get discouraged

**encogidamente** ADV shyly, bashfully

**encogido** ADJ [1] [*tejido*] shrunken
[2] (= *tacaño*) stingy*
[3] (= *tímido*) shy, bashful

**encogimiento** SM [1] [*de tejidos*] shrinking
[2] ▸ **encogimiento de hombros** shrug (*of the shoulders*)
[3] (= *timidez*) shyness, bashfulness

**encogollado*** ADJ (*Cono Sur*) stuck-up*, snobbish

**encogollarse*** ▸conjug 1a◂ VPR (*Cono Sur*) to get conceited, be haughty

**encohetarse** ▸conjug 1a◂ VPR (*Andes, CAm*) to get furious

**encojar** ▸conjug 1a◂ Ⓐ VT to lame, cripple
Ⓑ **encojarse** VPR [1] (= *cojear*) to go lame*
[2] (= *fingir enfermedad*) to pretend to be ill

**encojonarse**** ▸conjug 1a◂ VPR (*CAm*) to fly off the handle*, explode

**encolar** ▸conjug 1a◂ VT (= *engomar*) to glue, paste; (= *pegar*) to stick down, stick together; (= *aprestar*) to size

**encolerizar** ▸conjug 1f◂ Ⓐ VT to anger, provoke
Ⓑ **encolerizarse** VPR to get angry

**encomendar** ▸conjug 1j◂ Ⓐ VT to entrust, commend (**a** to, to the charge of)
Ⓑ **encomendarse** VPR **~se a** to entrust o.s. to

**encomendería** SF (*Perú*) grocery store, grocer's

**encomendero** SM [1] (*Perú*) grocer; (*Caribe*) wholesale meat supplier
[2] (*LAm Hist*) *holder of an encomienda*

**encomiable** ADJ laudable, praiseworthy

**encomiar** ▸conjug 1b◂ VT to praise, pay tribute to

**encomienda** SF [1] (= *encargo*) charge, mission
[2] (= *elogio*) praise
[3] (= *protección*) protection
[4] (= *patrocinio*) patronage
[5] (*LAm*) (= *almacén*) warehouse
[6] (*LAm*) (= *paquete postal*) parcel ▸ **encomienda contra reembolso** parcel sent cash on delivery
[7] **encomiendas**†† regards, respects
[8] (*Hist*) *colonial grant of land and native inhabitants to a settler*
[9] (*Hist, Mil*) command (*of a military order*)

**ENCOMIENDA**

*The* **encomienda** *was a repressive system fixing the Spanish conquistadors' entitlement to labour and tribute from Indian communities. Although the Indians theoretically remained free subjects of the Spanish Crown, in practice they were enslaved to the* **encomenderos** *(those having* **encomienda** *rights). One of its most celebrated opponents was the Dominican friar and former* **encomendero** *Fray Bartolomé de Las Casas (1474-1566). In 1542, in response to protests from the Church, and fearful of the growing power of the* **encomenderos,** *Charles V brought in laws aimed at phasing out the system. The Spanish settlers rebelled, but the Crown held fast to the central principle that* **encomienda** *rights should not be hereditary.*

**encomio** SM praise, eulogy

**encomioso** ADJ (*LAm*) laudatory, eulogistic

**enconadamente** ADV angrily, bitterly

**enconado** ADJ [1] [*discusión*] bitter
[2] (*Med*) (= *inflamado*) inflamed; (= *dolorido*) sore

**enconamiento** SM (*Med*) inflammation, soreness

**enconar** ▸conjug 1a◂ Ⓐ VT [1] (= *encolerizar*) to anger, irritate
[2] (= *enfervorecer*) [+ *disputa*] to inflame, embitter; [+ *odio, rencor*] to inflame
[3] (*Med*) (= *inflamar*) to inflame
Ⓑ **enconarse** VPR [1] (= *encolerizarse*) to get angry, get irritated
[2] (= *enfervorecerse*) [*agravio*] to fester, rankle; [*disputa*] to become inflamed, become bitter; [*odio, rencor*] to become inflamed
[3] (*Med*) to become inflamed

**enconcharse** ▸conjug 1a◂ VPR (*psicológicamente*) to go into one's shell; (*físicamente*) to retire into seclusion

**encono** SM [1] (= *rencor*) rancour, rancor (*EEUU*), spite, spitefulness
[2] (= *mala voluntad*) bad blood
[3] (*Col, Méx*) inflammation, soreness

**enconoso** ADJ [1] (= *malévolo*) malevolent
[2] (*Med*) sensitive
[3] (*LAm*) [*planta*] poisonous

**encontradizo** ADJ met by chance; **hacerse el ~** to contrive an apparently chance meeting, manage to bump into sb

**encontrado** ADJ [*situación*] conflicting; [*posiciones*] opposite; **las posiciones siguen encontradas** their positions are still poles apart; **tienen sentimientos ~s sobre el aborto** they have mixed feelings on abortion

**encontrar** ▸conjug 1l◂ Ⓐ VT [1] (= *hallar buscando*) to find; **al final encontré la casa** I finally found the house; **ha encontrado trabajo** he has found work *o* a job; **no encuentro las llaves** I can't find the keys; **no encontramos ningún sitio para alojarnos** we couldn't find anywhere to stay; **no encuentro mi nombre en la lista** I can't find *o* see my name on the list; **ya no vas a ~ entradas** you won't get any tickets now
[2] (*por casualidad*) [+ *objeto, dinero*] to find, come across; [+ *persona*] to meet, run into; **han encontrado unos restos romanos** they have found some Roman remains; **acabo de ~ 5.000 pesetas** I've just found 5,000 pesetas; **le ~on un tumor** they found him to have a tumour, he was found to have a tumour; **encontró la muerte en un accidente de tráfico** he met his death in a road accident; **~ a algn haciendo algo** to find sb doing sth; **la encontré llamando por teléfono** I found her making a phone call; **cuando llegué a casa lo encontré durmiendo** when I got home I found him asleep
[3] [+ *oposición*] to meet with, encounter; [+ *problema*] to find, encounter, come across; **hasta el momento sus actividades no han encontrado oposición** so far their activities haven't met with *o* encountered any opposition; **no encontré oposición alguna para acceder a su despacho** no one tried to stop me from getting into his office; **~ dificultades** to encounter difficulties, run into trouble; **no encontramos ninguna dificultad para llegar hasta allí** we didn't have any trouble getting there
[4] (= *percibir*) to see; **no le encuentro sentido a lo que dices** I can't see the sense in what you're saying; **no le encuentro ninguna lógica a esta situación** I can't make any sense of this situation; **no sé lo que le encuentran** I don't know what they see in her
[5] (= *considerar*) to find; **¿encuentras el libro fácil de leer?** do you find the book easy to read?; **yo la encuentro bastante atractiva** I find her quite attractive; **¿cómo encontraste a tus padres después del viaje?** how did you find your parents after the trip?; **encuentro muy correctos sus comentarios** I think his comments are absolutely right; **¿qué tal me encuentras?** how do I look?; **te encuentro estupendamente** you look fantastic
Ⓑ **encontrarse** VPR [1] (= *descubrir*) to find; **¿qué te has encontrado?** what have you found?; **se ~on la casa llena de gente** they found the house full of people; **me los encontré llorando a los dos** I found both of them crying; **~se con**: **al llegar nos encontramos con la puerta cerrada** when we arrived we found the door locked; **~se con algo de pura casualidad** to come across sth by pure *o* sheer chance; **~se con que**: **me encontré con que no tenía gasolina** I found (that) I was out of petrol; **~se a sí mismo** to find oneself
[2] (= *coincidir*) to meet; **se ~on en Lisboa** they met in Lisbon; **este es el punto en el que se encuentran las dos calles** this is the point where the two streets meet; **~se a algn** to run into sb, meet sb; **~se con** [+ *persona*] to run into, meet; [+ *obstáculo, dificultad*] to run into, encounter; **me encontré con Isabel en el supermercado** I ran into *o* met Isabel in the supermarket; **me lo encontré por la calle de casualidad** I ran into *o* bumped into him in the street by chance; **nos encontramos con muchos problemas en la escalada** we encountered *o* ran into *o* came up against a lot of problems during the ascent
[3] (= *quedar citados*) to meet; **¿nos encontramos en el aeropuerto?** shall we meet at the airport?; **nos encontramos en un bar** we met in a bar; **quedamos en ~nos a las siete** we arranged to meet at seven
[4] (= *chocar*) [*vehículos*] to crash, collide; [*opiniones*] to clash; **al tomar la curva se encontró de frente con el camión** he collided head-on with the lorry when he went round the bend

**engañosamente** ADV [1] [*comportarse*] deceitfully, dishonestly
[2] (= *en apariencia*) deceptively

**engañoso** ADJ (= *persona*) deceitful, dishonest; (= *apariencia*) deceptive; (= *consejo*) misleading

**engarabitarse** ▸conjug 1a◂ VPR [1] (= *subir*) to climb, shin up
[2] (= *padecer frío*) to get stiff with cold
[3] (*Andes*) (= *debilitarse*) to grow weak, get thin

**engaratusar** ▸conjug 1a◂ VT (*Andes, CAm, Méx*) = **engatusar**

**engarce** SM [1] [*de piedra, joyas*] setting, mount
[2] (= *inserción*) linking, connection
[3] (*Andes**) (= *jaleo*) row, shindy*

**engaripolarse*** ▸conjug 1a◂ VPR (*Caribe*) to doll o.s. up*

**engarrotarse** ▸conjug 1a◂ VPR [*miembros*] to get stiff

**engarruñarse*** ▸conjug 1a◂ VPR (*Andes, CAm, Méx*) = **engurruñarse**

**engarzar** ▸conjug 1f◂ Ⓐ VT [1] [+ *joya*] to set, mount; [+ *cuentas*] to thread
[2] [+ *ideas, tendencias*] to link, connect
[3] [+ *pelo*] to curl
Ⓑ **engarzarse** VPR (*Cono Sur*) to get tangled, get stuck

**engastar** ▸conjug 1a◂ VT [+ *joya*] to set, mount

**engaste** SM setting, mount

**engatado** ADJ thievish

**engatusar** ▸conjug 1a◂ VT to coax, wheedle; **~ a algn para que haga algo** to coax sb into doing sth; **no me vas a ~** you're not going to get round me

**engendrar** ▸conjug 1a◂ VT [1] (*Biol*) to beget, breed
[2] (*Mat*) to generate
[3] [+ *problemas, situación*] to cause

**engendro** SM [1] (*) (= *ser deforme*) freak; **¡mal ~!** ◊ **¡~ del diablo!** little monster!
[2] (= *feto*) foetus, fetus (*EEUU*)
[3] (= *invención*) idiotic scheme, impossible plan; **el proyecto es el ~ del ministro** the plan is the brainchild of the minister

**engerido*** ADJ (*Andes*) (= *alicaído*) down, glum

**engerirse*** ▸conjug 3k◂ VPR (*Andes*) to grow sad

**engestarse*** ▸conjug 1a◂ VPR (*Méx*) to scowl

**englobar** ▸conjug 1a◂ VT to include, comprise

**engodo** SM (*Caribe*) bait

**engolado** ADJ (*fig*) haughty

**engolfarse** ▸conjug 1a◂ VPR [1] (*Náut*) to sail out to sea
[2] **~ en** [+ *política*] to get deeply involved in; [+ *estudio*] to bury o.s. in

**engolletarse** ▸conjug 1a◂ VPR to give o.s. airs

**engolondrinarse** ▸conjug 1a◂ VPR [1] (= *envanecerse*) to get conceited
[2] (= *enamoriscarse*) to become infatuated

**engolosinar** ▸conjug 1a◂ Ⓐ VT to tempt, entice
Ⓑ **engolosinarse** VPR (= *encariñarse*) to grow fond (**con** of)

**engomado** ADJ gummed

**engomar** ▸conjug 1a◂ VT to gum, glue

**engominar** ▸conjug 1a◂ VT [+ *pelo*] to put hair cream on; **iba todo engominado** his hair was all smarmed down

**engorda** SF [1] (*LAm*) (= *cebadura*) fattening (up)
[2] (*Cono Sur*) (= *ganado*) fattened animals *pl*

**engordante** ADJ fattening

**engordar** ▸conjug 1a◂ Ⓐ VT [1] [+ *animal, persona*] to fatten (up)
[2] [+ *número*] to swell, increase
Ⓑ VI [1] (= *ponerse gordo*) to get fat; (= *aumentar de peso*) to put on weight; (*Agr*) to fatten
[2] [*comida*] to be fattening
[3] (*) (= *enriquecerse*) to get rich

**engorde** SM fattening (up)

**engorrar** ▸conjug 1a◂ VT (*LAm*) to annoy

**engorro*** SM hassle*, bother, nuisance

**engorroso** ADJ [*asunto*] bothersome, trying; [*situación, problema*] awkward

**engrampador** SM (*LAm*) stapler

**engrampar** ▸conjug 1a◂ VT (*LAm*) to clip together, staple

**engranaje** SM [1] (*Mec*) (= *rueda dentada*) [*de reloj*] cogs *pl*; [*de máquina*] gear teeth *pl*; (= *conjunto de engranajes*) gears *pl*, gear assembly; **el ~ transmite la fuerza a la muela** the gearwheels convey the power to the grindstone ► **engranaje cónico** bevel gears *pl* ► **engranaje de distribución** timing gear ► **engranaje de inversión de marcha** reverse gear assembly ► **engranaje diferencial** differential gear assembly ► **engranaje helicoidal** helicoidal gear assembly
[2] (= *sistema*) mechanism; **el delicado ~ de la justicia** the delicate mechanism of the judicial system; **el ~ de la dictadura** the machinery of the dictatorship; **una pieza básica del ~ de poder comunista** a fundamental part of the apparatus of communist power

**engranar** ▸conjug 1a◂ Ⓐ VT [1] (*Téc*) to gear; **~ algo con algo** to engage sth with sth
[2] [+ *ideas*] to link together, link up
Ⓑ VI to interlock; (*Mec*) to engage (**con** with); **A engrana con B** A is in gear with B; **A y B están engranados** A and B are in mesh
Ⓒ **engranarse** VPR (*Cono Sur, Méx Mec*) to seize up, get locked, jam

**engrandecer** ▸conjug 2d◂ VT [1] (= *aumentar*) to enlarge, magnify
[2] (= *ensalzar*) to speak highly of
[3] (= *exagerar*) to exaggerate

**engrandecimiento** SM [1] (= *aumento*) enlargement
[2] (= *exaltación*) exaltation
[3] (= *exageración*) exaggeration

**engrane** SM [1] (*Mec*) mesh, meshing
[2] (*Cono Sur, Méx Mec*) seizing, jamming

**engrasación** SF, **engrasado** SM greasing, lubrication

**engrasador** SM [1] (= *recipiente*) grease cup ► **engrasador de compresión**, **engrasador de pistón** grease gun
[2] (= *punto de engrase*) grease point; (*Aut*) grease nipple

**engrasamiento** SM greasing, lubrication

**engrasar** ▸conjug 1a◂ VT [1] (*Mec*) to grease, oil
[2] (= *manchar*) to stain with grease
[3] (*Agr*) to manure
[4] (*Méx Med*) to contract
[5] (*) (= *sobornar*) to bribe

**engrase** SM [1] (*Mec*) greasing, lubrication
[2] (*) (= *soborno*) bribe, sweetener (*EEUU*)

**engreído/a** Ⓐ ADJ [1] (= *vanidoso*) vain, stuck-up*
[2] (*LAm*) (= *afectuoso*) affectionate; (= *mimado*) spoiled, spoilt
Ⓑ SM/F bighead*, spoiled brat

**engreimiento** SM (= *vanidad*) vanity, conceit

**engreír** ▸conjug 3k◂ Ⓐ VT [1] (= *envanecer*) to make vain, make conceited
[2] (*LAm*) [+ *niño*] to spoil, pamper
Ⓑ **engreírse** VPR [1] (= *envanecerse*) to get conceited
[2] (*LAm*) (= *encariñarse*) to grow fond (**a, con** of)
[3] (*LAm*) [*niño*] to get spoiled, be pampered

**engrifarse*** ▸conjug 1a◂ VPR [1] (*Andes*) to get haughty
[2] (*Méx*) to get cross, get angry
[3] (‡) (= *colocarse*) to get high on drugs, get wasted‡

**engrillar** ▸conjug 1a◂ Ⓐ VT [1] (= *poner grilletes a*) to shackle
[2] (*Andes, Caribe*) to trick
Ⓑ **engrillarse** VPR [1] (*Caribe*) [*caballo*] to lower its head
[2] (*Caribe*) (= *engreírse*) to get conceited
[3] (*Andes, CAm*) (= *endeudarse*) to get into debt

**engringolarse** ▸conjug 1a◂ VPR (*Caribe*) to doll o.s. up

**engriparse** ▸conjug 1a◂ VPR to catch the flu

**engrosar** ▸conjug 1l◂ Ⓐ VT [1] [+ *cantidad*] to increase
[2] (= *espesar*) to thicken
Ⓑ VI (= *engordar*) to get fat
Ⓒ **engrosarse** VPR (= *aumentar*) to increase, swell

**engrudar** ▸conjug 1a◂ VT to paste

**engrudo** SM paste

**engrupido/a*** (*Cono Sur*) Ⓐ ADJ [1] (= *engreído*) stuck-up*, conceited
[2] (= *zalamero*) smooth-talking
Ⓑ SM/F (= *zalamero*) smooth talker; (= *embustero*) con*

**engrupir*** ▸conjug 3a◂ (*Cono Sur*) Ⓐ VT (= *engañar*) to con*
Ⓑ VI to blarney one's way in
Ⓒ **engrupirse** VPR (= *engañarse*) to be conned*; (= *engreírse*) to get conceited, put on airs

**enguacharse** ▸conjug 1a◂ VPR (*Andes*) to coarsen, get coarse

**enguadar** ▸conjug 1a◂ VT (*Caribe*) = **engatusar**

**engualichar** ▸conjug 1a◂ VT (*Cono Sur*) [1] (= *embrujar*) to bewitch (with a potion)
[2] [+ *amante*] to rule, tyrannize

**enguandos*** SMPL (*Andes*) knick-knacks

**enguantado** ADJ [*mano*] gloved

**enguantarse** ▸conjug 1a◂ VPR to put one's gloves on

**enguaracarse** ▸conjug 1g◂ VPR (*CAm*) to hide o.s. away

**enguaraparse** ▸conjug 1a◂ VPR (*CAm*) to ferment

**enguasimar** ▸conjug 1a◂ VT (*Caribe*) to hang

**enguayabado*** ADJ **está ~** (*Andes, Caribe*) he's got a hangover*, he's hung over*

**enguijarrado** SM cobbles *pl*

**enguijarrar** ▸conjug 1a◂ VT to cobble

**enguirnaldar** ▸conjug 1a◂ VT to garland, wreathe (**de, con** with)

**engullir** ▸conjug 3a, 3h◂ VT to gobble, gulp, gulp down

**engurrioso*** ADJ jealous, envious

**engurruñarse** ▸conjug 1a◂ VPR to get sad, grow gloomy

**enharinar** ▸conjug 1a◂ VT to flour

**enhebrado** SM threading

**enhebrar** ▸conjug 1a◂ VT to thread

**enhestar** ▸conjug 1j◂ VT (= *poner vertical*) to set upright

**enhiesto** ADJ (= *derecho*) erect, upright

**enhilar** ▸conjug 1a◂ VT [1] [+ *aguja*] to thread
[2] (= *ordenar*) to arrange, put in order

▼ **enhorabuena** SF [1] congratulations *pl;* **¡enhorabuena!** congratulations!; **dar la ~ a algn** to congratulate sb; **estar de ~** to be in luck, be on to a good thing
[2] **~ que …** thank heavens that …

**enhoramala** EXCL good riddance!; **¡vete ~!** go to hell!

**enhorquetarse** ▸conjug 1a◂ VPR (*Caribe, Cono Sur, Méx*) to sit astride

**enhuerar** ▸conjug 1a◂ VT to addle

**enigma** SM enigma

**enigmáticamente** ADV enigmatically

**enigmático** ADJ enigmatic

**enjabonado** Ⓐ ADJ soapy
Ⓑ SM soaping, lathering

**enjabonadura** SF = **enjabonado B**

**enjabonar** ▸conjug 1a◂ VT [1] (= *lavar*) [+ *manos, ropa*] to soap, wash; [+ *barba*] to lather
[2] (*) [+ *persona*] (= *adular*) to soft-soap; (= *reprender*) to give sb a dressing-down

**enjaezar** ▸conjug 1f◂ VT to harness, saddle up

**enjalbegado** SM, **enjalbegadura** SF whitewashing

**enjalbegar** ▸conjug 1h◂ VT [+ *pared*] to whitewash; [+ *cara*] to make up

**enjambrar** ▸conjug 1a◂ Ⓐ VT to hive
Ⓑ VI to swarm

**enjambre** SM swarm

**enjaranarse** ▸conjug 1a◂ VPR (*CAm*) to get into debt

**enjarciar** ▸conjug 1b◂ VT (*Náut*) to rig

**enjaretado** SM grating, grille

**enjaretar** ▸conjug 1a◂ Ⓐ VT [1] (*) (= *recitar*) to reel off, spout
[2] (*) (= *endilgar*) **me enjaretó la tarea de …** he lumbered me with the task of …
[3] (= *hacer deprisa*) to rush, rush through
[4] (*Cono Sur, Méx*) to slip in
Ⓑ **enjaretarse** VPR **~se la carrera** to shape one's career, mould one's career

**enjaular** ▸conjug 1a◂ VT [1] (= *guardar*) to cage, put in a cage; **he estado todo el día enjaulado en mi habitación** I've been cooped up in my room all day*
[2] (*) (= *encarcelar*) to jail, lock up, bang up*

**enjertar** ▸conjug 1a◂ VT = **injertar**

**enjetado*** ADJ (*Cono Sur, Méx*) cross-looking, scowling

**enjetarse*** ▸conjug 1a◂ VPR (*Cono Sur, Méx*) (= *enojarse*) to get cross; (= *hacer muecas*) to scowl

**enjoyado** ADJ [1] [*corona*] bejewelled, set with jewels
[2] [*persona*] **todas las señoras iban enjoyadas al teatro** all the ladies wore jewels to the theatre; **iba demasiado enjoyada** she was dripping with jewellery

**enjoyar** ▸conjug 1a◂ Ⓐ VT to adorn with jewels, set with precious stones
Ⓑ **enjoyarse** VPR to get all dressed up in jewels

**enjuagadientes** SM INV mouthwash

**enjuagado** SM rinsing

**enjuagar** ▸conjug 1h◂ VT [+ *ropa*] to rinse, rinse out; [+ *boca*] to wash out

**enjuague** SM [1] (= *líquido*) (*tb* **~ bucal**) mouthwash
[2] (= *acto*) [*de ropa*] rinsing; [*de boca*] washing, rinsing
[3] (= *intriga*) scheme

**enjugamanos** SM INV (*LAm*) towel

**enjugar** ▸conjug 1h◂ Ⓐ VT [1] (= *secar*) [+ *sudor*] to wipe, wipe off; [+ *lágrimas*] to wipe away; [+ *platos*] to wipe, wipe up, dry; [+ *agua*] to wipe up, mop up
[2] [+ *deuda*] to wipe out
Ⓑ **enjugarse** VPR **~se la frente** to wipe one's brow, mop one's brow

**enjuiciamiento** SM [1] (= *acción*) judgment
[2] (*Jur*) ► **enjuiciamiento civil** lawsuit ► **enjuiciamiento criminal** trial

**enjuiciar** ▸conjug 1b◂ VT [1] (= *juzgar*) to judge, pass judgment on
[2] (*Jur*) (= *acusar*) to indict; (= *procesar*) to prosecute; (= *sentenciar*) to sentence

**enjundia** SF [1] (= *sustancia*) substance
[2] (= *fuerza*) strength; **una novela con mucha ~** a very weighty novel
[3] (= *grasa*) animal fat

**enjundioso** ADJ [1] [*libro, tema*] substantial, meaty
[2] (= *grasiento*) fat

**enjuto** ADJ [1] (= *flaco*) lean, skinny
[2] [*economía*] lean, lean and fit
[3] (= *seco*) dry, dried

**enlabiar*** ▸conjug 1b◂ VT to blarney*, bamboozle*, take in

**enlabio*** SM blarney*, plausible talk

▼ **enlace** SM [1] (= *relación*) connection, relationship
[2] (= *conexión*) (*Elec*) linkage; (*Quím*) bond; (*Ferro*) connection; [*de vías*] crossover; (*en autopista*) motorway junction; (*Mil*) liaison; **los buques no lograron efectuar el ~ en el punto indicado** the ships did not manage to rendezvous at the spot indicated; **estación de ~** junction ► **enlace fijo** fixed link ► **enlace telefónico** telephone link-up
[3] (= *matrimonio*) (*tb* **~ matrimonial**) marriage; **el ~ de las dos familias** the linking of the two families by marriage
[4] (= *mediador*) link, go-between ► **enlace sindical** shop steward
[5] (*Internet*) link ► **enlace de datos** (*Inform*) data link

**enladrillado** SM brick paving

**enladrillar** ▸conjug 1a◂ VT to pave with bricks

**enlardar** ▸conjug 1a◂ VT (*Culin*) to baste

**enlatado** Ⓐ ADJ [1] [*alimentos, conservas*] canned, tinned
[2] [*música*] canned
Ⓑ SM canning, tinning

**enlatar** ▸conjug 1a◂ VT [1] to can, tin
[2] (= *grabar*) to record; (*TV*) to pre-record

**enlazar** ▸conjug 1f◂ Ⓐ VT [1] (= *unir con lazos*) to bind together; (= *atar*) to tie
[2] [+ *ideas*] to link, connect
[3] (*LAm*) to lasso
Ⓑ VI [*tren, vuelo*] to connect; [*carretera*] to link (up); [*idea, movimiento*] to meet, link (up) (**con** with)
Ⓒ **enlazarse** VPR [*ciudades*] to become linked; [*ideas*] to be connected; [*novios*] to get married; [*dos familias*] to become related by marriage

**enlentecer** ▸conjug 2d◂ VT to slow down

**enlentecimiento** SM slowing-down

**enlistar** ▸conjug 1a◂ VT (*CAm, Caribe, Méx*) = **alistar**

**enllavar** ▸conjug 1a◂ VT (*CAm*) to lock up

**enlodar** ▸conjug 1a◂ Ⓐ VT [1] (= *embarrar*) to cover in mud
[2] (*fig*) (= *manchar*) to stain
Ⓑ **enlodarse** VPR [1] (= *embarrarse*) to get muddy
[2] (= *mancharse*) to become stained

**enlodarzar** ▸conjug 1f◂ VT = **enlodar**

**enloquecedor** ADJ [*ruido, trabajo, experiencia*] maddening; [*dolor de cabeza*] splitting; [*dolor*] excruciating

**enloquecedoramente** ADV maddeningly; **gritar ~** to shout excruciatingly loudly

**enloquecer** ▸conjug 2d◂ Ⓐ VT (= *volver loco*) to drive mad; (= *enfurecer*) to madden, drive crazy
Ⓑ VI **le enloquece la música pop** she's mad about pop music
Ⓒ **enloquecerse** VPR to go mad, go out of one's mind

**enloquecimiento** SM madness

**enlosado** SM flagstone pavement

**enlosar** ▸conjug 1a◂ VT to pave (with flagstones)

**enlozado** ADJ (*LAm*) enamelled, enameled (*EEUU*), glazed

**enlozar** ▸conjug 1f◂ VT (*LAm*) to enamel, glaze

**enlucido** SM plaster

**enlucidor(a)** SM/F plasterer

**enlucir** ▸conjug 3f◂ VT [+ *pared*] to plaster; [+ *metal*] to polish

**enlutado** ADJ [*persona*] in mourning, wearing mourning; [*ciudad*] stricken

**enlutar** ▸conjug 1a◂ Ⓐ VT [1] [+ *persona*] to put into mourning
[2] [+ *ciudad, país*] to plunge into mourning; (= *entristecer*) to sadden, grieve; **el accidente enlutó a la ciudad entera** the accident plunged the whole town into mourning
[3] [+ *vestido*] to put crêpe on
[4] (= *oscurecer*) to darken
Ⓑ **enlutarse** VPR to dress in mourning

**enmacetar** ▸conjug 1a◂ VT [+ *planta*] to pot (up), put in a pot

**enmaderado** ADJ [*pared, habitación*] timbered; [*suelo*] boarded

**enmaderamiento** SM [*de pared, habitación*] timbering; [*de suelo*] boarding

**enmaderar** ▸conjug 1a◂ VT [+ *pared, habitación*] to timber; [+ *suelo*] to put down floorboards on

**enmadrado*** ADJ **está ~** he's a mummy's boy, he's tied to his mother's apron strings

**enmalezarse** ▸conjug 1f◂ VPR (*Andes, Caribe, Cono Sur*) to get overgrown, get covered in scrub

**enmaniguarse** ▸conjug 1i◂ VPR (*LAm*) to get overgrown with trees

**enmantecar** ▸conjug 1g◂ VT (*Culin*) to grease, butter

➤ LENGUA Y USO: **enhorabuena** 50.6, 51.1, 51.2, 51.3 **enlace 3** 51.3, 52.1

sb; **eso no se entiende conmigo** that doesn't concern me, that has nothing to do with me; **~se con algo** to know how to deal with sth
3 (*uso impersonal*) **se entiende que …** it is understood that …; **se entiende que no quiera salir con ellos** it's understandable that she doesn't want to go out with them; **¿qué se entiende por estas palabras?** what is meant by these words?; **¿cómo se entiende que no nos llamaras antes?** why didn't you call us first?
4 (= *tratar*) **en caso de duda entiéndase con el cajero** in case of doubt please contact the cashier

**entender²** SM (= *opinión*) opinion; **a mi ~** in my opinion; *ver tb* **saber D**

**entendido/a** Ⓐ ADJ 1 (= *comprendido*) understood; **¡entendido!** (= *convenido*) agreed!; **bien ~ que** on the understanding that; **no darse por ~** to pretend not to understand; **tenemos ~ que …** we understand that …; **según tenemos ~** as far as we can gather
2 [*persona*] (= *experto*) expert; (= *cualificado*) skilled; (= *sabio*) wise; (= *informado*) well-informed; **ser ~ en** to be well up on
Ⓑ SM/F expert; **según el juicio de los ~s** according to the experts; **el whiskey de los ~s** the connoisseur's whisky

**entendimiento** SM 1 (= *inteligencia*) understanding, mind; **el ~ humano no tiene límites** human understanding *o* the human mind has no limits; **un hombre de mucho ~** a man of great understanding, a very wise man; **¡este chico no tiene ~!** this boy has no brains!
2 (= *comprensión*) understanding; **medidas para fomentar un mejor ~ de las leyes** measures to foster a better understanding of the laws
3 (= *acuerdo*) understanding; **llegar a un ~** to reach an understanding

**entenebrecer** ▸conjug 2d◂ Ⓐ VT 1 (= *oscurecer*) to darken, obscure
2 [+ *asunto*] to cloud, obscure; **esto entenebrece más el asunto** this fogs the issue still more
Ⓑ **entenebrecerse** VPR to get dark

**entente** SF entente

**enteradillo/a*** SM/F little know-all, smarty*

**enterado/a** Ⓐ ADJ 1 (= *informado*) (*de una especialidad*) knowledgeable; (*sobre un asunto concreto*) well-informed; **esta muy ~ de política** he's very knowledgeable about politics; **—¿sabes lo que pasó? —sí, estoy ~** "do you know what happened?" — "yes, I know *o* I've heard"; **estar ~ de algo** to know sth; **no estaba ~ de que os fuerais a casar** I didn't know you were getting married; **quedo ~ de que …** I am now aware that …; **darse por ~** to get the message
2 (*Chile**) (= *engreído*) snooty*, stuck-up*
Ⓑ SM/F (= *conocedor*) [*de materia*] expert; (*pey*) know-all*, bighead*; **no fue una gran sorpresa para los ~s** it wasn't a great surprise for those in the know*; **ese tío es un ~** that guy is a real know-all *o* bighead*

**enteramente** ADV entirely, completely

**enterar** ▸conjug 1a◂ Ⓐ VT 1 (= *informar*) **~ a algn de algo** to inform sb of sth, notify sb of sth, let sb know of sth
2 (*Chile, Méx*) (= *pagar*) [+ *dinero, deuda*] to pay
3 (*Chile*) (= *completar*) [+ *cantidad*] to make up, complete; **hoy entero dos meses sin fumar** it's two months today since I last smoked
Ⓑ **enterarse** VPR 1 (*de noticia, secreto*) 1·1 (*por casualidad*) to hear, find out; **nos enteramos a través de la radio** we heard it on the radio, we found out from the radio; **¿sí? no me había enterado** really? I hadn't heard; **no sabía nada, ahora mismo me entero** I had no idea, this is the first I've heard; **~se de algo** to hear about sth, find out about sth; **no quiero que nadie se entere de esto** I don't want anyone to hear about *o* find out about this; **me enteré de tu accidente por Juan** I heard about *o* found out about your accident from Juan; **me enteré del secuestro a través de la prensa** I read about the kidnapping in the paper; **nos enteramos de que se había ido ayer** we heard *o* found out that he'd gone yesterday
1·2 (*haciendo averiguaciones*) to find out; **entérate y me lo cuentas** find out and let me know; **~se de algo** to find out about sth; **tenemos que ~nos bien de la oferta** we must find out about the details of the offer; **entérate de lo que cuesta** find out what it costs
2 (= *darse cuenta*) to notice; **estaba tan dormido que no se enteró** he was so fast asleep that he didn't notice; **oye, que es a ti, que no te enteras*** hey, you, are you deaf or something?*; **~se de algo** to notice sth; **no se enteró de que le habían quitado la cartera** he didn't notice that his wallet had been stolen; **tú es que no te enteras de nada** you never know what's going on; **todavía no se han enterado de qué tipo de persona es** they still don't know what kind of person he is; ✦***MODISMOS*** **te vas a ~ (de quien soy yo** *o* **de lo que vale un peine)** you'll find out what's what*; **para que te enteres** for your information; **he aprobado el examen, para que os enteréis** I've passed the exam, for your information!*
3 (*Esp*) (= *comprender, oír*) to understand; **si hablas tan flojo no me entero** if you talk so quietly I can't understand; **no quiero que vuelvas por aquí ¿te enteras?** I don't want you coming back here, do you understand *o* do you get it?*; **¡a ver si te enteras!** wise up!*; **~se de algo** to understand sth; **no se enteraba de lo que leía** he didn't take in *o* understand what he was reading

**entercado*** ADJ **~ en hacer algo** (*LAm*) determined to do sth, dead set on doing sth

**entereza** SF 1 (= *integridad*) integrity
2 (= *firmeza*) firmness ► **entereza de carácter** strength of character

**entérico** ADJ enteric

**enteritis** SF INV enteritis

**enterito** SM (*Arg*) boilersuit

**enterizo** ADJ in one piece, one-piece *antes de s*

**enternecedor** ADJ touching

**enternecer** ▸conjug 2d◂ Ⓐ VT (= *ablandar*) to soften; (= *conmover*) to affect, move (to pity)
Ⓑ **enternecerse** VPR 1 (= *conmoverse*) to be affected, be moved (to pity)
2 (= *ceder*) to relent, give in

**entero** Ⓐ ADJ 1 (= *completo*) whole, entire; **se comió el paquete ~ de galletas** he ate the whole *o* entire packet of biscuits; **se pasa el día ~ quejándose** he spends the whole *o* entire day complaining; **es famoso en el mundo ~** he's famous the whole world over, he's famous all over the world
2 **por ~** wholly, fully; **me dediqué por ~ a la investigación** I devoted myself wholly *o* fully to research
3 (*Mat*) whole, integral
4 [*persona*] (= *íntegro*) upright; (= *sereno*) composed; **un hombre muy ~** a man of great integrity, a very upright man; **estuvo muy entera durante el funeral** she was very composed *o* she kept her composure during the funeral
5 (*Andes, CAm, Caribe**) (= *idéntico*) identical, similar; **está ~ a su papá** he's just like his dad, he's the spitting image of his dad
6 (= *no castrado*) entire
Ⓑ SM 1 (*Mat*) integer, whole number
2 (*Com, Fin*) point; **las acciones han subido dos ~s** the shares have gone up two points
3 (*LAm*) (= *pago*) payment
4 (*Cono Sur Fin*) balance
5 (*Arg*) boilersuit

**enteropostal** SM air letter, aerogram

**enterradero** SM (*Cono Sur*) burial ground

**enterrado** ADJ [*tesoro, persona*] buried; [*uña*] ingrowing

**enterrador(a)** SM/F gravedigger

**enterramiento** SM burial, interment (*frm*)

**enterrar** ▸conjug 1j◂ VT 1 (= *ocultar en tierra*) to bury
2 (= *olvidarse de*) to bury, forget
3 (*LAm*) [+ *arma*] to thrust (**en** into), bury (**en** in)

**enterratorio** SM (*Cono Sur*) (= *cementerio*) Indian burial ground; (= *restos*) archaeological remains *pl*, site of archaeological interest

**entesar** ▸conjug 1j◂ VT to stretch, tauten

**entibiar** ▸conjug 1b◂ Ⓐ VT 1 [+ *lo caliente*] to cool, cool down
2 [+ *ira*] to cool, cool down
Ⓑ **entibiarse** VPR 1 [*lo caliente*] to become lukewarm
2 [*ira, amistad*] to cool off

**entibo** SM 1 (*Arquit*) buttress
2 (*Min*) prop

**entidad** SF 1 (= *esencia*) entity
2 (= *colectividad*) (*Admin, Pol*) body, organization; (*Com, Fin*) firm, company ► **entidad bancaria** bank ► **entidad comercial** company, business ► **entidad crediticia** credit company ► **entidad financiera** financial institution
3 **de ~** of importance

**entierrar*** ▸conjug 1a◂ VT (*Chile*) [+ *zapatos*] to dirty, make dirty

**entierro** SM 1 (= *acto*) burial, interment
2 (= *funeral*) funeral; **asistir al ~** to go to the funeral; → CARNAVAL
3 (= *tumba*) grave
4 (*LAm Arqueología*) (buried) treasure

**entintar** ▸conjug 1a◂ VT 1 (= *llenar de tinta*) [+ *tampón*] to ink; [+ *blanco*] to ink in
2 (= *manchar*) to stain with ink

**entizar** ▸conjug 1f◂ VT (*LAm Billar*) to chalk

**entoldado** SM awning

**entoldar** ▸conjug 1a◂ Ⓐ VT 1 [+ *patio, terraza*] to put an awning over, fit with an awning

[2] (= *decorar*) to decorate (*with hangings*)
Ⓑ **entoldarse** VPR [1] (*Meteo*) to become overcast, cloud over
[2] [*emoción, alegría*] to be dimmed
[3] [*persona*] to give o.s. airs

**entomología** SF entomology

**entomólogo/a** SM/F entomologist

**entonación** SF [1] (*Ling*) intonation
[2] (= *arrogancia*) haughtiness

**entonado** ADJ [1] (*Mús*) in tune
[2] (= *arrogante*) haughty, arrogant
[3] (*) (= *en forma*) lively, in good form

**entonar** ▸conjug 1a◂ Ⓐ VT [1] (*Mús*) [+ *canción*] to intone, sing; (*afinando*) to sing in tune; [+ *voz*] to modulate; [+ *nota*] to give, set; [+ *órgano*] to blow
[2] [+ *alabanzas*] to sound
[3] (*Med*) to tone up
[4] (*Arte, Fot*) to tone
[5] (= *vigorizar*) to liven up, enliven, invigorate
Ⓑ VI [1] (*Mús*) (= *cantar*) to intone (*frm*), sing; (= *cantar afinadamente*) to be in tune (**con** with)
[2] [*colores*] to match
Ⓒ **entonarse** VPR [1] (= *mejorarse*) **toma, un cafecito para ~te** here's a nice cup of coffee to pick *o* perk you up
[2] (*) (= *animarse*) to perk up
[3] (= *engreírse*) to get arrogant, give o.s. airs

**entonces** ADV [1] (*uso temporal*) then, at that time; **desde ~** since then; **en aquel ~** at that time; **hasta ~** up till then; **las costumbres de ~** the customs of the time; **el ~ embajador de España** the then Spanish ambassador; **fue ~ que ...** it was then that ..., that was when ...
[2] (*uso concesivo*) so, then; **~, ¿qué hacemos?** so, what shall we do?, what shall we do then?; **¿~ cómo que no viniste?** then *o* so why didn't you come?; **pues ~** well then; **¡y ~!** (*Caribe, Cono Sur*) why of course!

**entonelar** ▸conjug 1a◂ VT to put into barrels, put into casks

**entongado*** ADJ (*Andes*) cross, riled*

**entongar** ▸conjug 1h◂ VT [1] (= *apilar*) to pile up, pile in layers
[2] (*Andes**) (= *enojar*) to anger

**entono** SM [1] (*Mús*) intoning, intonation; (*afinando*) being in tune, singing in tune
[2] (= *arrogancia*) haughtiness

**entontecedor** ADJ stupefying

**entontecer** ▸conjug 2d◂ Ⓐ VT to make silly
Ⓑ **entontecerse** VPR to get silly

**entorchado** SM [1] (*en uniforme*) gold braid, silver braid
[2] (*Mús*) bass string

**entorchar** ▸conjug 1a◂ VT [1] (= *retorcer*) to twist, twist up
[2] [+ *uniforme*] to braid

**entornacional** ADJ environmental

**entornado** ADJ [*ojos*] half-closed; [*puerta*] ajar

**entornar** ▸conjug 1a◂ VT [1] [+ *ojos*] to half-close; (*por el sol*) to screw up; [+ *puerta*] to leave ajar, half-close
[2] (= *volcar*) to upset, tip over

**entorno** SM [1] (= *medioambiente*) environment; (*Literat*) setting, milieu; (= *clima*) climate; (= *escenario*) scene; **las personas de su ~** the people around him; **sacar a algn de su ~** to take sb away from/out of their normal environment; **el ~ cultural** the cultural scene
► **entorno natural** natural environment
► **entorno social** social setting
[2] (*Inform*) environment ► **entorno de programación** programming environment
► **entorno de red(es)** network environment
► **entorno de trabajo** work(ing) environment ► **entorno gráfico** graphics environment

**entorpecer** ▸conjug 2d◂ VT [1] (= *estorbar*) (*gen*) to obstruct, hinder; [+ *proyectos*] to set back; [+ *tráfico*] to slow down, slow up; [+ *trabajo*] to delay, hinder
[2] (= *aletargar*) [+ *entendimiento*] to dull, stupefy; [+ *miembro*] to make numb

**entorpecimiento** SM [1] (= *estorbo*) obstruction; (= *problema*) obstacle; (= *retraso*) delay, slowing-up
[2] (= *aletargamiento*) [*del entendimiento*] dullness, stupefaction; [*de un miembro*] numbness

**entrabamiento** SM (*Chile*) obstruction

**entrabar** ▸conjug 1a◂ VT (*Chile*) to obstruct

**entrada** SF [1] (= *lugar de acceso*) entrance; **"entrada"** "way in", "entrance"; **a la ~ del metro** at the entrance to the underground; **le pidieron la identificación a la ~** they asked for some identification at the door; **las ~s a Madrid** roads into Madrid ► **entrada de artistas** stage door ► **entrada de servicio** tradesman's entrance ► **entrada lateral** side entrance ► **entrada principal** main entrance
[2] (= *vestíbulo*) [*de casa*] hall, entrance hall; [*de hotel*] foyer
[3] (= *llegada*) [3·1] (*a un lugar*) **no advirtió la ~ de su padre** she didn't notice her father come in; **sus ~s y salidas de prisión fueron constantes** he was constantly in and out of jail; **hicieron una ~ triunfal en Egipto** they made a triumphal entry into Egypt; **dar ~ a un lugar** to give access to a place; ✦*MODISMO* **de ~ por salida** (*Méx*): **nunca podemos platicar, tus visitas son siempre de ~ por salida** we never have time to chat, you're always in and out; **una muchacha de ~ por salida** a non-live-in maid, a daily maid
[3·2] [*de correspondencia*] arrival; **bandeja de ~s** in-tray
[3·3] (*Teat*) (*tb* **~ en escena**) entrance (on stage); **tropezó a la ~** he tripped as he made his entrance
[3·4] (*Mús*) [*de instrumento, voz*] entry; **la soprano hizo una ~ muy brusca** the soprano came in very abruptly, the soprano's entry was very abrupt; **el director dio ~ a los vientos** the conductor brought in the wind section
[3·5] (*Jur*) (*en un domicilio*) entry; **~ a viva fuerza** forced entry
[3·6]
► **entrada en vigor**: **tras la ~ en vigor de la ley** after the law came into effect *o* force; **la ~ en vigor del nuevo presupuesto tendrá lugar en enero** the new budget will take effect from January, the new budget will come into effect *o* force from January
[4] (= *invasión*) [*de militares*] entry; [*de turistas, divisas*] influx; **la ~ de las tropas en 1940** the entry of the troops in 1940; **la ~ masiva de turistas** the huge influx of tourists
[5] (= *acceso*) (*a espectáculo*) admission, entry; (*a país*) entry; (*a club, institución, carrera*) admission; **"entrada gratuita"** "admission free"; **la ~ de España en la Comunidad Europea** the entry of Spain into the European Community; **en su discurso de ~ a la Academia** in his introductory *o* opening speech to the Academy; **sus buenas notas le facilitaron la ~ en Medicina** his good marks enabled him to study Medicine; **dar ~ a algn** (*en un lugar*) to allow sb in; (*en club, sociedad*) to admit sb; **no le dimos ~ en nuestra sociedad** he was refused entry to our society, we did not admit him to our society; **prohibir la ~ a algn** to ban sb from entering; **"prohibida la entrada"** "no entry"
[6] (= *billete*) ticket; **"no hay entradas"** "sold out"; **media ~** half price; **sacar una ~** to buy a ticket ► **entrada de abono** season ticket
► **entrada de protocolo** complimentary ticket
[7] (= *público*) (*Teat*) audience; (*Dep*) crowd, turnout; **la segunda función contó con una buena ~** there was a good audience for the second performance; **la plaza registró más de media ~** the bullring was over half full; **el sábado hubo una gran ~** there was a big crowd *o* turnout on Saturday
[8] (= *recaudación*) (*Teat*) receipts *pl*, takings *pl*; (*Dep*) gate money, receipts *pl*
[9] (= *principio*) start; **os deseamos una feliz ~ de año** we wish you all the best for the new year; **de ~** (*desde el principio*) from the start, from the outset; (*al principio*) at first; **de ~ ya nos dijo que no** he said no from the outset, he said no right from the start; **de ~ no se lo quiso creer** at first he refused to believe it; **~ en materia** introduction
[10] (*Esp*) (= *primer pago*) (*al comprar una vivienda, coche*) down payment, deposit; **hay que dar un 20% de ~** you have to put down a 20% deposit, you have to make a down payment of 20%; **"compre sin ~"** "no down payment", "no deposit"
[11] (*Com*) (*en libro mayor*) entry
[12] (= *vía de acceso*) (*Mec*) inlet, intake; (*Elec*) input ► **entrada de aire** air intake
[13] (*Inform*) input ► **entrada de datos** data entry, data input ► **entrada de trabajos a distancia** remote job entry ► **entrada inmediata** immediate access
[14] (*Ftbl*) tackle; **hacer una ~** to tackle sb
[15] (*Culin*) starter; **de ~ tomaremos una sopa de verduras** we'll have vegetable soup as a starter
[16] [*de diccionario*] entry
[17] **entradas** [17·1] (*en el pelo*) receding hairline *sing*; **tener ~s** to have a receding hairline
[17·2] (*Fin*) income *sing*; **el total de sus ~s** his total income
► **entradas familiares** family income *sing*
► **entradas y salidas** income and expenditure *sing*
[18] (*Caribe*) (= *ataque*) attack, onslaught; (= *asalto*) assault; (= *paliza*) beating

**entradilla** SF (*Prensa*) lead-in, opening paragraph

**entrado** ADJ [1] (= *abundante*) **~ en años** (*euf*) elderly; **~ en carnes** (*euf*) overweight
[2] (= *avanzado*) **hasta bien ~ el siglo XIX** until well into the 19th century; **hasta muy entrada la noche** (*antes de medianoche*) until late at night; (*de madrugada*) until the small hours

**entrador** ADJ [1] (*LAm**) (= *atrevido*) daring, forward
[2] (*Cono Sur**) (= *simpático*) charming, likeable

[3] (*Andes, Caribe, Méx*) (= *mujeriego*) amorously inclined
[4] (*CAm*) (= *coqueto*) flirtatious

**entramado** SM [1] (*Arquit*) (= *estructura*) framework, timber, lumber (*EEUU*); [*de puente*] framework
[2] (= *red*) network

**entrambos** ADJ PL (*liter*) both

**entrampar** ▸conjug 1a◂ Ⓐ VT [1] [+ *animal*] to trap, snare
[2] (= *engañar*) to snare, trick
[3] (= *endeudar*) to burden with debts
[4] (= *enredar*) to tangle up
Ⓑ **entramparse** VPR [1] (= *endeudarse*) to get into debt
[2] (= *enredarse*) to get tangled up

**entrante** Ⓐ ADJ [1] [*mes, semana*] next; **la semana ~** next week
[2] [*ministro, presidente*] new, incoming; [*correo*] incoming; **correo ~ y saliente** incoming and outgoing mail
Ⓑ SM [1] (*Culin*) starter
[2] (*Geog*) inlet
[3] (*Arquit*) recess
[4] ► **entrantes y salientes**† people coming to and leaving a house *etc*

**entraña** SF [1] **entrañas** (*Anat*) entrails, bowels; **en las ~s de la Tierra** in the bowels of the Earth; ✦**MODISMOS arrancar las ~s a algn** to break sb's heart, tear sb's heart out; **dar hasta las ~s** to give one's all; **echar las ~s*** to puke (up)*
[2] (= *lo esencial*) core
[3] **entranas** (= *sentimientos*) heart *sing*, feelings; (= *temperamento*) disposition *sing*; **no tener ~s** to be heartless; **¡hijo de mis ~s!** my precious child!, my beloved son!; **de malas ~s** malicious, evil-minded; **de buenas ~s** well-intentioned, kind-hearted

**entrañabilidad** SF [1] (= *intimidad*) closeness, intimacy
[2] (= *afabilidad*) loveable nature
[3] (= *encanto*) charm, winning nature

**entrañable** ADJ [1] (= *querido*) [*amigo*] dear, close; [*amistad*] deep; [*paisaje*] beloved, dearly loved; [*recuerdo*] fond
[2] (= *afectuoso*) affectionate
[3] (= *simpático*) charming, winning

**entrañablemente** ADV [*amar etc*] dearly, deeply

**entrañar** ▸conjug 1a◂ Ⓐ VT (= *contener*) to contain; (= *acarrear*) to entail
Ⓑ **entrañarse** VPR to become deeply attached (**con** to)

**entrañudo** ADJ (*Cono Sur*) [1] (= *valiente*) brave, daring
[2] (= *cruel*) cruel, heartless

**entrar** ▸conjug 1a◂ Ⓐ VI [1] (*en un lugar*) (*acercándose al hablante*) to come in, enter (*más frm*); (*alejándose del hablante*) to go in, enter (*más frm*); **—¿se puede? —sí, entra** "may I?" — "yes, come in"; **hágalo ~** show him in; **entré en** *o* (*LAm*) **a la casa** I went into the house; **~on en mi cuarto mientras yo dormía** they came into my room while I was asleep; **la ayudó a ~ en el coche** he helped her (get) into the car; **no me dejaron ~ en la discoteca** I wasn't allowed into the club; **entró en la habitación dando saltos** she bounced into the room; **entró corriendo en la habitación** she ran into the room; **entró tercero en la meta** he crossed the line in third place; **entra frío por la puerta** there's a draught coming in through the door; **el río entra en el lago** the river flows into the lake; **me ha entrado algo en el ojo** I've got something in my eye; **espera un momento, es sólo ~ y salir** wait for me a minute, I won't be long; ✦**MODISMOS yo por ahí no entro** that's one thing I won't accept *o* have; **~ en detalles** to go into detail; **no ~ ni salir en un asunto** to play no part in a matter
[2] (= *encajar*) **la maleta no entra en el maletero** the case won't go *o* fit in the boot; **el sofá no entraba por la puerta** the sofa wouldn't go *o* fit through the door; **¿entra uno más?** is there room for one more?, will one more fit?; **estoy lleno, ya no me entra nada más** I'm full, I couldn't eat another thing; **este pantalón no me entra** these trousers don't fit (me); **las historias de este libro entran de lleno en el surrealismo** the stories in this book are genuinely surrealist, the stories in this book come right into the category of surrealism
[3] (= *estar incluido*) **el vino no entra en el precio** the wine is not included (in the price); **eso no entraba en nuestros planes** that wasn't part of our plans; **ese partido entra dentro de la segunda ronda** that is a second-round match; **en un kilo entran cuatro manzanas** you get four apples to the kilo
[4] (= *comenzar*) [4·1] [*persona*] **¿a qué hora entras a clase?** what time do you start school?; **entra a trabajar a las ocho** she starts work at eight o'clock; **~ en una profesión** to take up a profession; **~ en una asociación** to join a society; **al ~ en la madurez** on reaching middle age; **entró de mensajero** he started out as a courier; **entró en la revista como director** he joined the magazine as editor; **entró a formar parte del comité central** he became a member of the central committee
[4·2] **~ en calor** to warm up; **~ en coma** to go into a coma; **~ en contacto con algn** to contact sb
[4·3] [*época, estación*] **en el milenio que entra** in the new millennium; **el mes que entra** the coming month, next month
[5] (*con sensaciones*) **me entró sed** I started to feel thirsty; **me entró sueño** I started to feel sleepy; **me ha entrado hambre al verte comer** watching you eat has made me hungry; **me ~on ganas de reír** I felt like laughing
[6] [*conocimientos, idea*] **no hay forma de que le entre el álgebra** he just can't seem to get the hang of algebra; **no les entra en la cabeza que eso no puede ser así** they can't seem to get it into their heads that this isn't on
[7] (*) (= *soportar*) to bear, stand; **ese tío no me entra** I can't bear *o* stand that fellow
[8] (*Inform*) to access; **~ en el sistema** to access the system
[9] (*Mús*) [*instrumento, voz*] to come in
[10] (*Teat*) to enter
Ⓑ VT [1] (*) [+ *objeto*] (*acercándose al hablante*) to bring in; (*alejándose del hablante*) to take in; **entra las sillas para que no se mojen** bring the chairs in so they don't get wet; **la maestra entró a los niños a clase** the teacher took the children into the classroom; **no podrás ~ el sillón por esa puerta** you won't be able to get the armchair in through that door; **necesitó ayuda para ~ el coche en el garaje** he needed some help getting the car into the garage
[2] (*) (= *abordar a*) to deal with, approach; **sabe ~ a la gente** he knows how to deal with *o* approach people
[3] [+ *futbolista*] to tackle
[4] (*Mil*) to attack

> **ENTRAR**
>
> **Para precisar la manera de entrar**
>
> **Entrar** (**en**) por regla general se suele traducir por **come in**(**to**) o por **go in**(**to**), según la dirección del movimiento (hacia o en dirección contraria al hablante), pero, **come** y **go** se pueden substituir por otros verbos de movimiento si la frase en español explica la forma en que se entra:
>
> Entró cojeando en Urgencias
> ***He limped into Casualty***
> Acabo de ver a un ratón entrar corriendo en ese agujero
> ***I've just seen a mouse running into that hole***
>
> *Para otros usos y ejemplos ver la entrada.*

**entrazado*** ADJ (*Cono Sur*) [1] [*persona, vestido*] **mal ~** shabby, ragged; **bien ~** well-dressed, natty*
[2] [*persona, expresión*] **mal ~** nasty-looking; **bien ~** pleasant-looking

**entre** PREP [1] (= *en medio de*) [1·1] (*dos elementos*) between; **~ las montañas y el mar** between the mountains and the sea; **vendrá ~ las diez y las once** he'll be coming between ten and eleven; **nos veíamos ~ clase y clase** we saw each other between lessons; **~ azul y verde** somewhere between blue and green; **un líquido ~ dulce y amargo** a liquid which is half-sweet, half-sour; **dudo ~ comprar éste o aquél** I'm not sure whether to buy this one or that one; **lo cogió ~ sus manos** she took it in her hands; ✦**MODISMO estar ~ la vida y la muerte** to be fighting for one's life; *ver tb* **paréntesis 2**, **semana**
[1·2] (*más de dos elementos*) among, amongst; **había un baúl ~ las maletas** there was a trunk in among(st) the cases; **¿has buscado ~ las fotografías?** have you looked among(st) the photographs?; **una costumbre muy extendida ~ los romanos** a widespread custom among(st) the Romans; **puedes hablar, estamos ~ amigos** you can speak freely, we're among(st) friends; **paso el día ~ estas cuatro paredes** I spend the whole day within these four walls; **se abrieron paso ~ la multitud** they forced their way through the crowd; **lo vi ~ el público** I saw him in the audience; **~ los que conozco es el mejor** it's the best of those that I know; **empezó a trabajar como mensajero, ~ otras cosas** he started work as a courier, among(st) other things
[2] (*indicando colaboración, participación*) **lo terminamos ~ los dos** between the two of us we finished it; **le compraremos un regalo ~ todos** we'll buy her a present between all of us, we'll all club together to buy her a present; **¿~ cuántos habéis hecho el trabajo?** how many of you did it take to do the work?; **esto lo solucionaremos ~ nosotros** we'll sort that out among(st) *o* between ourselves; **la cuento ~ mis mejores amigas** I count her as one of my best friends; **~ sí: las mujeres ha-**

**blaban ~ sí** the women were talking among(st) themselves; **los tres hermanos están muy unidos ~ sí** the three brothers are very close to each other

3 (*uso aditivo*) **~ viaje y alojamiento nos gastamos 100.000 pesetas** we spent 100,000 pesetas between the travel and the accommodation, the travel and the accommodation came to 100,000 pesetas between them; **~ niños y niñas habrá unos veinte en total** there are about twenty in total, if you count boys and girls; **~ que era tarde y hacía frío, decidimos no salir** what with it being late and cold, we decided not to go out; **~ unas cosas y otras no conseguía dormir** what with one thing and another I couldn't sleep; **~ unas cosas y otras se nos hizo de noche** before we knew it, it was night

4 (*Mat*) **20 ~ 4** 20 divided by 4; **20 ~ 4 es igual a 5** 4 into 20 goes 5 (times)

5 (*esp LAm**) **~ más estudia más aprende** the more he studies the more he learns

6 **~ tanto** *ver* **entretanto**

**entre...** PREF inter...

**entreabierto** Ⓐ PP *de* **entreabrir**

Ⓑ ADJ (*gen*) half-open; [*puerta*] ajar

**entreabrir** ▸conjug 3a◂ (*pp* **entreabierto**) VT (*gen*) to half-open, open halfway; [+ *puerta*] to leave ajar

**entreacto** SM interval, intermission (*EEUU*), entr'acte (*frm*)

**entreayudarse** ▸conjug 1a◂ VPR to help one another, be of mutual assistance

**entrecano** ADJ [*pelo*] greyish, grayish (*EEUU*), greying, graying (*EEUU*); [*persona*] going grey *o* (*EEUU*) gray

**entrecejo** SM space between the eyebrows; **arrugar el ~, fruncir el ~** to frown, wrinkle one's brow

**entrecerrar** ▸conjug 1j◂ VT (*esp LAm*) (*gen*) to half-close, close halfway; [+ *puerta*] to leave ajar

**entrechocar** ▸conjug 1g◂ Ⓐ VI [*dientes*] to chatter

Ⓑ **entrechocarse** VPR 1 (= *chocar*) to collide, crash

2 [*opiniones*] to clash

**entrecó** SM entrecote, sirloin steak

**entrecoger** ▸conjug 2c◂ VT 1 to catch, intercept

2 (= *obligar*) to press, compel

**entrecomillado** Ⓐ ADJ in inverted commas, in quotes (*EEUU*)

Ⓑ SM inverted commas *pl*, quotes *pl*

**entrecomillar** ▸conjug 1a◂ VT to place in inverted commas, put inverted commas round

**entrecoro** SM chancel

**entrecortadamente** ADV [*respirar*] in a laboured way; [*hablar*] falteringly, hesitatingly

**entrecortado** ADJ [*respiración*] laboured, labored (*EEUU*), difficult; [*habla*] faltering, hesitant; **con la voz entrecortada** in a faltering voice, in a voice choked with emotion

**entrecortar** ▸conjug 1a◂ VT 1 [+ *objeto*] to cut halfway through, partially cut

2 (= *interrumpir*) to cut off, interrupt; [+ *voz*] to cause to falter

**entrecot** SM entrecote, sirloin steak

**entrecruzar** ▸conjug 1f◂ Ⓐ VT 1 (= *entrelazar*) to interlace, interweave, intertwine

2 (*Biol*) to cross, interbreed

➤ LENGUA Y USO: **entrega 2** 47.2, 47.3

Ⓑ **entrecruzarse** VPR 1 [*hilos, cintas*] to interweave, intertwine

2 (*Biol*) to interbreed

**entrecubierta** SF, **entrecubiertas** SFPL between decks

**entredicho** SM 1 **estar en ~** (= *ser discutible*) to be questionable, be debatable; **su profesionalidad está** *o* **ha quedado en ~** grave doubts have been cast on his professionalism; **poner algo en ~** (= *cuestionar*) to raise doubts about sth, call sth into question; (= *comprometer*) to jeopardize sth, endanger sth

2 (= *prohibición*) prohibition, ban; (*Jur*) injunction; **estar en ~** to be under a ban, be banned; **levantar el ~ a** to raise the ban on; **poner algo en ~** (= *prohibir*) to place a ban on sth

3 (*Cono Sur*) (= *ruptura*) break-up, split

4 (*Andes*) (= *alarma*) alarm bell

**entredós** SM 1 (*Cos*) insertion, panel

2 (= *mueble*) cabinet, dresser

**entrefino** ADJ [*tela*] medium, medium-quality

**entrefuerte** ADJ (*LAm*) [*tabaco*] medium strong

▼**entrega** SF 1 (= *acto*) [*de documento, solicitud*] submission; **esta noche es la ~ de premios** tonight is the awards ceremony; **mañana será la ~ de notas** the marks will be given out tomorrow; **tienen que pagar un millón a la ~ de llaves** they have to pay a million on handing over the keys *o* when the keys are handed over; **"entrega de llaves inmediata"** "ready for immediate occupancy"; **hacer ~ de** [+ *regalo, premio, cheque*] to present; **le hizo ~ de la medalla al valor** he presented him with an award for bravery

2 (*Com*) [*de cartas, mercancías*] delivery; **pagadero a la ~** payable on delivery; **los gastos de ~ no están incluidos** delivery is not included; **si no se efectúa la ~, devuélvase a ...** if undelivered, please return to ...; **la ~ se hará en un plazo de 15 días** it will be delivered within 15 days, delivery within 15 days; **"entrega a domicilio"** "we deliver"; **orden de ~** delivery order ► **entrega contra pago, entrega contra reembolso** cash on delivery

3 (*al rendirse*) [*de rehenes*] handover; [*de armas*] surrender, handover

4 (= *sección*) [*de enciclopedia, novela*] instalment, installment (*EEUU*); [*de revista*] issue; [*de serie televisiva*] series; **una novela por ~s** a novel published in instalments, a serialized novel

5 (= *dedicación*) dedication, devotion; **su ~ a la causa de los indígenas** her dedication to the cause of the native people

6 (*Dep*) pass

**entregado** ADJ 1 (= *dedicado*) **estar ~ a** [+ *causa, creencia, actividad, trabajo*] to be dedicated to, be devoted to; **una vida entregada a ayudar a los más necesitados** a life dedicated *o* devoted to helping those most in need; **vive totalmente ~ a la música** his life is totally dedicated *o* devoted to music

2 (= *sacrificado*) selfless; **es una persona muy entregada** she's a very selfless person

**entregar** ▸conjug 1h◂ Ⓐ VT 1 (= *dar*) 1·1 [+ *impreso, documento, trabajo*] to hand in, give in, submit (*frm*); **hay que ~ la redacción mañana** the essay has to be handed in *o* given in tomorrow; **el proyecto se ~á a la comisión para que lo estudie** the plan will be put before the commission for them to study; **entregó su alma a Dios** he departed this life; ✦**MODISMO ~las** (*Chile**) to kick the bucket*

1·2 (*en mano*) (*gen*) to hand over; [+ *regalo*] to give; **me entregó la carta esta mañana** she gave me the letter this morning, she handed over the letter to me this morning

1·3 [+ *premio, cheque*] to present; **hoy entregan los premios** they are presenting the awards today, the awards ceremony is today

2 (= *distribuir*) (*gen*) to give out; [+ *correo, pedido*] to deliver; **mañana ~emos las notas del examen** we'll give out the exam marks tomorrow; **"entregamos sus pedidos al día siguiente"** "next day delivery"; **"para entregar a"** (*Com*) (*en envíos*) "for the attention of"

3 (= *ceder*) [+ *poderes, botín, rehenes*] to hand over; [+ *armas, país*] to hand over, surrender; **~on las joyas a la policía** they handed over the jewels to the police; **el enemigo acabó por ~ las armas** the enemy finally handed over *o* surrendered their weapons; **el juez entregó la custodia del niño a su abuela** the judge gave *o* awarded *o* granted custody of the boy to his grandmother

4 (*en boda*) [+ *novia*] to give away

Ⓑ **entregarse** VPR 1 (= *rendirse*) to give o.s. up, surrender; **los secuestradores se ~on a la policía** the hijackers gave themselves up *o* surrendered to the police

2 (= *dejarse dominar*) **~se a** [+ *sueño, tentación*] to succumb to; **se entregó a la desesperación** she gave in to despair; **~se a la bebida** to take to drink

3 (= *dedicarse*) **~se a algo** to devote o.s. to sth; **se ha entregado por completo al cuidado de su padre** she has devoted herself entirely to looking after her father; **todas las noches me entrego a la lectura de la Biblia** I devote all my evenings to reading the Bible; **~se a algn** (*sexualmente*) to give o.s. to sb; **me entregué a ella sin condiciones** I gave her my unconditional love

4 (= *adueñarse*) **~se de algo** to take possession of sth

**entreguerras: el período de ~** the inter-war period, the period between the wars (*i.e.* 1918-39)

**entreguismo** SM (*Pol*) (= *apaciguamiento*) appeasement, policy of appeasement; (= *derrotismo*) defeatism; (= *oportunismo*) opportunism; (= *traición*) betrayal, selling-out

**entrelazado** ADJ intertwined, interlaced, interwoven (**de** with)

**entrelazar** ▸conjug 1f◂ VT, **entrelazarse** VPR to intertwine, interlace, interweave

**entrelistado** ADJ striped

**entrelucir** ▸conjug 3f◂ VI 1 (= *verse*) to show through

2 (= *relucir*) to gleam, shine dimly

**entremás** Ⓐ ADV (*Andes, Méx*) (= *además*) moreover; (= *especialmente*) especially

Ⓑ CONJ **~ lo pienso, más convencido estoy** the more I think about it the more convinced I am

**entremedias** ADV 1 (= *en medio*) in between, halfway; (= *entretanto*) in the meantime

2 **~ de** between, among

**entremedio** SM (*LAm*) interval, intermission (*EEUU*)

**entremés** SM 1 (*Teat, Hist*) interlude, short farce

2 (*Culin*) side dish; **"entremeses"** "hors d'oeuvres" ► **entremés salado** savoury, savory (*EEUU*)

**ENTREMÉS**

*An* **entremés** *is a short farce used as an entertaining interval between the first and second act of a* **comedia**. *It is thought that the* **entremés** *(derived from the Italian* **intermezzo***) was first performed on the Spanish stage in the 16th century and derives from the influential Italian* **Commedia dell'Arte**. *Often using slapstick, stock characters and situations,* **entremeses** *had enormous audience appeal and were written by such distinguished writers as Miguel de Cervantes.*

**entremesera** SF tray for hors d'oeuvres

**entremeter** ►conjug 2a◄ VT (= *insertar*) to insert; (= *poner entre*) to put between

**entremeterse** *etc ver* **entrometerse** *etc*

**entremezclar** ►conjug 1a◄ VT, **entremezclarse** VPR to intermingle; **entremezclado de** interspersed with

**entrenador(a)** Ⓐ SM/F trainer, coach
Ⓑ SM (*Aer*) trainer, training plane
► **entrenador de pilotaje** flight simulator

**entrenamiento** SM (= *ejercicios*) training; (= *sesión*) training session; (*por el entrenador*) coaching

**entrenar** ►conjug 1a◄ Ⓐ VT (*Dep*) to train, coach; [+ *caballo*] to exercise; **estar entrenado** [+ *futbolista, atleta*] to be in training, be fit
Ⓑ VI to train
Ⓒ **entrenarse** VPR to train

**entreno** SM = **entrenamiento**

**entreoír** ►conjug 3p◄ VT to half-hear, hear indistinctly

**entrepágina** SF centrefold

**entrepaño** SM 1 (= *muro*) wall, stretch of wall
2 (= *panel*) door panel
3 (= *anaquel*) shelf

**entrepierna** SF, **entrepiernas** SFPL 1 (*Anat*) crotch, crutch
2 (= *medida*) inside leg, measurement; ✦***MODISMO*** **pasarse algo por la ~**‡ (= *rechazar*) to reject sth totally, throw sth out of the window*; (= *despreciar*) to feel utter contempt for sth

**entrepuente** SM between-decks

**entrerrejado** ADJ interwoven, criss-crossed

**entrerrenglonar** ►conjug 1a◄ VT to interline, write between the lines of

**entresacar** ►conjug 1g◄ VT 1 [+ *información, datos*] (= *seleccionar*) to pick out, select; (= *cribar*) to sift
2 [+ *pelo, plantas*] to thin out

**entresemana** SF midweek; (= *días laborables*) working days of the week; **de ~** midweek *antes de s*; (*LAm*) midweek; **cualquier día de ~** any day midweek, any day in the middle of the week

**entresijo** SM 1 (= *secreto*) secret, mystery; (= *parte oculta*) hidden aspect; (= *dificultad*) difficulty, snag; **este asunto tiene muchos ~s** this business has many ins and outs; **él tiene sus ~s** he's hard to fathom; **se conoce todos los ~s de la justicia** he knows all the ins and outs of the law, he knows the law inside-out
2 (*Anat*) mesentery

**entresuelo** SM mezzanine, entresol; (*Teat*) dress circle

**entretanto** Ⓐ ADV meanwhile, meantime
Ⓑ CONJ **~ esto se produce** until this happens
Ⓒ SM meantime; **en el ~** in the meantime

**entretecho** SM (*Chile, Col*) attic, garret

**entretejer** ►conjug 2a◄ VT 1 [+ *hilos*] to interweave, intertwine
2 (= *entremezclar*) to interweave

**entretejido** SM interweaving

**entretela** SF 1 (*Cos*) interlining
2 **entretelas** (= *entrañas*) **¡hijo de mis ~s!** my beloved son!, my beloved child!; **confesó sentirse feliz en sus ~s** he admitted feeling really happy deep down; **conozco las ~s del partido** I know the ins and outs of the party, I know the party inside-out

**entretelar** ►conjug 1a◄ VT to interline

**entretelón** SM thick curtain, heavy curtain

**entretención** SF (*LAm*) (= *entretenimiento*) entertainment

**entretener** ►conjug 2k◄ Ⓐ VT 1 (= *divertir*) to entertain, amuse; **nos entretuvo con sus chistes mientras esperábamos** he kept us entertained *o* amused with his jokes while we were waiting; **hacer punto la entretiene** she amuses herself by knitting
2 (= *retener*) to keep, detain (*más frm*); **pues no le entretengo más** then I won't keep *o* (*más frm*) detain you any longer; **una vecina me entretuvo hablando en las escaleras** a neighbour kept me talking on the stairs
3 (= *distraer*) **~ a algn** to distract sb's attention; **uno de los ladrones entretuvo a la dependienta** one of the thieves distracted the shop assistant's attention; **~ algo: entretuvieron la espera leyendo** they whiled away the time by reading; **me tomé una tapa para ~ el hambre** I had a snack to take the edge off my hunger
4 (= *dar largas a*) **me está entreteniendo con mentiras para no pagarme** he's putting me off with lies so as not to pay me
5 (= *mantener*) [+ *ilusiones*] to nourish; [+ *fuego*] to maintain
Ⓑ VI **la tele entretiene mucho** TV is very entertaining
Ⓒ **entretenerse** VPR 1 (= *divertirse*) to amuse o.s.; **se entretenían contando historias** they amused themselves by telling stories, they kept themselves amused by telling stories
2 (= *tardar*) to hang about; **¡no te entretengas!** don't hang about!

**entretenida** SF 1 (= *querida*) mistress; (= *mantenida*) kept woman
2 **dar (con) la ~ a algn** (*con promesas*) to hold sb off with vague promises, stall sb; (*hablando*) to keep sb talking

**entretenido** Ⓐ ADJ [*libro, obra de teatro*] entertaining, amusing; [*trabajo*] demanding
Ⓑ SM (*) gigolo, toyboy*

**entretenimiento** SM 1 (= *diversión*) entertainment, amusement; **hace crucigramas como ~** he does crosswords for entertainment *o* amusement; **es sólo un ~** it's just for amusement; **programa de ~** an entertainment programme
2 (††) (= *mantenimiento*) upkeep, maintenance; **sólo necesita un ~ mínimo** it only needs minimum maintenance

**entretiempo** SM (= *primavera*) spring; (= *otoño*) autumn, fall (*EEUU*); **un abrigo de ~** a light coat, a lightweight coat

**entrever** ►conjug 2u◄ VT 1 (= *vislumbrar*) to make out; **podía ~ una luz a lo lejos** I could just make out a light in the distance; **dejar ~ algo** to suggest sth, hint at sth; **dejó ~ la posibilidad de que me renovaran el contrato** he suggested that my contract might be renewed, he hinted at the possibility of my contract being renewed; **dejó ~ sus reservas sobre la moneda única** he let it be seen *o* known that he had reservations over the single currency; **estas manifestaciones dejan ~ fisuras en el partido** these demonstrations seem to suggest divisions within the party
2 (= *adivinar*) to guess; **supo ~ sus verdaderas intenciones** she guessed his true intentions
3 (= *presentir*) to glimpse; **podemos ~ una solución** we can glimpse a solution

**entreverado** ADJ 1 [*tocino*] streaky
2 (= *intercalado*) mixed, interspersed, intermingled (**de** with)
3 (= *poco uniforme*) patchy

**entreverar** ►conjug 1a◄ Ⓐ VT (= *intercalar*) to mix, intermingle
Ⓑ **entreverarse** VPR 1 to be intermingled, be intermixed
2 (*Cono Sur*) (= *implicarse*) to become mixed up in, get involved in

**entrevero** SM 1 (*LAm*) mix-up
2 (*Cono Sur*) (= *desorden*) confusion, disorder; (= *riña*) brawl; (*Mil*) confused cavalry skirmish

**entrevía** SF (*Ferro*) gauge, gage (*EEUU*); **de ~ angosta** narrow-gauge *antes de s* ► **entrevía angosta** narrow gauge ► **entrevía normal** standard gauge

▼**entrevista** SF 1 (= *conversación*) interview; **hacer una ~ a algn** to interview sb ► **entrevista de trabajo** job interview
2 (= *reunión*) meeting, conference; **celebrar una ~ con algn** to hold a meeting with sb

**entrevistado/a** SM/F interviewee, person being interviewed

**entrevistador(a)** SM/F interviewer

**entrevistar** ►conjug 1a◄ Ⓐ VT to interview
Ⓑ **entrevistarse** VPR to meet; **~se con algn** to have a meeting with sb, meet with sb; **el ministro se entrevistó con la reina ayer** the minister had a meeting with *o* met with the queen yesterday; **los vecinos se ~on con el alcalde** the residents were received by the Mayor yesterday

**entripado** SM (= *secreto*) ghastly secret; (= *resentimiento*) concealed anger, suppressed rage

**entripar** ►conjug 1a◄ Ⓐ VT 1 (*Andes**) (= *enfurecer*) to enrage, madden
2 (*Caribe, Méx*) (= *mojar*) to soak
3 (*Méx*‡) (= *embarazar*) to put in the family way, put in the club
Ⓑ **entriparse** VPR 1 (*Andes**) (= *enfadarse*) to get cross, get upset
2 (*Caribe, Méx*) (= *mojarse*) to get soaked

▼**entristecer** ►conjug 2d◄ Ⓐ VT to sadden, make sad
Ⓑ **entristecerse** VPR to grow sad

➤ LENGUA Y USO: entrevista 1 46.4 entristecer A 51.4

**entrometerse** ▸conjug 2a◂ VPR (= *interferir*) to meddle, interfere (**en** in, with); (= *molestar*) to intrude

**entrometido/a** Ⓐ ADJ meddlesome, interfering
Ⓑ SM/F busybody, meddler

**entromparse*** ▸conjug 1a◂ VPR [1] (= *emborracharse*) to get drunk, get sozzled*
[2] (*LAm*) (= *enfadarse*) to get cross, get mad (*EEUU*)

**entrón** ADJ [1] (*Andes*) (= *entrometido*) meddlesome
[2] (*Méx*) (= *animoso*) spirited, daring
[3] (*Méx*) (= *coqueto*) flirtatious

**entroncar** ▸conjug 1g◂ Ⓐ VT to connect, establish a relationship between
Ⓑ VI [1] [*familia*] to be related, be connected (**con** to)
[2] (= *estar relacionado*) to be linked, be related (**con** to)
[3] (*Ferro*) to join, connect (**con** to)

**entronización** SF [1] [*de rey*] enthronement
[2] (= *ensalzamiento*) exaltation

**entronizar** ▸conjug 1f◂ VT [1] [+ *rey*] to enthrone
[2] (*fig*) (= *ensalzar*) to exalt

**entronque** SM [1] (= *parentesco*) relationship, link
[2] (= *enlace*) connexion, link
[3] (*LAm Ferro*) junction

**entropía** SF entropy

**entruchada*** SF [1] (= *trampa*) trap, trick
[2] (*Cono Sur*) (= *discusión*) slanging match*; (= *conversación*) intimate conversation

**entruchar*** ▸conjug 1a◂ Ⓐ VT to lure, decoy, lead by the nose
Ⓑ **entrucharse** VPR (*Méx*) (= *entrometerse*) to stick one's nose into other people's affairs

**entuerto** [1] SM (= *injusticia*) wrong, injustice
[2] **entuertos** (*Med*) afterpains

**entumecer** ▸conjug 2d◂ Ⓐ VT to numb
Ⓑ **entumecerse** VPR [1] [*miembro*] to go numb, go to sleep
[2] [*río*] to swell, rise; [*mar*] to surge

**entumecido** ADJ numb

**entumecimiento** SM numbness

**entumido** ADJ [1] (*LAm*) (= *entumecido*) numb
[2] (*Andes, Méx*) (= *tímido*) timid

**enturbiar** ▸conjug 1b◂ Ⓐ VT [1] [+ *líquido*] to muddy, make cloudy
[2] (= *complicar*) [+ *asunto*] to confuse, fog; [+ *mente, persona*] to confuse
Ⓑ **enturbiarse** VPR [1] [*líquido*] to get muddy, become cloudy
[2] (= *complicarse*) [*asunto*] to become obscured; [*mente, persona*] to get confused
[3] [*relaciones*] to be marred

**enturcado‡** ADJ (*CAm*) [*persona*] hopping mad*, livid; **un problema ~** a knotty problem

**entusiasmante** ADJ thrilling, exciting

▼**entusiasmar** ▸conjug 1a◂ Ⓐ VT (= *apasionar*) to fire with enthusiasm, excite; (= *encantar*) to delight; **me entusiasma el trabajo** I love my work; **no le entusiasma mucho la idea** he's not very keen on the idea
Ⓑ **entusiasmarse** VPR to get enthusiastic, get excited (**con, por** about); **se ha quedado entusiasmada con el vestido** she loves the dress, she is delighted with the dress

**entusiasmo** SM enthusiasm (**por** for); **con ~** (= *con apasionamiento*) enthusiastically; (= *con interés*) keenly

**entusiasta** Ⓐ ADJ (= *apasionado*) enthusiastic (**de** about); (= *interesado*) keen (**de** on)
Ⓑ SMF (= *aficionado*) enthusiast, fan*; (= *admirador*) admirer

**entusiástico** ADJ enthusiastic

**enumeración** SF (= *listado*) enumeration; (= *cuenta*) count, reckoning

**enumerar** ▸conjug 1a◂ VT (= *nombrar*) to enumerate; (= *contar*) to count, reckon up

**enunciación** SF [1] [*de teoría*] enunciation
[2] (= *declaración*) declaration

**enunciado** SM [1] (= *principio*) principle
[2] (*Prensa*) heading

**enunciar** ▸conjug 1b◂ VT [+ *teoría*] to enunciate, state; [+ *idea*] to put forward

**enuresis** SF INV enuresis

**envagonar** ▸conjug 1a◂ VT (*LAm*) [+ *mercancías*] to load onto a railway truck

**envainar** ▸conjug 1a◂ Ⓐ VT [1] [+ *arma*] to sheathe, put in a sheath; **¡envaínala!‡** shut your trap!‡, shut it!‡
[2] (*Andes*) (= *molestar*) to vex, annoy
Ⓑ VI (*Andes*) (= *sucumbir*) to succumb
Ⓒ **envainarse** VPR [1] (*Andes, Caribe**) (*en líos*) to get into trouble; **estar envainado** to be in a jam *o* fix*, be in trouble
[2] **envainársela*** to take back what one has said, back down

**envalentonamiento** SM (= *valor*) boldness; (*pey*) Dutch courage, bravado

**envalentonar** ▸conjug 1a◂ Ⓐ VT to make bold, embolden
Ⓑ **envalentonarse** VPR (= *cobrar valor*) to pluck up courage; (*pey*) (= *insolentarse*) to become defiant; (= *jactarse*) to brag

**envanecer** ▸conjug 2d◂ Ⓐ VT to make conceited
Ⓑ **envanecerse** VPR to become conceited, grow vain

**envanecido** ADJ conceited, stuck-up*

**envanecimiento** SM conceit, vanity

**envaramiento** SM (*Méx*) numbness, stiffness

**envarar** ▸conjug 1a◂ Ⓐ VT to stiffen, make stiff
Ⓑ **envararse** VPR [*pierna, brazo*] to become stiff; [*persona*] to stiffen

**envasado** SM (*en cajas*) packing; (*en paquetes*) packaging; (*en latas*) canning; (*en botellas, tarros*) bottling

**envasador(a)** SM/F (*en cajas, paquetes*) packer; (*en latas*) canner; (*en botellas, tarros*) bottler

**envasar** ▸conjug 1a◂ Ⓐ VT [1] (= *guardar*) (*en cajas*) to pack; (*en paquetes*) to package; (*en botellas, tarros*) to bottle; (*en latas*) to can, tin; (*en tonel*) to barrel; (*en saco*) to sack, bag
[2] (*) [+ *vino*] to knock back*
[3] (*esp LAm*) **~ un puñal en algn** to plunge a dagger into sb, bury a dagger in sb
Ⓑ VI (*) to tipple, knock it back*

**envase** SM [1] (= *acto*) (= *empaquetado*) packing, wrapping; (= *embotellado*) bottling; (= *enlatado*) canning
[2] (= *recipiente*) container; **precio con ~** price including packing; **~ retornable** returnable container; **géneros sin ~** loose goods, unpackaged *o* unwrapped goods; **~ de vidrio** glass container
[3] (= *botella*) (*llena*) bottle; (*vacía*) empty; **~s a devolver** returnable empties
[4] (= *lata*) can, tin

**envasijar** ▸conjug 1a◂ VT (*LAm*) = **envasar A1**

**envedijarse** ▸conjug 1a◂ VPR [1] (= *enredarse*) [*pelo*] to get tangled; [*ovillo*] to get tangled, become entangled
[2] [*personas*] to come to blows

**envegarse** ▸conjug 1h◂ VPR (*Cono Sur*) to get swampy, turn into a swamp

**envejecer** ▸conjug 2d◂ Ⓐ VT to age, make look old
Ⓑ VI, **envejecerse** VPR [1] [*persona*] (= *volverse viejo*) to age, get old, grow old; (= *parecer viejo*) to look old; **en dos años se ha envejecido mucho** he's aged a lot these last two years
[2] [*ropa, muebles*] to become old-fashioned
[3] [*vino*] to mature, age

**envejecido** ADJ [1] [*persona*] old, aged; (*de aspecto*) old-looking; **está muy ~** he's aged a lot
[2] [*piel, madera, tela*] distressed

**envejecimiento** SM ageing

**envelar** ▸conjug 1a◂ VI (*Cono Sur Náut*) to hoist the sails; **~las** to run away

**envenenador(a)** SM/F poisoner

**envenenamiento** SM poisoning

**envenenar** ▸conjug 1a◂ Ⓐ VT [1] (*con veneno*) to poison
[2] (= *amargar*) to embitter
Ⓑ **envenenarse** VPR [1] (*voluntariamente*) to poison o.s., take poison
[2] (*por accidente*) to be poisoned

**enverdecer** ▸conjug 2r◂ VI to turn green

**enveredar** ▸conjug 1a◂ VI **~ hacia** to head for, make a beeline for

**envergadura** SF [1] (= *importancia*) importance; **el edificio sufrió daños de cierta ~** the building suffered considerable *o* substantial damage; **un programa de gran ~** a wide-ranging programme, a programme of considerable scope; **una operación de cierta ~** an operation of some magnitude *o* size; **la obra es de ~** the plan is ambitious
[2] (= *tamaño*) scope, magnitude
[3] (= *extensión*) (*gen*) expanse, spread; (*Náut*) breadth, beam; (*Aer, Orn*) wingspan; [*de boxeador*] reach

**envés** SM [1] (= *parte trasera*) [*de tela*] back, wrong side; [*de hoja de planta*] underside; [*de espada*] flat
[2] (*Anat**) back

**enviado/a** SM/F (*Pol*) envoy ► **enviado/a especial** [*de periódico, TV*] special correspondent

▼**enviar** ▸conjug 1c◂ VT to send; **~ a algn a hacer algo** to send sb to do sth; **~ a algn a una misión** to send sb on a mission; **~ por el médico** to send for the doctor, fetch the doctor

**enviciador(a)** SM/F (*LAm*) drug-pusher

**enviciar** ▸conjug 1b◂ Ⓐ VT to corrupt
Ⓑ **enviciarse** VPR (= *corromperse*) to get corrupted; **~se con** *o* **en** to become addicted to

**envidar** ▸conjug 1a◂ VT, VI (*Naipes*) to bid; **~ en falso** to bluff

**envidia** SF envy, jealousy; **es pura ~** it's sheer *o* pure envy *o* jealousy, he's just jealous; **con este vestido serás la ~ de todas tus amigas** with that dress you'll be the envy of all your friends; **¡qué ~ me da verte tan contenta!** I'm so envious *o* jealous seeing you so happy!; **dar ~ a algn** to make sb envious *o* jealous; **tener ~ a algn** to envy sb, be jealous of sb; ✦***MODISMOS*** **carcomerle** *o* **corroerle a algn la ~** to be eaten up with envy *o* jealousy;

**estar muerto de ~** to be green with envy; ✦*REFRÁN* **si la ~ fuera tiña (cuántos tiñosos habría)** the world's full of envious people

**envidiable** ADJ enviable

**envidiar** ▸conjug 1b◂ VT [1] [+ *persona*] to envy [2] (= *codiciar*) to desire, covet; **~ algo a algn** to envy sb sth, begrudge sb sth; **su casa no tiene nada que ~ a la tuya** her house is at least as good as yours, her house is quite up to the standard of yours

**envidioso** ADJ [1] [*de persona*] envious, jealous [2] (= *codicioso*) covetous

**envilecer** ▸conjug 2d◂ Ⓐ VT to debase, degrade Ⓑ **envilecerse** VPR to degrade o.s., lower o.s.; (*implorando*) to grovel, crawl

**envilecimiento** SM degradation, debasement

**envinado** ADJ (*Cono Sur*) drunk

**envío** SM [1] (= *acción*) (*gen*) sending; (*Com*) dispatch; (*en barco*) shipment; **proponen el ~ de fuerzas de paz** they propose sending peace-keeping forces; **gastos de ~** (cost of) postage and packing, postage and handling (*EEUU*) ► **envío a domicilio** home delivery (service) ► **envío contra reembolso** cash on delivery ► **envío de datos** data transmission ► **envío de segundo curso** second-class mail [2] (= *mercancías*) (*gen*) consignment, lot; (*Náut*) shipment [3] (= *dinero*) remittance

**envión** SM push, shove

**envite** SM [1] (= *apuesta*) stake [2] (= *ofrecimiento*) offer, bid; (= *invitación*) invitation [3] (= *empujón*) push, shove; **al primer ~** from the very start, right away

**enviudar** ▸conjug 1d◂ VI [*mujer*] to become a widow, be widowed; [*hombre*] to become a widower, be widowed; **~ de la primera mujer** to lose one's first wife; **enviudó tres veces** she lost three husbands

**envoltorio** SM, **envoltijo** SM bundle, package; *ver tb* **envoltura**

**envoltura** SF [1] (*gen*) cover; [*de papel*] wrapper, wrapping; (*Bot, Aer*) envelope; (*Mec*) case, casing; (= *vaina*) sheath [2] **envolturas** [*de bebé*] baby clothes

**envolvedero** SM, **envolvedor** SM (= *cubierta*) cover; (= *papel*) wrapper, wrapping; (= *sobre*) envelope

**envolvente** ADJ [1] (= *circundante*) [*ambiente*] surrounding; [*música*] all-enveloping; [*atmósfera*] absorbing; (*Mil*) [*movimiento, maniobra*] encircling, enveloping; **asiento ~** bucket seat; **gafas de sol ~s** wraparound sunglasses *o* shades; **falda ~** wraparound skirt; **parachoques ~** wraparound bumper; **sonido ~** surround sound® [2] (= *completo*) comprehensive [3] (*Caribe, Cono Sur*) (= *interesante*) fascinating, intriguing

**envolver** ▸conjug 2h◂ (*pp* **envuelto**) Ⓐ VT [1] (= *cubrir*) (*con papel*) to wrap (up); (*con ropa*) to wrap (up), cover (up); **¿quiere que se lo envuelva?** shall I wrap it (up) for you?; **dos paquetes envueltos en papel** two parcels wrapped in paper; **llevaba al niño envuelto en una manta** she was carrying the baby wrapped up in a blanket [2] (= *rodear*) to surround, shroud; **una niebla espesa envolvía el castillo** the castle was surrounded *o* shrouded in thick fog; **su muerte está envuelta en misterio** her death is shrouded in mystery [3] (= *involucrar*) to involve (**en** in); **lo han envuelto en el tráfico de drogas** they've got him involved in drug trafficking [4] (*frm*) (= *contener*) to contain; **sus elogios envuelven una censura** there is criticism contained in his praise Ⓑ **envolverse** VPR [1] (*con ropa*) to wrap o.s. up (**en** in) [2] (= *involucrarse*) to become involved (**en** in)

**envolvimiento** SM [1] [*de paquete*] wrapping [2] (*Mil*) encirclement [3] (*en asunto, escándalo*) involvement

**envuelto** PP *de* **envolver**

**enyerbar** ▸conjug 1a◂ Ⓐ VT (*Andes, Cono Sur, Méx*) (= *hechizar*) to bewitch Ⓑ **enyerbarse** VPR [1] (*LAm*) [*campo*] to get covered with grass [2] (*Caribe*) [*trato*] to fail [3] (*CAm, Méx*) (= *envenenarse*) to poison o.s. [4] (*Méx*) (= *enamorarse*) to fall madly in love [5] (*Caribe**) (= *complicarse*) to get complicated

**enyesado** SM, **enyesadura** SF [1] [*de pared*] plastering [2] (*Med*) (= *escayola*) plaster cast

**enyesar** ▸conjug 1a◂ VT [1] [+ *pared*] to plaster [2] (*Med*) to put in a plaster cast, put in plaster; **le ~on el brazo** his arm was put in a (plaster) cast *o* in plaster; **tener una pierna enyesada** to have one's leg in a (plaster) cast, have a leg in plaster

**enyeyado*** ADJ (*Caribe*) gloomy, depressed

**enyugar** ▸conjug 1h◂ VT to yoke

**enyuntar** ▸conjug 1a◂ VT (*LAm*) to put together, join

**enzacatarse** ▸conjug 1a◂ VPR (*CAm, Méx*) to get covered with grass

**enzarzar** ▸conjug 1f◂ Ⓐ VT (*en una disputa*) to involve, entangle, embroil Ⓑ **enzarzarse** VPR (*en una disputa*) to get involved; (*en problemas*) to get o.s. into trouble; **~se a golpes** to come to blows; **~se en una discusión** to get involved in an argument

**enzima** SF enzyme

**enzocar** ▸conjug 1g◂ VT (*Cono Sur*) to insert, put in, fit in

**-eo** *ver* **Aspects of Word Formation in Spanish 2**

**EOI** SF ABR (*Esp*) = **Escuela Oficial de Idiomas**; → ESCUELA OFICIAL DE IDIOMAS

**eólico** ADJ wind *antes de s*; **energía eólica** wind power

**eón** SM aeon, eon (*esp EEUU*)

**EP** SF ABR (*Esp*) = **Educación Primaria, Enseñanza Primaria**

**EP — EDUCACIÓN PRIMARIA**

*Following the implementation of the 1990 Spanish education reform law,* **LOGSE**, *primary education was renamed* **Educación Primaria** *and divided into two* **ciclos** *or stages:* **primer ciclo** *for 6- to 9-year-olds, and* **segundo ciclo** *for 9- to 12-year-olds.*

⇨ *See also* ESO, LOGSE

**EPA** SF ABR (*Esp*) = **Encuesta de Población Activa**

**epa*** EXCL, **épale*** EXCL (*LAm*) hey!, wow!, say! (*EEUU*)

**epatante*** ADJ (= *asombroso*) amazing, astonishing; (= *deslumbrante*) startling, dazzling

**epatar*** ▸conjug 1a◂ VT (= *asombrar*) to amaze, astonish; (= *deslumbrar*) to startle, dazzle; (= *escandalizar*) to shock; **~ al burgués** to shock the bourgeoisie

**epazote** SM (*Méx*) herb tea

**E.P.D.** ABR (= **en paz descanse**) RIP

**epi...** PREF epi...

**épica** SF epic poetry

**epiceno** ADJ (*Ling*) epicene

**epicentro** SM epicentre, epicenter (*EEUU*)

**épico** ADJ epic

**epicureísmo** SM, **epicurismo** SM epicureanism

**epicúreo/a** ADJ, SM/F epicurean

**epidemia** SF epidemic

**epidémico** ADJ epidemic

**epidérmico** ADJ [1] (= *de la piel*) skin *antes de s* [2] (= *superficial*) superficial, skin-deep

**epidermis** SF INV epidermis

**Epifanía** SF Epiphany, Twelfth Night

**epiglotis** SF INV epiglottis

**epígrafe** SM [1] (*en libro, artículo*) epigraph [2] (*en piedra, metal*) epigraph, inscription

**epigrafía** SF epigraphy

**epigrama** SM epigram

**epigramático** ADJ epigrammatic(al)

**epilepsia** SF epilepsy

**epiléptico/a** Ⓐ ADJ epileptic; **ataque ~** epileptic fit, epileptic seizure (*frm*) Ⓑ SM/F epileptic

**epilogar** ▸conjug 1h◂ VT (= *resumir*) to sum up; (= *rematar*) to round off, provide a conclusion to

**epílogo** SM epilogue

**episcopado** SM [1] (= *cargo*) bishopric [2] (= *obispos*) bishops *pl*, episcopacy (*frm*) [3] (= *período*) episcopate (*frm*)

**episcopal** ADJ [*autoridad, iglesia*] episcopal; [*cargo*] bishopric; **palacio ~** bishop's palace; **sede ~** (= *ciudad*) see; **la Conferencia Episcopal Española** the Synod of Spanish bishops

**episcopalista** ADJ, SMF Episcopalian

**episódico** ADJ episodic

**episodio** SM [*de aventura, suceso*] episode, incident; [*de serie, novela*] episode, part

**epistemología** SF epistemology

**epístola** SF epistle, letter

**epistolar** ADJ epistolary

**epistolario** SM collected letters *pl*

**epitafio** SM epitaph

**epíteto** SM epithet

**epitomar** ▸conjug 1a◂ VT to summarize

**epítome** SM summary, epitome (*frm*)

**época** SF [1] (= *momento histórico*) age, period, epoch (*frm*); **la ~ de Carlos III** the age of Charles III; **durante la ~ isabelina** in Elizabethan times, in the Elizabethan era *o* age; **en aquella ~** at that time, in that period; **muebles de ~** period furniture; **coche de ~** vintage car; **drama de ~** costume drama; **con decoraciones de ~** with period set; **un Picasso de primera ~** an early (period) Picasso; **la ~ azul del artista** the artist's blue

➤ LENGUA Y USO: envío 1 47.3

period; **anticiparse a su ~** to be ahead of one's time; **todos tenemos ~s así** we all go through spells like that; **estoy pasando una mala ~** I'm going through a bad patch; **hacer ~** to be epoch-making, be a landmark; **el invento hizo ~** it was an epoch-making invention; **eso hizo ~ en nuestra historia** that was a landmark in our history ► **época de la serpiente de mar** (*hum*) silly season ► **época dorada** golden age ► **época glacial** ice age

2 (*tb* **~ del año**) (= *temporada*) season, time of year ► **época de celo** (*Zool*) mating season, rutting season ► **época de lluvias** rainy season ► **época de sequía** dry season ► **época monzónica** monsoon season

**epopeya** SF epic

**equi...** PREF equi...

**equidad** SF (= *justicia*) fairness, equity (*frm*); [*de precio*] reasonableness

**equidistante** ADJ equidistant

**equilátero** ADJ equilateral

**equilibradamente** ADV in a balanced way

**equilibrado** Ⓐ ADJ 1 [*persona*] (= *sensato*) level-headed, sensible; (= *ecuánime*) well-balanced

2 [*dieta*] balanced

3 [*partido*] close

Ⓑ SM ► **equilibrado de ruedas** wheel-balancing

**equilibrar** ▸conjug 1a◂ Ⓐ VT (*gen*) to balance; [+ *una cosa con otra*] to counterbalance; **~ gastos e ingresos** to balance outgoings and income; **~ la balanza de pagos** to restore the balance of payments; **~ el marcador** to level the score

Ⓑ **equilibrarse** VPR [*persona*] to balance o.s. (**en** on); [*fuerzas*] to counterbalance each other

**equilibrio** SM 1 (= *estabilidad*) balance; **perturbó el ~ de la balanza** he threw the scales out of balance; **ahora las pesas están en ~** now the weights are evenly balanced; **intentó mantener el ~ sobre la cuerda** he tried to keep his balance on the rope; **mantuvo en ~ el palo sobre su dedo** he balanced the stick on his finger; **perder el ~** to lose one's balance; ✦*MODISMO* **hacer ~s** to do a balancing act ► **equilibrio ecológico** ecological balance ► **equilibrio estable** stable equilibrium ► **equilibrio inestable** unstable equilibrium ► **equilibrio presupuestario** balanced budget

2 (= *armonía*) balance, equilibrium; **existe un ~ estable entre las dos potencias mundiales** there is a stable balance between the two superpowers ► **equilibrio de fuerzas, equilibrio de poderes** balance of power

3 (= *serenidad*) level-headedness

**equilibrista** SMF 1 (*en circo*) (= *funámbulo*) tightrope walker; (= *acróbata*) acrobat

2 (*LAm*) *politician of shifting allegiance*

**equino** Ⓐ ADJ equine, horse *antes de s*

Ⓑ SM 1 (= *caballo*) horse; **(carne de) ~** horsemeat

2 [*de mar*] sea urchin

**equinoccial** ADJ equinoctial

**equinoccio** SM equinox ► **equinoccio otoñal** autumnal equinox ► **equinoccio vernal** vernal equinox

**equipaje** SM 1 (*para viajar*) (= *conjunto de maletas*) luggage, baggage (*EEUU*); (= *avíos*) equipment, kit; **facturar el ~** to register one's luggage; **hacer el ~** to pack, do the packing; **pagar exceso de ~** to pay excess baggage; **compartimento de ~s** luggage compartment, baggage compartment (*esp EEUU*); **zona de recogida de ~s** luggage *o* (*esp EEUU*) baggage collection point ► **equipaje de mano** hand luggage

2 (*Náut*) crew

**equipal** SM (*Méx*) *wicker chair with seat and back of leather or palm leaves*

**equipamiento** SM equipment

**equipar** ▸conjug 1a◂ Ⓐ VT 1 [+ *casa, coche*] to fit, equip (**con, de** with); (*Náut*) to fit out; **~on la cocina con los electrodomésticos más modernos** they fitted *o* equipped the kitchen with the most modern appliances; **el nuevo modelo viene equipado con elevalunas eléctrico** the new model is fitted with electric windows; **un gimnasio muy bien equipado** a very well-equipped gymnasium

2 [+ *persona*] (*con armas, útiles*) to equip (**con, de** with); (*con ropa*) to kit out (**con, de** with); **cuesta mucho dinero ~ a un colegial** it costs a lot of money to get a child kitted out for school; **~on a los obreros con armas** they equipped the workers with weapons; **iban equipados con uniforme de campaña** they were kitted out with battledress

Ⓑ **equiparse** VPR (= *pertrecharse*) to equip o.s. (**con, de** with); **se ~on con cuerdas y linternas** they equipped themselves with ropes and torches

**equiparable** ADJ comparable (**con** to, with)

**equiparación** SF comparison

**equiparar** ▸conjug 1a◂ Ⓐ VT (= *igualar*) to put on the same level, consider equal; (= *comparar*) to compare (**con** with)

Ⓑ **equipararse** VPR **~se con** to be on a level with, rank equally with

**equipazo*** SM crack team

**equipo** SM 1 (*Dep*) team ► **equipo de casa** home team ► **equipo de fuera** away team ► **equipo de fútbol** football team ► **equipo de relevos** relay team ► **equipo local** home team ► **equipo titular** A team, first team ► **equipo visitante** visiting team

2 [*de personas*] team; **trabajar en ~** to work as a team ► **equipo cinematográfico móvil** mobile film unit ► **equipo de cámara** camera crew ► **equipo de desactivación de explosivos** bomb-disposal unit ► **equipo de gobierno** government team ► **equipo de rescate, equipo de salvamento, equipo de socorro** (*civil*) rescue team; (*militar*) rescue squad, rescue unit ► **equipo directivo** management team ► **equipo médico** medical team, medical unit

3 (= *utensilios, accesorios*) (*gen*) equipment; (*para deportes*) equipment, kit; **me robaron todo el ~ de esquí** they stole all my skiing equipment *o* gear*; ✦*MODISMO* **caerse con todo el ~*** to make a right mess of things* ► **equipo de alpinismo** climbing gear ► **equipo de alta fidelidad** hi-fi system ► **equipo de caza** hunting gear ► **equipo de fumador** smoker's outfit, smoker's accessories ► **equipo de música** stereo system ► **equipo de novia** trousseau ► **equipo de oficina** office furniture ► **equipo de primeros auxilios** first-aid kit ► **equipo de reparaciones** repair kit ► **equipo físico** (*Inform*) hardware ► **equipo industrial** plant ► **equipo lógico** (*Inform*) software ► **equipo rodante** (*Ferro*) rolling stock

**equis** SF INV 1 (= *letra*) (name of the letter) X; **rayos ~** X-rays; **cada ~ años** every so many years; **durante ~ años** for X number of years; **pongamos que cuesta ~ dólares** let's suppose it costs X dollars; **averiguar la ~** to find the value of X; **marcar con una ~ la respuesta correcta** put a cross by the correct answer; **tenía que hacer ~ cosas*** I had to do any amount of things

2 (*Andes, CAm**) ✦*MODISMO* **estar en la ~** (= *flaco*) to be all skin and bones; (= *sin dinero*) to be broke*, be skint*

**equitación** SF 1 (= *acto*) riding; **escuela de ~** riding school

2 (= *arte*) horsemanship

**equitativamente** ADV (= *con justicia*) equitably, fairly; (= *razonablemente*) reasonably

**equitativo** ADJ [*distribución, división*] fair; [*precio*] reasonable; [*reparto*] fair, equitable (*frm*); **trato ~** fair deal, square deal

**equivalencia** SF equivalence

▼ **equivalente** Ⓐ ADJ equivalent (**a** to)

Ⓑ SM equivalent

**equivaler** ▸conjug 2p◂ VI **~ a** to be equivalent to, be equal to; (*en grado, nivel*) to rank as, rank with

**equivocación** SF (= *error*) mistake, error; (= *descuido*) oversight; (= *malentendido*) misunderstanding; **por ~** by mistake, in error; **ha sido por ~** it was a mistake

**equivocado** ADJ 1 [*número, dirección*] wrong; [*persona*] mistaken, wrong; **estás ~** you are wrong, you are mistaken (*más frm*)

2 [*afecto, confianza*] misplaced

▼ **equivocar** ▸conjug 1g◂ Ⓐ VT 1 (= *confundir*) to get mixed up, mix up; **he equivocado las direcciones de los sobres** I've got the addresses mixed up on the envelopes, I've mixed up the addresses on the envelopes

2 **~ a algn** to make sb make a mistake; **si me hablas mientras escribo me equivocas** if you talk to me while I'm writing, you'll make me make a mistake *o* you'll make me go wrong

3 (= *errar*) **~ el camino** (*lit*) to go the wrong way; (*fig*) to make the wrong choice

Ⓑ **equivocarse** VPR (= *no tener razón*) to be wrong, be mistaken; (= *cometer un error*) to make a mistake; **te equivocas, eso no es así** you're wrong *o* mistaken, it isn't like that; **si crees que voy a dejarte ir, te equivocas** if you think I'm going to let you go, you're wrong *o* mistaken; **me equivoqué muchas veces en el examen** I made a lot of mistakes in the exam; **~se con algn** to be wrong about sb; **la consideraba honesta, pero me equivoqué con ella** I thought she was honest, but I was wrong about her; **~se de algo**: **nos equivocamos de hora y llegamos tarde** we got the time wrong, and we arrived late; **se ~on de tren** they caught the wrong train; **se ~on de casa** they went to the wrong house; **perdone, me he equivocado de número** sorry, (I've got the) wrong number

**equívoco** Ⓐ ADJ 1 (= *confuso*) equivocal, ambiguous

2 (*LAm*) (= *equivocado*) mistaken

Ⓑ SM 1 (= *malentendido*) misunderstanding

2 (*al hablar*) (= *juego de palabras*) pun, play

➤ LENGUA Y USO: equivalente A 32.4 equivocar B 39.1

on words; (= *doble sentido*) double meaning; **este tipo de ~s es característico de sus escritos** this kind of wordplay is a characteristic of his writing
[3] (*Méx**) mistake

**era**[1] *ver* **ser**

**era**[2] SF (*Hist*) era, age ► **era atómica** atomic age ► **era cristiana, era de Cristo** Christian era ► **era espacial** space age ► **era española, era hispánica** Spanish Era (*from 38 B.C.*) ► **era glacial** ice age

**era**[3] SF (*Agr*) (*para cereales*) threshing floor; (*para flores*) bed, plot; (*para hortalizas*) patch

**erario** SM (= *Hacienda*) treasury, exchequer; (= *fondos*) public funds *pl*, public finance; **~ municipal** municipal funds *pl*, council funds *pl*; **con cargo al ~ público** with *o* from public funds

**-eras** *ver* **Aspects of Word Formation in Spanish 2**

**erasmismo** SM Erasmism

**erasmista** ADJ, SMF Erasmist

**Erasmo** SM Erasmus

**erección** SF [1] (*Anat*) erection
[2] (*Arquit*) [*de edificio*] erection; [*de monumento*] raising

**ereccionarse** ▸conjug 1a◂ VPR to become erect

**eremita** SM (= *ermitaño*) hermit; (= *solitario*) recluse

**eremitismo** SM living like a hermit, hermit's way of life

**ergio** SM erg

**ergonomía** SF ergonomics *sing*

**ergonómico** ADJ ergonomic

**erguido** ADJ [1] [*cuerpo*] erect, straight
[2] (= *orgulloso*) proud

**erguir** ▸conjug 3m◂ Ⓐ VT [1] (= *levantar*) to raise, lift; **~ la cabeza** (*lit*) to hold one's head up; (*fig*) to hold one's head high
[2] (= *enderezar*) to straighten
Ⓑ **erguirse** VPR [1] (= *enderezarse*) (*al ponerse en pie*) to straighten up, stand up straight; (*estando sentado*) to sit up straight
[2] (= *envanecerse*) to swell with pride

**-ería** *ver* **Aspects of Word Formation in Spanish 2**

**erial** Ⓐ ADJ uncultivated, untilled
Ⓑ SM (*en campo*) uncultivated land; (*en ciudad*) area of wasteland, piece of waste ground

**erigir** ▸conjug 3c◂ Ⓐ VT [1] (*Arquit*) [+ *monumento*] to erect; [+ *edificio*] to build
[2] (= *fundar*) to establish, found
[3] **~ a algn en algo** to set sb up as sth
Ⓑ **erigirse** VPR **~ en algo** to set o.s. up as sth

**erisipela** SF erysipelas *pl*

**erizado** ADJ [1] (= *de punta*) [*cepillo, cola*] bristly; [*pelo*] spiky; **~ de espinas** covered with thorns
[2] **~ de problemas** bristling with problems

**erizar** ▸conjug 1f◂ Ⓐ VT [1] **el gato erizó el pelo** the cat bristled, the cat's hair stood on end
[2] [+ *asunto*] to complicate, surround with difficulties
Ⓑ **erizarse** VPR (= *levantar*) [*pelo de animal*] to bristle; [*pelo de persona*] to stand on end; **se me erizó el pelo** my hair stood on end

**erizo** SM [1] (*Zool*) hedgehog ► **erizo de mar, erizo marino** sea urchin
[2] (*Bot*) burr
[3] (*) (= *persona*) grumpy sort, prickly person*

**ermita** SF [1] (= *capilla*) chapel, shrine
[2] [*de un ermitaño*] hermitage

**ermitaño/a** SM/F [1] (= *persona*) hermit
[2] (*Zool*) hermit crab

**Ernesto** SM Ernest

**-ero** *ver* **Aspects of Word Formation in Spanish 2**

**erogación** SF [1] [*de bienes*] distribution
[2] (*LAm*) (= *gasto*) expenditure, outlay
[3] (*Andes, Caribe*) (= *contribución*) contribution, donation

**erogar** ▸conjug 1h◂ VT [1] [+ *propiedad*] to distribute
[2] (*LAm*) (= *pagar*) to pay; [+ *deuda*] to settle
[3] (*Andes, Cono Sur*) (= *contribuir*) to contribute
[4] (*Méx*) (= *gastar*) to spend, lay out

**erógeno** ADJ erogenous; **zonas erógenas** erogenous zones

**Eros** SM Eros

**erosión** SF (*Geol*) erosion; (*Med*) graze; **causar ~ en** to erode

**erosionable** ADJ subject to erosion; **un suelo fácilmente ~** a soil which is easily eroded

**erosionante** ADJ erosive

**erosionar** ▸conjug 1a◂ Ⓐ VT to erode
Ⓑ **erosionarse** VPR to erode, be eroded

**erosivo** ADJ erosive

**erótico** ADJ (*gen*) erotic; [*versos*] love *antes de s*; **el género ~** the genre of love poetry

**erotismo** SM eroticism

**erotizar** ▸conjug 1a◂ Ⓐ VT to eroticize
Ⓑ **erotizarse** VPR to be (sexually) stimulated

**erotomanía** SF eroticism, pathological eroticism

**erotómano** ADJ erotic, pathologically erotic

**errabundear** ▸conjug 1a◂ VI to wander, rove

**errabundeo** SM wanderings *pl*

**errabundo** ADJ wandering, roving

**erradamente** ADJ mistakenly

**erradicación** SF eradication

**erradicar** ▸conjug 1g◂ VT to eradicate

**erradizo** ADJ wandering, roving

**errado** ADJ [1] (= *equivocado*) mistaken, wrong; **estás ~ si piensas que te voy a ayudar** you're mistaken if you think I'm going to help you; **no andas ~ al decir que ...** you're not mistaken when you say that ...
[2] [*tiro*] wide of the mark

**errante** ADJ [1] (= *ambulante*) [*trovador*] wandering; [*reportero*] roving; [*vida*] nomadic; [*animal*] stray, lost; **el judío ~** the wandering Jew; **el holandés ~** the flying Dutchman
[2] (= *infiel*) errant; **el marido ~** the errant husband

**errar** ▸conjug 1k◂ Ⓐ VT [1] (= *equivocar*) [+ *tiro*] to miss with, aim badly; [+ *blanco*] to miss; [+ *vocación*] to miss, mistake; **~ el camino** to lose one's way
[2] (*en obligación*) to fail (*in one's duty to*)
Ⓑ VI [1] (= *vagar*) to wander, rove
[2] (= *equivocarse*) to be mistaken; **~ es cosa humana ◊ de los hombres es ~** to err is human
Ⓒ **errarse** VPR to err, be mistaken

**errata** SF misprint, printer's error; **fe de ~s** errata; **es ~ por "poder"** it's a misprint for "poder"

**errático** ADJ erratic

**erratismo** SM (= *tendencia*) wandering tendencies *pl*, tendency to wander; (= *movimiento*) erratic movement

**erre** SF (name of the letter) R; ✦**MODISMO ~ que ~** stubbornly, pigheadedly; **y él, ~ que ~, seguía negándolo** he stubbornly went on denying it

**erróneamente** ADV (= *por equivocación*) mistakenly, erroneously; (= *falsamente*) falsely

**erróneo** ADJ (= *equivocado*) mistaken, erroneous; (= *falso*) untrue, false

**error** SM mistake, error (*más frm*); **fue un ~ contárselo a Luisa** it was a mistake to tell Luisa; **salvo ~ u omisión** errors and omissions excepted; **caer en un ~** to make a mistake; **si piensas que lo hizo por tu bien, estás cayendo en un ~** if you think that he did it for your good you're making a mistake; **cometer un ~** to make a mistake; **cometí muchos ~es en el examen** I made a lot of mistakes in the exam; **estar en un ~** to be mistaken, be wrong; **estás en un ~ si piensas que voy a transigir** you're mistaken *o* wrong if you think that I'll give in; **inducir a ~** to be misleading; **estas cifras pueden inducir a ~** these figures could be misleading; **por ~** by mistake ► **error de cálculo** miscalculation ► **error de copia** clerical error ► **error de derecho** legal error ► **error de hecho** factual error, error of fact ► **error de imprenta** misprint ► **error judicial** miscarriage of justice ► **error tipográfico** misprint

**ERT** ABR [1] (*Esp*) = **Explosivos Río Tinto**
[2] (*Arg*) = **Ente de Radiotelevisión**

**ertzaina** [er'tʃaina] SMF policeman/policewoman, *member of the autonomous Basque police force*

**Ertzaintza** [er'tʃaintʃa] SF *autonomous Basque police (force)*

**ERTZAINTZA**

*The* **Ertzaintza** *is the Basque autonomous police force, recognizable by its distinctive uniform of red sweater, red beret and white truncheon. Madrid has devolved certain policing responsibilities to the Basque government (as well as to Catalonia) but the national police forces,* **Policía Nacional** *and* **Guardia Civil**, *continue to have a role as well.*

**eructación** SF belch

**eructar** ▸conjug 1a◂ VI to belch

**eructo** SM belch

**erudición** SF learning, scholarship, erudition (*frm*)

**eruditamente** ADV learnedly

**erudito/a** Ⓐ ADJ learned, scholarly, erudite (*frm*)
Ⓑ SM/F scholar, learned person; **los ~s en esta materia** those who are expert in this subject, those who really know about this subject; **un ~ a la violeta** (*pey*) a pseudo-intellectual

**erupción** SF [1] (*Geol*) eruption; **estar en ~** to be erupting; **entrar en ~** to (begin to) erupt ► **erupción solar** solar flare
[2] (*Med*) ► **erupción cutánea** rash, eruption (*frm*)
[3] (= *estallido*) [*de violencia*] outbreak, explosion; [*de ira*] outburst

➤ LENGUA Y USO: **error** 39.1, 45.2

**eruptivo** ADJ eruptive

**E/S** ABR (*Inform*) (= **entrada/salida**) I/O

**esa** ADJ DEM *ver* **ese²**

**ésa** PRON DEM *ver* **ése**

**Esaú** SM Esau

**esbeltez** SF (= *delgadez*) slimness, slenderness; (= *gracilidad*) gracefulness

**esbelto** ADJ (= *delgado*) slim, slender; (= *grácil*) graceful

**esbirro** SM [1] (= *ayudante*) henchman, minion; (= *sicario*) killer
[2] (*Caribe*‡) (= *soplón*) grass‡, fink (*EEUU*‡), informer
[3] (*Hist*) (= *alguacil*) bailiff, constable

**esbozar** ▸conjug 1f◂ VT [1] (*Arte*) to sketch, outline
[2] [+ *plan*] to outline; ~ **una sonrisa** to smile a faint smile, force a smile

**esbozo** SM [1] (*Arte*) sketch
[2] [*de plan*] outline; **con un ~ de sonrisa** with a hint of a smile

**escabechado** SM pickling, marinating

**escabechar** ▸conjug 1a◂ VT [1] (*Culin*) to pickle, souse
[2] [+ *canas*] to dye
[3] (*) (= *matar*) to do in*, do away with*
[4] (*Univ**) (= *suspender*) to plough*, to plow (*EEUU**)

**escabeche** SM [1] (= *salsa*) pickle, brine
[2] (= *pescado*) soused fish

**escabechina** SF [1] (= *matanza*) slaughter
[2] (*fig*) (= *desastre*) destruction, slaughter; **hacer una ~*** to wreak havoc; (*Univ*) to fail a pile of students

**escabel** SM footstool, footrest

**escabinado** SM jury of lay people and judges

**escabiosa** SF scabious

**escabioso** ADJ (*Med*) scabious; (*Vet*) scabby, mangy

**escabro** SM [1] (*Vet*) sheep scab, scabs
[2] (*Bot*) scab

**escabrosamente** ADV riskily, salaciously

**escabrosidad** SF [1] [*de terreno*] roughness, ruggedness; [*de superficie*] unevenness
[2] [*de sonido*] harshness
[3] [*de problema*] difficulty, toughness
[4] [*de chiste*] riskiness, salaciousness (*frm*)

**escabroso** ADJ [1] (= *irregular*) [*terreno*] rough, rugged; [*superficie*] uneven
[2] [*sonido*] harsh
[3] [*problema*] difficult, tough, thorny
[4] [*chiste*] risqué, blue, salacious (*frm*)

**escabuche** SM weeding hoe

**escabullarse** ▸conjug 1a◂ VPR (*LAm*), **escabullirse** ▸conjug 3a◂ VPR to slip away *o* off; ~ **por** to slip through

**escachalandrado*** ADJ (*Andes, CAm*) slovenly

**escacharrar*** ▸conjug 1a◂ (A) VT to bust*
(B) **escacharrarse** VPR to break

**escachifollarse*** ▸conjug 1a◂ VPR to break, smash

**escafandra** SF diving suit ► **escafandra autónoma** scuba suit ► **escafandra espacial** spacesuit

**escafandrismo** SM (= *pesca*) underwater fishing; (= *submarinismo*) deep-sea diving

**escafandrista** SMF (= *pescador*) underwater fisherman; (= *buzo*) deep-sea diver

**escala** SF [1] (*en medición, gradación*) scale; **a ~** [*dibujo, mapa, maqueta*] scale *antes de s*; **un mapa hecho a ~** a map drawn to scale, a scale map; **una imitación a ~ reducida de un objeto real** a scaled-down version of a real object; **a ~ real** life-size *antes de s*; **reproducir algo a ~** to reproduce sth to scale ► **escala (abierta de) Richter** Richter scale ► **escala (de) Beaufort** Beaufort scale ► **escala (de) Celsius** Celsius scale ► **escala de colores** colour spectrum, color spectrum (*EEUU*) ► **escala (de) Fahrenheit** Fahrenheit scale ► **escala (de) Kelvin** Kelvin scale ► **escala (de) Mercalli** Mercalli scale ► **escala de salarios** salary scale ► **escala de tiempo** (*Geol*) time scale ► **escala de valores** set of values, scale of values ► **escala graduada** graduated scale ► **escala móvil** (*Téc*) sliding scale; (*Econ*) sliding salary scale ► **escala salarial** salary scale ► **escala social** social ladder, social scale
[2] [*de importancia, extensión*] **la producción a ~ industrial** production on an industrial scale; **un problema a ~ mundial** a global problem, a problem on a worldwide scale; **a** *o* **en gran ~** on a large scale; **a** *o* **en pequeña ~** on a small scale; **un caso de corrupción a pequeña ~** a case of small-scale corruption, a case of corruption on a small scale
[3] (= *parada en ruta*) [3·1] (*Aer*) stopover; **una ~ de dos horas en París** a two-hour stopover in Paris; **un vuelo sin ~s** a non-stop flight; **hacer ~** to stop over; **el vuelo hizo ~ en Brasil** the flight stopped over in Brazil; **hizo dos ~s para repostar** it made two stopovers for refuelling
[3·2] (*Náut*) port of call; **la siguiente ~ es Barcelona** the next port of call is Barcelona; **el buque hizo ~ en Cádiz** the ship put in at Cádiz
► **escala técnica** refuelling *o* (*EEUU*) refueling stop
[4] (= *escalera de mano*) ladder ► **escala de cuerda, escala de viento** rope ladder
[5] (*Mús*) scale ► **escala cromática** chromatic scale ► **escala diatónica** diatonic scale ► **escala musical** musical scale

**escalación** SF (*Mil, Pol*) escalation

**escalada** SF [1] [*de montaña*] climb, ascent; **es una ~ fácil** it's an easy climb *o* ascent; **su rápida ~ al poder** his rapid rise to power ► **escalada artificial** artificial climbing ► **escalada en rocas** rock climbing ► **escalada libre** free climbing
[2] (= *aumento*) escalation; **una ~ de la violencia** an escalation of violence; **últimamente ha habido una ~ del/en el conflicto** lately there has been an escalation of/in the conflict, lately the conflict has escalated; **se ha producido una ~ en los precios** prices have escalated

**escalador(a)** SM/F [1] (*Dep*) (*en alpinismo*) climber, mountaineer; (*en ciclismo*) climber, mountain rider ► **escalador(a) en roca(s)** rock climber
[2] (= *ladrón*) burglar, housebreaker

**escalafón** SM [1] [*de promoción*] promotion ladder; **ascender en el ~** to go up the ladder, work one's way up
[2] [*de salarios*] salary scale, wage scale
[3] (= *ránking*) table, chart; **en esta industria España ocupa el tercer lugar en el ~ mundial** Spain occupies third place in the world table for this industry

**escalamiento** SM = **escalada**

**escálamo** SM thole, tholepin

**escalante** ADJ escalating; **la crisis ~** the escalating crisis

**escalar** ▸conjug 1a◂ (A) VT [1] [+ *montaña*] to climb, scale
[2] [+ *casa*] to burgle, burglarize (*EEUU*), break into
[3] (*en la escala social*) to scale, rise to; ~ **puestos** to move up
[4] (*Inform*) (= *reducir*) to scale down; (= *aumentar*) to scale up
(B) VI [1] [*alpinista*] to climb
[2] (*en la escala social*) to climb the social ladder, get on, go up in the world*
[3] (*Náut*) to call, put in (**en** at)
[4] (*Mil, Pol*) to escalate

**Escalda** SM Scheldt

**escaldado** ADJ [1] (= *escarmentado*) **salir ~: salió ~ del negocio** he got his fingers burned in the deal; **salió escaldada de su matrimonio** she came out of the marriage feeling sadder and wiser; **salió ~ de la experiencia** he was chastened by the experience; *ver tb* **gato A1**
[2] (= *receloso*) wary, cautious
[3] [*mujer*] loose

**escaldadura** SF [1] (= *quemadura*) scald, scalding
[2] (= *irritación*) chafing

**escaldar** ▸conjug 1a◂ (A) VT [1] (= *quemar*) to scald; (*Culin*) to blanch
[2] (= *rozar*) to chafe, rub
[3] (= *escarmentar*) to teach a lesson
[4] [+ *metal*] to make red-hot
(B) **escaldarse** VPR [1] (= *quemarse*) to scald o.s., get scalded
[2] (= *rozarse*) to chafe; [*bebé*] to get nappy rash

**escalera** SF [1] [*de edificio*] stairs *pl*, staircase; **corrió ~s abajo** she ran downstairs *o* down the stairs; **se cayó por las ~s** she fell downstairs *o* down the stairs; **han pintado la ~** they've painted the staircase; **una ~ de mármol** a marble staircase ► **escalera de caracol** spiral staircase ► **escalera de incendios** fire escape ► **escalera de servicio** backstairs *pl* ► **escalera mecánica, escalera móvil** escalator
[2] (*pórtatil*) ladder ► **escalera de cuerda** rope ladder ► **escalera de mano** ladder ► **escalera de nudos** rope ladder ► **escalera de pintor, escalera de tijera, escalera doble** stepladder, steps *pl* ► **escalera extensible** extension ladder
[3] (*Naipes*) run, sequence; (*en póquer*) straight ► **escalera de color** straight flush

**escalerilla** SF (*en bricolaje, piscina*) ladder; (*en barco*) gangway, companionway; (*Aer*) steps *pl*

**escalfador** SM chafing dish

**escalfar** ▸conjug 1a◂ VT [1] [+ *huevo*] to poach
[2] (*Méx*) (= *desfalcar*) to embezzle

**escalilla** SF [1] (*Téc*) calibrated scale
[2] [*de ascenso*] promotion ladder

**escalinata** SF (*interior*) flight of stairs *pl*; (*exterior*) flight of steps, steps *pl*

**escalofriado** ADJ **estar ~** to feel chilly, feel shivery, feel hot-and-cold

**escalofriante** ADJ (= *espeluznante*) blood-curdling, hair-raising; (= *aterrador*) frightening, chilling

**escalofriarse** ▸conjug 1c◂ VPR [1] (*por fiebre*) to feel chilly, get the shivers, feel hot-and-cold by turns
[2] (*por miedo*) to shiver with fright, get a cold shiver of fright

**escalofrío** SM [1] (*Med*) chill, feverish chill
[2] (= *temblor*) shiver; **aquello me produjo un ~ de terror** it made me shiver with fear, it sent a shiver down my spine

**escalón** SM [1] (= *peldaño*) (*gen*) step, stair; [*de escalera de mano*] rung; (= *nivel*) level; [*de cohete*] stage ► **escalón de hielo** ice step
[2] (*al avanzar*) (= *paso*) step; (*al éxito*) stepping stone
[3] (*Mil*) echelon

**escalonadamente** ADV step by step, in a series of steps

**escalonar** ▸conjug 1a◂ VT [1] (= *distribuir*) (*gen*) to spread out at intervals; [+ *tierra*] to terrace; [+ *horas de trabajo*] to stagger; [+ *novedad*] to phase in
[2] (*Mil*) to echelon
[3] (*Med*) [+ *dosis*] to regulate

**escalopa** SF (*Chile*) escalope, cutlet (*EEUU*)

**escalope** SM escalope, cutlet (*EEUU*) ► **escalope de ternera** escalope of veal, veal cutlet (*EEUU*)

**escalopín** SM fillet

**escalpar** ▸conjug 1a◂ VT to scalp

**escalpelo** SM scalpel

**escama** SF [1] (*Bot, Zool*) scale
[2] [*de jabón, pintura*] flake; **jabón en ~s** soapflakes
[3] (= *resentimiento*) resentment; (= *sospecha*) suspicion
[4] (*Méx**) cocaine, coke*

**escamado** ADJ [1] (= *desconfiado*) wary, cautious
[2] (*Cono Sur*) (= *harto*) wearied

**escamar** ▸conjug 1a◂ Ⓐ VT [1] [+ *pez*] to scale, remove the scales from
[2] (= *producir recelo*) to make wary, create distrust in; **eso me escama** that makes me suspicious, that sounds ominous to me
Ⓑ **escamarse** VPR [1] (= *perder escamas*) to scale, scale off, flake off
[2] (= *sospechar*) to get wary, become suspicious; (= *olerse algo*) to smell a rat; **y luego se escamó** and after that he was on his guard

**escamocha*** SF (*Méx*) leftovers

**escamón** ADJ (= *que sospecha*) wary, distrustful; (= *nervioso*) apprehensive

**escamondar** ▸conjug 1a◂ VT [1] [+ *árbol*] to prune
[2] (= *limpiar*) to prune, trim

**escamoso** ADJ [*pez*] scaly; [*sustancia*] flaky

**escamotar** ▸conjug 1a◂ VT = **escamotear**

**escamoteable** ADJ retractable

**escamoteador(a)** SM/F (= *prestidigitador*) conjurer; (= *estafador*) swindler

**escamotear** ▸conjug 1a◂ VT [1] (= *hacer desaparecer*) to make vanish, whisk away; [+ *naipe*] to palm; (*Téc*) to retract
[2] (*) (= *robar*) to lift*, pinch*
[3] [+ *hechos, verdad*] to hide, cover up
[4] (= *esquivar*) [+ *responsabilidad*] to shirk

**escamoteo** SM [1] (= *ilusionismo*) conjuring; (= *truco*) conjuring trick; (= *destreza*) sleight of hand
[2] (*) (= *robo*) lifting*; (= *estafa*) swindling, swindle
[3] (= *ocultación*) concealment
[4] [*de responsabilidad*] shirking

**escampar** ▸conjug 1a◂ Ⓐ VI [1] (*Meteo*) [*cielo*] to clear; [*lluvia*] to stop; [*tiempo*] to clear up
[2] (*Caribe, Méx*) (*de la lluvia*) to shelter
[3] (*LAm**) (= *largarse*) to clear off*, scarper*
Ⓑ VT [+ *sitio*] to clear out

**escampavía** SF revenue cutter

**escanciador(a)** SM/F [1] wine waiter
[2] (*Hist*) cupbearer

**escanciar** ▸conjug 1b◂ Ⓐ VT [+ *vino*] to pour, pour out, serve; [+ *copa*] to drain
Ⓑ VI to drink (a lot of) wine

**escandalera*** SF row, uproar

**escandalizante** ADJ scandalous, shocking

**escandalizar** ▸conjug 1f◂ Ⓐ VT to scandalize, shock
Ⓑ VI to make a fuss, create a scene
Ⓒ **escandalizarse** VPR to be shocked, be scandalized (**de** at, by); **se escandalizó ante la pintura** he was horrified at the picture, he threw up his hands in horror at the picture

**escandallo** SM [1] (*Náut*) lead
[2] (*Com*) (= *etiqueta*) price tag; (= *acto*) pricing
[3] (= *prueba*) sampling

**escándalo** SM [1] (= *tumulto*) scandal, outrage; **¡qué ~!** what a scandal!; **¡es un ~!** it's outrageous *o* shocking!; **precios de ~** (= *caros*) outrageous prices; (= *baratos*) amazing prices; **comportamiento de ~** scandalous behaviour; **un resultado de ~** (= *malo*) a scandalous result; (= *bueno*) a great result, an outstanding result
[2] (= *ruido*) row, uproar; **armar un ~** to make a scene, cause a row *o* an uproar
[3] (= *asombro*) astonishment; **llamar a ~** to cause astonishment, be a shock

**escandalosa** SF [1] (*Náut*) topsail
[2] (*Andes*) (= *tulipán*) tulip
[3] ✦*MODISMO* **echar la ~** to fly off the handle, curse and swear

**escandalosamente** ADV [1] (= *sorprendentemente*) [*actuar, hablar*] scandalously, outrageously; [*delinquir*] flagrantly; **~ caro** outrageously expensive
[2] (= *con ruido*) [*romper*] noisily; [*reírse*] loudly, heartily

**escandaloso** ADJ [1] (= *sorprendente*) [*actuación*] scandalous, shocking; [*delito*] flagrant; [*vida*] scandalous
[2] (= *ruidoso*) [*risa*] hearty, uproarious; [*niño*] noisy
[3] [*color*] loud

**Escandinavia** SF Scandinavia

**escandinavo/a** ADJ, SM/F Scandinavian

**escandir** ▸conjug 3a◂ VT [+ *versos*] to scan

**escáner** SM [1] (= *aparato*) scanner
[2] (= *imagen*) scan; **hacerse un ~** to have a scan

**escansión** SF scansion

**escantillón** SM pattern, template

**escaño** SM (= *banco*) bench; (*Pol*) seat

**escapada** SF [1] (= *huida*) escape, breakout; ✦*MODISMO* **en una ~** in a spare moment; **¿puedes comprarme tabaco en una ~?** have you got a spare moment to buy me some cigarettes?
[2] (= *viaje, salida*) **conseguí hacer una ~ rápida a Bruselas** I managed to get away to Brussels, I managed a quick getaway to Brussels; **las ~s nocturnas del heredero al trono** the heir to the throne's nocturnal jaunts
[3] (*Ciclismo*) breakaway

**escapado/a** Ⓐ ADJ (= *rápido*) **lo harán ~s** they'll do it like a shot; **irse ~** to rush off; **salió escapada de aquella casa** she rushed out of the house; **tengo que volverme ~ a la tienda** I must get back to the shop double-quick, I have to rush back to the shop
Ⓑ SM/F [1] (= *fugitivo*) fugitive, runaway
[2] (*Ciclismo*) **los ~s** the breakaway group

**escapar** ▸conjug 1a◂ Ⓐ VI [1] (= *huir*) to escape; **sintió una gran necesidad de ~** he felt a great need to get away *o* escape; **~ a algo**: **no pude ~ a sus encantos** I could not escape her charms; **hay cosas que escapan a nuestro control** some things are beyond our control; **este caso escapa a mi responsabilidad** this case is not my responsibility; **~ de** [+ *cárcel, peligro*] to escape from; [+ *jaula*] to get out of; [+ *situación opresiva*] to escape from, get away from; **logramos ~ de una muerte cierta** we managed to escape certain death; **necesitaba ~ de todo aquello** I needed to escape from *o* get away from all that; **dejar ~** [+ *grito, risa, suspiro*] to let out; [+ *oportunidad*] to let slip; **dejar ~ a algn** to let sb get away; **han dejado ~ al perro** they let the dog get away
[2] (*Dep*) (*en carreras*) to break away; **el ciclista escapó del pelotón** the cyclist broke away from the pack
Ⓑ VT [+ *caballo*] to drive hard
Ⓒ **escaparse** VPR [1] (= *huir*) [*preso*] to escape; [*niño, adolescente*] to run away; **se escapó por la puerta de atrás** he escaped through the back door; **se me ha escapado la paloma** my pigeon has escaped; **me escapé porque no podía aguantar más a mis padres** I ran away because I couldn't stand my parents any longer; **ven aquí, no te me escapes** come here, don't run away; **~se de** [+ *cárcel, peligro*] to escape from; [+ *jaula*] to get out of; [+ *situación opresiva*] to escape from, get away from; **el león se ha escapado del zoológico** the lion has escaped from the zoo; **de ésta no te escapas** you can't get away this time; *ver tb* **pelo 7**
[2] (= *filtrarse*) [*gas, líquido*] to leak, leak out (**por** from)
[3] (= *dejar pasar*) **me voy, que se me escapa el tren** I'm going, or I'll miss my train; **se me había escapado ese detalle** that detail had escaped my notice, I had overlooked *o* missed that detail; **a nadie se le escapa la importancia de esta visita** everybody is aware of *o* realizes the importance of this visit; **no se me escapa que …** I am aware that …, I realize that …; ✦*MODISMO* **~se de las manos**: **la realidad se me escapa de las manos** I'm losing touch with reality, I'm losing my grip on reality; **la situación se les escapó de las manos** they lost control of the situation
[4] (= *dejar salir*) [4·1] [*grito, eructo*] **se me escapó un eructo sin darme cuenta** I accidentally burped *o* let out a burp; **se le escapó un suspiro de alivio** she breathed *o* let out a sigh of relief; **no pude evitar que se me ~a una carcajada** I couldn't help burst-

ing out laughing; **se me escapó una lágrima** a tear came to my eye
[4·2] [*dato, noticia*] **se le escapó la fecha de la reunión** he let slip the date of the meeting
[5] (= *soltarse*) [5·1] [*globo, cometa*] to fly away
[5·2] [*punto de sutura*] to come undone
[5·3] (*Cos*) **se le escapó un punto en la manga** she dropped a stitch in the sleeve
[6] (= *hacerse público*) [*información*] to leak, leak out; **se escapó la noticia de que iban a vender la compañía** the news leaked that they were going to sell the firm
[7] (= *olvidarse*) to slip one's mind; **ahora mismo se me escapa su nombre** his name escapes me *o* slips my mind right now

**escaparate** SM [1] (*de tienda*) window, shop window; **ir de** *o* **mirar ~s** to go window-shopping
[2] [*de promoción*] showcase
[3] (*LAm*) (= *armario*) wardrobe
[4] (‡) (= *pecho*) tits‡ *pl*, bosom (*hum*), chest

**escaparatismo** SM window dressing

**escaparatista** SMF window dresser

**escapatoria** SF [1] (= *huida*) [*de lugar*] escape, way out; [*de situación*] way out; **un sitio de donde no había ~ posible** a place from which there was no possible escape *o* way out; **no tienes ~** there is no way out for you; **me temo que eso no te va servir como ~** I'm afraid that excuse isn't going to work
[2] (*) *ver* **escapada 1, 2**

**escape** SM [1] [*de situación opresiva*] escape; **la lectura es mi única forma de ~** reading is my only form of escape; **vía de ~** (*lit*) escape route; (*fig*) (form of) escape; **la televisión es mi única vía de ~** the television is my only (form of) escape; **utilizan el fútbol como una vía de ~ de sus problemas** they use football as an escape from *o* as a way of escaping from their problems; ✦*MODISMO* **a ~** at full speed; **salir a ~** to rush out
[2] (= *fuga*) [*de gas*] leak; [*de líquido, radiación*] leak, leakage; **un ~ de gas** a gas leak
[3] (*Mec*) (*tb* **tubo de ~**) exhaust; **gases de ~** exhaust, exhaust fumes; *ver tb* **válvula**, **vía A1**

**escapismo** SM escapism

**escapista** ADJ, SMF escapist

**escápula** SF scapula *pl*, shoulder blade

**escapulario** SM scapular, scapulary

**escaque** SM [1] [*de tablero*] square
[2] **escaques** (*Hist*) (= *ajedrez*) chess *sing*

**escaqueado** ADJ checked, chequered, checkered (*EEUU*)

**escaquearse‡** ▸conjug 1a◂ VPR (= *irse*) to slope off*; (= *gandulear*) to shirk, skive‡; (= *negar la responsabilidad*) to pass the buck*; (= *rajarse*) to duck out

**escara** SF (*Med*) crust, slough

**escarabajas** SFPL firewood *sing*, kindling *sing*

**escarabajear** ▸conjug 1a◂ Ⓐ VT (*) (= *preocupar*) to bother, worry
Ⓑ VI [1] (*al moverse*) (= *agitarse*) to wriggle, squirm; (= *arrastrarse*) to crawl
[2] (= *garabatear*) to scribble, scrawl

**escarabajo** SM [1] (= *insecto*) beetle ▸ **escarabajo de Colorado, escarabajo de la patata** Colorado beetle
[2] (*Téc*) flaw
[3] (*) (= *persona*) dwarf, runt
[4] (*Aut*) Beetle
[5] **escarabajos*** (= *garabatos*) scribble *sing*

**escaramujo** SM [1] (*Bot*) (= *planta*) wild rose, briar; (= *fruto*) hip, rosehip
[2] (*Zool*) goose barnacle
[3] (*Caribe*) (= *mal de ojo*) spell, curse

**escaramuza** SF [1] (*Mil*) skirmish, brush
[2] (= *enfrentamiento*) brush

**escaramuzar** ▸conjug 1f◂ VI to skirmish

**escarapela** SF [1] (= *insignia*) rosette, cockade
[2] (*) (= *riña*) brawl, shindy*

**escarapelar** ▸conjug 1a◂ Ⓐ VT [1] (*LAm*) (= *descascarar*) to scrape off, scale off, chip off
[2] (*Andes*) (= *arrugar*) to crumple, rumple
Ⓑ VI [1] (= *reñir*) to wrangle, quarrel
[2] = **C**
Ⓒ **escarapelarse** VPR [1] (*LAm*) (= *descascararse*) to peel off, flake off
[2] (*Andes, Méx*) (= *temblar*) to go weak at the knees, tremble all over

**escarbadientes** SM INV toothpick

**escarbador** SM scraper

**escarbar** ▸conjug 1a◂ Ⓐ VT [1] (= *remover*) [+ *tierra*] to scratch; [+ *fuego*] to poke; [+ *dientes*] to pick
[2] (= *investigar*) to investigate, delve into; (= *curiosear*) to pry into
Ⓑ VI [1] to scratch
[2] **~ en** = **A2**

**escarcear** ▸conjug 1a◂ VI (*Cono Sur*) to prance

**escarcela** SF (*Caza*) pouch, bag

**escarceo** SM, **escarceos** SMPL [1] [*de caballo*] nervous movement, prance
[2] (= *flirteo*) amateur effort; **en mis ~s con la política** in my occasional dealings with politics ▸ **escarceos amorosos** romantic flings, love affairs
[3] (= *olas*) small waves *pl*

**escarcha** SF frost

**escarchado** ADJ [1] covered in hoarfrost, frosted
[2] [*fruta*] crystallized

**escarchar** ▸conjug 1a◂ Ⓐ VT [1] (*Culin*) [+ *tarta*] to ice; [+ *fruta*] to crystallize
[2] (= *helar*) (*gen*) to frost, cover in hoarfrost; [+ *vaso*] to frost
[3] (*Cos*) *to embroider with silver or gold*
Ⓑ VI **escarcha** it's frosty, it's freezing

**escarchilla** SF (*Andes, Caribe*) hail

**escarcho** SM (red) gurnard

**escarda** SF [1] (= *acción*) (*lit*) hoeing; (*fig*) weeding out
[2] (= *herramienta*) weeding hoe

**escardador** SM weeding hoe

**escardadura** SF weeding, hoeing

**escardar** ▸conjug 1a◂ VT to weed, weed out

**escardillo** SM weeding hoe

**escariador** SM reamer

**escariar** ▸conjug 1b◂ VT to ream

**escarificación** SF (*Agr, Med*) scarification

**escarificador** SM scarifier

**escarificar** ▸conjug 1g◂ VT to scarify

**escarlata** Ⓐ ADJ INV scarlet
Ⓑ SM (= *color*) scarlet
Ⓒ SF [1] (= *tela*) scarlet cloth
[2] (*Med*) scarlet fever

**escarlatina** SF scarlet fever

**escarmenar** ▸conjug 1a◂ VT [1] [+ *lana*] to comb
[2] (= *castigar*) to punish; **~ algo a algn*** to swindle sb out of sth

**escarmentado** ADJ wary, cautious; **estoy escarmentada** I've learned my lesson

**escarmentar** ▸conjug 1j◂ Ⓐ VT to teach a lesson to
Ⓑ VI to learn one's lesson; **¡para que escarmientes!** that'll teach you!; **no escarmientan** they never learn; **escarmenté y no lo volví a hacer** I learned my lesson and never did it again; **~ en cabeza ajena** to learn from someone else's mistakes

**escarmiento** SM (= *castigo*) punishment; (= *aviso*) lesson, warning; **que esto te sirva de ~** let this be a lesson *o* warning to you; **para ~ de los malhechores** as a lesson *o* warning to wrongdoers

**escarnecedor/a** Ⓐ ADJ mocking
Ⓑ SM/F scoffer, mocker

**escarnecer** ▸conjug 2d◂ VT to scoff at, mock, ridicule

**escarnio** SM (= *insulto*) jibe, taunt; (= *burla*) ridicule; **para mayor ~** to add insult to injury

**escarola** SF [1] (*Bot*) curly endive, escarole (*EEUU*)
[2] (*Méx Cos*) ruff, flounce

**escarolar** ▸conjug 1a◂ VT (*Méx Cos*) to frill, flounce

**escarpa** SF [1] (= *cuesta*) slope; (*Geog, Mil*) scarp, escarpment
[2] (*Méx*) (= *acera*) pavement, sidewalk (*EEUU*)

**escarpado** ADJ (= *empinado*) steep, sheer; (= *abrupto*) craggy

**escarpadura** SF = **escarpa 1**

**escarpar** ▸conjug 1a◂ VT [1] (*Geog*) to escarp
[2] (*Téc*) to rasp

**escarpia** SF (*gen*) hook; (*para carne*) meat hook; (*Téc*) tenterhook

**escarpín** SM [1] (= *zapato*) pump; (= *zapatilla*) slipper
[2] (= *calcetín*) (*de sobra*) extra sock, outer sock; [*de niña*] ankle sock, anklet (*EEUU*)

**escarrancharse*** ▸conjug 1a◂ VPR to do the splits

**escasamente** ADV [1] (= *insuficientemente*) scantily, sparingly
[2] (= *apenas*) scarcely, hardly

**escasear** ▸conjug 1a◂ Ⓐ VI to be scarce
Ⓑ VT (= *escatimar*) to be sparing with, skimp

**escasez** SF [1] (= *insuficiencia*) shortage, scarcity (*más frm*); **~ de agua** shortage *o* scarcity (*más frm*) of water; **~ de fondos** shortage of funds; **hay ~ de medicamentos** there is a shortage of medicine, medicine is in short supply; **~ de mano de obra/viviendas** labour/housing shortage
[2] (= *pobreza*) poverty; **viven en la ~** they live in poverty
[3] **escaseces** (= *apuros*) **han pasado muchas escaseces** they suffered great hardships
[4] (††) (= *tacañería*) meanness, stinginess

**escaso** ADJ [1] (= *limitado*) **los alimentos están muy ~s** food is very scarce; **las posibilidades de encontrarlo vivo son muy escasas** the chances of finding him alive are very slim; **habrá escasa visibilidad en las carreteras** visibility on the roads will be poor; **el recital tuvo ~ público** the recital was poorly *o* sparsely attended; **tenemos escasa información del asunto** we have very little information on the subject; **un programa de ~ interés** a programme of limited interest; **un motor de escasa potencia** a not very pow-

erful engine; **iba a escasa distancia del otro coche** he was a short distance behind the other car
[2] **~ de algo** short of sth; **anda ~ de dinero** he's short of money; **estar ~ de víveres** to be short of food; **~ de recursos naturales** poor in natural resources; **una región escasa de población** a thinly populated region; **la fábrica está escasa de personal** the factory is short-staffed
[3] (= *muy justo*) **hay dos toneladas escasas** there are barely *o* scarcely two tons; **duró una hora escasa** it lasted barely *o* scarcely an hour; **tiene 15 años ~s** he's barely *o* hardly 15; **ganar por una cabeza escasa** to win by a short head
[4] (††) (= *tacaño*) mean, stingy

**escatimar** ▸conjug 1a◂ VT (= *dar poco*) to skimp, be sparing with, stint; (= *reducir*) to curtail, cut down; **no ~ esfuerzos (para)** to spare no effort (to); **no ~ gastos** to spare no expense; **no escatimaba sus alabanzas de …** he was unstinting in his praise of …, he did not stint his praise of …

**escatimoso** ADJ [1] (= *tacaño*) sparing, scrimpy, mean
[2] (= *taimado*) sly

**escatología** SF [1] (*de los excrementos*) scatology
[2] (*Fil, Rel*) eschatology

**escatológico** ADJ [1] (= *de los excrementos*) scatological
[2] (*Fil, Rel*) eschatological

**escay** SM imitation leather

**escayola** SF [1] (*Arte*) plaster of Paris
[2] (*Constr*) plaster, plaster of Paris
[3] (*Med*) (= *material*) plaster; (= *férula*) plaster cast, cast

**escayolado** SM plastering

**escayolar** ▸conjug 1a◂ VT to put in a plaster cast, put in plaster; **le ~on la pierna** his leg was put in a (plaster) cast *o* in plaster

**escena** SF [1] (= *escenario*) stage; **¡todo el mundo a ~!** everyone on stage!; **entrar en ~ ◊ salir a ~** to come on stage, go on stage; **poner en ~** to stage
[2] (= *parte de obra, película*) scene; **la primera ~ del segundo acto** the first scene of the second act ► **escena retrospectiva** flashback
[3] (= *suceso*) scene; **presenciamos ~s terribles** we witnessed terrible scenes; **hacer** *o* **montar una ~** to make a scene
[4] (= *ámbito*) scene; **la ~ internacional** the international scene
[5] **la ~** (= *el teatro*) the stage; **se retiró después de toda una vida dedicada a la ~** she retired after a lifetime in theatre *o* on the stage

**escenario** SM [1] (*Teat*) stage; **en el ~** on (the) stage
[2] (*Cine*) setting
[3] (*uso figurado*) scene; **el ~ del crimen** the scene of the crime; **el ~ político** the political scene; **la ceremonia tuvo por ~ el auditorio** the ceremony took place in the auditorium

**escénico** ADJ stage *antes de s*

**escenificación** SF [*de comedia*] staging; [*de novela*] dramatization; [*de suceso histórico*] re-enactment, reproduction

**escenificar** ▸conjug 1g◂ VT [+ *comedia*] to stage; [+ *novela*] to dramatize, make a stage version of; [+ *suceso histórico*] to re-enact, reproduce

**escenografía** SF scenography, stage design

**escenógrafo/a** SM/F (= *diseñador*) stage designer, theatrical designer; (= *pintor*) scene painter

**escenotecnia** SF staging, stagecraft

**escepticismo** SM scepticism, skepticism (*EEUU*)

**escéptico/a** Ⓐ ADJ sceptical, skeptical (*EEUU*)
Ⓑ SM/F sceptic, skeptic (*EEUU*)

**Escila** SF Scylla; **~ y Caribdis** Scylla and Charybdis

**escindible** ADJ fissionable

**escindir** ▸conjug 3a◂ Ⓐ VT to split, divide; **el partido está escindido** the party is split *o* divided
Ⓑ **escindirse** VPR (= *dividirse*) to split, divide (**en** into); [*facción*] to split off

**Escipión** SM Scipio

**escisión** SF [1] (= *división*) split, division; **la ~ del partido** the split in the party
[2] (*Med*) excision (*frm*), surgical removal

**escisionismo** SM (*Pol*) tendency to split into factions

**escisionista** ADJ **facción ~** breakaway faction; **tendencia ~** breakaway tendency

**esclarecedor** ADJ illuminating

**esclarecer** ▸conjug 2d◂ Ⓐ VT [1] (= *explicar*) [+ *duda, misterio*] to explain, clear up, elucidate; [+ *misterio*] to shed light on; [+ *crimen*] to clear up; [+ *situación*] to clarify
[2] (= *instruir*) to enlighten
[3] (= *ennoblecer*) to ennoble
[4] (= *dar luz*) to light up, illuminate
Ⓑ VI to dawn

**esclarecido** ADJ illustrious, distinguished

**esclarecimiento** SM [1] (= *explicación*) explanation, elucidation, clarification
[2] [*de persona*] (= *instrucción*) enlightenment
[3] (= *ennoblecimiento*) ennoblement
[4] (= *iluminación*) illumination

**esclava** SF bangle, bracelet; *ver tb* **esclavo**

**esclavatura** SF (*LAm Hist*) [1] (= *esclavos*) slaves *pl*
[2] (= *período*) period of slavery
[3] (= *esclavitud*) slavery

**esclavina** SF short cloak, cape

**esclavismo** SM = **esclavitud**

**esclavitud** SF (*lit, fig*) slavery, servitude, bondage

**esclavizar** ▸conjug 1f◂ VT to enslave

**esclavo/a** SM/F slave; **vender a algn como ~** to sell sb into slavery; **ser ~ del tabaco** to be a slave to tobacco ► **esclavo/a blanco/a** white slave ► **esclavo/a sexual** sex slave; *ver tb* **esclava**

**esclerosis** SF INV [1] (*Med*) sclerosis ► **esclerosis múltiple** multiple sclerosis
[2] (= *fosilización*) fossilization, stagnation

**esclerotizado** ADJ fossilized, stagnant

**esclusa** SF [*de canal*] (= *cierre*) lock, sluice; (= *compuerta*) floodgate ► **esclusa de aire** airlock

**esclusero/a** SM/F lock keeper

**-esco** *ver* **Aspects of Word Formation in Spanish 2**

**escoba** Ⓐ SF [1] (*para barrer*) broom, brush; **pasar la ~** to sweep up; ✦**MODISMO esto no vende una ~** this is a dead loss ► **escoba mecánica** carpet sweeper
[2] (*Bot*) broom
Ⓑ SM/F (*Dep*) sweeper

**escobada** SF brush, sweep

**escobar** ▸conjug 1a◂ VT to sweep, sweep out

**escobazo** SM [1] (= *golpe*) blow with a broom; **echar a algn a ~s** to kick sb out
[2] (= *barrido*) quick sweep; **dar un ~** to have a quick sweep-up

**escobilla** SF [1] (= *escoba*) small broom; (*esp LAm*) (= *cepillo*) brush; [*de wáter*] toilet brush ► **escobilla de dientes** (*Andes*) toothbrush
[2] (*Aut*) (= *limpiaparabrisas*) windscreen wiper
[3] (*Aut, Elec*) dynamo brush
[4] (*Bot*) teasel

**escobillar** ▸conjug 1a◂ Ⓐ VI (*LAm*) to tap one's feet on the floor
Ⓑ VT (*Andes*) (= *cepillar*) to brush; (= *restregar*) to scrub

**escobillón** SM swab

**escobón** SM (= *escoba*) large broom, long-handled broom; (= *cepillo*) scrubbing brush; (*de algodón*) swab

**escocedor** ADJ painful, hurtful

**escocedura** SF = **escozor**

**escocer** ▸conjug 2b, 2h◂ Ⓐ VI to sting, smart; **el alcohol te va a ~ un poco** the alcohol will sting *o* smart a little; **me escuece el labio/la herida** my lip/the cut stings *o* is smarting
Ⓑ VT (= *irritar*) to annoy, upset
Ⓒ **escocerse** VPR to chafe, get sore

**escocés/esa** Ⓐ ADJ [*persona*] Scottish, Scots; [*whisky*] Scotch; **falda escocesa** kilt; **tela escocesa** tartan, plaid
Ⓑ SM/F (= *persona*) Scot, Scotsman/Scotswoman; **los escoceses** the Scots
Ⓒ SM [1] (*Ling*) Scots
[2] (= *whisky*) Scotch ► **escocés de malta** malt whisky

**Escocia** SF Scotland

**escoda** SF stonecutter's hammer

**escofina** SF rasp, file

**escofinar** ▸conjug 1a◂ VT to rasp, file

**escogedor** SM (*Agr*) riddle

**escogencia** SF (*Andes, Caribe*) choice

**escoger** ▸conjug 2c◂ Ⓐ VT to choose, pick; (*por votación*) to elect; **yo escogí el azul** I chose *o* picked the blue one; **escogió los mejores vinos para la cena** he picked out *o* chose *o* selected the best wines to go with the meal
Ⓑ VI to choose; **no hay mucho donde ~** there isn't much to choose from, there isn't much choice; **hay que ~ entre los dos** you must choose between the two; **puestos a ~, me quedo con éstos** faced with the choice, I'll keep these; **tener donde ~** to have plenty to choose from, have plenty of choice

**escogido** ADJ [1] (= *seleccionado*) (*gen*) chosen, selected; [*mercancías*] choice, select; [*obras*] selected
[2] [*persona*] **ser muy ~** to be choosy; **ser muy ~ para** *o* **con algo** to be fussy about sth

**escogimiento** SM choice, selection

**escolar** Ⓐ ADJ [*edad, vacaciones*] school *antes de s*; **año** *o* **curso ~** school year; *ver tb* **libro 1**
Ⓑ SMF schoolboy/schoolgirl, schoolchild

**escolaridad** SF schooling, education; **el porcentaje de ~ es elevado** the proportion of those in school is high ► **escolaridad obli-**

**gatoria** compulsory schooling, compulsory attendance at school

**escolarización** SF schooling, education; (= *asistencia*) school attendance; (= *alumnos matriculados*) enrolment in school

**escolarizar** ▸conjug 1f◂ VT (= *educar*) to provide with schooling, educate; (= *matricular*) to enrol in school; (= *mandar*) to send to school; **niños sin ~** children not in school, children receiving no schooling *o* education

**escolástica** SF, **escolasticismo** SM scholasticism

**escolástico** Ⓐ ADJ scholastic
Ⓑ SM scholastic, schoolman

**escoleta** SF (*Méx*) 1 (= *banda*) amateur band
2 (= *ensayo*) rehearsal, practice (*of an amateur band*)
3 (= *lección de baile*) dancing lesson

**escollar** ▸conjug 1a◂ VI 1 (*Andes, Cono Sur Náut*) to hit a reef, strike a rock
2 (*Cono Sur*) [*empresa*] to fail, come unstuck

**escollera** SF breakwater, jetty

**escollo** SM 1 (= *arrecife*) reef, rock
2 (= *obstáculo oculto*) (*en el camino*) pitfall, stumbling block; (*en actividad*) hidden danger; **los muchos ~s del inglés** the many pitfalls of English

**escolopendra** SF (*Zool*) centipede

**escolta** Ⓐ SMF (= *acompañante*) escort; (= *guardaespaldas*) bodyguard; [*de ministro*] minder*
Ⓑ SF escort; **dar ~ a** to escort, accompany

**escoltar** ▸conjug 1a◂ VT 1 (= *acompañar*) (*gen*) to escort; (*dando protección*) to guard, protect
2 (*Náut*) to escort, convoy

**escombrar** ▸conjug 1a◂ VT to clear out, clean out, clear of rubbish

**escombrera** SF 1 (= *vertedero*) dump, tip
2 (*Min*) slag heap

**escombro**[1] SM (= *pez*) mackerel

**escombro**[2]* SM **armar** *o* **hacer ~** (*Arg*) to kick up a fuss

**escombros** SMPL (= *basura*) rubbish *sing*, garbage (*EEUU*) *sing*; [*de obra, edificio*] debris *sing*, rubble *sing*; (*Min*) slag *sing*

**escondedero** SM hiding place

**escondeloro** SM (*CAm*) hide-and-seek

**esconder** ▸conjug 2a◂ Ⓐ VT to hide, conceal (**de** from)
Ⓑ **esconderse** VPR (= *ocultarse*) to hide, hide o.s., conceal o.s.; (= *estar escondido*) to be hidden, lurk

**escondidas** SFPL 1 **a ~** secretly, by stealth; **hacer algo a ~ de algn** to do sth behind sb's back
2 (*LAm*) hide-and-seek; **jugar a (las) escondida(s)** to play hide-and-seek

**escondido** SM (*LAm*), **escondidos** SMPL (*LAm*) hide-and-seek

**escondite** SM 1 (= *escondrijo*) hiding place; (*Caza, Orn*) hide, blind (*EEUU*)
2 (= *juego*) hide-and-seek; **jugar al ~ con algn** (*lit, fig*) to play hide-and-seek with sb

**escondrijo** SM (= *escondite*) hiding place, hideout; (= *rincón poco visible*) nook

**escoñado/a**‡ SM/F has-been*

**escoñar**‡ ▸conjug 1a◂ Ⓐ VT to smash up, break, shatter
Ⓑ **escoñarse** VPR 1 [*persona*] to hurt o.s.; **estoy escoñado** I'm knackered*
2 [*máquina*] to break, get broken

**escopeta** SF 1 (= *arma*) shotgun ► **escopeta de aire comprimido** airgun, air rifle ► **escopeta de cañones recortados** sawn-off shotgun ► **escopeta de dos cañones** double-barrelled gun ► **escopeta de perdigones**, **escopeta de postas** shotgun ► **escopeta de tiro doble** double-barrelled gun ► **escopeta de viento** airgun, air rifle ► **escopeta paralela** double-barrelled gun ► **escopeta recortada** sawn-off shotgun
2 (‡) prick**

**escopetado*** ADJ, **escopeteado*** ADJ **salir ~** to be off like a shot; **voy ~** I'm in a terrible rush, I must shoot off; **ella hablaba escopetada** her words came in a torrent, her words came pouring out

**escopetazo** SM 1 (= *disparo*) gunshot
2 (= *herida*) gunshot wound
3 (= *noticia*) blow, bombshell
4 **dar un ~**** to have a screw**

**escopetear** ▸conjug 1a◂ Ⓐ VT 1 (= *disparar*) to shoot at (with a shotgun)
2 (*Méx**) to get at, have a dig at*
Ⓑ VI (*Caribe*) (= *contestar*) to answer irritably
Ⓒ **escopetearse** VPR **se ~on en el bosque** they shot at each other in the wood; **se escopetean a injurias** they shower one another with insults, they heap insults upon each other

**escopeteo** SM 1 (= *disparos*) shooting, volley of shots
2 [*de injurias, cumplimientos*] shower, lively exchange

**escopetero** SM gunsmith; (*Mil*) rifleman

**escoplear** ▸conjug 1a◂ VT to chisel

**escoplo** SM chisel

**escor** SM (*LAm*) score

**escora** SF (*Náut*) 1 (= *línea*) level line, load line
2 (= *apoyo*) prop, shore
3 (= *inclinación*) list; **con una ~ de 30 grados** with a thirty-degree list

**escoración** SF, **escorada** SF 1 (*Náut*) list (**a, hacia** to)
2 (*fig*) leaning, inclination

**escorar** ▸conjug 1a◂ (*Náut*) Ⓐ VT to shore up
Ⓑ VI 1 (*Náut*) to list, heel, heel over; **~ a babor** to list to port
2 (= *inclinarse*) **~ a** *o* **hacia** to lean towards, be inclined towards

**escorbútico** ADJ scorbutic

**escorbuto** SM scurvy

**escorchar** ▸conjug 1a◂ VT 1 to flay, skin
2 (*Cono Sur*) (= *fastidiar*) to bother, annoy

**escoria** SF 1 [*de alto horno*] slag, dross ► **escoria básica** basic slag
2 (= *lo más miserable*) scum, dregs *pl*; **la ~ de la humanidad** the scum *o* dregs of humanity

**Escorial** SM **el ~** *monastery and palace north of Madrid built by Philip II*

**escorial** SM 1 (= *vertedero*) dump, slag heap, tip
2 (*Geol*) bed of lava, deposit of volcanic ash

**escorpena** SF, **escorpina** SF scorpion fish

**Escorpio** SM Scorpio; **soy ~** I'm Scorpio

**escorpión** SM 1 (= *alacrán*) scorpion
2 (*Astron*) **Escorpión** Scorpio

**escorrentía** SF 1 (= *torrente*) rush, torrent
2 (= *derrame*) overflow
3 (*Agr*) run-off (*of chemicals*) ► **escorrentía superficial** surface run-off

**escorzar** ▸conjug 1f◂ VT to foreshorten

**escorzo** SM foreshortening

**escota** SF sheet

**escotado** ADJ [*vestido*] low-cut

**escotadura** SF 1 (*Cos*) low neck, low neckline
2 (*Teat*) large trap door

**escotar** ▸conjug 1a◂ Ⓐ VT 1 (*Cos*) [+ *vestido*] to cut low in front; [+ *cuello*] to cut low
2 [+ *río*] to draw water from
Ⓑ VI (= *pagar su parte*) to pay one's share, chip in

**escotch** SM (*LAm*) sticky tape

**escote** SM 1 [*de vestido*] neck, neckline; **un ~ profundo** a plunging neckline; ✦**MODISMO ir** *o* **pagar a ~** (*entre varios*) to share the expenses; (*entre dos*) to go Dutch, go fifty-fifty ► **escote a la caja** round neck ► **escote de bañera** off-the shoulder neckline ► **escote en pico**, **escote en V** V-neck ► **escote redondo** round neck
2 [*de mujer*] cleavage

**escotilla** SF (*Náut*) hatchway, hatch; ✦**MODISMO atrancar las ~s** to batten down the hatches

**escotillón** SM trap door

**escozor** SM 1 (= *picor*) stinging, burning
2 (= *sentimiento*) grief, heartache

**escriba** SM scribe

**escribanía** SF 1 (= *mueble*) writing desk
2 (= *estuche*) writing case
3 (= *enseres*) (*para escribir*) writing materials *pl*; (*para tintero*) inkstand
4 (*Jur*) (= *cargo*) clerkship; (= *secretaría judicial*) clerk's office; (*LAm*) (= *notaría*) notary's office

**escribano/a** Ⓐ SM/F (= *secretario judicial*) court clerk, lawyer's clerk; (*LAm*) (= *notario*) notary, notary public ► **escribano/a municipal** town clerk
Ⓑ SM (*Orn*) bunting ► **escribano cerillo** yellowhammer

**escribiente** SMF (= *administrador*) clerk; (= *copista*) copyist

➤ **escribir** ▸conjug 3a◂ (*pp* **escrito**) Ⓐ VT, VI 1 [+ *palabra, texto*] to write; **~ a mano** to write in longhand; **~ a máquina** to type; **el que esto escribe** (*gen*) the present writer; (*Prensa*) this correspondent
2 (*en ortografía*) to spell; **"voy" se escribe con "v"** "voy" is spelled with a "v"; **¿cómo se escribe eso?** how is that spelled?, how do you spell that?
3 [+ *cheque*] to write out, make out
4 [+ *música*] to compose, write
Ⓑ **escribirse** VPR 1 [*dos personas*] to write to each other, correspond
2 **~se con algn** to correspond with sb, write to sb

**escrito** Ⓐ PP *de* **escribir**
Ⓑ ADJ written, in writing; **examen ~** written exam; **lo ~ arriba** what has been said above
Ⓒ SM 1 (*tb* **texto ~**) writing; (= *documento*) document; (= *original*) manuscript; **por ~** in writing; **acuerdo por ~** written agreement, agreement in writing; **poner por ~** to write down, get down in writing, commit to paper; **tomar algo por ~** to write sth down, take sth down in writing; **no lo creeré hasta que no**

➤ LENGUA Y USO: **escribir A1** 48.1, 48.2

**lo vea por ~** I won't believe it until I see it in black and white *o* in writing
[2] (*Jur*) brief
[3] **escritos** (*Literat*) writings, works

**escritor(a)** SM/F writer; **es un ~ consolidado** he's an established writer ► **escritor(a) de material publicitario** copywriter ► **escritor(a) satírico/a** satirist, satirical writer

**escritorio** SM (= *mueble*) desk, bureau; (= *despacho*) office; **de ~** desktop *antes de s*

**escritorzuelo/a** SM/F hack, hack writer, scribbler

**escritura** SF [1] (= *sistema de comunicación*) writing; [*de individuo*] writing, handwriting; **tiene malísima ~** her writing *o* handwriting is terrible; **no acierto a leer su ~** I can't read his writing *o* handwriting; **~ a máquina** typing ► **escritura aérea** skywriting ► **escritura automática** automatic writing ► **escritura corrida** longhand ► **escritura fonética** phonetic script ► **escritura normal** longhand
[2] (= *tipo de código*) writing, script ► **escritura china** Chinese writing, Chinese script
[3] **Sagrada Escritura** Scripture, Holy Scripture
[4] (*Jur*) deed ► **escritura de aprendizaje** indenture ► **escritura de propiedad** title deed ► **escritura de seguro** insurance certificate ► **escritura de traspaso** conveyance, deed of transfer

**escriturado** ADJ [*capital*] registered

**escriturar** ►conjug 1a◄ VT [1] (*Jur*) [+ *documentos*] to formalize legally; [+ *propiedad, casa*] to register (legally)
[2] (*Teat*) to book, engage, sign up

**escriturario** ADJ, **escriturístico** ADJ scriptural

**escrófula** SF scrofula

**escrofuloso** ADJ scrofulous

**escroto** SM scrotum

**escrupulizar** ►conjug 1f◄ VT to scruple, hesitate; **no ~ en hacer algo** not to scruple to do sth

**escrúpulo** SM [1] (= *recelo*) scruple; **falta de ~s** unscrupulousness, lack of scruples; **sin ~** unscrupulous; **no tuvo ~s en hacerlo** he had no qualms about doing it
[2] (*con la comida*) fussiness, pernicketiness; **me da ~ beber de ahí** I'm wary about drinking from there
[3] (*Farm*) scruple

**escrupulosamente** ADV scrupulously

**escrupulosidad** SF scrupulousness

**escrupuloso** ADJ [1] (= *minucioso*) (*al elegir algo*) particular; (*al hacer algo*) precise
[2] (*con la comida*) fussy, pernickety, persnickety (*EEUU*)
[3] (= *honesto*) scrupulous

**escrushante*** SMF (*Arg*) burglar, housebreaker

**escrutador(a)** Ⓐ ADJ [*mirada*] searching, penetrating
Ⓑ SM/F [1] [*de votos*] returning officer, scrutineer
[2] (*Parl*) teller

**escrutar** ►conjug 1a◄ VT [1] (= *examinar*) to scrutinize, examine; **parecía que me estaba escrutando con la mirada** he seemed to be scrutinizing *o* examining me with his eyes
[2] [+ *votos*] to count

**escrutinio** SM [1] (= *examen atento*) scrutiny, examination
[2] [*de votos*] count, counting

**escuadra** SF [1] (= *instrumento*) (*para dibujar*) square; (*de carpintero*) carpenter's square; **a ~** square, at right angles; **fuera de ~** out of true ► **escuadra de delineante** set square
[2] [*de hombres*] (*Mil*) squad; (*Náut*) squadron ► **escuadra de demolición** demolition squad ► **escuadra de fusilamiento** firing squad
[3] (*Aut*) [*de coches*] fleet
[4] (*LAm Dep*) team, squad
[5] (*Andes*) (= *pistola*) pistol

**escuadrar** ►conjug 1a◄ VT (*Téc*) to square

**escuadrilla** SF (*Aer*) wing, squadron

**escuadrón** SM (*Mil, Aer*) squadron ► **escuadrón de la muerte** death squad, murder squad ► **escuadrón volante** flying squad

**escualidez** SF [1] (= *delgadez*) skinniness, scragginess
[2] (= *miseria*) squalor, filth

**escuálido** ADJ [1] (= *delgado*) skinny, scraggy
[2] (= *sucio*) squalid, filthy

**escualo** SM dogfish

**escucha** Ⓐ SF [1] (= *acción*) listening; (*Radio*) monitoring; **rogamos a nuestros oyentes que permanezcan a la ~** please stay tuned; **estar a la ~** to listen in; **estar de ~** to eavesdrop ► **escucha telefónica** phone tap, wire tap (*EEUU*) ► **escuchas telefónicas** phone tapping, wire tapping (*EEUU*)
[2] (*Rel*) chaperon
Ⓑ SMF [1] (*Mil*) scout
[2] (*Radio*) monitor

**escuchar** ►conjug 1a◄ Ⓐ VT [1] (*con atención*) [+ *música, palabras*] to listen to; [+ *consejo*] to listen to, pay attention to, heed
[2] (*esp LAm*) (= *oír*) to hear; **se escucha muy mal** (*Telec*) it's a very bad line *o* (*EEUU*) connection
Ⓑ VI to listen
Ⓒ **escucharse** VPR **le gusta ~se** he likes the sound of his own voice; **se escucha mucho las enfermedades** she's always complaining about her illnesses

**escuchimizado*** ADJ **estar ~** to be all skin and bones; **es un chico ~** he's a skinny boy

**escucho** SM (*Andes*) whispered secret

**escuchón** ADJ (*Andes*) prying, inquisitive

**escudar** ►conjug 1a◄ Ⓐ VT to shield
Ⓑ **escudarse** VPR to shield o.s.

**escudería** SF motor-racing team

**escudero** SM squire

**escudete** SM [1] (*Heráldica, Hist*) escutcheon
[2] (*Cos*) gusset
[3] (*Bot*) white water lily

**escudilla** SF bowl, basin

**escudo** SM [1] [*de protección*] shield ► **escudo humano** human shield ► **escudo térmico** heat shield
[2] (*Heráldica*) ► **escudo de armas** coat of arms
[3] (= *moneda*) escudo

**escudriñar** ►conjug 1a◄ VT [1] (= *investigar*) to inquire into, investigate
[2] (= *examinar*) to scrutinize

**escuela** SF [1] (= *colegio*) school; **dejé la ~ a los catorce años** I left school at fourteen; **recuerdo los tiempos de la ~** I remember my schooldays; **ir a la ~** [*alumno, maestro*] to go to school; **fue a la ~ a hablar con el director** he went to the school to speak to the headmaster ► **escuela de párvulos** nursery school, kindergarten ► **escuela de primera enseñanza, escuela elemental** primary school ► **escuela infantil** nursery school ► **escuela primaria** primary school ► **escuela privada** private school, independent school ► **escuela pública** state school, public school (*EEUU*) ► **escuela secundaria** secondary school, high school (*EEUU*)
[2] (= *centro de enseñanza*) (*gen*) school; (*Chile*) (= *facultad*) faculty, school ► **escuela de artes y oficios** school of arts and crafts ► **escuela de baile** school of dancing, dance school ► **escuela de ballet** ballet school ► **Escuela de Bellas Artes** art school, art college ► **escuela de chóferes** (*LAm*) driving school ► **escuela de cine** film school ► **escuela de comercio** business school, school of business studies ► **escuela de conducir** (*Col*), **escuela de conductores** (*LAm*) driving school ► **escuela de enfermería** nursing college ► **escuela de equitación** riding school ► **escuela de manejo** (*Méx*) driving school ► **escuela de verano** summer school ► **escuela laboral** technical school, trade school ► **escuela militar** military academy ► **escuela naval** naval academy ► **escuela nocturna** night school ► **escuela normal** teacher training college ► **escuela taller** *vocational training centre* ► **escuela universitaria** *university college offering diploma rather than degree courses*; *ver tb* **buque 1**, **granja**
[3] (*) (= *clases*) school; **mañana no hay** *o* **no tenemos ~** there's no school tomorrow; ✦*MODISMO* **soplarse la ~** (*Esp*) to play truant, skive off*, play hooky (*EEUU**)
[4] (= *formación*) experience; **es buen actor pero le falta ~** he's a good actor but he lacks experience; ✦*MODISMO* **la ~ de la vida** the university of life, the school of life
[5] (= *movimiento*) school; **la ~ flamenca** the Flemish school; **la ~ romántica** the Romantic school; **la ~ veneciana** the Venetian school; **un catedrático de la vieja ~** a professor of the old school; **un escritor que ha creado ~** a writer with a great following; → COLEGIO

**ESCUELA OFICIAL DE IDIOMAS**

*The* **Escuelas Oficiales de Idiomas** *are state-run language schools which offer tuition in a wide range of foreign languages, particularly English and French. Examinations are also open to external candidates and the final qualification, after 5 years' study, the* **Certificado de la Escuela Oficial de Idiomas** *is recognized all over Spain.*

**escuelante** SMF (*Col, Méx, Ven*) (= *alumno*) pupil

**escuelero/a** Ⓐ ADJ (*LAm*) school *antes de s*
Ⓑ SM/F [1] (*Andes, Caribe, Cono Sur pey*) (= *maestro*) schoolmaster/schoolmistress
[2] (*Andes*) (= *alumno*) schoolboy/schoolgirl; (*) (= *empollón*) swot*, grind (*EEUU**)

**escuerzo** SM 1 (*Zool*) toad
2 (= *persona*) runt
**escuetamente** ADV plainly, baldly
**escueto** ADJ [*verdad*] plain, naked; [*estilo*] simple; [*explicación, presentación*] concise, succinct
**escuincle/a*** SM/F (*Méx*), **escuintle/a*** SM/F (*Méx*) 1 (= *niño*) child, kid*
2 (= *animal*) runt
**esculcar** ▸conjug 1g◂ VT (*Méx*) to search
**esculpir** ▸conjug 3a◂ VT [+ *estatua, piedra*] to sculpt; [+ *madera*] to carve; [+ *inscripción*] to cut
**esculque** SM (*LAm*) body search
**escultismo** SM = **escutismo**
**escultor(a)** SM/F sculptor/sculptress
**escultórico** ADJ sculptural
**escultura** SF sculpture, carving ► **escultura en madera** wood carving
**escultural** ADJ 1 (*Arte*) sculptural
2 [*cuerpo, mujer*] statuesque
**escupe*** SM (*Prensa*) scoop
**escupidera** SF 1 (*para escupir*) spittoon, cuspidor (*EEUU*)
2 (*esp Andes, Cono Sur*) (= *orinal*) chamberpot; ✦*MODISMO* **pedir la ~** to get scared, get the wind up*
**escupidor** SM 1 (*Andes, Caribe*) (= *recipiente*) spittoon
2 (*Andes*) (= *estera*) round mat, doormat
**escupir** ▸conjug 3a◂ Ⓐ VI to spit; **~ a algn** to spit at sb; **~ a la cara de algn** to spit in sb's face; **~ en el suelo** to spit on the ground; ✦*MODISMO* **ser de medio ~*** to be as common as muck*
Ⓑ VT 1 [*persona*] [+ *sangre*] to spit; [+ *comida*] to spit out; [+ *palabra*] to spit, spit out
2 (= *arrojar*) [+ *llamas*] to belch out, spew
3 (*) (= *confesar*) to cough*, sing*
**escupitajo*** SM gob of spit
**escurana** SF (*LAm*) 1 (= *oscuridad*) darkness
2 (= *cielo*) overcast sky, threatening sky
**escurialense** ADJ of/from El Escorial
**escurreplatos** SM INV plate rack
**escurribanda** SF 1 (*Med*) [*de vientre*] looseness, diarrhoea, diarrhea (*EEUU*); [*de úlcera*] running
2 (= *fuga*) escape
3 (= *paliza*) thrashing
**escurrideras** SFPL (*Méx, CAm*) = **escurriduras**
**escurridero** SM draining board, drainboard (*EEUU*)
**escurridizo** ADJ 1 (= *resbaladizo*) [*superficie, objeto*] slippery; [*nudo*] running
2 (= *evasivo*) [*carácter*] slippery; [*idea*] elusive
**escurrido** ADJ 1 (= *delgado*) narrow-hipped, slightly built
2 (*Andes, Caribe, Méx*) (= *avergonzado*) abashed, ashamed; (= *tímido*) shy
**escurridor** SM 1 (*Culin*) (= *escurreplatos*) plate rack; (= *colador*) colander
2 (*Fot*) drying rack
**escurriduras** SFPL 1 (= *gotas*) drops
2 (= *heces*) dregs
**escurrir** ▸conjug 3a◂ Ⓐ VT [+ *ropa*] to wring, wring out; [+ *platos, líquido, botella*] to drain; [+ *verduras*] to strain
Ⓑ VI [*líquido*] to drip
Ⓒ **escurrirse** VPR 1 [*líquido*] to drip
2 (= *resbalarse*) [*objeto*] to slip, slide; **se me escurrió de entre las manos** it slipped out of my hands
3 [*comentario*] to slip out
4 [*persona*] to slip away, sneak off
**escúter** SM scooter, motor scooter
**escutismo** SM scouting movement, scouting
**esdrújulo** ADJ proparoxytone (*frm*), *stressed on the antepenultimate syllable*
**ESE** ABR (= **estesudeste**) ESE
**ese**[1] SF name of the letter S; **en forma de ~** S-shaped; ✦*MODISMO* **hacer ~s** [*carretera*] to zigzag, twist and turn; [*coche*] to zigzag; [*borracho*] to reel about
**ese**[2]**/a** ADJ DEM that; **esa casa** that house; **esos/as** those; **esos dibujos** those drawings; **no conozco al tío ese** I don't know that guy*
**ése/a** PRON DEM 1 that one; **ése es el mío** that one is mine; **ésos/as** those, those ones; **prefiero ésos** I prefer those ones; **ésos que te compré yo** the ones I bought you
2 (*en locuciones*) **¡no me vengas con ésas!** don't give me any more of that nonsense!; **y cosas de ésas** and suchlike; **¡no me salgas ahora con ésas!** don't bring all that up again!; **no es una chica de ésas** she's not that kind of girl; **ni por ésas** (= *de ningún modo*) on no account; (= *aun así*) even so
**esencia** SF 1 (= *base*) [*de teoría*] essence; [*de asunto, problema*] heart; **en ~** essentially, in essence; **quinta ~** quintessence
2 [*de perfume*] essence
**esencial** ADJ 1 (= *imprescindible*) essential; **es ~ traer ropa de abrigo** it's essential to bring warm clothing
2 (= *principal*) essential, main; **lo ~ es que ...** the main *o* essential *o* most important thing is to ...; **he entendido lo ~ de la conversación** I understood the main *o* the most important points of the conversation; **en lo ~: pese a las diferencias, estamos de acuerdo en lo ~** essentially, despite our differences, we are in agreement, despite our differences, we are in agreement on the essentials
3 [*aceite*] essential
**esfagno** SM sphagnum
**esfera** SF 1 (*Geog, Mat*) sphere; **en forma de ~** spherical ► **esfera celeste** celestial sphere ► **esfera terrestre** globe
2 (*Téc*) [*de reloj*] face ► **esfera impresora** (*Tip*) golfball
3 (= *campo*) sphere, field; **el proyecto ha sido autorizado por las altas ~s** the project has had the go-ahead from the top authorities *o* the upper echelons ► **esfera de acción** scope, range ► **esfera de actividad** sphere of activity ► **esfera de influencia** sphere of influence
**esférico** Ⓐ ADJ spherical
Ⓑ SM (*Dep*) football, soccer ball (*EEUU*)
**esfero** SM (*Col*) ballpoint pen
**esferográfico** SM (*Col*) ballpoint pen
**esferógrafo** SM (*Col*) ballpoint pen
**esferoide** SM spheroid
**esfinge** SF 1 (= *figura*) sphinx; ✦*MODISMO* **ser como una ~** to be expressionless, have a face like a poker
2 (*Entomología*) hawk moth
**esfínter** SM sphincter
**esforzadamente** ADV vigorously, energetically
**esforzado** ADJ 1 (= *enérgico*) vigorous, energetic
2 (= *fuerte*) strong, tough
3 (= *emprendedor*) enterprising
4 (= *valiente*) brave
5 (= *trabajador*) hardworking
**esforzar** ▸conjug 1f, 1l◂ Ⓐ VT [*voz*] to strain; **no esfuerces la vista** don't strain your eyes
Ⓑ **esforzarse** VPR to exert o.s., make an effort; **hay que ~se más** you must try harder, you must make more effort; **~se en** *o* **por conseguir algo** to struggle *o* strive to achieve sth
**esfuerzo** SM 1 (*de fuerza física, intelectual*) effort; **sin ~** effortlessly, without strain; **hacer un ~** to make an effort; **no perdonar ~s para conseguir algo** to spare no effort to achieve sth; **no hizo el más mínimo ~ por agradar** he made absolutely no effort at all to be nice, he didn't make the slightest effort to be nice; **bien vale la pena el ~** it's well worth the effort
2 (= *vigor*) spirit, vigour, vigor (*EEUU*); **con ~** with spirit
3 (*Mec*) stress
**esfumar** ▸conjug 1a◂ Ⓐ VT (*Arte*) to tone down, soften
Ⓑ **esfumarse** VPR 1 [*apoyo, esperanzas*] to fade away, melt away
2 [*persona*] to vanish, make o.s. scarce; **¡esfúmate!*** get lost!*
**esfumino** SM (*Arte*) stump
**esgrima** SF 1 (*Dep*) fencing
2 (= *arte*) swordsmanship
**esgrimidor(a)** SM/F (*Dep*) fencer
**esgrimir** ▸conjug 3a◂ Ⓐ VT 1 [+ *espada*] to wield
2 [+ *argumento*] to use; **~ que** to argue that, maintain that
Ⓑ VI to fence
**esgrimista** SMF (*LAm*) fencer
**esguazar** ▸conjug 1f◂ VT to ford
**esguince** SM 1 (*Med*) sprain
2 (= *movimiento*) swerve, dodge; **dar un ~** to swerve, dodge
**eslabón** SM 1 [*de cadena*] link ► **eslabón giratorio** swivel ► **eslabón perdido** (*Biol*) missing link
2 (*para afilar*) steel
**eslabonar** ▸conjug 1a◂ VT 1 [+ *eslabones, piezas*] to link, link together
2 [+ *ideas*] to link, connect
**eslálom** SM, **eslalon** SM = **slalom**
**eslavo/a** Ⓐ ADJ Slav, Slavonic
Ⓑ SM/F Slav
Ⓒ SM (*Ling*) Slavonic
**eslinga** SF (*Náut*) sling
**eslingar** ▸conjug 1h◂ VT (*Náut*) to sling
**eslip** SM (*pl* **eslips**) = **slip**
**eslogan** SM (*pl* **eslogans**) = **slogan**
**eslomar** ▸conjug 1a◂ VT = **deslomar**
**eslora** SF (*Náut*) length; **tiene 250m de ~** she is 250m in length
**eslovaco/a** Ⓐ ADJ Slovak, Slovakian
Ⓑ SM/F Slovak
**Eslovaquia** SF Slovakia
**Eslovenia** SF Slovenia
**esloveno/a** ADJ, SM/F Slovene, Slovenian
**esmaltar** ▸conjug 1a◂ VT 1 (= *cubrir con esmalte*) [+ *metal*] to enamel; [+ *cerámica,*

*porcelana*] to glaze; [+ *uñas*] to varnish, paint
[2] (= *adornar*) to adorn (**con, de** with)

**esmalte** SM [1] (*para metal, diente*) enamel; (*para cerámica, porcelana*) glaze ► **esmalte de uñas** nail varnish, nail polish
[2] (= *objeto*) enamelwork
[3] (= *adorno*) lustre, luster (*EEUU*)

**esmeradamente** ADV carefully, neatly

**esmerado** ADJ [1] [*trabajo*] careful, neat
[2] [*persona*] careful, painstaking

**esmeralda** SF emerald

**esmerar** ▸conjug 1a◂ Ⓐ VT to polish
Ⓑ **esmerarse** VPR [1] (= *aplicarse*) to take great pains (**en** over); **no se esmera nada en su trabajo** she doesn't take any care over her work; **~se en hacer algo** to take great pains to do sth
[2] (= *hacer lo mejor*) to do one's best

**esmerejón** SM merlin

**esmeril** SM emery

**esmerilar** ▸conjug 1a◂ VT to polish with emery

**esmero** SM [1] (= *cuidado*) care, carefulness; **con el mayor ~** with the greatest care; **poner ~ en algo** to take great care *o* trouble *o* pains over sth
[2] (= *aseo*) neatness

**Esmirna** SF Smyrna

**esmirriado** ADJ puny

**esmoladera** SF grindstone

**esmoquin** SM dinner jacket, tuxedo (*EEUU*)

**esnifada*** SF [*de cola*] sniff; [*de cocaína*] snort*

**esnifar*** ▸conjug 1a◂ VT [+ *cola*] to sniff; [+ *cocaína*] to snort*

**esnife*** SM [*de cola*] sniff; [*de cocaína*] snort*

**esnob** Ⓐ ADJ INV [*persona*] snobbish, stuck-up*; [*coche, restaurante*] posh*, swish*, de luxe
Ⓑ SMF (*pl* **esnobs** [ez'noβ]) snob

**esnobear*** ▸conjug 1a◂ VT to snub, cold-shoulder

**esnobismo** SM snobbery, snobbishness

**esnobista** ADJ snobbish

**ESO** SF ABR (*Esp*) (= **Enseñanza Secundaria obligatoria**) *compulsory secondary education for 12- to 16-year-olds*

> **ESO**
>
> *As a consequence of the 1990 education reform law,* **LOGSE**, *secondary education in Spain is now divided into two stages. The first stage,* **ESO**, *or* **Educación Secundaria Obligatoria**, *is for 12- to 16-year-olds. It is free and compulsory and includes both vocational and academic subjects. Students are awarded the* **Título de Graduado en Educación Secundaria** *on successful completion at age 16 and can leave school at this point. If they choose to continue their education they go on to the second stage, which consists of either the academically orientated* **Bachillerato** *or the vocational* **Formación Profesional Específica**.
>
> ⇨ *See also* [LOGSE]

**eso** PRON DEM that; **~ no me gusta** I don't like that; **¿qué es ~?** what's that?; **~ de su coche** that business about his car; **¿es verdad ~ que me han contado?** is it true what I've been told?; **¿qué es ~ de que ...?** what's all this about ...?; **¡eso!** that's right!; **~ es** that's it, that's right; **~ sí** yes, of course; **el coche es viejo, ~ sí** the car is certainly old; **~ digo yo** (*indicando acuerdo*) I quite agree; (*respondiendo a pregunta*) that's what I'd like to know; **¡~ no!, ¡~ sí que no!** no way!; **~ creo** I think so; **~ espero** I hope so; **a ~ de las dos** at about two o'clock, round about two; **en ~ llegó el cartero** at that point the postman arrived; **nada de ~** nothing of the kind, far from it; **¡nada de ~!** not a bit of it!; **¿no es ~?** isn't that so?; **por ~** therefore, and so; **por ~ no vine** that's why I didn't come; **no es por ~** that's not the reason, that's not why, it's not because of that; **¿y ~?** why?, how so?*; **y ~ que llovía** in spite of the fact that it was raining

**esófago** SM oesophagus (*frm*), esophagus (*EEUU frm*), gullet

**Esopo** SM Aesop

**esotérico** ADJ esoteric

**esoterismo** SM [1] (= *culto*) esotericism, cult of the esoteric
[2] (*como género*) esotericism, esoterics *sing*
[3] (= *carácter*) esotericism, esoteric nature

**esp.** ABR (= **español**) Sp, Span

**espabilada*** SF (*Andes*) blink; **en una ~** in a jiffy*

**espabilado** *ver* **despabilado**

**espabilar** ▸conjug 1a◂ *ver* **despabilar**

**espachurrar** ▸conjug 1a◂ Ⓐ VT to squash, flatten
Ⓑ **espachurrarse** VPR to get squashed, get flattened

**espaciadamente** ADV **la revista saldrá más ~** the journal will come out less frequently *o* at longer intervals

**espaciado** SM (*Inform*) spacing

**espaciador** SM space bar

**espacial** ADJ INV [1] (*Aer*) space *antes de s*; **programa ~** space programme; **viajes ~es** space travel
[2] (*Mat*) spatial

**espaciar** ▸conjug 1b◂ Ⓐ VT [1] [+ *palabras, párrafos*] to space, space out
[2] (*en el tiempo*) [+ *noticia*] to spread; [+ *pagos*] to spread out, stagger; **empezó a ~ más sus visitas** his visits became less frequent, there were longer intervals between his visits
Ⓑ **espaciarse** VPR [1] (*al hablar*) spread o.s., to expatiate (*frm*); **~se en un tema** to enlarge on a subject, expatiate on a subject (*frm*)
[2] (= *relajarse*) to relax, take one's ease

**espacio** SM [1] (*Astron, Fís, Aer*) space; **exploración del ~** space exploration; **viajar por el ~** to travel in space ► **espacio aéreo** air space ► **espacio exterior, espacio extraterrestre** outer space ► **espacio interestelar** interstellar space ► **espacio sideral** outer space ► **espacio-tiempo** space-time
[2] (= *sitio*) room, space; **no hay ~ para tantas sillas** there isn't room *o* space for so many chairs; **¿me haces un ~ para que me siente?** can you make a bit of room *o* space for me to sit down?; **ocupa mucho ~** it takes up a lot of room; **aquí hay mucho ~ para aparcar** there's lots of room *o* space to park here ► **espacio de maniobra** room for manoeuvre ► **espacio libre** room ► **espacio muerto** clearance
[3] (= *superficie*) space ► **espacio natural** open space ► **espacios verdes** green spaces ► **espacio vital** (*Pol*) living space; [*de persona*] living space
[4] (*en un escrito*) space; **deja más ~ entre las líneas** leave more space between the lines; **un texto mecanografiado a un ~/a doble ~** a single-spaced/double-spaced typescript; **escríbelo a un ~/a doble ~** type it with single spacing/double spacing ► **espacio en blanco** blank space ► **espacio interlineal** interlinear spacing, inter-line spacing
[5] [*de tiempo*] space; **en el ~ de una hora** in the space of an hour; **en el ~ de tres generaciones** in the space of three generations; **por ~ de** for
[6] (*Radio, TV*) (*en la programación*) slot; (= *programa*) programme, program (*EEUU*) ► **espacio electoral** ≈ party political broadcast ► **espacio informativo** news programme ► **espacio publicitario** advertising spot, commercial
[7] (*Mús*) interval
[8] (††) (= *tardanza*) delay, slowness

**espacioso** ADJ [1] [*cuarto, casa*] spacious, roomy
[2] [*movimiento*] slow, deliberate

**espaciotemporal** ADJ spatio-temporal

**espada** Ⓐ SF [1] (= *arma*) sword; **poner a algn a ~** to put sb to the sword; ✦***MODISMOS*** **estar hecho una ~** to be as thin as a rake *o* (*EEUU*) rail; **estar entre la ~ y la pared** to be between the devil and the deep blue sea; **la ~ de Damocles** the Sword of Damocles
[2] **espadas** (*Naipes*) *one of the suits in the Spanish card deck, represented by a sword*; → [BARAJA ESPAÑOLA]
Ⓑ SMF (*Taur*) matador, bullfighter

**espadachín** SM [1] (*Esgrima*) skilled swordsman
[2] (*pey*) bully, thug

**espadaña** SF [1] (*Bot*) bulrush
[2] (*Arquit*) steeple, belfry

**espadarte** SM swordfish

**espadazo** SM sword thrust, slash with a sword

**espadero** SM swordsmith

**espadín** SM [1] (= *espada pequeña*) dress sword, ceremonial sword
[2] [*de espadachín*] picklock
[3] **espadines** (= *pez*) sprats

**espadista‡** SMF burglar, lock-picker

**espadón** SM [1] (= *arma*) broadsword
[2] (*hum*, *) big shot*, top person; (*Mil*) brass hat*

**espaguetis** SMPL spaghetti *sing*

**espalda** Ⓐ SF [1] (*Anat*) back; **de ~s a algo** with one's back to sth; **de ~s al sentido de la marcha** facing backwards, with one's back to the engine; **lo mataron por la ~** he was killed from behind; **atar las manos a la ~** to tie sb's hands behind his back; **caer de ~s** to fall on one's back; **estar de ~s** to have one's back turned; **volver la ~** to turn away; (*pey*) to turn tail; **volver la ~ a algn** to cold-shoulder sb, turn one's back on sb; **volverse de ~s** to turn one's back; ✦***MODISMOS*** **cubrirse las ~s** to cover o.s., cover one's own back; **dar la ~ a algo/algn** to turn away from sth/sb, face away from sth/sb; **echar algo sobre las ~s** to take sth on, take charge of sth; **hacer algo a ~s de algn** to do sth behind sb's back; **tener las ~s cubiertas** to make sure, be on the safe side; *ver tb* **ancho A1**
[2] (*Dep*) backstroke; **la prueba de 200 me-**

**tros ~s** the 200 metres backstroke
3 (*Andes*) (= *destino*) fate, destiny
Ⓑ SMF ► **espalda mojada** (*Méx**) wetback

**espaldar** SM 1 (*de silla*) back
2 (*para plantas*) trellis, espalier
3 **espaldares** (*Dep*) wall bars

**espaldarazo** SM recognition; **ese concierto supuso su ~ definitivo** that concert finally earned him recognition; **su apoyo ha dado el ~ decisivo al proyecto** his backing has been decisive in setting up the project

**espaldera** SF 1 (*para plantas*) trellis, espalier
2 (*para la espalda*) surgical corset
3 **espalderas** (*Dep*) wall bars

**espaldero** SM (*Caribe*) bodyguard, henchman

**espaldilla** SF 1 (*Anat*) shoulder blade
2 (*Méx Culin*) shoulder of pork

**espantá*** SF = **espantada**

**espantable** ADJ = **espantoso**

**espantada** SF stampede; **dar la ~** to bolt

**espantadizo** ADJ timid, easily scared

**espantado** ADJ 1 (= *asustado*) frightened, scared, terrified; **me quedé espantada cuando lo vi con esos pelos** I was horrified when I saw him with that hair
2 (*LAm*) (= *muy asustado*) sick with fear

**espantador** ADJ 1 (= *espantoso*) frightening
2 (*Andes, CAm, Cono Sur*) = **espantadizo**

**espantajo** SM 1 (= *espantapájaros*) scarecrow
2 (= *persona*) sight*, fright*

**espantamoscas** SM INV fly swat

**espantapájaros** SM INV scarecrow

**espantar** ▸conjug 1a◂ Ⓐ VT 1 (= *asustar*) (*gen*) to frighten, scare; (*haciendo huir*) to frighten off *o* away, scare off *o* away; **el ruido espantó a las reses** the noise frightened *o* scared the cattle; **espantó a los perros con una escoba** she frightened the dogs off *o* away with a broom; **con ese genio espanta a todas las chicas** with that temper of his he frightens *o* scares all the girls (off *o* away)
2 (= *horrorizar*) to horrify, appal; **le espantaba la idea de tener que ir solo** he was horrified *o* appalled at the thought of having to go on his own
Ⓑ **espantarse** VPR 1 (= *asustarse*) to get frightened, get scared
2 (= *horrorizarse*) to be horrified, be appalled (**de** at); **se espantó de verla tan cambiada** he was horrified *o* appalled to see her so changed
3 (*Caribe*) (= *sospechar*) to get suspicious

**espanto** SM 1 (= *susto*) fright; *ver tb* **curado A3**
2 (= *amenaza*) threat, menace
3 (*LAm*) (= *fantasma*) ghost
4 (*) (*para exagerar*) **¡qué ~!** how awful!; **hace un frío de ~** it's terribly cold; **es un coche de ~** it's a fabulous *o* tremendous car*

**espantosamente** ADV 1 (= *con miedo*) frightfully
2 (*para exagerar*) amazingly

**espantosidad** SF (*Andes*) terror, fear

**espantoso** ADJ 1 (= *aterrador*) frightening
2 (*para exagerar*) **hizo un frío ~** it was absolutely freezing; **llevaba un traje ~** she was wearing an awful *o* a hideous *o* a frightful *o* ghastly* hat; **había un ruido ~** there was a terrible *o* dreadful noise

**España** SF Spain; **Nueva ~** (*Hist*) New Spain (*Mexico*); **la ~ de charanga y pandereta** touristy Spain

**español(a)** Ⓐ ADJ Spanish
Ⓑ SM/F Spaniard; **los ~es** the Spaniards, the Spanish
Ⓒ SM (*Ling*) Spanish ► **español antiguo** Old Spanish ► **español medieval** Medieval Spanish ► **español moderno** Modern Spanish

**española** SF (*Méx*) spanner

**españolada** SF (*pey*) *film, show etc giving a clichéd, stereotypical image of Spain*

**españolidad** SF 1 (= *carácter español*) Spanishness
2 (= *patriotismo*) Spanish patriotism

**españolísimo** ADJ SUPERL typically Spanish, unmistakably Spanish, Spanish to the core

**españolismo** SM 1 (= *amor a lo español*) love of Spain
2 (= *carácter español*) Spanishness
3 (*Ling*) Hispanicism

**españolista** Ⓐ ADJ centralist, unionist (*as opposed to regionalist*)
Ⓑ SMF pro-centralist

**españolito*** SM ordinary Spaniard, Spanish man in the street; **algún ~** some poor little Spaniard; **cada ~ de a pie** each poor little Spaniard that there is; **no quiero que llegue cualquier ~ y me diga lo que he de hacer** I don't want any old Spaniard to come along and start telling me what to do

**españolizar** ▸conjug 1f◂ Ⓐ VT to make Spanish, Hispanicize
Ⓑ **españolizarse** VPR to adopt Spanish ways; **se españolizó por completo** he became completely Spanish

**esparadrapo** SM plaster, sticking plaster, Band-Aid® (*EEUU*)

**esparaván** SM 1 (*Orn*) sparrowhawk
2 (*Vet*) spavin

**esparavel** SM net, casting net

**esparceta** SF sainfoin

**esparcido** ADJ 1 (= *desparramado*) scattered
2 (= *extendido*) widespread
3 (= *alegre*) cheerful

**esparcimiento** SM 1 (= *dispersión*) spreading
2 (= *descanso*) relaxation
3 (= *diversión*) amusement

**esparcir** ▸conjug 3b◂ Ⓐ VT 1 (= *desparramar*) to spread, scatter
2 (= *divulgar*) to disseminate
3 (= *distraer*) to amuse, divert
Ⓑ **esparcirse** VPR 1 (= *desparramarse*) to spread, spread out, scatter
2 (= *descansar*) to relax
3 (= *divertirse*) to amuse o.s.

**espárrago** SM asparagus; ✦**MODISMOS estar hecho un ~** to be as thin as a rake *o* (*EEUU*) rail; **mandar a algn a freír ~s** to tell sb to get lost, tell sb to go jump in a lake*, tell sb to get stuffed‡, tell sb where to get off*; **¡vete a freír ~s!*** get lost!, go jump in a lake!*, get stuffed!‡
► **espárrago triguero** wild asparagus

**esparrancado** ADJ [*piernas*] wide apart, spread far apart; [*persona*] with legs wide apart, with legs spread far apart

**esparrancarse** ▸conjug 1g◂ VPR to spread one's legs, spread one's legs wide apart; **~ sobre algo** to straddle sth

**Esparta** SF Sparta

**espartal** SM esparto field

**espartano/a** Ⓐ ADJ 1 (= *de Esparta*) Spartan
2 (= *austero*) spartan
Ⓑ SM/F Spartan

**esparteña** SF = **alpargata**

**espartillo** SM (*LAm*) esparto, esparto grass

**espartizal** SM esparto field

**esparto** SM esparto, esparto grass; ✦**MODISMO estar como el ~** to be all dried up

**Espasa** SM ✦**MODISMO ser el ~*** to be a walking encyclopedia

**espasmo** SM spasm

**espasmódicamente** ADV spasmodically

**espasmódico** ADJ spasmodic

**espasticidad** SF spasticity

**espástico/a** ADJ, SM/F spastic

**espatarrarse*** ▸conjug 1a◂ VPR 1 (*al sentarse*) to sprawl
2 = **esparrancarse**

**espato** SM (*Geol*) spar ► **espato de Islandia** Iceland spar

**espátula** SF 1 (*Constr*) putty knife; ✦**MODISMO estar hecho una ~** to be as thin as a rake *o* (*EEUU*) rail
2 (*Arte*) palette knife
3 (*Culin*) fish slice, spatula
4 (*Med*) spatula
5 (*Orn*) spoonbill

**especia** SF spice

**especiado** ADJ spiced, spicy

**especial** Ⓐ ADJ 1 (*para un fin concreto*) [*dieta, permiso*] special; **papel ~ para regalo** gift paper; *ver tb* **educación 1**, **enviado**
2 (= *extraordinario*) special; **un saludo muy ~ para nuestros compañeros** a special hello to all our colleagues; **de ~ interés es el trabajo de este novelista** the work of this novelist is especially interesting *o* of special interest; **precios ~es para niños** special prices for children
3 **en ~** especially, particularly; **pedimos disculpas a todos, y en ~ a …** we apologize to everyone, and especially *o* particularly to …; **¿desea ver a alguien en ~?** is there anybody in particular you want to see?
4 (= *quisquilloso*) fussy; **soy muy ~ con la ropa** I'm very fussy about my clothes; **¡qué ~ eres con la comida!** you're such a fussy eater!
5 (= *extraño*) peculiar; **le encuentro un sabor muy ~ a este café** this coffee has a very peculiar flavour
Ⓑ SM 1 (*TV*) (*tb* **programa ~**) special; **un ~ sobre los Juegos Olímpicos** an Olympic special ► **especial (de) deportes** sports special ► **especial informativo** news special
2 (*Méx Teat*) show
3 (*para comer*) (*Cono Sur*) baguette, sub sandwich (*EEUU*); (*Chile*) hot dog

**especialidad** SF 1 (= *ramo*) speciality, specialty (*EEUU*); **ha elegido la ~ de cirugía** he has chosen to specialize in surgery, he has chosen surgery as his speciality; **hizo dos años de ~** he did a two year specialization; **las matemáticas no son precisamente mi ~** maths is not exactly my speciality *o* strong point
2 (*Culin*) speciality, specialty (*EEUU*); **"especialidad de la casa"** "speciality of the house"; **las carnes son nuestra ~** the meat dishes are our speciality
3 (*Farm*) (= *preparado*) medicine

**especialista** Ⓐ ADJ [*técnico, enfermera*] specialist; **un delantero ~ en tiros libres** a forward who specializes in free kicks; **médico ~** specialist
Ⓑ SMF [1] (*en estudio, profesión*) specialist, expert; **un libro útil tanto para el ~ como para el lector en general** a useful book for both the specialist and the general reader; **es el máximo ~ en biología marina** he is the top authority on marine biology
[2] (*Med, Dep*) specialist; **~ de la piel** skin specialist; **un ~ en 100 metros mariposa** a specialist in the 100 metres butterfly
[3] (*Cine, TV*) stuntman/stuntwoman

**especializado** ADJ [1] [*personal, público*] specialized; **la creación del periodismo ~** the creation of specialized journalism; **un artículo destinado al lector no ~** an article aimed at the general reader; **una cadena especializada en programas culturales** a channel specializing in cultural programmes
[2] [*obrero*] skilled, trained
[3] [*lenguaje*] technical, specialized

**especializarse** ▸conjug 1f◂ VPR to specialize (**en** in); **se especializó en Derecho Internacional** he specialized in International Law

**especialmente** ADV [1] (= *en especial*) especially, particularly; **este problema afecta ~ a los jóvenes** this problem especially *o* particularly affects young people
[2] (= *para un fin concreto*) specially; **un puente ~ construido al efecto** a bridge specially built for the purpose; **un plato ~ recomendado para diabéticos** a dish specially recommended for diabetics

**especiar** ▸conjug 1b◂ VT to spice

**especie** SF [1] (*Biol*) species; **la ~ humana** the human race ► **especie amenazada, especie en peligro** endangered species ► **especie protegida** protected species
[2] (= *clase*) kind, sort; **una ~ de …** a kind *o* sort of …
[3] **en ~** in kind; **pagar en ~** to pay in kind
[4] (= *noticia*) piece of news; **con la ~ de que …** on the pretext that …; **corre la ~ de que ha dimitido** there is a rumour that she has resigned, it is rumoured that she has resigned

**especificación** SF specification

**específicamente** ADV specifically

**especificar** ▸conjug 1g◂ VT [+ *cantidad, modelo*] to specify; (*en una lista*) to list, itemize

**específico** Ⓐ ADJ specific
Ⓑ SM (*Med*) specific

**especifidad** SF specific nature, specificity

**espécimen** SM (*pl* **especímenes**) specimen

**especioso** ADJ specious, plausible

**espectacular** ADJ spectacular

**espectacularidad** SF spectacular nature; **de gran ~** very spectacular

**espectacularmente** ADV spectacularly, in spectacular fashion

**espectáculo** Ⓐ SM [1] (*Teat*) (= *representación*) show; (= *función*) performance; **sección de ~s** entertainment guide, entertainments section; **el deporte como ~** sport presented as showbusiness; ✦***MODISMO*** **dar un ~** to make a scene ► **espectáculo de luz y sonido** sound and light show, son et lumière show ► **espectáculo de variedades** variety show
[2] (= *visión asombrosa*) spectacle; **el ~ de las cataratas** the amazing spectacle *o* sight of the waterfalls, the spectacular waterfalls; **fue un ~ bochornoso** it was an embarrassing spectacle *o* sight
Ⓑ ADJ INV **atletismo ~** athletics on the grand scale; **cine ~** epic films *pl*; **fútbol ~** soccer presented as show-biz; **programa ~** TV variety show; **restaurante ~** restaurant with a floor-show

**espectador(a)** SM/F [1] (*Cine, Dep, Teat*) spectator; **los ~es** (*Dep*) the spectators; (*Teat*) the audience *sing*
[2] [*de acontecimiento, accidente*] onlooker

**espectral** ADJ [1] (*Fís*) spectral
[2] (= *fantasmagórico*) ghostly

**espectro** SM [1] (*Fís*) spectrum; **de amplio ~** wide-ranging, covering a broad spectrum
[2] (= *fantasma*) spectre, specter (*EEUU*), ghost; **el ~ del hambre** the spectre of famine

**espectrógrafo** SM spectrograph

**espectrograma** SM spectrogram

**espectrometría** SF spectrometry

**espectrómetro** SM spectrometer

**espectroscopia** SF spectroscopy

**espectroscopio** SM spectroscope

**especulación** SF [1] (= *suposición*) speculation
[2] (*Com, Fin*) speculation ► **especulación bursátil** speculation on the stock exchange ► **especulación inmobiliaria** property speculation

**especulador(a)** SM/F speculator

**especular**[1] ▸conjug 1a◂ VI [1] (= *hacer cábalas*) to speculate (**sobre** about, on)
[2] (*Com, Fin*) to speculate (**en, con** with)

**especular**[2] ▸conjug 1a◂ VT (*LAm*) to ruffle the hair of

**especular**[3] ADJ specular

**especulativo** ADJ speculative

**espéculo** SM (*Med*) speculum

**espejado** ADJ glossy, shining

**espejeante** ADJ gleaming, glistening

**espejear** ▸conjug 1a◂ VI to glint

**espejeras** SFPL (*Caribe*) chafing, chafed patch

**espejismo** SM [1] (*Ópt*) mirage
[2] (= *ilusión*) mirage, illusion

**espejito** SM (= *espejo pequeño*) small mirror; [*de bolso*] handbag mirror

**espejo** SM [1] (= *para mirarse*) mirror; **mirarse al ~** to look at o.s. in the mirror ► **espejo de cuerpo entero** full-length mirror ► **espejo retrovisor** rear-view mirror
[2] (= *reflejo*) mirror, reflection; **un ~ de caballerosidad** a model of chivalry; **la cara es el ~ del alma** the eyes are the windows of the soul
[3] (*Zool*) white patch

**espejoso** ADJ = **espejado**

**espejuelo** SM [1] (= *espejo pequeño*) small looking-glass
[2] **espejuelos** lenses, spectacles

**espeleoarqueología** SF cave archaeology

**espeleobuceo** SM cave diving

**espeleología** SF potholing, spelunking (*esp EEUU*), speleology (*frm*)

**espeleólogo/a** SM/F potholer, spelunker (*esp EEUU*), speleologist (*frm*)

**espelta** SF (*Bot*) spelt

**espelunca** SF (*liter*) cave

**espeluznante** ADJ hair-raising, horrifying

**espeluzno** SM (*Méx*) = **escalofrío**

▼ **espera** SF [1] (= *acción*) wait; **la ~ fue interminable** it was an endless wait; **tras una ~ de tres horas** after a three-hour wait; **el asunto no tiene ~** the matter is most urgent; **en ~ de su contestación** awaiting your reply; **en ~ de que llegue** waiting for him to arrive; **estar a la ~ de algo** to be expecting sth; **quedo a la ~ de su respuesta** (*en correspondencia*) I look forward to hearing from you
[2] (= *paciencia*) patience; **es que no tienes ~** you have no patience
[3] (*Jur*) stay, respite

**esperable** ADJ **ser ~** to be hoped for

**esperantista** SMF Esperantist

**esperanto** SM Esperanto

**esperanza** SF hope; **acudimos a ti como última ~** we're turning to you as our last hope; **la nueva ~ del cine español** the bright young hope of Spanish cinema; **hay pocas ~s de que venga** there is little hope that he'll come; **abrigar** *o* **albergar ~s de hacer algo** to cherish hopes of doing sth; **ya no abrigamos ~s de encontrarlo con vida** we no longer hold out any hope of finding him alive; **ser la gran ~ blanca** to be the great white hope; **con la ~ de que …** in the hope that …; **dar ~(s) a algn** to give sb hope; **perder la ~** to lose hope; **poner la ~ en algn/algo** to pin one's hopes on sb/sth; **tenemos todas nuestras ~s puestas en él** we have pinned all our hopes on him; **tener ~ en algo** to have hope for sth; **tener ~(s) de hacer algo** to have hope(s) of doing sth; **todavía tengo ~s de que llegue a tiempo** I still hope it will arrive on time; ✦***MODISMOS*** **alimentarse** *o* **vivir de ~s** to live on hopes; **¡qué ~!** (*LAm*) some hope!, not on your life!*; **la ~ es lo último que se pierde** there's always hope; **mientras haya vida hay ~** while there's life there's hope ► **esperanza de vida** life expectancy

**esperanzado** ADJ hopeful; **estar ~ con** *o* **en algo** to be hopeful of sth

**esperanzador** ADJ [*perspectiva, futuro*] hopeful; [*noticia, resultado, tratamiento*] encouraging, hopeful, promising; **los resultados de la encuesta no pueden ser más ~es** the results of the survey could not be more encouraging *o* hopeful *o* promising

**esperanzadoramente** ADV encouragingly, promisingly; **los resultados de este año han mejorado ~** there has been an encouraging improvement *o* a promising improvement in this year's results, this year's results have improved encouragingly *o* promisingly

**esperanzar** ▸conjug 1f◂ VT **~ a algn** to give hope to sb; **las mejoras laborales han esperanzado a los trabajadores** improvements in working conditions have given hope to the workers; **los abogados no quisieron ~lo** the lawyers did not want to raise his hopes *o* get his hopes up

▼ **esperar** ▸conjug 1a◂ Ⓐ VT [1] (= *aguardar*) [+ *tren, persona*] to wait for; **estaba esperando el avión** I was waiting for the plane; **esperaban noticias de los rehenes** they were waiting for *o* awaiting news of the hostages; **fuimos a ~la a la estación** we went to meet her at the station; **nos espera un duro invierno** we've got a hard winter ahead of us; **¡la que te espera cuando llegues a casa!** you're

➤ LENGUA Y USO: espera 1 31, 48.2 esperar A2 50.1, 35.2, 48.2 A3 48.4

(in) for it when you get home!; ✦*MODISMO* **de aquí te espero***: **un lío de aquí te espero*** a tremendous row*; **dijo unas tonterías de aquí te espero** he said some really stupid things

2 (= *desear*) to hope; **espero llegar a tiempo** I hope to arrive on time; **eso espero** I hope so; **han prometido castigar a los culpables y espero que sea así** they've promised to punish those responsible and I hope they will; **—ya nos pagará —espero que sea así** "he'll pay us, you'll see" — "I hope you're right *o* I hope so"; **espero que te haya gustado** I hope you liked it; **espero que vengas** I hope you'll come; **espero que no sea nada grave** I hope it isn't anything serious; **—¿vienen a la fiesta? —espero que sí** "are they coming to the party?" — "I hope so"; **—¿crees que se enfadará? —espero que no** "do you think she will be angry?" — "I hope not"

3 (= *contar con*) to expect; **¿esperas visita?** are you expecting someone?; **espero su llamada en cualquier momento** I expect his call at any moment; **no me esperes antes de las siete** don't expect me before seven; **¿acaso esperas que pague yo?** you're not expecting me to pay, are you?; **llegaron antes de lo que yo esperaba** they arrived sooner than I expected; **esperaban que les pidiera perdón** they were expecting him to apologize; **¿qué esperas, que encima te lo agradezca?** don't expect me to thank you for it as well; **¿qué puedes ~ de él, después de cómo se ha comportado?** what do you expect from him, after the way he has behaved?; **era de ~** it was to be expected; **era de ~ que eso sucediera** it was to be expected that that would happen; **era de ~ que no viniera** it was to be expected that he wouldn't come; **no esperaba menos de ti** I expected nothing *o* no less of you; **llamará cuando menos te lo esperes** he'll call when you least expect it; ✦*MODISMO* **~ algo como agua de mayo** to await sth with eager anticipation

4 [+ *bebé*] **está esperando un hijo** she's expecting (a baby); **está esperando su primer hijo** she's expecting her first child

Ⓑ VI 1 (= *aguardar*) to wait; **~é aquí** I'll wait here; **¡espera un momento, éste no es mi libro!** hold on *o* wait a minute, this isn't my book!; **espera en la puerta, ahora mismo voy** wait at the door, I'm just coming; **~ a** *o* **hasta que algn haga algo** to wait for sb to do sth; **hacer ~ a algn** keep sb waiting; **su respuesta no se hizo ~** his answer wasn't long in coming; ✦*MODISMOS* **~ desesperando** to hope against hope; **espera y verás** wait and see; **puedes ~ sentado** you've got another think coming; ✦*REFRÁN* **el que espera desespera** a watched pot never boils

2 **~ en algn** to put one's hopes *o* trust in sb; **~ en Dios** to trust in God

Ⓒ **esperarse** VPR 1 (*uso impersonal*) to be expected; **como podía ~se** as was to be expected; **no fue tan bueno como se esperaba** it was not as good as expected; **se espera que asistan más de mil personas** more than a thousand people are expected to attend

2 (*) (= *uso enfático*) **¡espérate un momento!** wait a minute!, hold on a minute!; **espérate a que deje de llover** wait until it stops raining; **¡no es lo que me esperaba!** it's not what I was expecting!; **¡me lo esperaba!** I was expecting this!

**ESPERAR**

**Esperar** tiene en inglés varias traducciones, entre las que se encuentran **wait (for)**, **await**, **hope** y **expect**.

- Se traduce por **wait (for)** cuando **esperar** se refiere al hecho de aguardar la llegada de alguien o de un suceso:

Hice el examen hace dos meses y todavía estoy esperando los resultados
***I took the exam two months ago and I'm still waiting for the results***
La esperó media hora y después se fue a casa
***He waited half an hour for her and then went home***

- El verbo **await** es un verbo de uso similar a **wait for**, aunque no requiere el uso de la preposición y no es muy corriente en inglés moderno:

Esperaban ansiosamente la llegada del Rey
***They eagerly awaited the arrival of the King***

- Se traduce por **hope** cuando deseamos que algo suceda, pero no estamos seguros de si ocurrirá o no:

Espero que no se enfade mucho conmigo
***I hope (that) she won't be very annoyed with me***
Después de terminar la carrera espero conseguir un buen trabajo
***I hope to get a good job when I finish university***

- Traducimos **esperar** por **expect** cuando estamos muy seguros de que algo va a suceder o cuando hay una razón lógica para que algo suceda:

Espero aprobar porque el examen me salió muy bien
***I expect to pass** o **I expect I'll pass because the exam went very well***
Ha resultado mejor de lo que esperábamos
***It was better than we expected***
Está esperando un niño
***She's expecting (a baby)***

*Para otros usos y ejemplos ver la entrada.*

**esperma** SM *o* SF 1 (*Biol*) sperm; **~ de ballena** spermaceti
2 (*Caribe, Col*) (= *vela*) candle

**espermatozoide** SM, **espermatozoo** SM spermatozoon

**espermicida** SM spermicide

**espermio** SM sperm

**espernancarse** ▸conjug 1g◂ VPR (*LAm*) = **esparrancarse**

**esperón** SM (*Caribe*) long wait

**esperpéntico** ADJ 1 (= *absurdo*) absurd, nonsensical
2 (= *grotesco*) grotesque, exaggerated

**esperpentización** SF presentation in an absurd *o* grotesque *etc* manner, caricaturing

**esperpentizar** ▸conjug 1f◂ VT to present in an absurd *o* grotesque *etc* way, caricature

**esperpento** SM 1 (= *persona fea*) fright*, sight*
2 (= *disparate*) nonsense; **lo que dijo no eran más que ~s** what he said was absolute nonsense
3 (*Teat*) *play which focuses on the grotesque*
4 (= *cuento*) macabre story, grotesque tale

**ESPERPENTO**

**Esperpento** *is a type of theatre developed by Ramón del Valle-Inclán (1869-1936) focusing on characters whose physical and psychological characteristics have been deliberately deformed and warped to the point where they become grotesque caricatures. Valle-Inclán used this* **esperpento** *as a vehicle for social and political satire.*

**espesante** SM thickener, thickening agent

**espesar** ▸conjug 1a◂ Ⓐ VT 1 (= *hacer más espeso*) [+ *líquido, chocolate*] to thicken; [+ *sustancia*] to make dense, make denser
2 (= *hacer más tupido*) [+ *tapiz*] to weave tighter; [+ *jersey, chaqueta*] to knit tighter
Ⓑ **espesarse** VPR [*líquido*] to thicken, get thicker; [*bosque, niebla, humo*] to get denser, get thicker; [*sangre*] to coagulate, solidify

**espeso** ADJ 1 (*gen*) thick; [*bosque*] dense; [*pasta*] stiff; [*líquido*] thick, heavy
2 (= *sucio*) dirty, untidy

**espesor** SM (*gen*) thickness; [*de nieve*] depth; **tiene medio metro de ~** it is half a metre thick

**espesura** SF 1 (= *espesor*) thickness; (= *densidad*) density; **en la ~ de la selva** in the thick *o* heart *o* depths of the jungle
2 (*Bot*) thicket, overgrown place; **se refugiaron en las ~s de la sierra** (*liter*) they took refuge in the mountain fastnesses (*liter*)
3 (= *suciedad*) dirtiness, untidiness

**espeta**‡ SM cop*

**espetar** ▸conjug 1a◂ Ⓐ VT 1 (= *atravesar*) (*gen*) to transfix, pierce, run through; [+ *carne*] to skewer, spit
2 (= *realizar*) [+ *orden*] to rap out; [+ *lección, sermón*] to read; [+ *pregunta*] to fire; **~ algo a algn** to spring sth on sb, broach a subject (unexpectedly) with sb
Ⓑ **espetarse** VPR 1 (= *ponerse cómodo*) to steady o.s., settle o.s.
2 (= *envanecerse*) to get on one's high horse

**espetera**‡ SF tits** *pl*

**espetón** SM 1 (*Culin*) (= *broqueta*) skewer; (= *asador*) spit; (= *clavija*) large pin, iron pin; (= *atizador*) poker
2 (= *pinchazo*) jab, poke

**espía** Ⓐ SMF spy
Ⓑ ADJ **avión ~** spy plane; **buque ~** spy ship; **satélite ~** spy satellite

**espiantar*** ▸conjug 1a◂ Ⓐ VT (*Cono Sur*) (= *robar*) to pinch*
Ⓑ VI, **espiantarse** VPR (*Cono Sur*) to scram*, beat it*

**espiar** ▸conjug 1c◂ Ⓐ VT 1 (= *vigilar*) to spy on, keep (a) watch on
2 (*LAm*) (= *mirar*) to look at, watch
Ⓑ VI to spy

**espich*** SM (*LAm*) = **espiche**[1]

**espicha** SF (*Asturias*) cider party

**espichar**[1] ▸conjug 1a◂ Ⓐ VT 1 ✦*MODISMO* **~la(s)**‡ to kick the bucket*, peg out‡
2 (= *pinchar*) to prick
3 (*Cono Sur*) (= *entregar*) to hand over reluctantly, relinquish
4 (*Andes, Cono Sur Téc*) to put a tap on
Ⓑ VI = **A1**
Ⓒ **espicharse** VPR 1 (*LAm*) (= *enflaquecerse*)

to get thin
**2** (*Andes*) [*neumático*] to go flat
**3** (*CAm*) (= *asustarse*) to get scared, get frightened

**espichar²*** ▸conjug 1a◂ VI (*LAm*) (= *pronunciar un discurso*) to make a speech, speechify*

**espiche¹*** SM (*LAm*) speech

**espiche²** SM spike

**espidómetro** SM (*LAm*) speedometer

**espiedo** SM (*Cono Sur*) spit

**espiga** SF **1** (*Bot*) [*de trigo*] ear; [*de flores*] spike
**2** (*Téc*) (*gen*) spigot; [*de pestillo*] shaft; [*de cuchillo, herramienta*] tang
**3** (= *badajo*) clapper
**4** (*Mil*) fuse
**5** (*Náut*) masthead

**espigadera** SF gleaner

**espigado** ADJ **1** (*Bot*) (= *maduro*) ripe; (= *con grano*) ready to seed
**2** [*persona*] tall and slim, willowy

**espigador(a)** SM/F gleaner

**espigar** ▸conjug 1h◂ Ⓐ VT **1** [+ *fruta*] to look closely at, scrutinize
**2** [+ *libro*] to consult
**3** (*Téc*) to pin, peg
Ⓑ VI **1** [*cereales*] to come into ear, form ears; [*flor*] to run to seed
**2** = **C**
Ⓒ **espigarse** VPR [*persona joven*] to shoot up, get very tall

**espigón** SM **1** (*Bot*) ear, spike
**2** (*Zool*) sting
**3** [*de herramienta*] sharp point, spike
**4** (= *malecón*) breakwater

**espigueo** SM gleaning

**espiguero** SM (*Méx*) granary

**espiguilla** SF herring-bone pattern

**espín** SM porcupine

**espina** SF **1** (*Bot*) [*de rosal*] thorn; [*de chumbera*] prickle; ✦*MODISMOS* **mala ~** spite, resentment, ill-will; **me da mala ~** it makes me suspicious; **estar en ~s** to be on tenterhooks, be all on edge; **sacarse la ~** to get even, pay off an old score
**2** [*de pez*] bone
**3** (*Anat*) (*tb* **~ dorsal**) spine; **doblar la ~** to bend over ▸ **espina bífida** spina bifida
**4** (= *problema*) worry, suspicion

**espinaca** SF (*Bot*) spinach; **~s** (*Culin*) spinach *pl*; **no me gustan las ~s** I don't like spinach

**espinal** ADJ spinal

**espinaquer** SM spinnaker

**espinar** ▸conjug 1a◂ Ⓐ VT **1** (= *punzar*) to prick
**2** (= *ofender*) to sting, hurt, nettle
Ⓑ **espinarse** VPR to prick o.s.
Ⓒ SM **1** (*Bot*) thicket, thornbrake, thorny place
**2** (= *dificultad*) difficulty

**espinazo** SM spine, backbone; ✦*MODISMO* **doblar el ~*** to knuckle under*

**espineta** SF (*Mús*) spinet

**espingarda** SF **1** (*Hist*) (= *cañón*) *kind of cannon*; (= *mosquete*) Moorish musket
**2** (*) (= *chica*) lanky girl

**espinglés** SM (*hum*) Spanglish

**espinilla** SF **1** (= *tibia*) shin, shinbone, shank (*EEUU*)
**2** (*en la piel*) blackhead

**espinillera** SF shinpad, shinguard

**espinita** SF irritation

**espino** SM ▸ **espino albar**, **espino blanco** hawthorn ▸ **espino cerval** buckthorn ▸ **espino negro** blackthorn, sloe

**espinoso** Ⓐ ADJ **1** (= *con espinas*) [*rosal*] thorny; [*chumbera*] prickly; [*pez*] bony
**2** [*problema*] knotty, thorny
Ⓑ SM stickleback

**espinudo** ADJ (*LAm*) = **espinoso A**

**espión** SM spy

**espionaje** SM espionage, spying; **novela de ~** spy story ▸ **espionaje industrial** industrial espionage

**espíquer** SM (*Téc*) speaker

**espira** SF **1** (*Mat*) spire
**2** (*Zool*) whorl, ring
**3** (*Elec*) turn

**espiráculo** SM blow hole, spiracle (*frm*)

**espiral** Ⓐ ADJ (*gen*) spiral; [*movimiento, línea*] spiral; (*Téc*) helical
Ⓑ SM [*de reloj*] hairspring
Ⓒ SF (= *forma*) (*gen*) spiral; (*anticonceptiva*) coil; (*Téc*) whorl; [*de humo*] spiral; (*Dep*) corkscrew dive; **la ~ inflacionista** the inflationary spiral; **el humo subía en ~** the smoke went spiralling up; **dar vueltas en ~** to spiral

**espiralado** ADJ spiral

**espirar** ▸conjug 1a◂ Ⓐ VT [+ *aire, humo*] to breathe out, exhale; [+ *olor*] to give off, give out
Ⓑ VI to breathe out, exhale

**espirea** SF spiraea

**espiritado** ADJ like a wraith, ghost-like

**espiritismo** SM spiritualism

**espiritista** Ⓐ ADJ spiritualist, spiritualistic
Ⓑ SMF spiritualist, spiritualistic

**espiritoso** ADJ **1** [*bebida*] alcoholic, spirituous (*frm*); **licores espirituosos** spirits
**2** [*persona*] spirited, lively

**espíritu** SM **1** (= *lo inmaterial*) spirit; **pobre de ~** poor in spirit; **levantar el ~ de algn** to raise sb's spirits; **en la letra y en el ~** in the letter and in the spirit ▸ **espíritu de cuerpo** esprit de corps ▸ **espíritu de equipo** team spirit ▸ **espíritu de lucha** fighting spirit ▸ **espíritu guerrero** fighting spirit
**2** [*de persona*] (= *mente*) mind; **con ~ amplio** with an open mind; **de ~ crítico** of a critical turn of mind; **edificar el ~ de algn** to improve sb's mind
**3** (*Rel*) spirit; ✦*MODISMO* **dar** o **rendir el ~** to give up the ghost ▸ **Espíritu Santo** Holy Ghost, Holy Spirit
**4** (= *aparecido*) spirit, ghost ▸ **espíritu maligno** evil spirit
**5** (= *alcohol*) spirits *pl*, liquor ▸ **espíritu de vino** spirits of wine *pl*

**espiritual** Ⓐ ADJ **1** [*vida, patria, poderes*] spiritual
**2** (= *fantasmal*) unworldly, ghostly
**3** (*Andes, Cono Sur*) (= *gracioso*) funny, witty
Ⓑ SM spiritual, Negro spiritual

**espiritualidad** SF spirituality

**espiritualizar** ▸conjug 1f◂ VT to spiritualize

**espiritualmente** ADV spiritually

**espirituoso** = **espiritoso**

**espita** SF **1** (= *grifo*) tap, spigot (*EEUU*) ✦*MODISMO* **abrir la ~ de las lágrimas** to weep buckets* ▸ **espita de entrada del gas** gas tap
**2** (*) (= *borracho*) drunkard, boozer*, lush (*EEUU*‡)
**3** (‡) [*de hombre*] prick**‡

**espitar** ▸conjug 1a◂ VT to tap, broach

**espléndidamente** ADV **1** (= *magníficamente*) splendidly, magnificently
**2** (= *generosamente*) lavishly, generously; **se gratificará ~** there will be a generous reward

**esplendidez** SF **1** (= *magnificencia*) splendour, splendor (*EEUU*), magnificence
**2** (= *generosidad*) lavishness, generosity
**3** (= *pompa*) pomp

**espléndido** ADJ **1** (= *magnífico*) splendid, magnificent
**2** (= *generoso*) lavish, generous

**esplendor** SM **1** (= *magnificencia*) splendour, splendor (*EEUU*), magnificence
**2** (= *resplandor*) brilliance, radiance

**esplendoroso** ADJ **1** (= *magnífico*) magnificent
**2** (= *resplandeciente*) brilliant, radiant

**esplénico** ADJ splenetic

**espliego** SM lavender

**esplín** SM melancholy, depression, the blues

**espolada** SF **1** (= *espolazo*) prick with a spur
**2** ▸ **espolada de vino*** swig of wine*

**espolazo** SM prick with a spur

**espolear** ▸conjug 1a◂ VT **1** [+ *caballo*] to spur, spur on
**2** (*para estudiar, ganar*) to spur on

**espoleta** SF **1** (*Mil*) fuse ▸ **espoleta de tiempo** time-fuse
**2** (*Anat*) wishbone

**espolón** Ⓐ SM **1** (*Zool*) [*de gallo*] spur; [*de caballo*] fetlock
**2** (*Geog*) spur (*of a mountain range*)
**3** (*Náut*) (= *proa*) stem; (*para atacar*) ram
**4** (= *malecón*) sea wall, dike; (= *contrafuerte*) buttress; [*de puente*] cutwater
**5** (= *paseo*) promenade
**6** (*Med**) chilblain
Ⓑ ADJ (*Andes**) (= *astuto*) sharp, astute

**espolvoreador** SM dredge

**espolvorear** ▸conjug 1a◂ VT to dust, sprinkle (**de** with); **espolvoree harina sobre la superficie** dust the surface with flour

**espondeo** SM spondee

**esponja** SF **1** (*para el aseo*) sponge; ✦*MODISMOS* **arrojar la ~** to throw in the towel; **beber como una ~** to drink like a fish; **pasemos la ~ por todo aquello** let's forget all about it ▸ **esponja de baño** bath sponge
**2** (*) (= *gorrón*) sponger*
**3** (*Cono Sur, Méx*‡) (= *bebedor*) drunkard, boozer*, lush (*EEUU*‡)

**esponjado** ADJ **1** [*material*] spongy; [*toalla, jersey*] fluffy
**2** [*persona*] puffed up, pompous

**esponjar** ▸conjug 1a◂ Ⓐ VT to fluff up, make fluffy
Ⓑ **esponjarse** VPR **1** (= *hacerse esponjoso*) [*lana*] to fluff up, become fluffy; [*masa*] to rise
**2** (= *engreírse*) to swell with pride, be puffed up
**3** (= *rebosar salud*) to glow with health
**4** (= *tener aspecto próspero*) to look prosperous

**esponjera** SF sponge bag, make-up bag

**esponjosidad** SF sponginess

**esponjoso** ADJ [*material*] (= *blando*) spongy; (= *poroso*) porous; [*toalla, jersey*] fluffy, springy

**esponsales** SMPL betrothal *sing*

**esponsor** SMF, **espónsor** SMF sponsor

**esponsorizar** ▸conjug 1f◂ VT to sponsor

**espontáneamente** ADV spontaneously

**espontanearse** ▸conjug 1a◂ VPR (= *confesar*) to own up; (= *hablar francamente*) to speak frankly; (= *desahogarse*) to unbosom o.s., open up (**con** to)

**espontaneidad** SF spontaneity

**espontaneísmo** SM amateurish enthusiasm, enthusiasm without experience

**espontáneo/a** Ⓐ ADJ [1] (= *sin reflexión*) spontaneous

[2] (= *improvisado*) [*discurso, representación*] impromptu; [*persona*] natural

Ⓑ SM/F [1] (*Taur*) *spectator who rushes into the ring and attempts to take part*

[2] (†) (= *bombero*) volunteer fireman/ firewoman

**espora** SF spore

**esporádicamente** ADV sporadically

**esporádico** ADJ sporadic

**esportillo** SM basket, pannier

**esportivo** ADJ (*LAm*) sporty

**esportón** SM large basket; ✦***MODISMO*** **a esportones** in vast quantities, by the ton

**esposas** SFPL handcuffs; **poner las ~s a algn** to handcuff sb, put sb in handcuffs

**esposar** ▸conjug 1a◂ VT to handcuff

**esposo/a** SM/F husband/wife; **los ~s** husband and wife, the couple

**espray** SM = **spray**

**esprín** SM (*CAm*) interior sprung mattress

**esprint** SM (*pl* **esprints** [es'prin], **esprintes**) sprint

**esprínter** SMF sprinter

**espuela** SF [1] (*lit, fig*) spur ► **espuela de caballero** (*Bot*) larkspur

[2] (*Andes*) [*de mujer*] feminine charm; (= *coquetería*) coquettishness

[3] (*Andes Com*) skill in business, acumen

**espueleado** ADJ (*Andes, Caribe*) tested, tried

**espuelear*** ▸conjug 1a◂ VT [1] (*LAm*) (= *espolear*) to spur, spur on

[2] (*Andes, Caribe*) (= *probar*) to test, try out

**espuelón** ADJ (*Andes*) sharp, astute

**espuerta** SF basket, pannier; ✦***MODISMO*** **a ~s** in vast quantities, by the ton

**espulgar** ▸conjug 1h◂ VT [1] (= *quitar la pulgas a*) to delouse, get the lice *o* fleas out of

[2] (†) [+ *obra, novela*] to scrutinize

**espuma** SF [1] (= *burbujas*) [*de las olas*] surf, foam; [*de jabón, champú*] foam, lather; [*de cerveza*] head; [*de cava, champán*] froth; [*de afeitar*] foam; [*del caldo*] scum; **echar ~** to foam, froth; **el perro echaba ~ por la boca** the dog was foaming *o* frothing at the mouth; **hacer ~** to foam, froth; ✦***MODISMO*** **crecer como la ~** to mushroom ► **espuma de afeitar** shaving foam ► **espuma de baño** bubble bath, foam bath ► **espuma de mar** (= *mineral*) meerschaum ► **espuma seca** carpet shampoo

[2] (= *gomaespuma*) foam, foam rubber; **un colchón de ~** a foam(-rubber) mattress ► **espuma de caucho, espuma de látex** foam rubber

[3] (= *tejido*) (*tb* **~ de nylon**) stretch nylon; **medias de ~** stretch tights

**espumadera** SF, **espumador** SM skimming ladle, skimmer

**espumajear** ▸conjug 1a◂ VI to foam at the mouth

**espumajo** SM froth, foam (*at the mouth*)

**espumajoso** ADJ frothy, foamy

**espumar** ▸conjug 1a◂ Ⓐ VT (= *quitar espuma a*) to skim off

Ⓑ VI [*cerveza*] to froth, foam; [*vino*] to sparkle

**espumarajo** SM froth, foam (*at the mouth*); **echar ~s (de rabia)** to splutter with rage

**espumear** ▸conjug 1a◂ VI to foam

**espumilla** SF (*LAm*) meringue

**espumoso** ADJ [*cerveza*] frothy; [*jabón*] foamy; [*baño*] foaming; [*vino*] sparkling

**espúreo** ADJ, **espurio** ADJ (= *falso*) spurious; [*niño*] illegitimate, bastard

**esputar** ▸conjug 1a◂ Ⓐ VT to cough up, expectorate (*frm*)

Ⓑ VI to cough up sputum, expectorate (*frm*)

**esputo** SM (= *escupitajo*) spit, spittle; (*Med*) sputum

**esqueje** SM cutting

**esquela** SF [1] (= *anuncio*) notice, announcement ► **esquela de defunción, esquela mortuoria** announcement of death, death notice

[2] (= *nota*) note

[3] (†) (= *carta breve*) short letter ► **esquela amorosa** love letter, billet doux

**esquelético** ADJ skeletal, skinny*

**esqueleto** SM [1] (*Anat*) skeleton; ✦***MODISMOS*** **menear** *o* **mover el ~*** to strut one's stuff*, dance; **tumbar el ~*** to hit the hay*, hit the sack*, go to bed

[2] (= *estructura*) (*gen*) skeleton; (= *de asunto*) bare bones *pl*; [*de edificio*] framework; [*de conferencia, novela*] framework, structure; **en ~** unfinished, incomplete

[3] (*Chile Literat*) (= *borrador*) rough draft, outline

[4] (*Andes, CAm, Méx*) (= *formulario*) form

**esquema** SM [1] (*en esbozo*) (= *resumen*) outline; (= *diagrama*) diagram; (= *dibujo*) sketch; **me hice un ~ de la lección** I prepared an outline of the lesson; **un ~ de conexiones eléctricas** a wiring diagram; **le hice un ~ del centro de la ciudad** I did him a sketch map of the centre of town

[2] (= *conjunto de ideas*) thinking, way of thinking; **sus ~s mentales están anclados en el pasado** his thinking *o* way of thinking is rooted in the past; **criticó los ~s ideológicos del partido** he criticized the party's ideology; ✦***MODISMOS*** **romper ~s** to break the mould; **romperle los ~s a algn***: **no me imaginaba que fueras a hacerte monja, me has roto todos los ~s** I never imagined you'd become a nun, you've really thrown me*

[3] (*Rel, Fil*) schema

**esquemático** ADJ schematic; **un resumen ~** an outline

**esquí** SM (*pl* **esquís, esquíes**) [1] (= *tabla*) ski

[2] (*Dep*) skiing; **hacer ~** to go skiing ► **esquí acuático** water skiing ► **esquí alpino** alpine skiing ► **esquí de fondo, esquí de travesía** cross-country skiing, ski touring (*EEUU*) ► **esquí náutico** water skiing

**esquiable** ADJ **pista ~** slope suitable for skiing, slope that can be skied on

**esquiador(a)** SM/F skier ► **esquiador(a) acuático/a, esquiador(a) náutico/a** water skier

**esquiar** ▸conjug 1c◂ VI to ski

**esquife** SM skiff

**esquila¹** SF (= *campanilla*) small bell, handbell; (= *cencerro*) cowbell

**esquila²** SF, **esquilado** SM [*de ovejas*] shearing

**esquilador(a)** SM/F (= *persona*) (sheep) shearer

**esquiladora** SF (= *máquina*) shearing machine, clipping machine

**esquilar** ▸conjug 1a◂ VT [+ *ovejas*] to shear; [+ *pelo*] to clip, crop

**esquileo** SM shearing

**esquilimoso** ADJ fastidious, finicky

**esquilmar** ▸conjug 1a◂ VT [1] [+ *cosecha*] to harvest

[2] [+ *tierra*] to impoverish, exhaust

[3] (*) [+ *jugador*] to skin*

**esquilmo** SM harvest, crop, yield

**Esquilo** SM Aeschylus

**esquimal** Ⓐ ADJ Eskimo

Ⓑ SMF Eskimo

Ⓒ SM (*Ling*) Eskimo

**esquina** SF [1] (= *vértice*) corner; **a la vuelta de la ~** (*lit*) around the corner; (*fig*) just around the corner; **las vacaciones están a la vuelta de la ~** the holidays are just around the corner; **sacar de ~** to take a corner kick; **doblar la ~** (*lit*) to turn the corner; (*Cono Sur**) (= *morir*) to die, kick the bucket*; **hacer ~** [*edificio*] to be on the corner; [*calles*] to meet

[2] (*Dep*) corner

[3] (*LAm*) (= *tienda*) corner shop, village shop

[4] **la ~** (*) the game*, prostitution

**esquinado** ADJ [1] (= *con esquinas*) sharp-cornered, having corners

[2] (*Ftbl*) swerving, with a spin on it; **tiro ~** low shot into the corner of the net

[3] (*LAm*) [*mueble*] standing in a corner, corner *antes de s*

[4] [*persona*] (= *antipático*) unpleasant; (= *difícil*) awkward, prickly; (= *malévolo*) malicious

[5] [*noticia*] malicious, ill-intentioned

**esquinar** ▸conjug 1a◂ Ⓐ VT [1] (*Dep*) to put in a corner

[2] (= *hacer esquina con*) to form a corner with

[3] (= *estar en la esquina de*) to be on the corner of

[4] [+ *madera*] to square, square off

[5] [+ *pelota*] to swerve, slice

[6] [+ *personas*] to set at odds

Ⓑ VI **~ con** (= *hacer esquina*) to form a corner with; (= *estar en la esquina*) to be on the corner of

Ⓒ **esquinarse** VPR [1] (= *pelearse*) to quarrel, fall out (**con** with)

[2] (= *estar resentido*) to get a chip on one's shoulder

**esquinazo** SM [1] (*) (= *esquina*) corner

[2] (*Cono Sur*) (= *serenata*) serenade

[3] ✦***MODISMO*** **dar ~ a algn** to give sb the slip, shake sb off

**esquinera** SF [1] (*) (= *prostituta*) tart*, hooker (*esp EEUU**)

[2] (*LAm*) (= *mueble*) corner cupboard

**esquinero/a** Ⓐ ADJ corner *antes de s*; **farol ~** corner lamppost, lamppost on the corner; **café ~** corner café
Ⓑ SM/F (*) (= *persona*) idler, layabout

**esquirla** SF splinter

**esquirol** SMF strikebreaker, blackleg, scab*

**esquirolada** SF strike-breaking action, work of a scab*

**esquirolaje** SM, **esquirolismo** SM strike-breaking, blacklegging, scabbing*

**esquisto** SM schist

**esquites** SMPL (*CAm, Méx*) popcorn

**esquivada** SF (*LAm*) evasion, dodge

**esquivar** ▸conjug 1a◂ Ⓐ VT (= *evitar*) to avoid, shun; (= *evadir*) to dodge, side-step; **~ un golpe** to dodge a blow; **~ el contacto con algn** to avoid meeting sb; **~ hacer algo** to avoid doing sth, be chary of doing sth
Ⓑ **esquivarse** VPR (= *retirarse*) to shy away; (= *evadirse*) to dodge

**esquivez** SF [1] (= *timidez*) shyness; (= *despego*) unsociability; (= *elusión*) elusiveness; (= *evasiva*) evasiveness
[2] (= *desdén*) scorn

**esquivo** ADJ [1] [*persona*] (= *tímido*) shy; (= *huraño*) unsociable; (= *difícil de encontrar*) elusive; (= *evasivo*) evasive
[2] (= *despreciativo*) scornful

**esquizo*** ADJ, SMF schizo*

**esquizofrenia** SF schizophrenia

**esquizofrénico/a** ADJ, SM/F schizophrenic

**esquizoide** ADJ, SMF schizoid

**esta** ADJ DEM *ver* **este**

**ésta** PRON DEM *ver* **éste**

**estabilidad** SF stability

**estabilización** SF stabilization

**estabilizador** Ⓐ ADJ stabilizing
Ⓑ SM (*gen*) stabilizer; (*Aut*) anti-roll bar
► **estabilizador de cola** tailplane, rudder

**estabilizante** Ⓐ ADJ stabilizing
Ⓑ SM stabilizer

**estabilizar** ▸conjug 1f◂ Ⓐ VT [1] [+ *objeto*] (= *dar estabilidad a*) to stabilize; (= *fijar*) to make steady
[2] [+ *precios*] to stabilize
Ⓑ **estabilizarse** VPR [1] [*objeto, precios*] to become stable, become stabilized
[2] [*persona*] to settle down

**estable** ADJ [1] (= *permanente*) [*pareja, hogar, mercado, bolsa, paz*] stable; [*relación*] stable, steady; [*empleo*] steady; [*inquilino, cliente*] regular
[2] (*Fís, Quím*) stable

**establecer** ▸conjug 2d◂ Ⓐ VT [1] [+ *relación, comunicación*] to establish; **han logrado ~ contacto con el barco** they've managed to make *o* establish contact with the boat; **una reunión para ~ el precio del petróleo** a meeting to set *o* fix oil prices; **han establecido controles policiales** they have set up police checkpoints
[2] (= *fundar*) [+ *empresa*] to establish; [+ *colonia*] to settle; **ha establecido su domicilio en Lugo** he's taken up residence in Lugo
[3] (= *dictaminar*) to state, lay down; **la ley establece que ...** the law states *o* lays down that ...
[4] (= *expresar*) [+ *idea, principio*] to establish; [+ *norma*] to lay down; [+ *criterio*] to set; **para ~ los límites de los poderes del presidente** to establish the extent of the President's powers; **una comisión para ~ la verdad de los hechos** a commission to establish the truth about what happened
[5] [+ *récord*] to set
Ⓑ **establecerse** VPR [1] (= *fijar residencia*) to settle; **la familia se estableció en Madrid** the family settled in Madrid
[2] (= *abrir un negocio*) to set up (a business), open up (a business); **~se por cuenta propia** to set up on one's own, open up one's own business

**establecimiento** SM [1] (= *acto*) establishment, setting-up, founding; (= *fundación*) institution; [*de colonias*] establishment
[2] (= *local*) (*gen*) establishment; (= *bar*) bar; (= *tienda*) shop; (*Cono Sur*) plant, works *pl*
► **establecimiento central** head office
► **establecimiento comercial** business house, commercial establishment
[3] (*Jur*) statute, ordinance

**establero** SM stableboy, groom

**establo** SM [1] [*de ganado*] cowshed, stall; (*esp LAm*) (= *granero*) barn; (= *lugar sucio*) pigsty
► **establos de Augías** Augean stables
[2] (*Caribe*) (= *garaje*) garage

**estaca** SF [1] (= *poste*) stake, post; [*de tienda de campaña*] peg; (= *porra*) cudgel, stick; ✦**MODISMO plantar la ~**** to have a crap**
[2] (*Agr*) cutting
[3] (*LAm Min*) large mining claim, large mining concession
[4] (*Andes, Cono Sur*) (= *espuela*) spur
[5] ✦**MODISMO arrancar la ~** (*Méx*) to champ at the bit, strain at the leash
[6] (*Caribe*) (= *indirecta*) hint; (= *pulla*) taunt

**estacada** SF [1] (= *cerca*) fence, fencing; (*Mil*) stockade, palisade; (*LAm*) (= *malecón*) dike; ✦**MODISMOS dejar a algn en la ~** to leave sb in the lurch; **estar** *o* **quedar en la ~** (= *estar en apuros*) to be in a jam *o* fix, be left in the lurch; (= *fracasar*) to fail disastrously, be a total disaster*
[2] (*LAm*) (= *herida*) wound

**estacar** ▸conjug 1g◂ Ⓐ VT [1] (*LAm*) (= *herir*) to wound; (= *pinchar*) to prick
[2] [+ *tierra, propiedad*] to stake out, stake off
[3] [+ *animal*] to tie to a post
[4] (*Andes, Caribe*) (= *engañar*) to deceive
Ⓑ **estacarse** VPR [1] (= *quedarse inmóvil*) to stand rooted to the spot, stand stiff as a pole
[2] **~se un pie** (*Andes, CAm, Caribe*) to prick o.s. in the foot

**estacha** SF line, mooring rope

**estación** SF [1] (*gen*) station ► **estación ballenera** whaling station ► **estación balnearia** (*medicinal*) spa; (*de mar*) seaside resort ► **estación biológica** biological research station ► **estación carbonera** coaling station ► **estación clasificadora** marshalling yard ► **estación cósmica** space station ► **estación de autobuses** bus station ► **estación de bombeo** pumping station ► **estación de cabeza** terminus ► **estación de contenedores** container terminal ► **estación de empalme**, **estación de enlace** junction ► **estación de escucha** listening post ► **estación de esquí** ski resort ► **estación de ferrocarril** railway station ► **estación de fuerza** power station ► **estación de gasolina** petrol station, gas station (*EEUU*) ► **estación de invierno** winter sports resort ► **estación de mercancías** goods station ► **estación de peaje** line of toll booths, toll plaza (*EEUU*) ► **estación depuradora** sewage works, sewage farm ► **estación de rastreo**, **estación de seguimiento** tracking station ► **estación de servicio** service station, petrol station, gas station (*EEUU*) ► **estación de televisión** television station ► **estación de trabajo** (*Inform*) workstation ► **estación de trasbordo** junction ► **estación de vacaciones** holiday resort ► **estación emisora** broadcasting station ► **estación espacial** space station ► **estación invernal** winter sports resort ► **estación marítima** ferry terminal ► **estación meteorológica** weather station ► **estación orbital** orbiting space station ► **estación purificadora de aguas residuales** sewage works, sewage farm ► **estación termal** spa ► **estación terminal** terminus ► **estación transformadora**, **estación transmisora** transmitter ► **estación veraniega** summer resort
[2] (*Rel*) **Estaciones del Vía Crucis** Stations of the Cross; ✦**MODISMO correr las estaciones*** to go on a pub crawl*
[3] (= *parte del año*) season ► **estación de (las) lluvias** rainy reason ► **estación de plantar** planting season ► **estación muerta** off season, dead season
[4] **hacer ~** to make a stop (**en** at, in)

**estacional** ADJ seasonal

**estacionalidad** SF seasonal nature, seasonal variation

**estacionalmente** ADV seasonally, according to the season

**estacionamiento** SM [1] [*de soldados*] stationing
[2] (*Aut*) (= *acción*) parking; (*esp LAm*) (= *sitio*) car park, parking lot (*EEUU*) ► **estacionamiento limitado** restricted parking

**estacionar** ▸conjug 1a◂ Ⓐ VT [1] [+ *soldados*] to station, place
[2] (*Aut*) to park
Ⓑ **estacionarse** VPR (*gen*) to station o.s.; (*Aut*) to park; (= *no moverse*) to remain stationary; **la inflación/la fiebre se ha estacionado** inflation/the fever has stabilized

**estacionario** ADJ (*gen*) stationary; (*Med*) stable; (*Com, Fin*) slack

**estacionómetro** SM (*Méx*) parking meter

**estacón** SM (*LAm*) prick, jab

**estada** SF (*LAm*) stay

**estadía** SF [1] (*LAm*) (= *estancia*) stay; (= *duración*) length of stay
[2] (*Com*) demurrage
[3] (*Náut*) stay in port

**estadillo** SM (*gen*) survey; (= *inventario*) inventory

**estadio** SM [1] (= *fase*) stage, phase
[2] (*Dep*) stadium
[3] (*Mat*) furlong

**estadista** SMF [1] (*Pol*) statesman/stateswoman
[2] (*Mat*) statistician

**estadística** SF (= *ciencia*) statistics *sing*; **una ~** a figure, a statistic; *ver tb* **estadístico**

**estadísticamente** ADV statistically

**estadístico/a** Ⓐ ADJ [*datos, cifras*] statistical
Ⓑ SM/F (= *profesional*) statistician; *ver tb* **estadística**

**estadizo** ADJ [*comida*] not quite fresh, stale, off

**estado** SM [1] (= *situación*) [1·1] [*de objeto, proceso*] state; **¿en qué ~ se encuentran las relaciones entre los dos países?** what is the state of relations between the two countries?; **estar en buen ~** [*instalación, alimentos*] to be in good condition; **el ordenador está en perfecto ~** the computer is working perfectly *o* is in perfect working order; **estar en mal ~** [*instalación*] to be in (a) poor condition, be in a bad state; [*alimentos*] to be off; **el techo se encontraba en muy mal ~** the roof was in very poor condition *o* in a very bad state; **tras comer carne en mal ~** after eating meat that was off *o* that had gone off
[1·2] [*de persona*] condition; **el ~ general del paciente** the overall condition of the patient ► **estado civil** marital status ► **estado de alarma**, **estado de alerta** state of alert ► **estado de ánimo** (*emocional*) mood; (*mental*) state of mind ► **estado de atención** state of alert ► **estado de coma** coma, state of coma ► **estado de cosas** state of affairs; **en este ~ de cosas, lo mejor es convocar nuevas elecciones** given the state of affairs, the best thing to do is call another election; **¿cuál es el ~ de cosas ahora?** what's the state of play now? ► **estado de emergencia**, **estado de excepción** state of emergency ► **estado de gracia** [*de creyente*] state of grace; [*de político, gobierno*] honeymoon period; [*de deportista*] run of good form ► **estado de guerra** state of war ► **estado de la red** (*Inform*) volume of users ► **estado de salud** condition, state of health ► **estado de sitio** state of siege
[2] (*Fís*) state ► **estado gaseoso** gaseous state ► **estado líquido** solid state ► **estado sólido** solid state
[3] **en ~** (= *embarazada*): **una mujer en ~** an expectant mother; **estar en ~** to be expecting; **quedarse en ~** to become pregnant; **estar en ~ de buena esperanza** to be expecting; **en avanzado ~ de gestación** heavily pregnant, in an advanced state of pregnancy; **estar en ~ interesante** (*hum*) to be expecting, be in the family way*
[4] (= *nación*) state; **los intereses del ~** national *o* state interests; **el Estado español** Spain; **asuntos de ~** affairs of state, state affairs; **hombre de ~** statesman ► **estado asistencial**, **estado benefactor** welfare state ► **estado colchón** buffer state ► **estado de derecho** democracy ► **estado del bienestar**, **estado de previsión** welfare state ► **estado policial** police state ► **estado tapón** buffer state; *ver tb* **golpe 10**
[5] (= *región*) (*en EE.UU., México, Brasil*) state
[6] (*Hist*) (= *clase*) estate; **el ~ eclesiástico** the clergy; **~ llano** ◊ **tercer ~** third estate, commoners *pl*
[7] (*Mil*) ► **el Estado Mayor (General)** the (General) Staff
[8] (*Com, Fin*) (= *informe*) report ► **estado de contabilidad** (*Méx*) balance sheet ► **estado de cuenta** bank statement, statement of account (*frm*) ► **estado de cuentas** [*de una empresa*] statement of account ► **estado de pérdidas y ganancias** profit and loss statement ► **estado de reconciliación** reconciliation statement ► **estado financiero** financial statement

**estado-ciudad** SM (*pl* **estados-ciudad**) city state

**estado-nación** SM (*pl* **estados-nación**) nation state

**Estados Unidos** SMPL United States (of America)

**estadounidense** Ⓐ ADJ American, US *antes de s*, of/from the United States
Ⓑ SMF American; **los ~s** the Americans

**estafa** SF [1] (= *timo*) swindle, trick
[2] (*Com, Fin*) racket, ramp*

**estafador(a)** SM/F [1] (= *timador*) swindler, trickster
[2] (*Com, Fin*) racketeer

**estafar** ▸conjug 1a◂ VT to swindle, defraud, twist*; **~ algo a algn** to swindle sb out of sth, defraud sb of sth; **¡me han estafado!** I've been done!*

**estafermo** SM [1] (*Hist*) quintain, dummy target
[2] (*) (= *idiota*) twit*, idiot

**estafeta** Ⓐ SF [1] (= *oficina*) (*tb* **~ de Correos**) sub post office
[2] (= *correo*) post ► **estafeta diplomática** diplomatic post
Ⓑ SMF courier; (*LAm*) [*de drogas*] drug courier, drug runner

**estafetero** SM postmaster, post-office clerk

**estafilococo** SM staphylococcus

**estagnación** SF (*CAm, Caribe*) = **estancamiento**

**estaje** SM (*CAm*) piecework

**estajear** ▸conjug 1a◂ VT (*CAm*) (= *trabajar*) to do as piecework; (= *acordar*) to discuss rates and conditions for

**estajero/a** SM/F (*CAm*) pieceworker

**estalactita** SF stalactite

**estalagmita** SF stalagmite

**estaliniano** ADJ Stalinist

**estalinismo** SM Stalinism

**estalinista** ADJ, SMF Stalinist

**estallar** ▸conjug 1a◂ VI [1] (= *reventar*) [*pólvora, globo*] to explode; [*bomba*] to explode, go off; [*volcán*] to erupt; [*neumático*] to burst; [*vidrio*] to shatter; [*látigo*] to crack; **~ en llanto** to burst into tears; **el parabrisas estalló en pedazos** the windscreen shattered; **hacer ~** to set off; (*fig*) to spark off, start
[2] [*epidemia, guerra, conflicto, sublevación*] to break out; **cuando estalló la guerra** when the war broke out

**estallido** SM [1] (= *explosión*) explosion; **el gran ~** the big bang
[2] [*de látigo, trueno*] crack
[3] (= *comienzo*) outbreak

**estambre** SM [1] (*Bot*) stamen
[2] (*de la lana*) worsted, woollen yarn

**Estambul** SM Istanbul

**estamento** SM [1] (*Pol*) (*social*) class; (*político*) estate
[2] (= *estrato*) stratum, layer, level

**estameña** SF serge

**estampa** SF [1] (*Tip*) (= *imagen*) print; (= *grabado*) engraving; (*en libro*) picture; (*típica, pintoresca, castiza*) vignette ► **estampas de la vida cotidiana** vignettes of everyday life
[2] (= *aspecto*) appearance, aspect; **de magnífica ~** fine-looking, fantastic-looking*; **de ~ poco agradable** unattractive, unpleasant-looking; **ser la propia ~ de algn** to be the very *o* absolute image of sb, be the spitting image of sb*
[3] (†) (= *arte*) printing; (= *máquina*) printing press; **dar un libro a la ~** to publish a book
[4] (†) (= *huella*) imprint

**estampación** SF (= *acto*) printing; (= *grabado*) engraving; (= *fileteado*) tooling

**estampado** Ⓐ ADJ printed; **un vestido ~** a print dress
Ⓑ SM [1] (= *impresión*) (*gen*) printing; (*con sello, pie*) stamping
[2] (= *diseño*) pattern
[3] (= *tela*) print

**estampar** ▸conjug 1a◂ VT [1] (*Tip*) (= *imprimir*) to print; (= *marcar*) to stamp; (= *grabar*) to engrave; (= *filetear*) to tool
[2] (*en la mente, memoria*) to stamp, imprint (**en** on); **quedó estampado en su memoria** it was stamped on her memory
[3] (*) **le estampó un beso en la mejilla** she planted a kiss on his cheek; **le estampó una buena bofetada** he gave him a good slap; **lo estampó contra la pared** she flung him against the wall

**estampía**: **de ~** ADV suddenly, without warning, unexpectedly

**estampida** SF [1] (*Agr, Zool*) stampede; **se marchó de ~** he went off like a shot
[2] **de ~** suddenly, without warning, unexpectedly
[3] = **estampido**

**estampido** SM [*de pistola, fusil*] bang, report; [*de bomba*] blast, bang; [*de trueno*] boom, crash ► **estampido sónico** sonic boom

**estampilla** SF [1] (= *sello de goma*) seal, stamp, rubber stamp
[2] (*LAm Correos*) stamp

**estampillado** SM rubber stamping

**estampillar** ▸conjug 1a◂ VT to rubber-stamp

**estampita** SF *small religious picture*

**estancado** ADJ [1] [*agua*] stagnant
[2] [*negociaciones*] at a standstill; **quedarse ~** to get into a rut

**estancamiento** SM [1] [*de agua*] stagnation
[2] (= *falta de actividad*) [*de asunto, comercio, suministro*] stagnation; [*de negociaciones*] deadlock

**estancar** ▸conjug 1g◂ Ⓐ VT [1] [+ *aguas*] to hold back, stem
[2] (= *detener*) [+ *progreso*] to hold up, stem; [+ *negociación*] to deadlock; [+ *negocio*] to stop, suspend
[3] (*Com*) to establish a monopoly in, monopolize; (*pey*) to corner
Ⓑ **estancarse** VPR [1] [*agua*] to stagnate, become stagnant
[2] [*economía, industria, persona*] to stagnate

**estancia** SF [1] (= *permanencia*) stay; **durante su ~ en Londres** during his stay in London
[2] (*liter*) (= *cuarto*) living room
[3] (*LAm*) [*de ganado*] farm, cattle ranch; (= *hacienda*) country estate; (*Caribe*) (= *quinta pequeña*) small farm, smallholding
[4] (*Literat*) stanza

**estanciera** SF (*Cono Sur*) station wagon

**estanciero/a** SM/F (*LAm*) farmer, rancher

**estanco** Ⓐ ADJ (*al agua*) watertight; (*al aire*) airtight
Ⓑ SM [1] (= *expendeduría*) tobacconist's, tobacconist's shop, cigar store (*EEUU*)
[2] (*Andes*) (= *bodega*) liquor store; (=

*monopolio*) state monopoly, government store where monopoly goods are sold

**ESTANCO**

*In Spain, an* **estanco** *is a government-licensed tobacconist's, recognizable by the brown and yellow "T" logo of the state tobacco monopoly,* **Tabacalera S.A.**, *which regulates the entire tobacco industry. Tobacco can also be bought at bars and restaurants and* **quioscos**, *but at a higher price. As well as tobacco products the* **estanco** *sells stamps,* **papel timbrado** *(official forms) and coupons for the* **quiniela** *or football pools.*

*⇨ See also* QUINIELA

**estand** SM = **stand**

**estándar** ADJ, SM standard

**estandarización** SF, **estandardización** SF standardization

**estandarizado** ADJ, **estandardizado** ADJ standardized

**estandarizar** ▸conjug 1f◂ VT, **estandardizar** ▸conjug 1f◂ VT to standardize

**estandarte** SM banner, standard ► **estandarte real** royal standard

**estanflación** SF stagflation

**estánnico** ADJ stannic

**estanque** SM [1] (= *lago*) (*ornamental*) lake; (*pequeño*) pool, pond ► **estanque de juegos, estanque para chapotear** paddling pool
[2] (= *depósito*) tank
[3] (*Cono Sur*) [*de gasolina*] petrol tank, tank, gas tank (*EEUU*)

**estanqueidad** SF (*al agua*) watertightness; (*al aire*) air tightness

**estanquero/a** SM/F tobacconist, tobacco dealer (*EEUU*)

**estanquillo** SM [1] (*Méx*) booth, kiosk, stall
[2] = **estanco B**

**estante** SM [1] (= *anaquel*) shelf
[2] (= *soporte*) rack, stand; (= *estantería*) bookcase
[3] (*LAm*) (= *estaca*) prop

**estantería** SF shelving, shelves *pl*

**estantigua** SF [1] (= *aparición*) apparition
[2] (*) (= *adefesio*) fright*, sight*, scarecrow

**estantillo** SM (*Andes, Caribe*) prop, support

**estañar** ▸conjug 1a◂ VT (*Téc*) to tin; (= *soldar*) to solder

**estaño** SM tin ► **estaño para soldar** solder

**estaquear** ▸conjug 1a◂ VT (*Cono Sur*) to stretch out between stakes

**estaquilla** SF [*de madera*] peg; (= *clavo largo*) spike, long nail; (*para tienda*) tent peg

**estaquillar** ▸conjug 1a◂ VT to pin, peg down *o* out, fasten with pegs

**estar**

▸conjug 1o◂
[A] VERBO INTRANSITIVO [B] VERBO PRONOMINAL
*Para las expresiones* ***estar bien, estar mal***, *ver la otra entrada.*

Ⓐ VERBO INTRANSITIVO

[1] ***indicando situación*** to be; **¿dónde estabas?** where were you?; **la última vez que estuve en Roma** the last time I was in Rome; **Madrid está en el centro de España** Madrid is in the centre of Spain; **el monumento está en la plaza** the monument is in the square; **eso no está en sus declaraciones** that's not in any of his statements; **—las tijeras están en el cajón —no, aquí no están** "the scissors are in the drawer" — "no, they're not in here"; **—hola, ¿está Carmen? —no, no está** "hello, is Carmen in?" — "no, I'm afraid she isn't"; **el día que estuve a verlo** the day I went to see him; **está fuera** (*de casa*) she's out; (*de la ciudad/en el extranjero*) she's away; **ya que estamos** while we are at it

[2] ***indicando un estado transitorio*** [2·1] (+ *ADJ, ADV*) to be; **está mucho mejor** he's much better; **~ enfermo** *o* **malo** to be ill; **estoy muy cansada** I'm very tired; **¿estás casado o soltero?** are you married or single?; **está vacío** it's empty; **estaba herido** he was injured; **¿cómo estamos?** (*gen*) how are we doing?; (*a otra persona*) how are you?; **con este frío, aquí no se puede ~** it's unbearably cold here; **¡qué bueno está este café!** this coffee's really good!; **mis padres están como siempre** my parents are the same as ever; **¿está libre el baño?** is the bathroom free?; **¿qué tal** *o* **cómo estás?** how are you?; **el récord anterior estaba en 33 segundos** the previous record was *o* stood at 33 seconds

[2·2] (+ *PARTICIPIO*) to be; **la radio está rota** the radio is broken; **para las seis ~á terminado** it will be finished by six o'clock; **estaba sentada en la arena** she was sitting on the sand; **está (embarazada) de dos meses** she's two months pregnant; **él no estaba implicado** he wasn't involved; **le está bien empleado por ingenuo** it serves him right for being so naïve

[2·3] (+ *GERUNDIO*) to be; **estaba corriendo** he was running; **me está molestando** he's annoying me; **se está muriendo** she's dying; **venga, ya nos estamos yendo, que es tarde** come on, it's time to go, it's late; **está siendo preparado** it's being prepared; **nos estamos engañando** we're deceiving ourselves

[3] ***= existir*** to be; **además están los gastos del viaje** then there are the travel expenses; **dejar ~**: **déjalo ~** just leave him be; **si dejas ~ ese asunto te irán mejor las cosas** you'll do better to let the matter drop

[4] ***indicando el aspecto de algo*** to look; **¡qué elegante estás!** you're looking really smart!; **estás más delgado** you've lost weight, you look slimmer; **está más viejo** he looks older; **el sofá ~á mejor al lado de la ventana** the sofa will look better next to the window; **ese tío está muy bueno*** that guy's gorgeous*, that guy's a bit of all right*; **el traje te está grande** that suit is too big for you

[5] ***= estar listo*** to be ready; **~á a las cuatro** it'll be ready at four; **en seguida está** it'll be ready in a moment; **dos vueltas más y ya está** two more laps and that'll be it; **¡ya está! ya sé lo que podemos hacer** that's it! I know what we can do; **ya estoy** I'm done, that's me*; **¡ya estamos!** (*después de hacer algo*) that's it!; (*dicho con enfado*) that's enough!; **¿estamos?** (*al estar listo*) ready?; (*para pedir conformidad*) are we agreed?, right?, OK?*; **¡ya estuvo!** (*Méx*) that's it!

[6] ***indicando fecha, distancia, temperatura*** **estamos en octubre** it's October; **cuando estemos en verano** when it's summer, in the summer

[7] ***en estructuras con preposición***

◆ **estar a**: **estamos a 8 de junio** it is the 8th of June, today is the 8th of June; **estábamos a 40°C** it was 40°C; **¿a cuántos estamos?** what's the date?; **¿a cuánto estamos de Madrid?** how far are we from Madrid?; **las uvas están a 100 pesetas** the grapes are 100 pesetas; **¿a cuánto está el kilo de naranjas?** how much are oranges per kilo?; **estoy a lo que se decida en la reunión** I'm waiting to see what's decided at the meeting; **~ a lo que resulte** to be waiting to see how things turn out

◆ **estar con**: **está con la gripe** he's down with flu, he's got the flu; **estuvo con la enfermedad durante dos años** she had *o* suffered from the disease for two years; **ya está otra vez con el mismo tema** he's harping on about the same old subject again; **ya estoy con ganas de ir** I want to go now; **estoy con ganas de pegarle** I feel like hitting him; **~ con algn**: **yo estoy con él** I'm with him; **los aliados estaban con ellos** the Allies were behind them

◆ **estar de**: **está de buen humor** he's in a good mood; **están de charla** they're having a chat; **está de camarero** he's working as a waiter; **está de jefe temporalmente** he is acting as boss, he is the acting boss; **está de luto** she's in mourning; **¡estoy de nervioso!** I'm so nervous!; **están de paseo** they've gone for a walk; **estaba de uniforme** he was (dressed) in uniform; **están de vacaciones** they are on holiday; **está de viaje en este momento** he's away at the moment

◆ **estar en**: **en eso está el problema** that's (exactly) where the problem is; **el problema está en que …** the problem lies in the fact that …; **en ello estamos** we're working on it; **no está en él hacerlo** it is not in his power to do it; **creo que está usted en un error** I think you're mistaken; **no está en sí** she's not in her right mind; **yo estoy en que …** (= *creer*) I believe that …

◆ **estar para**: **para eso estamos** (*gen*) that's why we're here, that's what we're here for; (*respondiendo a gracias*) don't mention it; **para eso están los amigos** that's what friends are for; **~ para hacer algo** (= *a punto de*) to be about to do sth, be on the point of doing sth; **está para salir** he's about to leave; **no estoy para bromas** I'm not in the mood for joking; **si alguien llama, no estoy para nadie** if anyone calls, I'm not in

◆ **estar por** (= *en favor de*) [+ *política*] to be in favour *o* (*EEUU*) favor of; [+ *persona*] to support; *ver tb* **hueso 1**

◆ **estar por** + *INFIN*: **la historia de ese hallazgo está por escribir** the story of that discovery is still to be written *o* has yet to be written; **está por ver si es verdad lo que dijeron** it remains to be seen whether what they said is true; **está todavía por hacer** it remains to be done, it is still to be done; **yo estoy por dejarlo** I'm for leaving it, I'm in favour of leaving it; **está por llover** (*LAm*) it's going to rain

◆ **estar sin** + *INFIN*: **las camas estaban sin hacer** the beds were unmade, the beds hadn't been made; **¿todavía estás sin peinar?** haven't you brushed your hair yet?

◆ **estar sobre algn/algo**: **hay que ~ mucho sobre él para que estudie** you have to keep on at him to make sure he studies; **hay que ~ sobre el arroz para que no se pegue** you need to keep a close eye on the rice to make sure it doesn't stick to the pan; **~ sobre sí** to be in control of o.s.

8 *en oraciones ponderativas* **está que rabia*** he's hopping mad*, he's furious; **estoy que me caigo de sueño** I'm terribly sleepy, I can't keep my eyes open

Ⓑ **estarse** VERBO PRONOMINAL

1 *= quedarse* 1·1 (*en un lugar*) to stay; **puedes ~te con nosotros una semana, si quieres** you can stay with us for a week if you like; **se estuvo dos horas enteras en el cuarto de baño** he was in the bathroom for two whole hours; **yo prefiero ~me en casa** I prefer staying at home

1·2 (*en un estado*) **usted estése tranquilo, nosotros nos encargaremos de todo** don't you worry, we'll take care of everything; **se estuvo callada un buen rato** she didn't say anything for quite a while, she stayed quiet for quite a while; **¡estáte quieto!** keep *o* stay still!

2 *uso impersonal* **se está bien aquí** it's nice here; **en la cama se está muy bien** it's nice in bed

**estarcido** SM stencil, stencilled sketch

**estarcir** ▸conjug 3b◂ VT to stencil

**estaribel:** SM nick:, can (*EEUU:*), prison

**estárter** SM = **stárter**

**estatal** ADJ 1 (= *del estado*) state *antes de s*
2 (*Esp*) (= *nacional*) national

**estatalismo** SM state ownership

**estatalista** Ⓐ ADJ (*Esp*) national, nationwide
Ⓑ SMF member of a nationwide party

**estatalización** SF nationalization, taking into public ownership

**estatalizar** ▸conjug 1f◂ VT to nationalize, take into public ownership

**estática** SF statics *sing*

**estático** ADJ 1 (= *fijo*) static
2 = **extático**

**estatificación** SF nationalization, taking into public ownership

**estatificado** ADJ nationalized, publicly-owned

**estatificar** ▸conjug 1g◂ VT to nationalize, take into public ownership

**estatismo** SM 1 (= *inmovilidad*) stillness, motionlessness
2 (*Pol*) state control

**estatización** SF nationalization, taking into public ownership

**estatizar** ▸conjug 1f◂ VT to nationalize, take into public ownership

**estator** SM stator

**estatua** SF statue

**estatuaria** SF (*Arte*) statuary

**estatuario** ADJ statuesque

**estatuilla** SF statuette, figure

**estatuir** ▸conjug 3g◂ VT 1 (= *establecer*) to establish; (= *ordenar*) to ordain
2 (= *probar*) to prove

**estatura** SF stature, height; **un hombre de 1,80m de ~** a man 1.80m in height; **de ~ normal** of average height

**estatus** SM INV status

**estatutario** ADJ statutory

**estatuto** SM (*Jur*) (*gen*) statute; [*de ciudad*] bylaw; [*de comité*] (standing) rule ▸ **Estatuto de Autonomía** (*Esp Pol*) statute of autonomy ▸ **estatutos sociales** (*Com*) articles of association

**estay** SM stay

**este**[1] Ⓐ ADJ INV [*zona, área*] east; **el ala ~ del palacio** the east wing of the palace; **la costa ~** the east *o* eastern coast; **íbamos en dirección ~** we were going east *o* eastward(s), we were going in an eastward *o* an easterly direction; **trenes en dirección ~** eastbound trains
Ⓑ SM 1 (*Geog*) East, east; **el sol sale por el Este** the sun rises in the East *o* east; **vientos fuertes del Este** strong east *o* easterly winds; **la casa está orientada hacia el Este** the house is east-facing, the house faces East *o* east
2 (*Pol*) **el Este** the East; **los países de la Europa del Este** East European countries
3 (*tb* **zona ~**) east; **al ~ de Toledo** to the east of Toledo; **soy del ~ de Londres** I'm from east London
4 (*Meteo*) (*tb* **viento del ~**) east wind, easterly wind

**este**[2]**/a** ADJ DEM 1 (*indicando proximidad*) 1·1 (*sing*) this; **esta silla** this chair; **~ mes** this month; **¿qué habéis hecho ~ fin de semana?** what did you do at the weekend?, what did you do this weekend?; **¿dónde vais a ir ~ fin de semana?** (*dicho un viernes*) where are you going this weekend?; (*dicho un lunes*) where are you going next weekend?
1·2 **estos/estas** these; **estas tijeras** these scissors, this pair of scissors
2 (*) (*con valor enfático*) **¡a ver qué quiere ahora el tío ~!** what does that guy want now!*; **¡~ Pedro es un desastre!** that Pedro is a complete disaster!*

**éste/a** PRON DEM 1 (*sing*) this one; **ésta me gusta más** I prefer this one; **~ no es el que vi ayer** this is not the one I saw yesterday; **¡~ me quiere engañar!** this guy's out to cheat me!; **pero ¿dónde está ~?** where on earth is he?
2 **éstos/éstas** these; (*en texto*) the latter
3 (*locuciones*) **en ésta** (*en cartas*) in this town (from where I'm writing); **en éstas**: **en éstas se acerca y dice ...** just then he went up and said ...; **jurar por éstas** to swear by all that is holy
4 (*esp LAm*) (*como muletilla*) **~ ...** er ..., um ...

**estearina** SF 1 (*Quím*) stearin
2 (*LAm*) (= *vela*) candle

**esteatita** SF soapstone

**Esteban** SM Stephen

**estecolado** SM manuring, muck spreading

**estela** SF 1 (= *rastro*) (*Náut*) wake, wash; (*Aer*) slipstream, trail; **el discurso dejó una larga ~ de comentarios** the speech caused a great deal of comment; **dejaron tras de sí una ~ de muerte** they left a trail of slaughter behind them ▸ **estela de condensación**, **estela de humo** vapour trail, vapor trail (*EEUU*)
2 (= *monumento*) stele, stela

**estelar** ADJ 1 (*Astron*) stellar
2 (*Teat*) star *antes de s*; **papel ~** star role; **función ~** all-star show; **combate ~** (*Boxeo*) star bout, star contest

**estelarizar** ▸conjug 1f◂ VT (*Méx*) **~ en** to star in

**estemple** SM pit prop

**esténcil** SM (*LAm*) stencil

**estenografía** SF shorthand, stenography (*frm*)

**estenografiar** ▸conjug 1c◂ VT to take down in shorthand

**estenográfico** ADJ shorthand *antes de s*

**estenógrafo/a** SM/F shorthand writer

**estenotipia** SF shorthand typing

**estenotipista** SMF shorthand typist, steno (*EEUU**)

**estentóreamente** ADV in a stentorian voice

**estentóreo** ADJ [*voz*] stentorian (*frm*), booming; [*sonido*] strident

**estepa** SF 1 (*Geog*) steppe; **la ~ castellana** the Castilian steppe
2 (*Bot*) rockrose

**estepario** ADJ steppe *antes de s*

**estera** SF 1 (= *alfombra*) mat ▸ **estera de baño** bathmat
2 (= *tejido*) matting

**esteral** SM (*Cono Sur*) swamp, marsh

**esterar** ▸conjug 1a◂ Ⓐ VT to cover with a mat, put a mat on
Ⓑ VI (*) to put on one's winter clothes (*ahead of time*)

**estercolamiento** SM manuring, muck spreading

**estercolar** ▸conjug 1a◂ VT to manure

**estercolero** SM 1 (= *para estiércol*) manure heap, dunghill
2 (= *lugar sucio*) pigsty, pigpen (*EEUU*), shit hole**

**estéreo** ADJ, SM stereo; **una televisión en ~** a stereo TV

**estéreo...** PREF stereo...

**estereofonía** SF stereo, stereophony

**estereofónico** ADJ stereo, stereophonic, in stereo

**estereoscópico** ADJ stereoscopic

**estereoscopio** SM stereoscope

**estereotipación** SF stereotyping

**estereotipado** ADJ stereotyped

**estereotipar** ▸conjug 1a◂ VT 1 [+ *gesto, frase*] to stereotype
2 (*Tip*) to stereotype

**estereotipo** SM 1 (= *modelo*) stereotype
2 (*Tip*) stereotype

**esterero** SM ✦MODISMO **quedar en el ~** (*Caribe**) to be on one's uppers*

**estéril** ADJ 1 (= *no fértil*) [*mujer*] barren, sterile, infertile; [*hombre*] sterile; [*terreno*] sterile, barren
2 [*esfuerzo*] vain, futile

**esterilidad** SF 1 (= *infertilidad*) [*de mujer*] sterility, infertility; [*de hombre*] sterility; [*de terreno*] sterility, barrenness
2 [*de esfuerzo*] futility, uselessness

**esterilización** SF 1 (*contra gérmenes*) sterilization
2 (*para no ser fértil*) sterilization

**esterilizar** ▸conjug 1f◂ VT 1 (= *quitar gérmenes*) to sterilize
2 (= *hacer infértil*) [+ *persona*] to sterilize; [+ *animal*] to sterilize, neuter

**esterilla** SF 1 (= *alfombrilla*) mat
2 (= *tejido*) rush matting; **silla de ~** (*Arg*) wicker chair ▸ **esterilla de alambre** wire mesh

[3] (*Cos*) (*dorado*) gold braid; (*plateado*) silver braid

**estérilmente** ADV vainly, uselessly, fruitlessly

**esterlina** ADJ **libra ~** pound sterling

**esternón** SM breastbone, sternum (*frm*)

**estero**[1] SM [1] (= *estuario*) estuary
[2] (*LAm*) (= *pantano*) swamp, marsh
[3] (*Cono Sur, Andes*) (= *arroyo*) brook
[4] ♦***MODISMO*** **estar en el ~** (*Caribe**) to be in a fix*

**estero**[2] SM matting

**esteroide** SM steroid ► **esteroide anabólico**, **esteroide anabolizante** anabolic steroid

**estertor** SM death rattle

**estertoroso** ADJ stertorous

**esteta** SMF aesthete, esthete (*EEUU*)

**estética** SF [1] (*Arte*) aesthetics *sing*, esthetics *sing* (*EEUU*)
[2] (*Med**) **se ha hecho la ~ para quitarse las arrugas** she had cosmetic surgery to remove her wrinkles

**esteticién** SMF beautician, beauty consultant, beauty specialist

**esteticismo** SM aestheticism, estheticism (*EEUU*)

**esteticista** SMF beautician, beauty consultant, beauty specialist

**estético** ADJ aesthetic, esthetic (*EEUU*); **cirugía estética** cosmetic surgery; **se ha hecho la cirugía estética** he's had cosmetic surgery

**estetoscopio** SM stethoscope

**esteva** SF plough handle, plow handle (*EEUU*)

**estevado** ADJ bow-legged, bandy-legged

**estiaje** SM [1] [*de río*] low water level
[2] (*indicando duración*) low water

**estiba** SF [1] (*Mil, Hist*) rammer
[2] (*Náut*) stowage; ♦***MODISMO*** **mudar la ~** to shift the cargo about
[3] (= *acto*) loading
[4] (‡) (= *paliza*) beating up*, bashing*

**estibado** SM stowage

**estibador(a)** Ⓐ ADJ **empresa ~a** shipping company
Ⓑ SM/F stevedore, docker

**estibar** ▸conjug 1a◂ VT [1] (*Náut*) to stow
[2] [+ *lana*] to pack tight, compress

**estiércol** SM [1] (= *abono*) manure ► **estiércol de caballo** horse manure ► **estiércol líquido** liquid manure
[2] (= *excremento*) dung

**Estigio** SM Styx

**estigio** ADJ Stygian

**estigma** SM [1] (= *marca, deshonra*) stigma
[2] (*Bot*) stigma
[3] **estigmas** (*Rel*) stigmata

**estigmatizar** ▸conjug 1f◂ VT to stigmatize

**estilar** ▸conjug 1a◂ VI, **estilarse** VPR [1] (= *estar de moda*) to be in fashion, be in style; **ya no se estila la chistera** top hats aren't in fashion *o* in style anymore
[2] (= *usarse*) to be used; **~ hacer algo** to be customary to do sth

**estilete** SM [1] (= *arma*) stiletto
[2] [*de tocadiscos*] stylus

**estilismo** SM fashion design, fashion designing

**estilista** SMF [1] (*Literat*) stylist
[2] (*Téc*) designer
[3] (*Peluquería*) stylist
[4] (*Natación*) freestyle swimmer

**estilística** SF stylistics *sing*

**estilístico** ADJ stylistic

**estilización** SF (*Téc*) styling

**estilizado** ADJ stylized; **una joven muy estilizada** a slender young woman

**estilizar** ▸conjug 1f◂ VT [1] (*Arte*) to stylize
[2] (*Téc*) to design, style

**estilo** SM [1] (= *manera*) style; **el ~ del escritor** the writer's style; **un comedor ~ Luis XV** a dining-room suite in Louis XV style; **un ~ inconfundible de andar** an unmistakeable way of walking; **al ~ antiguo** in the old style; **un mosaico al ~ de los que se hacían en Roma** a mosaic in the style of those made in Rome; ♦***MODISMO*** **por el ~**: **algo por el ~** something of the sort *o* kind, something along those lines; **no tenemos nada por el ~** we have nothing in that line; **los banqueros y gentes por el ~** bankers and people like that ► **estilo de vida** way of life; **no me gusta su ~ de vida** I don't like his way of life *o* his lifestyle; **el ~ de vida británico** the British way of life; **un ~ de vida similar al nuestro** a similar lifestyle to ours ► **estilo directo** (*Ling*) direct speech ► **estilo indirecto** (*Ling*) indirect speech, reported speech
[2] (= *elegancia*) style; **una chica con ~** a stylish girl; **tiene mucho ~ vistiendo** he dresses very stylishly
[3] (*Natación*) stroke; **~s** medley; **los 400m ~s** the 400m medley ► **estilo braza** breast stroke ► **estilo libre** freestyle ► **estilo mariposa** butterfly stroke
[4] (= *punzón*) (*para escribir*) stylus; (*de reloj de sol*) gnomon, needle
[5] (*Bot*) style

**estilográfica** SF fountain pen

**estiloso** ADJ stylish

**estima** SF [1] (= *aprecio*) esteem, respect; **se ganó la ~ de todos sus compañeros** he gained the respect *o* esteem of all his friends; **tener a algn en gran ~** to hold sb in high esteem, think very highly of sb
[2] (*Náut*) dead reckoning; **a ~** by dead reckoning

**estimable** ADJ [1] (= *respetable*) [*persona*] estimable (*frm*), esteemed; **un ~ gesto en favor de la paz** an estimable *o* esteemed gesture for peace; **su ~ carta** (*Com*) your esteemed letter
[2] [*cantidad*] considerable, substantial

**estimación** SF [1] (= *evaluación*) estimate, valuation
[2] (= *aprecio*) respect; **ha conseguido ganarse la ~ de sus compañeros** he has managed to earn the respect of his colleagues ► **estimación propia** self-esteem

**estimado** ADJ esteemed, respected; **"Estimado señor Pérez"** "Dear Mr Pérez"

**estimador/a** SM/F (*Com*) estimator

**estimar** ▸conjug 1a◂ Ⓐ VT [1] (*Com*) (= *evaluar*) to estimate; (= *valorar*) to value, appraise (*EEUU*) (**en** at); **los daños se ~on en varios millones** the damage was estimated at several million; **~ algo en cien mil pesetas** to value sth at a hundred thousand pesetas; **¡se estima!** thanks very much!, I appreciate it!
[2] (= *respetar*) to respect; **una persona muy estimada por los que lo conocían** a person highly-respected by those who knew him; **~ a algn en mucho** to have a high opinion *o* regard of sb; **~ a algn en poco** to have a low opinion *o* regard of sb
[3] (= *juzgar*) to consider, deem; **lo que usted estime conveniente** whatever you consider *o* deem appropriate
Ⓑ **estimarse** VPR to have a high opinion of o.s.; **si se estima no hará tal cosa** if he has any self-respect he'll do nothing of the sort

**estimativamente** ADV roughly

**estimativo** ADJ rough, approximate

**estimulante** Ⓐ ADJ stimulating
Ⓑ SM stimulant

**estimular** ▸conjug 1a◂ VT [1] (= *alentar*) [+ *persona*] to encourage; **hay que ~los para que respondan adecuadamente** you must encourage them to answer correctly; **~ a algn a hacer algo** to encourage sb to do sth
[2] (= *favorecer*) [+ *apetito, economía, esfuerzos, ahorro*] to stimulate; [+ *debate*] to promote
[3] [+ *organismo, célula*] to stimulate

**estímulo** SM [1] (*Psic*) stimulus
[2] (= *incentivo*) incentive

**estío** SM (*liter*) summer

**estipendiar** ▸conjug 1b◂ VT to pay a stipend to

**estipendiario** ADJ, SM stipendiary

**estipendio** SM [1] (= *sueldo*) [*de empleado*] salary; [*de abogado, notario*] fee
[2] (*Hist*) stipend

**estíptico** Ⓐ ADJ [1] (*Med*) styptic
[2] (= *estreñido*) constipated
[3] (= *miserable*) mean, miserly
Ⓑ SM styptic

**estipulación** SF stipulation, condition

**estipular** ▸conjug 1a◂ VT to stipulate

**estirada** SF (*Dep*) dive, stretch

**estirado** Ⓐ ADJ [1] (= *alargado*) stretched
[2] [*persona*] (= *tieso*) stiff, starchy; (= *engreído*) stuck-up*
[3] (= *tacaño*) tight-fisted
Ⓑ SM [*de vidrio*] drawing; [*de pelo*] straightening ► **estirado de piel**, **estirado facial** face lift

**estirador** SM (*Téc*) stretcher

**estirajar*** ▸conjug 1a◂ VT to stretch, stretch out

**estiraje** SM stretching

**estiramiento** SM = **estirado B**

**estirar** ▸conjug 1a◂ Ⓐ VT [1] (= *alargar*) [+ *goma, elástico*] to stretch; [+ *brazos*] to stretch out; [+ *cuello*] to crane; **si lo estiras más se romperá** if you stretch it any more it'll break; **salir a ~ las piernas** to go out and stretch one's legs
[2] (= *aplanar*) [+ *sábana, mantel*] to smooth out; [+ *piel*] to tighten, make taut
[3] (*en el tiempo*) [+ *discurso*] to spin out; **no sé cómo consigue ~ el dinero hasta fin de mes** I don't know how he manages to make his money stretch to the end of the month
[4] (*LAm**) (= *matar*) to bump off*, do away with*; ♦***MODISMO*** **~ la pata** to kick the bucket*
[5] (*Andes*) (= *azotar*) to flog, whip
[6] (*Cono Sur, Méx*) (= *tirar*) to pull, tug at
Ⓑ **estirarse** VPR [1] (= *alargarse*) to stretch
[2] (*Dep*) **el equipo se estiró** the team moved upfield; **el jugador se estiró por la banda** the player ran up the touchline

**estirón** SM [1] (= *tirón*) pull, tug
[2] **dar** *o* **pegar un ~*** [*niño*] to shoot up*, take a stretch*

**estironear** ▸conjug 1a◂ VT (*Cono Sur*) to pull hard at, tug sharply at

**estirpe** SF stock, lineage; **de la ~ regia** of royal stock, of the blood royal

**estítico** ADJ, SM = **estíptico**

**estitiquez** SF (*LAm*) constipation

**estival** ADJ summer *antes de s*

**esto** PRON DEM this; **~ es difícil** this is difficult; **y ~ ¿qué es?** whatever is this?; **~ es** that is, that is to say; **~ de la boda es un lío*** this wedding business is a hassle*; **por ~** for this reason; **~ ...** (*vacilando*) er ..., um ...; **en ~ entró su madre** at that point his mother came in; **no tiene ni ~ de tonto** he isn't the least *o* slightest bit silly

**estocada** SF [1] (= *acción*) stab, thrust
[2] (= *herida*) stab wound
[3] (*Taur*) death blow

**Estocolmo** SM Stockholm

**estofa** SF [1] (= *tejido*) quilting, quilted material
[2] (= *calidad*) quality; **gente de baja ~** riff-raff*

**estofado** Ⓐ ADJ [1] (*Culin*) stewed
[2] (*Cos*) quilted
Ⓑ SM (*Culin*) stew, hotpot

**estofar** ▸conjug 1a◂ VT [1] (*Culin*) to stew
[2] (*Cos*) to quilt

**estoicidad** SF stoicism, **estoicismo** SM stoicism

**estoico/a** Ⓐ ADJ stoic, stoical
Ⓑ SM/F stoic

**estola** SF stole ► **estola de visón** mink stole

**estolidez** SF stupidity

**estólido** ADJ stupid

**estomacal** ADJ stomach *antes de s*; **trastorno ~** stomach upset

**estomagante** ADJ [1] [*comida*] indigestible
[2] (*) (= *molesto*) upsetting, annoying

**estomagar** ▸conjug 1h◂ VT [1] (*Med*) to give indigestion to
[2] (*) (= *molestar*) to annoy, bother

**estómago** SM stomach; **dolor de ~** stomachache; **"no tomar con el ~ vacío"** "not to be taken on an empty stomach"; **revolver el ~ a algn** to make sb's stomach turn, turn sb's stomach; **tener buen ~** (= *resistir comidas fuertes*) to have a strong stomach; (= *ser insensible*) to be thick-skinned; (= *ser poco escrupuloso*) to have an elastic conscience

**estomatólogo/a** SM/F stomatologist

**Estonia** SF Estonia

**estonio/a** Ⓐ ADJ, SM/F Estonian
Ⓑ SM (*Ling*) Estonian

**estopa** SF [1] [*del cáñamo*] tow; ✦***MODISMO*** **largar ~ a algn:** to bash sb*, hit sb
[2] (= *tejido*) burlap ► **estopa de acero** steel wool
[3] (*Náut*) oakum
[4] (*Caribe*) cotton waste

**estopero** SM (*Méx Aut*) oil seal

**estoperol** SM [1] (= *mecha*) tow, wick
[2] (*Andes*) (= *tachuela*) brass tack
[3] (*Andes*) (= *sartén*) frying pan

**estopilla** SF cheesecloth

**estoque** SM [1] (= *arma*) rapier, sword; ✦***MODISMO*** **estar hecho un ~** to be as thin as a rake *o* (*EEUU*) rail
[2] (*Bot*) gladiolus, gladiola, sword lily

**estoquear** ▸conjug 1a◂ VT to stab, run through

**estorbar** ▸conjug 1a◂ Ⓐ VI to be in the way; **estas maletas están estorbando aquí** these cases are in the way here; **siempre estás estorbando** you're always getting in the way
Ⓑ VT [1] (= *obstaculizar*) [+ *paso, avance*] to get in the way of; [+ *trabajo, progreso*] to hinder; [+ *circulación*] to slow down
[2] (= *molestar*) to bother

**estorbo** SM [1] (= *obstáculo*) hindrance, nuisance; **no eres más que un ~** you're just a hindrance *o* nuisance; **no hay ~ para que se haga** there is no obstacle *o* impediment to it being done, there's nothing to get in the way of it being done; **el mayor ~ es el director, que no quiere dar su aprobación** the biggest obstacle is the manager, who won't give his approval
[2] (= *molestia*) nuisance

**estornino** SM starling

**estornudar** ▸conjug 1a◂ VI to sneeze

**estornudo** SM sneeze

**estoy** *ver* **estar**

**estrábico** ADJ [*persona*] wall-eyed; [*ojo*] squinting, strabismic

**estrabismo** SM strabismus (*frm*), squint

**Estrabón** SM Strabo

**estrada** SF [1] (= *carretera*) road, highway; **batir la ~** (*Mil*) to reconnoitre
[2] (*Andes Agr*) section of a rubber plantation (*150 trees*)

**estrado** SM [1] (= *tarima*) platform; (*Mús*) bandstand ► **estrado del testigo** witness stand
[2] **estrados** (*Jur*) law courts; **citar a algn para ~s** to subpoena sb

**estrafalario** ADJ [1] [*persona, ideas*] odd, eccentric
[2] [*ropa*] outlandish

**estragado** ADJ [1] (= *arruinado*) ruined
[2] (= *corrompido*) corrupted, spoiled, perverted
[3] (= *depravado*) depraved
[4] (= *descuidado*) slovenly, careless, disorderly

**estragante** ADJ damaging, destructive

**estragar** ▸conjug 1h◂ VT [1] (= *destrozar*) [+ *estómago*] to ruin; [+ *cuerpo*] to ravage; **un cuerpo estragado por la enfermedad** a body ravaged by disease
[2] [+ *gusto*] to corrupt, spoil

**estragón** SM (*Bot, Culin*) tarragon

**estragos** SMPL havoc *sing*; **el hambre hizo ~ entre los más necesitados** hunger wreaked havoc with those most in need; **la sequía hizo ~ en el campo** the drought wreaked havoc in the countryside; **el actor que ha causado ~ entre las jovencitas** the actor who has caused a stir with the young girls; **los ~ del tiempo** the ravages of time

**estramador** SM (*Méx*) comb

**estrambólico** ADJ (*LAm*) odd, outlandish

**estrambote** SM (*Literat*) extra lines *pl*, extra verses *pl*, addition

**estrambótico** ADJ odd, outlandish

**estrangis** ADV **de ~*** secretly, on the quiet

**estrangul** SM (*Mús*) mouthpiece

**estrangulación** SF strangulation

**estrangulado** ADJ (*Med*) strangulated

**estrangulador(a)** Ⓐ SM/F (= *persona*) strangler
Ⓑ SM [1] (*Mec*) throttle
[2] (*Aut*) choke

**estrangulamiento** SM [1] (= *acto*) strangulation
[2] (*Aut*) narrow stretch of road, bottleneck

**estrangular** ▸conjug 1a◂ VT [1] [+ *persona*] to strangle, throttle
[2] (*Mec*) to throttle
[3] (*Aut*) to choke

**estranji** ADV = **estrangis**

**estranqui*** SMF = **extranjero B**

**estraperlear*** ▸conjug 1a◂ VI to deal in black-market goods

**estraperlista** SMF black marketeer

**estraperlo** SM black market; **comprar algo de ~** to buy sth on the black market

**estrapontín** SM (= *asiento extra*) side seat, extra seat; (*Aut*) back seat

**Estrasburgo** SM Strasbourg

**estratagema** SF stratagem

**estratega** SMF strategist; *ver tb* **gabinete 2**

**estrategia** SF strategy ► **estrategia de la tensión** destabilizing campaign

**estratégico** ADJ strategic

**estratificación** SF stratification

**estratificado** ADJ [1] [*muestreo, sociedad*] stratified
[2] [*madera*] laminated

**estratificar** ▸conjug 1g◂ Ⓐ VT to stratify
Ⓑ **estratificarse** VPR to be stratified

**estratigrafía** SF stratigraphy

**estratigráfico** ADJ stratigraphic

**estrato** SM [1] (= *capa*) stratum
[2] (= *nube*) stratus

**estratocúmulo** SM stratocumulus

**estratosfera** SF stratosphere

**estratosférico** ADJ stratospheric

**estraza** SF rag; **papel de ~** brown paper

**estrechamente** ADV [1] (= *íntimamente*) closely, intimately
[2] (= *austeramente*) austerely

**estrechamiento** SM [1] [*de valle, calle*] narrowing; **hay un ~ en la calzada** there is a narrowing in the road
[2] (= *aumento*) [*de lazos*] tightening; [*de amistades*] strengthening

**estrechar** ▸conjug 1a◂ Ⓐ VT [1] (= *hacer estrecho*) [+ *calle*] to narrow; [+ *vestido*] to take in; **¿me puedes ~ esta falda?** can you take in this skirt for me?
[2] (= *aumentar*) [+ *lazos, relaciones*] to tighten; [+ *amistad*] to strengthen
[3] (= *abrazar*) to hug, embrace (*frm*); **me estrechó entre sus brazos** he held me in his arms, he hugged me; **~ la mano a algn** to shake sb's hand, shake hands with sb
[4] (= *obligar*) to compel
[5] [+ *enemigo*] to press hard
Ⓑ **estrecharse** VPR [1] [*calle*] to narrow, get narrower; **la carretera se estrecha al llegar al puente** the road narrows *o* gets narrower over the bridge
[2] (= *abrazarse*) to embrace (*frm*), embrace one another (*frm*), hug; **se ~on la mano** they shook hands
[3] (= *aumentar*) [*amistad*] to become stronger, become more intimate; [*lazos, relaciones*] to become closer; **~se con algn** to get very friendly with sb, grow close to sb

[4] **~se en los gastos** to economize, cut down on expenditure

**estrechez** SF [1] (= *angostura*) [*de pasillo, calle*] narrowness; [*de ropa*] tightness
[2] (= *dificultad económica*) **está acostumbrado a vivir en la ~** *o* **con ~** he is used to living in straitened circumstances; **hemos pasado muchas estrecheces** we have been through many difficulties *o* hardships ► **estrechez de dinero** shortage of money
[3] (= *rigidez*) strictness ► **estrechez de conciencia** small-mindedness ► **estrechez de miras** narrow-mindedness
[4] [*de amistad*] closeness

**estrecho/a** Ⓐ ADJ [1] (= *angosto*) [*calle, pasillo*] narrow; [*zapato, ropa*] tight; **la falda me va muy estrecha** the skirt is very tight on me; **es muy ~ de hombros** he's very narrow-shouldered, he's got very narrow shoulders; **estábamos muy ~s en el asiento trasero** it was a tight squeeze *o* we had to squeeze up tight in the back seat
[2] [*amistad, relación*] close; **trabajan en estrecha colaboración con el comité** they work in close collaboration with the committee; **la sometieron a una estrecha vigilancia** they kept her under close supervision *o* a close watch
[3] (*sexualmente*) prudish, prim
[4] (*de mentalidad*) narrow-minded; **~ de miras** *o* **mente** narrow-minded
Ⓑ SM [1] (*Geog*) strait, straits *pl* ► **Estrecho de Gibraltar** Strait(s) of Gibraltar
[2] (†) (= *aprieto*) predicament; **al ~** by force, under compulsion; **poner a algn en el ~ de hacer algo** to put sb in the position of having to do sth
Ⓒ SM/F* prude; **no te hagas la estrecha conmigo** don't act the prude with me

**estrechura** SF = **estrechez 1, 2**

**estregadera** SF [1] (= *cepillo*) scrubbing brush
[2] (= *fregona*) floor mop
[3] [*de puerta*] door scraper, boot scraper

**estregar** ▸conjug 1h y 1j◂ VT to rub; (*con cepillo*) to scrub, scour

**estrella** Ⓐ SF [1] (*Astron*) star; ✦**MODISMOS** **poner a algn sobre las ~s** to praise sb to the skies; **tener buena ~** to be lucky; **tener mala ~** to be unlucky; **ver las ~s** to see stars ► **estrella de Belén** star of Bethlehem ► **estrella de David** Star of David ► **estrella de guía** guiding star ► **estrella del norte** north star ► **estrella de neutrones** neutron star ► **estrella de rabo** comet ► **estrella fija** fixed star ► **estrella fugaz** shooting star ► **estrella neutrónica** neutron star ► **estrella polar** polar star ► **estrella vespertina** evening star; *ver tb* **nacer A1**
[2] (*Tip*) asterisk, star; **un hotel de cinco ~s** a five-star hotel
[3] (*Cine, Teat*) star; **¿quién es la ~ de la película?** who's the star of the film?, who stars in the film? ► **estrella de cine** film star, movie star (*EEUU*)
[4] (*Mil*) star, pip
[5] (*Zool*) blaze, white patch ► **estrella de mar** starfish
Ⓑ ADJ INV star *antes de s*; **la atracción ~ de la temporada** the star attraction of the season; **el jugador ~ del equipo** the star player in the team

**estrelladera** SF slice

**estrellado** ADJ [1] (= *en forma de estrella*) star-shaped
[2] [*cielo*] starry, star-spangled
[3] (= *destrozado*) smashed, shattered
[4] (*Culin*) [*huevo*] fried

**estrellamar** SF starfish

**estrellar** ▸conjug 1a◂ Ⓐ VT [1] (= *hacer chocar*) to smash, shatter; **lo estrelló contra la pared** he smashed it against the wall; **estrelló el balón en el poste** he hammered the ball onto the goalpost; **la corriente amenazaba con ~ el barco contra las rocas** the current threatened to dash the boat on to the rocks
[2] (= *decorar con estrellas*) to spangle, cover with stars
[3] (*Culin*) [+ *huevo*] to fry
Ⓑ **estrellarse** VPR [1] (= *chocar*) to smash, crash; **el coche se estrelló contra el muro** the car smashed *o* crashed into the wall
[2] [*proyecto, plan*] to fail; **~se con** *o* **contra algo** to be thwarted by sth

**estrellato** SM stardom; **el director que la lanzó al ~** the director who propelled her to stardom

**estrellón** SM [1] (*esp LAm Aer*) crash; (*Aut*) crash, collision
[2] (= *estrella grande*) large star
[3] [*de fuegos artificiales*] star firework

**estremecedor** ADJ alarming, disturbing

**estremecer** ▸conjug 2d◂ Ⓐ VT to shake
Ⓑ **estremecerse** VPR [1] [*edificio*] to shake
[2] [*persona*] (*de miedo*) to tremble (**ante** at; **de** with); (*de horror*) to shudder (**de** with); (*de frío, escalofrío*) to shiver (**de** with)

**estremecido** ADJ shaking, trembling (**de** with)

**estremecimiento** SM, **estremezón** (*Col, Ven*) SM [1] (= *sacudida*) shake
[2] [*de frío*] shiver, shivering
[3] (= *sobresalto*) shock
[4] (= *terremoto*) (*Andes, Caribe*) tremor

**estrena** SF [1] (= *regalo*) good-luck gift, token
[2] **estrenas** (*de Navidad*) Christmas presents
[3] = **estreno**

**estrenar** ▸conjug 1a◂ Ⓐ VT [1] (= *usar por primera vez*) [+ *ropa*] to wear for the first time, put on for the first time; [+ *máquina, coche*] to use for the first time; **voy estrenando zapatos** I'm wearing these shoes for the first time; **¿has estrenado ya el coche?** have you tried your new car yet?; **el piso es a ~** it's a brand new flat
[2] (*Cine*) to release; (*Teat*) to premiere; **todavía no han estrenado la película** the film hasn't been released yet, the film is not on release yet; **están a punto de ~ el nuevo montaje de "Yerma"** the new production of "Yerma" is about to open
Ⓑ **estrenarse** VPR [1] [*persona*] to make one's debut; **todavía no se ha estrenado como profesora** she still hasn't started working as a teacher; **esta noche todavía no se ha estrenado*** he hasn't pulled so far tonight*
[2] (*Cine, Teat*) [*película*] to be released; **la película se estrenó en Junio** the film was released in June
[3] (*) to cough up*, pay up

**estrenista** SMF (*Teat*) first nighter*

**estreno** SM [1] (= *primer uso*) first use; **hoy voy todo de ~** I'm wearing all new clothes today; **se puso de ~ para la boda** she wore new clothes for the wedding; **fue cuando el ~ del coche nuevo** it was when we went out in the new car for the first time
[2] (= *debut*) [*de artista*] debut, first appearance; [*de película*] premiere; [*de obra de teatro*] premiere, first night, first performance; **riguroso ~ mundial** world premiere ► **estreno general** general release
[3] (*Caribe*) down payment, deposit

**estrenque** SM stout esparto rope

**estrenuo** ADJ vigorous, energetic

**estreñido** ADJ constipated

**estreñimiento** SM constipation

**estreñir** ▸conjug 3h, 3k◂ Ⓐ VT to constipate; **el queso estriñe** cheese causes constipation
Ⓑ **estreñirse** VPR to get constipated

**estrepitarse** ▸conjug 1a◂ VPR (*Caribe*) to kick up a fuss, make a scene

**estrépito** SM [1] (= *alboroto*) noise, racket; **reírse con ~** to laugh uproariously
[2] (= *bulla*) fuss

**estrepitosamente** ADV [1] (= *con ruido*) noisily
[2] (= *espectacularmente*) spectacularly

**estrepitoso** ADJ [1] (= *ruidoso*) [*risa, canto*] noisy; [*persona, fiesta*] rowdy; **con aplausos ~s** with loud *o* thunderous applause
[2] [*descenso, fracaso*] spectacular

**estreptococo** SM streptococcus

**estreptomicina** SF streptomycin

**estrés** SM stress

**estresado** ADJ [*persona*] stressed, stressed out*; [*vida, trabajo*] stressful; **ha estado muy ~ últimamente** he's been very stressed *o* under a lot of stress recently; **lleva una vida muy estresada** he leads a very stressful life

**estresante** ADJ stressful

**estresar** ▸conjug 1a◂ VT to cause stress to, put stress on

**estría** SF [1] (*Anat*) stretch mark
[2] (*Arquit*) flute, fluting
[3] (*Biol, Geol*) striation

**estriado** Ⓐ ADJ [1] (*Anat*) stretchmarked
[2] (*Arquit*) fluted
[3] (*Biol, Geol*) striate, striated
Ⓑ SM [1] (*Arquit*) fluting
[2] (*Biol, Geol*) striation

**estriar** ▸conjug 1c◂ Ⓐ VT to groove, make a groove in
Ⓑ **estriarse** VPR [*piel*] **se estría la piel durante el embarazo** stretch marks appear during pregnancy

**estribación** SF (*Geog*) spur; **en las estribaciones del Himalaya** in the foothills of the Himalayas

**estribar** ▸conjug 1a◂ VI **~ en algo: su felicidad estriba en ver contentos a los demás** her happiness comes from seeing other people being happy; **la dificultad estriba en el texto** the difficulty lies in the text; **su prosperidad estriba en esta industria** their prosperity is based on *o* derives from this industry

**estribera** SF [1] (= *estribo*) stirrup
[2] [*de moto*] footrest
[3] (*LAm*) saddle strap

**estriberón** SM stepping stone

**estribillo** SM [1] (*Literat*) refrain
[2] (*Mús*) chorus; **¡siempre con el mismo ~!** it's always the same old story!

**estribo** SM [1] (= *pieza de apoyo*) [*de jinete*] stirrup; [*de moto*] footrest; ✦*MODISMO* **perder los ~s** (= *enfadarse*) to lose one's temper, blow one's top*; (= *agitarse*) to get hot under the collar
[2] (*en coche*) running board
[3] (*Arquit*) [*de edificio*] buttress; [*de puente*] support
[4] (*Téc*) brace
[5] (*Geog*) spur

**estribor** SM starboard

**estricnina** SF strychnine

**estricote** SM ✦*MODISMO* **andar al ~** (*Caribe**) to live a wild life

**estrictamente** ADV strictly

**estrictez** SF (*LAm*) strictness

**estricto** ADJ strict

**estridencia** SF stridency, raucousness; **iba vestida sin ~s** she was not loudly dressed

**estridente** ADJ [1] [*ruido*] strident, raucous
[2] [*color*] loud

**estridentemente** ADV [1] (= *ruidosamente*) stridently, raucously
[2] (= *vistosamente*) loudly

**estridor** SM stridency

**estrillar** ▸conjug 1a◂ VI (*Andes, Cono Sur*) to get cross

**estrillo** SM (*Andes, Cono Sur*) bad temper, annoyance

**estriptís*** SM, **estriptise*** SM (*Andes*) striptease

**estriptisero/a*** SM/F (*Andes*) stripper*, striptease artist

**estriptista*** SMF stripper*

**estro** SM [1] (= *inspiración*) inspiration
[2] (*Med, Vet*) oestrus, estrus (*EEUU*)

**estrofa** SF verse, strophe (*frm*)

**estrófico** ADJ strophic

**estrógeno** SM oestrogen, estrogen (*EEUU*)

**estroncio** SM strontium ▸ **estroncio 90** strontium 90

**estropajo** SM [1] (*para fregar*) scourer, scouring pad; ✦*MODISMOS* **poner a algn como un ~** to make sb feel a heel; **servir de ~** to be exploited, be used to do the dirty work ▸ **estropajo de acero** steel wool
[2] (= *objeto inútil*) worthless object; (= *persona inútil*) dead loss

**estropajoso** ADJ [1] (= *áspero*) [*lengua*] coated, furry; [*carne*] tough
[2] [*habla*] indistinct; **cuando bebe se le pone la lengua estropajosa** when he drinks he gets tongue-tied
[3] [*pelo*] straggly

**estropeado** ADJ [1] (= *averiado*) [*lavadora, televisor*] broken; [*ascensor, vehículo*] broken down; **tengo ~ el vídeo** the video is not working *o* has gone wrong *o* is broken
[2] (= *dañado*) [*piel*] damaged; [*carne, fruta*] off; **este jersey está ya muy ~** this jumper is falling apart now; **los muebles están muy ~s** the furniture is in very poor condition
[3] [*persona*] [3·1] (= *afeado*) **la encontré muy estropeada después del parto** she looked the worse for wear after the birth; **lo he visto muy ~ últimamente** he's been looking a real wreck lately*
[3·2] (= *envejecido*) **está muy estropeada para su edad** she looks much older than she is, she looks pretty worn out for her age

**estropear** ▸conjug 1a◂ Ⓐ VT [1] (= *averiar*) [+ *juguete, lavadora, ascensor*] to break; [+ *vehículo*] to damage
[2] (= *dañar*) [+ *tela, ropa, zapatos*] to ruin; **te vas a ~ la vista** you'll ruin your eyesight; **esa crema le ha estropeado el cutis** that cream has damaged *o* ruined her skin
[3] (= *malograr*) [+ *plan, cosecha, actuación*] to ruin, spoil; **la lluvia nos estropeó la excursión** the rain ruined *o* spoiled our day out; **el final estropeaba la película** the ending ruined *o* spoiled the film; **la luz estropea el vino** light spoils wine, light makes wine go off
[4] (= *afear*) [+ *objeto, habitación*] to ruin the look of, spoil the look of; [+ *vista, panorama*] to ruin, spoil; **estropeó el escritorio pintándolo de blanco** he ruined *o* spoiled the look of the desk by painting it white; **ese sofá estropea el salón** that sofa ruins the look of the living room, that sofa spoils (the look of) the living room; **el centro comercial nos ha estropeado la vista** the shopping centre has ruined *o* spoiled our view
[5] (= *envejecer*) [+ *persona*] **los años la han estropeado** she has aged really badly
Ⓑ **estropearse** VPR [1] (= *averiarse*) [*lavadora, televisor*] to break; [*ascensor, vehículo*] to break down; **se me ha estropeado el vídeo** my video is *o* has broken
[2] (= *dañarse*) [*ropa, zapatos, vista*] to get ruined; [*carne, fruta*] to go off, spoil; **el ante se estropea con la lluvia** suede gets ruined in the rain; **si te lo lavas con este champú no se ~á el pelo** this shampoo won't damage *o* ruin your hair; **se le ha estropeado la cara con el sol** his face has aged from too much sun
[3] (= *malograrse*) [*plan, vacaciones*] to be ruined; **se me ~on todos los planes cuando me quedé sin trabajo** all my plans were ruined when I lost my job; **se nos ~on las vacaciones por culpa del accidente** our holiday was ruined by the accident
[4] [*persona*] (= *afearse*) to lose one's looks; (= *envejecer*) to age; **se ha estropeado mucho desde que está enfermo** he's really lost his looks since he got ill; **no te has estropeado nada con los años** you haven't aged at all

**estropicio*** SM [1] (= *rotura*) breakage, smashing
[2] (= *trastorno*) harmful effects *pl*; **espero que el retraso no le cause ningún ~** I hope the delay won't cause you any inconvenience
[3] (= *jaleo*) rumpus*

**estructura** SF [1] [*de poema, célula, organización*] structure ▸ **estructura atómica** atomic structure ▸ **estructura del poder** power structure ▸ **estructura profunda** (*Ling*) deep structure ▸ **estructura salarial** pay structure ▸ **estructura superficial** (*Ling*) surface structure
[2] [*de edificio*] frame, framework

**estructuración** SF [1] (= *acción*) structuring
[2] (= *estructura*) structure

**estructural** ADJ structural

**estructuralismo** SM structuralism

**estructuralista** ADJ, SMF structuralist

**estructuralmente** ADV structurally

**estructurar** ▸conjug 1a◂ VT to structure, arrange

**estruendo** SM [1] (= *ruido*) din
[2] (= *alboroto*) uproar, turmoil
[3] (= *pompa*) pomp

**estruendosamente** ADV [1] (= *ruidosamente*) noisily, uproariously
[2] (= *aparatosamente*) loudly, obstreperously

**estruendoso** ADJ [1] (= *ruidoso*) thunderous
[2] (= *escandaloso*) [*derrota, fracaso*] outrageous

**estrujado** SM [*de uvas*] pressing

**estrujadura** SF squeeze, press, pressing

**estrujar** ▸conjug 1a◂ Ⓐ VT [1] (= *exprimir*) to squeeze
[2] (= *apretar*) to press
[3] (= *escurrir*) [+ *bayeta, trapo*] to wring
[4] (= *aprovecharse de*) to drain, bleed white
Ⓑ **estrujarse** VPR ✦*MODISMO* **~se la mollera*** to rack one's brains*

**estrujón** SM [1] (= *apretón*) squeeze, press
[2] (*) (= *abrazo*) bear hug

**Estuardo** SM Stuart

**estuario** SM estuary

**estucado** Ⓐ ADJ [1] [*papel*] coated
[2] [*pared*] plastered, stuccoed
Ⓑ SM stucco, stucco work

**estucar** ▸conjug 1g◂ VT to stucco, plaster

**estuche** SM [1] (= *funda*) [*de gafas, instrumento*] case; [*de lápices*] pencil case; [*de espada*] sheath ▸ **estuche de afeites** vanity case ▸ **estuche de aseo** toilet case ▸ **estuche de cigarros** cigar case ▸ **estuche de costura** sewing basket ▸ **estuche de cubiertos** canteen of cutlery ▸ **estuche de herramientas** toolbox ▸ **estuche de joyas** jewel box *o* case, jewellery box, jewelry box (*EEUU*)
[2] ✦*MODISMO* **ser un ~*** to be a handyman, be a useful person to have around

**estuchero*** SM (*Méx*) safebreaker

**estuco** SM stucco, plaster

**estudiado** ADJ [*sonrisa, respuesta*] studied; **una persona de gestos muy ~s** a very mannered *o* affected person

**estudiantado** SM students *pl*, student body

**estudiante** SMF student; **~ de derecho** law student; **~ de medicina** medical student; **~ de ruso** student of Russian

**estudiantil** ADJ student *antes de s*; **vida ~** student life; **los problemas ~es** student problems

**estudiantina** SF student music group; **a la ~** like a student, in the manner of students; → TUNA

**estudiantino** ADJ student *antes de s*

**estudiar** ▸conjug 1b◂ Ⓐ VT [1] (= *aprender*) [+ *lección, papel*] to learn; **estoy estudiando francés en una academia** I'm learning French at a language school; **se estudió el papel en media hora** she learned her part in half an hour; **tengo mucho que ~** I've got a lot of work *o* studying to do; **esta tarde tengo que ~ matemáticas** I have to do some maths this evening
[2] (= *cursar*) to study; **estudió arquitectura** he studied architecture; **estoy estudiando piano** I'm studying the piano; **quería que su hijo estudiase una carrera** she wanted her son to go to university *o* to do a degree; **¿qué curso estudias?** what year are you in?
[3] (= *examinar*) [*informe, experimento*] to examine, look into; [*persona*] to study, look into; **el informe estudia los efectos de la sequía** the report examines *o* looks into the effects of the drought; **están estudiando el compor-**

**tamiento de los insectos** they are studying *o* looking into insect behaviour; **me estudió de pies a cabeza** he looked me up and down

[4] (= *considerar*) to consider, study; **~emos su oferta y ya le contestaremos** we shall consider *o* study your offer and get back to you; **el informe está siendo estudiado** the report is being studied *o* is under consideration; **están estudiando la posibilidad de convocar una huelga** they are looking into the possibility of calling a strike, they are considering calling a strike

Ⓑ VI [1] (= *aprender*) to study; **tienes que ~ más** you have to work *o* study harder; **me tengo que ir a ~ ahora** I must go and do some work *o* studying now

[2] (= *cursar estudios*) to study; **estudió con el Profesor García Montero** she studied under Professor García Montero; **estudia en un colegio de monjas** she goes to a convent school; **dejé de ~ a los trece años** I left school at thirteen; **~ para algo** to study to be sth; **mi hijo estudia para abogado** my son is studying to be a lawyer

**estudio** SM [1] (= *investigación*) study; **los últimos ~s en lingüística** the latest work *o* studies in linguistics; **en ~s de laboratorio** in laboratory tests *o* studies ► **estudio de campo** field study ► **estudio de casos (prácticos)** case study ► **estudio de desplazamientos y tiempos** (*Com*) time and motion study ► **estudio del trabajo** work study ► **estudio de mercado** market research ► **estudio de viabilidad** feasibility study ► **estudios de motivación** motivational research *sing*; *ver tb* **bolsa 9**, **plan 2**

[2] (= *actividad investigadora*) study; **una vida dedicada al ~** a life devoted to study; **horas de ~** hours of study; **primero el ~ y luego el juego** work first and play later

[3] (= *análisis*) [*de intención de voto, edificio*] survey; **vamos a hacer un ~ del cabello de la víctima** we are going to examine the victim's hair; **ya les hemos entregado el proyecto para su ~** we have already put forward the plan for their consideration; **estar en ~** to be under consideration

[4] **estudios** (= *educación*) education *sing*; **sus padres le pagaron los ~s** her parents paid for her education; **una persona sin ~s** an uneducated person; **cursar ~s de algo** to study sth; **dejar los ~s** (*Escol*) to drop out of school; (*Univ*) to drop out of university; **tener ~s** to have an education, be educated; **tengo algunos ~s de inglés** I've studied some *o* a bit of English ► **estudios primarios** primary education *sing* ► **estudios secundarios** secondary education *sing* ► **estudios superiores** higher education *sing*; **tener ~s superiores de derecho penal** to have studied criminal law to degree level ► **estudios universitarios** university degree *sing*, university studies

[5] (= *erudición*) learning; **un hombre de mucho ~** a man of great learning

[6] (*Arte, Mús*) study; **un ~ de piano** a study *o* étude for piano

[7] (= *lugar de trabajo*) [7·1] (*en una casa*) study [7·2] (*profesional*) [*de artista, arquitecto*] studio; (*Cono Sur*) [*de abogado*] office

[7·3] (*Cine, Radio, TV*) studio ► **estudio cinematográfico**, **estudio de cine** film studio ► **estudio de diseño** design studio ► **estudio de fotografía** photographer's studio, photographic studio ► **estudio de grabación** recording studio ► **estudio de registro de sonidos** sound-recording studio ► **estudio de televisión** television studio ► **estudio radiofónico** broadcasting studio

[8] (= *apartamento*) studio, studio flat

**estudiosamente** ADV studiously

**estudioso/a** Ⓐ ADJ studious

Ⓑ SM/F expert, scholar; **un ~ de la literatura medieval** an expert in *o* a scholar of medieval literature

**estufa** SF [1] (= *para calentarse*) heater ► **estufa de gas** gas heater ► **estufa de petróleo** oil heater ► **estufa eléctrica** electric fire

[2] (*Agr*) hothouse; ✦***MODISMO*** **criar a algn en ~** to pamper sb

[3] (*Méx*) stove

**estufilla** SF [1] (= *brasero*) small stove, brazier

[2] (*para las manos*) muff

**estulticia** SF (*liter*) stupidity, foolishness

**estultificar** ▸conjug 1g◂ (*CAm*) VT **~ a algn** to make sb look stupid, make sb out to be a fool

**estulto** ADJ (*liter*) stupid, foolish

**estupa*** Ⓐ SF drug squad

Ⓑ SMF member of the drug squad

**estupefacción** SF astonishment, amazement

**estupefaciente** Ⓐ ADJ narcotic

Ⓑ SM narcotic, drug

**estupefacto** ADJ astonished; **me miró ~** he looked at me in astonishment *o* amazement; **dejar a algn ~** to leave sb speechless

**estupendamente** ADV marvellously, marvelously (*EEUU*), wonderfully; **estoy ~** I feel great *o* marvellous; **nos lo pasamos ~** we had a fantastic *o* great time*; **le salió ~** he did it very well

▼ **estupendo** ADJ marvellous, marvelous (*EEUU*), great*; **¡estupendo!** that's great!*, splendid!; **—no te preocupes, yo lo hago —¡estupendo!** "don't worry, I'll do it" — "great!"; **tiene un coche ~** he's got a great *o* fantastic car*; **es ~ tocando la trompeta** he's great on the trumpet*

**estúpidamente** ADV stupidly

**estupidez** SF [1] (= *cualidad*) stupidity

[2] (= *acto, dicho*) stupid thing; **lo que hizo fue una ~** what he did was stupid, that was a stupid thing to do; **fue una ~ mía** it was a stupid mistake of mine; **deja de decir estupideces** stop talking rubbish* *o* nonsense; **cometer una ~** to do something silly

**estupidizador** ADJ stupefying

**estúpido/a** Ⓐ ADJ stupid

Ⓑ SM/F idiot; **ese tío es un ~** that guy's an idiot

**estupor** SM [1] (= *sorpresa*) amazement, astonishment

[2] (*Med*) stupor

**estuprar** ▸conjug 1a◂ VT to rape

**estupro** SM [1] (= *violación*) rape

[2] (*con menor de edad*) sexual intercourse with a minor

**estuque** SM stucco

**estuquería** SF stuccoing, stucco work

**esturión** SM sturgeon

**estuve** *etc ver* **estar**

**esvástica** SF swastika

**ET** ABR (*Esp*) = **Ejército de Tierra**

**ETA** SF ABR (*Esp Pol*) (= **Euskadi Ta Askatasuna**) ≈ Patria Vasca y Libertad, ETA

**-eta** *ver* **Aspects of Word Formation in Spanish 2**

**etano** SM (*Quím*) ethane

**etanol** SM ethanol

**etapa** SF [1] [*de viaje*] stage; **en pequeñas ~s** in easy stages; ✦***MODISMO*** **quemar ~s** to make rapid progress

[2] (= *fase*) stage, phase; **desarrollo por ~s** phased development, development in stages; **la segunda ~ del plan** the second phase of the plan; **una adquisición proyectada por ~s** a phased takeover; **lo haremos por ~s** we'll do it gradually *o* in stages

[3] (*Dep*) leg, lap

[4] (*Mil*) stopping place

[5] [*de cohete*] stage; **cohete de tres ~s** 3-stage rocket

**etario** ADJ age *antes de s*; **grupo ~** age group

**etarra** Ⓐ ADJ of ETA

Ⓑ SMF member of ETA

**etc.** ABR (= **etcétera**) etc

**etcétera** Ⓐ ADV and so on

Ⓑ SM long list; **y un largo ~** and a lot more besides, and much much more; **y un largo ~ de autores** and many more authors besides

**-ete** *ver* **Aspects of Word Formation in Spanish 2**

**éter** SM ether

**etéreo** ADJ ethereal

**eternamente** ADV eternally, everlastingly

**eternidad** SF eternity; **la espera se me hizo una ~** I waited what felt like an eternity

**eternizar** ▸conjug 1f◂ Ⓐ VT [1] [+ *vida, personaje*] to perpetuate

[2] [+ *entrevista, viaje*] to drag out

Ⓑ **eternizarse** VPR [1] [*discurso, reunión*] to drag on (forever), go on forever

[2] [*persona*] to take ages*; **se eterniza cada vez que va de compras** she takes ages every time she goes shopping; **~se en hacer algo** to take ages to do sth

**eterno** ADJ [1] (= *duradero*) eternal, everlasting; **el ~ problema del dinero** the eternal *o* everlasting problem of money

[2] (= *interminable*) never-ending; **el viaje se me hizo ~** I thought the journey would never end, the journey seemed never-ending *o* interminable

**ethos** ['etos] SM ethos

**ética** SF ethics ► **ética profesional** professional ethics

**ético[1]/a** Ⓐ ADJ ethical

Ⓑ SM/F ethicist

**ético[2]** ADJ (*Med*) consumptive

**eticoso*** ADJ (*Andes*) fussy, finicky

**etileno** SM (*Quím*) ethylene

**etílico** ADJ **alcohol ~** ethyl alcohol; **intoxicación etílica** alcohol poisoning; **en estado ~** intoxicated

**etilo** SM ethyl

**étimo** SM etymon

**etimología** SF etymology

**etimológico** ADJ etymological

**etiología** SF aetiology, etiology (*EEUU*)

**etíope** ADJ, SMF Ethiopian

➤ LENGUA Y USO: **estupendo** 38.1, 38.2, 40.3

**Etiopía** SF Ethiopia
**etiquencia** SF (*Caribe, Méx Med*) consumption
**etiqueta** SF 1 (*pegada*) label; (*atada, grapada*) tag; **despégale la ~ a la camisa** take the label off the shirt; **le han puesto la ~ de cobarde** they've labelled him a coward ► **etiqueta autoadhesiva** sticky label ► **etiqueta del precio** price tag
2 (= *formalismo*) etiquette; **de ~** formal; **baile de ~** gala ball; **traje de ~** formal dress; **ir de ~** to wear formal dress; **"vestir de ~"** (*en invitación*) "dress: formal"
**etiquetación** SF, **etiquetado** SM, **etiquetaje** SM labelling
**etiquetadora** SF labelling machine
**etiquetar** ▸conjug 1a◂ VT to label; **~ a algn de algo** to label sb (as) sth
**etiquetero** ADJ formal, ceremonious
**etnia** SF ethnic group
**etnicidad** SF ethnicity
**étnico** ADJ ethnic
**etnocéntrico** ADJ ethnocentric
**etnocentrismo** SM ethnocentrism
**etnografía** SF ethnography
**etnográfico** ADJ ethnographic
**etnología** SF ethnology
**etnológico** ADJ ethnological
**etnomusicología** SF ethnomusicology
**etrusco/a** Ⓐ ADJ, SM/F Etruscan
Ⓑ SM (*Ling*) Etruscan
**ETS** Ⓐ SF ABR (*Med*) (= **enfermedad de transmisión sexual**) STD
Ⓑ SFPL ABR (*Esp*) (= **Escuelas Técnicas Superiores**) *technical colleges offering short degree courses*
**ETT** SF ABR (*Esp*) = **Empresa de Trabajo Temporal**
**EU(A)** ABR (*esp LAm*) (= **Estados Unidos (de América)**) US(A)
**eucaliptal** SM, **eucaliptar** SM eucalyptus plantation
**eucalipto** SM eucalyptus
**eucaristía** SF Eucharist
**eucarístico** ADJ Eucharistic
**Euclides** SM Euclid
**euclidiano** ADJ Euclidean
**eufemismo** SM euphemism
**eufemístico** ADJ euphemistic
**eufonía** SF euphony
**eufónico** ADJ euphonic, euphonious
**euforia** SF euphoria
**eufórico** ADJ euphoric
**euforizante** ADJ **droga ~** drug that produces euphoria
**euforizar** ▸conjug 1f◂ Ⓐ VT to produce euphoria in, exhilarate
Ⓑ **euforizarse** VPR to become exhilarated
**Eufrates** SM Euphrates
**eugenesia** SF eugenics *sing*
**eugenésico** ADJ eugenic
**Eugenio** SM Eugene
**eugenismo** SM eugenics *sing*
**eunuco** SM eunuch
**eurasiático/a** ADJ, SM/F Eurasian
**eureka** EXCL eureka!
**euribor** SM (*Fin*) Euribor
**Eurídice** SF Eurydice
**Eurípedes** SM Euripides
**eurítmica** SF eurhythmics *sing*
**euro** SM 1 (= *moneda*) euro
2 (*liter*) (= *viento*) east wind
**euro...** PREF Euro...
**eurobonos** SMPL Eurobonds
**Eurocámara** SF Euro Parliament, European Parliament
**eurocheque** SM Eurocheque
**eurocomisario/a** SM/F Euro-commissioner
**eurocomunismo** SM Eurocommunism
**eurocomunista** ADJ, SMF Eurocommunist
**euroconector** SM SCART connector, Euroconnector
**eurócrata** SMF Eurocrat
**Eurocrédito** SM Eurocredit
**eurodiputado/a** SM/F Euro MP, member of the European Parliament
**eurodivisa** SF Eurocurrency
**eurodólar** SM Eurodollar
**euroescéptico/a** ADJ, SM/F Eurosceptic
**eurofanático** ADJ fanatically pro-European
**eurófilo/a** ADJ, SM/F Europhile
**eurófobo/a** ADJ, SM/F Europhobe
**eurofuncionario/a** SM/F EU official
**euromercado** SM Euromarket
**euromisil** SM short-range nuclear missile
**Europa** SF Europe
**europarlamentario/a** SM/F member of the European Parliament
**europarlamento** SM European Parliament
**europeidad** SF Europeanness
**europeísmo** SM Europeanism
**europeísta** ADJ, SMF pro-European
**europeización** SF Europeanization
**europeizante** ADJ, SMF (*LAm*) = **europeísta**
**europeizar** ▸conjug 1f◂ Ⓐ VT to Europeanize
Ⓑ **europeizarse** VPR to become Europeanized
**europeo/a** ADJ, SM/F European
**Eurovisión** SF Eurovision
**éuscaro** ADJ, SM = **euskera**
**Euskadi** SF the Basque Country ► **Euskadi norte** Pays Basque (*France*)
**euskaldún/una** Ⓐ ADJ 1 (= *vasco*) Basque
2 (*Ling*) Basque-speaking
Ⓑ SM/F Basque speaker
**euskaldunización** SF 1 (*Pol*) conversion to Basque norms
2 (*Ling*) conversion to Basque, *process of making people Basque-speaking*
**euskaldunizar** ▸conjug 1f◂ VT 1 (*Pol*) to convert to Basque norms
2 (*Ling*) to convert to Basque, make Basque-speaking
**euskera** SM, **eusquera** SM, **eusquero** SM Basque, the Basque language ► **euskera batua** standard Basque

**EUSKERA**

*Spoken by over half a million people in the Western Pyrenees, Basque, which is a non-Indo-European language, has been one of Spain's* **lenguas cooficiales** *(along with* **catalán** *and* **gallego***) since 1982. Originally spoken also in Burgos and the Eastern Pyrenees, it began to lose ground to Castilian from the 13th century onwards. Under Franco its use was prohibited in the media, but it began to experience a revival in the 1950s through semi-clandestine Basque-language schools called* **ikastolas**. *In 1968 the Academy of the Basque Language created a standardized form called* **euskera batua**, *an attempt to homogenize several divergent dialects. Nowadays there is Basque-language radio and television, and under the autonomous government the teaching of the language has become a cornerstone of educational policy.*
⇨ *See also* LENGUAS COOFICIALES

**eutanasia** SF euthanasia, mercy killing
**Eva** SF Eve
**evacuación** SF 1 [*de habitantes, heridos*] evacuation
2 (*Téc*) waste
3 (*Med*) evacuation, bowel movement
**evacuado/a** SM/F evacuee
**evacuar** ▸conjug 1d◂ VT 1 (= *desocupar*) to evacuate
2 (*Med*) [+ *llaga*] to drain; **~ el vientre** to have a bowel movement
3 (*frm*) (= *realizar*) [+ *deber*] to fulfil; [+ *consulta*] to carry out, undertake; [+ *negocio*] to transact; [+ *trato*] to conclude
4 (*Jur*) [+ *dictamen*] to issue
**evacuatorio** SM public lavatory
**evadido/a** SM/F escaped prisoner, escaped convict
**evadir** ▸conjug 3a◂ Ⓐ VT 1 [+ *problema*] to evade, avoid
2 (*Fin*) [+ *impuestos*] to evade; [+ *dinero*] to pass, get away with
Ⓑ **evadirse** VPR 1 (= *huir*) (*gen*) to escape; (*de cárcel*) to break out, escape; **~se de la realidad** to escape from reality
2 (*LAm**) to trip*
**evaluación** SF 1 (= *valoración*) [*de datos*] evaluation; [*de daños, pérdidas*] assessment ► **evaluación del impacto ambiental** assessment of the impact upon the environment
2 (*Escol*) (= *acción*) assessment; (= *examen*) test ► **evaluación continua** continuous assessment ► **evaluación escolar** exam (*forming part of end-of-term or end-of-year assessment*)
**evaluador(a)** SM/F assessor
**evaluar** ▸conjug 1e◂ VT 1 (= *valorar*) [+ *datos*] to evaluate; [+ *daños, pérdidas*] to assess
2 (*Escol*) to assess
**evaluativo** ADJ evaluative
**evanescente** ADJ evanescent
**evangélico** ADJ evangelic, evangelical
**evangelio** SM gospel; **el Evangelio según San Juan** the Gospel according to St John; ✦***MODISMOS*** **se aceptan sus ideas como el ~** his ideas are accepted as gospel truth; **lo que habla es el ~** he speaks the gospel truth
**evangelismo** SM evangelism
**Evangelista** ADJ **San Juan ~** St John the Evangelist
**evangelista** SMF evangelist
**evangelizador(a)** SM/F evangelist
**evangelizar** ▸conjug 1f◂ VT to evangelize
**evaporación** SF evaporation
**evaporar** ▸conjug 1a◂ Ⓐ VT to evaporate
Ⓑ **evaporarse** VPR 1 [*líquido*] to evaporate
2 [*persona*] to vanish o disappear into thin air

**evaporizar** ▸conjug 1f◂ Ⓐ VT to vaporize
Ⓑ **evaporizarse** VPR to vaporize

**evasión** SF (= *huida*) [*de lugar*] escape; [*de responsabilidad*] evasion; **literatura de ~** escapist literature ► **evasión de capitales** flight of capital ► **evasión de impuestos**, **evasión fiscal**, **evasión tributaria** tax evasion

**evasionario** ADJ (*Literat*) escapist

**evasionismo** SM escapism

**evasiva** SF [1] (= *pretexto*) excuse; **viene con sus ~s** he avoids a straight answer; **contestar con ~s** to avoid the issue, dodge the issue
[2] (= *escapatoria*) loophole, way out

**evasivo** ADJ [*respuesta*] evasive, noncommittal

**evento** SM [1] (= *acontecimiento*) event; **con motivo de este ~** to mark this event; **a todo ~** whatever happens
[2] (= *incidente*) unforeseen happening
[3] (*Dep*) fixture

**eventual** Ⓐ ADJ [1] (= *posible*) possible
[2] (= *temporal*) [*trabajo, obrero*] temporary, casual; [*solución*] stopgap *antes de s*
[3] (*LAm*) (= *final*) eventual
Ⓑ SMF temporary worker, casual worker

**eventualidad** SF [1] (= *posibilidad*) eventuality; **en esa ~** in that eventuality
[2] (= *trabajo*) casual employment

**eventualmente** ADV [1] (= *posiblemente*) possibly; **algún número de la revista se publicará ~** special issues of the journal will be published from time to time
[2] (= *por casualidad*) by chance
[3] (*LAm*) (= *por fin*) eventually

**Everest** SM **el (Monte) ~** (Mount) Everest

**evidencia** SF [1] (= *obviedad*) evidence; **ante la ~ de los hechos, se confesó culpable** faced with the evidence, he pleaded guilty; **negar la ~** to refuse to face (the) facts; **rendirse ante la ~** to face (the) facts
[2] (= *ridículo*) **dejar** *o* **poner algo/a algn en ~** to show sth/sb up; **Carlos la puso en ~ delante de todos** Carlos showed her up in front of everyone; **ponerse en ~** to show o.s. up

**evidencial** ADJ tangible, visible

**evidenciar** ▸conjug 1b◂ VT [1] (= *probar*) to prove, demonstrate; **~ algo de modo incontundible** to give clear proof of sth
[2] (= *hacer ver*) to make evident

**evidente** ADJ obvious, clear, evident; **¡evidente!** naturally!, obviously!

**evidentemente** ADV obviously, clearly, evidently

**evitable** ADJ avoidable, preventable; **un accidente fácilmente ~** an accident which could easily be avoided

**evitación** SF avoidance ► **evitación de accidentes** accident prevention

**evitar** ▸conjug 1a◂ Ⓐ VT [1] (= *eludir*) to avoid; **quiero ~ ese riesgo** I want to avoid that risk; **intento ~ a Luisa** I'm trying to avoid Luisa; **no pude ~lo** I couldn't help it; **~ hacer algo** to avoid doing sth; **María evita a toda costa encontrarse con él** María avoids bumping into him at all costs
[2] (= *ahorrar*) to save; **esto nos ~á muchos problemas** this will save us a lot of problems; **me evita (el) tener que ...** it saves me having to ...
Ⓑ **evitarse** VPR [1] (= *ahorrarse*) to save o.s.; **~se trabajo** to save o.s. trouble; **así me evito tener que ir** that saves me having to go, that way I avoid having to go
[2] [*dos personas*] to avoid each other

**evocación** SF [1] [*de recuerdos*] evocation
[2] [*de espíritus*] invocation

**evocador** ADJ [1] (= *sugestivo*) evocative
[2] (*del pasado*) reminiscent (**de** of)

**evocar** ▸conjug 1g◂ VT [1] (= *recordar*) to evoke, conjure up
[2] [+ *espíritu*] to invoke, call up

**evocativo** ADJ (*LAm*) evocative

**evolución** SF [1] (*Biol*) evolution
[2] (= *desarrollo*) evolution, development
[3] (*Med*) progress
[4] (*Mil*) manoeuvre, maneuver (*EEUU*)

**evolucionar** ▸conjug 1a◂ VI [1] (*Biol*) to evolve
[2] (= *desarrollarse*) to evolve, develop
[3] (*Med*) to progress
[4] (*Mil*) to manoeuvre, maneuver (*EEUU*)
[5] (*Aer*) to circle

**evolucionista** ADJ evolutionist

**evolutivo** ADJ evolutionary

**ex** Ⓐ PREF ex-, former; **ex secretario** ex-secretary, former secretary; **su ex amante** his former lover, his ex-lover
Ⓑ SMF **mi ex*** my ex*, my ex-husband/ex-wife/ex-boyfriend, *etc*; **un ex del equipo** an ex-member of the team, a former member of the team

**exabrupto** SM [1] (= *ataque*) broadside
[2] (= *observación*) sharp remark, cutting remark

**exacción** SF [1] (= *acto*) exaction
[2] [*de impuestos*] demand

**exacerbación** SF exacerbation

**exacerbante** ADJ (*LAm*) [1] (= *irritante*) irritating, provoking
[2] (= *agravante*) aggravating

**exacerbar** ▸conjug 1a◂ VT [1] (= *agravar*) to aggravate, exacerbate
[2] (= *irritar*) to irritate

▼ **exactamente** ADV exactly; **parecen ~ iguales** they look exactly the same; **sí, eso es, ~** yes, that's right, exactly

**exactitud** SF [1] (= *precisión*) accuracy; **la ~ del reloj** the accuracy of the watch; **con ~** [*saber, calcular, precisar*] exactly; **no lo sabemos con ~** we don't know exactly; **siguió las instrucciones con ~** he followed the instructions exactly *o* to the letter
[2] (= *veracidad*) accuracy; **cuestionó la ~ de su declaración** he questioned the accuracy of her statement
[3] (= *fidelidad*) accuracy; **reprodujo el original con increíble ~** he reproduced the original with incredible accuracy

**exacto** Ⓐ ADJ [1] (= *preciso*) exact; **el precio ~** the exact price; **no recuerdo sus palabras exactas** I can't remember her exact words; **el tren salió a la hora exacta** the train left exactly *o* bang on time; **tus cálculos no son muy ~s** your calculations are not very accurate; **para ser ~** to be exact *o* precise
[2] (= *correcto*) correct; **perdone, pero lo que dice no es del todo ~** excuse me, but what you're saying is not entirely correct
[3] (= *fiel*) [*copia, versión*] exact
Ⓑ EXCL exactly!, quite right!

**exageración** SF exaggeration; **dice que lleva diez horas trabajando ¡qué ~!** he says he's been working for ten hours? that's such an exaggeration! *o* what an exaggeration!; — **piden diez millones por esa casa —¡menuda ~!** "they're asking ten million for that house" — "that's way too much! *o* that's a ridiculous amount!"

**exageradamente** ADV **movía los brazos ~** she was moving her arms in an exaggerated way *o* exaggeratedly; **es ~ prudente** he's excessively cautious, he's over-cautious

**exagerado** ADJ [1] [*persona*] (*en los gestos*) prone to exaggeration; (*en el vestir*) overdressed, dressy; **¡qué ~ eres!** ◊ **¡no seas ~!** don't exaggerate!, you do exaggerate!; **es un ~ comiendo** he eats an incredible amount; **nos lo contó de forma muy exagerada** he told us in a very exaggerated *o* a completely over-the-top* way
[2] [*gesto*] theatrical
[3] (= *excesivo*) [*precio*] excessive, steep

**exageradura** SF (*Caribe*) exaggeration

▼ **exagerar** ▸conjug 1a◂ Ⓐ VT to exaggerate; **creo que eso sería ~ las cosas** I think that would be going a bit far *o* overdoing it a bit
Ⓑ VI to exaggerate

**exaltación** SF [1] (= *ensalzamiento*) exaltation
[2] (= *sobreexcitación*) overexcitement, elation
[3] (= *fanatismo*) hot-headedness
[4] (*Pol*) extremism

**exaltado/a** Ⓐ ADJ [1] (= *acalorado*) [*humor*] overexcited, elated; [*carácter*] excitable; [*discurso*] impassioned; **los ánimos estaban muy ~s** feelings were running high
[2] (= *elevado*) exalted
[3] (*Pol*) extreme
Ⓑ SM/F [1] (= *fanático*) hothead
[2] (*Pol*) extremist

**exaltante** ADJ exciting

**exaltar** ▸conjug 1a◂ Ⓐ VT [1] (= *acalorar*) [+ *persona, manifestante*] to work up, excite; [+ *emoción*] to intensify; [+ *imaginación*] to fire
[2] (= *elevar*) to exalt
[3] (= *enaltecer*) to raise (**a** to)
Ⓑ **exaltarse** VPR [1] [*persona*] (*gen*) to get excited, get worked up; (*en discusión*) to get heated; **¡no te exaltes!** don't get so worked up *o* hot up!
[2] [*emoción*] to run high

**exalumno/a** SM/F (*esp LAm*) (*Univ*) graduate, former student

**examen** SM [1] (*Escol*) examination, exam; **hacer un ~** to sit *o* take an examination *o* exam; **presentarse a un ~** to enter for an examination *o* exam, go in for an examination *o* exam ► **examen de admisión** entrance examination *o* exam ► **examen de conciencia**: **hacer ~ de conciencia** to examine one's conscience ► **examen de conducir** driving test ► **examen de ingreso** entrance examination ► **examen de suficiencia** proficiency test ► **examen eliminatorio** qualifying examination ► **examen oral** oral examination ► **examen parcial** (*Univ*) *examination covering part of the course material in a particular subject* ► **examen tipo test** multiple-choice test
[2] (= *estudio*) [*de problema*] consideration; [*de zona*] search; **tras el ~ de la situación** after studying the situation; **someter algo a ~** to subject sth to examination *o* scrutiny
[3] (*Med*) examination ► **examen ocular** eye test

**examinado/a** SM/F exam candidate

➤ LENGUA Y USO: **exactamente** 38.1 **exagerar B** 53.1

**examinador(a)** SM/F examiner

**examinando/a** SM/F exam candidate

▼**examinar** ▸conjug 1a◂ Ⓐ VT [1] [+ *alumno*] to examine
[2] [+ *producto*] to test
[3] [+ *problema*] to examine, study
[4] [+ *paciente*] to examine
Ⓑ **examinarse** VPR to take an examination *o* exam, be examined (**de** in); **¿cuándo se examinan de inglés?** when are they taking *o* doing their English exam?; **~se para doctor** to take one's doctoral examination

**exangüe** ADJ [1] (= *sin sangre*) bloodless
[2] (= *débil*) weak

**exánime** ADJ [1] (= *sin vida*) lifeless
[2] (= *agotado*) exhausted; **caer ~** to fall in a faint

**exasperación** SF exasperation

**exasperador** ADJ, **exasperante** ADJ exasperating, infuriating

**exasperar** ▸conjug 1a◂ Ⓐ VT to exasperate, infuriate
Ⓑ **exasperarse** VPR to get exasperated, lose patience

**Exc.ª** ABR = **Excelencia**

**excarcelación** SF release (*from prison*)

**excarcelado/a** SM/F ex-prisoner, former prisoner

**excarcelar** ▸conjug 1a◂ VT to release (*from prison*)

**excavación** SF [1] (= *acto*) excavation
[2] (= *lugar*) excavation, dig

**excavador(a)** SM/F (= *persona*) excavator, digger

**excavadora** SF (= *máquina*) digger

**excavar** ▸conjug 1a◂ VT [1] (*Constr*) to dig, dig out, excavate (*frm*); **excava su madriguera en la tierra** it digs its hole in the earth
[2] (*Arqueología*) to excavate

**excedencia** SF leave of absence; **pedir la ~** to ask for leave of absence ► **excedencia por maternidad** maternity leave ► **excedencia primada** voluntary severance ► **excedencia voluntaria** unpaid leave

**excedentario** ADJ surplus *antes de s*; **países ~s** surplus-producing countries

**excedente** Ⓐ ADJ [*producción*] excess, surplus; [*trabajador*] redundant
Ⓑ SM excess, surplus ► **excedente empresarial** profit margin ► **excedente laboral** surplus of labour, surplus of labor (*EEUU*), overmanning
Ⓒ SMF person on leave of absence ► **excedente forzoso/a** person on compulsory leave of absence

**exceder** ▸conjug 2a◂ Ⓐ VT [1] (= *superar*) to exceed, surpass; **los beneficios han excedido el millón de pesetas** profits are in excess of *o* have exceeded a million pesetas
[2] (= *sobrepasar*) to surpass; **las imágenes excedían cualquier cosa que pudieras imaginar** the pictures surpassed *o* were beyond anything you could imagine
[3] (*en importancia*) to transcend
Ⓑ VI **~ de algo** to exceed sth; **no puede ~ de diez páginas** it cannot exceed ten pages, it cannot be longer than ten pages
Ⓒ **excederse** VPR [1] (= *sobrepasarse*) to excel o.s.
[2] (= *exagerar*) **no te excedas con la bebida** don't overdo it with the drink; **~se en sus funciones** to exceed one's duty

**excelencia** SF [1] (= *cualidad*) excellence; **por ~** par excellence
[2] (= *fórmula de tratamiento*) **su Excelencia** his Excellency; **sí, Excelencia** yes, your Excellency

**excelente** ADJ excellent

**excelentemente** ADV excellently

**excelso** ADJ lofty, exalted, sublime

**excentricidad** SF eccentricity

**excéntrico/a** ADJ, SM/F eccentric

**excepción** SF exception; **asistieron todos los invitados sin ~** all the guests came without exception; **un libro de ~** an exceptional book; **hacer una ~** to make an exception; **a** *o* **con ~ de** with the exception of, except for; **la ~ confirma la regla** the exception proves the rule

**excepcional** ADJ [1] (= *anómalo*) [*medidas, circunstancias*] exceptional; **un caso ~** an exceptional case; **aquí las nevadas son ~es** you rarely get any snow here; **de ~ importancia** exceptionally important
[2] (= *muy bueno*) exceptional; **ha obtenido unos resultados ~es** she has achieved exceptional results

**excepcionalidad** SF exceptional nature

**excepcionalmente** ADV [1] (= *excelentemente*) exceptionally
[2] (= *como excepción*) as an exception

**excepto** PREP except, except for; **todos, ~ Juan** everyone, except (for) *o* apart from Juan; **voy cada día, ~ los martes** I go every day, except Tuesdays; **se lo perdono todo, ~ que me mienta** I'll forgive him anything, except lying to me

**exceptuar** ▸conjug 1e◂ VT [1] (= *excluir*) to except, exclude; **exceptuando a uno de ellos** except for *o* with the exception of (*más frm*) one of them
[2] (*Jur*) to exempt

**excesivamente** ADV excessively

**excesivo** ADJ excessive; **con generosidad excesiva** overgenerously

**exceso** SM [1] (= *demasía*) excess; **en** *o* **por ~** excessively, to excess ► **exceso de equipaje** excess luggage, excess baggage (*EEUU*) ► **exceso de mano de obra** = **exceso de plantilla** ► **exceso de peso** excess weight ► **exceso de plantilla** overmanning, overstaffing ► **exceso de velocidad** speeding, exceeding the speed limit
[2] (*Com, Fin*) surplus
[3] **excesos** (= *abusos*) (*al beber, comportarse*) excesses; **los ~s de la revolución** the excesses of the revolution; **los ~s cometidos en su juventud** the overindulgences *o* excesses of his youth; **cometer ~s con el alcohol** to drink excessively, drink to excess, overindulge in drink

**excipiente** SM (*Farm*) excipient

**excisión** SF (*Med*) excision

**excitabilidad** SF excitability

**excitable** ADJ excitable

**excitación** SF [1] (*Med*) excitation (*frm*); **el café me produce ~** coffee makes me nervy ► **excitación sexual** sexual arousal
[2] (*Elec*) excitation
[3] (= *emoción*) excitement

**excitante** Ⓐ ADJ [1] (*Med*) stimulating
[2] (= *emocionante*) exciting
Ⓑ SM stimulant

**excitar** ▸conjug 1a◂ Ⓐ VT [1] (= *intranquilizar*) to get worked up, get excited; **no veas el partido porque te excita mucho** don't watch the game, it'll get you worked up *o* excited; **el café me excita** coffee makes me hyper*
[2] (= *entusiasmar*) to make excited; **la buena noticia lo excitó tanto que ya no pudo dormir** the good news made him so excited he couldn't get to sleep
[3] (= *provocar*) [+ *curiosidad*] to arouse, excite; [+ *sentimiento*] to arouse, provoke; [+ *apetito*] to stimulate
[4] (*sexualmente*) to arouse, excite
[5] (*Biol, Elec, Fís*) to excite
[6] (†) (= *incitar*) to rouse, incite; **~ al pueblo a la rebelión** to rouse the populace to rebellion
Ⓑ **excitarse** VPR [1] (= *intranquilizarse*) to get worked up; **no te excites por esa tontería** don't get worked up about such nonsense
[2] (= *entusiasmarse*) to get excited; **se excitó mucho cuando su equipo marcó el gol** she got very excited when her team scored
[3] (*sexualmente*) to get aroused, get excited

**exclamación** SF [1] (*Ling*) exclamation
[2] (= *grito*) cry

**exclamar** ▸conjug 1a◂ VT, VI to exclaim, cry out

**exclamativo** ADJ, **exclamatorio** ADJ exclamatory

**exclaustración** SF (*Rel*) [*de seglar*] secularization; [*de monje, monja*] expulsion

**exclaustrado/a** (*Rel*) Ⓐ ADJ [1] (= *secularizado*) secularized
[2] (= *expulsado*) expelled (*from the order*)
Ⓑ SM/F [1] (= *secularizado*) secularized monk/nun
[2] (= *expulsado*) expelled monk/nun

**excluido(a)** SM/F (*tb* **~ social**) socially-excluded person; **los ~s sociales** the socially-excluded; **me siento un ~** I feel a social outcast

▼**excluir** ▸conjug 3g◂ VT [1] (= *de grupo, herencia*) to exclude (**de** from); **lo han excluido del equipo** he's been dropped from *o* excluded from *o* left out of the team
[2] (= *eliminar*) [+ *solución*] to reject; [+ *posibilidad*] to rule out

**exclusión** SF exclusion; **con ~ de** excluding

**exclusiva** SF [1] (*Com*) sole right, sole agency; **tener la ~ de un producto** to be sole agent *o* the sole agents for a product; **no te creas que vas a tener la ~ de coger al niño** don't think you're going to have an exclusive right to *o* exclusive control of the baby; **venta en ~** exclusive sale
[2] (*Periodismo*) exclusive story, exclusive, scoop; **reportaje en ~** exclusive story, exclusive

**exclusivamente** ADV exclusively

**exclusive** ADV exclusively; **hasta el uno de enero ~** till the first of January exclusive

**exclusividad** SF [1] (= *cualidad*) exclusiveness
[2] (*Com*) exclusive rights *pl*, sole rights *pl*

**exclusivista** ADJ [*club*] exclusive, select; [*grupo*] clannish; [*actitud*] snobbish

**exclusivo** ADJ [1] (= *único*) sole; **derecho ~** sole right, exclusive right
[2] (= *selecto*) exclusive

➤ LENGUA Y USO: **examinar A3** 53.1, 53.2, 53.4 **excluir 1** 53.4

**excluyente** ADJ (*LAm*) [*clase, club*] exclusive
**excluyentemente** ADV exclusively
**Excma.** ABR = **Excelentísima**
**Excmo.** ABR = **Excelentísimo**
**excombatiente** SMF ex-serviceman/servicewoman, veteran
**excomulgado/a** Ⓐ ADJ [1] (*Rel*) excommunicated
[2] (*) (= *maldito*) blessed*, cursed
Ⓑ SM/F excommunicated person
**excomulgar** ▸conjug 1h◂ VT to excommunicate
**excomunión** SF excommunication
**excoriación** SF [1] (= *desolladura*) graze
[2] (= *rozadura*) chafing
**excoriar** ▸conjug 1b◂ Ⓐ VT [1] (= *desollar*) to graze
[2] (= *rozar*) to chafe
Ⓑ **excoriarse** VPR to graze o.s.
**excrecencia** SF excrescence
**excreción** SF excretion
**excremento** SM excrement
**excretar** ▸conjug 1a◂ VT to excrete
**exculpación** SF [1] [*de obligación*] exoneration
[2] (*Jur*) acquittal
**exculpar** ▸conjug 1a◂ Ⓐ VT [1] (*de obligación*) to exonerate
[2] (*Jur*) to exonerate (**de** of)
Ⓑ **exculparse** VPR to exonerate o.s.
**exculpatorio** ADJ **declaración exculpatoria** statement of innocence
**excursión** SF [1] (*al campo*) excursion, trip, outing; **ir de ~** to go on a trip *o* an excursion *o* an outing ► **excursión a pie** hike ► **excursión campestre** picnic ► **excursión de caza** hunting trip
[2] (= *viaje*) trip, excursion; **una ~ a las Alpujarras** a trip *o* an excursion to the Alpujarras
[3] (*Mil*) raid
**excursionar** ▸conjug 1a◂ VI to go on a trip, go on an outing
**excursionismo** SM [1] (*por el campo*) hiking
[2] (= *ir de viaje*) going on trips
**excursionista** SMF [1] (*por campo, montaña*) hiker
[2] (*en un viaje*) tripper
**excurso** SM, **excursus** SM INV excursus
▼**excusa** SF excuse; **buscar una ~** to look for an excuse; **presentar sus ~s** to make one's excuses, excuse o.s.
**excusabaraja** SF hamper, basket with a lid
**excusable** ADJ excusable, pardonable
**excusado** Ⓐ ADJ [1] (= *innecesario*) unnecessary; **~ es decir que ...** needless to say ...; **pensar en lo ~** to think of something which is quite out of the question
[2] **estar ~ de algo** to be exempt from sth
Ⓑ SM (†) lavatory, comfort station (*EEUU*), toilet
**excusar** ▸conjug 1a◂ Ⓐ VT [1] (= *disculpar*) to excuse; **excúsame con los otros** apologize to the others for me
[2] (= *evitar*) [+ *disgustos*] to avoid, prevent; **así excusamos disgustos** this way we avoid difficulties; **podemos ~ lo otro** we can forget about the rest of it, we don't have to bother with the rest; **excusamos decirle que ...** we don't have to tell you that ...; **por eso excuso escribirte más largo** so I can save myself the trouble of writing at greater length
[3] (= *eximir*) to exempt (**de** from)
Ⓑ **excusarse** VPR (= *disculparse*) to apologize (**con** to); **~se de haber hecho algo** to apologize for having done sth
**execrable** ADJ execrable
**execración** SF execration
**execrar** ▸conjug 1a◂ VT to loathe
**exégesis** SF INV exegesis
**exención** SF exemption (**de** from); ► **exención contributiva**, **exención de impuestos** tax exemption, tax allowance
**exencionar** ▸conjug 1a◂ VT = **exentar**
**exentar** ▸conjug 1a◂ VT [1] (= *eximir*) to exempt (**de** from)
[2] (= *disculpar*) to excuse (**de** from)
**exento** ADJ [1] (= *libre*) exempt (**de** from), free (**de** from, of); **~ del servicio militar** exempt from military service; **~ de derechos** duty free; **~ de impuestos** tax free; **un libro ~ de interés** a book devoid of interest; **una expedición no exenta de peligros** an expedition not without its dangers
[2] [*lugar*] unobstructed, open
[3] (*Arquit*) free-standing
**exequias** SFPL (*frm*) funeral rites, exequies (*frm*)
**exfoliación** SF (*Cos*) exfoliation (*frm*)
**exfoliador** SM (*Cono Sur*) tear-off pad, loose-leaf notebook
**exfoliante** SM exfoliant
**exfoliar** ▸conjug 1b◂ VT to exfoliate
**exhalación** SF [1] [*de suspiro, gemido*] exhalation
[2] (*Astron*) shooting star; ✦**MODISMO pasar como una ~** to flash past
**exhalar** ▸conjug 1a◂ Ⓐ VT [1] (= *arrojar*) [+ *aire*] to exhale; [+ *gas*] to emit, give off
[2] [*persona*] [+ *suspiro*] to breathe; [+ *gemido*] to utter; ✦**MODISMO ~ el último suspiro** (*euf*) to give up one's last breath, breathe one's last
Ⓑ **exhalarse** VPR to hurry
**exhaustivamente** ADV exhaustively, thoroughly
**exhaustividad** SF exhaustiveness, thoroughness
**exhaustivo** ADJ exhaustive, thorough
**exhausto** ADJ exhausted
**exheredar** ▸conjug 1a◂ VT to disinherit
**exhibición** SF [1] (= *demostración*) show, display; **una impresionante ~ de fuerza** an impressive show of strength; **hay varias esculturas en ~** there are various sculptures on show *o* on display; **no le gusta hacer ~ de sus sentimientos** he doesn't like to show his feelings ► **exhibición aérea** flying display ► **exhibición de escaparate** window display ► **exhibición folklórica** folk festival, display of folk-dancing *etc*
[2] (*Cine*) showing
[3] (*Dep*) exhibition, display; **partido de ~** exhibition match; **una ~ de judo** a judo exhibition *o* display
[4] (*Méx Com*) payment of an instalment *o* (*EEUU*) installment
**exhibicionismo** SM [1] (= *deseo de exhibirse*) exhibitionism; **no me gusta cómo viste, es puro ~** I don't like the way he dresses, it's pure exhibitionism; **no me gusta la gente que hace tanto ~ de sus conocimientos** I don't like people who are always making a great show of their knowledge *o* who are always showing off how much they know
[2] (*sexual*) exhibitionism (*frm*), indecent exposure
**exhibicionista** Ⓐ ADJ, SMF exhibitionist
Ⓑ SM (*sexual*) flasher*, exhibitionist (*frm*)
**exhibidor** SM display case
**exhibir** ▸conjug 3a◂ Ⓐ VT [1] (= *mostrar*) [+ *cuadros*] to exhibit, put on show; [+ *artículos*] to display; [+ *pasaporte*] to show; [+ *película*] to screen; **los diseños exhibidos en la exposición** the designs on show *o* on display *o* exhibited in the exhibition
[2] (= *mostrar con orgullo*) to show off
[3] (*Méx*) [+ *cantidad*] to pay in cash
Ⓑ **exhibirse** VPR [1] (= *mostrarse en público*) to show o.s. off
[2] (*indecentemente*) to expose o.s.
**exhortación** SF exhortation
**exhortar** ▸conjug 1a◂ VT to exhort; **~ a algn a hacer algo** to exhort sb to do sth
**exhumación** SF exhumation, disinterment
**exhumar** ▸conjug 1a◂ VT to exhume, disinter
**exigencia** SF [1] (= *requerimiento*) demand, requirement, exigency (*frm*); **según las ~s de la situación** as the situation requires *o* demands, according to the exigencies of the situation (*frm*); **tener muchas ~s** to be very demanding
[2] (*Caribe*) (= *petición*) request
[3] (*CAm*) (= *escasez*) need, lack
**exigente** ADJ [*persona, trabajo*] demanding, exacting; **ser ~ con algn** to be demanding *o* exacting of sb, be hard on sb; **es muy ~ con la limpieza** she is very particular about cleanliness
**exigir** ▸conjug 3c◂ VT [1] [*persona*] (*gen*) to demand; [+ *dimisión*] to demand, call for; **exijo una compensación** I demand compensation; **exigió hablar con el encargado** he demanded to speak to the manager; **exigen al gobierno una bajada de los impuestos** they're demanding that the government lowers taxes; **la maestra nos exige demasiado** our teacher is too demanding, our teacher asks too much of us; **exigen tres años de experiencia** they're asking for *o* they require three years' experience; **exija que le den un recibo** insist on getting a receipt; **~ responsabilidades a algn** to call sb to account
[2] [*situación, trabajo*] to demand, require, call for; **ese puesto exige mucha paciencia** this job demands *o* requires *o* calls for a lot of patience; **el conflicto exige una pronta solución** the conflict requires *o* calls for a quick solution
[3] (*Ven*) (= *demandar*) **~ algo** to ask for sth, request sth; **~ a algn** to beg sb, plead with sb
[4] (†) [+ *impuestos*] to exact, levy (**a** from)
**exiguo** ADJ [1] [*cantidad*] meagre, meager (*EEUU*)
[2] [*objeto*] (= *pequeño*) tiny
**exilado/a** ADJ, SM/F = **exiliado**
**exilar** ▸conjug 1a◂ VT = **exiliar**
**exiliado/a** Ⓐ ADJ exiled, in exile
Ⓑ SM/F exile
**exiliar** ▸conjug 1b◂ Ⓐ VT to exile
Ⓑ **exiliarse** VPR to go into exile
**exilio** SM exile; **estar/vivir en el ~** to be/live in exile; **gobierno en el ~** government in exile
**eximente** SF grounds for exemption *pl*
**eximio** ADJ [*persona*] distinguished

➤ LENGUA Y USO: **excusa** 45.2

**eximir** ▸conjug 3a◂ Ⓐ VT [1] (*de impuestos, servicio militar*) to exempt (**de** from)
[2] (*de obligación*) to free (**de** from); **esto me exime de toda obligación con él** this frees me from any obligation to him
Ⓑ **eximirse** VPR to free o.s.; **~se de hacer algo** to free o.s. from doing sth

**existencia** SF [1] [*de ser humano, animal*] existence; **desconocía la ~ de ese documento** I was unaware of the existence of that document; **lucha por la ~** struggle for survival; **amargar la ~ a algn** to make sb's life a misery; **quitarse la ~** (*euf*) to do away with o.s., commit suicide
[2] **existencias** (*Com*) stock *sing*; **nuestras ~s de carbón** our coal stocks; **liquidar ~s** to clear stock; **renovar ~s** to restock; **hasta que se acaben las ~s** while stocks last; **sin ~s** out of stock; **tener algo en ~s** to have sth in stock ► **existencias de mercancías** stock-in-trade

**existencial** ADJ existential

**existencialismo** SM existentialism

**existencialista** ADJ, SMF existentialist

**existencialmente** ADV existentially

**existente** ADJ [1] (= *que existe*) existing, in existence; **la situación ~ en este momento** the existing *o* present situation, the situation at the moment; **el único documento ~ de la época** the only existing document of *o* from that period
[2] (*Com*) in stock

**existir** ▸conjug 3a◂ VI [1] (= *ser*) to exist; **esta empresa existe desde hace 90 años** the company has been in existence for 90 years; **no existe tal cosa** there's no such thing
[2] (= *vivir*) to live; **mientras yo exista** as long as I live *o* I'm alive; **dejar de ~** (*euf*) to pass away (*euf*)

**exitazo** SM [1] (= *gran éxito*) great success
[2] (*Mús, Teat*) smash hit

**éxito** SM [1] (= *buen resultado*) success; **la operación resultó con ~** the operation was successful *o* was a success; **la tarta que trajiste fue un gran ~** the cake you brought was a great success; **tiene mucho ~ entre los hombres** she's very successful with men, she has a great deal of success with men; **es un hombre de ~** he's a successful man; **tener ~ en algo** to be successful in sth, make a success of sth; **no tener ~** to be unsuccessful, not succeed
[2] (*Mús, Teat*) success, hit; **un ~ rotundo** (*gen*) a resounding success; (*Mús*) a smash hit; **grandes ~s** greatest hits ► **éxito de librería** best seller ► **éxito de taquilla** box-office success ► **éxito de ventas** best seller ► **éxito editorial** best seller
[3] (†) (= *resultado*) result, outcome; **buen ~** happy outcome, success; **con buen ~** successfully; **tener buen ~** to succeed, be successful, have a happy outcome; **tener mal ~** to have an unfortunate outcome, fail, be unsuccessful

**exitosamente** ADV successfully

**exitoso** ADJ (*esp LAm*) successful

**éxodo** SM exodus; **el ~ rural** the drift from the land, the rural exodus; **Éxodo** (*Rel*) Exodus

**ex oficio** ADJ, ADV ex officio

**exoneración** SF [1] (= *libramiento*) exoneration
[2] (= *despido*) dismissal

**exonerar** ▸conjug 1a◂ VT [1] (*de culpa, responsabilidad*) to exonerate (*frm*); (*de un impuesto*) to exempt; **~ a algn de un deber** to free sb from a duty, relieve sb of a duty
[2] [+ *empleado*] to dismiss; **le ~on de sus condecoraciones** they stripped him of his decorations
[3] **~ el vientre** to have a bowel movement

**exorbitancia** SF exorbitance

**exorbitante** ADJ exorbitant

**exorcismo** SM exorcism

**exorcista** Ⓐ ADJ **prácticas ~s** rites designed to secure exorcism
Ⓑ SMF exorcist

**exorcizar** ▸conjug 1f◂ VT to exorcise

**exordio** SM preamble, exordium (*frm*)

**exornar** ▸conjug 1a◂ VT to adorn, embellish (**de** with)

**exosto** SM (*LAm Aut*) exhaust

**exótica*** SF (*Méx*) (= *mujer*) stripper*, striptease artist

**exótico** ADJ exotic

**exotismo** SM exoticism

**expandible** ADJ expansible

**expandir** ▸conjug 3a◂ Ⓐ VT [1] (= *extender*) (*gen*) to expand; (*Anat*) to expand; (*Com*) to expand, enlarge
[2] [+ *noticia*] to spread; **~ el mercado de un producto** to expand the market for a product; **~ la afición a la lectura** to spread a love of reading
[3] (*Tip, Inform*) **en caracteres expandidos** double width
Ⓑ **expandirse** VPR [1] [*gas, metal*] to expand
[2] (= *extenderse*) [*empresa*] to expand; [*idioma, cultura, noticia*] to spread

**expansible** ADJ expansible

**expansión** SF [1] (= *difusión*) [*de empresa, mercado*] expansion; [*de noticia, ideas*] spread; **la ~ económica** economic growth *o* expansion
[2] (= *recreo*) relaxation; (= *placer*) pleasure
[3] (= *efusión*) expansiveness

**expansionar** ▸conjug 1a◂ Ⓐ VT [+ *mercado*] to expand
Ⓑ **expansionarse** VPR [1] (= *dilatarse*) to expand
[2] (= *relajarse*) to relax
[3] (= *desahogarse*) to unbosom o.s., open one's heart (**con** to)

**expansionismo** SM expansionism

**expansionista** ADJ expansionist

**expansividad** SF expansiveness

**expansivo** ADJ [1] [*gas*] expansive; **onda expansiva** shock wave
[2] (*Econ*) **una fase/política expansiva** a phase/policy of expansion
[3] [*persona*] expansive

**expatriación** SF [1] (= *emigración*) expatriation
[2] (= *exilio*) exile

**expatriado/a** SM/F [1] (= *emigrado*) expatriate
[2] (= *exilado*) exile

**expatriarse** ▸conjug 1b◂ VPR [1] (= *emigrar*) to emigrate
[2] (= *exiliarse*) to go into exile

**expectación** SF (= *esperanza*) expectation; (= *ilusión*) excitement; (= *ansia*) eagerness; **crece la ~** excitement is growing, there is mounting excitement

**expectante** ADJ (= *esperanzador*) expectant; (= *ansioso*) eager; (= *ilusionado*) excited

**expectativa** SF [1] (= *esperanza*) expectation; **el resultado superó nuestras ~s** the result surpassed our expectations; **no tiene ~s de que le den el empleo** he isn't expecting to get the job ► **expectativa de vida** life expectancy
[2] (= *espera*) **estar a la ~ de algo** to be waiting for sth; **estaban a la ~ de una respuesta** they were waiting for a reply; **estamos a la ~ de conocer los resultados electorales** we are waiting to hear the election results

**expectorar** ▸conjug 1a◂ VT, VI to expectorate

**expedición** SF [1] [*de personas*] (*Geog, Mil*) expedition; (*Dep*) away fixture ► **expedición de salvamento** rescue expedition ► **expedición militar** military expedition
[2] (*Com*) shipment, shipping; **gastos de ~** shipping charges
[3] (= *prontitud*) speed, dispatch (*frm*)

**expedicionario/a** Ⓐ ADJ expeditionary
Ⓑ SM/F member of an expedition

**expedidor** SM shipping agent, shipper

**expedientar** ▸conjug 1a◂ VT [1] (= *investigar*) (*gen*) to make a file on, draw up a dossier on; (*Jur*) to start proceedings against
[2] (= *censurar*) to censure, reprimand
[3] (= *expulsar*) to expel
[4] (= *despedir*) (*gen*) to dismiss; [+ *médico*] to strike off the register

**expediente** SM [1] (= *documento*) (*como historial*) record; (*como dossier*) dossier; (*en forma de ficha*) file; **alumnos con buen/mal ~** pupils with a good/poor track record; ✦***MODISMO*** **cubrir el ~** to do the minimum required; **lo haré por cubrir el ~** I'll do it to keep up appearances ► **expediente académico** (*Escol*) student's record, transcript (*EEUU*) ► **expediente policial** police dossier
[2] (*Jur*) (= *acción*) action, proceedings *pl*; (= *papeles*) records of a case *pl*; **abrir** *o* **incoar ~** to start proceedings ► **expediente de regulación de empleo** labour *o* (*EEUU*) labor force adjustment plan ► **expediente disciplinario** disciplinary proceedings *pl* ► **expediente judicial** legal proceedings *pl*
[3] (= *medio*) expedient, means; **recurrir al ~ de hacer algo** to resort to the device of doing sth

**expedienteo** SM bureaucracy, red tape

**expedir** ▸conjug 3k◂ VT [+ *mercancías*] to send, ship off; [+ *documento*] to draw up; [+ *orden, billete*] to issue; [+ *negocio*] to deal with, dispatch

**expeditar** ▸conjug 1a◂ VT (*CAm, Méx*) (= *acelerar*) to expedite (*frm*), hurry along; (= *concluir*) to conclude

**expeditivo** ADJ expeditious (*frm*), prompt, efficient

**expedito** ADJ [1] (= *pronto*) expeditious (*frm*), prompt, speedy
[2] [*camino*] clear, free; **dejar ~ el camino para** to clear the way for
[3] (*LAm*) (= *fácil*) easy

**expeler** ▸conjug 2a◂ VT to expel, eject

**expendedor(a)** Ⓐ ADJ **máquina ~a** vending machine
Ⓑ SM/F (= *persona*) (*al detalle*) dealer, retailer; (*como intermediario*) agent; (*de tabaco*) tobacconist, tobacco dealer (*EEUU*); (*de lotería*) lottery-ticket seller; (*Teat*) ticket agent

► **expendedor(a) de billetes** ticket clerk, booking clerk ► **expendedor(a) de moneda falsa** distributor of counterfeit money
Ⓒ SM ► **expendedor automático** vending machine ► **expendedor automático de bebidas** drinks (vending) machine

**expendeduría** SF [*de tabaco*] tobacconist's (shop), cigar store (*EEUU*); [*de lotería*] lottery outlet

**expender** ▸conjug 2a◂ VT [1] [+ *dinero*] to expend (*frm*), spend
[2] [+ *moneda falsa*] (= *emitir*) to put into circulation; (= *hacer circular*) to pass, circulate
[3] [+ *mercancías*] (= *vender*) to sell, retail; (= *traficar*) to deal in; (= *ser agente de*) to be an agent for, sell on commission

**expendio** SM [1] (= *gasto*) expense, outlay
[2] (*LAm*) (= *tienda*) small shop ► **expendio de boletos** (*Méx*) ticket office
[3] (*Andes, Cono Sur, Méx*) (= *venta*) retailing, retail selling
[4] ► **expendio de moneda falsa** (*Jur*) issuing false coin, passing false coin

**expensar** ▸conjug 1a◂ VT (*LAm*) to defray the costs of

**expensas** SFPL **a ~ de** at the expense of; **a mis ~** at my expense

**experiencia** SF [1] (= *acontecimientos*) experience; **una triste ~** a sad experience; **saber por ~** to know by *o* from experience; **aprender por la ~** to learn by experience; **intercambiar ~s** to swap stories ► **experiencia laboral** work experience
[2] (= *experimento*) experiment (**en** on); ► **experiencia clínica** clinical trial ► **experiencia piloto** pilot scheme

**experienciar** ▸conjug 1b◂ VT = **experimentar**

**experimentación** SF experimentation

**experimentado** ADJ experienced

**experimental** ADJ experimental

**experimentalmente** ADV experimentally

**experimentar** ▸conjug 1a◂ Ⓐ VT [1] [+ *método, producto*] to test, try out; **el nuevo fármaco está siendo experimentado** the new drug is being tested
[2] (= *notar*) [+ *cambio*] to experience, go through; [+ *pérdida, deterioro*] to suffer; [+ *aumento*] to show; [+ *sensación*] to feel; **las cifras han experimentado un aumento de un 5 por 100** the figures show an increase of 5%; **no experimenté ninguna sensación nueva** I felt no new sensation; **el enfermo ha experimentado una ligera mejoría** the patient has improved slightly
Ⓑ VI to experiment (**con** with; **en** on)

**experimento** SM experiment (**con** with; **en** on); **como ~** as an experiment, by way of experiment; **hacer ~s** to experiment (**con** with; **en** on)

**experticia** SF (*LAm*) expertise

**expertización** SF expert assessment

**expertizar** ▸conjug 1f◂ VT to appraise as an expert, give an expert assessment of

**experto/a** Ⓐ ADJ expert; **es experta en la materia** she's an expert on the subject; **ser ~ en hacer algo** to be an expert at doing sth; **son ~s en restaurar muebles** they are experts at restoring furniture; **eres ~ en meterte en líos** you're an expert at getting into trouble
Ⓑ SM/F expert; **se dejó asesorar por un ~** he sought the advice of an expert, he sought expert advice; **ser un ~ en algo** to be an expert on *o* in sth ► **experto/a contable** auditor, chartered accountant ► **experto/a tributario/a** tax expert

**expiación** SF expiation (*frm*), atonement

**expiar** ▸conjug 1c◂ VT to expiate (*frm*), atone for

**expiatorio** ADJ expiatory

**expiración** SF expiry, expiration

**expirar** ▸conjug 1a◂ VI to expire

**explanación** SF [1] (*Téc*) levelling
[2] (†) (= *explicación*) explanation, elucidation

**explanada** SF area of level ground ► **explanada de ensillado** saddling enclosure

**explanar** ▸conjug 1a◂ VT [1] (*Ferro, Téc*) to level, grade
[2] (†) (= *explicar*) to explain, elucidate

**explayar** ▸conjug 1a◂ Ⓐ VT to extend, expand
Ⓑ **explayarse** VPR [1] (= *esparcirse*) (*gen*) to relax, take it easy; (*en discurso*) to speak at length; **~se a su gusto** to talk one's head off*, talk to one's heart's content; **~se con algn** to confide in sb
[2] (= *extenderse*) to extend, spread

**explicable** ADJ explicable, explainable; **cosas no fácilmente ~s** things not easily explained, things not easy to explain

**explicación** SF [1] [*de tema, motivo*] explanation
[2] (= *motivo*) reason (**de** for); **sin dar explicaciones** without giving any reason
[3] (*Univ*) lecture, class

**explicaderas** SFPL **tener buenas ~** to be good at explaining things (away); (*pey*) to be plausible

**explicar** ▸conjug 1g◂ Ⓐ VT [1] (= *exponer*) [+ *motivo, tema, cuestión, problema*] to explain; [+ *teoría*] to expound
[2] (*Escol*) [+ *materia*] to lecture in; [+ *curso*] to teach; [+ *clase*] to give, deliver (*frm*)
Ⓑ **explicarse** VPR [1] (*al exponer algo*) to explain, explain o.s.; **¡explíquese usted!** explain yourself!; **explíquese con la mayor brevedad** please be as brief as possible; **se explica con claridad** he states things *o* expresses himself clearly; **esto no se explica fácilmente** this cannot be explained (away) easily, this isn't easy to explain
[2] (*al entender algo*) **no me lo explico** I can't understand it, I can't make it out
[3] (*) (= *pagar*) to cough up*, pay

**explicativo** ADJ, **explicatorio** ADJ explanatory

**explícitamente** ADV explicitly

**explicitar** ▸conjug 1a◂ VT (= *declarar*) to state, assert; (= *aclarar*) to clarify; **~ que …** to make clear that …

**explícito** ADJ explicit

**exploración** SF [1] [*de terreno, parte del cuerpo*] exploration; (*Mil*) reconnaissance, scouting; (*con radar*) scanning ► **exploración submarina** underwater exploration; (*como deporte*) skin-diving
[2] (*Med*) ► **exploración física** physical examination

**explorador(a)** Ⓐ SM/F (*Geog*) explorer; (*Mil*) scout
Ⓑ SM [1] (*Med*) probe
[2] (*Radar*) scanner ► **explorador láser** laser scanner
Ⓒ SM/F (boy) scout/(girl) guide *o* (*EEUU*) scout

> **EXPLICAR**
>
> • Cuando **explicar** lleva objeto directo e indirecto, el orden en inglés es normalmente **explain** + **OBJETO DIRECTO** + **to** + **OBJETO INDIRECTO**:
>
> ¿Puedes explicarme eso?
> ***Can you explain that to me?***
> Ya se lo he explicado a mi familia
> ***I've already explained it to my family***
> Os explicaré la situación
> ***I will explain the situation to you***
>
> • Sin embargo, si el objeto directo es una construcción más compleja, en inglés se sigue el mismo orden que en español, sin olvidar el uso de la preposición **to**:
>
> ¿Puedes explicarme por qué no viniste ni llamaste ayer?
> ***Can you explain to me why you didn't come or phone yesterday?***
>
> *Para otros usos y ejemplos ver la entrada.*

**explorar** ▸conjug 1a◂ Ⓐ VT (*Geog*) to explore; (*Mil*) to reconnoitre; (*Med*) to probe; (*Radar*) to scan
Ⓑ VI to explore; (*Mil*) to reconnoitre, scout

**exploratorio** ADJ exploratory

**explosión** SF [1] [*de bomba*] explosion; **15 personas murieron a consecuencia de la ~** 15 people died in the explosion *o* blast; **hacer ~** to explode; **motor de ~** internal combustion engine; **teoría de la gran ~** big bang theory ► **explosión controlada** controlled explosion ► **explosión por simpatía** secondary explosion
[2] [*de cólera*] outburst, explosion
[3] (= *expansión*) explosion ► **explosión demográfica** population explosion

**explosionar** ▸conjug 1a◂ VT, VI to explode, blow up

**explosiva** SF (*Ling*) plosive, plosive consonant

**explosivo** Ⓐ ADJ explosive
Ⓑ SM explosive ► **explosivo de gran potencia**, **explosivo de ruido** stun grenade ► **explosivo detonante** powerful explosive ► **explosivo plástico** plastic explosive

**explotable** ADJ exploitable, that can be exploited

**explotación** SF [1] (= *uso*) [*de recursos, riquezas*] exploitation; [*de planta*] running, operation; [*de mina*] working; **en ~** in operation; **gastos de ~** operating costs, operating expenses ► **explotación a cielo abierto** opencast working, opencast mining, strip mining (*EEUU*) ► **explotación agrícola** farm ► **explotación forestal** forestry ► **explotación ganadera** livestock farm ► **explotación minera** mine ► **explotación petrolífera** oil exploration
[2] (= *uso excesivo*) exploitation

**explotador(a)** Ⓐ ADJ exploitative
Ⓑ SM/F exploiter

**explotar** ▸conjug 1a◂ Ⓐ VT [1] (= *usar*) [+ *recursos, riquezas*] to exploit; [+ *planta*] to run, operate; [+ *mina*] to work
[2] (= *usar excesivamente*) [+ *obreros*] to exploit; [+ *situación*] to exploit, make capital out of
[3] [+ *bomba*] to explode
Ⓑ VI [*bomba*] to explode, go off; **~on dos bombas** two bombs exploded *o* went off; **ca-**

➤ LENGUA Y USO: experiencia 1 46.2

**yó sin ~** it fell but did not go off, it landed without going off; **juegan con bombas sin ~** they play with unexploded bombs

**expoliación** SF pillaging, sacking

**expoliar** ▸conjug 1b◂ VT 1 (= *saquear*) to pillage, sack
2 (= *desposeer*) to dispossess

**expolio** SM 1 (= *saqueo*) pillaging, sacking
2 **✦MODISMO armar un ~** to cause a hullaballoo*

**exponencial** ADJ exponential

**exponente** Ⓐ SMF (= *persona*) exponent
Ⓑ SM 1 (*Mat*) index, exponent
2 (= *ejemplo*) model, prime example; **el tabaco cubano es ~ de calidad** Cuban tobacco is the best of its kind

**exponer** ▸conjug 2q◂ (*pp* **expuesto**) Ⓐ VT 1 (*al público*) 1·1 (*Arte*) [*museo*] to exhibit, put on show; [*galería, artista*] to show
1·2 (*Com*) (*en tienda*) to display; (*en feria*) to exhibit
2 (*a la luz, al agua*) **no debe ~ la cicatriz al sol** he must not expose the scar to the sun
3 (= *explicar*) [+ *teoría, argumento*] to set out, expound (*frm*); [+ *hechos*] to set out, state; [+ *situación*] to set out
4 (= *arriesgar*) to risk, put at risk; **expuso su vida por salvarla** he risked his life to save her, he put his life at risk to save her
5 (*Fot*) to expose
6 (*Rel*) **~ el Santísimo** to expose the Holy Sacrament
7 (††) [+ *niño*] to abandon
Ⓑ VI [*pintor, escultor*] to exhibit, show
Ⓒ **exponerse** VPR 1 (= *someterse*) **~se a algo** to expose o.s. to sth; **con ese comentario se expone a las críticas de los periodistas** with that comment she's laying herself open to *o* exposing herself to criticism from the reporters; **le gusta ~se al peligro** she likes exposing herself to danger; **no se exponga al sol durante mucho tiempo** don't go out in the sun for a long time, don't expose yourself to the sun for a long time
2 (= *arriesgarse*) **~se a hacer algo** to risk doing sth, run the risk of doing sth; **te expones a hacer el ridículo** you're risking making a fool of yourself, you're running the risk of making a fool of yourself; **con eso te expones a que te echen del colegio** that way you're running the risk of being expelled from school

**exportable** ADJ exportable

**exportación** SF 1 (= *acto*) export, exportation ► **exportación en pie** live export
2 (= *artículo*) export, exported article; (= *mercancías*) exports *pl*; **géneros de ~** exports, exported goods; **comercio de ~** export trade

**exportador(a)** Ⓐ ADJ [*país*] exporting
Ⓑ SM/F exporter

**exportar** ▸conjug 1a◂ VT to export

**exposición** SF 1 (= *muestra*) (*Arte*) exhibition; (*Com*) show, fair ► **exposición canina** dog show ► **exposición de modas** fashion show ► **exposición estática** static display ► **exposición itinerante** travelling show, traveling show (*EEUU*) ► **exposición universal** world fair
2 (= *acto*) (*gen*) exposing, exposure; (*Fot*) exposure; (*Com*) display
3 (= *enunciado*) [*de hechos*] statement; [*de teoría*] exposition ► **exposición de motivos** (*Jur*) explanatory preamble

**exposímetro** SM (*Fot*) exposure meter

**expósito/a** Ⓐ ADJ *ver* **niño B1**
Ⓑ SM/F foundling

**expositor(a)** Ⓐ SM/F (*Arte*) exhibitor; [*de teoría*] exponent
Ⓑ SM (= *vitrina*) showcase, display case; (= *puesto*) sales stand

**exprés** Ⓐ ADJ **café ~** espresso; **olla ~** pressure cooker
Ⓑ SM 1 (*LAm*) (= *tren*) express train
2 (= *café*) espresso coffee

**expresado** ADJ above-mentioned; **según las cifras expresadas** according to these figures, according to the figures given earlier

**expresamente** ADV (= *concretamente*) expressly; (= *a propósito*) on purpose, deliberately; (= *claramente*) clearly, plainly; **no lo dijo ~** he didn't say so in so many words

**expresar** ▸conjug 1a◂ Ⓐ VT 1 (*al hablar*) (= *enunciar*) to express; (= *redactar*) to phrase, put; (= *declarar*) to state, set forth; (= *citar*) to quote; [+ *opiniones, quejas*] to voice; **expresa las opiniones de todos** he is voicing the opinions of us all; **estaba expresado de otro modo** it was worded differently; **el papel no lo expresa** the paper doesn't say so; **usted deberá ~ el número del giro postal** you should quote *o* give *o* state the number of the postal order
2 [+ *sentimiento*] to show
Ⓑ **expresarse** VPR 1 [*persona*] to express o.s.; **no se expresa bien** he doesn't express himself well
2 [*cifra, dato*] to be stated; **como abajo se expresa** as is stated below; **el número no se expresa** the number is not given *o* stated

**expresión** SF 1 (= *acto*) expression; **esta ~ de nuestro agradecimiento** this expression of our gratitude; **han recibido expresiones de solidaridad** they have received messages *o* expressions of solidarity ► **expresión corporal** self-expression through movement
2 (*Ling*) expression; **la ~ es poco clara** the expression is not very clear ► **expresión familiar** colloquialism, conversational *o* colloquial expression
3 **expresiones**†† (= *saludos*) greetings, regards

**expresionismo** SM expressionism

**expresionista** ADJ, SMF expressionist

**expresivamente** ADV 1 (= *con expresividad*) expressively
2 (= *cariñosamente*) tenderly, affectionately

**expresividad** SF expressiveness

**expresivo** ADJ (= *que gesticula*) expressive; (= *cariñoso*) tender, affectionate, warm

**expreso** Ⓐ ADJ 1 (= *explícito*) express; (= *exacto*) specific, clear
2 [*tren*] express, fast
3 **café ~** espresso
Ⓑ SM 1 (*Ferro*) express train, fast train
2 (= *persona*) special messenger
3 (*Caribe*) (= *autobús*) long-distance coach
Ⓒ ADV express; **mandar algo ~** to send sth express

**exprimelimones** SM INV lemon squeezer

**exprimidera** SF squeezer

**exprimidor** SM (*manual*) lemon squeezer; (*eléctrico*) juice extractor, juicer

**exprimir** ▸conjug 3a◂ Ⓐ VT 1 [+ *limón, naranja*] to squeeze; [+ *jugo*] to squeeze out, express (*frm*)
2 [+ *ropa*] to wring out, squeeze dry
3 (*pey*) [+ *persona*] to exploit
Ⓑ **exprimirse** VPR **✦MODISMO ~se el cerebro** *o* **los sesos*** to rack one's brains

**ex profeso** ADV on purpose, deliberately

**expropiación** SF [*de casa, terreno*] expropriation; [*de vehículo*] commandeering; **orden de ~** compulsory purchase order ► **expropiación forzosa** compulsory purchase

**expropiar** ▸conjug 1b◂ VT [+ *casa, terreno*] (*sin indemnización*) to expropriate; (*con indemnización*) to place a compulsory purchase order on; [+ *vehículo*] to commandeer

**expuesto** Ⓐ PP *de* **exponer**; **según lo arriba ~** according to what has been stated *o* set out above
Ⓑ ADJ 1 [*lugar*] (= *al descubierto*) exposed; (= *peligroso*) dangerous; **partes del cuerpo expuestas al sol** parts of the body exposed to the sun
2 [*cuadro, mercancías*] on show, on display, on view; **los artículos ~s en el escaparate** the goods displayed in the window
3 **estar ~ a un riesgo** to be exposed *o* open to a risk

**expugnar** ▸conjug 1a◂ VT to take by storm

**expulsar** ▸conjug 1a◂ VT 1 (= *hacer salir*) [+ *alumno, inmigrante*] to expel; [+ *jugador*] to send off, eject (*EEUU*); [+ *intruso, alborotador*] to eject, throw out (**de** from); **la ~on del partido** she was expelled from the party, she was thrown out of the party; **el árbitro lo expulsó del terreno de juego** the referee sent him off the pitch
2 [+ *gases, humo*] to expel

**expulsión** SF 1 (= *acto*) [*de gases, humo, persona*] expulsion; [*de país*] deportation; (*Dep*) sending-off, ejection (*EEUU*)
2 (*Econ*) crowding out effect

**expulsor** Ⓐ ADJ **asiento ~** (*Aer*) ejector seat
Ⓑ SM (*Téc*) ejector

**expurgar** ▸conjug 1h◂ VT to expurgate

**expurgatorio** ADJ expurgatory; **índice ~** (*Rel*) Index

**exquisitamente** ADV 1 (= *con refinamiento*) exquisitely; (= *deliciosamente*) deliciously, delightfully; (= *excelentemente*) excellently
2 (*pey*) affectedly

**exquisitez** SF 1 (= *cualidad*) [*de algo refinado*] exquisiteness; [*de algo excelente*] excellence
2 [*de comida*] delicacy
3 (*pey*) affectation

**exquisito** ADJ 1 (= *excelente*) excellent
2 (= *refinado*) [*belleza*] exquisite; [*comida*] delicious
3 (*pey*) (= *afectado*) affected; (= *melindroso*) choosy*, finicky

**Ext.** ABR 1 (= **Exterior**) ext
2 (= **Extensión**) ext., extn

**extasiar** ▸conjug 1c◂ Ⓐ VT to entrance, enrapture, captivate
Ⓑ **extasiarse** VPR to become entranced, go into ecstasies (**ante** over, about)

**éxtasis** SM INV 1 (= *estado*) (*por arrobamiento*) ecstasy, rapture; (*por trance*) trance; **estar en ~** to be in ecstasy
2 (= *droga*) ecstasy, E*

**extático** ADJ ecstatic, rapturous; **lo miró ~** he looked at it ecstatically

**extemporal** ADJ, **extemporáneo** ADJ [*lluvia*] unseasonable; [*comentario, viaje*] untimely

**extender** ▸conjug 2g◂ Ⓐ VT 1 (= *desplegar*) [+ *manta, mantel*] to spread out; [+ *alas*] to spread, stretch out; [+ *brazo, pierna, tentáculo*] to stretch out; **extendió el mapa encima de la mesa** he opened out *o* spread out the map on the table; **la Corriente del Golfo extiende su acción beneficiosa hasta el norte de Europa** the beneficial effects of the Gulf Stream reach as far as northern Europe; **~ la mano a algn** to hold out one's hand to sb, extend one's hand to sb (*frm*)
2 (= *esparcir*) [+ *sellos, arena*] to lay out, spread out; **extendimos el tabaco al sol** we laid *o* spread the tobacco out in the sun
3 (= *untar*) [+ *crema, mantequilla*] to spread; **la pomada se extiende con cuidado sobre la quemadura** spread the cream carefully on the burn
4 (= *difundir*) [+ *noticia, rumor*] to spread; [+ *influencia, poder*] to extend
5 (*frm*) (= *rellenar*) [+ *cheque, receta*] to make out, write out; [+ *certificado*] to issue; **extendí un cheque a su nombre** I made out *o* wrote out a cheque to him
6 (= *ampliar*) [+ *oferta, contrato*] to extend; **han extendido la oferta hasta mayo** they have extended the offer until May; **han extendido el derecho de cobrar una pensión a las amas de casa** the right to receive a pension has been extended to include housewives
7 (*Téc*) [+ *alambre*] to draw
Ⓑ **extenderse** VPR 1 (= *propagarse*) [*tumor, rumor, revolución*] to spread (**a** to); **el fuego se extendió por toda la casa** the fire spread throughout the house
2 (= *ocupar un espacio*) [*terreno, cultivo*] to stretch, extend; [*especie, raza*] to extend; **la mancha de petróleo se extendía hasta la orilla** the oil-slick stretched *o* extended as far as the shore; **la ciudad se extendía a nuestros pies** the city (lay) stretched away beneath us; **ante nosotros se extendía todo un mundo de posibilidades** a whole world of possibilities lay before us
3 (= *durar*) to last; **su reinado se extendió a lo largo de 50 años** his reign lasted a full 50 years; **el período que se extiende desde principios de siglo hasta los años veinte** the period lasting from the beginning of the century up to the 1920s
4 (= *explayarse*) **~se en** *o* **sobre** [+ *tema, comentarios, respuestas*] to expand on; **no quisiera ~me demasiado en esta cuestión** I'd rather not expand too much on this subject; **nos extendimos demasiado en el debate** we spent too long on the debate

**extendido** ADJ 1 (= *desplegado*) [*mantel, mapa*] spread out, outspread; [*alas, brazos*] stretched out, outstretched; **con los brazos ~s** with his arms stretched out, with outstretched arms
2 (= *propagado*) widespread; **está muy ~ el uso de esa palabra** that word is very widely used, the use of that word is very widespread; **tenía el tumor muy ~** the tumour had spread all over his body

**extensamente** ADV 1 (= *mucho*) extensively, widely; **ha viajado ~ por Asia** he has travelled extensively *o* widely in Asia
2 (= *con detalle*) at length, thoroughly; **trató el tema ~** he dealt with the subject at length *o* thoroughly

**extensible** ADJ 1 [*mesa, escalera*] extending
2 (= *ampliable*) **un período ~ a tres meses** a period which can be extended to three months; **estas críticas son ~s al resto del equipo** these criticisms can be extended to the rest of the team

**extensión** SF 1 (= *superficie*) area; **una enorme ~ de agua** an enormous area of water; **grandes extensiones del Reino Unido** large areas of the United Kingdom; **una isla con una ~ similar a la de Europa** an island similar in area to Europe
2 (= *duración*) length; **la ~ del relato** the length of the story
3 (= *amplitud*) [*de conocimientos*] extent, range; [*de programa*] scope; [*de significado*] range; **en toda la ~ de la palabra** in every sense of the word; **por ~** by extension; **esto nos afecta a nosotros y, por ~, a todo el país** this affects us and, by extension, the whole country
4 (= *ampliación*) [*de incendio*] spread; [*de plazo*] extension; **la ~ del regadío a tierras de secano** the extending of irrigation systems to dry lands
5 [*de cable, cuerda*] extension
6 (*Telec*) extension; **¿puede ponerme con la ~ 14?** can I have extension 14, please?, can you put me through to extension 14, please?
7 (*Mús*) [*de instrumento, voz*] range, compass
8 (*en instituciones*) ► **Extensión Agraria** agricultural advisory service ► **Extensión Universitaria** extramural studies *pl*
9 (*Internet*) plug-in

**extensivo** ADJ extensive; **hacer ~ a** to extend to, apply to; **la crítica se hizo extensiva a toda la ciudad** the criticism extended *o* applied to the whole city

**extenso** ADJ 1 (= *amplio*) [*superficie, objeto*] extensive; [*capítulo, documento*] long, lengthy
2 (= *completo*) [*estudio, tratado*] extensive; [*conocimientos, vocabulario*] extensive, wide; **un ~ programa de conferencias** an extensive conference programme
3 (= *detallado*) full, detailed; **estuvo muy ~ en sus explicaciones** his explanations were very detailed, he gave full *o* detailed explanations; **en** *o* **por ~** in full, at length

**extensor** SM chest expander

**extenuación** SF exhaustion

**extenuado** ADJ (= *cansado*) exhausted; (= *débil*) emaciated, wasted

**extenuar** ▸conjug 1e◂ Ⓐ VT (= *cansar*) to exhaust; (= *debilitar*) to emaciate, weaken
Ⓑ **extenuarse** VPR (= *cansarse*) to get exhausted; (= *debilitarse*) to become emaciated, waste away

**exterior** Ⓐ ADJ 1 (= *externo*) [*superficie*] outer; [*pared*] external; [*mundo*] exterior, outside; **una habitación ~** a room facing onto the street
2 (= *extranjero*) [*relaciones, deuda, política*] foreign; [*comercio, ayuda*] foreign, overseas; **asuntos ~es** foreign affairs; **comercio ~** foreign trade, overseas trade; *ver tb* **asunto 3**
Ⓑ SM 1 (= *parte de fuera*) outside, exterior; **el ~ del edificio** the outside *o* exterior of the building; **con el ~ pintado de azul** with the outside painted blue; **salimos al ~ a tomar el aire** we went outside for a breath of fresh air; **el motorista alemán avanzaba por el ~** the German driver was catching up on the outside
2 **el ~** (= *el extranjero*) abroad; **no hemos recibido noticias del ~** we haven't received any news from abroad; **tanto aquí como en el ~** both here and abroad; **comercio con el ~** foreign trade, overseas trade
3 **exteriores** (*Cine*) location shots; **rodar en ~es** to film on location
4 **Exteriores** (*Pol*) the Foreign Ministry, the Foreign Office, the State Department (*EEUU*)

**exterioridad** SF 1 (= *apariencia*) outward appearance, externals *pl*
2 **exterioridades** (= *pompa*) pomp *sing*, show *sing*; (= *formas*) formalities

**exteriorizar** ▸conjug 1f◂ VT (= *expresar*) to express outwardly; (= *mostrar*) to show, reveal

**exteriormente** ADV outwardly

**exterminar** ▸conjug 1a◂ VT to exterminate

**exterminio** SM extermination

**externalización** SF [*de servicios*] outsourcing

**externalizar** ▸conjug 1f◂ VT [+ *servicios*] to outsource

**externamente** ADV externally, outwardly

**externo/a** Ⓐ ADJ [*influencia*] outside, external; [*superficie*] outer; [*pared*] external; **"medicamento de uso ~"** "medicine for external use only"
Ⓑ SM/F (= *alumno*) day pupil

**extinción** SF extinction

**extinguido** ADJ [*animal, volcán*] extinct; [*fuego*] out, extinguished

**extinguir** ▸conjug 3d◂ Ⓐ VT 1 (= *exterminar*) [+ *fuego*] to extinguish, put out; [+ *sublevación*] to put down
2 [+ *deuda*] to wipe out
3 (*Biol*) to exterminate, wipe out
4 **~ una sentencia** (*Jur*) to serve a sentence
Ⓑ **extinguirse** VPR 1 [*fuego*] to go out
2 (*Biol*) to die out, become extinct
3 [*contrato, plazo*] to expire

**extinto** ADJ 1 [*especie, volcán*] extinct
2 (*Méx euf*) (= *difunto*) dead, deceased

**extintor** SM ► **extintor de incendios** fire extinguisher ► **extintor de espuma** foam extinguisher

**extirpación** SF 1 (= *eliminación*) extirpation (*frm*), eradication
2 (*Med*) removal

**extirpar** ▸conjug 1a◂ VT 1 [+ *problema, vicio*] to eradicate, stamp out
2 (*Med*) to remove (surgically), take out

**extorno** SM (*Com*) rebate

**extorsión** SF 1 (*Fin*) (*con intimidación*) extortion, exaction; (*haciendo chantaje*) blackmail
2 (= *molestia*) inconvenience

**extorsionador(a)** SM/F (= *intimidador*) extortioner; (= *chantajista*) blackmailer

**extorsionar** ▸conjug 1a◂ VT 1 (= *usurpar*) to extort money from; **~on a un empresario** they extorted money from a businessman
2 (= *molestar*) to pester, bother

**extorsionista** SMF (*Méx*) extortionist, blackmailer

**extra** Ⓐ ADJ INV [*tiempo*] extra; [*gasolina*] high-octane; **calidad ~** top-quality, best
Ⓑ SMF (*Cine*) extra

Ⓒ SM 1 (*en cuenta*) extra; (*de pago*) bonus
2 (= *periódico*) special edition, special supplement

**extra...** PREF extra...

**extraacadémico** ADJ non-university *adj inv*, (taking place) outside the university

**extracción** SF 1 (*Med*) [*de diente*] extraction; [*de bala, astilla*] extraction, removal
2 (*Min*) [*de minerales*] mining, extraction; [*de petróleo*] extraction; [*de pizarra, mármol*] quarrying
3 (*en sorteo*) **vamos a proceder a la primera ~** we shall now draw the first number
4 (= *origen*) origins *pl*; **de ~ humilde** of humble origins, from a humble background
5 (*Mat*) extraction

**extracomunitario** ADJ **países ~s** countries outside the European Union, non-EU countries

**extraconstitucional** ADJ unconstitutional

**extraconyugal** ADJ extramarital, adulterous

**extracorto** ADJ ultra-short

**extractar** ▸conjug 1a◂ VT 1 to make extracts from
2 (= *resumir*) to abridge, summarize

**extracto** SM 1 (= *resumen*) summary, abstract ▸ **extracto de cuentas** (*Fin*) (bank) statement
2 (*Farm, Culin*) extract ▸ **extracto de carne** meat extract ▸ **extracto de violeta** violet extract

**extractor** SM extractor ▸ **extractor de humos** extractor fan

**extracurricular** ADJ extracurricular, outside the curriculum

**extradeportivo** ADJ unrelated to sport

**extradición** SF extradition; **delito sujeto a ~** extraditable offence

**extradicionar** ▸conjug 1a◂ VT to extradite

**extradir** ▸conjug 3a◂ VT to extradite

**extraditable** Ⓐ ADJ subject to extradition
Ⓑ SMF 1 (*Pol*) person subject to extradition
2 (*esp Col*) prominent drug baron (*wanted by US police*)

**extraditar** ▸conjug 1a◂ VT to extradite

**extraer** ▸conjug 2o◂ VT 1 [+ *diente, bala, astilla*] to extract
2 (*Min*) [+ *minerales*] to mine, extract; [+ *petróleo*] to extract; [+ *pizarra, mármol*] to quarry
3 [+ *conclusiones*] to draw
4 (*en sorteo*) to draw
5 (*Mat*) to extract

**extraescolar** ADJ **actividad ~** out-of-school activity

**extrafino** ADJ superfine

**extraíble** ADJ removable, detachable

**extrajudicial** ADJ extrajudicial, out of court

**extrajurídico** ADJ outside the law

**extralimitación** SF abuse (*of authority*)

**extralimitarse** ▸conjug 1a◂ VPR to exceed *o* abuse one's authority, overstep the mark

**extramarital** ADJ extramarital

**extramuros** ADV outside the city; **~ de** outside

**extranjería** SF alien status, status of foreigners; **ley de ~** law on aliens

**extranjerismo** SM foreign word *o* phrase *etc*

**extranjerizante** ADJ [*ley*] tending to favour foreign ways; [*palabra*] foreign-looking, foreign-sounding

**extranjero/a** Ⓐ ADJ foreign
Ⓑ SM/F foreigner; (*Jur*) alien
Ⓒ SM **en el ~** abroad; **estar en el ~** to be abroad, be in foreign parts; **ir al ~** to go abroad; **pasó seis años en el ~** he spent six years abroad; **cosas del ~** things from abroad, foreign things

**extranjis***: **de ~** ADV secretly, on the sly

**extrañamente** ADV strangely, oddly

**extrañamiento** SM 1 (= *enajenación*) estrangement (**de** from)
2 = **extrañeza**
3 (*Jur*) banishment

**extrañar** ▸conjug 1a◂ Ⓐ VT 1 (= *sorprender*) to surprise; **eso me extraña** that surprises me, I find that odd; **¡no me ~ía!** I wouldn't be surprised!, it wouldn't surprise me!; **¡ya me extrañaba a mí!** I thought it was a bit strange!; **me extrañaba que no hubieras venido** I was surprised you hadn't come; **me ~ía que ...** I'd be surprised if ...; **no es de ~ que ...** it's hardly surprising that ..., it's no wonder that ...
2 (= *echar de menos*) to miss; **esta noche he extrañado mi cama** last night I missed sleeping in my own bed; **extraña mucho a sus padres** he misses his parents a lot
3 (††) (= *desterrar*) to banish
Ⓑ **extrañarse** VPR 1 (= *sorprenderse*) to be surprised; **~se de algo** to be surprised at sth; **me extrañé de la reacción de tu hermano** I was surprised at your brother's reaction; **se extrañó de vernos juntos** he was surprised to see us together; **~se de que ...** to be surprised that ...
2 (††) (= *negarse*) to refuse
3 (††) [*amigos*] to become estranged, grow apart

**extrañeza** SF 1 (= *rareza*) strangeness, oddness
2 (= *asombro*) surprise, amazement; **me miró con ~** he looked at me in surprise
3 [*de amigos*] estrangement, alienation

**extraño/a** Ⓐ ADJ 1 (= *raro*) strange; **es muy ~** it's very odd *o* strange; **¡qué ~!** how odd *o* strange!; **parece ~ que ...** it seems odd *o* strange that ...
2 (= *ajeno*) **un cuerpo ~** a foreign body; **murió en tierra extraña** he died on foreign soil; **éstas son costumbres extrañas a este país** these are customs which are foreign *o* alien to this country; **este estilo no es ~ a los lectores de su poesía** this style is not unknown to readers of his poetry
Ⓑ SM/F 1 (= *desconocido*) stranger; **no quiero que hables con ~s** I don't want you talking to strangers
2 (= *extranjero*) foreigner
Ⓒ SM **hacer un ~: el balón hizo un ~** the ball took a bad bounce; **el caballo hizo un ~** the horse shied

**extrañoso** ADJ (*Andes*) surprised

**extraoficial** ADJ unofficial, informal

**extraoficialmente** ADV unofficially, informally

**extraordinariamente** ADV extraordinarily

**extraordinario** Ⓐ ADJ 1 (= *especial*) extraordinary; **no tiene nada de ~** there's nothing extraordinary *o* special about it
2 (= *destacado*) outstanding; [*edición, numero, descuento*] special; [*cobro*] supplementary, extra; **por sus servicios ~s** for his outstanding services
3 (= *insólito*) unusual
Ⓑ SM 1 (*para una ocasión especial*) treat
2 (*en menú*) special dish, extra dish
3 (*de publicación*) special issue

**extraparlamentario** ADJ (taking place) outside parliament

**extrapeninsular** ADJ outside Iberia, relating to areas outside the Peninsula

**extraplano** ADJ super-slim

**extraplomado** ADJ overhanging

**extraplomo** SM overhang

**extrapolable** ADJ comparable

**extrapolación** SF extrapolation

**extrapolar** ▸conjug 1a◂ VT to extrapolate

**extrarradio** SM suburbs *pl*, outlying area

**extrasensorial** ADJ extrasensory

**extratasa** SF surcharge, extra charge

**extraterrenal** ADJ, **extraterreno** ADJ (*LAm*) (= *sobrenatural*) supernatural; (= *extraterrestre*) extraterrestrial, from another planet

**extraterrestre** Ⓐ ADJ from outer space, extraterrestrial
Ⓑ SMF alien, extraterrestrial

**extraterritorial** ADJ extraterritorial

**extravagancia** SF 1 (= *cualidad*) [*de aspecto, ropa, persona*] extravagance, outlandishness
2 (= *capricho*) whim; **tiene sus ~s** he has his oddities *o* peculiarities

**extravagante** ADJ [*ideas, ropa, persona*] extravagant, outlandish

**extravagantemente** ADV extravagantly, outlandishly

**extravasarse** ▸conjug 1a◂ VPR [*líquido*] to leak out, flow out; [*sangre*] to ooze out

**extravertido/a** ADJ, SM/F = **extrovertido**

**extraviado** ADJ [*persona, objeto*] lost, missing; [*animal*] lost, stray; **un niño ~** a missing child

**extraviar** ▸conjug 1c◂ Ⓐ VT 1 [+ *objeto*] to lose, mislay, misplace
2 (*pey*) [+ *dinero*] to embezzle
3 (= *desorientar*) [+ *persona*] to mislead, misdirect
Ⓑ **extraviarse** VPR 1 (= *perderse*) [*persona*] to get lost, lose one's way; [*animal*] to stray; [*objeto*] to go missing, go astray; [*carta*] to go astray, get lost in the post
2 [*persona*] (*moralmente*) to go astray, err, fall into evil ways

**extravío** SM 1 (= *pérdida*) [*de objeto*] loss, mislaying; [*de animal*] loss
2 (*moral*) misconduct, erring, evil ways *pl*

**extremadamente** ADV extremely, exceedingly; **pesticidas ~ peligrosas** extremely *o* exceedingly dangerous pesticides; **una obra ~ original** a highly original work

**extremado** ADJ extreme; **paisajes de extremada belleza** landscapes of extreme beauty; **un descubrimiento de extremada importancia** an extremely important discovery, a discovery of extreme importance; **lo trató con extremada dureza** he treated him extremely harshly, he treated him with extreme harshness

**Extremadura** SF Extremadura

**extremar** ▸conjug 1a◂ Ⓐ VT (= *aumentar al máximo*) **fue necesario ~ las medidas de seguridad** it was necessary to maximize secu-

rity measures; **las personas alérgicas deben ~ las precauciones** allergic people should take extra precautions; **sin ~ el sentimentalismo** without overdoing the sentimentality
Ⓑ **extremarse** VPR to do one's best; **veo que os habéis extremado en la organización** I see that you have done your very best in the organization; **no hace falta que te extremes en la presentación** you don't need to make a special effort in the presentation

**extremaunción** SF extreme unction

**extremeño/a** ADJ, SM/F Extremaduran

**extremidad** SF [1] (= *punta*) tip, extremity; (= *borde*) edge, outermost part
[2] **extremidades** (*Anat*) extremities

**extremismo** SM extremism

**extremista** ADJ, SMF extremist

**extremo[1]** ADJ [1] (= *máximo*) extreme; **una situación de extrema pobreza** a situation of extreme poverty; **en situaciones de calor ~** in extremely hot weather; **el nivel de polen era ~** the pollen count was extremely high; **heridas de extrema gravedad** extremely serious wounds; **en caso ~** as a last resort, if all else fails
[2] (= *alejado*) furthest; **vive en el punto más ~ de la isla** she lives on the furthest *o* most extreme point of the island; *ver tb* **oriente**
[3] (*Pol*) (= *radical*) extreme; **representa lo más ~ de la izquierda** she represents the extreme left wing; **extrema derecha** extreme right, far right; **extrema izquierda** extreme left, far left

**extremo[2]** Ⓐ SM [1] (= *punta*) end; **vive en el otro ~ de la calle** he lives at the far *o* other end of the street; **agarra la cuerda por este ~** take this end of the rope, take hold of the rope by *o* at this end; **el ~ oriental de la península** the easternmost side *o* point of the peninsula; **de ~ a ~** from one end *o* side to the other; **de un ~ a otro** (*lit*) from one end *o* side to the other; (*fig*) from one extreme to another; ✦*MODISMOS* **ser el ~ opuesto** to be the complete opposite; **ser los dos ~s** to be complete opposites; ✦*REFRÁN* **los ~s se tocan** opposites attract
[2] (= *límite*) extreme; **no me gustan los ~s** I don't like extremes of any kind; **su crueldad alcanzaba ~s insospechados** his cruelty plumbed unheard-of depths; **si la situación se deteriora hasta ese ~ ...** if the situation deteriorates to that extent ...; **en ~** extremely; **la situación era en ~ peligrosa** the situation was extremely dangerous *o* was dangerous in the extreme (*más frm*); **todavía me pesa en ~** I still feel extremely guilty; **hasta el ~** to the full; **estamos explotando los recursos hasta el ~** we are exploiting resources to the full; **es detallista hasta el ~** he pays extremely close attention to detail; **llegar a** *o* **hasta el ~ de**: **hemos llegado al ~ de no decirnos ni hola** it's got to the point now that we don't even say hello to each other; **llegó hasta el ~ de decir que lo mataría** she went as far as to say that she would kill him; **por ahorrar ha llegado al ~ de no comer** he's so desperate to save money he's stopped eating; **en último ~** as a last resort, if all else fails
[3] (= *asunto*) point; **ese ~ no se tocó en la discusión** that point was not touched on during the discussion; **pidieron una rebaja en el rescate, ~ que fue rechazado** they asked for the ransom to be reduced, a condition which was refused
[4] (= *cuidado*) great care
Ⓑ SMF (*Dep*) ► **extremo derecho** right winger; **jugaba de ~ derecho** he played (on the) right wing, he played as a right winger
► **extremo izquierdo** left winger

**Extremo Oriente** SM Far East

**extremoso** ADJ [*persona*] (= *efusivo*) gushing, effusive; (= *vehemente*) vehement, extreme in one's attitudes *o* reactions

**extrínseco** ADJ extrinsic

**extrovertido/a** Ⓐ ADJ extrovert, outgoing
Ⓑ SM/F extrovert

**exuberancia** SF [1] [*de persona, conducta*] exuberance
[2] (*Bot*) luxuriance, lushness
[3] (*en el cuerpo*) fullness, buxomness

**exuberante** ADJ [1] [*persona, conducta*] exuberant
[2] (*Bot*) luxuriant, lush
[3] [*cuerpo, formas*] full, buxom

**exudación** SF exudation

**exudar** ▸conjug 1a◂ Ⓐ VT to exude, ooze
Ⓑ VI to exude, ooze out (**de** from)

**exultación** SF exultation

**exultar** ▸conjug 1a◂ VI to exult

**exvoto** SM votive offering

**eyaculación** SF ejaculation ► **eyaculación precoz** premature ejaculation

**eyacular** ▸conjug 1a◂ VT, VI to ejaculate

**eyectable** ADJ **asiento ~** ejector seat

**eyectarse** ▸conjug 1a◂ VPR (*Aer*) to eject

**eyector** SM (*Téc*) ejector

**-ez** *ver* **Aspects of Word Formation in Spanish 2**

**Ezequiel** SM Ezekiel

**EZLN** SM ABR (*Méx*) = **Ejército Zapatista de Liberación Nacional**

# F f

**F¹**, **f** ['efe] SF (= *letra*) F, f

**F²** ABR [1] = **fuerza**; **un viento F8** a force eight wind
[2] (= **febrero**) Feb.; **el 23-F** the 23rd February (*date of the Tejero coup attempt, in 1981*)

**23-F**

***23-F** refers to the attempted coup d'état carried out in the **Cortes** on 23 February 1981 by a group of **Guardias Civiles** led by Lt. Colonel Antonio Tejero and supported by certain sectors of the army. Members of the Spanish Parliament were held hostage overnight, the national TV station — TVE — was taken over by the military and forced to broadcast nothing but military music and, in some big cities, the army took up positions on the streets. In his role as Supreme Commander of the Armed Forces King Juan Carlos defused the situation by reassuring army commanders that the coup did not have his backing and by pledging his support for democracy. The rebels surrendered the following morning.*

**f.ª** ABR (*Com*) (= **factura**) inv

**fa** SM (*Mús*) fa, F ► **fa bemol** F flat ► **fa mayor** F major ► **fa menor** F minor ► **fa sostenido** F sharp

**fab.** ABR (= **fabricante**) mfr(s)

**f.a.b.** ABR (= **franco a bordo**) FOB, f.o.b.

**fabada** SF *rich stew of beans, pork etc*

**fabe** SF (*Asturias*) bean

**fabla** SF [1] (*Hist*) pseudo-archaic style
[2] ► **fabla aragonesa** Aragonese dialect

**fábrica** SF [1] (= *factoría*) factory; **marca de ~** trademark; **precio de ~** price ex-works, price ex-factory ► **fábrica de acero** steel plant, steelworks ► **fábrica de algodón** cotton mill ► **fábrica de cerveza** brewery ► **fábrica de conservas** canning plant, cannery ► **fábrica de gas** gasworks ► **fábrica de moneda** mint ► **fábrica de montaje** assembly plant ► **fábrica de papel** paper mill ► **fábrica de vidrio** glassworks ► **fábrica experimental** pilot plant
[2] (*Arquit*) **de ~** stone, stonework
[3] (= *proceso*) manufacture
[4] (*Andes*) (= *alambique*) still, distillery

**fabricación** SF manufacture; **de ~ casera** home-made; **de ~ nacional** home-produced; **de ~ propia** our own make; **estar en ~** to be in production ► **fabricación asistida por ordenador** computer-aided manufacturing ► **fabricación de coches** car manufacture ► **fabricación de tejas** tile making ► **fabricación en serie** mass production

**fabricante** Ⓐ ADJ **la compañía ~** the manufacturer
Ⓑ SMF (*en gran escala*) manufacturer, maker; (*en pequeña escala*) maker; **es ~ de violines** he's a violin-maker

**fabricar** ▸conjug 1g◂ VT [1] (*gen*) to manufacture, make; (= *construir*) to build, construct; **~ en serie** to mass-produce
[2] [+ *mentira*] to fabricate, concoct; [+ *documento*] to fabricate, falsify

**fabril** ADJ manufacturing, industrial

**fabriquero**†† SM [1] = **fabricante**
[2] (*Rel*) churchwarden
[3] (*Méx*) (= *destilador*) distillery operator (*in a sugar mill*)

**fábula** SF [1] (*Literat*) fable; (= *historia*) tale, story
[2] (= *rumor*) rumour, rumor (*EEUU*); (= *chisme*) (piece of) gossip; (= *mentira*) invention
[3] (*) **es de ~** it's fabulous
[4] (†) (= *argumento*) plot, story
[5] (†) (= *persona*) talk of the town, laughing-stock

**fabulario** SM collection of fables

**fabulista** SMF writer of fables

**fabulosamente** ADV [*barato, bueno*] fabulously; **anoche lo pasaron ~** they had a fabulous time last night

**fabuloso** ADJ [1] (= *mítico*) mythical, fabulous (*liter*); (= *ficticio*) fabulous (*liter*), imaginary
[2] (*) (= *maravilloso*) fantastic, fabulous; **es francamente ~** it's just fabulous

**FACA** SM ABR (*Esp*) = **Futuro avión de combate y ataque**

**faca** SF *large, curved knife with a sharp tip*

**facción** SF [1] (*Pol*) faction
[2] **facciones** (*Anat*) features; **de facciones irregulares** with o of irregular features
[3] (*Mil*†) duty; **estar de ~** to be on duty

**faccioso/a** Ⓐ ADJ [*propaganda, jefe*] rebel; [*bando*] breakaway
Ⓑ SM/F (= *rebelde*) rebel; (= *agitador*) agitator

**faceta** SF [1] (= *aspecto*) facet
[2] [*de cristal, piedra preciosa*] facet

**faceto*** ADJ (*Méx*) cocksure, arrogant

**FACH** SF ABR (*Chile*) = **Fuerza Aérea de Chile**

**facha¹*** SF [1] (= *aspecto*) look; (= *cara*) face; **la tarta tiene buena ~** the cake looks really good; **esos individuos tienen una mala ~** that bunch look a bit dodgy*; **¿adónde vas con esa ~?** where are you going looking like that?; **tener ~ de** to look like; **tiene ~ de poli** he looks like a copper*; **tiene ~ de buena gente** he looks OK*
[2] (*pey*) **estar hecho una ~** to look a sight*, look terrible; **fachas** (*Méx*) slovenly dress *sing*
[3] **ponerse en ~** (*Náut*) to lie to

**facha²*** (*pey*) [1] ADJ (*Esp*) fascist
[2] SMF (*Esp*) fascist

**fachada** SF [1] [*de edificio*] façade, front; (= *medida*) frontage; **con ~ al parque** looking towards the park, overlooking the park; **con 15 metros de ~** with a frontage of 15m
[2] (= *apariencia*) façade; **tener mucha ~** to be all show and no substance; **no tiene más que ~** it's all just a façade with him, it's all just show with him; **bajo la ~ de benefactor de las artes** under the guise of a patron of the arts
[3] (‡) (= *cara*) mug‡
[4] (*Tip*) title page

**fachado*** ADJ **bien ~** good-looking; **mal ~** ugly, plain

**fachenda*** Ⓐ SF conceitedness
Ⓑ SMF show-off*

**fachendear*** ▸conjug 1a◂ VI to show off*

**fachendista***, **fachendoso/a***, **fachento/a*** (*CAm*) Ⓐ ADJ stuck-up*, snooty*
Ⓑ SM/F show-off*

**fachinal*** SM (*Cono Sur*) swamp

**fachoso*** ADJ [1] (= *raro*) ridiculous-looking, odd-looking
[2] (*Andes, Cono Sur*) (= *elegante*) elegant, smart
[3] (*Méx*) (= *engreído*) conceited

**facial** Ⓐ ADJ [1] (= *del rostro*) facial, face *antes de s*; **crema ~** face cream; **mascarilla ~** pack o mask
[2] (*de sello, moneda*) **valor ~** face value
Ⓑ SM face value

**fácil** Ⓐ ADJ [1] (= *sencillo*) easy; **el examen fue muy ~** the exam was very easy; **no es ~ admitir que se está equivocado** it isn't easy to admit that you're wrong; **no me lo pones nada ~** you aren't making things very easy for me; **los ricos lo tienen todo más ~** rich people have it easy; **~ de hacer** easy to do; **~ de usar** (*gen*) easy to use; (*Inform*) user-friendly
[2] (= *afable*) **nunca tuvo un carácter ~** he was never very easy to get on with; **es de trato ~** he's easy to get on with, he's quite easygoing
[3] (*pey*) [*respuesta*] facile, glib; [*chiste*] obvious

[4] (*pey*) [*mujer*] easy
[5] (= *probable*) **es ~ que venga** he's quite likely to come, he may well come; **no veo muy ~ que acepten** I don't think they're very likely to accept
Ⓑ ADV (*) easily; **podría costarte 5.000 ~** it could easily cost you 5,000; **te lo arreglo en dos horas ~** I'll fix it for you in two hours, no problem*

**facilidad** SF [1] (= *sencillez*) easiness; **la aparente ~ de los ejercicios** the apparent easiness of the exercises; **con ~** easily; **se me rompen las uñas con ~** my nails break easily; **con la mayor ~** with the greatest (of) ease
[2] (= *habilidad*) **tener ~ para algo** to have a gift for sth; **tiene ~ para las matemáticas** she has a gift for maths, maths comes easy to her; **tener ~ de palabra** to have a way with words
[3] **facilidades** (= *condiciones favorables*) **me dieron todas las ~es** they gave me every facility; **"facilidades de pago"** "credit facilities"

**facilitar** ▸conjug 1a◂ VT [1] (= *hacer fácil*) to make easier, facilitate; **un ordenador facilita mucho el trabajo** a computer makes work much easier; **Internet facilita el acceso a la información** the Internet facilitates access to information; **la nueva autovía ~á la entrada a la capital** the new motorway will give easier access to the capital, the new motorway will facilitate access to the capital
[2] (= *proporcionar*) **~ algo a algn** to provide sb with sth, supply sb with sth; **el banco me facilitó la información** the bank provided me with *o* supplied me with the information; **"le agradecería me ~a ..."** "I would be grateful if you would provide *o* supply me with..."
[3] (*Cono Sur*) (= *quitar importancia a*) **~ algo** to make sth out to be easier than it really is, play down the difficulty of sth

**fácilmente** ADV [1] (= *con facilidad*) easily; **hago amigos ~** I make friends easily; **este tipo de cosas no se pueden explicar ~** there's no easy *o* simple explanation for this type of thing, this type of thing cannot be easily explained
[2] (= *probablemente*) **andará ~ por los 40** he must be at least 40

**facilón*** ADJ [1] (= *muy fácil*) [*problema, ejercicio, test*] dead easy*; **este crucigrama es ~** this crossword is dead easy *o* a doddle *o* a cinch*; **tiene un trabajo ~** his job's dead easy *o* a cushy number*
[2] (*pey*) (= *manido*) [*comentario, recurso*] trite
[3] (*pey*) (= *pegadizo*) [*canción*] trashy*
[4] (*hum*) (= *dócil*) [*persona, carácter*] easy*

**facilongo*** ADJ (*Andes*) **es ~** it's dead easy*, it's a doddle *o* a cinch*

**facineroso/a** Ⓐ ADJ [1] (= *de delincuente habitual*) criminal
[2] (= *malvado*) evil, wicked
Ⓑ SM/F [1] (= *delincuente habitual*) criminal
[2] (= *malvado*) evil person, wicked person

**facistol** Ⓐ ADJ [1] (*Caribe*) (= *descarado*) insolent; (= *vanidoso*) conceited, vain; (= *pedante*) pedantic
[2] (*Caribe*) (= *bromista*) **es tan ~** he's full of tricks, he loves playing jokes on people
Ⓑ SM (*Rel*) lectern

**facistolería** SF (*Andes, Caribe*) (= *descaro*) insolence; (= *jactancia*) conceit, boastfulness

**facochero** SM warthog

**facón** SM (*Cono Sur*) long gaucho knife; → GAUCHO

**facsímil** ADJ, SM, **facsímile** ADJ, SM facsimile

**factibilidad** SF feasibility; **estudio de ~** feasibility study

**factible** ADJ feasible

**fácticamente** (*frm*) ADV actually, in (point of) fact

**facticio** (*frm*) ADJ factitious (*frm*), artificial

**fáctico** ADJ real, actual; **los poderes ~s** the powers that be

**factor(a)** Ⓐ SM/F [1] (*Com*) (= *representante*) agent, factor
[2] (*Ferro*) freight clerk
Ⓑ SM [1] (*Mat*) factor
[2] (= *elemento*) factor, element; **el ~ suerte** the luck factor, the element of chance; **es un nuevo ~ de la situación** it is a new factor in the situation ► **factor de seguridad** safety factor ► **factor determinante** determining factor ► **factor humano** human factor ► **factor Rh** rhesus factor ► **factor sorpresa** element of surprise ► **factor tiempo** time factor

**factoría** SF [1] (= *fábrica*) factory ► **factoría de coches** car plant
[2] (*Andes*) (= *fundición*) foundry
[3] (*Hist*) trading post

**factorización** SF factoring

**factótum** SMF [1] (= *manitas*) factotum
[2] (= *persona de confianza*) agent, nominee
[3] († *pey*) (= *entrometido*) busybody

**factual** (*frm*) ADJ (= *real*) actual

**factura** SF [1] (*Com*) bill, invoice; **pasar *o* presentar ~ a algn** to bill *o* invoice sb; **según ~** as per invoice; ✦*MODISMO* **pasar ~**: **el escándalo ha pasado ~ a la organización** the scandal has taken its *o* a toll on the organization; **nos pasarán (la) ~ por el apoyo que nos dieron en momentos de crisis** they will call in the favour they did us by supporting us during the crisis ► **factura proforma**, **factura simulada** pro forma invoice
[2] (*frm*) (= *ejecución*) **cuadros de ~ reciente** recently painted pictures, pictures of recent execution; **un thriller psicológico de impecable ~** a perfectly put together *o* constructed psychological thriller
[3] (*Cono Sur*) bun, cake

**facturación** SF [1] (*Com*) (= *acto*) invoicing
[2] (*Com*) (= *ventas*) turnover
[3] [*de mercancías, equipaje*] (*en aeropuerto*) check-in; (*en puerto, estación*) registration

**facturar** ▸conjug 1a◂ Ⓐ VT [1] (*Com*) [+ *géneros*] to invoice (for), bill (for); [+ *persona*] to invoice, bill
[2] [+ *volumen de ventas*] to turn over, have a turnover of; **la compañía facturó 500 millones en 1997** the company turned over *o* had a turnover of 500 million in 1997
[3] [+ *equipaje*] (*en aeropuerto*) to check in; (*en puerto, estación*) to register
Ⓑ VI to check in

**facultad** SF [1] (= *capacidad*) faculty; **está perdiendo sus ~es** she's losing her faculties; **firmó el testamento en pleno uso de sus ~es** he signed the will in full possession of his faculties ► **facultades mentales** mental faculties, mental powers; **actuó con sus ~es mentales perturbadas** he was mentally disturbed when he did it
[2] (= *autoridad*) power, authority; **tener la ~ de hacer algo** to have the power *o* authority to do sth; **tener ~ para hacer algo** to be authorized to do sth
[3] (*Univ*) faculty; **está en la ~** he's at the university; **se han quedado a comer en la ~** they stayed to have lunch at the university ► **Facultad de Derecho** Faculty of Law ► **Facultad de Filosofía y Letras** Faculty of Arts

**facultar** ▸conjug 1a◂ VT **~ a algn para hacer algo** (= *dar autorización*) to authorize sb to do sth, empower sb to do sth; (= *dar derecho*) to entitle sb to do sth

**facultativo/a** Ⓐ ADJ [1] (= *opcional*) optional, non-compulsory
[2] (*Med*) medical; **dictamen ~** medical report; **prescripción facultativa** medical prescription
[3] (*Univ*) faculty *antes de s*
Ⓑ SM/F doctor, physician (*frm*)

**facundia**† SF eloquence; (*pey*) verbosity (*frm*)

**facundo**† ADJ eloquent; (*pey*) verbose (*frm*)

**faena** SF [1] (*gen*) task, job, piece of work; (*en el hogar*) chore; (*Mil*) fatigue; **estar de ~** to be at work; **estar en (plena) ~** to be hard at work; **tener mucha ~** to be terribly busy ► **faena doméstica** housework
[2] (*) (*tb* **mala ~**) (= *mala pasada*) dirty trick; **hacer una ~ a algn** to play a dirty trick on sb; **¡menuda ~ la que me hizo!** that was a a terrible thing he did to me!
[3] (*CAm, Caribe, Méx*) (= *horas extraordinarias*) extra work, overtime
[4] (*Taur*) set of passes with the cape; **hizo una ~ maravillosa** he gave a splendid performance (with the cape)
[5] (*Cono Sur*) (= *obreros*) gang of workers; (= *local*) work place

**faenar** ▸conjug 1a◂ Ⓐ VI [1] (= *trabajar*) to work, labour, labor (*EEUU*)
[2] [*pescador*] to fish
Ⓑ VT [1] [+ *ganado*] to slaughter
[2] (*Cono Sur*) [+ *madera*] to cut

**faenero/a** SM/F (*Chile*) farm worker, farmhand

**fafarechero*** (*Col*) ADJ stuck-up*, conceited

**fagocitar** ▸conjug 1a◂ VT to absorb, gobble up

**fagocito** SM phagocyte

**fagot** Ⓐ SM (= *instrumento*) bassoon
Ⓑ SMF (= *músico*) bassoonist

**failear** ▸conjug 1a◂ VT (*CAm, Cono Sur*) to file

**fain** ADJ (*CAm*) fine

**fainá** SF (*Cono Sur*) savoury pastry

**fainada** SF (*Caribe*), **fainera** SF (*CAm*) silly thing, foolish act

**faíno** ADJ (*Caribe*) rude

**faisán** SM pheasant

**faisanaje** SM hanging (of game)

**faite** (*LAm*) Ⓐ ADJ tough, strong
Ⓑ SM [1] (= *luchador*) tough man, good fighter
[2] (*pey*) brawler

**faitear*** ▸conjug 1a◂ VI (*LAm*) to brawl

**faja** SF [1] (= *prenda*) girdle, corset ► **faja pantalón** panty girdle
[2] (= *cinturón*) belt; [*de tela*] sash
[3] (= *tira*) [*de adorno*] strip, band; (*Med*) bandage, support
[4] (*Geog*) (= *zona*) strip; **una estrecha ~ de terreno** a narrow strip of land
[5] (*Arquit*) band, fascia

➤ LENGUA Y USO: factura 1 47.5

[6] [*de periódico, impreso*] (*tb* ~ **postal**) wrapper, address label
[7] (*Andes Aut*) fanbelt
[8] (*Méx*) label, title (on spine of book)

**fajada** SF [1] (*Caribe*) (= *ataque*) attack, rush
[2] (*Cono Sur*) (= *paliza*) beating
[3] (*Caribe*) (= *decepción*) disappointment

**fajar** ▸conjug 1a◂ Ⓐ VT [1] (= *envolver*) to wrap; ✦***MODISMO*** **¡que lo fajen!** (*Cono Sur, Méx*‡) tell him to wrap up!*
[2] (= *vendar*) to bandage
[3] (*LAm*) (= *atacar*) to attack, go for*; (*) (= *golpear*) to beat up
[4] (*Cuba*) (= *seducir*) [+ *mujer*] to try to seduce
Ⓑ VI (*LAm*) ~ **con algn*** to go for sb, lay into sb*
Ⓒ **fajarse** VPR [1] (= *ponerse una faja*) to put on one's belt
[2] (*LAm*) (= *pelearse*) to come to blows, fight; **los boxeadores se ~on duro** the boxers really went for *o* laid into each other*
[3] **~se a algn**‡ to feel sb up‡

**fajilla** SF [*de periódicos, revistas, impresos*] wrapper, address label

**fajín** SM (*Mil*) sash

**fajina** SF [1] (*Agr*) rick
[2] (= *leña*) kindling, brushwood
[3] (*Cono Sur*) (= *faena*) task, job (to be done quickly); **tenemos mucha ~** we've a lot to do, we've a tough job on here
[4] (*Mil*) (*gen*) bugle call; (*para comer*) call to mess
[5] (*Caribe*) (= *horas extraordinarias*) extra work, overtime
[6] (*Cono Sur*) hard work; **ropa de ~** working clothes *pl*; **uniforme de ~** fatigues *pl*

**fajo** SM [1] (= *manojo*) [*de papeles*] bundle, sheaf; [*de billetes*] roll, wad
[2] (*Méx*) (= *cinturón*) woman's belt
[3] (*Méx*) (= *golpe*) blow
[4] (*LAm**) (= *trago*) swig* (of liquor)
[5] **fajos**† [*de bebé*] swaddling clothes

**falacia** SF [1] (= *engaño*) deceit, fraud; (= *error*) fallacy
[2] (= *falsedad*) deceitfulness

**falange** SF [1] (*Anat*) phalange
[2] (*Mil*) phalanx
[3] **la Falange** (*Esp Pol*) the Falange, *the Spanish Falangist movement*

**FALANGE ESPAÑOLA**

*Founded in 1933 by José Antonio Primo de Rivera, son of the dictator Miguel Primo de Rivera, the* **Falange Española** *was a sort of paramilitary fascist party. It grew rapidly in the early months of the Spanish Civil War, particularly after its leader was executed by the Republicans. Franco later merged the* **Falange** *with the* **Carlistas** *to form the* **Falange Española Tradicionalista de las Juntas de Ofensiva Nacional-Sindicalista**. *After the Civil War, the* **FET de las JONS** *was the only legally political party permitted in Franco's Spain. The* **Falange** *is still in existence.*

**falangista** ADJ, SMF Falangist

**falaz** ADJ [*individuo*] false, deceitful; [*doctrina*] false, fallacious (*frm*); [*apariencia*] deceptive, misleading

**falca** SF [1] (*Andes, Caribe, Méx*) (= *transbordador*) river ferryboat
[2] (*Andes*) (= *alambique*) small still

**falciforme** ADJ sickle-shaped

**falda** SF [1] (= *ropa*) skirt; ✦***MODISMOS*** **está cosido** *o* **pegado a las ~s de su madre** he's tied to his mother's apron strings; **estar cosido a las ~s de su mujer** to be dominated by one's wife; **haberse criado bajo las ~s de mamá** to have led a very sheltered life ▸ **falda de tablas** pleated skirt ▸ **falda de tubo** straight skirt, pencil skirt ▸ **falda escocesa** (*gen*) tartan skirt; (= *traje típico escocés*) kilt ▸ **falda pantalón** culottes *pl*, split skirt ▸ **falda tableada** pleated skirt
[2] (= *regazo*) lap; **sentarse en la ~ de algn** to sit on sb's lap
[3] **faldas*** (= *mujeres*) women, ladies; **es muy aficionado a las ~s** he's a great one for the ladies, he's fond of the ladies; **es asunto de ~s** there's a woman behind it somewhere
[4] [*de montaña*] (= *ladera*) side; (= *pie*) foot
[5] [*de res*] brisket, skirt
[6] [*de mesa camilla*] table cover
[7] [*de sombrero*] brim

**faldear** ▸conjug 1a◂ VT [+ *montaña*] to skirt

**faldellín** SM [1] (†) (= *falda*) short skirt; (= *enagua*) underskirt
[2] (*Caribe*) [*de bautizo*] christening robe

**faldeo** SM (*Cono Sur*) slope, mountainside

**faldero** ADJ [1] (= *mujeriego*) **hombre ~** ladies' man; **es muy ~** he's a great one for the ladies
[2] (= *sumiso*) **perro ~** lapdog

**faldicorto** ADJ short-skirted

**faldilla** SF [1] (*Aut*) skirt, apron
[2] **faldillas** [*de abrigo*] coat tails; [*de camisa*] shirt tails

**faldón** SM [1] [*de vestido*] tail, skirt; (= *pliegue*) flap
[2] [*de bebé*] long dress
[3] (*Arquit*) gable

**falena** SF moth

**falencia** SF [1] (*Arg*) (= *bancarrota*) bankruptcy
[2] (*Cono Sur*) (= *defecto*) failing, shortcoming
[3] (†) (= *error*) error, misstatement

**falibilidad** SF fallibility

**falible** ADJ fallible

**fálico** ADJ phallic

**falla** SF [1] (*Geol*) fault
[2] (= *defecto*) [*de tejido*] flaw; [*de mercancías*] fault, defect; (*LAm*) [*de carácter*] failing; **géneros que tienen ~s** seconds, defective goods
[3] (*Esp*) (= *figura*) *huge ornate cardboard figure burnt in Valencia at the Fallas*
[4] (*LAm*) (= *error*) error, oversight ▸ **falla de tiro** (*Mil*) misfire
[5] (*LAm Mec*) failure, breakdown ▸ **falla de encendido** (*Aut*) ignition fault
[6] (*LAm*) (= *escasez*) lack, shortage ▸ **falla en caja** cash shortage
[7] (*Andes Naipes*) void

**fallada** SF (*Naipes*) ruff, trumping

**fallar** ▸conjug 1a◂ Ⓐ VI [1] [*freno*] to fail; [*plan*] to fail, go wrong; [*cuerda*] to break, give way; [*motor*] to misfire; **le falla la memoria** his memory is failing; **si no me falla la memoria** if my memory serves me correctly *o* right *o* well; **si no me falla la vista** if my eyes don't deceive me; **le falló el corazón** his heart failed; **me ~on las piernas** my legs gave way; **algo falló en sus planes** something went wrong with his plans; **han fallado todas nuestras previsiones** all our predictions have turned out to be wrong; **si le das un caramelo se calla, no falla nunca** if you give him a sweet he'll shut up, it never fails; **no falla, ya has vuelto a llegar tarde*** I knew it, you're late again
[2] (= *defraudar*) **~ a algn** to let sb down, fail sb; **me has fallado de nuevo** you've let me down again; **mañana hay reunión, no me falles** there's a meeting tomorrow, don't let me down
[3] (*Jur*) to pass judgment; **~ a favor/en contra de algn** to rule in favour of/against sb, find for/against sb
[4] (*Naipes*) to trump
Ⓑ VT [1] (= *errar*) **falló las cuatro preguntas** she got all four questions wrong; **fallé el tiro** I missed; **~ el blanco** to miss the target
[2] (*Jur*) to deliver judg(e)ment in
[3] [+ *premio*] to award
[4] (*Naipes*) to trump

**Fallas** SFPL *Valencian celebration of the feast of St Joseph*

**FALLAS**

*In the week of 19 March (the feast of San José), Valencia honours its patron saint with a spectacular fiesta called* **las Fallas**. **Fallas** *is the name given to the huge papier-mâché, cardboard and wooden sculptures depicting politicians and other well-known public figures which, amidst a deafening display of fireworks, are put on bonfires and set alight by members of competing groups, or* **falleros**, *who will have spent the previous year creating and building them. Only the sculpture which is voted best escapes the flames.*

**falleba** SF door *o* window catch, espagnolette

▼ **fallecer** ▸conjug 2d◂ VI to die, pass away (*euf*)

**fallecido/a** Ⓐ ADJ deceased, late
Ⓑ SM/F deceased

▼ **fallecimiento** SM death, demise (*frm*), passing (*euf*)

**fallero¹/a** Ⓐ ADJ *of/relating to the "Fallas"*
Ⓑ SM/F [1] (= *constructor*) *maker of "Fallas"*
[2] (= *participante*) *person who takes part in the "Fallas"* ▸ **fallera mayor** Fallas queen

**fallero²** ADJ (*Cono Sur*) work-shy

**fallido** ADJ [1] [*esfuerzo*] unsuccessful; [*esperanza*] disappointed; [*deuda*] bad, irrecoverable; (*Mec, Mil*) dud; **un tiro ~** a missed shot, a shot wide of the mark *o* target
[2] (*Caribe Com*) (= *quebrado*) bankrupt

**fallir** ▸conjug 3a◂ VI [1] (*Caribe*) (= *quebrar*) to go bankrupt
[2] (†) (= *fallar*) to fail
[3] (†) (= *caducar*) to run out, expire

▼ **fallo** Ⓐ SM [1] (= *mal funcionamiento*) failure; (= *defecto*) fault; **debido a un ~ de los frenos** because of brake failure ▸ **fallo cardíaco** heart failure ▸ **fallo de diseño** design fault
[2] (= *error*) mistake; **ha sido un ~ decírselo** it was a mistake telling him; **¡qué ~!** what a stupid mistake! ▸ **fallo humano** human error
[3] (*Jur*) [*de un tribunal*] judg(e)ment, ruling; **el ~ fue a su favor** the judg(e)ment *o* ruling was in her favour; **han apelado contra el ~ del jurado** they have appealed against the jury's verdict ▸ **fallo absolutorio** verdict of not guilty ▸ **fallo condenatorio** verdict of guilty

➤ LENGUA Y USO: **fallecer** 51.4 **fallecimiento** 51.4 **fallo A2** 45.2

4 [*de concurso, premio*] decision; **hoy se anunciará el ~ del jurado** the jury's decision will be announced today; **ya se conoce el ~ del concurso de poesía** it is already known who has won the poetry prize
5 (*Naipes*) void; **tengo ~ a picas** I have a void in spades
Ⓑ ADJ (*Naipes*) **estar ~ a** have a void in

**fallón*** ADJ (*Ecu*) unreliable

**fallutería*** SF (*Cono Sur*) 1 (= *hipocresía*) hypocrisy
2 (= *poca fiabilidad*) untrustworthiness

**falluto*** ADJ (*Cono Sur*) 1 (= *hipócrita*) hypocritical, two-faced*
2 (= *poco fiable*) untrustworthy, unreliable
3 (= *fracasado*) unsuccessful, failed

**falo** SM phallus

**falocracia*** SF male domination, male chauvinism

**falócrata** SM male chauvinist pig*

**falocrático** ADJ male chauvinist *antes de s*; **actitud falocrática** male chauvinist attitude

**falopa:** SF (*Cono Sur*) hard drugs *pl*

**falopearse:** ▸conjug 1a◂ VPR (*Cono Sur*) to take hard drugs

**falopero/a:** SM/F (*Cono Sur*) druggy:

**falsamente** ADV 1 (= *erróneamente*) falsely; **lo han acusado ~** he has been falsely accused
2 (= *insinceramente*) falsely; **con un aspecto ~ inocente** with a false look of innocence

**falsario/a** SM/F 1 (= *mentiroso*) liar
2 (= *falseador*) forger, counterfeiter

**falseable** ADJ **fácilmente ~** easy to forge, readily forged

**falseador(a)** SM/F forger, counterfeiter

**falsear** ▸conjug 1a◂ Ⓐ VT [+ *cifras, datos*] to falsify, doctor; [+ *verdad, hechos*] to distort; [+ *voto*] to rig*, fiddle*; [+ *firma, moneda, documento*] to forge, fake; [+ *cerrojo*] to pick; (*Téc*) to bevel
Ⓑ VI 1 (= *ceder*) to buckle, sag; (*fig*) to flag, slacken
2 (*Mús*) to be out of tune

**falsedad** SF 1 [*de acusación, teoría*] falseness, falsity; [*de persona*] falseness, insincerity
2 (= *mentira*) lie, falsehood (*frm*)

**falsete** SM 1 (*Mús*) falsetto
2 [*de cuba*] plug, bung
3 (*Andes**) hypocrite

**falsía** SF duplicity (*frm*), falseness

**falsificación** SF 1 (= *acto*) (= *creación*) forging, faking; (= *alteración*) falsification
2 (= *objeto*) forgery

**falsificador(a)** SM/F forger, counterfeiter

**falsificar** ▸conjug 1g◂ VT [+ *billete, firma, cuadro*] to forge, fake, counterfeit; [+ *resultado, elección*] to rig*, fiddle*; [+ *documento*] (= *crear*) to forge, fake; (= *cambiar*) to falsify

**falsilla** SF guide (*in copying*)

**falso** Ⓐ ADJ 1 [*acusación, creencia, rumor*] false; **lo que dices es ~** what you're saying is false *o* untrue; **se inscribió con un nombre ~** she registered under a false name; **ha sido una falsa alarma** it was a false alarm; **~ testimonio** perjury, false testimony
2 [*firma, pasaporte, joya*] false, fake; [*techo*] false; [*cuadro*] fake; [*moneda*] counterfeit
3 (= *insincero*) [*persona*] false, insincere; [*sonrisa*] false
4 [*caballo*] vicious
5 **en ~**: **coger a algn en ~** to catch sb in a lie; **dar un paso en ~** (*lit*) to trip; (*fig*) to take a false step; **jurar en ~** to commit perjury
Ⓑ SM (*CAm, Méx*) false evidence

▼ **falta** SF 1 (= *carencia*) 1·1 [*de recursos, información, control, acuerdo*] lack; **los candidatos demostraron en el examen su absoluta ~ de preparación** in the exam the candidates revealed their total lack of preparation; **es evidente su ~ de voluntad negociadora** it is clear that they have no wish to negotiate; **~ de respeto** disrespect, lack of respect; **la ~ de respeto por las ideas de los demás** disrespect *o* lack of respect for other people's ideas; **¡qué ~ de respeto!** how rude!
1·2 **a ~ de** in the absence of, for want of; **a ~ de información fiable, nos limitamos a repetir los rumores** in the absence of reliable information, we can merely repeat the rumours, we can merely repeat the rumours, for want of reliable information; **a ~ de champán para celebrarlo, beberemos cerveza** as we don't have any champagne to celebrate with, we'll drink beer; **a ~ de un término/sistema mejor** for want of a better term/system; **a ~ de tres minutos para el final** three minutes from the end; **a ~ de 40kms para la meta el ciclista se retiró** the cyclist withdrew 40kms from the finish; ✦*REFRÁN* **a ~ de pan, buenas son tortas** half a loaf is better than none
1·3 **por ~ de** for lack of; **se absolvió al acusado por ~ de pruebas** the defendant was acquitted for lack of evidence; **el rosal se murió por ~ de luz** the rose died due to lack of light
1·4 **echar algo/a algn en ~** to miss sth/sb; **echo en ~ a mis amigos** I miss my friends; **durante el festival se echaron en ~ a las grandes estrellas** the big names were missing from the festival; *ver tb* **educación 3**
2 **hacer ~**: **me hace mucha ~ un coche** I really *o* badly* need a car; **a este plato le hace ~ sal** this dish needs more salt; **lo que hace ~ aquí es más disciplina** what's needed here is stricter discipline; **aquí no haces ~** you're not needed here; **no nos hace ~ nada** we've got everything we need, we don't need anything else; **es el hombre que hacía ~** he is the right man for the job; **¡~ hacía!** and about time too!; **si hace ~, voy** if necessary, I'll go, if need be, I'll go; **hacer ~ hacer algo**: **para ser enfermero hace ~ tener vocación** you have to be dedicated to be a nurse; **no hace ~ ser un experto para llegar a esa conclusión** you don't need to be an expert to reach that conclusion; **ahora lo que te hace ~ es recuperar las fuerzas** what you need now is to regain your strength; **¡hace ~ ser tonto para no darse cuenta!** you have to be pretty stupid not to realize!; **hacer ~ que** + SUBJUN: **hace ~ que el agua esté hirviendo** the water must be *o* needs to be boiling; **si hace ~ que os echemos una mano, llamadnos** if you need us to give you a hand, give us a call; **no hace ~ que se lo digas** there's no need for you to tell him; ✦*MODISMO* **ni ~ que hace** (*iró*): **—¿te han invitado al concierto? —no, ni ~ que me hace** "haven't they invited you to the concert?" – "no, and I couldn't care less"*
3 (*Escol*) (= *ausencia*) absence; **poner ~ a algn** to mark sb absent, put sb down as absent ► **falta de asistencia** absence; **tiene cinco ~s de asistencia** he has been absent five times
4 (= *infracción*) 4·1 (*Jur*) offence, offense (*EEUU*); **~ grave** serious offence, serious offense (*EEUU*), serious misconduct; **~ leve** minor offence, minor offense (*EEUU*), misdemeanour, misdemeanor (*EEUU*)
4·2 (*Ftbl, Balonmano*) foul; (*Tenis*) fault; **ha sido ~** it was a foul *o* fault; **va a sacar la ~** (*Ftbl*) he's going to take the free kick; (*Balonmano*) he's going to take the free throw; **cometer una ~ contra algn** to foul sb; **lanzamiento de ~** (*Ftbl*) free kick
► **falta personal** personal foul
5 (= *fallo*) [*de persona*] shortcoming, fault; [*de máquina, producto*] flaw, fault; **sacar ~s a algn** to point out sb's shortcomings, find fault with sb; **siempre le está sacando ~s a todo lo que hago** she's always picking holes in everything I do; **sin ~** without fail; **mañana sin ~ recibirá nuestro informe** you will get our report tomorrow without fail ► **falta de ortografía** spelling mistake
6 (*por estar embarazada*) missed period

**faltar** ▸conjug 1a◂ VI 1 (= *no haber suficiente*) **faltan profesores** there aren't enough teachers; **a la sopa le falta sal** there isn't enough salt in the soup; **faltan viviendas asequibles** there is a shortage of affordable housing; **faltan dos sillas** we are two chairs short; **~ algo a algn**: **le falta todavía un impreso** you still need another form; **¿te falta dinero?** do you need any money?; **nos falta tiempo para hacerlo** we don't have enough time to do it; **te faltan dos centímetros para poder ser policía** you're two centimetres too short to be a policeman; **no le falta valor** he doesn't lack courage; ✦*MODISMOS* **¡lo que (me) faltaba!** that's all I needed!; **¡no faltaba** *o* **~ía más!** (= *no hay de qué*) don't mention it!; (= *naturalmente*) of course; (= *¡ni hablar!*) certainly not!, no way!*; **¡no faltaba más que eso!** ◊ **¡lo que faltaba!** (= *¡es el colmo!*) that's the last straw!; (= *¡ni hablar!*) certainly not!, no way!*; **es mejor que sobre que no que falte** better to have too much than too little
2 (= *no estar*) to be missing; **faltan varios libros del estante** there are several books missing from the shelf; **faltan 1000 pesetas de la caja** there are 1000 pesetas missing from the till; **me falta un bolígrafo** one of my pens is missing; **faltaba de su casa desde hacía un mes** he had been missing for a month; **¿quién falta?** who's missing?, who's not here?; **no podemos irnos, falta Manolo** we can't go, Manolo isn't here yet; **no ~**: **un desayuno en el que no faltan los huevos y el beicon** a breakfast which doesn't fail to include eggs and bacon; **un partido en el que no ~on goles** a match which was not short of goals; **no falta ninguno de los ingredientes de la novela policíaca** all of the ingredients of the detective novel are present; **no falta quien opina que …** there are those who think that …
3 (= *no ir*) **no he faltado ni una sola vez a las reuniones** I haven't missed a single meeting; **~on tres personas a la reunión** there were three people missing *o* absent from the meeting; **¡no ~é!** I'll be there!; **~ a una cita** (*de negocios*) to miss an appointment, not turn

➤ LENGUA Y USO: **falta 1** 44.1 **2** 37.3

up for an appointment; (*con amigo*) not not turn up for a date; **~ a clase** to miss school; **~ al trabajo** to be off work; **nunca falta al trabajo** he's never off work

[4] (= *quedar*) **falta todavía bastante por hacer** there is still quite a lot to be done, quite a lot remains to be done; **falta mucho todavía** there's plenty of time to go yet; **¿falta mucho?** is there long to go?; **¿te falta mucho?** will you be long?; **~ para algo**: **faltan tres semanas para las elecciones** there are three weeks to go to the election, the election is three weeks off; **faltan cinco minutos para que comience la representación** the performance will begin in five minutes; **faltan cinco para las siete** (*LAm*) it's five to seven; **falta poco para las ocho** it's nearly eight o'clock, it's getting on for eight o'clock; **falta poco para que termine el partido** the match is almost over *o* finished

[5] (= *estar a punto de*) **faltó poco para que lo pillara un coche** he was very nearly run down by a car; **le faltaba poco para decírselo** she was about to tell him

[6] (= *insultar*) **¡sin ~!, ¿eh?** keep it polite, right?; **~ a algn** (= *ofender*) to offend sb; (= *ser infiel a*) to be unfaithful to sb; (= *no apoyar*) to fail sb; **~ a algn al respeto** to be rude to sb, be disrespectful to sb

[7] (= *no cumplir*) **~ en algo**: **~ en los pagos** to default on one's payments; **no ~é en comunicárselo** I shall not fail to tell him; *ver tb* **decencia 1**, **palabra 4**, **promesa 1**, **respeto 1**, **verdad 1**

[8] (*euf*) (= *estar muerto*) **desde que falta su madre** since his mother passed away; **cuando falte yo** when I'm gone

**falto** ADJ [1] (= *carente*) **~ de** [*recursos, información, ideas, inteligencia*] lacking in; **nos pareció un partido ~ de interés** we thought the match was uninteresting *o* lacking in interest; **un hombre ~ de carisma** a man lacking in charisma, a man with no charisma; **un hombre ~ de escrúpulos** an unscrupulous man; **un boxeador ~ de reflejos** a boxer with poor reflexes; **estar ~ de personal** to be short of staff

[2] (†) (*moralmente*) poor, wretched, mean

[3] (*Andes*) (= *fatuo*) fatuous, vain

**faltón** ADJ [1] (= *negligente*) neglectful, unreliable (*about carrying out duties*)

[2] (= *irrespetuoso*) disrespectful

[3] (*LAm*) (= *vago*) slack (about work), work-shy

**faltoso** ADJ [1] (*CAm, Méx*) (= *negligente*) neglectful, unreliable (*about carrying out duties*)

[2] (*CAm, Méx*) (= *irrespetuoso*) disrespectful

[3] (*Andes*) (= *discutidor*) quarrelsome

**faltriquera** SF [1] (= *bolsillo*) pocket, pouch; [*de reloj*] fob, watch pocket; **✦*MODISMO*** **rascarse la ~** to dig into one's pocket

[2] (= *bolso*) handbag, purse (*EEUU*)

**falúa** SF (*Náut*) tender

**fama** SF [1] (= *renombre*) fame; **el libro que le dio ~** the book which made him famous, the book which made his name; **llegar a la ~** to become famous; **tener ~** to be famous; **tus pasteles tienen ~** your cakes are famous; **✦*REFRÁN*** **unos tienen la ~ y otros cardan la lana** some do all the work and others take the credit

[2] (= *reputación*) reputation; **tiene ~ de duro** he has a reputation for being tough; **este restaurante tiene ~ de barato** this restaurant is (well-)known for its cheap food; **tener mala ~** to have a bad reputation; **una casa de mala ~** a house of ill repute

[3] (= *rumor*) report, rumour, rumor (*EEUU*); **corre la ~ de que …** it is rumoured *o* (*EEUU*) rumored that …

**famélico** ADJ starving, famished

**familia** SF [1] (= *parentela*) family; **¿cómo está la ~?** how is the family?; **es de buena ~** she comes from a good family; **sentirse como en ~** to feel thoroughly at home; **ser como de la ~** to be one of the family; **venir de ~** to run in the family; **✦*MODISMO*** **acordarse de la ~ de algn*** to curse sb, swear at sb ► **familia de acogida** foster family ► **familia monoparental** one-parent family ► **familia nuclear** nuclear family ► **familia numerosa**: **tiene una ~ numerosa** he has a large family; **las ~s numerosas quedan exentas** families with more than four children are exempt ► **familia política** in-laws *pl* ► **familia real** royal family

[2] (= *hijos*) **¿cuándo pensáis tener ~?** when are you thinking of starting a family?; **¿tenéis ya mucha ~?** do you already have lots of children?

[3] (= *pariente*) **Juan no es ~ mía** Juan and I aren't related; **¿sois ~?** are you related?

[4] (= *comunidad*) family; **la gran ~ humana** the great human family; **la ~ socialista** the socialist community

[5] (*Bot, Ling, Zool*) family ► **familia de lenguas** family of languages ► **familia de palabras** word family

[6] (*Tip*) fount

**familiar** Ⓐ ADJ [1] (= *de la familia*) family *antes de s*; **lazos ~es** family ties; **creció en un ambiente ~ muy alegre** he grew up in a very happy family environment; **"pensión Sol, ambiente familiar"** "pensión Sol, friendly atmosphere"; **coche ~** estate car, station wagon (*EEUU*); **dioses ~es** household gods; **envase ~** family-sized *o* family pack; **en la pensión recibes un trato ~** in the guesthouse they treat you like one of the family

[2] (= *conocido*) familiar; **tu cara me resulta ~** your face looks familiar

[3] [*lenguaje, término*] colloquial

Ⓑ SMF (= *pariente*) relative, relation

**familiaridad** SF [1] (*en el trato*) familiarity (**con** with); **no le gusta que te tomes esas ~es** he doesn't like you being so familiar with him

[2] [*de estilo*] familiarity, informality

**familiarizar** ▸conjug 1f◂ Ⓐ VT to familiarize, acquaint; **~ a algn con algo** to familiarize *o* acquaint sb with sth

Ⓑ **familiarizarse** VPR **~se con** to familiarize o.s. with, get to know, make o.s. familiar with

**famosillo/a*** Ⓐ ADJ well-known in limited circles

Ⓑ SM/F minor celebrity

**famoso/a** Ⓐ ADJ [1] (= *célebre*) famous, well-known; **un actor ~** a famous *o* well-known actor; **el pueblo es ~ por su cerámica** the town is famous for its pottery; **es ~ por sus ocurrencias** he's renowned for his witticisms

[2] (*) (= *sonado*) **es otra de sus famosas ocurrencias** it's another of his bright ideas; **aún recuerdo su ~ enfado** I can still remember that time she got angry

Ⓑ SM/F celebrity, famous person; **los ~s** celebrities

**fan** SMF (*pl* **fans**) fan

**fanal** SM [1] (*Náut*) (= *farol*) (*en la costa*) harbour beacon, harbor beacon (*EEUU*); (*en barco*) lantern

[2] (= *campana*) bell glass

[3] (= *pantalla*) [*de lámpara*] chimney

[4] (*Méx Aut*) headlight

**fanaticada** SF (*Caribe*) fans *pl*

**fanático/a** Ⓐ ADJ fanatical

Ⓑ SM/F (*gen*) fanatic; (*LAm Dep*) fan; **es un ~ del aeromodelismo** he's mad about model aeroplanes; **los ~s de la estrella** the star's fans *o* admirers

**fanatismo** SM fanaticism

**fanatizar** ▸conjug 1f◂ VT to arouse fanaticism in

**fancine** SM = **fanzine**

**fandango** SM [1] (*Mús*) fandango

[2] (*) (= *jaleo*) row, rumpus*; **se armó un ~** there was a huge row

[3] (*LAm**) (= *fiesta*) rowdy party, booze-up*

**fandanguear*** ▸conjug 1a◂ VI (*Cono Sur*) to live it up*

**fané*** ADJ INV [1] (*Cono Sur*) (= *cansado*) worn out, tired out

[2] (*LAm*) (= *arrugado*) messed-up, crumpled

[3] (†) (= *cursi*) vulgar

**faneca** SF *species of flatfish*

**fanega** SF [1] *grain measure (in Spain 1.58 bushels, in Mexico 2.57 bushels, in the S. Cone 3.89 bushels)*

[2] *land measure (in Spain 1.59 acres, in the Caribbean 1.73 acres)*

**fanfarrear** ▸conjug 1a◂ VI = **fanfarronear**

**fanfarria** SF [1] (*Mús*) fanfare

[2] (*) (= *jactancia*) boasting

**fanfarrón/ona** Ⓐ ADJ boastful

Ⓑ SM/F boaster, braggart

**fanfarronada** SF [1] (= *acción*) boasting; **no hace más que ~s** he does nothing but boast

[2] (= *farol*) bluff

**fanfarronear** ▸conjug 1a◂ VI to boast, talk big*

**fanfarronería** SF = **fanfarronada**

**fangal** SM bog, quagmire

**fango** SM (= *lodo*) mud, mire; (*fig*) mire, dirt

**fangoso** ADJ muddy, miry

**fanguero** Ⓐ ADJ (*Cono Sur*) [*animal, jugador*] suited to heavy going

Ⓑ SM (*Caribe, Méx*) [1] (= *fango*) mud, mire

[2] (= *fangal*) bog, quagmire

**fantasear** ▸conjug 1a◂ VI to dream, fantasize

**fantaseo** SM dreaming, fantasizing

**fantasía** SF [1] (= *imaginación*) imagination; **es un producto de su ~** it's a figment of his imagination

[2] (= *cosa imaginada*) fantasy; **son ~s infantiles** they're just children's fantasies; **un mundo de ~** a fantasy world

[3] (*Arte, Literat*) fantasy; (*Mús*) fantasia, fantasy; **tocar por ~** to improvise

[4] **de ~** (= *con adornos, colores*) fancy; **botones de ~** fancy buttons; **joyas de ~** costume jewellery

**fantasioso** ADJ [1] (= *soñador*) dreamy

[2] (= *presuntuoso*) vain, conceited; **¡fantasiosa!** you're so vain!

**fantasma** Ⓐ SM [1] (= *aparición*) ghost, phantom (*liter*)

[2] (*TV*) ghost

Ⓑ SMF (*Esp**) (= *fanfarrón*) boaster, braggart

Ⓒ ADJ INV [1] (= *abandonado*) ghost *antes de s*; **buque ~** ghost ship; **ciudad ~** ghost city
[2] (= *inexistente*) phantom *antes de s*; **embarazo ~** phantom pregnancy; **miembro ~** phantom limb; **compañía ~** bogus *o* dummy company

**fantasmada*** SF bluster, bravado
**fantasmagoría** SF phantasmagoria
**fantasmagórico** ADJ phantasmagoric
**fantasmal** ADJ ghostly, phantom *antes de s*
**fantasmear*** ▸conjug 1a◂ VI to show off
**fantasmón/ona*** Ⓐ ADJ boastful
Ⓑ SM/F boaster
**fantásticamente** ADV fantastically
**fantástico** Ⓐ ADJ [1] (= *imaginario*) fantastic
[2] (*) (= *estupendo*) fantastic, great*
[3] (= *fanfarrón*) boastful
Ⓑ EXCL (*) great!, fantastic!, terrific!*
**fantochada*** SF [1] (= *estupidez*) **no digas ~s** don't talk rubbish, don't talk bullshit**; **no hagas ~s** stop messing around
[2] (= *fanfarronada*) **ésa es otra ~ de tu hermana** that's your sister showing off again
**fantoche** Ⓐ SM [1] (= *títere*) puppet, marionette
[2] (*) (*persona*) (= *mediocre*) mediocrity, non-entity; (= *presumido*) braggart, loudmouth*
Ⓑ ADJ INV puppet *antes de s*; **régimen ~** puppet régime
**fantochesco** ADJ puppet-like
**fantomático** ADJ shadowy, mysterious
**fanzine** SM fanzine
**FAO** SF ABR [1] (= **Food and Agriculture Organization**) FAO
[2] (= **Fabricación Asistida por Ordenador**) CAM
**faquín** SM porter
**faquir** SM fakir
**farabute** SM (*Cono Sur*) [1] (= *pícaro*) rogue
[2] (= *poco cumplidor*) unreliable person
[3] (= *pobre diablo*) poor wretch
**faralá** SM (*pl* **faralaes**) [1] (= *volante*) flounce, frill
[2] **faralaes** (*pey*) frills, buttons and bows
**farallón** SM (*Geog*) headland; (*Geol*) outcrop; (*Cono Sur*) rocky peak
**faramalla*** SF [1] (= *charla*) humbug, claptrap*; (*Com*) patter, spiel
[2] (= *impostura*) empty show, sham
[3] (*Méx, Chile**) lie
[4] (*Cono Sur*) (= *jactancia*) bragging, boasting
**faramallear*** ▸conjug 1a◂ VI [1] (*Méx, Chile*) (= *mentir*) to lie
[2] (*Cono Sur*) (= *jactarse*) to brag, boast
**faramallero*** ADJ (*Cono Sur*) bragging, boastful
**farándula** SF [1] (*Teat, Hist*) troupe of strolling players; **el mundo de la ~** the theatre *o* (*EEUU*) theater world
[2] (*) (= *charla*) humbug, claptrap*
**faranduleo** SM trickery
**farandulero/a** Ⓐ ADJ (*LAm**) = **farolero A**
Ⓑ SM/F [1] (*Teat, Hist*) strolling player
[2] (*) (= *timador*) confidence trickster, con man, swindler
**faraón** SM Pharaoh
**faraónico** ADJ (*Hist*) Pharaonic; [*plan, obra*] overambitious
**faraute** SM [1] (††) herald
[2] (= *entrometido*) busybody

**FARC** SFPL ABR (*Col*) = **Fuerzas Armadas Revolucionarias de Colombia**
**fardada*** SF show, display; **pegarse una ~** to show off
**fardar*** ▸conjug 1a◂ VI [1] [*persona*] (= *lucirse*) to show off, put on a display; (= *jactarse*) to boast; **fardaba de sus amigas** he boasted about his girlfriends
[2] [*objeto*] to be classy; **es un coche que farda mucho** it's a car with a lot of class
**farde*** SM (= *lucimiento*) showing-off, display; (= *jactancia*) boasting
**fardel** SM [1] (= *talega*) bag, knapsack
[2] (= *bulto*) bundle
**fardo** SM [1] (= *bulto*) bundle; (= *bala*) bale, pack
[2] (*fig*) burden; ✦***MODISMO*** **pasar el ~** (*Perú**) to pass the buck*
**fardón/ona*** Ⓐ ADJ [1] [*objeto*] (= *con clase*) classy*, posh; (= *precioso*) nice, great*
[2] (= *elegante*) [*ropa*] natty*; [*persona*] nattily dressed*
[3] (= *vanidoso*) stuck-up*, swanky*
Ⓑ SM/F show-off*
**farero/a** SM/F lighthouse-keeper
**farfulla*** Ⓐ SF [1] (= *balbuceo*) spluttering
[2] (= *habla atropellada*) jabbering, gabble
[3] (*LAm*) (= *jactancia*) bragging, boasting
Ⓑ SMF jabberer, gabbler
**farfullador** ADJ [1] (= *balbuceante*) spluttering; (= *con habla atropellada*) jabbering, gabbling
[2] (*LAm*) (= *jactancioso*) bragging, boastful
**farfullar** ▸conjug 1a◂ Ⓐ VI [1] (= *balbucear*) to splutter; (= *hablar atropelladamente*) to jabber, gabble
[2] (*LAm*) (= *jactarse*) to brag, boast
Ⓑ VT [1] (*al hablar*) to jabber, gabble
[2] (*al actuar*) to do hastily, botch
**farfulleo** SM (= *balbuceo*) spluttering; (= *habla atropellada*) jabbering, gabbling
**farfullero*** ADJ [1] (= *balbuceante*) spluttering; (= *con habla atropellada*) jabbering, gabbling
[2] (*LAm*) = **fanfarrón**
**farináceo** ADJ starchy, farinaceous (*frm*)
**faringe** SF pharynx
**faringitis** SF INV pharyngitis
**fariña** SF (*Perú, Cono Sur*) coarse manioc flour
**fario** SM **mal ~** bad luck
**farisaico** ADJ [1] (*Rel*) Pharisaic(al)
[2] (= *hipócrita*) hypocritical, Pharisaic(al) (*frm*)
**fariseo** SM [1] (*Rel*) Pharisee
[2] (= *hipócrita*) hypocrite, Pharisee
**farlopa‡** SF (*Esp*) blow‡, coke‡
**farmacéutico/a** Ⓐ ADJ [*producto*] pharmaceutical; **la industria farmacéutica** the pharmaceutical *o* drug industry
Ⓑ SM/F (= *persona*) chemist, druggist (*EEUU*), pharmacist (*frm*)
**farmacia** SF [1] (= *ciencia*) pharmacy
[2] (= *tienda*) chemist's (shop), drugstore (*EEUU*) ► **farmacia de guardia** all-night chemist's
**fármaco** SM drug, medicine
**farmacodependencia** SF drug dependency, dependence on drugs
**farmacología** SF pharmacology
**farmacológico** ADJ pharmacological
**farmacólogo/a** SM/F pharmacologist
**farmacopea** SF pharmacopoeia

**faro** Ⓐ SM [1] (*Náut*) (= *edificio*) lighthouse; (= *señal*) beacon ► **faro aéreo** air beacon
[2] (*Aut*) headlamp, headlight ► **faro antiniebla** foglamp ► **faro de marcha atrás** reversing light ► **faro halógeno** halogen headlight ► **faro lateral** sidelight ► **faro piloto**, **faro trasero** rear light, tail light
[3] **faros‡** (= *ojos*) peepers*, eyes
Ⓑ ADJ INV (*) **idea ~** bright idea, brilliant idea
**farol** SM [1] (= *lámpara*) (*en terraza, jardín*) lantern, lamp; (*en la calle*) street lamp; (*Ferro*) headlamp; ✦***MODISMOS*** **¡adelante con los ~es!** press on regardless!; **hacer de ~*** to play gooseberry, be a third wheel (*EEUU*) ► **farol de viento** hurricane lamp
[2] (*) (= *mentira*) (*gen*) lie, fib; (*Naipes*) bluff; **echarse** *o* **marcarse** *o* **tirarse un ~** (*gen*) to shoot a line*, brag; (*Naipes*) to bluff
[3] (*Taur*) flourishing pass
[4] (*Cono Sur*) (= *ventana*) bay window, glassed-in balcony
[5] (= *envase*) *wrapping of tobacco packet*
[6] **faroles** (*LAm**) (= *ojos*) peepers*, eyes
**farola** SF (= *lámpara*) street lamp; (= *poste*) lamppost
**faroladas*** SFPL boasting *sing*
**farolazo*** SM (*CAm, Méx*) swig* (*of liquor*)
**farolear*** ▸conjug 1a◂ VI (= *presumir*) to boast, brag; (*Naipes*) to bluff
**farolero/a** Ⓐ ADJ (*) boastful
Ⓑ SM/F [1] (*) (= *fanfarrón*) boaster
[2] (*) (= *mentiroso*) bullshitter**
[3] (= *fabricante*) lamp-maker
[4] (†) (*del alumbrado público*) lamplighter
**farolillo** SM [1] (*Elec*) fairy-light; (*de papel*) Chinese lantern ► **farolillo rojo** (*Atletismo*) back marker; (*Ftbl*) *team in last place*
[2] (*Bot*) Canterbury bell
**farra**[1] SF [1] (*esp LAm*) (= *juerga*) party; **ir de ~** to go out partying/drinking
[2] (*Cono Sur*) (= *mofa*) mockery, teasing; ✦***MODISMO*** **tomar a algn para la ~** to pull sb's leg
**farra**[2] SF (= *pez*) salmon trout
**fárrago** SM hotchpotch, hodgepodge (*EEUU*), jumble
**farragoso** ADJ (*gen*) cumbersome; [*discurso*] involved, dense
**farrear** ▸conjug 1a◂ Ⓐ VI (*esp Cono Sur*) to party, be out drinking
Ⓑ **farrearse** VPR [1] (*Cono Sur*) **~se de algn** to tease sb
[2] (*Arg*) [+ *dinero*] to squander
**farrero/a** Ⓐ ADJ (*Andes, Cono Sur*) merry, fun-loving
Ⓑ SM/F reveller
**farrista** ADJ [1] (*Cono Sur*) (= *borracho*) hard-drinking, dissipated
[2] (= *juerguista*) boisterous, rowdy
**farruco*** ADJ stroppy*; **estar** *o* **ponerse ~** to get stroppy*, get aggressive
**farruto*** ADJ (*Chile pey*) sickly, weak
**farsa**[1] SF [1] (*Teat*) farce; (*pey*) bad play
[2] (= *engaño*) farce, sham
**farsa**[2] SF (*Culin*) stuffing
**farsante*** SMF fraud, phoney*, phony (*EEUU**)
**farsear** ▸conjug 1a◂ VI (*CAm*) to joke
**farsesco** ADJ farcical
**FAS** ABR = **Fuerzas Armadas**
**fas**: **por ~ o por nefas** ADV rightly or wrongly

**FASA** SF ABR (*Esp*) = **Fábrica de Automóviles, S.A.**

**fascículo** SM part, instalment, installment (*EEUU*)

**fascinación** SF fascination

**fascinador** ADJ, **fascinante** ADJ fascinating

**fascinar** ▸conjug 1a◂ VT to fascinate, captivate

**fascismo** SM fascism

**fascista** ADJ, SMF fascist

**fase** SF 1 (= *etapa*) stage, phase; **el proyecto está en ~ de estudio** the project is still under consideration; **estar en ~ ascendente** [*persona*] to be on the way up; [*equipo*] to be on a winning run ► **fase clasificatoria** (*Dep*) qualifying stage ► **fase terminal** terminal phase
2 (*Astron, Biol, Elec*) phase
3 [*de cohete*] stage

**faso*** SM (*Cono Sur*) cigarette, fag‡

**fastidiado*** ADJ 1 (= *estropeado*) ruined, bust*
2 **andar ~ del estómago** ◊ **tengo el estómago ~** I've got a dodgy* *o* bad stomach

**fastidiar** ▸conjug 1b◂ Ⓐ VT 1 (= *molestar*) to annoy; **lo que más me fastidia es tener que decírselo** what annoys me most is having to tell him; **su actitud me fastidia mucho** I find his attitude very annoying; **me fastidia tener que ir** it's a pain having to go*; **¡y encima me insultó ¡no te fastidia!** and on top of that, he was rude to me, can you believe it!
2 (= *estropear*) [+ *fiesta, plan*] to spoil, ruin; [+ *aparato*] to break; **nos ha fastidiado las vacaciones** it's spoiled *o* ruined our holidays; **¡la hemos fastidiado!** drat!*
Ⓑ VI (= *bromear*) **¡no fastidies!** you're kidding!
Ⓒ **fastidiarse** VPR 1 (= *aguantarse*) **¡a ~se!** ◊ **¡fastídiate!** (that's) tough *o* too bad!*; **¿no le gusta la comida? ¡pues que se fastidie!** he doesn't like the food? well, that's tough!*; **¡para que te fastidies!** so there!*
2 (= *dañarse*) to hurt; **me he vuelto a ~ la rodilla** I've hurt my knee again, I've done my knee in again
3 (*) (= *estropearse*) [*fiesta, plan*] to be spoiled, be ruined; [*aparato*] to break down
4 (*LAm*) (= *aburrirse*) to get bored

**fastidio** SM 1 (= *molestia*) annoyance, bother; **¡qué ~!** what a nuisance!
2 (*LAm*) (= *asco*) disgust, repugnance

**fastidioso** ADJ 1 (= *molesto*) annoying
2 (= *aburrido*) tedious, boring, tiresome
3 (*LAm*) (= *quisquilloso*) fastidious

**fasto** SM 1 (= *pompa*) pomp, pageantry
2 **fastos** (*Literat*) annals

**fastuosamente** ADV (= *espléndidamente*) magnificently, splendidly; (= *suntuosamente*) lavishly, sumptuously

**fastuoso** ADJ [*palacio, carroza*] magnificent, splendid; [*banquete, fiesta*] lavish, sumptuous

**fatal** Ⓐ ADJ 1 (= *mortal*) [*accidente, desenlace*] fatal
2 (*) (= *horrible*) awful, terrible; **tiene un inglés ~** his English is awful *o* terrible; **la obra estuvo ~** the play was awful *o* terrible
3 (= *inevitable*) [*plazo, cita*] unavoidable; **ese comentario ~ firmó su sentencia** that ill-fated *o* disastrous comment sealed his sentence
Ⓑ ADV (*) terribly; **lo pasaron ~** they had an awful *o* a terrible time (of it); **cocina ~** he's an awful *o* a terrible cook; **me encuentro ~** I feel awful *o* terrible

➤ LENGUA Y USO: favor 1 31

**fatalidad** SF 1 (= *destino*) fate
2 (= *desdicha*) misfortune, bad luck

**fatalismo** SM fatalism

**fatalista** Ⓐ ADJ fatalistic
Ⓑ SMF fatalist

**fatalizarse** ▸conjug 1f◂ VPR 1 (*Andes*) (= *cometer un delito*) to commit a grave crime
2 (*Cono Sur*) (= *sufrir herida*) to seriously hurt o.s.; (*Andes*) (= *sufrir desgracia*) to suffer a series of misfortunes (*as a punishment for a wrong committed*)

**fatalmente** ADV 1 (= *mortalmente*) fatally
2 (= *inevitablemente*) unavoidably, inevitably
3 (*) (= *muy mal*) disastrously

**fatídicamente** ADV 1 (= *desgraciadamente*) fatefully, ominously
2 (= *proféticamente*) prophetically

**fatídico** ADJ 1 (= *desgraciado*) fateful, ominous
2 (= *profético*) prophetic

**fatiga** SF 1 (= *cansancio*) fatigue (*frm*), tiredness, weariness ► **fatiga cerebral** mental fatigue ► **fatiga muscular** muscle fatigue
2 (= *ahogo*) breathlessness; **subir las escaleras me causa ~** climbing the stairs makes me breathless, when I climb the stairs I get *o* run out of breath
3 (= *reparo*) embarrassment; **me da ~ llamar a estas horas de la noche** I'm embarrassed calling at this time of night
4 **fatigas** (= *penalidades*) hardship *sing*, troubles
5 (*Téc*) fatigue ► **fatiga del metal** metal fatigue

**fatigabilidad** SF tendency to tire easily

**fatigadamente** ADV with difficulty, wearily

**fatigar** ▸conjug 1h◂ Ⓐ VT 1 (= *cansar*) to tire
2 (= *molestar*) to annoy
Ⓑ **fatigarse** VPR 1 (= *cansarse*) to tire, get tired; **~se al andar** to wear o.s. out walking
2 (= *ahogarse*) to get out of breath, get breathless

**fatigosamente** ADV painfully, with difficulty

**fatigoso** ADJ 1 (= *cansado*) tiring, exhausting
2 (*Med*) painful, difficult; **respiración fatigosa** laboured *o* (*EEUU*) labored breathing
3 (= *fastidioso*) trying, tiresome

**fato*** SM (*Cono Sur*) 1 (= *negocio*) shady deal
2 (= *amorío*) love affair

**fatuidad** SF 1 (= *necedad*) fatuousness, fatuity
2 (= *vanidad*) conceit

**fatuo** ADJ 1 (= *necio*) fatuous
2 (= *vanidoso*) conceited; *ver tb* **fuego 1**

**fauces** SFPL 1 (*Anat*) fauces, gullet *sing*; (*fig*) (= *boca*) jaws
2 (*LAm*) (= *colmillos*) tusks, teeth

**faul** (*pl* **fauls**) SM (*LAm Dep*) foul

**faulear** ▸conjug 1a◂ VT (*LAm Dep*) to foul

**fauna** SF fauna; **toda la ~ del barrio*** all the weirdos in the neighbourhood*

**faunístico** ADJ faunal; **riqueza faunística** wealth of the fauna

**fauno** SM faun

**Fausto** SM Faust

**fausto** Ⓐ ADJ fortunate, lucky; **~ acontecimiento** happy event; **fausta noticia** happy news; **fausta ocasión** happy occasion
Ⓑ SM splendour, splendor (*EEUU*), magnificence

**fautor(a)** SM/F (= *cómplice*) accomplice, helper; (= *instigador*) instigator

▼**favor** SM 1 (= *ayuda*) favour, favor (*EEUU*); **~ de venir puntualmente** (*Méx*) please be punctual; **hacer un ~ a algn** to do sb a favour; **¿me puedes hacer un ~?** can you do me a favour?; **¡está para hacerle un ~!‡** she's really something!*; **hacer un flaco ~ a algn** to do no favours to sb; **¿me hace el ~ de bajarme la maleta?** I wonder if you could get my suitcase down for me, please?, could you possibly get my suitcase down for me, please?; **¡haced el ~ de callaros!** will you please be quiet!; **si hace el ~ de pasar** if you'd like *o* care to go in; **si hace ~** (*LAm*) if you don't mind; **pedir un ~ a algn** to ask sb (for) a favour, ask a favour of sb (*más frm*); **por ~** please; **¿me dejan pasar, por ~?** could I get past, please?; **¡por ~! ¡qué calor hace!** goodness me, it's hot today!; ✦*REFRÁN* **~ con ~ se paga** one good turn deserves another
2 (*locuciones*) 2·1 **a favor** in favour; **hay un 50% de gente a ~** 50% of people are in favour; **votos a ~** votes in favour; **¿estás a ~ o en contra?** are you for or against it?; **tener el viento a ~** to have the wind behind one *o* in one's favour
2·2 **a ~ de** in favour of; **no me convencen sus argumentos a ~ de la huelga** I'm not convinced by his arguments in favour of the strike; **¿está a ~ de poner fin al bloqueo del país?** are you in favour of ending the blockade of the country?; **la balanza está a nuestro ~** the balance is in our favour; **el tiempo corre a nuestro ~** time is on our side; **lo tenía todo a su ~** she had everything going for her; **el partido ya estaba decidido a ~ de la jugadora española** the Spanish player already had the match sewn up; **ir a ~ de la corriente** to go with the flow; **a ~ de la noche** under cover of darkness; **votar a ~ de algo** to vote in favour of sth
2·3 **en ~ de** [*abdicar, manifestarse*] in favour of; [*intervenir*] on behalf of; [*trabajar, luchar*] for; **el director se manifestó en ~ del cine europeo** the director spoke in favour of *o* expressed his support for the European film industry; **piden a la ONU su intervención en ~ de los detenidos** the UN is being asked to intervene on behalf of those detained; **una recogida de firmas en ~ del indulto de los presos** a petition for the pardon of the prisoners; **siempre abogó en ~ de los más débiles** he always defended the underdog; **se tomarán nuevas medidas en ~ de los ganaderos** new measures are to be taken to help livestock farmers; **el sistema fue perdiendo terreno en ~ de otros métodos más modernos** the system gradually lost ground to more up-to-date methods
3 (= *apoyo*) [*del rey, dioses*] favour, favor (*EEUU*), protection; [*del público*] support; **gracias al ~ del rey** thanks to the king's protection, thanks to the favour he enjoyed with the king; **la pérdida del ~ popular** the loss of popular support; **la película nunca tuvo el ~ del gran público** the movie never found favour with the general public; **ha sabido ganarse el ~ de la audiencia** she has succeeded in winning the audience's affection; **gozar**

**del ~ de algn** to have sb's support *o* backing, enjoy sb's favour (*frm*); **el partido goza del ~ del 49% de la población** the party has the support *o* backing of 49% of the population; *ver tb* **condición 1**

4 **entrada de ~** complimentary ticket

5 **favores** [*de mujer*] favours, favors (*EEUU*)

**favorable** ADJ favourable, favorable (*EEUU*); **esperábamos una respuesta ~** we were expecting a favourable reply; **vientos ~s** favourable winds; **~ a algo** in favour of sth; **se mostró ~ al cambio político** he was in favour of political change

**favorablemente** ADV favourably, favorably (*EEUU*)

**favorecedor** ADJ [*vestido*] becoming; [*retrato*] flattering

**favorecer** ▸conjug 2d◂ Ⓐ VT 1 (= *beneficiar*) to be favourable *o* (*EEUU*) favorable to, favour, favor (*EEUU*); **la devaluación ha favorecido a las compañías exportadoras** devaluation has been favourable to *o* has favoured exporting companies; **el sorteo favoreció al equipo canadiense** Canada did well out of the draw; **la suerte no me favoreció** luck was not on my side, fortune did not favour me (*liter*)

2 (= *ayudar a*) [+ *desarrollo, creación, crecimiento*] to contribute to; **las nuevas medidas fiscales ~án la creación de empresas** the new tax measures will contribute to *o* encourage *o* favour the creation of new companies; **puede ~ la aparición de piedras en el riñón** it can contribute to the development of kidney stones

3 (= *tratar con favores*) **~ a algn** to help out sb, do sb favours; **utilizó sus influencias para ~ a sus amigos** she used her influence to help out her friends *o* to do favours for her friends

4 (= *sentar bien*) [*vestido*] to suit, look good on; [*peinado*] to suit; **las faldas largas no te favorecen** long skirts don't suit you *o* look good on you; **la barba no te favorece** the beard doesn't suit you; **el retrato no la favorece** the portrait is not very flattering

Ⓑ VI (= *sentar bien*) to be flattering, look good

**favorecido/a** Ⓐ ADJ 1 (= *beneficiado*) (*en el trato*) favoured, favored (*EEUU*); (*por la suerte, el dinero*) fortunate; **trato de nación más favorecida** most-favoured nation treatment; **las clases menos favorecidas** the less fortunate classes; **resultó ~ en la lotería con varios millones de pesetas** he won several million pesetas on the lottery

2 (*físicamente*) **estás muy ~ en esta foto** you look very good in this photo, this is a very good photo of you

Ⓑ SM/F **los ~s con el primer premio** the winners of the first prize, those who won the first prize

**favoritismo** SM favouritism, favoritism (*EEUU*)

**favorito/a** ADJ, SM/F favourite, favorite (*EEUU*)

**fax** SM 1 (= *máquina*) fax (machine); **mandar por ~** to fax, send by fax

2 (= *mensaje*) fax; **mandar un ~** to send a fax

**faxear** ▸conjug 1a◂ VT to fax, send by fax

**faxteléfono** SM fax-telephone (machine)

**fayuca*** SF (*Méx*) smuggling

**fayuquear*** ▸conjug 1a◂ VT (*Méx*) to smuggle

**fayuquero/a*** SM/F 1 (*Méx*) smuggler

2 (*Cono Sur*) travelling salesman/saleswoman

**fayuto** ADJ (*Cono Sur*) = **falluto**

**faz** SF 1 (= *cara*) face; **en la ~ de la tierra** on the face of the earth; **~ a ~** face to face

2 (= *aspecto*) face, landscape; **estos incendios están cambiando la ~ de nuestro país** these fires are changing the face *o* landscape of our country

3 [*de moneda*] obverse

**FC** ABR, **f.c.** ABR (= **ferrocarril**) Rly

**Fco.** ABR = **Francisco**

**Fdez.** ABR = **Fernández**

**Fdo.** ABR, **fdo.** ABR (= **firmado**) signed; **Fdo.: D. Josep Pauli i Costa** Signed, Josep Pauli i Costa Esq

**FE** SF ABR (*Hist*) = **Falange Española** ▸ **FE de las JONS** = **Falange Española de las Juntas de Ofensiva Nacional Sindicalista**

**fe** SF 1 (*Rel*) faith (**en** in); **la fe católica** the Catholic faith; ✦*MODISMO* **la fe del carbonero** blind faith; ✦*REFRÁN* **la fe mueve montañas** faith moves mountains

2 (= *confianza*) faith; **tener fe en algn/algo** to have faith in sb/sb; **no tengo fe en los abogados** I have no faith in lawyers; **tiene una fe ciega en ella** he has absolute faith in her; **no tiene fe en la ciencia** he has no faith in science; **dar** *o* **prestar fe a algo** (*frm*) to believe sth, place reliance on sth (*frm*)

3 (= *intención*) faith; **buena fe** good faith; **mala fe** bad faith; **actuar en** *o* **de buena fe** to act in good faith

4 (= *testimonio*) **dar fe de algo** to vouch for sth, testify to sth; **doy fe de ello** I can vouch for *o* testify to that; **en fe de lo cual** (*frm*) in witness whereof (*frm*); **a fe**†† in truth; **a fe mía**†† ◊ **por mi fe**†† by my faith, upon my honour

5 (††) (= *fidelidad*) fidelity

6 (= *certificado*) certificate ▸ **fe de bautismo** certificate of baptism ▸ **fe de erratas, fe de errores** (*en libro*) errata; (*en periódico*) correction ▸ **fe de soltería** proof of single status ▸ **fe de vida** *certificate testifying that a person is still alive* ▸ **fe pública** *authority to attest documents*

**FEA** SF ABR 1 = **Federación Española de Automovilismo**

2 = **Federación Española de Atletismo**

3 (*Hist*) = **Falange Española Auténtica**

**fealdad** SF ugliness

**feamente** ADJ hideously, terribly

**feb.** ABR, **feb.º** ABR (= **febrero**) Feb

**feble** ADJ feeble, weak

**Febo** SM Phoebus

**febrero** SM February; *ver tb* **septiembre**

**febril** ADJ 1 (*Med*) fevered, feverish

2 [*actividad*] hectic, feverish

**febrilmente** ADV (*fig*) feverishly, hectically

**fecal** ADJ faecal, fecal (*EEUU*); **aguas ~es** sewage *sing*

**fecha** SF 1 (= *día preciso*) date; **¿a qué ~ estamos?** what's the date today?; **han adelantado la ~ de las elecciones** they've brought forward the (date of the) election; **ya tengo ~ para el dentista** I've got an appointment at the dentist's; **la carta tiene ~ del 21 de enero** the letter is dated 21st January; **a partir de esa ~ no volvió a llamar** from then on *o* thereafter he never called again; **a 30 días ~** (*Com*) at 30 days' sight; **con ~ de**: **una carta con ~ del 15 de agosto** a letter dated 15th August; **hasta la ~** to date, so far; **pasarse de ~** (*Com*) to pass the sell-by date; **este yogur está pasado de ~** this yoghurt is past its sell-by date; **poner la ~** to date; **no se olvide poner la ~ en la solicitud** don't forget to date the form; **en ~ próxima** soon; **sin ~**: **una carta sin ~** an undated letter, a letter with no date ▸ **fecha de caducidad** [*de medicamento, tarjeta*] expiry date; [*de alimento*] sell-by date ▸ **fecha de emisión** date of issue ▸ **fecha de entrega** delivery date ▸ **fecha de nacimiento** date of birth ▸ **fecha de vencimiento** (*Com*) due date ▸ **fecha de vigencia** (*Com*) effective date ▸ **fecha futura**: **en alguna ~ futura** at some future date; **un cheque con una ~ futura** a postdated cheque ▸ **fecha límite** deadline ▸ **fecha límite de venta** sell-by date ▸ **fecha tope** [*de finalización*] deadline; [*de entrega*] closing date

2 **fechas** (= *época*) **son ~s de escasa actividad** it's a time of year when there isn't much happening; **siempre viene por estas ~s** he always comes about this time of year; **el año pasado por estas ~s** this time last year; **para esas ~s ya eran diez las víctimas** by then the death toll was already ten; **en breves ~s** (*frm*) shortly

**fechable** ADJ datable (**en** to)

**fechado** SM dating

**fechador** SM date stamp

**fechar** ▸conjug 1a◂ VT to date

**fechoría** SF misdeed, misdemeanour, misdemeanor (*EEUU*)

**FECOM** SM ABR (= **Fondo Europeo de Cooperación Monetaria**) EMCF

**fécula** SF starch ▸ **fécula de papa** (*LAm*) potato flour

**feculento** ADJ starchy

**fecundación** SF fertilization ▸ **fecundación artificial** artificial insemination ▸ **fecundación in vitro** in vitro fertilization

**fecundar** ▸conjug 1a◂ VT 1 (= *engendrar*) to fertilize; **~ por fertilización cruzada** to cross-fertilize

2 (*liter*) (= *fertilizar*) to make fertile

**fecundidad** SF 1 [*de hembra*] fertility, fecundity

2 (= *productividad*) fruitfulness, productiveness

**fecundizar** ▸conjug 1f◂ VT to fertilize

**fecundo** ADJ 1 [*persona, tierra*] fertile, fecund (*frm*)

2 [*pintor, escritor*] prolific

3 (= *fructífero*) fruitful, productive; **una década fecunda de los grandes economistas** a fruitful *o* productive period for great economists; **~ de palabras** fluent, eloquent; **~ en algo**: **una época muy fecunda en buenos poetas** a period which produced an abundance *o* a plethora of good poets; **un libro ~ en ideas** a book full of *o* rich in ideas

**FED** SM ABR (= **Fondo Europeo de Desarrollo**) EDF

**FEDER** SM ABR (= **Fondo Europeo de Desarrollo Regional**) ERDF

**federación** SF federation

**federal** Ⓐ ADJ federal; **Distrito Federal** (*Méx*) Mexico City

➤ LENGUA Y USO: favorable 40.2

Ⓑ SMF **los federales** (*Méx*) the federals, the federal police

**federalismo** SM federalism

**federalista** ADJ, SMF federalist

**federalizar** ▸conjug 1f◂ VT to federate, federalize

**federar** ▸conjug 1a◂ Ⓐ VT to federate
Ⓑ **federarse** VPR 1 (*Pol*) to federate, become federated
2 (= *hacerse socio*) (*en club, asociación*) to become a member; (*en federación*) to affiliate

**federativo** ADJ federative

**Federico** SM Frederick

**feérico** ADJ fairy *antes de s*

**FEF** SF ABR = **Federación Española de Fútbol**

**féferes** SMPL (*LAm*) (*gen*) junk *sing*, lumber *sing*; (= *cosas*) things (in general), thingummyjigs*

**fehaciente** ADJ 1 (= *fidedigno*) reliable; **de fuentes ~s** from reliable sources
2 (= *irrefutable*) irrefutable

**fehacientemente** ADV 1 (= *fidedignamente*) reliably
2 (= *irrefutablemente*) irrefutably

**feíllo*** ADJ a bit plain, rather unattractive

**FE-JONS** [fe'xons] SF ABR (*Hist*) = **Falange Española de las Juntas de Ofensiva Nacional Sindicalista**

**felación** SF fellatio

**feldespato** SM felspar

**feliciano**†** SM **echar un ~** to screw**

▼ **felicidad** SF 1 (= *satisfacción*) happiness; **curva de la ~** pot belly
2 **¡felicidades!** (= *deseos*) best wishes, congratulations!; (*en cumpleaños*) happy birthday!; **¡mis ~es!** congratulations!
3 (†) (= *suerte*) good fortune; **viajamos con toda ~** all went well on the journey

▼ **felicitación** SF 1 (= *enhorabuena*) **mi ~** *o* **mis felicitaciones al ganador** my congratulations to the winner; **he recibido muchas felicitaciones** lots of people have congratulated me
2 (= *tarjeta*) greetings card, greeting card (*EEUU*) ► **felicitación de Navidad** Christmas card

▼ **felicitar** ▸conjug 1a◂ Ⓐ VT to congratulate; **~ a algn por algo** to congratulate sb on sth; **¡le felicito!** congratulations!, well done!; **~ la Navidad a algn** to wish sb a happy Christmas
Ⓑ **felicitarse** VPR **~se de algo** to be glad about sth

**feligrés/esa** SM/F parishioner

**feligresía** SF (= *parroquia*) parish; (= *feligreses*) parishioners *pl*

**felino/a** Ⓐ ADJ feline, catlike
Ⓑ SM/F feline, cat

**Felipe** SM Philip

**felipismo** SM *policies and following of Felipe González, Spanish Prime Minister from 1983 to 1996*

**felipista** Ⓐ ADJ *relating to Felipe González or his policies*; **la mayoría ~** the pro-Felipe González majority
Ⓑ SMF supporter of Felipe González

▼ **feliz** ADJ 1 [*persona, acontecimiento, idea*] happy; **se la ve muy ~** she looks very happy; **el asunto tuvo un final ~** the affair had a happy ending; **¡Feliz Año Nuevo!** Happy New Year!; **hacer ~ a algn** to make sb happy; **"y fueron** *o* **vivieron felices y comieron perdices"** "and they lived happily ever after"
2 (*frm*) (= *acertado*) [*expresión*] apt

**felizmente** ADV 1 (*con felicidad*) happily; **vivieron ~ el resto de sus vidas** they lived happily ever after
2 (= *afortunadamente*) luckily, fortunately; **~ nadie resultó herido** luckily no one was hurt

**felón/ona** Ⓐ ADJ wicked, treacherous
Ⓑ SM/F wicked person, villain

**felonía** SF 1 (= *traición*) disloyalty, treachery
2 (= *crimen*) felony, crime

**felpa** SF 1 (= *tejido*) [*de toalla, camisa, pañal*] (terry) towelling; [*de sillón, moqueta*] plush; **ositos de ~** furry teddies
2 (*) (= *paliza*) hiding*; (= *reprimenda*) dressing-down*, ticking-off*; **echarle una ~ a algn** to give sb a dressing-down *o* ticking-off*

**felpar** ▸conjug 1a◂ VT 1 (= *tapizar*) to cover with plush
2 (*poét*) (*fig*) to carpet (**de** with)

**felpeada*** SF (*Cono Sur, Méx*) dressing-down*, ticking-off*

**felpear*** ▸conjug 1a◂ VT (*Cono Sur, Méx*) to tick off*, scold

**felpilla** SF chenille

**felpudo** Ⓐ SM (= *alfombrilla*) doormat
Ⓑ ADJ plush

**femenil** ADJ 1 (= *femenino*) feminine
2 (*CAm, Méx Dep*) women's *antes de s*; **equipo ~** women's team

**femenino** Ⓐ ADJ 1 (*cualidad de mujer*) feminine; **es muy femenina** she's very feminine
2 [*sexo, representante, población*] female; **el cuerpo ~** the female body
3 (*Dep*) **deporte ~** women's sport; **equipo ~** women's team
4 (*Ling*) feminine
Ⓑ SM (*Ling*) feminine

**fémina** SF (*hum*) woman, female

**feminidad** SF femininity

**feminismo** SM feminism

**feminista** ADJ, SMF feminist

**femoral** Ⓐ ADJ [*hueso*] femur *antes de s*; [*arteria, vena*] femoral
Ⓑ SF femoral artery

**FEMP** SF ABR = **Federación Española de Municipios y Provincias**

**fémur** SM femur

**fenecer** ▸conjug 2d◂ Ⓐ VI 1 [*persona*] to pass away (*euf*), die
2 [*actividad*] to come to an end, cease; [*creencia*] to die out
Ⓑ VT (= *terminar*) to finish, conclude

**fenecimiento** SM 1 [*de persona*] passing (*euf*), death
2 (= *fin*) end, conclusion

**feng shui** [,feŋ'ʃu:i] SM feng shui

**Fenicia** SF Phoenicia

**fenicio/a** ADJ, SM/F Phoenician

**fénico** ADJ carbolic; **ácido ~** phenol, carbolic acid

**fénix** SM phoenix; **el Fénix de los ingenios** the Prince of Wits, the genius of our times (*Lope de Vega, Golden Age dramatist*)

**fenol** SM phenol, carbolic acid

**fenomenal** Ⓐ ADJ 1 (= *espectacular*) phenomenal, remarkable
2 (*) (= *estupendo*) fantastic*, brilliant*
Ⓑ ADV (*) **lo hemos pasado ~** we've had a fantastic *o* brilliant time*; **le va ~** he's getting on fantastically well *o* brilliantly*

**fenomenalmente*** ADV fantastically well*, brilliantly*

**fenómeno** Ⓐ SM 1 (*atmosférico, acústico, psíquico*) phenomenon
2 (= *monstruo*) freak
3 (= *portento*) genius; **Pedro es un ~** Peter is a genius, Peter is altogether exceptional
Ⓑ ADJ (*) (= *fenomenal*) fantastic*, brilliant*
Ⓒ ADV (*) **lo hemos pasado ~** we had a fantastic *o* brilliant time*; **le va ~** he's getting on fantastically well *o* brilliantly*

**feo** Ⓐ ADJ 1 (= *sin belleza*) [*persona, casa, ropa*] ugly; **un edificio muy ~** a very ugly building; **✦MODISMOS más ~ que Picio** *o* **un grajo** as ugly as sin; **bailar con la más fea**: **me tocó bailar con la más fea** I drew the short straw
2 (= *desagradable*) [*asunto, tiempo*] nasty, unpleasant; [*jugada*] dirty; **tiene la fea costumbre de irse sin despedirse** he has a nasty habit of leaving without saying goodbye; **esto se está poniendo ~** things are getting nasty
3 (= *de mala educación*) **está muy ~ contestarle así a tu madre** it's very rude *o* it's not nice to answer your mother like that; **está** *o* **queda ~ comerse las uñas en público** it's bad manners to bite your nails in public
4 (*LAm*) [*olor, comida*] nasty, unpleasant
Ⓑ SM 1 (= *desaire*) **hacer un ~ a algn** to snub sb; **le hizo el ~ de no devolverle la llamada** she snubbed him by not returning his call; **—no puedo ir a tu boda —¿me vas a hacer ese ~?** "I can't come to your wedding" — "but you can't refuse!" *o* "how can you refuse!"
2 (*) (= *fealdad*) **hoy está con el ~** *o* **de ~ subido** he's looking really ugly today
Ⓒ ADV (*LAm**) bad, badly; **cantar ~** to sing badly; **oler ~** to smell bad, have a nasty smell

**FEOGA** SM ABR (= **Fondo Europeo de Orientación y de Garantía Agrícola**) EAGGF

**feón*** ADJ (*LAm*) ugly; **medio ~** rather ugly

**feote*** ADJ plug-ugly*

**feracidad** SF fertility, productivity

**feralla** SF scrap metal

**feraz** ADJ fertile, productive

**féretro** SM coffin, casket (*EEUU*)

**feri** SM (*LAm*) = **ferry**

**feria** SF 1 (= *muestra comercial*) fair ► **feria comercial** trade fair ► **feria del libro** book fair ► **feria de muestras** trade show, trade exhibition ► **feria de vanidades** empty show, inane spectacle
2 (= *mercado al aire libre*) market; (*Agr*) show ► **feria agrícola** agricultural show ► **feria de ganado** cattle show
3 [*de atracciones*] fair, funfair
4 (= *fiesta*) festival; **durante la ~ habrá corridas de toros todos los días** during the festival there will be bullfights every day; **la Feria de Sevilla** the Seville Fair; **✦MODISMO irle a algn como en ~** (*Méx**) to go very badly for sb
5 (= *descanso*) holiday
6 (*Méx**) (= *cambio*) change, small change
7 (*CAm*) (= *propina*) tip

**feriado** Ⓐ ADJ **día ~** holiday
Ⓑ SM (*LAm*) public holiday, bank holiday

**ferial** Ⓐ ADJ fair *antes de s*, fairground *antes de*

➤ LENGUA Y USO: **felicidad 2** 50.3 **felicitación** 50.6 **felicitar A** 40.4 **feliz 1** 50.1, 50.2

*s*; **recinto ~** fairground, showground
Ⓑ SM fairground, showground

**feriante** SMF [1] (= *vendedor*) (*en mercado*) stallholder, trader; (*en feria de muestras*) exhibitor
[2] (= *asistente a feria*) fair-goers

**feriar** ▸conjug 1b◂ Ⓐ VT [1] (= *comerciar*) to deal in (*in a market, at a fair*)
[2] (= *permutar*) to trade, exchange
[3] (*Méx*) [+ *dinero*] to exchange
[4] (*Andes*) (= *vender barato*) to sell cheap
Ⓑ VI (= *descansar*) to take time off, take a break

**ferino** ADJ savage, wild; **tos ferina** whooping cough

**fermata** SF (*Mús*) run

**fermentación** SF fermentation

**fermentado** Ⓐ ADJ fermented
Ⓑ SM fermentation

**fermentar** ▸conjug 1a◂ Ⓐ VI [1] [*vino, queso, compost*] to ferment; **hacer ~** to ferment, cause fermentation in
[2] [*crisis, violencia*] to ferment
Ⓑ VT to ferment

**fermento** SM [1] [*de queso, cerveza*] ferment
[2] [*de crisis, cambio*] ferment

**fermio** SM (*Quím*) fermium

**Fernando** SM, **Fernán**†† SM Ferdinand; **✦MODISMO te lo han puesto como a ~ VII** they've handed it to you on a plate

**ferocidad** SF ferocity, ferociousness

**ferocísimo** ADJ SUPERL *de* **feroz**

**Feroe**: **las Islas ~** SFPL the Faroe Islands, the Faroes

**feromona** SF pheromone

**feroz** ADJ [1] (= *salvaje*) fierce, ferocious; **tengo un hambre ~** I'm starving, I'm famished
[2] (= *cruel*) cruel
[3] (*LAm*) (= *feo*) ugly

**ferozmente** ADV [1] (= *salvajemente*) fiercely, ferociously
[2] (= *cruelmente*) cruelly

**férreo** ADJ [1] (= *de hierro*) iron *antes de s*; (*Quím*) ferrous; **metal no ~** non-ferrous metal
[2] (*Ferro*) rail *antes de s*; **vía férrea** railway track *o* line, railroad (*EEUU*)
[3] (= *tenaz*) [*acoso*] fierce, determined; [*cerco, marcaje*] very close, tight; **una voluntad férrea** an iron will
[4] (= *estricto*) [*disciplina, control, embargo*] strict, tight; [*horario*] strict, rigid; [*secreto*] strict; [*silencio*] steely

**ferrería** SF ironworks, foundry

**ferretería** SF [1] (= *objetos*) ironmongery, hardware
[2] (= *tienda*) ironmonger's (shop), hardware store (*EEUU*)
[3] = **ferrería**

**ferretero/a** SM/F ironmonger, hardware dealer (*EEUU*)

**férrico** ADJ ferric

**ferroaleación** SF ferro-alloy

**ferrobús** SM (*Ferro*) diesel car

**ferrocarril** SM railway, railroad (*EEUU*); **por ~** by rail, by train ► **ferrocarril de cercanías** suburban rail network ► **ferrocarril de cremallera** rack railway ► **ferrocarril de vía estrecha** narrow-gauge railway ► **ferrocarril de vía única** single-track railway ► **ferrocarril elevado** overhead railway, elevated railway, elevated railroad (*EEUU*), el (*EEUU**) ► **ferrocarril funicular** funicular, funicular railway ► **ferrocarril metropolitano** metropolitan railway ► **ferrocarril subterráneo** underground railway

**ferrocarrilero/a** (*LAm*) ADJ, SM/F = **ferroviario**

**ferroprusiato** SM (*Arquit, Téc*) blueprint

**ferroso** ADJ ferrous; **metal no ~** non-ferrous metal

**ferrotipo** SM (*Fot*) tintype

**ferroviario/a** Ⓐ ADJ [*red, sistema*] railway *antes de s*, rail *antes de s*, railroad *antes de s* (*EEUU*)
Ⓑ SM/F (= *trabajador*) railwayman/railwaywoman, railway worker, railroad worker (*EEUU*)

**ferry** ['feri] (*pl* **ferries**) SM ferry

**ferry-boat** [feri'βot] SM (*LAm*) ferry

**fértil** ADJ [1] [*tierra, campo*] fertile, rich
[2] [*persona, animal*] fertile
[3] (= *productivo*) [*idioma*] rich, expressive; [*discusión*] fertile, fruitful; [*imaginación*] fertile

**fertilidad** SF [1] [*del campo*] fertility, richness
[2] [*de persona, animal*] fertility
[3] (= *productividad*) [*de idioma*] richness, expressiveness; [*de periodo*] productivity, richness

**fertilización** SF fertilization ► **fertilización cruzada** cross-fertilization ► **fertilización in vitro** in vitro fertilization

**fertilizante** Ⓐ ADJ fertilizing
Ⓑ SM fertilizer

**fertilizar** ▸conjug 1f◂ VT to fertilize

**férula** SF [1] (= *vara*) birch, rod
[2] (*Med*) splint
[3] (= *dominio*) rule, domination; **vivir bajo la ~ de un tirano** to live under the iron rule of a tyrant

**férvido** ADJ fervid, ardent

**ferviente** ADJ [*devoto, partidario*] fervent; [*deseo, amor, ambición*] burning

**fervor** SM [1] (*religioso, nacionalista, popular*) fervour, fervor (*EEUU*)
[2] (= *dedicación*) fervour, fervor (*EEUU*), enthusiasm; **estudia con ~** he studies enthusiastically

**fervorosamente** ADV fervently, passionately

**fervoroso** ADJ fervent, passionate

**festejar** ▸conjug 1a◂ VT [1] [+ *persona*] to wine and dine, entertain
[2] (= *celebrar*) to celebrate
[3] (†) (= *cortejar*) to woo, court
[4] (*Méx**) (= *azotar*) to thrash

**festejo** SM [1] (= *celebración*) celebration; (*Andes*) party; **festejos** (= *fiestas*) festivities
[2] [*de huésped*] wining and dining, entertainment; **hacer ~s a algn** to make a great fuss of sb
[3] (†) (= *cortejo*) wooing, courtship

**festín** SM feast, banquet

**festinar** ▸conjug 1a◂ VT [1] (*CAm*) (= *agasajar*) to wine and dine, entertain
[2] (*LAm*) (= *arruinar*) to mess up, ruin (*by being overhasty*)
[3] (*LAm*) (= *acelerar*) to hurry along, speed up

**festival** SM festival

**festivalero/a** Ⓐ ADJ festival *antes de s*
Ⓑ SM/F festival-goer

**festivamente** ADV humorously, jovially

**festividad** SF [1] (*Rel*) feast, holiday
[2] (*tb* **~es**) (= *celebraciones*) festivities, celebrations
[3] (= *alegría*) gaiety, merrymaking
[4] (= *ingenio*) wit

**festivo** ADJ [1] (= *no laborable*) **día ~** holiday
[2] (= *alegre*) festive, merry
[3] (= *gracioso*) witty, humorous
[4] (*Literat*) burlesque, comic

**festón** SM (*Cos*) festoon, scallop; [*de flores*] garland

**festonear** ▸conjug 1a◂ VT (*Cos*) to festoon, scallop; (*con flores*) to garland

**FET** SF ABR [1] (*Dep*) = **Federación Española de Tenis**
[2] (*Hist*) (*tb* **~ de las JONS**) = **Falange Española tradicionalista de las Juventudes de Ofensiva Nacional Socialista**

**fetal** ADJ foetal, fetal (*EEUU*)

**fetén**†* (*Esp*) Ⓐ ADJ INV [1] (= *estupendo*) smashing*, super*; **una chica ~** a smashing *o* super girl*; **de ~** (= *estupendo*) smashing*, super*
[2] (= *auténtico*) real, authentic
Ⓑ ADV splendidly, marvellously
Ⓒ SF (= *verdad*) truth; **ser la ~** to be gospel truth

**fetiche** SM fetish

**fetichismo** SM fetishism

**fetichista** Ⓐ ADJ fetishistic
Ⓑ SMF fetishist

**fetidez** SF smelliness, fetidness (*frm*)

**fétido** ADJ fetid, foul-smelling, stinking

**feto** SM [1] (*Biol*) foetus, fetus (*EEUU*)
[2] (*) (= *persona fea*) **vaya tío feo, parece un ~** that guy's as ugly as sin*

**feúcho*** ADJ plain, homely (*EEUU*)

**feudal** ADJ feudal

**feudalismo** SM feudalism

**feudo** SM [1] (*Hist*) fief
[2] (*Dep*) **resultaron ganadores en su ~** they won on their own ground; **el Sevilla no ha perdido ni un punto en su ~** Sevilla haven't lost a single point at home
[3] ► **feudo franco** (*Jur*) freehold

**feúra** SF (*LAm*) [1] (= *fealdad*) ugliness
[2] **una ~** (= *persona*) an ugly person; (= *cosa*) an ugly thing

**FEVE** SF ABR = **Ferrocarriles Españoles de Vía Estrecha**

**fez** SM fez

**FF** ABR, **f.f.** ABR = **franco (en) fábrica**; **precio FF** price ex-factory

**FF.AA.** ABR = **Fuerzas Armadas**

**FF. CC.** ABR, **FFCC** ABR = **Ferrocarriles**

**FGD** SM ABR (= **Fondo de Garantía de Depósitos**) *supervisory financial body*

**fha.** ABR (= **fecha**) d

**fiabilidad** SF reliability, trustworthiness

**fiable** ADJ reliable, trustworthy

**fiaca*** SF (*Arg*) laziness, apathy

**fiado** SM [1] **al ~** on credit
[2] (*Jur*) **en ~** on bail

**fiador(a)** Ⓐ SM/F (*Jur*) (= *persona*) guarantor, bondsman (*EEUU*); **salir ~ por algn** to stand security for sb; (*Jur*) to stand bail for sb
Ⓑ SM [1] (*Mec*) catch; [*de revólver*] safety catch, safety (*EEUU*); [*de cerradura*] tumbler; [*de ventana*] bolt, catch
[2] (†*) (= *trasero*) bottom, backside, butt (*esp EEUU**)
[3] (*Andes, Cono Sur*) [*de perro*] muzzle; [*de casco*] chinstrap

**fiambre** Ⓐ ADJ [1] (*Culin*) cold, served cold
[2] (*) [*noticia*] old, stale
Ⓑ SM [1] (*Culin*) cold meat, cold cut (*EEUU*); **~s** cold meats, cold cuts (*EEUU*)
[2] (*) (= *cadáver*) corpse, stiff*; **el pobre está ~** the poor guy's stone dead*, the poor guy's cold meat*
[3] (*Cono Sur**) (= *fiesta*) dead party
[4] (*Méx Culin*) *pork, avocado and chili dish*

**fiambrera** SF [1] (*para almuerzo*) lunch box, dinner pail (*EEUU*)
[2] (*Cono Sur*) (= *nevera*) meat safe, meat store

**fiambrería** SF (*Andes, Cono Sur*) delicatessen

**fianza** SF [1] (*Jur*) bail; **bajo ~** on bail ► **fianza carcelera** bail
[2] (*Com*) (= *anticipo*) deposit; (= *garantía*) surety, security, bond ► **fianza de aduana** customs bond ► **fianza de averías** average bond
[3] (= *persona*) surety, guarantor

**fiar** ►conjug 1c◄ Ⓐ VT [1] (*Com*) (= *vender*) to sell on credit; (*LAm*) (= *comprar*) to buy on credit; **me fió la comida** he let me have the food on tick* *o* credit
[2] (*frm*) (= *confiar*) **le fié mi secreto** I confided my secret to him
Ⓑ VI [1] (*Com*) to give credit; **"no se fía"** (*en tienda*) "no credit given"; **dejaron de ~le en la tienda** they wouldn't let her have anything on credit anymore
[2] **ser de ~** to be trustworthy, be reliable
Ⓒ **fiarse** VPR [1] (= *confiar*) **~se de algn** to trust sb; **no me fío de él** I don't trust him; **ya no puede uno ~se de nadie** you can't trust anyone any more; **~se de algo** to believe in sth; **no te fíes de lo que digan los periódicos** don't believe what the papers say; **no me fío de su habilidad para resolver el problema** I don't believe in his ability to solve the problem; **no te fíes de las apariencias** don't go *o* judge by appearances; **¡para que te fíes de los amigos!** with friends like that, who needs enemies?; ✦*MODISMO* **¡(cuán *o* tan) largo me lo fiáis!** (*liter, hum*) I'll believe it when I see it!; *ver tb* **pelo 7**
[2] (*frm*) (= *depender*) to rely on; **nos fiamos de usted para conseguirlo** we are relying on you to get it

**fiasco** SM fiasco

**fíat** SM (*pl* **fíats**) [1] (= *mandato*) official sanction, fiat
[2] (= *consentimiento*) consent, blessing

**fibra** SF [1] (*gen*) fibre, fiber (*EEUU*) ► **fibra acrílica** acrylic fibre ► **fibra artificial** man-made fibre ► **fibra de amianto** asbestos fibre ► **fibra de carbono** carbon fibre ► **fibra de coco** coconut fibre ► **fibra de vidrio** fibre glass ► **fibra dietética** dietary fibre ► **fibra ocular** ocular fibre ► **fibra óptica** optical fibre ► **fibra sintética** synthetic fibre
[2] (*en madera*) grain
[3] (*Min*) vein
[4] (= *vigor*) vigour, vigor (*EEUU*); ✦*MODISMO* **despertar la ~ sensible** to strike a chord, evoke ► **fibras del corazón** heartstrings

**fibravidrio** SM fibreglass

**fibrina** SF fibrin

**fibroóptica** SF fibre optics

**fibrosis** SF INV fibrosis ► **fibrosis cística** cystic fibrosis ► **fibrosis pulmonar** fibrosis of the lungs, pulmonary fibrosis ► **fibrosis quística** cystic fibrosis

**fibrositis** SF INV fibrositis

**fibroso** ADJ fibrous

**fíbula** SF [1] (*Med*) fibula
[2] (*Hist*) fibula, brooch

**ficción** Ⓐ SF [1] (*Literat*) fiction; **obras de no ~** non-fiction books ► **ficción científica** science fiction
[2] (= *invención*) fiction
[3] (= *mentira*) fabrication
Ⓑ ADJ INV fictitious, make-believe; **historia ~** (piece of) historical fiction, fictionalized history; **reportaje ~** dramatized documentary

**ficcioso/a** (*Cono Sur*) Ⓐ ADJ (= *simulado*) bluffing; (= *falso*) false, double-dealing
Ⓑ SM/F (= *simulador*) bluffer; (= *falso*) double-dealer

**ficha** SF [1] (*en juegos*) counter; (*en casino*) chip; (*Telec*) token; ✦*MODISMO* **mover ~** to make a move ► **ficha del dominó** domino ► **ficha de silicio** silicon chip
[2] (= *tarjeta*) card; [*de archivo*] index card, record card; (*en hotel*) registration form ► **ficha antropométrica** anthropometric chart ► **ficha perforada** punched card ► **ficha policial** police dossier, police record ► **ficha técnica** (*TV*) (list of) credits
[3] (*CAm, Caribe*) five-cent piece; (*CAm**) (= *moneda*) coin
[4] (*Méx*) [*de botella*] flat bottle cap
[5] (*Andes*) (*tb* **mala ~**) rogue, villain
[6] (*Dep*) signing-on fee

**fichaje** SM [1] (*Dep*) (= *acción*) signing, signing-up; (= *dinero*) signing-on fee
[2] (*Dep*) (= *jugador*) signing

**fichar** ►conjug 1a◄ Ⓐ VT [1] (= *registrar*) [+ *detenido, trabajador*] to put on file; [+ *dato*] to record, enter (*on a card etc*); **~ a algn** to put sb on file; **está fichado** he's got a record; **lo tenemos fichado** we've got our eye on him
[2] (*Dep*) [+ *jugador*] to sign, sign up
[3] (*Pol*) [+ *nuevos miembros*] to sign up, recruit
[4] (*Caribe*) (= *engañar*) to swindle
Ⓑ VI [1] (*Dep*) [*jugador*] to sign, sign up
[2] [*trabajador*] (*al entrar*) to clock in, clock on; (*al salir*) to clock out, clock off
[3] (*Andes*) (= *morir*) to die

**fichero** SM [1] (= *archivo*) card index
[2] (= *mueble*) filing cabinet
[3] [*de policía*] records *pl* ► **fichero fotográfico de delincuentes** photographic records of criminals, rogues' gallery (*hum**)
[4] (*Inform*) file ► **fichero activo** active file ► **fichero archivado** archive file ► **fichero de datos** datafile ► **fichero de reserva** back-up file ► **fichero de trabajo** work-file ► **fichero indexado** index file ► **fichero informático** computer file

**ficticio** ADJ [*nombre, carácter*] fictitious; [*historia, prueba*] fabricated

**ficus** SM INV rubber plant

**FIDA** SM ABR (= **Fondo Internacional de Desarrollo Agrícola**) IFAD

**fidedigno** ADJ reliable, trustworthy; **fuentes fidedignas** reliable sources

**fideería** SF (*LAm*) pasta factory

**fideicomisario/a** Ⓐ ADJ trust *antes de s*; **banco ~** trust company
Ⓑ SM/F trustee

**fideicomiso** SM trust

**fidelería** SF (*LAm*) pasta factory

**fidelidad** SF [1] (= *lealtad*) (*gen*) faithfulness, loyalty; (*sexual*) faithfulness; **~ a una marca** (*Com*) brand loyalty; **jurar ~ a la República** to swear allegiance to the Republic; **renuncia al cargo por ~ a sus convicciones** he resigned in order to stay true to his principles, he resigned rather than betray his principles
[2] (= *exactitud*) [*de dato*] accuracy
[3] **alta ~** hi-fi

**fidelísimo** ADJ SUPERL *de* **fiel**

**fideo** SM [1] (*Culin*) noodle; **fideos** noodles
[2] (*) (= *delgado*) beanpole*, string bean (*EEUU**)

**fiduciario/a** Ⓐ ADJ fiduciary
Ⓑ SM/F fiduciary, trustee

**fiebre** SF [1] (= *síntoma*) temperature, fever; **tener ~** to have a temperature; **está a *o* tiene 39 de ~** she has a temperature of 39
[2] (= *enfermedad*) fever ► **fiebre aftosa** foot-and-mouth disease ► **fiebre amarilla** yellow fever ► **fiebre del heno** hay fever ► **fiebre de los labios** cold sore ► **fiebre entérica** enteric fever ► **fiebre de Malta** brucellosis ► **fiebre glandular** glandular fever ► **fiebre palúdica** malaria ► **fiebre porcina** swine fever, hog cholera (*EEUU*) ► **fiebre recurrente** relapsing fever ► **fiebre reumática** rheumatic fever ► **fiebre tifoidea** typhoid fever
[3] (= *agitación*) fever; **la ~ del juego** the gambling fever; **la ~ de oro** gold fever
[4] (*Cono Sur*) (= *taimado*) slippery customer*

**fiel** Ⓐ ADJ [1] (*gen*) faithful, loyal; (*sexualmente*) faithful; **un ~ servidor del partido** a loyal *o* faithful servant of the Party; **seguir siendo ~ a** to remain faithful to, stay true to
[2] [*traducción, relación*] faithful, accurate
Ⓑ SMF (*Rel*) believer; **los ~es** the faithful
Ⓒ SM (*Téc*) [*de balanza*] needle, pointer

**fielmente** ADV [1] [*servir, apoyar*] faithfully, loyally; **continuó apoyando ~ a su marido** she continued to support her husband faithfully *o* loyally
[2] (= *exactamente*) [*reflejar, describir*] faithfully, accurately

**fieltro** SM felt; **sombrero de ~** felt hat

**fiera** Ⓐ SF [1] (*Zool*) wild beast, wild animal; **como una ~ enjaulada** like a caged animal; ✦*MODISMO* **hecho una ~**: **entró hecha una ~** she came in absolutely furious; **ponerse hecho una ~** to be furious, be beside o.s. with rage
[2] (*Taur*) bull
[3] ► **fiera sarda** (*Andes*) expert, top man
Ⓑ SMF fiend; **es una ~ para el deporte** he's a sports fiend; **es un ~ para el trabajo** he's a demon for work

**fierecilla** SF (*fig*) shrew

**fiereza** SF [1] (= *ferocidad*) fierceness, ferocity; (*Zool*) wildness
[2] (= *crueldad*) cruelty
[3] (†) (= *fealdad*) deformity, ugliness

**fiero** Ⓐ ADJ [1] (= *feroz*) fierce, ferocious; (*Zool*) wild; ✦*MODISMO* **no es tan ~ el león como lo pintan** (= *persona*) he's not as bad as he's made out to be; (= *situación*) it's not as bad as it's made out to be
[2] (= *cruel*) cruel
[3] (†) (= *feo*) ugly
Ⓑ **fieros**† SMPL (= *amenazas*) threats; (= *bravatas*) boasts, bragging *sing*; **echar *o* hacer**

~s (= *amenazas*) to utter threats; (= *bravatas*) to boast, brag

**fierro** SM (*LAm*) 1 (= *hierro*) iron
2 (= *cuchillo*) knife
3 (*Agr*) branding iron, brand
4 (*Aut*) accelerator
5 (*) (= *arma*) gun, weapon
6 **fierros** (*Méx*) (= *dinero*) money *sing*; (*LAm*) (= *resortes*) springs

**fiesta** SF 1 (= *reunión*) party; **dar** *u* **organizar una ~** to give *o* throw a party; **un ambiente de ~** a party atmosphere; **el país entero está de ~ ante la buena noticia** the whole country is celebrating the good news; ✦***MODISMOS*** **no estar para ~s** to be in no mood for jokes; **no sabe de qué va la ~** he hasn't a clue; **para coronar la ~** to round it all off, as a finishing touch; **tener la ~ en paz: no os peleéis, ¡tengamos la ~ en paz!** behave yourselves, don't fight! ► **fiesta de caridad** charity event ► **fiesta de cumpleaños** birthday party ► **fiesta de disfraces** fancy-dress party ► **fiesta familiar** family celebration; *ver tb* **aguar 2**
2 (= *día festivo*) holiday; **mañana es ~** it's a holiday tomorrow; **hacer ~** to take a day off ► **fiesta de la banderita** flag day ► **Fiesta de la Hispanidad** Columbus day ► **Fiesta del Trabajo** Labour day, Labor day (*EEUU*) ► **fiesta fija** immovable feast ► **fiesta nacional** public holiday, bank holiday ► **fiesta movible, fiesta móvil** movable feast ► **fiesta patria** (*LAm*) independence day
3 (*Rel*) feast day; **guardar** *o* **santificar las ~s** to observe feast days ► **fiesta de guardar, fiesta de precepto** day of obligation
4 (= *festejo*) fiesta, festival; **el pueblo está en ~s** *o* **de ~** the town's having its local fiesta; **la ~ nacional** (*Taur*) bullfighting ► **fiesta de armas** (*Hist*) tournament ► **fiesta mayor** annual festival
5 **fiestas** (= *vacaciones*) holiday, vacation (*EEUU*); **las ~s de Navidad** the Christmas holiday(s); **¡Felices Fiestas!** (*en navidad*) Happy Christmas; **te llamaré después de estas ~s** I'll call you after the holidays
6 **fiestas** (= *carantoñas*) **su perro siempre le hace ~s cuando la ve** the dog is all over her whenever he sees her

**FIESTAS**

*There are a fixed number of public holidays in the Spanish calendar but some dates vary locally. National public holidays include* ***Navidad*** *(25 Dec),* ***Reyes*** *(6 Jan), the* ***Día de los Trabajadores*** *(1 May), the* ***Día de la Hispanidad/del Pilar*** *(12 Oct) and the* ***Día de la Constitución*** *(6 Dec). Additionally, each autonomous region and town has at its discretion a small number of public holidays that usually coincide with local traditions like a patron saint's day or other celebrations such as* ***Carnaval****. Thus there is a holiday in Madrid for* ***San Isidro****, the city's patron saint, and one in Catalonia for* ***Sant Jordi****, who is the patron saint of the region.*

**fiestero** ADJ (= *alegre*) happy; (= *juerguista*) fun-loving, party-loving

**fiestón*** SM, **fiestorro*** SM big party

**FIFA** SF ABR (= **Féderátion Internationale de Football Association**) FIFA

**fifar**** ▸conjug 1a◂ VT (*Arg*) to fuck**, screw**

**fifí*** SM (*Méx*) playboy

**fifiriche*** SM 1 (*Costa Rica, Méx*) (= *lechuguino*) dandy, toff*
2 (*CAm, Méx*) (= *enclenque*) weed*

**figón** SM cheap restaurant

**figulino** ADJ clay *antes de s*; **arcilla figulina** potter's clay

**figura** Ⓐ SF 1 (= *estatua*) figure; **una ~ de porcelana** a porcelain figure ► **figura decorativa** (*lit*) decorative motif; (*fig*) figurehead ► **figura de nieve** snowman
2 (= *forma*) shape, form; **una chocolatina con ~ de pez** a fish-shaped chocolate, a chocolate in the shape of a fish
3 (= *silueta*) figure; **tener buena ~** to have a good figure
4 (= *personaje*) figure; **una ~ destacada** an outstanding figure; **es una ~ del toreo** he's a big name in bullfighting, he's a famous bullfighter; **la ~ del partido de hoy** (*Dep*) today's man of the match ► **figura de culto** cult figure ► **figura paterna** father figure
5 (*Geom*) figure ► **figura geométrica** geometric figure
6 (= *ademán*) **hacer ~s** to make faces
7 (*Naipes*) face card; (*Ajedrez*) piece, man
8 (*Ling*) figure ► **figura de dicción, figura retórica** figure of speech
9 (*Teat*) character, role; **en la ~ de** in the role of
10 (*Baile, Patinaje*) figure
11 (*Mús*) note
12 (*Astron*) ► **figura celeste** horoscope
13 (††) (= *rostro*) countenance
Ⓑ SM **ser un ~** to be a big name, be somebody

**figuración** SF 1 (*Cine*) extras *pl*
2 **figuraciones** (= *imaginación*) **eso son figuraciones tuyas** it's just your imagination, you're imagining things

**figuradamente** ADV figuratively

**figurado** ADJ figurative

**figurante** SMF (SF *a veces* **figuranta**) 1 (*Teat*) extra
2 (*fig*) figurehead

▼ **figurar** ▸conjug 1a◂ Ⓐ VI 1 (= *aparecer*) to figure, appear (**como** as; **entre** among); **tu nombre no figura en la lista** your name doesn't figure *o* appear on the list
2 (= *destacar*) **es un don nadie, pero le encanta ~** he's a nobody, but he likes to show off; **una joven que figura mucho en la alta sociedad** a young lady who is prominent in high society
Ⓑ VT (*frm*) 1 (= *representar*) to represent; **cada círculo figura un planeta** each circle represents a planet
2 (= *fingir*) to feign; **figuró una retirada** he feigned a retreat
Ⓒ **figurarse** VPR to imagine; **me figuro que Ana ya habrá llegado** I imagine that Ana will have arrived by now; **¡figúrate lo que sería con un sólo coche!** imagine what it would be like with just one car!; **¿qué te figuras que me preguntó ayer?** what do you think he asked me yesterday?; **no te vayas a ~ que ...** don't go thinking that ...; **—¿te dio vergüenza decírselo? —¡pues, figúrate!** "were you embarrassed to tell him?" — "well, what do you think?"; **ya me lo figuraba** I thought as much

**figurativismo** SM figurative art

**figurativo** ADJ figurative

**figurilla** SF figurine

**figurín** SM 1 (= *dibujo*) design
2 (= *revista*) fashion magazine
3 (= *persona elegante*) smart dresser

**figurinismo** SM costume design

**figurinista** SMF costume designer

**figurón** SM 1 ► **figurón de proa** (*Náut*) figurehead
2 (*) (= *presuntuoso*) pompous ass*

**figuroso** ADJ (*Méx*) showy, loud

**fija** SF 1 (*Andes, Cono Sur Equitación*) favourite, favorite (*EEUU*); **es una ~** it's a cert*; **ésa es la ~** that's for sure
2 (*Téc*†) hinge
3 (†) (*Arquit*) trowel

**fijación** SF 1 (*Psic*) fixation; **tener (una) ~ con** *o* **por algo/algn** to have a fixation about sth/sb, be fixated on sth/sb; **¡qué ~ tiene con su madre!** he's got a real mother fixation!
2 (= *acto*) (*gen*) fixing; (*con clavos*) securing; **se responsabiliza al grupo de la ~ de carteles** the group is believed to be responsible for putting up posters; **gel de ~ fuerte** extra hold gel ► **fijación de precios** price-fixing
3 **fijaciones** (*Esquí*) (safety) bindings

**fijador** SM 1 (*Fot*) fixative
2 (= *gomina*) setting lotion

**fijamente** ADV intently, fixedly; **mirar ~ a algn** to stare at sb, loot at sb intently *o* fixedly

**fijapelo** SM setting lotion

**fijar** ▸conjug 1a◂ Ⓐ VT 1 (= *sujetar*) (*gen, Fot*) to fix; (*con clavos*) to secure; (*con pegamento*) to glue; (*con chinchetas*) to pin up; [+ *pelo*] to set; **un gel para ~ el peinado** a gel to hold your hairstyle in place; **"prohibido fijar carteles"** "stick no bills"
2 (= *centrar*) [+ *atención*] to focus (**en** on); [+ *ojos*] to fix (**en** on); **pero fijemos nuestra atención en otros aspectos del asunto** but let us focus our attention on other aspects of the matter; **le contestó sin vacilar, fijando la mirada en sus ojos** she answered him directly, looking him straight in the eye
3 (= *determinar*) [+ *fecha, hora, precio, plazo*] to fix, set; [+ *límites, servicios mínimos*] to establish; [+ *condiciones*] to lay down; **no hemos fijado aún la fecha de la boda** we haven't fixed *o* set a date for the wedding yet; **~on un plazo de dos meses para llegar a un acuerdo** they set a two-month deadline for an agreement to be reached; **aún no se ha fijado el precio de las acciones** the price of the shares has not yet been fixed; **el Tratado de 1942 fijó los límites entre Perú y Ecuador** the 1942 Treaty established the border between Peru and Ecuador; **la organización ha fijado tres condiciones para volver a la mesa de negociaciones** the organization laid down three conditions for their return to the negotiating table; **el plazo fijado por la ley** the time period established *o* laid down by law
4 [+ *residencia*] to take up; **durante la guerra fijó su residencia en Suiza** during the war he took up residence in Switzerland
Ⓑ **fijarse** VPR 1 (= *prestar atención*) to pay attention; (= *darse cuenta*) to notice; **¿no ves que lo has escrito mal? ¡es que no te fijas!** can't you see you've spelled it wrong?

don't you ever pay any attention to what you're doing?; **voy a hacerlo yo primero, fíjate bien** I'll do it first, watch carefully; **¿han pintado la puerta? no me había fijado** has the door been painted? I hadn't noticed; **~se en algo** (= *prestar atención*) to pay attention to sth; (= *darse cuenta*) to notice sth; **no se fija en lo que hace** he doesn't pay attention to what he is doing; **debería ~se más en lo que dice** he ought to be more careful about *o* think more about what he says; **entre tantos candidatos, es muy difícil que se fijen en mí** out of so many candidates, they're hardly likely to notice me; **¿te has fijado en los colores?** have you noticed the colours?
**2** (*uso enfático*) **¡fíjate cómo corre!** (just) look at him run!; **¡fíjate qué precios!** (just) look at these prices!; **¡fíjate lo que me ha dicho!** guess what he just said to me!; **fíjate si será tacaño que ni siquiera les hace un regalo en Navidad** he is so mean he doesn't even give them a present for Christmas; **¿te fijas?** (*esp LAm*) see what I mean?
**3** **~se un objetivo** to set (o.s.) a goal; **nos hemos fijado el objetivo de llegar a las próximas Olimpiadas** we've set (ourselves) the goal of getting to the next Olympics; **~se algo como objetivo** to set one's sights on sth
**4** (= *establecerse*) **el dolor se me ha fijado en la pierna** the pain has settled in my leg

**fijasellos** SM INV stamp hinge

**fijativo** SM fixative

**fijeza** SF (*gen*) firmness, stability; (= *constancia*) constancy; **mirar con ~ a algn** to stare at sb, look hard at sb

**fijo** Ⓐ ADJ **1** (= *sujeto*) fixed; **la mesa está fija a la pared** the table is fixed to the wall; *ver tb* **barra 1**, **foto**, **piñón**[2]
**2** (= *inmóvil*) [*mirada*] fixed, steady; [*punto*] fixed; **sentí sus ojos ~s en mí** I felt his eyes fixed on me; **estaba de pie, con la vista fija en el horizonte** he was standing staring at the horizon, he was standing with his gaze fixed on the horizon
**3** (= *no variable*) [*fecha, precio*] fixed; **fiestas fijas, como el día de Navidad** fixed holidays, like Christmas Day; **no hay una fecha fija de apertura** there's no definite *o* fixed *o* set date for the opening; **no tengo hora fija para ir al gimnasio** I don't go to the gym at any particular time, I don't have a fixed time for going to the gym; **como soy fotógrafo, no tengo horario ~ de trabajo** being a photographer, I don't have fixed *o* regular work hours; **le ofrecieron una cantidad fija al mes por sus servicios** they offered him a fixed monthly sum for his services; **"sin domicilio ~"** "of no fixed abode"; **imposición a plazo ~** fixed term deposit; **fondos de renta fija** fixed-interest funds
**4** (= *regular*) [*sueldo, novio*] steady; [*cliente*] regular; **el padre no tenía trabajo ~** the father didn't have a steady job, the father was not in regular employment (*frm*)
**5** (= *permanente*) [*plantilla, contrato, empleado*] permanent; **estoy ~ en la empresa** I have a permanent job in the company; **¿cuándo os van a hacer ~s?** when will you get a permanent contract?
**6** [*propósito*] fixed, firm; *ver tb* **idea 3, 5, rumbo**[1] **1**
**7** **de ~*** for sure*; **sé de ~ que no va a estar en casa** I know for sure that he won't be at home*; **de ~ que llueve esta noche** it's definitely going to rain tonight, it's going to rain tonight, that's for sure*
Ⓑ ADV **1** (*) (= *con certeza*) for sure*; **ya sé que no voy a ganar, eso ~** I know I'm not going to win, that's for sure*
**2** (= *con fijeza*) fixedly; **miraba muy ~ a su padre** she stared fixedly at her father

**fil** SM **~ derecho** leapfrog

**fila** SF **1** (= *hilera*) [*de personas, cosas*] **1·1** (*una tras de otra*) line; **una ~ de coches** a line of cars; **nos colocaron en ~** they lined us up, they put us in a row; **ponerse en ~** to line up, get into line; **salirse de la ~** to step out of line; **una chaqueta de dos ~s de botones** a double-breasted jacket
**1·2** (*una al lado de otra*) **había cuatro coches en ~** there were four cars in a row; **aparcar en doble ~** to double-park; **iban andando en ~s de tres** they were walking three abreast
**1·3** (*Mil*) **¡en ~!** fall in!; **formar ~s** to form up, fall in; **romper ~s** to fall out, break ranks; **¡rompan ~s!** fall out!, dismiss!
► **fila india**: **en ~ india** in single file
**2** [*de asientos*] row; **en primera/segunda ~** in the front/second row ► **fila cero** VIP row
**3** **filas** **3·1** (*Mil*) (= *servicio*) **estar en ~s** to be on active service; **incorporarse a ~s** to join up; **llamar a algn a ~s** to call sb up, draft sb (*EEUU*)
**3·2** (*Pol*) ranks; **en las ~s del partido** in the ranks of the party; ✦**MODISMO cerrar ~s** to close ranks
**4** (*) (= *antipatía*) **tener ~ a algn** to have it in for sb*; **el jefe le tiene ~** the boss has it in for him*
**5** (*CAm*) (= *cumbre*) peak, summit

**filacteria** SF phylactery

**Filadelfia** SF Philadelphia

**filamento** SM filament

**filamentoso** ADJ filamentous

**filantropía** SF philanthropy

**filantrópico** ADJ philanthropic

**filantropismo** SM philanthropy

**filántropo/a** SM/F philanthropist

**filar:** ▸conjug 1a◂ VT **1** (= *calar*) to size up, rumble*
**2** (= *observar*) to notice, spot

**filarmónica** SF philharmonic (orchestra)

**filarmónico** ADJ philharmonic; **orquesta filarmónica** philharmonic (orchestra)

**filatelia** SF **1** (= *afición*) philately, stamp collecting
**2** (= *tienda*) stamp shop, stamp dealer's

**filatélico/a** Ⓐ ADJ philatelic
Ⓑ SM/F = **filatelista**

**filatelista** SMF philatelist, stamp collector

**filático** ADJ (*Andes*) **1** [*caballo*] vicious
**2** [*persona*] (= *travieso*) mischievous; (= *taimado*) crafty; (= *grosero*) rude

**filete** SM **1** (*Culin*) [*de ternera, cerdo*] steak; [*de pescado*] fillet, filet (*EEUU*); ✦**MODISMO darse el ~*** to neck*, pet*; **darse el ~ con algn*** to feel sb*, touch sb up*
**2** (*Mec*) [*de tornillo*] worm; (= *rosca*) thread
**3** [*de caballo*] snaffle bit
**4** (*Cos*) narrow hem
**5** (*Tip*) ornamental bar, ornamental line
**6** (*Arquit*) fillet

**fileteado** SM filleting

**filetear** ▸conjug 1a◂ VT to fillet

**filfa*** SF **1** (= *fraude*) fraud, hoax
**2** (= *falsificación*) fake
**3** (= *rumor*) rumour, rumor (*EEUU*)

**fili:** SM pocket; **~ de la buena** breast pocket

**filiación** SF **1** (*a partido*) affiliation
**2** [*de ideas*] connection, relationship
**3** (= *señas*) particulars *pl*
**4** [*de policía*] records *pl*

**filial** Ⓐ ADJ **1** (= *de hijo*) filial
**2** (*Com*) subsidiary *antes de s*, affiliated
Ⓑ SF (*Com*) subsidiary

**filibusterismo** SM **1** (*Pol*) filibustering
**2** (= *piratería*) buccaneering

**filibustero** SM pirate, freebooter

**filiforme** ADJ **1** (*Bot*) thread-like
**2** (*hum*) [*persona*] skinny

**filigrana** SF **1** (*Téc*) filigree (work)
**2** (*Tip*) watermark
**3** **filigranas** (*fig*) delicate work *sing*; (*Dep*) elegant play *sing*, fancy footwork *sing*

**filípica** SF harangue, philippic

**Filipinas** SFPL **las (Islas) ~** the Philippines

**filipino/a** Ⓐ ADJ Philippine, Filipino
Ⓑ SM/F Filipino

**filisteísmo** SM Philistinism

**filisteo/a** ADJ, SM/F Philistine

**film** SM (*pl* **films, filmes**) film, picture, movie (*EEUU*) ► **film transparente** (*Culin*) cling film

**filmación** SF **1** (= *rodaje*) filming, shooting
**2** **filmaciones** footage *sing*

**filmador(a)** SM/F film maker, moviemaker (*EEUU*)

**filmadora** SF (= *estudio*) film studio; (= *aparato*) film camera

**filmar** ▸conjug 1a◂ VT to film, shoot

**filme** SM = **film**

**fílmico** ADJ film *antes de s*, movie *antes de s* (*EEUU*); **su carrera fílmica** her film career, her career in films; **obras teatrales y fílmicas** theatrical and screen works, works for stage and screen

**filmina** SF slide, transparency

**filmografía** SF filmography; **la ~ de Buñuel** Buñuel's films; **la ~ de la estrella** the star's screen career

**filmología** SF science of film-making, art of film-making

**filmoteca** SF film library, film archive

**filo**[1] SM **1** [*de navaja, espada*] cutting edge, blade; **un arma de doble ~** a double-edged sword; ✦**MODISMOS dar ~ a algn** (*Caribe*) to wound sb with a knife; **herir a algn por los mismos ~s††** to pay sb back in his own coin; **pasar al ~ de la espada††** to put to the sword; **vivir en el ~ de la navaja** to live on a knife edge
**2** (*con horas*) **al ~ de las doce** just before twelve o'clock; **por ~††** exactly
**3** (*Náut*) ► **filo del viento** direction of the wind
**4** (*LAm*) (= *de montaña*) ridge
**5** (*Andes*) **de ~** resolutely
**6** (*Méx**) (= *hambre*) ✦**MODISMO tener ~** to be starving
**7** (*Cono Sur*) (= *cuento*) tale, tall story
**8** (*Cono Sur*) (= *pretendiente*) suitor; (= *novia*) girlfriend; (= *cortejo*) courtship

**filo**[2] SM (*Biol*) phylum

**filo³:** SM con-man's accomplice*
**...filo** SUF ...phile; **francófilo** Francophile
**filo...** PREF philo..., pro-; **~comunista** pro-communist
**filocomunismo** SM pro-communist feeling(s)
**filocomunista** Ⓐ ADJ pro-communist, with communist leanings
Ⓑ SMF pro-communist
**filología** SF philology ► **Filología Francesa** (= *carrera*) French Studies
**filológico** ADJ philological
**filólogo/a** SM/F (= *estudioso*) philologist; (= *estudiante*) language graduate
**filomela** SF, **filomena** SF (*poét*) nightingale
**filón** SM (*Min*) vein, lode, seam; (*fig*) gold mine
**filongo** SM (*Cono Sur*) girlfriend (*of inferior social status*)
**filosa:** SF [1] (= *navaja*) chiv:, knife
[2] (= *cara*) mug:, face
**filoso** ADJ [1] (*LAm*) (= *afilado*) sharp
[2] (*Cono Sur**) (= *agudo*) **él es ~** he's sharp, he's really on the ball*; **estar ~ en algo** to be well up on sth
[3] (*CAm*) (= *hambriento*) starving
**filosofal** ADJ **piedra ~** philosopher's stone
**filosofar** ▸conjug 1a◂ VI to philosophize
**filosofía** SF philosophy; **tomarse las cosas con ~** to take things philosophically ► **filosofía de la ciencia** philosophy of science ► **filosofía de la vida** philosophy of life ► **filosofía moral** moral philosophy ► **filosofía natural** natural philosophy; *ver tb* **facultad 3**
**filosófico** ADJ philosophic, philosophical
**filósofo/a** SM/F philosopher
**filosoviético** ADJ pro-Soviet
**filote** SM (*Andes*) [1] (= *maíz*) ear of green maize, maize silk
[2] **estar en ~** [*niño*] to begin to grow hair
**filotear** ▸conjug 1a◂ VI (*Andes*) [1] [*maíz*] to come into ear, begin to ripen
[2] [*niño*] to grow hair
**filoxera** SF phylloxera
**filtración** SF [1] (*Téc*) (= *proceso*) filtration
[2] (= *fuga*) seepage, leakage, loss
[3] [*de datos*] leak; [*de fondos*] misappropriation
**filtrado** Ⓐ ADJ [1] [*información*] leaked
[2] **estoy ~** (*Cono Sur**) I'm whacked*
Ⓑ SM filtering
**filtrador** Ⓐ ADJ filtering
Ⓑ SM filter
**filtraje** SM filtering
**filtrar** ▸conjug 1a◂ Ⓐ VT [1] [+ *líquido, luz*] to filter; **hay que ~ el agua** the water needs filtering
[2] [+ *llamadas, visitantes*] to screen
[3] [+ *información, documento, grabación*] to leak
Ⓑ **filtrarse** VPR [1] [*líquido*] to seep, leak; [*luz, sonido*] to filter; **el agua se filtraba por las paredes** water was seeping *o* leaking in through the walls; **el sol se filtraba a través de las cortinas** the sun filtered through the curtains
[2] (= *desaparecer*) [*dinero, bienes*] to disappear
**filtro** SM [1] (*Téc*) filter; **cigarrillo con ~** filter-tipped cigarette ► **filtro de aire** air filter ► **filtro del aceite** oil filter
[2] (= *selección*) screening ► **filtro de llamadas** call-screening
[3] (*en carretera, de policía*) checkpoint, roadblock
[4] (*Hist*) (= *poción*) love-potion, philtre, philter (*EEUU*)
**filudo** ADJ (*LAm*) sharp
**filván** SM (*gen*) feather edge; [*de papel*] deckle edge; [*de cuchillo*] burr
**fimbria** SF (*Cos*) border, hem
**fin** SM [1] (= *final*) end; **el ~ del mundo** the end of the world; **antes de ~ de mes** before the end of the month; **en la noche de ~ de año** on New Year's Eve; **~ de la cita** end of quote, unquote; **~ de curso** end of the school year; **fiesta de ~ de curso** end-of-year party; **dar ~ a** [+ *ceremonia, actuación*] to bring to a close; [+ *obra, libro*] to finish; [+ *guerra, conflicto*] to bring to an end; **estas palabras dieron ~ a tres años de conflicto** these words brought three years of conflict to an end; **llegar a buen ~** [*aventura*] to have a happy ending; [*plan*] to turn out well; **llevar algo a buen ~** to bring sth to a successful conclusion; **poner ~ a algo** to end sth, put an end to sth; **esta ley pondrá ~ a la discriminación sexual en el trabajo** this law will end *o* will put an end to sexual discrimination in the workplace; **los acuerdos pusieron ~ a doce años de guerra** the agreements ended *o* put an end to twelve years of war; **deseaban poner ~ a sus vidas** they wished to end their lives; **sin ~** endless; **correa sin ~** endless belt; ✦**MODISMO llegar a ~ de mes** to make ends meet; **un sueldo que apenas les permite llegar a ~ de mes** a salary that barely enables them to make ends meet ► **fin de fiesta** (*Teat*) grand finale ► **fin de semana** weekend
[2] **a fines de** at the end of; **a ~es de abril** at the end of April; **la crisis de ~es del XIX** the crisis at the end of the 19th century, the late 19th century crisis
[3] (*otras locuciones*) [3·1] **al ~** ◊ **por ~** (*gen*) finally; (*con más énfasis*) at last; **al ~ se ha premiado su esfuerzo** her efforts have finally been rewarded; **tras varios días de marcha, por ~ llegamos a la primera aldea** after several days' walk, we finally came to the first village; **¡al ~ solos!** alone at last!; **¡por ~ te decides a hacer algo!** at last you've decided to do something!; **al ~ y al cabo** after all; **tengo derecho a estar aquí: al ~ y al cabo, soy parte de la familia** I have a right to stay here: after all, I am part of the family; **al ~ y al cabo, lo que importa es que seguimos juntos** at the end of the day, what matters is that we're still together; **a ~ de cuentas** at the end of the day
[3·2] **en ~** (*quitando importancia*) anyway, oh, well; (*para resumir*) in short; **en ~, otro día seguiremos hablando del tema** anyway *o* oh, well, we will carry on discussing this another day; **¡en ~, qué se le va a hacer!** anyway *o* oh, well, there's nothing we can do about it!; **hemos tenido bastantes problemas este año, pero en ~, seguimos adelante** we've had quite a few problems this year, but still *o* anyway, we're still going; **en ~, que no he tenido un momento de descanso** in short, I haven't had a moment's rest
[4] (= *intención*) aim; **se desconocen los ~es de esa organización** the aims of that organization are unknown; **¿con qué ~ se ha organizado esto?** what has been the aim in organizing this?; **a ~ de hacer algo** in order to do sth; **a ~ de que** (+ *SUBJUN*) so that, in order that (*frm*); **se le ha citado como testigo a ~ de que explique sus relaciones con el acusado** he has been called as a witness in order to explain *o* in order that he explain (*frm*) *o* so that he can explain his relationship with the defendant; **con el ~ de hacer algo** in order to do sth; **a tal ~** with this aim in mind, to this end; ✦**REFRÁN el ~ justifica los medios** the end justifies the means
[5] (= *propósito*) purpose; **un millón de dólares será destinado a ~es benéficos** a million dollars is to go to charity; **el dinero había sido destinado a otros ~es** the money had been put aside for other purposes; **con ~es experimentales/militares/políticos** for experimental/military/political purposes; **planean intervenir con ~es humanitarios** they are planning to intervene for humanitarian reasons
**Fina** SF (*forma familiar*) *de* **Josefina**
**finado/a** Ⓐ ADJ late, deceased; **el ~ presidente** the late president
Ⓑ SM/F deceased
Ⓒ SM (*Téc*) finishing
**final** Ⓐ ADJ (= *último*) [*momento, capítulo, resultado, decisión*] final; [*objetivo*] ultimate; **los años ~es de la dictadura** the final years of the dictatorship; **estaban deseando ver el producto ~** they were looking forward to seeing the end product; *ver tb* **juicio 4**, **recta**, **punto 2**
Ⓑ SM [1] (= *fin*) [*de ceremonia, vida, aventura, guerra*] end; [*de obra musical*] finale; **hasta el ~ de sus días** till the end of her days; **no vi el ~ de la película** I didn't see the end of the film; **al ~** in the end; **al ~ tuve que darle la razón** in the end I had to admit that he was right; **al ~ de algo** at the end of sth; **el anuncio se realizó ayer al ~ de la reunión** the announcement was made yesterday at the end of the meeting; **al ~ de la calle** at the end of the street; **estamos al ~ de la lista** we are at the bottom of the list
[2] (= *desenlace*) [*de película, libro*] ending; **la novela tiene un ~ inesperado** the novel has an unexpected ending; **un ~ feliz** a happy ending
[3] **a finales de** at the end of; **a ~es del siglo XIX** at the end of the 19th century
Ⓒ SF (*Dep*) final; **consiguieron pasar a la ~** they managed to get through to the final; **cuartos de ~** quarter-finals ► **final de consolación** third-place play-off
**finalidad** SF [1] (= *propósito*) purpose; **¿qué ~ tendrá todo esto?** what can the purpose of all this be?; **el congreso tuvo como ~ debatir el desarrollo social** the purpose *o* aim of the conference was to discuss social development
[2] (*Fil*) finality
**finalista** Ⓐ ADJ **los relatos ~s** the short-listed stories; **quedó ~ en dos ocasiones** he was short-listed twice *o* on two occasions
Ⓑ SMF finalist
**finalización** SF ending, conclusion
**finalizar** ▸conjug 1f◂ Ⓐ VT to finish; **muchos universitarios no finalizan la carrera** many university students do not finish their degree; **~ la sesión** (*Inform*) to log out, log off; **con el himno se dio por finalizada la ceremonia**

➤ LENGUA Y USO: **fin 4** 35.2

the ceremony came to an end *o* ended with the national anthem

Ⓑ VI to end; **aún no ha finalizado la sesión** the session has not ended yet; **su contrato finaliza el próximo verano** his contract ends *o* comes to an end next summer; **hoy finaliza el plazo para presentar las solicitudes** today is the deadline for submitting applications; **~ con algo** to end with sth; **la jornada finalizó con la prueba de atletismo femenino** the day ended with the women's athletics trials

**finalmente** ADV [1] (= *al final*) finally, in the end; **~ decidimos ir a Mallorca** finally *o* in the end we decided to go to Majorca; **insistió hasta que, ~, consiguió convencerla** he went on until finally *o* in the end *o* eventually he managed to persuade her

[2] (= *por último*) lastly; **50% están a favor, 30% en contra y, ~, un 20% se muestra indeciso** 50% are in favour, 30% are against and lastly, 20% don't know

**finamente** ADV [1] (= *elegantemente*) elegantly; (= *educadamente*) politely; (= *delicadamente*) delicately

[2] (= *inteligentemente*) acutely, shrewdly; (= *sutilmente*) subtly

**finamiento** SM passing*, death

**financiación** SF financing, funding

**financiador(a)** SM/F financial backer

**financiamiento** SM financing, funding

**financiar** ▸conjug 1b◂ VT to finance, fund

**financiera** SF finance company, finance house

**financiero/a** Ⓐ ADJ financial; **el mundo ~** the world of finance, the financial world; **los medios ~s** the financial means

Ⓑ SM/F (= *banquero*) financier

**financista** Ⓐ ADJ (= *financiero*) financial

Ⓑ SMF (*LAm*) (= *bolsista*) financier; (= *consejero*) financial expert

**finanzas** SFPL finances

**finar** ▸conjug 1a◂ Ⓐ VI (= *morir*) to pass away (*euf*), die

Ⓑ **finarse** VPR (= *desear*) to long, yearn (**por** for)

**finca** SF [1] (= *bien inmueble*) property, land, real estate; **cazar en ~ ajena** to poach (*on sb else's property*); **penetrar en ~ ajena** to trespass (*on sb else's property*) ► **finca raíz** (*Andes*) real estate ► **finca urbana** town property

[2] (= *casa de recreo*) country house, country estate; **pasan un mes en su ~** they're spending a month at their country place; **tienen una ~ en Guadalajara** they have a country house *o* country estate in Guadalajara

[3] (= *granja*) farm; (= *minifundio*) small holding; [*de ganado*] ranch ► **finca azucarera** sugar plantation ► **finca cafetera** coffee plantation

**fincar** ▸conjug 1g◂ Ⓐ VT (*Caribe*) (= *cultivar*) to till, cultivate

Ⓑ VI (*Andes, Méx*) **~ en** (= *consistir*) to consist of, comprise

**finchado*** ADJ stuck-up*, conceited

**fincharse*** ▸conjug 1a◂ VPR to become stuck-up*, get conceited

**finés/esa** Ⓐ ADJ Finnish

Ⓑ SM/F Finn

Ⓒ SM (*Ling*) Finnish

**fineza** SF [1] (= *cualidad*) fineness, excellence

[2] [*de modales*] refinement; (= *elegancia*) elegance

[3] (= *acto*) kindness; (= *dádiva*) small gift, token

[4] (= *cumplido*) compliment

**fingar:** ▸conjug 1h◂ VT to nick:, swipe:

**finger** ['finger] SM (*pl* **fingers**) (*Aer*) (telescopic) passenger walkway

**fingidamente** ADV feignedly

**fingido** ADJ feigned, false; **con ~ enojo** with feigned annoyance; **nombre ~** assumed name, false name

**fingimiento** SM pretence, pretense (*EEUU*), feigning

**fingir** ▸conjug 3c◂ Ⓐ VT to feign; **intenté ~ indiferencia** I tried to feign indifference *o* to appear indifferent; **fingió interés** he pretended to be interested; **~ hacer algo** to pretend to do sth; **finge dormir** *o* **que duerme** he's pretending to be asleep

Ⓑ VI to pretend; **¡no finjas más!** stop pretending!

Ⓒ **fingirse** VPR (*frm*) **~se dormido** to pretend to be asleep; **~se muerto** to play dead, act dead; **~se un sabio** to pretend to be an expert

**finiquitar** ▸conjug 1a◂ VT [1] (*Fin*) [+ *cuenta*] to settle and close, balance up

[2] (*) [+ *asunto*] to conclude, wind up

**finiquito** SM (*Com, Fin*) settlement; **dar el ~ a una cuenta** to settle an account; **dar el ~ a algn** to dismiss sb

**finisecular** ADJ fin-de-siècle *antes de s*, turn-of-the-century *antes de s*

**Finisterre** SM (*tb* **el Cabo de ~**) Cape Finisterre

**finito** ADJ finite

**finlandés/esa** Ⓐ ADJ Finnish

Ⓑ SM/F Finn

Ⓒ SM (*Ling*) Finnish

**Finlandia** SF Finland

**finlandización** SF Finlandization, neutralization and subordination (*of one country to another*)

**finlandizar** ▸conjug 1f◂ VT [+ *país*] to Finlandize, neutralize and subordinate

**fino** Ⓐ ADJ [1] (= *no grueso*) [*arena, punta, pelo*] fine; [*papel, capa*] thin; [*dedos, cuello*] slender; [*cutis, piel*] smooth; **bolígrafo de punta fina** fine-tipped ballpoint pen

[2] (= *de buena calidad*) [*cristal, porcelana, papel*] fine; [*tabaco*] select; **oro ~** fine gold; *ver tb* **lencería**

[3] (= *cortés*) polite, well-bred; (= *refinado*) refined; **no te hagas la fina** you needn't start putting on airs

[4] (= *agudo*) [*vista*] sharp; [*oído*] acute; **su fina inteligencia analítica** her fine *o* acute analytical intelligence

[5] (= *sutil*) subtle, fine; **me sorprendió su fina ironía** her subtle irony surprised me

[6] [*jerez*] fino, dry

Ⓑ SM (= *jerez*) dry sherry, fino sherry

**finolis*** ADJ INV affected

**finquero** SM (*LAm*) farmer

**finta** SF feint; **hacer ~s** to feint, spar

**fintar** ▸conjug 1a◂ VI, **fintear** ▸conjug 1a◂ VI (*LAm*) to feint, spar

**finura** SF [1] (= *buena calidad*) fineness, excellence

[2] (= *cortesía*) politeness, courtesy; (= *refinamiento*) refinement; **¡qué ~!** how refined!, how charming!

[3] (= *sutileza*) subtlety

[4] (= *poco grosor*) fineness

**fiñe** ADJ (*Caribe*) small, weak, sickly

**fiordo** SM fiord

**fique** SM (*Col, Méx, Ven*) [1] (= *fibra*) vegetable fibre *o* (*EEUU*) fiber

[2] (= *cuerda*) rope, cord

**firma** SF [1] (= *nombre*) signature; (= *acto*) signing; **es de mi ~** I signed that; **seis novelas de su ~** six novels of his, six novels which he has written; **me presentó varios documentos a la ~** he handed me several documents to sign ► **firma de libros** book-signing session

[2] (= *empresa*) firm, company

**firmamento** SM firmament

**firmante** Ⓐ ADJ signatory (**de** to)

Ⓑ SMF signatory; **los abajo ~s** the undersigned; **el último ~** the last person signing *o* to sign

**firmar** ▸conjug 1a◂ Ⓐ VT to sign; **~ un cheque en blanco** to write *o* sign a blank cheque; **~ un contrato** to sign a contract; **firmado y sellado** signed and sealed

Ⓑ VI to sign; **firme aquí** sign here; **no te quejes, si me dieran tu trabajo ~ía ahora mismo** stop complaining, if I was offered your job I'd take it straight away

**firme** Ⓐ ADJ [1] [*mesa, andamio*] steady; [*terreno*] firm, solid; **mantén la escalera ~** can you hold the ladder steady?

[2] [*paso*] firm, steady; [*voz*] firm; [*mercado, moneda*] steady; [*candidato*] strong; **la libra se ha mantenido ~** the pound has remained steady; **oferta en ~** firm offer; **pedido en ~** firm order

[3] [*amistad, apoyo*] firm, strong; [*decisión, convicción*] firm; **mantenerse ~** to hold one's ground; **se mostró muy ~ con ella** he was very firm with her; **de ~** hard; **trabajar de ~** to work hard; **estar en lo ~**† to be in the right

[4] [*sentencia*] final

[5] (*Mil*) **¡~s!** attention!; **estar en posición de ~s** to stand to attention; **ponerse ~s** to come *o* stand to attention

Ⓑ ADV hard; **trabajar ~** to work hard

Ⓒ SM (*Aut*) road surface; **"firme provisional"** "temporary surface" ► **firme del suelo** (*Arquit*) rubble base (of floor)

**firmemente** ADV (= *con firmeza*) firmly; (= *bien sujeto*) securely

**firmeza** SF [1] [*del terreno*] firmness

[2] [*de carácter, convicciones*] strength, firmness; **con ~** firmly; **se negó con ~ a delatarlos** he firmly refused to inform on them

**firmita*** SF (mere) signature; **echar una ~** to sign on the dotted line (*tb fig*); **¿me echas una ~?** would you sign here please?

**firuletes*** SMPL (*LAm*) [1] (= *objetos*) knick-knacks

[2] (*al bailar*) gyrations, contortions

**fiscal** Ⓐ ADJ (= *relativo a impuestos*) fiscal, tax *antes de s*; (= *económico*) fiscal, financial; **año ~** fiscal year, financial year

Ⓑ SMF (SF *a veces* **fiscala**) [1] (*Jur*) public prosecutor, district attorney (*EEUU*) ► **fiscal general del Estado** Director of Public Prosecutions, Attorney-General (*EEUU*)

[2] (*) (= *entrometido*) busybody, meddler

**fiscalía** SF office of the public prosecutor, District Attorney's office (*EEUU*)

**fiscalidad** SF (*gen*) taxation; (= *sistema*) tax system; (= *normas*) tax regulations *pl*

**fiscalista** ADJ **abogado ~** lawyer specializing in tax affairs

**fiscalizar** ▸conjug 1f◂ VT [1] (= *controlar*) to control; (= *supervisar*) to oversee; (= *registrar*) to inspect (officially)
[2] (= *criticar*) to criticize, find fault with
[3] (*) (= *hurgar*) to pry into

**fiscalmente** ADV from a tax point of view, taxation-wise

**fisco** SM treasury, exchequer; **declarar algo al ~** to declare sth to the Inland Revenue *o* (*EEUU*) Internal Revenue Service

**fisga** SF [1] [*de pesca*] fish spear
[2] (*Guat, Méx Taur*) banderilla
[3] (= *bromas*) banter; **hacer ~ a algn** to tease sb, make fun of sb

**fisgar*** ▸conjug 1h◂ Ⓐ VT [1] (= *curiosear*) to snoop on*
[2] [+ *pez*] to spear, harpoon
Ⓑ VI [1] (*) (= *curiosear*) to snoop* (**en** on)
[2] (= *mofarse*) to mock

**fisgón/ona*** Ⓐ ADJ [1] (= *curioso*) nosey*
[2] (= *guasón*) bantering, teasing; (= *mofador*) mocking
Ⓑ SM/F [1] snooper*
[2] (= *guasón*) tease

**fisgonear*** ▸conjug 1a◂ VI to snoop*

**fisgoneo*** SM (= *acción*) snooping*; (= *actitud*) nosiness*

**física** SF physics *sing* ► **física cuántica** quantum physics ► **física de alta(s) energía(s)** high-energy physics ► **física del estado sólido** solid-state physics ► **física de partículas** particle physics ► **física nuclear** nuclear physics ► **física teórica** theoretical physics; *ver tb* **físico**

**físicamente** ADV physically

**físico/a** Ⓐ ADJ [1] physical
[2] (*Caribe*) (= *melindroso*) finicky; (= *afectado*) affected
Ⓑ SM/F [1] (= *científico*) physicist ► **físico/a nuclear** nuclear physicist
[2] (†) (= *médico*) physician
Ⓒ SM (*Anat*) physique; (= *aspecto*) appearance, looks *pl*; **de ~ regular** ordinary-looking; *ver tb* **física**

**físil** ADJ fissile

**fisiología** SF physiology

**fisiológico** ADJ physiological

**fisiólogo/a** SM/F physiologist

**fisión** SF fission ► **fisión nuclear** nuclear fission

**fisionable** ADJ fissionable

**fisionarse** ▸conjug 1a◂ VPR to undergo fission, split

**fisionomía** SF = **fisonomía**

**fisioterapeuta** SMF physiotherapist, physical therapist (*EEUU*)

**fisioterapia** SF physiotherapy, physical therapy (*EEUU*)

**fisioterapista** SMF (*esp LAm*) physiotherapist, physical therapist (*EEUU*)

**fiso:** SM (*LAm*) mug:

**fisonomía** SF [1] (= *cara*) physiognomy, features *pl*
[2] [*de objeto, lugar*] appearance; **la ~ de la ciudad** the appearance of the city

**fisonomista** SMF **ser buen ~** to have a good memory for faces

**fisoterapeuta** SMF physiotherapist

**fistol** SM (*Méx*) tiepin

**fístula** SF fistula

**fisura** SF [1] (*en roca*) crack, fissure (*frm*); (*en órgano*) fissure (*frm*); (*en hueso*) crack ► **fisura del paladar, fisura palatina** cleft palate
[2] **sin ~s** [*apoyo, fe, convencimiento*] solid

**fitobiología** SF phytobiology, plant breeding

**fitocultura** SF plant breeding

**fitófago/a** Ⓐ ADJ plant-eating
Ⓑ SM/F plant eater

**fitopatología** SF phytopathology, plant pathology

**fitoplancton** SM phytoplankton

**fitoquímica** SF phytochemistry

**fitosanitario** Ⓐ ADJ [*productos, industria, problemas, tratamiento*] phytosanitary
Ⓑ SM pesticide

**FIV** SF ABR (= **fecundación in vitro**) IVF

**flaccidez** SF flaccidity (*frm*), softness, flabbiness

**fláccido** ADJ flaccid (*frm*), flabby

**flacidez** SF = **flaccidez**

**flácido** ADJ = **fláccido**

**flaco** Ⓐ ADJ [1] (= *delgado*) thin, skinny*; **años ~s** (*LAm*) lean years; **ponerse ~** (*LAm*) to get thin
[2] (= *débil*) weak, feeble; [*memoria*] bad, short; (*LAm*) [*tierra*] barren; **su punto ~** his weak point, his weakness
Ⓑ SM (= *defecto*) failing; (= *punto débil*) weakness, weak point

**flacón** ADJ (*Caribe, Cono Sur*) very thin

**flacuchento** ADJ (*LAm*) very thin

**flacura** SF [1] (= *delgadez*) thinness, skinniness*
[2] (= *debilidad*) weakness, feebleness

**flagelación** SF flagellation (*frm*), whipping

**flagelar** ▸conjug 1a◂ VT [1] (= *azotar*) to flagellate (*frm*), whip
[2] (= *criticar*) to flay, criticize severely

**flagelo** SM [1] (= *azote*) whip, scourge
[2] (= *calamidad*) scourge, calamity

**flagrante** ADJ flagrant; **pillar** *o* **sorprender a algn en ~ delito** to catch sb in the act, catch sb redhanded, catch sb in flagrante delicto (*frm*)

**flama** SF [1] (*Méx*) (= *llama*) flame
[2] (= *destello*) glitter
[3] (= *calor*) stifling heat

**flamante** ADJ [1] (= *nuevo*) [*automóvil, traje*] brand-new; [*campeón, director*] new
[2] (= *estupendo*) brilliant, fabulous; (= *lujoso*) luxurious, high-class
[3] (= *resplandeciente*) brilliant, flaming

**flambeado** ADJ flambé

**flambear** ▸conjug 1a◂ VT to flambé

**flamear** ▸conjug 1a◂ VI [1] (= *llamear*) to flame, blaze (up)
[2] [*vela*] to flap; [*bandera*] to flutter

**flamenco**[1] SM (= *ave*) flamingo

**flamenco**[2]**/a** Ⓐ ADJ [1] (*Geog*) Flemish
[2] (*Mús*) flamenco; **cante ~** flamenco
[3] (*pey*) flashy, vulgar, gaudy
[4] **ponerse ~*** (= *engreído*) to get cocky*
[5] (*CAm*) = **flaco**
Ⓑ SM/F (= *persona*) Fleming; **los ~s** the Flemings, the Flemish
Ⓒ SM [1] (*Mús*) flamenco
[2] (*Ling*) Flemish

**flamencología** SF *study of flamenco music and dance*

**flamencólogo/a** SM/F *student of flamenco music and dance*

**flamenquilla** SF marigold

**flamígero** ADJ **estilo gótico ~** flamboyant Gothic style

**flámula** SF pennant

**flan** SM (*dulce*) creme caramel; (*salado*) mould, mold (*EEUU*); ✦**MODISMO estar hecho** *o* **estar como un ~** to shake like a jelly *o* a leaf

**flanco** SM [1] (= *lado*) [*de animal*] side, flank; [*de persona*] side
[2] (*Mil*) flank; **coger a algn por el ~** to catch sb off guard
[3] (*Geog*) flank

**Flandes** SM Flanders

**flanear*** ▸conjug 1a◂ VI to stroll, saunter

**flanera** SF jelly mould, jelly mold (*EEUU*)

**flanquear** ▸conjug 1a◂ VT [1] [+ *persona, construcción*] to flank; [+ *calle, costa, río*] to line
[2] (*Mil*) (= *sobrepasar*) to outflank

**flaquear** ▸conjug 1a◂ VI [1] (= *debilitarse*) (*gen*) to weaken, grow weak; [*esfuerzo*] to slacken, flag; [*salud*] to decline (*frm*), get worse; [*viga*] to give way; **me flaquean las piernas** my legs are like jelly
[2] (= *desanimarse*) to lose heart, become dispirited

**flaquencia** SF (*LAm*) = **flacura**

**flaqueza** SF [1] (= *delgadez*) thinness, leanness; (= *debilidad*) feebleness, frailty; **la ~ de su memoria** his poor memory; **la ~ humana** human frailty
[2] **una ~** (= *defecto*) a failing; (= *punto flaco*) a weakness; **las ~s de la carne** the weaknesses of the flesh

**flaquísimo** ADJ SUPERL *de* **flaco**

**flash** [flas] SM (*pl* **flashes** ['flases]) [1] (*Fot*) flash, flashlight
[2] (*TV etc*) newsflash
[3] (*) (= *sorpresa*) shock; **¡qué ~!** what a shock!

**flashback** ['flasbak] SM (*pl* **flashbacks**) flashback

**flato** SM [1] (*Med*) **tener ~** to have a stitch
[2] (*LAm*) (= *depresión*) gloom, depression; (*CAm*) (= *temor*) fear, apprehension

**flatoso** ADJ [1] (*Med*) flatulent
[2] (*CAm, Col, Méx*) (= *deprimido*) depressed; (*CAm*) (= *inquieto*) apprehensive

**flatulencia** SF flatulence

**flatulento** ADJ flatulent

**flatuoso** ADJ flatulent

**flauta** Ⓐ SF [1] (= *instrumento*) (*tb* **~ travesera**) flute; (*tb* **~ dulce**) recorder; **~ de Pan** panpipes; ✦**MODISMOS estar hecho una ~** to be as thin as a rake; **sonó la ~ (por casualidad)** it was a fluke, it was sheer luck
[2] (= *barra de pan*) French stick, baguette
[3] (*LAm*) ✦**MODISMOS ¡~ la ~!** gosh!*; **¡la gran ~!** my God!; **de la gran ~*** terrific*, tremendous*; **¡hijo de la gran ~!**** bastard**, son of a bitch (*EEUU***); **¡por la ~!** oh dear!
Ⓑ SMF flautist, flute player, flutist (*EEUU*)

**flautín** Ⓐ SM (= *instrumento*) piccolo
Ⓑ SMF (= *persona*) piccolo player

**flautista** SMF flautist, flute player, flutist (*EEUU*); **el ~ de Hamelin** the Pied Piper of Hamelin

**flavina** SF flavin

**flebitis** SF INV phlebitis

**flecha** Ⓐ SF [1] (= *arma*) arrow; (*en juego*) dart; (*Arquit*) spire; [*de billar*] cue rest; **como una ~** like an arrow, like a shot; **con alas en ~** swept-wing, with swept-back wings; **subida en ~** sharp rise; **subir en ~** to rise sharply ► **flecha de dirección** (*Aut*) indicator ► **flecha de mar** squid
[2] (*Andes*) sling; (*Méx Aut*) axle
[3] (*Cono Sur**) (= *coqueta*) flirt
Ⓑ SMF (*Hist**) *member of the Falangist youth movement*

**flechado*** ADV **el médico vino ~** the doctor came in a flash*; **salir ~** to shoot off*

**flechar** ▸conjug 1a◂ VT [1] [+ *arco*] to draw
[2] (= *herir*) to wound with an arrow; (= *matar*) to kill with an arrow; (= *disparar*) to shoot (with an arrow)
[3] (*) (= *enamorar*) **~ a algn** to sweep off sb's feet
[4] (*Arg, Méx*) (= *picar*) [*persona*] to prick (*esp with a goad*); [*sol*] to burn, scorch

**flechazo** SM [1] (= *acción*) bowshot; (= *herida*) arrow wound
[2] (*) (= *amor*) love at first sight; **fue el** *o* **un ~** it was love at first sight
[3] (*) (= *revelación*) revelation; **aquello fue el ~** then it hit me, that was the moment of revelation

**flechero** SM (= *soldado*) archer, bowman; (= *artesano*) arrow maker

**fleco** SM [1] (*Méx*) (= *flequillo*) fringe, bangs *pl* (*EEUU*)
[2] **flecos** [2·1] (= *adorno*) fringe *sing*; **una cazadora de ante con ~s** a fringed suede jacket
[2·2] (= *borde deshilachado*) frayed edge *sing* (*of cloth*)
[2·3] (= *detalles pendientes*) loose ends

**flejadora** SF strapping machine

**flejar** ▸conjug 1a◂ VT [1] (*esp LAm*) to strap, secure with metal strips
[2] (*Méx*) [+ *paquete*] to pack

**fleje** SM (*Téc*) (= *tira*) hoop, metal band; (= *resorte*) spring clip

**flema** SF [1] (*Med*) phlegm
[2] (= *impasibilidad*) phlegm

**flemático** ADJ (= *imperturbable*) [*persona*] phlegmatic; [*tono, comportamiento*] matter-of-fact, unruffled

**flemón** SM gumboil

**flemudo** ADJ slow, sluggish

**flequetería** SF (*Andes*) cheating, swindling

**flequetero** ADJ (*Andes*) tricky, dishonest

**flequillo** SM fringe, bangs *pl* (*EEUU*)

**Flesinga** SM Flushing

**fleta** SF (*Andes, Caribe*) [1] (= *fricción*) rub, rubbing
[2] (= *paliza*) thrashing

**fletado*** ADJ [1] (*CAm*) sharp, clever
[2] (*Caribe, Méx*) **salir ~*** to be off like a shot

**fletador** Ⓐ ADJ shipping *antes de s*, freighting *antes de s*
Ⓑ SM [*de avión, barco*] charterer; [*de pasajeros, mercancías*] carrier

**fletamiento** SM, **fletamento** SM chartering; **contrato de ~** charter

**fletán** SM **~ negro** Greenland halibut

**fletar** ▸conjug 1a◂ Ⓐ VT [1] [+ *avión, barco*] to charter; (= *cargar*) to load, freight
[2] (*LAm*) [*autobús*] to hire
[3] (*Cono Sur**) (= *despedir*) to get rid of, fire*; (= *expulsar*) to chuck out*
[4] (*Andes, Cono Sur*) [+ *insultos*] to let fly*; [+ *golpe*] to deal
Ⓑ **fletarse** VPR [1] (*Andes, Caribe, Méx**) (= *largarse*) to get out, beat it*; (*con sigilo*) to slip away, get away unseen; (*Arg*) (= *colarse*) to gatecrash
[2] (*CAm*) (= *enojarse*) to be annoyed, get cross
[3] (*Cono Sur*) **"se fleta"** "for hire"

**flete** SM [1] (= *alquiler*) [1·1] [*de avión, barco*] charter; **vuelo ~** charter flight
[1·2] (*LAm*) [*de autobús, camión*] hire; (= *precio*) hire charge, hiring fee
[2] (= *carga*) freight; (*Náut, Aer*) cargo; ✦*MODISMO* **salir sin ~s** (*Andes*) to leave in a hurry, be off like a shot
[3] (= *gastos*) (= *precio del transporte*) freightage, carriage ► **flete debido** freight forward ► **flete pagado** advance freight, prepaid freight ► **flete por cobrar** freight forward ► **flete sobre compras** inward freight
[4] (*LAm*) (= *caballo*) fast horse; [*de carreras*] racehorse; (*Cono Sur*) (= *rocín*) old nag
[5] (*Andes*) (= *amante*) lover, companion
[6] (*) (= *prostitución*) prostitution, the game*
[7] **echarse un ~**** to have a screw**

**fletera*** SF (*Caribe*) prostitute

**fletero/a** Ⓐ ADJ (*LAm*) [1] (= *de alquiler*) [*avión*] charter *antes de s*; [*camión*] for hire, for rent (*EEUU*)
[2] (= *de carga*) freight *antes de s*
Ⓑ SM/F [1] (*LAm*) (= *transportista*) haulier; (= *recaudador*) collector of transport charges
[2] (*Andes, Guat*) (= *mozo*) porter

**flexibilidad** SF (*gen*) flexibility; [*del cuerpo*] suppleness; (*Téc*) pliability; [*de carácter*] flexibility, adaptability ► **flexibilidad laboral**, **flexibilidad de plantillas** freedom to "restructure", freedom to hire and fire

**flexibilización** SF [*de control, sanción*] relaxation; [*de horario, programa*] adjusting, adapting ► **flexibilización del mercado laboral**, **flexibilización del trabajo** *relaxation of laws relating to terms of employment*

**flexibilizar** ▸conjug 1f◂ VT [+ *control, sanción*] to relax; [+ *horario, programa*] to make (more) flexible, adjust, adapt; [+ *plantilla*] to downsize

**flexible** Ⓐ ADJ [1] [*material, actitud*] flexible; [*cuerpo*] supple; (*Téc*) pliable; [*sombrero*] soft; **horario ~** flexitime
[2] [*persona*] flexible, open-minded; (*pey*) compliant
Ⓑ SM [1] soft hat
[2] (*Elec*) flex, cord

**flexión** SF [1] **hacer flexiones (de brazos)** to do press-ups *o* push-ups; **hacer flexiones de cintura** to touch one's toes; **flexiones de piernas** squats
[2] (*Ling*) inflection ► **flexión nominal** noun inflection ► **flexión verbal** verb inflection
[3] (*Med, Téc*) flexion

**flexional** ADJ flexional, inflected

**flexionar** ▸conjug 1a◂ VT (*gen*) to bend; [+ *músculo*] to flex

**flexo** SM adjustable table-lamp

**flipado*** ADJ [1] (= *drogado*) stoned*
[2] (= *pasmado*) gobsmacked*; **me quedé ~** I was gobsmacked*

**flipante*** ADJ [1] (= *estupendo*) great*, smashing*, cool*
[2] (= *pasmoso*) amazing

**flipar*** ▸conjug 1a◂ Ⓐ VT [1] (= *gustar*) **esto me flipa** I really love this
[2] (= *pasmar*) **me flipó lo que pasó** I was gobsmacked at what happened*
Ⓑ VI [1] (= *pasmarse*) **yo flipaba al ver tanta cosa** I was gobsmacked at all the things I saw*; **¡este tío flipa!** this guy must be kidding!*
[2] (= *pasarlo bien*) to have a great time; **~ con algo** (= *disfrutar*) to really love sth; **yo flipo con esa canción** I really love that song
[3] (= *drogarse*) to get stoned*
Ⓒ **fliparse** VPR [1] **~se por algo** to be mad keen on sth
[2] (= *drogarse*) to get stoned*

**flipe*** SM [1] (= *experiencia*) amazing experience, startling revelation
[2] (*por drogas*) (= *viaje*) trip*; (= *subida*) high*

**flipper*** ['fliper] SM pinball machine; **jugar al ~** to play pinball

**flirt** [flir, fler] SM (*pl* **flirts**) [1] (= *amorío*) fling*
[2] (= *persona*) boyfriend/girlfriend; **la estrella vino con su ~ del momento** the star came with her latest boyfriend

**flirteador(a)** SM/F flirt

**flirtear** ▸conjug 1a◂ VI to flirt (**con** with)

**flirteo** SM [1] (= *coqueteo*) flirting
[2] **un ~** a flirtation

**FLN** SM ABR (*Pol*) = **Frente de Liberación Nacional**

**flojamente** ADV weakly, feebly

**flojear** ▸conjug 1a◂ VI [1] (= *debilitarse*) **me flojean las piernas** my legs are tired
[2] (= *flaquear*) **flojeó en el último examen** she did less well in the last exam; **el ritmo flojea hacia el final** the pace slackens towards the end

**flojedad** SF = **flojera**

**flojel** SM [*de tela*] nap; [*de ave*] down

**flojera** SF [1] (= *debilidad*) weakness, feebleness
[2] (*esp LAm**) (= *pereza*) **me da ~** I can't be bothered

**flojo** ADJ [1] [*nudo, tuerca*] loose; [*cable, cuerda*] slack; ✦*MODISMO* **me la trae floja**** I don't give a fuck *o* bugger**; *ver tb* **cuerda 1**
[2] (= *débil*) [*persona*] weak; [*viento*] light; **está muy ~ después de su enfermedad** he's very weak after his illness; **todavía tengo las piernas muy flojas** my legs are still very weak
[3] (= *mediocre*) [*trabajo, actuación*] poor, feeble; [*estudiante, equipo*] weak, poor; **ha escrito una redacción muy floja** he's written a very poor *o* feeble essay; **el guión era muy ~** the script was very weak; **está ~ en matemáticas** he's weak in maths
[4] [*té, vino*] weak
[5] [*demanda, mercado*] slack
[6] (= *holgazán*) lazy, idle
[7] (*LAm*) (= *cobarde*) cowardly

**floppy** ['flopi] SM (*pl* **floppys**) floppy disk

**flor** Ⓐ SF [1] (*Bot*) flower; **un ramo de ~es** a bunch of flowers; **un vestido de ~es** a floral dress; **~es artificiales** artificial flowers; **~ cortada** (*Com*) cut flowers *pl*; **~es secas**

dried flowers; ✦MODISMOS **a ~ de labios** (*LAm*): **siempre anda con una sonrisa a ~ de labios** he always has a slight grin on his face; **de ~** (*Cono Sur*) very good, splendid; **ir de ~ en ~** (*gen*) to flit from flower to flower; (*en cuestiones amorosas*) to flit from one lover to the next; **¡ni ~es!***: **—¿has oído alguna noticia? —¡ni ~es!** "have you heard any news?" — "not a thing"; **de libros sé mucho, pero de cocina ni ~es** I know a lot about books, but I don't know the first thing about cooking*; **de lo prometido, ni ~es** as for what they promised, not a word was mentioned*; **ser ~ de un día**: **su amor fue ~ de un día** their love was short-lived; **su triunfo no fue ~ de un día** his win was no mere flash in the pan; **ser ~ de estufa** to be very delicate ► **flor de lis** fleur-de-lis, fleur-de-lys ► **flor de mano**† artificial flower ► **flor de nieve** snowdrop ► **flor de Pascua** poinsettia ► **flor somnífera** opium poppy

2 **en ~** [*planta, campo*] in flower, in bloom; [*árbol*] in blossom, in flower; [*muchacha*] (*liter*) in the first flower of womanhood (*liter*); **los naranjos en ~** the orange trees in blossom *o* flower

3 **la ~** (= *lo mejor*): **la ~ de la harina** the finest flour; **la ~ del ejército** the elite of the army; **está en la ~ de su carrera deportiva** he is at the peak of his sporting career; **en la ~ de la edad** in the flower of one's youth; **la ~ y nata de la sociedad** the cream of society; **en la ~ de la vida** in the prime of life; ✦MODISMO **ser la ~ de la canela** to be the pick of the bunch*

4 **a ~ de agua**: **los peces se veían a ~ de agua** you could see the fish just under the surface of the water; **a ~ de cuño** in mint condition; **a ~ de piel**: **tenía los nervios a ~ de piel** her nerves were all on edge; **tiene la sensibilidad a ~ de piel** she is highly sensitive; **el odio le salía a ~ de piel** his hatred came out into the open, his hatred came to the surface; **a ~ de tierra** at ground level

5 (= *piropo*) compliment, flattering remark; **decir** *o* **echar ~es a algn** to pay compliments to sb, flatter sb

6 [*de ciruela, uva*] bloom

7 [*de cuero*] grain

8 (*Cono Sur**) **~ de**: **~ de caballo** a wonderful horse; **~ de alegre** really happy, very cheerful; **¡~ de discurso se mandó!** what a brilliant talk he gave!; **~ de reloj me regalaste, ya no funciona** (*iró*) what a great watch you bought me, it doesn't work anymore (*iró*); **~ de marido, le pega y no le da plata** (*iró*) her husband is a real gem, he beats her up and gives her no money (*iró*)

9 **ajustado a ~** flush

Ⓑ ADJ (*Cono Sur*) great; **aquí estoy ~** I feel great here; **la fiesta estuvo ~** the party was excellent *o* great

Ⓒ ADV (*Cono Sur**) **hoy me siento ~** I feel great today; **lo pasamos ~** we had a whale of a time*

**flora** SF flora

**floración** SF flowering; **en plena ~** in full bloom

**floral** ADJ floral

**florar** ▸conjug 1a◂ VI to flower, bloom

**florcita** SF (*LAm*) little flower

**floreado** ADJ 1 [*tela*] flowered, floral

2 [*pan*] made with the finest flour, top-quality

3 (*Mús*) elaborate

**florear** ▸conjug 1a◂ Ⓐ VT 1 [+ *tela*] to decorate *o* pattern with flowers

2 [+ *harina*] to sift

3 [+ *naipes*] to stack

4 (= *adular*) to flatter

Ⓑ VI 1 (*LAm*) (= *florecer*) to flower, bloom

2 (*Mús*) to play a flourish; (*Esgrima*) to flourish

3 (= *piropear*) to flatter

Ⓒ **florearse** VPR (*LAm*) (= *lucirse*) to perform brilliantly; (= *presumir*) to show off

**florecer** ▸conjug 2d◂ Ⓐ VI 1 (*Bot*) to flower, bloom

2 (= *prosperar*) to flourish, thrive

Ⓑ **florecerse** VPR (= *enmohecer*) to go mouldy, go moldy (*EEUU*)

**floreciente** ADJ 1 (*Bot*) in flower, flowering, blooming

2 (= *próspero*) flourishing, thriving

**florecimiento** SM 1 (*Bot*) flowering, blooming

2 (= *prosperidad*) blossoming, flowering

**Florencia** SF Florence

**florentino/a** Ⓐ ADJ Florentine

Ⓑ SM/F Florentine

**floreo** SM 1 (*Esgrima, Mús*) flourish

2 (= *gracia*) witty but insubstantial talk; (= *cumplido*) compliment, nicely-turned phrase; **andarse con ~s** to beat about the bush

**florería** SF florist's (shop)

**florero/a** Ⓐ SM/F 1 (= *florista*) (*en tienda, puesto*) florist; (*en la calle*) (street) flower-seller

2 (= *halagador*) flatterer

Ⓑ SM 1 (= *recipiente*) vase; ✦MODISMO **estar de ~** to be just for show *o* decoration

2 (*Arte*) (= *cuadro*) flower painting

**florescencia** SF florescence

**floresta** SF 1 (= *bosque*) wood, grove; (= *claro*) glade; (*LAm*) (= *selva*) forest, jungle

2 (= *lugar atractivo*) beauty spot; (= *escena rural*) charming rural scene

**florete** SM (*Esgrima*) foil

**floretear** ▸conjug 1a◂ VT to decorate with flowers

**floretista** SMF (*LAm*) fencer

**florícola** ADJ **el sector ~** the flower-growing sector

**floricultor(a)** SM/F flower-grower

**floricultura** SF flower growing

**florido** ADJ 1 [*campo, jardín*] full of flowers; [*árbol, planta*] in blossom, in flower

2 (= *selecto*) choice, select; **lo más ~ del arte contemporáneo** the pick of contemporary art; **lo más ~ de la sociedad** the cream of society

3 [*estilo*] flowery, florid

**florilegio** SM anthology

**florín** SM 1 (*holandés*) guilder

2 (*Hist*) florin

**florión/ona** SM/F (*Andes*) = **fanfarrón**

**floripón** SM (*LAm*) = **floripondio 1**

**floripondio** SM 1 (*pey*) big flower

2 (*Literat*) rhetorical flourish, extravagant figure

3 (*LAm**) (= *hombre*) pansy*, poof**, fag (*EEUU**)

4 (*Andes Bot*) lily of the valley

**florista** SMF florist

**floristería** SF florist's (shop)

**floristero/a** Ⓐ ADJ florist *antes de s*

Ⓑ SM/F florist

**florístico** ADJ floral

**floritura** SF flourish

**florón** SM 1 (*Bot*) big flower

2 (*Arquit*) fleuron, rosette

3 (*Tip*) tailpiece

**flota** SF 1 [*de buques*] fleet; **la ~ española** the Spanish fleet ► **flota de altura** deep-sea fishing fleet ► **flota de bajura** inshore fishing fleet ► **flota mercante** merchant navy ► **flota pesquera** fishing fleet

2 (*Aer, Aut*) fleet

3 (*Andes*) (= *autobús*) long-distance bus, inter-city bus

4 (*LAm*) (= *muchedumbre*) lot, crowd, heap; **una ~ de** a lot of, a crowd of

5 (*Andes*) (= *jactancia*) boasting, bluster; **echar ~s** (*Andes, CAm, Caribe*) to brag

**flotación** SF 1 (*Náut*) flotation ► **línea de flotación** waterline

2 (*Fin*) flotation

**flotador** SM 1 [*de bañista*] (*para la cintura*) rubber ring, life preserver (*EEUU*); (*para los brazos*) (inflatable) armband; (*para las manos*) float

2 [*de hidroavión, para mediciones*] float; [*de cisterna*] ballcock, floater (*EEUU*)

**flotante** Ⓐ ADJ floating; **de coma ~** (*Inform*) floating-point

Ⓑ SM (*Col*) braggart

**flotar** ▸conjug 1a◂ VI 1 (*en líquido*) to float

2 [*bandera*] to flutter; **~ al viento** [*cabello*] to stream in the wind

3 (*Fin*) to float

**flote** SM **a ~** afloat; **mantenerse a ~** [*barco, negocio*] to stay afloat; **poner** *o* **sacar a ~** [+ *barco*] to refloat; [+ *negocio, economía*] to get back on its feet; **salir a ~** [*negocio, economía, persona*] to get back on one's feet; [*secreto*] to come to light

**flotilla** SF 1 (*Náut*) flotilla, fleet; (*a remolque*) line of vessels being towed, string of barges

2 [*de aviones, taxis etc*] fleet

**flou** [flo] SM soft focus (effect)

**flox** [flos] SM phlox

**FLS** SM ABR (*Nic Pol*) = **Frente de Liberación Sandinista**

**fluctuación** SF 1 (= *cambio*) fluctuation; **las fluctuaciones de la moda** the ups and downs of fashion

2 (= *indecisión*) uncertainty, hesitation

**fluctuante** ADJ (*gen*) fluctuating; [*población*] floating

**fluctuar** ▸conjug 1e◂ VI 1 (= *cambiar*) to fluctuate

2 (= *vacilar*) to waver, hesitate

**fluente** ADJ fluid, flowing

**fluidez** SF 1 (*Téc*) fluidity

2 (*fig*) fluency

**fluido** Ⓐ ADJ (*Téc*) fluid; [*lenguaje*] fluent; [*estilo*] fluid, free-flowing; **la circulación es bastante fluida** traffic is moving quite freely

Ⓑ SM 1 (*Téc*) fluid ► **fluidos corporales** body fluids

2 (*Elec*) current, juice*; **cortar el ~** to cut off the electricity

**fluir** ▸conjug 3g◂ VI (= *deslizarse*) to flow, run; (= *surgir*) to spring

**flujo** SM [1] (= *corriente*) flow, stream; **~ de lava** lava flow ► **flujo axial** axial flow ► **flujo de conciencia** stream of consciousness
[2] (*Med*) ► **flujo de vientre** diarrhoea, diarrhea (*EEUU*) ► **flujo menstrual** menstrual flow ► **flujo sanguíneo** flow of blood, blood flow ► **flujo vaginal** vaginal discharge
[3] (= *marea*) incoming tide, rising tide ► **flujo y reflujo** (*lit, fig*) ebb and flow
[4] (*Fís*) ► **flujo eléctrico** electric flux ► **flujo magnético** magnetic flux
[5] (*Com*) ► **flujo de caja, flujo de fondos** cashflow ► **flujo negativo de efectivo** negative cash flow ► **flujo positivo de efectivo** positive cash flow

**flujograma** SM flow chart

**fluminense** Ⓐ ADJ of/from Rio de Janeiro
Ⓑ SMF native/inhabitant of Rio de Janeiro; **los ~s** the people of Rio de Janeiro

**flúor** SM, **fluor** SM [1] (= *gas*) fluorine
[2] (*en agua, pasta de dientes*) fluoride

**fluoración** SF fluoridation

**fluorescencia** SF fluorescence

**fluorescente** Ⓐ ADJ fluorescent
Ⓑ SM (*tb* **tubo ~**) fluorescent tube

**fluorización** SF fluoridation

**fluorizar** ►conjug 1f◄ VT to fluoridate

**fluoruro** SM fluoride

**flus** SM (*Col, Ven*) suit of clothes

**flute** SF champagne glass

**fluvial** ADJ fluvial, river *antes de s*

**flux** [flus] SM INV [1] (*Naipes*) flush ► **flux real** royal flush
[2] (*CAm**) (= *suerte*) stroke of luck
[3] (*Méx**) ✦***MODISMOS*** **estar** *o* **quedarse a ~** to be completely broke*; **hacer ~** to blow all one's money*
[4] (*Andes, Caribe*) (= *traje*) suit of clothes

**FM** SF ABR (= **Frecuencia Modulada**) FM

**FMI** SM ABR (= **Fondo Monetario Internacional**) IMF

**FMLN** SM ABR (*El Salvador*) = **Frente Farabundo Martí de Liberación Nacional**

**FN** Ⓐ SM ABR = **Frente Nacional**
Ⓑ SF ABR (*Esp Hist*) = **Fuerza Nueva**

**FNMT** SF ABR (*Esp*) (= **Fábrica Nacional de Moneda y Timbre**) ≈ Royal Mint, ≈ (US) Mint (*EEUU*)

**f.°** ABR (= **folio**) fo., fol

**fobia** SF phobia; **yo a esos aparatos les tengo ~** I hate *o* can't stand these machines ► **fobia a las alturas** fear of heights ► **fobia escolar** fear of going to school

**-fobia** SUF -phobia; **agorafobia** agoraphobia

**fóbico** ADJ phobic

**-fobo** SUF -phobe; **francófobo** francophobe

**foca** SF [1] (*Zool*) seal; (= *piel*) sealskin ► **foca capuchina** hooded seal ► **foca de fraile** monk seal ► **foca de trompa** elephant seal, sea elephant
[2] (*) (= *persona gorda*) fat lump*
[3] (= *dormilón*) lie-abed

**focal** ADJ focal

**focalizar** ►conjug 1f◄ VT [+ *objeto*] to focus on, get into focus; [+ *atención*] to focus

**focha** SF coot

**foche*** ADJ smelly, pongy‡

**foco** SM [1] (*Mat, Med, Fís*) focus; **estar fuera de ~** (*LAm*) to be out of focus
[2] (= *centro*) focal point, centre, center (*EEUU*); (= *fuente*) source; [*de incendio*] seat; **un ~ de infección** a source of infection
[3] (*Elec*) (*en monumento, estadio*) floodlight; (*en teatro*) spotlight; (*LAm*) (= *bombilla*) lightbulb; (*Aut*) headlamp

**fodolí** ADJ meddlesome

**fodongo*** ADJ (*Méx*) (= *vago*) lazy, slovenly; (= *sucio*) filthy

**foete** SM = **fuete**

**fofadal** SM (*Agr*) bog, quagmire

**fofera*** SF, **fofez*** SF flabbiness, podginess

**fofo** ADJ [1] (= *esponjoso*) soft, spongy
[2] (*) [*persona*] (= *fláccido*) flabby, podgy, pudgy (*EEUU*)

**fofoscientos*** ADJ umpteen; **fofoscientas mil pesetas** umpteen thousand pesetas

**fogaje** SM [1] (*Méx, Ven*) (= *fiebre*) fever, high temperature; (= *sarpullido*) heat rash; (= *rubor*) flush, blush; (*fig*) fluster
[2] (*Col, Ven*) (= *bochorno*) sultry weather
[3] (*Andes*) (= *fuego*) fire, blaze

**fogarada** SF, **fogarata** SF (*Cono Sur*) = **fogata**

**fogata** SF (= *hoguera*) bonfire; (= *llamas*) blaze

**fogón** SM [1] (*Culin*) range, stove; (*Ferro*) firebox; (*Náut*) galley
[2] [*de cañón, máquina*] vent
[3] (*LAm*) (= *hoguera*) bonfire; (= *hogar*) hearth

**fogonazo** SM [1] (= *estallido*) flash, explosion
[2] (*Méx*) (= *carajillo*) coffee with brandy

**fogonero** SM [1] (*Náut*) stoker
[2] (*Ferro*) fireman, stoker
[3] (*Andes*) (*chófer*) chauffeur

**fogosidad** SF (= *temple*) spirit, mettle; (= *ímpetu*) dash, verve; [*de caballo etc*] friskiness

**fogoso** ADJ (= *enérgico*) spirited, mettlesome; (= *apasionado*) fiery, ardent; [*caballo etc*] frisky

**fogueado** ADJ [1] (*LAm*) [*persona*] expert, experienced; (*Méx*) [*animal*] trained
[2] (*Andes*) (= *cansado*) weary

**foguear** ►conjug 1a◄ (*LAm*) Ⓐ VT to fire on
Ⓑ **foguearse** VPR (*Mil*) to have one's baptism of fire; (= *acostumbrarse*) to gain experience, become hardened

**fogueo** SM **bala** *o* **cartucho de ~** blank cartridge; **disparo** *o* **tiro de ~** warning shot; **pistola de ~** starting pistol

**foguerear** ►conjug 1a◄ VT (*Caribe, Cono Sur*) [+ *maleza*] to burn off; [+ *fogata*] to set light to

**foguista** SM (*Cono Sur*) = **fogonero**

**foie-gras** [fwa'gras] SM INV foie gras

**foil** SM (*Méx Culin*) foil

**foja**[1] SF (*Orn*) coot

**foja**[2] SF (*LAm*) = **hoja 2**

**fol.** ABR (= **folio**) fo., fol

**folclore** SM, **folclor** SM = **folklore**

**folclórico/a** ADJ, SM/F = **folklórico**

**folclorista** ADJ, SMF = **folklorista**

**folclorizar** ►conjug 1f◄ VT = **folklorizar**

**folder** SM, **fólder** SM (*LAm*) folder

**folgo** SM foot muff

**foliación** SF [1] (*Bot*) foliation
[2] (*Tip*) [*de páginas*] numbering

**foliar** ►conjug 1b◄ VT to foliate, number the pages of; **páginas sin ~** unnumbered pages

**folículo** SM follicle ► **folículo piloso** hair follicle

**folio** SM [1] (*Tip*) (*gen*) folio; (= *encabezamiento*) running title, page heading; **al primer ~** (*fig*) from the very start, at a glance; **en ~** in folio; **libro en ~** folio (book)
[2] (= *hoja*) sheet (of paper); [*de libro, documento*] page; **un documento de diez ~s** a ten-page document
[3] (*tb* **tamaño ~**) A4 size; **doble ~** A3 size; **un ~** an A4 sheet; **~s** A4 paper
[4] (*Andes*) (= *dádiva*) tip; [*de bautismo*] money given as christening present

**folk** ADJ INV, SM folk

**folklore** SM [1] folklore
[2] (*) row, shindy*; **se armó un ~** there was a row

**folklórico/a** Ⓐ ADJ [1] folk *antes de s*; **es muy ~** it's very picturesque, it's full of local colour *o* (*EEUU*) color
[2] (*pey*) frivolous, unserious
Ⓑ SM/F [1] (*Mús*) folk singer
[2] (*pey*) clown, figure of fun

**folklorista** Ⓐ ADJ [1] folklore *antes de s*
[2] (*pey*) frivolous, unserious
Ⓑ SMF folklorist, specialist in folklore, student of folklore

**folklorizar** ►conjug 1f◄ Ⓐ VT to give a popular *o* folksy character to
Ⓑ **folklorizarse** VPR to acquire popular *o* folksy features

**follá‡** SF **tener mala ~** to be thoroughly nasty

**follada✱✱** SF shag✱✱, screw✱✱

**follado** Ⓐ ADJ **ir ~✱✱** to go like fuck✱✱
Ⓑ SM (*Andes*) petticoat

**follador(a)✱✱** ADJ shag-happy✱✱

**follaje**[1] SM [1] (*Bot*) foliage, leaves *pl*; (*Arte*) leaf motif
[2] (= *palabrería*) waffle*, verbiage; (= *adorno*) excessive ornamentation

**follaje**[2]**✱✱** SM shagging✱✱, screwing✱✱

**follar** ►conjug 1l◄ Ⓐ VT [1] (✱✱) to shag✱✱, screw✱✱
[2] (‡) (= *molestar*) to bother, annoy
[3] (*Téc*) to blow on with the bellows
Ⓑ VI (✱✱) to shag✱✱, screw✱✱
Ⓒ **follarse** VPR [1] (✱✱) to shag✱✱, screw✱✱; **se la folló** he shagged *o* screwed her✱✱; **me lo voy a ~ vivo** I'll have his guts for garters*
[2] (*) (= *ventosear*) to do a silent fart‡

**folletería** SF leaflets *pl*

**folletín** SM [1] (*en periódico*) newspaper serial; (*TV*) soap opera, TV serial; (*Radio*) radio serial
[2] (*fig*) drama, saga

**FOLLETÍN**

***Folletines** were originally popular serialized stories that appeared in newspapers and magazines in the 19th and early 20th centuries, often before being published as novels. They usually covered familiar themes such as unrequited love, adultery and family relationships. Nowadays, the word **folletín** can refer to radio or TV serials and soaps, **radionovelas** or **telenovelas**, and people even use **folletín** figuratively to talk about any long-running story or intrigue.*

**folletinesco** ADJ melodramatic

**folletinista** SMF pulp writer

**folletista** SMF pamphleteer

**folleto** SM (*Com*) brochure; (*Pol*) pamphlet; (= *volatín*) leaflet ► **folleto informativo** information leaflet

**follín*** SM (*Cono Sur*) bad-tempered person

**follisca** SF (*Andes*) (= *lío*) row; (= *riña*) brawl

**follón** Ⓐ SM [1] (*) (= *desorden*) mess; **¡qué ~ de papeles!** what a mess of papers!
[2] (*) (= *alboroto*) rumpus, row; (= *lío*) trouble; **armar un ~** to make a row, kick up a fuss; **hubo** *o* **se armó un ~ tremendo** there was a hell of a row
[3] (*Bot*) sucker
[4] (*Andes*) (= *prenda*) petticoat
[5] (*Caribe*) (= *juerga de borrachera*) drinking bout
[6] (= *cohete*) noiseless rocket
[7] (*Méx**) silent fart‡
Ⓑ ADJ (†) [1] (= *perezoso*) lazy, idle
[2] (= *arrogante*) arrogant, puffed-up; (= *fanfarrón*) blustering
[3] (= *cobarde*) cowardly
[4] (*CAm*) [*vestido*] roomy, loose

**follonarse*** ▸conjug 1a◂ VPR (*Méx*) to do a silent fart‡

**follonero/a*** Ⓐ ADJ [*persona*] rowdy; [*conducta*] outrageous
Ⓑ SM/F rowdy, troublemaker

**fome*** ADJ INV (*Chile*) boring, dull

**fomentación** SF (*Med*) fomentation, poultice

**fomentar** ▸conjug 1a◂ VT [1] [+ *desarrollo, investigación, ahorro, inversión, participación*] to encourage; [+ *turismo, industria*] to promote, boost; [+ *competitividad, producción*] to boost; [+ *odio, violencia*] to foment; **medidas destinadas a ~ la integración racial** measures aimed at promoting *o* encouraging racial integration
[2] (*Med*) to foment, warm
[3] (= *incubar*) **la gallina fomenta sus huevos** the hen sits on *o* incubates her eggs

**fomento** SM [1] (= *ayuda*) promotion, encouragement; [*de ventas*] promotion ▸ **Ministerio de Fomento** *ministry responsible for public works, buildings etc*
[2] (*Med*) poultice

**fonador** ADJ [*sistema, aparato, órgano*] speech *antes de s*

**fonda** SF (= *restaurante*) small restaurant; (= *pensión*) boarding house; (*Hist*) inn, tavern; (*Ferro*) buffet; (*Cono Sur*) refreshment stall; (*LAm pey*) cheap restaurant

**fondeadero** SM (*gen*) anchorage; (*en puerto*) berth

**fondeado** ADJ [1] (*Náut*) **estar ~** to be anchored, be at anchor
[2] (*LAm**) **estar ~** to be in the money, be well heeled*; **quedar ~** to be in the money*

**fondear** ▸conjug 1a◂ Ⓐ VT [1] [*barco*] (= *anclar*) to anchor; (= *registrar*) to search
[2] [+ *profundidad*] to sound
[3] (= *examinar*) to examine
[4] (*CAm*) (= *financiar*) to provide with money
[5] (*Chile*) (= *ocultar*) to hide; (= *ahogar*) to drown
[6] (*Caribe*) (= *violar*) to rape
Ⓑ VI [*barco*] to anchor, drop anchor
Ⓒ **fondearse** VPR [1] (*LAm**) (= *enriquecerse*) to get rich; (= *ahorrar*) to save for the future
[2] (*LAm**) (= *emborracharse*) to get drunk
[3] (*Chile**) (= *ocultarse*) **fondéate, que vienen los pacos** take cover, the police are coming; **anda fondeado de la policía** he's on the run from the police

**fondeo** SM [1] (*Náut*) anchoring
[2] (*Chile*) dumping at sea, drowning at sea

**fondero/a** SM/F (*LAm*) innkeeper

**fondillo** SM (*LAm*), **fondillos** SMPL [1] [*de pantalones*] seat
[2] (*LAm Anat*) seat, bottom

**fondilludo/a*** Ⓐ ADJ (*LAm*) big-bottomed
Ⓑ SM/F **es un ~** he's got a big backside

**fondista** SMF [1] [*de restaurante*] restaurant owner; (*Hist*) innkeeper
[2] (*Dep*) long-distance runner

**fondo** SM [1] (*parte inferior*) [*de caja, botella, lago, mar*] bottom; [*de río*] bed; **descendieron al ~ del cráter** they got down to the bottom of the crater; **los bajos ~s** the underworld; **una maletín con doble ~** a case with a false bottom, a false-bottomed case; **en todo lo que dice hay un doble ~** there's a double meaning in everything he says; **irse al ~** to sink to the bottom; **en el ~ del mar** (*gen*) at the bottom of the sea; (= *en el lecho marino*) on the sea bed; **sin ~** bottomless; ✦**MODISMO tocar ~** to reach *o* hit rock bottom; **la economía tocó ~ y el gobierno tuvo que devaluar la moneda** the economy reached *o* hit rock bottom and the government had to devalue the currency; **hemos tocado ~ y todo indica que la recuperación está muy próxima** the market has bottomed out and all the indications are that a recovery is just around the corner
[2] (*parte posterior*) [*de pasillo, calle, nave*] end; [*de habitación, armario*] back; **llegaron hasta el ~ de la gruta** they got to the back of the cave; **al ~**: **su oficina está al ~ a la izquierda** her office is at the end on the left; **al ~ del pasillo** at the end of the corridor; **la barra está al ~ de la cafetería** the bar is at the (far) end of the cafe; **había unas cortinas al ~ del escenario** at the back of the stage there were some curtains
[3] (= *profundidad*) [*de cajón, edificio, bañera*] depth; **¿cuánto tiene de ~ el armario?** how deep is the wardrobe?; **tener mucho ~** to be deep; **tener poco ~** [*bañera*] to be shallow; [*cajón, armario*] not to be deep enough
[4] (= *lo fundamental*) **en el ~ de esta polémica late el miedo al cambio** at the heart *o* bottom of this controversy lies a fear of change; **la cuestión de ~** the basic *o* fundamental issue; **el problema de ~** the basic *o* fundamental *o* underlying problem; **la forma y el ~** form and content; **llegar al ~ de la cuestión** to get to the bottom of the matter; *ver tb* **artículo 2**
[5] (= *segundo plano*) background; **verde sobre ~ rojo** green on a red background; **la historia transcurre sobre un ~ de creciente inquietud social** the story takes place against a background of growing social unrest; **música de ~** background music; **ruido de ~** background noise
[6] **a fondo** [6·1] (*como adj*) **una investigación a ~** (*policial*) a thorough investigation; [*de estudio*] an in-depth study; **una limpieza a ~** a thorough clean; **una vez al mes hacemos una limpieza a ~** once a month we do a really thorough clean; **una limpieza a ~ de las fuerzas de seguridad** a thorough clean-up of the security forces
[6·2] (*como adv*) **no conoce a ~ la situación del país** he does not have a thorough *o* an in-depth knowledge of the country's situation; **la policía investigará a ~ lo ocurrido** the police will conduct a thorough investigation of what happened; **he estudiado a ~ a los escritores del Siglo de Oro** I have studied Golden Age writers in great depth; **aseguró que estudiaría a ~ nuestra propuesta** he promised to look closely at our proposal; **emplearse a ~**: **tuvo que emplearse a ~ para disuadirlos** he had to use all his skill to dissuade them; **el equipo deberá emplearse a ~ para derrotar a sus adversarios** the team will have to draw on all its resources to beat their opponents; **pisar a ~ el acelerador** to put one's foot down (*on the accelerator*)
[7] **en el fondo** [7·1] (= *en nuestro interior*) deep down; **en el ~, es buena persona** deep down he's a good person, he's a good person at heart; **en el ~ de su corazón** in his heart of hearts, deep down
[7·2] (= *en realidad*) really; **lo que se debatirá en la reunión, en el ~, es el futuro de la empresa** what is actually *o* really going to be debated in the meeting is the future of the company; **la verdad es que en el ~, no tengo ganas** to be honest, I really don't feel like it; **en el ~ no quiere irse** when it comes down to it, he doesn't want to leave
[7·3] (= *en lo fundamental*) fundamentally, essentially; **en el ~ ambos sistemas son muy parecidos** fundamentally *o* essentially, both systems are very similar
[8] (*Dep*) **carrera de ~** long-distance race; **esquí de ~** cross-country skiing; **corredor de medio ~** middle-distance runner; **pruebas de medio ~** middle-distance events ▸ **fondo en carretera** long-distance road-racing
[9] (= *dinero*) (*Com, Fin*) fund; (*en póker, entre amigos*) pot, kitty; **tenemos un ~ para imprevistos** we have a contingency fund; **contamos con un ~ de 20 millones de pesetas para becas** we have at our disposal a budget of 20 million pesetas for grants; **hemos puesto un ~ para la comida** we have a kitty for the food; **a ~ perdido** [*crédito, inversión*] non-recoverable, non-refundable; **subvención a ~ perdido** capital grant; **su padre le ha prestado bastante dinero a ~ perdido** his father has given him quite a lot of money on permanent loan ▸ **fondo común** common fund ▸ **fondo consolidado** consolidated fund ▸ **fondo de amortización** sinking fund ▸ **Fondo de Ayuda al Desarrollo** Development Aid Fund ▸ **Fondo de Cohesión** Cohesion Fund ▸ **fondo de comercio** goodwill ▸ **Fondo de Compensación Interterritorial** *system of financial redistribution between the autonomous regions of Spain* ▸ **fondo de empréstitos** loan fund ▸ **fondo de inversión** investment fund ▸ **fondo de pensiones** pension fund ▸ **fondo de previsión** provident fund ▸ **fondo ético** (*Fin*) ethical investment fund ▸ **Fondo Monetario Internacional** International Monetary ▸ **fondo mutualista** mutual fund
[10] **fondos** (= *dinero*) funds; **recaudar ~s** to raise funds; **estar sin ~s** to be out of funds, be broke*; **cheque** *o* **talón sin ~s** bounced cheque, rubber check (*EEUU*); **el cheque no tenía ~s** the cheque bounced ▸ **fondos bloqueados** frozen assets ▸ **fondos públicos** public funds ▸ **fondos reservados** secret funds
[11] (= *reserva*) [*de biblioteca, archivo, museo*] collection; **el ~ de arte del museo** the museum's art collection; **hay un ~ de verdad en lo que dice** there is a basis of truth in what

he is saying; **tiene un buen ~ de energías** he has boundless energy ► **fondo de armario** basic wardrobe ► **fondo editorial** list of titles
12 (= *carácter*) nature, disposition; **de ~ jovial** of cheery *o* cheerful disposition, cheerful-natured; **tiene un ~ de alegría** he is irrepressibly cheerful; **tener buen ~** to be good-natured
13 (*Dep*) (= *resistencia*) stamina; **tener mucho ~** to have a lot of stamina; **tener poco ~** to have no staying power
14 (*Chile, Méx, Ven*) [*de comida, espectáculo*] **como plato de ~ servirán pavo relleno** the main dish will be stuffed turkey; **de ~ actuó el orfeón de carabineros** the main attraction was the police choir
15 (*Méx*) **con** *o* **de ~** serious; **una película de ~** a serious film
16 (*Méx, Ven*) (= *combinación*) petticoat; **medio ~** slip
17 (*Andes*) (= *finca*) country estate
18 (*Chile Culin*) large pot (*to feed a large number of people*)

**fondón*** ADJ big-bottomed*, broad in the beam*
**fondongo** SM (*Caribe*) bottom
**fonducha** SF, **fonducho** SM cheap restaurant
**fonema** SM phoneme
**fonémico** ADJ phonemic
**fonendoscopio** SM phonendoscope
**fonética** SF phonetics *sing*
**fonético** ADJ phonetic
**fonetista** SMF phonetician
**foniatra** SMF speech therapist
**foniatría** SF speech therapy
**fónico** ADJ phonic
**fono** SM 1 (*Chile Telec*) (= *auricular*) earpiece; (= *número*) telephone number
2 (*Ling*) phone
**fonobuzón** SM voice mail
**fonocaptor** SM [*de tocadiscos*] pickup
**fonógrafo** SM (*esp LAm*) gramophone, phonograph (*EEUU*)
**fonología** SF phonology
**fonológico** ADJ phonological
**fonoteca** SF record library, sound archive
**fontanal** SM, **fontanar** SM spring
**fontanería** SF 1 (= *oficio*) plumbing; (= *instalación*) plumbing
2 (= *tienda*) ironmonger's, hardware store
**fontanero/a** SM/F plumber
**footing** ['futin] SM jogging; **hacer ~** to jog, go jogging
**F.O.P.** SFPL ABR = **Fuerzas del Orden Público**
**foque** SM jib
**foquillos** SMPL fairy lights
**foquismo** SM (*LAm Pol*) *a theory of guerrilla warfare advocated by Che Guevara and Fidel Castro*
**forajido/a** SM/F outlaw, bandit, fugitive from justice
**foral** ADJ *relative to the fueros, pertaining to the privileges of a town or region*; **parlamento ~** regional parliament; **policía ~** autonomous police; → FUEROS
**foramen** SM (*Méx*) hole
**foráneo/a** Ⓐ ADJ foreign
Ⓑ SM/F outsider, stranger
**forasta*** SMF = **forastero B**
**forastero/a** Ⓐ ADJ alien, strange
Ⓑ SM/F stranger, outsider
**forcejear** ▸conjug 1a◂ VI (*gen*) to struggle, wrestle; (= *afanarse*) to strive
**forcejeo** SM struggle
**forcejudo** ADV tough, strong, powerful
**fórceps** SM INV forceps
**forcito** SM (*LAm*) little Ford (*vehicle*)
**forense** Ⓐ ADJ forensic; *ver tb* **médico**
Ⓑ SMF (*Med*) forensic scientist; (*Jur*) coroner
**forestación** SF afforestation
**forestal** ADJ (*gen*) forest *antes de s*; [*industria*] timber *antes de s*, lumber (*EEUU*) *antes de s*; **cobertura ~** tree cover; *ver tb* **guarda A1**, **repoblación**
**forestalista** SMF owner of a woodland
**forestar** ▸conjug 1a◂ VT (*LAm*) to afforest
**forfait** [for'fe] SM 1 (*Esquí*) ski pass
2 (= *precio*) flat rate, fixed price; **viajes a ~** package tours
3 (*Dep*) (= *ausencia*) absence, non-appearance; (= *retirada*) withdrawal, scratching; **declararse ~** to withdraw; **ganar por ~** to win by default; **hacer ~** to fail to show up
**fori:** SM hankie*, handkerchief
**forito** SM (*LAm*) = **fotingo**
**forja** SF 1 (= *fragua*) forge; (= *fundición*) foundry
2 (= *acción*) forging
**forjado** ADJ **hierro ~** wrought iron
**forjar** ▸conjug 1a◂ VT 1 [+ *hierro*] to forge, shape
2 (= *crear*) (*gen*) to forge, shape; [+ *sueños, ilusiones*] to build up; **~ un plan** to hammer out a plan; **tratamos de ~ un estado moderno** we are trying to build a modern state
3 [+ *mentiras*] to invent, concoct
**forma** SF 1 (= *figura*) shape; **tiene ~ de pirámide** it is pyramid-shaped; **hojas de ~ triangular** triangular leaves; **una serie de elementos dispuestos de ~ circular** a series of elements arranged in a circle; **la camisa ha cogido la ~ de la percha** the shirt has been stretched out of shape by the hanger; **nubes de humo con ~ de hongo** mushroom-shaped clouds of smoke; **un pendiente con ~ de animal mitológico** an earring in the shape of a mythological animal; **dar ~ a** [+ *objeto, joya*] to shape; [+ *idea, teoría*] to give shape to; **quiso dar ~ literaria a sus teorías filosóficas** he wanted to put his philosophical theories into literary form; **en ~ de U** U-shaped; **pendientes en ~ de corazón** heart-shaped earrings; **tomar ~** to take shape; **la idea empezó a tomar ~ el año pasado** the idea began to take shape last year
2 (= *modo*) way; **me gusta más de esta ~** I like it better this way; **yo tengo otra ~ de ver las cosas** I see things in a different way; **sólo conozco una ~ llegar hasta allí** I only know one way of getting there *o* one way to get there; **no estoy de acuerdo con su ~ de actuar** I don't agree with his way of doing things; **no hubo ~ de convencerlo** there was no way we could persuade him; **de ~ directa/inmediata/natural** directly/immediately/naturally; **el plan entrará en vigor de ~ inmediata** the plan will take immediate effect, the plan will take effect immediately; **este tema me preocupa de ~ especial** this subject is of particular concern to me; **de esta ~** (*gen*) in this way; (= *por consecuencia*) thus; **queremos controlar los costes y, de esta ~, evitar reducir la plantilla** we want to bring down costs and thus avoid having to downsize; **de todas ~s** anyway, in any case; **pero de todas ~s te agradezco que me lo hayas dicho** but thank you for letting me know anyway, but in any case thank you for letting me know ► **forma de pago** method of payment, form of payment ► **forma de ser**: **es mi ~ de ser** that's how I am, that's the way I am
3 **de ~ que** (= *en un modo que*) in such a way as, so as; (= *por eso*) so that; **él intentó contestar la pregunta de ~ que no le comprometiese** he tried to answer the question so as *o* in such a way as not to commit himself; **el número de socios fue creciendo cada año, de ~ que en 1989 eran ya varios miles** the number of members grew every year, so that *o* such that by 1989 there were several thousand; **de tal ~ que** (= *en un modo que*) in such a way that; (= *tanto que*) so much that; (= *por eso*) so that; **la noticia se filtró de tal ~ que fueron incapaces de evitarlo** news leaked out in such a way that they were unable to stop it; **la empresa ha crecido de tal ~ que es irreconocible** the company has grown so much *o* to such an extent that it is unrecognizable; **su padre era italiano y su madre polaca, de tal ~ que él siempre se ha sentido europeo** his father was Italian and his mother Polish, so (that) he has always felt himself to be European
4 (*tb* **~ física**) fitness, form; **si no está al cien por cien de ~ no jugará** if he isn't a hundred per cent fit he won't play; **el jugador ha recuperado su ~ física** the player is fit again, the player has regained fitness *o* form; **cuida su ~ física practicando también otros deportes** he keeps fit by playing other sports too; **estar en (buena) ~** (*para hacer deporte*) to be fit, be in good shape; (*para realizar otra actividad*) to be in (good) form; **estar en baja ~** (*lit*) to be not fully fit; (*fig*) to be in bad shape; **estar bajo de ~** to be in poor shape; **mantenerse en ~** to keep fit; **ponerse en ~** to get fit
5 (= *aspecto externo*) form; **la ~ y el fondo** form and content; **es pura ~** it's just for the sake of form, it's a mere formality; **defecto de ~** (*Der*) technicality
6 **formas** (*femeninas*) figure *sing*
7 **formas** (*sociales*) appearances; **guardar** *o* **mantener las ~s** to keep up appearances
8 (*Rel*) **la Sagrada Forma** the Host
9 (= *molde*) (*Téc*) mould, mold (*EEUU*); [*de zapatero*] last; [*de sombrero*] hatter's block; (*Tip*) forme, form (*EEUU*)
10 (*Ling*) [*del verbo*] form
11 (*Tip*) (= *formato*) format
12 (*LAm**) **en ~**: **una fiesta en ~** a proper party, a blowout*; **va a celebrar su cumpleaños en ~** he's going to have a proper *o* a serious* birthday party; **nos aburrimos en ~** we were seriously bored*
13 (*Méx*) form; → MANERA, FORMA, MODO
**formación** SF 1 (= *creación*) (*gen*) formation; **para prevenir la ~ de hielo** to prevent ice (from) forming, to prevent the formation of ice (*frm*); **se anunció la ~ de un nuevo partido** it was announced that a new party is to be formed; **la ~ de palabras** word formation;

**la Europa que está en ~** the Europe that is taking shape *o* that is in formation
2 (= *aprendizaje*) (*en un campo concreto*) training; (*en conocimientos teóricos*) education; **tenía una ~ musical clásica** she trained as a classical musician, she had a classical musical training; **nuestro objetivo es la ~ de personal técnico** our aim is to train technical staff; **la ~ del profesorado** teacher training; **se nota que tiene ~ universitaria** you can tell he's had a university education *o* background ► **formación laboral, formación ocupacional** occupational training ► **formación profesional** vocational training
3 (= *grupo*) (*político*) party; (*militar*) group; (*musical*) group, band; [*de jugadores*] squad; **las dos principales formaciones de izquierda** the two main left-wing parties; **las grandes formaciones sinfónicas europeas** the great European symphony orchestras; **no ha anunciado todavía la ~ del equipo** he hasn't announced the squad yet ► **formación política** political party
4 (*Mil*) **en ~** in formation; **en ~ de combate** in battle *o* combat formation
5 (*Geol, Bot*) formation

**formado** ADJ formed, shaped; **bien ~** nicely-shaped, well-formed; **hombre (ya) ~** grown man

**formal** ADJ 1 [*persona*] (= *de fiar*) reliable, dependable; (= *responsable*) responsible; **es un trabajador muy ~** he's a very reliable worker; **un chico muy ~** a very responsible boy; **sé ~ y pórtate bien** be good and behave yourself
2 [*invitación, protesta*] formal; [*estilo, lenguaje*] formal
3 (= *oficial*) [*petición, propuesta, compromiso*] official
4 (*Fil*) formal; **lógica ~** formal logic
5 (= *estructural*) formal; **el análisis ~ del texto** formal analysis of the text
6 (*Andes*) (= *afable*) affable, pleasant

**formaldehido** SM formaldehyde

**formaleta** SF 1 (*CAm, Col*) (= *construcción*) wooden framework
2 (*Andes, CAm, Méx*) (= *trampa*) bird trap

**formalidad** SF 1 (= *requisito*) formality; **son las ~es de costumbre** these are the usual formalities; **es pura ~** it's a pure *o* mere formality, it's just a matter of form
2 (= *fiabilidad*) reliability; **alabó la ~ de nuestra empresa** he praised our company for its reliability; **se quedó sin clientes por falta de ~** he lost all his customers because of his unreliability; **esta empresa no tiene ~ ninguna** this company is totally unreliable
3 (= *seriedad*) **¡señores, un poco de ~!** gentlemen, let's be serious!; **¡niños, ~!** kids, behave yourselves!

**formalina** SF formalin(e)

**formalismo** SM 1 (*Arte, Literat*) formalism
2 (*pey*) (= *burocracia*) red tape, useless formalities *pl*; (= *convencionalismo*) conventionalism

**formalista** Ⓐ ADJ 1 (*Arte, Literat*) formalist
2 (*pey*) conventional, rigid
Ⓑ SMF 1 (*Arte, Literat*) formalist
2 (*pey*) stickler for the regulations

**formalito*** ADJ [*adulto*] respectable; [*niño*] well-behaved

**formalizar** ▸conjug 1f◂ Ⓐ VT (*Jur*) to formalize; [+ *plan*] to formulate, draw up; [+ *situación*] to put in order, regularize; **~ sus relaciones** to become formally engaged
Ⓑ **formalizarse** VPR 1 (= *ponerse serio*) to grow serious
2 [*situación*] to be put in order, be regularized; [*relación*] to acquire a proper form, get on to a proper footing
3 (= *ofenderse*) to take offence

**formalote*** ADJ stiff, serious

**formar** ▸conjug 1a◂ Ⓐ VT 1 [+ *figura*] to form, make; **los barracones se disponen formando un cuadrado** the barrack huts are arranged forming *o* making a square; **los curiosos ~on un círculo a su alrededor** the onlookers formed *o* made a circle around him
2 (= *crear*) [+ *organización, partido, alianza*] to form; **las personas interesadas en ~ un club** people interested in forming a club; **~ gobierno** to form a government; **¿cómo se forma el subjuntivo?** how do you form the subjunctive?; **quieren casarse y ~ una familia** they want to get married and start a family
3 (= *constituir*) to make up; **los chiitas forman el 60% de la población** the Shiites make up *o* form 60% of the population; **la plantilla la forman 94 bomberos** there are 94 firefighters on the staff; **las dos juntas formaban un dúo de humoristas insuperable** the two of them together made an unbeatable comedy duo; **formamos un buen equipo** we make a good team; **~ equipo con algn** to join forces with sb; **estar formado por** to be made up of; **la asociación está formada por parados y amas de casa** the association is made up of unemployed and housewives; **~ parte de** to be part of; **nuestros soldados ~án parte de las tropas de paz** our soldiers will be part of the peace-keeping force; **el edificio forma parte del recinto de la catedral** the building is *o* forms part of the the cathedral precinct; **sus obras no ~án parte de la colección** his works will not be part of the collection
4 (= *enseñar*) [+ *personal, monitor, técnico*] to train; [+ *alumno*] to educate
5 [+ *juicio, opinión*] to form
6 (*Mil*) to order to fall in; **el sargento formó a los reclutas** the sergeant had the recruits fall in, the sergeant ordered the recruits to fall in
Ⓑ VI 1 (*Mil*) to fall in; **¡a ~!** fall in!
2 (*Dep*) to line up; **los equipos ~on así: ...** the teams lined up as follows: ...
Ⓒ **formarse** VPR 1 (= *crearse*) to form; **se ~án nubes por la tarde** there will be a build-up of clouds in the afternoon, clouds will form in the afternoon; **remover la salsa para evitar que se formen grumos** stir the sauce to prevent lumps forming; **los vientos que se forman en el Antártico** winds that form *o* develop in the Antarctic; **es inevitable que se formen distintos grupos de opinión** different groups of opinion will inevitably form; **se forman colas diarias en el cine** queues form daily outside the cinema; **en 1955 se formó el segundo gobierno liberal** in 1955 the second liberal government was formed
2 (= *armarse*) [*jaleo, follón*] **no fue tanto el revuelo que se formó** there wasn't that much of a rumpus; **se formó tal follón que no llegaron a oír el final de su discurso** there was such an uproar that they didn't get to hear the end of his speech
3 (= *prepararse*) [*profesional, jugador, militar*] to train; [*estudiante*] to study; **se había formado como neurobiólogo** he had trained as a neurobiologist; **París fue la ciudad en la que se formó como pintor** Paris was the city in which he learned the art of painting; **se formó en el mejor colegio de Inglaterra** he studied *o* was educated at the best school in England
4 (*Mil*) to fall in; **¡fórmense!** fall in!; **se ~on en grupos de a tres** they formed into groups of three
5 (*Dep*) to line up; **el equipo se formó sin González** the team lined up without Gonzalez
6 [+ *opinión, impresión*] to form; **¿qué impresión te has formado?** what impression have you formed?; **te formaste una idea equivocada de mí** you got the wrong idea about me

**formateado** SM formatting

**formatear** ▸conjug 1a◂ VT to format

**formateo** SM formatting

**formativo** ADJ formative

**formato** SM (*Tip, Inform*) format; (= *tamaño*) [*de papel*] size; **¿de qué ~ lo quiere?** what size do you want?; **papel (de) ~ holandesa** ≈ foolscap; **periódico de ~ reducido** tabloid newspaper ► **formato apaisado** landscape format, landscape ► **formato de registro** record format ► **formato fijo** fixed format ► **formato libre** free format ► **formato vertical** portrait format, portrait

**formica®** SF Formica®

**fórmico** ADJ **ácido ~** formic acid

**formidable** ADJ 1 [*enemigo, problema*] formidable
2 (= *estupendo*) terrific, tremendous; **¡formidable!** that's great!*, splendid!

**formón** SM chisel

**Formosa** SF **la Isla de ~** (*Hist*) Formosa

**fórmula** SF 1 (*Quím, Mat*) formula ► **fórmula magistral** magistral formula ► **fórmula molecular** molecular formula
2 (*Med*) ► **fórmula dentaria** dental profile ► **fórmula leucocitaria** leucocyte count
3 (= *método*) formula; **una ~ para conseguir el éxito** a formula to ensure success ► **fórmula mágica** magic formula
4 (= *expresión*) ► **fórmula de cortesía** polite set expression
5 (= *formalidad*) **por pura ~** purely as a matter of form
6 (*Aut*) **coches de Fórmula 1** Formula 1 cars

**formulación** SF formulation ► **formulación de datos** data capture

**formulaico** ADJ formulaic

**formular** ▸conjug 1a◂ VT [+ *política, teoría*] to formulate; [+ *plan*] to draw up; [+ *pregunta*] pose; [+ *protesta*] to make, lodge; [+ *demanda*] to file, put in; [+ *deseo*] to express

**formulario** Ⓐ ADJ routine, formulaic
Ⓑ SM 1 (= *impreso*) form; **rellenar un ~** to fill in *o* complete a form ► **formulario de inscripción** registration form ► **formulario de pedido** (*Com*) order form ► **formulario de solicitud** application form
2 (= *fórmulas*) (*Farm*) formulary, collection of formulae

**formulismo** SM formulism, red tape

**fornicación** SF fornication

**fornicador(a)**, **fornicario/a** Ⓐ ADJ fornicating
Ⓑ SM/F fornicator; (= *adúltero*) adulterer/adulteress

**fornicar** ▸conjug 1g◂ VI to fornicate

**fornicio** SM fornication

**fornido** ADJ (= *corpulento*) strapping, hefty; (= *apuesto*) well-built

**fornitura** SF (*Téc*) movement; (*Cos*) accessories *pl*; (*Mil*) cartridge belt; (*CAm, Caribe*) furniture

**foro** SM [1] (*Pol, Hist*) forum; (= *reunión*) forum, (open) meeting
[2] (*Jur*) (= *tribunal*) court of justice; (= *abogados*) bar, legal profession; **el Foro** (*Esp*) Madrid
[3] (*Teat*) upstage area; **desaparecer** *o* **marcharse por el ~** (*lit*) to exit stage left; (*fig*) to do a disappearing act; *ver tb* **mutis**

**forofada*** SF fans *pl*, supporters *pl*

**forofismo** SM (volume of) support

**forofo/a*** SM/F fan, supporter

**FORPPA** SM ABR (*Esp*) = **Fondo de Ordenación y Regulación de Precios y Productos Agrarios**

**FORPRONU** SF ABR (= **Fuerza(s) de Protección de las Naciones Unidas**) UNPROFOR, Unprofor

**forrado** ADJ [1] (= *con forro*) lined; **~ de nilón** lined with nylon; **un libro ~ de pergamino** a book bound in parchment; **un coche ~ de ...** a car upholstered in ...
[2] (*) (= *rico*) **estar ~** to be loaded*, be rolling in it*

**forraje** SM [1] (*Agr*) (= *alimento*) fodder, forage
[2] (*Agr*) (= *acción*) foraging
[3] (*) (= *mezcla*) hotchpotch, hodgepodge (*EEUU*), mixture

**forrajear** ▸conjug 1a◂ VI to forage

**forrapelotas‡** SMF INV [1] (= *caradura*) rotter*, berk‡
[2] (= *tonto*) idiot

**forrar** ▸conjug 1a◂ Ⓐ VT [1] (= *poner forro a*) to line (**de** with); (= *acolchar*) to pad; [+ *coche*] to upholster
[2] [+ *libro*] (*como protección*) to cover (**de** with); (= *encuadernar*) to bind (**de** in)
[3] (*Téc*) (*gen*) to line; [+ *tubería, caldera*] to lag
Ⓑ **forrarse** VPR [1] (*) (= *enriquecerse*) to line one's pockets, make a fortune, make a packet*
[2] (*) (*de comida*) to stuff o.s. (**de** with); (*Méx, Guat*) to eat a heavy meal
[3] (*CAm, Méx*) (= *proveerse*) to stock up (**de** with)

**forro** SM [1] (*gen*) lining; [*de libro*] cover; (*Aut*) upholstery; **con ~ de piel** fur-lined; **✦MODISMOS ni por el ~*** not in the least, not a bit; **no nos parecemos ni por el ~** we are not in the least alike, we are not a bit alike; **limpiar el ~ a algn** (*LAm‡*) to bump sb off‡; **pasarse algo por el ~ de las narices** (‡) not to give a damn about sth*, not to give a toss about sth‡ ► **forro acolchado** padded lining ► **forro polar** fleece, Polartec®
[2] (*Téc*) (*gen*) lining; [*de tubería*] lagging ► **forro de freno** (*Aut*) brake lining
[3] (*Cono Sur**) (= *preservativo*) rubber*, condom
[4] (*Chile*) [*de bicicleta*] tyre, tire (*EEUU*)
[5] (*LAm*) (= *fraude*) swindle, fraud
[6] (*Cono Sur*) (= *talento*) aptitude

**forsitia** SF forsythia

**fortacho** SM (*Cono Sur*) strongly-built car, good car; (*pey*) old car, old crock

**fortachón*** ADJ strong, tough

**fortalecer** ▸conjug 2d◂ Ⓐ VT [1] (= *reforzar*) [+ *músculos, uña*] to strengthen
[2] [+ *divisa, sistema, posición*] to strengthen
Ⓑ **fortalecerse** VPR [*divisa, poder, opinión*] to become stronger

**fortalecimiento** SM strengthening

**fortaleza** SF [1] (*Mil*) fortress, stronghold
[2] (= *fuerza*) strength, toughness; (*moral*) fortitude, strength (of spirit)
[3] (*Cono Sur, Méx‡*) (= *olor*) stench, pong‡

**fortificación** SF fortification

**fortificar** ▸conjug 1g◂ VI [1] (*Mil*) to fortify
[2] (= *fortalecer*) to strengthen

**fortín** SM (= *fuerte*) (small) fort; [*de hormigón*] pillbox

**fortísimo** ADJ SUPERL *de* **fuerte** (*Mús*) fortissimo

**fortuitamente** ADV (= *por casualidad*) fortuitously (*frm*), by chance; (= *por accidente*) accidentally

**fortuito** ADJ (*gen*) fortuitous (*frm*); [*encuentro*] accidental, chance *antes de s*

**fortuna** SF [1] (= *suerte*) fortune; **la ~ le ha sido adversa** (*liter*) fortune has been unkind to him; **tuvo la buena ~ de heredar la casa** he had the good fortune to inherit the house; **ha tenido la mala ~ de ponerse enferma** she had the misfortune to fall ill; **no tuvo ~ en el concurso** he was unlucky in the competition, he didn't have any luck in the competition; **por ~** luckily, fortunately; **probar ~** to try one's luck
[2] (= *riqueza*) fortune; **heredó una inmensa ~** she inherited a vast fortune; **este piso cuesta una ~** this flat costs a fortune
[3] (*Náut*) (= *tempestad*) storm; **correr ~** to ride out a storm

**fortunón*** SM huge fortune

**fórum** SM = **foro**

**forúnculo** SM boil

**forzadamente** ADV forcibly, by force; **sonreír ~** to force a smile; **reírse ~** to force a laugh

**forzado** ADJ [1] (= *obligado*) forced; **verse ~ a hacer algo** to be forced *o* obliged to do sth; **con una sonrisa forzada** with a forced smile
[2] [*puerta, cerradura*] forced
[3] (= *rebuscado*) [*traducción, estilo, metáfora*] forced; *ver tb* **trabajo 1**, **marcha 1**

**forzar** ▸conjug 1f, 1l◂ VT [1] (= *obligar*) to force; **~ a algn a hacer algo** to force sb to do sth, make sb do sth; **les forzó a dimitir** he forced them to resign, he made them resign
[2] [+ *puerta, cerradura*] to force; (*Mil*) [+ *ciudadela, fuerte*] to storm, take
[3] [+ *ojos, voz*] to strain; [+ *sonrisa*] to force; **estás forzando la vista** you're straining your eyes
[4] (= *violar*) to rape

**forzosamente** ADV **tiene ~ que ser así** this is the way it has to be; **tuvieron que cerrarlo ~** they had (no alternative but) to close it; **~ lo harás** you'll have no choice but to do it

**forzoso** ADJ (= *necesario*) necessary; (= *inevitable*) inescapable, unavoidable; (= *obligatorio*) compulsory; **aterrizaje ~** forced landing; **es ~ que** it is inevitable that; **le fue ~ hacerlo** he had no choice but to do it

**forzudo/a** Ⓐ ADJ (= *fuerte*) tough, brawny
Ⓑ SM/F [*de circo*] strongman/strongwoman; (*pey*) (= *matón*) thug

**fosa** SF [1] (= *hoyo*) pit; (= *sepultura*) grave ► **fosa atlántica** Atlantic trench ► **fosa común** (*para gente sin familia*) common grave; (*para soldados, prisioneros*) mass grave ► **fosa de reparaciones** (*Aut*) inspection pit ► **fosa fecal** septic tank ► **fosa marina** oceanic trench ► **fosa séptica** septic tank
[2] (*Anat*) cavity ► **fosas nasales** nostrils

**fosar** ▸conjug 1a◂ VT to dig a ditch *o* trench round

**fosco** ADJ [1] [*pelo*] wild, disordered
[2] = **hosco**

**fosfatina*** SF **✦MODISMO estar hecho ~** to be worn out, be shattered*

**fosfato** SM phosphate

**fosforecer** ▸conjug 2d◂ VI to phosphoresce (*frm*), glow

**fosforera** SF [1] (= *fábrica*) match factory
[2] (= *caja*) matchbox

**fosforescencia** SF phosphorescence

**fosforescente** ADJ phosphorescent

**fosfórico** ADJ phosphoric

**fosforito*** ADJ INV fluorescent; **amarillo ~** fluorescent yellow, luminous yellow

**fósforo** SM [1] (*Quím*) phosphorus
[2] (*esp LAm*) (= *cerilla*) match
[3] (*Andes*) (= *cápsula fulminante*) percussion cap
[4] (*Méx*) (= *carajillo*) coffee laced with brandy
[5] **✦MODISMO tener ~** (*Cono Sur**) to be shrewd, be sharp
[6] (*CAm*) (= *exaltado*) hothead
[7] (*CAm**) (= *pelirrojo*) redhead

**fosforoso** ADJ phosphorous

**fosgeno** SM phosgene

**fósil** Ⓐ ADJ fossil *antes de s*, fossilized
Ⓑ SM [1] (*Biol*) fossil
[2] (*) (= *viejo*) old crock*, old dodderer*; (= *carroza*) old square*

**fosilizado** ADJ fossilized

**fosilizarse** ▸conjug 1f◂ VPR to fossilize, become fossilized

**foso** SM [1] (= *agujero*) (*redondo*) pit, hole; (*alargado*) ditch, trench; (*en castillo*) moat ► **foso de agua** (*Dep*) water jump ► **foso de reconocimiento** (*Aut*) inspection pit ► **foso generacional** generation gap
[2] (*Teat*) pit; **✦MODISMO irse** *o* **venirse al ~** (*Teat*) to flop* ► **foso de la orquesta** orchestra pit

**fotingo*** SM (*LAm*) old banger*, jalopy*, clunker (*EEUU**)

**foto** SF photo, picture; **sacar** *o* **tomar una ~** to take a photo *o* picture (**de** of); **✦MODISMO salir en la ~** to be in the picture, play one's part ► **foto aérea** aerial photo ► **foto de carnet** passport(-size) photo ► **foto de conjunto** group photo ► **foto de familia** [*de familiares*] family photo; [*de colegas*] group photo, team photo ► **foto fija** still, still photo ► **foto robot** quick photo; (= *cabina*) photo booth

**foto...** PREF photo...

**fotoacabado** SM photo-finishing

**fotocalco** SM photoprint

**fotocomponedora** SF photocomposer

**fotocomposición** SF filmsetting, photosetting (*EEUU*), photocomposition

**fotocompositora** SF filmsetting machine, photosetting machine (*EEUU*)

**fotoconductor** SM photoconductor

**fotocontrol** SM **resultado comprobado por ~** (*Dep*) photo finish

**fotocopia** SF [1] (= *copia*) photocopy, print
[2] (= *acción*) photocopying

**fotocopiable** ADJ photocopiable

**fotocopiadora** SF (= *máquina*) photocopier, photocopying machine; (= *local*) photocopying shop, photocopier's

**fotocopiar** ▸conjug 1b◂ VT to photocopy

**fotocopista** SMF photocopier

**fotocopistería** SF photocopying shop

**fotocromía** SF colour photography, color photography (*EEUU*)

**fotoeléctrico** ADJ photoelectric; **célula fotoeléctrica** photoelectric cell

**fotoenvejecimiento** SM photo-ageing

**foto-finish** SF INV, **foto finish** [foto'finis] SF INV photo finish

**fotogenia** SF photogenic qualities *pl*; **es de una ~ maravillosa** she's wonderfully photogenic

**fotogénico** ADJ photogenic

**fotograbado** SM photogravure, photoengraving

**fotografía** SF [1] (= *arte*) photography ► **fotografía aérea** aerial photography ► **fotografía en color** colour photography, color photography (*EEUU*)
[2] (= *imagen*) photograph; **sacar** *o* **tomar una ~ de algo** to take a photograph of sth ► **fotografía al flash, fotografía al magnesio** flash photograph ► **fotografía de carnet** ≈ passport photograph ► **fotografía en color** colour photograph, color photograph (*EEUU*) ► **fotografía instantánea** snapshot; *ver tb* **foto**

**fotografiar** ▸conjug 1c◂ Ⓐ VT to photograph
Ⓑ **fotografiarse** VPR to have one's photograph taken

**fotográficamente** ADV photographically; **le reconocieron ~** they recognized him through photographs

**fotográfico** ADJ photographic

**fotógrafo/a** SM/F photographer ► **fotógrafo/a aficionado/a** amateur photographer ► **fotógrafo/a ambulante, fotógrafo/a callejero/a** street photographer ► **fotógrafo/a de estudio** portrait photographer ► **fotógrafo/a de prensa** press photographer

**fotograma** SM (*Cine*) still

**fotogrametría** SF photogrammetry

**fotomatón** SM [1] (= *quiosco*) photo booth; **una foto de ~** a passport photo
[2] (*) (= *foto*) passport photo

**fotómetro** SM light meter, photometer

**fotomodelo** SMF photographic model

**fotomontaje** SM photomontage

**fotón** SM photon

**fotonoticia** SF photographic reportage

**fotonovela** SF *romance or crime story illustrated with photos*

**fotoperiodismo** SM photojournalism

**fotoperiodista** SMF photojournalist

**fotoprotección** SF UV protection

**fotoprotector** Ⓐ ADJ UV protective
Ⓑ SM UV protectant

**fotoquímico** ADJ photochemical

**foto-robot** SF (*pl* **foto-robots**) Photofit picture®

**fotorreceptor** ADJ photoreceptor

**fotorreportaje** SM photo story

**fotorrobot** SF (*pl* **fotorrobots**) = **foto-robot**

**fotosensible** ADJ photosensitive

**fotosensor** SM photosensor

**fotosíntesis** SF INV photosynthesis

**fotostatar** ▸conjug 1a◂ VT to photostat

**fotostato** SM photostat

**fototeca** SF (= *colección*) collection of photographs; (= *archivo*) photographic library

**fototopografía** SF = **fotogrametría**

**fototropismo** SM phototropism

**fotovoltaico** ADJ photovoltaic

**fotuto** SM [1] (*LAm Mús*) wind instrument (of gourd)
[2] (*Cuba*) (= *bocina*) car horn

**foul** [faul] (*pl* **fouls**) SM (*LAm*) = **faul**

**foulard** [fu'lar] SM [*de mujer*] (head)scarf; [*de hombre*] cravat

**fox** [fos] SM INV foxtrot

**FP** Ⓐ SF ABR (*Esp Educ*) (= **Formación Profesional**) *vocational courses for 14- to 18-year-olds*
Ⓑ SM ABR (*Pol*) = **Frente Popular**

**FPA** SF ABR (*Arg, Esp*) = **Formación Profesional Acelerada**

**FPLP** SM ABR (= **Frente Popular para la Liberación de Palestina**) PFLP

**FPMR** SM ABR (*Chile*) = **Frente Patriótico Manuel Rodríguez**

**Fr.** ABR (= **Fray**) Fr

**fra.** ABR (= **factura**) inv

**frac** SM (*pl* **fracs** *o* **fraques**) tailcoat, tails *pl*; **ir (vestido) de ~** (*para una ceremonia*) to be in morning dress

**fracasado/a** Ⓐ ADJ failed, unsuccessful
Ⓑ SM/F failure

**fracasar** ▸conjug 1a◂ Ⓐ VT (*LAm*) to mess up, make a mess of
Ⓑ VI (*gen*) to fail, be unsuccessful; [*plan*] to fail, fall through

**fracaso** SM failure; **el ~ de las negociaciones** the failure of the negotiations; **la reforma está condenada al ~** the reform is doomed to failure, the reform is destined to fail; **ir en dirección al ~** to be heading for disaster; **¡es un ~!** he's a disaster!; **es un ~ total** it's a complete disaster ► **fracaso escolar** academic failure ► **fracaso sentimental** disappointment in love

**fracción** SF [1] (*Mat*) fraction ► **fracción decimal** decimal fraction
[2] (= *parte*) part, fragment
[3] (*Pol etc*) faction, splinter group
[4] (= *repartición*) division, breaking-up (**en** into)

**fraccionado** ADJ **pago ~** payment by instalments *o* (*EEUU*) installments

**fraccionadora** SF (*Méx*) estate agent, realtor (*EEUU*)

**fraccionalismo** SM (*Pol*) factionalism, tendency to form splinter groups

**fraccionamiento** SM [1] (*gen*) division, breaking-up (**en** into); ► **fraccionamiento de pagos** payment by instalments *o* (*EEUU*) installments ► **fraccionamiento de tierras** land distribution
[2] (*Méx*) housing estate, real estate development (*esp EEUU*)
[3] (*Téc*) [*de petróleo*] cracking

**fraccionar** ▸conjug 1a◂ VT to divide, break up, split up (**en** into); **~ los pagos** to pay by instalments

**fraccionario** ADJ fractional; **"se ruega moneda fraccionaria"** "please tender exact fare"

**fractura** SF [1] (*Med*) fracture ► **fractura complicada** compound fracture ► **fractura múltiple** multiple fracture
[2] (*Jur*) **robo con ~** burglary

**fracturar** ▸conjug 1a◂ Ⓐ VI to fracture
Ⓑ **fracturarse** VPR to fracture

**fragancia** SF fragrance, perfume

**fragante** ADJ [1] (= *perfumado*) fragrant, scented
[2] = **flagrante**

**fraganti** *ver* **in fraganti**

**fragata** SF frigate

**frágil** ADJ [1] [*construcción, material, objeto*] fragile
[2] [*anciano*] frail; [*salud*] delicate; [*acuerdo, sistema*] fragile; **una mujer aparentemente ~** a seemingly fragile woman

**fragilidad** SF (*gen*) fragility; [*de anciano*] frailty

**fragmentación** SF fragmentation

**fragmentadamente** ADV **pagar ~** to pay in instalments *o* (*EEUU*) installments

**fragmentado** ADJ fragmented; **sólo nos han llegado informaciones fragmentadas** we have only received snippets of information *o* fragmented pieces of information

**fragmentar** ▸conjug 1a◂ Ⓐ VT to fragment
Ⓑ **fragmentarse** VPR to fragment; **se fragmenta en miles de partículas** it fragments into thousands of particles

**fragmentariedad** SF (*frm*) fragmentary nature

**fragmentario** ADJ fragmentary

**fragmento** SM [1] (= *trozo*) [*de escultura, hueso, bomba, roca*] fragment; [*de vasija*] fragment, shard; **fue alcanzada por ~s de cristales** she was hit by flying glass *o* fragments of glass
[2] (= *extracto*) [*de novela, discurso, obra musical*] passage; (*ya aislado*) excerpt, extract; **a través del tabique se oían ~s de la conversación** you could hear snippets *o* snatches of their conversation through the partition

**fragor** SM (*gen*) din, clamour, clamor (*EEUU*); [*de trueno*] crash, clash; [*de máquina*] roar

**fragoroso** ADJ deafening, thunderous

**fragosidad** SF [1] (= *cualidad*) [*de terreno*] roughness, unevenness; [*de bosque, maleza*] denseness
[2] (= *lugar*) rough spot

**fragoso** ADJ [*terreno*] rough, uneven; [*bosque*] dense, overgrown

**fragua** SF forge

**fraguado** SM [1] [*de metal*] forging
[2] [*de hormigón*] hardening, setting

**fraguar** ▸conjug 1i◂ Ⓐ VT [1] [+ *metal*] to forge
[2] [+ *plan*] to hatch, concoct
Ⓑ VI [*hormigón*] to harden, set
Ⓒ **fraguarse** VPR [*tormenta*] to blow up; (*fig*) to be brewing

**fraile** SM [1] (*Rel*) friar, monk ► **fraile de misa y olla**† simple-minded friar ► **fraile descalzo** barefoot monk ► **fraile mendicante** mendicant friar (*gen Franciscan*) ► **fraile predicador** preaching friar, friar preacher
[2] (*Caribe*) (= *bagazo*) bagasse, residue of sugar cane

**frailecillo** SM (= *ave*) puffin

**frailería** SF friars *pl*, monks *pl*; (*pey*) priests *pl*

**frailesco** ADJ, **frailuno** ADJ monkish

**frambuesa** SF raspberry

**frambuesero** SM, **frambueso** SM raspberry cane

**francachela*** SF (= *comida*) spread*; (= *juerga*) spree, binge*

**francachón** ADJ outspoken, forthright

**francamente** ADV [1] (= *abiertamente*) frankly; **~, eso está mal** (quite) frankly, I think that's wrong
[2] (= *realmente*) really; **es una obra ~ divertida** it's a really funny play
[3] (= *generosamente*) generously, liberally

**francés/esa** Ⓐ ADJ French; **a la francesa** in the French manner, French style, the way the French do; ✦*MODISMO* **despedirse a la francesa** to leave without saying goodbye, take French leave; **tortilla francesa** plain omelette, French omelette
Ⓑ SM/F Frenchman/Frenchwoman
Ⓒ SM [1] (*Ling*) French
[2] (**) (= *acto sexual*) blow job**

**francesilla** SF [1] (*Bot*) buttercup
[2] (*Culin*) French roll

**franchute/a*** Ⓐ ADJ Frog*, French
Ⓑ SM/F Frog*, Frenchy*
Ⓒ SM (*Ling*) Frog*, French

**Francia** SF France

**fráncico** Ⓐ ADJ Frankish
Ⓑ SM (*Ling*) Frankish

**francio** SM (*Quím*) francium

**Francisca** SF Frances

**franciscano** ADJ, SM Franciscan

**Francisco** SM Francis

**francmasón** SM freemason

**francmasonería** SF freemasonry

**franco[1]** SM (*Fin*) franc

**franco[2]** ADJ [1] (= *directo*) frank; **seré ~ contigo** I will be frank with you; **para serte ~** to be frank *o* honest (with you); **si he de ser ~** frankly, to tell you the truth
[2] (= *patente*) clear, evident; **estar en franca decadencia** to be in visible decline; **estar en franca rebeldía** to be in open rebellion
[3] (*Com*) (= *exento*) free; **~ a bordo** free on board; **~ al costado del buque** free alongside ship; **~ de derechos** duty-free; **precio ~ (en) fábrica** price ex-factory, price ex-works; **~ de porte** carriage-free; (*Correos*) post-free; **~ puesto sobre vagón** free on rail
[4] (*Com*) [*puerto*] free; [*camino*] open; **mantener mesa franca** to keep open house
[5] **~ de servicio** (*Mil*) off-duty
[6] (*Cono Sur*) **estar de ~** to be off duty, be on leave
[7] (= *liberal*) generous

**franco[3]** (*Hist*) Ⓐ ADJ Frankish
Ⓑ SM Frank

**franco...** PREF franco...

**francocanadiense** ADJ, SMF French-Canadian

**francófilo/a** ADJ, SM/F Francophile

**francófobo/a** Ⓐ ADJ francophobe, francophobic *antes de s*
Ⓑ SM/F Francophobe

**francófono/a** Ⓐ ADJ French-speaking
Ⓑ SM/F French speaker

**franco-hispano** ADJ Franco-Spanish

**francote*** ADJ outspoken, blunt

**francotirador(a)** SM/F [1] (= *tirador*) sniper
[2] (*fig*) freelance, free agent

**franela** SF [1] (= *tela*) flannel
[2] (*LAm*) (= *camiseta*) T-shirt; (*de ropa interior*) vest, undershirt (*EEUU*)

**franelear**:: ▸conjug 1a◂ VI to pet*, make out (*EEUU*::)

**frangollar** ▸conjug 1a◂ Ⓐ VT [1] (*Andes, Cono Sur*) (= *chapucear*) to bungle, botch
[2] (*Cono Sur*) [+ *granos*] to grind
Ⓑ VI (*Andes*) to dissemble

**frangollero** ADJ (*Andes, Cono Sur*) bungling

**frangollo** SM [1] (*Culin*) (*Andes, Cono Sur*) corn mash; (*Cono Sur*) (= *locro*) meat and maize stew; (*Caribe*) (= *dulce*) *sweet made from mashed bananas*
[2] (*Méx*) dog's dinner*
[3] (*LAm*) (= *alpiste*) birdseed
[4] (*Méx*) (= *lío*) muddle, mess; (= *mezcla*) mixture

**frangollón/ona** (*LAm*) Ⓐ ADJ bungling
Ⓑ SM/F bungler

**franja** SF [1] (= *banda*) strip; [*de uniforme*] stripe; **~ de tierra** strip of land; **la ~ de Gaza** the Gaza strip ► **franja de edad** age-group ► **franja horaria** time zone
[2] (= *borde*) fringe, border

**franjar** ▸conjug 1a◂ VT, **franjear** ▸conjug 1a◂ VT to fringe, trim (**de** with)

**franqueadora** SF (*Correos*) franking machine

**franquear** ▸conjug 1a◂ Ⓐ VT [1] [+ *camino*] to clear, open; **~ el paso a algn** to clear the way for sb; **~ la entrada a** to give free entry to
[2] (= *atravesar*) [+ *río*] to cross; [+ *obstáculo*] to negotiate
[3] (*Correos*) to frank, stamp; **una carta franqueada** a post-paid letter; **una carta insuficientemente franqueada** a letter with insufficient postage
[4] [+ *esclavo*] to free, liberate
[5] [+ *derecho*] to grant, concede (**a** to)
Ⓑ **franquearse** VPR (= *sincerarse*) **~se con algn** to have a heart-to-heart talk with sb

**franqueo** SM (*Correos*) franking; **con ~ insuficiente** with insufficient postage

**franqueza** SF [1] (= *sinceridad*) frankness; **con ~** frankly; **lo digo con toda ~** I'll be quite frank with you
[2] (= *confianza*) familiarity; **tengo suficiente ~ con él para discrepar** I am on close enough terms with him to disagree
[3] (= *liberalidad*) generosity

**franquía** SF (*Náut*) room to manoeuvre *o* (*EEUU*) maneuver, searoom

**franquicia** SF [1] (*Com*) franchise
[2] (= *exención*) exemption (**de** from); ► **franquicia aduanera**, **franquicia arancelaria** exemption from customs duties ► **franquicia de equipaje** (*Aer*) free baggage allowance ► **franquicia postal** Freepost®

**franquiciado/a** SM/F franchise holder, franchisee

**franquiciador(a)** SM/F franchisor

**franquiciamiento** SM franchising

**franquiciar** ▸conjug 1b◂ VT to franchise

**franquismo** SM **el ~** (= *período*) the Franco years, the Franco period; (= *política*) the Franco system; **bajo el ~** under Franco; **luchó contra el ~** he fought against Franco

> **FRANQUISMO**
>
> **Franquismo** *is the term used to refer both to the years when General Francisco Franco was the dictator of Spain (from the end of the* **Guerra Civil** *in 1939 to his death in 1975) and to his style of government. He was an authoritarian, right-wing dictator whose political philosophy included imposing traditional Catholic values and making Spain self-sufficient economically. Following a prolonged period of severe isolation from the international community, in the 1960s Spain gradually opened its doors to foreign investment and influence. This coincided with a rise in economic growth and internal political opposition. On his death, Spain became a democratic constitutional monarchy.*

**franquista** Ⓐ ADJ pro-Franco; **tendencia ~** pro-Franco tendency; **una familia muy ~** a strongly pro-Franco family
Ⓑ SMF supporter of Franco

**FRAP** SM ABR [1] (*Esp*) = **Frente Revolucionario Antifascista y Patriótico**
[2] (*Chile*) = **Frente de Acción Popular**

**fraques** SMPL *de* **frac**

**frasca** SF [1] (= *hojas*) dry leaves *pl*; (= *ramitas*) small twigs *pl*
[2] (*CAm, Méx*) (= *fiesta*) riotous party
[3] ✦*MODISMO* **pegarle a la ~*** to hit the bottle*

**frasco** SM [1] (= *botella*) bottle; **~ de perfume** perfume bottle; ✦*MODISMOS* **¡chupa del ~!**:: ◊ **¡toma del ~ (Carrasco)!**:: stone the crows!* ► **frasco de campaña** (*LAm*) water bottle, canteen
[2] (= *medida*) *liquid measure: Caribe = 2.44 litres, Cono Sur = 21.37 litres*

**frase** SF (= *oración*) sentence; (= *locución*) phrase, expression; (= *cita*) quotation; **diccionario de ~s** dictionary of quotations ► **frase compleja** complex sentence ► **frase hecha** set phrase; (*pey*) cliché, stock phrase ► **frase lapidaria** axiom

**fraseo** SM (*Mús*) phrasing

**fraseología** SF [1] (= *estilo*) phraseology
[2] (*pey*) verbosity, verbiage

**Frasquita** SF (*forma familiar*) *de* **Francisca**

**Frasquito** SM (*forma familiar*) *de* **Francisco**

**fratás** SM (plastering) trowel

**fraterna*** SF ticking-off*

**fraternal** ADJ brotherly, fraternal

**fraternidad** SF brotherhood, fraternity

**fraternización** SF fraternization

**fraternizar** ▸conjug 1f◂ VI to fraternize

**fraterno** ADJ brotherly, fraternal

**fratricida** Ⓐ ADJ fratricidal
Ⓑ SMF fratricide

**fratricidio** SM fratricide

**fraude** SM [1] (= *engaño*) fraud; **por ~** by fraud ► **fraude electoral** electoral fraud ► **fraude fiscal** tax evasion
[2] (= *falta de honradez*) dishonesty, fraudulence

**fraudulencia** SF fraudulence

**fraudulentamente** ADV fraudulently, dishonestly

**fraudulento** ADJ fraudulent, dishonest

**fray** SM brother, friar; **Fray Juan** Brother John, Friar John

**frazada** SF (*LAm*) blanket

**freático** ADJ *ver* **capa 2**

**frecuencia** SF frequency; **con ~** frequently, often; **alta ~** (*Elec, Radio*) high frequency; **de alta ~** high-frequency ► **frecuencia de onda** wavelength; **estar en la misma ~ de onda** to be on the same wavelength ► **frecuencia de red** mains frequency ► **frecuencia de reloj** clock speed ► **frecuencia modulada** frequency modulation

**frecuentador(a)** SM/F frequenter

**frecuentar** ►conjug 1a◄ VT to frequent

**frecuente** ADJ [1] (*gen*) frequent; [*costumbre*] common, prevalent; [*vicio*] rife
[2] (*Méx*) (= *familiar*) familiar, over-familiar; **andarse ~ con** to be on close terms with

**frecuentemente** ADV frequently, often

**Fredemo** SM ABR (*Perú*) = **Frente Democrático**

**freelance** [fri'lans] ADJ, SMF INV freelance

**freezer** ['friser] SM (*LAm*) freezer

**fregada*** SF (*CAm, Méx*) (= *embrollo*) mess; (= *problema*) snag; (= *molestia*) nuisance, pain*; ✦**MODISMOS ¡la ~!‡** you don't say!, never!; **¡me lleva la ~!‡** well, I'll be damned!*

**fregadera*** SF (*LAm*) (= *fastidio*) nuisance, pain*

**fregadero** SM [1] (= *pila*) (kitchen) sink
[2] (= *habitación*) scullery
[3] (*CAm, Méx**) (= *molestia*) pain in the neck*

**fregado/a** Ⓐ ADJ [1] (*LAm**) (= *molesto*) annoying
[2] (*LAm**) (= *difícil*) [*trabajo, tarea*] tricky; [*carácter, persona*] fussy
[3] (*LAm**) [*persona*] (= *en mala situación económica*) broke*; (= *deprimido*) down, in a bad way*; (= *dañado, enfermo*) in a bad way*; **le quedó la pierna fregada después del accidente** his leg was in a bad way after the accident*; **ando muy ~ del estómago** my stomach is in a really bad way*
[4] (*LAm**) (= *puñetero*) damn*, lousy*, bloody‡
[5] (*Col, Perú*) (= *astuto*) cunning
[6] (*Chile, Col, Perú, Ven*) (= *estricto*) strict
Ⓑ SM/F (*LAm*) (= *persona difícil*) fussy person
Ⓒ SM [1] (= *acción de fregar*) (*con fregona*) mopping; (*con estropajo, cepillo*) scrubbing; (*con esponja, trapo*) washing; [*de platos*] washing-up
[2] (*) (= *lío*) mess; **está siempre metido en algún ~** he's always involved in shady business
[3] (*) (= *riña*) row

**fregador** SM [1] (= *fregadero*) sink
[2] (= *trapo*) dishcloth; (= *estropajo*) scourer; (= *fregona*) mop

**fregadura** SF = **fregado C1**

**fregancia** SF (*Andes*) = **fregada**

**fregandera** SF (*Méx*) charwoman, cleaner

**fregantina** SF (*Andes, Cono Sur*) = **fregada**

**fregar** ►conjug 1h, 1j◄ Ⓐ VT [1] (= *limpiar*) (*con fregona*) to mop, wash; (*con estropajo, cepillo*) to scrub; (*con esponja, trapo*) to wash; **~ los cacharros** o **los platos** to wash the dishes, do the washing up, wash up
[2] (*LAm**) (= *fastidiar*) [+ *persona*] annoy; **lo hicieron para ~ a la competencia** they did it to annoy the competition; **¡no me friegues!** (*expresando molestia*) don't be a nuisance!, stop bothering me!; (*expresando asombro*) you're kidding!*; ✦**MODISMO ~ la paciencia** o (*Chile**) **la cachimba a algn** to pester sb*
[3] (*LAm**) (= *malograr*) [+ *planes*] to ruin, mess up; [+ *fiesta*] to ruin; [+ *aparato*] to wreck; **me ~on con el cambio de horario** the timetable change really messed me up; **le ~on el taxi con el choque** his taxi was wrecked in the crash
[4] (*Cono Sur*‡) to fuck‡, screw‡
[5] (*Caribe**) (= *pegar*) to beat up; (*Dep*) to beat, thrash
Ⓑ VI [1] (= *fregar los platos*) to wash the dishes, do the washing up, wash up
[2] (= *fregar el suelo*) (*con fregona*) to wash the floor, mop the floor; (*con cepillo*) to scrub the floor
[3] (*LAm**) (= *molestar*) to annoy; **ya viene el vecino a ~ otra vez** here comes the neighbour to annoy us again; **¡no friegues!** (*expresando asombro*) you're kidding!*
Ⓒ **fregarse** VPR (*LAm**) [1] (= *aguantarse*) **unos pocos se llenan los bolsillos y nosotros nos tenemos que ~** a few line their pockets and we have to grin and bear it; **si nos descubren, nos fregamos** if they find us, we've had it o we're done for*
[2] (= *malograrse*) [*planes*] to be ruined, be messed up; [*fiesta*] to be ruined
[3] (= *dañarse*) [+ *pierna, rodilla*] to do in*; **me fregué la espalda levantando sacos** I did my back in lifting sacks*

**fregasuelos** SM INV mop

**fregazón*** SM (*Cono Sur*) = **fregada**

**fregón*** ADJ [1] (*LAm*) (= *molesto*) annoying
[2] (*LAm*) (= *tonto*) silly, stupid
[3] (*Andes, Caribe*) (= *fresco*) brazen, fresh

**fregona** SF [1] (= *utensilio*) mop
[2] (*) (= *persona*) kitchen maid, dishwasher; (*fig*) (*pey*) slave, skivvy*; (*Caribe*) (= *sinvergüenza*) shameless hussy

**fregota‡** SM waiter

**fregoteo*** SM = **fregado C1**

**freidera** SF (*Caribe*) frying pan

**freidora** SF deep-fat frier

**freiduría** SF ► **freiduría (de pescado)** fried-fish shop

**freír** ►conjug 3l◄ (*pp* **frito**) Ⓐ VT [1] (*Culin*) to fry; ✦**REFRÁN al ~ será el reír** he who laughs last laughs longest
[2] [*sol*] to burn, fry
[3] (*) (= *molestar*) to annoy; (= *acosar*) to harass; (= *atormentar*) to torment; (= *aburrir*) to bore; **~le a algn a preguntas** to bombard sb with questions
[4] (*) (= *matar*) to do in*; **~ a algn a tiros** to riddle sb with bullets
Ⓑ **freírse** VPR [1] (*Culin*) to fry
[2] **~se de calor*** to be roasting
[3] **~sela a algn*** to have sb on*, put sb on (*EEUU**)

**frejol** SM, **fréjol** SM (*esp Perú*) = **fríjol**

**frenada** SF, **frenaje** SM (*Aut*) (sudden) braking

**frenado** SM (*Aut*) braking ► **frenado antibloqueo** anti-lock braking

**frenar** ►conjug 1a◄ Ⓐ VT [1] (*Aut, Mec*) to brake
[2] (= *contener*) [+ *inflación, crecimiento, avance, deterioro*] to check, slow down; [+ *pasiones, entusiasmo*] to curb; [+ *enemigo, ataque*] to check, hold back; **su novia tiene que ~le para que no beba tanto** his girlfriend has to restrain him from drinking so much
Ⓑ VI (*Aut*) to brake; **frena, que viene una curva** brake, there's a bend coming up; **~ en seco** to brake sharply o suddenly
Ⓒ **frenarse** VPR (= *contenerse*) to restrain o.s.

**frenazo** SM (= *acción*) sudden braking; (= *parada*) sudden halt; (= *ruido*) squeal of brakes; **dar un ~** to brake suddenly, brake hard

**frenesí** SM frenzy

**frenéticamente** ADV (= *con desenfreno*) frantically, frenziedly; (= *con furia*) furiously, wildly

**frenético** ADJ (= *desenfrenado*) frantic, frenzied; (= *furioso*) furious, wild; **ponerse ~** to lose one's head

**frenillo** SM [1] (= *defecto*) **tener ~** to have a speech defect
[2] (*Anat*) [*del pene*] fraenum, frenum (*esp EEUU*)
[3] (= *correa, cuerda*) muzzle

**freno** SM [1] (*Aut, Mec*) brake; **líquido de ~s** brake fluid; **el pedal del ~** the brake pedal; **echar el ~** o **los ~s** to apply the brake(s); **pisé el ~** I put my foot on the brake, I applied the brake; **soltar el ~** to release the brake; ✦**MODISMO ¡echa el ~, Madaleno!‡** put a sock in it!* ► **freno de aire** air brake ► **freno de disco** disc brake ► **freno de mano** handbrake, emergency brake (*EEUU*); **poner** o **echar el ~ de mano** to put on the handbrake ► **freno de tambor** drum brake ► **freno de vacío** vacuum brake ► **freno hidráulico** hydraulic brake ► **freno neumático** pneumatic brake ► **freno pedal** foot brake ► **frenos ABS** ABS (brakes), ABS (braking)
[2] [*de caballo*] bit; **morder** o **tascar el ~** (*lit, fig*) to champ at the bit
[3] (= *contención*) brake; **medidas que actúan como ~ al crecimiento económico** measures that act as a brake on economic growth, measures that slow down economic growth; **poner ~ a algo: hay que poner ~ a la especulación** we must curb speculation; **puso ~ a las malas lenguas** he stopped the gossip ► **frenos y contrapesos, frenos y equilibrios** (*Pol*) checks and balances
[4] (*Cono Sur**) (= *hambre*) hunger

**frenología** SF phrenology

**frenólogo/a** SM/F phrenologist

**frenopático** Ⓐ ADJ psychiatric
Ⓑ SM (*Med*) mental home; (* *hum*) loony bin‡

**frentazo** SM (*Méx*) disappointment, rebuff; **pegarse un ~** to come a cropper*

▼**frente** Ⓐ SF (*Anat*) forehead, brow (*liter*); **arrugar la ~** to frown, knit one's brow; ✦**MODISMOS adornar la ~ a algn*** to cheat on sb*; **con la ~ (muy) alta** with one's head held high; **lo lleva escrito en la ~** it's written all over his face; **~ a ~** face to face; *ver tb* **dedo 2**
Ⓑ SM [1] (= *parte delantera*) front; **al ~** in front; **un ejército con su capitán al ~** an army led by its captain, an army with its captain at the front; **al ~ de: entró en Madrid al ~ de las tropas** he led the troops into Madrid, he entered Madrid at the head of his

➤ LENGUA Y USO: **frente B5** 32.1

troops; **el Madrid sigue al ~ de la clasificación** Madrid still lead the table *o* are still top of the league; **espero seguir al ~ del festival** I hope to continue as director of the festival; **estuvo al ~ del Ministerio de Industria** he was Minister for Industry; **un concierto con Herbert Von Karajan al ~ de la Filarmónica de Berlín** a concert by the Berlin Philharmonic conducted by Herbert Von Karajan; **en ~: la casa de en ~** the house opposite; **hacer ~ a** [+ *crisis, problemas*] to tackle; [+ *situación, realidad*] to face up to; **hay que hacer ~ a las dificultades** we have to tackle the problems; **tenemos que hacer ~ a grandes gastos** we are facing considerable expenses; **~ por ~: vivimos ~ por ~** we live directly opposite each other; **está ~ por ~ del cine** it's directly opposite the cinema ► **frente de arranque, frente de trabajo** (*Min*) coalface

[2] **de ~: atacar de ~** to make a frontal attack; **chocar de ~** to crash head-on; **ir de ~** to go forward; **mirar de ~** to look (straight) ahead; **seguir de ~** to go straight on, go straight ahead; **viene un coche de ~** there's a car heading straight for us

[3] (*Mil, Pol*) front; **formar** *o* **hacer un ~ común con algn** to form a united front with sb; **han formado un ~ contra la corrupción** they have formed an alliance against corruption ► **frente de batalla** battle front ► **frente del oeste** western front ► **Frente Polisario** Polisario Front ► **frente popular** popular front ► **frente unido** united front

[4] (*Meteo*) front ► **frente cálido** warm front ► **frente frío** cold front

[5] **frente a** [5·1] (= *enfrente de*) opposite; **~ al hotel hay un banco** there's a bank opposite the hotel; **ella está ~ a mí** she is facing *o* opposite me; **el barco encalló ~ a la costa irlandesa** the boat ran aground off the Irish coast

[5·2] (= *en presencia de*) **~ a las cámaras** in front of the cameras; **me encontré ~ a una situación difícil** I found myself facing a difficult situation; **ceder ~ a una amenaza** to give way to *o* in the face of a threat

[5·3] (= *en oposición a*) **la peseta sigue fuerte ~ al dólar** the peseta remains strong against the dollar; **logró un 39% de los votos, ~ al 49% de 1990** she got 39% of the vote, as against 49% in 1990; **empataron ~ al Santander** they drew against *o* with Santander; **~ a lo que pensaba, eran franceses** in contrast to what I thought, they were French

[6] **~ mío/suyo** (*esp Cono Sur**) in front of me/you, opposite me/you

**freo** SM channel, strait

**fresa** Ⓐ SF [1] (*Bot*) (= *fruta*) strawberry; (= *planta*) strawberry plant

[2] (*Téc*) milling cutter; [*de dentista*] drill

[3] (*Méx* pey*) snob

Ⓑ ADV INV (*Méx**) **la gente ~** the in crowd

**fresado** SM (*Mec*) milling

**fresadora** SF (*Mec*) milling machine ► **fresadora de roscar** thread cutter

**fresal** SM (= *cantero*) strawberry bed; (= *campos*) strawberry fields *pl*

**fresar** ▸conjug 1a◂ VT (*Mec*) to mill

**fresca*** SF [1] **la ~: saldremos temprano, con la ~** we'll leave early, while it's still cool, we'll leave early, in the cool of the morning; **charlaban en la calle, sentados a la ~** they were sitting in the street chatting in the cool air; **salir a tomar la ~** to go out for a breath of (fresh) air

[2] (*) (= *insolencia*) **decir** *o* **soltar cuatro ~s a algn** to give sb a lot of cheek*; *ver tb* **fresco**

**frescachón** ADJ [1] [*persona*] (= *saludable*) healthy, glowing with health; (= *de buen color*) ruddy

[2] (*Náut*) [*viento*] fresh, stiff

**frescales*** SMF INV rascal, cheeky rascal

**fresco/a** Ⓐ ADJ [1] (*Culin*) [1·1] (= *no congelado, no cocinado*) fresh; **es mejor comer alimentos ~s** it is best to eat fresh food

[1·2] (= *no pasado*) [*carne, fruta*] fresh; [*huevo*] fresh, new-laid; **el pescado está muy ~** the fish is very fresh

[1·3] (= *no curado*) [*queso*] unripened; [*salmón*] fresh

[2] (= *frío*) [2·1] [*brisa, viento*] cool; **salí a respirar un poco de aire ~** I went outside to get a breath of fresh air

[2·2] [*bebida*] cool, cold; [*agua*] (*para beber*) cold; (*en piscina, río*) cool; **una cerveza fresca** a cool *o* cold beer

[2·3] [*tiempo*] (*desagradable*) chilly; (*agradable*) cool; **ponte una chaqueta, que la noche está fresca** put a jacket on, it's chilly tonight; **¡qué ~ se estará ahora en la montaña!** it will be so nice and cool just now in the mountains

[2·4] [*tela, vestido*] cool

[3] (= *reciente*) [*ideas*] fresh; [*pintura*] wet; **la tragedia aún está fresca en mi memoria** the tragic events are still fresh in my memory; **venía contento, con dinero ~ en el bolsillo** he came along looking happy, with fresh money in his pocket; **traigo noticias frescas** I have the latest news; **"pintura fresca"** "wet paint"

[4] (= *natural*) [*piel, estilo*] fresh

[5] (= *refrescante*) [*colonia, perfume*] refreshing

[6] (= *persona*) (= *descansado*) fresh; (= *descarado*) cheeky, sassy (*EEUU*); **prefiero estudiar por las mañanas, cuando aún estoy ~** I prefer studying in the morning while I'm still fresh; **¡qué ~!** what a cheek!*, what a nerve!*; **¡está** *o* **va ~, si cree que le voy a ayudar otra vez!** he couldn't be more wrong if he thinks that I'm going to help him again!, if he thinks I'm going to help him again, he's got another thing coming!; **me lo dijo tan ~** he just said it to me as cool as you like; **me lo dijo y se quedó tan ~** he said it without batting an eyelid; ✦**MODISMO ser más ~ que una lechuga*** to have a lot of nerve*

Ⓑ SM/F (*) (*sinvergüenza*) **¡usted es un ~!** you've got a nerve!*

Ⓒ SM [1] (= *temperatura*) **se sentó a la sombra del árbol buscando el ~** she sat down under the tree, in the cool of its shade; **voy a sentarme fuera, al ~** I'm going to sit outside where it's nice and cool; **el ~ de la mañana** the cool of the morning; **dormir al ~** to sleep in the open air, sleep outdoors; **hace ~** (*desagradable*) it's chilly; (*agradable*) it's cool; **tomar el ~** to get some fresh air; ✦**MODISMO me trae al ~*: que te lo creas o no, me trae al ~** I couldn't care less whether you believe it or not

[2] (*Arte*) fresco; **pintar al ~** to paint in fresco

[3] (*Col, Perú, Ven*) (= *bebida*) (*sin gas*) fruit drink; (*con gas*) fizzy fruit drink; *ver tb* **fresca**

**frescor** SM [*de temperatura, alimentos*] freshness; [*de lugar, bebida*] coolness; **gozar del ~ nocturno** to enjoy the cool night air

**frescote** ADJ (= *saludable*) healthy, glowing with health, blooming; (= *de buen color*) ruddy; [*mujer*] buxom

**frescura** SF [1] [*de temperatura, alimentos*] freshness; [*de lugar, bebida*] coolness

[2] (= *serenidad*) coolness, calmness; **lo dijo con la mayor ~** she said it without batting an eyelid

[3] (*) (= *descaro*) cheek, nerve*; **tiene la mar de ~** he's got the cheek of the devil*; **tuvo la ~ de pedirme dinero** she had the nerve to ask me for money*

[4] (= *impertinencia*) cheeky thing (to say), impudent remark; **me dijo unas ~s** he was cheeky to me

**fresia** SF freesia

**fresnada** SF ash grove

**fresno** SM ash (tree)

**fresón** SM (*Bot*) (= *fruto*) strawberry; (= *planta*) strawberry plant

**fresquera** SF (= *armario*) meat safe, cooler (*EEUU*); (= *habitación*) cold room

**fresquería** SF (*LAm*) refreshment stall

**fresquito** ADJ, SM *ver* **fresco A2, A5, C1**

**freudiano/a** ADJ, SM/F Freudian

**freza** SF [1] [*de peces*] (= *huevos*) spawn; (= *acto*) spawning; (= *estación*) spawning

[2] (= *excremento*) dung, droppings *pl*

**frezadero** SM spawning ground

**frezar** ▸conjug 1f◂ VI to spawn

**friable** ADJ friable

**frialdad** SF [1] [*de material, líquido*] coldness

[2] (= *indiferencia*) (*en sentimientos, actitudes*) coolness; (*en carácter, mirada*) coldness; **se comportaban con una ~ envidiable** they behaved with enviable coolness; **la novela ha sido acogida con ~ por la crítica** the novel has been given a cool reception by the critics; **reaccionó con ~ ante la noticia** he showed no emotion when he heard the news; **hemos de actuar con ~ y analizar el problema detenidamente** we have to act dispassionately and analyze the problem at length; **ella lo miró con ~** she looked at him coldly

**fríamente** ADV [1] (= *con indiferencia, sin apasionamiento*) coolly; (= *con hostilidad*) coldly; **luego, cuando pudo pensar ~, se le ocurrió una posible respuesta** later, when she could think about it coolly, she came up with a possible answer; **la propuesta fue acogida ~** the proposal was given a cool reception; **mirado ~, tiene parte de razón en lo que dice** viewed dispassionately, he is partly right in what he says; **el reo miró ~ a los parientes de sus víctimas** the accused looked with cold detachment at the relatives of his victims

[2] (= *a sangre fría*) [*matar*] in cold blood; [*torturar*] coldheartedly

**frían** *ver* **freír**

**frica** SF (*Cono Sur*) beating

**fricandó** SM, **fricasé** SM fricassee

**fricativa** SF fricative

**fricativo** ADJ fricative

**fricción** SF [1] (= *frotamiento*) rub, rubbing; (*Med*) massage

[2] (*Mec*) friction

[3] (*Pol*) (= *enfrentamiento*) friction, trouble

**friccionar** ▸conjug 1a◂ VT (= *frotar*) to rub; (*Med*) to rub, massage

**friega** SF [1] (*gen*) rub, rubbing; (*Med*) massage; (*Dep*) rub-down
[2] (*LAm**) (= *molestia*) nuisance; (= *problema*) bother; (= *lío*) fuss
[3] (*Andes, Cono Sur**) (= *zurra*) thrashing
[4] (*LAm**) (= *idiotez*) silliness, stupidity
[5] (*Andes, Méx**) (= *reprimenda*) ticking-off*

**friegaplatos** Ⓐ SM INV (= *aparato*) dishwasher
Ⓑ SMF INV (= *persona*) dishwasher, washer-up

**friegasuelos** SM INV floor mop

**frígano** SM caddis fly

**frigidaire**† SM (*LAm*) refrigerator

**frigidez** SF frigidity

**frígido** ADJ frigid

**frigo*** SM (*Esp*) fridge, icebox (*EEUU*)

**frigorífico** Ⓐ ADJ **camión ~** refrigerator lorry, refrigerator truck (*EEUU*); **instalación frigorífica** cold-storage plant
Ⓑ SM [1] (= *nevera*) refrigerator, fridge, icebox (*EEUU*)
[2] (= *camión*) refrigerator lorry, refrigerator truck (*EEUU*); (*para congelados*) freezer lorry *o* (*EEUU*) truck; (*Náut*) refrigerator ship
[3] (*Cono Sur*) cold-storage plant, meat-packing depot

**frigorífico-congelador** SM (*pl* **frigoríficos-congeladores**) fridge-freezer

**frigorista** SMF refrigeration engineer

**fríjol** SM, **frijol** SM [1] (*esp LAm Bot*) (= *judía*) bean ► **frijol colorado** kidney bean ► **frijol de café** coffee bean ► **frijol de soja** soya bean
[2] **frijoles** (*LAm**) (= *comida*) food *sing*; ✦**MODISMO buscarse los frijoles** (*Cuba**) to earn a crust*, earn a living
[3] ✦**MODISMOS ¡frijoles!** (*Caribe*) certainly not!, not on your life!; **echar frijoles** (*Méx*) to blow one's own trumpet; **ser como los frijoles que al primer hervor se arrugan** (*Andes, Méx*) to run at the first sign of trouble
[4] (*Méx*) (= *mofa*) taunt
[5] (*Andes, Méx*) (= *cobarde*) coward

**fringolear** ▸conjug 1a◂ VT (*Cono Sur*) to thrash, beat

**frío** Ⓐ ADJ [1] (*en temperatura*) [*agua, aire, invierno, refresco, sopa*] cold; **el agua está muy fría** the water is very cold; **una cervecita bien fría** an ice cold beer; **el café se ha quedado ~** the coffee has got cold; **un sudor ~** a cold sweat; **tienes las manos frías** your hands are cold, you've got cold hands; **me quedé ~** I got cold; ✦**MODISMO ~ como el mármol** as cold as ice
[2] (*en sentimientos, actitudes*) [2·1] [*relaciones, acogida, recibimiento*] cool; **sus familia se mostró muy fría con él** his family were very cool towards him
[2·2] (= *desapasionado*) cool; **la mirada fría y penetrante del fotógrafo** the cool, penetrating eye of the photographer; **mantener la cabeza fría** to keep a cool head, keep one's cool
[2·3] (= *insensible, inexpresivo*) cold; **era ~ y calculador** he was cold and calculating; **los ingleses tienen fama de ser muy ~s** the English have a reputation for being cold; **este público es más ~ que el de otras ciudades** this audience is less responsive than those in other cities; **esos asesinos se comportan de forma fría y profesional** they are cold-blooded, professional killers
[2·4] ✦**MODISMOS dejar ~ a algn** (= *indiferente*) to leave sb cold; **todo lo que me digas, me deja ~** everything you say, just leaves me cold; **aquellas revelaciones me dejaron ~** I was stunned by those revelations; **quedarse ~** (= *indiferente*) to be unmoved; (= *pasmado*) to be stunned
[3] [*bala*] spent
Ⓑ SM [1] (= *baja temperatura*) cold; **pese al ~ reinante** despite the cold; **la ola de ~ que azota el país** the cold spell which has gripped the country; **ya han llegado los ~s** the cold weather is here; **una planta resistente al ~** a hardy plant; **laminado en ~** cold-rolled; **hace (mucho) ~** it's (very) cold; **¡qué ~ hace!** it's freezing!, it's so cold! ► **frío industrial** industrial refrigeration ► **frío polar** arctic weather, arctic conditions *pl*
[2] (= *sensación*) cold; **tiritaba de ~** she was shivering with cold; **me entró ~ viendo el partido de fútbol** I got cold at the football match; **coger ~** to catch cold; **pasar ~** to be cold; **tener ~** to be cold, feel cold
[3] **en ~** [3·1] (= *en calma*) **ambas partes tendrán que pactar un acuerdo en ~** the two sides will have to negotiate an agreement with cool heads; **cuando se contemplan las cifras totales en ~** when one calmly *o* coolly considers the total numbers
[3·2] (= *repentinamente*) **me lo dijo en ~ y no supe cómo reaccionar** he sprung it on me out of the blue *o* he told me just like that and I didn't know quite what to say; ✦**MODISMO no dar ni ~ ni calor a algn**: **el hecho de que no me hayan seleccionado no me da ni ~ ni calor** I'm not at all bothered about not being selected; **sus comentarios sobre mí no me dan ni ~ ni calor** his comments about me don't bother me one way or the other, I'm not at all bothered about *o* by his comments
[4] **fríos** (*Andes, CAm, Méx*) (= *fiebre*) intermittent fever *sing*; (= *paludismo*) malaria *sing*

**friolento** ADJ (*LAm*) sensitive to cold

**friolera** SF trifle, mere nothing; **gastó la ~ de 100.000 ptas** he spent a mere 100,000 pesetas

**friolero** ADJ sensitive to cold

**friorizado** ADJ deep-frozen

**frisa** SF [1] (= *tela*) frieze
[2] (*Andes, Cono Sur*) (= *pelo*) nap (*on cloth*); (*Cono Sur*) (= *pelusa*) fluff; (*Caribe*) (= *manta*) blanket; ✦**MODISMOS sacar a algn la ~** (*Cono Sur**) to tan sb's hide*; **sacar la ~ a algo** (*Cono Sur**) to make the most of sth

**frisar** ▸conjug 1a◂ Ⓐ VT [+ *tela*] to frizz, rub
Ⓑ VI **~ en** to border on, be *o* come close to; **frisa en los 50** he's getting on for 50

**Frisia** SF Friesland

**friso** SM frieze

**fritada** SF fry, fry-up*

**fritanga** SF [1] (= *comida frita*) fry, fry-up*; (*pey*) greasy food
[2] (*Andes, CAm*) (= *guiso*) ≈ hotpot, ≈ stew
[3] (*CAm*) (= *restaurante*) cheap restaurant
[4] (*Cono Sur**) (= *molestia*) pain in the neck*, nuisance

**fritanguería** SF (*Chile, Perú*) (= *tienda*) fried food shop; (= *puesto*) fried food stall

**fritar** ▸conjug 1a◂ VT (*LAm*) to fry

**frito** Ⓐ PP *de* **freír**
Ⓑ ADJ [1] (*gen*) fried; **patatas** *o* (*LAm*) **papas fritas** chips, French fries (*EEUU*)
[2] ✦**MODISMOS dejar ~ a algn*** (= *matar*) to do sb in*, waste sb*; **estar ~*** (= *dormido*) to be kipping*, be out for the count*; (= *muerto*) to have snuffed it‡; (= *excitado*) to be really worked up; (*Caribe, Cono Sur*) (= *acabado*) to be finished, be done for*; **quedarse ~*** (= *dormirse*) to go out like a light; (= *morir*) to snuff it‡; **tener** *o* **traer ~ a algn*** (= *enojar*) to get on sb's nerves; (= *acosar*) to worry sb to death; (= *vencer*) to trounce sb, wipe the floor with sb*; **este trabajo me tiene ~** I'm fed up with this job; **ese hombre me trae ~** I've totally had it with this guy*; **las matemáticas me traen ~** I've totally had it with Maths*, I'm totally fed up with Maths
[3] [*pelo*] frizzy
Ⓒ SM [1] (= *plato*) fry, fried dish ► **fritos variados** mixed grill
[2] ✦**MODISMO gustarle el ~ a algn** (*Cono Sur*‡) **a esa mujer le gusta el ~** she looks like hot stuff*
[3] (*en disco*) hiss, crackling

**fritura** SF [1] (= *plato*) fried food, fry; **~ de pescado** fried fish; **~ variada** mixed fry
[2] (= *buñuelo*) fritter
[3] (*Telec*) crackling, interference

**frívolamente** ADV frivolously

**frivolidad** SF frivolity, frivolousness

**frivolité** SM (*Cos*) tatting

**frivolizar** ▸conjug 1f◂ VT (= *trivializar*) to trivialize; (= *quitar importancia a*) to play down

**frívolo** ADJ frivolous

**frivolón** ADJ superficial, lightweight

**frízer** SM (*Cono Sur*) freezer

**fronda** SF [1] (= *hoja*) frond
[2] **frondas** (= *follaje*) foliage *sing*, leaves

**frondís** ADJ (*Andes*) dirty

**frondosidad** SF leafiness, luxuriance

**frondoso** ADJ leafy, luxuriant

**frontal** Ⓐ ADJ [1] [*parte, posición*] front; (*Inform*) front-end; **choque ~** head-on collision
[2] [*enfrentamiento*] direct, frontal; [*rechazo*] outright
Ⓑ SM front, front part

**frontalmente** ADV directly; **chocar ~** to crash *o* collide head-on, have a head-on crash *o* collision; **está situado ~** it is placed on the front; **se oponen ~** they are directly opposed

**frontera** SF [1] (= *línea divisoria*) frontier, border; (= *zona fronteriza*) frontier zone, borderland
[2] (*Arquit*) façade

**fronterizo** ADJ frontier *antes de s*, border *antes de s*; **el río ~ con Eslobodia** the river bordering Slobodia *o* forming the border with Slobodia

**frontero** ADJ opposite, facing

**frontis** SM INV (*Arquit*) façade

**frontispicio** SM [1] [*de libro*] frontispiece; (*Arquit*) façade
[2] (*) (= *cara*) face

**frontón** SM [1] (*Arquit*) pediment
[2] (*Dep*) (= *cancha*) pelota court; (= *pared*) (main) wall (*of a pelota court*)

**frotación** SF, **frotadura** SF, **frotamiento** SM rub, rubbing; (*Mec*) friction

**frotado** SM rubbing

**frotar** ▸conjug 1a◂ Ⓐ VT to rub; [+ *fósforo*] to strike; **quitar algo frotando** to rub sth off

Ⓑ **frotarse** VPR to rub, chafe; **~se las manos** to rub one's hands (together); **frotársela**** to have a wank**, jerk off (EEUU**)

**frote** SM (= *acción*) rub

**frotis** SM INV ► **frotis cervical** cervical smear ► **frotis vaginal** vaginal smear

**fr(s).** ABR (= **franco(s)**) fr

**fructífero** ADJ fruitful, productive

**fructificación** SF fruition

**fructificar** ▸conjug 1g◂ VI [1] (*Bot*) to produce fruit, bear fruit
[2] [*esfuerzos*] to bear fruit; [*plan*] to come to fruition

**fructosa** SF fructose

**fructuosamente** ADV fruitfully

**fructuoso** ADJ fruitful

**frufrú** SM rustling, rustle

**frugal** ADJ frugal, thrifty

**frugalidad** SF frugality

**frugalmente** ADV frugally (*frm*), thriftily

**fruición** SF delight; **leer con ~** to read with delight; **beber con ~** to drink with relish; **comer con ~** to eat with relish ► **fruición maliciosa** perverse pleasure *o* delight

**frunce** SM (*Cos*) gather, shirr

**fruncido** Ⓐ ADJ [1] (*Cos*) [*tela*] gathered
[2] (*Cono Sur**) (= *remilgado*) prudish, demure; (= *afectado*) affected
Ⓑ SM = **frunce**

**funcimiento** SM = **frunce**

**fruncir** ▸conjug 3b◂ VT [1] (*Cos*) to gather, shirr
[2] [+ *labios*] to purse; **~ el ceño** *o* **entrecejo** to frown, knit one's brow; **~ las cejas** to frown

**fruslería** SF (= *chuchería*) trinket; (= *nimiedad*) trifle, triviality

**frustración** SF frustration

**frustrado** ADJ [*persona*] frustrated; [*intento, plan, atentado*] failed; **delito de homicidio ~** attempted murder; **intento de suicidio ~** failed suicide attempt

**frustrante** ADJ frustrating

**frustrar** ▸conjug 1a◂ Ⓐ VT [1] [+ *persona*] to frustrate; [+ *proyecto, aspiración, deseo, sueño*] to thwart; **no quiero ~ sus esperanzas** I don't want to frustrate *o* thwart their hopes; **le frustra no poderse comunicar** he finds it frustrating not being able to communicate
[2] (= *abortar*) [+ *atentado, operación*] to foil; **los guardas ~on el intento de fuga** the guards foiled their escape attempt
Ⓑ **frustrarse** VPR [*persona*] to be frustrated; [*aspiración, deseo*] to be thwarted; [*proyecto*] to be thwarted, fall through; **se frustró enormemente por no poder acabar la carrera** he was terribly frustrated at not being able to finish his studies; **nuestros sueños se ~on** our dreams were dashed *o* shattered

**frustre*** SM = **frustración**

**fruta** SF fruit ► **fruta de la pasión** passion fruit ► **fruta del tiempo** seasonal fruit ► **fruta de sartén** fritter ► **fruta escarchada** crystallized fruit ► **fruta prohibida** forbidden fruit ► **frutas confitadas** candied fruits

**frutal** Ⓐ ADJ fruit-bearing, fruit *antes de s*; **árbol ~** fruit tree
Ⓑ SM fruit tree

**frutar** ▸conjug 1a◂ VI to fruit, bear fruit

**frutera** SF fruit dish, fruit bowl

**frutería** SF fruiterer's (shop), fruit shop, greengrocer's

**frutero/a** Ⓐ ADJ fruit *antes de s*; **plato ~** fruit dish
Ⓑ SM/F (= *persona*) fruiterer, greengrocer, grocer (EEUU)
Ⓒ SM (= *recipiente*) fruit dish, fruit bowl; (= *cesta*) fruit basket

**fruticultor(a)** SM/F fruit farmer, fruit grower

**fruticultura** SF fruit growing, fruit farming

**frutilla** SF (*Andes, Cono Sur*) strawberry

**fruto** SM [1] (*Bot*) fruit; **dar ~** to fruit, bear fruit ► **fruto del pan** breadfruit ► **frutos del país** (*LAm*) agricultural produce ► **frutos secos** nuts and dried fruit
[2] (= *resultado*) result, product; (= *beneficio*) profit, benefit; [*de esfuerzo*] fruits *pl*; **dar ~** to bear fruit; **sacar ~ de algo** to profit from sth, derive benefit from sth
[3] (= *hijo*) offspring; **el ~ de esta unión** the offspring of this marriage, the fruit *o* product of this union (*liter*) ► **fruto de bendición** legitimate offspring

**frutosidad** SF fruitiness, fruity flavour *o* (EEUU) flavor

**FSE** SM ABR (= **Fondo Social Europeo**) ESF

**FSLN** SM ABR (*Nic*) = **Frente Sandinista de Liberación Nacional**

**FSM** SF ABR (= **Federación Sindical Mundial**) WFTU

**fu** Ⓐ SM [*de gato*] spit, hiss; ✦**MODISMO ni fu ni fa** (= *ni una cosa ni otra*) neither one thing or the other; (= *ni bonito ni feo*) so-so
Ⓑ EXCL ugh!

**fuácata*** SF (*Cuba, Méx*) ✦**MODISMO estar en la ~** to be broke*

**fucha** EXCL (*Méx*), **fuchi** EXCL (*Méx*) (*asco*) yuk!, ugh!; (*sorpresa*) phew!, wow!

**fucilazo** SM (flash of) sheet lightning

**fuco** SM (*Bot*) wrack

**fucsia** SF fuchsia

**fudiño** ADJ (*Caribe*) weak, sickly

**fudre**** SM drunk

**fue** *ver* **ser, ir**

**fuego** SM [1] (= *llamas*) fire; **buscamos un claro donde hacer ~** we looked for a clearing to make a fire in; **el ~ se declaró en el interior del almacén** the fire broke out inside the warehouse; **¡fuego!** fire!; **apagar el ~** to put out the fire; **atizar el ~** (*lit*) to poke the fire; (*fig*) to stir things up; **encender el ~** to light the fire; **marcar algo a ~** to brand sth; **pegar** *o* **prender ~ a algo** to set fire to sth, set sth on fire; **prendieron ~ a los vehículos** they set fire to the vehicles, they set the vehicles alight *o* on fire; **prender el ~** (*LAm*) to light the fire; **sofocar el ~** to extinguish the fire; ✦**MODISMOS echar ~ por los ojos**: **se marchó echando ~ por los ojos** he went off, his eyes blazing; **jugar con ~** to play with fire ► **fuego de artificio** firework; **el procedimiento ha sido sólo un ~ de artificio destinado a calmar a la opinión pública** the proceedings have been mere window dressing aimed at appeasing public opinion; **ha llegado a la cima sin los ~s de artificio típicos de muchas grandes estrellas** she has got to the top without the typical blaze of publicity attached to many big stars ► **fuego fatuo** will-o'-the-wisp ► **fuegos artificiales** fireworks
[2] [*de cocina*] [2·1] (= *quemador*) (*de gas*) burner, ring; (*eléctrico*) ring; **una cocina de gas de cuatro ~s** a four-ring gas cooker
[2·2] (= *calor*) heat, flame; **a ~ lento** on *o* over a low heat, on *o* over a low flame; **se mete en el horno a ~ lento** put in a low oven; **se deja cocer a ~ lento 15 minutos** simmer for 15 minutes, cook on *o* over a low heat for 15 minutes; **a ~ suave** on *o* over a low heat, on *o* over a low flame; **a ~ vivo** on *o* over a high flame, on *o* over a high heat
[3] (*para cigarro*) light; **¿tienes** *o* **me das ~?** have you got a light?; **le pedí ~** I asked him for a light
[4] (*Mil*) fire; **¡fuego!** fire!; **abrir ~ (contra algo/algn)** to open fire (on sth/sb); **¡alto el ~!** cease fire!; **hacer ~ (contra** *o* **sobre algo)** to fire (at sth); **romper el ~** to open fire; ✦**MODISMO estar entre dos ~s** to be caught in the crossfire ► **fuego a discreción** (*lit*) fire at will; (*fig*) all-out attack ► **fuego artillero** artillery fire ► **fuego cruzado** crossfire ► **fuego de andanada** (*Náut*) broadside ► **fuego de artillería** artillery fire ► **fuego de mortero** mortar fire ► **fuego graneado**, **fuego nutrido** sustained fire ► **fuego real** live ammunition; *ver tb* **alto² 1**
[5] (= *pasión*) passion, fire; **apagar los ~s de algn** to dampen sb's ardour *o* (EEUU) ardor
[6] (*Náut*) beacon, signal fire
[7] (*Med*) (= *erupción*) rash; (*Méx, Chile, Col*) (*en los labios*) cold sore ► **fuego pérsico** shingles *pl*
[8] (= *hogar*) dwelling; **un pueblo de 50 ~s** a village of 50 dwellings

**fueguear** ▸conjug 1a◂ VT (*CAm*) to set fire to

**fueguino /a** (*Cono Sur*) Ⓐ ADJ of/from Tierra del Fuego
Ⓑ SM/F native/inhabitant of Tierra del Fuego; **los ~s** the people of Tierra del Fuego

**fuel** SM fuel oil

**fuelle** SM [1] (*para el fuego*) bellows *pl*; [*de gaita*] bag; [*de bolso, maleta*] gusset; [*de autobús, tren*] *connecting section*; ✦**MODISMO tener el ~ flojo**** to fart** ► **fuelle de pie** foot pump
[2] (*Aut*) folding top, folding hood (EEUU)
[3] (*Fot*) bellows *pl* ► **fuelle quitasol** hood
[4] (= *pulmones*) puff*, breath
[5] (= *aguante*) stamina, staying power; **tener ~** to have the stamina, have the staying power; ✦**MODISMO perder ~** to run out of steam
[6] (*) (= *soplón*) grass*

**fuel-oil** [fuel'oil] SM fuel oil

**fuelóleo** SM = **fuel**

**fuente** SF [1] (= *construcción*) fountain; (= *manantial*) spring; ✦**MODISMO abrir la ~ de las lágrimas** (*hum*) to open the floodgates* ► **fuente de beber** drinking fountain ► **fuente de río** source of a river ► **fuente de soda** (*LAm*) *café, selling ice-cream and soft drinks*, soda fountain (EEUU) ► **fuente termal** hot spring
[2] (*Culin*) serving dish, platter ► **fuente de hornear**, **fuente de horno** ovenproof dish
[3] (= *origen*) source, origin; **de ~ desconocida/fidedigna** from an unknown/a reliable source ► **fuente de alimentación** (*Inform*) power supply ► **fuente de ingresos** source of income ► **fuente de suministro** source of supply

**fuer** SM **a ~ de** (*liter*) as a; **a ~ de caballero** as a gentleman; **a ~ de hombre honrado** as an honest man

**fuera** ADV [1] (*de edificio, objeto*) (*indicando posición*) outside; (*indicando dirección*) out; **los niños estaban jugando ~** the children were playing outside; **¡estamos aquí ~!** we're out here!; **el perro tenía la lengua ~** the dog had his tongue hanging out; **llevaba la camisa ~** his shirt was hanging out; **¡fuera!** get out!; **¡segundos ~!** (*Boxeo*) seconds out!; **ir** *o* **salir ~** to go out, go outside; **comer ~** (*al aire libre*) to eat outside; (*en restaurante*) to eat out; **hoy vamos a cenar ~** we're going out for dinner tonight, we're eating out tonight; **de ~** from outside; **trae una silla de ~** bring a chair in from outside; **productos que vienen de ~ de la Unión Europea** products from outside the European Union; **tenemos que traer a alguien de ~** we need to bring somebody from outside in; **desde ~** from outside; **la parte de ~** the outside, the outer part; **por ~** (on the) outside; **lo han pintado sólo por ~** they've only painted it on the outside; **por ~ está duro** it's hard on the outside; **esta camisa se lleva por ~** this shirt is worn outside, this shirt is not tucked in; *ver tb* **lengua 1**

[2] (*de ciudad, trabajo*) **estar ~** to be away, be out of town; **estuvo ~ ocho semanas** he was away for eight weeks; **mis padres llevan varios días ~** my parents have been away for several days

[3] (*tb* **~ del país**) abroad, out of the country; **toda la maquinaria viene de ~** all the machinery comes from abroad; **vienen visitantes de ~ para verlo** people come from abroad to see it; **"¡invasores ~!"** "invaders go home!"; **estar ~** to be abroad; **ir** *o* **salir ~** to go abroad

[4] (*Dep*) [4·1] (*en un partido*) **estar ~** [*pelota*] (*Ftbl*) to be out of play; (*Rugby*) to be in touch; (*Tenis*) to be out; **~ de juego** offside; **~ de tiempo** *after full time*; **estamos ~ de tiempo** time's up; **tirar ~** to shoot wide

[4·2] (*tb* **~ de casa**) away, away from home; **el equipo de ~** the away team; **una victoria ~ de casa** an away win; **jugar ~** to play away (from home)

[5] **~ de** [5·1] (= *en el exterior de*) outside, out of; **estaba ~ de su jaula** it was outside *o* out of its cage; **esperamos ~ de la puerta** we waited outside the door

[5·2] (= *aparte*) apart from, aside from; **pero ~ de eso** but apart *o* aside from that; **~ de que ...** apart from the fact that ...

[5·3] **~ de alcance** out of reach; **~ de combate** (*Mil*) wounded; (*Boxeo*) K.O.ed; **dejar a algn ~ de combate** to knock sb out; **quedar ~ de combate** to be knocked out; **~ de lo común** unusual; **estar ~ de lugar** to be inappropriate, be out of place; **~ de peligro** out of danger; **~ de serie** exceptional; **se ha comprado un coche ~ de serie** he has bought an exceptional car; **es un ~ de serie** he's quite exceptional; ✦***MODISMO*** **estar ~ de sí** to be beside o.s.

**fueraborda** SM INV, **fuera-borda** SM INV, **fuerabordo** SM INV (= *motor*) outboard engine, outboard motor; (= *bote*) dinghy with an outboard engine

**fuereño/a** SM/F (*Méx*) outsider; (*pey*) rustic, provincial

**fuerino/a** SM/F (*Cono Sur*) stranger, nonresident

**fuero** SM [1] (= *carta municipal*) municipal charter; (= *ley local*) local/regional law code; (= *privilegio*) (*tb* **~s**) privilege, exemption; **a ~** according to law; **¿con qué ~?** by what right?; **de ~** de jure, in law

[2] (= *autoridad*) jurisdiction; **el ~ no alcanza a tanto** his authority does not extend that far; ✦***MODISMOS*** **en mi ~ interno ...** in my heart of hearts ..., deep down ...; **volver por sus ~s** (= *recuperarse*) to be oneself again; (= *reincidir*) to go back to one's old ways

**FUEROS**

***Fueros*** *were the charters granted to villages, towns and regions by Spanish monarchs in the Middle Ages and which established their rights and obligations. The* ***fueros*** *under which the Basques and Navarrese received certain privileges (some fiscal autonomy, their own local administration system and exemption from military service outside their province) became a political football in the 19th Century, being alternately abolished and restored depending on the interests of the monarch or administration in power. Today, Navarre is recognized in the* **Estado de las Autonomías** *as the* **Comunidad Foral de Navarra**.

**fuerte** Ⓐ ADJ [1] [*persona*] [1·1] (*físicamente*) (*gen*) strong; (= *robusto*) sturdy, powerfully built; (*euf*) (= *obeso*) large; ✦***MODISMO*** **~ como un roble** *o* **un toro** as strong as an ox *o* a horse

[1·2] (*emocionalmente*) strong, tough; **hemos de ser ~s ante la adversidad** we must be strong *o* tough in the face of adversity

[1·3] **estar ~ en filosofía/historia** [*estudiante*] to be strong in philosophy/history

[2] (= *intenso*) [2·1] [*sabor, olor, viento*] strong; [*dolor, calor*] intense; [*lluvia*] heavy; [*ejercicio*] strenuous

[2·2] [*explosión, voz, ruido*] loud; [*golpe*] heavy, hard; [*acento*] strong, thick

[2·3] [*color*] (= *no pálido*) strong; (= *llamativo*) bright; **una blusa de un rosa ~** a bright pink blouse

[2·4] [*impresión*] strong, powerful; [*deseo*] strong, deep; [*fe, objeción*] strong; [*discusión*] heated; **los vecinos tuvieron una discusión muy ~** the neighbours had a heated argument; **en la película se oyen expresiones muy ~s** the film contains strong language; **el taco más ~ que ha pronunciado** the worst swearword he has ever said

[2·5] [*abrazo, beso*] big; **un beso muy ~** (*en cartas*) lots of love; **un ~ abrazo, Carmen** best wishes, Carmen; (*más cariñoso*) love, Carmen

[3] [*bebida, medicamento*] strong; [*comida*] (= *pesada*) heavy; (= *indigesta*) indigestible; **nunca toma cosas ~s, sólo cerveza y vino** he never drinks spirits *o* the hard stuff*, just beer and wine

[4] (= *resistente*) [*cuerda, tela*] strong; [*economía, moneda, país*] strong

[5] (= *importante*) [*aumento, bajada*] sharp; [*crisis*] serious, severe; [*pérdidas*] large, substantial; **la ~ caída de ventas** the sharp drop in sales

[6] (= *impactante*) [*escena*] shocking, disturbing; **me dijo cosas muy ~s que no podría repetir ahora** she said some harsh *o* nasty* things that I couldn't repeat now; **—lo llamó a la oficina y lo despidió en el acto —¡qué ~!*** "he called him at the office and fired him there and then" — "that's outrageous *o* appalling!"

[7] **hacerse ~** (= *protegerse*) to hole up; (= *volverse fuerte*) to gain strength; **un comando se hizo ~ en las montañas** a group of commandos holed up in the mountains; **el fundamentalismo se hace ~ otra vez** fundamentalism is gaining strength again

[8] [*terreno*] rough, difficult

[9] (*Chile*) (= *apestoso*) [*persona*] stinky; **ser** *o* **estar ~ a algo** to stink of sth

Ⓑ ADV [1] (= *con fuerza*) [*golpear*] hard; [*abrazar*] tight, tightly; **pegar ~ al enemigo** to hit the enemy hard; **apostar ~** to bet heavily; **la editorial ha apostado ~ por los nuevos poetas** the publishing house is backing new poets in a big way; **jugar ~** (*lit*) to gamble heavily; (*fig*) to take a gamble

[2] (= *en voz alta*) [*hablar, tocar*] loud, loudly; **toca muy ~** she plays very loud *o* loudly; **¡más ~! ¡que no se le oye aquí atrás!** speak up! we can't hear at the back; **poner la radio más ~** to turn the radio up

[3] (= *gran cantidad*) **desayunar ~** to have a big breakfast; **comer ~** to have a big lunch

Ⓒ SM [1] (*Mil*) fort

[2] (*Mús*) forte

[3] (= *especialidad*) forte, strong point; **el canto no es mi ~** singing is not my forte *o* strong point

[4] (*Chile*) (= *bebida*) hard liquor, hard stuff*

**fuertemente** ADV [1] (= *con fuerza*) [*golpear*] hard; [*abrazar, apretar*] tightly

[2] (= *mucho*) [*apoyar, favorecer, contrastar*] strongly; [*aumentar, disminuir*] sharply, greatly; **la medida ha sido ~ criticada por los sindicatos** the measure has been strongly criticized by the unions; **hemos conseguido reducir ~ los costes** we have managed to reduce costs greatly

[3] (+ *ADJ*) **un acto ~ emotivo** a highly emotional ceremony; **grupos ~ armados** heavily armed groups; **divisas ~ vinculadas al dólar** currencies closely tied to the dollar

**fuerza** SF [1] [*de persona*] [1·1] (*física*) strength; **tienes mucha ~** you're very strong; **con ~** [*golpear*] hard; [*abrazar, agarrar, apretar*] tightly, tight; [*aplaudir*] loudly; **le golpeó con toda su ~ en la cabeza** she hit him on the head as hard as she could; **me agarré con ~ a una roca** I held on tight *o* tightly to a rock; **grita con todas tus ~s** shout with all your might; **hacer ~: el médico me ha prohibido que hiciera ~** the doctor has told me not to exert myself; **vamos a intentar levantar la losa: haced ~** let's try and lift up the slab: heave!; **si somos muchos en la manifestación haremos más ~** if there are lots of us at the demonstration we'll be stronger *o* it will lend more force to it; **hacer ~ de vela** to crowd on sail

[1·2] [*de carácter*] strength; **con toda la ~ de su amor** with all the strength of his love; **la ~ creadora de Picasso** Picasso's creative energy; **restar ~s al enemigo** to reduce the enemy's strength; **sentirse con ~s para hacer algo** to have the strength to do sth; **no me siento con ~s para seguir adelante** I don't have the strength to go on; **lo haré**

**cuando me sienta con ~s para ello** I'll do it when I feel strong enough *o* up to it*; tener **~s para hacer algo** to be strong enough to do sth, have the strength to do sth; ✦***MODISMOS*** **se le va la ~ por la boca*** he's all talk and no action, he's all mouth*; **sacar ~s de flaqueza** to make a supreme effort, gather all one's strength

► **fuerza de voluntad** willpower; *ver tb* **medir A3**

2 (= *intensidad*) [*de viento*] strength, force; [*de lluvia*] intensity; **el viento empezó a soplar con ~** the wind began to blow strongly; **un viento de ~ seis** a force six wind; **a los pocos minutos rompió a llover con ~** a few minutes later it began to rain heavily; **el agua caía con ~ torrencial** the rain came down in torrents, there was torrential rainfall; **el terremoto ha golpeado con ~ el país** the earthquake has struck the country violently

3 (= *ímpetu*) **en los setenta la mujer entró con ~ en el periodismo** in the seventies women entered journalism in force; **su nombre ha irrumpido con ~ en el mundo artístico** his name has burst onto the art scene; **la ultraderecha renace con ~** the extreme right is making a strong comeback; **la banda terrorista volvió a golpear con ~ ayer** the terrorist group struck another devastating blow yesterday

4 (= *poder*) [*de fe*] strength; [*de argumento*] strength, force, power; [*de la ley*] force; **es un argumento de poca ~** it is not a very strong *o* powerful argument; **les asistía la ~ de la razón** they were helped by the power of reason; **serán castigados con toda la ~ de la ley** they will be punished with the full weight of the law, they will feel the full force of the law; **conquistaron la región por la ~ de las armas** they took the region by force of arms; cobrar ~ [*rumores*] to grow stronger, gain strength; **la rebelión iba cobrando ~** the rebellion gathered *o* gained strength; **la idea ha cobrado ~ últimamente** the idea has gained in popularity *o* gained momentum recently; **por la ~ de la** costumbre out of habit, from force of habit; **es la ~ de la costumbre** it's force of habit; **con ~** legal (*Com*) legally binding ► **fuerza mayor** (*Jur*) force majeure; **un caso de ~ mayor** a case of force majeure; **aplazaron el partido por razones de ~ mayor** the match was postponed due to circumstances beyond their control

5 (= *violencia*) force; **recurrir a la ~** to resort to force; por la ~: **quisieron impedirlo por la ~** they tried to prevent it forcibly *o* by force; **tuvieron que separarlos por la ~** they had to separate them by force; **por la ~ no se consigue nada** using force doesn't achieve anything, nothing is achieved by force; **imponer algo por la ~** to impose sth forcibly; a viva ~: **abrió la maleta a viva ~** he forced open the suitcase; **lo arrancaron de allí a viva ~** they wrenched him away forcibly ► **fuerza bruta** brute force

6 (*locuciones*) 6·1 a ~ de by; **a ~ de repetirlo acabó creyéndoselo él mismo** by repeating it so much he ended up believing it himself; **a ~ de autodisciplina** by exercising great self control; **bajar kilos a ~ de pedaleo** to lose weight by cycling; **conseguí aprobar a ~ de pasarme horas y horas estudiando** I managed to pass by dint of hours and hours of study; **a ~ de paciencia logró convencerlos** he succeeded in persuading them by dint of great patience

6·2 a la ~: **hacer algo a la ~** to be forced to do sth; **yo no quería, pero tuve que hacerlo a la ~** I didn't want to, but I was forced to do it; **se lo llevaron de su casa a la ~** he was taken from his home by force, he was taken forcibly from his home; **fueron repatriados a la ~** they were forcibly repatriated; **a la ~ tuvo que oírlos: ¡estaba a su lado!** he must have heard them: he was right next to them!; alimentar **a algn a la ~** to force-feed sb; entrar **en un lugar a la ~** [*ladrón*] to break into a place, break in; [*policía, bombero*] to force one's way into a place, enter a place forcibly; ✦***MODISMO*** **a la ~ ahorcan**: **dejará el ministerio cuando lo haga su jefe, ¡a la ~ ahorcan!** he'll leave the ministry when his boss does — not that he has any choice, anyway *o* life's tough!*

6·3 en **~ de** by virtue of

6·4 es **~ hacer algo** it is necessary to do sth; **es ~ reconocer que …** we must recognize that …, it must be admitted that …

6·5 por **~** inevitably; **una región pobre como la nuestra, por ~ ha de ser más barata** in a poor region like ours prices will inevitably be *o* must be cheaper

7 (*Fís, Mec*) force ► **fuerza ascensional** (*Aer*) buoyancy ► **fuerza centrífuga** centrifugal force ► **fuerza centrípeta** centripetal force ► **fuerza de arrastre** pulling power ► **fuerza de (la) gravedad** force of gravity ► **fuerza de sustentación** (*Aer*) lift ► **fuerza hidráulica** hydraulic power ► **fuerza motriz** (*lit*) motive force; (*fig*) driving force

8 (= *conjunto de personas*) (*Mil, Pol*) force ► **fuerza(s) aérea(s)** air force *sing* ► **fuerza de apoyo** back-up force ► **fuerza de brazos** manpower ► **fuerza de choque** strike force ► **fuerza de disuasión** deterrent ► **fuerza de intervención rápida** rapid intervention force ► **fuerza de pacificación** peace-keeping force ► **fuerza de trabajo** workforce, labour force, labor force (*EEUU*) ► **fuerza de ventas** sales force ► **fuerza disuasoria** deterrent ► **fuerza expedicionaria** expeditionary force ► **fuerza política** political force ► **fuerza pública** police, police force ► **fuerzas aliadas** allied forces ► **fuerzas armadas** armed forces ► **fuerzas del orden (público)** forces of law and order ► **fuerzas de seguridad** security forces ► **fuerzas de tierra** land forces ► **las fuerzas vivas** the powers that be; **las ~s vivas locales** the local power group

9 (*Elec*) power; **han cortado la ~** they've cut off the power

**fuese** *ver* **ser, ir**

**fuetazo** SM (*LAm*) lash

**fuete** (*LAm*) SM whip; **dar ~ a** to whip

**fuetear** ▸conjug 1a◂ VT (*LAm*) to whip

**fuga**[1] SF 1 (*gen*) flight, escape; [*de enamorados*] elopement; **darse a la** *o* **ponerse en ~** to flee, take flight; **poner al enemigo en ~** to put the enemy to flight; **le aplicaron la ley de ~(s)** he was shot while trying to escape ► **fuga de capitales** flight of capital (abroad) ► **fuga de cerebros** brain drain ► **fuga de(l) domicilio** running away from home ► **fuga de la cárcel** escape from prison, jailbreak

2 [*de gas*] leak, escape

3 (= *ardor*) ardour, ardor (*EEUU*), impetuosity

**fuga**[2] SF (*Mús*) fugue

**fugacidad** SF fleetingness, transitory nature

**fugado/a** SM/F escapee

**fugarse** ▸conjug 1h◂ VPR [*preso*] to escape; [*niño, adolescente*] to run away; [*enamorados*] to elope; **se fugó de casa** he ran away from home; **~ de la ley** to abscond from justice

**fugaz** ADJ 1 [*momento*] fleeting, brief

2 **estrella ~** shooting star

3 (= *esquivo*) elusive

**fugazmente** ADV fleetingly, briefly

**fugitivo/a** Ⓐ ADJ 1 fugitive, fleeing

2 = **fugaz 1**

Ⓑ SM/F fugitive

**fuguista** SMF escaper, jailbreaker

**fui, fuimos** *etc ver* **ser, ir**

**fuina** SF marten

**ful**[1] (*Andes*) Ⓐ ADJ full, full up

Ⓑ SM **marchar a todo ~** to work at full capacity

**ful**[2]**⁑** ADJ = **fulastre**

**ful**[3]**⁑** SF (= *droga*) hash*

**fulana*** SF (*pey*) tart⁑, slut⁑; *ver tb* **fulano**

**fulaneo*** SM whoring

**fulano*** SM 1 (= *alguien*) so-and-so; **~ de tal** ◊ **Don Fulano** Mr So-and-so, Joe Bloggs, John Doe (*EEUU*); **Doña Fulana** Mrs So-and-so; **~, zutano y mengano** Tom, Dick and Harry; **me lo dijo ~** somebody or other told me; **no te vas a casar con un ~** you're not going to marry just anybody; **nombramos a ~ y ya está** we nominate some guy and that's that*

2 (= *tío*) guy*; *ver tb* **fulana**

**fular** SM = **foulard**

**fulastre⁑** ADJ (= *falso*) false, sham; (= *malo*) bad, rotten*

**fulbito** SM five-a-side football

**fulcro** SM fulcrum

**fulero/a** Ⓐ ADJ 1 [*objeto*] (= *inútil*) useless; (= *malo*) shoddy, cheap, poor-quality; (= *falso*) sham, bogus

2 [*persona*] (= *astuto*) sly; (= *embustero*) lying; (= *torpe*) blundering, incompetent; (= *tramposo*) cheating, deceitful

Ⓑ SM/F (= *astuto*) clever clogs*; (= *embustero*) liar; (= *torpe*) blunderer; (= *tramposo*) cheat

**fulgente** ADJ, **fúlgido** ADJ dazzling, brilliant

**fulgir** ▸conjug 3c◂ VI to shine, glow

**fulgor** SM brilliance, glow; (*fig*) splendour, splendor (*EEUU*)

**fulgurante** ADJ 1 (= *reluciente*) bright, shining

2 (= *tremendo*) shattering, stunning

**fulgurar** ▸conjug 1a◂ VI (= *brillar*) to shine, glow; (= *relampaguear*) to flash

**fulguroso** ADJ (= *brillante*) bright, shining, gleaming; (= *relampagueante*) flashing

**fúlica** SF coot

**full*** [ful] Ⓐ ADJ (*LAm*) full; **tenía los dos tanques ~ de gasolina** his two tanks were full of petrol

Ⓑ SM (*Cono Sur*) **a ~: trabajan a ~ para que no quede impune** they are working flat out so he doesn't go unpunished

**fullerear*** ▸conjug 1a◂ VI (*Andes*) to show off

**fullería** SF 1 (*Naipes*) (= *acción*) cheating, cardsharping; (= *cualidad*) guile, cunning

2 (= *trampa*) trick
3 (*Andes*) (= *ostentación*) showing-off

**fullero/a** Ⓐ ADJ 1 (= *tramposo*) cheating, deceitful
2 (= *chapucero*) blundering, incompetent; **hacer algo en plan ~** to botch sth*
Ⓑ SM/F 1 (= *tramposo*) (*gen*) sneak*, tattler (*EEUU*); (*con cartas*) cheat, cardsharp
2 (= *criminal*) crook*
3 (= *chapucero*) blunderer
4 (= *astuto*) clever clogs*
5 (*Andes*) (= *fachendón*) show-off*

**fullingue** ADJ (*Cono Sur*) 1 [*tabaco*] inferior, poor-quality
2 [*niño*] small, sickly

**fulmicotón** SM gun cotton

**fulminación** SF fulmination

**fulminador(a)** Ⓐ ADJ = **fulminante**
Ⓑ SM/F fulminator (**de** against)

**fulminante** Ⓐ ADJ 1 [*pólvora*] fulminating; [*mirada*] withering; **cápsula ~** percussion cap
2 (= *súbito*) sudden, fulminant (*frm*); **apoplejía ~** sudden stroke
3 (*) (= *tremendo*) terrific, tremendous; **golpe ~** terrific blow; **tiro ~** (*Ftbl etc*) sizzling shot
Ⓑ SM (*LAm*) percussion cap

**fulminantemente** ADV without warning; **despedir ~ a algn** to fire sb on the spot*

**fulminar** ▸conjug 1a◂ Ⓐ VT 1 (= *destruir*) to strike down; **murió fulminado por un rayo** he was struck dead *o* killed by lightning; ✦*MODISMO* **~ a algn con la mirada** to look daggers at sb
2 [+ *amenazas*] to utter (**contra** against)
Ⓑ VI to fulminate, explode

**fulo** ADJ 1 (*CAm*) (= *rubio*) blond(e), fair
2 (*Cono Sur**) (= *furioso*) furious, hopping mad*

**fumada** SF [*de cigarro*] puff, drag*

**fumadero** SM smoke room; **este cuarto es un ~** this room is full of smoke ► **fumadero de opio** opium den

**fumado** ADJ **estar ~*** to be stoned*

**fumador(a)** SM/F smoker; **no ~** non-smoker; **en la sección de no ~es** in the no-smoking *o* non-smoking section; **gran ~** heavy smoker ► **fumador(a) de pipa** pipe smoker ► **fumador(a) pasivo/a** passive smoker

**fumar** ▸conjug 1a◂ Ⓐ VT [+ *cigarro, pipa*] to smoke
Ⓑ VI to smoke; **él fuma en pipa** he smokes a pipe; **¿puedo ~?** can I smoke?; **"prohibido fumar"** "no smoking"; ✦*MODISMO* **~ como un carretero** to smoke like a chimney
Ⓒ **fumarse** VPR 1 (*) [+ *dinero*] to squander, blow*; [+ *clase*] to miss
2 (*Méx**) (= *escaparse*) to vanish, slope off*
3 **fumárselo a algn** (*LAm**) (= *engañar*) to trick sb, swindle sb
4 **~se a algn**** to screw sb**

**fumarada** SF 1 (= *humo*) puff of smoke
2 (*en pipa*) pipeful

**fumata** Ⓐ SF 1 (*) smoking session (*of drugs*)
2 ► **fumata blanca** (*Rel*) (puff of) white smoke; (*fig*) indication of success
Ⓑ SMF (*) (= *persona*) dope-smoker*
Ⓒ SM (*) (= *cigarrillo*) fag*

**fumeta*** SMF dope-smoker*

**fumeteo*** SM smoking

**fumigación** SF 1 [*de local, ropa*] fumigation
2 (*Agr*) crop-dusting, crop-spraying

**fumigar** ▸conjug 1h◂ VT 1 [+ *local, ropa*] to fumigate
2 (*Agr*) to dust, spray

**fumista** SMF 1 (= *de chimeneas*) chimney sweep
2 (= *gandul*) idler, shirker
3 (*Cono Sur*) (= *bromista*) joker, tease

**fumo** SM (*Caribe*) puff of smoke

**fumosidad** SF smokiness

**fumoso** ADJ smoky

**funambulesco** ADJ grotesque, wildly extravagant

**funambulista** SMF, **funámbulo/a** SM/F tightrope walker, funambulist (*frm*)

**funcia** SF (*Andes, CAm hum*) = **función**

**función** SF 1 (= *actividad*) (*física, de máquina*) function; **el desarrollo de las funciones cerebrales** the development of the brain functions; **el ordenador realiza cinco funciones básicas** the computer performs five basic functions
2 (= *papel*) function; **¿cuál es la ~ del Estado?** what is the function of the State?; **ésa debería ser la ~ de la prensa** that should be the role *o* function of the press; **es una escultura que también cumple** *o* **hace la ~ de puerta** it is a sculpture which also acts as *o* serves as a door; **desempeñar la ~ de director/inspector/secretario** to have *o* hold the position of director/inspector/secretary; **el ministro desempeñará la ~ de mediador** the minister will act as (a) mediator; **la ~ de hacer algo** the task of doing sth; **la ~ de educar corresponde a la escuela** the task of educating falls to the school; **las fuerzas armadas tienen la ~ de proteger el país** the role *o* function of the armed forces is to protect the country
3 **funciones** 3·1 (= *deberes*) duties; **volvió a ejercer sus funciones como alcalde** he returned to carry out his duties as mayor; **en el ejercicio de sus funciones** in the course of her duties; **excederse** *o* **extralimitarse en sus funciones** to exceed one's duties
3·2 **en funciones** [*ministro, alcalde, presidente*] acting *antes de s*; **secretario general en funciones** acting secretary general; **gobierno en funciones** interim government; **entrar en funciones** [*funcionario*] to take up one's duties *o* post; [*ministro, alcalde, presidente*] to take up office, assume office; [*organismo*] to come into being
4 **en ~ de** 4·1 (= *según*) according to; **el dinero se repartirá en ~ de las necesidades de cada país** the money will be distributed according to the needs of each country; **el punto de ebullición del agua varía en ~ de la presión atmosférica** the boiling point of water varies according to atmospheric pressure; **el desarrollo cultural está en ~ de la estructura política de un país** cultural development depends on the political structure of a country
4·2 (= *basándose en*) on the basis of; **los consumidores realizan sus compras en ~ de la calidad y el precio** consumers make their purchases on the basis of quality and price
5 (= *espectáculo*) [*de teatro, ópera*] performance; [*de títeres, variedades, musical*] show; **ir a ver una ~ de circo** to go to the circus ► **función benéfica** charity performance ► **función continua** (*LAm*), **función continuada** (*Cono Sur*) continuous performance ► **función de despedida** farewell performance ► **función de noche** late performance, evening performance ► **función de tarde** matinée
6 **la ~ pública** the civil service
7 (*Mat*) function
8 (*Ling*) function; **~ gramatical** grammatical function

**funcional** ADJ 1 [*capacidad, actividad*] functional; **analfabetismo ~** functional illiteracy
2 (= *práctico*) [*diseño, casa*] functional

**funcionalidad** SF functional nature

**funcionalismo** SM functionalism

**funcionamiento** SM **lo lubrico cada 2.000 horas de ~** I lubricate it after every 2,000 hours of operation; **es vital para el ~ del sistema nervioso** it's vital for the functioning of the nervous system; **nos explicó el ~ de un carburador** he told us how a carburettor works; **esta máquina no está en ~** this machine is not in operation; **entrar en ~** to come into operation; **poner en ~** to bring into operation

**funcionar** ▸conjug 1a◂ VI 1 [*aparato, mecanismo*] to work; [*motor*] to work, run; [*sistema*] to work, function; **¿cómo funciona el vídeo?** how does the video work?, how do you work the video?; **funciona con monedas de 100 pesetas** it works with 100 peseta coins; **hacer ~ una máquina** to operate a machine; **"no funciona"** "out of order"
2 [*plan, método*] to work; [*negocio, película*] to be a success; **su primer matrimonio no funcionó** her first marriage did not work out *o* was not a success; **su última novela no ha funcionado tan bien como la anterior** his latest novel hasn't been as successful *o* as much of a success as the previous one

**funcionariado** SM civil service, bureaucracy

**funcionarial** ADJ administrative; (*pey*) bureaucratic

**funcionario/a** SM/F 1 (*tb* **~ público**) civil servant ► **funcionario/a aduanero/a** customs official ► **funcionario/a de policía** police officer ► **funcionario/a de prisiones**, **funcionario/a penitenciario/a** prison officer
2 [*de banco etc*] clerk

**funda** SF 1 (*gen*) case, cover; [*de disco*] sleeve ► **funda de almohada** pillowcase, pillowslip ► **funda de gafas** spectacles case, glasses case ► **funda de pistola** holster ► **funda protectora del disco** (*Inform*) disk cover ► **funda sobaquera** shoulder holster
2 (= *bolsa*) small bag, holdall
3 [*de diente*] cap
4 (*) (= *condón*) French letter
5 (*Col*) (= *falda*) skirt

**fundación** SF foundation

**fundadamente** ADV with good reason, on good grounds

**fundado** ADJ (= *justificado*) well-founded, justified; **una pretensión mal fundada** an ill-founded claim

**fundador(a)** SM/F founder

➤ **fundamental** ADJ fundamental, basic

**fundamentalismo** SM fundamentalism

**fundamentalista** ADJ, SMF fundamentalist

➤ LENGUA Y USO: **fundamental** 53.2, 53.5

**fundamentalmente** ADV fundamentally, basically; (= *esencialmente*) essentially

**fundamentar** ▸conjug 1a◂ Ⓐ VT **1** (= *basar*) to base, found (**en** on)
**2** (= *poner las bases de*) to lay the foundations of
Ⓑ **fundamentarse** VPR **~se en** [*persona*] to base o.s. on; [*argumento, teoría*] to be based on

**fundamento** SM **1** (*Arquit*) foundations *pl*
**2** (= *base*) foundation, basis; (= *razón*) grounds, reason; **eso carece de ~** that is completely without foundation; **creencia sin ~** groundless *o* unfounded belief
**3** (= *formalidad*) reliability, trustworthiness
**4** (*Téc*) weft, woof
**5 fundamentos** (= *principios*) fundamentals, basic essentials

**fundar** ▸conjug 1a◂ Ⓐ VT **1** (= *crear*) [+ *institución, asociación, ciudad, revista*] to found; [+ *partido*] to found, set up, establish
**2** (= *basar*) to base (**en** on)
Ⓑ **fundarse** VPR **1** [*institución, asociación, ciudad, revista*] to be founded; [+ *partido*] to be founded, be established, be set up
**2** (= *basarse*) **~se en** [*teoría*] to be based on, be founded on; [*persona*] to base o.s. on; **me fundo en los siguientes hechos** I base my opinion on the following facts

**fundente** Ⓐ ADJ melting
Ⓑ SM (*Metal*) flux; (*Quím*) dissolvent

**fundería** SF foundry ▸ **fundería de hierro** iron foundry

**fundición** SF **1** (= *acción*) [*de mineral*] smelting; (*en moldes*) casting; [*de lingotes, joyas*] melting down
**2** (= *fábrica*) foundry
**3** (= *hierro fundido*) cast iron
**4** (*Tip*) fount, font (*EEUU*)

**fundido/a** Ⓐ ADJ **1** [*metal, acero, cera*] molten; **sartén de hierro ~** cast iron frying pan
**2** [*bombilla*] blown
**3** [*queso*] melted
**4** (*) (= *muy cansado*) shattered*, whacked*, pooped (*EEUU**)
**5** (*Perú, Cono Sur**) (= *arruinado*) ruined, bankrupt
**6** (*Chile**) [*niño*] spoilt
Ⓑ SM/F (*Chile**) spoilt brat*
Ⓒ SM **1** (*Cine*) (= *resultado*) fade; (= *acción*) fading ▸ **fundido a blanco** fade-to-white ▸ **fundido a negro** fade-to-black ▸ **fundido de cierre** fade-out ▸ **fundido en negro** fade-to-black
**2** ▸ **fundido nuclear** (*Téc*) nuclear meltdown

**fundidor(a)** SM/F (= *persona*) smelter, founder; (*en fábrica*) foundry worker

**fundidora** SF (= *fábrica*) foundry

**fundillo** SM (*LAm*), **fundillos** SMPL (*LAm*) **1** [*del pantalón*] seat
**2** (*) (= *culo*) bum, backside*, ass (*esp EEUU**)

**fundir** ▸conjug 3a◂ Ⓐ VT **1** (= *derretir*) **1·1** (*para hacer líquido*) [+ *metal, cera, nieve*] to melt; [+ *monedas, lingotes, joyas*] to melt down
**1·2** (*Min*) (*para extraer el metal*) to smelt
**1·3** (*en molde*) [+ *estatuas, cañones*] to cast
**2** [+ *bombilla, fusible*] to blow
**3** (= *fusionar*) [+ *organizaciones, empresas*] to merge, amalgamate; [+ *culturas, movimientos*] to fuse; **intentaba ~ los elementos andaluces con los hindúes** she aimed to fuse Andalusian and Indian elements
**4** (*Cine*) [+ *imágenes*] to fade
**5** (*) [+ *dinero*] to blow*; **nos lo fundimos todo a la ruleta** we blew it all on roulette*
**6** (*Perú, Cono Sur**) (= *arruinar*) ruin; **la nieve nos fundió la cosecha** the snow ruined the crop
**7** (*Chile**) [+ *niño*] to spoil
Ⓑ **fundirse** VPR **1** (= *derretirse*) [*hielo*] to melt
**2** (*Elec*) [*bombilla, fusible*] to blow, go; **se fundieron los plomos** the fuses blew *o* went
**3** (= *fusionarse*) **3·1** [*organizaciones, empresas*] to amalgamate, merge; [*partidos políticos*] to merge; **los ritmos caribeños y el flamenco se ~án durante el festival** Caribbean rhythms and flamenco will fuse together *o* merge in the festival; **~se en algo** [*organizaciones*] to merge to form sth, amalgamate into sth; [*sonidos*] to merge into sth; [*colores, imágenes*] to merge to form sth, blend together to form sth; **ambos museos se fundieron en el Museo Nacional** both museums merged to form *o* (were) amalgamated into the National Museum; **las voces se fundieron en un solo grito** the voices merged into a single cry; **se fundieron en un abrazo** they melted into each other's arms
**3·2 ~se con algo: el cielo se fundía con el mar** the sea and the sky blended *o* merged into one; **la necesidad de ~se con la naturaleza** the need to unite oneself with nature
**4** (*Cine*) [*imagen*] to fade
**5** (*Perú, Cono Sur**) (= *arruinarse*) to be ruined

**fundo** SM (*Perú, Chile*) landed property, estate; (= *granja*) farm

**fundón** SM (*Andes, Caribe*) riding-habit

**fúnebre** ADJ **1 coche ~** hearse; **pompas ~s** undertaker's, funeral parlor (*EEUU*)
**2** (= *lúgubre*) mournful, funereal (*frm*)

**funeral** Ⓐ ADJ funeral *antes de s*
Ⓑ **funerales** SMPL (= *exequias*) funeral *sing*; (= *oficio religioso*) funeral service *sing*

**funerala*** SF ✦**MODISMOS marchar a la ~** to march with reversed arms; **ojo a la ~** black eye

**funeraria** SF undertaker's, funeral parlor (*EEUU*); **director de ~** undertaker, funeral director, mortician (*EEUU*)

**funerario** ADJ, **funéreo** ADJ funeral *antes de s*

**funestamente** ADV (= *desastrosamente*) fatally, disastrously; (= *perjudicialmente*) banefully

**funestidad** SF (*Méx*) calamity

**funesto** ADJ (= *maldito*) ill-fated; (= *desastroso*) fatal, disastrous; (= *nocivo*) baneful

**fungible** ADJ (*Jur*) **bienes ~s** perishable goods

**fungicida** SM fungicide

**fungiforme** ADJ mushroom-shaped

**fungir** ▸conjug 3c◂ VI (*CAm, Méx*) (= *actuar*) to act (**de** as); (*Caribe*) to substitute, stand in (**a** for)

**fungo** SM (*Med*) fungus

**fungoideo** ADJ fungoid

**fungoso** ADJ fungous

**funguelar‡** ▸conjug 1a◂ VI to pong‡

**funicular** SM **1** (= *tren*) funicular, funicular railway
**2** (= *teleférico*) cable car

**fuñido** ADJ **1** (*Caribe*) (= *pendenciero*) quarrelsome; (= *insociable*) unsociable
**2** (*Caribe*) (= *enfermizo*) sickly, feeble

**fuñingue** ADJ (*Cono Sur*) weak

**fuñir‡** (*LAm*) ▸conjug 3h◂ VT **~la** to make a real mess of things, mess things up

**furcia*‡** SF tart‡, whore*; **¡furcia!** you slut!‡

**furgón** SM (*Aut*) truck, van; (*Ferro*) goods van, boxcar (*EEUU*) ▸ **furgón acorazado** armoured van, armored truck (*EEUU*) ▸ **furgón blindado** armoured *o* (*EEUU*) armored truck ▸ **furgón celular** police van, prison van ▸ **furgón de cola** guard's-van, caboose (*EEUU*) ▸ **furgón de equipajes** luggage car, baggage car (*EEUU*) ▸ **furgón de mudanzas** removal van, removal truck (*EEUU*) ▸ **furgón de reparto** delivery van, delivery truck (*EEUU*) ▸ **furgón funerario** hearse ▸ **furgón postal** mail van, post office van

**furgonada** SF vanload, truckload, wagonload

**furgonero** SM carter, vanman

**furgoneta** SF (= *furgón*) (transit) van, pickup (truck) (*EEUU*); (= *coche*) estate (car), station wagon (*EEUU*) ▸ **furgoneta de reparto** delivery van, delivery truck (*EEUU*)

**furia** SF (= *rabia*) fury, rage; (= *violencia*) violence; ✦**MODISMOS hecho una ~**: **estar hecho una ~** to be furious; **ponerse hecho una ~** to get mad; **salió hecha una ~** she stormed out; **a la ~** ◊ **a toda ~** (*Cono Sur*) at top speed, real fast (*EEUU**); **trabajar a toda ~** to work like fury

**furibundo** ADJ (= *furioso*) furious; (= *frenético*) frenzied

**furiosamente** ADV (= *con rabia*) furiously; (= *con violencia*) violently; (= *frenéticamente*) frantically

**furioso** ADJ (= *con rabia*) furious; (= *violento*) violent; (= *frenético*) frantic; **estar ~** to be furious; **ponerse ~** to get mad, be furious

**furor** SM **1** (= *ira*) fury, rage; (= *pasión*) frenzy, passion; **dijo con ~** he said furiously ▸ **furor uterino** nymphomania
**2** (= *afición*) rage; **hacer ~** to be all the rage*, be a sensation; **tener ~ por** (*LAm*) to have a passion for

**furquina** SF (*Andes*) short skirt

**furriel** SM, **furrier** SM quartermaster

**furriña** SF (*Méx*) anger

**furrular*** ▸conjug 1a◂ VI to work

**furrús*** SM switch, swap, change

**furrusca*** SF (*Andes*) row, brawl

**furtivamente** ADV furtively

**furtivismo** SM poaching

**furtivo/a** Ⓐ ADJ **1** (= *ilegal*) [*persona*] furtive; [*edición*] pirated; **cazador/pescador ~** poacher; **lágrima furtiva** silent tear; **avión ~** stealth bomber
**2** (= *astuto*) sly, stealthy
Ⓑ SM/F (= *persona*) poacher

**furular*** ▸conjug 1a◂ VI to work

**furuminga** SF (*Cono Sur*) intrigue, scheme

**furúnculo** SM (*Med*) boil

**fusa** SF demisemiquaver, thirty-second note (*EEUU*)

**fusca‡** SF, **fusco‡** SM gun, rod‡

**fuselado** ADJ streamlined

**fuselaje** SM fuselage; **de ~ ancho** wide-bodied

**fusible** SM fuse

**fusil** SM rifle, gun ▸ **fusil de asalto** assault rifle

**fusilamiento** SM **1** (*Jur*) execution (*by firing squad*); (*irregular*) summary execution

[2] (*) (= *plagio*) pinching*, plagiarism; [*de producto*] piracy, illegal copying

**fusilar** ▸conjug 1a◂ VT [1] (= *ejecutar*) to shoot, execute (*by firing squad*)
[2] (*Caribe*) (= *matar*) to kill; (*Dep*) [+ *gol*] to shoot
[3] (*) (= *plagiar*) (*Literat, Cine*) to pinch*, plagiarize; (*Com*) to pirate, copy illegally

**fusilazo** SM rifle-shot

**fusilería** SF gunfire, rifle-fire

**fusilero** SM rifleman, fusilier

**fusión** SF [1] (= *unión*) joining, uniting; (*Com*) merger, amalgamation
[2] (*Inform*) merge
[3] [*de metal*] melting
[4] (*Fís*) fusion ► **fusión nuclear** nuclear fusion
[5] (*Mús*) crossover

**fusionamiento** SM (*Com*) merger, amalgamation

**fusionar** ▸conjug 1a◂ Ⓐ VT (*gen*) to fuse (together); (*Com*) to merge, amalgamate; (*Inform*) to merge
Ⓑ **fusionarse** VPR (*gen*) to fuse; (*Com*) to merge, amalgamate

**fusta** SF [1] (= *látigo*) riding whip
[2] (= *leña*) brushwood, twigs *pl*

**fustán** SM [1] (= *tela*) fustian
[2] (*LAm*) (= *enagua*) petticoat, underskirt; (= *falda*) skirt

**fuste** SM [1] (= *importancia*) importance; **de ~** important, of some consequence; **de poco ~** unimportant
[2] (= *madera*) timber, lumber (*EEUU*); **de ~** wooden
[3] [*de lanza*] shaft; [*de chimenea*] shaft
[4] (*CAm Anat**) bottom
[5] (= *silla*) saddle tree

**fustigar** ▸conjug 1h◂ VT [1] (= *pegar*) to whip, lash
[2] (= *criticar*) to upbraid, give a tongue-lashing to*

**futbito** SM five-a-side football, five-a-side soccer (*EEUU*)

**fútbol** SM, **futbol** SM (*LAm*) football, soccer (*esp EEUU*); **~ ofensivo** attacking football ► **fútbol americano** American football ► **fútbol asociación** association football, soccer

**futbolero/a** Ⓐ ADJ football *antes de s*, soccer *antes de s*
Ⓑ SM/F football supporter, soccer supporter (*EEUU*)

**futbolín** SM [1] (= *juego*) table football, table soccer (*EEUU*)
[2] (*tb* **futbolines**) (= *local*) amusement arcade, amusements *pl*

**futbolista** SMF footballer, football player, soccer player (*esp EEUU*)

**futbolístico** ADJ football *antes de s*, soccer *antes de s*

**futbolmanía** SF football mania, soccer mania (*EEUU*)

**fútbol-sala** SM, **fútbol sala** SM indoor football, indoor soccer (*EEUU*)

**futearse** ▸conjug 1a◂ VPR (*Andes*) [*fruta*] to go bad, rot

**futesa** SF trifle, mere nothing; **futesas** (*en conversación*) small talk *sing*, trivialities

**fútil** ADJ [1] (= *inútil*) futile
[2] (= *sin importancia*) trifling, trivial

**futileza** SF, **futilidad** SF [1] (= *cualidad*) triviality, trifling nature
[2] (*Cono Sur*) trifle, bagatelle; **una ~** a trifle

**futing** ['futin] SM = **footing**

**futón** SM futon

**futre*** SM (*Chile*) toff*, dude (*EEUU**)

**futrería** SF (*Chile*) [1] (= *conducta*) affected behaviour, affected behavior (*EEUU*)
[2] (= *grupo*) group of toffs*, group of dudes (*EEUU**)
[3] (= *querencia*) hang-out (*EEUU**)

**futura** SF (*Jur*) reversion; *ver tb* **futuro**

**futurible** Ⓐ ADJ (= *venidero*) forthcoming; (= *potencial*) potential; (= *probable*) likely; (= *especulativo*) speculative; (= *digno de ascenso*) promotion-worthy
Ⓑ SMF (*Pol*) (= *dirigente*) potential leader; (= *ministro*) potential minister
Ⓒ SM hot tip, good bet; **es un ~ olímpico** he's a good prospect for the Olympics

**futurismo** SM futurism

**futurista** Ⓐ ADJ, **futurístico** ADJ futuristic
Ⓑ SMF futurist

**futuro/a** Ⓐ ADJ future; **futura madre** mother-to-be; **los equipos más ~s son A y B** the teams with the best prospects are A and B
Ⓑ SM/F (*) fiancé/fiancée
Ⓒ SM [1] future; **en el ~** in (the) future; **en lo ~** ◊ **en un ~** some time in the future; **en un ~ próximo** in the near future; **el ~ se presenta muy oscuro** the future looks bleak; **a ~** (*Chile*) in the future
[2] (*Ling*) future (tense)
[3] **futuros** (*Com*) futures; *ver tb* **futura**

**futurología** SF futurology

**futurólogo/a** SM/F futurologist

# G g

**G, g**[1] [xe] SF (= *letra*) G, g

**g**[2] ABR (= **gramo(s)**) g, gm(s)

**g/** ABR (= **giro**) p.o., m.o. (*EEUU*)

**gabacho/a** Ⓐ ADJ [1] (* *pey*) (= *francés*) froggy*, Frenchy*
[2] (*Geog*) Pyrenean
[3] ✦***MODISMO*** **le salió gabacha la cosa** (*Andes**) it came to nothing
Ⓑ SM/F [1] (* *pey*) frog*, Frenchy*
[2] (*Geog*) Pyrenean villager
[3] (*Méx*) (= *extranjero*) foreigner, outsider; (*en Tejas*) white American, Yankee

**gabán** SM overcoat, topcoat; (*Caribe*) jacket

**gabanear** ▸conjug 1a◂ Ⓐ VT (*CAm*) to steal
Ⓑ VI (*Méx*) to flee

**gabanero** SM hall wardrobe

**gabarda** SF wild rose

**gabardina** SF [1] (= *abrigo*) raincoat, mackintosh†; **gambas en ~** prawns in batter, battered prawns
[2] (= *tela*) gabardine

**gabardino/a** SM/F (*Méx pey*) white American, Yankee

**gabarra** SF barge, flatboat

**gabarrero/a** SM/F bargee, bargeman (*EEUU*)

**gabarro** SM [1] (*en una tela*) flaw, defect
[2] (*Vet*) (= *moquillo*) distemper, pip; [*de caballo*] tumour, tumor (*EEUU*)
[3] (*en las cuentas*) error, miscalculation
[4] (= *obstáculo*) snag; (= *molestia*) annoyance

**gabear** ▸conjug 1a◂ VT (*Caribe*) to climb

**gabela** SF [1] (*Hist*) (= *impuesto*) tax, duty; (= *carga*) burden
[2] (*Andes*) (= *ventaja*) advantage, profit

**gabinete** SM [1] (*profesional*) office ► **gabinete de consulta** consulting-room, doctor's office (*EEUU*) ► **gabinete de diseño** design consultancy ► **gabinete de estrategia** (*Pol*) think-tank ► **gabinete de imagen** public relations office ► **gabinete de prensa** press office ► **gabinete fiscal** tax advisory office ► **gabinete jurídico** (*en empresa*) legal department; (= *bufete*) law firm
[2] (*en casa*) (= *despacho*) study, library; (= *salita*) private sitting room; (= *tocador*) boudoir; (*Arte*) studio; **estratega de ~** armchair strategist ► **gabinete de lectura** reading room
[3] (*Pol*) cabinet ► **gabinete en la sombra**, **gabinete fantasma** shadow cabinet
[4] (= *laboratorio*) laboratory
[5] (= *museo*) museum
[6] (= *muebles*) suite of office furniture
[7] (*Andes*) (= *balcón*) enclosed balcony
[8] ► **gabinete de teléfono** (*Méx*) telephone booth

**gablete** SM gable

**Gabriel** SM Gabriel

**gacel** SM gazelle

**gacela** SF gazelle

**gaceta** SF [1] (= *boletín*) gazette, official journal; (*LAm*) (= *diario*) newspaper
[2] (*Caribe**) (= *chismoso*) gossip; (= *soplón*) telltale, tattletale (*EEUU*)

**gacetero/a** SM/F [1] (= *periodista*) newswriter, journalist
[2] (= *vendedor*) newspaper seller

**gacetilla** SF [1] (= *notas sociales*) gossip column; (= *noticias generales*) miscellaneous news section; (= *noticias locales*) local news section; **"Gacetilla"** "News in Brief"
[2] (*) (= *chismoso*) gossip; **ella es una ~ con dos patas** she's a dreadful gossip

**gacetillero/a** SM/F (= *reportero de sociedad*) gossip columnist; (*) (= *periodista*) hack (*pey*)

**gacetista** SMF gossip

**gacha** SF [1] thin paste, mush
[2] **gachas** (*Culin*) pap; ✦***MODISMO*** **se ha hecho unas ~s** she's turned all sentimental ► **gachas de avena** oatmeal porridge
[3] (*LAm*) (= *vasija*) earthenware bowl

**gachí‡** SF (*pl* **gachís**) bird‡, chick (*EEUU*‡)

**gacho** ADJ [1] (= *encorvado*) bent down, turned downward; [*cuerno*] down-curved; [*orejas*] drooping, floppy; **sombrero ~** slouch hat; **salió con las orejas gachas** *o* **con la cabeza gacha** he went out all down in the mouth*; ✦***MODISMO*** **a cabeza gacha** (*Cono Sur*) obediently
[2] **ir a gachas*** to go on all fours
[3] (*Méx**) (= *feo*) nasty, ugly; (= *sin suerte*) unlucky

**gachó*** SM (*pl* **gachós**) guy*, bloke*; **¡gachó!** brother!*; **qué terco eres, ~** man, you're so stubborn

**gachón** ADJ [1] (*) (= *encantador*) charming, sweet; [*niño*] spoilt
[2] (‡) [*mujer*] sexy

**gachumbo** SM (*LAm*) hollowed-out shell

**gachupín/ina** SM/F (*Méx*), **gachuzo/a** SM/F (*Méx pey*) Spaniard

**gacilla** SF (*CAm*) (= *imperdible*) safety pin; (= *broche*) clasp

**gaditano/a** Ⓐ ADJ of/from Cadiz
Ⓑ SM/F native/inhabitant of Cadiz; **los ~s** the people of Cadiz

**GAE** SM ABR (*Esp Mil*) = **Grupo Aéreo Embarcado**

**gaélico/a** Ⓐ ADJ Gaelic
Ⓑ SM/F Gael
Ⓒ SM (*Ling*) Gaelic

**gafa** SF [1] (= *grapa*) grapple; (= *abrazadera*) clamp
[2] **gafas** (*para ver*) glasses, spectacles†, eyeglasses (*EEUU*); (*Dep*) goggles ► **gafas bifocales** bifocals ► **gafas de aro** wire-rimmed glasses ► **gafas de baño**, **gafas de bucear** diving goggles ► **gafas de cerca** reading glasses ► **gafas de culo de vaso** pebble glasses ► **gafas de esquiar** skiing goggles ► **gafas de leer** reading glasses ► **gafas de media luna** half-moon glasses ► **gafas de motorista** motorcyclist's goggles ► **gafas de protección** safety goggles, protective goggles ► **gafas de sol** sunglasses ► **gafas graduadas** prescription glasses ► **gafas negras**, **gafas oscuras** dark glasses ► **gafas protectoras** safety goggles, protective goggles ► **gafas sin aros** rimless glasses ► **gafas submarinas** underwater goggles; *ver tb* **gafo**; → PANTALONES, ZAPATOS, GAFAS

**gafancia*** SF (= *mala suerte*) propensity to attract bad luck; (= *tendencia*) accident-proneness

**gafar** ▸conjug 1a◂ VT [1] (*) (= *traer mala suerte*) to jink*, put a jinx on*; (= *estropear*) to mess up; **la máquina parece gafada** the machine is jinxed*, the machine seems to have a jinx on it*
[2] (= *arrebatar*) to hook, latch on to

**gafe*** Ⓐ ADJ **ser ~** to have a jinx*, be jinxed*; **tener un día ~** to have a bad day, have an off day; **un número con ~** an unlucky number
Ⓑ SMF **ser un ~** to have a jinx*, be jinxed*
Ⓒ SM (= *mala suerte*) jinx*

**gafete** SM clasp, hook and eye

**gafo/a** Ⓐ ADJ [1] (*LAm*) (= *cansado*) footsore
[2] (*Méx*) (= *adormecido*) numb
[3] **estar ~** (*CAm**) to be broke*
[4] (*Caribe*) (= *no fiable*) unreliable, erratic; (‡) (= *bruto*) thick*
Ⓑ SM/F (*Caribe*) idiot; *ver tb* **gafa**

**gafudo** ADJ who wears glasses, with glasses

**gag** SM (*pl* **gags**) gag

**gagá*** Ⓐ ADJ **estar ~** to be gaga*
Ⓑ SMF old dodderer

**gago/a*** (*LAm*) Ⓐ ADJ stammering, stuttering
Ⓑ SM/F stammerer, stutterer

**gagoso*** ADJ (*LAm*) stammering, stuttering

**gaguear*** ▸conjug 1a◂ VI (*LAm*) to stammer, stutter

**gagueo*** SM (*LAm*) stammer(ing), stutter(ing)

**gaguera*** SF (*LAm*) stammer, stutter

**gaita** Ⓐ SF [1] (*Mús*) bagpipes *pl*; **tocar la ~** to play the bagpipes; ✦*MODISMOS* **ser como una ~*** to be very demanding; **estar de ~*** to be merry; **estar hecho una ~*** to be a wreck*; **templar ~s*** to pour oil on troubled waters ► **gaita gallega** Galician bagpipes
[2] (*Mús*) (= *flauta*) flute; (= *organillo*) hurdy-gurdy
[3] (*) (= *pescuezo*) neck; ✦*MODISMO* **sacar la ~** to stick one's neck out
[4] (*) (= *dificultad*) bother, nuisance; **¡qué ~!** what a pain!*; **déjame, que hoy no estoy para ~s** leave me alone, I don't need any hassle today*; **y toda esa ~*** and all that jazz*
[5] (*Méx**) (= *maula*) cheat, trickster
[6] (*Ven*) folk music
Ⓑ SMF (*LAm hum*) (= *gallego*) Galician; (= *español*) Spaniard

**gaitero/a** Ⓐ SM/F (*Mús*) (bag)piper
Ⓑ ADJ [1] [*color*] gaudy, flashy
[2] [*persona*] buffoonish

**gaje** SM [1] **en ~ de** (*LAm*) as a token of, as a sign of
[2] **gajes** (= *emolumentos*) pay *sing*, emoluments; (= *beneficios*) perquisites; (= *recompensa*) reward *sing*, bonus *sing*; **~s y emolumentos** (*Com*) perquisites ► **gajes del oficio** (*hum*) occupational hazards, occupational risks

**gajo** SM [1] [*de naranja*] slice, segment
[2] [*de uvas*] small cluster, bunch
[3] (= *rama*) torn-off branch, torn-off bough
[4] [*de horca*] point, prong
[5] (*Geog*) spur
[6] (*Andes*) curl, ringlet

**GAL** SMPL ABR (*Esp*) (= **Grupos Antiterroristas de Liberación**) *anti-ETA terrorist group*

**gal** SMF member of GAL

**gala** SF [1] (= *fiesta*) show ► **gala benéfica** charity event
[2] **de ~: cena de ~** gala dinner; **función de ~** gala; **uniforme de ~** full-dress uniform; **traje de ~** (*gen*) formal dress; (*Mil*) full dress; **estar de ~** [*ciudad*] to be in festive mood
[3] **galas** (= *ropa*) finery *sing*; (= *joyas*) jewels; **vestir sus mejores ~s** [*persona*] to put on one's Sunday best; [*edificio, ciudad*] to show one's best face ► **galas de novia** bridal attire *sing*
[4] (= *elegancia*) elegance, gracefulness; (= *pompa*) pomp, display; **hacer ~ de algo** (= *jactarse*) to boast of sth; (= *lucirse*) to show sth off; **tener algo a ~** to be proud of sth; **tener a ~ hacer algo** to be proud to do sth
[5] (= *lo más selecto*) pride; **es la ~ de la ciudad** it is the pride of the city; **llevarse las ~s** to win applause
[6] (= *especialidad*) speciality, specialty (*EEUU*)
[7] (*LAm*) (= *regalo*) gift; (= *propina*) tip; *ver tb* **galo**

**galáctico** ADJ galactic

**galafate** SM sly thief

**galaico** ADJ Galician

**galán** Ⓐ SM [1] (= *hombre apuesto*) handsome fellow; (= *Don Juan*) ladies' man; (*Hist*) young gentleman, courtier
[2] (= *novio*) gallant, beau; (= *pretendiente*) suitor
[3] (*Teat*) male lead; (= *protagonista*) hero; **primer ~** leading man; **joven ~** juvenile lead ► **galán de cine** screen idol
[4] ► **galán de noche** (= *mueble*) clothes-rack and trouser press; (= *planta*) night jasmine
Ⓑ ADV (*LAm**) = **bien**

**galanamente**† ADV (= *primorosamente*) smartly, sprucely; (= *con elegancia*) elegantly, tastefully

**galanas** SFPL (*CAm*) **echar ~** to boast, brag; **hacer ~** to do naughty things, be wicked

**galancete**† SM [1] (= *joven*) handsome young man; (*hum*) dapper little man
[2] (*Teat*) juvenile lead

**galancito**† SM juvenile lead

**galano**† ADJ [1] (= *primoroso*) smart, spruce; (= *elegante*) elegant, tasteful; (= *gallardo*) smartly dressed
[2] (*Cuba*) [*vaca*] mottled (*with red and white patches*)

**galante** ADJ [1] [*hombre*] (= *caballeroso*) gallant; (= *atento*) charming, attentive (*to women*); (= *cortés*) polite, urbane (*frm*)
[2] (††) [*mujer*] flirtatious, flirty; (*pey*) wanton, licentious

**galantear** ▸conjug 1a◂ VT (= *cortejar*) to court, woo; (= *coquetear*) to flirt with

**galantemente** ADJ (= *con caballerosidad*) gallantly; (= *con atención*) charmingly, attentively; (= *con cortesía*) politely

**galanteo** SM (= *corte*) courtship, wooing; (= *coqueteo*) flirting

**galantería** SF [1] (= *caballerosidad*) gallantry; (= *atención*) charm, attentiveness (*to women*); (= *gentileza*) politeness, urbanity (*frm*)
[2] (= *cumplido*) compliment; (= *piropo*) charming thing to say, gallantry

**galanto** SM snowdrop

**galanura** SF (= *gracia*) prettiness; (= *encanto*) charm; (= *gallardía*) elegance, tastefulness

**galápago** SM [1] (= *tortuga*) freshwater tortoise
[2] (= *molde*) tile mould, tile mold (*EEUU*)
[3] (*Téc*) ingot, pig
[4] (= *montura*) light saddle; (*LAm*) (= *montura de lado*) sidesaddle
[5] [*de bicicleta*] racing saddle

**Galápagos** SFPL **las (Islas) ~** the Galapagos (Islands)

**galapagueño/a** Ⓐ ADJ of/from the Galapagos (Islands)
Ⓑ SM/F native/inhabitant of the Galapagos (Islands)

**galardón** SM (= *premio*) award, prize; (= *recompensa*) reward

**galardonado/a** SM/F award-winner, prize-winner

**galardonar** ▸conjug 1a◂ VT [+ *obra, candidato*] to award a prize to, give a prize *o* award to; **ha sido galardonado con el premio Nobel** he was awarded the Nobel prize; **obra galardonada por la Academia** work which won an Academy prize

**galaxia** SF galaxy

**galbana** SF laziness, sloth

**galbanoso** ADJ lazy, slothful

**galdosiano** ADJ *relating to Benito Pérez Galdós*; **estudios ~s** Galdós studies

**galembo** SM (*Andes, Caribe*) turkey buzzard

**galena** SF galena, galenite; *ver tb* **galeno 1**

**galeniano** ADJ Galenic

**Galeno** SM Galen

**galeno[1]/a** SM/F (*Literat hum*) physician; (*LAm*) doctor; *ver tb* **galena**

**galeno[2]** ADJ [*viento*] moderate, soft

**galeón** SM galleon

**galeote** SM galley slave

**galera** SF [1] (*Náut*) galley; **condenar a algn a ~s** to condemn sb to the galleys
[2] (= *carro*) covered wagon
[3] (*Med*) hospital ward; (*Hist*) women's prison
[4] (*CAm, Méx*) (= *cobertizo*) shed
[5] (*CAm*) (= *matadero*) slaughterhouse
[6] (*LAm*) (= *chistera*) top hat; (= *fieltro*) felt hat, trilby, fedora (*EEUU*); (= *hongo*) bowler hat, derby (*EEUU*)
[7] (*Tip*) galley

**galerada** SF [1] (*Tip*) galley proof
[2] (= *carga*) wagonload

**galería** SF [1] (= *espacio*) (*interior, en mina*) gallery; (*exterior*) balcony ► **galería comercial** shopping mall ► **galería de alimentación** food hall ► **galería de arte** art gallery ► **galería de columnas** colonnade ► **galería de la muerte** death row ► **galería de popa** (*Náut*) stern gallery ► **galería de tiro** shooting gallery ► **galería de viento** (*Aer*) wind tunnel ► **galería secreta** secret passage
[2] (*) (= *público*) audience; ✦*MODISMO* **hacer algo para** *o* **de cara a la ~** to play to the gallery; **ha sido un gesto para la ~** it was just playing to the gallery
[3] (*para cortinas*) pelmet, cornice (*EEUU*)
[4] (*Andes, Caribe*) store

**galerista** SMF (= *propietario*) gallery owner; (= *director*) art gallery director

**galerita** SF crested lark

**galerna** SF, **galerno** SM *violent north-west wind on North coast of Spain*

**galerón** SM [1] (*CAm*) (= *cobertizo*) shed; (= *tejado*) shed roof
[2] (*Méx*) (= *sala*) hall
[3] (*Caribe*) (= *baile*) folk dance

**Gales** SM Wales

**galés/esa** Ⓐ ADJ Welsh
Ⓑ SM/F Welshman/Welshwoman; **los galeses** the Welsh
Ⓒ SM (*Ling*) Welsh

**galfaro** SM (*Caribe*) little rascal

**galga** SF [1] (= *instrumento*) gauge, gage (*EEUU*)
[2] (*Geol*) boulder
[3] [*de molino de aceite*] millstone

**galgo[1]/a** SM/F greyhound; ✦*MODISMOS* **¡échale un ~!*** catch him if you can!; **¡vete a espulgar un ~!*** go to blazes! ► **galgo afgano** Afghan (hound) ► **galgo ruso** borzoi, Russian wolfhound

**galgo[2]*** ADJ, **galgón*** ADJ (*Andes*) sweet-toothed, fond of sweets

**galguear*** ▸conjug 1a◂ VI (*CAm, Cono Sur*) (= *tener hambre*) to be starving, be ravenous; (= *buscar comida*) to wander about looking for food

**Galia** SF Gaul

**gálibo** SM [1] (*Téc*) gauge
[2] (= *luz*) warning light, flashing light

**galicano**† ADJ [1] (= *galo*) Gallic
[2] (*Rel*) Gallican

**galiciano/a** ADJ, SM/F Galician

**galicismo** SM Gallicism

**gálico** Ⓐ ADJ Gallic
Ⓑ SM syphilis

**galicoso/a** ADJ, SM/F syphilitic

**Galilea** SF Galilee

**galillo** SM uvula

**galimatías** SM INV (= *asunto*) rigmarole; (= *lenguaje*) gibberish, nonsense

**gallada** SF 1 (*LAm*) (= *acto atrevido*) bold deed, great achievement; (= *jactancia*) boast
2 **la ~** (*Cono Sur**) (= *chicos*) the boys*, the lads*; (= *gente*) people

**gallardamente** ADV (= *con elegancia*) gracefully, elegantly; (= *con magnificencia*) splendidly; (= *con valentía*) bravely; (= *con caballerosidad*) gallantly, dashingly; (= *con nobleza*) nobly

**gallardear** ▸conjug 1a◂ VI 1 (= *actuar con gracia*) to act with ease and grace; (= *tener buen porte*) to bear o.s. well
2 (= *pavonearse*) to strut

**gallardete** SM pennant, streamer

**gallardía** SF (= *elegancia*) gracefulness; (= *magnificencia*) fineness; (= *valentía*) bravery; (= *caballerosidad*) gallantry, dash; (= *nobleza*) nobleness

**gallardo** ADJ (= *elegante*) graceful, elegant; (= *magnífico*) fine, splendid; (= *valiente*) brave; (= *caballeroso*) gallant, dashing; (= *noble*) noble

**gallareta** SF (*LAm*) South American coot

**gallear** ▸conjug 1a◂ Ⓐ VT [+ *gallina*] to tread
Ⓑ VI 1 (= *destacar*) to excel, stand out
2 (= *pavonearse*) to strut around; (= *jactarse*) to brag; (= *bravuconear*) to be a bully, chuck one's weight about; (= *gritar*) to bluster, bawl

**gallego/a** Ⓐ ADJ 1 (= *de Galicia*) Galician
2 (*LAm pey*) Spanish
Ⓑ SM/F 1 (= *de Galicia*) Galician
2 (*LAm pey*) Spaniard
Ⓒ SM 1 (*Ling*) Galician
2 (= *viento*) north-west wind

> **GALLEGO**
>
> ***Gallego**, a romance language dating back to the 12th century and closely related to Portuguese, is spoken by 80-85% of the inhabitants of **Galicia**. During the Franco régime, the use of Galician and other minority national languages was prohibited in the media and in public institutions. It has enjoyed **lengua cooficial** status alongside **castellano** since 1981. There are several dialects of the language and formal attempts to standardize them in the 1970's were unsuccessful. However, a standard form is now beginning to emerge naturally in the larger urban areas.*
>
> ⇨ *See also* LENGUAS COOFICIALES

**galleguismo** SM 1 (*Ling*) Galleguism, *word or phrase peculiar to Galicia*
2 (= *sentimiento*) *sense of the differentness of Galicia*; (*Pol*) *doctrine of/belief in Galician autonomy*

**galleguista** Ⓐ ADJ pro-Galician
Ⓑ SMF pro-Galician

**gallera** SF 1 (*LAm*) (= *palenque*) cockpit
2 (*Andes, CAm*) (= *gallinero*) coop (*for gamecocks*); *ver tb* **gallero**

**gallería** SF (*Caribe*) 1 (= *palenque*) cockpit
2 (= *egoísmo*) egotism, selfishness

**gallero/a** Ⓐ ADJ (*LAm, Canarias*) fond of cockfighting
Ⓑ SM/F 1 (*LAm, Canarias*) (= *encargado*) *owner or trainer of fighting cocks*; (= *aficionado*) cockfighting enthusiast
2 (*Cono Sur*) pilferer; *ver tb* **gallera**

**galleta** SF 1 (*Culin*) (= *dulce*) biscuit, cookie (*EEUU*); (*Náut*) ship's biscuit, hardtack; (*Cono Sur*) coarse bread; ✦***MODISMO*** **ir a toda ~*** to go full-speed ► **galleta para perros** dog biscuit ► **galleta salada** cracker
2 (*) (= *bofetada*) bash*, slap; **se pegó una ~ con la moto** he had a bad smash on the bike
3 (*Andes, Cono Sur*) *small bowl for drinking maté*
4 (*LAm**) confusion, disorder; ✦***MODISMO*** **hacerse una ~** (*Cono Sur*) to get muddled ► **galleta del tráfico** (*Ven**) (= *atasco*) traffic jam; (= *burla*) practical joke
5 (*Cono Sur*) (= *bronca*) ticking-off*; **le dieron una buena ~** they gave him a good ticking-off*
6 ✦***MODISMOS*** **colgar** o **dar la ~ a algn** (*Andes, Arg**) (= *despedir*) to sack sb*, fire sb*; (= *plantar*) to jilt sb; (= *rechazar*) to give sb the brush-off*; (= *no hacer caso a*) to give sb the cold shoulder; **tener mucha ~** (*Méx**) to be very strong

**galletear** ▸conjug 1a◂ VT 1 (*Méx*) (= *golpear*) to belt*, punch
2 (*Cono Sur*) (= *despedir*) to sack*, fire*

**galletero/a** Ⓐ SM/F (*Cono Sur*) (= *irritable*) quick-tempered person; (= *pendenciero*) roughneck
Ⓑ SM (= *recipiente*) biscuit tin

**gallina** Ⓐ SF 1 (= *ave*) hen; ✦***MODISMOS*** **acostarse con las ~s** to go to bed early; **cantar la ~** to own up, hold up one's hands; **andar como ~ clueca** (*Méx*) to be as pleased as Punch; **estar como ~ en corral ajeno** (= *estar incómodo*) to be like a fish out of water; (= *no tener libertad*) to have no freedom of movement; **estar como ~ con huevos** to be very distrustful; **¡hasta que meen las ~s!*** pigs might fly!*; **matar la ~ de los huevos de oro** to kill the goose that lays the golden eggs; ✦***REFRÁN*** **las ~s de arriba ensucian a las de abajo** (*Chile*) the underdog always suffers ► **gallina ciega** (*CAm, Caribe*) (= *gusano*) white worm; **jugar a la ~ ciega** to play blind man's buff ► **gallina clueca** broody o (*EEUU*) brooding hen ► **gallina de agua** coot ► **gallina de bantam** bantam ► **gallina de Guinea** guinea fowl ► **gallina de mar** gurnard ► **gallina ponedora** laying hen
2 (*Culin*) chicken; **caldo de ~** chicken broth; **~ en pepitoria** *chicken in a sauce made with wine, bread, egg, almonds and pine nuts*
Ⓑ SMF (*) (= *cobarde*) chicken*, coward

**gallinacera** SF (*Andes pey*) bunch of blacks

**gallinaza** SF hen droppings *pl*

**gallinazo** SM (*LAm*) turkey buzzard

**gallinería** SF 1 (= *gallinas*) flock of hens
2 (*Com*) (= *tienda*) poultry shop; (= *mercado*) chicken market
3 (*) (= *cobardía*) cowardice

**gallinero/a** Ⓐ SM/F 1 (= *criador*) chicken farmer
2 (= *pollero*) poulterer, poultry dealer
Ⓑ SM 1 (= *criadero*) henhouse, coop; (= *cesta*) poultry basket
2 (*Teat*) gods *pl*, top gallery
3 (= *confusión*) hubbub; (= *griterío*) noisy gathering; (= *casa de locos*) madhouse

**gallineta** SF 1 (*Orn*) (= *chocha*) woodcock; (= *fúlica*) coot; (*LAm*) guinea fowl
2 ► **gallineta del Atlántico**, **gallineta nórdica** Atlantic redfish

**gallinilla** SF ► **gallinilla de bantam** bantam

**gallipavo** SM 1 (= *ave*) turkey
2 (*Mús*) false note, wrong note

**gallito** Ⓐ ADJ (*) (= *bravucón*) cocky*, cocksure; **ponerse ~** to get cocky*
Ⓑ SM 1 (= *ave*) cockerel
2 (= *persona*) tough guy*; **es el ~ del grupo** he's top dog*; **el ~ del mundo** the cock-o'-the-walk
3 (*Col, Méx Dep*) shuttlecock
4 (*Andes*) (= *flecha*) small arrow, dart

**gallo**[1] SM 1 (= *ave*) cock, rooster (*esp EEUU*); (*más pequeño*) cockerel; ✦***MODISMOS*** **alzar el ~** (*LAm*) to bawl; **comer ~** (*Andes, CAm**) to suffer a setback; **haber comido ~** (*Méx**) to be in a fighting mood; **como ~ en corral ajeno** like a fish out of water; **entre ~s y medianoche** (*Arg*) on the spur of the moment; **estar como ~ en gallinero** to be highly esteemed, be well thought of; **dormírsele a algn el ~** (*CAm, Méx**) to let an opportunity slip; **no me va nada en el ~** (*Méx**) it doesn't matter to me, it's no skin off my nose*; **levantar el ~** (*LAm*) to bawl; (*Caribe, Méx**) to throw in the towel o (*EEUU*) sponge; **matar el ~ a algn** to floor sb, shut sb up*; **en menos que canta un ~** in an instant, in a flash; **otro ~ cantaría** things would be very different; **pelar ~** (*Méx**) (= *salir huyendo*) to make a run for it*; (= *morirse*) to kick the bucket*; **al primer ~** (*Méx*) at midnight; **hay ~ tapado** (*Col*) I smell a rat; **tener mucho ~** to be cocky* ► **gallo de pelea**, **gallo de riña** gamecock, fighting cock ► **gallo lira** black grouse ► **gallo pinto** (*CAm Culin*) beans and rice ► **gallo silvestre** capercaillie; *ver tb* **pata A1.2**, **pelea**, **peso 7.3**
2 (= *pez*) john dory
3 (*en la voz*) false note; **soltó un ~** (*al cantar*) he sang a false note; (*al hablar*) his voice cracked; **tengo un ~ en la garganta** I have a frog in my throat
4 (*) (= *bravucón*) tough guy*; (*LAm*) expert, master; **yo he sido ~ para eso** I was a great one at that
5 (*Pesca*) cork float
6 (‡) (= *flema*) spit; (*Méx*) (= *gargajo*) gob of spit‡
7 (*Méx*) (= *serenata*) street serenade
8 (*Méx**) (= *ropa usada*) hand-me-down; **anda siempre de ~s** all his clothes are hand-me-downs; **lo visten con los ~s del hermano mayor** they dress him in his brother's hand-me-downs o old clothes
9 (*Andes*) (= *flecha*) dart
10 (*Col, Méx Dep*) shuttlecock
11 (*Andes*) [*de bomberos*] hose truck

**gallo**[2]**/a** SM/F (*Chile*) guy*/girl; **conocí a un ~ estupendo** I met a great guy*; **¡qué galla tan antipática!** she is so unfriendly!

**gallofero/a** Ⓐ ADJ idle, vagabond
Ⓑ SM/F (= *holgazán*) idler, loafer; (= *vagabundo*) tramp, bum (*EEUU*), hobo (*EEUU*); (= *mendigo*) beggar

**gallón*** (*Méx*) Ⓐ ADJ cocky*
Ⓑ SM local boss

**gallote*** Ⓐ ADJ (*CAm, Méx*) cocky*
Ⓑ SM (*CAm*) cop*

**gallumbos*** SMPL underpants

**galo/a** Ⓐ ADJ (*Hist*) Gallic; (*moderno*) French
Ⓑ SM/F (*Hist*) Gaul; (*moderno*) Frenchman/ Frenchwoman; *ver tb* **gala**

**galocha** SF clog

**galón**[1] SM (*Cos*) braid; (*Mil*) stripe, chevron; **la acción le valió dos galones** his action gained him a couple of stripes; **quitar los galones a algn** to demote sb

**galón**[2] SM (= *medida*) gallon

**galonear** ▸conjug 1a◂ VT to braid, trim with braid

**galopada** SF gallop

**galopante** ADJ (*gen*) galloping; [*inflación*] galloping, runaway; [*déficit*] spiralling; [*paro*] soaring, spiralling; **el número de casos aumentó a un ritmo ~** the number of cases shot up

**galopar** ▸conjug 1a◂ VI to gallop; **echar a ~** to break into a gallop

**galope** SM gallop; **a** *o* **al ~** (*lit*) at a gallop; (*fig*) in great haste, in a rush; **a ~ tendido** at full gallop; **alejarse a ~** to gallop off; **desfilar a ~** to gallop past; **llegar a ~** to gallop up; **medio ~** canter

**galopín** SM [1] (= *pícaro*) ragamuffin, urchin; (= *bribón*) scoundrel; (= *sabelotodo*) smart Aleck*, clever Dick*
[2] (*Náut*) (= *grumete*) cabin boy

**galpón** SM [1] (*LAm*) (= *cobertizo*) shed, storehouse; (*Aut*) garage
[2] (*Andes*) (= *tejar*) tileworks, pottery

**galucha** SF (*LAm*) short gallop; (*Caribe*) start of a gallop

**galuchar** ▸conjug 1a◂ VI (*LAm*) to gallop

**galvánico** ADJ galvanic

**galvanismo** SM galvanism

**galvanizado** ADJ galvanized

**galvanizar** ▸conjug 1f◂ VT [1] (*Fís*) to electroplate, galvanize
[2] (= *estimular*) to galvanize

**galvano** SM (*Cono Sur*) commemorative plaque

**galvanoplastia** SF electroplating

**gama**[1] SF [1] (= *serie*) range; **una extensa ~ de colores** an extensive range of colours; **alto de ~** ◊ **de ~ alta** top of the range; **bajo de ~** ◊ **de ~ baja** bottom of the range ► **gama de frecuencias** frequency range ► **gama de ondas** wave range ► **gama sonora** sound range
[2] (*Mús*) scale

**gama**[2] SF (= *letra*) gamma

**gama**[3] SF (*Zool*) doe (*of fallow deer*); ✦***MODISMO*** **sentársele a algn la ~** (*Cono Sur*) to get discouraged

**gamarra** SF (*CAm*) halter; ✦***MODISMO*** **llevar a algn de la ~*** to lead sb by the nose

**gamba** SF [1] (= *marisco*) prawn; **cóctel de ~s** prawn cocktail
[2] (*) (= *pierna*) leg; ✦***MODISMO*** **meter la ~** to put one's foot in it*
[3] (†*) 100 pesetas; **media ~** 50 pesetas

**gambado** ADJ (*Caribe*) knock-kneed

**gamberrada** SF (= *acto vandálico*) piece of hooliganism; (= *grosería*) loutish thing (to do); (= *broma*) lark*, rag*, piece of horseplay; **hacer ~s** = **gamberrear 1**

**gamberrear** ▸conjug 1a◂ VI [1] (= *hacer el gamberro*) to go around causing trouble, act like a hooligan; (= *hacer el tonto*) to lark about*, horse around*
[2] (= *gandulear*) to loaf around

**gamberrismo** SM hooliganism, loutish behaviour

**gamberrístico** ADJ loutish, ill-bred

**gamberro/a** Ⓐ ADJ [1] (*pey*) loutish, ill-bred
[2] (= *bromista*) joking, teasing
Ⓑ SM/F [1] (*pey*) hooligan, troublemaker; **hacer el ~** to act like a hooligan
[2] (= *bromista*) joker

**gambeta** SF [1] [*de caballo*] prance, caper
[2] (*LAm*) (= *esguince*) dodge, avoiding action
[3] (*Dep*) dribble
[4] (*) (= *pretexto*) dodge, pretext

**gambito** SM gambit

**gambuza** SF (*Náut*) store, storeroom

**gamella** SF (= *abrevadero*) trough; (= *artesa*) washtub

**gameto** SM gamete

**gamín/ina*** SM/F (*Col*) street urchin

**gamma** Ⓐ SF (= *letra*) gamma; **radiación ~** gamma radiation
Ⓑ ADJ INV **rayos ~** gamma rays

**gamo** SM buck (*of fallow deer*)

**gamonal** SM (*LAm*) = **cacique**

**gamonalismo** SM (*LAm*) = **caciquismo**

**gamulán** SM (*Cono Sur*) sheepskin

**gamuza** SF [1] (*Zool*) chamois
[2] (= *piel*) chamois leather, wash leather; **una cazadora de ~** a suede jacket
[3] (= *paño*) duster, dustcloth (*EEUU*)

▼ **gana** SF [1] **hacer algo con ~s** to do sth willingly *o* enthusiastically; **comer/reírse con ~s** to eat/laugh heartily; **un chico joven y con ~s de trabajar** a young lad willing to work; **jóvenes con ~s de divertirse** young people keen to enjoy themselves; **con ~s de pelea** spoiling for a fight; **dar ~s**: **esto da ~s de comerlo** it makes you want to eat it; **dan ~s de pegarle una patada** you feel like kicking him; **le entran ~s de hacer algo** he gets the urge to do sth; **quedarse con las ~s** to be left disappointed, be left wanting; **nos quedamos con las ~s de saberlo** we never got to find out; **me quedé con las ~s de decirles lo que pensaba** I never got to tell them what I thought; **quitársele a algn las ~s de algo**: **se me han quitado las ~s de ir** I don't feel like going now *o* any more; **hacer algo sin ~s** to do sth reluctantly *o* unwillingly; **tener ~s de hacer algo** to feel like doing sth; **tengo ~s de ir al cine** I feel like going to see a film; **tengo ~s de vomitar** I feel sick, I'm going to be sick; **tengo ~s de ir al servicio** I need (to go to) the loo; **tengo ~s de que llegue el sábado** I'm looking forward to Saturday; **hola, ¿cómo estás? tenía ~s de verte** hi, how are you? I was hoping I'd see you; **tengo unas ~s locas de verte** I can't wait to see you, I'm dying to see you; **tengo pocas ~s de ir** I don't feel like going much, I don't really want to go; **malditas las ~s que tengo de ir*** there's no way I want to go
[2] ✦***MODISMOS*** **de buena ~** gladly; **de buena ~ te ayudaría, pero no puedo** I'd gladly help you, but I can't; **con ~s** (= *de verdad*) really; **ser malo con ~s** to be thoroughly nasty; **hacer lo que le da la ~ a uno** to do as one pleases; **haz lo que te dé la ~** just do as you please; **me visto como me da la ~** I dress the way I want to, I dress as I please; **hazlo como te dé la ~** do it however you like; **¡no me da la ~!** I don't want to!; **porque (no) me da la real ~** because I (don't) damned well want to*; **me da la ~ de** + INFIN I feel like + *ger*, I want to + *infin*; **de ~** (*Andes*) (= *sin querer*) unintentionally; (= *en broma*) as a joke, in fun; **hasta las ~s** (*Méx*) right up to the end; **pagar hasta las ~s*** to pay over the odds; **¡las ~s!*** you'll wish you had!; **de mala ~** reluctantly, grudgingly; **no me pega la ~** (*Méx**) I don't feel like it; **siempre hace su regalada ~** (*Méx**) he always goes his own sweet way; **ser ~s de**: **son ~s de molestar** *o* **fastidiar** they're just trying to be awkward; **es ~** (*Andes, Caribe, Méx*) it's a waste of time, there's no point; **tenerle ~s a algn*** to have it in for sb*; **venirle en ~ a algn**: **hacen lo que les viene en ~** they do exactly as they please; **no me viene en ~** I don't feel like it, I can't be bothered; ✦***REFRANES*** **~ tiene de coles quien besa al hortelano** it's just cupboard love; **donde hay ~ hay maña** where there's a will, there's a way

**ganadería** SF [1] (= *crianza*) cattle raising, stockbreeding; (*en estancia*) ranching
[2] (= *estancia*) stock farm; (= *rancho*) cattle ranch; **toros de ~ de Valdemoro** bulls from the Valdemoro ranch
[3] (= *ganado*) cattle, livestock; (= *raza*) breed, race of cattle

**ganadero/a** Ⓐ ADJ cattle *antes de s*, stock *antes de s*; (= *de cría*) cattle-raising *antes de s*
Ⓑ SM/F [1] (= *criador*) cattle-raiser, stockbreeder (*EEUU*); (= *hacendado*) rancher
[2] (= *comerciante*) cattle dealer

**ganado** SM [1] (= *animales*) livestock; (*esp LAm*) (*vacuno*) cattle; (= *rebaño*) herd, flock; **íbamos amontonados como ~** we were packed in like sardines ► **ganado asnal** donkeys *pl* ► **ganado caballar** horses *pl* ► **ganado cabrío** goats *pl* ► **ganado equino** horses *pl* ► **ganado lanar** sheep *pl* ► **ganado mayor** *cattle, horses and mules* ► **ganado menor** *sheep, goats and pigs* ► **ganado mular** mules *pl* ► **ganado ovejuno** sheep *pl* ► **ganado porcino** pigs *pl* ► **ganado vacuno** cattle
[2] (*pey*) (= *gente*) **¡ya verás qué ~ tenemos esta noche!** we've got a right bunch in here tonight!*
[3] (*LAm*) **un ~ de** a crowd *o* mob of

**ganador(a)** Ⓐ ADJ (= *vencedor*) winning, victorious; **el equipo ~** the winning team; **apostar a ~ y colocado** to back (a horse) each way, back for a win and a place
Ⓑ SM/F winner; (*Fin*) earner; (*que se beneficia*) gainer

**ganancia** SF [1] (= *beneficio*) gain; (= *aumento*) increase
[2] **ganancias** (*Com, Fin*) (= *ingresos*) earnings; (= *beneficios*) profits; **sacar ~s de algo** to draw profit from sth; **~s y pérdidas** profit and loss; ✦***MODISMO*** **no le arriendo la ~** I don't envy him ► **ganancias brutas** gross profit *sing* ► **ganancias de capital** capital gains ► **ganancias líquidas** net profit *sing*
[3] (*LAm*) (= *propina*) extra, bonus

**ganancial** Ⓐ ADJ profit *antes de s*; *ver tb* **bien D4**
Ⓑ **gananciales** SMPL joint property *sing*

➤ LENGUA Y USO: gana 1 35.4

**ganancioso/a** Ⓐ ADJ [1] (= *lucrativo*) gainful
[2] (= *triunfador*) winning; **resultar** *o* **salir ~** to be the gainer
Ⓑ SM/F gainer

**ganapán** SM [1] (*sin trabajo fijo*) casual labourer *o* (*EEUU*) laborer
[2] (*que hace pequeños arreglos*) odd-job man
[3] (= *palurdo*) lout
[4] (= *recadero*) messenger

**ganar** ▸conjug 1a◂ Ⓐ VT [1] [+ *sueldo*] to earn; **¿cuánto ganas al mes?** how much do you earn *o* make a month?; **ha ganado mucho dinero** she has made a lot of money
[2] [+ *competición, partido, premio, guerra*] to win; **le ganó mil pesetas a Rosa** he won a thousand pesetas from Rosa; **¿quién ganó la carrera?** who won the race?; **si te toca puedes ~ un millón** if you win you could get a million; **~ unas oposiciones para un puesto** to obtain a post by public examination
[3] [+ *contrincante*] to beat; **¡les ganamos!** we beat them!; **ganamos al Olimpic tres a cero** we beat Olimpic three-nil; **no hay quien le gane** there's nobody who can beat him, he's unbeatable; **como orador no hay quien le gane** *o* **no le gana nadie** as a speaker there is no one to touch him, no one outdoes him at speaking
[4] (= *conseguir*) [+ *tiempo, peso, terreno*] to gain; **¿qué gano yo con todo esto?** what do I gain *o* get from all this?; **con eso no ganas nada** that won't get you anywhere; **tierras ganadas al mar** land reclaimed *o* won from the sea; **~ popularidad** to win *o* earn popularity
[5] (= *alcanzar*) [+ *objetivo*] to achieve, attain; **~ la orilla** to reach the shore; **~ la orilla nadando** to swim to the shore
[6] (= *convencer*) to win over; **dejarse ~ por algo** to allow o.s. to be won over by sth
[7] (= *aventajar*) **te gana en inteligencia** he's more intelligent than you; **me gana en pericia** he has more expert knowledge than me; **te gana trabajando** he's a better worker than you
[8] (*Mil*) [+ *plaza, pueblo*] to take, capture
Ⓑ VI [1] (*trabajando*) to earn; **no gano para comprar un piso** I don't earn enough to buy a flat; ✦***MODISMO*** **no ganamos para sustos** we have nothing but trouble
[2] (*en competición, guerra*) to win; **~on por cuatro a dos** they won four-two; **~on por 40 votos** they won by 40 votes; **lo importante no es ~** winning isn't the most important thing; **nuestras ideas terminaron ganando** our ideas won out in the end; **dejarse ~** (*con trampas*) to lose on purpose; **se deja ~ por el niño** he lets the kid beat him
[3] (= *mejorar*) to benefit, improve; **la película ~ía mucho si se cortase** the film would greatly benefit from being cut, the film would be greatly improved if it was cut; **hemos ganado con el cambio** we've greatly benefited from the change; **ha ganado mucho en salud** his health has greatly improved; **su juego ha ganado en confianza** her play has become more confident; **salir ganando** to do well; **saldrás ganando** you'll do well out of it; **salí ganando con la venta del coche** I did well out of the sale of the car
Ⓒ **ganarse** VPR [1] [+ *afecto, confianza*] to win; **ha sabido ~se el afecto de todos** she has managed to win everyone's affection; **~se la confianza de algn** to win sb's trust; **~se las antipatías de algn** to make oneself unpopular with sb
[2] [+ *sueldo*] to earn; **~se la vida** to earn a living; **se lo ha ganado** he has earned it *o* deserves it; **se ganó a pulso el título de campeón** he became champion the hard way; **¡te la vas a ~!*** you're for it!*
[3] (*LAm*) (= *acercarse*) to go off; **~se a la cama** to go off to bed; **~se hasta la casa** to get to the house; **el caballo se ganó para el bosque** the horse moved off towards the wood, the horse made for the wood
[4] (= *refugiarse*) to take refuge; **se ganó en la iglesia** he took refuge in the church

**gancha‡** SF hash*, pot‡

**ganchera** SF (*Cono Sur*) matchmaker

**ganchero/a** SM/F (*Cono Sur*) (= *ayudante*) helper, assistant; (= *factótum*) odd-job man/odd-job woman

**ganchete** SM ✦***MODISMOS*** **mirar al ~** (*Caribe**) to look out of the corner of one's eye (at); **ir de ~** (*LAm*) to go arm-in-arm

**ganchillo** SM [1] (= *gancho*) crochet hook
[2] (= *labor*) crochet work; **una colcha de ~** a crocheted quilt; **hacer (labores de) ~** to crochet

**ganchito®** SM *light cheese-flavoured snack*, ≈ Wotsit®

**gancho** SM [1] (= *garfio*) hook; [*de árbol*] stump; (*Agr*) shepherd's crook; ✦***MODISMOS*** **echar el ~ a algn*** to hook sb, capture sb; **estar en ~s** (*LAm‡*) to be hooked on drugs*
► **gancho de carnicero** butcher's hook
► **gancho de remolque** towing hook, trailer hitch
[2] (*LAm*) (= *horquilla*) hairpin; (*para la ropa*) hanger; (*CAm*) (= *imperdible*) safety pin
[3] (*) (= *atractivo sexual*) sex appeal; (= *atractivo popular*) pulling power; **una chica con mucho ~** a girl with lots of sex appeal; **un actor con mucho ~** an actor with great pulling-power; **el nuevo delantero tiene ~** the new forward is a crowd-puller; **esta música tiene ~** this music's really got something; **lo usan de ~ para atraer a la gente** they use it as an attraction to pull the crowds in
[4] [*de timador*] accomplice
[5] (*Boxeo*) (= *golpe*) hook; **un ~ hacia arriba** an uppercut
[6] (*LAm*) (= *ayuda*) help; (= *protección*) protection; ✦***MODISMO*** **hacer ~** (*Cono Sur**) to lend a hand
[7] (*Andes*) lady's saddle

**ganchoso** ADJ, **ganchudo** ADJ hooked, curved

**gandalla‡** SMF (*Méx*) [1] (= *vagabundo*) tramp, bum (*EEUU**), hobo (*EEUU*)
[2] (= *arribista*) upstart

**gandido** ADJ (*Andes*) greedy

**gandinga** SF (*Caribe*) [1] (*Culin*) thick stew
[2] (*) (= *apatía*) sloth, apathy
[3] (= *vergüenza*) **tener poca ~** to have no sense of shame

**gandola** SF (*LAm*) articulated truck

**gandul(a)** Ⓐ ADJ (= *holgazán*) idle, slack; (= *inútil*) good-for-nothing
Ⓑ SM/F (= *holgazán*) idler, slacker; (= *inútil*) good-for-nothing

**gandula*** SF (*Hist*) law on vagrancy

**gandulear** ▸conjug 1a◂ VI to idle, loaf around

**gandulería** SF idleness, loafing

**gandulitis** SF INV (*hum*) congenital laziness

**gane** SM (*CAm Dep*) win, victory; **llevarse** *o* **lograr el ~** to win

**gang** SM (*pl* **gangs**) gang

**ganga** SF [1] (*Com*) bargain; **¡una verdadera ~!** a genuine bargain!; **precios de ~** bargain prices, giveaway prices
[2] (= *golpe de suerte*) windfall; (= *cosa fácil*) cinch*, gift*; **esto es una ~** this is a gift*
[3] (*Méx**) (= *sarcasmo*) taunt, jeer

**Ganges** SM **el ~** the Ganges

**ganglio** SM [1] (*Anat*) ganglion; (= *hinchazón*) swelling
[2] **ganglios‡** [*de mujer*] tits‡

**gangosear** ▸conjug 1a◂ VI (*Andes, Cono Sur*) [1] (* *pey*) to talk through one's nose, whine
[2] = **ganguear**

**gangoseo** SM (*Andes, Cono Sur*) = **gangueo**

**gangoso** ADJ nasal, twanging

**gangrena** SF gangrene

**gangrenar** ▸conjug 1a◂ Ⓐ VT [1] (*Med*) to make gangrenous, cause gangrene in
[2] (*Pol*) to infect, destroy
Ⓑ **gangrenarse** VPR to become gangrenous

**gangrenoso** ADJ gangrenous

**gángster** ['ganster] SM (*pl* **gángsters** ['ganster]) gangster; (= *pistolero*) gunman

**gangsteril** ADJ gangster *antes de s*

**gangsterismo** SM gangsterism

**ganguear** ▸conjug 1a◂ VI to talk with a nasal accent, speak with a twang

**gangueo** SM nasal accent, twang

**ganoso** ADJ [1] (= *afanoso*) anxious, keen; **~ de hacer algo** anxious to do sth, keen to do sth
[2] (*Cono Sur*) [*caballo*] spirited, fiery

**gansada*** SF (= *acto*) stupid thing (to do), piece of stupidity; (= *broma*) lark, caper*; **decir ~s** to talk nonsense; **hacer ~s** to play the fool, clown around

**gansear*** ▸conjug 1a◂ VI to play the fool, clown around

**ganso/a** Ⓐ ADJ (*) [1] (= *grande*) huge, hefty
[2] (= *gandul*) lazy
[3] (= *estúpido*) idiotic; (*pey*) (= *bromista*) play-acting; **¡no seas ~!** don't be an idiot!
[4] (= *atractivo*) hunky*, dishy*; *ver tb* **pasta 5**
Ⓑ SM/F (*) (= *torpe*) idiot, dimwit*; (= *rústico*) country bumpkin, hick (*EEUU**)
Ⓒ SM (= *ave*) (*gen*) goose; (= *macho*) gander; ✦***MODISMO*** **hacer el ~** to play the fool, clown around ► **ganso salvaje** wild goose

**gánster** SM (*pl* **gánsters**) gangster; (= *pistolero*) gunman

**Gante** SM Ghent

**ganzúa** Ⓐ SF (= *gancho*) picklock, skeleton key
Ⓑ SMF (= *ladrón*) burglar, thief; (= *sonsacador*) inquisitive person

**gañán** SM farmhand, labourer, laborer (*EEUU*)

**gañido** SM [*de perro*] yelp, howl; [*de pájaro*] croak; [*de persona*] wheeze

**gañir** ▸conjug 3h◂ VI [*perro*] to yelp, howl; [*pájaro*] to croak; [*persona*] to wheeze

**gañón*** SM, **gañote** SM throat, gullet

**gapo‡** SM **echar un ~** to gob‡, spit

**GAR** SM ABR (*Esp*) (= **Grupo Antiterrorista Rural**) *anti-terrorist branch of the Civil Guard*

**garabatear** ▸conjug 1a◂ Ⓐ VT to scribble, scrawl
Ⓑ VI [1] (*al escribir*) to scribble, scrawl
[2] (= *andar con rodeos*) to beat about the bush
[3] (*con gancho*) (= *utilizar*) to use a hook; (= *echar*) to throw out a hook

**garabato** SM [1] (= *dibujo*) doodle; (= *escritura*) scribble; **una hoja cubierta de ~s ininteligibles** a page full of unintelligible scribbles; **echar un ~** (= *firmar*) to scrawl a signature; **hacer ~s** (= *dibujar*) to doodle; (= *escribir*) to scribble
[2] (= *gancho*) hook; (*Náut*) grappling iron; (*Caribe*) long forked pole ► **garabato de carnicero** meat hook
[3] (*Caribe**) (= *flaco*) beanpole*, string bean (*EEUU**)
[4] (*Cono Sur*) (= *palabrota*) swearword; **echar ~s** to swear

**garabina** SF [1] (*Andes*) (= *bagatela*) trifle, bagatelle; (= *bisutería*) cheap finery
[2] (*Caribe*) (= *crisálida*) chrysalis

**garabito** SM [1] [*de mercado*] market stall
[2] (*Cono Sur*) (= *vagabundo*) tramp, bum (*EEUU**), hobo (*EEUU*)

**garabullo**†‡ SM five pesetas

**garaje** SM garage; **"duerme en ~"** kept in a garage; **una plaza de ~** a parking space; ✦***MODISMO*** **el ~ La Estrella** (*hum*) the street

**garajista** SMF (= *dueño*) garage owner; (= *trabajador*) garage attendant

**garambaina** SF [1] (= *adorno*) cheap finery, tawdry finery
[2] (= *carácter chillón*) gaudiness
[3] **garambainas** (= *muecas*) affected grimaces; (= *ademanes afectados*) absurd mannerisms; **¡déjate de ~s!** stop your nonsense!
[4] **garambainas** (= *escritura*) scribbles

**garambetas*** SFPL (*Caribe*) [1] = **garambaina 1, 3**
[2] **hacer ~** to pull faces

**garandumba** SF (*Arg*) flatboat, flat river boat

**garante** Ⓐ ADJ responsible, guaranteeing
Ⓑ SMF (*Fin*) guarantor, surety

▼ **garantía** SF [1] [*de producto*] guarantee, warranty; **bajo** *o* **en ~** under guarantee *o* warranty; **de máxima ~** absolutely guaranteed
[2] (= *seguridad*) pledge, security; (= *compromiso*) undertaking, guarantee; **~ de trabajo** job security; **dar ~s a algn** to give sb guarantees; **suspender las ~s (ciudadanas)** to suspend civil rights ► **garantías constitucionales** constitutional guarantees
[3] (*Jur*) warranty ► **garantía escrita** express warranty ► **garantía implícita** implied warranty

**garantir** ▸conjug 3a; defectivo◂ VT [1] (= *garantizar*) to guarantee
[2] (*Andes, Caribe, Cono Sur*) (= *asegurar*) to guarantee, assure

**garantizadamente** ADV genuinely, authentically

**garantizado** ADJ guaranteed; (= *auténtico*) genuine, authentic

**garantizar** ▸conjug 1f◂ VT [1] (= *responder de*) [+ *producto, crédito*] to guarantee; **la lavadora está garantizada por dos años** the washing machine is guaranteed for two years, the washing machine has a two-year guarantee; **garantizamos la calidad de nuestros productos** we guarantee the quality of our products
[2] (= *avalar*) [+ *persona*] to vouch for
[3] (= *asegurar*) to guarantee; **le garantizo que lo recibirá antes del jueves** I guarantee you'll receive it before Thursday; **me van a oír ¡te lo garantizo!** they'll listen to me, I can guarantee it!

**garañón** SM [1] (*Zool*) (= *asno*) stud jackass; (*LAm*) (= *semental*) stallion
[2] (*Cono Sur*) (= *persona*) brothel keeper

**garapiña** SF [1] (*Culin*) sugar icing, sugar coating
[2] (*LAm*) (= *bebida*) iced pineapple drink
[3] (*Méx*) (= *robo*) theft

**garapiñado** ADJ **almendra garapiñada** sugared almond

**garapiñar** ▸conjug 1a◂ VT [1] [+ *granizado*] to freeze
[2] [+ *pastel*] to ice, coat with sugar
[3] [+ *fruta*] to candy
[4] [+ *nata*] to clot

**garapiñera** SF ice-cream freezer

**garapullo** SM (= *rehilete*) dart; (*Taur*) banderilla

**garata*** SF (*Caribe*) fight, brawl

**garatusas** SFPL **hacer ~ a algn** to coax sb, wheedle sb

**garba** SF sheaf

**garbanzo** SM [1] (= *legumbre*) chickpea; ✦***MODISMOS*** **ganarse los ~s** to earn one's living; **ser el ~ negro de la familia** to be the black sheep of the family
[2] ✦***MODISMO*** **de ~** (= *corriente*) ordinary, unpretentious; **gente de ~** humble folk, ordinary people, regular people (*EEUU*)

**garbear** ▸conjug 1a◂ Ⓐ VT (*) (= *robar*) to pinch*, swipe‡
Ⓑ VI [1] (= *afectar garbo*) to make a show, show off
[2] (= *robar*) to steal (*for a living*)
[3] (= *buscarse la vida*) to get along, rub along
Ⓒ **garbearse** VPR to get along, rub along

**garbeo*** SM **darse** *o* **pegarse un ~** (= *dar un paseo*) to go for a stroll; (= *ir por ahí*) to go out, go out and about; (*en coche*) to go for a ride*, go for a spin*

**garbera** SF stook, shock

**garbí** SM south-west wind

**garbillar** ▸conjug 1a◂ VT (*Agr*) to sift, sieve; (*Min*) to sift, screen, riddle

**garbillo** SM (*para grano*) sieve; (*para mineral*) screen, riddle

**garbo** SM [1] (= *elegancia*) grace, elegance; (= *porte*) graceful bearing; (= *aire*) jauntiness; [*de mujer*] glamour, glamor (*EEUU*); [*de escrito*] style, stylishness; **hacer algo con ~** to do sth with grace and ease *o* with style; **andar con ~** to walk gracefully; **¡qué ~!** she's so graceful
[2] (= *brío*) agility; **empezó a limpiar el cuarto con mucho ~** she went whizzing round the room cleaning up
[3] (= *largueza*) magnanimity, generosity

**garbosamente** ADV [1] (= *con elegancia*) gracefully, elegantly; (*al andar*) jauntily; (= *con estilo*) stylishly
[2] (= *con generosidad*) generously

**garboso** ADJ [1] (= *elegante*) graceful, elegant; [*andar*] jaunty; (= *encantador*) glamorous, alluring; (= *con estilo*) stylish
[2] (= *desinteresado*) generous, magnanimous

**garceta** SF egret

**garciamarquiano** ADJ *of or relating to Gabriel García Márquez*

**garcilla** SF little egret ► **garcilla bueyera** cattle egret

**garçon** [gar'son] SM **con pelo a lo ~** with bobbed hair, with hair in a boyish style; *ver tb* **garzón**

**gardenia** SF gardenia

**garduña** SF marten

**garduño/a** SM/F sneak thief

**garete** SM **irse al ~** [*barco*] to be adrift; (*) [*plan, proyecto etc*] to fall through, bomb (*EEUU**); [*empresa*] to go bust*

**garfa** SF claw

**garfada** SF clawing, scratching

**garfil*** SM (*Méx*) cop*

**garfio** SM [1] (= *gancho*) hook
[2] (*Téc*) (= *arpeo*) grappling iron, claw
[3] (*Alpinismo*) (= *pico*) climbing iron

**gargajear** ▸conjug 1a◂ VI to spit up phlegm, hawk

**gargajo** SM phlegm, sputum; **echar un ~** to spit up phlegm, hawk

**garganta** SF [1] (*Anat*) throat, gullet; (= *cuello*) neck; **me duele la ~** I have a sore throat; ✦***MODISMOS*** **le tengo atravesado en la ~** he sticks in my gullet; **mojar la ~** to wet one's whistle*; **tener el agua a la ~** to be in great danger
[2] [*del pie*] instep
[3] (*Mús*) singing voice; **tener buena ~** to have a good singing voice
[4] [*de botella*] neck
[5] (*Geog*) (= *barranco*) ravine, gorge; (= *desfiladero*) narrow pass
[6] (*Arquit*) [*de columna*] shaft

**gargantear** ▸conjug 1a◂ VI to warble, quaver, trill

**garganteo** SM warble, quaver, trill

**gargantilla** SF choker, necklace

**gargantuesco** ADJ gargantuan

**gárgara** SF gargle, gargling; **hacer ~s** to gargle; ✦***MODISMO*** **mandar a algn a hacer ~s*** to tell sb to go to hell; **¡vete a hacer ~s!*** go to blazes!

**gargarear** ▸conjug 1a◂ VI (*Andes, CAm, Cono Sur*) to gargle

**gargarismo** SM [1] (= *acto*) gargling
[2] (= *líquido*) gargle, gargling solution

**gargarizar** ▸conjug 1f◂ VI to gargle

**gárgol** SM groove

**gárgola** SF gargoyle

**garguero** SM (= *garganta*) gullet; (= *esófago*) windpipe

**garifo** ADJ [1] (†) (= *elegante*) spruce, elegant, natty*
[2] (*Cono Sur*) (= *astuto*) sharp
[3] (*Andes*) (= *engreído*) stuck-up*
[4] (*CAm*) (= *hambriento*) hungry
[5] **estar ~** (*Andes*) to be broke*

**gariga** SF (*Méx*) drizzle

**garita** SF [1] [*de centinela*] sentry box; [*de conserje*] porter's lodge; (*LAm*) [*de policía de tráfico*] stand, box ► **garita de control** checkpoint ► **garita de señales** (*Ferro*) signal box
[2] (= *caseta*) cabin, box
[3] [*de camión*] cab

**garitea** SF (*Andes*) river flatboat

➤ LENGUA Y USO: **garantía 2** 42.1

**garitero/a** SM/F (= *dueño*) keeper of a gaming house; (= *jugador*) gambler

**garito** SM [1] (= *club*) nightclub, nightspot; [*de juego*] gaming house, gambling den
[2] (= *ganancias del juego*) gambling profits *pl*, winnings *pl*

**garla** SF talk, chatter

**garlador(a)** Ⓐ ADJ garrulous
Ⓑ SM/F chatterer, great talker

**garlito** SM [1] (= *red*) fish trap
[2] (= *celada*) snare, trap; **caer en el ~** to fall into the trap; **coger a algn en el ~** to catch sb in the act

**garlopa** SF jack plane

**garnacha** SF [1] (= *uva*) garnacha grape; (= *vino*) garnacha (*sweet wine from garnacha grape*)
[2] (*Jur, Hist*) (= *vestidura*) gown, robe; (= *persona*) judge
[3] (*Méx Culin*) *tortilla with meat filling*
[4] ✦*MODISMO* **a la ~** (*CAm**) violently; **¡ni de ~!** (*Caribe**) not on your life!
[5] (*Chile*) (= *ventaja*) advantage, edge

**garnachear** ▸conjug 1a◂ VT (*Cono Sur*) (= *llevar ventaja a*) to have the edge over

**garnucho** SM (*Méx*) tap, rap on the nose

**Garona** SM **el (Río) ~** the Garonne

**garpar‡** ▸conjug 1a◂ VT (*Cono Sur*) to pay, fork out*

**garra** SF [1] (= *pata*) [*de animal*] claw; [*de águila*] talon; (*) [*de persona*] hand, paw*; ✦*MODISMOS* **echar la ~ a algn*** to nab sb*, seize sb; **estar como una ~** (*Andes, Cono Sur*) to be as thin as a rake*
[2] **garras** (= *dominio*) clutches; ✦*MODISMO* **caer en las ~s de algn** to fall into sb's clutches
[3] (*Téc*) claw, hook; (*Mec*) clutch ► **garra de seguridad** safety clutch
[4] (= *fuerza*) bite; (*Dep*) sharpness, edge; **esa canción no tiene ~** that song has no bite to it
[5] (*Méx**) muscular strength
[6] (*Chile**) strip of old leather
[7] **garras** (*Méx**) bits, pieces; ✦*MODISMO* **no hay cuero sin ~s*** nothing is ever perfect
[8] (*Andes*) (= *bolsa*) leather bag

**garrafa** SF [1] (= *garrafón*) demijohn; (*para agua*) *large glass water container*; **de ~*** (*pey*) [*ginebra, vino*] cheap, dodgy*
[2] (= *licorera*) decanter
[3] (*Arg*) [*de gas*] cylinder

**garrafal** ADJ (= *enorme*) enormous, terrific; [*error*] monumental, terrible

**garrafón** SM carboy, demijohn

**garrancha*** SF [1] (= *espada*) sword
[2] (*Col*) (= *gancho*) hook

**garrapata** SF [1] (*Zool*) tick
[2] (*Mil**) disabled horse, useless horse

**garrapatear** ▸conjug 1a◂ VI to scribble, scrawl

**garrapatero** SM (= *ave*) cowbird, buffalo bird; (*LAm*) tick-eater

**garrapaticida** Ⓐ ADJ pesticidal
Ⓑ SM insecticide, tick-killing agent

**garrapato** SM = **garabato 1, 2**

**garrapiñada** SF sugared almond

**garrapiñado** ADJ **almendra garrapiñada** sugared almond

**garrapiñar** ▸conjug 1a◂ VT = **garapiñar**

**garrear** ▸conjug 1a◂ (*Cono Sur*) Ⓐ VT [1] [+ *animal*] to skin the feet of
[2] (*) (= *robar*) to pinch*
Ⓑ VI (*) to sponge*, live off others

**garreo*** SM **es de puro ~** (*Cono Sur*) it's a piece of cake*

**garrete** SM (*Andes, CAm, Cono Sur*) [*de caballo*] hock; [*de persona*] back of the knee

**garrido** ADJ (*liter*) [1] (= *galano*) neat, smart
[2] (= *atractivo*) [*hombre*] handsome; [*mujer*] pretty

**garroba** SF carob bean

**garrobo** SM (*CAm*) (= *lagarto*) iguana; (= *caimán*) small alligator

**garrocha** SF (*Agr*) goad; (*Taur*) spear; (*Dep*) vaulting pole

**garrón** SM [1] (*Zool*) [*de ave*] spur; [*de otros animales*] paw; (= *talón*) heel
[2] [*de carne*] shank
[3] (*Arg*) hock; ✦*MODISMO* **vivir de ~** to sponge*, live off others
[4] (*Bot*) snag, spur

**garronear*** ▸conjug 1a◂ VI (*Arg*) to sponge*, live off others

**garrota** SF (= *palo*) stick, club; [*de pastor*] crook

**garrotazo** SM blow with a stick *o* club

**garrote** SM [1] (= *palo*) stick, club; **la política del ~ y la zanahoria** the carrot-and-stick approach
[2] (*Med*) tourniquet
[3] (*Jur*) (= *ejecución*) garrotte; **dar ~ a algn** to garrotte sb
[4] (*Méx Aut*) brake; ✦*MODISMO* **darse ~*** to check o.s., hold o.s. back

**garrotear** ▸conjug 1a◂ VT (*LAm*) to club, cudgel

**garrotero/a** Ⓐ ADJ (*Caribe, Cono Sur**) stingy*
Ⓑ SM/F [1] (*Méx Ferro*) guard, brakeman (*EEUU*)
[2] (*Andes, Cono Sur*) (= *matón*) bully, tough*; (= *pendenciero*) brawler, troublemaker
[3] (*Caribe*) (= *prestamista*) moneylender

**garrotillo** SM [1] (= *difteria*) croup
[2] (*Cono Sur*) (= *granizada*) summer hail

**garrucha** SF pulley

**garrudo** ADJ [1] (*Méx*) (= *forzudo*) tough, muscular
[2] (*Andes*) [*vaca*] terribly thin

**garrulería** SF chatter

**garrulidad** SF garrulousness

**garrulo/a** Ⓐ ADJ loutish
Ⓑ SM/F lout

**gárrulo** ADJ [1] (= *hablador*) garrulous
[2] [*pájaro*] twittering; [*agua*] babbling, murmuring; [*viento*] noisy

**garúa** SF [1] (*LAm*) (= *llovizna*) drizzle
[2] (*Caribe*) (= *alboroto*) row, din

**garuar** ▸conjug 1e◂ VI (*LAm*) to drizzle; ✦*MODISMO* **¡que le garúe fino!** I wish you luck!, I hope it keeps fine for you!

**garubar** ▸conjug 1a◂ VI (*Cono Sur*) = **garuar**

**garufa*** SF **ir de ~** (*Cono Sur*) to go on a spree

**garuga** SF (*Cono Sur*) = **garúa**

**garugar** ▸conjug 1h◂ VI (*Cono Sur*) = **garuar**

**garulla** Ⓐ SF [1] (= *uvas*) loose grapes *pl*
[2] (= *gentío*) mob, rabble
Ⓑ SMF (*) urchin, rascal

**garullada*** SF mob, rabble

**garza** SF [1] (*tb* **~ real**) heron ► **garza imperial** purple heron
[2] (*Chile*) lager glass, beer glass

**garzo** ADJ (*liter*) [*ojos*] blue, bluish; [*persona*] blue-eyed

**garzón/ona** SM/F (*Chile, Uru*) waiter/waitress

**gas** SM [1] (= *combustible*) gas; **una cocina de ~** a gas cooker; **esta cerveza tiene mucho ~** this beer is very gassy *o* fizzy; **asfixiar con ~ a algn** to gas sb; **agua (mineral) con ~** sparkling (mineral) water; **una bebida con ~** a fizzy drink; **agua (mineral) sin ~** still (mineral) water; **una bebida sin ~** a still drink ► **gas butano** butane, butane gas ► **gas ciudad** town gas ► **gas de (efecto) invernadero** greenhouse gas ► **gas del alumbrado** coal gas ► **gas de los pantanos** marsh gas ► **gas hilarante** laughing gas ► **gases lacrimógenos** tear gas *sing* ► **gas inerte** inert gas ► **gas licuado** liquefied gas; (*Chile*) (*para uso doméstico*) Calor gas® ► **gas mostaza** mustard gas ► **gas natural** natural gas ► **gas nervioso** nerve gas ► **gas noble** noble gas, rare gas ► **gas pobre** producer gas ► **gas propano** propane, propane gas ► **gas tóxico** poison gas
[2] (*CAm, Méx*) (= *gasolina*) petrol, gas (*EEUU*); **darle ~*** to step on the gas*; ✦*MODISMOS* **a medio ~**: **el equipo jugó a medio ~** the team played with the foot off the pedal; **estar ~** (*CAm hum*) to be head over heels in love; **a todo ~** (*Esp Aut*) full out, flat out*; [*trabajar*] flat out*; **el coche iba a todo ~** the car was going full out *o* flat out*; **tenían el aire acondicionado a todo ~** they had the air conditioning full on; **tuvimos que terminarlo a todo ~** we had to work flat out to get it finished*; **la maquinaria electoral funciona ya a todo ~** the electoral machine is now in full swing; **perder ~**: **el equipo comenzó la temporada con fuerza pero ha ido perdiendo ~** the team began the season well but has been losing steam; **los hinchas fueron perdiendo ~ a medida que transcurría el partido** the fans gradually lost enthusiasm as the match progressed
[3] **gases** (= *emanaciones perjudiciales*) fumes; **los ~es tóxicos que se emiten a la atmósfera** the toxic *o* poisonous fumes released into the atmosphere ► **gases de escape** exhaust fumes; **emisiones de ~es de escape** exhaust emissions
[4] **gases** (= *flatulencias*) wind *sing*, flatulence *sing*, gas *sing* (*EEUU*); **tener ~es** to have wind, have gas (*EEUU*)

**gasa** SF [1] (= *tela*) gauze; [*de luto*] crêpe
[2] (*Med*) gauze, lint; **una ~** a dressing
[3] (= *pañal*) nappy, diaper (*EEUU*)

**Gascuña** SF Gascony

**gaseado** ADJ carbonated, aerated

**gasear** ▸conjug 1a◂ VT to gas, kill with gas

**gaseoducto** SM gas pipeline

**gaseosa** SF [1] (= *bebida efervescente*) lemonade
[2] (= *cualquier refresco*) fizzy drink, soda (*EEUU*)

**gaseoso** ADJ [1] [*estado, densidad, mezcla*] gaseous
[2] [*bebida*] sparkling, fizzy

**gásfiter** SMF (*pl* **gásfiters**) (*Andes, Cono Sur*) plumber

**gasfitería** SF (*Andes, Cono Sur*) plumber's (shop)

**gasfitero/a** SM/F (*Andes, Cono Sur*) plumber

**gasificación** SF [1] (*Quím*) gasification
[2] [*de ciudad*] supply of piped gas (**de** to)

**gasista** Ⓐ ADJ gas *antes de s*; **industria ~** gas industry
Ⓑ SMF gas fitter

**gasístico** ADJ gas *antes de s*

**gasoducto** SM gas pipeline

**gasofa*** SF juice*, petrol, gas(oline) (*EEUU*)

**gas-oil** [ga'soil] SM diesel oil

**gasóleo** SM diesel oil ► **gasóleo B** red diesel ► **gasóleo de calefacción** central heating oil

**gasolero** SM diesel-powered car

**gasolina** SF 1 (*Aut*) petrol, gas(oline) (*EEUU*); **echar ~** (*a un vehículo*) to put petrol in; **repostar ~** (*lit*) to fill up with petrol; (*) (*fig*) to have a drink ► **gasolina con plomo** leaded petrol ► **gasolina de alto octanaje** high octane petrol ► **gasolina de aviación** aviation spirit, aviation fuel ► **gasolina extra** four-star petrol ► **gasolina normal** two-star petrol ► **gasolina sin plomo** unleaded (petrol) ► **gasolina súper** four-star petrol
2 (*Caribe*) (= *gasolinera*) petrol-station, gas station (*EEUU*)

**gasolinera** SF 1 (*Aut*) petrol station, gas station (*EEUU*)
2 (*Náut*) motorboat

**gasolinero/a** SM/F (= *dueño*) petrol station owner, gas station owner (*EEUU*); (= *empleado*) petrol pump attendant, gas station attendant (*EEUU*)

**gasómetro** SM gasometer

**gásquet** SM (*pl* **gásquets**) (*LAm*) gasket

**gastable** ADJ expendable

**gastado** ADJ 1 (= *desgastado*) [*ropa, neumático, superficie*] worn; **tenía el uniforme ~ y sucio** his uniform was worn and dirty; **alfombras de lana muy gastadas** threadbare woollen rugs; **las páginas del libro estaban muy gastadas por el uso** the pages of the book were well-thumbed
2 (= *trillado*) [*metáfora*] stale, hackneyed; [*broma*] old, stale; **un político ~** a washed-up politician*
3 [*pilas*] dead

**gastador(a)** Ⓐ ADJ extravagant; **es muy ~a** she's very extravagant, she's a big spender
Ⓑ SM/F 1 **es un ~** he's very extravagant, he's a big spender
2 (*Mil*) sapper

**gastar** ▸conjug 1a◂ Ⓐ VT 1 [+ *dinero*] to spend (**en** on); **han gastado un dineral en el arreglo del coche** they've spent a fortune on fixing the car
2 (= *consumir*) [+ *gasolina, electricidad, agua*] to use; **un radiocasete como éste gasta más pilas** a radio cassette player like this goes through *o* uses more batteries; **he gastado todas las velas que tenía** I've used up all the candles I had
3 (= *desgastar*) [+ *ropa, zapato*] to wear out; [+ *tacones*] to wear down
4 (= *malgastar*) to waste; **~ palabras** to waste one's breath; *ver tb* **saliva**
5 (= *llevar*) [+ *ropa, gafas*] to wear; [+ *barba*] to have; **antes no gastaba gafas** he didn't use to wear glasses; **¿qué número (de zapatos) gasta?** what size (shoes) do you take?; **¿qué talla gasta?** what size are you?
6 [+ *broma*] to play (**a** on); **~ una broma pesada a algn** to play a practical joke *o* a hoax on sb
7 **gastarlas** (*Esp**): **no le repliques, que ya sabes como las gasta** don't answer him back, you know what he's like when he gets angry*
Ⓑ VI 1 (= *gastar dinero*) **a todos nos gusta ~** we all like spending money
2 (= *consumir*) **este coche gasta poco** this car uses very little petrol; **una bombilla normal apenas gasta** a normal light bulb uses hardly any electricity
Ⓒ **gastarse** VPR 1 (= *consumirse*) [*pilas*] to run out; [*vela*] to burn down; **así se gastan antes las pilas** the batteries run out sooner that way
2 (= *desgastarse*) [*suelas, neumáticos*] to wear, wear out; [*tacones*] to wear down
3 (*Esp*) (*enfático*) [+ *dinero*] to spend; **se lo gasta todo en música** he spends all his money on music; **se gastó 50.000 pesetas sólo en zapatos** she got through *o* spent 50,000 pesetas just on shoes
4 (*enfático*) (= *tener*) **¡vaya genio que te gastas!** what a filthy temper you've got!; **es increíble la intolerancia que se gastan algunas personas** it's amazing how intolerant some people are; **¡vaya humos se gasta la señora!** she's so stuck up!; **hay que tener cuidado con las bromas que se gasta ése** you have to watch out for the jokes he plays on people

**Gasteiz** SM Vitoria

**gasto** SM 1 [*de dinero*] **la inversión nos supondría un ~ de varios millones** the investment would involve an expense *o* expenditure of several million; **tenemos que reducir el ~** we must cut costs *o* spending; **no tenías que haberte metido en tanto ~** you needn't have spent so much ► **gasto militar** military spending, military expenditure ► **gasto público** public spending, public expenditure ► **gasto sanitario** health spending, health expenditure ► **gasto social** welfare spending, welfare expenditure
2 **gastos** expenses; **este dinero es para tus ~s** this money is for your expenses; **este mes he tenido muchos ~s** I have had a lot of expenses this month; **un viaje con todos los ~s pagados** an all-expenses-paid trip; **cubrir ~s** to cover (one's) costs ► **gastos administrativos** administrative costs ► **gastos bancarios** bank charges ► **gastos comerciales** business expenses ► **gastos corrientes** (*en empresa*) running costs; (*en la Administración*) revenue expenditure *sing* ► **gastos de administración** administrative costs ► **gastos de comunidad** service charges ► **gastos de conservación** maintenance costs ► **gastos de correo** postal charges ► **gastos de defensa** defence spending *sing*, defense spending *sing* (*EEUU*) ► **gastos de desplazamiento** (*por viaje*) travelling expenses, traveling expenses (*EEUU*); (*por mudanza*) relocation allowance *sing* ► **gastos de distribución** distribution costs ► **gastos de entrega** delivery charge *sing* ► **gastos de envío** postage and packing *sing*, postage and handling *sing* (*EEUU*) ► **gastos de explotación** operating costs ► **gastos de flete** freight charges ► **gastos de mantenimiento** maintenance costs ► **gastos de representación** entertainment allowance *sing* ► **gastos de servicio** service charge *sing* ► **gastos de tramitación** handling charge *sing* ► **gastos de transporte** [*de personal*] travelling expenses, traveling expenses (*EEUU*); [*de mercancías*] freight charges ► **gastos de viaje** travelling expenses, traveling expenses (*EEUU*) ► **gastos fijos** fixed charges ► **gastos generales** overheads, overhead *sing* (*EEUU*) ► **gastos menores (de caja)** petty cash expenses ► **gastos operacionales** operating costs ► **gastos vendidos** accrued charges
3 [*de gas*] flow, rate of flow

**gastón**[1]* SM (*CAm*) (= *diarrea*) the runs*

**gastón**[2]* ADJ free-spending

**gastoso** ADJ extravagant, wasteful

**gástrico** ADJ gastric

**gastritis** SF INV gastritis

**gastroenteritis** SF INV gastroenteritis

**gastronomía** SF gastronomy

**gastronómico** ADJ gastronomic

**gastrónomo/a** SM/F gastronome, gourmet

**gastroplastia** SF gastroplasty

**gastrópodo** SM gastropod

**gata** SF 1 (*Chile, Perú Aut*) jack
2 **a gatas** 2·1 **andar a ~s** to crawl; **subió las escaleras a ~s** he crawled up the stairs; **el niño entró andando a ~s** the baby crawled in; **en este juego tenéis que andar a ~s** in this game you have to crawl on all fours
2·2 (*Cono Sur**) (= *apenas*) barely, by the skin of one's teeth
3 (*Meteo*) hill cloud
4 (= *agujetas*) **tener ~** to ache all over
5 ✦***MODISMOS* echar la ~** (*CAm**) ◊ **soltar la ~** (*Perú**) to lift*, steal; *ver tb* **gato**

**gatada** SF 1 (= *movimiento*) *movement o act typical of a cat*
2 (= *arañazos*) scratching, clawing
3 (= *trampa*) artful dodge, sly trick

**gatazo*** SM ✦***MODISMO* dar el ~** (*LAm*) to look younger than one is, not to show one's age

**gateado** Ⓐ ADJ 1 (= *gatuno*) catlike, feline
2 [*mármol*] striped, veined
Ⓑ SM 1 (= *movimiento*) (*al gatear*) crawl, crawling; (*al subir*) climb, climbing
2 (= *arañazos*) scratching, clawing
3 (*Caribe*) hard veined wood (*used in cabinet-making*)

**gateamiento** SM = **gateado B1, 2**

**gatear** ▸conjug 1a◂ Ⓐ VI 1 (= *andar a gatas*) to crawl; (= *trepar*) to climb, clamber (**por** up)
2 (*LAm*) to be on the prowl
Ⓑ VT 1 (= *arañar*) to scratch, claw
2 (*) (= *hurtar*) to pinch*, steal
3 (*CAm, Méx**) (= *ligar*) to try to pick up*; (= *seducir*) to seduce

**gateo** SM crawling

**gatera**[1] SF 1 (*para gato*) catflap
2 (*Náut*) cat hole; *ver tb* **gatero**

**gatera**[2] SF (*Andes*) (= *verdulera*) market woman, stallholder; *ver tb* **gatero**

**gatería** SF 1 (= *gatos*) cats *pl*, collection of cats
2 (= *pandilla*) gang of louts
3 (= *cualidad*) false modesty

**gatero/a** Ⓐ ADJ fond of cats
Ⓑ SM/F cat lover; *ver tb* **gatera**

**gatillar** ▸conjug 1a◂ VT to cock

**gatillero** SM (*Méx*) hired gun(man), hitman

**gatillo** SM 1 [*de arma*] trigger; **apretar el ~** to pull *o* press *o* squeeze the trigger

[2] (= *herramienta*) [*de dentista*] dental forceps; (*Téc*) clamp
[3] (*Zool*) nape of the neck
[4] (*) (= *ratero*) young pickpocket, young thief

**gatito/a** SM/F (*gen*) kitten; (*como término cariñoso*) pussycat

**gato¹/a** Ⓐ SM/F [1] (*Zool*) (*gen*) cat; (*especificando el sexo*) tomcat/she-cat; **"El ~ con botas"** "Puss in Boots"; ✦**MODISMOS dar a algn ~ por liebre** to con sb*; **te han dado ~ por liebre** you've been had *o* conned*, you've been done*; **cuatro ~s**: **no había más que cuatro ~s** there was hardly anyone *o* a soul there; **este programa sólo lo ven cuatro ~s** hardly anyone watches this programme, this programme is only watched by a handful of people; **no son más que cuatro ~s en la oficina** there's only a handful of people in the office; **aquí hay ~ encerrado** there's something fishy (going on) here; **jugar al ~ y al ratón con algn** to play cat and mouse with sb, play a cat-and-mouse game with sb; **lavarse como los ~s** to give o.s. a quick wash; **llevarse el ~ al agua** to win the day, pull it off*; **estar para el ~** (*Chile**) to be in a terrible state*; **esta gripe me tiene para el ~** I'm in a really terrible state with this flu*; **ser ~ viejo** to be an old hand; ✦**REFRANES el ~ escaldado del agua fría huye** once bitten twice shy; **de noche todos los ~s son pardos** everything looks the same in the dark ► **gato callejero** stray cat, alley cat (*esp EEUU*) ► **gato de algalia** civet cat ► **gato de Angora** Angora cat ► **gato montés** wild cat ► **gato romano** tabby cat ► **gato siamés** Siamese cat; *ver tb* **defender B2**, **pie 1**
[2] (*Esp**) (= *madrileño*) *native of Madrid*
[3] (*Méx**) (= *criado*) servant
Ⓑ SM [1] (*Téc*) [*de coche*] jack; (= *torno*) clamp, vice, vise (*EEUU*); (= *grapa*) grab, drag (*EEUU*); (*Méx*) [*de arma*] trigger ► **gato de tornillo** screw jack ► **gato hidráulico** hydraulic jack
[2] (*) (= *ladrón*) sneak thief, petty thief
[3] (= *baile*) *a popular Argentinian folk dance*
[4] (†) (*para el dinero*) money bag
[5] (*CAm*) (= *músculo*) muscle
[6] (*Méx*) (= *propina*) tip
[7] (*Cono Sur*) (= *bolsa de agua*) hot-water bottle; *ver tb* **gata**

**gato²** SM (*Andes*) open-air market, market place

**gatopardo** SM ocelot

**GATT** SM ABR (= **General Agreement on Tariffs and Trade**) GATT

**gatuno** ADJ catlike, feline

**gatuperio** SM [1] (= *mezcla*) hotchpotch, hodgepodge (*EEUU*)
[2] (= *chanchullo*) shady dealing; (= *fraude*) fraud

**gaucano*** SM (*Caribe*) *rum-based cocktail*

**gaucha**† SF (*Cono Sur*) mannish woman

**gauchada** SF (*Cono Sur*) [1] (= *favor*) kind deed, favour, favor (*EEUU*); **hacer una ~ a algn** to do sb a favour
[2] (= *conjunto*) gauchos *pl*
[3] (†) (= *acción*) gaucho exploit; (*pey*) gaucho trick

**gauchaje** SM [1] (*Cono Sur*) (= *personas*) gauchos *pl*; (= *reunión*) gathering of gauchos
[2] (*pey*) (= *gentuza*) riffraff, rabble

**gauchear** ▸conjug 1a◂ VI (*Cono Sur*) to live like a gaucho

**gauchesco** ADJ (*Cono Sur*) gaucho *antes de s*, of the gauchos; **vida gauchesca** gaucho life

**gaucho** Ⓐ SM [1] (*LAm*) gaucho; (= *vaquero*) cowboy, herdsman, herder (*EEUU*)
[2] (*Cono Sur*) (= *jinete*) good rider, expert horseman
[3] (*Andes*) (= *sombrero*) wide-brimmed straw hat
Ⓑ ADJ [1] gaucho *antes de s*, gaucho-like
[2] (*Cono Sur**) (= *servicial*) helpful

**GAUCHO**

***Gaucho** is the name given to the men who rode the **Pampa**, the plains of Argentina, Uruguay and parts of southern Brazil, earning their living on cattle farms. Important parts of the **gaucho's** traditional costume include the **faja**, a sash worn round the waist, the **facón**, a sheath knife, and **boleadoras**, strips of leather weighted with stones at either end which were used somewhat like lassos to catch cattle. During the 19th century this vast **pampas** area was divided up into large ranches and the free-roaming lifestyle of the **gaucho** gradually disappeared. **Gauchos** were the inspiration for a tradition of **literatura gauchesca**, of which the most famous work is the two-part epic poem "Martín Fierro" written by the Argentine José Hernández between 1872 and 1879 and mourning the loss of the **gaucho** way of life and their persecution as outlaws.*

**gaudeamus*** SM INV (= *fiesta*) party

**gaulista** ADJ, SMF Gaullist

**gavera** SF (*LAm*) crate

**gaveta** SF (= *cajón*) drawer; (*con llave*) locker; **~ de archivo** filing drawer

**gavia** SF [1] (*Náut*) (= *vela*) main topsail
[2] (*Agr*) (= *zanja*) ditch
[3] (= *cuadrilla*) squad of workmen
[4] (= *ave*) seagull

**gavilán** SM [1] (= *ave*) sparrowhawk
[2] [*de pluma*] nib
[3] [*de espada*] quillon
[4] (*LAm*) (= *uñero*) ingrowing toenail

**gavilla** SF [1] (*Agr*) sheaf
[2] (*) (= *pandilla*) gang, band

**gavillero** SM (*LAm*) gunman

**gaviota** SF [1] (= *ave*) seagull ► **gaviota argente**, **gaviota argéntea** herring gull
[2] (*Méx hum*) flier

**gavota** SF gavotte

**gay** Ⓐ ADJ INV gay
Ⓑ SM (*pl* **gays**) gay man, gay

**gaya** SF [1] (= *ave*) magpie
[2] (*en tela*) coloured *o* (*EEUU*) colored stripe

**gayo** (*liter*) ADJ [1] (= *alegre*) merry, gay; **gaya ciencia** (*Literat, Hist*) art of poetry
[2] (= *vistoso*) bright, showy

**gayola** SF [1] (= *jaula*) cage
[2] (*) (= *cárcel*) jail, slammer‡, can (*EEUU**)

**gayumbos‡** SMPL underpants

**gaza** SF (= *lazo*) loop; (*Náut*) bend, bight

**gazafatón*** SM = **gazapatón**

**gazapa*** SF fib, lie

**gazapatón*** SM (= *error*) blunder, slip; (= *disparate*) piece of nonsense

**gazapera** SF [1] (= *madriguera*) rabbit hole, warren
[2] (*) [*de maleantes*] den
[3] (= *riña*) brawl, shindy*

**gazapo** SM [1] (*Zool*) young rabbit
[2] (*) (= *disparate*) blunder*, bloomer*; **meter un ~** to make a blunder *o* bloomer*; **cazar un ~** to spot a mistake
[3] (= *errata*) printing error, misprint
[4] (= *hombre*) (= *taimado*) sly fellow; (*) (= *ladrón*) cat burglar; (*LAm*) (= *mentiroso*) liar
[5] (*Caribe*) (= *estafa*) trick

**gazmoñería** SF, **gazmoñada** SF [1] (= *mojigatería*) prudery, priggishness; (= *beatería*) sanctimoniousness
[2] (= *hipocresía*) hypocrisy, cant

**gazmoño/a**, **gazmoñero/a** Ⓐ ADJ [1] (= *mojigato*) prudish, priggish; (= *puritano*) strait laced; (= *beato*) sanctimonious
[2] (= *hipócrita*) hypocritical, canting
Ⓑ SM/F [1] (= *mojigato*) prude, prig; (= *beato*) sanctimonious person
[2] (= *hipócrita*) hypocrite

**gaznápiro/a** SM/F dolt, simpleton

**gaznatada‡** SF (*CAm, Caribe, Méx*) smack, slap

**gaznate** SM [1] (= *pescuezo*) gullet; (= *garganta*) windpipe, throttle; ✦**MODISMO refrescar el ~*** to wet one's whistle*
[2] (*Méx*) (fruit) fritter

**gaznetón/ona** Ⓐ ADJ (*Andes, Méx*) loud-mouthed
Ⓑ SM/F loudmouth*

**gazpacho** SM [1] (*Culin*) *cold vegetable soup*; ✦**REFRÁN de ~ no hay empacho** one can never have too much of a good thing
[2] (*CAm*) (*bebida*) dregs *pl*; (*comida*) leftovers *pl*

**gazuza*** SF [1] (= *hambre*) ravenous hunger
[2] (*CAm*) (= *alboroto*) din, row
[3] (*CAm*) (= *chusma*) common people
[4] **es una ~** (*CAm*) she's a wily old bird

**GC** ABR = **Guardia Civil**

**geco** SM gecko

**géiser** SM geyser

**geisha** ['geiʃa] SF geisha girl

**gel** SM (*pl* **gels**, **geles**) gel; **~ de baño** bath gel; **~ de ducha** shower gel

**gelatina** SF (= *ingrediente*) gelatin(e); (= *postre*) jelly, Jell-O® (*EEUU*) ► **gelatina explosiva** gelignite

**gelatinoso** ADJ gelatinous

**gelidez** SF chill, iciness

**gélido** ADJ chill, icy

**gelificarse** ▸conjug 1g◂ VPR to gel, coagulate

**gelignita** SF gelignite

**gema** SF [1] (= *piedra preciosa*) gem, jewel
[2] (*Bot*) (= *botón*) bud

**gemelo/a** Ⓐ ADJ (= *hermano*) (identical) twin; **torres gemelas** twin towers; **buque ~** sister ship; **es mi alma gemela** we're two of a kind
Ⓑ SM/F (= *hermano*) (identical) twin
Ⓒ SM [1] (= *músculo*) calf muscle
[2] [*de camisa*] cufflink
[3] (*Náut*) sister ship
[4] **gemelos** (= *prismáticos*) binoculars ► **gemelos de campo** field glasses ► **gemelos de teatro** opera glasses
[5] **Gemelos** [*del zodíaco*] Gemini, Twins

**gemido** SM (= *quejido*) groan, moan; (=

*lamento*) wail, howl; [*de animal*] whine; [*del viento*] howling, wailing

**gemidor** ADJ (= *que se queja*) groaning, moaning; (= *que se lamenta*) wailing, howling

**Géminis** Ⓐ SM INV (= *signo*) Gemini
Ⓑ SMF INV (= *persona*) Gemini, Geminian; **soy ~** I'm (a) Gemini
Ⓒ ADJ INV Gemini, Geminian

**gemiquear** ▸conjug 1a◂ VI (*Cono Sur*) to whine

**gemiqueo** SM (*Cono Sur*) whining

**gemir** ▸conjug 3k◂ VI (= *quejarse*) to groan, moan; (= *lamentarse*) to wail, howl; [*animal*] to whine; [*viento*] to howl, wail; **—sí —dijo gimiendo** "yes", he groaned

**gen** SM gene ► **gen recesivo** recessive gene

**Gen.** ABR (= **General**) Gen

**gen.** ABR (*Ling*) [1] (= **género**) gen
[2] (= **genitivo**) gen

**genciana** SF gentian

**gendarme** SMF (*esp LAm*) policeman/policewoman, gendarme

**gendarmería** SF (*esp LAm*) police, gendarmerie

**gene** SM gene

**genealogía** SF (= *ascendientes*) genealogy; (= *árbol*) family tree; (= *raza*) pedigree

**genealógico** ADJ genealogical

**genealogista** SMF genealogist

**generación** SF [1] (= *acto*) generation; **~ de empleo** employment creation; ✦*MODISMO* **producirse** *o* **surgir por ~ espontánea** to come out of nowhere, come out of the blue
[2] (= *grupo*) generation; **la ~ del 27/98** the generation of '27/'98; **las nuevas generaciones** the rising generation; **primera/segunda/tercera/cuarta ~** (*Inform*) first/second/third/fourth generation
[3] (= *descendencia*) progeny, offspring; (= *crías*) brood; (= *sucesión*) succession

**GENERACIÓN DEL 27/DEL 98**

*The* **Generación del 27** *is the collective name given to a group of writers and poets including Lorca, Alberti, Guillén, Cernuda and Aleixandre, who drew inspiration from earlier Spanish poets as well as from popular folk song and contemporary European art (Dadaism, Surrealism, Cubism). They particularly admired Góngora (1561-1627) and it was their commemoration of the anniversary of his death that earned them the title* **Generación del 27**.
*The* **Generación del 98** *was the name coined by Azorín for a group of writers (Baroja, Machado, Unamuno, Maeztu, Ganivet, and himself, amongst others) who saw Spain's defeat in the Cuban American war of 1898 as the start of a decline in values. While not all the supposed members of the group accepted their inclusion in it, their work demonstrates shared themes, ideals, and concerns.*

**generacional** ADJ generation *antes de s*

**generacionalmente** ADV in terms of generation(s)

**generado** ADJ **~ por ordenador** (*Inform*) computer-generated

**generador** Ⓐ ADJ generating; **una demagogia ~a de odio** a demagogy which generates hatred
Ⓑ SM generator ► **generador de programas** (*Inform*) program generator ► **generador eólico** wind turbine

**general** Ⓐ ADJ [1] (= *común, no detallado*) general; **información de interés ~** information of general interest; **el estado ~ de su salud** his general state of health; **una visión ~ de los problemas del país** an overall *o* general view of the problems of the country; **declaraciones de carácter ~** general comments; **estamos perdiendo de vista el interés ~** we are losing sight of the common interest; **la corrupción es ~ en todo el país** corruption is widespread in the whole country
[2] **en ~** [2·1] (*con verbo*) generally, in general; **estoy hablando en ~** I am talking generally *o* in general terms; **en ~, las críticas de la obra han sido favorables** generally (speaking) *o* in general, the play has received favourable criticism
[2·2] (*detrás de s*) in general; **literatura, música y arte en ~** literature, music and the arts in general; **el público en ~** the general public
[3] **por lo ~** generally; **iban a visitarla, por lo ~, dos o tres veces al año** they generally went to see her two or three times a year; **los resultados son, por lo ~, bastante buenos** in general *o* on the whole, the results are pretty good
Ⓑ SMF (*Mil*) general ► **general de brigada** brigadier general ► **general de división** major general
Ⓒ SM (*Rel*) general
Ⓓ SF [1] (*tb* **carretera ~**) (*Esp*) main road
[2] (*tb* **clasificación ~**) (*Ciclismo*) general classification
[3] ► **generales de la ley** prescribed personal questions

**generala** SF [1] (†) (= *persona*) (woman) general; (= *esposa*) general's wife
[2] (= *llamamiento*) call to arms, general alert

**generalato** SM [1] (= *arte, rango*) generalship
[2] (= *personas*) generals *pl*
[3] (*Méx**) (= *madama*) madame, brothel keeper

**generalidad** SF [1] generality; (= *mayoría*) mass, majority; **la ~ de los hombres** the majority of men, most men
[2] (= *vaguedad*) vague answer, generalization; **¡déjate de ~es!** stop speaking in generalities!
[3] **la Generalidad** (*Pol*) = **Generalitat**

**generalísimo** SM (*Mil*) supreme commander, generalissimo; **el Generalísimo Franco** General Franco

**generalista** Ⓐ ADJ [*radio, televisión*] general-interest *antes de s*; [*formación*] general; **médico ~** general practitioner
Ⓑ SMF general practitioner, G.P., family practitioner (*EEUU*)

**Generalitat** SF **la ~ (de Cataluña)** Catalan autonomous government; **la ~ Valenciana** Valencian autonomous government

**GENERALITAT**

*The* **Generalitat** *is the autonomous government of Catalonia. The name originally applied to the finance committee of the Catalan parliament, or* **Corts**, *in the early 13th century, but in 1932 was given to the partially devolved government granted to Catalonia under the Second Republic (1931-36). When its leader, Luis Companys, went on to proclaim the "Catalan State of the Spanish Federal Republic" in 1934, Madrid sent in the troops, and imprisoned members of the breakaway* **Generalitat**. *Catalan autonomy was restored under the Popular Front in 1936, but was abolished by Franco after the Civil War. Since his death the* **Generalitat** *has risen again under the 1978 Constitution and Catalonia now enjoys a considerable degree of autonomy from Madrid.*
⇨ *See also* LA CONSTITUCIÓN ESPAÑOLA

**generalización** SF [1] (= *ampliación*) [*de práctica, tendencia*] spread; [*de conflicto*] widening, spread; **la ~ del uso de herbicidas** the increased use of herbicides
[2] (= *afirmación general*) generalization; **hacer generalizaciones** to make generalizations, generalize

**generalizado** ADJ [*crisis, creencia, guerra*] widespread; **existe la creencia generalizada de que ...** it is commonly *o* widely believed that ..., there is a widely held belief that ...

**generalizar** ▸conjug 1f◂ Ⓐ VT (= *extender*) [+ *práctica*] to make (more) widespread; [+ *conflicto*] to widen, spread; **el uso ha generalizado una pronunciación distinta** a different pronunciation has become widespread through use; **quieren ~ la situación de Madrid a toda España** they want to apply the situation of Madrid to the whole of Spain
Ⓑ VI (= *hacer generalizaciones*) to generalize; **no se puede ~** you can't generalize
Ⓒ **generalizarse** VPR [*crisis, plaga, costumbre*] to become (more) widespread; [*conflicto*] to widen, spread; **el descontento se está generalizando en todo el país** discontent is spreading *o* becoming more widespread throughout the country; **hoy día se ha generalizado el uso de la palabra "tío"** nowadays the use of the word "tío" has become widespread

**generalmente** ADV generally

**generar** ▸conjug 1a◂ VT [1] [+ *electricidad, energía*] to generate
[2] [+ *empleo, interés, riqueza*] to generate, create; [+ *problemas, tensiones*] to cause; [+ *beneficios*] to generate; **el turismo ~á muchos puestos de trabajo** tourism will generate *o* create many jobs; **sus comentarios ~on numerosas quejas** his comments generated *o* raised many complaints

**generativismo** SM generative grammar

**generativo** ADJ generative

**genérico** ADJ generic

**género** SM [1] (= *clase*) kind, type; **personas de ese ~** people of that kind *o* type, people like that; **este festival es el único en su ~** this festival is unique of its kind; **le deseo todo ~ de felicidades** I wish you all the happiness in the world ► **género humano** human race, mankind
[2] (*Arte, Literat*) genre, type; **pintor de ~** genre painter; **es todo un ~ de literatura** it is a whole type of literature ► **género chico** (= *sainetes*) (genre of) short farces; (= *zarzuela*) Spanish operetta ► **género literario** literary genre ► **género narrativo** novel genre, fiction
[3] (*Ling*) gender; **del ~ masculino** of the masculine gender
[4] (*Biol*) (= *especie*) genus
[5] **géneros** (*Com*) (= *productos*) goods; (=

*mercancías*) commodities ► **géneros de lino** linen goods ► **géneros de punto** knitwear *sing*
[6] (= *tela*) cloth, material; ✦*MODISMO* **le conozco el ~** I know his sort, I know all about him

**generosamente** ADV [1] (= *con largueza*) generously
[2] (= *con magnanimidad*) nobly, magnanimously

**generosidad** SF [1] (= *largueza*) generosity
[2] (= *magnanimidad*) nobility, magnanimity
[3] (*Hist*) nobility

**generoso** ADJ [1] (= *dadivoso*) generous; **ser ~ con algn** to be generous to sb; **ser ~ con algo** to be generous with sth
[2] (= *noble*) noble, magnanimous; **de sangre generosa** of noble blood; **en pecho ~** in a noble heart
[3] (*Hist*) highborn, noble
[4] [*vino*] rich, full-bodied

**genésico** ADJ genetic

**Génesis** SM Genesis

**génesis** SF INV genesis

**genética** SF genetics *sing* ► **genética de poblaciones** population genetics; *ver tb* **genético**

**genéticamente** ADV genetically

**geneticista** SMF geneticist

**genético/a** Ⓐ ADJ genetic
Ⓑ SM/F geneticist; *ver tb* **genética**

**genetista** SMF geneticist

**genial** ADJ [1] (= *de talento*) brilliant, of genius; **escritor ~** brilliant writer, writer of genius; **fue una idea ~** it was a brilliant idea; **Pablo es ~** Pablo's a genius
[2] (= *estupendo*) wonderful, marvellous, marvelous (*EEUU*); **fue una película ~** it was a wonderful *o* marvellous film; **¡eso fue ~!** it was wonderful *o* marvellous!
[3] (= *ocurrente*) witty
[4] (= *placentero*) pleasant, genial; (= *afable*) cordial, affable

**genialidad** SF [1] (= *cualidad*) genius
[2] (= *acto genial*) stroke of genius, master stroke; **es una ~ suya** (*iró*) it's one of his brilliant ideas

**genialmente** ADV in an inspired way, brilliantly, with genius

**genio** SM [1] (= *temperamento*) temper; **¡menudo ~ tiene!** he's got such a temper!; **es una mujer de mucho ~** she's a quick-tempered woman; **tener mal ~** to be bad tempered; **~ vivo** quick temper, hot temper; ✦*MODISMO* **llevar el ~ a algn** (= *seguir la corriente*) to humour sb, humor sb (*EEUU*); (= *no contradecir*) not to dare contradict sb; ✦*REFRÁN* **~ y figura hasta la sepultura** a leopard cannot change his spots
[2] (= *carácter*) nature, disposition; **~ alegre** cheerful nature; **tener buen ~** to be good natured, be even tempered; **corto de ~** timid, spiritless; **de ~ franco** of an open nature
[3] (= *estado de ánimo*) **estar de buen ~** to be in a good mood; **estar de mal ~** to be in a bad temper, be in a bad mood
[4] (= *talento*) genius; **¡eres un ~!** you're a genius!
[5] (= *peculiaridad*) genius, peculiarities *pl*; **esto va en contra del ~ de la lengua** this goes against the genius of the language; **el ~ andaluz** the Andalusian spirit, the spirit of Andalucía
[6] (= *ser fantástico*) genie
[7] (= *divinidad*) spirit ► **genio del mal** evil spirit ► **genio tutelar** guardian spirit

**genioso** ADJ (*CAm*) bad-tempered

**genista** SF broom, genista

**genital** Ⓐ ADJ genital
Ⓑ **genitales** SMPL genitals, genital organs

**genitalidad** SF sexual activity

**genitivo** Ⓐ ADJ (= *reproductivo*) generative, reproductive
Ⓑ SM (*Ling*) (= *caso*) genitive ► **genitivo sajón** *possessive genitive with apostrophe*

**genocida** SMF *person accused or guilty of genocide*

**genocidio** SM genocide

**genoma** SM, **genomio** SM genome

**Génova** SF Genoa

**genovés/esa** ADJ, SM/F Genoese

**gental** SM (*Andes*) lot, mass; **un ~ de gente** a mass of people

**gente** Ⓐ SF [1] (= *personas*) people *pl*; **hay muy poca ~** there are very few people; **no me gusta esa ~** I don't like those people; **España y sus ~s** Spain and its people; **son muy buena ~** they are very nice people; **Juan es buena ~*** Juan is a nice guy*; ✦*MODISMO* **hacer ~** to make a crowd ► **la gente baja** the lower classes *pl* ► **gente (de) bien** (= *los ricos*) well-off people, well-to-do people; (= *los decorosos*) decent people ► **gente bonita** (*Méx*) beautiful people ► **gente de capa parda††** country folk ► **gente de color** coloured people, colored people (*EEUU*) ► **gente de la cuchilla††** butchers *pl* ► **gente de mar** seafaring men *pl* ► **gente de medio pelo** people of limited means, common people ► **gente de paz** peace-loving people; **¡~ de paz!** (*Mil*) friend! ► **gente de pelo††** well-to-do people ► **gente de pluma††** clerks *pl*, penpushers *pl* ► **gente de trato††** tradespeople ► **gente gorda** (*Esp**) well-to-do people, rich people ► **gente guapa, gente linda** (*LAm*) beautiful people ► **gente menuda** children *pl* ► **gente natural** (*CAm*) Indians *pl*, natives *pl* ► **gente perdida†** riff-raff ► **gente principal** nobility, gentry; *ver tb* **don[1] 1**
[2] (*Méx*) (= *persona*) person; **había dos ~s** there were two people
[3] (*) (= *parientes*) family, folks* *pl*; **mi ~** my family, my folks*; ✦*MODISMO* **de ~ en ~** from generation to generation
[4] (= *nación*) nation
[5] (*Mil*) men *pl*, troops *pl*
[6] (= *séquito*) retinue; **el rey y su ~** the king and his retinue
[7] (*LAm*) upper-class people *pl*; **ser (buena) ~** to be respectable people
Ⓑ ADJ **es muy ~*** (*Chile*) he's very decent*; (*Méx*) he's very kind

**gentecilla** SF (= *pobre gente*) unimportant people; (*pey*) (= *gentuza*) rabble, riffraff

**genterío** SM (*CAm*) = **gentío**

**gentil** Ⓐ ADJ [1] (= *cortés*) courteous; (*Méx*) (= *amable*) kind, helpful
[2] (= *elegante*) graceful, elegant; (= *encantador*) charming
[3] (*iró*) pretty, fine; **¡~ cumplido!** a fine compliment!
[4] (= *idólatra*) pagan, heathen; (= *no judío*) gentile
Ⓑ SMF (= *idólatra*) pagan, heathen; (= *no judío*) gentile

**gentileza** SF [1] (= *amabilidad*) kindness; (= *cortesía*) courtesy; **agradezco su ~** I appreciate your kindness; **tuvieron la ~ de invitarme** they were kind enough to invite me; **tenga la ~ de acompañarme** I would appreciate it if you came with me; **"por ~ de ..."** "by courtesy of ..."
[2] (= *gracia*) gracefulness; (= *encanto*) charm
[3] (= *pompa*) splendour, splendor (*EEUU*)
[4] (= *gallardía*) dash, gallantry

**gentilhombre** SM (*pl* **gentileshombres**) gentleman ► **gentilhombre de cámara** gentleman-in-waiting

**gentilicio** Ⓐ ADJ (= *de las naciones*) national, tribal; (= *de la familia*) family *antes de s*; **nombre ~** family name
Ⓑ SM *name of the inhabitants of a country or region etc*

**gentilidad** SF, **gentilismo** SM (= *paganos*) the pagan world; (= *creencias*) heathenism, paganism

**gentilmente** ADV [1] (= *con amabilidad*) kindly; (= *cortésmente*) courteously, politely; **me cedió ~ el paso** he courteously *o* politely let me past
[2] (= *con elegancia*) elegantly, gracefully; (= *con encanto*) charmingly
[3] (*iró*) prettily

**gentío** SM crowd, throng; **había un ~** there were lots of people

**gentualla** SF = **gentuza**

**gentuza** SF (*pey*) (= *populacho*) rabble, mob; (= *chusma*) riffraff; **¡qué ~!** what a rabble!*, what a shower!*

**genuflexión** SF genuflexion

**genuflexo** ADJ (*Cono Sur*) servile, slavish

**genuinamente** ADV genuinely

**genuino** ADJ [1] (= *auténtico*) genuine
[2] (*Andes**) smashing*, super*

**GEO** SMPL ABR (*Esp*) (= **Grupo Especial de Operaciones**) *special police unit*

**geo** SMF member of GEO

**geo...** PREF geo...

**geoambiental** ADJ geoenvironmental

**geobiológico** ADJ geobiological

**geobotánica** SF geobotany

**geociencia** SF geoscience

**geoclimático** ADJ geoclimatic

**geodemografía** SF geodemography

**geodesía** SF geodesy

**geodésico** ADJ geodesic

**geoecología** SF geoecology

**geoeconómico** ADJ geoeconomic

**geoestacionario** ADJ geostationary

**geoestadística** SF geostatistics *sing*

**geoestrategia** SF geostrategy

**geoestratégico** ADJ geostrategic

**geofísica** SF geophysics *sing*

**geofísico/a** Ⓐ ADJ geophysical
Ⓑ SM/F geophysicist

**Geofredo** SM Geoffrey

**geografía** SF [1] geography ► **geografía física** physical geography ► **geografía humana** human geography ► **geografía política** political geography

Ⓑ VI [1] (= *disfrutar*) to enjoy o.s., have a good time (**con** with); **~ de algo** (= *disfrutar*) to enjoy sth; (= *tener*) to have sth, possess sth; **~ de buena salud** to enjoy good health
[2] (‡) (= *llegar al orgasmo*) to come‡
Ⓒ **gozarse** VPR to enjoy o.s.; **~se en hacer algo** to enjoy doing sth, take pleasure in doing sth

**gozne** SM hinge

**gozo** SM [1] (= *placer*) enjoyment, pleasure; (= *complacencia*) delight; (= *júbilo*) joy, rejoicing; **no caber (en sí) de ~** to be overjoyed; **da ~ escucharle** it's a pleasure to listen to him; **es un ~ para los ojos** it's a joy to see, it's a sight for sore eyes; **✦MODISMO ¡mi ~ en un pozo!** it's gone down the drain!
[2] **gozos** (*Literat, Mús*) *couplets in honour of the Virgin*

**gozosamente** ADV joyfully; **se lo comunicó ~ a los demás** he joyfully told the others; **aceptaron ~ la ofrenda** they were delighted to accept the gift

**gozoso** ADJ joyful

**gozque** SM (= *perro*) small yapping dog; (= *cachorro*) puppy

**g.p.** ABR, **g/p** ABR (= **giro postal**) p.o., m.o. (*EEUU*)

**gr.** ABR (= **gramo(s)**) gm(s)

**grabación** SF recording ► **grabación digital** digital recording ► **grabación en cinta** tape-recording ► **grabación en directo** live recording ► **grabación en vídeo** video recording ► **grabación magnetofónica** tape-recording

**grabado** Ⓐ ADJ **se me quedó grabada la expresión de la niña** I'll never forget the girl's expression; **tengo grabada en la memoria su cara** her face is engraved *o* etched on my memory
Ⓑ SM (= *impresión*) engraving, print; (*en un libro*) illustration, print ► **grabado al agua fuerte** etching ► **grabado al agua tinta** aquatint ► **grabado en cobre, grabado en dulce** copperplate ► **grabado en madera** woodcut ► **grabado rupestre** rock carving

**grabador**[1] SM tape recorder

**grabador**[2]**(a)** SM/F (= *persona*) engraver

**grabadora** SF [1] (*tb* **~ de cinta**) tape recorder ► **grabadora de sonido** voice recorder ► **grabadora de vídeo** video (recorder)
[2] (= *empresa*) recording company
[3] (*Téc*) graver, cutting tool

**grabadura** SF engraving

**grabar** ▸conjug 1a◂ VT [1] (*en madera, metal*) to engrave; **grabó sus iniciales en la medalla** he engraved his initials on the medal; **~ al agua fuerte** to etch
[2] [+ *sonidos, imágenes*] (*gen*) to record; (= *hacer una copia en cinta*) to tape; **están grabando su nuevo álbum** they are recording their new album; **un disco grabado en 1960** a record made in 1960; **¿me puedes ~ este CD?** can you tape this CD for me?
[3] (= *fijar*) to etch; **lo tengo grabado en la memoria** it's etched on my memory; **lleva el dolor grabado en el rostro** the pain is engraved *o* etched on her face; **~ algo en el ánimo de algn** to impress sth on sb's mind

**gracejada*** SF (*CAm, Méx*) stupid joke

**gracejo** SM [1] (= *chispa*) wit, humour, humor (*EEUU*); (*en conversación*) repartee
[2] (= *encanto*) charm, grace
[3] (*CAm, Méx*) (= *payaso*) clown

▼**gracia** SF [1] (= *diversión*) [1·1] [*de chiste, persona*] **yo no le veo la ~** I don't see what's so funny; **si no lo cuentas bien se le va la ~** if you don't tell it well the joke is lost; **nos lo contó con mucha ~** he told it to us in a very funny *o* amusing way; **ahí está la ~** that's the whole point; **coger** *o* **pescar la ~** to see the point (*of a joke*)
[1·2] **hacer ~ a algn: a mí no me hace ~ ese humorista** I don't find that comedian funny; **me hace ~ ver a mi padre en la televisión** it's funny seeing my father on television; **me hace ~ que me llamen conservador precisamente ellos** it's funny that they of all people should call me conservative; **no me hacía ~ su aire de superioridad** I didn't like his air of superiority; **al jefe no le va a hacer ninguna ~ que nos vayamos a casa** our boss is not going to be at all happy about us going home; **no me hace mucha ~ la idea de tener que trabajar este domingo** I'm not wild about the idea of having to work this Sunday*
[1·3] **tener ~** [*broma, chiste*] to be funny; [*persona*] (= *ser ingenioso*) to be witty; (= *ser divertido*) to be funny, be amusing; **la broma no tuvo ~** the joke wasn't funny; **¡tiene ~ la cosa!** (*iró*) isn't that (just) great! (*iró*); **tendría ~ que se estropeara el despertador justamente hoy** (*iró*) wouldn't it be just great if the alarm didn't go off today of all days? (*iró*); **tiene mucha ~ hablando** he's very witty, he's very funny *o* amusing; **tiene mucha ~ contando chistes** his jokes are really funny
[1·4] **¡qué ~!** (*gen*) how funny!; (*iró*) it's great, isn't it?; **¿así que tu hermano y mi hermano se conocen? ¡qué ~!** so your brother and mine know each other — how funny!; **y, ¡qué ~!, me dice el profesor: —señorita, compórtese** and the teacher said to me, it was so funny, "behave yourself, young lady"; **¡qué ~! ¿no? tú de vacaciones y yo aquí estudiando** (*iró*) it's great, isn't it? you are on holiday while I am here studying (*iró*)
[1·5] **dar en la ~ de hacer algo** to take to doing sth
[2] (= *encanto*) [2·1] (*al moverse*) gracefulness, grace; **se mueve con ~** she moves gracefully; **sin ~** ungraceful, lacking in gracefulness *o* grace; **tener ~** to be graceful
[2·2] (*en la personalidad*) charm; **tener ~** [*persona*] to have charm; [*objeto*] to be nice; **no es guapo, pero tiene cierta ~** he's not good-looking but he has a certain charm; **no tiene ninguna ~ vistiendo** she has no dress sense
[3] (= *chiste*) joke; **hacer una ~ a algn** to play a prank on sb; **hizo una de sus ~s** he showed himself up once again; **reírle las ~s a algn** to laugh along with sb
[4] **gracias** [4·1] (*para expresar agradecimiento*) thanks; **¡~s!** thank you!; **¡muchas ~s!** thank you very much!, thanks a lot!, many thanks! (*más frm*); **dar las ~s a algn** to thank sb (**por** for); **no nos dio ni las ~s** he didn't even say thank you, he didn't even thank us; **llamaba para darte las ~s por todo** I am phoning to thank you for everything; **toma eso, ¡y ~s!** take that and be thankful!; **y ~s que no llegó a más** and we *etc* were lucky to get off so lightly
[4·2] **~s a** thanks to; **hemos conseguido esta casa ~s a ellos** it's thanks to them that we got this house; **han sobrevivido ~s a la ayuda internacional** they have survived with the help of *o* thanks to international aid; **la familia se mantiene ~s a que el padre y la madre trabajan** the family manages to support itself thanks to the fact that both parents work; **~s a Dios** thank heaven(s)
[5] (*Rel*) grace; **estar en ~ (de Dios)** to be in a state of grace; **por la ~ de Dios** by the grace of God; *ver tb* **obra 1**
[6] (*Jur*) mercy, pardon; **medida de ~** pardon; *ver tb* **tiro 1**
[7] (= *favor*) favour, favor (*EEUU*); **te concederé la ~ que me pidas** I will grant you whatever favour you request; **caer de la ~ de algn†** fall out of favour with sb; **de ~†** free, gratis; **✦MODISMOS caer en ~ a algn** to warm to sb, take a liking to sb; **me cayó en ~ enseguida** I warmed to him immediately, I took an immediate liking to him; **nunca me cayó en ~ tu suegra** I never really liked your mother-in-law; **hacer a algn ~ de algo** to spare sb sth; **te hago ~ de los detalles** I'll spare you the details
[8] (= *benevolencia*) graciousness
[9] (*Mit*) **las tres Gracias** the Three Graces
[10] **en ~ a†** on account of; **en ~ a la brevedad** for the sake of brevity
[11] (†) (= *nombre*) name; **¿cuál es su ~?** what is your name?

**graciable** ADJ [1] [*persona*] (= *benévolo*) gracious; (= *amable*) kind
[2] [*concesión*] easily-granted
[3] [*pago*] discretionary

**graciablemente** ADV [1] [*comportarse*] (= *con benevolencia*) graciously; (= *con amabilidad*) kindly
[2] [*pagar*] on a discretionary basis

**grácil** ADJ [*figura, líneas, movimientos*] graceful; [*talle*] slender

**gracilidad** SF gracefulness, grace

**graciosamente** ADV [1] (= *con encanto*) gracefully; (= *con elegancia*) pleasingly, elegantly
[2] (= *con humor*) funnily, amusingly; (= *con agudeza*) wittily; (= *payaseando*) comically

**graciosidad** SF [1] (= *encanto*) grace, gracefulness; (= *elegancia*) elegance; (= *belleza*) beauty
[2] (= *humor*) funniness, amusing qualities *pl*; (= *agudeza*) wittiness

**gracioso/a** Ⓐ ADJ [1] (= *divertido*) funny, amusing; **una situación muy graciosa** a very funny *o* amusing situation; **es de lo más ~** he's really funny *o* amusing; **estás tú muy graciosillo hoy** (*iró*) you're very witty *o* funny today; **lo ~ del caso es que ...** the funny *o* amusing thing about it is that ...; **lo ~ sería que ganaran ellos, cuando van los últimos** it would be funny if they won, when they're last at the moment; **¡qué ~!** how funny!; **has visto cómo me ha adelantado ese coche ¡qué ~!** (*iró*) did you see how that car overtook me — now that was really clever, wasn't it?
[2] (= *mono*) cute; **tiene una nariz muy graciosa** she's got a cute little nose; **un sombrerito muy ~** a lovely *o* cute little hat
[3] (*como título*) gracious; **su graciosa Majestad** her gracious Majesty
[4] (= *gratuito*) free
Ⓑ SM/F (*iró*) joker*; **habrá sido algún ~** it must have been some joker*; **hacerse el ~** to try to be funny; **¡no se haga el ~!** don't try to

➤ LENGUA Y USO: **gracia 4** 48.1, 49, 52.1, 52.4

be funny!
Ⓒ SM (*Teat, Hist*) comic character, fool

**grada** SF 1 (= *asiento*) tier, row of seats; **asientos de ~** stands; **la(s) ~(s)** the stands, the terraces, the terracing; **un gol coreado en la(s) ~(s)** a goal which was hailed in the stands *o* on the terraces *o* on the terracing
2 (= *peldaño*) step, stair; (*Rel*) altar step; **gradas** (= *escalinata*) flight *sing* of steps; (*Andes, Cono Sur*) paved terrace *sing* (*in front of a building*)
3 (*Náut*) [*de construcción*] slip; [*de reparaciones*] slipway
4 (= *azada*) harrow ► **grada de disco** disk harrow ► **grada de mano** hoe, cultivator

**gradación** SF 1 (= *progresión*) gradation; (= *serie*) graded series
2 (*Retórica*) climax; (*Ling*) comparison

**gradar** ▸conjug 1a◂ VT (*Agr*) (= *allanar*) to harrow; (= *cultivar*) to hoe

**gradería** SF, **graderío** SM stands *pl*, terraces *pl*, terracing; **ambiente crispado en el graderío** *o* **los graderíos** tense atmosphere in the stands *o* on the terraces *o* on the terracing ► **gradería cubierta** grandstand

**grado** SM 1 (= *nivel*) degree; **un alto ~ de desarrollo** a high degree of development; **quemaduras de primer/segundo ~** first-/second-degree burns; **parentesco de segundo ~** second-degree kinship; **en alto ~** to a great degree; **la censura dificultó en alto ~ la investigación científica** scientific research was greatly hindered *o* was hindered to a great degree by censorship; **de ~ en ~** step by step, by degrees; **en mayor ~** to a greater degree *o* extent; **en menor ~** to a lesser degree *o* extent; **en mayor o menor ~** to a greater or lesser extent; **en sumo ~** *o* **en ~ sumo**: **era humillante en sumo ~** it was humiliating in the extreme; **me complace en sumo ~** it gives me the greatest pleasure; **en ~ superlativo** in the extreme; **tercer ~ (penitenciario)** (*Esp*) *lowest category within the prison system which allows day release privileges*
2 (*Geog, Mat, Fís*) degree; **la temperatura es de 40 ~s** the temperature is 40 degrees; **estamos a cinco ~s bajo cero** it is five degrees below zero; **un ángulo de 45 ~s** a 45-degree angle; **este vino tiene 12 ~s** this wine is 12 per cent alcohol; **esta cerveza no tiene muchos ~s** this beer is very low in alcohol ► **grado Celsius** degree Celsius ► **grado centígrado** degree centigrade ► **grado Fahrenheit** degree Fahrenheit
3 [*de escalafón*] grade; (*Mil*) rank; **tiene el ~ de teniente** he holds the rank of lieutenant; **un militar de ~ superior** a high-ranking army officer
4 (= *etapa*) stage; **está en el segundo ~ de elaboración** it is now in the second stage of production
5 (*esp LAm Educ*) (= *curso*) year, grade (*EEUU*); (= *título*) degree; **tiene el ~ de licenciado** he is a graduate; **colación de ~s** (*Arg*) conferment of degrees ► **grado universitario** university degree
6 (*Ling*) degree of comparison; **adjetivos en ~ comparativo** comparative adjectives, comparatives; **adjetivos en ~ superlativo** superlative adjectives, superlatives
7 (= *gusto*) **de (buen) ~** willingly; **aceptó las nuevas normas de buen ~** she willingly agreed the new regulations; **de mal ~** unwillingly; ✦MODISMO **de ~ o por (la) fuerza**: **otros muchos países entraron en guerra, de ~ o por la fuerza** many other countries were forced willy-nilly to enter the war; **pues tendrás que ir, de ~ o por la fuerza** well you'll have to go, like it or not
8 [*de escalera*] step
9 **grados** (*Rel*) minor orders

**graduable** ADJ adjustable, that can be adjusted

**graduación** SF 1 [*de volumen, temperatura*] adjustment
2 [*de una bebida*] alcoholic strength, proof grading; **bebidas de baja ~** drinks with a low alcohol content ► **graduación octánica** octane rating
3 [*de la vista*] testing
4 (*Univ*) graduation; **baile de ~** graduation ball
5 (*Mil*) (= *rango*) rank; **de alta ~** of high rank, high-ranking

**graduado/a** Ⓐ ADJ 1 [*escala*] graduated; **gafas graduadas** prescription glasses, glasses with prescription lenses
2 (*Educ*) graduate *antes de s*
3 [*militar*] commissioned
Ⓑ SM/F (= *estudiante*) graduate
Ⓒ SM **graduado escolar** (*Esp*) *formerly, certificate of success in EGB course*

**gradual** ADJ gradual

**gradualidad** SF gradualness

**gradualismo** SM (*esp Pol*) gradualism

**gradualista** ADJ, SMF gradualist

**gradualmente** ADV gradually

**graduando/a** SM/F graduand

**graduar** ▸conjug 1e◂ Ⓐ VT 1 (= *regular*) [+ *volumen, temperatura*] to adjust; **hay que ~ la salida del agua** the outflow of water has to be regulated
2 (= *medir*) to gauge, measure; (*Téc*) to calibrate; [+ *termómetro*] to graduate; [+ *vista*] to test; **tengo que ~me la vista** I've got to have my eyes tested
3 (*Univ*) to confer a degree on
4 (*Mil*) to confer a rank on; **~ a algn de capitán** to confer the rank of captain on sb
Ⓑ **graduarse** VPR 1 (*Univ*) to graduate, take one's degree; **se graduó en Derecho** he graduated in law
2 (*Mil*) to take a commission (**de** as)

**GRAE** ABR = **Gramática de la Real Academia Española**

**grafía** SF spelling; **se inclina por la ~ "gira"** he prefers the spelling "gira"

**gráfica** SF 1 (= *representación*) (*Mat*) graph; (= *diagrama*) chart ► **gráfica de fiebre**, **gráfica de temperatura** (*Med*) temperature chart
2 (= *empresa*) **"Gráficas Giménez"** "Giménez Graphics"

**graficación** SF 1 (*Inform*) graphics *sing*
2 (*Mat*) representation on a graph

**gráficamente** ADV graphically

**gráfico** Ⓐ ADJ 1 [*diseño, artes*] graphic; **tarjeta gráfica** graphics card; **información gráfica** photographs *pl*, pictures *pl*; **reportero ~** press photographer
2 [*descripción, relato*] graphic
Ⓑ SM 1 (= *diagrama*) chart; (*Mat*) graph ► **gráfico de barras** bar chart ► **gráfico de sectores**, **gráfico de tarta** pie chart
2 **gráficos** (*Inform*) graphics

**grafiosis** SF INV Dutch elm disease

**grafismo** SM 1 (*Arte*) graphic art; (*Inform*) computer graphics
2 (= *logotipo*) logo
3 (= *escritura*) graphology

**grafista** SMF graphic artist, graphic designer

**grafiti** SMPL graffiti

**grafito** SM graphite, black lead

**grafología** SF graphology

**grafólogo/a** SM/F graphologist

**gragea** SF 1 (*Med*) sugar-coated pill
2 (= *confite*) small coloured *o* (*EEUU*) colored sweet

**graja** SF rook

**grajea** SF (*Andes*) fine shot, birdshot

**grajear** ▸conjug 1a◂ VI [*ave*] to caw; [*bebé*] to gurgle

**grajiento** ADJ (*LAm*) smelly

**grajilla** SF jackdaw

**grajo** SM 1 (= *cuervo*) rook
2 (*LAm*) (= *olor corporal*) body odour *o* (*EEUU*) odor; [*del sobaco*] underarm smell

**Gral.** ABR, **gral.** ABR (= **General**) Gen

**grama** SF (*esp LAm*) (= *hierba*) Bermuda grass; (*Caribe**) (= *césped*) lawn

**gramaje** SM weight (*of paper etc*)

**gramática** SF (= *estudio*) grammar; (= *texto*) grammar (book) ► **gramática de casos** case grammar ► **gramática generativa** generative grammar ► **gramática parda** native wit; **saber** *o* **tener mucha ~ parda** to be worldly-wise, know the ways of the world ► **gramática profunda** deep grammar ► **gramática transformacional** transformational grammar; *ver tb* **gramático**

**gramatical** ADJ grammatical

**gramático/a** Ⓐ ADJ grammatical
Ⓑ SM/F (= *persona*) grammarian; *ver tb* **gramática**

**gramil** SM gauge, gage (*EEUU*)

**gramilla** SF (*LAm*) grass, lawn

**gramillar** SM (*Cono Sur*) meadow, grassland

**gramínea** SF grass; (*LAm*) pulse

**gramo** SM gramme, gram (*EEUU*)

**gramófono** SM gramophone, phonograph (*EEUU*)

**gramola**† SF gramophone, phonograph (*EEUU*); (*en bar, cafetería*) jukebox

**grampa** SF (*esp LAm*) paper clip

**gran** *ver* **grande**

**grana**[1] SF (*Bot*) 1 (= *semilla*) small seed; **dar en ~** to go to seed, run to seed
2 (= *acto*) seeding; (= *estación*) seeding time
3 (*LAm*) (= *pasto*) grass; (*CAm, Méx Dep*) turf

**grana**[2] SF (*Zool*) cochineal; (= *tinte*) kermes; (= *color*) scarlet; (= *tela*) scarlet cloth; **de ~** scarlet, bright red; ✦MODISMO **ponerse como la ~** to go as red as a beetroot

**Granada** SF (*Esp*) Granada; (*Caribe*) Grenada

**granada** SF 1 (*Bot*) pomegranate
2 (= *bomba*) grenade ► **granada anticarro** anti-tank grenade ► **granada de mano** hand grenade ► **granada de metralla** shrapnel shell ► **granada de mortero** mortar shell ► **granada de fragmentación** fragmentation grenade ► **granada de humo** smoke-bomb ► **granada detonadora** stun grenade ► **granada lacrimógena** teargas grenade

**granadero** SM 1 (*Mil*) grenadier
2 **granaderos** (*Méx*) (= *policía*) riot police

**granadilla** SF (= *pasionaria*) passionflower; (= *fruto*) passion fruit

**granadino/a** Ⓐ ADJ of/from Granada
Ⓑ SM/F native/inhabitant of Granada; **los ~s** the people of Granada

**granado**[1] SM (= *árbol*) pomegranate tree

**granado**[2] ADJ **1** (= *selecto*) choice, select; (= *notable*) distinguished; **lo más ~ de la sociedad** the cream of society; **lo más ~ de la prosa en lengua española** the pick of Spanish prose writing
**2** (= *maduro*) mature; (= *alto*) full-grown, tall

**granangular** ADJ **objetivo ~** wide-angle lens

**granar** ▸conjug 1a◂ VI to seed, run to seed

**granate** Ⓐ SM **1** (= *mineral*) garnet
**2** (= *color*) deep red, dark crimson
Ⓑ ADJ INV deep red, dark crimson

**granazón** SF seeding

**Gran Bretaña** SF Great Britain

**Gran Canaria** SF Grand Canary

**grancanario/a** Ⓐ ADJ of/from Grand Canary
Ⓑ SM/F native/inhabitant of Grand Canary; **los ~s** the people of Grand Canary

**grande** Ⓐ ADJ (*antes de sm sing* **gran**) **1** (*de tamaño*) big, large; (*de estatura*) big, tall; [*número, velocidad*] high, great; **viven en una casa muy ~** they live in a very big *o* large house; **¿cómo es de ~?** how big *o* large is it?, what size is it?; **los zapatos le están muy ~s** the shoes are too big for her; **en cantidades más ~s** in larger *o* greater quantities; **grandísimo** enormous, huge; **un esfuerzo grandísimo** an enormous effort, a huge effort; **un coche grandísimo** a whacking great car*; **¡grandísimo tunante!** you old rogue!; **el gran Buenos Aires** greater Buenos Aires; ✦*MODISMOS* **a lo ~*** in style; **hacer algo a lo ~** to do sth in style, make a splash doing sth*; **vivir a lo ~** to live in style; **quedarle algo ~ a algn** to be too much for sb, be more than sb can handle; **pasarlo en ~** to have a tremendous time*
**2** (= *importante*) [*artista, hazaña*] great; [*empresa*] big; **un gran pintor** a great painter; **un gran desastre** a great disaster; **es una ventaja muy ~** it's a great advantage; **hay una diferencia no muy ~** there is not a very big *o* great difference; **los ~s bancos internacionales** the big international banks; **las ~s empresas multinacionales** the big multinationals; **la gran mayoría** the great majority
**3** (= *mucho, muy*) great; **con gran placer** with great pleasure; **fueron ~s amigos** they were great friends; **he sentido una gran pena** I felt very sad; **me llevé una alegría muy ~** I felt very happy; **comer con gran apetito** to eat hungrily; **un mes de gran calor** a very hot month; **un programa de gran éxito** a very successful programme; **se estrenó con gran éxito** it was a great success, it went off very well
**4** (*en edad*) (= *mayor*) **ya eres ~, Raúl** you are a big boy now, Raúl; **¿qué piensas hacer cuando seas ~?** what do you want to do when you grow up?
**5** **¡qué ~!** (*Arg**) how funny!
Ⓑ SMF **1** (= *personaje importante*) **los ~s de la industria** the major companies in the industry; **uno de los ~s de la pantalla** one of the screen greats; **los siete ~s** the Big Seven ► **Grande de España** grandee
**2** (*LAm*) (= *adulto*) adult
Ⓒ SF **1** (*Arg*) [*de lotería*] first prize, big prize
**2** (*Andes‡*) (= *cárcel*) clink‡, jail

**grandemente** ADV greatly, extremely; **~ equivocado** greatly mistaken

**grandeza** SF **1** (= *nobleza*) nobility; **la ~ de su acción humanitaria** the nobility *o* greatness of his humanitarian action; **~ de alma** *o* **espíritu** magnanimity
**2** [*de artista etc*] greatness
**3** (= *esplendidez*) grandness, impressiveness; (= *ostentación*) grandeur, magnificence
**4** (= *personas*) grandees *pl*; **la Grandeza de España** the Spanish nobility
**5** (= *rango*) status of grandee
**6** (= *tamaño*) size; (= *gran tamaño*) bigness; (= *magnitud*) magnitude

**grandilocuencia** SF grandiloquence

**grandilocuente** ADJ, **grandílocuo** ADJ grandiloquent

**grandiosidad** SF = **grandeza 3**

**grandioso** ADJ (= *magnífico*) grand, magnificent; (*pey*) grandiose

**grandísimo** ADJ SUPERL *de* **grande**

**grandón** ADJ solidly-built

**grandor** SM size

**grandote*** ADJ huge

**grandullón/ona*** Ⓐ ADJ overgrown, oversized
Ⓑ SM/F big kid

**grandulón/ona** ADJ, SM/F (*Andes*) = **grandullón**

**granear** ▸conjug 1a◂ VT **1** [+ *semilla*] to sow
**2** (*Téc*) to grain, stipple

**granel** SM **1** (*Com*) **a ~** (= *en cantidad*) in bulk; (= *sin envasar*) loose; **vender a ~** [+ *líquidos*] to sell by the pint *o* litre; [+ *alimentos*] to sell loose; **vino a ~** wine in bulk *o* in the barrel; **olía a colonia de ~** she smelled of cheap perfume
**2** (= *montón*) heap; **a ~** (= *mucho*) in abundance; (= *a montones*) by the ton; (= *con profusión*) lavishly

**granelero** SM bulk-carrier

**granero** SM **1** (= *edificio*) granary, barn
**2** (= *distrito*) granary, corn-producing area; **el ~ de Europa** the breadbasket of Europe

**granetario** SM precision balance

**granete** SM punch

**granguiñolesco** ADJ melodramatic, exaggerated

**granilla** SF grain (*in cloth*)

**granítico** ADJ granitic, granite *antes de s*

**granito**[1] SM (*Geol*) granite

**granito**[2] SM **1** [*de sal, azúcar etc*] grain; **aportaremos nuestro ~ de arena** we'll do our bit*
**2** (*Med*) pimple

**granizada** SF **1** (*Meteo*) hailstorm, hail
**2** (*fig*) hail; (= *abundancia*) shower, vast number; **una ~ de balas** a hail of bullets
**3** (*Andes*) (= *bebida*) iced drink

**granizado** SM (= *bebida*) iced drink; [*de hielo*] slush ► **granizado de café** iced coffee ► **granizado de limón** iced lemon drink

**granizal** SM (*LAm*) hailstorm

**granizar** ▸conjug 1f◂ VI (*Meteo*) to hail; (*fig*) to shower, rain

**granizo** SM hail

**granja** SF farm; **animales de ~** farm animals; **huevos de ~** free-range eggs; **pollo de ~** free-range chicken ► **granja avícola** chicken farm, poultry farm ► **granja colectiva** collective farm ► **granja de multiplicación** factory farm ► **granja de pollos** chicken farm ► **granja escuela** educational farm ► **granja marina** fish farm

**granjear** ▸conjug 1a◂ Ⓐ VT **1** (= *adquirir*) [+ *respeto, enemigos*] to earn; **su actitud le granjeó una fama de intolerante** his attitude earned him a reputation as a bigot
**2** (*Andes, Cono Sur*) (= *robar*) to steal
Ⓑ **granjearse** VPR [+ *respeto, enemigos*] to earn

**granjería** SF **1** (*Com, Fin*) profit, earnings *pl*; (*Agr*) farm earnings *pl*
**2** (= *zootecnia*) farming, husbandry

**granjero/a** SM/F farmer

**grano** SM **1** (= *semilla*) [*de cereales*] grain; [*de mostaza*] seed; ✦*MODISMOS* **ir (directo) al ~** to get to the point; **¡vamos al ~!** let's get to the point!; **no es ~ de anís** it's not just a small thing ► **grano de arroz** grain of rice ► **grano de cacao** cocoa bean ► **grano de café** coffee bean ► **grano de sésamo** sesame seed ► **grano de trigo** grain of wheat ► **granos panificables** bread grains
**2** (= *semillas*) grain; **aquí se almacena el ~** the grain is stored here; ✦*MODISMO* **apartar el ~ de la paja** to separate the wheat from the chaff
**3** (= *partícula*) grain; (= *punto*) speck; **un ~ de arena** a grain of sand; ✦*MODISMO* **poner su ~ de arena** to do one's bit*
**4** (*en la piel*) spot, pimple
**5** (*en piedra, madera, fotografía*) grain; **de ~ fino** fine-grained; **de ~ gordo** coarse-grained
**6** (*Farm*) grain
**7** (‡) [*de droga*] fix‡, shot*

**granoso** ADJ granular, granulated

**granuja** Ⓐ SMF (= *bribón*) rogue; (*dicho con afecto*) rascal; (= *pilluelo*) urchin, ragamuffin
Ⓑ SF (= *uvas*) loose grapes *pl*; (= *semilla*) grape seed

**granujada** SF dirty trick; **hacer una ~ a algn** to pull a fast one on sb*; **es una ~** it's a low-down thing to do*

**granujería** SF (*en conjunto*) rogues *pl*, urchins *pl*

**granujiento** ADJ, **granujoso** ADJ pimply, spotty

**granulación** SF granulation

**granulado** Ⓐ ADJ granulated
Ⓑ SM (*Farm*) **un ~ vitamínico** a vitamin powder

**granular**[1] ADJ granular

**granular**[2] ▸conjug 1a◂ Ⓐ VT to granulate
Ⓑ **granularse** VPR **1** (= *superficie*) to granulate, become granulated
**2** (*Med*) to break out in spots, become spotty

**gránulo** SM granule

**granuloso** ADJ granular

**grapa**[1] SF **1** (*para papeles*) staple
**2** (*para cables*) cable clip; (*Mec*) dog clamp; (*Arquit*) cramp

**grapa**[2] SF (*Cono Sur*) (= *aguardiente*) (cheap) grape liquor, grappa

**grapadora** SF stapler, stapling gun

**grapar** ▸conjug 1a◂ VT to staple

**GRAPO** SMPL ABR (*Esp Pol*) (= **Grupos de Resistencia Antifascista Primero de Octubre**) *terrorist group*

**grapo** SMF member of GRAPO

**grasa** Ⓐ SF [1] [*de alimentos*] fat; **alimentos bajos en ~s** low-fat foods; **reducir el consumo de ~s** to cut down on fatty foods; **tener mucha ~** [*carne*] to be fatty; [*guiso, plato*] to be (very) greasy ► **grasa de ballena** blubber ► **grasa de pescado** fish oil ► **grasa no saturada** unsaturated fat ► **grasa saturada** saturated fat ► **grasa vegetal** vegetable fat
[2] (*Anat*) fat; **eliminar ~s** to get rid of fat
[3] (= *suciedad*) grease; **la cocina está llena de ~** the kitchen is really greasy
[4] (*Aut, Mec*) (= *lubrificante*) grease ► **grasa para ejes** axle grease
[5] (*Méx**) (*para el calzado*) shoe polish
[6] (*Arg**) working-class person
[7] **grasas** (= *escorias*) slag *sing*
Ⓑ ADJ (*) [1] (*Arg*) (= *torpe*) stupid, slow
[2] (*Cono Sur pey*) common
Ⓒ SMF **es un ~** (*Cono Sur**) he's common

**grasiento** ADJ [1] [*guiso, pelo*] greasy
[2] (= *sucio*) greasy

**graso** ADJ [1] [*alimentos, ácidos*] fatty; [*cutis*] greasy, oily; [*pelo*] greasy
[2] (= *aceitoso*) [*guiso*] greasy, oily

**grasoso** ADJ greasy

**grata** SF **su ~ del 8** your letter of the 8th

**gratamente** ADV pleasantly, pleasingly; **quedé ~ sorprendido** I was pleasantly surprised

**gratificación** SF [1] (= *recompensa*) reward, recompense; (= *propina*) tip; (= *aguinaldo*) gratuity; [*de sueldo, como prima*] bonus
[2] (= *satisfacción*) gratification

**gratificador** ADJ gratifying

**gratificante** ADJ gratifying

**gratificar** ▸conjug 1g◂ VT [1] (= *recompensar*) to reward, recompense; (*con sueldo extra*) to give a bonus to, pay extra to; (*con propina*) to tip; (*con aguinaldo*) to give a gratuity to; **"se ~á"** "a reward is offered"
[2] (= *satisfacer*) to gratify; (= *complacer*) to give pleasure to, satisfy; [+ *anhelo*] to indulge, gratify

**gratinado** Ⓐ ADJ au gratin
Ⓑ SM *dish cooked au gratin*; **~ de patatas** potato gratin

**gratinador** SM grill

**gratinar** ▸conjug 1a◂ VT to cook au gratin

**gratis** Ⓐ ADV free, for nothing; **te lo arreglarán ~** they'll fix it (for) free *o* for nothing; **comimos ~** we ate for free *o* nothing; **de ~** (*LAm*) gratis
Ⓑ ADJ free; **la entrada es ~** entry is free

**gratitud** SF gratitude

**grato** ADJ [1] (= *placentero*) pleasant, pleasing; (= *satisfactorio*) welcome; **recibir una grata impresión** to get a pleasant impression; **una decisión muy grata para todos** a very welcome decision for everybody; **guarda muy ~s recuerdos de su visita a España** he holds very fond memories of his visit to Spain; **nos es ~ informarle que …** we are pleased to inform you that …
[2] (*Andes*) (= *agradecido*) grateful; **le estoy ~** I am most grateful to you

**gratuidad** SF [1] (= *cualidad de gratuito*) cost-free status; **debemos garantizar la ~ de la enseñanza** we must ensure that education remains free
[2] (= *arbitrariedad*) gratuitousness; **no comparto la ~ de sus afirmaciones** I can't agree with such gratuitous statements

**gratuitamente** ADV [1] (= *gratis*) free
[2] [*comentar*] gratuitously; [*acusar*] without foundation

**gratuito** ADJ [1] (= *gratis*) free, free of charge
[2] [*comentario*] gratuitous, uncalled-for; [*acusación*] unfounded, unjustified

**gratulatorio** ADJ congratulatory

**grava** SF (= *guijos*) gravel; (= *piedra molida*) crushed stone; (*en carreteras*) road metal

**gravable** ADJ taxable, subject to tax

**gravamen** SM [1] (= *impuesto*) tax; **exento de ~** exempt from tax; **libre de ~** free of tax, tax-free
[2] [*de aduanas*] duty
[3] (= *carga*) burden, obligation; (*Jur*) lien, encumbrance; **libre de ~** free from encumbrances, unencumbered ► **gravamen bancario** banker's lien ► **gravamen del vendedor** vendor's lien ► **gravamen general** general lien

**gravar** ▸conjug 1a◂ Ⓐ VT [1] (*con impuesto*) to tax; (= *calcular impuestos*) to assess for tax; **~ un producto con un impuesto** to place a tax on a product, tax a product; **los impuestos que gravan esta vivienda** the taxes to which this dwelling is subject
[2] (*con carga, hipoteca*) to burden, encumber (**de** with); (*Jur*) [+ *propiedad*] to place a lien upon; **el préstamo y el interés que se le grava** the loan and the interest charged upon it
Ⓑ **gravarse** VPR (*LAm*) (= *empeorar*) to get worse, become more serious

**gravativo** ADJ burdensome

**grave** ADJ [1] (*Med*) [*enfermedad, estado*] serious; **estar ~** to be seriously ill; **hubo 20 heridos ~s** there were 20 people seriously injured
[2] (= *serio*) serious; (= *importante*) important, momentous; **la situación es ~** the situation is serious
[3] [*carácter*] serious, dignified; **y otros hombres ~s** and other worthy men
[4] (*Mús*) [*nota, tono*] low, deep; [*voz*] deep
[5] (*Ling*) [*acento*] grave; [*palabra*] stressed on the penultimate syllable

**gravedad** SF [1] (*Fís*) gravity ► **gravedad nula** zero gravity
[2] (*Med*) seriousness; **estar enfermo de ~** to be seriously ill; **el herido evoluciona favorablemente, dentro de la ~** the patient is progressing well, but his condition remains serious; **parece que la lesión es de poca ~** it seems that the injury is not serious
[3] (= *seriedad*) seriousness
[4] (= *dignidad*) seriousness, dignity
[5] (*Mús*) depth

**gravemente** ADV [1] [*afectar, perjudicar*] seriously; **no están ~ afectados** they are not seriously affected; **estar ~ enfermo** to be seriously ill; **resultó ~ herido** he was seriously injured
[2] (= *con solemnidad*) gravely; **habló ~** he spoke gravely

**gravera** SF gravel bed, gravel pit

**gravidez** SF pregnancy; **en estado de ~** pregnant; **con pocos miramientos hacia su estado de ~** with little account taken of the fact that she was pregnant

**grávido** ADJ [1] (= *embarazada*) pregnant; (*Zool*) carrying young, with young
[2] (*liter*) (= *lleno*) full (**de** of), heavy (**de** with); **me sentí ~ de emociones** I was weighed down with emotions, I was full of emotions

**gravilla** SF gravel

**gravitación** SF gravitation

**gravitacional** ADJ gravitational

**gravitante** ADJ menacing

**gravitar** ▸conjug 1a◂ VI [1] (*Fís*) to gravitate (**hacia** towards)
[2] (= *girar*) to rotate; **la tierra gravita en torno al sol** the earth rotates round the sun
[3] **~ sobre algn/algo** (= *apoyarse*) to rest on sb/sth; (= *caer sobre*) to bear down on sb/sth; (*fig*) (= *pesar sobre*) to be a burden to sb/sth; (= *amenazar*) to loom over sb/sth

**gravitatorio** ADJ gravitational

**gravoso** ADJ [1] (= *caro*) costly, expensive; (= *oneroso*) burdensome; [*precio*] extortionate; **el impuesto es especialmente ~ para las pequeñas empresas** the tax is a particular burden for small businesses
[2] (= *molesto*) burdensome, oppressive; **ser ~ a algn/algo** to be a burden to sb/sth, weigh on sb/sth
[3] (= *insufrible*) tiresome, vexatious

**graznar** ▸conjug 1a◂ VI [1] [*cuervo*] to croak, caw; [*ganso*] to cackle; [*pato*] to quack
[2] (*pey*) [*cantante*] to croak

**graznido** SM [*de cuervo*] croak; [*de ganso*] cackle; [*de pato*] quack

**grébano/a** SM/F (*Cono Sur pey*) Italian, wop**

**greca** SF border

**Grecia** SF Greece

**greco** (*liter*) = **griego**

**grecochipriota** ADJ, SMF Greek-Cypriot

**greda** SF (= *arcilla*) clay; (*Téc*) fuller's earth

**gredal** SM claypit

**gredoso** ADJ clayey

**green** [grin] SM (*pl* **greens** [grin]) (*Golf*) green

**gregario** Ⓐ ADJ [1] [*animal, persona*] gregarious; **tiene un carácter ~** he's a gregarious character; **instinto ~** herd instinct
[2] (= *servil*) servile, slavish
Ⓑ SM (*Dep*) domestic

**gregarismo** SM gregariousness

**gregoriano** ADJ Gregorian; **canto ~** Gregorian chant

**Gregorio** SM Gregory

**greguería** SF [1] (= *ruido*) hubbub, uproar, hullabaloo
[2] (*Literat*) *brief, humorous and often mildly poetic comment or aphorism about life*

**grelos** SMPL turnip tops

**gremial** Ⓐ ADJ [1] (*Hist*) guild *antes de s*
[2] (= *sindical*) trade-union *antes de s*
Ⓑ SM (= *miembro*) guild member

**gremialista** SMF (*LAm*) trade unionist

**gremio** SM [1] (= *profesión*) trade, profession; **la jerga del ~** trade jargon; **ser del ~** to be in the trade
[2] (*Hist*) guild, corporation
[3] (= *sindicato*) (trade) union; (= *asociación*) association, organization

**greña** SF [1] (= *enredo*) tangle, entanglement; **andar a la ~** to bicker, squabble; **estar a la ~ con algn** to be at daggers drawn with sb
[2] **greñas** (= *cabello revuelto*) shock of hair, mat of hair, mop of hair

3 **en ~** (*Méx*) [*seda*] raw; [*plata*] unpolished; [*azúcar*] unrefined

**greñudo** ADJ [*cabello*] tangled, matted; [*persona*] dishevelled, disheveled (*EEUU*)

**gres** SM (= *arcilla*) potter's clay; (= *cerámica*) earthenware, stoneware

**gresca** SF (= *bulla*) uproar, hubbub; (= *trifulca*) row, shindy*; **andar a la ~** to row, brawl; **armar una ~** to start a fight

**grey** SF 1 (*Rel*) flock, congregation
2 [*de ovejas*] flock

**Grial** SM **Santo ~** Holy Grail

**griego/a** Ⓐ ADJ Greek, Grecian
Ⓑ SM/F 1 (= *persona*) Greek
2 (††) (= *tramposo*) cheat
Ⓒ SM 1 (*Ling*) Greek ► **griego antiguo** ancient Greek
2 (= *lenguaje ininteligible*) gibberish, double Dutch; **hablar en ~** to talk double Dutch; **para mí es ~** it's all Greek to me

**grieta** SF 1 (= *fisura*) fissure, crack; (= *hendidura*) chink; (= *quiebra*) crevice; (*en la piel*) chap, crack
2 (*Pol*) rift

**grietarse** ▸conjug 1a◂ VPR = **agrietar B**

**grifa:** SF (= *droga*) dope*; *ver tb* **grifo**

**grifear:** ▸conjug 1a◂ VI to smoke dope*

**grifería**[1] SF taps *pl*, faucets *pl* (*EEUU*)

**grifería**[2] SF (*Caribe*:) blacks *pl*

**grifero/a** SM/F (*Andes*) petrol pump attendant, gas pump attendant (*EEUU*)

**grifo**[1] SM 1 [*de agua*] tap, faucet (*EEUU*); (*a presión*) cock; **agua del ~** tap water; **cerveza (servida) al ~** draught *o* (*EEUU*) draft beer; ✦*MODISMO* **cerrar el ~** to turn off the tap, cut off the funds
2 (*LAm*) (= *surtidor de gasolina*) petrol pump, gas pump (*EEUU*); (*Andes*) (= *gasolinera*) petrol station, gas station (*EEUU*); (= *bar*) dive*
3 (*Cono Sur*) [*de incendios*] fire hydrant

**grifo**[2]**/a*** Ⓐ ADJ 1 **estar ~** (*Méx*) (= *borracho*) to be plastered*, be soused (*EEUU**); (= *loco*) to be nuts*; (= *drogado*) to be high*, be doped up*
2 (*Andes*) (= *engreído*) snobbish, stuck-up*
Ⓑ SM/F 1 [*de drogas*] (= *fumador*) dope smoker*; (= *adicto*) dope addict*
2 (= *borracho*) drunkard; *ver tb* **grifa**

**grifo**[3]**/a** Ⓐ ADJ 1 [*pelo*] curly, kinky
2 (*Caribe*†) [*persona*] black
Ⓑ SM/F (*Caribe*†) black man/woman, black person; *ver tb* **grifa**

**grifo**[4] SM (*Mit*) griffin

**grifón** SM (= *perro*) griffon; (*mítico*) gryphon

**grifota:** SMF dope smoker*

**grigallo** SM blackcock

**grill** [gril] SM 1 (= *aparato*) grill; **asar al ~** to grill
2 (= *local*) grillroom

**grilla** SF 1 (= *insecto*) female cricket; ✦*MODISMOS* **¡ésa es ~ (y no canta)!*** that's a likely story! (*iró*); **dice la ~ que …** (*Méx*) there's word going round that …
2 (*Andes*) (= *pleito*) row, quarrel

**grillado:** ADJ barmy*

**grilladura:** SF barminess*

**grillera** SF 1 (= *jaula*) cage for crickets; (= *nido*) cricket hole
2 (*) (= *casa de locos*) madhouse, bedlam
3 (:) (= *furgón*) police wagon

**grillete** SM fetter, shackle

**grillo** SM 1 (= *insecto*) cricket ► **grillo cebollero, grillo real** mole cricket
2 (*Bot*) (= *brote*) shoot, sprout
3 **grillos** (= *cadenas*) fetters, shackles; (= *esposas*) handcuffs; (= *estorbo*) shackles

**grilo:** SM 1 (= *cárcel*) nick:, slammer:, can (*EEUU*:)
2 (= *bolsillo*) pocket ► **grilo bueno** right-hand pocket

**grima** SF 1 **dar ~ a algn** (= *dentera*) to set sb's teeth on edge; (= *irritación*) to get on sb's nerves; **me da ~ sentarme ahí** I can't sit there, it's revolting; **un dato de ~** a bombshell
2 **una ~ de licor** (*Cono Sur*) a drop of spirits
3 **en ~** (*Andes*) alone

**grimillón** SM (*Cono Sur*) lot, heap

**grímpola** SF pennant

**gringada*** SF (*LAm*) 1 (= *personas*) (= *extranjeros*) foreigners *pl*; (= *norteamericanos*) Yankees *pl*
2 (= *canallada*) dirty trick

**gringo/a** (*LAm*) Ⓐ ADJ 1 (= *extranjero*) foreign; (= *norteamericano*) Yankee, North American
2 (= *rubio*) blond(e), fair
3 (††) [*idioma*] foreign, unintelligible
Ⓑ SM/F 1 (= *extranjero*) foreigner; (= *norteamericano*) Yankee, North American
2 (*Cono Sur*) (= *italiano*) Italian, wop**
3 (= *rubio*) blond(e), fair-haired person
Ⓒ SM (††) (= *lenguaje ininteligible*) gibberish; **hablar en ~** to talk double Dutch*

**GRINGO**

*The word* **gringo** *is a derogatory term used in Latin America to refer to white English-speakers, usually Americans, especially in the context of alleged economic, cultural and political interference in Latin America. One rather fanciful theory traces its origin to the Mexican-American War of 1846-48 and the song "Green Grow the Rushes-oh", supposedly sung by the American troops. According to another theory it is a corruption of* **griego** *or "Greek", in the sense of anything foreign and unintelligible, as in the English expression "it's all Greek to me".*

**gringolandia*** SF (*LAm pey*) USA, Yankeedom*

**gringuería** SF (*LAm*) foreigners *pl*, gringos *pl*

**gripa** SF (*LAm*) flu, influenza

**gripaje** SM seize-up

**gripal** ADJ flu *antes de s*

**gripar*** ▸conjug 1a◂ VI to seize up

**gripazo** SM attack of flu

**gripe** SF flu, influenza ► **gripe asiática** Asian flu ► **gripe del cerdo** swine fever

**griposo** ADJ **estar ~** to have flu

**gris** Ⓐ ADJ [*color*] grey, gray (*EEUU*); [*día, tiempo, persona*] grey, dull; **~ carbón** charcoal grey; **~ ceniza** ash-grey; **~ marengo** dark grey; **~ perla** pearl-grey; *ver tb* **oso**
Ⓑ SM 1 (= *color*) grey
2 (*Esp*†*) cop*, *member of the armed police*; **los ~es** the fuzz:
3 (*) (= *viento*) **hace un ~** there's a cold wind

**grisáceo** ADJ greyish, grayish (*EEUU*)

**grisalla** SF (*Méx*) 1 (= *chatarra*) rusty scrap metal
2 (= *basura*) rubbish, garbage (*EEUU*)

**grisines** SMPL (*Arg*) breadsticks

**grisma** SF (*Cono Sur*) bit, shred

**grisoso** ADJ (*esp LAm*) greyish, grayish (*EEUU*)

**grisú** SM firedamp

**grisura** SF [*de color*] greyness, grayness (*EEUU*); (= *falta de interés*) dullness

**grita** SF (= *jaleo*) uproar, hubbub; (= *gritos*) shouting; (*Teat*) catcalls *pl*, catcalling, booing; **dar ~ a algn/algo** to boo at sb/sth

**gritadera** SF (*LAm*) loud shouting, clamour, clamor (*EEUU*)

**gritar** ▸conjug 1a◂ Ⓐ VI 1 (= *dar voces*) to shout; **¡no grites!** don't shout!; **no sabes hablar sin ~** you can't talk without shouting; **no me grites, que no estoy sorda** don't shout, I'm not deaf; **¡no le grites a tu madre!** don't shout at your mother!; **gritaba de alegría** he shouted for joy
2 (= *chillar*) to scream; **el enfermo no podía dejar de ~** the patient couldn't stop screaming; **gritaba de dolor** he was screaming with pain
3 (= *abuchear*) to jeer; **el público gritaba al árbitro** the crowd were jeering the referee
Ⓑ VT [+ *instrucciones, órdenes*] to shout; **le ~on que callara** they shouted at him to be quiet

**gritería** SF 1 (= *gritos*) shouting, uproar
2 (*CAm Rel*) festival of the Virgin

**griterío** SM shouting, uproar

**grito** SM 1 (= *voz alta*) shout; (= *chillido*) scream; [*de animal*] cry, sound; **a ~s** at the top of one's voice; **¡no des esos ~s!** stop shouting like that!; **llorar a ~s** to weep and wail; **pegar** *o* **lanzar un ~** to cry out; **~s de protesta** shouts of protest; ✦*MODISMOS* **poner el ~ en el cielo** to scream blue murder*; **pedir algo a ~s**: **esa chica está pidiendo un corte de pelo a ~s** she badly needs a haircut; **a ~ pelado** at the top of one's voice; **es el último ~** it's the very latest, it's the latest thing; **es el último ~ del lujo** it's the last word in luxury; **a voz en ~** at the top of one's voice
2 (= *abucheo*) jeer
3 (*LAm*) proclamation; **el ~ de Dolores** *the proclamation of Mexican independence (1810)* ► **grito de independencia** proclamation of independence

**gritón** ADJ 1 (= *que grita*) shouting
2 (*pey*) loud-mouthed; **son muy gritones** they're very loud

**gro** SM grosgrain

**groenlandés/esa** Ⓐ ADJ Greenland *antes de s*
Ⓑ SM/F Greenlander

**Groenlandia** SF Greenland

**groggy:** ADJ, **grogui:** ADJ (= *atontado*) groggy; (= *impresionado*) shattered, shocked, in a state of shock

**groncho/a:** SM/F (*Cono Sur pey*) worker

**grosella** SF redcurrant ► **grosella colorada** redcurrant ► **grosella espinosa** gooseberry ► **grosella negra** blackcurrant ► **grosella roja** redcurrant

**grosellero** SM currant bush ► **grosellero espinoso** gooseberry bush

**groseramente** ADV (= *descortésmente*) rudely;

(= *con ordinariez*) coarsely; (= *toscamente*) roughly, loutishly

**grosería** SF [1] (= *mala educación*) rudeness; (= *ordinariez*) coarseness, vulgarity; (= *tosquedad*) roughness
[2] (= *comentario*) rude remark, vulgar remark; (= *palabrota*) swearword

**grosero** ADJ (= *descortés*) rude; (= *ordinario*) coarse, vulgar; (= *tosco*) rough, loutish; (= *indecente*) indelicate

**grosor** SM thickness

**grosura** SF fat, suet

**grotesca** SF (*Tip*) sans serif

**grotescamente** ADV (= *de modo ridículo*) grotesquely; (= *de modo absurdo*) bizarrely, absurdly

**grotesco** ADJ (= *ridículo*) grotesque; (= *absurdo*) bizarre, absurd

**grúa** SF [1] (*Téc*) crane; (*Náut*) derrick ► **grúa corredera**, **grúa corrediza** travelling crane ► **grúa de pescante** jib crane ► **grúa de puente** overhead crane, gantry crane ► **grúa de torre** tower crane ► **grúa horquilla** (*Chile*) forklift truck ► **grúa móvil** travelling crane
[2] (*Aut*) tow truck, towing vehicle; **avisar** *o* **llamar a la ~** to call for a tow truck; **el coche fue retirado por la ~** the car was towed away

**gruesa** SF gross, twelve dozen

**grueso** Ⓐ ADJ [1] (= *obeso*) [*persona*] stout, thickset
[2] [*jersey, pared, libro, tronco*] thick; [*intestino*] large; [*mar*] heavy
[3] (= *basto*) [*tela, humor*] coarse
Ⓑ SM [1] (= *grosor*) thickness
[2] (= *parte principal*) main part, major portion; [*de gente, tropa*] main body, mass; **el ~ del pelotón** (*en carrera*) the pack, the main body of the runners; **va mezclado con el ~ del pasaje** he is mingling with the mass of the passengers
[3] (*Com*) **en ~** in bulk

**grujidor** SM glass cutter, glazier

**grulla** SF (*tb* **~ común**) crane

**grullo/a** Ⓐ ADJ [1] (*) (= *grosero*) uncouth, rough
[2] (*Méx*) (= *aprovechado*) sponging*, cadging*
[3] (*CAm, Méx*) [*caballo*] grey, gray (*EEUU*)
Ⓑ SM/F bumpkin, yokel, hick (*EEUU**)
Ⓒ SM (*CAm, Méx*) grey horse; (*Cono Sur*) big colt, large stallion

**grumete** SM (*Náut*) cabin boy, ship's boy

**grumo** SM [1] (*en salsa*) lump; **una salsa con ~s** a lumpy sauce
[2] [*de sangre*] clot ► **grumo de leche** curd
[3] [*de uvas*] bunch, cluster

**grumoso** ADJ [1] [*salsa*] lumpy
[2] (= *cuajado*) clotted

**gruñido** SM [1] [*de animal*] grunt, growl; **dar ~s** to grunt, growl
[2] (= *queja*) grouse*, grumble; **dar ~s** to grouse*, grumble

**gruñidor(a)** Ⓐ ADJ [1] [*animal*] grunting, growling
[2] [*persona*] grumbling
Ⓑ SM/F grumbler

**gruñir** ▸conjug 3h◂ VI [1] [*animal*] to grunt, growl
[2] [*persona*] to grouse*, grumble

**gruñón/ona** Ⓐ ADJ grumpy, grumbling
Ⓑ SM/F grumbler

**grupa** SF crupper, hindquarters *pl*

**grupal** ADJ group *antes de s*

**grupalmente** ADV in groups

**grupera** SF pillion (seat); **ir en la ~** to sit behind the rider, be carried on the horse's rump

**grupi**‡ SF groupie*

**grupín*** SM (*Cono Sur*) crook*; (= *desfalcador*) embezzler; (*en subasta*) false bidder

**grupo** SM [1] (*gen*) group; (= *equipo*) team; [*de árboles*] cluster, clump; **discusión en ~** group discussion; **reunirse en ~s** to gather in groups ► **grupo de contacto** (*Pol*) contact group ► **grupo de control** control group ► **grupo de encuentro** encounter group ► **grupo de estafas** (*Policía*) fraud squad ► **grupo de estupefacientes** (*Policía*) drug squad ► **grupo de homicidios** (*Policía*) murder squad ► **grupo de investigación** research team, team of researchers ► **grupo del dólar** dollar block ► **grupo de presión** pressure group, special interest group (*EEUU*) ► **grupo de riesgo** high-risk group ► **grupo de trabajo** working party ► **grupo sanguíneo** blood group ► **grupo testigo** control group
[2] (*Elec, Téc*) unit, plant; (= *montaje*) assembly ► **grupo compresor** compressor unit ► **grupo electrógeno**, **grupo generador** generating set, power plant
[3] (*Cono Sur*) (= *trampa*) trick, con*

**grupúsculo** SM small group, splinter group

**gruta** SF cavern, grotto

**GT** ABR (= **Gran Turismo**) GT

**Gta.** ABR (*Aut*) = **glorieta**

**gua**[1] EXCL (*LAm*) (= *preocupación*) oh dear!; (= *sorpresa*) well!; (= *desdén*) get away!*

**gua**[2] SM (= *juego*) marbles *pl*; (= *hoyo*) hole for marbles

**gua...** PREF (*para diversas palabras escritas así en LAm*) *ver tb* **hua...**

**guabiroba** SF (*Cono Sur*) dugout canoe

**guaca** SF [1] (*LAm*) (= *sepultura*) (Indian) tomb, funeral mound
[2] (= *tesoro*) buried treasure; [*de armas, droga*] cache
[3] (= *riqueza*) wealth, money; (*Andes, CAm, Caribe, Méx*) (= *hucha*) money box; **hacer ~** (*Andes, Caribe*‡) to make money, make one's pile*; ✦**MODISMO hacer su ~** (*Caribe*) to make hay while the sun shines
[4] (*Caribe*) (= *reprimenda*) ticking-off*
[5] (*Méx*) (= *escopeta*) double-barrelled shotgun
[6] (*Caribe*) large sore

**guacal** SM (*LAm*) (= *cajón*) wooden crate; (= *calabaza*) gourd, vessel

**guacamarón** SM (*Caribe*) brave man

**guacamaya** SF (*LAm*) macaw

**guacamayo/a** Ⓐ ADJ (*Méx**) absurdly dressed
Ⓑ SM/F (*Caribe pey*) Spaniard
Ⓒ SM (= *ave*) macaw

**guacamole** SM guacamole

**guacamote** SM (*Méx*) yucca plant

**guacarnaco** ADJ [1] (*Andes, Caribe, Cono Sur*) silly, stupid
[2] (*Cono Sur*) long-legged

**guachada*** SF (*Arg*) dirty trick

**guachafita** SF (*Ven*) [1] (= *batahola*) hubbub, din; (= *desorden*) disorder
[2] (= *garito*) gambling joint‡
[3] (= *mofa*) mockery, jeering

**guachafitero/a** (*Ven*) Ⓐ ADJ (= *desorganizado*) chaotic, inefficient
Ⓑ SM/F inefficient person

**guachaje** SM (*Cono Sur*) (= *animal*) orphaned animal; (= *terneras*) *group of calves separated from their mothers*

**guachalomo** SM (*Cono Sur*) sirloin steak

**guachapear** ▸conjug 1a◂ Ⓐ VT [1] (*en agua*) to dabble in, splash about in
[2] (= *estropear*) to botch, mess up
[3] (*Cono Sur**) to pinch*, borrow
[4] (*Andes*) [+ *maleza*] to clear, cut
Ⓑ VI (= *sonar*) to rattle, clatter

**guachar** ▸conjug 1a◂ VT (*Méx*) to watch

**guáchara*** SF (*Caribe*) lie

**guácharo** SM (*CAm*) nightingale

**guache**[1]* SM [1] (*Caribe*) (= *del campo*) rustic, peasant, hick (*EEUU**)
[2] (*Andes, Caribe*) (= *zafio*) uncouth person
[3] (= *vago*) layabout, loafer

**guache**[2] SM (*Arte*) gouache

**guachicar** SM, **guachicarro** SM (*Méx*) parking attendant

**guachimán** SM (*LAm*) watchman

**guachinanga** SF (*Caribe*) wooden bar (*on door etc*)

**guachinango/a** Ⓐ ADJ (*) [1] (*Andes*) (= *zalamero*) smooth; (= *falso*) slimy
[2] (*Caribe*) (= *astuto*) sharp, clever; (= *con labia*) smooth-tongued
Ⓑ SM/F (*) (*Caribe*) [1] (*pey*) Mexican
[2] (= *persona astuta*) clever person
Ⓒ SM (*Caribe, Méx*) (= *pez*) red snapper

**guacho/a** Ⓐ ADJ [1] (*Andes, Cono Sur*) (= *sin casa*) homeless
[2] (*Andes, Cono Sur*) (= *huérfano*) [*niño*] orphaned; [*animal*] motherless, abandoned
[3] (*Andes, Cono Sur*) [*zapato etc*] odd
[4] (*Méx*‡) (= *capitalino*) of/from Mexico City
Ⓑ SM/F [1] (*Andes, Cono Sur*) (= *expósito*) homeless child, abandoned child; (= *huérfano*) orphan, foundling; (= *animal*) motherless animal; (*) (= *bastardo*) illegitimate child, bastard*
[2] (*Méx*‡) (= *capitalino*) *person from Mexico City*

**guadal** SM (*Andes, Cono Sur*) sandy bog

**Guadalajara** SF Guadalajara

**guadalajareño/a** Ⓐ ADJ of/from Guadalajara
Ⓑ SM/F native/inhabitant of Guadalajara; **los ~s** the people of Guadalajara

**guadaloso** ADJ (*Cono Sur*) boggy

**Guadalquivir** SM **el Río ~** the Guadalquivir

**guadamecí** SM embossed leather

**guadaña** SF (*Agr*) scythe; **la Guadaña** (*fig*) the Grim Reaper

**guadañadora** SF mowing machine

**guadañar** ▸conjug 1a◂ VT to scythe, mow

**guadañero** SM mower

**guadaño** SM (*Cuba, Méx*) lighter, small harbour *o* (*EEUU*) harbor boat

**Guadiana** SM **el ~** the Guadiana; ✦**MODISMO aparece y desaparece como el ~** it keeps coming and going, now you see it now you don't

**guadianesco** ADJ (= *intermitente*) sporadic, intermittent; (= *quimérico*) will-o'-the-wisp

**guágara*** SF **echar ~** (*Méx*) to gossip, chew the fat

**guagua**[1] SF (*Cuba, Canarias*) bus

**guagua**[2] Ⓐ ADJ (*Andes*) small, little
Ⓑ SF (*Andes, Cono Sur*) 1 (= *bebé*) baby
2 (= *bagatela*) trifle, small thing; ✦***MODISMO*** **de ~** (*Cuba, Méx*) free, for nothing

**guaguarear*** ▸conjug 1a◂ VI (*CAm, Méx*) to babble, chatter

**guaguatear** ▸conjug 1a◂ VT (*CAm, Cono Sur*) to carry in one's arms

**guaguatera** SF (*Cono Sur*) nurse

**guagüero/a** Ⓐ ADJ 1 (*Caribe*) (= *gorrón*) sponging*, parasitical
2 (*Cuba*) bus *antes de s*
Ⓑ SM/F (*Cuba*) (= *chófer*) bus driver

**guai*** ADJ, ADV = **guay**

**guaica** SF 1 (*Cono Sur*) (= *cuenta*) rosary bead
2 (*Andes*) (= *collar*) bead necklace

**guaico** SM (*Andes*) 1 (= *hondonada*) hollow, dip; (= *barranco*) ravine; (= *hoyo*) hole, pit
2 (= *estercolero*) dung heap; (= *basurero*) rubbish tip, garbage tip (*EEUU*)
3 (= *alud*) avalanche

**guaina** SF 1 (*Arg*) (= *muchacha*) girl, young woman
2 (*Bol, Chile*) (= *muchacho*) youth, young man

**guaino** SM (*Cono Sur*) jockey

**guaipe** SM (*Chile*) (= *estopa*) cotton waste; (= *trapo*) cloth, rag

**guáiper** SM (*CAm*) windscreen wiper, windshield wiper (*EEUU*)

**guaira** SF 1 (*CAm*) Indian flute
2 (*Andes, Cono Sur Min*) earthenware smelting furnace (*for silver ore*)
3 (*Náut*) triangular sail

**guairana** SF 1 (*Andes*) [*de cal*] limekiln
2 = **guaira**

**guairo** SM (*Cuba, Ven*) small coastal vessel

**guairuro** SM (*Andes, CAm*) dried seed

**guajada*** SF (*Méx*) stupid thing

**guajalote** ADJ, SM (*Caribe, Méx*) = **guajolote**

**guaje**[1] Ⓐ ADJ (*Méx**) (= *estúpido*) silly, stupid; ✦***MODISMO*** **hacer ~ a algn** to fool sb, take sb in*
Ⓑ SMF (*CAm, Méx**) (= *estúpido*) idiot, fool
Ⓒ SM 1 (*Méx*) (= *calabaza*) gourd, calabash
2 (*CAm**) (= *trasto*) old thing, piece of junk
3 (*CAm, Méx*) (= *acacia*) *species of acacia*

**guaje**[2]**/a** SM/F 1 (*) kid*, child
2 (*Min*) mining apprentice

**guajear*** ▸conjug 1a◂ VI (*Méx*) to play the fool, be silly

**guajería*** SF (*Méx*) 1 (= *estupidez*) idiocy, foolishness
2 (= *acto*) stupid thing, foolish act

**guajiro/a** SM/F 1 (*Cuba*) (white) peasant
2 (*Col, Ven*) *native/inhabitant of the Guajira region*

**guajolote** (*Méx*) Ⓐ ADJ (*) silly, stupid
Ⓑ SM 1 (= *pavo*) turkey
2 (*) (= *tonto*) fool, idiot, turkey (*EEUU*)

**gualda** SF (= *planta*) dyer's greenweed, reseda

**gualdo** ADJ (= *color*) yellow, golden; *ver tb* **bandera 1**

**gualdrapa** SF 1 (*Hist*) [*de caballo*] horse blanket
2 **gualdrapas*** (= *harapos*) tatters, ragged ends
3 (*CAm**) (= *vagabundo*) down-and-out, bum (*EEUU*), hobo (*EEUU*)

**gualdrapear** ▸conjug 1a◂ VI 1 (*Náut*) [*velas*] to flap
2 (*Cuba*) [*caballo*] to walk slowly

**gualicho** SM 1 (*Andes, Cono Sur*) (= *maleficio*) evil spell; (= *diablo*) devil, evil spirit
2 (*Arg*) (= *talismán*) good-luck charm, talisman

**guallipén** SM (*Cono Sur*) fool, idiot

**Gualterio** SM Walter

**guama*** SF 1 (*Andes, CAm*) (= *mentira*) lie
2 (*Andes*) (= *pie*) big foot; (= *mano*) big hand
3 (*Andes*) (= *desastre*) calamity, disaster

**guambito** SM (*Andes*) kid*, boy

**guambra** SMF (*Ecu*) 1 (= *muchacho*) young Indian
2 (= *niño*) (*gen*) child, baby; (= *indio*) Indian child; (= *mestizo*) mestizo child
3 (= *amor*) sweetheart

**guamiza*** SF (*Méx*) beating-up*

**guampa** SF (*Andes, Cono Sur*) horn

**guampara** SF (*Caribe*) machete

**guámparo** SM (*Cono Sur*) (= *cuerno*) horn; (*para beber*) drinking vessel

**guampudo** ADJ (*Andes, Cono Sur*) horned

**guanábana** SF 1 (*LAm*) (= *fruta*) soursop, prickly custard apple
2 (*Andes*) (= *tonto*) fool

**guanábano** SM soursop (tree)

**guanacada*** SF (*LAm*) 1 (= *estupidez*) silly thing, foolish act
2 (= *persona*) simpleton, dimwit*; (= *campesino*) rustic

**guanaco/a** Ⓐ ADJ (*LAm**) (= *tonto*) simple, silly; (= *torpe*) slow
Ⓑ SM/F (*) 1 (*LAm*) (= *tonto*) simpleton, dimwit*; (= *campesino*) rustic, bumpkin*
2 (*CAm pey*) (= *salvadoreño*) Salvadorean
Ⓒ SM 1 (*Zool*) guanaco
2 (*Cono Sur*) (= *antidisturbios*) water cannon

**guanajada*** SF (*Caribe*) silly thing, foolish act

**guanajo/a** SM/F (*LAm*) 1 (= *pavo*) turkey
2 (*) (= *tonto*) fool, idiot

**guanay**[1] SM (*Chile*) cormorant

**guanay**[2] SM (*Cono Sur*) (= *remero*) oarsman; (= *estibador*) longshoreman; (= *fortachón*) tough man

**guanayerías*** SFPL (*Caribe*) silly actions

**guanche** Ⓐ ADJ Guanche
Ⓑ SMF Guanche (*original inhabitant of Canary Islands*)

**guando** SM (*Andes, Chile*) stretcher

**guanear** ▸conjug 1a◂ Ⓐ VT 1 (*Perú Agr*) to fertilize with guano
2 (*Bol*) (= *ensuciar*) to dirty, soil
Ⓑ VI (*LAm*) [*animales*] to defecate

**guanera** SF (*LAm*) guano deposit

**guanero** ADJ (*LAm*) guano *antes de s*

**guango*** ADJ (*Méx*) (= *holgado*) loose; ✦***MODISMO*** **me viene ~** I couldn't care less*

**guanín** SM (*Andes, Caribe, Cono Sur Hist*) base gold

**guano**[1] SM 1 [*de aves marinas*] guano
2 (*LAm*) (= *estiércol*) dung, manure
3 (*Cuba**) money, brass*
4 ✦***MODISMO*** **meter ~** (*Caribe**) to put one's back into it

**guano**[2] SM (*LAm*) (= *palma*) palm tree; (= *hoja*) palm leaf

**guantada** SF, **guantazo** SM slap; **dar** *o* **largar una ~ a algn** to give sb a slap, slap sb

**guante** SM 1 glove; **hacer ~s** (*Dep*) to shadow-box; ✦***MODISMOS*** **ajustarse como un ~** to fit like a glove; **arrojar el ~** to throw down the gauntlet; **de ~ blanco**: **crimen de ~ blanco** white-collar crime; **una campaña electoral de ~ blanco** a clean election campaign; **un partido de ~ blanco** a sporting match; **tratar con ~ blanco** to treat *o* handle with kid gloves; **colgar los ~s** (*Boxeo*) to quit boxing; (= *jubilarse*) to retire; **echar el ~ a algn** to catch hold of sb, seize sb; [*policía*] to catch sb; **echar el ~ a algo** to lay hold of sth; **recoger el ~** to take up the challenge; **ser como un ~** (= *obediente*) to be very meek and mild, be submissive ► **guante con puño** gauntlet ► **guantes de boxeo** boxing gloves ► **guantes de cabritilla** kid gloves ► **guantes de cirujano** surgical gloves ► **guantes de goma** rubber gloves ► **guantes de jardinería** gardening gloves ► **guantes de terciopelo** (*fig*) kid gloves ► **guantes para uso quirúrgico** surgical gloves
2 (*Chile*) whip, cat-o'nine-tails
3 **guantes** (= *gratificación*) tip *sing*, commission *sing*

**guantear** ▸conjug 1a◂ VT (*LAm*) to slap, hit

**guantelete** SM gauntlet

**guantera** SF (*Aut*) glove compartment; *ver tb* **guantero**

**guantería** SF 1 (= *tienda*) glove shop; (= *fábrica*) glove factory
2 (= *fabricación*) glove making

**guantero/a** SM/F glover; *ver tb* **guantera**

**guantón** SM (*LAm*) slap, hit, blow

**guañusco*** ADJ (*Arg*) 1 (= *marchito*) withered, faded
2 (= *chamuscado*) burned, burned up

**guapear*** ▸conjug 1a◂ Ⓐ VI 1 (= *ostentar*) to cut a dash, dress flashily
2 (= *bravear*) to bluster, swagger
Ⓑ VT (*Andes*) to urge on

**guaperas*** Ⓐ ADJ INV gorgeous*
Ⓑ SM INV heart-throb*, dream-boy*

**guapetón/ona** Ⓐ ADJ 1 (= *guapo*) good-looking
2 (= *elegante*) dashing; (*pey*) flashy
Ⓑ SM/F (= *perdonavidas*) bully

**guapeza** SF 1 (= *atractivo*) good looks *pl*, attractiveness
2 (= *elegancia*) smartness, elegance; (*pey*) (= *ostentación*) flashiness
3 (= *valentía*) boldness, dash; (*pey*) bravado

**guapo** Ⓐ ADJ 1 (= *atractivo*) [*mujer*] attractive, good-looking; [*hombre*] handsome, good-looking; [*bebé*] beautiful; **va de ~ por la vida** he thinks good looks are all he needs in life
2 (= *elegante*) smart, elegant; **ir ~** to look smart; **qué ~ estás con ese traje** you look really nice in that suit
3 (*) (= *bonito*) great*; **qué camiseta más guapa** what a great T-shirt!*; **¿qué tal la película? —¡muy guapa!** "how was the film?" — "great!*"
4 (*) (*como apelativo*) **¡ven, ~!** (*a un niño*) come here, love!; **¡oye, guapa!** hey!; **¡cállate, ~!** just shut up!
5 (= *valiente*) bold, dashing; (*Cono Sur, Méx*)

(= *duro*) bold, tough; (= *sin escrúpulos*) unscrupulous

Ⓑ SM [1] (*) (= *valiente*) **¿quién es el ~ que entra primero?** who's got the guts to go in first?*, who's brave enough to go in first?

[2] (*esp LAm*) (= *bravucón*) bully, tough guy; (= *fanfarrón*) braggart

[3] (*CAm Cine*) male lead

**guaposo** ADJ (*Caribe*) bold, dashing

**guapucha*** SF (*Andes*) cheating

**guapura*** SF good looks *pl*

**guaquear** ▸conjug 1a◂ VI (*Andes, CAm*) to rob tombs *o* graves (*in search of archaeological valuables*)

**guaqueo** SM (*Andes, CAm*) grave robbing, tomb robbing

**guaquero/a** SM/F (*Andes, CAm*) grave robber, tomb robber

**guara** SF [1] (*Andes*) lot, heap

[2] **guaras** (*Cono Sur*) tricks, wiles

**guaraca** SF (*Andes*) (= *honda*) sling, catapult, slingshot (*EEUU*); (*para trompo*) whip

**guaracha** SF [1] (*Caribe*) (= *canción*) popular song; (= *baile*) folk dance

[2] (*Caribe**) (= *alboroto*) din, racket; (= *riña*) quarrel; (= *juerga*) party, shindig*

[3] (*Caribe*) (= *banda*) street band

[4] (*Caribe*) (= *chanza*) joke

[5] (*Andes*) litter, rough bed

[6] **guarachas** (*CAm*) old shoes

[7] (*CAm*) = **guarache**

**guarache** SM (*Méx*) [1] (= *sandalia*) sandal, light shoe

[2] (*Aut*) patch

**guarachear*** ▸conjug 1a◂ VI (*Caribe*) to revel; (*fig*) to let one's hair down

**guaragua** SF [1] (*CAm*) (= *mentira*) lie; (= *mentiroso*) liar, tale-teller

[2] (*LAm*) (= *contoneo*) rhythmical movement (*in dancing*)

[3] **guaraguas** (*Andes*) adornments, finery *sing*

**guaral** SM (*Andes, Caribe*) (= *cuerda*) rope, cord; [*de trompo*] whip

**guarangada** SF (*LAm*) rude remark

**guarango** ADJ [1] (*Andes, Cono Sur*) (= *grosero*) [*acto*] rude; [*persona*] uncouth

[2] (*Andes*) (= *sucio*) dirty; (= *harapiento*) ragged

**guaranguear** ▸conjug 1a◂ VI (*Andes, Cono Sur*) to be rude

**guaranguería** SF (*Andes, Cono Sur*) rudeness

**guaraní** Ⓐ ADJ, SMF Guarani

Ⓑ SM (*Ling*) Guarani

**GUARANÍ**

***Guaraní** is an American Indian language of the **tupí-guaraní** family and is widely spoken in Paraguay, Brazil, Argentina and Bolivia. In Paraguay it is the majority language and has equal official status with Spanish, which is spoken mainly by non-Indians. In parts of southern Brazil, **tupí-guaraní** is the basis for a pidgin known as **Língua Geral**, now losing ground to Portuguese. From **guaraní** and its sister dialect **tupí** come words like "jaguar", "tapir", "toucan" and "tapioca".*

**guaranismo** SM (*Ling*) *word or expression from the Guarani language*

**guarapazo** SM (*Andes*) [1] [*de bebida*] shot*, slug*

[2] (= *golpe*) blow, knock; (= *caída*) hard fall

**guarapear** ▸conjug 1a◂ Ⓐ VI [1] (*Perú*) to drink sugar-cane liquor

[2] (*Caribe*) (= *emborracharse*) to get drunk

Ⓑ **guarapearse** VPR (*Caribe*) to get drunk

**guarapo** SM (*LAm*) (= *bebida*) sugar-cane liquor; (*Ven*) [*de piña*] fermented pineapple juice; ***✦MODISMOS* se le enfrió el ~** (*Caribe**) he lost his nerve; **menear el ~** (*Cuba, Ven*) to get a move on; **volver ~ algo** to tear sth up

**guarapón** SM (*Andes, Cono Sur*) broad-brimmed hat

**guarda** Ⓐ SMF [1] (= *vigilante*) [*de parque, cementerio*] keeper; [*de edificio*] security guard ► **guarda de caza**, **guarda de coto** gamekeeper ► **guarda de dique** lock keeper ► **guarda de pesca** water bailiff, fish (and game) warden (*EEUU*) ► **guarda de seguridad** security guard ► **guarda fluvial** water bailiff ► **guarda forestal** (forest) ranger ► **guarda jurado** (armed) security guard

[2] (*Cono Sur Ferro*) ticket inspector

Ⓑ SF [1] [*de libro*] flyleaf, endpaper

[2] (*Téc*) [*de cerradura*] ward; [*de espada*] guard

[3] (*Cono Sur Cos*) trimming, border

[4] (= *custodia*) [*de lugar, costumbre*] guarding; [*de niño*] guardianship; *ver tb* **ángel 1**

[5] [*de la ley*] observance

**guardaagujas** SMF INV (*Ferro*) pointsman/pointswoman, switchman/switchwoman (*EEUU*)

**guardaalmacén** SMF storekeeper

**guardabarrera** Ⓐ SMF (= *persona*) crossing keeper

Ⓑ SM (*en paso*) level-crossing gate(s), grade-crossing gate(s) (*EEUU*)

**guardabarros** SM INV mudguard, fender (*EEUU*)

**guardabosque** SMF, **guardabosques** SMF INV (*en bosque, parque*) ranger, forester; (*en finca*) gamekeeper

**guardabrisa** SF [1] (= *parabrisas*) windscreen, windshield (*EEUU*)

[2] [*de vela*] shade

[3] (*Méx*) screen

**guardacabo** SM (*Náut*) thimble

**guardacabras** SMF INV goatherd

**guardacalor** SM cosy, cover

**guardacamisa** SF (*Caribe*) vest, undershirt (*EEUU*)

**guardacantón** SM (*en las esquinas o caminos*) kerbstone, curbstone (*EEUU*); (= *poste*) roadside post, corner post

**guardacoches** SMF INV parking attendant

**guardacostas** Ⓐ SMF INV (= *persona*) coastguard

Ⓑ SM INV (= *barco*) coastguard vessel, revenue cutter

**guardador(a)** Ⓐ ADJ [1] (= *protector*) protective

[2] (*de orden, ley*) observant, watchful

[3] (*pey*) mean, stingy

Ⓑ SM/F [1] (= *cuidador*) keeper; (= *guarda*) guardian; (= *protector*) protector

[2] [*de la ley*] observer

[3] (*pey*) mean person

**guardaespaldas** SMF INV bodyguard, minder*

**guardaesquinas*** SMF INV layabout

**guardafango** SM mudguard, fender (*EEUU*)

**guardafrenos** SMF INV guard, conductor (*EEUU*)

**guardafuego** SM [1] (= *de chimenea*) fireguard

[2] (*Náut*) (= *defensa*) fender

**guardagujas** SMF INV pointsman/pointswoman, switchman/switchwoman (*EEUU*)

**guardajoyas** SM INV jewel case

**guardajurado** SMF (armed) security guard

**guardalado** SM railing, parapet

**guardalmacén** SMF storekeeper

**guardalodos** SM INV mudguard, fender (*EEUU*)

**guardamano** SM guard (*of a sword*)

**guardamechones** SM INV locket

**guardameta** SMF goalkeeper

**guardamontes** SMPL (*Arg*) rawhide chaps

**guardamuebles** SM INV furniture repository; **llevar algo a un ~** to put sth in storage

**guardapapeles** SM INV filing cabinet

**guardaparques** SMF INV park ranger

**guardapelo** SM locket

**guardapolvo** SM [1] (= *cubierta*) dust cover, dust sheet

[2] (= *bata*) dust coat; (= *mono*) overalls *pl*; (= *sobretodo*) outdoor coat

[3] [*de reloj*] inner lid

**guardapolvos**⁑ SM INV [1] (= *condón*) rubber*, safe (*EEUU**)

[2] (*Anat*) pussy⁑, beaver (*EEUU*⁑)

**guardapuerta** SF (= *puerta*) outer door, storm door; (= *cortina*) door curtain, draught excluder, draft excluder (*EEUU*)

**guardapuntas** SM INV top (*of pencil etc*)

**guardar** ▸conjug 1a◂ Ⓐ VT [1] [+ *objetos*] [1·1] (= *meter*) (*en un lugar*) to put; (*en su sitio*) to put away; **lo guardó en el bolsillo** he put it in his pocket; **no sé dónde he guardado el bolso** I don't know where I've put the bag; **si no vas a jugar más, guarda los juguetes** if you're not going to play any more, put the toys away; **guardó los documentos en el cajón** he put the documents away in the drawer

[1·2] (= *conservar*) to keep; **guardaba el dinero en una caja de seguridad** she kept the money in a safe; **no tira nunca nada, todo lo guarda** he never throws anything away, he hangs on to *o* keeps everything; **guarda tú las entradas del concierto** you hold on to *o* keep the concert tickets; **el grano que se guarda en el almacén** the grain that is stored in the warehouse; **~ algo para sí** to keep sth for o.s.

[1·3] (= *reservar*) to save; **guardo los sellos para mi hermano** I save the stamps for my brother; **te ~é un poco de tarta para cuando vengas** I'll save *o* keep you a bit of cake for when you come; **guárdame un par de entradas** hold *o* save me a couple of tickets, put aside a couple of tickets for me; **guárdame un asiento** keep me a place; **¿puedes ~me el sitio en la cola?** can you keep my place in the queue?; **puedo ~le la habitación sólo hasta mañana** I can only keep *o* hold the room for you till tomorrow

[1·4] (*Inform*) [+ *archivo*] to save

[2] (= *mantener*) [+ *promesa, secreto*] to keep; [+ *recuerdo*] to have; **guardo muy buenos recuerdos de esa época** I have fond memories of that time; **~ el anonimato** to remain anonymous; **~ las apariencias** to keep up appearances; **~ la calma** (*en crisis, desastre*) to keep calm; (*ante una provocación*) to remain

composed; **~ las distancias** to keep one's distance; **~ las formas** to keep up appearances; **~ la línea** (= *mantenerla*) to keep one's figure; (= *cuidarla*) to watch one's figure; **~ en secreto** [+ *objeto, documento*] to keep in secret, keep secretly; [+ *actividad, información*] to keep secret; *ver tb* **cama 1**, **silencio A1**

3 (= *tener*) [+ *relación*] to bear; [+ *semejanza*] to have; **su teoría guarda cierto paralelismo con la de Freud** his theory has a certain parallel with that of Freud

4 (= *sentir*) [+ *rencor*] to bear, have; [+ *respeto*] to have, show; **no le guardo rencor** I have no ill feeling towards him, I bear him no resentment; **los jóvenes de hoy no guardan ningún respeto a sus mayores** young people today have *o* show no respect for their elders

5 (= *cumplir*) [+ *ley*] to observe; **~ los Diez Mandamientos** to follow the Ten Commandments

6 (= *cuidar*) to guard; **un mastín guardaba la entrada** a mastiff guarded the entrance; **los soldados del rey guardan la fortaleza** the king's soldiers are guarding the fortress; **~ a algn de algo** to protect sb from sth; **¡Dios guarde a la Reina!** God save the Queen!; **¡Dios os guarde!**†† may God be with you!

Ⓑ VI **¡guarda!** (*Arg, Chile**) look out!, watch out!

Ⓒ **guardarse** VPR 1 (= *meter*) **me guardé en el bolsillo la foto que me dio** I put the photo he gave me (away) in my pocket; **se guardó rápidamente el paquete de tabaco** he quickly put his cigarettes away

2 (= *conservar*) to keep; **se guardó el dinero del grupo** he kept the group's money for himself, he kept the money that belonged to the group; **¡puedes ~te tus consejos!** you can keep your advice to yourself!

3 **~se de algo** to guard against sth; **debes ~te de las malas compañías** you should guard against bad company; **~se de hacer algo** to be careful not to do sth; **se guardó mucho de reconocer su participación en el asunto** he was careful not to admit his involvement in the affair; **guárdate de no ofenderlo** take care not to upset him; **¡guárdate mucho de hacerlo!** don't you dare!, you'd better not do that!

4 (= *recelar*) to be on one's guard

5 (= *precaverse*) to take care, look out for o.s.*

6 ✦*MODISMO* **guardársela a algn** to have it in for sb*; **se la guarda desde hace muchos años** she's had it in for him for years; **¡ésta te la guardo!** I won't forget this!, you haven't heard the end *o* last of this!

**guardarraya** SF 1 (*Cuba, Puerto Rico*) *path between rows of coffee bushes*
2 (*Andes, CAm, Caribe*) boundary

**guardarropa** Ⓐ SM 1 (*en teatro, discoteca*) cloakroom, checkroom (*EEUU*)
2 (= *armario*) wardrobe
3 (= *ropa*) wardrobe
Ⓑ SMF (= *persona*) cloakroom attendant

**guardarropía** SF (*Teat*) (= *trajes*) wardrobe; (= *accesorios*) properties *pl*, props* *pl*; ✦*MODISMO* **de ~** make-believe; (*pey*) sham, fake

**guardatiempo** SM, **guardatiempos** SM INV timekeeper

**guardatrén** SMF (*Cono Sur*) guard, conductor (*EEUU*)

**guardavalla** SMF, **guardavallas** SMF INV (*LAm*) goalkeeper

**guardavía** SMF (*Ferro*) linesman/lineswoman

**guardavidas** SMF INV (*Arg*) lifeguard

**guardavista** SM visor, sunshade

**guardería** SF (*tb* **~ infantil**) nursery, day nursery, day-care centre *o* (*EEUU*) center; (*en empresa, tienda*) crèche ► **guardería canina** kennels *pl*

**guardés/esa** SM/F (*gen*) guard; [*de puerta*] doorkeeper; [*de casa de campo*] gatekeeper

**guardia** Ⓐ SMF (= *policía*) policeman/policewoman; (*Mil*) guardsman ► **guardia civil** civil guard, *police corps with responsibilities outside towns or cities* ► **guardia de tráfico** traffic policeman/policewoman ► **guardia forestal** (forest) ranger, warden ► **guardia jurado** (armed) security guard ► **guardia marina** midshipman ► **guardia municipal**, **guardia urbano/a** police officer (*of the city or town police*) ► **guardias de asalto** riot police; (*Mil*) shock troops

Ⓑ SF 1 (= *vigilancia*) **estar de ~** [*empleado, enfermero, médico*] to be on duty; [*soldado*] to be on sentry duty, be on guard duty; (*Náut*) to be on watch; **médico de ~** doctor on duty, duty doctor; **oficial de ~** officer on duty, duty officer; **puesto de ~** (*Mil*) guard post, sentry box; **hacer ~** [*médico, empleado*] to be on duty; [*soldado*] to do guard duty, do sentry duty; **el soldado que hacía ~** the soldier (who was) on duty; **los fotógrafos hacían ~ junto al juzgado** the photographers were keeping guard outside the court; **montar ~** to stand guard; **los periodistas montaban ~ en la puerta** the journalists were standing guard at the door; **montar la ~** (= *empezarla*) to mount guard; **relevar la ~** to change guard; ✦*MODISMOS* **bajar la ~** to lower one's guard; **estar en ~** to be on (one's) guard; **poner a algn en ~ (contra algo)** to put sb on one's guard (against sth); **su alusión a mi familia me puso en ~** his reference to my family put me on my guard; **se enciende una luz amarilla para poner en ~ al conductor** a yellow light appears to alert the driver; **ponerse en ~** to be on one's guard; *ver tb* **farmacia 2**, **juzgado**

2 (*tb* **turno de ~**) [*de médico, enfermera*] shift; [*de soldado*] duty session

3 (*Esgrima*) (= *posición*) guard, garde; **estar en ~** to be on guard, be en garde

4 (= *cuerpo*) (*Mil*) guard; ✦*MODISMO* **la vieja ~** the old guard ► **Guardia Civil** Civil Guard ► **guardia costera** coastguard service ► **guardia de asalto** riot police ► **guardia de honor** guard of honour, guard of honor (*EEUU*) ► **guardia montada** horse guards *pl* ► **guardia municipal** city police, town police ► **Guardia Nacional** (*Nic, Pan*) National Guard, Army ► **guardia pretoriana** (*Hist*) Praetorian Guard; (*pey*) corps of bodyguards ► **Guardia Suiza** Swiss Guard ► **guardia urbana** city police, town police

**GUARDIA CIVIL**

*The* **Guardia Civil**, *commonly referred to as* **la Benemérita**, *is the oldest of Spain's various police forces. A paramilitary force like the French* **Gendarmerie**, *it was set up in 1844 to combat banditry in rural areas, but was also used as an instrument of repression in the cities. Under Franco it was resented by many as an oppressive, reactionary force, and was especially hated in the Basque Country. With the return of democracy, Franco's despised* **Policía Armada** *were reformed as the* **Policía Nacional**, *and the present-day role of the* **Guardia Civil** *was redefined. They are mainly stationed in rural areas, and their duties include policing highways and frontiers and taking part in anti-terrorist operations. Their traditional tunics and capes have been replaced by a green uniform, and the famous black patent-leather three-cornered hats are now reserved for ceremonial occasions.*

⇨ *See also* POLICÍA

**guardián/ana** SM/F 1 (= *defensor*) guardian
2 (= *guarda*) warden, keeper (*EEUU*); (*Zool*) keeper; (= *vigilante*) watchman; *ver tb* **perro A1**

**guardiero** SM (*Caribe*) watchman (*on an estate*)

**guardilla** SF (= *desván*) attic, garret; (= *cuarto*) attic room

**guardiola*** SF piggy bank, money box

**guardoso** ADJ careful, thrifty; (*pey*) mean

**guare** SM (*Andes*) punt pole

**guarearse*** ▸conjug 1a◂ VPR (*CAm*) to get tight*

**guarecer** ▸conjug 2d◂ Ⓐ VT (= *cobijar*) to protect, give shelter to; (= *preservar*) to preserve
Ⓑ **guarecerse** VPR to shelter, take refuge (**de** from)

**guargüero** SM (*LAm*) throat, throttle

**guari** SM (*Cono Sur*) throat, throttle

**guaricha** SF 1 (*Ven*) (= *joven*) *young unmarried Indian girl*
2 (*Andes, CAm, Caribe*) (= *mujer*) woman; (*vieja*) old bag*
3 (*Andes, CAm, Caribe**) (= *prostituta*) whore

**guariche** SM (*Andes*) = **guaricha**

**guaricho** SM (*Caribe*) young farm labourer, young farmhand

**guarida** SF 1 [*de animales*] den, hideout; [*de persona*] haunt, hideout
2 (*fig*) refuge, shelter; (= *amparo*) cover

**guarismo** SM figure, numeral; **en ~ y por extenso** in figures and in words

**guarnecer** ▸conjug 2d◂ VT 1 (= *proveer*) to equip, provide; (= *adornar*) to adorn, garnish; (*Cos*) to trim; (*Téc*) to cover, protect, reinforce; [+ *frenos*] to line; [+ *joya*] to set, mount; [+ *caballo*] to harness
2 (*Culin*) to garnish; **carne guarnecida con cebolla y zanahoria** meat garnished with onion and carrot
3 (*Mil*) to man, garrison
4 (*Arquit*) [+ *pared*] to plaster, stucco

**guarnecido** SM 1 [*de pared*] plaster, plastering
2 (*Aut*) upholstery

**guarnés** SM (*Méx*) harness room

**guarnición** SF 1 (= *acto*) (*de proveer*) equipment, provision; (*de adornar*) adorning; (*Culin*) garnishing
2 (= *adorno*) (*gen*) adornment; (*Cos*) trimming; (*Culin*) garnish; [*de frenos*] lining; [*de joya*] setting, mount; [*de espada*] guard; **ganso con ~ de lombarda y patata** goose with a red cabbage and potato garnish
3 **guarniciones** [*de caballo*] harness *sing*; (=

*equipo*) gear *sing*; [*de casa*] fittings, fixtures; **guarniciones del alumbrado** light fittings
[4] (*Mil*) garrison
[5] [*de pared*] plastering

**guarnicionar** ▸conjug 1a◂ VT (*Mil*) to garrison, man

**guarnicionero/a** SM/F leather worker, leather craftsman/craftswoman; (*para caballos*) harness maker

**guaro** SM [1] (*CAm*) (= *ron*) liquor, spirits *pl*
[2] (= *ave*) small parrot

**guarola*** SF (*CAm*) old crock, old banger‡, jalopy (*EEUU*)

**guarolo** ADJ (*Caribe*) stubborn

**guarra** SF [1] (*Zool*) sow
[2] (‡ *pey*) (= *mujer*) slut‡‡
[3] (‡) (= *golpe*) punch, bash*; *ver tb* **guarro**

**guarrada*** SF [1] (= *porquería*) dirty mess, disgusting mess; **hacer una ~** to make a dirty *o* disgusting mess
[2] (= *indecencia*) (= *dicho*) filthy thing (to say), disgusting thing (to say); **ese libro es una ~** that book is a piece of filth*; **decir ~s** to talk filth*; **hacer ~s** to do dirty *o* filthy things
[3] (= *mala pasada*) dirty trick

**guarrazo*** SM (= *golpe*) **darse** *o* **pegarse un ~** (*gen*) to take a thump*; (*en coche*) to have a smash

**guarrear*** ▸conjug 1a◂ VT to dirty, mess up

**guarrería*** SF = **guarrada**

**guarrindongo/a*** ADJ, SM/F = **guarro**

**guarro/a** Ⓐ ADJ (*) [1] (= *sucio*) dirty, filthy
[2] (= *indecente*) dirty, filthy; **un chiste ~** a dirty *o* filthy joke
Ⓑ SM/F (*) (= *persona*) (= *sucio*) dirty person; (= *descuidado*) slovenly person; (= *indecente*) filthy person, disgusting person
Ⓒ SM (= *animal*) pig, hog (*EEUU*); *ver tb* **guarra**

**guarrusca** SF (*Andes*) machete, big knife

**guarte**†† EXCL look out!, take care!

**guarura*** SMF (*Méx*) [1] (= *guardaespaldas*) bodyguard, minder*
[2] (= *policía*) cop*

**guasa** SF [1] (= *chanza*) joking, teasing, kidding*; **con** *o* **de ~** jokingly, in fun; **estar de ~** to be joking *o* kidding; **sonreírse con ~** to smile jokingly; **tomarse algo a ~** to take sth as a joke; **no tengo ganas de ~** I'm not in the mood for jokes
[2] (= *sosería*) dullness, insipidness
[3] (*CAm*) (= *suerte*) luck; *ver tb* **guaso**

**guasábara** SF (*Andes, Caribe*) [1] (*Hist*) [*de esclavos*] uprising
[2] (††) (= *clamor*) clamour, clamor (*EEUU*), uproar

**guasada‡** SF (*Cono Sur*) obscenity

**guasamaco** ADJ (*Cono Sur*) rough, coarse

**guasanga** SF [1] (*CAm, Cuba, Méx*) (= *bulla*) din, uproar
[2] (*CAm*) (= *chiste*) joke

**guasca**[1] SF [1] (*LAm*) (= *correa*) leather strap, rawhide thong; (*Andes*) (= *látigo*) riding whip, crop; **dar ~** (= *azotar*) to whip, flog; ✦***MODISMOS*** **dar ~ a algo** (*Cono Sur*) to insist stubbornly on sth; **¡déle ~ no más!** (*Cono Sur*) keep at it!; **dar ~ a algn** (*Andes*) to wind sb up*; **pisarse la ~** (*Andes, Cono Sur*‡) to fall into the trap; **volverse ~** (*Andes*) to be full of longing
[2] (*Cono Sur*‡‡) prick‡‡

**guasca**[2] SF (*Andes*) mountain peak

**guascaro** ADJ (*Andes*) impulsive

**guascazo** SM (*LAm*) (= *latigazo*) lash; (= *golpe*) blow, punch

**guasch** [gwaʃ] SM gouache

**guasearse** ▸conjug 1a◂ VPR to joke, tease, kid*; **~ de algo/algn** to poke fun at sth/sb

**guasería*** SF (*Andes, Cono Sur*) rudeness

**guaserío** SM (*Cono Sur*) rabble

**guaso/a*** (*Andes, Caribe, Cono Sur*) Ⓐ ADJ [1] (= *grosero*) coarse, rough
[2] (*Cono Sur*) (= *tímido*) shy
[3] (= *sencillo*) simple, unsophisticated
Ⓑ SM/F [1] (*Chile*) (= *campesino*) peasant, countryman/woman, hick (*EEUU**); (= *vaquero*) cowboy/cowgirl
[2] (*Cono Sur*) (= *grosero*) uncouth person
Ⓒ SM (*Cuba*) (= *bulla*) merry din; (= *parranda*) merrymaking, revelry; *ver tb* **guasa**

**guasón/ona** Ⓐ ADJ [1] (= *bromista*) joking, teasing; **se pusieron en plan ~** they started joking around *o* teasing
[2] (= *burlón*) mocking; **en tono ~** in a mocking tone
Ⓑ SM/F (= *bromista*) joker, tease; (= *ocurrente*) wag, wit

**guasqueada*** SF (*LAm*) (= *latigazo*) lash; (= *azotaina*) whipping, flogging

**guasquear** ▸conjug 1a◂ Ⓐ VT (*LAm**) (= *azotar*) to whip, flog
Ⓑ VI (*Chile*) to crack

**guata**[1] SF [1] (= *algodón*) raw cotton; (= *relleno*) padding
[2] (*Andes*) (= *cuerda*) twine, cord
[3] (*Cuba*) (= *mentira*) lie, fib
[4] (*Andes**) (= *amigo*) inseparable friend, bosom pal

**guata**[2] SF [1] (*Andes, Cono Sur*) (= *panza*) paunch, belly; **echar ~** (*Chile**) to get fat
[2] **guatas** (*Cono Sur Culin*) tripe *sing*
[3] (*Cono Sur*) warping, bulging

**guata**[3] SMF (*Andes*) *inhabitant of the interior*

**guataca** Ⓐ SF (*Caribe*) [1] (= *azada*) small hoe; (= *pala de madera*) wooden shovel
[2] (*Anat*) big ear
Ⓑ SMF (= *lameculos*) crawler*, creep‡, brownnose (*EEUU*‡)

**guataco** ADJ [1] (*Andes pey*) (= *indio*) Indian, native
[2] (*CAm, Méx**) (= *gordito*) chubby, plump

**guatal** SM (*CAm*) hillock

**guate** SM [1] (*CAm*) [*de maíz*] maize plantation
[2] (*) (*Ven*) (= *serrano*) highlander; (*Caribe*) (= *colombiano*) Colombian
[3] (*Andes**) (= *amigo*) bosom pal

**guateado** ADJ quilted

**guatearse** ▸conjug 1a◂ VPR (*Chile*) to warp, bulge

**Guatemala** SF Guatemala; ✦***MODISMO*** **salir de ~ y entrar en Guatepeor** to jump out of the frying pan into the fire

**guatemalteco/a** Ⓐ ADJ Guatemalan, of/from Guatemala
Ⓑ SM/F Guatemalan; **los ~s** the people of Guatemala

**guatemaltequismo** SM *word or phrase peculiar to Guatemala*

**guateque** SM party, binge*

**guatero** SM (*Chile*) hot water bottle

**guatitas** SFPL (*Chile*) tripe *sing*

**guato‡** SM (*LAm*) joint‡, reefer‡

**guatón*** ADJ (*Chile*) (= *barrigón*) fat, pot-bellied; (= *regordete*) plump; **sí, ~** yes, darling

**guatuso** ADJ (*CAm*) blond(e), fair

**guau** Ⓐ EXCL [1] (*de perro*) woof!, bow-wow!
[2] (*de sorpresa*) wow!*
Ⓑ SM (= *ladrido*) bark

**guay*** Ⓐ ADJ super*, smashing*
Ⓑ ADV **pasarlo ~** to have a super *o* smashing time*

**guaya** SF (*Ven*) steel cable

**guayaba** SF [1] (*LAm Bot*) guava; (= *jalea*) guava jelly
[2] (*LAm**) (= *mentira*) fib, lie
[3] (*LAm*) (= *tobillo*) ankle
[4] (*CAm*) (= *beso*) kiss; (‡) (= *boca*) gob‡
[5] **la ~** (*CAm*) power

**guayabal** SM grove of guava trees

**guayabear*** ▸conjug 1a◂ Ⓐ VT (*CAm*) (= *besar*) to kiss
Ⓑ VI (*LAm*) (= *mentir*) to lie, tell fibs

**guayabera** SF (*LAm*) (= *camisa*) *loose shirt with large pockets*; (= *chaqueta*) lightweight jacket

**guayabero*** ADJ (*LAm*) lying, deceitful

**guayabo** SM [1] (*Bot*) guava tree
[2] (*Andes*) (= *pena*) grief, sorrow
[3] (*Ven*) (= *murria*) nostalgia
[4] (*Andes, Cono Sur**) (= *resaca*) hangover
[5] (*) (= *guapa*) pretty girl, smasher*; **está hecha un ~** (= *atractiva*) she looks marvellous; (= *joven*) she looks very young
[6] (*Méx*‡‡) pussy‡‡, beaver (*EEUU*‡‡)

**guayaca** Ⓐ ADJ (*Cono Sur*) (= *torpe*) slow, dull; (= *corto*) simple-minded
Ⓑ SF (*LAm*) (= *bolso*) bag, purse (*EEUU*)

**guayacán** SM lignum vitae

**Guayana** SF Guyana, Guiana ▸ **Guayana Británica** British Guiana ▸ **Guayana Francesa** French Guiana ▸ **Guayana Holandesa** Dutch Guiana

**guayanés/esa** ADJ, SM/F Guyanese

**guayar** ▸conjug 1a◂ VT (*Caribe*) to grate

**guayo** SM (*Caribe*) [1] (*Culin*) grater
[2] (*Mús**) bad street band

**guayuco** SM (*Col, Ven*) loincloth

**guayunga** SF (*Andes*) lot, heap

**gubernamental** Ⓐ ADJ (*gen*) governmental, government *antes de s*; [*facción*] loyalist; **organización no ~** non-governmental organization
Ⓑ SMF (*leal*) loyalist, government supporter; (*Mil*) government soldier

**gubernamentalización** SF (increase in) government intervention *o* control

**gubernativo** ADJ government *antes de s*, governmental; **los delegados ~s** the government delegates; **la decisión gubernativa** the government's decision; **por orden gubernativa** by order of the government

**gubia** SF gouge

**güe...** (*para diversas palabras escritas así esp en LAm*) *ver tb* **hue...** *p. ej.* **güevón**; *ver* **huevón**

**guedeja** SF [1] (= *mechón*) lock
[2] (= *cabellera*) long hair
[3] [*de león*] mane

**güegüecho** Ⓐ ADJ [1] (*Andes, CAm**) (= *tonto*) silly, stupid
[2] (*CAm, Méx Med*) suffering from goitre *o* (*EEUU*) goiter
Ⓑ SM [1] (*CAm, Méx Med*) goitre, goiter (*EEUU*)

very clever! you've landed me with the job again; **ser ~ para algo** to be good at sth; **es muy ~ para la carpintería** he's very good at carpentry; **Juan es muy ~ aparcando el coche** Juan is very good at parking the car; **es muy ~ para solucionar conflictos** he has a real knack for resolving conflicts
2 (*Jur*) competent; *ver tb* **día 1**

**habilidad** SF 1 (= *capacidad*) ability; (= *destreza*) skill; **tiene mucha ~ para la pintura** she's a very able painter; **un hombre de gran ~ política** a man of great political skill; **su ~ con el balón era de leyenda** his ball skills were legendary; **tiene una gran ~ para evitar enfrentamientos** he's very skilful *o* clever at avoiding confrontation; **tiene ~ manual** he's good *o* clever with his hands; **con ~**: **le sacó el secreto con ~** he cleverly *o* skilfully got the secret out of him; **defendió su argumento con ~** he defended his argument skilfully *o* cleverly ► **habilidades sociales** social skills
2 (*Jur*) competence

**habilidoso** ADJ handy, good with one's hands

**habilitación** SF 1 (= *título*) qualification, entitlement
2 [*de casa*] fitting out
3 (*Fin*) (*con dinero*) financing; (*Cono Sur*) (= *crédito*) credit in kind; (*CAm, Méx*) (= *anticipo*) advance, sub*
4 (= *oficina*) paymaster's, payroll office (*EEUU*)
5 (*Cono Sur*) (= *sociedad*) *offer of a partnership to an employee*

**habilitado/a** SM/F paymaster

**habilitar** ▸conjug 1a◂ VT 1 [+ *persona*] (= *dar derecho a*) to qualify, entitle; (= *permitir*) to enable; (= *autorizar*) to empower, authorize
2 (= *preparar*) to equip, fit out; **las aulas están habilitadas con televisores** the rooms are equipped with TVs
3 (*Fin*) (*con dinero*) to finance; **~ a algn** (*Cono Sur Agr*) to make sb a loan in kind (*with the next crop as security*), give sb credit facilities; (*CAm, Méx**) (= *dar un anticipo*) to give sb an advance, sub sb*
4 (*Cono Sur Com*) to take into partnership
5 (*CAm Agr*) to cover, serve
6 (*Caribe*) (= *fastidiar*) to annoy, bother

**hábilmente** ADV 1 (= *diestramente*) skilfully, skillfully (*EEUU*)
2 (= *capazmente*) ably, expertly
3 (= *inteligentemente*) cleverly, smartly
4 (*pey*) (= *con argucias*) cunningly

**habiloso*** ADJ (*Cono Sur*) clever, skilful, skillful (*EEUU*)

**habitabilidad** SF (*gen*) habitability

**habitable** ADJ inhabitable

**habitación** SF 1 (= *cuarto*) room ► **habitación de matrimonio, habitación doble** double room ► **habitación individual** single room ► **habitación para invitados** guest room
2 (*Biol*) habitat, habitation

**habitacional** ADJ (*Cono Sur*) housing *antes de s*

**habitáculo** SM (*para vivir*) living space; (*en vehículo*) inside, interior

**habitado** ADJ [*isla, pueblo*] inhabited; [*casa, habitación*] lived-in; [*satélite, cohete*] manned

**habitante** Ⓐ SMF 1 (*gen*) inhabitant; **una ciudad de 10.000 ~s** a town of 10,000 inhabitants *o* people, a town with a population of 10,000
2 (= *vecino*) resident
3 (= *inquilino*) occupant, tenant
Ⓑ SM (*hum*) (= *piojo*) louse; **tener ~s** to have lice, have nits*

**habitar** ▸conjug 1a◂ Ⓐ VT [+ *zona, territorio*] to inhabit, live in; [+ *casa*] to live in, occupy, be the occupant of
Ⓑ VI (= *vivir*) to live

**hábitat** SM (*pl* **hábitats** ['aβitas]) habitat

**hábito** SM 1 (= *costumbre*) habit; **una droga que crea ~** a habit-forming drug; **tener el ~ de hacer algo** to be in the habit of doing sth ► **hábitos de consumo** buying habits
2 (*Rel*) habit; ✦*MODISMOS* **colgar los ~s** to leave the priesthood; **tomar el ~** [*hombre*] to take holy orders, become a monk; [*mujer*] to take the veil, become a nun ► **hábito monástico** monastic habit

**habituado/a** SM/F habitué

**habitual** Ⓐ ADJ (= *acostumbrado*) habitual, customary, usual; [*cliente, lector*] regular; [*criminal*] hardened; **mi restaurante ~** my usual restaurant; **como lector ~ de su revista** as a regular reader of your magazine
Ⓑ SMF [*de bar, tienda*] regular

**habituar** ▸conjug 1e◂ Ⓐ VT to accustom (**a** to)
Ⓑ **habituarse** VPR **~se a** to become accustomed to, get used to

**habla** SF 1 (= *facultad*) speech; **dejar a algn sin ~** to leave sb speechless; **perder el ~** to lose the power of speech
2 (*Ling*) (= *idioma*) language; (= *dialecto*) dialect, speech; **de ~ francesa** French-speaking
3 (= *acción*) **¡Benjamín al ~!** (*Telec*) Benjamín speaking!; **estar al ~** (*Telec*) to be on the line, be speaking; (*Náut*) to be within hailing distance; **ponerse al ~ con algn** to get in touch with sb; ✦*MODISMO* **negar** *o* **quitar el ~ a algn** to stop speaking to sb, not be on speaking terms with sb

**hablachento** ADJ (*Caribe*) talkative

**hablada** SF 1 (*Cono Sur*) (= *charla*) speech
2 (*Méx*) **habladas** (= *fanfarronada*) boast
3 (*Andes**) (= *bronca*) scolding, telling-off*
4 (*CAm, Cono Sur, Méx*) (= *indirecta*) hint, innuendo; (= *chisme*) rumour, piece of gossip; ✦*MODISMO* **echar ~s** to drop hints, make innuendoes

**habladera** SF 1 (*LAm*) talking, noise of talking
2 (*Cono Sur, Méx*) = **habladuría**

**habladero** SM (*Caribe**) piece of gossip

**hablado** ADJ 1 (= *dicho*) spoken; **la palabra hablada** the spoken word
2 **bien ~** well-spoken; **mal ~** coarse, foul-mouthed

**hablador(a)** Ⓐ ADJ 1 (= *parlanchín*) talkative, chatty*
2 (= *chismoso*) gossipy, given to gossip
3 (*Méx*) (= *jactancioso*) boastful; (= *amenazador*) bullying
4 (*Caribe, Méx**) (= *mentiroso*) lying; (= *gritón*) loud-mouthed
Ⓑ SM/F 1 (= *locuaz*) great talker, chatterbox*
2 (= *chismoso*) gossip

**habladuría** SF 1 (= *rumor*) rumour, rumor (*EEUU*)
2 (= *injuria*) nasty remark
3 (= *chisme*) piece of gossip
4 **habladurías** gossip *sing*, scandal *sing*, tittle-tattle* *sing*

**hablanchín** ADJ talkative, garrulous

**hablante** Ⓐ ADJ speaking
Ⓑ SMF speaker

**-hablante** SUF *en palabras compuestas* **castellanohablante** (*adj*) Castilian-speaking; (*nmf*) Castilian speaker

**hablantín** ADJ = **hablanchín**

**hablantina** SF 1 (*Andes*) (*sin sentido*) gibberish, meaningless torrent
2 (*Andes, Caribe*) (= *cháchara*) empty talk, idle chatter
3 (*Caribe*) (= *algarabía*) hubbub, din

**hablantino** ADJ (*Andes, Caribe*), **hablantinoso** ADJ (*Andes, Caribe*) = **hablador A1, 2**

**hablar** ▸conjug 1a◂ Ⓐ VI to speak, talk (**a, con** to; **de** about, of); **necesito ~ contigo** I need to talk *o* speak to you; **acabamos de ~ del premio** we were just talking *o* speaking about the prize; **¡mira quién fue a ~!** look who's talking!; **los datos hablan por sí solos** the facts speak for themselves; **que hable él** let him speak, let him have his say; **¡hable!** ◊ **¡puede ~!** (*Telec*) you're through!, go ahead! (*EEUU*); **¿quién habla?** (*Telec*) who's calling?, who is it?; **~ alto** to speak *o* talk loudly; **~ bajo** to speak *o* talk quietly, speak *o* talk in a low voice; **~ claro** (*fig*) to speak plainly *o* bluntly; **dar que ~ a la gente** to make people talk, cause tongues to wag; **hablaba en broma** she was joking; **vamos a ~ en confianza** this is between you and me; **¿hablas en serio?** are you serious?; **hacer ~ a algn** to make sb talk; **el vino hace ~** wine loosens people's tongues; **~ por ~** to talk for talking's sake, talk for the sake of it; **~ por teléfono** to speak on the phone; **hablamos por teléfono todos los días** we speak on the phone every day, we phone each other every day; **acabo de ~ por teléfono con ella** I was just on the phone to her; **~ solo** to talk *o* speak to o.s.; ✦*MODISMOS* **¡ni ~!**: **—¿vas a ayudarle en la mudanza? —¡ni ~!** "are you going to help him with the move?" — "no way!" *o* "you must be joking!"; **de eso ni ~** that's out of the question; **hablando del rey de Roma …** talk of the devil …; *ver tb* **cristiano C2, plata 3**
Ⓑ VT 1 [+ *idioma*] to speak; **habla bien el portugués** he speaks good Portuguese, he speaks Portuguese well; **"se habla inglés"** "English spoken"; **en el Brasil se habla portugués** they speak Portuguese in Brazil
2 (= *tratar de*) **hay que ~lo todo** we need to discuss everything; **eso habrá que ~lo con tu padre** you'll have to discuss that with your father; **no hay más que ~** there's nothing more to be said about it; **exijo que se haga lo que yo digo y no hay más que ~** you will do what I say and that's that; **me gustan las películas de vaqueros y no hay más que ~** I happen to like westerns and I don't see why I should have to justify it
3 (*Méx Telec*) to (tele)phone
Ⓒ **hablarse** VPR 1 (*uso impersonal*) **se habla de que van a comprarlo** there is talk of their buying it; **pagaremos los cinco millones y**

**no se hable más** we'll pay the five million and that'll be an end to it; **si es su deber que lo hagan y no se hable más** if it's their duty then they should do it and there's nothing more to be said
[2] (*uso recíproco*) **no se hablan** they are not on speaking terms, they are not speaking (to each other); **no me hablo con él** I'm not speaking to him, I'm not on speaking terms with him

**HABLAR**

**¿"Speak" o "talk"?**

• Se traduce por **speak** cuando **hablar** tiene un sentido general, es decir, hace referencia a la emisión de sonidos articulados:

Estaba tan conmocionado que no podía hablar
***He was so shocked that he was unable to speak***
Su padre antes tartamudeaba al hablar
***Her father used to stutter when he spoke***

• También se emplea **speak** cuando nos referimos a la capacidad de **hablar** un idioma:

Habla francés y alemán
***She speaks French and German***

• Cuando **hablar** implica la participación de más de una persona, es decir, se trata de una conversación, una charla, o un comentario, entonces se traduce por **talk**.

Es una de esas personas que no para de hablar
***He's one of those people who won't stop talking***

• Para traducir la construcción **hablar con alguien** podemos utilizar **talk to** (**talk with** en el inglés de EE.UU.) o, si el uso es más formal, se puede emplear **speak to** (**speak with** en el inglés de EE.UU.):

Vi a Manolo hablando animadamente con un grupo de turistas
***I saw Manolo talking** o **speaking animatedly to** o **with a group of tourists***

• Si queremos especificar el idioma en que se desarrolla la conversación, se puede emplear tanto **talk** como **speak**, aunque éste último se usa en un lenguaje más formal:

Me sorprendió bastante verla hablar en francés con tanta soltura
***I was surprised to see her talking** o **speaking (in) French so fluently***

*Para otros usos y ejemplos ver la entrada.*

**hablilla** SF (= *rumor*) rumour, rumor (*EEUU*), story; (= *habladuría*) piece of gossip
**hablista** SMF good speaker, elegant user of language
**habloteo** SM incomprehensible talk
**habré** *etc ver* **haber**
**Habsburgo** SM Hapsburg
**hacedero**† ADJ practicable, feasible
**hacedor(a)** SM/F (*gen*) maker; (*Literat*) poet; **el (Supremo) Hacedor** the Creator, the Maker
**hacendado/a** Ⓐ ADJ landed, property-owning Ⓑ SM/F (= *propietario*) (*de tierras*) landowner; (*LAm*) (*de ganado*) rancher; (*Caribe*) (*de ingenio*) sugar-plantation owner
**hacendario** ADJ (*Méx*) treasury *antes de s*, budgetary
**hacendista** SMF economist, financial expert
**hacendoso** ADJ [1] (= *trabajador*) industrious, hard-working
[2] (= *ocupado*) busy, bustling

## hacer

▸conjug 2r◂
[A] VERBO TRANSITIVO [C] VERBO IMPERSONAL
[B] VERBO INTRANSITIVO [D] VERBO PRONOMINAL
*Para las expresiones **hacer añicos, hacer gracia, hacerse ilusiones, hacer pedazos, hacerse de rogar, hacer el tonto, hacer las veces de** ver la otra entrada.*

Ⓐ VERBO TRANSITIVO
[1] [*indicando actividad en general*] to do; **¿qué haces?** what are you doing?; **¿qué haces ahí?** what are you doing there?; **no sé qué ~** I don't know what to do; **hace y deshace las cosas a su antojo** she does as she pleases; **¡eso no se hace!** that's not done!; **no hizo nada por ayudarnos** she didn't do anything to help us; **haz todo lo posible por llegar a tiempo** do everything possible to arrive on time; **~ el amor** to make love; **~ la guerra** to wage war; ✦***MODISMOS* ¡qué le vamos a ~!** what can you do?, there's nothing you can do; **~ algo por hacer: no tiene sentido ~ las cosas por ~las** there's no point doing things just for the sake of it; **¡la hemos hecho buena!** (*iró*) we've really gone and done it now!*; **ya ha hecho otra de las suyas** he's been up to his old tricks again
[2] [*en lugar de otro verbo*] to do; **él protestó y yo hice lo mismo** he protested and I did the same; **no viene tanto como lo solía ~** he doesn't come as much as he used to
[3] [= *crear*] [+ *coche, escultura, juguete, ropa, pastel*] to make; [+ *casa*] to build; [+ *dibujo*] to do; [+ *novela, sinfonía*] to write; **~ dinero** to make money; **le cuesta trabajo ~ amigos** he finds it hard to make friends
[4] [= *realizar*] [+ *apuesta, discurso, objeción*] to make; [+ *deporte, deberes*] to do; [+ *caca, pipí*] to do; [+ *nudo*] to tie; [+ *pregunta*] to ask; [+ *visita*] to pay; [+ *milagros*] to do, work; **el gato hizo miau** the cat went miaow, the cat miaowed; **el árbol no hace mucha sombra** the tree isn't very shady, the tree doesn't provide a lot of shade; **¿me puedes ~ el nudo de la corbata?** could you knot my tie for me?; **~ un favor a algn** to do sb a favour; **~ un gesto** (*con la cara*) to make *o* pull a face; (*con la mano*) to make a sign; **~ un recado** to do *o* run an errand; **~ ruido** to make a noise; **~ sitio** to make room; **~ tiempo** to kill time
[5] [= *preparar*] [+ *cama, comida*] to make; **~ el pelo/las uñas a algn** to do sb's hair/nails; **~ la barba a algn** to trim sb's beard; **~ las maletas** to pack one's bags
[6] [= *dedicarse a*] **¿qué hace tu padre?** what does your father do?; **está haciendo turismo en África** he's gone touring in Africa; **~ cine** to make films; **~ teatro** to act
[7] [= *actuar*] **~ un papel** to play a role *o* part; **~ el papel de malo** to play the (part of the) villain
[8] [= *sumar*] to make; **6 y 3 hacen 9** 6 and 3 make 9; **éste hace 100** this one makes 100; **y cincuenta pesetas, hacen quinientas** five hundred pesetas and fifty change; **éste hace el corredor número 100 en atravesar la meta** he's the 100th runner to cross the finishing line
[9] [= *cumplir*] **voy a ~ 30 años la próxima semana** I'm going to be 30 next week, it's my 30th birthday next week
[10] [= *obligar*] (+ *INFIN*) to make; **les hice venir** I made them come; **siempre consigue ~me reír** she always manages to make me laugh; **le gustaba ~me rabiar** he enjoyed making me mad; **hágale entrar** show him in, have him come in; **me lo hizo saber** he told me about it, he informed me of it; **~ que** (+ *SUBJUN*): **yo haré que vengan** I'll make sure they come
[11] [= *mandar*] (+ *INFIN*) **hizo construirse un palacio** she had a palace built; **hicieron pintar la fachada del colegio** they had the front of the school painted
[12] [= *transformar*] (+ *ADJ*) to make; **esto lo hará más difícil** this will make it more difficult; **~ feliz a algn** to make sb happy; **te hace más delgado** it makes you look slimmer; **has hecho de mí un hombre muy feliz** you've made me a very happy man
[13] [= *pensar*] to think; **yo le hacía más viejo** I thought he was older, I had him down as being older; **te hacíamos en el Perú** we thought you were in Peru
[14] [= *acostumbrar*] **~ el cuerpo al frío** to get one's body used to the cold
[15] [= *ejercitar*] **~ dedos** to do finger exercises; **~ piernas** to stretch one's legs
[16] **~ a algn con** (= *proveer*): **me hizo con dinero** he provided me with money

Ⓑ VERBO INTRANSITIVO
[1] [= *comportarse*] **haces bien en esperar** you're right to wait; **haces mal no contestando a sus llamadas** it's wrong of you not to answer his calls; **~ como que** *o* **como si** to make as if; **hizo como que no se daba cuenta** *o* **como si no se diera cuenta** he made as if he hadn't noticed, he pretended not to have noticed; **hizo como si me fuera a pegar** he made as if to strike me
[2] **dar que ~** to cause trouble; **dieron que ~ a la policía** they caused *o* gave the police quite a bit of trouble
[3] [= *importar*] **no le hace** (*LAm*) it doesn't matter, never mind; ✦***MODISMO* ¡no le hagas!** (*Méx**) don't give me that!*
[4] [= *ser apropiado*] **¿hace?** will it do?, is it all right?; (= *¿de acuerdo?*) is it a deal?; **la llave hace a todas las puertas** the key fits all the doors; **hace a todo** he's good for anything
[5] [= *apetecer*] **¿te hace que vayamos a tomar unas copas?** how about going for a drink?, what do you say we go for a drink?; **¿te hace un cigarrillo?** how about a cigarette?, do you fancy a cigarette?
[6] [*seguido de preposición*]
◆ **hacer de** (*Teat*) to play the part of; **~ de malo** to play the villain
◆ **hacer por** (= *intentar*) **haz por verlo si puedes** try to get round to seeing him if you can; **~ por hacer algo** to try to do sth, make an effort to do sth

Ⓒ VERBO IMPERSONAL
[1] [*con expresiones de tiempo atmosférico*] to be; **hace calor/frío** it's hot/cold; **hizo dos grados bajo cero** it was two degrees below zero; **¿qué tiempo hace?** what's the weather like?; **ojalá haga buen tiempo** I hope the weather's nice
[2] [*con expresiones temporales*] **hace tres años que se fue** he left three years ago, it's

three years since he left; **hace tres años que no lo veo** I haven't seen him for three years, it's three years since I (last) saw him; **ha estado aquí hasta hace poco** he was here only a short while ago; **no hace mucho** not long ago; **hace un mes que voy** I've been going for a month; **¿hace mucho que esperas?** have you been waiting long?; **hace de esto varios años** it is some years since this happened; **desde hace cuatro años** for four years; **está perdido desde hace 15 días** it's been missing for a fortnight

3 *LAm = haber, tener* **hace sed** I'm thirsty; **hace sueño** I'm sleepy

Ⓓ **hacerse** VERBO PRONOMINAL

1 *= realizar, crear* **~se algo** [*uno mismo*] to make o.s. sth; [*otra persona*] to have sth made; **se hizo un jersey** he made himself a jumper; **¿os hicisteis muchas fotos?** did you take a lot of photos?; **todos los días me hago 3km andando** I walk 3km every day; **~se un retrato** to have one's portrait painted; **se hizo la cirugía estética** she had plastic surgery; **~se caca** to soil one's pants; **~se pipí** to wet o.s.; *ver tb* **idea 1**, **nudo² 1**

2 *= cocinarse* **todavía se está haciendo la comida** the meal's still cooking; **deja que se haga bien la carne** make sure the meat is well done

3 (+ *INFIN*) 3·1 (= *conseguir*) **deberías ~te oír** you should make your voice heard; **la respuesta no se hizo esperar** the answer was not long in coming

3·2 (= *mandar*) **se hizo traer caviar directamente de Rusia** she had caviar sent over from Russia; **se hizo cortar el pelo** she had her hair cut; **~se afeitar la barba** to have one's beard trimmed; **me estoy haciendo confeccionar un traje** I'm having a suit made

4 *= reflexivo* **se hizo a sí mismo** he's a self-made man

5 *recíproco* **se hacían caricias** they were caressing each other; **~se cortesías mutuamente** to exchange courtesies

6 *= llegar a ser* 6·1 (+ *SUSTANTIVO*) to become; **se hicieron amigos** they became friends; **~se enfermera** to become a nurse; **el sofá se hace cama** the sofa can be turned into a bed

6·2 (+ *ADJ*) **~se cristiano** to become a Christian; **quiere ~se famoso** he wants to be famous; **esto se está haciendo pesado** this is getting *o* becoming tedious; **se está haciendo viejo** he's getting old; **se hace tarde** it's getting late; **~se grande** to grow tall; **con tanto ruido se me hace imposible trabajar** I can't work with all this noise

7 *= parecer* **se me hizo largo/pesado el viaje** the journey felt long/boring; **se me hace que ...** (*esp LAm*) it seems to me that ..., I get the impression that ...; **se me hace que nos están engañando** it seems to me that *o* I get the impression that we're being deceived

8 ** = fingirse* **~se el interesante** to act all high and mighty; **~se de nuevas** to act all innocent; **~se el sordo** to pretend not to hear

9 *= moverse* **~se atrás** to move back; **~se a un lado** (*de pie*) to move to one side; (*sentado*) to move over; **hazte para allá, que me siente** move up that way a bit so I can sit down

10 *seguido de preposición*

◆ **hacerse a** (= *acostumbrarse*) to get used to; **~se a una idea** to get used to an idea; **~se a hacer algo** to get used to doing sth; **¿te has hecho ya a levantarte temprano?** have you got used to getting up early yet?

◆ **hacerse con** [+ *información*] to get hold of; [+ *ciudad, fortaleza*] to take; **logró ~se con una copia** he managed to get hold of a copy; **se hizo con una importante fortuna** he amassed a large fortune; **~se con el control de algo** to gain control of sth; **finalmente se hicieron con la victoria** they eventually managed to win

**hacha¹** SF 1 (= *herramienta*) axe, ax (*EEUU*); (*pequeña*) hatchet; ✦*MODISMOS* **desenterrar el ~ de guerra** to renew hostilities; **enterrar el ~ de guerra** to bury the hatchet ► **hacha de armas** battle-axe

2 ✦*MODISMOS* **dar con el ~ a algn** (*Cono Sur**) to tear sb off a strip*; **de ~** (*Chile*) unexpectedly, without warning; **estar con el ~** (*Cono Sur**) to have a hangover*; **de ~ y tiza** (*Cono Sur**) tough, virile; (*pey*) brawling; **ser un ~***: **María es un ~** María is a real star; **es un ~ para el fútbol** he's brilliant at football, he's a brilliant footballer

**hacha²** SF 1 (= *vela*) large candle

2 (= *haz de paja*) bundle of straw

**hacha³** ADJ (*Méx*) ✦*MODISMOS* **estar ~** to be ready; **ser ~ para la ropa** to be hard on one's clothes

**hachador(a)** SM/F (*CAm*) lumberjack

**hachar** ▸conjug 1a◂ VT (*LAm*) = **hachear**

**hachazo** SM 1 (= *golpe*) blow with an axe, blow with an ax (*EEUU*)

2 (*LAm*) (= *herida*) gash, axe wound, ax wound (*EEUU*)

3 (*Andes*) [*de caballo*] bolt, dash

**hache** SF (name of the letter) H; ✦*MODISMOS* **llámalo ~** call it what you will; **por ~ o por be** for one reason or another; **volverse ~s y erres** (*Andes*) ◊ **volverse ~s y cúes** (*Cono Sur*) to come to nothing, fall through

**hachear** ▸conjug 1a◂ Ⓐ VT (= *partir*) to hew, cut, cut down

Ⓑ VI (= *empuñar*) to wield an axe

**hachemita** ADJ Hashemite, Jordanian

**hachero¹/a** SM/F 1 (= *leñador*) lumberjack

2 (*Mil*) sapper

**hachero²** SM torch stand, sconce

**hacheta** SF (*gen*) adze; (*pequeña*) small axe, hatchet

**hachís** SM, **hachich** SM hashish, hash

**hacho** SM (= *fuego*) beacon; (= *colina*) beacon hill

**hachón** SM large torch, firebrand

**hachuela** SF = **hacheta**

**hacia** PREP 1 (*indicando dirección*) towards, in the direction of; **ir ~ las montañas** to go towards the mountains; **eso está más ~ el este** that's further (over) to the east, that's more in an easterly direction; **vamos ~ allá** let's go in that direction, let's go over that way; **¿~ dónde vamos?** where are we going?; **~ abajo** down, downwards; **~ adelante** forwards; **~ arriba** up, upwards; **~ atrás** backwards

2 (*con expresiones temporales*) about, near; **~ las cinco** about five, around five; **~ mediodía** about noon, around noon

3 (= *ante*) towards; **su hostilidad ~ la empresa** his hostility towards the firm

**hacienda** SF 1 (= *finca*) country estate; (*LAm*) ranch; (*Caribe*) sugar plantation

2 (= *bienes*) property

3 (*Cono Sur*) (= *ganado*) cattle, livestock

4 (*Fin*) 4·1 (*tb* **Ministerio de Hacienda**) ≈ Treasury, ≈ Exchequer, ≈ Treasury Department (*EEUU*); **Hacienda me debe mucho dinero** the Inland Revenue owes me a lot of money

4·2 (*tb* **delegación de Hacienda**) tax office

4·3 (*tb* **~ pública**) **supondría un desembolso enorme para la ~ pública** it would involve a massive outlay of public funds *o* money; **ha defraudado a la ~ pública** he has defrauded the public purse

5 **haciendas**† (*domésticas*) household chores

**hacina** SF (= *montón*) pile, heap; (*Agr*) stack, rick

**hacinado** ADJ 1 (= *amontonado*) [*cosas*] heaped(-up), piled(-up); (*Agr*) stacked(-up); [*gente, animales*] crowded together, packed together; **vivían ~s** they lived on top of each other; **la gente estaba hacinada** people were crowded *o* packed together

2 (= *acumulado*) accumulated

**hacinamiento** SM 1 (= *amontonamiento*) [*de cosas*] heaping (up), piling (up); (*Agr*) stacking; [*de gente, animales*] crowding, overcrowding

2 (= *acumulación*) accumulation

**hacinar** ▸conjug 1a◂ Ⓐ VT 1 (= *amontonar*) [+ *cosas, objetos*] to heap (up), pile (up); (*Agr*) to stack, put into a stack, put into a rick; [+ *gente, animales*] to cram

2 (= *acumular*) to accumulate, amass

3 (†) (= *ahorrar*) to hoard

Ⓑ **hacinarse** VPR **~se en** [*gente, animales*] to pack into, cram into

**hada** SF fairy; **cuento de ~s** fairy tale ► **hada buena** good fairy ► **hada madrina** fairy godmother

**hado** SM (*frm*) fate, destiny

**haga** *ver* **hacer**

**hágalo usted mismo** SM do-it-yourself

**hagiografía** SF hagiography

**hagiógrafo/a** SM/F hagiographer

**hago** *ver* **hacer**

**haiga**†* SM (*Esp*) big car, posh car*

**haiku** ['haiku] SM haiku

**Haití** SM Haiti

**haitiano/a** Ⓐ ADJ of/from Haiti

Ⓑ SM/F native/inhabitant of Haiti; **los ~s** the people of Haiti

**hala** EXCL 1 (*mostrando sorpresa*) (*gen*) wow!; (= *qué exageración*) come off it!*

2 (= *vamos*) come on!, let's go!

3 (= *deprisa*) get on with it!*, hurry up!

4 **no quiero, ¡hala!** I don't want to, so there!

5 (*Náut*) heave!

**halaco** SM (*CAm*) piece of junk, useless object

**halagador(a)** Ⓐ ADJ 1 (= *adulador*) [*retrato, opinión*] flattering

2 (= *agradable*) [*propuesta*] pleasing, gratifying

Ⓑ SM/F [*persona*] flatterer

**halagar** ▸conjug 1h◂ VT 1 (= *adular*) to flatter

2 (= *agradar*) to please, gratify; **es una perspectiva que me halaga** it's a pleasant prospect

3 (†) (= *mostrar afecto*) to show affection to

**halago** SM 1 (= *adulación*) flattery

2 (= *gusto*) pleasure, delight; (= *satisfacción*) gratification

3 (†) (= *atracción*) attraction; **los ~s de la**

**vida en el campo** the attractions of country life

**halagüeño** ADJ 1 (= *prometedor*) [*perspectiva*] promising, rosy
2 (= *adulador*) [*opinión, observación*] flattering
3 (= *agradable*) pleasing; (= *atractivo*) attractive, alluring

**halar** ▸conjug 1a◂ VT, VI (*LAm*) = **jalar**

**halcón** SM 1 (*Zool*) falcon ► **halcón abejero** honey buzzard ► **halcón común, halcón peregrino** peregrine falcon
2 (*Pol*) hawk, hardliner; **los halcones y las palomas** the hawks and the doves
3 (*Méx*) (= *matón a sueldo*) *young government-sponsored thug*

**halconería** SF falconry

**halconero/a** SM/F falconer

**halda** SF 1 (= *falda*) skirt; ✦**MODISMO de ~s o de mangas** at all costs, by hook or by crook
2 (= *arpillera*) sackcloth, coarse wrapping material

**hale** EXCL = **hala 2,3**

**haleche** SM anchovy

**halibut** [ali'βu] SM (*pl* **halibuts** [ali'βu]) halibut

**hálito** SM (*frm*) 1 (= *aliento*) breath
2 (= *vapor*) vapour, vapor (*EEUU*), exhalation
3 (*poét*) gentle breeze

**halitosis** SF INV halitosis (*frm*), bad breath

**hall** [xol] SM (*pl* **halls, halles** [xol]) [*de casa*] hall; [*de teatro, cine*] foyer; [*de hotel*] lounge, foyer

**hallaca** SF (*Ven*) tamale

**hallador(a)** SM/F finder

**hallar** ▸conjug 1a◂ Ⓐ VT 1 (= *encontrar*) 1·1 [+ *objeto, persona, respuesta, solución*] to find; **~án a los otros invitados en el salón** you will find the other guests in the living room; **el cadáver fue hallado ayer** the body was found yesterday; **tenemos que ~ una salida a la crisis** we have to find a way out of the crisis; **hallé a tu hermano muy cambiado** I thought your brother had changed a lot
1·2 [+ *apoyo, oposición*] to meet with; **halló la oposición de todos los vecinos** he met with opposition from all the neighbours; **no halló la aprobación que esperaba para su proyecto** his plan did not meet with the approval he had hoped for; **halló la muerte en la montaña** he met his death on the mountain
2 (= *descubrir*) [+ *método*] to find, discover; **halló el modo de producirlo sintéticamente** he found *o* discovered a way to produce it synthetically; **~on que el estado del enfermo era peor de lo que creían** they found *o* discovered that the patient's condition was worse than they had thought
3 (= *averiguar*) [+ *motivo, razón*] to find out; [+ *información*] to obtain; **halló el motivo por el que no vinieron** he found out the reason why they hadn't come
4 (*Jur*) **ser hallado culpable de algo** to be found guilty of sth
Ⓑ **hallarse** VPR 1 (= *estar*) 1·1 (*indicando posición*) to be; **nos hallamos en Sevilla** we are in Seville; **la plaza en la que se halla la catedral** the square which the cathedral is in, the square in which the cathedral stands; **se hallan entre las cien personas más ricas del mundo** they are among the hundred richest people in the world
1·2 (*indicando estado*) to be; **sólo ocho de las islas se hallan habitadas** only eight of the islands are inhabited; **en la reunión se hallaban presentes todos los directivos** all the directors were present at the meeting
2 (= *encontrarse*) to find o.s.; **de repente me hallé en medio de un grupo de desconocidos** I suddenly found myself in the middle of a group of strangers; **nos hallamos ante un ensayo excepcional** we're talking about *o* this is an exceptional essay; **~se con: se halló con numerosos obstáculos** she found herself up against numerous obstacles; **me hallé con que tenía más dinero del que pensaba** I realized that I had more money than I had thought
3 (= *sentirse*) to feel; **sentado aquí me hallo a gusto** it's so nice sitting here, I feel very relaxed *o* good sitting here; **es muy tímido, no se halla en las fiestas** he's very shy, he feels uncomfortable *o* awkward at parties; **no me hallo en una casa tan grande** I don't feel comfortable *o* right in such a big house

**hallazgo** SM 1 (= *acto*) discovery; **fue detenido tras el ~ de unos documentos que le incriminaban** he was arrested following the discovery of incriminating documents
2 (= *descubrimiento*) [*de la ciencia*] discovery; (*por investigador, institución*) finding; **los últimos ~s científicos** the latest scientific discoveries; **la revista en la que el investigador ha difundido sus ~s** the journal in which the researcher published his findings
3 (= *cosa hallada*) find; **el nuevo guitarra del grupo ha sido un ~** the band's new guitarist was a real find
4 (= *recompensa*) reward; **"500 pesos de hallazgo"** "500 pesos reward"

**halo** SM 1 [*de luna, sol*] halo
2 [*de santo*] halo
3 (= *fama*) aura

**halogenado** ADJ halogenated

**halógeno** Ⓐ ADJ halogenous, halogen *antes de s*; **lámpara halógena** halogen lamp
Ⓑ SM halogen

**halón** SM (*LAm*) = **jalón 3**

**haltera** Ⓐ SF (*Dep*) 1 (= *barra*) dumb-bell, bar-bell
2 **halteras** (= *pesos*) weights
Ⓑ SMF [*persona*] weight-lifter

**halterofilia** SF weight-lifting

**halterófilo/a** SM/F weight-lifter

**hamaca** SF 1 (= *cama*) hammock
2 (*Cono Sur*) (= *mecedora*) rocking chair; (= *columpio*) swing ► **hamaca plegable** deckchair

**hamacar** ▸conjug 1g◂ (*LAm*), **hamaquear** ▸conjug 1a◂ (*LAm*) Ⓐ VT 1 (= *mecer*) to rock
2 (= *columpiar*) to swing
3 (*Méx**) **~ a algn** to keep sb on tenterhooks
4 (*Caribe*) (= *golpear*) to beat
Ⓑ **hamacarse** VPR (*esp LAm*) **hamaquearse** VPR (*LAm*) 1 (= *mecerse*) to rock
2 (= *columpiarse*) to swing

**hambre** SF 1 (= *necesidad de comer*) hunger; **una huelga de ~** a hunger strike; **estar con ~** to be hungry; **vengo con mucha ~** I'm terribly hungry, I'm starving*; **dar ~ a algn** to make sb hungry; **entrar ~: me está entrando ~** I'm starting to feel hungry, I'm getting hungry; **matar de ~ a algn** to starve sb to death; **en el colegio nos mataban de ~** they starved us at school; **morir de ~** to die of hunger, starve to death; **padecer** *o* **pasar ~** to go hungry; **quedarse con ~: se han quedado con ~** they are still hungry; **tener ~** to be hungry; ✦**MODISMOS engañar** *o* **entretener el ~** to stave off hunger; **tengo un ~ que no veo*** I'm absolutely starving*; **tener un ~ canina** *o* **de lobo** to be ravenous, be ravenously hungry; **se ha juntado el ~ con las ganas de comer** what an explosive combination they are!, they're a right pair!; **ser más listo que el ~*** to be razor sharp*, be as sharp as a needle; **matar el ~** to keep one going, take the edge off one's appetite; ✦**REFRÁN a buen ~ no hay pan duro** beggars can't be choosers; *ver tb* **muerto C2, salario**
2 (= *escasez general*) famine; **la guerra ha traído muerte y ~ al país** the war has brought death and famine to the country
3 (= *deseo*) **~ de algo** hunger for sth; **políticos con ~ de poder** politicians with a hunger for power; **el ~ de gloria del protagonista** the hero's hunger for glory; **tener ~ de justicia/triunfos** to be hungry for justice/victory

**hambreado** ADJ (*LAm*) = **hambriento**

**hambreador(a)** SM/F (*Chile, Perú*) [*de personas*] exploiter

**hambrear** ▸conjug 1a◂ Ⓐ VT (*Chile*) 1 (= *explotar*) [+ *personas*] to exploit
2 (= *hacer pasar hambre*) to starve
Ⓑ VI to starve, be hungry

**hambriento/a** Ⓐ ADJ 1 (= *con hambre*) hungry; (= *famélico*) starving; **venimos ~s** we're starving*, we're very hungry; **unas tristes imágenes de niños ~s** very sad pictures of hungry *o* starving children
2 **~ de** hungry for; **políticos ~s de poder** politicians hungry for power; **están ~s de afecto** they are starved of affection
Ⓑ SM/F (*con hambre*) hungry person; (*en situación desesperada*) starving person; **los ~s** the hungry; **dar de comer al ~** to feed the hungry

**hambrón*** ADJ (*Esp*) greedy

**hambruna** SF 1 famine
2 (*Andes, Cono Sur*) = **hambrusia**

**hambrusia** SF (*Col, Méx*) ravenous hunger; **tener ~** to be famished

**Hamburgo** SM Hamburg

**hamburgués/esa** Ⓐ ADJ of/from Hamburg
Ⓑ SM/F native/inhabitant of Hamburg; **los hamburgueses** the people of Hamburg

**hamburguesa** SF hamburger, burger

**hamburguesera** SF hamburger-maker

**hamburguesería** SF burger bar, burger joint*

**hamo** SM fish-hook

**hampa** SF (*gen*) criminal underworld; **gente del ~** criminals, riffraff; (*Hist*) rogue's life, vagrancy

**hampesco** ADJ underworld *antes de s*, criminal

**hampón/ona** SM/F thug

**hámster** SM (*pl* **hámsters**) hamster

**han** *ver* **haber**

**hand** [xan] SM (*CAm Dep*) handball

**hándbol** ['xandbol] SM handball

**handbolista** SMF handball player

**handicap** SM, **hándicap** SM (*pl* **handicaps, hándicaps**) handicap

**handling** ['xanlin] SM (*Aer*) baggage handling

**hangar** SM (*Aer*) hangar

**Hannover** SM, **Hannóver** SM Hanover

**Hanovre** SM Hanover

**hápax** SM INV hapax, nonce-word

**happening** ['xapenin] SM (*pl* **happenings**) (*Arte*) happening

**haragán/ana** Ⓐ ADJ (= *vago*) idle, lazy
Ⓑ SM/F (= *holgazán*) layabout, idler
Ⓒ SM (*Caribe*) (= *fregona*) mop

**haragana*** SF (*CAm*) (= *silla reclinable*) reclining chair

**haraganear** ▸conjug 1a◂ VI to idle, loaf about, laze around

**haraganería** SF idleness, laziness

**harakiri** SM hara-kiri; **hacerse el ~** to commit hara-kiri

**harapiento** ADJ tattered, in rags

**harapo** SM [1] (= *andrajo*) rag; ✦*MODISMO* **estar hecho un ~** to go about dressed in rags
[2] **harapos** (*Méx*⁑) clothes, clobber⁑, threads (*EEUU**)

**haraposo** ADJ = **harapiento**

**haraquiri** SM = **harakiri**

**hard** [xar] SM hardware

**hardware** ['xarwer] SM hardware, computer hardware

**haré** *ver* **hacer**

**harén** SM harem

**harina** SF [1] flour; ✦*MODISMOS* **eso es ~ de otro costal** that's a different kettle of fish, that's another story; **estar en ~s** (*Andes**) to be broke*; **meterse en ~** to get down to it ► **harina con levadura** self-raising flour ► **harina de arroz** ground rice ► **harina de avena** oatmeal ► **harina de flor** extra fine flour ► **harina de huesos** bonemeal ► **harina de maíz** cornflour, corn starch (*EEUU*) ► **harina de patata** potato flour ► **harina de pescado** fish-meal ► **harina de soja** soya flour ► **harina de trigo** wheat flour ► **harina integral** wholemeal flour ► **harina lacteada** malted milk ► **harina leudante** (*Cono Sur*) *ver* **harina con levadura**
[2] (*Andes*) (= *pedacito*) small piece; **una ~ de pan** a bit of bread
[3] (*Caribe*⁑) (= *dinero*) money, dough⁑

**harinear** ▸conjug 1a◂ VI (*Caribe*) to drizzle

**harineo** SM (*Caribe*) drizzle

**harinero/a** Ⓐ ADJ flour *antes de s*
Ⓑ SM/F (= *comerciante*) flour merchant
Ⓒ SM (= *recipiente*) flour bin

**harinoso** ADJ floury

**harnear** ▸conjug 1a◂ VT (*LAm*) to sieve, sift

**harnero** SM sieve

**harpagón⁑** ADJ (*Andes*) very thin, skinny

**harpillera** SF sacking, sackcloth

**hartar** ▸conjug 1a◂ Ⓐ VT [1] (= *cansar*) **me harta tanta televisión** I get tired of *o* fed up with* *o* sick of* watching so much television; **los estás hartando con tantas bobadas** they're getting tired of *o* fed up with* *o* sick of* your fooling around; **ya me está hartando que siempre me hable de lo mismo** I'm getting tired of *o* fed up with* *o* sick of* him always talking about the same thing
[2] (= *atiborrar*) **~ a algn a *o* de** [+ *comida, alcohol*] to fill sb full of; **nos hartan a chistes malos** we get fed up with* *o* sick of* *o* tired of their bad jokes; **el maestro los harta a deberes** their teacher overloads them with homework; **lo ~on a palos** they gave him a real beating
[3] (*CAm*) (= *maldecir de*) to malign, slander
Ⓑ VI (= *cansar*) **todos estos tópicos manidos ya hartan** all these worn-out clichés get so boring, you get tired of *o* get fed up with* *o* sick of* all these worn-out clichés
Ⓒ **hartarse** VPR [1] (= *cansarse*) to get fed up*; **un día se ~á y se marchará** one of these days she'll get tired *o* get fed up* of it all and leave; **~se de algo/algn** to get tired of sth/sb, get fed up with sth/sb*, get sick of sth/sb*; **me estoy hartando de todo esto** I'm getting tired of *o* fed up with* *o* sick of* all this; **ya me he hartado de esperar** I've had enough of waiting, I'm tired of *o* fed up with* *o* sick of* waiting; **se hartó de que siempre lo hicieran blanco de sus burlas** he got fed up with* *o* sick of* *o* tired of always being the butt of their jokes
[2] (= *atiborrarse*) **~se de** [+ *comida*] to gorge o.s. on, stuff o.s. with*; **se ~on de uvas** they gorged themselves on grapes, they stuffed themselves with grapes*; **le gustaría poder ~se de marisco** he'd like to be able to have a real blowout on seafood; **me harté de agua** I drank gallons *o* loads of water*
[3] (= *saciarse*) **~se a *o* de algo**: **en esa exposición puedes ~te de cultura griega** in that exhibition you can get your fill of Greek culture; **fui al museo para ~me de buena pintura** I went to the museum to see plenty of good paintings; **~se a *o* de hacer algo**: **en vacaciones me harté a *o* de tomar el sol** I sunbathed all day on holiday; **nos hartamos de reír** we laughed till we were fit to burst; **comieron hasta ~se** they gorged *o* stuffed* themselves; **bebieron champán hasta ~se** they drank their fill of champagne; **dormimos hasta ~nos** we slept as long as we wanted

**hartazgo** SM [*de comida*] surfeit, glut; **darse un ~** [*de comida*] to eat too much, overeat; [*de noticias, televisión*] to have too much

▼**harto** Ⓐ ADJ [1] (= *cansado*) fed up*; **¡ya estamos ~s!** we've had enough!, we're fed up!*; **¡me tienes ~!** I'm fed up with you!*; **estar ~ de algo/algn** to be tired of sth/sb, be fed up with sth/sb*, be sick of sth/sb*; **estaban un poco ~s de tanta publicidad** they were a bit tired of all the publicity, they were a bit fed up with *o* sick of all the publicity*; **está ~ de su jefe** he's fed up with *o* sick of his boss*; **estar ~ de hacer algo** to be tired of doing sth, be fed up of doing sth*, be sick of doing sth*; **está ~ de no tener dinero** he's tired *o* fed up* *o* sick of* not having any money; **estar ~ de que** (+ *SUBJUN*) to be fed up with* + *ger*, be sick of* + *ger*; **estamos ~s de que lleguen siempre tarde** we're tired of *o* fed up with* *o* sick of* them arriving late
[2] (= *lleno*) **~ de algo** stuffed with sth*
[3] (= *mucho*) [3·1] (*frm*) **ocurre con harta frecuencia** it happens very often *o* very frequently; **tienen hartas razones para sentirse ofendidos** they have plenty of reasons to feel offended
[3·2] (*LAm*) plenty of, a lot of; **usaste harta harina** you used plenty of *o* a lot of flour; **~s chilenos** plenty of *o* a lot of Chileans; **ha habido ~s accidentes** there have been a lot of *o* plenty of accidents
Ⓑ ADV [1] (*con adjetivo*) [1·1] (*frm*) very, extremely; **una tarea ~ difícil** a very difficult task, an extremely difficult task
[1·2] (*LAm*) very; **llegaron ~ cansados** they were very tired when they arrived
[2] (*LAm*) (*con adverbio*) very; **lo sé ~ bien** I know that very well *o* all too well
[3] (*LAm*) (*con verbo*) a lot; **te quiero ~** I love you a lot; **dormí ~ anoche** I slept a lot last night
Ⓒ PRON (*LAm*) **hace ~ que no lo veo** it's been a long time since I saw him; **—¿queda leche? —sí, harta** "is there any milk left?" — "yes, lots"; **falta ~ para llegar** there's still a long way to go

**hartón*** Ⓐ SM [1] **darse un ~ de algo** to stuff oneself with sth*; **me di un ~ de pasteles** I stuffed myself with cakes; **se dio un ~ de leer novelas policíacas** he had a binge of reading crime novels; **nos dimos un ~ de reír** we killed ourselves laughing; **me di un ~ de llorar en el cine** I cried my eyes out in the cinema
[2] (*LAm*) (= *banana*) large banana
Ⓑ ADJ (*CAm, Méx, Ven*) gluttonous

**hartura** SF [1] (= *cansancio*) **otra vez fútbol, ¡qué ~!** football again, I'm fed up with it! *o* I'm sick of it!*; **muchos votaron a la oposición por ~ hacia el gobierno** many people voted for the opposition because they had had enough of *o* they were tired of the government
[2] (= *hartazgo*) **la comida picante da sensación de ~** spicy food leaves you feeling full
[3] (*frm*) (= *abundancia*) abundance, plenty; **con ~** in abundance, in plenty

**has** *ver* **haber**

**has** ABR = **hectáreas**

**hasídico** ADJ Hassidic

**hasidita** SMF Hassid

**hasta** Ⓐ PREP [1] (*en el espacio*) (*gen*) to, as far as; (= *hacia arriba*) up to; (= *hacia abajo*) down to; **fuimos juntos ~ el primer pueblo, luego nos separamos** we went to *o* as far as the first village together, then we split up; **sus tierras llegan ~ las montañas** their lands stretch to *o* as far as the mountains; **te acompaño, pero sólo ~ el final de la calle** I'll go with you, but only to *o* up to *o* down to the end of the street; **con las lluvias el agua subió ~ aquí** with all the rain the water came up to here; **el vestido me llega ~ las rodillas** the dress comes down to my knees; **¿~ dónde ... ?** how far ... ?; **¿~ dónde vais?** how far are you going?; **~ tan lejos** that far, as far as that; **—fuimos andando ~ la ermita —¿~ tan lejos?** "we walked to *o* as far as the chapel" — "that far?" *o* "as far as that?"; **no creía que íbamos a llegar ~ tan lejos** I didn't think we'd get this far
[2] (*en el tiempo*) until, till; **se va a quedar ~ el martes** she's staying until *o* till Tuesday; **no me levanto ~ las nueve** I don't get up until *o* till nine o'clock; **no iré ~ después de la reunión** I won't go until *o* till after the meeting; **falta una semana ~ los exámenes** there's a week to go to *o* until *o* till the exams; **¿siempre escuchas música ~ tan tarde?** do you always listen to music so late (at night)?; **el ~ ayer presidente de nuestro club** the hitherto president of our club (*frm*); **~ ahora** so far, up to now; **~ ahora nadie se ha quejado** so far no one has complained, no one has complained up to now; **~ ahora no se había quejado nadie** no one had complained before *o* until now *o* till now; **tuve problemas al principio, pero luego las co-**

➤ LENGUA Y USO: harto A1 41

**sas se tranquilizaron y ~ ahora** I had problems at the beginning but then things calmed down and since then it's been OK; **¿~ cuándo ... ?** how long ... for?; **¿~ cuándo podemos seguir así?** how long can we carry on like this for?; **¿~ cuándo os quedáis?** how long are you staying (for)?; **~ entonces** until then, (up) till then; **~ la fecha** to date; **~ el momento** so far, up to now, thus far (*frm*); **~ nueva orden** until further notice
3 (*con cantidades*) (*gen*) up to; (*con valor enfático*) as much as/as many as; **puedes gastar ~ 30.000 pesetas** you can spend up to 30,000 pesetas; **duerme ~ diez horas diarias** he sleeps up to ten hours a day; **podemos llegar a producir ~ 50 toneladas** we can produce as much as 50 tons; **llegó a haber ~ 500 invitados** there were as many as 500 guests
4 (*en expresiones de despedida*) **~ ahora** see you in a minute; **~ la vista** see you, so long; **~ luego** see you, bye*; **~ más ver** see you again; **~ nunca** I hope I never see you again; **~ otra** see you again; **~ pronto** see you soon; **~ siempre*** goodbye, farewell (*frm*)
5 (*CAm, Col, Méx*) not ... until, not ... till; **~ mañana viene** he's not coming until *o* till tomorrow; **lo hizo ~ el martes** he didn't do it until *o* till Tuesday; **~ hoy lo conocí** I only met him today, I hadn't met him until *o* till today
Ⓑ CONJ 1 **~ que** until, till; **vivió aquí ~ que murió su mujer** he lived here until *o* till his wife died; **no me iré ~ que (no) me lo des** I won't go until *o* till you give it to me
2 (+ *INFIN*) until, till; **no se fueron ~ acabar** they didn't leave until *o* till they were finished
Ⓒ ADV (= *incluso*) even; **~ en Valencia hiela a veces** even in Valencia it freezes sometimes; **la música estaba tan alta que se oía ~ desde la calle** the music was so loud that you could even hear it from the street

**hastiador** ADJ = **hastiante**

**hastial** SM (*Arquit*) gable end

**hastiante** ADJ 1 (= *que cansa*) wearisome
2 (= *que aburre*) boring
3 (= *asqueante*) sickening

**hastiar** ▸conjug 1c◂ Ⓐ VT 1 (= *cansar*) to weary
2 (= *aburrir*) to bore
3 (= *asquear*) to sicken, disgust
Ⓑ **hastiarse** VPR **~se de** to tire of, get fed up with*

**hastío** SM 1 (= *cansancio*) weariness
2 (= *aburrimiento*) boredom
3 (= *asco*) disgust

**hatajo** SM lot, collection; **un ~ de sinvergüenzas** a bunch of crooks

**hatillo** SM = **hato**

**hato** SM 1 [*de ropa*] bundle; ✦***MODISMOS*** **echarse el ~ a cuestas** ◊ **liar el ~** to pack up; **~ y garabato** (*Andes, Caribe**) all that one has; **menear el ~ a algn** to beat sb up*; **revolver el ~** to stir up trouble
2 (*Agr*) [*de ganado*] herd; [*de ovejas*] flock
3 [*de gente*] group, crowd; (*pey*) bunch, gang
4 [*de objetos, observaciones*] lot, heap
5 (*LAm*) (= *rancho*) cattle ranch
6 (= *víveres*) provisions *pl*
7 (= *choza*) shepherd's hut
8 (= *parada*) stopping place (*of migratory flocks*)

**Hawai** SM (*tb* **Islas ~**) Hawaii

> **HASTA**
>
> La preposición **hasta** tiene varias traducciones posibles, dependiendo de si se emplea en expresiones de tiempo o de lugar.
>
> **En expresiones de tiempo**
>
> • Generalmente se traduce por **till** o **until**. **Till** tiene un uso más informal que **until** y no suele ir al principio de la frase.
>
> El paquete no me llegó hasta dos semanas después
> ***The parcel did not arrive until** o **till two weeks later***
>
> Hasta entonces las cosas nos iban bien
> ***Until then things were going well for us***
>
> • Además, **hasta** también se puede traducir por **to** en la construcción **desde ... hasta ...**:
>
> Estoy aquí todos los días desde las ocho hasta las tres
> ***I'm here every day from eight until** o **till** o **to three***
>
> Te estuve esperando desde las once de la mañana hasta la una de la tarde
> ***I was waiting for you from eleven in the morning until** o **till** o **to one in the afternoon***
>
> **En expresiones de lugar**
>
> • Cuando usamos **hasta** en expresiones de lugar, podemos traducirlo por **(up/down) to** o por **as far as**:
>
> Caminó hasta el borde del acantilado
> ***He walked (up) to** o **as far as the edge of the cliff***
>
> ¿Vamos hasta la orilla?
> ***Shall we go down to the shore?***
>
> Ya anda solo hasta el sofá
> ***He can already walk on his own as far as** o **(up) to the sofa***
>
> *Para otros usos y ejemplos ver la entrada.*

**hawaianas** SFPL (*esp LAm*) (= *chanclas*) flip flops, thongs

**hawaiano/a** Ⓐ ADJ of/from Hawaii
Ⓑ SM/F native/inhabitant of Hawaii; **los ~s** the people of Hawaii

**hay** *ver* **haber**

**haya**[1] *ver* **haber**

**haya**[2] SF beech, beech tree

**Haya** SF **La ~** The Hague

**hayaca** SF (*Andes*) tamale; (*Caribe*) *stuffed cornmeal pasty*

**hayal** SM, **hayedo** SM beechwood

**hayo** SM (*Bot*) coca, coca leaves

**hayuco** SM beechnut; **hayucos** beechnuts, beechmast *sing*

**haz**[1] SM 1 (= *manojo*) bundle, bunch; [*de trigo*] sheaf; [*de paja*] truss
2 (= *rayo*) beam ► **haz de electrones** electron beam ► **haz de luz** beam of light ► **haz de partículas** particle beam ► **haz láser** laser beam
3 **haces** (*Hist, Pol*) fasces

**haz**[2] SF 1 (= *lado derecho*) right side
2 (= *superficie*) face, surface; **de dos haces** two-faced ► **haz de la tierra** face of the earth

**haz**[3] *ver* **hacer**

**haza** SF small field, plot of arable land

**hazaña** SF feat, exploit, deed; **las ~s del héroe** the hero's exploits, the hero's great deeds; **sería una ~** it would be a great achievement, it would be a great thing to do

**hazañería** SF fuss, exaggerated show, histrionics *pl*

**hazañero** ADJ [*persona*] dramatic, histrionic, given to making a great fuss; [*acción*] histrionic, exaggerated

**hazañoso** ADJ [*persona*] heroic, gallant, dauntless; [*acción*] heroic, doughty

**hazmerreír** SMF INV laughing stock

**HB** SM ABR (*Esp Pol*) = **Herri Batasuna**

**he**[1] *ver* **haber**

**he**[2] ADV (*frm*) **he aquí** here is, here are; **¡heme aquí!** here I am!; **¡helo aquí!** here it is!; **¡helos allí!** there they are!; **he aquí la razón de que ...** ◊ **he aquí por qué ...** that is why ...; **he aquí los resultados** these are the results, here you have the results

**heavy** ['xeβi] (*pl* **heavies, heavys**) Ⓐ ADJ 1 [*música, grupo*] heavy metal
2 (⁑) (= *duro*) heavy⁑
Ⓑ SMF heavy metal fan
Ⓒ SM (= *música*) heavy metal

**hebdomadario** (*frm*) Ⓐ ADJ weekly
Ⓑ SM weekly

**hebilla** SF buckle, clasp

**hebra** SF 1 [*de hilo*] thread
2 (*Bot*) (= *fibra*) fibre, fiber (*EEUU*); [*de madera*] grain; [*de gusano de seda*] thread; **tabaco de ~** loose tobacco
3 [*de metal*] vein, streak
4 **hebras** (*poét*) hair
5 ✦***MODISMOS*** **de una ~** (*Cono Sur, Méx**) all at once; **pegar la ~** (= *entablar conversación*) to start *o* strike up a conversation; (= *hablar mucho*) to chatter, talk nineteen to the dozen; **no quedar ni ~** (*Andes**): **no quedó ni ~ de comida** there wasn't a scrap of food left; **romperse la ~** (*Méx**): **se rompió la ~ entre los dos amigos** the two friends fell out

**hebraico** ADJ Hebraic

**hebraísta** SMF Hebraist

**hebreo/a** Ⓐ ADJ Hebrew
Ⓑ SM/F Hebrew; **los ~s** the Hebrews
Ⓒ SM (*Ling*) Hebrew; ✦***MODISMO*** **jurar en ~**† to blow one's top*

**Hébridas** SFPL Hebrides

**hebroso** ADJ (= *fibroso*) fibrous; [*carne*] stringy

**hecatombe** SF 1 (= *catástrofe*) disaster; **¡aquello fue la ~!** what a disaster that was!
2 (= *carnicería*) slaughter, butchery
3 (*Hist*) hecatomb

**heces** SFPL *ver* **hez**

**hechicería** SF 1 (= *brujería*) sorcery, witchcraft
2 (= *maleficio*) spell
3 (= *encantamiento*) spell, charm

**hechicero/a** Ⓐ ADJ 1 [*rito, poder*] magic, magical
2 [*labios, ojos*] enchanting, bewitching
Ⓑ SM/F (= *brujo*) sorcerer/sorceress, wizard/witch; [*de tribu*] witch doctor

**hechizante** ADJ enchanting, bewitching

**hechizar** ▸conjug 1f◂ VT 1 (= *embrujar*) to bewitch, cast a spell on
2 (= *cautivar*) to fascinate, charm, enchant

**de tuna** prickly pear ► **higo paso**, **higo seco** dried fig
[2] (*Vet*) thrush
[3] (⁑) (= *coño*) cunt⁑

**higuera** SF fig tree; ✦*MODISMOS* **caer de una ~** to come down to earth with a bump; **estar en la ~** to be daydreaming, be up in the clouds ► **higuera chumba**, **higuera de tuna** prickly pear cactus, Indian fig tree ► **higuera del infierno**, **higuera infernal** castor-oil plant

**higuerilla** SF (*Méx*) castor-oil plant

**hijadeputa⁑** SF, **hijaputa⁑** SF bitch✱, cow✱

**hijastro/a** SM/F stepson/stepdaughter

**hijo/a** SM/F [1] son/daughter; **una pareja sin ~s** a childless couple; **¿cuántos ~s tiene Amelia?** how many children does Amelia have?; **¿cuántos ~s tiene a su cargo?** how many dependent children do you have?; **Pedro Gutiérrez, ~** Pedro Gutiérrez Junior; **su novio le hizo un ~*** her boyfriend got her pregnant; **nombrar a algn ~ predilecto de la ciudad** to name sb a favourite son of the city; **ser ~ único** to be an only child; **el Hijo de Dios** the Son of God; ✦*MODISMOS* **cada** *o* **todo ~ de vecino** any Tom, Dick or Harry*; **como todo ~ de vecino** like everyone else, like the next man; **hacer a algn un ~ macho** (*LAm*) to do sb harm; **soy ~ de mis obras** I'm a self-made man ► **hijo/a adoptivo/a** adopted child ► **hijo/a biológico/a** natural child, biological child ► **hijo de la chingada** (*Méx*⁑) bastard⁑, son of a bitch⁑ ► **hijo/a de leche** foster child ► **hijo/a de papá** rich kid* ► **hijo/a de puta⁑** (= *hombre*) bastard⁑, son of a bitch⁑ (= *mujer*) bitch✱, cow✱ ► **hijo/a natural** illegitimate child ► **hijo/a político/a** son-in-law/daugher-in-law ► **hijo pródigo** prodigal son
[2] [*de un pueblo, un país*] son; **es ~ de Madrid** he hails from Madrid, he is from Madrid
[3] **hijos** (= *descendientes*) **todos somos ~s de Dios** we are all God's children
[4] (*uso vocativo*) **¡~ de mi alma!** my precious child!; **¡ay ~, qué pesado eres!** you're such a pain!; **¡hijo(s)!** ◊ **¡híjole!** (*Méx**) Christ!✱, good God!*

**hijodeputa⁑** SM, **hijoputa⁑** SM bastard⁑, son of a bitch (*EEUU*⁑)

**hijoputada⁑** SF dirty trick

**hijoputesco⁑** ADJ rotten*, dirty

**hijoputez⁑** SF dirty trick

**hijuela** SF [1] (= *filial*) offshoot, branch
[2] (*Jur*) (= *propiedades*) *estate of a deceased person*; (= *parte*) share, portion, inheritance; (= *legado*) list of bequests
[3] (*Andes, Cono Sur*) plot of land
[4] (*Cos*) piece of material (*for widening a garment*)
[5] (*Agr*) small irrigation channel
[6] (*Méx Min*) seam of ore
[7] (*Andes, Cono Sur*) rural property

**hijuelo** SM [1] (*Zool*) young
[2] (*Bot*) shoot
[3] (*Andes*) (= *camino*) side road, minor road

**hijuemadre⁑** EXCL (*CAm*) bloody hell!⁑, goddammit (*EEUU*✱), Jesus Christ!⁑

**hijueputa⁑** SM (*LAm*) bastard⁑, son of a bitch (*EEUU*⁑)

**hijuna⁑** EXCL (*LAm*) you bastard!⁑, you son of a bitch! (*EEUU*⁑)

**hila**† SF [1] (= *fila*) row, line; **a la ~** in a row, in single file
[2] (= *cuerda*) thin gut
[3] **hilas** (*Med*) lint

**hilacha** SF [1] (= *hilo*) ravelled thread, loose thread ► **hilacha de vidrio** spun glass
[2] **hilachas** (*Méx*) (= *andrajos*) rags
[3] ✦*MODISMO* **mostrar la ~** (*Cono Sur*) to show o.s. in one's true colours *o* (*EEUU*) colors

**hilachento** ADJ (*LAm*) [1] (= *persona*) ragged
[2] [*ropa*] (= *deshilachado*) frayed; (= *raído*) shabby

**hilacho** SM [1] (= *hilo*) = **hilacha 1**
[2] **hilachos** = **hilacha 2**
[3] ✦*MODISMO* **dar vuelo al ~** (*Méx**) to have a wild time

**hilachudo** ADJ (*Méx*) = **hilachento**

**hilada** SF [1] (= *fila*) row, line
[2] (*Arquit*) course

**hilado** Ⓐ ADJ spun; **seda hilada** spun silk
Ⓑ SM [1] (= *acto*) spinning
[2] (= *hilo*) thread, yarn

**hilador(a)** Ⓐ SM/F (= *persona*) spinner
Ⓑ SF (*Téc*) spinning jenny

**hilandería** SF [1] (= *oficio*) spinning
[2] (= *fábrica*) spinning mill ► **hilandería de algodón** cotton mill

**hilandero/a** SM/F spinner

**hilangos** SMPL (*Andes*) rags, tatters

**hilar** ▸conjug 1a◂ VT [1] (*Cos*) to spin
[2] (= *relacionar*) to reason, infer; ✦*MODISMOS* **~ (muy) delgado** ◊ **~ fino** to split hairs; **~ delgado** (*Cono Sur*) to be dying, be on one's last legs*

**hilaracha** SF = **hilacha**

**hilarante** ADJ hilarious; **gas ~** laughing gas

**hilaridad** SF hilarity

**hilatura** SF spinning

**hilaza** SF yarn, coarse thread; ✦*MODISMO* **descubrir la ~** to show o.s. in one's true colours *o* (*EEUU*) colors

**hilazón** SF connection

**hilera** SF [1] (= *fila*) (*gen*) row, line; (*Mil*) rank, file; (*Arquit*) course; (*Agr*) row, drill
[2] (*Cos*) fine thread

**hilo** SM [1] (*Cos*) thread, yarn; **tela de ~** (*Méx*) linen cloth; **coser al ~** to sew on the straight, sew with the weave; ✦*MODISMOS* **a ~** continuously, uninterruptedly; **al ~** in a row, on the trot, running; **contar algo del ~ al ovillo** to tell sth without omitting a single detail; **dar mucho ~ que torcer** to cause a lot of trouble; **escapar con el ~ en una pata** (*Caribe, Cono Sur**) to get out of a tight corner, wriggle out of a jam*; **estar al ~** to be watchful, be on the look-out; **estar hecho un ~** to be as thin as a rake; **mover los ~s** to pull strings; **pender de un ~** to hang by a thread ► **hilo dental** dental floss ► **hilo de perlas** string of pearls ► **hilo de zurcir** darning wool
[2] (= *cable*) [*de metal*] thin wire; [*de electricidad*] wire, flex; [*de teléfono*] line ► **hilo de tierra** earth wire, ground wire (*EEUU*) ► **hilo directo** direct line, hot line ► **hilo musical** piped music
[3] (= *chorro*) [*de líquido*] thin stream, trickle; [*de gente*] thin line; ✦*MODISMOS* **decir algo con un ~ de voz** to say sth in a thin *o* barely audible voice; **irse tras el ~ de la gente** to follow the crowd ► **hilo de humo** thin line of smoke, plume of smoke
[4] (*Bot*) fibre, fiber (*EEUU*), filament
[5] (= *lino*) linen; **traje de ~** linen dress *o* suit ► **hilo de bramante** twine ► **hilo de Escocia** lisle, strong cotton
[6] (= *curso*) [*de conversación*] thread; [*de vida*] course; [*de pensamientos*] train; **el ~ conductor** the theme *o* leitmotiv; **coger el ~** to pick up the thread; **perder el ~** to lose the thread; **seguir el ~** [*de razonamiento*] to follow, understand ► **hilo argumental** story line, plot

**hilván** SM [1] (*Cos*) (= *hilo suelto*) tacking, basting (*EEUU*)
[2] (*Cono Sur*) (= *hilo*) tacking thread, basting thread (*EEUU*)
[3] (*Caribe*) (= *dobladillo*) hem

**hilvanar** ▸conjug 1a◂ VT [1] (*Cos*) to tack, baste (*EEUU*)
[2] (= *preparar*) [+ *trabajo, discurso*] to cobble together; **bien hilvanado** well put together, well constructed
[3] (= *relacionar*) to string together

**Himalaya** SM **el ~** the Himalayas

**himalayo** ADJ Himalayan

**himen** SM hymen, maidenhead (*liter*)

**himeneo** SM [1] (*liter*) nuptials *pl*, wedding
[2] (*poét*) epithalamium

**himnario** SM hymnal, hymnbook

**himno** SM hymn ► **himno nacional** national anthem

**hincada** SF [1] (*Chile, Ecu*) (*de rodillas*) genuflection (*frm*)
[2] (*Caribe*) (= *hincadura*) thrust
[3] (*Caribe*) (= *dolor*) sharp pain, stabbing pain

**hincadura** SF thrust, thrusting, driving

**hincapié** SM **hacer ~ en** (= *recalcar*) to emphasize, stress; (= *insistir en*) to insist on, demand; **hizo ~ en la necesidad de revisar el reglamento** she emphasized *o* stressed the need to revise the regulations

**hincapilotes** SM INV (*Cono Sur*) pile-driver

**hincar** ▸conjug 1g◂ Ⓐ VT (= *meter*) [+ *objeto punzante*] to thrust, drive (**en** into); [+ *pie*] to set (firmly) (**en** on); **hincó el bastón en el suelo** he stuck his stick in the ground, he thrust his stick into the ground; **hincó la mirada en ella** he fixed his gaze on her, he stared at her fixedly; ✦*MODISMO* **~la*** (= *trabajar mucho*) to slog*, work hard; *ver tb* **diente 2**, **rodilla 1**
Ⓑ **hincarse** VPR **~se de rodillas** (*esp LAm*) to kneel, kneel down

**hincha**[1] SF [1] (= *antipatía*) **tener ~ a algn** to have a grudge against sb; **tomar ~ a algn** to take a dislike to sb
[2] (*Cono Sur**) (= *aburrimiento*) **¡qué ~!** what a bore!

**hincha**[2] SMF [1] (*Dep*) fan, supporter; **los ~s del Madrid** the Madrid supporters
[2] (*Perú**) (= *amigo*) pal*, mate*, buddy (*esp EEUU**)

**hinchable** ADJ inflatable

**hinchabolas⁑** SMF INV (*Cono Sur*) = **hinchapelotas**

**hinchada** SF supporters *pl*, fans *pl*

**hinchado** ADJ [1] (= *inflamado*) swollen
[2] (= *vanidoso*) [*persona*] swollen-headed, conceited; [*estilo*] pompous, high-flown

**hinchador** SM [1] ► **hinchador de ruedas** tyre inflator
[2] (*Cono Sur*✱) pest, bloody nuisance✱

**hinchante*** ADJ [1] (= *molesto*) annoying, tiresome
[2] (= *gracioso*) funny

**hinchapelotas**** SM INV (*Cono Sur*) **es un ~** he's a pain in the arse**, he's a pain in the ass (*EEUU***)

**hinchar** ▸conjug 1a◂ Ⓐ VT [1] [+ *vientre*] to distend, enlarge; [+ *globo*] to blow up, inflate, pump up
[2] (= *exagerar*) to exaggerate
[3] (*Cono Sur**) (= *molestar*) to annoy, upset; **me hincha todo el tiempo** he keeps on at me all the time
Ⓑ **hincharse** VPR [1] (= *inflamarse*) [*herida, tobillo*] to swell, swell up; [*vientre*] to get distended (*frm*), get bloated
[2] (= *hartarse*) **~se de** [+ *comida*] to stuff o.s. with*; **se ~on de gambas** they stuffed themselves with prawns*; **me hinché de agua** I drank gallons *o* loads of water*; **~se a** *o* **de hacer algo: ~se a** *o* **de correr** to run like mad; **~se de reír** to have a good laugh, split one's sides laughing
[3] (= *engreírse*) to get conceited, become vain, get swollen-headed
[4] (*) (= *enriquecerse*) to make a pile*, make a mint*

**hinchazón** SF [1] (*Med*) [*de herida, tobillo*] swelling; (= *bulto*) bump, lump
[2] (*frm*) (= *arrogancia*) conceit
[3] (*frm*) [*de estilo*] pomposity

**hinco** SM (*Cono Sur*) post, stake

**hindi** SM Hindi

**hindú** ADJ, SMF [1] (*Rel*) Hindu
[2] (= *de la India*) Indian

**hinduismo** SM Hinduism

**hiniesta** SF (*Bot*) broom

**hinojo**[1] SM (*Bot, Culin*) fennel

**hinojo**[2] SM (††) **de ~s** on bended knee; **postrarse de ~s** to kneel (down), go down on one's knees

**hip** EXCL hic

**hipar** ▸conjug 1a◂ VI [1] (= *tener hipo*) to hiccup, hiccough
[2] [*perro*] to pant
[3] **~ por algo** to long for sth, yearn for sth; **~ por hacer algo** to long to do sth, yearn to do sth
[4] (= *gimotear*) to whine
[5] (= *estar exhausto*) to be worn out, be exhausted

**hipato*** ADJ [1] (*Andes*) (= *repleto*) full, swollen
[2] (*Andes, Caribe*) (= *pálido*) pale, anaemic, anemic (*EEUU*); (= *soso*) tasteless

**hipear** ▸conjug 1a◂ VI (*Méx*) = **hipar**

**hiper*** Ⓐ SM INV hypermarket
Ⓑ ADJ (= *fantástico*) mega**, wicked**

**hiper...** PREF hyper...

**hiperacidez** SF hyperacidity

**hiperactividad** SF hyperactivity

**hiperactivo** ADJ hyperactive

**hiperagudo** ADJ abnormally acute

**hipérbaton** SM (*pl* **hipérbatos**) hyperbaton

**hipérbola** SF hyperbola

**hipérbole** SF hyperbole

**hiperbólico** ADJ hyperbolic (*frm*), hyperbolical (*frm*), exaggerated

**hipercorrección** SF hypercorrection

**hipercrítico** ADJ hypercritical

**hiperenlace** SM (*Internet*) hyperlink

**hiperexcitación** SF hyperexcitement

**hiperexcitado** ADJ over-excited

**hiperglucemia** SF hyperglycaemia, hyperglycemia (*EEUU*)

**hiperinflación** SF runaway inflation, hyperinflation

**hipermedia** SM INV hypermedia

**hipermercado** SM hypermarket

**hipermetropía** SF, **hiperopía** SF long-sightedness, far-sightedness (*EEUU*), long-sight; **tener ~** to be long-sighted

**hipermillonario** ADJ [*acuerdo, ganancias*] multi-million pound/dollar *etc antes de s*

**hipernervioso** ADJ excessively nervous, highly strung

**hiperrealismo** SM hyper-realism

**hipersensibilidad** SF hypersensitivity (*frm*), over-sensitiveness, touchiness

**hipersensible** ADJ hypersensitive, oversensitive, touchy

**hipersensitivo** ADJ hypersensitive

**hipersónico** ADJ supersonic

**hipertensión** SF hypertension, high blood pressure

**hipertenso** ADJ having high blood pressure, with high blood pressure; **ser ~** to have high blood pressure

**hipertexto** SM hypertext

**hipertrofia** SF hypertrophy

**hipervitaminosis** SF INV hypervitaminosis

**hipiar** ▸conjug 1b◂ VI (*Méx*) = **hipar**

**hípico** ADJ horse *antes de s*, equine (*frm*); **club ~** riding club

**hipido** SM whine, whimper

**hipismo** SM horse-racing

**hipnosis** SF INV hypnosis

**hipnoterapia** SF hypnotherapy

**hipnótico** ADJ, SM hypnotic

**hipnotismo** SM hypnotism

**hipnotista** SMF hypnotist

**hipnotizable** ADJ susceptible to hypnosis

**hipnotizador(a)** Ⓐ ADJ hypnotizing
Ⓑ SM/F hypnotist

**hipnotizante** SMF hypnotist

**hipnotizar** ▸conjug 1f◂ VT [1] (*Psic*) to hypnotize
[2] (= *hechizar*) to mesmerize

**hipo** SM [1] (*gen*) hiccups *pl*, hiccoughs *pl*; **quitar el ~ a algn** to cure sb's hiccups; **tener ~** to have hiccups; ✦***MODISMO*** **que quita el ~** breathtaking
[2] (††) (= *deseo*) longing, yearning; **tener ~ por** to long for, crave
[3] (††) (= *asco*) disgust

**hipo...** PREF hypo...

**hipoalergénico** ADJ hypoallergenic

**hipocalórico** ADJ low-calorie *antes de s*

**hipocampo** SM sea horse

**hipocondria** SF, **hipocondría** SF hypochondria

**hipocondriaco**, **hipocondríaco/a** Ⓐ ADJ hypochondriac, hypochondriacal
Ⓑ SM/F hypochondriac

**hipocorístico** ADJ **nombre ~** pet name, *affectionate form of a name p.ej. Merche = Mercedes, Jim = James*

**Hipócrates** SM Hippocrates

**hipocrático** ADJ **juramento ~** Hippocratic oath

**hipocresía** SF hypocrisy

**hipócrita** Ⓐ ADJ hypocritical
Ⓑ SMF hypocrite

**hipócritamente** ADV hypocritically

**hipodérmico** ADJ hypodermic; **aguja hipodérmica** hypodermic needle

**hipódromo** SM [*de caballos*] racecourse, racetrack (*EEUU*); (*Hist*) hippodrome

**hipoglucemia** SF hypoglycaemia, hypoglycemia (*EEUU*)

**hipónimo** SM hyponym

**hipopótamo** SM hippopotamus, hippo

**hiposulfito** SM ► **hiposulfito sódico** (*Fot*) hypo, sodium thiosulphate

**hipoteca** SF mortgage; **segunda ~** second mortgage, remortgage; **levantar una ~** to raise a mortgage; **redimir una ~** to pay off a mortgage ► **hipoteca dotal** endowment mortgage

**hipotecar** ▸conjug 1g◂ Ⓐ VT [+ *propiedades*] to mortgage; [+ *futuro*] to jeopardize
Ⓑ **hipotecarse** VPR (= *comprometerse*) to commit o.s.

**hipotecario** ADJ mortgage *antes de s*

**hipotensión** SF low blood pressure

**hipotenso/a** Ⓐ ADJ **ser ~** to have low blood pressure
Ⓑ SM/F person with low blood pressure

**hipotensor** ADJ hypotensive

**hipotenusa** SF hypotenuse

**hipotermia** SF hypothermia

**hipótesis** SF INV [1] (= *suposición*) hypothesis, supposition
[2] (= *teoría*) theory, idea; **es sólo una ~** it's just an idea *o* a theory

**hipotéticamente** ADV hypothetically

**hipotético** ADJ hypothetic, hypothetical

**hipotetizar** ▸conjug 1f◂ VI to hypothesize

**hippie** ['xipi] ADJ, SMF, **hippy** ['xipi] ADJ, SMF (*pl* **hippies**) hippy

**hippioso/a*** [xi'pjoso] Ⓐ ADJ hippyish
Ⓑ SM/F hippy type

**hippismo** [xi'pismo] SM hippy movement; **los años del ~** the hippy years

**hiriente** ADJ [1] [*observación, tono*] wounding, cutting
[2] [*contraste*] striking

**hirsutez** SF hairiness

**hirsuto** ADJ [1] [*persona*] hairy, hirsute (*frm*); [*barba*] bristly
[2] (= *brusco*) brusque, gruff

**hirvición*** SF (*Andes*) abundance, multitude

**hirviendo** *ver* **hervir**

**hirviente** ADJ boiling, seething

**hisca** SF birdlime

**hisopear** ▸conjug 1a◂ VT (*Rel*) to sprinkle with holy water, asperse (*frm*)

**hisopo** SM [1] (*Rel*) sprinkler, aspergillum (*frm*)
[2] (*Bot*) hyssop
[3] (*LAm*) (= *brocha*) paintbrush
[4] (*Cono Sur*) [*de algodón*] cotton bud, Q-tip® (*EEUU*)
[5] (*Cono Sur*) (= *trapo*) dishcloth

**hispalense** (*liter*) Ⓐ ADJ of/from Sevilla
Ⓑ SMF native/inhabitant of Sevilla; **los ~s** the people of Sevilla

**Híspalis** SF (*liter*) Seville

today's post; **el día de ~** (*Esp*) this very day; **de ~ en adelante** from now on; **de ~ no pasa que le escriba** I'll write to him this very day; **está para llegar de ~ a mañana** he could arrive any day now; **desde ~** from now on; **de ~ en ocho días** a week today; **de ~ en quince días** today fortnight, a fortnight today; **hasta ~: eso me prometió, ¡y hasta ~!** that's what he promised me, and I've heard no more about it!; **~ mismo: —¿cuándo quieres empezar? —~ mismo** "when do you want to start?" — "today"; **por ~: por ~ hemos terminado** that's all for today; **✦MODISMO ~ por ti, mañana por mí** you can do the same for me some time
2 (= *en la actualidad*) today, nowadays; **~ todo es mejor que antes** things are better today *o* nowadays than before; **la juventud de ~** the youth of today; **~ (en) día** nowadays; **~ por ~** at the present time, right now

**hoya** SF 1 (= *agujero*) pit, hole ► **hoya de arena** (*Golf*) bunker, sand trap (*EEUU*)
2 (= *tumba*) grave
3 (*Geog*) vale, valley; (*LAm*) [*de río*] riverbed, river basin
4 (*Agr*) seedbed

**hoyada** SF hollow, depression

**hoyador** SM (*LAm*) dibber, seed drill

**hoyanco** SM (*Méx Aut*) pothole, hole in the road

**hoyar** ▸conjug 1a◂ VT (*CAm, Caribe, Méx*) to make holes (*for sowing seeds*)

**hoyito** SM (*en la cara*) dimple

**hoyo** SM 1 (= *agujero*) hole; **en el ~ 18** (*Golf*) at the 18th hole
2 (= *hondura*) pit
3 (= *tumba*) grave
4 (*Med*) pockmark
5 (= *hueco*) hollow, cavity
6 **✦MODISMO irse al ~** (*Cono Sur**) to get into an awful jam*, face ruin; *ver tb* **muerto C2**

**hoyuelo** SM dimple

**hoz** SF 1 (*Agr*) sickle; **la ~ y el martillo** the hammer and sickle
2 (*Geog*) gorge, narrow pass, defile (*frm*)
3 **✦MODISMO de ~ y coz** wildly, recklessly

**hozar** ▸conjug 1f◂ VT [*cerdo*] to root in, root among

**hros.** ABR = **herederos**

**hs** ABR (= **horas**) h., hrs

**hua...** PREF *ver* **gua...**

**huaca** SF = **guaca**

**huacalón** ADJ (*Méx*) 1 (= *gordo*) fat
2 (= *de voz áspera*) gravel-voiced

**huacarear*** ▸conjug 1a◂ VI (*LAm*) to throw up*

**huacha** SF (*Andes*) washer

**huachafería** SF (*Andes*) 1 (= *gente*) middle-class snobs *pl*, social climbers *pl*
2 (= *actitud*) snobbery, airs and graces

**huachafo/a** (*Andes*) Ⓐ ADJ = **cursi**
Ⓑ SM/F middle-class snob, social climber
Ⓒ SM (*Caribe*) funny man, comic

**huacho** Ⓐ SM 1 (*Andes*) *section of a lottery ticket*
2 (*Méx**) *common soldier*
Ⓑ ADJ (*Méx*) = **guacho A**

**huaco** Ⓐ SM (*Andes Hist*) *ancient Peruvian pottery artefact*
Ⓑ ADJ (*LAm*) (= *sin dientes*) toothless

**huahua** SF (*LAm*) = **guagua**

**huaica** SF (*Andes*) bargain sale

**huaico** SM (*Andes*) alluvium

**huaipe** SM (*Chile*) cotton waste

**huáncar** SM (*Andes*), **huáncara** SF (*Andes*) Indian drum

**huaquero/a** SM/F (*Andes*) = **guaquero**

**huaraca** SF (*Andes*) = **guaraca**

**huarache** SM (*Méx*) (= *sandalia*) sandal

**huáscar*** SM (*Chile*) water cannon truck (*used by police*)

**huasicama** SMF (*Andes*) Indian servant

**huasipungo** SM (*Andes Agr*) (Indian's) tied plot of land

**huaso/a** SM/F (*Chile*) = **guaso B**

**huasteca** SF **la Huasteca** *the region round the Gulf of Mexico*

**huatal** SM (*LAm*) = **guatal**

**huave** SMF (*Méx*) Huave Indian

**huayco** SM 1 (*Andes, Chile*) (= *alud*) landslide of mud and rock; *ver tb* **guaico**
2 (*Andes*) (= *matón a sueldo*) paid thug

**huayno** SM (*Andes, Chile*) *folk song and dance*; → CHICHA

**hube** *etc ver* **haber**

**hucha** SF 1 (*para ahorrar*) money box; (*para caridad*) collecting tin
2 (= *ahorros*) savings *pl*; **tener una buena ~** to have a nice little nest egg, have money laid by
3 (†) (= *arca*) chest

**hueca*** SF pansy*, queer*, fag (*EEUU**)

**hueco** Ⓐ ADJ 1 [*árbol, tubo*] hollow; **una nuez hueca** an empty walnut shell; **✦MODISMO tener la cabeza hueca** to be empty-headed
2 [*lana, tierra*] soft
3 [*blusa, chaqueta*] loose
4 [*sonido*] hollow; [*voz*] booming, resonant
5 (= *insustancial*) [*palabras, promesas, retórica*] empty; **un discurso retórico y ~** a speech full of empty rhetoric
6 (= *pedante*) [*estilo, lenguaje*] pompous
7 [*persona*] (= *orgulloso*) proud; (= *engreído*) conceited, smug; **el niño se puso muy ~ cuando lo nombraron ganador** the boy was very proud when he was declared the winner; **la típica rubia hueca** (*pey*) the usual blonde bimbo*
Ⓑ SM 1 (= *agujero*) (*en valla, muro*) hole; **se ha caído un pájaro por el ~ de la chimenea** a bird has fallen down the chimney; **el ~ del ascensor** the lift *o* (*EEUU*) elevator shaft; **el ~ de la escalera** the stairwell; **el ~ de la puerta** the doorway
2 (= *espacio libre*) space; (*entre árboles*) gap, opening; **en este ~ voy a poner la lavadora** I'm going to put the washing machine in this (empty) space; **no hay ni un ~ para aparcar** there isn't a single parking space; **el ~ que quedaba entre las dos mesas** the gap *o* space between the two tables; **sólo hay ~s en la primera fila** the only places *o* spaces are in the front row; **en su corazón no hay ~ para el rencor** there is no room in his heart for rancour; **hacer (un) ~ a algn** to make space for sb; **¿me haces un ~?** can you make some room for me?
3 (*en texto*) gap, blank
4 (*en mercado, organización*) gap; **en el mercado hay un ~ para una revista de este tipo** there is a gap in the market for this type of magazine; **abrirse** *o* **hacerse un ~** to carve *o* create a niche for oneself; **aspiran a abrirse un ~ en el mundo de la música pop** they are hoping to carve *o* create a niche for themselves in the pop world; **llenar** *u* **ocupar un ~** to fill a gap; **deja un ~ que será difícil llenar** he leaves a gap which will be hard to fill
5 (= *cavidad*) hollow; **el ~ de la mano** the hollow of the *o* one's hand; **suena a ~** it sounds hollow
6 (= *nicho*) recess, alcove
7 (= *en una empresa*) vacancy
8 [*de tiempo*] **en cuanto tenga un ~ hablará contigo** he will talk to you as soon as he has a gap in his schedule *o* as soon as he can fit you in; **hizo un ~ en su programa para recibirlos** he made space in his schedule to see them, he managed to fit them into his schedule
9 (*Méx**) (= *homosexual*) queer*, faggot (*EEUU**)
10 (*Tip*) = **huecograbado**

**huecograbado** SM (*Tip*) photogravure

**huela** *etc ver* **oler**

**huelán** (*Cono Sur*) ADJ 1 (= *inmaduro*) (*gen*) immature, not fully developed; [*madera*] unseasoned; [*hierba*] withered; [*trigo*] unripe
2 **una persona huelana** a person who has come down in the world

**huelebraguetas*** SMF INV private eye*

**hueleguisos*** SMF INV (*Andes*) sponger*, scrounger*

**huelehuele*** SMF (*Caribe*) idiot

**huelga** SF 1 [*de trabajo*] strike, stoppage, walkout; **los obreros en ~** the workers on strike, the striking workers; **estar en ~** to be on strike; **declarar la ~** ◊ **declararse en ~** ◊ **hacer ~** ◊ **ir a la ~** ◊ **ponerse en ~** to go on strike, come out on strike ► **huelga (a la) japonesa** *industrial action characterized by overproduction by the workforce* ► **huelga de brazos caídos** sit-down strike ► **huelga de celo** work-to-rule, go-slow, slowdown (strike) (*EEUU*) ► **huelga de hambre** hunger strike ► **huelga de hostigamiento** guerrilla strike ► **huelga de pago de alquiler** rent strike ► **huelga de reglamento** work-to-rule, go-slow, slowdown (strike) (*EEUU*) ► **huelga general** general strike ► **huelga oficial** official strike ► **huelga patronal** lock-out ► **huelga por solidaridad** sympathy strike ► **huelga rotatoria** rotating strike ► **huelga salvaje** wildcat strike
2 (= *descanso*) rest, repose (*frm*)
3 (*Mec*) play, free movement

**huelgo** SM (*frm*) 1 (= *aliento*) breath; **tomar ~** to take breath, pause
2 (= *espacio*) room, space; **entra con ~** it goes in easily, it goes in with room to spare
3 (*Mec*) play, free movement

**huelguear** ▸conjug 1a◂ VI (*Andes*) to strike, be on strike

**huelguismo** SM strike mentality, readiness to strike

**huelguista** SMF striker

**huelguístico** ADJ strike *antes de s*; **movimiento ~** wave of strikes; **el panorama ~** the strike scene

**huella** SF 1 (*en el suelo*) (= *pisada*) footprint, footstep; [*de coche, animal*] track; **seguir las ~s de algn** to follow in sb's footsteps

► **huella dactilar**, **huella digital** fingerprint ► **huella genética** genetic fingerprint
2 (= *rastro*) trace; **sin dejar ~** without leaving a trace, leaving no sign; **se le notaban las ~s del sufrimiento** you could see the signs of her suffering
3 (= *impronta*) **el presidente dejó ~ inconfundible en el partido** the president left his unmistakable mark *o* stamp on the party; **aquello dejó una ~ imborrable** it left an indelible memory
4 (= *acto*) tread, treading
5 [*de escalera*] tread

**huellear** ▸conjug 1a◂ VT (*Andes*) to track, follow the trail of

**huellero** ADJ **perro ~** (*Andes*) tracker dog

**huello**†† SM *condition of the ground etc (for walking)*; **camino de buen ~** good road for walking; **camino de mal ~** bad road for walking, badly-surfaced road

**Huelva** SF Huelva

**huemul** SM (*Cono Sur*) southern Andean deer

**huérfano/a** Ⓐ ADJ 1 [*niño*] orphaned; **una niña huérfana de madre** a motherless child, a child that has lost her mother
2 (= *desprovisto*) **~ de** [+ *seguridad, protección*] devoid of; [+ *cariño, amor*] bereft of (*frm*), starved of
Ⓑ SM/F orphan

**huero** ADJ 1 [*palabras, acciones*] empty, sterile; **un discurso ~** an empty speech
2 [*huevo*] rotten
3 (*CAm, Méx*) = **güero**

**huerta** SF 1 (= *huerto*) vegetable garden, kitchen garden (*EEUU*)
2 (*Esp*) **la huerta murciana/valenciana** the fertile, irrigated region of Murcia/Valencia
3 (*Andes*) [*de cacao*] cocoa plantation

**huertano/a** Ⓐ ADJ (*Esp*) of/from the "huerta"
Ⓑ SM/F 1 (= *hortelano*) market gardener, truck farmer (*EEUU*)
2 (*Esp*) (= *habitante*) inhabitant of the "huerta"; (= *hortelano*) farmer (of the "huerta")

**huertero/a** SM/F (*LAm*) gardener

**huerto** SM [*de verduras*] kitchen garden; (*comercial*) (small) market garden, truck garden (*EEUU*); [*de árboles frutales*] orchard; (*en casa pequeña*) back garden; **el Huerto de los Olivos** the Mount of Olives; ✦**MODISMO llevarse a algn al ~*** (= *engañar*) to put one over on sb*, lead sb up the garden path*; (*a la cama*) to go to bed with sb, sleep with sb, go for a roll in the hay with sb*

**huesa** SF grave

**huesear**‡ ▸conjug 1a◂ VI (*LAm*) to beg

**huesecillo** SM small bone

**huesería** SM (*Andes*) unsaleable merchandise

**huesillo** SM (*Andes, Cono Sur*) sun-dried peach

**huesista*** SMF (*Méx*) *person with a soft job*

**hueso** SM 1 (*Anat*) bone; **sin ~** boneless; **una blusa de color ~** an off-white blouse; ✦**MODISMOS dar con los ~s en**: **dio con sus ~s en la cárcel** he landed *o* ended up in jail; **estar calado** *o* **empapado hasta los ~s** to be soaked to the skin; **estar en los ~s** to be nothing but skin and bone; **estar por los ~s de algn*** to be crazy about sb*; **no dejar ~ sano a algn** to pull sb to pieces; **pinchar en ~*** to come up against a brick wall; **ser un saco de ~s*** to be a bag of bones*; **la sin ~*** the tongue; **darle a la sin ~*** to talk a lot; **irse de la sin ~** ◊ **soltar la sin ~*** to shoot one's mouth off*; **tener los ~s molidos** to be dog-tired ► **hueso de santo** *filled roll of marzipan*
2 (*Bot*) stone, pit (*EEUU*); **aceitunas sin ~** pitted olives; ✦**MODISMOS ser un ~***: **las matemáticas son un ~** maths is a nightmare; **su profesor es un ~** her teacher is terribly strict; **ser un ~ duro de roer*** to be a hard nut to crack
3 (*CAm, Méx*) (= *sinecura*) government job, sinecure; (= *puesto cómodo*) soft job
4 (*Andes*) mule; ✦**MODISMO ser ~** to be stingy
5 ► **hueso colorado** (*Méx*) strong northerly wind

**huesoso** ADJ (*esp LAm*) bony, bone *antes de s*

**huésped(a)** Ⓐ SM/F 1 (= *invitado*) (*en casa, hotel*) guest; (*en pensión*) lodger, roomer (*EEUU*), boarder; ✦**MODISMO hacerse los dedos ~es**: **se le hacen los dedos ~es cada vez que oye hablar de dinero** he rubs his hands at the first mention of money
2 (= *anfitrión*) host/hostess
3 (††) (= *posadero*) innkeeper, landlord/landlady; ✦**MODISMO no contar con la ~a** to reckon without one's host
Ⓑ ADJ **ordenador ~** host computer; **hembra ~** host female

**hueste** SF (*liter*) 1 (= *ejército*) host (*liter*), army
2 (= *muchedumbre*) crowd, mass
3 (= *partidarios*) followers *pl*

**huesudo** ADJ bony, big-boned

**hueva** SF 1 (*tb* **~s**) (*Culin*) roe; (*Zool*) eggs, spawn *sing* ► **hueva de lisa** (*Méx*) cod roe ► **huevas de lumpo** German caviar *sing*
2 **huevas** (*Chile***) (= *testículos*) balls**

**huevada** SF 1 (*Andes, Cono Sur*‡) (= *comentario*) stupid remark; (= *acto*) stupid thing (to do); (= *idea*) crazy idea; **huevadas** (= *tonterías*) nonsense, rubbish*, crap**
2 (*LAm*) [*de huevos*] nest of eggs, clutch of eggs
3 **una ~**‡ (*como adv*) a hell of a lot*; **se divirtió una ~** he had a tremendous *o* fantastic time*

**huevear*** ▸conjug 1a◂ VI (*Chile*) to mess about*

**huevera** SF 1 (*para guardar huevos*) egg box
2 (‡) (= *suspensorio*) jockstrap

**huevería** SF *shop that specializes in selling eggs*

**huevero** ADJ egg *antes de s*; **industria huevera** egg industry

**huevo** SM 1 (*Biol, Culin*) egg; ✦**MODISMOS andar sobre ~s** to go very gingerly; **hacerle ~ a algo** (*CAm*‡) to face up to sth; **parecerse como un ~ a una castaña*** to be like chalk and cheese; **pensar en los ~s del gallo** (*Andes, CAm*) to be in a daydream; **poner algo a ~**: **nos lo han puesto a ~*** they've made it easy for us; **¡que te frían un ~!**‡ get knotted!‡; **ser como el ~ de Colón** to be simple, be easy ► **huevo a la copa** (*Andes, Chile*) boiled egg ► **huevo amelcochado** (*CAm*) (soft-)boiled egg ► **huevo cocido** hard-boiled egg ► **huevo crudo** raw egg ► **huevo de color** (*LAm*) brown egg ► **huevo de corral** free-range egg ► **huevo de Pascua** Easter egg ► **huevo de Paslama** (*CAm*) turtle's egg ► **huevo duro** hard-boiled egg ► **huevo en cáscara** (soft-)boiled egg ► **huevo escalfado** poached egg ► **huevo estrellado** fried egg ► **huevo fresco** freshly-laid egg, new-laid egg ► **huevo frito** fried egg ► **huevo moreno** brown egg ► **huevo pasado por agua** soft-boiled egg ► **huevos al plato** *fried egg in tomato sauce served with ham and peas* ► **huevos pericos**, **huevos revueltos** scrambled eggs ► **huevo tibio** (*Andes, CAm, Méx*) soft-boiled egg
2 (**) (= *testículo*) ball**; **—me debes 1000 pesetas —¡un ~!** "you owe me 1000 pesetas" — "bollocks!"**; ✦**MODISMOS estar hasta los ~s de algo** *o* **algn**: **estoy hasta los ~s de este niño** I've had a fucking bellyful of this kid**; **estar hasta los ~s de hacer algo**: **estoy hasta los ~s de estudiar** I'm fucking fed up with studying**; **se necesitan ~s para hacer eso** you need balls to do that**; **se me pusieron los ~s de corbata** it put the fear of God into me*; **no tuve ~s de contestarle** I didn't have the balls to answer back**; **tuve que hacerlo por ~s** I had to do it, I had no fucking choice**
3 **un ~**** (*como adv*) (= *mucho*) a hell of a lot‡; **le queremos un ~** we like him a hell of a lot‡; **sufrí un ~** I suffered like hell‡; **nos costó un ~ terminarlo** it was one hell of a job to finish it‡; **el ordenador me costó un ~** the computer cost me an arm and a leg*, the computer cost me a bomb*
4 (*Cos*) darning egg
5 (*LAm*) (= *vago*) idler, loafer; (= *imbécil*) idiot; (= *cobarde*) coward

**huevón/ona**‡ Ⓐ ADJ 1 (= *flojo*) lazy, idle
2 (*LAm*) (= *estúpido*) stupid, thick*
3 (= *lento*) slow
4 (*Chile*) (= *cobarde*) cowardly, chicken*, yellow*
Ⓑ SM/F (= *holgazán*) lazy sod**, skiver*, layabout*; (= *imbécil*) stupid idiot*, bloody fool‡

**Hugo** SM Hugh, Hugo

**hugonote/a** ADJ, SM/F Huguenot

**hui...** (*para palabras que en LAm se escriben así*) *ver tb* **gui...**, **güi...** *p.ej.* **huinche**; *ver* **güinche**

**huida** SF 1 (= *fuga*) escape, flight (*liter*); **tras la ~ del general** following the general's escape; **la ~ de Egipto** (*Biblia*) the flight from Egypt; **los refugiados abandonaron muchas de sus posesiones en la ~** the refugees abandoned many of their possessions when they fled; **no consiguieron evitar la ~ de los prisioneros** they were unable to prevent the prisoners from getting away *o* escaping, they were unable to prevent the prisoners' escape; **el plan es una ~ hacia adelante** the plan is a bit of a leap in the dark; **emprender la ~** to take flight
2 [*de capital, inversores*] flight
3 [*de un caballo*] bolt; *ver tb* **huido**

**huidizo** ADJ 1 (= *esquivo*) [*persona*] elusive; [*mirada*] evasive
2 (= *tímido*) shy, timid
3 (= *fugaz*) [*impresión, luz*] fleeting
4 (*Anat*) [*barbilla*] wispy; [*frente*] receding

**huido/a** Ⓐ ADJ 1 (= *escapado*) [*criminal*] fugitive; [*esclavo*] runaway; **los tres terroristas ~s** the three terrorists on the run, the three fugitive terrorists; **lleva más de un año ~ de la justicia** he has been a fugitive from justice *o* he has been on the run for over a year; **los rusos ~s del Palacio de Invierno** the Russians that had fled from the Winter Palace
2 (= *receloso*) elusive; **anda ~ desde que cerró el negocio** he's been rather elusive since he closed down the business; **ha estado muy ~ de la gente desde que se divorció**

he's been very wary of people since he got divorced

Ⓑ SM/F fugitive; *ver tb* **huida**

**huilas*** SFPL (*Chile*) (= *andrajos*) rags

**huile** SM (*Méx*) roasting grill

**huilón** ADJ (*Andes*) elusive

**huincha** SF (*Andes, Cono Sur*) = **güincha**

**huipil** SM (*CAm, Méx*) Indian regional dress *o* blouse

**huir** ▸conjug 3g◂ Ⓐ VI [1] (= *escapar*) to run away, flee (*liter*); **huyó despavorido cuando comenzaron los disparos** he ran away *o* (*liter*) fled in terror when the shooting started; **los ladrones huyeron en un vehículo robado** the robbers made their getaway *o* (*liter*) fled in a stolen vehicle; **huyeron a Chipre** they escaped *o* (*liter*) fled to Cyprus; **~ de** [+ *enemigo, catástrofe, pobreza*] to flee from; [+ *cárcel, peligro*] to escape from; [+ *familia*] to run away from; **los refugiados que huyeron de la guerra civil** the refugees who fled the civil war; **~ de su casa** [*refugiados, civiles*] to flee (from) one's home; [*adolescente*] to run away from home; **~ de la justicia** to fly from justice, fly from the law; **huyó del país** he fled the country

[2] (= *evitar*) **~ de** [+ *protagonismo, publicidad, tópicos*] to avoid; [+ *calor, frío*] to escape, escape from; **huye de los periodistas como de la peste** she avoids journalists like the plague; **se metió en una iglesia huyendo del calor** he went into a church to escape (from) the heat; **se drogan para ~ de la realidad** they take drugs to escape (from) reality

[3] (*frm*) [*tiempo*] to fly, fly by; **los años huyen sin darse uno cuenta** the years fly by without you realizing

Ⓑ VT (= *esquivar*) to avoid; **parece como si tu hijo te huyera** your son seems to be avoiding you

Ⓒ **huirse** VPR (*Méx*) to escape; **decidieron ~se** they decided to escape; **~se con algn** to escape with sb

**huira** SF (*Andes, Cono Sur*) [1] (= *cuerda*) rope; ✦***MODISMOS* dar ~ a algn*** to thrash sb; **sacar las ~s a algn*** to beat sb up*

[2] (= *cabestro*) halter, tether

**huiro** SM (*Andes, Cono Sur*) seaweed

**huisache** (*LAm*) Ⓐ SM (= *árbol*) species of acacia

Ⓑ SMF (= *leguleyo*) unqualified lawyer

**huisachear** ▸conjug 1a◂ VI (*CAm, Méx*) [1] (= *litigar*) to go to law, engage in litigation

[2] (*) (= *ejercer sin título*) to practise law without a qualification

**huisachería** SF (*CAm, Méx*) [1] (= *tretas*) lawyer's tricks *pl*, legal intricacies *pl*

[2] (= *ejercicio fraudulento*) *practice of law without a qualification*

**huisachero** SM (*CAm, Méx*) [1] (= *leguleyo*) shyster lawyer, unqualified lawyer

[2] (= *plumífero*) scribbler, pen-pusher

**huitlacoche** SM (*CAm, Méx*) black mushroom

**huizache** SM (*CAm, Méx*) = **huisache**

**hulado** SM (*CAm*) [1] (= *tela*) oilskin, rubberized cloth

[2] (= *capa*) oilskin

**hula-hop** [xula'xop] SM Hula-Hoop®

**hular** SM (*Méx*) rubber plantation

**hule**[1] SM [1] (= *goma*) rubber

[2] (= *tela*) oilskin, oilcloth

[3] (*CAm, Méx*) (= *árbol*) rubber tree

[4] (*Méx**) (= *preservativo*) condom, rubber*

**hule**[2] SM (*Taur*) goring, row; ✦***MODISMO* habrá ~** someone's going to get it*

**hulear** ▸conjug 1a◂ VI (*CAm*) to extract rubber

**hulero/a** Ⓐ ADJ (*CAm*) rubber *antes de s*

Ⓑ SM/F rubber tapper

**hulla** SF soft coal

**hullera** SF colliery, coalmine

**hullero** ADJ coal *antes de s*

**huloso** ADJ (*CAm*) rubbery, elastic

**humanamente** ADV [1] [*posible, comprensible*] humanly

[2] (= *con humanidad*) humanely

**humanar** ▸conjug 1a◂ Ⓐ VT to humanize

Ⓑ **humanarse** VPR [1] (= *humanizarse*) to become more human

[2] **~se a** + INFIN (*LAm*) to condescend to + *infin*

[3] (*Rel*) [*Cristo*] to become man

**humanidad** SF [1] (= *género humano*) humanity, mankind

[2] (= *benevolencia*) humanity, humaneness (*frm*)

[3] (*) (= *gordura*) corpulence

[4] **humanidades** (*Educ*) humanities

**humanismo** SM humanism

**humanista** SMF humanist

**humanístico** ADJ humanistic

**humanitario/a** Ⓐ ADJ [1] [*ayuda, labor, misión*] humanitarian

[2] (= *benévolo*) humane

Ⓑ SM/F humanitarian

**humanitarismo** SM humanitarianism

**humanización** SF humanization

**humanizador** ADJ humanizing

**humanizar** ▸conjug 1f◂ Ⓐ VT to humanize, make more human

Ⓑ **humanizarse** VPR to become more human

**humano** Ⓐ ADJ [1] [*vida, existencia, derechos*] human; **ser ~** human being; ✦***REFRÁN* equivocarse es ~** to err is human

[2] (= *benévolo*) humane

[3] (*Educ*) **ciencias humanas** humanities

Ⓑ SM human, human being

**humanoide** ADJ, SMF humanoid

**humarasca** SF (*CAm*), **humareda** SF cloud of smoke

**humazo** SM dense smoke, cloud of smoke; ✦***MODISMO* dar ~ a algn** to get rid of sb

**humeante** ADJ [1] [*pipa, madera*] smoking; [*mecha, restos*] smouldering, smoldering (EEUU); [*cañón, escopeta*] smoking

[2] [*caldo, sopa*] steaming

**humear** ▸conjug 1a◂ Ⓐ VI [1] (= *soltar humo*) [*fuego, chimenea*] to smoke, give out smoke

[2] (= *soltar vapor*) to steam

[3] [*memoria, rencor*] to be still alive, linger on

[4] (= *presumir*) to give o.s. airs, be conceited

Ⓑ VT [1] (*Andes, Caribe, Méx*) (= *fumigar*) to fumigate

[2] (*Méx**) (= *golpear*) to beat, thrash

**humectador** SM [1] [*de ambiente*] humidifier

[2] [*de cigarrillos, tabaco*] humidor

**humectante** ADJ moisturizing

**humectar** ▸conjug 1a◂ VT = **humedecer**

**húmeda*** SF **la ~** the tongue

**humedad** SF [1] (*en atmósfera*) humidity; **en Barcelona siempre hay mucha ~** in Barcelona it's always very humid ► **humedad absoluta** absolute humidity ► **humedad relativa** relative humidity

[2] (*en pared, techo*) damp, dampness; **hay manchas de ~ en el techo** there are stains of damp on the ceiling; **aquí huele a ~** this place smells of damp; ✦***MODISMO* sentir la ~** (*Andes, Caribe**) to have to answer for one's actions

**humedal** SM wetland

**humedecedor** SM humidifier

**humedecer** ▸conjug 2d◂ Ⓐ VT [1] (= *mojar*) [+ *camisa, ropa*] to moisten, dampen; [+ *suelo, sello*] to wet; [+ *piel, labios*] to moisten, wet

[2] [+ *ambiente*] to humidify

Ⓑ **humedecerse** VPR to get damp, get wet; **se le humedecieron los ojos** his eyes filled with tears, tears came into his eyes

**húmedo** ADJ [*clima*] damp; [*calor*] humid; [*ropa, pared*] damp; [*pelo*] damp, wet; [*labios, tierra, bizcocho*] moist

**HÚMEDO**

Para traducir el adjetivo **húmedo** en inglés hay que tener en cuenta la diferencia entre: **damp**, **moist**, **humid** y **wet**.

- Se traduce por **damp** cuando **húmedo** se utiliza para describir cosas que han estado mojadas y que todavía no se han secado del todo:

  No salgas con el pelo húmedo
  ***Don't go out with your hair damp***
  ...el olor de la tierra húmeda...
  ***...the smell of damp earth...***
  Pásele un trapo húmedo
  ***Wipe it with a damp cloth***

- Se traduce por **moist** cuando queremos sugerir que el hecho de que esté o sea **húmedo** le da un carácter agradable o atractivo.

  El pastel estaba húmedo y esponjoso
  ***The cake was moist and smooth***
  Hay que mantener las raíces húmedas
  ***The roots must be kept moist***

- En contextos científicos se traduce por **humid** cuando se refiere a condiciones atmosféricas:

  ...el clima caluroso y húmedo de Chipre...
  ***...the hot and humid climate of Cyprus...***

- También referido al tiempo atmosférico, pero en un lenguaje menos científico, lo traducimos por **wet** cuando se refiere a un tiempo lluvioso:

  Hemos tenido un verano muy húmedo
  ***We've had a very wet summer***

**humera** SF (*Caribe*) cloud of smoke

**humero** SM [1] (= *tubo*) [*de chimenea*] chimney, smokestack; [*de calentador, cocina*] flue

[2] (*Andes*) (= *humareda*) cloud of smoke

**húmero** SM humerus

**humidificar** ▸conjug 1g◂ VT to humidify

**humildad** SF [1] [*de carácter*] humbleness, humility

[2] (= *docilidad*) meekness

[3] [*de origen*] humbleness, lowliness

**humilde** ADJ [1] (= *no orgulloso*) [*carácter, opinión, comida*] humble; [*voz*] small

[2] (= *pobre*) [*clase, vivienda*] low, modest; [*origen*] lowly, humble; **son gente ~** they are humble *o* poor people

**humildemente** ADV humbly

**humillación** SF [1] (= *sumisión*) humiliation; **¡qué ~!** I'm so humiliated!, how humiliating!

[2] (= *acto*) humbling

**humillante** ADJ humiliating

**humillar** ▸conjug 1a◂ Ⓐ VT [1] (= *rebajar*) [+ *persona*] to humiliate, humble
[2] (*Mil*) [+ *enemigos, rebeldes*] to crush
[3] (*frm*) [+ *cabeza*] to bow, lower
Ⓑ **humillarse** VPR (= *doblegarse*) to humble o.s.; **~se a** *o* **ante** to bow to, bow down before

**humita** SF (*Andes, Cono Sur*) [1] (*Culin*) (= *tamal*) tamale; (= *maíz molido*) ground maize, ground corn (*EEUU*)
[2] (*Chile*) bow tie

**humo** SM [1] (= *de fuego, cigarro*) smoke; (= *gases*) fumes *pl*; (= *vapor*) vapour, vapor (*EEUU*), steam; **echar ~** (*lit*) to smoke; (*fig*) to be fuming; ✦***MODISMOS*** **convertirse en ~** to vanish without a trace; **hacerse ~** ◊ **irse todo en ~** (*Andes, Cono Sur**) to disappear, clear off*, scarper*; **írsele al ~ a algn** (*LAm*) to jump sb*; **a ~ de pajas** thoughtlessly, heedlessly; **ni hablaba a ~ de pajas** nor was he talking idly; **quedó en ~ de pajas** it all came to nothing; **tomar la del ~**‡ to beat it*; ✦***REFRANES*** **lo que hace ~ es porque está ardiendo** ◊ **donde se hace ~ es porque hay fuego** there's no smoke without fire
[2] **humos** (= *vanidad*) conceit *sing*, airs; **tener muchos ~s** to think a lot of o.s., have a big head; ✦***MODISMOS*** **bajar los ~s a algn** to take sb down a peg (or two); **darse ~s** to brag, boast; **vender ~s** to brag, talk big*
[3] **humos**† (= *hogares*) homes, hearths

**humor¹** SM [1] (= *estado de ánimo*) mood, humour, humor (*EEUU*), temper; **buen ~** good humour, good mood; **en un tono de mal ~** in an ill-tempered tone; **estar de buen/mal ~** to be in a good/bad mood, be in a good/bad temper; **me pone de mal ~** it puts me in a bad mood; **no tengo ~ para fiestas** I'm not in a party mood; **seguir el ~ a algn** to humour sb, go along with sb's mood; ✦***MODISMO*** **un ~ de perros** a filthy mood *o* temper
[2] (= *gracia*) humour, humor (*EEUU*), humorousness (*frm*) ► **humor negro** black humour

**humor²** SM (*Med, Biol*) humour, humor (*EEUU*)

**humorada** SF [1] (= *broma*) witticism, joke
[2] (= *capricho*) caprice, whim

**humorado** ADJ **bien ~** good-humoured, good-tempered; **mal ~** bad-tempered, cross, peevish

**humorismo** SM [1] [*de carácter, momento*] humour, humor (*EEUU*), humorousness (*frm*)
[2] (*Teat*) stand-up comedy

**humorista** SMF [1] (= *cómico*) stand-up comedian/comedienne; (= *dibujante*) cartoonist; (= *escritor*) humorist
[2] (= *persona graciosa*) joker

**humorísticamente** ADV humorously

**humorístico** ADJ humorous, funny, facetious (*pey*)

**humoso** ADJ smoky

**humus** SM humus

**hundible** ADJ sinkable

**hundido** ADJ [1] [*barco, huellas*] sunken
[2] [*ojos*] deep-set, hollow
[3] (= *desmoralizado*) downcast, demoralized

**hundimiento** SM [1] [*de barco*] sinking
[2] (= *colapso*) [*de edificio, familia, empresa*] collapse, ruin, fall; [*de terreno*] cave-in, subsidence

**hundir** ▸conjug 3a◂ Ⓐ VT [1] (*en agua*) to sink
[2] (= *destruir*) [+ *edificio*] to ruin, destroy, cause the collapse of; [+ *plan*] to sink, ruin
[3] (= *desmoralizar*) to demoralize; **me hundes en la miseria** you are driving me to ruin
Ⓑ **hundirse** VPR [1] (*en agua*) [*barco*] to sink; [*nadador*] to plunge, go down; **se hundió en el estudio de la historia** he immersed himself in the study of history, he became absorbed in the study of history; **se hundió en la meditación** he became lost in thought
[2] (= *derrumbarse*) [*edificio*] to collapse, fall down, tumble down; [*terreno*] to cave in, subside
[3] (= *económicamente*) **el negocio se hundió** the business failed *o* went under *o* went to the wall; **se hundieron los precios** prices slumped; **la economía se hundió** the economy collapsed
[4] (= *moralmente*) to collapse, break down; **~se en la miseria** to get really low *o* depressed

**húngaro/a** Ⓐ ADJ of/from Hungary
Ⓑ SM/F native/inhabitant of Hungary
Ⓒ SM (*Ling*) Hungarian

**Hungría** SF Hungary

**huno** SM Hun

**huracán** SM hurricane

**huracanado** ADJ **viento ~** hurricane-force wind, gale-force wind

**huraco** SM (*LAm*) hole

**hurañía** SF (*frm*) [1] (= *timidez*) shyness
[2] (= *insociabilidad*) unsociableness
[3] (= *esquivez*) elusiveness

**huraño** ADJ [1] (= *tímido*) shy
[2] (= *poco sociable*) unsociable
[3] (= *esquivo*) shy, elusive

**hure** SM (*Andes*) large pot

**hureque** SM (*Andes*) = **huraco**

**hurgar** ▸conjug 1h◂ Ⓐ VT [1] [+ *herida*] to poke, poke at, jab; [+ *fuego*] to poke, rake
[2] (*LAm*) = **hurguetear**
[3] (†) (= *incitar*) to stir up, provoke
Ⓑ VI (= *curiosear*) **~ en** to rummage in; **~ en el bolsillo** to feel in one's pocket, rummage in one's pocket
Ⓒ **hurgarse** VPR **~se la nariz** to pick one's nose

**hurgón** SM [1] [*de fuego*] poker, fire rake
[2] (= *estocada*) thrust, stab

**hurgonada** SF, **hurgonazo** SM poke, jab

**hurgonear** ▸conjug 1a◂ VT [+ *fuego*] to poke, rake, rake out; [+ *adversario*] to thrust at, jab, jab at

**hurgonero** SM poker, fire rake

**hurguete*** SM (*Cono Sur*) nosy parker*, busybody

**hurguetear** ▸conjug 1a◂ VT (*LAm*) [1] (= *rebuscar*) to finger, turn over, rummage inquisitively among
[2] (= *fisgonear*) to poke one's nose into*, pry into

**hurí** SF houri

**hurón** Ⓐ ADJ [1] (= *huraño*) unsociable
[2] (*Cono Sur**) (= *glotón*) greedy
Ⓑ SM [1] (*Zool*) ferret
[2] (= *huraño*) unsociable person
[3] (= *fisgón*) (*pey*) busybody, nosy parker*, snooper*

**huronear** ▸conjug 1a◂ VI (= *fisgar*) to pry, snoop around*

**huronera** SF [1] (*Zool*) [*de hurón*] ferret hole; [*de oso, león*] den, lair
[2] (= *escondrijo*) hiding place

**hurra** EXCL hurray!, hurrah!

**hurtadillas** SFPL **a ~** stealthily, on the sly*

**hurtar** ▸conjug 1a◂ Ⓐ VT [1] (= *robar*) to steal; **pretenden ~ al país las elecciones** they are trying to deprive the country of (the chance of holding) elections
[2] **~ el cuerpo** to dodge, move out of the way
[3] [*mar, río*] to eat away, erode
[4] (= *plagiar*) to plagiarize, pinch*, lift*
Ⓑ **hurtarse** VPR (*frm*) [1] (= *retirarse*) to withdraw
[2] (= *irse*) to make off
[3] (= *no tomar parte*) to keep out of the way

**hurto** SM [1] (= *robo*) robbery; (*Jur*) larceny; **cometió un ~** he committed a robbery; ✦***MODISMO*** **a ~** (*frm*) stealthily, by stealth, on the sly*
[2] (= *botín*) (piece of) stolen property, loot, thing stolen

**húsar** SM hussar

**husillo** SM [1] (*Mec*) spindle, shaft
[2] [*de prensa*] screw, worm
[3] (= *conducto*) drain

**husma** SF (*frm*) snooping*, prying; **andar a la ~** to go snooping around*, go prying; **andar a la ~ de algo** to go prying for *o* after sth

**husmear** ▸conjug 1a◂ Ⓐ VT [1] (= *olisquear*) to scent, get wind of
[2] (= *fisgonear*) to pry into, sniff out*
Ⓑ VI (= *oler mal*) to smell bad

**husmeo** SM [1] (= *olisqueo*) scenting
[2] (= *fisgoneo*) prying, snooping*

**husmo** SM (*frm*) high smell, strong smell, gaminess; ✦***MODISMO*** **estar al ~** to watch one's chance

**huso** SM [1] (*Téc*) (*para tejer*) spindle; [*de torno*] drum
[2] ► **huso horario** (*Geog*) time zone
[3] (*Col**) kneecap

**hutu** ADJ, SMF Hutu

**huy** EXCL (*de dolor*) ow!, ouch!; (*de asombro*) wow!; (*de sorpresa*) well!, oh!, jeez! (*EEUU*); (*de alivio*) phew!; **¡~, perdona!** oops, sorry!

**huyente** ADJ (*frm*) [*frente*] receding

**huyón/ona** (*LAm*) Ⓐ ADJ [1] (= *cobarde*) cowardly
[2] (= *huraño*) unsociable
Ⓑ SM/F [1] (= *cobarde*) coward
[2] (= *huraño*) unsociable person

**Hz** ABR (= **hertzio, hercio**) Hz

# I i

**I, i** [i] SF (= *letra*) I, i ► **I griega** Y, y
**IA** SF ABR (= **inteligencia artificial**) AI
**IAC** SF ABR (*LAm*) (= **ingeniería asistida por computador**) CAE
**IAE** SM ABR (*Esp*) (= **Impuesto de** *o* **sobre Actividades Económicas**) *tax on commercial and professional activities*
**-iano** *ver* **Aspects of Word Formation in Spanish 2**
**IAO** SF ABR [1] (= **instrucción asistida por ordenador**) CAI
[2] (= **ingeniería asistida por ordenador**) CAE
**IB** ABR = **Iberia, Líneas Aéreas de España, Sociedad Anónima**
**ib.** ABR (= **ibídem**) ib, ibid
**iba** *etc ver* **ir**
**Iberia** SF Iberia
**ibérico** ADJ Iberian; **la Península Ibérica** the Iberian Peninsula
**ibero/a** ADJ, SM/F, **íbero/a** ADJ, SM/F Iberian
**Iberoamérica** SF Latin America
**iberoamericano/a** ADJ, SM/F Latin American
**ibex** SM INV ibex
**IBI** SM ABR (*Esp*) (= **Impuesto de** *o* **sobre Bienes Inmuebles**) rates, real estate tax (*EEUU*)
**íbice** SM ibex
**ibicenco/a** Ⓐ ADJ of/from Ibiza
Ⓑ SM/F native/inhabitant of Ibiza; **los ~s** the people of Ibiza
**ibíd.** ABR (= **ibídem**) ib, ibid
**-ibilidad** *ver* **Aspects of Word Formation in Spanish 2**
**ibis** SF INV ibis
**Ibiza** SF Ibiza
**-ible** *ver* **Aspects of Word Formation in Spanish 2**
**ibón** SM Pyrenean lake, tarn
**ícaro** SM (*LAm Dep*) hang-glider
**ICE** SM ABR (*Esp*) [1] (*Educ*) = **Instituto de Ciencias de la Educación**
[2] (*Com*) = **Instituto de Ciencias Económicas**
**iceberg** SM ['iθeβer] (*pl* **icebergs** ['iθeβer]) iceberg; **la punta** *o* **cabeza del ~** the tip of the iceberg
**ICEX** SM ABR (*Esp*) = **Instituto de Comercio Exterior**
**ICH** SM ABR (*Esp*) = **Instituto de Cultura Hispánica**
**ICI** SM ABR (*Esp*) = **Instituto de Cooperación Iberoamericana**
**ICO** SM ABR (*Esp*) = **Instituto de Crédito Oficial**
**-ico, -ica** *ver* **Aspects of Word Formation in Spanish 2**
**ICONA** SM ABR, **Icona** SM ABR (*Esp*) (= **Instituto para la Conservación de la Naturaleza**) ≈ NCC
**icono** SM (*Arte, Inform*) icon
**iconoclasia** SF, **iconoclastia** SF iconoclasm
**iconoclasta** Ⓐ ADJ iconoclastic
Ⓑ SMF iconoclast
**iconografía** SF iconography
**iconográfico** ADJ iconographic
**ictericia** SF jaundice
**ictio-** PREF ichthyo-
**ictiofauna** SF fish *pl*, fishes *pl*
**ICYT** SM ABR = **Instituto de Información y Documentación sobre Ciencia y Tecnología**
**id**[1] SM id
**id**[2] *ver* **ir**
**I+D** ABR (= **Investigación y Desarrollo**) R&D
**íd.** ABR (= **ídem**) do
**ida** SF [1] (= *movimiento*) departure; **viaje de ~** outward journey; **partido de ~** away leg; **~ y vuelta** round trip; **billete de ~ y vuelta** return (ticket), round trip ticket (*EEUU*); **~s y venidas** comings and goings; ✦**MODISMOS en dos ~s y venidas** in an instant; **dejar las ~s por las venidas** to miss the boat
[2] (*Caza*) track, trail
[3] (= *acto precipitado*) rash act
**IDCA** SM ABR = **Instituto de Desarrollo Cooperativo en América**
**iddish** ['idiʃ] SM Yiddish
**IDE** SF ABR (= **Iniciativa de Defensa Estratégica**) SDI
**idea** SF [1] (= *concepto*) idea; **tenía una ~ muy distinta de Rusia** I had a very different idea of what Russia was like; **tenía una ~ falsa de mí** he had a false impression of me, he had the wrong idea about me; **formarse una ~ de algo** to form an impression of sth; **hacerse una ~ de algo** to get an idea of sth; **no es fácil hacerse una ~ del proyecto** it's not easy to get an idea of the project; **hacerse una ~ equivocada de algn** to get a false impression of sb, get the wrong idea about sb; **hazte a la ~ de que no va a volver nunca** you'd better get used to the idea that she's never coming back; *ver tb* **preconcebido**
[2] (= *sugerencia*) idea; **tengo una gran ~** I've had a great idea; **¡qué ~! ¿por qué no vamos a Marruecos?** I've got an idea! why don't we go to Morocco?; **necesitamos a gente con ~s** we need people with (fresh) ideas; **~s para cuidar su cabello** hair care tips; **~ brillante** ◊ **~ genial** brilliant idea, brainwave; ✦**MODISMO ~s de bombero** (*Esp*) bright ideas (*iró*), hairbrained schemes*
[3] (= *intención*) idea, intention; **mi ~ era salir temprano** I had intended to leave early, my idea *o* intention was to leave early; **cambiar de ~** to change one's mind; **no hemos conseguido que cambiara de ~** we haven't been able to change her mind; **~ fija** fixed idea; **salió del país con una ~ fija: no volver nunca** he left the country with one fixed idea: never to return; **su ~ fija era marcharse a Francia** she had this fixed idea about going to France; **ir con la ~ de hacer algo** to mean to do sth; **no iba nunca con la ~ de perjudicar a nadie** it was never his intention to harm anybody, he never meant to harm anybody; **tiene muy mala ~** his intentions are not good, he's a nasty piece of work*; **tuvo muy mala ~ al hacer las preguntas** his questions were really malicious *o* nasty; **nos preparó una trampa a mala ~** he played a nasty trick on us; **lo hizo sin mala ~** he didn't mean any harm; **metérsele una ~ en la cabeza a algn**: **cuando se le mete una ~ en la cabeza no hay quien se la saque** once he gets an idea into his head no one can talk him out of it; **tener ~ de hacer algo** (*en el pasado*) to mean to do sth; (*en el futuro*) to be thinking of doing sth; **tenía ~ de traerme varias botellas de vodka** I meant *o* I was meaning to bring some bottles of vodka; ✦**MODISMO tener ~ a algn** (*Cono Sur*) to have it in for sb
[4] (= *conocimiento*) idea; **no tengo mucha ~ de cocina** I haven't got much (of an) idea about cooking; **—¿a qué hora llega Sara? —no tengo ni ~** "what time is Sara arriving?" — "I've got no idea"; **¡ni ~!** no idea!; **tener ~ de algo** to have an idea of sth; **¿tienes ~ de la hora que es?** do you have any idea of the time?; **¡no tienes ~ de las ganas que tenía de verte!** you have no idea how much I wanted to see you!; **no tenía ni ~ de que te fueras a casar** I had no idea that you were getting married; **no tener la menor ~** not to have the faintest *o* the foggiest idea; **cuando me fui a Alemania no tenía la menor ~ de alemán** when I went to Germany I couldn't speak a word of German; *ver tb* **pajolero 1**, **remoto 3**
[5] **ideas** (= *opiniones*) ideas; **lo expulsaron por sus ~s políticas** they expelled him be-

cause of his political beliefs *o* ideas; **tengo las ~s muy claras con respecto al aborto** my position on abortion is very clear; **yo soy de ~s fijas** I have very fixed ideas about things; **una persona de ~s conservadoras/liberales/radicales** a conservative/liberal/radical-minded person

**ideación** SF conception, thinking-out

**ideal** Ⓐ ADJ ideal; **es el marido ~** he is the ideal husband; **un mundo ~** an ideal world; **nuestra casa ~** our dream house *o* home; **lo ~ es poder hacerlo tú mismo** ideally you would be able to do it yourself, the ideal thing is to be able to do it yourself; **lo ~ sería que el aparcamiento fuera gratis** ideally the parking would be free, the ideal thing would be for the parking to be free; **lo ~ para ella sería un piso en el centro** the ideal thing for her would be a flat in the centre of town
Ⓑ SM 1 (= *modelo*) ideal; **el ~ de belleza masculina** the ideal of masculine beauty
2 (= *deseo*) ideal; **mi ~ es vivir junto al mar** my ideal is to live by the sea
3 **ideales** (= *valores*) ideals; **jóvenes sin ~es** young people with no ideals

**idealismo** SM idealism

**idealista** Ⓐ ADJ idealistic
Ⓑ SMF idealist

**idealización** SF idealization

**idealizar** ▸conjug 1f◂ VT to idealize

**idealmente** ADV ideally

**idear** ▸conjug 1a◂ VT 1 [+ *proyecto, teoría*] to devise, think up; **siempre está ideando excusas para no ayudarme** he's always thinking up excuses to avoid helping me
2 (= *diseñar*) [+ *edificio*] to design; [+ *invento, máquina*] to design, devise; **la máquina ideada por Turing** the machine that Turing designed *o* devised; **una bombilla ideada para …** a lightbulb designed to …

**ideario** SM ideology; **el ~ de la organización** the thinking of the organization

**ideático** ADJ 1 (*LAm*) (= *excéntrico*) eccentric, odd
2 (*CAm*) (= *inventivo*) ingenious

**IDEM** SM ABR (*Esp*) = **Instituto de los Derechos de la Mujer**

**ídem** ADV (*en lengua escrita*) idem; (*en lengua hablada*) ditto; ✦**MODISMO ~ de ~***: **yo dije que no, y ella ~ de ~** I said no and she said (exactly) the same

**idénticamente** ADV identically

**idéntico** ADJ identical; **estas sillas son idénticas** these chairs are identical *o* exactly the same; **este cuadro es ~ a este otro** this picture is identical to *o* exactly the same as this other one; **llevaba una falda idéntica a la mía** she was wearing an identical skirt to mine; **ser ~ a algn** to be the spitting image of sb*

**identidad** SF 1 (= *rasgos distintivos*) identity; **carnet de ~** identity card ► **identidad corporativa** corporate identity
2 (= *igualdad*) identity; **la ~ de intereses** the identity of interests

**identificable** ADJ identifiable

**identificación** SF identification ► **identificación errónea** mistaken identity

**identificador(a)** Ⓐ ADJ identifying
Ⓑ SM/F identifier

> ➤ LENGUA Y USO: **idioma** 46.3

**identificar** ▸conjug 1g◂ Ⓐ VT 1 (= *reconocer*) to identify; **han identificado al ladrón** they have identified the thief; **aún no han identificado las causas de la tragedia** the causes of the tragedy have still not been identified; **una víctima sin ~** an unidentified victim
2 (= *equiparar*) **no identifiques violencia con juventud** don't think that young people and violence automatically go together; **siempre la identificaban con causas humanitarias** she was always identified *o* associated with humanitarian causes
Ⓑ **identificarse** VPR 1 (= *demostrar la identidad*) to identify o.s.; **se identificó como el padre del niño** he identified himself as the child's father; **la policía les pidió que se ~an** the police asked them to show their identity cards
2 **~se con** to identify with; **muchos jóvenes se identifican con este personaje** many young people identify with this character; **se identificaba con las víctimas del racismo** he identified with victims of racism

**identificatorio** ADJ identifying

**ideograma** SM ideogram

**ideología** SF ideology

**ideológicamente** ADV ideologically

**ideológico** ADJ ideological

**ideólogo/a** SM/F ideologist

**ideoso** ADJ (*Méx*) (= *maniático*) obsessive; (= *caprichoso*) wilful

**idílico** ADJ idyllic

**idilio** SM 1 (= *romance*) romance, love affair
2 (*Literat*) idyll

**idiolecto** SM idiolect

▼ **idioma** SM language; **los ~s de trabajo de la UE** the working languages of the EU

**idiomaticidad** SF idiomatic nature

**idiomático** ADJ idiomatic; **giro ~** idiom, idiomatic expression

**idiosincrasia** SF idiosyncrasy

**idiosincrásico** ADJ idiosyncratic

**idiota** Ⓐ ADJ idiotic, stupid
Ⓑ SMF idiot; **¡idiota!** you idiot!

**idiotez** SF idiocy; **¡eso es una ~!** that's nonsense!; **decir idioteces** to talk rubbish; **hacer idioteces** to do silly things

**idiotismo** SM 1 (*Ling*) idiom, idiomatic expression
2 (= *ignorancia*) ignorance

**idiotizado** ADJ stupefied; **al verla se quedaron como ~s** when they saw her they were stupefied; **~s por el consumo de droga** stupefied *o* zombified by drugs

**idiotizar** ▸conjug 1f◂ VT 1 (= *volver idiota a*) to stupefy
2 (*LAm*) (= *volver loco a*) **~ a algn** to drive sb crazy

**IDO** SM ABR (*Esp*) = **Instituto de Denominaciones de Origen**

**ido** Ⓐ ADJ (*) 1 (= *despistado*) absent-minded; **estar ~** to be miles away
2 (= *chiflado*) crazy, nuts*; **estar ~ (de la cabeza)** to be crazy
3 (*CAm, Méx*) **estar ~** to be drunk
Ⓑ SMPL **los ~s** the dead, the departed

**idólatra** Ⓐ ADJ idolatrous
Ⓑ SMF idolator/idolatress

**idolatrar** ▸conjug 1a◂ VT 1 [+ *dios*] to worship
2 [+ *amado, cantante*] to idolize

**idolatría** SF idolatry

**idolátrico** ADJ idolatrous

**ídolo** SM idol

**idoneidad** SF 1 (= *conveniencia*) suitability, fitness
2 (= *capacidad*) aptitude

**idoneizar** ▸conjug 1f◂ VT to make suitable

**idóneo** ADJ 1 (= *apropiado*) suitable, fit
2 (*Méx*) (*genuino*) genuine

**idus** SMPL ides

**i.e.** ABR = **id est** (= *lo mismo*) i.e.

**IEE** SM ABR 1 (*Admin*) = **Instituto Español de Emigración**
2 (*Esp Com*) = **Instituto de Estudios Económicos**

**IEI** SM ABR (*Esp*) = **Instituto de Educación e Investigación**

**IEM** SM ABR (*Esp*) = **Instituto de Enseñanza Media**

**iglesia** SF church; **casarse por la ~** to get married in church, have a church wedding; ✦**MODISMOS casarse por detrás de la ~** to move in together; **¡con la ~ hemos topado!** now we're really up against it!; **llevar a algn a la ~** to lead sb to the altar ► **Iglesia Anglicana** Church of England, Anglican Church ► **iglesia catedral** cathedral ► **Iglesia Católica** Catholic Church ► **iglesia colegial** collegiate church ► **iglesia parroquial** parish church

> **IGLESIA**
>
> **Uso del artículo**
>
> En inglés el uso del artículo delante de **church** depende del motivo por el que alguien se encuentre en el edificio.
>
> • Se traduce **a la iglesia** por **to church**, **en la iglesia** por **in church**, **desde la iglesia** por **from church**, *etc*, cuando alguien va o está allí para asistir al servicio religioso:
>
> Vamos a la iglesia todos los domingos
> ***We go to church every Sunday***
>
> • Se traduce **a la iglesia** por **to the church**, **en la iglesia** por **at the church** y **desde la iglesia** por **from the church**, *etc* cuando alguien va o está allí por otros motivos:
>
> Mi padre ha ido a la iglesia a arreglar las ventanas
> ***My father has gone to the church to fix the windows***
>
> *Para otros usos y ejemplos ver la entrada.*

**iglesiero*** ADJ (*LAm*) churchy*, church-going

**iglú** SM igloo

**IGN** SM ABR (*Esp, Hond*) = **Instituto Geográfico Nacional**

**Ignacio** SM Ignatius

**ignaro** ADJ (*frm*) ignorant

**ígneo** ADJ igneous

**ignición** SF ignition

**ignifugación** SF fireproofing

**ignífugo** ADJ fireproof, fire-resistant

**igniscible** ADJ flammable, easy to ignite

**ignominia** SF 1 (= *deshonor*) disgrace, ignominy; **es una ~ que …** it's a disgrace that …
2 (= *acto*) disgraceful act

**ignominiosamente** ADV ignominiously

**ignominioso** ADJ ignominious, disgraceful

**inaguantablemente** ADV intolerably, unbearably
**inajenable** ADJ [1] [*billete*] non-transferable
[2] (*Jur*) inalienable
**inalámbrico** (A) ADJ wireless; (*Telec*) cordless
(B) SM (= *micrófono*) wireless mike; (= *teléfono*) cordless telephone
**in albis** ADV **quedarse ~** (= *no saber*) to be left in the dark; (= *fracasar*) to get nothing for one's trouble
**inalcanzable** ADJ unattainable
**inalienable** ADJ inalienable
**inalterabilidad** SF [*de materia*] inalterability, unchanging nature; [*de persona, cualidad*] immutability
**inalterable** ADJ [*materia*] inalterable, unchanging; [*persona, cualidad*] immutable; [*cara*] impassive; [*color*] permanent, fast; [*lustre*] permanent
**inalterado** ADJ unchanged, unaltered
**inamistoso** ADJ unfriendly
**inamovible** ADJ [1] (= *fijo*) fixed, immovable
[2] (*Téc*) undetachable
**inanición** SF [1] (= *hambre*) starvation; **morir de ~** to die of starvation
[2] (*Med*) inanition
**inanidad** SF inanity
**inanimado** ADJ inanimate
**inánime** ADJ lifeless
**INAP** SM ABR (*Esp*) = **Instituto Nacional de la Administración Pública**
**inapagable** ADJ [*sed*] unquenchable; [*fuego, incendio*] inextinguishable
**inapeable** ADJ [1] (= *oscuro*) incomprehensible
[2] (= *terco*) obstinate, stubborn
**inapelabilidad** SF finality, unappealable nature
**inapelable** ADJ [1] (*Jur*) unappealable, not open to appeal; **las decisiones de los jueces serán ~s** the judges' decisions will be final
[2] (= *irremediable*) irremediable, inevitable
**inapercibido** ADJ unperceived
**inapetencia** SF lack of appetite, loss of appetite
**inapetente** ADJ **estar ~** to have no appetite, not to be hungry
**inaplazable** ADJ which cannot be put off *o* postponed, pressing
**inaplicable** ADJ not applicable
**inaplicado** ADJ slack, lazy
**inapreciable** ADJ [1] [*diferencia*] imperceptible
[2] (*de valor*) invaluable, inestimable
**inaprehensible** ADJ, **inaprensible** ADJ [1] (= *complicado*) indefinite, hard to pin down
[2] (= *escurridizo*) hard to grasp
**inaptitud** SF unsuitability
**inapto** ADJ unsuited (**para** to)
**inarmónico** ADJ (*lit*) unharmonious; (*fig*) cacophonous
**inarrugable** ADJ crease-resistant
**inarticulado** ADJ inarticulate
**inasequible** ADJ (= *inalcanzable*) unattainable, out of reach; (= *indisponible*) unobtainable
**inasistencia** SF absence
**inastillable** ADJ shatterproof
**inasumible** ADJ unacceptable
**inatacable** ADJ unassailable
**inatención** SF inattention (**a** to), lack of attention (**a** to)
**inatento** ADJ inattentive
**inaudible** ADJ inaudible
**inaudito** ADJ (*gen*) unheard-of; (= *sin precedente*) unprecedented; (= *increíble*) outrageous
**inauguración** SF [*de teatro, exposición*] opening, inauguration (*frm*); [*de monumento*] unveiling; [*de casa*] house-warming party; [*de curso*] start; (*Com*) setting up; **ceremonia de ~** inauguration ceremony, opening ceremony ► **inauguración privada** (*Arte*) private viewing
**inaugural** ADJ [*ceremonia, competición, discurso*] opening, inaugural; [*concierto*] opening; [*viaje*] maiden *antes de s*
**inaugurar** ▸conjug 1a◂ VT [+ *edificio*] to inaugurate; [+ *exposición*] to open (formally); [+ *estatua*] to unveil
**inautenticidad** SF lack of authenticity
**inauténtico** ADJ inauthentic, not genuine, false
**INB** SM ABR (*Esp Escol*) = **Instituto Nacional de Bachillerato**
**INBA** SM ABR (*Méx*) = **Instituto Nacional de Bellas Artes**
**INBAD** SM ABR (*Esp*) = **Instituto Nacional de Bachillerato a Distancia**
**INC** SM ABR (*Esp*) [1] = **Instituto Nacional de Colonización**
[2] (*Com*) = **Instituto Nacional de Consumo**
**inc.** ABR (= **inclusive**) inc.
**inca** SMF Inca
**incachable*** ADJ (*LAm*) useless
**INCAE** SM ABR = **Instituto Centroamericano de Administración de Empresas**
**incaico** ADJ Inca *antes de s*
**incalculable** ADJ incalculable
**incalificable** ADJ indescribable, unspeakable
**incalificablemente** ADV indescribably, unspeakably
**incanato** SM (*Perú*) (= *época*) Inca period; (= *reinado*) reign (*of an Inca*)
**incandescencia** SF incandescence (*frm*), white heat
**incandescente** ADJ [1] [*hierro, bombilla*] incandescent (*frm*), white hot
[2] [*mirada*] burning, passionate
**incansable** ADJ tireless, untiring
**incansablemente** ADV tirelessly, untiringly
**incapacidad** SF [1] (= *falta de capacidad*) (*para una actividad*) inability; (*para una profesión*) incompetence; **~ de concentración** inability to concentrate; **su ~ de respuesta** his failure to reply; **~ de** *o* **para hacer algo** inability to do sth ► **incapacidad laboral permanente** invalidity ► **incapacidad laboral transitoria, incapacidad temporal** temporary disability
[2] (= *discapacidad*) (*física*) physical handicap, disability; (*mental*) mental handicap
[3] (*Jur*) (*tb* **~ legal**) legal incapacity
**incapacitación** SF **proceso de ~ presidencial** impeachment of a president
**incapacitado** ADJ [1] (= *inadecuado*) unfit (**para** for)
[2] (= *descalificado*) disqualified
[3] (= *minusválido*) handicapped, disabled
**incapacitante** ADJ incapacitating
**incapacitar** ▸conjug 1a◂ VT [1] (= *invalidar*) to incapacitate, handicap
[2] (*Jur*) to disqualify (**para** for)
▼ **incapaz** (A) ADJ [1] **ser ~: no es que sea ~, es que no tengo fuerzas** it's not that I can't do it, I just haven't got the strength; **no sé cómo puedes engañarlo, yo sería ~** I don't know how you can deceive him, I could never do a thing like that; **ser ~ de hacer algo** (= *no atreverse, no querer*) to never do sth, be incapable of doing sth (*frm*); (= *no poder*) to be unable to do sth; **¿es que eres ~ de hablar en serio?** can't you ever talk seriously?, aren't you capable of talking seriously? (*frm*); **la policía se mostró ~ de prevenir la tragedia** the police proved unable to prevent the tragedy; **ser ~ para algo** to be useless at sth; **soy ~ para la física** I'm useless at physics
[2] (= *incompetente*) incompetent
[3] (*Jur*) unfit; **fue declarado ~ de administrar sus bienes** he was declared unfit to manage his property
[4] (*CAm*) [*niño*] trying, difficult
(B) SMF incompetent, incompetent fool
**incapturable** ADJ unattainable
**incardinar** ▸conjug 1a◂ VT (*frm*) to include (*as an integral part*)
**incario** SM (*Perú*) Inca period
**incasable** ADJ unmarriageable
**incásico** ADJ (*LAm*) Inca *antes de s*
**incatalogable** ADJ (= *indefinible*) indefinable; (= *poco convencional*) off-beat; **persona ~** person who refuses to be pigeon-holed
**incautación** SF seizure, confiscation
**incautamente** ADV unwarily, incautiously
**incautar** ▸conjug 1a◂ (A) VT to seize, confiscate
(B) **incautarse** VPR **~se de** (*Jur*) to seize, confiscate; (= *intervenir*) to take possession of
**incauto** ADJ [1] (= *crédulo*) gullible
[2] (= *imprevisor*) unwary, incautious
**incendiar** ▸conjug 1b◂ (A) VT to set fire to, set alight
(B) **incendiarse** VPR (= *empezar a arder*) to catch fire; (= *quemarse*) to burn down
**incendiario/a** (A) ADJ [1] [*bomba, mecanismo*] incendiary
[2] [*discurso, escrito*] inflammatory
(B) SM/F fire-raiser, arsonist ► **incendiario/a de la guerra** warmonger
**incendiarismo** SM arson
**incendio** SM fire; ✦***MODISMO*** **echar** *o* **hablar ~s de algn** (*Andes, Cono Sur*) to sling mud at sb ► **incendio forestal** forest fire ► **incendio intencionado, incendio provocado** arson attack
**incensar** ▸conjug 1j◂ VT [1] (*Rel*) to cense, incense
[2] (= *halagar*) to flatter
**incensario** SM censer
**incentivación** SF [1] (= *motivación*) motivation
[2] (*Fin*) (= *sistema*) incentive scheme; (= *prima*) productivity bonus
**incentivar** ▸conjug la◂ VT to encourage; **baja incentivada** voluntary redundancy
**incentivo** SM incentive; **baja por ~** voluntary redundancy ► **incentivo fiscal** tax incentive
**incertidumbre** SF uncertainty
**incesante** ADJ incessant, unceasing
**incesantemente** ADV incessantly, unceasingly

➤ LENGUA Y USO: incapaz A1 43.4

**incesto** SM incest

**incestuoso** ADJ incestuous

**incidencia** SF 1 (*Mat*) incidence
2 (= *suceso*) incident
3 (= *impacto*) impact, effect; **la huelga tuvo escasa ~** the strike had little impact

**incidentado** ADJ 1 (= *con percances*) eventful
2 (= *descontrolado*) unruly, riotous, turbulent

**incidental** ADJ incidental

**incidente** Ⓐ SM 1 (= *contratiempo*) hitch; **la manifestación transcurrió sin ~s** the demonstration passed off without incident; **un viaje sin ~s** a trouble-free journey
2 (= *disputa*) incident; **un desagradable ~ entre los dos jugadores** an unpleasant incident between the two players; **~ diplomático** diplomatic incident
Ⓑ ADJ incidental

**incidentemente** ADV incidentally

**incidir** ▸conjug 3a◂ Ⓐ VI 1 **~ en** (= *afectar*) to influence, affect; (= *recaer sobre*) to have a bearing on; **~ en un error** to make a mistake; **el impuesto incide más en ellos** the tax affects them most, the tax hits them hardest; **la familia ha incidido fuertemente en la historia** the family has influenced history a lot
2 (= *hacer hincapié*) **~ en un tema** to stress a subject
Ⓑ VT (*Med*) to incise

**incienso** SM 1 (*Rel*) incense
2 (= *halagos*) flattery

**inciertamente** ADV uncertainly

**incierto** ADJ (= *dudoso*) uncertain; (= *inconstante*) inconstant; (= *inseguro*) insecure

**incineración** SF [*de basuras*] incineration; [*de cadáveres*] cremation

**incinerador** SM, **incineradora** SF incinerator
► **incinerador de residuos sólidos** solid-waste incinerator

**incinerar** ▸conjug 1a◂ VT [+ *basuras*] to incinerate, burn; [+ *cadáver*] to cremate

**incipiente** ADJ incipient

**incircunciso** ADJ uncircumcised

**incisión** SF incision

**incisividad** SF incisiveness

**incisivo** Ⓐ ADJ 1 (= *cortante*) sharp, cutting
2 (= *mordaz*) incisive
Ⓑ SM incisor

**inciso** SM 1 (= *observación*) digression, aside; **hacer un ~** to make an aside
2 (= *interrupción*) interjection, interruption
3 (*Ling*) (= *oración*) interpolated clause; (= *coma*) comma
4 (*Jur*) subsection

**incitación** SF incitement (**a** to)

**incitante** ADJ provocative

**incitar** ▸conjug 1a◂ VT to incite; **~ a algn a hacer algo** to urge sb to do sth; **~ a algn contra otro** to incite sb against another person

**incívico/a** Ⓐ ADJ antisocial
Ⓑ SM/F antisocial person

**incivil** ADJ uncivil, rude

**incivilidad** SF 1 (= *cualidad*) incivility, rudeness
2 **una ~** an incivility, a piece of rudeness

**incivilizado** ADJ uncivilized

**incivismo** SM *antisocial behaviour or outlook etc*

**inclasificable** ADJ unclassifiable

**inclemencia** SF (*Meteo*) harshness, inclemency; **la ~ del tiempo** the inclemency of the weather; **dejar algo a la ~** to leave sth exposed to the weather *o* the elements

**inclemente** ADJ (*Meteo*) harsh, inclement

**inclinación** SF 1 [*de terreno*] slope, gradient; [*de objeto*] lean, list; **la ~ del terreno** the slope of the ground, the gradient (of the ground); **la ~ de la Torre de Pisa** the lean of the Tower of Pisa; **un poste con una ~ de siete grados** a post with a seven-degree lean *o* list ► **inclinación lateral** (*Aer*) bank ► **inclinación magnética** magnetic dip, magnetic inclination
2 (= *reverencia*) bow; **hizo una profunda ~ ante el rey** he made a deep bow before the king; **María me saludó con una ~ de cabeza** María greeted me with a nod; **el presidente dio su aprobación con una ~ de cabeza** the president nodded (his) approval
3 (= *tendencia*) inclination; **su ~ natural es conservadora** his natural inclination is conservative, he's conservative by inclination; **no tengo ~ política concreta** I have no particular political inclinations *o* leanings; **tiene inclinaciones artísticas** she has artistic inclinations, she's artistically inclined; **tiene ~ a tomárselo todo a risa** he's inclined to treat everything as a joke; **tener ~ hacia la poesía** to have a penchant for poetry, have poetic leanings ► **inclinación sexual** sexual preferences *pl*

**inclinado** ADJ 1 (*en ángulo*) [*terreno, línea*] sloping; [*plano*] inclined; **la torre inclinada de Pisa** the leaning tower of Pisa
2 **estar ~ a hacer algo** to be inclined to do sth; **sentirse ~ a hacer algo** to feel inclined to do sth

**inclinar** ▸conjug 1a◂ Ⓐ VT 1 (= *ladear*) [+ *objeto vertical*] to tilt, lean; **el peso de los abrigos inclinó el perchero** the hatstand was tilting *o* leaning under the weight of the coats; **inclinó el plato para acabarse la sopa** he tilted his plate to finish off his soup; **inclinó el respaldo del asiento** he reclined his seat; **inclina el cuadro hacia la derecha** slope *o* tilt the picture to the right
2 [+ *cabeza*] to lean; **inclinó la cabeza para olerle el cabello** she leant her head forward to smell his hair; **para afirmar inclinó la cabeza** he nodded (his) agreement; **~on la cabeza ante el altar** they bowed their heads before the altar
3 (= *resolver*) [+ *balanza*] to tip; **los indecisos ~on la balanza hacia la izquierda** the floating voters tipped the balance in favour of the left; **este gol inclinó el marcador a su favor** this goal tipped the balance in their favour
4 (= *predisponer*) to incline; **la crisis inclina a los consumidores hacia el ahorro** the recession inclines consumers to save their money
5 (= *decidir*) **eso la inclinó a pensar que yo era el culpable** that led her to think that I was guilty; **el informe lo inclinó a cambiar de estrategia** the report swayed him in favour of changing his strategy
Ⓑ **inclinarse** VPR 1 [*objeto vertical*] to lean, tilt
2 (= *encorvarse*) to stoop, bend; **Balbino se inclinó sobre el muro** Balbino leant over the wall; **Amelia se inclinó hacia delante para coger el bolso** Amelia leant forward to pick up the bag; **me incliné hacia atrás para ponerme cómodo** I leant back to make myself comfortable; **nos inclinamos ante el rey** we bowed to the king
3 (= *tender*) **me inclino a favor de la moneda única** I'm inclined to be in favour of the single currency; **me inclino a pensar que no es verdad** I am inclined to *o* I tend to think that it's not true; **entre los dos, me inclino por el segundo** of the two, I'm inclined to go for the second *o* I tend to prefer the second

**ínclito** ADJ (*frm, liter*) illustrious, renowned

**incluir** ▸conjug 3g◂ VT 1 (= *comprender*) to include, contain; **todo incluido** (*Com*) inclusive, all-in
2 (= *agregar*) to include; (*en carta*) to enclose

**inclusa** SF foundling hospital

**inclusero/a** SM/F foundling

**inclusión** SF inclusion; **con ~ de** including

**inclusivamente** ADV inclusive, inclusively

**inclusive** ADV inclusive; **del 1 al 10, ambos ~** from the 1st to the 10th inclusive; **hasta el próximo domingo ~** up to and including next Sunday

**inclusivo** ADJ inclusive

**incluso** Ⓐ ADV 1 (= *aun*) even; **~ le pegó** he even hit her; **no resulta sencillo ni ~ para nosotros** it isn't simple, (not) even for us; **estaba sonriente e ~ alegre** she was smiling and happy even
2 (= *incluyendo*) including; **nos gustó a todos, ~ a los más testarudos** we all liked it, even *o* including the most stubborn of us
Ⓑ ADJ enclosed

**incoación** SF inception

**incoar** ▸conjug 1a◂ VT to start, initiate

**incobrable** Ⓐ ADJ irrecoverable
Ⓑ **incobrables** SMPL irrecoverable debts, bad debts

**incógnita** SF 1 (*Mat*) unknown quantity; **despejar la ~** to find the unknown quantity
2 (*por averiguar*) (= *misterio*) mystery; (= *razón oculta*) hidden motive; **queda en pie la ~ sobre su influencia** there is still a question mark over his influence

**incógnito** Ⓐ ADJ unknown
Ⓑ SM incognito; **viajar de ~** to travel incognito

**incognoscible** ADJ unknowable

**incoherencia** SF 1 (= *falta de sentido*) (*en pensamiento, ideas*) incoherence; (*en comportamiento, respuestas*) inconsistency
2 (= *falta de conexión*) disconnectedness
3 **incoherencias** nonsense *sing*

**incoherente** ADJ 1 (= *sin sentido*) [*pensamiento, ideas*] incoherent; [*comportamiento, respuestas*] inconsistent; **es ~ con sus ideas** he's inconsistent in his thinking
2 (= *inconexo*) disconnected

**incoloro** ADJ [*líquido, luz*] colourless, colorless (*EEUU*); [*barniz*] clear

**incólume** ADJ (= *ileso*) unhurt, unharmed; **salió ~ del accidente** he emerged unharmed *o* unscathed from the accident

**incombustible** ADJ [*mueble, ropa*] fire-resistant; [*tela*] fireproof

**incomible** ADJ inedible, uneatable

**incómodamente** ADV (= *sin comodidad*) uncomfortably; (= *con molestias*) inconveniently

**incomodar** ▸conjug 1a◂ Ⓐ VT 1 (= *causar molestia*) to inconvenience, trouble

**2** (= *vileza*) unworthy act; **sufrir la ~ de hacer algo** to suffer the indignity of doing sth
**3** (= *insulto*) indignity, insult

**indigno** ADJ **1** (= *impropio*) unworthy; **tales comentarios son ~s de un ministro** such comments are unworthy of a minister
**2** (= *desmerecedor*) unworthy; **ser ~ de algo** to be unworthy of sth; **eres indigna de nuestra confianza** you are unworthy *o* not worthy of our trust
**3** (= *despreciable*) despicable; **el más ~ de los delitos** the most despicable of crimes

**índigo** SM indigo

**indino*** ADJ **1** (= *insolente*) cheeky*, sassy (*EEUU**)
**2** (*Andes, Caribe*) (= *tacaño*) mean, stingy

**indio/a** Ⓐ ADJ **1** [*persona*] Indian
**2** (= *azul*) blue
Ⓑ SM/F **1** Indian
**2** ✦*MODISMOS* **hacer el ~*** to play the fool; **salirle el ~ a algn** (*CAm, Cono Sur**): **le salió el ~** he behaved like a boor; **ser el ~ gorrón*** to live by scrounging*; **subírsele el ~ a algn** (*Cono Sur*): **se le subió el ~*** he got over-excited
Ⓒ SM ► **indio viejo** (*CAm, Méx Culin*) *stewed meat with maize and herbs*

**indirecta** SF hint; **lanzar** *o* **soltar una ~** to drop a hint; **(re)coger la ~** to take the hint; ✦*MODISMO* **~ del padre Cobos**† broad hint

**indirectamente** ADV indirectly

**indirecto** ADJ **1** [*apoyo, control, causa, respuesta*] indirect; [*referencia*] oblique; [*amenaza, crítica*] veiled; **estaba ayudando a los opresores de modo ~** he was indirectly helping the oppressors, in a roundabout way he was helping the oppressors; **de modo ~ me dijo que me fuera** he hinted that I should go; **fue una manera indirecta de pedir dinero** it was a indirect *o* roundabout way of asking for money
**2** [*impuesto, coste*] indirect
**3** [*iluminación, luz*] indirect
**4** (*Gram*) [*complemento, estilo*] indirect

**indiscernible** ADJ indiscernible

**indisciplina** SF **1** (= *falta de disciplina*) indiscipline, lack of discipline
**2** (*Mil*) insubordination

**indisciplinado** ADJ **1** [*niño, alumno*] undisciplined
**2** [*soldado*] insubordinate

**indisciplinarse** ▸conjug 1a◂ VPR **1** [*niño, alumno*] to get out of control
**2** [*soldado*] to be insubordinate

**indiscreción** SF **1** (= *falta de discreción*) indiscretion
**2** (= *acto, dicho*) gaffe, faux pas; **si no es ~** if I may say so; **cometió la ~ de decírmelo** he was tactless enough to tell me

**indiscretamente** ADV (= *sin discreción*) indiscreetly; (= *sin tacto*) tactlessly

**indiscreto** ADJ (= *falto de discreción*) indiscreet; (= *falto de tacto*) tactless

**indiscriminadamente** ADV indiscriminately

**indiscriminado** ADJ indiscriminate

**indisculpable** ADJ inexcusable, unforgivable

➤ **indiscutible** ADJ indisputable, unquestionable

➤ **indiscutiblemente** ADV indisputably, unquestionably

**indisimulable** ADJ that cannot be disguised

**indisimulado** ADJ undisguised

**indisociable** ADJ inseparable (**de** from)

**indisolubilidad** SF indissolubility

**indisoluble** ADJ **1** [*matrimonio*] indissoluble
**2** [*sustancia*] insoluble

**indisolublemente** ADV indissolubly

➤ **indispensable** ADJ indispensable, essential

**indisponer** ▸conjug 2q◂ Ⓐ VT **1** (*Med*) to upset, make ill
**2** (= *ofender*) to upset
**3** (= *enemistar*) **~ a algn con otro** to set sb against another person
**4** [+ *plan*] to spoil, upset
Ⓑ **indisponerse** VPR **1** (*Med*) to become ill, fall ill
**2** **~se con algn** to fall out with sb

**indisponible** ADJ not available, unavailable

**indisposición** SF **1** (*Med*) indisposition
**2** (= *desgana*) disinclination, unwillingness

**indispuesto** ADJ **1** (*Med*) indisposed, unwell; **sentirse ~** to feel unwell
**2** (= *sin ganas*) disinclined, unwilling

**indisputable** ADJ (= *indiscutible*) indisputable, unquestioned; (= *incontestado*) unchallenged

**indistinción** SF **1** (= *falta de distinción*) (*en colores*) indistinctness; (*en conceptos*) vagueness
**2** (= *falta de discriminación*) lack of discrimination

**indistinguible** ADJ indistinguishable (**de** from)

**indistintamente** ADV **1** (= *sin distinción*) without distinction; (= *sin discriminación*) indiscriminately; **pueden firmar ~** either may sign (*joint holder of the account etc*)
**2** (= *no claramente*) vaguely, indistinctly

**indistinto** ADJ **1** (= *poco claro*) indistinct, vague; (= *borroso*) faint, dim
**2** (= *indiscriminado*) indiscriminate; **permiten el uso ~ del inglés y el español** they allow indiscriminate use of Spanish and English
**3** (= *indiferente*) **es ~** it makes no difference, it doesn't matter

**individua** SF (*pey*) woman

**individual** Ⓐ ADJ **1** [*trabajo, necesidades, cárcteristicas*] individual
**2** [*cama, cuarto*] single
**3** (*Andes, Cono Sur**) (= *idéntico*) identical; **es ~ a su padre** he is the spitting image of his father
Ⓑ SM (*Dep*) singles *pl*, singles match; **~ femenino/masculino** women's/men's singles *pl*

**individualidad** SF individuality

**individualismo** SM individualism

**individualista** Ⓐ ADJ individualistic
Ⓑ SMF individualist

**individualizar** ▸conjug 1f◂ Ⓐ VT **1** (= *diferenciar*) **le resultaba difícil ~ con precisión a unos de otros** it was difficult for him to pick out one individual from another; **este método está basado en la capacidad de ~ genes diferentes** this method is based on the ability to pick out individual genes
**2** [+ *tratamiento, situación*] to individualize; **estos importantes hallazgos permitirán ~ el tratamiento** these important discoveries will allow us to individualize the treatment *o* tailor the treatment to the individual; **~ la enseñanza** to tailor *o* target teaching to each individual's needs
Ⓑ VI **prefiero no ~** I prefer not to pick out any individuals *o* single anyone out

**individualmente** ADV individually

**individuar** ▸conjug 1e◂ VT, VI = **individualizar**

**individuo** Ⓐ ADJ individual
Ⓑ SM **1** (= *persona*) (*gen*) individual; (*pey*) individual, character; **el ~ en cuestión** the person in question
**2** (= *socio*) member, fellow

**indivisibilidad** SF indivisibility

**indivisible** ADJ indivisible

**indiviso** ADJ undivided

**indización** SF (*Fin*) index-linking; (*Inform*) indexing

**indizado** Ⓐ ADJ (*Fin*) index-linked; (*Inform*) indexed
Ⓑ SM indexing

**indizar** ▸conjug 1f◂ VT (*Fin*) to index-link; (*Inform*) to index

**INDO** SM ABR (*Com*) = **Instituto Nacional de Denominaciones de Origen**

**Indo** SM (*Geog*) Indus

**indo/a** ADJ, SM/F Indian, Hindu

**indo...** PREF Indo...

**Indochina** SF Indochina

**indócil** ADJ (= *difícil*) unmanageable; (= *testarudo*) headstrong; (= *rebelde*) disobedient

**indocilidad** SF (= *carácter difícil*) unmanageability; (= *testarudez*) headstrong character; (= *rebeldía*) disobedience

**indocto** ADJ ignorant, unlearned

**indoctrinar** ▸conjug 1a◂ VT (= *enseñar*) to indoctrinate; (*pey*) to brainwash

**indocumentado/a** Ⓐ ADJ not carrying identity papers
Ⓑ SM/F person who carries no identity papers; (*Méx*) illegal immigrant

**indoeuropeo/a** Ⓐ ADJ, SM/F Indo-European
Ⓑ SM (*Ling*) Indo-European

**índole** SF **1** (= *naturaleza*) nature
**2** (= *tipo*) kind, sort; **cosas de esta ~** things of this kind

**indolencia** SF (= *pereza*) indolence, laziness; (= *abulia*) apathy; (= *languidez*) listlessness

**indolente** ADJ (= *perezoso*) indolent, lazy; (= *abúlico*) apathetic; (= *lánguido*) listless

**indoloro** ADJ painless

**indomable** ADJ [*espíritu*] indomitable; [*animal*] untameable; [*pelo*] unmanageable; [*energía*] boundless

**indomado** ADJ wild, untamed

**indomesticable** ADJ untameable

**indomiciliado** ADJ homeless

**indómito** ADJ = **indomable**

**Indonesia** SF Indonesia

**indonesio/a** ADJ, SM/F Indonesian

**indormia*** SF (*Andes, Caribe*) trick, wangle*, wheeze*

**Indostán** SM Hindustan

**indostanés/esa** ADJ, SM/F Hindustani

**indostaní** SM (*Ling*) Hindustani

**indostánico** Ⓐ ADJ Hindustani
Ⓑ SM (*Ling*) Hindustani

**indotado** ADJ without a dowry

**indte.** ABR = **indistintamente**

**Indubán** SM ABR (*Esp Fin*) = **Banco de Financiación Industrial**

**indubitable** ADJ indubitable, undoubted

➤ LENGUA Y USO: **indiscutible** 42.1 **indiscutiblemente** 53.6 **indispensable** 37.1

**indubitablemente** ADV indubitably, undoubtedly

**inducción** SF [1] (*Fil, Elec*) induction; **por ~** by induction, inductively
[2] (= *persuasión*) inducement

**inducido** SM (*Elec*) armature

**inducir** ▸conjug 3n◂ VT [1] (*Fil*) to infer
[2] (*Elec*) to induce
[3] (= *empujar, llevar*) to induce; **~ a algn a hacer algo** to induce sb to do sth; **~ a algn a error** to lead sb into error

**inductivo** ADJ inductive; **pregunta inductiva** leading question

**inductor(a)** Ⓐ SM/F instigator
Ⓑ SM (*Elec, Biol*) inductor

▼**indudable** ADJ [*talento, encanto, lealtad*] undoubted, unquestionable; **de ~ importancia** of undoubted *o* unquestionable importance; **su inteligencia es ~** his intelligence is not in doubt, his intelligence is undeniable; **es ~ que es de Picasso** there is no doubt that it is by Picasso; **es el mejor, eso es ~** he's the best, there's no doubt about that

**indudablemente** ADV undoubtedly, unquestionably

**indulgencia** SF [1] (= *tolerancia*) (*tb Rel*) indulgence; **proceder sin ~ contra algn** to proceed ruthlessly against sb ► **indulgencia plenaria** plenary indulgence
[2] (*para perdonar*) leniency

**indulgente** ADJ (= *tolerante*) indulgent; (*para perdonar*) lenient (**con** towards)

**indulgentemente** ADV (= *con tolerancia*) indulgently; (*para perdonar*) leniently

**indultar** ▸conjug 1a◂ Ⓐ VT [1] (= *perdonar*) to pardon, reprieve
[2] (= *eximir*) to exempt (**de** from), excuse (**de** from)
Ⓑ **indultarse** VPR [1] (*Andes*) (= *entrometerse*) to meddle, pry
[2] (*Caribe**) to get o.s. out of a jam*

**indulto** SM [1] (= *perdón*) pardon, reprieve
[2] (= *exención*) exemption

**indumentaria** SF [1] (= *ropa*) clothing, dress
[2] (= *estudio*) costume, history of costume

**indumentario** ADJ clothing *antes de s*; **elegancia indumentaria** elegance of dress, sartorial elegance

**indumento** SM clothing, apparel, dress

**industria** SF [1] (*Com*) industry; **la zona con más ~ del país** the most industrialized area of the country ► **industria agropecuaria** farming and fishing ► **industria artesanal** cottage industry ► **industria automovilística** car industry, automobile industry (*EEUU*) ► **industria básica** basic industry ► **industria casera** cottage industry ► **industria del automóvil** car industry, automobile industry (*EEUU*) ► **industria del ocio** leisure industry ► **industria ligera** light industry ► **industria militar** weapons industry, defence industry ► **industria pesada** heavy industry ► **industria petrolífera** oil industry ► **industria siderúrgica** iron and steel industry
[2] (= *fábrica*) factory
[3] (= *dedicación*) industry, industriousness
[4] (†) (= *maña*) ingenuity, skill, expertise; **de ~** on purpose

**industrial** Ⓐ ADJ [1] (= *de la industria*) industrial
[2] (= *no casero*) factory-made, industrially produced
[3] (*) (= *enorme*) huge, massive; **en cantidades ~es** in huge amounts; **hay basura acumulada en cantidades ~es** there's a huge amount of rubbish piled up
Ⓑ SMF industrialist

**industrialismo** SM industrialism

**industrialista** SMF (*LAm*) industrialist

**industrialización** SF industrialization

**industrializar** ▸conjug 1f◂ Ⓐ VT to industrialize
Ⓑ **industrializarse** VPR to become industrialized

**industriarse** ▸conjug 1b◂ VPR to manage, find a way; **industriárselas para hacer algo** to manage to do sth

**industriosamente** ADV [1] (= *con diligencia*) industriously
[2] (= *con maña*) skilfully, skillfully (*EEUU*), resourcefully

**industrioso** ADJ [1] (= *diligente*) industrious
[2] (= *mañoso*) resourceful

**INE** SM ABR (*Esp*) = **Instituto Nacional de Estadística**

**inédito** ADJ [1] [*texto*] unpublished; **un texto rigurosamente ~** a text never published previously in any form
[2] (= *nuevo*) new; **una experiencia inédita** a completely new experience
[3] (= *nunca visto*) hitherto unheard-of

**ineducable** ADJ ineducable

**ineducado** ADJ [1] (= *sin instrucción*) uneducated
[2] (= *maleducado*) ill-bred, bad-mannered

**INEF** SM ABR = **Instituto Nacional de Educación Física**

**inefable** ADJ indescribable, ineffable

**inefectivo** ADJ (*LAm*) ineffective

**ineficacia** SF [1] [*de medida*] ineffectiveness
[2] [*de proceso*] inefficiency; [*de gobierno, persona*] inefficiency, incompetence

**ineficaz** ADJ [1] [*medida*] ineffective
[2] (= *inútil*) [*proceso*] inefficient; [*gobierno, persona*] inefficient, incompetent

**ineficazmente** ADV [1] (= *sin resultado*) ineffectively, ineffectually
[2] (= *sin eficiencia*) inefficiently

**ineficiencia** SF inefficiency

**ineficiente** ADJ inefficient

**inelástico** ADJ inelastic, rigid

**inelegancia** SF inelegance, lack of elegance

**inelegante** ADJ inelegant

**inelegantemente** ADV inelegantly

**inelegibilidad** SF ineligibility

**inelegible** ADJ ineligible

**ineluctable** ADJ (*liter*) ineluctable (*liter*)

**ineludible** ADJ unavoidable, inescapable

**INEM** SM ABR (*Esp*) [1] (= **Instituto Nacional de Empleo**) *employment organization*
[2] = **Instituto Nacional de Enseñanza Media**

**INEN** SM ABR (*Méx*) = **Instituto Nacional de Energía Nuclear**

**inenarrable** ADJ inexpressible

**inencogible** ADJ shrink-resistant

**inepcia** SF [1] (= *ineptitud*) ineptitude, incompetence
[2] (= *necedad*) stupidity
[3] (= *impropiedad*) unsuitability
[4] (= *dicho*) silly thing to say; (= *acto*) silly thing to do; **decir ~s** to talk rubbish

**ineptitud** SF ineptitude, incompetence

**inepto** ADJ inept, incompetent; **~ de toda ineptitud** utterly incompetent

**inequívoco** ADJ (= *sin ambigüedad*) unequivocal, unambiguous; (= *inconfundible*) unmistakable

**inercia** SF [1] (*Fís*) inertia
[2] (= *indolencia*) inertia; **por ~** through force of habit, out of habit

**inerme** ADJ (= *sin armas*) unarmed; (= *indefenso*) defenceless, defenseless (*EEUU*)

**inerte** ADJ [1] (*Fís*) inert
[2] (= *sin vida*) lifeless; (= *inmóvil*) inert, motionless

**Inés** SF Agnes

**inescrupuloso** ADJ unscrupulous

**inescrutabilidad** SF inscrutability

**inescrutable** ADJ inscrutable

**inespecífico** ADJ unspecific, non-specific

**inesperadamente** ADV (= *por sorpresa*) unexpectedly; (= *de repente*) without warning, suddenly

**inesperado** ADJ (= *imprevisto*) unexpected; (= *repentino*) sudden

**inesquivable** ADJ unavoidable

**inestabilidad** SF instability, unsteadiness ► **inestabilidad laboral** lack of job security

**inestabilizar** ▸conjug 1f◂ Ⓐ VT to destabilize
Ⓑ **inestabilizarse** VPR to become unstable

**inestable** ADJ unstable, unsteady

**inestimable** ADJ inestimable, invaluable

**inevitabilidad** SF inevitability

▼**inevitable** ADJ inevitable

**inevitablemente** ADV inevitably, unavoidably

**inexactitud** SF (= *imprecisión*) inaccuracy; (= *falsedad*) incorrectness, wrongness

**inexacto** ADJ (= *no preciso*) inaccurate; (= *no cierto*) incorrect, untrue

**inexcusable** ADJ [1] [*conducta*] inexcusable, unforgivable
[2] [*conclusión*] inevitable, unavoidable; **una visita ~** a trip not to be missed

**inexcusablemente** ADV [1] (= *imperdonablemente*) inexcusably, unforgivably
[2] (= *ineludiblemente*) inevitably, unavoidably; **el depósito será devuelto ~ si ...** the deposit will be returned as a matter of obligation if ...

**inexhausto** ADJ inexhaustible, unending

**inexistencia** SF non-existence

**inexistente** ADJ non-existent

**inexorabilidad** SF inexorability

**inexorable** ADJ inexorable

**inexorablemente** ADV inexorably

**inexperiencia** SF (= *falta de experiencia*) inexperience, lack of experience; (= *torpeza*) lack of skill

**inexperimentado** ADJ inexperienced

**inexperto** ADJ (= *novato*) inexperienced; (= *torpe*) unskilled, inexpert

**inexplicable** ADJ inexplicable

**inexplicablemente** ADV inexplicably

**inexplicado** ADJ unexplained

**inexplorado** ADJ [*terreno, campo, tema*] unexplored; [*ruta*] uncharted

➤ LENGUA Y USO: indudable 53.6 inevitable 42.1

**insolentarse** ▸conjug 1a◂ VPR to become insolent, become rude; **~ con algn** to be insolent to sb, be rude to sb

**insolente** ADJ [1] (= *descarado*) insolent, rude [2] (= *altivo*) haughty, contemptuous

**insolentemente** ADV [1] (= *con descaro*) insolently, rudely [2] (= *con altivez*) haughtily, contemptuously

**insolidaridad** SF lack of solidarity

**insolidario** ADJ unsupportive; **hacerse ~ de algo** to dissociate o.s. from sth

**insolidarizarse** ▸conjug 1f◂ VPR **~ con algo** to dissociate oneself from sth

**insólitamente** ADV unusually, unwontedly (*frm*)

**insólito** ADJ unusual, unwonted (*frm*)

**insolubilidad** SF insolubility

**insoluble** ADJ insoluble

**insolvencia** SF insolvency, bankruptcy

**insolvente** ADJ insolvent, bankrupt

**insomne** Ⓐ ADJ sleepless, insomniac Ⓑ SMF insomniac

**insomnio** SM sleeplessness, insomnia

**insondable** ADJ [*abismo, mar*] bottomless; [*misterio*] unfathomable (*liter*), impenetrable

**insonorización** SF soundproofing

**insonorizado** ADJ soundproof; **estar ~** to be soundproofed

**insonorizar** ▸conjug 1f◂ VT to soundproof

**insonoro** ADJ noiseless, soundless

**insoportable** ADJ unbearable, intolerable

**insoportablemente** ADV unbearably, intolerably

**insoria** SF (*Caribe*) insignificant thing; **una ~** a minimal amount

**insoslayable** ADJ unavoidable

**insoslayablemente** ADV unavoidably

**insospechable** ADJ beyond suspicion

**insospechado** ADJ unsuspected

▼**insostenible** ADJ untenable

**inspección** SF (= *revisión*) inspection, examination; (= *control*) check ► **la Inspección de Hacienda** ≈ Inland Revenue, ≈ Internal Revenue Service (*EEUU*); **nos amenazan con una ~ de Hacienda** we have been threatened with a tax inspection, they have threatened us with an Inland Revenue inspection ► **Inspección de Trabajo** ≈ Industrial Relations Commission ► **inspección médica** medical examination ► **inspección ocular** visual inspection *o* examination ► **inspección técnica de vehículos** roadworthiness test, ≈ MOT test

**inspeccionar** ▸conjug 1a◂ VT (= *examinar*) to inspect; (= *controlar*) to check; (= *supervisar*) to supervise; (*Inform*) to peek

**inspector(a)** SM/F [1] (*gen*) inspector; (= *supervisor*) supervisor ► **inspector(a) de aduanas** customs officer ► **inspector(a) de enseñanza** school inspector ► **inspector(a) de Hacienda** tax inspector ► **inspector(a) de policía** police inspector [2] (*Cono Sur*) [*de autobús*] conductor

**inspectorado** SM inspectorate

**inspiración** SF [1] [*de artista*] inspiration; **le vino la ~ para componer la canción** she got the inspiration to compose the song; **ballets de ~ española** Spanish-inspired ballets; **chaqueta de ~ náutica** a sailor-style jacket [2] (*Med*) inhalation

**inspirado** ADJ inspired; **el poeta estaba poco ~** the poet was not very inspired, the poet was uninspired

**inspirador/a** Ⓐ ADJ inspiring, inspirational Ⓑ SM/F (= *que da idea*) inspirer; (= *creador*) creator, originator

**inspirar** ▸conjug 1a◂ Ⓐ VT [1] [+ *artista*] to inspire; **eso no inspira confianza al consumidor** that does not inspire confidence in the consumer; **prefiero ~ respeto a ~ miedo** I prefer to inspire respect rather than instill fear [2] (*Med*) to inhale, breathe in Ⓑ **inspirarse** VPR **~se en algo** to be inspired by sth, find inspiration in sth

**inspirativo** ADJ [*discurso*] inspirational

**INSS** SM ABR (*Esp*) = **Instituto Nacional de Seguridad Social**

**Inst.** ABR, **Instº** ABR = **Instituto**

**instable** ADJ = **inestable**

**instalación** SF [1] (= *conexión*) [*de equipo, luz*] installation; **el técnico se encargará de hacer la ~ eléctrica** the technician will put in the electrics *o* (*frm*) take care of the electrical installation [2] (= *montaje*) [*de oficina, fábrica*] setting up; [*de tienda de campaña*] pitching [3] (= *equipo*) [*de luz, gas*] system; **han venido a arreglar la ~ de la luz** they've come to mend the electrical system *o* the wiring ► **instalación de fuerza** power plant ► **instalación eléctrica** electricity system, wiring ► **instalación sanitaria** sanitation facilities *pl* [4] **instalaciones** [4·1] (= *recinto*) installations; **durante su recorrido por las instalaciones del museo** during her visit round the museum [4·2] (= *servicios*) facilities; **el centro deportivo cuenta con excelentes instalaciones** the sports centre has excellent facilities ► **instalaciones deportivas** (= *recinto*) sports grounds; (= *servicios*) sports facilities ► **instalaciones portuarias** harbour installations ► **instalaciones recreativas** (= *recinto*) recreational areas; (= *servicios*) recreational facilities [5] (*Arte*) installation

**instalador(a)** Ⓐ ADJ [*empresa, persona*] installation *antes de s*; **el técnico ~** the installation engineer Ⓑ SM/F fitter ► **instalador(a) electricista, instalador(a) eléctrico/a** electrician ► **instalador(a) sanitario/a** plumber

**instalar** ▸conjug 1a◂ Ⓐ VT [1] (= *conectar*) [+ *calefacción, teléfono*] to install, instal (*EEUU*); [+ *luz, gas*] to connect, connect up, put in; [+ *antena*] to put up, erect (*frm*); [+ *lavadora, lavaplatos*] to install, instal (*EEUU*), plumb in; [+ *ordenador, vídeo*] to set up; [+ *sistema de control*] to install, instal (*EEUU*), put into operation; [+ *sistema operativo*] to install, instal (*EEUU*); **¿te han instalado ya el teléfono?** have you had the phone put in yet?, are you on the phone yet?; **hemos instalado un nuevo sistema de vigilancia** we've installed a new security system, we've put a new security system into operation; **ya tenemos instalado el lavaplatos** the dishwasher is in now; **he tenido que ~ una batería nueva en el coche** I've had to put a new battery in the car [2] (= *montar*) [+ *consulta, oficina*] to set up, open; [+ *campamento, fábrica, espectáculo, exposición*] to set up; [+ *tienda de campaña*] to pitch; **la primera galería de arte que se instala en la ciudad** the first art gallery to be opened in town; **la escultura fue instalada en el centro del escenario** the sculpture was erected in the middle of the stage [3] [+ *persona*] to put, install; **lo instaló en el cuarto de invitados** she put *o* installed him in the guest room; **el ejército lo instaló en el poder** the army put him into power Ⓑ **instalarse** VPR **~se en** [+ *casa, oficina*] to settle into; [+ *ciudad*] to set up home in, settle in; [+ *país*] to settle in; **cuando estemos ya instalados os invitaremos a cenar** when we're settled in, we'll invite you round for dinner; **¿cuándo os ~éis en las nuevas oficinas?** when are you moving to the new offices?; **en 1940 me instalé definitivamente en España** in 1940 I settled in Spain for good; **me instalé en el sofá y de allí no me moví** I sat *o* settled myself down on the sofa and didn't move from there; **~se en el poder** to take power, get into power; **el partido ha conseguido ~se en el poder** the party has managed to take power *o* get into power; **el general se instaló en el poder tras el golpe de estado** the general took power after the coup d'état

**instancia** SF [1] (= *solicitud*) application, request; (*Jur*) petition; **a ~(s) de algn** at the request of sb, at sb's request; **pedir algo con ~** to demand sth insistently, demand sth urgently [2] (= *formulario*) application form [3] (= *momento*) **de primera ~** first of all; **en última ~** (= *como último recurso*) as a last resort; (= *en definitiva*) in the last analysis [4] (*Pol*) (= *autoridad*) authority; (= *organismo*) agency; **altas ~s** high authorities ► **instancias del poder** corridors of power ► **instancias internacionales** international authorities

**instantánea** SF [1] (*Fot*) snap, snapshot [2] (✱) tart✱, whore

**instantáneamente** ADV instantaneously, instantly

**instantáneo** ADJ [*respuesta, comunicación*] instantaneous; [*acceso, éxito, fracaso*] instant *antes de s*; **café ~** instant coffee; **la bala le produjo la muerte instantánea** the bullet killed him instantly

**instante** SM moment, instant; **se detuvo un ~** he stopped for a moment; **al ~** right now, at once; **(a) cada ~** all the time, every single moment; **en un ~** in a flash; **en ese** *o* **aquel mismo ~** at that precise moment; **hace un ~** a moment ago; **por ~s** incessantly

**instantemente** ADV insistently, urgently

**instar** ▸conjug 1a◂ Ⓐ VT to urge, press; **~ a algn a hacer algo** ◊ **~ a algn para que haga algo** to urge sb to do sth; **me instó a que hablase** he urged me to speak Ⓑ VI to be urgent, be pressing

**instauración** SF [1] (= *establecimiento*) establishment, setting-up [2] (= *renovación*) restoration, renewal

**instaurar** ▸conjug 1a◂ VT [1] (= *establecer*) to establish, set up [2] (= *renovar*) to restore, renew

➤ LENGUA Y USO: **insostenible** 53.3

**instigación** SF instigation; **a ~ de algn** at the instigation of sb, at sb's instigation

**instigador(a)** SM/F instigator ► **instigador(a) de un delito** instigator of a crime; (*Jur*) accessory before the fact

**instigar** ▸conjug 1h◂ VT to incite; **~ a algn a hacer algo** to incite *o* induce sb to do sth; **~ a la sublevación** to incite to riot

**instilar** ▸conjug 1a◂ VT to instil, instill (*EEUU*) (**en** into)

**instintivamente** ADV instinctively

**instintivo** ADJ instinctive

**instinto** SM [1] (*de conducta*) (*gen*) instinct; **por ~** instinctively ► **instinto asesino**, **instinto de matar** killer instinct ► **instinto de supervivencia** survival instinct ► **instinto maternal** maternal instinct ► **instinto sexual** sexual urge
[2] (= *impulso*) impulse, urge

**institución** SF [1] (= *organismo*) institution; **instituciones hospitalarias** hospitals; **un inspector de instituciones penitenciarias** an inspector of prisons; **esa tienda es toda una ~ en la ciudad** that shop is something of an institution in the city ► **institución benéfica**, **institución de beneficencia** charitable foundation, charitable organization ► **institución pública** public institution, public body
[2] (= *acción*) establishment
[3] **instituciones** (*en nación, sociedad*) institutions

**institucional** ADJ institutional

**institucionalizado** ADJ institutionalized

**institucionalizar** ▸conjug 1f◂ Ⓐ VT to institutionalize
Ⓑ **institucionalizarse** VPR to become institutionalized

**instituir** ▸conjug 3g◂ VT [1] (= *establecer*) [+ *ley, reforma*] to institute, establish; [+ *costumbre, norma, premio*] to establish
[2] (= *fundar*) to found, set up

**instituto** SM [1] (= *organismo*) institute, institution; **~ financiero** financial institution; **los ~s armados** the army, the military; **el benemérito ~** the Civil Guard ► **instituto de belleza** (*Esp*) beauty parlour, beauty parlor (*EEUU*) ► **Instituto de la Mujer** Institute of Women's Affairs ► **Instituto Nacional de Empleo (INEM)** ≈ Department of Employment ► **Instituto Nacional de Industria (INI)** (*Esp Hist*) ≈ Board of Trade
[2] (*Esp Educ*) ≈ secondary school, ≈ high school (*EEUU*); **nos conocemos desde que íbamos al ~** we've known each other since we were at secondary school together ► **Instituto Nacional de Bachillerato** ≈ state secondary school, ≈ high school (*EEUU*)
[3] (= *regla*) (*gen*) principle, rule; (*Rel*) rule

**institutriz** SF governess

**instrucción** SF [1] (*Educ*) education; **recibió su ~ musical en Viena** he received his musical education in Vienna; **una persona de vasta ~** a highly educated person; **tener poca ~ en algo** to have a limited knowledge of sth ► **instrucción primaria** primary education ► **instrucción programada** programmed teaching ► **instrucción pública** state education
[2] (*Mil*) (= *período*) training; (= *ejercicio*) drill; **hizo la ~ en Almería** he did his military training in Almería; **los soldados estaban haciendo la ~ en el patio** the soldiers were being drilled in the courtyard; **un vuelo de ~** a training flight ► **instrucción militar** military training
[3] (*Dep*) coaching, training
[4] (*Jur*) (*tb* **~ del sumario**) preliminary investigation; *ver tb* **juez 1**, **juzgado**
[5] (*Inform*) statement
[6] **instrucciones** (= *indicaciones*) instructions; **de acuerdo con tus instrucciones** in accordance with your instructions; **seguí sus instrucciones al pie de la letra** I followed her instructions to the letter; **recibir instrucciones** to receive instructions *o* orders; (*Mil*) to be briefed; **hemos recibido instrucciones de no decir nada** we've received instructions *o* orders to say nothing ► **instrucciones de funcionamiento** operating instructions ► **instrucciones de uso**, **instrucciones para el uso** directions for use

**instructivo** ADJ [1] (= *educativo*) educational
[2] (= *revelador*) [*conclusión, reunión*] enlightening; [*ejemplo*] instructive

**instructor(a)** Ⓐ ADJ [*cabo, sargento*] training; [*fiscal, juez*] examining
Ⓑ SM/F [1] (*Dep*) coach, trainer ► **instructor(a) de vuelo** flight instructor
[2] (*Mil*) instructor
[3] (*Jur*) examining magistrate ► **instructor(a) de diligencias** *judge appointed to look into a case*

**instruido** ADJ [1] (= *educado*) well-educated; **estar ~ en algo** to be educated in sth
[2] (= *informado*) well-informed

**instruir** ▸conjug 3g◂ Ⓐ VT [1] (= *formar*) [1·1] (*Educ*) [+ *estudiante*] to instruct; [+ *profesional*] to train; **he sido instruido para ejercer como abogado** I have been trained as a lawyer; **~ a algn en algo** to instruct sb in sth, train sb in sth; **me instruyeron en el manejo del fusil** I was taught how to use a gun; **fuimos instruidos en el arte del engaño** we were taught the art of deception, we were instructed *o* trained in the art of deception
[1·2] (*Dep*) to coach, train
[1·3] (*Mil*) to train
[2] (*Jur*) (= *tramitar*) [+ *caso, causa*] to try, hear; **el juez que instruye la causa** the judge who is trying *o* hearing the case; **~ las diligencias** *o* **el sumario** to institute proceedings
Ⓑ VI (= *enseñar*) **la experiencia instruye mucho** experience is a great teacher; **juegos que instruyen** educational games; **el viajar instruye mucho** travel broadens the mind; **ya lo he instruido de nuestros proyectos** I've already explained our plans to him; **este libro los ~á con detalle sobre el modo de hacerlo** this book will give you detailed information *o* instructions (on *o* about) how to do it
Ⓒ **instruirse** VPR to learn, teach o.s. (**de** about)

**instrumentación** SF orchestration, scoring

**instrumental** Ⓐ ADJ [1] (*Mús*) instrumental
[2] (*Der*) **prueba ~** documentary evidence
Ⓑ SM [1] (= *conjunto de instrumentos*) instruments *pl*, set of instruments; **el ~ de laboratorio** the laboratory instruments; **el ~ quirúrgico** the surgical instruments
[2] (*Ling*) instrumental, instrumental case

**instrumentalista** SMF instrumentalist

**instrumentalización** SF exploitation

**instrumentalizar** ▸conjug 1f◂ VT [1] (= *llevar a cabo*) to carry out
[2] **~ a algn** (= *utilizar*) to use sb as a tool, make cynical use of sb; (= *explotar*) to exploit sb, manipulate sb

**instrumentar** ▸conjug 1a◂ VT [1] (*Mús*) to score, orchestrate; **está instrumentado para ...** it is scored for ...
[2] [+ *medidas, plan*] to implement, bring in
[3] [+ *campaña*] to orchestrate
[4] (= *manipular*) to manipulate

**instrumentista** SMF [1] (*Mús*) (= *músico*) instrumentalist; (= *fabricante*) instrument maker; **~ de cuerda** string player
[2] (*Med*) theatre nurse
[3] (*Mec*) machinist

**instrumento** SM [1] (*Mús*) instrument ► **instrumento de cuerda** string instrument ► **instrumento de época** period instrument ► **instrumento de percusión** percussion instrument ► **instrumento de tecla** keyboard instrument ► **instrumento de viento** wind instrument ► **instrumento musical**, **instrumento músico** musical instrument
[2] (*Téc*) (= *aparato*) instrument; (= *herramienta*) tool, implement; **volar por ~s** to fly on instruments ► **instrumento auditivo** listening device ► **instrumento de precisión** precision instrument ► **instrumentos científicos** scientific instruments ► **instrumentos de mando** (*Aer*) controls ► **instrumentos quirúrgicos** surgical instruments ► **instrumentos topográficos** surveying instruments
[3] (= *medio*) instrument, tool; **fue solamente el ~ del dictador** he was just a tool in the dictator's hands
[4] (*Jur*) deed, legal document ► **instrumento de venta** bill of sale
[5] (**) (= *pene*) tool**

**insubordinación** SF (= *desobediencia*) insubordination; (= *falta de disciplina*) unruliness, rebelliousness

**insubordinado** ADJ (= *desobediente*) insubordinate; (= *indisciplinado*) unruly, rebellious

**insubordinar** ▸conjug 1a◂ Ⓐ VT to stir up, rouse to rebellion
Ⓑ **insubordinarse** VPR to rebel; **~se contra el gobierno** to rise up *o* rebel against the government

**insubsanable** ADJ [*error*] irreparable; [*problema*] insoluble

**insubstituible** ADJ = **insustituible**

**insudar** ▸conjug 1a◂ VI (*liter*) to toil away

**insuficiencia** SF [1] (= *escasez*) insufficiency; **~ de franqueo** underpaid postage
[2] (= *carencia*) lack, shortage; **~ de recursos** lack of resources; **debido a la ~ de personal** due to shortage of staff
[3] (= *incompetencia*) incompetence
[4] (*Med*) ► **insuficiencia cardíaca** heart failure ► **insuficiencia renal** kidney failure ► **insuficiencia respiratoria** shortage of breath
[5] **insuficiencias** (= *fallos*) inadequacies; (= *carencias*) deficiencies; **existen muchas ~s en el sistema judicial** there are many inadequacies in the judicial system; **~s en la dieta alimenticia** deficiencies in the diet

**insuficiente** Ⓐ ADJ inadequate; **la explicación dada es ~** the explanation given is inadequate; **estos cambios son claramente ~s**

these changes are clearly inadequate *o* insufficient; **el dinero recolectado es ~ para hacer la obra** the money collected is insufficient *o* not sufficient to do the work; **tu nota es ~ para hacer derecho** this mark is not good enough for you to do law
Ⓑ SM fail; **me han puesto tres ~s** I've had three fails

**insuficientemente** ADV insufficiently, inadequately

**insuflar** ▸conjug 1a◂ VT [1] (*Med*) **~ aire a algo** to blow air into something
[2] (*liter*) **sus palabras ~on vida al proyecto** his words breathed life into the project; **insufló aires de esperanza a la vida política** he breathed new hope into politics

**insufrible** ADJ unbearable, insufferable

**insufriblemente** ADV unbearably, insufferably

**insular** ADJ island *antes de s*

**insularidad** SF insularity

**insulina** SF insulin

**insulinodependiente** ADJ insulin-dependent

**insulsez** SF [1] [*de comida*] tastelessness
[2] [*de charla, persona*] dullness

**insulso** ADJ [1] [*comida*] tasteless, insipid
[2] [*charla, persona*] dull

**insultante** ADJ insulting

**insultar** ▸conjug 1a◂ VT to insult

**insulto** SM [1] (= *ofensa*) insult (**para** to)
[2] (*Méx**) (= *indigestión*) bellyache*, stomachache

**insumergible** ADJ unsinkable

**insumisión** SF [1] (= *rebeldía*) rebelliousness
[2] (*Esp Mil*) *refusal to do military service or community service*

**insumiso** Ⓐ ADJ rebellious
Ⓑ SM [1] (*Esp Mil*) *man who refuses to do military service or community service*
[2] **insumisos** (*Méx Econ*) (= *entradas*) input *sing*, input materials

**INSUMISO**

*In Spain most men are required to do national service. If they object on conscientious grounds, they are legally entitled to opt to do the longer community-based alternative,* **Prestación Social Sustitutoria (PSS)**. *Those who refuse to do either form of service are called* **insumisos**. *Many* **insumisos** *argue that the discrimination against men inherent in the system is unconstitutional and the exploitation, as they see it, of unpaid labour is unlawful. Penalties for* **insumisión** *(refusal to do either form of service) can be severe, and may include prison sentences.*
⇨ *See also* MILI, PRESTACIÓN SOCIAL SUSTITUTORIA

**insumo** SM [1] (*Cono Sur*) (= *componente*) component, ingredient
[2] (*esp LAm*) **insumos** (*Econ*) supplies, input, materials

**insuperable** ADJ [*problema*] insurmountable; [*precio*] unbeatable; [*calidad*] unsurpassable

**insuperado** ADJ unsurpassed

**insurgencia** SF [1] (= *acto*) rebellion, uprising
[2] (= *fuerzas*) insurgent forces *pl*

**insurgente** ADJ, SMF insurgent

**insurrección** SF revolt, insurrection

**insurreccional** ADJ insurrectionary

**insurreccionar** ▸conjug 1a◂ Ⓐ VT to incite to rebel
Ⓑ **insurreccionarse** VPR to rebel, revolt

**insurrecto/a** ADJ, SM/F rebel, insurgent

**insustancial** ADJ insubstantial

**insustituible** ADJ irreplaceable

**INTA** SM ABR [1] (*Esp Aer*) = **Instituto Nacional de Técnica Aerospacial**
[2] (*Arg Agr*) = **Instituto Nacional de Tecnología Agropecuaria**
[3] (*Guat*) = **Instituto Nacional de Transformación Agraria**

**intachable** ADJ [1] (= *perfecto*) faultless, perfect
[2] [*conducta*] irreproachable

**intacto** ADJ [1] (= *sin tocar*) untouched; **dejó el desayuno casi ~** she left her breakfast almost untouched
[2] (= *no dañado*) intact, undamaged; **el vehículo estaba ~** the vehicle was intact *o* undamaged; **conserva ~ su sentido del humor** his sense of humor is intact *o* unaffected; **su prestigio sigue ~** his reputation remains intact

**intangible** Ⓐ ADJ intangible
Ⓑ SM intangible, intangible asset

**integérrimo** ADJ SUPERL *de* **íntegro**

**integración** SF [1] (= *incorporación*) integration; **la ~ de España en la UE** Spain's integration into the EU; **~ racial** racial integration
[2] (*Elec*) integration; **~ a muy gran escala** very large-scale integration; **~ a pequeña escala** small-scale integration

**integrado** ADJ [1] (*Elec*) [*circuito*] integrated
[2] (*Inform*) [*software*] integrated

**integrador** ADJ **política ~a** policy of integration, integrationist policy; **proceso ~** process of integration

**integral** Ⓐ ADJ [1] (= *entero*) [*cereal*] wholegrain; [*arroz*] brown; [*pan, harina*] wholemeal
[2] (= *total*) [*plan, reforma, servicio*] comprehensive, all-round; **para el cuidado ~ de la salud** for comprehensive *o* all-round health care; **educación ~** all-round education; **un desnudo ~** a full frontal
[3] (= *integrante*) integral, built-in; **una parte ~ de** an integral part of
[4] (= *redomado*) total, complete; **un idiota ~** a total *o* complete fool
[5] (*Mat*) integral
Ⓑ SF (*Mat*) integral

**íntegramente** ADV [1] (= *completamente*) entirely; **un concierto ~ dedicado a Mozart** a concert entirely devoted to Mozart; **el periódico reprodujo ~ la carta** the newspaper published the letter in full
[2] (= *con integridad*) uprightly, with integrity

**integrante** Ⓐ ADJ [*parte, elemento*] integral; [*país*] member *antes de s*; **es parte ~ de nuestra existencia** it is an integral part of our existence; **los estados ~s de la Unión Europea** the member states of the European Union
Ⓑ SMF member

**integrar** ▸conjug 1a◂ Ⓐ VT [1] (= *componer*) to make up; **la exposición la integran 150 fotografías** the exhibition is made up of 150 photographs; **una enciclopedia integrada por 12 volúmenes** an encyclopaedia consisting of 12 volumes
[2] (= *incorporar*) [+ *funciones, servicios*] to incorporate, include; **este programa integra diversas funciones** this program incorporates *o* includes various functions; **han integrado bien los muebles en el resto de la decoración** they have integrated *o* incorporated the furniture very well into the rest of the decor; **~ a algn en algo** to integrate sb into sth; **un programa para ~ a los presos en el mercado laboral** a programme to integrate prisoners into the labour market; **quieren ~ a su club en la federación deportiva** they want their club to become a member of *o* join the sports federation
[3] (*Mat*) to integrate
[4] (*Fin*) (= *reembolsar*) to repay, reimburse; (*Cono Sur*) (= *pagar*) to pay up
Ⓑ **integrarse** VPR [1] (= *adaptarse*) **~se en** [+ *grupo*] to fit into, integrate into; [+ *conjunto, entorno*] to blend with; **no le costó nada ~se en la clase** he had no difficulty fitting *o* integrating into the class; **la casa se integra perfectamente en el paisaje** the house blends perfectly with *o* into the landscape
[2] (= *unirse*) **~se en** [+ *asociación, conjunto*] to join; **el año en que España se integró plenamente en la Alianza Atlántica** the year Spain became a full member of the Atlantic Alliance; **el significante y el significado se integran en un solo elemento lingüístico** the signifier and the meaning join to form a single linguistic element

**integridad** SF [1] (= *totalidad*) wholeness, completeness; **en su ~** completely, as a whole; **publicaron el texto en su ~** they published the text in full *o* in its entirety; **~ física** personal safety, physical well being; **peligró su ~ física** she put her personal safety at risk; **delito contra la ~ de la persona** crime against the person
[2] (= *honradez*) integrity
[3] (*Inform*) integrity
[4] (†) (= *virginidad*) virginity

**integrismo** SM [1] (= *conservadurismo*) entrenched traditionalism
[2] (*Rel*) fundamentalism; **el ~ islámico** Islamic fundamentalism

**integrista** Ⓐ ADJ [1] (= *conservador*) traditionalist
[2] (*Rel*) fundamentalist
Ⓑ SMF [1] (= *conservador*) traditionalist
[2] (*Rel*) fundamentalist ► **integrista islámico** Islamic fundamentalist

**íntegro** ADJ [1] (= *completo*) [*cantidad, pago*] whole; [*condena*] full; [*grabación, texto*] unabridged; **dedica su sueldo ~ a la hipoteca** his whole salary goes towards the mortgage; **cumplió la pena íntegra** he served his sentence in full, he served his full sentence; **han publicado la versión íntegra del texto** they've published an unabridged version of the text; **el libro jamás se publicó ~** the book was never published in full; **en versión íntegra** [*película*] uncut; [*novela*] unabridged
[2] (= *honrado*) upright

**integumento** SM integument

**intelecto** SM, **intelectiva** SF intellect

**intelectual** ADJ, SMF intellectual

**intelectuala*** SF (*hum*) bluestocking

**intelectualidad** SF [1] (= *personas*) intelligentsia, intellectuals *pl*
[2] (*cualidad*) intellectuality, intellectual character

**intelectualmente** ADV intellectually

**intelectualoide** ADJ, SMF pseudo-intellectual

**inteligencia** SF [1] (= *capacidad*) intelligence ► **inteligencia artificial** artificial intelligence ► **inteligencia máquina** machine intelligence ► **inteligencia verbal** verbal skills *pl*, verbal ability
[2] (= *persona inteligente*) mind, intellect; **es una de las grandes ~s del partido** he is one of the great minds *o* intellects of the party
[3] (*Mil*) intelligence; **servicio de ~** intelligence service
[4] **la ~** (= *intelectuales*) the intelligentsia
[5] (= *comprensión*) understanding
[6] (= *acuerdo*) agreement

**inteligente** ADJ [1] [*persona, animal, pregunta, comentario*] intelligent; **¿hay vida ~ en Marte?** is there intelligent life on Mars?
[2] (*Inform*) intelligent; [*misil, edificio, tarjeta*] smart

**inteligentemente** ADV intelligently

**inteligibilidad** SF intelligibility

**inteligible** ADJ intelligible

**inteligiblemente** ADV intelligibly

**intemperancia** SF intemperance

**intemperante** ADJ intemperate

**intemperie** SF **la ~** the elements *pl*; **estar a la ~** to be out in the open, be at the mercy of the elements; **crema para proteger la piel de la ~** cream to protect the skin against the elements; **aguantar la ~** to put up with the elements, put up with wind and weather; **una cara curtida a la ~** a weatherbeaten face, a face tanned by wind and weather; **dejar a algn a la ~** to leave sb unprotected

**intempestivamente** ADV in an untimely way, at a bad time

**intempestivo** ADJ untimely; **regresar a casa a horas intempestivas** to return home at an ungodly hour

**intemporal** ADJ timeless

▼**intención** SF [1] (= *propósito*) intention; **causar daño no era la ~ de mi cliente** it was not my client's intention to cause any damage (*frm*); **perdona, no ha sido mi ~ despertarte** sorry, I didn't mean to wake you; **lo hizo con la mejor ~ del mundo** he did it with the best (of) intentions; **la ~ desestabilizadora de sus palabras** the disruptive intent of his words; **su ~ era que yo le pagara la entrada** he meant me to pay for his ticket; **su ~ era muy otra** he had something very different in mind; **no, gracias, pero se agradece la ~** no, but thanks for thinking of me, no thanks, but it was a kind thought; **la ~ es lo que cuenta** it's the thought that counts; **con ~** (= *a propósito*) deliberately, intentionally; **esto está hecho con ~** this was deliberate, this was no accident; **mencionó lo del divorcio con mala** *o* **mucha ~** he spitefully mentioned the divorce; **la ~ de hacer algo**: **ha dejado clara su ~ de venir** he has made it clear that he intends to come; **no lo dijo con la ~ de ofenderla** he didn't say it with the intention of offending her, he didn't say it to offend her; **sonrió con la ~ de animarme** he smiled to try to cheer me up; **sin la menor ~ de generalizar** without wishing to generalize; **tenemos la ~ de salir temprano** we intend *o* plan to start out early; **no tengo la menor** *o* **más mínima ~ de pedir perdón** I haven't got the slightest intention of apologizing, I have no intention of apologizing; **sin ~** without meaning to; **aunque lo haya hecho sin ~** even if he did it without meaning to, even if he didn't mean to do it ► **intención de voto** voting intention
[2] **intenciones** (= *planes*) intentions, plans; **no te fíes, no sabes sus intenciones** don't trust him, you don't know what he has in mind; **¿cuáles son tus intenciones para el año próximo?** what are your plans for next year?; **tener buenas intenciones** to mean well, have good intentions; **tener malas intenciones** to be up to no good; ✦**REFRÁN de buenas intenciones está el infierno lleno** the road to hell is paved with good intentions
[3] **doble** *o* **segunda ~** double meaning; **lo dijo con segunda** *o* **doble ~** there was a double meaning to what he said

**intencionadamente** ADV [1] (= *a propósito*) deliberately, on purpose
[2] (= *con mala intención*) nastily

**intencionado** ADJ [1] (= *deliberado*) deliberate, intentional
[2] **bien ~** [*persona*] well-meaning, well-intentioned; [*acto*] well-meant, well-intentioned
[3] **mal ~** [*persona*] ill-meaning, hostile; [*acto*] ill-meant, ill-intentioned

**intencional** ADJ intentional

**intencionalidad** SF [1] (= *propósito*) purpose, intention; **la ~ del incendio** the fact that the fire was deliberately started
[2] **una pregunta cargada de ~** a loaded question

**intencionalmente** ADV intentionally

**intendencia** SF [1] (= *dirección*) management, administration
[2] (= *oficina*) manager's office
[3] (*Mil*) (*tb* **cuerpo de ~**) ≈ service corps, ≈ quartermaster corps (*EEUU*)
[4] (*Arg*) (= *alcaldía*) mayoralty; (= *cargo de gobernador*) governorship

**intendente** SMF [1] (= *director*) manager
[2] (*Mil*) ► **intendente de ejército** quartermaster general
[3] (*LAm Hist*) governor
[4] (*Arg*) (= *alcalde*) mayor; (*Arg, Chile*) (= *gobernador*) provincial governor
[5] (*Méx, Ecu*) (= *policía*) police inspector

**intensamente** ADV [1] (= *con intensidad*) intensely
[2] (= *con fuerza, vehemencia*) powerfully, strongly
[3] (= *vivamente*) vividly, profoundly

**intensar** ▸conjug 1a◂ Ⓐ VT to intensify
Ⓑ **intensarse** VPR to intensify

**intensidad** SF [1] (*Elec, Téc*) strength; [*de terremoto, sonido*] intensity ► **intensidad luminosa** luminous intensity
[2] [*de color, olor, dolor*] intensity; [*de recuerdo*] vividness; [*de emoción, sentimiento*] strength; **la ~ de su mirada la atemorizó** the intensity of his gaze frightened her; **Manuel vivió con ~** Manuel lived life to the full; **ha aumentado la ~ del tráfico** the volume of traffic has increased; **nevaba con gran ~** it was snowing heavily *o* hard

**intensificación** SF intensification

**intensificar** ▸conjug 1g◂ Ⓐ VT to intensify
Ⓑ **intensificarse** VPR to intensify

**intensión** SF intensity, intenseness

**intensivamente** ADV intensively

**intensivo** ADJ [*búsqueda, tratamiento*] intensive; [*curso*] intensive, crash *antes de s*

**intenso** ADJ [*frío, dolor, actividad*] intense; [*emoción*] powerful, strong; [*recuerdo*] vivid; [*color*] deep, intense; [*bronceado*] deep; [*corriente eléctrica*] strong

**intentar** ▸conjug 1a◂ VT to try, attempt (*frm*); **hemos intentado un acuerdo** we've tried *o* attempted (*frm*) to reach an agreement; **¿por qué no lo intentas otra vez?** why don't you try again?; **¡venga, inténtalo!** come on, have a go *o* have a try!; **lo he intentado con regalos, pero no consigo animarla** I've tried (giving her) presents, but I just can't cheer her up; **lo ha intentado con todo** he has tried everything; **con ~lo nada se pierde** ◊ **por ~lo que no quede** there's no harm in trying; **~ hacer algo** to try to do sth, attempt to do sth (*frm*); **~emos llegar a la cima** we shall try *o* attempt (*frm*) to reach the summit; **llevo todo el día intentando hablar contigo** I've been trying to talk to you all day; **intente no fumar** try not to smoke; **~ que** + *SUBJUN*: **llevan años intentando que se celebre el juicio** they've spent years trying to bring the case to trial; **intenta que te lo dejen más barato** try and get *o* try to get them to reduce the price; **intenta que no se enteren tus padres** try not to let your parents find out

**intento** SM [1] (= *tentativa*) attempt; **al primer ~** at the first attempt; **fracasó en su ~ de batir el récord mundial** he failed in his attempt to beat the world record; **~ fallido** *o* **fracasado** failed attempt ► **intento de asesinato** (= *acción*) murder attempt; (= *cargo*) attempted murder ► **intento de soborno** attempted bribe ► **intento de suicidio** suicide attempt ► **intento de violación** attempted rape
[2] (= *propósito*) (*Méx*) intention; **de ~**† (*Méx, Col*) by design

**intentona** SF [1] (= *tentativa*) foolhardy attempt, wild attempt
[2] (*Pol*) putsch, rising ► **intentona golpista** failed coup (d'état), attempted coup (d'état)

**ínter** SM (*Andes, Cono Sur Rel*) curate

**inter...** PREF inter...

**interacción** SF interaction; **"interacciones"** (*Farm*) "not to be taken with..."

**interaccionar** ▸conjug 1a◂ VI to interact (**con** with)

**interactivo** ADJ interactive; **computación interactiva** (*Inform*) interactive computing

**interactuación** SF interaction

**interactuar** ▸conjug 1e◂ VI to interact (**con** with)

**interamericano** ADJ inter-American

**interandino** ADJ inter-Andean, concerning areas on both sides of the Andes

**interanual** ADJ **promedio ~** year-on-year average; **variación ~** variation from year to year

**interbancario** ADJ inter-bank *antes de s*

**interbibliotecario** ADJ inter-library *antes de s*; **préstamo ~** inter-library loan

**intercalación** SF [1] (= *inserción*) [*de comentarios, imágenes*] insertion, interspersing; [*de cultivos*] insertion, alternating
[2] (*Inform*) merging

**intercalar** ▸conjug 1a◂ VT [1] (= *insertar*) [+ *pausa, ejemplo*] to put in, include; [+ *comentarios, cultivos*] to intersperse, alternate; [+ *actividad*] to fit in, combine; **deberías ~ al-**

➤ LENGUA Y USO: intención 1 35.1, 35.2, 35.3, 45.4

**intrépido** ADJ intrepid

**intricado** ADJ = **intrincado**

**intriga** SF (= *maquinación*) intrigue; (= *ardid*) plot, scheme; (*Teat*) plot; **novela de ~** thriller; **película de ~** thriller ► **intriga secundaria** subplot

**intrigante** Ⓐ ADJ [1] (= *enredador*) scheming
[2] (= *interesante*) intriguing
Ⓑ SMF schemer

**intrigar** ▸conjug 1h◂ Ⓐ VT [1] (= *interesar*) to intrigue; **lo que más me intriga del caso es ...** the most intriguing aspect of the case is ...; **me tienes intrigada** you've got me intrigued
[2] (*LAm*) [+ *asunto*] to conduct in a surprising way
Ⓑ VI to scheme, plot
Ⓒ **intrigarse** VPR (*LAm*) to be intrigued

**intrincadamente** ADV [1] (= *complejamente*) intricately; **los dos asuntos están ~ vinculados** the two matters are intricately linked
[2] (= *formando una trama*) densely, impenetrably

**intrincado** ADJ [1] (= *complejo*) complicated; (= *enmarañado*) intricate; **un laberinto ~** an intricate maze; **explorábamos los ~s recovecos** we explored the hidden corners; **un hombre de carácter ~** a man with a complex character
[2] [*bosque*] dense

**intrincar** ▸conjug 1g◂ VT (= *complicar*) to confuse, complicate; (= *enredar*) to entangle

**intríngulis*** SM INV (= *pega*) hidden snag, catch*; (= *misterio*) puzzle, mystery; (= *secreto*) (hidden) secret; (= *motivo*) ulterior motive; **ahí está el ~** that's the secret; **tiene su ~** it's quite tricky*, it's not as easy as it looks

**intrínsecamente** ADV intrinsically, inherently

**intrínseco** ADJ intrinsic, inherent

**intro...** PREF intro...

**introducción** SF [1] [*de texto*] introduction; **"Introducción a la gramática española"** "Introduction to Spanish Grammar"; **un curso de ~ al psicoanálisis** an introductory course in psychoanalysis
[2] (= *inserción*) insertion; **la ~ del tubo puede causar heridas** inserting the tube *o* the insertion of the tube can cause injury, the tube's insertion could cause injury
[3] (= *llegada*) [*de mercancías, cambios*] introduction; **la ~ de la moneda única** the introduction of a single currency; **la revolución que supuso la ~ del vídeo en los hogares** the revolution caused by the arrival of the video in the home; **se dedicaba a la ~ de heroína en España** he was involved in smuggling heroin into Spain; **~ de contrabando** smuggling
[4] (*Inform*) [*de datos*] input

**introducir** ▸conjug 3n◂ Ⓐ VT [1] (= *meter*) [1·1] [+ *mano, pie*] to put, place (**en** in(to)); [+ *moneda, llave*] to put, insert (**en** in(to)); **introdujo los pies en el agua** he put *o* placed his feet in(to) the water; **no podía ~ la llave en la cerradura** he couldn't get the key in(to) the lock; **introduzca la moneda/el disquete en la ranura** insert the coin/the diskette in(to) the slot; **introdujo la carta por debajo de la puerta** he slipped the letter under the door
[1·2] [+ *enfermedad, mercancías*] to bring (**en** into), introduce (**en** into); [+ *contrabando, droga*] to bring (**en** in(to)); **cualquier animal puede ~ la rabia en el país** any animal could bring *o* introduce rabies into the country; **el tabaco introducido ilegalmente en Europa** the tobacco brought into Europe illegally; **esa bebida hace ya años que se introdujo en España** that drink was introduced in Spain *o* was brought onto the Spanish market years ago; **~ algo de contrabando** to smuggle sth (**en** into); **~ algo en el mercado** to bring sth onto the market, introduce sth into the market
[1·3] **~ a algn en** [+ *habitación*] to show sb into; [+ *situación real*] to introduce sb to; [+ *situación irreal*] to transport sb to; **el mayordomo nos introdujo hasta el salón** the butler showed us into the drawing room; **quería ~la en la alta sociedad** he wanted to introduce her to high society; **su poesía nos introduce en un mundo de felicidad** his poetry transports us to a world of happiness; **la novela nos introduce en el Egipto de Cleopatra** the novel takes us back to the Egypt of Cleopatra
[2] (= *empezar*) [+ *cultivo, ley, método*] to introduce; **poco a poco se fueron introduciendo las tradiciones árabes** Arab traditions were gradually introduced; **para ~ el tema, empezaré hablando de política exterior** to introduce the subject, I'll begin by discussing foreign policy; **~ la ley del divorcio causó muchos problemas** the introduction of the divorce law caused many problems, introducing the divorce law was very problematic
[3] (= *realizar*) [+ *medidas, reformas*] to bring in, introduce; **quieren ~ cambios en la legislación** they want to make changes to the current legislation, they want to introduce changes into the current legislation; **las reformas se ~án gradualmente a lo largo de los próximos tres años** the reforms will be phased in over the next three years, the reforms will be brought in *o* introduced gradually over the next three years; **se deben ~ mejoras en el diseño del folleto** improvements need to be made to the pamphlet design
[4] (*Inform*) [+ *datos*] to input, enter
Ⓑ **introducirse** VPR [1] (= *meterse*) [*astilla, cristal*] to lodge; **la espina se me introdujo por debajo de la uña** the thorn lodged under my nail; **el balón se introdujo a través de los palos** the ball went in through the goalposts; **~se en algo** to get into sth, enter sth; **cuando el virus se introduce en el organismo** when the virus gets into *o* enters the organism; **se introdujo en el sótano a través de un agujero** he got into the basement through a hole; **el coche se introdujo despacio en el garaje** the car entered the garage slowly; **hemos logrado ~nos en el mercado europeo** we've managed to break *o* get into the European market; **muchas palabras se introducen en nuestro idioma procedentes del inglés** many words pass into our language from English
[2] (= *entrometerse*) to interfere, meddle

**introductor(a)** Ⓐ ADJ introductory
Ⓑ SM/F **el ~ de la música atonal en España** the man who introduced atonal music in Spain; **fue la ~a de esa técnica en Latinoamérica** she was the one who introduced that technique in Latin America ► **introductor(a) de datos** data inputter ► **introductor(a) de embajadores** *head of Protocol in the Foreign Affairs Department*

**introductorio** ADJ [1] (*Literat*) [*curso, discurso*] introductory; [*poema, relato*] opening
[2] (*Mús*) [*movimiento*] opening

**introito** SM [1] (*Teat*) prologue, prolog (*EEUU*)
[2] (*Rel*) introit

**intromisión** SF [1] (= *injerencia*) interference
[2] (= *inserción*) introduction, insertion

**introspección** SF introspection

**introspectivo** ADJ introspective

**introversión** SF introversion

**introvertido/a** Ⓐ ADJ introverted
Ⓑ SM/F introvert

**intrusión** SF (= *intromisión*) intrusion; (*Jur*) trespass ► **intrusión informática** hacking

**intrusismo** SM infiltration

**intruso/a** Ⓐ ADJ intrusive
Ⓑ SM/F (*gen*) intruder; (= *extraño*) outsider; (*en fiesta*) gatecrasher; (*Jur*) trespasser; (*Mil, Pol*) infiltrator ► **intruso/a informático/a** hacker

**intuible** ADJ that can be intuited

**intuición** SF intuition; **por ~** intuitively

**intuir** ▸conjug 3g◂ Ⓐ VT (= *saber*) to know intuitively; (= *sentir*) to sense, feel; **intuyo que alguien me sigue** I have a feeling I'm being followed
Ⓑ **intuirse** VPR **eso se intuye** that can be guessed; **se intuye que ...** one can tell intuitively that ..., one can guess that ...; **el hombre se intuye observado** the man has a feeling he is under observation

**intuitivamente** ADV intuitively

**intuitivo** ADJ intuitive

**intumescencia** SF intumescence (*frm*), swelling

**intumescente** ADJ intumescent (*frm*), swollen

**inuit** ADJ, SMF Inuit

**inundación** SF (*acción*) flooding; (*efecto*) flood

**inundadizo** ADJ (*LAm*) liable to flooding

**inundar** ▸conjug 1a◂ VT [1] (*con agua*) to flood; **la lluvia inundó la campiña** the rain flooded the countryside, the rain left the countryside under water
[2] (*con productos*) to flood (**de, en** with), swamp (**de, en** with); **~ el mercado de un producto** to flood the market with a product; **quedamos inundados de ofertas** offers rained in on us, we were flooded *o* swamped with offers
[3] [*gente*] to flood, swamp
[4] [*pena, sensación*] to overwhelm, sweep over

**inusitado** ADJ unusual, rare

**inusual** ADJ unusual

**inusualmente** ADV unusually

**inútil** Ⓐ ADJ [1] (= *vano*) [*intento, esfuerzo*] unsuccessful, fruitless; **lo intenté todo, pero fue ~** I tried everything, but it was no use *o* useless; **es ~ que usted proteste** it's no good *o* use you protesting, there's no point in protesting; **es ~ seguir intentándolo** there's no point in keeping on trying
[2] (= *inepto*) useless*, hopeless*
[3] (= *inválido*) disabled; **ha quedado ~ a causa de la artritis** she is completely disabled by arthritis
[4] (= *inservible*) useless; **tira todos los trastos ~es** throw away all that useless junk
[5] (*Mil*) unfit; **lo han declarado ~ para el**

➤ LENGUA Y USO: introducción 1 53.1

**servicio militar** he has been declared unfit for military service

Ⓑ SMF **¡tu hermana es una ~!** your sister is useless *o* hopeless!*

**inutilidad** SF uselessness; **constituir ~** to render inelegible, bar

**inutilizable** ADJ unusable, unfit for use

**inutilización** SF [*de mecanismo*] disablement; [*de sello*] cancellation

**inutilizar** ▸conjug 1f◂ Ⓐ VT (= *hacer inútil*) (*gen*) to make useless, render useless; [+ *mecanismo*] to disable, put out of action; [+ *sello*] to cancel; **el cañón quedó inutilizado** the cannon was put out of action; **las carreteras han quedado inutilizadas** the roads have become unuseable; **la mano derecha le quedó inutilizada** he lost the use of his right hand

Ⓑ **inutilizarse** VPR to become useless; [*mecanismo*] to be disabled

**inútilmente** ADV (= *sin utilidad*) uselessly; (= *en vano*) vainly, fruitlessly

**INV** SM ABR (*Esp*) = **Instituto Nacional de la Vivienda**

**invadeable** ADJ [*carretera, puente*] impassable; [*situación, problema*] unsurmountable

**invadir** ▸conjug 3a◂ VT [1] (= *atacar*) [+ *célula, país*] to invade; [+ *espacio aéreo, aguas jurisdiccionales*] to violate, enter; **los turistas invaden nuestras costas** tourists descend upon *o* invade our coasts; **las malas hierbas/los insectos invadieron el trigal** the wheatfield was overrun with weeds/insects; **los pájaros invadieron la plantación** birds swooped down onto the field; **~ la intimidad de algn** to invade sb's privacy

[2] (= *ocupar*) [2·1] [*multitud*] (*gen*) to pour into/onto; (*protestando*) to storm into/onto; **los fans invadieron el estadio/el escenario** the fans poured into the stadium/onto the stage; **los manifestantes invadieron la ciudad/las calles** the protesters stormed into the city/onto the streets

[2·2] [*vehículo*] to go into/onto; **el camión invadió el carril contrario/la pista de despegue** the lorry went into the wrong lane/onto the runway

[3] **~ a algn** [*sentimiento*] to overcome sb; **la invadió una gran tristeza** she was filled with great sadness, a great sadness overcame her; **el miedo había invadido su cuerpo** she was overcome by fear, she was filled with fear, fear overcame her

[4] (*Com*) [*producto*] to encroach on; **los vinos franceses invaden los mercados europeos** French wines are encroaching on European markets; **la televisión invadió nuestros hogares** television invaded our homes

[5] (*Jur*) to encroach upon; **el abogado intentó ~ las funciones del juez** the solicitor attempted to encroach upon the judge's prerogatives; **el delegado invadió atribuciones que no le correspondían** the delegate went beyond the powers vested in him

**invalidación** SF [*de certificado, resultado*] invalidation, nullification; [*de una decisión*] reversal

**invalidante** ADJ disabling, incapacitating

**invalidar** ▸conjug 1a◂ VT [+ *certificado, resultado*] to invalidate, nullify; [+ *decisión*] to reverse; [+ *leyes*] to repeal

**invalidez** SF [1] (*Med*) disability, disablement; **solicitar la ~ (laboral)** to apply for disability benefit ► **invalidez permanente** permanent disability

[2] (*Jur*) invalidity

**inválido/a** Ⓐ ADJ [1] (*Med*) disabled

[2] (*Jur*) invalid, null and void; **declarar inválida una elección** to declare an election void

Ⓑ SM/F (*Med*) disabled person; **~ de guerra** disabled ex-serviceman

**invaluable** ADJ (*LAm*) invaluable

**invariable** ADJ invariable

**invariablemente** ADV invariably

**invariancia** SF invariability, lack of variation

**invasión** SF [1] [*de país, cultivos*] invasion; **la ~ aliada de Italia** the allied invasion of Italy; **una ~ de películas norteamericanas** an invasion of American films

[2] [*de pista, calzada*] presence; **la ~ de la pista por un avión de carga causó el accidente** the accident was caused by the presence of a cargo plane on the runway

[3] (*Jur*) [*de derechos*] encroachment; [*de funciones, poderes*] usurpation

[4] (*Col*) (= *chabolas*) shantytown

**invasor(a)** Ⓐ ADJ [*ejército, pueblo*] invading; [*tumor*] invasive

Ⓑ SM/F invader; **la resistencia contra el ~ extranjero** resistance against the foreign invader

**invectiva** SF (*frm*) invective; **una ~** a tirade

**invectivar** ▸conjug 1a◂ VT (*frm*) (= *arremeter*) to inveigh against (*frm*); (= *insultar*) to heap abuse upon

**invencibilidad** SF invincibility

**invencible** ADJ [*enemigo, rival*] invincible, unbeatable; [*obstáculo*] insurmountable, insuperable; **La (Armada) Invencible** the (Spanish Armada) (*1588*)

**invenciblemente** ADV invincibly, unbeatably

**invención** SF [1] (= *invento*) invention; **la ~ de la imprenta** the invention of printing

[2] (= *mentira*) invention, fabrication; (*Literat*) invention, fiction

**invendible** ADJ unsaleable, unsellable

**invendido** Ⓐ ADJ unsold

Ⓑ SM unsold item

**inventar** ▸conjug 1a◂ Ⓐ VT (*gen*) to invent; [+ *plan*] to devise; [+ *historia, excusa*] to invent, concoct

Ⓑ **inventarse** VPR [+ *historia, excusa*] to invent, concoct

**inventariado** SM detailed account

**inventariar** ▸conjug 1b◂ VT to inventory, make an inventory of

**inventario** SM inventory; **~ continuo** continuous inventory; **hacer el ~** (*Com*) to do the stocktaking, take inventory (*EEUU*); **"cerrado por ~"** "closed for stocktaking", "closed for inventory" (*EEUU*)

**inventiva** SF (= *imaginación*) inventiveness; (= *ingenio*) ingenuity, resourcefulness

**inventivo** ADJ (= *imaginativo*) inventive; (= *ingenioso*) ingenious, resourceful

**invento** SM invention; ✦***MODISMO*** **~ del tebeo*** silly idea

**inventor(a)** SM/F inventor

**inverificable** ADJ unverifiable

**invernáculo** SM greenhouse

**invernada** SF [1] (= *estación*) winter season

[2] (= *hibernación*) hibernation

[3] (*Andes, Cono Sur*) (= *pasto*) winter pasture

[4] (*Caribe*) (= *tempestad*) heavy rainstorm

**invernadero** Ⓐ SM [1] (*para plantas*) greenhouse; (*con temperatura elevada*) hothouse

[2] (*LAm*) (= *pasto*) winter pasture

[3] (= *lugar de recreo*) winter resort

Ⓑ ADJ INV **efecto ~** greenhouse effect; **gases ~** greenhouse gases

**invernal** ADJ winter *antes de s*; [*clima, frío*] wintry

**invernante** Ⓐ ADJ over-wintering

Ⓑ SM (*Orn*) over-wintering species, winter visitor

**invernar** ▸conjug 1j◂ Ⓐ VI [1] (= *pasar el invierno*) to winter, spend the winter; (*Zool*) to hibernate

[2] (*Cono Sur*) [*ganado*] to pasture (and fatten) in winter

Ⓑ VT (*Cono Sur*) [+ *ganado*] to pasture (and fatten) in winter

**invernazo*** SM (*Caribe*) rainy season (*July to September*)

**inverne** SM (*LAm*) (= *pasto*) winter pasturing; (= *engorde*) winter fattening

**invernizo** ADJ wintry

**inverosímil** ADJ (= *improbable*) unlikely, improbable; (= *increíble*) implausible

**inverosimilitud** SF (= *improbabilidad*) unlikeliness, improbability; (= *incredibilidad*) implausibility

**inversamente** ADV inversely; **e ~** and vice versa

**inversión** SF [1] (*Com, Fin*) investment (**en** in) ► **inversión de capital(es)** capital investment ► **inversiones extranjeras** foreign investment *sing*

[2] [*de esfuerzo, tiempo*] investment

[3] [*de orden, dirección*] inversion; (*Elec*) reversal; (*Aut, Mec*) reversing ► **inversión de marcha** reversing, backing ► **inversión sexual** homosexuality ► **inversión térmica** temperature inversion

**inversionista** SMF (*Com, Fin*) investor

**inverso** ADJ [1] (= *contrario*) opposite; **en sentido ~** in the opposite direction; **en orden ~** in reverse order; **por orden ~ de antigüedad** in reverse order of seniority; **a la inversa** the other way round; (*al contrario*) on the contrary

[2] [*cara*] reverse

[3] (*Mat*) inverse

**inversor(a)** Ⓐ ADJ investment *antes de s*

Ⓑ SM/F (*Com, Fin*) investor ► **inversor(a) financiero/a** investments manager ► **inversor(a) inmobiliario/a** property investor ► **inversor(a) institucional** institutional investor

**invertebrado** ADJ, SM invertebrate

**invertido/a** Ⓐ ADJ [1] (= *al revés*) [*imagen, objeto*] inverted, upside-down; [*orden*] reversed; **escritura invertida** mirror writing; **la pirámide invertida** the inverted pyramid

[2] (†) (= *homosexual*) homosexual

Ⓑ SM/F (†) invert†, homosexual

**invertir** ▸conjug 3i◂ Ⓐ VT [1] (*Com, Fin*) to invest (**en** in)

[2] [+ *esfuerzo, tiempo*] to invest (**en** on), put in (**en** on); **invirtieron una hora en recorrer diez kilómetros** they spent an hour covering ten kilometres

[3] [+ *figura, objeto*] (= *volcar*) to invert, turn upside down; (= *poner al revés*) to put the oth-

er way round, reverse
[4] (= *cambiar*) [+ *orden*] to change, invert; [+ *dirección*] to reverse
[5] (*Mat*) to invert
Ⓑ VI **~ en algo** to invest in sth
Ⓒ VPR [*papeles, relación de fuerzas, tendencia*] to be reversed

**investidura** SF investiture; **discurso de ~** investiture speech; **votación de ~** (*Pol*) vote of confidence (*in the new prime minister*)

**investigación** SF [1] [*de accidente, delito*] (*por la policía*) investigation; (*por un comité*) inquiry; **la ~ policial del robo** the police investigation of the robbery; **la ~ de los dos casos de corrupción** the inquiry into the two cases of corruption; **ha ordenado la ~ de las cuentas bancarias** he has ordered their bank accounts to be investigated; **una comisión de ~** a committee of inquiry
[2] (*científica, académica*) research; **están realizando una ~ sobre el ADN** they're doing research into *o* on DNA; **hace trabajo de ~** he's doing research work; **un trabajo de ~ sobre el barroco** a research project on the baroque, a piece of research on the baroque ► **investigación de mercado** market research ► **investigación operativa** operational research, operations research ► **investigación y desarrollo** research and development

**investigador(a)** Ⓐ ADJ (*gen*) investigative; (*en ciencia*) research *antes de s*; **equipo ~** (*en periodismo, policía*) team of investigators; (*en ciencia*) research team; **labor ~a** (*de periodista, policía*) investigative work; (*en ciencia*) research; **capacidad ~a** research ability; **han nombrado una comisión ~a sobre el caso** a commission of enquiry has been appointed to the case
Ⓑ SM/F [1] (= *periodista, policía*) investigator ► **investigador(a) privado/a** private investigator *o* detective
[2] (= *científico*) research worker, researcher; [*de doctorado*] research student

**investigar** ►conjug 1h◄ Ⓐ VT [1] [+ *accidente, crimen, queja, hechos*] to investigate; [+ *cuentas, patrimonio*] to audit; **el juez ordenó ~ sus actividades financieras** the judge ordered an investigation of their financial activities
[2] (*Univ*) to research, do research into
[3] (= *tantear*) to check out; **quédate aquí y yo ~é el terreno** stay here and I'll check out the lie of the land*
Ⓑ VI [1] [*policía, comité*] to investigate
[2] (*Univ*) to do research; **una beca para ~ sobre el SIDA** a grant to do research into AIDS

**investigativo** ADJ investigative

**investir** ►conjug 3k◄ VT **fue investido doctor honoris causa** he was granted an honorary doctorate; **será investido presidente** he will be sworn in as president; **fue investido como Príncipe de Gales** the title of Prince of Wales was conferred on him; **~ a algn con *o* de algo** to confer sth on sb

**inveterado** ADJ [*fumador, pecador*] inveterate; [*criminal*] hardened; [*hábito*] deep-seated, well-established

**inviabilidad** SF (= *imposibilidad*) unfeasibility, unviability; [*de reclamación*] invalidity

**inviable** ADJ (= *imposible*) unfeasible, unviable, non-viable; [*reclamación*] invalid

**invicto** ADJ [*pueblo*] unconquered; [*equipo*] unbeaten

**invidencia** SF blindness

**invidente** Ⓐ ADJ blind
Ⓑ SMF blind person

**invierno** SM [1] (= *estación*) winter; **deportes de ~** winter sports ► **invierno nuclear** nuclear winter
[2] (*Andes, CAm, Caribe*) (= *meses de lluvia*) rainy season
[3] (*Caribe*) (= *aguacero*) heavy shower

**inviolabilidad** SF inviolability ► **inviolabilidad parlamentaria** parliamentary immunity

**inviolable** ADJ inviolable

**inviolado** ADJ inviolate

**invisibilidad** SF invisibility

**invisible** Ⓐ ADJ invisible; **importaciones ~s** invisible imports; **exportaciones ~s** invisible exports
Ⓑ SM (*Arg*) hairpin

▼ **invitación** SF invitation (**a** to); **a ~ de algn** at sb's invitation

**invitado/a** Ⓐ ADJ invited; **estrella invitada** guest star
Ⓑ SM/F guest ► **invitado/a de honor** guest of honour ► **invitado/a de piedra** unwanted guest ► **invitado/a estelar** star guest

▼ **invitar** ►conjug 1a◄ VT [1] (*gen*) to invite; **me invitó al cine** she invited me to the cinema; **me invitó a Marbella** she invited me to go to Marbella; **invito yo** it's on me; **os invito a una cerveza** I'll buy *o* stand you all a beer; **nos invitó a cenar (fuera)** she took us out for a meal; **dio las gracias a los que lo habían invitado** he thanked his hosts
[2] (= *incitar*) to invite; **~ a algn a hacer algo** to invite sb to do sth; (*exhortando*) to call on sb to do sth; **~ a algn a la violencia** to incite sb to violence
[3] (= *atraer*) to entice; **una frase que invita a comprar** a slogan which entices you to buy

**in vitro** ADJ, ADV in vitro; **fecundación *o* fertilización ~** in vitro fertilization

**invocación** SF invocation; **una ~ a la Virgen** an invocation of *o* to the Virgin; **una ~ de auxilio** a plea for help

**invocar** ►conjug 1g◄ VT [1] (= *citar*) to cite, invoke
[2] [+ *derecho, principio*] to cite, invoke; **~ la ley** to invoke the law
[3] (= *rogar*) (*gen*) to invoke, appeal for; [+ *divinidad, santo*] to invoke, call on; **~ la ayuda de algn** to appeal for *o* invoke sb's help
[4] (*Inform*) to call

**involución** SF (*Pol*) regression ► **involución demográfica** demographic regression

**involucionismo** SM (*Pol*) reaction; (*en sentido amplio*) reactionary forces *pl*

**involucionista** (*Pol*) Ⓐ ADJ regressive, reactionary
Ⓑ SMF reactionary

**involucración** SF, **involucramiento** SM involvement

**involucrar** ►conjug 1a◄ Ⓐ VT [1] (= *implicar*) to involve; **~ a algn en algo** to involve sb in sth, mix sb up in sth; **andar involucrado en** to be mixed up in; **las personas involucradas en el caso** the people involved in the affair
[2] (= *mezclar*) to jumble up, mix up; **lo tiene todo involucrado** he's got it all mixed up; **~ algo en un discurso** to bring sth irrelevant into a speech
Ⓑ **involucrarse** VPR [1] (= *participar*) to get involved (**en** in)
[2] (= *entrometerse*) to meddle, interfere (**en** in)

**involuntariamente** ADV (= *sin voluntad*) involuntarily; (= *sin intención*) unintentionally

**involuntario** ADJ [*gesto, movimiento*] involuntary; [*ofensa*] unintentional; [*agente, causante*] unwitting; **homicidio ~** involuntary manslaughter

**involutivo** ADJ (*Pol*) reactionary

**invulnerabilidad** SF invulnerability

**invulnerable** ADJ invulnerable

**inyección** SF [1] (*Med*) (= *acción, sustancia*) injection; **una ~ de morfina** an injection of morphine, a morphine injection; **ha venido a ponerme una ~** he's come to give me an injection; **se pone una ~ diaria** she gives herself an injection every day ► **inyección intramuscular** intramuscular injection ► **inyección intravenosa** intravenous injection ► **inyección letal** lethal injection ► **inyección subcutánea** subcutaneous injection
[2] [*de dinero, fondos*] injection; **una ~ financiera de 300 millones de euros** a cash injection of 300 million euros
[3] [*de optimismo, energía*] injection; **una ~ de moral para el equipo** a shot in the arm for the team
[4] (*Mec*) injection; **motor de ~** fuel injection engine; **impresión por ~ de burbujas** bubble-jet printing ► **inyección electrónica** electronic fuel injection

**inyectable** Ⓐ ADJ injectable; **"administración por vía oral o ~"** "to be taken orally or by injection"
Ⓑ SM (= *inyección*) injection; (= *vacuna*) vaccine

**inyectado** ADJ **ojos ~s en sangre** bloodshot eyes

**inyectar** ►conjug 1a◄ Ⓐ VT [1] (*Med*) to inject (**en** into); **~ algo en algn** to inject sb with sth; **le ~on un antibiótico** he had an antibiotic injection
[2] [+ *optimismo, dinero*] to inject; **~on optimismo al mercado** they injected optimism into the market
[3] (*Mec*) to inject
Ⓑ **inyectarse** VPR to give o.s. an injection, inject o.s.

**inyector** SM (*en motor*) injector; (*en horno, fragua*) nozzle

**ion** SM ion

**iónico** ADJ ionic

**ionizador** SM ionizer, negative ionizer

**ionizar** ►conjug 1f◄ VT to ionize

**ionosfera** SF ionosphere

**IORTV** ABR = **Instituto Oficial de Radiodifusión y Televisión**

**iota** SF iota

**IPC** SM ABR (= **índice de precios al consumo**) RPI, CPI (*esp EEUU*)

**ipecacuana** SF ipecacuanha, ipecac (*EEUU*)

➤ LENGUA Y USO: **invitación** 52.1, 52.4 **invitar** 52.1, 52.4

**IPM** SM ABR (= **índice de precios al por menor**) RPI

**ipomea** SF (*Bot*) morning glory

**IPPV** SM ABR = **Instituto para la Promoción Pública de la Vivienda**

## ir

▸conjug 3s◂
[A] VERBO INTRANSITIVO [C] VERBO PRONOMINAL
[B] VERBO AUXILIAR
*Para las expresiones* ***ir de vacaciones, ir de veras, ir dado, irse de la lengua,*** *ver la otra entrada.*

Ⓐ VERBO INTRANSITIVO

[1] [= *marchar*] [1·1] (*indicando movimiento, acción*) to go; **anoche fuimos al cine** we went to the cinema last night; **¿has ido alguna vez a Quito?** have you ever been to Quito?; **¿a qué colegio vas?** what school do you go to?; **esta carretera va a Huesca** this road goes to Huesca, this is the road to Huesca; **íbamos hacia Sevilla** we were going towards Seville; **ir hasta León** to go as far as León; **ir despacio** to go slow(ly); **ir con tiento** to go carefully *o* cautiously; **¡ya voy!** ◊ **¡ahora voy!** coming!, I'll be right there!; **vamos a casa** let's go home; **¿quién va?** (*Mil*) who goes there?

[1·2] (*indicando la forma de transporte*) **ir andando** to walk, go on foot; **tuvimos que ir andando** we had to walk *o* go on foot; **¿vas a ir andando o en autobús?** are you walking or going by bus?; **ir en avión** to fly; **ir en bicicleta** to ride; **ir a caballo** to ride; **fui en coche** I went by car, I drove; **ir a pie** = **ir andando**; **fui en tren** I went by train *o* rail

[1·3] (*con complemento*) **iba muy bien vestido** he was very well dressed; **este reloj va atrasado** this clock is slow; **iban muertos de risa por la calle** they were killing themselves laughing as they went down the street

[1·4] **ir (a) por** to go and get; **voy (a) por el paraguas** I'll go and get the umbrella; **voy por el médico** I'll go and fetch *o* get the doctor; **voy a por él** (*a buscarle*) I'll go and get him; (*a atacarle*) I'm going to get him; **sólo van a por las pelas*** they're only in it for the money

[2] [*indicando proceso*] [2·1] [*persona*] **¿cómo va el paciente?** how's the patient doing?; **el enfermo va mejor** the patient is improving *o* doing better; **el enfermo va peor** the patient has got worse

[2·2] [*acción, obra*] to go; **¿cómo va el ensayo?** how's the essay going?, how are you getting on with the essay?; **¿cómo va el partido?** what's the score?; **¿cómo va eso?** how are things (going)?; **todo va bien** everything's fine, everything's going well; **los resultados van a mejor** the results are improving *o* getting better

[2·3] **ir por**: **¿te has leído ya el libro? ¿por dónde vas?** have you read the book yet? whereabouts are you? *o* how far have you got?; **ir por la mitad de algo** to be halfway through sth; **la película ya va por la mitad** it's already half way through the film; **íbamos por la mitad de nuestro viaje** we were half way there

[3] [*indicando manera, posición*] **ese cuadro debería ir encima del sofá** that picture should go over the sofa; **lo que te dijo iba en serio** he meant what he said (to you)

[4] [= *extenderse*] to go, stretch; **la pradera va desde la montaña hasta el mar** the grasslands go *o* stretch from the mountains to the sea; **en lo que va de año** so far this year; **en lo que va de semana hemos recibido cientos de llamadas** we've had hundreds of calls so far this week; **en lo que va desde 1950 hasta nuestros días** from 1950 up until now

[5] [*indicando distancia, diferencia*] **va mucho de uno a otro** there's a lot of difference between them; **¡lo que va del padre al hijo!** what a difference there is between father and son!, father and son are nothing like each other!; **de 7 a 9 van 2** the difference between 7 and 9 is 2; (*en resta*) 7 from 9 leaves 2

[6] [*indicando acumulación*] **con éste van 30** that makes 30 (with this one); **van ya tres llamadas y no contesta** we've called him three times and he doesn't answer

[7] [*en apuestas*] **van cinco pesos a que no lo haces** I bet you five pesos you won't do it; **¿cuánto va?** how much do you bet?

[8] [= *vestir*] **ir con pantalones** to be wearing trousers; **¿con qué ropa** *o* **cómo fuiste a la boda?** what did you wear to the wedding?; **iba de rojo** she was dressed in red, she was wearing red; **la que va de negro** the girl in black; *ver tb* **etiqueta 2**

[9] **irle a algn** [9·1] (*indicando importancia*) **nos va mucho en esto** we have a lot riding on this; **le va la vida en ello** his life depends on it; ✦***MODISMO*** **ni me va ni me viene** it's nothing to do with me

[9·2] (*indicando situación*) **¿cómo te va?** how are things?, how are you doing?; **¿cómo te va en los estudios?** how are you getting on with your studies?; **¡que te vaya bien!** take care!

[9·3] (= *sentar*) to suit; **¿me va bien esto?** does this suit me?; **no le va bien el sombrero** the hat doesn't suit her

[9·4] (*) (= *gustar*) **no me va nada ese rollo** I'm not into that sort of thing*; **ese tipo de gente no me va** I don't get on with that type of people; **le va al Cruz Azul** (*Méx Dep*) he supports Cruz Azul

[10] [*seguido de preposición*]

◆ **ir con** (= *acompañar, combinar*) to go with; **no quería ir con ella a ninguna parte** I didn't want to go anywhere with her; **iba con su madre** he was with his mother; **esta fotocopia debe ir con la carta** this photocopy has to go (in) with the letter; **yo voy con el Real Madrid** I support Real Madrid; **el marrón no va bien con el azul** brown and blue don't go together; **eso de ser famosa no va con ella** being famous doesn't agree with her

◆ **ir de**: **¿de qué va la película?** what's the film about?; **la película va nada más que de sexo** the film is all sex; **no sabe de qué va el rollo*** he doesn't know what it's all about; **va de intelectual por la vida*** he acts the intellectual all the time; **¿de qué vas?*** what are you on about?*

◆ **ir para**: **va para los 40** he's getting on for 40, he's knocking on 40; **va para viejo** he's getting old; **va para arquitecto** he's going to be an architect; **va para cinco años que entré en la Universidad** it's getting on for five years since I started University

◆ **ir por** (*indicando intención*) **eso no va por usted** I wasn't referring to you, that wasn't meant for you; **¡va por los novios!** (here's) to the bride and groom!

◆ **ir tras** to go after; **se dio cuenta de que iban tras él** he realized they were after him; **ir tras una chica** to chase (after) a girl

[11] [*otras locuciones*] **a lo que iba** as I was saying; **ir a algn con algo**: **siempre le iba con sus problemas** he always went to her with his problems; **¿dónde vas?**: **—¿le regalamos un equipo de música? —¿dónde vas? con un libro tiene bastante** "shall we give him a stereo?" — "what do you mean? a book is fine"; **—¿le pido disculpas? —¿dónde vas? deja que sea él quien se disculpe** "shall I apologize?" — "what are you talking about? let him be the one to apologize"; **si vamos a eso** for that matter; **a eso voy** I'm coming to that; **pues, a eso voy** that's what I mean, that's what I'm getting at; **es el no va más*** it's the ultimate; **ir de mal en peor** to go from bad to worse; **ir a lo suyo** to do one's own thing; (*pey*) to look after Number One; **aquí cada uno va a lo suyo** everyone does their own thing here; **ir y venir**: **era un constante ir y venir de ambulancias** ambulances were constantly coming and going; **llevo todo el día yendo y viniendo de un lado al otro de la ciudad** I've spent all day going from one end of town to the other; **cuando tú vas, yo ya he venido** I've been there before, I've seen it all before; **ir y**: **ahora va y me dice que no viene** now he goes and tells me he's not coming; **fue y se marchó** (*Méx**) he just upped and left*; *ver tb* **lejos A1**

[12] [*exclamaciones*]

◆ **¡vaya!** (*indicando sorpresa*) well!; (*indicando enfado*) damn!; **¡vaya! ¿qué haces tú por aquí?** well, what a surprise! what are you doing here?; **¡vaya, vaya!** well I'm blowed!*; **¡vaya coche!** what a car!, that's some car!; **¡vaya susto que me pegué!** I got such a fright!, what a fright I got!; **¡vaya con el niño!** that damn kid!*

◆ **¡vamos!** (*dando ánimos*) come on!; (*para ponerse en marcha*) let's go!; **¡vamos! ¡di algo!** come on! say something!; **vamos, no es difícil** come on, it's not difficult; **una chica, vamos, una mujer** a girl, well, a woman; **es molesto, pero ¡vamos!** it's a nuisance, but there it is

◆ **¡qué va!**: **—¿no me vas a echar la bronca? —no, qué va** "you're not going to tell me off, are you?" — "of course I'm not"; **¿perder la liga? ¡qué va, hombre!** lose the league? you must be joking!

Ⓑ VERBO AUXILIAR

◆ **ir a** + *INFIN* to go; **fui a verle** I went to see him; **vamos a hacerlo** (*afirmando*) we are going to do it; (*exhortando*) let's do it; **tras muchas vueltas fuimos a dar con la calle Serrano** after driving round for ages we eventually found Serrano Street; **¿cómo lo iba a tener?** how could he have had it?; **¡no lo va a saber!** of course he knows!; **¿no irás a decirme que no lo sabías?** you're not going to tell me you didn't know?; **¿no irá a soplar?*** I hope he's not going to split on us*; **no vaya a ser que ...**: **no salgas no vaya a ser que venga** don't go out in case she comes

◆ **ir** + *GERUND*: **iba anocheciendo** it was getting dark; **iban fumando** they were smoking; **¿quién va ganando?** who's winning?; **fueron hablando todo el camino** they talked the whole way there; **como iba diciendo** as I was saying; **¡voy corriendo!** I'll be right

**jalar** ▸conjug 1a◂ Ⓐ VT [1] (*LAm*) (= *tirar de*) to pull; (= *arrastrar*) (*tb Náut*) to haul; **no le jales el pelo** don't pull his hair
[2] (*Méx**) (= *llevar*) to pick up, give a lift to
[3] (*LAm Pol*) to draw, attract, win
[4] (*LAm*) (= *trabajar*) to work hard at
[5] (*Andes, Caribe**) (= *hacer*) to make, do, perform
[6] (*Esp**) (= *comer*) to eat
Ⓑ VI [1] (*LAm*) (= *tirar*) to pull; **~ de** to pull at, tug at
[2] (*Méx**) **eso le jala** she's big on that*, she's a fan of that
[3] (*LAm*) (= *irse*) to go off; **~ para su casa** to go off home
[4] (*CAm, Méx*) [*novios*] to be courting
[5] (*LAm*) (= *trabajar*) to work hard
[6] (*Andes‡*) [*estudiante*] to flunk*, fail
[7] (*Méx*) (= *exagerar*) to exaggerate
[8] (‡) (= *correr*) to run
[9] (*Méx*) (= *tener influencia*) to have pull*
[10] (*Andes‡*) (= *fumar*) to smoke dope*
Ⓒ **jalarse** VPR [1] (*LAm*) (= *irse*) to go off
[2] (*LAm*) (= *emborracharse*) to get drunk
[3] (*CAm**) [*novios*] to be courting
[4] (**‡) (= *masturbarse*) to wank**‡

**jalbegar** ▸conjug 1h◂ VT to whitewash

**jalbegue** SM (= *pintura*) whitewash; (= *acción*) whitewashing

**jalde** ADJ, **jaldo** ADJ bright yellow

**jalea** SF jelly; ✦*MODISMO* **hacerse una ~**† (= *enamorado*) to be madly in love; (= *amable*) to be a creep‡ ► **jalea de guayaba** guava jelly ► **jalea real** royal jelly

**jalear** ▸conjug 1a◂ Ⓐ VT [1] (*haciendo ruido*) [+ *bailaor*] to cheer on; [+ *perros*] to urge on
[2] (*Méx*) (= *burlarse*) to jeer at
Ⓑ VI (*Méx*) to amuse o.s. noisily

**jaleo** SM [1] (*) (= *ruido*) row, racket; **armar un ~** to kick up a row
[2] (*) (= *confusión*) mess, muddle; (= *problema*) hassle; **es un ~ acordarse de tantos nombres** it's such a hassle having to remember all those names; **con tanto botón me armo unos ~s** I get into such a mess *o* muddle with all these buttons; **se armó un ~ tremendo** all hell broke loose*
[3] (*) (= *juerga*) binge*; **estar de ~** to be having a good time
[4] (*Mús*) shouting and clapping (*to encourage dancers*)
[5] (*Caza*) hallooing

**jaleoso** ADJ noisy, rowdy, boisterous

**jalisciense** ADJ of/from Jalisco

**jalisco¹‡** ADJ (*CAm, Méx*) plastered‡, stoned (*EEUU‡*)

**jalisco²** SM (*CAm, Méx*) straw hat

**jallo** ADJ (*Méx*) (= *ostentoso*) showy, flashy; (= *quisquilloso*) touchy

**jalón** SM [1] (= *poste*) (*gen*) stake, pole; [*de agrimensor*] surveying rod
[2] (= *hito*) milestone, watershed; **esto marca un ~ en ...** this is a milestone in ...
[3] (*LAm*) (= *tirón*) pull, tug; (= *robo*) snatch*; **hacer algo de un ~** (*Col, Méx*) to do sth in one go
[4] (*LAm*) (= *distancia*) distance, stretch; **hay un buen ~** it's a good *o* fair way
[5] (*CAm, Méx**) (= *trago*) swig*, drink
[6] (*CAm*) (= *amante*) lover, sweetheart; (= *pretendiente*) suitor

**jalona** SF (*CAm*) flirt, flighty girl

**jalonamiento** SM staking out, marking out

**jalonar** ▸conjug 1a◂ VT to stake out, mark out; **el camino está jalonado por plazas fuertes** the route is marked out by a series of strongholds, a line of strongholds marks the route

**jalonazo** SM (*CAm, Méx*) pull, tug

**jalonear** ▸conjug 1a◂ Ⓐ VT (*Méx*) to pull, tug
Ⓑ VI [1] (*CAm, Méx*) (= *tirar*) to pull, tug
[2] (*Méx*) (= *regatear*) to haggle

**jalonero‡** SM bag-snatcher

**jalufa‡** SF hunger; **pasar** *o* **tener ~** to be hungry

**Jamaica** SF Jamaica

**jamaica¹** SF (*CAm, Méx*) jumble sale, charity sale (*EEUU*)

**jamaica²** SF (*Caribe, Méx Bot*) hibiscus

**jamaicano/a** ADJ, SM/F, **jamaiquino/a** (*LAm*) ADJ, SM/F Jamaican

**jamancia‡** SF [1] (= *comida*) grub‡, chow (*EEUU‡*)
[2] (= *hambre*) hunger; **pasar** *o* **tener ~** to be hungry

**jamar*** ▸conjug 1a◂ Ⓐ VT to stuff o.s. with*
Ⓑ VI to eat, stuff o.s.*
Ⓒ **jamarse** VPR **se lo jamó todo** he scoffed the lot*

**jamás** ADV never; (*con negación, en interrogación*) ever; **¡jamás!** never!; **¿se vio ~ tal cosa?** did you ever see such a thing?; **el mejor amigo que ~ ha existido** the best friend ever; **¡~ de los jamases!** never in your life!

**jamba** SF jamb ► **jamba de puerta** doorjamb, doorpost (*EEUU*); *ver tb* **jambo**

**jambado*** ADJ (*Méx*) greedy, gluttonous; **estar ~** to be feeling over-full

**jambarse** ▸conjug 1a◂ VPR (*CAm, Méx*) to overeat

**jambo/a‡** SM/F (= *hombre*) bloke‡, geezer‡; (= *mujer*) bird‡, dame*; *ver tb* **jamba**

**jamelgo** SM nag, old hack

**jamón** Ⓐ SM [1] [*de cerdo*] ham; ✦*MODISMO* **¡y un ~ (con chorreras)!*** get away!*, my foot!* ► **jamón cocido** boiled ham ► **jamón de pata negra** *type of top-quality Parma ham made from a special breed of pig that has black legs* ► **jamón dulce** boiled ham ► **jamón serrano** ≈ Parma ham ► **jamón (de) York** boiled ham
[2] (*) [*de persona*] thigh, ham*
[3] (*Caribe*) (= *ganga*) bargain
[4] (*Caribe*) (= *conflicto*) difficulty
Ⓑ ADJ (*) [*persona*] dishy*; **un plato que está ~** a delicious meal

**jamona*** SF buxom woman

**jampa** SF (*Andes, Méx*) (= *umbral*) threshold; (= *puerta*) doorway

**jámparo** SM (*Andes*) canoe, small boat

**jamurar*** ▸conjug 1a◂ VT (*Andes*) to rinse

**jan** SM (*Caribe Agr*) seed drill; ✦*MODISMO* **ensartarse en los ~es** to get involved in an unprofitable piece of business

**jandinga‡** SF (*Caribe*) grub‡, chow (*EEUU‡*)

**janearse** ▸conjug 1a◂ VPR (*Caribe*) [1] (= *saltar*) to leap into the saddle
[2] (*) (= *pararse*) to come to a complete stop

**jangada¹** SF (*Náut*) raft

**jangada²** SF (= *disparate*) stupid remark; (= *trampa*) dirty trick

**Jano** SM Janus

**janpa** SF = **jampa**

**Japón** SM Japan

**japonés/esa** Ⓐ ADJ, SM/F Japanese
Ⓑ SM (*Ling*) Japanese

**japuta** SF pomfret

**jaque** SM [1] (*Ajedrez*) check; **dar ~ a algn** to put sb in check; **¡~ (al rey)!** check!; **~ continuo** continuous check; ✦*MODISMO* **tener en ~ a algn** to hold a sword over sb's head ► **jaque mate** checkmate; **dar ~ mate a algn** to checkmate sb, mate sb
[2] (*) (= *matón*) bully

**jaquear** ▸conjug 1a◂ VT [1] (*Ajedrez*) to check
[2] (*Mil*) (*fig*) to harass; **quedar jaqueado** to be rendered powerless

**jaqueca** SF [1] (= *dolor*) (severe) headache, migraine; ✦*MODISMO* **dar ~ a algn** (= *aburrir*) to bore sb; (= *acosar*) to bother sb, pester sb
[2] (*Cono Sur*) (= *resaca*) hangover

**jaquetón*** SM bully, braggart

**jáquima** SF [1] (*LAm*) [*de caballo*] headstall
[2] (*CAm, Méx**) (= *borrachera*) drunkenness, drunken state

**jaquimón** SM (*LAm*) headstall, halter

**jara¹** SF [1] (*Bot*) rockrose, cistus
[2] (= *mata*) clump, thicket
[3] (= *dardo*) dart
[4] **la ~** (*Méx**) the cops* *pl*

**jara²** SF (*Andes*) halt, rest

**jarabe** SM [1] (= *líquido*) syrup; **~ contra** *o* **para la tos** cough syrup *o* mixture; ✦*MODISMO* **dar ~ a algn*** to butter sb up* ► **jarabe de arce** maple syrup ► **jarabe de glucosa** glucose syrup ► **jarabe de palo*** beating ► **jarabe de pico** mere words, blarney
[2] ► **jarabe tapatío** Mexican hat dance

**jaral** SM [1] (= *terreno*) thicket
[2] (= *asunto espinoso*) thorny question

**jaramago** SM hedge mustard

**jarana** SF [1] (*) (= *juerga*) binge*; **andar/ir de ~** to be/go out on the town
[2] (*Méx Mús*) small guitar
[3] (*Perú*) (= *baile*) dance
[4] (*Caribe*) (= *banda*) dance band
[5] (*CAm*) (= *deuda*) debt
[6] (*Andes*) (= *embuste*) fib
[7] (*LAm*) (= *broma*) practical joke, hoax; **la ~ sale a la cara** (*CAm*) a joke can come back on you

**jaranear** ▸conjug 1a◂ Ⓐ VI [1] (*) (= *divertirse*) to be out on the town
[2] (*CAm*) (= *endeudarse*) to get into debt
Ⓑ VT (*Andes, CAm*) to cheat, swindle

**jaranero** ADJ [1] (*) (= *juerguista*) merry, roistering
[2] (*CAm*) (= *tramposo*) deceitful, tricky
[3] (*Méx Mús*) jarana player

**jaranista*** ADJ (*LAm*) = **jaranero 1**

**jarano** SM (*Méx*) broad hat, sombrero

**jarcha** SF kharja

**jarcia** SF [1] (*Náut*) (*tb* **~s**) rigging
[2] [*de pesca*] fishing tackle
[3] (*Cuba, Méx*) (= *cuerda*) rope (*made from agave fibre*)
[4] (*CAm*) agave
[5] (= *montón*) heap, mess

**jardín** SM garden, flower garden; ✦*MODISMO* **ser un ~ de rosas** to be a bed of roses ► **jardín alpestre** rock garden ► **jardín botánico** botanical garden ► **jardín de infancia**, **jardín de infantes** (*LAm*) kindergarten, nursery school ► **jardín rocoso** rock garden ► **jardín zoológico** zoo

**jardinaje** SM (*LAm*) gardening

**jardinera** SF 1 (*para plantas*) (*en ventana, balcón*) window box; (*en la calle*) flower bed
2 **a la ~** (*Culin*) jardiniere
3 (*Cono Sur*) (= *carrito*) barrow, cart
4 (*Chile*) (= *pantalón*) overalls *pl*, dungarees *pl*
5 (*Andes*) (= *abrigo*) jacket; *ver tb* **jardinero**

**jardinería** SF gardening

**jardinero/a** Ⓐ SM/F gardener
Ⓑ SM (*Cono Sur*) (= *pantalón*) overalls *pl*, dungarees *pl*; [*de niño*] romper suit; *ver tb* **jardinera**

**jarea*** SF (*Méx*) hunger

**jarear** ▸conjug 1a◂ VI (*Andes*) to halt, stop for a rest

**jarearse*** ▸conjug 1a◂ VPR (*Méx*) 1 (*de hambre*) to be starving*
2 (= *huir*) to flee

**jareta** SF 1 (*Cos*) (= *dobladillo*) casing; (= *adorno*) tuck
2 (*Náut*) (= *cabo*) cable, rope; (= *red*) netting
3 (*CAm, Cono Sur*) (= *bragueta*) fly, flies *pl*
4 (*Caribe*) (= *contratiempo*) snag, setback

**jarete** SM (*Caribe*) paddle

**jari*** SM row, racket

**jarifo** ADJ (*liter*) elegant, showy, spruce

**jaripeo*** SM (*Méx*) horse show

**jaro** SM arum lily

**jarocho/a** Ⓐ ADJ of/from Veracruz
Ⓑ SM/F native/inhabitant of Veracruz; **los ~s** the people of Veracruz

**jarope** SM 1 (= *jarabe*) syrup
2 (*) brew, concoction, nasty drink; **resultó un ~ poco agradable** it was a bitter pill to swallow

**jarra** SF [*de leche*] jug, pitcher (*EEUU*); [*de cerveza*] mug, tankard; **de** *o* **en ~s** with arms akimbo

**jarrada** SF (*LAm*) jugful, pitcherful (*EEUU*)

**jarrete** SM 1 (*Anat*) back of the knee; (*Zool*) hock
2 (*Andes*) (= *talón*) heel

**jarro** SM jug, pitcher (*EEUU*); ✦***MODISMOS*** **caer como un ~ de agua fría** to come as a complete shock; **echar un ~ de agua fría a una idea** to pour cold water on an idea

**jarrón** SM 1 (*para flores*) vase
2 (*Arqueología*) urn

**jartón*** ADJ (*CAm, Méx*) greedy, gluttonous

**Jartum** SM, **Jartún** SM Khartoum

**jaspe** SM jasper

**jaspeado** ADJ speckled, mottled

**jaspear** ▸conjug 1a◂ Ⓐ VT to speckle, marble to streak
Ⓑ **jaspearse** VPR (*Caribe**) to get cross

**jato** SM 1 (= *ternero*) calf
2 (*Caribe*) (= *perro*) stray dog, mongrel
3 (*Méx*) (= *carga*) load
4 (*Andes*) (= *silla de montar*) saddle
5 (*LAm*) = **hato**

**Jauja** SF, **jauja** SF 1 **¡esto es ~!** this is the life!; **vivir en ~** to live in luxury; **¿estamos aquí o en ~?** where do you think you are?
2 (*Cono Sur**) (= *chisme*) rumour, tale

**jaula** SF 1 (*para animales*) (*tb Min*) cage
2 [*de embalaje*] crate
3 [*de demente*] cell
4 (*Aut*) lock-up garage
5 (*Caribe**) Black Maria*, paddy wagon (*EEUU**)
6 (*Méx Ferro**) open truck
7 ✦***MODISMO*** **hacer ~** (*Méx*) to dig one's heels in

**jauría** SF pack of hounds

**Java** SF Java

**java*** SF (*Caribe*) trick

**jay**⁑ SF = **jai**

**jayán** SM 1 (= *forzudo*) big strong man; (*pey*) hulking great brute, tough guy*
2 (*CAm*⁑) (= *grosero*) foul-mouthed person

**jayares**⁑ SMPL bread⁑, money

**jáyaro*** ADJ (*Andes*) rough, uncouth

**jazmín** SM jasmine ► **jazmín de la India**, **jazmín del Cabo** gardenia

**jazz** [jaθ, jas] SM jazz

**jazzista** Ⓐ ADJ jazz *antes de s*, jazzy
Ⓑ SMF jazz player

**jazzístico** ADJ jazz *antes de s*

**J.C.** ABR (= **Jesucristo**) JC

**jeans** [jins, dʒins] SMPL jeans

**jebe** SM 1 (*LAm*) (= *planta*) rubber plant; (= *goma*) rubber
2 (*Cono Sur*) (= *elástico*) elastic
3 (= *porra*) club, cudgel; ✦***MODISMO*** **llevar ~** to suffer a lot
4 (⁂) (= *trasero*) arse⁂, ass (*EEUU*⁂)
5 (*Andes*⁑) (= *preservativo*) French letter, rubber*

**jebero** SM (*LAm*) rubber-plantation worker

**jeep** [jip] SM jeep

**jefatura** SF 1 (= *liderato*) leadership; **bajo la ~ de** under the leadership of; **ha dimitido de la ~ del partido** she has resigned the party leadership
2 (= *sede*) headquarters *pl* ► **Jefatura de la aviación civil** ≈ Civil Aviation Authority, ≈ Federal Aviation Administration (*EEUU*) ► **jefatura de policía** police headquarters *pl*
3 (*Caribe*) (= *registro*) registry office

**jefazo*** SM big shot*, big noise*

**jefe/a** SM/F 1 (= *superior*) boss; (= *director*) head; (*Pol*) leader; (*Com*) manager; (*Mil*) officer in command; [*de tribu*] chief; **comandante en ~** commander-in-chief; **¿quién es el ~ aquí?** who's in charge around here? ► **jefe/a civil** (*Caribe*) registrar ► **jefe/a de almacén** warehouse manager/manageress ► **jefe/a de bomberos** fire chief, chief fire officer ► **jefe/a de cabina** (*Aer*) chief steward/stewardess ► **jefe/a de camareros** head waiter/waitress ► **jefe/a de cocina** head chef ► **jefe/a de equipo** team leader ► **jefe/a de estación** station master, station manager ► **jefe/a de estado** head of state ► **jefe/a de estado mayor** chief of staff ► **jefe/a de estudios** (*Escol*) director of studies ► **jefe/a de filas** (*Pol*) party leader ► **jefe/a de máquinas** (*Náut*) chief engineer ► **jefe/a de márketing** marketing manager ► **jefe/a de obras** site manager ► **jefe/a de oficina** office manager/manageress ► **jefe/a de personal** personnel manager ► **jefe/a de pista** ringmaster ► **jefe/a de plató** (*Cine, TV*) floor manager ► **jefe/a de producción** production manager ► **jefe/a de protocolo** chief of protocol ► **jefe/a de realización** (*Cine, TV*) production manager ► **jefe/a de redacción** editor-in-chief ► **jefe/a de sala** head waiter/waitress ► **jefe/a de taller** foreman ► **jefe/a de tren** guard, conductor (*EEUU*) ► **jefe/a de ventas** sales manager ► **jefe/a ejecutivo/a** chief executive ► **jefe/a supremo/a** commander-in-chief
2 (*como apelativo*) **¡oiga ~!** hey!, mate!*; **sí, mi ~** (*esp LAm*) yes, sir *o* boss

**Jehová** SM Jehovah

**jején** SM 1 (*LAm Zool*) gnat; ✦***MODISMO*** **sabe donde el ~ puso el huevo** (*Caribe*) he's pretty smart
2 (*Andes, Méx**) (= *montón*) loads*, masses; **un ~ de** loads of*
3 (*Méx**) (= *multitud*) mob

**jelenque*** SM (*Méx*) din, racket

**jemeres** SMPL **los ~ rojos** the Khmer Rouge

**jemiquear** ▸conjug 1a◂ VI (*Cono Sur*) = **jeremiquear**

**JEN** [xen] SF ABR (*Esp*) (= **Junta de Energía Nuclear**) ≈ AEA, ≈ AEC (*EEUU*)

**jengibre** SM ginger

**jenízaro** Ⓐ ADJ mixed, hybrid
Ⓑ SM (*Hist*) janissary

**Jenofonte** SM Xenophon

**jeque** SM sheik(h)

**jerarca** SM leader, chief, heirarch (*frm*)

**jerarquía** SF hierarchy; **una persona de ~** a high-ranking person

**jerárquico** ADJ hierarchic, hierarchical

**jerarquización** SF [*de organismo*] hierarchical structuring; [*de elementos*] arranging in order (of importance)

**jerarquizado** ADJ hierarchical

**jerarquizar** ▸conjug 1f◂ VT [+ *organismo*] to give a hierarchical structure to; [+ *elementos*] to arrange in order (of importance)

**jeremiada** SF jeremiad

**Jeremías** SM Jeremy; (*Biblia*) Jeremiah

**jeremías*** SMF INV moaner*, whinger*

**jeremiquear** ▸conjug 1a◂ VI (*LAm*) (= *lloriquear*) to snivel, whimper; (= *regañar*) to nag

**Jerez** SF ► **Jerez de la Frontera** Jerez

**jerez** SM sherry

> **JEREZ**
>
> *Jerez is a specific term for the fortified white wine from the* **denominación de origen** *area around Jerez de la Frontera in Andalusia. There are many varieties, which are not always equivalent to the sherries sold in Britain. The name given to each variety depends on the exact conditions of manufacture, such as the amount of yeast mould which is allowed to grow on the surface of the wine, and the blending process. The main types are:* **fino** *(very dry and pale),* **amontillado** *(dry, with a nutty flavour) and* **oloroso** *(darker colour, full flavour). A special type of* **fino** *called* **manzanilla** *(literally, "camomile tea") is produced only in the town of Sanlúcar de Barrameda, where the sea air is supposed to give it a salty tang.*
>
> ⇨ *See also* DENOMINACIÓN DE ORIGEN, SOLERA

**jerezano/a** Ⓐ ADJ of/from Jerez
Ⓑ SM/F native/inhabitant of Jerez; **los ~s** the people of Jerez

**jerga**[1] SF 1 (= *lenguaje*) jargon ► **jerga de germanía** criminal slang ► **jerga informática** computer jargon ► **jerga publicitaria**

**juglaresco** ADJ **arte ~** art of the minstrel(s); **estilo ~** minstrel style, popular style

**juglaría** SF minstrelsy, art of the minstrel(s)

**jugo** SM **1** (= *líquido*) (*gen*) juice; [*de carne*] gravy; [*de árbol*] sap ► **jugo de naranja** orange juice ► **jugos digestivos** digestive juices ► **jugos gástricos** gastric juices
**2** (= *sustancia*) essence, substance; **sacar el ~ a algo** to get the most out of sth

**jugosidad** SF juiciness, succulence

**jugoso** ADJ **1** [*alimento*] juicy, succulent
**2** (= *rentable*) [*aumento, reducción*] substantial, considerable; [*negocio*] profitable; **un discurso ~** a speech that gives/gave plenty of food for thought

**jugué**, **juguemos** *etc ver* **jugar**

**juguera** SF (*Cono Sur*) blender, liquidizer

**juguete** SM **1** (= *objeto*) toy; **un cañón de ~** a toy gun ► **juguete educativo** educational toy
**2** (*uso figurado*) toy, plaything; **fue el ~ de las olas** the waves tossed it about as if it were their plaything
**3** (= *chiste*) joke
**4** (*Teat*) skit, sketch

**juguetear** ▸conjug 1a◂ VI to play, sport; **~ con** to play with, sport with

**jugueteo** SM playing, romping

**juguetería** SF **1** (= *tienda*) toyshop
**2** (= *industria*) toy business

**juguetero/a** Ⓐ ADJ toy *antes de s*
Ⓑ SM/F toyshop owner
Ⓒ SM (= *mueble*) whatnot

**juguetón** ADJ playful

**juicio** SM **1** (= *inteligencia*) judgment, reason
**2** (= *sensatez*) good sense; **asentar el ~** to come to one's senses; **lo dejo a su ~** I leave it to your discretion; **estar en su sano ~** to be in one's right mind; **estar fuera de ~** to be out of one's mind; **perder el ~** to go mad; **no tener ~** ◊ **tener poco ~** to lack common sense; **tener mucho ~** to be sensible
**3** (= *opinión*) opinion; **a mi ~** in my opinion ► **juicio de valor** value judgment
**4** (*Jur*) (= *proceso*) trial; (= *veredicto*) verdict, judgment; **llevar a algn a ~** to take sb to court ► **juicio civil** criminal trial ► **juicio con jurado** trial by jury ► **juicio criminal** criminal trial ► **juicio de Dios** trial by ordeal ► **juicio en rebeldía** judgment by default ► **Juicio Final** Last Judgment ► **juicio sumario** summary trial

**juicioso** ADJ sensible, judicious

**juilipío** SM (*Andes*) sparrow

**juilón**‡ ADJ (*Méx*) yellow

**JUJEM** [xu'xem] SF ABR (*Esp Mil*) = **Junta de Jefes del Estado Mayor**

**jul.** ABR (= **julio**) Jul, July

**julai**‡ SM, **julay**‡ SM **1** (= *idiota*) twit*, berk‡
**2** (= *homosexual*) poofter‡

**julandra**‡ SM, **julandrón**‡ SM = **julai**

**julepe** SM **1** (*Naipes*) *card game*
**2** (*) (= *reprimenda*) telling-off*, dressing-down*
**3** (*LAm**) (= *susto*) scare, fright; **irse** *o* **salir de ~** (*Andes*) to run away in terror
**4** (*Caribe, Méx**) (= *trabajo*) bind*
**5** **meter un ~** (*Andes*) to hurry on, speed up
**6** (= *bebida*) julep

**julepear*** ▸conjug 1a◂ Ⓐ VT **1** (*Cono Sur*) (= *asustar*) to scare, frighten
**2** (*Méx*) (= *cansar*) to wear out, tire out
**3** (*Andes*) (= *apresurar*) to hurry along, speed up
Ⓑ **julepearse** VPR (*Cono Sur*) (= *asustarse*) to get scared; (= *estar atento*) to smell danger

**julia*** SF (*Méx*) Black Maria*, paddy wagon (*EEUU**)

**Julián** SM, **Juliano** SM Julian

**juliana** SF (*Culin*) julienne; **cortar en ~** to cut into thin shreds, cut into julienne strips

**Julieta** SF Juliet

**Julio** SM Julius; **~ César** Julius Caesar

**julio** SM July; *ver tb* **septiembre**

**juma*** SF drunkenness, drunken state

**jumadera*** SF (*Méx*) **1** drunkenness, drunken state
**2** (= *humareda*) cloud of smoke

**jumado*** ADJ drunk, plastered*

**jumar*** ▸conjug 1a◂ Ⓐ VI to pong‡, stink
Ⓑ **jumarse** VPR to get drunk

**jumatán*** SM (*Caribe*) drunkard

**jumazo**‡ SM (*Caribe*) fag‡

**jumbo** SM jumbo, jumbo jet

**jumeado*** ADJ (*Andes*) drunk, tight*

**jumelar**‡ ▸conjug 1a◂ VI to pong‡, stink

**jumento** SM (= *animal*) donkey; (= *insulto*) dolt

**jumo*** ADJ (*LAm*) drunk, plastered*

**jumper** ['dʒumper] SM (*pl* **jumpers**) (*Cono Sur*) sleeveless sweater

**jun.** ABR (= **junio**) Jun

**junar**‡ ▸conjug 1a◂ Ⓐ VT (= *ver*) to see; (= *mirar*) to watch
Ⓑ VI (*Cono Sur*) to keep a look-out

**juncal** Ⓐ ADJ **1** (*Bot*) rushy, reedy
**2** (= *esbelto*) willowy, lissom
Ⓑ SM reed bed

**juncar** SM reed bed

**juncia** SF sedge

**junco**[1] SM (= *planta*) rush, reed

**junco**[2] SM (= *barco*) junk

**juncoso** ADJ **1** (*Bot*) rushy, reedy, reed-like
**2** [*lugar*] covered in rushes

**jungla** SF jungle ► **jungla de asfalto** concrete jungle

**junguiano/a** ADJ, SM/F Jungian

**junio** SM June; *ver* **septiembre**

**junior** ['dʒunjor], **júnior**[1] ['dʒunjor] Ⓐ ADJ INV junior
Ⓑ SMF (*pl* **juniors** *o* **júniors**) junior
Ⓒ SM (*Cono Sur*) office boy

**júnior**[2] SM (*pl* **juniores**) (*Rel*) novice monk, junior novice

**Juno** SF Juno

**junquera** SF rush, bulrush

**junquillo** SM **1** (*Bot*) jonquil
**2** (= *bastón*) rattan; (= *madera*) strip of light wood
**3** (*Caribe, Méx*) gold necklace

**junta** SF **1** (= *reunión*) meeting; **celebrar** *o* **convocar una ~** to hold a meeting ► **junta de acreedores** meeting of creditors ► **junta general de accionistas** general meeting of shareholders ► **junta general extraordinaria** extraordinary general meeting, special meeting (*EEUU*)
**2** (= *comité*) (*gen*) council, committee; (*Com, Fin*) board; **la ~ de la asociación** the committee of the association ► **junta de gobierno** governing body ► **junta de portavoces** (*Parl*) House business committee ► **junta directiva** board of directors ► **junta electoral** electoral board ► **junta municipal** council ► **junta rectora** governing body
**3** (*Mil*) junta ► **junta militar** military junta
**4** (*Esp Pol*) *name given to the governments of some autonomous areas in Spain*
**5** (*Téc*) (= *acoplamiento*) joint; (= *arandela*) washer, gasket ► **junta cardán**, **junta universal** universal joint
**6** (*LAm*) (= *amistad*) **las malas ~s** the wrong kind of people; **le prohibieron las ~s con esa gente** they forbade him to go out with those people

**juntadero** SM (*Cono Sur*) meeting place

**juntamente** ADV **1** **~ con** together with; **entregó su currículum ~ con los documentos justificativos** he handed in his CV together with the supporting documents
**2** (= *conjuntamente*) together; **ella y yo ~** she and I together
**3** (= *al mismo tiempo*) **eran todos, ~, verdugos y víctimas** all of them were both executioners and victims, all of them were executioners as well as victims

**juntar** ▸conjug 1a◂ Ⓐ VT **1** (= *colocar juntos*) to put together; **juntó las manos en actitud de plegaria** she put her hands together as if praying; **~on varias mesas** they put several tables together; **junta el armario a la pared** put the cupboard against the wall; **~ dinero** (= *ahorrar*) to save, save up; (= *reunir fondos*) to raise funds, fundraise; **estoy juntando dinero para comprarme una bicicleta** I'm saving up to buy a bicycle
**2** (= *reunir*) [+ *amigos, conocidos*] to get together; [+ *participantes, concursantes*] to bring together; **juntó a sus amigos para darles la noticia** he got his friends together to tell them the news; **¿cómo consiguió el director ~ tantas estrellas en una misma película?** how did the director manage to bring together so many stars *o* get so many stars together in one film?; **la final ha juntado a los dos mejores equipos del mundo** the final has brought together the two best teams in the world
**3** (= *coleccionar*) [+ *sellos, objetos*] to collect
**4** (= *entornar*) [+ *puerta, ventana*] to push to
Ⓑ **juntarse** VPR **1** (= *reunirse*) **1·1** (*para una cita*) to get together, meet up; **por la tarde nos juntamos todos para jugar a las cartas** in the afternoons we all get together *o* meet up to play cards; **~se con algn** to get together with sb, meet up with sb; **a veces se juntan con otros matrimonios y salen por ahí** they sometimes get together *o* meet up with other couples and go out somewhere
**1·2** (*en asamblea, trabajo*) to meet; **solían ~se en ese local** they used to meet on those premises
**1·3** (*sin citarse*) to come together; **en el estadio se ~án hoy bastantes figuras del fútbol** many famous figures in football will come together in the stadium today; **en la sala apenas se ~on dos docenas de personas** less than two dozen people assembled in the hall; **se ~on más de cinco mil personas para oírlo** more than five thousand people assembled *o* came together to listen to him
**2** (= *unirse*) **se fue juntando mucha más gente por el camino** many more people joined them along the way; **se juntan un es-**

**permatozoide y un óvulo** a sperm and an egg join together; **~se a** *o* **con algn** to join up with sb; **salimos de París por la mañana y en Calais se nos juntó Pedro** we left Paris in the morning and Pedro joined up with us *o* met up with us in Calais; **se juntó a otros dos músicos para crear un nuevo grupo** he joined up with two other musicians to create a new band

3 (= *arrimarse*) [*varias personas*] to move closer together; **si te juntas un poco más cabremos todos en el banco** if you move up a bit we can all get on the bench

4 (= *relacionarse*) [*pareja*] to get together; **~se con algn** (*gen*) to mix with sb; (*en pareja*) to get together with sb; **allí se puede uno ~ con la crema de la sociedad** there you can mix with the cream of society; **no me gusta que te juntes con esa gente** I don't like you going round *o* mixing with those people

5 (= *ocurrir a la vez*) to come together; **en su poesía se juntan elementos tradicionales y renovadores** traditional and new elements come together in his poetry; **la semana pasada se me juntó todo** it was just one thing after another last week; **se ~on dos bodas el mismo día** there were two marriages on the same day; **se te va a ~ el desayuno con la comida** you'll be having breakfast at the same time as your lunch

6 [*empresas, asociaciones*] to merge; **ambas coordinadoras se ~on en una organización central** both coordinating committees merged to form a centralized organization

7 [*líneas, caminos*] to meet, join

8 (*Zool*) to mate, copulate

**juntillas** *ver* **pie 1**

**junto** Ⓐ ADJ 1 (= *unido, acompañado*) together; **mételo todo ~ en la maleta** put it all together in the suitcase; **se pone todo ~ en un plato y se sirve** arrange it all in a dish and serve; **sinfín, como sustantivo, se escribe ~** when it is a noun, "sinfín" is written as one word; **nunca había visto tantos libros ~s** I had never seen so many books together in one place; **llevamos quince años ~s** we've been together for fifteen years; **fuimos ~s** we went together; **todos ~s** all together; **trabajar ~s** to work together; **vivir ~s** to live together; ✦*MODISMO* **~s pero no revueltos** (*hum*) close to each other *o* together, but not in each other's pockets

2 (= *cercano*) close together; **tenía los ojos muy ~s** his eyes were very close together; **poneos más ~s, que no cabéis en la foto** move a bit closer together, I can't get you all in (the photo)

3 (= *al mismo tiempo*) together; **las vi entrar juntas** I saw them go in together; **ocurrió todo ~** it happened all at once

Ⓑ ADV 1 **~ a** 1·1 (= *cerca de*) close to, near; **20.000 personas seguían acampadas ~ a la frontera** 20,000 people were still camped close to *o* near the border; **tienen un chalet ~ al mar** they have a house close to *o* near the sea

1·2 (= *al lado de*) next to, beside; **fue enterrado ~ a su padre** he was buried next to *o* beside his father; **José permanecía de pie, ~ a la puerta** José remained standing by the door

1·3 (= *en compañía de*) with, together with; **celebró su aniversario ~ a su familia** he celebrated his anniversary (together) with his family; **expresó su deseo de volver ~ a su marido** she expressed a wish to go back to her husband

1·4 (= *conjuntamente*) together with, along with; **nuestro equipo es, ~ al italiano, el mejor de la liga** together with the Italian team, ours is the best in the league

2 **~ con** 2·1 (= *en compañía de*) with, together with; **fue detenido ~ con otros cuatro terroristas** he was arrested (together) with four other terrorists; **machacar los ajos en el mortero ~ con el perejil** crush the garlic in the mortar (together) with the parsley

2·2 (= *conjuntamente*) together with; **el paro es, ~ con el terrorismo, nuestro mayor problema** together with terrorism, unemployment is our biggest problem

3 **en ~**† in all, all together

4 **(de) por ~**† (*Com*) wholesale

**juntura** SF (*Anat, Téc*) joint

**jupa** SF (*CAm, Méx*) 1 (= *calabaza*) gourd

2 (⁕) (= *cabeza*) head, nut⁕, noggin (*EEUU**)

**jupata⁕** SF jacket

**jupiarse** ▸conjug 1b◂ VPR (*CAm*) to get drunk

**Júpiter** SM Jupiter

**jura**[1] SF (= *juramento*) oath, pledge ► **jura de (la) bandera** (taking the) oath of loyalty *o* allegiance

**jura**[2]⁕ Ⓐ SM (*CAm, Caribe*) cop*

Ⓑ SF **la ~** the cops* *pl*, the fuzz⁕

**juraco*** SM (*CAm*) hole

**jurado** Ⓐ SM (= *tribunal*) (*Jur*) jury; (*en concurso, TV*) panel (*of judges*)

Ⓑ SMF (= *miembro*) (*Jur*) juror; (*en concurso, TV*) judge

Ⓒ ADJ [*declaración*] sworn; *ver tb* **guarda A1, guardia A, traductor**

**juramentar** ▸conjug 1a◂ Ⓐ VT to swear in, administer the oath to

Ⓑ **juramentarse** VPR to be sworn in, take the oath

**juramento** SM 1 (= *promesa*) oath; **bajo ~** on oath; **prestar ~** to take the oath (**sobre** on); **tomar ~ a algn** to swear sb in ► **juramento de fidelidad** oath of loyalty ► **juramento hipocrático** Hippocratic oath

2 (= *blasfemia*) oath, curse; **decir ~s** to swear

**jurar** ▸conjug 1a◂ Ⓐ VT 1 (*solemnemente*) to swear; **juró haberlo visto entrar** she swore she had seen him come in; **juró vengarse de ellos** he swore to avenge himself on them; **~ decir la verdad** to swear to tell the truth; **~ (la) bandera** to pledge allegiance (to the flag); **~ el cargo** to be sworn in; **~ la Constitución** to pledge allegiance to the Constitution; **lo juro por mi honor** I swear on my honour; **lo juro por mi madre** I swear to God; ✦*MODISMO* **tenérsela jurada a algn** (*como venganza personal*) to have it in for sb; (*a nivel político, profesional*) to be after sb's blood

2 (*uso enfático*) to swear; **no he oído nada, se lo juro** I didn't hear a thing, I swear; **te juro que fue el peor momento de mi vida** I swear it was the worst moment of my life; **~ía que estaba allí hace un momento** I could have sworn he was there a moment ago; **—yo no entiendo mucho de esto —no hace falta que lo jures, guapo** (*iró*) "I don't know much about this sort of thing" — "sure you don't, pal"*

Ⓑ VI (= *blasfemar*) to swear; **¡no jures!** don't swear!; **~ en falso** to commit perjury; ✦*MODISMO* **~ como un carretero** to swear like a trooper

**jurdós⁕** SM bread⁕, money

**jurel** SM 1 (= *pez*) horse mackerel

2 **coger ~*** to get a fright

**jurero/a** SM/F (*Andes, Cono Sur*) perjurer, false witness

**jurgo** SM (*Andes*), **jurgonera** SF (*Andes*) = **jorga**

**jurídico** ADJ legal, juridical; **departamento ~** (*Com*) legal department

**jurisdicción** SF 1 (= *autoridad*) jurisdiction

2 (= *distrito*) district, administrative area

**jurisdiccional** ADJ **aguas ~es** territorial waters

**jurispericia** SF jurisprudence

**jurisperito/a** SM/F jurist, legal expert

**jurisprudencia** SF jurisprudence

**jurista** SMF jurist

**juro** SM (= *derecho*) right of perpetual ownership; (= *pago*) annuity, pension; **a ~** (*Andes, Caribe*) ◊ **de ~** certainly

**justa** SF 1 (*Hist*) joust, tournament

2 (= *competición*) contest

**justamente** ADV 1 (= *exactamente*) 1·1 (= *coincidiendo con algo*) just; **la fábrica se instaló en los setenta, ~ cuando estalló la crisis energética** the factory was set up in the seventies, just when the energy crisis broke out; **lo sorprendente es que lo eligieran a él, ~ ahora que …** what is surprising is that he was chosen, just when …; **ocurrió hace ~ un año** it happened exactly a year ago; **~ lo contrario** exactly the opposite

1·2 (= *referido a cosa, lugar*) exactly, precisely; **es aquí ~ donde está la originalidad del autor** it is precisely in this where the author's originality lies; **ésas son ~ las que no están en venta** those are precisely the ones which are not for sale

2 (= *con justicia*) justly; **los monumentos por los que la ciudad es ~ famosa** the monuments for which the city is justly famous

3 (= *escasamente*) frugally; **viven muy ~ con la pensión** they live very frugally on their pension

**justar** ▸conjug 1a◂ VI to joust, tilt

**justicia** Ⓐ SF (*gen*) justice; (= *equidad*) fairness, equity; (= *derecho*) right; **de ~** justly, deservedly; **lo estimo de ~** I think it fair; **es de ~ añadir que** it is only fair to add that; **en ~** by rights; **hacer ~ a** to do justice to; **tomarse la ~ por su mano** to take the law into one's own hands ► **justicia gratuita** legal aid ► **justicia poética** poetic justice ► **justicia social** social justice

Ⓑ SM (††) *representative of authority*; **~s y ladrones** cops and robbers*

**justiciable** ADJ 1 (= *procesable*) actionable

2 [*decisión*] subject to review by a court

**justicialismo** SM (*Arg Hist, Pol*) *political movement founded by Perón*; → PERONISMO

**justicieramente** ADV justly

**justiciero** ADJ (strictly) just, righteous

**justificable** ADJ justifiable

**justificación** SF justification ► **justificación automática** (*Inform*) automatic justification

**justificado** ADJ justified; **no ~** unjustified

➤ LENGUA Y USO: justificación 53.3

**justificante** SM [*de dinero*] receipt; [*de enfermedad*] sick note

**justificar** ▸conjug 1g◂ Ⓐ VT [1] (= *explicar*) to account for, explain; **tendrá que ~ su ausencia del trabajo** she will have to account for *o* explain her absence from work; **el gobierno no pudo ~ el aumento del gasto** the government was unable to account for *o* explain the increase in expenditure; **justificó las compras con facturas** he accounted for his purchases with receipts
[2] (= *excusar*) [+ *decisión, comportamiento*] to justify, excuse; **nada justifica tal violencia** nothing can justify *o* excuse such violence; **siempre justifica a sus hijos ante sus amigas** she always defends her sons to her friends; **es un criminal y no pretendo ~lo** he's a criminal and I'm not trying to make excuses for him
[3] (*Inform, Tip*) to justify
Ⓑ **justificarse** VPR to justify o.s., make excuses for o.s.; **no intentes ~te porque no tienes razón** don't try and justify yourself *o* make excuses for yourself because you're in the wrong; **se justificó diciendo que el tren llegó tarde** he justified himself *o* made his excuses saying the train was late

**justificativo** ADJ **documento ~** voucher, certificate

**justillo** SM jerkin

**justipreciar** ▸conjug 1b◂ VT to evaluate, appraise

**justiprecio** SM evaluation, appraisal

**justo** Ⓐ ADJ [1] (= *con justicia*) [*castigo, sentencia, solución, decisión, sociedad*] fair, just; [*juicio, premio, árbitro, juez*] fair; [*causa*] just; **el pacto me pareció muy ~** the agreement seemed very fair to me; **no es ~ que ganen más los hombres que las mujeres** it's not fair that men should earn more than women; **pero seamos ~s ...** but let's be fair ...; **el premio ha sido ~** the prize was fairly won; **un reparto más ~ de la riqueza** a more equitable *o* just distribution of wealth
[2] (= *exacto*) [*precio, medidas*] exact; **cuesta 1000 pesetas justas** it costs exactly 1000 pesetas; **nació a los tres años ~s de que terminara la guerra** he was born exactly three years after the war ended; **valorar algo en su justa medida** to appreciate sth for its true worth; **tengo el tiempo ~ para tomarme un café** I've got just enough time to have a coffee; **estamos los ~s para jugar al bridge** there's just the right number of us to play bridge
[3] (= *preciso*) **encontró la palabra justa** she found exactly *o* just the right word; **vino en el momento ~** he came just at the right moment
[4] (= *escaso*) **vivimos muy ~s** we have only just enough to live on; **~ de: vamos un poco ~s de tiempo** we're a bit pushed for time; **llegaste muy ~ de tiempo** you only just made it; **el equipo ha llegado a estas alturas de la competición muy ~ de fuerzas** the team have struggled to get this far in the competition; **ando ~ de dinero** money's a bit tight at the moment; **vive con lo ~** he just manages to make ends meet
[5] (= *apretado*) [*ropa*] tight; **el traje me queda** *o* **me viene** *o* **me está muy ~** the suit is very tight for *o* on me; **entramos todos en el coche, pero muy ~s** we all got into the car, but it was a real squeeze
Ⓑ ADV [1] (= *exactamente*) (*gen*) just; (*con cantidades*) exactly; **eso es ~ lo que iba a decir** that's just *o* exactly what I was going to say; **llegó ~ cuando yo salía** she arrived just *o* exactly as I was leaving; **vino ~ a tiempo** he came just in time; **su casa está ~ enfrente del cine** his house is just *o* right opposite the cinema; **¡justo!** that's it!, right!, exactly!; **me costó ~ el doble que a ti** it cost me exactly double what it cost you; **~ lo contrario** exactly the opposite
[2] (= *escasamente*) **vivir muy ~** to just manage to make ends meet, have only just enough to live on
Ⓒ SMPL **los ~s** (*Rel*) the just; ✦***MODISMO*** **pagan ~s por pecadores** the innocent pay for the sins of the guilty

**jute** SM (*CAm*) edible snail

**juvenil** Ⓐ ADJ [1] [*persona*] youthful; **de aspecto ~** youthful in appearance; **en los años ~es** in one's early years, in one's youth; **obra ~** early work
[2] [*equipo, torneo*] junior
Ⓑ SMF (*Dep*) junior, junior player

**juventud** SF [1] (= *época*) youth; **en mi ~ no había ordenadores** in my youth *o* when I was young there were no computers; **pecados de ~** youthful indiscretions; ✦***MODISMO*** **¡~, divino tesoro!** what it is to be young!
[2] (= *los jóvenes*) young people; **la ~ de hoy** ◊ **la ~ actual** young people today, the youth of today; **la ~ española** Spanish young people; ✦***MODISMO*** **~ no conoce virtud** boys will be boys ► **Juventudes Comunistas** Young Communists
[3] (= *cualidad*) youth; **su cutis aún conserva su ~** her complexion is still young

**juyungo/a** SM/F (*Ecu*) black, mulatto

**juzgado** SM court ► **juzgado de guardia** police court; **esto es de ~ de guardia** (*fig*) this is an absolute outrage ► **juzgado de instrucción** examining magistrate's court ► **juzgado de lo penal** criminal court ► **juzgado de lo social** social court ► **juzgado de menores** juvenile court ► **juzgado de primera instancia** court of first instance

**juzgar** ▸conjug 1h◂ VT [1] (= *emitir un juicio*) to judge; **júzguelo usted misma** judge for yourself; **lo juzgo mi deber** I consider it my duty, I deem it my duty (*frm*); **juzgue usted mi sorpresa** imagine my surprise; **~ mal** to misjudge; **a ~ por** to judge by, judging by; **a ~ por lo que hemos visto** to judge by *o* from what we have seen
[2] (= *considerar*) to think, consider; **lo juzgo mi deber** I consider *o* (*frm*) deem it my duty

**juzgón** ADJ (*CAm, Méx*) hypercritical, carping

➤ LENGUA Y USO: **justo B1** 40.2

# K k

**K, k** [ka] SF (= *letra*) K, k
**K** SM ABR (= **kilobyte**) K
**ka** SF (name of the letter) K
**kabuki** SM kabuki
**Kadsastán** SM Kazakhstan
**kafkiano** ADJ Kafkaesque
**káiser** SM Kaiser
**kaki** SM = **caqui**
**kamikaze** SM kamikaze
**Kampuchea** SF Kampuchea
**kampucheano/a** ADJ, SM/F Kampuchean
**kaperuj** SM (*Andes*) embroidered shawl
**kaput*** [ka'pu] ADJ kaput*; **hacer ~** to go kaput*, go phut*
**karaoke** SM karaoke
**kárate** SM, **karate** SM karate
**karateka** SMF, **karateca** SMF karate expert
**karma** SM karma
**karting** ['kartin] SM, **kárting** ['kartin] SM go-kart racing
**KAS** SF ABR (= **Koordinadora Abertzale Sozialista**) *Basque nationalist umbrella group*
**Katar** SM Qatar
**katiuska** Ⓐ ADJ (*Esp*) **botas ~s** wellington boots
Ⓑ SF wellington, wellington boot
**kayac** SM, **kayak** SM kayak
**kazajo/a** Ⓐ ADJ, SM/F Kazak, Kazakh
Ⓑ SM (*Ling*) Kazak, Kazakh
**k/c** ABR (= **kilociclo(s)**) kc
**kebab** SM (*pl* **kebabs**) kebab
**kéfir** SM (*Andes*) *type of yoghurt*
**Kenia** SF Kenya
**keniano/a** ADJ, SM/F Kenyan
**keniata** ADJ, SMF Kenyan
**kepis** SM INV, **kepí** SM *military style round cap or hat*
**kermes** SM, **kermesse** SM charity fair, bazaar
**kerosén** SM (*LAm*), **kerosene** SM (*LAm*), **keroseno** SM, **kerosina** SF (*CAm*) kerosene, paraffin
**ketchup** ['ketʃap, 'ketʃup] SM ketchup, catsup (*EEUU*)
**keynesiano/a** ADJ, SM/F Keynesian
**kg** ABR (= **kilogramo(s)**) kg
**KHz** ABR (= **kilohertzio(s), kilohercio(s)**) KHz
**kibutz** [ki'βuts] SM (*pl* **kibutzim, kibutz**) kibbutz
**kiki**‡ SM joint‡, reefer‡
**kiko** SM *snack of salted, toasted maize*
**kikongo** SM Kikongo
**kilate** SM = **quilate**
**kilo** SM [1] (= *unidad de peso*) kilo; **los ~s de más** those extra kilos; **cuarto de ~** a quarter of a kilo, 250 grams
[2] (*) (= *un millón de pesetas*) one million pesetas; **un cuarto de ~** a quarter of a million pesetas, 250,000 pesetas
[3] (*) (*como adv*) (= *mucho*) a lot, load*

**KILOS, METROS, AÑOS**

En inglés cuando la unidad de medida precede al nombre como adjetivo compuesto, debe escribirse en singular y unida por un guión al número correspondiente. En el resto de los casos se emplea en plural, como en español:

Una caja de bombones de dos kilos/La caja de bombones pesa dos kilos
***A two-kilo box of chocolates/The box of chocolates weighs two kilos***
Una regla de 20cms/La regla mide 20cms
***A 20-centimetre ruler/The ruler is 20 centimetres long***
Un muchacho de quince años/El muchacho tiene quince años
***A fifteen-year-old boy/The boy is fifteen years old***

**kilobyte** ['kilobait] SM kilobyte
**kilocaloría** SF kilocalorie, Calorie
**kilociclo** SM kilocycle
**kilogramo** SM kilogramme, kilogram (*EEUU*)
**kilohercio** SM, **kilohertzio** SM kilohertz
**kilolitro** SM kilolitre, kiloliter (*EEUU*)
**kilometraje** SM ≈ mileage
**kilometrar** ▸conjug 1a◂ VT to measure, measure in kilometres
**kilométrico** ADJ [1] (*de kilómetro*) kilometric; **(billete) ~** (*Ferro*) ≈ mileage ticket
[2] (*) (= *muy largo*) very long; **palabra kilométrica** very long word
**kilómetro** SM kilometre, kilometer (*EEUU*); **~ cero** (= *punto de partida*) starting point; (*central*) central point; → KILOS, METROS, AÑOS
**kilooctet o** SM kilobyte
**kilopondio** SM kilogramme-force
**kilotón** SM kiloton
**kilovatio** SM kilowatt
**kilovatio-hora** SM kilowatt-hour; **kilovatios-hora** kilowatt-hours
**kimona** SF (*Cuba, Méx*), **kimono** SM kimono
**kínder** SM (*LAm*), **kindergarten** SM (*LAm*) kindergarten, nursery school
**kinesiología** SF kinesiology
**kión** SM (*Andes*) ginger
**kiosco** SM = **quiosco**
**kiosquero/a** SM/F = **quiosquero**
**Kirguidstán** SM, **Kirgidstán** SM, **Kirguisia** SF Kyrgyzstan
**kit** SM (*pl* **kits**) kit ► **kit de montaje** self-assembly kit
**kitsch** [kitʃ] ADJ INV, SM kitsch
**kiwi** SM [1] (= *ave*) kiwi
[2] (= *fruta*) kiwi fruit
**klaxon** SM horn; **tocar el ~** to blow the horn, toot (the horn)
**klínex** SM INV tissue, Kleenex®
**km** ABR (= **kilómetro(s)**) km
**km/h** ABR (= **kilómetros por hora**) km/h, kmh
**knock-out** ['nokau] SM, **K.O.** [kaw] SM (= *acto*) knockout; (= *golpe*) knockout blow; **dejar a algn ~** to knock sb out; *ver tb* **noqueo** *etc*
**kodak** [ko'ðak] SF (*pl* **kodaks** [ko'ðak]) small camera
**kohl** SM (*para ojos*) kohl
**koljós** SM (*pl* **koljoses**), **koljoz** [kol'xos] SM (*pl* **koljozi**) kolkhoz
**kosovar** Ⓐ ADJ Kosovan, Kosovo *antes de s*
Ⓑ SMF Kosovar
**Kosovo** SM Kosovo
**k.p.h.** ABR (= **kilómetros por hora**) km/h, kmh
**k.p.l.** ABR = **kilómetros por litro**
**krausismo** SM *philosophy and doctrine of K.C.F. Krause*
**krausista** Ⓐ ADJ Krausist, of Krause
Ⓑ SMF follower of Krause
**kuchen** SM (*Chile*) fancy cake, fancy German-style cake
**Kurdistán** SM Kurdistan
**kurdo/a** Ⓐ ADJ Kurdish
Ⓑ SM/F Kurd
Ⓒ SM (*Ling*) Kurdish
**Kuwait** SM Kuwait
**kuwaití** ADJ, SMF Kuwaiti
**kv** ABR (= **kilovoltio(s)**) kV, kv
**kv/h** ABR (= **kilovoltios-hora**) kV/h, kv/h
**kw** ABR (= **kilovatio(s)**) kW, kw
**kw/h** ABR (= **kilovatios-hora**) kW/h, kw/h

# L l

**L, l** ['ele] SF (= *letra*) L, l

**l** ABR **1** (= **litro(s)**) l
**2** (= **libro**) bk
**3** (*Jur*) = **ley**

**L/** ABR (= **Letra de Cambio**) B/E, BE

**la**[1] ART DEF **1** (*con sustantivos*) the; **la mujer** the woman; **La India** India
**2** **la de**: **mi casa y la de usted** my house and yours; **esta chica y la del sombrero verde** this girl and the one in the green hat; **la de Pedro es mejor** Peter's is better; **y la de todos los demás** and everybody else's, and that of everybody else; **ir a la de Pepe** to go to Pepe's place; **la de Rodríguez** Mrs Rodríguez; **¡la de goles que marcó!** what a lot of goals he scored!; **¡la de veces que se equivoca!** how often he's wrong!; *ver tb* **el**

**la**[2] PRON PERS (*refiriéndose a ella*) her; (*refiriéndose a usted*) you; (*refiriéndose a una cosa, un animal*) it; *ver tb* **lo, laísmo**

**la**[3] SM (*Mús*) la, A; **la menor** A minor

**laberintero** ADJ (*Méx*) = **laberintoso**

**laberíntico** ADJ (*gen*) labyrinthine; [*edificio*] rambling

**laberinto** SM **1** (= *enredo*) [*de corredores, calles*] labyrinth, maze; (*en parque*) maze; [*de situaciones, ideas, reglas*] labyrinth, maze
**2** (*esp LAm**) (= *griterío*) row, racket

**laberintoso** ADJ (*Méx*) **1** (= *ruidoso*) rowdy, brawling
**2** (= *chismoso*) gossipy

**labia** SF fluency; (*pey*) glibness, glib tongue; **tener mucha ~** to have the gift of the gab*

**labial** ADJ, SF labial

**labihendido** ADJ harelipped

**labio** SM (*Anat*) lip; [*de vasija*] edge, rim, lip; **labios** lips, mouth *sing*; **lamerse los ~s** to lick one's lips; **leer los ~s** to lip-read; **✦MODISMOS de ~s para afuera**: **es muy valiente de ~s para afuera** he comes over brave enough, he seems brave on the face of it; **no descoser los ~s** to keep one's mouth shut; **no morderse los ~s** to be very outspoken, pull no punches; **sin despegar los ~s** without uttering a word ► **labio inferior** lower lip ► **labios mayores** labia majora ► **labio leporino** harelip, cleft lip ► **labios menores** labia minora ► **labio superior** upper lip

**labiodental** ADJ, SF labiodental

**labiolectura** SF, **labiología** SF lip-reading

**labiosear*** ▸conjug 1a◂ VT (*CAm*) to flatter

**labiosidad*** SF (*Andes, CAm*) flattery

**labioso** ADJ (*LAm*) **1** (= *hablador*) talkative
**2** (= *lisonjero*) flattering
**3** (= *persuasivo*) persuasive, glib
**4** (= *taimado*) sly

**labor** SF **1** (= *trabajo*) labour, labor (*EEUU*), work; **"profesión: sus labores"** (*en censo, formulario*) "occupation: housewife"; **una ~** job, task, piece of work ► **labor de chinos** tedious job ► **labor de equipo** teamwork ► **labores domésticas** household chores ► **labor social** work for a good cause, work in a good cause
**2** (= *costura*) sewing, needlework; (= *bordado*) embroidery; (= *punto*) knitting; **una ~** a piece of sewing ► **labor de aguja** needlework ► **labor de ganchillo** crochet, crocheting ► **labores de punto** knitting
**3** (*Agr*) (= *arada*) ploughing, plowing (*EEUU*); (= *cultivo*) farm work, cultivation
**4** **labores** (*Min*) workings
**5** (*CAm, Caribe*) (= *parcela*) small farm, smallholding

**laborable** ADJ **1** [*jornada, semana*] working; **día ~** working day
**2** [*tierra, terreno*] arable

**laboral** ADJ (*gen*) labour *antes de s*, labor (*EEUU*) *antes de s*, work *antes de s*; [*jornada, horario*] working

**laboralista** ADJ labour *antes de s*, labor *antes de s* (*EEUU*); **abogado ~** labour lawyer

**laboralmente** ADV **~ productivo** productive in terms of work

**laborar** ▸conjug 1a◂ Ⓐ VT **1** (*frm*) (= *trabajar*) to work
**2** (*Agr*) to work, till (*liter*)
Ⓑ VI **1** (*frm*) (= *trabajar*) to work
**2** (= *intrigar*) to scheme, plot

**laboratorio** SM laboratory ► **laboratorio de idiomas** language laboratory ► **laboratorio espacial** space laboratory

**laborear** ▸conjug 1a◂ VT (= *trabajar*) to work; (*Agr*) to work, till (*liter*)

**laboreo** SM (= *trabajo*) working; (*Agr*) working, cultivation, tilling (*liter*)

**laborero** SM (*Andes, Cono Sur*) foreman

**laboriosamente** ADV **1** (= *con dedicación*) industriously
**2** (= *con minuciosidad*) painstakingly
**3** (= *con dificultad*) with great difficulty

**laboriosidad** SF **1** (= *dedicación*) industry
**2** (= *minuciosidad*) painstaking skill
**3** (= *dificultad*) laboriousness

**laborioso** ADJ **1** (= *dedicado, constante*) hardworking, industrious
**2** (= *minucioso*) painstaking
**3** (= *dificultoso*) [*trabajo, negociaciones*] laborious, difficult

**laborismo** SM Labour Movement

**laborista** Ⓐ ADJ Labour *antes de s*; **Partido Laborista** Labour Party
Ⓑ SMF **1** (*en Gran Bretaña*) (*Pol*) Labour Party member, Labour supporter
**2** (*CAm*) (= *trabajador*) small farmer, smallholder

**laborterapia** SF work-therapy

**labra** SF carving, working, cutting

**labradío** ADJ arable

**labrado** Ⓐ ADJ (= *trabajado*) worked; [*metal*] wrought; [*madera*] carved; [*tela*] patterned, embroidered
Ⓑ SM cultivated field; **labrados** cultivated land *sing*

**Labrador** SM (*Geog*) Labrador

**labrador(a)** SM/F **1** (= *propietario*) (peasant) farmer
**2** (= *labriego*) farm labourer, farmhand, farmworker; (= *campesino*) peasant
**3** (= *perro*) Labrador

**labrantín/ina** SM/F small farmer

**labrantío** ADJ arable

**labranza** SF cultivation, farming, tilling (*liter*); **tierras de ~** farmland

**labrar** ▸conjug 1a◂ Ⓐ VT **1** (= *trabajar*) to work; [+ *metal*] to work; [+ *madera*] to carve; [+ *tierra*] to work, farm, till (*liter*); [+ *tela*] to embroider
**2** [+ *imagen*] to create; [+ *fortuna*] to amass
Ⓑ **labrarse** VPR **~se un porvenir** to carve out a future for o.s.

**labriego/a** SM/F farmhand, labourer, peasant

**laburante*** SM (*Cono Sur*) worker

**laburar*** ▸conjug 1a◂ VI (*Cono Sur*) to work

**laburno** SM laburnum

**laburo*** SM (*Cono Sur*) (= *trabajo*) work; (= *puesto*) job; **¡qué ~!** what a job!

**laca** SF **1** (= *gomorresina*) shellac; (= *barniz*) lacquer; [*de pelo*] hairspray ► **laca de uñas, laca para uñas** nail polish, nail varnish
**2** (= *color*) lake
**3** (*Cono Sur*) = **lacra**

**lacado** SM lacquer

**lacar** ▸conjug 1g◂ VT to lacquer

**lacayo** SM **1** (= *criado*) footman
**2** (*pey*) (= *adulador*) lackey

**laceada** SF (*Cono Sur*) whipping

**lacear** ▸conjug 1a◂ VT [1] (*Caza*) (= *atrapar*) to snare, trap
[2] (*Andes Caza*) [+ *ganado*] to lasso
[3] (*Arg*) (= *zurrar*) to whip
[4] (= *adornar*) to beribbon, adorn with bows; (= *atar*) to tie with a bow; (*CAm, Méx*) [+ *carga*] to tie on firmly, strap securely

**laceración** SF [1] [*de cuerpo*] laceration
[2] [*de reputación, nombre*] damage

**lacerante** ADJ [1] [*dolor*] excruciating
[2] [*palabras, comentarios*] wounding, cutting

**lacerar** ▸conjug 1a◂ VT [1] (= *herir*) to lacerate
[2] (= *perjudicar*) to damage

**laceria** SF (*frm*) [1] (= *pobreza*) poverty, want
[2] (= *sufrimiento*) distress, wretchedness

**lacero/a** SM/F dog-catcher

**lacha** SF (= *honor*) sense of honour; (= *vergüenza*) sense of shame

**lachear*** ▸conjug 1a◂ VT (*Cono Sur*) to chat up*

**lacho*** SM (*Chile, Perú*) lover

**laciar** ▸conjug 1b◂ VT (*LAm*) [+ *pelo rizado*] to straighten

**Lacio** SM Latium

**lacio** ADJ [1] [*pelo*] lank, straight
[2] [*movimiento*] limp, languid
[3] (*Bot*) withered, faded

**lacón** SM shoulder of pork

**lacónicamente** ADV laconically, tersely

**lacónico** ADJ laconic, terse

**laconismo** SM laconic style, laconic manner, terseness

**lacra** SF [1] (*Med*) scar, trace; (*LAm*) (= *llaga*) sore, ulcer; (= *costra*) scab
[2] (*social, moral*) blot, blemish; **la prostitución es una ~ social** prostitution is a blot on society

**lacrado** ADJ (wax-)sealed

**lacrar**[1] ▸conjug 1a◂ Ⓐ VT [1] (*Med*) (= *dañar*) to damage the health of, harm; (= *contagiar*) to infect
[2] [+ *intereses*] to be prejudicial to, be against
Ⓑ **lacrarse** VPR **~se con algo** to suffer harm *o* damage *o* loss from sth; **~se con el trabajo excesivo** to harm o.s. through overwork

**lacrar**[2] ▸conjug 1a◂ VT to seal (*with sealing wax*)

**lacre** Ⓐ ADJ (*LAm*) bright red
Ⓑ SM [1] (= *cera*) sealing wax
[2] (*Chile*) (= *color*) red colour, red color (*EEUU*)

**lacrimógeno** ADJ [1] [*humo, vapor*] tear-producing; **gas ~** tear gas
[2] [*canción, historia*] highly sentimental, weepy*; **novela lacrimógena** tear-jerker

**lacrimoso** ADJ tearful, lachrymose (*frm*)

**lacrosse** [la'kros] SF lacrosse

**lactación** SF, **lactancia** SF lactation; [*de niño*] breast-feeding ► **lactancia artificial** bottle-feeding

**lactante** Ⓐ ADJ **mujer ~** nursing mother
Ⓑ SMF breast-fed baby

**lactar** ▸conjug 1a◂ Ⓐ VT to breast-feed, nurse; (*Zool*) feed on milk
Ⓑ VI to suckle, breast-feed

**lácteo** ADJ milk *antes de s*, lacteal (*frm*); **productos ~s** dairy products

**láctico** ADJ lactic

**lacto-ovo-vegetariano/a** ADJ, SM/F lacto-ovo-vegetarian

**lactosa** SF lactose

**lactosuero** SM whey, buttermilk

**lacustre** ADJ (*frm*) (*gen*) lake *antes de s*, lacustrine (*frm*); (*LAm*) marshy

**ladeado** ADJ [1] (= *inclinado*) tilted, leaning, inclined
[2] (*Arg*) (= *descuidado*) slovenly
[3] (*Cono Sur**) (= *taimado*) crooked*
[4] (*Cono Sur**) (= *enfadado*) **andar ~** to be in a bad temper; **andar ~ con algn** to be in a huff with sb

**ladear** ▸conjug 1a◂ Ⓐ VT [1] (= *inclinar*) to tilt, tip; (*Aer*) to bank, turn; [+ *cabeza*] to tilt, put on one side
[2] [+ *montaña*] to skirt, go round the side of
Ⓑ VI [1] (= *inclinarse*) to tilt, tip, lean
[2] (= *apartarse*) to turn aside, turn off
Ⓒ **ladearse** VPR [1] (= *inclinarse*) to lean (**a** towards); (= *torcerse*) to bend; (*Dep*) to swerve; (*Aer*) to bank, turn
[2] (*Chile**) (= *enamorarse*) to fall in love (**con** with)
[3] **~se con** to be equal to, be even with

**ladeo** SM (= *inclinación*) tilt, leaning; (*Aer*) banking, turning

**ladera** SF hillside

**ladero/a** Ⓐ ADJ side *antes de s*, lateral
Ⓑ SM/F (*Arg**) helper, backer

**ladilla** SF crab louse; ✦**MODISMO ¡qué ~!** (*Caribe**) what a pain!*

**ladillento** ADJ (*CAm, Méx*) lousy

**ladillo** SM (*Prensa*) subhead, subtitle

**ladinazo** ADJ (*Cono Sur*) cunning, shrewd

**ladino/a** Ⓐ ADJ [1] (= *astuto*) smart, shrewd; (= *taimado*) cunning, wily
[2] (*LAm*) [*indio*] Spanish-speaking
[3] (*CAm, Méx*) (= *mestizo*) half-breed, mestizo; (= *blanco*) non-Indian, white, of Spanish descent
[4] (*LAm*) (= *adulador*) smooth-tongued, smarmy*
[5] (*Méx**) [*voz*] high-pitched, fluty
Ⓑ SM/F [1] (*LAm*) (= *indio*) Spanish-speaking Indian
[2] (*CAm, Méx*) (= *mestizo*) half-breed, mestizo; (= *blanco*) non-Indian, white
Ⓒ SM (*Ling*) Ladin (*Rhaeto-Romance dialect*); [*de sefardíes*] Ladino, Sephardic, Judeo-Spanish

**lado** SM [1] (= *lateral*) side; **~ derecho** right side, right-hand side; **~ izquierdo** left side, left-hand side; **a los dos ~s de la carretera** on both sides of the road; **al otro ~ de la calle** on the other side of the street, across the street; **llevar algo al otro ~ del río** to take sth across *o* over the river; **a un ~ y a otro** on all sides, all around; **es primo mío por el ~ de mi padre** he's a cousin on my father's side; **~ a ~** side by side; **de ~** sideways; **poner algo de ~** to put sth sideways; **lleva el sombrero de ~** she wears her hat at an angle; **duermo de ~** I sleep on my side; **echarse** *o* **hacerse a un ~** [*persona*] to move to one side, step aside; [*vehículo*] to swerve out of the way; **por su ~**: **se fue cada uno por su ~** they went their separate ways; **salieron corriendo cada uno por su ~** they all ran off in different directions; ✦**MODISMOS dar a algn de ~** to give sb the cold shoulder; **a mi eso me da de ~** I couldn't care less about that; **dejar a un ~** to leave aside, forget; **echar a un ~** to cast aside; **mirar a algn de (medio) ~** to look down on sb; **poner a un ~** to put aside
[2] (= *aspecto*) side; **todo tiene su ~ bueno** everything has its good side; **vamos a ver un ~ distinto de la cuestión** we're going to look at a different aspect of the issue; **ése es su ~ débil** that's her weak point; **por un ~ ..., por otro ~ ...** on the one hand ..., on the other hand ...; **por ese ~, creo que está bien** in that respect, I think it's all right
[3] (= *lugar*) **ponlo en cualquier ~** put it anywhere; **otro ~**: **tiene que estar en otro ~** it must be somewhere else; **ir de un ~ a otro** to go to and fro, walk up and down; **estuvo de un ~ para otro toda la mañana** she was up and down all morning, she was running around all morning; **por todos ~s**: **me lo encuentro por todos ~s** I bump into him everywhere I go; **rodeado de agua por todos ~s** surrounded by water on all sides, completely surrounded by water; **ir a todos ~s** to go all over
[4] (*indicando proximidad*) **no se movió del ~ de su madre** she never left her mother's side; **estar al ~** to be near; **el cine está aquí al ~** the cinema is just round the corner, the cinema is very near; **la mesa de al ~** the next table; **la casa de al ~** the house next door; **al ~ de**: **la silla que está al ~ del armario** the chair beside the wardrobe; **viven al ~ de nosotros** they live next door to us; **al ~ de aquello, esto no es nada** compared to that, this is nothing; **al ~ de ella, tú pareces una belleza** compared to her, you seem really beautiful; **a mi/tu ~**: **Felipe se sentó a mi ~** Felipe sat beside me; **estuvo a mi ~ todo el tiempo** she was at my side the whole time; **los buenos ratos que he pasado a su ~** the good times I've had with her
[5] (= *bando*) (*Mil*) flank; (*Pol*) faction; **yo estoy de su ~** I'm on his side, I'm with him; **ponerse al ~ de algn** to side with sb
[6] (*Mat*) side; **un triángulo tiene tres ~s** triangles have three sides; **un polígono de cinco ~s** a five-sided polygon
[7] (*Dep*) end; **cambiar de ~** to change ends
[8] (†) (= *favor*) favour, protection; **tener buenos ~s** to have good connections

**ladrar** ▸conjug 1a◂ VI [*perro*] to bark; [*persona*] to yell; [*tripas*] to rumble; ✦**MODISMOS está que ladra*** he's hopping mad*; **esta semana estoy ladrando** (*Caribe**) I'm flat broke this week*; **ladran, luego andamos** you can tell it's having some effect

**ladrería** SF (*Andes, Caribe*), **ladrerío** SM (*Méx*) barking

**ladrido** SM [1] [*de perro*] bark, barking
[2] (= *grito*) yell; **se enfadó y nos dio unos ~s** he got angry and yelled at us
[3] (†) (= *calumnia*) slander

**ladrillado** SM [*de ladrillos*] brick floor; [*de azulejos*] tile floor

**ladrillar** ▸conjug 1a◂ Ⓐ VT to brick, pave with bricks
Ⓑ SM brickworks

**ladrillazo** SM **dar un ~ a algn** to throw a brick at sb

**ladrillera** SF, **ladrillería** SF brickworks

**ladrillo** SM [1] (*Constr*) brick; ✦**MODISMO ser un ~***: **este libro es un ~** this book is really hard going* ► **ladrillo de fuego, ladrillo refractario** firebrick ► **ladrillo ventilador** air-brick
[2] (= *azulejo*) tile
[3] [*de chocolate*] block

Ⓑ SM (*Arquit*) crossbeam; [*de puerta*] jamb; (*Dep*) crossbar; (*en cama*) bolster

**largueza** SF generosity, largesse (*frm*)

**larguirucho** ADJ lanky, gangling

**larguísimo** ADJ (*superl*) *de* **largo**

**largura** SF length

**largurucho** ADJ (*LAm*) lanky, gangling

**lárice** SM larch

**laringe** SF larynx

**laringitis** SF INV laryngitis

**larva** SF larva, grub, maggot

**larvado** ADJ hidden, latent; **permanecer ~** to be latent, remain dormant

**las**[1] ART DEF FPL *ver* **los**[1]

**las**[2] PRON PERS *ver* **los**[2]

**lasca** SF [*de piedra*] chip; [*de comida*] slice

**lascadura** SF (*Méx*) [1] (= *rozadura*) graze, abrasion (*frm*)
[2] (= *herida*) injury

**lascar** ▸conjug 1g◂ Ⓐ VT [1] (*Méx*) [+ *piel*] to graze, bruise; [+ *piedra*] to chip, chip off
[2] (*Náut*) to slacken
Ⓑ VI (*Méx*) to chip off, flake off

**lascivamente** ADV lewdly, lasciviously

**lascivia** SF lust, lewdness, lasciviousness

**lascivo** ADJ [*gesto, mirada, comentario*] lewd, lascivious; [*persona*] lecherous, lascivious

**láser** SM laser; **rayo ~** laser beam

**láser disc** SM INV, **láserdisc** SM INV laser disc

**lasérico** ADJ laser *antes de s*

**laserterapia** SF laser therapy

**lasitud** (*liter*) SF lassitude (*liter*), weariness

**laso** (*liter*) ADJ [1] (= *cansado*) weary
[2] (= *lánguido*) languid (*liter*), limp
[3] (= *débil*) weak

**Las Palmas** SFPL (*en Canarias*) La Palma, Las Palmas

▼ **lástima** SF [1] (= *pena*) pity, shame; **es una ~** it's a pity *o* shame; **es ~ que ...** it's a pity *o* shame that ..., it's too bad that ...; <u>**dar**</u> **~**: **toda esta pobreza me da mucha ~** such poverty makes me really sad; **es tan desgraciado que da ~** he's so unhappy I feel really sorry for him *o* I really pity him; **es una película tan mala que da ~** it's a pathetic film, it's an awful film, it's such a pathetically bad film; **¡qué ~!**: **—hemos perdido —¡qué ~!** "we've lost" — "what a shame! *o* what a pity! *o* that's too bad!"; **¡qué ~ de hombre!** isn't he pitiful?; <u>**sentir**</u> *o* <u>**tener**</u> **~ de algn** to feel sorry for sb
[2] (= *escena lastimosa*) pitiful sight; **estar hecho una ~** to be in a sorry *o* dreadful state
[3] (*frm*) (= *queja*) complaint, tale of woe

**lastimada** SF (*CAm, Méx*) = **lastimadura**

**lastimador** ADJ harmful

**lastimadura** SF (*LAm*) [1] (= *herida*) graze
[2] (= *moretón*) bruise

**lastimar** ▸conjug 1a◂ Ⓐ VT [1] (= *hacer daño*) to hurt; **me lastimé la mano al caer** I hurt my hand when I fell
[2] (= *ofender*) to hurt
Ⓑ **lastimarse** VPR [1] (= *herirse*) to hurt o.s.; **se lastimó el brazo** he hurt his arm
[2] **~se de** (= *quejarse*) to complain about; (= *apiadarse*) to feel sorry for, pity

**lastimero** ADJ [1] (= *dañoso*) harmful
[2] = **lastimoso**

**lastimón** SM (*LAm*) = **lastimadura**

**lastimosamente** ADV pitifully, pathetically

**lastimoso** ADJ pitiful, pathetic

**lastrante** ADJ burdensome

**lastrar** ▸conjug 1a◂ VT [1] [+ *embarcación, globo*] to ballast
[2] (= *obstaculizar*) to burden, weigh down

**lastre** SM [1] (*Náut, Téc*) ballast; **en ~** (*Náut*) in ballast
[2] (= *inconveniente*) burden
[3] (= *sentido común*) good sense, good judgment
[4] (*Cono Sur*‡) (= *comida*) grub*, chow (*EEUU*‡)

**lata** SF [1] (= *envase*) [*de comida*] tin, can; [*de bebida*] can; **sardinas en ~** tinned sardines, canned sardines; **un cuatro ~s*** (= *coche viejo*) an old banger*; (= *Renault 4L*) Renault 4L
[2] (= *metal*) tinplate; **suena a ~** it sounds tinny
[3] (*Andes*) (= *comida*) food, daily ration
► **lata petitoria** collecting tin (*for charity*)
[4] (*) (= *molestia*) nuisance, pain*, drag*; **es una ~ tener que ...** it's a nuisance *o* pain* *o* drag* having to ...; **¡qué ~!** ◊ **¡vaya (una) ~!** what a nuisance! *o* drag!* *o* pain!*; **dar la ~** to be a nuisance, be a pain*; **dar la ~ a algn** to pester sb, go on at sb*; **dar ~** (*Andes, CAm**) (= *parlotear*) to babble on; (*Andes**) (= *insistir*) to nag, go on
[5] (= *censura*) **dar ~ a algn** (*Caribe*) to condemn sb, censure sb
[6] (= *madera*) lath
[7] (‡) (= *dinero*) dough‡; ✦**MODISMOS estar en la(s) ~(s)** ◊ **estar sin ~s** (*Andes, CAm*) to be penniless, be broke*

**latazo*** SM nuisance, pain*

**latear*** ▸conjug 1a◂ VI (*LAm*) [1] (= *dar la lata*) to be a nuisance, be annoying
[2] (= *hablar*) to babble on

**latente** ADJ [1] (*gen*) latent
[2] (*LAm*) (= *vivo*) alive, intense, vigorous

**lateral** Ⓐ ADJ [1] [*calle, puerta, salida*] side *antes de s*
[2] (*en genealogía*) [*línea, parentesco*] indirect
[3] (*Fonética, Téc*) lateral
Ⓑ SM [1] [*de avenida*] side street
[2] **laterales** (*Teat*) wings
Ⓒ SMF (*Dep*) winger ► **lateral derecho** right winger ► **lateral izquierdo** left winger

**lateralmente** ADV sideways, laterally (*frm*)

**latería** SF [1] (*CAm*) (= *hojalata*) tin, tinplate
[2] (*Caribe, Cono Sur*) (= *hojalatería*) tinsmith's, tinsmith's workshop, tinworks

**laterío** SM (*Méx*) tinned goods *pl*, canned goods *pl*

**latero** SM (*LAm*) [1] (= *oficio*) tinsmith
[2] (*) (= *latoso*) bore, drag*

**látex** SM latex

**latido** SM [1] (= *palpitación*) [*de corazón*] beat, beating; [*de herida, dolor*] throb, throbbing
[2] [*de perro*] bark

**latifundio** SM large estate

**latifundista** SMF *owner of a large estate*

**latigazo** SM [1] (*con látigo*) (= *golpe*) lash; (= *chasquido*) crack (*of the whip*)
[2] [*de electricidad*] shock
[3] (= *insultos*) tongue lashing
[4] [*de bebida*] swig*

**látigo** SM [1] (= *instrumento*) whip
[2] (*Andes*) (= *sonido*) crack (*of the whip*)
[3] (*Cono Sur Dep*) finishing post, finishing line; ✦**MODISMO salir al ~** to complete a task
[4] (*Andes, Cono Sur*) (= *jinete*) horseman, rider

**latigudo** ADJ (*LAm*) leathery

**latigueada** SF (*Andes, CAm, Cono Sur*) whipping, thrashing

**latiguear** ▸conjug 1a◂ VT (*LAm*) to whip, thrash

**latiguera** SF (*Andes*) whipping, thrashing

**latiguillo** SM [1] (= *muletilla*) cliché, overworked phrase
[2] (*Teat*) hamming

**latín** SM [1] (*Ling*) Latin; **bajo ~** Low Latin; ✦**MODISMO saber (mucho) ~*** to be pretty sharp ► **latín clásico** Classical Latin ► **latín tardío** Late Latin ► **latín vulgar** Vulgar Latin
[2] **latines** Latin tags

**latinajo** SM (= *latín macarrónico*) dog Latin, bad Latin; **~s** Latin tags; **echar ~s** to come out with learned quotations and references

**latinidad** SF latinity

**latinismo** SM Latinism

**latinista** SMF Latinist

**latinización** SF latinization

**latinizar** ▸conjug 1f◂ VT, VI to latinize

**latino/a** Ⓐ ADJ [1] (= *latinoamericano*) Latin American
[2] (*Hist*) Latin
Ⓑ SM/F [1] (= *latinoamericano*) Latin American; **los ~s** Latin Americans; ✦**MODISMO te cantan los cinco ~s**†* your feet smell
[2] (*Hist*) native/inhabitant of Latium; **los ~s** the people of Latium

**Latinoamérica** SF Latin America

**latinoamericano/a** ADJ, SM/F Latin American

**latir** ▸conjug 3a◂ VI [1] [*corazón*] to beat; [*herida*] to throb
[2] (= *estar latente*) to lie, lie hidden, lurk
[3] [*perro*] to bark
[4] (*Andes, Méx**) **me late que todo saldrá bien** something tells me that everything will turn out all right

**latitud** SF [1] (*Geog*) latitude; **a 45 grados de ~ sur** 45 degrees south
[2] (= *área*) area; **por estas ~es** in these parts
[3] (= *extensión*) breadth

**latitudinal** ADJ latitudinal

**LATN** SF ABR (*Par Aer*) = **Líneas Aéreas de Transporte Nacional**

**lato** ADJ (*frm*) [*territorio*] broad, wide; [*sentido*] broad

**latón** SM [1] (= *metal*) brass
[2] (*Cono Sur*) (= *recipiente*) large tin container; (*Andes*) (= *cubo*) tin bucket

**latoso/a*** Ⓐ ADJ (= *molesto*) annoying, tiresome; (= *pesado*) boring, tedious
Ⓑ SM/F bore, pain*, drag*

**latrocinio** SM larceny

**Latvia** SF Latvia

**latvio/a** Ⓐ ADJ Latvian
Ⓑ SM/F Latvian; **los ~s** the Latvians
Ⓒ SM (*Ling*) Latvian, Lettish

**LAU** SF ABR (*Esp Jur*) = **Ley de Arrendamientos Urbanos**

**lauca** SF (*Cono Sur*) baldness, loss of hair

**laucadura** SF (*Cono Sur*) baldness

**laucar** ▸conjug 1g◂ VT (*Cono Sur*) to fleece, shear, remove the hair *o* wool from

**laucha** SF [1] (*Cono Sur Zool*) *small mouse*; ✦**MODISMOS aguaitar la ~** ◊ **catear la ~** to

➤ LENGUA Y USO: **lástima 1** 45.3

bide one's time; **ser una ~** ◊ **ser una lauchita** to be very sharp *o* quick
2 (*Arg*) (= *viejo verde*) dirty old man
3 (*) (= *flacón*) weed*
4 (*Andes*) expert

**lauco** ADJ (*Cono Sur*) bald, hairless

**laúd** SM (*Mús*) lute

**laudable** ADJ laudable, praiseworthy

**laudablemente** ADV laudably

**láudano** SM laudanum

**laudatorio** ADJ (*frm*) laudatory (*frm*)

**laudo** SM (*Jur*) decision, finding ► **laudo de obligado cumplimiento** binding decision

**laureado/a** (*frm*) Ⓐ ADJ [*persona*] honoured, honored (*EEUU*), distinguished; [*obra*] prize-winning; **poeta ~** poet laureate
Ⓑ SM/F (= *premiado*) prizewinner

**laurear** ▸conjug 1a◂ VT (*frm*) 1 (= *galardonar*) to honour, honor (*EEUU*)
2 (*Hist*) (= *coronar*) to crown with laurel

**laurel** SM 1 (*Bot*) laurel; **hojas de ~** (*Culin*) bay leaves ► **laurel cerezo** cherry laurel
2 **laureles** (= *gloria*) laurels; (= *premio*) honour *sing*, honor (*EEUU*); ✦**MODISMO descansar** *o* **dormirse en los ~es** to rest on one's laurels

**laurencio** SM (*Quím*) lawrencium

**lauréola** SF 1 (= *corona*) laurel wreath, crown of laurel; (= *auréola*) halo
2 (*Bot*) daphne

**lauro** SM 1 (= *árbol*) laurel
2 **lauros** laurels

**Lausana** SF Lausanne

**lava**[1] SF (*Geol*) lava

**lava**[2] SF (*Min*) washing

**lavable** ADJ washable

**lavabo** SM 1 (= *pila*) washbasin, washstand†
2 (= *cuarto de baño*) bathroom, washroom (*EEUU*), toilet; (*en lugar público*) toilet, rest room (*EEUU*); **¿dónde está el ~ de señoras, por favor?** where is the ladies, please?

**lavacara** SF (*Andes*) washbasin

**lavacaras*** SMF INV toady, creep*

**lavacoches** SM INV car wash

**lavada** SF wash

**lavadero** SM 1 (= *lavandería*) laundry, wash house; (*en río*) washing place; [*de casa*] utility room
2 (*LAm Min*) gold-bearing sands (*in river*)

**lavado** SM 1 [*de ropa, vehículo*] wash, washing; **le di dos ~s al jersey** I gave the jumper two washes, I washed the jumper twice; **yo me encargaré del ~ de la ropa** I'll take care of the washing; **la furgoneta quedará como nueva después de un buen ~** the van will look like new after a good wash; **prelavado y ~** pre-wash and wash ► **lavado a mano** hand-wash ► **lavado de automóviles** carwash ► **lavado de cabeza** shampoo ► **lavado en seco** dry cleaning
2 (*Med*) ► **lavado de estómago, lavado gástrico**: **le hicieron un ~ de estómago** he had his stomach pumped ► **lavado intestinal** enema ► **lavado vaginal** douche
3 (*fig*) **campaña de ~ de imagen** image campaign ► **lavado de bonos** bond-washing ► **lavado de cara** face lift ► **lavado de cerebro** brainwashing; **le han hecho un ~ de cerebro** he's been brainwashed ► **lavado de dinero** money-laundering

**lavador** SM 1 (*Cono Sur*) (= *fregadero*) sink
2 (*Cono Sur*) (= *aseo*) lavatory, toilet, washroom (*EEUU*)

**lavadora** SF 1 [*de ropa*] washing machine ► **lavadora de carga frontal** front-loading washing machine, front-loader ► **lavadora de carga superior** top-loading washing machine, top-loader ► **lavadora de coches** car wash ► **lavadora de platos** dishwasher ► **lavadora secadora** washer-drier
2 (*Andes*) (= *persona*) laundress, washerwoman

**lavadura** SF 1 (= *lavado*) washing
2 (= *agua sucia*) dirty water

**lavafaros** SM INV headlamp washer

**lavafrutas** SM INV finger bowl

**lavagallos** SM (*Andes, Caribe*) firewater

**lavaje** SM (*Cono Sur*) 1 = **lavadura**
2 (*Med*) enema

**lavaluneta** SM rear window washer

**lavamanos** SM INV washbasin

**lavanda** SF (*Bot*) lavender; **agua de ~** lavender water

**lavandera** SF 1 (= *mujer*) laundress, washerwoman
2 (*Orn*) wagtail

**lavandería** SF laundry ► **lavandería automática** launderette, laundromat (*EEUU*) ► **lavandería industrial** industrial laundry

**lavandina** SF (*Cono Sur*) bleach

**lavándula** SF = **lavanda**

**lavaojos** SM INV eye bath

**lavaparabrisas** SM INV windscreen washer, windshield washer (*EEUU*)

**lavapiés** SM INV footbath (*at the beach*)

**lavaplatos** Ⓐ SM INV 1 (= *aparato*) dishwasher
2 (*Chile, Col, Méx*) (= *fregadero*) sink
Ⓑ SMF INV (= *empleado*) washer-up, dishwasher

**lavar** ▸conjug 1a◂ Ⓐ VT 1 (= *limpiar*) to wash; **lávale la cabeza a la niña** wash the child's hair; **~ los platos** to wash the dishes, do the washing up; **~ en seco** to dry-clean; **~ y marcar** to shampoo and set; **tejanos lavados a la piedra** stonewashed jeans; **camisa de lava y pon** drip-dry shirt
2 [+ *dinero*] to launder
3 [+ *honor, ofensa, pecado*] to wash away
4 (*Min*) to wash
Ⓑ **lavarse** VPR to wash, have a wash; **tengo que ~me antes de salir** I need to wash *o* have a wash before going out; **~se los dientes** to clean one's teeth; **me lavé las manos antes de comer** I washed my hands before eating; **el gobierno se lavó las manos ante este asunto** the government washed their hands of the whole affair

**lavasecadora** SF washer-dryer

**lavaseco** SM (*Chile*) (= *tintorería*) drycleaner's

**lavativa** SF 1 (*Med*) enema
2 (†) (= *molestia*) nuisance, bother, bore

**lavatorio** SM 1 (†) (= *pila*) washstand†
2 (*LAm*) (= *cuarto de baño*) bathroom, washroom (*EEUU*)
3 (*Med*) lotion

**lavavajillas** SM INV (= *aparato*) dishwasher; (= *detergente*) washing-up liquid, (liquid) dish soap (*EEUU*)

**lavazas** SFPL dishwater *sing*, dirty water *sing*, slops

**lavoteo*** SM quick wash, cat-lick*

**laxante** ADJ, SM laxative

**laxar** ▸conjug 1a◂ VT [+ *vientre*] to loosen

**laxativo** ADJ laxative

**laxitud** SF (*frm*) laxity, laxness, slackness

**laxo** ADJ (*frm*) lax, slack

**laya** SF 1 (= *pala*) spade ► **laya de puntas** (garden) fork
2 (*liter*) (= *tipo*) kind, sort; **de esta ~** of this kind *o* sort

**lazada** SF (*decorativa*) bow; [*de zapatos*] knot

**lazar** ▸conjug 1f◂ Ⓐ VT 1 (= *atrapar con lazo*) to lasso, rope
2 (*Méx*) = **enlazar A**
Ⓑ VI (*CAm*) [*tren*] to connect

**lazareto** SM (*Hist*) leper hospital, isolation hospital

**lazariento** ADJ (*CAm, Cono Sur, Méx*) leprous

**lazarillo** SM blind person's guide

**lazarino/a** Ⓐ ADJ leprous
Ⓑ SM/F leper

**Lázaro** SM Lazarus

**lazo** SM 1 (= *nudo*) (*para asegurar*) knot; (*decorativo*) bow ► **lazo corredizo** slipknot ► **lazo de zapato** shoelace
2 (*Agr*) lasso, lariat
3 (*Caza*) snare, trap; ✦**MODISMOS caer en el ~** to fall into the trap; **tender un ~ a algn** to set *o* lay a trap for sb
4 (*Aut*) hairpin bend
5 **lazos** (= *vínculos*) ties; **~s familiares** family ties; **los ~s culturales entre los dos países** cultural ties between the two countries; **~s de parentesco** ties of blood

**L/C** SF ABR (= **Letra de Cambio**) B/E, BE

**Lda.** ABR = **Licenciada**

**Ldo.** ABR = **Licenciado**

**le** PRON PERS 1 (*directo*) (= *a él*) him; (= *a usted*) you; **no le veo** I don't see him; **¿le ayudo?** shall I help you?
2 (*indirecto*) (= *a él, ella*) (to) him, (to) her, (to) it; (= *a usted*) (to) you; **le hablé** I spoke to him, I spoke to her; **quiero darle esto** I want to give you this; **le he comprado esto** I bought this for you; **una de las mejores actuaciones que le hemos visto** one of the best performances we have seen from him; **no se le conoce otra obra** no other work of his is known; *ver tb* **leísmo**

**lea**‡ SF tart‡, slut‡, whore

**leal** ADJ [*persona*] loyal, faithful; [*competencia*] fair

**lealmente** ADV loyally, faithfully

**lealtad** SF loyalty, fidelity ► **lealtad de marca** brand loyalty, loyalty to a brand

**leandra**†‡ SF one peseta

**Leandro** SM Leander

**leasing** ['lizin] SM (= *operación*) leasing ► **leasing financiero** finance lease ► **leasing operativo** operational lease

**lebrato** SM leveret

**lebrel** SM greyhound

**lebrillo** SM earthenware bowl

**lebrón*** ADJ (*Méx*) 1 (= *astuto*) sharp, wide-awake
2 (= *arrogante*) boastful
3 (= *taimado*) sly

pantly; **hay decisiones que no se pueden tomar ~** there are some decisions which can't be taken lightly

**ligerear** ▸conjug 1a◂ VI (*Cono Sur*) to walk fast, move quickly

**ligereza** SF [1] [*de objeto, material, tejido*] lightness
[2] (= *rapidez*) speed, swiftness
[3] (= *agilidad*) agility, nimbleness; **~ mental** mental agility
[4] (= *falta de sensatez*) flippancy; **actuar con ~** to act flippantly; **hablar con ~** to speak without thinking; **juzgar algo con ~** to jump to conclusions about sth, judge sth hastily ► **ligereza de espíritu** light-heartedness
[5] (= *dicho imprudente*) flippant remark; (= *hecho imprudente*) indiscretion; **lo que dijo era sólo una ~** what she said was just a flippant remark; **cometí la ~ de contárselo todo** I was foolish enough to tell him everything

**ligero** Ⓐ ADJ [1] (= *poco pesado*) [*paquete, gas, metal, comida*] light; [*tela*] light, lightweight, thin; [*material*] lightweight; **una blusa ligerita** a light *o* lightweight *o* thin blouse; **construido con materiales ~s** built from lightweight materials; **hemos cenado algo ~** we had something light for dinner; **viajar ~ de equipaje** to travel light; **~ de ropa** lightly dressed; **vas muy ~ de ropa para esta época del año** you're very lightly *o* flimsily dressed for this time of the year; **fotos de chicas ligeras de ropa** photos of scantily clad girls; **tener el sueño ~** to be a light sleeper; **~ como una pluma** as light as a feather
[2] (= *leve*) [*viento, caricia*] light; [*ruido*] slight; [*perfume, fragancia*] delicate; **sopla un ~ viento** a light wind is blowing; **el más ~ ruido lo despierta** he wakes at the slightest noise
[3] (= *poco importante*) [*enfermedad*] minor; [*castigo*] light
[4] (= *rápido*) swift; **~ de dedos** quick-fingered; **~ de pies** light-footed, quick; ✦*MODISMO* **~ como una bala** *o* **el viento** as quick as a flash, like the wind; *ver tb* **paso**[2] **4**
[5] (= *ágil*) agile; **después del régimen me siento mucho más ligera** after the diet I feel a lot lighter on my feet *o* a lot more agile
[6] (= *superficial*) [*conocimiento*] slight; [*sospecha*] sneaking; **un ~ conocimiento de alemán** a slight knowledge *o* a smattering of German; **tengo la ligera sospecha de que nos hemos equivocado** I have a sneaking suspicion that we've made a mistake
[7] (= *frívolo*) [*carácter, persona*] flippant, frivolous; [*comentario, tema*] flippant; [*mujer*] (*pey*, †) loose†; **no deberías ser tan ligera con estos asuntos** you shouldn't be so flippant *o* frivolous about these things; *ver tb* **casco 5**
[8] (= *sin complicaciones*) [*novela, película*] lightweight; [*conversación, contexto*] light-hearted
[9] **a la ligera** (= *irreflexivamente*) rashly; (= *rápidamente*) quickly; **no se pueden hacer las cosas a la ligera** you shouldn't act so rashly; **es obvio que lo has hecho muy a la ligera** it's obvious that you rushed it *o* did it too quickly; **no podemos juzgar su conducta a la ligera** we shouldn't jump to conclusions about his behaviour, we shouldn't judge his behaviour so hastily; **tomarse algo a la ligera** not to take sth seriously
Ⓑ ADV (= *rápido*) [*andar, correr*] quickly; **ella corrió ~ por el puente** she ran quickly over the bridge; **venga, ~, que nos vamos** get a move on, we're going; **de ~** rashly, thoughtlessly

**light** [laɪt] ADJ INV [*tabaco*] low-tar *antes de s*; [*comida*] low-calorie; [*plan, política*] watered-down, toned-down

**lignito** SM lignite

**ligón**[1] SM hoe

**ligón**[2]**/ona*** Ⓐ ADJ [1] [*persona*] flirtatious; **es muy ~** he's a great one for the girls
[2] [*prenda*] (= *bonita*) attractive; (= *sexy*) provocative, sexy
Ⓑ SM/F **es una ligona** she's successful with the men, she has no problem pulling the men*

**ligoteo*** SM **es un sitio de ~** it's a pick-up joint*; **ese amigo tuyo siempre está de ~** that friend of yours is always on the pull*, that friend of yours is always after the women *o* eyeing up the talent*; **el ~ electrónico** computer dating

**ligue*** Ⓐ SM [1] (= *conquista*) **ir de ~** to look for sb to get off with*, go eyeing up the talent*
[2] (= *amorío*) affair
Ⓑ SMF (= *persona*) pick-up*, date, boyfriend/girlfriend ► **ligue de una noche** one-night stand

**liguero**[1] SM suspender belt, garter belt (*EEUU*)

**liguero**[2] ADJ (*Dep*) league *antes de s*; **líder ~** league leader

**liguilla** SF (*Dep*) (= *torneo*) small tournament; (*para ascender*) mini-league, *group of teams which play off to determine promotion*

**ligur** (*Hist*) Ⓐ ADJ Ligurian
Ⓑ SMF Ligurian; **los ~os** the Ligurians, the people of Liguria

**ligustro** SM privet

**lija** SF [1] (*Zool*) dogfish
[2] (*Téc*) (= *papel de lija*) sandpaper ► **lija esmeril** emery paper
[3] **darse ~** (*Caribe**) to give o.s. airs

**lijadora** SF sander, sanding machine

**lijar** ▸conjug 1a◂ VT to sandpaper, sand down

**lijoso*** ADJ (*Caribe*) vain, stuck-up*

**Lila** SF Lille

**lila**[1] SF (*Bot*) lilac

**lila**[2] SM [1] (= *color*) lilac
[2] (= *idiota*) twit*, wimp*; (= *crédulo*) sucker*

**lila**[3]‡ SM (*Esp*) 5000 pesetas

**lilailas*** SFPL tricks

**lile*** ADJ (*Cono Sur*) weak, sickly

**liliche*** SM (*CAm*) piece of junk

**liliputiense** ADJ, SMF Lilliputian

**liliquear*** ▸conjug 1a◂ VI (*Chile*) to tremble nervously, shake

**Lima** SF Lima

**lima**[1] SF (*Bot*) lime, sweet-lime tree

**lima**[2] SF (*Téc*) [1] (= *herramienta*) file; ✦*MODISMO* **comer como una ~** to eat like a horse ► **lima de uñas, lima para las uñas** nail file, fingernail file (*EEUU*)
[2] (= *pulido*) [*de superficie*] polishing; **dar la última ~ a una obra** to put the finishing touches to a work

**lima**[3]†‡ SF (= *camisa*) shirt

**limadura** SF [1] (*gen*) filing
[2] **limaduras** (= *virutas*) filings

**limar** ▸conjug 1a◂ VT [1] (*Téc*) (*con lima*) to file down, file off
[2] [+ *uñas*] to file
[3] (= *pulir*) [+ *artículo, obra*] to polish up; [+ *diferencias*] to iron out

**limatón** SM (*LAm*) crossbeam, roofbeam

**limaza** SF slug

**limazo** SM slime, sliminess

**limbo** SM [1] (*Bot, Mat*) limb
[2] (*Rel*) limbo; **estar en el ~** (*Rel*) to be in limbo; (= *estar distraído*) to be miles away

**limeño/a** Ⓐ ADJ of/from Lima
Ⓑ SM/F native/inhabitant of Lima; **los ~s** the people of Lima

**limero** SM lime (tree)

**limeta** SF [1] (*Cono Sur*) (= *frente*) broad brow; (= *calva*) bald head
[2] (*LAm*) (= *botella*) flagon, bottle

**liminar** ADJ preliminary, introductory

**limitación** SF [1] (= *restricción*) limitation; **exigen la ~ de los poderes del gobierno** they demand a limitation of the government's powers; **intervinieron todos los diputados sin ~ de tiempo** all the MPs took part without being subject to a time limit ► **limitación de armamentos** arms limitation ► **limitación de velocidad** speed limit
[2] **limitaciones** (= *deficiencias*) limitations; **no lo haré porque conozco mis limitaciones** I won't do it because I know my limitations

**limitado** ADJ [1] (*gen*) limited; **sociedad limitada** (*Com*) limited company, corporation (*EEUU*)
[2] (= *lerdo*) slow-witted, dim*

**limitador** SM (*Aut*) limiter ► **limitador de ruido** limiter ► **limitador de velocidad** speed limiter

▼ **limitar** ▸conjug 1a◂ Ⓐ VT (= *restringir*) to limit, restrict; **nos han limitado el número de visitas** they have limited *o* restricted the number of visits we can have; **~on el tiempo del examen a dos horas** the exam time was limited to two hours; **hay que ~ el consumo de alcohol entre los adolescentes** alcohol consumption among young people should be restricted
Ⓑ VI **~ con** to border on; **España limita al norte con Francia** Spain borders on France to the north
Ⓒ **limitarse** VPR **~se a hacer algo** to limit *o* confine o.s. to doing sth; **no nos limitemos a tratar los aspectos económicos** let's not limit *o* confine ourselves to the economic aspects; **me he limitado a corregir unos cuantos errores** all I've done is correct a few mistakes, I've just corrected a few mistakes, that's all; **tú limítate a escuchar** just be quiet and listen

**limitativo** ADJ, **limitatorio** ADJ limiting, restrictive

**límite** Ⓐ SM [1] (*gen*) limit; **podrá presentarse cualquiera, sin ~ de edad** anyone can apply, regardless *o* irrespective of age, anyone can apply, there's no age limit; **eran exámenes larguísimos, sin ~ de tiempo** the exams were very long, there was no time limit; **como** *o* **de ~**: **tenemos como** *o* **de ~ el sábado para presentar el trabajo** the deadline for submitting our work is Saturday; **no tener ~s** to know no bounds; **poner (un) ~ a**: **han puesto un ~ de participantes** they have put a limit *o* restriction on the number of participants; **nos pusieron un ~ de dinero para gastar** they put a restriction on *o* limited the

➤ LENGUA Y USO: **limitar C** 53.2

amount of money we had to spend; **quieren poner ~ a sus ambiciones políticas** they want to limit his political ambitions; **pretenden poner ~ a la investigación sobre embriones** they aim to put tighter controls on research into embryos, they aim to restrict *o* curb research into embryos; **sin ~s** limitless ► **límite de crédito** (*Com*) credit limit ► **límite de gastos** spending limit ► **límite de velocidad** speed limit
2 (*Geog, Pol*) boundary, border ► **límite forestal** tree line, timber line
3 (*Inform*) ► **límite de página** page break
4 (= *final*) end
Ⓑ ADJ INV extreme, maximum; **caso ~** extreme case; **competición ~** out-and-out contest; **concentración ~** maximum concentration; **jornada ~ semanal** maximum possible working week; **sentencia ~** definitive ruling; **situaciones ~** extreme situations; **someter una máquina a pruebas ~** to test a machine to the limit

**limítrofe** ADJ bordering, neighbouring, neighboring (*EEUU*)

**limo** SM 1 (= *barro*) slime, mud
2 (‡) (= *bolso*) handbag, purse (*EEUU*)

**limón** SM 1 (*Bot*) lemon; (*Caribe*) lime
2 **limones‡** tits‡

**limonada** SF (*natural*) lemonade; (*artificial*) lemon squash ► **limonada natural** fresh lemonade, lemonade (*EEUU*); *ver tb* **chicha**[1] **A1**

**limonado** ADJ lemon, lemon-coloured, lemon-colored (*EEUU*)

**limonar** SM lemon grove

**limonero** SM lemon tree

**limosina** SF limousine

**limosna** SF charity, alms†; **¡una ~, señor!** can you spare something, sir?; **pedir ~** to beg; **vivir de ~** to live by begging, live on charity

**limosnear** ▸conjug 1a◂ VI to beg

**limosnera** SF collecting tin (*for charity*)

**limosnero/a** Ⓐ ADJ (= *caritativo*) charitable
Ⓑ SM/F 1 (*Hist*) almoner
2 (*LAm*) (= *mendigo*) beggar

**limoso** ADJ slimy, muddy

**limpia** Ⓐ SF 1 (= *acto de limpiar*) cleaning
2 (*CAm, Méx Agr*) weeding, clearing
3 (*Pol*) (= *purga*) clean-up, purge
4 (*Andes, Cono Sur, Méx*) (= *azotes*) beating
Ⓑ SM 1 (*) (= *persona*) bootblack; (= *niño*) shoeshine boy
2 (*Aut*) windscreen wiper, windshield wiper (*EEUU*)

**limpiabarros** SM INV (= *utensilio*) scraper, boot scraper; (= *felpudo*) doormat

**limpiabotas** SMF INV bootblack

**limpiacabezales** SM INV head-cleaner

**limpiachimeneas** SMF INV chimney sweep

**limpiacoches** SMF INV (= *persona*) street carwasher

**limpiacristales** Ⓐ SM INV 1 (= *líquido*) window-cleaning fluid; (= *trapo*) cleaning cloth
2 (*Aut*) windscreen wiper
Ⓑ SMF INV (= *persona*) window cleaner

**limpiada** SF 1 (*LAm*) (= *acto de limpiar*) clean, clean-up
2 (*Cono Sur*) (*en bosque*) clearing

**limpiadientes** SM INV toothpick

**limpiador(a)** Ⓐ ADJ [*líquido, crema*] cleansing
Ⓑ SM/F (= *persona*) cleaner

**limpiadura** SF 1 (= *acto de limpiar*) cleaning, cleaning-up
2 **limpiaduras** dirt *sing*, dust *sing*, scourings

**limpiafaros** SM INV headlamp wiper

**limpiahogares** SM INV household cleaning fluid

**limpiahornos** SM INV oven cleaner

**limpialuneta** SM ► **limpialuneta trasero, limpialuneta posterior** rear windscreen wiper, rear wiper

**limpiamanos** SM INV (*CAm, Méx*) hand towel

**limpiamente** ADV 1 (= *con pulcritud*) cleanly
2 (= *honestamente*) honestly; **nos ganaron ~** they beat us fair and square
3 (= *hábilmente*) skilfully, skillfully (*EEUU*); **hace las jugadas muy ~** he makes the moves with great skill, he makes the moves very neatly

**limpiametales** SM INV metal polish

**limpiamuebles** SM INV furniture polish

**limpiaparabrisas** SM INV windscreen wiper, windshield wiper (*EEUU*)

**limpiapiés** SM INV (= *utensilio*) scraper, boot scraper; (*Méx*) (= *estera*) doormat

**limpiapipas** SM INV pipe cleaner

**limpiaplicador** SM (*Méx*) cotton bud, Q-tip® (*EEUU*)

**limpiaplumas** SM INV penwiper

**limpiar** ▸conjug 1b◂ Ⓐ VT 1 [+ *casa*] to tidy, tidy up, clean; [+ *cara, piel*] to cleanse; [+ *marca*] to wipe off, clean off; [+ *maquillaje*] to remove; [+ *zapatos*] to polish, shine; **~ en seco** to dry-clean
2 (*Culin*) [+ *conejo*] to clean; [+ *pescado*] to gut
3 (= *enjugar*) to wipe, wipe off; **~ las narices a un niño** to wipe a child's nose
4 (*Mil*) to mop up; (*Policía*) to clean up
5 (*Bot*) to prune, cut back
6 (*) (*en el juego*) to clean out*
7 (‡) (= *robar*) to swipe*, nick*
8 (*Méx**) (= *pegar*) to hit, bash*, beat up
9 (‡) (= *matar*) to do in‡
Ⓑ **limpiarse** VPR to clean o.s., wipe o.s.; **~se las narices** to blow one's nose

**limpiaventanas** SMF INV 1 (= *persona*) window cleaner
2 (= *líquido*) window-cleaning fluid

**limpiavía** SM (*LAm*) cowcatcher

**límpido** ADJ (*frm*) limpid

**limpieza** SF 1 (= *acción*) cleaning; **la mujer** *o* **señora de la ~** the cleaning lady; **hacer la ~** to do the cleaning ► **limpieza en seco** dry cleaning ► **limpieza general** spring cleaning
2 (*Pol*) purge; (*Mil*) mopping-up; (*Policía*) clean-up ► **limpieza étnica** ethnic cleansing
3 (= *estado*) cleanness ► **limpieza de sangre** racial purity
4 **con ~** (= *con integridad*) fair and square; **nos ha ganado con ~** he beat us fair and square
5 (= *destreza*) skill; **hace las jugadas con mucha ~** he makes the moves with great skill, he makes the moves very neatly

**limpio** Ⓐ ADJ 1 [*casa, cuarto*] clean; **~ de algo** free from sth, clear of sth; **✦MODISMO más ~ que los chorros del oro** as clean as can be
2 (= *despejado*) clear; **el cielo estaba ~ de nubes** there was a cloudless sky, there was not a cloud in the sky
3 [*líquidos*] pure, clean
4 (*en lo moral*) pure; (= *honesto*) honest
5 (*Dep*) [*jugada*] fair
6 (*Fin*) clear, net; **50 dólares de ganancia limpia** 50 dollars of clear profit
7 (*) (= *sin dinero*) **estar ~** to be broke; **quedar(se) ~** to be cleaned out*
8 (*) (*enfático*) **a pedrada limpia**: **se defendieron a pedrada limpia** they defended themselves with nothing but stones; **a puñetazo ~** with bare fists
Ⓑ SM 1 **en ~** (*Fin*) clear, net; **copia en ~** fair copy; **pasar** *o* **poner algo en ~** to make a fair *o* neat *o* clean copy of sth; **poner un texto en ~** to tidy a text up, produce a final version of a text; **✦MODISMOS sacar algo en ~** to make sense of sth; **no pude sacar nada en ~** I couldn't make anything of it
2 (*Méx*) (= *claro de bosque*) clearing (*in a wood*), treeless area, bare ground
Ⓒ ADV **jugar ~** to play fair

**limpión** SM 1 (= *acto*) wipe, (quick) clean; **dar un ~ a algo** to give sth a wipe
2 (†) (= *trapo*) cleaning rag, cleaning cloth; (*Andes, CAm, Caribe*) dishcloth
3 (†) (= *persona*) cleaner
4 (*Andes**) (= *regañina*) ticking-off*

**limpito** ADJ nice and clean

**limusina** SF limousine

**lina** SF (*Cono Sur*) 1 [*de lana*] skein of coarse wool
2 (= *trenza*) pigtail, long hair

**linaje** SM 1 (= *familia*) lineage, descent; **de ~ de reyes** descended from royalty, of royal descent; **de ~ honrado** of good parentage
2 (= *clase*) class, kind; **de otro ~** of another kind ► **linaje humano** mankind
3 **linajes** (= *familias*) (local) nobility *sing*, noble families

**linajudo** ADJ highborn, noble, blue-blooded

**linar** SM flax field

**linaza** SF linseed

**lince** Ⓐ SM 1 (*Zool*) lynx; (*CAm, Méx*) wild cat; **✦MODISMOS ser un ~** (= *observador*) to be very sharp-eyed; (= *astuto*) to be very shrewd *o* sharp; **tener ojos de ~** to be very sharp-eyed ► **lince ibérico** pardal lynx, Spanish lynx
2 (*LAm*) (= *agudeza*) sharpness
Ⓑ ADJ **✦MODISMOS ojos ~s** eagle eyes; **es muy ~** (= *observador*) he's very sharp-eyed; (= *astuto*) he's very shrewd *o* sharp

**linchamiento** SM lynching

**linchar** ▸conjug 1a◂ VT to lynch

**linche** SM (*Andes*) (= *mochila*) knapsack; **linches** (*Méx*†) (= *alforjas*) saddlebags

**lindamente** ADV 1 (= *con belleza*) prettily; (= *con delicadeza*) daintily; (= *con elegancia*) elegantly
2 (*iró*) well
3 (*esp LAm*) (= *excelentemente*) excellently, marvellously

**lindante** ADJ bordering (**con** on), adjacent (**con** to), adjoining

**lindar** ▸conjug 1a◂ VI **~ con**: **mis tierras lindan con las suyas** my land borders on theirs; **el banco linda con el ayuntamiento** the bank is adjacent to the town hall; **eso linda con el racismo** that is bordering on racism

**linde** SM *o* SF boundary

wouldn't live to see the new year, I feared I wouldn't make it to the new year
4·2 (*como algo extremo*) **llegué a estar tan mal, que casi no podía moverme** I got so bad, I could hardly move; **llegamos a sospechar de él** we came to suspect him; **puede ~ a alcanzar los 300km/h** it can reach speeds of up to 300km/h; **este pez puede ~ a alcanzar los dos metros de largo** this fish can grow as long as two metres; **la popularidad que un actor puede ~ a alcanzar a través de la televisión** the popularity an actor can come to attain from being on television; **¿llegó a creer que sería campeón del mundo?** did you ever believe you'd be world champion?; **yo había llegado a creer que estábamos en el camino de superar ese problema** I had really started to believe that we were on the way to overcoming that problem; **llegué a creérmelo** I came to believe it; **llegó al punto de robarle** he even went so far as to rob her
5 *= bastar* to be enough; **con 200 pesetas no me llega** 200 pesetas isn't enough; **con ese dinero no le va a ~** you won't have enough money; **no me llega para ropa nueva** I can't afford to buy new clothes; **hacer ~ el sueldo a fin de mes** to make ends meet; **hacer ~ el dinero** to make one's money last
6 *momento, acontecimiento* to come; **~á un día en que sea rico** the day will come when I'm rich; **cuando llegó la paz** when peace came; **se fueron cuando llegó la noche** they left at nightfall
Ⓑ VERBO TRANSITIVO
*= acercar* to bring up, bring over
Ⓒ **llegarse** VERBO PRONOMINAL **voy a ~me por el banco** I'm going down *o* over to the bank; **llégate a su casa y dile que ...** go over to his house and tell him...; **llégate a mi casa mañana** come round tomorrow; **llégate más a mí** come closer to me

LLEGAR

**Llegar a**

A la hora de traducir **llegar a** al inglés, tenemos que diferenciar entre **arrive in** y **arrive at**.

- Empleamos **arrive in** con países, ciudades, pueblos, *etc*:
  Esperamos llegar a Italia el día 11 de junio
  ***We expect to arrive in Italy on 11th June***
  Llegaremos a Córdoba dentro de dos horas
  ***We'll be arriving in Cordoba in two hours' time***
- En cambio, se traduce por **arrive at** cuando nos referimos a lugares más pequeños, como aeropuertos, estaciones, *etc.* La expresión **llegar a casa** es una excepción, ya que se traduce por **arrive/get home**, es decir, sin preposición:
  Llegamos al aeropuerto con cuatro horas de retraso
  ***We arrived at the airport four hours late***
  Llegué a casa completamente agotada
  ***I arrived home completely exhausted***

*Para otros usos y ejemplos ver la entrada.*

**lleísmo** SM *pronunciation of Spanish "y" as "ll"*

**llenador** ADJ (*Cono Sur*) [*comida*] filling, satisfying

**llenar** ▸conjug 1a◂ Ⓐ VT 1 (= *rellenar*) [+ *cubo, vaso*] to fill; [+ *bañera*] to run; [+ *cajón, maleta*] to fill; **llenó tanto la maleta que no podía cerrarla** he packed *o* filled the suitcase so full that he couldn't shut it; **no sabía cómo ~ las tardes** she didn't know how to fill her evenings; **no me llenes el vaso** don't fill my glass (up to the top); **no me llenes mucho el plato** don't give me too much food; **¿puede ~ aquí?** (*en un bar*) the same again, please; **siempre llena los auditorios** he always gets full houses; **~ con *o* de algo** [+ *contenedor*] to fill with sth; [+ *superficie*] to cover with sth; **llenó las estanterías de libros** she filled the shelves with books; **llenó la pizarra de nombres** he covered the blackboard with names; **✦MODISMO le llenó la cabeza de pájaros** he filled her head with nonsense
2 (= *ocupar*) to fill; **los coches ~on el centro de la ciudad** the town centre was filled with cars; **las cajas llenan todo el maletero** the boxes take up *o* fill the whole boot; **~ un hueco** to fill a gap; **llena un hueco que había en el mercado** it fills a gap in the market; **no podía ~ el hueco dejado por su antecesor** he couldn't fill his predecessor's shoes
3 (= *satisfacer*) [+ *deseo*] to fulfil, fulfill (*EEUU*), satisfy; **este trabajo no me llena** I don't find this job satisfying *o* fulfilling; **mi vida no me llena** I'm not getting enough out of life; **no me termina de ~ este libro** this book doesn't really convince me; **sus nietos han llenado su vejez** his grandchildren have gladdened his old age (*liter*)
4 (= *colmar*) **~ a algn de** [+ *inquietud, dudas*] to fill sb with; **sus hijos lo ~on de orgullo** his children filled him with pride; **su tono de voz la llenó de inquietud** his tone of voice made her feel uneasy, his tone of voice filled her with unease (*liter*); **lo ~on de insultos** they heaped insults upon him, they hurled abuse at him; **verte nos llenó de alegría** we were delighted to see you; **lo ~on de atenciones** they showered him with attention, they made a great fuss of him; **nos ~on de elogios** they showered praise on us
5 (= *cumplimentar*) [+ *documento, impreso*] to fill in, fill out (*EEUU*)
Ⓑ VI [*comida*] to be filling; **esta sopa no llena nada** this soup isn't really very filling, this soup doesn't really fill you up
Ⓒ **llenarse** VPR 1 (= *ocuparse completamente*) to fill, fill up; **la sala se fue llenando rápidamente** the hall was filling up fast; **los viernes siempre se llena el restaurante** the restaurant always gets full *o* fills up on Fridays; **~se de algo** to fill (up) with sth; **la habitación se llenó de humo** the room filled with smoke; **los ojos se les ~on de lágrimas** tears welled up in their eyes, their eyes filled with tears; **✦MODISMO ~se hasta la bandera *o* hasta los topes** to be full to bursting, be packed out, be packed to the rafters
2 (= *colmarse*) **con esa tarta me he llenado** I'm full after that cake; **lo único que quiere es ~se los bolsillos** all he wants is to line his pockets*; **aquí se llena uno bien la barriga*** you can really stuff yourself here*; **se llenó los bolsillos de caramelos** she filled her pockets with sweets, she stuffed her pockets full of sweets; **~se de** [+ *orgullo, alegría*] to be filled with; [+ *comida*] to stuff o.s. with*; **con eso se ~án de gloria** that will cover them in glory; **en un año se llenó de deudas** after a year he was up to his neck in debt; **se me llenó la espalda de ronchas** my back came out in a rash all over
3 (= *cubrirse*) to get covered; **los libros se han llenado de polvo** the books have got covered in dust; **me he llenado los dedos de tinta** I've got ink all over my fingers, my fingers are covered in ink; **el techo se llenó de humedad** damp appeared all over the ceiling
4 (*frm*) (= *enfadarse*) to get cross, get annoyed

**llenazo*** SM (= *entradas agotadas*) sellout; (*Teat, Dep*) (= *asientos ocupados*) full house; **ayer hubo ~ en el concierto** there was a full house for the concert yesterday, yesterday's concert was a sellout; **hubo un ~ total en el estadio** the stadium was totally packed out

**llenazón** SM (*Méx*) blown-out feeling, indigestion

**lleno** Ⓐ ADJ 1 (= *completo*) [*plato, vaso*] full; [*teatro, tren*] full; **el depósito está ~** the tank is full; **no me pongas el plato muy ~** don't give me too much food; **¡~, por favor!** (*en una gasolinera*) fill her up, please!; **no hables con la boca llena** don't talk with your mouth full; **el autobús iba ~** the bus was full (up); **~ hasta el borde** full to the brim; **✦MODISMO ~ a reventar *o* hasta la bandera *o* hasta los topes** full to bursting, packed out, packed to the rafters
2 **~ de** 2·1 [*espacio*] full of; [*superficie*] covered in; **le gusta tener la casa llena de gente** she likes to have the house full of people; **los muebles están ~s de polvo** the furniture is covered in dust; **llevaba el traje ~ de manchas** his suit was covered in stains
2·2 [*complejos, problemas*] full of; [*odio, esperanza*] filled with; **un viaje ~ de aventuras** a journey full of adventures; **estaba ~ de dudas** I was filled with doubt; **una mirada llena de odio** a hateful look, a look full of hate; **llegué ~ de alegría** I arrived in high spirits
3 **de ~** directly; **los cambios nos afectarán de ~** the changes will affect us directly; **nos daba el sol de ~** the sun was (shining) directly on us; **la bala le alcanzó de ~ en el corazón** the bullet hit him straight in the heart; **está dedicado de ~ a su familia** he is entirely dedicated to his family; **el impacto le dio de ~ en la cara** he took the impact full in the face; **acertaste de ~ con ese comentario** you've hit the nail on the head (with that remark), that remark was spot on
4 (= *saciado*) full, full up*
5 (= *regordete*) plump, chubby
6 (*Astron*) [*luna*] full; **hoy es luna llena** there is a full moon today
Ⓑ SM 1 (= *aforo completo*) (*gen*) sellout; (*Cine, Teat*) full house; **ayer hubo ~ en el concierto** there was a full house for the concert yesterday, yesterday's concert was a sellout ▸ **lleno absoluto**, **lleno hasta la bandera**, **lleno total** (*Cine, Teat*) packed house; (*Dep*) capacity crowd; **el espectáculo sigue representándose con ~s absolutos** the show continues to play to

packed houses
[2] (*Astron*) full moon

**llevadero** ADJ bearable, tolerable

**llevar**

▸conjug 1a◂
[A] VERBO TRANSITIVO [C] VERBO PRONOMINAL
[B] VERBO INTRANSITIVO
*Para las expresiones* ***llevar adelante, llevar la contraria, llevar las de perder, llevar a la práctica, llevar a término, llevar ventaja,*** *ver la otra entrada.*

Ⓐ VERBO TRANSITIVO

[1] [= ***transportar***] (*con los brazos*) to carry; (*indicando el punto de destino*) to take; (*en vehículo*) to transport; **yo llevaba la maleta** I was carrying the case; **es muy pesado para ~lo entre los dos** it's too heavy for the two of us to carry; **no te olvides de ~ un paraguas** make sure you take an umbrella with you; **lleva los vasos a la cocina** can you take the glasses to the kitchen?; **"comida para ~"** "food to take away", "take-away food"; **¿es para ~?** is it to take away?

[2] (*tb* **~ puesto**) to wear; **¿hay que ~ corbata a la reunión?** do we have to wear a tie to the meeting?; **llevaba puesto un sombrero muy raro** she had a very odd hat on, she was wearing a very odd hat

[3] (*tb* **~ encima**) **sólo llevo mil pesetas** I've only got a thousand pesetas on me; **no llevo dinero (encima)** I haven't got any money on me; **¡la que llevaba encima aquella noche!*** he was really smashed that night!*

[4] [= ***tener***] [4·1] [+ *barba, pelo*] to have; **lleva barba** he has a beard; **lleva el pelo corto** he has short hair

[4·2] [+ *adorno, ingrediente*] to have; **esta raqueta no lleva el precio** this racket doesn't have the price on it; **este pastel no lleva harina** this cake doesn't have any flour in it; **lleva un rótulo que dice …** it has a label (on it) which says …; **el tren no lleva coche-comedor** the train doesn't have a dining car; **lleva mucha sal** it's very salty; **¿qué lleva el pollo que está tan bueno?** what's in this chicken that makes it taste so good?

[4·3] [+ *armas, nombre, título*] to have, bear (*frm*); **~á el nombre de la madre** she will be named after her mother; **el libro lleva el título de …** the book has the title of …, the book is entitled …

[5] [+ ***persona***] [5·1] (= *acompañar, conducir*) to take; **voy a ~ a los niños al colegio** I'm going to take the children to school; **lo llevamos al teatro** we took him to the theatre; **¿adónde me llevan?** where are you taking me?; **a ver ¿cuándo me llevas a cenar?** when are you going to take me out for a meal?

[5·2] (*en coche*) to drive; **Sofía nos llevó a casa** Sofía gave us a lift home, Sofía drove us home; **yo voy en esa dirección, ¿quieres que te lleve?** I'm going that way, do you want a lift?

[6] [= ***conducir***] [6·1] [+ *vehículo*] to drive; **lleva muy bien el coche** she drives the car very well; **yo llevé el coche hasta Santander** I drove the car to Santander

[6·2] [+ *persona, entidad*] **este camino nos lleva a Bogotá** this road takes us to Bogotá; **ha llevado al país a una guerra** he has led the country into a war; **llevó a su empresa a la bancarrota** he caused his company to go bankrupt, he bankrupted his company; **dejarse ~** to get carried away; **se dejaba ~ por las olas** he allowed the waves to carry him away; **no te dejes ~ por las apariencias** don't be taken in *o* deceived by appearances; **si te dejas ~ por él, acabarás mal** if you fall in with him, you'll be in trouble

[7] [= ***dirigir***] [+ *negocio, tienda*] to run; **~ una finca** to run an estate; **lleva todos sus negocios en secreto** he conducts all his business in secret; **~ la casa** to run the household; **lleva muy bien la casa** she's a very good housewife; **¿quién lleva la cuenta?** who is keeping count?; **~ las cuentas** *o* **los libros** (*Com*) to keep the books; **~ una materia** (*Méx*) to study a subject; *ver tb* **compás 1**

[8] [= ***aportar***] to bring; **la madre es quien lleva el dinero a la casa** it is the mother who brings home the money; **llevó la tranquilidad a todos** he brought peace to everyone; **seguro que llevas alegría a tu familia** I'm sure you're making your family happy

[9] [= ***adelantar en***] **mi hermana mayor me lleva ocho años** my elder sister is eight years older than me; **él me lleva una cabeza** he's a head taller than me

[10] [= ***inducir***] **~ a algn a creer que …** to lead sb to think that …, make sb think that …; **esto me lleva a pensar que …** this leads me to think that …

[11] [= ***tolerar***] **~ las desgracias con paciencia** to bear misfortunes patiently; **¿cómo lleva lo de su hijo?** how's she coping with what happened to her son?; **lleva muy bien sus sesenta años** he's doing very well for sixty; **tiene mucho genio y hay que saber ~lo** he's very bad-tempered and you have to know how to deal with him

[12] [***indicando tiempo***] [12·1] (= *haber estado*) to be; **¿cuánto tiempo llevas aquí?** how long have you been here?; **llevo horas esperando aquí** I've been waiting here for hours; **el tren lleva una hora de retraso** the train is an hour late; **llevo tres meses buscándolo** I have been looking for it for three months

[12·2] (= *tardar*) to take; **el trabajo me ~á tres días** the work will take me three days; **~á varias horas reparar la avería** it will take several hours to carry out the repairs

[13] [= ***cobrar***] to charge; **me llevó 10.000 pesetas por arreglar el televisor** he charged me 10,000 pesetas for fixing the television; **no quería ~me nada** he didn't want to charge me, he didn't want to take any money

[14] [= ***ir por***] **¿qué dirección llevaba?** what direction was he going in?, which way was he going?; **lleva camino de ser como su padre** it looks like he's going to turn out just like his father

[15] [+ ***vida***] to lead; **~ una vida tranquila** to live *o* lead a quiet life

[16] (+ *PARTICIPIO*) **llevo estudiados tres capítulos** I have covered three chapters; **llevaba hecha la mitad** he had done half of it; **lleva conseguidas muchas victorias** he has won many victories

[17] [= ***producir***] (*Com, Fin*) to bear; (*Agr*) to bear, produce; **los bonos llevan un 8% de interés** the bonds pay *o* bear interest at 8%; **no lleva fruto este año** it has no fruit this year, it hasn't produced any fruit this year

Ⓑ VERBO INTRANSITIVO

[***carretera***] to go, lead; **esta carretera lleva a La Paz** this road goes *o* leads to La Paz

Ⓒ **llevarse** VERBO PRONOMINAL

[1] [= ***tomar consigo***] to take; **se llevó todo mi dinero** he took all my money; **puedes ~te el disco que quieras** take whichever record you want; **¿puedo ~me este libro?** can I borrow this book?; **llévatelo** take it (with you); **—¿le gusta? —sí, me lo llevo** (*al comprar*) "do you like it?" — "yes, I'll take it"; **los ladrones se ~on la caja** the thieves took the safe (away); **se ~on más de un millón de pesetas en joyas** they got away with more than a million pesetas' worth of jewels

[2] [+ ***persona***] (= *acompañar*) **se lo ~on al cine** they took him off to the cinema; **el padre se llevó a su hijo** the father took his son away; **~se a algn por delante** (= *atropellar*) to run sb over; (*LAm*) (= *ofender*) to offend sb; (= *maltratar*) to ride roughshod over sb; **el camión se llevó una farola por delante** the truck went off the road and took a lamppost with it; **la riada se llevó el pueblo por delante** the village was swept away by *o* in the flood, the flood took the village with it; **el viento se llevó por delante los tejados de las casas** the wind blew the roofs off the houses; **una infección en el riñón se lo llevó por delante** he died from a kidney infection; **esa ley se llevó por delante los derechos de los trabajadores** this law swept away *o* rode roughshod over the rights of the workers; ✦***MODISMO*** **¡que se lo lleve el diablo!** to hell with it!

[3] [= ***conseguir***] [+ *premio*] to win; **se llevó el primer premio** she won first prize; **siempre me llevo la peor parte** I always come off worst; ✦***MODISMOS*** **llevársela***: **¡no lo toques o te la llevas!** don't touch it or you'll live to regret it!; **¡tú te la llevas!** (*en juegos*) you're it!

[4] [= ***sufrir***] **me llevé una gran decepción** I was very disappointed; **me llevé una alegría** I was so happy; **se llevó un buen susto** he got a real fright

[5] [= ***arrastrar***] **el mar se lleva la arena** the sea washes the sand away; **el viento se llevó las nubes** the wind blew the clouds away; **el viento se llevó una rama** the wind tore off a branch; **la espada se le llevó dos dedos** the sword took off two of his fingers; ✦***MODISMO*** **las palabras se las lleva el viento** words are not binding

[6] [***en el trato***] **~se bien** to get on well (together); **no se lleva bien con el jefe** he doesn't get on *o* along with the boss; **me llevo bien con mi hermano** I get on well with my brother; **nos llevamos muy mal** we get on very badly; *ver tb* **matar B, perro 2**

[7] [= ***estar de moda***] to be in fashion, be all the rage; **se llevan los lunares** polka dots are in fashion *o* all the rage; **se vuelven a ~ las gafas negras** dark glasses are coming back into fashion

[8] [***con cantidades***] **mi hermano y yo nos llevamos tres años** there are three years between my brother and me; **de doce me llevo una** (*Mat*) I carry one

**llicla** SF (*Andes*) woollen *o* (*EEUU*) woolen shawl

**llicta** SF (*Andes*) quinine paste

**llimo** ADJ (*Cono Sur*) (= *de orejas pequeñas*) small-eared; (= *sin orejas*) earless

**llocalla** SM (*Andes*) boy

armed struggle ► **lucha contraincendios** fire-fighting ► **lucha de clases** class struggle
2 (*Dep*) ► **lucha grecorromana**, **lucha libre** wrestling

**luchador(a)** Ⓐ ADJ combative
Ⓑ SM/F (= *combatiente*) fighter; (*Dep*) wrestler; **~ por la libertad** freedom fighter

**luchar** ▸conjug 1a◂ VI 1 (= *combatir*) to fight; (= *esforzarse*) to struggle (**por algo** for sth); **luchó en el bando republicano** he fought on the Republican side; **tuvo que ~ mucho en la vida** life was a constant struggle for her; **~ con** *o* **contra algo/algn** to fight (against) sth/sb; **~on contra la corrupción** they fought against corruption; **el enfermo luchaba con la muerte** the sick man was fighting for his life; **luchaba con los mandos** he was struggling *o* wrestling with the controls
2 (*Dep*) to wrestle (**con** with)

**luche** SM (*Cono Sur*) 1 (= *juego*) hopscotch
2 (*Bot*) *an edible seaweed*

**Lucía** SF Lucy

**lucidez** SF 1 (= *perspicacia*) lucidity, clarity; **demuestra gran ~ al resolver los problemas** she's very lucid *o* clear when solving problems
2 (*tb* **~ mental**) lucidity; **es demente, pero tiene momentos de ~ (mental)** she's insane but has moments of lucidity, she's insane but has her lucid moments
3 (*CAm, Cono Sur*) (= *brillantez*) brilliance

**lucido** ADJ 1 (= *espléndido*) splendid, magnificent; **fue una boda muy lucida** it was a splendid *o* magnificent wedding; **la actriz tuvo una actuación muy lucida** the actress gave a splendid *o* magnificent *o* stunning performance
2 **estar ~** ◊ **quedar(se) ~** (*iró*) to make a mess of things; **¡estamos ~s!** a fine mess we're in!; **~s estaríamos si ...** it would be awful if ...

**lúcido** ADJ 1 [*persona*] **ser/estar ~** to be lucid
2 [*observación, comentario, análisis*] lucid

**luciente** ADJ bright, shining, brilliant

**luciérnaga** SF glow-worm

**Lucifer** SM Lucifer

**lucimiento** SM 1 (= *brillo*) brilliance, sparkle; **hacer algo con ~** to do sth outstandingly well *o* very successfully
2 (= *ostentación*) show, ostentation

**lucio**[1] SM (= *pez*) pike

**lucio**[2] ADJ (*frm*) = **lúcido**

**lución** SM slow-worm

**lucir** ▸conjug 3f◂ Ⓐ VI 1 (= *brillar*) to shine; **lucían las estrellas** the stars were shining
2 (= *destacar*) to excel; **no lucía en los estudios** he did not excel as a student
3 (= *aprovechar*) **trabaja mucho, pero no le luce el esfuerzo** he works hard but it doesn't do him much good; ✦**MODISMO así le/te/me luce el pelo**: **nunca estudia y así le luce el pelo** he never studies and it shows
4 (*LAm*) (= *parecer*) to look, seem; **(te) luce lindo** it looks nice (on you)
Ⓑ VT (= *ostentar*) to show off; [+ *ropa*] to sport; **~ las habilidades** to show off one's talents; **lucía un traje nuevo** he was sporting a new suit; **siempre va luciendo escote** she always wears low-cut dresses
Ⓒ **lucirse** VPR 1 (= *destacar*) to excel; **Carlos se lució en el examen** Carlos excelled in the exam; **se lució con un gol** he distinguished himself with a goal
2 (= *hacer el ridículo*) (*iró*) to excel o.s.; **¡te has lucido!** you've excelled yourself!

**lucrarse** ▸conjug 1a◂ VPR to do well out of a deal; (*pey*) feather one's (own) nest

**lucrativo** ADJ lucrative, profitable; **organización no lucrativa** non-profitmaking organization, not-for-profit organization

**Lucrecia** SF Lucretia

**Lucrecio** SM Lucretius

**lucro** SM profit; **~s y daños** (*Fin*) profit and loss; *ver tb* **afán 1**

**luctuoso** ADJ (*frm*) mournful, sad

**lucubración** SF (*frm*) lucubration (*frm*); **déjate de lucubraciones y vamos al grano** come down off the clouds and let's talk sense

**lúcuma*** SF 1 (*Chile, Perú, Bol*) (= *fruta*) *variety of eggfruit*; (= *berenjena*) aubergine, eggplant (*EEUU*)
2 ✦**MODISMOS coger la ~** (*Caribe**) (= *enojarse*) to get mad*; (= *afanarse*) to keep at it; **dar la ~** (*Méx**) (= *empeñarse*) to keep trying

**ludibrio** SM (*frm*) mockery, derision

**lúdico** ADJ ludic (*liter*), playful

**ludir** ▸conjug 3a◂ VT to rub (**con, contra** against)

**ludoparque** SM sports centre, sports complex

**ludópata** Ⓐ ADJ addicted to gambling
Ⓑ SMF compulsive gambler, gambling addict

**ludopatía** SF compulsive gambling, addiction to gambling

**ludoteca** SF children's play-centre

▼ **luego** Ⓐ ADV 1 (*en el tiempo*) 1·1 (*referido al pasado*) then; **—quedamos en un bar —¿y ~ qué pasó?** "we met in a bar" — "and then what happened?"; **vimos una película y ~ fuimos a cenar** we saw a film and later (on) *o* afterwards *o* then went out for dinner
1·2 (*referido al futuro*) later (on), afterwards; **te lo dejo pero ~ me lo devuelves** you can borrow it but you have to give me it back later (on) *o* afterwards; **~ vuelvo** I'll be back later (on); **te veo ~** I'll see you later (on) *o* then; **~ de** after; **~ de eso** after that; **~ de cenar se fue** he left after dinner; **¡hasta ~!** bye!, see you!, see you later!; **~ que ...** (*LAm*) (*tan pronto como*) as soon as ...; (*después que*) after ...
1·3 (*LAm*) (= *pronto*) soon; **lo vamos a saber muy ~** we'll find out really soon; **espéralo que lueguito viene** wait for him, he's coming in a minute; **empieza siempre con entusiasmo pero lueguito se aburre** he's very enthusiastic at the beginning but he gets bored quickly; **luego luego** (*esp Méx**) straight away
1·4 (*Andes, Caribe, Méx*) (= *de vez en cuando*) sometimes, from time to time
2 (*en el espacio*) then; **primero está la cocina y ~ el comedor** the kitchen is first, then the dining room; **primero va usted y ~ yo** you're first and I'm next, you're first and then it's me
3 (= *además*) then; **~ tenemos estos otros colores** then we have these other colours
4 (*Méx*) (= *muy cerca*) right here, right there
5 **desde ~** of course; *ver tb* **desde 4**
Ⓑ CONJ (= *así que*) therefore; **pienso, ~ existo** I think, therefore I am; **~ x es igual a 7** therefore x equals 7

**lueguito** ADV 1 (*LAm*) (= *inmediatamente*) at once, right now, immediately
2 (*Chile, CAm, Méx**) (= *cerca*) near, nearby; **aquí ~** close by here, very near here

**luengo**†† ADJ long

**lúes** SF syphilis

▼ **lugar** SM 1 (= *sitio*) place; **dejó las joyas en ~ seguro** she left the jewels in a safe place; **es un ~ muy bonito** it is a lovely spot *o* place; **devolver un libro a su ~** to put a book back in its place; **el concierto será en un ~ cerrado** the concert will take place indoors *o* at an indoor venue; **el ~ del crimen** the scene of the crime; **algún ~** somewhere; **una emisión desde algún ~ de Europa** a broadcast from somewhere in Europe; **lo escondió en algún ~ de la casa** she hid it somewhere around the house; **los Santos Lugares** the Holy Places; ✦**MODISMO poner las cosas en su ~** to put things straight ► **lugar común** cliché, commonplace ► **lugar de encuentro** meeting-place ► **lugar geométrico** locus; *ver tb* **composición 3**
2 (= *posición*) 2·1 (*en lista, carrera, trabajo*) **ocupa un buen ~ en la empresa** she has a good position *o* post at the company; **ocupar el ~ de algn** to take sb's place; **llegó en último ~** he came last; **en primer ~: se han clasificado en primer ~** they have qualified in first place; **en primer ~, me gustaría agradecer la invitación** first of all *o* firstly, I would like to thank you for inviting me
2·2 (= *situación*) **yo, en tu ~, no iría** I wouldn't go if I were you; **usted póngase en mi ~** put yourself in my place *o* shoes; **en su ~, ¡descanso!** (*Mil*) stand easy!; **dejar a algn en buen/mal ~** [*comportamiento*] to reflect well/badly on sb; [*persona*] to make sb look good/bad; **estar fuera de ~** to be out of place, **sentirse fuera de ~** to feel out of place; ✦**MODISMO encontrar un ~ bajo el sol** to find a place in the sun
2·3 **en ~ de** instead of; **vino el portavoz en ~ del ministro** the spokesman came instead of the minister, the spokesman came in the minister's place; **¿puedo asistir yo en su ~?** can I go instead?; **en ~ de escribir, me llamó por teléfono** instead of writing, he called me; **en ~ de ir a la piscina, ¿por qué no vamos a la playa?** why don't we go to the beach instead of the swimming pool?
3 (= *ocasión*) opportunity, chance; **si se me da el ~** if I have the opportunity *o* chance; **no hubo ~ para decir lo que pensaba** there was no opportunity to say what I thought; **no hay ~ para preocupaciones** there is no cause for concern; **dar ~ a algo** to give rise to sth, lead to sth; **dejar ~ a algo** to leave room for sth; **los datos no dejan ~ a dudas** the figures leave no room for doubt; **la situación no dejaba ~ al optimismo** the situation left little room for *o* gave few grounds for optimism; **sin ~ a dudas** without doubt, undoubtedly; **no ha ~: una reacción tan fuerte, francamente no ha ~** there is no need for such a violent response; **—¡protesto! —no ha ~** (*Jur*) "objection!" — "overruled"; **tener ~** to take place, happen, occur; ✦**MODISMO a como dé** *o* **diera ~** (*Méx*) (= *de cualquier manera*) somehow or other, one way or another; (= *a toda costa*) at any cost

➤ LENGUA Y USO: **luego A5** 39.1 **lugar 2·3** 53.1, 53.2, 53.5

[4] (= *espacio*) room, space; **no hay ~ para escribir nada más** there's no room *o* space to write any more; **¿hay ~?** is there any room?; **hacer ~ para algo** to make room for sth
[5] (= *localidad*) place; **En un ~ de la Mancha ...** Somewhere in La Mancha ...; **del ~** local; **un vino del ~** a local wine; **las gentes del ~** the local people, the locals ► **lugar de nacimiento** (*gen*) birthplace; (*en impreso*) place of birth ► **lugar de trabajo** workplace

**lugareño/a** Ⓐ ADJ [1] (= *local*) local
[2] (*Méx*) (= *regional*) regional; (= *nativo*) native
Ⓑ SM/F local

**lugarteniente** SM deputy, substitute (*EEUU*)

**Lugo** SM Lugo

**lugo** SM (*Andes Zool*) ram

**lugre** SM lugger

**lúgubre** ADJ (= *triste*) mournful, lugubrious (*frm*), dismal; [*voz, tono*] sombre, somber (*EEUU*), mournful

**luir** ▸conjug 3g◂ VT (*Cono Sur*) [1] (= *arrugar*) to rumple, mess up
[2] [+ *cerámica*] to polish

**Luis** SM Louis

**Luisa** SF Louise

**Luisiana** SF Louisiana

**lujo** SM [1] (= *fasto*) luxury; **vivir con ~** to live in luxury; **hoy en día comer carne es un ~** eating meat is a luxury these days; **de ~** luxury *antes de s*; **un coche de ~** a luxury car; **permitirse el ~ de hacer algo** to allow o.s. the luxury of doing sth ► **lujo asiático***: **¿te vas al Caribe? ¡vaya ~ asiático!** so you're off to the Caribbean? what a life of luxury!
[2] (= *abundancia*) profusion, wealth, abundance; **con todo ~ de detalles** with a wealth of detail

**lujosamente** ADV [1] (= *con fasto*) luxuriously
[2] (= *profusamente*) profusely

**lujoso** ADJ [1] (= *fastuoso*) luxurious
[2] (= *profuso*) profuse

**lujuria** SF [1] [*sexual*] lust, lechery, lewdness
[2] [*de vegetación*] lushness, abundance
[3] [*de poder*] excess

**lujuriante** ADJ (*frm*) [1] [*vegetación*] luxuriant, lush; [*aroma*] delicious, inviting
[2] (= *lujurioso*) lustful, lecherous, lewd

**lujuriar** ▸conjug 1b◂ VI (*frm*) to lust

**lujurioso** ADJ lustful, lecherous, lewd

**lullir**‡ ▸conjug 3h◂ VT (*Andes, CAm, Méx*) to rub (**con, contra** against, on)

**lulo¹/a** (*Cono Sur*) Ⓐ ADJ (*) [1] (= *desgarbado*) lanky
[2] (= *torpe*) dull, slow
Ⓑ SM/F (= *persona desgarbada*) lanky person

**lulo²** SM [1] (*Chile**) (= *bulto*) bundle; (= *rizo*) kiss curl
[2] ✦**MODISMO al ~** (*Caribe**) one after another
[3] ► **lulo del ojo** (*Andes*) eyeball

**lulú** SMF (*tb* **~ de Pomerania**) Pomeranian, pom

**luma*** SF (*Cono Sur*) [1] (= *bastón*) police truncheon
[2] (= *reprimenda*) ticking-off*

**lumbago** SM lumbago

**lumbalgia** SF lumbago

**lumbar** ADJ lumbar

**lumbre** SF [1] (= *fuego*) fire; **a la ~** ◊ **cerca de la ~** near the fire, by the fireside; ✦**MODISMO echar ~ por los ojos** to be furious
[2] (†) (*para cigarro*) light; **¿me das ~?** ◊ **¿tienes ~?** have you got a light?
[3] (= *luz*) light; (= *brillo*) brightness, brilliance ► **lumbre del agua** surface of the water
[4] (†) (*Arquit*) (= *claraboya*) skylight; (= *abertura*) light, opening (*in a wall*)

**lumbrera** SF [1] (= *genio*) leading light, luminary; **estaba rodeado de ~s literarias** he was surrounded by leading literary figures
[2] (= *claraboya*) skylight
[3] (= *cuerpo luminoso*) luminary (*liter*)
[4] (*Mec*) vent, port ► **lumbrera de admisión** inlet ► **lumbrera de escape** exhaust vent
[5] (*Méx Taur, Teat*) box

**lumi**‡ SF whore

**luminar** SM = **lumbrera 1**

**luminaria** SF (*Rel*) altar lamp; **luminarias** illuminations, lights

**luminescencia** SF luminescence

**luminescente** ADJ luminescent

**lumínico** ADJ light *antes de s*

**luminosidad** SF [1] (= *resplandor*) brightness, luminosity (*frm*)
[2] [*de una ocurrencia, explicación*] brilliance

**luminoso** Ⓐ ADJ [1] (*gen*) bright, shining; [*letrero*] illuminated; [*esfera, reloj*] luminous
[2] [*idea*] bright, brilliant; [*exposición*] brilliant
Ⓑ SM (*Com*) neon sign; (*Dep*) electronic scoreboard

**luminotecnia** SF lighting

**luminotécnico** ADJ lighting *antes de s*; **efectos ~s** lighting effects

**lumpen** Ⓐ ADJ INV lumpen; **el Madrid ~** the Madrid underclass
Ⓑ SM INV underclass, lumpen

**lumpo** SM lumpfish; **caviar de ~** lumpfish caviar; **huevas de ~** lumpfish roe

**luna** SF [1] (= *astro*) moon; **claro de ~** moonlight; **media ~** half moon; ✦**MODISMOS estar de buena/mala ~** to be in a good/bad mood; **estar en la ~** to have one's head in the clouds; **estar en la ~ de Valencia** to be in a dream world; **hablar de la ~**: **eso es hablar de la ~** that's nonsense; **quedarse a la ~ de Valencia** to be disappointed, be left in the lurch; **quedarse en la ~ de Paita** (*Andes**) to be struck dumb ► **luna creciente** crescent moon, waxing moon ► **luna de miel** [*de novios*] honeymoon; (*fig, Pol*) honeymoon (period) ► **luna llena** full moon ► **luna menguante** waning moon ► **luna nueva** new moon
[2] (= *vidrio*) (= *escaparate*) plate glass; (= *espejo*) mirror; [*de gafas*] lens; (*Aut*) window; [*de ventana*] pane; [*de puerta*] panel ► **luna térmica** (*Aut*) heated rear window

**lunar** Ⓐ ADJ lunar
Ⓑ SM [1] (*Anat*) mole ► **lunar postizo** beauty spot
[2] (*en tejido*) polka-dot, spot; **de ~es** polka-dot; **un vestido de ~es** a polka-dot dress
[3] (= *defecto*) flaw, blemish; (*moral*) stain, blot

**lunarejo** ADJ (*LAm*) spotty, spotty-faced

**lunático/a** ADJ, SM/F lunatic

**lunch** [lunʃ] SM (*pl* **lunchs** [lunʃ]) lunch; (= *refrigerio*) midday snack; (*en celebración, fiesta*) midday reception, cold buffet

**lunchería** SF (*LAm*) = **lonchería**

**lunes** SM INV Monday; ✦**MODISMOS hacer San Lunes** (*LAm**) to stay away from work on Monday; **no ocurre cada ~ y cada martes** it doesn't happen every day of the week; *ver tb* **sábado**

**luneta** SF [1] [*de gafas*] lens; (*Aut*) window ► **luneta trasera** rear window ► **luneta trasera térmica** heated rear window
[2] (= *media luna*) halfmoon shape, crescent
[3] (*Méx Teat*†) stall

**lunfa*** SM (*Cono Sur*) thief

**lunfardismo** SM (*Cono Sur*) (= *palabra*) slang word

**lunfardo** SM [1] (*Arg*) *local slang of Buenos Aires*
[2] (*Cono Sur*) criminal slang, language of the underworld

**lupa** SF magnifying glass; **ha examinado el discurso con ~** she has gone over the speech with a fine tooth comb

**lupanar**†† SM brothel

**Lupe** SF (*forma familiar*) *de* **Guadalupe**

**lupia¹** SF [1] (= *lobanillo*) wen, cyst
[2] **lupias** (*Andes*) (= *cantidad pequeña*) small amount of money *sing*; (= *cambio*) small change *sing*

**lupia²*** SMF (*CAm*) quack*

**lúpulo** SM (*Bot*) hop, hops *pl*

**luquete** SM (*Cono Sur*) [1] (*Agr*) unploughed patch of land
[2] (= *calva*) bald patch
[3] (= *mancha*) grease spot

**lurio*** (*Méx*) ADJ (= *enamorado*) in love; (= *loco*) crazy, cracked*

**lusitano/a** Ⓐ ADJ Portuguese; (*Hist*) Lusitanian
Ⓑ SM/F Portuguese man/woman, native/inhabitant of Portugal; (*Hist*) Lusitanian; **los ~s** the Portuguese

**luso/a** ADJ, SM/F = **lusitano**

**lustrabotas** SMF INV (*LAm*) bootblack, shoeshine boy/girl

**lustrada*** SM (*LAm*) (= *acto*) shine, shoeshine

**lustrador¹(a)** SM/F (*LAm*) (= *limpiabotas*) bootblack, shoeshine boy/girl

**lustrador²** SM (*Téc*) polisher

**lustradora** SF polishing machine

**lustrar** ▸conjug 1a◂ VT (*esp LAm*) to shine, polish

**lustre** SM [1] (= *brillo*) shine, lustre, luster (*EEUU*), gloss; **dar ~ a** to polish, put a shine on
[2] (= *sustancia*) polish ► **lustre para calzado** shoe polish ► **lustre para metales** metal polish
[3] (= *prestigio*) lustre, luster (*EEUU*), glory

**lustrín** SM (*Chile*) shoeshine box, shoeshine stand

**lustrina** SF [1] (*Cono Sur*) *shiny material of alpaca*
[2] (*Andes*) (= *tela*) silk cloth
[3] (*Cono Sur*) (= *betún*) shoe polish

**lustro** SM period of five years, five year period, lustrum (*frm*)

**lustroso** ADJ [1] (= *brillante*) [*zapatos*] shiny; [*pelo*] glossy, shiny
[2] (= *saludable*) healthy-looking

**lutencio** SM (*Quím*) lutetium

**luteranismo** SM Lutheranism

**luterano/a** ADJ, SM/F Lutheran

**Lutero** SM Luther

**luto** SM mourning; **medio ~** half-mourning; **dejar el ~** to come out of mourning; **estar de ~** ◊ **llevar ~** ◊ **vestir(se) de ~** to be in mourning (**por** for); ► **luto riguroso** deep mourning

**luxación** SF (*Med*) dislocation

**Luxemburgo** SM Luxembourg

**luxemburgués/esa** Ⓐ ADJ of/from Luxembourg

Ⓑ SM/F native/inhabitant of Luxembourg; **los luxemburgueses** the people of Luxembourg

**luz** SF [1] (= *claridad*) light; **una casa con mucha ~** a very bright house, a house that gets a lot of light; **necesito más ~ para leer** I can't read in this light; **a media ~**: **la habitación estaba a media ~** the room was in half-darkness; **estábamos allí tumbados a media ~** we were lying there in the half-darkness; **poner una lámpara a media ~** to dim a light; **a primera ~** at first light; **quitar** *o* **tapar la ~ a algn** to be in sb's light; **aparta de ahí, que me quitas** *o* **tapas la ~** get out of the way, you're in my light; ✦***MODISMOS*** **entre dos luces** (= *al atardecer*) at twilight; (= *al amanecer*) at dawn, at daybreak; **estar entre dos luces*** (= *borracho*) to be mellow, be tipsy; **hacer ~ de gas a algn** to confuse sb; **negar la ~ del día a algn** to concede absolutely nothing to sb; **ver la ~ al final del túnel** to see light at the end of the tunnel ► **luz cenital** light from above ► **luz del día**: **se despierta con la ~ del día** she wakes up when it gets light *o* (*liter*) at first light; **con la ~ del día lo veremos de otra manera** we'll see things differently in the cold light of day; ✦***MODISMO*** **tan claro como la ~ del día** as clear as daylight ► **luz de (la) luna**: **a la ~ de la luna** by the light of the moon, by moonlight ► **luz de las velas**: **a la ~ de las velas** by candlelight ► **luz del sol** sunlight; **me molesta la ~ del sol** the sunlight hurts my eyes ► **luz eléctrica** electric light ► **luz natural** natural light ► **luz solar** sunlight ► **luz ultravioleta** ultraviolet light ► **luz y sombra** light and shade ► **luz y sonido**: **un espectáculo de ~ y sonido** a son et lumière show; *ver tb* **brillar**

[2] (= *lámpara, foco*) light; **me dejé la ~ encendida** I left the light on; **se ha fundido la ~ de la cocina** the light has gone in the kitchen; **las luces de la ciudad** the city lights; **apagar la ~** to switch *o* turn *o* put the light off; **encender** *o* (*LAm*) **prender** *o* **poner la ~** to switch *o* turn *o* put the light on; ✦***MODISMO*** **hacer algo con ~ y taquígrafos** to do sth openly; **reunirse sin ~ ni taquígrafos** to meet behind closed doors ► **luces cortas** dipped headlights, low beams (*EEUU*); **poner las luces cortas** to dip one's headlights, dim one's headlights (*EEUU*) ► **luces de aterrizaje** (*Aer*) landing lights ► **luces de balización** (*Aer*) runway lights ► **luces de carretera** full-beam headlights; **poner las luces de carretera** to put one's headlights on full beam *o* (*EEUU*) high beam ► **luces de cruce** dipped headlights; **poner las luces de cruce** to dip one's headlights, dim one's headlights (*EEUU*) ► **luces de detención** brake lights ► **luces de estacionamiento** parking lights ► **luces de frenado**, **luces de freno** brake lights ► **luces de gálibo** clearance lights ► **luces de navegación** navigation lights ► **luces de posición** sidelights ► **luces de tráfico** traffic lights ► **luces largas** = **luces de carretera** ► **luces traseras** rear lights, tail lamps ► **luz de Bengala** (*Mil*) flare, star-shell; (*LAm*) (= *fuego de artificio*) sparkler ► **luz de cortesía** courtesy light; (*CAm*) sidelight ► **luz de costado** sidelight ► **luz de giro** direction indicator ► **luz de situación** sidelight, parking light ► **luz intermitente** flashing light ► **luz piloto** sidelight, parking light ► **luz relámpago** (*Fot*) flashlight ► **luz roja** red light ► **luz verde** green light; **dar ~ verde a un proyecto** to give a project the go-ahead *o* the green light; **recibir ~ verde** to get the go-ahead *o* the green light ► **luz vuelta** (*Méx*) direction indicator; *ver tb* **traje**[2]

[3] (= *suministro de electricidad*) electricity; **no hay ~ en todo el edificio** there's no electricity in the whole building; **les cortaron la ~** their electricity (supply) was cut off; **se ha ido la ~** the lights have gone out; **¿cuánto has pagado de ~ este mes?** how much was your electricity bill this month?

[4] (*tb* **~ pública**) ✦***MODISMOS*** **sacar a la ~** [+ *secreto*] to bring to light; [+ *libro, disco*] to bring out; **salir a la ~** [*secreto*] to come to light; [*libro, disco*] to come out; **el año en que el periódico salió a la ~** the year in which the newspaper first came out; **la última vez que el periódico salió a la ~** the last time the newspaper was published; **ver la ~** [*libro, disco*] to appear, come out

[5] (*Med*) **dar a ~** [+ *niño*] to give birth; **acaba de dar a ~ (a) una niña** she has just given birth to a baby girl

[6] (*Cono Sur*) (= *ventaja*) **dar ~ a algn** to give sb a start; **te doy diez metros de ~** I'll give you ten metres' start

[7] (= *aclaración*) light; **a la ~ de lo que hemos visto** in the light of what we've seen; **a la ~ de un nuevo descubrimiento** in the light of a new discovery; **arrojar ~ sobre algo** to cast *o* shed *o* throw light on sth; **estudiar algo a nueva ~** to study sth in a new light; ✦***MODISMO*** **a todas luces** by any reckoning

[8] (*Arquit*) [*de puerta, hueco*] span; [*de edificio*] window, opening; [*de puente*] span

[9] **luces** (= *inteligencia*) intelligence *sing*; **corto de luces** ◊ **de pocas luces** dim, stupid

[10] (*Hist, Literat*) **el Siglo de las Luces** the Age of Enlightenment

[11] (*Cono Sur*) (= *distancia*) *distance between two objects* ► **luz al suelo** clearance (*under a vehicle*)

[12] (*Andes*‡) dough‡, money

**lycra**® ['laikra] SF Lycra®

**Lyón** SM Lyons

➤ LENGUA Y USO: luz 7 44.1

# M m

**M**[1], **m**[1] ['eme] SF (= *letra*) M, m

**M**[2] ABR (= **mediano**) M

**m**[2] ABR [1] (= **metro(s)**) m; **m**[2] (= **metros cuadrados**) sq. m., m[2]; **m**[3] (= **metros cúbicos**) cu. m., m[3]
[2] (= **masculino**) masc., m

**M.** ABR [1] = **Madrid**
[2] (*Ferro*) = **Metropolitano**
[3] (*Geog*) = **Meridiano**

**m.** ABR [1] (= **murió**) d
[2] (= **mes**) m
[3] (= **monte**) Mt

**M-19** SM ABR (*Col Pol*) = **Movimiento 19 de Abril**

**M.ª** ABR = **María**

**maca**[1] SF [1] (= *defecto*) flaw, defect
[2] (= *mancha*) (*gen*) spot; (*en fruta*) bruise, blemish

**maca**[2] SF (*Caribe*) (= *loro*) parrot

**maca**[3]**‡** SM = **macarra**

**macabeo/a** Ⓐ ADJ Maccabean; *ver tb* **rollo A5**
Ⓑ SM/F Maccabee

**macabí** SM [1] (*Andes*) shrewd person
[2] (*Caribe*) bandit

**macabro** ADJ macabre

**macaco** Ⓐ ADJ (*) [1] (*LAm*) (= *deforme*) deformed, misshapen; (= *feo*) ugly
[2] (*CAm, Caribe*) (= *tonto*) silly
Ⓑ SM [1] (*Zool*) macaque
[2] (*Cono Sur pey*) Brazilian
[3] (*Caribe*) big shot*, bigwig
[4] (*Méx*) bogey

**macadamizar** ▸conjug 1f◂ VT to macadamize, tarmac

**macadán** SM macadam

**macagua** SF [1] (*LAm*) (= *ave*) laughing falcon
[2] (*Ven*) (= *serpiente*) *poisonous snake*

**macana** SF [1] (*LAm*) (= *porra*) (*gen*) club, cudgel; [*de policía*] truncheon, billy (club) (*EEUU*); (*Hist*) Indian club *o* cudgel
[2] (*Andes, Cono Sur**) (= *mentira*) lie; **¡macana!** it's all lies!; **macanas** (= *tonterías*) rubbish *sing*, nonsense *sing*
[3] (*Cono Sur**) (= *contrariedad*) pain*, nuisance; **¡qué ~! el ascensor no funciona** what a pain* *o* nuisance! the lift's not working
[4] (*Cono Sur**) (= *chapuza*) bad job
[5] (*Cono Sur**) (= *charla*) long boring conversation
[6] (*Caribe*) **de ~** undoubtedly; **es de ~ que ...** of course ...

**macanazo** SM [1] (*Caribe*) blow (*with a club, cudgel*)
[2] (*Cono Sur*) = **macana 2, 4**

**macaneador(a)*** (*Cono Sur*) Ⓐ ADJ (= *mentiroso*) deceitful; (= *poco fiable*) unreliable
Ⓑ SM/F charlatan

**macanear*** ▸conjug 1a◂ Ⓐ VI [1] (*esp Andes, Cono Sur*) (= *mentir*) to lie; (= *exagerar*) to exaggerate wildly, tell tall stories; (= *decir tonterías*) to talk nonsense, talk rubbish; (= *hacer tonterías*) to mess about
[2] (*LAm**) (= *trabajar*) to work hard, keep one's nose to the grindstone
Ⓑ VT [1] (*Caribe*) (= *aporrear*) to beat, hit
[2] (*Caribe*) (*en jardín, huerta*) to weed, clear of weeds
[3] (*Caribe*) [+ *asunto*] to handle

**macanero*** ADJ (*Andes, Cono Sur*) (= *que dice tonterías*) given to talking nonsense, silly; (= *fantasioso*) given to telling tall stories

**macanudo*** ADJ [1] (*LAm*) (= *estupendo*) great*, fantastic*
[2] (*Andes*) (= *duro*) [*trabajo*] tough, difficult; [*persona*] strong, tough
[3] (*Cono Sur, Méx*) (= *abultado*) swollen, overlarge
[4] (*Cono Sur*) (= *exagerado*) disproportionate

**Macao** SM Macao

**macaquear** ▸conjug 1a◂ Ⓐ VT (*CAm*) (= *robar*) to steal
Ⓑ VI (*Cono Sur*) (= *hacer gestos*) to make faces

**macarra‡** SM (*Esp*) [1] (= *bruto*) lout, thug; (= *mal vestido*) vulgar, flashy type; **tiene aspecto de ~** he looks really vulgar and flashy
[2] (= *chulo*) pimp

**macarrada‡** SF **lo que hiciste fue una ~** that was a really loutish thing of you to do

**macarrón**[1] SM (*tb* **~ de almendras**) macaroon

**macarrón**[2] SM (*Náut*) bulwark, stanchion

**macarrones** SMPL (= *pasta*) macaroni

**macarrónico** ADJ macaronic

**macarse** ▸conjug 1g◂ VPR to go bad, rot

**macear** ▸conjug 1a◂ Ⓐ VT to hammer, pound
Ⓑ VI [1] (= *insistir*) = **machacar B1**
[2] (*CAm**) to bet

**Macedonia** SF Macedonia

**macedonia** SF ► **macedonia de frutas** fruit salad

**macedonio/a** Ⓐ ADJ, SM/F Macedonian
Ⓑ SM (*Ling*) Macedonian

**maceración** SF [1] (*Culin*) [*de fruta*] soaking, maceration; [*de carne*] marinading; **dejar en ~** [+ *fruta*] to leave to soak; [+ *carne*] to marinate
[2] (= *vergüenza*) mortification

**macerado** SM maceration

**macerar** ▸conjug 1a◂ Ⓐ VT [1] (*Culin*) [+ *fruta*] to soak, macerate; [+ *carne*] to marinate
[2] (= *avergonzar*) to mortify
Ⓑ **macerarse** VPR [1] (*Culin*) [*fruta*] to soak, macerate; [*carne*] to marinate
[2] (= *mortificarse*) to mortify o.s.

**macero** SM macebearer

**maceta** Ⓐ SF [1] [*de flores*] (= *tiesto*) flowerpot, plant pot; (*Cono Sur*) (= *ramo*) bouquet, bunch of flowers
[2] (= *martillo*) (*gen*) mallet, small hammer; [*de cantero*] stonecutter's hammer
[3] (*Méx**) (= *cabeza*) nut*, noggin (*EEUU**); **ser duro de ~** (*Andes, Cono Sur*) to be thick in the head*
Ⓑ ADJ (*) [1] (*Andes, Cono Sur*) thick*, slow; **ponerse ~** to get old
[2] (*Caribe*) stingy*, tight*

**macetero** SM [1] (= *soporte*) flowerpot stand, flowerpot holder
[2] (*LAm*) (= *maceta*) flowerpot

**macetón** SM tub

**macha** SF (*Andes, Caribe*) mannish woman, butch woman (**pey*)

**machaca** Ⓐ SF (= *aparato*) crusher, pounder
Ⓑ SMF (*) (= *persona*) nag, pest

**machacadora** SF crusher, pounder

**machacante** ADJ [*publicidad*] constant; [*estribillo*] monotonous, insistent

**machacar** ▸conjug 1g◂ Ⓐ VT [1] (= *triturar*) to crush; **machacó los ajos en el mortero** he crushed the garlic in the mortar
[2] (*) (= *aniquilar*) [+ *contrincante*] to thrash; (*en discusión*) to crush, flatten; **el equipo visitante los machacó** they were thrashed by the visiting team
[3] [+ *precio*] to slash
[4] (*) [+ *lección, asignatura*] to swot (up)*
[5] (*Esp**) (= *insistir sobre*) to go on about; **deja ya de ~ siempre lo mismo** stop going on and on about the same thing
[6] (*Baloncesto**) to dunk, slam dunk
Ⓑ VI (*) [1] (*Esp*) (= *insistir*) to go on; **¡no machaques!** don't go on so!, stop harping on about it!; **~ con** *o* **sobre algo** to go on about sth; *ver tb* **hierro 1**
[2] (= *empollar*) to swot*
Ⓒ **machacarse** VPR [1] (*) [+ *dinero, herencia, sueldo*] to blow*
[2] **machacársela** (*Esp***) to wank**; **¡a mí me la machaca!** I couldn't give a fuck!**

**machacón/ona** Ⓐ ADJ (= *insistente*) insistent; (= *monótono*) monotonous, repetitive; (=

*pesado*) tiresome, wearisome; **con insistencia machacona** with tiresome *o* wearisome insistence
Ⓑ SM/F pest, bore

**machaconamente** ADV (= *con insistencia*) insistently; (= *con monotonía*) monotonously, repetitively; (= *con pesadez*) tiresomely

**machaconeo** SM, **machaconería** SF (= *insistencia*) insistence; (= *monotonía*) monotony, repetitiveness

**machada*** SF [1] courageous act, heroic deed; (*pey*) piece of macho bravado; **fue una ~** it was a piece of macho bravado
[2] (= *dicho*) macho remark

**machado** SM hatchet

**machamartillo** SM ✦*MODISMO* **a ~: eran cristianos a ~** they were staunch Christians; **creer a ~** (= *firmemente*) to believe firmly; (= *ciegamente*) to believe blindly; **cumplir algo a ~** to carry out sth to the letter

**machango** ADJ (*Cono Sur*) tedious

**machaque*** SM dunk, slam dunk

**machaquear** ▸conjug 1a◂ VT, VI (*Méx*) = **machacar**

**machaqueo** SM crushing, pounding

**machaquería** SF (= *insistencia*) insistence; (= *monotonía*) monotony; (= *fastidio*) tiresomeness

**macharse:** ▸conjug 1a◂ VPR (*Cono Sur*) to get drunk

**machetazo** SM (*esp LAm*) [1] (= *golpe*) blow with a machete
[2] (= *instrumento*) large machete

**machete**[1] SM machete

**machete**[2] ADJ mean, stingy

**machetear** ▸conjug 1a◂ Ⓐ VT (*LAm*) [1] [+ *caña*] to cut (*with a machete*)
[2] [+ *persona*] to slash (*with a machete*)
[3] (*Andes*) (= *vender barato*) to sell cheap
Ⓑ VI (*Méx*) [1] (= *obstinarse*) to keep on, persevere
[2] (= *trabajar*) to slog away, hammer away

**machetero** SM [1] (*esp LAm Agr*) cane cutter
[2] (*Méx*) (= *cargador*) porter, stevedore
[3] (*Méx**) (= *estudiante*) plodder*
[4] (*Caribe**) revolutionary; **~ de salón** armchair revolutionary
[5] (*Caribe*) (= *soldado*) soldier

**machi** SM (*Cono Sur*), **machí** SM (*Cono Sur*) medicine man

**machiega** SF (*tb* **abeja ~**) queen bee

**machihembrado** SM dovetail, dovetail joint

**machihembrar** ▸conjug 1a◂ VT to dovetail

**machina** SF [1] (*Mec*) (= *grúa*) crane, derrick; (= *mazo*) pile driver
[2] (*Caribe*) (= *tiovivo*) merry-go-round, carousel (*EEUU*)

**machirulo*** (*Esp*) Ⓐ ADJ [*niña*] tomboyish; [*mujer*] mannish, butch (* *pey*)
Ⓑ SM (= *niña*) tomboy; (= *mujer*) mannish woman, butch woman (* *pey*)

**machismo** SM [1] (*pey*) male chauvinism, machismo
[2] [*de hombre*] (= *orgullo*) male pride, maleness; (= *virilidad*) virility, masculinity

**machista** Ⓐ ADJ male chauvinist(ic), macho *antes de s*
Ⓑ SMF male chauvinist

**machito**[1] SM (*Méx*) fried offal

**machito**[2] SM ✦*MODISMO* **estar montado** *o* **subido en el ~** to be well placed, be riding high

**macho** Ⓐ ADJ [1] (*Biol*) male; **la flor ~** the male flower; **una rata ~** a male rat
[2] (*) (= *viril*) manly, brave; **mi niño es muy ~ y no llora** my kid is very manly *o* brave and doesn't cry; **se cree muy ~** he thinks he's very macho*
[3] (*Mec*) male
[4] (*Andes*) (= *fantástico*) splendid, terrific*
Ⓑ SM [1] (*Biol*) male ► **macho cabrío** he-goat, billy-goat
[2] (*) (= *hombretón*) macho man*, he-man*
[3] (*) (*uso apelativo*) mate*, buddy (*EEUU**); **vale, ~, no te enfades*** all right, mate, no need to get mad*
[4] (= *mulo*) mule ► **macho de varas** leading mule
[5] (*Mec*) male screw; ✦*MODISMO* **atarse** *o* **apretarse los ~s** to pluck up one's courage
[6] (*Elec*) male plug
[7] (*Cos*) hook
[8] (= *mazo*) sledgehammer
[9] (*Arquit*) buttress
[10] ✦*MODISMO* **parar el ~ a algn** (*LAm*) to take the wind out of sb's sails
[11] (*CAm Mil*) US marine
[12] (*Esp†*:) five peseta coin

**machón** SM buttress

**machona*** SF (*Andes, Caribe, Cono Sur*) (= *niña*) tomboy; (= *mujer*) mannish woman, butch woman (* *pey*)

**machorra:** SF dyke**, lesbian

**machota** SF [1] (*) (= *mujer*) mannish woman, butch woman (* *pey*)
[2] (= *mazo*) (*gen*) hammer, mallet; (*de apisonar*) tamper
[3] ✦*MODISMO* **a la ~** (*Andes, Caribe**) carelessly; (*CAm*) rudely, roughly

**machote** SM [1] (*) tough guy*, he-man*
[2] (*Méx*) (= *borrador*) rough draft, sketch; (= *modelo*) model
[3] (*Méx*) (= *impreso*) blank form

**machucadura** SF bruise

**machucar** ▸conjug 1g◂ VT [1] (= *aplastar*) to pound, crush; (= *golpear*) to beat; (= *abollar*) to dent; (= *dañar*) to knock about, damage
[2] (*Med*) to bruise
[3] (*Andes, Caribe, Méx*) [+ *caballo*] to tire out (*before a race*)
[4] (*Caribe*) [+ *ropa*] to rinse through

**machucho** ADJ [1] (= *mayor*) elderly, getting on in years
[2] (= *prudente*) prudent; (= *tranquilo*) sedate; (= *juicioso*) sensible
[3] (*Andes, Méx**) (= *taimado*) cunning, sly

**machucón** SM (*Méx*) bruise

**macia** SF mace

**macicez** SF (= *solidez*) massiveness, solidity; (= *gordura*) stoutness

**macilento** ADJ (= *pálido*) wan, pale; (= *demacrado*) haggard, gaunt

**macillo** SM (*Mús*) hammer

**macis** SF INV mace

**maciza** SF (*LAm*) chipboard, Masonite® (*EEUU*)

**macizar** ▸conjug 1f◂ VT to fill up, fill in, pack solid

**macizo** Ⓐ ADJ [1] (= *no hueco*) solid; **una mesa de roble ~** a solid oak table; **~ de gente** solid with people
[2] (= *fuerte*) [*objeto*] solidly made; [*persona*] stout, well-built
[3] (= *grande*) massive
[4] (*) (= *atractivo*) gorgeous*; **está maciza** she's gorgeous*
Ⓑ SM [1] (*Geog*) massif
[2] [*de plantas*] clump
[3] (*Arquit*) [*de pared*] stretch, section (*of a wall*); [*de edificios*] group
[4] (= *masa*) mass
[5] (*Aut*) solid tyre, solid tire (*EEUU*)
Ⓒ ADV (*CAm, Méx*) quickly, fast

**macizorro:** ADJ [*hombre*] hunky*; [*mujer*] well-stacked*

**maco:** SM [1] (= *cárcel*) nick*, prison
[2] (*Mil*) glasshouse

**macollo** SM bunch, cluster

**macramé** SM macramé

**macro** SF (*Inform*) macro

**macró*** SM (*Cono Sur*) pimp

**macro...** PREF macro...

**macrobiótico** ADJ macrobiotic

**macrocefalia** SF [1] (*Anat*) macrocephaly
[2] [*de administración, entidad*] top-heaviness

**macrocefálico** ADJ [1] (*Anat*) macrocephalic
[2] [*administración, entidad*] top-heavy

**macrocomando** SM (*Inform*) macro (command)

**macroconcierto** SM mega-gig*

**macrocosmos** SM INV, **macrocosmo** SM macrocosm

**macroeconomía** SF macroeconomics *sing*

**macroeconómico** ADJ macroeconomic

**macroestructura** SF macrostructure

**macrófago** SM macrophage

**macrofotografía** SF macrophotography

**macrojuicio** SM mega-trial

**macromolecular** ADJ macromolecular

**macronivel** SM macro level

**macroproceso** SM mega-trial

**macroproyecto** SM large-scale project

**macuache*** ADJ (*Méx*) rough, coarse

**macuco*** Ⓐ ADJ [1] (*Andes, Cono Sur*) (= *taimado*) crafty, cunning
[2] (*Andes*) (= *inútil*) old and useless
[3] (*Andes, Cono Sur*) (= *grande*) big; (= *demasiado grande*) overgrown
Ⓑ SM (*Andes, Cono Sur**) (= *grandullón*) overgrown boy, big lad

**macuenco** ADJ [1] (*Caribe**) (= *flaco*) thin, skinny; (= *débil*) weak, feeble
[2] (*Caribe*) (= *inútil*) useless
[3] (*Andes*) (= *demasiado grande*) big; (= *muy crecido*) overgrown, extra large; (*) (= *estupendo*) great*, fantastic*

**mácula** SF [1] (*liter*) (= *mancha*) blemish, stain; **sin ~** [*objeto*] immaculate; [*interpretación, actuación*] faultless; [*historial, pasado*] unblemished
[2] (*Anat*) blind spot
[3] (*Astron*) (*tb* **~ solar**) sunspot
[4] (= *trampa*) trick, fraud

**macular** ▸conjug 1a◂ VT to stain, spot

**macundales** SMPL (*Andes, Caribe*), **macundos** SMPL (*Caribe*) (= *trastos*) things, gear* *sing*, junk* *sing*; (= *negocios*) affairs, business *sing*

**macutazo:** SM (= *rumor*) rumour, rumor (*EEUU*); (= *bulo*) hoax

**macuto** SM 1 (= *mochila*) [*de soldado*] backpack; [*de colegial*] satchel
2 (*Caribe*) begging basket

**Madagascar** SM Madagascar

**madalena** SF (*Culin*) fairy cake

**madaleno‡** SM secret policeman

**madama** SF (*LAm*), **madame** SF madam, brothel keeper

**madeja** Ⓐ SF [*de lana*] skein, hank; [*de pelo*] tangle, mop; **una ~ de nervios** a bundle of nerves; ✦*MODISMOS* **desenredar la ~ de algo** to get to the bottom of sth; **se está enredando la ~** the plot thickens, things are getting complicated; **tirar de la ~** to put two and two together
Ⓑ SMF (= *persona*) layabout, idler

**madera**[1] SF 1 (= *material*) (*gen*) wood; (*para la construcción, carpintería*) timber; **dame esa ~** give me that piece of wood; **una silla de ~** a wooden chair; **está hecho de ~** it's made of wood; **una escultura en ~** a wooden sculpture; ✦*MODISMO* **¡toca ~!** touch wood!, knock on wood! (*EEUU*) ► **madera contrachapada** plywood ► **madera de balsa** balsa wood ► **madera dura** hardwood ► **madera fósil** lignite ► **madera maciza** solid wood ► **madera (multi)laminada, madera terciada** plywood
2 **tener ~ de algo** to have the makings of sth; **tiene ~ de futbolista** he's got the makings of a footballer
3 (*Mús*) woodwind section (*of the orchestra*)
4 (*Ftbl**) **la ~** the woodwork
5 (*Zool*) *horny part of hoof*

**madera**[2] SM (= *vino*) Madeira

**Madera** SF Madeira

**maderable** ADJ timber-yielding

**maderaje** SM, **maderamen** SM (= *madera*) timber, lumber (*EEUU*), wood; (= *trabajo*) woodwork

**maderero/a** Ⓐ SM/F timber merchant
Ⓑ ADJ wood *antes de s*, timber *antes de s*; **industria maderera** timber industry; **productos ~s** wood products

**maderismo** SM (*Méx Pol*) *reform movement led by Madero*

**maderista** SMF (*Méx Pol*) supporter of Madero

**madero** SM 1 [*de construcción*] (= *tabla*) (piece of) timber; (= *viga*) beam; (= *tronco*) log
2 (*Náut*) ship, vessel
3 (*) (= *idiota*) blockhead*
4 (*Esp‡*) (= *policía*) cop*, pig‡

**Madona** SF Madonna

**madrastra** SF stepmother

**madraza** SF doting mother, devoted mother

**madrazo*** SM (*Méx*) hard blow

**madre** Ⓐ SF 1 (= *pariente*) mother; **ser ~** to be a mother; **futura ~** mother-to-be; **su señora ~** (*esp Méx*) your mother; **sin ~** motherless; **¡~ mía!** good heavens! ► **madre adoptiva** adoptive mother ► **madre biológica** biological mother ► **madre de alquiler** surrogate mother ► **madre de Dios** Mother of God; **¡~ de Dios!** good heavens! ► **madre de familia** mother ► **madre genética** biological mother ► **madre nodriza** surrogate mother ► **la Madre Patria** the Mother Country, the Old Country ► **madre política** mother-in-law ► **madre soltera** single mother, unmarried mother ► **madre trabajadora** working mother
2 (*Rel*) (*en convento*) mother; (*en asilo*) matron ► **madre superiora** Mother Superior
3 ✦*MODISMOS* **como su ~ lo echó al mundo** *o* **lo parió*** in his birthday suit*, starkers*; **ni ~*** not a dicky bird*, not a sausage*; **ciento y la ~*** hundreds of people; **ahí está la ~ del cordero*** that's just the trouble, that's the crux of the matter; **darle a algn en la ~** (*Méx**) to wallop sb*, thump sb; **mentarle la ~ a algn** to insult sb (*violently*); **¡(me cago en) la ~ que te parió!**** fuck off!**; **no tener ~**: **él no tiene ~*** he's a real swine*; **esto no tiene ~*** this is the limit; **a toda ~** ◊ **de la ~** (*LAm‡*) great*, fantastic*; **¡tu ~!**** up yours!**, get stuffed!**; *ver tb* **puto A**
4 (= *origen*) origin, cradle
5 [*de río*] bed; **salirse de ~** [*río*] to burst its banks; [*persona*] to lose all self-control; [*proceso*] to go beyond its normal limits; ✦*MODISMO* **sacar de ~ a algn** to upset sb
6 [*de vino*] dregs *pl*, sediment
7 (*Agr*) (= *acequia*) main channel, main irrigation ditch; (= *alcantarilla*) main sewer
8 (*en juegos*) home
9 (*Anat*) womb
10 (*Andes*) dead skin, scab
11 (‡) queer‡, fag (*EEUU‡*)
Ⓑ ADJ 1 (= *de origen*) **acequia ~** main channel; **alcantarilla ~** main sewer; **buque ~** mother ship; **lengua ~** (*Ling*) parent language
2 **color ~** dominant colour; **la cuestión ~** the chief problem, the central problem
3 (*LAm**) **una regañada ~** a real telling-off*, one hell of a telling-off‡

**madrejón** SM (*Cono Sur*) watercourse

**madreperla** SF (= *nácar*) mother-of-pearl; (= *ostra*) pearl oyster ► **madreperla de río** freshwater mussel

**madreselva** SF honeysuckle ► **madreselva siempreverde** Cape honeysuckle

**Madrid** SM Madrid

**madridista** Ⓐ ADJ *of or relating to Real Madrid football club*
Ⓑ SMF (= *jugador*) Real Madrid player; (= *hincha*) Real Madrid supporter; **los ~s** Real Madrid

**madrigal** SM madrigal

**madriguera** SF 1 (= *refugio*) [*de animales*] den, burrow; [*de conejos*] warren; [*de tejones*] set
2 [*de ladrones*] den

**madrileño/a** Ⓐ ADJ of/from Madrid; **la madrileña calle de Alcalá** (= *de Madrid*) Alcalá Street in Madrid; (= *representativa de Madrid*) Alcalá Street, the archetypical Madrid street; **la madrileñísima Cibeles** Cibeles Square which is so typical of Madrid
Ⓑ SM/F native/inhabitant of Madrid; **los ~s** the people of Madrid

**Madriles*** SMPL **los ~** Madrid

**madrina** SF 1 [*de bautizo*] godmother; [*de boda*] ≈ matron of honour; [*de asociación, inauguración*] patron, patroness; *ver tb* **hada**
2 (*Arquit*) prop, shore
3 (*Téc*) brace
4 (*Agr*) lead mare
5 (*LAm*) (= *animal*) tame animal (*used in breaking in or catching others*)
6 (*Méx**) police informer

**madriza‡** SF (*Méx*) bashing*, beating-up*

**madroño** SM 1 (*Bot*) strawberry tree, arbutus
2 (= *borla*) tassel

**madrugada** SF (= *noche*) early morning, small hours *pl*; (= *alba*) dawn, daybreak; **de ~** in the small hours; **levantarse de ~** to get up early *o* at the crack of dawn; **a las cuatro de la ~** at four o'clock in the morning, at four a.m.

**madrugador(a)** Ⓐ ADJ **ser ~** to be an early riser
Ⓑ SM/F early riser

**madrugar** ▸conjug 1h◂ Ⓐ VI 1 (= *levantarse temprano*) (*una vez*) to get up early, get up at the crack of dawn; (*por costumbre*) to be an early riser; ✦*REFRANES* **a quien madruga, Dios le ayuda** the early bird catches the worm; **no por mucho ~ amanece más temprano** time will take its course
2 (= *anticiparse*) to be quick off the mark
3 (= *precipitarse*) to jump the gun
Ⓑ VT **~ a algn** (= *adelantarse*) to get in ahead of sb; (*CAm*) (= *matar*) to bump sb off*

**madrugón** SM **darse** *o* **pegarse un ~** to get up really early *o* at the crack of dawn

**maduración** SF [*de fruta*] ripening; [*de persona, idea*] maturing

**madurar** ▸conjug 1a◂ Ⓐ VI 1 [*fruta*] to ripen
2 [*persona*] to mature
3 [*idea, plan*] to mature
Ⓑ VT 1 [+ *fruta*] to ripen
2 [+ *persona*] (= *hacer mayor*) to mature; (= *hacer fuerte*) to toughen, toughen up
3 [+ *idea, plan*] to think out
Ⓒ **madurarse** VPR to ripen

**madurez** SF 1 [*de fruta*] ripeness
2 [*de carácter, edad*] maturity; **revela una ~ nada frecuente en una primera novela** she shows a rare maturity for a first novel

**maduro** Ⓐ ADJ 1 [*fruta*] ripe; **poco ~** underripe
2 [*persona, carácter*] mature; **de edad madura** middle-aged; **el clima no está ~ para esas negociaciones** the climate is not ripe for such negotiations; ✦*MODISMO* **el divieso está ~** the boil is about to burst
Ⓑ SM (*Col*) plantain

**MAE** SM ABR (*Esp Pol*) = **Ministerio de Asuntos Exteriores**

**maesa** SF queen bee

**maestra** SF 1 (= *abeja*) queen bee
2 (*Arquit*) guide line; *ver tb* **maestro**

**maestranza** SF 1 (*Mil*) arsenal, armoury, armory (*EEUU*)
2 (*Náut*) naval dockyard
3 (= *personal*) *staff of an arsenal/a dockyard*
4 (*LAm*) machine shop

**maestrazgo** SM (*Hist*) office of grand master

**maestre** SM (*Hist*) grand master (*of a military order*)

**maestrear** ▸conjug 1a◂ VT 1 (= *dirigir*) to direct, manage
2 (*Agr*) to prune

**maestría** SF 1 [*de persona*] (= *dominio*) mastery; (= *habilidad*) skill, expertise
2 (*LAm Univ*) master's degree
3 (*Esp Educ*) *vocational qualification*

**maestro/a** Ⓐ SM/F 1 (= *profesor*) teacher; **mi tía es maestra** my aunt's a teacher ► **maestro/a de escuela** schoolteacher
2 (*en un arte, un oficio*) master ► **maestro/a albañil** master mason ► **maestro/a de armas** fencing master ► **maestro/a de ceremonias** master of ceremonies ► **maestro/a de coci-**

**maltón** SM (*LAm*), **maltoncillo** SM (*LAm*) (= *animal*) young animal; (= *niño*) child

**maltraer** ▸conjug 2o◂ VI [1] (= *maltratar*) to ill-treat; ✦*MODISMO* **llevar** *o* **traer a ~ a algn** [*persona*] to give sb nothing but trouble; [*problema*] to be the bane of sb's life
[2] (= *injuriar*) to insult, abuse

**maltraído** ADJ (*LAm*) shabby, untidy

**maltratado** ADJ [*bebé, mujer*] battered

**maltratamiento** SM = **maltrato**

**maltratar** ▸conjug 1a◂ VT [1] [+ *persona*] (= *tratar mal*) to ill-treat, maltreat; (= *pegar*) to batter
[2] [+ *cosas*] to handle roughly
[3] (*tb* **~ de palabra**) to abuse, insult

**maltrato** SM [1] (= *conducta*) (*al tratar mal*) mistreatment, ill-treatment; (*al pegar*) battering ► **maltrato conyugal** wife-battering ► **maltrato infantil** child-battering ► **maltrato psicológico** psychological abuse
[2] [*de cosas*] rough handling
[3] (= *insultos*) abuse, insults *pl*

**maltrecho** ADJ [1] [*objeto*] battered, knocked-about; **las maltrechas arcas de la organización** the organization's depleted coffers
[2] [*persona*] (= *herida*) injured; (= *agotada*) worn out; **dejar ~ a algn** to leave sb in a bad way; **los ~s líderes del partido** the beleaguered party leaders

**malucho*** ADJ (*Med*) poorly, under the weather*

**malura*** SF (*Cono Sur*) (= *dolor*) pain, discomfort; (= *malestar*) sickness, indisposition ► **malura de estómago** stomach ache

**malva** Ⓐ ADJ INV [*color*] mauve
Ⓑ SF (*Bot*) mallow; **(de) color de ~** mauve; ✦*MODISMOS* **criar ~s** ◊ **estar criando ~s** (*Esp**) to be pushing up the daisies*; **estar como una ~** to be very meek and mild ► **malva loca**, **malva real**, **malva rósea** hollyhock

**malvado/a** Ⓐ ADJ evil, wicked
Ⓑ SM/F villain

**malvaloca** SF hollyhock

**malvarrosa** SF hollyhock

**malvasía** SF malmsey

**malvavisco** SM marshmallow

**malvender** ▸conjug 2a◂ VT to sell off cheap, sell at a loss

**malversación** SF embezzlement, misappropriation ► **malversación de fondos** embezzlement, misappropriation of funds

**malversador(a)** SM/F embezzler

**malversar** ▸conjug 1a◂ VT [1] (*Fin*) to embezzle, misappropriate; **~ fondos** to embezzle *o* misappropriate funds
[2] (= *distorsionar*) to distort

**Malvinas** SFPL (*tb* **Islas ~**) Falkland Islands, Falklands

**malvinés/esa** Ⓐ ADJ of/from the Falkland Islands
Ⓑ SM/F Falkland islander

**malviviente** SMF, ADJ (*Méx*) = **maleante**

**malvivir** ▸conjug 3a◂ VI to live badly, live poorly; **malviven de lo que pueden** they scrape by as best they can

**malvón** SM (*LAm*) geranium

**mama** SF [1] (*Med*) (= *glándula*) mammary gland; (= *pecho*) breast; **cáncer de ~** breast cancer
[2] = **mamá 1**

**mamá*** SF [1] (= *madre*) mum*, mummy*, mom(my) (*EEUU**); **futura ~** mother-to-be
[2] (*esp CAm, Caribe, Méx*) [*de cortesía*] mother ► **mamá grande** (*Col*) grandmother

**mamacallos*** SMF INV (*Esp*) useless person

**mamacita*** SF (*LAm*) [1] (= *madre*) mummy*, mommy (*EEUU**), mum*, mom (*EEUU**)
[2] **¡eh, ~!** hey, gorgeous!*

**mamacona⁑** SF (*Andes*) old lady

**mamada** SF [1] (= *chupada*) suck
[2] (**⁑**) blow job**⁑**
[3] (⁑) (= *borrachera*) binge*
[4] (*LAm**) (= *cosa fácil*) cinch*; (= *ganga*) snip*, bargain; (= *trabajo*) cushy number

**mamadera** SF [1] (*LAm*) (= *tetilla*) rubber teat; (= *biberón*) feeding bottle
[2] **mamaderas⁑** boobs⁑

**mamado** ADJ [1] (⁑) (= *borracho*) smashed*, sloshed*
[2] (*) (= *fácil*) dead easy*
[3] (*Caribe**) (= *tonto*) silly, stupid

**mamagrande** SF (*LAm*) grandmother; *ver tb* **mamá 2**

**mamaíta*** SF = **mamá 1**

**mamalón** ADJ (*Caribe*) (= *vago*) idle; (= *gorrón*) sponging

**mamamama*** SF (*Andes*) grandma*

**mamandurria*** SF (= *empleo*) cushy job*; (= *sueldo*) fat salary; (= *gajes*) rich pickings *pl*

**mamantear** ▸conjug 1a◂ VT (*LAm*) [1] (= *mamar*) to nurse, feed
[2] (= *mimar*) to spoil, pamper

**mamaón** SM (*Méx*) tipsy cake

**mamar** ▸conjug 1a◂ Ⓐ VT [1] [+ *leche, pecho*] to suck
[2] (= *asimilar*) **lo mamó desde pequeño** he grew up with it from childhood; **nació mamando el oficio** he was born to the trade; **todavía no han mamado suficiente democracia** democracy hasn't become a way of life yet
[3] (*) (= *devorar*) [+ *comida*] to wolf down, bolt; [+ *recursos*] to milk, suck dry; [+ *fondos*] to pocket (illegally); **¡cómo la mamamos!** this is the life!, we never had it so good!
[4] (**⁑**) (= *sexualmente*) to suck off**⁑**, give a blow job**⁑**
Ⓑ VI [1] [*bebé*] to suck; **dar de ~ a un bebé** to feed a baby; **dar de ~ a una cría** to suckle a baby; ✦*MODISMO* **¡no mames!** (*Méx*⁑) come off it!*, don't give me that!*
[2] (⁑) (= *beber*) to booze*, drink
Ⓒ **mamarse** VPR [1] (⁑) (= *emborracharse*) to get smashed⁑, get sloshed*
[2] (*) [+ *puesto, ventaja*] to wangle*
[3] **~se a algn*** (*LAm*) (= *engañar*) to take sb for a ride*; (*CAm*) (= *matar*) to do sb in⁑
[4] **~se un susto*** to give o.s. a fright
[5] (*Andes**) (= *rajarse*) to go back on one's word

**mamario** ADJ mammary

**mamarrachada*** SF (= *acción*) stupid thing; (= *objeto*) monstrosity*, sight*

**mamarracho/a*** Ⓐ SM/F (= *persona*) sight*; **estaba hecho un ~** he looked a sight *o* a complete mess*
Ⓑ SM (= *objeto*) monstrosity*, sight*; (= *obra, trabajo*) mess, botch; (= *cuadro*) daub

**mamá-señora** SF (*LAm*) grandmother

**mambo** SM (*Mús*) mambo

**mameluca⁑** SF (*Cono Sur*) whore

**mameluco** SM [1] (*Hist*) Mameluke
[2] (*LAm*) (= *mono*) overalls *pl*; (*tb* **~s de niño**) rompers *pl*, romper suit
[3] (*LAm Hist*) Brazilian mestizo, half-breed
[4] (*) (= *idiota*) chump*, idiot

**mameo⁑** SM **cogerse un ~** to get plastered*, get smashed*

**mamerto/a** SM/F twit*, idiot

**mamey** SM (*LAm*) mammee apple, mamey; ✦*MODISMO* **ser ~ colorado** (*Caribe**) to be out of this world

**mameyal** SM (*LAm*) mamey plantation

**mamífero** Ⓐ ADJ mammalian, mammal *antes de s*
Ⓑ SM mammal

**Mammón** SM Mammon

**mamografía** SF mammography

**mamola** SF **dar** *o* **hacer la ~ a algn** (*lit*) to tickle *o* chuck sb under the chin; (*fig*) to take sb for a ride*

**mamón** Ⓐ SM [1] (= *bebé*) small baby, baby at the breast
[2] (**⁑**) (= *idiota*) prick**⁑**, wanker**⁑**
[3] (⁑) (= *gorrón*) scrounger*; (= *indeseable*) rotter*, swine*; **¡qué suerte tienes, ~!** you lucky sod!⁑
[4] (*Bot*) sucker, shoot
[5] (*Andes, Cono Sur*) (= *árbol*) papaya tree; (= *fruta*) papaya
[6] (*Cono Sur, Méx*) suck
[7] (*CAm*) (= *palo*) club, stick
[8] (*Méx*) (= *bizcocho*) soft sponge cake
Ⓑ ADJ [1] [*niño*] small, suckling
[2] (*Méx**) (= *bruto*) thick*; (= *engreído*) cocky*

**mamonada**⁑⁑ SF **eso es una ~** that's bloody stupid⁑

**mamoncete⁑** SM (little) bastard**⁑**

**mamonear** ▸conjug 1a◂ VT [1] (*CAm*) (= *golpear*) to beat
[2] (*Caribe*) (= *aplazar*) (*gen*) to postpone; [+ *tiempo*] to waste

**mamotrético*** ADJ (= *enorme*) gigantic; (= *inmanejable*) unwieldy

**mamotreto*** SM [1] (= *libro*) hefty volume; (= *objeto*) monstrosity*, useless great object
[2] (*esp LAm*) (= *aparato*) contraption; (= *bulto*) lump; (= *coche viejo*) old banger*, jalopy (*EEUU*)
[3] (*Méx*) (= *inútil*) dead loss*

**mampara** SF screen, partition

**mamparo** SM (*Náut, Aer*) bulkhead

**mamplora⁑** SM (*CAm*) queer⁑, fag (*EEUU*⁑)

**mamporrera*** SF madame, brothel-keeper

**mamporro*** SM (= *golpe*) (*con la mano*) clout*, bash*; (*al caer*) bump; **atizar** *o* **sacudir un ~ a algn** to give sb a clout *o* bash*; **liarse a ~s con algn** to come to blows with sb

**mampostería** SF masonry

**mampuesto** SM [1] (= *piedra*) rough stone
[2] (= *muro*) wall
[3] (*LAm*) [*de fusil*] rest
[4] **de ~** spare, emergency *antes de s*

**mamúa⁑** SF (*Cono Sur*) **agarrarse una ~** to get plastered*

**mamuchi*** SF mumsy*

**mamut** SM (*pl* **mamuts**) mammoth

**mana** SF (*LAm*) [1] (= *manantial*) spring
[2] (= *alimento*) manna

**maná** SM manna

**manada** SF [1] (*Zool*) [*de ganado*] herd; [*de lobos*] pack; [*de leones*] pride
[2] (*) [*de gente*] crowd, mob; **los periodistas llegaron en ~** a swarm *o* pack of journalists arrived

**manadero** SM herdsman, drover

**manager**, **mánager** ['manaʒer] SMF (*pl* **managers** *o* **mánagers**) manager

**Managua** SF Managua

**managua**, **managüense** Ⓐ ADJ INV of/from Managua
Ⓑ SMF native/inhabitant of Managua; **los ~s** the people of Managua

**manantial** Ⓐ SM [1] (= *fuente*) spring; **agua de ~** spring water ► **manantial termal** hot spring
[2] [*de riqueza, conflicto*] (= *origen*) source, origin; (= *causa*) cause
Ⓑ ADJ **agua ~** running water, flowing water

**manantío** ADJ running, flowing

**manar** ▸conjug 1a◂ Ⓐ VT to run with, flow with; **la herida manaba sangre** blood gushed from the wound
Ⓑ VI [1] [*líquido*] (*gen*) to run, flow; (*a chorros*) to pour out, stream; (= *surgir*) to well up
[2] (= *abundar*) to abound, be plentiful; **~ en algo** to abound in sth

**manatí** SM manatee, sea cow

**manazas*** Ⓐ SMF INV **ser (un) ~** to be clumsy
Ⓑ SFPL (= *manos*) big mitts*

**manazo** SM (*LAm*) slap

**mancar** ▸conjug 1g◂ Ⓐ VT [1] (= *mutilar*) to maim, cripple
[2] (*Cono Sur*) **~ el tiro** to miss
Ⓑ VI (*Andes**) (= *fracasar*) to blow it*; (*Escol*) to fail

**mancarrón*** SM [1] (*Cono Sur*) (= *caballo*) nag
[2] (*Andes, Cono Sur*) (= *obrero*) disabled workman
[3] (*Andes, Cono Sur*) (= *presa*) small dam

**manceba**†† SF (= *amante*) lover, mistress; (= *concubina*) concubine

**mancebía**†† SF brothel

**mancebo**†† SM [1] (= *joven*) youth, young man
[2] (= *soltero*) bachelor
[3] (*Com*) clerk
[4] (*Farm*) assistant, dispenser

**mancera** SF plough handle

**Mancha** SF **La ~** La Mancha

**mancha** SF [1] (= *marca*) [*de aceite, comida, pintura, sangre*] stain; [*de óxido, bolígrafo*] mark; [*de pintura de labios*] smudge; **había ~s de sangre por el suelo** there were bloodstains on the floor; **procura que no te caigan ~s en la camisa** try not to get stains on your shirt; **me cayó una ~ de tinta en la carta** a drop of ink fell on the letter; **las ~s de grasa salen mejor con agua caliente** oil stains come out better with hot water; **han salido ~s de humedad en la pared** damp patches have appeared on the wall; **quitar una ~** to get a mark *o* stain out, get a mark *o* stain off; ✦***MODISMO*** **extenderse como una ~ de aceite** [*enfermedad, noticia*] to spread like wildfire; [*movimiento, tendencia*] to spread far and wide
[2] (= *área*) [*de hielo, vegetación*] patch; (*en el Sol, en un planeta*) spot; **~s de bosque bajo** patches of scrubland ► **mancha de petróleo** oil slick ► **mancha solar** sunspot
[3] (*Zool*) (*grande*) patch; (*redonda*) spot; **un cachorro blanco con ~s marrones** a white puppy with brown patches; **los leopardos tienen la piel a ~s** leopards have spotted coats *o* spots
[4] (= *deshonra*) stain; **una ~ en su honor** a stain on his honour; **la expulsión del colegio fue una ~ en su expediente** his expulsion from school was a black mark *o* a blot on his record; **esa derrota fue la única ~ en una excelente temporada** that defeat was the only blot on an otherwise excellent season; **la ~ del pecado** the taint of sin; **sin ~** [*conducta*] impeccable; [*expediente*] unblemished; [*alma*] pure
[5] (*Med*) [*de sarampión, rubeola*] spot; (*en el pulmón*) shadow; **le han salido unas ~s rojizas en la cara** his face has come out in reddish spots ► **mancha amarilla** [*de retina*] yellow spot ► **mancha de nacimiento** birthmark ► **manchas del sarampión** measles spots
[6] (*Arte*) shading, shaded area ► **mancha de color** (*en pintura*) splash of colour *o* (*EEUU*) color; (*en fotografía*) patch of colour *o* (*EEUU*) color
[7] (*CAm, Méx*) [*de langostas*] cloud, swarm; [*de peces*] school, shoal; [*de gente*] swarm
[8] (*Arg, Uru*) (= *juego*) **la ~** tag
[9] (*Perú**) [*de amigos*] gang

**manchado** ADJ [1] (= *sucio*) stained, dirty; **esta camisa está manchada** this shirt is stained *o* dirty; **su traje estaba completamente ~** his suit was completely covered in stains; **~ de algo**: **la acera estaba manchada de sangre** the pavement was stained with blood; **tenía la chaqueta manchada de café** his jacket had coffee stains on it *o* was stained with coffee; **un par de botas manchadas de barro** a pair of mud-stained boots; **tenía los dedos ~s de tinta** she had ink stains on her fingers, she had ink-stained fingers; **el folio estaba ~ de tinta** the sheet of paper was smudged with ink
[2] (*Zool*) [*caballo, perro*] (*con manchas pequeñas*) spotted; (*con manchas más grandes*) dappled; [*ave*] speckled; **el caballo tiene el lomo ~** the horse has dappled markings on its back
[3] (= *sin honra*) [*reputación*] tarnished; **estaba ~ por el pecado original** he bore the taint of original sin
[4] (*Arte*) shaded

**manchar** ▸conjug 1a◂ Ⓐ VT [1] (= *ensuciar*) to get dirty, stain; **te has manchado el vestido** you've got your dress dirty, you've stained your dress, there's dirt on your dress; **ten cuidado de no ~me** be careful you don't get me dirty *o* stain my clothes; **~ algo de algo** (*gen*) to stain sth with sth; (*más sucio*) to get sth covered in sth; **me has manchado de pintura** you've got paint on me
[2] (= *desprestigiar*) [+ *honor, imagen*] to tarnish
Ⓑ VI to stain; **este vino no mancha** this wine doesn't stain
Ⓒ **mancharse** VPR [1] (= *ensuciarse*) to get dirty; **no lo toques que te puedes ~** don't touch it or you'll get dirty!; **¿cómo se te ha manchado la chaqueta?** how did you get your jacket dirty?; **~se de algo**: **se me ~on los dedos de sangre** I got blood *o* bloodstains on my fingers; **te has manchado la boca de chocolate** you've got chocolate *o* chocolate stains round your mouth; **me he manchado el traje de barro/de tinta** I got my suit covered in mud/ink, I got mud/ink all over my suit; ✦***MODISMO*** **~se las manos** to get one's hands dirty, dirty one's hands
[2] (= *deshonrarse*) to tarnish one's reputation

**manchego/a** Ⓐ ADJ of/from La Mancha
Ⓑ SM/F native/inhabitant of La Mancha; **los ~s** the people of La Mancha

**mancheta** SF [*de libro*] blurb; [*de periódico*] masthead

**manchón**[1] SM [1] (= *mancha*) large stain, big spot
[2] (*Bot*) patch of dense vegetation

**manchón**[2] SM (*Cono Sur*) muff

**Manchuria** SF Manchuria

**manchuriano/a** ADJ, SM/F Manchurian

**mancilla** SF stain, blemish; **sin ~** unblemished; (*Rel*) immaculate, pure

**mancillar** ▸conjug 1a◂ VT to stain, sully (*liter*)

**manco/a** Ⓐ ADJ [1] (*de una mano*) one-handed; (*de un brazo*) one-armed; (= *sin brazos*) armless; **quedó ~ de la izquierda** he lost his left hand
[2] (= *incompleto*) half-finished
[3] (= *defectuoso*) defective, faulty
[4] ✦***MODISMO*** **no ser ~** (= *astuto*) to be nobody's fool; (= *útil*) to be useful *o* handy; (= *sin escrúpulos*) to be pretty sharp; **Alarcos, jugador que tampoco es ~** Alarcos, who is a pretty useful player himself; **no ser ~ en algo** to be pretty good at sth
Ⓑ SM/F (*de una mano*) one-handed person; (*de un brazo*) one-armed person; (= *sin brazos*) armless person, person with no arms
Ⓒ SM (*Cono Sur*) (= *caballo*) nag

**mancomún**: **de ~** ADV = **mancomunadamente**

**mancomunadamente** ADV (= *en conjunto*) jointly, together; (= *por voluntad común*) by common consent; **obrar ~ con algn** to act jointly with sb

**mancomunado** ADJ joint, jointly held

**mancomunar** ▸conjug 1a◂ Ⓐ VT [1] (= *unir*) [+ *personas*] to unite, associate; [+ *intereses*] to combine; [+ *recursos*] to pool
[2] (*Jur*) to make jointly responsible
Ⓑ **mancomunarse** VPR to unite

**mancomunidad** SF [1] (= *unión*) union, association
[2] (= *comunidad*) (*gen*) community; [*de recursos*] pool
[3] (*Jur*) joint responsibility
[4] (*Pol*) commonwealth; **la Mancomunidad Británica** the British Commonwealth

**mancornar** ▸conjug 1l◂ VT [1] [+ *toro*] (= *agarrar*) to seize by the horns; (*con una cuerda*) to hobble
[2] (= *unir*) to join, couple

**mancornas** SFPL (*LAm*), **mancuernas** SFPL (*Méx*), **mancuernillas** SFPL (*CAm, Méx*) cufflinks

**manda** SF [1] (= *legado*) bequest
[2] (*LAm*) (= *voto*) religious vow

**mandadero/a** SM/F (= *recadero*) errand boy/girl; (= *mensajero*) messenger

**mandado/a** Ⓐ SM/F [1] (*pey*) (= *subordinado*) dogsbody*; **yo aquí no soy más que un ~** here I just obey instructions, I'm just a dogsbody* *o* a minion here
[2] (*Méx**) (= *aprovechado*) opportunist; **no seas ~** don't take advantage of the situation

Ⓑ SM [1] (= *recado*) errand; **hacer un ~** to do *o* run an errand; **ir a (hacer) los ~s** to do the shopping
[2] (= *orden*) order
[3] (*Méx*) **el ~** the shopping; **ir al ~** to do the shopping

**mandamás** SMF INV boss*, bigwig*

**mandamiento** SM [1] (*Rel*) commandment; **los Diez Mandamientos** the Ten Commandments
[2] (*Jur*) (*tb* **~ judicial**) writ, warrant; **notificar a algn un ~ judicial** to serve a writ on sb ► **mandamiento de ejecución** warrant of execution ► **mandamiento de entrada y registro** (*Esp*) search warrant ► **mandamiento de prisión** warrant of commitment
[3] (*Esp Fin*) ► **mandamiento de pago** banker's order
[4] (= *orden*) order, command

**mandanga** SF [1] (*) (= *cachaza*) slowness; **¡qué ~ tienes!** you take your time, don't you!
[2] (*) (= *cuento*) tale, story; (= *excusa*) excuse; (= *paparrucha*) rubbish*; **¡no me vengas con ~s!*** don't give me that rubbish!*, who are you trying to kid?*; **hay que dejarse de ~s y decirlo bien claro** you have to stop beating about the bush and say it straight out; **deberían obligarle a dimitir sin más ~s** he should be forced to resign, no two ways about it*; **¡tiene ~!** this is too much!
[3] (‡) (= *golpe*) bash*
[4] (‡) (= *droga*) pot*, grass*

**mandanguero/a‡** SM/F (= *fumador*) pot-smoker*; (= *vendedor*) dealer in pot *o* grass*

**mandar** ▸conjug 1a◂ Ⓐ VT [1] (= *ordenar, encargar*) to tell; **haz lo que te manden** do as you are told; **no me gusta que me manden** I don't like being told what to do; **¿hoy no te han mandado deberes?** haven't they given you any homework today?; **¿qué manda usted?** (*esp LAm*) can I help you?; **¿manda usted algo más?** (*esp LAm*) would you like anything else?; **~ (a algn) (a) hacer algo**: **lo mandé a comprar pan** I sent him (out) for bread *o* to buy some bread; **me he mandado hacer un traje** I'm having a suit made; **tuvimos que ~ arreglar el coche** we had to put the car in for repairs, we had to have the car repaired; **¿quién diablos me ~ía a mí meterme en esto?*** why on earth did I get mixed up in this?*; **¿quién te manda ser tan tonto?** how could you be so stupid?; **~ callar a algn** (*gen*) to tell sb to be quiet; (*con autoridad*) to order sb to be quiet; **~ llamar a algn** to send for sb; **he mandado llamar al electricista** I've sent for the electrician; **mandó llamar a todas las monjas al patio** she summoned all the nuns to the courtyard; **~ salir a algn** to order sb out; **~ venir a algn** = **mandar llamar a algn**; **~ a algn (a) por algo** to send sb (out) for sth *o* to do sth; **lo mandé a por el periódico** I sent him (out) for the paper *o* to buy the paper; **~ a algn que haga algo** (*gen*) to tell sb to do sth; (*con autoridad*) to order sb to do sth; **me han mandado que deje de fumar** I've been advised *o* told to stop smoking; ✦***MODISMO* como está mandado** (*Esp**) **se casará por la iglesia como está mandado** she'll have a church wedding as one would expect; **lo hizo como estaba mandado** he did the right thing*
[2] (= *enviar*) to send; **me han mandado un paquete de Madrid** I've got *o* I've been sent a parcel from Madrid; **lo ~on como representante de la empresa** he was sent to represent the company, he was sent as the company's representative; **he mandado a los niños a la cama** I've sent the children to bed; **~ algo por correo** to post sth, mail sth (*EEUU*); **te ~é mi dirección por correo electrónico** I'll send you my address by e-mail, I'll e-mail you my address; **~ recuerdos a algn** to send one's love to sb, send one's regards to sb (*frm*); *ver tb* **carajo A3**, **mierda A1**, **mona 1**, **paseo 1**, **porra 6**
[3] (= *estar al mando de*) [+ *batallón*] to lead, command; [+ *trabajadores, policías*] to be in charge of; **mandaba la brigada de bomberos** he was in charge of the fire brigade
[4] (*Dep*) to send, hit; **mandó la pelota fuera del campo de golf** he sent *o* hit the ball off the golf course; **mandó el balón al poste** she hit the post with the ball
[5] (*Med*) to prescribe; **le han mandado antibióticos** she has been prescribed antibiotics
[6] (= *legar*) to leave, bequeath (*frm*)
[7] (*LAm*) (= *lanzar*) to throw, hurl
[8] (*LAm**) **~ un golpe a algn** to hit sb; **~ una patada a algn** to give sb a a kick, kick sb; **le mandó una bofetada** she slapped him
[9] (*LAm*) (= *tirar*) to throw away
[10] (*LAm*) [+ *caballo*] to break in
[11] (*Cono Sur Dep*) to start
Ⓑ VI [1] (= *estar al mando*) (*gen*) to be in charge; (*Mil*) to be in command; **¿quién manda aquí?** who's in charge here?; **aquí mando yo** I'm the boss here, I'm in charge here; **~ en algo** to be in charge of sth; (*Mil*) to be in command of sth; **los que mandan en este país** the people that run this country; **mandaba en todo un ejército** he was in command of an entire army
[2] (= *ordenar*) **¡mande usted!** at your service!, what can I do for you?; **de nada, a ~** don't mention it, (I'm) at your service!; **¿mande?** (*esp Méx*) (= *¿cómo dice?*) pardon?, what did you say?; (*invitando a hablar*) yes?; **le gusta ~** (*pey*) he likes bossing people around; **según manda la ley** (*Jur*) in accordance with the law; *ver tb* **canon 2**, **Dios 3**
Ⓒ **mandarse** VPR [1] [*enfermo*] to get about by o.s., manage unaided
[2] [*habitaciones*] to communicate (**con** with)
[3] (*LAm**) **mándese entrar** *o* **pasar** please come in; **~se cambiar** (*Andes, Cono Sur*) ◊ **~se mudar** (*Arg, Uru*) to up and leave*; **¡mándate cambiar!** beat it!*, clear off!*; ✦***MODISMO* ~se (guarda) abajo** (*Chile**) to come down, come crashing down
[4] (*LAm*) **~se con algn** to be rude to sb, be bossy with sb
[5] (*Caribe, Cono Sur*) (= *irse*) to go away, slip away; (= *desaparecer*) to disappear secretly
[6] (*LAm**) [+ *comida*] to scoff*, polish off*; [+ *bebida, trago*] to knock back*
[7] (*Andes**) [+ *gol*] to score; [+ *mentira*] to come out with; **se manda cada discurso** he's such an amazing speaker; **se manda unas metidas de pata …** he's always putting his foot in his mouth*
[8] (*Méx**) (= *aprovecharse*) to take advantage (of the situation)

**mandarín** SM [1] (*Hist, Ling*) Mandarin
[2] (*pey*) petty bureaucrat

**mandarina** SF [1] (*Bot*) mandarin, tangerine; ✦***MODISMO* ¡chúpate esa ~!** (*Esp‡*) get that!*, hark at him!
[2] (*Ling*) Mandarin

**mandarino** SM mandarin (orange) tree

**mandatario/a** SM/F [1] (*Jur*) agent, attorney
[2] (= *dirigente*) leader; (*esp LAm Pol*) (*tb* **primer ~**) Head of State; **los altos ~s de la Iglesia** Church leaders

**mandato** SM [1] (= *orden*) mandate; **bajo ~ de la ONU** under UN mandate; **según un ~ constitucional** according to the constitution ► **mandato judicial** court order
[2] (= *período de mando*) term of office, mandate (*frm*); **se acerca el final de su ~** his term of office *o* his mandate (*frm*) is coming to an end; **la duración de su ~ fue de cuatro años** he was in office for four years; **bajo** *o* **durante el ~ de algn** during sb's term of office *o* mandate (*frm*); **territorio bajo ~** mandated territory
[3] (*Jur*) (= *estatutos*) terms of reference *pl*; (= *poder*) power of attorney; **eso no forma parte de mi ~** that is not in my brief
[4] (*Inform*) command
[5] (*Com*) ► **mandato internacional** international money order
[6] (*Rel*) maundy

**mandíbula** SF (*Anat, Téc*) jaw; (*Zool*) mandible; ✦***MODISMO* reírse a ~ batiente** to laugh one's head off

**mandil** SM [1] (= *delantal*) apron; [*de albañil*] (leather) apron; (= *bata*) pinafore dress
[2] (*LAm*) horse blanket

**mandilón** SM [1] (= *babi*) smock, pinafore dress
[2] (= *overol*) overalls *pl*
[3] (*) (= *cobarde*) coward

**mandinga*** Ⓐ SM [1] (*LAm*) (= *diablo*) devil; (= *duende*) goblin; (*malévolo*) evil spirit
[2] (*Andes, Caribe*) (= *negro*) black
Ⓑ ADJ [1] (*CAm, Cono Sur*) (= *afeminado*) effeminate
[2] (*Caribe, Cono Sur*) (= *pícaro*) impish, mischievous

**mandioca** SF cassava, manioc

**mandiocal** SM (*LAm*) cassava plot

**mando** SM [1] (= *poder*) command; **ha entregado el ~ al teniente** he's handed over command to the lieutenant; **están bajo el ~ del ejercito alemán** they are under the command of the German army; **el Mando de las Fuerzas Aéreas** the Air Force Command; **al ~ de** [+ *pelotón, flota*] in command of; [+ *asociación, expedición, país*] in charge of; [+ *capitán, jefe*] under the command *o* orders of, led by; **con ella al ~, mejorarán las cosas** with her in charge, things will get better; **lo pusieron al ~ de la campaña electoral** they put him in charge of the electoral campaign; **un grupo al ~ de las labores de rescate** a group leading the rescue operations; **estuvo al ~ del país durante muchos años** he was in power for many years, he led the country for many years; **las tropas estaban al ~ de un general extranjero** the troops were under the command *o* orders of a foreign general *o* were led by a foreign general; **alto ~** high command; **tomar el ~** (*Mil*) to take command; (*Dep*) to take the lead ► **mando supremo** commander-in-chief; *ver tb* **dote 2**, **voz 3**

2 [*de máquina, vehículo*] control; **no podía controlar los ~s** she couldn't operate the controls; **a los ~s de algo** at the controls of sth; **cuadro de ~s** control panel; **~ a la izquierda** left-hand drive; **palanca de ~** [*de máquina*] control lever; [*de avión*] joystick; **tablero de ~s** control panel ► **mando a distancia** remote control ► **mando de teclado** push-button control ► **mando selector** control knob

3 (= *período de mando*) term of office

4 **mandos** (= *autoridades*) (*Mil*) high-ranking officers, senior officers; (*Pol*) high-ranking members, senior members ► **mandos intermedios, mandos medios** (*LAm Com*) middle management ► **mandos militares** high-ranking officers, senior officers

**mandoble** SM 1 (= *golpe*) two-handed blow

2 (= *espada*) broadsword, large sword

3 (*) (= *rapapolvo*) ticking-off*

**mandolina** SF mandolin

**mandón/ona** Ⓐ ADJ (*) bossy

Ⓑ SM/F (*) bossy-boots*

Ⓒ SM 1 (*Cono Sur Min*) mine foreman

2 (*Chile*) (*en carreras*) starter

**mandonear*** ▸conjug 1a◂ VT **~ a algn** to boss sb around

**mandrágora** SF mandrake

**mandria** Ⓐ ADJ worthless

Ⓑ SM useless individual, weakling

**mandril**[1] SM (*Zool*) mandrill

**mandril**[2] SM (*Téc*) mandrel

**manduca*** SF grub*, chow (*EEUU*‡), nosh*

**manducar*** ▸conjug 1g◂ VT to scoff*, stuff o.s. with

**manducatoria‡** SF grub*, eats* *pl*, chow (*EEUU*‡)

**manea** SF hobble

**maneador** SM (*LAm*) hobble; (*Cono Sur*) whip; (*Méx*) halter

**manear** ▸conjug 1a◂ Ⓐ VT to hobble

Ⓑ **manearse** VPR (*Andes, Méx*) to trip over one's own feet

**manecilla** SF 1 (*Téc*) (*gen*) pointer; [*de reloj*] hand ► **manecilla grande** minute hand ► **manecilla pequeña** hour hand

2 [*de libro*] clasp

**maneco** ADJ (*Méx*) 1 (= *tullido*) (*gen*) maimed, deformed; (*de manos*) with deformed hands; (*de pies*) with deformed feet

2 (= *patizambo*) knock-kneed

**manejabilidad** SF [*de asunto*] manageability; [*de herramienta*] handiness, ease of use; [*de vehículo*] handling

**manejable** ADJ [*asunto, pelo*] manageable; [*aparato, libro*] user-friendly, easy to use; [*vehículo*] manoeuvrable, maneuvrable (*EEUU*)

**manejador(a)** Ⓐ ADJ manipulative

Ⓑ SM/F (*LAm Aut*) driver, motorist

**manejar** ▸conjug 1a◂ Ⓐ VT 1 (= *usar*) [+ *herramienta, arma*] to handle, use; [+ *máquina*] to operate; [+ *idioma*] to use

2 (= *dirigir*) [+ *negocio, empresa*] to run; [+ *asuntos*] to look after

3 [+ *dinero*] to handle; **manejan cifras elevadísimas** they handle huge sums (of money)

4 **~ a algn: mi tía maneja a su marido** my aunt keeps her husband under her thumb

5 (*LAm Aut*) to drive

Ⓑ VI 1 **"manejar con cuidado"** "handle with care"

2 (*LAm Aut*) to drive; **el examen de ~** the driving test

Ⓒ **manejarse** VPR 1 (*Esp*) (= *desenvolverse*) to manage; **no te preocupes, puedo ~me** *o* **manejármelas yo sola** don't worry, I can manage on my own; **se maneja bien en inglés** he gets along fine in English; **se maneja bien con los chiquillos** she's good with the kids; **¿cómo te (las) manejas para estudiar y trabajar?** how do you manage to study and work at the same time?; **ya empieza a ~se con ayuda de las muletas** she's beginning to get about with the aid of crutches

2 (= *comportarse*) to act, behave

**manejo** SM 1 (= *uso*) [*de herramienta, arma*] use; [*de máquina*] operation; [*de idioma*] use; **una herramienta de fácil ~** a tool that is easy-to-use

2 (*Com*) [*de negocio, empresa*] running; [*de dinero, fondos*] handling; **se encarga del ~ de los asuntos de la empresa** he takes charge of looking after their business affairs; **llevar todo el ~ de algo** to be in sole charge of sth

3 **tener buen ~ de** [+ *idioma, tema*] to have a good command of; **tiene un buen ~ del alemán** she has a good command of German; **demostró tener un gran ~ de la situación** he demonstrated a thorough command of the situation

4 **manejos** (= *intrigas*) dealings; **turbios ~s** shady dealings

5 (*LAm Aut*) driving

▼ **manera** SF 1 (= *modo*) way; **hay varias ~s de hacerlo** there are various ways of doing it; **eso no es ~ de tratar a un animal** that's not the way to treat an animal, that's no way to treat an animal; **hazlo de la ~ que sea** do it however *o* the way you like; **de una ~ u otra** (in) one way or another; **¡llovía de una ~!** it was really pouring down!; **¡nunca he visto nevar de esta ~!** I've never seen it snow like this!; **no hubo ~ de convencerla** there was no convincing her, there was no way we could convince her; **a mi/tu/*etc* ~** my/your/*etc* way; **lo hice a mi ~** I did it my way; **a mi ~ de ver, tenemos dos opciones** the way I see it, we have two options; **a la ~ de algn/algo: siguen arando a la ~ de sus abuelos** they still plough as *o* in the way their grandfathers did; **una novela escrita a la ~ de Kafka** a novel written in a Kafkaesque manner *o* in the style of Kafka; **de ~ perfecta** perfectly, in a perfect way; **nos recibió de ~ cortés** he received us courteously *o* in a courteous way; **de esta ~** (in) this way, (in) this fashion; **de la misma ~** (in) the same way, (in) the same fashion ► **manera de ser: es su ~ de ser** that's the way she is; **cada uno tiene una ~ de ser** everyone has their own character

2 (*locuciones*) **de alguna ~** (= *en cierto modo*) to some extent; (= *de cualquier modo*) somehow; (*al principio de frase*) in a way, in some ways; **en cierta ~** in a way, to a certain extent; **de cualquier ~** (= *sin cuidado*) any old how; (= *de todos modos*) anyway; **en gran ~** to a large extent; **de mala ~: le pegó de mala ~** he hit her really hard; **lo estafaron de mala ~*** they really ripped him off*; **me contestó de muy mala ~** he answered me very rudely; **ese tío se enrolla de mala ~*** that guy just can't stop jabbering*; **de ninguna ~: eso no lo vamos a aceptar de ninguna ~** there's no way we are going to accept that; **de ninguna ~ deben paralizarse las obras** on no account must the work stop; **no quiero de ninguna ~ implicarla en esto** I don't want to involve her in this in any way; **no se parece de ninguna ~ a lo que habíamos imaginado** it's nothing like we had imagined; **¡de ninguna ~!** certainly not!, no way!; **de otra ~** (= *de otro modo*) in a different way; (= *por otra parte*) otherwise; **los jóvenes entienden el mundo de otra ~** young people see the world in a different way; **las cosas podrían haber sido de otra ~** things could have been different; **no podía ser de otra ~** it couldn't be any other way; **de otra ~, no es posible entender su actitud** otherwise, it's impossible to understand his attitude; **dicho de otra ~** in other words, to put it another way; **sobre ~** exceedingly; **de tal ~ que ...** in such a way that ...; **de todas ~s** anyway, in any case

3 **de ~ que** (*antes de verbo*) so; (*después de verbo*) so that; **¿de ~ que esto no te gusta?** so you don't like this?; **lo hizo de ~ que nadie se dio cuenta** he did it so that nobody noticed

4 **maneras** (= *modales*) manners; **buenas ~s** good manners; **se lo dije con buenas ~s** I told him politely; **malas ~s** bad manners, rudeness; **con muy malas ~s** very rudely; **tener ~s** (*LAm*) to have good manners, be well-mannered

5 (*liter*) (= *tipo*) kind; **otra ~ de valentía** another kind of courage

6 (*Arte, Literat*) (= *estilo*) style; **las diferentes ~s de Picasso** Picasso's different styles

**MANERA, FORMA, MODO**

**De manera + ADJETIVO**

• Cuando **de manera + ADJETIVO** añade información sobre una acción, la traducción más frecuente al inglés es un adverbio terminado en **-ly**. En inglés este tipo de adverbio es mucho más común que el equivalente **-mente** español:

Todos estos cambios ocurren de manera natural

***All these changes happen naturally***

La Constitución prohíbe de manera expresa la especulación inmobiliaria

***The Constitution expressly forbids speculation in real estate***

• **De manera + ADJETIVO** también se puede traducir por **in a + ADJETIVO + way** si no existe un adverbio terminado en **-ly** que equivalga al adjetivo:

Se lo dijo de manera amistosa

***He said it to her in a friendly way***

• En los casos en que se quiere hacer hincapié en la manera de hacer algo, se puede utilizar tanto un adverbio en **-ly** como la construcción **in a + ADJETIVO + way**, aunque ésta última posibilidad es más frecuente:

Tienes que intentar comportarte de manera responsable

***You must try to behave responsibly** o **in a responsible way***

Ellos podrán ayudarte a manejar tu negocio de manera profesional

***They'll be able to help you run your business professionally** o **in a professional way***

*Para otros usos y ejemplos ver las entradas manera, forma y modo.*

**maneta** SF lever

**maneto** ADJ (*Andes, CAm, Caribe*) = **maneco**

**manflor‡** SM, **manflorita‡** SM (*LAm*) pansy‡ (*pey*), queer‡ (*pey*), fag (*EEUU*‡)

➤ LENGUA Y USO: manera 1 53.5

**manga** SF [1] (*en ropa*) sleeve, jacket (*EEUU*); **estar en ~s de camisa** to be in shirtsleeves; **~ japonesa** batwing sleeve; **~ ra(n)glan** raglan sleeve; **de ~ corta/larga** short-/long-sleeved; **sin ~s** sleeveless; ♦*MODISMOS* **andar ~ por hombro** to be a mess, be all over the place; **con el nuevo jefe todo anda ~ por hombro** with this new boss everything's in a mess *o* all over the place; **la casa está ~ por hombro** the house is a mess; **bajo ~*** under the counter; **estar de ~** to be in league; **hacer ~s y capirotes de algn** to ignore sb completely; **pegar las ~s*** to kick the bucket*; **ser de** *o* **tener ~ ancha** (= *tolerante*) to be easy-going; (= *poco severo*) to be too lenient; (*pey*) (= *sin escrúpulos*) to be unscrupulous; **sacarse algo de la ~** to come up with sth; **traer algo en la ~** to have sth up one's sleeve; *ver tb* **corte**[1] **7**
[2] (= *manguera*) (*tb* **~ de riego**) hose, hosepipe ► **manga de incendios** fire hose
[3] (*Culin*) (= *colador*) strainer; [*de pastelería*] piping bag ► **manga pastelera** piping bag
[4] (*Aer*) windsock ► **manga de mariposas** butterfly net
[5] (*Geog*) [*de agua*] stretch; [*de nubes*] cloudburst; **tormentas con espesas ~s de agua** storms with heavy squally showers ► **manga de viento** whirlwind ► **manga marina** waterspout
[6] (*Náut*) beam, breadth
[7] (*Dep*) [*de competición*] round, stage; (*Tenis*) set; (*Bridge*) game; **ir a ~** to go to game ► **manga clasificatoria** qualifying round ► **manga de consolación** runners-up play-off
[8] (*LAm*) (= *multitud*) crowd, mob
[9] (*LAm Agr*) funnel, narrow entrance
[10] (*CAm*) poncho, coarse blanket ► **manga de agua** rain cape
[11] (= *bolso*) travelling bag, traveling bag (*EEUU*)

**mangal** SM (*LAm*) [1] = **manglar**
[2] (*Méx**) (= *trampa*) dirty trick
[3] (*Andes*) (= *plantío*) mango plantation

**mangana** SF lasso, lariat

**mangancia*** SF [1] (= *timo*) swindle, racket
[2] (= *robo*) (*gen*) thieving, pilfering; (*en tienda*) shoplifting
[3] (= *gorronería*) scrounging*
[4] (= *cuento*) story, fib

**manganear** ▸conjug 1a◂ Ⓐ VT [1] (*Perú*) (= *molestar*) to bother, annoy
[2] (= *coger con lazo*) to lasso
[3] (*CAm, Cono Sur*) (= *saquear*) to pillage, plunder; (*) (= *robar*) to pinch*, nick*
Ⓑ VI (*Caribe*) to loaf, hang about

**manganeso** SM manganese

**manganeta** SF (*LAm*), **manganilla** SF [1] (= *juego de manos*) sleight of hand
[2] (= *engaño*) trick, deceit
[3] (= *timo*) swindle, racket

**mangante*** Ⓐ SMF [1] (= *ladrón*) (*gen*) thief; (*en tienda*) shoplifter
[2] (= *mendigo*) beggar
[3] (= *gorrón*) scrounger*, freeloader*
[4] (= *caradura*) rotter*, villain
Ⓑ ADJ (= *caradura*) brazen

**manganzón** ADJ (= *perezoso*) lazy

**mangar*** ▸conjug 1h◂ Ⓐ VT [1] (= *robar*) to pinch*, nick*
[2] (= *mendigar*) to scrounge*
Ⓑ VI (= *robar*) (*gen*) to pilfer*; (*en tienda*) to shoplift; (*Cono Sur*) to scrounge*

**mangazón*** ADJ (*LAm*) lazy

**manglar** SM mangrove swamp

**mangle** SM (*Bot*) mangrove

**mango**[1] SM [1] (*Bot*) mango
[2] (*Cono Sur*‡) dough‡, dosh‡
[3] (*Méx**) good-looking lad

**mango**[2] SM [1] (= *asa*) handle ► **mango de escoba** (*para barrer*) broomstick; (*Aer*) joystick ► **mango de pluma** penholder
[2] (*Arg**) (= *dinero*) dough‡, dosh‡

**mangón** SM (*Andes*) (= *prado*) pasture; (= *estancia*) cattle ranch

**mangoneador(a)*** SM/F [1] (= *entrometido*) meddler; (= *mandón*) bossyboots*
[2] (*Méx*) (= *oficial corrupto*) grafter, corrupt official

**mangonear*** ▸conjug 1a◂ Ⓐ VT [1] [+ *persona*] to boss about*
[2] (= *birlar*) to pinch*, nick*
[3] (*LAm*) (= *saquear*) to pillage, plunder
Ⓑ VI [1] (= *entrometerse*) to meddle, interfere (**en** in); (= *interesarse*) to dabble (**en** in)
[2] (= *ser mandón*) (*con personas*) to boss people about; (*con asuntos*) to run everything
[3] (*LAm*) (= *estafar*) (*gen*) to graft, be on the fiddle*; (*Pol*) to fix things, fiddle the results*

**mangoneo*** SM [1] (= *entrometimiento*) meddling, interference
[2] (*con personas*) (= *control*) bossing people about; (= *descaro*) brazenness
[3] (*LAm*) (= *estafa*) (*gen*) graft*, fiddling*; (*Pol*) fixing (of results)

**mangoneón/a***, **mangonero/a*** Ⓐ ADJ (= *entrometido*) meddlesome, interfering; (= *mandón*) bossy; (= *descarado*) brazen
Ⓑ SM/F (= *entrometido*) busybody; (= *mandón*) bossy individual; (= *descarado*) brazen sort

**mangosta** SF mongoose

**manguear** ▸conjug 1a◂ (*LAm*) Ⓐ VT [+ *ganado*] to drive; [+ *caza*] to beat, put up
Ⓑ VI (*) [1] (*Andes, Caribe*) (= *gandulear*) to skive*
[2] (*Cono Sur*) (= *sablear*) to scrounge*

**mangueo*** SM (= *robo*) thieving, pilfering; (= *gorroneo*) scrounging*

**manguera** SF [1] [*de riego*] hose, hosepipe ► **manguera antidisturbios** water-cannon ► **manguera de aspiración** suction pump ► **manguera de incendios** fire hose
[2] (*Andes*) [*de bicicleta*] bicycle tyre, inner tube
[3] (*Meteo*) waterspout
[4] (*Cono Sur*) corral, yard

**mangui**‡ SMF (= *ladrón*) thief; (= *ratero*) small-time crook*; (= *canalla*) villain, rotter*

**manguillo** SM (*Méx*) penholder

**manguito** SM [1] (*para manos*) muff
[2] (*Téc*) sleeve, coupling ► **manguito incandescente** gas mantle

**mangurrina*** SF bash*, wallop*

**mangurrino*** ADJ rotten*, worthless

**manguta**‡ SMF (= *ladrón*) small-time thief; (= *indeseable*) good-for-nothing

**mani*** SF demo*

**maní** SM (*pl* **maníes** *o* **manises**) [1] (*esp LAm*) (= *cacahuete*) peanut; (= *planta*) groundnut plant
[2] (*Caribe**) (= *dinero*) dough‡, dosh‡
[3] **¡maní!** (*Cono Sur*) never!

**manía** SF [1] (*Med*) mania ► **manía de grandezas** megalomania ► **manía persecutoria** persecution mania
[2] [*de persona*] (= *costumbre*) odd habit; (= *rareza*) peculiarity, oddity; (= *capricho*) fad, whim; **tiene sus ~s** he has his little ways; **tiene la ~ de comerse las uñas** he has the annoying habit of biting his nails; **le ha dado la ~ de salir sin abrigo** he's taken to going out without a coat
[3] [*de grupo*] (= *afición*) mania; (= *moda*) rage, craze; **la ~ del fútbol** football fever, the football craze; **la ~ de la minifalda** the craze for miniskirts; **tiene la ~ de las motos** he's obsessed with motorbikes, he's motorbike-crazy*
[4] (= *antipatía*) dislike; **coger ~ a algn** to take a dislike to sb; **tener ~ a algn** to dislike sb; **tengo ~ a los bichos** I can't stand insects; **el maestro me tiene ~** the teacher's got it in for me

**maniabierto** ADJ (*Caribe*) lavish, generous

**maníaco/a**, **maniaco/a** Ⓐ ADJ maniac, maniacal
Ⓑ SM/F maniac ► **maníaco/a sexual** sex maniac

**maniaco-depresivo/a** ADJ, SM/F manic depressive

**maniatar** ▸conjug 1a◂ VT [1] **~ a algn** (*con cuerdas*) to tie sb's hands; (*con esposas*) to handcuff sb
[2] [+ *animal*] to hobble

**maniático/a** Ⓐ ADJ [1] (= *con manías*) maniac, maniacal; (= *fanático*) fanatical; (= *obsesionado*) obsessive
[2] (= *loco*) crazy; (= *excéntrico*) eccentric, cranky*; (= *delicado*) fussy
[3] (= *terco*) stubborn
Ⓑ SM/F (= *obsesionado*) maniac; (= *fanático*) fanatic; (= *excéntrico*) crank*; **sólo piensa en no pisar las rayas de las aceras, es un ~** his only concern is not to step on the lines on the pavement, he's obsessed; **~ de la ecología** ecology fanatic, ecology freak*; **es un ~ de la puntuación** he is obsessive about punctuation; **es un ~ del fútbol** he's football-crazy

**manicero/a** SM/F (*LAm*) peanut seller

**manicomio** SM lunatic asylum, insane asylum (*EEUU*), mental hospital; **no quiero ir a parar a un ~** I don't want to end up in the loony bin*; **ese día la ciudad es un ~** on that day the city goes mad *o* is like a madhouse

**manicura** SF manicure; **hacerse la ~** (*uno mismo*) to do one's nails; (*por profesional*) to have a manicure; **se me puede estropear la ~** I could ruin my nails

**manicuro/a** SM/F manicurist

**manida** SF lair, den

**manido** ADJ [1] (= *trillado*) [*tema*] trite, stale; [*frase*] hackneyed
[2] (= *pasado*) [*carne*] high, gamy; [*frutos secos*] stale

**manierismo** SM mannerism

**manierista** ADJ, SMF mannerist

**manifa*** SF demo*

**manifestación** SF [1] (*Pol*) (= *desfile*) demonstration; (= *concentración*) mass meeting, rally
[2] (= *muestra*) [*de emoción*] display, show; (= *señal*) sign; **manifestaciones de alegría/júbilo** jubilation; **han recibido muchas manifestaciones de apoyo** they have received a lot of support; **manifestaciones de duelo** expressions of grief; **una gran ~ de entusiasmo** a great show of enthusiasm
[3] (= *declaración*) statement, declaration
[4] (*Chile*) (*tb* **~ social**) social occasion
[5] ► **manifestación de impuesto** (*Méx*) tax return

**manifestante** SMF demonstrator

▼ **manifestar** ▸conjug 1j◂ Ⓐ VT [1] (= *declarar*) to declare; **el presidente manifestó que no firmaría el acuerdo** the president declared that he would not sign the agreement; **~on su solidaridad con los damnificados** they declared their sympathy with the victims
[2] [+ *emociones*] to show; **manifiesta un sincero arrepentimiento** he shows genuine regret; **nos manifestaba un gran cariño** he showed us great affection
Ⓑ **manifestarse** VPR [1] (= *declararse*) **el presidente se ha manifestado a favor del pacto** the president came out in favour of the agreement
[2] (*Pol*) to demonstrate; **los estudiantes se ~on en contra de la nueva ley** the students demonstrated against the new law
[3] (= *mostrarse*) to be apparent, be evident; **su pesimismo se manifiesta en todas sus obras** his pessimism is apparent *o* evident in all his works

**manifiesto** Ⓐ ADJ (= *claro*) (*gen*) clear, manifest; [*error*] glaring, obvious; [*verdad*] manifest; **poner algo de ~** (= *aclarar*) to make sth clear; (= *revelar*) to reveal sth; **quiero poner de ~ que ...** I wish to state that ...; **quedar ~** to be plain, be clear
Ⓑ SM [1] (*Pol, Arte*) (= *programa*) manifesto ► **el Manifiesto Comunista** the Communist Manifesto
[2] (*Náut*) manifest

**manigua** (*LAm*) SF [1] [*de terreno*] (= *ciénaga*) swamp; (= *maleza*) scrubland; (= *selva*) jungle; (= *campo*) countryside; **irse a la ~**†† to take to the hills (*in revolt*)
[2] **agarrar ~** (*Caribe**) to get flustered

**manigual** SM (*Caribe*) = **manigua**

**manigueta** SF [1] (= *mango*) handle; (= *manivela*) crank; (*Cono Sur Aut*) starting handle
[2] (= *maniota*) hobble

**manija** SF [1] (= *mango*) (*gen*) handle; (*Arg*) [*de puerta*] door knob
[2] (*Mec*) clamp, collar
[3] (*Ferro*) coupling
[4] (*Agr*) hobble
[5] (*Cono Sur*) (= *vaso*) mug, tankard
[6] (*Cono Sur Aut*) starting handle; **dar ~ a algn** to egg sb on

**Manila** SF Manila

**manilargo** ADJ [1] (= *generoso*) open-handed, generous
[2] (*esp LAm**) (= *ladrón*) light-fingered

**manilense** Ⓐ ADJ of/from Manila
Ⓑ SMF native/inhabitant of Manila; **los ~s** the people of Manila

**manileño/a** ADJ, SM/F = **manilense**

➤ LENGUA Y USO: **manifestar A1** 53.5

**manilla** SF [1] [*de puerta*] handle, door handle
[2] (= *mango*) handle
[3] [*de reloj*] hand
[4] [*de tabaco*] bundle
[5] (= *pulsera*) bracelet ► **manillas (de hierro)** (= *grilletes*) manacles, handcuffs

**manillar** SM handlebars *pl*

**maniobra** SF [1] (= *giro*) (*Aut*) manoeuvre, maneuver (*EEUU*); (*Ferro*) shunting, switching (*EEUU*); **hacer ~s** (*Aut*) to manoeuvre, maneuver (*EEUU*); (*Ferro*) to shunt, switch (*EEUU*)
[2] (*Náut*) (= *operación*) manoeuvre, maneuver (*EEUU*); (= *aparejo*) gear, rigging
[3] **maniobras** (*Mil*) manoeuvres, maneuvers (*EEUU*); **estar de ~s** to be on manoeuvres
[4] (= *estratagema*) manoeuvre, maneuver (*EEUU*), move; **una ~ política** a political manoeuvre; **fue una hábil ~ para expulsar al jefe** it was a clever manoeuvre *o* move to get rid of the boss ► **maniobra dilatoria** delaying tactic

**maniobrabilidad** SF [*de vehículo*] manoeuvrability, maneuverability (*EEUU*); [*de aparato*] handling qualities, ease of use

**maniobrable** ADJ [*vehículo*] manoeuvrable; [*aparato*] easy to handle *o* use

**maniobrar** ▸conjug 1a◂ Ⓐ VT [1] [+ *aparato, vehículo*] (= *manejar*) to handle, operate; (= *mover*) to manoeuvre, maneuver (*EEUU*)
[2] (*Ferro*) to shunt
Ⓑ VI to manoeuvre, maneuver (*EEUU*)

**maniota** SF hobble

**manipulable** ADJ [1] (*Téc*) operable, that can be operated; **aparatos ~s por el visitante** devices that can be operated by the visitor
[2] (*Biol*) controllable
[3] [*persona*] easily manipulated

**manipulación** SF [1] (= *manejo*) [*de alimentos*] handling; [*de pieza, máquina*] manipulation
[2] [*de información, resultados*] manipulation ► **manipulación genética** genetic manipulation
[3] (*Med*) manipulation

**manipulado** SM handling

**manipulador(a)** Ⓐ ADJ manipulative
Ⓑ SM/F [1] [*de mercancías*] handler ► **manipulador(a) de alimentos** person who handles food ► **manipulador(a) de marionetas** puppeteer
[2] (= *mangoneador*) manipulator
Ⓒ SM (*Elec, Telec*) key, tapper

**manipular** ▸conjug 1a◂ Ⓐ VT [1] (= *manejar*) [+ *alimentos, géneros*] to handle; [+ *aparato*] to operate, use
[2] (= *mangonear*) to manipulate
Ⓑ VI **~ con** *o* **en algo** to manipulate sth

**manipulativo** ADJ manipulative

**manipuleo** SM (= *mangoneo*) manipulation; (= *trampas*) fiddling

**maniqueísmo** SM [1] (*Hist*) Manicheism, Manichaeism
[2] (= *tendencia a simplificar*) *tendency to see things in black and white*; **discutir sin ~s** to discuss without taking up extreme positions

**maniqueísta** ADJ Manichean, Manichaean

**maniqueo/a** Ⓐ ADJ [1] (*Hist*) Manichean, Manichaean
[2] (= *simplista*) black and white
[3] (= *extremista*) extremist
Ⓑ SM/F [1] (*Hist*) Manichean, Manichaean
[2] (= *simplista*) *person who tends to see things in black and white terms*

**maniquí** Ⓐ SMF (*) poser*
Ⓑ SM [1] (= *muñeco*) [*de sastre, escaparate*] dummy, mannequin; (*Esgrima*) dummy figure
[2] (= *títere*) puppet
Ⓒ SF (= *modelo*) model

**manir** ▸conjug 3a◂ Ⓐ VT [+ *carne*] to hang
Ⓑ **manirse** VPR (*CAm*) to go off

**manirroto/a** Ⓐ ADJ extravagant, lavish
Ⓑ SM/F spendthrift

**manisero** (*LAm*) = **manicero**

**manisuelto/a** Ⓐ ADJ extravagant
Ⓑ SM/F spendthrift

**manita** SF little hand; **echar una ~ a algn** to lend sb a hand; ♦*MODISMOS* **hacer ~s** to canoodle, make out (*EEUU**) (**con** with); **tener ~s de plata** *o* **de oro** to be very skilful ► **manitas de cerdo** pig's trotters

**manitas*** SMF INV handyman/handywoman; **ser (un(a)) ~** to be handy, be good with one's hands

**manito**[1] SM (*Méx*) pal*, buddy (*EEUU**); (*en conversación*) mate*, pal*

**manito**[2]* SM (*LAm*) = **manita**

**manivacío** ADJ empty-handed

**manivela** SF crank, handle ► **manivela de arranque** starting handle

**manjar** SM [1] (= *delicia*) delicacy; **~ exquisito** tasty morsel; **~ espiritual** food for the mind spiritual sustenance
[2] (*Cono Sur*) (= *leche condensada*) heated condensed milk ► **manjar blanco** blancmange ► **manjar dulce** (*Andes*) fudge
[3] (*CAm, Méx*) suit

**mano**[1]

| [A] SUSTANTIVO FEMENINO | [B] SUSTANTIVO MASCULINO |
|---|---|

Ⓐ SUSTANTIVO FEMENINO

*Para las expresiones* ***manos arriba, al alcance de la mano, frotarse las manos****, ver la otra entrada.*

[1] [*Anat*] hand; **lo hice con mis propias ~s** I made it with my own hands, I made it myself; **el asesino salió con las ~s en alto** the murderer came out with his hands up *o* with his hands in the air; **votar a ~ alzada** to vote by a show of hands; **dar la ~ a algn** (*para saludar*) to shake hands with sb; (*para andar, apoyarse*) to take sb by the hand; **darse la ~** *o* **las ~s** to shake hands; **recibir algo de ~s de algn** to receive sth from sb; **los dos iban de la ~** the two were walking hand-in-hand, the two were walking along holding hands; **llevar a algn de la ~** to lead sb by the hand; **¡~s a la obra!** (*como orden*) to work!; (*para darse ánimo*) let's get on with it!, (let's) get down to work; **¡las ~s quietas!** hands off!, keep your hands to yourself!; **¡venga esa ~!** shake!, put it there!

♦ **a mano** (= *sin máquina*) by hand; (= *cerca*) handy, at hand; (= *asequible*) handy, to hand; **cosió los pantalones a ~** she sewed the trousers by hand, she hand-sewed the trousers; **escribir a ~** to write in longhand, write out (by hand); **escrito a ~** handwritten; **bordado a ~** hand-embroidered; **hecho a ~** handmade; **¿tienes un bolígrafo a ~?** have you got a pen handy *o* to hand?; **la tienda**

**me queda** *o* **me pilla* muy a ~** the shop is very handy for me, the shop is very close *o* nearby

◆ **en mano: a entregar en ~** to deliver by hand; **se presentó en el ayuntamiento pistola en ~** he turned up at the town hall with a gun in his hand; **carta en ~** letter delivered by hand; **"piso disponible, llave en mano"** (*para alquilar*) "flat available for immediate occupancy"; (*para comprar*) "flat available for immediate possession"; *ver tb* **estrechar A3**, **levantar A1.2**, **robo 1**

2 ✦*MODISMOS* **abrir la ~** to open up, loosen up; (= *dejarse*) to let one's standards slip; **a ~ airada** violently; **bajo ~** (= *secretamente*) in secret, on the quiet; **cargar la ~** (= *exagerar*) to overdo it; (= *cobrar demasiado*) to overcharge; (= *exigir*) to press too hard, be too exacting; **en ese colegio le cargan la ~** they ask too much of her *o* put too much pressure on her at that school; **no cargues la ~ con las especias** don't put too much spice in; **coger a algn con las ~s en la masa** to catch sb red-handed; **dar de ~** to knock off*, stop working; **le das la ~ y se toma el codo** give him an inch and he'll take a mile; **dar una ~ a algn** (*LAm*) to lend *o* give sb a hand; **de ~s a boca** unexpectedly, suddenly; **estar con una ~ adelante y otra atrás** to be broke*; **estar ~ sobre ~** to be idle, be out of work; **echar ~ a** to lay hands on; **echar ~ de** to make use of, resort to; **echar una ~ a algn** to lend *o* give sb a hand; **ganar a algn por la ~** to beat sb to it; **llegar a las ~s** to come to blows; **a ~s llenas** lavishly, generously; **~ a ~**: **se bebieron la botella ~ a ~** they drank the bottle between (the two of) them; **meter ~ a algn*** to touch sb up*; **meter ~ a algo**: **hay que meterle ~ a la corrupción** we have to deal with *o* tackle corruption; **tengo que meterle ~ a las matemáticas** I need to get stuck into my maths*; **pasar la ~ a algn** (= *ser permisivo*) to be lenient with sb; (*LAm*) (= *adular*) to flatter sb, suck up to sb*; **ponerle a algn la ~ encima**: **¡como me pongas la ~ encima ...!** if you lay one finger on me ...!; **poner la ~ en el fuego**: **yo no pondría la ~ en el fuego por Juan** I wouldn't risk my neck for Juan, I wouldn't put myself on the line for Juan; **yo pondría la ~ en el fuego por su inocencia** I'd stake my life on his being innocent; **¡qué ~!** (*Ven*) not likely!; **sentar la ~ a algn** (= *pegar*) to beat sb; **tener las ~s largas** (= *ser propenso a robar*) to be light-fingered; (= *ser propenso a pegar*) to be apt to hit out; **tener las ~s libres** to have full *o* free rein, be given full *o* free rein, be free (to do sth); **traerse algo entre ~s**: **¿qué os traéis entre ~s?** what are you up to?; **se trae entre ~s varios asuntos a la vez** he's dealing with several matters at once; **untar la ~ a algn** to grease sb's palm; **con las ~s vacías** empty-handed; **se fue de las negociaciones con las ~s vacías** he left the negotiations empty-handed; **vivir de la ~ a la boca** to live from hand to mouth ► **mano derecha** right-hand man; **Pedro es mi ~ derecha** Pedro is my right-hand man ► **mano de santo** sure remedy; **fue ~ de santo** it came just right, it was just what the doctor ordered ► **mano dura** harsh treatment; (*Pol*) firm hand ► **manos de mantequilla** butterfingers

3 = *posesión* hand; **cambiar de ~s** to change hands; **la casa ha cambiado varias veces de ~** the house has changed hands several times, the house has had several owners; **de primera ~** (at) first-hand; **conocemos la noticia de primera ~** we got the news first-hand; **se ha comprado un coche de primera ~** he has bought a (brand) new car; **de segunda ~** second-hand; **ropa de segunda ~** second-hand *o* used clothes

4 = *control* **está en tus ~s** it's up to you; **ha hecho cuanto ha estado en su ~** he has done all *o* everything in his power; **de buena ~** on good authority; **en buenas ~s** in good hands

◆ **a manos de** at the hands of; **murió a ~s de los mafiosos** he died at the hands of the mafia; **la carta nunca llegó a ~s del jefe** the letter never reached the boss, the letter never came into the hands of the boss

◆ **en manos de** in the hands of; **hemos puesto el asunto en ~s del abogado** we have placed the matter in the hands of our lawyer; **me pongo en tus ~s** I place myself entirely in your hands; **el armamento cayó en ~s de los traficantes** the weapons fell into the hands of arms dealers; ✦*MODISMOS* **írsele a algn la ~ con algo**: **se te ha ido la ~ con la sal** you overdid it with the salt; **írsele algo de las ~s a algn**: **el asunto se le fue de las ~s** he lost all control of the affair; **dejado de la ~ de Dios** godforsaken; **tomarse la justicia por su ~** to take the law into one's own hands

5 = *habilidad* **¡qué ~s tiene!** he's so clever with his hands!; **tener buena ~**: **tiene buena ~ para aparcar** she's good at parking; **tener buena ~ para la cocina** to be a good cook; **tiene buena ~ con los niños** she's good with children; **tener (buena) ~ para las plantas** to have green fingers; **tener mala ~** to be clumsy, be awkward ► **mano izquierda**: **tiene ~ izquierda con los animales** he's got a way with animals

6 = *lado* side; **a ~ derecha** on the right-hand side; **a ~ izquierda** on the left-hand side

7 = *trabajadores* **manos** hands, workers; **contratar ~s** to sign up *o* take on workers ► **mano de obra** labour, labor (*EEUU*), manpower ► **mano de obra directa** direct labour ► **mano de obra especializada** skilled labour

8 *Dep* handling, handball; **¡mano!** handball!

9 *Zool* [*de mono*] hand; [*de perro, gato, oso, león*] front paw; [*de caballo*] forefoot, front hoof; [*de ave*] foot; (= *trompa*) trunk ► **manos de cerdo** (*Culin*) pig's trotters

10 = *instrumento* [*de reloj*] hand ► **mano de almirez**, **mano de mortero** pestle

11 = *capa* [*de pintura*] coat; [*de jabón*] wash, soaping; **dar una ~ de jabón a la ropa** to give the clothes a wash *o* soaping

12 *Juegos, Naipes* (= *partida*) round, game; (= *conjunto de cartas*) hand; **echar una ~ de mus** to have a game *o* round of mus; **ser** *o* **tener la ~** to lead; **soy ~** it's my lead

13 = *lote* lot, series; (*Andes, CAm, Cono Sur, Méx*) *group of things of the same kind*; (*LAm*) [*de plátanos*] bunch, hand; **le dio una ~ de bofetadas** he punched him several times; **una ~ de papel** a quire of paper (*24 or 25 sheets*)

14 *Mús* scale

15 *LAm* = *desgracia* misfortune, mishap; (= *suceso imprevisto*) unexpected event

16 *LAm* = *suerte* **¡qué ~!** what a stroke of luck!

17 *LAm Aut* direction ► **mano única** one-way street

Ⓑ SUSTANTIVO MASCULINO

► **mano a mano**: **hubo un ~ a ~ entre los dos políticos en el parlamento** the two politicians slogged it out between them in parliament; **la corrida será un ~ a ~ entre los dos toreros** the bullfight will be a two-way contest with the two bullfighters

**mano²** SM (*Méx*) (*en conversación*) mate*, pal*

**manoizquierdoso** ADJ (= *astuto*) knowing, cunning; (= *sofisticado*) sophisticated

**manojo** SM 1 (= *conjunto*) handful, bunch; **un ~ de llaves** a bunch of keys; **un ~ de hierba** a tuft of grass; **un ~ de pillos** a bunch of rogues; ✦*MODISMO* **estar hecho** *o* **ser un ~ de nervios** to be a bundle *o* bag of nerves
2 (*Caribe*) bundle of raw tobacco (*about 2lbs*)

**manola‡** SF 1 (= *jeringuilla*) needle, syringe
2 (†) *Madrid woman of the people, characterized by flamboyant zarzuela-type costume*

**manoletina** SF (*Taur*) *a kind of pass with the cape*

**Manolo** SM (*forma familiar*) *de* **Manuel**

**manolo** SM toff*; (*esp Madrid*) *Madrid man of the people, characterized by flamboyant zarzuela-type costume*

**manómetro** SM pressure gauge, manometer (*frm*)

**manopla** SF 1 (= *guante*) (*gen*) mitten; [*de cocina*] oven glove; [*de baño*] bath mitt
2 (*Hist, Téc*) gauntlet
3 (*LAm*) (= *puño de hierro*) knuckle-duster
4 (*Cono Sur*) (= *llave inglesa*) spanner

**manoseado** ADJ [*libro*] well-thumbed; [*tema*] hackneyed, well-worn

**manosear** ▸conjug 1a◂ VT 1 [+ *objeto*] (= *tocar*) to handle, paw*; (= *desordenar*) to rumple; (= *jugar con*) to fiddle with, mess about with
2 (*LAm*) [+ *persona*] to touch up*, grope*
3 [+ *tema*] to overwork, repeat

**manoseo** SM 1 [*de objetos*] (*gen*) handling, pawing*; (*desordenando*) rumpling
2 (*LAm*) [*de persona*] touching up*, groping*
3 [*de tema*] overworking, repetition

**manotada** SF 1 (= *golpe*) slap, smack
2 (*LAm*) (= *puñado*) handful, fistful

**manotazo** SM slap, smack; **dar un ~ a algn** to give sb a slap, slap sb; **le partió el labio de un ~** she split his lip with a smack in the mouth; **se lo quité de un ~** I swiped it off him

**manoteador** SM (*Cono Sur, Méx*) 1 (= *ladrón*) (*gen*) thief; [*de bolsos*] bag-snatcher
2 (= *estafador*) fiddler*
3 (= *aspaventero*) gesticulator

**manotear** ▸conjug 1a◂ Ⓐ VT (= *dar palmadas*) to slap, smack
Ⓑ VI 1 (= *gesticular*) to gesticulate
2 (*Cono Sur, Méx**) (= *arrancar*) to bag-snatch; (= *robar*) to steal

**manoteo** SM 1 (= *gestos*) gesticulation
2 (*Cono Sur, Méx**) (= *robo*) theft, robbery; (= *estafa*) fiddling*

**manque*** CONJ (*esp LAm*) = **aunque**

**manquear** ▸conjug 1a◂ VI 1 (= *estar lisiado*) to

be maimed, be crippled
2 (= *fingir*) to pretend to be crippled
3 (*Cono Sur, Méx*) (= *cojear*) to limp

**manquedad** SF, **manquera** SF 1 (= *incapacidad*) disablement
2 (= *defecto*) defect

**mansalino** ADJ (*Cono Sur*) (= *enorme*) huge; (= *extraordinario*) extraordinary; (= *excelente*) excellent

**mansalva** SF **a ~** (= *mucho*) in abundance; (= *a gran escala*) on a large scale; (= *sin riesgo*) without risk; **gastan dinero a ~** they spend money as if there were no tomorrow; **ese profesor suspende a ~** that teacher fails pupils left, right and centre; **le dispararon a ~** they shot him before he could defend himself; **estar a ~ de algo** to be safe from sth

**mansamente** ADV gently, meekly

**mansarda** SF (*esp LAm*) attic

**mansedumbre** SF 1 [*de persona*] gentleness, meekness
2 [*de animal*] tameness

**mansión** SF mansion

**manso** Ⓐ ADJ 1 [*persona*] meek, gentle
2 [*animal*] tame
3 (*Chile**) (= *tremendo*) huge, tremendous
Ⓑ SM (*Esp***) mattress

**manta**[1] SF 1 (*para taparse*) blanket; ✦*MODISMOS* **a ~**: **repartieron vino y comida a ~** they handed out food and wine in abundance; **llovía a ~** it was raining buckets; **la policía dio palos a ~** the police didn't hold back with their truncheons; **liarse la ~ a la cabeza** to take the plunge; **tirar de la ~** to let the cat out of the bag, give the game away ► **manta de viaje** travelling rug, traveling rug (*EEUU*) ► **manta eléctrica** electric blanket ► **manta ignífuga** fire blanket
2 (*LAm*) (= *calicó*) *coarse cotton cloth*; (= *poncho*) poncho
3 (*) (= *paliza*) hiding; **les dieron una buena ~ de palos** they gave them a good hiding *o* beating with a stick
4 (*Zool*) manta ray

**manta**[2]* Ⓐ ADJ bone-idle
Ⓑ SMF idler, slacker
Ⓒ SF idleness

**mantadril** SM (*CAm*) denim

**mantarraya** SF (*LAm*) manta ray

**mantear** ▸conjug 1a◂ VT 1 (= *lanzar*) to toss in a blanket
2 (*Caribe*) (= *maltratar*) to ill-treat, abuse
3 (*Caribe*) (= *golpear*) to beat up

**manteca** SF 1 (= *grasa*) fat, animal fat ► **manteca de cerdo** lard
2 (*esp Cono Sur*) (= *mantequilla*) butter ► **manteca de cacahuete** peanut butter ► **manteca de cacao** cocoa butter ► **manteca de vaca** butter ► **manteca vegetal** vegetable fat
3 (**) (= *dinero*) dough**, dosh**; (= *géneros*) goods *pl*
4 (*LAm***) (= *marihuana*) pot*, grass*
5 (*Andes*) (= *criada*) servant girl

**mantecada** SF small cake, iced bun

**mantecado** SM *Christmas sweet made from flour, almonds and lard*

**mantecón*** SM milksop, mollycoddle

**mantecoso** ADJ (= *grasiento*) greasy; (= *cremoso*) creamy, buttery; **queso ~** soft cheese

➤ LENGUA Y USO: **mantener A6** 53.5

**mantel** SM (*para comer*) tablecloth; (*Rel*) altar cloth; **una cena de ~ largo** (*Cono Sur**) a formal dinner; **levantar los ~es** to clear the table; **poner los ~es** to lay the table ► **mantel individual** place mat

**mantelería** SF table linen; **una ~ blanca** a set of white table linen

**mantelillo** SM table runner

**mantelito** SM doily

**mantención** SF (*LAm*) = **manutención**

**mantenedor(a)** SM/F (*Esp*) [*de certamen*] chairman/chairwoman, chairperson, president ► **mantenedor(a) de la familia** breadwinner

▼**mantener** ▸conjug 2k◂ Ⓐ VT 1 (= *sostener*) (*gen*) to hold; [+ *puente, techo*] to support; **mantén la caja un momento** hold the box a minute; **los pilares que mantienen el puente** the pillars which support the bridge
2 (= *preservar*) 2·1 (*en un lugar*) to store, keep; **"una vez abierto manténgase refrigerado"** "once opened keep in a refrigerator"; **"manténgase en un lugar fresco y seco"** "store in a cool dry place"
2·2 (*en un estado o situación*) to keep; **la ilusión es lo único que lo mantiene vivo** hope is the only thing that keeps him alive *o* going; **hay que ~ actualizada la base de datos** we have to keep the database up to date; **para ~ el motor en buen estado** to keep the engine in good condition; **"mantenga limpia su ciudad"** keep your city clean; **"manténgase fuera del alcance de los niños"** "keep out of the reach of children"; **~ algo caliente** to keep sth hot; **~ algo en equilibrio** to balance sth, keep sth balanced; **~ algo en secreto** to keep sth a secret; **mantuvo en secreto que tenía dos hijos** she kept her two children a secret; *ver tb* **raya**[1] **1**
3 (= *conservar*) [+ *opinión*] to maintain, hold; [+ *costumbre, ideales*] to keep up, maintain; [+ *disciplina*] to maintain, keep; [+ *promesa*] to keep; **un alto porcentaje mantenía su opinión sobre la crisis** a high percentage maintained *o* held their opinion about the crisis; **me marcho manteniendo mi opinión** I'm leaving, but I stand by my opinion; **una civilización que lucha por ~ sus tradiciones** a civilization struggling to uphold *o* maintain its traditions; **eran partidarios de ~ el antiguo orden social** they were in favour of preserving the old social order; **~ el orden público** to keep the peace; **al conducir hay que ~ la distancia de seguridad** you have to keep (at) a safe distance when driving; **~ el equilibrio** to keep one's balance; **le cuesta ~ el equilibrio** he finds it difficult to keep his balance; **hemos conseguido ~ el equilibrio entre ingresos y gastos** we have managed to maintain a balance between income and expenditure; **~ el fuego** to keep the fire going; **~ la línea** to keep one's figure, keep in shape; **~ la paz** to keep the peace, maintain peace; ✦*MODISMO* **mantenella y no emendalla** (*Esp*) to stand one's ground; *ver tb* **calma 1, distancia 1**
4 (*económicamente*) to support, maintain; **ahora tiene una familia que ~** now he has a family to support *o* maintain; **ya no pienso ~la más** I refuse to keep *o* support *o* maintain her any longer
5 [+ *conversación, contacto*] to maintain, hold; **es incapaz de ~ una conversación coherente** he is incapable of maintaining *o* holding a coherent conversation; **en las conversaciones que hemos mantenido con el presidente** in the talks we have held with the president; **¿han mantenido ustedes relaciones sexuales?** have you had sexual relations?; *ver tb* **correspondencia 2**
6 (= *afirmar*) to maintain; **siempre he mantenido lo contrario** I've always maintained the opposite
Ⓑ **mantenerse** VPR 1 (= *sostenerse*) to be supported; **el techo se mantiene con cuatro columnas** the roof is supported by four columns; **~se en pie** [*persona*] to stand up, stay on one's feet; [*edificio*] to be still standing; **la iglesia es lo único que se mantiene en pie** only the church is still standing
2 (*en un estado o situación*) to stay, remain; **se mantenía despierto a base de pastillas** he stayed *o* remained awake by taking pills; **el precio del petróleo se mantendrá estable** the price of oil will remain stable; **el motor se mantiene en perfectas condiciones** the engine is still in perfect condition; **"manténgase a su derecha"** (*Aut*) "keep right", "keep to the right"; **~se en contacto** to keep in touch (**con** with); **¿os seguís manteniendo en contacto?** do you still keep in touch?; **se mantenía en contacto telefónico permanente con su familia** he maintained permanent telephone contact with his family; **~se al día en algo** to keep up to date with sth; **~se en forma** to keep fit, keep in shape; **~se en su puesto** keep *o* retain one's post; **~se en vigor** [*costumbre*] to remain in existence; [*ley*] to remain in force; ✦*MODISMO* **~se en su sitio** *o* **en sus trece*** to stand one's ground, stick to one's guns; *ver tb* **firme A3, flote**
3 (*económicamente*) to support o.s.
4 (= *alimentarse*) **~se a base de algo** to live on sth; **se mantiene a base de verduras** he lives on vegetables

**mantenibilidad** SF ease of maintenance

**mantenido/a** Ⓐ ADJ 1 [*esfuerzo, tensión*] constant
2 [*persona*] kept
Ⓑ SM/F (= *amante*) kept man/kept woman
Ⓒ SM (*CAm, Méx**) (= *proxeneta*) pimp; (= *aprovechado*) sponger*, parasite

**mantenimiento** SM 1 (= *continuación*) maintenance; **el ~ de la paz** the maintenance of peace; **el ~ de las tradiciones** the upholding of traditions; **tras el ~ de las conversaciones de paz** after maintaining *o* holding peace talks
2 (= *conservación*) (*Mec, Téc*) maintenance; **el ~ de las carreteras** upkeep of the roads, road maintenance; **el coste del ~ de una familia** the upkeep of a family, the cost of running a family; **costes** *o* **gastos de ~** maintenance costs, upkeep; **servicio de ~** maintenance service
3 (*Dep*) keep-fit; **clase de ~** keep-fit class; **ejercicios** *o* **gimnasia de ~** keep-fit exercises

**manteo** SM [*de hombre*] long cloak; [*de mujer*] full skirt

**mantequera** SF 1 (*para batir*) churn
2 (*para servir*) butter dish

**mantequería** SF (*LAm*) (= *lechería*) dairy, creamery; (= *ultramarinos*) grocer's, grocer's shop

**mantequilla** SF butter; **pan con ~** bread and butter; **tostadas con ~** buttered toast; **manos de ~** butter fingers ► **mantequilla de cacahuete** peanut butter

**mantequillera** SF butter dish

**mantilla** SF 1 [*de mujer*] mantilla ► **mantilla de blonda**, **mantilla de encajes** lace mantilla
2 [*de bebé*] **mantillas** baby clothes; ✦**MODISMOS estar en ~s** [*persona*] to be very naive; [*proyecto, técnica*] to be in its infancy; **dejar a algn en ~s** to leave sb in the dark

**mantillo** SM humus, mould, mold (*EEUU*)

**mantillón** SM 1 (*CAm, Méx*) (= *manta*) horse-blanket
2 (*Méx**) (= *amante*) kept man/woman (*pey*); (= *parásito*) sponger

**mantis** SF INV ► **mantis religiosa** praying mantis

**manto** SM 1 (= *capa*) (*para abrigarse*) cloak; (*Rel, Jur*) robe, gown
2 (*Zool*) mantle
3 (*liter*) (= *velo*) **cuando la noche tiende su ~** when the world is cloaked in darkness; **un ~ de nieve cubría la colina** a blanket of snow covered the hill
4 (*Min*) layer, stratum
5 (*tb* **~ de chimenea**) mantel

**mantón** SM shawl ► **mantón de manila** embroidered shawl

**mantra** SM mantra

**mantudo** ADJ 1 [*ave*] with drooping wings
2 (*CAm*) (= *disfrazado*) masked, in disguise

**manuable** ADJ handy, easy to handle

**manual** Ⓐ ADJ 1 (= *de manos*) manual; **habilidad ~** manual dexterity; **tener habilidad ~** to be clever with one's hands; **trabajo ~** manual labour, manual labor (*EEUU*)
2 = **manuable**
Ⓑ SM manual, guide ► **manual de consulta** reference book, reference manual ► **manual de estilo** style book, style guide ► **manual de funcionamiento** operating manual ► **manual de instrucciones** instruction manual ► **manual del usuario** user's manual ► **manual de mantenimiento** service manual, maintenance manual ► **manual de operación** instructions manual ► **manual de reparaciones** repair manual ► **manual sexual** sex manual

**manualidades** SFPL handicrafts, craftwork *sing*; **hacer ~** to do craftwork; **talleres de ~** craft workshops

**manualmente** ADV manually, by hand

**manubrio** SM 1 (*Mec*) (= *manivela*) handle, crank; (= *torno*) winch
2 (*Mús*) barrel organ
3 (*LAm*) [*de bicicleta*] handlebar, handlebars *pl*
4 (*Par Aut*) steering wheel

**manudo** ADJ (*LAm*) with big hands

**Manuel** SM Emmanuel

**manuelita** SF (*Caribe*) rolled pancake

**manufactura** SF 1 (= *fabricación*) manufacture
2 (= *producto*) product
3 (= *fábrica*) factory

**manufacturado** ADJ manufactured

**manufacturar** ▸conjug 1a◂ VT to manufacture

**manufacturero/a** Ⓐ ADJ manufacturing
Ⓑ SM/F (*esp LAm*) manufacturer, manufacturing company

**manumitir** ▸conjug 3a◂ VT to manumit

**manú(s)*** SM (*Esp*) bloke*

**manuscrito** Ⓐ ADJ handwritten
Ⓑ SM manuscript ► **manuscritos del Mar Muerto** Dead Sea scrolls

**manutención** SF 1 [*de una familia*] maintenance, upkeep; **le pasa la ~ para sus hijos** he pays for their children's maintenance *o* upkeep; **gastos de ~** maintenance costs, upkeep
2 (*Mec, Téc*) maintenance

**manyar*** ▸conjug 1a◂ VT, VI (*Caribe, Cono Sur*) to eat

**manzana** SF 1 (= *fruta*) apple; **~ ácida** cooking apple; **~ de mesa** eating apple; **~ de sidra** cider apple; **~ silvestre** wild apple, crabapple; **tarta de ~** apple tart; ✦**MODISMO ~ de la discordia** bone of contention
2 ► **manzana de Adán** (*esp LAm Anat*) Adam's apple
3 [*de casas*] block (of houses)
4 (= *medida*) (*CAm*) *land measure (= 1.75 acres)*; (*Cono Sur*) *land measure (= 2.5 acres)*

**manzanal** SM 1 (= *huerto*) apple orchard
2 (= *manzano*) apple tree

**manzanar** SM apple orchard

**manzanilla** SF 1 (*Bot*) (= *flor*) camomile; (= *infusión*) camomile tea
2 (= *jerez*) manzanilla sherry
3 (= *aceituna*) *a variety of small olive*

**manzano** SM apple tree

**maña** SF 1 (= *habilidad*) skill; **tiene mucha ~ para hacer arreglos caseros** he's a dab hand at mending things around the house
2 (= *ardid*) trick; **con ~** craftily, slyly; **malas ~s** (*gen*) bad habits; [*de niño*] naughty ways

**mañana** Ⓐ ADV tomorrow; **~ por la ~** tomorrow morning; **~ por la noche** tomorrow night; **¡hasta ~!** see you tomorrow!; **pasado ~** the day after tomorrow; **~ temprano** early tomorrow; **~ será otro día** tomorrow's another day
Ⓑ SM future; **el ~ es incierto** the future is uncertain, tomorrow is uncertain; **el día de ~** in the future
Ⓒ SF morning; **la ~ siguiente** the following morning; **a las siete de la ~** at seven o'clock in the morning, at seven a.m.; **de** *o* **por la ~** in the morning; **muy de ~** very early in the morning; **en la ~ de ayer** yesterday morning; **en la ~ de hoy** this morning; **de la noche a la ~** overnight

**mañanero/a** Ⓐ ADJ 1 (= *madrugador*) **ser ~** to be an early riser
2 (= *matutino*) morning *antes de s*
Ⓑ SM/F early riser

**mañanita** SF 1 (= *mañana*) early morning; **de ~** very early in the morning, at the crack of dawn
2 (= *chal*) bed jacket
3 **mañanitas** (*Méx*) (= *canción*) serenade *sing*

**mañear** ▸conjug 1a◂ Ⓐ VT to manage cleverly, contrive skilfully
Ⓑ VI 1 (*con ingenio*) to act shrewdly, go about things cunningly
2 (*con picardía*) to get up to one's tricks

**mañero** ADJ 1 = **mañoso 1**
2 (*Cono Sur*) [*animal*] (= *fiero*) vicious; (= *obstinado*) obstinate; (= *asustadizo*) nervous, skittish

**maño/a** ADJ, SM/F Aragonese

**mañosamente** ADV 1 (= *ingeniosamente*) cleverly, ingeniously, skilfully, skillfully (*EEUU*)
2 (= *con picardía*) craftily, cunningly

**mañosear** ▸conjug 1a◂ VI (*Andes, Cono Sur*) [*niño*] to be difficult (*esp about food*)

**mañoso/a** Ⓐ ADJ 1 [*persona*] (= *hábil*) clever, ingenious; (= *astuto*) crafty, cunning
2 (*Andes*) (= *perezoso*) lazy
3 (*LAm*) [*animal*] (= *violento*) vicious; (= *terco*) obstinate; (= *tímido*) shy, nervous; (*Andes, Cono Sur, Méx*) difficult (*esp about food*)
Ⓑ SM/F (*CAm*) (= *ladrón*) thief

**maoísmo** SM Maoism

**maoísta** ADJ, SMF Maoist

**Mao Zedong** SM Mao Tse-tung

**MAPA** SM ABR (= **Ministerio de Agricultura, Pesca y Alimentación**) ≈ MAFF, ≈ USDA (*EEUU*)

**mapa** SM map; **el ~ político** (= *escena*) the political scene; (= *abanico*) the political spectrum ✦**MODISMO desaparecer del ~** to vanish off the face of the earth ► **mapa de carreteras** road map ► **mapa del tiempo** weather map ► **mapa en relieve** relief map ► **mapa geológico** geological map ► **mapa hipsométrico** contour map ► **mapa meteorológico** weather map ► **mapa mural** wall map

**mapache** SM racoon, raccoon

**mapamundi** SM 1 (= *mapa*) world map
2 (*) (= *trasero*) bottom

**mapeado** SM mapping

**mapeango** ADJ (*Caribe, Méx*), **mapiango** ADJ (*Caribe, Méx*) useless, incompetent

**mapear** ▸conjug 1a◂ VT to map

**mapuche** (*a veces en fem* **mapucha**) (*esp Chile*)
Ⓐ ADJ Mapuche, Araucanian
Ⓑ SMF Mapuche (Indian), Araucanian (Indian); → ARAUCANO
Ⓒ SM (*Ling*) Mapuche, Araucanian

**mapurito** SM (*CAm*) skunk

**maque** SM lacquer

**maquear** ▸conjug 1a◂ Ⓐ VT to lacquer
Ⓑ **maquearse** VPR (*) to get ready (to go out), get dressed up; **ir (bien) maqueado** to be all dressed up

**maqueta** SF 1 (= *modelo*) model, scale model, mock-up
2 (= *libro*) dummy, fake (*EEUU*)
3 (*Mús*) demo, demo tape

**maquetación** SF layout, design

**maquetar** ▸conjug 1a◂ VT, **maquetear** ▸conjug 1a◂ VT to lay out, design

**maquetista** SMF (*Arquit*) model maker; (*Tip*) typesetter

**maqueto** SM (*pey*) immigrant worker (*in the Basque Country*)

**maquiavélico** ADJ Machiavellian

**Maquiavelo** SM Machiavelli

**maquiladora** SF (*Méx Com*) bonded assembly plant

**maquilar** ▸conjug 1a◂ VT (*Méx*) to assemble

**maquillador(a)** SM/F (*Teat*) make-up artist

**maquillaje** SM 1 (= *pintura*) make-up; (= *acto*) making up ► **maquillaje base**, **maquillaje de fondo** foundation
2 (*) [*de cuentas*] massaging*

**maquillar** ▸conjug 1a◂ Ⓐ VT 1 (= *persona*) to make up
2 (*) [+ *cifras, cuentas*] to massage*
Ⓑ **maquillarse** VPR to make o.s. up

**máquina** SF [1] (= *aparato*) (*gen*) machine; **a toda ~** at full speed; **coser algo a ~** to machine-sew sth; **entrar en ~** to go to press; **escribir a ~** to type; **escrito a ~** typed, typewritten; **hecho a ~** machine-made; **pasar algo a ~** to type sth (up); ✦***MODISMO*** **forzar la ~** (= *ir deprisa*) to go full steam ahead; (= *abusar de las posibilidades*) to pull out all the stops ► **máquina copiadora** copier, copying machine ► **máquina cosechadora** combine harvester, combine ► **máquina de afeitar** razor, safety razor ► **máquina de afeitar eléctrica** electric razor, shaver ► **máquina de azar** fruit machine ► **máquina de bolas*** pinball machine ► **máquina de calcular** calculator ► **máquina de contabilidad** adding machine ► **máquina de coser** sewing machine ► **máquina de discos** jukebox ► **máquina de escribir** typewriter ► **máquina de franquear** franking machine ► **máquina de hacer punto** knitting machine ► **máquina de lavar** washing machine ► **máquina de sumar** adding machine ► **máquina de tabaco*** cigarette machine ► **máquina de tejer, máquina de tricotar** knitting machine ► **máquina de vapor** steam engine ► **máquina excavadora** mechanical digger, steam shovel (*EEUU*) ► **máquina expendedora** vending machine ► **máquina fotográfica** camera ► **máquina franqueadora** franking machine ► **máquina herramienta** machine tool ► **máquina ordeñadora** milking machine ► **máquina picadora** mincer ► **máquina quitanieves** snowplough, snowplow (*EEUU*) ► **máquina registradora** (*LAm*) cash register ► **máquina tejedora** knitting machine ► **máquina tragaperras** fruit machine, one-armed bandit; (*Com*) vending machine
[2] (*Transportes*) [*de tren*] engine, locomotive; (*) (= *moto*) motorbike; (*CAm, Cuba*) (= *coche*) car; (= *taxi*) taxi
[3] (*Fot*) camera
[4] (*Pol*) machine ► **máquina electoral** electoral machine
[5] (= *maquinaria*) machinery, workings *pl*; (= *plan*) scheme of things

**maquinación** SF machination, plot

**maquinador(a)** SM/F schemer, plotter

**maquinal** ADJ mechanical

**maquinalmente** ADV mechanically

**maquinar** ▸conjug 1a◂ VT, VI to plot

**maquinaria** SF [1] (= *conjunto de máquinas*) machinery ► **maquinaria agrícola** agricultural machinery, farm implements *pl* ► **maquinaria pesada** heavy plant
[2] (= *mecanismo*) mechanism; **la ~ de un reloj** the mechanism of a watch
[3] (*Pol*) machine; **la ~ electoral** the campaign machine; **la ~ propagandística** the propaganda machine

**maquinilla** SF (= *máquina*) small machine; (= *torno*) winch; (*para el pelo*) clippers *pl*; **~ para liar cigarrillos** cigarette(-rolling) machine ► **maquinilla de afeitar** razor, safety razor ► **maquinilla eléctrica** electric razor, shaver

**maquinista** SMF [1] (*Ferro*) engine driver, engineer (*EEUU*); (*Náut*) engineer
[2] (*Téc*) operator, machinist
[3] (*Teat*) scene-shifter; (*Cine*) cameraman's assistant

**maquis** SM INV (= *movimiento*) resistance movement, maquis; (= *persona*) member of the resistance, maquis

**mar**[1] SM (*a veces* SF) [1] (*Geog*) sea; **el fondo del ~** the bottom of the sea, the seabed; **una casa al lado del ~** a house by the sea *o* on the coast; **el avión cayó en el ~** the plane came down in the sea; **el** *o* **la ~ estaba en calma** the sea was calm; **iban navegando en ~ abierto** they were sailing on the open sea; **~ adentro** [*ir, llevar*] out to sea; [*estar*] out at sea; **en alta ~** on the high seas; **un buque de alta ~** an ocean-going vessel; **pesca de alta ~** deep-sea fishing; **~ arbolada** heavy sea; **caer(se) al ~** (*desde tierra*) to fall into the sea; (*desde un barco*) to fall overboard; **echarse a la ~** to set sail; **~ de fondo** (*lit*) groundswell; (*fig*) underlying tension; **~ gruesa** heavy sea; **hacerse a la ~** (*liter*) [*barco*] to set sail, put to sea (*frm*); [*marinero*] to set sail; **~ picada** choppy sea; **por ~** by sea, by boat; **toda la mercancía llegará por ~** all the goods will arrive by sea *o* by boat; **~ rizada** rough sea; **los siete ~es** the seven seas; ✦***MODISMOS*** **arar en el ~** to labour in vain; **eso es hablar de la ~** that's just wishful thinking, that's just pie in the sky*; **me cago en la ~ (salada)** (*Esp*‡) shit!‡; **mecachis en la ~** (*Esp euf*) sugar!; ✦***REFRÁN*** **quien no se arriesga no pasa la ~** nothing ventured, nothing gained ► **mar Adriático** Adriatic Sea ► **mar Báltico** Baltic Sea ► **mar Cantábrico** Cantabrian Sea (*Bay of Biscay*) ► **mar Caribe** Caribbean Sea ► **mar Caspio** Caspian Sea ► **mar de arena** (*poét*) sand dunes *pl*, desert wastes *pl* (*poét*) ► **mar de las Antillas** Caribbean Sea ► **mar del Norte** North Sea ► **mar Egeo** Aegean Sea ► **mar interior** inland sea ► **mar Jónico** Ionian Sea ► **mar Mediterráneo** Mediterranean Sea ► **mar Muerto** Dead Sea ► **mar Negro** Black Sea ► **mar Rojo** Red Sea ► **mar Tirreno** Tyrrhenian Sea; *ver tb* **brazo 4, golpe 11**
[2] (= *marea*) tide; **hay demasiada ~ para salir de pesca** the tide is too high to go fishing ► **mar llena** high tide
[3] (= *abundancia*) [3·1] **un ~ de diferencia** a world of difference; **hay un ~ de diferencia entre las dos expresiones** there is a world of difference between the two expressions; **existe un ~ de diferencia entre nosotros** we're poles apart; **estar hecho un ~ de dudas** to be full of doubt, be beset with doubts (*frm*); **estar hecho un ~ de lágrimas** to be in floods of tears; **se fue hecha un ~ de lágrimas** she left in floods of tears
[3·2] **a ~es**: **estaba llorando a ~es** she was crying her eyes out; **estaba sudando a ~es** he was sweating buckets*; **estuvo lloviendo a ~es todo el camino** it was raining cats and dogs *o* it was pouring (down) the whole way; **el vino corría a ~es en la fiesta** wine flowed like water at the party
[3·3] ✦***MODISMO*** **la ~ de***: **tengo la ~ de cosas que hacer** I've got no end of things to do; **hace la ~ de tiempo que no la veo** I haven't seen her for ages; **es la ~ de guapa** she's ever so pretty; **estoy la ~ de contento** I'm ever so happy, I'm over the moon*; **lo hemos pasado la ~ de bien** we had a whale of a time* *o* a great time; **en Lisboa vivimos la ~ de bien** we live ever so well in Lisbon, we love living in Lisbon; **ese traje te queda la ~ de bien** that suit looks wonderful on you

**mar**[2] SF (*euf*) *de* **madre** *in obscene expressions*

**mar**[3] EXCL (*Mil*) march!

**mar.** ABR (= **marzo**) Mar

**mara*** SF crowd, gang*

**marabunta** SF [1] [*de hormigas*] plague
[2] (= *multitud*) crowd
[3] (= *daños*) havoc, ravages *pl*

**maraca** SF [1] (*Mús*) maraca
[2] (*Cono Sur*) (= *prostituta*) whore
[3] (*Andes, Caribe*) (= *inútil*) dead loss*

**maraco*** SM (*Caribe*) youngest child, baby of the family

**maracucho/a** Ⓐ ADJ of/from Maracaibo
Ⓑ SM/F native/inhabitant of Maracaibo; **los ~s** the people of Maracaibo

**maracuyá** SM passion fruit

**marajá** SM = **maharajá**

**maraña** SF [1] (= *maleza*) thicket, tangle of plants
[2] [*de hilos*] tangle
[3] (= *enredo*) mess, tangle; **una ~ de pasillos** a maze *o* labyrinth of passages; **una ~ de burocracia** a bureaucratic maze *o* labyrinth; **una ~ de mentiras** a web of lies
[4] (*) (= *truco*) trick, ruse
[5] (*Andes*) small tip

**marañero/a** Ⓐ ADJ scheming
Ⓑ SM/F schemer

**marañón** SM (*Bot*) cashew

**maraquear** ▸conjug 1a◂ VT (*LAm*) to shake, rattle

**maraquero** SM (*Andes, Caribe*) maraca player

**marar**‡ ▸conjug 1a◂ VT [1] (= *matar*) to do in*
[2] (= *pegar*) to bash*, beat up*

**marasmo** SM [1] (*Med*) wasting, atrophy
[2] (= *estancamiento*) paralysis, stagnation; **hay que sacar al país del ~ económico en que está sumido** we have to pull the country out of its economic stagnation

**maratón** SM (*a veces* SF) marathon ► **maratón radiofónico** radiothon

**maratoniano/a** Ⓐ ADJ marathon *antes de s*
Ⓑ SM/F marathon runner

**maratonista** ADJ, SMF = **maratoniano**

**maravedí** SM (*pl* **maravedís** *o* **maravedises**) *old Spanish coin*

**maravilla** SF [1] (= *prodigio*) wonder; **las ~s de la tecnología** the wonders of technology; **¡qué ~ de tiempo tenemos!** what wonderful weather we're having!; **el concierto fue una ~** the concert was wonderful, it was a wonderful concert; **pinta que es una ~** she paints in the most wonderful way; **contar** *o* **hablar ~s de algn/algo** to rave about sb/sth; **hacer ~s** to work wonders; **una dieta que hace ~s con tu silueta** a diet that works wonders for your figure; **hace ~s con la flauta** she plays the flute like a dream; **las siete ~s del mundo** the seven wonders of the world; ✦***MODISMOS*** **a ~** (*Esp*) ◊ **a las mil ~s** ◊ **de ~** wonderfully, wonderfully well, marvellously; **el horno funciona a las mil ~s** the oven works wonderfully (well) *o* beautifully *o* marvellously; **representa a ~ ese tipo de poesía** he is a wonderful *o* marvellous exponent of that type of poetry; **siempre nos hemos llevado de ~** we've always got on like a house on fire* *o* wonderfully (well) *o* marvellously; **—¿cómo te va con el coche nuevo?**

—**¡de ~!** "how are you getting on with the new car?" — "really well!" *o* "great!*"; **este dinero me viene de ~** this money couldn't have come at a better time
[2] (= *asombro*) amazement; **para ~ de todos se puso a cantar** to the amazement of us all she burst into song
[3] (*Bot*) (= *caléndula*) marigold; (= *enredadera*) morning glory; (*Chile*) (= *girasol*) sunflower

**maravillar** ▸conjug 1a◂ Ⓐ VT to astonish, amaze; **su actuación maravilló a todo el mundo** his performance astonished *o* amazed everybody, everybody was astonished *o* amazed at his performance
Ⓑ **maravillarse** VPR **~se con** *o* **de algo** to be astonished *o* amazed at *o* by sth; **nos maravillamos con su increíble paciencia** we were astonished *o* amazed at *o* by his incredible patience, we marvelled at his incredible patience

**maravillosamente** ADV wonderfully, marvellously, marvelously (*EEUU*); **una figura ~ tallada** a wonderfully *o* marvellously carved figure; **ese vestido te sienta ~** you look wonderful *o* marvellous in that dress

**maravilloso** ADJ [1] (= *magnífico*) wonderful, marvellous, marvelous (*EEUU*); **tengo dos hijos ~s** I have two wonderful *o* marvellous children; **he tenido una maravillosa idea** I've had a wonderful *o* marvellous idea
[2] (= *mágico*) magic; **la lámpara maravillosa de Aladino** Aladdin's magic lamp

**marbellí** Ⓐ ADJ of/from Marbella
Ⓑ SMF native/inhabitant of Marbella; **los ~es** the people of Marbella

**marbete** SM [1] (= *etiqueta*) label, tag ► **marbete engomado** sticker
[2] (*Cos*) edge, border

**marca** SF [1] (= *señal*) mark; **dejó una ~ al principio del libro** he left a mark at the beginning of the book; **se te nota la ~ del bañador** I can see your tan line*, I can see the mark where your swimming costume was; **haz una ~ en la casilla correcta** tick the appropriate box; **la película lleva la ~ inconfundible de su director** the film bears all the hallmarks of its director; **sello de ~** hallmark ► **marca de agua** watermark ► **marca de la casa**: **un vino ~ de la casa** a house wine; **la mala educación parece ser la ~ de la casa** bad manners seem to be the norm here ► **marca de ley** hallmark ► **marca de nacimiento** birthmark ► **marca transparente** watermark
[2] (= *huella*) [*de pie*] footprint, footmark; [*de dedos*] fingerprint; **seguí las ~s que habían dejado sobre la arena** I followed the tracks they had left in the sand, I followed their footprints *o* footmarks in the sand
[3] (*Com*) [*de comida, jabón, tabaco*] brand; [*de electrodoméstico, coche*] make; [*de ropa*] label; **¿qué ~ de tabaco fumas?** what brand do you smoke?; **¿de qué ~ es tu televisor?** what make is your television?; **venden productos de su propia ~** they sell own-brand goods; **siempre va vestido de ~** he always wears fashion labels; **ropa de ~** designer-label clothes, designer-label clothing; ✦***MODISMO*** **de ~ mayor*** [*susto, borrachera*] incredible; **es un imbécil de ~ mayor** he's a total idiot* ► **marca de calidad** quality mark ► **marca de fábrica** trademark ► **marca registrada** registered trademark; *ver tb* **imagen 4**
[4] (*Dep*) [*de especialidad*] record; [*de deportista*] best time; **su mejor ~ personal** his personal best (time); **batir una ~** to break a record; **establecer una ~** to set a record; **acaba de establecer la mejor ~ de la temporada** he's just set the best time of the season; **mejorar** *o* **superar una ~** to break a record
[5] (*Náut*) (*en tierra*) seamark; (*en el mar*) marker, buoy
[6] (*Naipes*) bid
[7] (*en el ganado*) (= *señal*) brand; (= *acción*) branding
[8] (= *herramienta*) brand, iron
[9] (*Hist*) march, frontier area; **la Marca Hispánica** the Spanish March (*Catalonia*)

**marcable** ADJ (*Naipes*) biddable

**marcación** SF [1] (*Náut*) bearing
[2] (*Telec*) dialling, dialing (*EEUU*) ► **marcación automática** autodial, automatic dial

**marcadamente** ADV markedly

**marcado** Ⓐ ADJ marked; **con ~ acento argentino** with a marked Argentinian accent; **ese vestido le hacía las caderas muy marcadas** that dress accentuated her hips *o* made her hips stand out; **su visita tiene un ~ significado político** his visit has a strong political significance
Ⓑ SM [1] [*de pelo*] set
[2] [*de ganado*] branding

**marcador(a)** Ⓐ SM [1] (*Dep*) scoreboard; **el ~ va dos a uno** the score is 2-1; **dieron la vuelta al ~** they turned the match round; **abrir** *o* **inaugurar el ~** to open the scoring ► **marcador electrónico** electronic scoreboard; *ver tb* **igualar A1.2**
[2] (= *indicador*) (*gen*) marker; [*de libro*] bookmark ► **marcador de caminos** road sign
[3] (*LAm*) (= *rotulador*) marker
[4] (*Billar*) marker
[5] (*Telec*) dial
Ⓑ SM/F (*Esp*) scorer

**marcaje** SM [1] (*Dep*) marking; (= *entrada*) tackle, tackling ► **marcaje al hombre**, **marcaje personal** man-marking, one-to-one marking ► **marcaje por zonas**, **marcaje zonal** zonal *o* defence marking
[2] [*de criminal*] shadowing, following; **hacer ~ a algn** to shadow sb, tail sb

**marcapasos** SM INV pacemaker

**marcar** ▸conjug 1g◂ Ⓐ VT [1] (= *señalar*) [1·1] [+ *objeto, ropa*] to mark; [+ *ganado*] to brand; **ha marcado las toallas con mis iniciales** she has put my initials on the towels, she has marked the towels with my initials; **el accidente lo dejó marcado para siempre** the accident marked him for life; **seguimos el procedimiento marcado por la ley** we followed the procedures required *o* laid down by law; **¿qué precio marca la etiqueta?** (*Com*) what's the price (marked) on the label?; **están marcando las camisas** (*Com*) they are putting prices on the shirts, they are pricing the shirts
[1·2] [+ *límites*] to mark; **el Mediterráneo marca los límites por el este** the Mediterranean marks the eastern limit
[1·3] (*Inform*) [+ *bloque, texto*] to flag
[1·4] (*Mús*) [+ *partitura*] to mark up
[2] [*experiencia, suceso*] to mark; **ese encuentro la ~ía para siempre** that meeting would mark her for life; **una vida marcada por el sufrimiento** a life marked by suffering
[3] [*termómetro*] to read; **mi reloj marca las dos** it's two o'clock by my watch, my watch says two o'clock; **este reloj marca la hora exacta** this watch keeps the right time
[4] (= *designar*) [+ *tarea*] to assign; [+ *política, estrategia*] to lay down; [+ *directrices, pautas*] to lay down, give; [+ *comienzo, período*] to mark; **la empresa nos ha marcado algunas pautas a seguir** the company has given us *o* has issued some guidelines to follow; **la paz marcó el comienzo de una nueva era** peace marked the beginning of a new era; **esta obra marca el paso de la música medieval a la renacentista** this work marks the transition from medieval to renaissance music; **como marca la ley** as specified by law; *ver tb* **hito 1**, **pauta 1**
[5] (= *hacer resaltar*) to accentuate; **ese vestido te marca mucho las caderas** that dress really accentuates your hips *o* makes your hips stand out; *ver tb* **paquete A7**
[6] (= *seguir*) [+ *sospechoso*] to shadow, tail
[7] (*Dep*) [7·1] [+ *gol*] to score
[7·2] [+ *tiempo*] to record, clock; **ha marcado un tiempo de 9,46** he recorded *o* clocked a time of 9.46
[7·3] [+ *jugador, contrario*] to mark, shadow; (*Méx*) to tackle
[8] (*Mús*) **~ el compás** to keep time, beat time; *ver tb* **paso² A4**
[9] (*Telec*) to dial
[10] (*Naipes*) to bid
[11] (*Peluquería*) to set; **he ido a que me marquen el pelo** I went to get my hair set
Ⓑ VI [1] (*Dep*) to score
[2] (*Telec*) to dial
[3] (*Peluquería*) to set; **"lavar y marcar"** "shampoo and set"
Ⓒ **marcarse** VPR [1] [*figura, formas*] to stand out; **se le marcan mucho las venas de las manos** the veins on his hands really stand out; **~se con relieve** to stand out in relief
[2] (*Esp**) **¿nos marcamos un baile?** do you fancy a dance?; **se marcó un detalle bien majo conmigo** that was a really nice touch of hers; *ver tb* **farol 2**
[3] (*Peluquería*) **~se el pelo** to have one's hair set, have one's hair styled
[4] (*Náut*) to take one's bearings

**marcha** SF [1] [*de soldados, manifestantes*] march; **una ~ de protesta** a protest march; **el batallón salió de ~ hacia el campamento** the battalion marched towards the camp; **¡en ~!** let's go!, let's get going; (*Mil*) forward march!; **abrir la ~** to head the march; **cerrar la ~** to bring up the rear; **encabezar la ~** to head the march; **ponerse en ~** [*persona*] (*lit*) to set off; (*fig*) to set about; [*máquina, motor*] to start; **antes de ponerse en ~, se recomienda que revisen sus vehículos** before setting off, we recommend that you check your vehicles; **ya se han puesto en ~ para preparar la querella** they have already set a lawsuit in motion, they have already set about bringing a lawsuit ► **marcha a pie** [*de caminantes*] (= *excursión*) hike; (= *actividad*) hiking; [*de manifestantes*] march ► **marcha forzada** forced march; **hemos trabajado a ~s forzadas** we've been working against the clock; **intenta recuperar a ~s forzadas su imagen pública** he is trying to rebuild his public image as quickly as possible ► **marcha**

**triunfal** [*de ejército*] triumphal march; (*hacia la meta*) winning run
2 (= *partida*) departure; **su ~ fue muy precipitada** her departure was very sudden; **tras tu ~** after you left; **¿a qué hora tenéis la ~?** (*Esp**) what time do you set off?
3 (= *velocidad*) speed; **¡vaya ~ que llevas!** (*Esp*) what a speed you go at!; **he tardado en coger la ~ pero ya estoy al día** it took me a while to get into it *o* to get the hang of it but I'm on top of it now*; **"marcha moderada"** (*Aut*) "slow"; **acelerar la ~** to speed up, go faster; **deberíamos acelerar un poco la ~** we should speed up a little *o* go a little faster; **moderar la ~** to slow down; **a toda ~** at top speed; **un coche venía a toda ~ cuesta abajo** a car was coming down the hill at full *o* top speed; **han elaborado el informe a toda ~** the report has been prepared at top speed
4 (*Mús*) march ► **marcha fúnebre** funeral march ► **marcha militar** military march ► **marcha nupcial** wedding march ► **la Marcha Real** *Spanish national anthem*
5 (*Aut*) gear; **meter la cuarta ~** to change into fourth gear; **cambiar de ~** to change gear; **~ corta/directa** low/top gear; **~ larga** high gear; **primera ~** first gear ► **marcha atrás** (*en vehículo*) reverse, reverse gear; (*en negociaciones*) withdrawal; (*) (*en el acto sexual*) withdrawal; **fue ~ atrás unos cuantos metros** he reversed a few metres; **dar ~ atrás** (*con un vehículo*) to reverse, put the car/van/*etc* into reverse; (*en negociaciones, en el acto sexual*) to withdraw; **a última hora han dado ~ atrás** they pulled out *o* withdrew at the last minute; **si pudiese dar ~ atrás en el tiempo ...** if I could go back in time ...
6 **en ~** (= *en funcionamiento*) [*máquina, sistema*] in operation; [*motor*] running; [*electrodoméstico, ordenador*] on; [*proyecto*] under way, in progress, on the go; **un país en ~** a country on the move *o* that is going places; **la televisión ha estado en ~ todo el día** the television has been on all day; **nos apeamos del autobús en ~** we got off the bus while it was moving; **tiene varios proyectos en ~** he has various projects under way *o* in progress *o* on the go; **poner en ~** [+ *máquina, motor*] to start; [+ *electrodoméstico, ordenador*] to turn on; [+ *proyecto, actividad*] to set in motion; [+ *ley, resolución*] to implement
7 (*Dep*) (= *carrera*) walk; (= *excursión*) walk, hike; **ganó los 20kms ~** he won the 20km walk ► **marcha atlética**, **marcha de competición** walk
8 (= *desarrollo*) [*de enfermedad*] course; [*de huracán*] progress; **la ~ de los acontecimientos** the course of events; **la larga ~ de las conversaciones** the long drawn-out process *o* course of the talks; ✦**MODISMO sobre la ~** (= *en el momento*) there and then; (= *durante una actividad*) as I/you/*etc* go along; **le hicieron los análisis sobre la ~** he had his tests done there and then; **los cambios los haremos sobre la ~** we'll make the changes as we go along
9 (*Esp*‡) (= *animación*) **no tengo ganas de ~** I don't feel like going out; **un sitio con mucha ~** a very lively place, a place with a lot of action‡; **yo necesito un novio que me dé ~** I need a boyfriend with a bit of life; **en Granada hay mucha ~ por la noche** Granada has a great nightlife; **¿dónde está la ~ de Vigo?** where's the nightlife in Vigo?, where are the good bars in Vigo?; **me va la ~ tecno** I'm really into techno‡; **les pegan y no se quejan, parece que les va la ~** they get hit but never complain, it seems they like a bit of suffering; **estar/ir** *o* **salir de ~** (*a bares*) to be out/go out (on the town)*; (*a discotecas*) to be out/go (out) clubbing*; **estuvimos de ~ hasta las cinco** we were out (on the town) *o* out clubbing until five in the morning*; **¿estuviste de ~ hasta muy tarde?** were you out very late last night?; **hace siglos que no vamos de ~** we haven't had a night out *o* been out for ages, we haven't been out on the town *o* (out) clubbing for ages*; **tener ~*** [*persona, música*] to be lively; [*ciudad*] to be full of action, be buzzing*; **mi abuela tiene mucha ~** my grandma is really lively; **hoy no tengo ninguna ~** I'm not in a very lively mood tonight
10 (*Méx Aut*) self-starter, self-starter motor
11 (*Caribe*) [*de caballo*] slow trot

**marchador(a)** SM/F walker

**marchamo** SM (= *etiqueta*) label, tag; [*de aduana*] customs mark; (*fig*) stamp

**marchand** SMF art dealer

**marchantaje** SM (*LAm*) clients *pl*, clientele

**marchante/a** SM/F 1 (= *comerciante*) dealer, merchant ► **marchante de arte** art dealer
2 (*LAm**) (= *cliente*) client, customer; (= *vendedor*) (*ambulante*) pedlar, peddler (*EEUU*); (*en mercado*) stall holder
3 (*Caribe*) (= *embaucador*) trickster

**marchantía*** SF (*CAm, Caribe*) clients *pl*, clientele

**marchar** ▸conjug 1a◂ Ⓐ VI 1 (= *ir*) to go; (= *andar*) to walk; **~on a pie** they went on foot; **~on hacia el pueblo** they walked towards the village
2 (*Mil*) to march
3 **¡marchando, que llegamos tarde!** get a move on, we'll be late!; **—¡un café! —¡marchando!** "a coffee, please" — "right away, sir!"
4 [*mecanismo*] to work; **mi reloj no marcha** my watch isn't working; **el motor no marcha** the engine isn't working, the engine won't work; **el motor marcha mal** the engine isn't running properly; **~ en vacío** to idle
5 (= *desarrollarse*) to go; **todo marcha bien** everything is going well; **el proyecto marcha** the plan is working (out); **el negocio no marcha** the business is getting nowhere; **¿cómo marcha eso** *o* **marchan las cosas?** (*esp LAm*) how's it going?, how are things?
6 (*Caribe, Cono Sur*) [*caballo*] to trot
7 (*Méx**) to do military service
Ⓑ **marcharse** VPR to go (away), leave; **¿os marcháis?** are you leaving?; **con permiso, me marcho** if you don't mind I must go; **es tarde, me marcho a casa** it's late, I'm going home; **me marché de casa a los veinte años** I left home when I was twenty; **¿cuándo te marchas de vacaciones?** when are you going on holiday?; **se marchó de la capital** he left the capital; **~se a otro sitio** to go somewhere else

**marchista** SMF 1 (= *manifestante*) marcher, protest marcher
2 (*LAm Dep*) walker

**marchitar** ▸conjug 1a◂ Ⓐ VT to wither, dry up
Ⓑ **marchitarse** VPR 1 [*flores*] to wither, fade
2 [*belleza, juventud*] to fade
3 [*esperanzas*] to fade; [*ideales*] to fade away
4 [*persona*] to languish, fade away

**marchitez** SF withered state, faded condition

**marchito** ADJ [*flores*] withered; [*belleza, juventud, esperanzas*] faded

**marchoso/a*** Ⓐ ADJ (= *animado*) lively; **he conocido a gente muy marchosa** I've met some really lively people; **es un tío muy ~** he's really into going out, he's really lively
Ⓑ SM/F **es un ~ profesional** (*hum*) he's really into the action‡; **un sitio para los más ~s** a place for those who can really take the pace*

**Marcial** SM Martial

**marcial** ADJ [*ley*] martial; [*porte, disciplina*] military

**marcianitos** SMPL (= *juego*) space-invaders

**marciano/a** ADJ, SM/F Martian

**marco** Ⓐ SM 1 (*Arquit, Arte*) frame; **~ para cuadro** picture frame; **poner ~ a un cuadro** to frame a picture ► **marco de la chimenea** mantelpiece ► **marco de la puerta** doorframe ► **marco de ventana** window frame
2 (*Dep*) goal posts *pl*, goal
3 (= *escenario*) setting; **un ~ incomparable** a perfect setting; **el paisaje ofreció un bello ~ para la fiesta** the countryside made a splendid setting for the festivity
4 (= *contexto*) framework ► **marco de referencia** frame of reference ► **marco institucional** institutional framework ► **marco jurídico** judicial framework ► **marco legal** legal framework
5 (*Fin*) mark
6 [*de pesos*] standard
Ⓑ ADJ INV **acuerdo ~** framework agreement; **ley ~** framework law; **plan ~** draft *o* framework plan; **programa ~** framework programme

**márcola** SF pruning hook

**Marcos** SM Mark

**marduga*** SMF (*CAm*) tramp

**marea** SF 1 (*Geog*) tide ► **marea alta** high tide, high water ► **marea baja** low tide, low water ► **marea creciente** rising tide ► **marea menguante** ebb tide ► **marea muerta** neap tide ► **marea negra** oil slick ► **marea viva** spring tide
2 (= *flujo*) tide; **la ~ de la rebelión** the tide of revolt; **una auténtica ~ humana** a real flood of people
3 (= *brisa*) light sea breeze
4 (= *llovizna*) drizzle; (*Cono Sur*) sea mist

**mareado** ADJ 1 **estar ~** (= *con náuseas*) to be *o* feel sick; (*en coche*) to be *o* feel carsick; (*en barco*) to be *o* feel seasick; (*en avión*) to be *o* feel airsick; (= *aturdido*) to feel dizzy
2 (= *achispado*) tipsy

**mareaje** SM 1 (= *marinería*) navigation, seamanship
2 (= *rumbo*) ship's course

**marear** ▸conjug 1a◂ Ⓐ VT 1 (*Med*) **~ a algn** to make sb feel sick; **el olor a alquitrán me marea** the smell of tar makes me feel sick; **el fuerte oleaje me marea** the swell is making me feel seasick
2 (= *aturdir*) **~ a algn** to make sb (feel) dizzy; **las alturas me marean** heights make me (feel) dizzy
3 (= *emborrachar*) **~ a algn** to make sb feel drunk *o* light-headed

[4] (= *confundir*) **no grites tanto, que me mareas** don't shout so much, I can't hear myself think; **¡decídete y no me marees más!** make up your mind and stop going on at me!
[5] (*Caribe, Méx*) (= *engañar*) to cheat
Ⓑ VI (††) (*Náut*) to sail, navigate
Ⓒ **marearse** VPR [1] (*Med*) to feel sick; (*en coche*) to get carsick, get travel-sick; (*en barco*) to get seasick; **se mareó con el calor** he felt sick because of the heat, the heat made him feel sick; **¿te mareas cuando vas en barco?** do you get seasick when you travel by boat?; **siempre me mareo en el coche** I always get carsick
[2] (= *aturdirse*) to feel dizzy; **te ~ás si das tantas vueltas** you'll get dizzy going round like that
[3] (= *emborracharse*) to get drunk *o* light-headed
[4] (= *confundirse*) to get confused
[5] (= *preocuparse*) **no te marees con esto** don't bother your head about this
[6] (*Caribe, Cono Sur*) [*paño*] to fade

**marejada** SF [1] (*Náut*) swell, heavy sea
[2] (= *oleada*) [*de descontento, protesta*] wave, upsurge

**marejadilla** SF slight swell

**maremagno** SM, **maremágnum** SM [1] (= *cantidad*) ocean, sea
[2] (= *confusión*) confusion

**maremoto** SM (= *movimiento sísmico*) seaquake; (= *ola*) tidal wave

**marengo** ADJ INV **gris ~** dark grey

**mareo** SM [1] (*Med*) sickness; (*en coche*) carsickness, travel sickness; (*en mar*) seasickness; (*en avión*) airsickness
[2] (= *aturdimiento*) dizziness, giddiness; **le dio un ~ a causa del calor** the heat made her feel dizzy
[3] (= *confusión*) **¡qué ~ de cifras!** all these numbers are making me dizzy
[4] (= *pesadez*) pain*, nuisance; **es un ~ tener que …** it is a pain *o* nuisance having to …; **¡qué ~ de hombre!** what a pest that man is!

**mareomotriz** ADJ [*energía*] wave *antes de s*, tidal *antes de s*; **central ~** tidal power station

**marfil** SM [1] (= *material*) ivory; **(de) color ~** ivory, ivory-coloured *o* (*EEUU*) ivory-colored
[2] (*LAm*) (= *peine*) fine-toothed comb

**marfileño** ADJ ivory

**marga** SF marl, loam

**margal** SM (= *terreno*) marly patch; (= *hoyo*) marl pit

**margarina** SF margarine

**Margarita** SF Margaret

**margarita** SF [1] (*Bot*) daisy; **deshojar la ~** (= *juego*) to play "she loves me, she loves me not"; (= *dudar*) to waver; ✦***MODISMOS*** **criar ~s*** to be pushing up the daisies*; **ir a coger ~s‡** to (go and) spend a penny*
[2] (= *perla*) pearl; ✦***MODISMO*** **echar ~s a los cerdos** to cast pearls before swine
[3] (*Zool*) winkle
[4] (*Tip*) daisywheel
[5] (= *cóctel*) margarita (*cocktail of tequila and lime or lemon juice*)

**margen** Ⓐ SM [1] [*de página*] margin; **una nota al ~** a marginal note, a note in the margin; **un comentario al ~** an aside
[2] (= *espacio*) **ganaron las elecciones por un escaso ~** they won the election by a narrow margin; **existe un amplio ~ para el fraude** there is plenty of scope for fraud; **la victoria no daba ~ para pensar que …** the victory did not give any reason to think that …; **en un escaso ~ de tiempo** in a short space of time; **dejen un ~ de una semana para la entrega** allow a week for delivery ► **margen de acción, margen de actuación** scope for action, room for manoeuvre, room for maneuver (*EEUU*) ► **margen de confianza, margen de credibilidad** credibility gap ► **margen de error** margin of error ► **margen de maniobra** = **margen de acción** ► **margen de seguridad** safety margin
[3] **al ~ de** [+ *opinión, resultado*] regardless of, despite; **al ~ de lo que tú digas** regardless of *o* despite what you say; **una vida al ~ del sistema** a life on the fringes of society; **al ~ de la ley** outside the law; **al ~ de que las acusaciones sean o no fundadas** whether the accusations are true or not; **dejar algo al ~** to leave sth aside, set sth aside; **dejando al ~ nuestras creencias, la idea es muy buena** leaving *o* setting aside our beliefs, it's a very good idea; **lo dejaron** *o* **mantuvieron al ~ de las negociaciones** they excluded him from the negotiations, they left him out of the negotiations; **mantenerse** *o* **quedarse al ~ de** [+ *negociaciones, situación, escándalo*] to keep out of, stay out of; [+ *sociedad, vida pública*] to remain on the sidelines of, remain on the fringes of
[4] (*Econ*) (= *beneficio*) margin; **la competencia ha reducido nuestros márgenes** our margins have been squeezed by the competition ► **margen bruto** gross margin ► **margen comercial** mark-up ► **margen de beneficio** profit margin ► **margen de explotación** trading profit ► **margen de fluctuación** rate of fluctuation ► **margen de ganancia(s)** profit margin ► **margen neto** net margin
Ⓑ SF [*de río*] bank; **la ~ derecha del Tajo** the right bank of the Tagus

**marginación** SF [1] (= *aislamiento*) [*de persona*] alienation; [*de grupo*] alienation, marginalization; **tiene miedo a la ~** she's scared of being alienated; **la ~ que sienten los inmigrantes** the alienation *o* marginalization felt by immigrants ► **marginación social** (= *discriminación*) social alienation; (= *pobreza*) social deprivation
[2] (= *discriminación*) discrimination; **la ~ laboral de la mujer** discrimination against women in the workplace
[3] (= *población marginada*) marginalization; **países con un alto índice de ~** countries with a high rate of marginalization

**marginado/a** Ⓐ ADJ [1] (= *aislado*) marginalized; **un poeta ~ a lo largo de su vida** a poet marginalized during his lifetime; **estar** *o* **quedar ~ de algo** (= *aislado*) to be alienated from sth; (= *excluido*) to be excluded from sth; **siguen estando ~s de la sociedad** they remain alienated from society; **estos países han quedado ~s del comercio internacional** these countries have been excluded from international trading; **sentirse ~** to feel discriminated against; **los agricultores se sienten ~s por la nueva ley** farmers feel discriminated against as a result of the new law
[2] (= *pobre*) deprived; **una de las zonas más marginadas de Madrid** one of the most deprived areas in *o* of Madrid
Ⓑ SM/F (*por elección*) outsider, drop-out*; (*por discriminación*) underprivileged person, deprived person; **los ~s de nuestra sociedad** the underprivileged in our society

**marginal** ADJ [1] (= *al margen*) [*corrección, nota*] marginal, in the margin; **una nota ~** a marginal note, a note in the margin; **una observación ~** an aside
[2] (= *pobre*) deprived; **un barrio ~** a deprived neighbourhood
[3] (= *alternativo*) [*teatro*] fringe *antes de s*; [*publicación*] underground *antes de s*; [*artista*] alternative
[4] (= *poco importante*) [*asunto*] marginal; [*papel, personaje*] minor; **la literatura ocupa una situación ~ en nuestra sociedad** literature holds a marginal position in our society
[5] (*Econ*) [*coste, tipo*] marginal

**marginalidad** SF [1] [*de persona*] state of alienation
[2] [*de grupo*] marginalization; **zonas de ~** marginalized areas

**marginalización** SF marginalization, exclusion

**marginalizar** ▸conjug 1f◂ VT to marginalize, exclude

**marginar** ▸conjug 1a◂ Ⓐ VT [1] (= *aislar*) [+ *persona*] to alienate; [+ *grupo*] to marginalize; **la marginaban en la escuela** she was alienated at school; **la sociedad margina a los toxicómanos** society marginalizes drug addicts; **la televisión margina los programas culturales** cultural programmes are marginalized on television
[2] (= *discriminar*) **no se ~á a nadie por su ideología** nobody will be discriminated against because of their ideology
[3] (= *excluir*) to push out (**de** of), exclude (**de** from); **acabaron marginándola del grupo** they ended up pushing her out of the group *o* excluding her from the group
[4] (*Tip*) [+ *texto*] to write notes in the margin of; [+ *página*] to leave margins on
Ⓑ **marginarse** VPR to alienate oneself (**de** from)

**margoso** ADJ marly, loamy

**margullo** SM (*Caribe Bot*) shoot, runner

**Mari** SF (*forma familiar*) *de* **María**

**María** SF Mary; **Santa ~, madre de Dios** Holy Mary, mother of God ► **María Antonieta** Marie Antoinette ► **María Estuardo** Mary Stuart ► **María Magdalena** Mary Magdalene ► **María Santísima** the Virgin Mary

**maría[1]*** SF (*Esp*) (= *marihuana*) grass*, pot*

**maría[2]*** SF (*hum, pey*) (= *ama de casa*) housewife

**maría[3]*** SF (*Escol*) unimportant subject; ✦***MODISMO*** **las tres ~s** (*Hist*) *religious instruction, civics and PE*

**maría[4]*** SF (*Méx*) *female Indian immigrant from the country to Mexico City*

**maría[5]‡** SF (= *caja de caudales*) peter*, safe

**mariachi** Ⓐ ADJ (*Méx*) mariachi
Ⓑ SM (= *música*) mariachi music; (= *conjunto*) mariachi band
Ⓒ SMF (= *persona*) mariachi musician

**CONJUNTO MARIACHI**

*The* **conjuntos mariachis**, *bands of itinerant Mexican musicians, are mostly to be seen in the Plaza Garibaldi in Mexico City, wearing their* *traditional* **charro** *costumes: sequin-studded cowboy-style suits and wide-brimmed Mexican hats. Besides being a major tourist attraction, they provide music in the form of love songs for weddings, birthdays and* **quinceañeras** *(coming-out balls for Mexican girls who have reached their 15th birthday). The term* **mariachi** *is said to derive from the French word for wedding.*

**marial** ADJ, **mariano** ADJ Marian

**marianismo** SM Marianism

**maribén‡** SF (*Esp*) death

**marica** Ⓐ SF (= *urraca*) magpie
Ⓑ SM 1 (*) (= *cobarde*) sissy
2 (‡) = **maricón**

**Maricastaña** SF **en los días** *o* **en tiempos de ~** way back, in the good old days; **son ideas trasnochadas del año de maricastaña** those ideas are out of the Ark; **va vestida como en tiempos de ~** her clothes are so old-fashioned

**maricón‡** SM 1 (= *homosexual*) queer‡, fag (*EEUU*‡), poof‡; **¡~ el último!** the last one's a sissy!*
2 (= *sinvergüenza*) bastard**; **¡~ de mierda!** you bastard!**

**mariconada‡** SF 1 (= *mala pasada*) dirty trick
2 (= *tontería*) **¡déjate ya de ~s!** stop pissing about!‡, stop behaving like a prat *o* (*EEUU*) jerk!*

**mariconear*** ▸conjug 1a◂ VI to camp it up (*pey*)

**mariconeo*** SM homosexual activities *pl*

**mariconera*** SF (man's) handbag

**maridaje** SM 1 (= *unión*) marriage, combination; **un ~ de tradiciones orientales y españolas** a marriage *o* combination of oriental and Spanish traditions; **un perfecto ~ gastronómico** a perfect gastronomic combination
2 (= *conexión*) close association; (*Pol pey*) unholy alliance
3 (= *matrimonio*) (= *vida*) conjugal life; (= *unión*) marriage ties *pl*

**maridar** ▸conjug 1a◂ VT 1 (= *combinar*) to combine, marry
2 (= *casar*) to marry

**marido** SM husband

**marielito*** SM (*Caribe*) Cuban exile

**marihuana** SF, **mariguana** SF, **marijuana** SF marijuana

**marihuanero/a**, **mariguanero/a**, **marijuanero/a** Ⓐ ADJ marijuana *antes de s*
Ⓑ SM/F (= *cultivador*) marijuana grower; (= *fumador*) marijuana smoker

**marimacha*** SF (*Andes*) = **marimacho**

**marimacho*** Ⓐ ADJ butch*, mannish
Ⓑ SM mannish woman, butch woman (* *pey*)

**marimandón/ona*** Ⓐ ADJ overbearing, bossy
Ⓑ SM/F bossyboots*

**marimba** Ⓐ SF 1 (*Mús*) (= *xilófono*) marimba; (= *tambor*) *kind of drum*; (*Caribe, Cono Sur*) *out-of-tune instrument*
2 (*Cono Sur*) (= *paliza*) beating
3 (*Andes Med*) large goitre
Ⓑ ADJ (*CAm, Caribe*) cowardly

**marimoña** SF buttercup

**marimorena** SF fuss, row; **armar la ~** to kick up a fuss *o* a row

**marina** SF 1 (= *organización*) navy; (= *barcos*) fleet; **la ~ española** the Spanish navy, the Spanish fleet; **servir en la ~** to serve in the navy ► **marina de guerra** navy ► **marina mercante** merchant navy, merchant marine (*EEUU*)
2 (= *marinería*) seamanship; (= *navegación*) navigation; **término de ~** nautical term
3 (*Geog*) coast, coastal area
4 (*Arte*) seascape

**marinar** ▸conjug 1a◂ VT to marinate, marinade

**marinera** SF 1 (= *blusa*) matelot top
2 (*Perú*) (= *baile*) *Peruvian folk dance*; *ver tb* **marinero**

**marinería** SF 1 (= *arte*) seamanship
2 (= *tripulación*) ship's crew; (= *marineros*) seamen *pl*, sailors *pl*

**marinero** Ⓐ ADJ 1 = **marino A**
2 [*gente*] seafaring
3 [*barco*] seaworthy
4 **a la marinera** sailor-fashion; **mejillones a la marinera** (*Culin*) moules marinières
Ⓑ SM (*gen*) sailor, mariner (*liter*); (= *hombre de mar*) seafarer, seaman; **gorra de ~** sailor's cap; **traje de ~** sailor suit; **niños vestidos de ~** children in sailor suits ► **marinero de agua dulce** fair-weather sailor, landlubber ► **marinero de cubierta** deckhand ► **marinero de primera** able seaman; *ver tb* **marinera**

**marinesco** ADJ seamanly; **a la marinesca** in a seamanlike way, sailor-fashion

**marino** Ⓐ ADJ sea *antes de s*, marine; **pez ~** sea fish; **fauna marina** marine life, sea creatures *pl*
Ⓑ SM (= *marinero*) sailor, seaman; (= *oficial*) naval officer ► **marino mercante** merchant seaman

**mariolatría** SF Mariolatry

**marioneta** SF puppet, marionette; **es una ~ en manos del ejército** he is the army's puppet; **régimen ~** puppet régime

**marionetista** SMF puppeteer

**mariposa** SF 1 (*Entomología*) butterfly ► **mariposa cabeza de muerte**, **mariposa de calavera** death's head moth ► **mariposa de la col** cabbage white butterfly ► **mariposa nocturna** moth
2 (*Natación*) butterfly; **100 metros ~** 100 metres butterfly; **nadaba en el estilo ~** she was swimming butterfly
3 (= *tuerca*) wing nut, butterfly nut
4 ► **mariposa cervical** orthopaedic pillow, butterfly pillow
5 (*Andes, CAm*) (= *juguete*) toy windmill
6 (*Andes*) (= *juego*) blind-man's buff
7 (*) (= *homosexual*) poof‡, fag (*EEUU*‡), fairy*

**mariposear** ▸conjug 1a◂ VI 1 (= *revolotear*) to flutter about, flit to and fro
2 (= *ser inconstante*) to be fickle; (= *coquetear*) to flit from one girl/man to the next; **~ alrededor de algn** to dance attendance on sb, be constantly fluttering round sb

**mariposilla** SF small moth; [*de ropa*] clothes-moth

**mariposo*** SM poof‡, fag (*EEUU*‡), fairy*

**mariposón*** SM 1 (= *flirteador*) flirt, Romeo*
2 (= *homosexual*) poof‡, fag (*EEUU*‡), fairy*

**Mariquita** SF (*forma familiar*) *de* **María**

**mariquita** Ⓐ SF 1 (= *insecto*) ladybird, ladybug (*EEUU*)
2 (*Orn*) parakeet
3 (*Méx*‡) pot*, grass*
Ⓑ SM (*) (= *homosexual*) poof‡, fag (*EEUU*‡), fairy*

**marisabidilla** SF know-all

**mariscada** SF seafood platter

**mariscador(a)** SM/F gatherer of shellfish

**mariscal** SM 1 (*Mil*) marshal ► **mariscal de campo** field marshal
2 (*Hist*) blacksmith, farrier
3 (*Chile*) (= *guiso*) seafood stew

**mariscala** SF (= *esposa*) marshal's wife

**mariscar** ▸conjug 1g◂ Ⓐ VI (= *pescar*) to gather shellfish
Ⓑ VT (‡) (= *robar*) to nick*, swipe*

**marisco** SM shellfish, seafood; **no me gusta el ~** ◊ **no me gustan los ~s** I don't like shellfish *o* seafood

**marisma** SF (= *pantano*) salt marsh; (= *tierras de arena*) mud flats *pl*; **las ~s del Guadalquivir** the Guadalquivir marshes

**marisqueo** SM shellfishing

**marisquería** SF (= *restaurante*) shellfish bar seafood restaurant; (= *tienda*) seafood shop

**marisquero** ADJ shellfish *antes de s*, seafood *antes de s*; **barco ~** shellfishing boat

**marital** ADJ marital; **convivencia ~** living together as husband and wife; **hacer vida ~** to live together as husband and wife; **obligaciones ~es** marital duties; **problemas ~es** marital problems

**maritatas** SFPL (*esp LAm*), **maritates** SMPL (*CAm, Méx*) gear *sing*, tackle *sing*, tools; (*pey*) things, junk* *sing*

**marítimo** ADJ (*de barcos, costeño*) maritime; (*de navegación*) shipping *antes de s*; (*del mar*) marine, sea *antes de s*; **ciudad marítima** coastal town; **ruta marítima** sea route, seaway; **seguro ~** marine insurance; *ver tb* **estación 1 paseo 2**

**maritornes*** SF INV 1 (= *criada*) slovenly maidservant
2 (= *putilla*) tart‡, slut‡

**marjal** SM marsh, fen

**márketing** ['marketin] SM marketing ► **márketing directo** direct marketing

**marmaja‡** SF (*Méx*) dough*, money

**marmellas‡** SFPL (*Esp*) tits‡, breasts

**marmita** SF 1 (*Culin*) pot; (*Mil*) mess tin
2 (*Geol*) (*tb* **~ de gigante**) pothole

**marmitón** SM kitchen boy, scullion

**mármol** SM marble; [*de cocina*] (= *encimera*) worktop; (*para picar*) chopping-block

**marmolejo** SM small marble column

**marmolería** SF marble mason's (workshop) ► **marmolería funeraria** monumental masonry

**marmolista** SMF monumental mason

**marmóreo** ADJ marble *antes de s*, marmoreal (*frm*)

**marmosete** SM (*Tip*) vignette

**marmota** SF 1 (*Zool*) marmot; ✦**MODISMO** **dormir como una ~** to sleep like a log ► **marmota de Alemania** hamster ► **marmota de América** woodchuck, whistler (*EEUU*)
2 (= *dormilón*) sleepyhead*
3 (*) (= *criada*) maid, servant

**maroma** SF 1 (= *cuerda*) rope
2 (*LAm*) (= *cuerda floja*) tightrope

**3** **maromas** (*LAm*) acrobatics *pl*, acrobatic stunts; **hacer ~s** = **maromear**

**maromear** ▸conjug 1a◂ VI (*LAm*) **1** (*en cuerda floja*) to walk the tightrope; (= *hacer volatines*) to do acrobatics, do acrobatic stunts
**2** (*Pol*) (= *ser diplomático*) to do a balancing act; (= *ser chaquetero*) to change one's political allegiance

**maromero/a** SM/F (*LAm*) **1** (= *funámbulo*) tightrope walker; (= *acróbata*) acrobat
**2** (= *político*) opportunist (politician)

**maromo*** SM (*esp Esp*) bloke*, guy*

**marona*** SF **tiene 60 años y ~** (*Caribe*) he's well over sixty

**marqués/esa** SM/F marquis/marchioness

**marquesina** SF (= *cobertizo*) glass canopy, porch; (= *techo*) glass roof, cantilever roof; [*de parada*] bus shelter; [*de tienda de campaña*] fly sheet; (*Ferro*) roof, cab (*of locomotive*)

**marquetería** SF marquetry

**márquetin** SM marketing

**marquezote** SM (*CAm*) sweet bread

**marquito** SM slide mounting

**marrajo** Ⓐ ADJ [*toro*] vicious, dangerous; [*persona*] sly
Ⓑ SM **1** (= *tiburón*) shark
**2** (*Méx*) (= *tacaño*) skinflint
**3** (= *candado*) padlock

**marramizar** ▸conjug 1f◂ VI [*gato*] to howl, caterwaul

**marrana** SF **1** (*Zool*) sow
**2** (*) (= *mujer*) slut; *ver tb* **marrano**

**marranada*** SF, **marranería*** SF **1** (= *inmundicia*) filthiness
**2** (= *acto*) filthy act; **decir ~s** to talk filth
**3** (= *mala pasada*) dirty trick

**marrano/a** Ⓐ ADJ (*) filthy, dirty
Ⓑ SM (*Zool*) pig, hog (*EEUU*)
Ⓒ SM/F **1** (*) (= *persona*) (*despreciable*) swine*; (*sucio*) dirty pig*
**2** (*Hist*) converted Jew; *ver tb* **marrana**

**Marraquech** SM, **Marraqués** SM Marrakech, Marrakesh

**marrar** ▸conjug 1a◂ Ⓐ VT **~ el tiro/golpe** to miss
Ⓑ VI **1** [*disparo*] to miss
**2** [*comentario*] to miss the mark; [*plan*] to fail, go wrong; **no me marra una** everything's going well for me

**marras** ADV **1** **de ~: es el problema de ~** it's the same old problem; **el individuo de ~** you-know-who; **volver a lo de ~** to go back over the same old stuff
**2** (*Andes**) **hace ~ que no lo veo** it's ages since I saw him

**marrazo** SM (*Méx*) (= *bayoneta*) bayonet; (= *pico*) mattock; (= *cuchillo*) short machete

**marrocata‡** SF Moroccan hashish

**marrón** Ⓐ ADJ brown
Ⓑ SM **1** (= *color*) brown
**2** (*Culin*) ► **marrón glacé** marron glacé
**3** (‡) (= *acusación*) charge; (= *condena*) sentence; (= *situación comprometida*) mess; **le dieron cinco años de ~** they gave him five years' bird*; **le pillaron de** o **en un ~** they caught him red-handed; ✦***MODISMO*** **comerse un ~** to own up
**4** (‡) (= *policía*) pig‡, cop*
**5** (*LAm Hist*) maroon
**6** (*Andes*) (= *papillote*) curlpaper
**7** (*Caribe*) (= *café con leche*) coffee with milk

**marroncito** SM (*Caribe*) coffee with milk

**marroquí** Ⓐ ADJ, SMF Moroccan
Ⓑ SM (= *piel*) morocco, morocco leather

**marroquinería** SF **1** (= *artículos*) (fine) leather goods *pl*; (= *tienda*) leather goods shop
**2** (= *arte*) (fine) leatherwork

**marrubio** SM (*Bot*) horehound

**marrueco/a** ADJ, SM/F = **marroquí A**

**Marruecos** SM Morocco; **el ~ Español** (*Hist*) Spanish Morocco

**marrullería** SF **1** (= *cualidad*) smoothness, glibness
**2** (= *excusa*) plausible excuse
**3** **marrullerías** (= *engatusamiento*) cajolery *sing*, wheedling *sing*; (*Dep*) dirty play *sing*

**marrullero/a** Ⓐ ADJ (= *lenguaraz*) smooth, glib; (= *engatusador*) cajoling, wheedling; [*equipo, jugador*] dirty
Ⓑ SM/F smooth type, smoothie*

**Marsella** SF Marseilles

**Marsellesa** SF Marseillaise

**marsopa** SF porpoise

**marsupial** ADJ, SM marsupial

**mart.** ABR (= **martes**) Tue, Tues

**marta** SF (= *animal*) (pine) marten; (= *piel*) sable
► **marta cebellina, marta cibelina** sable

**martajar** ▸conjug 1a◂ VT (*CAm, Méx*) **1** [+ *maíz*] to pound, grind
**2** **~ el español** to speak broken Spanish

**Marte** SM Mars

**martellina** SF sledgehammer

**martes** SM INV Tuesday; **~ y trece** ≈ Friday 13th ► **martes de carnaval, martes de carnestolendas** Shrove Tuesday; *ver tb* **sábado**; → CARNAVAL

> **MARTES Y TRECE**
>
> *According to Spanish superstition Tuesday is an unlucky day, even more so if it falls on the 13th of the month. As the proverb goes, "**En martes, ni te cases ni te embarques**".*

**martiano/a** (*Cuba Pol*) Ⓐ ADJ supporting the ideas of José Martí
Ⓑ SM/F supporter of José Martí

**martillada** SF hammer blow, blow with a hammer

**martillar** ▸conjug 1a◂ VT, VI = **martillear**

**martillazo** SM (heavy) blow with a hammer; **recibió un ~ en la cabeza** he was hit on the head with a hammer, he received a hammer blow to the head; **me di un ~ en el dedo** I hit my finger with the hammer; **a ~s: destrozar algo a ~s** to smash sth to pieces with a hammer; **dar forma a algo a ~s** to hammer sth out, hammer sth into shape

**martilleante** ADJ insistent, repetitious

**martillear** ▸conjug 1a◂ Ⓐ VT **1** (= *golpear*) [+ *puerta*] to hammer on, pound on; [+ *piano*] to pound away at; (= *machacar*) to pound
**2** (= *atormentar*) to worry, torment
Ⓑ VI [*motor*] to knock

**martilleo** SM hammering; (= *machaqueo*) pounding

**martillero/a** SM/F (*Andes, Caribe*) auctioneer

**martillo** SM **1** (*tb Dep*) hammer; [*de presidente de asamblea*] gavel ► **martillo de hielo** ice-pick ► **martillo de madera** mallet ► **martillo de orejas** claw-hammer ► **martillo mecánico** power hammer ► **martillo neumático, martillo picador** pneumatic drill, jackhammer (*EEUU*) ► **martillo pilón** steam hammer ► **martillo sacaclavos** claw hammer
**2** (*Com*) auction room
**3** (*Arquit*) house that sticks out from the row; (*LAm*) wing (*of a building*)
**4** (= *persona*) hammer, scourge

**Martín** SM Martin; **San ~** (= *santo*) St Martin; (= *fiesta*) Martinmas; (*Agr*) *season for slaughtering pigs*; ✦***REFRÁN*** **a cada cerdo** o **puerco le llega su San ~** everyone comes to his day of reckoning; *ver tb* **veranillo**

**martín** SM ► **martín pescador** kingfisher

**martinete** SM **1** [*de construcción*] drop hammer, pile driver
**2** (*Mús*) hammer
**3** (*Zool*) heron

**martingala** SF (= *truco*) trick, ruse; (*LAm pey*) trick, fiddle*

**Martinica** SF Martinique

**mártir** SMF martyr

**martirio** SM **1** (*Rel*) martyrdom
**2** (= *tormento*) torment, torture; (= *persona*) pain* ► **martirio chino** Chinese torture

**martirizador** ADJ agonizing, excruciating

**martirizante** ADJ = **martirizador**

**martirizar** ▸conjug 1f◂ VT **1** (*Rel*) to martyr
**2** (= *atormentar*) to torture, torment

**martirologio** SM martyrology

**Marucha** SF, **Maruja** SF (*formas familiares*) *de* **María**

**marucha** SF (*Andes*) rump steak

**maruja*** SF traditional housewife; **soy una ~** I'm only a housewife

**marujeo*** SM chitchat, gossip

**marula** SF (*Méx*) teat, nipple (*EEUU*)

**marullero** ADJ = **marrullero**

**marusa** SF (*Caribe*) shoulder bag

**maruto** SM (*Caribe*) **1** (*Anat*) navel
**2** (*Med*) (= *verruga*) wart; (= *moradura*) bruise, welt

**marxismo** SM Marxism

**marxista** ADJ, SMF Marxist

**marzal** ADJ March *antes de s*, of March

**marzo** SM March; *ver tb* **septiembre**

**mas** CONJ but

**más**

> **A** ADVERBIO  **C** SUSTANTIVO MASCULINO
> **B** ADJETIVO
>
> *Para expresiones como **más aún, más de la cuenta, a más tardar, las más de las veces**, ver la otra entrada.*

Ⓐ ADVERBIO
**1** **comparativo** **1.1** (*con adjetivo, adverbio*) more; **~ cómodo** more comfortable; **~ inteligente** more intelligent

> *La mayoría de los adjetivos y adverbios de una sílaba o de dos sílabas teminados en "-y" forman el comparativo añadiendo la terminación "-er". A veces se produce un cambio ortográfico.*

**~ barato** cheaper; **~ grande** bigger; **~ joven** younger; **~ largo** longer; **~ feliz** happier; **~ lejos** further; **~ deprisa** faster, more quickly; **vete ~ lejos de la cámara** move further away from the camera; **échate ~ hacia la derecha** move more o further to the right

1·2 (*con verbo*) **¿quieres ~?** would you like some more?; **ahora salgo ~** I go out more these days; **últimamente nos vemos ~** we've been seeing more of each other lately; **correr ~** to run faster; **durar ~** to last longer; **me gusta ~ sin chocolate** I like it better *o* I prefer it without chocolate; **trabajar ~** to work harder

1·3 (*con numerales, sustantivos*) **quisiera dos libros ~** I'd like another two books, I'd like two more books; **un kilómetro ~ y llegaremos** one more kilometre and we'll be there; **ahora pesa veinte kilos ~** he's twenty kilos heavier now, he weighs twenty kilos more now; **sólo se lo repetiré una vez ~** I will only repeat it once more *o* one more time; **¡no aguanto aquí ni un minuto ~!** I can't stand it here a minute longer!

1·4 **~ de** more than; **no tiene ~ de dieciséis años** he isn't more than sixteen; **se estima en ~ de mil** it is reckoned at more than a thousand; **en la clase somos ~ de diez** there are over ten *o* more than ten of us in the class; **son ~ de las diez** it's past *o* gone *o* after ten o'clock; **~ de lo que yo creía** more than I thought; **lo hizo con ~ destreza de la que esperaba** he did it more skilfully than he had expected

1·5 **~ que** more than; **el alemán es ~ difícil que el inglés** German is more difficult *o* harder than English; **tiene ~ dinero que yo** he has more money than I do *o* than me; **él ha viajado ~ que yo** he has travelled more (widely) than I have *o* than me; **se trata de voluntad ~ que de fuerza** it's a question of willpower rather than of strength, it's more a question of willpower than of strength; *ver tb* **cada 3**

2 *superlativo* 2·1 (*con adjetivos, sustantivos*) most; **su película ~ innovadora** his most innovative film; **él es el ~ inteligente** he is the most intelligent (one)

*La mayoría de los adjetivos y adverbios de una sílaba o de dos sílabas teminados en "-y" forman el superlativo añadiendo la terminación "-est". A veces se produce un cambio ortográfico.*

**el bolígrafo ~ barato** the cheapest pen; **el niño ~ joven** the youngest child; **el coche ~ grande** the biggest car; **el punto ~ lejano** the furthest point; **la persona ~ feliz** the happiest person; **siempre está donde haya ~ diversión** he's always to be found where the most fun is going on

2·2 (*con verbos*) **salió cuando ~ llovía** he left when it was raining the heaviest *o* the hardest, he left when the rain was at its heaviest; **el/la que ~**: **él es el que sabe ~** he's the one who knows (the) most; **es el que ~ viene a verme** he's the one who comes to see me (the) most (often); **el que ~ me gusta es el de flores** the one I like (the) best *o* most is the flowery one; **fue el que ~ trabajó** he was the one who worked (the) hardest; **trabaja tanto como el que ~** he works as hard as anyone

2·3 **~... de**: **el ~ alto de la clase** the tallest in the class; **ella es la ~ guapa de todas** she is the prettiest of them all; **el tren ~ rápido del mundo** the fastest train in the world

2·4 **lo ~ posible** as much as possible; **lo ~ temprano** the earliest; **lo ~ que puede** as much as he can; **a lo ~** at (the) most; **un libro de lo ~ divertido** a most *o* highly amusing book; **es un hombre de lo ~ honrado** he's entirely honest; **todo lo ~** at (the) most; *ver tb* **quien 2.3**

3 **algo ~**: **quisiera decirle algo ~** there's something else I wanted to say to you; **¿desea algo ~?** would you like anything else?; **no dijo nada ~** he didn't say anything else, he said nothing else; **no lo sabe nadie ~** no one else knows, nobody else knows; **¿qué ~?** what else?; **¿quién ~?** anybody else?; *ver tb* **nada A2.2, nadie 1**

4 *al sumar* and, plus; **14 ~ 20 menos 12 es igual a 22** 14 plus 20 minus 12 equals 22; **dos ~ tres (son) cinco** two and *o* plus three is five; **seremos nosotros ~ los niños** it will be us plus the kids; **éstos, ~ los que ya teníamos, hacen 200** these together with *o* plus the ones we had before, make 200; **España ~ Portugal** Spain together with Portugal

5 *en frases negativas* 5·1 (*con sentido restrictivo*) **no veo ~ solución que ...** I see no other solution than *o* but to ...; **no hay ~ que mirar alrededor para darse cuenta** you only have to look around you to see; **al final no fue ~ que un susto** it gave us a fright, but that's all; **no hace ~ de tres semanas** only *o* just three weeks ago, no more than three weeks ago

5·2 (= *otra vez*) **no vengas ~ por aquí** don't come round here any more; **nunca ~ le ofreceré mi ayuda** I'll never offer to help her again

6 *con valor intensivo* **qué ... ~**: **¡qué perro ~ feo!** what an ugly dog!; **¡es ~ bueno!** he's (ever) so kind!

7

◆ **de más**: **tenemos uno de ~** we have one too many; **trae una manta de ~** bring an extra blanket; **estar de ~** to be unnecessary, be superfluous; **aquí yo estoy de ~** I'm not needed here, I'm in the way here; **unas copas no estarían de ~** a few drinks wouldn't do any harm; **no estará (por) de ~ preguntar** there's no harm in asking

8

◆ **no más** (*LAm*) just, only; **así no ~** just like that; **ayer no ~** just *o* only yesterday; **dos días no ~** just *o* only two days; **¡espera no ~!** just you wait!; **pruébelo no ~** just try it; **siga no ~** just carry on; **habían llegado no ~** they had just arrived; **no ~ llegué me echaron** no sooner had I arrived than they threw me out; **vengo no ~ a verlo** I've come just to see it; **¡pase no ~!** (= *entre*) please *o* do go in; (= *venga*) please *o* do come in; **siéntese no ~** please *o* do sit down; **sírvase no ~** please *o* do help yourself; **hasta no ~** to the utmost, to the limit

9 *otras locuciones* **es ~** what's more, furthermore, moreover; **creo que eso es así, es ~, podría asegurártelo** I believe that it is the case, and what's more *o* furthermore *o* moreover I could prove it to you; **dos ~, dos menos** give or take two; **ni ~ ni menos**: **él es uno ~ de entre nosotros, ni ~ ni menos** he's just one of the group, that's all; **desciende de ni ~ ni menos que de Carlomagno** he is descended from none other than Charlemagne, he is descended from Charlemagne no less; **~ o menos**: **me dijo ~ o menos lo mismo de ayer** he said more or less the same thing to me yesterday; **me levanté a las siete ~ o menos** I got up at around *o* about seven o'clock; **por ~ que**: **por ~ que se esfuerce** however much *o* hard he tries, no matter how (hard) he tries; **por ~ veces que se lo he dicho** no matter how many times I've told him; **por ~ que quisiera ayudar** much as I should like to help; **sin ~ (ni ~)** without further ado; **✦MODISMOS a ~ no poder**: **está lloviendo a ~ no poder** it really is pouring down; **esa noche bebimos a ~ no poder** that night we drank until we could drink no more, we really had a lot to drink that night; **corrimos a ~ no poder** we ran as fast as we could; **a ~ y mejor**: **está nevando a ~ y mejor** it really is snowing, it's snowing and then some; **ir a ~**: **discutieron, pero la cosa no fue a ~** they argued, but things didn't get out of hand; **el problema de la droga va a ~** the drugs problem is getting out of hand *o* out of control; *ver tb* **allá 1**, **bien A9**, **dar B3**, **nunca**, **valer B5**

(B) ADJETIVO

(*) **esta es ~ casa que la otra** this is a better house than the last one; **es ~ hombre** he's more of a man

(C) SUSTANTIVO MASCULINO

1 *Mat* plus, plus sign

2 **✦MODISMO tiene sus ~ y sus menos** it has its good and its bad points, there are things to be said on both sides

**masa**[1] SF 1 [*de pan*] dough

2 (*Cono Sur*) (= *pastelillo*) small bun, teacake; (*Andes, Cono Sur*) (= *hojaldre*) puff pastry ► **masa quebrada** short pastry, shortcrust pastry

3 (= *argamasa*) mortar

**masa**[2] SF 1 (= *conjunto*) mass; **una ~ de gente** a mass of people; **una ~ de aire** a mass of air; **una ~ de nubes** a bank of clouds ► **masa coral** choir

2 (= *volumen*) mass; **✦MODISMO llevar algo en la ~ de la sangre** to have sth in one's blood, have a natural inclination towards sth ► **masa atómica** atomic mass ► **masa crítica** (*Fís*) critical mass; (*fig*) (= *mínimo*) requisite number ► **masa encefálica** brain matter ► **masa molecular** molecular mass ► **masa polar** polar icecap

3 (*Sociol*) **las ~s** the masses; **los medios de comunicación de ~s** the mass media

4 **en ~** (= *en multitud*) en masse; **fueron en ~ a recibir al equipo** they went en masse to greet the team; **protestaron en ~** they held a mass protest; **producir algo en ~** to mass-produce sth; **despidos en ~** mass redundancies

5 (*Econ, Fin*) ► **masa de acreedores** body of creditors ► **masa monetaria** money supply ► **masa salarial** total wage bill

6 (*Elec*) earth, ground (*EEUU*); **conectar un aparato con ~** to earth *o* (*EEUU*) ground an appliance

**masacrar** ►conjug 1a◄ VT to massacre

**masacre** SF massacre

**masacrear*** ►conjug 1a◄ VT (*Caribe*) to touch up*

**masada** SF farm

**masadero/a** SM/F farmer

**masaje** SM massage; **dar (un) ~ a algn** to give sb a massage; **salón de ~** massage parlour ► **masaje cardíaco** cardiac massage

**masajear** ►conjug 1a◄ VT to massage

**masajista** SMF masseur/masseuse; (*Dep*) physio* ► **masajista terapéutico/a** physiotherapist

**masar*** ▸conjug 1a◂ VT to massage

**masato** SM (*Andes, CAm*) (= *bebida*) *drink made from fermented maize, bananas, yucca etc*; (*Andes*) (= *dulce de coco*) *coconut sweet*; (*Andes*) [*de plátanos*] *banana custard*

**mascada** SF [1] (*LAm*) (= *tabaco*) plug of chewing tobacco
[2] (*CAm*) (= *ahorros*) nest egg; (*Cono Sur*) (= *ganancias*) illicit gains *pl*; (= *tajada*) rake-off*, cut
[3] (*Andes, CAm*) (= *tesoro*) buried treasure
[4] (*CAm**) (= *reprimenda*) rebuke
[5] (*Méx*) (= *pañuelo*) silk handkerchief *o* scarf

**mascado*** ADJ (*CAm*) creased, rumpled

**mascadura** SF chewing

**mascar** ▸conjug 1g◂ Ⓐ VT [1] (= *masticar*) to chew
[2] (*) [+ *palabras*] to mumble, mutter; ✦***MODISMOS*** **~ un asunto** ◊ **dar mascado un asunto** to explain sth in very simple terms
Ⓑ VI (= *masticar*) to chew; (*esp LAm*) (= *mascar tabaco*) to chew tobacco; (*Andes*) (= *mascar coca*) to chew coca
Ⓒ **mascarse** VPR to sense; **en la plaza de toros se mascaba la tragedia** you could sense tragedy in the bullring

**máscara** Ⓐ SF [1] (= *careta*) mask; **baile de ~s** masked ball; **~ para esgrima** fencing mask ► **máscara antigás** gas mask ► **máscara de oxígeno** oxygen mask ► **máscara facial** face mask *o* pack
[2] **máscaras** (= *mascarada*) masque *sing*, masquerade *sing*
[3] (= *apariencia*) mask; (= *disfraz*) disguise; **bajo su ~ de cinismo** beneath his mask of cynicism; **quitar la ~ a algn** to unmask sb; **quitarse la ~** to reveal o.s.
[4] (= *rímel*) (*tb* **~ de pestañas**) mascara
Ⓑ SMF masked person

**mascarada** SF [1] (= *fiesta*) masque, masquerade
[2] (= *farsa*) charade, masquerade

**mascarilla** SF (= *máscara*) (*tb Med*) mask; (*en cosmética*) face mask *o* pack ► **mascarilla capilar** (= *sustancia*) hair oil; (= *tratamiento*) hair-conditioning treatment ► **mascarilla de arcilla** mudpack ► **mascarilla facial** face mask, face pack ► **mascarilla de oxígeno** oxygen mask ► **mascarilla mortuoria** death mask

**mascarón** SM large mask ► **mascarón de proa** figurehead

**mascota** SF [1] [*de club, acontecimiento*] mascot
[2] (= *animal doméstico*) pet

**masculinidad** SF masculinity, manliness

**masculinizador** ADJ, **masculinizante** ADJ masculinizing

**masculinizar** ▸conjug 1f◂ VT to make more masculine; (*Biol*) to masculinize

**masculino** Ⓐ ADJ [1] (*Biol*) male; [*apariencia*] masculine, manly; **ropa masculina** men's clothing, menswear
[2] (*Ling*) masculine
Ⓑ SM (*Ling*) masculine

**mascullar** ▸conjug 1a◂ VT to mumble, mutter

**masectomía** SF mastectomy

**masera** SF kneading trough

**masía** SF (*Aragón, Cataluña*) farm

**MASCULINO**

**Masculino** se traduce al inglés por **male** y **masculine**.

• **Masculino** se traduce por **male** cuando nos referimos a la condición masculina de los seres vivos (en oposición al sexo femenino):

Un veinticinco por ciento de la población masculina sobrepasa ya el metro ochenta de estatura
***Twenty five per cent of the male population is now six foot or over***

• Se traduce por **masculine** para referirse a las cualidades y características que tradicionalmente se han relacionado con los hombres:

Una mujer tosca de rasgos más bien masculinos
***A rough woman with rather masculine features***

• También se utiliza en el ámbito gramatical:

Escribe cinco palabras españolas del género masculino que terminen en -e
***Write five masculine words in Spanish ending in -e***

*Para otros usos y ejemplos ver la entrada.*

**masificación** SF (= *abarrotamiento*) overcrowding; (= *propagación*) growth, spread; **la ~ de la universidad** overcrowding in universities; **la ~ de la producción de alimentos** mass production of food; **la ~ de la cultura** the bringing of culture to the masses

**masificado** ADJ (= *abarrotado*) overcrowded; (= *de masas*) mass *antes de s*; **una sociedad masificada** a mass society; **el esquí es ahora un deporte ~** skiing is a sport practised by everyone these days

**masificarse** ▸conjug 1g◂ VPR (= *abarrotarse*) to get overcrowded; (= *crecer demasiado*) to get too big

**masilla** SF (*para ventanas*) putty; (*para agujeros*) filler

**masillo** SM (*Caribe*) plaster

**masita** SF (*LAm*) small cake, pastry

**masitero** SM (*Andes, Caribe, Cono Sur*) pastry cook, confectioner

**masivamente** ADV en masse; **votaron ~ al partido socialista** they voted en masse for the socialist party; **la huelga fue apoyada ~** there was overwhelming support for the strike

**masivo** ADJ [*ataque, dosis etc*] massive; [*evacuación, ejecución*] mass *antes de s*; **se espera una asistencia masiva** a huge turnout is expected; **reunión masiva** mass meeting

**masmediático** ADJ mass-media *antes de s*; **mucha atención masmediática** a lot of attention from the mass media

**masoca*** Ⓐ ADJ masochistic
Ⓑ SMF masochist

**masocotudo** ADJ (*Andes, Cono Sur*) = **amazacotado**

**masón** SM (free)mason

**masonería** SF (free)masonry

**masónico** ADJ masonic

**masoquismo** SM masochism

**masoquista** Ⓐ ADJ masochistic
Ⓑ SMF masochist

**masoterapia** SF massage (therapy)

**mastate** SM (*CAm, Méx Hist*) loincloth

**mastectomía** SF mastectomy

**mastelero** SM topmast

**master, máster** Ⓐ ADJ [*copia*] master
Ⓑ SM (*pl* **masters**) [1] (*Univ*) master's degree (**en** in); ► **Master de Administración de Empresas** Master of Business Administration, MBA
[2] (*Cine, Mús*) master copy
[3] (*Dep*) masters' (competition); **el Master de Augusta** the Augusta Masters

**masticación** SF chewing, mastication (*frm*)

**masticar** ▸conjug 1g◂ VT to chew, masticate (*frm*)

**mástil** SM [1] (= *palo*) pole; (= *sostén*) support; (*para bandera*) flagpole; (*Náut*) mast; (*Arquit*) upright ► **mástil de tienda** tent pole
[2] [*de guitarra*] neck
[3] [*de pluma*] shaft

**mastín** SM mastiff ► **mastín danés** Great Dane ► **mastín del Pirineo** Pyrenean mountain dog, Great Pyrenees (*EEUU*)

**mastique** SM (= *escayola*) plaster; (= *cemento*) cement; (= *masilla*) putty

**mastitis** SF INV mastitis

**masto** SM (*Agr, Hort*) stock (*for grafting*)

**mastodonte** SM [1] (= *animal*) mastodon
[2] (*) (= *persona*) (great) hulk*; (= *organización*) behemoth; (= *máquina*) huge great thing*

**mastodóntico** ADJ colossal, huge

**mastoides** ADJ, SF INV mastoid

**mastuerzo** SM [1] (*Bot*) cress; (*tb* **~ de agua**) watercress
[2] (*) (= *persona*) clodhopper*

**masturbación** SF masturbation

**masturbar** ▸conjug 1a◂ Ⓐ VT to masturbate
Ⓑ **masturbarse** VPR to masturbate

**masturbatorio** ADJ masturbatory

**Mat.** ABR = **Matemáticas**

**mata** SF [1] (= *arbusto*) bush, shrub; (*esp LAm*) (= *planta*) plant; (*en tiesto*) potted plant ► **mata de coco** (*Caribe*) coconut palm ► **mata de plátano** (*Caribe*) banana tree ► **mata rubia** kermes oak
[2] (= *ramita*) sprig; (= *manojo*) tuft; (= *raíz*) clump; (= *ramo*) bunch
[3] **matas** (= *matorral*) thicket *sing*, scrub *sing*, bushes
[4] (*Agr*) (= *terreno*) field, plot; (*Andes*) (= *huerto*) orchard
[5] (*LAm*) (= *arboleda*) clump, grove; (*LAm*) (= *bosque*) forest ► **mata de bananos** banana plantation
[6] ► **mata de pelo** mop of hair

**mataburros** SM INV (*Caribe, Cono Sur hum*) dictionary

**matacaballo** ADV ✦***MODISMO*** **a ~** at breakneck speed

**matacán** SM [1] (*Andes, Caribe*) (= *cervato*) fawn, young deer
[2] (*CAm*) (= *ternero*) calf

**matachín** SM bully

**matadero** SM [1] [*de ganado*] slaughterhouse, abattoir (*frm*); **son como las ovejas que van al ~** they go like lambs to the slaughter
[2] (*) (= *trabajo*) killer*, exhausting task
[3] (*Méx, Cono Sur**) (= *prostíbulo*) brothel

**matador(a)** Ⓐ ADJ [1] (= *que mata*) killing
[2] (*) (= *horrible*) horrible; (= *ridículo*) ridicu-

lous; (= *absurdo*) absurd; **el vestido te está ~** that dress looks terrible on you
Ⓑ SM/F [1] (= *asesino*) killer
[2] (*Taur*) matador, bullfighter

**matadura** SF sore

**matafuego** SM fire extinguisher

**matagigantes** SM INV giant-killer

**matalahúga** SF, **matalahúva** SF aniseed

**matalobos** SM INV aconite, wolf's-bane

**matalón** Ⓐ ADJ [*caballo*] old, worn-out
Ⓑ SM nag

**matalotaje** SM [1] (*Náut*) ship's stores
[2] (*) (= *revoltijo*) jumble, mess

**matambre** SM (*Cono Sur*) stuffed rolled beef

**matamoros** SM INV swashbuckler, braggart

**matamoscas** SM INV (= *paleta*) fly swat; (= *papel*) flypaper; (= *aerosol*) fly spray

**matanza** SF [1] (*en batalla*) slaughter, killing; (*Agr*) slaughtering; (= *temporada*) slaughtering season; (*fig*) slaughter, massacre
[2] (*Caribe*) (= *matadero*) slaughterhouse; (*Andes*) (= *tienda*) butcher's, butcher's shop; (*CAm*) (= *mercado*) meat market

**mataperrada*** SF (*Andes, Cono Sur*) (= *broma*) prank; (= *granujada*) dirty trick

**mataperrear*** ▸conjug 1a◂ VI (*Andes, Cono Sur*) to wander the streets

**mataperros*** SM INV (= *niño*) urchin; (= *adolescente*) hooligan

**matapolillas** SM INV mothballs *pl*

**matar** ▸conjug 1a◂ Ⓐ VT [1] [+ *persona*] to kill; [+ *reses, ganado*] to kill, slaughter; **la mató en un ataque de celos** he killed her in a fit of jealousy; **el jefe me va a ~** the boss will kill me; **~ a algn a golpes** to beat sb to death; **~ a algn a disgustos** to make sb's life a misery; **así me maten** for the life of me; **que me maten si ...** I'll be damned if ...; ✦***MODISMOS*** **~las callando** to go about things slyly; **entre todos la ~on (y ella sola se murió)** they are all to blame
[2] [+ *tiempo, pelota*] to kill; [+ *sed*] to quench; [+ *sello*] to postmark, cancel; [+ *pieza*] (*en ajedrez*) to take; [+ *cal*] to slake; [+ *ángulo, borde*] to file down; [+ *color*] to dull; **cómete una manzana para ~ el hambre** have an apple to keep you going
[3] (*) (= *molestar*) **los zapatos me están matando** these shoes are killing me*; **me mata tener que trabajar en sábado** it's a pain having to work on a Saturday*
[4] (*) (= *sorprender*) **¿se van a casar? ¡me has matado!** they're getting married? you're kidding!*
Ⓑ VI to kill; **no ~ás** (*Rel*) thou shalt not kill; **entrar a ~** (*Taur*) to go in for the kill; ✦***MODISMO*** **estar** *o* **llevarse a ~ con algn** to be at daggers drawn with sb
Ⓒ **matarse** VPR [1] (= *suicidarse*) to kill o.s.; **se mató de un tiro** he shot himself
[2] (= *morir*) to be killed, get killed; **se ~on en un accidente de aviación** they were killed in a plane crash
[3] (= *esforzarse*) to kill o.s.; **convendría revisar estas facturas, pero no te mates** these invoices need checking but don't kill yourself; **~se trabajando** *o* **a trabajar** to kill o.s. with work; **se mata para mantener a su familia** he has to work like crazy to keep his family; **se mata por sacar buenas notas** he goes all out to get good marks

**matarife** SM [1] [*de animales*] slaughterman, butcher ► **matarife de caballos** knacker
[2] (= *matón*) thug

**matarratas** SM INV [1] (= *veneno*) rat poison
[2] (*) (= *alcohol*) rotgut, bad liquor

**matasanos*** SM INV quack (doctor)

**matasellado** SM postmark, franking

**matasellar** ▸conjug 1a◂ VT to postmark, frank

**matasellos** SM INV (= *marca*) postmark; (= *instrumento*) franking machine; **la carta tenía ~ de Madrid** the letter was postmarked Madrid ► **matasellos de puño** hand stamp

**matasiete** SM braggart, bully

**matasuegras** SM INV party blower

**matasuelo** SM ✦***MODISMO*** **darse un ~** (*Andes**) to come a cropper*, take a flat beating (*EEUU*)

**matate** SM (*CAm*) canvas bag

**matazón** SF (*Andes, CAm, Caribe*) = **matanza**

**match** [matʃ] SM (*pl* **matchs** [matʃ]) match, game (*EEUU*)

**mate**[1] ADJ (= *sin brillo*) matt; [*sonido*] dull

**mate**[2] SM (*Ajedrez*) mate; **dar ~ a** to mate, checkmate

**mate**[3] SM (*LAm*) [1] (= *bebida*) maté ► **mate cocido** maté infusion ► **mate de coca** coca leaf tea ► **mate de menta** mint tea
[2] (= *vasija*) gourd, maté pot; ✦***MODISMOS*** **pegar ~** (*CAm*) to go crazy; **tener mucho ~** (*CAm*) to be sharp
[3] (*Cono Sur**) (= *cabeza*) head, nut*, noggin (*EEUU**)

**mate**[4] SM (*Tenis*) smash

**matear**[1] ▸conjug 1a◂ Ⓐ VT (*Agr*) to plant at regular intervals, sow in groups
Ⓑ VI [1] (*Bot*) to sprout (thickly)
[2] [*perro*] to hunt among the bushes

**matear**[2] ▸conjug 1a◂ VI (*LAm*) to drink maté

**matear**[3] ▸conjug 1a◂ VT (*Cono Sur*) [1] (*Ajedrez*) to checkmate
[2] (= *mezclar*) to mix

**matemáticamente** ADV [1] (*Mat*) mathematically
[2] (= *exactamente*) exactly; **siempre llegan ~ a la misma hora** they always arrive at exactly the the same time; **las dos versiones coinciden casi ~** the two versions tally in almost every detail
[3] (*Dep*) **nuestro equipo se sitúa ~ en Primera División** mathematically, our team is guaranteed a place in the First Division

**matemáticas** SFPL, **matemática** SF mathematics *sing* ► **matemáticas aplicadas** applied mathematics ► **matemáticas puras** pure mathematics

**matemático/a** Ⓐ ADJ [1] (*Mat*) mathematical; [*cálculo*] precise
[2] (= *exacto*) exact; **con puntualidad matemática** dead on time
[3] (*Dep*) **con esa victoria aseguró el ascenso ~** with that win they made sure of promotion
[4] **es ~** (= *no falla*): **¡es ~!, ¡cada vez que me siento, suena el teléfono!** it's like clockwork!, every time I sit down the phone rings!
Ⓑ SM/F mathematician, math specialist (*EEUU*)

**Mateo** SM Matthew; **el evangelio según San ~** the Gospel according to St Matthew; **la Pasión según San ~** the St Matthew Passion

**materia** SF [1] (*Fís*) matter; (= *material*) material, substance; **~ inorgánica** inorganic matter; **~ vegetal** vegetable matter; **una ~ esponjosa y blanda** a soft spongy material o substance; **hay ~ para escribir varios libros** there is enough material to write several books; **hay mucha ~ para investigar** there is a lot of material to research; **ya tenéis ~ para pensar** that should give you something to think about *o* food for thought ► **materia colorante** dyestuff ► **materia fecal** faeces *pl*, feces *pl* (*EEUU*) ► **materia grasa** fat ► **materia gris** grey *o* (*EEUU*) gray matter ► **materia prima** raw material
[2] (= *tema*) subject matter; (*Escol*) subject; **índice de ~s** table of contents; **en ~ de** as regards; **entrar en ~** to get down to business, get to the point; **son expertos en la ~** they are experts on the subject; **será ~ de muchas discusiones** it will be the subject of a lot of debate ► **materia optativa** (*Escol*) option, optional subject

**material** Ⓐ ADJ [1] [*ayuda, valor etc*] material; **bienestar ~** material well-being
[2] (= *físico*) physical; **la presencia ~ de algn** sb's physical *o* bodily presence; **dolor ~** physical pain; **daños ~es** physical damage, damage to property
[3] (= *real*) **la imposibilidad ~ de ...** the physical impossibility of ...; **el autor ~ del hecho** the actual perpetrator of the deed; **no tengo tiempo ~ para ir** I literally don't have time to go
Ⓑ SM [1] (= *materia*) material; **hecho de mal ~** made of poor-quality material(s); **tengo ya ~ para una novela** I've got enough material now for a novel ► **material de construcción** building materials *pl* ► **material de desecho** waste material ► **materiales de derribo** rubble *sing* ► **materiales plásticos** plastics ► **material impreso** printed matter ► **material reciclado** recycled material
[2] (= *equipo*) equipment ► **material bélico, material de guerra** war material, military equipment ► **material de envasado** packaging materials *pl* ► **material de limpieza** cleaning materials *pl* ► **material de oficina** office supplies *pl*, stationery ► **material deportivo** sports equipment ► **material escolar** school equipment ► **materiales didácticos** teaching materials ► **material fotográfico** photographic equipment ► **material informático** hardware ► **material móvil, material rodante** rolling stock
[3] (*Tip*) copy
[4] (*) (= *cuero*) leather
[5] **de ~** (*LAm*) made of bricks, brick-built

**materialidad** SF (= *naturaleza*) (material) nature; (= *apariencia*) outward appearance; **percibe solamente la ~ del asunto** he sees only the superficial aspects of the question; **es menos la ~ del insulto que ...** it's not so much the insult itself as ...

**materialismo** SM materialism ► **materialismo dialéctico** dialectical materialism

**materialista** Ⓐ ADJ materialist(ic)
Ⓑ SMF materialist
Ⓒ SM [1] (*Méx*) (= *camionero*) lorry driver, truckdriver (*EEUU*)
[2] (*Méx*) (= *contratista*) building contractor

**materializable** ADJ realizable, attainable

**materialización** SF materialization

**materializar** ▸conjug 1f◂ Ⓐ VT to materialize
Ⓑ **materializarse** VPR to materialize

**materialmente** ADV [1] (= *de manera material*) materially; **no ha beneficiado ~ a este pueblo** it has brought no material benefit to this town
[2] (= *físicamente*) physically; **~ posible** physically possible; **se vio ~ asaltada por los fans** she was physically assaulted by the fans
[3] (= *absolutamente*) absolutely; **nos es ~ imposible** it is quite *o* absolutely impossible for us; **estaba ~ mojado** he was absolutely soaked

**maternal** Ⓐ ADJ [*instinto*] maternal; [*amor*] motherly, maternal; [*leche*] mother's; [*faja, sujetador*] maternity *antes de s*; **baja ~** maternity leave
Ⓑ SM (*Caribe*) (= *guardería*) nursery

**maternidad** SF [1] (= *estado*) motherhood, maternity
[2] (= *hospital*) (*tb* **casa de ~**) maternity hospital

**materno** ADJ [*lengua*] mother *antes de s*; [*amor, tono*] motherly, maternal; [*casa*] mother's; **el hogar ~** one's childhood home; **el útero ~** the mother's womb; **abuelo ~** maternal grandfather, grandfather on one's mother's side; **leche materna** mother's milk; **hospital ~-infantil** maternity hospital

**matero** ADJ (*Cono Sur*) [1] (= *de mate*) of maté, relating to maté
[2] [*persona*] fond of drinking maté

**mates*** SFPL maths* *sing*, math *sing* (*EEUU*)

**matete*** SM (*Cono Sur*) [1] (= *revoltijo*) mess, hash*
[2] (= *riña*) quarrel, brawl
[3] (= *confusión*) confusion

**Matilde** SF Mat(h)ilda

**matinal** Ⓐ ADJ morning *antes de s*
Ⓑ SF matinée

**matinée** SM [1] (*Teat*) matinée
[2] (*Andes*) (= *fiesta infantil*) children's party

**matiz** SM [1] [*de color*] shade
[2] [*de sentido*] shade, nuance; (= *ironía*) touch

**matización** SF [1] (*Arte*) blending
[2] (= *teñido*) tinging, tinting
[3] (= *aclaración*) qualification; **conviene hacer algunas matizaciones al respecto** some clarifications are required; **esta opinión, con ciertas matizaciones, es compartida por todos** this opinion, with certain qualifications, is shared by everyone; **quiero hacer una ~** I'd like to qualify *o* clarify that

**matizado** ADJ **~ de** *o* **en** tinged with, touched with (*tb fig*); **una explicación más matizada** a more thorough *o* exhaustive explanation

**matizar** ▸conjug 1f◂ VT [1] (*Arte*) to blend; [+ *tono*] to vary, introduce some variety into; [+ *contraste, intensidad de colores*] to tone down
[2] (= *teñir*) to tinge, tint (**de** with)
[3] (= *aclarar*) to qualify; **creo que deberías ~ lo que acabas de decir** I think what you just said needs qualifying; **~ que …** to explain that …, point out that …; **el ministro defendió su postura, aunque matizó que …** the minister defended his position, although he explained *o* pointed out that …

**matojal** SM (*Caribe*), **matojo** SM (*Andes, Caribe, Méx*) = **matorral**

**matón** SM (= *bravucón*) thug; (*en el colegio*) bully, thug ► **matón de barrio** local thug, local bully-boy*

**matonismo** SM (= *bravuconería*) thuggery; (*en el colegio*) bullying

**matorral** SM (= *conjunto de matas*) thicket, bushes *pl*; (= *terreno*) scrubland

**matorro** SM (*Andes*) = **matorral**

**matra** SF (*Cono Sur*) horse blanket

**matraca** Ⓐ SF [1] (= *carraca*) rattle
[2] (*) (= *lata*) nuisance, pain*; (= *burla*) teasing, banter; **dar la ~ a algn** (= *molestar*) to pester sb; (= *burlarse de*) to tease sb
[3] (*Andes*‡) (= *marihuana*) hash*, pot*
[4] **matracas** (*Escol*‡) maths* *sing*, math *sing* (*EEUU*)
[5] (*Méx**) (= *metralleta*) machine gun
Ⓑ SMF (*) (= *persona*) nuisance, pain*

**matraquear** ▸conjug 1a◂ VT [1] (= *hacer sonar*) to rattle
[2] (*) = **dar la matraca**; *ver* **matraca A2**

**matraz** SM flask

**matreraje** SM (*Cono Sur*) banditry

**matrero** (*LAm*) Ⓐ ADJ [1] (= *astuto*) cunning, sly
[2] (= *desconfiado*) suspicious, distrustful
Ⓑ SM (= *bandido*) bandit, brigand; (= *fugitivo*) fugitive from justice; (= *tramposo*) trickster

**matriarca** SF matriarch

**matriarcado** SM matriarchy

**matriarcal** ADJ matriarchal

**matricería** SF die-stamping

**matricida** SMF matricide

**matricidio** SM matricide

**matrícula** SF [1] (= *inscripción*) registration, enrolment, enrollment (*EEUU*); **el plazo de ~ finaliza el día 15** the last day for registration *o* enrolment is the 15th; **fui a la universidad a hacer la ~** I went to University to matriculate; **tasas de ~** registration fees
[2] (= *nota*) ► **matrícula de honor** *top marks in a subject at university with the right to free registration the following year*
[3] (= *alumnado*) roll
[4] (*Aut*) (= *número*) registration number, license number (*EEUU*); (= *placa*) number plate, license plate (*EEUU*); **un coche con ~ de Toledo** a car with a Toledo number plate ► **matrícula de encargo** personalized number plate
[5] (*Náut*) registration; **un buque de ~ extranjera** a ship with foreign registration, a foreign-registered ship; **un barco con ~ de Bilbao** a Bilbao-registered boat
[6] (= *registro*) register

**matriculación** SF [1] (= *inscripción*) registration, enrolment, enrollment (*EEUU*)
[2] [*de barco, vehículo*] registration

**matricular** ▸conjug 1a◂ Ⓐ VT [1] (= *inscribir*) to register, enrol, enroll (*EEUU*)
[2] [+ *barco, vehículo*] to register
Ⓑ **matricularse** VPR to register, enrol; **~se en el curso de …** to sign on *o* enrol *o* (*EEUU*) enroll for the course in …

**matrilineal** ADJ matrilineal

**matrilinealidad** SF matrilineal descent

**matrimonial** ADJ matrimonial; **agencia ~** marriage bureau; **enlace ~** wedding; **vida ~** married life, conjugal life (*frm*); **capitulaciones ~es** marriage settlement *sing*

**matrimonialista** ADJ **abogado ~** lawyer specializing in matrimonial cases

**matrimoniar** ▸conjug 1b◂ VI to marry, get married

**matrimonio** SM [1] (= *institución*) marriage, matrimony (*frm*); **contraer ~ (con algn)** to marry (sb); **tras 26 años de ~** after 26 years of marriage; **hacer vida de ~** to live together as man and wife; **hacer uso del ~** (*hum*) to make love ► **matrimonio abierto** open marriage ► **matrimonio canónico** canonical marriage ► **matrimonio civil** civil marriage ► **matrimonio clandestino** secret marriage ► **matrimonio consensual** common-law marriage ► **matrimonio de conveniencia**, **matrimonio de interés** marriage of convenience ► **matrimonio religioso** church wedding
[2] (= *pareja*) (married) couple; **el ~ García** the Garcías, Mr and Mrs García; **cama de ~** double bed

**matritense** ADJ, SMF = **madrileño**

**matriz** Ⓐ SF [1] (*Anat*) womb, uterus
[2] (*Téc*) mould, mold (*EEUU*), die; (*Tip*) matrix
[3] [*de talonario*] stub, counterfoil
[4] (*Jur*) original, master copy
[5] (*Mat*) matrix; (*Inform*) array
Ⓑ ADJ **casa ~** (*Com*) (= *sede*) head office; (= *compañía*) parent company; (= *convento*) parent house

**matrona** SF [1] (= *mujer*) matron
[2] (= *comadrona*) midwife

**matronal** ADJ matronly

**matungo**‡ (*Caribe, Cono Sur*) Ⓐ ADJ old, worn-out
Ⓑ SM (= *caballo*) old horse, nag; (= *persona*) beanpole*, string bean (*EEUU**)

**maturrango** Ⓐ ADJ (*Cono Sur*) (= *torpe*) clumsy, awkward; (*Andes, Cono Sur*) [*jinete*] poor, incompetent
Ⓑ SM (*Andes, Cono Sur*) poor rider, incompetent horseman

**Matusalén** SM Methuselah

**matute** SM [1] (= *acto*) smuggling, contraband; **de ~** (= *de contrabando*) smuggled, contraband *antes de s*; (= *en secreto*) secretly, on the sly; **se colaron de ~** they sneakily jumped the queue; **introducir una idea de ~** to surreptitiously slip an idea in
[2] (= *géneros*) smuggled goods *pl*, contraband
[3] (= *casa de juego*) gambling den

**matuteo** SM smuggling, contraband

**matutero** SM smuggler

**matutino** Ⓐ ADJ morning *antes de s*
Ⓑ SM morning newspaper

**maula** Ⓐ ADJ [*animal*] useless, lazy; [*persona*] good-for-nothing, unreliable
Ⓑ SMF [1] (= *vago*) idler, slacker
[2] (= *tramposo*) cheat, trickster; (= *moroso*) bad payer
Ⓒ SF [1] (= *retal*) remnant; (= *trasto*) piece of junk, useless object; (= *persona*) dead loss*
[2] (= *truco*) dirty trick

**maulería** SF cunning, trickiness

**maulero** SM [1] (= *tramposo*) cheat, trickster; (= *engañador*) swindler
[2] (= *ilusionista*) conjurer

**maullar** ▸conjug 1a◂ VI to mew, miaow

**maullido** SM mew, miaow

**Mauricio**[1] SM Maurice

**Mauricio**[2] SM (*Geog*) Mauritius ► **Isla Mauricio** Mauritius

**Mauritania** SF Mauritania

**mauritano/a** ADJ, SM/F Mauritanian

**maurofilia** SF (*Hist*) *admiration for the Moors and Moorish culture*

**maurofobia** SF (*Hist*) *hatred of the Moors and Moorish culture*

**mausoleo** SM mausoleum

**máx.** ABR (= **máximo**) max

**maxi** PREF maxi...

**maxiabrigo** SM maxi-coat

**maxifalda** SF maxiskirt

**maxilar** Ⓐ ADJ maxillary
Ⓑ SM jaw, jawbone; **recibió un puñetazo en el ~** he received a punch in the jaw

**maxilofacial** ADJ maxillofacial

**máxima**[1] SF (= *frase*) maxim

**máxima**[2] SF (*Meteo*) maximum (temperature), high; **~s de 44 grados en Sevilla y Córdoba** top temperatures *o* highs of 44 degrees in Seville and Córdoba

**maximalismo** SM maximalism

**maximalista** ADJ, SMF maximalist

**máxime** ADV (= *sobre todo*) especially; (= *principalmente*) principally; **y ~ cuando ...** and all the more so when ...

**maximización** SF maximization

**maximizar** ▸conjug 1f◂ VT to maximize

**máximo** Ⓐ ADJ [*altura, temperatura, velocidad, carga*] maximum; **el ~ dirigente** the leader; **~ jefe** *o* **líder** (*esp LAm*) President, leader; **llegar al punto ~** to reach the highest point; **lo ~ en ordenadores** the last word in computers; **acortaron el viaje lo ~ posible** they shortened their journey as much as they could
Ⓑ SM maximum; **un ~ de 10.000 pesetas** a maximum of 10,000 pesetas; **el ~ de tiempo que se te permite** the maximum time you're allowed; **al ~** to the maximum; **debemos aprovechar al ~ nuestros recursos** we must exploit our resources to the maximum, we must make the best of the resources we have; **sube la calefacción al ~** put the heating up as high as it'll go; **como ~** (= *como mucho*) at the most, at the outside; (= *como muy tarde*) at the latest; **te costará 5.000 como ~** it'll cost you 5,000 at the most; **llegaré a las nueve como ~** I'll be there by nine o'clock at the latest ► **máximo histórico** all-time high

**máximum** SM maximum

**maxisencillo** SM, **maxisingle** SM twelve-inch (record)

**maxtate** SM (*Méx*) straw basket

**may.** ABR (= **mayúscula(s)**) cap, caps

**maya**[1] SF [1] (*Bot*) daisy
[2] (= *muchacha*) May Queen

**maya**[2] (*Hist*) Ⓐ ADJ Mayan
Ⓑ SMF Maya, Mayan; **los ~** the Maya(s)

**mayal** SM flail

**mayestático** ADJ majestic, royal; **el plural ~** the royal "we"

**mayo** SM [1] (= *mes*) May; **el primero de ~** May Day; **el ~ francés** May 68; *ver tb* **septiembre**
[2] (= *palo*) maypole

**mayólica** SF (*Andes*) wall tile

**mayonesa** SF mayonnaise

**mayor** Ⓐ ADJ [1] (*comparativo*) [1·1] (= *más grande*) **necesitamos una habitación ~** we need a bigger *o* larger room; **un ~ número de visitantes** a larger *o* greater number of visitors, more visitors; **son temas de ~ importancia** they are more important issues, they are issues of greater importance; **sin ~es complicaciones** without further ado; **la ~ parte de los ciudadanos** most citizens; **ser ~ que algo**: **mi casa es ~ que la suya** my house is bigger *o* larger than his; **el índice de paro es ~ que hace un año** unemployment is higher than (it was) a year ago; ✦*MODISMO* **llegar a ~es** [*situación*] to get out of hand, get out of control
[1·2] (= *de más edad*) older; **es mi hermana ~** she's my older *o* elder sister; **Emilio es el ~ de los dos** Emilio is the older of the two; **~ que algn** older than sb; **Paco es ~ que Nacho** Paco is older than Nacho; **es tres años ~ que yo** he is three years older than me; **vivió con un hombre muchos años ~ que ella** she lived with a man many years her senior, she lived with a man who was several years older than her
[2] (*superlativo*) [2·1] (= *más grande*) **esta es la ~ iglesia del mundo** this is the biggest *o* largest church in the world; **su ~ problema** his biggest *o* greatest problem; **su ~ enemigo** his biggest *o* greatest enemy; **viven en la ~ miseria** they live in the greatest *o* utmost poverty; **hacer algo con el ~ cuidado** to do sth with the greatest *o* utmost care
[2·2] (= *de más edad*) oldest; **Juan es el ~** Juan is the oldest; **mi hijo (el) ~** my oldest *o* eldest son
[3] (= *principal*) [*plaza, mástil*] main; [*altar, misa*] high; **calle ~** high street, main street (*EEUU*); *ver tb* **colegio 1**, **libro 2**
[4] (= *adulto*) grown-up, adult; **nuestros hijos ya son ~es** our children are grown-up now; **las personas ~es** grown-ups, adults; **ya eres muy ~ para hacer esas tonterías** you're too old now to do silly things like that; **ser ~ de edad** to be of age; **hacerse ~** to grow up
[5] (= *de edad avanzada*) old, elderly; **mis padres son muy ~es** my parents are very old
[6] (= *jefe*) head *antes de s*; **el cocinero ~** the head chef; **montero ~** head huntsman
[7] (*Mús*) major
Ⓑ SMF [1] (= *adulto*) grown-up, adult; **los ~es se fueron a una fiesta** the grown-ups *o* adults went to a party; **los ~es no hacen cosas así** grown-ups don't do things like that ► **mayor de edad** adult, *person who is legally of age*
[2] (= *anciano*) **los ~es** elderly people; **¡más respeto con los ~es!** be more respectful to your elders (and betters)!
[3] (*LAm Mil*) major
Ⓒ SM **al por ~** wholesale; **vender al por ~** to sell wholesale; **repartir golpes al por ~** to throw punches left, right and centre

**mayoral** SM [1] (= *capataz*) foreman, overseer
[2] [*de finca*] farm manager, steward; [*de ovejas*] head shepherd
[3] (*Hist*) (= *cochero*) coachman

**mayorazgo** SM [1] (= *institución*) primogeniture
[2] (= *tierras*) entailed estate
[3] (= *hijo*) eldest son, first-born

**mayorcito** ADJ **eres ~ ya** you're a big boy now; **ya es ~ para saber lo que hace** he's old enough to know what he's doing; **ya eres un poco ~ para hacer eso** you're too old now to be doing that

**mayordomo** SM [*de casa*] butler; [*de hacienda*] steward; (*Cono Sur*) (= *capataz*) foreman; (*Andes*) (= *criado*) servant; (*LAm Rel*) patron (saint)

**mayorear*** ▸conjug 1a◂ VI (*CAm*) to be in charge, be the boss

**mayoreo** SM (*LAm*) wholesale (trade)

**mayorete** SF majorette

▼ **mayoría** SF [1] (= *mayor parte*) majority; **la ~ de los españoles** the majority of Spaniards, most Spaniards; **la ~ de las veces** usually, on most occasions; **en la ~ de los casos** in most cases; **en su ~** mostly; **islas inhabitadas en su ~** islands, most of which are *o* which are mostly uninhabited; **una ~ del 20 por ciento** a 20 per cent majority; **una ~ de las cuatro quintas partes** a four-fifths majority; **la abrumadora ~** the overwhelming majority; **por una ~ arrolladora** by an overwhelming majority; **gobierno de la ~** majority rule; **la inmensa ~** the vast majority ► **mayoría absoluta** absolute majority ► **mayoría minoritaria** simple majority, relative majority ► **mayoría relativa** simple majority, relative majority ► **mayoría silenciosa** silent majority ► **mayoría simple** simple majority
[2] ► **mayoría de edad** adulthood, majority ► **mayoría de edad penal** age of majority; **cumplir** *o* **llegar a la ~ de edad** to come of age

**mayorista** Ⓐ ADJ wholesale
Ⓑ SMF wholesaler

**mayoritariamente** ADV [1] (= *principalmente*) mainly, mostly; **gente ~ joven** mainly *o* mostly young people, young people for the most part
[2] (*al votar*) by a majority; **el Parlamento votó ~ en contra de la reforma** a majority of the Parliament voted against the reform

**mayoritario** ADJ majority *antes de s*; **gobierno/accionista ~** majority government/shareholder

**mayormente** ADV (= *principalmente*) chiefly, mainly; (= *especialmente*) especially; (= *tanto más*) all the more so; **no me interesa ~** I'm not especially *o* particularly interested, I'm not all that interested

**mayúscula** SF capital (letter); (*Tip*) upper case letter; **se escribe con ~** it's written with a capital (letter); **con el título en ~s** with the title in capitals *o* capital letters; **la Literatura, con ~s** literature with a capital L, heavyweight literature; **un intelectual con ~s** an intellectual with a capital I, a heavyweight intellectual

**mayúsculo** ADJ [1] [*letra*] capital
[2] (= *enorme*) tremendous; **un susto ~** a tremendous fright *o* scare; **un error ~** a tremendous mistake

**maza** SF [1] (= *arma*) mace; (*Dep*) bat; (*Polo*) stick, mallet; (*Mús*) drumstick; [*de taco de billar*] handle; (*Téc*) flail; [*de cáñamo, lino*] brake; **la declaración del Gobierno cayó como una ~ sobre la oposición** the government statement was a bombshell for the opposition ► **maza de fraga** drop hammer ► **maza de gimnasia** Indian club
[2] (*) (= *persona*) bore
[3] (*LAm*) [*de rueda*] hub
[4] (*Andes, Caribe*) [*de ingenio*] drum (of a sugar mill)

**mazacote** SM [1] (*Culin*) **el arroz se ha hecho un ~** the rice is just one sticky mass
[2] (= *hormigón*) concrete
[3] (*Arte*) (= *mezcla*) mess, hotchpotch, hodge-

➤ LENGUA Y USO: **mayoría 1** 53.1

podge (*EEUU*); (= *monstruosidad*) eyesore, monstrosity
[4] (*CAm, Méx*) (= *dulce*) sweet mixture
[5] (*) (= *lata*) bore
[6] (*Caribe***) (= *culo*) arse**, ass (*EEUU***)

**mazacotudo** ADJ = **amazacotado**

**mazada** SF [1] (= *golpe*) bash*, blow (with a club)
[2] (*fig*) blow; **fue una ~ para él** it came as a blow to him; **dar ~ a algn** to hurt sb, injure sb

**mazamorra** (*LAm*) SF [1] [*de maíz*] maize mush, maize porridge; (*pey*) mush
[2] (= *ampolla*) blister

**mazamorrero/a*** (*Andes*) Ⓐ ADJ of/from Lima
Ⓑ SM/F native/inhabitant of Lima; **los ~s** the people of Lima

**mazapán** SM marzipan

**mazazo** SM heavy blow; **fue un ~ para él** it came as a real blow to him; **la noticia cayó como un ~** the news was a bombshell; **el Gobierno asestó ayer un auténtico ~ a la oposición** the government dealt a real blow to the opposition yesterday

**mazmorra** SF dungeon

**mazo** SM [1] (= *martillo*) mallet; [*de mortero*] pestle; (= *porra*) club; [*de croquet*] mallet; [*de campana*] clapper; (*Agr*) flail; ✦*REFRÁN* **a Dios rogando y con el ~ dando** God helps those who help themselves
[2] (= *manojo*) bunch, handful; (= *fardo*) bundle, packet, package (*EEUU*); [*de papeles*] sheaf, bundle; [*de naipes*] pack; [*de billetes*] wad, roll
[3] (*) (= *persona*) bore

**mazorca** SF [1] [*de maíz*] cob, ear ► **mazorca de maíz** corncob
[2] (*Téc*) spindle
[3] (*Cono Sur*) (= *gobierno*) despotic government; (= *banda*) political gang

**mazota** SF (*Andes, Méx*) = **mazorca 1**

**mazote** SM (*Andes, Méx*) handful; **de a ~** free

**Mb** ABR (= **megabyte**) Mb

**mb** ABR (= **milibar(es)**) mb

**Mbytes** ABR (= **megabytes**) Mbytes

**MCCA** SM ABR (= **Mercado Común Centroamericano**) CACM

**MCD** SM ABR (= **Máximo Común Divisor**) HCF

**MCM** SM ABR (= **Mínimo Común Múltiplo**) LCM

**MDP** SM ABR (*Chile*) = **Movimiento Democrático Popular**

**me** PRON PERS [1] (*como complemento directo*) me; **me llamó por teléfono** he telephoned *o* rang me; **ya no me quiere** he doesn't love me any more
[2] (*como complemento indirecto*) (to) me; **¡dámelo!** give it to me!; **me lo compró** (*de mí*) he bought it from me; (*para mí*) he bought it for me; **me lo presentó mi primo** my cousin introduced him to me; **¿por qué me lo preguntas?** why do you ask?; **me lo dijeron ayer** they told me yesterday
[3] (*con partes del cuerpo, ropa*) **me rompí el brazo** I broke my arm; **me lavé la cara** I washed my face; **me quité el abrigo** I took my coat off; **se me está cayendo el pelo** my hair is falling out
[4] (*uso enfático*) **me lo comí todo** I ate it all up; **se me ha caído el bolígrafo** I've dropped my pen; **me preparé un café** I made myself a coffee
[5] (*uso reflexivo o pronominal*) **me lavé** I washed (myself); **me miré al espejo** I looked at myself in the mirror; **me voy a enfadar** I'm going to get cross; **me marcho** I am going

**meada**** SF [1] (= *orina*) piss**; **echar una ~** to have a piss *o* a slash**
[2] (= *mancha*) urine mark, urine stain

**meadero**** SM bog**, loo*, john (*EEUU***)

**meado**** ADJ [1] **esto está ~** it's a cinch*, it's dead easy*
[2] (*Cono Sur*) **estar ~** to be pissed**

**meados**** SMPL piss** *sing*

**meaja** SF crumb

**meandro** SM meander

**meapilas**** Ⓐ ADJ sanctimonious, holier-than-thou
Ⓑ SMF INV (= *santito*) goody-goody*

**mear**** ▸conjug 1a◂ Ⓐ VT [1] (= *orinar*) to piss on**
[2] (= *humillar, ganar*) to piss on**
Ⓑ VI to piss**, have *o* (*EEUU*) take a piss**; ✦*MODISMO* **~ fuera del tiesto** to miss the point completely
Ⓒ **mearse** VPR to wet o.s.; **~se de risa** to piss o.s. laughing**

**MEC** SM ABR (*Esp*) = **Ministerio de Educación y Ciencia**

**meca**[1] SF **la ~ del cine** the Mecca of the film world

**meca**[2]** EXCL (*Chile*) shit!**

**meca**[3]* SF (*Andes*) prostitute

**Meca** SF **La ~** Mecca

**mecachis*** EXCL (*Esp*) (*euf de* **¡me cago!**) sugar!*, shoot!*; **~ en la mar** sugar!*, shoot!*

**mecánica** SF [1] (= *técnica*) mechanics *sing* ► **mecánica de precisión** precision engineering
[2] (= *mecanismo*) mechanism, works
[3] (= *funcionamiento*) mechanics *pl*; **la ~ del concurso es sencilla** the mechanics of the competition are simple; **la ~ parlamentaria** parliamentary procedure; **la ~ electoral** electoral procedure

**mecánicamente** ADV mechanically

**mecanicista** ADJ mechanistic

**mecánico/a** Ⓐ ADJ [1] (*gen*) mechanical; (*con motor*) power *antes de s*; (= *de máquinas*) machine *antes de s*
[2] [*gesto, trabajo*] mechanical
Ⓑ SM/F [*de coches*] mechanic, grease monkey (*EEUU**); (= *operario*) machinist; (= *ajustador*) fitter, repair man/woman; (*Aer*) rigger, fitter; (= *conductor*) driver, chauffeur ► **mecánico/a de vuelo** flight engineer

**mecanismo** SM [1] [*de reloj, cerradura, fusil*] mechanism ► **mecanismo de dirección** steering gear ► **mecanismo de seguridad** safety mechanism
[2] (= *procedimiento*) mechanism; **el ~ electoral** the electoral procedure ► **mecanismo de defensa** defence mechanism

**mecanización** SF mechanization

**mecanizado** ADJ mechanized

**mecanizar** ▸conjug 1f◂ VT to mechanize

**mecano**® SM Meccano®

**mecanografía** SF typing ► **mecanografía al tacto** touch-typing

**mecanografiado** Ⓐ ADJ typewritten
Ⓑ SM (= *texto*) typescript; (= *acción*) typing

**mecanografiar** ▸conjug 1c◂ VT to type

**mecanógrafo/a** SM/F typist

**mecapal** SM (*CAm, Méx*) leather strap (*for carrying*)

**mecapalero** SM (*CAm, Méx*) porter

**mecatazo** SM (*CAm*) [1] (= *golpe*) lash
[2] (*) (= *trago*) swig*

**mecate** SM [1] (*CAm, Méx*) (= *cuerda*) rope, twine; (= *fibra*) strip of pita fibre; **¡es todo ~!** (*Méx**) it's terrific!; ✦*MODISMO* **jalear el ~ a algn*** to suck up to sb*
[2] (*Méx**) (= *persona*) boor, oaf

**mecateada** SF (*CAm, Méx*) lashing, beating

**mecatear**[1] ▸conjug 1a◂ Ⓐ VT [1] (*CAm, Méx*) (= *atar*) to tie up; (= *azotar*) to lash, whip
[2] (*LAm**) (= *dar coba a*) to suck up to*
Ⓑ **mecatearse** VPR (*Méx***) **~se** ◊ **mecateárselas** to beat it*, leg it*

**mecatear**[2] ▸conjug 1a◂ VI (*Andes*) to eat cakes

**mecatero**** SM (*LAm*) creep*, toady

**mecato** SM (*Andes*) cakes *pl*, pastries *pl*

**mecedor** Ⓐ ADJ rocking
Ⓑ SM [1] (= *columpio*) swing
[2] (*CAm, Caribe, Méx*) (= *silla*) rocking chair
[3] (*Caribe*) (= *cuchara*) stirrer

**mecedora** SF rocking chair

**Mecenas** SM Maecenas

**mecenas** SMF INV patron; **~ de las artes** patron of the arts

**mecenazgo** SM patronage

**mecer** ▸conjug 2b◂ Ⓐ VT [1] [+ *cuna, niño*] to rock; (*en columpio*) to swing; [+ *rama*] to cause to sway, move to and fro; [*olas*] [+ *barco*] to rock
[2] [+ *líquido*] to stir; [+ *recipiente*] to shake
Ⓑ **mecerse** VPR (*en mecedora*) to rock (to and fro); (*en columpio*) to swing; [*rama*] to sway, move to and fro

**mecha** SF [1] [*de vela, lámpara*] wick; [*de explosivo*] fuse; **encender la ~** (*lit, fig*) to light the fuse; ✦*MODISMOS* **aguantar ~** to grin and bear it; **tener mucha ~ para algo** to be very good at sth, have a knack for sth; **a toda ~*** at full speed ► **mecha lenta** slow fuse ► **mecha tardía** time fuse
[2] [*de pelo*] = **mechón**[1]
[3] **mechas** (*en el pelo*) highlights
[4] [*de tocino*] rasher
[5] (*Andes, Cono Sur Téc*) bit (*of brace*)
[6] (*Andes, Caribe**) (= *broma*) joke
[7] (*LAm*) (= *miedo*) fear
[8] (*) (= *ratería*) shoplifting
[9] (*Andes*) (= *baratija*) trinket

**mechado** ADJ **carne mechada** larded meat; **~ de anglicismos** full of Anglicisms

**mechar** ▸conjug 1a◂ VT (*Culin*) (= *poner tocino*) to lard; (= *rellenar*) to stuff

**mechero**[1] SM [1] (= *encendedor*) cigarette lighter; (= *estufa*) burner; (*Andes, Cono Sur*) (= *candil*) oil lamp ► **mechero Bunsen** Bunsen burner ► **mechero de gas** gas burner ► **mechero encendedor**, **mechero piloto** pilot light
[2] (*CAm, Méx*) [*de pelo*] mop of hair
[3] (**) (= *pene*) prick**

**mechero**[2]**/a*** SM/F [1] (= *ladrón*) shoplifter
[2] (*Caribe*) (= *bromista*) joker

**mechificar*** ▸conjug 1g◂ VT (*Andes, Caribe*) (= *engañar*) to trick, deceive; (= *mofarse de*) to mock

**mecho** SM (*Andes, CAm*) (= *vela*) candle; (= *cabo*) candle end; (= *candelero*) candlestick

**mechón**[1] SM [*de pelo*] lock; (= *hilos*) bundle

**mechón²/ona*** SM/F (*Chile*) fresher, freshman

**mechudo** ADJ (*LAm*) tousled, unkempt

**meción** SM (*CAm, Caribe*) jerk, jolt

**meco*** ADJ (*CAm, Méx*) (= *ordinario*) coarse, vulgar; (= *bruto*) thick*; (= *salvaje*) uncivilized, wild; (*Hist*) wild (Indian)

**medalla** SF (*Dep, Mil*) medal; (= *joya*) medallion; **una ~ de la Virgen** a medallion with the Virgin Mary on it; **ser ~ de bronce/plata/oro** to be a bronze/silver/gold medallist *o* (*EEUU*) medalist, get a bronze/silver/gold (medal) ► **medalla al valor** medal for bravery

**medallero** SM medal table

**medallista** SMF [1] (*Dep*) medallist, medalist (*EEUU*) ► **medallista de bronce** bronze medallist ► **medallista de oro** gold medallist ► **medallista de plata** silver medallist
[2] (= *diseñador*) medal designer

**medallón** SM [1] (= *medalla*) medallion
[2] (= *relicario*) locket
[3] (*Culin*) medallion, médaillon ► **medallón de pescado** fish cake

**médano** SM, **medaño** SM (*en tierra*) sand dune; (*en el mar*) sandbank

**media** SF [1] **medias** (= *hasta la cintura*) tights, pantyhose *sing* (*EEUU*); (*hasta el muslo*) stockings ► **medias de compresión** support tights ► **medias de malla** (*hasta el muslo*) fishnet stockings; (*hasta la cintura*) fishnet tights ► **medias de red**, **medias de rejilla** = **medias de malla** ► **medias pantalón** (*Col*) tights *pl*; → PANTALONES, ZAPATOS, GAFAS
[2] (*LAm*) (= *calcetín*) sock
[3] **de ~** [*aguja*] knitting *antes de s*; [*punto*] plain; **hacer ~** to knit
[4] (*Dep*) midfield
[5] (= *promedio*) average; **100 de ~ al día** an average of 100 a day; **dan una ~ de cinco conciertos al mes** they give an average of five concerts a month ► **media aritmética** arithmetic mean ► **media ponderada** weighted average
[6] ► **media de cerveza** 1/4 litre bottle of beer

**mediación** SF mediation, intercession; **por ~ de** through

**mediado** ADJ [1] [*local*] half-full, half-empty; [*trabajo*] half-completed; **el local estaba ~** the place was half-full *o* half-empty; **mediada la tarde** halfway through the afternoon; **llevo ~ el trabajo** I am halfway through the job, I have completed half the work
[2] **a ~s de marzo** in the middle of March, halfway through March; **a ~s del siglo pasado** around the middle of the last century

**mediador(a)** SM/F mediator

**mediagua** SF (*Cono Sur*) hut, shack

**medial** ADJ medial

**medialuna** SF (*LAm*) croissant

**mediana** SF [1] (*Aut*) central reservation, median (*EEUU*)
[2] (*Mat*) median

**medianamente** ADV [1] (= *bastante*) fairly; **una calle ~ concurrida** a fairly busy street; **me gusta comer ~ bien** I like to eat at least fairly well; **cualquier persona ~ sensata** any half-sensible person
[2] (= *regular*) moderately; **un trabajo ~ bueno** a moderately good piece of work; **quedó ~ en los exámenes** he did moderately well in the exams

**medianera** SF (*Andes, Cono Sur*) party wall, dividing wall

**medianería** SF [1] (= *pared*) party wall
[2] (*Caribe, Méx Com*) partnership; (*Agr*) sharecropping

**medianero** Ⓐ ADJ [1] [*pared*] party *antes de s*, dividing *antes de s*; [*valla*] boundary *antes de s*
[2] [*vecino*] adjacent, next
Ⓑ SM [1] [*de casa*] owner of the adjoining house (or property *etc*)
[2] (*Caribe, Méx*) (= *socio*) partner; (*Agr*) share-cropper

**medianía** SF [1] (= *promedio*) average; (= *punto medio*) halfway point; (*Econ*) moderate means *pl*, modest circumstances *pl*; (*en sociedad*) undistinguished social position
[2] (= *mediocridad*) mediocrity; **no pasa de ser una ~** he's no better than average, he's little more than mediocre
[3] (*Com*) middleman

**mediano** ADJ [1] (= *regular*) average; (*en tamaño*) medium-sized; [*empresa*] medium-sized; **una bomba de mediana potencia** a medium-sized bomb; **una cebolla mediana** a medium onion; **camisetas de talla mediana** medium T-shirts; **es ~ de estatura** he is of average *o* medium height; **de mediana edad** middle-aged
[2] (= *del medio*) middle; **es el hermano ~** he is the middle brother
[3] (= *indiferente*) mediocre, average

**medianoche** SF midnight; **a ~** at midnight

▼**mediante** PREP [1] (= *por medio de*) by means of; **izan las cajas ~ una polea** the crates are lifted by means of a pulley; **se comunicaban ~ mensajes en clave** they communicated by means of coded messages; **se comunican ~ gestos** they communicate through signs; **lograron abrir la puerta ~ una palanca** they managed to open the door with a metal bar; **vigilaban el edificio ~ cámaras ocultas** hidden cameras were used to keep a watch on the building; **un diseño ~ ordenador** a computer-generated design
[2] **Dios ~** God willing; **volveré, Dios ~, el lunes** I'll be back on Monday, God willing

**mediar** ▸conjug 1b◂ VI [1] (= *estar en medio*) to be halfway through; (= *llegar a la mitad*) to get to the middle, get halfway; [*tiempo*] to elapse, pass; **entre A y B median 30kms** it is 30kms from A to B; **media un abismo entre los dos gobiernos** the two governments are poles apart; **entre los dos sucesos ~on varios años** the two events were separated by several years, several years elapsed between the two events; **mediaba el otoño** autumn was half over, it was halfway through autumn; **mediaba el mes de julio** it was halfway through July
[2] (= *ocurrir*) to come up, happen; (= *intervenir*) to intervene; (= *existir*) to exist; **pero medió la muerte de su madre** but his mother's death intervened; **media el hecho de que ...** we must take into account the fact that ...; **median relaciones cordiales entre los dos** cordial relations exist between the two; **sin ~ palabra se abalanzó sobre ellos** he fell upon them without a word
[3] (= *interceder*) to mediate (**en** in; **entre** between), intervene; **~ en favor de algn** ◊ **~ por algn** to intercede *o* intervene on sb's behalf; **~ con algn** to intercede with sb

**mediático** ADJ media *antes de s*

**mediatizar** ▸conjug 1f◂ VT [1] (= *estorbar*) to interfere with, obstruct; (= *influir*) to influence
[2] (*Pol*) to annexe, take control of

**medible** ADJ (= *mensurable*) measurable; (= *observable*) detectable, appreciable

**medicación** SF (= *medicinas*) medication; (= *tratamiento*) medication, treatment

**médicamente** ADV medically

**medicamento** SM medicine ► **medicamento de patente** patent medicine

**medicamentoso** ADJ **incompatibilidad medicamentosa** incompatibility between drugs; **el tratamiento ~ será diferente** the drugs prescribed will vary

**medicar** ▸conjug 1g◂ Ⓐ VT to give medicine to; **estar medicado** to be on medication; **jabón medicado** medicated soap
Ⓑ **medicarse** VPR to take medicine

**medicastro** SM (*pey*) quack (doctor)

**medicina** SF [1] (= *ciencia*) medicine; **estudia ~ en la universidad** he's studying medicine at university; **un estudiante de ~** a medical student ► **medicina de empresa** industrial medicine ► **medicina forense** forensic medicine ► **medicina general** general medicine, general practice ► **medicina homeopática** homeopathic medicine ► **medicina interna** internal medicine ► **medicina legal** forensic medicine, legal medicine ► **medicina natural** natural medicine ► **medicina preventiva** preventive medicine
[2] (= *medicamento*) medicine; **¿te has tomado ya la ~?** have you taken your medicine yet?

**medicinal** ADJ medicinal

**medicinar** ▸conjug 1a◂ Ⓐ VT to give medicine to
Ⓑ **medicinarse** VPR to take medicine; **~se con algo** to dose o.s. with sth

**medición** SF [1] [*de presión, distancia*] (= *acción*) measuring; (= *resultado*) measurement; **pronto comenzarán los trabajos de ~** measuring *o* measurement works will begin soon; **un nuevo método de ~** a new measuring system; **¿cómo se realiza la ~ de la temperatura?** how is the temperature measured?; **un método de ~ de audiencias** an audience tracking system; **aparatos de ~** measuring instruments; **hacer mediciones** to take measurements; **instrumentos de ~** measuring instruments
[2] (*Literat*) [*de versos*] measuring, scansion

**médico/a** Ⓐ ADJ medical; **asistencia médica** medical attention; **receta médica** prescription
Ⓑ SM/F doctor ► **médico/a de cabecera** family doctor, GP ► **médico/a (de medicina) general** general practitioner ► **médico/a dentista** dental surgeon ► **médico/a deportivo/a** sports doctor ► **médico/a forense** forensic surgeon, expert in forensic medicine; (*Jur*) coroner ► **médico/a interno/a** houseman, intern (*EEUU*) ► **médico/a naturista** naturopath ► **médico/a partero/a** obstetrician ► **médico/a pediatra, médico/a puericultor(a)** paediatrician ► **médico/a residente** houseman, intern (*EEUU*) ► **médico/a rural** country doctor

➤ LENGUA Y USO: mediante 1 44.1

**medida** SF [1] (= *unidad de medida*) measure; **una ~ de harina y dos de azúcar** one measure of flour and two of sugar; **puedes usar un vaso como ~** you can use a glass as a measure; **la libra es una ~ de peso** the pound is a measure of weight; ✦*MODISMO* **esto colma la ~** this is the last straw ► **medida agraria** land measure ► **medida de capacidad** cubic measure ► **medida de superficie** square measure ► **medida de volumen** cubic measure ► **medida para áridos** dry measure ► **medida para líquidos** liquid measure
[2] (= *medición*) measuring, measurement; **la ~ del tiempo se realizará con unos cronómetros especiales** time will be measured using some special chronometers
[3] **medidas** (= *dimensiones*) measurements; **¿qué ~s tiene la mesa?** what are the measurements of the table?; **¿cuáles son tus ~s?** what are your measurements?; **tomar las ~s a algn/algo** (*lit*) to measure sb/sth, take sb's/sth's measurements; (*fig*) to size sb/sth up*; **tómale bien las ~s antes de proponerle nada** make sure you've got him well sized up before you propose anything
[4] (= *proporción*) **no sé en qué ~ nos afectará la nueva ley** I don't know to what extent the new law will affect us; **en cierta ~** to a certain extent; **en gran ~** to a great extent; **en menor ~** to a lesser extent; **en la ~ de lo posible** as far as possible, insofar as it is possible; **a ~ que** as; **a ~ que vaya bajando el nivel** as the level goes down; **a ~ que van pasando los días** as the days go by; **en la ~ en que** (+ *indic*) in that; (+ *subjun*) if; **el relato era bueno en la ~ en que reflejaba el ambiente de la época** the story was good in that it reflected the atmosphere of the time; **sólo cambiarán el tratamiento en la ~ en que los resultados sean negativos** the treatment will only be altered if the results are negative
[5] (*Cos*) **a (la) ~** [*ropa, zapatos*] made to measure; [*trabajo, vacaciones*] tailor-made; **un traje (hecho) a la ~** a made-to-measure suit; **no tenemos un sombrero a su ~** we don't have a hat in your size *o* to fit you; **un papel hecho a su ~** a tailor-made role; **le respondió a la ~ de las circunstancias** she replied as the circumstances required; **lo hice a la ~ de tus deseos** I did it according to your wishes; **un hotel a la ~ de tus necesidades** a hotel that suits all your needs; **de** *o* **sobre ~** (*Chile*) [*ropa, zapatos*] made-to-measure; **venir a (la) ~** (*lit*) to be the right size; (*fig*) to be tailor-made; **este pantalón me viene a ~** these trousers are just the right size; **este trabajo me viene a la ~** this job is tailor-made for me
[6] (*LAm*) (= *talla*) size; **¿cuál es su ~?** what size do you take?; **¿qué ~ de cuello tiene usted?** what collar size are you?, what is your collar measurement?; **ropa a sobre ~** (*Méx*) outsize clothing
[7] (= *disposición*) measure; **~s destinadas a reducir el desempleo** measures aimed at reducing unemployment; **adoptar** *o* **tomar ~s** to take measures, take steps; **una de las ~s urgentes adoptadas** one of the emergency measures *o* steps taken ► **medida cautelar**, **medida de precaución** precautionary measure ► **medida de presión** form of pressure ► **medida preventiva** preventive measure ► **medida represiva** form of repression ► **medidas de seguridad** (*contra ataques, robos*) security measures; (*contra incendios*) safety measures ► **medidas represivas** repressive measures; *ver tb* **paquete 3**
[8] (= *moderación*) **con ~** in moderation; **sin ~** to excess; **bebía sin ~** he drank to excess; **gastos sin ~** excessive spending
[9] [*de versos*] (= *medición*) measuring, scansion; (= *longitud*) measure

**medidor(a)** Ⓐ ADJ measuring
Ⓑ SM/F (= *persona*) measurer
Ⓒ SM (*esp LAm*) (= *aparato*) meter ► **medidor de agua** water meter ► **medidor de lluvia** rain gauge ► **medidor de presión** pressure gauge ► **medidor Geiger** Geiger counter

**mediero/a** SM/F (*LAm*) share-cropper

**medieval** ADJ medieval

**medievalismo** SM medievalism

**medievalista** SMF medievalist

**medievo** SM Middle Ages *pl*

**medio** Ⓐ ADJ [1] (= *la mitad de*) half; **nos queda media botella** we've half a bottle left; **~ limón** half a lemon; **~ litro** half a litre; **acudió media ciudad** half the town turned up; **~ luto** half-mourning; **media pensión** (*en hotel*) half-board; **media hora** half an hour; **estuve esperando media hora** I was waiting for half an hour; **el enfermo ha empeorado en la última media hora** the patient has got worse in the last half hour; **una hora y media** an hour and a half; **tardamos tres horas y media en llegar** we took three and a half hours to get there; **son las ocho y media** it's half past eight; **media luna** (*Astron*) half-moon; **en forma de media luna** crescent-shaped; **la Media Luna** (*en el Islam*) the Crescent; *ver tb* **asta**, **luz 1**, **mundo 2**, **naranja A3**, **palabra 1**, **voz 1**, **vuelta 1**
[2] (= *intermedio*) **la clase media** the middle class; **café de media mañana** mid-morning coffee; **a media tarde** halfway through the afternoon; **a ~ camino**: **estamos a ~ camino** we're halfway there; **a ~ camino entre Madrid y Barcelona** halfway between Madrid and Barcelona; *ver tb* **plazo**
[3] (= *promedio*) average; **la temperatura media** the average temperature; *ver tb* **término 2**
[4] (= *normal*) average; **el francés ~** the average Frenchman; **el hombre ~** the man in the street
[5] **a medias**: **lo dejó hecho a medias** he left it half-done; **está escrito a medias** it's half-written; **estoy satisfecho sólo a medias** I am only partly satisfied; **una verdad a medias** a half truth; **ir a medias** to go fifty-fifty; **lo pagamos a medias** we share *o* split the cost
Ⓑ ADV [1] (*con adjetivo*) half; **está ~ borracha** she's half drunk; **~ dormido** half asleep; **es ~ tonto** he's not very bright, he's a bit on the slow side
[2] (*con verbo, adverbio*) **está a ~ escribir/terminar** it is half-written/finished; **~ se sonrió** she gave a half-smile; **lo dijo ~ en broma** he was only half-joking; **Ana ~ se enamoró de Gonzalo** Ana kind of fell in love with Gonzalo; **eso no está ni ~ bien** that isn't even close to being right
[3] (*LAm*) (= *bastante*) rather, quite, pretty*; **fue ~ difícil** it was pretty hard
Ⓒ SM [1] (= *centro*) middle, centre, center (*EEUU*); **justo en el ~ de la plaza hay una fuente** there's a fountain right in the middle *o* centre of the square; **coger algo por el ~** to take sth round the middle; **el justo ~** a happy medium; **de en ~**: **la casa de en ~** the middle house; **quitar algo de en ~** to get sth out of the way; **quitarse de en ~** to get out of the way; **de por ~**: **hay droga de por ~** drugs are involved; **hay dificultades de por ~** there are difficulties in the way; **meterse de por ~** to intervene; **día (de) por ~** (*LAm*) every other day; **en ~**: **iba a besarla, pero él se puso en ~** I was going to kiss her, but he got between us; **no dejes las cosas por en ~** don't leave your things in the middle of the floor; **en ~ de la plaza** in the middle of the square; **en ~ de tanta confusión** in the midst of such confusion; **en ~ de todos ellos** among all of them; **por ~ de**: **pasar por ~ de** to go through (the middle of); ✦*MODISMO* **de ~ a ~**: **equivocarse de ~ a ~** to be completely wrong
[2] (*Dep*) midfielder ► **medio apertura** (*Rugby*) fly-half ► **medio centro** centre-half ► **medio (de) melé** (*Rugby*) scrum-half
[3] (= *método*) means *pl*, way; **lo intentaré por todos los ~s (posibles)** I'll try everything possible; **no hay ~ de conseguirlo** there is no way of getting it, it's impossible to get; **poner todos los ~s para hacer algo** ◊ **no regatear ~s para hacer algo** to spare no effort to do sth; **por ~ de**: **se mueve por ~ de poleas** it moves by means of *o* using a pulley system; **me avisó por ~ de mi vecino** she let me know through my neighbour; **respira por ~ de las agallas** it breathes through *o* using *o* by means of its gills; **lo consiguió por ~ de chantajes** he obtained it by *o* through blackmail ► **medio de transporte** means of transport
[4] **los medios** (*tb* **los ~s de comunicación** *o* **difusión**) the media; **los ~s de comunicación de masas** the mass media; **los ~s informativos** the news media
[5] **medios** (= *recursos*) means, resources; **es un hombre de (muchos) ~s** he's a man of means; **no tienen ~s económicos suficientes** they do not have sufficient financial resources
[6] (*Biol*) (*tb* **~ ambiente**) environment
[7] (= *círculo*) circle; **en los ~s financieros** in financial circles; **encontrarse en su ~** to be in one's element *o* milieu

**medioambiental** ADJ environmental

**medioambientalista** SMF environmentalist

**medioambiente** SM environment

**mediocampista** SMF midfield player

**mediocampo** SM midfield

**mediocre** ADJ average; (*pey*) mediocre

**mediocridad** SF (*pey*) mediocrity; **es una ~** he's a nonentity

**mediodía** SM [1] (= *las doce*) midday, noon; (= *hora de comer*) ≈ lunchtime; **a ~** (= *a las doce*) at midday *o* noon; (= *a la hora de comer*) ≈ at lunchtime
[2] (*Geog*) south; **el ~ de Francia** the French Midi

**medioevo** SM Middle Ages *pl*

**mediofondista** SMF middle-distance runner

**mediofondo** SM (*Caribe*) petticoat

**mediogrande** ADJ medium large

**mediometraje** SM medium-length film

**mediooeste** SM Midwest

**medioriental** ADJ Middle Eastern

**Medio Oriente** SM Middle East

**mediopensionista** SMF day pupil, day student

**mediopequeño** ADJ medium small

**mediquillo** SM (*pey*) quack (doctor)

**medir** ▸conjug 3k◂ Ⓐ VT [1] (= *tomar la medida de*) [+ *habitación, ángulo*] to measure; [+ *distancia, temperatura*] to measure, gauge, gage (*EEUU*); [+ *tierra*] to survey, plot; **~ algo por millas** to measure sth in miles; ✦*MODISMOS* **~ a algn (con la vista)** to size sb up*; **~ las calles** (*Méx**) to hang around on the streets*
[2] (= *calcular*) to weigh up; **deberías ~ las consecuencias de lo que dices** you should consider *o* weigh up the consequences of what you say; **deberíamos ~ los pros y los contras de esta decisión** we should weigh up the pros and cons of this decision
[3] (= *enfrentar*) **los dos púgiles ~án sus fuerzas** the two boxers will be pitted against each other *o* will take each other on; *ver tb* **rasero**
[4] (= *moderar*) [+ *comentarios*] to choose carefully; **mide tus palabras** (*aconsejando*) choose your words carefully; (*regañando*) mind your language
[5] (*Literat*) to scan; **¿cómo se mide este verso?** how does this line scan?
Ⓑ VI to measure, be; **el tablero mide 80 por 20** the board measures *o* is 80 by 20; **¿cuánto mides?** how tall are you?; **mido 1,80m** I am 1.80m; **la caja mide 20cm de ancho** the box is 20cm wide; **mide 88cm de pecho** her bust measurement is 88cms
Ⓒ **medirse** VPR [1] (= *tomarse la medida*) (*uno mismo*) to measure o.s.; [+ *cintura, pecho*] to measure
[2] (= *enfrentarse*) **~se con algn** to take on sb; **una final en la que se ~án los dos equipos** a final in which the two teams will be pitted against each other *o* will take each other on
[3] (= *moderarse*) to restrain o.s.; **deberías ~te un poco en tus actos** you should act with a bit more restraint *o* restrain yourself a bit
[4] (*Méx**) (= *no perder la calma*) to keep one's head
[5] (*Col, Méx*) [+ *sombrero, zapatos*] to try on

**meditabundo** ADJ pensive, thoughtful

**meditación** SF meditation; **meditaciones** meditations (**sobre** on); ► **meditación trascendental** transcendental meditation

**meditar** ▸conjug 1a◂ Ⓐ VT (= *pensar*) to ponder, meditate (on); [+ *plan*] to think out
Ⓑ VI to meditate, ponder

**mediterraneidad** SF Mediterranean feel *o* spirit; **un concepto de ~ muy interesante** a very interesting notion of what being Mediterranean is

**Mediterráneo** SM **el ~** the Mediterranean; ✦*MODISMO* **descubrir el ~*** to reinvent the wheel

**mediterráneo** ADJ [1] (*Geog*) Mediterranean
[2] (= *sin salida al mar*) land-locked

**médium** SMF (*pl* **médiums**) (= *persona*) medium

**mediúmnico** ADJ **sesión mediúmnica** session with a medium; **revelaciones mediúmnicas** revelations from a medium

**medo** SM **los ~s y los persas** the Medes and the Persians

> ➤ LENGUA Y USO: **mejor A1** 28.1, 29.2

**medra** SF (= *aumento*) increase, growth; (= *mejora*) improvement; (*Econ*) prosperity

**medrar** ▸conjug 1a◂ VI (= *aumentar*) to increase, grow; (= *mejorar*) to improve, do well; (= *prosperar*) to prosper, thrive; [*animal, planta etc*] to grow, thrive; **¡medrados estamos!** (*iró*) we're in a real pickle now!

**medro** SM = **medra**

**medroso** ADJ fearful, timid

**médula** SF, **medula** SF [1] (*Anat*) marrow, medulla (*frm*) ► **médula espinal** spinal cord ► **médula ósea** bone marrow; **hasta la ~** (*fig*) to the core; **es irlandés hasta la ~** he is Irish through and through; **estoy convencido hasta la ~** I am totally *o* absolutely convinced; **estoy mojado hasta la ~** I am soaked to the skin
[2] (*Bot*) pith
[3] (= *esencia*) essence

**medular** ADJ [1] (*Anat*) bone-marrow *antes de s*; **trasplante ~** bone-marrow transplant
[2] (= *fundamental*) central, fundamental, essential

**medusa** SF jellyfish

**Mefistófeles** SM Mephistopheles

**mefítico** ADJ mephitic(al)

**mefitismo** SM mephitis

**mega...** PREF mega...

**megabyte** ['megabait] SM megabyte

**megaciclo** SM megacycle

**megafonía** SF (= *sistema*) public address system; (*en la calle*) loudspeakers *pl*

**megáfono** SM megaphone

**megahercio** SM, **megaherzio** SM megahertz

**megalítico** ADJ megalithic

**megalito** SM megalith

**megalomanía** SF megalomania

**megalómano/a** SM/F megalomaniac

**megalópolis** SF INV megalopolis, super-city

**megaocteto** SM megabyte

**megatón** SM megaton

**megavatio** SM megawatt

**megavoltio** SM megavolt

**meiga** SF (*Galicia*) wise woman, witch

**mejicanismo** SM Mexicanism, *word o phrase etc peculiar to Mexico*

**mejicano/a** ADJ, SM/F Mexican

**Méjico** SM Mexico

**mejido** ADJ [*huevo*] beaten

**mejilla** SF cheek

**mejillón** SM mussel

**mejillonera** SF mussel-bed

**mejillonero** ADJ mussel *antes de s*; **industria mejillonera** mussel industry

▼**mejor** Ⓐ ADJ [1] (*comparativo*) [1·1] (= *más bueno*) [*resultado, producto*] better; [*calidad, oferta*] better, higher; **a falta de otra cosa ~ que hacer** for lack of anything better to do; **nunca he visto nada ~** I've never seen anything better; **es ~ de lo que creía** it's better than I thought; **y lo que es ~** and even better, and better still; **~ que algo** better than sth; **éste es ~ que aquél** this one is better than that one; **no hay nada ~ que una buena comida** there's nothing better than a good meal
[1·2] (= *preferible*) **ser ~** to be better; **sería ~ callarse** it'd be better to keep quiet; **hubiera sido ~ no decir nada** it would have been better to say nothing; **será ~ que te vayas** you'd better go
[2] (*superlativo*) [2·1] (*de dos*) better; **de estos dos refrescos, ¿cuál es el ~?** which is the better (out) of these two drinks?
[2·2] (*de varios*) [*persona, producto*] best; [*calidad*] top, highest; [*oferta*] highest, best; **¿quién es tu ~ amigo?** who is your best friend?; **está entre las diez ~es** she is among the ten best; **ser el ~ de la clase** to be the best in the class, be top of the class; **es el ~ de todos** he's the best of all; **vive el ~ momento de su carrera deportiva** he is at the peak of his sporting career; **un jamón de la ~ calidad** a top quality ham, a ham of the highest quality; ✦*MODISMO* **llevarse la ~ parte** to take the lion's share
[2·3] **lo ~** the best; **os deseo (todo) lo ~** I wish you all the best, my best wishes (to you); **lo ~ de España es el clima** the best thing about Spain is the climate; **lo ~ del caso es que ...** the good thing is that ..., the best part of it is that ...; **os deseo lo ~ del mundo** I wish you all the best; **tengo unos abuelos que son lo ~ del mundo** my grandparents are the best in the world; **tenéis que hacerlo lo ~ posible** you have to do the best you can, you have to do your best; **lo hice lo ~ que pude** I did it the best I could, I did it as well as I could; **lo ~ que podemos hacer es callarnos** the best thing we can do is keep quiet; **estar en lo ~ de la vida** to be in the prime of life; *ver tb* **partir A3**
Ⓑ ADV [1] (*comparativo de bien*) better; **ahora lo entiendo todo un poco ~** I understand everything a bit better now; **yo canto ~ que tú** I can sing better than you; **lo hace cada vez ~** he's getting better and better; **¿te sientes algo ~?** do you feel any better?; **ahora estoy un poco ~ de dinero** I'm a bit better off now; **así está mucho ~** it's much better like that; **¡pues si no quieres venir con nosotros, ~!** well, if you don't want to come with us, so much the better!; **~ dicho** or rather, or I should say; **lleva tres años en Inglaterra, o ~ dicho, en el Reino Unido** she's been in England, or rather *o* or I should say the United Kingdom, for three years; **mucho ~** much better, a lot better*; **~ o peor**: **~ o peor, ya saldremos adelante** for better or (for) worse, we'll come through this; **~ que ~** *o* **tanto ~** so much the better, all the better; *ver tb* **nunca**
[2] (*superlativo de bien*) best; **¿quién es el que lo hace ~?** who does it best?; **éste es el texto ~ redactado de todos** this text is the best written of all
[3] (= *preferiblemente*) **~ quedamos otro día** why don't we meet another day?, it'd be better if we met another day; **~ vámonos** we'd better go; **tú, ~ te callas*** you'd better keep quiet*; **~ me voy*** I'd better go; *ver tb* **cuanto B2**
[4] **a lo ~** maybe; **a lo ~ viene mañana** he might come tomorrow, maybe he'll come tomorrow; **a lo ~ hasta nos toca la lotería** we might even win the lottery; **—¿crees que lloverá hoy? —a lo ~** "do you think it will rain today?" — "maybe" *o* "it might"

**mejora** SF [1] (= *progreso*) improvement
[2] (= *aumento*) increase; **~s de productividad** increases in productivity
[3] **mejoras** (= *obras*) improvements, altera-

tions
**4** (*en subasta*) higher bid
**5** (*Méx Agr*) weeding

**mejorable** ADJ improvable

**mejoramiento** SM improvement

**mejorana** SF marjoram

**mejorar** ▸conjug 1a◂ Ⓐ VT **1** [+ *servicio, resultados*] to improve; [+ *enfermo*] to make better; (= *realzar*) to enhance; [+ *oferta*] to raise, improve; [+ *récord*] to break; (*Inform*) to upgrade; ✦*MODISMO* **mejorando lo presente** present company excepted
**2** **~ a algn** (= *ser mejor que*) to be better than sb
Ⓑ VI **1** [*situación*] to improve, get better; (*Meteo*) to improve, clear up; (*Fin*) to improve, pick up; [*enfermo*] to get better; **han mejorado de actitud/imagen** their attitude/image has improved; **los negocios mejoran** business is picking up; **está mejorado de sus dolores** the pain has gone away
**2** (*en subasta*) to raise one's bid
Ⓒ **mejorarse** VPR to get better, improve; **¡que se mejore!** get well soon!

**mejorcito** ADJ **lo ~ del programa** the best thing in the programme; **lo ~ de la clientela** the top customers; **este queso es de lo ~ que hay*** this cheese is the best you can get

**mejoría** SF improvement; **¡que siga la ~!** I hope the improvement continues

**mejunje** SM **1** (= *mezcla*) (*gen*) concoction; (= *bebida*) brew
**2** (*) (= *fraude*) fraud
**3** (*LAm**) (= *lío*) mess, mix-up

**melado** Ⓐ ADJ [*color*] honey-coloured *o* (*EEUU*) -colored
Ⓑ SM treacle, syrup; (*LAm*) [*de caña*] cane syrup

**meladura** SF (*Caribe, Méx*) cane syrup

**melancolía** SF melancholy, sadness; (*Med*) melancholia

**melancólicamente** ADV (= *con tristeza*) sadly, in a melancholy way; (= *soñando*) wistfully

**melancólico** ADJ (= *triste*) melancholy, sad; (= *soñador*) wistful

**melanésico** ADJ Melanesian

**melanesio/a** ADJ, SM/F Melanesian

**melanina** SF melanin

**melanismo** SM melanism

**melanoma** SM melanoma ▸ **melanoma maligno** malignant melanoma

**melarchía** SF (*CAm*) = **melancolía**

**melaza** SF treacle, molasses *pl* (*EEUU*)

**melcocha** SF (= *melaza*) treacle, molasses *pl* (*EEUU*); (= *azúcar de cande*) candy, molasses toffee

**melcochado** ADJ [*fruta*] candied; (*de color*) golden, honey-coloured *o* (*EEUU*) -colored

**melcocharse** ▸conjug 1a◂ VPR to thicken (*in boiling*)

**mele*** SM bash*, punch

**melé** SF, **mêlée** [me'le] SF (*Rugby*) scrum; (= *follón*) melee, confusion

**melena** SF **1** [*de persona*] long hair; **lleva una ~ rubia** she has long blond hair; ✦*MODISMOS* **andar a la ~** to be at daggers drawn; **soltarse la ~** to let one's hair down
**2** [*de león*] mane
**3** **melenas** (*pey*) (= *greñas*) mop of hair *sing*

**melenas*** SM INV = **melenudo B**

**melenudo/a*** Ⓐ ADJ long-haired
Ⓑ SM long-haired guy

**melga** SF (*Cono Sur, Méx*) *plot of land prepared for sowing*

**melifluo** ADJ sickly sweet

**melillense** Ⓐ ADJ of/from Melilla
Ⓑ SMF native/inhabitant of Melilla; **los ~s** the people of Melilla

**melindre** SM **1** (= *bollo*) sweet cake, iced bun; (= *buñuelo*) honey fritter
**2** **melindres** (= *afectación*) affected ways; (= *aprensión*) squeamishness *sing*; (= *mojigatería*) prudery *sing*, prudishness *sing*; **déjate de ~s y cómelo** don't be so finicky, just eat it; **no me vengas con ~s y elige el que más te guste** stop humming and hawing and choose the one you like best; **gastar ~s** = **melindrear**

**melindrear** ▸conjug 1a◂ VI (= *ser afectado*) to be affected; (= *ser aprensivo*) to be squeamish; (= *ser mojigato*) to be prudish; (= *ser quisquilloso*) to be finicky, be terribly fussy

**melindroso** ADJ (= *afectado*) affected; (= *aprensivo*) squeamish; (= *mojigato*) prudish; (= *quisquilloso*) finicky, fussy

**meliorativo** ADJ ameliorative

**melisca** SF (*Cono Sur*) gleaning

**mella** SF **1** (= *rotura*) nick, notch; (*en dientes*) gap
**2** ✦*MODISMO* **hacer ~ en algo/algn** (= *impresión*) to make an impression on sth/sb
**3** **la crisis ha hecho ~ en los bolsillos de los europeos** Europeans are feeling the pinch because of the crisis; **la compra de unos terrenos parece haber hecho ~ en su imagen** the purchase of some land seems to have damaged his image; **la fatiga habrá hecho ~ en los reflejos de muchos corredores** fatigue will have affected the reflexes of many runners

**mellado** ADJ **1** [*filo*] jagged, nicked
**2** [*persona*] gap-toothed; (*Cono Sur*) (= *con labio leporino*) hare-lipped

**mellar** ▸conjug 1a◂ VT **1** [+ *cuchillo, filo*] to nick, notch; [+ *diente*] to chip; [+ *madera*] to take a chip out of
**2** (= *dañar*) to damage, harm; [+ *afán*] to hold back; [+ *entusiasmo*] to dampen

**mellizo/a** ADJ, SM/F twin

**melo*** SM = **melodrama**

**melocotón** SM (= *fruto*) peach; (= *árbol*) peach tree

**melocotonero** SM peach tree

**melodía** SF **1** (= *música*) melody, tune; **una ~ conocida** a familiar tune
**2** (= *cualidad*) melodiousness

**melódico** ADJ melodic

**melodiosamente** ADV melodiously, tunefully

**melodiosidad** SF melodiousness

**melodioso** ADJ melodious, tuneful

**melodrama** SM melodrama

**melodramáticamente** ADV melodramatically

**melodramático** ADJ melodramatic

**melómano/a** SM/F music lover

**melón**[1] SM **1** (*Bot*) melon; ✦*REFRÁN* **los melones, a cata** the proof of the pudding is in the eating
**2** (*) (= *cabeza*) head, nut*, noggin (*EEUU**); **estrujarse el ~** to rack one's brains
**3** (*) (= *tonto*) twit*, lemon*
**4** **melones*** (= *pechos*) melons*, tits**

**melón**[2] SM (*Zool*) = **meloncillo**

**melonada*** SF silly thing, stupid remark

**melonar** SM bed of melons, melon plot

**meloncillo** SM (*Zool*) ichneumon, *kind of mongoose*

**melopea*** SF **coger** *o* **agarrar** *o* **pillar una ~** to get sloshed *o* plastered*

**melosidad** SF **1** (= *dulzura*) sweetness
**2** (= *empalago*) [*de persona, voz*] sickly-sweetness; [*de canción, música*] schmaltziness, sickly-sweetness

**meloso** ADJ **1** (= *dulce*) sweet
**2** (= *empalagoso*) [*persona, voz*] sickly-sweet; [*canción, música*] schmaltzy, sickly-sweet

**membrana** SF **1** (= *capa*) membrane; (*Orn*) membrane, web ▸ **membrana mucosa** mucous membrane ▸ **membrana virginal** hymen
**2** (*Cono Sur Med*) diphtheria

**membranoso** ADJ membranous

**membresía** SF (*Méx*) membership

**membretado** ADJ **papel ~** headed notepaper

**membrete** SM letterhead, heading; **papel con ~** headed notepaper

**membrillero** SM quince tree

**membrillo** SM **1** (= *fruta*) quince; **(carne de) ~** quince jelly
**2** (*) (= *tonto*) fool, idiot
**3** (*) (= *cobarde*) softie*, coward
**4** (*) (= *chivato*) nark*, grass*

**membrudo** ADJ burly, brawny, tough

**memela** SF (*CAm, Méx*) (= *tortilla*) maize tortilla; (*rellena*) *fried tortilla filled with beans*

**memez*** SF stupid thing; **eso es una ~** that's stupid; **decir memeces** to talk rubbish

**memo**[1]**/a*** Ⓐ ADJ silly, stupid
Ⓑ SM/F idiot

**memo**[2]* SM memo*, memorandum

**memorabilia** SF memorabilia

**memorable** ADJ memorable

**memorablemente** ADV memorably

**memorando** SM, **memorándum** SM (*pl* **memorándums**) **1** (= *nota*) memorandum
**2** (= *libreta*) notebook

**memoria** SF **1** (= *facultad*) memory; **lo había olvidado ¡qué ~ la mía!** I'd forgotten, what a terrible memory I have!; **el accidente se le había borrado** *o* **ido de la ~** he had forgotten about the accident, he had erased the accident from his memory; **de ~** [*aprender, saber*] by heart; [*hablar, recitar, tocar*] from memory; **si no me falla la ~** if my memory serves me right, if I remember right(ly) *o* correctly; **falta de ~** (*permanente*) poor memory, forgetfulness; (*repentina*) lapse of memory; **hacer ~** to try to remember; **hacer ~ de algo** to recall sth; **perder la ~** to lose one's memory; **pérdida de ~** loss of memory; **refrescar la ~ a algn** to refresh sb's memory, jog sb's memory; **tener buena/mala/poca ~** to have a good/bad/poor memory; **traer algo a la ~** to bring sth back; **una canción que trae momentos pasados a la ~** a song that brings back the past *o* reminds you of the past; **venir a la ~**: **¡en este sitio me vienen tantos recuerdos a la ~!** this place brings back so many memories!; **no me viene su número a la ~** her number's slipped my mind, I can't remember her number; ✦*MODISMO* **tener (una) ~ de elefante** to have the memory of an el-

➤ LENGUA Y USO: mejorar B1 50.4

ephant ► **memoria asociativa** associative memory ► **memoria fotográfica** photographic memory

[2] (= *recuerdo*) memory; **ha sido fiel a la ~ de su esposa** he has been faithful to his wife's memory; **fue un discurso digno de ~** it was a speech worth remembering *o* a highly memorable speech; **a la** *o* **en ~ de algn** [*acto, monumento*] in memory of sb; **un homenaje a la ~ de las víctimas de la guerra** a tribute to the memory of *o* in memory of war victims; **hemos guardado un minuto de silencio en su ~** we observed a minute's silence in his memory; **haber** *o* **quedar ~ de algo: la peor tormenta de la que hay ~** the worst storm in living memory; **el único suceso del que me queda ~** the only event I remember *o* of which I have any memory ► **memoria colectiva** collective memory ► **memoria histórica** historical memory

[3] (= *informe*) (*gen*) report; (*Educ*) paper; **tenemos que presentar una ~ de todas nuestras actividades** we have to present a report on all our activities ► **memoria anual** annual report ► **memoria de licenciatura** dissertation

[4] (= *relación*) record; **una ~ de todos los libros adquiridos** a record of all the books acquired

[5] (*Inform*) memory ► **memoria auxiliar** backing storage ► **memoria burbuja** bubble memory ► **memoria central** main memory ► **memoria de acceso aleatorio** random access memory, RAM ► **memoria del teclado** keyboard memory ► **memoria de núcleos** core memory ► **memoria de sólo lectura** read-only memory, ROM ► **memoria externa** external storage ► **memoria intermedia** buffer ► **memoria interna** internal storage, main memory ► **memoria muerta** read-only memory, ROM ► **memoria principal** main memory ► **memoria programable** programmable read-only memory ► **memoria RAM** RAM ► **memoria ROM** ROM ► **memoria virtual** virtual memory

[6] **memorias** [6·1] (*Literat*) (= *autobiografía*) memoirs, records

[6·2] (†) **dar ~s a algn** to send *o* give one's regards to sb

**memorial** SM (= *escrito*) memorial; (*Jur*) brief

**memorialista** SMF amanuensis

**memorión*** Ⓐ ADJ **es muy ~** he has an amazing memory

Ⓑ SM amazing memory

**memorioso** ADJ **es muy ~** he has a very good memory

**memorista** ADJ (*esp LAm*) **es ~** he just memorizes things

**memorístico** ADJ [*concurso*] memory *antes de s*; [*aprendizaje, educación*] rote *antes de s*; **una prueba memorística** a memory test; **enseñanza memorística** rote learning, learning by rote

**memorización** SF memorizing

**memorizar** ▸conjug 1f◂ VT to memorize

**mena** SF ore

**menaje** SM [1] (= *muebles*) furniture, furnishings *pl*

[2] (= *utensilios*) (*tb* **artículos de ~**) household items *pl*; **sección de ~** (*en tienda*) hardware and kitchen department

[3] (= *tareas*) housework; (= *economía doméstica*) housekeeping

[4] (= *familia*) family, household; **vida de ~** (*LAm*) family life, domestic life ► **menaje de tres** ménage à trois

**menarquía** SF menarche

**menchevique** ADJ, SMF Menshevik

**Menchu** SF (*forma familiar*) *de* **Carmen**

**mención** SF mention ► **mención honorífica** honourable *o* (*EEUU*) honorable mention; **hacer ~ de algo** to mention sth

**mencionado** ADJ aforementioned

▼**mencionar** ▸conjug 1a◂ VT to mention; **sin ~ ...** not to mention ..., let alone ...; **dejar de ~** to fail to mention

**menda*** Ⓐ PRON (*tb* **~s**) (= *yo*) yours truly; **lo tuvo que hacer este ~ (lerenda)** yours truly had to do it*, muggins here had to do it*; **el ~ no está de acuerdo** I, for one, don't agree

Ⓑ SMF (= *persona*) **un ~** a bloke*, a guy*

**mendacidad** SF [1] (= *cualidad*) untruthfulness, mendacity (*frm*)

[2] (= *mentira*) untruth

**mendaz** ADJ untruthful, mendacious (*frm*)

**mendeliano** ADJ Mendelian

**mendelismo** SM Mendelism, Mendelianism

**mendicante** Ⓐ ADJ [1] (*Rel*) mendicant; **las ordenes ~s** the mendicant orders

[2] [*actitud*] begging

Ⓑ SMF [1] (*Rel*) mendicant

[2] (= *mendigo*) beggar

**mendicidad** SF begging, mendicity (*frm*)

**mendigar** ▸conjug 1h◂ Ⓐ VT to beg for

Ⓑ VI to beg

**mendigo/a** Ⓐ SM/F beggar

Ⓑ ADJ (*Méx**) (= *cobarde*) yellow*, yellow-bellied*

**mendrugo** SM [1] (= *trozo*) (*tb* **~ de pan**) crust of bread

[2] (*) (= *tonto*) dimwit*

**meneado** ADJ (*Caribe*) drunk

**meneallo**: **más vale no ~*** let sleeping dogs lie, the less said the better

**menear** ▸conjug 1a◂ Ⓐ VT [1] [+ *cola*] to wag; [+ *cabeza*] to shake; [+ *líquido*] to stir; [+ *pelo*] to toss; [+ *caderas*] to swing; **sin ~ un dedo** without lifting a finger; **peor es ~lo** it's best not to stir things up; ✦**MODISMO ¡me la menean!**** I don't give a shit!**

[2] [+ *asunto*] to get on with, get moving on; [+ *negocio*] to handle, conduct

[3] **~ cálamo** to wield a pen

Ⓑ **menearse** VPR [1] (*gen*) to shake; [*cola*] to wag; (= *contonearse*) to swing, sway; **yo de aquí no me meneo** I'm staying right here, I'm staying put; ✦**MODISMOS de no te menees***: **un vapuleo de no te menees** a good hiding; **una multa de las que no te menees** a hefty fine; **~se** *o* **meneársela**** to wank**

[2] (= *apresurarse*) to get a move on; **¡~se!** get going!, jump to it!

**Menelao** SM Menelaus

**meneo** SM [1] [*de cola*] wag; [*de cabeza*] shake, toss; [*de líquido*] stir, stirring; [*de caderas*] swing(ing), sway(ing); (= *sacudida*) jerk, jolt; **dar un ~ a algo** to jerk sth

[2] (*) (= *paliza*) hiding*; (= *bronca*) dressing-down*

[3] (= *actividad*) = **movida 1**

**menequear** ▸conjug 1a◂ VT (*Cono Sur, Méx*), **menequetear** ▸conjug 1a◂ VT (*Cono Sur, Méx*) to shake, wag

**menequeo** SM (*Cono Sur, Méx*), **menequeteo** SM (*Cono Sur, Méx*) shaking, wagging

**menester** SM [1] **ser ~** (*frm*) (= *ser necesario*) **es ~ hacer algo** we must do something, it is necessary to do something; **cuando sea ~** when necessary; **todo es ~** everything is welcome

[2] (= *trabajo*) job; (= *recado*) errand; **salir para un ~** to go out on an errand

[3] **menesteres** (= *deberes*) duties, business *sing*; (= *ocupación*) occupation *sing*; (= *función*) function *sing*; **no estamos capacitados para esos ~es** we are not trained to do that; **venden un aparatito para esos ~es** you can buy a little machine to do those jobs; ✦**MODISMO hacer sus ~es** (*euf*) to do one's business

[4] **menesteres** (*Téc*) gear *sing*, tools

**menesteroso/a** Ⓐ ADJ needy

Ⓑ SM/F **los ~s** the needy

**menestra** SF (*tb* **~ de verduras**) vegetable stew

**menestral** SMF (*a veces* SF **menestrala**) skilled worker, artisan

**menestrón** SM (*Andes*) ≈ minestrone soup

**mengano/a** SM/F Mr/Mrs/Miss so-and-so; *ver tb* **fulano**

**mengua** SF [1] (= *disminución*) decrease, reduction; (= *decadencia*) decay, decline; **ir en ~ de algo** to be to the detriment of sth; **en ~ de la unidad del partido** to the detriment of party unity; **sin ~** (= *íntegro*) complete, whole; (= *intacto*) intact, untouched; **sin ~ de la relación de compañerismo** without affecting one's relationship as colleagues

[2] (= *falta*) lack; (= *pérdida*) loss

[3] (= *pobreza*) poverty

[4] [*de persona*] (= *debilidad*) spinelessness, weakness of character

[5] (= *descrédito*) discredit; **ir en ~ de algn** to be to sb's discredit

**menguadamente** ADV [1] (= *desgraciadamente*) wretchedly; (= *cobardemente*) cravenly (*liter*); (= *sin fuerza*) weakly, spinelessly

[2] (= *con tacañería*) meanly

[3] (= *estúpidamente*) foolishly

**menguado** Ⓐ ADJ [1] (= *disminuido*) [*ejército, tropas*] depleted; [*esfuerzos*] diminished; [*fuerzas, presupuesto*] reduced; **un hombre de menguada estatura** a diminutive man

[2] (= *desgraciado*) wretched, miserable; (= *cobarde*) cowardly, craven (*liter*); (= *débil*) weak, spineless

[3] (= *tacaño*) mean

[4] (= *tonto*) foolish

[5] (= *aciago*) unlucky; **en hora menguada** at an unlucky moment

[6] **medias menguadas** fully-fashioned stockings

Ⓑ SM (*en labor de punto*) decrease

**menguante** Ⓐ ADJ (= *que disminuye*) decreasing, diminishing; (= *decadente*) decaying; [*luna*] waning; [*marea*] ebb *antes de s*

Ⓑ SF [1] (*Náut*) ebb tide

[2] [*de luna*] waning; *ver tb* **cuarto B2**

[3] (= *decadencia*) decay, decline; **estar en ~** to be in decline

**menguar** ▸conjug 1i◂ Ⓐ VT [1] (= *disminuir*) to lessen, reduce; [+ *labor de punto*] to decrease

[2] (= *desacreditar*) to discredit

Ⓑ VI [1] (= *disminuir*) to decrease, dwindle;

➤ LENGUA Y USO: mencionar 53.2

[*número, nivel del agua*] to go down; [*marea*] to go out, ebb; [*luna*] to wane
2 (= *decaer*) to wane, decay, decline

**mengue*** SM the devil; **¡malos ~s te lleven!** go to hell!*

**meninges*** SFPL ✦MODISMO **estrujarse las ~** to rack one's brains

**meningitis** SF INV meningitis

**menisco** SM meniscus

**menjunje** SM, **menjurje** SM = **mejunje**

**menopausia** SF menopause

**menopáusico** ADJ menopausal

**menor** Ⓐ ADJ 1 (*comparativo*) 1·1 (*de tamaño*) smaller; **una caja de ~ tamaño** a smaller box; **los libros están ordenados de ~ a mayor** the books are arranged by size, from small to large
1·2 (*de cantidad*) fewer, less; **necesito una cantidad ~ de botellas** I need fewer bottles; **echa sal en ~ cantidad** add less salt; **~ que algo** less than sth; **su aportación es diez veces ~ que la nuestra** his contribution is ten times less than ours; **tres es ~ que siete** three is less than seven
1·3 (*de importancia, tiempo*) **heridas de ~ importancia** minor injuries; **existe un ~ control en las aduanas** customs controls are not as strict *o* tight as they were; **el crecimiento de la economía es cada vez ~** the economy is growing at an ever slower rate; **viene con ~ frecuencia que antes** she doesn't come as often now; **en ~ grado** to a lesser extent
1·4 (*de edad*) younger; **mis dos hermanos ~es** my two younger brothers; **si eres ~ de 18 años no puedes entrar** if you are under 18 you can't go in; **~ que algn** younger than sb; **soy tres años ~ que mi marido** I am three years younger than my husband; **ser ~ de edad** to be under age; (*Jur*) to be a minor; **dos jóvenes ~es de edad se han escapado de su casa** two under-age youngsters have run away from home
1·5 (*Mús*) minor; **concierto en Mi ~** concerto in E minor
1·6 (*Rel*) [*orden*] minor
2 (*superlativo*) 2·1 [*de tamaño*] smallest; **es el país de ~ tamaño de Europa** it is the smallest country in Europe; **éste es el ~ de todos** this is the smallest of all
2·2 [*de cantidad*] lowest, smallest; **el partido de ~ asistencia de la liga** the match with the lowest *o* smallest attendance in the league; **realizó la vuelta en el ~ número de golpes** he finished the round in the lowest number of shots; **hagan el ~ ruido posible** make as little noise as possible; **se despierta con el ~ ruido** he wakes up at the slightest noise
2·3 [*de importancia, tiempo*] least; **no le doy la ~ importancia** I don't attach the slightest *o* least importance to it; **no tiene la ~ importancia** it is not in the least important; **en el ~ tiempo posible** in the shortest possible time; *ver tb* **idea 4**
2·4 [*de edad*] youngest; **éste es Miguel, mi hijo ~** this is Miguel, my youngest son
Ⓑ SMF (= *niño*) child, minor (*frm*); **un programa educativo para ~es** an educational programme for children; **los ~es deben ir acompañados** children who are under age *o* minors (*frm*) must be accompanied; **lo detuvieron por vender drogas a ~es** he was arrested for selling drugs to minors; **un ~ de 15 años** a boy of 15; **un campeonato para ~es de 16 años** a championship for under-16s; **apto/no apto para ~es** suitable/not suitable for (young) children; **"apto para menores acompañados"** (*Cine*) ≈ "certificate PG"
► **menor de edad** (*Jur*) minor; **los ~es de edad** those who are under age, minors; **delitos cometidos por ~es de edad** crimes committed by minors; *ver tb* **tribunal 1**
Ⓒ SM 1 (*Com*) **(al) por ~** retail *antes de s*; **venta (al) por ~** retail sales; **un establecimiento de venta al por ~** a retail establishment
2 (*Esp*) **contar algo al por ~** to recount sth in detail

**Menorca** SF Minorca

**menoría** SF 1 (*Jur*) minority
2 (= *inferioridad*) inferiority; (= *subordinación*) subordination

**menorista** (*LAm*) Ⓐ ADJ retail *antes de s*
Ⓑ SMF retailer

**menorquín/ina** ADJ, SM/F Minorcan

**menos** Ⓐ ADV 1 (*comparativo*) less; **ahora salgo ~** I go out less these days; **últimamente nos vemos ~** we've been seeing less of each other recently; **me gusta cada vez ~** I like it less and less; **una película ~ conocida** a less well-known film; **Juan está ~ deprimido** Juan is less depressed; **es ~ difícil de lo que parece** it's less difficult than it seems; **~ aún** even less; **este me gusta ~ aún** I like this one even less; **~ de** (*con sustantivos incontables, medidas, dinero, tiempo*) less than; (*con sustantivos contables*) fewer than; **está a ~ de tres horas en tren** it's less than three hours away by train; **llegamos en ~ de diez minutos** we got there in less than *o* in under ten minutes; **~ de lo que piensas** less than you think; **tiene ~ de dieciocho años** he's under eighteen; **~ de 50 cajas** fewer than 50 boxes; **en ~ de nada** in no time at all; **por ~ de nada** for no reason at all; **~ que** less than; **~ de nada** ... **me gusta ~ que el otro** I like it less than the other one; **trabaja ~ que yo** he doesn't work as hard as I do; **éste es ~ caro que aquél** this one is less expensive than that one; **lo hizo ~ cuidadosamente que ayer** he did it less carefully than yesterday
2 (*superlativo*) least; **su película ~ innovadora** his least innovative film; **es el ~ inteligente de los cuatro** he is the least intelligent of the four; **el chico ~ desobediente de la clase** the least disobedient boy in the class; **es el que habla ~** he's the one who talks (the) least; **fue el que trabajó ~** he was the one who did the least work
3 **al ~** at least; **hay al ~ cien personas** there are at least a hundred people; **si al ~ lloviera** if only it would rain; **de ~**: **hay siete de ~** we're seven short, there are seven missing; **me dieron un paquete con medio kilo de ~** they gave me a packet which was half a kilo short *o* under weight; **me han pagado dos libras de ~** they have underpaid me by two pounds; **darse de ~** to underestimate o.s.; **hacer a algn de ~** to put sb down; **echar de ~ a algn** to miss sb; **ir a ~** to come down in the world; **lo ~ diez** at least ten; **lo ~ posible** as little as possible; **es lo ~ que se puede esperar** it's the least one can expect; **eso es lo de ~** that's the least of it; **¡~ mal!** thank goodness!; **¡~ mal que habéis venido!** thank goodness you've come!; **era nada ~ que un rey** he was a king, no less; **no es para ~** quite right too; **por lo ~** at least; **¡qué ~!**: **—le di cien pesetas de propina —¡qué ~!** "I tipped her a hundred pesetas" — "that was the least you could do!"; **¿qué ~ que darle las gracias?** the least we can do is say thanks!; **quedarse en ~**: **no se quedó en ~** he was not to be outdone; **tener a ~ hacer algo** to consider it beneath o.s. to do sth; **venir a ~** to come down in the world; **y ~**: **no quiero verle y ~ visitarle** I don't want to see him, let alone visit him; **¡ya será ~!** come off it!; *ver tb* **cuando B2**, **poder**
Ⓑ ADJ 1 (*comparativo*) (*con sustantivos incontables, medidas, dinero, tiempo*) less; (*con sustantivos contables*) fewer; **~ harina** less flour; **~ gatos** fewer cats; **aquí hay ~ gente** there are fewer people here; **~ ... que**: **A tiene ~ ventajas que B** A has fewer advantages than B; **Ana tiene ~ años que Carlos** Ana is younger than Carlos; **no soy ~ hombre que él*** I'm as much of a man as he is; **éste es ~ coche que el anterior*** this is not as good a car as the last one; **ser ~ que**: **ganaremos porque son ~ que nosotros** we'll win because there are fewer of them than there are of us; **para no ser ~ que los vecinos** to keep up with the neighbours
2 (*superlativo*) (*con sustantivos incontables, medidas, dinero, tiempo*) least; (*con sustantivos contables*) fewest; **el método que lleva ~ tiempo** the method which takes (the) least time; **es el que ~ culpa tiene** he is the least to blame; **el examen con ~ errores** the exam paper with the fewest mistakes
Ⓒ PREP 1 (= *excepto*) except; **todos ~ él** everybody except him; **¡todo ~ eso!** anything but that!
2 (*Mat*) (*para restar*) minus, less; **cinco ~ dos** five minus *o* less two; **siete ~ dos (son) cinco** seven minus two is five; **son las siete ~ veinte** it's twenty to seven
Ⓓ CONJ **a ~ que** unless; **no iré a ~ que me acompañes** I won't go unless you come with me
Ⓔ SM 1 (*Mat*) minus sign
2 **los ~** the minority
3 *ver tb* **más 2**

**menoscabar** ▸conjug 1a◂ VT 1 (= *disminuir*) to lessen, reduce; (= *dañar*) to damage
2 (= *desacreditar*) to discredit

**menoscabo** SM (= *disminución*) lessening, reduction; (= *daño*) damage; **con** *o* **en ~ de** to the detriment of; **reducción de jornada sin ~ salarial** reduction in the working day with no loss of salary; **debe haber cierta reserva, sin ~ de la amistad** certain things must remain in confidence, without being detrimental to one's friendship; **sufrir ~** to be damaged

**menospreciable** ADJ contemptible

**menospreciador** ADJ scornful, contemptuous

**menospreciar** ▸conjug 1b◂ VT 1 (= *despreciar*) to scorn, despise
2 (= *ofender*) to slight
3 (= *subestimar*) to underrate, underestimate

**menospreciativo** ADJ (= *despreciativo*) scornful, contemptuous; (= *ofensivo*) slighting

**menosprecio** SM 1 (= *desdén*) scorn, contempt
2 (= *subestimación*) underrating, underestimation
3 (= *falta de respeto*) disrespect; **con ~ del**

**sexo de la víctima** without regard for the sex of the victim

**mensáfono** SM bleeper, pager

**mensaje** SM message; **un ~ de apoyo** a message of support ► **mensaje de buenos augurios** goodwill message ► **mensaje de error** (*Inform*) error message ► **mensaje de la corona** (*Parl*) Queen's/King's speech ► **mensaje subliminal** subliminal message

**mensajería** SF [1] [*de paquetes*] (= *servicio*) courier service; (= *empresa*) courier firm
[2] [*de avisos*] (= *servicio*) messaging service; (= *empresa*) courier firm ► **mensajería electrónica** electronic messaging, electronic message handling

**mensajero/a** SM/F [1] (*para empresa de mensajería*) courier
[2] (= *recadero*) messenger

**menso*** ADJ (*Chile, Méx*) silly, stupid

**menstruación** SF menstruation

**menstrual** ADJ menstrual; **dolores ~es** period pains

**menstruar** ►conjug 1e◄ VI to menstruate

**menstruo** SM [1] (= *menstruación*) menstruation
[2] (= *sangre*) menses *pl*

**mensual** ADJ monthly; **50 dólares ~es** 50 dollars a month

**mensualidad** SF (= *salario*) monthly salary; (= *plazo*) monthly instalment *o* (*EEUU*) installment, monthly payment; **se puede pagar en diez ~es** payment can be made in ten monthly instalments

**mensualmente** ADV monthly

**mensuario** SM (*LAm*) monthly (magazine)

**ménsula** SF (= *repisa*) bracket; (*Arquit*) corbel

**mensura** SF measurement

**mensurable** ADJ measurable

**mensuración** SF mensuration

**menta**[1] SF mint; **un caramelo de ~** a mint sweet ► **menta romana, menta verde** spearmint

**menta**[2] SF [1] (*Arg**) (= *fama*) reputation
[2] **mentas** (*Chile**) (= *chismes*) rumours, rumors (*EEUU*), gossip *sing*

**mentada** SF (*Méx*) serious insult; **hacerle a algn una ~** to seriously insult sb

**mentado** ADJ [1] (= *mencionado*) aforementioned
[2] (= *famoso*) well-known, famous

**mental** ADJ [*esfuerzo, salud*] mental; [*capacidad, trabajo*] intellectual

**mentalidad** SF mentality; **tiene ~ de criminal** he has a criminal mentality; **tienes (una) ~ de un niño de tres años** you've got the mentality of a three-year old; **tiene una ~ muy abierta** he is very open-minded, he's got a very open outlook

**mentalización** SF [1] (= *preparación*) mental preparation; **la importancia de la ~ de los jugadores en la victoria** the importance of players' mental preparation to achieving victory
[2] (= *concienciación*) **la ~ de la opinión pública respecto al problema del paro** the raising of public awareness about the problem of unemployment; **campañas de ~ contra la bebida** campaigns to raise awareness of the risks of drinking
[3] (= *persuasión*) persuasion; (*pey*) brainwashing

**mentalizado** ADJ **están ~s para imponerse a cualquier dificultad** they are mentally prepared to overcome any problem; **el equipo salió ~ para el triunfo** the team went out with their minds set on victory

**mentalizar** ►conjug 1f◄ Ⓐ VT [1] (= *preparar*) to prepare mentally
[2] (= *concienciar*) to make aware
[3] (= *persuadir*) to persuade, convince; (*pey*) to brainwash
Ⓑ **mentalizarse** VPR [1] (= *prepararse*) to prepare o.s. mentally; **me había mentalizado para lo peor** I had prepared myself for the worst
[2] (= *concienciarse*) to become aware (**de** of)

**mentalmente** ADV mentally

**mentar** ►conjug 1j◄ VT to mention; **~ la madre a algn** (*esp Méx*) to insult sb seriously

**mentas*** SFPL (*Andes, Cono Sur*) [1] (= *reputación*) good name *sing*, reputation *sing*; **una persona de buenas ~** a highly-regarded *o* well-respected person
[2] (= *chismes*) rumours, rumors (*EEUU*), gossip *sing*

**mente** SF [1] (= *pensamiento*) mind; **tiene una ~ analítica** he's got an analytical mind; **irse algo de la ~: se le fue completamente de la ~** it completely slipped his mind; **quitarse algo de la ~: no me lo puedo quitar de la ~** I can't get it out of my mind; **tener en ~ hacer algo** to be thinking of doing sth; **tiene en ~ cambiar de empleo** he's thinking of changing jobs; **traer a la ~** to call to mind; **venir a la ~** to come to mind ► **mente consciente** conscious mind ► **mente subconsciente** subconscious mind
[2] (= *mentalidad*) **tiene una ~ muy abierta** she's very open-minded, she's got a very open outlook
[3] (= *intelectual*) mind; **una de las grandes ~s de nuestro tiempo** one of the great minds of our time

**mentecatería** SF, **mentecatez** SF stupidity, foolishness

**mentecato/a** Ⓐ ADJ silly, stupid
Ⓑ SM/F idiot, fool

**mentidero** SM gossip shop*

**mentir** ►conjug 3i◄ VI to lie; **nos mintió** he lied to us; **miente quien diga que hubo un acuerdo** whoever says there was an agreement is lying; **~ no está bien** it's wrong to tell lies; **no he mentido en mi vida** I've never told a lie in all my life; **¡miento!** sorry!, I'm wrong!, my mistake!; **¡esta carta no me dejará ~!** this letter will bear me out *o* confirm what I say

**mentira** SF [1] (= *embuste*) lie; **¡mentira!** it's a lie!; **no digas ~s** don't tell lies; **sus ~s le causaron problemas** his lying got him into trouble; **coger a algn en una ~** to catch sb in a lie; **de ~: una pistola de ~** a toy pistol; **parecer ~: aunque parezca ~** however incredible it seems, strange though it may seem; **¡parece ~!** it's unbelievable!, I can't *o* don't believe it!; **parece ~ que no te acuerdes** I can't believe that you don't remember; ✦***MODISMOS*** **una ~ como una casa** *o* **como una catedral** *o* **un templo** a whopping great lie*; **la ~ tiene las patas cortas** ◊ **no hay ~ que no salga** truth will out ► **mentira caritativa, mentira oficiosa** (*Cono Sur*), **mentira piadosa, mentira reverenda** (*Cono Sur*) white lie
[2] (*en uñas*) white mark (*on fingernail*)
[3] (= *errata*) erratum

**mentirijillas*** SFPL **es** *o* **va de ~** it's only a joke; (*a niño*) it's only pretend, it's only make-believe; **lloraba de ~** she was pretending to cry; **jugar de ~** to play for fun (*ie not for money*)

**mentirilla** SF fib*, white lie

**mentirosillo/a** SM/F fibber*

**mentiroso/a** Ⓐ ADJ [1] (= *que miente*) lying; **¡es tan ~!** he's such a liar!; **¡mentiroso!** you liar!
[2] [*texto*] full of errors, full of misprints
Ⓑ SM/F (= *que miente*) liar; **~ profesional** compulsive liar

**mentís** SM INV denial; **dar el ~ a algo** to refute sth, deny sth

**mentol** SM menthol

**mentolado** ADJ mentholated

**mentolatum*** SM **ser un ~** (*Cono Sur*) to be a jack of all trades

**mentón** SM chin ► **doble mentón** double chin

**mentor** SM mentor

**menú** SM [1] [*de comida*] menu ► **menú de la casa** main menu, standard menu ► **menú del día** (*Esp*) set meal
[2] (*Inform*) menu; **guiado por ~** (*Inform*) menu-driven

**menudear** ►conjug 1a◄ Ⓐ VI [1] (= *ser frecuente*) to be frequent, happen frequently; [*misiles, insultos*] to come thick and fast; **en la campaña menudean las acusaciones** accusations are flying thick and fast in the campaign; **un texto en el que menudean las erratas** a text full of mistakes
[2] (*al explicarse*) to go into great detail
[3] (*Cono Sur, Méx*) (= *abundar*) to abound; (= *proliferar*) to increase, grow in number
Ⓑ VT [1] (= *repetir*) to repeat frequently, do repeatedly; **menudea sus visitas** he often comes to visit
[2] (*LAm*) (= *vender*) to sell retail

**menudencia** SF [1] (= *bagatela*) trifle, small thing; **~s** odds and ends
[2] (= *minuciosidad*) minuteness; (= *exactitud*) exactness; (= *meticulosidad*) meticulousness
[3] **menudencias** (*Culin*) [*de cerdo*] offal *sing*; (= *menudillos*) [*de ave*] giblets

**menudeo** SM (*Com*) retail trade; **vender al ~** to sell retail

**menudez** SF smallness, minuteness

**menudillos** SMPL giblets

**menudo** Ⓐ ADJ [1] (= *pequeño*) small, minute; [*persona*] diminutive, slight; (*fig*) slight, insignificant; **moneda menuda** small change; **la gente menuda** the little ones, kids*; ✦***MODISMOS*** **a la menuda** ◊ **por la menuda** (*Com*) retail; **contar algo por ~** to tell sth in detail
[2] (*uso admirativo*) **¡~ lío!** what a mess!; **¡menuda plancha!** what a boob!*; **¡menuda vidorra nos vamos a dar!** we won't half live it up!*; **¡menuda me la han hecho!** they've really gone and pulled a fast one on me!*; **¡~ viento hizo anoche!** it wasn't half windy last night!*
[3] (= *minucioso*) exact, meticulous

Ⓑ ADV **a ~** often
Ⓒ SM 1 (= *dinero*) small change
2 **menudos** (*Culin*) offal *sing*; [*de ave*] giblets; (*Méx*) (= *guisado*) tripe stew *sing*

**meñique** SM (*tb* **dedo ~**) little finger

**meódromo‡** SM bog‡, loo*, john (*EEUU*‡)

**meollo** SM 1 (*Anat*) marrow
2 [*de asunto*] heart, crux; **el ~ de la cuestión** the heart o crux of the matter
3 [*de persona*] brains *pl*; **estrujarse el ~** to rack one's brains
4 [*de pan*] crumb, soft part

**meón/ona*** Ⓐ ADJ **es muy ~** [*niño*] he's always wetting himself; [*adulto*] he's got a weak bladder
Ⓑ SM/F 1 **este niño es un ~** this boy's always wetting himself
2 (= *bebé*) baby, baby boy/baby girl

**meos‡** SMPL piss** *sing*

**meque*** SM (*Caribe*) rap

**mequetrefe** SMF (= *inútil*) good-for-nothing; (= *curiosón*) busybody

**meramente** ADV merely, only

**merca** SF (*Méx*) (= *compra*) shopping, purchases *pl*; (*Cono Sur*) (= *contrabando*) contraband goods *pl*

**mercachifle** SM 1 (*pey*) (= *comerciante*) small-time trader; (= *vendedor ambulante*) hawker, huckster
2 (= *avaricioso*) money grabber

**mercadear** ▸conjug 1a◂ Ⓐ VT (= *vender*) to market; (= *regatear*) to haggle over
Ⓑ VI to deal, trade

**mercadeo** SM marketing

**mercader** SM (*esp Hist*) merchant

**mercadería** SF merchandise; **~s** goods, merchandise *sing*

**mercadillo** SM street market; (*benéfico*) (charity) bazaar

**mercado** SM market; **inundar el ~ de algo** to flood the market with sth; **salir al ~** to come on to the market ► **mercado bursátil** stock market ► **mercado cambiario** foreign exchange market ► **mercado cautivo** captive market ► **Mercado Común** Common Market ► **mercado de demanda** seller's market ► **mercado de dinero** money market ► **mercado de divisas** currency market, foreign exchange market ► **mercado de futuros** futures market ► **mercado de la vivienda** housing market ► **mercado de oferta** buyer's market ► **mercado de productos básicos** commodity market ► **mercado de signo favorable al comprador**, **mercado de compradores** buyer's market ► **mercado de signo favorable al vendedor**, **mercado de vendedores** seller's market ► **mercado de trabajo** labour o (*EEUU*) labor market ► **mercado de valores** stock market ► **mercado de viejo** flea market ► **mercado en alza** bull market ► **mercado en baja** bear market ► **mercado exterior** foreign market, overseas market ► **mercado inmobiliario** property market ► **mercado interior** domestic market ► **mercado laboral** labour o (*EEUU*) labor market ► **mercado libre** free market (**de** in); ► **mercado mundial** world market ► **mercado nacional** domestic market ► **mercado negro** black market ► **mercado objetivo** target market ► **mercado persa** (*Cono Sur*) cut-price store ► **mercado único** single market

**mercadológico** ADJ market *antes de s*, marketing *antes de s*

**mercadotecnia** SF marketing; **estudios de ~** market research

**mercadotécnico** ADJ marketing *antes de s*

**mercancía** Ⓐ SF merchandise; **~s** goods, merchandise *sing* ► **mercancías en depósito** bonded goods ► **mercancías de general** (*Náut*) general cargo *sing* ► **mercancías perecederas** perishable goods
Ⓑ SM INV **mercancías** goods train *sing*, freight train *sing* (*EEUU*)

**mercante** Ⓐ ADJ merchant *antes de s*; *ver tb* **buque 1**, **marina 1**
Ⓑ SM merchantman, merchant ship

**mercantil** ADJ (*gen*) mercantile, commercial; [*derecho*] commercial; *ver tb* **registro 2**, **sociedad 3**

**mercantilismo** SM mercantilism

**mercantilización** SF commercialization; **la ~ de la cultura** the commercialization of culture

**mercantilizar** ▸conjug 1f◂ VT to commercialize

**mercar**†† ▸conjug 1g◂ Ⓐ VT to buy
Ⓑ **mercarse** VPR **~se algo** to get sth

**merced** SF 1 (†) (= *favor*) favour, favor (*EEUU*); **hacer a algn la ~ de hacer algo** to do sb the favour of doing sth; **tenga la ~ de hacerlo** please be so good as to do it
2 **merced a** thanks to
3 **estar a la ~ de algo/algn** to be at the mercy of sth/sb; **el barco quedó a la ~ de los vientos** the boat was left to the mercy of the winds
4 (*antaño*) **vuestra ~** your worship, sir

**mercedario/a** ADJ, SM/F Mercedarian

**mercenario** Ⓐ ADJ mercenary
Ⓑ SM (*Mil*) mercenary; (*Agr*) day labourer; (*pey*) (= *asalariado*) hireling

**mercería** SF 1 (= *artículos*) haberdashery, notions *pl* (*EEUU*)
2 (= *tienda*) haberdasher's (shop), notions store (*EEUU*); (*Caribe, Méx*) (= *lencería*) draper's (shop), dry-goods store (*EEUU*); (*Cono Sur*) (= *ferretería*) ironmonger's, hardware store

**mercero/a** SM/F haberdasher, notions dealer (*EEUU*); (*Andes, Caribe, Méx*) draper

**Merche** SF (*forma familiar*) *de* **Mercedes**

**merchero/a*** SM/F petty criminal, delinquent

**Mercosur** SM ABR (= **Mercado Común del Cono Sur**) *Argentina, Brazil, Paraguay and Uruguay*

**mercromina**® SF Mercurochrome®

**mercurial** ADJ mercurial

**Mercurio** SM Mercury

**mercurio** SM mercury

**mercurocromo** SM Mercurochrome®

**merdoso‡** ADJ filthy

**merecedor** ADJ deserving, worthy (**de** of); **es ~ de aplauso** it is to be applauded; **~ de confianza** trustworthy; **~ de crédito** solvent; **hacerse ~ de algo** to earn sth; **ser ~ de algo** to deserve sth, be deserving of sth

**merecer** ▸conjug 2d◂ Ⓐ VT 1 [+ *recompensa, castigo*] to deserve; **~ hacer algo** to deserve to do sth; **merece (que se le dé) el premio** he deserves (to receive) the prize; **no merece sino elogios** she deserves nothing but praise; **el trato que él nos merece** the treatment he deserves from us; **merece la pena** it's worth it; **no merece la pena discutir** it's not worth arguing
2 (*Andes*) (= *atrapar*) to catch; (= *robar*) to snatch, pinch*; (= *encontrar*) to find
Ⓑ VI to be deserving, be worthy; **~ mucho** to be very deserving
Ⓒ **merecerse** VPR **~se algo** to deserve sth; **te mereces el premio** you deserve the prize; **tienes unos hijos que no te los mereces** you don't deserve your children; **te mereces eso y más** you deserve that and more; **se lo mereció** he deserved it, he got what he deserved; **se lo merece por tonto** (it) serves him right for being so stupid

**merecidamente** ADV deservedly

**merecido** Ⓐ ADJ [*premio, descanso*] well-deserved; **bien ~ lo tiene** it serves him right
Ⓑ SM just deserts *pl*; **llevarse su ~** to get one's just deserts

**merecimiento** SM 1 (= *lo merecido*) just deserts *pl*
2 (= *mérito*) merit, worthiness; **perdimos con todo ~** we deserved to lose; **lo logró sin ningún ~** she didn't deserve to achieve it; **otra persona de mayor ~** another more deserving person

**merendar*** ▸conjug 1j◂ Ⓐ VI to have an afternoon snack, have tea; (*en el campo*) to have a picnic
Ⓑ VT 1 (= *comer*) to have as an afternoon snack, have for tea
2 (= *mirar*) **~ lo que escribe otro** to look at what somebody else is writing; **~ las cartas de otro** to peep at sb else's cards
Ⓒ **merendarse** VPR 1 **~se a algn** [+ *adversario*] to thrash sb*, walk all over sb*; (*LAm*) (= *matar*) to bump sb off*; (*Andes*) (= *pegar*) to beat sb up*; (*Cono Sur*) (= *estafar*) to fleece sb*
2 (= *acabar con*) [+ *libro*] to devour; [+ *país, territorio*] to take over
3 **~se una fortuna** to squander a fortune

**merendero** SM (= *café*) open-air café, snack bar; (*en el campo*) picnic area; (*Méx*) (= *restaurán*) café, lunch counter

**merendola*** SF (= *fiesta*) tea party; (*campestre*) picnic

**merengar‡** ▸conjug 1h◂ VT to upset, annoy

**merengue** Ⓐ ADJ (*) of/relating to Real Madrid F.C.
Ⓑ SM 1 (*Culin*) meringue
2 (= *persona*) (= *blandengue*) wimp*, weed*; (*LAm*) (= *enfermizo*) sickly person
3 (*Andes, Caribe*) (= *baile*) merengue
4 (*Cono Sur**) (= *alboroto*) row, fuss
Ⓒ SMPL **los ~s*** Real Madrid F.C.

**meretriz** SF prostitute

**mergo** SM cormorant

**meridiana** SF 1 (= *diván*) divan, couch; (†) chaise longue; (= *cama*) day bed
2 **a la ~** at noon

**meridianamente** ADV clearly, with complete clarity; **eso queda ~ claro** that is crystal clear

**meridiano** Ⓐ ADJ 1 [*calor*] midday *antes de s*; **la hora meridiana** noon
2 [*luz*] very bright
3 [*hecho*] clear as day, crystal-clear; **lo veo con claridad meridiana** I can see it perfectly clearly; **sus razones eran claras y meridia-**

**nas** her reasons were crystal-clear
Ⓑ SM (*Astron, Geog*) meridian

**meridional** Ⓐ ADJ southern
Ⓑ SMF southerner

**merienda** SF tea, afternoon snack; [*de viaje*] packed meal; (*en el campo*) picnic; (*Andes*) supper; **ir de ~** to go for a picnic; ✦*MODISMO* **juntar ~s** to join forces, pool one's resources ▸ **merienda-cena** high tea, early evening meal ▸ **merienda de negros*** (= *confusión*) bedlam, free-for-all; (= *chanchullo*) crooked deal

**merino** Ⓐ ADJ merino
Ⓑ SMF (= *oveja*) merino (sheep)
Ⓒ SM (= *lana*) merino wool

**mérito** SM [1] (= *valor*) merit, worth; **de ~** of merit, worthy; **una obra de gran ~ artístico** a work of great artistic merit; **restar ~ de algo** to detract from sth; **tener ~: eso tiene mucho ~** that's very commendable; **el chico tiene mucho ~** he's a worthy lad; **hizo ~s suficientes para merecer el honor** he had done enough to deserve the honour; **la han ascendido por ~s** she was promoted on merit; **alega los siguientes ~s** he quotes the following facts in support; **"serán ~s los idiomas"** (*en anuncio*) "languages an advantage"; ✦*MODISMO* **hacer ~s** to strive for recognition ▸ **méritos de guerra** mention in dispatches *sing*
[2] (= *mención*) **hacer ~ de algo** to mention sth

**meritocracia** SF meritocracy

**meritócrata** SMF meritocrat

**meritoriaje** SM actor's apprenticeship

**meritorio/a** Ⓐ ADJ (= *de mérito*) meritorious (*frm*), worthy; (= *merecedor*) deserving; **~ de alabanza** praiseworthy; **hizo una meritoria labor en beneficio de la infancia** her work in aid of children was commendable; **su meritoria actuación del domingo** his commendable performance on Sunday; **consiguió una meritoria sexta posición** he came a well-deserved sixth
Ⓑ SM/F unpaid trainee

**merla** SF = **mirlo**

**merlan** SM whiting

**merlango** SM haddock

**Merlín** SM Merlin; ✦*MODISMO* **saber más que ~** to know all there is to know

**merlo**[1] SM (= *pez*) black wrasse

**merlo**[2]* SM (*LAm*) (= *persona*) idiot

**merlucera** SF *type of fishing boat, used especially for fishing hake*

**merluza** SF [1] (= *pez*) hake
[2] (*) (= *borrachera*) **coger una ~** to get sozzled*; **estar con la ~*** to be sozzled*

**merluzo/a*** Ⓐ ADJ silly, stupid
Ⓑ SM/F idiot

**merma** SF (= *disminución*) [*de interés, ganancia*] decrease; (*al secarse*) shrinkage; (= *pérdida*) loss; **sin ~ de calidad** without loss of quality, without compromising on quality; **para que su honor no sufra ~** so that his honour is not diminished

**mermar** ▸conjug 1a◂ Ⓐ VT (= *disminuir*) [+ *crecimiento, capacidad*] to reduce; [+ *autoridad, prestigio*] to undermine; [+ *reservas*] to deplete; [+ *pago, raciones*] to cut
Ⓑ VI, **mermarse** VPR (= *disminuir*) to decrease, dwindle; [*reservas*] to become depleted; [*líquido*] to go down; [*carne*] to shrink

**mermelada** SF jam ▸ **mermelada de albaricoques** apricot jam ▸ **mermelada de naranja** marmalade

**mero**[1] Ⓐ ADJ [1] (= *simple*) mere, simple; **el ~ hecho de ...** the mere *o* simple fact of ...; **les detuvieron por el ~ hecho de protestar** they were arrested merely *o* simply for protesting; **soy un ~ espectador** I'm only *o* just a spectator; **es algo más que un ~ producto de consumo** it is more than just a consumer product, it is more than a mere consumer product; **fue una mera casualidad** it was pure coincidence
[2] (*Méx*) (= *exacto*) precise, exact; **a la mera hora** (*lit*) right on time; (*) (*fig*) when it comes down to it*
[3] (*Méx*) (= *justo*) right; **en el momento ~** at the right moment
[4] (*Méx*) (= *mismo*) **el ~ centro** the very centre; **la mera verdad** the plain truth; **el ~ Pedro** Pedro himself; **en la mera calle** right there on the street; **en la mera esquina** right on the corner; **tu ~ papá** your own father
Ⓑ ADV [1] (*CAm, Méx*) (= *justo*) right, just; **aquí ~** (= *exacto*) right here, just here; (= *cerca*) near here; **¡eso ~!** right!, you've got it!
[2] (*CAm, Méx*) **ahora ~** (= *ahora mismo*) right now; (= *pronto*) in a minute; **¡ya ~!*** just coming!; **ya ~ llega** he'll be here any minute now; **él va ~ adelante** he's just ahead
[3] (*CAm*) (= *de verdad*) really, truly
[4] (*Méx*) (= *muy*) very
[5] (*Méx*) (= *hace poco*) just; **ahora ~ llegó** he's just got here
[6] (*Andes*) (= *sólo*) only
Ⓒ SM **el ~ ~** (*Méx**) the boss*

**mero**[2] SM (*Pesca*) grouper

**merodeador(a)** Ⓐ ADJ prowling; [*pandilla, tropas*] marauding
Ⓑ SM/F prowler

**merodear** ▸conjug 1a◂ VI [1] (= *rondar*) to prowl (about); [*pandillas, tropas*] to maraud; **vio a un hombre merodeando entre los coches** she saw a man prowling around among the cars
[2] (*Méx*) to make money by illicit means

**merodeo** SM (= *acecho*) prowling; [*de pandillas, tropas*] marauding

**merolico*** SM (*Méx*) (= *curandero*) quack*; (= *vendedor*) street salesman

**merovingio/a** ADJ, SM/F Merovingian

**mersa*** (*Arg*), **merza*** (*Arg*) Ⓐ ADJ INV (= *de mal gusto*) common, naff*; (= *ostentoso*) flashy
Ⓑ SMF INV common person
Ⓒ SF (= *hampa*) mob, gang

**mes** SM [1] month; **al ~ llegó él** he came a month later; **50 dólares al ~** 50 dollars a month; **el ~ corriente** this month; **el ~ que viene** ◊ **el ~ próximo** next month ▸ **mes lunar** lunar month
[2] (= *sueldo*) month's pay; (= *renta*) month's rent; (= *pago*) monthly payment; **facilidades de pago 36 ~es** 36 months credit available
[3] (*Med**) **estar con** *o* **tener el ~** to have one's period

**mesa** SF [1] table; [*de despacho*] desk; **¡a la ~!** dinner's ready!; **bendecir la ~** to say grace; **de ~: vino de ~** table wine; **poner la ~** to lay the table; **recoger la ~** ◊ **quitar la ~** to clear the table; **sentarse a la ~** to sit down to table; **servir la ~** to wait at table; ✦*MODISMO* **estar sobre la ~** [*asunto*] to be on the table, be under consideration *o* discussion ▸ **mesa auxiliar** side table, occasional table ▸ **mesa de alas abatibles** gate-leg(ged) table ▸ **mesa de billar** billiard table ▸ **mesa de café**, **mesa de centro** coffee table ▸ **mesa de comedor** dining table ▸ **mesa de despacho** office desk ▸ **mesa de juntas** conference table ▸ **mesa de mezclas** mixer, mixing desk ▸ **mesa de negociación** negotiating table ▸ **mesa de noche** bedside table, night stand *o* table (*EEUU*) ▸ **mesa de operaciones** operating table ▸ **mesa de tijera** folding table ▸ **mesa de trabajo** desk ▸ **mesa(s) nido** nest of tables ▸ **mesa operatoria** operating table ▸ **mesa ratona** (*Cono Sur*) coffee table ▸ **mesa redonda** (*Pol*) (= *discusión*) round table; (= *conferencia*) round-table conference; (*Hist*) Round Table
[2] (= *personas*) (= *comité*) committee; [*de empresa*] board; (*en mitin*) platform ▸ **Mesa de la Cámara**, **Mesa del Parlamento** parliamentary assembly ▸ **mesa electoral** *officials in charge of a polling station* ▸ **Mesa Nacional** National Committee
[3] (= *pensión*) board; **~ y cama** bed and board; **tener a algn a ~ y mantel** to give sb free board
[4] (*Geog*) (= *meseta*) tableland, plateau
[5] (*Arquit*) landing
[6] [*de herramienta*] side, flat

**mesada** SF [1] (= *dinero*) monthly payment
[2] (*Arg*) worktop

**mesana** SF mizzen

**mesarse** ▸conjug 1a◂ VPR **~ el pelo** *o* **los cabellos** to tear one's hair (out); **~ la barba** to pull one's beard

**mescalina** SF mescaline

**mescolanza** SF = **mezcolanza**

**mesenterio** SM mesentery

**mesero/a** SM/F (*Méx*) waiter/waitress

**meseta** SF [1] (*Geog*) tableland, plateau
[2] (*Arquit*) landing

**mesetario** ADJ (*Esp*) (= *de la meseta*) of/from the Castilian meseta; (= *castellano*) Castilian

**mesiánico** ADJ messianic

**Mesías** SM INV Messiah

**mesilla** SF [1] (*pequeña*) small table; (*auxiliar*) side table, occasional table ▸ **mesilla de noche** bedside table, night stand *o* (*EEUU*) table ▸ **mesilla de ruedas** trolley, cart (*EEUU*) ▸ **mesilla plegable** folding table
[2] (*Caribe*) market stall

**mesmeriano** ADJ mesmeric

**mesmerismo** SM mesmerism

**mesmerizante** ADJ mesmerizing

**mesmerizar** ▸conjug 1f◂ VT to mesmerize

**mesnada** SF [1] (*Hist*) armed retinue
[2] **mesnadas** (= *partidarios*) followers, supporters; **las ~s del orden** the forces of order

**Mesoamérica** SF Middle America (*Mexico, Central America and the West Indies*)

**mesoamericano/a** ADJ, SM/F Middle American

**mesolítico** Ⓐ ADJ Mesolithic
Ⓑ SM **el ~** the Mesolithic

**mesolito** SM mesolith

**mesomorfo** SM mesomorph

**mesón**[1] SM [1] (*Hist*) inn; (*moderno*) *restaurant and bar with period décor*, olde worlde inn
[2] (*CAm*) (= *pensión*) lodging house, rooming house (EEUU)
[3] (*Chile, Ven*) (= *mostrador*) counter
[4] (*Cono Sur*) (= *mesa grande*) large table

**mesón**[2] SM (*Fís*) meson

**mesonero/a** SM/F [1] (††) innkeeper
[2] (*en bar*) landlord/landlady
[3] (*Caribe*) waiter/waitress

**mesteño** (*Méx*) Ⓐ ADJ [*caballo*] wild, untamed
Ⓑ SM mustang

**mestizaje** SM [1] (= *cruce*) crossbreeding, miscegenation (*frm*)
[2] (= *grupo de mestizos*) mestizos *pl*, half-castes (*pey*) *pl*

**mestizar** ▸conjug 1f◂ VT [+ *raza*] to crossbreed; [+ *razas*] to mix (*by crossbreeding*)

**mestizo/a** Ⓐ ADJ [*persona*] mixed-race; [*sociedad*] racially mixed; [*raza*] mixed; [*animal*] crossbred, mongrel (*pey*); [*planta*] hybrid
Ⓑ SM/F (= *persona*) mestizo, half-caste (*pey*); (= *animal*) crossbreed, mongrel (*pey*); (= *planta*) hybrid

**mesura** SF [1] (= *moderación*) moderation, restraint; **con ~** in moderation; **gastan dinero sin ~** they spend money like water
[2] (= *calma*) calm

**mesurado** ADJ [1] (= *moderado*) moderate, restrained; **estilo ~** restrained style; **precios ~s** reasonable prices
[2] (= *tranquilo*) calm

**mesurar** ▸conjug 1a◂ Ⓐ VT [1] (= *contener*) to restrain
[2] (*Ecu*) (= *medir*) to measure
Ⓑ **mesurarse** VPR to restrain o.s., act with restraint

**meta** Ⓐ SF [1] (*Ftbl*) goal; (*en hípica*) winning post; (*Atletismo*) finishing line; **chutar a ~** to shoot at goal; **entrar en** *o* **pasar por ~** to cross the finishing line ► **meta volante** (*en ciclismo*) bonus sprint
[2] (= *objetivo*) goal, aim; **¿cuál es tu ~ en la vida?** what is your goal *o* aim in life?; **fijarse una ~** to set o.s. a goal
Ⓑ SMF (= *portero*) (goal)keeper

**meta...** PREF meta...

**metabólico** ADJ metabolic

**metabolismo** SM metabolism

**metabolizador** ADJ metabolizing

**metabolizar** ▸conjug 1f◂ VT to metabolize

**metacarpiano** SM metacarpal

**metacrilato** SM methacrylate

**metadona** SF methadone

**metafísica** SF metaphysics *sing*

**metafísico /a** Ⓐ ADJ metaphysical
Ⓑ SM/F metaphysician

**metáfora** SF metaphor

**metafórico** ADJ metaphoric(al)

**metal** SM [1] (= *material*) metal; (*Mús*) brass; **el vil ~** filthy lucre ► **metal en láminas**, **metal laminado** sheet metal ► **metal noble** precious metal ► **metal pesado** heavy metal
[2] [*de voz*] timbre

**metalenguaje** SM metalanguage

**metalero** ADJ (*Andes, Cono Sur*) metal *antes de s*

**metálico** Ⓐ ADJ [*objeto*] metal *antes de s*; [*color, sonido, brillo*] metallic; **un Cadillac azul ~** a metallic blue Cadillac
Ⓑ SM (= *dinero*) cash; (= *moneda*) coin; (*en barras*) specie, bullion; **pagar en ~** to pay (in) cash; **premio en ~** cash prize

**metalista** SMF metalworker

**metalistería** SF metalwork

**metaliteratura** SF metaliterature

**metalizado** ADJ [1] [*pintura*] metallic
[2] (= *materialista*) mercenary, only interested in making money; **el mundo actual está ~** the modern world revolves around money

**metalizar** ▸conjug 1f◂ Ⓐ VT [+ *material*] to metallize
Ⓑ **metalizarse** VPR [1] [*persona*] to become mercenary
[2] [*material*] to become metallized

**metalmecánico** ADJ **industria metalmecánica** (*Cono Sur*) metallurgical industry

**metalurgia** SF metallurgy

**metalúrgico/a** Ⓐ ADJ metallurgic(al); **industria metalúrgica** engineering industry
Ⓑ SM/F (= *trabajador*) metalworker; (= *científico*) metallurgist

**metamórfico** ADJ metamorphic

**metamorfosear** ▸conjug 1a◂ Ⓐ VT to metamorphose (*frm*), transform (**en** into)
Ⓑ **metamorfosearse** VPR to be metamorphosed (*frm*), be transformed

**metamorfosis** SF INV metamorphosis (*frm*), transformation

**metano** SM methane

**metástasis** SF INV metastasis

**metastatizar** ▸conjug 1f◂ VI, **metastizar** ▸conjug 1f◂ VI to metastasize

**metatarsiano** SM metatarsal

**metate** SM (*CAm, Méx*) flat stone for grinding

**metátesis** SF INV metathesis

**metedor**[1] SM [*de bebé*] nappy liner

**metedor**[2]**(a)**†† SM/F (= *contrabandista*) smuggler

**metedura** SF ► **metedura de pata*** blunder, clanger*

**meteduría** SF smuggling

**metejón*** SM [1] (*Cono Sur*) violent love
[2] (*Andes*) (= *enredo*) mess

**metelón** ADJ (*Méx*) meddling

**metempsicosis** SF INV metempsychosis

**meteórico** ADJ meteoric

**meteorito** SM meteorite

**meteoro** SM meteor

**meteoroide** SM meteoroid

**meteorología** SF meteorology

**meteorológico** ADJ meteorological, weather *antes de s*; **boletín** *o* **parte ~** weather report

**meteorologista** SMF meteorologist

**meteorólogo/a** SM/F meteorologist

**metepatas*** SMF INV **eres un ~** you're always putting your foot in it

**meter** ▸conjug 2a◂ Ⓐ VT [1] (= *poner, introducir*) to put; **¿dónde has metido las llaves?** where have you put the keys?; **metió el palo por el aro** she stuck *o* put the stick through the ring; **mete las hamacas que está lloviendo** bring the hammocks in, it's raining; **~ algo en algo** to put sth in(to) sth; **metió la mano en el bolsillo** she put her hand in(to) her pocket; **metió el dedo en la sopa** he dipped *o* put his finger in the soup; **tienes que ~ la pieza en su sitio** you have to fit *o* put the part in the correct place; **consiguió ~ toda la ropa en la maleta** she managed to get *o* fit all the clothes in(to) the suitcase; **~ dinero en el banco** to put money in the bank; **¿quién le metió esas ideas en la cabeza?** who gave him those ideas?; ✦*MODISMO* **a todo ~*** (= *rápido*) as fast as possible; **está lloviendo a todo ~** it's pelting with rain, it's pelting down; **le están dando antibióticos a todo ~** he's being stuffed with antibiotics*
[2] (*Dep*) to score; **~ un gol** to score a goal
[3] (*Cos*) (*para estrechar*) to take in; (*para acortar*) to take up; **métele la falda que le queda larga** take her skirt up a bit, it's too long
[4] (*Aut*) [+ *marcha*] to go into; **mete primera** go into first gear; **¡mete el acelerador!** put your foot down!
[5] (= *internar*) **~ a algn en la cárcel** to put sb in prison; **lo metieron en un colegio privado** they put him in *o* sent him to a private school
[6] (*en una profesión*) **lo metieron a trabajar en el banco** they got him a job in a bank; **metieron a su hija (a) monja** they sent their daughter to a convent; **lo metieron a** *o* **de fontanero** they apprenticed him to a plumber
[7] (= *implicar*) **~ a algn en algo** to get sb involved in sth; **él me metió en el negocio** he got me involved in the business; **tú me metiste en este lío** you got me into this mess; **no metas a mi madre en esto** don't drag *o* bring my mother into this; **Luis metió a Fernando en muchos disgustos** Luis let Fernando in for a lot of trouble
[8] (= *ocasionar*) **~ <u>miedo</u> a algn** to scare *o* frighten sb; **~ <u>prisa</u> a algn** to hurry sb, make sb get a move on; **tenemos que ~le prisa a Adela** we need to hurry Adela, we need to make Adela get a move on; **¡no me metas prisa!** don't rush me!; **~ <u>ruido</u>** to make a noise; **~ un <u>susto</u> a algn** to give sb a fright
[9] (*) (= *dar*) **le metieron un golpe en la cabeza** they hit him on the head; **le metió una torta delante de todos** she hit him in front of everyone
[10] (*) (= *endosar*) **me han metido dos billetes falsos** they gave me two false banknotes; **me metieron una multa por no llevar puesto el cinturón** I was fined for not wearing a seat belt; **nos metió un rollo inacabable** he went on and on for ages; **le metieron cinco años de cárcel** they gave him five years in prison; **nos van a ~ más trabajo** they're going to lumber us with more work
[11] (*) (= *aplicar*) **me metió la maquinilla y me peló al cero** he took the clippers to me and shaved all my hair off; **le quedaba largo el traje y le metió las tijeras** her dress was too long, so she took the scissors to it
[12] (*) (= *hacer entender*) **no hay quien le meta que aquello era mentira** nobody seems able to make him understand that it was a lie, nobody is able to get it into his head that it was a lie
[13] **~las** (*Andes**) to beat it*
Ⓑ **meterse** VPR [1] (= *introducirse*) **métete por la primera calle a la derecha** take the first street on the right; **¿dónde se habrá metido el lápiz?** where can the pencil have got to?; **no sabía dónde ~se de pura vergüenza** she was so ashamed, she didn't know where to hide; **~se <u>en</u> algo**: **después de comer siempre se mete en el despacho** after lunch she always goes into her study *o*

shuts herself away in her study; **se metió en la tienda** she went into the shop; **se metió en la cama** she got into bed; **se metió en un agujero** he got into a hole; **se metieron en el agua nada más llegar** they got straight into the water as soon as they arrived; **se me metió una avispa en el coche** a wasp got into my car; **el río se mete en el mar** the river flows into the sea; **un trozo de tierra que se mete en el mar** a finger of land that sticks out into the sea
[2] (= *introducir*) **métete la camisa** tuck your shirt in; **~se una buena cena*** to have a good dinner; **~se un pico*** to give o.s. a fix*; ✦*MODISMO* **¡métetelo donde te quepa!*** you can stuff it!*
[3] (= *involucrarse*) **~se en algo**: **se metió en un negocio turbio** he got involved in a shady affair; **~se en política** to go into politics; **~se en líos** to get into trouble; **se metió en peligro** he got into danger; **no te metas en explicaciones** don't bother giving any explanations; **me metí mucho en la película** I really got into *o* got involved in the film
[4] (= *entrometerse*) **~se en algo** to interfere in sth, meddle in sth; **¿por qué te metes (en esto)?** why are you interfering (in this matter)?; **¡no te metas en lo que no te importa!** ◊ **¡no te metas donde no te llaman!** mind your own business!
[5] (*de profesión*) **~se a algo**: **~se a monja** to become a nun; **~se a escritor** to become a writer; **~se de algo**: **~se de aprendiz en un oficio** to go into trade as an apprentice
[6] **~se a hacer algo** (= *emprender*) to start doing sth, start to do sth; **se metió a pintar todas las paredes de la casa** he started painting *o* to paint the whole house
[7] **~se con algn*** (= *provocar*) to pick on sb*; (= *burlarse de*) to tease sb

**meterete/a*** (*Arg*), **metete/a*** (*Chile, Méx*)
Ⓐ ADJ interfering
Ⓑ SM/F busybody, meddler

**metiche*** ADJ (*CAm, Chile, Méx*) interfering, meddling

**meticón/ona*** Ⓐ ADJ interfering, meddling
Ⓑ SM/F busybody, meddler

**meticulosamente** ADV meticulously, scrupulously

**meticulosidad** SF meticulousness, scrupulousness

**meticuloso** ADJ meticulous

**metida*** SF = **metedura**

**metido*** Ⓐ ADJ [1] **estar muy ~ en algo** to be deeply involved in sth; **anda ~ en un lío** he's in a bit of trouble
[2] **~ en años** elderly, advanced in years; **está algo metidita en años** she's getting on a bit now; **~ en carnes** plump
[3] **~ en sí mismo** introspective
[4] **estar muy ~ con algn** to be well in with sb
[5] (*LAm*) (= *entrometido*) interfering, meddling
[6] (*Caribe, Cono Sur**) (= *bebido*) half cut*
Ⓑ SM [1] (= *reprimenda*) ticking-off; **dar** *o* **pegar un ~ a algn** to give sb a ticking-off
[2] (*) (= *sablazo*) **pegar un ~ a algn** to touch sb for money*
[3] (*) (= *golpe*) bash*; (= *empujón*) shove; **le pegó un buen ~ a la tarta** she took a good chunk out of the cake

**metijón/ona*** SM/F busybody, meddler

**metílico** ADJ, **metilado** ADJ **alcohol ~** methylated spirit

**metilo** SM methyl

**metimiento** SM [1] (= *inserción*) insertion
[2] (*) (= *influencia*) influence, pull*

**metódicamente** ADV methodically

**metódico** ADJ methodical

**metodismo** SM Methodism

**metodista** ADJ, SMF Methodist

**método** SM [1] (= *procedimiento*) method; **sus ~s de enseñanza son un poco anticuados** his teaching methods are a bit old-fashioned; **el mejor ~ para acabar con los gérmenes** the best way of killing off germs ► **método anticonceptivo** method of contraception ► **método audiovisual** audiovisual method ► **método del ritmo** rhythm method
[2] (= *organización*) **no obtienen resultados porque les falta ~** they don't get any results because they are not methodical (enough); **trabajar con ~** to work methodically
[3] (= *manual*) manual

**metodología** SF methodology

**metodológico** ADJ methodological

**metomentodo*** Ⓐ ADJ INV interfering, meddling
Ⓑ SMF busybody, meddler

**metonimia** SF metonymy

**metraje** SM [1] (*Cine*) length; **cinta de largo ~** feature(-length) film; *ver tb* **cortometraje**, **mediometraje**, **largometraje**
[2] (= *distancia*) distance

**metralla** SF [1] (*Mil*) shrapnel
[2] (*) (= *calderilla*) coppers *pl*, small change

**metralleta** SF submachine gun, tommy gun

**métrica** SF metrics *sing*

**métrico** ADJ metric(al); **cinta métrica** tape measure

**metro[1]** SM [1] (= *medida*) metre, meter (*EEUU*); **~s por segundo** metres per second; **mide tres ~s de largo** it's three metres long; **vender algo por ~s** to sell sth by the metre ► **metro cuadrado** square metre ► **metro cúbico** cubic metre; → KILOS, METROS, AÑOS
[2] (= *regla*) rule, ruler; (= *cinta métrica*) tape measure
[3] (*Literat*) metre, meter (*EEUU*)

**metro[2]** SM underground, tube, subway (*EEUU*)

**metrobús** SM combined bus and underground railway ticket

**metrónomo** SM metronome

**metrópoli** SF (= *ciudad*) metropolis; [*de imperio*] mother country

**metropolitano** Ⓐ ADJ metropolitan; **área metropolitana de Madrid** Greater Madrid
Ⓑ SM [1] (*Rel*) metropolitan
[2] (= *tren*) = **metro[2]**

**mexicano/a** ADJ, SM/F Mexican

**México** SM Mexico

**mezanine** SM mezzanine

**mezcal** SM (*Méx*) mescal

**mezcla** SF [1] (= *acción*) [*de ingredientes, colores*] mixing; [*de razas, culturas*] mixing; [*de sonidos*] mixing; [*de cafés, tabacos, whiskies*] blending; **la ~ de lo dulce y lo amargo** mixing sweet and sour flavours; *ver tb* **mesa 1**
[2] (= *resultado*) [*de ingredientes, colores*] mixture; [*de razas, culturas*] mix; [*de cafés, tabacos, whiskies*] blend; **añade más agua a la ~** add some more water to the mixture; **sin ~** [*sustancia*] pure; [*gasolina*] unadulterated; **costumbres transmitidas sin ~ de influencias externas** customs passed on without any external influence ► **mezcla explosiva** (*lit*) explosive mixture; (*fig*) lethal combination; **los dos hermanos formaban una ~ explosiva** the two brothers formed a lethal combination
[3] (*Mús*) mix
[4] (*Constr*) mortar
[5] (*Cos*) blend, mix

**mezclado** SM mixing; **el proceso de ~** the mixing process

**mezclador(a)** Ⓐ ADJ [*vaso, mesa*] mixing
Ⓑ SM/F (*Radio, TV*) (= *persona*) mixer ► **mezclador(a) de imágenes** vision mixer ► **mezclador(a) de sonido** sound mixer, dubbing mixer
Ⓒ SM [1] (*Radio, TV*) (= *aparato*) (*tb* **~ de sonido**) mixer, mixing desk ► **mezclador de vídeo**, **mezclador de video** (*LAm*) video mixer
[2] (*Culin*) (*tb* **vaso ~**) mixing bowl

**mezcladora** SF mixer; (*tb* **~ de sonido**) mixer, mixing desk ► **mezcladora de hormigón** concrete mixer

**mezclar** ▸conjug 1a◂ Ⓐ VT [1] (= *combinar*) [+ *ingredientes, colores*] to mix, mix together; [+ *estilos*] to mix, combine; [+ *personas*] to mix; **los materiales deben ~se muy despacio** the materials should be mixed (together) very slowly; **no mezcles los colores en la paleta** don't mix the colours on the palette; **un artista que mezcla estilos diferentes en su obra** an artist who mixes *o* combines different styles in his work; **han mezclado a niños de distintos niveles en la misma clase** they have mixed children of different abilities in the same class; **~ algo con algo** to mix sth with sth; **he mezclado el agua caliente con la fría** I've mixed the hot and cold water together, I've mixed the hot water with the cold; **no se debe ~ la religión con la política** one shouldn't mix religion with politics; **la banda sonora mezcla la música tradicional con el rock** the soundtrack is a mixture of traditional and rock music; **la harina y el azúcar se mezclan por partes iguales** equal quantities of flour and sugar are mixed (together); **la comida china mezcla sabores salados y dulces** Chinese food combines *o* mixes savoury and sweet flavours
[2] (= *confundir, desordenar*) [+ *fotos, papeles*] to mix up, mess up; [+ *idiomas*] to mix up, muddle up; [+ *naipes*] to shuffle; **¿quién me ha mezclado todos los papeles?** who's mixed *o* messed up all my papers?; **cuando habla mezcla los dos idiomas** when he talks he mixes *o* muddles up the two languages
[3] [+ *café, tabaco, whisky*] to blend
[4] (*Mús*) [+ *sonido*] to mix
[5] (= *implicar*) **~ a algn en algo** to involve sb in sth, get sb involved in sth; **no quiero que me mezcles en ese asunto** I don't want you to involve me *o* get me involved in that business
Ⓑ VI (*) (*con bebidas alcohólicas*) to mix (one's) drinks; **no me gusta ~** I don't like mixing (my) drinks
Ⓒ **mezclarse** VPR [1] (= *combinarse*) [*ingredientes, colores*] to mix; [*culturas, elementos*] to mix, combine; **el aceite y el agua no se mezclan** oil and water don't mix; **en la película se mezclan la realidad y la ficción** the

film mixes *o* combines reality and fiction; **lo que sentía era amor mezclado con odio** what she felt was a mixture of love and hate
2 (= *confundirse*) [*papeles, intereses*] to get mixed up; **se me han mezclado todos los documentos** all my documents have got mixed up; **los problemas políticos se mezclan con los amorosos** political issues get mixed up with romantic ones; **la vi ~se entre la multitud** I saw her merge into the crowd; **los muertos se mezclaban con los supervivientes** the dead lay amongst the survivors
3 (= *involucrarse*) **~se en algo** to get involved in sth; **procura no ~te en eso** try not to get involved *o* get mixed up in that
4 (= *relacionarse*) **~se con algn** to mix with sb, get involved with sb; **no quiero que te mezcles con esa gente** I don't want you mixing with *o* getting involved with those people

**mezclillo** SM (*Cono Sur*) denim

**mezcolanza** SF hotchpotch, hodgepodge (*EEUU*), jumble

**mezquinamente** ADV meanly

**mezquinar** ▸conjug 1a◂ (*LAm*) Ⓐ VT 1 **~ algo** to be stingy with sth, skimp on sth
2 (*Cono Sur*) **~ el cuerpo** to dodge, swerve
3 (*Andes*) **~ a algn** to defend sb; **~ a un niño** to let a child off a punishment
Ⓑ VI to be mean, be stingy

**mezquindad** SF 1 (= *tacañería*) meanness, stinginess
2 (= *insignificancia*) paltriness, wretchedness; **esa cantidad es una ~** that amount's a pittance
3 (= *acto vil*) mean thing (to do)

**mezquino/a** Ⓐ ADJ 1 (= *tacaño*) mean, stingy
2 (= *insignificante*) [*pago*] miserable, paltry
Ⓑ SM/F 1 (= *tacaño*) mean person, miser
2 (*LAm*) (= *verruga*) wart

**mezquita** SF mosque

**mezquite** SM (*Méx*) mesquite (tree *o* shrub)

**mezzanine** [metsa'nine] SM mezzanine; (*Andes Teat*) circle

**mezzosoprano** [metsoso'prano] SF mezzo-soprano

**M.F.** ABR (= **modulación de frecuencia**) FM

**mg** ABR (= **miligramo(s)**) mg

**MHz** ABR (= **megahertzio(s), megahercio(s)**) MHz

**mi**[1] ADJ POSES my

**mi**[2] SM (*Mús*) E ► **mi mayor** E major

**mí** PRON (*después de prep*) me, myself; **unos para ti y otros para mí** some for you and some for me; **tengo confianza en mí mismo** I have confidence in myself; **¡a mí con ésas!** come off it!*, tell me another!; **¿y a mí qué?** so what?, what has that got to do with me?; **¡a mí!** (= *socorro*) help!; **para mí no hay duda** as far as I'm concerned there's no doubt; **por mí puede ir** as far as I'm concerned she can go; **por mí mismo** by myself

**miaja** SF 1 (= *migaja*) crumb
2 (= *poquito*) tiny bit; **ni (una) ~** not the least little bit
3 (*como adv*) a bit; **me quiere una ~** she likes me a bit

**mialgia** SF myalgia

**miasma** SM miasma

**miasmático** ADJ miasmic

**miau** SM mew, miaow; ✦**MODISMO hizo ~ como el gato** you couldn't see him for dust

**Mibor** SM ABR = **Madrid inter-bank offered rate**

**mica**[1] SF 1 (*Min*) mica
2 (*Caribe Aut*) sidelight

**mica**[2] SF (*Andes*) (= *orinal*) chamber pot

**mica**[3]* SF (*CAm*) (= *borrachera*) **ponerse una ~** to get drunk

**micada** SF (*CAm, Méx*) flourish

**micción** SF (*Med frm*) urination

**miccionar** ▸conjug 1a◂ VI (*Med frm*) to urinate

**miche** SM 1 (*Méx*) (= *gato*) cat
2 (*Caribe*) (= *licor*) liquor, spirits *pl*
3 (*Cono Sur*) (= *juego*) game of marbles
4 (*CAm*) (= *pelea*) fight, brawl

**michelín*** SM spare tyre*, spare tire (*EEUU**), roll of fat; **yo no tengo michelines como otras** I haven't got a spare tyre like some people*

**michi** SM (*Andes*) noughts and crosses, tick-tack-toe (*EEUU*)

**michino/a** SM/F, **micho/a*** SM/F puss, pussy cat

**micifuz*** SM puss, pussycat

**mico** SM 1 (*Zool*) long-tailed monkey; (*como término genérico*) monkey; **¡cállate, ~!*** (*a niño*) shut up, you little monkey!; ✦**MODISMO volverse ~: se volvió ~ buscándolo** he was getting into a real state looking for it
2 (*) **ser un ~** (= *feo*) to be an ugly devil
3 (*CAm*‡) (= *vagina*) fanny**‡, twat**‡

**micoleón** SM (*CAm*) kinkajou

**micología** SF mycology

**micra** SF micron

**micrero/a** SM/F (*Andes, Cono Sur*) minibus driver; (*Cono Sur*) bus driver

**micro**[1] SM (*Radio*) mike*

**micro**[2] SM (= *microbús*) (*Andes, Cono Sur*) (*de corta distancia*) minibus; (*Cono Sur*) (*de larga distancia*) bus

**micro**[3] SM (*Inform*) micro, microcomputer

**micro...** PREF micro...

**microalgas** SFPL micro-algae

**microbiano** ADJ microbial

**microbio** SM microbe (*frm*), germ

**microbiología** SF microbiology

**microbiológico** ADJ microbiological

**microbiólogo/a** SM/F microbiologist

**microbús** SM minibus

**microcasete** SM *o* SF, **micro-cassette** SM *o* SF micro-cassette player, mini-cassette player

**microchip** SM (*pl* **microchips**) microchip

**microcircuitería** SF microcircuitry

**microcircuito** SM microcircuit

**microcirugía** SF microsurgery

**microclima** SM microclimate

**microcomputador** SM, **microcomputadora** SF micro, microcomputer

**microcosmos** SM INV microcosm

**microeconomía** SF microeconomics *sing*

**microeconómico** ADJ microeconomic

**microelectrónica** SF microelectronics *sing*

**microelectrónico** ADJ microelectronic

**microemisor** ADJ microtransmitter *antes de s*

**microespaciado** SM microspacing

**microfalda** SF micro-skirt

**microficha** SF microfiche

**microfilm** SM (*pl* **microfilms** *o* **microfilmes**) microfilm

**microfilmar** ▸conjug 1a◂ VT to microfilm

**micrófono** SM 1 (*Radio, TV*) microphone; **hablar por el ~** to speak over the microphone ► **micrófono espía** hidden microphone, bug ► **micrófono inalámbrico**, **micrófono sin hilos** cordless microphone
2 [*de ordenador*] mouthpiece

**microforma** SF microform

**microfotografiar** ▸conjug 1c◂ VT to microphotograph

**microfundio** SM smallholding, small farm

**micrograbador** SM micro-cassette recorder, mini-cassette recorder

**microinformática** SF microcomputing

**microinyectar** ▸conjug 1a◂ VT to microinject

**microlentillas** SFPL contact lenses

**micrómetro** SM micrometer

**microonda** SF microwave

**microondas** SM INV (*tb* **horno ~**) microwave (oven)

**microordenador** SM microcomputer

**microorganismo** SM microorganism

**micropastilla** SF (*Inform*) chip, wafer

**microplaqueta** SF, **microplaquita** SF ► **microplaqueta de silicio** silicon chip

**microprocesador** SM microprocessor

**microprograma** SM (*Inform*) microprogram

**micropunto** SM microdot

**microscopía** SF microscopy

**microscópico** ADJ microscopic; **se controló por observación microscópica** it was monitored through *o* with a microscope; **vistos a través del examen ~** seen through a microscope

**microscopio** SM microscope ► **microscopio electrónico** electron microscope

**microsegundo** SM microsecond

**microsurco** SM microgroove

**microtaxi** SM minicab

**microtecnia** SF, **microtecnología** SF microtechnology

**microtécnica** SF, **microtecnología** SF microtechnology

**microtenis** SM INV (*LAm*) table-tennis

**microtransmisor** SM micro-transmitter

**Midas** SM Midas; **ser un rey ~** to have the Midas touch

**midi** SM, **midifalda** SF midiskirt

**MIE** SM ABR (*Esp*) = **Ministerio de Industria y Energía**

**miéchica** EXCL (*LAm euf*) sugar!*, shoot!*

**miedica*** SMF chicken*, coward

**mieditis*** SF INV (= *nervios*) jitters*; **me da ~** it gives me the jitters; **tengo ~** I'm scared *o* petrified

**miedo** SM 1 fear; **~ a las represalias** fear of reprisals; **¡qué ~!** how scary!; **coger ~ a algo** to become afraid of sth; **dar ~** to scare; **me da ~ subir al tejado** I'm scared to go up on the roof; **le daba ~ hacerlo** he was afraid *o* scared to do it; **me da ~ dejar solo al niño** I'm frightened to leave the child alone; **de ~: una película de ~** a horror film; **entrar ~ a algn: me entró un ~ terrible** I suddenly felt terribly scared; **meter ~ a algn** to scare *o* frighten sb; **pasar ~: pasé mucho ~ viendo la película** I was very scared watching the

film; **perder el ~ a algo** to lose one's fear of sth; **por ~ a** *o* **de algo** for fear of sth; **por ~ a** *o* **de quedar en ridículo** for fear of looking ridiculous; **por ~ de que ...** for fear that ...; **tener ~** to be scared *o* frightened; **no tengas ~** don't be scared *o* frightened; **tener ~ a** *o* **de algn/algo** to be afraid of sb/sth; **tengo ~ a morir** I'm afraid of dying; **tenemos ~ a** *o* **de que nos ataquen** we're afraid that they may attack us; **tengo ~ de que le ocurra algo** I'm scared something will happen to him; **tener ~ de** *o* **a hacer algo** to be afraid to do sth, be afraid of doing sth; ✦***MODISMO*** **meterle el ~ en el cuerpo a algn** to scare the wits out of sb, scare the pants off sb* ► **miedo al público** (*Teat*) stage fright ► **miedo cerval** great fear ► **miedo escénico** stage fright
[2] (*) **de ~** (= *increíble*): **es un coche de ~** it's a fantastic car; **lo pasamos de ~** we had a fantastic time; **hace un frío de ~** it's freezing; **mi madre cocina de ~** my mum's a fantastic cook

**miedoso/a** Ⓐ ADJ (= *cobarde*) scared; **¿por qué eres tan ~?** why are you always so scared of everything; **no seas ~, que no te hace nada** don't be scared, it's not going to hurt you
Ⓑ SM/F coward

**miel** SF [*de abejas*] honey; (= *melaza*) (*tb* **~ de caña, ~ negra**) molasses; **las ~es del triunfo** the sweet taste of success; ✦***MODISMOS*** **~ sobre hojuelas**: **me gusta el trabajo, y si está bien pagado, pues es ~ sobre hojuelas** I enjoy the work, and if it's also well-paid, so much the better; **dejar a algn con la ~ en los labios** to leave sb feeling cheated; **quedarse con la ~ en los labios** to be left feeling cheated; ✦***REFRANES*** **hazte de ~ y te comerán las moscas** if you are too nice people will take advantage of you; **no hay ~ sin hiel** there's no rose without a thorn

**mielero** SM honeypot

**mielga** SF alfalfa

**miembro** Ⓐ SM [1] (*Anat*) limb, member ► **miembro viril** male member, penis
[2] (*Ling, Mat*) member
Ⓑ SMF [*de club*] member; [*de institución, academia*] fellow, associate; **no ~** non-member; **hacerse ~ de** to become a member of, join
Ⓒ ADJ member *antes de s*; **los países ~s** the member states

**mientes** SFPL **¡ni por ~!** never!, not on your life!; **parar ~ en algo** to reflect on sth; **traer a las ~** to recall; **se le vino a las ~** it occurred to him

▼**mientras** Ⓐ CONJ [1] (= *durante*) while; **sonreía ~ hablaba** he smiled as he spoke; **~ él estaba fuera** while he was out; **fue bonito ~ duró** it was nice while it lasted; **~ duró la guerra** while *o* when the war was on
[2] (*expresando condición*) as long as; **seguiré ~ pueda caminar** I'll carry on (for) as long as I can still walk; **no podemos comenzar ~ no venga** we can't start until he comes
[3] (= *en tanto que*) while, whereas; **tú trabajas ~ que yo estoy en el paro** you're working while *o* whereas I'm unemployed
[4] (*esp LAm*) (= *cuanto*) **~ más lo repetía, menos lo creía** the more he repeated it the less I believed him; **~ más tienen más quieren** the more they have the more they want
Ⓑ ADV (*tb* **~ tanto**) (= *entre tanto*) meanwhile, in the meantime; **llegaré en seguida, ~ (tanto), prepáralo todo** I'll be right there, meanwhile *o* in the meantime, you get it all ready

➤ LENGUA Y USO: mientras A3 32.1

**mierc.** ABR (= **miércoles**) Wed, Weds

**miércoles** SM INV Wednesday ► **miércoles de ceniza** Ash Wednesday; *ver* **sábado**

**mierda**** Ⓐ SF [1] (= *excremento*) shit**, crap**; **una ~ de perro** some dog shit**; **estar hecho una ~** (= *sucio*) to be filthy; (= *cansado*) to be knackered*; **irse a la ~**: **nuestros planes se han ido a la ~** our plans have gone down the pan*; **¡vete a la ~!** go to hell!*, piss off!**; **mandar a algn a la ~** to tell sb to piss off**
[2] (= *suciedad*) crap**; **había mucha ~ debajo de la alfombra** there was a lot of crap under the carpet**; **tienes la casa llena de ~** your house is filthy, your house is a pigsty
[3] (= *cosa sin valor*) crap**; **el libro es una ~** the book is crap**; **es una ~ de coche** it's a crappy car**; **—¿cuánto te han pagado? —una ~** "how much did they pay you?" — "a pittance"; **de ~** crappy**; **una película de ~** a crappy film**; **esos políticos de ~** those crappy politicians**
[4] (= *borrachera*) **coger** *o* **pillar una ~** to get pissed*, get sloshed*
[5] (= *suerte*) **marcó un gol de pura ~** he scored a goal by an almighty fluke
[6] (*uso enfático*) **¿qué ~ quieres?** what the hell do you want?*
[7] (= *hachís*) shit**
Ⓑ SMF (= *persona*) **tu hermana es una ~** your sister is a shit**; **es un (don) ~** he's a little shit**, he's a nobody
Ⓒ EXCL shit!**; **¡mierda! ya me he equivocado** shit, I've made a mistake**; **—¡ven aquí! —¡una ~!** "come here!" — "piss off!"**

**mierdoso*** ADJ filthy

**mies** SF [1] (= *cereal*) (ripe) corn, (ripe) grain
[2] (= *temporada*) harvest time
[3] **mieses** cornfields

**miga** SF [1] [*de pan*] **la ~** the inside part of the bread, the crumb; **se separa la corteza de la ~** remove the crust from the bread
[2] **migas** (*Culin*) fried breadcrumbs; ✦***MODISMO*** **hacer buenas ~s con algn** to get on well with sb
[3] (= *sustancia*) substance; **esto tiene su ~** there's more to this than meets the eye
[4] (= *pedazo*) bit; **hacer algo ~s** to break *o* smash sth to pieces; **hacer ~s a algn** to shatter sb; **tener los pies hechos ~s** to be footsore

**migajas** SFPL [1] [*de pan*] crumbs
[2] (= *trocitos*) bits; (= *sobras*) scraps; **tuvieron que contentarse con las ~ del reparto** they had to be content with the scraps when it was shared out

**migar** ▸conjug 1h◂ VT to crumble

**migra*** SF (*LAm*) immigration police *o* authorities

**migración** SF migration

**migraña** SF migraine

**migrañoso/a** SM/F migraine sufferer

**migrar** ▸conjug 1a◂ VI to migrate

**migratorio** ADJ migratory

**Miguel** SM Michael; **~ Ángel** (= *artista*) Michelangelo

**mijo** SM millet

**mil** ADJ INV, PRON, SM a *o* one thousand; **tres ~ coches** three thousand cars; **~ doscientos dólares** one thousand two hundred dollars; **~ veces** a thousand times, thousands of times; **~es y ~es** thousands and thousands; ✦***MODISMO*** **a las ~*** at some ungodly hour*; *ver tb* **seis**

**miladi** SF milady

**milagrero/a*** Ⓐ ADJ [1] (= *que cree en milagros*) **personas milagreras** people who believe in miracles
[2] [*curación*] miracle *antes de s*, miraculous; [*poder*] miraculous; [*persona*] with miraculous powers
Ⓑ SM/F [1] (= *que cree en milagros*) believer in miracles
[2] (= *que hace milagros*) miracle-worker

**milagro** Ⓐ SM (*Rel*) miracle; (*fig*) miracle, wonder; **es un ~ que ...** it is a miracle *o* wonder that ...; **~ (sería) que ...** it would be a miracle if ...; **de ~**: **se salvaron de ~** they had a miraculous escape, it was a miracle they escaped; **vivir de ~** to somehow manage to keep body and soul together; **ese CD aquí no se consigue ni de ~** you can't get that CD here for love nor money; **hacer ~s**: **un buen maquillaje puede hacer ~s** decent make-up can work wonders; **no podemos hacer ~s** we can't work miracles ► **milagro económico** economic miracle
Ⓑ ADJ INV miracle *antes de s*, miraculous; **cura ~** miracle cure; **entrenador ~** super-coach, wonder-coach

**milagrosa*** SF (*Rel*) *image of the Virgin Mary believed to perform miracles*; *ver tb* **milagroso**

**milagrosamente** ADV miraculously

**milagroso** ADJ miraculous; *ver tb* **milagrosa**

**Milán** SM Milan

**milanesa** SF (*esp LAm Culin*) escalope, schnitzel

**milano** SM (*Orn*) kite ► **milano real** red kite

**mildeu** SM, **mildiu** SM, **mildiú** SM mildew

**mildo** ADJ (*Cono Sur*) timid, shy

**milenariamente** ADV **un pueblo ~ libre** a people which has been free since time immemorial

**milenario** Ⓐ ADJ (= *de mil años*) thousand-year-old *antes de s*; (= *antiquísimo*) ancient, age-old
Ⓑ SM millennium

**milenio** SM millennium

**milenrama** SF yarrow

**milésima** SF thousandth; **ganó con 91 ~s de ventaja** she won by 91 thousandths of a second

**milésimo/a** Ⓐ ADJ thousandth
Ⓑ SM/F thousandth; **una milésima de segundo** a thousandth of a second; (*fig*) a split second; **hasta el ~** to three decimal places; *ver tb* **sexto**

**milhojas** SM *o* SF INV (= *pastel*) millefeuille, *cake made with puff pastry, filled with meringue*

**mili*** SF military service; **un amigo que está en la ~** a friend who is doing his military service; **hacer la ~** to do one's military service

**MILI**

***La mili** is the colloquial term used in Spain to refer to the compulsory military service* (**servicio militar**) *which men are drafted into at 18. Exemption is possible on medical grounds and in certain family situations, while students and those living abroad can obtain a deferment*

**misal** SM missal
**misantropía** SF misanthropy
**misantrópico** ADJ misanthropic
**misántropo/a** SM/F misanthrope, misanthropist
**misario** SM acolyte (*frm*), altar boy
**miscelánea** SF **1** (*frm*) (= *mezcla*) miscellany **2** (*Méx*) (= *tienda*) corner shop
**misceláneo** ADJ miscellaneous
**misera** SF lobster
**miserable** Ⓐ ADJ **1** (= *tacaño*) mean, stingy; (= *avaro*) miserly
**2** [*sueldo*] miserable, paltry
**3** (= *vil*) vile, despicable
**4** [*lugar, habitación*] squalid, wretched
**5** (= *desdichado*) wretched
Ⓑ SMF **1** (= *desgraciado*) wretch
**2** (= *canalla*) swine, wretch; **¡miserable!** you miserable wretch!
**miserando** ADJ (*esp LAm*) pitiful
**miseria** SF **1** (= *pobreza*) poverty, destitution; **caer en la ~** to fall into poverty; **vivir en la ~** to live in poverty
**2** (= *insignificancia*) **una ~** a pittance
**3** (= *tacañería*) meanness, stinginess
**4** (†) (= *parásitos*) fleas *pl*, lice *pl*; **estar lleno de ~** to be covered with vermin
**misericordia** SF compassion, mercy; **Señor, ten ~ de nosotros** (*Rel*) Lord, have mercy upon us
**misericordioso** ADJ merciful; **Alá es ~** Allah is merciful; **mentira misericordiosa** white lie; **obras misericordiosas** charitable works
**misero*** ADJ churchy, fond of going to church
**mísero** ADJ **1** (= *tacaño*) mean, stingy; (= *avaro*) miserly
**2** [*sueldo*] miserable, paltry
**3** (= *vil*) vile, despicable
**4** [*lugar, habitación*] squalid, wretched
**5** (= *desdichado*) wretched
**misérrimo** ADJ SUPERL *ver* **mísero**
**Misiá*** SF (*Cono Sur*), **Misia*** SF (*Cono Sur*) (*tratamiento*) Missis*, Missus*; **~ Eugenia** Miss Eugenia
**misil** SM missile ► **misil antiaéreo** anti-aircraft missile ► **misil antimisil** anti-missile missile ► **misil autodirigido** guided missile ► **misil balístico** ballistic missile ► **misil buscador del calor** heat-seeking missile ► **misil de alcance medio** medium-range missile ► **misil (de) crucero** cruise missile ► **misil tierra-aire** ground-to-air missile
**misilístico** ADJ missile *antes de s*
**misión** SF **1** (= *cometido*) mission; (= *tarea*) task; (*Pol*) assignment ► **misión de buena voluntad** goodwill mission ► **misión humanitaria** humanitarian mission ► **misión investigadora** fact-finding mission
**2** (= *delegación*) mission ► **misión comercial** trade mission ► **misión diplomática** diplomatic mission
**3** **misiones** (*Rel*) overseas missions, missionary work *sing*
**misional** ADJ missionary
**misionero/a** SM/F missionary; **postura** *o* **posición del ~** missionary position
**Misisipí** SM Mississippi
**misiva** SF missive
**miskito** SM Miskito

**mismamente*** ADV (= *sólo*) only, just; (= *textualmente*) literally; (= *incluso*) even; (= *en realidad*) really, actually; **~ anoche estuve allí** I was there only *o* just last night; **~ cerca de mi casa hay uno** there's actually one right near my house
**mismísimo** Ⓐ ADJ SUPERL very (same); **con mis ~s ojos** with my own eyes; **es usted el ~ diablo** you're the devil incarnate; **estuvo el ~ obispo** the bishop himself was there; **es el ~ que yo perdí** it's the very (same) one I lost
Ⓑ SMPL **los ~s: estoy hasta los ~s*** I'm up to here with it*
**mismo** Ⓐ ADJ **1** (= *igual*) same; **el ~ coche** the same car; **estos dos vestidos son de la misma talla** these two dresses are the same size; **respondieron al ~ tiempo** they answered together, they answered at the same time; **el ~ ... que** the same ... as; **lleva la misma falda que ayer** she's wearing the same skirt as yesterday; **tengo el ~ dinero que tú** I've got the same amount of money as you; **tiene el ~ pelo que su padre** his hair's the same as his father's
**2** (*reflexivo*) **hablaba consigo ~** he was talking to himself; **lo hizo por sí ~** he did it by himself; **perjudicarse a sí ~** to harm oneself; *ver tb* **valer C2**
**3** (*enfático*) **3·1** (*relativo a personas*) **yo ~ lo vi** I saw it myself, I saw it with my own eyes; **estuvo el ~ ministro** the minister himself was there; **ni ella misma lo sabe** she doesn't even know herself; **ella misma se hace los vestidos** she makes her own dresses; **—¿quién responde? —a ver, tú ~** "who's going to answer?" — "well, why don't you answer yourself!"
**3·2** (*relativo a cosas*) **—¿cuál quieres? —ese ~** "which one do you want?" — "that one there"; **—¡es un canalla! —eso ~ pienso yo** "he's a swine!" — "my thoughts exactly"; **viven en el ~ centro de Córdoba** they live right in the centre of Córdoba; **en todos los países europeos, España misma incluida** in all European countries, including Spain itself; **Ana es la generosidad misma** Ana is generosity itself, Ana is the epitome of generosity; **en ese ~ momento** at that very moment; **este niño es el mismísimo demonio** this child is a real little devil; **por eso ~: era pobre y por eso ~ su ascenso tiene más mérito** he was poor and for that very reason his promotion is all the more commendable
**4** (*como pronombre*) **es el ~ que nos alquilaron el año pasado** it's the same one they rented us last year; **—¿y qué edad tienes tú? —la misma que él** "and how old are you?" — "I'm the same age as him"; **no es la misma desde su divorcio** she hasn't been the same since her divorce; **—¿es usted la señorita Sánchez? —¡la misma!** "are you Miss Sánchez?" — "I am indeed!"; **leyó el texto pero no reveló el origen del ~** he read the text without revealing its source; ✦ *MODISMO* **estamos en las mismas** we're no better off than before, we're no further forward
**5** **lo mismo** **5·1** (= *la misma cosa*) the same (thing); **los políticos siempre dicen lo ~** politicians always say the same (thing); **hizo lo ~ que ayer** he did the same as yesterday; **¡hombre, no es lo ~!** it's not the same (thing) at all!; **—son unos canallas —lo ~ digo yo** "they're swine" — "that's (exactly) what I say"; **—¡enhorabuena! —lo ~ digo** "congratulations!" — "likewise" *o* "the same to you"; **—eres un sinvergüenza —lo ~ te digo** "you're completely shameless" — "you too" *o* "so are you"; **nos contó lo ~ de siempre** she told us the usual story; **—¿qué desea de beber? —lo ~ (de antes), por favor** "what would you like to drink?" — "(the) same again, please"; **cuando le interese a él, o lo que es lo ~, nunca** when it suits him, in other words never; **por lo ~: no es inteligente y por lo ~ tiene que estudiar el doble** he's not clever, which is exactly why he has to study twice as hard; **lo ~ que: le dijo lo ~ que yo** she told him the same thing *o* the same as she told me; **le multaron por lo ~ que a mí** she got fined for the same thing as me; **no es lo ~ hablar en público que en privado** it's not the same thing to talk in public as to talk in private
**5·2** **dar lo ~: da lo ~** it's all the same, it makes no difference; **me da lo ~** ◊ **lo ~ me da** I don't mind, it's all the same to me; **da lo ~ que vengas hoy o mañana** it doesn't matter whether you come today or tomorrow
**5·3** (*) (= *a lo mejor*) **lo ~ no vienen** maybe they won't come; **no lo sé todavía, pero lo ~ voy** I don't know yet, but I may well come; **pídeselo, lo ~ te lo presta** ask him for it; you never know, he may lend it to you
**5·4** **lo ~ que** (= *al igual que*): **en Europa, lo ~ que en América** in Europe, (just) as in America; **lo ~ que usted es médico yo soy ingeniero** just as you are a doctor, so I am an engineer; **suspendí el examen, lo ~ que Íñigo** I failed the exam, just like Íñigo; **yo, lo ~ que mi padre, odio el baloncesto** I hate basketball, just like my father; **nos divertimos lo ~ que si hubiéramos ido al baile** we had just as good a time as if we had gone to the dance
**5·5** **lo ~ ... que** (= *tanto ... como*): **lo ~ te puede criticar que alabar** she's just as likely to criticize you as to praise you; **lo ~ puede durar una hora que dos** it could last anywhere between one and two hours; **aquí lo ~ te venden una vajilla que una bicicleta** they'll sell you anything here, from a dinner service to a bicycle; **lo ~ si viene que si no viene** whether he comes or not
Ⓑ ADV (*enfático*) **delante ~ de la casa** right in front of the house; **en la capital ~ hay barrios de chabolas** even in the capital there are shanty towns; **ahora ~** (= *inmediatamente*) right away *o* now; (= *hace un momento*) just now; **hazlo ahora ~** do it right away *o* now; **ahora ~ acabo de hablar con él** I've just been talking to him, I was talking to him only a moment ago; **aquí ~: —¿dónde lo pongo? —aquí ~** "where shall I put it?" — "right here"; **aquí ~ acampamos el año pasado** this is the exact spot where we camped last year; **así ~: —¿cómo quieres el filete? —así ~ está bien** "how would you like your steak?" — "it's fine as it is"; **ayer ~** only yesterday; **hoy ~: he llegado hoy ~** I just arrived today; **me dijo que me contestarían hoy ~** he told me they'd give me an answer today; **mañana ~: llegará mañana ~** he's arriving tomorrow, no less; **me contestarán mañana ~** they'll give me an answer tomorrow

➤ LENGUA Y USO: **mismo A1** 32.3, 32.4 **A5** 32.4, 34.5

**misogamia** SF misogamy
**misógamo/a** SM/F misogamist
**misoginia** SF misogyny
**misógino** SM misogynist
**miss** [mis] SF beauty queen; **concurso de ~es** beauty contest ► **Miss España 1997** Miss Spain 1997
**míster** SM [1] (*Dep*) trainer, coach
[2] († *hum*) (= *británico*) (any) Briton
**misterio** SM [1] (= *incógnita*) mystery; **no hay ~** there's no mystery about it; **ahora conozco mejor los ~s del país** now I know more of the country's secrets; **una novela de ~** a mystery (story)
[2] (= *secreto*) secrecy; **¿a qué viene tanto ~?** why all this secrecy?, why are you being so mysterious?; **obrar con ~** to act in secret
[3] (*Teat*) mystery play
**misteriosamente** ADV mysteriously
**misterioso** ADJ mysterious
**mística** SF, **misticismo** SM mysticism
**místico/a** Ⓐ ADJ mystic(al)
Ⓑ SM/F mystic
**mistificación** SF mystification
**mistificar** ▸conjug 1g◂ VT to mystify
**mistongo*** ADJ (*Cono Sur*) wretched, miserable
**Misuri** SM Missouri
**mita** (*Andes, Cono Sur Hist*) SF (= *dinero*) *tax paid by Indians*; (= *trabajo*) *common service to landlord*
**mitad** SF [1] half; **basta tomar la ~ de un comprimido** half a tablet is enough; **me queda la ~** I have half left; **a ~ de precio** half-price; **reducir en una ~** to cut by half, halve; (*Culin*) to reduce by half; **corta las uvas por la ~** cut the grapes in half; **doblado por la ~** folded in half; **~ (y) ~** half-and-half; **paguemos ~ y ~** let's go halves; **es ~ blanco y ~ rojo** it's half white and half red; ✦*MODISMO* **mi otra ~** my other half, my better half
[2] (*Dep*) half; **la primera ~** the first half
[3] (= *centro*) middle; **a ~ de la comida** in the middle of the meal, halfway through the meal; **está a ~ de camino entre Madrid y Barcelona** it's halfway between Madrid and Barcelona; **en ~ de la calle** in the middle of the street; **el depósito está a la ~** the tank is half empty; **ya estamos a la ~** we're halfway there; **hacia la ~ de la película** about halfway through the film; **atravesar de ~ a ~** to pierce right through; **cortar por la ~** to cut in half; ✦*MODISMO* **me parte por la ~** it upsets my plans
**mítico** ADJ mythical
**mitificar** ▸conjug 1g◂ VT to mythologize, convert into a myth
**mitigación** SF mitigation (*frm*); (= *de dolor*) relief; [*de sed*] quenching
**mitigar** ▸conjug 1h◂ VT (*gen*) to mitigate (*frm*); [+ *dolor*] to relieve, ease; [+ *sed*] to quench; [+ *ira*] to calm, appease; [+ *temores*] to allay; [+ *calor*] to reduce; [+ *soledad*] to alleviate, relieve
**mitin** SM [1] (*Pol*) rally
[2] (= *discurso*) political speech; **dar un ~** to make a speech
**mitinear** ▸conjug 1a◂ VI to make a (political) speech; (*pey*) to make a rabble-rousing speech
**mitinero /a** Ⓐ ADJ demagogic, rabble-rousing
Ⓑ SM/F demagogue, rabble-rouser
**mitinesco** ADJ rabble-rousing
**mito** SM myth; **este hombre es un ~ del cine** this man is a film legend
**mitología** SF mythology
**mitológico** ADJ mythological
**mitómano/a** SM/F [1] (= *idólatra*) mythomaniac
[2] (*Psic*) person who exaggerates
**mitón** SM mitten
**mitote** SM (*Méx*) [1] (*Hist*) Aztec ritual/dance
[2] (= *pelea*) brawl
[3] (*) (= *jaleo*) uproar
[4] (*) (= *charla*) chat; **estar en el ~** to have a chat
**Mitra** SM Mithras
**mitra** SF [1] (= *gorro*) mitre, miter (*EEUU*)
[2] (= *obispado*) bishopric; (= *arzobispado*) archbishopric
**mitrado** SM bishop, prelate
**mitraico** ADJ Mithraic
**mitraísmo** SM Mithraism
**mítulo** SM mussel
**mixomatosis** SF INV myxomatosis
**Mixteca** SF (*Méx*) southern Mexico
**mixteco** SM **el ~** (*Méx Hist*) (= *pueblo*) the Mixtecs; (= *civilización*) Mixtec civilization
**mixtificar** ▸conjug 1g◂ VT = **mistificar**
**mixtión** SF (*frm*) mixture
**mixto** Ⓐ ADJ (= *mezclado*) mixed; [*comité*] joint; [*empresa*] joint
Ⓑ SM [1] (= *sandwich*) *(toasted) cheese and ham sandwich*
[2] (= *fósforo*) match
[3] (*Mil*) explosive compound
[4] (*Ferro*) passenger and goods train
**mixtolobo** SM Alsatian (dog)
**mixtura** SF (*frm*) mixture
**mixturar** ▸conjug 1a◂ VT (*frm*) to mix
**Mk** ABR (= **Marco**) Mk
**ml** ABR (= **mililitro(s)**) ml
**MLN** SM ABR (*LAm*) = **Movimiento de Liberación Nacional**
**mm** ABR (= **milímetro(s)**) mm
**M.N.** ABR, **m/n** ABR (*LAm*) = **moneda nacional**
**mnemotécnica** SF, **mnemónica** SF mnemonics *sing*
**mnemotécnico** ADJ mnemonic
**Mnez.** ABR = **Martínez**
**MNR** SM ABR (*Bol*) = **Movimiento Nacionalista Revolucionario**
**M.º** ABR [1] (*Pol*) (= **Ministerio**) Min
[2] (*Escol*) = **Maestro**
**m/o** ABR (*Com*) = **mi orden**
**moai** SM (*pl* **moais**) (*Chile*) Easter Island statue
**moaré** SM moiré
**mobiliario** SM (= *muebles*) furniture ► **mobiliario auxiliar** small pieces of furniture *pl* ► **mobiliario de cocina** (= *armarios*) kitchen units *pl* ► **mobiliario de cuarto de baño** bathroom fittings *pl* ► **mobiliario de oficina** office furniture ► **mobiliario sanitario** sanitary ware, bathroom fittings *pl* ► **mobiliario urbano** street furniture
**moblaje** SM = **mobiliario**
**MOC** SM ABR (*Esp*) = **Movimiento de Objeción de Conciencia**
**moca**[1] SM (*Culin*) mocha
**moca**[2] SF (*Méx*) coffee-flavoured cake/biscuit
**moca**[3] SF (= *barrizal*) quagmire, muddy place
**mocarro*** SM snot*
**mocasín** SM moccasin
**mocear**† ▸conjug 1a◂ VI to play around, live a bit wildly, sow one's wild oats
**mocedad**† SF [1] (= *juventud*) youth; **en mis ~es** in my youth, in my young days
[2] **mocedades** (= *travesuras*) youthful pranks; (= *vida licenciosa*) wild living *sing*; **pasar las ~es** to sow one's wild oats
**moceril**† ADJ youthful
**mocerío**† SM young people *pl*, lads and lasses *pl*
**mocero**† ADJ (= *libertino*) rakish, loose-living; (= *mujeriego*) fond of the girls
**mocetón/ona**† SM/F strapping youth/girl
**mocha**: SF (*Esp*) nut*, noggin (*EEUU**)
**mochales*** ADJ (*Esp*) **estar ~** to be nuts *o* crazy*; **estar ~ por algn** to be nuts *o* crazy about sb*
**mochar** ▸conjug 1a◂ VT [1] (*LAm*) (= *cortar*) to chop off (clumsily), hack off
[2] (*Andes**) (= *despedir*) to fire*, sack*
[3] (*Cono Sur*) (= *robar*) to pinch*, nick*
[4] = **desmochar**
**moche** SM = **troche**
**mochila** SF [1] rucksack, knapsack, backpack (*Mil*) pack; **turistas de ~** backpackers; **viajar en plan de ~** to backpack; ✦*MODISMO* **tener algo casi en la ~*** to have sth almost in the bag* ► **mochila portabebés** baby-carrier, baby-sling
[2] [*de bicicleta*] pannier
[3] (*Cono Sur*) (= *cartera*) satchel
**mochilear** ▸conjug 1a◂ VI to backpack, go backpacking
**mochilero/a** SM/F backpacker
**mocho/a** Ⓐ ADJ [1] (= *desafilado*) blunt, short
[2] [*árbol*] lopped, pollarded; [*vaca*] hornless, polled; [*torre*] flat-topped; [*muñón*] stubby
[3] (= *mutilado*) mutilated; (*Caribe*) (= *manco*) one-armed
[4] (*Andes*) (= *grande*) big, huge
[5] (*Méx*) (= *reaccionario*) reactionary; (= *beato*) sanctimonious
Ⓑ SM/F [1] (*CAm**) (= *huérfano*) orphan
[2] (*Méx*) (= *reaccionario*) reactionary; (= *beato*) sanctimonious person
Ⓒ SM [1] [*de utensilio*] blunt end, thick end; [*de cigarrillo*] butt
[2] (*) (= *carga*) = **mochuelo 2**
[3] (*Andes, Caribe**) (= *caballo*) nag
**mochuelo** SM [1] (*Orn*) (*tb* **~ común**) little owl; ✦*MODISMO* **cada ~ a su olivo** let's all go back to our own homes
[2] ✦*MODISMOS* **cargar con el ~** to get landed with it; **colgar** *o* **echar el ~ a algn** to lumber sb with the job*; (= *culpa*) to make sb carry the can*; (= *crimen*) to frame sb
**moción** SF [1] (*Parl*) motion; **hacer** *o* **presentar una ~** to propose *o* table a motion ► **moción compuesta** composite motion ► **moción de censura** motion of censure, censure motion ► **moción de confianza** vote of confidence
[2] (= *movimiento*) motion
**mocionante** SMF (*CAm, Méx*) proposer (of a motion)
**mocionar** ▸conjug 1a◂ VT (*CAm, Méx*) to move, propose
**mocito/a**† Ⓐ ADJ very young
Ⓑ SM/F youngster; **mocitas casaderas** girls

of marriageable age; **está hecha una mocita** she's a very grown-up young lady

**moco** SM 1 mucus, snot*; **limpiarse los ~s** to blow one's nose; **sorberse los ~s** to sniff; **tener ~s** to have a runny nose; ✦**MODISMOS llorar a ~ tendido** to cry one's eyes out; **soltar el ~** to burst into tears; **tirarse el ~*** (= *mentir*) to lie; (= *exagerar*) to exaggerate, shoot a line*; (= *jactarse*) to brag
2 (*Orn*) crest; ✦**MODISMO no es ~ de pavo** (= *es importante*) it's no trifle, it's not to be sneezed at; (= *es grave*) you can't laugh this one off
3 (= *mecha*) snuff, burnt wick; (= *cera derretida*) candle drippings *pl*; **a ~ de candil** by candlelight
4 (*Téc*) slag

**mocoso/a*** SM/F brat; **ese ~ no tiene derecho a opinar** that little brat has no right to give his opinion; **no puedes salir solo porque eres un ~** you can't go out on your own because you're just a kid; **un ~ de 19 años** a snotty-nosed youth of 19*

**moda** SF fashion; **la ~ de primavera** spring fashion; **el rap es la última ~** rap is the latest craze *o* fashion; **en los noventa llegó la ~ del acid-jazz** in the nineties acid-jazz became fashionable *o* trendy*; **la ~ esa de salir tarde por la noche** that habit of going out late at night; **ha vuelto la ~ de la minifalda** mini-skirts are back in (fashion) again; **es sólo una ~ pasajera** it's just a passing fad; **a la ~** fashionable; **un sombrero a la ~** a fashionable hat; **un vestido a la ~ de París** a dress in the Paris fashion *o* style; **tienes que ponerte** *o* **vestirte un poco más a la ~** you should try and dress a bit more fashionably; **siempre va vestida a la última ~** she always dresses in the latest fashion; **estar de ~** to be in fashion, be fashionable, be in*, be all the rage*, be trendy*; **los vaqueros ajustados están muy de ~** tight jeans are really fashionable *o* in fashion, tight jeans are all the rage *o* really trendy *o* really in*; **esa teoría está muy de ~ ahora** that theory is very trendy* *o* fashionable at the moment; **pasado de ~** out of fashion, old-fashioned, outdated, out*; **pasarse de ~** to go out of fashion; **ponerse de ~** to become fashionable, get trendy*; **esta zona se está poniendo muy de ~** this area is becoming very fashionable, this area is getting very trendy*; *ver tb* **imponer A3**

**modal** ADJ modal

**modales** SMPL manners; **te lo daré si lo pides con buenos ~** I'll give it to you if you ask nicely *o* politely

**modalidad** SF 1 (= *tipo*) form, type; **una nueva ~ de contrato** a new form *o* type of contract ► **modalidad de pago** (*Com*) method of payment
2 (*Dep*) category; **es campeón de Europa en la ~ de cross-country** he's the European champion in the cross-country category; **ha ganado una medalla en la ~ de salto de altura** he won a medal in the high-jump
3 (*Ling, Fil*) modality
4 (*Inform*) mode ► **modalidad de texto** text mode

**modelado** SM modelling

**modelador(a)** SM/F modeller

**modelaje** SM modelling

**modelar** ▸conjug 1a◂ Ⓐ VT (= *dar forma a*) to shape, form; [*escultor*] to sculpt; [*alfarero*] to model; **la vida nos modela** life moulds *o* (*EEUU*) molds us; **~ el futuro** to shape the future
Ⓑ **modelarse** VPR **~se sobre algn** to model o.s. on sb

**modélicamente** ADV in a model *o* an exemplary fashion

**modélico** ADJ model, exemplary

**modelismo** SM modelling, model-making

**modelista** SMF model-maker, modeller

**modelización** SF modelling, creation of models ► **modelización cognoscitiva** cognitive modelling ► **modelización informática** computer modelling ► **modelización matemática** mathematical modelling

**modelizar** ▸conjug 1f◂ VT to model, make a model of

**modelo** Ⓐ SM 1 (= *tipo*) model; **se fabrica en varios ~s** it comes in several models; **un coche último ~** the latest-model car
2 (= *ejemplo*) **presentar algo como ~** to hold sth up as a model; **servir de ~** to serve as a model; **tomar por ~** to take as a model; **~ de maridos** model husband; **~ de vida** lifestyle, way of life ► **modelo a escala** scale model ► **modelo estándar** standard model
3 (= *patrón*) pattern; (*para hacer punto*) pattern
4 (= *prenda*) model, design; **un ~ de Valentino** a Valentino model *o* design
Ⓑ SMF (*Arte, Fot, Moda*) model; **desfile de ~s** fashion show; **servir de ~ a un pintor** to sit *o* pose for a painter ► **modelo de alta costura** fashion model, haute couture model ► **modelo de portada** cover girl
Ⓒ ADJ INV (= *ejemplar*) model, exemplary; **cárcel ~** model prison; **niño ~** model child

**módem** SM (*pl* **módems**) modem

**moderación** SF 1 (= *mesura*) moderation; **le recomiendo ~ en la comida** I recommend you (to) eat in moderation; **con ~** [*actuar*] with restraint; [*beber, comer*] in moderation; [*crecer*] moderately; **fume con ~** smoke in moderation; **deberías hablar con ~** you should speak in a moderate tone
2 (*Econ*) **ha sido necesaria una ~ del gasto** we have had to cut *o* reduce expenses ► **moderación salarial** wage restraint
3 [*de debate, coloquio*] **la ~ del debate correrá a cargo de …** the debate will be chaired by …

**moderadamente** ADV moderately

**moderado** ADJ moderate; **un candidato de izquierda moderada** a moderate left-wing candidate; **es muy ~ en la expresión** he is very moderate in tone; **vientos de ~s a fuertes** moderate to strong winds

**moderador(a)** Ⓐ ADJ [*papel, poder*] moderating
Ⓑ SM/F 1 (*en un debate, coloquio*) moderator, chairperson; (*TV*) presenter
2 (*Pol*) moderator; **el ministro actuó de ~ en las conversaciones** the minister acted as a moderator in the talks
Ⓒ SM (*Fís*) moderator

**moderar** ▸conjug 1a◂ Ⓐ VT 1 (= *controlar*) 1·1 [+ *impulsos, emociones*] to restrain, control; [+ *violencia, deseo*] to curb, control; [+ *ambición, opiniones, actitud*] to moderate; **lo convencieron para que ~a su postura** they persuaded him to moderate his position; **he tenido que ~ mis aspiraciones** I've had to lower my sights
1·2 [+ *palabras, lenguaje, tono*] to tone down, mind; **ambos líderes han ido moderando su lenguaje** both leaders have gradually toned down their language; **por favor, caballero, modere sus palabras** please, sir, mind your language; **moderen su lenguaje en este tribunal** I will not have such language in court
2 (= *reducir*) [+ *gastos, consumo*] to cut, reduce; [+ *velocidad*] to reduce; [+ *tensión*] to ease; **medidas para ~ la inflación** measures to curb *o* cut *o* reduce inflation; **modere su velocidad** reduce your speed, slow down; *ver tb* **marcha 3**
3 [+ *debate, coloquio*] to chair, moderate; **la mesa redonda fue moderada por Jesús Sánchez** the round table was chaired by Jesús Sánchez
Ⓑ **moderarse** VPR 1 [*persona*] to restrain o.s., control o.s.; **prometo ~me más la próxima vez** I promise to restrain *o* control myself a bit more next time; **iba a decir una grosería, pero me ~é** I was going to say a rude word but I won't; **tuvo que ~se en sus palabras** he had to tone down his language; **hemos tenido que ~nos un poco en los gastos** we've had to cut down our spending a little
2 [*inflación, precio*] **se están moderando los precios** prices are being kept in check *o* being held back; **la inflación se moderó relativamente** inflation slowed slightly

**modernamente** ADV (= *actualmente*) nowadays, in modern times; (= *recientemente*) recently

**modernez*** SF modernity

**modernidad** SF modernity

**modernismo** SM modernism

**modernista** Ⓐ ADJ modernist(ic)
Ⓑ SMF modernist

**modernización** SF modernization

**modernizador/a** Ⓐ ADJ modernizing
Ⓑ SM/F modernizer

**modernizar** ▸conjug 1f◂ Ⓐ VT to modernize
Ⓑ **modernizarse** VPR to modernize, move with the times

**moderno/a** Ⓐ ADJ 1 (= *actual*) modern; **una revista dirigida a la mujer moderna** a magazine aimed at the modern woman, a magazine for the woman of today; **siempre va vestida muy moderna** she always wears very trendy clothes*, she always dresses very trendily*; **tiene un equipo de música muy ~** he's got a very up-to-date hi-fi; **le gusta todo lo ~** he likes all things modern; **tienes unos abuelos muy ~s** your grandparents are very with it*; **a la moderna**† in the modern way
2 (*Hist*) modern; **la edad moderna** the modern period
Ⓑ SM/F trendy*

**modestamente** ADV 1 (= *humildemente*) modestly; **—no estoy de acuerdo —dijo ~** "I don't agree," he said modestly; **yo creo, ~, que están equivocados** in my humble opinion, they are wrong; **contribuyeron ~ a la causa** they contributed to the cause in a modest way
2 (= *sin lujo*) modestly; **~ vestido** modestly dressed; **vivía ~** he lived modestly

**modestia** SF [1] (= *humildad*) modesty; **~ aparte, no soy mal cocinero** though I say so myself *o* (*frm*) modesty aside, I'm not a bad cook; **con ~** modestly; **vive con ~** he lives modestly; **le respondió con ~** she answered modestly; **falsa ~** false modesty
[2] (= *escasez*) **con ~ de medios** with quite limited resources; **pese a la ~ de sus recursos económicos** despite her limited means
[3] (= *falta de lujo*) modesty; **me sorprendió la ~ de su casa** I was surprised by how humble *o* modest his house was
[4] (†) (= *recato*) modesty

**modesto** ADJ [1] (= *humilde*) modest; **no seas tan ~** don't be so modest; **era hijo de un ~ contable** he was the son of a modest accountant; **en mi modesta opinión** in my humble opinion
[2] (= *de poca importancia*) modest; **vivía de un sueldo ~** he lived on a modest salary; **nuestra modesta aportación a la causa** our modest *o* humble contribution to the cause; **un ~ paso hacia la paz** a modest step towards peace
[3] (= *sin lujo*) modest; **se alojaron en una modesta pensión** they stayed in a modest guesthouse; **visten de forma muy modesta** they dress very modestly
[4] (†) (= *recatado*) [*mujer*] modest

**modex** SM (*Caribe*) press-on sanitary towel

**modicidad** SF (*frm*) reasonableness, moderateness

**módico** ADJ [*precio*] reasonable, modest; [*suma*] modest

**modificable** ADJ modifiable, that can be modified; **los precios son ~s** prices are subject to change

**modificación** SF (*en producto, vehículo*) modification; (*en texto*) change, alteration; (*en precio*) change ► **modificación de (la) conducta** behaviour modification; **técnicas de ~ de conducta** behaviour modification techniques

**modificar** ▸conjug 1g◂ VT [+ *producto, vehículo*] to modify; [+ *texto*] to change, alter; [+ *vida*] to change

**modismo** SM idiom

**modistilla** SF seamstress

**modisto/a** SM/F (= *sastre*) dressmaker; [*de alta costura*] fashion designer, couturier ► **modisto/a de sombreros** milliner

▼**modo** SM [1] (= *manera*) way, manner (*frm*); **los han distribuido del siguiente ~** they have been distributed in the following way *o* (*frm*) manner; **¿no hay otro ~ de hacerlo?** isn't there another way of doing it?; **no me gusta su ~ de actuar** I don't like the way he does things; **de un ~ u otro** one way or another; **a mi ~ de pensar** *o* **ver** in my view, the way I see it ► **modo de empleo** instructions for use ► **modo de gobierno** form of government ► **modo de producción** mode of production ► **modo de vida** way of life; → MANERA, FORMA, MODO
[2] (*locuciones*) **a mi/tu ~** (in) my/your (own) way; **cada uno lo interpreta a su ~** everyone interprets it in his or her own way; **a ~ de** as; **utilizó una bolsa a ~ de maleta** she used a bag as a suitcase; **a ~ de ejemplo/respuesta** by way of example/reply; **en ~ alguno** = **de ningún modo**; **en cierto ~** in a way, to a certain extent; **de cualquier ~** (*antes de verbo*) anyway, in any case; (= *después de verbo*) anyhow; **de cualquier ~, ahora tenemos que irnos** we have to go now anyway *o* in any case; **hazlo de cualquier ~** do it anyway you like, do it anyhow, do it any old how*; **de ~** (+ *ADJ*): **tenemos que actuar de ~ coherente** we must act consistently; **eso nos afectará de ~ directo** this will have a direct effect on us, this will affect us directly; **el accidente influyó de ~ negativo en el niño** the accident had a negative effect on the child; **de ese ~** (*antes de verbo*) (in) this way; (*después de verbo*) like that; **de ese ~ no habrá problemas** this way there won't be any problems; **no hables de ese ~** don't talk like that; **grosso ~** broadly speaking; **ésa fue, grosso ~, la contestación que nos dio** broadly speaking, that was the answer he gave us; **de igual ~** = **del mismo modo**; **de mal ~** rudely; **me lo pidió de muy mal ~** he asked me for it very rudely; **del mismo ~** in the same way; **todos van vestidos del mismo ~** they are all dressed the same *o* in the same way; **del mismo ~ sucedió con los agricultores** the same thing happened with the farmers; **del mismo ~ que** in the same way as *o* that, just as; **de ningún ~**: **no quiero de ningún ~ implicarla en esto** I don't want to involve her in this in any way; **no puedo permitir eso de ningún ~** there's no way I can allow that; **no se parece de ningún ~ a lo que habíamos imaginado** it's nothing like we had imagined; **¡de ningún ~!** certainly not!, no way!*; **de todos ~s** anyway, all the same, in any case; **aunque no me dejes, me iré de todos ~s** even if you don't let me, I'll go anyway *o* all the same *o* in any case; **aunque lo esperaba, de todos ~s me sorprendió** even though I was expecting it, I was still surprised
[3] **de ~ que** (*antes de verbo*) so; (*después de verbo*) so that; **¡de ~ que eras tú el que llamaba!** so it was you that was calling!; **apílalos de ~ que no se caigan** stack them up so (that) they won't fall over
[4] (*Esp frm*) (= *moderación*) moderation; **bebe con ~** drink in moderation
[5] (*LAm*) **¡ni ~!** (= *de ninguna manera*) no way*, not a chance*; (= *no hay otra alternativa*) what else can I/you *etc* do?; **ni ~ que lo va a hacer** no way she's going to do it; **si no me quieres, ni ~** if you don't love me, what else can I do?
[6] **modos** (= *modales*) manners; **buenos ~s** good manners; **con buenos ~s** politely; **malos ~s** bad manners; **me contestó con muy malos ~s** he answered me very rudely
[7] (*Ling*) [*del verbo*] mood; **de ~** manner *antes de s*; **adverbio de ~** manner adverb ► **modo adverbial** adverbial phrase ► **modo conjuntivo** conjunctional phrase ► **modo imperativo** imperative mood ► **modo indicativo** indicative mood ► **modo subjuntivo** subjunctive mood
[8] (*Inform*) mode
[9] (*Mús*) mode; **~ mayor/menor** major/minor mode

**modorra** SF [1] (= *sueño*) drowsiness; **me entró la ~** I began to feel drowsy; **sacudirse la ~** to rouse o.s.
[2] (*Vet*) staggers

**modorro** ADJ [1] (= *soñoliento*) drowsy
[2] (*) (= *tonto*) dull, stupid
[3] [*fruta*] soft, squashy

**modosito** ADJ, **modoso** ADJ (= *educado*) well-mannered; (= *recatado*) demure

**modulación** SF modulation ► **modulación de frecuencia** (*Radio*) frequency modulation

**modulado** ADJ modulated

**modulador** SM modulator

**modulador-demodulador** SM (*Inform*) modem

**modular** ▸conjug 1a◂ Ⓐ ADJ modular
Ⓑ VT to modulate
Ⓒ SM (*Cono Sur*) shelf unit

**modularidad** SF modularity

**módulo** SM [1] (*Educ*) module
[2] [*de mobiliario*] unit; **estantería por ~s** modular *o* combination shelving units *pl*
[3] (*Andes*) platform
[4] (*Espacio*) ► **módulo de mando** command module ► **módulo lunar** lunar module

**moer** SM moiré

**mofa** SF (= *burla*) mockery, ridicule; **hacer ~ de algo/algn** to scoff at sth/sb, make fun of sth/sb; **exponer a algn a la ~ pública** to hold sb up to public ridicule; **es una ~ de nuestras creencias** it makes a mockery of our beliefs

**mofador(a)** Ⓐ ADJ mocking, scoffing, sneering
Ⓑ SM/F mocker, derider

**mofar** ▸conjug 1a◂ Ⓐ VI to mock, scoff, sneer
Ⓑ **mofarse** VPR **~se de algo/algn** to mock sth/sb, scoff at sth/sb, sneer at sth/sb

**mofeta** SF [1] (*Zool*) skunk
[2] (*Min*) firedamp
[3] (‡) (= *pedo*) fart‡

**mofinco‡** SM (*Caribe*) firewater*, gut-rot*

**mofle** SM (*LAm Aut*) silencer, muffler (*EEUU*)

**moflete** SM (= *mejilla*) chubby cheek

**mofletudo** ADJ chubby-cheeked

**mogol** SM [1] = **mongol**
[2] (*Hist*) **el Gran Mogol** the Great Mogul

**Mogolia** SF = **Mongolia**

**mogólico/a** ADJ, SM/F = **mongólico**

**mogolla** SF (*Andes, Cono Sur*) bargain

**mogollón*** Ⓐ SM [1] (= *gran cantidad*) loads *pl*, masses *pl*; **(un) ~ de gente** ◊ **gente a ~** loads *o* masses of people; **tengo (un) ~ de discos** I've got loads *o* masses of records
[2] (= *confusión*) commotion, upheaval; (= *lío*) fuss, row; **hay mucho ~ aquí** it's a bit wild here
[3] **de ~** (= *gratis*): **colarse de ~ en un sitio** to get into a place without paying; **comer de ~** to scrounge a meal*; **lograr un puesto de ~** to wangle a job*
Ⓑ ADV (= *mucho*) **me gusta ~** I think it's great *o* fantastic*

**mogollónico*** ADJ huge, massive

**mogote** SM (= *otero*) flat-topped hillock; (= *montón*) heap, pile; [*de gavillas*] stack

**mohair** [mo'xair, mo'air] SM mohair

**mohín** SM (= *pucheros*) pout; **hacer un ~** to make a face; **con un leve ~ de extrañeza** with a faintly surprised expression

**mohína** SF [1] (= *enfado*) annoyance, displeasure
[2] (= *mal humor*) the sulks
[3] (= *tristeza*) depression; **ser fácil a las ~s** to be easily depressed

**mohíno** ADJ [1] (= *enfadado*) annoyed
[2] (= *malhumorado*) sulky, sullen
[3] (= *triste*) sad, depressed; **se fue ~ y cabizbajo** he went off, sad and downcast

➤ LENGUA Y USO: modo 2 53.5

**moho** SM 1 (*en metal*) rust
2 (*en alimentos*) mould, mold (*EEUU*), mildew; **cubierto de ~** mouldy, moldy (*EEUU*); **olor a ~** musty smell; ✦*MODISMOS* **no cría ~** he's always on the go, he doesn't let the grass grow under his feet; **no dejar criar ~ a algn** to keep sb on the go

**mohoso** ADJ 1 [*metal*] rusty
2 [*alimento*] mouldy, moldy (*EEUU*); [*olor, sabor*] musty
3 [*chiste*] stale

**Moisés** SM Moses

**moisés** SM INV (= *cuna*) Moses basket, cradle; (*portátil*) carrycot

**moja*** SF (= *puñalada*) stab, thrust; (= *herida*) stab wound

**mojada** SF 1 (*con agua*) wetting, soaking
2 (= *herida*) stab (wound)

**mojado** Ⓐ ADJ (= *húmedo*) damp, wet; (= *empapado*) soaked, drenched; **le pasé por la frente un trapo ~** I mopped her brow with a damp cloth; **por la mañana la hierba estaba mojada** the grass was wet in the morning; **llegamos a casa completamente ~s** we were completely soaked *o* drenched when we got home; *ver tb* **llover**
Ⓑ SM (*Méx*) wetback (*EEUU*), illegal immigrant

**mojama** SF salted tuna; ✦*MODISMOS* **está más seco que una ~** he's as wrinkled as a prune; **estar más tieso que la ~** to be practically in the grave; **~ tiesa**: **todo escritor que no sea una ~ tiesa** any writer worth his salt

**mojar** ▸conjug 1a◂ Ⓐ VT 1 (*involuntariamente*) to get wet; (*voluntariamente*) to wet; (= *humedecer*) to damp(en), moisten; (= *empapar*) to drench, soak; **¡no mojes la alfombra!** don't get the carpet wet!; **~ la cabeza al niño** to wet the baby's head; **el niño ha mojado la cama** the baby's wet the bed; **moja un poco el trapo** dampen the cloth; **la lluvia nos mojó a todos** we all got soaked in the rain; **moje ligeramente el sello** moisten the stamp a little; **~ la ropa en agua** to soak *o* steep the washing in water
2 (= *meter*) to dip; **~ el pan en el café** to dip *o* dunk one's bread in one's coffee; **~ la pluma en la tinta** to dip one's pen into the ink
3 (*) [+ *triunfo*] to celebrate with a drink
4 ✦*MODISMOS* **~la** ◊ **~ el churro**** to dip one's wick**
5 (*Ling*) to palatalize
6 (= *apuñalar*) to stab
7 (*Caribe*) [+ *camarero*] to tip; (*) (= *sobornar*) to bribe
Ⓑ VI **~ en** (= *hacer pinitos*) to dabble in; (= *entrometerse*) to meddle *o* get involved in
Ⓒ **mojarse** VPR 1 (= *humedecerse*) 1·1 (*reflexivo*) to get wet; **~se hasta los huesos** to get soaked to the skin
1·2 **~se el pelo** (*involuntariamente*) to get one's hair wet; (*voluntariamente*) to wet one's hair; **me he mojado las mangas** I got my sleeves wet
2 (*) (= *comprometerse*) to get one's feet wet; **no se mojó** he kept out of it, he didn't get involved
3 ✦*MODISMO* **~se las orejas** (*Cono Sur*) to give way, back down

**mojarra** SF 1 (*) (= *lengua*) tongue
2 (*LAm*) (= *cuchillo*) short broad knife
3 (= *pez*) *type of bream*

**mojera** SF whitebeam

**mojicón** SM 1 (= *bizcocho*) sponge cake; (= *bollo*) bun
2 (*) (= *bofetada*) punch in the face, slap

**mojiganga** SF 1 (= *farsa*) farce, piece of clowning
2 (*Hist*) masquerade, mummery

**mojigatería** SF (= *beatería*) sanctimoniousness; (= *puritanismo*) prudery, prudishness

**mojigato/a** Ⓐ ADJ (= *santurrón*) sanctimonious; (= *puritano*) prudish, strait-laced
Ⓑ SM/F (= *santurrón*) sanctimonious person; (= *puritano*) prude

**mojinete** SM [*de techo*] ridge; [*de muro*] tiling, coping; (*Cono Sur*) (= *aguilón*) gable

**mojito** SM (*Cuba*) *long drink with a base of rum*

**mojo** SM (*esp Méx*) garlic sauce

**mojón**[1] SM 1 (= *piedra*) boundary stone; (*tb* **~ kilométrico**) milestone
2 (= *montón*) heap, pile
3 (*Andes***) (= *mierda*) shit**, crap**

**mojón**[2]**/ona** SM/F (*Caribe**) (= *bruto*) idiot, thickhead*; (= *chaparro*) shortie*

**mol.** ABR (*Fís*) (= **molécula**) mol

**mola** SF rounded mountain

**molar**[1] SM molar

**molar**[2]* ▸conjug 1a◂ VI (*Esp*) 1 (= *gustar*) **lo que más me mola es ...** what I'm really into is ...*; **tía, me molas mucho** I'm crazy about you baby*; **¡cómo mola esa moto!** that bike is really cool!*; **¿te mola un pitillo?** do you fancy a smoke?*; **no me mola** I don't go for that*, I don't fancy that
2 (= *estar de moda*) to be in*; **eso mola mucho ahora** that's very in right now*, that's all the rage now
3 (= *dar tono*) to be classy*, be real posh*
4 (= *valer*) to be OK*; **por partes iguales, ¿mola?** equal shares then, OK?*
5 (= *marchar*) **la cosa no mola** it's not going well at all

**molcajete** SM (*esp Méx*) mortar

**Moldavia** SF Moldavia

**moldavo/a** ADJ, SM/F Moldavian, Moldovan

**molde** SM 1 (*Culin, Téc*) mould, mold (*EEUU*); (= *vaciado*) cast; (*Tip*) form; ✦*MODISMO* **romper ~s** to break the mould ► **molde de corona** ring mould *o* (*EEUU*) mold
2 (*Cos*) (= *patrón*) pattern; (= *aguja*) knitting needle
3 (= *modelo*) model
4 ✦*MODISMO* **de ~** (= *perfecto*) perfect, just right; **el vestido le está de ~** the dress is just right for her; **esto me viene de ~** this is just what I want *o* need, this is just the job*; *ver tb* **letra 1**, **pan 1**

**moldeable** ADJ [*material*] malleable; [*carácter, persona*] easily influenced, impressionable

**moldeado** SM 1 (= *modelado*) moulding, molding (*EEUU*); (*en yeso*) casting
2 [*del pelo*] soft perm

**moldear** ▸conjug 1a◂ VT 1 (= *modelar*) to mould, mold (*EEUU*); (*en yeso*) to cast
2 [+ *pelo*] to give a soft perm
3 [+ *persona*] to mould, mold (*EEUU*), shape

**moldeo** SM moulding, molding (*EEUU*)

**moldura** SF 1 (= *marco*) frame ► **moldura lateral** (*Aut*) side stripe
2 (*Arquit*) moulding, molding (*EEUU*)

**mole**[1] SF (= *masa*) mass, bulk; (= *edificio*) pile; **la enorme ~ del buque** the vast bulk of the ship; **ese edificio/hombre es una ~** that building/man is massive; **se sentó con toda su ~** he sat down with his full bulk *o* weight

**mole**[2] (*Méx*) SM (= *salsa*) thick chile sauce; (= *plato*) meat in chile sauce; ✦*MODISMO* **ser el ~ de algn*** to be sb's favourite thing ► **mole de olla** meat stew ► **mole poblano** *meat dish from Puebla*

**molécula** SF molecule

**molecular** ADJ molecular

**moledor** Ⓐ ADJ grinding, crushing
Ⓑ SM grinder, crusher

**moledora** SF (*Téc*) grinder, crusher

**moledura** SF 1 (= *acción*) [*de café*] grinding; [*de trigo*] milling
2 (*) (= *agotamiento*) **¡qué ~ traigo!** I'm shattered*

**moler** ▸conjug 2h◂ VT 1 [+ *café*] to grind; [+ *trigo*] to mill; (= *machacar*) to crush; (= *pulverizar*) to pound; ✦*MODISMO* **~ a algn a palos** to give sb a beating
2 (= *fastidiar*) to annoy; (= *aburrir*) to bore

▼ **molestar** ▸conjug 1a◂ Ⓐ VT 1 (= *importunar*) to bother, annoy; **¿no la estarán molestando, verdad?** they're not bothering *o* annoying you, are they?; **no la molestes más con tus tonterías** stop pestering *o* bothering *o* annoying her with your silly games
2 (= *interrumpir*) to disturb; **que no me moleste nadie** I don't want to be disturbed by anyone; **siento ~te, pero necesito que me ayudes** I'm sorry to disturb *o* trouble *o* bother you, but I need your help
3 (= *ofender*) to upset; **espero no haberte molestado** I hope I didn't upset you
Ⓑ VI 1 (= *importunar*) to be a nuisance; **quita de en medio, que siempre estás molestando** get out of the way, you're always being a nuisance; **no quisiera ~, pero necesito hablar contigo** I don't want to bother you *o* be a nuisance, but I need to talk to you; **"no molestar"** "(please) do not disturb"; **me molesta mucho que me hablen así** it really annoys *o* irritates me when they talk to me like that; **ese ruido me molesta** that noise is bothering *o* annoying *o* irritating me; **me molesta el jarrón, ¿puedes apartarlo?** the vase is in the way, can you move it?; **me molesta tener que repetirlo** it annoys me to have to repeat it
2 (= *incomodar*) to feel uncomfortable, bother; **¿te molesta el humo?** does the smoke bother you?; **me está empezando a ~ la herida** the injury is starting to play up* *o* bother me; **me molesta al tragar** it hurts when I swallow; **la radio no me molesta para estudiar** the radio doesn't bother me when I'm studying; **si le sigue molestando, acuda a su médico** if it goes on giving you trouble, see your doctor
3 (= *ofender*) to upset; **me molestó mucho lo que dijiste** what you said really upset me; **le molestó que no lo invitárais a la fiesta** he was hurt that you didn't invite him to the party
4 (= *importar*) (*en preguntas*) **¿le molesta la radio?** does the radio bother you?, do you mind the radio being on?; **¿te ~ía prestarme un paraguas?** would you mind lending me an umbrella?; **¿le molesta que abra la ventana**

➤ LENGUA Y USO: **molestar A1** 36.1

*o* **si abro la ventana?** do you mind if I open the window?

Ⓒ **molestarse** VPR [1] (= *tomarse la molestia*) to bother o.s.; **no se moleste, prefiero estar de pie** don't trouble *o* bother yourself, I prefer to stand; **—¿quiere que abra la ventana? —por mí no se moleste** "shall I open the window?" — "don't mind me"; **no te molestes por él, sabe arreglárselas solo** don't put yourself out for him, he can manage on his own; **~se en hacer algo** to take the trouble to do sth; **se molestó en llevarnos al aeropuerto** she took the trouble to drive us to the airport, she went to the trouble of driving us to the airport; **no te molestes en venir a por mí** don't bother to come and pick me up, you needn't take the trouble to come and pick me up; **ni siquiera te has molestado en responder a mis cartas** you didn't even bother to answer my letters

[2] (= *disgustarse*) (*con enfado*) to get annoyed, get upset; (*con ofensa*) to take offence, take offense (*EEUU*); **no deberías ~te, lo hizo sin mala intención** you shouldn't get annoyed *o* upset/take offence, he didn't mean any harm; **~se con algn** to get annoyed *o* cross with sb; **~se por algo** to get annoyed at sth, get upset about sth; **se molesta por nada** he gets annoyed at *o* upset about the slightest thing; **¿te has molestado por ese comentario?** did that comment upset *o* offend you?

**molestia** SF [1] (= *trastorno*) bother, trouble; **el retraso nos causó muchas ~s** the delay caused us a lot of bother *o* trouble; **¿me podrías llevar a casa, si no es mucha ~?** could you take me home, if it's not too much bother *o* trouble?; **andar con muletas es una gran ~** walking with crutches is a real nuisance *o* bother; **perdone la ~, pero ...** sorry to bother you, but ...; **¡no es ninguna ~, estaré encantado de ayudarte!** it's no trouble at all, I'll be happy to help!; **"perdonen las ~s"** "we apologize for any inconvenience"; **ahorrarse la ~ de hacer algo** to save o.s. the bother *o* trouble of doing sth; **tomarse la ~ de hacer algo** to take the trouble to do sth; **se tomaron la ~ de visitarlos en persona** they took the trouble to visit them in person; **no tenías que haberte tomado la ~** you shouldn't have bothered *o* taken the trouble, you shouldn't have put yourself out

[2] (*Med*) discomfort; **al andar noto una pequeña ~** I feel a slight discomfort when I walk; **si persisten las ~s, consulte a un especialista** if the discomfort *o* trouble persists, consult a specialist; **tengo una pequeña ~ en la garganta** I have a bit of a sore throat; **tengo ~s en el estómago** I have an upset stomach

**molesto** ADJ [1] (= *que causa molestia*) [*tos, picor, ruido, persona*] irritating, annoying; [*olor, síntoma*] unpleasant; **es una persona muy molesta** he's a very irritating *o* annoying person; **es sumamente ~ que ...** it's extremely irritating *o* annoying that ...; **una sensación bastante molesta** quite an uncomfortable *o* unpleasant feeling; **lo único ~ es el viaje** the only nuisance is the journey, the only annoying thing is the journey; **si no es ~ para usted** if it's no trouble to you *o* no bother for you

[2] (= *que incomoda*) [*asiento, ropa*] uncomfortable; [*tarea*] annoying; [*situación*] awkward, embarrassing; **las faldas ajustadas son muy molestas** tight skirts are very uncomfortable

[3] (= *incómodo*) [*persona*] uncomfortable; **me sentía ~ en la fiesta** I felt uneasy *o* uncomfortable at the party; **me siento ~ cada vez que me hace un regalo** I feel awkward *o* embarrassed whenever she gives me a present; **estaba ~ por la inyección** he was in some discomfort *o* pain after the injection

[4] (= *enfadado*) [*persona*] annoyed; **estaba muy molesta con su actitud** she was very annoyed at their attitude; **¿estás ~ conmigo por lo que dije?** are you annoyed at me for what I said?

[5] (= *disgustado*) [*persona*] upset; **¿estás molesta por algo que haya pasado?** are you upset about something that's happened?

**molestoso** ADJ (*LAm*) annoying

**molibdeno** SM molybdenum

**molicie** SF [1] (= *blandura*) softness

[2] (= *comodidad*) **reblandecido por la ~ de la vida moderna** made complacent by the comforts *o* ease of modern life; **una vida sin concesiones de ~** a life with no concessions to luxury *o* comfort

[3] (= *afeminamiento*) effeminacy

**molido** ADJ [1] [*café, especias*] ground

[2] **estar ~*** (= *cansado*) to be shattered*; **estoy ~ de tanto viajar** I'm shattered with all this travelling*; **tengo todo el cuerpo ~** I'm aching all over; **tengo los riñones ~s** my back is killing me*

**molienda** SF [1] (= *acto*) [*de café*] grinding; [*de trigo*] milling

[2] (= *cantidad*) *quantity of grain to be ground*

[3] (*) (= *cansancio*) weariness

[4] (*) (= *molestia*) nuisance

**moliente** ADJ *ver* **corriente A3**

**molinero/a** SM/F miller

**molinete** SM (toy) windmill

**molinillo** SM [1] (*para moler*) hand mill ► **molinillo de aceite** olive press ► **molinillo de café** coffee mill *o* grinder ► **molinillo de carne** mincer

[2] (= *juguete*) (toy) windmill, pinwheel (*EEUU*)

**molino** SM [1] (*gen*) mill; (= *trituradora*) grinder ► **molino de agua** water mill ► **molino de cubo** waterwheel ► **molino de viento** windmill

[2] (*) (= *persona*) fidget

**molla** SF [*de persona*] fleshy part; [*de carne*] lean part; [*de fruta*] flesh; [*de pan*] doughy part

**mollar** ADJ [1] [*fruta*] (= *blanda*) soft; (= *fácil de pelar*) easy to peel; [*almendra*] easily shelled

[2] [*carne*] boned, boneless

[3] (*) [*trabajo*] cushy*, easy

[4] (*) (= *crédulo*) gullible

**mollate** SM plonk*

**molledo** SM [1] [*del brazo*] fleshy part

[2] [*de pan*] doughy part

**molleja** SF [1] [*de ave*] gizzard

[2] **mollejas** [*de res, cordero*] sweetbreads

**mollejón*** SM softie*; (*pey*) fat slob*

**mollera** SF [1] (*) (= *seso*) brains *pl*, sense; **tener buena ~** to have brains, be brainy; **✦MODISMOS cerrado** *o* **duro de ~** (= *estúpido*) dense*, dim*; (= *terco*) pig-headed; **no les cabe en la ~** they just can't get their heads round it*; **secar la ~ a algn** to drive sb crazy

[2] (= *coronilla*) crown of the head

**mollete** SM [1] (*Culin*) muffin

[2] [*del brazo*] fleshy part

[3] (= *mejilla*) fat cheek

**molo** SM (*Cono Sur*) breakwater, mole

**molón*** ADJ [1] (*Esp*) (= *bueno*) fantastic*, brilliant*

[2] (*Esp*) (= *elegante*) posh*, classy*

[3] (*CAm, Méx*) (= *pesado*) tiresome

**molondra*** SF bonce*

**molote** SM [1] (*Méx*) (= *ovillo*) ball of wool

[2] (*Méx Culin*) fried maize pancake

[3] (*Andes, Méx*) (= *jugarreta*) dirty trick

[4] (*CAm, Caribe, Méx*) (= *alboroto*) riot, commotion

**molotov** ADJ INV **cóctel ~** Molotov cocktail, petrol bomb

**molturar** ▸conjug 1a◂ VT to grind, mill

**Molucas** SFPL **las (Islas) ~** the Moluccas, the Molucca Islands

**molusco** SM mollusc, mollusk (*EEUU*)

**momentáneamente** ADV momentarily

**momentáneo** ADJ momentary

**momento** SM [1] (= *instante*) moment; **la miró un ~** he looked at her for a moment; **espera un ~** hold on a minute *o* moment; **—¡Juan, ven aquí! —¡un ~!** "come here, Juan" — "just a minute *o* moment!"; **llegará dentro de un ~** she'll be here in a minute *o* moment; **está protestando desde el ~ en que llegó** he's been complaining from the moment he arrived; **hace un ~** just a moment ago; **en ese preciso ~ se paró el coche** at that very moment *o* right then, the car stopped; **éste es un ~ histórico** this is a historic moment; **no paró de hablar ni un solo ~** he never stopped talking for a single second; **no creí ni por un ~ que llegaría a divorciarse** I never thought for a moment that she'd get divorced; **llegará en breves ~s** she'll be here shortly; **en este ~** at the moment, right now; **en este ~ el doctor no puede atenderle** the doctor can't see you at the moment *o* right now; **no dejó de apoyarme en ningún ~** she never stopped supporting me for a moment; **en un primer ~** at first; **en un primer ~ creí que era un resfriado** at first I thought it was a cold; **estuvo a mi lado en todo ~** he was at my side the whole time; **en un ~** in next to no time; **limpió el cuarto en un ~** he cleaned the room in next to no time

[2] (= *rato*) **los mejores ~s del partido** the highlights of the match; **pasamos ~s inolvidables en Madrid** we had an unforgettable time in Madrid

[3] (= *época*) time; **en el ~ actual** at the present time; **deben usarse las técnicas disponibles en el ~** the currently available techniques should be used; **del ~: la música más representativa del ~** the music which is most representative of current trends; **el grupo favorito del ~** the most popular group at the moment

[4] (= *coyuntura*) **nuestra empresa pasa por un ~ magnífico** our company is doing splendidly at the moment; **atravesamos un ~ difícil** we are going through a difficult time *o* patch; **el actor estaba en su mejor ~** the actor was in his prime; **llegué en buen ~** I arrived at a good time; **ha llegado el ~ de hacer algo** the time has come to do sth; **en el ~ oportuno** at the right time; **ser buen/mal ~ para hacer algo** to be a good/bad time to do

sth; **es el mejor ~ para invertir en bolsa** it's the ideal time to invest in the stock market; **todo se hará en su ~** we'll do everything in good time *o* when the time comes; **ya te avisarán en su ~** they'll let you know in due course
[5] (*otras locuciones*) **al ~** at once; **a cada ~ se despertaba y pedía agua** she kept waking up and asking for water, she was constantly waking up and asking for water; **en cualquier ~** any time now; **puede llegar en cualquier ~** she could arrive at any moment; **en un ~ dado**: **en un ~ dado, conseguí sujetarlo del brazo** at one stage I managed to grab hold of his arm; **en un ~ dado, yo mismo puedo echarte una mano** I could give you a hand some time, if necessary; **de ~** for the moment; **de ~ continúa en el trabajo** he's staying in the job for the time being *o* for the moment; **de ~ déjalo y piénsatelo mejor** leave it for the moment and think it over; **de ~ no lo reconocí, pero luego recordé su cara** at first I didn't recognize him, but then I remembered his face; **desde el ~ en que**: **los impuestos, desde el ~ en que son obligatorios, son una extorsión** since taxes are compulsory, they amount to extortion; **en el ~** straight away; **la llamé y acudió en el ~** I called her and she came over straight away; **de un ~ a otro** any minute now; **en el ~ menos pensado** when least expected; **esas cosas pasan en el ~ menos pensado** those things happen when you least expect them; **por ~s** by the minute; **está cambiando por ~s** it is changing by the minute; **por el ~** for the time being, for now
[6] (*Mec*) momentum, moment

**momería** SF mummery, clowning

**momia** SF mummy; **parece una ~** she looks like a zombie; **no te quedes ahí como una ~** don't stand there like a dummy

**momificación** SF mummification

**momificar** ▸conjug 1g◂ Ⓐ VT to mummify
Ⓑ **momificarse** VPR to mummify, become mummified

**momio¹** Ⓐ SM (= *ganga*) bargain; (= *extra*) extra; (= *sinecura*) cushy job*; (= *trato*) profitable deal; **de ~** free
Ⓑ ADJ [*carne*] lean

**momio²/a*** (*Chile*) Ⓐ ADJ reactionary, right-wing *antes de s*
Ⓑ SM/F [1] (= *carroza*) square*, fuddy-duddy*
[2] (*Pol*) reactionary, right winger

**momo** SM [1] (= *cara*) funny face
[2] (= *payasadas*) clowning, buffoonery

**mona** SF [1] (*Zool*) (= *hembra*) female monkey; (= *especie*) Barbary ape; ✦***MODISMO*** **mandar a algn a freír ~s*** to tell sb where to go*, tell sb to get lost*; ✦***REFRÁN*** **aunque la ~ se vista de seda (~ se queda)** you can't make a silk purse out of a sow's ear
[2] (*) (= *copión*) copycat*
[3] (*) (= *borrachera*) **coger** *o* **pillar una ~** to get sloshed *o* plastered*; **dormir la ~** to sleep it off
[4] ► **mona de Pascua** Easter cake
[5] (*LAm**) (= *droga*) *Colombian golden marijuana*
[6] ✦***MODISMO*** **andar** *o* **estar como la ~** (*Cono Sur*) (= *sin dinero*) to be broke*; (= *desgraciado*) to feel terrible; *ver tb* **mono³ B**

**monacal** ADJ monastic

**monacato** SM monasticism, monastic life ► **monacato femenino** convent life, life as a nun

**monacillo** SM acolyte, altar boy

**Mónaco** SM Monaco

**monada** SF [1] (= *cosa*) **la casa es una ~** the house is gorgeous *o* lovely; **¡qué ~!** isn't it gorgeous *o* lovely?; **¡qué ~ de perrito!** what a cute *o* lovely little dog!
[2] (= *chica*) pretty girl; **¡hola, ~!** hello gorgeous *o* beautiful!*
[3] (= *tontería*) **deja de hacer ~s** stop clowning around
[4] [*de niño*] charming habit, sweet little way
[5] (*) **monadas** (= *zalamería*) flattery *sing*
[6] (= *cualidad*) silliness, childishness

**mónada** SF monad

**monaguillo** SM, **monago** SM altar boy, acolyte

**monarca** SMF monarch

**monarquía** SF monarchy

**monárquico/a** Ⓐ ADJ monarchic(al); (*Pol*) royalist, monarchist
Ⓑ SM/F royalist, monarchist

**monarquismo** SM monarchism

**monarquista** SM monarchist

**monasterio** SM [*de hombres*] monastery; [*de mujeres*] convent

**monástico** ADJ monastic

**Moncho** SM (*forma familiar*) *de* **Ramón**

**Moncloa** SF **la ~** *official residence of the Spanish prime minister (Madrid)*

**monclovita** ADJ of the Moncloa palace, of the prime minister, prime ministerial

**monda¹** SF [1] (= *peladura*) [*de naranja*] peel; [*de patata*] peelings *pl*; [*de plátano*] skin
[2] (= *acción*) peeling
[3] (= *poda*) pruning; (= *temporada*) pruning season
[4] (*LAm**) (= *paliza*) beating

**monda²*** SF **¡es la ~!** (= *fantástico*) it's great!*, it's fantastic!*; (= *el colmo*) (*refiriéndose a algo*) it's the limit!; (*refiriéndose a algn*) he's the limit *o* end!*; [*algo divertido*] it's a scream*; [*persona divertida*] he's a scream*; **este nuevo baile es la ~** (= *fantástico*) this new dance is great *o* fantastic*; (*pey*) this new dance is the pits*

**mondadientes** SM INV toothpick

**mondador** SM (*Méx*) shredder

**mondadura** SF = **monda¹ 1**

**mondante*** ADJ **es un chaval ~** he's a scream*; **nos pasó una cosa ~** something hilarious *o* really funny happened to us

**mondar** ▸conjug 1a◂ Ⓐ VT [1] [+ *fruta, patata*] to peel; [+ *nueces, guisantes*] to shell; [+ *palo*] to pare, remove the bark from
[2] (*) [+ *persona*] (= *cortar el pelo*) to scalp*; (= *desplumar*) to fleece*, clean out*
[3] (= *podar*) to prune
[4] (= *limpiar*) (*gen*) to clean, cleanse; [+ *canal*] to clean out
[5] (*LAm**) (= *pegar*) to beat (up), thrash; (*Caribe*) **~ a algn** to wipe the floor with sb*
Ⓑ **mondarse** VPR [1] (*tb* **~se de risa**) (*) to die laughing*
[2] **~se los dientes** to pick one's teeth

**mondo** ADJ [1] [*cabeza*] completely shorn
[2] (= *sin añadidura*) plain; **el asunto ~ es esto** the plain fact of the matter is this; **tiene su sueldo ~ y nada más** he has just what he earns, nothing more; ✦***MODISMO*** **~ y lirondo*** pure and simple
[3] (*) (= *sin dinero*) **me he quedado ~** I'm cleaned out*, I haven't a cent

**mondongo** SM (= *entrañas*) guts *pl*, insides *pl*; (= *callos*) tripe

**mondongudo** ADJ (*esp Cono Sur*) paunchy, pot-bellied

**monear** ▸conjug 1a◂ VI [1] (= *comportarse*) to monkey around, clown around; (= *hacer muecas*) to make faces
[2] (*Cono Sur, Méx**) (= *jactarse*) to boast, swank*

**moneda** SF [1] (= *pieza*) coin; **una ~ falsa** a counterfeit coin; **una ~ de cinco dólares** a five-dollar piece; **la máquina funciona con ~s** the machine is coin-operated; **tirar una ~ al aire** to toss a coin ► **moneda menuda**, **moneda suelta** small change
[2] [*de un país*] currency; **en ~ española** in Spanish money; **la casa de la ~** the mint; ✦***MODISMO*** **pagar a algn con** *o* **en la misma ~** to pay sb back in his own coin *o* in kind ► **moneda blanda** soft currency ► **moneda convertible** convertible currency ► **moneda corriente** currency; ✦***MODISMO*** **es ~ corriente** it's a common occurrence ► **moneda débil** soft currency ► **moneda decimal** decimal currency ► **moneda de curso legal** legal tender ► **moneda dura** hard currency ► **moneda fraccionaria** money in small denominations ► **moneda fuerte** hard currency ► **moneda nacional** national currency; **el precio es 1.000 pesos, ~ nacional** (*LAm*) the price is 1,000 pesos ► **moneda única** single currency

**monedar** ▸conjug 1a◂ VT, **monedear** ▸conjug 1a◂ VT to mint, coin

**monedero** SM [1] (*para monedas*) purse, coin purse (*EEUU*)
[2] ► **monedero falso** counterfeiter

**monegasco/a** Ⓐ ADJ of/from Monaco, Monegasque; **el principado ~** the Principality of Monaco
Ⓑ SM/F native/inhabitant of Monaco, Monegasque; **los ~s** the people of Monaco

**monería** SF [1] (= *mueca*) funny face, monkey face; (= *imitación*) mimicry
[2] (= *payasada*) antic, prank; **hacer ~s** to monkey around, clown around
[3] (= *banalidad*) trifle, triviality

**monetario** ADJ monetary

**monetarismo** SM monetarism

**monetarista** ADJ, SMF monetarist

**mongol(a)** Ⓐ ADJ, SM/F Mongol, Mongolian
Ⓑ SM (*Ling*) Mongolian

**Mongolia** SF Mongolia

**mongólico/a** Ⓐ ADJ [1] (*Med*†) mongoloid†; **niños ~s** children with Down's syndrome
[2] (*pey*) (= *estúpido*) moronic; **ideas mongólicas** moronic ideas
[3] (= *mongol*) Mongolian
Ⓑ SM/F [1] (*Med*†) Down's syndrome sufferer
[2] (*pey*) (= *estúpido*) moron*
[3] (= *mongol*) Mongolian

**mongolismo**† SM Down's syndrome, mongolism†

**moni*** SF (*LAm*) money

**monicaco/a*** SM/F twit*

**monicongo** SM (*LAm*) cartoon film

**monigote** SM [1] (= *muñeco*) rag doll; [*de papel*] paper doll; ✦**MODISMO hacer el ~** to fool around, clown around ► **monigote de nieve** snowman ► **monigote de paja** straw man ► **monigote de tebeo** cartoon character; → DÍA DE LOS (SANTOS) INOCENTES
[2] (= *niño*) little monkey
[3] (*sin personalidad*) weak character
[4] (= *garabato*) doodle

**monises**‡ SMPL brass* *sing*, dough* *sing*

**monitor(a)** Ⓐ SM/F (= *persona*) (*Dep*) instructor, coach; [*de gira*] group leader ► **monitor(a) de campamento** camp leader ► **monitor(a) de esquí** ski instructor ► **monitor(a) de natación** swimming instructor ► **monitor(a) deportivo/a** (*gen*) sports coach; (*en escuela*) games coach
Ⓑ SM (*tb Inform, Téc*) monitor

**monitoreado** SM monitoring

**monitorear** ▸conjug 1a◂ VT to monitor

**monitorio** ADJ admonitory

**monitorización** SF monitoring

**monitorizar** ▸conjug 1f◂ VT to monitor

**monja** SF nun ► **monja de clausura** cloistered nun, nun in a closed order

**monje** SM [1] (*Rel*) monk
[2] (*Caribe*) (= *dinero*) five-peso note

**monjil** Ⓐ ADJ (*lit*) nun's; (*fig*) (*pey*) excessively demure
Ⓑ SM (*hábito*) nun's habit

**mono**[1] SM [1] (*Zool*) monkey; **¡mono!** (*a niño*) you little monkey! ► **mono araña** spider monkey ► **mono aullador** howler monkey
[2] (‡) [*de drogadicto*] withdrawal symptoms *pl*, cold turkey*; **estar con el ~** to be suffering withdrawal symptoms, have gone cold turkey*; **tener ~ de fama** to crave fame
[3] (= *traje de faena*) overalls *pl*, boiler suit; [*de calle*] jumpsuit; (*con peto*) dungarees *pl* ► **mono de aviador** flying suit ► **mono de esquí** ski suit ► **mono de vuelo** flying suit
[4] (*) (= *hombre feo*) ugly devil
[5] (= *figura*) *cartoon or caricature figure*; **monos** (*Cono Sur*) doodles ► **monos animados** (*Cono Sur*) cartoons
[6] (*Naipes*) joker
[7] (‡) (*policía*) cop*
[8] (*) (= *seña*) sign (*between lovers*); **hacerse ~s** to make eyes at each other
[9] (*Caribe**) (= *deuda*) debt
[10] ✦**MODISMOS tener ~s en la cara**: **no me mirarían más ni que tuviera ~s en la cara** they couldn't have stared at me more if I had come from the moon; **estar de ~s** to be at daggers drawn; **meter los ~s a algn** (*LAm*) to put the wind up sb*; **ser un ~ de repetición** to repeat things like a parrot; **ser el último ~** to be a nobody ► **mono de imitación** copycat*

**mono**[2] ADJ [1] (= *bonito*) pretty, lovely; (= *simpático*) nice, cute; **una chica muy mona** a lovely *o* very pretty girl; **¡qué sombrero más ~!** what a nice *o* cute little hat!
[2] (*Mús*) mono

**mono**[3]**/a** Ⓐ ADJ (*LAm*) (= *amarillo*) yellow; (= *rubio*) blond; (= *rojizo*) reddish blond
Ⓑ SM/F (*Col*) (= *rubio*) blond(e) (person); *ver tb* **mona**

**mono...** PREF mono...

**monocarril** SM monorail

**monocasco** SM monohull

**monocigótico** ADJ, **monocigoto** ADJ monozygotic

**monocolor** ADJ one-colour, of a single colour; **gobierno ~** one-party government

**monocorde** ADJ [1] (*Mús*) single-stringed
[2] (= *monótono*) monotonous, unvaried

**monocromo** Ⓐ ADJ monochrome; (*TV*) black-and-white
Ⓑ SM monochrome

**monóculo** SM monocle

**monocultivo** SM single crop farming, monoculture; **el ~ es un peligro para muchos países** in many countries dependence upon a single crop is risky

**monofónico** ADJ monophonic

**monogamia** SF monogamy

**monógamo** ADJ monogamous

**monografía** SF monograph

**monográfico** Ⓐ ADJ monographic; **estudio ~** monograph; **número ~** [*de revista*] issue devoted to a single subject; **programa ~** programme devoted to a single subject
Ⓑ SM monograph, special edition

**monograma** SM monogram

**monokini** SM topless swimsuit

**monolingüe** Ⓐ ADJ monolingual
Ⓑ SMF monoglot

**monolingüismo** SM monolingualism

**monolítico** ADJ monolithic

**monolitismo** SM (= *naturaleza*) monolithic nature; (= *sistema*) monolithic system

**monolito** SM monolith

**monologar** ▸conjug 1h◂ VI to soliloquize; (*Teat*) to give a monologue

**monólogo** SM monologue, monolog (*EEUU*) ► **monólogo interior** stream of consciousness

**monomando** SM mixer tap, mixing faucet (*EEUU*)

**monomanía** SF (*gen*) mania, obsession; (*Psic*) monomania

**monomaniaco/a** ADJ, SM/F, **monomaníaco/a** ADJ, SM/F monomaniac

**monomio** SM monomial

**monomotor** ADJ single-engined

**monono*** ADJ (*Cono Sur*) (= *atractivo*) lovely, pretty; (= *acicalado*) dressed up

**mononucleado** ADJ mononuclear

**mononucleosis** SF INV ► **mononucleosis infecciosa** glandular fever

**monoparental** ADJ **familia ~** single-parent family, one-parent family

**monoparentalidad** SF single parenthood

**monopartidismo** SM single-party system

**monopatín** SM skateboard

**monopatinaje** SM skateboarding

**monoplano** SM monoplane

**monoplaza** SM single-seater

**monopolio** SM monopoly ► **monopolio total** absolute monopoly

**monopolista** ADJ, SMF monopolist

**monopolístico** ADJ monopolistic

**monopolización** SF monopolization

**monopolizador** ADJ [1] (*Econ*) monopolistic; **una empresa ~a del mercado** a company with a monopoly in the market
[2] [*persona*] **un niño ~ del cariño materno** a child who monopolizes his mother's attention

**monopolizar** ▸conjug 1f◂ VT to monopolize

**monopsonio** SM monopsony

**monoquini** SM = **monokini**

**monorrail** SM monorail

**monorrimo** ADJ [*estrofa*] having the same rhyme throughout

**monosabio** SM [1] (*Zool*) trained monkey
[2] (*Taur*) picador's assistant (*employee who leads the horse team dragging the dead bull*)

**monosilábico** ADJ monosyllabic

**monosílabo** Ⓐ ADJ monosyllabic
Ⓑ SM monosyllable; **responder con ~s** to answer in monosyllables

**monoteísmo** SM monotheism

**monoteísta** Ⓐ ADJ monotheistic
Ⓑ SMF monotheist

**monotema** SM **ése fue el ~ de la entrevista** that was the only issue discussed in the interview; **su ~ de siempre** his old hobbyhorse

**monotemático** ADJ on a single subject

**monoterapia** SF monotherapy, single-drug therapy

**monotipia** SF Monotype®

**monotonía** SF [1] (= *uniformidad*) (*gen*) monotony; [*de voz, sonido*] monotone
[2] (= *aburrimiento*) monotony; **la ~ (de la existencia) cotidiana** the daily grind

**monótono** ADJ [1] (= *uniforme*) [*voz, sonido*] monotonous
[2] (= *aburrido*) [*trabajo, discurso*] tedious, monotonous; [*vida*] dreary, humdrum

**monousuario** ADJ (*Inform*) single-user

**monovalente** ADJ monovalent, univalent

**monovía** ADJ INV monorail *antes de s*

**monovolumen** Ⓐ ADJ **vehículo ~** people carrier, minivan (*EEUU*)
Ⓑ SM people carrier, minivan (*EEUU*)

**monóxido** SM monoxide ► **monóxido de carbono** carbon monoxide ► **monóxido de cloro** chlorine monoxide

**Mons.** ABR (= **Monseñor**) Mgr, Mons, Msgr

**monseñor** SM monsignor

**monserga** SF (= *pesadez*) boring spiel*; (= *tontería*) drivel*; **dar la ~** (= *fastidiar*) to be irritating; (= *aburrir*) be a bore; **¡no me vengas con ~s!** (= *no molestes*) give it a rest!; (= *no te enrolles*) don't talk drivel!*

**monstruo** Ⓐ SM [1] (*Mit*) monster; **el ~ del lago Ness** the Loch Ness monster
[2] (= *engendro*) freak*, monster; **~ de circo** circus freak
[3] (= *persona malvada*) monster; **su jefe es un ~** her boss is a monster; **ese niño es un monstruito** that child is a little monster
[4] (= *prodigio*) giant; **es un ~ del ajedrez** he's a fantastic chess player; **es un ~ jugando al fútbol** he's a sensational footballer; **Borges, ~ sagrado de la literatura sudamericana** Borges, the revered figure of South American literature
[5] (= *cosa enorme*) monster; **¡mira, vaya ~ de camión!** look at that lorry, what a monster!
Ⓑ ADJ INV (*) (= *maravilloso*) [1] fantastic, brilliant; **idea ~** fantastic *o* brilliant idea
[2] (= *grande*) huge; **mítin ~** huge meeting; **dos proyectos ~** two huge projects

**monstruosidad** SF [1] (= *cosa fea*) monstrosity; **¡qué ~ de casa!** what a monstrosity of a

house!
[2] (= *crueldad*) atrocity
[3] (= *deformidad*) **la ~ de sus facciones** his monstrous features

**monstruoso** ADJ [1] (= *terrible*) monstrous; **es ~ que ...** it is monstrous that ...
[2] (= *horrible*) monstrous, hideous; (= *deforme*) freak *antes de s*
[3] (= *enorme*) monstrous, huge

**monta** SF [1] (= *suma*) total, sum
[2] (*en equitación*) (= *caballo*) mount; (= *acción*) mounting
[3] (= *apareamiento*) mating; (= *temporada de apareamiento*) mating season
[4] ✦***MODISMO* de poca ~** third-rate *antes de s*; **un cantante/hotel de poca ~** a third-rate singer/hotel; **un ladrón de poca ~** a small-time thief

**montacargas** SM INV service lift, freight elevator (*EEUU*)

**montada** SF **la ~** (*CAm*) the mounted rural police

**montadito** SM (*Esp*) small sandwich

**montado** Ⓐ ADJ [1] [*persona*] **iba ~ a caballo** he was riding a horse, he was on horseback; **estaba montada en la bicicleta** she was riding her bicycle; **artillería montada** horse artillery; **guardia montada** horse guards *pl*; **policía montada** mounted police
[2] [*caballo*] saddled
[3] (*Esp Culin*) [*nata*] whipped; [*clara*] whisked
[4] (*Esp**) ✦***MODISMO* estar ~ (en el dólar)** to be rolling in it*, be loaded*
Ⓑ SM (*Esp*) small sandwich ► **montado de lomo** *hot sandwich made with pork loin*

**montador(a)** Ⓐ SM/F [1] (*Téc*) [*de máquinas, aparatos*] fitter; [*de joyas*] setter
[2] (*Cine, TV*) film editor ► **montador(a) de escena** set designer
Ⓑ SM (= *poyo*) (*para montar*) mounting block

**montadura** SF [1] (= *acto*) mounting
[2] = **montura 3**

**montaje** SM [1] (*Téc*) [*de estantería, aparato*] assembly; [*de ordenador*] set up; [*de joyas*] setting; **instrucciones para el ~** assembly instructions; **el telescopio se encuentra en fase de ~** the telescope is being assembled; **para el ~ de la estantería basta con un destornillador** to put up *o* assemble the shelves all you need is a screwdriver; *ver tb* **cadena 6**
[2] [*de exposición*] mounting, setting up; [*de obra de teatro*] staging; **el ~ de la exposición durará tres semanas** mounting *o* setting up the exhibition will take three weeks; **un nuevo ~ de una obra de Jean Genet** a new staging of one of Jean Genet's plays
[3] (*) (= *engaño*) set-up*; **el accidente fue sólo un ~** the accident was just a set-up*; **todo era un ~ policial** the whole thing was set up by the police *o* was a police set-up* ► **montaje publicitario** advertising stunt, publicity stunt
[4] (*Cine, Fot*) montage ► **montaje fotográfico** photomontage
[5] (*Radio*) hookup

**montante** SM [1] (= *suma*) total ► **montante compensatorio monetario** amount of financial compensation
[2] (= *poste*) upright, post; (= *soporte*) stanchion; (*Arquit*) [*de puerta*] transom; [*de ventana*] mullion
[3] (= *ventana*) fanlight, transom (*EEUU*)

**montaña** Ⓐ SF [1] (= *monte*) mountain; **una ~ de papeles** a mountain of papers; **~ de mantequilla** butter mountain; ✦***MODISMO* hacer una ~ de un granito de arena** to make a mountain out of a molehill ► **montaña rusa** roller coaster, big dipper ► **Montañas Rocosas** Rocky Mountains
[2] (= *zona*) (= *sierra*) mountains *pl*; **pasamos un mes en la ~** we spent a month in the mountains
[3] (*LAm*) (= *bosque*) forest
Ⓑ SMF ► **montaña del Pirineo** Pyrenean mountain dog, Great Pyrenees (*EEUU*)

**montañero/a** Ⓐ SM/F mountaineer, climber
Ⓑ ADJ mountain *antes de s*

**montañés/esa** Ⓐ ADJ [1] (= *de montaña*) mountain *antes de s*; (= *de tierras altas*) highland *antes de s*
[2] (= *de Santander*) of/from the Santander region
Ⓑ SM/F [1] (*gen*) highlander
[2] [*de Santander*] native/inhabitant of the Santander region

**montañismo** SM mountaineering, mountain climbing

**montañoso** ADJ mountainous

**montaplatos** SM INV dumb waiter

**montar** ▸conjug 1a◂ Ⓐ VT [1] (= *cabalgar*) to ride; **montaba una yegua blanca** she was riding a white mare
[2] (= *subir*) **~ a algn en *o* sobre algo** to lift sb onto sth, sit sb on sth; **se lo montó sobre las rodillas** she lifted him onto her knees, she sat him on her knees
[3] (*Téc*) [+ *estantería, ventana*] to assemble, put together; [+ *coche*] to assemble; [+ *tienda de campaña*] to put up, pitch
[4] (= *instalar*) [+ *consulta, oficina*] to set up, open; [+ *galería de arte, tienda*] to open; [+ *campamento, espectáculo*] to set up; [+ *exposición*] to set up, mount; **han montado una tienda de animales** they've opened a pet shop; **~ una casa** to set up house *o* home; **~ un negocio** to set up *o* start up a business
[5] (= *engarzar*) [+ *joya*] to set; [+ *pistola*] to cock; [+ *reloj, resorte*] to wind, wind up; **una perla montada sobre un anillo de oro** a pearl set in a gold ring
[6] (*Fot*) [+ *foto, diapositiva*] to mount
[7] (= *organizar*) [+ *operación*] to mount; [+ *sistema de control*] to put into operation; **toda la operación se montó en una semana** the whole operation was mounted in a week; **la policía montó un fuerte dispositivo de seguridad** the police put strict security measures into operation; **~ guardia** to stand guard
[8] (*Esp**) (= *crear*) **~ una bronca *o* un escándalo** to kick up a fuss/scandal*; **¡menudo escándalo se montó con lo de la boda!** what a fuss they kicked up about that wedding!*; **~ un número *o* un show** to make a scene; **nos montó un show sin motivo ninguno** he made a big scene for no reason at all
[9] (= *solapar*) **~ algo sobre algo** to overlap sth with sth; **han montado unos colores sobre otros** they have overlapped some colours with others
[10] (*Cine*) [+ *película*] to edit
[11] (*Teat*) [+ *decorado*] to put up; [+ *obra*] to stage, put on; **~on la obra con muy bajo presupuesto** they staged *o* put on the play on a small budget
[12] (*Esp Culin*) [+ *nata*] to whip; [+ *clara*] to whisk, beat; **~ la clara a punto de nieve** to whisk *o* beat the egg white until stiff
[13] (= *aparear*) (*Zool*) [+ *yegua, vaca*] to mount; (**) [+ *persona*] to mount**
[14] (*Cos*) [+ *puntos*] to cast on
Ⓑ VI [1] (= *ir a caballo*) to ride; **antes montaba a diario** I used to go riding every day; **monta para una cuadra de carreras** he rides for a racing stable; **¿tú montas bien a caballo?** do you ride well?
[2] (= *subirse*) [2·1] (*a un caballo*) to get on, mount; **ayúdame a ~** help me up, help me to get on *o* to mount
[2·2] (*en un vehículo*) **~ en avión** to fly, travel by air *o* by plane; **~ en barco** to travel by boat; **~ en bicicleta** to ride a bicycle, cycle; **aprendí a ~ en bici a los seis años** I learned to ride a bike *o* to cycle when I was six; *ver tb* **cólera A1**
[3] (*Fin*) (= *sumar*) [*factura, gastos*] to amount to, come to; **el total monta (a) 350.000 pesetas** the total amounts *o* comes to 350,000 pesetas; ✦***REFRÁN* tanto monta (monta tanto, Isabel como Fernando)** (*Esp*) it makes no difference, it's all the same; **tanto monta que vengas o no** it makes no difference *o* it's all the same whether you come or not
[4] (= *solapar*) **~ sobre algo** to overlap sth, cover part of sth; **el mapa monta sobre el texto** the map overlaps the text, the map covers part of the text; **el texto está montado sobre la foto** the text covers part of the photo
Ⓒ **montarse** VPR [1] (= *subirse*) **~se en** [+ *coche*] to get in(to); [+ *autobús, tren*] to get on(to); [+ *caballo, bicicleta*] to get on(to), mount; [+ *atracción de feria*] to go on; **¿te has montado alguna vez en avión?** have you ever been on a plane?, have you ever flown?; **~se en barco** to get on a boat, travel by boat
[2] ✦***MODISMOS* montárselo** (*Esp**) (= *organizarse*) **montátelo como puedas** you'll have to manage the best you can; **¡tú sí que te lo has montado bien!** ◊ **¡tú sí que lo tienes bien montado!** you're on to a good thing there!*, you've got it made!*; **se lo montó fatal con lo del regalo** he messed things up with the present*; **se lo ha montado muy mal contigo** he's behaved very badly towards you; **~se en el dólar** to make big money*

**montaraz** ADJ (= *salvaje*) wild, untamed; (= *tosco*) rough, coarse; (= *huraño*) unsociable

**montarrón** SM (*Andes*) forest

**monte** SM [1] (= *montaña*) mountain; (= *cerro*) hill; **el Monte de los Olivos** the Mount of Olives; **el Monte Sinaí** Mount Sinai; **los ~s Pirineos** the Pyrenees; **los Montes Urales** the Urals; **los ~s Apalaches** the Appalachian Mountains; **los ~s Cárpatos** the Carpathian Mountains; ✦***MODISMO* echarse al ~** to take to the hills
[2] (= *campo*) countryside, country; (= *bosque*) woodland; **los domingos salimos al ~ a pasear** on Sundays we go walking in the countryside; **un conejo de ~** a wild rabbit; **batir el ~** to beat for game, go hunting; ✦***MODISMOS* hacérsele un ~ a algn**: **todo se le hace un ~** he makes mountains out of molehills; **no todo el ~ es orégano** it's not all plain sailing ► **monte alto** forest

► **monte bajo** scrub
3 ► **monte de piedad** pawnshop
4 (*Naipes*) (= *baraja*) pile; (= *banca*) bank
5 ► **monte de Venus** mons veneris
6 (*CAm, Caribe*) (= *alrededores*) outskirts *pl*, surrounding country; (*Méx*) (= *hierba*) grass, pasture
7 (*LAm**) (= *hachís*) hash*, pot*

**montear** ▸conjug 1a◂ VT to hunt

**montecillo** SM mound, hump

**montepío** SM 1 (= *sociedad*) friendly society; (= *fondo*) charitable fund for dependents
2 (*Andes, Cono Sur*) (= *viudedad*) widow's pension
3 (= *monte de piedad*) pawnshop

**montera** SF 1 (= *sombrero*) cloth cap; [*de torero*] bullfighter's hat; ✦*MODISMO* **ponerse algo por ~** to laugh at sth; *ver tb* **mundo 5**
2 (*Téc*) rise
3 (*Arquit*) skylight; *ver tb* **montero**

**montería** SF 1 (= *arte*) hunting; (= *caza*) hunt, chase
2 (= *animales*) game
3 (= *personas*) hunting party
4 (= *lugar*) hunting ground
5 (*Arte*) hunting scene
6 (*Andes*) (= *canoa*) canoe
7 (*CAm*) (= *concesión*) concession
8 (*CAm, Méx*) (= *maderería*) logging camp

**montero/a** SM/F (= *cazador*) hunter; (= *ojeador*) beater; *ver tb* **montera**

**montés** ADJ wild

**montevideano/a** ADJ, SM/F Montevidean

**montículo** SM mound, hump

**monto** SM amount; **un cheque por un ~ aproximado de nueve millones** a cheque for approximately nine million

**montón** SM 1 (*gen*) heap, pile; [*de nieve*] pile; ✦*MODISMOS* **del ~** ordinary, average; **un hombre del ~** just an ordinary *o* average chap; **salirse del ~** to stand out from the crowd; **en ~** all jumbled together
2 (*) (= *mucho*) **sabe un ~** he knows loads*; **tenemos montones** we've got loads *o* masses*; **un ~ de** loads of*, masses of*; **un ~ de gente** loads of people*, masses of people*; **tardaron un ~ de tiempo** they took ages; **tengo un ~ de cosas que decirte** I've got loads to tell you*; **a montones**: **ejemplos hay a montones** there is no shortage of examples; **tenía baches a montones** it was full of potholes

**montonera** SF (*LAm*) 1 (= *montón*) pile, heap; (*Andes*) (= *almiar*) haystack
2 (= *guerrilla*) band of guerrilla fighters
3 (*Cono Sur Hist*) troop of mounted rebels

**montonero/a** Ⓐ ADJ 1 (*Cono Sur*) urban guerrilla *antes de s*
2 (*LAm*) (= *autoritario*) overbearing
Ⓑ SM/F urban guerrilla; **los Montoneros** *armed wing of the Peronist movement in Argentina*

**montuno** ADJ 1 (= *de montaña*) mountain *antes de s*; (= *de bosque*) forest *antes de s*
2 (*LAm*) (= *salvaje*) wild, untamed; (= *rústico*) rustic

**montuosidad** SF hilliness, mountainous nature

**montuoso** ADJ hilly, mountainous

**montura** SF 1 [*de gafas*] frame; [*de joya*] mount, setting
2 (= *animal*) mount
3 (= *silla*) saddle; (= *arreos*) harness, trappings *pl*; **cabalgar sin ~** to ride bareback

**monumental** ADJ 1 (= *de monumentos*) **conjunto ~** collection of historical monuments; **la riqueza ~ del país** the country's wealth of monuments; **un catálogo ~ de España** a catalogue of the (historical) monuments of Spain
2 (= *enorme*) [*esfuerzo, error, éxito*] monumental; [*atasco*] enormous; [*bronca, paliza*] tremendous
3 (*) (= *excelente*) tremendous*, terrific*

**monumentalidad** SF monumental character

**monumentalismo** SM *tendency to construct vast buildings or monuments*

**monumento** SM 1 (= *construcción*) monument; **el ~ a la paz** the monument to peace, the peace monument; **visitar los ~s de una ciudad** to visit a city's historical buildings ► **monumento a los caídos** war memorial ► **monumento al soldado desconocido** tomb of the unknown soldier ► **monumento histórico-artístico** (= *edificio*) listed building; (= *zona*) ≈ conservation area ► **monumentos prehistóricos** prehistoric remains
2 (*) (= *mujer*) beauty
3 **monumentos** (= *documentos*) documents, source material *sing*

**monzón** SM monsoon

**monzónico** ADJ monsoon *antes de s*; **lluvias monzónicas** monsoon rains

**moña** SF 1 (= *lazo*) bow; (= *cinta*) ribbon
2 (*) (= *muñeca*) doll
3 (*) (= *borrachera*) **cogerse una ~** to get sloshed*; **estar con la ~** to be sloshed*

**moño** SM 1 [*de pelo*] bun, chignon; (*en lo alto de la cabeza*) topknot; [*de caballo*] forelock; **se peina con un ~ alto** she piles her hair on top of her head; **hacerse (un) ~** to put one's hair up (in a bun); **agarrarse del ~** to pull each other's hair out; ✦*MODISMOS* **estar hasta el ~*** to be fed up to the back teeth*; **estar con el ~ torcido** (*Caribe, Méx*) to have got out of the wrong side of the bed; **ponerse ~s*** to give o.s. airs
2 (*Orn*) crest
3 (= *lazo*) bow
4 **moños** (= *adornos*) fripperies, buttons and bows
5 (*LAm*) (= *altivez*) pride, haughtiness; ✦*MODISMOS* **bajar el ~ a algn** to take sb down a peg; **agachar el ~** (*Cono Sur**) to give in
6 (*Cono Sur*) bar

**mopa** SF mop

**moquear** ▸conjug 1a◂ VI to have a runny nose

**moquera** SF, **moqueo** SM **tener ~** to have a runny nose

**moquero*** SM hankie*

**moqueta** SF fitted carpet

**moquete** SM punch on the nose

**moquillo** SM [*de perro, gato*] distemper; [*de ave*] pip

**mor**: **por ~ de** PREP because of, on account of; **por ~ de la amistad** for friendship's sake

**mora**[1] SF 1 (*Bot*) (= *zarzamora*) blackberry; [*del moral*] mulberry
2 (*Andes*) (= *bala*) bullet
3 (*Méx**) (= *droga*) pot*, grass*

**mora**[2] SF (*Fin, Jur*) delay; **ponerse en ~** to default

**mora**[3] SF (*Cono Sur*) (= *morcilla*) black pudding, blood sausage (*EEUU*)

**morada** SF 1 (= *casa*) dwelling (*liter*), abode (*liter*), dwelling place; **bienvenido a mi humilde ~** welcome to my humble abode; **no tener ~ fija** to be of no fixed abode ► **última morada** final resting place; *ver tb* **allanamiento 4**
2 (= *estadía*) stay, period of residence

**morado** Ⓐ ADJ purple; **terciopelo ~** purple velvet; **ojo ~** black eye; ✦*MODISMOS* **pasarlas moradas** to have a tough time of it; **ponerse ~ (de algo)*** to stuff one's face (with sth)*
Ⓑ SM 1 (= *color*) purple
2 (= *cardenal*) bruise

**morador(a)** SM/F inhabitant

**moradura** SF bruise

**moral**[1] SM (*Bot*) mulberry tree

**moral**[2] Ⓐ ADJ 1 (= *ético*) moral; **toda persona necesita una formación ~** everyone needs a moral education; **tenemos la obligación ~ de ayudarle** we are morally obliged to help him, we have a moral obligation to help him
2 (= *espiritual*) moral; **demostró una gran fortaleza ~** he showed great moral strength; **le daremos todo el apoyo ~ que necesite** we will give her all the moral support she needs; **ideas que quedan dentro del plano ~** ideas which fall within the sphere of morality
Ⓑ SF 1 (= *ética, moralidad*) morality, morals *pl*; **la ~ cristiana** Christian morality, Christian morals; **una película de dudosa ~** a film of dubious morality *o* morals; **no existe una ~ absoluta** there isn't an absolute morality; **doble ~** double standards *pl*; **faltar a la ~** to behave immorally
2 (= *estado de ánimo*) morale; **intentó subirle la ~ al equipo** he tried to boost the team's morale; **la victoria nos dio mucha ~** the victory boosted our morale; **tener baja la ~** ◊ **estar bajo de ~** to feel a bit low; **ando muy bajo de ~ últimamente** I've been feeling a bit low lately; **levantar la ~ a algn** to raise sb's spirits *o* morale; **la ~ de las tropas estaba por los suelos** the morale of the troops was at rock bottom; **la ~ se me cayó por los suelos cuando la vi con otro hombre** my heart sank when I saw her with another man; ✦*MODISMO* **tener más ~ que el alcoyano** (*Esp**) to keep going against all the odds, have real fighting spirit
3 (= *valor*) moral courage; **yo no habría tenido ~ para hablarles así** I wouldn't have had the moral courage to speak to them like that

**moraleja** SF moral

**moralidad** SF 1 (= *moral*) [*de persona, acto*] morality, morals *pl*; **una obra de ~ dudosa** a play of dubious morality *o* morals; **su falta de ~** his immorality; **faltar a la ~** to behave immorally
2 (= *moraleja*) moral

**moralina** SF moral

**moralista** Ⓐ ADJ moralistic
Ⓑ SMF moralist

**moralizador(a)** Ⓐ ADJ moralizing, moralistic; **la literatura ~a de la época** the moralizing *o* moralistic literature of the period; **su actitud**

**era ~a** his attitude was moralistic, he had a moralistic attitude
Ⓑ SM/F moralizer

**moralizante** ADJ moralizing, moralistic; **sus novelas tienen un tono ~** his novels have a moralizing *o* moralistic tone; **el relato era bastante ~** the story was quite moralistic

**moralizar** ▸conjug 1f◂ Ⓐ VT to raise the moral standards of; **quiso ~ el país** he wanted to raise the country's moral standards
Ⓑ VI to moralize; **en su afán de ~** in their eagerness to moralize

**moralmente** ADV morally; **me sentía ~ obligado** I felt morally obliged; **~ no está bien** morally speaking, it's no good

**morapio‡** SM cheap red wine*

**morar** ▸conjug 1a◂ VI (= *vivir*) dwell (*liter*), to live; (= *alojarse*) to stay

**moratón** SM bruise

**moratoria** SF moratorium

**morbidez** SF softness, delicacy

**morbididad** SF = **morbilidad**

**mórbido** ADJ 1 (= *enfermo*) morbid
2 (= *suave*) soft, delicate

**morbilidad** SF morbidity, sickness rate

**morbo** SM 1 (*) (= *curiosidad*) morbid curiosity; **la prensa amarilla alimenta el ~ de la gente** the gutter press feeds people's morbid curiosity
2 (*) (= *atractivo sexual*) **no es guapa pero tiene ~** she's not pretty but she's sexy
3 (*Med*) (= *enfermedad*) disease, illness

**morbosidad** SF 1 (= *curiosidad*) morbid curiosity, morbid interest
2 (= *enfermedad*) morbidity, sickness
3 (= *estadística*) morbidity, sick rate

**morboso** ADJ 1 (= *malsano*) [*persona, mente*] morbid; [*espectáculo*] gruesome; **curiosidad morbosa** morbid curiosity
2 (= *atractivo*) sexually attractive
3 (= *enfermo*) morbid, sickly; [*clima, zona*] unhealthy

**morcilla** SF 1 (*Culin*) blood sausage, black pudding; (*Méx*) (= *callos*) tripe; ✦*MODISMO* **¡que te den ~!‡** get stuffed!‡
2 (*Teat*) ad lib
3 (**) (= *pene*) prick**
4 (*Caribe*) (= *mentira*) lie

**morcillo** Ⓐ ADJ [*caballo*] black with reddish hairs
Ⓑ SM (= *carne*) shank (*of beef*)

**morcón** SM 1 (*Culin*) large blood sausage
2 (*) (= *rechoncho*) stocky person
3 (*) (= *descuidado*) sloppy individual, slob*

**mordacidad** SF sharpness, bite; **no posee ni la gracia ni la ~ de Wilder** he has neither the humour nor the acid wit of Wilder; **con ~** sharply

**mordaga‡** SF, **mordaguera‡** SF **coger** *o* **pillar una ~** to get plastered*

**mordaz** ADJ [*crítica, persona*] sharp, scathing; [*estilo*] incisive; [*humor*] caustic

**mordaza** SF 1 (*en la boca*) gag
2 (*Téc*) clamp

**mordazmente** ADV bitingly, scathingly

**mordedura** SF bite; **una ~ de serpiente** a snake bite

**mordelón** Ⓐ ADJ 1 (*LAm*) [*perro*] prone to bite
2 (*CAm, Méx**) (= *sobornable*) given to taking bribes
Ⓑ SM (*Méx‡*) traffic cop*

**morder** ▸conjug 2h◂ Ⓐ VT 1 (*con los dientes*) to bite
2 (= *corroer*) (*Quím*) to corrode, eat away; [+ *recursos*] to eat into
3 (*Mec*) [+ *embrague*] to catch
4 (*CAm, Méx*) (= *exigir soborno*) to take a bribe from
5 (*Méx*) (= *estafar*) to cheat
6 (*) (= *denigrar*) to gossip about, run down
7 (‡) (= *reconocer*) to recognize
Ⓑ VI to bite; ✦*MODISMO* **está que muerde** he's hopping mad
Ⓒ **morderse** VPR to bite; **~se las uñas** to bite one's nails; ✦*MODISMO* **~se la lengua** to bite one's tongue

**mordicar** ▸conjug 1g◂ VI to smart, sting

**mordida** SF 1 (= *mordisco*) bite
2 (*CAm, Méx*) (= *soborno*) bribe; (= *tajada*) rake-off*, cut*; (= *acción*) bribery

**mordiscar** ▸conjug 1g◂ = **mordisquear**

**mordisco** SM 1 (= *bocado*) bite; **el perro me dio un ~** the dog bit me; **le arrancó la oreja de un ~** he took his ear off in one bite; **deshacer algo a ~s** to bite sth to pieces
2 (= *trozo*) bite
3 (‡) (= *beso*) love bite, hickey (*EEUU*)

**mordisquear** ▸conjug 1a◂ Ⓐ VT (*gen*) to nibble (at); [*caballo*] to champ
Ⓑ VI (*gen*) to nibble; [*caballo*] to champ

**morena**[1] SF (*Geol*) moraine

**morena**[2] SF (= *pez*) moray

**morenal** SM (*CAm*) shanty town

**morenear** ▸conjug 1a◂ Ⓐ VT to tan
Ⓑ **morenearse** VPR to tan

**morenez** SF suntan, brownness

**moreno/a** Ⓐ ADJ 1 [*persona*] (= *de pelo moreno*) dark-haired; (= *de tez morena*) dark(-skinned), swarthy; (= *bronceado*) brown, tanned; (*euf*) coloured, colored (*EEUU*); (*Andes, Caribe*) mulatto; **ponerse ~** to tan, go brown
2 [*pelo*] (dark) brown; [*azúcar, pan*] brown
Ⓑ SM/F [*de pelo*] dark-haired man/woman; [*de tez*] dark(-skinned) man/woman; **una morena** a brunette
Ⓒ SM tan

**morera** SF mulberry tree

**morería** SF (*Hist*) (= *territorio*) Moorish lands *pl*, Moorish territory; (= *barrio*) Moorish quarter

**moretón** SM bruise

**morfa‡** SF = **morfina**

**morfar‡** ▸conjug 1a◂ (*Cono Sur*) Ⓐ VT to eat, scoff*
Ⓑ VI to eat, nosh*, chow down (*EEUU**); **ni siquiera les alcanza para ~** they don't even have enough money to pay for grub‡

**morfema** SM morpheme

**morfémico** ADJ morphemic

**morfi‡** SM (*Cono Sur*) grub*, nosh*, chow (*EEUU**)

**morfina** SF morphine

**morfinomanía** SF morphine addiction

**morfinómano/a** Ⓐ ADJ addicted to morphine
Ⓑ SM/F morphine addict

**morfofonología** SF morphophonology

**morfología** SF morphology

**morfológico** ADJ morphological

**morfón‡** ADJ (*Cono Sur*) piggish, greedy

**morfosintaxis** SF INV morphosyntax

**morganático** ADJ morganatic

**morgue** SF (*esp LAm*) morgue

**moribundo/a** Ⓐ ADJ 1 [*persona*] dying; **estaba ~** he was dying, he was at death's door
2 [*proceso, negocio*] moribund; **el régimen está ~** the regime is moribund *o* on the way out
Ⓑ SM/F dying person; **los ~s** the dying

**moricho** SM (*Caribe*) hammock

**morigeración** SF restraint, moderation

**morigerado** ADJ well-behaved, law-abiding

**morigerar** ▸conjug 1a◂ VT to restrain, moderate

**morillo** SM firedog

**morir** ▸conjug 3j◂ (*pp* **muerto**) Ⓐ VI 1 [*persona, animal, planta*] to die; **ha muerto de repente** she died suddenly; **murió a consecuencia de un infarto** he died as a result of a heart attack; **lo asfixió hasta ~** she suffocated him to death; **¡muera el tirano!** down with the tyrant!, death to the tyrant!; **~ ahogado** to drown; **~ ahorcado** (*por un verdugo*) to be hanged; (*suicidándose*) to be found hanged; **murió ahorcado en su celda** he was found hanged in his cell; **~ asesinado** [*persona*] to be murdered; [*personaje público*] to be assassinated; **~ de algo** to die of sth; **murió de cáncer/del corazón** he died of cancer/of a heart attack; **~ de frío** to die of cold, freeze to death; **~ de hambre** to die of hunger, starve to death; **~ de muerte natural** to die a natural death, die of natural causes; **~ de vejez** *o* **de viejo** to die of old age; **~ por algo** to die for sth; **no merece la pena ~ por amor** it is not worth dying for love; ✦*MODISMO* **~ al pie del cañón** to die with one's boots on; *ver tb* **bota 1**
2 (= *extinguirse*) [*civilización*] to die, die out, come to an end; [*amor*] to die; [*fuego*] to die down; [*luz*] to fade; **con él moría toda una generación** with him died an entire generation; **moría el día** (*liter*) the day was drawing to a close (*liter*); **las olas iban a ~ a la playa** (*liter*) the waves ran out on the beach; **ese camino muere en la ermita** that path comes to an end at the chapel; ✦*MODISMO* **y allí muere** (*LAm*) and that's all there is to it
Ⓑ **morirse** VPR 1 [*persona, animal, planta*] to die; **se murió tras una larga enfermedad** he died after a long illness; **se acaba de ~ su abuelo** her grandfather has just died; **se le ha muerto el gato** her cat has died; **¡ojalá** *o* **así se muera!** I hope he drops dead!; **~se de algo** to die of sth; **se murió de una pulmonía** she died of pneumonia
2 (*) (*para exagerar*) to die; **por poco me muero cuando me lo contaron** I nearly died when they told me*; **si me descubren me muero** I'll die if they find me out*; **¡muérete! primero se casa con una millonaria y luego se divorcia** you'll never guess what! first he marries a millionairess, then he gets divorced*; **¡no se va a ~ por llamar por teléfono alguna vez!** it wouldn't kill him to ring me some time!*; **¡que me muera si miento!** cross my heart and hope to die!*, may God strike me dead if I'm lying!*; **~se de algo**: **en esta casa me muero de frío** I'm freezing in this house; **¡me muero de hambre!** I'm starving!; **¡me muero de sed!** I'm dying of thirst!*; **me moría de pena de verla llorar** it broke my heart to see her cry; **se moría de envidia** he was green with envy; **por poco**

➤ LENGUA Y USO: morir A1 51.4

**me muero de vergüenza** I nearly died of embarrassment*; **me moría de miedo** I was scared stiff*; **se van a ~ de risa** they'll kill themselves laughing*; **la película era para ~se de risa** the film was hilarious *o* incredibly funny; **~se de ganas de hacer algo** to be dying to do sth*; **me moría de ganas de verte** I was dying to see you*; **~se por algo** (*de deseo*) to be dying for sth*; (*de afición*) to be crazy *o* mad about sth*; **¡me muero por una cerveza fresquita!** I'm dying for *o* I could murder a nice cold beer!*; **se muere por el fútbol** he's crazy *o* mad about football*; **~se por algn** to be crazy *o* mad about sb*; **~se por hacer algo** to be dying to do sth*; **me muero por tener una moto** I'm dying to have a motorbike*; **✦MODISMO de** *o* **para ~se**: **ese jamón estaba de** *o* **para ~se** that ham was just amazing!*; **el Caribe es como para ~se** the Caribbean is just amazing!*; **las fotos del terremoto eran para ~se** the pictures of the earthquake were just horrific*

3 (= *entumecerse*) [*brazo, pierna*] to go to sleep, go numb

**morisco/a** Ⓐ ADJ Moorish; (*Arquit*) Moorish

Ⓑ SM/F 1 (*Hist*) Moslem convert to Christianity, subject Moslem (*of 15th and 16th centuries*)

2 (*Méx*) (= *cuarterón*) quadroon

**morisma** SF Moors *pl*

**morisqueta** SF fraud, dirty trick

**mormón/ona** SM/F Mormon

**mormónico** ADJ Mormon

**mormonismo** SM Mormonism

**moro/a** Ⓐ ADJ 1 (*Hist*) Moorish

2 (*Esp* pey*) (= *del norte de Africa*) North African

3 (*Esp**) (= *machista*) macho*

4 [*caballo*] dappled, piebald

Ⓑ SM/F 1 (*Hist*) Moor; **✦MODISMOS ¡hay ~s en la costa!** watch out!; **no hay ~s en las costa** the coast is clear; **dar a ~ muerto gran lanzada** to kick a man when he's down

2 (*Esp* pey*) (= *del norte de Africa*) North African

3 (*LAm*) (= *caballo*) piebald (horse)

Ⓒ SM 1 (*) (= *marido*) domineering husband

2 **~s y cristianos** (*Caribe**) (*Culin*) rice with black beans

3 (*Esp**) (= *Marruecos*) Morocco; **bajar al ~** to go to Morocco

4 (*Mús**) wrong note

**morocha** SF (*Caribe*) double-barrelled gun

**morocho** (*LAm*) Ⓐ ADJ 1 [*pelo*] dark; [*persona*] dark, swarthy; [*chica*] brunette; **de piel morocha** dark-skinned

2 (= *fuerte*) strong, tough; (= *apuesto*) well-built; (= *bien conservado*) well-preserved

3 (*Caribe*) (= *gemelo*) twin

Ⓑ SM 1 (= *maíz*) hard maize, corn (*EEUU*)

2 (= *persona*) tough guy*

3 **morochos** (*Ven*) (= *gemelos*) twins

**morón** SM hillock

**morondanga** SF hotchpotch, hodgepodge (*EEUU*)

**morondo** ADJ 1 (= *calvo*) bald; (= *sin hojas*) leafless, bare

2 (= *mondo*) bare, plain

**moronga** SF (*CAm, Méx*) black pudding, blood sausage (*EEUU*)

**morosidad** SF 1 (*Fin*) slowness in paying; (= *atrasos*) arrears *pl*

2 (= *lentitud*) slowness; (= *apatía*) apathy

**moroso/a** Ⓐ ADJ 1 (*Fin*) slow to pay; **deudor ~** slow payer, defaulter

2 (= *lento*) slow; **una película de acción morosa** a slow-moving film; **delectación morosa** lingering enjoyment

Ⓑ SM/F (*Fin*) bad debtor, defaulter; **cartera de ~s** bad debts *pl*

**morra** SF top of the head; **✦MODISMO andar a la ~** to exchange blows

**morrada*** SF 1 (= *cabezazo*) (*contra objeto*) bang on the head; (*contra otra persona, animal*) butt; **darse una ~** to fall flat on one's face

2 (= *bofetada*) bash*, punch

**morral** SM 1 (= *mochila*) haversack, knapsack; [*de caza*] pouch, game bag; [*de caballo*] nosebag

2 (*) (= *matón*) lout, rough type

**morralla** SF 1 (= *peces*) small fry, little fish

2 (= *cosas*) junk*; (= *basura*) rubbish, garbage (*EEUU*)

3 (= *personas*) rabble, riff-raff

4 (*Méx*) (= *calderilla*) small change

**morrazo*** SM (= *golpe*) thump

**morrear*** ▸conjug 1a◂ VT, VI to snog*, neck

**morrena** SF moraine

**morreo*** SM snogging*, necking

**morrera‡** SF (= *labios*) lips *pl*; (= *boca*) kisser*

**morrillo** SM (*Zool*) fleshy part of the neck; (*) (= *cuello*) neck, back of the neck

**morriña** SF (*Esp*) homesickness; **tener ~** to be homesick

**morriñoso** ADJ homesick

**morrión** SM helmet, morion

**morrito*** SM **hacer ~s** to pout

**morro** SM 1 (*Zool*) snout, nose

2 (*Esp**) (= *labio*) (thick) lip; **beber a ~** to drink from the bottle; **¡cierra los ~s!** shut your trap!‡; **dar a algn en los ~s** (*lit*) to bash sb*; (*fig*) to get one's own back on sb; **partir los ~s a algn** to bash sb's face in*; **✦MODISMOS estar de ~(s)** to be in a bad mood; **estar de ~(s) con algn** to be cross with sb; **poner ~** ◊ **torcer el ~** (= *ofenderse*) to look cross; (= *hacer una mueca*) to turn up one's nose; **poner morritos** to look sullen

3 (‡) (= *descaro*) cheek*, nerve*; **tener ~** to have a cheek*, have a nerve*; **¡qué ~ tienes!** you've got a nerve!*; **echarle mucho ~** to have a real nerve*; **✦MODISMOS tiene un ~ que se lo pisa*** he's got a real brass neck*; **por el ~**: **me lo quedé por el ~** I just held on to it and to hell with them!*

4 (*Aer, Aut etc*) nose; **caer de ~** to nose-dive

5 (*Geog*) (= *promontorio*) headland, promontory; (= *cerro*) small rounded hill

6 (= *guijarro*) pebble

**morrocotudo*** ADJ 1 (= *fantástico*) smashing*, terrific*

2 (= *grande*) [*riña, golpe*] tremendous; [*susto*] terrible

3 (*Andes*) (= *rico*) rich

4 (*Cono Sur*) (= *torpe*) clumsy, awkward

**morrocoy** SM (*CAm*) turtle

**morrocoyo** SM (*Caribe*) 1 (*Zool*) turtle

2 (‡) (= *gordo*) fat person, fatty‡

3 (= *tullido*) cripple

**morrón** Ⓐ ADJ **pimiento ~** sweet red pepper

Ⓑ SM 1 (= *pimiento*) sweet red pepper

2 (*Esp**) (= *golpe*) blow; **se dio un ~ con la puerta** he banged into the door and hurt his face

**morrongo/a** SM/F cat

**morronguero*** ADJ (*Caribe*) 1 (= *tacaño*) stingy

2 (= *cobarde*) yellow*

**morroñoso** ADJ 1 (*CAm*) (= *áspero*) rough

2 (*Andes*) (= *pequeño*) small; (= *endeble*) feeble; (= *miserable*) wretched, poverty-stricken

**morrudo** ADJ 1 (= *de labios gruesos*) thick-lipped

2 (*Cono Sur*) (= *musculoso*) tough, brawny

**morsa** SF walrus

**morse** SM Morse code

**mortadela** SF mortadella

**mortaja** SF 1 [*de muerto*] shroud

2 (*Téc*) mortise

3 (*LAm**) (= *papel*) cigarette paper

**mortal** Ⓐ ADJ 1 [*ser*] mortal

2 [*herida, golpe*] fatal, deadly; [*disparo, accidente*] fatal; [*veneno, virus, sustancia, dosis*] deadly, lethal; [*peligro*] mortal; **la película es un aburrimiento ~** the film is a real bore; **salto ~** somersault

3 [*pecado*] mortal; [*odio*] deadly

4 **quedarse ~†** to be thunderstruck

5 **✦MODISMO las señas son ~es†** there's no escaping the evidence

Ⓑ SMF (= *ser*) mortal; **como cualquier ~** just like anybody else

Ⓒ SM (= *salto*) somersault; **doble ~** double somersault

**mortalidad** SF 1 (= *condición de mortal*) mortality

2 (*en demografía*) mortality; (*en accidente*) death toll ► **mortalidad infantil** infant mortality

**mortalmente** ADV fatally; **le disparó ~ en el abdomen** he shot him fatally in the stomach; **resultó ~ herido** he was mortally wounded; **pecar ~** to commit a mortal sin

**mortandad** SF 1 (= *víctimas*) (*humanas*) loss of life; (*animales*) death

2 (= *matanza*) slaughter, carnage

**mortecino** ADJ 1 [*luz*] dim, faint; [*color*] dull; [*fuego, llamas*] dying

2 (= *débil*) weak, failing; **hacer la mortecina** to pretend to be dead

**morterada*** SF **gana una ~** he earns a small fortune, he earns a tidy bit*

**mortero** SM mortar

**mortífero** ADJ deadly, lethal

**mortificación** SF 1 (= *sufrimiento*) torture; **era una ~ para él** it was torture *o* hell for him

2 (= *humillación*) humiliation

3 (*Rel*) mortification

**mortificar** ▸conjug 1g◂ Ⓐ VT 1 (= *atormentar*) to torment, plague; **sus compañeros les mortifican con crueldad** their workmates treat them cruelly; **me han mortificado toda la noche los mosquitos** I was tormented all night by the mosquitos; **estos zapatos me mortifican** these shoes are killing me

2 (= *humillar*) to humiliate

3 (*Rel*) **~ la carne** to mortify the flesh

4 (*Med*) to damage seriously

Ⓑ **mortificarse** VPR 1 (= *atormentarse*) to torment o.s., distress o.s.

2 (*Rel*) to mortify the flesh

units ► **muebles de época** period furniture *sing* ► **muebles de oficina** office furniture *sing*
[2] (*Méx**) (= *coche*) car

**mueblé*** SM brothel

**mueble-bar** SM cocktail cabinet, drinks cabinet

**mueblería** SF (= *fábrica*) furniture factory; (= *tienda*) furniture shop

**mueca** SF (wry) face, grimace; **hacer ~s** to make faces, pull faces (**a** at); **una ~ de asco/estupor/desesperación** a disgusted/astonished/despairing expression

**muela** SF [1] (*Anat*) (*gen*) tooth; (*para especificar*) back tooth, molar; **dolor de ~s** toothache; ✦*MODISMOS* **está que echa las ~s** he's hopping mad; **hacer la ~** (*Caribe*‡) to skive‡ ► **muela del juicio** wisdom tooth
[2] (*Téc*) [*de molino*] millstone; [*de afilar*] grindstone
[3] (*Geog*) (= *cerro*) mound, hillock
[4] (*Andes*) gluttony
[5] (*Caribe*) trickery

**muellaje** SM wharfage

**muelle**[1] Ⓐ SM (= *resorte*) spring; **colchón de ~s** interior sprung mattress ► **muelle helicoidal** coil spring ► **muelle real** mainspring
Ⓑ ADJ [1] (= *blando*) soft; (= *delicado*) delicate; (= *elástico*) springy, bouncy
[2] [*vida*] soft, easy

**muelle**[2] SM [1] (*Náut*) (= *puerto*) wharf, quay; (= *malecón*) pier; **cargador de ~s** docker ► **muelle de atraque** (*Náut*) mooring quay; (*Aer*) docking bay
[2] (*Ferro*) (*tb* **~ de carga**) loading bay

**muenda** SF (*Andes*) thrashing

**muera** *etc ver* **morir**

**muérdago** SM mistletoe

**muerdo*** SM bite

**muérgano/a** Ⓐ SM/F (*Andes*) (= *desharrapado*) shabby person; (*Andes*) (= *maleducado*) ill-bred person, lout
Ⓑ SM [1] (*Andes, Caribe*) (= *cacharro*) useless object, piece of junk
[2] (*Andes*) (= *caballo*) vicious horse

**muermo/a*** (*Esp*) Ⓐ ADJ (= *pesado*) boring; (= *aburrido*) wet*
Ⓑ SM/F (= *pesado*) crashing bore*; (= *aburrido*) drip*, wet fish*
Ⓒ SM [1] (= *aburrimiento*) boredom; (= *depresión*) the blues* *pl*
[2] (= *asunto*) bore
[3] [*de droga*] bad trip*

**muerte** SF [1] (= *por enfermedad, accidente*) death; **tuvo una buena ~** he had a good death, he died a good death; **hasta que la ~ nos separe** till death us do part; **murió de ~ natural** he died a natural death *o* of natural causes; **se debatía entre la vida y la ~** he was fighting for his life; **una lucha a ~** a fight to the death; **defenderé mis derechos a ~** I will defend my rights to the death; **mantuvo una guerra a ~ con la enfermedad** he fought his illness to the bitter end; **luchar a ~** to fight to the death; **odiar algo/a algn a ~** to detest sth/sb, loathe sth/sb; **causar la ~ a algn** to kill sb, cause the death of sb; **las heridas que le causaron la ~** the injuries that killed him *o* caused his death; **encontrar la ~** to die, meet one's death; **herido de ~** fatally injured; **el ciervo escapó herido de ~** the deer escaped fatally injured; **la democracia estaba herida de ~** democracy was on its last legs; **pena de ~** death sentence; **estar a las puertas de la ~** to be at death's door; **un susto de ~** a terrible fright; **me diste un susto de ~** you scared me to death, you gave me a terrible fright; ✦*MODISMOS* **estar de ~** (*Esp**) to be out-of-this-world*; (*Chile**) to be extremely upset; **la comida estaba de ~** the meal was out of this world*; **de mala ~*** [*trabajo, película*] crappy**, crap** *antes de s*; [*casa, pueblo*] grotty‡; **nos detuvimos en un pueblucho de mala ~** we stopped in a grotty little town‡; **era un hotel de mala ~** the hotel was a real dump‡, the hotel was really grotty‡; **cada ~ de obispo** (*LAm**) once in a blue moon; **ser la ~*** (= *ser horrible*) to be hell*; (= *ser estupendo*) to be amazing*; **este trabajo es la ~** this job is really hell*; **este calor es la ~** this heat is killing me*; **esa noria es la ~** that big wheel is amazing* ► **muerte cerebral** brain death ► **muerte civil** loss of civil rights ► **muerte clínica**: **en situación de ~ clínica** clinically dead ► **muerte súbita** (*Med*) sudden death; (*Tenis*) tie-break; (*Golf*) sudden death play-off; (*Ftbl*) sudden death ► **muerte prematura** premature death ► **muerte repentina** sudden death ► **muerte violenta** violent death; *ver tb* **vida 1**
[2] (= *asesinato*) murder; **fue declarado culpable de varias ~s** he was found guilty of various murders; **dar ~ a algn** to kill sb ► **muerte a mano airada** violent death
[3] (= *desaparición*) [*de imperio, civilización*] death, demise (*frm*); **la ~ de las civilizaciones indígenas** the death *o* demise of native civilizations

**muerto/a** Ⓐ PP *de* **morir**
Ⓑ ADJ [1] [*persona, animal*] dead; **mis abuelos están ~s** my grandparents are dead; **el golpe lo dejó medio ~** the blow left him half-dead; **resultó ~ en el acto** he died instantly; **~ en acción** *o* **campaña** killed in action; **dar por ~ a algn** to give sb up for dead; **ser ~ a tiros** to be shot, be shot dead; **vivo o ~** dead or alive; ✦*MODISMOS* **estar más ~ que vivo** to be more dead than alive; **estar ~ y enterrado*** ◊ **estar más ~ que una piedra*** ◊ **estar más que ~*** to be as dead as a doornail*, be as dead as a dodo*, be stone dead*; **no tener donde caerse ~** not to have a penny to one's name; *ver tb* **ángulo, cal, lengua 4, marea 1, naturaleza 6, punto 7, tiempo 6, vía A2**
[2] (*) (*para exagerar*) [2·1] (= *cansado*) dead tired*, ready to drop*; **después del viaje estábamos ~s** we were dead tired *o* ready to drop after the journey*; **caí muerta en la cama** I dropped flat out on the bed
[2·2] (= *sin animación*) dead; **en invierno este pueblo está ~** this town is dead in winter
[2·3] **estar ~ de algo**: **estaba ~ de la envidia** I was green with envy; **me voy a la cama, que estoy muerta de sueño** I'm going to bed, I'm dead tired*; **estaba ~ de miedo** I was scared to death; **estaba ~ del aburrimiento** he was dead bored; **estoy muerta de cansancio** I'm dead tired *o* dog tired*, I'm ready to drop*; **comes como si estuvieras ~ de hambre** you're eating as if you were starving hungry; **estar ~ de risa** [*persona*] to laugh one's head off, kill o.s. laughing; [*casa*] to let go to rack and ruin; (*Esp*) [*ropa*] to be gathering dust; **estaba ~ de risa con sus chistes** I laughed my head off at his jokes, I killed myself laughing at his jokes; **compró una casa para tenerla muerta de risa** he bought a house and let it go to rack and ruin*; **el piano sigue ahí ~ de risa** the piano is still there gathering dust; **el solar sigue todavía ~ de risa** nothing has been done yet with that plot of land
[3] (= *relajado*) [*brazo, mano*] limp; **se me quedó la mano muerta** my hand went limp; **deja el brazo ~** let your arm go limp
[4] (= *apagado*) [*color*] dull
Ⓒ SM/F [1] (= *persona muerta*) (*en accidente, guerra*) **¿ha habido ~s en el accidente?** was anyone killed in the accident?; **el conflicto ha causado 45.000 ~s** the conflict has caused 45,000 deaths *o* the deaths of 45,000 people; **el número de ~s va en aumento** the death toll *o* the number of deaths is rising; **doblar a ~** to toll the death knell; **los ~s** the dead; **resucitó de entre los ~s** he rose from the dead; **los ~s vivientes** the living dead; **tocar a ~** to toll the death knell; ✦*MODISMOS* **¡me cago en los ~s!** (*Esp***) fucking hell!**; **¡te lo juro por mis ~s!*** I swear on my mother's grave!*; **un ~ de hambre** a nobody; **ni ~***: **no me pondría ese traje ni ~** I wouldn't be seen dead in that suit*; **resucitar a un ~**: **esta sopa resucita a un ~** (*hum*) this soup really hits the spot*
[2] (*) (= *cadáver*) body; **han encontrado un ~ en el río** they have found a (dead) body in the river; **el ~ fue trasladado en avión** the body was taken by plane; **hacer el ~** to float; **¿sabes hacer el ~ boca arriba?** can you float on your back?; **hacerse el ~** to pretend to be dead; ✦*MODISMO* **callarse como un ~** to keep dead quiet; ✦*REFRANES* **los ~s no hablan** dead men tell no tales; **el ~ al hoyo y el vivo al bollo** dead men have no friends
Ⓓ SM [1] (*) (= *tarea pesada*) drag*; **¡vaya ~ que nos ha caído encima!** (*Esp*) what a drag!*; **lo siento, pero te ha tocado a ti el ~ de decírselo al jefe** I'm sorry, but you've drawn the short straw — you've got to tell the boss; ✦*MODISMOS* **cargar con el ~** to carry the can*, take the rap*; **ese ~ yo no me lo cargo, yo soy inocente** I'm not taking the blame *o* rap*, I'm innocent; **cargar con el ~ de hacer algo** to be lumbered with doing sth*; **siempre me cargan con el ~ de cuidar a los niños** I always get lumbered with looking after the children; **cargar** *o* **echar el ~ a algn** to pin the blame on sb; **a mí no me cargas tú ese ~, yo no tengo nada que ver en este asunto** don't try and pin the blame on me, I've got nothing to do with this
[2] (*Naipes*) dummy

**DÍA DE LOS MUERTOS**

*November 2, All Souls' Day, called the* **Día de los Muertos** *elsewhere in the Spanish-speaking world and* **Día de los Difuntos** *in Spain, is the day when Christians throughout the Spanish-speaking world traditionally honour their dead. In Mexico the festivities are particularly spectacular with a week-long festival, starting on November 1, in which Christian and ancient pagan customs are married. November 1 itself is for children who have died, while November 2 is set aside for adults. Families meet to take food, flowers and sweets in the shape of* *skeletons, coffins and crosses to the graves of their loved ones. In Spain people celebrate the* **Día de los Difuntos** *by taking flowers to the cemetery.*

**muesca** SF 1 (= *hendidura*) notch, nick; (*para encajar*) groove, slot
2 (= *marca*) mark

**muesli** SM muesli

**muestra** SF 1 (= *señal*) sign, indication; **no ir es ~ de desprecio** not going is a sign of contempt; **es (una) ~ de cariño** it is a token of affection; **dar ~s de algo** to show signs of sth; ✦*MODISMO* **para ~ (basta) un botón** by way of example; **¿que si es listo? para ~ un botón, ha sacado un diez en el examen** is he clever? by way of example he got full marks in the exam
2 (= *prueba*) proof; **eso es (la) ~ de que estaba mintiendo** this is proof that he was lying
3 (*Com*) sample ► **muestra gratuita** free sample
4 (*Med*) sample, specimen
5 (= *exposición*) trade fair
6 (= *en estadística*) sample ► **muestra aleatoria, muestra al azar** random sample ► **muestra representativa** representative sample
7 (*Cos*) pattern
8 (= *esfera de reloj*) face
9 (†) [*de tienda*] sign, signboard

**muestral** ADJ sample *antes de s*

**muestrario** SM 1 (= *muestras*) collection of samples; (= *libro*) pattern book
2 [*de personajes, objetos*] collection

**muestrear** ▸conjug 1a◂ VT to sample

**muestreo** SM (= *acto*) sampling; (= *muestra*) sample; **hacer un ~ de la población** to select a sample of the population

**mueva** *etc ver* **mover**

**mufa*** SF (*Cono Sur*) (= *mala suerte*) bad luck, misfortune; (= *mal humor*) bad mood; (= *aburrimiento*) boredom, tedium

**mufado*** ADJ (*Cono Sur*) **estar ~** to be in a bad mood

**mugido** SM 1 [*de vaca*] moo; [*de toro*] bellow
2 [*de dolor*] roar, howl

**mugir** ▸conjug 3c◂ VI 1 [*vaca*] to moo; [*toro*] to bellow
2 (*con dolor*) to roar, howl

**mugre** SF (= *suciedad*) dirt; (= *inmundicia*) filth; (= *grasa*) grime, grease; ✦*MODISMO* **sacarse la ~** (*Cono Sur**) (= *trabajar*) to work like a dog*; (= *sufrir un percance*) to have a nasty accident

**mugriento** ADJ (= *sucio*) dirty, filthy; (= *grasiento*) grimy, greasy

**mugrón** SM (= *vástago*) shoot, sprout; [*de vid*] sucker, layer

**mugroso** ADJ (*LAm*) dirty, mucky*

**muguete** SM lily of the valley

**mui**‡ SF = **muy B**

**muina*** SF (*Méx*) **me da la ~** it gets on my nerves

**mujahedín** SM, **mujahidín** SM, **mujaidín** SM mujaheddin

**mujer** SF 1 woman; **ser muy ~** ◊ **ser toda una ~** to be a real woman; **ser muy ~ de su casa** to be very house-proud; **nombre de ~** woman's name; **ropa de ~** women's clothes *o* clothing; **hacerse ~** to become a woman ► **mujer bandera**† striking woman ► **mujer de la limpieza** cleaning lady, cleaning woman, cleaner ► **mujer de la vida** (*euf*), **mujer de mala vida** prostitute ► **mujer de negocios** businesswoman ► **mujer de vida alegre** loose woman ► **mujer empresaria** businesswoman ► **mujer fatal** femme fatale ► **mujer objeto** sex object ► **mujer piloto** (woman) pilot ► **mujer policía** policewoman ► **mujer pública** (*euf*) prostitute ► **mujer sacerdote** woman priest
2 (= *esposa*) wife; **mi ~** my wife; **mi futura ~** my wife-to-be; **tomar ~** to take a wife ► **mujer maltratada** battered wife
3 (*uso apelativo*) (*en oración directa no se traduce*) **¡déjalo, mujer, no te preocupes!** forget about it, don't worry!; **¡mujer, no digas esas cosas!** please! don't say such things!

**mujeraza*** SF shrew

**mujercita** SF little woman, little lady

**mujerengo** ADJ (*CAm, Cono Sur*) 1 (= *afeminado*) effeminate
2 (= *mujeriego*) **es muy ~** he's a real womanizer

**mujerero** ADJ (*LAm*) **es muy ~** he's a real womanizer

**mujeriego** Ⓐ ADJ 1 [*hombre*] **es muy ~** he's a real womanizer
2 **cabalgar a mujeriegas** to ride sidesaddle
Ⓑ SM womanizer

**mujeril** ADJ womanly

**mujerío*** SM (*Esp*) **ir de ~** (= *de putas*) to go whoring; (= *de ligue*) to go looking for a woman

**mujer-objeto** SF (*pl* **mujeres-objeto**) (female) sex object

**mujerona** SF big woman

**mujer-rana** SF diver

**mujerzuela**‡ SF tart‡, slut‡

**mújol** SM grey mullet

**mula** SF 1 (= *animal*) mule; ✦*MODISMO* **más terco que una ~** as stubborn as a mule
2 (*Méx*) (= *bravucón*) tough guy
3 (*Méx*) (= *trastos*) junk, trash (*EEUU*)
4 (*CAm*) (= *vergüenza*) shame
5 (*Andes*) (= *pipa*) pipe
6 (*Andes*) (= *idiota*) idiot
7 (*Cono Sur**) (= *mentira*) lie; (= *engaño*) trick; ✦*MODISMOS* **meter la ~** to tell lies; **meter la ~ a algn** to trick sb

**mulada** SF drove of mules

**muladar** SM 1 (= *estercolero*) dungheap
2 (= *casa*) pigsty, pigpen (*EEUU*)

**mulato/a** ADJ, SM/F mulatto

**mulé**‡ SM **dar ~ a algn** to bump sb off*

**mulero/a** SM/F 1 (= *mozo*) muleteer
2 (*Cono Sur**) (= *mentiroso*) liar

**muleta** SF 1 (*para andar*) crutch
2 (*Taur*) *matador's stick with red cloth attached*
3 (= *apoyo*) prop, support

**muletazo** SM *movement of the "muleta" in bullfighting*

**muletilla** SF 1 (= *frase*) pet word, tag
2 (= *bastón*) cross-handled cane; (*Téc*) (= *botón*) wooden toggle, wooden button
3 (*Taur*) = **muleta 2**

**muletón** SM flannelette

**mulillas** SFPL *team of mules which drag the dead bull from the bullring*

**mullido** Ⓐ ADJ 1 [*cama, sofá, alfombra, hierba*] soft, springy; [*almohada, terreno*] soft; [*pelo, tela*] fluffy
2 **dejar a algn ~*** to wear sb out
Ⓑ SM (= *relleno*) stuffing, filling

**mullir** ▸conjug 3a◂ VT 1 (= *ablandar*) to soften; [+ *almohada*] to fluff up; [+ *cama*] to shake up; [+ *tierra*] to hoe, fork over
2 [+ *plantas*] to hoe round, loosen the earth round

**mullo** SM (red) mullet

**mulo** SM mule; ✦*MODISMO* **trabaja como un ~** he works like a dog

**mulón** ADJ (*Andes, Cono Sur*) (= *tartamudo*) stammering; [*niño*] slow in learning to talk, backward

**multa** SF fine; **echar** *o* **poner una ~ a algn** to fine sb ► **multa de tráfico** traffic fine ► **multa por aparcamiento indebido** parking ticket

**multar** ▸conjug 1a◂ VT to fine; **~ a algn con 100 dólares** to fine sb 100 dollars

**multi...** PREF multi...

**multiacceso** ADJ (*Inform*) multi-access

**multicampeón/ona** SM/F several times champion

**multicanal** ADJ (*TV*) multichannel

**multicapa** ADJ INV multilayer(ed)

**multicine** SM multiscreen cinema, multiplex

**multicolor** ADJ [*camisa, bandera, pájaro*] multicoloured, multicolored (*EEUU*); [*espectáculo*] colourful, colorful (*EEUU*); [*planta, diseño*] variegated

**multiconferencia** SF three-way call

**multiconfesional** ADJ multidenominational

**multicopiar** ▸conjug 1b◂ VT to duplicate

**multicopista** SF duplicator; **a ~** duplicated, mimeographed

**multicultural** ADJ multicultural

**multiculturalidad** SF multiculturalism

**multidimensional** ADJ multidimensional

**multidireccional** ADJ multidirectional

**multidisciplinar** ADJ, **multidisciplinario** ADJ multidisciplinary; **estudio ~** multidisciplinary study, cross-disciplinary study

**multifacético** ADJ many-sided, multifaceted; **un hombre ~** a man of many talents

**multifamiliar** ADJ **edificio ~** block of flats, apartment block (*EEUU*)

**multifásico** ADJ polyphase

**multiforme** ADJ multiform, multifarious

**multifuncional** ADJ multifunctional

**multigrado** ADJ multigrade

**multilaminar** ADJ **madera ~** plywood

**multilateral** ADJ, **multilátero** ADJ multilateral

**multilingüe** ADJ multilingual

**multimedia** ADJ INV multimedia *antes de s*

**multimillonario/a** Ⓐ SM/F multimillionaire/multimillionairess
Ⓑ ADJ 1 (= *persona*) **ser ~** to be a multimillionaire/multimillionairess
2 **un contrato ~** (*de pesetas*) a multi-million peseta contract; (*de dólares*) a multi-million dollar contract

**multimotor** Ⓐ ADJ multi-engined
Ⓑ SM multi-engined aircraft

**multinacional** Ⓐ ADJ multinational
Ⓑ SF multinational, multinational company

**español** to become a Spanish citizen, become a naturalized Spaniard

**nacionalsocialismo** SM national socialism

**naco*** Ⓐ ADJ (*Méx*) (= *bobo*) stupid; (= *cobarde*) yellow*
Ⓑ SM [1] (*CAm*) (= *cobarde*) coward; (= *endeble*) weakling, milksop
[2] (*Andes, Cono Sur*) (= *tabaco*) plug of tobacco
[3] (*Andes*) (= *maíz*) *maize kernels cooked with salt*; (= *puré de patatas*) mashed potatoes
[4] (*Cono Sur*) (= *susto*) fright, scare

**nada** Ⓐ PRON [1] (= *ninguna cosa*) (*con el verbo inglés en forma afirmativa*) nothing; (*con el verbo inglés en forma negativa*) anything; **no dijo ~ en toda la tarde** he said nothing all afternoon, he didn't say anything all afternoon; **no encontrarás ~ que te guste** you won't find anything you like; **no hay ~ como un café después de comer** there's nothing like a coffee after your meal, nothing beats a coffee after your meal; **—¿qué has comprado? —nada** "what have you bought?" — "nothing"; **no entiende ~** he doesn't understand a thing *o* anything; **~ de**: **no sabe ~ de español** he knows no Spanish at all, he doesn't know any Spanish at all; **no tiene ~ de particular** there's nothing special about it; **—¿qué te cuentas? —~ de particular** "what's new?" — "nothing much" *o* "not a lot"; **no creo que ~ de eso te convenga** I don't think that's what you want at all; **¡~ de eso!** not a bit of it!; **¡~ de marcharse!** forget about leaving!; **~ de ~** absolutely nothing, nothing at all; **✦MODISMOS ¡de eso ~, monada!*** no way, José!*; **esto y ~, es lo mismo** it all boils down to nothing; *ver tb* **ahí 2**
[2] (*en locuciones*) [2·1] (*con verbo*) **estuvo en ~ que lo perdiesen** they very nearly lost it; **no me falta de ~** I've got everything I need; **a la cocina no le falta de ~** the kitchen has everything; **hace ~** just a moment ago; **no se parecen en ~** they're not at all alike; **quedar(se) en ~** to come to nothing; **no reparar en ~** to stop at nothing; **no servir para ~** to be utterly useless; **no sirves para ~** you're utterly useless; **no sirve de ~ que os quejéis** there's no point in you complaining; **no ha sido ~** it's nothing, it doesn't matter
[2·2] (*con preposición, adverbio*) **antes de ~**: **antes de ~ tengo que telefonear** before I do anything else I must make a phone call; **se fue antes de ~** she left almost at once; **a cada ~** (*LAm**) constantly; **casi ~**: **no costó casi ~** it cost next to nothing; **¡había unas cien mil personas! ¡casi ~!** there were no fewer than a hundred thousand people there!; **como si ~**: **se lo advertí, pero como si ~** I warned him but it was as if I hadn't spoken; **le dijo que estaba despedido y se quedó como si ~** she told him he was fired and he didn't even bat an eyelid; **de ~**: **—¡gracias! —de ~** "thanks!" — "don't mention it" *o* "you're welcome"; **fue una mentira de ~** it was only a little lie; **¡tanto revuelo por un premio de ~!** all that fuss over such a silly little prize!; **dentro de ~** very soon; **~ más**: **—¿desea algo más? —~ más, gracias** "can I get you anything else?" — "no, that's all thank you"; **no dijo ~ más** he didn't say anything else, he said nothing else; **son las siete ~ más** it's only seven o'clock; **quiero uno ~ más** I only want one; **encendió la tele ~ más llegar** he turned on the TV as soon as he got in; **ocurrió ~ más iniciado el partido** it happened just after the beginning of the game; **estas flores aparecen ~ más terminado el invierno** these flowers come out just after the winter *o* as soon as the winter is over; **~ más que estoy muy cansado** (*Andes, Méx*) it's just that I'm very tired; **(~ más y) ~ menos que …** (no more and) no less than …; **han ganado ~ menos que un coche** they've won a car, no less; **entró ~ menos que el rey** who should come in but the king!; **ni ~** or anything; **es raro que no haya llamado ni ~** it's odd that she hasn't called or anything; **no quiere comer ni ~** he won't even eat; **pues no es feo ni ~** (*iró*) he's not ugly ... much!; **para ~** at all; **no los mencionó para ~** he never mentioned them at all; **—¿te gusta? —para ~** "do you like it?" — "not at all"; **por ~**: **por ~ se echa a llorar** she's always crying over nothing *o* for no reason at all; **no me subiría a un avión por ~ del mundo** I wouldn't get on a plane for anything in the world; **no por ~ le llaman "apestoso"** he's not called "smelly" for nothing; **no por ~ decidimos comprar** we had good reason to buy; **por ~ y menos puedes hacerte un vestido** you can make your own dress for next to nothing; **¡por ~!** (*Cono Sur*) not at all!, don't mention it!; **por menos de ~** for two pins
[3] (*como coletilla*) **pues ~, me voy** well, I'm off then; **—¿qué pasó? —pues ~, que estuve esperando y no llegó** "what happened?" — "well, I was there waiting and he didn't arrive"; **y ~, al final nos fuimos** anyway, in the end we left
[4] (*Tenis*) love; **treinta-~** thirty-love
Ⓑ ADV not at all, by no means; **no es ~ fácil** it's not at all easy, it's by no means easy; **esto no me gusta ~** I don't like this at all; **no está ~ triste** he isn't sad at all; **pues no eres tú ~ ambicioso** (*iró*) well you're not very ambitious, are you? ... much!
Ⓒ SF **la ~** the void; **el avión pareció salir de la ~** the aircraft seemed to come from nowhere

**nadaderas** SFPL water wings

**nadador(a)** SM/F swimmer

**nadar** ▸conjug 1a◂ VI [1] (*gen*) to swim; (= *flotar*) to float; (*Andes*) (= *bañarse*) to take a bath; **¿no sabes ~?** can't you swim?; **~ a braza** to do (the) breaststroke, swim breaststroke; **~ a crol** to do the crawl, swim crawl; **~ a espalda** to do backstroke, swim backstroke; **~ a mariposa** to do (the) butterfly, swim butterfly; **✦MODISMOS ~ contra corriente** to go against the tide; **~ en la abundancia** to be rolling in it*, be rolling in money*; **querer ~ y guardar la ropa** to want to have it both ways, want to have one's cake and eat it; *ver tb* **agua 4**
[2] (*en prenda, zapatos*) **en estos pantalones va nadando** these trousers are much too big for him, he's lost inside these trousers

**nadería** SF **discutir por ~s** to argue over nothing *o* over stupid things; **me regaló una ~** she gave me a little nothing, she gave me a small trifle

**nadie** PRON [1] (= *ninguna persona*) (*verbo inglés en afirmativo*) nobody, no one; (*verbo inglés en negativo*) anybody, anyone; **~ lo tiene** ◊ **no lo tiene ~** nobody has it; **no he visto a ~** I haven't seen anybody; **casi ~** hardly anybody; **lo hace como ~** she does it really well; **~ más** nobody else, no one else; **vino mi familia y ~ más** just my family came and nobody *o* no one else; **no vi a ~ más que a Juan** I didn't see anybody apart from *o* except Juan; **no lo sabe ~ más que tú** nobody else knows, apart from you, nobody but you knows
[2] (= *persona insignificante*) **no es ~** he's nobody (that matters); **✦MODISMO es un don ~** he's a nobody, he's a nonentity

**nadir** SM nadir

**nadita*** (*esp LAm*) = **nada**

**nado** SM **cruzar** *o* **pasar a ~** to swim across

**nafta** SF (= *hidrocarburo*) naphtha; (*Arg*) (= *gasolina*) petrol, gasoline (*EEUU*)

**naftaleno** SM naphtalene, naphthaline

**naftalina** SF [1] (*Quím*) naphtalene, naphtaline
[2] (*para la ropa*) mothballs *pl*

**nagual** SM [1] (*CAm, Méx*) (= *brujo*) sorcerer, wizard
[2] (*Méx**) (= *mentira*) lie
[3] (*CAm*) (= *mascota*) inseparable companion

**nagualear‡** ▸conjug 1a◂ VI (*Méx*) [1] (= *mentir*) to lie
[2] (= *robar*) to nick things*
[3] (= *jaranear*) to paint the town red

**naguas** SFPL (*LAm*) petticoat *sing*

**nagüeta** SF (*CAm*) overskirt

**nahual** SM (*CAm, Méx Mit*) spirit, phantom; (= *doble*) double; (*) (= *ladrón*) cat burglar

**náhuatl** Ⓐ ADJ INV Nahuatl
Ⓑ SMF INV Nahuatl Indian
Ⓒ SM (*Ling*) Nahuatl language

> **NÁHUATL**
>
> **Náhuatl** *is the indigenous Mexican language that was once spoken by the Aztecs and which has given us such words as "tomato", "avocado" "chocolate" and "chilli". The first book to be printed on the American continent was a catechism in* **náhuatl**, *edited by a Franciscan monk in 1539. Today* **náhuatl** *is spoken in the central plateau of Mexico by a million bilingual and monolingual speakers.*

**naide*** PRON (*hum*) = **nadie**

**naif** Ⓐ ADJ (*pl* **naifs** *o* **naif**) (*Arte*) naive, primitivist
Ⓑ SM naive art

**nailon** SM nylon

**naipe** SM (= *carta*) playing card; **naipes** cards; **una baraja de ~s** a pack *o* deck of cards
► **naipe de figura** court card, picture card

**naipeador** ADJ (*Cono Sur*) fond of cards

**naipear** ▸conjug 1a◂ VI (*Cono Sur*) to play cards

**naja‡** SF **✦MODISMOS de ~(s)** at full speed, like the clappers*; **darse** *o* **salir de ~s** to get out, beat it*

**najarse‡** ▸conjug 1a◂ VPR to beat it*

**najencia‡** EXCL scram!*

**nal.** ABR (= **nacional**) nat

**nalga** SF buttock; **nalgas** buttocks, backside *sing*; **darse de ~s** to fall on one's backside

**nalgada** SF [1] (*Culin*) ham
[2] (= *azote*) smack on the bottom; **nalgadas** spanking *sing*

**nalgudo** ADJ, **nalgón** ADJ (*Andes*), **nalguiento** ADJ (*Andes*) big-bottomed *antes de s*, broad in the beam*

**Namibia** SF Namibia

**namibio/a** Ⓐ ADJ Namibian
Ⓑ SM/F Namibian; **los ~s** the Namibians, the people of Namibia

**nana**[1] SF [1] (*Mús*) lullaby, cradlesong
[2] (*CAm, Méx*) (= *nodriza*) wet nurse; (= *niñera*) nursemaid
[3] (= *pelele*) Babygro®, rompers *pl*; *ver tb* **nano**

**nana**[2] SF [1] (= *abuela*) grandma*, granny*; *ver tb* **año**
[2] (*CAm*) (= *mamá*) mum*, mom (*EEUU**), mummy*, mommy (*EEUU**); *ver tb* **nano**

**nana**[3]* SF (*Cono Sur*) (= *dolor*) pain; *ver tb* **nano**

**nanai*** EXCL, **nanay*** EXCL (*tb* **~ de la China**) no way!*; **me hizo ver que ~ (de la China)** he made me see there was nothing doing, he showed me it just wasn't on*

**nano/a**‡ SM/F kid*; *ver tb* **nana**

**nao** SF (*Hist*) ship

**napa** SF imitation leather

**napalm** SM napalm

**napia*** SF, **napias*** SFPL snout*, hooter*

**napo**‡ SM 1000-peseta note

**Napoleón** SM Napoleon

**napoleón** SM (*Chile*) (= *alicates*) pliers *pl*, pair of pliers

**napoleónico** ADJ Napoleonic

**Nápoles** SM Naples

**napolitano/a** Ⓐ ADJ of/from Naples, Neapolitan
Ⓑ SM/F Neapolitan; **los ~s** the Neapolitans, the people of Naples

**narajái**‡ SM (*Esp*) priest

**naranja** Ⓐ SF [1] (= *fruta*) orange ► **naranja amarga**, **naranja cajel** Seville orange ► **naranja navel** navel orange ► **naranja sanguina** blood orange ► **naranja zajarí** Seville orange
[2] (*) ✦*MODISMOS* **¡naranjas!** ◊ **¡~s de la China!** no way!*, nothing doing!*; **encontrar su media ~** to meet one's match; **esperar la media ~** to wait for Mr Right/one's ideal woman; **mi media ~** my better half
[3] (*Caribe*) bitter orange
Ⓑ ADJ INV [*color*] orange
Ⓒ SM (= *color*) orange

**naranjada** SF orangeade, orange squash

**naranjado** ADJ orange, orange-coloured

**naranjal** SM orange grove

**naranjero/a** Ⓐ ADJ [*país, comarca, región*] orange-growing
Ⓑ SM/F (= *agricultor*) orange grower; (= *vendedor*) orange seller
Ⓒ SM (= *árbol*) orange tree

**naranjo** SM orange tree

**Narbona** SF Narbonne

**narcisismo** SM narcissism

**narcisista** Ⓐ ADJ narcissistic
Ⓑ SMF narcissist

**Narciso** SM Narcissus

**narciso** SM [1] (*Bot*) narcissus ► **narciso atrompetado**, **narciso trompón** daffodil
[2] (= *presumido*) narcissist

**narco*** Ⓐ SMF = **narcotraficante**
Ⓑ SM = **narcotráfico**

**narco...** PREF narco..., drug(s) *antes de s*

**narcocorrupción** SF drugs-related corruption

**narcodependencia** SF drug dependency, drug dependence

**narcodólar** SM drug dollar; **~es** drug money *sing*

**narcoguerrilla** SF drug terrorists *pl*

**narcosis** SF INV narcosis

**narcoterrorismo** SM drug-related terrorism, narco-terrorism

**narcótico** Ⓐ ADJ narcotic
Ⓑ SM [1] (*gen*) narcotic; (= *somnífero*) sleeping pill, sleeping tablet
[2] **narcóticos** (= *estupefacientes*) narcotics

**narcotismo** SM narcosis, narcotism

**narcotizante** ADJ, SM narcotic

**narcotizar** ▸conjug 1f◂ VT to drug, narcotize (*frm*)

**narcotraficante** SMF drug(s) trafficker, drug dealer

**narcotráfico** SM drug trafficking *o* dealing

**nardo** SM nard, spikenard

**narguile** SM hookah

**naricear*** ▸conjug 1a◂ VT (*Andes*) [1] (= *olfatear*) to smell (out)
[2] (= *curiosear*) to poke one's nose into

**narigada** SF (*LAm*) snuff

**narigón** Ⓐ ADJ big-nosed
Ⓑ SM (*Méx*) nose ring

**narigudo** ADJ big-nosed

**narigueta** ADJ (*Cono Sur*) big-nosed

**nariz** SF [1] (*Anat*) nose; **tengo un grano en la ~** I have a spot on my nose; **tengo la ~ tapada** I have a blocked nose, my nose is blocked; **no te metas el dedo en la ~** don't pick your nose; **tiene las narices muy grandes** he has a very big nose; **hablar con** *o* **por la ~** to talk through one's nose ► **nariz aguileña** aquiline nose ► **nariz chata** snub nose ► **nariz de boxeador** boxer's nose ► **nariz griega** Greek profile ► **nariz respingona** turned-up nose; *ver tb* **sangre A1**, **sonarse B2, C**
[2] ✦*MODISMOS* **darle en la ~ a algn***: **me da en la ~ que no está diciendo la verdad** I get the feeling *o* something tells me that she is not telling the truth; **darse de narices con algo/algn*** to bump into sth/sb*; **darse de narices con la puerta** to bump into the door*; **darse de narices contra el suelo** to fall flat on one's face; **de las narices** (*Esp**) damn*, bloody‡; **ya estamos otra vez con el ruidito ese de las narices** there's that damn* *o* bloody‡ noise again; **de narices** (*Esp**): **me echó una bronca de narices** he gave me a hell of a telling off*; **hace un frío de narices** it's absolutely freezing*; **era guapa de narices** she was a real stunner*; **he dormido de narices** I slept really well; **me encuentro de narices** I feel fantastic *o* great; **delante de** *o* **en las narices de algn***: **le robaron el coche en sus propias narices** they stole his car right under his nose*; **estar hasta las narices (de algo/algn)*** to be fed up to the back teeth (with sth/sb)*; **hinchar las narices a algn** (*Esp**) to get up sb's nose*; **ese tío me hincha las narices** that guy really gets up my nose*; **hinchársele las narices a algn** (*Esp**) **se le hincharon las narices** he blew his top*, he hit the roof; **meter las narices en algo*** to poke one's nose into sth; **pasarse algo por las narices***: **eso me lo paso por las narices*** I couldn't care less* *o* I don't give two hoots* about that; **por narices** (*Esp**): **dijo que su hija no iba y por narices tuvo que ser así** she said that her daughter was not going and that was that; **con una alineación así tienen que ganar por narices** with a lineup like this they'd better win; **esto tiene que estar listo para el lunes por narices** this has to be ready by Monday no matter what; **pasar** *o* **restregar por las narices***: **le gustaba pasar a su novia por las narices de su ex** he liked to show off his girlfriend under the eyes of his ex; **siempre nos están restregando por las narices que tienen mucho dinero** they're always showing off in front of our eyes that they have money; **romper las narices a algn*** to smash sb's face in*; **hazlo o te rompo las narices** do it or I'll smash your face in*; **tener narices** (*Esp**) **¡tiene narices la cosa!** it's outrageous!; **tocar las narices a algn** (*Esp**) **ya me está tocando las narices con sus comentarios** his comments really get up my nose; **me toca las narices lo que diga ella** I don't give a damn what she says*; **tocarse las narices*** to sit around twiddling one's thumbs; **en esa oficina se están todo el día tocando las narices** they sit around all day twiddling their thumbs in that office; **no ven más allá de sus narices*** they can't see beyond the end of their nose; *ver tb* **palmo 1**
[3] (*Esp**) (*frases de sentido exclamativo*) **¡narices!** rubbish!, nonsense!; **¿dónde narices están mis calcetines?** where on earth are my socks?*; **¿qué días de fiesta ni que narices? ¡aquí todo el mundo trabaja!** holidays! what are you talking about? here everybody has to work!
[4] (= *olfato*) nose, sense of smell; **perros de presa con muy buena ~** gun dogs with a good nose *o* keen sense of smell
[5] [*del vino*] nose

**narizota*** SF big nose

**narizotas*** SMF INV (*Esp*) **ser un ~** to have a really big nose

**narizudo** ADJ (*CAm, Méx*) big-nosed

**narpias*** SFPL = **napia**

**narración** SF (= *relato, versión*) account; (*Literat*) narration

**narrador(a)** SM/F narrator

**narrar** ▸conjug 1a◂ VT [+ *historia*] to tell; [+ *suceso, aventuras, experiencia*] to recount

**narrativa** SF [1] (= *narración*) narrative, story
[2] (= *arte*) narrative skill, skill in storytelling
[3] (= *género*) fiction

**narrativo** ADJ narrative

**narval** SM narwhal

**NASA** SF ABR (= **National Aeronautics and Space Administration**) NASA

**nasa** SF [1] [*de pan*] bread bin
[2] (*Pesca*) basket, creel; (= *trampa*) fish trap

**nasal** ADJ, SF nasal

**nasalidad** SF nasality

**nasalización** SF nasalization

**nasalizar** ▸conjug 1f◂ VT to nasalize

**nasalmente** ADV nasally

**naso*** SM (*Cono Sur*) nose, conk*, schnozzle (*esp EEUU*‡), hooter*

**N.ª S.ra** ABR = **Nuestra Señora**

**nasti**‡ EXCL (*tb* **~ de plasti**) no way!*; **¡de eso ~, (monasti)!** no way!*

**nata** SF [1] (*Esp*) (*gen*) cream; (*en leche cocida*) skin ► **nata batida** whipped cream ► **nata líquida** cream ► **nata montada** whipped cream ► **nata para montar** whipping cream
[2] (*fig*) cream; **la flor y ~ de la sociedad** the cream of society

**natación** SF [1] (*gen*) swimming
[2] (= *estilo*) style (of swimming), stroke ► **natación a braza** breast-stroke ► **natación de costado** sidestroke ► **natación de espalda** backstroke ► **natación de pecho** breast-stroke ► **natación en cuchillo** side-stroke ► **natación sincronizada** synchronized swimming ► **natación submarina** (*gen*) underwater swimming; (*con aparato respiratorio*) skin diving

**natal** ADJ [*país*] native; [*pueblo*] home *antes de s*

**natalicio** Ⓐ ADJ birthday *antes de s*
Ⓑ SM birthday

**natalidad** SF birth rate

**natalista** ADJ **una política ~** a policy aimed at raising the birth rate

**natatorio** Ⓐ ADJ **técnica natatoria** swimming technique; **vejiga natatoria** air bladder
Ⓑ SM (*Arg*) swimming pool

**natillas** SFPL (*Esp*) custard *sing* ► **natillas de huevo** egg custard *sing*

**natividad** SF nativity

**nativo/a** Ⓐ ADJ [1] [*persona, país*] native; **lengua nativa** mother tongue
[2] (= *innato*) natural, innate
[3] (*Min*) native
Ⓑ SM/F native

**nato** ADJ [1] (*gen*) born; **un actor ~** a born actor; **un criminal ~** a natural-born criminal; **es un pintor ~** he's a natural painter
[2] (*por derecho*) ex officio; **el secretario es miembro ~ de …** the secretary is ex officio a member of …

**natura**†† SF [1] (= *naturaleza*) nature; **contra ~: un pecado contra ~** a sin against nature; **inclinaciones contra ~** unnatural leanings
[2] (= *genitales*) genitals *pl*

**naturaca:** EXCL naturally!, natch!*

**natural** Ⓐ ADJ [1] (= *no artificial*) [*calor*] natural; [*luz, frontera*] natural; [*seda*] pure; [*flor*] real; **los fenómenos ~es** natural phenomena; **es rubia ~** she's a natural blonde
[2] (= *fresco*) fresh; **fruta ~** fresh fruit
[3] (= *sin aditivos*) natural; **yogur ~** natural yoghurt; **con ingredientes ~es** with natural ingredients
[4] (= *a temperatura ambiente*) **este vino se sirve ~** this wine should be served at room temperature
[5] (= *innato*) natural; **tiene un talento ~ para la música** she has a natural talent for music; **la bondad es ~ en él** kindness is in his nature, it's in his nature to be kind
[6] (= *normal*) natural; **es ~ que estés cansado** it's natural that you should be tired; **es lo más ~ del mundo** it's perfectly natural, it's the most natural thing in the world
[7] (= *no afectado*) natural; **has salido muy ~ en la foto** you look very natural in the photo
[8] (= *ilegítimo*) illegitimate; **hijo ~** illegitimate child
[9] (= *nativo*) **es ~ de Córdoba** he is a native of Cordoba; **¿de dónde es usted ~?** where are you from?, where were you born?
[10] **de tamaño ~** life-size(d)
[11] (*Mús*) natural
Ⓑ SMF native; **un ~ de Badajoz** a native of Badajoz
Ⓒ SM [1] (= *carácter*) nature; **un ~ optimista** an optimistic nature; **es de ~ reservado** he's reserved by nature
[2] **al ~: fruta al ~** (= *sin aditamentos*) fruit in its own juice; **está muy guapa al ~** she is very pretty just as she is (without make-up); **se sirve al ~** (= *a temperatura ambiente*) it is served at room temperature
[3] (*Arte*) **del ~: pintar del ~** to paint from life; **clase de dibujo del ~** life class
[4] (*Taur*) *type of pass*

**naturaleza** SF [1] (= *universo físico*) nature; **las leyes de la ~** the laws of nature; **las ciencias de la ~** the natural science(s)
[2] (= *campo*) nature; **viven en plena ~** they live surrounded by nature
[3] (= *carácter*) nature; **son de ~ tímida** they're shy by nature; **es despistado por ~** he's naturally absent-minded; **la ~ humana** human nature
[4] (= *constitución*) constitution; **es de ~ fuerte** he has a strong constitution
[5] (= *especie*) nature; **situaciones de ~ poco común** situations of an unusual nature
[6] (*Arte*) ► **naturaleza muerta** still life
[7] (†) (*Pol*) nationality; **el joven es suizo de ~** the young man is Swiss by nationality
[8] **romper la ~**† to start to menstruate

**naturalidad** SF naturalness; **con la mayor ~ (del mundo)** as if it were the most natural thing in the world; **se levantó y siguió caminando con la mayor ~ del mundo** she picked herself up and carried on walking as if nothing had happened; **lo dijo con la mayor ~** he said it in a perfectly ordinary voice; **hacer algo con ~** to do sth in a natural way

**naturalismo** SM [1] (*Arte*) naturalism; (= *realismo*) realism
[2] (= *nudismo*) naturism

**naturalista** Ⓐ ADJ (*Arte*) naturalistic; (= *realista*) realistic
Ⓑ SMF [1] (*Arte*) naturalist
[2] (= *nudista*) naturist

**naturalización** SF naturalization

**naturalizar** ▸conjug 1f◂ Ⓐ VT to naturalize
Ⓑ **naturalizarse** VPR to become naturalized

**naturalmente** ADV [1] (= *de modo natural*) in a natural way
[2] (= *por supuesto*) **¡naturalmente!** naturally!, of course!

**naturismo** SM [1] (= *nudismo*) naturism
[2] (= *naturopatía*) naturopathy

**naturista** SMF [1] (= *nudista*) naturist
[2] (= *naturópata*) naturopath

**naturópata** SMF naturopath

**naturopatía** SF naturopathy

**naufragar** ▸conjug 1h◂ VI [1] [*barco*] to be wrecked, sink; [*gente*] to be shipwrecked
[2] [*película, obra, asunto*] to fail; [*negocio*] to go under, fail

**naufragio** SM [1] (*Náut*) shipwreck
[2] (*fig*) failure, ruin

**náufrago/a** Ⓐ ADJ shipwrecked
Ⓑ SM/F shipwrecked person, castaway

**náusea** SF (= *malestar físico*) nausea, sick feeling; (= *repulsión*) disgust, repulsion; **dar ~s a** to nauseate, sicken, disgust; **tener ~s** (*lit*) to feel nauseated, feel sick; (*fig*) to be nauseated, be sickened

**nauseabundo** ADJ nauseating, sickening

**náutica** SF navigation, seamanship

**náutico** ADJ nautical; **club ~** yacht club

**nautilo** SM nautilus

**navaja** SF [1] (= *cuchillo*) clasp knife, penknife ► **navaja automática** flick knife ► **navaja barbera** cutthroat razor ► **navaja de afeitar** razor ► **navaja de muelle**, **navaja de resorte** flick knife ► **navaja multiuso(s)** Swiss army knife
[2] (= *molusco*) razor shell
[3] (*Zool*) (= *colmillo*) tusk
[4] (*Entomología*) sting
[5] (*pey*) (= *lengua*) sharp tongue, evil tongue

**navajada** SF, **navajazo** SM knife wound, slash, gash

**navajeo** SM (*con navaja*) knifing, stabbing; (*fig*) infighting; (*por la espalda*) back-stabbing, stabbing in the back

**navajero/a** SM *criminal who carries a knife*

**naval** ADJ [*base*] naval; [*oficial*] navy *antes de s*, naval; [*compañía, industria*] shipping *antes de s*; [*constructor*] ship *antes de s*; [*capitán*] sea *antes de s*; [*bloqueo*] naval

**Navarra** SF Navarre

**navarrica** ADJ, SMF = **navarro**

**navarro/a** Ⓐ ADJ of/from Navarre
Ⓑ SM/F native/inhabitant of Navarre; **los ~s** the people of Navarre

**nave** SF [1] (*Náut*) ship, vessel; ✦*MODISMOS* **la Nave de San Pedro** (*Rel*) the Roman Catholic Church; **quemar las ~s** to burn one's boats ► **nave insignia** flagship
[2] (*Aer*) ► **nave espacial** spaceship, spacecraft
[3] (*Arquit*) [*de iglesia*] nave; [*de fábrica etc*] bay ► **nave central** nave ► **nave lateral** aisle
[4] (= *almacén*) warehouse ► **nave de laminación** rolling mill ► **nave industrial** factory premises *pl*
[5] (*Méx**) (= *coche*) car

**navegabilidad** SF [*de río, canal*] navigability; [*de barco*] seaworthiness

**navegable** ADJ [*río, canal*] navigable; [*barco*] seaworthy

**navegación** SF [1] (= *arte*) navigation ► **navegación a vela** sailing ► **navegación aérea** (= *acción*) aerial navigation; (= *tráfico*) air traffic
[2] (= *viaje*) sea voyage ► **navegación costera** coastal traffic ► **navegación fluvial** river navigation
[3] (= *buques*) ships *pl*, shipping; **cerrado a la ~** closed to shipping

**navegador(a)** Ⓐ SM/F navigator
Ⓑ SM (*Internet*) browser

**navegante** SMF [1] (= *marinero*) seafarer; **un pueblo de ~s** a seafaring nation ► **navegante a vela** yachtsman/yachtswoman
[2] (= *que lleva el rumbo*) navigator

**navegar** ▸conjug 1h◂ Ⓐ VT [1] (*Náut*) to sail; **~ a 15 nudos** to sail at 15 knots, go at 15 knots; **~ a (la) vela** to sail, go sailing
[2] (*Inform*) **~ por Internet** to surf the Net
Ⓑ VT [1] [*barco*] to sail; **~ los mares** to sail the seas
[2] [*avión*] to fly
[3] (= *llevar el rumbo*) to navigate

▼ **Navidad** SF Christmas; **(día de) ~** Christmas Day; **¡feliz ~!** happy Christmas!; **Navidades** Christmas (time); **por ~es** at Christmas (time)

➤ LENGUA Y USO: Navidad 50.2

**navideño** ADJ Christmas *antes de s*

**naviera** SF shipping company

**naviero/a** Ⓐ ADJ shipping *antes de s*
Ⓑ SM/F shipowner

**navío** SM ship ► **navío de alto bordo**, **navío de línea** (*Hist*) ship of the line

**náyade** SF naiad

**naylón** SM nylon

**nazarenas** SFPL (*Andes, Cono Sur*) large gaucho spurs

**nazareno/a** Ⓐ ADJ (*Hist*) Nazarene
Ⓑ SM/F [1] (*Hist*) Nazarene
[2] (*Rel*) penitent in a Holy Week procession; → SEMANA SANTA
Ⓒ SM (*) [1] (= *fraude*) con trick*
[2] (= *persona*) con man*

**Nazaret** SM Nazareth

**nazi** ADJ, SMF Nazi

**nazismo** SM Nazism

**nazista** ADJ Nazi

**NB** ABR (= **nota bene**) NB

**N. de la R.** ABR = **nota de la redacción**

**N. de la T** ABR = **Nota de la Traductora**

**N. del T** ABR = **Nota del Traductor**

**NE** ABR (= **nordeste**) NE

**neblina** SF [1] (*Meteo*) mist, mistiness
[2] (*fig*) fog

**neblinoso** ADJ misty

**nebulizador** SM nebulizer

**nebulosa** SF nebula

**nebulosidad** SF [1] (*Astron*) nebulosity; [*del cielo*] cloudiness; [*del aire*] mistiness; (= *penumbra*) gloominess
[2] (= *imprecisión*) vagueness; (= *oscuridad*) obscurity

**nebuloso** ADJ [1] (*Astron*) nebular, nebulous; [*cielo*] cloudy; [*aire*] misty; (= *tétrico*) dark, gloomy
[2] (= *impreciso*) nebulous, vague; (= *oscuro*) obscure

**necedad** SF [1] (= *cualidad*) crassness, foolishness, silliness
[2] (= *cosa tonta*) **una ~** a silly thing; **~es** nonsense *sing*

**necesariamente** ADV necessarily; **el escalador más rápido no es ~ el mejor** the quickest climber is not necessarily the best; **no tenemos que estar allí ~** we don't necessarily need to be there

▼**necesario** ADJ [1] (*tras sustantivo*) necessary; **los empleados carecen de la formación necesaria** the employees lack the necessary training; **no quiero estar aquí más del tiempo ~** I don't want to be here any longer than necessary; **no disponen del dinero ~ para acabar las obras** they do not have the money they need *o* the money necessary to finish the work; **haremos todo lo ~ para avanzar en las conversaciones de paz** we will do everything (that is) necessary to advance the peace talks; **ésta es una condición necesaria para que una democracia funcione** this is a necessary condition for a democracy to work; **no gastes más de lo estrictamente ~** don't spend more than is strictly necessary
[2] **hacer ~**: **estos graves incidentes hicieron necesaria la intervención de la policía** these serious incidents made it necessary for the police to intervene, these serious incidents made police intervention necessary; **hacerse ~**: **se hace necesaria una completa renovación antes de la próxima temporada** a complete overhaul is now necessary *o* required before next season; **se hizo necesaria la intervención del estado en la economía** state intervention in the economy became necessary *o* was required
[3] **ser ~** to be needed, be necessary; **no será necesaria la intervención del ejército** no military intervention will be needed *o* necessary; **para hacerse monja son ~s dos años en el noviciado** it takes two years as a novice to become a nun; **fueron necesarias varias reuniones para llegar a un acuerdo** a number of meetings were needed to reach an agreement; **haremos huelga si es ~** if necessary we will go on strike, we will go on strike if need be; **si fuera ~** if necessary, if need be, if it should be necessary; **de ser ~** if necessary, if need be
[4] **es ~ hacer algo**: **es muy ~ tener una infraestructura sólida** it is essential *o* vital to have a solid infrastructure; **para ir a Francia no es ~ tener pasaporte** you don't need a passport *o* it is not necessary to have a passport to go to France; **es ~ que** + SUBJUN: **era ~ que continuara con el tratamiento** he needed to continue *o* it was necessary for him to continue with the treatment; **no es ~ que le pidas disculpas** there is no need for you to apologize to him

**neceser** SM toilet bag ► **neceser de belleza** vanity case ► **neceser de costura** workbox ► **neceser de fin de semana** overnight bag, weekend bag

**necesidad** SF [1] (= *urgencia*) [1·1] **la ~ de algo** the need for sth; **la ~ de que la OTAN cumpla su promesa** the need for NATO to carry out its promise; **hay ~ de discreción en este momento** there is a need for discretion at this moment; **la ~ de hacer algo** the need to do sth; **se habló de la ~ de encontrar una nueva vía de diálogo** the need to find a new approach to the talks was discussed; **no hay ~ de hacerlo** there is no need to do it; **tener ~ de algo** to need sth; **tienen ~ urgente de ayuda alimenticia** they urgently need food aid, they are in urgent need of food aid; **con la nueva tarjeta bancaria no tendrá ~ de llevar dinero** with the new bank card you won't need to carry money with you; **y ¿qué ~ tienes de irte a un hotel habiendo camas en casa?** why would you need to go to a hotel when there are spare beds at home?; ✦*MODISMO* **hacer de la ~ virtud** to make a virtue of necessity; ✦*REFRÁN* **la ~ aguza el ingenio** necessity is the mother of invention
[1·2] **de ~**: **en caso de ~** in an emergency; **una situación de ~** an emergency; **una herida mortal de ~** a fatal wound; **artículos** *o* **productos de primera ~** basic essentials, staple items
[1·3] **por ~**: **tuve que aprenderlo por ~** I had to learn it out of necessity; **el que se llame John no significa que tenga que ser inglés por ~** the fact that he is called John does not necessarily mean that he is English
[1·4] **sin ~**: **no corra riesgos sin ~** don't take unnecessary risks; **sin ~ de algo** without the need for sth; **podemos llegar a un acuerdo sin ~ de que intervenga el director** we can come to an agreement without any need for the director to intervene; **ahora podemos ir de compras sin ~ de movernos de casa** now we can go shopping without needing to leave the house
[1·5] (= *cosa necesaria*) (*personal*) need (*objetiva*) necessity; **satisfacer las ~es de algn** to satisfy sb's needs; **para un representante un coche no es un lujo, es una ~** for a sales rep, a car is not a luxury, it's a necessity
[2] (= *pobreza*) need; **están en la mayor ~** they are in great need
[3] (= *apuro*) tight spot; **encontrarse en una ~** to be in a tight spot
[4] **necesidades** [4·1] (= *privaciones*) hardships; **pasar ~es** to suffer hardship *o* hardships
[4·2] ✦*MODISMO* **hacer sus ~es** (*euf*) to relieve o.s.

**necesitado** Ⓐ ADJ [1] (= *falto*) **andar** *o* **estar** *o* **verse ~ de algo** to need sth; **estamos ~s de mano de obra** we need workers, we are in need of labour; **anda ~ de afecto** he's in need of affection, he needs affection
[2] (= *pobre*) in need; **ayuda a familias necesitadas** help for needy families, help for families in need; **las naciones más necesitadas** the nations in greatest need
Ⓑ SMPL **los ~s** the needy

▼**necesitar** ▸conjug 1a◂ Ⓐ VT to need; **necesitamos dos más** we need two more; **para comprarse un barco así se necesita mucho dinero** you need a lot of money to buy a boat like that; **póngase en contacto con nosotros si necesita más información** get in touch with us if you need *o* (*frm*) require more information; **"se necesita coche"** "car wanted"; **~ hacer algo** to need to do sth; **no necesitas hacerlo** you don't need to do it, you needn't do it; **necesito verte ahora mismo** I need to see you right now; **se necesita ser caradura para presentarse sin avisar** you'd have to be cheeky to turn up without warning; **~ que** + SUBJUN: **necesito que me lo mandes urgentemente** I need you to send it to me urgently; **no necesito que nadie me lo recuerde** I don't need to be reminded, I don't need anyone to remind me
Ⓑ VI **~ de algo** to need sth; **el ser humano necesita del oxígeno para vivir** human beings need oxygen to survive

**neciamente** ADV foolishly, stupidly

**necio/a** Ⓐ ADJ [1] (= *tonto*) foolish, stupid
[2] (*Méx*) (= *terco*) stubborn, pig-headed
[3] (*Andes*) (= *displicente*) peevish
[4] (*Andes, Caribe, Cono Sur*) (= *quisquilloso*) touchy, hypersensitive
[5] (*CAm*) [*enfermedad*] hard to shake off
Ⓑ SM/F fool

**nécora** SF small crab

**necrófago** SM ghoul

**necrofilia** SF necrophilia

**necrófilo/a** ADJ, SM/F necrophiliac

**necrología** SF, **necrológica** SF (= *lista*) obituary column; (= *noticia*) obituary

**necrológico** ADJ obituary *antes de s*

**necromancia** SF, **necromancía** SF necromancy

**necrópolis** SF INV necropolis

**necropsia** SF autopsy

➤ LENGUA Y USO: necesario 3 37.2 necesitar A 37.1

**necrosar** ▸conjug 1a◂ Ⓐ VT, VI to necrotize
Ⓑ **necrosarse** VPR to necrotize

**necrosis** SF INV necrosis

**necrotizar** ▸conjug 1f◂ Ⓐ VT, VI to necrotize
Ⓑ **necrotizarse** VPR to necrotize

**néctar** SM (*lit, fig*) nectar; ~ **de melocotón** peach nectar

**nectarina** SF nectarine

**neerlandés/esa** Ⓐ ADJ Dutch
Ⓑ SM/F Dutchman/Dutchwoman; **los neerlandeses** the Dutch
Ⓒ SM (*Ling*) Dutch

**nefando** ADJ (*liter*) unspeakable, abominable

**nefario** ADJ (*liter*) nefarious

**nefasto** ADJ [1] (= *funesto*) [*viaje*] ill-fated; [*año*] unlucky; [*resultado*] unfortunate; [*influencia*] pernicious; [*corrupción*] harmful, damaging; [*alcohol, ácido*] harmful
[2] (*LAm*) (= *atroz*) dreadful, terrible

**nefato*** ADJ (*Caribe*) stupid, dim*

**nefrítico** ADJ nephritic

**nefritis** SF INV nephritis

**negación** SF [1] (*gen*) negation; (= *negativa*) denial
[2] (*Ling*) negative

**negado/a** Ⓐ ADJ hopeless, useless; **ser ~ para algo** to be hopeless *o* useless at sth
Ⓑ SM/F **es un ~** he's hopeless *o* useless, he's a dead loss*

**negar** ▸conjug 1h, 1j◂ Ⓐ VT [1] (= *desmentir*) to deny; **niega haber robado los documentos** he denies having stolen the documents; **el ministro ha negado todas las acusaciones** the minister has denied all the accusations; **no me ~ás que ha valido la pena** you can't deny it's been worth it; **negó que lo hubieran despedido** he denied that they had sacked him, he denied having been sacked
[2] (= *rehusar*) to refuse, deny (**a** to); **le ~on el paso por la frontera** they refused to let him cross the border; **nos ~on la entrada al edificio** we were refused *o* denied entry to the building; **~ el saludo a algn** to blank sb*, snub sb*; **~ la mano a algn** to refuse to shake hands with sb
[3] (*frm*) [+ *persona*] to disown; **negó a su hija** he disowned his daughter
Ⓑ VI **~ con la cabeza** to shake one's head
Ⓒ **negarse** VPR [1] **~se a hacer algo** to refuse to do sth; **se negó a pagar la multa** he refused to pay the fine
[2] **~se a la evidencia** to deny the obvious

**negativa** SF refusal; **me sorprendió su ~ a cooperar** I was surprised at his refusal to co-operate ▸ **negativa rotunda** flat refusal

**negativamente** ADV negatively; **contestar ~** to answer in the negative; **valorar algo ~** to take a negative view of sth

**negatividad** SF, **negativismo** SM negative attitude

**negativizar** ▸conjug 1f◂ VT to neutralize

**negativo** Ⓐ ADJ [1] (*gen*) negative; **voto ~** vote against, no vote
[2] (*Mat*) minus
[3] (*Fot*) negative
Ⓑ SM (*Fot*) negative

**negligencia** SF negligence

**negligente** Ⓐ ADJ negligent
Ⓑ SMF careless person

**negligentemente** ADV negligently

**negociabilidad** SF negotiability

**negociable** ADJ negotiable

**negociación** SF (*gen*) negotiation; (= *transacción*) deal, transaction; [*de cheque*] clearance; **entrar en negociaciones con** to enter into negotiations with ▸ **negociación colectiva de salarios** collective bargaining

**negociadamente** ADV **resolver un problema ~** to settle a problem by negotiation

**negociado** SM [1] (= *sección*) department, section
[2] (*Andes, Cono Sur*) (= *negocio turbio*) shady deal
[3] (*Cono Sur*) (= *establecimiento*) shop, store (*EEUU*)

**negociador(a)** Ⓐ ADJ negotiating; **comisión ~a** negotiating committee
Ⓑ SM/F negotiator

**negociante** SMF businessman/businesswoman

**negociar** ▸conjug 1b◂ Ⓐ VT to negotiate
Ⓑ VI [1] (*Pol etc*) to negotiate
[2] (*Com*) **~ en** *o* **con** to deal in, trade in

**negocio** SM [1] (*Com, Fin*) (= *empresa*) business; (= *tienda*) shop, store (*EEUU*); **el ~ del espectáculo** show business; **el ~ del libro** the book trade; **montar un ~** to set up *o* start a business; **traspasar un ~** to transfer a business, sell a business
[2] (= *transacción*) deal, transaction; **el ~ es el ~** business is business; **hacer un buen ~** to pull off a good deal; **¡hiciste un buen ~!** (*iró*) that was a fine deal you did!; **un ~ redondo** a real bargain, a really good deal; ✦***MODISMO*** **cuidar de su propio ~** to look after one's own interests, look after number one ▸ **negocio sucio, negocio turbio** shady deal
[3] **negocios** (*Com, Fin*) business *sing*, trade *sing*; **el mundo de los ~s** the business world; **estar en viaje de ~s** to be (away) on business; **hablar de ~s** to talk business; **hombre/mujer de ~s** businessman/businesswoman; **retirarse de los ~s** to retire from business; ✦***REFRÁN*** **a malos ~s sombrero de copa** one must make the best of a bad job
[4] (= *asunto*) affair; **eso es ~ tuyo** that's your affair; **mal ~** bad business; **¡mal ~!** it looks bad!
[5] (*Andes, Cono Sur*) (= *firma*) firm, company; (= *casa*) place of business
[6] (*Andes, Caribe**) **el ~** the fact, the truth; **pero el ~ es que ...** but the fact is that ...
[7] (*Andes*) (= *cuento*) tale, piece of gossip

**negocioso** ADJ (= *diligente*) industrious; (*en las maneras*) businesslike

**negra** SF [1] (*Mús*) crotchet, quarter note (*EEUU*)
[2] (= *mala suerte*) bad luck; **ése me trae la ~** he brings me bad luck; **le tocó la ~** he had bad luck; **tener la ~** to be out of luck, be having a run of bad luck
[3] (*Ajedrez*) black piece
[4] (*CAm*) black mark; *ver tb* **negro**

**negrada** SF (*LAm*) [1] (*Hist*) (= *grupo*) group of Negroes, Negroes *pl*
[2] (= *fraude*) cheat, fraud

**negrear** ▸conjug 1a◂ VI [1] (= *ponerse negro*) to go black, turn black; (= *parecer negro*) to appear black
[2] (= *tirar a negro*) to be blackish

**negrería** SF (*LAm*), **negrerío** SM (*LAm*) = **negrada 1**

**negrero** SM (*Hist*) slave trader; (= *explotador*) exploiter of labour *o* (*EEUU*) labor, slave driver*

**negriazul** ADJ black and blue; **la nueva estrella ~** (*Dep*) the new star to wear the black and blue strip

**negrilla** SF [1] (*Tip*) = **negrita**
[2] (*Bot*) elm

**negrita** SF [1] (*Tip*) boldface; **en ~** in bold (type), in boldface
[2] (*CAm*) black mark

**negrito**[1] SM golliwog

**negrito**[2] SM (*Caribe*) black coffee

**negritud** SF negritude

**negro/a** Ⓐ ADJ [1] [*color, pelo*] black; [*ojos, tabaco*] dark; [*raza*] black, Negro†; ✦***MODISMOS*** **más ~ que el azabache** jet-black; **~ como boca de lobo** ◊ **~ como un pozo** pitch-black, pitch-dark
[2] (= *moreno*) [*piel*] dark, swarthy; (*por el sol*) tanned, brown; **ponerse ~** to go brown, tan
[3] (= *sucio*) filthy, black
[4] [*estado de ánimo, humor*] black, gloomy; [*suerte*] terrible, atrocious; **la cosa se pone negra** it's not going well, it looks bad; **lo ve todo ~** he always sees the negative side of things, he's terribly pessimistic about everything; ✦***MODISMOS*** **ve muy ~ el porvenir** he's very gloomy about the future; **pasarlas negras** to have a tough time of it; **verse ~** to be in a jam*; **verse ~ para hacer algo** to have one's work cut out to do sth; **nos vimos ~s para salir del apuro** we had a tough time getting out of it; **vérselas negras** to find o.s. in trouble
[5] (*) (= *enfadado*) cross, peeved*; **estoy ~ con esto** I'm getting desperate about it; **poner ~ a algn** to make sb cross, upset sb; **ponerse ~** to get cross, cut up rough
[6] (= *ilegal*) black; **dinero ~** hot money; **economía negra** black economy; **mercado ~** black market
[7] (*Pol*) fascist; **terrorismo ~** fascist terrorism
Ⓑ SM [1] (= *color*) black; **en ~** (*Fot*) in black and white ▸ **negro de humo** lampblack
[2] (*Caribe*) (= *café*) black coffee
Ⓒ SM/F [1] (= *persona*) black, coloured person†, Negro†; **¡no somos ~s!** we won't stand for it!, you can't do that to us!; ✦***MODISMO*** **trabajar como un ~** to work like a dog, slave away*
[2] (*) (= *escritor*) ghostwriter
[3] **mi ~** (*Andes, Cono Sur**) (= *cariño*) darling, honey; *ver tb* **negra**

**negroide** ADJ negroid

**negrura** SF blackness

**negruzco** ADJ blackish

**nel**‡ EXCL (*Méx*) yep*

**neli**‡ ADV = **nada**

**nema** SF (*Méx Admin*) seal

**neme** SM (*Andes*) asphalt

**nemotécnica** SF = **mnemotécnica**

**nene/a** SM/F [1] (= *niño pequeño*) baby, small child
[2] (*uso apelativo*) **¡sí, nena!** (*a mujer*) yes dear!, yes darling!; **¿vamos al cine, ~?** (*a hombre*) shall we go to the cinema, darling?

**nenúfar** SM water lily

**neo** SM neon

**neo...** PREF neo...

**neoaristotelismo** SM neo-Aristotelianism

➤ LENGUA Y USO: **negar** A1 53.6 C1 35.5, 39.3

**neocapitalista** ADJ, SMF neo-capitalist
**neocelandés/esa** Ⓐ ADJ of/from New Zealand
Ⓑ SM/F New Zealander; **los neocelandeses** the New Zealanders
**neoclasicismo** SM neoclassicism
**neoclásico** ADJ neoclassical
**neocolonialismo** SM neocolonialism
**neofascismo** SM neofascism
**neofascista** ADJ, SMF neofascist
**neófito/a** SM/F neophyte
**neogótico** ADJ neogothic
**neoimpresionismo** SM neo-impressionism
**neolatino** ADJ **lenguas neolatinas** Romance languages
**neolengua** SF newspeak
**neolítico** ADJ neolithic
**neologismo** SM neologism
**neón** SM (= *gas, luz*) neon
**neonatal** ADJ [*asistencia*] neonatal
**neonato/a** SM/F newborn baby
**neonatólogo/a** SM/F neonatologist
**neonazi** ADJ, SMF neonazi
**neonazista** ADJ neonazi
**neoplatónico** ADJ neoplatonic
**neoplatonismo** SM neoplatonism
**neoplatonista** SMF neoplatonist
**neoyorquino/a** Ⓐ ADJ of/from New York
Ⓑ SM/F New Yorker; **los ~s** the New Yorkers
**neozelandés/esa** Ⓐ ADJ of/from New Zealand
Ⓑ SM/F New Zealander; **los neozelandeses** the New Zealanders
**Nepal** SM Nepal
**nepalés/esa**, **nepalí** Ⓐ ADJ Nepalese
Ⓑ SM/F Nepalese; **los nepaleses** the Nepalese
**nepotismo** SM nepotism
**Neptuno** SM Neptune
**nereida** SF nereid
**Nerón** SM Nero
**nervadura** SF (*Arquit*) ribs *pl*; (*Bot, Entomología*) nervure (*frm*), vein
**nervio** SM [1] (*Anat*) nerve; (*en carne*) sinew; **este filete tiene mucho ~** this steak is very sinewy *o* gristly ► **nervio ciático** sciatic nerve ► **nervio dental** nerve of the tooth ► **nervio óptico** optic nerve
[2] **nervios** (= *ansiedad*) nerves; ✦**MODISMOS** **crispar los ~s a algn** to get *o* grate on sb's nerves; **de los ~s***: **estoy de los ~s** my nerves are on edge; **poner de los ~s a algn** to get on sb's nerves, put sb's nerves on edge; **ponerse de los ~s** to get wound up*; **tener ~s de acero** to have nerves of steel; **tener los ~s como las cuerdas de un violín** to be as jumpy as a cat; **tener los ~s destrozados** ◊ **estar destrozado de los ~s** to be a nervous wreck; **tener los ~s a flor de piel** to be ready to explode; **poner los ~s de punta a algn** to get *o* grate on sb's nerves
[3] (*Arquit, Tip, Bot*) rib; [*de insectos*] vein; (*Mús*) string; [*de libro*] rib
[4] (= *vigor*) vigour, vigor (*EEUU*), strength; **tener ~** to have character; **un hombre sin ~** a spineless man, a weak man; ✦**MODISMO** **ser puro ~** to live on one's nerves
[5] [*de persona, sociedad*] (= *eje*) leading light, guiding spirit; **él es el ~ de la sociedad** he is the guiding spirit of the club
[6] [*de cuestión, problema*] (= *fondo*) crux, heart
**nerviosamente** ADV nervously
**nerviosera** SF attack of nerves
**nerviosismo** SF, **nerviosidad** SM nervousness, nerves *pl*; (= *agitación*) agitation, restlessness
**nervioso** ADJ [1] (*Anat*) nerve *antes de s*, nervous; **centro ~** nerve centre; **crisis nerviosa** nervous breakdown; **depresión nerviosa** nervous depression; **sistema ~** nervous system; **ataque ~** (attack of) hysterics
[2] (= *excitable*) **ser ~** to be highly strung, be nervous; **es un niño muy ~** he's a very highly strung *o* nervous child; **los foxterriers son muy ~s** fox terriers are very highly strung
[3] (= *intranquilo*) **estar ~** to be nervous; **está nerviosa porque tiene un examen** she's nervous because she has an exam; **está muy ~ porque aún no han llegado** he's very anxious because they haven't arrived yet; **esperaban ~s los resultados** they waited nervously to hear the results; **los caballos estaban ~s antes de la tormenta** the horses were restless before the storm; **poner ~ a algn** to make sb nervous; **ponerse ~** to get nervous; **me pongo muy nerviosa en las entrevistas** I get very nervous in interviews; **¡no te pongas ~!** keep cool!*
**nervoso** ADJ [1] [*persona*] = **nervioso 2,3**
[2] [*carne*] sinewy, tough
**nervudo** ADJ [1] (= *robusto*) tough
[2] [*mano, brazo*] sinewy
**nesga** SF (*Cos*) flare, gore
**nesgado** ADJ (*Cos*) flared
**nesgar** ▸conjug 1h◂ VT (*Cos*) to flare, gore
**netamente** ADV (= *claramente*) clearly; (= *puramente*) purely; (= *genuinamente*) genuinely; **una construcción ~ española** a purely Spanish construction, a genuinely Spanish construction
**neto** ADJ [1] (*Com, Fin*) net; **peso ~** net weight; **sueldo ~** net salary, salary after deductions
[2] (= *claro*) clear; **un perfil ~** a clear outline
**neumático** Ⓐ ADJ [*martillo, bomba*] pneumatic; [*freno*] air *antes de s*, pneumatic
Ⓑ SM [*de rueda*] tyre, tire (*EEUU*) ► **neumático balón** balloon tyre ► **neumático de recambio**, **neumático de repuesto** spare tyre ► **neumático radial** radial tyre ► **neumático sin cámara** tubeless tyre
**neumoconiosis** SF INV pneumoconiosis
**neumonía** SF pneumonia
**neura*** SF [1] (= *manía*) obsession; **¡menuda ~ te ha cogido con lo de adelgazar!** you've got a real obsession with losing weight!; **tiene la ~ de lavarse continuamente las manos** he's obsessed with washing his hands all the time
[2] (= *depresión*) **estar con la ~: está con la ~ desde que la despidieron** she's been very down since she lost her job
**neural** ADJ neural
**neuralgia** SF neuralgia
**neurálgico** ADJ [1] (*Med*) neuralgic, nerve *antes de s*
[2] (*fig*) [*centro*] nerve *antes de s*; [*punto*] crucial, key *antes de s*
**neuras*** SMF INV **es un ~** he's neurotic
**neurastenia** SF [1] (*Med*) neurasthenia (*frm*), nervous exhaustion
[2] (*fig*) nerviness, excitability
**neurasténico** ADJ [1] (*Med*) neurasthenic
[2] (*fig*) neurotic, nervy, excitable
**neuritis** SF INV neuritis
**neuro...** PREF neuro...
**neuroanatomía** SF neuroanatomy
**neurobiología** SF neurobiology
**neurociencia** SF neuroscience
**neurocirugía** SF neurosurgery
**neurocirujano/a** SM/F neurosurgeon
**neuroléptico** SM (*Farm*) neuroleptic
**neurología** SF neurology
**neurólogo/a** SM/F neurologist
**neurona** SF neuron, nerve cell
**neurópata** SMF neuropath
**neuropatía** SF neuropathy
**neuropático** ADJ neuropathic
**neuropatológico** ADJ neuropathological
**neuropsicología** SF neuropsychology
**neuropsicólogo/a** SM/F neuropsychologist
**neuropsiquiatra** SMF neuropsychiatrist
**neuropsiquiatría** SF neuropsychiatry
**neurosiquiatra** SMF neuropsychiatrist
**neurosiquiatría** SF neuropsychiatry
**neurosis** SF INV neurosis ► **neurosis de guerra** shell shock
**neurótico/a** ADJ, SM/F neurotic
**neurotizar** ▸conjug 1f◂ Ⓐ VT to make neurotic
Ⓑ **neurotizarse** VPR to become neurotic
**neurotransmisor** SM neurotransmitter
**neutral** ADJ, SMF neutral
**neutralidad** SF neutrality
**neutralismo** SM neutralism
**neutralista** ADJ, SMF neutralist
**neutralización** SF neutralization
**neutralizar** ▸conjug 1f◂ Ⓐ VT (*gen*) to neutralize; [+ *tendencia, influencia*] to counteract
Ⓑ **neutralizarse** VPR (*gen*) to neutralize each other; [*influencias*] to cancel (each other) out
**neutro** Ⓐ ADJ [1] (*gen*) neutral
[2] (*Biol*) neuter, sexless; **abeja neutra** worker bee
[3] (*Ling*) neuter; **género ~** neuter; **verbo ~** intransitive verb
Ⓑ SM (*Ling*) neuter
**neutrón** SM neutron
**nevada** SF snowfall
**nevado** Ⓐ ADJ [1] (= *cubierto de nieve*) snow-covered; [*montaña*] snow-capped
[2] (*fig*) snowy, snow-white
Ⓑ SM (*LAm*) snow-capped mountain
**nevar** ▸conjug 1j◂ Ⓐ VI to snow
Ⓑ VT to whiten
**nevasca** SF snowstorm
**nevazón** SF (*Andes, Cono Sur*) snowstorm
**nevera** SF [1] (= *frigorífico*) refrigerator, fridge*, icebox (*EEUU*)
[2] (= *casa, habitación*) icebox
**nevera-congelador** SF fridge-freezer
**nevero** SM snowfield, ice field, place of perpetual snow
**nevisca** SF light snowfall, flurry of snow
**neviscar** ▸conjug 1g◂ VI to snow lightly
**nevoso** ADJ snowy
**newtoniano** ADJ Newtonian
**newtonio** SM newton

**nexo** SM link, connection, nexus (*frm*)

**n/f.** ABR = **nuestro favor**

**n/g.** ABR = **nuestro giro**

**ni** CONJ [1] (= *y no*) (*con verbo negativo en inglés*) or; (*con verbo afirmativo en inglés*) nor; **no le gustan las plantas ni los animales** he doesn't like plants or animals; **no bebe ni fuma** he doesn't smoke or drink; **un edificio sin puertas ni ventanas** a building without doors or windows; **—a mí no me gusta —ni a mí** "I don't like it" — "nor do I" *o* "neither do I"; **ni… ni …**: **no tenía ni amigos ni familiares** he had no friends and no family (either), he had no friends or family, he had neither friends nor family; **no es ni blanco ni negro** it's not black and it's not white (either), it's neither black nor white; **no vinieron ni Juan ni Pedro** Juan didn't come and neither did Pedro, neither Juan nor Pedro came; **ni vino ni llamó por teléfono** he didn't come and he didn't phone (either), he neither came nor phoned; **ni lo sé ni me importa** I don't know and I don't care; **ni que lo hagas bien ni que lo hagas mal te dirán nada** whether you do it well or badly, they won't say anything
[2] (*para dar más énfasis*) even; **no sabe ni dónde está Moscú** he doesn't even know where Moscow is; **ni a ti te lo dirá** he won't tell even *you*; **no lo compraría ni aunque tuviera dinero** I wouldn't buy it even if I had the money; **no tengo ni idea** I have no idea; **no ha llamado ni nada** he hasn't phoned or anything; **ni se sabe** God knows, who knows?; **ni siquiera** not even; **ni siquiera nos ha visto** he didn't even see us; **ni siquiera me llamó** he didn't even phone me; **ni uno**: **—¿cuántos tienes? —ni uno** "how many have you got?" — "not a single one" *o* "none"; **no hemos comprado ni un regalo** we haven't bought a single present; **no me ha dicho ni una palabra desde que llegó** she hasn't said a single word to me since she got here; **ni uno de sus parientes lo ha felicitado** not (a single) one of his relatives has congratulated him; **no tengo ni un duro** I haven't got a penny
[3] (*exclamaciones*) **¡ni hablar!** no way!, not on your life!; **¿yo? ¿votar a ésos? ¡ni hablar!** me vote for them? no way! *o* not on your life!; **¡ni por ésas!**: **he intentado convencerla prometiéndole un regalo, pero ni por ésas** I tried to persuade her with a present but even that didn't work; **ni que**: **siempre cuidando de él, ¡ni que fueras su madre!** you're always taking care of him, anyone would think you were his mother!; **vaya unos humos que tiene, ¡ni que fuese un dios!** he's so arrogant, he must think he's God!; **¡pero tú qué te has creído!, ¡ni que yo fuese tonto!** you must think I'm stupid or something!; **¡qué curso ni qué curso! ¡yo he aprendido por mi cuenta!** what are you talking about, taking a course? I've studied by myself!
[4] **ni bien** (*Arg, Uru*) as soon as; **ni bien me fui, sonó el teléfono** as soon as I left, the phone rang

**Niágara** SM Niagara

**niara** SF (*Agr*) stack, rick

**nica** ADJ, SMF (*CAm pey*) Nicaraguan

**nicabar‡** ▸conjug 1a◂ VT to rip off*, nick*

**Nicaragua** SF Nicaragua

**nicaragüense** Ⓐ ADJ Nicaraguan
Ⓑ SMF Nicaraguan; **los ~s** the Nicaraguans

**nicaragüismo** SM *word/phrase peculiar to Nicaragua*

**nicho** SM (*gen*) niche; (= *receso*) recess ▸ **nicho ecológico** ecological niche

**Nico** SM (*forma familiar*) *de* **Nicolás**

**Nicolás** SM Nicholas

**nicotiana** SF nicotiana, tobacco plant

**nicotina** SF nicotine

**nicotínico** ADJ nicotinic, nicotine *antes de s*

**nidada** SF [*de huevos*] clutch; [*de pajarillos*] brood

**nidal** SM [1] (*Orn*) nest; (= *nido artificial*) nesting box
[2] [*de dinero*] nest egg
[3] (*) (= *guarida*) haunt, hang-out*; (= *escondite*) hiding place

**nidificación** SF nesting, nest-building

**nidificante** ADJ **ave ~** nesting bird

**nidificar** ▸conjug 1g◂ VI to nest

**nido** SM [1] (*gen*) nest; ✦**MODISMOS caer del ~** to come down to earth with a bump; **parece que se ha caído de un ~** he's a bit wet behind the ears*; **manchar el propio ~** to foul one's own nest ▸ **nido de abeja** (*en tela*) honeycomb pattern ▸ **nido de amor** love-nest ▸ **nido de víboras** nest of vipers
[2] (= *escondrijo*) hiding place; **un ~ de ladrones** a den of thieves
[3] [*de conflictos*] hotbed; [*de discusiones*] focus; **el reparto de premios fue un ~ de polémicas** the prize giving gave rise to heated arguments
[4] (*en hospital*) baby unit
[5] [*de bebé*] (= *camita*) cot; (= *corralito*) play-pen
[6] (= *emplazamiento*) ▸ **nido de ametralladoras** machine-gun nest

**niebla** SF [1] (= *bruma*) fog; **un día de ~** a foggy day; **hay ~** it is foggy ▸ **niebla artificial** smoke screen ▸ **niebla de humo** smog
[2] (*en asunto, negocio*) confusion
[3] (*Bot*) mildew

**niego**, **niegue** *etc ver* **negar**

**nietísimo/a** SM/F (*hum*) extra-special grandchild

**nieto/a** SM/F [1] (*lit*) grandson/granddaughter; **~s** grandchildren
[2] (*fig*) descendant

**nieva** *etc ver* **nevar**

**nieve** SF [1] (*Meteo*) snow; **~ abundante** *o* **copiosa** heavy snow; **copo de ~** snowflake; **las primeras ~s** the first snows, the first snowfall ▸ **nieve artificial** artificial snow ▸ **nieve en polvo** powdery snow ▸ **nieves perpetuas** perpetual snow
[2] (*Culin*) **a punto de ~** stiff, beaten stiff; **batir a punto de ~** to beat until stiff
[3] (*LAm*) (= *polo*) ice lolly; (= *sorbete*) sorbet, water-ice
[4] (‡) (= *cocaína*) snow*, coke*
[5] (*TV*) (= *interferencia*) snow

**NIF** SM ABR (= **número de identificación fiscal**) *ID number used for tax purposes*

**Nigeria** SF Nigeria

**nigeriano/a** Ⓐ ADJ Nigerian
Ⓑ SM/F Nigerian; **los ~s** the Nigerians

**night*** [naɪt] SM nightclub

**nigromancia** SF necromancy

**nigromante** SM necromancer

**nigua** SF (*Ant, CAm*) (= *pulga*) chigoe, chigger

**nihilismo** SM nihilism

**nihilista** Ⓐ ADJ nihilistic
Ⓑ SMF nihilist

**niki** SM (*Esp*) T-shirt

**Nilo** SM Nile

**nilón** [ni'lon] SM nylon

**nimbo** SM [1] (*Arte, Astron, Rel*) halo
[2] (*Meteo*) nimbus

**nimbostrato** SM nimbostratus

**nimiamente** ADV trivially

**nimiedad** SF [1] (= *cualidad*) insignificance, triviality
[2] **una ~** a trifle, a tiny detail; **riñeron por una ~** they quarrelled over nothing
[3] (= *minuciosidad*) meticulousness; (*pey*) fussiness; (= *prolijidad*) long-windedness
[4] (= *exceso*) excess

**nimiez** SF trifle, bagatelle

**nimio** ADJ [1] (= *insignificante*) insignificant, trivial; **un sinfín de detalles ~s** endless trivial details
[2] [*persona*] (= *minucioso*) meticulous; (*pey*) fussy (about details); (= *prolijo*) long-winded
[3] (= *excesivo*) excessive (**en** in)

**ninchi‡** SM [1] (= *imbécil*) berk*, twit*
[2] (= *niño*) kid*, child
[3] (= *amigo*) pal*, buddy (*EEUU**)

**ninfa** SF [1] (*Mit*) nymph
[2] (*Esp‡*) (= *chica*) bird*, chick (*EEUU‡*)

**ninfeta** SF, **ninfilla** SF, **ninfita** SF nymphet

**ninfómana** SF nymphomaniac

**ninfomanía** SF nymphomania

**ninfómano** ADJ nymphomaniac

**nínfula** SF nymphet

**ningún** ADJ *ver* **ninguno**

**ningunear*** ▸conjug 1a◂ VT (*esp CAm, Méx*) **~ a algn** (= *hacer el vacío a*) to pretend that sb doesn't exist, ignore sb; (= *despreciar*) to look down one's nose at sb; (= *empequeñecer*) to make sb feel small; (= *tratar mal*) to treat sb like dirt*

**ninguneo*** SM (*esp CAm, Méx*) **le condenaron al ~** they completely ostracized him

**ninguno** Ⓐ ADJ (*con verbo negativo en inglés*) any; (*con verbo afirmativo en inglés*) no; **no practica ningún deporte** he doesn't do any sport, he does no sport; **no hay ningún riesgo de contagio** there is no risk of infection; **no voy a ninguna parte** I'm not going anywhere; **no es ningún tonto** he's no fool; **no es molestia ninguna** it's no trouble at all
Ⓑ PRON [1] (*entre más de dos*) (*con verbo negativo en inglés*) any; (*con verbo afirmativo en inglés*) none; **hizo cuatro exámenes pero no aprobó ~** he took four exams but didn't pass any (of them); **—¿cuál te gusta? —ninguno** "which one do you like?" — "none of them"; **~ de**: **no me creo ninguna de sus historias** I don't believe any of his stories; **no me interesa ~ de ellos** I'm not interested in any of them; **no lo sabe ~ de sus amigos** none of his friends know
[2] (*entre dos*) (*con verbo negativo en inglés*) either; (*con verbo afirmativo en inglés*) neither; **no me gusta ~ (de los dos)** I don't like either (of them); **no os quiero ver a ~ de los dos por aquí** I don't want to see either of

you round here; **no nos ha escrito ~ de los dos** neither of them has written to us; **~ de los dos equipos pasará a la final** neither of the teams *o* neither team will get through to the final

[3] (= *nadie*) nobody, no-one; **lo hace como ~** he does it like nobody *o* no-one else; **los invité a los dos pero no vino ~** I invited both but neither of them came

**NINGUNO**

### Adjetivo

• Se traduce por **any** si el verbo va en forma negativa y por **no** si el verbo va en forma afirmativa. En general es más frecuente usar **not** + **any** (salvo como sujeto, posición en la que se debe emplear **no**), ya que **no** se utiliza normalmente con carácter más enfático:

No tengo ninguna pregunta
***I haven't got any questions***
No se ha cometido ningún delito
***No crime has been committed***
No fui a ningún sitio
***I didn't go anywhere***
No hay ningún peligro
***There is no danger, There isn't any danger***

**NOTA:** Hay que tener en cuenta que el sustantivo que sigue a **any** va en plural si es contable, como en el primer ejemplo.

• Con palabras que poseen un sentido negativo tales como **hardly**, **without** y **never** hay que utilizar **any**:

Conseguí hacerlo sin ninguna ayuda
***I managed to do it without any help***

### Pronombre

• El uso de los pronombres **any** y **none** sigue las mismas pautas que los adjetivos **any** y **no**, ya que se emplea preferiblemente la forma **any** con verbos en forma negativa y **none** si la forma es afirmativa, e igualmente se prefiere la forma **none** para la posición de sujeto:

No quiero ninguno de éstos
***I don't want any of these***
No me gusta ninguno de ellos
***I don't like any of them***
No queda ninguno
***There are none left***
No va a venir ninguno de sus amigos
***None of her friends is*** *o* ***are coming***

**NOTA:** Si el verbo va detrás de **none** puede ir tanto en singular como en plural.

• En lugar de **none** y **any**, si **ninguno** se refiere a dos personas o cosas se emplea **neither** y **either**, siguiendo las mismas reglas anotadas anteriormente:

Ninguno de los dos equipos está jugando bien
***Neither of the teams*** *o* ***Neither team is playing well***
No conozco a ninguno de los dos
***I don't know either of them***

**NOTA:** El verbo va en singular si sigue a **neither**.

⇨ *Ver tb* ALGUNO, ALGO
*Para otros usos y ejemplos ver la entrada.*

**niña** SF [1] ► **niña bonita*** (*en lotería*) (= *15*) number fifteen; **ser la ~ bonita de algn** to be the apple of sb's eye
[2] [*de los ojos*] pupil; **ser la ~ de los ojos de algn** to be the apple of sb's eye; *ver tb* **niño B1**

**niñada** SF = **niñería 2**

**niñato*** (A) ADJ **no seas tan ~** don't be so childish, don't be such a baby
(B) SM (*pey*) (= *niño*) kid*

**niñear** ▸conjug 1a◂ VI to act childishly

**niñera** SF nanny, child's nurse (*EEUU*), nursemaid†

**niñería** SF [1] (= *cualidad*) childishness
[2] (= *acto*) childish thing; (= *trivialidad*) silly thing, triviality; **llora por cualquier ~** she cries at the slightest thing

**niñero** ADJ fond of children

**niñez** SF [*de persona*] childhood; [*de proyecto, teoría*] infancy

**niño/a** (A) ADJ [1] (= *joven*) young; (*pey*) childish; **es muy ~ todavía** he's still very young; **¡no seas ~!** don't be so childish!
[2] (*Andes*) [*fruta*] green, unripe
(B) SM/F [1] (= *crío*) child, (little) boy/(little) girl; **los ~s** the children; **de ~** as a child; **desde ~** since childhood, since I *etc* was a child; ✦***MODISMOS*** **ser el ~ mimado de algn** to be sb's pet; **¡qué coche ni qué ~ muerto!*** all this nonsense about a car!, car my foot!*; **como ~ con zapatos nuevos** (*por regalo, compra*) like a child with a new toy, as pleased as punch; (*por noticia, sorpresa*) as pleased as punch ► **niño/a bien, niño/a bonito/a** Hooray Henry*; **el ~ bonito del toreo** the golden boy of bullfighting ► **niño/a de la calle** street kid ► **niño/a expósito/a** foundling ► **niño/a pera, niño/a pijo/a*** pampered child, daddy's boy/girl ► **niño/a prodigio/a** child prodigy ► **niño/a terrible** enfant terrible
[2] (= *bebé*) baby; **va a tener un ~** she's going to have a baby; **hacer un ~ a una** to get a girl in the family way; **cuando nazca el ~** when the baby is born, when the child is born ► **niño/a azul** blue baby ► **el Niño de la bola** (*lit*) the infant Jesus; (*fig*) fortune's favourite ► **niño/a de pecho** babe-in-arms ► **el Niño Jesús** the Christ-child; (*con menos formalidad*) the Baby Jesus ► **niño/a probeta** test-tube baby
[3] (*) (*uso apelativo*) **¡~, que te vas a caer!** watch out, lad, you're going to fall!; **¡niña, no seas tan tonta!** don't be such a silly girl!
[4] (*LAm esp Hist*) (= *título*) master/mistress, sir/miss; **el ~ Francisco** (young) master Francisco
[5] (*Cono Sur*) undesirable; *ver tb* **niña**

**nipón/ona** (A) ADJ Japanese
(B) SM/F Japanese; **los nipones** the Japanese

**nipos‡** SMPL dough* *sing*, cash* *sing*

**níquel** SM [1] (*gen*) nickel; (*Téc*) nickel-plating
[2] (*LAm*) (= *moneda*) small coin, nickel (*EEUU*); **~es** (*Cono Sur, Méx*) dough* *sing*

**niquelado** (A) ADJ nickel-plated
(B) SM nickel plating

**niquelar** ▸conjug 1a◂ (A) VT to nickel-plate
(B) VI (*Esp‡*) to shoot a line*

**niquelera** SF (*Andes*) purse, coin purse (*EEUU*)

**niqui** SM T-shirt

**nirvana** SM Nirvana

**níspero** SM, **níspola** SF medlar

**nítidamente** ADV clearly, sharply

**nitidez** SF [1] [*de imagen, fotografía*] sharpness, clarity; [*de aire, agua*] clarity
[2] [*de explicación, orden*] clarity; [*de conducta*] irreproachability

**nítido** ADJ [1] [*imagen, fotografía*] sharp, clear; [*aire, agua*] clear
[2] [*explicación, orden*] clear; [*conducta*] irreproachable

**nitral** SM nitrate deposit, saltpetre bed, saltpeter bed (*EEUU*)

**nitrato** SM nitrate ► **nitrato de cloro** chlorine nitrate ► **nitrato potásico** potassium nitrate

**nitrera** SF (*Cono Sur*) nitrate deposit

**nítrico** ADJ nitric

**nitro** SM nitre, niter (*EEUU*), saltpetre, saltpeter (*EEUU*)

**nitrobenceno** SM nitrobenzene

**nitrogenado** ADJ nitrogenous

**nitrógeno** SM nitrogen

**nitroglicerina** SF nitroglycerin(e)

**nitroso** ADJ nitrous

**nivel** SM [1] (= *altura*) level, height; **a 900m sobre el ~ del mar** at 900m above sea level; **la nieve alcanzó un ~ de 1,5m** the snow reached a depth of 1.5m; **a ~** (*gen*) level, flush; (= *horizontal*) horizontal; **al ~ de** on a level with, at the same height as, on the same level as; **paso a ~** level crossing, grade crossing (*EEUU*) ► **nivel de(l) aceite** (*Aut etc*) oil level ► **nivel de crucero** cruising altitude ► **nivel del agua** water level ► **nivel del mar** sea level ► **nivel freático** water table
[2] (*escolar, cultural*) level, standard; **el ~ cultural del país** the cultural standard of the country; **alto ~ de empleo** high level of employment; **conferencia al más alto ~** ◊ **conferencia de alto ~** high-level conference, top-level conference; **de primer ~** top-level; **a ~ internacional** at an international level; **estar al ~ de** to be equal to, be on a level with; **estar al ~ de las circunstancias** to rise to the occasion; **no está al ~ de los demás** he is not up to the standard of the others; ✦***MODISMO*** **dar el ~** to come up to scratch ► **nivel de vida** standard of living ► **niveles de audiencia** ratings, audience rating *sing*; (*TV*) viewing figures
[3] (= *instrumento*) (*tb* **~ de aire, ~ de burbuja**) spirit level
[4] **a ~ de** (= *en cuanto a*) as for, as regards; (= *como*) as; (= *a tono con*) in keeping with; **a ~ de ministro es un desastre** as a minister he's a disaster; **a ~ de viajes** so far as travel is concerned, regarding travel

**nivelación** SF [1] [*de superficie*] levelling (out), leveling (out) (*EEUU*)
[2] [*de presupuesto*] balancing

**nivelado** (A) ADJ [1] [*superficie*] level, flat; (*Téc*) flush
[2] [*presupuesto*] balanced
(B) SM levelling, leveling (*EEUU*)

**niveladora** SF bulldozer

**nivelar** ▸conjug 1a◂ VT [1] [+ *superficie*] to level (out); (*Ferro*) to grade
[2] [+ *diferencias, deficiencias*] to even (out), even (up)
[3] [+ *presupuesto*] to balance (**con** against), adjust (**con** to); [+ *déficit*] to cover

**níveo** ADJ (*liter*) snowy, snow-white

**nivosidad** SF snowfall, (depth of) snow

**nixtamal** SM (*CAm, Méx*) (= *maíz cocido*) boiled maize, boiled corn (*EEUU*)

**Niza** SF Nice

**n/l.** ABR = **nuestra letra**

**NN** ABR (= **ningún nombre**) no name (*mark on grave of unknown person*)

**NNE** ABR (= **nornordeste**) NNE

**NNO** ABR (= **nornoroeste**) NNW

**NN.UU.** SFPL ABR (= **Naciones Unidas**) UN

**N.°** ABR, **n.°** ABR (= **número**) No., no.

**NO** ABR (= **noroeste**) NW

**no** Ⓐ ADV [1] (= *para negar*) [1·1] (*en respuestas independientes*) no; (*con adverbios*) not; **—¿quieres un café? —no, gracias** "would you like a coffee?" — "no, thanks"; **—¿quieres venir? —no** "do you want to come?" — "no" *o* "no, I don't"; **—¿te gusta? —no mucho** "do you like it?" — "not really"; **todavía no** not yet; **¡no a la bajada de sueldos!** no to wage cuts!; **¡yo no!** not me!, not I!†
[1·2] (*para formar la negación de los verbos*) **no sé** I don't know; **María no habla inglés** María doesn't speak English; **no puedo ir esta noche** I can't come tonight; **no tengo tiempo** I haven't got time; **no debes preocuparte** you mustn't worry; **no hace frío** it isn't cold
[1·3] **que no**: **decir que no** to say no; **creo que no** I don't think so; **me rogó que no lo hiciera** he asked me not to do it; **—¿eras tú el que llamaba? —¡que no, que no era yo!** "was it you who was calling?" — "no, I've already told you it wasn't!"; **¡a que no eres capaz!** I bet you can't!; **¡a que no lo sabes!** I bet you don't know!
[1·4] (*con doble negación*) **no conozco a nadie** I don't know anyone; **no quiero nada** I don't want anything, I want nothing; *ver tb* **de 23, bien B2, más A5.1, A8, si[1] 1**
[2] (*para confirmar*) **esto es tuyo, ¿no?** this is yours, isn't it?; **fueron al cine, ¿no?** they went to the cinema, didn't they?; **puedo salir esta noche, ¿no?** I can go out tonight, can't I?
[3] (*para enfatizar*) **es mejor que lo diga que no que se calle** it's better that he should speak up rather than saying nothing; **hasta que no pagues no te lo darán** they won't give it to you until you pay; **¿pues no va y le da el dinero a ella?** so what does he do? he goes and gives the money to her!
[4] (*modificando a adjetivos y sustantivos*) non-; **pacto de no agresión** non-aggression pact; **los países no alineados** the non-aligned nations; **no beligerancia** non-belligerence; **el no conformismo** non-conformism; **los no fumadores** non-smokers; **la política de no intervención** the policy of non-intervention, the non-intervention policy; **no renovable** non-renewable; **la no necesidad del latín en partes de la misa** the fact that Latin is not obligatory in parts of the mass; ✦*MODISMO* **el no va más** the ultimate; **lo que en los sesenta era el no va más** what was the ultimate in the sixties; **ese barco es el no va más del lujo** that boat is the ultimate in luxury
Ⓑ SM **un no contundente** a resounding no; **le dieron un no por respuesta** they answered him no; **no hubo ni un solo no en la votación** not a single person voted no

**n/o.** ABR = **nuestra orden**

**Nobel** SM [1] (*tb* **Premio ~**) Nobel Prize
[2] (= *persona*) Nobel prizewinner

**nobiliario** ADJ [1] **título ~** title
[2] [*libro*] genealogical

**nobilizar** ▸conjug 1f◂ VT to enhance, dignify, ennoble

**noble** Ⓐ ADJ [1] (= *aristocrático*) noble
[2] (= *honrado*) noble
[3] [*madera*] fine
Ⓑ SMF nobleman/noblewoman; **los ~s** the nobility *sing*, the nobles

**noblemente** ADV nobly

**nobleza** SF [1] (= *cualidad*) nobility; **~ obliga** noblesse oblige
[2] (= *aristocracia*) nobility

**nobuk** SM nubuck

**nocaut** SM (*LAm*), **nocáut** SM (*LAm*) knockout

**nocautear** ▸conjug 1a◂ VT (*LAm*) to knock out, K.O.*

**nocdáun** SM (*LAm*) knockdown

**noche** SF [1] (= *parte del día*) night; **a las once de la ~** at eleven o'clock at night; **la alarma no dejó de sonar en toda la ~** the alarm didn't stop ringing all night; **"Las mil y una ~s"** "The Arabian Nights"; **a la ~** (*Arg, Uru*) = **por la noche**; **ayer ~** last night; **¡buenas ~s!** (= *al atardecer*) good evening!; (= *al despedirse o al acostarse*) good night!; **de ~** (*como adv*) at night; (*como adj*) night *antes de s*; **tiene miedo a salir de ~ a la calle** she is afraid to go out after dark *o* at night; **viajaban de ~ y dormían durante el día** they travelled by night and slept during the day; **crema de ~** night cream; **turno de ~** night shift; **traje de ~** evening dress; **en la ~** (*LAm*) = **por la noche**; **en la ~ de ayer** last night; **en la ~ de hoy** tonight; **en la ~ del martes** on Tuesday night; **hasta muy entrada la ~** till late into the night, into the small hours; **esta ~** (= *hoy por la noche*) tonight; (= *anoche*) last night; **¿qué hay en la tele esta ~?** what's on TV tonight?; **no he podido dormir esta ~** I couldn't sleep last night; **hacer ~ en un sitio** to spend the night somewhere; **media ~** midnight; **por la ~** at night; **cuando se echa una siesta luego por la ~ no duerme** when he has a siesta, he doesn't sleep at night; **mañana por la ~** tomorrow night; **el lunes por la ~** on Monday night; ✦*MODISMOS* **de la ~ a la mañana** overnight; **pasar la ~ en blanco** *o* **(de claro) en claro** *o* **en vela** to have a sleepless night; **perderse en la ~ de los tiempos** to be lost in the mists of time
► **noche de amor** night of passion ► **noche de bodas** wedding-night ► **noche de estreno** (*Teat*) first night, opening night ► **noche de los cuchillos largos** night of the long knives ► **noche toledana** sleepless night ► **Noche Vieja** New Year's Eve; *ver tb* **función 5, gato A1**
[2] (= *oscuridad*) **al caer la ~** at nightfall; **ya es ~ cerrada** it's completely dark now; **es de ~** it is dark; **ahora es de ~ y no se ve nada** it's dark now and you can't see a thing; **cuando sea de ~, volveremos al refugio** when night falls *o* when it's dark, we'll return to the shelter; **hacerse de ~** to get dark
[3] **la ~** (= *vida nocturna*) nightlife; **aquí se vive intensamente la ~** the nightlife is very lively here; **es el local de moda de la ~ neoyorquina** it is the trendiest nightspot on the New York scene

**Nochebuena** SF Christmas Eve

> **NOCHEBUENA**
>
> *Traditional Christmas celebrations in Spanish-speaking countries mainly take place on the night of* **Nochebuena**, *Christmas Eve. These include a large Christmas meal, going to Midnight Mass,* **Misa del Gallo**, *and, in Spain, watching the seasonal message from the King on TV. Presents are traditionally given at the Epiphany by* **los Reyes Magos**, *the Three Kings, but due to ever increasing Anglo-Saxon influence some people also give presents on Christmas Day.*
>
> ⇨ *See also* DÍA DE REYES

**nochecita** SF (*LAm*) dusk, nightfall

**nocherniego** Ⓐ ADJ nocturnal, given to wandering about at night
Ⓑ SM night owl

**nochero/a** Ⓐ ADJ (*LAm*) nocturnal
Ⓑ SM/F (*Guat*) night worker
Ⓒ SM [1] (*Chile, Col*) (= *vigilante*) night watchman
[2] (*Col*) (= *mesilla*) bedside table, night stand (*EEUU*)

**Nochevieja** SF, **nochevieja** SF New Year's Eve

> **NOCHEVIEJA**
>
> **Nochevieja**, *or New Year's Eve, is one of the most important seasonal celebrations in Spanish-speaking countries. Whereas* **Nochebuena** *is traditionally spent at home with the family,* **Nochevieja** *is an occasion for going out. In Spain, the highlight of the evening is* **las campanadas**, *the chimes of the* **Puerta del Sol** *clock in Madrid, which are broadcast live to usher in the New Year, like Big Ben in the UK. As the bells strike it is traditional to eat twelve grapes, one for each chime, a custom known as* **las uvas de la suerte** *or* **las doce uvas**.

**nochote** SM (*Méx*) cactus beer

**noción** SF [1] (= *idea*) notion, idea; **no tener la menor ~ de algo** not to have the faintest idea about sth
[2] **nociones** (= *conocimientos*) [*de electrónica, música*] basics, rudiments; [*de lenguas*] smattering *sing*; **tiene algunas nociones de árabe** he has a smattering of Arabic

**nocional** ADJ notional

**nocividad** SF harmfulness

**nocivo** ADJ harmful, injurious (*frm*) (**para** to)

**noctambulear** ▸conjug 1a◂ VI to wander about at night

**noctambulismo** SM sleepwalking, somnambulism (*frm*)

**noctámbulo/a** Ⓐ ADJ active at night
Ⓑ SM/F (= *sonámbulo*) sleepwalker; (= *jaranero*) night owl

**noctiluca** SF (*Entomología*) glow-worm

**noctívago/a** ADJ, SM/F = **noctámbulo**

**nocturnidad** SF evening hours *pl*, night hours *pl*; **con la agravante de la ~** made more serious by the fact that it was done at night; **obrar con ~** to operate under cover of darkness

**nocturno** Ⓐ ADJ [1] [*servicio, tarifa, ceguera*] night *antes de s*; **un vuelo ~** a night flight; **locales ~s** nightspots; **vigilante ~** night watch-

man; **el barrio no tiene mucho ambiente ~** there's not much nightlife in the area; **clases nocturnas** evening classes, night school (*EEUU*); **su primera salida nocturna de las vacaciones** her first night out during the holidays
[2] (*Zool, Bot*) nocturnal
(B) SM [1] (*Mús*) nocturne
[2] (*Escol*) evening classes *pl*, night school (*EEUU*)

**nodo**[1] SM node

**nodo**[2] SM, **No-do** SM (*Cine, Hist*) newsreel

**nodriza** SF wet nurse; **barco ~** supply ship

**nodular** ADJ nodular

**nódulo** SM nodule

**Noé** SM Noah

**nogal** SM (= *madera*) walnut; (= *árbol*) walnut tree

**noguera** SF walnut tree

**noluntad** SF unwillingness, reluctance

**nómada** (A) ADJ nomadic
(B) SMF nomad

**nomadear** ▸conjug 1a◂ VI to wander

**nomadeo** SM wanderings *pl*

**nomadismo** SM nomadism

**nomás** ADV (*LAm*) (*gen*) just; (= *tan sólo*) only; *ver tb* **más A5.1, A8**

**nombradía** SF fame, renown

**nombrado** ADJ [1] (= *susodicho*) aforementioned
[2] (= *famoso*) famous, renowned

**nombramiento** SM [1] (*gen*) naming; (= *designación*) designation
[2] (*para un puesto etc*) nomination, appointment; (*Mil*) commission
[3] (= *mención*) mention

**nombrar** ▸conjug 1a◂ VT [1] (*gen*) to name; (= *designar*) to designate
[2] (*para puesto, cargo*) to nominate, appoint; (*Mil*) to commission; **~ a algn embajador** to appoint sb ambassador
[3] (= *mencionar*) to mention

**nombre** SM [1] [*de persona, cosa*] name; **~ y apellidos** name in full, full name; **de rey no tenía más que el ~** he was king in name only; **a ~ de**: **un sobre a ~ de ...** an envelope addressed to ...; **no hay nadie a ~ de María** there's no one by the name of María; **bajo el ~ de** under the name of; **de ~** by name; **de ~ García** García by name; **conocer a algn de ~** to know sb by name; **no existe sino de ~** it exists in name only; **era rey tan sólo de ~** he was king in name only; **en ~ de** in the name of, on behalf of; **en ~ de la libertad** in the name of liberty; **¡abran en ~ de la ley!** open up in the name of the law!; **poner ~ a** to call, name; **¿qué ~ le van a poner?** what are they going to call him?; **por ~** by the name of, called; **sin ~** nameless; ✦**MODISMOS** **llamar a las cosas por su ~** to call a spade a spade; **no tener ~**: **su conducta no tiene ~** his conduct is utterly despicable ► **nombre artístico** [*de escritor*] pen-name, nom de plume; [*de actor*] stage name ► **nombre comercial** trade name ► **nombre de bautismo** Christian name, given name (*EEUU*) ► **nombre de familia** family name ► **nombre de fichero** (*Inform*) file name ► **nombre de lugar** place name ► **nombre de pila** first name, Christian name, given name (*EEUU*) ► **nombre de religión** name in religion ► **nombre de soltera** maiden name ► **nombre gentilicio** family name ► **nombre social** corporate name
[2] (*Ling*) noun ► **nombre abstracto** abstract noun ► **nombre colectivo** collective noun ► **nombre común** common noun ► **nombre concreto** concrete noun ► **nombre propio** proper name
[3] (= *reputación*) name, reputation; **se ha hecho un ~ en el mundo editorial** she's made a name for herself in the world of publishing; **tiene ~ en el mundo entero** it has a worldwide reputation; **un médico de ~** a famous *o* renowned doctor

**nomenclátor** SM, **nomenclador** SM catalogue of names

**nomenclatura** SF nomenclature

**nomeolvides** SF INV [1] (*Bot*) forget-me-not
[2] [*pulsera*] bracelet (*with lover's name etc*)

**nómina** SF [1] (= *lista de empleados*) payroll; **tiene una ~ de 500 personas** he has 500 on his payroll; **entrar en ~** to be put on the payroll; **estar en ~** to be on the staff
[2] (= *sueldo*) salary; (= *hoja de pago*) payslip; **cobrar la ~** to get paid, get one's pay-packet

**nominación** SF (*esp LAm*) nomination

**nominal** ADJ [1] [*cargo*] nominal; [*jefe, rey*] in name only
[2] [*valor*] face *antes de s*, nominal; [*sueldo etc*] nominal
[3] (*Ling*) noun *antes de s*

**nominalismo** SM nominalism

**nominalización** SF nominalization

**nominalizar** ▸conjug 1f◂ VT to nominalize

**nominalmente** ADV nominally, in name; **al menos ~** at least in name

**nominar** ▸conjug 1a◂ VT to nominate

**nominativo** (A) ADJ [1] (*Ling*) nominative
[2] (*Com, Fin*) **el cheque será ~ a favor de García** the cheque should be made out *o* made payable to García
(B) SM (*Ling*) nominative

**non** (A) ADJ [*número*] odd
(B) SM (= *impar*) odd number; **los ~es** the odd ones; **pares y ~es** odds and evens; **estar de ~** (= *persona*) to be odd man out; (*fig*) to be useless; **queda uno de ~** there's an odd one, there's one left over; **un zapato de ~** an odd shoe; ✦**MODISMO** **andar de ~es** to have nothing to do, be at a loose end

**nonada** SF trifle, mere nothing

**nonagenario/a** (A) ADJ nonagenarian, ninety-year-old
(B) SM/F nonagenarian

**nonagésimo** ADJ ninetieth; *ver* **sexto A**

**nonato** ADJ (= *no nacido*) unborn; (*mediante cesárea*) not born naturally, born by Caesarean section

**noneco** ADJ (*CAm*), **nonejo** ADJ (*CAm*) thick*

**nones*** ADV no; **decir que ~** to say no, flatly refuse; **¡nones!** no way!*

**noningentésimo** ADJ nine-hundredth

**nono**[1] ADJ ninth

**nono**[2]**/a*** SM/F (*Cono Sur*) granddad*/grandma*

**nopal** SM prickly pear

**nopalera** SF patch of prickly pears

**noqueada** SF (*esp LAm*) (= *acto*) knockout; (= *golpe*) knockout blow

**noqueado*** ADJ (*LAm*) shattered*, knackered*, pooped (*EEUU*‡)

**noquear** ▸conjug 1a◂ VT (*esp LAm*) to knock out, K.O*

**noqueo** SM (*esp LAm*) knockout

**noratlántico** ADJ north-Atlantic

**noray** SM bollard

**norcoreano/a** (A) ADJ North Korean
(B) SM/F North Korean; **los ~s** the North Koreans

**nordeste** (A) ADJ [*región, parte*] north-east north-eastern; [*dirección*] north-easterly; [*viento*] north-east, north-easterly
(B) SM [1] (= *región*) northeast
[2] (= *viento*) north-east wind

**nordestino** ADJ north-eastern

**nórdico/a** (A) ADJ [1] (*gen*) northern, northerly; **es la ciudad más nórdica de Europa** it is the most northerly city in Europe
[2] (*Hist*) Nordic, Norse
(B) SM/F [1] (*gen*) northerner
[2] (*Hist*) Norseman
(C) SM (*Ling*) Norse

**noreste** ADJ, SM = **nordeste**

**noria** SF [1] (*Agr*) waterwheel
[2] [*de feria*] big wheel, Ferris wheel (*EEUU*)

**norirlandés/esa** (A) ADJ Northern Irish
(B) SM/F native/inhabitant of Northern Ireland; **los norirlandeses** the people of Northern Ireland

**norma** SF [1] (= *regla*) (*gen, tb Educ*) rule; (*oficial*) regulation; **los centros educativos tienen autonomía para elaborar sus propias ~s** schools and colleges have the power to make their own rules; **la primera ~ de autodefensa** the first rule of self-defence; **el comercio internacional está sujeto a ciertas ~s** international trade is subject to certain regulations; **una nueva ~ europea sobre emisiones acústicas** a new European regulation on sound emissions; **como** *o* **por ~ general** as a general rule, as a rule of thumb; **tener por ~ hacer algo** to make it a rule to do sth; **tengo por ~ no hablar nunca de estos temas** I make it a rule never to talk about such matters ► **norma de comprobación** (*Fís*) control ► **normas de conducta** (*sociales*) rules of behaviour; [*de periódico, empresa*] policy *sing* ► **norma de vida** principle ► **normas de seguridad** safety regulations
[2] (= *situación, costumbre*) norm; **un país donde la pobreza es la ~** a country where poverty is the norm; **es ~ ofrecer una copa de bienvenida** it is standard practice *o* it is the norm to offer a complimentary drink; **como es ~ en estos casos** as is standard practice *o* as is the norm in these cases
[3] **la ~** (*Ling*) the standard form; **la ~ andaluza** standard Andalusian Spanish
[4] (*Arquit, Téc*) square

**normal** ADJ [1] (= *usual*) normal; **una persona ~** a normal person; **es perfectamente ~** it's perfectly normal; **es ~ que quiera divertirse** it's only normal that he wants to enjoy himself; **no es ~ que no quiera venir** it's unusual for him not to want to come; **lleva una vida muy ~** he leads a very ordinary life; **~ y corriente** ordinary; **—¿es guapo? —no, ~ y corriente** "is he handsome?" — "no, just ordinary"; **como alumno es ~ y corriente** he's an average pupil
[2] [*gasolina*] three-star petrol, regular gas (*EEUU*)

3 (*Téc*) standard; (*Mat, Quím*) normal
4 **Escuela Normal** (*esp LAm*) teacher training college

**normalidad** SF normality, normalcy (*EEUU*); **la situación ha vuelto a la ~** the situation has returned to normality *o* normal; **se comportaba con total ~** he was behaving perfectly normally; **el acto discurrió con toda ~** the ceremony passed off without incident

**normalillo** ADJ, **normalito** ADJ quite ordinary, run-of-the-mill

**normalista** (*LAm*) Ⓐ ADJ INV [*de estudiante*] student teacher *antes de s*; [*de maestro*] schoolteacher *antes de s*
Ⓑ SMF (= *estudiante*) student teacher; (= *maestro*) schoolteacher

**normalización** SF 1 [*de relaciones, servicio, situación*] normalization; **la ~ del uso del catalán en las escuelas** the standardization of Catalan in the schools ► **normalización lingüística** *policy of making the local language official within an autonomous region*
2 (*Com, Téc*) standardization

**normalizado** ADJ (*Com, Téc*) standard, standardized

**normalizar** ▸conjug 1f◂ Ⓐ VT 1 [+ *relaciones, servicio, situación*] to restore to normal, normalize
2 (*Com, Téc*) to standardize
Ⓑ **normalizarse** VPR to return to normal, normalize; **el servicio se normalizó a mediodía** the service returned to normal at midday

▼ **normalmente** ADV (*gen*) normally; (= *usualmente*) usually

**Normandía** SF Normandy

**normando/a** Ⓐ ADJ 1 (*gen*) of/from Normandy; (*Hist*) Norman; **las Islas Normandas** the Channel Islands
2 (= *vikingo*) Norse
Ⓑ SM/F 1 (*gen*) native/inhabitant of Normandy; (*Hist*) Norman; **los ~s** the people of Normandy; (*Hist*) the Normans
2 (= *vikingo*) Norseman

**normar** ▸conjug 1a◂ VT (*LAm*) to lay down rules for, establish norms for

**normativa** SF rules *pl*, regulations *pl*, guidelines *pl*; **según la ~ vigente** according to current rules *o* regulations *o* guidelines

**normativo** ADJ 1 (= *preceptivo*) [*aspecto, carácter*] normative; [*gramática*] prescriptive; **es ~ en todos los coches nuevos** it is mandatory in all new cars
2 (= *legal*) **el marco ~ vigente** the existing regulatory framework; **el actual vacío ~** the present lack of regulation

**noroccidental** ADJ north-western

**noroeste** Ⓐ ADJ [*región*] north-west, north-western; [*dirección*] north-westerly; [*viento*] north-west, north-westerly
Ⓑ SM 1 (= *región*) north-west
2 (= *viento*) north-west wind

**nororiental** ADJ north-eastern

**norsa** SF (*LAm*) (= *enfermera*) nurse; (= *institutriz*) governess; (= *niñera*) nursemaid

**nortada** SF (steady) northerly wind

**norte** Ⓐ ADJ [*región*] northern; [*dirección*] northerly; [*viento*] north; **el hemisferio ~** the northern hemisphere; **la zona ~ de la ciudad** the northern part of the city, the north of the city; **en la costa ~** on the north coast
Ⓑ SM 1 (= *punto cardinal*) north ► **norte magnético** magnetic north
2 [*de región, país*] north; **el ~ del país** the north of the country; **al ~ de Huelva** to the north of Huelva; **eso cae más hacia el ~** that lies further (to the) north; **viajábamos hacia el ~** we were travelling north; **en la parte del ~** in the northern part; **vientos del ~** northerly winds
3 (= *viento*) north wind
4 (= *meta*) aim, objective; **aún no ha encontrado su ~ en la vida** she still hasn't found her aim in life; **pregunta sin ~** aimless question; **perder el ~** to lose one's way, go astray
5 (*Caribe*) (= *Estados Unidos*) ≈ United States
6 (*Caribe*) (= *llovizna*) drizzle

**norteafricano/a** Ⓐ ADJ North African
Ⓑ SM/F North African man/woman; **los ~s** the people of North Africa

**Norteamérica** SF North America

**norteamericano/a** Ⓐ ADJ North American; (*de Estados Unidos*) American
Ⓑ SM/F North American; (*de Estados Unidos*) American; **los ~s** the North Americans, the people of North America; (*de Estados Unidos*) the Americans

**nortear** ▸conjug 1a◂ VI (*Andes, CAm, Caribe*) **nortea** the north wind is blowing

**norteño/a** Ⓐ ADJ northern
Ⓑ SM/F northerner

**nortino/a** (*Andes, Cono Sur*) Ⓐ ADJ northern
Ⓑ SM/F northerner

**Noruega** SF Norway

**noruego/a** Ⓐ ADJ Norwegian
Ⓑ SM/F Norwegian; **los ~s** the Norwegians
Ⓒ SM (*Ling*) Norwegian

**norvietnamés/esa** (*LAm*) Ⓐ ADJ North Vietnamese
Ⓑ SM/F North Vietnamese man/North Vietnamese woman; **los norvietnameses** the North Vietnamese, the people of North Vietnam

**norvietnamita** Ⓐ ADJ North Vietnamese
Ⓑ SMF North Vietnamese man/North Vietnamese woman; **los ~s** the North Vietnamese, the people of North Vietnam

**nos** PRON PERS PL 1 (*directo*) us; **~ quiere mucho** she loves us dearly; **~ vinieron a ver** they came to see us
2 (*indirecto*) us; **~ dio un consejo** he gave us some advice; **~ lo compró** (*de nosotros*) he bought it from us; (*para nosotros*) he bought it for us; **~ tienen que arreglar el ordenador** they have to fix the computer for us; **~ dolían los pies** our feet were hurting
3 (*reflexivo*) ourselves; **tenemos que defendernos** we must defend ourselves; **~ lavamos** we washed; **~ levantamos a las siete** we get up at seven; **~ pusimos los abrigos** we put our coats on
4 (*mutuo*) each other; **~ dimos un beso** we gave each other a kiss; **no ~ hablamos** we don't speak to each other; **~ hemos enamorado** we fell in love

**nosocomio** SM (*esp LAm*) hospital

**nosotros/as** PRON PERS PL 1 (*sujeto*) we; **~ no somos italianos** we are not Italian; **se lo podemos llevar ~ mismos** we can deliver it to you ourselves
2 (*tras prep y conj*) us; **tu hermano vino con ~** your brother came with us; **no irán sin ~** they won't go without us; **no pedimos nada para ~** we ask nothing for ourselves; **han jugado peor que nosotras** they played worse than us

**nostalgia** SF [*del pasado*] nostalgia; [*de casa, patria, amigos*] homesickness

**nostálgico** ADJ [*del pasado*] nostalgic; (*de casa, patria, amigos*) homesick

**nostalgioso** ADJ (*Cono Sur*) = **nostálgico**

**nota** Ⓐ SF 1 (= *mensaje corto*) note; (*Admin*) memo; **te he dejado una ~ encima de la mesa** I've left you a note on the table ► **nota de aviso** advice note ► **nota de entrega** delivery note ► **nota de inhabilitación** (*Aut*) endorsement (*on licence*) ► **nota de quita y pon** Post-it®
2 (= *apunte*) note; **tomar ~s** to take notes; **tomar (buena) ~ (de algo)** (*fijarse*) to take (good) note (of sth)
3 (= *comentario*) note; **texto con ~s de ...** text edited with notes by ..., text annotated by ... ► **nota a pie de página** footnote ► **notas al margen** marginal notes
4 (*Escol*) mark, grade (*EEUU*); **sacar buenas ~s** to get good marks; **ir para** *o* **a por ~*** to go *o* aim for a high mark; **¿ya te han dado las ~s?** have you had your report yet?
5 (*Mús*) note; **entonar la ~** to pitch a note; **dar la ~** (*lit*) to give the keynote; (*fig*) to get oneself noticed, act up ► **nota discordante** (*lit*) discordant note, discord; **sus críticas fueron la única ~ discordante** his criticisms struck the only discordant note; **Juan siempre tiene que dar la ~ discordante** Juan always has to disagree ► **nota dominante** (*lit*) dominant note; (*fig*) dominant feature *o* element
6 (= *adorno, detalle*) **una ~ de color** a colourful note; **una ~ de buen gusto** a tasteful note
7 (*Prensa*) note ► **nota de la redacción** editor's note ► **nota de prensa** press release ► **nota de sociedad** gossip column ► **nota informativa** press release
8 **digno de ~** (= *notable*) notable, worthy of note
9 (*Com*) (= *recibo*) receipt; (= *vale*) IOU; (*Méx*) (= *cuenta*) bill ► **nota de cargo, nota de débito** debit note ► **nota de crédito** credit note ► **nota de gastos** expense account
10 (†) (= *reputación*) reputation; **de ~** of note, famous; **de mala ~** notorious; **tiene ~ de tacaño** he has a reputation for meanness
11 (*LAm**) effects *pl* of drugs
Ⓑ SM **notas*** (= *tío*) bloke*, dude (*EEUU**)

**notabilidad** SF 1 (= *cualidad*) noteworthiness, notability
2 (= *persona notable*) notable person

▼ **notable** Ⓐ ADJ 1 (= *destacado*) notable; **una actuación verdaderamente ~** an outstanding performance, a truly notable performance; **un poema ~ por su belleza lírica** a poem notable for its lyrical beauty; **la exposición reúne a pintores tan ~s como ...** the exhibition brings together such notable *o* distinguished painters as ...
2 (= *considerable*) [*aumento, mejoría, diferencia*] significant, considerable; **el enfermo ha experimentado una ~ mejoría** the patient has experienced a significant *o* considerable improvement; **la disminución de la contaminación ha sido ~** there has been a significant *o* considerable reduction in pollu-

tion; **la obra fue un fracaso ~** the play was a signal failure

Ⓑ SM (*Esp*) (= *calificación*) *mark or grade between 7 and 8 out of 10*; **he sacado un ~** ≈ I got a B

Ⓒ SMPL **los ~s** the notables

**notablemente** ADV [*mejorar, disminuir, aumentar*] significantly, considerably; **nuestro déficit es ~ superior a la media** our deficit is significantly *o* considerably above average; **apareció ~ cansado** he appeared visibly tired

**notación** SF notation ► **notación binaria** binary notation ► **notación hexadecimal** hexadecimal notation ► **notación musical** musical notation

**notar** ▸conjug 1a◂ Ⓐ VT [1] (= *darse cuenta de*) to notice; **no lo había notado** I hadn't noticed; **los usuarios apenas han notado los efectos de la huelga** customers have hardly noticed the effects of the strike; **noté que la gente la miraba** I noticed people looking at her, I noticed that people were looking at her; **un niño nota cuando hay tensión en casa** a child can tell when there is tension at home; **dejarse ~: la subida de los precios se dejará ~ sobre todo en los alimentos** the rise in prices will be most noticeable in the case of food; **su ausencia en el equipo se dejó ~ ayer** his absence from the team was noticeable yesterday; **hacer ~ algo** to point sth out; **le hice ~ que había sido él, no yo, quien dio la orden** I pointed out to him that it had been him and not me who had given the order; **hacerse ~: los resultados se hicieron ~ sin tardanza** the consequences soon became apparent; **sólo se comportan así para hacerse ~** they only behave like that to get noticed *o* get attention; **la esposa del presidente apenas se ha hecho ~ en todo este tiempo** the president's wife has been almost invisible all this time

[2] (= *sentir*) [+ *dolor, pinchazo, frío*] to feel; **no noto frío alguno** I don't feel at all cold; **empiezo a ~ el cansancio** I'm beginning to feel tired

[3] (+ *ADJ*) **te noto muy cambiado** you seem very different; **lo noté preocupado** he seemed worried (to me); **he notado la casa más silenciosa últimamente** the house has seemed quieter recently; **te noto raro** you're acting strangely

[4] (= *anotar*) to note down

[5] (= *marcar*) to mark, indicate

[6] [+ *persona*] (= *criticar*) to criticize; (= *desacreditar*) to discredit; **~ a algn de algo** to brand sb as sth, criticize sb for being sth

Ⓑ **notarse** VPR [1] (*uso impersonal*) [1·1] (= *ser obvio*) to be noticeable; **en la reunión se notó mucho la ausencia de la antigua directora** the absence of the former director was very noticeable at the meeting; **notársele algo a algn: —estás disgustada, ¿verdad? —sí, ¿se me nota mucho?** "you're upset, aren't you?" — "yes, is it (that) obvious?"; **no se le nota que es extranjero** you can't tell he's a foreigner, you wouldn't know he's a foreigner; **se le notaba muy agitado** he was obviously very agitated; **~se que: se notaba que no se sentía muy seguro de sí mismo** you could tell he didn't feel very confident, he obviously didn't feel very confident; **¡se nota que acabas de cobrar!** you can tell you've just been paid!, you've obviously just been paid!; **no se notaba que acabaran de limpiar la escalera** you wouldn't know they had just cleaned the stairs

[1·2] (= *sentirse*) to be felt; **el impacto de la subida de los precios se ~á en febrero** the impact of the price increases will be felt in February; **la inflación se ha notado en el bolsillo de los españoles** the Spanish have felt the effect of inflation on their pocket; **fue un terremoto tan pequeño que no se notó** it was such a small earthquake that it went unnoticed *o* that no-one felt it

[1·3] (= *verse*) [*mancha, defecto*] to show; **no se nota nada la mancha** the stain doesn't show at all; **notársele algo a algn: —tienes una carrera en la media —¿se me nota mucho?** "you've got a ladder in your tights" — "does it show much?"; **sólo se le nota la edad en la cara** his age only shows in his face

[2] (*uso reflexivo*) to feel; **me noto más relajado** I feel more relaxed; **me noto con menos energía estos días** I've been feeling less energetic recently

**notaría** SF [1] (= *profesión*) profession of notary; **gastos de ~** legal fees, lawyer's fees

[2] (= *despacho*) notary's office

**notariado** SM [1] (= *profesión*) profession of notary

[2] (= *notarios*) notaries *pl*

**notarial** ADJ (*gen*) notarial; [*estilo*] legal, lawyer's

**notarialmente** ADV by legal process; **recurrir ~ a algn** to bring a legal action against sb; **tiene que certificarse ~** it must be legally certified, it must be certified before a commissioner for oaths

**notario/a** SM/F notary, notary public, attorney-at-law (*EEUU*)

**notebook** ['notbuk] SM notebook, notebook computer

**NOTICIA**

- Para traducir la palabra **noticia** al inglés, hay que tener en cuenta que el sustantivo **news** es incontable y lleva el verbo en singular:
  Las noticias de hoy no son nada buenas
  ***Today's news isn't very good***
  Cuando recibió la noticia se puso a llorar
  ***When she received the news she burst into tears***
- Cuando queremos precisar que se trata de una noticia en particular o de un número determinado de noticias utilizamos la expresión **piece/pieces of news**:
  Había dos noticias que nos parecieron preocupantes
  ***There were two pieces of news that we found worrying***

*Para otros usos y ejemplos ver la entrada.*

▼**noticia** SF [1] (= *información*) news; **¿hay alguna ~?** any news?; **eso no es ~** that's not news; **tengo una buena ~ que darte** I've got some good news for you; **fue una ~ excelente para la economía** it was an excellent piece of news for the economy; **la última ~ fue sobre las inundaciones** the last news item was about the flooding; **vi las ~s de las nueve** I watched the nine o'clock news; **según nuestras ~s** according to our information; **estar atrasado de ~s** to be behind the times, lack up-to-date information; **¡~s frescas!** (*iró*) tell me a new one! ► **noticia bomba*** bombshell* ► **noticia de portada** front-page news, headline news

[2] (= *conocimiento*) **tener ~s de algn** to have news of sb; **hace tiempo que no tenemos ~s suyas** we haven't heard from her for a long time; **no tener ~ de algo** to know nothing about a matter; **no tenemos ~ de su paradero** we have no idea of his whereabouts

**noticiable** ADJ newsworthy

**noticiar** ▸conjug 1b◂ VT to notify

**noticiario** SM (*TV, Radio*) news bulletin; (*Cine*) newsreel

**noticiero** Ⓐ ADJ [1] (*TV, Radio*) news *antes de s*

[2] (= *portador de noticias*) news-bearing, news-giving

Ⓑ SM [1] (= *periódico*) newspaper, gazette

[2] (*LAm TV*) news bulletin; (*Caribe Cine*) newsreel

**notición*** SM bombshell

**noticioso** Ⓐ ADJ [1] (*esp LAm*) [*reportaje*] news *antes de s*; [*fuente etc*] well-informed; [*suceso*] newsworthy; **agencia noticiosa** news agency; **texto ~** news report

[2] (†) **~ de que usted quería verme ...** hearing that you wished to see me ...

Ⓑ SM (*LAm TV, Radio*) news bulletin

**notificación** SF notification

**notificar** ▸conjug 1g◂ VT to notify, inform

**notoriamente** ADV (= *obviamente*) obviously; (= *evidentemente*) glaringly, blatantly, flagrantly; **una sentencia ~ injusta** a glaringly unjust sentence

**notoriedad** SF (= *fama*) fame, renown; (= *dominio público*) wide knowledge; **hechos de amplia ~** widely-known facts

**notorio** ADJ [1] (= *conocido*) well-known, publicly known; (= *famoso*) famous; **es ~ que ...** it is well-known that ...; **un hecho ~** a well-known fact

[2] (= *obvio*) obvious; [*error*] glaring, blatant, flagrant

**nov.** ABR (= **noviembre**) Nov

**novador(a)** Ⓐ ADJ innovating, revolutionary

Ⓑ SM/F innovator

**noval** ADJ [*tierra*] newly-broken

**novamás*** SM INV **es el ~** (= *lo mejor*) it's the ultimate; (= *lo último*) it's the latest thing

**novatada** SF [1] (= *burla*) rag, ragging, hazing (*EEUU*)

[2] (= *error*) beginner's mistake, elementary blunder; ✦***MODISMO*** **pagar la ~** to learn the hard way

**novato/a** Ⓐ ADJ raw, green

Ⓑ SM/F beginner, tyro

**novecientos/as** Ⓐ ADJ, PRON (*gen*) nine hundred; (*ordinal*) nine hundredth; **línea** *o* **número ~** freefone number

Ⓑ SM nine hundred; **en el ~** in the twentieth century; *ver tb* **seiscientos**

**novedad** SF [1] (= *cualidad*) novelty, newness; **la ~ del método sorprendió a todos** the novelty *o* newness of the method surprised everyone

[2] (= *cosa nueva*) novelty; **hace tiempo que la reflexología ha dejado de ser (una) ~** reflexology ceased to be a novelty a long time ago; **las ~es discográficas** new releases; **las últimas ~es en moda infantil** the latest in

➤ LENGUA Y USO: **noticia 1** 48.1, 48.2

children's fashions; **¿llegó tarde? ¡vaya ~!** (*iró*) so he was late? surprise, surprise!
3 (= *cambio*) **llegar sin ~** to arrive safely; **la jornada ha transcurrido sin ~** it has been a quiet day, it has been a normal day; **el enfermo sigue sin ~** the patient's condition is unchanged; **sin ~ en el frente** (*Mil hum*) all quiet on the Western front
4 **novedades** (= *noticias*) news; **cuéntame todas las ~es** tell me all the news

**novedoso** ADJ 1 [*idea, método*] novel, new, original
2 (*Cono Sur, Méx*) = **novelesco**

**novel** Ⓐ ADJ (= *nuevo*) new; (= *inexperto*) inexperienced; **una escritora ~** a new writer
Ⓑ SMF (= *principiante*) beginner, novice

**novela** SF novel; **la ~ española en el siglo XX** the 20th century Spanish novel ► **novela de amor** love story, romance ► **novela de aprendizaje** Bildungsroman, *novel concerned with a person's formative years* ► **novela de ciencia ficción** science fiction novel ► **novela de misterio** mystery (story) ► **novela epistolar** epistolary novel ► **novela gótica** Gothic novel ► **novela histórica** historical novel ► **novela iniciática** Bildungsroman, *novel concerned with a person's formative years* ► **novela negra** thriller ► **novela policíaca** detective story, whodunit* ► **novela por entregas** serial ► **novela radiofónica** radio serial ► **novela río** saga ► **novela rosa** romantic novel

**novelación** SF fictionalization

**novelado** ADJ fictionalized

**novelar** ▸conjug 1a◂ Ⓐ VT to make a novel out of, fictionalize
Ⓑ VI to write novels

**novelero/a** Ⓐ ADJ 1 (= *imaginativo*) highly imaginative
2 (= *romántico*) dreamy, romantic
3 (= *aficionado*) (*a novedades*) fond of novelty; (*a novelas*) fond of novels; (*a habladurías*) gossipy, fond of gossiping
4 [*cuento, historia*] romantic, novelettish
Ⓑ SM/F novel reader

**novelesco** ADJ 1 (*Literat*) fictional; **el género ~** fiction, the novel
2 (= *romántico*) romantic, fantastic, novelettish; [*aventura etc*] storybook *antes de s*

**novelista** SMF novelist

**novelística** SF **la ~** fiction, the novel

**novelón*** SM big novel, epic (novel); (*pey*) pulp novel

**novelucha** SF (*pey*) cheap novel, pulp novel

**novena** SF (*Rel*) novena

**noveno** ADJ ninth; *ver tb* **sexto**

**noventa** ADJ INV, PRON, SM (*gen*) ninety; (*ordinal*) ninetieth; **los (años) ~** the nineties; **los escritores del ~ y ocho** the writers of the 1898 Generation; *ver tb* **seis**

**noventayochista** ADJ **un escritor ~** a writer of the 1898 Generation

**noventón/ona** Ⓐ ADJ ninety-year-old, ninetyish
Ⓑ SM/F person of about ninety

**novia‡** SF (*Mil*) rifle, gun, rod (*EEUU*); *ver tb* **novio**

**noviar** ▸conjug 1b◂ VI **~ con** (*Cono Sur*) to go out with, date, court (*frm*)

**noviazgo** SM engagement

**noviciado** SM (*gen*) apprenticeship, training; (*Rel*) novitiate

**novicio/a** SM/F (*gen*) beginner, novice; (= *aprendiz*) apprentice; (*Rel*) novice

**noviembre** SM November; *ver tb* **septiembre**

**noviero*** ADJ **es muy ~** (*gen*) he has had lots of girlfriends; (= *enamoradizo*) he's always falling in love

**novilla** SF heifer

**novillada** SF (*Taur*) training fight (*bullfight with young bulls and novice bullfighters*)

**novillero/a** SM/F 1 (*Taur*) apprentice bullfighter, novice
2 (*Escol**) truant

**novillo** SM 1 (*Zool*) young bull, bullock, steer (*EEUU*)
2 **novillos** (*Taur*) = **novillada**
3 ✦***MODISMO* hacer ~s** (*gen*) to stay away, not turn up, skive off*; (*Escol*) to play truant, play hooky (*EEUU**), skive off*

**novilunio** SM (*Astron*) new moon

**novio/a** SM/F (= *amigo*) boyfriend/girlfriend, sweetheart†; (= *prometido*) fiancé/fiancée; (*en boda*) (bride)groom/bride; (= *recién casado*) newly-married man/woman; **los ~s** (= *prometidos*) the engaged couple; (*en boda*) the bride and groom; (= *recién casados*) the newly-weds; **ser ~s formales** to be formally engaged; **viaje de ~s** honeymoon

**novísimo** ADJ (*gen*) newest, latest, most recent; (*Com*) brand-new

**ns** ABR (= **no sabe(n)**) *don't know(s)*

**N.S.** ABR = **Nuestro Señor**

**ns/nc** ABR (= **no sabe(n)/no contesta(n)**) *don't knows*

**N.T.** ABR 1 (*Rel*) (= **Nuevo Testamento**) NT
2 (*Téc*) = **nuevas tecnologías**

**ntra.** ABR = **nuestra**

**ntro.** ABR = **nuestro**

**NU** SFPL ABR (= **Naciones Unidas**) UN

**nubada** SF, **nubarrada** SF 1 (= *chaparrón*) downpour, sudden heavy shower
2 (*fig*) abundance

**nubarrón** SM storm cloud

**nube** SF 1 (*gen*) cloud ► **nube de lluvia** rain-cloud ► **nube de tormenta** storm cloud ► **nube de verano** (*lit*) summer shower; (*fig*) brief burst of annoyance
2 [*de humo, insectos, polvo*] cloud; [*de gente*] crowd, multitude; **una ~ de periodistas** a crowd *o* pack of journalists; **una ~ de críticas** a storm of criticism; **una ~ de pordioseros** a swarm of beggars
3 (*Med*) (*en el ojo*) cloud, film
4 ✦***MODISMOS* andar por las ~s** ◊ **estar en las ~s** to have one's head in the clouds; **estar en una ~** to be on cloud nine; **los precios están por las ~s** prices are sky high; **poner a algn en** *o* **por** *o* **sobre las ~s** to praise sb to the skies; **ponerse por las ~s** [*persona*] to go up the wall*; [*precio*] to rocket, soar
5 (= *golosina*) candyfloss, cotton candy (*EEUU*)

**núbil** ADJ nubile

**nublado** Ⓐ ADJ [*cielo*] cloudy, overcast
Ⓑ SM 1 (= *nube*) storm cloud, black cloud
2 (= *amenaza*) threat; (= *peligro*) impending danger
3 (= *enfado*) anger, black mood; ✦***MODISMO* pasó el ~** the trouble's over
4 (= *multitud*) swarm, crowd, multitude

**nublar** ▸conjug 1a◂ Ⓐ VT 1 (*gen*) to darken, obscure
2 [+ *vista, mente*] to cloud; [+ *razón*] to affect, cloud; [+ *felicidad*] to cloud, mar
Ⓑ **nublarse** VPR to become cloudy, cloud over

**nublazón** SM (*LAm*) = **nublado B**

**nublo** ADJ (*LAm*) cloudy

**nubloso** ADJ 1 [*cielo*] cloudy
2 (= *desafortunado*) unlucky, unfortunate; (= *triste*) gloomy

**nubosidad** SF cloudiness, clouds *pl*; **habrá ~ de desarrollo** *o* **evolución** it will become increasingly cloudy

**nuboso** ADJ cloudy

**nubuck** SM nubuck

**nuca** SF nape (of the neck), back of the neck

**nuclear** Ⓐ ADJ (*gen*) nuclear; **central ~** nuclear power station
Ⓑ SF (= *central nuclear*) nuclear power station
Ⓒ ▸conjug 1a◂ VT 1 (= *reunir*) to bring together; (= *combinar*) to combine; (= *concentrar*) to concentrate; [+ *miembros etc*] to provide a focus for, act as a forum for
2 (= *liderar*) to lead

**nuclearización** SF (= *proceso*) introduction of nuclear energy (**de** to); [*de un país*] conversion to nuclear energy

**nuclearizado** ADJ **países ~s** countries possessing nuclear weapons

**nuclearizarse** ▸conjug 1f◂ VPR 1 (*Elec*) to build nuclear power stations, go nuclear
2 (*Mil*) to make *o* acquire nuclear weapons

**nucleizar** ▸conjug 1f◂ VT = **nuclear B**

**núcleo** SM (*Biol, Fís, Quím*) nucleus; (*Elec*) core; (*Bot*) kernel, stone; (*fig*) core, essence ► **núcleo de población** population centre, population center (*EEUU*) ► **núcleo duro** hard core ► **núcleo rural** (new) village, village settlement ► **núcleo tormentoso** thunderstorm ► **núcleo urbano** city centre, city center (*EEUU*)

**nudillo** SM knuckle

**nudismo** SM nudism

**nudista** SMF nudist

**nudo**[1] ADJ **nuda propiedad** bare ownership, bare title to property

**nudo**[2] SM 1 (*en hilo, cuerda*) knot; **el ~ de la corbata** the tie knot; **no sabe hacerse el ~ de la corbata** he doesn't know how to do up his tie; **atar con un ~** to tie in a knot; ✦***MODISMO* un ~ en la garganta** a lump in one's throat; **se me hizo un ~ en la garganta** I got a lump in my throat ► **nudo corredizo** slipknot ► **nudo de rizos** reef knot ► **nudo gordiano** Gordian knot ► **nudo llano**, **nudo marinero** reef knot
2 [*de carreteras, ferrocarriles*] junction
3 (= *vínculo*) bond, tie
4 [*de problema, cuestión*] core, crux; [*de obra, narración*] crisis, point of greatest complexity
5 (*en tallo*) node; (*en madera*) knot

**nudoso** ADJ [*madera*] knotty, full of knots; [*tronco*] gnarled; [*bastón*] knobbly, knobby (*EEUU*)

**nueces** SFPL *de* **nuez**

**nuégado** SM nougat

**nuera** SF daughter-in-law

**nuestro/a** Ⓐ ADJ POSES our; (*tras sustantivo*) of ours; **~ perro** our dog; **~s hijos** our children;

**un barco ~** a boat of ours, one of our boats; **un amigo ~** a friend of ours
Ⓑ PRON POSES ours; **—¿de quién es esto? —es ~** "whose is this?" — "it's ours"; **esta casa es la nuestra** this house is ours; **es el ~** it is ours; **el tenis no nos gusta, lo ~ es el fútbol** we don't like tennis, we're more into football; **no servimos para pintar, lo ~ es la fotografía** we're no use at painting, we're better at photography; **los ~s** (= *nuestra familia*) our people, our family; (*Dep*) (= *nuestro equipo*) our men, our side; **es de los ~s** he's one of ours, he's one of us

**nueva** SF (= *noticia*) piece of news; **~s** news; ✦*MODISMOS* **coger a algn de ~s** to take sb by surprise; **me cogió de ~s** it took me by surprise, it was news to me; **hacerse de ~s** to pretend to be surprised

**Nueva Caledonia** SF New Caledonia

**Nueva Delhi** SF New Delhi

**Nueva Escocia** SF Nova Scotia

**Nueva Gales** SF (*tb* **~ del Sur**) New South Wales

**Nueva Guinea** SF New Guinea

**Nueva Inglaterra** SF New England

**nuevamente** ADV again

**nuevaolero** ADJ new-wave *antes de s*

**Nueva Orleáns** SF New Orleans

**Nueva York** SF New York

**Nueva Zelanda** SF, **Nueva Zelandia** SF (*LAm*) New Zealand

**nueve** Ⓐ ADJ INV, PRON (*gen*) nine; (*ordinal, en la fecha*) ninth; **las ~** nine o'clock; **le escribí el día ~** I wrote to him on the ninth
Ⓑ SM (= *número*) nine; (= *fecha*) ninth; *ver tb* **seis**

**nuevecito** ADJ brand-new

**nuevo** ADJ [1] (= *no usado*) new; **ha presentado su nueva película** he launched his new film; **la casa es nueva** the house is new; **la casa está nueva** the house is as good as new; **como ~: estos pantalones están como ~s** these trousers are just like new; **con una mano de pintura quedará como ~** it'll look like new after a coat of paint; **después de una buena siesta quedarás como ~** you'll feel like new after a good nap; ✦*MODISMO* **no hay nada ~ bajo el sol** there's nothing new under the sun
[2] (= *recién llegado*) new; **es ~ en el oficio** he's new to the trade; **es ~ en la ciudad** he's new to the town; **soy ~ en el colegio** I'm new at the school
[3] **de ~** (= *otra vez*) again; **tuve que leer el libro de ~** I had to read the book again

**nuevomejicano/a** Ⓐ ADJ New Mexican
Ⓑ SM/F New Mexican; **los ~s** the New Mexicans, the people of New Mexico

**Nuevo Méjico** SM New Mexico

**nuez** SF [1] (= *fruto*) (*gen*) nut; [*del nogal*] walnut; (*Méx*) pecan nut ► **nuez de Brasil** Brazil nut ► **nuez de Castilla** (*Méx*) walnut ► **nuez de Pará** Brazil nut ► **nuez moscada** nutmeg ► **nuez nogal** (*Méx*) walnut
[2] (*Anat*) (*tb* **~ de Adán**) Adam's apple

**nulidad** SF [1] (*Jur*) nullity
[2] (= *incapacidad*) incompetence, incapacity
[3] (= *persona*) nonentity; **es una ~** he's a dead loss*, he's useless

**nulo** Ⓐ ADJ [1] (*Jur*) void, null, null and void; **~ y sin efecto** null and void; **el matrimonio fue declarado ~** the marriage was annulled
[2] [*persona*] useless*, hopeless*; **es ~ para la música** he's useless at music*
[3] (*en boxeo*) **combate ~** draw
Ⓑ **nulos** SMPL (*Naipes*) misère *sing*; **bridge con ~s** bridge with the misère variation

**núm.** ABR (= **número**) No., no.

**Numancia** SF [1] (*Hist*) Numantia
[2] (*fig*) *symbol of heroic or last-ditch resistance*

**numantino/a** Ⓐ ADJ [1] (*Hist*) of/from Numantia
[2] [*resistencia*] heroic, last-ditch; (*pey*) diehard, stubborn
Ⓑ SM/F native/inhabitant of Numantia; **los ~s** the people of Numantia

**numen** SM [1] (*Literat*) (= *inspiración*) inspiration ► **numen poético** poetic inspiration
[2] (= *deidad*) numen

**numeración** SF [1] (= *acto*) numeration, numbering
[2] (= *números*) numbers *pl*, numerals *pl* ► **numeración arábiga** Arabic numerals *pl* ► **numeración de línea** (*Inform*) line numbering ► **numeración romana** Roman numerals *pl*

**numerador** SM numerator

**numeral** Ⓐ ADJ numeral, number *antes de s*
Ⓑ SM numeral

**numerar** ▸conjug 1a◂ Ⓐ VT (*gen*) to number; **páginas sin ~** unnumbered pages
Ⓑ **numerarse** VPR (*Mil etc*) to number off

**numerario** Ⓐ ADJ [1] (*del número*) numerary
[2] [*socio, miembro*] full; [*catedrático*] tenured; **profesor ~** permanent member of teaching staff; **no ~** non-established
Ⓑ SM (*Fin*) cash, hard cash

**numerero*** ADJ over-the-top, outrageous

**numéricamente** ADV numerically

**numérico** ADJ (*gen*) numerical; (*Inform*) numeric

**numerito** SM (*Teat*) short act; [*de relleno*] fill-in act; ✦*MODISMO* **montar el** *o* **un ~*** to make a scene, kick up a fuss

**número** SM [1] (*Mat*) number; **en ~s redondos** in round numbers; **estar en ~s rojos** to be in the red; **volver a ~s negros** to get back into the black, return to profitability; **de ~: miembro de ~** full member; **profesor de ~** tenured teacher, teacher with a permanent post; **echar** *o* **hacer ~s*** to do one's sums, number-crunch; **sin ~: calle Aribau, sin ~** Aribau street, no number; **problemas sin ~** countless problems ► **número arábigo** Arabic numeral ► **número binario** (*Inform*) binary number ► **número cardinal** cardinal number ► **número de identificación fiscal** *ID number used for tax purposes* ► **número de lote** batch number, batch code ► **número de matrícula** (*Aut*) registration number ► **número de referencia** reference number ► **número de serie** serial number ► **número de teléfono** telephone number, phone number ► **número dos** (*lit*) number two; **el ~ dos del partido** the second in command of the party, the number two of the party ► **número entero** whole number ► **número fraccionario** fraction ► **número impar** odd number ► **número negativo** negative number ► **número ordinal** ordinal number ► **número par** even number ► **número perfecto** perfect number ► **número personal de identificación** (= *clave*) personal identification number ► **número primo** prime number ► **número quebrado** fraction ► **número romano** Roman numeral ► **número uno** number one; **para mí, Sinatra será siempre el ~ uno** for me Sinatra will always be number one; **el jugador ~ uno de su país** the number one player in his country, the top player in his country
[2] [*de zapatos*] size
[3] [*de periódico, revista*] number, issue ► **número atrasado** back number ► **número cero** dummy number, dummy run ► **número extraordinario** special edition, special issue ► **número suelto** single issue
[4] (= *billete de lotería*) ticket
[5] (*Teat*) act, number; ✦*MODISMO* **montar el** *o* **un ~*** to make a scene, kick up a fuss
[6] (*Gram*) number
[7] (*Mil*) man; (= *soldado raso*) private; (= *policía*) policeman; **un sargento y cuatro ~s** a sergeant and four men

**numerología** SF numerology

**numeroso** ADJ numerous; **familia numerosa** large family

**numerus clausus** SM *system of restricted entry (to university etc)*, quota system

**numísmata** SMF numismatist

**numismática** SF numismatics *sing*

**numismático/a** Ⓐ ADJ numismatic
Ⓑ SM/F numismatist

**núms.** ABR (= **números**) Nos, nos

**nunca** ADV never; **no viene ~** he never comes; **~ volveré a confiar en ella** I'll never trust her again; **ninguno de nosotros había esquiado ~** neither of us had ever skied before; **¿has visto ~ cosa igual?** have you ever seen anything like this?; **casi ~ me escribe** he hardly ever writes to me; **¡hasta ~!** I don't care if I never see you again!; **~ jamás** never ever; **no lo he visto ~ jamás** I've never ever seen it; **no lo haré ~ jamás** I'll never ever do it again; **~ más: no lo hizo ~ más** he never did it again; **no lo veré ~ más** I'll never see him again; **más que ~** more than ever; **~ mejor dicho: el primer paso hacia el coche popular lo dio — ~ mejor dicho — el Volkswagen (coche del pueblo, en alemán)** the first step towards a popular car was the appropriately-named Volkswagen (people's car in German); ✦*REFRÁN* **~ es tarde si la dicha es buena** better late than never

**nunciatura** SF nunciature

**nuncio** SM [1] (*Rel*) nuncio; ✦*MODISMOS* **¡cuéntaselo al ~!** tell that to the marines!; **¡que lo haga el ~!** get somebody else to do it! ► **nuncio apostólico**, **nuncio pontificio** papal nuncio
[2] (= *mensajero*) messenger; (*liter*) herald, harbinger ► **nuncio de la primavera** harbinger of spring

**nunquita** ADV (*LAm*) = **nunca**

**nupcial** ADJ wedding *antes de s*, nuptial (*frm*)

**nupcialidad** SF rate of marriage, marriage statistics

**nupcias** SFPL wedding *sing*, nuptials (*frm*); **casarse en segundas ~** to marry again, get married for the second time, remarry; **Jesús, que se casó en segundas ~ con Rosa** Jesús, who got married for the second time to Rosa

**nurse** ['nurse] SF **1** (*LAm*) (= *enfermera*) nurse
**2** (= *institutriz*) governess; (= *niñera*) nursemaid
**nutria** SF otter
**nutrición** SF nutrition
**nutricional** ADJ nutritional
**nutricionista** SMF nutritionist
**nutrido** ADJ **1** (= *alimentado*) **bien ~** well-nourished; **mal ~** undernourished, malnourished
**2** (= *grande*) large, considerable; (= *numeroso*) numerous; (= *abundante*) abundant; **una nutrida concurrencia** a large crowd, a large attendance; **~ de** full of, abounding in (*frm*); **fuego ~** (*Mil*) heavy fire; **~s aplausos** enthusiastic applause
**nutriente** SM nutrient
**nutrimento** SM nutriment, nourishment
**nutrir** ▸conjug 3a◂ Ⓐ VT **1** (= *alimentar*) to feed, nourish
**2** (= *fortalecer*) [+ *confianza, relaciones*] strengthen
**3** (= *proveer*) (*de agua, ayuda*) to provide
**4** (= *llenar*) to fill
Ⓑ **nutrirse** VPR **1** (= *alimentarse*) to receive nourishment
**2** (= *fortalecerse*) to feed (**de** on)
**3** (= *abastecerse*) **el acuífero del que se venía nutriendo el río** the aquifer which fed the river; **las multinacionales que se nutren de las ayudas públicas** the multinationals which have been benefitting from State aid
**nutritivo** ADJ nutritious, nourishing; **valor ~** nutritional value, food value
**nylon** ['nailon] SM nylon

# Ñ ñ

**Ñ, ñ** ['eɲe] SF (= *letra*) Ñ, ñ
**ña*** SF (*LAm*) = **doña**
**ñaca*** EXCL (*para dar envidia*) so there!
**ñaca-ñaca‡** SM rumpy-pumpy‡
**ñácara** SF (*CAm*) ulcer, sore
**ñaco** SM (*Méx*) popcorn
**ñafiar** ▸conjug 1b◂ VT (*Caribe*) to pilfer
**ñam*** EXCL **¡ñam ñam!** yum yum!*
**ñame** SM yam
**ñandú** SM (*Cono Sur*) South American ostrich, rhea
**ñandutí** SM (*Cono Sur*) Paraguayan lace
**ñanga** SF **1** (*CAm*) (= *pantano*) marsh, swampy ground
**2** (*Andes*) (= *trozo*) bit, small portion
**ñangada** SF (*CAm*) **1** (= *mordedura*) nip, bite
**2** (*) (= *tontería*) **¡qué ~ hiciste!** that was a stupid thing to do!
**ñangado** ADJ (*Caribe*) (= *patizambo*) knock-kneed; (= *estevado*) bow-legged
**ñangara** SMF (*Caribe Pol*) guerrilla
**ñango*** ADJ (*LAm*) awkward, clumsy
**ñangotarse*** ▸conjug 1a◂ VPR (*Andes, Caribe*)
**1** (= *agacharse*) to squat, crouch down
**2** (= *desanimarse*) to lose heart
**ñangué** SM **en los tiempos de ~** (*Andes**) way back, in the dim and distant past
**ñaña*** SF (*LAm*) (= *nodriza*) nursemaid, wet nurse
**ñaño/a*** (*LAm*) Ⓐ ADJ [*amigo*] close; (= *consentido*) spoiled
Ⓑ SM/F (= *amigo*) friend; (= *hermano mayor*) elder brother/sister
**ñapa** SF (*LAm*) (= *prima*) extra, bonus; (= *propina*) tip; **de ~** as an extra
**ñapango** SM (*Col*) mulatto, mestizo
**ñaque** SM junk
**ñata[1]** SF (*Andes*) (= *muerte*) death
**ñata[2]*** SF (*LAm*), **ñatas*** SFPL (*LAm*) nose, conk*
**ñato** ADJ (*LAm*) flat-nosed, snub-nosed
**ñau** EXCL (*LAm*) mew, miaow; **hacer ~ ~** (*lit*) to miaow, mew; (= *arañar*) to scratch
**ñauar** ▸conjug 1a◂ VI (*LAm*) to miaow, mew
**ñeque*** SM (*Andes, Cono Sur*) (= *fuerza*) strength
**ñique*** SM (*CAm, Cono Sur*) (= *cabezazo*) butt with the head; (*CAm*) (= *puñetazo*) punch
**ñiquiñaque** SM **1** (= *trastos*) trash, junk
**2** (= *persona*) worthless individual
**ñisca** SF **1** (*Andes, CAm, Cono Sur*) (= *pedazo*) bit, small piece
**2** (*Andes, CAm‡*) (= *excremento*) crap**
**ño*** SM (*LAm*) = **don[2]**
**ñoca** SF (*Andes*) crack, fissure
**ñoco** ADJ (*LAm*) (= *sin un dedo*) lacking a finger; (= *manco*) one-handed
**ñola** SF **1** (*Andes, CAm‡*) (= *excremento*) crap**
**2** (*CAm**) (= *úlcera*) ulcer, sore
**ñongarse** ▸conjug 1h◂ VPR (*Andes*) **1** (= *agacharse*) to squat, crouch down
**2** **~ el pie** to twist one's foot
**ñongo** ADJ **1** (*Caribe, Cono Sur, Méx**) (= *estúpido*) stupid; (*Cono Sur*) (= *lento*) slow, lazy; (= *perdido*) good-for-nothing; (= *humilde*) creepy
**2** (*Andes, Caribe*) (= *lisiado*) crippled
**3** (*Caribe*) (= *tramposo*) tricky, deceitful; (= *feo*) unsightly; (= *infausto*) of ill omen; (= *quisquilloso*) touchy
**ñoña**** SF (*Chile, Ecu*) shit**; *ver tb* **ñoño**
**ñoñería** SF, **ñoñez** SF **1** (= *sosería*) insipidness
**2** (= *falta de carácter*) spinelessness; (= *melindres*) fussiness
**ñoño/a** Ⓐ ADJ **1** (= *soso*) characterless, insipid
**2** [*persona*] (= *débil*) spineless; (= *melindroso*) fussy, finicky
Ⓑ SM/F spineless person, drip*; *ver tb* **ñoña**
**ñoqui** SM **1** **ñoquis** (*Culin*) gnocchi
**2** (*Cono Sur**) (= *golpe*) thump
**ñorba** SF (*Andes*), **ñorbo** SM (*Andes*) passion-flower
**ñorda**** SF turd**, shit**; **¡una ~!** get away!*; **ser una ~** to be a shit**
**ñu** SM gnu
**ñuco** ADJ (*Andes*) [*animal*] dehorned; [*persona*] limbless
**ñudo**: **al ~** ADV (*LAm*) in vain
**ñudoso** ADJ = **nudoso**
**ñufla*** Ⓐ ADJ worthless
Ⓑ SF (*Cono Sur*) piece of junk
**ñuño*** SF (*Andes*) wet-nurse
**ñusca‡** SF (*Andes*) crap**
**ñusta** SF (*Andes Hist*) princess of royal blood
**ñutir** ▸conjug 3a◂ VI (*Andes*) to grunt
**ñuto*** ADJ (*Andes*) crushed, ground

# O o

**O¹**, **o** [o] SF (= *letra*) O, o

**O²** ABR 1 (*Geog*) (= **oeste**) W
2 (= **octubre**) Oct.

**o¹** CONJ or; **o ... o** either ... or; *ver tb* **ser A3**

**o²** ABR (*Com*) (= **orden**) o

**ó** CONJ or; **5 ó 6** 5 or 6

**OACI** SF ABR (= **Organización de la Aviación Civil Internacional**) ICAO

**oasis** SM INV oasis

**ob.** ABR, **obpo.** ABR (= **obispo**) Bp

**obcecación** SF (= *ofuscación*) blindness; (= *terquedad*) blind obstinacy; **en un momento de ~** in a moment of blind rage

**obcecadamente** ADV (= *con ofuscación*) blindly; (= *con terquedad*) obstinately, stubbornly, obdurately (*frm*)

**obcecado** ADJ (= *ofuscado*) blind, mentally blinded; (= *terco*) obstinate, stubborn, obdurate (*frm*); (= *trastornado*) disturbed

**obcecar** ▸conjug 1g◂ Ⓐ VT (= *ofuscar*) to blind (mentally); (= *trastornar*) to disturb the mind of; **el amor lo ha obcecado** love has blinded him (to all else)
Ⓑ **obcecarse** VPR to become obsessed; **~se con una idea** to become obsessed with an idea

**ob. cit.** ABR (= **obra citada**) op. cit.

**obducción** SF obduction

**obedecer** ▸conjug 2d◂ VT, VI 1 [+ *persona, norma*] to obey; **~ a algn** to obey sb, do as sb says
2 (= *deberse*) **~ a algo** to be due to sth; **los síntomas obedecen a una reacción alérgica** the symptoms are due to an allergic reaction; **su viaje obedece a dos motivos** there are two reasons for his journey, his journey is due to two reasons; **~ al hecho de que ...** to be due to ..., arise from ...
3 [*mecanismo*] to respond; **el volante no me obedecía** the steering wheel did not respond

**obediencia** SF obedience

**obediente** ADJ obedient

**obelisco** SM 1 (= *monumento*) obelisk
2 (*Tip*) dagger

**obenques** SMPL (*Náut*) shrouds

**obertura** SF overture

**obesidad** SF obesity

**obeso** ADJ obese

**óbice** SM obstacle, impediment; **eso no es ~ para que lo haga** that should not prevent him (from) *o* stop him doing it

**obispado** SM bishopric

➤ LENGUA Y USO: **objetivo B1** 35.2

**obispo** SM bishop

**óbito** SM (*liter*) death

**obituario** SM 1 (= *esquela*) obituary; (= *sección de periódico*) obituary section
2 (*Rel*) (= *registro*) register of deaths and burials

**objeción** SF objection; **poner objeciones** to object, make *o* raise objections; **no ponen ninguna ~** they don't object, they make *o* raise no objection ► **objeción de conciencia** conscientious objection

**objetable** ADJ (= *criticable*) open to objection; (= *inaceptable*) objectionable

**objetante** SMF (*gen*) objector; (*en mitin*) heckler

**objetar** ▸conjug 1a◂ Ⓐ VT (*gen*) to object to; [+ *argumento, plan*] to put forward, present; **¿algo que ~?** any objections?; **le objeté que no había dinero suficiente** I pointed out to him that there was not enough money
Ⓑ VI (*Mil*) to be a conscientious objector

**objetivamente** ADV objectively

**objetivar** ▸conjug 1a◂ VT to objectify, put in objective terms

**objetividad** SF objectivity

▼ **objetivo** Ⓐ ADJ objective
Ⓑ SM 1 (= *propósito*) objective, aim
2 (*Mil*) objective, target
3 (*Fot*) lens ► **objetivo zoom** zoom lens

**objeto** SM 1 (= *cosa*) object; **"objetos perdidos"** "lost property" ► **objeto contundente** blunt instrument ► **objeto de arte** objet d'art ► **objetos de escritorio** writing materials ► **objetos de regalo** giftware *sing*, gifts ► **objetos de tocador** toilet articles ► **objetos de valor** valuables ► **objeto sexual** sex object ► **objeto volante no identificado** unidentified flying object
2 (= *propósito*) object, aim; **desconocían el ~ de su visita** they did not know the object *o* aim of his visit; **al** *o* **con ~ de hacer algo** with the object *o* aim of doing sth; **estas medidas tienen por ~ reducir la inflación** the aim of these measures is to reduce inflation; **no tiene ~ que sigas preguntándome** there's no point in you continuing to ask me, it's no use you continuing to ask me
3 (= *blanco*) object; **me hizo ~ de sus obsesiones** I became the object of his obsessions; **fue ~ de sus burlas** she was the butt of their jokes; **fue ~ de un asalto** he was the target of an attack, he suffered an attack
4 (*Ling*) object ► **objeto directo** direct object ► **objeto indirecto** indirect object

**objetor(a)** SM/F objector ► **objetor(a) de conciencia** conscientious objector

> **OBJETOR DE CONCIENCIA**
>
> *The number of conscientious objectors to military service in Spain initially started to rise in the 1960s even though under the Francoist government of the time they could expect to be tried in a military court and to receive a long prison sentence. In the 1970s objectors tended to be assigned to non-fighting units like the medical corps and a law was finally passed in 1984 giving them legal status. In 1988 an alternative non-military programme (***Prestación Social Sustitutoria** *or* **PSS***) was developed allowing objectors to do social and community work. Events like Spain's membership of NATO in 1986 and the Gulf War in 1990 triggered a dramatic increase in the numbers of conscientious objectors.*
>
> ⇨ *See also* INSUMISO, PRESTACIÓN SOCIAL SUSTITUTORIA

**oblación** SF oblation, offering

**oblar** ▸conjug 1a◂ VT (*Cono Sur*) [+ *deuda*] to pay in cash

**oblata** SF oblation, offering

**oblea** SF 1 (= *galleta*) (*Culin*) wafer-thin slice; (*Rel*) wafer; ✦***MODISMO*** **quedar como una ~** to be as thin as a rake
2 (*Inform*) chip, wafer
3 (*Cono Sur Correos*) stamp

**oblicua** SF (*Mat*) oblique line

**oblicuamente** ADV obliquely

**oblicuar** ▸conjug 1d◂ Ⓐ VT to slant, place obliquely, cant, tilt
Ⓑ VI to deviate from the perpendicular

**oblicuidad** SF obliquity, oblique angle, oblique position

**oblicuo** ADJ [*línea*] oblique; [*ojos*] slanting; [*mirada*] sidelong

**obligación** SF 1 (= *responsabilidad*) obligation, duty; **cumplir con una ~** to fulfil an obligation; **faltar a sus obligaciones** to fail in one's obligations *o* duty, neglect one's obligations *o* duty; **tener ~ de hacer algo** to have a duty to do sth, be under an obligation to do sth; ✦***REFRÁN*** **primero es la ~ que la devoción** business before pleasure
2 (*Com, Fin*) bond, security ► **obligación convertible** convertible bond, convertible debenture ► **obligación de banco** bank bill ► **obligaciones del Estado** government

bonds, government securities ► **obligación tributaria** (*Méx*) tax liability

**obligacional** ADJ compulsory, binding

**obligacionista** SMF bondholder

**obligado** Ⓐ ADJ [1] (= *forzado*) forced; **no estás ~ a dar dinero** you're not being forced to give money; **se vieron ~s a vender su casa** they were forced to sell their house; **no te sientas obligada a venir** don't feel obliged to come
[2] (= *obligatorio*) **normas de ~ cumplimiento** regulations that must be complied with
[3] (= *inexcusable*) **es ~ hacerle una visita** you're expected to pay her a visit; **este museo es visita obligada para el amante del arte** this museum is a must for the art lover
[4] (*frm*) (= *agradecido*) **estar** *o* **quedar ~ a algn** to be obliged to sb, be in sb's debt
Ⓑ SM (*Mús*) obbligato

▼**obligar** ▸conjug 1h◂ Ⓐ VT [1] (= *forzar*) to force; **~ a algn a hacer algo** to force sb to do sth; **me han obligado a venir** they forced me to come; **la obligan a estudiar francés** they make her study French
[2] [*ley, norma*] **la disposición obliga a todos los contribuyentes** all taxpayers are bound to observe this requirement, this requirement is binding on all taxpayers
[3] (= *empujar*) to force; **sólo se puede cerrar el cajón obligándolo** you can't get the drawer shut except by forcing it
Ⓑ **obligarse** VPR **tengo que ~me a ir al gimnasio cada día** I have to force myself to go to the gym every day; **me obligo a cumplir los términos del contrato** (*frm*) I undertake to fulfil the terms of the contract

**obligatoriamente** ADV [1] (= *preceptivamente*) compulsorily
[2] (= *forzosamente*) of necessity

**obligatoriedad** SF obligatory nature; **de ~ jurídica** legally binding

▼**obligatorio** ADJ (= *preceptivo*) (*gen*) obligatory, compulsory; [*promesa, acuerdo*] binding; **es ~ hacerlo** it is obligatory to do it; **escolaridad obligatoria** compulsory schooling

**obliteración** SF (*Med*) obliteration

**obliterar** ▸conjug 1a◂ VT [1] (*Med*) (*gen*) to obliterate; [+ *herida*] to staunch
[2] (= *inutilizar*) to obliterate, destroy

**oblongo** ADJ oblong

**obnubilación** SF = **ofuscación**

**obnubilar** ▸conjug 1a◂ VT = **ofuscar 2**

**oboe** Ⓐ SM (= *instrumento*) oboe
Ⓑ SMF (= *músico*) oboist, oboe player

**oboísta** SMF oboist

**óbolo** SM mite, small contribution; **~ de San Pedro** Peter's pence

**obra** SF [1] (= *acción*) deed; **hoy he hecho una buena ~** I did a good deed today; **pecar de ~** to sin by deed; **buenas ~s** good works, good deeds; **ser ~ de algn** to be sb's doing; **esto no puede ser ~ de mi hijo** this can't be my son's doing; **la policía cree que podría ser ~ de la Mafia** the police think this could be the work of the Mafia; **poner por ~ un plan** to set a plan in motion; **por ~ (y gracia) de** thanks to; **un país destrozado por ~ del turismo** a country totally spoilt by tourism; **una gimnasta convertida en ídolo mundial por ~ y gracia de su entrenador** a gymnast who became a world famous idol thanks to her coach; **por ~ y gracia del Espíritu Santo** (*Rel*) through the working of the Holy Spirit, by the power of the Holy Spirit; **cree que el trabajo va a estar terminado mañana por ~ y gracia del Espíritu Santo** (*iró*) he thinks that the work will miraculously get done tomorrow; ✦***MODISMO*** **ser ~ de romanos** to be a huge task, be a herculean task; ✦***REFRÁN*** **~s son amores y no buenas razones** actions speak louder than words ► **obra benéfica** (= *acción*) charitable deed; (= *organización*) charitable organization, charity; **el dinero se destinará a ~s benéficas** the money will go to charity ► **obra de caridad** charitable deed, act of charity ► **obra de misericordia** (*Rel*) work of mercy ► **obra pía** religious foundation ► **obra piadosa** charitable deed ► **obra social** (= *organización*) *benevolent fund for arts, sports etc*; (= *labor*) charitable work
[2] [*de creación artística*] [2·1] (= *producción total*) (*Arte, Literat, Teat, Mús*) work; **la vida y la ~ de San Juan de la Cruz** the life and work of Saint John of the Cross; **el tema de la muerte en la ~ de Lorca** the subject of death in Lorca *o* in Lorca's work
[2·2] (= *pieza*) (*Arte, Mús*) work; (*Teat*) play; (*Literat*) book, work; **una ~ de Goya** a work *o* painting by Goya; **una ~ de Lope de Vega** a play by Lope de Vega; **las ~s de Cervantes** the works of Cervantes; **~s completas** complete works, collected works
► **obra de arte** work of art ► **obra de consulta** reference book ► **obra de divulgación** *non-fiction book aimed at a popular audience* ► **obra de teatro, obra dramática** play ► **obra maestra** masterpiece ► **obra teatral** play
[3] (*Constr*) [3·1] (= *edificio en construcción*) building site, construction site; **hemos estado visitando la ~** we've been visiting the building *o* construction site; **¿cuándo acaban la ~?** when do they finish the building work?; ✦***MODISMO*** **ser** *o* **parecer la ~ del Escorial** to be a never-ending job
[3·2] **de ~** [*chimenea*] brick *antes de s*; [*estantería, armario*] built-in
[3·3] **obras** (*en edificio*) building work *sing*, construction work *sing*; (*en carretera*) roadworks; **las ~s de construcción del hospital** building *o* construction work on the hospital; **las ~s de remodelación del estadio** redevelopment work at the stadium; **las ~s de ampliación del aeropuerto** work on expanding the airport; **los vecinos están de ~s** they're having building work done next door, they have the builders in next door*; **"obras"** (*en edificio*) "building under construction"; (*en carretera*) "roadworks"; **"cerrado por obras"** "closed for refurbishment"; **"página en obras"** (*Internet*) "site under construction"; **la autopista está en ~s** there are roadworks on the motorway; **estamos haciendo ~s en la cocina** we're having some building work done in the kitchen
► **obras públicas** public works; **Ministerio de Obras Públicas** Ministry of Public Works ► **obras viales, obras viarias** roadworks
[4] (= *ejecución*) workmanship; **la ~ es buena pero los materiales son de mala calidad** the workmanship is good but the materials are of a poor quality; ✦***MODISMO*** **poner manos a la ~** to get down to work; *ver tb* **mano A7**
[5] (*Chile*) brickwork
[6] **~ de** about; **en ~ de ocho semanas** in about eight weeks
[7] **la Obra** (*Esp Rel*) Opus Dei; → OPUS DEI

**obradera*** SF (*Andes, CAm euf*) diarrhoea, diarrhea (*EEUU*)

**obrador** SM [*de artesano*] workshop, workroom; [*de pastelería*] bakery

**obraje** SM [1] (*Cono Sur*) (= *aserradero*) sawmill, timberyard
[2] (*Méx*) (= *carnicería*) pork butcher's, pork butcher's shop
[3] (*Andes*) (= *fábrica textil*) textile plant

**obrajero** SM [1] (*Cono Sur*) (= *maderero*) timber merchant
[2] (*Bol*) (= *artesano*) craftsman, skilled worker
[3] (*Méx*) (= *carnicero*) pork butcher

**obrar** ▸conjug 1a◂ Ⓐ VI [1] (= *actuar*) to act; **~on correctamente en todo momento** they acted correctly at all times; **debemos ~ de acuerdo con nuestra conciencia** we must act in accordance with our consciences; **~ con precaución** to act cautiously
[2] (= *tener efecto*) [*medicinas*] to work, have an effect
[3] (*frm*) (= *estar*) **~ en manos** *o* **en poder de algn** to be in sb's possession; **los dos documentos obran ya en poder del abogado** both documents are now in the possession of the lawyer
[4] (= *hacer obras*) to have building work done, do building work
[5] (*euf*) (= *defecar*) to go*, go to the toilet *o* (*EEUU*) bathroom, pass a stool (*euf*)
Ⓑ VT [1] (*frm*) [+ *mejoría*] to make; [+ *milagro*] to work; **el medicamento no obró ningún efecto en el enfermo** the medicine had no effect on *o* did not work on the patient
[2] (= *trabajar*) [+ *madera*] to work
[3] (*Cono Sur*) (= *construir*) to build

**obrerado** SM work force

**obrerismo** SM labour movement, labor movement (*EEUU*)

**obrero/a** Ⓐ ADJ [*clase*] working; [*movimiento*] labour *antes de s*, labor *antes de s* (*EEUU*); **condiciones obreras** working conditions
Ⓑ SM/F (= *empleado*) worker; (= *peón*) labourer, laborer (*EEUU*) ► **obrero/a autónomo/a** self-employed worker ► **obrero/a cualificado/a** skilled worker ► **obrero/a escenógrafo/a** stagehand ► **obrero/a especializado/a** skilled worker ► **obrero/a portuario/a** dock worker

**obscenamente** ADV obscenely

**obscenidad** SF obscenity

**obsceno** ADJ obscene

**obscu...** *ver* **oscu...**

**obsecuente** ADJ humble, obsequious

**obseder** ▸conjug 2a◂ VT (*LAm*) to obsess

**obsequiar** ▸conjug 1b◂ VT [1] (= *regalar*) **le ~on un reloj** they presented him with a watch, they gave him a watch
[2] (*Esp*) (= *agasajar*) **lo van a ~ con un banquete** they are going to hold a dinner in his honour *o* (*EEUU*) honor

**obsequio** SM [1] (= *regalo*) (*gen*) gift, present; (*para jubilado*) presentation; (*Com*) free gift; **ejemplar de ~** complimentary copy
[2] (*frm*) (= *agasajo*) courtesy, kindness; **en ~ de** in honour *o* (*EEUU*) honor of; **hágame el ~ de** + *INFIN* do me the kindness of + *ger*

➤ LENGUA Y USO: **obligar A1** 37.1, 37.3 **obligatorio** 37.1, 37.3

**obsequiosamente** ADV [1] (= *servicialmente*) deferentially, obligingly
[2] (= *aduladoramente*) obsequiously
**obsequiosidad** SF [1] (= *amabilidad*) deference, complaisance
[2] (= *adulación*) obsequiousness
**obsequioso** ADJ [1] (= *servicial*) deferential, obliging
[2] (= *adulador*) obsequious
[3] (*Méx*) (= *dadivoso*) fond of giving presents
**observable** ADJ observable
**observación** SF [1] (= *acto*) (*gen*) observation; (*Jur*) observance; **estar en ~** to be under observation ► **observación de aves** birdwatching ► **observación postal** interception of mail
[2] (= *comentario*) remark, comment, observation; **hacer una ~** to make a remark *o* comment *o* observation, comment
[3] (= *objeción*) objection; **hacer una ~ a** to raise an objection to
**observador(a)** Ⓐ ADJ observant
Ⓑ SM/F observer ► **observador(a) extranjero/a** foreign observer
**observancia** SF observance
**observar** ▸conjug 1a◂ VT [1] (= *mirar*) to observe, watch; (*Astron*) to observe
[2] (= *notar*) to see, notice; **se observa una mejoría** you can see *o* detect an improvement; **~ que** to observe that, notice that
[3] (*LAm*) **~ algo a algn** to point sth out to sb, draw sb's attention to sth
[4] [+ *leyes*] to observe; [+ *reglas*] to abide by, adhere to; **~ buena conducta** (*Perú*) to behave o.s.
[5] (= *mostrar*) to show, give signs of
**observatorio** SM observatory ► **observatorio del tiempo**, **observatorio meteorológico** weather station
**obsesión** SF obsession
**obsesionante** ADJ [*recuerdo*] haunting; [*manía, afición*] obsessive
**obsesionar** ▸conjug 1a◂ VT [*recuerdo*] to haunt; [*manía, afición*] to obsess; **estar obsesionado con** *o* **por algo** to be obsessed by sth
**obsesivo** ADJ obsessive
**obseso** ADJ obsessed
**obsidiana** SF obsidian
**obsolescencia** SF obsolescence ► **obsolescencia incorporada** (*Com*) built-in obsolescence
**obsoleto** ADJ obsolete
**obstaculización** SF hindering, hampering
**obstaculizar** ▸conjug 1f◂ VT [+ *negociaciones, progreso*] to hinder, hamper; [+ *tráfico*] to hold up
**obstáculo** SM [1] (*físico*) obstacle; *ver tb* **carrera 2**
[2] (= *dificultad*) obstacle, hindrance; **no es ~ para que yo lo haga** that does not prevent me (from) *o* stop me doing it; **poner ~s a algo/algn** to hinder sth/sb
**obstante**: **no ~** Ⓐ ADV [1] (= *sin embargo*) nevertheless, however
[2] (= *de todos modos*) all the same
Ⓑ PREP (= *a pesar de*) in spite of
**obstar** ▸conjug 1a◂ VI **~ a** *o* **para** to hinder, prevent; **eso no obsta para que lo haga** that does not prevent him (from) *o* stop him doing it
**obstetra** SMF obstetrician
**obstetricia** SF obstetrics *sing*
**obstétrico/a** Ⓐ ADJ obstetric(al)
Ⓑ SM/F obstetrician
**obstinación** SF obstinacy, stubbornness
**obstinadamente** ADV obstinately, stubbornly
**obstinado** ADJ obstinate, stubborn
**obstinarse** ▸conjug 1a◂ VPR to be obstinate; **~ en hacer algo** to persist in doing sth, insist on doing sth
**obstrucción** SF obstruction
**obstruccionar** ▸conjug 1a◂ VT (*esp LAm*) to obstruct
**obstruccionismo** SM (*gen*) obstructionism; (*Pol*) filibustering
**obstruccionista** Ⓐ ADJ (*gen*) obstructionist, obstructive; (*Pol*) filibustering
Ⓑ SMF (*gen*) obstructionist; (*Pol*) filibusterer
**obstructivismo** SM obstructiveness
**obstructivo** ADJ, **obstructor** ADJ obstructive
**obstruir** ▸conjug 3g◂ VT [1] (= *bloquear*) [+ *carretera, vena*] to obstruct; [+ *desagüe, tubería*] to block, clog; (*Dep*) to block
[2] [+ *desarrollo, proceso*] to hinder, hamper, hold up
**obtención** SF **el único requisito que se exige para la ~ del permiso** the only requirement for obtaining the permit; **esta medida facilitará la ~ de préstamos** this measure will make it easier to obtain a loan; **las ventas de acciones orientadas a la ~ rápida de beneficios** the sale of shares with a view to receiving a quick return
**obtener** ▸conjug 2k◂ VT [+ *resultado, información, permiso*] to get, obtain; [+ *mayoría, votos*] to win, obtain; [+ *premio, medalla, victoria*] to win; [+ *apoyo*] to gain, get, obtain; [+ *beneficios*] to make; **esperamos ~ mejores resultados este año** we are hoping to get *o* obtain *o* achieve better results this year; **los socialistas obtuvieron la mayoría absoluta** the socialists won *o* obtained an absolute majority; **ambos obtuvieron el premio Nobel en 1993** they both won the Nobel prize in 1993; **el equipo español confía en ~ la victoria** the Spanish team is confident of victory; **la empresa está obteniendo grandes beneficios** the company is making large profits; **con la venta de los derechos la editorial obtuvo varios millones de dólares** the publishers got several million dollars from the sale of the copyright; **nunca obtuvo respuesta** he never got *o* received a reply; **el acusado obtuvo la libertad provisional** the accused was granted bail
**obtenible** ADV [*información, resultado*] obtainable; [*meta*] achievable
**obturación** SF (*gen*) plugging, sealing, stopping; [*de diente*] filling; **velocidad de ~** (*Fot*) shutter speed
**obturador** SM (*gen*) plug, seal; (*Aut*) choke; (*Fot*) shutter
**obturar** ▸conjug 1a◂ VT (*gen*) to plug, seal, stop (up); [+ *diente*] to fill
**obtuso** ADJ [1] (= *sin punta*) blunt
[2] (*Mat*) obtuse
[3] (*de mente, entendimiento*) obtuse
**obús** SM [1] (*Mil*) (= *cañón*) howitzer; (= *proyectil*) shell
[2] (*Aut*) tyre valve, tire valve (*EEUU*)
**obvención** SF bonus, perquisite
**obvencional** ADJ [1] (= *adicional*) bonus, extra
[2] (= *incidental*) incidental
**obviamente** ADV obviously
**obviar** ▸conjug 1c◂ Ⓐ VT [1] (= *evitar*) (*gen*) to obviate, get round, avoid; **~ un problema** to get round a problem
[2] (= *no mencionar*) to leave out; **obvió los detalles más peliagudos** he left out the more awkward details
Ⓑ VI (= *estorbar*) to stand in the way
**obviedad** SF [1] (= *cualidad*) obvious nature, obviousness
[2] **una ~** an obvious remark; **la respuesta parece ser una ~** the answer seems to be obvious
**obvio** ADJ obvious
**OC** ABR (= **onda corta**) SW
**oca** SF [1] (= *ganso*) goose; ✦***MODISMO*** **¡es la ~!*** it's the tops!*
[2] **la Oca** (= *juego*) *board game similar to snakes and ladders*
[3] (*Andes*) (= *planta*) oca (*root vegetable*)
**ocasión** SF [1] (= *vez*) occasion; **en aquella ~** on that occasion; **en algunas ocasiones** sometimes; **venir en una mala ~** to come at a bad time; **con ~ de** on the occasion of
[2] (= *oportunidad*) chance, opportunity; **el delantero perdió una magnífica ~ de gol** the forward missed a great goal scoring opportunity *o* a great chance of scoring; **aprovechar la ~** to take one's chance, seize one's opportunity; **dar a algn la ~ de hacer algo** to give sb the chance *o* opportunity of doing sth; ✦***MODISMO*** **la ~ la pintan calva** it's an offer one can't refuse
[3] (= *motivo*) cause; **no hay ~ para quejarse** there is no cause for complaint
[4] **de ~** (*Com*) secondhand, used; **librería de ~** secondhand bookshop
[5] (*LAm*) (= *ganga*) bargain; **precio de ~** bargain price, reduced price
**ocasional** ADJ [1] (= *accidental*) chance, accidental
[2] (= *eventual*) [*trabajo*] casual, temporary; [*lluvia, visita, fumador*] occasional; **sólo consigue trabajo ~** he can only find casual *o* temporary work
**ocasionalmente** ADV [1] (= *accidentalmente*) by chance, accidentally
[2] (= *de vez en cuando*) occasionally
**ocasionar** ▸conjug 1a◂ VT to cause; **lamento ~le tantas molestias** I'm sorry to cause you *o* to be so much trouble; **la espesa niebla ocasionó el accidente** the accident was caused by thick fog
**ocaso** SM [1] (*Astron*) [*del sol*] sunset, sundown (*EEUU*); [*de astro*] setting
[2] [*de civilización*] decline; **en el ~ de su vida** in his declining years, in the twilight of his life (*liter*)
[3] (*Geog*) west
**occidental** Ⓐ ADJ western
Ⓑ SMF westerner
**occidentalidad** SF (*Pol*) allegiance to the western bloc, pro-Western stance
**occidentalista** ADJ (*Pol*) pro-Western
**occidentalizado** ADJ westernized
**occidentalizar** ▸conjug 1f◂ VT to westernize
**Occidente** SM (*Pol*) the West, the Western world
**occidente** SM west

**occipucio** SM occiput

**occiso/a** SM/F (*Jur*) **el ~** (*gen*) the deceased; [*de asesinato*] the victim

**Occitania** SF Occitania

**OCDE** SF ABR (= **Organización para la Cooperación y el Desarrollo Económico**) OECD

**oceanario** SM oceanarium

**Oceanía** SF Oceania

**oceánico** ADJ oceanic

**océano** SM ocean ► **Océano Atlántico** Atlantic Ocean ► **Océano Glacial Ártico** Arctic Ocean ► **Océano Índico** Indian Ocean ► **Océano Pacífico** Pacific Ocean

**oceanografía** SF oceanography

**oceanográfico** ADJ oceanographic

**oceanógrafo/a** SM/F oceanographer

**ocelote** SM ocelot

**ochar*** ▸conjug 1a◂ (*Cono Sur*) Ⓐ VT [1] [+ *perro*] to urge on, provoke to attack
[2] (= *espiar*) to spy on
Ⓑ VI (= *ladrar*) to bark

**ochavado** ADJ octagonal

**ochavo** SM ochavo; ✦***MODISMO*** **no tener ni un ~*** to be broke*

**ochenta** ADJ INV, PRON, SM eighty; (*ordinal*) eightieth; **los (años) ~** the eighties; *ver tb* **seis**

**ochentón/ona** Ⓐ ADJ eighty-year-old *antes de s*, eightyish
Ⓑ SM/F person of about eighty

**ocho** Ⓐ ADJ INV, PRON (*gen*) eight; (*ordinal, en la fecha*) eighth; **las ~** eight o'clock; **le escribí el día ~** I wrote to him on the eighth; **dentro de ~ días** within a week
Ⓑ SM [1] (= *número*) eight; (= *fecha*) eighth
[2] **ochos** (*Cos*) cable stitch *sing*; *ver tb* **seis**

**ochocentista** ADJ nineteenth-century *antes de s*

**ochocientos/as** ADJ, PRON, SM (*gen*) eight hundred; (*ordinal*) eight hundredth; *ver tb* **seiscientos**

**ochote** SM choir of eight voices

**OCI** SF ABR (*Ven, Perú Pol*) = **Oficina Central de Información**

**ocio** SM [1] (= *tiempo libre*) leisure; **ratos de ~** leisure time, spare time, free time; **cultura del ~** leisure culture; **guía del ~** what's on
[2] (= *inactividad*) idleness
[3] **ocios** (= *actividades*) leisure pursuits

**ociosamente** ADV idly

**ociosear*** ▸conjug 1a◂ VI (*Cono Sur*) (*gen*) to be at leisure; (*pey*) to laze around, loaf about

**ociosidad** SF idleness; ✦***REFRÁN*** **la ~ es la madre de todos los vicios** the devil finds work for idle hands

**ocioso** ADJ [1] [*persona*] idle
[2] (= *inútil*) [*acto*] useless, pointless; [*promesa*] idle, empty; **dinero ~** money lying idle; **es ~ especular** there is no point in speculating

**oclusión** SF [1] (*Ling*) occlusion ► **oclusión glotal** glottal stop
[2] (*Meteo*) occluded front

**oclusiva** SF (*Ling*) occlusive, plosive

**oclusivo** ADJ (*Ling*) occlusive, plosive

**ocote** SM (*CAm, Méx*) [1] (*Bot*) ocote pine
[2] (= *tea*) torch; ✦***MODISMO*** **echar ~** to make trouble

**ocozoal** SM (*Méx*) rattlesnake, rattler (*EEUU**)

**-ocracia** *ver* **Aspects of Word Formation in Spanish 2**

**ocre** SM ochre ► **ocre amarillo** yellow ochre ► **ocre rojo** red ochre

**OCSHA** SF ABR (*Rel*) = **Obra de la Cooperación Sacerdotal Hispanoamericana**

**oct.** ABR (= **octubre**) Oct

**octaedro** SM octahedron

**octagonal** ADJ octagonal

**octágono** SM octagon

**octanaje** SM (*Téc*) octane number; **de alto ~** high-octane *antes de s*

**octano** SM octane

**octava** SF (*Mús, Literat*) octave

**octavilla** SF pamphlet, leaflet

**octavín** SM piccolo

**Octavio** SM Octavian

**octavo** Ⓐ ADJ eighth
Ⓑ SM [1] (= *número*) eighth; *ver tb* **sexto**
[2] (*Tip*) **libro en ~** octavo book
[3] (*Dep*) ► **octavos de final** quarterfinals
[4] [*de droga*] small dose, small shot*

**octeto** SM (*Mús*) octet; (*Inform*) byte

**octogenario/a** ADJ, SM/F octogenarian, eighty-year-old

**octogésimo** ADJ eightieth; *ver tb* **sexto A**

**octosílabo** Ⓐ ADJ octosyllabic
Ⓑ SM octosyllable

**octubre** SM October; *ver tb* **septiembre**

**OCU** SF ABR (*Esp*) = **Organización de Consumidores y Usuarios**

**ocular** Ⓐ ADJ ocular (*frm*), eye *antes de s*; **mediante examen ~** by visual inspection, with the eye; **testigo ~** eyewitness
Ⓑ SM eyepiece

**oculista** SMF oculist, eye doctor (*EEUU*)

**ocultación** SF, **ocultamiento** SM hiding, concealment

**ocultamente** ADV (= *secretamente*) secretly; (= *misteriosamente*) mysteriously; (= *furtivamente*) stealthily

**ocultar** ▸conjug 1a◂ Ⓐ VT [1] [+ *objeto, mancha*] to hide (**a, de** from), conceal (**a, de** from)
[2] [+ *sentimientos, intenciones*] to hide, conceal
Ⓑ **ocultarse** VPR to hide (o.s.); **~se con** *o* **tras algo** to hide behind sth; **~se a la vista** to keep out of sight; **no se me oculta que …** I am fully aware that…; **se me oculta la razón** I cannot see the reason, the reason is a mystery to me

**ocultismo** SM occultism

**ocultista** SMF occultist

**oculto** ADJ [1] (= *escondido*) hidden, concealed; **permanecer ~** to stay hidden
[2] (= *misterioso*) (*gen*) mysterious; [*pensamiento*] inner, secret; [*motivo*] ulterior
[3] [*poderes*] occult; *ver tb* **ciencia 2**

**ocupa*** SMF squatter

**ocupable** ADJ [*persona*] employable; [*puesto, posición*] available; **plaza ~** job available, position available

**ocupación** SF [1] (= *empleo*) (*en general*) employment; (*en concreto*) occupation; **ha bajado el nivel de ~ entre los jóvenes** the level of employment among young people has dropped; **desea volver a su ~ habitual, la enseñanza** he wishes to return to his usual occupation, teaching
[2] (= *actividad*) activity; **lee mucho cuando sus ocupaciones políticas se lo permiten** he reads a lot when his political activities allow it; **abandonaron sus ocupaciones para unirse a la manifestación** they stopped what they were doing to join the march
[3] [*de viviendas*] (= *acción*) occupation; (= *nivel de ocupación*) occupancy; **para fomentar la ~ de viviendas rurales** to encourage the occupation of rural dwellings; **la ~ hotelera ha aumentado este año** hotel occupancy has increased this year; **"se alquila piso, ~ inmediata"** "apartment available for immediate rent"
[4] (*Mil, Pol*) occupation; **durante la ~ de la embajada por los guerrilleros** during the occupation of the embassy by the guerrillas; **las fuerzas de ~** the occupying forces

**ocupacional** ADJ [*actividad, taller, terapia, salud*] occupational; **formación ~** job training

**ocupado/a** Ⓐ ADJ [1] [*sitio, asiento, plaza*] taken; [*habitación*] taken, occupied; [*retrete*] engaged; **¿está ocupada esta silla?** is this seat taken?; **todas las habitaciones del hotel están ocupadas** all the rooms in the hotel are taken *o* occupied; **el vuelo está todo ~** the flight is completely full; **¿está ~ el baño?** is the toilet occupied *o* engaged?; **"ocupado"** "engaged"
[2] (*Telec*) engaged, busy (*EEUU*); **la línea está ocupada** the line is engaged *o* busy; **señal de ~** engaged tone, busy signal (*EEUU*); **da señal de ~** the line is engaged *o* busy
[3] (*Pol, Mil*) [*territorio, país*] occupied
[4] [*persona*] [4·1] (= *atareado*) busy (**con** with); **estoy muy ~** I'm very busy; **estaba ocupada lavando el coche** she was busy washing the car; **no podía abrir la puerta porque tenía las dos manos ocupadas** I couldn't open the door because my hands were full *o* I had my hands full
[4·2] (= *empleado*) in work, working; **la población ocupada** the working population
[5] (*Esp††*) (= *embarazada*) pregnant
Ⓑ SM/F **el porcentaje de ~s** the percentage of people in work

**ocupante** Ⓐ ADJ (*Pol, Mil*) [*tropas, país*] occupying
Ⓑ SMF [1] [*de vehículo*] occupant; [*de vivienda*] occupant, occupier; **ningún ~ del vehículo resultó herido** none of the occupants of the vehicle were injured; **~s ilegales de viviendas** squatters
[2] (*Pol, Mil*) [*de país*] occupier; **el ~ ruso** the occupying Russians, the Russian occupiers

▼ **ocupar** ▸conjug 1a◂ Ⓐ VT [1] [+ *espacio*] to take up; **la noticia ocupaba dos páginas del periódico** the story took up two pages in the newspaper; **el armario ocupa toda la pared** the wardrobe takes up *o* covers the length of the wall; **el nuevo museo se construirá en el espacio que ocupaba el antiguo** the new museum is to be built on the site of the old one
[2] [+ *posición*] **el equipo español ocupa el puesto número diez en la clasificación** the Spanish team are tenth *o* are in tenth place in the league table; **la posición que ocupa nuestra empresa en el mercado europeo** our company's position in the European market, the position that our company occupies *o* has *o* holds in the European market; **vuelvan a ~ sus asientos** go back to your seats
[3] (*Com*) [+ *puesto, cargo*] to hold; [+ *vacante*] to fill; **la persona que ocupaba el cargo antes que ella** her predecessor in the post, the

➤ LENGUA Y USO: ocupar B1 53.2

person who held the post before her; **desde 1990 ocupa un escaño en el parlamento** he has held a seat in parliament since 1990; **~á su escaño el próximo mes** he will take his seat next month; **él ocupó el puesto que quedó vacante cuando me jubilé** he filled the position left vacant when I retired
4 (*Mil, Pol*) [+ *ciudad, país*] to occupy; **los obreros ~on la fábrica** the workers occupied the factory
5 (= *habitar*) [+ *vivienda*] to live in, occupy; [+ *local*] to occupy; **la vivienda que ocupan desde hace dos años** the house they have been living in *o* have occupied for the last two years; **los jóvenes que ~on la vivienda abandonada** the youths that squatted *o* occupied the empty building; **la agencia ocupa el último piso del edificio** the agency has *o* occupies the top floor of the building; **la fundación ocupa un piso en el centro de Barcelona** the foundation is based in *o* occupies a flat in the centre of Barcelona; **la celda que ocupa ahora** the cell he currently occupies
6 [+ *tiempo*] [*labor, acción*] take up; [*persona*] to spend; **los niños y las labores de la casa me ocupan mucho tiempo** the children and the housework take up a lot of my time; **escribir el artículo me ocupó toda la mañana** my whole morning was taken up with writing the article; **ocupa sus ratos libres pintando** he spends his spare time painting; **no sabe en qué ~ su tiempo libre** he doesn't know how to fill *o* spend his spare time
7 (= *dar trabajo a*) to employ; **la agricultura ocupa a un 10% de la población activa** 10% of the working population is employed in agriculture, agriculture employs 10% of the working population
8 (= *concernir*) **pero, volviendo al tema que nos ocupa ...** however, returning to the subject under discussion ..., however, returning to the subject we are concerned with *o* that concerns us ...; **en el caso que nos ocupa** in this particular case, in the case under discussion
9 (= *confiscar*) to confiscate; **les ~on todo el contrabando** all their smuggled goods were seized *o* confiscated; **la policía le ocupó la navaja** the police confiscated his knife
10 (*Méx*) (= *usar*) to use; **¿está ocupando la pluma?** are you using the pen?
Ⓑ **ocuparse** VPR 1 **~se de** 1·1 (*como profesión, obligación*) to deal with; **este organismo se ocupa de conceder las licencias** this organization deals with the issuing of licences; **me ~é de ello mañana a primera hora** I will deal with it first thing tomorrow; **los servicios de seguridad no se ocupan de cuestiones económicas** the security services do not deal with economic matters; **no tiene tiempo para ~se de esos asuntos** she doesn't have time to deal with those matters; **no es ésta la primera vez que nos hemos ocupado de su obra** this is not the first time that we have discussed *o* looked at his work; **ella es quien se ocupó de los detalles de la boda** it was her that took care of *o* saw to the details of the wedding
1·2 (*por interés*) to take an interest in; **los críticos no se ~on del libro** the book was ignored by the critics, the critics took no interest in the book; **me ocupo muy poco de las tareas domésticas** I don't bother much with *o* about the housework, I take very little interest in the housework; **¡tú ocúpate de lo tuyo!** mind your own business!
1·3 (= *cuidar de*) [+ *enfermo, niños*] to take care of, look after; [+ *enemigo*] to take care of
1·4 [*libro, conferencia, programa*] **el libro se ocupa de los aspectos económicos del problema** the book deals with the economic aspects of the problem; **el programa de esta noche se ~á de las elecciones en Francia** tonight's programme will take a look at the French elections; **nos ocupamos ahora de la información deportiva** (*Radio, TV*) and now a look at today's sports
2 **~se en**: **varias empresas se ocupan en proyectos de este tipo** a number of companies are involved in projects of this kind; **tras jubilarse sólo se ocupaba en cuidar el jardín** after retiring she only spent her time doing the garden

**ocurrencia** SF 1 (= *idea*) idea; **tuvo una ~ genial** he had a brilliant idea; **¡vaya ~!** (*iró*) what a bright idea!; **tuvo la ~ de lavarse los zapatos en la lavadora** (*iró*) he had the bright idea of washing his shoes in the washing machine
2 (= *dicho gracioso*) funny remark; **este niño tiene unas ~s divertidísimas** this child comes out with the funniest remarks
3 (*frm*) (= *acontecimiento*) occurrence

**ocurrente** ADJ 1 (= *chistoso*) witty
2 (= *listo*) bright, clever
3 (= *gracioso*) entertaining, amusing

**ocurrido** ADJ 1 (= *sucedido*) **lo ~** what has/had happened
2 (*Andes*) (= *gracioso*) witty, funny

**ocurrir** ▸conjug 3a◂ Ⓐ VI to happen; **ha ocurrido algo horrible** something terrible has happened; **lo que ocurrió podría haberse evitado** what happened could have been avoided; **por lo que pudiera ~** because of what might happen; **ocurre que ...** it (so) happens that ...; **¿qué ocurre?** what's going on?; **¿qué te ocurre?** what's the matter?; **lo que ocurre es que ...** the thing is ...
Ⓑ **ocurrirse** VPR **se nos ocurrió una idea buenísima** we had a brilliant idea; **¿se te ocurre algo?** can you think of anything?; **se le ocurrió hacerlo** he thought of doing it; **¡ni se te ocurra (hacerlo)!** don't even think about (doing) it!; **¡se te ocurren unas cosas!** you've got some right ideas!; **si se le ocurre huir** if he takes it into his head to escape; **¿cómo no se te ocurrió pensar que ...?** didn't it cross your mind that ...?; **se me ocurre que ...** it occurs to me that ...; **nunca se me había ocurrido** it had never crossed my mind; **¿a quién se le ocurre presentarse a medianoche?** who in their right mind would turn up in the middle of the night?

**oda** SF ode

**odalisca** SF odalisque

**ODECA** SF ABR (= **Organización de los Estados Centroamericanos**) OCAS

**ODEPA** SF ABR = **Organización Deportiva Panamericana**

**odiar** ▸conjug 1b◂ VT 1 (= *sentir odio por*) to hate
2 (*Chile*) (= *molestar*) to pester, annoy; (= *aburrir*) to bore

**odio** SM 1 (*gen*) hatred; **almacenar ~** to store up hatred; **tener ~ a algn** to hate sb ▸ **odio de clase** class hatred ▸ **odio de sangre** feud, vendetta ▸ **odio mortal** mortal hatred
2 (*Chile*) (= *molestia*) nuisance, bother

**odiosear*** ▸conjug 1a◂ VT (*Chile*) to pester, annoy

**odiosidad** SF 1 (*gen*) odiousness, hatefulness; (= *repelencia*) nastiness
2 (*Arg, Chile, Perú*) (= *molestia*) nuisance, annoyance

**odioso** ADJ 1 (= *detestable*) odious, hateful, detestable
2 (= *repelente*) nasty, unpleasant; **hacerse ~ a algn** to become a nuisance to sb
3 (*Arg, Chile, Perú*) (= *molesto*) annoying

**Odisea** SF Odyssey

**odisea** SF odyssey, epic journey; **fue toda una ~** it was a real odyssey

**Odiseo** SM Odysseus

**odómetro** SM milometer, odometer (*EEUU*)

**odonto-** PREF odonto-

**odontología** SF dentistry, odontology

**odontólogo/a** SM/F dentist, dental surgeon, odontologist

**odorífero** ADJ, **odorífico** ADJ sweet-smelling, odoriferous (*frm*)

**odre** SM 1 (= *recipiente*) wineskin
2 (*) (= *borracho*) drunk, drunkard, old soak*

**OEA** SF ABR (= **Organización de Estados Americanos**) OAS

**OECE** SF ABR (= **Organización Europea de Cooperación Económica**) OEEC

**OELA** SF ABR = **Organización de Estados Latinoamericanos**

**oeste** Ⓐ ADJ [*región*] western; [*dirección*] westerly; [*viento*] west, westerly; **la zona ~ de la ciudad** the western part of the city, the west of the city; **en la costa ~** on the west coast
Ⓑ SM 1 (= *punto cardinal*) west
2 [*de región, país*] west; **el ~ del país** the west of the country; **al ~ de Girona** to the west of Girona; **eso cae más hacia el ~** that lies further (to the) west; **viajábamos hacia el ~** we were travelling west; **en la parte del ~** in the western part; **vientos del ~** westerly winds; **una película del Oeste** a Western
3 (= *viento*) west wind

**Ofelia** SF Ophelia

**ofender** ▸conjug 2a◂ Ⓐ VT 1 (= *agraviar*) to offend; **por temor a ~lo** for fear of offending him; **perdona si te he ofendido** I'm sorry if I've offended you; **(dicho) sin ánimo de ~, no es que tu marido sea un santo** no offence meant, but your husband's no saint; **no ofendas la memoria de tu madre** don't insult your mother's memory
2 [+ *sentido*] to offend, be offensive to; **~ a la vista** to offend the eye
3 (*Méx*‡) [+ *mujer*] to touch up‡, feel‡
Ⓑ **ofenderse** VPR to take offence *o* (*EEUU*) offense; **se ofendió porque no lo invitaron** he took offence at not being invited; **no te ofendas por lo que te voy a decir** don't be offended by what I'm going to tell you

**ofendido** ADJ offended; **darse por ~** to take offence *o* (*EEUU*) offense

**ofensa** SF 1 (= *insulto*) offence, offense (*EEUU*)
2 (= *desprecio*) slight

**ofensiva** SF offensive; **pasar a la ~** to go on the offensive; **tomar la ~** to take the offensive ▸ **ofensiva de paz** peace offensive

**ofensivamente** ADV (*Dep*) in attack

➤ LENGUA Y USO: **ocurrir B** 28.1, 28.2

**ofensivo** ADJ [1] (= *de ataque*) (*tb Mil*) offensive
[2] [*conducta, palabra*] offensive, rude, insulting

**ofensor(a)** (A) ADJ offending
(B) SM/F offender

**oferta** SF [1] (= *ofrecimiento*) offer
[2] (*Com*) (*gen*) offer; (*para contrato, concurso*) tender; (*en subasta*) bid; (*Econ*) supply; (= *ganga*) special offer; **estar de** *o* **en ~** to be on offer; **la ley de la ~ y la demanda** the law of supply and demand; **la ~ es superior a la demanda** supply exceeds demand ► **oferta cerrada** sealed bid ► **oferta condicional** conditional offer ► **oferta excedentaria** excess supply ► **oferta monetaria** money supply ► **oferta promocional** promotional offer ► **oferta pública de adquisición (de acciones)** takeover bid ► **oferta pública de venta (de acciones)** share offer ► **ofertas de trabajo** (*en periódico*) situations vacant (column), job openings (*EEUU*)
[3] (= *regalo*) gift, present

**ofertante** SMF (*Com*) bidder

**ofertar** ►conjug 1a◄ VT [1] (*esp LAm*) (= *ofrecer*) [+ *suma de dinero, producto*] to offer
[2] (*Com*) (*en concurso*) to tender; (*en subasta*) to bid
[3] (= *ofrecer barato*) to sell on special offer

**ofertorio** SM offertory

**off** [of] SM **en ~** (*Cine*) off-screen; (*Teat*) offstage; **pasa algo en ~** (*Cine*) something happens off-screen; **hay una discusión en ~** there is an argument offstage; **poner un aparato en ~** to switch a machine off; **ruido en ~** background noise; *ver tb* **voz 1**

**office** ['ofis] SM [1] (*Esp Arquit*) (= *comedor pequeño*) breakfast room; (= *trascocina*) scullery; (= *despensa*) pantry; (= *lavadero*) utility room
[2] (*Aer*) galley

**offset** ['ofset] SM (*Tip*) offset

**offside** [of'sai] SM (*Dep*) offside; **¡offside!** offside!; **estar en ~** (*Dep*) to be offside

**oficial** (A) ADJ [*viaje, documento, comunicado*] official
(B) SMF (*a veces* SF **oficiala**) [1] (*Mil*) officer; **primer ~** (*Náut*) first mate ► **oficial de enlace** liaison officer ► **oficial de guardia** (*Náut*) officer of the watch ► **oficial del día** orderly officer ► **oficial de marina** naval officer ► **oficial ejecutivo** executive officer ► **oficial médico** medical officer ► **oficial pagador** paymaster
[2] (= *obrero*) (*en fábrica*) skilled worker; (*en taller artesano*) craftsman/craftswoman; (*por cuenta ajena*) journeyman; (*en oficina*) clerk ► **oficial mayor** chief clerk

**oficialada** SF (*Cono Sur, Méx*) = **oficialidad**

**oficialidad** SF (*Mil*) officers *pl*

**oficialismo** SM [1] (= *tendencia*) [*de un partido*] party-liners *pl*; [*del gobierno*] pro-government political forces *pl*
[2] (*LAm*) (= *autoridades*) **el ~** government authorities, the ruling *o* governing party

**oficialista** (A) ADJ (*LAm*) (= *del gobierno*) (pro-) government *antes de s*, of the party in power; **el candidato ~** the ruling *o* governing party's candidate
(B) SMF [1] [*del partido*] party-liner
[2] (*LAm*) [*del gobierno*] government supporter

**oficializar** ►conjug 1f◄ VT to make official, give official status to

**oficialmente** ADV officially

**oficiante** SM (*Rel*) celebrant, officiant

**oficiar** ►conjug 1b◄ (A) VT [1] (*Rel*) [+ *misa*] to celebrate; [+ *funeral, boda*] to conduct, officiate at
[2] (= *informar*) to inform officially
(B) VI [1] (*Rel*) to officiate
[2] **~ de** to officiate as, act as

**oficina** SF [1] (= *despacho*) (*gen*) office; (*Mil*) orderly room; (*Farm*) laboratory; (*Téc*) workshop; **horas de ~** office hours ► **oficina de colocación, oficina de empleo** job centre ► **oficina de información** information bureau ► **oficina de objetos perdidos** lost property office, lost-and-found department (*EEUU*) ► **oficina de prensa** press office ► **oficina meteorológica** weather bureau ► **oficina paisaje** open-plan office
[2] (*Chile Min*) nitrate works

**oficinesco** ADJ [1] [*ambiente, mobiliario*] office *antes de s*; [*versión*] clerical
[2] (*pey*) bureaucratic

**oficinista** SMF office worker, clerk; **los ~s** office workers

**oficio** SM [1] (= *profesión*) trade; **aprender un ~** to learn a trade; **sabe su ~** he knows his job; **los deberes del ~** the duties of the post; **mi ~ es enseñar** my job is to teach; **un profesional con mucho ~** a seasoned professional; **tiene mucho ~** he is very experienced; ♦**MODISMOS sin ~ ni beneficio**: **un pobre temporero sin ~ ni beneficio** just a poor seasonal worker without a penny to his name; **se encontró sin ~ ni beneficio al salir del colegio** he found himself with no means of earning a living when he left school; **es un vago sin ~ ni beneficio** he's a good-for-nothing layabout; **ser del ~** (= *ser experto*) to be an old hand; (= *prostituirse*) to be on the game*
[2] (= *función*) function; **el ~ de esta pieza es de ...** what this part does is ...
[3] **de ~: miembro de ~** ex officio member; **matones de ~** professional thugs; **fue enterrado de ~** he was buried at the State's expense; **le informaremos de ~** we will inform you officially; *ver tb* **abogado 1**
[4] (= *comunicado*) official letter
[5] (*Rel*) service, mass ► **oficio de difuntos** funeral service, mass for the dead, office for the dead ► **oficio divino** divine office
[6] **Santo Oficio** (*Hist*) Holy Office, Inquisition
[7] **buenos ~s** good offices; **ofrecer sus buenos ~s** to offer one's good offices
[8] (= *trascocina*) scullery

**oficiosamente** ADV [1] (= *extraoficialmente*) unofficially
[2] (= *con entrometimiento*) officiously
[3] (= *solícitamente*) helpfully, obligingly

**oficiosidad** SF [1] (= *entrometimiento*) officiousness
[2] (= *solicitud*) helpfulness, obligingness

**oficioso** ADJ [1] (= *extraoficial*) unofficial, informal; **de fuente oficiosa** from an unofficial source
[2] (= *entrometido*) officious
[3] (= *solícito*) helpful, obliging; **mentira oficiosa** white lie

**-ófilo** SUF *p.ej* **anglófilo**

**ofimática** SF office automation, office computerization

**ofimático** ADJ **sistema ~** office computer system; **gestión ofimática integrada** integrated computer system for office management

**Ofines** SF ABR = **Oficina Internacional de Información y Observación del Español**

**-ófobo** SUF *p.ej.* **anglófobo**

**-ófono** SUF *p.ej.* **anglófono**

▼ **ofrecer** ►conjug 2d◄ (A) VT [1] (= *presentar voluntariamente*) [1·1] [+ *servicios, ayuda, trabajo, dinero*] to offer; **nos ofreció un té** he offered us tea; **me ofrecieron la posibilidad de trabajar para ellos** they offered me the chance to work for them; **¿cuánto te ofrecieron por el coche?** how much did they offer you for the car?; **~ hacer algo** to offer to do sth; **el club le ha ofrecido prorrogar su contrato** the club has offered to extend his contract; **me ofrecieron participar en la coproducción** they asked me if I would like to take part in the co-production
[1·2] [+ *espectáculo, programa*] (*en TV*) to show; **varias cadenas ofrecen el partido en directo** several channels are showing the match live; **los principales espectáculos que ofrece el festival** the main events featured in the festival; **la Filarmónica ~á un concierto el día de Navidad** the Philharmonic are giving a concert on Christmas Day
[1·3] (*frm*) [+ *respetos*] to pay (*frm*); **~ la bienvenida a algn** to welcome sb
[2] (= *tener*) [2·1] [+ *ventaja*] to offer; [+ *oportunidad, garantías*] to offer, give; [+ *solución*] to offer, provide; **el formato electrónico ofrece algunas ventajas** the electronic format offers some advantages; **la sanidad pública ofrece más posibilidades de investigación** public health care offers *o* provides more scope for research; **no ofrece las suficientes garantías** it's not sufficiently reliable; **no ~ duda**: **la gravedad del caso no ofrece duda** there is no doubt about the seriousness of the case; **el resultado no ofrecía dudas** the result left no room for doubt
[2·2] [+ *dificultad*] to present; **el caso no ofrece dificultad alguna** the case presents no difficulty; **el ladrón no ofreció resistencia** the burglar did not put up a struggle, the burglar offered no resistance (*frm*)
[2·3] [+ *imagen*] to present; **el partido necesita ~ una imagen de estabilidad** the party needs to present an image of stability; **el palacio abandonado ofrecía un aspecto desolador** the deserted palace looked depressingly bleak; **la zona ofrece un deprimente espectáculo a sus visitantes** the area is a depressing sight for visitors
[3] (= *celebrar*) [+ *acto, fiesta, cena*] to hold, give; **un portavoz del Ministerio ofreció una rueda de prensa** a Ministry spokesman gave *o* held a press conference; **los compañeros le ofrecieron una comida de despedida** her colleagues held a farewell lunch for her
[4] [+ *sacrificio, víctima*] to offer up; **ofrecieron un cordero en sacrificio a los dioses** they offered up a lamb to the gods; **ofrecieron su vida por la causa** they gave their lives for the cause
[5] (*Rel*) to make a vow; **ha ofrecido que va a dejar de fumar** he made a vow to stop smoking

➤ LENGUA Y USO: ofrecer A1 30

Ⓑ **ofrecerse** VPR [1] [*persona*] **un joven se ofreció como guía** a young man offered to act as a guide; **la vecina se ha ofrecido para cualquier cosa que necesitemos** the woman next door offered to help us in any way she could; **~se a** *o* **para hacer algo** to offer to do sth; **me ofrecí a acompañarla hasta la puerta** I offered to see her to the door; **"profesor de inglés se ofrece para dar clases particulares"** "English teacher offers private tuition"; **~se (como) voluntario** to volunteer (**a** for)
[2] **ofrecérsele a algn** [*oportunidad*] to offer itself (to sb), present itself (to sb); [*obstáculo, dificultad*] to present itself (to sb); **se le ofreció una maravillosa oportunidad** a wonderful opportunity offered *o* presented itself (to him); **se le ofrece ahora la oportunidad de demostrar su valía** he has now been given *o* he now has the opportunity to prove himself; **los obstáculos que se le ofrecieron** the obstacles that she was now faced with, the obstacles that had presented themselves; **un hermoso espectáculo se ofrecía ante sus ojos** (*liter*) a beautiful sight presented itself to her eyes (*liter*)
[3] (*frm*) (= *desear*) **buenos días, ¿qué se le ofrece?** good morning, what can I do for you? *o* what would you like?; **¿se le ofrece algo?** is there anything I can do for you?
[4] (= *ocurrir*) to occur; **se me ofrece una duda** I have a doubt, a problem has occurred to me; **¿qué se ofrece?** what's going on?, what's happening?

**ofrecimiento** SM offer

**ofrenda** SF [1] (= *tributo*) tribute; (*Rel*) offering ► **ofrenda floral** floral tribute
[2] (= *regalo*) gift

**ofrendar** ▸conjug 1a◂ VT [1] (= *ofrecer*) to give, contribute
[2] (*Rel*) to offer up

**oftalmía** SF ophthalmia

**oftálmico** ADJ ophthalmic

**oftalmología** SF ophthalmology

**oftalmólogo/a** SM/F ophthalmologist

**ofuscación** SF, **ofuscamiento** SM [1] [*de la vista*] blurring
[2] (*al pensar*) bewilderment, confusion; (*al actuar*) blindness

**ofuscar** ▸conjug 1g◂ Ⓐ VT [1] [*luz*] to dazzle
[2] [+ *persona*] (= *confundir*) to bewilder, confuse; (= *cegar*) to blind; **estar ofuscado por la cólera** to be blinded by rage
Ⓑ **ofuscarse** VPR **~se por algo** to be blinded by sth

**Ogino** SM, **ogino** SM **método ~** rhythm method (*of birth-control*)

**ogro** SM ogre

**oh** EXCL oh!

**ohmio** SM ohm

**oíble** ADJ audible

**OIC** SF ABR [1] (= **Organización Internacional del Comercio**) ITO
[2] = **Organización Interamericana del Café**

**OICE** SF ABR = **Organización Interamericana de Cooperación Económica**

**OICI** SF ABR (= **Organización Interamericana de Cooperación Intermunicipal**) IAMO

**OID** SF ABR = **Oficina de Información Diplomática**

**oída** SF hearing; **de** *o* **por ~s** by *o* from hearsay

➤ LENGUA Y USO: ojalá B1 45.2, 52.5

**-oide** *ver* **Aspects of Word Formation in Spanish 2**

**oído** SM [1] (*Anat*) ear; **le estarán zumbando los ~s** his ears must be burning; **decir algo al ~ de algn** to whisper sth to sb, whisper sth in sb's ear; ✦***MODISMOS*** **aguzar los ~s** to prick up one's ears; **aplicar el ~** to listen carefully; **¡~ a la caja!** pay attention!; **dar ~s a algo** (= *escuchar*) to listen to sth; (= *creer*) to believe sth; **entra por un ~ y sale por otro** it goes in one ear and out (of) the other; **hacer ~s a algo** to pay attention to sth, take heed of sth; **hacer ~s sordos a algo** to turn a deaf ear to sth; **llegar a ~s de algn** to come to sb's attention; **¡~ al parche!** pay attention!; **prestar ~(s) a algo** to give ear to sth; **regalarle a algn el ~** *o* **los ~s** to flatter sb, sweet-talk sb; **ser todo ~s** to be all ears; *ver tb* **crédito 1** ► **oído externo** external ear ► **oído interno** inner ear ► **oído medio** middle ear
[2] (= *sentido*) (sense of) hearing; **duro de ~** hard of hearing; **es una canción que se pega al ~** it's a catchy song; **tiene un ~ muy fino** he has a very keen sense of hearing
[3] (*Mús*) ear; **de ~** by ear; **siempre toca de ~** she always plays by ear; **tener (buen) ~** to have a good ear

**oidor** SM (*Hist*) judge

**OIEA** SM *o* SF ABR (= **Organismo** *u* **Organización Internacional de la Energía Atómica**) IAEA

**oigo** *etc ver* **oír**

**OIN** SF ABR (= **Organización Internacional de Normalización**) ISO

**OIP** SF ABR (*Aer*) = **Organización Iberoamericana de Pilotos**

**OIR** SF ABR (= **Organización Internacional para los Refugiados**) IRO

**oír** ▸conjug 3p◂ Ⓐ VT [1] (= *percibir sonidos*) to hear; **he oído un ruido** I heard a noise; **¿me oyes bien desde tu habitación?** can you hear me all right from your room?; **le oí abrir la puerta** I heard him open the door, I heard him opening the door; **—la han despedido —¡no me digas! —como lo oyes** "she's been sacked" — "no, really!" — "she has, I'm telling you"; **~ hablar de algn** to hear about *o* of sb; **he oído decir que ...** I've heard it said that ..., rumour *o* (*EEUU*) rumor has it that ...; ✦***MODISMOS*** **lo oyó como quien oye llover** she paid no attention, she turned a deaf ear to it; **¡me van a ~!** they'll be having a few words from me!
[2] (= *escuchar*) to listen to; **~ la radio** to listen to the radio; **óyeme bien, no vuelvas a hacerlo** now listen to what I'm telling you, don't do it again; **no han querido ~ nuestras quejas** they didn't want to listen to our complaints; **fui a ~ un concierto** I went to see a concert, I attended a concert
[3] [+ *misa*] to attend, hear
[4] [+ *confesión*] to hear
[5] [+ *ruego*] to heed, answer; **¡Dios te oiga!** I just hope you're right!
Ⓑ VI [1] (= *percibir sonidos*) to hear; **~ mal** (= *ser medio sordo*) to be hard of hearing; (*al teléfono*) to be unable to hear (properly)
[2] **~ de algn** (*LAm*) to hear from sb
[3] (*en exclamaciones*) **¡oye, que te dejas el cambio!** hey, you've forgotten your change!; **oiga, ¿es usted el encargado?** excuse me, are you in charge?; **¡oye, que yo no he dicho eso!** hold on *o* just a minute, that's not what I said!; **¡oiga!** (*Telec*) hello?

**OIT** SF ABR (= **Oficina** *u* **Organización Internacional del Trabajo**) ILO

**ojada** SF (*Andes*) skylight

**ojal** SM buttonhole, boutonniere (*EEUU*)

▼ **ojalá** Ⓐ EXCL **—mañana puede que haga sol —¡ojalá!** "it might be sunny tomorrow" — "I hope so!" *o* "I hope it will be!"; **—¿te darán el trabajo? —¡ojalá!** "will you get the job?" — "let's hope so!"
Ⓑ CONJ [1] **¡~ venga pronto!** I wish he'd come!, I hope he comes soon!; **¡~ que gane la carrera!** let's hope she wins the race!; **—¿vendrás con nosotros? —¡~ pudiera!** "will you come with us?" — "I wish I could!"; **¡~ pudiera andar de nuevo!** if only he could walk again!
[2] (*LAm*) (= *aunque*) even though; **no lo haré, ~ me maten** I won't do it even if they kill me

**ojazos** SMPL (= *ojos grandes*) big eyes, wide eyes; (= *ojos bonitos*) lovely big eyes; **echar los ~ a algn** to make eyes at sb

**OJD** SF ABR (= **Oficina de Justificación de la Difusión**) *office which keeps statistics of newspaper circulations*

**OJE** SF ABR = **Organización Juvenil Española**

**ojeada** SF glance; **echar una ~ a algo** to glance at sth, take a quick look at sth

**ojeador(a)** SM/F (*Caza*) beater; (*Dep*) talent scout, talent spotter

**ojear**[1] ▸conjug 1a◂ VT (*gen*) to eye; (*fijamente*) to stare at; **voy a ~ cómo va el trabajo** I'm going to see how the work is getting on

**ojear**[2] ▸conjug 1a◂ VT [1] (= *ahuyentar*) to drive away, shoo away
[2] (*Caza*) to beat, put up
[3] (*Cono Sur*) (= *hechizar*) to put the evil eye on

**ojén** SM anisette

**ojeo** SM (*Caza*) beating

**ojeras** SFPL bags under the eyes; **tener ~** to have bags under the eyes

**ojeriza** SF spite, ill will; **tener ~ a algn** to have a grudge against sb, have it in for sb*

**ojeroso** ADJ haggard; **estar ~** to have bags under the eyes

**ojete** SM [1] (*Cos*) eyelet
[2] (**) (= *ano*) arsehole**, asshole (*EEUU***)

**ojiabierto** ADJ wide-eyed

**ojillos** SMPL (*brillantes*) bright eyes; (*bonitos*) lovely eyes; (*pícaros*) roguish eyes; **¡tiene unos ~!** you should see the eyes she's got!

**ojímetro** SM **a ~*** roughly, at a rough guess

**ojinegro** ADJ black-eyed

**ojito** SM [1] ✦***MODISMOS*** **hacer ~s a algn*** to make eyes at sb, give sb the eye; **poner ~s a algn** to look longingly at sb; **ser el ~ derecho de algn** to be the apple of sb's eye
[2] (= *cuidado*) **¡ojito!** careful!, look out!

**ojituerto** ADJ cross-eyed

**ojiva** SF [1] (*Arquit*) pointed arch, ogive
[2] (*Mil*) warhead

**ojival** ADJ ogival, pointed

**ojo** SM [1] (*Anat*) eye; ✦***MODISMOS*** **a ~ (de buen cubero)**: **calculé a ~ (de buen cubero) cuántas personas había** I roughly calculated *o* made a rough guess at how many people were there; **no hace falta medir la harina, échala a ~** there's no need to weigh out

**once** Ⓐ ADJ INV, PRON (*gen*) eleven; (*ordinal, en la fecha*) eleventh; **las ~** eleven o'clock; **le escribí el día ~** I wrote to him on the eleventh; ✦*MODISMOS* **tomar las ~*** to have elevenses*; **tomar ~** *o* **la(s) ~** *o a veces* **~s** (*Chile*) to have afternoon tea, have an afternoon snack
Ⓑ SM (*gen*) eleven; (= *fecha*) eleventh; (*Ftbl*) team; **el ~ titular** the first team; *ver tb* **seis**

**oncear** ▸conjug 1a◂ VI (*Andes*) to have an afternoon snack

**onceavo/a** ADJ, SM/F, **onceno/a** ADJ, SM/F eleventh; *ver tb* **sexto A**

**oncogén** SM oncogene

**oncología** SF oncology ▸ **oncología clínica** clinical oncology

**oncólogo/a** SM/F oncologist

**onda** SF [1] (*gen*) wave; **tratamiento de ~ ultravioleta** ultra-violet treatment ▸ **onda corta** short wave; **de ~ corta** shortwave *antes de s* ▸ **onda de choque** shock wave ▸ **onda de radio** radio wave ▸ **onda expansiva** shock wave ▸ **onda explosiva** blast, shock wave ▸ **onda extracorta** ultra-short wave ▸ **onda larga** long wave ▸ **onda luminosa** light wave ▸ **onda media** medium wave ▸ **ondas cerebrales** brain waves ▸ **onda sísmica** shock wave ▸ **onda sonora** sound wave
[2] (*) (= *ambiente*) wavelength; **estamos en la misma ~** we're on the same wavelength; **¡qué buena ~!*** that's great!*; ✦*MODISMOS* **agarrar** *o* **coger la ~** (= *entender*) to get it*, get the point*; (= *coger el tino*) to get the hang of it; **estar en la ~*** (= *de moda*) to be in*; (= *al tanto*) to be on the ball*, be up to date; [*persona*] (= *a la moda*) to be hip*; **estar en ~⁑** (= *drogado*) to be high⁑ (*on drugs*); **estar en ~ gay** to be into the gay thing*; **se merece un regalo en su ~*** he deserves a present he'll really like; **estar fuera de ~** to be out of touch; **perder la ~*** to lose one's touch; **¿qué ~?** (*LAm**) what's up?*
[3] (*Cos*) scallop

**ondeante** ADJ = **ondulante**

**ondear** ▸conjug 1a◂ Ⓐ VT [1] [+ *bandera*] to wave
[2] (*Cos*) to pink, scallop
Ⓑ VI [1] (= *moverse*) [*agua*] to ripple; [*bandera*] to fly, flutter; [*pelo*] to flow; **la bandera ondea en lo alto del edificio** the flag flies from the top of the building; **la bandera ondea a media asta** the flag is flying at half mast
[2] (= *flotar al viento*) to stream
Ⓒ **ondearse** VPR to swing, sway

**ondia*** EXCL (*euf*) = **hostia**

**ondímetro** SM wave meter

**ondina** SF undine, water nymph

**ondulación** SF [1] [*de movimiento*] undulation, wavy motion; (*en agua*) wave, ripple; (*en pelo*) wave ▸ **ondulación permanente**† permanent wave
[2] **ondulaciones** (*en paisaje*) undulations, ups and downs; (*en terreno*) unevenness *sing*

**ondulado** Ⓐ ADJ [*carretera*] uneven, rough; [*paisaje, terreno*] undulating, rolling; [*superficie*] undulating, uneven; [*cartón, hierro*] corrugated; [*pelo*] wavy
Ⓑ SM (*en pelo*) wave

**ondulante** ADJ [1] [*movimiento*] (*gen*) undulating; (= *de lado a lado*) from side to side, (gently) swaying
[2] [*sonido*] rising and falling
[3] = **ondulado A**

**ondular** ▸conjug 1a◂ Ⓐ VT [+ *pelo*] to wave; [+ *cuerpo*] to wiggle; **hacerse ~ el pelo** to have one's hair waved
Ⓑ VI, **ondularse** VPR (*gen*) to undulate; (= *balancearse*) to sway

**ondulatorio** ADJ undulatory, wavy

**oneroso** ADJ [1] (= *pesado*) onerous, burdensome
[2] (*Jur*) onerous

**ONG** SF ABR (= **Organización No Gubernamental**) NGO

**ónice** SM onyx

**onírico** ADJ oneiric, dream *antes de s*

**ónix** SM onyx

**ONL** SF ABR (= **Organización No Lucrativa**) non-profit-making organization

**ONO** ABR (= **oesnoroeste**) WNW

**onomástica** SF [1] [*del nombre*] saint's day; → SANTO
[2] (= *ciencia*) onomastics *sing*, study of personal names

**onomástico** Ⓐ ADJ onomastic, name *antes de s*, of names; **fiesta onomástica** saint's day; **índice ~** index of names; **lista onomástica** list of names
Ⓑ SM saint's day, name day

**onomatopeya** SF onomatopoeia

**onomatopéyico** ADJ onomatopoeic

**ontología** SF ontology

**ontológico** ADJ ontological

**ONU** SF ABR (= **Organización de las Naciones Unidas**) UNO; **la ~** the UN

**onubense** Ⓐ ADJ of/from Huelva
Ⓑ SMF native/inhabitant of Huelva; **los ~s** the people of Huelva

**ONUDI** SF ABR (= **Organización de las Naciones Unidas para el Desarrollo Industrial**) UNIDO

**onusiano** ADJ United Nations *antes de s*

**onza**[1] SF ounce

**onza**[2] SF (*LAm Zool*) snow leopard, ounce

**onzavo/a** ADJ, SM/F eleventh; *ver tb* **sexto A**

**oolítico** ADJ oolitic

**oolito** SM oolite

**O.P.** ABR [1] = **Obras Públicas**
[2] (*Rel*) (= **Orden de Predicadores**) O.S.D.

**op.** ABR (= **opus**) op

**OPA** SF ABR (= **oferta pública de adquisición**) *takeover bid* ▸ **OPA hostil** hostile takeover bid

**opa**[1] Ⓐ ADJ (*Andes, Arg*) [1] (= *sordomudo*) deaf and dumb
[2] (*) (= *tonto*) stupid; (= *retrasado*) mentally retarded
Ⓑ SMF (*) (= *tonto*) idiot

**opa**[2] EXCL (*Arg*) stop it!

**opacar** ▸conjug 1g◂ (*LAm*) Ⓐ VT [1] (= *hacer opaco*) to make opaque; (= *oscurecer*) to darken; (= *empañar*) to mist up; (= *deslustrar*) to dull, tarnish
[2] [+ *persona*] to outshine, overshadow
Ⓑ **opacarse** VPR [1] (*LAm*) (= *hacerse opaco*) to become opaque; (= *oscurecerse*) to darken, get dark; (= *empañarse*) to mist up; (= *deslustrarse*) to lose its shine, become tarnished
[2] (*Andes, CAm*) [*cielo*] to cloud over

**opacidad** SF [1] (= *falta de transparencia*) opacity, opaqueness
[2] (= *falta de brillo*) dullness, lifelessness
[3] (= *tristeza*) gloominess, sadness

**opaco** ADJ [1] (= *no transparente*) opaque; **una pantalla opaca a los rayos X** a screen which does not let X-rays through, a screen opaque to X-rays
[2] (= *sin brillo*) dull, lifeless
[3] (= *triste*) gloomy, sad

**opado** ADJ (*Andes, Caribe*) pale

**OPAEP** SF ABR (= **Organización de Países Árabes Exportadores de Petróleo**) OAPEC

**opalescencia** SF opalescence

**opalescente** ADJ opalescent

**ópalo** SM opal

**opaparado** ADJ (*Andes*) bewildered

**opar** ▸conjug 1a◂ VT, VI to put in a takeover bid (for); *ver tb* **OPA**

**opción** SF [1] (= *elección*) option; **opciones por defecto** default options; **no hay ~** there is no other option, there is no alternative *o* choice
[2] (= *derecho*) right, option; **tiene ~ a viajar gratis** he has the right *o* option to travel free
[3] (*Com*) option (**a** on); **con ~ a** *o* **para ocho más** with an option on eight more; **este dispositivo es de ~** this gadget is optional; **suscribir una ~ para la compra de algo** to take out an option on sth ▸ **opción a compra, opción de adquisición, opción de compra** (*gen*) option to buy, option to purchase; (*en Bolsa*) call option ▸ **opción de venta** (*en Bolsa*) put option

**opcional** ADJ optional

**opcionalmente** ADV optionally

**op. cit.** ABR (= **opere citato**) op. cit.

**Op.D.** ABR (*Rel*) = **Opus Dei**

**opear*** ▸conjug 1a◂ VI (*Andes, Cono Sur*) to act the fool, fool about

**open** ['open] SM INV (*Golf*) open

**OPEP** SF ABR (= **Organización de Países Exportadores del Petróleo**) OPEC

**ópera** SF (*Teat*) (= *género*) opera; (= *edificio*) opera, opera house; **gran ~** grand opera ▸ **ópera bufa** comic opera ▸ **ópera prima** debut, first work

**operable** ADJ [*cataratas, tumor*] operable; [*regulaciones*] workable; [*medidas*] workable, feasible

**operación** SF [1] (= *acción*) operation ▸ **operaciones de rescate, operaciones de salvamento** rescue operations ▸ **operación retorno** (*Esp*) *effort to control traffic returning to a big city after a major holiday*
[2] (*Med*) operation; **una ~ de estómago** a stomach operation, an operation on the stomach ▸ **operación a corazón abierto** open-heart surgery ▸ **operación cesárea** Caesarean, Caesarean operation ▸ **operación quirúrgica** surgical operation
[3] (*Mil*) operation ▸ **operaciones conjuntas** joint operations ▸ **operación de ablandamiento** softening-up operation ▸ **operación de limpia, operación de limpieza** mopping up operation
[4] (*Com*) transaction, deal ▸ **operación a plazo** forward transaction ▸ **operaciones bursátiles, operaciones de bolsa** stock-exchange transactions ▸ **operación "llave en mano"** turnkey operation ▸ **operación**

**mercantil** business deal
[5] (*Mat*) operation
[6] (*LAm Min*) operation, working, exploitation; (*Com*) management
[7] ► **operaciones accesorias** (*Inform*) housekeeping *sing*

**operacional** ADJ operational

**operador(a)** SM/F (*gen*) operator; (*Med*) surgeon; (*Cine*) [*de rodaje*] cameraman/camerawoman; [*de proyección*] projectionist ► **operador(a) de cabina** projectionist, operator ► **operador(a) de grúa** winchman ► **operador(a) del telégrafo** (*LAm*) telegraph operator ► **operador(a) de sistemas** systems operator ► **operador(a) de télex** telex operator ► **operador(a) turístico/a** tour operator

**operante** ADJ [1] (= *en funcionamiento*) operating
[2] (= *influente*) powerful, influential; **los medios más ~s del país** the most influential circles in the country

**operar** ▸conjug 1a◂ Ⓐ VT [1] (= *producir*) [+ *cambio*] to produce, bring about; [+ *cura*] to effect; [+ *milagro*] to work
[2] (*Med*) [+ *paciente*] to operate on; **~ a algn de apendicitis** to operate on sb for appendicitis
[3] [+ *máquina*] to operate, use
[4] (= *dirigir*) [+ *negocio*] to manage, run; [+ *mina*] to work, exploit
Ⓑ VI [1] (*gen, Mat*) to operate
[2] (*Com*) to deal, do business; **hoy no se ha operado en la bolsa** there has been no dealing *o* trading on the stock exchange today
Ⓒ **operarse** VPR [1] (= *producirse*) to occur, come about; **se han operado grandes cambios** great changes have been made *o* have come about, there have been great changes
[2] (*Med*) to have an operation (**de** for)

**operario/a** SM/F (*gen*) operative; (*esp LAm*) (= *obrero*) worker ► **operario/a de máquina** machinist

**ópera-rock** SF (*pl* **óperas-rock**) rock opera

**operatividad** SF [1] [*de proyecto*] operating capacity
[2] (= *eficacia*) effectiveness, efficiency

**operativizar** ▸conjug 1f◂ VT to put into operation, make operative

**operativo** Ⓐ ADJ operative
Ⓑ SM (*Cono Sur*) (*esp militar, policial*) operation

**opereta** SF operetta, light opera

**opería** SF (*Andes, Cono Sur*) stupidity

**operista** SMF opera singer

**operístico** ADJ operatic, opera *antes de s*

**operófilo/a** SM/F opera-lover

**operoso*** ADJ (*Caribe*) irritable

**opiáceo** SM opiate

**opiarse*** ▸conjug 1b◂ VPR (*Cono Sur*) to get bored, get fed up*

**opiata** SF opiate

**opimo** ADJ plentiful, abundant, rich

**opinable** ADJ debatable, open to a variety of opinions

▼ **opinar** ▸conjug 1a◂ Ⓐ VT to think; **~ que …** to think that …, be of the opinion that …
Ⓑ VI [1] (= *pensar*) to think
[2] **~ bien de algo/algn** to think well of sth/sb, have a good *o* high opinion of sth/sb
[3] (= *dar su opinión*) to give one's opinion; **fueron opinando uno tras otro** they gave their opinions in turn; **hubo un 7% que no quiso ~** (*en sondeo*) there were 7% "don't knows"

▼ **opinión** SF opinion, view; **en mi ~** in my opinion *o* view; **ser de la ~ (de) que …** to be of the opinion that …, take the view that …; **cambiar de ~** to change one's mind; **compartir la ~ de algn** to share sb's opinion *o* view; **formarse una ~** to form an opinion; **mudar de ~** to have a change of mind *o* opinion ► **opinión pública** public opinion

**opio** SM [1] (= *sustancia*) opium; **✦MODISMO dar el ~ a algn*** to enchant sb, captivate sb; **ella le dio el ~** she swept him off his feet
[2] (*Cono Sur**) (= *tostón*) drag*; **la película es un ~** the film is a drag*

**opiómano/a** SM/F opium addict

**opíparo** ADJ [*banquete*] sumptuous

**oponente** Ⓐ ADJ opposing, contrary
Ⓑ SMF opponent

▼ **oponer** ▸conjug 2q◂ (*pp* **opuesto**) Ⓐ VT [1] [+ *resistencia*] to put up
[2] [+ *argumentos*] to set out; **estaba en desacuerdo y opuso sus razones** he set out the reasons for his disagreement
[3] (= *poner contra*) **opusieron un dique contra el mar** they built a dike as a defence against the sea
Ⓑ **oponerse** VPR to be opposed; (*mutuamente*) to oppose each other; **yo no me opongo** I don't object; **~se a algo** to oppose sth; **se opone rotundamente a ello** he is flatly opposed to it

**Oporto** SM Oporto

**oporto** SM port

**oportunamente** ADV [1] (*en el tiempo*) opportunely
[2] (= *pertinentemente*) appropriately

**oportunidad** SF [1] (= *ocasión*) chance, opportunity; **darle una/otra ~ a algn** to give sb a/another chance; **tener la ~ de hacer algo** to have a chance to do sth, have the chance of doing sth; **no tuvo la ~ de ir** he didn't have a chance to go; **a** *o* **en la primera ~** at the first opportunity
[2] (= *vez*) occasion, time; **en dos ~es** on two occasions
[3] (*Jur*) **igualdad de ~es** equality of opportunity
[4] **"oportunidades"** (= *rebajas*) "bargains"
[5] (= *cualidad*) opportuneness, timeliness

**oportunismo** SM opportunism

**oportunista** Ⓐ ADJ opportunist, opportunistic
Ⓑ SMF opportunist

**oportuno** ADJ [1] [*ocasión*] opportune; **en el momento ~** at an opportune moment, at the right moment; **su llamada no pudo ser más oportuna** his call could not have come at a better moment, his call could not have been better timed
[2] (= *pertinente*) appropriate; **no me ha parecido ~ decírselo** I didn't think it appropriate to tell him; **una respuesta oportuna** an apt reply; **sería ~ hacerlo en seguida** it would be best to do it at once
[3] [*persona*] **¡ella siempre tan oportuna!** (*iró*) you can always rely on her!

**oposición** SF [1] (*gen*) opposition ► **oposición frontal** direct opposition, total opposition
[2] (*Esp*) (*tb* **oposiciones**) *Civil Service examination*; **hay varias plazas de libre ~** *o* **de ~ libre** there are several places that will be filled on the basis of a competitive examination; **sacar unas oposiciones** to be successful in a public competition; **hacer oposiciones a …** ◊ **presentarse a unas oposiciones a …** to sit an examination for …; **hacer oposiciones para una cátedra** to compete for a chair

**OPOSICIONES**

***Oposiciones*** *are exams that applicants for lifetime public-sector jobs must pass. The exams are held every year, every other year or every five years, depending on the speciality. The candidates (**opositores**) must sit a series of written exams and/or attend interviews. Some applicants can spend years studying for and re-sitting exams, so preparing candidates for **oposiciones** is a major source of students for many **academias**. All public-sector appointments that are open to competition are published in the **BOE**, an official government publication.*

⇨ *See also* ACADEMIA, BOE

**oposicional** ADJ opposition *antes de s*

**oposicionista** Ⓐ ADJ opposition *antes de s*
Ⓑ SMF member of the opposition

**opositar** ▸conjug 1a◂ VI (*Esp*) to go in for a public competition (*for a post*), sit for a public entrance/promotion examination

**opositor(a)** Ⓐ ADJ (= *contrario*) opposing; (*Pol*) opposition *antes de s*, of the opposition; **el líder ~** the leader of the opposition
Ⓑ SM/F [1] (*Univ*) competitor, candidate (**a** for)
[2] (*Pol*) opponent

**opresión** SF [1] (= *sensación*) oppression; [*de situación, lugar*] oppressiveness
[2] (*Med*) difficulty in breathing, tightness of the chest; **sentir ~** to find it difficult to breathe

**opresivo** ADJ oppressive

**opresor(a)** Ⓐ ADJ oppressive
Ⓑ SM/F oppressor

**oprimente** ADJ oppressive

**oprimir** ▸conjug 3a◂ VT [1] (= *apretar*) [+ *objeto*] to squeeze, press, exert pressure on; [+ *gas*] to compress; **la blusa me estaba oprimiendo el cuello** the blouse was too tight on my neck
[2] [+ *botón, tecla*] to press
[3] [+ *pueblo, nación*] (= *tiranizar*) to oppress; (= *cargar*) to burden, weigh down; (= *aplastar*) to crush

**oprobio** SM (*frm*) opprobrium (*frm*), ignominy

**oprobioso** ADJ (*frm*) opprobrious (*frm*), ignominious

**optar** ▸conjug 1a◂ VI [1] (*gen*) to choose, decide; **~ entre** to choose *o* decide between; **~ por** to choose, decide on, opt for; **~ por hacer algo** to choose to do sth, opt to do sth
[2] **~ a** to compete for; **~ a un premio** to compete for a prize; **(poder) ~ a** to (have the right to) apply for *or* go in for; **ellos no pueden ~ a las becas** they are not entitled to apply for the scholarships

**optativa** SF (*Educ*) option, elective (*EEUU*)

**optativamente** ADV optionally

**optativo** Ⓐ ADJ [1] (= *opcional*) optional

➤ LENGUA Y USO: **opinar B1** 33.1 **opinión** 29.2, 33.1, 33.2, 34.5, 38.1, 53.3, 53.5 **oponer B** 41

2 (*Ling*) optative
Ⓑ SM (*Ling*) optative

**óptica** SF 1 (= *ciencia*) optics *sing*
2 (= *tienda*) optician's
3 (= *punto de vista*) viewpoint, point of view; **desde esta ~** from this point of view

**óptico/a** Ⓐ ADJ [*instrumentos, fibra*] optical; [*nervio*] optic; **fue sólo una ilusión óptica** it was just an optical illusion
Ⓑ SM/F optician

**óptico-cinético** SM light show

**optimación** SF optimization

**óptimamente** ADV ideally

**optimar** ▸conjug 1a◂ VT to optimize

**optimismo** SM optimism ► **optimismo cauto, optimismo matizado** cautious optimism

**optimista** Ⓐ ADJ optimistic, hopeful
Ⓑ SMF optimist

**optimización** SF optimization

**optimizar** ▸conjug 1f◂ VT to optimize

**óptimo** Ⓐ ADJ ideal, optimum *antes de s*; **condiciones óptimas para la navegación a vela** ideal *o* optimum conditions for sailing; **hemos obtenido ~s resultados con este producto** we've had top *o* the best results with this product
Ⓑ SM ► **óptimo de población** (*Econ*) optimum population

**optometrista** SMF optometrist

**opuesto** Ⓐ PP *de* **oponer**
Ⓑ ADJ 1 [*ángulo, lado*] opposite; **están en el extremo ~ de la ciudad** they are on the opposite side of town; **chocó con un coche que venía en dirección opuesta** he crashed into a car coming in the opposite direction
2 (*Dep*) [*equipo*] opposing
3 [*intereses, versiones*] conflicting; **tenemos gustos ~s** we have very different tastes
4 **ser ~ a algo** to be opposed to sth

**opugnar** ▸conjug 1a◂ VT to attack

**opulencia** SF 1 (= *lujo*) luxury; (= *riqueza*) opulence, affluence; **vivir en la ~** to live in luxury; **sociedad de la ~** affluent society
2 (= *abundancia*) **la ~ de sus cabellos** the luxuriance of her hair; **la ~ de sus carnes** her abundant *o* ample flesh (*liter o hum*)

**opulento** ADJ 1 (= *lujoso*) luxurious; (= *rico*) opulent, affluent
2 (= *abundante*) abundant

**opuncia** SF (*Méx*) prickly pear

**opus** SM (*Mús*) opus

**opúsculo** SM tract, brief treatise

**OPUS DEI**

*The* **Opus Dei**, *also referred to as* **la Obra**, *is an influential Catholic association formed in 1928 by the Spaniard José María Escrivá de Balaguer with the aim of spreading Christian principles in society. It has a a direct link to the Vatican by virtue of a special "Personal Prelature" granted by John Paul II in 1982, which in practice means that it enjoys complete independence from local diocesan authorities. During the Franco era members of the* **Opus** *formed the intellectual backbone of the régime, and the technocrats who engineered the "economic miracle" of the 1950s and 60s were drawn largely from its number. Members of the* **Opus** *are particularly well-represented in educational circles: the universities of Pamplona in Spain and Piura in Peru are run by it.*

**opusdeísta** SMF member of Opus Dei

**OPV** SF ABR (= **Oferta Pública de Venta (de acciones)**) *share offer*

**oquedad** SF 1 (= *cavidad*) hollow, cavity
2 [*de escrito, habla*] emptiness, hollowness
3 (= *vacío*) void

**oquedal** SM wood of grown timber, plantation

**ORA** SF ABR = **Operación de Regulación de Aparcamientos**

**ora** ADV (*frm*) **~ A, ~ B** (*uso temporal*) now A, now B; (= *a veces*) sometimes A, sometimes B

**oración** SF 1 (*Rel*) prayer; **oraciones por la paz** prayers for peace; **estar en ~** to be at prayer
2 (*Ling*) sentence; **partes de la ~** parts of speech ► **oración compuesta** complex sentence ► **oración directa** direct speech ► **oración indirecta** indirect speech, reported speech ► **oración subordinada** subordinate clause
3 (= *discurso*) oration (*frm*), speech; **pronunciar una ~** to make a speech ► **oración fúnebre** funeral oration
4 (*LAm*) (= *invocación*) pagan invocation, magic charm

**oracional** ADJ sentence *antes de s*

**oráculo** SM oracle

**orador(a)** SM/F speaker, orator (*frm*)

**oral** ADJ oral; **por vía ~** (*Med*) orally

**órale*** EXCL (*Méx*) (= *¡venga!*) come on!; (= *¡oiga!*) hey!

**orangután** SM orangutan

**orante** Ⓐ ADJ **actitud ~** kneeling position, attitude of prayer
Ⓑ SMF (= *persona*) worshipper, person at prayer

**orar** ▸conjug 1a◂ VI 1 (*Rel*) to pray (**a** to; **por** for)
2 (= *disertar*) to speak, make a speech

**orate** SMF lunatic

**orático** ADJ (*CAm*) crazy, lunatic

**oratoria** SF oratory; **concurso de ~** public speaking competition

**oratorio** Ⓐ ADJ oratorical
Ⓑ SM (*Mús*) oratorio; (*Rel*) oratory, chapel

**orbe** SM 1 (= *globo*) orb, sphere
2 (= *mundo*) world; **en todo el ~** all over the world *o* globe

**órbita** SF 1 (*gen*) orbit; **entrar en ~ alrededor de la luna** to go into orbit round the moon; **estar en ~** to be in orbit; **poner en ~** to put in orbit; **está fuera de su ~ de acción** it's outside his field
2 (*Anat*) (*ocular*) socket, eye-socket

**orbital** ADJ orbital

**orbitar** ▸conjug 1a◂ VT to orbit

**orca** SF killer whale

**Órcadas** SFPL Orkneys, Orkney Islands

**órdago**: **de ~*** ADJ (*gen*) fantastic; (*pey*) awful, tremendous*; **tienen un yate de ~** they've got a fantastic yacht; **se cogieron una borrachera de ~** they got well and truly drunk

**ordalías** SFPL (*Hist*) ordeal *sing*, trial *sing* by ordeal

**orden** Ⓐ SM 1 (*en colocación, sucesión*) 1·1 (*con objetos, personas*) order; **fueron archivados por ~ alfabético** they were filed alphabetically *o* in alphabetical order; **se fueron sentando por ~ de llegada** they sat down in order of arrival; **por ~ de antigüedad** in order of seniority; **por ~ cronológico** in chronological order; **por ~ de importancia** in order of importance; **poner ~ en algo** to sort sth out; **el ministro supo poner ~ en el departamento** the minister managed to sort out *o* put some order into the department; **los policías trataban de poner ~ en aquel caos de tráfico** the police attempted to sort out the traffic chaos; **voy a poner ~ en mi mesa** I'm going to tidy up my desk
1·2 **en ~** in order; **todo en ~, mi capitán** everything is in order, captain; **en ~ de combate** in battle order; **poner en ~** [+ *papeles, documentos*] to sort out; **en unas cuantas horas consiguieron poner todas sus cosas en ~** in a few hours they managed to sort everything out; **poner en ~ las ideas** to sort out one's ideas; ✦*MODISMOS* **poner la casa en ~** to put one's house in order; **sin ~ ni concierto** without rhyme or reason
► **orden del día** agenda ► **orden natural** natural order ► **orden sucesorio** order of succession
2 (*tb* **~ social**) order; **el ~ establecido** the established order; **las fuerzas del ~** the forces of law and order; **llamar al ~** to call to order; **mantener el ~** to keep order; **restablecer el ~** to restore *o* reestablish order ► **orden público** public order, law and order; **fueron detenidos por alterar el ~ público** they were arrested for breach of the peace *o* for disturbing the peace
3 (= *tipo*) nature; **motivos de ~ moral** moral reasons; **en otro ~ de cosas ...** at the same time ..., meanwhile ...; **de primer ~** [*figura*] leading; [*factor*] of prime importance, prime; **una figura política de primer ~** a leading political figure; **un pensador de primer ~** a first-rate thinker; **un problema de primer ~** a major problem; **en todos los órdenes** on all fronts
4 **del ~ de** in the order of, in the region of; **el coste sería del ~ de diez millones de dólares** the cost would be in the order *o* region of ten million dollars; **necesitamos del ~ de 150.000 pesetas para comprarlo** we need approximately 150,000 pesetas to buy it
5 **en ~ a** (= *con miras a*) with a view to; (= *en cuanto a*) with regard to; **en ~ a hacer algo** in order to do sth
6 (*Arquit*) order ► **orden corintio** Corinthian order ► **orden dórico** Doric order ► **orden jónico** Ionic order
7 (*Biol*) order
8 (*Rel*) (*tb* **~ sacerdotal**) ordination
Ⓑ SF 1 (= *mandato*) order; **¡es una ~!** (and) that's an order!; **tenemos órdenes de no dejar pasar a nadie** we are under orders not to let anybody through; **dar una ~ a algn** to give sb an order, order sb; **dar (la) ~ de hacer algo** to give the order to do sth; **hasta nueva ~** until further notice; **por ~ de** by order of; **fue encarcelado por ~ del juez** he was imprisoned by order of the judge; ✦*MODISMO* **estar a la ~ del día**: **los robos están a la ~ del día en esta zona** robberies have become the norm in this area; **en los setenta llevar coleta estaba a la ~ del día** in the seventies ponytails were the latest thing ► **orden de allanamiento** (*LAm*) search war-

rant ► **orden de arresto**, **orden de búsqueda y captura** arrest warrant ► **orden de citación** (*Méx*), **orden de comparación** (*Méx*) summons, subpoena (*EEUU*) ► **orden de desalojo** eviction order ► **orden de detención** arrest warrant ► **orden del día** (*Mil*) order of the day ► **orden de registro** search warrant ► **orden judicial** court order ► **orden ministerial** ministerial order, ministerial decree

2 **a la ~** 2·1 (*Mil*) yes, sir!

2·2 (*LAm*) (*en tienda*) what can I get you?; (= *no hay de qué*) you're welcome, don't mention it!; **estoy a la ~ para lo que necesites** if there is anything you need, just ask

2·3 **a las órdenes de algn** (*Mil*) at sb's command; (*en la policía*) under sb's instructions *o* orders; (*en otros trabajos*) under sb; **el personal que estará a las órdenes del nuevo director** the staff who will be working under the new director; **¡a sus órdenes!** (*Mil*) yes sir; (*esp LAm*) at your service

3 (*Mil, Hist, Rel*) (= *institución*) order; **la Orden de Calatrava** the Order of Calatrava; **la Orden de San Benito** the Benedictine Order ► **orden de caballería** order of knighthood ► **orden militar** military order ► **orden monástica** monastic order ► **orden religiosa** religious order

4 **órdenes** (*Rel*) orders ► **órdenes mayores** major orders ► **órdenes menores** minor orders ► **órdenes sagradas** holy orders

5 (*Com, Fin*) order; (*Méx*) (= *pedido*) order; **cheques a la ~ de Suárez** cheques (to be made) payable to Suárez ► **orden bancaria** banker's order ► **orden de compra** purchase order ► **orden de pago** money order

6 (*Méx*) (= *ración*) dish

**ordenación** SF 1 (= *colocación*) (*estado*) order, arrangement; (*acción*) ordering, arranging ► **ordenación del territorio**, **ordenación territorial** town and country planning ► **ordenación del tráfico** traffic planning ► **ordenación urbana** town planning

2 (*Rel*) ordination

**ordenada** SF ordinate

**ordenadamente** ADV [*entrar, salir*] in an orderly fashion; [*trabajar*] in an organized *o* ordered manner; **evacuaron ~ a los heridos** they evacuated the wounded in an orderly fashion; **~ colocados** neatly arranged

**ordenado** ADJ 1 (= *en orden*) [*habitación, escritorio*] tidy; [*oficina*] well-organized, ordered; **tiene toda la casa muy limpia y ordenada** she keeps the house very clean and tidy; **llevan una vida normal y ordenada** they lead a normal, ordered *o* orderly life; **los niños entraron de forma ordenada en el museo** the children entered the museum in an orderly fashion

2 [*persona*] (*al colocar algo*) tidy; (*en el trabajo*) organized

3 (*Rel*) ordained, in holy orders

**ordenador** SM computer; **pasar a ~** to type up on computer ► **ordenador analógico** analogue computer, analog computer (*EEUU*) ► **ordenador central** mainframe computer ► **ordenador de gestión** business computer ► **ordenador de (sobre)mesa** desktop computer ► **ordenador doméstico** home computer ► **ordenador personal** personal computer ► **ordenador portátil** (*gen*) portable computer; (*pequeño*) laptop computer ► **ordenador torre** tower unit ► **ordenador transportable** portable computer

**ordenamiento** SM 1 (*Jur*) (= *leyes*) legislation; **el nuevo ~ eléctrico** the new legislation on electricity ► **ordenamiento constitucional** constitution ► **ordenamiento jurídico** legal system

2 (*al colocar algo*) ordering, arranging

**ordenancista** SMF disciplinarian, martinet

**ordenando** SM (*Rel*) ordinand

**ordenanza** Ⓐ SF (= *decreto*) ordinance, decree; **honores de ~** official honours; **ser de ~** to be the rule ► **ordenanzas municipales** bylaws

Ⓑ SMF 1 (*en oficina*) messenger

2 (= *bedel*) porter

3 (*Mil*) orderly

**ordenar** ▸conjug 1a◂ Ⓐ VT 1 (= *poner en orden*) (*siguiendo un sistema*) to arrange; (*colocando en su sitio*) to tidy; (*Inform*) to sort; **hay que ~ los recibos por fechas** we have to put the receipts in order of date, we have to arrange the receipts by date; **voy a ~ mis libros** I'm going to sort out *o* organize my books; **ordenó los relatos cronológicamente** he arranged the stories chronologically *o* in chronological order; **nunca ordena sus papeles** he never tidies his paperwork; **~ sus asuntos** to put one's affairs in order; **~ su vida** to put *o* get one's life in order

2 (= *mandar*) to order; **la juez ordenó su detención** the judge ordered his arrest; **les habían ordenado que siguieran al vehículo** they had been ordered to follow the vehicle; **un tono de ordeno y mando** a dictatorial tone

3 (*Rel*) to ordain; **fue ordenado sacerdote en octubre** he was ordained as a priest in October

Ⓑ **ordenarse** VPR (*Rel*) to be ordained

**ordeña** SF (*LAm*) milking

**ordeñadero** SM milking pail

**ordeñadora** SF milking machine

**ordeñar** ▸conjug 1a◂ VT [+ *vaca, oveja*] to milk; [+ *aceitunas*] to harvest

**ordeño** SM, **ordeñe** SM (*Caribe*) [*de leche*] milking; [*de aceitunas*] harvest

**órdiga**‡ SF **¡la ~!** (*Esp*) bloody hell!‡

**ordinal** ADJ, SM ordinal

**ordinariamente** ADV ordinarily, usually

**ordinariez** SF 1 (= *cualidad*) coarseness, vulgarity, commonness

2 **una ~** a coarse remark

**ordinario** Ⓐ ADJ 1 (= *normal*) ordinary; **de ~** usually; **de ~ coge el autobús para ir a trabajar** he usually takes the bus to work

2 (= *vulgar*) [*persona*] common; [*comportamiento, modales*] coarse; **son gente muy ordinaria** they're very common people; **sólo cuenta chistes ~s** he only tells crude jokes

Ⓑ SM 1 (*Rel*) ordinary ► **ordinario de la misa** Ordinary of the mass

2 (†) (= *gastos*) daily household expenses *pl*

3 (†) (= *recadero*) carrier, delivery man

**ordinograma** SM (*gen*) organization chart; [*de flujo*] flowchart

**orear** ▸conjug 1a◂ Ⓐ VT [+ *casa, habitación*] to air

Ⓑ **orearse** VPR 1 [*ropa*] to air

2 [*persona*] to get some fresh air, take a breather

**orégano** SM 1 (= *hierba*) oregano

2 (*Méx*‡) (= *marihuana*) grass‡

**oreja** Ⓐ SF 1 (*Anat*) ear; ✦**MODISMOS aguzar las ~s** to prick up one's ears; **calentar las ~s a algn** (= *pegar*) to box sb's ears; (= *irritar*) to get on sb's nerves; (= *despachar*) to send sb away with a flea in his ear*; **chafar la ~** to have a kip*; **descubrir** *o* **enseñar la ~** (= *traicionarse*) to give o.s. away, show one's true colours; (= *aparecer*) to show up; **con las ~s gachas** with one's tail between one's legs, crestfallen; **estar hasta las ~s de algo** to be up to one's ears *o* eyes in sth*; **hacer ~s** to listen to sense, see sense; **hacer ~s de mercader** to turn a deaf ear; **pegar la ~ (en algo)** to eavesdrop (on sth), listen in (on *o* to sth); **planchar ~**‡ = **chafar la oreja**; **ponerle a algn las ~s coloradas** to embarrass sb; **sonreír de ~ a ~** (*con alegría*) to beam; (*con autosatisfacción*) to grin from ear to ear; **verle las ~s al lobo** to get a sudden fright; **vérsele la ~ a algn***: **se le ve la ~** you can see his little game*; *ver tb* **tirón**[1] **1**

2 (= *pieza*) [*de sillón*] wing; [*de zapato*] tab; [*de jarra*] handle; [*de envase de zumo, leche*] flap; [*de martillo*] claw; [*de libro*] flap; [*de tambor*] lug

3 (*LAm*) (= *curiosidad*) curiosity; (= *escucha*) eavesdropping; (= *prudencia*) caution

Ⓑ SMF (‡) (= *soplón*) grass*, fink (*EEUU**), informer

**orejano/a** Ⓐ ADJ 1 (*Andes, Cono Sur*) [*ganado*] unbranded, ownerless

2 (*LAm*) (= *tímido*) shy, easily scared; (= *huraño*) unsociable

3 (*Caribe*) (= *cauteloso*) cautious

Ⓑ SM/F (*CAm, Caribe*) peasant, countryman/countrywoman

**orejear** ▸conjug 1a◂ VI 1 (*LAm*) (= *escuchar*) to eavesdrop

2 (*Cono Sur**) (*Naipes*) to show one's cards one by one

3 (*Andes, Caribe, Cono Sur*) (= *sospechar*) to be suspicious, be distrustful

**orejera** SF 1 (*para el frío*) earflap

2 (*Agr*) mouldboard, moldboard (*EEUU*)

**orejero** Ⓐ ADJ (*) 1 (*LAm*) (= *receloso*) suspicious; (= *prudente*) cautious

2 (*Cono Sur*) (= *chismoso*) telltale, tattletale (*EEUU*)

3 (*Andes*) (= *rencoroso*) malicious

Ⓑ SM 1 [*de sillón*] wing chair

2 (*Cono Sur**) (= *hombre de confianza*) boss's right-hand man

**orejeta** SF (*Téc*) lug

**orejón** Ⓐ ADJ 1 (*esp LAm*) = **orejudo**

2 (*CAm, Méx*) (= *tosco*) rough, coarse

3 (*Andes*) (= *distraído*) absent-minded

Ⓑ SM 1 (= *tirón*) pull on the ear

2 [*de fruta*] *strip of dried peach/apricot*

3 (*Andes Hist*) *Inca officer*

4 (*Andes Med*) goitre, goiter (*EEUU*)

5 (*Andes*) (= *vaquero*) herdsman; (= *llanero*) plainsman

6 (*Méx*‡) (= *marido*) cuckold

**orejonas** SFPL (*Andes, Caribe*) big spurs

**orejudo** ADJ big-eared, with big ears

**orensano/a** Ⓐ ADJ of/from Orense

Ⓑ SM/F native/inhabitant of Orense; **los ~s** the people of Orense

**Orense** SM Orense

**orfanato** SM, **orfanatorio** SM (*LAm*) orphanage

**orfandad** SF [1] (= *estado*) orphanage (*frm*)
[2] (= *desamparo*) helplessness, destitution

**orfebre** SMF silversmith, goldsmith

**orfebrería** SF [1] (= *oficio*) silversmithing, goldsmithing, craftsmanship in precious metals
[2] (= *objetos*) [*de oro*] gold articles *pl*; [*de plata*] silverware

**orfelinato** SM orphanage

**Orfeo** SM Orpheus

**orfeón** SM choral society

**organdí** SM organdie

**orgánicamente** ADV organically

**orgánico** ADJ organic; *ver tb* **ley 1**

**organigrama** SM [*de entidad, empresa*] organization chart; (*Inform*) flow chart

**organillero** SM organ grinder

**organillo** SM barrel organ, hurdy-gurdy

**organismo** SM [1] (*Biol*) organism
[2] (*Pol*) (*gen*) organization; (= *institución*) body, institution; (= *agencia*) agency ► **organismo de sondaje** polling organization ► **Organismo Internacional de Energía Atómica** International Atomic Energy Agency ► **organismo rector** governing body, Board of Trustees (*EEUU*) ► **organismos de gobierno** organs of government, government bodies

**organista** SMF organist

**organito** SM (*Cono Sur*) = **organillo**

**organización** SF organization ► **Organización de Estados Americanos** Organization of American States ► **Organización de las Naciones Unidas** United Nations Organization ► **organización no gubernamental** non-governmental organization; *ver tb* **OPEP**

**organizadamente** ADV in an organized way

**organizador(a)** Ⓐ ADJ organizing; **el comité ~** the organizing committee
Ⓑ SM/F organizer

**organizar** ▸conjug 1f◂ Ⓐ VT [1] [+ *fiesta, espectáculo*] to organize
[2] (*) [+ *jaleo, pelea*] **los marineros ~on un auténtico alboroto** the sailors created *o* made a real commotion; **¡menuda has organizado!** you've really stirred things up, haven't you!
Ⓑ **organizarse** VPR [1] [*persona*] to organize o.s., get o.s. organized; **te tienes que ~ mejor** you need to organize yourself better, you need to get yourself better organized
[2] (*) [*jaleo, pelea*] **se organizó una pelea tremenda** there was a terrific punch-up*

**organizativo** ADJ organizational

**órgano** SM [1] (*Anat, Mec*) organ ► **órgano del habla** speech organ ► **órgano sexual** sexual organ, sex organ
[2] (*Mús*) organ ► **órgano eléctrico** electric organ
[3] (= *medio*) means, medium ► **órgano de enlace** means of communication

**organofosfato** SM organophosphate

**orgásmico** ADJ orgasmic

**orgasmo** SM orgasm

**orgía** SF orgy

**orgiástico** ADJ orgiastic

**orgullo** SM [1] (= *satisfacción*) pride; **eres el ~ de la familia** you're the pride of the family; **me llena de ~ ver crecer a mis hijos** it makes me really proud to see my children growing up
[2] (= *altanería*) pride; **su ~ le costará caro** his pride will cost him dear; **su ~ le impedía disculparse** he was too proud to say sorry

**orgullosamente** ADV proudly

**orgulloso** ADJ [1] (= *satisfecho*) proud; **estar ~ de algo/algn** to be proud of sth/sb; **estar ~ de hacer algo** to be proud to do sth
[2] (= *altanero*) proud; **es muy orgullosa y nunca saluda** she's very proud, she never says hello

**oricio** SM sea-urchin

**orientable** ADJ adjustable

**orientación** SF [1] [*de casa*] aspect; [*de habitación*] position, orientation; (= *dirección*) direction; **una casa con ~ sur** a house facing south; **la ~ actual del partido** the party's present course *o* position ► **orientación sexual** sexual orientation
[2] (= *guía*) guidance, orientation; **me ayudó en la ~ bibliográfica** he helped me with bibliographical information; **lo hizo para mi ~** he did it for my guidance ► **orientación profesional** careers guidance ► **orientación vocacional** vocational guidance
[3] (*Dep*) orienteering

**orientador(a)** SM/F careers adviser, (school) counselor (*EEUU*)

**oriental** Ⓐ ADJ [1] [*persona*] oriental; [*región, zona*] eastern
[2] (*Cono Sur*) (= *uruguayo*) Uruguayan; **la Banda Oriental** Uruguay
[3] (*Cuba*) of/from Oriente province
Ⓑ SMF [1] (= *persona de Oriente*) oriental
[2] (*Cono Sur*) (= *uruguayo*) Uruguayan
[3] (*Cuba*) native/inhabitant of Oriente province; **los ~es** the people of Oriente province

**orientalismo** SM orientalism

**orientalista** ADJ, SMF orientalist

**orientar** ▸conjug 1a◂ Ⓐ VT [1] (= *situar*) **~ algo hacia** *o* **a algo** to position sth to face sth; **~on la parabólica hacia el norte** they positioned the satellite dish to face north, they put the satellite dish facing north; **la casa está orientada hacia el suroeste** the house faces south-west, the house looks south-west
[2] (= *enfocar*) to direct; **tenemos que ~ nuestros esfuerzos hacia un aumento de la productividad** we must direct our efforts towards improving productivity; **hay que ~ las investigaciones en otro sentido** we shall have to follow a different path of enquiry; **cómics orientados a un público adulto** comics oriented *o* targeted at adult readers
[3] (= *guiar*) to guide; **me ha orientado en la materia** he has guided me through the subject, he has given me guidance about the subject
[4] (*Náut*) [+ *vela*] to trim
Ⓑ **orientarse** VPR [1] (= *encontrar el camino*) to get one's bearings; **es difícil ~se en esta ciudad** it's hard to get one's bearings in this city, it's hard to find one's way around in this city
[2] (= *tender*) **su estilo se orienta hacia lo abstracto** his style tends towards the abstract

**orientativamente** ADV by way of guidance

**orientativo** ADJ guiding, illustrative; **los pesos reseñados son puramente ~s** the weights shown are for guidance only

**oriente** SM [1] (= *este*) east
[2] **el Oriente** the Orient, the East; **el Cercano** *o* **Próximo Oriente** the Near East; **el Extremo** *o* **Lejano Oriente** the Far East; **el Oriente Medio** the Middle East
[3] (= *viento*) east wind
[4] [*de masones*] masonic lodge

**orificación** SF gold filling

**orificar** ▸conjug 1g◂ VT [+ *muela*] to fill with gold

**orificio** SM (= *agujero*) orifice (*frm*), hole; (*para aire, gas*) vent ► **orificio de bala** bullet hole ► **orificio de entrada** (*en herida*) point of entry ► **orificio de salida** (*en herida*) point of exit

**origen** SM [1] (= *causa, principio*) origin; **el ~ del hombre** the origin of man; **un trabajo de investigación sobre los orígenes del flamenco** a piece of research on the origins of flamenco; **la policía está investigando el ~ de las llamadas telefónicas** the police are investigating the source of the phone calls; **dar ~ a** [+ *rumores, movimiento, organización*] to give rise to; **esta situación ha dado ~ a múltiples procesos judiciales** this situation has given rise to numerous lawsuits; **el Big Bang, la gran explosión que dio ~ al Universo** the Big Bang, the great explosion that created the Universe; **de ~: proteínas de ~ animal/vegetal** animal/vegetable proteins; **problemas de ~ psicológico** psychological problems, problems of psychological origin; **un deporte de ~ inglés** a sport of English origin, a sport originally from England; **desde sus orígenes** [*de movimiento, corriente*] from its origins; [*de ciudad, país*] from the very beginning, right from the start; **una historia de la medicina desde sus orígenes hasta nuestros días** a history of medicine from its origins up to the present day; **en su ~** originally; **la obra fue escrita en su ~ para cuatro voces** the work was originally written for four voices; **en su ~ la organización no tenía más de veinte miembros** at the outset *o* at the start *o* originally the organization had no more than twenty members; **tener su ~ en** [+ *lugar*] to originate in; [+ *inicio*] to originate from; [+ *fecha*] to date back to; **la paella tuvo su ~ en Valencia** paella had its origin *o* originated in Valencia; **el vals tiene su ~ en las danzas austriacas "Ländler"** the waltz originates *o* comes from Austrian Ländler dances; **el fuego tuvo su ~ en un cortocircuito** the fire was caused by a short circuit; **tiene su ~ en el siglo XV** it dates back to the 15th century
[2] [*de persona*] background, origins *pl*; **son gente de ~ humilde** they are from a humble background, they are of humble origins; **sabemos poco de sus orígenes** we know little about his background; **de ~ argentino/árabe** of Argentinian/Arab origin *o* (*más frm*) extraction; **país de ~** country of origin, native country
[3] **en ~** (*Com, Fin*) at source; **el reciclado de residuos en ~** the recycling of waste at source; **este impuesto se retiene en ~** this tax is deducted at source

**original** Ⓐ ADJ [1] (= *inicial*) [*idea, documento, idioma*] original; [*edición*] first; **van a intentar devolver la zona a su estado ~** they are go-

ing to try to return the area to its original state; *ver tb* **pecado 1**
[2] (= *novedoso*) original; **el guión tiene poco de ~** the script is not very original
[3] (= *raro*) unusual, original; (= *extravagante*) eccentric; **él siempre tiene que ser tan ~** (*iró*) he always has to be so different
[4] (= *creativo*) original; **es un escritor muy ~** he's a very original writer
[5] (= *procedente*) **ser ~ de** [*planta, animal*] to be native to
Ⓑ SM [1] (= *modelo*) original; **no se parece en nada al ~** it doesn't look anything like the original
[2] (*Tip*) (*tb* **~ de imprenta**) manuscript, original, copy

**originalidad** SF [1] (= *novedad*) originality
[2] (= *excentricidad*) eccentricity

**originalmente** ADV originally

**originar** ▸conjug 1a◂ Ⓐ VT to cause; **el terremoto originó la estampida de los elefantes** the earthquake caused the elephants to stampede; **la lucha de clases originó el conflicto** the class struggle led to *o* gave rise to the conflict; **están buscando las causas que ~on el fuego** they're looking for the cause of the fire
Ⓑ **originarse** VPR [*enfermedad, crisis, conflicto, incendio*] to start, originate; [*universo*] to begin; **la saeta se origina en la antigua música religiosa cristiana** "saeta" originates in ancient Christian religious music; **casi un 30% de la deuda externa del Tercer Mundo se origina por la compra de armas** nearly 30% of foreign debt in the Third World results from arms purchases

**originariamente** ADV originally

**originario** ADJ [1] (= *inicial*) original; **el sentido ~ del término** the original sense of the term; **en su forma originaria** in its original form; **país ~** country of origin, native country
[2] **~ de** [*animal, planta*] native to; [*persona*] from; **el lichi es ~ de China** lychees originated in China, the lychee is native to China; **un joven ~ de Cabo Verde** a young man from Cape Verde; **los escoceses son ~s de Irlanda** the Scottish originally came from Ireland

**orilla** SF [1] (= *borde*) [*de río*] bank; [*de lago*] shore, edge; [*de mesa*] edge; [*de taza*] rim, lip; **la ~ del mar** the seashore; **a ~s de** on the banks of; **vive ~ de mi casa*** he lives next door to me
[2] (*Cos*) (= *orillo*) selvage; (= *dobladillo*) hem
[3] (*LAm*) (= *acera*) pavement, sidewalk (*EEUU*)
[4] ✦*MODISMO* **de ~** (*Caribe*) (= *sin importancia*) trivial, of no account; (= *sin valor*) worthless
[5] **orillas** (*LAm*) (= *arrabales*) outlying districts; (*pey*) poor quarter *sing*; (*Méx*) shanty town *sing*

**orillar** ▸conjug 1a◂ VT [1] [+ *lago, bosque*] to skirt, go round
[2] (= *esquivar*) [+ *dificultad*] to avoid, get round; [+ *tema*] to touch briefly on
[3] (= *arreglar*) [+ *negocio*] to put in order, tidy up; [+ *obstáculo*] to overcome
[4] (= *concluir*) to wind up
[5] (*Cos*) to edge (**de** with), trim (**de** with)
[6] **~ a algn a hacer algo** (*Méx*) to lead sb to do sth

**orillero/a** (*LAm*) Ⓐ ADJ (*gen*) lower-class, working-class; (= *arrabalero*) common, vulgar
Ⓑ SM/F (*gen*) lower-class person, working-class person; (= *arrabalero*) common person, vulgar person

**orillo** SM selvage

**orín¹** SM rust; **tomarse de ~** to get rusty

**orín²** SM, **orina** SF urine

**orinacamas** SM INV dandelion

**orinal** SM [1] (= *bacín*) chamber pot; [*de niños*] potty ► **orinal de cama** bedpan
[2] (*Mil**) tin hat*, helmet

**orinar** ▸conjug 1a◂ Ⓐ VI (*gen*) to urinate
Ⓑ VT **~ sangre** to pass blood (*in the urine*)
Ⓒ **orinarse** VPR to wet o.s.; **~se en la cama** to wet one's bed; **~se encima** to wet o.s.

**orines** SMPL urine *sing*

**Orinoco** SM **el río ~** the Orinoco River

**orita*** (*LAm*) = **ahorita**

**oriundo/a** Ⓐ ADJ **~ de** [*planta, animal*] indigenous to, native to; **el melocotón, aunque ~ de China, se propagó rápidamente por el Oriente Medio** the peach, although indigenous *o* native to China, rapidly spread through the Middle East; **Pepa es oriunda de Granada** Pepa comes from *o* (*hum*) hails from Granada
Ⓑ SM/F (= *nativo*) native, inhabitant

**orla** SF, **orladura** SF [1] (= *borde*) [*de vestido, cuadro*] border; [*de flecos*] fringe ► **orla litoral** coastal strip
[2] (= *ribete*) trimming
[3] (*Educ*) (= *fotografía*) class graduation photograph

**orlar** ▸conjug 1a◂ VT to edge (**con, de** with), trim (**con, de** with)

**ornamentación** SF ornamentation, adornment

**ornamental** ADJ ornamental

**ornamentar** ▸conjug 1a◂ VT to adorn (**de** with)

**ornamento** SM [1] (= *adorno*) ornament, adornment
[2] **ornamentos** (*Rel*) vestments; (= *cualidades*) good qualities

**ornar** ▸conjug 1a◂ VT to adorn (**de** with)

**ornato** SM adornment, decoration

**ornitofauna** SF birds *pl*, bird population

**ornitología** SF ornithology

**ornitológico** ADJ ornithological

**ornitólogo/a** SM/F ornithologist

**ornitorrinco** SM platypus

**oro** SM [1] (= *metal*) gold; **de ~** gold *antes de s*, golden (*frec liter*); **regla de ~** golden rule; **tiene una voz de ~** she has a wonderful voice; ✦*MODISMOS* **apalear ~** to be rolling in money; **de ~ y azul** very smart and elegant, all dressed up; **como un ~** like new; **es de ~** he's a treasure; **guardar algo como ~ en paño** to treasure sth; **hacerse de ~** to make a fortune; **prometer el ~ y el moro** to promise the moon; ✦*REFRÁN* **no es ~ todo lo que reluce** all that glitters is not gold ► **oro amarillo** yellow gold ► **oro batido** gold leaf ► **oro en barras** gold bars *pl*, bullion ► **oro en polvo** gold dust ► **oro laminado** rolled gold ► **oro molido** ormolu ► **oro negro** black gold, oil ► **oro viejo** old gold
[2] **oros** (*Esp*) (*Naipes*) *one of the suits in the Spanish card deck, represented by gold coins*; → BARAJA ESPAÑOLA

**orografía** SF orography

**orográfico** ADJ orographical

**orondo** ADJ [1] (= *grueso*) [*persona*] potbellied, big-bellied; [*vasija*] rounded, potbellied
[2] (= *satisfecho*) smug, self-satisfied; (= *pomposo*) pompous
[3] (*LAm*) (= *sereno*) calm, serene

**oropel** SM tinsel; **de ~** flashy, gaudy; ✦*MODISMO* **gastar mucho ~** to make a pretence of being wealthy

**oropéndola** SF golden oriole

**oroya** SF (*Andes*) [1] (= *cesta*) *basket of a rope bridge*
[2] (*Ferro*) funicular railway

**orozuz** SM liquorice

**orquesta** SF orchestra ► **orquesta de baile** dance band ► **orquesta de cámara** chamber orchestra ► **orquesta de cuerda** string orchestra ► **orquesta de jazz** jazz band ► **orquesta sinfónica** symphony orchestra

**orquestación** SF orchestration (*tb fig*)

**orquestal** ADJ orchestral

**orquestar** ▸conjug 1a◂ VT to orchestrate (*tb fig*)

**orquestina** SF band

**orquídea** SF orchid

**orsay** SM = **offside**

**ortiga** SF nettle, stinging nettle

**orto¹** SM sunrise

**orto²**** SM (*Cono Sur*) (= *culo*) arse**, ass (*EEUU***); (= *ano*) arsehole**, asshole**

**orto...** PREF ortho...

**ortodoncia** SF orthodontics *sing*, dental orthopedics *sing* (*EEUU*)

**ortodoncista** SMF orthodontist

**ortodoxia** SF orthodoxy

**ortodoxo** ADJ orthodox

**ortofonista** SMF speech therapist

**ortografía** SF spelling, orthography (*frm*)

**ortográfico** ADJ spelling *antes de s*, orthographic(al) (*frm*); **reforma ortográfica** spelling reform

**ortopeda** SMF orthopaedist, orthopedist (*EEUU*)

**ortopedia** SF orthopaedics *sing*, orthopedics *sing* (*EEUU*)

**ortopédico** ADJ orthopaedic, orthopedic (*EEUU*)

**ortopedista** SMF orthopaedist, orthopedist (*EEUU*)

**oruga** SF [1] (= *gusano*) caterpillar
[2] (*Bot*) rocket
[3] (= *vehículo*) (*Téc*) caterpillar, caterpillar track; (*Mil*) tracked personnel carrier; **tractor de ~** caterpillar tractor

**orujo** SM [1] (= *bebida*) *liquor distilled from grape remains*
[2] (= *restos*) marc

**orza¹** SF (= *jarra*) glazed earthenware jar

**orza²** SF (*Náut*) luff, luffing; ✦*MODISMO* **ir de ~** to be on the wrong track

**orzar** ▸conjug 1f◂ VI (*Náut*) to luff

**orzuelo** SM (*Med*) stye

**os¹** PRON PERS PL [1] (*directo*) you; **os quiero mucho** I love you very much; **no os oigo** I can't hear you
[2] (*indirecto*) you; **os lo di** I gave it to you; **os lo compré** (= *de vosotros*) I bought it from you; (= *para vosotros*) I bought it for you; **¿os han arreglado ya el ordenador?** have they fixed the computer for you yet?
[3] (*reflexivo*) yourselves; **¿os habéis hecho daño?** did you hurt yourselves?; **lavaos las**

manos wash your hands; **cuando os marchéis** when you leave; **no hace falta que os quitéis el abrigo** you don't need to take your coats off

4 (*mutuo*) each other; **quiero que os pidáis perdón** I want you to say sorry to each other; **¿os conocéis?** have you met?, do you know each other?

**os²** EXCL shoo!

**osa** SF 1 (= *animal*) she-bear; ✦*MODISMOS* **¡anda la ~!*** what a carry-on!*; **¡la ~!*** gosh!*

2 (*Astron*) ► **Osa Mayor** Ursa Major, Great Bear ► **Osa Menor** Ursa Minor, Little Bear

**osadamente** ADV daringly, boldly

**osadía** SF 1 (= *audacia*) daring, boldness

2 (= *descaro*) impudence, audacity, temerity

**osado** ADJ 1 (= *audaz*) daring, bold

2 (= *descarado*) impudent, audacious

**osamenta** SF 1 (= *esqueleto*) skeleton

2 (= *huesos*) bones *pl*

**osar** ▸conjug 1a◂ VI to dare; **~ hacer algo** to dare to do sth

**osario** SM ossuary, charnel house

**Oscar** SM, **óscar** SM Oscar

**oscarizado/a** Ⓐ ADJ Oscar-winning

Ⓑ SM/F Oscar winner

**OSCE** SF ABR (= **Organización para la Seguridad y Cooperación en Europa**) OSCE

**oscense** Ⓐ ADJ of/from Huesca

Ⓑ SMF native/inhabitant of Huesca; **los ~s** the people of Huesca

**oscilación** SF 1 [*de péndulo*] swinging, swaying, oscillation

2 [*de luz*] winking, blinking; [*de llama*] flickering

3 [*de precios, peso, temperatura*] fluctuation

4 [*de parecer, pensar*] hesitation, wavering

**oscilador** Ⓐ ADJ oscillating

Ⓑ SM oscillator

**oscilante** ADJ oscillating (*frm*)

**oscilar** ▸conjug 1a◂ VI 1 [*péndulo*] to swing, oscillate

2 [*luz*] to wink, blink; [*llama*] to flicker

3 [*precio, peso, temperatura*] to fluctuate (**entre** between); [*calidad, diseño*] to vary (**entre** between); [*distancia, intensidad*] to range (**entre** between); **la distancia oscila entre los 100 y 500m** the distance ranges between 100 and 500m *o* from 100 to 500m; **los precios oscilan mucho** prices are fluctuating a lot

4 (= *dudar*) to hesitate (**entre** between), waver (**entre** between); **oscila entre la alegría y el pesimismo** his mood swings from cheerfulness to pessimism

**oscilatorio** ADJ oscillatory

**osciloscopio** SM oscilloscope

**oscular** ▸conjug 1a◂ VT (*liter*) to osculate (*frm, hum*), kiss

**ósculo** SM (*liter*) osculation (*frm, hum*), kiss

**oscuramente** ADV obscurely

**oscurana** SF 1 (*CAm*) [*de polvo*] cloud of volcanic dust

2 (*Andes**) (= *oscuridad*) darkness

**oscurantismo** SM obscurantism

**oscurantista** ADJ, SMF obscurantist

**oscurear** ▸conjug 1a◂ VT, VI (*Méx*) = **oscurecer**

**oscurecer** ▸conjug 2d◂ Ⓐ VT 1 [+ *color, espacio*] to darken

2 (= *quitar importancia a*) [+ *cuestión*] to confuse, cloud; [+ *rival*] to overshadow, put in the shade; [+ *fama*] to tarnish

3 (*Arte*) to shade

Ⓑ VI, **oscurecerse** VPR to grow dark, get dark

**oscurecimiento** SM 1 [*de color, piel*] darkening

2 [*de memoria*] failing

**oscuridad** SF 1 (= *ausencia de luz*) **tiene pánico a la ~** he's terrified of the dark; **la ~ envolvía el pueblo** the village was wrapped in darkness; **pasaba horas sentado en la ~** he would sit for hours in the dark *o* in darkness

2 [*de texto, explicación*] obscurity; **la ~ de su prosa** the obscurity of his prose

3 (= *anonimato*) obscurity; **salir de la ~** to emerge from obscurity

**oscuro** ADJ 1 (= *sin luz*) dark; **¡qué casa tan oscura!** what a dark house!

2 [*color, cielo, día*] dark; **un hermoso azul ~** a beautiful dark blue; **tiene el pelo castaño ~** she has dark brown hair

3 [*texto, explicación*] obscure

4 (= *sospechoso*) **oscuras intenciones** dubious intentions, sinister intentions; **un asunto ~** a shady business

5 (= *incierto*) [*porvenir, futuro*] uncertain; **de origen ~** of obscure origin(s)

6 (= *poco conocido*) obscure; **un ~ escritor** an obscure writer

7 **a oscuras** in the dark, in darkness

**óseo** ADJ 1 (*gen*) bony

2 (*Med*) osseous, bone *antes de s*

**osezno** SM bear cub

**osificación** SF ossification

**osificar** ▸conjug 1g◂ Ⓐ VT to ossify

Ⓑ **osificarse** VPR to ossify, become ossified

**-osis** *ver* **Aspects of Word Formation in Spanish 2**

**osito** SM 1 (= *juguete*) teddy, teddy bear ► **osito de felpa**, **osito de peluche** teddy, teddy bear ► **osito panda** panda

2 (*Cono Sur*) [*de bebé*] Babygro®

**osmosis** SF INV, **ósmosis** SF INV osmosis

**osmótico** ADJ osmotic

**OSO** ABR (= **oessudoeste**) WSW

**oso** SM bear; ✦*MODISMOS* **hacer el ~** to play the fool; **ser un ~** to be a prickly sort ► **oso blanco** polar bear ► **oso colmenero** (*LAm*) anteater ► **oso de las cavernas** cave bear ► **oso de peluche** teddy bear ► **oso gris** grizzly, grizzly bear ► **oso hormiguero** anteater ► **oso marsupial** koala bear ► **oso panda** panda ► **oso pardo** brown bear ► **oso perezoso** sloth

**Ostende** SM Ostend

**ostensible** ADJ obvious, evident; **hacer algo ~** to make sth quite clear; (*LAm*) to express sth, register sth; **procurar no hacerse ~** to keep out of the way, lie low

**ostensiblemente** ADV 1 (= *evidentemente*) obviously, evidently

2 (= *visiblemente*) visibly, openly; **se mostró ~ conmovido** he was visibly moved

**ostensorio** SM monstrance

**ostenta** SF (*Andes, Cono Sur*) = **ostentación**

**ostentación** SF 1 (= *exhibición*) ostentation

2 (= *acto*) show, display; **hacer ~ de** to flaunt, parade, show off

**ostentar** ▸conjug 1a◂ VT 1 (= *exhibir*) to show; (= *hacer gala de*) to flaunt, parade, show off

2 (= *tener*) [+ *poderes legales*] to have, possess; [+ *cargo, título*] to have, hold; **~ el título mundial en patinaje sobre hielo** to hold the world title in ice-skating; **ostenta todavía las cicatrices** he still has *o* carries the scars

**ostentativo** ADJ ostentatious

**ostentosamente** ADV ostentatiously

**ostentoso** ADJ ostentatious

**osteo...** PREF osteo...

**osteoartritis** SF INV osteoarthritis

**osteópata** SMF osteopath

**osteopatía** SF osteopathy

**osteoporosis** SF INV osteoporosis

**osti**‡ EXCL = **hostia**

**ostión** SM (*esp LAm*) large oyster

**ostionería** SF (*LAm*) (= *tienda*) sea food shop; (= *restaurante*) sea food restaurant; (= *bar*) oyster bar

**ostra** Ⓐ SF 1 (*Zool*) oyster ► **ostra perlera** pearl oyster; *ver tb* **aburrir B**

2 (= *persona*) (*pesado*) bore; (*huraño*) shrinking violet; (= *cliente fijo*) regular; **es una ~** he's a fixture here

Ⓑ **ostras*** EXCL (*euf*) (*denota sorpresa*) crikey!*; (*denota enfado o desagrado*) sugar!*, shoot! (*EEUU**)

**ostracismo** SM ostracism

**ostracista** ADJ discriminatory

**ostral** SM oyster bed

**ostrería** SF oyster bar

**ostrero** SM 1 (= *lugar*) oyster bed

2 (*Orn*) oystercatcher

**osuno** ADJ bear-like

**OTAN** SF ABR (= **Organización del Tratado del Atlántico Norte**) NATO

**otánico** ADJ NATO *antes de s*

**otanista** SMF supporter of NATO

**otario/a*** (*Cono Sur*) Ⓐ ADJ gullible

Ⓑ SM/F sucker*

**OTASE** SF ABR (= **Organización del Tratado del Sudeste Asiático**) SEATO

**otate** SM (*Méx*) (= *caña*) cane, stick; (= *junco*) reed, rush

**-ote, -ota** *ver* **Aspects of Word Formation in Spanish 2**

**oteadero** SM look-out post

**otear** ▸conjug 1a◂ VT 1 [+ *horizonte*] to scan

2 [+ *objeto lejano*] (*desde arriba*) to look down on, look down over; (*de forma poco clara*) to make out, glimpse

3 (= *espiar*) to watch (from above), spy on

4 (= *examinar*) to examine, look into

**Otelo** SM Othello

**otero** SM low hill, hillock, knoll

**OTI** SF ABR (*TV*) = **Organización de la Televisión Iberoamericana**

**otitis** SF INV inflammation of the ear, otitis (*frm*) ► **otitis media** inflammation of the middle ear, otitis media (*frm*)

**otomano/a** (*Hist*) Ⓐ ADJ Ottoman

Ⓑ SM/F Ottoman; **los ~s** the Ottomans

**otomía** SF (*Méx*) atrocity; **hacer ~s*** to get up to no good, misbehave

**Otón** SM Otto

**otoñada** SF autumn, autumn time, fall (*EEUU*)

**otoñal** ADJ autumnal, autumn *antes de s*, fall *antes de s* (*EEUU*)

**otoño** SM (= *estación*) autumn, fall (*EEUU*); **en el ~ de la vida** in the autumn of one's life

**otorgamiento** SM [1] (= *concesión*) [*de privilegio, ayuda, permiso, independencia*] granting; [*de premio*] awarding
[2] (*Jur*) (= *acción*) execution; (= *documento*) legal document, deed; **~ de una escritura** execution of a deed

**otorgar** ▸conjug 1h◂ VT [1] (= *conceder*) [+ *privilegio, ayuda, independencia, permiso*] to grant (**a** to); [+ *premio*] to award (**a** to); [+ *poderes, título*] to confer (**a** on); [+ *esfuerzo, tiempo*] to devote (**a** to)
[2] (*Jur*) (= *ejecutar*) to execute; [+ *testamento*] to make
[3] (= *consentir en*) to consent to, agree to

**otoronco** SM (*Andes Zool*) mountain bear

**otorrino** SMF ear, nose and throat specialist, ENT specialist

**otorrinolaringología** SF otolaryngology (*frm*), otorhinolaryngology (*frm*)

**otorrinolaringólogo** SMF ear, nose and throat specialist, otolaryngologist (*frm*)

**otramente**†† ADV in a different way, differently

**otredad** SF (*liter*) otherness

**otro** Ⓐ ADJ [1] (= *diferente*) (*en singular*) another; (*en plural*) other; **dame otra revista** give me another magazine; **necesito ~ destornillador más grande** I need a bigger screwdriver; **tengo ~s planes** I have other plans; **no puedo venir ningún ~ día** I can't come any other day; **¿tiene algún ~ modelo?** do you have any other models?; **¿hay alguna otra manera de hacerlo?** is there any other way of doing it?; **son ~s tiempos** times have changed; **de ~ modo** otherwise; **le pago, de ~ modo no lo haría** I'm paying her, otherwise she wouldn't do it; **está en otra parte** it's somewhere else; **por otra parte** on the other hand; **por otra parte, he de admitir que me gusta** on the other hand, I have to admit I like it; **~ tanto**: **Juan me insultó y Antonio hizo ~ tanto** Juan insulted me and so did Antonio; **ayer subió tres puntos y hoy aumentará ~ tanto** it went up by three points yesterday and will rise by the same amount today; *ver tb* **mundo 1, 5**
[2] (= *uno más*) (*en singular, con cifras*) another; (*en plural*) other; **¿quieres otra taza de café?** would you like another cup of coffee?; **tropezamos con otra nueva dificultad** we came up against yet another difficulty; **va a ser ~ Hitler** he's going to be a second *o* another Hitler; **luego me enseñó ~s trajes** then he showed me some other dresses; **después volvió con ~s ocho libros** then he came back with another eight books *o* with eight more books; **otra cosa**: **me gustaría preguntarle otra cosa** I'd like to ask you something else; **¿desea alguna otra cosa?** would you like anything else?; **otra vez** again
[3] (*en una secuencia temporal*) [3·1] (*en el futuro*) next; **yo me bajé aquí y él en la otra parada** I got off here and he got off at the next stop; **se fue y a la otra semana me escribió*** he left and wrote to me the next week
[3·2] (*en el pasado*) other; **me encontré con él el ~ día** I met him the other day
Ⓑ PRON [1] (= *diferente*) (*en singular*) another, another one; (*en plural*) others; **—he perdido mi lápiz —no importa, tengo ~** "I have lost my pencil" — "it doesn't matter, I've got another (one)"; **tengo ~s en el almacén** I've got some others in the warehouse; **todos los países europeos y alguno que ~ de África** all the countries in Europe and some from Africa; **es más eficaz que ningún ~** it's more efficient than any other one; **el ~** the other one; **lo ~ no importa** the rest doesn't matter
[2] (= *uno más*) (*en singular*) another, another one; (*en plural*) others; **¿quieres ~?** do you want another (one)?; **¿me puede enseñar ~s?** could you show me some others *o* more?; **se me perdieron y me dieron ~s** I lost them, but they gave me some more; **¡otra!** (*en concierto*) encore!; (*en bar*) (the) same again, please
[3] (*en una secuencia temporal*) **un día sí y ~ no** every other day; **el jueves que viene no, el ~** a week on Thursday
[4] (*referido a personas*) (*en singular*) somebody else; (*en plural*) others; **que lo haga ~** let somebody else do it; **tomé el sombrero de ~** I took somebody else's hat; **parece otra desde que se casó** she's a different person since she got married; **como dijo el ~** as somebody *o* someone said; **no fue ~ que el obispo** it was none other than the bishop; **unos creen que ganará, ~s que perderá** some think he'll win, others that he'll lose; **no sabe adaptarse a las costumbres de los ~s** he doesn't know how to fit in with other people; **uno y ~** both, both of them; **unos y ~s coinciden en que ...** both sides *o* groups agree that ..., they all agree that ...; **están enamorados el uno del ~** they're in love with each other; **✦MODISMO ¡~ que tal (baila)!** here we go again!

**otrora** (*liter*) Ⓐ ADV (= *antiguamente*) formerly, in olden times
Ⓑ ADJ INV one-time, former; **el ~ señor del país** the one-time ruler of the country

**otrosí** ADV (†† *frm*) furthermore

**OUA** SF ABR (= **Organización de la Unidad Africana**) OAU

**OUAA** SF ABR (= **Organización de la Unidad Afro-americana**) OAAU

**ouija** SF, **oui-ja**® SF Ouija® board

**ourensano/a** ADJ, SM/F = **orensano**

**output** ['autpu] SM (*pl* **outputs** ['autpu]) (*Inform*) printout

**ovación** SF ovation

**ovacionar** ▸conjug 1a◂ VT to cheer, applaud, give an ovation to

**oval** ADJ, **ovalado** ADJ oval

**óvalo** SM [1] (= *figura*) oval
[2] (*Méx Med*) pessary

**ovárico** ADJ [*tejido, hormonas, quiste*] ovarian

**ovario** SM ovary

**ovas** SFPL fish eggs, roe *sing*

**oveja** SF [1] (= *animal*) (*sin distinción de sexo*) sheep; (= *hembra*) ewe; **✦MODISMOS apartar las ~s de los cabritos** to separate the sheep from the goats; **cargar con la ~ muerta** to be left holding the baby; **ser la ~ negra de la familia** to be the black sheep of the family; **✦REFRÁN cada ~ con su pareja** birds of a feather flock together
[2] (*Cono Sur*) (= *prostituta*) whore

**ovejera** SF (*Méx*) sheepfold

**ovejería** SF (*Chile*) (= *ovejas*) sheep *pl*; (= *actividad*) sheep farming; (= *hacienda*) sheep farm

**ovejero** SM sheepdog ► **ovejero alemán** German shepherd, German shepherd dog, Alsatian

**ovejita*** SF (*Arg*) whore

**ovejo** SM (*LAm*), **ovejón** SM (*LAm*) ram

**ovejuno** ADJ [1] (*Agr*) sheep *antes de s*; **ganado ~** sheep
[2] (= *parecido a la oveja*) sheeplike

**overbooking** [oβer'βukin] SM overbooking

**overear** ▸conjug 1a◂ VT (*Andes, Cono Sur Culin*) to cook to a golden colour, brown

**overol** SM (*LAm*) overalls *pl*

**ovetense** Ⓐ ADJ of/from Oviedo
Ⓑ SMF native/inhabitant of Oviedo; **los ~s** the people of Oviedo

**Ovidio** SM Ovid

**oviducto** SM oviduct

**Oviedo** SM Oviedo

**oviforme** ADJ egg-shaped, oviform (*frm*)

**ovillar** ▸conjug 1a◂ Ⓐ VT to wind, wind into a ball
Ⓑ **ovillarse** VPR to curl up into a ball

**ovillo** SM [1] [*de lana, cuerda*] ball; **hacerse un ~** (*gen*) to curl up into a ball; [*de miedo*] to cower; (*en el habla*) to get tied up in knots
[2] (= *enredo*) tangle

**ovino** Ⓐ ADJ ovine (*frm*), sheep *antes de s*; **ganado ~** sheep
Ⓑ SM (= *animales*) sheep *pl*; **carne de ~** [*de oveja añeja*] mutton; [*de cordero*] lamb

**ovíparo** ADJ oviparous

**OVNI** SM ABR (= **objeto volante** *o* **volador no identificado**) UFO

**ovoide** Ⓐ ADJ ovoid (*frm*), egg-shaped
Ⓑ SM [1] (= *figura*) ovoid
[2] (*LAm Dep*) rugby ball

**ovolactovegetariano/a** ADJ, SM/F lacto-ovo-vegetarian

**ovovegetariano/a** ADJ, SM/F ovo-vegetarian

**ovulación** SF ovulation

**ovular** ▸conjug 1a◂ VI to ovulate

**óvulo** SM ovule, ovum

**ox** [os] EXCL shoo!

**oxálico** ADJ oxalic

**oxear** ▸conjug 1a◂ VT to shoo away

**oxiacanta** SF hawthorn

**oxiacetilénico** ADJ oxyacetylene *antes de s*; **soplete ~** oxyacetylene torch

**oxidación** SF [1] [*de metal*] rusting
[2] (*Quím*) oxidation

**oxidado** ADJ [1] [*metal*] rusty
[2] (*Quím*) oxidized

**oxidar** ▸conjug 1a◂ Ⓐ VT [1] [+ *metal*] to rust
[2] (*Quím*) to oxidize
Ⓑ **oxidarse** VPR [1] [*metal*] to rust, go rusty
[2] (*Quím*) to oxidize

**óxido** SM [1] (*en metal*) rust
[2] (*Quím*) oxide ► **óxido de hierro** iron oxide ► **óxido nítrico** nitric oxide ► **óxido nitroso** nitrous oxide

**oxigenación** SF oxygenation

**oxigenado** Ⓐ ADJ [1] (*Quím*) oxygenated
[2] [*pelo*] bleached; **una rubia oxigenada** a peroxide blonde
Ⓑ SM peroxide (*for hair*)

**oxigenar** ▸conjug 1a◂ Ⓐ VT to oxygenate
Ⓑ **oxigenarse** VPR [1] (*gen*) to become oxygenated
[2] [*persona*] to get some fresh air

**oxígeno** SM oxygen

**oxímoron** SM oxymoron

**oxte** EXCL (†) (*a animal*) shoo!; (*a persona*) get out!, hop it!*; ◆*MODISMO* **sin decir ~ ni moxte** without a word

**oye**, **oyendo** *etc ver* **oír**

**oyente** SMF [1] (*Radio*) listener; **queridos ~s** dear listeners
[2] (*Univ*) unregistered student, occasional student, auditor (*EEUU*); **voy de ~ a las clases de Derecho Romano** I attend the classes on Roman Law as an unregistered student

**ozono** SM ozone

**ozonosfera** SF ozonosphere

# P p

**P, p** [pe] SF (= *letra*) P, p

**P.** ABR 1 (*Rel*) (= **Padre**) F., Fr.
2 = **Papa**
3 (= **presidente**) P
4 (= **Príncipe**) P

**p.** ABR 1 (*Tip*) (= **página**) p
2 (*Cos*) = **punto**

**p.ª** ABR = **para**

**pa*** PREP *informal or humorous pronunciation of "para"*

**p.a.** ABR 1 = **por autorización**
2 = **por ausencia**

**PAAU** SFPL ABR = **Pruebas para el Acceso a la Universidad**

**pabellón** SM 1 (*Arquit*) [*de muestras, exposiciones*] pavilion; [*de jardín*] summer-house; [*de hospital*] (= *ala*) wing; (= *anexo*) block, section ► **pabellón de aduanas** customs house ► **pabellón de caza** shooting box ► **pabellón de conciertos** bandstand ► **pabellón de hidroterapia** pumproom ► **pabellón de música** bandstand ► **pabellón deportivo**, **pabellón polideportivo** sports hall
2 (= *carpa*) bell tent
3 (*Med*) ► **pabellón de la oreja** outer ear
4 [*de cama*] canopy
5 (*Mús*) [*de trompeta*] mouth
6 (*Mil*) stack
7 (*Náut etc*) (= *bandera*) flag; **un buque de ~ panameño** a ship flying the Panamanian flag ► **pabellón de conveniencia** flag of convenience ► **pabellón nacional** national flag

**pabilo** SM, **pábilo** SM wick

**Pablo** SM Paul

**pábulo** SM 1 (= *motivo*) food, fuel; (= *estímulo*) encouragement; **dar ~ a** to feed, encourage; **dar ~ a las llamas** to add fuel to the flames; **dar ~ a los rumores** to fuel rumours
2 (*liter*) (= *alimento*) food

**PAC** SF ABR (= **Política Agraria Común**) CAP

**Paca** SF (*forma familiar*) *de* **Francisca**

**paca¹** SF (*Agr*) bale

**paca²** SF (*LAm Zool*) paca, spotted cavy

**pacapaca** SF (*Andes*) owl; ✦***MODISMO*** **le vino la ~*** it all went wrong for him

**pacatería** SF (*pey*) 1 (= *timidez*) timidity
2 (= *modestia*) excessive modesty, prudishness

**pacato** ADJ (*pey*) 1 (= *tímido*) timid
2 (= *modesto*) excessively modest, prudish

**pacense** Ⓐ ADJ of/from Badajoz
Ⓑ SMF native/inhabitant of Badajoz; **los ~s** the people of Badajoz

**paceño/a** Ⓐ ADJ of/from La Paz
Ⓑ SM/F native/inhabitant of La Paz; **los ~s** the people of La Paz

**pacer** ▸conjug 2d◂ Ⓐ VT 1 [+ *hierba*] to eat, graze
2 [+ *ganado*] to graze, pasture
Ⓑ VI to graze

**pacha** SF (*CAm*) baby's bottle

**pachá** SM pasha; ✦***MODISMO*** **vivir como un ~** to live like a king

**pachacho*** ADJ (*Cono Sur*) (= *rechoncho*) chubby; (= *achaparrado*) squat

**pachaco*** ADJ (*CAm*) weak, feeble

**pachamama** SF (*Andes, Cono Sur*) Mother Earth, the earth mother

**pachamanca** SF (*Perú*) barbecue

**pachanga*** SF 1 (= *fiesta*) lively party; (= *juerga*) binge*, booze-up‡
2 (*Caribe*) (= *lío*) mix-up
3 (*Mús*) Cuban dance

**pachanguear*** ▸conjug 1a◂ VI to go on a spree

**pachanguero*** ADJ 1 (= *bullicioso*) noisy, rowdy
2 [*música*] catchy

**pacharán** SM sloe brandy

**pacho*** ADJ 1 (*CAm, Cono Sur**) [*persona*] (= *rechoncho*) chubby; (= *achaparrado*) squat
2 (*CAm*) [*objeto*] flat, flattened; [*sombrero*] flat-brimmed
3 (*Caribe*) (= *calmoso*) phlegmatic

**pachocha*** SF (*LAm*) = **pachorra**

**pachol** SM (*Méx*) mat of hair

**pachón** Ⓐ ADJ 1 (*) [*persona*] lackadaisical
2 (*CAm, Cono Sur**) (= *peludo*) shaggy, hairy; (*CAm, Méx**) (= *lanudo*) woolly, wooly (*EEUU*)
3 (*Andes**) (= *gordito*) plump
4 (*Andes**) (= *lerdo*) dim*, dense*
Ⓑ SM 1 (= *perro*) basset hound
2 (*) (= *persona*) dull person, slow sort

**pachorra*** SF (= *indolencia*) slowness, sluggishness; (= *tranquilidad*) calmness; **Juan, con su santa ~ …** Juan, as slow as ever …

**pachorrada*** SF (*Caribe, Cono Sur*) blunder, gaffe

**pachorrear*** ▸conjug 1a◂ VI (*CAm*) to be slow, be sluggish

**pachorriento*** ADJ (*Andes, Cono Sur*), **pachorro*** ADJ (*Andes, Caribe*), **pachorrudo*** ADJ
1 (= *indolente*) slow, sluggish
2 (= *tranquilo*) calm

**pachotada*** SF (*Andes, Méx*) = **patochada**

**pachucho*** ADJ [*fruta*] overripe; [*persona*] off-colour, off-color (*EEUU*), poorly

**pachuco/a*** (*Méx*) Ⓐ ADJ (= *llamativo*) flashy, flashily dressed
Ⓑ SM/F 1 (*pey*) (= *chicano*) Chicano, Mexican-American
2 (= *bien vestido*) sharp dresser, snappy dresser

**pachulí** SM 1 (= *planta, perfume*) patchouli
2 (*Esp‡*) (= *tío*) bloke‡, guy*

**paciencia** SF patience; **¡paciencia!** (*gen*) be patient!; (*Cono Sur*) that's just too bad!; **acabársele** *o* **agotársele la ~ a algn: se me acaba** *o* **agota la ~** my patience is running out *o* wearing thin; **armarse** *o* **cargarse** *o* **revestirse de ~** to resolve to be patient; **perder la ~** to lose patience; **tener ~** to be patient; **no tengo más ~** my patience is at an end; ✦***MODISMO*** **¡~ y barajar!** keep trying!, don't give up!

**paciencioso** ADJ (*Andes, Cono Sur*) long-suffering

**paciente** ADJ, SMF patient

**pacientemente** ADV patiently

**pacienzudo*** ADJ very patient, long-suffering

**pacificación** SF pacification

**pacificador(a)** Ⓐ ADJ pacifying, peace-making; **operación ~a** peace-keeping operation
Ⓑ SM/F peacemaker

**pacíficamente** ADV pacifically, peaceably

**pacificar** ▸conjug 1g◂ Ⓐ VT 1 (*Mil*) to pacify
2 (= *calmar*) to calm; (= *apaciguar*) to appease
3 (= *reconciliar*) to bring together, reconcile
Ⓑ **pacificarse** VPR to calm down

**Pacífico** SM (*tb* **Océano ~**) Pacific (Ocean)

**pacífico** ADJ [*lugar, proceso, arreglo*] peaceful; [*carácter*] peaceable; [*ciudadano*] peace-loving

**pacifismo** SM pacifism

**pacifista** ADJ, SMF pacifist

**Paco** SM (*forma familiar*) *de* **Francisco**; ✦***MODISMO*** **ya vendrá el tío ~ con la rebaja** they *etc* will soon come down to earth (with a bump)

**paco¹** SM (*Mil Hist*) sniper, sharpshooter

**paco²‡** SM (*LAm*) cop‡, policeman

**paco³** Ⓐ ADJ (*Andes, Cono Sur*) (= *rojizo*) reddish
Ⓑ SM (*Andes, Cono Sur*) (= *mamífero*) alpaca

**pacota*** SF (*Méx*) 1 (= *género*) = **pacotilla 1**
2 (= *persona*) layabout*

**pacotada*** SF (*Andes*) blunder, gaffe

**pacotilla** SF [1] (= *género*) trash, junk, inferior stuff; **de ~** trashy, shoddy; **hacer su ~** to be doing nicely, make a nice profit
[2] (*Andes, CAm, Cono Sur*) rabble, crowd, mob

**pacotillero** Ⓐ ADJ (*Andes*) (= *rústico*) rude, uncouth
Ⓑ SM (*Andes, Caribe, Cono Sur*) (= *vendedor ambulante*) pedlar, peddler (*EEUU*), hawker

**pactable** ADJ negotiable

**pactar** ▸conjug 1a◂ Ⓐ VT [1] (= *acordar*) to agree to; **~ una tregua** to agree to a truce
[2] (= *estipular*) to stipulate
Ⓑ VI [1] (= *llegar a un acuerdo*) to come to an agreement, make a pact
[2] (= *transigir*) to compromise

**pacto** SM agreement, pact; **hacer un ~** to make an agreement, make a pact; **romper un ~** to break an agreement; ✦***MODISMO*** **hacer un ~ con el diablo** to make a pact with the devil ▸ **Pacto Andino** Andean Pact ▸ **pacto de caballeros** gentlemen's agreement ▸ **pacto de no agresión** non-aggression pact ▸ **pacto de recompra** repurchase agreement ▸ **Pacto de Varsovia** Warsaw Pact ▸ **pacto entre caballeros** gentlemen's agreement ▸ **pacto social** (*gen*) social contract; [*de salarios*] wages settlement

**PACTOS DE LA MONCLOA**

*In the unstable political environment that followed Franco's death and the narrow victory of Adolfo Suárez's* **UCD** *party in the 1977 general election, it became obvious that a great deal of cross-party cooperation would be needed if progress in Spain were to be made. The result was the* **Pactos de la Moncloa**, *named after the prime minister's official residence, where the pacts were signed in October 1977. They were designed to bring together all political groups in a spirit of consensus in order to push through vital legislation, specifically the Constitution, but also budgets and regional policies.*
⇨ *See also* LA CONSTITUCIÓN ESPAÑOLA

**padecer** ▸conjug 2d◂ Ⓐ VI to suffer; **ha padecido mucho** she has suffered a lot; **~ de** to suffer from; **padece del corazón** he has heart trouble; **ella padece por todos** she suffers on everybody's account; **padece en su amor propio** his self-respect suffers; **se embala bien para que no padezca en el viaje** it is well packed so that it will not get damaged on the journey
Ⓑ VT [1] (= *sufrir*) to suffer; **eso hace ~ el metal de los goznes** that puts a strain on the metal of the hinges
[2] (= *aguantar*) [+ *malos tratos, adversidades*] to endure, put up with; **~ un error** to labour under a misapprehension

**padecimiento** SM (*gen*) suffering; (*Med*) ailment

**padrastro** SM [1] (= *pariente*) stepfather
[2] (*en dedo*) hangnail
[3] (†) (= *mal padre*) harsh father, cruel parent
[4] (†) (= *dificultad*) obstacle, difficulty

**padrazo** SM indulgent father

**padre** Ⓐ SM [1] (= *progenitor*) father; (*Zool*) father, sire; **lo quiero como a un ~** I love him as you would a father; **su señor ~** your father; **Gutiérrez ~** Gutiérrez senior, the elder Gutiérrez; ✦***MODISMOS*** **de ~ y muy señor mío**: **una paliza de ~ y muy señor mío** an almighty thrashing, the father and mother of a thrashing; **no tiene ~ ni madre, ni perrito que le ladre** he is (all) alone in the world ▸ **padre de familia** family man; (*Jur*) head of a household ▸ **padre político** father-in-law ▸ **padre soltero** single father
[2] **padres** (= *padre y madre*) parents
[3] (*Rel*) father; **el Padre Las Casas** Father Las Casas ▸ **padre espiritual** confessor ▸ **Padre Nuestro** Lord's Prayer, Our Father ▸ **Padre Santo** Holy Father ▸ **padres de la Iglesia** Church Fathers
[4] [*de disciplina*] father; **es el ~ de la lingüística moderna** he is the father of modern linguistics
[5] (*) **¡mi ~!** you don't say!*; **¡tu ~!** up yours!‡; **¡eres mi ~!** you're a marvel!
Ⓑ ADJ (*) (= *enorme*) huge; **un éxito ~** a huge success; **se armó un lío ~** there was an almighty row; **darse una vida ~** to live the life of Riley*

**padrejón** SM (*Arg*) stallion

**padrenuestro** SM Lord's Prayer; ✦***MODISMO*** **en menos que se reza un ~** in no time at all

**padrillo** SM (*Andes, Cono Sur*) stallion

**padrinazgo** SM [1] (*Rel*) godfathership
[2] (= *patrocinio*) sponsorship, patronage; (= *protección*) protection

**padrino** SM [1] (*en bautizo*) godfather; **padrinos** godparents
[2] (*en boda*) ≈ best man
[3] (*en duelo*) second
[4] [*de mafia*] godfather
[5] (= *patrocinador*) sponsor, patron
[6] (†‡) (= *víctima*) sucker‡, victim

**padrísimo*** ADJ (*Méx*) = **padre B**

**padrón** SM [1] (= *censo*) census; (*Pol*) electoral register, electoral roll; [*de miembros*] register
[2] (*Téc*) pattern
[3] (= *columna*) commemorative column, inscribed column
[4] (= *infamia*) stain, blot; **será un ~ (de ignominia) para todos nosotros** it will be a disgrace for all of us
[5] (*LAm Agr*) stud; (= *caballo*) stallion; (*Andes*) (= *toro padre*) breeding bull
[6] (*Chile Aut*) car registration documents *pl*
[7] (*) (= *padrazo*) indulgent father

**padrote** SM [1] (*CAm, Méx**) (= *chulo*) pimp
[2] (*LAm*) (= *caballo*) stallion; (= *toro*) breeding bull

**paella** SF [1] (*Culin*) paella
[2] (= *recipiente*) paella dish

**paellada** SF paella party

**paellera** SF [1] (*Culin*) (= *recipiente*) paella dish
[2] (*hum*) dish aerial, dish antenna (*EEUU*), TV satellite dish

**paellero/a** Ⓐ ADJ [*arroz, ingredientes*] paella *antes de s*
Ⓑ SM/F (= *cocinero*) paella cook

**paf** EXCL wham!, zap!

**pág.** ABR (= **página**) p

**paga** SF [1] (= *sueldo*) (*semanal*) wages *pl*; (*mensual*) salary; [*de jubilado, viuda*] pension; [*de niño*] pocket money; **14 ~s al año** 14 yearly payments; **día de ~** payday ▸ **paga de Navidad** Christmas bonus (*equivalent to a month's salary*) ▸ **paga extra, paga extraordinaria** salary bonus (*usually paid in July and December*)
[2] (*Com*) (= *pago*) payment; **entrega contra ~** cash on delivery

**PAGA EXTRAORDINARIA**

*Most long-term and permanent employment contracts in Spain stipulate that annual salary will be paid in 14 instalments. This means that most Spanish workers receive twice the normal monthly wage in June and December. These extra payments are generally known as* **paga extraordinaria** *or* **paga extra**.

**pagadero** ADJ payable; **una hipoteca pagadera en diez años** a mortgage payable over ten years; **~ a plazos** payable in instalments; **~ al portador** payable to bearer; **~ a la entrega** payable on delivery

**pagado** ADJ [1] (= *ya abonado*) [*impuesto, factura, vacaciones*] paid; **con todos los gastos ~s** with all expenses paid; **"no pagado"** "unpaid"; **~ por adelantado** paid in advance, prepaid; *ver tb* **porte 1**
[2] (= *con sueldo*) [*asesino, mercenario*] hired; **el futbolista mejor ~ de la historia** the most highly paid *o* the best paid footballer in history
[3] (= *satisfecho*) [*persona*] **~ de uno mismo** self-satisfied, smug

**pagador(a)** Ⓐ ADJ **la entidad ~a** the payer
Ⓑ SM/F [1] (= *persona*) payer; **ser buen/mal ~** to be a good/bad payer
[2] (*Mil*) (*tb* **oficial ~**) paymaster

**pagaduría** SF (*gen*) pay office, cashier's office; (*Mil*) paymaster's office

**paganini*** SMF **ser el ~** to be the one who pays

**paganismo** SM paganism, heathenism

**pagano/a** Ⓐ ADJ (*Rel*) pagan, heathen
Ⓑ SM/F [1] (*Rel*) pagan, heathen
[2] (*) = **paganini**
[3] (= *chivo expiatorio*) scapegoat, dupe, victim

**pagar** ▸conjug 1h◂ Ⓐ VT [1] (= *abonar*) [+ *factura, rescate, sueldo*] to pay; [+ *compra*] to pay for; [+ *intereses, hipoteca*] to pay off, repay; **paga 200 dólares de alquiler** he pays 200 dollars in rent; **los menores de tres años no pagan entrada** children under three get in free; **ya han pagado las bebidas** the drinks have been paid for; **su tío le paga los estudios** his uncle is paying for his education; **estamos pagando la hipoteca del piso** we're paying off *o* repaying the mortgage on the flat; **cantidad a ~** amount payable; **"a pagar en destino"** (*Correos*) "postage due"; **~ algo con tarjeta de crédito** to pay for sth by credit card; **¿lo puede ~ con dólares?** can I pay in dollars?; **~ algo al contado** *o* **en efectivo** *o* **en metálico** to pay cash for sth, pay for sth in cash; **~ algo a plazos** to pay for sth in instalments *o* (*EEUU*) installments; **~ algo por** to pay sth for; **¿cuánto pagasteis por el coche?** how much did you pay for the car?; **hemos pagado un precio muy alto por haberlo traicionado** betraying him cost us dear, we paid a high price for betraying him; ✦***MODISMOS*** **ni aunque me paguen** not if you paid me; **~ a algn con la misma moneda** to give sb a taste of their own medicine; *ver tb* **pato 2**, **plato 1**, **vidrio 1**
[2] (= *costar*) to cost; **el pavo se está pagando a 3.000 pesetas el kilo** turkey costs 3,000 pesetas a kilo at the moment; **sus cua-**

**dros se pagan a peso de oro** his paintings fetch a very high price

3 (= *corresponder*) [+ *ayuda, favor*] to repay; [+ *visita*] to return; **¿cómo puedo ~te lo que has hecho por mis hijos?** how can I repay you for what you've done for my children?

4 (= *sufrir las consecuencias de*) **lo pagó con su vida** he paid for it with his life; **pagó su error con diez años de cárcel** his mistake cost him ten years in jail; ✦*MODISMOS* **~ algo caro** to pay dearly for sth; **¡lo ~ás caro!** you'll pay dearly for this!; **~las: ¡las vas a ~!** you've got it coming to you!*, you'll pay for this!; **¡me las ~ás todas juntas!** I'll get you for this!; **¡que Dios se lo pague!** God bless you!; ✦*REFRÁN* **el que la hace la paga** you have to face the consequences for what you do

Ⓑ VI 1 (= *satisfacer un pago*) to pay; **hoy pago yo** I'm paying today, it's my turn to pay today; **en este trabajo pagan bien** this job pays well

2 (*Col, Méx*) (= *compensar*) to pay; **el negocio no paga** the business doesn't pay

Ⓒ **pagarse** VPR 1 [+ *estudios, gastos*] to pay for; **yo me lo pago todo** I support myself, I pay for everything myself; **él mismo está pagándose sus estudios** he's paying for his own education

2 (= *vanagloriarse*) **~se de algo** to be pleased with sth; **se paga mucho de su pelo** she's terribly vain about her hair; **~se de uno mismo** to be conceited, be full of o.s.*

**pagaré** SM promissory note, IOU ► **pagaré del Tesoro** Treasury bill, Treasury bond

**página** SF page; **anuncio a toda ~** ◊ **anuncio a ~ entera** full-page advertisement; **primera ~** front page; ✦*MODISMO* **currarse la ~**⁑ to try it on* ► **páginas amarillas, páginas doradas** (*Arg*) Yellow Pages® ► **página web** Web page

**paginación** SF pagination

**paginar** ▸conjug 1a◂ VT to paginate, number the pages of; **con seis hojas sin ~** with six unnumbered pages

▼**pago¹** Ⓐ SM 1 (*Fin*) payment; **el primer ~ fue de veinte mil pesetas** the first payment was twenty thousand pesetas; **tras el ~ de la primera letra** after paying the first instalment; **atrasarse en los ~s** to be in arrears; **huésped de ~** paying guest; **día de ~** payday; **suspender ~s** to stop payments ► **pago a cuenta** payment on account ► **pago adelantado** advance payment ► **pago a la entrega** cash on delivery ► **pago a la orden** direct debit ► **pago a la presentación de factura** payment on invoice ► **pago al contado** cash payment ► **pago anticipado** advance payment ► **pago a plazos** payment by instalments *o* (*EEUU*) installments ► **pago a título gracioso** ex gratia payment ► **pago contra reembolso** cash on delivery ► **pago domiciliado** direct debit ► **pago en especie** payment in kind ► **pago fraccionado** payment in instalments *o* (*EEUU*) installments, part-payment ► **pago inicial** down payment, deposit ► **pago íntegro** gross payment ► **pago por resultados** payment by results ► **pago por visión** pay per view ► **pago simbólico** token payment; *ver tb* **balanza 2, colegio 1, condición 1, suspensión 3**

2 (= *recompensa*) return, reward; **este es el ~ que me dais por mis esfuerzos** this is what you give me in return for *o* as a reward for my efforts; **en ~ de** *o* **por algo** in return for sth, as a reward for sth

Ⓑ ADJ paid; **estar ~** (*lit*) to be paid; (*fig*) to be even, be quits

**pago²** SM (= *zona*) district; (= *finca*) estate (*esp planted with vines or olives*); (*Cono Sur*) region, area; (= *tierra natal*) home turf; **por estos ~s** round here, in this neck of the woods*

**pago³** (*Arg*) PP *de* **pagar**

**pagoda** SF pagoda

**pagote*** SM scapegoat

**págs.** ABR (= **páginas**) pp

**pagua** SF 1 (*Cono Sur*) (= *hernia*) hernia; (= *hinchazón*) large swelling

2 (*Méx*) large avocado pear

**paguacha** SF (*Cono Sur*) 1 = **pagua 1**

2 (= *melón*) large melon

3 (⁑) (= *cabeza*) nut*, noggin (*EEUU**), bonce*

**paguala** SF (*Caribe*) swordfish

**pai** SM (*LAm*) pie

**paiche** SM (*Andes*) dried salted fish

**paila** SF 1 (*esp Chile*) (= *sartén*) frying pan; (= *cacerola*) large pan

2 (*Cono Sur*) (= *comida*) meal of fried food

**pailero/a** SM/F 1 (*Andes, Méx**) (= *italiano*) immigrant Italian, Wop⁑

2 (*CAm, Caribe, Méx*) (= *cobrero*) coppersmith; (= *calderero*) tinker

**pailón** SM 1 (*Andes, Caribe*) (= *cazo*) pot, pan

2 (*Andes, CAm Geog*) (= *cuenca*) bowl

3 (*Caribe*) (= *remolino*) whirlpool

**paíño** SM petrel

**pairo** SM **estar al ~** (*Náut*) to lie to; ✦*MODISMO* **quedarse al ~** to sit back and do nothing

**país** SM 1 (= *nación*) country; **los ~es miembros** *o* **participantes** the member countries ► **país de las maravillas** wonderland ► **país de nunca jamás** never-never land ► **país deudor** debtor nation ► **país en desarrollo, país en vías de desarrollo** developing nation ► **país natal** native land ► **país satélite** satellite country *o* state

2 (= *tierra*) land, region; **vino del ~** local wine

3 (*Arte*) (= *paisaje*) landscape

**paisa*** SMF (*LAm*) = **paisano B3**

**paisaje** SM 1 (= *terreno*) landscape; **el ~ montañoso del Tirol** the mountainous landscape of Tyrol ► **paisaje interior** state of mind

2 (= *vista panorámica*) **estaba contemplando el ~** I was looking at the scenery; **desde aquí se divisa un ~ magnífico** you get a magnificent view from here

3 (*Arte*) landscape

**paisajismo** SM (*Arte*) landscape painting; [*de jardines*] landscaping, landscape gardening

**paisajista** SMF (= *pintor*) landscape painter; (= *jardinero*) landscape gardener

**paisajístico** ADJ landscape *antes de s*, scenic

**paisanada** SF (*Cono Sur*) (*gen*) group of peasants; (*colectivamente*) peasants *pl*

**paisanaje** SM 1 (= *población civil*) civil population

2 (*Arg*) (*gen*) group of peasants; (*colectivamente*) peasants *pl*

**paisano/a** Ⓐ ADJ (= *del mismo país*) from the same country; (= *de la misma región*) from the same region; (= *del mismo pueblo*) from the same town

Ⓑ SM/F 1 (= *civil*) civilian; **traje de ~** plain clothes *pl*; **vestir de ~** [*soldado*] to be wearing civilian clothes, be in civvies*; [*policía*] to be in plain clothes

2 (= *del mismo país*) compatriot, fellow countryman/countrywoman; **es ~ mío** he's a fellow countryman (of mine); (= *del mismo pueblo*) person from the same town; (= *de la misma región*) person from the same region

3 (*esp Arg*) (= *campesino*) peasant

4 (*Cono Sur*) (= *extranjero*) foreigner; (*Cono Sur*) (= *árabe*) Arab; (*Méx*) (= *español*) Spaniard; (*Andes, Cono Sur*) (= *chino*) Chinaman/Chinese woman

**Países Bajos** SMPL **los ~** (= *Holanda*) the Netherlands; (*Hist*) the Low countries

**paisito*** SM (*Uru*) homeland

**País Vasco** SM **el ~** the Basque Country

**paja** SF 1 (*Agr*) straw; (*de beber*) straw; (*LAm*) (= *leña*) dried brushwood; **sombrero de ~** straw hat; **techo de ~** thatched roof; **hombre de ~*** front man*; ✦*MODISMOS* **lo hizo en un quitarme las ~s*** she did it in a jiffy*; **riñeron por un quítame allá esas ~s** they quarrelled *o* (*EEUU*) quarreled over nothing; ✦*REFRÁN* **ver la ~ en el ojo ajeno y no la viga en el propio** to see the mote in sb else's eye and not the beam in one's own

2 (*fig*) trash, rubbish, garbage (*EEUU*); (*en libro, ensayo*) padding, waffle*; **hinchar un libro con mucha ~** to pad a book out; **meter ~** to waffle

3 (⁑) (= *masturbación*) **hacerse una ~** ◊ **volarse la ~** (*CAm*) to wank⁑, jerk off⁑

4 (*Andes, Chile*) ► **paja brava** tall altiplano grass

5 (*Andes, CAm*) (*tb* **~ de agua**) (= *grifo*) tap, faucet (*EEUU*); (= *canal*) canal

6 (*Cono Sur*⁑) (= *droga*) dope⁑

7 (*CAm*⁑) (= *mentira*) lie, fib*

**pajar** SM straw loft

**pájara** SF 1 (*Orn*) hen, hen bird; (= *perdiz hembra*) hen partridge

2 (*) (= *mujer taimada*) sneaky bitch*; (= *ladrona*) thieving woman

3 (*Dep*) (= *desfallecimiento*) collapse

4 (= *pájaro de papel*) paper bird; (= *cometa*) kite

5 ► **pájara pinta** (game of) forfeits

6 ✦*MODISMO* **dar ~ a algn** (*Andes, CAm*) to swindle sb

**pajarada** SF (*Andes*) flock of birds

**pajarear** ▸conjug 1a◂ Ⓐ VT 1 (*LAm*) [+ *pájaros*] to scare, keep off

2 (*Andes*) (= *observar*) to watch intently

3 (*Andes*) (= *matar*) to murder

Ⓑ VI 1 (*) (= *holgazanear*) to loaf; (= *vagar*) to loiter

2 (*LAm*) [*caballo*] to shy

3 (*Cono Sur**) (= *estar distraído*) to have one's head in the clouds

4 (*Méx**) (= *escuchar*) to keep an ear open

**pajarera** SF aviar; *ver tb* **pajarero**

**pajarería** SF 1 (= *tienda*) pet shop

2 (= *bandada de pájaros*) large flock of birds

3 (*Caribe**) (= *vanidad*) vanity

**pajarero/a** Ⓐ ADJ 1 (*Orn*) bird *antes de s*

2 [*persona*] (= *alegre*) merry, fun-loving; (= *chistoso*) facetious, waggish

3 [*ropa*] flashy, loud

➤ LENGUA Y USO: pago¹ A1 47.5

**4** (*LAm*) [*caballo*] nervous
**5** (*Caribe**) (= *entrometido*) meddlesome
Ⓑ SM/F (*Com*) bird dealer; (= *cazador*) bird catcher; (= *criador*) bird breeder, bird fancier; (*Andes, CAm*) (= *ahuyentador*) bird-scarer; *ver tb* **pajarera**

**pajarilla** SF paper kite; ✦*MODISMO* **se le alegraron las ~s*** he laughed himself silly*

**pajarita** SF **1** (= *corbata*) bow tie
**2** (= *pájaro de papel*) paper bird; (= *cometa*) paper kite
**3** (*Orn*) ► **pajarita de las nieves** white wagtail

**pajarito** SM **1** (*Orn*) (= *cría*) baby bird, fledgling; (*hum*) birdie
**2** (= *persona*) very small person; ✦*MODISMOS* **me lo dijo un ~** a little bird told me; **quedarse como un ~** to die peacefully
**3** (*Caribe*) (= *bichito*) bug, insect

**pájaro** Ⓐ SM **1** (*Orn*) bird; ✦*MODISMOS* **matar dos ~s de un tiro** to kill two birds with one stone; **quedarse como un ~** to die peacefully; **tener la cabeza a ~s** ◊ **tener la cabeza llena de ~s** ◊ **tener ~s en la cabeza** to be featherbrained; ✦*REFRÁN* **más vale ~ en mano que ciento volando** a bird in the hand is worth two in the bush ► **pájaro azul** bluebird ► **pájaro bobo** penguin ► **pájaro cantarín**, **pájaro cantor** songbird ► **pájaro carpintero** woodpecker ► **pájaro de mal agüero** bird of ill omen ► **pájaro mosca** (*Esp*) hummingbird
**2** (*) (= *astuto*) clever fellow, sharp sort ► **pájaro bravo** (*Ven**) smart Alec* ► **pájaro de cuenta** (= *importante*) big shot*, big noise*; (= *de cuidado*) nasty piece of work; (= *taimado*) wily bird
**3** (**) (= *pene*) prick**
**4** (*Caribe**) (= *homosexual*) queer*, poof*, fag (*EEUU**)
Ⓑ ADJ **1** (*Cono Sur*) (= *atolondrado*) scatty, featherbrained
**2** (*Cono Sur*) (= *sospechoso*) shady, dubious
**3** (*Cono Sur*) (= *chillón*) loud, flashy
**4** (*Caribe**) (= *afeminado*) poofy*, queer*
**5** (*Cono Sur*) (= *distraído*) vague, distracted

**pajarón/ona*** (*Cono Sur*) Ⓐ ADJ vague, ineffectual, stupid
Ⓑ SM/F **1** (= *poco fiable*) untrustworthy sort; (= *ineficaz*) unbusinesslike person
**2** (= *charro*) flashily dressed person

**pajarota*** SF (*Esp*) false rumour, canard

**pajarraca*** SF to-do*, fuss

**pajarraco** SM **1** (*Orn*) big ugly bird
**2** (*) (= *pillo*) slyboots*

**paje** SM (*gen*) page; (*Náut*) cabin boy

**pajel** SM sea-bream

**pajera** SF straw loft

**pajero/a** Ⓐ SM/F **1** (**) (*en sentido sexual*) tosser**, wanker**
**2** (*CAm**) (= *mentiroso*) liar
**3** (*CAm*) (= *fontanero*) plumber
Ⓑ ADJ (*CAm**) (= *mentiroso*) fibbing*

**pajilla** SF **1** (*CAm, Caribe, Méx*) (= *sombrero*) straw hat
**2** (*LAm*) (= *cigarrillo*) *type of cigarette made from rolled maize*

**pajita** SF (drinking) straw; ✦*MODISMO* **quedarse mascando ~** (*Caribe**) to be left feeling foolish

**pajizo** ADJ **1** (= *de paja*) straw, made of straw; [*techo*] thatched
**2** [*color*] straw-coloured, straw-colored (*EEUU*)

**pajolero*** ADJ (*Esp*) **1** (= *condenado*) bloody*, damn(ed)*; **no tener ni pajolera idea** not to have a clue*
**2** (= *tonto*) stupid
**3** (= *travieso*) naughty, mischievous
**4** (= *molesto*) irritating

**pajón*** ADJ (*Méx*) [*pelo*] (= *lacio*) lank; (= *crespo*) curly

**pajonal** SM (*LAm*) scrubland

**pajoso** ADJ **1** [*grano*] full of chaff
**2** [*color*] straw-coloured; (= *como paja*) like straw

**pajuela** SF (= *tira*) spill; (*Andes*) (= *fósforo*) match; (*Andes, Cono Sur, Méx*) (= *de dientes*) toothpick; (*Caribe Mús*) plectrum; ✦*MODISMO* **el tiempo de la ~** olden days, bygone times

**pajúo*** ADJ (*Caribe*) daft, stupid

**Pakistán** SM Pakistan

**pakistaní** Ⓐ ADJ Pakistani
Ⓑ SMF Pakistani; **los ~es** the Pakistanis

**pala** SF **1** (*para cavar*) spade; (*para nieve, carbón, tierra*) shovel ► **pala cargadora** mechanical loader ► **pala de patatas** potato fork ► **pala excavadora** digger ► **pala mecánica** power shovel ► **pala quitanieves** snowplough, snowplow (*EEUU*) ► **pala topadora** (*Arg*) bulldozer
**2** (*Culin*) slice ► **pala para el pescado** fish slice
**3** (*Dep, Béisbol*) bat; (*en ping-pong*) bat, paddle (*EEUU*); (*en tenis*) racket; **jugar a ~** to play beach-tennis
**4** [*de hélice, remo*] blade
**5** ► **pala matamoscas** fly swat
**6** [*de zapato*] vamp
**7** (*) (= *mano*) mitt*; **¡choca la ~!** shake on it!*
**8** (†) (= *astucia*) cunning, wiliness

**palabra** SF **1** (= *vocablo*) word; **un título de dos ~s** a two-word title; **lo tradujo ~ por ~** he translated it word for word; **me lo resumió en dos ~s** he summarized it for me in a couple of words; **¿me permiten decir unas ~s?** could I say a few words?; **eso no son más que ~s** those are just (empty) words; **no tengo ~s** *o* **me faltan ~s para expresar lo que siento** I haven't got the *o* there aren't words to express how I feel, words fail to express how I feel; **tuvo ~s de elogio para el ministro** he had words of praise for the minister; **sin decir** *o* **chistar* ~** without a word; **no dijo ni media ~** he didn't give us the slightest hint; **no entiendo ~** I can't understand a word; **es ~ de Dios** it is the word of God; **con buenas ~s**: **me lo dijo con muy buenas ~s** he told me as cool as you like*; **nos entretenía con buenas ~s, pero nunca nos daba el dinero** he palmed us off with smooth talk, but he never gave us the money; **medias ~s** hints; **lo dijo todo con medias ~s** he said everything indirectly; **en una ~** in a word; **¡ni una ~ más!** not another word!; ✦*MODISMOS* **coger a algn la ~** (= *creer*) to take sb at his word; (= *obligar*) to keep sb to his word; **comerse las ~s** to mumble; **no cruzar (una) ~ con algn** not to say a word to sb; **decir la última ~** to have the last word; **dejar a algn con la ~ en la boca** to cut sb off in mid-sentence; **me dejó con la ~ en la boca y se fue de la habitación** he walked out of the room while I was in mid-sentence; **gastar ~s** to waste one's breath; **medir las ~s** to choose one's words carefully; **negar la ~ de Dios a algn** to concede absolutely nothing to sb; **quitar la ~ de la boca a algn** to take the words right out of sb's mouth; **tener unas ~s con algn** to have words with sb; **trabarse de ~s** to wrangle, squabble; **tener la última ~** to have the final say; ✦*REFRANES* **a ~s necias, oídos sordos** it's best not to listen to the silly things people say; **las ~s se las lleva el viento** words count for nothing ► **palabra clave** keyword ► **palabras cruzadas** (*LAm*) (= *crucigrama*) crossword *sing*; **un juego de ~s cruzadas** a word puzzle ► **palabras gruesas** crude language *sing* ► **palabras mayores**† offensive language *sing*; ✦*MODISMO* **ser ~s mayores** (= *ser importante*): **¿te han hecho directora? ¡eso ya son ~s mayores!** so you've been appointed director, that's really something!; *ver tb* **juego² 2**
**2** (= *facultad de hablar*) **la ~** speech; **perdió el uso de la ~** he lost the power of speech; **tiene el don de la ~** ◊ **es de ~ fácil** he has a way with words, he has the gift of the gab*; **de ~**: **he pecado sólo de ~** I've sinned in word only; **nos acusó de ~** he accused us verbally; **dirigir la ~ a algn**: **hace tiempo que no me dirige la ~** he hasn't spoken to me for a long time
**3** (*frm*) (= *turno para hablar*) floor; **ceder la ~ a algn** ◊ **conceder la ~ a algn** to give sb the floor, invite sb to speak; **pedir la ~** to ask for the floor, ask to be allowed to speak; **tener la ~** to have the floor; **tiene la ~ el señor presidente** the president has the floor; **yo no tengo la ~** it's not for me to say; **tomar la ~** to take the floor, speak; **hacer uso de la ~** to take the floor, speak
**4** (= *promesa*) word; **es hombre de ~** he is a man of his word; **cumplió su ~** he kept his word, he was true to his word; **~ que yo no tengo nada que ver*** I've got nothing to do with it, (I) promise!; **—¿de verdad que no sabías nada? —¡palabra!** *o* (*hum*) **¡palabrita del Niño Jesús!** "you really didn't know anything?" — "cross my heart and hope to die!"; **bajo ~** (*Mil*) on parole; **dar** *o* **empeñar su ~** to give one's word; **faltar a su ~** to go back on *o* break one's word ► **palabra de casamiento**: **dar ~ de casamiento** to promise to marry ► **palabra de honor** word of honour, word of honor (*EEUU*); **¿me das tu ~ de honor de que no dirás nada?** do you give me your word of honour you won't say anything?; **¡~ de honor!** word of honour!

**palabrear** ▸conjug 1a◂ VT **1** (*Andes, Cono Sur*) (= *acordar*) to agree verbally to; **~ a algn** to promise to marry sb
**2** (*Cono Sur*) (= *insultar*) to abuse

**palabreja** SF (*gen*) strange word; (= *palabrota*) swearword

**palabrería** SF, **palabrerío** SM verbiage, hot air

**palabrero/a** Ⓐ ADJ wordy, long-winded
Ⓑ SM/F windbag*

**palabro*** SM (= *palabrota*) swearword; (= *palabra rara*) odd word; (= *palabra petulante*) pretentious term; (= *barbarismo*) barbarism

**palabrota** SF swearword

**palabrudo*** ADJ (*Cono Sur*) foulmouthed
**palacete** SM small palace
**palacial** ADJ (*LAm*) palatial
**palaciego** Ⓐ ADJ palace *antes de s*, court *antes de s*
Ⓑ SM (= *persona*) courtier
**palacio** SM (*gen*) palace; (= *mansión*) mansion; **el ~ del marqués de Mudéjar** the house of the Marquis of Mudéjar; **ir a ~** to go to court; **tener un puesto en ~** to have a post at court ► **palacio de congresos** conference centre, conference hall ► **palacio de deportes** sports centre ► **palacio de justicia** courthouse ► **Palacio de las Comunicaciones** (*en Madrid*) General Post Office ► **palacio de los deportes** sports centre ► **palacio episcopal** bishop's palace ► **palacio municipal** city hall ► **Palacio Nacional** (*p.ej. en Guatemala*) Parliament Building ► **palacio real** royal palace
**palada** SF 1 (*con pala*) shovelful, spadeful
2 (*con remo*) stroke
**paladar** SM 1 (*Anat*) (hard) palate, roof of the mouth
2 (= *gusto*) palate; **tener un ~ delicado** to have a delicate palate
**paladear** ▸conjug 1a◂ VT (*gen*) to taste; (= *degustar*) to savour, savor (*EEUU*); **beber algo paladeándolo** to have a sip of sth (to see what it tastes like)
**paladeo** SM (*gen*) tasting; (= *degustación*) [*de comida*] savouring, savoring (*EEUU*); [*de bebida*] sipping
**paladín** SM 1 (*Hist*) paladin
2 [*de la libertad, justicia*] champion
**paladinamente** (*liter*) ADV (= *públicamente*) openly, publicly; (= *claramente*) clearly
**paladino** (*liter*) ADJ (= *público*) open, public; (= *claro*) clear; **más ~ no puede ser** it couldn't be clearer
**palafrén** SM palfrey
**palafrenero** SM groom
**palana** SF (*Andes*) 1 (= *pala*) shovel, spade
2 (= *azadón*) hoe
**palanca** SF 1 (= *barra*) lever ► **palanca de arranque** kick-starter ► **palanca de cambio** gear lever, gearshift (*EEUU*) ► **palanca de freno** brake lever ► **palanca de mando** joystick
2 (*) (= *influencia*) pull, influence; **mover ~s** to pull strings; **tener ~** to have pull, know people in the right places ► **palancas del poder** levers of power
3 (*Andes, Méx*) [*de barca*] punting pole
**palangana** Ⓐ SF 1 (= *jofaina*) washbasin, washbowl (*EEUU*)
2 (*Andes, CAm*) (= *fuente*) platter, serving dish
Ⓑ SMF 1 (*Cono Sur**) (= *intruso*) intruder
2 (*LAm*) (= *frívolo*) shallow person
3 (*LAm*) (= *charlatán*) charlatan
4 (*LAm*) (= *jactancioso*) braggart
**palanganear*** ▸conjug 1a◂ VI (*LAm*) to brag, show off*
**palanganero** SM washstand
**palangre** SM fishing line (*with multiple hooks*)
**palanquear** ▸conjug 1a◂ Ⓐ VT 1 (*Andes, CAm*) (= *apalancar*) to lever (along), move with a lever
2 (*Andes, Caribe, Méx*) [+ *barca*] to punt, pole along
3 (*Cono Sur**) (= *ayudar*) **¿quién te palanqueó?** who got you fixed up?
Ⓑ VI (*Andes, Caribe, Cono Sur**) to pull strings
**palanquera** SF stockade
**palanquero** SM 1 (*Andes, Cono Sur Ferro*) brakeman
2 (*Andes*) (= *leñador*) lumberman
3 (*Cono Sur**) (= *ladrón*) burglar, housebreaker
**palanqueta** SF 1 (*gen*) small lever; [*de forzar puertas*] jemmy, crowbar
2 (*Cono Sur, Méx*) (= *peso*) weight
**palanquetazo*** SM break-in, burglary
**palanquista*** SM burglar
**p'alante**‡ ADV = **para adelante**; *ver* **adelante 1**
**palapa** SF (*Méx*) 1 (= *palmera*) palm tree
2 (*como tejado*) palm roof
**palatal** ADJ, SF palatal
**palatalizar** ▸conjug 1f◂ Ⓐ VT to palatalize
Ⓑ **palatalizarse** VPR to palatalize
**palatinado** SM palatinate
**palatino** ADJ 1 (*Pol*) palace *antes de s*, court *antes de s*; (*del palatinado*) palatine
2 (*Anat*) palatal
**palatosquisis** SF INV cleft palate
**palca** SF (*Andes*) crossroads *sing*
**palco** SM (*Teat*) box; (*Ftbl*) director's box ► **palco de autoridades**, **palco de honor** royal box, box for distinguished persons ► **palco de la presidencia** (*Taur*) president's box ► **palco de proscenio** stage box ► **palco presidencial** (*Taur*) president's box
**palde** SM (*Cono Sur*) (= *herramienta*) *pointed digging tool*; (= *puñal*) dagger
**palé** SM *board game similar to Monopoly*
**palear** ▸conjug 1a◂ Ⓐ VT 1 (*LAm*) [+ *barca*] to punt, pole
2 (*LAm*) [+ *tierra*] to shovel; [+ *zanja*] to dig
3 (*Cono Sur*) [+ *granos*] to thresh
Ⓑ VI [*piragüista*] to paddle
**palenque** SM 1 (= *estacada*) stockade, palisade
2 (= *recinto*) arena, ring; [*de gallos*] pit
3 (*Cono Sur*) [*de caballos*] tethering post
4 (*Cono Sur**) (= *alboroto*) din, racket
**palenquear** ▸conjug 1a◂ VT (*Cono Sur*) to tether
**palentino/a** Ⓐ ADJ of/from Palencia
Ⓑ SM/F native/inhabitant of Palencia; **los ~s** the people of Palencia
**paleo...** PREF paleo...
**paleografía** SF paleography
**paleógrafo/a** SM/F paleographer
**paleolítico** ADJ paleolithic
**paleontología** SF paleontology
**paleontólogo/a** SM/F paleontologist
**palero*** Ⓐ ADJ (*Andes*) big-headed*
Ⓑ SM (*Méx*) front man*
**Palestina** SF Palestine
**palestino/a** Ⓐ ADJ Palestinian
Ⓑ SM/F Palestinian; **los ~s** the Palestinians
**palestra** SF (*Hist*) arena; (= *liza*) lists *pl*; **salir** *o* **saltar a la ~** (= *participar*) to take the floor; (= *darse a conocer*) to come to the fore
**paleta** Ⓐ SF 1 (*para cavar*) small shovel, small spade; [*de albañil*] trowel; (*Culin*) (*con ranuras*) fish slice; (= *plana*) spatula; (*para el fuego*) fire shovel
2 (*Arte*) palette
3 (*Téc*) [*de turbina*] blade; [*de noria*] paddle, bucket; (= *plataforma*) pallet
4 (*Anat*) shoulder blade
5 (*LAm*) (= *polo*) ice lolly, popsicle (*EEUU*)
6 (*LAm*) (= *pala*) wooden paddle for beating clothes
7 (*LAm Culin*) topside of beef
Ⓑ SM (*) (= *albañil*) building worker, brickie*; *ver tb* **paleto**
**paletada** SF shovelful, spadeful
**paletear** ▸conjug 1a◂ Ⓐ VT (*Cono Sur*) [+ *caballo*] to pat; (*fig*) to flatter
Ⓑ VI (*Cono Sur*) to be out of work
**paletería**[1] SF (*Culin*) palate, sense of taste
**paletería**[2]* SF collection of yokels, shower‡
**paletero** SM (*Andes*) tuberculosis
**paletilla** SF shoulder blade
**paletización** SF (*Com*) palletization
**paleto/a** Ⓐ ADJ (*) boorish, stupid
Ⓑ SM/F (*) yokel, country bumpkin, hick (*EEUU*); *ver tb* **paleta**
Ⓒ SM (*Zool*) fallow deer
**palia** SF altar cloth, pall
**paliacate** SM (*Méx*) kerchief, scarf
**paliar** ▸conjug 1b◂ VT 1 (= *mitigar*) [+ *dolor*] to relieve, alleviate, palliate (*frm*); [+ *efectos*] to lessen, mitigate, palliate (*frm*); [+ *importancia*] to diminish
2 (= *disimular*) [+ *defecto*] to conceal, gloss over; [+ *ofensa*] to mitigate, excuse
**paliativo** Ⓐ ADJ palliative, mitigating
Ⓑ SM palliative; **sin ~s** [*desastre, fracaso*] unmitigated; [*rechazo*] unreserved; [*vulgaridad*] utter; **un edificio feo sin ~s** an ugly building with no redeeming features; **condenar sin ~s** to condemn unreservedly
**palidecer** ▸conjug 2d◂ VI turn pale
**palidez** SF paleness, pallor
**pálido** ADJ (*gen*) pale, pallid; (= *enfermizo*) sickly
**palidoso** ADJ (*Andes*) = **pálido**
**palier** SM 1 (*Mec*) bearing
2 (= *plataforma*) pallet
3 (*Arg*) (= *descanso*) landing
**palillo** SM 1 (= *mondadientes*) (*tb* **~ de dientes**) toothpick; **unas piernas como ~s de dientes** legs like matchsticks
2 (*Mús*) [*de tambor, batería*] drumstick; **palillos** (= *instrumento*) castanets
3 (*para comida oriental*) chopstick
4 (* *hum*) very thin person; ✦***MODISMO*** **estar hecho un ~** to be as thin as a rake
5 (*Taur**) banderilla
6 (*Cono Sur*) (= *aguja de tejer*) knitting needle
7 (*CAm, Méx*) (= *portalápices*) penholder
**palimpsesto** SM palimpsest
**palíndromo** SM palindrome
**palinodia**† SF recantation; **cantar la ~** to recant
**palio** SM 1 (= *dosel*) canopy
2 (*Rel*) pallium; ✦***MODISMO*** **recibir bajo ~ a algn** to roll out the red carpet for sb
3 (††) (= *manto*) cloak
**palique*** SM chat, chitchat; **darle al ~** ◊ **estar de ~** to chat, natter
**palista** SMF (*Dep*) canoeist
**palito** SM (*Arg*) ice lolly, Popsicle (*EEUU*)
**palitroque** SM 1 (*) (= *palo*) stick
2 (*Taur**) banderilla

[3] (*Cono Sur*) (= *juego*) skittles *pl*, bowling (*EEUU*); (= *local*) skittle alley, bowling alley (*EEUU*)

**paliza** (A) SF [1] (= *tunda*) beating, thrashing; **dar** *o* **propinar una ~ a algn** to give sb a beating, beat sb up*; **los críticos le dieron una ~ a la novela** the critics panned *o* slated the novel*

[2] (*) (= *pesadez*) bore; **el viaje fue una ~** the journey was a real bore *o* drag*; **dar la ~** to be a pain; **darse la ~** (*al estudiar, trabajar*) to slog away; (*al tocarse, besarse*) to be all over each other

[3] (*) (*Dep etc*) drubbing, thrashing; **el Betis le dio una ~ al Barcelona** Betis gave Barcelona a real thrashing, Betis thrashed Barcelona

(B) SMF INV (*) (= *pesado*) bore, pain*

**palizada** SF [1] (= *valla*) fence, palisade

[2] (= *cercado*) fenced enclosure

**palizas*** SMF INV bore, pain*

**palla** SF (*Andes Hist*) Inca princess

**pallador** SM (*LAm*) = **payador**

**pallar¹** ▸conjug 1a◂ VT (*Min*) to extract; (*Agr*) to glean

**pallar²** SM (*Andes, Cono Sur*) Lima bean

**pallasa** SF mattress

**pallasca** SF (*Andes, Cono Sur*), **pallaso** SM (*Andes, Cono Sur*) mattress

**Palma** SF ► **Palma de Mallorca** Palma

**palma** SF [1] (*Anat*) palm; **leerle la ~ de la mano a algn** to read sb's palm; ✦*MODISMOS* **conocer algo como la ~ de la mano** to know sth like the back of one's hand; **ser liso** *o* **llano como la ~ de la mano** to be as flat as a pancake; **llevar a algn en ~s** *o* **palmitas** to wait on sb hand and foot

[2] **palmas** (= *aplausos*) clapping *sing*, applause *sing*; **batir** *o* **dar** *o* **hacer ~s** to clap (one's hands), applaud; **tocar las ~s** to clap in time ► **palmas de tango** slow hand-clap

[3] (*Bot*) palm (tree); (= *hoja*) palm leaf; ✦*MODISMO* **llevarse la ~**: **las tres son muy antipáticas, pero Ana se lleva la ~** the three of them are very unfriendly, but Ana wins hands down

**palmada** SF [1] [*de amistad*] slap, pat; **darse una ~ en la frente** to clap one's hand to one's brow

[2] **palmadas** (= *aplausos*) clapping *sing*, applause *sing*; ✦*MODISMO* **dar ~s** to clap (one's hands), applaud

**palmadita** SF pat, light tap

**palmado⁑** ADJ (*CAm*) skint⁑, flat broke*

**palmar¹** SM (*Bot*) palm grove, cluster of palms

**palmar²⁑** ▸conjug 1a◂ (A) VI [1] (= *morir*) to kick the bucket*, peg out⁑

[2] (*en juego*) to lose

(B) VT ✦*MODISMO* **~la** to kick the bucket*, to peg out⁑

**palmar³** ADJ, **palmario** ADJ obvious, self-evident

**palmarés** SM [1] (*Dep*) [*de ganadores*] list of winners

[2] (= *historial*) record

**palmarote⁑** SM (*Caribe*) yokel, hick (*EEUU**)

**palmatoria** SF [1] [*de vela*] candlestick

[2] [*de castigo*] cane

**palmazón*** SM ✦*MODISMO* **estar en el ~** (*CAm*) to be broke*

**palmeado** ADJ [*pata*] webbed

**palmear** ▸conjug 1a◂ (A) VT (*LAm*) [+ *perro etc*] to pat

(B) VI to clap

**palmense** (A) ADJ of/from Las Palmas

(B) SMF native/inhabitant of Las Palmas; **los ~s** the people of Las Palmas

**palmera** SF, **palmero¹** SM (*Andes, Cono Sur, Méx*) palm (tree); ✦*MODISMO* **estar en la ~*** to be broke* ► **palmera datilera** date palm

**palmero²/a** (A) ADJ of/from La Palma

(B) SM/F native/inhabitant of La Palma; **los ~s** the people of La Palma

**palmeta** SF (= *vara*) cane; (= *acto*) caning, swish with a cane

**palmetazo** SM [1] (= *acto*) caning, swish with a cane

[2] (= *desaire*) slap in the face

**palmillas** SFPL = **palmitas**

**palmípedo** ADJ web-footed

**palmista** SMF (*LAm*) palmist

**palmiste** SM (= *grano*) palm kernel; (= *aceite*) palm oil

**palmitas** SFPL ✦*MODISMO* **tener** *o* **llevar** *o* **traer a algn en ~** (= *mimar*) to spoil sb; (= *tratar con cuidado*) to handle sb with kid gloves

**palmito** SM (*LAm*) palm heart

**palmo** SM [1] (= *medida*) span; (*fig*) few inches *pl*, small amount; ✦*MODISMOS* **~ a ~** inch by inch; **avanzar ~ a ~** to inch forward; **conocer el terreno ~ a ~** *o* **a ~s** to know every inch of the ground; **tener medido el terreno a ~s** to know every inch of the ground; **con un ~ de lengua fuera** with his tongue hanging out; **crecer a ~s** to shoot up; **dejar a algn con un ~ de narices** to disappoint sb, let sb down; **no hay un ~ de A a B** there's hardly any distance *o* difference between A and B; **no levantaba un ~ del suelo cuando ...** he was knee-high to a grasshopper when ...

[2] (*CAm*⁑*) (= *coño*) cunt⁑*

**palmotear** ▸conjug 1a◂ VI to clap, applaud

**palmoteo** SM clapping, applause

**palo** SM [1] (= *vara*) (*de poco grosor*) stick; (*fijo en el suelo*) post; [*de telégrafos, tienda de campaña*] pole; [*de herramienta*] handle, shaft; **le pegó con un ~** he hit him with a stick; **las gallinas estaban subidas en el ~** the hens were sitting on the perch; **el ~ de la fregona** the mop handle; **política de ~ y zanahoria** carrot and stick policy; ✦*MODISMOS* **estar hecho un ~** to be as thin *o* skinny as a rake; **meter ~s en las ruedas** to throw a spanner in the works; **más tieso que un ~**: **andaba más tieso que un ~** he walked bolt upright; **te voy a poner más tieso que un ~** I'm going to give you a good hiding; ✦*REFRÁN* **de tal ~ tal astilla** like father like son ► **palo de escoba** broomstick ► **palo ensebado** greasy pole

[2] (= *madera*) **cuchara de ~** wooden spoon; **pata de ~** wooden leg, peg leg

[3] (= *golpe*) blow; **un par de ~s es lo que tú necesitas** what you need is a good hiding; **dar** *o* **pegar un ~ a algn** (= *golpear*) to hit sb with a stick; (*) (= *timar*) to rip sb off*; **los críticos le dieron un ~ a la obra** the critics slated the play*; **vaya ~ me pegaron en ese restaurante** they really ripped me off in that restaurant*; **dar de ~s a algn** to give sb a beating; ✦*MODISMOS* **andar a ~s*** to be always squabbling *o* fighting; **dar ~s de ciego** (*peleando*) to lash out wildly; (*buscando una solución*) to take a stab in the dark; **no dar** *o* **pegar (ni) ~ al agua*** to not lift a finger; **moler a algn a ~s** to give sb a beating; **ni a ~s***: **ni a ~s va a aprender la lección** there's no way he's going to learn the lesson*; **ni a ~s me voy yo de aquí dejándote sola** wild horses wouldn't make me go off and leave you on your own, there's no way I would go off and leave you on your own*

[4] (*) (= *disgusto*) bummer⁑, nightmare*; **es un ~ que te bajen el sueldo** it's a real bummer⁑ *o* nightmare* that they're cutting your salary; **¡qué ~ si suspendo!** it'll be a real bummer⁑ *o* nightmare* if I fail!; **dar ~**: **me daría ~ que se enterase** I would hate it if he found out; **llevarse un ~**: **nos llevamos un ~ muy gordo cuando descubrimos la verdad** it was a real blow when we found out the truth; **Manuel se ha llevado un gran ~ con Luisa** Manuel has been badly let down by Luisa

[5] (*Náut*) mast; ✦*MODISMO* **a ~ seco** [*navegar*] under bare poles; [*comer, beber*] **nos tomamos el vino a ~ seco** we had the wine on its own; **nos comimos el jamón a ~ seco** we had the ham on its own, we had the ham with nothing to wash it down; **no pasa un día a ~ seco** (*Ven*) he never goes a single day without a drink; **vermut a ~ seco** straight vermouth; ✦*REFRÁN* **que cada ~ aguante su vela** everyone should face up to their responsibilities ► **palo de mesana** mizzenmast ► **palo de trinquete** foremast ► **palo mayor** mainmast

[6] (*Dep*) [6·1] [*de portería*] post; **el balón se coló entre los ~s** the ball went between the posts

[6·2] (*para golpear*) (*en hockey*) stick; (*en golf*) club

► **palo de golf** golf club

[7] (= *de uva*) stalk

[8] (*Tip*) (*de b, d*) upstroke; (*de p, q*) downstroke; **hace los ~s muy largos** he makes long strokes

[9] (*Naipes*) suit; **cambiar de ~** to change suit; **seguir el ~** to follow suit ► **palo del triunfo** trump suit, trumps *pl*

[10] (*Mús*) (*en flamenco*) style

[11] (*esp LAm Bot*) tree ► **palo de hule** (*CAm*) rubber tree ► **palo de mango** mango tree ► **palo dulce** liquorice root ► **palo (de) rosa** rosewood ► **palo santo** lignum vitae

[12] (*Ven**) [*de licor*] swig*, slug*; **pegarse unos ~s** to have a few drinks; ✦*MODISMOS* **darse al ~** to take to drink; **a medio ~** half-drunk

[13] (*Chile**) ✦*MODISMO* **tirar el ~*** to brag ► **palo blanco** man of straw ► **palo grueso** big shot*

[14] (*Méx*⁑*) (= *acto sexual*) screw⁑*; **echar un ~** to have a screw⁑*

[15] (*Col, Ven*) **un ~ de**: **un ~ de casa** a marvellous house; **es un ~ de hombre** he's a great guy; **cayó un ~ de agua** the rain came pouring down, there was a huge downpour*

**paloma** SF [1] (*Orn*) dove, pigeon; **¡palomita!** darling! ► **paloma buscadora de blancos** homing pigeon ► **paloma de la paz** dove of peace ► **paloma mensajera** carrier pigeon, homing pigeon ► **paloma torcaz** wood pigeon, ringdove

[2] (= *persona*) meek and mild person; (*Pol*)

dove ► **paloma sin hiel** pet, lamb
3 (= *ejercicio*) handstand
4 (*CAm, Caribe, Méx*) (= *cometa*) kite
5 **palomas** (*Náut*) white horses, whitecaps (*EEUU*)

**palomar** SM dovecot(e)

**palomear** ▸conjug 1a◂ VT 1 (*Caribe*) (= *engañar*) to swindle
2 (*Andes*) [+ *enemigos*] to hunt down one by one; (= *tirar a matar*) to shoot to kill, shoot dead; (= *matar a traición*) to shoot down in cold blood

**palomilla** SF 1 (*Entomología*) moth; (*esp*) grain moth; (= *crisálida*) nymph, chrysalis
2 (*Téc*) (= *tuerca*) wing nut
3 (= *soporte*) wall bracket, angle iron
4 [*de caballo*] back, backbone
5 (*Andes, Cono Sur**) (= *niño vagabundo*) urchin, ragamuffin; (*CAm, Cono Sur, Méx**) [*de niños*] mob of kids*; (= *pandilla*) crowd of layabouts, band of hooligans

**palomino** Ⓐ ADJ (*Andes, Cono Sur, Méx*) [*caballo*] palomino *antes de s*; (= *blanco*) white
Ⓑ SM 1 (*Orn*) young pigeon
2 (*Andes, Cono Sur, Méx*) (= *caballo palomino*) palomino (horse); (= *caballo blanco*) white horse
3 (*) (*en ropa interior*) skidmark*

**palomita** SF 1 (*Méx*) (= *aprobación*) tick
2 (*Dep*) full-length dive
3 **palomitas** (*tb* **~s de maíz**) popcorn *sing*

**palomo** Ⓐ ADJ (*Andes, Cono Sur, Méx*) = **palomino A**
Ⓑ SM (cock) pigeon ► **palomo de arcilla** clay pigeon

**palotada**† SF ✦*MODISMO* **no dar ~** (= *no trabajar*) not to do a stroke of work; (= *no hacer nada*) to do nothing; (= *hacerlo mal*) to get nothing right

**palote** SM 1 (*en escritura*) (*gen*) downstroke; (*en forma de "S"*) pothook
2 (*Mús*) drumstick
3 (*Caribe, Cono Sur Culin*) [*de amasar*] rolling pin
4 (*Cono Sur**) (= *persona*) beanpole*, stringbean (*EEUU**)

**palotear** ▸conjug 1a◂ VI to bicker, wrangle

**paloteo** SM bickering, wrangling

**palpable** ADJ 1 (*con las manos*) palpable, tangible
2 (= *claro, evidente*) palpable, obvious, palpable

**palpamiento** SM (*LAm*) frisking, body-search

**palpar** ▸conjug 1a◂ Ⓐ VT 1 (= *tocar*) to touch, feel; (= *tantear*) to feel one's way along; (*amorosamente*) to caress, fondle; (*esp LAm*) [+ *sospechoso*] to frisk
2 (= *notar*) to appreciate, understand; **ahora palpa las consecuencias** now he's really feeling the consequences; **ya ~ás lo que es esto** one day you'll really understand all this
Ⓑ **palparse** VPR [*miedo, ansiedad*] to be felt; **se palpaba el descontento** you could feel the restlessness; **hay una enemistad que se palpa** you can feel the hostility, the hostility is tangible

**palpitación** SF (*gen*) palpitation; (*nerviosa*) quiver, quivering; (*con fuerza*) flutter, fluttering

**palpitante** ADJ 1 (*gen*) palpitating; [*corazón*] throbbing
2 [*interés, cuestión*] burning

**palpitar** ▸conjug 1a◂ VI 1 (*gen*) to palpitate; [*corazón*] to throb, beat; (*nerviosamente*) to quiver; (*con fuerza*) to flutter
2 (*fig*) to throb; **en la poesía palpita la emoción** the poem throbs with emotion
3 (*Cono Sur*) ✦*MODISMOS* **me palpita** I have a hunch; **ya me palpitaba el fracaso** I had a hunch it would be a failure

**pálpito** SM, **palpite** SM hunch; **tener un ~** to have a hunch

**palquista**‡ SM cat burglar

**palta** SF (*Andes, Cono Sur*) avocado (pear)

**palto** SM (*Andes, Cono Sur*) avocado (pear) tree

**paltó** SM (*esp LAm*) topcoat, overcoat

**palúdico** ADJ 1 [*pantano, terreno*] marshy
2 (*Med*) malarial

**paludismo** SM malaria

**palurdo/a*** Ⓐ ADJ coarse, uncouth
Ⓑ SM/F (= *paleto*) yokel, hick (*EEUU**); (*pey*) lout

**palustre**[1] SM (*Téc*) trowel

**palustre**[2] ADJ marsh *antes de s*

**pamela** SF sun hat, picture hat

**pamema** SF 1 (= *bagatela*) trivial thing, trifle
2 **pamemas** (= *aspavientos*) fuss *sing*; **¡déjate de ~s!** stop your fussing!; **deja de decir ~s** stop talking nonsense
3 **pamemas** (= *halagos*) flattery *sing*; (= *persuasión*) coaxing *sing*, wheedling *sing*

**pampa**[1] SF 1 (*LAm Geog*) pampa(s), prairie; **la Pampa** the Pampas; → GAUCHO
2 (*Cono Sur Min*) *region of nitrate deposits*; (= *descampado*) *open area on the outskirts of a town*
3 (*Andes*) (*en la sierra*) *high grassy plateau*
4 ✦*MODISMOS* **a** *o* **en la ~** (*LAm**) in the open; **en ~** (*LAm**) in the nude; **estar en ~ y la vía** (*Cono Sur**) to be flat broke*; **quedarse en ~** (*Cono Sur**) to come to nothing, fall through

**pampa**[2] Ⓐ ADJ 1 (*Andes, Cono Sur**) [*negocio*] shady, dishonest
2 (*Andes*) (= *endeble*) weak, feeble
Ⓑ SMF (*Arg*) (pampean) Indian
Ⓒ SM (*Ling*) *language of the pampean Indians*

**pámpana** SF vine leaf; ✦*MODISMO* **zurrar la ~ a algn** (*Esp*†*) to give sb a hiding*

**pámpano** SM vine shoot, vine tendril

**pampeano/a** (*LAm*) Ⓐ ADJ of/from the pampas
Ⓑ SM/F native/inhabitant of the pampas; **los ~s** the people of the pampas

**pampear**[1] ▸conjug 1a◂ VI (*Cono Sur*) to travel over the pampas

**pampear**[2] ▸conjug 1a◂ VT (*Andes*) 1 (= *tocar*) to tap, pat (on the shoulder)
2 [+ *masa*] to roll out

**pampero/a** (*LAm*) Ⓐ ADJ of/from the pampas
Ⓑ SM/F native/inhabitant of the pampas; **los ~s** the people of the pampas
Ⓒ SM (*Meteo*) strong westerly wind (*blowing over the pampas from the Andes*)

**pampinflar**‡ ▸conjug 1a◂ VT **¡me la pampinflas!** you stupid git!‡

**pampino/a** Ⓐ ADJ (*LAm*) of/from the Chilean pampas
Ⓑ SM/F (*Cono Sur*) native/inhabitant of the Chilean pampas; **los ~s** the people of the Chilean pampas

**pamplina** SF 1 (*) (= *tontería*) silly remark; **¡pamplinas!** rubbish!, nonsense!; **eso son ~s** that's a load of rubbish; **sin más ~s** without any more beating about the bush
2 (*) (= *aspaviento*) fuss
3 (*) (= *zalamería*) soft soap*; **no me vengas con ~s** don't come to me with that soft soap*
4 (*Bot*) chickweed

**pamplinero*** ADJ 1 (= *tonto*) silly, nonsensical
2 (= *aspaventero*) given to making a great fuss
3 (= *zalamero*) sweet-talking

**pamplonada** SF (*LAm*) (= *trivialidad*) triviality; (= *tontería*) silly thing, piece of nonsense

**pamplonés/esa** ADJ, SM/F = **pamplonica**

**pamplonica** Ⓐ ADJ of/from Pamplona
Ⓑ SMF native/inhabitant of Pamplona; **los ~s** the people of Pamplona

**pampon** SM (*Andes*) open space, open ground

**pamporcino** SM cyclamen

**pan** SM 1 (*Culin*) bread; (= *hogaza*) loaf; **les gusta mucho el ~ con mantequilla** they love bread and butter; **compré dos ~es** I bought two loaves; **estar a ~ y agua** to be on bread and water ► **pan blanco**, **pan candeal** white bread ► **pan casero** home-made bread ► **pan cenceño** unleavened bread ► **pan de centeno** rye bread ► **pan de flor** white bread ► **pan de molde** tin loaf ► **pan duro** stale bread ► **pan francés** (*Arg*) baguette ► **pan integral** wholemeal bread ► **pan lactal** (*Arg*) sandwich loaf ► **pan moreno** brown bread ► **pan rallado** breadcrumbs *pl*
2 (= *bloque*) ► **pan de azúcar** sugar loaf ► **pan de hierba** turf, sod ► **pan de higos** block of dried figs ► **pan de jabón** bar *o* cake of soap
3 (*Agr*) wheat; **un año de mucho ~** a year of a heavy wheat crop
4 (*Téc*) gold *o* silver leaf
5 ✦*MODISMOS* **con su ~ se lo coma** that's his look-out; **contigo ~ y cebolla** (with you I'd gladly have) love in a cottage; **echar ~es** (*Andes, Cono Sur*) to boast, brag; **ganarse el ~** to earn one's living; **hacer un ~ como unas hostias** to make a real mistake *o* gaffe; **llamar al ~ ~ y al vino vino** to call a spade a spade; **más bueno que el ~***: **estar más bueno que el ~** [*persona*] to be gorgeous, be dishy*; **ser más bueno que el ~** to be as good as gold; **ser ~ comido**: **eso es ~ comido** it's a piece of cake, it's a cinch; **ser el ~ nuestro de cada día**: **aquí los atracos son el ~ nuestro de cada día** muggings happen all the time around here; **venderse como ~ bendito** to sell like hot cakes

**pan...** PREF pan...; *p.ej.* **panasiático** pan-Asiatic

**pana**[1] SF (= *paño*) corduroy

**pana**[2] SF (*Chile Aut*) breakdown; **quedar en ~** to break down

**pana**[3] SF (*Chile*) 1 (= *hígado*) liver
2 (*) (= *valor*) guts* *pl*, courage; ✦*MODISMO* **se le heló la ~** (*Cono Sur*) he lost his nerve
3 ✦*MODISMO* **tirar ~s** (*Andes**) to put on airs

**pana**[4] SMF (*Caribe*) (= *compañero*) pal*, buddy (*EEUU*)

**panacea** SF panacea

**panaché** SM mixed salad

**panadería** SF 1 (= *tienda*) baker's (shop), bakery
2 (= *oficio*) breadmaking

**panadero/a** SM/F baker

**panadizo** SM (*Med*) whitlow
**panal** SM honeycomb
**Panamá** SM Panama
**panamá** SM panama hat
**panameñismo** SM *word/phrase peculiar to Panama*
**panameño/a** Ⓐ ADJ Panamanian
Ⓑ SM/F Panamanian; **los ~s** the Panamanians
**panamericanismo** SM Pan-Americanism
**panamericano** Ⓐ ADJ Pan-American
Ⓑ SF **la Panamericana** the Pan-American highway
**panamitos** SMPL (*Andes*), **panamos** SMPL (*Andes*) [1] (= *judías*) beans
[2] (*fig*) food *sing*, daily bread *sing*
**panca** SF (*Andes*) dry leaf of maize
**pancarta** SF placard, banner
**panceta** SF (*Arg*) streaky bacon
**pancha*** SF = **panza**
**panchanguero*** ADJ [1] (= *ruidoso*) noisy, rowdy
[2] (*Méx*) (= *alegre*) merry; (= *chistoso*) witty
[3] (*Méx*) (= *campechano*) expansive
**pancho¹** ADJ (= *tranquilo*) calm, unruffled; **estar tan ~** (*Cono Sur, Esp*) to remain perfectly calm, not turn a hair
**pancho²** Ⓐ ADJ [1] (*Cono Sur*) (= *marrón*) brown, tan
[2] (*Andes, Caribe*) (= *aplastado*) broad and flat; (= *achaparrado*) squat; ✦***MODISMO* ni tan ~ ni tan ancho** (*Caribe**) neither one thing nor the other
Ⓑ SM (*Arg Culin*) hot dog
**pancho³** SM (= *pez*) young sea-bream
**Pancho** SM (*forma familiar*) *de* **Francisco**
**pancista** ADJ, SMF opportunist
**pancita** SF (*Méx Culin*) tripe
**pancito** SM (*LAm*) (bread) roll
**páncreas** SM INV pancreas
**pancreático** ADJ pancreatic
**pancromático** ADJ panchromatic
**panda¹** SMF (*Zool*) panda
**panda²** SF = **pandilla**
**panda³** SF (*Caribe*) = **pandeo**
**pandear** ▸conjug 1a◂ VI, **pandearse** VPR [*madera*] to bend, warp; [*pared*] to sag, bulge
**pandemonio** SM, **pandemónium** SM pandemonium; **fue el ~*** all hell broke loose, there was pandemonium
**pandeo** SM [*de madera*] bend; [*de pared, tejado*] sag(ging), bulge, bulging
**pandereta** SF tambourine; ✦***MODISMOS* la España de ~*** tourist Spain; **zumbar la ~ a algn** (*Esp**) to tan sb's hide*
**panderetear** ▸conjug 1a◂ VI to play the tambourine
**pandero** SM [1] (*Mús*) tambourine
[2] (*) (= *culo*) backside, butt (*EEUU**)
[3] (†) (= *cometa*) kite
[4] (†*) (= *tonto*) idiot
**pandibó*** SM slammer*, can (*EEUU**), prison
**pandilla** SF [1] [*de amigos*] group of friends; **ayer salí con la ~ de mi hermano** I went out with my brother's friends yesterday
[2] [*de criminales*] gang; [*de gamberros*] bunch, load
**pandillero/a** SM/F (*esp LAm*) member of a gang
**pando** ADJ [1] [*pared*] bulging; [*madera*] warped; [*viga*] sagging
[2] [*río, persona*] slow
[3] [*plato*] shallow; [*terreno*] flat
[4] (*CAm*) (= *oprimido*) oppressed
[5] (*CAm**) (= *saciado*) full (up)
[6] (*CAm, Méx*) (*de hombros*) round-shouldered
**Pandora** SF ✦***MODISMO* la caja de ~** Pandora's box
**pandorga** SF [1] (*) (= *jamona*) fat woman
[2] (= *cometa*) kite
[3] (*Andes**) (= *molestia*) bother, nuisance
[4] (*Andes*) (= *mentira*) lie
[5] (*Méx**) (= *broma*) (*gen*) practical joke; (*estudiantil*) student prank
**pandorgo** ADJ [1] (*Méx*) (= *lerdo*) dim, stupid
[2] (*Caribe*) (= *gordinflón*) fat and slow-moving
**pane** SM (*Andes Aut*) breakdown
**panear** ▸conjug 1a◂ VI (*Andes, Cono Sur*) to boast, show off
**panecillo** SM (bread) roll
**panegírico** SM panegyric
**panel** SM [1] [*de pared, puerta*] panel; **~es** (*Arquit*) panelling *sing*, paneling (*EEUU*) ► **panel de información de vuelos** flight information board ► **panel de instrumentos** (*Aut*) dashboard ► **panel de mandos** (*Aer etc*) control panel, controls *pl* ► **panel explicativo** display panel ► **panel solar** solar panel
[2] (= *jurado*) panel ► **panel de audiencia** TV viewers' panel
**panela** SF [1] (*LAm Culin*) brown sugar loaf
[2] (*Méx*) (= *sombrero*) straw hat
[3] (*Andes, Méx**) (= *pesado*) bore, drag; (= *zalamero*) creep*
**panelería** SF panelling, paneling (*EEUU*)
**panera** SF bread basket
**pánfilo** ADJ [1] (= *crédulo*) simple, gullible; (= *tonto*) stupid; (= *lento*) sluggish, lethargic
[2] (*Andes*) (= *pálido*) pale, discoloured, discolored (*EEUU*)
**panfletario** ADJ [*estilo*] highly-coloured, highly-colored (*EEUU*); [*propaganda*] cheap, demagogic
**panfletista** SMF (*gen*) pamphleteer; (*esp LAm*) satirist, lampoonist
**panfleto** SM (*gen*) pamphlet; (*esp LAm*) lampoon
**panga** SF (*CAm, Méx*) (= *lancha*) barge, lighter; (= *transbordador*) ferry(boat)
**pangolín** SM scaly anteater
**paniaguado** SM [1] (= *criado*) servant
[2] (= *protegido*) protégé
**paniaguarse** ▸conjug 1i◂ VPR (*Méx*) to become friends, pal up*
**pánico** Ⓐ ADJ panic *antes de s*
Ⓑ SM [1] (= *miedo*) panic; **el ~ comprador** panic buying; **yo le tengo un ~ tremendo** I'm scared stiff of him
[2] ✦***MODISMO* de ~*** excellent, brilliant
**paniego** ADJ (*Agr*) **tierra paniega** wheatland
**panificable** ADJ **granos ~s** bread grains
**panificación** SF breadmaking
**panificadora** SF bakery
**panil** SM (*Cono Sur*) celery
**panizo** SM [1] (*Bot*) (= *mijo*) millet; (= *maíz*) maize
[2] (*Chile*) [*de mineral*] mineral deposit
[3] (*Chile*) (= *tesoro*) treasure; (= *negocio*) gold mine
**panocha** SF, **panoja** SF [1] (*Bot*) [*de maíz*] corncob; [*de trigo*] ear of wheat
[2] (*Méx*) (= *azúcar*) unrefined brown sugar; (= *dulce*) brown sugar candy
[3] (*Andes, CAm, Cono Sur*) (= *torta*) *large pancake of maize and cheese*
[4] (*) (= *dinero*) brass*, dough*
[5] (*Méx***) (= *vulva*) cunt**
**panocho/a** Ⓐ ADJ of/from Murcia
Ⓑ SM/F native/inhabitant of Murcia; **los ~s** the Murcians, the people of Murcia
Ⓒ SM (*Ling*) Murcian dialect
**panoli*** SMF, **panolis*** SMF INV chump*, idiot
**panoplia** SF [1] (= *armadura*) panoply
[2] (= *colección de armas*) collection of arms
**panorama** SM [1] (*gen*) panorama (*tb fig*); (= *vista*) view; (= *perspectiva*) outlook; **el ~ actual político** the present political scene
[2] (*Arte, Fot*) view
**panorámica** SF general view, survey
**panorámico** ADJ panoramic; **punto ~** viewpoint, vantage point
**panoramizar** ▸conjug 1f◂ VTI (*Cine*) to pan
**panqué** SM (*CAm, Caribe*), **panqueque** SM (*LAm*) pancake
**panquequera** SF (*LAm*) pancake iron
**panquequería** SF (*LAm*) pancake house
**pantaleta** SF (*LAm*), **pantaletas** SFPL (*LAm*) (= *bombachos*) bloomers, drawers; (= *bragas*) panties
**pantalla** SF [1] [*de lámpara*] shade, lampshade
[2] (*Cine*) screen; **los personajes de la ~** screen personalities; **la pequeña ~** the small screen, the TV; **llevar una historia a la ~** to film a story ► **pantalla acústica** baffle ► **pantalla de televisión** television screen ► **pantalla de vídeo** video screen ► **pantalla grande** big screen ► **pantalla plana** flat screen
[3] (*Inform*) screen, display ► **pantalla de ayuda** help screen ► **pantalla de cristal líquido** liquid crystal display ► **pantalla de plasma** plasma panel ► **pantalla de radar** radar screen ► **pantalla de rayos** (*en aeropuerto*) X-ray security apparatus ► **pantalla táctil** touch screen
[4] (*CAm*) (= *abanico*) fan
[5] (*fig*) front; (= *señuelo*) decoy; **servir de ~ a algo** to be a front for sth; ✦***MODISMO* hacer la ~** (*Dep*) to protect the goalkeeper
[6] [*de chimenea*] fireguard
[7] (= *biombo*) screen
[8] (*LAm*) (= *esbirro*) henchman
[9] (*CAm*) (= *espejo*) large mirror
**pantalón** SM, **pantalones** SMPL [1] trousers, pants (*EEUU*); **un ~** ◊ **unos pantalones** ◊ **un par de pantalones** a pair of trousers *o* (*EEUU*) pants; **bajarse los pantalones** (*lit*) to take *o* pull one's trousers down; (*Esp**) (*fig*) to swallow one's pride; ✦***MODISMOS* es ella la que lleva los pantalones*** she's the one who wears the trousers; **llevar los pantalones bien puestos** (*Caribe**) to have guts ► **pantalones cortos** shorts ► **pantalones de corsario** pirate trousers ► **pantalones de esquí** ski pants ► **pantalón de montar** riding breeches *pl* ► **pantalón pitillo** drainpipe trousers *pl* ► **pantalones tejanos, pantalones vaqueros** jeans
[2] (*Andes*) (= *hombre*) man, male
[3] (*Caribe*) (= *coraje*) guts, courage

**PANTALONES, ZAPATOS, GAFAS**

**Uso de "pair"**

- Para especificar el número de objetos que constan de dos piezas que forman parte de un juego de dos, se debe usar en inglés el partitivo **pair of** + SUSTANTIVO:

Tengo dos pares de zapatos
***I've got two pairs of shoes***

- La misma regla se aplica cuando se trata de objetos compuestos por dos piezas simétricas:

¿Cuántos pantalones meto en la maleta?
***How many pairs of trousers shall I pack?***

! Si no queremos especificar el número de objetos, no es necesario utilizar **pair**:

¿Puede arreglarme las gafas?
***I wondered if you could mend my glasses?***

*Para otros usos y ejemplos ver las entradas* ***gafa, pantalón*** *y* ***zapato.***

**pantanal** SM marshland

**pantano** SM [1] (= *embalse*) reservoir
[2] (= *ciénaga*) bog, marsh
[3] (†) (= *atolladero*) fix*, mess*; **salir de un ~** to get out of a jam*

**pantanoso** ADJ [1] [*terreno, región*] boggy, marshy
[2] [*situación*] difficult, tricky*

**panteísmo** SM pantheism

**panteísta** Ⓐ ADJ pantheistic
Ⓑ SMF pantheist

**panteón** SM [1] (= *monumento*) pantheon; **el ~ de los reyes** the burial place of the royal family ► **panteón familiar** family vault
[2] (*LAm*) (= *cementerio*) cemetery
[3] (*Cono Sur*) (= *mineral*) ore, mineral

**panteonero** SM (*LAm*) gravedigger

**pantera** SF [1] (*Zool*) (*gen*) panther; (*Caribe*) (= *jaguar*) jaguar
[2] (*Méx*) (= *matón*) heavy*; (= *atrevido*) risk-taker

**pantimedias** SFPL (*Méx*) tights, pantyhose (*EEUU*)

**pantis** SMPL tights, pantyhose (*EEUU*)

**pantógrafo** SM pantograph

**pantomima** SF mime

**pantoque** SM (*Náut*) bilge; **agua de ~** bilge water

**pantorra*** SF (fat) calf

**pantorrilla** SF [1] (*Anat*) calf
[2] (*Andes*) (= *vanidad*) vanity

**pantorrilludo** ADJ [1] (= *de piernas gordas*) thick-calved
[2] (*Andes**) (= *vanidoso*) vain

**pants** SMPL (*LAm*) tracksuit *sing*, sweat suit *sing* (*EEUU*)

**pantufla** SF, **pantuflo** SM (carpet) slipper

**panty** SM, **pantys** SMPL tights, pantyhose (*EEUU*)

**panucho** SM (*Méx*) stuffed tortilla

**panudo/a*** (*Andes*) Ⓐ ADJ boastful, bragging
Ⓑ SM/F loudmouth*

**panul** SM (*Cono Sur*) celery

**panza*** SF belly, paunch; **estrellarse de ~** to do a belly flop, make a pancake landing
► **panza de burro** (*Alpinismo*) overhang
► **panza mojada** (*Méx**) wetback (*EEUU*)

**panzada*** SF [1] (= *hartazgo*) **darse una ~ de algo: nos dimos una ~ de cordero** we stuffed ourselves with lamb; **me he dado una buena ~ de dormir** I had a really good sleep
[2] (= *golpe*) (*en el agua*) belly flop; **aterrizaje de ~** belly landing

**panzazo** SM [1] (*Andes, Cono Sur*) (= *golpe*) belly flop
[2] (*Méx*) = **panzada 1**
[3] ✦***MODISMO*** **pasar de ~** (*LAm**) to get through by the skin of one's teeth

**panzón** ADJ, **panzudo** ADJ paunchy, potbellied

**pañal** SM [1] [*de bebé*] nappy, diaper (*EEUU*); ✦***MODISMOS*** **estar todavía en ~es** [*persona*] to be still wet behind the ears; [*ciencia, técnica*] to be still in its infancy; **yo de informática estoy todavía en ~es** when it comes to computing, I'm still a little wet behind the ears; **esto ha dejado en ~es a los rivales** this has left the competition way behind ► **pañal desechable** disposable nappy
[2] [*de camisa*] shirt-tail
[3] **pañales** (= *canastilla*) baby clothes; ✦***MODISMOS*** **criarse en buenos ~es** to be born with a silver spoon in one's mouth; **de humildes ~es** of humble origins

**pañería** SF (= *géneros*) drapery; (= *tienda*) draper's (shop), dry-goods store (*EEUU*)

**pañero/a** SM/F draper, dry-goods dealer (*EEUU*), clothier

**pañete** SM [1] (= *tela*) light cloth
[2] **pañetes** (= *calzones*) shorts, trunks
[3] (*Andes*) (= *enlucido*) coat of fine plaster
[4] (*Cono Sur*) [*del caballo*] horse blanket

**pañí[1]** SM (*Cono Sur*) sun trap

**pañí[2]**‡ SF ✦***MODISMO*** **dar la ~** to give a tip-off, tip the wink*

**pañito** SM (*Esp*) [*de mesa*] table-runner; [*de bandeja*] traycloth

**paño** SM [1] (= *tela*) cloth; ✦***MODISMOS*** **conocerse el ~** to know the score*; **le conozco el ~** I know his sort; ✦***REFRÁN*** **el buen ~ en el arca se vende** good wine needs no bush
[2] (= *pieza*) cloth; (= *trapo*) duster; ✦***MODISMO*** **jugar a dos ~s** to play a double game ► **paño de altar** altar cloth ► **paño de cocina** dishcloth ► **paño de lágrimas**: **soy su ~ de lágrimas** I'm a shoulder for him to cry on ► **paño de los platos** tea towel ► **paño de manos** hand towel ► **paño de secar** tea towel ► **paño higiénico** (*Esp*†) sanitary towel, sanitary napkin (*EEUU*) ► **paño mortuorio** pall ► **paños calientes** half measures; **no andarse con ~s calientes** (*para solucionar algo*) not to go in for half-measures; (*al criticar algo*) to pull no punches; **poner ~s calientes** to make a half-hearted attempt ► **paños tibios** (*fig*) half-measures
[3] (*Cos*) (= *ancho*) piece of cloth, width
[4] **paños** (= *ropa*) clothes; (*Arte*) drapes ► **paños menores** underwear *sing*
[5] **al ~** (*Teat*) offstage
[6] (*Arquit*) wall section
[7] (*en cristal*) cloud of mist; [*de diamante*] flaw
[8] (*Caribe*) (= *red*) fishing net
[9] (*Andes*) (= *tierra*) plot of land

**pañol** SM (*Náut*) store, storeroom ► **pañol del agua** water store ► **pañol del carbón** coal bunker

**pañolada** SF (*Taur, Ftbl*) *form of protest at bull-fights and football matches where the crowd all wave their handkerchiefs in the air*

**pañoleta** SF [1] [*de mujer*] (*sobre los hombros*) shawl; (*sobre la cabeza*) headscarf
[2] [*de torero*] tie

**pañolón** SM shawl

**pañuelo** SM (*para limpiarse*) handkerchief; (*para la cabeza*) scarf, headscarf; (*para el cuello*) scarf; [*de hombre*] cravat ► **pañuelo de papel** paper handkerchief

**papa[1]** SM (*Rel*) pope ► **papa negro** black pope (*General of the Jesuits*)

**papa[2]** SF [1] (*esp LAm*) (= *patata*) potato; ✦***MODISMOS*** **cuando las ~s queman** (*Cono Sur*) when things hot up; **echar las ~s** (*Esp**) to throw up*; **ni ~***: **no entiendo ni ~** I don't understand a word; **no oyó ni ~** he didn't hear a thing; **no sabe ni ~** he hasn't got a clue ► **papa dulce** sweet potato ► **papas colchas** (*CAm*) crisps, potato chips (*EEUU*) ► **papas fritas** chips, French fries (*EEUU*)
[2] (*Méx**) (= *mentira*) fib*
[3] (*Cono Sur**) (= *golpe*) bash*
[4] (*Caribe**) (= *trabajo fácil*) soft job*
[5] (*Méx*) (= *sopa*) porridge, gruel; (*Cono Sur*) (= *de bebé*) baby food

**papa[3]** ADJ INV (*Cono Sur**) jolly good*, first-rate

**papá*** SM dad*, daddy*, pop (*EEUU**); **mis ~s** my mum and dad*, my mom and pop (*EEUU*) ► **papá grande** (*Méx*) grandfather, grandpa* ► **Papá Noel** Father Christmas; *ver tb* **hijo**

**papachar*** ▸conjug 1a◂ (*Méx*) VT [1] (= *acariciar*) to caress, stroke
[2] (= *mimar*) to pamper, spoil

**papachos*** SMPL (*Méx*) (= *caricias*) caresses; (= *abrazos*) cuddles

**papacote** (*CAm*) Ⓐ SM (= *cometa*) kite
Ⓑ SMF (= *persona influyente*) bigwig, big shot*

**papada** SF [*de persona*] double chin; [*de animal*] dewlap

**papadeno/a**‡ SM/F (*Caribe*) Jehovah's Witness

**papadilla** SF dewlap

**papado** SM papacy

**papagayo** SM [1] (= *pájaro*) parrot
[2] (= *charlatán*) chatterbox; **como un ~** parrot-fashion; **deja de repetir todo lo que digo como un ~** don't just repeat what I say parrot-fashion
[3] (*Caribe, Méx*) (= *cometa*) large kite
[4] (*Andes*) (= *bacinilla*) bedpan

**papaíto*** SM dad*, daddy*, pop (*EEUU**)

**papal[1]** ADJ (*Rel*) papal

**papal[2]** SM (*LAm*) potato field

**papalina** SF [1] (= *gorro*) (*con orejeras*) cap with earflaps; (*de esquiar*) ski-cap; (*para atar al cuello*) bonnet; (= *toca*) mobcap
[2] (*) (= *juerga*) binge*; **coger una ~** to get plastered*
[3] **papalinas** (*CAm*) (= *patatas fritas*) (*Culin*) crisps, potato chips (*EEUU*)

**papalón*** SM (*Méx*) rat*, swine*

**papalote** SM (*CAm, Méx*) [1] (= *cometa*) kite
[2] (= *molino*) [*de niño*] windmill

**papalotear*** ▸conjug 1a◂ VI [1] (*CAm, Méx*) (= *vagabundear*) to wander about
[2] (*Méx*) (= *agonizar*) to give one's last gasp

**papamoscas** SM INV [1] (*Orn*) flycatcher
[2] = **papanatas**

**papamóvil** SM popemobile

**papanatas*** SM INV sucker*, simpleton

**papanatería** SF, **papanatismo** SM gullibility, simple-mindedness

**papandujo*** ADJ (*Esp*) soft, overripe

**papapa** SF (*CAm*) stupidity

**papar*** ▸conjug 1a◂ Ⓐ VT (= *tragar*) to swallow, gulp (down)
Ⓑ **paparse** VPR [1] (= *comer*) to scoff*; **se lo papó todo** he scoffed the lot*; ✦*MODISMO* **¡pápate ésa!** (*Esp*) put that in your pipe and smoke it!*
[2] (= *recibir un golpe*) to get a sudden knock, be hit real hard*

**paparazzo** [papa'ratso] SM (*pl* **paparazzi**) paparazzo; **los paparazzi** the paparazzi

**paparrucha*** SF, **paparruchada*** SF [1] (= *disparate*) silly thing; **~s** rubbish *sing*, nonsense *sing*
[2] (†) (= *chapuza*) worthless object
[3] (†) (= *infundio*) hoax

**paparruta** SMF (*Cono Sur*) humbug

**paparulo*** SM (*Cono Sur*) sucker‡

**papas*** SFPL (= *gachas*) pap *sing*, mushy food *sing*; (= *comida*) grub‡ *sing*, chow *sing* (*EEUU*‡)

**papaya** SF [1] (= *fruta*) papaya, pawpaw
[2] (*Caribe***) (= *vulva*) fanny**, beaver (*esp EEUU***)

**papayo** SM papaya tree, pawpaw tree

**papear‡** ▸conjug 1a◂ VI to eat, scoff*

**papel** SM [1] (= *material*) paper; **una bolsa de ~** a paper bag; **un ~** (*pequeño*) a piece of paper; (= *hoja, folio*) a sheet of paper; **lo escribí en un ~** I wrote it on a piece of paper; **sobre el ~** on paper ► **papel absorbente** kitchen roll ► **papel atrapamoscas** flypaper ► **papel biblia** India paper ► **papel carbón** carbon paper ► **papel cel(l)o** adhesive tape ► **papel continuo** continuous feed paper ► **papel craft** (*CAm, Méx*) waxed paper ► **papel charol** shiny wrapping paper ► **papel cuadriculado** squared paper, graph paper ► **papel de aluminio** tinfoil, aluminium *o* (*EEUU*) aluminum foil ► **papel de arroz** rice paper ► **papel de calcar, papel de calco** tracing paper ► **papel de cartas** notepaper ► **papel de celofán** Cellophane® ► **papel de China** India paper ► **papel de desecho** waste paper ► **papel de embalaje, papel de embalar** wrapping paper ► **papel de empapelar** wallpaper ► **papel de envolver** wrapping paper ► **papel de estaño** tinfoil, aluminium *o* (*EEUU*) aluminum foil ► **papel de estraza** (grey) wrapping paper ► **papel de excusado**† toilet paper ► **papel de filtro** filter paper ► **papel de fumar** cigarette paper; **entre ellos no cabía un ~ de fumar** (*Esp*) you couldn't have got a razor's edge between them ► **papel de grasa** greaseproof paper ► **papel de lija** sandpaper ► **papel de mano** handmade paper ► **papel de oficio** (*LAm*) official foolscap paper ► **papel de paja de arroz** rice paper ► **papel de paredes** wallpaper ► **papel de plata** silver paper ► **papel de regalo** gift wrap, wrapping paper ► **papel (de) seda** tissue paper ► **papel de tina** handmade paper ► **papel de tornasol** litmus paper ► **papel encerado** wax(ed) paper ► **papel engomado** gummed paper ► **papel estucado** art paper ► **papel fiduciario** fiduciary issue, fiat currency ► **papel higiénico** toilet paper ► **papel indicador** litmus paper ► **papel madera** (*Cono Sur*) brown wrapping paper ► **papel mojado** scrap of paper, worthless bit of paper; **el documento no es más que ~ mojado** the document isn't worth the paper it's written on ► **papel ondulado** corrugated paper ► **papel para máquina de escribir** typing paper ► **papel pautado** ruled paper ► **papel pergamino** parchment paper ► **papel pintado** wallpaper ► **papel prensa** newsprint ► **papel reciclado** recycled paper ► **papel sanitario** (*Méx*) toilet paper ► **papel secante** blotting paper ► **papel sellado** stamped paper ► **papel timbrado** stamp, stamp paper ► **papel transparente** tracing paper ► **papel usado, papeles usados** wastepaper *sing* ► **papel vegetal** film ► **papel vitela** vellum paper
[2] **papeles** (= *documentos*) papers, documents; (= *carnet*) identification papers; **los ~es, por favor** your papers, please; **tiene los ~es en regla** his papers are in order; ✦*MODISMO* **perder los ~es** to lose it
[3] (= *actuación*) (*Cine, Teat*) part, role; (*fig*) role; **hizo el ~ de Cleopatra** she played the part of Cleopatra; **el ~ del gobierno en este asunto** the government's role in this matter; **tuvo que desempeñar un ~ secundario** he had to play second fiddle, he had to take a minor role; **jugó un ~ muy importante en las negociaciones** he played a very important part in the negotiations; **hacer buen/mal ~** to make a good/bad impression; **el equipo hizo un buen ~ en el torneo** the team did well in the tournament ► **papel estelar** star part
[4] (= *billetes*) **mil dólares en ~** a thousand dollars in notes ► **papel moneda** paper money, banknotes *pl*
[5] (*Fin*) (= *bonos*) stocks and shares *pl* ► **papel del Estado** government bonds *pl*
[6] (*Esp*‡) 1,000-peseta note; (*Andes*) one-peso note
[7] (*LAm*) (= *bolsa*) bag

> **PAPEL**
>
> El sustantivo **papel** se puede traducir en inglés por **paper** o por **piece of paper**.
>
> - Lo traducimos por **paper** cuando nos referimos al **papel** como material:
>
>   ¿Todo el mundo tiene lápiz y papel?
>   ***Has everybody got a pencil and paper?***
>
> - Si **papel** se refiere a una hoja de papel no lo traducimos por **paper**, sino por **a piece of paper** si nos referimos a un trozo de papel pequeño y por **a sheet of paper** si nos referimos a una hoja de papel o a un folio:
>
>   ¿Has visto el papel en el que estaba apuntando mis notas?
>   ***Have you seen that sheet of paper I was making notes on?***
>   Apúntalo en este papel
>   ***Write it down on this piece of paper***
>
> - Si nos referimos a varias hojas o trozos de papel en blanco utilizamos **sheets** o **pieces**:
>
>   Necesitamos varios papeles
>   ***We need several pieces of paper***
>
> - Si nos referimos a **papeles** que ya están escritos, se pueden traducir por **papers**:
>
>   Tengo que ordenar todos estos papeles
>   ***I must sort out all these papers***
>
> *Para otros usos y ejemplos ver la entrada.*

**papela‡** SF (*Esp*) [1] (= *documento*) (*gen*) paper, document; (= *carné*) identity card, ID
[2] (= *droga*) = **papelina**

**papelada** SF (*Col*) pretence

**papelear** ▸conjug 1a◂ VI [1] (= *revolver papeles*) to rummage through papers
[2] (= *atraer la atención*) to make a splash, draw attention to o.s.

**papeleo** SM (= *trámites*) paperwork; (*pey*) red tape

**papelera** SF [1] (= *recipiente*) (*en la oficina, en casa*) wastepaper bin, wastepaper basket; (*en la calle*) litter bin, litter basket (*EEUU*)
[2] (= *fábrica*) paper mill
[3] (= *escritorio*) writing desk

**papelería** SF [1] (= *tienda*) stationer's (shop)
[2] (= *artículos de escribir*) stationery
[3] (= *montón*) mass of papers, heap of papers; (= *lío*) sheaf of papers

**papelerío** SM (*LAm*) = **papelería 3**

**papelero/a** Ⓐ ADJ [1] (*Com*) paper *antes de s*
[2] (= *farolero*) pretentious
Ⓑ SM/F [1] (= *fabricante*) paper manufacturer
[2] (= *vendedor*) [*de artículos de escribir*] stationer; (*Méx*) [*de periódicos*] newspaper seller
[3] (*Cono Sur*) (= *hazmerreír*) ridiculous person

**papeleta** SF [1] (*gen*) slip of paper; (= *ficha*) index card, file card; [*de rifa*] ticket; (*Univ*) (*tb* **~ de examen**) *exam results slip*; (*CAm*) [*de visita*] visiting card, calling card (*EEUU*); ✦*MODISMO* **¡vaya ~!** this is a tough one! ► **papeleta de empeño** pawn ticket ► **papeleta de examen** (*Univ*) (examination) report
[2] (*Pol*) ballot paper, voting paper ► **papeleta en blanco** blank ballot paper ► **papeleta nula** spoiled ballot paper
[3] (*LAm*) (= *bolsa*) bag
[4] (*Andes**) (= *multa*) fine

**papelillo** SM [1] (= *papel*) cigarette paper
[2] (= *cigarro*) cigarette
[3] (*Med*) sachet

**papelina*** SF paper, sheet (*containing drug*)

**papelista** SMF (*Caribe, Cono Sur*) = **picapleitos**

**papelito** SM [1] (= *trozo de papel*) slip of paper, bit of paper
[2] (*Teat, Cine*) minor role, bit part

**papelón/ona** Ⓐ SM/F (= *impostor*) impostor; (= *engreído*) show-off*
Ⓑ SM [1] (*Teat, Cine*) leading role, big part; ✦*MODISMO* **hacer un ~** to show o.s. up, make o.s. a laughing stock
[2] (= *papel usado*) (piece of) wastepaper; (= *cartulina*) pasteboard
[3] (*Andes, Caribe*) (= *pan de azúcar*) sugar loaf

**papelonero** ADJ (*Cono Sur*) ridiculous

**papelote** SM (*pey*), **papelucho** SM (*pey*) (*gen*) useless bit of paper; (*sin valor*) worthless document; (*Literat*) trashy piece of writing

**papeo‡** SM [1] (= *comida*) grub‡, chow (*EEUU*‡), food
[2] (= *el comer*) eating

**papera** SF [1] (= *bocio*) goitre, goiter (*EEUU*)
[2] **paperas** (= *enfermedad*) mumps *sing*

**papero/a** Ⓐ ADJ [1] (*LAm*) [*exportación, producción*] potato *antes de s*
[2] (*Méx*) (= *embustero*) lying, deceitful
Ⓑ SM/F (*Agr*) potato grower; (*Com*) potato dealer

**papi*** SM dad*, daddy*, pop (*EEUU**)

**papiamento** SM (*Ling*) Papiamento

**papila** SF papilla ► **papila gustativa** taste bud

**papilla** SF [1] [*de bebé*] baby food; ✦*MODISMO* **estar hecho ~*** (= *cansado*) to be shattered*;

(= *roto*) to be smashed to pieces
[2] (†) (= *astucia*) guile, deceit

**papillote** SM buttered paper, greased paper; **en ~** (*Culin*) en papillote

**papiloma** SM wart, papilloma (*frm*) ► **papiloma genital** genital wart

**papilomavirus** SM INV papillomavirus

**papira**⁑ SF letter

**papiro** SM papyrus

**pápiro**⁑ SM (*Esp*) (= *billete*) 1,000 peseta note; **~s** (= *dinero*) brass* *sing*, cash *sing*; **tener afán de ~s** to be greedy for money

**papiroflexia** SF origami

**papirotazo** SM, **papirote** SM flick

**papismo** SM (*pey*) papism

**papista** Ⓐ ADJ (*pey*) papist; ✦***MODISMO*** **es más ~ que el papa** he's more Catholic than the Pope
Ⓑ SMF papist

**papo** SM [1] (= *papada*) double chin, jowl; [*de ave*] crop; [*de animal*] dewlap; ✦***MODISMOS*** **estar de ~ de mona** (*Esp**) to be first-rate; **pasarlo de ~ de mona** (*Esp**) to have a super time*
[2] (= *bocio*) goitre, goiter (*EEUU*)
[3] (⁂) (= *vulva*) pussy⁂

**paprika** SF paprika

**papudo** ADJ [*persona*] double-chinned, with a heavy jowl; (*Zool*) dewlapped

**papujado** ADJ swollen, puffed up

**papujo** ADJ [1] (*Méx*) (= *hinchado*) swollen, puffed up; (*Andes*) (*de mejillas*) chubby-cheeked
[2] (*Méx*) (= *anémico*) anaemic, anemic (*EEUU*); (= *macilento*) wan; (= *enfermizo*) sickly

**paquebote** SM packet boat

**paquero** SM (*Méx*) swindler, crook

**paquete** Ⓐ SM [1] [*de correos*] (*grande*) parcel; (*pequeño*) package; **me mandaron un ~ por correo** I got a parcel in the post; ✦***MODISMO*** **ir** *o* **viajar de ~*** (*en moto*) to ride pillion ► **paquete bomba** parcel bomb ► **paquetes postales** (*como servicio*) parcel post *sing*
[2] [*de cigarrillos, galletas*] packet, pack (*EEUU*); [*de harina, azúcar*] bag
[3] (*Fin, Inform*) (= *conjunto*) package ► **paquete accionarial**, **paquete de acciones** parcel of shares ► **paquete de aplicaciones** software package ► **paquete de beneficios** benefits package ► **paquete de medidas** package of measures ► **paquete estadístico** statistical package ► **paquete integrado** integrated package
[4] (*) (= *persona torpe*) **ser un ~** to be useless, be a dead loss*; **es un auténtico ~ para las matemáticas** he's completely useless at maths
[5] (*) (= *castigo*) **el sargento le metió un ~ por abandonar su puesto** the sergeant threw the book at him for leaving his post; **nos van a pegar un ~ si nos saltamos las clases** we'll get a rocket if we skip classes*
[6] (*) (= *bebé*) **dejar a una con el ~** to put a woman in the family way; **soltar el ~** to give birth
[7] (⁑) (= *genitales masculinos*) bulge, lunchbox⁑; ✦***MODISMO*** **marcar ~** to wear very tight trousers
[8] (*) (= *pañal*) (*limpio*) nappy; (*sucio*) dirty nappy; **aún lleva ~ por las noches** she still wears a nappy at night
[9] (*Náut*) packet (boat)
[10] (†*) (= *majo*) dandy; **estar hecho un ~** to be all dressed up, be dressed in style
[11] (*Med*⁑) dose (of VD)⁑
[12] (*LAm*) (= *cosa pesada*) nuisance, bore; **¡menudo ~!** ◊ **¡vaya ~!** what a bore!
[13] ✦***MODISMO*** **darse ~** (*esp CAm, Méx*) to give o.s. airs
[14] (*Méx*) (= *asunto*) tough job, hard one
[15] (*Cono Sur*⁑) queer⁑, poof⁑, fag (*EEUU*⁑)
[16] (*LAm*) (= *vacaciones*) package holiday
Ⓑ ADJ INV (*Andes, Arg**) elegant, chic

**paquetear** ►conjug 1a◄ VI (*LAm*) to be very smart

**paquete-bomba** SM (*pl* **paquetes-bomba**) parcel bomb

**paquetería** SF [1] (= *paquetes*) parcels *pl*; **servicio de ~** parcel service
[2] (*Cono Sur**) **¡qué ~!** how elegant!; **se puso toda su ~** she put on her Sunday best; **¡vaya ~ que lleva!** she's wearing everything but the kitchen sink!*

**paquetero/a*** SM/F card sharper

**paquetudo*** ADJ (*LAm*) [1] = **paquete B**
[2] (= *orgulloso*) stuck-up*

**paquidermo** SM pachyderm

**paquistaní** = **pakistaní**

**Paquita** SF (*forma familiar*) *de* **Francisca**

**Paquito** SM (*forma familiar*) *de* **Francisco**

**PAR** SM ABR (*Esp*) = **Partido Aragonés Regionalista**

**par** Ⓐ ADJ [1] [*número*] even
[2] (= *igual*) equal; **son ~es en altura** they're of equal height
Ⓑ SM [1] (= *pareja*) pair; (= *número indeterminado*) couple; **un ~ de guantes** a pair of gloves; **a ~es** in pairs, in twos; **por un ~ de dólares** for a couple of dollars; **un ~ de veces** a couple of times; **le dio un ~ de bofetadas** he slapped him a couple of times; ✦***MODISMO*** **de tres ~es de narices***: **se cogió un cabreo de tres ~es de narices** he went totally off his head*; **te piden un currículum de tres ~es de narices** they are asking for an amazing CV ► **par de fuerzas** (*Mec*) couple ► **par de torsión** (*Mec*) torque
[2] (= *igual*) equal; **está al ~ de los mejores** it is on a par with the best; **caminar al ~ de algn** to walk abreast of sb; **sin ~** unparalleled, peerless (*frm*); **no tener ~** to be unparalleled *o* peerless (*frm*)
[3] (*Mat*) even number; **~es o nones** odds or evens
[4] (*Golf*) par; **dos bajo ~** two under par; **lo hizo con cuatro por debajo del ~** he did it in four under par; **bajar del ~** to finish under par
[5] ✦***MODISMO*** **de ~ en ~** wide open
[6] (*Pol*) peer; **los doce ~es** the twelve peers
Ⓒ SF [1] (*esp Com, Fin*) par; **estar por encima de la ~** to be above *o* over par; **estar por debajo de la ~** to be under *o* below par; **a la ~** (= *al mismo nivel*) on a par; (= *a la vez*) at the same time; **las acciones de las hidroeléctricas están a la ~** shares in the hydroelectric companies are at par; **caminaban a la ~** they were walking alongside each other, they were walking side by side
[2] **a la ~ que: es útil a la ~ que divertido** it is both useful and amusing, it is useful as well as being amusing

> **PAR**
>
> A la hora de traducir **par (de)** seguido de un sustantivo, hay que tener en cuenta la diferencia entre **pair (of)** y **couple (of)**.
>
> • Se traduce por **pair (of)** cuando nos referimos a objetos que normalmente se usan por **pares**:
>
> ...tres pares de guantes...
> ***...three pairs of gloves...***
> Voy a necesitar dos pares más de calcetines
> ***I'll need two more pairs of socks***
>
> • Lo traducimos por **couple (of)** en los demás casos, en los que **un par de** se puede emplear además en el sentido más vago de "dos o más de dos":
>
> Me he comprado un par de camisas
> ***I've bought a couple of shirts***
> Regresaré en un par de minutos
> ***I'll be back in a couple of minutes***
>
> ⇨ *Ver tb* PANTALONES, ZAPATOS, GAFAS
> *Para otros usos y ejemplos ver la entrada.*

**para**[1] PREP [1] (*indicando finalidad, uso*) for; **un regalo ~ ti** a present for you; **psicológicamente no estoy preparado ~ eso** I'm not psychologically ready for that; **es demasiado cara ~ nosotros** it's too dear for us, it's beyond our means; **no tengo ~ el viaje** I haven't got enough money for the trip; **léelo ~ ti** read it to yourself; **nació ~ poeta** he was born to be a poet; **ya no estoy ~ estos trotes** I'm not up to this sort of thing anymore; **yo no valgo ~ esto** I'm no good at this; **una taza ~ café** a coffee cup; **laca ~ el pelo** hairspray; **~ esto, podíamos habernos quedado en casa** if this is it, we might as well have stayed at home
[2] **~ que** [2·1] (+ *SUBJUN*) **lo traje ~ que lo vieras** I brought it so (that) you could see it; **es ~ que lo leas** it's for you to read; **un regalo ~ que te acuerdes de mí** a present for you to remember me by; **~ que eso fuera posible tendrías que trabajar mucho** you would have to work hard for that to be possible
[2·2] (*en preguntas*) **¿~ qué lo quieres?** why do you want it?, what do you want it for?; **¿~ qué sirve?** what's it for?; **—¿por qué no se lo dices? —¿~ qué?** "why don't you tell her?" — "what's the point *o* use?"; **tú ya has pasado por eso, ¿~ qué te voy a contar?** you've already been through that, so there's no point *o* use me telling you; ✦***MODISMO*** **que ~ qué***: **tengo un hambre que ~ qué** (*uso enfático*) I'm absolutely starving*; **hay un embotellamiento que ~ qué** there's a huge traffic jam
[3] (+ *INFIN*) [3·1] (*indicando finalidad*) to; **lo hizo ~ salvarse** he did it (in order) to save himself; **~ comprarlo necesitas cinco dólares más** to buy it you need another five dollars; **estoy ahorrando ~ comprarme una moto** I'm saving up to buy a motorbike, I'm saving up for a motorbike; **entré despacito ~ no despertarla** I went in slowly so as not to wake her; **no es ~ comer** it's not for eating, it's not to be eaten; **tengo bastante ~ vivir** I have enough to live on; **es muy tarde ~ salir** it's too late to go out
[3·2] (*indicando secuencia temporal*) **se casaron ~ separarse en seguida** they married only to separate soon after; **el rey visitará Argentina ~ volar después a Chile** the king will visit

Argentina and then fly on to Chile
[4] (*con expresiones de tiempo*) **con esto tengo ~ rato** this will take me a while; **lo dejamos ~ mañana** let's leave it till tomorrow; **tengo muchos deberes ~ mañana** I have a lot of homework to do for tomorrow; **lo recordaré ~ siempre** I'll remember it forever; **ahora ~ las vacaciones de agosto hará un año** it'll be a year ago this *o* come the August holiday; **va ~ un año desde la última vez** it's getting on for a year since the last time; **lo tendré listo ~ fin de mes** I'll have it ready by *o* for the end of the month; **~ entonces ya era tarde** it was already too late by then; **~ las dos estaba lloviendo** by two o'clock it was raining; **un cuarto ~ las diez** (*LAm*) a quarter to ten; **son cinco ~ las ocho** (*LAm*) it's five to eight
[5] (*indicando dirección*) **~ atrás** back, backwards; **~ la derecha** to the right; **el autobús ~ Marbella** the bus for Marbella, the Marbella bus; **iba ~ el metro** I was going towards the underground; **ir ~ casa** to go home, head for home; **salir ~ Panamá** to leave for Panama
[6] (*indicando opiniones*) **~ mí que miente** in my opinion *o* if you ask me he's lying; **no hay niño feo ~ una madre** all mothers think their baby is beautiful
[7] (*en comparaciones*) **es mucho ~ lo que suele dar** this is a lot in comparison with what he usually gives; **¿quién es usted ~ gritarme así?** who are you to shout at me like that?; **~ profesor habla muy mal** he doesn't speak very clearly for a teacher; **~ ser un niño lo hace muy bien** he does it very well for a child; **~ patatas, las de mi pueblo** if it's potatoes you want, look no further than my home town; **~ ruidosos, los españoles** there's nobody like the Spaniards for being noisy
[8] (*indicando trato*) **~ con** to, towards; **tan amable ~ con todos** so kind to *o* towards everybody; *ver tb* **estar A7**, **ir A10**

**para²*** SM paratrooper, para*

**para...** PREF para...

**parabellum**® SM INV (automatic) pistol; **balas del calibre 9mm Parabellum** 9mm Parabellum bullets

**parabién** SM congratulations *pl*; **dar el ~ a algn** to congratulate sb (**por** on)

**parábola** SF [1] (*Mat*) parabola
[2] (*Literat*) parable

**parabólica** SF satellite dish

**parabólico** ADJ parabolic

**parabrisas** SM INV windscreen, windshield (*EEUU*)

**paraca¹*** SM paratrooper, para*

**paraca²** SF (*Andes*) *strong wind from the sea*

**paracaídas** SM INV parachute; **lanzar algo en ~** to send sth down by parachute; **aterrizar en ~ en un lugar** to parachute into a place; **lanzarse** *o* **saltar** *o* **tirarse en ~** (*gen*) to parachute; (*en emergencia*) to parachute, bale out; (*una sola vez*) to do a parachute jump

**paracaidismo** SM [1] (*Dep, Mil*) parachuting ► **paracaidismo acrobático** skydiving
[2] (*Méx**) (= *ocupación*) squatting

**paracaidista** SMF [1] (*gen*) parachutist; (*Mil*) paratrooper; (*acrobático*) skydiver; **los ~s** (*Mil*) the paratroops
[2] (*Méx**) (= *ocupante*) squatter
[3] (*Méx**) (= *colado*) gatecrasher

**paracetamol** SM paracetamol

**parachispas** SM INV fireguard, fire screen

**parachoques** SM INV (*Aut*) bumper, fender (*EEUU*); (*Ferro*) buffer; (*Mec*) shock absorber

**parada** SF [1] (= *acción*) stop; **hicimos varias ~s en el camino** we made several stops on the way; **un tren sin ~s** a direct train; **el autobús hace ~ en Valencia** the bus stops at Valencia; **correr en ~** to run on the spot, run in place (*EEUU*); **hacer una ~ a algn** (*Chile**) to stop sb ► **parada cardíaca** cardiac arrest ► **parada de manos** (*Chile*) handstand ► **parada en firme** (*Equitación*) dead stop, dead halt ► **parada en seco** sudden stop
[2] (= *lugar*) stop; **la próxima ~ es la nuestra** the next stop is ours ► **parada de autobús** bus stop ► **parada de taxis** taxi rank ► **parada discrecional** request stop ► **parada y fonda** food and shelter; **hicimos ~ y fonda en un monasterio** they gave us food and shelter in a monastery
[3] [*de caballos*] relay, team
[4] (= *desfile*) (*Mil*) parade; **formar en ~** to parade; **✦MODISMO ir a todas las ~s** (*Chile*) to be up for anything* ► **parada nupcial** (*Orn*) courtship display
[5] (*Dep*) save, stop
[6] (*Mús*) pause
[7] (*Esgrima*) parry
[8] (*en el juego*) bet, stake
[9] (= *presa*) dam
[10] (*Agr*) stud farm
[11] (*Cono Sur*) (= *vanidad*) snobbery, pretension; (= *jactancia*) boastfulness; **✦MODISMO hacer la ~*: hizo la ~ como que estudiaba** he put on a show of studying*; **no me dio asiento, sólo hizo la ~** he made as if to give me his seat, but didn't
[12] (*Chile**) (= *traje*) outfit
[13] (*Perú*) open market, farmer's market (*EEUU*)

**paradear*** ►conjug 1a◄ VI (*Cono Sur*) to brag, show off; **~ con algo** to brag about sth, show sth off

**paradero** SM [1] (*gen*) whereabouts *pl*; **averiguar el ~ de algn** to ascertain sb's whereabouts; **García se halla en ~ desconocido** García's whereabouts are unknown; **no sabemos su ~** we do not know his whereabouts
[2] (= *fin*) end; **seguramente tendrá mal ~** he'll surely come to a bad end
[3] (*Andes, Cono Sur*) [*de autobús*] bus stop
[4] (*LAm*) (= *apeadero*) wayside halt

**paradigma** SM paradigm

**paradigmático** ADJ paradigmatic

**paradisiaco** ADJ, **paradisíaco** ADJ heavenly

**parado/a** Ⓐ ADJ [1] (= *detenido*) **me quedé ~ para que no me oyese** I stood still so that he couldn't hear me; **estuve un momento ~ delante de su puerta** I stopped for a moment in front of his door; **¿por qué no nos echas una mano en vez de estar ahí ~?** can't you give us a hand instead of just standing there *o* around?; **no le gusta estar ~, siempre encuentra algo que hacer** he doesn't like to be idle *o* doing nothing, he always finds himself something to do; **¿qué hace ese coche ahí ~?** what's that car doing standing there?; **la producción estuvo parada durante unos meses** production was at a standstill *o* stopped for a few months; **salida parada** (*Dep*) standing start
[2] (*Esp*) (= *sin trabajo*) unemployed; **llevo dos años parada** I've been out of work *o* unemployed for two years; **se ha quedado ~ hace poco tiempo** he was made redundant a short time ago
[3] (= *desconcertado*) **me quedé ~ sin saber qué hacer después** I was taken aback and did not know what to do next; **me dejó ~ con lo que me dijo** what he said really took me aback, I was really taken aback by what he said
[4] (*LAm*) (= *de pie*) standing (up); **estuve ~ durante dos horas** I was standing for two hours; **✦MODISMO caer ~ (como los gatos)** to land on one's feet
[5] (*Esp**) **ser ~** (= *ser tímido*) to be tongue-tied; (= *tener poca iniciativa*) to be a wimp*
[6] (*Caribe, Cono Sur*) (= *engreído*) vain
[7] **bien/mal ~: en este libro la mujer queda muy bien parada** women are shown in a good light in this book, women come out well in this book; **la crítica ha dejado mal parada a la película** the film got a battering from the critics; **salir bien/mal ~: salió mejor ~ de lo que cabía esperar** he came out of it better than could be expected; **salió muy mal ~ del accidente** he was in a bad way after the accident; **la imagen del partido ha salido muy mal parada de todo este escándalo** the party's image has suffered because of this scandal
[8] (*Andes, Caribe*) (= *afortunado*) **estar bien ~** to be lucky; **estar mal ~** to be unlucky
[9] (*Méx, Col*) **estar bien ~ con algn** to be well in with sb*
[10] (*LAm*) (= *hacia arriba*) [*pelo*] stiff; [*poste*] upright; [*orejas*] pricked-up; **con la cola parada** with its tail held high
[11] (*Méx, Ven*) (= *levantado*) up, out of bed
[12] (*Chile*) (= *en huelga*) (out) on strike
Ⓑ SM/F (*Esp*) unemployed person; **Miguel López, un ~ de 27 años ...** Miguel López, an unemployed, 27 year old man ...; **el número de ~s** the number of people out of work *o* the number of unemployed; **los ~s de larga duración** the long-term unemployed
Ⓒ SM [1] (*Ven*) **dar un ~ a algn** = **hacer una parada a algn**
[2] (*Méx*) (= *parecido*) air, look, resemblance; **tener ~ de algn** to look like sb

**paradoja** SF paradox

**paradójicamente** ADV paradoxically

▼**paradójico** ADJ paradoxical

**paradón*** SM (*Dep*) great save, fantastic stop*

**parador** SM (*Esp*) (*tb* **~ nacional de turismo**) (state-run) tourist hotel; (*Hist*) inn

**PARADOR NACIONAL**

*In the early days of the Spanish tourist industry in the 1950s, the government set up a network of high-class tourist hotels known as* **paradores**. *They are sited in rural beauty spots and places of historical interest, often in converted castles and monasteries. There are currently 57 paradors, all rated at 3 stars or above and aiming to provide a high standard of accommodation with the emphasis on local character and cuisine.*

**paraestatal** ADJ [*organismo*] public; [*actividad*] semi-official

➤ LENGUA Y USO: **paradójico** 53.3

**parafernalia** SF paraphernalia

**parafina** SF (*sólida*) paraffin wax; (*Cono Sur*) (= *combustible*) paraffin ► **parafina líquida** liquid paraffin

**parafinado** ADJ waxed, waterproofed

**parafrasear** ▸conjug 1a◂ VT to paraphrase

**paráfrasis** SF INV paraphrase

**paragolpes** SM INV (*Cono Sur Aut*) bumper, fender (*EEUU*)

**parágrafo** SM (*Caribe*) paragraph

**paraguas** SM INV [1] (*para la lluvia*) umbrella ► **paraguas nuclear** nuclear umbrella ► **paraguas protector** protective umbrella
[2] (*) (= *condón*) rubber*, French letter*
[3] (*Andes, Caribe, Méx*) (= *seta comestible*) mushroom; (= *hongo venenoso*) toadstool; (= *moho*) fungus

**Paraguay** SM Paraguay

**paraguayismo** SM *word or phrase peculiar to Paraguay*

**paraguayo/a** Ⓐ ADJ of/from Paraguay
Ⓑ SM/F native/inhabitant of Paraguay; **los ~s** the people of Paraguay
Ⓒ SM [1] (*Andes*) (= *látigo*) whip
[2] (*Caribe*) (= *machete*) long straight knife

**paragüero/a** Ⓐ ADJ (*hum*) of/from Orense
Ⓑ SM/F (*hum*) native/inhabitant of Orense; **los ~s** the people of Orense
Ⓒ SM umbrella stand

**paraíso** SM [1] (*Rel*) paradise, heaven ► **paraíso fiscal** tax haven ► **paraíso terrenal** Garden of Eden
[2] (*Teat*) upper gallery, gods *pl*

**paraje** SM place, spot

**paral** SM (*Méx*) (= *madero*) post; (= *puntal*) shore, prop

**paralela** SF [1] (= *línea*) parallel (line)
[2] **paralelas** (*Dep*) parallel bars ► **paralelas asimétricas** asymmetric bars

**paralelamente** ADV [1] (= *en la misma dirección*) **la carretera avanza ~ a la vía del tren** the road runs parallel to the rail track
[2] (= *al mismo tiempo*) **los ministros de finanzas se reunieron ~ en Washington** the Finance Ministers held a parallel meeting in Washington; **~ a esta expansión económica tuvieron lugar importantes cambios sociales** significant social changes occurred in parallel with the economic expansion; **~, los rebeldes prosiguen su campaña de terror** similarly, the rebels are continuing with their campaign of terror

**paralelismo** SM parallelism, parallel

**paralelo** Ⓐ ADJ [1] [*líneas*] parallel (**a** to); [*vidas, caracteres*] parallel
[2] (= *no oficial*) unofficial, irregular; (*pey*) illegal; **importaciones paralelas** unauthorized imports, illegal imports; **medicina paralela** alternative medicine
Ⓑ SM parallel; **en ~** (*Elec*) in parallel; **en ~ con** in parallel with; **rodar en ~** [*ciclistas*] to cycle two abreast; **un éxito sin ~** an unparalleled success

**paralelogramo** SM parallelogram

**paralimpiada** SF = **paraolimpiada**

**paralímpico/a** ADJ, SM/F = **paraolímpico**

**parálisis** SF INV paralysis ► **parálisis cerebral** cerebral palsy ► **parálisis infantil** infantile paralysis ► **parálisis progresiva** creeping paralysis

**paralítico/a** ADJ, SM/F paralytic

**paralización** SF (*gen*) stoppage; (*Med*) paralysation, paralyzation; (*fig*) blocking; (*Com*) stagnation; **la ~ fue total** everything came to a complete standstill

**paralizador** ADJ, **paralizante** ADJ [*miedo, gas*] paralysing, paralyzing

**paralizar** ▸conjug 1f◂ Ⓐ VT (*gen*) to stop; (*Med*) to paralyse, paralyze; [+ *tráfico*] to bring to a standstill; **estar paralizado de un brazo** to be paralysed in one arm; **estar paralizado de miedo** to be paralysed with fright
Ⓑ **paralizarse** VPR [1] [*pierna, brazo*] to become paralysed
[2] [*demanda, inversiones, obra*] to grind to a halt

**paramar**[1] SM (*Andes, Caribe*) *season of wind and snow*

**paramar**[2] ▸conjug 1a◂ VI (*Andes, Caribe*), **paramear** ▸conjug 1a◂ VI (*Andes, Caribe*) to drizzle

**paramédico** ADJ paramedic, paramedical

**paramento** SM [1] (= *adorno*) ornamental cover; [*de caballo*] trappings *pl*; (= *colgadura*) hangings *pl* ► **paramentos sacerdotales** liturgical vestments
[2] [*de pared, piedra*] face

**paramera** SF [1] (*Geog*) high moorland
[2] (*Caribe*) (= *malestar*) mountain sickness

**paramero/a** Ⓐ ADJ (*Andes, Caribe Geog*) upland, highland
Ⓑ SM/F (= *persona*) highlander

**parámetro** SM parameter

**paramilitar** ADJ, SMF paramilitary

**páramo** SM [1] (= *brezal*) bleak plateau, high moor
[2] (= *descampado*) waste land
[3] (*Andes*) (= *llovizna*) drizzle; (= *tormenta*) blizzard
[4] (*Caribe*) (= *cumbres*) mountain heights *pl*

**paramoso** ADJ (*Andes*) drizzly

**paramotor** SM paramotor

**paramuno** ADJ (*Andes*) upland, highland

**paranera** SF (*LAm*) grassland

**parangón** SM comparison; **no tiene ~ en otro país** there is nothing comparable in any other country; **sin ~** incomparable, matchless

**parangonable** ADJ comparable (**con** to)

**parangonar** ▸conjug 1a◂ VT to compare (**con** to)

**paraninfo** SM (*Univ*) (= *salón de actos*) assembly hall; (= *auditorio*) auditorium

**paranoia** SF paranoia

**paranoico/a** ADJ, SM/F paranoid

**paranoide** ADJ paranoid

**paranormal** ADJ paranormal

**paranza** SF (*Caza*) hide, blind (*EEUU*)

**paraolimpiada** SF, **paraolimpiadas** SFPL Paralympics, Paralympic Games

**paraolímpico/a** Ⓐ ADJ Paralympic; **Juegos Paraolímpicos** Paralympics, Paralympic Games
Ⓑ SM/F Paralympic athlete

**parapente** SM (= *deporte*) paragliding; (= *aparato*) paraglider

**parapetarse** ▸conjug 1a◂ VPR [1] (= *protegerse*) to protect o.s., shelter (**tras** behind)
[2] (*fig*) **~ tras media docena de excusas** to take refuge in half a dozen excuses

**parapeto** SM [1] (*como defensa*) (*gen*) defence, defense (*EEUU*), barricade; (*Mil*) parapet
[2] [*de puente, escalera*] parapet

**paraplejia** SF, **paraplejía** SF paraplegia

**parapléjico/a** ADJ, SM/F paraplegic

**parapsicología** SF parapsychology

**parar** ▸conjug 1a◂ Ⓐ VT [1] [+ *persona, coche, respiración*] to stop; **me paró a punta de pistola** he stopped me at gunpoint; **nos paró la policía** we were stopped by the police; **~on el tráfico en el centro** they stopped the traffic in the centre; **no hay quien pare el avance tecnológico** there is no stopping technological progress
[2] [+ *tiro, penalti, gol*] to save, stop; [+ *pase*] to intercept, cut off; [+ *golpe*] to ward off; (*Esgrima*) to parry
[3] [+ *atención*] to fix (**en** on); *ver tb* **mientes**
[4] (*Naipes*) to bet, stake
[5] (†) (= *conducir*) to lead; **ahí le paró esa manera de vida** that's where that way of life led him
[6] (†) (= *arreglar*) to prepare, arrange
[7] (*LAm*) (= *levantar*) to raise; (= *poner de pie*) to stand upright
[8] **~la con algn** (*Andes**) to take it out on sb
Ⓑ VI [1] (= *detenerse, terminar*) to stop; **¡pare!** stop!; **el autobús para enfrente** the bus stops opposite; **paramos a echar gasolina** we stopped to get some petrol; **¡no para! siempre está haciendo algo** he never stops! he's always doing something; **¡y no para!** [*hablante*] he just goes on and on!; **no ~á hasta conseguirlo** he won't stop *o* give up until he gets it; **~ en seco** to stop dead; **sin ~**: **los teléfonos sonaban sin ~** the phones never stopped ringing; **lloraba sin ~** he didn't stop crying; **fumaba sin ~** she smoked non-stop, she chain-smoked; **hablar sin ~** to talk non-stop; **estuvo una semana lloviendo sin ~** it rained uninterruptedly *o* without a break for a week; ✦*MODISMO* **¡dónde va a ~!***: **es mucho mejor éste ¡dónde va a ~!** this one's much better, there's no comparison!
[2] **~ de hacer algo** to stop doing sth; **ha parado de llover** it has stopped raining; **no para de quejarse** he never stops complaining, he complains all the time; ✦*MODISMO* **y para de contar*** and that's that
[3] **ir a ~** to end up; **la empresa podría ir a ~ a manos extranjeras** the firm could end up in foreign hands; **nos equivocamos de tren y fuimos a ~ a Manchester** we got on the wrong train and ended up in Manchester; **fueron a ~ a la comisaría** they ended up at the police station; **la herencia fue a ~ a manos de su primo** the inheritance went to his cousin; **no sabemos en qué va a ir a ~ todo esto** we don't know where all this is going to end; **¿dónde habrá ido a ~ todo aquel dinero?** what can have become of *o* happened to all that money?; **¿dónde vamos a ir a ~?** where's it all going to end?, what is the world coming to?
[4] (= *hospedarse*) to stay (**en** at); **siempre paro en este hotel** I always stay at this hotel
[5] (= *hacer huelga*) to go on strike
[6] **~ con algn** (*Andes**) to hang about with sb
[7] [*perro*] to point
Ⓒ **pararse** VPR [1] [*persona*] to stop; [*coche*] to stop, pull up; [*proceso*] to stop, come to a halt; [*trabajo*] to stop, come to a standstill; **se paró en la puerta** he stopped at the door; **no se**

**paran ante nada** they will let nothing stop them; **el reloj se ha parado** the clock has stopped; **~se a hacer algo** to stop to do sth, pause to do sth
2 **~se en algo** (= *prestar atención*) to pay attention to sth
3 (*LAm*) (= *ponerse de pie*) to stand (up); (*de la cama*) to get up; [*pelo*] to stand on end
4 (*Tip*) to set
5 (*LAm**) (= *enriquecerse*) to make one's pile*, get rich

**pararrayos** SM INV lightning conductor, lightning rod (*EEUU*)

**parasitar** ▸conjug 1a◂ Ⓐ VT to parasitize
Ⓑ VI ~ **en** to parasitize

**parasitario** ADJ, **parasítico** ADJ parasitic(al)

**parasitismo** SM parasitism

**parásito** Ⓐ ADJ parasitic (**de** on)
Ⓑ SM 1 (*Biol*) parasite (*tb fig*)
2 **parásitos** (*Radio*) atmospherics *pl*, statics *sing*
3 (*CAm*) squatter

**parasitología** SF parasitology

**parasitólogo/a** SM/F parasitologist

**parasitosis** SF INV parasitism

**parasol** SM parasol, sunshade

**parateatral** ADJ theatre-related, quasi-dramatic

**paratifoidea** SF paratyphoid

**paratopes** SM INV (*Ferro*) buffer

**parcamente** ADV (= *frugalmente*) frugally, sparingly; (= *moderadamente*) moderately

**Parcas** SFPL **las ~** the Parcae, the Fates

**parcela** SF 1 (= *solar*) plot, piece of ground; (*Agr*) smallholding
2 [*de conocimientos, autonomía*] (= *parte*) part, portion; (= *área*) area ► **parcela de poder** (*político*) power base; (*de influencia*) sphere of influence

**parcelar** ▸conjug 1a◂ VT (*gen*) to divide into plots; [+ *finca*] to break up, parcel out

**parcelario** ADJ **tierra parcelaria** land divided into plots

**parcelero/a** SM/F, **parcelista** SMF owner of a plot, smallholder

**parchar** ▸conjug 1a◂ VT (*esp LAm*) to patch, put a patch on

**parche** SM 1 (= *pieza*) patch; (*para un ojo*) eye patch; ✦**MODISMO pegar un ~ a algn*** to put one over on sb* ► **parche de nicotina** nicotine patch
2 (*provisional*) temporary remedy, stopgap solution; **poner ~s** to paper over the cracks
3 (*Med*) (= *cataplasma*) poultice; (*Chile*) (= *tirita*) sticking plaster, Band-Aid® (*EEUU*)
4 (*Mús*) (= *piel de tambor*) drumhead; (= *tambor*) drum; ✦**MODISMO dar el ~** to busk

**parchear**[1] ▸conjug 1a◂ VT to patch (up)

**parchear**[2]‡ ▸conjug 1a◂ VT to feel‡, touch up‡

**parcheo** SM temporary remedies *pl*, stopgap solutions *pl*

**parchís** SM *board game similar to ludo*, Parcheesi® (*EEUU*)

**parchita** SF (*Caribe*) passion fruit

**parcho** SM (*Caribe*) = **parche**

**parcial** Ⓐ ADJ 1 (= *incompleto*) partial; **eclipse ~** partial eclipse; **examen ~** mid-term exam; **a tiempo ~** part-time
2 (= *no ecuánime*) biased, partial; (*Pol*) partisan
Ⓑ SM (= *examen*) mid-term exam

**parcialidad** SF 1 (= *falta de ecuanimidad*) partiality, bias; (*Pol*) partisanship
2 (= *grupo*) (*gen*) faction, group; (*de rebeldes*) rebel group

**parcidad** SF = **parquedad**

**parco** ADJ (*gen*) frugal, sparing; (= *moderado*) moderate, temperate; (*en el gasto*) parsimonious; **muy ~ en comer** very frugal in one's eating habits; **~ en elogios** sparing in one's praises

**parcómetro** SM parking meter

**pardal** SM 1 (*Orn*) (= *gorrión*) sparrow; (= *pardillo*) linnet
2 (*Bot*) aconite
3 (†*) (= *pillo*) sly fellow, rogue; **¡pardal!** (*a niño*) you rascal!

**pardear** ▸conjug 1a◂ VI to look brown(ish)

**pardiez**†† EXCL good heavens!, by gad!††

**pardillo/a** Ⓐ SM/F 1 (*) (= *ingenuo*) simpleton
2 (*) (= *rústico*) yokel, hick (*EEUU**)
Ⓑ SM 1 (*tb* **~ común**) linnet
2 (= *paño*) brown cloth

**pardo/a** Ⓐ ADJ 1 [*color*] grey-brown, brownish-grey
2 [*cielo*] overcast
3 [*voz*] flat, dull
Ⓑ SM/F (*Caribe, Cono Sur pey*) (= *mulato*) mulatto, half-breed; (*Méx*‡) (= *persona humilde*) poor devil

**pardusco** ADJ = **pardo**

**pareado** Ⓐ ADJ 1 [*verso*] rhyming
2 [*chalet*] semi-detached
Ⓑ SM couplet

**parear** ▸conjug 1a◂ Ⓐ VT 1 (= *emparejar*) to pair up
2 (*Biol*) to mate, pair
Ⓑ VI (*Caribe*‡) to skive‡
Ⓒ **parearse** VPR to pair off

▼**parecer** Ⓐ SM 1 (= *opinión*) opinion, view; **a mi ~** in my opinion *o* view; **somos del mismo ~** we are of the same opinion *o* view; **cambiar** *o* **mudar de ~** to change one's mind
2 (†) (= *aspecto*) **de buen ~** good-looking, handsome; **de mal ~** unattractive
Ⓑ ▸conjug 2d◂ VI 1 (*uso copulativo*) 1·1 (*por el aspecto*) (+ *ADJ*) to look; (+ *SUSTANTIVO*) to look like; **esos zapatos no parecen muy cómodos** those shoes don't look very comfortable; **pareces más joven** you look younger; **parece una modelo** she looks like a model; **¡pareces una reina!** you look like a queen!; **una casa que parece un palacio** a house that looks like a palace; **parece una foca*** she's huge *o* enormous*; **estos guantes parecen de seda** these gloves feel like silk
1·2 (= *por el carácter, el comportamiento*) to seem; **parece muy afectado por la noticia** he seems very upset by the news; **parecía una persona muy amable** she seemed very nice; **desde que se divorció no parece la misma** since she got divorced she seems a different person
2 (*uso impersonal*) (= *dar la impresión de*) to seem; **todo parecía indicar que estaba interesado** everything seemed to point towards him being interested; **aunque no lo parezca** surprising though it may seem *o* (*más frm*) appear; **así parece** so it seems *o* (*más frm*) appears; **al ~** ◊ **a lo que parece** apparently, seemingly; **parece como si** + *SUBJUN*: **parece como si quisiera ocultar algo** it's as if he were trying to hide something; **en mi sueño parecía como si volara** in my dream it was as if I was flying; **parece que** + *INDIC*: **parece que va a llover** it looks as though *o* as if it's going to rain, it looks like rain; **parece que fue ayer** it seems only yesterday; **parece que huele a gas** I think I can smell gas; **según parece** apparently, seemingly; **parece ser que** + *INDIC*: **parece ser que van a aumentar las temperaturas** it seems *o* (*más frm*) appears (that) it's going to get warmer; **parece ser que ha habido algún problema** it seems *o* (*más frm*) appears (that) there has been a problem
3 (*indicando opinión*) **~le a algn: ¿qué os pareció la película?** what did you think of the film?; **¿no te parece extraño que no haya llamado?** don't you think it's strange that she hasn't called?; **me parece bien que vayas** I think it's a good idea for you to go; **te llamaré luego, si te parece bien** I'll phone you later, if that's all right with *o* by you; **¡me parece muy mal!** I think it's shocking!; **si a usted no le parece mal** if you don't mind; **me parece mentira que haya pasado tanto tiempo** I can't believe it has been so long; **podríamos ir al cine si te parece** we could go to the cinema if you like; **vamos a la piscina, ¿te parece?** what do you say we go to the swimming pool?, what about going to the swimming pool?; **como te parezca** as you wish; **~ que: me parece que se está haciendo tarde** it's getting rather late, I think; **me parece que sí** I think so; **me parece que no** I don't think so; **¿te parece que está bien no acudir a una cita?** do you think it's acceptable not to turn up for an appointment?
4 (†) (= *aparecer*) to appear; [*objeto perdido*] to turn up; **pareció el sol entre las nubes** the sun appeared through the clouds; **ya parecieron los guantes** the gloves have turned up; **¡ya pareció aquello!** so that was it!
Ⓒ **parecerse** VPR 1 (= *asemejarse*) **~se a algn** (*en el aspecto*) to look like sb, be like sb; (*en el carácter*) to be like sb; **en esta foto se parece mucho a su abuelo** in this photo he looks *o* is a lot like his grandfather; **el retrato no se le parece** the portrait isn't a bit like him; **es muy sensible, se parece a su madre** she's very sensitive, she's like her mother; **~se a algo** to look like sth, be like sth; **su jersey se parece al mío** his jumper looks *o* is like mine; **ni cosa que se parezca** nor anything of the sort
2 (*uso recíproco*) (*en el aspecto*) to look alike, be alike; (*en el carácter*) to be alike; **son hermanas pero no se parecen mucho** they're sisters but they don't look *o* they aren't very much alike; **¿en qué se parecen estos dos objetos?** what's the similarity between these two objects?, in what way are these two objects alike?

**parecidamente** ADV similarly, equally

▼**parecido** Ⓐ ADJ 1 (= *similar*) similar; **tienen apellidos ~s** they have similar surnames; **las casas son todas parecidas** the houses are all similar *o* alike; **nunca he visto cosa parecida** I've never seen anything like it; **ser ~ a algo** to be similar to sth, be like sth; **mi reloj es muy ~ al tuyo** my watch is very similar to yours, my watch is very like yours; **ser ~ a**

**algn** (*de aspecto*) to look like sb; (*de carácter*) to be like sb

[2] **bien ~** good-looking, nice-looking, handsome; **no es mal parecida** she's not bad-looking

(B) SM resemblance, likeness; **yo no te veo el ~ con tu hermano** I can't see the resemblance *o* likeness between you and your brother; **hay un gran ~ entre las dos historias** there is a great resemblance *o* likeness between the two stories, the two stories are very alike; **tiene un cierto ~ con Marlon Brando** he bears a slight resemblance to Marlon Brando

**parecimiento** SM [1] (*Cono Sur, Méx*) = **parecido B**

[2] (*Cono Sur*) (= *comparecencia*) appearance; (= *aparición*) apparition

**pared** SF [1] [*de edificio, habitación*] wall; **estar ~ con ~ con algo** to be right next door to sth; **estar cara a la ~** (*Escol*) to be stood in the corner; **✦MODISMOS entre cuatro ~es**: **se pasa la vida entre cuatro ~es** he spends his life cooped up at home; **hablar a la ~**: **es como hablarle a la ~** it's like talking to a brick wall; **las ~es oyen** the walls have ears; **ponerse (blanco) como la ~** to go as white as a sheet; **subirse por las ~es*** to go up the wall* ► **pared de carga** load-bearing wall ► **pared divisoria** dividing wall ► **pared maestra** main wall ► **pared medianera** party wall

[2] (*Anat*) wall ► **pared arterial** arterial wall ► **pared abdominal** abdominal wall ► **pared celular** cell wall

[3] (*Alpinismo*) face wall

[4] (*Ftbl*) **hacer la ~** to make *o* do a one-two*

**paredeño** ADJ adjoining, next-door (**con** to)

**paredón** SM [1] (*Arquit*) (= *muro*) thick wall; [*de ruinas*] standing wall

[2] [*de roca*] wall of rock, rock face

[3] (*Mil*) **¡al ~!** put him up against the wall and shoot him!; **llevar a algn al ~** to put sb up against the wall, shoot sb

**pareja** SF [1] (= *par*) pair; **en este juego hay que formar ~s** for this game you have to get into pairs

[2] [*de esposos, compañeros sentimentales*] couple; **había varias ~s bailando** there were several couples dancing; **vivir en ~** to live as a couple; **nuestra vida como ~** our life together; **llevamos una relación de ~** we are an item ► **pareja abierta** open marriage ► **pareja de hecho** unmarried couple ► **pareja reproductora** (*Orn*) breeding pair

[3] (= *compañero*) partner; (= *cónyuge*) spouse; **vino con su ~** he came with his partner ► **pareja de baile** dancing partner ► **pareja estable** regular partner

[4] [*de calcetín, guante, zapato*] **no encuentro la ~ de este zapato** I can't find the shoe that goes with this one *o* my other shoe

[5] [*de hijos*] **ya tenemos la parejita** now we've got one of each

[6] [*de guardias civiles*] *pair of Civil Guard officers on patrol*

[7] (*LAm*) (= *caballos*) pair (*of horses*); [*de tiro*] team (*of draught animals*); [*de bueyes*] yoke (*of oxen*)

**parejamente** ADV equally

**parejería*** SF (*Caribe*) vanity, conceit

**parejero** (A) ADJ (*Caribe**) (= *demasiado confiado*) cheeky, sassy (*EEUU**); (= *presumido*) cocky, over-confident

(B) SM [1] (*LAm*) (= *caballo*) racehorse

[2] (*Caribe**) (= *persona*) hanger-on

> **PAREJA**
>
> Para traducir el sustantivo **pareja** referido a dos personas, hay que tener en cuenta la diferencia entre los sustantivos **pair** y **couple**:
>
> • Se traduce por **couple** cuando se trata de un matrimonio o de dos personas que parecen tener una relación íntima, o cuando se refiere a una pareja de baile:
>
> En Salford conocí a una pareja de Ecuador
> ***In Salford I met a couple from Ecuador***
> Algunas parejas prefieren no tener hijos
> ***Some couples prefer not to have children***
> Había muchas parejas mayores bailando
> ***There were a lot of older couples dancing***
>
> • En un contexto de trabajo o de competiciones deportivas o cuando a la **pareja** no se le asocia ningún vínculo afectivo, se traduce por **pair**:
>
> Ahora vamos a trabajar por parejas
> ***Now we're going to work in pairs***
> Detuvieron a la pareja al cruzar la frontera
> ***The pair were arrested when they were crossing the border***
>
> • La expresión **pareja de** se puede traducir tanto por **couple of** como por **pair of** cuando tiene el sentido de **par de**:
>
> Una pareja de pillos me robaron el reloj
> ***A couple** o **A pair of thugs stole my watch***
> ⇨ *Ver tb* PAR
>
> *Para otros usos y ejemplos ver la entrada.*

**parejo** (A) ADJ [1] (= *igual*) similar, alike; **seis todos ~s** six all the same; **ir ~s** to be neck and neck; **ir ~ con** to be on a par with; **por ~** on a par

[2] (*LAm*) (= *nivelado*) (*Téc*) even, flush; [*terreno*] flat, level

(B) ADV (*LAm*) (= *al mismo tiempo*) at the same time, together

(C) SM (*CAm, Caribe*) [*de baile*] dancing partner

**paremiología** SF study of proverbs

**parentela** SF relations *pl*, family

**parenteral** ADJ parenteral; **inyección ~** intravenous injection

**parentesco** SM relationship, kinship

**paréntesis** SM INV [1] (*Tip*) parenthesis, bracket ► **paréntesis cuadrados** square brackets

[2] (*Ling*) (= *pausa*) parenthesis; (= *digresión*) digression; (= *aparte*) aside; **hacer un ~** (*en discurso, escrito*) to digress; **entre ~** (*como adj*) parenthetical, incidental; (*como adv*) parenthetically, incidentally; **y, entre ~ ...** and, by the way ..., and I may add in passing ...

[3] (= *intervalo*) interval, break; (= *hueco*) gap; (= *descanso*) lull; **el ~ vacacional** the break for the holidays; **hacer un ~** to take a break

**pareo**[1] SM (*tradicional*) pareo; [*de playa*] beach wrap; (= *chal*) rectangular shawl

**pareo**[2] SM (*gen*) matching; (= *unión*) pairing off; (*Zool*) mating

**paria** SMF pariah

**parián** SM (*Méx*) market

**parida** SF [1] (⁑) (= *dicho*) silly thing, stupid remark; **salir con una ~** to come out with a silly remark; **~s** nonsense *sing* ► **parida mental** dumb idea*

[2] (= *mujer*) *woman who has recently given birth*

**paridad** SF [1] (= *igualdad*) parity, equality; (= *semejanza*) similarity

[2] (= *comparación*) comparison

**parido*** ADJ **bien ~** good-looking

**paridora** ADJ FEM fertile, productive

**parienta** SF **la ~*** the wife*, the missus*

**pariente/a** (A) SM/F (= *familiar*) relative, relation; **un medio ~** a distant relative *o* relation; **un ~ pobre** a poor relation; **es un ~ político** he's related to me by marriage; **los ~s políticos** the in-laws

(B) SM **el ~*** the old man*, my hubby*

**parietal** (A) ADJ parietal

(B) SM parietal bone

**parihuela** SF, **parihuelas** SFPL stretcher

**paripé*** SM **hacer** *o* **montar el ~** to put on a show

**parir** ▸conjug 3a◂ (A) VI [*mujer*] to give birth, have a baby; [*yegua*] to foal; [*vaca*] to calve; [*cerda*] to farrow; [*perra*] to pup; **✦MODISMOS éramos pocos y parió la abuela*** that's the limit*; **poner a ~ a algn*** to slag sb off*

(B) VT [1] (= *dar a luz*) [*mujer*] to give birth to, have, bear (*frm*); [*animal*] to have; **¡la madre que te parió!**⁂ you bastard!⁂

[2] (= *producir*) to produce; **ha parido una magnífica novela** he has produced a brilliant novel

[3] **~la**⁑ to drop a clanger⁑

**París** SM Paris

**parisién** ADJ Parisian

**parisiense** ADJ, SMF, **parisino/a** ADJ, SM/F Parisian

**paritario** ADJ peer *antes de s*; **grupo ~** peer group

**paritorio** SM delivery room

**parka** SF parka

**parking** ['parkin] SM (*pl* **parkings**), **párking** ['parkin] SM (*pl* **párkings**) car park, parking lot (*EEUU*)

**párkinson** SM, **Parkinson** SM Parkinson's (disease)

**parla** SF chatter, gossip

**parlador** ADJ talkative

**parlamentar** ▸conjug 1a◂ VI (*gen*) to converse, talk; (*Mil*) to parley

**parlamentario/a** (A) ADJ parliamentary

(B) SM/F (= *diputado*) M.P., member of parliament; (*más veterano*) parliamentarian ► **parlamentario/a autónomo/a** member of a regional parliament

**parlamento** SM [1] (*Pol*) parliament ► **parlamento autónomo** regional parliament ► **Parlamento Europeo** European Parliament

[2] (= *discurso*) speech

[3] (*Mil*) parley

**parlana** SF (*CAm*) turtle

**parlanchín/ina*** (A) ADJ talkative

(B) SM/F chatterbox*

**parlante** (A) ADJ talking

(B) SM (*LAm*) loudspeaker

**-parlante** SUF (*en palabras compuestas*) **castellanoparlante** (*como adjetivo*) Castilian-speaking; (*como sustantivo*) Castilian speaker

**parlar** ▸conjug 1a◂ VI [1] (*) [*persona*] to chatter (away), talk (a lot)

[2] [*pájaro*] to chatter

**parlero** ADJ [1] (= *hablador*) talkative, garrulous; (= *chismoso*) gossipy

2 [pájaro] talking; (= cantor) singing, song antes de s
3 [arroyo] musical; [ojos] expressive

**parleta*** SF chat, small talk

**parlotear*** ▸conjug 1a◂ VI to chatter, prattle

**parloteo*** SM chatter, prattle

**PARM** SM ABR (Méx) = **Partido Auténtico de la Revolución Mexicana**

**parmesano** Ⓐ ADJ Parmesan; **queso ~** Parmesan cheese
Ⓑ SM Parmesan

**Parnaso** SM Parnassus

**parné:** SM dough:, cash*

**paro**[1] SM (Orn) tit

**paro**[2] SM 1 (= desempleo) unemployment; **índice de ~** level of unemployment; **estar en ~** to be unemployed; **lo han enviado al ~** they have put him out of a job, they have made him unemployed ► **paro cíclico** cyclical unemployment ► **paro encubierto** underemployment ► **paro estacional** seasonal unemployment ► **paro obrero** unemployment
2 (= subsidio) unemployment benefit, unemployment insurance (EEUU); **cobrar el ~** to be on the dole*, receive unemployment benefit (frm)
3 (= interrupción) stoppage; **se produjo un ~ en la cadena de montaje** there was a stoppage on the assembly line ► **paro biológico** (Pesca) temporary fishing ban ► **paro cardíaco** cardiac arrest ► **paro del sistema** (Inform) system shutdown ► **paro forzoso** enforced stoppage ► **paro técnico** technical breakdown
4 (= huelga) strike; **un ~ de tres días** a three-day strike; **hay ~ en la industria** work in the industry is at a standstill
5 (Andes, Caribe Dados) throw
6 **en ~** (Andes) (= de una vez) all at once, in one go

**parodia** SF 1 (= imitación) parody, takeoff*
2 [de la justicia, investigación] travesty

**parodiar** ▸conjug 1b◂ VT to parody, take off*

**paródico** ADJ parodic

**parodista** SMF parodist, writer of parodies

**parola** SF 1 (cualidad) (= soltura) fluency; (= verborrea) verbosity; (= labia) gift of the gab*
2 (= charla) (gen) chitchat; (cansina) tiresome talk; **son ~s** (Cono Sur*) it's all hot air*

**parolimpiada** SF = **paraolimpiada**

**parolímpico/a** ADJ, SM/F = **paraolímpico**

**parón** SM **la obras sufrieron un ~ ayer** building work came to a halt yesterday; **tras un ~ por la lluvia, continuó el partido** after rain had halted play, the matched restarted; **parones en una de las líneas del metro** stoppages on one of the underground lines

**paroxismo** SM paroxysm ► **paroxismo de risa** convulsions pl of laughter ► **paroxismo histérico** hysterics pl

**parpadear** ▸conjug 1a◂ VI [ojos] to blink; [luz] to flicker; [estrella] to twinkle

**parpadeo** SM [de ojos] blinking; [de luz] flickering; [de estrella] twinkling

**párpado** SM eyelid; **restregarse los ~s** to rub one's eyes

**parpichuela**:* SF **hacerse una ~** to wank:*

**parque** SM 1 (= terreno, recinto) park ► **parque acuático** water park ► **parque central** (Méx) town square ► **parque de atracciones** amusement park ► **parque de chatarra** scrap yard ► **parque de estacionamiento** car park, parking lot (EEUU) ► **parque eólico** wind farm ► **parque infantil** children's playground ► **parque nacional** national park ► **parque natural** nature reserve ► **parque tecnológico** technology park ► **parque temático** theme park ► **parque zoológico** zoo
2 [de material] depot ► **parque de artillería** artillery depot, artillery stores pl ► **parque de bomberos** fire station, fire o station house (EEUU)
3 [de vehículos] fleet; **el ~ nacional de automóviles** the total number of cars in the country; **el ~ provincial de tractores** the number of tractors in use in the province ► **parque automovilístico** car fleet; (en carreras) ► **parque cerrado** parc fermé ► **parque móvil** fleet of official cars
4 (para niños) playpen
5 (Méx) (= munición) ammunition, ammo*; (= depósito) ammunition dump
6 (LAm) (= equipo) equipment

**parqué** SM, **parquet** [par'ke] SM (pl **parquets** [par'kes]) 1 (= entarimado) parquet
2 (Fin) **el ~** the Floor (of the stock exchange); (fig) the stock market

**parqueadero** SM (LAm) car park, parking lot (EEUU)

**parquear** ▸conjug 1a◂ VT, VI (LAm) to park

**parquedad** SF (= frugalidad) frugality, sparingness; (= moderación) moderation

**parqueo** SM (LAm) 1 (= acto) parking
2 (= aparcamiento) car-park, parking lot (EEUU)

**parquímetro** SM parking meter

**párr.** ABR (= **párrafo**) par, para

**parra** SF (Bot) grapevine; (= trepadora) climbing vine; ✦MODISMO **subirse a la ~*** (= engreírse) to get all high and mighty; (= enfadarse) to blow one's top*

**parrafada*** SF 1 (= charla) chat, talk; **echar la ~** to have a chat
2 (= discurso) spiel*, talk; **soltar** o **tirarse una ~** to give a lengthy spiel*

**párrafo** SM paragraph; **hacer ~ aparte** (lit) to start a new paragraph; (fig) to change the subject; ✦MODISMO **echar un ~ (con algn)*** to have a chat (with sb)

**parral** SM vine arbour, vine arbor (EEUU)

**parrampán*** SM (Pan) pretentious person

**parranda** SF 1 (*) (= juerga) spree; **andar** o **ir de ~** to go out on the town*
2 (Andes, Cono Sur, Méx) [de cosas] lot, heap; [de personas] group; **una ~ de** a lot of

**parrandear*** ▸conjug 1a◂ VI to go on a binge*

**parricida** SMF parricide

**parricidio** SM parricide

**parrilla** SF 1 (Culin) grill; **carne a la ~** grilled meat
2 (Dep) (tb **~ de salida**) [de coches] starting grid; [de caballos] starting stalls
3 (Aut) [de radiador] radiator grille; (LAm) (= baca) roof rack
4 [de bicicleta] carrier
5 (= restaurante) grillroom, steak restaurant

**parrillada** SF 1 (= plato) (mixed) grill; (en barbacoa) barbecue
2 (Cono Sur) (= restaurante) grillroom, steak restaurant

**párroco** SM parish priest

**parroquia** SF 1 (Rel) (= zona) parish; (= iglesia) parish church; (= feligreses) parishioners pl
2 (= clientes) customers pl, clientele; **hoy hay poca ~** there aren't many customers today; **una tienda con mucha ~** a shop with a large clientele, a well-patronized shop

**parroquial** ADJ parochial, parish antes de s

**parroquiano/a** SM/F 1 (Rel) parishioner
2 (Com) patron, customer; **ser ~ de** to shop regularly at, patronize

**parsi** SMF Parsee

**parsimonia** SF 1 (= calma) calmness; (= flema) phlegmatic nature; **con ~** calmly, unhurriedly
2 (= frugalidad) sparingness; (con el dinero) carefulness

**parsimonioso** ADJ 1 (= tranquilo) calm, unhurried; (= flemático) phlegmatic
2 (= frugal) sparing; (con el dinero) careful

**parte**[1] SM 1 (= informe) report; **dar ~ a algn** to report to sb; **han dado ~ del robo a la policía** they have reported the break-in to the police ► **parte de alta** certificate of starting employment ► **parte de baja (laboral)** (por enfermedad) doctor's note; (por cese) certificate of leaving employment, ≈ P45 ► **parte de defunción** death certificate ► **parte facultativo**, **parte médico** medical report, medical bulletin ► **parte meteorológico** weather forecast, weather report
2 (Mil) dispatch, communiqué ► **parte de guerra** military communiqué, war report
3 (Radio†) news bulletin; **el ~ de las tres** the three o'clock news (bulletin)
4 (Cono Sur) [de boda] wedding invitation; (Aut) speeding ticket

▼ **parte**[2] SF 1 (= sección) part; **el examen consta de dos ~s** the exam consists of two parts; **¿en qué ~ del libro te has quedado?** where are you in the book?, which bit of the book are you on at the moment?; **~ de lo que pasa es culpa mía** I'm partly to blame for the situation; **la ~ de abajo** the bottom; **la ~ de arriba** the top; **la ~ de atrás** the back; **la cuarta ~** a quarter; **han perdido la cuarta ~ de las ganancias** they've lost a quarter of the profits; **la ~ delantera** the front; **ser ~ esencial de algo** to be an essential part of sth; **la mayor ~ de algo**: **pasé la mayor ~ del tiempo leyendo** I spent most of the time reading; **la mayor ~ de los españoles** most Spanish people; **—¿os queda dinero? —sí, aunque ya hemos gastado la mayor ~** "do you have any money left?" — "yes, though we've spent most of it"; **la tercera ~** a third; **reducir algo en una tercera ~** to reduce sth by a third ► **parte de la oración** part of speech
2 (en locuciones) **de ~ de**: **llamo de ~ de Juan** I'm calling on behalf of Juan; **de ~ de todos nosotros** on behalf of us all; **salúdalo de mi ~** give him my regards; **dale esto de mi ~** give her this from me; **¿de ~ de quién?** (al teléfono) who's calling?; **en ~** partly, in part; **se debe en ~ a su falta de experiencia** it's partly due to his lack of experience, it's due in part to his lack of experience; **tienes razón sólo en ~** you're only partly right; **formar ~ de algo**: **¿cuándo entró a formar ~ de la organización?** when did she join the

➤ LENGUA Y USO: parte[2] 2 48.2, 49, 50.6, 53.5

organization?; **no formaba ~ del equipo** he was not in the team; **forma ~ de sus obligaciones** it is part of his duties; **en gran ~** to a large extent; **por otra ~** on the other hand; **por una ~ ... por otra (parte)** on the one hand, ... on the other; **por ~ de** on the part of; **exige un gran esfuerzo por ~ de los alumnos** it requires a great effort on the part of *o* from the pupils; **yo por mi ~, no estoy de acuerdo** I, for my part, disagree; **¡vayamos por ~s!** let's take it one step at a time!

3 (*= participación*) share; **mi ~ de la herencia** my share of the inheritance; **como ~ del pago** in part exchange; **a ~s iguales** in equal shares; **ir a la ~** to go shares; **tener ~ en algo** to share in sth; **tomar ~ (en algo)** to take part (in sth); **¿cuántos corredores tomarán ~ en la prueba?** how many runners will take part in the race?; **yo no tomé ~ en ese asunto** I had no part in it; ✦***MODISMOS*** **llevarse la mejor ~** to come off best, get the best of it; **poner de su ~** to do one's bit *o* share; **tienes que poner de tu ~** you have to do your bit *o* share; **quedarse con la ~ del león** to take the lion's share; *ver tb* **partir 3**

4 (*= lugar*) part; **¿de qué ~ de Inglaterra eres?** what part of England are you from?; **¿en qué ~ de la ciudad vives?** where *o* whereabouts in the city do you live?; **en alguna ~** somewhere; **en alguna ~ de Europa** somewhere in Europe; **en cualquier ~** anywhere; **en ninguna ~** nowhere; **en ninguna ~ del país** nowhere in the country; **por ahí no se va a ninguna ~** (*lit*) that way doesn't lead anywhere; (*fig*) that will get us nowhere; **ir a otra ~** to go somewhere else; **debe de estar en otra ~** it must be somewhere else; **en** *o* **por todas ~s** everywhere; **en todas ~s de España** all over Spain; ✦***MODISMOS*** **en las cinco ~s del mundo** (*Esp*) in the four corners of the earth; **de una ~ a otra** back and forth, to and fro; **tomar algo en buena ~**† to take sth in good part; **echar algo a mala ~**† to look on sth with disapproval; **de algún** *o* **un tiempo a esta ~** for some time now; **en salva sea la ~** (*Esp euf*) (*= trasero*) **le dio una patada en salva sea la ~** she gave him a kick up the behind; *ver tb* **haba**

5 (*= bando*) side; **estar de ~ de algn** to be on sb's side; **estoy de tu ~** I'm on your side; **¿de ~ de quién estás tú?** whose side are you on?; **todo está de su ~** everything is in his favour; **ponerse de ~ de algn** to side with sb, take sb's side

6 (*indicando parentesco*) side; **es primo por ~ de madre** he's a cousin on my mother's side

7 (*Dep*) (*en partido*) half; **primera ~** first half; **segunda ~** second half

8 (*Teat*) part

9 (*Jur*) (*en contrato*) party; **las ~s contratantes** the parties to the contract; **el documento debe ser firmado por ambas ~s** the document should be signed by both parties; **sin la intervención de terceras ~s** without the involvement of third parties; ✦***MODISMO*** **ser juez y ~** to be judge and jury (*in one's own case*) ► **parte actora** plaintiff ► **parte acusadora** prosecution ► **parte contraria** opposing party

10 **partes** (*euf*) (*= genitales*) private parts (*euf*), privates (*euf*); **recibió un golpe en sus ~s** he was hit in the privates (*euf*) ► **partes íntimas**, **partes pudendas** private parts

11 **partes**† (*= cualidades*) parts, qualities, talents; **buenas ~s** good parts

12 (*Méx*) spare part

**parteaguas** SM INV (*LAm*) (*gen*) divide, ridge; (*= línea divisoria*) watershed ► **parteaguas continental** continental divide

**partear** ▸conjug 1a◂ VT to deliver

**parteluz** SM mullion

**partenaire** [parte'ner] SMF partner

**partenogénesis** SF INV parthenogenesis

**Partenón** SM Parthenon

**partenueces** SM INV nutcracker

**partero/a** SM/F 1 (*= comadrona*) midwife/male midwife

2 (*Méx*) (*= obstetra*) obstetrician; (*= ginecólogo*) gynaecologist, gynecologist (*EEUU*)

**parterre** SM 1 [*de flores*] flower bed

2 (*Teat*) stalls *pl*

**partición** SF (*= reparto*) division, sharing-out; (*Pol*) partition; (*Mat*) division

**participación** SF 1 (*= acto*) **negó su ~ en el atentado** he denied taking part *o* any involvement in the attack; **queremos fomentar la ~ de los ciudadanos en la política** we want to encourage public participation *o* involvement in politics; **habló de ello durante su ~ en el programa** he spoke about it when he was on the programme ► **participación electoral** turnout

2 (*Fin*) (*= parte*) share; (*= inversión*) holding, interest; **la ~ de la empresa Ceresa en Rodex** Ceresa's holding in Rodex ► **participación accionarial** holding, shareholding ► **participación en el mercado** market share ► **participación en los beneficios** profit-sharing ► **participación minoritaria** minority interest

3 (*= número de participantes*) entry; **hubo una nutrida ~** there was a big entry, there were a lot of entries

4 (*= parte*) share; [*de lotería*] (share in a) lottery ticket; → LOTERÍA

5 (*= aviso*) notice, notification; **dar ~ de algo** to give notice of sth ► **participación de boda** notice of a forthcoming wedding

**participante** Ⓐ ADJ participating; **los países ~s** the participating countries

Ⓑ SMF (*gen*) participant; (*Dep*) entrant

**participar** ▸conjug 1a◂ Ⓐ VI 1 (*= tomar parte*) to take part, participate (*frm*); **~ en un concurso** to take part *o* participate in a competition; **20 países ~án en la cumbre** 20 countries will take part in the summit; **~ en una carrera** to take part in a race

2 (*Fin*) **~ en una empresa** to own shares in a company; **~ de los beneficios** to share in the profits; **~ de** *o* **en una herencia** to share in an estate

3 (*= compartir*) **~ de una cualidad/opinión** to share a quality/an opinion

Ⓑ VT (*frm*) (*= informar*) to inform; **~ algo a algn** to inform sb of sth

**participativo** ADJ [*sociedad, público*] participative; [*deporte, juego*] participative, participatory; [*democracia*] participatory

**partícipe** SMF (*gen*) participant; (*Com*) interested party; **hacer ~ a algn de algo** (*= informar*) to inform sb of sth; (*= compartir*) to share sth with sb; (*= implicar*) to make sb party to sth

**participial** ADJ participial

**participio** SM (*Ling*) participle ► **participio activo** present participle ► **participio de pasado** past participle ► **participio (de) presente** present participle ► **participio de pretérito**, **participio pasivo** past participle

**partícula** SF particle ► **partícula alfa** alpha particle ► **partícula atómica** atomic particle ► **partícula elemental** elementary particle

**particular** Ⓐ ADJ 1 (*= especial*) special; **nada de ~** nothing special; **el vestido no tiene nada de ~** the dress is nothing special; **lo que tiene de ~ es que ...** what's remarkable about it is that ...

2 (*= específico*) **en este caso ~** in this particular case; **tiene un sabor ~** it has a flavour of its own; **en ~** in particular; **me gustan todas, pero ésta en ~** I like all of them, but this one in particular

3 (*= privado*) [*secretario, coche*] private; **clase ~** private lesson; **casa ~** private home

Ⓑ SM (*= asunto*) matter; **no dijo mucho sobre este ~** he didn't say much about this matter; **sin otro ~, se despide atentamente ...** (*en correspondencia*) yours faithfully, sincerely yours (*EEUU*)

Ⓒ SMF (*= persona*) (private) individual; **no comerciamos con ~es** we don't do business with individuals

**particularidad** SF 1 (*= propiedad*) particularity, peculiarity; (*= rasgo distintivo*) special feature, characteristic; **tiene la ~ de que ...** one of its special features is (that) ..., it has the characteristic that ...

2 (*= amistad*) friendship, intimacy

**particularizar** ▸conjug 1f◂ Ⓐ VT 1 (*= distinguir*) to distinguish, characterize

2 (*= especificar*) to specify

3 (*= singularizar*) to single out

4 (*= preferir*) to prefer

5 (*= pormenorizar*) to particularize, give details about

Ⓑ **particularizarse** VPR 1 (*= distinguirse*) [*cosa*] to distinguish itself, stand out; [*persona*] to make one's mark

2 **~se con algn** to single sb out (*for special treatment etc*)

**particularmente** ADV 1 (*= especialmente*) particularly, specially

2 (*= personalmente*) privately, personally

**partida** SF 1 (*= documento*) certificate ► **partida bautismal**, **partida de bautismo** baptismal certificate ► **partida de defunción** death certificate ► **partida de matrimonio** marriage certificate ► **partida de nacimiento** birth certificate

2 (*Fin*) [*de cuenta*] entry, item; [*de presupuesto*] item, heading ► **partida doble** double entry; **por ~ doble** on two accounts ► **partida simple** single entry

3 (*Com*) (*= envío*) consignment; **han enviado una ~ de un millón de pesetas** they have sent an consignment worth one million pesetas

4 (*Naipes, Ajedrez*) game; **echar una ~** to have a game; ✦***MODISMO*** **jugarle una mala ~ a algn** to play a dirty trick on sb

5 (*= salida*) departure

6 (*= grupo*) party; (*Mil*) band, group ► **partida de campo** picnic (party) ► **partida de caza** hunting party

**partidario/a** Ⓐ ADJ **ser ~ de algo** to be in favour *o* (*EEUU*) favor of sth; **ser ~ de hacer algo** to be in favour of doing sth
Ⓑ SM/F [1] (= *defensor*) [*de persona*] supporter, follower; [*de idea, movimiento*] supporter; **el candidato a la presidencia tiene muchos ~s** the presidential candidate has many supporters *o* followers; **los ~s del aborto** supporters *o* those in favour of abortion, those who support abortion
[2] (*Andes, Caribe*) (= *aparcero*) sharecropper

**partidillo** SM (*Dep*) practice game

**partidismo** SM partisanship

**partidista** Ⓐ ADJ partisan, party *antes de s*
Ⓑ SMF partisan

**partido** SM [1] (*Pol*) party; **sistema de ~ único** one-party system; **tomar ~** to take sides; **tomar ~ por algo/algn** to side with sth/sb ► **partido de la oposición** opposition party ► **partido político** political party ► **Partido Verde** Green Party
[2] (*Dep*) game, match ► **partido amistoso** friendly (game *o* match) ► **partido de casa** home game *o* match ► **partido de desempate** replay ► **partido de dobles** (*Tenis*) doubles match, game of doubles ► **partido de exhibición** exhibition game *o* match ► **partido de fútbol** football game *o* match ► **partido (de) homenaje** benefit game *o* match ► **partido de ida** away game *o* match, first leg ► **partido de vuelta** return game *o* match, second leg ► **partido internacional** international (match)
[3] (= *provecho*) **sacar ~ de algo** to make the most of sth
[4] **ser un buen ~** [*persona*] to be a good match
[5] (= *distrito*) district, administrative area ► **partido judicial** *district under the jurisdiction of a local court*
[6] (*frm*) (= *apoyo*) support; **tiene ~ entre todas las clases sociales** he has support among all social classes
[7] (*frm*) **darse a ~** ◊ **venir(se) a ~** to give way
[8] (*Cono Sur Naipes*) hand
[9] (*Andes, Caribe*) (= *aparcería*) crop share

**partija** SF [1] (= *partición*) partition, division
[2] (*pey*) = **parte**[2]

**partiota** SF (*Caribe*) dollar bill

**partir** ▸conjug 3a◂ Ⓐ VT [1] (= *dividir*) [+ *tarta, sandía, baraja*] to cut; [+ *tableta de chocolate*] to break; [+ *tronco*] to split; **parte la barra de pan por la mitad** (*con cuchillo*) cut the baguette in half; (*con las manos*) break the baguette in half; **¿te parto un trozo de queso?** shall I cut you (off) a piece of cheese?
[2] (= *romper*) [+ *hueso, diente*] to break; [+ *rama*] to break off; [+ *nuez, almendra*] to crack; **se sentó en la mesa y la partió** he sat on the table and broke it in two; **partió el plato en varios trozos** he broke the plate into several pieces; **la piedra no llegó a ~ el cristal** the stone didn't break the window; **le partió el labio de un puñetazo** he gave him a punch and split his lip; **¡te voy a ~ la cara!*** I'm going to smash your face in!*; **~ la cabeza a algn** to split sb's head open; ✦***MODISMO*** **~ el corazón a algn** to break sb's heart
[3] (= *distribuir*) to share out; (= *compartir*) to share; **~ algo con otros** to share sth with others; ✦***REFRÁN*** **quien parte y reparte se queda con la mejor parte** the person in charge of sharing out always keeps the biggest bit for himself
[4] (*) (= *fastidiar*) to mess up*; **no soporto estas reuniones a las 11, me parten toda la mañana** I hate these 11 o'clock meetings, they mess up the whole morning*; **salir a comprar ya me ha partido la tarde** going shopping has wasted my whole afternoon
Ⓑ VI [1] (= *ponerse en camino*) [*persona, expedición*] to set off; [*tren, avión*] to depart (**de** from; **para** for; **hacia** in the direction of); **~emos a primera hora de la mañana** we'll set off first thing in the morning; **la expedición ~á mañana de París** the expedition will set out *o* depart from Paris tomorrow; **partieron del puerto de Palos con destino a América** they set sail for America from the port of Palos
[2] **~ de algo** to start from sth; **hemos partido de un supuesto falso** we have started from a false assumption; **partiendo de la base de que ...** working on the principle that ..., assuming that ...; **¿de quién partió la idea?** whose idea was it?
[3] **a ~ de** from; **a ~ de hoy** from today; **a ~ de mañana** from tomorrow; **a ~ del lunes** from Monday, starting on Monday; **a ~ de ahora** from now on; **la tercera casa a ~ de la esquina** the third house from the corner; **a ~ del puente la carretera se estrecha** the road gets narrower after the bridge; **¿qué podemos deducir a ~ de estos datos?** what can we deduce from these data?
Ⓒ **partirse** VPR [1] (= *romperse*) to break; **el remo se partió en dos** the oar broke in two; **me he partido un brazo** I've broken my arm; **se le partió el labio del golpe** the blow split his lip; ✦***MODISMO*** **~se de risa** to split one's sides laughing
[2] (†) (= *irse*) to leave; (= *ponerse en camino*) to set off

**partisano/a** ADJ, SM/F partisan

**partitivo** ADJ partitive

**partitura** SF (*Mús*) score

**parto** SM [1] (*Med*) (*gen*) birth, delivery; (= *contracciones*) labour, labor (*EEUU*); (*Zool*) parturition; **asistir en un ~** to deliver a baby; **estar de ~** to be in labour; **tuvo un ~ difícil** it was a difficult birth; **mal ~** miscarriage; **murió de ~** she died in childbirth; ✦***MODISMO*** **costar un ~** to be a real effort ► **parto múltiple** multiple birth ► **parto natural** natural childbirth ► **parto prematuro** premature birth ► **parto provocado** induced labour ► **parto sin dolor** painless childbirth
[2] (= *creación*) product, creation; **el ensayo ha sido un ~ difícil** I sweated blood over the essay ► **parto del ingenio** brainchild ► **parto de los montes** anticlimax, bathos

**parturición** SF parturition

**parturienta** SF (*antes del parto*) woman in labour, woman in labor (*EEUU*); (*después del parto*) woman who has just given birth

**party** (*pl* **partys**) SM (*gen*) party; (= *cóctel*) cocktail party, reception

**parva** SF [1] [*de trigo, cebada, centeno*] unthreshed grain
[2] (= *montón*) heap, pile

**parvada** SF (*LAm*) flock

**parvedad** SF (*con nombres incontables*) small amount; (*con nombres contables*) small number; **una ~** a tiny bit; **~ de recursos** limited resources *pl*, scant resources *pl*

**parvulario** SM nursery school, kindergarten

**parvulista** SMF nursery teacher

**párvulo/a** SM/F (*gen*) infant, child; (*Escol*) infant; **colegio de ~s** nursery school

**pasa** SF raisin; ✦***MODISMO*** **está hecho una ~*** he's as shrivelled as a prune ► **pasa de Corinto** currant ► **pasa de Esmirna** sultana

**pasable** ADJ [1] (= *tolerable*) passable, tolerable
[2] (*LAm*) [*arroyo etc*] fordable
[3] (*Cono Sur*) (= *vendible*) saleable

**pasablemente** ADV passably, tolerably (well)

**pasabocas** SMPL (*Col*) tasty snacks

**pasacalle** SM passacaglia

**pasacintas** SM INV suspender-belt, garter belt (*EEUU*)

**pasada** SF [1] [*de pintura, barniz*] coat; (*con un trapo*) wipe; **dale dos ~s de jabón a la ropa** soap the clothes twice; **le di una ~ con la plancha a la camisa** I ran the iron over the shirt
[2] (*Cos*) (= *puntada*) **dale una ~ al pantalón** give it a quick sew
[3] **de ~** in passing; **me comentó de ~ que no vendría mañana** she mentioned in passing that she wouldn't be coming tomorrow; **ya que vas al estanco de ~ cómprame unos sellos** (*LAm*) if you are going to the tobacconist's could you buy me some stamps while you're there *o* while you're at it; **sólo estoy aquí de ~** (*LAm*) I'm only just passing by *o* through
[4] (*) (= *barbaridad*) **¡este coche es una ~!** this car is amazing!; **¿has visto cómo ha saltado? ¡qué ~!** did you see him jump? amazing!; **¡qué ~! me han cobrado 10.000 pesetas** what a rip off! they charged me 10,000 pesetas*; **una ~ de ...*** (= *un montón de*) lots of ..., tons of ...*; **había una ~ de gente** there were lots *o* tons* of people
[5] (= *jugarreta*) **hacerle** *o* **jugarle una mala ~ a algn** to play a dirty trick on sb
[6] (*CAm, Cono Sur**) (= *reprimenda*) telling-off*
[7] (*Col*) (= *vergüenza*) shame, embarrassment

**pasadera** SF stepping stone

**pasadero** Ⓐ ADJ (= *tolerable*) passable, tolerable; (*Aut etc*) passable, open
Ⓑ SM (= *piedra*) stepping stone

**pasadizo** SM (*interior*) passage; (*entre calles*) passageway, alley

**pasado** Ⓐ ADJ [1] [*tiempo*] **el jueves ~** last Thursday; **el mes ~** last month; **~ mañana** the day after tomorrow; **~s dos días** after two days; **ya eran pasadas las seis** it was already after six; **lo ~** the past; ✦***MODISMO*** **lo ~, ~ (está)** let bygones be bygones
[2] (*Culin*) (= *en mal estado*) [*pan*] stale; [*fruta*] overripe; **esta leche está pasada** this milk is off
[3] (*Culin*) (= *muy hecho*) [*carne*] overdone; [*arroz, pasta*] overcooked; **me gustan los filetes muy ~s** I like my steaks very well done; **la carne estaba demasiado pasada** the meat was overdone; **huevo ~ por agua** soft-boiled egg
[4] (= *no actual*) [*ropa, zapatos*] old-fashioned; [*noticia*] stale; [*idea, costumbre*] antiquated, out-of-date
[5] (= *muy usado*) worn; **esta tela está muy pasada y se rompe con facilidad** this material is very worn and it tears easily

➤ LENGUA Y USO: **partidario A** 38.1, 40.3

6 [*belleza*] faded
7 (‡) (= *borracho, drogado*) **estar ~** to be out of one's box‡
Ⓑ SM 1 **el ~** the past; ✦*MODISMO* **el ~, ~ (está)** let bygones be bygones
2 [*de persona*] past; **tiene un ~ muy turbio** he has a very murky past
3 (*Ling*) past (tense)

**pasador(a)** Ⓐ SM/F (= *contrabandista*) smuggler; (*LAm*) (= *correo*) drug courier
Ⓑ SM 1 (*Culin*) (*gen*) colander; [*de té*] strainer
2 (*Téc*) (= *filtro*) filter; (= *pestillo*) bolt, fastener; [*de bisagra*] pin
3 [*de corbata*] tie pin; [*de camisa*] collar stud
4 [*de pelo*] hairpin
5 **pasadores** (= *gemelos*) cufflinks; (*LAm*) (= *cordones*) shoelaces

**pasaje** SM 1 (= *acción*) passage, passing; (*Náut*) voyage, crossing
2 (= *tarifa*) fare; **cobrar el ~** to collect fares
3 (= *viajeros*) passengers *pl*
4 (= *callejón*) passageway, alleyway; (*con tiendas*) arcade; (*Caribe, Cono Sur, Méx*) cul-de-sac
5 (*Literat, Mús*) passage
6 (*Andes, Caribe*) (= *cuento*) story, anecdote
7 (*Andes*) (= *pisos*) tenement building

**pasajeramente** ADV fleetingly

**pasajero/a** Ⓐ ADJ 1 [*momento*] fleeting, passing; **ave ~** bird of passage, migratory bird
2 [*sitio*] busy
Ⓑ SM/F passenger
Ⓒ SM (*Méx*) ferryman

**pasamanos** SM INV, **pasamano** SM 1 (*Arquit*) (*gen*) handrail, rail; [*de escalera*] banister
2 (*Cono Sur Ferro etc*) strap (*for standing passenger*)
3 (*Cos*) braid
4 (*Cono Sur*) (= *propina*) tip

**pasamontañas** SM Balaclava (helmet), ski mask

**pasandito*** ADV (*CAm, Méx*) on tiptoe

**pasante** SMF 1 (*gen*) assistant; (*Jur*) articled clerk
2 (*Escol*†) assistant teacher; (= *tutor*) tutor

**pasapalos** SMPL (*Méx, Ven*) tasty snacks

**pasapasa** SM sleight of hand

**pasaportar‡** ▸conjug 1a◂ VT to bump off‡

**pasaporte** SM passport; ✦*MODISMO* **dar el ~ a algn*** (= *despedir*) to boot sb out*; (= *matar*) to bump sb off‡

**pasapurés** SM INV, **pasapuré** SM manual food mill

**pasar**

▸conjug 1a◂
A VERBO INTRANSITIVO
B VERBO TRANSITIVO
C VERBO PRONOMINAL
D SUSTANTIVO MASCULINO

*Para las expresiones* ***pasar lista, pasar de moda, pasar desapercibido, pasarse de rosca****, ver la otra entrada*

Ⓐ VERBO INTRANSITIVO

1 = ***ocurrir*** 1·1 [*suceso*] to happen; **¿qué pasó?** what happened?; **¿pasa algo?** is anything up?, is anything wrong?, is anything the matter?; **como si no hubiese pasado nada** as if nothing had happened; **aquí pasa algo misterioso** there's something odd going on here; **siempre pasa igual** *o* **lo mismo** it's always the same; **¿qué pasa?** what's happening?, what's going on?, what's up?; (*como saludo*) how's things?*; **¿qué pasa que no entra?** why doesn't she come in?; **¿qué pasa contigo?** what's up with you?; (*) (*como saludo*) how's it going?*; **¿qué ha pasado con ella?** what's become of her?; **lo que pasa es que ...** well, you see..., the thing is that ...; **pase lo que pase** whatever happens, come what may

1·2 **~le a algn: nunca me pasa nada** nothing ever happens to me; **no me ha pasado otra (igual) en la vida** nothing like this has ever happened to me before; **siempre me pasa lo mismo, lo pierdo todo** it's always the same, I keep losing things; **tuvo un accidente, pero por suerte no le pasó nada** he had an accident, but fortunately he wasn't hurt; **esto te pasa por no hacerme caso** this is what comes of not listening to me, this wouldn't have happened (to you) if you'd listened to me; **¿qué te pasa?** what's the matter?; **¿qué le pasa a ése?** what's the matter with him?

2 = ***cambiar de lugar*** 2·1 [*objeto*] **la cuerda pasa de un lado a otro de la calle** the rope goes from one side of the street to the other; **cuando muera la empresa ~á al hijo** when he dies the company will go to his son; **la foto fue pasando de mano en mano** the photo was passed around; **pasó de mis manos a las suyas** it passed from my hands into his

2·2 [*persona*] to go; **~ a un cuarto contiguo** to go into an adjoining room; **~ de Inglaterra al Canadá** to go from England to Canada

3 = ***entrar*** **¡pase!** come in!; (*cediendo el paso*) after you!; **no se puede ~** you can't go through, you can't go in; **pasamos directamente a ver al jefe** we went straight in to see the boss; **los moros ~on a España** the Moors crossed over into Spain; **hacer ~ a algn** to show sb in

4 = ***transitar*** **pasó una bicicleta** a bicycle went past; **¿a qué hora pasa el cartero?** what time does the postman come?; **ya ha pasado el tren de las cinco** (= *sin hacer parada*) the five o'clock train has already gone by; (= *haciendo parada*) the five o'clock train has already been and gone; **¿ha pasado ya el camión de la basura?** have the dustmen been?; **~ de largo** to go *o* pass by; **~ por: el autobús pasa por delante de nuestra casa** the bus goes past our house; **ese autobús no pasa por aquí** that bus doesn't come this way

5 = ***acercarse a*** **tengo que ~ por el banco** I've got to go to the bank; **~é por la tienda mañana** I'll go *o* pop into the shop tomorrow; **tendrá que ~ por mi despacho** he'll have to come to my office; **pase por caja** please pay at the cash desk; **~é por tu casa** I'll drop in

◆ **pasar a** + *INFIN*: **te ~é a buscar a las ocho** I'll pick you up at eight; **pasa a verme cuando quieras** come round whenever you like

6 = ***cambiar de situación*** to go; **el equipo ha pasado a primera división** the team has gone up to the first division; **y luego ~on a otra cosa** and then they went on to something else; **ha pasado de ser tímida a no tenerle miedo a nada** she has gone from being shy to fearing nothing; **~ de teniente a general** to go from lieutenant to general; **~ a ser** to become; **en muy poco tiempo ha pasado a ser un gran profesional** he has become a real professional in a very short space of time

7 = ***transcurrir*** [*tiempo*] to pass, go by; **han pasado cuatro años** four years have passed *o* gone by; **el tiempo pasa deprisa** time passes *o* goes so quickly; **¡cómo pasa el tiempo!** how time flies!; **ya ha pasado una hora** it's been an hour already

8 = ***acabar*** [*problema, situación*] to be over; [*efectos*] to wear off; **ha pasado la crisis** the crisis is over; **ya pasó aquello** that's all over (and done with) now

9 = ***aceptarse*** **puede ~** it's passable, it's OK; **por esta vez pase** I'll let it go this time; **que me llames carroza, pase, pero fascista, no** you can call me an old fuddy-duddy if you like, but not a fascist

10

◆ **pasar por** 10·1 (= *atravesar, caber*) to go through; **el hilo pasa por el agujero** the thread goes through the hole; **pasamos por un túnel muy largo** we went through a very long tunnel; **no pasamos por el pueblo** we didn't go through the village; **el río pasa por la ciudad** the river flows *o* goes through the city; **~ por la aduana** to go through customs; **está pasando por un mal momento** he's going through a bad patch; **no creo que el sofá pase por esa puerta** I don't think the settee will go through the door

10·2 (= *depender de*) to depend on; **el futuro de la empresa pasa por este acuerdo** the company's future depends on *o* hangs on this agreement

10·3 (= *ser considerado*) to pass as; **podrían perfectamente ~ por gemelos** they could easily pass as twins; **Juan pasa por francés** most people think Juan is French; **hacerse ~ por** to pass o.s. off as; **se hace ~ por médico** he passes himself off as a doctor

11 ***otras formas preposicionales***

◆ **pasar a** + *INFIN* (= *empezar*) **paso ahora a explicar mi postura** I will now go on to explain my position; **~ a decir algo** to go on to say sth; **ya va siendo hora de ~ a la acción** it is time for action

◆ **pasar de** (= *exceder*) **pasa ya de los 70** he's over 70; **esto pasa de ser una broma** this is beyond a joke; **no pasa de ser un jugador mediocre** he's no more than an average player; **no pasan de 60 los que lo tienen** those who have it do not number more than 60, fewer than 60 people have it; **yo de ahí no paso** that's as far as I'm prepared to go; **de ésta no pasa** this is the very last time; **de hoy no pasa que le escriba** I'll write to him this very day

◆ **pasar sin**: **tendrá que ~ sin coche** he'll have to get by *o* manage without a car; **no puede ~ sin ella** he can't manage without her

12 ***Naipes*** to pass; **yo paso** pass

13 ***esp Esp**** = ***mostrarse indiferente*** **yo paso** count me out; **~ de algo/algn: yo paso de política** I'm not into politics; **paso de todo** I couldn't care less; **pasa olímpicamente de todo lo que le dicen** he doesn't take the blindest bit of notice of anything they say to him; **paso de ti, chaval** I couldn't care less about you, pal

Ⓑ VERBO TRANSITIVO

1 = ***dar, entregar*** (*gen*) to pass; (*en una serie*) to pass on; **¿me pasas la sal, por favor?**

➤ LENGUA Y USO: pasar A1 44.1 A11 53.2

could you pass (me) the salt, please?; **le pasó el sobre** he handed *o* passed her the envelope; **pásale una nota con disimulo** slip him a note; **cuando termines pásasela a Isabel** when you've finished pass it on to Isabel

**2** = *traspasar* [+ *río, frontera*] to cross; [+ *límite*] to go beyond; **el túnel pasa la montaña** the tunnel goes right through the mountain; **esto pasa los límites de lo razonable** this goes beyond the realm of what is reasonable

**3** = *llevar* **nos ~on a ver al director** they took us to see the manager; **nos ~on a otra habitación** they moved us into another room; **he pasado mi despacho al dormitorio** I've moved my office into the bedroom

**4** = *hacer atravesar* **pasa el alambre por este agujero** put the wire through this hole; **pasó el hilo por el ojo de la aguja** she threaded the thread through the eye of the needle

**5** = *colar* to strain; **~ el café por el colador** to strain the coffee

**6** = *introducir* [+ *moneda falsa*] to pass (off); [+ *contrabando*] to smuggle; **han pasado billetes falsos** they've passed (off) forged notes; **han pasado un alijo de cocaína por la frontera** a consignment of cocaine has been smuggled across the border

**7** = *hacer deslizar* **voy a ~le un trapo** I'm going to wipe it down; **~ la mano por algo** to run one's hand over sth; **~ el cepillo por el pelo** to run a brush through one's hair; **~ la aspiradora por la alfombra** to vacuum the carpet, run the vacuum cleaner over the carpet; **~ la aspiradora** to do the vacuuming

**8** = *deslizar* to slip; **le pasó el brazo por los hombros/la cintura** she slipped *o* put her arm around his shoulders/waist

**9** = *contagiar* to give; **me has pasado tu catarro** you've given me your cold

**10** = *volver* [+ *página*] to turn; ✦*MODISMO* **~ página** to make a fresh start

**11** = *escribir* **~ algo a limpio** to make a neat *o* fair *o* clean copy of sth; **~ algo a máquina** to type sth up

**12** = *tragar* (*lit*) to swallow; (*fig*) to bear, stand; **no puedo ~ esta pastilla** I can't swallow this pill, I can't get this pill down; **no puedo ~ a ese hombre** I can't bear *o* stand that man

**13** = *tolerar* **se lo pasan todo** they let him get away with anything; **no te voy a ~ más** I'm not going to indulge you any more

**14** = *aprobar* [+ *examen*] to pass

**15** = *proyectar* [+ *película, programa*] to show, screen

**16** = *poner en contacto* **te paso con Pedro** (*al mismo teléfono*) I'll put you on to Pedro; (*a distinto teléfono*) I'll put you through to Pedro

**17** = *realizar* **pasa consulta** *o* **visita a unas 700 personas diarias** he sees 700 patients a day; *ver tb* **revista 3**

**18** = *superar* **los pasa a todos en inteligencia** she's more intelligent than any of them; **para ganar debes ~ a muchos contrincantes** to win you have to beat a lot of opponents; **me pasa ya 3cm** he's already 3cm taller than I am

**19** *Aut* to pass, overtake

**20** = *omitir* **~ algo por alto** to overlook sth; **~ por alto un detalle** to overlook a detail

**21** + *tiempo* to spend; **~ las vacaciones** to spend one's holidays; **voy a ~ el fin de semana con ella** I'm going to spend the weekend with her; **fuimos a ~ el día en la playa** we went to the seaside for the day; **lo ~emos tan ricamente** we'll have such a good time

◆ **pasarlo** + *ADV*: **~lo bien** to have a good time; **¡que lo pases bien!** have a good time!, enjoy yourself!; **~lo mal** to have a bad time; **lo pasamos muy mal** we had an awful time

**22** = *dejar atrás* **hemos pasado el aniversario** the anniversary has passed, the anniversary is behind us; **ya hemos pasado lo peor** we're over the worst now, the worst is behind us now

**23** = *sufrir* **ha pasado una mala racha** she's been through a bad patch; **ha pasado muchas enfermedades** he's had a lot of illnesses; **~ frío** to be cold; **~ hambre** to be hungry

**24** *Cono Sur** = *engañar* to cheat, swindle

Ⓒ **pasarse** VERBO PRONOMINAL

**1** = *cesar* **¿se te ha pasado el mareo?** have you stopped feeling dizzy?; **ya se te ~á** [*enfado, disgusto*] you'll get over it; [*dolor*] it'll stop

**2** = *perder* to miss; **se me pasó el turno** I missed my turn; **no se te pase la oportunidad** don't miss this chance

**3** = *trasladarse* to go over; **~se al enemigo** to go over to the enemy

**4** = *estropearse* [*flor etc*] to fade; [*carne, pescado*] to go bad *o* off; [*fruta*] to go bad *o* soft; [*ropa*] to show signs of wear, get threadbare; **no se ~á si se tapa la botella** it will keep if you put the cap back on the bottle

**5** = *recocerse* **se ha pasado el arroz** the rice is overcooked

**6** *tornillo, tuerca* to get overscrewed

**7** * = *excederse* **está bien hacer ejercicio pero no hay que ~se** it's good to exercise but there's no point in overdoing it; **¡no te pases, o nos echarán del bar!** steady on *o* cool it or they'll throw us out of the bar!*; **¡no te pases, que te voy a dar una torta!** just watch it or I'll smack you in the face!; **¡te has pasado, tío!** (*censurando*) you've really gone and done it now!; (*felicitando*) well done, man!*, nice one!*; **se pasa en mostrar agradecimiento** he overdoes the gratitude; **te has pasado mucho con ella, gritándole así** you went much too far shouting at her like that; **~se de**: **se pasa de bueno/generoso** he's too good/generous; **~se de listo** to be too clever by half; **~se de la raya** to go too far, overstep the mark

**8** + *tiempo* to spend; **se ha pasado todo el día leyendo** he has spent the whole day reading

**9** = *olvidarse de* **se le pasó la fecha del examen** he forgot the date of the exam; **se me pasó llamarle** I forgot to ring him

**10** **no se le pasa nada** nothing escapes him, he doesn't miss a thing

**11** *seguido de preposición*

◆ **pasarse por** [+ *lugar*] **pásate por casa si tienes tiempo** come round if you've got time; **ya que tienes que ~te por el banco ingrésame este talón** seeing as you have to go to the bank anyway, you can pay this cheque in for me; **se me pasó por la cabeza** *o* **imaginación** it crossed my mind

◆ **pasarse sin algo** to do without sth

Ⓓ SUSTANTIVO MASCULINO

(†) **un modesto ~** a modest competence; **tener un buen ~** to be well off

---

**PASAR**

**En expresiones temporales**

• Se traduce por **spend** cuando **pasar** tiene un uso transitivo y queremos indicar un período de tiempo concreto, seguido de la actividad que en ese tiempo se desarrolla, o del lugar:

Me pasé la tarde escribiendo cartas
***I spent the evening writing letters***
Ha pasado toda su vida en el campo
***He has spent his whole life in the country***

• En cambio, cuando se describe la forma en que se pasa el tiempo mediante un adjetivo, se debe emplear en inglés la construcción **have** + (**a**) + **ADJETIVO** + **SUSTANTIVO**:

Pasamos una tarde entretenida
***We had a lovely afternoon***
Pasamos un rato estupendo jugando al squash
***We had a fantastic time playing squash***

**NOTA:** la expresión **pasar el rato** se traduce por **pass the time**:

No sé qué hacer para pasar el rato
***I don't know what to do to pass the time***

• Cuando el uso es intransitivo, **pasar** se traduce por **pass** *o* **go by**.

A medida que pasaba el tiempo se deprimía cada vez más
***As time passed*** *o* ***went by, he became more and more depressed***

*Para otros usos y ejemplos ver la entrada.*

---

**pasarela** SF (= *puente*) footbridge; (*Teat*) catwalk, walkway; [*de modelos*] catwalk; (*Náut*) gangway, gangplank ► **pasarela telescópica** airport walkway, jetty walkway

**pasarrato** SM (*Caribe, Méx*) = **pasatiempo**

**pasatiempo** SM **1** (= *entretenimiento*) pastime; (= *afición*) hobby **2** **pasatiempos** (*en periódicos, revistas*) puzzles

**pascana** SF **1** (*Andes, Cono Sur*) (= *fonda*) wayside inn **2** (*Andes, Cono Sur*) (= *etapa*) stage, part (of a journey) **3** (*Andes*) *part of a journey done without stopping*

**pascícola** ADJ grazing *antes de s*, pasture *antes de s*

**Pascua** SF **1** (= *Navidad*) Christmas time, Christmas period; (= *Epifanía*) Epiphany; **¡felices ~s!** merry Christmas! ► **Pascua(s) de Navidad** Christmas **2** (*en Semana Santa*) Easter ► **Pascua de Pentecostés** Pentecost, Whitsun, Whitsuntide ► **Pascua de Resurrección**, **Pascua florida** Easter **3** ► **Pascua de los hebreos**, **Pascua de los judíos** Passover **4** ✦*MODISMOS* **de ~s a Ramos** once in a blue moon; **estar como unas ~s** to be as happy as a lark; **hacer la ~ a algn*** (= *molestar*) to annoy sb, bug sb*; (= *perjudicar*) to do the dirty on sb; **¡que se hagan la ~!** (*Esp**) they can lump it!; **y santas ~s** and that's that, and that's the lot

**pascual** ADJ Paschal; **cordero ~** (older) lamb

**pascualina** SF (*Arg, Uru*) *spinach and cheese quiche*

**pase** SM 1 (= *documento*) pass ► **pase de embarque** (*Aer*) boarding pass ► **pase de favor** (*Pol*) safe conduct; (= *invitación*) complementary ticket ► **pase de prensa** press pass ► **pase de temporada** (*Teat, Mús*) season ticket ► **pase pernocta** (*Mil*) overnight pass
2 (*Cine*) showing ► **pase de modas**, **pase de modelos** fashion show
3 (*Com*) permit
4 (*Jur*) licence, license (*EEUU*)
5 (*Dep*) pass ► **pase adelante** forward pass ► **pase (hacia) atrás** back pass
6 ► **pase de lista** (*Mil*) roll call
7 (*Taur*) ► **pase de pecho** chest-level pass
8 (‡) (= *contrabando*) drug smuggling; (*LAm*‡) (= *dosis*) fix‡

**paseandero** ADJ (*Cono Sur*) fond of strolling

**paseante** SMF 1 (*gen*) walker, stroller; (= *transeúnte*) passer-by; (*tb* ~ **en corte**) (*pey*) loafer, idler
2 (†) (= *pretendiente*) suitor

**pasear** ▸conjug 1a◂ Ⓐ VT 1 [+ *perro, niño*] to take for a walk, walk
2 (= *exhibir*) [+ *ropa, coche*] to parade, show off
3 ~ **la calle a una muchacha** (*Esp*†) to walk up and down the street where a girl lives
4 (*CAm*) [+ *dinero*] to squander
5 (*Esp Hist**) = **dar el paseo a**
Ⓑ VI, **pasearse** VPR 1 (*gen*) to go for a walk, go for a stroll; (= *de un lado a otro*) to walk about, walk up and down; ~ **en bicicleta** to go for a ride, go cycling; ~ **en coche** to go for a drive, go for a run in the car; ~ **a caballo** to ride, go riding; ~ **en bote** to go sailing
2 (*Esp*) (= *estar ocioso*) to idle, loaf about
3 **~se por un tema** (*Esp*) to deal superficially with a subject
4 **~se** (*Méx*) to take a day off

**paseíllo** SM (*Taur*) *ceremonial entry of bullfighters*

**paseíto** SM little walk, gentle stroll

**paseo** SM 1 (*gen*) walk, stroll; (= *excursión*) outing; **dar un** ~ (*andando*) to go for a walk *o* stroll, take a walk *o* stroll; (*en coche*) to go for a ride; **estar de** ~ to be out for a walk; **llevar** *o* **sacar a un niño de** ~ to take a child out for a walk; ✦**MODISMOS dar el ~ a algn*** to take sb for a ride*; **enviar** *o* **mandar a ~*** [+ *estudios, trabajo*] to jack in*; **enviar** *o* **mandar a algn a ~*** to tell sb to go to blazes*, send sb packing, chuck sb out; **no va a ser un ~** (*Esp*) it's not going to be easy; **¡vete a ~!**‡ get lost!‡ ► **paseo a caballo** ride (on horseback) ► **paseo de vigilancia** round, tour of inspection ► **paseo en barco** boat trip ► **paseo en bicicleta** (bike) ride ► **paseo en coche** drive, ride ► **paseo espacial** space walk ► **paseo por la naturaleza** nature trail
2 (= *avenida*) parade, avenue ► **paseo marítimo** promenade, esplanade
3 (= *distancia*) short walk; **entre las dos casas no hay más que un ~** it's only a short walk between the two houses
4 ► **paseo cívico** (*Méx*) procession, fiesta procession
5 (*Esp**) (*Hist*) *(journey leading to the) summary execution of a political opponent*; **dar el ~ a algn** (*Hist*) to execute sb summarily; (*moderno*) to bump sb off‡

**pasero** SM (*Andes*) ferryman

**pashá** SM = **pachá**

**pasible** ADJ (*liter*) able to endure, long-suffering

**pasillear** ▸conjug 1a◂ VI (*Parl*) to engage in lobby discussions, lobby

**pasilleo** SM lobby discussions *pl*, lobbying

**pasillo** SM 1 (= *corredor*) (*en casa, oficina*) corridor; (*en avión, teatro*) aisle ► **pasillo aéreo** air corridor, air lane ► **pasillo móvil**, **pasillo rodante** travelator
2 (*Pol*) lobby; **hacer ~s** to engage in lobby discussions, lobby
3 (*Teat*) (= *pieza corta*) short piece, sketch

**pasión** SF 1 (= *amor intenso*) passion; **noches de ~** nights of passion; **la quería con ~** he loved her passionately; **tener ~ por algn** to love sb passionately
2 (= *gran afición*) passion; **le gusta el cine con ~** he's passionate about films, he's mad about films; **tener ~ por algo** to have a passion for sth; **tiene ~ por los animales** he has a passion for animals, he loves animals
3 (= *exaltación*) passion; **lo mató cegada por la ~** she killed him in a blind fit of passion; **defendía su postura con ~** she argued her case with passion *o* passionately
4 (*Rel*) **la Pasión** the Passion

**pasional** ADJ passionate; **crimen ~** crime of passion

**pasionaria** SF passionflower

**pasito** ADV (*Col*) gently, softly

**pasiva** SF (*Ling*) passive (voice)

**pasivamente** ADV passively

**pasividad** SF passiveness, passivity

**pasivo** Ⓐ ADJ 1 [+ *persona, comportamiento*] passive; **es un niño muy ~ y nunca toma la iniciativa** he is a very passive child, he never takes the initiative
2 (*Ling*) passive; **la voz pasiva** the passive voice
Ⓑ SM (*Com, Fin*) liabilities *pl*; [*de cuenta*] debit side ► **pasivo circulante**, **pasivo corriente** current liabilities *pl* ► **pasivo diferido** deferred liabilities *pl*

**pasma**‡ (*Esp*) Ⓐ SMF cop*
Ⓑ SF **la ~** the fuzz‡, the cops* *pl*

**pasmado** ADJ 1 (= *asombrado*) astonished, amazed; **dejar ~ a algn** to astonish *o* amaze sb; **estar** *o* **quedar ~ de** to be amazed at, be astonished at; **mirar con cara de ~** to look in astonishment at
2 (= *atontado*) stunned, dumbfounded; **se quedó ahí ~** he just stood there gaping; **¡oye, ~!*** hey, you dope!
3 (= *frío*) frozen stiff; (*Bot*) frostbitten
4 (*LAm*) [*herida*] infected; [*persona*] unhealthy-looking, ill-looking
5 (*CAm, Méx*) (= *estúpido*) stupid; (= *torpe*) clumsy
6 (*LAm*) [*fruta*] overripe

**pasmar** ▸conjug 1a◂ Ⓐ VT 1 (= *asombrar*) to amaze, astonish
2 (= *atontar*) to stun, dumbfound
3 (= *enfriar*) to chill to the bone; (*Bot*) to nip, cut
Ⓑ **pasmarse** VPR 1 (= *asombrarse*) to be amazed, be astonished (**de** at); (= *maravillarse*) to marvel, wonder (**de** at)
2 (= *estar helado*) to be chilled to the bone; (= *resfriarse*) to catch a chill
3 (*LAm Med*) (= *infectarse*) to become infected; (= *enfermar*) to fall ill; (*con trismo*) to get lockjaw; (*con fiebre*) to catch a fever
4 [*colores*] to fade
5 (*Caribe, Méx*) [*fruta*] to wither

**pasmarota** SF, **pasmarotada** SF display of shocked surprise, exaggerated reaction

**pasmarote*** SMF idiot, halfwit; **¡no te quedes ahí como un ~!** don't just stand there like an idiot!

**pasmazón** SM (*CAm, Caribe, Méx*) = **pasmo**

**pasmo** SM 1 (= *asombro*) amazement, astonishment; (= *admiración*) wonder; **es el ~ de cuantos lo ven** it is a marvel *o* a source of wonder to all who see it
2 (= *enfriamiento*) chill; **le dio un ~*** he was frozen stiff
3 (*Med*) (= *trismo*) lockjaw, tetanus
4 (*LAm*) (= *fiebre*) fever

**pasmosamente** ADV (= *asombrosamente*) amazingly, astonishingly; (= *admirablemente*) wonderfully

**pasmoso** ADJ (= *asombroso*) amazing, astonishing; (= *admirable*) wonderful

**paso**[1] ADJ dried; **higo ~** dried fig; **ciruela pasa** prune; **uva pasa** raisin

**paso**[2] Ⓐ SM 1 (= *acción de pasar*) **contemplaban el ~ de la procesión desde un balcón** they watched the procession go by from a balcony; **para evitar el ~ del aire** to prevent the air getting through; **por estas fechas tiene lugar el ~ de las cigüeñas por nuestra región** this is the time of year when the storks fly over our region; **los detuvieron en el ~ del estrecho** they were arrested while crossing the channel; **el presidente, a su ~ por nuestra ciudad ...** the president, during his visit to our city ...; **el huracán arrasó con todo lo que encontró a su ~** the hurricane flattened everything in its path; **con el ~ del tiempo** with (the passing of) time; **"prohibido el paso"** "no entry"; **ceder el ~** to give way, yield (*EEUU*); **"ceda el ~"** "give way", "yield" (*EEUU*); **dar ~ a algo**: **el invierno dio ~ a la primavera** winter gave way to spring; **ahora vamos a dar ~ a nuestro corresponsal en Lisboa** we now go over to our correspondent in Lisbon; **las protestas dieron ~ a una huelga** the protests led to *o* were followed by a strike; **de ~**: **mencionaron el tema sólo de ~** they only mentioned the matter in passing; **¿puedes ir al supermercado, de ~ que vas a la farmacia?** could you go to the supermarket on your way to the chemist's?; **de ~ recuérdale que tiene un libro nuestro** remind him that he's got a book of ours while you're at it; **el banco me pilla de ~** the bank is on my way; **dicho sea de ~** incidentally; **entrar de ~** to drop in; **estar de ~** to be passing through; **están sólo de ~ por Barcelona** they're just passing through Barcelona ► **paso del Ecuador** *party or trip organized by university students to celebrate the halfway stage in their degree course* ► **paso franco**, **paso libre** free passage; *ver tb* **ave**
2 (= *camino*) way; (*Arquit*) passage; (*Geog*) pass; (*Náut*) strait; **estás en mitad del ~** you're blocking the way; **¡paso!** make way!; **la policía le abría ~** the police cleared a path for him; **abrirse ~** to make one's way; **se abrió ~ entre la multitud** he made his way through the crowd; **se abrió ~ a tiros** he shot his way through; **se abrieron ~ luchando** they fought their way through; **cerrar el ~**

to block the way; **dejar el ~ libre** to leave the way open; **dejar ~ a algn** to let sb past; **impedir el ~** to block the way; ♦**MODISMOS salir al ~ a algn** to collar sb; **salir al ~ de algo** to be quick to deny sth; **han salido al ~ de la acusación** they've been quick to deny the accusation; **salir del ~** to get out of trouble ► **paso a desnivel, paso a distinto nivel** (*Aut*) flyover, overpass (*EEUU*) ► **paso a nivel** level crossing, grade crossing (*EEUU*) ► **paso a nivel sin barrera** unguarded level crossing ► **paso (de) cebra** (*Esp*) zebra crossing, crosswalk (*EEUU*) ► **paso de peatones** pedestrian crossing, crosswalk (*EEUU*) ► **paso elevado** (*Aut*) flyover, overpass (*EEUU*) ► **paso fronterizo** border crossing ► **paso inferior** underpass, subway ► **paso salmonero** salmon ladder ► **paso subterráneo** underpass, subway ► **paso superior** (*Aut*) flyover, overpass (*EEUU*)

3 (*al andar*) (= *acción*) step; (= *ruido*) footstep; (= *huella*) footprint; **he oído ~s** I heard footsteps; **coger el ~** to fall into step; **dar un ~** to take a step; **¿ha dado ya sus primeros ~s?** has she taken her first steps yet?; **no da ni un ~ sin ella** he never goes anywhere without her; **dirigir sus ~s hacia** to head towards; **dar un ~ en falso** (= *tropezar*) to miss one's footing; (= *equivocarse*) to make a false move; **hacer ~s** (*Baloncesto*) to travel (with the ball); **volvió sobre sus ~s** she retraced her steps; ♦**MODISMOS a cada ~** at every step, at every turn; **a ~s agigantados** by leaps and bounds; **el proyecto avanza a ~s agigantados** the project is advancing by leaps and bounds; **la demanda aumenta a ~s agigantados** demand is increasing at a rate of knots *o* extremely quickly; **andar en malos ~s** to be mixed up in shady affairs; **dar un mal ~** make a false move; **~ a ~** step by step; **por sus ~s contados** step by step, systematically; **seguir los ~s a algn** to tail sb; **seguir los ~s de algn** to follow in sb's footsteps ► **paso adelante** (*lit, fig*) step forward ► **paso a dos** pas de deux ► **paso atrás** (*lit, fig*) step backwards; **dio un ~ atrás** he took a step backwards

4 (= *modo de andar*) [*de persona*] walk, gait; [*de caballo*] gait; **caminaba con ~ decidido** he was walking purposefully; **acelerar el ~** to go faster, speed up; **aflojar el ~** to slow down; **apretar** *o* **avivar el ~** to go faster, speed up; **a buen ~** at a good pace; **iba andando a buen ~** I was walking at a good pace; **las conversaciones marchan a buen ~** the talks are proceeding at a good pace *o* rate; **establecer el ~** to make the pace, set the pace; **a ~ lento** at a slow pace, slowly; **a ~ ligero** (*gen*) at a swift pace; (*Mil*) at the double; **llevar el ~** to keep in step, keep time; **marcar el ~** (*gen*) to keep time; (*Mil*) to mark time; **a ~ redoblado** (*LAm Mil*) at the double; **romper el ~** to break step; ♦**MODISMO a ~ de tortuga** at a snail's pace ► **paso de ambladura, paso de andadura** (*Equitación*) amble ► **paso de ganso** (*LAm*), **paso de (la) oca** goose step ► **paso de vals** waltz step

5 (= *ritmo*) rate, pace; **a este ~** at this rate; **a este ~ no terminarán nunca** at this rate they'll never finish; **al ~ que vamos no acabaremos nunca** at the rate we're going we'll never finish

6 (= *distancia*) **vive a un ~ de aquí** he lives round the corner from here; **estaba a unos diez ~s** it was about ten paces away; **de eso al terrorismo no hay más que un ~** it's a small step from there to terrorism

7 (= *avance*) step; **es un ~ hacia nuestro objetivo** it's a step towards our objective; **el matrimonio es un ~ muy importante en la vida** marriage is an important step in life; ♦**MODISMOS dar el primer ~** ◊ **dar los primeros ~s** to make the first move

8 (*Téc*) [*de tornillo*] pitch; [*de contador, teléfono*] unit

9 (*Teat, Hist*) sketch, interlude

10 (*Rel*) (*en procesión*) *float in Holy Week procession, with statues representing part of Easter story*; → SEMANA SANTA

11 ► **paso de armas** (*Mil, Hist*) passage of arms

12 (*LAm*) (= *vado*) ford

Ⓑ ADV softly, gently; **¡paso!** not so fast!, easy there!

**pasodoble** SM paso doble

**pasón**⁑ SM = **pasada 4**

**pasoso** ADJ 1 (*LAm*) (= *poroso*) porous, permeable; (= *absorbente*) absorbent

2 (*Cono Sur*) (= *sudoroso*) perspiring, sweaty

3 (*Andes Med*) contagious

**pasota*** Ⓐ ADJ INV 1 (*Esp*) [*persona*] **Jesús va de ~ por la vida** Jesús doesn't care much about anything; **filosofía ~** couldn't-care-less attitude

2 (*Méx*) (= *pasado de moda*) passé, out of fashion

Ⓑ SMF **eres un ~** you just don't care, do you?

**pasote*** SM (*Esp*) (= *ultraje*) outrage; (= *exceso*) exaggeration

**pasotismo** SM (*Esp*) couldn't-care-less attitude

**paspa** SF (*Andes*), **paspadura** SF (*Andes, Cono Sur*) chapped skin, cracked skin

**pasparse** ▸conjug 1a◂ VPR (*Andes, Cono Sur*) [*piel*] to chap, crack

**paspartú** SM passe-partout

**pasquín** SM 1 (*Pol*) wall poster

2 (*Literat*) skit, lampoon

**pássim** ADV passim

**pasta** SF 1 (= *masa*) paste ► **pasta de celulosa** wood pulp ► **pasta de coca** cocaine paste ► **pasta de dientes** toothpaste ► **pasta de madera** wood pulp ► **pasta dentífrica** toothpaste ► **pasta de papel** paper pulp

2 [*de pan*] dough; (*en repostería*) pastry; (= *pastelillo*) biscuit, cookie (*EEUU*) ► **pasta quebrada** shortcrust pastry ► **pastas de té** biscuits, cookies (*EEUU*)

3 (= *macarrones, fideos*) pasta ► **pasta al huevo** egg pasta ► **pasta de sopa** pasta for soup

4 (*para untar*) paste ► **pasta de anchoas** anchovy paste ► **pasta de carne** meat paste

5 (*) (= *dinero*) money, cash, dough*; **¡suelta la ~!** hand over the dough!*; **me ha costado una ~ gansa** it cost me an arm and a leg*

6 (*Tip*) boards *pl*; **media ~** half-binding; **libro en ~** hardback ► **pasta española** marbled leather binding

7 (= *talante*) **tiene ~ de futbolista** he has the makings of a footballer; **ser de buena ~** to be a good sort

**pastaje** SM (*Andes, CAm, Cono Sur*), **pastal** SM (*LAm*) (= *pastizal*) pasture, grazing land; (= *pasto*) grass, pasture

**pastar** ▸conjug 1a◂ VT, VI to graze

**pastear** ▸conjug 1a◂ VT to graze

**pastejón** SM solid mass, lump

**pastel** Ⓐ SM 1 (*Culin*) (= *dulce*) cake; [*de carne*] pie; **"pasteles"** "pastry" *sing*, "confectionery" *sing*; ♦**MODISMO repartirse el ~** to divide up the cake *o* (*EEUU*) pie ► **pastel de boda** wedding cake ► **pastel de cumpleaños** birthday cake

2 (*Arte*) pastel; **pintura al ~** pastel drawing

3 (*) (= *chanchullo*) scam*; **se descubrió el ~** the scam came to light*

4 (†) (= *chapuza*) botch, mess

Ⓑ ADJ pastel; **tono ~** pastel shade

**pastelado** SM (*Caribe*) choc-ice, ice-cream bar (*EEUU*)

**pastelear** ▸conjug 1a◂ VI 1 (= *trampear*) to go in for sharp practice; (= *maquinar*) to plot; (= *chanchullear*) to make cynical compromises

2 (= *temporizar*) to stall, spin it out to gain time

3 (*) (= *adular*) to creep*, be a bootlicker*

**pastelería** SF 1 (= *arte*) pastry-making, (art of) confectionery

2 (= *pasteles*) cakes *pl*, pastries *pl*

3 (= *tienda*) baker's, cake shop

**pastelero/a** Ⓐ ADJ 1 (*Culin*) **masa pastelera** pastry; **rodillo ~** rolling-pin

2 ♦**MODISMO no tengo ni pastelera idea*** (*euf*) I haven't a clue*

3 (*Cono Sur*) (= *intrigante*) meddlesome, intriguing

Ⓑ SM/F 1 (*Culin*) pastry cook

2 (*Com*) baker

3 (*LAm Pol*) turncoat

4 (*Andes*⁑) (= *traficante*) drug trafficker

**pastelillo** SM (*Culin*) tart ► **pastelillo de hígado de ganso** (*Esp*) pâté de foie gras ► **pastelillo de mantequilla** (*Esp*) pat of butter

**pastelón** SM (*Cono Sur*) large paving stone

**pasterizar** ▸conjug 1f◂ VT = **pasteurizar**

**pasteurización** SF pasteurization

**pasteurizado** ADJ pasteurized

**pasteurizar** ▸conjug 1f◂ VT to pasteurize

**pastiche** SM pastiche

**pastilla** Ⓐ SF 1 (*Med*) tablet, pill; (= *anticonceptivo*) Pill ► **pastilla para la tos** cough drop

2 (*de jabón*) bar; (*de chocolate*) piece, square; ♦**MODISMO ir a toda ~** (*Esp**) to go full-belt* ► **pastilla de caldo** stock cube ► **pastilla de freno(s)** (*Aut*) brake pad *o* shoe ► **pastilla de fuego** firelighter

3 (*Inform*) chip ► **pastilla de silicio** silicon chip

Ⓑ ADJ INV (*Esp*⁑) (= *aburrido*) deadly boring

**pastillero[1]/a**⁑ SM/F pill popper⁑

**pastillero[2]** SM pillbox

**pastinaca** SF parsnip

**pastizal** SM pasture

**pastizara**⁑ SF **una ~** a whole heap of money*

**pasto** SM 1 (*Agr*) (= *acción*) grazing; (= *sitio*) pasture; (= *hierba*) grass, pasture; (= *pienso*) feed, fodder; (*LAm*) (= *césped*) lawn; **derecho de ~** grazing rights; **un sitio abundante en ~s** a place with rich grazing; **echar el ganado al ~** to put the animals out to pasture ► **pasto seco** fodder

2 (*fig*) (= *alimento*) food, nourishment; [*del fuego*] fuel; **es ~ de la murmuración** it is a

subject for gossip; **fue ~ del fuego** *o* **de las llamas** the flames devoured it; **ser ~ de la actualidad** to be newsworthy; **sirvió de ~ a los mirones** the onlookers lapped it up* ► **pasto espiritual** spiritual nourishment
3 ✦*MODISMO* **a todo ~*** abundantly; **beber a todo ~** to drink for all one is worth, drink to excess; **cita refranes a todo ~** he quotes vast quantities of proverbs; **correr a todo ~** to run like hell*; **había fruta a todo ~** there was fruit in unlimited quantities
4 **vino de ~** ordinary wine
5 (*Méx*‡) (= *hierba*) grass‡, pot‡

**pastón‡** SM **un ~** a whole heap of money*

**pastor(a)** Ⓐ SM/F 1 (*Agr*) [*de ovejas*] shepherd/shepherdess; [*de cabras*] goatherd; [*de vacas*] cowherd; **el Buen Pastor** the Good Shepherd
2 (*Rel*) minister, clergyman/clergywoman
Ⓑ SM (*Zool*) sheepdog; **viejo ~ inglés** old English sheepdog ► **pastor alemán** Alsatian, German shepherd ► **pastor escocés** rough collie

**pastorada** SF Nativity procession, moving tableau of the Nativity

**pastoral** Ⓐ ADJ pastoral
Ⓑ SF 1 (*Literat*) pastoral
2 (*Rel*) pastoral letter

**pastorear** ▸conjug 1a◂ VT 1 (*Agr*) to shepherd; [+ *rebaño*] to pasture, graze; (= *cuidar*) to look after
2 (*Rel*) to guide, shepherd
3 (*LAm**) (= *acechar*) to lie in wait for
4 (*CAm*) (= *mimar*) to spoil, pamper

**pastorela** SF (*Literat*) pastourelle

**pastoreo** SM grazing

**pastoril** ADJ (*Literat*) pastoral

**pastoso** ADJ 1 [*masa*] doughy; [*pasta*] pasty
2 [*lengua*] furry; [*voz, vino*] rich, mellow
3 (*Cono Sur*) (= *con hierba*) grassy
4 (*Andes**) (= *vago*) lazy

**pastura** SF 1 (= *campo*) pasture
2 (= *comida*) food, fodder, feed

**pasturaje** SM common pasture

**pasudo** ADJ (*Méx*) [*pelo*] kinky

**pat** SM (*pl* **pats** [pat]) putt

**pat.** ABR (= **patente**) pat.

**pata** Ⓐ SF 1 (*Zool*) 1·1 (= *pierna*) leg; **~ delantera** front leg; **~ trasera** back *o* hind leg; **pantalones de ~ de elefante** flared trousers, flares; **de ~ negra** (*Esp*) [*cerdo, jamón*] prime; **un fútbol de ~ negra** top-notch football*
1·2 (= *pie*) [*de mamífero*] (*tb Peletería*) paw; [*de ave*] foot
► **pata de cabra** (*Téc*) crowbar ► **pata de cangrejo** crab stick ► **pata de gallo** (*en tela*) houndstooth check; (†) (= *disparate*) silly remark, piece of nonsense; **una chaqueta de ~ de gallo** a houndstooth jacket ► **pata hendida** cloven hoof ► **patas de gallo** (*en el ojo*) crow's feet
2 (*) [*de persona*] leg; **quita la ~, que no veo** get your leg out of the way, I can't see*; **es un diccionario con dos ~s** (*hum*) he's a walking dictionary, he's a dictionary on legs (*hum*); **a ~*** on foot, on Shanks' pony*, on Shanks' mare (*EEUU**); **a la ~ coja** hopping; **entró saltando a la ~ coja** he came hopping in; **a cuatro ~s** on all fours ► **pata de palo** wooden leg, peg leg
3 [*de mueble*] leg; **~s arriba** (= *invertido*) upside down; (= *revuelto*) in a complete mess, topsy-turvy*; **después de la mudanza estaba toda la casa ~s arriba** after the move the whole house was in a complete mess *o* was topsy-turvy*
4 (*Chile*) (= *etapa*) stage, leg
5 **patas** (*Chile**) (= *caradura*) cheek* *sing*; **tener ~s** to be brash, be cheeky*
6 ✦*MODISMOS* **a la ~** (*Chile**) to the letter; **enseñar la ~** to give oneself away; **estirar la ~*** to kick the bucket*; **hacer la ~ a algn** (*Chile**) to soft-soap sb*, suck up to sb*; **hacer algo con las ~s** (*Col, Méx**) to make a pig's ear of sth*; **a la ~ la llana** (*Esp**) **estaba escrito a la ~ la llana** it was written in plain language; **aunque se ha hecho famosa, se sigue comportando a la ~ la llana** although she has become famous, she is as down to earth as ever; **mala ~** bad luck; **trae mala ~ casarse en martes** it's bad luck to get married on a Tuesday; **¡qué mala ~ tuviste!** you were really unlucky!; **meter ~** (*Cono Sur Aut*) to step on the gas*; **meter la ~** to put one's foot in it; **a ~ pelada** (*Chile, Perú**) in bare feet*; **sacar la ~** to give oneself away; **saltar en una ~** (*Cono Sur*) to jump with joy; **ser ~** (*Arg*) to be game*, be up for it*; **es ~ para todo** he's game for anything*, he's up for anything*; **ser ~ de perro** (*Chile, Méx**) to have itchy feet; *ver tb* **metedura, pato**
Ⓑ SM (*Andes**) 1 (= *amigo*) pal*, mate*, buddy (*EEUU*)
2 (= *tipo*) bloke‡

**pataca** SF Jerusalem artichoke

**patache** SM 1 (= *barca*) flat-bottomed boat
2 (*Andes*) (= *sopa*) soup; (‡) (= *comida*) food, grub‡, chow (*EEUU*‡)

**patacho** SM 1 (*Cono Sur*) (= *lancha*) flat-bottomed boat
2 (*CAm, Méx*) (= *recua*) train of mules

**patacón** SM 1 (*Andes Culin*) slice of fried banana
2 (*Cono Sur*) (= *moretón*) bruise, welt

**patada** SF 1 (= *puntapié*) kick; **una ~ en la espinilla** a kick in the shin; **abrieron la puerta de una ~** they kicked the door open; **a ~s**: **echar a algn a ~s** to kick *o* boot sb out; **tratar a algn a ~s** to treat sb very badly *o* like dirt*; **dar ~s** to kick; **ya noto como da pataditas** I can feel it kicking now; **dar** *o* **meter** *o* **pegar una ~ a algn/algo** to kick sb/sth, give sb/sth a kick; **le dio una fuerte ~ al balón** he kicked the ball hard, he gave the ball a hard kick; **¡como te meta una ~ en el culo, verás!*** if you don't watch it, I'll give you a kick up the arse!*; **cada vez que habla le mete una ~ al diccionario** (*hum*) every time he opens his mouth his words come out all wrong; **dar ~s en el suelo** to stamp (the floor)
2 ✦*MODISMOS* **a ~s*** (= *en gran cantidad*) **ejemplos de eso los hay a ~s** there are loads of examples of that*; **había comida a ~s** there was loads *o* heaps of food*; **a las ~s** (*LAm**) really badly; **hace todo a las ~s** he makes a real mess of everything, he does everything really badly; **dar la ~ a*** [+ *empleado*] to kick out*, give the boot to*; [+ *novio, marido*] to ditch*, dump*; **darse ~s por algo**: **la gente se daba ~s por conseguir una entrada** people would do anything to get a ticket; **dar cien ~s a algn*** to bug sb*; **me da cien ~s no poder hablar con libertad** it bugs me that I can't speak freely*; **de la ~** (*CAm, Méx**) **me fue de la ~** it was a disaster, it all went pear-shaped on me*; **me cae de la ~** I can't stand the sight of him*; **en dos ~s*** (= *sin esfuerzo*) with no trouble at all; (= *en seguida*) in a jiffy*; **caer** *o* **sentar como una ~ en el estómago*** [*bebida, comida*] to upset one's stomach; [*acción*] to be like a kick in the teeth; **me cayó** *o* **sentó como una ~ en los cojones**‡‡ it really pissed me off‡‡

**patadón*** SM (= *puntapié*) big kick; (*Dep*) long kick, long ball, long clearance

**patagón/ona** Ⓐ ADJ Patagonian
Ⓑ SM/F native/inhabitant of Patagonia; **los patagones** the people of Patagonia

**Patagonia** SF Patagonia; **voy a la ~** I'm going to Patagonia

**patagónico** ADJ Patagonian

**patalear** ▸conjug 1a◂ VI 1 (*en el suelo*) to stamp (angrily)
2 [*bebé, niño*] to kick out
3 (= *protestar*) to protest; (= *montar follón*) to make a fuss; **por mí, que patalee** as far as I'm concerned he can make all the fuss he likes

**pataleo** SM 1 (*en el suelo*) stamping
2 (*en el aire*) kicking
3 (= *protesta*) protest; (= *follón*) scene, fuss; **derecho al ~** right to protest; **tener derecho al ~** to have the right to complain

**pataleta*** SF 1 (= *rabieta*) tantrum
2 (*Med*) (= *soponcio*) fit, convulsion
3 **dar ~s** (*LAm*) [*niño*] to stamp one's feet

**patán** SM rustic, yokel, hick (*EEUU**); (*pey*) lout

**pataplaf** EXCL, **pataplás** EXCL, **pataplún** EXCL (*LAm*) bang!, crash!

**patarata**† SF 1 (= *afectación*) gush, affectation; (= *aspaviento*) emotional fuss, excessive show of feeling
2 (= *disparate*) silly thing; (= *bagatela*) triviality; **~s** nonsense *sing*, tomfoolery *sing*

**pataratero**† ADJ 1 (= *afectado*) gushing, affected
2 (= *tonto*) silly

**pataruco** ADJ (*Caribe*) 1 (= *tosco*) coarse, rough
2 (= *cobarde*) cowardly

**patasca** SF (*Andes Culin*) *pork stew with corn*; ✦*MODISMO* **armar una ~*** to kick up a racket

**patata** SF (*Esp*) 1 (= *tubérculo*) potato; **puré de ~s** mashed potatoes *pl* ► **patata caliente** (*fig*) hot potato ► **patata de siembra** seed potato ► **patatas bravas** *fried potatoes with spicy tomato sauce* ► **patatas con su piel** jacket potatoes ► **patatas deshechas** mashed potatoes ► **patatas enteras** jacket potatoes ► **patatas fritas** (*en tiras*) chips, French fries (*EEUU*); (*de bolsa*) crisps, potato chips (*EEUU*) ► **patatas nuevas** new potatoes ► **patata temprana** early potato
2 ✦*MODISMOS* **ni ~*** nothing at all; **no entendió ni ~** he didn't understand a single word; **(no) me importa una ~** ◊ **no se me da una ~** I don't care two hoots; **pasar la ~ caliente*** to pass the buck*; **ser una ~*** to be rubbish*
3 (‡‡) (= *vulva*) fanny‡‡, beaver (*esp EEUU*‡‡)

**patatal** SM, **patatar** SM potato field, potato patch

**patatera** SF potato plant

**patatero*** ADJ **oficial ~** ranker; *ver tb* **rollo 5**

**patatín***: ✦*MODISMOS* **en el año ~** in such-and-such a year; **que (si) ~, que (si) patatán** this, that and the other; **y ~ patatán** and so on

**patato*** ADJ (*Caribe*), **patatuco*** ADJ (*Caribe*) short

**patatús*** SM (= *ataque*) fit*; (= *desmayo*) dizzy spell; **le daría un ~ si lo supiera** he'd have a fit if he knew*

**paté** SM pâté

**pateada** SF [1] (*Cono Sur*) (= *paseo largo*) long tiring walk
[2] = **pateadura**

**pateador** SM (*Dep*) kicker

**pateadura** SF, **pateamiento** SM [1] (*con los pies*) stamping, kicking
[2] (*en discusión*) vehement denial; (*más agresiva*) violent interjection; (*Teat*) noisy protest, catcalls *pl*

**patear**[1] ▸conjug 1a◂ Ⓐ VT [1] (*en el suelo*) to stamp on; (= *dar patadas a*) to kick, boot; (*Dep*) [+ *pelota*] to kick
[2] (*Esp**) (= *andar por*) to tramp round; **tuve que ~ toda la ciudad** I had to tramp round the whole town
[3] (= *maltratar*) to treat roughly, treat inconsiderately; (*Teat*) (= *abuchear*) to boo, jeer
[4] (*Caribe*) (= *insultar*) to abuse
[5] **la comida me ha pateado** (*Cono Sur**) the meal has upset my stomach
Ⓑ VI [1] (= *patalear*) to stamp one's foot; (*Teat*) to stamp
[2] (*LAm*) [*arma, animal*] to kick
[3] (*) (= *ir a pata*) to walk (it); (*Cono Sur*) to go long distances on foot
[4] (*) (= *ir y venir*) to be always on the go, bustle about
Ⓒ **patearse** VPR (*) [1] (= *recorrer a pie*) **nos hemos pateado Madrid** we explored *o* did Madrid on foot
[2] (= *malgastar*) **~se el dinero** to blow one's money*

**patear**[2] ▸conjug 1a◂ VI to putt

**patena** SF paten

**patentado** ADJ patent(ed), proprietary (*frm*); **marca patentada** registered trade mark

**patentar** ▸conjug 1a◂ VT to patent

**patente** Ⓐ ADJ [1] [*mentira, muestra*] clear; **es prueba ~ de su ineficacia** it's clear proof of his inefficiency; **me decepcionó su ~ desinterés** I was disappointed by his patent *o* clear lack of interest; **su enojo era ~** his annoyance was plain to see, he was plainly *o* patently *o* clearly annoyed; **la culpabilidad era ~ en su rostro** he had guilt written all over his face; **hacer algo ~** to reveal sth, show sth clearly; **aquella reacción hizo ~ su rencor** that reaction clearly showed *o* revealed his resentment; **quedar ~** to become patently clear *o* obvious; **con ese comentario su ignorancia quedó ~** with that comment his ignorance became patently clear *o* obvious
[2] (*Com*) patent
[3] (*Cono Sur**) (= *excelente*) superb, great
Ⓑ SF [1] [*de invento, producto*] patent; **derechos de ~** patent rights; **de ~** (*Cono Sur*) first-rate ▸ **patente de invención** patent
[2] (*Jur*) (= *permiso*) licence, license (*EEUU*), authorization ▸ **patente de corso** (*Hist*) letter(s) of marque; **se cree que tiene ~ de corso** he thinks he's got a licence to do whatever he pleases ▸ **patente de navegación** ship's registration certificate ▸ **patente de privilegio** letters patent ▸ **patente de sanidad** bill of health
[3] (*Cono Sur Aut*) licence plate, license plate (*EEUU*); (= *carnet*) driving licence, driver's license (*EEUU*)
Ⓒ SM (*Caribe*) patent medicine

**patentizar** ▸conjug 1f◂ Ⓐ VT to show, make evident
Ⓑ **patentizarse** VPR to show plainly, become obvious

**pateo** SM stamping

**páter*** SM (*Mil*) padre*

**patera** SF (*Esp*) boat, small boat (*often used for illegal immigration*)

**paterfamilias** SM INV paterfamilias

**paternal** ADJ fatherly, paternal

**paternalismo** SM paternalism; (*pey*) patronizing attitude

**paternalista** Ⓐ ADJ paternalistic; (*pey*) patronizing
Ⓑ SMF paternalist; (*pey*) patronizing person

**paternalmente** ADV paternally, in a fatherly fashion

**paternidad** SF [1] (= *estado, situación*) fatherhood, parenthood
[2] (*Jur*) paternity; **prueba de ~** paternity test ▸ **paternidad literaria** authorship

**paterno** ADJ paternal; **abuelo ~** paternal grandfather

**patero*** ADJ [1] (*Cono Sur*) (= *adulador*) fawning
[2] (*Andes*) (= *embustero*) slippery, wily

**patéticamente** ADV pathetically, movingly, poignantly

**patético** ADJ [1] (= *digno de lástima*) pathetic, moving
[2] (*Cono Sur*) (= *evidente*) clear, evident
[3] (*Andes**) (= *andador*) **es muy ~** he loves walking

**patetismo** SM pathos, poignancy

**patiabierto** ADJ bow-legged

**patibulario** ADJ [1] (= *horroroso*) horrifying, harrowing
[2] [*persona*] sinister

**patíbulo** SM scaffold, gallows

**paticorto** ADJ short-legged

**patidifuso*** ADJ (= *estupefacto*) astounded, taken aback; (= *perplejo*) nonplussed; **dejar a algn ~** (= *estupefacto*) to take sb aback; (= *perplejo*) to nonplus sb

**patiestevado** ADJ bandy-legged

**patihendido** ADJ cloven-hoofed

**patilargo** ADJ long-legged

**patilla** SF [1] [*de gafas*] sidepiece, temple (*EEUU*); [*de vestido*] pocket flap
[2] [*de hombre*] sideburn; (= *rizo*) kiss curl; ✦*MODISMO* **tener ~s*** to have a brass neck*
[3] (*Arg*) (= *banco*) bench
[4] (*Caribe, Col*) (= *sandía*) watermelon
[5] (*Inform*) pin
[6] (*Cono Sur Bot*) layer

**patimocho** ADJ (*LAm*) lame

**patín** SM [1] (*gen*) skate; [*de trineo*] runner; (*Aer*) skid; **patines** (*Cono Sur*) soft overslippers ▸ **patín de cola** (*Aer*) tailskid ▸ **patín de cuchilla**, **patín de hielo** ice skate ▸ **patín de ruedas** roller skate ▸ **patines en línea** rollerblades
[2] (= *patinete*) scooter
[3] (*Náut*) ▸ **patín de pedal**, **patín playero** pedalo, pedal-boat
[4] (*Aut**) old banger‡

**pátina** SF patina

**patinadero** SM skating rink

**patinado** ADJ shiny, glossy

**patinador(a)** SM/F skater

**patinadura** SF (*Caribe*) skid, skidding

**patinaje** SM [1] (*Dep*) skating ▸ **patinaje artístico**, **patinaje de figuras** figure skating ▸ **patinaje sobre hielo** ice-skating ▸ **patinaje sobre ruedas** roller-skating
[2] (*Aut*) skidding

**patinar** ▸conjug 1a◂ VI [1] (*con patines*) (*sobre ruedas*) to roller-skate; (*sobre hielo*) to skate, ice-skate
[2] (= *resbalar*) [*coche*] to skid; [*persona*] to slide; **el suelo estaba húmedo y patiné** the ground was wet and I slid
[3] (*) (= *equivocarse*) to make a blunder, boob*
[4] (*Arg**) to fail

**patinazo** SM [1] (*Aut*) skid
[2] (*) (= *error*) boob*, blunder; **dar** *o* **pegar un ~** to blunder, make a boob*

**patinete** SM, **patineta** SF scooter

**patio** SM [1] [*de casa*] courtyard; [*de escuela*] playground; ✦*MODISMOS* **¡cómo está el ~!***: **¡cómo está el ~! hoy todos están de mal humor** what an atmosphere! everybody is in a bad mood today!; **¡cómo está el ~! varios diputados se han liado a puñetazos** several MPs got involved in a punch-up — what's the world coming to?; **llevar el ~** to rule the roost ▸ **patio de armas** parade ground ▸ **patio de luces** well (*of a building*) ▸ **patio de operaciones** floor (*of the stock exchange*) ▸ **patio de recreo** playground
[2] (*Teat*) pit ▸ **patio de butacas** stalls *pl*, orchestra (*EEUU*)
[3] (*Méx Ferro*) shunting yard

**patiquín** SM (*Caribe*) fop, dandy

**patita** SF *ver* **calle 2.1**

**patitieso*** ADJ [1] (= *paralizado*) **me quedé patitiesa** (*de frío*) I was frozen stiff; (*de miedo*) I was scared stiff
[2] (*fig*) = **patidifuso**
[3] (= *presumido*) stuck-up*, conceited

**patito** SM duckling; ✦*MODISMO* **los dos ~s*** all the twos*, twenty-two ▸ **patito feo** ugly duckling

**patituerto** ADJ bandy-legged

**patizambo** ADJ knock-kneed

**pato** SM [1] (*Orn*) duck ✦*MODISMOS* **pagar el ~*** to carry the can*; **ser el ~ de la boda** *o* **fiesta** (*LAm*) to be a laughing stock; **salga ~ o gallareta** (*LAm*) whatever the results ▸ **pato a la naranja** duck à l'orange ▸ **pato colorado** red-crested pochard ▸ **pato de reclamo** decoy duck ▸ **pato (macho)** drake ▸ **pato malvasía** white-headed duck ▸ **pato real**, **pato silvestre** mallard, wild duck
[2] (*) (= *persona aburrida*) bore; **estar hecho un ~** to be terribly dull
[3] (= *torpe*) **ser un ~** to be clumsy
[4] (*) (= *aburrimiento*) boredom; (= *período aburrido*) boring time; (= *fiesta*) bore, drag
[5] (*Andes**) (= *gorrón*) sponger*; **viajar de ~** to stow away
[6] (*Andes**) (= *inocentón*) sucker‡
[7] (*Méx*) ✦*MODISMO* **hacer el ~** *o* **hacerse ~**

to act the fool
[8] (*Cono Sur**) **ser un ~ o estar ~** to be broke*; **✦MODISMO pasarse de ~ a ganso** to go too far
[9] (*LAm*) (= *bacineta*) bedpan

**patochada** SF blunder, bloomer*

**patógeno** SM pathogen

**patojo/a*** Ⓐ ADJ (*LAm*) lame
Ⓑ SM/F (*Andes, CAm*) (= *niño*) child; (= *novio*) sweetheart, boyfriend/girlfriend; (*pey*) urchin, ragamuffin

**patología** SF pathology

**patológico** ADJ pathological

**patólogo/a** SM/F pathologist

**patomachera*** SF (*Caribe*) slanging match*

**patoso/a*** Ⓐ ADJ [1] (= *torpe*) clumsy
[2] (= *molesto*) troublesome; **ponerse ~** to make trouble
Ⓑ SM/F [1] (= *torpe*) clumsy oaf
[2] (= *sabihondo*) clever Dick*, smart Aleck*
[3] (= *agitador*) troublemaker

**patota*** SF [1] (*Cono Sur*) (= *pandilla*) street gang, mob of young thugs; (= *grupo*) large group
[2] (*Caribe, Cono Sur*) (= *amigos*) mob, crowd (of friends)

**patotear*** ▸conjug 1a◂ VT (*Cono Sur*) to beat up*

**patotero*** SM (*Cono Sur*) rowdy, young thug

**patraña** SF [1] (= *embuste*) tall story
[2] (= *narración confusa*) rigmarole, long involved story

**patraquear** ▸conjug 1a◂ VT (*Cono Sur*) [+ *objeto*] to steal; [+ *persona*] to hold up, mug*

**patraquero/a** SM/F (*Cono Sur*) (= *ladrón*) thief; (= *atracador*) holdup man/woman, mugger*

**patria** SF native land, fatherland; **madre ~** mother country; **luchar por la ~** to fight for one's country; **✦MODISMO hacer ~** to fly the flag* ► **patria adoptiva** adopted country ► **patria chica** home town, home area

**patriada** SF (*Cono Sur Hist*) rising, revolt

**patriarca** SM patriarch

**patriarcado** SM patriarchy

**patriarcal** ADJ patriarchal

**Patricia** SF Patricia

**Patricio** SM Patrick

**patricio/a** ADJ, SM/F patrician

**patrilineal** ADJ patrilineal

**patrimonial** ADJ hereditary

**patrimonio** SM [1] (= *bienes*) (*adquiridos*) assets *pl*, wealth; (*heredados*) inheritance, patrimony (*frm*); (*dejados en herencia*) estate; **su ~ personal es de 300 millones** his personal assets are 300 million, his personal wealth is some 300 million; **el ~ heredado por mis padres** my parents' inheritance *o* (*frm*) patrimony; **dejó un ~ valorado en miles de millones** his estate was valued at thousands of millions; **gestión de ~s** asset management
[2] [*artístico, cultural*] heritage ► **patrimonio de la humanidad** world heritage ► **patrimonio nacional** national heritage
[3] (*Com*) net worth, capital resources *pl*

**patrio** ADJ [1] (*Pol*) native, home *antes de s*; **el suelo ~** one's native land, one's native soil; **amor ~** love of one's country, patriotism
[2] (*Jur*) [*poder*] paternal

**patriota** Ⓐ ADJ patriotic
Ⓑ SMF patriot
Ⓒ SM (*CAm*) banana

**patriotería** SF, **patrioterismo** SM (= *chauvinismo*) chauvinism; (= *jingoísmo*) jingoism

**patriotero/a** Ⓐ ADJ (= *chauvinista*) chauvinistic; (= *jingoísta*) jingoistic
Ⓑ SM/F (= *chauvinista*) chauvinist; (= *jingoísta*) jingoist

**patrióticamente** ADV patriotically

**patriótico** ADJ patriotic

**patriotismo** SM patriotism

**patrocinado/a** SM/F (*Jur*) client

**patrocinador(a)** Ⓐ ADJ sponsoring; **empresa ~a** sponsor, sponsoring company
Ⓑ SM/F (*Com*) sponsor; [*de artes, causas benéficas*] patron/patroness; (= *promotor*) promoter

**patrocinar** ▸conjug 1a◂ VT (*Com*) to sponsor; [+ *artes, causas benéficas*] to act as patron to; (= *respaldar*) to back, support; **un movimiento patrocinado por ...** a movement under the auspices of *o* under the patronage of ...

**patrocinazgo** SM (*Com*) sponsorship; [*de artes, causas benéficas*] patronage

**patrocinio** SM (*Com*) sponsorship; [*de artes, causas benéficas*] patronage; (= *respaldo*) backing, support ► **patrocinio empresarial** commercial sponsorship

**patrón/ona** Ⓐ SM/F [1] (= *jefe*) boss*; (= *dueño*) employer, owner; (*Hist*) [*de esclavo*] master/mistress
[2] [*de pensión*] landlord/landlady
[3] (*Náut*) (*gen*) skipper; [*de barco mercante*] master/mistress
[4] (*Rel*) (*tb* **santo ~**) (= *santo*) patron saint; (= *virgen*) patron
[5] (= *protector*) patron/patroness
Ⓑ SM [1] (*Cos*) pattern; (*Téc*) standard, norm ► **patrón de distribución** distribution pattern ► **patrón oro** gold standard ► **patrón picado** stencilled pattern
[2] (*Bot*) stock (*for grafting*)
[3] (= *puntal*) prop, shore
Ⓒ ADJ INV (*gen*) standard, regular; (= *muestra*) sample *antes de s*

**patronaje** SM pattern designing

**patronal** Ⓐ ADJ [1] (*Com*) employers' *antes de s*; **sindicato ~** employers' association; **cierre ~** (management) lockout; **organización ~** employers' organization; **la clase ~** management, the managerial class; **cerrado por acto ~** closed by the owners *o* management
[2] (*Rel*) **fiesta ~** local holiday (*on the feast day of the local patron saint*)
Ⓑ SF employers' organization; (= *dirección*) management

**patronato** SM [1] [*de artes, causas benéficas*] patronage; (*Com*) sponsorship; **bajo el ~ de** under the patronage of, under the auspices of
[2] (*Com, Fin*) employers' association; (*Pol*) owners *pl*; **el ~ francés** French industrialists
[3] (= *junta*) board of management, board of trustees; **el ~ de turismo** the tourist board
[4] (= *fundación*) trust, foundation

**patronear** ▸conjug 1a◂ VT [+ *barco*] to skipper

**patronímico** ADJ, SM patronymic

**patronista** SMF pattern designer

**patronizar** ▸conjug 1f◂ VT to patronize

**patrono/a** SM/F [1] (*Com, Fin*) owner, employer
[2] (= *mecenas*) patron; (= *patrocinador*) sponsor; (= *protector*) protector, supporter
[3] (*Rel*) patron saint

**patrulla** SF patrol; **coche ~** patrol car ► **patrulla ciudadana** vigilante group

**patrullaje** SM patrolling; **bajo un fuerte ~ policial** under heavy police patrol

**patrullar** ▸conjug 1a◂ Ⓐ VT to patrol, police
Ⓑ VI to patrol

**patrullera** SF patrol boat

**patrullero** Ⓐ ADJ patrol *antes de s*
Ⓑ SM [1] (*Aut*) patrol car
[2] (*Náut*) patrol boat
[3] (*Méx*) (= *policía*) patrolman, policeman

**patucho** ADJ (*Andes*) short, squat

**patucos** SMPL [*de bebé*] bootees; (*) shoes

**patudo** Ⓐ ADJ (*Cono Sur*) rough, brash
Ⓑ SM (*Andes*) **el ~** the devil

**patueco/a** ADJ, SM/F (*CAm*) = **patojo**

**patulea** SF mob, rabble

**patuleco/a** ADJ, SM/F (*LAm*), **patulejo/a** ADJ, SM/F (*Cono Sur*), **patuleque** ADJ, SMF (*Caribe*) = **patojo**

**patulenco*** ADJ (*CAm*) clumsy, awkward

**patullar** ▸conjug 1a◂ VI [1] (= *pisar*) to trample about, stamp around
[2] (= *trajinar*) to bustle about
[3] (= *charlar*) to chat; (= *hacer ruido*) to talk noisily, make a lot of noise

**paturro** ADJ (*Andes, Cono Sur*) (= *rechoncho*) chubby, plump; (= *chaparro*) squat

**paúl** SM marsh

**paular** SM marshy ground

**paulatinamente** ADV gradually, slowly

**paulatino** ADJ gradual, slow

**paulina*** SF [1] (= *reprimenda*) telling-off*
[2] (= *carta*) poison-pen letter

**Paulo** SM Paul

**pauperismo** SM (*frm*) pauperism

**pauperización** SF (*frm*) impoverishment

**paupérrimo** ADJ very poor, poverty-stricken

**pausa** SF [1] (= *en programa, reunión*) break; (*al hablar, leer*) pause; (*Mús*) rest; **con ~** slowly, deliberately ► **pausa publicitaria** commercial break
[2] (*Téc*) (*en casette*) pause (button); (*en vídeo*) hold

**pausadamente** ADV slowly, deliberately

**pausado** ADJ slow, deliberate

**pausar** ▸conjug 1a◂ Ⓐ VT (= *retardar*) to slow down; (= *interrumpir*) to interrupt
Ⓑ VI to go slow

**pauta** SF [1] (= *modelo*) model; (= *guía*) guideline; (= *regla*) rule, guide; **marcar la ~** to set the standard; **París marca la ~ de la moda en todo el mundo** Paris sets the trend *o* the standard for fashion all over the world; **servir de ~ a** to act as a model for
[2] (*en papel*) lines *pl*

**pautado** Ⓐ ADJ **papel ~** ruled paper
Ⓑ SM (*Mús*) stave

**pautar** ▸conjug 1a◂ VT [1] (*Tip*) [+ *papel*] to rule
[2] (*esp CAm*) (= *marcar*) to mark, characterize; (= *reglar*) to establish a norm for, lay down a pattern for

**pava** SF [1] (*Orn*) turkey (hen); **✦MODISMOS es una ~** (*Esp**) she's a complete bore; **echar la ~** (*Esp**) to puke up*, throw up; **pelar la ~** (*Esp**) to whisper sweet nothings ► **pava real**

peahen
2 (*Cono Sur*) (*para hervir*) kettle; (*para mate*) pot for making maté
3 (*Col, Ven*) (= *sombrero*) broad-brimmed straw hat
4 (*Andes, CAm*) (= *fleco*) fringe, bangs *pl* (*EEUU*)
5 (*Cono Sur, Méx*) (= *orinal*) chamber pot
6 (*Andes, Cono Sur*) (= *guasa*) coarse banter; (= *chiste*) tasteless joke; ✦**MODISMO hacer la ~ a algn*** to make sb look stupid
7 (*Andes, CAm**) (= *colilla*) cigarette-end, fag-end**
8 (**) (= *chica*) bird**

**pavada** SF 1 (*esp Arg**) (= *tontería*) silly thing; **no digas ~s** don't talk rubbish
2 (*Orn*) flock of turkeys
3 (*Cono Sur*) (= *bagatela*) trivial thing; **cuesta una ~** it costs next to nothing
4 (*Caribe*) (= *mala suerte*) bit of bad luck

**pavear** ▸conjug 1a◂ Ⓐ VT 1 (*Andes*) (= *asesinar*) to kill treacherously
2 (*Andes, Cono Sur*) (= *burlarse de*) to play a joke on
Ⓑ VI 1 (*Cono Sur, Perú**) (= *hacer el tonto*) to act the fool, mess about
2 (*Cono Sur**) [*enamorados*] to whisper sweet nothings
3 (*Andes**) (= *hacer novillos*) to play truant, play hooky (*EEUU**)

**pavería** SF (*Cono Sur*) silliness, stupidity

**pavero/a** SM/F (*Andes, Cono Sur*) practical joker

**pavesa** SF piece of ash

**pavimentación** SF paving

**pavimentar** ▸conjug 1a◂ VT [+ *exteriores*] to pave; [+ *interiores*] to floor

**pavimento** SM 1 (*de asfalto*) roadway, road surface
2 (*de losas*) (*gen*) paving; (*en interior*) flooring

**pavipollo** SM 1 (*Orn*) young turkey
2 (*) (= *bobo*) twit*, idiot

**pavisoso*** ADJ dull, graceless

**pavitonto*** ADJ silly

**pavo** Ⓐ SM 1 (*Orn*) turkey; ✦**MODISMOS comer ~*** to be a wallflower (*at a dance*); (*LAm*) to be disappointed; **estar en la edad del ~** to be at an awkward age; **ir de ~** (*LAm**) to travel free, get a free ride; **tener mucho ~** to blush a lot; **tener un ~ encima**: **esta niña tiene un ~ encima que no se aclara** it looks like she'll never grow out of being a giggling teenager; **subírsele el ~ a algn**: **se le subió el ~** he went bright red ▸ **pavo real** peacock
2 (*Esp**) (= *tonto*) silly thing, idiot
3 (**) (= *moneda*) five peseta coin
4 (*) (= *primo*) sucker**
5 (*Chile**) (= *polizón*) stowaway
6 (*Andes*) (= *cometa*) large kite
7 (*Andes**) (= *espadón*) big shot*; (= *sospechoso*) evil-looking person
8 (*Caribe**) (= *reprimenda*) telling-off*
9 (**) (= *hombre*) bloke**; (*Caribe***) (= *joven*) youngster, kid*
10 (**) (= *síndrome de abstinencia*) cold turkey*
Ⓑ ADJ (*) silly; **¡no seas ~!** don't be silly!

**pavón** SM 1 (*Orn*) peacock
2 (*Téc*) bluing, bronzing

**pavonearse** ▸conjug 1a◂ VPR (= *presumir*) (*gen*) to show off (**de** about); (*al hablar*) to brag (**de** about); (*al andar*) to swagger, strut

**pavoneo** SM (*gen*) showing-off; (*al hablar*) bragging; (*al andar*) swagger, strutting

**pavor** SM dread, terror

**pavorosamente** ADV terrifyingly

**pavoroso** ADJ terrifying

**pavoso** ADJ (*Caribe*) (= *desafortunado*) unlucky; (= *que trae mala suerte*) that brings bad luck

**pay** SM (*LAm*) pie

**paya** SF (*Cono Sur*) = **payada**

**payacate** SM (*Méx*) [*de bolsillo*] handkerchief; (= *prenda*) scarf, kerchief

**payada** SF (*Cono Sur*) *improvised gaucho folksong* ▸ **payada de contrapunto** *contest between two "payadores"*

**payador** SM (*Cono Sur*) gaucho minstrel

**payar** ▸conjug 1a◂ VI 1 (*Cono Sur*) (= *cantar*) *to improvize songs to a guitar accompaniment*
2 (*) (= *contar cuentos*) to talk big*, shoot a line*

**payasada** SF clownish trick, stunt; (*pey*) ridiculous thing (to do); **payasadas** clowning *sing*; (*Teat*) slapstick *sing*, knockabout humour *sing*, knockabout humor *sing* (*EEUU*)

**payasear** ▸conjug 1a◂ VI (*LAm*) to clown around

**payaso/a** SM/F clown (*tb fig*)

**payés/esa** SM/F (*Cataluña, Islas Baleares*) peasant farmer

**payo/a** Ⓐ ADJ 1 (*Arg*) (= *albino*) albino
2 (*Méx*) (= *simple*) rustic, simple
3 (*Méx*) [*ropa*] loud, flashy
Ⓑ SM/F (*para gitanos*) non-gipsy, non-gypsy (*EEUU*)

**payuelas** SFPL chickenpox *sing*

**paz** SF 1 (*gen*) peace; (= *tranquilidad*) peace and quiet, tranquillity, tranquility (*EEUU*); **¡a la ~ de Dios!** God be with you!; **en ~ y en guerra** in peace and war, in peacetime and wartime; **dejar a algn en ~** to leave sb alone, leave sb in peace; **¡déjame en ~!** leave me alone!; **descansar en ~** to rest in peace; **su madre, que en ~ descanse** her mother, God rest her soul; **estar en ~** (*gen*) to be at peace; (*fig*) to be even, be quits (**con** with); (*Méx**) to be high**; **¡haya ~!** stop it!, that's enough!; **mantener la ~** to keep the peace; **perturbar la ~** to disturb the peace; ✦**MODISMOS no dar ~ a la lengua** to keep on and on; **¡... y en ~!**, **¡aquí ~ y después gloria!** and that's that!, and Bob's your uncle!*
2 (= *tratado*) peace, peace treaty; **la ~ de los Pirineos** the Peace of the Pyrenees (*1659*); **firmar ~** to sign a peace treaty; **hacer las paces** (*gen*) to make peace; (*fig*) to make (it) up; **poner ~** to make peace
3 (*Rel*) kiss of peace, sign of peace

**pazguato** ADJ 1 (= *necio*) simple, stupid
2 (= *remilgado*) prudish

**pazo** SM (*Galicia*) country house

**PC** SM ABR = **Partido Comunista**

**p.c.** ABR (= **por cien**) p.c.

**PCB** SM ABR (= **policlorobifenilo**) PCB

**PCE** SM ABR = **Partido Comunista Español**

**PCN** SM ABR (*El Salvador*) = **Partido de Conciliación Nacional**

**PCUS** SM ABR (*Pol, Hist*) = **Partido Comunista de la Unión Soviética**

**PCV** SM ABR (*Ven*) = **Partido Comunista Venezolano**

**PD** ABR, **P.D.** ABR (= **posdata**) PS

**PDC** SM ABR (*LAm*) = **Partido Demócrata Cristiano**

**pdo.** ABR (= **pasado**) ult.

**Pdte.** ABR (*Chile Prensa*) = **presidente**

**pe** SF *(name of the) letter P*; ✦**MODISMO de pe a pa*** from A to Z, from beginning to end

**P.e** ABR (= **Padre**) F., Fr.

**pea*** SF **coger una ~** to get smashed*, get legless*

**peaje** SM toll; **autopista de ~** toll motorway, turnpike (*EEUU*)

**peajista** SMF collector of tolls

**peal** SM (*LAm*) lasso

**pealar** ▸conjug 1a◂ VT (*LAm*) to lasso

**peana** SF 1 (= *pedestal*) base, pedestal
2 (*Golf*) tee
3 (*) (= *pie*) foot

**peatón** SM pedestrian; **paso de peatones** pedestrian crossing, crosswalk (*EEUU*)

**peatonal** ADJ pedestrian *antes de s*; **calle ~** pedestrian precinct

**peatonalización** SF pedestrianization

**peatonalizar** ▸conjug 1f◂ VT to pedestrianize

**pebete/a** Ⓐ SM/F (*Arg, Uru**) (= *niño*) kid*; (= *persona baja*) short person
Ⓑ SM 1 (= *incienso*) joss stick
2 [*de cohete*] fuse
3 (= *olor*) stink
4 (*Cono Sur*) (= *panecillo*) roll

**pebre** SM (*esp Chile Culin*) *mild sauce made from vinegar, garlic, parsley and pepper*

**peca** SF freckle

**pecado** SM 1 (*Rel*) sin; **por mis ~s** for my sins; **un ~ de juventud** a youthful indiscretion, a sin of youth; **estar en ~** to be in a state of sin; ✦**MODISMO en el ~ llevas la penitencia** you've made your bed now lie in it ▸ **pecado capital** deadly sin ▸ **pecado de comisión** sin of commission ▸ **pecado nefando** sodomy ▸ **pecado original** original sin ▸ **pecado venial** venial sin
2 (= *cosa lamentable*) crime, sin; **sería un ~ no aprovecharlo** it would be a crime o sin not to make use of it; **¡es un ~ darle el filete al gato!** it's a crime to give steak to the cat!

**pecador(a)** Ⓐ ADJ sinful
Ⓑ SM/F sinner

**pecaminosidad** SF sinfulness

**pecaminoso** ADJ sinful

**pecar** ▸conjug 1g◂ VI 1 (*Rel*) to sin; (*fig*) to err; **si he pecado en esto, ha sido por ...** if I have been at fault in this, it has been because ...; **si me lo pones delante, acabaré pecando** if you put temptation in front of me, I shall fall
2 **~ de** + ADJ to be too + *adj*; **peca de generoso** he is too generous, he is generous to a fault; **peca por exceso de confianza** he is too confident

**pécari** SM (*LAm*), **pecarí** SM (*LAm Zool*) peccary

**peccata minuta** SF **ser ~** to be no big deal, be unimportant

**pecé*** Ⓐ SM (*Esp*) (= *partido*) Communist Party
Ⓑ SMF (= *persona*) Communist

**pecera** SF (*redonda*) fishbowl; (*rectangular*) fish tank

**pecero/a*** SM/F (*Pol*) member of the Communist Party

**pecha** SF (*Cono Sur*) push, shove

**pechada*** SF [1] (= *hartazgo*) **llevamos una ~ de andar** that's more than enough walking (for one day), it's been a real slog*; **se dieron una ~ de trabajar** they really slogged their guts out*
[2] (*LAm*) (= *empujón*) push, shove
[3] (*LAm**) (= *sablazo*) scrounging*

**pechador*** ADJ (*Cono Sur*) demanding

**pechar**[1]* ▸conjug 1a◂ (A) VT [1] (*LAm*) (= *empujar*) to push, shove
[2] (*Cono Sur*) (= *pedir dinero a*) to tap*, touch for
[3] (*Cono Sur*) (= *atrapar*) to collar*, grab
(B) VI **~ con** (*gen*) to put up with; [+ *cometido*] to shoulder, take on; [+ *problema*] to face up to

**pechar**[2] ▸conjug 1a◂ VT, VI to pay (as a tax)

**pechazo*** SM (*LAm*) [1] (= *empujón*) push, shove
[2] [*de dinero*] touch (for a loan)*

**pechblenda** SF pitchblende

**peche**⁑ (*CAm*) (A) ADJ skinny
(B) SM child

**pechera** SF [1] (*Cos*) [*de camisa*] shirt front; [*de vestido*] front; (*Mil*) chest protector
► **pechera postiza** dicky
[2] (*Anat** *hum*) big bosom

**pechero**[1]**/a** SM/F (*Hist*) commoner, plebeian

**pechero**[2] SM (= *babero*) bib; [*de vestido*] front

**pechicato** ADJ (*Caribe*) = **pichicato**

**pechina** SF scallop

**pecho**[1] SM [1] (= *tórax*) chest; **le dieron una puñalada en el ~** he was stabbed in the chest; **tenía una herida en el ~** he had a chest injury; **estar de ~ sobre algo** to be leaning on sth; **estaba de ~ sobre la barandilla** he was leaning on the railing; **sacar ~** to stick one's chest out; **ponte firme y saca ~** stand up straight and stick your chest out; **el presidente ha sacado ~ ante las críticas** the president put on a brave face under the criticism; ✦***MODISMOS*** **abrir el ~ a algn** to confide in sb, open one's heart to sb; **no cabérle a algn la alegría en el ~: no me/le cabía la alegría en el ~** I/he was bursting with happiness; **dar el ~** to face things squarely; **a ~ descubierto** (= *sin armas*) unarmed, defenceless, defenseless (*EEUU*); (= *francamente*) openly, frankly; **echarse entre ~ y espalda** [+ *comida*] to put away*; [+ *bebida*] to knock back*; **gritar a todo ~** (*Andes, Caribe*) to shout at the top of one's voice; **partirse el ~*** to bust a gut*; **quedarse con algo en el ~** to keep sth back; **tomarse algo a ~** to take sth to heart
[2] [*de mujer*] [2·1] (= *busto*) bust; **un sujetador que realza el ~** a bra which makes your bust look bigger; **de ~ plano** flat-chested; **tener mucho ~** to have a big bust; **tener poco ~** to be flat-chested
[2·2] (= *mama*) breast; **le han extirpado un ~** she had a breast removed; **dar el ~** to breast-feed; **un niño de ~** a baby at the breast
[3] (= *valor*) ✦***MODISMOS*** **¡~ al agua!** courage!; **a lo hecho, ~** we must make the best of it now
[4] (*Geog*) slope, gradient

**pecho**[2] SM (*Hist*) tax, tribute

**pechoño** ADJ (*Andes, Cono Sur*) sanctimonious

**pechuga** SF [1] (*Culin*) breast; (*) [*de mujer*] tits⁑ *pl*, bosom; (= *escote*) cleavage
► **pechuga de pollo** chicken breast
[2] (*Geog*) slope, hill
[3] (*LAm** *pey*) (= *descaro*) nerve, cheek*
[4] (*Andes, CAm**) (= *abuso de confianza*) abuse of trust
[5] (*CAm*) (= *molestia*) trouble, annoyance

**pechugón/ona*** (A) ADJ [1] (= *de mucho pecho*) busty*, big-bosomed
[2] (*LAm*) (= *descarado*) shameless; (= *franco*) outspoken; (= *chupón*) sponging; (= *egoísta*) selfish
[3] (*Cono Sur*) (= *resuelto*) single-minded
[4] (*) (= *atractivo*) dishy*
(B) SM/F (*LAm*) [1] (= *descarado*) shameless individual
[2] (= *gorrón*) sponger*

**pechuguera** SF (*Andes, Méx*) (= *ronquera*) hoarseness; (= *resfriado*) chest cold

**pecio** SM wrecked ship, shipwreck; **pecios** flotsam *sing*, wreckage *sing*

**pecíolo** SM, **peciolo** SM (leaf) stalk, petiole (*Téc*)

**pécora** SF (*tb* **mala ~**) (= *arpía*) bitch; (= *prostituta*) loose woman, whore

**pecoso** ADJ freckled

**pecotra** SF (*Cono Sur Anat*) bump, swelling; (*en madera*) knot

**pectina** SF pectin

**pectoral** (A) ADJ (*Anat*) pectoral; **pastillas ~es** cough drops
(B) SM [1] (*Rel*) pectoral cross
[2] **pectorales** (*Anat*) pectorals

**pecuaca** SF (*Andes, Caribe*) = **pecueca**

**pecuario** ADJ livestock *antes de s*

**pecueca** SF (*Andes, Caribe*) (= *pezuña*) hoof; (*hum*) (= *olor*) smell of feet

**peculado** SM embezzlement

**peculiar** ADJ [1] (= *particular, característico*) particular; **su ~ manera de ver las cosas** his particular way of seeing things, his own individual way of seeing things; **un rasgo ~ de su carácter** a particular *o* characteristic trait of his; **tiene un carácter muy ~** he's got a very individual personality; **una característica ~ del paisaje andaluz** a characteristic peculiar to the landscape of Andalusia
[2] (= *raro*) peculiar, unusual; **su comportamiento es un tanto ~** his behaviour is a bit peculiar *o* unusual

**peculiaridad** SF peculiarity, special characteristic; **cada país tiene sus ~es** each country has its own peculiarities

**peculio** SM (= *dinero*) one's own money; (= *ahorros*) modest savings *pl*; **de su ~** out of one's own pocket

**pecunia*** SF (= *dinero*) brass*; (*Caribe*) (= *moneda*) coin

**pecuniario** ADJ pecuniary, money *antes de s*; **pena pecuniaria** fine

**pedagogía** SF pedagogy

**pedagógico** ADJ pedagogic(al)

**pedagogo/a** SM/F (= *profesor*) teacher, educator; (= *teórico*) educationalist

**pedal** SM [1] [*de bicicleta, automóvil*] pedal
► **pedal de acelerador** accelerator (pedal)
► **pedal de(l) embrague** clutch (pedal)
► **pedal de freno** brake (pedal) ► **pedal dulce** (*Mús*) soft pedal ► **pedal fuerte** (*Mús*) loud pedal ► **pedal piano, pedal suave** (*Mús*) soft pedal
[2] (⁑) (= *borrachera*) **coger un ~** to get canned⁑

**pedalear** ▸conjug 1a◂ VI to pedal; **~ en agua** to tread water

**pédalo** SM pedal boat, pedalo

**pedáneo** ADJ **alcalde ~** mayor of a small town; **juez ~** local magistrate

**pedanía** SF district

**pedante** (A) ADJ (*gen*) pedantic; (= *pomposo*) pompous, conceited
(B) SMF pedant

**pedantería** SF (*gen*) pedantry; (= *pomposidad*) pomposity, conceit

**pedantescamente** ADV pedantically

**pedantesco** ADJ pedantic

**pedazo** SM [1] (= *trozo*) piece; **un ~ de papel** a piece of paper; **un ~ de pan** a piece of bread; **trabaja por un ~ de pan** he works for a mere pittance; **hacer algo a ~s** to do sth in pieces, do sth piecemeal; **caerse a ~s** to fall to bits; **hacer ~s** [+ *papel*] to rip, tear (up); [+ *vidrio, cristal*] to shatter, smash; [+ *persona*] to tear to shreds; **estoy hecho ~s** I'm worn out; **hacerse ~s** [*objeto*] to fall to pieces; [*vidrio, cristal*] to shatter, smash; ✦***MODISMO*** **ser un ~ de pan** to be a really nice person, be an angel
[2] (*con insultos*) **es un ~ de alcornoque** *o* **animal** *o* **bruto*** he's a blockhead*, he's an idiot
[3] (*con expresiones de cariño*) **¡~ de mi alma** *o* **mi corazón** *o* **mis entrañas!** my darling!

**pederasta** SMF pederast, paedophile, pedophile (*EEUU*)

**pederastia** SF pederasty, paedophilia, pedophilia (*EEUU*)

**pedernal** SM flint; **como un ~** of flint, flinty

**pederse*** ▸conjug 2a◂ VPR to fart⁑

**pedestal** SM pedestal, stand

**pedestre** ADJ [1] (= *a pie*) pedestrian; **carrera ~** walking race
[2] [*metáfora, arte, razón*] pedestrian

**pedestrismo** SM walking

**pediatra** SMF paediatrician, pediatrician (*EEUU*)

**pediatría** SF paediatrics *sing*, pediatrics *sing* (*EEUU*)

**pediátrico** ADJ paediatric, pediatric (*EEUU*)

**pedicura** SF chiropody, podiatry (*EEUU*)

**pedicuro/a** SM/F chiropodist, podiatrist (*EEUU*)

**pedida** SF (*Esp*) (*tb* **~ de mano**) engagement; *ver tb* **anillo**, **pulsera**

**pedidera** SF (*Andes, CAm, Caribe*) = **petición**

▼ **pedido** SM [1] (*Com*) order; **su ~ será atendido inmediatamente** your order will be dealt with immediately; **cursar** *o* **hacer un ~** to place an order; **servir un ~** (*Esp*) to deliver an order ► **pedido al contado** cash order ► **pedido atrasado** outstanding order ► **pedido de ensayo** trial order ► **pedido de repetición** repeat order ► **pedido pendiente** outstanding order ► **pedido por teléfono** telephone order; *ver tb* **cartera 6, hoja 2**
[2] (= *petición*) request; **a ~ de algn** at the request of sb; **hacer algo bajo** *o* **sobre ~** to make sth to order

**pedigrí** SM, **pedigree** [pedi'gri] SM pedigree

**pedigüeño** ADJ cadging, mooching (*EEUU**)

**pedilón** (A) ADJ (*LAm*) = **pedigüeño**
(B) SM (*LAm*) pest, nuisance

➤ LENGUA Y USO: pedido 1 47.2, 47.3, 47.4

**pedimento** SM (*gen*) petition; (*Jur*) claim, bill; (*Méx Com*) licence, license (*EEUU*), permit

**pedir** ▸conjug 3k◂ Ⓐ VT [1] (= *rogar, solicitar*) to ask for; **¿habéis pedido ya la cuenta?** have you asked for the bill yet?; **lo único que pido es que no llueva mañana** all I ask is that it doesn't rain tomorrow; **necesito ~te consejo** I need to ask your advice; **a ti nadie te ha pedido tu opinión** nobody asked your opinion; **estuve pidiendo auxilio durante un buen rato** I was calling for help for some time; **una manifestación pidiendo la libertad de los secuestrados** a demonstration calling for the release of the hostages; **llamé para ~ que me pusieran una canción** I phoned to request a song; **~ cuentas a algn** to demand an explanation from sb; **~ algo a Dios** to pray to God for sth; **~ disculpas** to apologize; **~ algo por favor**: **me pidió por favor que fuera discreto** he asked me to please keep it to myself; **te lo pido por favor, quédate conmigo** please stay with me; **~ hora** to make an appointment; **~ limosna** to beg; **~ la palabra** to ask for permission to speak; **pido la palabra, señoría** permission to speak, my lord; **~ perdón** (= *disculparse*) to apologize; (*suplicando*) to beg (for) forgiveness; **~ permiso** to ask (for) permission; ✦***MODISMOS* te lo pido por Dios** I'm begging you; **¿qué más se puede ~?** what more can you ask (for)?

[2] (*Com*) (= *encargar*) to order; **he pedido unos zapatos por correo** I've ordered some shoes by post; **tengo pedidos varios libros** I've got some books on order

[3] (*en un restaurante*) to order; (*en un bar*) to ask for, order; **de primero hemos pedido sopa** we've ordered soup as a starter; **hemos pedido dos cafés y un té** we've asked for *o* ordered two coffees and a tea

[4] (*para casarse*) to propose to; **fue a su casa a ~la** he went to her house to propose to her; **mis dos hermanas ya están pedidas** my two sisters are already spoken for; **~ la mano de algn** to ask for sb's hand; **~ a algn en matrimonio** to ask for sb's hand in marriage

[5] (*Jur*) [+ *condena*] to ask for; **el fiscal pidió siete años de cárcel** the prosecution asked for a seven-year sentence

[6] (= *requerir*) to need; **esta planta pide mucho sol** this plant needs lots of sunlight; **ese sofá pide una cortina azul** that sofa needs a blue curtain to go with it; **~ algo a gritos** *o* **voces** to be crying out for sth; **la casa está pidiendo a voces que la pinten** the house is crying out to be painted

[7] (*tb* **~ prestado**) to borrow; **tengo que ~te unos libros** I need to borrow some books off you; **me pidió prestado el coche** he asked if he could borrow the car, he asked to borrow the car

Ⓑ VI [1] (= *rogar*) **este niño está todo el día pidiendo** that child is always asking for things; **~ por algn** (*Rel*) to pray for sb; **pido a Dios por los difuntos** I pray to God for the dead; ✦***MODISMO* por ~ que no quede** there's no harm in asking

[2] (= *pedir dinero*) [*mendigo*] to beg; [*voluntario*] to collect money; **iba pidiendo por los vagones** he went begging from carriage to carriage; **piden para una buena causa** they are collecting money for a good cause

[3] (*en un bar, restaurante*) to order; **¿habéis pedido ya?** have you ordered yet?; *ver tb* **boca A3**

Ⓒ **pedirse** VPR (*) (= *elegir*) to bag*; **se pidió el mejor asiento** he bagged the best seat*; **yo me pido el de fresa** I bags the strawberry one*, bags I get the strawberry one*

> **PEDIR**
>
> **¿"Ask" o "Ask for"?**
>
> • La expresión **pedir algo** se traduce por **ask for something**:
>
> Pidieron muchas cosas diferentes
> ***They asked for many different things***
>
> **NOTA:** Si el verbo **pedir** lleva dos complementos, el complemento de persona siempre va delante:
>
> Pídele un lápiz a la profesora
> ***Ask the teacher for a pencil***
>
> • La estructura **pedir a alguien que haga algo**, se traduce al inglés por **ask** + **OBJETO** + **CONSTRUCCIÓN DE INFINITIVO**:
>
> Le pedí a mi hermana que me trajera una alfombra de Turquía
> ***I asked my sister to bring me a rug from Turkey***
>
> Le pediremos que nos haga un descuento
> ***We'll ask him to give us a discount***
>
> **NOTA:** si el contexto es más formal **pedir** también se puede traducir por **request**:
>
> Ambas partes en conflicto están pidiendo ayuda al extranjero
> ***Both sides are requesting help from abroad***
>
> *Para otros usos y ejemplos ver la entrada.*

**pedo** Ⓐ ADJ (‡) **estar ~** (= *borracho*) to be pissed‡, be sloshed‡; (= *drogado*) to be high‡; **ponerse ~** (= *borracho*) to get pissed‡, get sloshed‡; (= *drogado*) to get high‡

Ⓑ SM [1] (*) fart‡; **tirarse un ~** to fart‡

[2] (‡) [*de alcohol, drogas*] **agarrar** *o* **coger un ~** (= *emborracharse*) to get pissed‡, get sloshed‡; (= *drogarse*) to get high‡; **estar en ~** (*Cono Sur*) to be pissed‡, be sloshed‡; **¡estás en ~!** (*al hablar*) you must be kidding!; ✦***MODISMO* al ~** (*Cono Sur*): **no me gusta trabajar al ~** I don't like working for the sake of it

[3] ► **pedo de lobo** (*Bot*) puffball

[4] ► **pedo de monja** (*Culin*) very light pastry

**pedofilia** SF paedophilia, pedophilia (*EEUU*)

**pedófilo/a** SM/F, **pedofílico/a** SM/F paedophile, pedophile (*EEUU*)

**pedología** SF pedology, study of soils

**pedorrera‡** SF string of farts‡

**pedorrero*** ADJ given to farting‡, windy

**pedorreta*** SF raspberry*

**pedorro/a*** Ⓐ ADJ (= *tonto*) daft; (= *pelmazo*) annoying

Ⓑ SM/F (= *tonto*) twit*; (= *pelmazo*) pain*

**pedrada** SF [1] (= *acción*) throw of a stone; (= *golpe*) hit *o* blow from a stone; **matar a algn a ~s** to stone sb to death; **pegar una ~ a algn** to throw a stone at sb

[2] (= *comentario molesto*) snide remark, dig*

[3] ✦***MODISMOS* sentar como una ~**: **la cosa le sentó como una ~** he took it very ill, the affair went down very badly with him; **me sienta como una ~ tener que irme** I hate having to go; **venir como ~ en ojo de boticario** to be just what the doctor ordered

**pedrea** SF [1] (= *combate*) stone-throwing, fight with stones

[2] (*Meteo*) hailstorm

[3] [*de lotería*] minor prizes *pl*

**pedregal** SM [*de piedras*] rocky ground, stony place; (*Méx*) [*de lava*] lava field

**pedregón** SM (*LAm*) rock, boulder

**pedregoso** ADJ stony, rocky

**pedregullo** SM (*Cono Sur*) gravel

**pedrejón** SM big stone, rock, boulder

**pedrera** SF quarry

**pedrería** SF precious stones *pl*, jewels *pl*

**pedrero** SM [1] (= *persona*) quarryman, stone cutter

[2] (*Andes, CAm, Cono Sur*) = **pedregal**

**pedrisco** SM [1] (= *granizo*) hail; (= *granizada*) hailstorm

[2] (= *montón*) heap of stones; (= *lluvia de piedras*) shower of stones

**Pedro** SM Peter; ✦***MODISMO* entrar como ~ por su casa** to come in as if one owned the place

**pedrusco** SM [1] (= *piedra*) rough stone; (= *trozo de piedra*) piece of stone, lump of stone

[2] (*LAm*) = **pedregal**

**peduncular** ADJ stalk *antes de s*, peduncular (*Téc*)

**pedúnculo** SM stem, stalk

**peerse*** ▸conjug 2a◂ VPR = **pederse**

**pega** Ⓐ SF [1] (= *dificultad*) snag, problem; **todo son ~s** there's nothing but problems; **poner ~s** (= *objetar a algo*) to raise objections; (= *crear problemas*) to cause trouble

[2] **de ~** (*) (= *falso*) false, dud*; (= *de imitación*) fake, sham, bogus; **un billete de ~** a dud banknote*

[3] (= *acción*) sticking

[4] (= *chasco*) practical joke; (= *truco*) hoax, trick

[5] (= *paliza*) beating, beating-up*

[6] (*Caribe, Cono Sur, Méx*) (= *trabajo*) work

[7] (*Caribe*) (= *liga*) birdlime

[8] (*Cono Sur*) [*de enfermedad*] infectious period

[9] ✦***MODISMOS* estar en la ~** (*Cono Sur*) to be at one's best; **jugar a la ~** (*Andes*) to play tag

Ⓑ SM ✦***MODISMO* ser el ~*** to be the one who always sees problems

**pegachento** ADJ sticky

**pegada** SF [1] (*) (= *atractivo*) appeal; **un cantante con mucha ~** a singer with great appeal

[2] ► **pegada de carteles** (*Pol*) **dio comienzo la campaña con la tradicional ~ de carteles** the campaign began with the traditional sticking up of posters

[3] (*Cono Sur*) (= *mentira*) fib, lie

[4] (*Cono Sur*) (= *acierto*) **¡qué ~!** what a piece *o* stroke of luck!; **fue una ~ y por casualidad** it was a complete fluke

[5] **tiene una excelente ~** (*Boxeo*) he packs an excellent punch; (*Ftbl**) he has a good shot on him*

**pegadillo** SM (*Andes*) lace

**pegadizo/a** Ⓐ ADJ [1] (*Esp*) [*canción, melodía*] catchy

[2] [*risa, enfermedad*] contagious

[3] (= *pegajoso*) sticky

[4] (= *postizo*) false

5 (*Esp*) (= *gorrón*) sponging*
Ⓑ SM/F (*Esp*) sponger*

**pegado** Ⓐ ADJ 1 (= *adherido*) (*gen*) stuck; (*con pegamento*) glued; **me desperté con los ojos ~s** I woke up with my eyes stuck together; **¿está bien pegada la foto?** is the photo stuck on properly?; **el póster estaba ~ a la pared con chinchetas** the poster was stuck *o* fixed to the wall with drawing pins; *ver tb* **falda 1**
2 (= *junto*) **~ a algo**: **el estadio está ~ al río** the stadium is right beside the river; **íbamos muy ~s al coche de delante** we were right behind the car in front; **pon el piano ~ a la pared** put the piano right up *o* flush against the wall; **la lámpara estaba muy pegada al techo** the lamp was almost touching the ceiling; **los corredores iban muy ~s unos a otros** the runners were bunched together; **se tira las horas pegada al ordenador** she spends hours glued to the computer; **se pasan el día ~s a los libros** they spend all day with their noses stuck in books*; **está todo el día ~ a su madre** he's a real mother's boy
3 (= *quemado*) [*arroz, leche*] burnt, burned (*EEUU*); **oler a ~** to smell burnt; **✦MODISMO quedarse ~*** to get an electric shock, get fried (*EEUU**)
4 (*Esp*) (= *asombrado*) stunned; **me has dejado ~ con esa noticia** what you've just said has really stunned me *o* taken me aback, I'm really stunned by what you've just said
5 (*Esp‡*) **estar ~** to not have a clue*; **no me sé nada del examen, estoy ~** I haven't got a clue about the exam*
Ⓑ SM (*Med*) (= *parche*) sticking plaster, Band-Aid® (*EEUU*)

**pegadura** SF (*Andes*) practical joke

**pegajoso** ADJ 1 (= *que se adhiere*) [*superficie, suelo, manos*] sticky; [*miel*] sticky, gooey*; **la mesa está muy pegajosa** the table is all sticky; **hoy hace un calor ~** it's really sticky today
2 [*persona*] clingy*
3 (= *LAm*) [*canción, melodía*] catchy
4 (= *contagioso*) contagious

**pegamento** SM glue, adhesive ► **pegamento de caucho** (*Aut*) rubber solution ► **pegamento de contacto** contact adhesive

**pegar** ▸conjug 1h◂ Ⓐ VT 1 (= *adherir*)
1·1 (*gen*) to stick; (*con cola*) to glue, stick; [+ *cartel*] to stick up; [+ *dos piezas*] to fix together; **tengo que ~ las fotos en el álbum** I have to stick the photos into the album; **~ un sello** to stick a stamp on; **lo puedes ~ con celo** you can stick it on with Sellotape®, you can sellotape it on; **✦MODISMO no ~ sello*** not to lift a finger
1·2 (= *coser*) [+ *botón*] to sew on
2 (= *golpear*) (*gen*) to hit; (= *dar una torta a*) to smack; **Andrés me ha pegado** Andrés hit me; **hazlo o te pego** do it or I'll hit you; **es un crimen ~ a los niños** it's a crime to hit *o* smack children; **dicen que pega a su mujer** they say he beats his wife
3 (*) (= *dar*) **me pegó un golpe** he hit me; **~ un grito** to shout, cry out; **le han pegado un puntapié** they gave him a kick, they kicked him; **~ un salto** to jump (*with fright etc*); **~ un susto a algn** to scare sb, give sb a fright; **¡qué susto me has pegado!** what a fright you gave me!; **le ~on un tiro** they shot him; *ver tb* **fuego 1**
4 (= *arrimar*) **~ una silla a una pared** to move *o* put a chair up against a wall; **~ el oído a la puerta** to put one's ear to the door; **✦MODISMO ~ el oído** *o* **la oreja** to prick up one's ears
5 (*) (= *contagiar*) to give (**a** to); **me has pegado la gripe** you've given me the flu; **él me pegó la costumbre** I picked up the habit off him
6 **✦MODISMO ~la** (*Andes, Arg**) (= *tener suerte*) to be lucky; (= *lograrlo*) to manage it; (= *caer en gracia*) to have a hit (**con** with)
7 (*Méx*) (= *atar*) to tie, fasten (down); [+ *caballo*] to hitch up
8 (*Caribe*) [+ *trabajo*] to start
Ⓑ VI 1 (= *adherir*) to stick
2 (= *agarrar*) [*planta*] to take (root); [*remedio*] to take; [*fuego*] to catch
3 **~ contra algo** to hit sth; **pegamos contra un muro** we hit a wall; **~ en algo** (= *dar*) to hit sth; (= *rozar*) to touch sth; **la flecha pegó en el blanco** the arrow hit the target; **la pelota pegó en el árbol** the ball hit the tree; **pegaba con un palo en la puerta** he was pounding on *o* hitting the door with a stick; **las ramas pegan en los cristales** the branches beat against the windows; **el sol pega en esta ventana** the sun beats down through this window; **el piano pega en la pared** the piano is touching the wall
4 (*) (= *armonizar*) to go well, fit; [*dos colores*] to match, go together; **es un ingrediente que no pega** it's an ingredient which does not go well with other dishes; **este sillón no pega aquí** this armchair doesn't look right here; **la cita no pega** the quotation is out of place; **~le a algn: no le pega nada actuar así** it's not like him to act like that; **~ con algo** to match sth, go with sth; **ese sombrero no pega con el abrigo** that hat doesn't match *o* go with the coat
5 (*) (= *ser fuerte*) to be strong; **este vino pega (mucho)** this wine is really strong *o* goes to your head; **a estas horas el sol pega fuerte** the sun is really hot at this time of day
6 (*) (= *tener éxito*) **ese autor está pegando** that author's a big hit; **esta canción está pegando muy fuerte** this song is rocketing up the charts; **los jóvenes vienen pegando (fuerte)** the younger generation's coming up fast
7 (*) (= *creer*) **me pega que ...: me pega que no vendrá** I have a hunch that he won't come
8 **~le a algo*** to be a great one for sth*; **~le a la bebida** to be a heavy drinker
9 (*Caribe, Méx**) (= *trabajar duro*) to slog away*
Ⓒ **pegarse** VPR 1 (= *adherirse*) to stick; **vigila o se ~á el arroz** be careful or the rice will stick
2 (= *pelearse*) to hit each other, fight
3 **~se a algn** (= *arrimarse*) to stay close to sb; (*Dep*) to stick close to sb; **pégate al grupo y no te perderás** stay close to the group and you won't get lost; **el niño se pegó a su madre** the boy clung to his mother; **si vamos a algún sitio siempre se nos pega** if we go anywhere he always latches on to us; **~se a una reunión** to gatecrash a meeting*; **✦MODISMO ~se a algn como una lapa** (*Esp*) to stick to sb like glue *o* a limpet
4 (*) (= *contagiarse*) (*lit*) to be catching; (*fig*) to be infectious, be catchy; **todo se pega (menos la hermosura)** everything's catching (except good looks); **se te ha pegado el acento andaluz** you've picked up an Andalusian accent
5 (*) (= *darse*) **~se un tiro** to shoot o.s.; **¡es para ~se un tiro!** it's enough to make you scream!; **~se un golpe** to hit o.s.; **me pegué un golpe en la cabeza** I hit my head; **se pega una vida padre** he lives the life of Riley; **✦MODISMOS pegársela*** (= *fracasar*) to fail, come a cropper*; **pegársela a algn** (= *traicionar*) to double-cross sb; (= *ser infiel*) to cheat on sb

**Pegaso** SM Pegasus

**pegatina** SF sticker

**pegativo** ADJ (*CAm, Cono Sur*) sticky

**pego*** SM (*Esp*) **✦MODISMO dar el ~**: **es una imitación barata pero da el ~** it's a cheap imitation but it looks like the real thing

**pegón*** ADJ 1 [*persona*] tough, hard, given to violence
2 [*vino*] strong

**pegoste** SM 1 (*LAm*) (= *esparadrapo*) surgical tape
2 (*Caribe**) (= *colado*) gatecrasher
3 (*CAm‡*) (= *parásito*) scrounger*

**pegote*** SM 1 (*Culin*) sticky mess
2 **✦MODISMOS echarse un ~** ◊ **tirarse ~s*** to brag*, exaggerate, show off
3 (= *gorrón*) hanger-on
4 (*fig*) (= *chapuza*) botch; (= *parche*) patch

**pegotear*** ▸conjug 1a◂ VI to sponge*, cadge

**pegujal** SM 1 (*Fin*) wealth, money; (= *hacienda*) estate
2 (*Agr*) small plot, small private plot, smallholding

**peina** SF back comb, ornamental comb

**peinada** SF combing; **darse una ~** to comb one's hair

**peinado** Ⓐ ADJ 1 **bien ~** [*pelo*] well-combed; [*persona*] neat, well-groomed
2 (= *relamido*) [*persona*] foppish; [*estilo, ingenio*] affected
Ⓑ SM 1 [*de pelo*] hairdo, hairstyle ► **peinado de paje** pageboy hairstyle
2 (*) (= *investigación*) check, investigation; (= *redada*) sweep, raid; (= *casa por casa*) house-to-house search

**peinador(a)** Ⓐ SM/F (= *persona*) hairdresser
Ⓑ SM 1 (= *bata*) dressing gown, peignoir
2 (*LAm*) (= *tocador*) dressing table

**peinadura** SF 1 (= *acción*) combing
2 **peinaduras** (= *pelos*) combings

**peinar** ▸conjug 1a◂ Ⓐ VT 1 [+ *pelo*] (*con peine*) to comb; (*con cepillo*) to brush; **me peinan en Zoila's** I get my hair done at Zoila's
2 [+ *caballo*] to comb, curry
3 [+ *zona*] to comb
4 (*LAm*) [+ *roca*] to cut
5 (*Arg**) (= *adular*) to flatter
6 (*Dep**) [+ *balón*] to head
Ⓑ **peinarse** VPR to comb one's hair; **~se a la griega** to do one's hair in the Greek style

**peine** SM comb; **✦MODISMO ¡te vas a enterar de lo que vale un ~!** (*Esp**) now you'll find out what's what! ► **peine de púas** fine-toothed comb, nit comb

**peinecillo** SM fine comb

**peineta** SF back comb, ornamental comb

**peinilla** SF (*Andes, Caribe*) large machete

**p.ej.** ABR (= **por ejemplo**) e.g.

**peje** Ⓐ ADJ (*Méx*) stupid
Ⓑ SM [1] (*Zool*) fish ► **peje araña** weever ► **peje sapo** monkfish
[2] (*) (= *listillo*) twister, sharpie (*EEUU**)

**pejiguera*** SF bother, nuisance

**Pekín** SM Beijing, Peking

**pela** SF [1] (*Culin*) peeling
[2] (*Esp**) (= *peseta*) peseta; **~s** (= *dinero*) money *sing*; **unas buenas ~s** a good few bucks*; **mucha ~** o **~ larga** lots of dough‡; **mirar la ~** to be concerned only about money; ✦*MODISMO* **cambiar** o **echar la ~**‡ to throw up*, puke (up)*
[3] (*LAm**) (= *zurra*) beating
[4] (*Méx**) [*de trabajo*] slog, hard work; (*CAm*) (= *fatiga*) exhaustion

**pelada** SF [1] (*LAm*) (= *corte de pelo*) haircut
[2] (*Cono Sur*) (= *calva*) bald head
[3] (*Andes, CAm, Caribe*) (= *error*) blunder
[4] **la Pelada** (*Andes, Caribe, Cono Sur*) (= *muerte*) Death

**peladar** SM (*Cono Sur*) arid plain

**peladera** SF [1] (*Med*) alopecia
[2] (*CAm, Méx*) (= *chismes*) gossip, backbiting
[3] (*Cono Sur*) (= *erial*) arid plain

**peladero** SM (*LAm*) = **pelador**

**peladez*** SF [1] (*Méx*) (= *vulgaridad*) vulgarity; (= *palabrota*) rude word, obscenity
[2] (*Andes*) (= *pobreza*) poverty

**peladilla** SF (*Esp*) sugared almond

**pelado/a** Ⓐ ADJ [1] (= *sin pelo*) **lleva la cabeza pelada** he has his head shaved
[2] (*por el sol*) **tengo la espalda pelada del sol** my back is peeling from being in the sun
[3] [*fruta, patata*] peeled; [*gamba*] shelled; **tomates ~s** peeled tomatoes; **sólo han dejado los huesos ~s** they left nothing but the bones
[4] [*terreno*] treeless, bare; [*paisaje*] bare; [*tronco*] bare, smooth; **una montaña pelada** a bare mountain
[5] (= *escueto*) bare; **cobra el sueldo ~** he gets just his bare salary; **he sacado un cinco ~** I just scraped a five
[6] (*) (= *sin dinero*) broke*, penniless
[7] (*Méx*) (= *grosero*) coarse, rude
[8] (*) [*número*] round; **el cinco mil ~** a round five thousand
[9] (*CAm, Caribe*) (= *descarado*) impudent
Ⓑ SM (*) (= *corte de pelo*) haircut
Ⓒ SM/F [1] (†) (= *pobre*) pauper
[2] (*Méx**) (= *obrero*) working-class person
[3] (*Andes, CAm**) (= *bebé*) baby

**PELADO**

*A stock figure in Mexican theatre and film, the* **pelado** *is a kind of rural anti-hero cum lovable rogue who survives by his quick wits in the foreign environment of the city. The Mexican actor and comedian Mario Moreno (1911-94) based the character* **Cantinflas** *on the* **pelado**, *for which he is famous all over the Spanish-speaking world. The* **pelado** *is closely related to the literary figure of the* **pícaro** *and forms part of a long line of anti-heroic characters in Hispanic literature.*
⇨ *See also* PÍCARO, CARPA

**pelador** SM (*Culin*) peeler

**peladura** SF [1] (= *acción*) peeling
[2] **peladuras** (= *mondaduras*) peel *sing*, peelings
[3] (= *calva*) bare patch

**pelafustán/ana** SM/F layabout, good-for-nothing

**pelagatos** SM INV, **pelagallos** SM INV nobody

**pelágico** ADJ pelagic, deep-sea *antes de s*

**pelaje** SM [1] (*Zool*) fur, coat
[2] (= *apariencia*) **tenía muy mal ~** he looked very suspicious o dodgy; **no me gusta nada el ~ de esa gente** I don't like the look of them at all; **¡qué ~ llevas! pareces un pedigüeño** just look at you! you look like a right tramp!; **y otros de ese ~** and others of that ilk; **de todo ~** of every kind
[3] (= *pelo*) (*) mop of hair*

**pelambre** SM [1] (*Zool*) skin, fleece (*cut from animal*)
[2] (*) [*de persona*] mop of hair*
[3] (*en cabeza, piel*) bare patch
[4] (*Cono Sur*) (= *murmullos*) gossip, slander

**pelambrera** * SF mop of hair*

**pelanas** SM INV nobody

**pelandusca*** SF (*Esp*) tart‡, slut‡

**pelapatatas** SM INV, **pelapapas** SM INV (*LAm*) potato peeler

**pelar** ▸conjug 1a◂ Ⓐ VT [1] (= *rapar*) **lo han pelado al cero** o **al rape** they've cropped his hair*, they've completely shaved his hair off
[2] [+ *fruta, patata*] to peel; [+ *habas, mariscos*] to shell
[3] (= *despellejar*) to skin; (= *desplumar*) to pluck
[4] (†) (= *criticar*) to flay, criticize
[5] (†) (= *quitar el dinero a*) to clean out*, fleece*
[6] (†) (= *matar*) to do in‡, bump off‡
[7] (*LAm*) (= *azotar*) to beat up*
[8] **~la** (*Andes**) (= *morir*) to kick the bucket‡, die
Ⓑ VI [1] (*Cono Sur*) (= *cotillear*) to gossip
[2] (*Esp**) **que pela: hace un frío que pela** it's bitterly cold; **la sopa está que pela** this soup is piping hot
Ⓒ **pelarse** VPR [1] (= *cortarse el pelo*) to get one's hair cut; **voy a ~me** I'm going to get my hair cut
[2] [*nariz, hombros*] to peel; **se me está pelando la espalda** my back is peeling
[3] ✦*MODISMOS* **pelársela**‡* (= *masturbarse*) to toss off‡*; **pelárselas***: **se las peló en cuanto vio a su padre** he ran off as soon as he saw his dad; **me las pelo** I'm off*; **corre que se las pela** he runs like nobody's business*
[4] (*Méx*‡) (= *morir*) to kick the bucket‡

**pelazón** SF (*CAm, Méx*) [1] (= *chismes*) gossip, backbiting
[2] (= *pobreza*) chronic poverty

**peldaño** SM (*Arquit*) step, stair; [*de escalera portátil*] rung

**pelea** SF (*a golpes, patadas*) fight; (= *discusión, riña*) quarrel, row; **armar una ~** to start a fight; **gallo de ~** fighting cock, gamecock ► **pelea de gallos** cockfight

**peleado** ADJ **estoy peleada con dos amigas** I've fallen out with two friends; **María está peleada con su novio** María has broken up o split up with her boyfriend

**peleador** ADJ quarrelsome

**pelear** ▸conjug 1a◂ Ⓐ VI [1] (*físicamente*) to fight; **los dos púgiles ~án por el título mañana** the two boxers will fight for the title tomorrow; **los perros peleaban por un hueso** the dogs were fighting over a bone; **siempre me toca ~ con los niños a la hora del baño** I'm always the one who has to battle with the children at bathtime
[2] (= *esforzarse*) to struggle; **tuvo que ~ mucho para mantener a su familia** he had to struggle hard to support his family, it was a hard struggle for him to support his family
Ⓑ **pelearse** VPR [1] (*físicamente*) to fight; **dos niños se estaban peleando en el patio** there were two children fighting in the playground; **estaban peleándose a puñetazos** they were punching each other o laying into each other with their fists; **los hermanos se peleaban a patadas** the two brothers were kicking each other; **se estaban peleando por unos caramelos** they were fighting over some sweets; **~se con algn** to fight sb
[2] (= *discutir*) to argue, quarrel; **siempre nos peleamos cuando hablamos de política** we always end up arguing whenever we talk about politics
[3] (= *romper una relación*) [*dos amigos*] to fall out; [*novios*] to split up, break up; **se ha peleado con todas sus amigas** he's fallen out with all his friends; **se ha peleado con su novio** she has broken up o split up with her boyfriend

**pelechar** ▸conjug 1a◂ VI [1] (*Zool, Orn*) (= *perder pelo*) to moult, molt (*EEUU*); (= *criar pelo*) to grow new hair
[2] (= *recuperarse*) [*persona*] to be on the mend, regain one's strength; [*negocio*] to be turning the corner
[3] (*Cono Sur*) (= *enriquecerse*) prosper

**pelecho** SM (*Cono Sur, Méx*) [1] (= *pelo*) moulted fur; (= *piel*) sloughed skin
[2] (= *ropa*) old clothing

**pelele** SM [1] (= *figura*) guy, straw doll; (*fig*) tool, puppet
[2] (= *bobo*) simpleton
[3] [*de bebé*] Babygro®, rompers *pl*, creepers *pl* (*EEUU*)

**pelendengue** SM = **perendengue**

**peleón** ADJ [1] (= *belicoso*) aggressive
[2] (= *discutidor*) argumentative
[3] [*vino*] cheap, rough

**peleona*** SF (*gen*) row, set-to*; (*más violenta*) brawl

**peleonero** ADJ (*LAm*) = **peleón**

**pelero** SM [1] (*CAm, Cono Sur*) horse blanket
[2] (*Caribe*) = **pelambre**

**pelés**‡* SMPL (*Esp*) balls‡*; ✦*MODISMO* **estar en ~** to be stark naked

**pelete** SM [1] = **pelado C1**
[2] **en ~** stark naked

**peletería** SF [1] (= *tienda*) furrier's, fur shop; (= *oficio*) furriery
[2] (*Caribe*) (= *zapatería*) shoe shop

**peletero/a** SM/F furrier

**peli*** SF = **película 1**

**peliagudo** ADJ [*tema*] tricky

**pelicano**[1] ADJ grey-haired

**pelícano** SM, **pelicano**[2] SM pelican

**pelicorto** ADJ short-haired

**película** SF [1] (*Cine*) film, movie (*EEUU*); **hoy echan** o **ponen una ~ de Hitchcock por la**

**tele** there's a Hitchcock film on TV tonight; **pasar una ~** to show a film; ✦*MODISMOS* **una cosa de ~** like something in the movies, an astonishing thing, something out of this world; **fue de ~** it was incredible; **¡allá ~s!*** it's nothing to do with me! ► **película de acción** action film ► **película de animación** cartoon ► **película de aventuras** adventure film ► **película de dibujos (animados)** cartoon ► **película de época** period film ► **película de gángsters** gangster film ► **película de la serie B** B film, B movie (*esp EEUU*) ► **película del Oeste** western ► **película de miedo** horror film ► **película de terror** horror film ► **película en color** colour film, color film (*EEUU*) ► **película muda** silent film ► **película S** porn film ► **película sonora** talkie ► **película (de) vídeo** video film
2 (*Fot*) film ► **película virgen** unexposed film
3 (*Téc*) film ► **película autoadherible** (*Méx*) Clingfilm®, Saran Wrap® (*EEUU*)
4 (*) (= *narración*) story, catalogue of events; (= *cuento*) tall story, tale; **¡cuánta ~!** what a load of rubbish!*
5 (*Caribe*) (= *disparate*) silly remark; (= *lío*) row, rumpus

**peliculero*** ADJ 1 (= *aficionado al cine*) fond of films *o* (*EEUU*) movies, fond of the cinema
2 (*) (= *afectado*) showy

**peligrar** ▸conjug 1a◂ VI to be in danger; **~ de hacer algo** to be in danger of doing sth

**peligro** SM (*gen*) danger, peril (*liter*); (= *riesgo*) risk; **en ~ de extinción** in danger of extinction; **no hay ~ de la vida de la madre** the mother's life is not in danger; **estos gases constituyen un ~ para la salud** these gases pose a risk to health, these gases pose a health hazard; **¡ese niño es un ~ andante!** (*hum*) that child is a walking disaster area!; correr ~: **corre el ~ de que lo descubran** he runs the risk of being found out; **bajo esta roca no corremos ~** we're in no danger under this rock, we're free from danger under this rock; **estar en ~** to be in danger; **está fuera de ~** he's out of danger; **poner en ~** to endanger, put at risk, jeopardize; **"peligro de incendio"** "fire risk", "fire hazard"; **"peligro de muerte"** "danger" ► **peligro amarillo** yellow peril

**peligrosamente** ADV (*gen*) dangerously; (= *arriesgadamente*) riskily

**peligrosidad** SF (*gen*) danger; (= *riesgo*) riskiness

**peligroso** ADJ (*gen*) dangerous; (= *arriesgado*) risky; [*herida*] ugly, nasty

**pelilargo** ADJ long-haired

**pelillo*** SM trifle, trivial thing; **no se para en ~s** he is not easily deterred; ✦*MODISMOS* **echar ~s a la mar** to bury the hatchet; **¡~s a la mar!** (*Esp*) let bygones be bygones!

**pelín*** Ⓐ SM bit, small amount; **un ~ de música** a bit of music
Ⓑ ADV a bit, just a bit; **es un ~ tacaño** he's just a bit mean; **te pasaste un ~** you went a bit too far

**pelinegro** ADJ black-haired

**pelirrojo/a** Ⓐ ADJ red-haired, red-headed
Ⓑ SM/F redhead; **la pequeña pelirroja** the little redhead

**pelirrubio** ADJ fair-haired

**pella** SF 1 (*gen*) ball, round mass; (*sin forma*) dollop; (*Culin*) lump of lard
2 [*de coliflor*] head
3 (*) (= *suma de dinero*) sum of money
4 ✦*MODISMO* **hacer ~s** to play truant*, play hooky (*EEUU**)

**pelleja** SF 1 (= *piel*) skin, hide
2 (*) (= *prostituta*) whore
3 (*) (= *mujer delgada*) thin woman
4 (*Esp*‡) (= *cartera*) wallet, billfold (*EEUU*)

**pellejería** SF 1 (= *pieles*) skins *pl*, hides *pl*
2 (= *curtiduría*) tannery
3 **pellejerías** (*Cono Sur*) (= *dificultades*) difficulties

**pellejero/a**‡ SM/F pickpocket

**pellejo** SM 1 [*de animal*] skin, hide; (*) [*de persona*] skin; [*de uva*] skin; ✦*MODISMOS* **no caber en el ~** to be bursting with pride; **estar en el ~ de algn**: **no quisiera estar en su ~** I wouldn't like to be in his shoes; **ponerse en el ~ de algn**: **ponte en su ~** put yourself in her shoes; **quitarle el ~ a algn** to flay sb, criticize sb harshly; **no tener más que el ~** to be all skin and bones
2 (*) (= *vida*) neck*; **arriesgar el ~** to risk one's neck*; **perder el ~** to snuff it*; **salvar el ~** to save one's skin *o* neck*
3 (= *odre*) wineskin
4 (*) (= *borracho*) drunk
5 (†) (= *mujeriego*) rake, womanizer

**pellet** SM (*pl* **pellets**) pellet

**pellingajo** SM (*Andes, Cono Sur*) 1 (= *trapo*) dishcloth
2 (= *objeto*) piece of junk

**pelliza** SF (*hecha de piel*) fur jacket; (*forrada de piel*) fur-lined jacket

**pellizcar** ▸conjug 1g◂ VT 1 [+ *persona, mejilla*] to pinch
2 [+ *comida*] to nibble, pick at

**pellizco** SM 1 (*en mejilla, brazo*) pinch
2 (= *cantidad pequeña*) small bit; **un ~ de sal** a pinch of salt; ✦*MODISMO* **un buen ~*** a tidy sum*
3 [*de sombrero*] pinch, dent

**pellón** SM (*LAm*) *sheepskin saddle blanket*

**pelma** Ⓐ SMF (*) bore; **¡no seas ~!** don't be such a bore!
Ⓑ SM lump, solid mass

**pelmazamente*** ADV boringly

**pelmazo*** Ⓐ ADJ boring
Ⓑ SMF bore

**pelo** SM 1 (= *filamento*) [*de persona, animal*] hair; [*de barba*] whisker; (*Téc*) fibre, fiber (*EEUU*), strand; **un ~ rubio** a blond hair
2 (*en conjunto*) [*de persona*] hair; (= *piel*) fur, coat; [*de fruta*] down; [*de jersey*] fluff; [*de tejido*] nap, pile; **tiene el ~ rubio** she has blond hair; **tiene el ~ rizado** he has curly hair; **tienes mucho ~** you have thick hair; **tiene poco ~** his hair is thin; **se me está cayendo el ~** I am losing my hair; **cortarse el ~** to have one's hair cut; **dos caballos del mismo ~** two horses of the same colour ► **pelo de camello** camel-hair, camel's hair (*EEUU*)
3 [*de reloj*] hairspring
4 [*de diamante*] flaw
5 (= *grieta*) hairline crack
6 (= *sierra*) hacksaw blade
7 ✦*MODISMOS* **a pelo***: **cabalgar** *o* **montar a ~** to ride bareback; **cantar a ~** to sing unaccompanied; **hacerlo a ~** (*sexualmente*) to have unprotected sex; **está más guapa a ~ que con maquillaje** she's prettier just as she is, without her make-up on; **ir a ~** (= *sin sombrero*) to go bareheaded; (= *desnudo*) to be stark naked; **pasar el mono a ~** (*de drogas*) to go through cold turkey; **agarrarse a un ~** to clutch at straws; **al ~***: **te queda al ~** it looks great on you, it fits like a glove; **este regalo me viene al ~** this present is just what I needed *o* wanted; **viene al ~ el comentario** that comment is spot on; **un tema que viene muy al ~ en esta discusión** a subject which is highly relevant to this debate; **caérsele el ~ a algn** (*esp Esp**) **¡se te va a caer el ~!** you're (in) for it now!; **cortar un ~ en el aire** to be pretty smart; **dar a algn para el ~*** (= *pegar*) to beat the living daylights out of sb*; (*en discusión*) to wipe the floor with sb*; (= *regañar*) to give sb a rollicking*; **con estos ~s***: **¡Juan viene a cenar y yo con estos ~s!** Juan is coming to dinner and look at the state I'm in!; **ser de dos ~s** (*Cono Sur*) to be two-faced; **echar el ~** (*Cono Sur**) to waste time, idle; **lucirle el ~ a algn***: **así nos luce el ~** and that's the awful state we're in, that's why we're so badly off; **de medio ~** (= *de baja calidad*) second-rate; (= *de baja categoría social*) of no social standing; **de ~ en pecho** manly; **un hombre de ~ en pecho** a real man; **hacer a ~ y pluma**‡ to be AC/DC‡; **por los ~s** by the skin of one's teeth; **pasó el examen por los ~s** he passed the exam by the skin of his teeth, he scraped through the exam; **parece traído por los ~s** it seems far-fetched; **con ~s y señales** in minute detail; **soltarse el ~*** to let one's hair down*; **tener el ~ de la dehesa** to be unable to hide one's rustic *o* humble origins; **no tener ~s en la lengua** not to mince one's words; **no tocar un ~ de la ropa a algn** not to lay a finger on sb; **tomar el ~ a algn** to pull sb's leg; **no ver el ~ a algn*** not to see hide nor hair of sb; **no se les ve el ~ desde hace mucho** there's been no sign of them for ages; *ver tb* **punta A2**
8 **un ~*** (= *un poco*) **no se mueve un ~ de aire** *o* **viento** there isn't a breath of wind stirring; **no me fío un ~ de ellos** I don't trust them an inch; **me temo que te pasas un ~** I am afraid you are going a bit too far; **no afloja un ~** (*Cono Sur*) he won't give an inch; **no tiene un ~ de tonto** he's no fool; **no perdí el avión por un ~** I only just caught the plane; **nos escapamos por un ~** we had a close shave

**pelón** Ⓐ ADJ 1 (= *calvo*) bald, hairless; (= *rapado*) with a crew-cut, close-cropped
2 (= *sin recursos*) broke*, penniless; (= *pobre*) poor
3 (= *tonto*) thick*, stupid
4 (*Andes*) (= *con mucho pelo*) hairy, long-haired
Ⓑ SM 1 (= *pobre diablo*) poor wretch
2 (*LAm*) (= *niño*) child, baby
3 (*Cono Sur*) (= *melocotón*) nectarine
4 (*Caribe**) (= *error*) blunder, boob*

**pelona** SF 1 (= *calvicie*) baldness
2 **la Pelona*** (= *muerte*) death

**peloso** ADJ hairy

**pelota** Ⓐ SF 1 (*Dep*) ball; **jugar a la ~** to play ball; ✦*MODISMOS* **devolver la ~ a algn** to turn the tables on sb; **hacer la ~ a algn*** to suck up to sb; **lanzar ~s fuera** to dodge the issue; **pasarse la ~** to pass the buck*; **la ~ si-**

gue en el tejado it's all still up in the air ► **pelota base** baseball ► **pelota de goma** (*Mil*) rubber bullet ► **pelota vasca** pelota
2 **pelotas**✱✱ (= *testículos*) balls✱✱; **¿que te deje el coche? ¡las ~s!** you expect me to lend you the car? what a bloody cheek!✱; **en ~s** (= *desnudo*) stark naked, starkers✱; (= *sin dinero*) broke*; **coger** *o* **pillar a algn en ~s** to catch sb with their trousers down*; **dejar a algn en ~s** to strip sb clean *o* naked; (*en un juego*) to clean sb out*; ✦*MODISMOS* **hinchar las ~s a algn** to get on sb's tits✱, bug sb*; **tener ~s** to have balls; **tocar las ~s a algn** to get on sb's tits✱, bug sb*
3 (*) (= *cabeza*) nut*, noggin (*EEUU**), head
4 (*LAm*✱) [*de amigos*] bunch, gang
5 (*CAm, Caribe, Méx*) (= *pasión*) passion; **tener ~ por** to have a passion for
6 (*CAm, Caribe, Méx*) (= *amante*) girlfriend
7 (*en cárcel*) ✦*MODISMO* **estar en la ~**✱ to be in solitary*
Ⓑ SMF (*) creep*

**pelotari** (*Esp*) SMF pelota player

**pelotazo** SM 1 (*Esp*✱) drink; **pegarse un ~** to have a drink
2 (*Dep*) (*fuerte*) fierce shot; (*largo*) long ball

**pelote**✱ SM five-peseta coin

**pelotear** ▸conjug 1a◂ Ⓐ VT 1 (*Fin*) [+ *cuenta*] to audit
2 (*Andes**) **~ un asunto** to turn sth over in one's mind
3 (*LAm**) (= *captar*) to catch, pick up
Ⓑ VI 1 (*Dep*) to knock a ball about, kick a ball about; (*Tenis*) to knock up
2 (= *reñir*) to bicker, argue

**peloteo** SM 1 (*Tenis*) (*como entrenamiento*) knock-up; (= *tirada larga*) rally
2 (*Ftbl*) kick-about*; [*de entrada*] warm-up
3 (*) (= *adulación*) flattery
4 (= *intercambio*) exchange, sending back and forth; **hubo mucho ~ diplomático** there was a lot of diplomatic to-ing and fro-ing

**pelotera*** SF row, set-to*

**pelotero/a** Ⓐ ADJ (*) = **pelotillero A**
Ⓑ SM/F 1 (*LAm*) (= *jugador*) ball player; [*de fútbol*] footballer; [*de béisbol*] baseball player
2 (*) (= *lameculos*) creep✱

**pelotilla*** SF 1 (= *adulación*) **hacer la ~ a algn** to suck up to sb*
2 [*de nariz*] bogey✱; **hacer ~s** to pick one's nose

**pelotilleo*** SM crawling*, bootlicking*, brownnosing (*EEUU*✱)

**pelotillero/a*** Ⓐ ADJ crawling*, bootlicking*, brownnosing (*EEUU*✱)
Ⓑ SM/F crawler*, bootlicker*, brownnose (*EEUU*✱)

**pelotón** SM 1 [*de gente*] crowd; [*de atletas, ciclistas*] pack ► **pelotón de cabeza** leading group
2 (*Mil*) detachment, squad ► **pelotón de abordaje** boarding party ► **pelotón de demolición** demolition squad ► **pelotón de ejecución, pelotón de fusilamiento** firing squad
3 [*de hilos*] tangle, mat

**pelotudez**✱ SF (*LAm*) stupidity

**pelotudo/a**✱ Ⓐ ADJ 1 (= *valiente*) tough, gutsy
2 (*LAm*) (= *imbécil*) bloody stupid✱; (= *inútil*) useless; (= *descuidado*) slack, sloppy
3 (*CAm**) [*salsa*] lumpy
Ⓑ SM/F (*LAm*) bloody fool✱, jerk (*EEUU**)

**pelpa**✱ SF (*LAm*) joint✱, reefer✱

**peltre** SM pewter

**peluca** SF 1 (*para cabeza*) wig
2 (*) (= *rapapolvo*) dressing-down*

**peluche** SM felt, plush; *ver tb* **oso**

**peluchento** ADJ silky, smooth

**peluco**✱ SM clock, watch

**pelucón/ona** Ⓐ ADJ (*Andes*) long-haired
Ⓑ SM/F (*Cono Sur*†) (= *conservador*) conservative; (*Andes*) (= *de alta posición*) bigwig, big shot*

**peludo** Ⓐ ADJ 1 (= *con mucho pelo*) hairy, shaggy; (= *con pelo largo*) long-haired; [*animal*] furry, shaggy; [*barba*] bushy
2 (*CAm**) (= *difícil*) hard
Ⓑ SM 1 (= *felpudo*) round felt mat
2 (*Cono Sur Zool*) (species of) armadillo
3 (= *borrachera*) (*Cono Sur*✱) **agarrarse un ~** to get sloshed✱

**peluquearse** ▸conjug 1a◂ VPR (*LAm*) to have a haircut

**peluquería** SF 1 (= *establecimiento*) [*de mujeres, hombres*] hairdresser's; [*de hombres sólo*] barber's (shop)
2 (= *oficio*) hairdressing

**peluquero/a** SM/F [*de mujeres, hombres*] hairdresser; [*de hombres sólo*] barber

**peluquín** SM toupée, hairpiece; ✦*MODISMO* **¡ni hablar del ~!*** no way!*

**pelusa** SF 1 (*Bot*) down; (*Cos*) fluff; (*en cara*) down, fuzz; (*bajo muebles*) fluff, dust
2 (*) (*entre niños*) envy, jealousy

**pelusiento** ADJ (*Andes, Caribe*) hairy, shaggy

**peluso**✱ SM (*Mil*) squaddie*, recruit

**pélvico** ADJ pelvic

**pelvis** SF INV pelvis

**peme**✱ SM military policeman

**PEMEX** SM ABR = **Petróleos Mexicanos**

**PEN** SM ABR 1 (*Esp*) = **Plan Energético Nacional**
2 (*Arg*) = **Poder Ejecutivo Nacional**

**pena** SF 1 (= *tristeza*) sorrow; **tenía mucha ~ después de la muerte de su hijo** she grieved a lot *o* was extremely upset after her son's death; **tengo una ~ muy grande porque no está con nosotros** I'm very sad that he is not here with us; **alma en ~** lost soul; **dar ~: da ~ verlos sufrir así** it's sad to see them suffer like that; **me daba ~ dejar España** I was sad *o* sorry to leave Spain; **Pepe me da mucha ~** I feel very sorry for Pepe; **morir de (la) ~** to die of a broken heart; ✦*MODISMO* **sin ~ ni gloria: ese año pasó sin ~ ni gloria** it was an uneventful sort of year; **la exposición pasó sin ~ ni gloria** the exhibition went almost unnoticed
2 (= *lástima*) shame, pity; **¿no podéis venir? ¡qué ~!** you can't come? what a shame *o* a pity!; **¡es una ~ que no tengamos más tiempo!** it's a shame *o* a pity that we haven't got more time!, it's too bad we haven't got more time! (*EEUU*); **mi habitación está que da ~ verla** my room is in a terrible state*; **de ~: la economía va de ~** the economy is in a terrible state; **el traje le quedaba de ~** the dress looked terrible on her; **estar hecho una ~** to be in a sorry state
3 **penas** (= *problemas*) **cuéntame tus ~s** tell me all your troubles; **logramos superarlo con muchas ~s** we had to struggle to overcome it; ✦*MODISMOS* **ahogar las ~s** to drown one's sorrows; **¡allá ~s!** I don't care!, that's not my problem!; **a duras ~s** with great difficulty; **a duras ~s consiguió alcanzar la orilla** he only managed to reach the shore with great difficulty; **a duras ~s llegamos a fin de mes** we can barely make ends meet
4 (= *esfuerzo*) **ahorrarse la ~** to save o.s. the trouble, save o.s. the bother*; **merecer** *o* **valer la ~** to be worth; **no merece la ~** it's not worth it; **una película que vale la ~ ver** a film that's worth seeing; **¿merece la ~ visitar la catedral?** is the cathedral worth a visit?; **no vale la ~ que perdamos el tiempo discutiendo eso** it's not worth wasting time arguing about it
5 (*Jur*) sentence; **el juez le impuso una ~ de tres años de prisión** the judge sentenced him to three years in prison; **bajo** *o* **so ~ de** [+ *castigo, multa, prisión*] on *o* under penalty of; **bajo ~ de muerte** on pain of death, on *o* under penalty of death; **tiene prohibido hacerlo, so ~ de ser expulsado** he is forbidden to do it, on *o* under penalty of expulsion ► **pena capital** capital punishment ► **pena de muerte** death penalty ► **pena máxima** maximum sentence; (*Ftbl*) penalty ► **pena pecuniaria** fine ► **pena privativa de libertad** custodial sentence
6 (*Méx, Andes*) (= *vergüenza*) embarrassment; **me da mucha ~** I'm very embarrassed; **¡qué ~!** how embarrassing!; **sentir** *o* **tener ~** to be *o* feel embarrassed, be *o* feel ill at ease
7 (*Andes*) (= *fantasma*) ghost

**penable** ADJ punishable

**penacho** SM 1 (*Orn*) tuft, crest
2 [*de casco, sombrero*] plume
3 (= *orgullo*) pride, arrogance
4 [*de humo*] plume

**penado/a** Ⓐ ADJ = **penoso 2**
Ⓑ SM/F convict

**penal** Ⓐ ADJ penal
Ⓑ SM 1 (= *prisión*) prison, (state) penitentiary (*EEUU*)
2 (*LAm Dep*) (= *penalty*) penalty (kick)

**penales*** SM INV police record *sing*

**penalidad** SF 1 **penalidades** (= *dificultades*) hardship *sing*
2 (*Jur*) penalty, punishment

**penalista** SMF expert in criminal law, penologist

**penalización** SF 1 (= *sanción*) penalty, penalization; **recorrido sin penalizaciones** (*Dep*) clear round
2 (*Jur*) criminalization

**penalizar** ▸conjug 1f◂ VT 1 (= *sancionar*) to penalize
2 (*Jur*) to criminalize

**penalti** (*pl* **penaltis**) SM, **penalty** (*pl* **penaltys, penalties**) SM (*Dep*) penalty (kick); **marcar de ~** to score from a penalty; **punto de ~** penalty spot; **pitar** *o* **señalar ~** to award a penalty; **transformar un ~** to convert a penalty, score a penalty; ✦*MODISMO* **casarse de ~*** to have a shotgun wedding

**penar** ▸conjug 1a◂ Ⓐ VT 1 (*Jur*) to punish; **la ley pena el asesinato** the law punishes murder; **un delito penado con diez años de cárcel** a crime punishable by ten years' imprisonment
2 (*Andes*) [*difunto*] to haunt

➤ LENGUA Y USO: **pena 2** 45.3

Ⓑ VI [1] (= *sufrir*) [*persona*] to suffer; [*alma*] to be in torment; **ha penado mucho con su hijo enfermo** she has suffered terribly with her sick child; **ella pena por todos** she takes everybody's sufferings upon herself; **~ de amores** (*liter*) to go through the pains of love (*liter*)
[2] (= *desear*) **~ por algo** to pine for sth, long for sth; **~ por hacer algo** to pine to do sth, long to do sth
[3] (*Andes*) [*difunto*] **en ese lugar penan** that place is haunted
Ⓒ **penarse** VPR to grieve, mourn

**penca** SF [1] (*Bot*) (= *hoja*) leaf; (= *nervio*) main rib; (= *chumbera*) prickly pear
[2] (*Méx*) [*de cuchillo*] blade
[3] ✦***MODISMOS*** **agarrar una ~** (*LAm**) to get sloshed*; **hacerse de ~s** to have to be coaxed into doing something
[4] (*Andes*) **una ~ de casa** a great big house; **una ~ de hombre** a fine-looking man; **una ~ de mujer** a fine-looking woman
[5] (*LAm***) (= *pene*) prick**

**pencar*** ▸conjug 1g◂ VI to slog away*, slave away*

**pencazo*** SM (*CAm*) (= *golpe*) smack; **cayó un ~ de agua** it pelted down*, the skies opened

**penco** Ⓐ ADJ (*CAm**) (= *trabajador*) hard-working
Ⓑ SM [1] (= *persona*) dimwit*, nitwit*
[2] (= *caballo*) nag
[3] (*Andes*) **un ~ de hombre** a fine-looking man
[4] (*Caribe**) (= *homosexual*) poof*, queer*, fag (*EEUU**)

**pendango** ADJ (*Caribe*) (= *afeminado*) effeminate; (= *miedoso*) cowardly

**pendejada*** SF (*LAm*) [1] (= *tontería*) foolish thing
[2] (= *acto cobarde*) cowardly act
[3] (= *molestia*) curse, nuisance
[4] (= *cualidad*) [*de necio*] foolishness, stupidity; [*del cobarde*] cowardliness

**pendejear*** ▸conjug 1a◂ VI (*Andes, Méx*) to act the fool

**pendejeta*** SMF (*Andes*) idiot

**pendejo/a*** Ⓐ ADJ [1] (*LAm*) (= *imbécil*) idiotic; (= *cobarde*) cowardly, yellow*
[2] (*Andes*) (= *listo*) smart; (= *taimado*) cunning
[3] (*Caribe, Méx*) (= *torpe*) ham-fisted
Ⓑ SM/F [1] (*LAm*) (= *imbécil*) fool, idiot; (= *cobarde*) coward
[2] (*Cono Sur*) (= *muchacho*) kid*; (= *sabelotodo*) know-all
Ⓒ SM [*del pubis*] pubic hair, pube*

**pendencia** SF (= *riña*) quarrel; (= *pelea*) fight, brawl; **armar ~** to stir up trouble

**pendenciero/a** Ⓐ ADJ quarrelsome, argumentative
Ⓑ SM/F troublemaker

**pender** ▸conjug 2a◂ VI [1] (= *colgar*) to hang (**de, en** from; **sobre** over); **la amenaza que pende sobre nosotros** the threat hanging over us
[2] (*Jur*) to be pending
[3] (= *depender*) to depend (**de** on)

**pendiente** Ⓐ ADJ [1] (= *a la expectativa*) **estar ~ de algo: estaban ~s de su llegada** they were waiting for him to arrive; **estamos ~s de lo que él decida** we are waiting to see what he decides; **quedamos ~s de sus órdenes** we await your instructions
[2] (= *atento*) **estar ~ de algo/algn: está muy ~ de la salud de su madre** he always keeps an eye on his mother's health; **está demasiado ~ de su novio** she's too wrapped up in her boyfriend; **estaban muy ~s de lo que decía** they were listening to her intently
[3] [*juicio, caso, pedido*] pending; **aún tenemos un par de asuntos ~s** we still have a couple of matters pending
[4] [*cuenta*] outstanding, unpaid
[5] [*asignatura*] **tengo las matemáticas ~** I have to resit maths
[6] (= *colgado*) hanging
Ⓑ SM (= *arete*) earring
Ⓒ SF [*de un terreno*] slope; [*de un tejado*] pitch; **subieron por una ~ muy pronunciada** they climbed up a steep slope; **en ~** sloping; ✦***MODISMO*** **estar en la ~ vital** to be over the hill*

**pendil** SM (woman's) cloak; ✦***MODISMO*** **tomar el ~*** to pack up*, clear out*

**péndola** SF [1] (= *pluma*) pen, quill
[2] [*de puente*] suspension cable

**pendolear** ▸conjug 1a◂ VI [1] (*LAm*) (= *escribir mucho*) to write a lot; (*Cono Sur*) (= *tener buena letra*) to write neatly
[2] (*Méx*) to be good in difficult situations, know how to manage people sensibly

**pendolista** SMF penman, calligrapher

**pendón** SM [1] (= *bandera*) banner, standard; [*de forma triangular*] pennant
[2] (*) (= *vaga*) lazy woman; (= *mujer promiscua*) tart*, slut*
[3] ✦***MODISMO*** **ser un ~**†* to be an awkward customer*

**pendona*** SF = **pendón 2**

**pendonear*** ▸conjug 1a◂ VI to loaf around*, hang out*

**pendoneo*** SM **irse de ~** to go out round the streets*

**péndulo** SM pendulum ► **péndulo de Foucault** Foucault's Pendulum

**pene** SM penis

**Penélope** SF Penelope

**penene*** SMF = **PNN A**

**peneque** Ⓐ ADJ (*) (= *borracho*) **estar ~** to be pickled*
Ⓑ SM (*Méx Culin*) stuffed tortilla

**penetrable** ADJ penetrable

**penetración** SF [1] (= *acción*) penetration
[2] (= *agudeza*) sharpness, acuteness; (= *visión*) insight

**penetrador** ADJ = **penetrante 3**

**penetrante** ADJ [1] [*herida*] deep
[2] [*arma*] sharp; [*frío, viento*] biting; [*sonido*] piercing; [*vista*] acute; [*aroma*] strong; [*mirada*] sharp, penetrating
[3] [*genio, mente*] keen, sharp; [*ironía*] biting

**penetrar** ▸conjug 1a◂ Ⓐ VI [1] (= *entrar*) **~on a través de** *o* **por una claraboya** they entered through a skylight; **el humo penetraba a través de las rendijas** the smoke was filtering through the cracks; **el agua había penetrado a través de** *o* **por las paredes** the water had seeped into the walls; **~ en: penetramos en un túnel** we went into *o* entered a tunnel; **la luz apenas penetra en la habitación** hardly any light enters the room; **el cuchillo penetró en la carne** the knife went into *o* entered *o* penetrated the flesh; **ocho hombres armados ~on en la embajada** eight gunmen broke into the embassy; **penetramos poco en el mar** we did not go far out to sea; **su ingratitud penetró hondamente en mi corazón** her ingratitude pierced me to the bone
[2] (*frm*) (= *descifrar*) to penetrate; **~ en el sentido de algo** to penetrate the meaning of sth
Ⓑ VT [1] (= *atravesar*) to go right through; **un frío glacial le penetró los huesos** an icy cold went right through to her bones
[2] (*sexualmente*) to penetrate
[3] (*frm*) (= *descubrir*) [+ *misterio*] to fathom; [+ *secreto*] to unlock; [+ *sentido*] to grasp; [+ *intención*] to see through, grasp
Ⓒ **penetrarse** VPR **~se de algo** (*frm*) (= *absorber*) to become imbued with sth; (*Esp*) (= *comprender*) to understand sth fully, become fully aware of (the significance of) sth

**peneuvista** (*Esp*) Ⓐ ADJ **política ~** policy of the PNV, PNV policy; *ver tb* **PNV**
Ⓑ SMF member of the PNV

**penga** SF (*Andes*) bunch of bananas

**penicilina** SF penicillin

**península** SF peninsula ► **la Península Ibérica** the Iberian Peninsula

**peninsular** Ⓐ ADJ peninsular
Ⓑ SMF **los ~es** peninsular Spaniards

**penique** SM penny; **~s** pence; **un ~** a penny, one penny

**penitencia** SF [1] (= *estado*) penitence
[2] (= *castigo*) penance; **en ~** as a penance; **imponer una ~ a algn** to give sb a penance; **hacer ~** to do penance (**por** for)

**penitenciado/a** SM/F (*LAm*) convict

**penitencial** ADJ penitential

**penitenciar** ▸conjug 1b◂ VT to impose a penance on

**penitenciaría** SF prison, (state) penitentiary (*EEUU*)

**penitenciario** Ⓐ ADJ penitentiary, prison *antes de s*
Ⓑ SM confessor

**penitente** Ⓐ ADJ [1] (*Rel*) penitent
[2] (*Andes*) (= *tonto*) silly
Ⓑ SMF (*Rel*) penitent; → SEMANA SANTA
Ⓒ SM (*Cono Sur*) [1] (= *pico*) rock pinnacle, isolated cone of rock
[2] (= *figura de nieve*) snowman

**penol** SM yardarm

**penosamente** ADV arduously, laboriously, with great difficulty

**penoso** ADJ [1] (= *doloroso*) painful; **me veo en la penosa obligación de comunicarles que ...** I regret to have to inform you that ...
[2] (= *difícil*) [*tarea*] arduous, laborious; [*viaje*] gruelling, grueling (*EEUU*)
[3] (= *lamentable*) pitiful; **fue un espectáculo ~** it was a sorry *o* pitiful sight; **era ~ ver la casa en ese estado** the house was a sorry or pitiful sight, it was pitiful to see the house in such a state
[4] (*Andes, Méx*) (= *tímido*) shy, timid
[5] (*Andes, Méx*) (= *embarazoso*) embarrassing

**penquista** (*Chile*) Ⓐ ADJ of/from Concepción
Ⓑ SMF native/inhabitant of Concepción; **los ~s** the people of Concepción

**pensado** ADJ **un proyecto poco ~** a badly-thought-out *o* an ill-thought-out scheme; **lo tengo bien ~** I have thought it over *o* out carefully; **tengo ~ hacerlo mañana** I mean o

➤ LENGUA Y USO: pensado 35.1

intend to do it tomorrow; **bien ~, creo que …** on reflection, I think that …; **en el momento menos ~** when you least expect it

**pensador(a)** SM/F thinker

**pensamiento** SM 1 (= *facultad*) thought; ✦*MODISMO* **como el ~** in a flash
2 (= *mente*) mind; **acudir** *o* **venir al ~ de algn** to come to sb's mind; **no le pasó por el ~** it never occurred to him, it never entered his mind; **envenenar el ~ de algn** to poison sb's mind (**contra** against); **ni por ~** I wouldn't dream of it
3 (= *cosa pensada*) thought; **mal ~** nasty thought; **el ~ de Quevedo** Quevedo's thought; **adivinar los ~s de algn** to read sb's thoughts, guess what sb is thinking; **nuestro ~ sobre este tema** our thinking on this subject ► **pensamiento único** (*Pol*) single system of values
4 (= *propósito*) idea, intention; **mi ~ es hacer algo** my idea *o* intention is to do sth
5 (*Bot*) pansy

**pensante** ADJ thinking

**pensar** ▸conjug 1j◂ Ⓐ VT 1 (= *opinar*) to think; **~ de: ¿qué piensas de ella?** what do you think of her?; **¿qué piensas del aborto?** what do you think about abortion?; **~ que** to think that; **—¿piensas que van a venir? —pienso que sí** "do you think they'll come?" — "I think so"; **dice que las mujeres no tendrían que trabajar, yo pienso que sí** he says women shouldn't work, I think they should; **yo pienso que no** I don't think so
2 (= *considerar*) to think about, think over; **lo ~é** I'll think about it, I'll think it over; **esto es para ~lo** this needs thinking about *o* careful consideration; **lo pensó mejor** she thought better of it; **me pongo triste sólo con ~lo** the mere thought of it makes me sad; **pensándolo bien …** on second thoughts …, on reflection …; **piénsalo bien antes de responder** think carefully before you answer; **¡ni ~lo!** no way!*
3 (= *decidir*) **~ que** to decide that, come to the conclusion that …; **he pensado que no vale la pena** I've decided that it's not worth it, I've come to the conclusion that it's not worth it
4 (= *tener la intención de*) **~ hacer algo** to intend to do sth; **pienso seguir insistiendo** I intend to keep on trying; **no pensaba salir** I wasn't intending *o* planning to go out; **no pienso volver a Cuba** I have no intention of going back to Cuba; **no pienso decir nada** I won't be saying anything
5 (= *concebir*) to think up; **¿quién pensó este plan?** who thought this plan up?, whose idea was this plan?
6 (= *esperar*) **cuando menos lo pienses** when you least expect it; **sin ~lo** unexpectedly
Ⓑ VI 1 (= *tener ideas*) to think; **eso me hace ~** that makes me think; **quieren imponer su forma de ~** they want to impose their way of thinking; **después de mucho ~ tuve una idea** after much thought I had an idea; **~ en algo/algn** to think about sth/sb; **¿en qué piensas?** what are you thinking about?; **estaba pensando en ir al cine esta tarde** I was thinking of going to the cinema this evening; **sólo piensa en pasarlo bien** all he thinks about is having a good time; **pienso mucho en ti** I think about you a lot; **~ para sí** to think to o.s.; **dar que ~: el hecho de que no llamara a la policía da que ~** the fact that she didn't call the police makes you think; **un reportaje que da que ~** a thought-provoking article; **dar que ~ a la gente** to set people thinking, arouse suspicions; **sin ~** without thinking; **~ sobre algo** to think about sth; ✦*MODISMO* **~ con los pies: estás pensando con los pies** you're not using your head
2 **~ bien de algo/algn** to think well of sth/sb; **~ mal de algo/algn** to think ill of sth/sb; **¡no pienses mal!** don't be nasty!; **¡siempre pensando mal!** what a nasty mind you've got!; ✦*REFRÁN* **piensa mal y acertarás** you can't trust anybody
3 (= *aspirar*) **~ en algo** to aim at sth; **piensa en una cátedra** he's aiming at a chair
Ⓒ **pensarse** VPR **piénsatelo** think it over; **tienes nueve días para pensártelo** you have nine days to think it over *o* to think about it; **sin pensárselo dos veces** without a second thought; **después de pensárselo mucho** after thinking about it long and hard, after much thought

**pensativamente** ADV pensively, thoughtfully

**pensativo** ADJ pensive, thoughtful

**Pensilvania** SF Pennsylvania

**pensión** SF 1 (*por vejez*) pension; (*por invalidez, de divorciada*) allowance; **cobrar la ~** to draw one's pension ► **pensión alimenticia** alimony, maintenance ► **pensión asistencial** state pension ► **pensión contributiva** contributory pension ► **pensión de invalidez**, **pensión de inválidos** disability allowance ► **pensión de jubilación**, **pensión de retiro** retirement pension ► **pensión de viudedad** widow's/widower's pension ► **pensión escalada** graduated pension ► **pensión vitalicia** annuity
2 (= *casa de huéspedes*) boarding house, guest house; (*Univ*) lodgings *pl*; (*Andes*) (= *bar*) bar, café
3 (= *precio*) board and lodging; **media ~** half board ► **pensión completa** full board
4 (*Univ*) scholarship; [*de viaje*] travel grant
5 (*Andes, Cono Sur*) (= *preocupación*) worry, anxiety; (= *remordimiento*) regret
6 (†) (= *molestia*) drawback, snag

**pensionado/a** Ⓐ ADJ pensioned
Ⓑ SM/F (= *pensionista*) pensioner
Ⓒ SM (= *internado*) boarding school

**pensionar** ▸conjug 1a◂ VT 1 [+ *jubilado*] give a pension to; [+ *estudiante*] to give a grant to
2 (*Andes, Cono Sur*) (= *molestar*) to bother; (= *preocupar*) to worry

**pensionista** SMF 1 (= *jubilado*) pensioner, old-age pensioner ► **pensionista por invalidez** recipient of disability allowance
2 (= *huésped*) lodger, paying guest
3 (*Escol*) boarder
4 (*LAm*) (= *subscriptor*) subscriber

**pentagonal** ADJ pentagonal

**pentágono** SM pentagon; **el Pentágono** (*en EEUU*) the Pentagon

**pentagrama** SM stave, staff

**pentámetro** SM pentameter

**Pentateuco** SM Pentateuch

**pentatlón** SM pentathlon

**pentatónico** ADJ pentatonic

**Pentecostés** SM 1 (*cristiano*) Whitsun, Whitsuntide; **domingo de ~** Whit Sunday
2 (*judío*) Pentecost

**penúltima** SF 1 (*Ling*) penult, penultima
2 (*) (= *bebida*) **vamos a tomarnos la ~** let's have one for the road*

**penúltimo/a** ADJ, SM/F penultimate, last but one

**penumbra** SF half-light, semi-darkness; **sentado en la ~** seated in the shadows

**penuria** SF (= *pobreza*) poverty; (= *escasez*) shortage, dearth

**peña** SF 1 (*Geog*) crag
2 (= *grupo*) group, circle; (*pey*) coterie, clique; (*LAm*) (= *club*) folk club; (= *fiesta*) party; **forma parte de la ~** he's a member of the circle; **hay ~ en el café los domingos** the group meets in the café on Sundays ► **peña deportiva** supporters' club ► **peña taurina** club of bullfighting enthusiasts
3 (*) (= *gente*) crowd; **hay mucha ~** there's loads of people*
4 (*Cono Sur*) (= *montepío*) pawnshop

**peñascal** SM (*gen*) rocky place; (= *colina*) rocky hill

**peñasco** SM 1 (= *piedra*) large rock, boulder
2 (= *risco*) rock, crag; ✦*MODISMO* **no se me pasó por el ~*** it never occurred to me

**peñascoso** ADJ rocky, craggy

**peñazo*** Ⓐ ADJ **¡no seas tan ~!** don't be such a pain!*
Ⓑ SM pain (in the neck)*; **dar el ~** to be a pain*, be a bore*

**peñista** SMF (*Dep*) member of a supporters' club

**peñón** SM 1 (= *roca*) wall of rock, crag
2 **el Peñón** the Rock (*of Gibraltar*)

**peños**‡ SMPL ivories*, teeth

**peñusco*** SM (*Caribe, Cono Sur*) crowd

**peo**‡ SM **¡vete al ~!** go to hell!*

**peón** SM 1 (*Téc*) labourer, laborer (*EEUU*); (*esp LAm Agr*) farm labourer, farmhand; (*Taur*) assistant; (*Méx*) (= *aprendiz*) apprentice; (= *ayudante*) assistant ► **peón caminero** navvy, roadmender ► **peón de albañil** bricklayer's mate
2 (*Ajedrez*) pawn
3 (*Mil, Hist*) infantryman, foot-soldier
4 (= *peonza*) spinning top
5 (*Mec*) spindle, shaft

**peonada** SF 1 (*Agr*) day's stint, day's shift
2 (= *trabajadores*) gang of labourers, gang of laborers (*EEUU*)

**peonaje** SM (= *trabajadores*) group of labourers, group of laborers (*EEUU*); (*Taur*) assistants *pl*

**peonar** ▸conjug 1a◂ VI (*Cono Sur*) to work as a labourer

**peoneta** SM (*Chile Aut*) lorry driver's mate, truck driver's mate (*EEUU*)

**peonía** SF peony

**peonza** SF 1 (= *trompo*) (spinning) top
2 (*) (= *persona*) busy bee*; **ser una ~** to be always on the go
3 ✦*MODISMO* **ir a ~**‡ to go on foot, hoof it*

**peor** Ⓐ ADJ 1 (*comparativo de malo*) [*producto, resultado, situación*] worse; [*oferta*] lower; [*calidad*] poorer; **la película era ~ de lo que yo pensaba** the film was worse than I thought; **su situación es ~ que la nuestra** their situation is worse than ours; **un vino de**

➤ LENGUA Y USO: **pensar A1** 33.1, 33.2, 53.6 **A3** 53.6 **A4** 35.1 **B1** 35.2

**~ calidad** an inferior wine; **ir a ~** to get worse; **la situación fue a ~** the situation got worse; **y lo que es ~** and what's worse; **~ es nada** (*LAm*) it's better than nothing; *ver tb* **tanto C2**

2 (*superlativo de malo*) worst; **no se lo deseo ni a mi ~ enemigo** I wouldn't wish it on my worst enemy; **es el ~ de la clase** he is the worst in the class; **en el ~ de los casos** if the worst comes to the worst; **lo ~: lo ~ de todo es que no podemos hacer nada** the worst thing is that there is nothing we can do; **ponerse en lo ~** to imagine the worst; **la ~ parte** the worst part; **ya hemos hecho la ~ parte del trabajo** we have already done the worst part of the job; **te ha tocado la ~ parte en este asunto** you came off worst in this business

Ⓑ ADV 1 (*comparativo de mal*) worse; **ahora veo mucho ~** my sight is much worse now; **escribo cada vez ~** my handwriting is getting worse and worse; **hoy hemos jugado ~ que nunca** we played worse than ever today; **si no le gusta, ~ para él** if he doesn't like it, that's his loss *o* that's just too bad; *ver tb* **mal A6**, **mejor B1**

2 (*superlativo de mal*) worst; **¿quién es el que lo hace ~ de los tres?** who does it worst out of the three?, which of the three does it worst?; **ésta es la carta ~ redactada que he leído nunca** this is the most badly *o* the worst written letter I've ever read

**peoría** SF worsening, deterioration

**Pepa** SF (*forma familiar*) *de* **Josefa, María José**; **✦MODISMO ¡viva la ~!** (*por despreocupación*) and to hell with everybody else!*; (*por regocijo*) jolly good!*

**pepa** SF 1 (*LAm*) (= *semilla*) [*de uva, tomate*] pip; [*de melocotón, dátil*] stone; **✦MODISMO aflojar la ~*** to spill the beans*

2 (*LAm*) (= *canica*) marble

3 (*Andes**) (= *mentira*) lie

4 (*Andes*) (= *pillo*) rogue

**pepazo** SM 1 (*LAm*) (= *tiro*) shot, hit; (= *pedrada*) throw

2 (*Andes**) (= *mentira*) lie

**Pepe** SM (*forma familiar*) *de* **José**; **✦MODISMO ponerse como un ~*** to have a great time*

**pepe** SM 1 (*Andes, Caribe**) (= *petimetre*) dandy

2 (*CAm*) (= *biberón*) feeding bottle

**pepenado/a** SM/F (*CAm, Méx*) (= *huérfano*) orphan; (= *expósito*) foundling

**pepenador(a)** SM/F (*Méx*) scavenger (*on rubbish tip*)

**pepenar** ▸conjug 1a◂ Ⓐ VT 1 (*CAm, Méx*) (= *recoger*) to pick up; (*en la basura*) to search through; (= *escoger*) to choose; (= *obtener*) to get, obtain

2 (*Méx*) (= *agarrar*) to grab hold of; (= *registrar*) to pick through, poke about in; (= *robar*) to steal

3 (*Méx*) [+ *huérfano*] to take in, bring up

Ⓑ VI (*CAm, Méx*) to search through rubbish tips

**pepián** SM (*Andes, CAm, Méx*) (= *salsa*) *thick chili sauce*; (= *guiso*) *meat cooked in thick chili sauce*

**pepinazo*** SM 1 (= *explosión*) bang

2 (*Ftbl*) screamer*, scorcher*

3 (= *accidente*) smash

**pepinillo** SM gherkin

**pepino** SM 1 (*Bot*) cucumber; **✦MODISMOS me importa un ~ ◊ no se me da un ~*** I don't care two hoots*, I don't give a damn*

2 (‡) (= *cabeza*) nut*, bonce*, noggin (*EEUU**)

3 (**‡) (= *pene*) prick**‡

**Pepita** SF (*forma familiar*) *de* **Josefa**

**pepita** SF 1 (*Vet*) pip; **✦MODISMO no tener ~ en la lengua** to be outspoken, not to mince one's words

2 (*Bot*) pip

3 (*Min*) nugget

**Pepito** SM (*forma familiar*) *de* **José**

**pepito** SM 1 (*Culin*) meat sandwich

2 (*Andes, CAm, Caribe**) (= *petimetre*) dandy

**pepitoria** SF 1 (*Esp Culin*) **pollo en ~** chicken fricassée

2 (*fig*) hotchpotch, hodgepodge (*EEUU*)

3 (*CAm*) (= *semillas*) dried pumpkin seeds *pl*

**pepón‡** ADJ (*Andes*) good-looking, dishy*

**pepona** SF large cardboard doll

**pepsina** SF pepsin

**péptico** ADJ peptic

**peptona** SF peptone

**peque*** SMF kid*, child

**pequeñajo/a*** Ⓐ ADJ little, tiny

Ⓑ SM/F little rascal, little devil

**pequeñez** SF 1 [*de tamaño*] smallness, small size; [*de altura*] shortness

2 [*de miras*] pettiness, small-mindedness

3 (= *nada*) trifle, trivial thing; **preocuparse por pequeñeces** to worry about trifles

**pequeñín/ina** Ⓐ ADJ tiny, little

Ⓑ SM/F little one

**pequeño/a** Ⓐ ADJ small, little; [*cifra*] small, low; (= *bajo*) short; **el hermano ~** the youngest brother; **un niño ~** a small child; **cuando era ~ ◊ de ~** when I was a child, when I was little; **un castillo en ~** a miniature castle; **un negocio en ~** a small-scale business

Ⓑ SM/F child; **los ~s** the children, the little ones; **soy el ~** I'm the youngest

**pequeñoburgués/esa** Ⓐ ADJ petit bourgeois

Ⓑ SM/F petit bourgeois/petite bourgeoise

**pequero*** SM (*Cono Sur*) cardsharp

**pequinés/esa** Ⓐ ADJ of/from Peking

Ⓑ SM/F native/inhabitant of Peking; **los pequineses** the people of Peking

Ⓒ SM (= *perro*) Pekinese, Pekingese

**pera[1]** SF 1 (*Bot*) pear; **✦MODISMOS eso es pedir ~s al olmo** that's asking the impossible; **esperar a ver de qué lado caen las ~s** to wait and see which way the cat will jump; **hacerse una ~**‡** to wank**‡; **partir ~s con algn** to fall out with sb; **poner a algn las ~s a cuarto** to tell sb a few home truths; **ser la ~*** to be the limit; **tirarse la ~** (*Andes**) to play truant, play hooky (*EEUU*); **tocarse la ~‡** to sit on one's backside (doing nothing)

2 (= *barba*) goatee; (*Chile**) (= *barbilla*) chin

3 [*de atomizador, bocina*] bulb

4 (*Elec*) (= *bombilla*) bulb; (= *interruptor*) switch

5 (‡) (= *cabeza*) nut*, bonce*, noggin (*EEUU**)

6 **peras*** (= *pechos*) tits**‡

7 (*) (= *empleo*) cushy job*

8 (*LAm Dep*) punchball

**pera[2]*** ADJ INV (= *pijo*) posh*; **un barrio ~** a posh area; **fuimos a un restaurante muy ~** we went to a really swish *o* posh restaurant*; **niño** *o* **pollo ~** spoiled upper-class brat

**pera[3]‡** SM fence*, receiver (of stolen goods)

**peral** SM pear tree

**peraltado** Ⓐ ADJ (*Arquit*) canted, sloping; [*curva, carretera*] banked, cambered

Ⓑ SM = **peralte**

**peraltar** ▸conjug 1a◂ VT [+ *curva, carretera*] to bank, camber

**peralte** SM (*Arquit*) cant, slope; [*de curva, carretera*] banking, camber

**perca** SF perch

**percal** SM, **percala** SF (*Andes, Méx*) 1 (= *tejido*) percale; **✦MODISMO conocer el ~*** to know what the score is*

2 (‡) (= *dinero*) dough‡, cash

**percán** SM (*Chile*) mould, mold (*EEUU*), mildew

**percance** SM 1 (*gen*) misfortune, mishap; (= *accidente*) accident; (*en plan*) setback, hitch; **sufrir** *o* **tener un ~** to suffer a mishap

2 (*Fin*) perquisite, perk*

**percanque** SM (*Cono Sur*) mould, mold (*EEUU*) mildew

**per cápita** ADV per capita

**percatarse** ▸conjug 1a◂ VPR **~ de** (= *observar*) to notice; (= *comprender*) to realize; (= *hacer caso de*) to heed; (= *guardarse de*) to guard against

**percebe** SM 1 (*Zool*) barnacle

2 (*) (= *tonto*) idiot, twit*

**percentil** SM percentile

**percepción** SF 1 (*facultad*) perception ► **percepción extrasensorial** extrasensory perception

2 (= *idea*) perception, idea

3 (*Com, Fin*) collection; (= *recibo*) receipt

**perceptible** ADJ 1 (= *visible*) perceptible, noticeable

2 (*Com, Fin*) payable, receivable

**perceptiblemente** ADV perceptibly, noticeably

**perceptivo** ADJ perceptive

**perceptor(a)** SM/F (*gen*) recipient; [*de impuestos*] collector, receiver ► **perceptor(a) de subsidio de desempleo** *person who draws unemployment benefit*

**percha** SF 1 (*para ropa*) (clothes) hanger; (= *colgador*) clothes rack; (*para sombreros*) hat stand; **vestido de ~** ready-made dress, off-the-peg dress

2 (*Téc*) rack ► **percha de herramientas** toolrack

3 (*para pájaros*) perch

4 (= *tronco*) pole

5 (*) (= *tipo*) build, physique; [*de mujer*] figure

6 (*Andes*) (= *ostentación*) showiness; **tener ~** (*Cono Sur*) to be smart

7 (*Andes*) (= *ropa*) new clothes *pl*, smart clothing; (*Caribe*) (= *chaqueta*) jacket; (= *traje*) suit

8 (*Cono Sur*) (= *montón*) pile

9 (*Méx**) (= *grupo*) gang

**perchero** SM [*de pared*] clothes rack; [*de pie*] coat stand

**perchudo** ADJ (*Andes*) smart, elegant

**percibir** ▸conjug 3a◂ VT 1 (= *notar*) to perceive, notice; (= *ver*) to see, observe; [+ *peligro*] to sense, scent; **~ que ...** to perceive that ..., observe that ...

2 [+ *sueldo, subsidio*] to draw, receive

**percollar** ▸conjug 1a◂ VT (*Andes*) to monopolize

**percuchante** SM (*Andes*) fool

**percudir** ▸conjug 3a◂ VT (= *deslustrar*) to tarnish, dull; [+ *ropa*] to dirty, mess up; [+ *cutis*] to spoil

**percusión** SF percussion; **instrumento de ~** percussion instrument

**percusionar** ▸conjug 1a◂ VT to hit, strike

**percusionista** SMF percussionist

**percusor** SM (*Téc*) hammer; [*de arma*] firing pin

**percutir** ▸conjug 3a◂ VT to strike, tap

**percutor** SM = **percusor**

**perdedor(a)** Ⓐ ADJ 1 [*baza, equipo*] losing
2 (= *olvidadizo*) forgetful, given to losing things
Ⓑ SM/F loser; **buen ~** good loser

**perder** ▸conjug 2g◂ Ⓐ VT 1 [+ *objeto, dinero, peso*] to lose; **he perdido el monedero** I've lost my purse; **a los seis años perdió a su padre** she lost her father when she was six; **he perdido cinco kilos** I've lost five kilos; **había perdido mucha sangre** she had lost a lot of blood; **ha perdido mucho dinero en la bolsa** she has lost a lot of money on the stock market; **no tienes nada que ~** you have nothing to lose; **~ el conocimiento** to lose consciousness; **~ la costumbre** to get out of the habit; **~ algo de vista** to lose sight of sth; **nunca pierde de vista el fin que persigue** he never loses sight of his goal; **no lo pierdas de vista** don't let him out of your sight; **conviene no ~ de vista que …** we mustn't forget that …, we mustn't lose sight of the fact that …
2 [+ *tiempo*] to waste; **¡me estás haciendo ~ el tiempo!** you're wasting my time!; **sin ~ un momento** without wasting a moment
3 [+ *aire, aceite*] to leak; **el vehículo pierde aceite** the car is leaking oil, the car has an oil leak; **la pelota perdió aire** the ball went flat
4 (= *no coger*) [+ *tren, avión*] to miss; [+ *oportunidad*] to miss, lose; **no pierde detalle** he doesn't miss a thing
5 (= *destruir*) to ruin; **ese vicio le ~á** that vice will ruin him, that vice will be his ruin; **ese error le perdió** that mistake was his undoing; **lo que le pierde es …** where he comes unstuck is …
6 (*Jur*) to lose, forfeit
Ⓑ VI 1 (*en competición, disputa*) to lose; **el equipo perdió por 5-2** the team lost 5-2; **tienen** *o* **llevan todas las de ~** they look certain to lose; **saber ~** to be a good loser; **salir perdiendo**: **salí perdiendo en el negocio** I lost out on the deal; **salí perdiendo en la discusión** I came off worst in the argument
2 (= *empeorar*) **era un buen cantante, pero ha perdido mucho** he was a good singer, but he's gone downhill; **era muy guapo, pero ha perdido bastante** he isn't nearly as good-looking as he used to be; **ha perdido mucho en mi estimación** he has gone down a lot in my estimation
3 [*tela*] to fade
4 **echar a ~** [+ *comida, sorpresa*] to ruin, spoil; [+ *oportunidad*] to waste; **echarse a ~** [*comida*] to go off; [*sorpresa*] to be ruined, be spoiled
Ⓒ **perderse** VPR 1 [*persona*] to get lost; **tenía miedo de ~me** I was afraid of getting lost *o* losing my way; **se perdieron en el bosque** they got lost in the wood; **se perdió en un mar de contradicciones** he got lost in a mass of contradictions; **¡piérdete!*** get lost!*
2 [*objeto*] **se me han perdido las llaves** I've lost my keys; **¿qué se les ha perdido en Alemania?** what business have they in Germany?
3 [+ *programa, fiesta*] to miss; **~se algo interesante** to miss something interesting; **¡no te lo pierdas!** don't miss it!; **no se pierde ni una** she doesn't miss a thing
4 (= *desaparecer*) to disappear; **el tren se perdió en la niebla** the train disappeared into the fog; **el arroyo se pierde en la roca** the stream disappears into the rock
5 (= *desperdiciarse*) to be wasted, go to waste; **se pierde mucho tiempo** a lot of time is wasted; **se pierden muchos talentos naturales** a lot of natural talent goes to waste; **nada se pierde con intentar** there's no harm in trying
6 (= *arruinarse*) [*persona*] to lose one's way; [*cosecha*] to be ruined, get spoiled; **se perdió por el juego** gambling was his ruin *o* undoing; **con la lluvia se ha perdido la cosecha** the rain has ruined the crops
7 **~se por algo/algn** to be mad about sth/sb; **~se por hacer algo** to be dying to do sth, long to do sth
8 (*LAm*) (= *prostituirse*) to go on the streets

**perdición** SF (*Rel*) perdition; (*fig*) undoing, ruin; **fue su ~** it was his undoing; **será mi ~** it will be the ruin of me

**perdida** SF loose woman*; *ver tb* **perdido**

▼**pérdida** SF (*gen*) loss; (*Téc*) leakage, wastage; (*Jur*) forfeiture, loss; **~s** (*Fin, Mil etc*) losses; **es una ~ de tiempo** it's a waste of time; **¡no tiene ~!** you can't miss it!; **vender algo con ~** to sell sth at a loss; **a ~ de vista** as far as the eye can see; **entrar en ~** (*Aer*) to stall ► **pérdida contable** (*Com*) book loss ► **pérdida de conocimiento** loss of consciousness ► **pérdida efectiva** actual loss; *ver tb* **perdido**

**perdidamente** ADV **~ enamorado** hopelessly in love

**perdidizo** ADJ **hacer algo ~** to hide sth away, deliberately lose sth; **hacerse el ~** (*en juego*) to lose deliberately; (= *irse*) to make o.s. scarce, slip away

**perdido/a** Ⓐ ADJ 1 (= *extraviado*) lost; [*bala*] stray; **estaban ~s y tuvieron que preguntar el camino** they were lost and had to ask the way; **paraíso ~** paradise lost; **objetos ~s** lost property *sing*; **dar algo por ~** to give sth up for lost; **eso es tiempo ~** that's a waste of time; *ver tb* **rato 3, bala A1**
2 (= *aislado*) remote, isolated; **un pueblo ~ en las montañas** a remote *o* isolated village in the mountains
3 (= *sin remedio*) **estaba borracho ~** he was totally *o* dead* drunk; **está loco ~** he's raving mad; **es tonto ~** he's a complete idiot; **es un caso ~** he's a hopeless case; **¡estamos ~s!** we're done for!; ✦**MODISMO de ~s, al río** in for a penny, in for a pound
4 (= *enamorado*) **estar ~ por algn** to be mad *o* crazy about sb
5 (*) (= *sucio*) **ponerlo todo ~ de barro** to get everything covered in mud, get mud everywhere; **te has puesto ~ el pantalón** you've ruined your trousers
6 (*LAm*) (= *vago*) idle; (= *pobre*) down and out
Ⓑ SM/F libertine; *ver tb* **perdida**

**perdidoso** ADJ 1 (= *que pierde*) losing
2 (= *que se pierde fácilmente*) easily lost, easily mislaid

**perdigar** ▸conjug 1h◂ VT [+ *perdiz*] to singe

**perdigón** SM 1 (*Orn*) young partridge
2 (= *bala*) pellet; **perdigones** shot *sing*, pellets ► **perdigón zorrero** buckshot

**perdigonada** SF 1 (= *disparo*) shot
2 (= *herida*) shotgun wound

**perdigonazo** SM 1 (= *impacto*) blast of shot
2 = **perdigonada 2**

**perdiguero** Ⓐ ADJ **perro ~** gundog
Ⓑ SM gundog

**perdis*** SM INV rake

**perdiz** SF partridge; ✦**MODISMO marear la ~** to mess about* ► **perdiz blanca**, **perdiz nival** ptarmigan

**perdón** SM 1 (= *acción*) 1·1 (*Rel*) forgiveness; **el ~ de los pecados** the forgiveness of sins
1·2 (*Jur*) pardon; **el ~ del juez** the judge's pardon
1·3 (*Econ*) write-off; **el ~ de la deuda externa** the write-off of the foreign debt
1·4 (*locuciones*) **no cabe ~** it is inexcusable; **con ~** if you don't mind me saying so; **son todos unos imbéciles, con ~** they're all idiots, if you don't mind me saying so; **con ~ de la expresión** pardon my language, if you'll pardon the expression; **pedir ~ (a algn)** (*por algo leve*) to apologize (to sb); (*por algo grave*) to ask (sb's) forgiveness; **os pido ~ por el retraso** I'm sorry *o* I apologize for the delay; **le pido mil perdones por lo que le dije** I'm terribly sorry for what I said to you; **pido ~ a Dios** I ask God to forgive me, I ask God for forgiveness; **con ~ de los presentes** (= *con permiso*) if you'll permit me; (= *excepto*) present company excepted; ✦**MODISMO no tener ~**: **no tenéis ~ por lo que hicisteis** what you did was unforgivable, there's no excuse for what you did; **hace siglos que no voy al cine, no tengo ~ de Dios** (*hum*) I haven't been to the cinema for ages, I should be ashamed of myself (*hum*)
2 (*independiente*) 2·1 **¡perdón!** (*disculpándose*) sorry!; (*tras eructar, toser*) excuse me!, pardon me!; (*llamando la atención*) excuse me!, pardon me! (*EEUU*); **~, ¿te ha dolido?** sorry, did I hurt you?; **~ ¿me puede indicar dónde está la estación?** excuse me, can you tell me where the station is?
2·2 **¿perdón?** (*cuando no se ha entendido algo*) sorry?, pardon?, pardon me? (*EEUU*)

**perdonable** ADJ [*error, pecado*] forgivable, pardonable

**perdonador** ADJ forgiving

▼**perdonar** ▸conjug 1a◂ Ⓐ VT 1 (= *disculpar*) 1·1 [+ *falta, pecado*] to forgive; **es algo que no puedo ~ fácilmente** it's something I can't easily forgive; **perdona nuestras ofensas** (*Rel*) forgive us our trespasses; **perdona que te interrumpa** (I'm) sorry to interrupt; **perdona que te diga** if you don't mind me saying (so)
1·2 **~ a algn** to forgive sb; **¿me perdonas?** do you forgive me?; **que Dios me perdone si me equivoco, pero …** may God forgive me if I'm wrong, but …
2 (= *excusar*) 2·1 [+ *curiosidad, ignorancia*] to

➤ LENGUA Y USO: **pérdida** 51.4 **perdonar A1** 45.1, 48.1

pardon, excuse; **perdone mi ignorancia, pero ...** pardon *o* excuse my ignorance, but ...; **"perdonen las molestias"** "we apologize for any inconvenience"; **las plantas no perdonan la falta de luz** plants don't do well without light
2·2 **~ una obligación/una deuda a algn** to let sb off an obligation/a debt; **te perdono las 5.000 pesetas que me debes** I'll let you off with the 5,000 pesetas you owe me; **le han perdonado la pena** he's been pardoned; **~ la vida a algn** to spare sb's life; (*Dep*) to let sb off the hook; **va con aires de ir perdonándole la vida a todo el mundo** he acts as if the world owes him a living
2·3 (*Econ*) [+ *deuda*] to write off
3 (= *perder*) [+ *detalle, ocasión*] to miss; **no perdona ni una sola ocasión de lucirse** he won't miss a single chance of showing off; ✦*MODISMO* **no perdona ni una*** he doesn't miss a trick*
Ⓑ VI (= *disculpar*) **¿perdona?** ◊ **¿perdone?** (*cuando no se ha entendido algo*) sorry?, pardon?, pardon me? (*EEUU*); **¡perdona!** ◊ **¡perdone!** (= *disculpándose*) (I'm) sorry!; (= *llamando la atención*) excuse me!, pardon me!; **¡ay, perdona, no te había visto!** oh, I'm sorry, I didn't see you there!; **perdone, ¿me podría decir el precio de este traje?** excuse me, could you tell me how much this suit is?; **perdona, pero yo iba primero** excuse me, but I was first; **los años no perdonan** time shows no mercy; **~ por algo**: **perdona por la interrupción, pero necesito hablar contigo** I'm sorry to interrupt, but I need to talk to you; **perdona por haberte ofendido** please forgive me if I have offended you, I'm sorry to have offended you

**perdonavidas** SMF INV 1 (= *matón*) bully, thug
2 (= *persona suficiente*) **es un ~** he's Mister High and Mighty

**perdulario** Ⓐ ADJ 1 (= *olvidadizo*) forgetful
2 (= *descuidado*) careless, sloppy
3 (= *vicioso*) dissolute
Ⓑ SM rake

**perdurabilidad** SF durability

**perdurable** ADJ (= *duradero*) lasting, abiding; (= *perpetuo*) everlasting

**perdurar** ▸conjug 1a◂ VI (= *durar*) to last, endure; (= *subsistir*) to remain, still exist

**perecedero** ADJ (*Com*) perishable; [*vida*] transitory; [*persona*] mortal; **géneros no ~s** nonperishable goods

**perecer** ▸conjug 2d◂ Ⓐ VI 1 [*persona*] to die, perish (*frm*); **~ ahogado** (*en agua*) to drown; (*por falta de oxígeno*) to suffocate
2 [*objeto*] to shatter
Ⓑ **perecerse** VPR (†) 1 **~se de risa** to die laughing; **~se de envidia** to be dying of jealousy
2 **~se por algo** to long for sth, be dying for sth; **~se por una mujer** to be crazy about a woman; **se perece por los calamares** he's crazy about squid; **~se por** + INFIN to long to + *infin*, be dying to + *infin*

**peregrinación** SF 1 (*Rel*) pilgrimage; **ir en ~** to make a pilgrimage, go on a pilgrimage (**a** to)
2 (= *viajes*) long tour, travels *pl*; (*hum*) peregrination

**peregrinar** ▸conjug 1a◂ VI 1 (*Rel*) to go on a pilgrimage, make a pilgrimage (**a** to)
2 (= *ir*) to go to and fro; (= *viajar*) to travel extensively

**peregrino/a** Ⓐ ADJ 1 (= *que viaja*) wandering, travelling, traveling (*EEUU*); (*Orn*) migratory
2 (= *exótico*) exotic; (= *extraño*) strange, odd; (= *singular*) rare, extraordinary; **ideas peregrinas** harebrained ideas
3 [*costumbre, planta*] alien, newly-introduced
Ⓑ SM/F pilgrim

**perejil** SM 1 (*Bot*) parsley
2 **perejiles** (*) (*Cos*) buttons and bows, trimmings; (= *títulos*) extra titles, handles (to one's name)*
3 ✦*MODISMO* **andar como ~** (*Cono Sur*) to be shabbily dressed

**perendengue** SM 1 (= *adorno*) trinket, cheap ornament
2 **perendengues*** (= *pegas*) snags, problems; **el problema tiene sus ~s** the question has its tricky points; **un proyecto de muchos ~s** a plan with a lot of snags
3 **perendengues*** (= *categoría*) (high) standing *sing*, importance *sing*; (= *valor*) spirit *sing*, guts

**perengano/a** SM/F somebody or other, someone or other

**perenne** ADJ (*gen*) perennial, constant; (*Bot*) perennial; **de hoja ~** evergreen

**perennemente** ADV constantly

**perennidad** SF (*gen*) perennial nature; (= *perpetuidad*) perpetuity

**perentoriamente** ADV (= *urgentemente*) urgently; (= *imperiosamente*) peremptorily

**perentorio** ADJ (= *urgente*) urgent; (= *imperioso*) peremptory; **plazo ~** final deadline

**pereque*** SM (*LAm*) nuisance, bore

**perestroika** SF perestroika

**pereza** SF laziness; **me da ~ ducharme** I can't be bothered to have a shower; **tener ~** to feel lazy; **¡qué ~!*** what a drag!*; **¡qué ~, tener que limpiar la casa!** what a drag, having to clean the house!*

**perezosa** SF (*Andes, Cono Sur*) deckchair

**perezosamente** ADV lazily

**perezoso/a** Ⓐ ADJ lazy
Ⓑ SM/F (= *vago*) idler, lazybones*
Ⓒ SM 1 (*Zool*) sloth
2 (*Caribe, Méx*) (= *imperdible*) safety pin

**perfección** SF 1 (= *cualidad*) perfection; **a la ~** to perfection
2 (= *acto*) completion

**perfeccionamiento** SM (= *proceso*) perfection; (= *mejora*) improvement

**perfeccionar** ▸conjug 1a◂ VT 1 (*gen*) to perfect; (= *mejorar*) to improve
2 (= *acabar*) to complete, finish

**perfeccionismo** SM perfectionism

**perfeccionista** SMF perfectionist

**perfectamente** ADV perfectly; **te entiendo ~** I perfectly understand what you mean, I know exactly what you mean; **—¿cómo está tu hermano? —¡perfectamente!** "how's your brother?" — "he's doing just fine"

**perfectibilidad** SF perfectibility

**perfectible** ADJ perfectible

▼ **perfecto** Ⓐ ADJ 1 (= *ideal*) perfect; **¡perfecto!** fine!; **me parece ~ que lo hagan** I think it quite right that they should do it
2 (= *completo*) complete; **un ~ imbécil** a complete idiot; **era un ~ desconocido** he was a complete *o* total stranger
Ⓑ SM (*Ling*) perfect, perfect tense

**pérfidamente** ADV perfidiously, treacherously

**perfidia** SF perfidy, treachery

**pérfido** ADJ perfidious, treacherous

**perfil** SM 1 (*gen*) profile (*tb fig*); (= *contorno*) silhouette, outline; (*Geol, Arquit*) section, cross section; (*Fot*) side view; **de ~** in profile, from the side; **ponerse de ~** to stand side on ► **perfil aerodinámico** streamlining ► **perfil bajo**: **neumáticos de ~ bajo** low-profile tyres *o* (*EEUU*) tires
2 (*profesional*) profile ► **perfil del cliente** (*Com*) customer profile ► **perfil psicológico** psychological profile
3 **perfiles** (= *rasgos*) features, characteristics; (= *cortesías*) social courtesies; (= *retoques*) finishing touches

**perfilado** ADJ 1 (*gen*) well-shaped, well-finished; [*rostro*] long; [*nariz*] well-formed, shapely
2 (*Aer*) streamlined

**perfilador** SM ► **perfilador de cejas** eyebrow pencil ► **perfilador de labios** lip-liner, lip pencil ► **perfilador de ojos** eye-liner

**perfilar** ▸conjug 1a◂ Ⓐ VT 1 (*gen*) to outline; (*fig*) to shape; **son los lectores los que perfilan los periódicos** it is the readers who shape their newspapers
2 (*Aer*) to streamline
3 (= *rematar*) to put the finishing touches to, round off
Ⓑ **perfilarse** VPR 1 [*modelo*] to show one's profile, stand sideways on; [*edificio*] to be silhouetted; (*Taur*) to prepare for the kill (**en** against)
2 (*fig*) to take shape; **el proyecto se va perfilando** the project is taking shape
3 (*LAm*) (= *adelgazar*) to slim, get slim
4 (*Cono Sur Dep*) to dribble and shoot

**perforación** SF 1 (= *orificio*) (*Tip*) perforation; (*Cine, Fot*) sprocket; (*Téc*) punch-hole; (*Min*) bore hole
2 (= *proceso*) (*gen*) piercing, perforation; (*Min*) drilling, boring; (*Tip*) punching, perforating

**perforado** Ⓐ ADJ [*papel*] holed; [*labios*] pierced
Ⓑ SM hole-punching

**perforadora** SF 1 (*Tip*) punch ► **perforadora de tarjetas** card punch
2 (*Téc*) drill ► **perforadora neumática** pneumatic drill

**perforar** ▸conjug 1a◂ Ⓐ VT (*gen*) to perforate, pierce; (*Min*) to drill, bore; [+ *tarjeta*] to punch, punch a hole in; [+ *ficha*] to punch; [+ *pozo*] to sink; (= *pinchar*) to puncture (*tb Med*)
Ⓑ VI (*Min*) to drill, bore
Ⓒ **perforarse** VPR [*úlcera*] to get perforated

**perforista** SMF (*Inform*) card puncher

**performance** [per'formans] SF performance

**perfumado** ADJ scented, perfumed

**perfumador** SM perfume spray

**perfumar** ▸conjug 1a◂ VT to perfume, scent

**perfume** SM perfume, scent

**perfumería** SF perfumery, perfume shop

**perfumista** Ⓐ ADJ [*empresa*] perfumery
Ⓑ SMF perfumer

➤ LENGUA Y USO: perfecto A1 40.2

**pergamino** SM parchment; **una familia de muchos ~s** a very blue-blooded family, a family of very noble lineage; **los ~s del mar Muerto** the Dead Sea scrolls

**pergenio*** SM (*Cono Sur hum*) bright boy, clever kid*

**pergeñar** ▸conjug 1a◂ VT [1] (= *tramar*) [+ *plan*] to sketch; [+ *asesinato*] to plot; [+ *texto*] to draft
[2] (*) (= *arreglar*) [+ *cita*] to fix up, arrange
[3] (*Cono Sur**) [+ *persona*] to eye from head to toe

**pergeño** SM aspect, appearance

**pérgola** SF pergola

**peri...** PREF peri...

**perica** SF [1] (*Andes, CAm*) (= *navaja*) razor, knife; (= *machete*) machete; (= *espada*) short sword
[2] (= *borrachera*) (*Andes, CAm**) **agarrar una ~ to get sloshed***, get trashed (*EEUU*‡)
[3] (‡) (= *chica*) bird‡, chick (*EEUU*‡); (= *puta*) tart‡, slut‡, whore
[4] (‡) (= *droga*) snow‡, cocaine

**pericia** SF (= *habilidad*) skill; (= *experiencia*) expertise

**pericial** ADJ expert; **tasación ~** expert valuation; **testigo ~** expert witness

**periclitar** ▸conjug 1a◂ VI (*frm*) [1] (= *declinar*) to decay, decline; (= *quedar anticuado*) to become outmoded; **esos quedan ya periclitados** those are out of date now
[2] (= *peligrar*) to be in danger

**Perico** SM (*forma familiar*) de **Pedro**; ✦***MODISMOS*** **~ el de los palotes** (*Esp*) Mister So-and-So; **ser ~ entre ellas** to be a ladies' man

**perico** SM [1] (*Orn*) parakeet
[2] (*Bot*) giant asparagus
[3] (‡) (= *droga*) snow‡, cocaine
[4] (*Col*) (= *café*) white coffee
[5] (= *peluca*) wig, toupé
[6] (*) (= *orinal*) chamberpot
[7] (‡) (= *puta*) tart*, slut‡
[8] **(huevos) ~s** (*Andes, Caribe*) *scrambled eggs with fried onions*

**pericote** SM (*Andes, Cono Sur*) [1] (= *ratón*) large rat
[2] (*) (= *niño*) kid*, nipper*

**periferia** SF [1] (*Mat*) periphery; (*Geog*) [*de población*] outskirts *pl*; **los que viven en la ~ social** those who live on the fringes of society
[2] (*Inform*) peripherals *pl*

**periférico** Ⓐ ADJ peripheral; **barrio ~** outlying district; **unidad periférica** peripheral (unit); **carretera periférica** ring-road
Ⓑ SM [1] **periféricos** (*Inform*) peripherals
[2] (*Méx Aut*) ring road, beltway (*EEUU*)

**perifollo** SM [1] (*Bot*) chervil
[2] **perifollos** (= *adornos*) buttons and bows, trimmings

**perífrasis** SF INV periphrasis

**perifrástico** ADJ periphrastic

**perilla** SF [1] (= *barba*) goatee; ✦***MODISMO*** **venir de ~(s)** to be more than welcome
▸ **perilla de la oreja** ear lobe
[2] (= *joya*) pear-shaped ornament, drop
[3] (*Elec*) switch ▸ **perilla del timbre** bellpush
[4] (*Méx*) (= *manija*) handle
[5] (= *tirador*) doorknob

**perillán**†* SM rogue, rascal; **¡perillán!** (*a un niño*) you little rascal!

**perimetral** ADJ perimeter *antes de s*; **vallado ~** perimeter fence

**perímetro** SM perimeter

**perinatal** ADJ perinatal

**perinola** Ⓐ SF teetotum
Ⓑ ADV **de ~** (*Caribe*) utterly, absolutely

**periódicamente** ADV periodically

**periodicidad** SF [1] [*de acción, evento*] regularity; [*de publicación*] frequency (*of publication*); **una revista de ~ mensual** a monthly magazine
[2] (*Téc*) periodicity

**periódico** Ⓐ ADJ (*gen*) periodic(al); (*Mat*) recurrent
Ⓑ SM (= *diario*) newspaper, paper; (= *publicación periódica*) periodical ▸ **periódico de la tarde** evening newspaper, evening paper ▸ **periódico del domingo, periódico dominical** Sunday newspaper, Sunday paper ▸ **periódico mural** wall newspaper

**periodicucho*** SM (*pey*) rag*

**periodismo** SM journalism ▸ **periodismo amarillo** sensationalist journalism, ≈ tabloid journalism ▸ **periodismo deportivo** sports journalism ▸ **periodismo de investigación** investigative journalism ▸ **periodismo gráfico** photoreportage

**periodista** SMF journalist ▸ **periodista de radio** radio reporter ▸ **periodista de televisión** television reporter, TV reporter

**periodístico** ADJ journalistic; **estilo ~** journalistic style, journalese (*pey*); **el mundo ~** the newspaper world; **de interés ~** newsworthy

**periodización** SF periodization

**periodo** SM, **período** SM [1] [*de tiempo*] period ▸ **periodo contable** (*Com*) accounting period ▸ **período de incubación** incubation period
[2] (= *menstruación*) period
[3] (*Ling*) sentence, period

**periodoncia** SF periodontics *sing*, periodontology

**peripatético** ADJ peripatetic

**peripecia** SF [1] (= *incidente*) adventure, incident
[2] (= *vicisitud*) vicissitude, sudden change

**periplo** SM (*gen*) (long) journey, tour; (*Náut*) (long) voyage; (*Hist*) periplus; (= *errabundeo*) wanderings *pl*; (*hum*) peregrination

**peripuesto*** ADJ (*gen*) dressed-up, smart; (*excesivamente*) overdressed; **tan ~** all dressed-up (to the nines)

**periquear*** ▸conjug 1a◂ (*Andes*) Ⓐ VI to get dressed up, get dolled up
Ⓑ **periquearse** VPR to get dressed up, get dolled up*

**periquete** SM **en un ~*** in a tick

**periquito** SM [1] (*Orn*) parakeet
[2] (‡) (= *droga*) snow‡, cocaine

**periscopio** SM periscope

**perista*** SMF fence*, receiver of stolen goods

**peristilo** SM peristyle

**perita**[1]* ADJ = **pera**[2]

**perita**[2] SF ✦***MODISMO*** **ser una ~ en dulce** to be gorgeous

**peritaje** SM [1] (= *informe*) specialist's report, expert's report; (= *trabajo*) expert work; (= *pericia*) expertise
[2] (= *honorarios*) expert's fee
[3] (= *estudios*) professional training

**peritar** ▸conjug 1a◂ VT to judge expertly, give an expert opinion on

**perito/a** Ⓐ ADJ (= *experto*) expert; (= *con experiencia*) experienced, seasoned; **ser ~ en** [+ *actividad*] to be expert at; [+ *materia*] to be an expert on
Ⓑ SM/F (*gen*) expert; (= *técnico*) technician; (= *ingeniero técnico*) technical engineer ▸ **perito/a agrónomo/a** agronomist ▸ **perito/a electricista** qualified electrician ▸ **perito/a en metales** metal expert, specialist in metals ▸ **perito/a testigo** (*Méx*) expert witness

**peritoneo** SM peritoneum

**peritonitis** SF INV peritonitis

**perjudicar** ▸conjug 1g◂ VT [1] (= *dañar*) to harm; **me perjudica que digan eso** their saying that is damaging to me
[2] (†) (= *desfavorecer*) **ese sombrero la perjudica** that hat does not become her (*frm*), she doesn't look good in that hat
[3] (*LAm*) (= *calumniar*) to malign, slander

**perjudicial** Ⓐ ADJ damaging, harmful, detrimental (*frm*)
Ⓑ SM (*Méx*‡) secret policeman

**perjuicio** SM damage, harm; **el escándalo ha reportado graves ~s al ministro** the scandal has done the minister serious damage *o* harm; **sufrir grandes ~s** to suffer great damage; **la crisis ha causado enormes ~s económicos** the crisis has caused severe financial damage; **en ~ de algo** to the detriment of sth, at the expense of sth; **han bajado los precios en ~ de la calidad** prices have fallen to the detriment *o* at the expense of quality; **redundar en ~ de algo** to be detrimental to sth, harm sth; **sin ~ de** (*Jur*) without prejudice to; **sin ~ de que luego me pueda arrepentir** even though I might change my mind later, in spite of the fact that I might change my mind later; *ver tb* **daño 1**

**perjurar** ▸conjug 1a◂ Ⓐ VI [1] (*Jur*) to perjure o.s., commit perjury
[2] (= *jurar*) to swear a lot
Ⓑ **perjurarse** VPR to perjure o.s., commit perjury

**perjurio** SM perjury

**perjuro/a** Ⓐ ADJ perjured
Ⓑ SM/F perjurer

**perla** SF pearl; ✦***MODISMOS*** **de ~s**: **me parece de ~s** it's absolutely splendid; **me viene de ~s** it suits me perfectly *o* just fine ▸ **perla cultivada** cultured pearl, cultivated pearl ▸ **perla negra** black pearl ▸ **perlas de imitación** imitation pearls

**perlado** ADJ pearly; **cebada perlada** pearl barley

**perlático** ADJ paralytic, palsied

**perlesía** SF paralysis, palsy

**perlífero** ADJ pearl-bearing; **ostra perlífera** pearl oyster

**perlino** ADJ pearly

**permagel** SM permafrost

**permanecer** ▸conjug 2d◂ VI [1] (*en un lugar*) to stay, remain; **¿cuánto tiempo vas a ~ en Toledo?** how long are you staying in Toledo?; **permaneció en cama durante toda la convalecencia** he stayed in bed throughout his convalescence

[2] (*en un estado*) to remain; **~ en silencio** to remain silent; **permanezcan sentados** (please) remain seated

**permanencia** SF [1] (= *continuidad*) **su ~ en el equipo depende de su rendimiento** his presence in the team will depend on his performance

[2] (= *estancia*) stay; **escribió la novela durante su ~ en el sanatorio** he wrote the novel during his stay in the sanatorium ► **permanencia en filas** (period of) military service

[3] **permanencias** [*de profesores*] obligatory administrative duties

**permanente** Ⓐ ADJ (*gen*) permanent; (= *constante*) constant; [*color*] fast; [*comisión*] standing

Ⓑ SF (*en pelo*) permanent wave, perm*; **hacerse una ~** to have one's hair permed

**permanentemente** ADV (= *perennemente*) permanently; (= *constantemente*) constantly

**permanganato** SM permanganate

**permeabilidad** SF permeability

**permeable** ADJ permeable (**a** to)

**permisible** ADJ permissible

**permisionario/a** SM/F (*LAm*) official agent, official agency, concessionaire

**permisividad** SF (*gen*) permissiveness; (*Fin*) liberal policies *pl*

**permisivo** ADJ permissive

**permiso** SM [1] (= *autorización*) permission; **solicitó ~ para abandonar la reunión** he asked for permission to leave the meeting; **¡permiso!** (*para pasar*) excuse me!; **con ~** (*pidiendo ver algo*) if I may; (*queriendo entrar, pasar*) (*esp LAm*) excuse me; **con ~ de ustedes me voy** excuse me but I must go; **con su ~, ¿se puede?** excuse me, may I come in?; **dar ~** to give permission; **no me dieron ~ para salir del cuartel** they didn't give me permission to leave the barracks; **¿me da ~ para salir hoy un poco antes?** will you let me leave a little earlier today?, could I leave a little earlier today?; **tener ~ para hacer algo** to have permission to do sth

[2] (= *documento*) permit, licence, license (*EEUU*) ► **permiso de armas** gun licence, firearms certificate ► **permiso de circulación** registration document ► **permiso de conducción** (*Esp*), **permiso de conducir** (*Esp*) driving licence, driver's license (*EEUU*) ► **permiso de entrada** entry permit ► **permiso de exportación** export licence ► **permiso de importación** import licence ► **permiso de obras** planning permission, building permit ► **permiso de residencia** residence permit ► **permiso de salida** exit permit ► **permiso de trabajo** work permit, green card (*EEUU*)

[3] (*para no trabajar*) leave; **ha pedido unos días de ~** he has asked for a few days' leave; **estar de ~** to be on leave ► **permiso por maternidad** maternity leave ► **permiso por paternidad** paternity leave

**permitir** ►conjug 3a◄ Ⓐ VT [1] (= *autorizar*) [1·1] [+ *entrada, movimiento*] to allow, permit (*más frm*); **no permiten la entrada a menores de 18 años** under-18s are not allowed in; **—no puedo abrir la puerta —permítame** "I can't open the door" — "allow me"; **"no está permitido el uso de teléfonos móviles"** "the use of mobile phones is not permitted"; **si se me permite la expresión** *o* **la palabra** if you'll pardon the expression; **~ que**: **no le permitas que te hable así** don't allow her to talk to you like that; **permítame que la ayude, señora** please allow me to help you, madam

[1·2] (*en preguntas*) **¿me permite?** (*al entrar*) may I (come in)?; (*al pasar al lado de algn*) excuse me, please; (*al ayudar a algn*) may I (help you)?; **¿me permite su pasaporte, por favor?** may I see your passport please?; **¿me permite que le diga una cosa?** may I say something to you?

[2] (= *hacer posible*) to allow, permit (*más frm*); **las nuevas tecnologías ~án una mayor producción anual** the new technologies will allow *o* (*más frm*) permit a higher annual production; **este tejido permite el paso del aire** this material allows the air through; **si el tiempo lo permite** weather permitting; **~ (a algn) hacer algo** to allow (sb) to do sth; **la televisión nos permite llegar a más público** television lets us reach *o* allows us to reach a wider audience; **todos los datos permiten hablar de una epidemia** all the data points to *o* indicates an epidemic; **~ que** + *SUBJUN* to allow + *infin*; **un marco legal que permita que una persona decida libremente** a legal framework to allow people to choose freely; **el buen tiempo permitió que se celebrase el concierto al aire libre** the good weather allowed us to hold the concert outdoors

Ⓑ **permitirse** VPR [1] (= *atreverse a*) **se permite demasiadas libertades con su secretaria** he takes too many liberties with his secretary; **me permito recordarle que está prohibido fumar** (*frm*) may I remind you that smoking is forbidden (*frm*)

[2] (= *concederse*) to allow o.s.; **me permito dos cigarrillos al día** I allow myself two cigarettes a day; **poder ~se (hacer) algo** to be able to afford (to do) sth; **no me puedo ~ más gastos este mes** I can't afford any more expense this month; **no puedo ~me comer fuera todos los días** I can't afford to eat out every day; **no podemos ~nos el lujo de ser ingenuos** we can't afford to be naive

**permuta** SF [*de bienes, mercancías*] exchange; [*de puesto de trabajo*] interchange

**permutación** SF [1] (*Mat*) permutation

[2] = **permuta**

**permutar** ►conjug 1a◄ VT [1] (*Mat*) to permute

[2] [+ *puesto de trabajo*] to exchange, swap; [+ *acciones, edificios*] to switch, exchange; [+ *intervenciones, actuaciones*] to interchange; **~ algo con algn** to exchange sth with sb; **~ destinos con algn** to exchange *o* swap jobs with sb

**pernada** SF [1] **derecho de ~** (*Hist*) droit de seigneur

[2] (= *coz*) kick; **dar ~s** to kick out

**pernear** ►conjug 1a◄ VI [1] (= *agitar las piernas*) to kick one's legs, shake one's legs

[2] (= *patear*) to stamp one's foot (with rage)

[3] (*) (= *darse prisa*) to get cracking*

**pernera** SF trouser leg

**perneta** SF **en ~s** bare-legged, with bare legs

**perniabierto** ADJ bow-legged

**perniche*** SM blanket

**pernicioso** ADJ pernicious (*tb Med*); [*influencia, sustancia*] harmful; [*insecto*] injurious (**para** to); [*persona*] wicked, evil

**pernicorto** ADJ short-legged

**pernigordo** ADJ fat-legged

**pernil** SM [1] (*Zool*) upper leg, haunch; (*Culin*) leg; (*Caribe*) leg of pork, pork

[2] (*Cos*) trouser leg

**pernio** SM hinge

**perno** SM bolt; ♦**MODISMO estar hasta el ~** (*Andes**) to be at the end of one's tether

**pernocta** SF **pase (de) ~** overnight pass

**pernoctación** SF overnight stay; **con tres pernoctaciones en hotel** with three nights in a hotel

**pernoctar** ►conjug 1a◄ VI to spend the night, stay the night

**pero**[1] Ⓐ CONJ [1] but; **me gusta, ~ es muy caro** I like it, but it's very expensive; **yo no quería ir, ~ bueno ...** I didn't want to go, but still ...

[2] (*al principio de frase*) **~, ¿dónde está Pedro?** where on earth is Pedro?; **~ bueno, ¿vienes o no?** now look, are you coming or not?; **~ vamos a ver** well let's see; **¡~ qué guapa estás!** you look great!; **¡~ si no tiene coche!** I tell you he hasn't got a car!

[3] (*uso enfático*) **~ que muy: una chica guapa, ~ que muy guapa** what you call a really pretty girl, a pretty girl and no mistake; **hizo muy, ~ que muy mal** he was wrong, really, really wrong; **¡estoy ~ que muy harto!** I'm damn well fed up!*; **¡~ que muy bien!** well done!

Ⓑ SM [1] (= *falta, defecto*) snag; **el plan no tiene ~s** the plan hasn't any snags, there's nothing wrong with the plan

[2] (= *pega*) objection; **encontrar** *o* **poner ~s a algo** to raise objections to sth, find fault with sth; **¡no hay ~ que valga!** there are no buts about it!

**pero**[2] SM (*Andes, Cono Sur*) pear tree

**perogrullada** SF platitude, truism

**perogrullesco** ADJ platitudinous

**Perogrullo** SM, **Pero Grullo** SM ♦**MODISMO verdad de ~** platitude, truism

**perol** SM [1] (= *cazuela*) (*grande*) pot; (*más pequeña*) saucepan

[2] (*Caribe*) (= *utensilio*) kitchen utensil; (= *trasto*) piece of junk, worthless object

**perola** SF saucepan

**perolero** SM [1] (*Caribe*) (= *hojalatero*) tinsmith

[2] (= *objetos*) pile of junk, collection of odds and ends

**peronacho*** SM (*Cono Sur pey*) Peronist

**peroné** SM fibula

**peronismo** SM Peronism

**PERONISMO**

*General Juan Domingo Perón (1895-1974) came to power in Argentina in 1946, on a social justice platform known as* **justicialismo**. *He aimed to break Argentina's dependence on exports by developing the domestic economy through state-led industrialization.* **Peronismo** *stood for nationalization of industry, trade unions, paid holidays, the welfare state, and the provision of affordable housing. Women were given the vote in 1947, a move championed by Perón's charismatic wife "Evita" (María Eva Duarte), who was extremely popular in certain circles and became a major public figure. Following her premature death from cancer in 1952, Perón's support began to crumble and*

➤ LENGUA Y USO: **permiso 1** 36.1, 36.2, 36.3 **permitir A1** 36.1, 36.3

*he was driven into exile in 1955. His party was banned for almost a decade and did not regain power until 1973, when he was recalled from exile to become President. He died the following year and was succeded by his second wife Isabel Martínez, who was ousted in a military coup in 1976.* **Peronismo** *as a movement has survived, and the Peronist party returned to power in 1989 under Carlos Menem.*

**peronista** ADJ, SMF Peronist

**peroración** SF [1] (= *discurso*) peroration, speech; (= *perorata*) long-winded speech
[2] (= *conclusión*) conclusion of a speech

**perorar** ▸conjug 1a◂ VI to make a speech; (*hum*) to spout

**perorata** SF (= *rollo*) long-winded speech; (= *soflama*) violent speech, harangue; **echar una ~** to rattle on* (**sobre** about)

**peróxido** SM peroxide ► **peróxido de hidrógeno** hydrogen peroxide

**perpendicular** Ⓐ ADJ perpendicular (**a** to); **el camino es ~ al río** the road is at right angles to the river
Ⓑ SF perpendicular; **salir de la ~** to be out of the perpendicular

**perpendicularmente** ADV perpendicularly

**perpetración** SF perpetration

**perpetrador(a)** SM/F perpetrator

**perpetrar** ▸conjug 1a◂ VT to perpetrate

**perpetuación** SF perpetuation

**perpetuamente** ADV perpetually

**perpetuar** ▸conjug 1e◂ VT to perpetuate

**perpetuidad** SF perpetuity; **a ~** in perpetuity, for ever; **condena a ~** life sentence; **le condenaron a prisión a ~** he was sentenced to life

**perpetuo** ADJ (*gen*) perpetual; [*condena, exilio*] life *antes de s*; (*Bot*) everlasting; **cadena perpetua** life imprisonment

**Perpiñán** SM Perpignan

**perplejamente** ADV perplexedly, in a puzzled way

**perplejidad** SF [1] (= *confusión*) perplexity, puzzlement
[2] (= *indecisión*) hesitation
[3] (= *situación perpleja*) perplexing situation

**perplejo** ADJ perplexed, puzzled; **me miró ~** he gave me a perplexed *o* puzzled look; **dejar a algn ~** to perplex sb, puzzle sb; **se quedó ~ un momento** he hesitated a moment, he looked perplexed for a moment

**perra** SF [1] (*Zool*) bitch
[2] (*Esp**) (= *moneda*) copper, penny; **ahorró unas ~s** he saved a few coppers*; **no tener una ~*** to be broke*, be skint* ► **perra chica** (*Hist*) 5-céntimo coin ► **perra gorda** (*Hist*) 10-céntimo coin
[3] (*) (= *rabieta*) tantrum; **el niño cogió una ~** the child had a tantrum
[4] (*) (= *obsesión*) obsession, crazy idea; **está con la ~ de comprárselo** he's taken it into his head to buy it; **le cogió la ~ de ir a México** he got obsessed about going to Mexico*
[5] (*Cono Sur*) (= *sombrero*) old hat
[6] (*Cono Sur*) (= *cantimplora*) leather water bottle

**perrada** SF [1] (= *perros*) pack of dogs
[2] (*) (= *acción*) dirty trick

**perraje** SM (*Andes*) [1] [*de perros*] pack of dogs
[2] (*) [*de personas*] lower orders *pl*, lower ranks *pl*

**perramus** SM INV (*Arg*) raincoat

**perrera** SF [1] (*para perros callejeros*) dog pound; (*para perros con dueño*) kennels *pl*, kennel (EEUU)
[2] (= *furgoneta*) dogcatcher's van
[3] (*Chile**) (= *rabieta*) tantrum
[4] (*Caribe*) (= *pelea*) row, shindy
[5] (*en el trabajo*) grind; *ver tb* **perrero**

**perrería** SF [1] (= *perros*) pack of dogs; (*fig*) gang of villains
[2] (*) (= *trampa*) dirty trick
[3] (= *palabra*) harsh word, angry word; **decir ~s de algn** to say harsh things about sb

**perrero/a** SM/F dog catcher; *ver tb* **perrera**

**perrillo** SM [1] (*Zool*) puppy
[2] (*Mil*) trigger

**perrito/a** Ⓐ SM/F puppy ► **perrito/a faldero/a** lapdog
Ⓑ SM ► **perrito caliente** hot dog

**perro** Ⓐ SM [1] (*Zool*) dog; **"cuidado con el perro"** "beware of the dog" ► **perro afgano** Afghan hound ► **perro antiexplosivos**, **perro buscadrogas** sniffer dog ► **perro callejero** stray (dog) ► **perro cobrador** retriever ► **perro dálmata** dalmatian ► **perro de agua** (*CAm*) coypu ► **perro de aguas** spaniel ► **perro de casta** pedigree dog ► **perro de caza** hunting dog ► **perro de ciego** guide dog ► **perro de lanas** poodle ► **perro de muestra** pointer ► **perro de presa** bulldog ► **perro de raza** pedigree dog ► **perro de San Bernardo** St Bernard ► **perro de Terranova** Newfoundland dog ► **perro de trineo** husky, sled dog ► **perro dogo** bulldog ► **perro esquimal** husky ► **perro faldero** lapdog ► **perro guardián** guard dog ► **perro guía** guide dog ► **perro lazarillo** guide dog ► **perro lebrel** whippet ► **perro lobo** alsatian, German shepherd ► **perro marino** dogfish ► **perro pastor** sheepdog ► **perro pequinés** Pekinese ► **perro policía** police dog ► **perro raposero** foxhound ► **perro rastreador**, **perro rastrero** tracker dog ► **perro salchicha*** sausage dog*, dachshund ► **perro vagabundo** stray (dog) ► **perro zorrero** foxhound
[2] ✦*MODISMOS* **¡a otro ~ con ese hueso!** pull the other one, it has bells on it!*; **atar ~s con longaniza**: **se cree que allí atan los ~s con longaniza** he thinks it's the land of milk and honey; **de ~s** foul; **estaba de un humor de ~s** he was in a foul *o* stinking mood; **tiempo de ~s** foul *o* dirty weather; **echarle los ~s a algn*** to come down on sb like a ton of bricks*; **echar una hora a ~s** to waste a whole hour, get absolutely nothing done in an hour; **hacer ~ muerto** (*Chile, Perú**) to avoid paying; **heder a ~ muerto** to stink to high heaven; **meter los ~s en danza** to set the cat among the pigeons; **¿qué ~ te/le mordió?** (*Caribe**) what's up with you/him?*; **llevarse como (el) ~ y (el) gato** to fight like cat and dog; **ser como el ~ del hortelano** to be a dog in the manger; **ser ~ viejo** to be an old hand; **tratar a algn como a un ~** to treat sb like dirt; **vida de ~** dog's life; ✦*REFRANES* **a ~ flaco todo son pulgas** it never rains but it pours; **~ ladrador, poco mordedor** ◊ **~ que ladra no muerde** his bark is worse than his bite
[3] (*Culin*) ► **perro caliente** hot dog
[4] (* *pey*) (= *holgazán*) lazy sod**
[5] (* *pey*) (= *persona despreciable*) swine*
[6] (*Andes*) (= *modorra*) drowsiness
[7] (*Cono Sur*) clothes peg, clothes pin (EEUU)
Ⓑ ADJ (*) rotten*; **¡qué perra suerte la mía!** what rotten luck I have!*; **esta perra vida** this wretched life; **¡qué perra vida!** life's a bitch!*; **he pasado una temporada perra** I've been through a rough patch*

**perro-guía** SM (*pl* **perros-guía**) guide dog

**perrona**† SF (= *moneda*) 10-céntimo coin; **de (a) ~*** cheapo*, cheap

**perronero*** ADJ cheapo*, cheap

**perrucho** SM (*pey*) hound, cur

**perruna** SF dog biscuit

**perruno** ADJ canine, dog *antes de s*; [*afecto, devoción*] doglike

**persa** Ⓐ ADJ, SMF Persian
Ⓑ SM (*Ling*) Persian
Ⓒ SF (*Cono Sur*) (= *mercado*) market, bazaar

**per saecula saeculorum** ADV (*frm*), **per secula seculorum** ADV for ever and ever

**persecución** SF [1] (= *acoso*) pursuit; **estar en plena ~** to be in full cry ► **persecución individual** (*Ciclismo*) individual pursuit ► **persecución sexual** sexual harassment
[2] (*Pol, Rel*) persecution

**persecutorio** ADJ **manía persecutoria** persecution complex; **trato ~** cruel treatment

**perseguible** ADJ (*Jur*) [*delito*] indictable; [*persona*] liable to prosecution; **~ a instancia de parte** liable to private prosecution; **~ de oficio** liable to prosecution by the state

**perseguidor(a)** SM/F [1] (*gen*) pursuer
[2] (*Rel, Pol*) persecutor

**perseguimiento** SM pursuit, hunt, chase; **en ~ de** in pursuit of

**perseguir** ▸conjug 3d, 3k◂ VT [1] [+ *presa, fugitivo*] (*gen*) to pursue, chase; (*por motivos ideológicos*) to persecute; (= *acosar*) to hunt down, hunt out
[2] [+ *persona, empleo*] to chase after, go after; [+ *propósito, fin*] to pursue; **la persiguió durante dos años** he was after her for two years, he pursued her for two years; **me persiguieron hasta que dije que sí** they pestered me until I said yes; **lo persiguen los remordimientos** he is plagued by remorse; **lo persigue la mala suerte** he is dogged by ill luck

**perseverancia** SF perseverance, persistence

**perseverante** ADJ persevering, persistent

**perseverantemente** ADV perseveringly, persistently

**perseverar** ▸conjug 1a◂ VI to persevere, persist; **~ en** to persevere in, persist with

**Persia** SF Persia

**persiana** SF [*de lamas*] (Venetian) blind; [*de tablitas*] slatted shutter; (*enrollable*) roller blind; ✦*MODISMO* **enrollarse como una ~*** to go on and on

**persignarse** ▸conjug 1a◂ VPR to cross o.s.

**persistencia** SF persistence

**persistente** ADJ persistent

**persistentemente** ADV persistently

**persistir** ▸conjug 3a◂ VI to persist (**en** in)

**persoga** SF (*CAm, Méx*) halter (*of plaited vegetable fibre*)

**persona** SF [1] (= *individuo*) person; **es una ~ encantadora** he's a charming person; **20 ~s**

20 people; **aquellas ~s que lo deseen** those who wish; **es buena ~** he's a good sort; **en la ~ de** in the person of; **en ~** in person, in the flesh; **vendrá él en ~ a recoger los papeles** he will come and collect the papers in person; **vi al príncipe en ~** I saw the prince in the flesh *o* in person; **por ~** per person; **20 kilos por ~** 20 kilos per person; **tres caramelos por ~** three sweets per person *o* each; **dos dólares por ~** two dollars per person, two dollars a head; **tercera ~** third party; **sin inmiscuir a terceras ~s** without involving third parties ► **persona de edad** elderly person, senior citizen ► **persona de historia†** dubious individual ► **persona mayor** adult ► **persona no grata, persona non grata** persona non grata ► **personas reales** (*frm*) royalty *sing*, king and queen
[2] (*Jur*) ► **persona física** natural person ► **persona jurídica** legal entity
[3] (*Ling*) person; **la tercera ~ del singular** the third person singular
[4] (*Rel*) **las tres ~s de la Santísima Trinidad** the three persons of the Holy Trinity

**PERSONA**

Mientras que **persona** en singular se traduce por **person**, el plural tiene dos traducciones: **people** y **persons**.

• **People** es la forma más utilizada, ya que **persons** se emplea solamente en el lenguaje formal o técnico. Las dos formas llevan el verbo en plural:

Acaban de llegar tres personas preguntando por un tal Sr. Oliva
***Three people have just arrived asking for a Mr Oliva***
"Peso máximo: 8 personas"
***"Weight limit: 8 persons"***

*Para otros usos y ejemplos ver la entrada.*

**personaje** SM [1] (= *sujeto notable*) personage, important person; (= *famoso*) celebrity, personality; **ser un ~** to be somebody, be important
[2] (*Literat, Teat*) character

**personajillo** SM (*gen*) insignificant person; (*Literat, Teat*) minor character; (*hum*) minor celebrity

**personal** Ⓐ ADJ personal
Ⓑ SM [1] (= *plantilla*) staff, personnel; (*esp Mil*) force; (*Náut*) crew, complement; **estar falto de ~** to be shorthanded *o* shortstaffed ► **personal de cabina** cabin staff *o* crew ► **personal de exterior** surface workers *pl* ► **personal de interior** underground workers *pl* ► **personal de servicios** maintenance staff ► **personal de tierra** (*Aer*) ground crew, ground staff
[2] (*) (= *gente*) people; **había mucho ~ en el cine** there was a big crowd in the cinema; ✦***MODISMO*** **quedarse con el ~*** to be a hit with people
Ⓒ SF (*Baloncesto*) personal foul

**personalidad** SF [1] (= *modo de ser*) personality; **doble ~** dual personality ► **personalidad desdoblada** split personality
[2] (= *personaje público*) public figure; **~es** personalities, dignitaries
[3] (*Jur*) legal entity

**personalísimo** ADJ intensely personal, highly individualistic

➤ LENGUA Y USO: **personalmente** 53.5

**personalismo** SM [1] (= *parcialidad*) partiality; **obrar sin ~s** to act impartially *o* without favouritism
[2] (= *alusión personal*) personal reference; **tenemos que proceder sin ~s** we must carry on without getting personal
[3] (= *egoísmo*) selfishness, egoism

**personalizar** ▸conjug 1f◂ Ⓐ VT (*gen*) to personalize; (= *personificar*) to embody, personify
Ⓑ VI [1] (= *nombrar en particular*) to name names
[2] (= *hacer alusiones personales*) to get personal
Ⓒ **personalizarse** VPR to become personal

▼ **personalmente** ADV personally

**personarse** ▸conjug 1a◂ VPR to appear in person; **~ en** to present o.s. at, report to; **~ en forma** (*Jur*) to be officially represented; **el juez se personó en el lugar del accidente** the judge made an official visit to the scene of the accident

**personería** SF [1] (*Cono Sur*) (= *personalidad*) personality; (= *talento*) aptitude, talent
[2] (*LAm Jur*) legal status

**personero/a** SM/F (*LAm Pol*) (= *representante*) (government) official; (= *portavoz*) spokesperson; (*Jur*) proxy

**personificación** SF [1] (= *representación*) personification, embodiment; **es la ~ de los celos** he is the embodiment of jealousy, he is jealousy personified
[2] (*Literat*) personification

**personificar** ▸conjug 1g◂ VT [1] (= *encarnar*) to personify, embody; **es la codicia personificada** he is greed personified; **en esta mujer el autor personifica la maldad** the author makes this woman a personification of wickedness
[2] (*en discurso*) to single out for special mention

**perspectiva** SF [1] (*Arte*) perspective; **en ~** in perspective; **le falta ~** he lacks a sense of perspective
[2] (= *vista*) view, scene
[3] (= *posibilidad*) prospect; **la ~ no es nada halagüeña** it's a most unwelcome prospect; **buenas ~s de mejora** good prospects for *o* of improvement; **se alegró con la ~ de pasar un día en el campo** he cheered up with the prospect of spending a day in the country; **encontrarse ante la ~ de hacer algo** to be faced with the prospect of doing sth; **tener algo en ~** to have sth in prospect; **las ~s de la cosecha son favorables** the harvest outlook is good

**perspicacia** SF [1] (= *agudeza mental*) perceptiveness, shrewdness
[2] (= *agudeza visual*) keen-sightedness

**perspicaz** ADJ [1] (= *agudo, sagaz*) perceptive, shrewd
[2] [*vista*] keen; [*persona*] keen-sighted

**perspicuidad** SF (*frm*) perspicuity (*frm*), clarity

**perspicuo** ADJ perspicuous (*frm*), clear

**persuadir** ▸conjug 3a◂ Ⓐ VT to persuade; **~ a algn de algo/para hacer algo** to persuade sb of sth/to do sth; **dejarse ~** to allow o.s. to be persuaded
Ⓑ **persuadirse** VPR to be persuaded

**persuasión** SF [1] (= *acción de persuadir*) persuasion
[2] (= *convicción*) conviction; **tener la ~ de que ...** to have the conviction that ..., b convinced that ...

**persuasiva** SF persuasiveness, power of pe suasion

**persuasivo** ADJ [*vendedor, carácter*] persuasive [*argumento, razones*] persuasive, convincing

**pertenecer** ▸conjug 2d◂ VI [1] (= *ser propiedad* **~ a algn** to belong to sb; **los terrenos perte necen al ayuntamiento** the land belongs t the council, the land is council property; **est diccionario te pertenece** this dictionary be longs to you
[2] (= *formar parte*) **~ a algo** to belong to sth **pertenecemos a un grupo pacifista** we be long to a pacifist group
[3] (*frm*) (= *competer*) **~ a algn hacer algo** t be sb's responsibility to do sth; **le pertenec a él acabar el trabajo** it's his responsibili to finish the job, it's up to him to finish th job

**perteneciente** ADJ [1] (= *que pertenece*) be longing (**a** to); **los países ~s** the membe countries; **las personas ~s al organism** members of the organization
[2] (= *relacionado*) **~ a** pertaining to

**pertenencia** SF [1] (= *posesión*) ownership; **la cosas de su ~** his possessions, his property
[2] **pertenencias** (= *objetos personales*) pe sonal belongings; [*de finca*] appurtenances, a cessories
[3] (*a club, asociación*) membership (**a** of)

**pértica** SF *land measure (= 2.70 metres)*

**pértiga** SF pole; **salto de ~** (*Dep*) pole vau ► **pértiga de trole** trolley pole

**pertiguero** SM verger

**pertiguista** SMF pole-vaulter

**pertinacia** SF [1] (= *persistencia*) persistence
[2] (= *obstinación*) obstinacy

**pertinaz** ADJ [1] [*tos*] persistent; [*sequía*] lon lasting, prolonged
[2] [*persona*] obstinate

**pertinencia** SF (= *relevancia*) relevance, pert nence; (= *idoneidad*) appropriateness

**pertinente** ADJ [1] (= *relevante*) relevant, pert nent; (= *adecuado*) appropriate; **no es ~ h cerlo ahora** this is not the appropriate tir to do it
[2] **~ a** concerning; **en lo ~ a libros** as r gards books, as far as books are concerned

**pertinentemente** ADV (= *relevantemente*) re evantly, pertinently; (= *adecuadamente*) appr priately

**pertrechar** ▸conjug 1a◂ Ⓐ VT (*gen*) to supp (**con, de** with); (= *equipar*) to equip (**con, d** with); (*Mil*) to supply with ammunition an stores, equip
Ⓑ **pertrecharse** VPR **~se de algo** to provid o.s. with sth

**pertrechos** SMPL [1] (= *útiles*) gear *si* ► **pertrechos de pesca** fishing tackle *sing*
[2] (*Mil*) (*gen*) supplies and stores; ( *provisiones*) provisions; (= *munición*) munition

**perturbación** SF [1] (*Meteo, Pol*) disturbanc ► **perturbación del orden público** breac of the peace
[2] (*Med*) upset, disturbance; (*mental*) ment disorder

**perturbado/a** Ⓐ ADJ mentally unbalanced
Ⓑ SM/F mentally unbalanced person

**perturbador(a)** Ⓐ ADJ [1] [*noticia*] disturbin perturbing

2 [*conducta*] unruly, disorderly; [*movimiento*] subversive
Ⓑ SM/F disorderly element, unruly person

**perturbadoramente** ADV disturbingly

**perturbar** ▸conjug 1a◂ VT 1 (= *alterar*) [+ *orden*] to disturb; [+ *plan*] to upset; [+ *calma*] to disturb, ruffle
2 (*Med*) to disturb, mentally disturb

**Perú** SM Peru

**peruanismo** SM *word or phrase peculiar to Peru*

**peruano/a** Ⓐ ADJ Peruvian
Ⓑ SM/F Peruvian; **los ~s** the Peruvians

**Perucho*** SM (*Caribe*) ✦*MODISMO* **viven en plan de ~** they get on like a house on fire

**peruétano*** Ⓐ ADJ (*Andes, Caribe, Méx*) boring, tedious
Ⓑ SM (*Andes, Caribe, Méx*) (= *pelma*) bore; (= *necio*) dolt; **ese muchacho es un ~** (*Cono Sur*) (= *entrometido*) that lad is always sticking his nose where it doesn't belong

**perversamente** ADV wickedly

**perversidad** SF 1 (= *cualidad*) [*de depravado*] depravity; [= *de malvado*] wickedness
2 (= *acto*) evil deed

**perversión** SF 1 (= *depravación*) perversion ► **perversión sexual** sexual perversion
2 (= *maldad*) wickedness

**perverso** ADJ (= *depravado*) depraved; (= *malvado*) wicked

**pervertido/a** Ⓐ ADJ perverted, deviant
Ⓑ SM/F pervert, deviant

**pervertidor(a)** SM/F corruptor ► **pervertidor(a) de menores** child corruptor, corruptor of minors (*frm*)

**pervertimiento** SM perversion, corruption

**pervertir** ▸conjug 3i◂ Ⓐ VT [+ *persona*] to pervert; [+ *texto*] to distort, corrupt; [+ *gusto*] to corrupt
Ⓑ **pervertirse** VPR to become perverted

**pervinca** SF (*Bot*) periwinkle

**pervivencia** SF survival

**pervivir** ▸conjug 3a◂ VI to survive

**pesa** SF 1 (*Dep*) weight; **hacer ~s** to do weight training, do weights*; **levantamiento de ~s** weightlifting
2 [*de balanza, reloj*] weight
3 (*Andes, CAm, Caribe*) butcher's shop

**pesabebés** SM INV baby scales *pl*

**pesadamente** ADV 1 (= *con mucho peso*) heavily; **caer ~** to fall heavily
2 (= *lentamente*) slowly, sluggishly
3 (= *de manera aburrida*) boringly, tediously

**pesadez** SF 1 (= *peso*) weight
2 (= *lentitud*) slowness, sluggishness
3 (*Med*) (= *malestar*) heaviness; (= *somnolencia*) drowsiness ► **pesadez de estómago** bloated feeling in the stomach
4 (= *aburrimiento*) tediousness, boring nature; (= *molestia*) annoyance; **es una ~ tener que …** it's a bore having to …; **¡qué ~!** what a bore!

**pesadilla** SF 1 (= *mal sueño*) nightmare, bad dream; **una experiencia de ~** a nightmarish experience
2 (= *tormento*) nightmare; **ha sido la ~ de todos** it has been a nightmare for everybody; **ese equipo es nuestra ~** that is our bogey team

**pesado/a** Ⓐ ADJ 1 [*paquete, comida*] heavy; **industria pesada** heavy industry
2 (= *lento*) [*persona*] slow, sluggish; [*mecanismo*] stiff
3 (*Meteo*) heavy, sultry
4 [*sueño*] deep, heavy
5 (*Med*) heavy; **tengo la cabeza pesada** my head feels heavy; **tener el estómago ~** to feel bloated, feel full up
6 [*tarea*] (= *difícil*) tough, hard; (= *aburrido*) tedious, boring; (= *molesto*) annoying; [*lectura*] heavy, stodgy; **esto se hace ~** this is becoming tedious; **la lectura del libro resultó pesada** the book was heavy going; **es una persona de lo más ~** he's a terribly dull sort; **ése me cae ~** (*Caribe, Méx**) that chap gets on my nerves*; **es ~ tener que …** it's such a bore having to …; **¡no seas ~!** stop being such a pain!
Ⓑ SM/F 1 (= *aburrido*) bore; **es un ~** he's such a bore
2 (*Caribe**) (= *pez gordo*) big shot*
Ⓒ SM (= *acto*) weighing

**pesador** SM (*Andes, CAm, Caribe*) butcher

**pesadumbre** SF grief, sorrow

**pesaje** SM 1 (= *acción*) weighing
2 (*Dep*) weigh-in

**pésame** SM condolences *pl*; **dar el ~** to express one's condolences, send one's sympathy (**por** for, on); **mi más sentido ~** my deepest sympathy, my heartfelt condolences

**pesantez** SF weight, heaviness; (*Fís*) gravity

**pesar** ▸conjug 1a◂ Ⓐ VI 1 [*objeto, persona*]
1·1 (= *tener peso*) to weigh; (*Boxeo, Hípica*) to weigh in at; **pesa cinco kilos** it weighs five kilos; **¿cuánto pesas?** how much *o* what do you weigh?; **el boxeador pesó 90kg** the boxer weighed in at 90kg
1·2 (= *tener mucho peso*) to be heavy; **ese paquete no pesa** that parcel isn't heavy, that parcel hardly weighs anything; **¿pesa mucho?** is it heavy?; **¡cómo pesa esta bolsa!** this bag's really heavy!; **¡no pesa nada!** it's not heavy at all!; **~ como una losa** to weigh like a millstone round one's neck
2 (= *resultar pesado*) **~le a algn: le pesaba la mochila** his rucksack was weighing him down; **los pies me pesan, estoy muy cansado** I'm so tired, I can hardly lift my feet up any more
3 (= *afligir*) **me pesa mucho** I am very sorry about it *o* to hear it; **¡ya le ~á!** he'll be sorry!, he'll regret this!; **me pesa haberlo hecho** I regret having done it, I'm sorry I did it; **le pesa que no le hayan nombrado** he is hurt that he has not been appointed
4 (= *ser una carga*) **le pesa tanta responsabilidad** all that responsibility weighs heavily on him; **me pesan los años** I feel my age; **~ sobre** [*responsabilidad, preocupación*] to weigh heavily on; [*amenaza, acusación*] to hang over; **pesa sobre mi conciencia** it is weighing heavily on my conscience; **sobre ella pesan muchas obligaciones** she is burdened with many responsibilities; **las sospechas que pesan sobre Aguirre** the suspicions surrounding Aguirre; **pesa sobre ellos una orden de busca y captura** there is a warrant out for their arrest; **la hipoteca que pesa sobre el piso** the mortgage with which the flat is burdened; **la maldición que pesa sobre nuestra familia** the curse afflicting our family
5 (= *influir*) to carry weight; **sus opiniones no pesan en el partido** her opinions do not carry any weight in the party; **sus razones no han pesado en mi decisión** his arguments did not influence my decision
6 **pese a (que)** in spite of (the fact that), despite (the fact that); **pese a las dificultades** in spite of *o* despite the difficulties; **lo creo, pese a que ellos lo niegan** I believe it, even though they deny it, I believe it, in spite of *o* despite the fact that they deny it; **lo haré pese a quien pese** I'll do it whether people like it or not, I'll do it, no matter who I offend; *ver tb* **mal B**
7 (*Andes, CAm*) (= *vender carne*) to sell meat
Ⓑ VT 1 [+ *carta, fruta, etc*] to weigh
2 (= *sopesar*) to weigh up; **~ las posibilidades** to weigh up one's chances; **~ los pros y los contras** to weigh up the pros and cons
Ⓒ **pesarse** VPR to weigh o.s.; (*Boxeo, Hípica*) to weigh in; **tengo que ~me** I must weigh myself
Ⓓ SM 1 (= *aflicción*) sorrow; **la noticia le causó un hondo ~** the news caused him deep sorrow; **expresó su ~ a la familia de las víctimas** he expressed his sorrow to the families of the victims
2 (= *arrepentimiento*) regret; **expresó su ~ por el accidente** he expressed his regret at the accident; **a mi ~** to my regret; **con gran ~ mío** much to my regret; **sentir** *o* **tener ~ por no haber …** to regret not having …
3 **a pesar de** in spite of, despite; **a ~ de todo** in spite of *o* despite everything; **a ~ del mal tiempo** in spite of *o* despite the bad weather; **a ~ de que** even though; **a ~ de que no tiene dinero** even though he has no money, in spite of *o* despite the fact that he has no money; **a ~ de que la quiero** even though I love her; ✦*MODISMO* **a ~ de los ~es*** in spite of *o* despite everything

**pesario** SM pessary

**pesaroso** ADJ (= *arrepentido*) regretful; (= *afligido*) sorrowful, sad

**pesca** SF 1 (= *actividad*) fishing; **allí la ~ es muy buena** the fishing is very good there; **ir de ~** to go fishing; **andar a la ~ de** (*fig*) to fish for, angle for ► **pesca a caña** angling ► **pesca a mosca** fly-fishing ► **pesca de altura** deep sea fishing ► **pesca de bajura** coastal fishing, shallow water fishing ► **pesca de la ballena** whaling ► **pesca de perlas** pearl fishing ► **pesca submarina** underwater fishing
2 (= *lo pescado*) catch; **la ~ ha sido mala** it's been a poor catch; ✦*MODISMO* **… y toda la ~*** … and all the rest of it, … and whatnot*

**pescada** SF hake

**pescadería** SF (= *tienda*) fish shop, fishmonger's; (= *mercado*) fish market

**pescadero/a** SM/F fishmonger, fish merchant (*EEUU*)

**pescadilla** SF whiting, small hake

**pescado** SM 1 (*Culin*) fish; **quiero comprar ~** I want to buy some fish ► **pescado azul** blue fish
2 (*Andes, Cono Sur**) (= *policía*) secret police

**pescador(a)** Ⓐ ADJ fishing
Ⓑ SM/F fisherman/fisherwoman ► **pescador(a) a mosca** fly-fisherman/fly-fisherwoman ► **pescador(a) de caña** angler

**pescante** SM 1 [*de carruaje*] driver's seat, coachman's seat
2 (*Teat*) wire

➤ LENGUA Y USO: pésame 51.4

[3] (*Téc*) jib
[4] (*Náut*) davit

**pescar** ▸conjug 1g◂ Ⓐ VT [1] [+ *peces, mariscos*] to catch; **pescamos varias truchas** we caught several trout; **fuimos a ~ salmón** we went salmon-fishing
[2] (*) (= *agarrar*) **lo ha pescado la policía** he's been caught *o* nabbed* by the police; **¡si no te abrigas vas a ~ una pulmonía!** if you don't wrap up you'll catch pneumonia!; **viene a ~ un marido** she's come to get *o* bag* a husband; **me ~on fumando** I got caught smoking; **¡te pesqué!** caught you!, got you!
[3] (*) (= *entender*) to get; **¿aún no has pescado el chiste?** haven't you got the joke yet?; **en la clase de matemáticas no pesco nada** I don't understand a thing in maths
Ⓑ VI [1] [*pescador*] to fish; **ir a ~** to go fishing; **~ a mosca** to fish with a fly, flyfish; **~ a la rastra** ◊ **~ al arrastre** to trawl; ✦**MODISMO ~ en río revuelto** to fish in troubled waters
[2] (*Andes, Cono Sur*) (= *dormitar*) to nod, doze
Ⓒ **pescarse** VPR ✦**MODISMO no sabe lo que se pesca*** he hasn't a clue*, he has no idea

**pescata** SF catch, haul

**pescocear** ▸conjug 1a◂ VT (*LAm*) to grab by the scruff of the neck

**pescozón** SM slap on the neck

**pescozudo** ADJ thick-necked, fat in the neck

**pescuezo** SM [1] (*Zool*) neck; (*Anat*) scruff of the neck; **retorcer el ~ a una gallina** to wring a chicken's neck; **¡calla, o te retuerzo el ~!** shut up, or I'll wring your neck!
[2] (†) (= *vanidad*) vanity; (= *altanería*) haughtiness, pride

**pescuezón** ADJ (*LAm*) [1] = **pescozudo**
[2] (= *de cuello largo*) long-necked

**pese** PREP **~ a** despite, in spite of

**pesebre** SM [1] (*Agr*) manger
[2] (*Rel*) nativity scene, crib

**pesebrera** SF (*Cono Sur, Méx*) = **pesebre 2**

**pesera** SF (*Méx*) = **pesero 1**

**pesero** SM [1] (*Méx*) (= *colectivo*) minibus
[2] (*Andes, CAm, Caribe*) (= *carnicero*) butcher

**peseta** SF peseta; ✦**MODISMO cambiar la ~*** to throw up

**pesetada** SF (*LAm*) joke, trick

**pesetera** SF (*CAm, Méx*) prostitute

**pesetero** ADJ [1] (= *avaro*) money-grabbing*, mercenary
[2] (*Méx*) [*comerciante*] small-time
[3] (*Andes, CAm, Caribe*) (= *gorrón*) sponging*

**pésimamente** ADV awfully, dreadfully

**pesimismo** SM pessimism

**pesimista** Ⓐ ADJ pessimistic
Ⓑ SMF pessimist

**pésimo** Ⓐ ADJ awful, dreadful
Ⓑ ADV (*Méx**) **lo hiciste ~** you did it awfully *o* dreadfully

**peso** SM [1] (*Fís, Téc*) weight; **no puedo levantar mucho ~** I can't lift much weight; **¿cuál es tu ~?** how much do you weigh?; **un vehículo de mucho/poco ~** a heavy/light vehicle; **las telas se venden <u>al</u> ~** the fabrics are sold by weight; **<u>coger</u> ~** (*Esp*) (= *engordar*) to put on weight; (= *levantar peso*) to lift weight; **no <u>dar</u> el ~** (*al pesarse*) [*boxeador*] not to make the weight; [*recién nacido*] to be below normal weight, be underweight; (*en una categoría*) not to make the grade, not come up to scratch; **ese escultor no da el ~** that sculptor doesn't make the grade *o* come up to scratch; **sostener algo <u>en</u> ~** to support the full weight of sth; **<u>falto</u> de ~** underweight; **<u>ganar</u> ~** to put on weight; **~s y <u>medidas</u>** weights and measures; **<u>perder</u> ~** to lose weight; ✦**MODISMOS caer por su propio ~** (= *ser obvio*) to go without saying, be obvious; (= *no tener lógica*) not to stand up (to scrutiny); **valer su ~ en oro** to be worth one's weight in gold ► **peso atómico** atomic weight ► **peso bruto** gross weight ► **peso en vivo** live weight ► **peso escurrido** net weight ► **peso específico** (*lit*) specific gravity; (*fig*) influence ► **peso máximo autorizado** gross weight ► **peso molecular** (*Quím*) molecular weight ► **peso muerto** (*Náut, fig*) dead weight ► **peso neto** net weight
[2] (= *acción*) **van a proceder al ~ de la fruta** they're going to weigh the fruit; **el ~ de la leña se hace en unas balanzas enormes** the firewood is weighed on enormous scales
[3] [*de culpa, responsabilidad*] weight; **le cayó encima todo el ~ de la justicia** he felt the full weight of the law; **el delantero llevó todo el ~ del ataque** the forward carried the full weight of the attack; **el ~ de los años** the burden of old age; **quitarse un ~ de <u>encima</u>** to take a load *o* weight off one's mind; **me quitarías un buen ~ de encima** it would be a weight off my mind, you would take a weight off my mind
[4] (= *importancia*) weight; **su opinión era la de mayor ~ en la reunión** his opinion carried the most weight at the meeting; **España tiene poco ~ en esa organización** Spain does not carry much weight in that organization; **<u>de</u> ~** [*persona*] influential; [*argumento*] weighty, forceful; **un argumento de poco ~** a lightweight argument; **razones de ~** good *o* sound reasons ► **peso político** political influence
[5] (= *balanza*) scales *pl* ► **peso de baño** bathroom scales *pl* ► **peso de cocina** kitchen scales *pl* ► **peso de muelle** spring balance
[6] (*Med*) heaviness; **noto un ~ muy grande en la cabeza** I can feel a great heaviness in my head
[7] (*Dep*) [7·1] (*Esp*) (*Atletismo*) shot; **lanzamiento de ~** shot putting; **lanzar el ~** to put the shot
[7·2] (*Halterofilia*) **levantamiento de ~s** weightlifting
[7·3] (*Boxeo*) weight
► **peso completo** (*CAm, Méx, Ven*) heavyweight ► **peso gallo** bantamweight ► **peso ligero**, **peso liviano** (*Chile, Venezuela*) lightweight ► **peso medio** middleweight ► **peso medio fuerte** light heavyweight, cruiserweight ► **peso mosca** flyweight ► **peso pesado** heavyweight ► **peso pluma** featherweight ► **peso welter** welterweight
[8] (*Fin*) peso; ✦**MODISMO no valer un ~** to be no good

**pesor** SM (*CAm, Caribe*) weight, heaviness

**pespunte** SM (*Cos*) backstitch(ing)

**pespuntear** ▸conjug 1a◂ VT, VI to backstitch

**pesquera** SF [1] (= *zona*) fishing-ground, fishery
[2] (= *presa*) weir

**pesquería** SF fishing ground, fishery

**pesquero** Ⓐ ADJ fishing *antes de s*
Ⓑ SM fishing boat

**pesquis*** SM (= *agudeza*) (*intelectual*) nous*, (*técnica*) know-how; **tener el ~ para hacer algo** to have the nous to do sth*

**pesquisa** Ⓐ SF (= *indagación*) investigation, inquiry; (= *búsqueda*) search
Ⓑ SM (*Andes, Cono Sur**) (= *policía*) secret police; (= *detective*) detective

**pesquisador(a)** SM/F (= *investigador*) investigator, inquirer; (= *detective*) detective; (*Andes, Cono Sur**) (= *policía*) member of the secret police

**pesquisar** ▸conjug 1a◂ VT to investigate, inquire into

**pesquisidor(a)**† SM/F investigator, inquirer

**pestaña** SF [1] [*de ojo*] eyelash; ✦**MODISMOS no pegué ~*** I didn't get a wink of sleep; **quemarse las ~s** (= *excederse*) (*gen*) to burn one's fingers; (*estudiando*) to burn the midnight oil; **tener ~** to be pretty smart
[2] (*Bot*) fringe
[3] (= *saliente*) [*de caja*] flap; [*de neumático*] rim
[4] (*Esp*‡) (= *policía*) **la ~** the fuzz‡, the cops* *pl*

**pestañear** ▸conjug 1a◂ VI, **pestañar** ▸conjug 1a◂ VI (*LAm*) to blink; **sin ~** without batting an eyelid

**pestañeo** SM blink(ing)

**pestazo*** SM stink, stench

**peste** SF [1] (*Med*) plague; **una ~ de ratones** a plague of mice; ✦**MODISMOS huir de algo/algn como de la ~** to avoid sth/sb like the plague; **ser la ~*** to be a nuisance, be a pain* ► **peste aviar** fowl pest ► **peste bubónica** bubonic plague ► **peste negra** Black Death ► **peste porcina** swine fever
[2] (= *mal olor*) stink, foul smell; **¡qué ~ hay aquí!** there's a real stink in here!
[3] ✦**MODISMO decir** *o* **echar ~s de algn** to slag sb off*; **siempre anda echando ~s de su jefe** she's always slagging off her boss*
[4] (*Cono Sur*) (*gen*) infectious disease; (= *viruela*) smallpox
[5] (*Andes*) (= *resfriado*) cold

**pesticida** SM pesticide

**pestífero** ADJ (= *dañino*) pestiferous; [*olor*] foul; [*influencia*] noxious, harmful

**pestilencia** SF [1] (= *plaga*) pestilence, plague
[2] (= *mal olor*) stink, stench

**pestilencial** ADJ pestilential

**pestilente** ADJ [1] (= *dañino*) pestilent
[2] (= *que huele mal*) smelly, foul

**pestillo** SM [*de puerta, ventana*] bolt; [*de cerradura*] latch; (*Cono Sur*) (= *picaporte*) door handle

**pestiño** SM (*Esp*) [1] (*Culin*) honey-coated fritter
[2] (*) (= *lata*) bore, drag; **fue un ~** it was a real drag
[3] (*) (= *chica*) plain girl

**pestozos‡** SMPL socks

**pesuña** SF (*LAm*) = **pezuña**

**peta**[1]‡ SF (*Esp*) peseta

**peta**[2]‡ SM [1] (= *droga*) joint‡, reefer‡
[2] (= *nombre*) name ► **peta chungo** false name
[3] (= *documentación*) papers *pl*

**petaca** Ⓐ SF [1] [*de cigarrillos*] cigarette case; [*de puros*] cigar case; [*de pipa*] tobacco pouch; [*de alcohol*] flask; ✦**MODISMO hacerle la ~ a algn** to make an apple-pie bed for sb
[2] (*LAm*) (= *cesto*) wicker basket; (= *baúl*) leather-covered chest; (*Méx*) (= *maleta*) suit-

case; ✦*MODISMO* **se le fueron las ~s** (*Arg**) he lost his patience
3 (*CAm, Méx Anat*) hump
4 **petacas** (*Caribe, Méx*‡) (= *nalgas*) buttocks; (= *pechos*) big breasts
Ⓑ SMF (*Arg**) 1 (= *rechoncho*) short squat person
2 (= *vago*) lazy person
Ⓒ ADJ INV (*) 1 (*Chile*) (= *torpe*) slow, sluggish; (= *vago*) lazy, idle
2 (*Caribe*) (= *grosero*) coarse

**petacho** SM patch, mend

**petacón*** ADJ 1 (*Méx, Andes, Cono Sur*) (= *rechoncho*) plump, chubby
2 (*Méx*) (= *nalgudo*) fat-bottomed, broad in the beam*; **está petacona** she's rather broad in the beam*

**petacudo*** ADJ 1 (*Andes*) (= *grueso*) stout, fat
2 (*CAm*) (= *con joroba*) hunchbacked
3 (*Méx*) (= *nalgudo*) broad in the beam*
4 (*Col*) (= *lento*) slow, ponderous, sluggish

**pétalo** SM petal

**petanca** SF pétanque

**petar*** ▸conjug 1a◂ VI **no le peta trabajar en una oficina** he's not into working in an office; **ahora mismo no me peta** I don't feel like it now

**petardazo** SM 1 (= *fuegos artificiales*) firework display
2 (= *sonido*) crack, bang
3 (= *sorpresa*) shock result, upset

**petardear** ▸conjug 1a◂ Ⓐ VI (*Aut*) to backfire
Ⓑ VT (*) (= *estafar*) to cheat, swindle

**petardista*** SM/F 1 (*Méx*) (= *político*) crooked politician*
2 (*CAm*) (= *estafador*) cheat, swindler

**petardo** SM 1 (= *cohete*) banger, firecracker; (= *explosivo*) small explosive device; (*Mil*) petard
2 (*) (= *lo que aburre*) bore, drag; **ser un ~** to be dead boring*
3 (‡) (= *mujer fea*) hag‡, old hag‡
4 (‡) (= *droga*) joint‡
5 (*) (= *estafa*) fraud, swindle; **pegar un ~** pull a fast one (**a** on)

**petate** SM 1 (= *estera*) grass mat; (*esp LAm*) [*de palma*] mat of palm leaves; (*para dormir*) sleeping mat
2 (= *equipaje*) bundle of bedding and belongings; (*Mil*) kit bag; **liar el ~*** (*lit*) to pack; (= *irse*) to pack up and go, clear out*; (= *morir*) to kick the bucket*
3 (*) (= *estafador*) cheat, trickster
4 (*) (= *pobre hombre*) poor devil
5 ✦*MODISMO* **se descubrió el ~*** the fraud was uncovered

**petatearse**‡ ▸conjug 1a◂ VPR (*Méx*) to peg out‡, kick the bucket*

**peteneras** SFPL (*Esp*) ✦*MODISMO* **salir por ~** to say/do something quite inappropriate

**petición** SF 1 (= *solicitud*) (*gen*) request; (= *documento*) petition; **con referencia a su ~ del 20 de mayo** with reference to your request of May 20th; **vamos a oír las peticiones de los oyentes** we are going to hear the listeners' requests; **a ~ popular** by popular request; **a ~ de la familia** at the request of the family; **"consulta previa petición de cita"** "consultation by appointment"; **una ~ firmada por cinco mil personas** a petition signed by five thousand people ► **petición de divorcio** petition for divorce ► **petición de extradición** request for extradition ► **petición de indulto** appeal for a reprieve ► **petición de mano** proposal (of marriage) ► **petición de orden** (*Inform*) prompt
2 (*Jur*) (= *alegato*) plea; (= *reclamación*) claim; **una ~ de 12 años de condena** a recommendation to serve 12 years

**peticionar** ▸conjug 1a◂ VT (*LAm*) to petition

**peticionario/a** SM/F petitioner (*frm*), applicant

**petimetre** Ⓐ ADJ foppish
Ⓑ SM fop, dandy

**petirrojo** SM robin

**petiso/a** (*LAm*), **petizo/a** (*LAm*) Ⓐ ADJ (= *pequeño*) small, short; (= *rechoncho*) chubby
Ⓑ SM (= *caballo bajo*) small horse
Ⓒ SM/F (= *persona baja*) small person

**petisú** SM cream puff

**petitorio** ADJ **mesa petitoria** stall (*for charity collection*)

**petizón** ADJ (*Andes, Cono Sur*) = **petiso A**

**peto** SM [*de falda*] bodice; [*de pantalón*] bib; (*Mil*) breastplate; (*Taur*) horse's padding; **(pantalones con) ~** dungarees *pl*, overall (*EEUU*)

**petral** SM breast-strap (*of harness*)

**Petrarca** SM Petrarch

**petrarquismo** SM Petrarchism

**petrarquista** ADJ Petrarchan

**petrel** SM petrel

**pétreo** ADJ stony, rocky

**petrificación** SF petrifaction

**petrificado** ADJ petrified

**petrificar** ▸conjug 1g◂ Ⓐ VT (*lit, fig*) to petrify
Ⓑ **petrificarse** VPR (*lit*) to become petrified; (*fig*) to be petrified

**petrodólar** SM petrodollar

**petróleo** SM (*Min*) oil, petroleum; (*LAm*) (= *kerosene*) paraffin ► **petróleo combustible** fuel oil ► **petróleo crudo** crude oil ► **petróleo de alumbrado** paraffin (oil), kerosene (*EEUU*)

**petrolero** Ⓐ ADJ oil *antes de s*; **flota petrolera** oil tanker fleet; **industria petrolera** oil industry; **sindicato ~** oil workers' union
Ⓑ SM 1 (*Náut*) oil tanker
2 (*Com*) (*gen*) oil man; (= *obrero*) oil worker
3 (†) (= *incendiario*) arsonist, incendiary

**petrolífero** ADJ 1 (*Min*) oil-bearing
2 (*Com*) oil *antes de s*; **compañía petrolífera** oil company

**petrología** SF petrology

**petroquímica** SF (= *ciencia*) petrochemistry; (*Com*) petrochemical company; (= *fábrica*) petrochemical factory

**petroquímico** ADJ petrochemical

**petulancia** SF opinionated nature

**petulante** ADJ opinionated

**petunia** SF petunia

**peuquino** ADJ (*Cono Sur*) greyish, grayish (*EEUU*)

**peyorativo** ADJ pejorative

**peyote** SM (*LAm*) peyote cactus

**pez**[1] Ⓐ SM fish; **cogimos tres peces** we caught three fish; ✦*MODISMOS* **estar como el ~ en el agua** to feel completely at home, be in one's element; **ser un buen ~**†* to be a rogue, be a rascal; **quien quiera peces que se moje el culo*** if you want something, you have to go and get it ► **pez de colores** goldfish; ✦*MODISMO* **¡me río de los peces de colores!*** I couldn't care less! ► **pez espada** swordfish ► **pez gordo*** big shot* ► **pez martillo** hammerhead ► **pez mujer** manatee ► **pez sierra** sawfish ► **pez volador**, **pez volante** flying fish
Ⓑ ADJ (*) ✦*MODISMO* **estar ~ en algo** to know nothing at all about sth; **están algo peces en idiomas** they're pretty clueless about languages

**pez**[2] SF (= *brea*) pitch, tar

**pezón** SM 1 [*de persona*] nipple; [*de animal*] teat
2 (*Bot*) stalk
3 (*Mec*) ► **pezón de engrase** lubrication point, grease nipple

**pezonera** SF (*Cono Sur*) feeding bottle

**pezuña** SF 1 (*Zool*) hoof; (*) [*de persona*] hoof*, foot
2 (*Méx, Perú**) (= *olor*) smell of sweaty feet

**PFCRN** SM ABR (*Méx*) = **Partido del Frente Cardenista de Reconstrucción Nacional**

**PGB** SM ABR (*Chile*) (= **Producto Geográfico Bruto**) GDP

**pgdo.** ABR (= **pagado**) pd

**PGP** SM ABR (*Uru*) = **Partido por el Gobierno del Pueblo**

**PGR** SF ABR (*Méx*) = **Procuraduría General de la República**

**piada** SF 1 (*Orn*) cheep, cheeping
2 (= *expresión copiada*) borrowed phrase

**piadosamente** ADV 1 (*Rel*) piously, devoutly
2 (= *bondadosamente*) kindly, mercifully

**piadoso** ADJ 1 (*Rel*) pious, devout
2 (= *bondadoso*) kind, merciful (**para, con** to); *ver tb* **mentira 1**

**piafar** ▸conjug 1a◂ VI [*caballo*] to paw the ground, stamp

**pial** SM lasso

**pialar** ▸conjug 1a◂ VT to lasso

**Piamonte** SM Piedmont

**piamontés/esa** Ⓐ ADJ of/from Piedmont
Ⓑ SM/F native/inhabitant of Piedmont; **los piamonteses** the people of Piedmont

**pianista** SMF pianist

**pianístico** ADJ piano *antes de s*

**piano** SM piano; **tocar el ~** (*lit*) to play the piano; (*) (= *fregar*) to do the washing-up; (*) (= *robar*) to rob, steal; (‡) (= *registrar huellas*) to have one's fingerprints taken, be fingerprinted; ✦*MODISMO* **como un ~** (*Esp**) huge, massive ► **piano de cola** grand piano ► **piano de media cola** baby grand ► **piano mecánico** pianola ► **piano recto**, **piano vertical** upright piano

**piantado/a**‡ (*Cono Sur*) Ⓐ ADJ nuts*, crazy
Ⓑ SM/F nutcase*

**piantarse**‡ ▸conjug 1a◂ VPR (*Cono Sur*) to escape, get out

**piante*** SMF **es un ~** he's a pain*

**piar** ▸conjug 1c◂ VI 1 [*ave*] to cheep
2 (*) (= *hablar*) to talk, chatter
3 (*) (= *quejarse*) to whine, grouse*; **~las*** to be forever whining *o* grousing*
4 (*) (= *soplar*) to spill the beans*; **¡no la píes!** don't let on!*

**piara** SF herd

**piastra** SF piastre, piaster (*EEUU*)

**PIB** SM ABR (= **producto interior bruto**) GDP

**pibe/a*** SM/F (*esp Arg*) (= *niño*) kid*; (= *muchacho*) boy/girl; (= *novio*) boyfriend/girlfriend

**pibil** SM (*Méx*) chili sauce

**pica**[1] SF (*Orn*) magpie

**pica**[2] SF (*Mil*) pike; (*Taur*) goad; (**) (= *pene*) prick**; ✦**MODISMO poner una ~ en Flandes** to bring off a real coup, achieve a signal success

**pica**[3] SF (*Andes Agr*) tapping (*of rubber trees*)

**pica**[4] SF [1] (*Andes*) (= *resentimiento*) pique, resentment
[2] (*Cono Sur*) (= *mal humor*) annoyance, irritation; **sacar ~ a algn*** to annoy sb

**pica**[5]* SM/F [*de autobús*] inspector

**pica**[6] SF (*Andes, CAm, Caribe*) (= *camino*) forest trail, narrow path

**picacera*** SF (*Andes, Cono Sur*) irritation

**picacho** SM peak, summit

**picada**[1] SF [1] [*de abeja, avispa*] sting; [*de serpiente, mosquito*] bite; [*de ave*] peck
[2] (*Cono Sur*) (= *mal humor*) bad temper, anger
[3] **ir en ~** (*LAm lit*) to nose-dive; (*fig*) to plummet, take a nose-dive
[4] (*Culin*) (= *salsa picante*) spicy sauce; (*Cono Sur*) (= *tapas*) snacks *pl*

**picada**[2] SF [1] (*LAm*) (= *senda*) forest trail, narrow path
[2] (*Andes*) (= *vado*) ford

**picada**[3] SF (*Cono Sur*) small restaurant

**picadero** SM [1] (= *escuela*) riding school
[2] (*) (= *apartamento*) bachelor pad*, *apartment used for sexual encounters*
[3] (*LAm**) [*de drogas*] shooting gallery**
[4] (*Andes*) (= *matadero*) slaughterhouse

**picadillo** SM [*de carne*] mince, ground meat (*EEUU*); **~ de cebolla** finely chopped onions *pl*; **los hizo ~** he made mincemeat out of them; ✦**MODISMO ser como el ~** (*Caribe**) to be boring

**picado** Ⓐ ADJ [1] (= *podrido*) [*diente*] rotten, decayed; [*fruta*] rotten; [*metal*] rusty, rusted; **tengo tres muelas picadas** I have three cavities
[2] (*Culin*) [*ajo, cebolla, patata*] chopped; (*Esp, Cono Sur*) [*carne*] minced, ground (*EEUU*)
[3] (= *triturado*) [*tabaco*] cut; [*hielo*] crushed
[4] [*vino*] pricked, sour
[5] [*mar*] choppy
[6] **~ de viruelas** pockmarked
[7] (*) (= *enfadado*) **estar ~** to be in a huff*; **están ~s desde hace muchos años** they fell out years ago
[8] (*) (= *interesado*) **estar ~ con** *o* **por algo** to go for sth in a big way*; **está muy ~ con la lotería** he's really been bitten by the lottery bug*, he's gone for the lottery in a big way*
[9] (= *borracho*) tipsy
[10] (*Mús*) [*nota*] staccato
Ⓑ SM [1] (= *acción*) [1·1] (*Culin*) [*de ajo, cebolla, patata*] chopping; (*Esp, Cono Sur*) [*de carne*] mincing, grinding (*EEUU*)
[1·2] [*de billete, boleto*] punching
[1·3] (= *triturado*) [*de tabaco, de piedra*] cutting; [*de hielo*] crushing
[2] (*Aer, Orn*) dive; **caer en ~** (*Esp Aer*) to plummet, nose-dive; [*precios, popularidad, producción*] to plummet, fall sharply
[3] (*Mús*) staccato

**picador** SM [1] [*de caballos*] (*gen*) horse-trainer, horse-breaker; (*Taur*) picador
[2] (*Min*) faceworker

**picadora** SF (*tb* **~ de carne**) mincer, mincing machine

**picadura** SF [1] (*gen*) prick; (= *pinchazo*) puncture; [*de abeja, avispa*] sting; [*de serpiente, mosquito*] bite
[2] (= *tabaco picado*) cut tobacco

**picaflor** SM (*LAm*) [1] (*Orn*) hummingbird
[2] (*) (= *tenorio*) ladykiller*, Don Juan; (= *mariposón*) flirt; (= *amante*) lover, boyfriend

**picafuego** SM poker

**picahielos** SM INV ice axe, ice ax (*EEUU*)

**picajón*** ADJ, **picajoso*** ADJ touchy

**picamaderos** SM INV woodpecker

**picana** SF (*LAm*) cattle prod, goad ► **picana eléctrica** electric prod (*esp for torture*)

**picanear** ▸conjug 1a◂ (*LAm*) VT (*gen*) to spur on, goad on; [+ *persona*] to torture with electric shocks

**picante** Ⓐ ADJ [1] (= *que pica*) [*comida, sabor*] hot, spicy; [*vino*] tart, sour
[2] (= *malicioso*) [*comentario*] sharp, cutting; [*chiste*] dirty; [*comedia, película*] naughty, spicy; [*persona*] naughty
Ⓑ SM [1] (*Culin*) [1·1] (= *especia*) chilli; **esta salsa tiene mucho ~** this sauce is very hot *o* spicy
[1·2] (*Andes, Cono Sur*) (= *guisado*) *meat stew with chilli sauce*
[2] (= *picardía*) (*en persona*) zip, zest; (*en chiste, situación*) piquancy
[3] **picantes** (*Esp**) (= *calcetines*) socks

**picantería** SF (*Andes, Cono Sur*) (cheap) restaurant (*specializing in spicy dishes*)

**picantón** SM spicy sauce

**picapedrero** SM stonecutter

**picapica** SF [1] (*Andes*) (= *serpentina*) streamer
[2] **polvos de ~** itching powder

**picapleitos** SMF INV (*pey*) (= *pleitista*) litigious person; (= *abogado*) shark lawyer

**picaporte** SM (= *manija*) door handle; (= *pestillo*) latch; (= *aldaba*) doorknocker; (= *llave*) latchkey

**picar** ▸conjug 1g◂ Ⓐ VT [1] (*con el pico, la boca*) [*abeja, avispa*] to sting; [*mosquito, serpiente, pez*] to bite; [*ave*] to peck (at); **me ha picado un bicho en el cuello** an insect has bitten me on the neck; **los pájaros han picado toda la fruta** the birds have pecked holes in *o* pecked (at) all the fruit; **~ el anzuelo** (*lit*) to take *o* swallow the bait; (*fig*) to rise to the bait, fall for it*; ✦**MODISMO ¿qué mosca le habrá picado?** what's got into her?, what's eating her? (*EEUU*)
[2] (= *comer*) [*persona*] to nibble at; **he estado picando unos cacahuetes** I've been nibbling at some peanuts; **he picado algo antes de comer** I had a little nibble before lunch
[3] (= *agujerear*) [+ *hoja, página*] to punch a hole/some holes in; [+ *billete, entrada*] to punch
[4] (= *trocear*) [4·1] (*Culin*) [+ *ajo, cebolla, patata*] to chop; (*Esp, Cono Sur*) [+ *carne*] to mince, grind (*EEUU*); **pica la cebolla muy picadita** chop the onion very finely
[4·2] [+ *tabaco*] to cut; [+ *hielo*] to crush
[4·3] [+ *tierra*] to dig over, break up; [+ *piedra*] (*en trozos pequeños*) to chip at; (*en trozos grandes*) to break up; **acabó sus días picando piedra en una cantera** he ended his days breaking up stone in a quarry
[5] (= *provocar*) [+ *persona*] to needle, goad; [+ *caballo*] to spur on; **estaba siempre picándome** he was always needling *o* goading me; **eso me picó la curiosidad** that aroused my curiosity; **lo que dijiste lo picó en su amor propio** what you said wounded *o* hurt his pride
[6] (= *corroer*) [+ *diente, muela, madera*] to rot; [+ *hierro, metal*] to rust; [+ *cable*] to corrode; [+ *goma, neumático*] to perish; **las polillas han picado la lana** the moths have made holes in the wool
[7] (*Inform*) [+ *texto*] to key in
[8] (*Mús*) [+ *nota*] to play staccato
[9] (*Taur*) [+ *toro*] to stick, prick (*with the goad*)
[10] (*Mil*) [+ *enemigo*] to harass
[11] (*Ven**) (= *sablear*) to scrounge*
[12] (*Ven**) **~ el ojo a algn** to wink at sb
Ⓑ VI [1] (*con el pico, la boca*) [*abeja, avispa*] to sting; [*mosquito, serpiente*] to bite; [*ave*] to peck
[2] (= *comer*) [*persona*] to nibble, snack; **llevo todo el día picando** I've been nibbling *o* snacking all day
[3] (= *morder el cebo*) [*pez*] to bite; (*) [*persona*] to fall for it*; **hoy parece que no pican** it seems they aren't biting today; **ha picado mucha gente** a lot of people have fallen for it*; ✦**MODISMO ~ muy alto** to aim too high, be over-ambitious
[4] (= *ser picante*) [*comida*] to be hot, be spicy; **esta salsa sí que pica** this sauce is really hot *o* spicy
[5] (= *causar picor*) [*herida, espalda*] to itch; **me pica la espalda** my back itches; **me pica por todo el cuerpo** I'm itching all over; **me pica la barba** I've got an itchy beard; **un jersey que pica** an itchy jumper; **¿le pica la garganta?** do you have a tickle in your throat?, do you have a tickly throat?; **me pican los ojos** my eyes are stinging *o* smarting; **el alcohol te va a ~ un poco** the alcohol is going to sting you a little; **¿qué te pica?** (*lit*) where does it itch?; (*fig*) what's got into you?, what's eating you? (*EEUU*); ✦**REFRÁN a quien le pique que se rasque** if you don't like it, you can lump it
[6] [*sol*] to burn; **hoy sí que pica el sol** the sun is really burning today
[7] (= *probar*) **~ en algo** to dabble in sth; **ha picado en todos los géneros literarios** he has dabbled in all the literary genres
[8] (*Esp**) (= *llamar a la puerta*) to knock
[9] (*Cono Sur**) (= *largarse*) to split**
[10] (*Esp Aut*) to pink
[11] **~le** (*Méx**) (= *darse prisa*) to hurry up
[12] (*LAm*) [*pelota*] to bounce
Ⓒ **picarse** VPR [1] (= *corroerse*) [*diente, muela*] to rot, decay; [*hierro, metal*] to rust; [*goma, neumático*] to perish; [*cable*] to corrode; [*ropa*] to get moth-eaten; **se ha picado la chapa del coche** the bodywork has rusted
[2] (*Culin*) [*fruta*] to go rotten; [*vino*] to go sour, turn sour
[3] (*) [3·1] (= *enfadarse*) to get into a huff*; **¿no te habrás picado por lo que te he dicho?** you're not in a huff about what I said, are you?; ✦**REFRÁN el que se pica ajos come** if the cap fits, wear it
[3·2] (= *sentirse provocado*) **se picó y pisó el acelerador** he rose to the challenge and stepped on the accelerator; **~se con algn** to

compete with sb; **siempre se están picando a ver quién es el primero** they're always competing to be the first
3.3 (= *aficionarse*) **~se con algo** to get hooked on sth*; **se ha picado con los videojuegos** he's got into video games in a big way*, he's got hooked on video games*
4 [*mar*] to get choppy
5 (*Caribe*) **~se de pecho** to become consumptive
6 (‡) (= *inyectarse droga*) to shoot up*; **ese tío se pica** that guy shoots up*; **~se heroína** to shoot heroin*

**picarazado** ADJ (*Caribe*) pockmarked

**picardear** ▸conjug 1a◂ Ⓐ VT **~ a algn** to get sb into bad habits, lead sb into evil ways
Ⓑ VI (= *jugar*) to play about; (= *dar guerra*) to play up, be mischievous
Ⓒ **picardearse** VPR to get into evil ways, go to the bad

**Picardía** SF Picardy

**picardía** SF 1 (= *cualidad*) (*del taimado*) slyness, craftiness; (*del travieso*) naughtiness
2 (= *acción*) prank, naughty thing (to do)
3 (= *grosería*) naughty thing (to say); (= *insulto*) insult; **le gusta decir ~s a la gente** he likes saying naughty things to people

**picardías** SM INV baby-doll pyjamas *pl*

**picaresca** SF 1 (*Literat*) (genre of the) picaresque novel
2 (= *astucia*) guile, chicanery (*liter*), subterfuge; **la ~ española** Spanish guile, Spanish wiliness
3 (= *hampa*) (criminal) underworld

**picaresco** ADJ 1 (= *travieso*) roguish, rascally
2 (*Literat*) picaresque

**pícaro/a** Ⓐ ADJ 1 (= *taimado*) sly, crafty; (= *travieso*) [*niño*] naughty, mischievous
2 (= *deshonesto*) crooked; (= *pillo*) roguish, knavish
3 (*hum*) naughty, wicked; **¡este ~ siglo!** what naughty times we live in!; **tiene inclinación a los ~s celos** she is prone to wicked jealousy
4 (= *precoz*) [*niño*] precocious, knowing (*esp sexually aware before the proper age*)
Ⓑ SM/F 1 (= *granuja*) rogue, scoundrel; (= *ladino*) sly sort; (= *niño*) rascal, scamp; **¡pícaro!** you rascal!
2 (*Literat*) rogue

**PÍCARO**

*In Spanish literature, especially of the Golden Age, the* **pícaro** *is a roguish character whose travels and adventures are used as a vehicle for social satire. The anonymous* **Lazarillo de Tormes** *(1554), which relates the life and adventures of one such character, is thought to be the first of the genre known as the picaresque novel, or* **novela picaresca**. *Other well-known picaresque novels were written by Cervantes (***Rinconete y Cortadillo***) and Francisco de Quevedo (***El Buscón***).*

**picarón** Ⓐ ADJ (*) naughty, roguish
Ⓑ SM (*LAm Culin*) fritter

**picaruelo*** ADJ roguish, naughty, sly; **me dio una mirada picaruela** she gave me a roguish look

**picas** SFPL (*Naipes*) spades

**picatoste** SM fried bread

**picaza** SF magpie

**picazo** SM (= *picotazo*) peck; (= *golpe*) jab, poke

**picazón** SF 1 (*Med*) (= *picor*) itch; (= *ardor*) sting, stinging feeling
2 (= *desazón*) uneasiness

**píccolo** SM piccolo

**pícea** SF spruce

**picha**[1] SF (*Méx*) 1 (= *manta*) blanket
2 (*hum*) (= *querida*) mistress

**picha**[2]** SF prick**

**pichado** ADJ (*Cono Sur*) easily embarrassed

**pichana** SF (*Andes, Cono Sur*) broom

**pichanga** SF 1 (*Andes*) (= *escoba*) broom
2 (*Cono Sur Dep*) friendly soccer match
3 (*Cono Sur Culin*) tray of cocktail snacks

**pichango** SM (*Cono Sur*) dog

**piche** SM 1 (*CAm*) (= *avaro*) miser, skinflint*
2 (*Andes, Cono Sur Zool*) *kind of armadillo*
3 (*Caribe, Cono Sur*) (= *miedo*) fright
4 (*Andes*) (= *empujón*) shove
5 (*Andes*) (= *suero*) whey
6 (*Andes*) (= *rojo*) red

**pichel** SM (= *vaso*) tankard, mug; (*Méx*) water jug

**pichi**[1]‡ Ⓐ ADJ (= *elegante*) smart, elegant
Ⓑ SM 1 (= *chulapo*) *Madrid man in traditional dress*
2 (*en oración directa*) mate*, man*, buddy (*EEUU**)

**pichi**[2]* SM **hacer ~** (*Andes, Cono Sur*) to have a pee*

**pichi**[3] SM (= *prenda*) pinafore dress

**pichicata*** SF (*LAm*) 1 (= *droga*) cocaine powder
2 (= *inyección*) shot*

**pichicatero/a*** SM/F (*LAm*) (= *adicto*) druggie*; (= *comerciante*) drug peddler

**pichicato*** ADJ (*LAm*) stingy

**pichichi** SM top goal-scorer

**pichicote** ADJ (*Andes*) mean, miserly

**pichilingo** SM (*Méx*) lad, kid*

**pichincha*** SF (*Andes, Cono Sur*) (= *ganga*) bargain; (= *precio*) bargain price; (= *trato*) good deal; (= *suerte*) lucky break

**pichingo** SM (*CAm*) jar, vessel; (*pey*) piece of junk

**pichintún** SM (*Cono Sur*) dash, smidgin*

**pichirre*** ADJ (*Andes, Caribe*) mean, stingy

**picholear*** ▸conjug 1a◂ VI 1 (*CAm, Cono Sur*) (= *jaranear*) to have a good time
2 (*CAm, Méx*) (= *apostar*) to have a flutter*

**pichón** SM 1 (= *paloma*) young pigeon; (*Culin*) pigeon ► **pichón de barro** clay pigeon
2 (*LAm*) (= *pollo*) chick
3 (*LAm**) (= *novato*) novice, greenhorn; (*Dep*) rookie
4 (*Cono Sur*) **un ~ de hombre** a well-bred man
5 (= *apelativo*) darling, dearest; **sí, ~** yes, darling *o* dearest

**pichonear*** ▸conjug 1a◂ Ⓐ VT 1 (*Méx*) (= *engañar*) to swindle, con*
2 (*Andes, CAm*) (= *pillar*) to catch out; (= *matar*) to kill, murder
3 (*Cono Sur*) = **pinchar**
4 (*Andes, CAm*) (= *tener prestado*) to borrow
Ⓑ VI (*Andes, Cono Sur, Méx*) to win an easy victory

**pichoso** ADJ (*Caribe*) dirty

**pichula**** SF (*Andes*) cock**, prick**

**pichuleador*** SM (*Cono Sur*) money-grubber

**pichulear*** ▸conjug 1a◂ VI 1 (*Cono Sur*) (= *negociar*) to be a smalltime businessman; (= *ser mercenario*) to be mercenary, be greedy for money
2 (*CAm, Méx*) (= *gastar poco*) to be careful with one's money

**pichuleo*** SM 1 (*Cono Sur*) (= *mezquindad*) meanness, stinginess*
2 (*CAm, Méx*) (= *negocio*) small business, retail business

**pichulina‡** SF willy*, peter (*EEUU***)

**picia*** SF prank

**pickles** ['pikels] SMPL (*Cono Sur*) pickles

**pick-up** [pi'kap, pi'ku] SM 1 (†) (= *tocadiscos*) pickup
2 (*LAm*) (= *camioneta*) pickup (truck)

**picnic** SM 1 (= *excursión*) picnic
2 (= *cesta*) picnic basket, picnic set

**pico** SM 1 [*de ave*] beak, bill; [*de insecto*] beak
2 (= *punta*) corner, sharp point; **dobló el ~ de la página** he folded back the corner of the page; **el ~ de la plancha** the sharp point of the iron; **se sentó en el ~ de la cama** he sat on the edge *o* corner of the bed; **cuello de ~** V-neck; **sombrero de tres ~s** cocked hat, three-cornered hat; ✦***MODISMO*** **irse de ~s pardos*** to go out on the town*, have a night on the town*
3 [*de jarra*] lip, spout
4 [*de montaña*] peak, summit; (*fig*) peak
5 (= *herramienta*) pick, pickaxe, pickax (*EEUU*)
6 [*de una cantidad*] **quédese con el ~** keep the change; **son las tres y ~** it's just after three; **tiene 50 libros y ~** he has 50-odd books *o* over 50 books; **tiene cuarenta y ~ años** she's forty-odd; **tres mil pesetas y ~** just over three thousand pesetas
7 (*) ✦***MODISMO*** **costar un ~** to cost a fortune*
8 (*) (= *boca*) trap*; **¡cierra el ~!** shut your trap!*, shut up!*; ✦***MODISMOS*** **darle al ~** to gab a lot*; **darse el ~** to kiss; **hincar el ~** (= *morir*) to peg out*; (= *ceder*) to give up, give in; **irse del ~** to gab a lot*; **ser un ~ de oro** ◊ **tener buen** *o* **mucho ~** to have the gift of the gab
9 (= *pájaro*) woodpecker
10 (*) [*de droga*] fix*, shot*
11 (*Naipes*) spade
12 (*Andes, Cono Sur***) (= *pene*) prick**

**picolargo*** ADJ (*Cono Sur*) (= *respondón*) pert, saucy, sassy (*EEUU**); (= *murmurador*) backbiting; (= *intrigante*) intriguing, scheming

**picoleto‡** SM (*Esp*) Civil Guard

**picón*/ona** Ⓐ ADJ 1 (*Andes, Caribe*) (= *respondón*) cheeky*, sassy (*EEUU**)
2 (*Andes, Caribe*) (= *quisquilloso*) touchy
3 (*Caribe*) (= *burlón*) mocking
Ⓑ SM/F (*Andes*) gossip, telltale

**picor** SM = **picazón 1**

**picoreto** ADJ (*Andes, CAm, Caribe*) loose-tongued, indiscreet

**picoso** ADJ 1 (*LAm*) (= *picante*) very hot, spicy
2 (*de viruela*) pockmarked

**picota** SF 1 (*Arquit*) point, top; (*Geog*) peak
2 (*Bot*) bigarreau cherry
3 (*Hist*) pillory; ✦***MODISMO*** **poner a algn en la ~** to pillory sb
4 (‡) (= *nariz*) hooter‡, conk‡

**picotada** SF, **picotazo** SM [*de pájaro*] peck; [*de abeja, avispa*] sting; [*de serpiente, mosquito*] bite; ✦***MODISMO*** **tener mala ~** to be bad-tempered

**picotear** ▸conjug 1a◂ Ⓐ VT to peck (at)
Ⓑ VI 1 (*al comer*) to nibble
2 (*) (= *parlotear*) to gas*, gab*
Ⓒ **picotearse** VPR to squabble

**picotero/a*** Ⓐ ADJ chattering, gossipy, talkative
Ⓑ SM/F gossip, chatterer, gasbag*

**picotón** SM (*Andes, Cono Sur*) peck

**picto/a** Ⓐ ADJ Pictish
Ⓑ SM/F Pict; **los ~s** the Picts
Ⓒ SM (*Ling*) Pictish

**pictograma** SM pictogram

**pictóricamente** ADV pictorially

**pictórico** ADJ (*gen*) pictorial; [*paisaje*] worth painting; **tiene dotes pictóricas** she has a talent for painting

**picú**† SM record player, phonograph (*EEUU*)

**picúa** SF (*Caribe*) 1 (= *cometa*) small kite
2 (= *comerciante*) sharp businessman
3 (= *prostituta*) prostitute

**picuda** SF 1 (*Orn*) woodcock
2 (*Caribe*) (= *pez*) barracuda

**picudo** ADJ 1 (= *puntiagudo*) pointed; [*jarra*] with a spout; [*persona*] pointy-nosed
2 (*Méx**) (= *astuto*) crafty, clever
3 (*) = **picotero A**
4 (*Caribe*) = **cursi**

**piculina**⁑ SF (*Esp*) tart⁑, slut⁑, whore

**picup** SM (*LAm*) pickup (truck)

**picure** SM 1 (*Andes*) (= *fugitivo*) fugitive; (= *gandul*) slacker
2 (*Caribe*) (= *salsa picante*) spicy sauce

**picurearse*** ▸conjug 1a◂ VPR (*Andes, Caribe*) to scarper⁑

**PID** SM ABR (= **proceso integrado de datos**) IDP

**pida, pido** *etc ver* **pedir**

**pídola** SF leapfrog

**pie** SM 1 (*Anat*) foot; **levanta el ~ izquierdo** lift your left foot; **las plantas de los ~s** the soles of the feet; **no arrastres los ~s al andar** don't drag your feet while you walk; **con los ~s descalzos** barefoot; **se le fueron los ~s** he slipped; **poner el ~ en el acelerador** (*lit*) to step on the gas*; (*fig*) to speed things up, step up the pace; **volverse ~s atrás** to retrace one's steps ► **pie de atleta** athlete's foot ► **pie de cabra** crowbar ► **pie de rey** slide gauge ► **pies de barro** feet of clay ► **pies de cerdo** (*Culin*) (pig's) trotters ► **pies de gato** climbing boots ► **pies planos** flat feet
2 (*locuciones*) **a pie** on foot; **ir a ~** to go on foot, walk; **estar de ~** to be standing (up); **estaba de ~ junto a mi cama** he was standing next to my bed; **permanecieron mucho tiempo de ~** they were standing for a long time, they were on their feet a long time; **en ~**: **llevo en ~ desde las cuatro** I've been up since four; **mantenerse en ~** [*persona*] to stay standing *o* on one's feet; [*objeto*] to remain upright; **la oferta sigue en ~** the offer still stands; **ganado en ~** (*LAm*) cattle on the hoof; **a ~ enjuto**† (*lit*) dry-shod; (*fig*) without danger, without any risk; **a ~ firme**†: **permanecer a ~ firme** to remain steadfast; **ponerse de** *o* **en ~** to stand up; ✦***MODISMOS*** **de a ~** common, ordinary; **gente de a ~** common *o* ordinary folk; **el hombre de a ~** the man in the street; **el español de a ~** the average Spaniard; **soldado de a ~** (*Hist*) foot-soldier; **andar con ~s de plomo** to tread carefully *o* warily; **de ~s a cabeza** from head to foot; **se mojó de ~s a cabeza** she got soaked from head to foot; **es un caballero de ~s a cabeza** he's a gentleman through and through; **caer de ~** to fall on one's feet; **cojear del mismo ~** to suffer from the same problem; **hacer algo con los ~s***: **han redactado este contrato con los ~s** they've made a mess of drawing up this contract; **estás pensando con los ~s** you're not using your head; **con los ~s por delante** feet first; **se lo llevaron con los ~s por delante** he left feet first, he left in a (wooden) box; **no dar ~ con bola*** to get everything wrong; **hoy no doy ~ con bola** I can't seem to get anything right today; **dale el ~ y se tomará la mano** give him an inch and he'll take a mile; **entrar con buen ~** *o* **con el ~ derecho** to get off to a good start; **estar con un ~ en el hoyo** to have one foot in the grave; **hacer ~** (*en el agua*) to touch the bottom; **no hacer ~** to be out of one's depth; **a ~s juntillas** blindly; **se lo creyeron a ~s juntillas** they blindly believed it; **levantarse con el ~ izquierdo** to get out of the wrong side of the bed; **nacer de ~** to be born lucky; **parar los ~s a algn** take sb down a peg or two; **perder el ~** to lose one's footing, slip; **poner el ~** *o* **los ~s en** to set foot in; **desde el pasado sábado, mi padre no ha puesto los ~s en casa** my father hasn't set foot in the house since last Saturday; **poner los ~s en el suelo** to put your feet firmly on the ground; **poner (los) ~s en polvorosa** to take to one's heels; **sacar los ~s del plato** *o* **tiesto** to kick over the traces; **salir por ~s*** to take to one's heels, leg it*; **sin ~s ni cabeza**: **un argumento sin ~s ni cabeza** an absurd argument; **el mensaje no tenía ni ~s ni cabeza** the message didn't make any sense at all, I couldn't make head or tail of the message; **el plan no tiene ni ~s ni cabeza** the plan is totally unworkable; *ver tb* **buscar 1.1**
3 (= *base*) [*de columna, estatua, lámpara*] base; [*de cama*] foot; [*de colina, escalera*] foot, bottom; [*de copa*] stem; [*de calcetín*] foot; **a los ~s de la cama** at the foot of the bed; **al ~ del monte** at the foot *o* bottom of the mountain; **al ~ de ese edificio** next to that building, right beside that building; **al ~ de fábrica** ex-works; **al ~ de la obra** (*Com*) including delivery charges; ✦***MODISMO*** **al ~ del cañón**: **este fin de semana estará al ~ del cañón** he'll be hard at work this weekend; **ha cumplido 30 años al ~ del cañon** he spent 30 years on the job; **morir al ~ del cañón** to die in harness
4 [*de página*] foot, bottom; [*de foto*] caption; **notas a ~ de página** footnotes; ✦***MODISMO*** **al ~ de la letra** [*citar*] literally, verbatim; [*copiar*] word for word; [*cumplir*] to the letter, down to the last detail ► **pie de imprenta** imprint
5 (*Bot*) [*de árbol*] trunk; [*de planta*] stem; [*de rosa*] stock
6 (= *unidad de medida*) foot; **tiene cuatro ~s de largo** it is four feet long ► **pie cuadrado** square foot
7 (*Teat*) cue
8 [*de vino*] sediment
9 (= *causa*) **dar ~ a** to give cause for; **dar ~ para que algn haga algo** to give sb cause to do sth
10 (= *posición*) **estar en ~ de igualdad** to be on an equal footing (**con** with); **estar en ~ de guerra** (*lit*) to be on a war footing, be ready to go to war; (*fig*) to be on the warpath; **poner a algn en ~ de guerra** to get sb up in arms
11 (*Literat*) foot
12 (*Cono Sur**) (= *pago*) deposit, down payment
13 ► **pie de vía** (*CAm Aut*) indicator, turn signal (*EEUU*)

**piecería** SF, **piecerío** SM (*Mec*) parts *pl*

**piecero/a** SM/F tailor's cutter, garment worker

**piedad** SF 1 (= *compasión, pena*) pity; **tuvo ~ del mendigo** he took pity on the beggar; **ten un poco de ~ con el pobrecillo** show some pity *o* sympathy for the poor boy; **¡por ~!** for pity's sake!; **mover a algn a ~** (*frm*) to move sb to pity, arouse compassion in sb
2 (= *clemencia*) mercy; **el rey tuvo ~ de sus súbditos** the king showed mercy to his subjects; **¡Dios, ten ~ de mí!** God, have mercy on me!
3 (*Rel*) piety
4 (†) (= *respeto*) respect ► **piedad filial** filial respect
5 (*Arte*) **la Piedad** the Pietà

**piedra** Ⓐ SF 1 (= *material*) stone; (= *trozo*) stone, rock (*EEUU*); **la ~ de la torre está gastada** the stone in the tower is ruined; **un puente de ~** a stone bridge; **nos tiraban ~s** they were throwing stones at us; **primera ~** foundation stone; **colocar la primera ~** to lay the foundation stone; **¿quién se atreve a lanzar la primera ~?** which of you shall cast the first stone?; ✦***MODISMOS*** **no dejar ~ por mover** to leave no stone unturned; **no dejar ~ sobre ~** to raze to the ground; **hablar ~s** (*Andes*⁑) to talk through the back of one's head*; **menos da una ~** it's better than nothing; **pasarse a algn por la ~**⁑ to lay sb*; **no ser de ~**: **no soy de ~** I'm not made of stone, I do have feelings; **tener el corazón de ~** to be hard-hearted; **tirar la ~ y esconder la mano** to be a grass snake; **tirar ~s a** *o* **contra su propio tejado** to shoot o.s. in the foot ► **piedra angular** cornerstone ► **piedra arenisca** sandstone ► **piedra caliza** limestone ► **piedra de afilar, piedra de amolar** grindstone ► **piedra de cal** limestone ► **piedra de escándalo** source of scandal ► **piedra de molino** millstone ► **piedra de toque** touchstone ► **piedra filosofal** philosopher's stone ► **piedra fundamental** (*lit*) foundation stone; (*fig*) basis, cornerstone ► **piedra imán** lodestone ► **piedra poma** (*Méx*), **piedra pómez** pumice (stone) ► **piedra preciosa** precious stone; *ver tb* **tiro 1**
2 [*de mechero*] flint
3 (*Med*) stone
4 (*Meteo*) hailstone
5 **en ~** (*Cono Sur Culin*) with hot sauce
Ⓑ SMF (*Caribe*) (= *pesado*) bore

**piel** Ⓐ SF 1 [*de persona*] skin; **tiene la ~ grasa/seca** she has oily/dry skin; **estirarse la ~*** to have a facelift; ✦***MODISMOS*** **dejarse la ~** to give one's all; **ponerse en la ~ de algn** to put o.s. in sb else's shoes; **se me/le puso la ~ de gallina** I/he came out in goose pimples *o* goose flesh; **ser de la ~ de Barrabás** *o* **del diablo*** to be a little devil *o* monster ► **piel de naranja** (*por celulitis*) orange-peel skin

2 [*de animal*] (*gen*) skin; [*de vaca, búfalo, elefante*] hide; [*de foca, zorro, visón*] fur; (= *cuero*) leather; **abrigo de ~es** fur coat; **artículos de ~** leather goods; **una maleta de ~** a leather suitcase; ✦**MODISMO la ~ de toro** Iberia ► **piel de ante** suede ► **piel de becerro** calf, calfskin ► **piel de cabra** goatskin ► **piel de cerdo** pigskin ► **piel de ternera** calfskin

3 [*de frutas*] (*gen*) skin; [*de naranja, limón*] peel; [*de manzana*] skin, peel

Ⓑ SMF ► **piel roja** redskin; **los ~es rojas** the redskins

**piélago** SM (*liter*) 1 (= *océano*) ocean

2 (*fig*) **un ~ de dificultades** a sea of difficulties

**pienso**[1] SM 1 (*Agr*) feed, fodder; **~s** feeding stuffs

2 (‡) (= *comida*) grub‡, chow (*EEUU*‡)

**pienso**[2]†† SM thought; ✦**MODISMO ¡ni por ~!** never!, the very idea!

**pierna** SF 1 (*Anat*) leg; **en ~s** bare-legged; **estirar las ~s** to stretch one's legs; **mañana iremos hasta el pueblo para hacer ~s** we'll walk into the village tomorrow to get some exercise *o* for the exercise; ✦**MODISMOS dormir a ~ suelta** *o* **tendida** to sleep like a log*; **salir por ~s*** to take one's heels, leg it*

2 (= *muslo de animal*) leg; **~ de cordero** leg of lamb

3 [*de letra*] stroke; (*con pluma*) downstroke

4 (*Cono Sur*) player

**piernas*** SM INV twit*, idiot

**piernicorto** ADJ short-legged

**pierrot** [pie'ro] SM pierrot

**pietista** ADJ pietistic

**pieza** Ⓐ SF 1 (= *componente*) 1·1 [*de rompecabezas, colección*] piece; **una vajilla de 60 ~s** a 60-piece dinner service; **un traje de baño de dos ~s** a two-piece swimsuit; **poco a poco fueron encajando todas las ~s del misterio** little by little all the pieces of the mystery fell into place

1·2 [*de una exposición*] exhibit; **la colección expuesta consta de 30 ~s** the collection on display includes 30 exhibits; **una exposición de ~s de cerámica/orfebrería** an exhibition of ceramics/silverware

1·3 [*de mecanismo, motor*] part, component; **las ~s del motor** the engine parts *o* components

1·4 **de una ~**: **el capó estaba construido de una ~** the bonnet was made in one piece; **un bañador de una ~** a one-piece swimsuit; **un caballero de una ~** an upright gentleman; **me dejas de una ~ con lo que me acabas de contar** I'm astonished at what you've just told me; **me quedé de una ~** I was totally dumbstruck *o* gobsmacked*; ✦**MODISMO ser de una (sola) ~** (*LAm*) to be as straight as a die

► **pieza arqueológica** artefact ► **pieza clave** (*lit*) essential part; (*fig*) key element ► **pieza de convicción** (*Jur*) piece of evidence ► **pieza de museo** museum piece ► **pieza de oro** (= *moneda*) gold coin, gold piece; (= *objeto*) gold object ► **pieza de recambio, pieza de repuesto** spare (part), extra (*EEUU*)

2 (= *ejemplar*) 2·1 [*de carne, fruta*] piece; **dos ~s de fruta** two pieces of fruit; **vender algo por ~s** to sell sth by the piece; **sólo vendemos la carne por ~s enteras** we only sell meat in whole cuts; **"vendemos el queso por ~s"** "we sell individual cheeses"

2·2 (*Arte*) example; **una ~ única del Románico** a unique example of the Romanesque

2·3 (*tb* **~ de caza**) specimen; **se cobró dos buenas ~s** he shot two fine specimens

3 (*Ajedrez*) piece

4 (*Cos*) (= *remiendo*) patch; (= *rollo de tela*) roll

5 (*esp LAm*) (= *habitación*) room ► **pieza amueblada** furnished room ► **pieza de recibo** reception room

6 (= *obra*) (*Mús*) piece, composition; (*Literat*) work; (*Teat*) play ► **pieza corta** (*Mús*) short piece; (*Teat*) playlet ► **pieza literaria** literary work ► **pieza musical** piece of music, musical piece ► **pieza oratoria** speech

7 (*Mil*) ► **pieza de artillería** artillery piece

8 (*Odontología*) tooth ► **pieza bucal, pieza dental, pieza dentaria** tooth

9 (*) (= *persona*) **¡buena ~ estás tú hecho!** you're a fine one!; ✦**MODISMOS ser una ~ para algo** (*Méx**) to be very good at sth; **ser mucha ~ para algn** (*Méx**) to be in a different league from sb

Ⓑ SMF (‡) (= *camello*) pusher*

**pífano** SM fife

**pifia** SF 1 (*Billar*) miscue

2 (*) (= *error*) blunder, bloomer*

3 (*Andes, Cono Sur*) (= *burla*) mockery; (= *chiste*) joke; **hacer ~ de** (= *burlarse*) to mock, poke fun at; (= *bromear*) to make a joke of, joke about

4 (*Andes, Cono Sur*) (= *rechifla*) hiss

**pifiador** ADJ (*Andes, Cono Sur*) joking, mocking

**pifiar** ▸conjug 1b◂ Ⓐ VT 1 (*Andes, Arg*) (= *burlarse de*) to joke about, mock; (= *engañar*) to play a trick on

2 (*Andes, Cono Sur*) (= *arruinar*) to mess up, botch

3 (*Andes, Cono Sur*) (= *chiflar*) to boo, hiss at

4 (*Méx*‡) (= *robar*) to nick‡, lift*

5 (*) **~la** (= *meter la pata*) to blunder, make a bloomer*

Ⓑ VI 1 (*Cono Sur*) (= *fracasar*) to fail, come a cropper*; (*en el juego*) to mess up one's game

2 (*Andes, CAm*) (= *llevarse un chasco*) to be disappointed, suffer a setback

**pigmentación** SF pigmentation

**pigmentado/a** Ⓐ ADJ (*gen*) pigmented; (*euf*) [*persona*] coloured, colored (*EEUU*)

Ⓑ SM/F (*euf*) coloured person, colored person (*EEUU*)

**pigmento** SM pigment

**pigmeo/a** ADJ, SM/F pigmy

**pignorable** ADJ **objeto fácilmente ~** a thing which it is easy to pawn

**pignorar** ▸conjug 1a◂ VT to pawn

**pigricia** SF 1 (*Andes*) (= *bagatela*) trifle, bagatelle; (= *pizca*) small bit, pinch

2 (= *pereza*) laziness

**pija**** SF prick**; *ver tb* **pijo**

**pijada*** SF 1 (= *cosa absurda*) **eso es una ~** that's utter nonsense *o* rubbish

2 (= *cosa sin importancia*) trifle

**pijama** SM pyjamas *pl*, pajama (*EEUU*) ► **pijama de playa** beach pyjamas *pl*

**pijar**** ▸conjug 1a◂ VT to fuck**

**pije** SM (*Chile*) toff*, snob*

**pijo/a** Ⓐ ADJ (*) 1 [*persona, ropa, discoteca*] posh

2 (= *tonto*) stupid

Ⓑ SM/F (*) 1 (= *niño bien*) spoilt brat, spoilt rich kid

2 (= *tonto*) berk*, twit*, jerk (*EEUU**)

Ⓒ SM 1 (*Esp***) (= *pene*) prick**

2 (‡) ✦**MODISMOS no te oyen ni ~** they can't hear you at all; **¡qué ~s!** hell's bells!*; **¿qué ~s haces aquí?** what in hell's name are you doing here?*; *ver tb* **pija**

**pijolero/a*** ADJ, SM/F = **pijotero**

**pijotada*** SF 1 = **pijada**

2 (*Méx*) (= *dinero*) insignificant sum

**pijotear*** ▸conjug 1a◂ VI (*Andes, Cono Sur, Méx*) to haggle

**pijotería*** SF 1 (= *esnobismo*) snobbery, snobbishness

2 (= *molestia*) nuisance, annoying thing; (= *petición*) trifling request, silly demand

3 (*LAm*) (= *pequeña cantidad*) insignificant sum, tiny amount; (= *bagatela*) trifle, small thing

4 (*LAm*) (= *tacañería*) stinginess*

**pijotero/a*** Ⓐ ADJ 1 (= *molesto*) tedious, annoying; (= *condenado*) bloody‡, bleeding‡

2 (*LAm*) (= *tacaño*) mean, stingy*

3 (*Cono Sur*) (= *no fiable*) untrustworthy

Ⓑ SM/F 1 (= *persona molesta*) pain*; **¡no seas ~!** don't be such a pain!*

2 (= *tonto*) berk‡, twit*

**pijudo*** ADJ 1 = **pijotero A**

2 (*CAm*) (= *muy bueno*) great*, terrific*

**pila**[1] SF 1 [*de libros, juguetes*] pile, stack

2 (*) [*de deberes, trabajo*] heap; **una ~ de** heaps of, piles of; **tengo una ~ de cosas que hacer** I have heaps *o* piles of things to do; **una ~ de años** ages; **una ~ de ladrones** a bunch of thieves

3 (*Arquit*) pile

**pila**[2] SF 1 (= *fregadero*) sink; (= *artesa*) trough; (= *abrevadero*) drinking trough; [*de fuente*] basin; (*LAm*) (public) fountain ► **pila de cocina** kitchen sink

2 (*Rel*) (*tb* **~ bautismal**) font; **nombre de ~** Christian name, first name; ✦**MODISMO sacar de ~ a algn** to act as godparent to sb ► **pila de agua bendita** holy water stoup

3 (*Elec*) battery; **aparato a ~s** battery-run apparatus, battery-operated apparatus; ✦**MODISMO cargar las ~s** to recharge one's batteries ► **pila alcalina** alkaline battery, alkaline cell ► **pila atómica** atomic pile ► **pila (de) botón** watch battery, calculator battery ► **pila seca** dry cell ► **pila solar** solar battery

4 ✦**MODISMO ponerse las ~s*** to get one's act together, put one's skates on

5 (*Caribe*) (= *grifo*) tap, faucet (*EEUU*)

**pilado‡** ADJ ✦**MODISMO está ~** (*Andes*) (= *seguro*) it's a cert*; (= *fácil*) it's a cinch‡

**pilar**[1] SM 1 (= *poste*) post, pillar; (= *mojón*) milestone; [*de puente*] pier

2 (*fig*) pillar, mainstay; **un ~ de la monarquía** a mainstay of the monarchy

**pilar**[2] SM [*de fuente*] basin, bowl

**pilastra** SF (*gen*) pilaster; (*Cono Sur*) [*de puerta*] frame

**Pilatos** SM Pilate

**pilatuna*** SF (*LAm*) dirty trick

**pilatuno** ADJ (*Andes*) manifestly unjust

**pilcha*** SF (*Cono Sur*) [1] (= *prenda*) [*de persona*] garment, article of clothing; [*de caballo*] harness
[2] **pilchas** (= *ropa vieja*) old clothes; (= *ropa elegante*) fine clothes
[3] (= *querida*) mistress

**pilche** SM (*LAm*) (coconut) gourd, calabash

**píldora** SF pill; **la ~ (anticonceptiva)** the (contraceptive) pill; ✦***MODISMOS* dorar la ~** to sugar *o* sweeten the pill; **tragarse la ~** to be taken in ► **píldora abortiva** morning-after pill ► **píldora antibaby** contraceptive pill ► **píldora anticalvicie** anti-baldness pill ► **píldora anticonceptiva** contraceptive pill ► **píldora antifatiga** anti-fatigue pill, pep pill* ► **píldora del día después**, **píldora del día siguiente** morning-after pill

**pildorazo*** SM (*Mil*) burst of gunfire, salvo; (*Dep*) fierce shot

**pildorita** SF (*Cono Sur*) small cocktail sausage

**pileta** SF [1] (*gen*) basin, bowl; [*de cocina*] sink; (= *artesa*) trough
[2] (*LAm*) [*de baño*] wash basin ► **pileta de natación** swimming pool

**pilgua** SF (*Cono Sur*) wicker basket

**pilier** SM prop forward

**piligüe** Ⓐ ADJ (*CAm*) [*fruta*] shrivelled, empty
Ⓑ SMF (*CAm, Méx*) poor devil

**pilila*** SF willy*, peter (*EEUU**)

**pililo** SM (*Cono Sur*) tramp, hobo (*EEUU*)

**pilintruca** SF (*Cono Sur*) slut

**pillada** SF [1] (= *trampa*) dirty trick
[2] (*Cono Sur*) (= *sorpresa*) surprise revelation; (= *encuentro*) surprise encounter

**pillaje** SM pillage, plunder

**pillar** ▸conjug 1a◂ Ⓐ VT [1] (= *atrapar*) to catch; **nunca lo pillo en casa** I can never catch him at home; **lo pilló la policía** the police caught *o* nabbed* him; **el perro le pilló el pantalón** the dog caught his trouser leg; **me pilló el dedo con la puerta** he got my finger caught in the door; **¡como te pille ... !** if I get hold of you ... !
[2] (*) (= *tomar, coger*) to catch, get; **~ el autobús** to catch *o* get the bus; **píllame un asiento al lado tuyo** grab me a seat beside you*
[3] (= *sorprender*) to catch; **lo pillé fumando** I caught him smoking; **¡te he pillado!** caught *o* got you!
[4] (= *alcanzar*) to catch up with; **salí corriendo y la pillé a medio camino** I ran out and caught up with her on the way
[5] (= *atropellar*) to hit, run over; **la pilló una moto** she was hit by a motorbike
[6] [+ *resfriado, pulmonía*] to catch, get; **~ una borrachera** to get drunk
[7] (*) [+ *puesto*] to get, land
[8] [+ *broma, significado*] to get, catch on to
Ⓑ VI (*Esp**) **me pilla lejos** it's too far for me; **me pilla muy cerca** it's handy *o* near for me; **me pilla de camino** it's on my way
Ⓒ **pillarse** VPR to catch; **se pilló el dedo con la puerta** he caught his finger in the door

**pillastre*** SM/F scoundrel

**pillería** SF [1] (= *acción*) dirty trick
[2] [*de niños*] naughtiness; [*de adultos*] craftiness
[3] (= *pandilla*) gang of scoundrels

**pillete** SM rascal, scamp

**pillín/ina** SM/F rascal, scamp

**pillo/a** Ⓐ ADJ [*adulto*] sly, crafty; [*niño*] naughty
Ⓑ SM/F (= *adulto*) rogue, scoundrel; (= *niño*) rascal, scamp

**pilluelo** SM rascal, scamp

**pilmama** SF (*Méx*) (= *nodriza*) wet-nurse; (= *niñera*) nursemaid

**pilme** ADJ (*Cono Sur*) very thin

**pilón¹** SM [1] (*gen*) pillar, post; (*Elec*) pylon
[2] (*Téc*) drop hammer
[3] [*de romana*] weight
[4] [*de azúcar*] sugar loaf
[5] (*Caribe Agr*) dump, store

**pilón²** SM [1] (= *abrevadero*) drinking trough; [*de fuente*] basin; (*Méx*) drinking fountain
[2] (= *mortero*) mortar
[3] (*Méx**) extra, bonus; (= *propina*) tip
[4] (*Cono Sur*) (= *capacho*) pannier

**piloncillo** SM (*Méx*) powdered brown sugar

**pilongo** ADJ [1] (= *flaco*) thin, emaciated
[2] [*castaña*] dried

**pilosidad** SF hairiness

**piloso** ADJ hairy

**pilotaje** SM (*Náut, Aer*) piloting; **fallo de ~** navigational error

**pilotar** ▸conjug 1a◂ VT [+ *avión*] to pilot; [+ *coche*] to drive; [+ *barco*] to steer, navigate

**pilote** SM [1] (*Arquit*) pile
[2] (*CAm**) (= *fiesta*) party

**pilotear** ▸conjug 1a◂ VT [1] = **pilotar**
[2] (*LAm*) (= *dirigir*) [+ *persona*] to guide, direct; [+ *negocio*] to run, manage
[3] (*Cono Sur*) [+ *persona*] to exploit

**piloto** Ⓐ SMF [1] (*Aer*) pilot; **segundo ~** co-pilot ► **piloto de caza** fighter pilot ► **piloto de pruebas** test pilot
[2] [*de coche*] driver, racing driver; [*de moto*] rider ► **piloto de pruebas** (*Aut*) test driver
[3] (*Náut*) navigator, navigation officer ► **piloto de puerto** harbour pilot
[4] (= *guía*) guide; (*en exploración*) pathfinder
Ⓑ SM [1] (= *aparato*) ► **piloto automático** automatic pilot ► **piloto de combate** fighter pilot
[2] (= *luz*) pilot, pilot light; (*Aut*) tail light, rear light ► **piloto de alarma** flashing light ► **piloto de niebla** fog light, fog lamp
Ⓒ ADJ INV pilot *antes de s*; **estudio ~** pilot study; **planta ~** pilot plant; **programa ~** pilot programme *o* (*EEUU*) program; **piso ~** show flat

**pilpinto** SM (*Andes, Cono Sur*) butterfly

**pilsen** SF, **pílsener** SF (*Chile*) beer

**piltra**‡ SF kip*

**piltrafa** SF [1] [*de carne*] poor quality meat; **~s** scraps
[2] (*fig*) (= *cosa*) worthless object; (= *persona*) wretch
[3] **piltrafas** (*LAm*) [*de ropa*] rags, old clothes
[4] (*Andes, Cono Sur*) (= *ganga*) bargain; (= *suerte*) piece of luck; (= *ganancia*) profit

**piltrafiento** ADJ [1] (*Cono Sur, Méx*) (= *harapiento*) ragged
[2] (*Cono Sur*) (= *marchito*) withered

**piltrafoso** ADJ (*Andes*) ragged

**piltrafudo** ADJ (*Andes*) weak, languid

**piltre** Ⓐ ADJ [1] (*Andes, Caribe*) (= *petimetre*) foppish
[2] (*Chile*) [*fruta*] (= *madura*) over-ripe; (= *seca*) shrivelled, dried up
Ⓑ SMF (*Andes**) snappy dresser*

**pilucho** (*Cono Sur*) Ⓐ ADJ (*) naked
Ⓑ SM [*de bebé*] cotton vest, dress

**pimentero** SM [1] (*Bot*) pepper plant
[2] (*Culin*) pepperpot, pepper shaker (*EEUU*)

**pimentón** SM [1] (= *especia*) (*tb* **~ dulce**) paprika ► **pimentón picante** hot paprika, cayenne pepper
[2] (*LAm*) (= *fruto*) sweet pepper, capsicum

**pimienta** SF pepper ► **pimienta de cayena** cayenne pepper ► **pimienta inglesa** allspice ► **pimienta negra** black pepper

**pimiento** SM [1] (= *fruto*) pepper; ✦***MODISMO* (no) me importa un ~** I don't care two hoots*; ► **pimiento del piquillo**, **pimiento morrón**, **pimiento rojo** red pepper ► **pimiento verde** green pepper
[2] (*Bot*) pepper plant

**pimpampúm*** SM [1] [*de ferias*] shooting gallery
[2] (= *ruido*) crash, bang, wallop

**pimpante*** ADJ [1] (= *acicalado*) smart, spruce
[2] (*tb* **tan ~**) (= *ufano*) smug, self-satisfied

**pimpinela** SF pimpernel

**pimplar*** ▸conjug 1a◂ Ⓐ VI to booze*
Ⓑ **pimplarse** VPR **~se una botella** to down a bottle*, quaff a bottle*

**pimpollo** SM [1] (*Bot*) (= *serpollo*) sucker, shoot; (= *brote*) sapling; (= *capullo*) bud
[2] (*) (= *niño*) bonny child; (= *mujer*) attractive woman; **hecho un ~** (= *elegante*) very smart; (= *joven*) very young for one's age

**pimpón** SM ping-pong

**pimponista** SMF ping-pong player

**pin** SM (*pl* **pins**) [1] (= *insignia*) badge
[2] (*Elec*) pin

**pinabete** SM fir, fir tree

**pinacate** SM (*Méx*) black beetle

**pinacoteca** SF art gallery

**pináculo** SM pinnacle

**pinar** SM pine grove

**pinaza** SF pinnace

**pincel** SM [1] (*para pintar*) paintbrush; [*de cocina*] brush; ✦***MODISMO* estar hecho un ~** to be very smartly dressed
[2] (= *pintor*) painter

**pincelada** SF brushstroke; **última ~** (*fig*) finishing touch

**pincha¹*** SF (*Caribe*) job, spot of work

**pincha²** SF (*Cono Sur*) hair-grip

**pinchadiscos*** SMF INV (*Esp*), **pincha³*** SMF INV (*Esp*) disc jockey, D.J.

**pinchante** ADJ [*grito*] piercing

**pinchar** ▸conjug 1a◂ Ⓐ VT [1] (= *reventar*) [+ *globo, pelota*] to burst; [+ *neumático, rueda*] to puncture; **me han pinchado las ruedas** my tyres have been slashed
[2] (= *picar*) [2·1] (*con algo punzante*) to prick; **le pinchó en el brazo con un alfiler** she pricked his arm with a pin
[2·2] (*Culin*) to test; **pincha la carne con el tenedor** test the meat with your fork, stick the fork in the meat; ✦***MODISMO* ni ~ ni cortar*** to count for nothing
[3] (= *comer*) to nibble (at); **hemos pinchado unos taquitos de queso** we nibbled (at) a

few cubes of cheese

[4] (*) (= *poner una inyección a*) to give a jab to*, give a shot to*; **tuvimos que ~lo para que se le calmase el dolor** we had to give him a jab *o* shot to ease the pain*; **me han pinchado un antibiótico** I got an antibiotic jab *o* a shot of antibiotics*

[5] (*) (= *apuñalar*) to knife; **amenazó con ~lo si no le daba el dinero** he threatened to knife him if he didn't give him the money

[6] (*) (= *presionar*) (*gen*) to prod; (*pey*) to pester; **hay que ~lo para que se mueva** he needs prodding to get him going; **no dejan de ~me para que me case** they keep getting on at me *o* pestering me to get married

[7] (*) (= *provocar*) to wind sb up*; **siempre me está pinchando** he's always winding me up*

[8] (*) [+ *línea, teléfono*] to tap, bug

[9] (*Esp**) (*Mús*) **~ discos** to deejay*, be a disc jockey

Ⓑ VI [1] (= *hincarse*) [*espina*] to prick; [*clavo*] to stick; **ten cuidado con el rosal, que pincha** careful of the rosebush, it's prickly *o* it will prick you; **te pincha la barba** your beard is bristly *o* prickly

[2] (= *tener un pinchazo*) to get a puncture; **pinchamos al salir de la curva** we got a puncture coming out of the bend

[3] (*Esp**) (= *fracasar*) to come a cropper*; **hemos pinchado con este proyecto** we have come a cropper with this project*; **el Real Madrid ha pinchado en casa** Real Madrid have come a cropper at home*

[4] (*Chile**) (= *ligar*) **cuando era joven pinchaba harto** when he was young he had a lot of girlfriends; **~ con algn** to get off with sb*

Ⓒ **pincharse** VPR [1] (= *clavarse*) (*en dedo, brazo*) to prick o.s.; **me he pinchado con una aguja** I've pricked myself with a needle; **¿te has pinchado en el pie?** did you get something stuck in your foot?

[2] (= *reventarse*) [*globo, pelota*] to burst; [*neumático, rueda*] to puncture; **se nos pinchó la rueda** we got a puncture; **tener un neumático pinchado** to have a puncture, have a flat tyre

[3] (*Med*) [+ *antibiótico, insulina*] to inject o.s. with; **tengo que ~me insulina a diario** I have to inject myself with insulin every day; **hoy no tengo que ir a ~me** I don't have to go for an injection today

[4] (‡) (= *drogarse*) to shoot up*; **había un hombre pinchándose en el callejón** there was a man shooting up in the alley*; **se pincha heroína** he shoots heroin*

**pinchazo** SM [1] (*con objeto punzante*) prick; **me he metido un ~ cosiendo** I've pricked my finger *o* myself sewing

[2] (*en neumático*) puncture; **tuvimos un ~** we got a puncture

[3] (*) (= *inyección*) [*de antibiótico, insulina*] jab*, shot; [*de cocaína, heroína*] shot, fix‡; **le encontraron varios ~s en el brazo** they found a number of needle marks on his arm

[4] [*de dolor*] shooting pain, sharp pain

[5] (*Telec**) tap*, bug*

[6] (*Esp*) (= *fracaso*) fiasco; **las elecciones supusieron un gran ~ para el gobierno** the elections proved to be a disaster *o* fiasco for the government

**pinche** Ⓐ ADJ [1] (*Méx*‡) (= *maldito*) bloody‡, lousy‡; **todo por unos ~s centavos** all for a few measly cents

[2] (*CAm, Méx*) (= *miserable*) wretched

[3] (*CAm**) (= *tacaño*) stingy, tight-fisted

Ⓑ SMF [1] [*de cocina*] kitchen hand, kitchen-boy

[2] (*Cono Sur*) (= *oficinista*) minor office clerk; (= *criminal*) small-time criminal

[3] (*Caribe, Méx*) (= *granuja*) rascal

Ⓒ SM [1] (*Andes*) (= *jamelgo*) nag

[2] (*Cono Sur*) (= *horquilla*) hairpin, bobby pin (EEUU)

**pinchito** SM (*Esp*) tapa

**pincho** SM [1] (= *punta*) point; (= *varilla*) pointed stick, spike

[2] [*de zarza, flor*] thorn, prickle; [*de cactus, animal*] spike, prickle

[3] (‡) (= *navaja*) knife

[4] (*Culin*) tapa; **un ~ de tortilla** a small portion of omelette ► **pincho moruno** kebab

[5] (**) (= *pene*) prick**

**pinchota**‡ SMF *user of drugs by injection*

**pinciano/a** (*Esp*) Ⓐ ADJ of/from Valladolid

Ⓑ SM/F native/inhabitant of Valladolid; **los ~s** the people of Valladolid

**pindárico** ADJ Pindaric

**Píndaro** SM Pindar

**pindonga*** SF gadabout

**pindonguear*** ▸conjug 1a◂ VI to gad about

**pindongueo*** SM **ir de ~** to wander round, roam the streets

**pinga** SF [1] (*LAm***) (= *pene*) prick**

[2] (*Caribe*) ✦**MODISMO de ~*** amazing, terrific*

**pingajo** SM rag, shred; **ir hecho un ~** to look a right mess*

**pinganilla*** SM [1] (*LAm*) (= *pretencioso*) sharp dresser

[2] (*Méx*) **en ~s** (= *de puntillas*) on tiptoe; (= *en cuclillas*) squatting; (= *poco firme*) wobbly

**pinganillo** ADJ (*Andes*) chubby

**pinganitos**†* SMPL **estar en ~** to be well up, be well-placed socially; **poner a algn en ~** to give sb a leg up (socially)

**pingo** Ⓐ ADJ INV (* *pey*) loose*, promiscuous

Ⓑ SM [1] (= *harapo*) rag; (= *prenda*) old garment; **~s*** cheap women's clothes; **no tengo ni un ~ que ponerme*** I haven't a single thing I can wear; ✦**MODISMOS andar** *o* **ir de ~** to gad about; **poner a algn como un ~** to slag sb off*

[2] (*) (= *callejeador*) gadabout; (*pey*) (= *mujer*) slut‡

[3] (*) (= *caballo*) (*Arg, Uru*) (*bueno*) good horse; (*Chile, Perú*) (*malo*) nag

[4] (*Méx*) (= *niño*) scamp; **el ~** the devil

[5] (*Cono Sur*) (= *niño*) lively child

**pingonear*** ▸conjug 1a◂ VI to gad about

**pingorotear** ▸conjug 1a◂ VI (*LAm*), **pingotear** ▸conjug 1a◂ VI (*LAm*) to skip about, jump

**ping-pong** ['pimpon] SM ping-pong

**pinguchita*** SF (*Cono Sur*) beanpole*, string bean (EEUU*)

**pingucho** (*Cono Sur*) Ⓐ ADJ poor, wretched

Ⓑ SM urchin, ragamuffin

**pingüe** ADJ [1] (*gen*) abundant, copious; [*ganancias*] rich, fat; [*cosecha*] bumper; [*negocio*] lucrative

[2] (= *grasiento*) greasy

**pingui*** SM swank

**pingüinera** SF penguin colony

**pingüino** SM penguin ► **pingüino de Humboldt** Humboldt's penguin

**pinitos** SMPL, **pininos** SMPL (*esp LAm*) **hacer sus ~** [*niño*] to toddle, take his/her first steps; [*novato*] to take his/her first steps; [*enfermo*] to start to get about again, get back on one's feet again; **hago mis ~ como pintor** I play *o* dabble at painting

**pinja**** SF (*Andes*) prick**

**pino**[1] SM [1] (*Bot*) pine, pine tree; ✦**MODISMOS ponerle ~** (*Cono Sur**) to make a great effort; **vivir en el quinto ~** to live at the back of beyond; **eso está en el quinto ~** that's miles away ► **pino albar** Scots pine ► **pino araucano** monkey-puzzle (tree) ► **pino bravo** cluster pine ► **pino de tea** pitch pine ► **pino marítimo, pino rodeno** cluster pine ► **pino silvestre** Scots pine

[2] (*en gimnasia*) **hacer el ~** to do a handstand

[3] **pinos** = **pinitos**

**pino**[2] ADJ steep; **en ~** (= *vertical*) upright, vertical; (= *de pie*) standing

**pinocha** SF pine needle

**pinol** SM (*CAm, Méx*), **pinole** SM (*CAm, Méx*) *drink made of roasted maize flour or* (EEUU) *roasted cornflour*

**pinolero/a*** (*CAm*) Ⓐ ADJ Nicaraguan

Ⓑ SM/F Nicaraguan; **los ~s** the Nicaraguans

**pinrel*** SM hoof*, foot

**pinsapo** SM (*Esp*) Spanish fir

**pinta**[1] SF [1] (= *lunar*) (*gen*) spot, dot; (*Zool*) spot, mark; **una tela a ~s azules** a cloth with blue spots

[2] [*de líquidos*] drop, spot; [*de lluvia*] drop; (*) (= *bebida*) drop to drink; **una ~ de grasa** a grease spot

[3] (*) (= *aspecto*) appearance; **por la ~** by the look of it; **tener buena ~** [*persona*] to look good, look well; [*comida*] to look good; **tener ~ de listo** to look clever; **tiene ~ de criminal** he looks like a criminal; **tiene ~ de español** he looks Spanish, he looks like a Spaniard; **¿qué ~ tiene?** what does he look like?; **con esa(s) ~(s) no puedes ir** you can't go looking like that; ✦**MODISMOS ¡a la ~!** (*Cono Sur*) perfect!, that's fine!; **estar a la ~** (*Cono Sur*) ◊ **tener ~** (*Cono Sur*) (= *atractivo*) to be attractive; (= *elegante*) to be smart, be well-dressed; **no se le vio ni ~** (*LAm**) there wasn't a sign *o* trace of him; **tirar ~*** to impress

[4] (*LAm Zool*) (= *colorido*) colouring, coloring (EEUU), coloration; (= *característica*) family characteristic, distinguishing mark

[5] (*CAm, Méx*) (= *pintada*) piece of graffiti

[6] (*Naipes*) spot (*indicating suit*); **¿a qué ~?** what's trumps?, what suit are we in?

[7] (*Andes, Cono Sur*) (= *juego*) draughts *pl*; (= *dados*) dice

[8] (*Cono Sur Min*) high-grade ore

[9] ✦**MODISMOS hacer ~** (*Méx*) ◊ **irse de ~** (*CAm*) to play truant; **ser de la ~** (*Caribe euf*) to be coloured

**pinta**[2] SF (= *medida inglesa*) pint

**pinta**[3]* SM rogue

**pintada**[1] SF (*Orn*) guinea-fowl

**pintada**[2] SF piece of graffiti; **~s** graffiti

**pintado** Ⓐ ADJ [1] (*Zool*) (= *moteado*) spotted; (= *pinto*) mottled, dappled

[2] (*) (= *igual*) **~ a algn** exactly like sb, iden-

tical to sb; **el niño salió ~ al padre** the boy turned out exactly like his father *o* identical to his father

[3] **✦MODISMOS el más ~*** anybody; **eso podría pasarle al más ~** that could happen to anybody; **lo hace como el más ~** he does it as well as anybody; **sentar/venir que ni ~ a algn*** to suit sb down to the ground*

Ⓑ SM [1] (= *acción*) (*gen*) painting; (*Téc*) coating ► **pintado de campo** marking-out of the pitch

[2] (*Esp*) *wine and vermouth cocktail*

**pintalabios** SM INV lipstick

**pintamonas*** SMF INV (*pey*) [1] (= *pintor*) dauber*

[2] (= *don nadie*) **un ~** a nobody

**pintar** ▸conjug 1a◂ Ⓐ VT [1] (*Arte*) (*con óleo, acuarela*) to paint; (*con lápices, rotuladores*) (= *dibujar*) to draw; (= *colorear*) to colour, color (*EEUU*); **el primer cuadro que pintó** the first picture he painted; **~ algo al óleo/temple** to paint sth in oils/tempera; **píntame una casa** paint *o* draw me a house

[2] (= *dar una capa de pintura a*) [+ *pared, habitación*] to paint; **hace falta ~ esta habitación** this room needs painting *o* decorating; **"recién pintado"** "wet paint"; **tengo que ~ el coche** the car needs a coat of paint *o* a respray; **~ algo de *o* en blanco/azul** to paint sth white/blue; **~ algo con pistola** to spray-paint sth

[3] (= *describir*) to paint; **lo pinta todo muy negro** he paints it all very black; **tal como lo pintas, no parece que haya una solución fácil** the way you describe it *o* paint things , it seems there is no easy solution; *ver tb* **fiero A1**, **ocasión 2**

[4] (*) (= *tener importancia*) **¿acaso tú pintas algo en esta cuestión?** what's this got to do with you?, what business is this of yours?; **¿pero qué pintamos aquí?** what on earth are we doing here?; **yo en esa fiesta no pinto nada** I'd be out of place at that party; **no pinta nada en la empresa** he's nobody important in the company; **antes me consultaban, pero ya no pinto nada** before I was consulted but my opinion counts for nothing now

Ⓑ VI [1] (*Arte*) to paint; **no pinto desde hace años** I haven't painted for years

[2] (*para decorar*) to decorate; **cuando terminen la obra ~emos** when they finish the building work we'll decorate *o* do the decorating

[3] (= *manchar*) (*de pintura, tinta*) **ten cuidado con ese banco, que pinta** be careful, that bench has wet paint on it; **"¡ojo, pinta!"** "wet paint"

[4] (*) (= *escribir*) to write; **este boli ya no pinta** this biro doesn't work *o* write; **no pintéis en las mesas** don't write on the desks

[5] (*Bot*) (= *madurar*) to ripen; **en agosto pintan las uvas** the grapes ripen in August

[6] (*Naipes*) to be trumps; **¿qué pinta?** what's trumps?; **pintan corazones** hearts are trumps

[7] (*LAm**) (= *mostrarse*) to look; **la situación pinta mejor** things are looking up; **no me gusta cómo pinta esto** I don't like the look of this

Ⓒ **pintarse** VPR [1] (= *maquillarse*) (*una vez*) to put one's make-up on, make o.s. up; (*con frecuencia*) to use make-up; **tardó una hora en ~se** she took an hour to put her make-up on *o* to make herself up; **no me gusta nada ir pintada** I don't like using make-up; **se ~on la cara para la fiesta de disfraces** they painted their faces for the fancy-dress party; **~se los labios** to put lipstick on; **~se los ojos**: **¿te has pintado los ojos?** have you got any eye make-up on?, did you put on your eye make-up?; **¿con qué te pintas los ojos?** what eye make-up do you use?; **~se las uñas** to paint one's nails; **✦MODISMO pintárselas solo para algo*** to be an expert *o* a dab hand at sth; **se las pinta solo para conseguir lo que quiere** he's an expert *o* a dab hand at getting what he wants; **a la hora de meter la pata se las pinta solo** he's a specialist *o* an expert at putting his foot in it

[2] (= *mancharse*) [+ *manos, ropa*] **te has pintado las manos de tinta** you've got ink on your hands

[3] (= *notarse*) to show; **el cansancio se pintaba en su rostro** you could see the tiredness in her face, the tiredness showed on her face

[4] (*Méx‡*) (= *largarse*) to beat it‡

**pintarrajear*** ▸conjug 1a◂ VT, VI to daub

**pintarrajo*** SM daub

**pintarroja** SF dogfish

**pintas*** SMF INV scruff*, scruffily dressed person

**pintear** ▸conjug 1a◂ VI to drizzle, spot with rain

**pintiparado** ADJ [1] (= *idéntico*) identical (**a** to)

[2] **✦MODISMO me viene (que ni) ~** it suits me a treat

**pintiparar** ▸conjug 1a◂ VT to compare

**Pinto** SM **✦MODISMO estar entre ~ y Valdemoro** (*Esp**) (= *indeciso*) to be in two minds; (= *borracho*) to be tipsy; **el examen está entre ~ y Valdemoro** the exam's a borderline case

**pinto** ADJ [1] (*LAm*) (= *con manchas*) spotted, dappled; (= *marcado*) marked (*esp in black and white*); (= *abigarrado*) motley, colourful, colorful (*EEUU*)

[2] [*tez*] blotchy

[3] (*Cuba*) (= *listo*) clever; (*pey*) sharp, shrewd

[4] (*Caribe*) (= *borracho*) drunk

**pintor(a)** SM/F [1] painter ► **pintor(a) de brocha gorda** (*de paredes*) painter and decorator; (*de cuadros*) (*pey*) bad painter, dauber ► **pintor(a) decorador(a)** painter and decorator ► **pintor(a) de suelo** pavement artist

[2] (*Cono Sur**) (= *fachendoso*) swank*

**pintoresco** ADJ picturesque

**pintoresquismo** SM picturesqueness

**pintura** SF [1] (= *forma artística, cuadro*) painting; **✦MODISMO no lo podía ver ni en ~** she couldn't stand the sight of him ► **pintura a la acuarela**, **pintura a la aguada** watercolour, watercolor (*EEUU*) ► **pintura al óleo** oil painting ► **pintura al pastel** pastel drawing ► **pintura rupestre** cave painting

[2] (= *descripción*) depiction

[3] (= *material*) paint ► **pintura a la cola**, **pintura al temple** (*para paredes*) distemper; (*para cuadros*) tempera ► **pintura emulsionada** emulsion, emulsion paint

[4] (= *lápiz de color*) crayon ► **pintura de cera** wax crayon

**pinturero/a*** Ⓐ ADJ swanky*

Ⓑ SM/F show-off*, swank*

**pinza** SF [1] [*de ropa*] clothes peg, clothespin (*EEUU*) ► **pinza de pelo** hairgrip

[2] **pinzas** (*de depilar*) tweezers; (*para hielo, azúcar*) tongs; (*Med*) forceps; **✦MODISMOS había que cogerlo con ~s** I had to take it very carefully; **no se lo sacan ni con ~s** wild horses won't drag it out of him

[3] (*Cos*) pleat; **pantalones de ~s** trousers with waist pleats, pleated trousers

[4] [*de cangrejo, langosta*] pincer, claw

**pinzamiento** SM ► **pinzamiento discal** slipped disc, slipped disk (*EEUU*)

**pinzón** SM (*Orn*) finch ► **pinzón real** bullfinch ► **pinzón vulgar** chaffinch

**piña** Ⓐ SF [1] [*de pino*] pine cone

[2] (= *fruta*) pineapple ► **piña de América**, **piña de las Indias** pineapple

[3] [*de personas*] (= *grupo*) group; (= *conjunto*) cluster, knot; (= *corrillo*) clique, closed circle; **✦MODISMO como una piña: estaban unidos como una ~** they were a very close-knit group

[4] (*Caribe, Méx*) [*de rueda*] hub

[5] (*) (= *golpe*) punch, bash*; **darse una ~** to have a crash; **darse ~s** to fight, exchange blows

[6] (*Méx*) [*de revólver*] chamber

[7] (*Andes**) **¡qué ~!** bad luck!; **estar ~** to be unlucky

Ⓑ SM (*CAm‡*) poof‡, faggot (*EEUU‡*)

**piñal** SM (*LAm*) pineapple plantation

**piñar*** SM (*Méx*) lie

**piñata**[1] SF (*en fiestas*) *container hung up at parties to be beaten with sticks until sweets or presents fall out*

**piñata**[2]**‡** SF (= *dientes*) ivories* *pl*, teeth *pl*

**piñata**[3] SF (*Cono Sur*) brawl, scrap*

**piñatería** SF (*Cono Sur*) armed hold-up

**piño**[1]***** SM (= *diente*) ivory*, tooth

**piño**[2]***** SM (*Chile*) (= *reunión*) crowd, lot

**piñón**[1] SM (*Bot*) pine kernel; **✦MODISMO estar *o* llevarse a partir un ~** to be the best of buddies, be bosom pals* (**con** with)

**piñón**[2] SM (*Orn, Téc*) pinion; **✦MODISMOS seguir a ~ fijo*** (= *sin moverse*) to be rooted to the spot; (= *sin cambiar de idea*) to go on in the same old way, be stuck in one's old ways; **quedarse a ~ fijo*** to have a mental block

**piñonate** SM candied pine-nut

**piñonear** ▸conjug 1a◂ VI to click

**piñoneo** SM click

**piñoso*** ADJ (*Andes*) unlucky

**Pío** SM Pius

**pío**[1] ADJ [*caballo*] piebald, dappled

**pío**[2] ADJ [1] (*Rel*) pious, devout; (*pey*) sanctimonious

[2] (= *compasivo*) merciful

**pío**[3] SM [1] (*Orn*) cheep, chirp; **✦MODISMO no decir ni ~** not to breathe a word; **¡de esto no digas ni ~!** don't you breathe a word!; **irse sin decir ni ~** to go off without a word

[2] **✦MODISMO tener el ~ de algo*** to long for sth

**piocha** Ⓐ SF [1] (*LAm*) (= *piqueta*) pickaxe, pickax (*EEUU*)

[2] (*Chile*) (= *distintivo*) badge

[3] (†) (= *joya*) jewel (worn on the head)

[4] (*Méx*) (= *barba*) goatee

Ⓑ ADJ (*Méx*) nice

**piojería** SF [1] (= *lugar*) lousy place, verminous place

[2] (= *pobreza*) poverty

[3] (*) (= *miseria*) tiny amount, very small portion

**piojo** SM [1] (*Zool*) louse; ✦*MODISMOS* **dar el ~** (*Méx**) to show one's nasty side; **estar como ~s en costura** to be packed in like sardines ► **piojo resucitado*** jumped-up fellow, vulgar parvenu
[2] (*Andes*) gambling den

**piojoso** ADJ [1] (= *con piojos*) lousy
[2] (= *sucio*) filthy
[3] (= *mezquino*) mean

**piojuelo** SM louse

**piola** Ⓐ SF [1] (*LAm*) (= *soga*) rope, tether
[2] (*Andes, Caribe*) (= *cuerda*) cord, string; (= *maguey*) agave
[3] (*Cono Sur***) (= *pene*) cock**
Ⓑ ADJ INV (*Arg**) (= *astuto*) smart, clever; (= *listo*) bright; (= *taimado*) sly; (= *servicial*) helpful; (= *bueno*) great*, terrific*; (= *elegante*) classy*

**piolet** [pio'le] SM (*pl* **piolets** [pio'les]) ice axe, ice ax (*EEUU*)

**piolín** SM (*LAm*) cord, twine

**pionco** ADJ [1] (*Cono Sur*) naked from the waist down
[2] (*Méx*) (= *en cuclillas*) squatting
[3] (*Méx*) [*caballo*] short-tailed

**pionero/a** Ⓐ ADJ pioneering
Ⓑ SM/F pioneer

**pioneta** SM (*Chile Aut*) lorry driver's mate, truck driver's mate (*EEUU*)

**piorrea** SF pyorrhoea

**PIP** SM ABR (*Puerto Rico*) = **Partido Independentista Puertorriqueño**

**pipa**[1] SF [1] (*de fumar*) pipe; **fumar en ~** ◊ **fumar una ~** to smoke a pipe
[2] [*de vino*] (= *barril*) cask, barrel; (= *medida*) pipe
[3] (*Bot*) (= *semilla*) pip, seed; [*de girasol*] (edible) sunflower seed; ✦*MODISMO* **no tener ni para ~s** to be broke, be skint*
[4] (*Mús*) reed
[5] (*LAm**) (= *barriga*) belly*; **tener ~** to be potbellied
[6] (⁑) (= *pistola*) rod⁑, pistol; (= *ametralladora*) machine-gun
[7] ✦*MODISMO* **pasarlo ~*** to have a great time*
[8] (*Andes, CAm Bot*) green coconut

**pipa**[2]* SM [1] (*Mús*) assistant
[2] (= *mozo de carga*) porter
[3] (= *utillero*) boy, mate

**pipear⁑** ▸conjug 1a◂ Ⓐ VT to look at
Ⓑ VI to look

**pipero**[1]**/a** SM/F [1] (= *vendedor ambulante*) street vendor
[2] (= *fumador*) pipe smoker

**pipero**[2] SM (= *estante*) pipe rack

**pipeta** SF pipette

**pipi⁑** SM [1] (*Mil*) squaddie*, recruit
[2] (= *novato*) new boy

**pipí*** SM (= *orín*) pee*; (*entre niños*) wee wee*; **hacer ~** (*gen*) to do a wee wee*, have a pee*; **hacerse ~** to need a wee-wee; (*involuntariamente*) to wet oneself

**pipián** SM (*CAm, Méx*) (= *salsa*) thick chili sauce; (= *guiso*) *meat cooked in thick chili sauce*

**pipiar** ▸conjug 1c◂ VI to cheep, chirp

**pipiciego** ADJ (*Andes*) short-sighted, near-sighted (*EEUU*)

**pipil*** SM (*CAm hum*) Mexican

**pipiolero*** SM (*Méx*) crowd of kids*

**pipiolo/a*** SM/F [1] (= *joven*) youngster; (*LAm*) (= *chico*) little boy/little girl; (= *novato*) novice, greenhorn
[2] (*Caribe, Cono Sur*) (= *tonto*) fool
[3] **pipiolos** (*CAm*) (= *dinero*) money *sing*

**pipirigallo** SM sainfoin

**pipiripao** SM [1] (†*) (= *convite*) slap-up do*, beanfeast*
[2] ✦*MODISMO* **de ~** (*LAm*) worthless

**pipo** Ⓐ ADJ (*Andes, Caribe*) potbellied; **estar ~** (*Caribe*) to be bloated
Ⓑ SM [1] (*Caribe*) (= *niño*) child
[2] (*Andes, Caribe*) (= *empleado*) crooked employee*
[3] (*Andes*) (= *golpe*) punch, bash*
[4] (*Andes*) (= *licor*) contraband liquor

**pipón*** ADJ (*Andes, Caribe, Cono Sur*) (= *barrigón*) potbellied; (= *lleno de comida*) bloated

**piporro** SM [1] (= *instrumento*) bassoon
[2] (= *persona*) bassoonist

**pipote** SM [1] (= *barril*) keg, cask
[2] (*Ven*) (= *cubo de basura*) dustbin, trash can (*EEUU*)

**pipudo⁑** ADJ great*, super*

**pique**[1] SM [1] (= *resentimiento*) resentment, pique; (= *inquina*) grudge; (= *rivalidad*) rivalry, competition; **tener un ~ con algn** to have a grudge against sb; **tienen (un) ~ sobre sus coches** they're always trying to outdo one another with their cars; **estar de ~** to be at loggerheads
[2] **echar a ~** [+ *barco*] to sink; [+ *futuro, carrera*] to wreck, ruin; **irse a ~** [*barco*] to sink; [*esperanza, familia*] to be ruined
[3] **estar a ~ de hacer algo** (= *a punto de*) to be on the point of doing sth; (= *en peligro de*) to be in danger of doing sth
[4] (*LAm Min*) (= *galería*) mine shaft; (*Méx*) (= *pozo*) drill, well
[5] (*LAm*) (= *rebote*) bounce, rebound
[6] (*CAm, Cono Sur*) (= *sendero*) trail, narrow path
[7] (*Andes*) (= *insecto*) jigger flea

**pique**[2] SM (*Naipes*) spades

**pique**[3]**⁑** SM [*de droga*] fix⁑, shot*

**piquera** SF [1] [*de tonel, colmena*] hole, vent
[2] (*CAm, Méx**) (= *taberna*) dive*
[3] (*Caribe*) [*de taxis*] taxi rank

**piquero** SM [1] (*Hist*) pikeman
[2] (*Andes, Cono Sur*) (= *minero*) miner
[3] (⁑) (= *ratero*) pickpocket

**piqueta** SF (= *herramienta*) pick, pickaxe, pickax (*EEUU*); [*de tienda de campaña*] peg

**piquetazo** SM (*LAm*) [1] (= *tijeretazo*) snip, small cut
[2] [*de pájaro*] peck

**piquete** SM [1] [*de personas*] (*Mil*) squad, party; (*en huelga*) picket ► **piquete de ejecución** firing squad ► **piquete informativo** picket ► **piquete móvil** flying picket ► **piquete secundario** secondary picket ► **piquete volante** flying picket
[2] (*Arg*) (= *corral*) yard, small corral
[3] (= *pinchazo*) prick, jab
[4] (= *agujero*) small hole (*in clothing*)
[5] (*Andes*) (= *merienda*) picnic
[6] (*Caribe Mús*) street band

**piquin** SM [1] (*Andes*) (= *galán*) boyfriend

[2] (*Cono Sur**) (= *pizca*) pinch, dash
[3] (*Cono Sur*) (= *persona*) irritable sort

**piquiña** SF [1] (*Andes, Caribe*) = **picazón**
[2] (*Caribe*) (= *envidia*) envy

**pira**[1] SF (= *hoguera*) pyre

**pira**[2]**⁑** SF ✦*MODISMOS* **hacer ~** ◊ **irse de ~** (= *largarse*) to clear off*; (*Escol*) to cut class*, play truant

**pirado/a⁑** Ⓐ ADJ (= *loco*) round the bend*, crazy; (= *drogado*) high⁑, out of one's head⁑
Ⓑ SM/F (= *majareta*) nutcase*; (= *drogado*) druggy⁑

**piragua** SF canoe

**piragüismo** SM canoeing

**piragüista** SMF canoeist

**piramidal** ADJ [1] [*forma*] pyramidal
[2] (*Andes**) terrific*, tremendous*

**pirámide** SF pyramid ► **pirámide de edad(es)** age pyramid

**Píramo** SM Pyramus

**piraña** SF piranha

**pirarse*** ▸conjug 1a◂ VPR (*tb* **pirárselas**) (= *largarse*) to beat it*, clear out*; (*Andes*) to escape from prison; (*Méx*) to peg out⁑; **~ las clases** to cut class*

**pirata** Ⓐ SMF [1] (= *corsario*) pirate ► **pirata aéreo** hijacker
[2] (*Inform*) ► **pirata informático/a** hacker
[3] (*Literat**) plagiarist
[4] (*) (= *granuja*) rogue, scoundrel
[5] (*Com*) cowboy, shark
[6] (†*) (= *persona cruel*) hard-hearted person
Ⓑ ADJ **barco ~** pirate ship; **disco ~** bootleg record; **edición ~** pirated edition; **emisora ~** pirate radio station

**piratear** ▸conjug 1a◂ Ⓐ VT (*Aer*) to hijack; (*Mús*) to pirate; (*Inform*) to hack into; [+ *libro*] to plagiarize
Ⓑ VI [1] [*barcos*] to buccaneer, practise piracy, practice piracy (*EEUU*)
[2] (= *robar*) to steal

**piratería** SF, **pirateo** SM [1] [*de buque*] piracy ► **piratería aérea** highjacking
[2] [*de disco, concierto, grabación*] bootlegging; **~ de vídeo** video piracy ► **piratería informática** hacking, software piracy
[3] (= *robo*) theft, stealing
[4] **piraterías** (= *estragos*) depredations

**pirático** ADJ piratical

**piraya** SF (*LAm*) piranha

**pirca** SF (*Andes, Chile*) dry-stone wall

**pire⁑** SM (= *drogas*) trip⁑

**pirenaico** ADJ Pyrenean

**pirético** ADJ pyretic

**piretro** SM pyrethrum

**pirgua** SF (*Andes, Cono Sur*) shed, small barn

**piri⁑** SM grub⁑, nosh⁑, chow (*EEUU*⁑)

**piridina** SF pyridine

**pirineísta** SMF mountaineer (who climbs in the Pyrenees)

**Pirineo** SM, **Pirineos** SMPL Pyrenees; **el ~ catalán** the Catalan (part of the) Pyrenees

**pirineo** ADJ Pyrenean

**pirinola*** SF (*Méx*) kid*, child

**piripez**†* SF **coger una ~** to get sozzled

**piripi*** ADJ **estar ~** to be sozzled*

**pirita(s)** SF pyrite, pyrites

**pirlán** SM (*Andes*) doorstep

**piro⁑** SM **darse el ~ de** to escape from; **darse el ~** to beat it*

**piro...** PREF pyro...

**pirófago/a** SM/F fire-eater

**piromanía** SF pyromania

**pirómano/a** SM/F pyromaniac

**piropear** ▸conjug 1a◂ VT to compliment, pay an amorous compliment to, make a flirtatious remark to

**piropo** SM [1] (= *cumplido*) flirtatious remark; (= *lisonja*) flattery; **echar ~s a** to make a flirtatious remark to
[2] (= *granate*) garnet; (= *rubí*) ruby
[3] (*Andes**) ticking-off*

**piroso*** ADJ lewd, dirty

**pirotecnia** SF (*gen*) pyrotechnics *pl*, fireworks *pl*; (= *fuegos artificiales*) firework display

**pirotécnico** ADJ pyrotechnic, firework *antes de s*

**piroxidina** SF pyridoxine

**pirquén** SM **mina al ~** (*Chile*) rented mine

**pirrar*** ▸conjug 1a◂, **pirriar** ▸conjug 1b◂ Ⓐ VT **le pirraba el cine** he was really into the cinema*
Ⓑ **pirr(i)arse** VPR **~se por** to be crazy about

**pírrico** ADJ **victoria pírrica** Pyrrhic victory

**Pirro** SM Pyrrhus

**pirucho** SM (*CAm*) (ice-cream) cone *o* cornet

**pirueta** SF (= *movimiento ágil*) pirouette; (= *cabriola*) caper; **✦MODISMO hacer ~s** to perform a balancing act

**piruetear** ▸conjug 1a◂ VI (*gen*) to pirouette; (= *saltar*) to caper

**pirula⁑** SF [1] **✦MODISMO hacer la ~ a*** (= *molestar*) to upset, annoy; (= *jugarla*) to play a dirty trick on; (= *embaucar*) to cheat
[2] (*Anat*) willy*, peter (*EEUU*⁂); *ver tb* **pirulo**

**piruleta** SF lollipop

**pirulí** SM [1] (= *chupachups*) lollipop; **✦MODISMO durar lo que un ~ a la puerta de un colegio** not to last five minutes
[2] (⁂) (= *pene*) prick⁂
[3] **el Pirulí*** Madrid television tower

**pirulo¹** (*Cono Sur*⁑) SM **tiene 40 ~s** he's the big four O, he's forty

**pirulo²/a** SM/F (= *niño*) slim child; *ver tb* **pirula**

**pis*** SM pee*; **hacer ~** to have a pee*, do a wee*; **hacerse ~ en la cama** to wet the *o* one's bed

**Pisa** SF Pisa

**pisa** SF [1] [*de uvas*] treading
[2] (*) (= *zurra*) beating

**pisada** SF (= *paso*) footstep; (= *huella*) footprint

**pisadera** SF (*Andes*) carpet

**pisadero** SM (*Méx*) brothel

**pisado** SM treading (of grapes)

**pisano/a** Ⓐ ADJ Pisan
Ⓑ SM/F native/inhabitant of Pisa; **los ~s** the people of Pisa

**pisapapeles** SM INV paperweight

**pisar** ▸conjug 1a◂ Ⓐ VT [1] (= *andar sobre*) to walk on; **¿se puede ~ el suelo de la cocina?** can I walk on the kitchen floor?
[2] (= *poner el pie encima de*) to tread on, step on; **perdona, te he pisado** sorry, I trod *o* stepped on your foot; **vio una cucaracha y la pisó** she saw a cockroach and trod *o* stood on it; **~ el acelerador a fondo** to step on the accelerator, put one's foot down*; **"prohibido pisar el césped"** "keep off the grass"; **✦MODISMOS ir pisando huevos** to tread carefully; **tiene un morro que se lo pisa*** he's a cheeky devil*
[3] (= *ir a*) to set foot in; **no volvimos a ~ ese sitio** we never set foot in that place again; **hace años que no pisa un bar** he hasn't been in a pub for years
[4] [+ *uvas*] to tread; [+ *tierra*] to tread down
[5] (= *avasallar*) to trample on, walk all over; **no se deja ~ por nadie** he doesn't let anybody trample on *o* walk all over him
[6] (*Mús*) [+ *tecla*] to strike, press; [+ *cuerda*] to hold down
[7] (*Andes*) [+ *hembra*] to cover; (*CAm*⁂) to fuck⁂, screw⁂
[8] (*) (= *adelantarse a*) **otro le pisó el puesto** somebody got in first and collared the job; **el periódico le pisó la noticia** the newspaper got in first with the news; **~ una baza a algn** to trump sb's trick; *ver tb* **talón 1**
Ⓑ VI (= *andar*) to tread; **hay que ~ con cuidado** you have to tread carefully; **✦MODISMO ~ fuerte*** to make great strides; **entrar pisando fuerte** to burst onto the scene*

**pisaverde**† SMF toff*

**pisca** SF [1] (*Méx*) (= *cosecha*) maize harvest, corn harvest (*EEUU*)
[2] (*Andes*) (= *prostituta*) prostitute
[3] (= *parte*) = **pizca 1, 2**

**piscador** SM (*Méx*) harvester

**piscar** ▸conjug 1g◂ (*Méx*) VT to pinch, nip VI to harvest maize, harvest corn (*EEUU*)

**piscicultor(a)** SM/F fish farmer

**piscicultura** SF fish farming

**piscifactoría** SF fish farm

**piscigranja** SF (*LAm*) fish farm

**piscina** SF [1] (*Dep*) swimming pool ► **piscina climatizada** heated swimming pool ► **piscina cubierta** indoor swimming pool ► **piscina de saltos** diving pool ► **piscina olímpica** Olympic pool
[2] (= *estanque*) fishpond

**Piscis** SM Pisces

**pisco¹** SM (*Andes*) [1] (= *pavo*) turkey
[2] (= *persona*) fellow, guy*

**pisco²** SM (*Andes, Chile*) strong grape liquor ► **pisco sauer** (*Andes*) pisco cocktail

**piscoiro*** SM, **piscoira** SF (*Cono Sur**) bright child

**piscola** SF (*Chile*) pisco and coca cola (drink)

**piscolabis** SM INV [1] (= *tentempié*) snack
[2] (*CAm, Méx*) money

**pisicorre** SM (*Caribe*) small bus

**piso** SM [1] (*esp LAm*) (= *suelo*) floor; (= *materiales para suelo*) flooring
[2] [*de edificio*] floor, storey, story (*EEUU*); [*de autobús, barco*] deck; [*de cohete*] stage; [*de pastel*] layer, tier; **primer ~** first floor, second floor (*EEUU*); **viven en el quinto ~** they live on the fifth floor; **un edificio de ocho ~s** an eight-storey building; **autobús de dos ~s** double-decker bus; **ir en el ~ de arriba** to travel on the top deck, travel upstairs ► **piso alto** top floor ► **piso bajo** ground floor, first floor (*EEUU*)
[3] (= *apartamento*) flat, apartment (*EEUU*); **poner un ~ a una** (*Esp*) to set a woman up in a flat ► **piso de seguridad, piso franco** (*Esp*) safe house ► **piso piloto** show flat
[4] (*Aut*) [*de neumático*] tread
[5] [*de zapato*] sole; **poner ~ a un zapato** to sole a shoe
[6] (*LAm*) (= *tapete*) table runner; (= *estera*) mat; (*Andes, Cono Sur*) (= *alfombra*) long narrow rug ► **piso de baño** bathmat
[7] (*Min*) set of workings; (*Geol*) layer, stratum
[8] (*Cono Sur*) (= *taburete*) stool; (= *banco*) bench

**pisón** SM [1] (*para aplastar tierra*) ram, rammer
[2] (*LAm*) = **pisotón 2**
[3] (*Cono Sur*) (= *mortero*) mortar

**pisotear** ▸conjug 1a◂ VT [1] (*gen*) to tread down, trample (underfoot); (= *hollar*) to stamp on
[2] (= *humillar*) to trample on; [+ *ley*] to abuse, disregard

**pisoteo** SM (*gen*) treading, trampling; (= *holladura*) stamping

**pisotón** SM [1] (*con el pie*) stamp; **me ha dado un ~** he trod on my foot
[2] (*Periodismo**) scoop

**pispar*** ▸conjug 1a◂ Ⓐ VI (*Cono Sur*) (= *acechar*) to spy, keep watch
Ⓑ VT (⁑) (= *robar*) to nick⁑

**pis-pas*** SM, **pispás*** SM **en un ~** in a flash, in no time at all

**pisporra** SF (*CAm*) wart

**pista** SF [1] (= *rastro*) track, trail; (*Inform*) track; **estar sobre la ~** to be on the scent; **estar sobre la ~ de algn** to be on sb's trail *o* track, be after sb; **seguir la ~ de algn** (*gen*) to be on sb's trail *o* track; [*de cerca*] to shadow sb
[2] (= *indicio*) clue; **dame una ~** give me a clue; **la policía tiene una ~ ya** the police already have a lead ► **pista falsa** (*gen*) false trail; (= *ardid*) red herring
[3] (*Dep*) [*de atletismo*] track; (= *cancha*) court; [*de circo*] ring; (*Aut*) carriageway; (*CAm*) (= *avenida*) avenue; **reunión de ~ cubierta** indoor athletics meeting; **atletismo en ~** track athletics ► **pista de aprendizaje** nursery slope ► **pista de aterrizaje** (*en aeropuerto*) runway; (*para aviones militares, privados*) landing strip ► **pista de atletismo** athletics track ► **pista de baile** dance floor ► **pista de bolos** bowling alley ► **pista de carreras** racetrack ► **pista de ceniza** dirt track ► **pista de esquí** piste, ski run ► **pista de hielo** ice rink ► **pista de hierba** grass court ► **pista de patinaje** skating rink ► **pista de squash** squash court ► **pista de tenis** tennis court ► **pista de tierra batida** clay court ► **pista dura** hard court ► **pista forestal** forest trail
[4] [*de cinta*] track

**pistacho** SM pistachio

**pistero** ADJ (*CAm*) mercenary, fond of money

**pistilo** SM (*Bot*) pistil

**pisto** SM [1] (*Esp Culin*) fried vegetable hash, ratatouille
[2] **✦MODISMO darse ~*** to show off, swank*
[3] (= *revoltijo*) hotchpotch, hodgepodge (*EEUU*)
[4] (*LAm*⁑) (= *dinero*) dough*
[5] (*Andes*) [*de revólver*] barrel
[6] (*Méx*⁑) (= *trago*) shot of liquor*
[7] (†) (= *caldo de pollo*) chicken broth
[8] (†) **✦MODISMO a ~s** (= *poco a poco*) little by little; (= *con escasez*) sparingly

**pistola** SF [1] (= *arma*) pistol, gun; (*Téc*) (*para pintar*) spray gun ► **pistola ametralladora** submachine-gun, tommy-gun ► **pistola de**

**agua** water pistol ► **pistola de engrase** grease gun ► **pistola de juguete** toy pistol ► **pistola de pintar** spray gun ► **pistola engrasadora** grease gun ► **pistola rociadora de pintura** spray gun
[2] (*Esp*) [*de pan*] French stick, baguette
[3] (**) (= *pene*) prick**

**pistolera** SF [1] (*para pistola*) holster; ✦MODISMO **salir de ~s** to get out of a tight spot
[2] **pistoleras** (*Anat**) flabby thighs

**pistolerismo** SM gun law, rule by terror

**pistolero** SM gunman ► **pistolero a sueldo** hired gunman

**pistoleta** SF (*Andes, Cono Sur*) small pistol

**pistoletazo** SM (= *disparo*) pistol shot; (*Dep*) (*tb* **~ de salida**) starting signal

**pistolete** SM pocket pistol

**pistolo‡** SM soldier

**pistón** SM [1] (*Mec*) piston
[2] (*Mús*) key; (*Col*) (= *corneta*) bugle, cornet
[3] (*CAm, Méx*) (= *tortilla*) corn tortilla
[4] ✦MODISMO **de ~*** smashing*, terrific*

**pistonudo*** ADJ smashing*, terrific*

**pistudo*** ADJ (*CAm*) filthy rich*

**pita** SF [1] (= *planta*) agave, pita; (= *fibra*) pita fibre, pita thread; (*Chile, Perú*) (= *hilo*) string; ✦MODISMO **enredar la ~** (*LAm**) to stir things up
[2] **pitas** (*CAm*) (= *mentiras*) lies

**pitada** SF [1] (= *silbido*) whistle; (= *rechifla*) hiss
[2] (*LAm**) [*de cigarrillo*] puff, drag*
[3] (*) (= *salida inoportuna*) silly remark

**pitador/a*** SM/F (*LAm*) smoker

**Pitágoras** SM Pythagoras

**pitagorín*** SM brainbox*

**pitandero/a*** SM/F (*Cono Sur*) smoker

**pitanza** SF [1] (= *ración*) daily ration; (‡) grub‡, chow (*EEUU‡*)
[2] (*) (= *precio*) price
[3] (*Cono Sur*) (= *ganga*) bargain; (= *ventaja*) profit

**pitar** ▸conjug 1a◂ Ⓐ VI [1] (= *sonar*) (*con silbato*) to blow one's whistle; (*con claxon*) to hoot, blow one's horn; **el policía nos pitó** the policeman blew his whistle at us; **el camionero me pitó** the lorry driver hooted at us, the lorry driver blew his horn at us
[2] (= *abuchear*) to whistle
[3] ✦MODISMO **ir** *o* **salir pitando***: **cuando la vio venir salió pitando** as soon as he saw her coming he was off like a shot*; **adiós, me tengo que ir pitando** bye, I must dash*; **vámonos pitando, que no llegamos** let's get a move on or we won't get there in time*
[4] (*LAm**) (= *fumar*) to smoke
[5] (†) (= *funcionar*) to work; **el negocio no pita** the business isn't going well
Ⓑ VT [1] (*Dep*) **el árbitro pitó falta** the referee whistled *o* blew for a foul; **¿quién pita el partido?** who's refereeing the match?
[2] (*LAm**) (= *fumar*) to smoke

**pitarra‡** SF grub‡, chow (*EEUU‡*), food

**pitay** SM (*Andes, Cono Sur*) rash

**pitazo** SM (*LAm*) whistle, hoot; ✦MODISMO **dar el ~ a algn** (*Caribe**) to tip sb the wink*

**pítcher** [pitʃer] SMF (*Béisbol*) pitcher

**pitear** ▸conjug 1a◂ VI (*LAm*) = **pitar A1**

**pitido** SM (= *silbido*) whistle; (= *sonido agudo*) beep; (= *sonido corto*) pip

**pitilla** SF (*Cono Sur*) string

**pitillera** SF cigarette case

**pitillo** SM [1] (*) (= *cigarrillo*) cigarette; **echarse un ~** to have a smoke
[2] (*Andes, Caribe*) (= *pajita*) drinking straw

**pítima** SF [1] (*Med*) poultice
[2] (= *borrachera*) **coger una ~*** to get plastered*

**pitiminí** SM ✦MODISMO **de ~** trifling, trivial

**pitinsa*** SF (*CAm*) overalls

**pitiusa** Ⓐ ADJ of/from Ibiza *or* Formentera (*as opposed to the other Balearic islands*)
Ⓑ SF **las Pitiusas** Ibiza and Formentera

**pitiyanqui‡** SMF, **pitiyanki‡** SMF (*Caribe*) Yankee-lover

**pito** SM [1] [*de coche, camión*] horn, hooter; [*de tren*] whistle, hooter; **el camionero tocó el ~** the lorry driver blew the horn *o* hooted
[2] (= *silbato*) whistle; **el arbitro tocó el ~** the referee blew his whistle; **tener voz de ~** to have a squeaky voice; ✦MODISMOS **cuando ~s, flautas*** it's always the same, one way or another it always happens; **cuando no es por ~s es por flautas*** if it isn't one thing it's another; **entre ~s y flautas*** what with one thing and another; **(no) importar un ~***: **no me importa un ~** I don't care two hoots*; **no tocar un ~ en algo***: **en este asunto no toca ~** he's got nothing to do with this matter; **tomar a algn por el ~ de un sereno***: **me tomaron por el ~ de un sereno** (*Esp**) they thought I was something the cat dragged in; **no vale un ~*** it's not worth tuppence
[3] (*) (= *cigarrillo*) fag*, ciggy*; (*LAm*) (= *pipa*) pipe
[4] (*) (= *pene*) willy*, peter (*EEUU***); ✦MODISMO **tocarse el ~‡** to do damn-all‡, be bone-idle
[5] (*LAm*) ► **pito de ternera** steak sandwich
[6] (*Orn*) ► **pito real** green woodpecker; ✦MODISMO **~ ~ colorito** ≈ eeny meeny miney mo

**pitón**[1] SM (*Zool*) python

**pitón**[2] SM (= *cuerno*) horn; [*de jarra*] spout; (*LAm*) [*de manguera*] nozzle; (*Bot*) sprig, young shoot; (= *bulto*) bump, lump; **pitones‡** (= *senos*) tits‡ ► **pitón de roca** sharp point of rock

**pitonisa** SF (= *adivinadora*) fortune teller; (= *hechicera*) witch, sorceress

**pitopausia‡** SF male menopause

**pitorrearse*** ▸conjug 1a◂ VPR **~ de** to scoff at, make fun of

**pitorreo*** SM teasing, joking; **estar de ~** to be in a joking mood

**pitorro** SM spout

**pitote*** SM fuss, row

**pitra** SF (*Cono Sur*) rash

**pituco/a*** (*Andes, Cono Sur*) Ⓐ ADJ posh*
Ⓑ SM/F toff*, posh person*

**pitufa‡** SF bird‡, chick (*EEUU**)

**pitufo‡** SM [1] (*Pol*) career politician
[2] (*Méx*) (= *policía*) cop*, policeman

**pituitario** ADJ pituitary; **glándula pituitaria** pituitary (gland)

**pituto*** SM (*Cono Sur*) [1] (= *enchufe*) useful contact, connection
[2] (= *chapuza*) odd job

**piuco** ADJ (*Cono Sur*) timid, scared

**piular** ▸conjug 1a◂ VI to cheep, chirp

**pivot** SMF (*Dep*) pivot

**pivotar** ▸conjug 1a◂ VI [1] (*Dep*) to pivot
[2] (= *oscilar*) **~ alrededor de** to revolve around; **~ en política** to switch allegiances in politics

**pivote** Ⓐ SMF (*Dep*) pivot
Ⓑ SM pivot

**píxel** SM (*Inform*) pixel

**píxide** SF pyx

**pixtón** SM (*CAm*) thick tortilla

**piyama** SM (*LAm*) pyjamas *pl*, pajama (*EEUU*)

**pizarra** SF [1] (= *piedra*) slate; (= *esquisto*) shale
[2] (*Escol*) blackboard
[3] (*Cono Sur*) (= *tablero*) notice board, bulletin board (*EEUU*)
[4] (*LAm*) (= *marcador*) scoreboard

**pizarral** SM [1] (= *cantera*) slate quarry
[2] *ver* **pizarra 1**

**pizarrín** SM slate pencil

**pizarrón** SM (*LAm Escol*) blackboard; (*Dep*) scoreboard

**pizarroso** ADJ slaty

**pizca** SF [1] (= *partícula*) tiny bit; (= *migaja*) crumb; **una ~ de sal** a pinch of salt
[2] (= *rastro*) **ni ~** not a bit; **no tiene ni ~ de gracia** it's not funny at all; **no tiene ni ~ de verdad** there's not a shred of truth in it, it
[3] (*Méx Agr*) maize harvest

**pizcar** ▸conjug 1g◂ VT to pinch, nip

**pizco** SM pinch, nip

**pizcucha** SF (*CAm*) kite (*toy*)

**pizote** SM (*CAm*) coati(-mundi)

**pizpireta*** SF spirited girl, lively girl

**pizpireto*** ADJ flirty

**pizza** SF (*Culin*) pizza

**pizzería** [pitse'ria] SF pizzeria

**PJ** SM ABR (*Arg*) (= **Partido Justicialista**) *Peronist party*

**p.j.** SM ABR = **partido judicial**

**PJF** SF ABR (*Méx*) = **Policía Judicial Federal**

**placa** SF [1] (*gen*) plate; (= *lámina*) sheet; [*de cocina*] plate; (= *radiador*) radiator ► **placa conmemorativa** commemorative plaque ► **placa de hielo** icy patch ► **placa del nombre** nameplate ► **placa de matrícula** number plate, license plate (*EEUU*), registration plate ► **placa dental** (dental) plaque ► **placa de silicio** silicon chip ► **placa giratoria** (*Ferro*) turntable ► **placa madre** (*Inform*) motherboard ► **placa solar** (*en techo*) solar panel; (*en pared*) radiator; *ver tb* **vitrocerámica**
[2] (*Fot*) (*tb* **~ fotográfica**) plate ► **placa esmerilada** focusing screen
[3] (*LAm Mús*) gramophone record, phonograph record (*EEUU*)
[4] (= *distintivo*) badge, insignia
[5] (*LAm*) (= *erupción*) blotch, skin blemish

**placaje** SM (*Rugby*) tackle

**placaminero** SM persimmon

**placar** ▸conjug 1g◂ VT to tackle

**placard** SM (*Cono Sur*) built-in cupboard, (clothes) closet (*EEUU*)

**placebo** SM placebo; **efecto ~** placebo effect

**pláceme** SM (= *felicitación*) congratulations *pl*, message of congratulations; **dar el ~ a algn** to congratulate sb

**placenta** SF placenta, afterbirth

**placentero** ADJ pleasant, agreeable

**placentino/a** (*Esp*) Ⓐ ADJ of/from Plasencia
Ⓑ SM/F native/inhabitant of Plasencia; **los ~s** the people of Plasencia

**placer¹** Ⓐ SM [1] (*gen*) pleasure; **es un ~ hacerlo** it is a pleasure to do it; **con mucho** *o* **sumo ~** with great pleasure; **tengo el ~ de presentarle a ...** it's my pleasure to introduce ...; **viaje de ~** pleasure trip; **a ~** as much as one wants ► **placer de dioses** heavenly delight
[2] (= *deleite*) pleasure; **los ~es del ocio** the pleasures of idleness; **darse a los ~es** to give o.s. over to pleasure
Ⓑ ▸conjug 2w◂ VT (= *agradar*) to please; **me place poder hacerlo** I am glad to be able to do it

**placer²** SM [1] (*Geol, Min*) placer
[2] (*Náut*) sandbank
[3] (*Col*) (= *solar*) plot, patch; (*Agr*) *ground prepared for sowing*
[4] (*Caribe*) field

**placero/a** SM/F [1] (= *vendedor*) stallholder, market trader
[2] (*ocioso*) gossip

**plácet** SM blessing; **tiene el ~ de la dirección del partido** he has the blessing of the party leadership; **dar el ~ a algn** to give one's blessing to sb

**placeta** SF (*Cono Sur*) plateau

**plácidamente** ADV placidly

**placidez** SF placidity

**plácido** ADJ placid

**pladur®** SM plasterboard

**plaf** EXCL bang!, crash!

**plafón** SM [1] (*en el techo*) (= *rosetón*) ceiling rosette; (= *lámpara*) flush-fitting ceiling light
[2] (*Arquit*) (= *panel*) soffit
[3] (*LAm Constr*) ceiling

**plaga** SF [1] (*Agr, Zool*) pest; [*de langostas*] plague; (*Bot*) blight ► **plaga de la vid** grape vine blight ► **plaga del jardín** garden pest ► **plagas forestales** forest pests
[2] (= *azote*) scourge; **aquí la sequía es una ~** drought is a scourge here; **una ~ de turistas** a plague of tourists
[3] (= *exceso*) glut, abundance; **ha habido una ~ de lechugas** there has been a glut of lettuces
[4] (= *aflicción*) affliction, grave illness

**plagar** ▸conjug 1h◂ Ⓐ VT (= *infestar*) to infest, plague; **han plagado la ciudad de carteles** they have covered *o* plastered the town with posters; **un texto plagado de errores** a text riddled with errors; **esta sección está plagada de minas** this part has mines everywhere
Ⓑ **plagarse** VPR **~se de** to become infested with

**plagiar** ▸conjug 1b◂ VT [1] (= *copiar*) to plagiarize; [+ *producto*] to pirate, copy illegally
[2] (*Méx*) (= *secuestrar*) to kidnap

**plagiario/a** SM/F [1] (= *imitador*) plagiarist
[2] (*Méx*) (= *secuestrador*) kidnapper

**plagio** SM [1] (= *copia*) plagiarism; [*de producto*] piracy, illegal copying
[2] (*Méx*) (= *secuestro*) kidnap(ping)

**plaguicida** SM pest-control substance, insecticide

**plan** SM [1] (= *proyecto*) plan; (= *intención*) idea, intention; **¿qué ~es tienes para este verano?** what are your plans for the summer?; **no tengo ~es para el futuro** I have no plans for the future; **realizar su ~** to put one's plan into effect; **mi ~ era comprar otro nuevo** my idea *o* intention was to buy a new one; **tengo un ~ estupendo para mañana** I've got a splendid idea about what to do tomorrow ► **plan de choque** action plan, plan of action ► **plan de desarrollo** development plan ► **plan de incentivos** incentive scheme ► **plan de jubilación** retirement plan ► **plan de pensiones** pension plan ► **plan de vuelo** flight plan ► **plan quinquenal** five-year plan
[2] [*de curso*] programme, program (*EEUU*) ► **plan de estudios** curriculum, syllabus
[3] (*) (= *manera, actitud*) **este niño está en un ~ imposible** this child is really playing up; **si te pones en ese ~** if that's your attitude; **como sigas en ese ~** if you go on like that; **lo hizo en ~ bruto** he did it in a brutal way; **viajar en ~ económico** to travel cheap; **el negocio es en ~ timo** the deal is really a swindle; **chaparrones en ~ disperso** scattered showers; **viven en ~ pasota** they live like hippies; **en ~ de: lo dije en ~ de broma** I said it as a joke *o* for a laugh; **vamos en ~ de turismo** we're going as tourists; **salieron en ~ de divertirse** they went out looking for a good time; **está en ~ de rehusar** he's in a mood to refuse, he's likely to refuse at the moment
[4] (*) ✦**MODISMOS eso no es ~** ◊ **tampoco es ~** that's not on*; **a todo ~**† sparing no expense; **no me hace ~**† + INFIN it doesn't suit me to + *infin*
[5] (†*) (= *aventura*) date; (*pey*) fling*; **¿tienes ~ para esta noche?** have you got a date for tonight?; **buscar ~** to try to pick somebody up*; **tiene un ~ con la mujer del alcalde** he's having a fling with the mayor's wife*
[6] (*Med*) course of treatment; **estar a ~** to be on a course of treatment
[7] (*Topografía*) (= *nivel*) level; (= *altura*) height
[8] (*Cono Sur, Méx*) [*de barco etc*] flat bottom
[9] (*LAm*) (= *llano*) level ground; (*Cono Sur*) (= *falda de cerro*) foothills *pl*
[10] (*Andes, CAm, Caribe*) [*de espada etc*] flat

**plana** SF [1] [*de hoja*] side, page; (*Tip*) page; (*Escol*) writing exercise, copywriting; **noticias de primera ~** front-page news; **en primera ~** on the front page; **escribir una ~ de castigo** to write lines as a punishment; ✦**MODISMO corregir** *o* **enmendar la ~ a algn** to put sb right; (*pey*) to find fault with sb, improve upon sb's efforts ► **plana de anuncios** advertisement page
[2] ► **plana mayor** (*Mil*) staff; (*fig*) top brass*
[3] (*Téc*) trowel; [*de tonelero*] cooper's plane

**planazo** SM [1] (*LAm**) **se dio un ~** he fell flat on his face
[2] (*Caribe*) (= *trago*) shot of liquor

**plancha** SF [1] (= *lámina*) plate, sheet; (= *losa*) slab; (*Tip*) plate; (*Náut*) gangway; (*Med*) dental plate; **hacer la ~** [*bañista*] to float
[2] (= *utensilio*) iron; (= *acción*) ironing; [*de traje*] pressing; (= *ropa para planchar*) ironing ► **plancha a** *o* **de vapor** steam iron ► **plancha eléctrica** electric iron
[3] (*Culin*) grill; (*Cono Sur*) griddle pan; **a la ~** grilled; **pescado a la ~** grilled fish
[4] (= *ejercicio*) press-up
[5] (*) (= *error*) bloomer*; **hacer** *o* **tirarse una ~** to drop a clanger‡, put one's foot in it; ✦**MODISMOS pasar ~** (*Cono Sur*) to be embarrassed
[6] (*Dep*) dive; **entrada en ~** sliding tackle; **lanzarse en ~** to dive (for the ball); **cabecear en ~** to do a diving header

**planchada** SF [1] (*para barcas*) landing stage
[2] (*LAm*) = **plancha 5**

**planchado** Ⓐ ADJ [1] [+ *ropa*] ironed; [+ *traje*] pressed
[2] (*CAm, Cono Sur*) (= *elegante*) very smart, dolled up*
[3] (*LAm**) (= *sin dinero*) broke*
[4] (*Culin*) pressed; **jamón ~** pressed ham
[5] (*Méx*) (= *listo*) clever; (= *valiente*) brave
Ⓑ SM [1] (*a la ropa*) ironing; (*a un traje*) pressing; **una prenda que no necesita ~** a non-iron garment; **dar un ~ a** [+ *ropa*] to iron; [+ *traje*] to press
[2] (*Andes, Cono Sur Aut*) panel beating

**planchador(a)** SM/F *person who does the ironing*

**planchadora** SF (= *máquina*) press, trouser press

**planchar** ▸conjug 1a◂ Ⓐ VT [1] [+ *ropa*] to iron; [+ *traje*] to press; **prenda de no ~** non-iron garment
[2] (*LAm**) (= *adular*) to suck up to*
[3] (*Méx**) (= *dejar plantado*) to stand up*
Ⓑ VI [1] (= *desarrugar*) to iron, do the ironing
[2] (*LAm**) (= *no bailar*) to be a wallflower
[3] (*Chile**) (= *meter la pata*) to drop a clanger‡; (= *parecer absurdo*) to look ridiculous

**planchazo*** SM = **plancha 5**

**planchear** ▸conjug 1a◂ VT to plate

**plancheta** SF [1] (*Agrimensura*) plane table
[2] ✦**MODISMO echárselas de ~*** to show off, swank*

**planchón** SM (*Cono Sur*) (*en campo*) ice field; (*en montaña*) snowcap

**plancton** SM plankton

**planeador** SM glider

**planeadora** SF [1] (= *niveladora*) leveller, bulldozer
[2] (*Náut*) speedboat, powerboat

**planear** ▸conjug 1a◂ Ⓐ VT (= *proyectar*) to plan; **~ hacer algo** to plan to do sth
Ⓑ VI (*Aer*) to glide; (*fig*) to hang, hover (**sobre** over)

**planeo** SM (*gen*) gliding; **un planeo** a glide

**planeta** SM planet; **el ~ rojo** the red planet, Mars

**planetario** Ⓐ ADJ planetary
Ⓑ SM planetarium

**planicie** SF (= *llanura*) plain; (= *llano*) flat area, level ground; (= *superficie plana*) flat surface

**planificación** SF (*gen*) planning; (*Inform*) scheduling ► **planificación corporativa** corporate planning ► **planificación familiar** family planning ► **planificación urbana** town planning

**planificador(a)** Ⓐ ADJ planning *antes de s*
Ⓑ SM/F planner

**planificar** ▸conjug 1g◂ VT to plan

**planilla** SF (*LAm*) [1] (= *lista*) list; (= *tabla*) table; (= *nómina*) payroll; (= *sujetapapeles*) clipboard; (= *papelito*) slip of paper
[2] (*Ferro*) ticket
[3] (*Andes, Cono Sur*) (= *formulario*) application form; (*Fin*) (= *cuenta*) account; [*de gastos*] expense account
[4] (*Andes, Cono Sur*) (*para votar*) ballot paper, voting slip; (= *nómina de electores*) electoral roll *o* register; (= *candidatos*) ticket

**planimetría** SF surveying, planimetry

➤ LENGUA Y USO: **placer¹ A1** 36.2, 51.1, 52.1 **planear A** 35.2, 52.6

**plan(n)ing** ['planin] SM (*pl* **plan(n)ings** ['planin]) schedule, agenda

**plano** Ⓐ ADJ (= *llano*) flat, level; **tiene los pies ~s** he has flat feet; **es muy plana de pecho** she is very flat-chested
Ⓑ SM [1] (*Mat, Mec*) plane ► **plano focal** focal plane ► **plano inclinado** inclined plane
[2] (= *posición, nivel*) plane; **están en un ~ distinto** they're on a different plane; **de distinto ~ social** of a different social plane *o* position
[3] (*Cine, Fot*) shot; **unos preciosos ~s de elefantes** some beautiful elephant shots; **un primer ~** a close-up; **en primer ~** (*Cine, Fot*) in close-up; (*Arte*) in the foreground; **estar en (un) segundo ~** (*fig*) to be in the background ► **plano aéreo** aerial shot ► **plano corto** close-up ► **plano general** general view ► **plano largo** long shot
[4] (*Aer*) ► **plano de cola** tailplane
[5] (*Arquit, Mec*) plan; (*Geog*) map; [*de ciudad*] map, street plan; **levantar el ~ de** [+ *país*] to survey, make a map of; [+ *edificio*] to draw up the designs for ► **plano acotado** contour map
[6] **de ~: caer de ~** to fall flat; **confesar de ~** to make a full confession; **le daba el sol de ~** the sun shone directly on it; **rechazar algo de ~** to turn sth down flat
[7] [*de espada*] flat

**planta**[1] SF (*Bot*) plant ► **planta carnívora** carnivorous plant ► **planta de interior** indoor plant, houseplant ► **planta de Navidad** poinsettia

**planta**[2] SF [1] (= *piso*) floor; **vivo en la tercera ~** I live on the third floor; **un edificio de tres ~s** a three storey building ► **planta baja** ground *o* (*EEUU*) first floor ► **planta noble** function suite
[2] (*Arquit*) (= *plano*) ground plan; **construir un edificio de (nueva) ~** to build a completely new building
[3] (*tb* **~ del pie**) the sole of the foot; **asentar sus ~s en** (*iró*) to install o.s. in
[4] (= *aspecto*) **de buena ~** fine-looking
[5] (= *fábrica*) plant ► **planta de embotellado** bottling plant ► **planta de enlatado** canning factory ► **planta de ensamblaje** assembly plant ► **planta depuradora** water purification plant ► **planta de tratamiento térmico** (waste) incineration plant ► **planta piloto** pilot plant ► **planta potabilizadora** waterworks *sing*, water treatment plant
[6] (*Baile, Esgrima*) position (of the feet)
[7] (= *plan*) plan, programme, program (*EEUU*), scheme

**plantación** SF [1] (= *acción*) planting; **ha comenzado la ~ de pinos** they have started to plant pine trees
[2] (= *terreno cultivado*) plantation; **una ~ de tabaco** a tobacco plantation

**plantado** ADJ [1] (*Bot*) planted (**de** with); **un campo ~ de viñedos** a field planted with vines
[2] **dejar ~ a algn*** (*en una cita*) to stand sb up*; (*en una relación sentimental*) to dump sb*, ditch sb*; (*en una situación difícil*) to leave sb in the lurch*, leave sb high and dry; (*mientras se habla*) to leave sb in mid-sentence; **me dejó plantada el día de la boda** he stood me up *o* left me in the lurch on my wedding day*; **lo dejó todo ~ y se fue del país** he packed *o* chucked everything and left the country*; (*con prisa*) he dumped everything and left the country*
[3] (*) (= *de pie*) standing; **sigue ahí ~** he's still standing there
[4] **bien ~*** (= *persona*) well-groomed; **un equipo muy bien ~ en el terreno de juego** a very well organized team on the pitch

**plantador(a)** Ⓐ SM/F (= *persona*) planter
Ⓑ SM (= *utensilio*) dibber, dibble

**plantadora** SF (*Agr*) (= *máquina*) planter, planting machine

**plantaje*** SM (*Andes, Caribe*) looks *pl*

**plantar** ▸conjug 1a◂ Ⓐ VT [1] (*Bot*) [+ *árbol, bulbo, jardín*] to plant; [+ *semilla*] to plant, sow; **plantó todo el jardín de flores** she planted the whole garden with flowers
[2] (= *colocar*) [+ *estaca, poste*] to put, stick; **plantó el piano al lado de la ventana** he stuck the piano by the window; **le plantó sus cosas en mitad de la calle*** she dumped his things in the middle of the street*; ✦***MODISMO*** **~ el pie en algo** to set foot in sth; **no vuelvas a ~ el pie en mi casa** don't you ever set foot in my house again
[3] (*) (= *dar*) [+ *beso*] to plant; [+ *insulto*] to hurl; **me plantó un beso en los labios** he planted a kiss on my lips; **~ una bofetada a algn** to slap sb*; ✦***MODISMOS*** **~ cara a** [+ *persona, críticas*] to stand up to; [+ *problema*] to face up to, confront; **no se atreven a ~le cara al jefe** they don't dare stand up to the boss; **durante seis años le estuvo plantando cara a la muerte** he held out against death for six years; **~ cuatro verdades a algn** to give sb a piece of one's mind*
[4] (*) (= *abandonar*) (*en una cita*) to stand up*; [+ *novio*] to dump*, ditch*; [+ *actividad, estudios*] to pack in*, chuck in*; **plantó sus estudios y se marchó a Francia** he packed *o* chucked in his studies and went to France*
[5] (*) (= *dar un corte*) **¿por qué no lo plantas de una vez?** why don't you tell him where to go once and for all?; **la planté para que no te insultara más** I cut her short before she insulted you any more
Ⓑ **plantarse** VPR [1] (= *colocarse*) to plant o.s., plonk o.s.*; **se nos plantó delante y no nos dejaba ver** he planted *o* plonked* himself in front of us so we couldn't see; **se plantó aquí con todas sus maletas** he planted *o* plonked* himself here with all his suitcases
[2] (= *llegar*) **~se en** to get to, make it to; **en tres horas se plantó en Sevilla** he got to *o* made it to Seville in three hours; **se plantó sin esfuerzo en la final** he made it to the final easily
[3] (= *mantenerse firme*) **~se en** to stick to; **se plantó en su decisión** she stuck to her decision; **debes ~te ahí y no dejarte influenciar** you should stick to that and not be swayed
[4] (= *detenerse*) [*caballo*] to stop dead, pull up short
[5] (*Naipes*) to stick; **me planto** I stick
[6] (*Andes, CAm**) (= *arreglarse*) to doll o.s. up*

**plante** SM [1] (= *huelga*) stoppage, protest strike
[2] (= *postura*) stand, agreed basis for resistance; (= *programa*) common programme of demands

▼ **planteamiento** SM [1] (= *exposición*) [*de novela, película*] first part, exposition (*frm*); **el ~ de la sinfonía** the way the symphony is structured; **el ~ del problema** (*Mat*) the way the problem is set out
[2] (= *punto de vista*) approach; **el entrenador ha propuesto un ~ distinto del ataque** the coach has suggested a different approach in attack; **un ~ nuevo de la cuestión** a new way of looking at *o* approaching the issue; **sus ~s estéticos** his aesthetics
[3] (= *idea*) plan; **yo me había hecho otro ~ de este fin de semana** I had made other plans for this weekend
[4] (*Arquit*) (*tb* **~ urbanístico**) town planning

▼ **plantear** ▸conjug 1a◂ Ⓐ VT [1] (= *exponer*) [1·1] [+ *situación, problema*] to bring up, raise; **no me atrevo a ~les el tema a mis padres** I don't dare bring up *o* raise the issue with my parents; **planteáselo todo tal como es** explain *o* put the situation to him exactly as it is; **planteado el problema en estos términos ...** with the problem expressed *o* put in these terms ...
[1·2] (*Mat*) [+ *ecuación, problema*] to set out
[2] (= *proponer*) [+ *cambio, posibilidad*] to suggest; **he planteado la necesidad de un cambio** I have suggested that a change is necessary; **el futuro plantea un reto al que habrá que hacer frente** the future presents a challenge that will have to be met
[3] (= *causar*) [+ *problema*] to pose, create; **esta decisión nos plantea un problema moral** this decision poses *o* creates a moral problem; **esta novela ~á problemas para adaptarla al cine** adapting this novel for the cinema will pose *o* create various problems
Ⓑ **plantearse** VPR [1] (= *cuestionarse*) to think about, consider; **ya es hora de que te plantees qué vas a hacer con tu vida** it's time you started thinking about *o* it's time you considered what you're going to do with your life; **yo no me planteo ese tipo de cosas** I don't think about that sort of thing; **me estoy planteando si merece la pena el esfuerzo** I'm thinking about *o* considering whether it is worth the effort
[2] (= *considerar*) to see; **yo me planteo la vida como una lucha por sobrevivir** I see life as a struggle for survival; **en tu lugar, yo me lo ~ía de otro modo** if I were you, I would see things differently; **~se hacer algo** to think of doing sth, consider doing sth; **me estoy planteando seriamente dejar de fumar** I'm seriously thinking of *o* considering giving up smoking
[3] (= *presentarse*) [*cuestión, problema*] to arise, come up; **esa cuestión volverá a ~se en el futuro** this question will arise *o* come up again in the future; **ahora se plantea el problema de la inflación** this raises the question of inflation, there arises the question of inflation (*frm*); **en el futuro se nos ~á el mismo dilema** we will be faced with the same dilemma in the future; **ahora se nos plantea la duda de qué hacer con todo este dinero** now we have the problem of what to do with all this money

**plantel** SM [1] (= *grupo*) **un ~ de jóvenes pintoras** a group of young painters; **un excelente ~ de actores** an excellent pool of actors; **un ~ de jugadores prometedores** an promising squad of players
[2] (= *centro educativo*) training establishment
[3] (*Bot*) nursery
[4] (*LAm*) (= *escuela*) school

➤ LENGUA Y USO: **planteamiento 2** 53.3 **plantear A1** 53.2, 53.3, 53.6

**plantificar** ▸conjug 1g◂ Ⓐ VT (*) (= *colocar*) to plonk down, dump down*
Ⓑ **plantificarse** VPR [1] (*Caribe, Cono Sur, Méx**) (= *plantarse*) to plant o.s.; (= *no ceder*) to stand firm, stand one's ground; **se plantificó en la puerta** he planted himself in the doorway, he stood there in the doorway
[2] (*Méx*) (= *ataviarse*) to get dolled up*

**plantilla** SF [1] [*de zapato*] inner sole, insole; [*de media etc*] sole
[2] (*Téc*) pattern, template; (= *patrón*) stencil
[3] (= *personas*) staff, personnel; (*Dep*) playing staff; (= *lista*) list, roster; **estar de ~** to be on the payroll ► **plantilla de personal** staff

**plantillada*** SF (*Andes*) bragging

**plantío** SM [1] (= *acto*) planting
[2] (= *terreno*) bed, patch

**plantista** SM/F braggart

**plantón** SM [1] (*) (= *espera*) long wait; **dar (un) ~ a algn** to stand sb up*; **estar de ~** (*gen*) to be stuck, have to wait around; (*Mil*) to be on sentry duty; **tener a algn de ~** to keep sb waiting
[2] (*Bot*) (= *plántula*) seedling; (= *esqueje*) cutting

**plántula** SF seedling

**plañidera** SF (paid) mourner

**plañidero** ADJ mournful, plaintive

**plañir** ▸conjug 3h◂ VT to mourn, grieve over

**plaqueta** SF platelet

**plas**[1] EXCL = **plaf**

**plas**[2]**(a)**⁑ SM/F brother/sister

**plasma** SM plasma ► **plasma sanguíneo** blood plasma

**plasmación** SF shape, form

**plasmar** ▸conjug 1a◂ Ⓐ VT [1] (= *dar forma a*) to embody; **sus ideas quedaron plasmadas en un manifiesto** his ideas were embodied in a manifesto
[2] (= *reflejar*) to capture, reflect; **la novela plasma perfectamente la angustia del autor** the novel captures *o* reflects the author's anguish perfectly
Ⓑ **plasmarse** VPR **~se en algo** to manifest itself in sth; **la indignación ciudadana se plasmó en revueltas callejeras** the anger among the population manifested itself in street riots

**plasta** Ⓐ SF [1] (*gen*) soft mass, lump; (= *cosa aplastada*) flattened mass
[2] (*) (= *desastre*) botch, mess; **es una ~ de edificio** it's a mess of a building; **el plan es una ~** the plan is one big mess, the plan is a complete botch
Ⓑ SMF (*) (= *pelmazo*) bore
Ⓒ ADJ INV boring

**plástica** SF plastic art, (art of) sculpture and modelling *o* (*EEUU*) modeling

**plasticar** ▸conjug 1g◂ VT (*LAm*) [+ *documento*] to cover with plastic, seal in plastic, laminate

**plasticidad** SF [1] [*de material*] plasticity
[2] (= *expresividad*) expressiveness; [*de descripción*] richness

**plasticina**® SF (*Cono Sur*) Plasticine®

**plástico** Ⓐ ADJ [1] (*gen*) plastic; **artes plásticas** plastic arts
[2] [*imagen*] expressive; [*descripción*] rich, evocative
[3] (*CAm**) **chico ~** young trendy
Ⓑ SM [1] (*gen*) plastic; **es de ~** (*fig*) it's fake, it's not real*
[2] (*) (= *disco*) record, disc; **pinchar un ~** spin a disc*
[3] (*Mil*) plastic explosive

**plasticoso** ADJ plastic, plasticky*

**plastificación** SF treatment with plastic, lamination

**plastificado** ADJ treated with plastic, laminated

**plastificar** ▸conjug 1g◂ VT [1] [+ *documento*] to cover with (laminated) plastic, laminate
[2] (*Mús*) to record, make a record of

**plastilina**® SF Plasticine®

**plastrón** SM (*LAm*) floppy tie, cravat

**plata** SF [1] (= *metal*) silver; (= *vajilla*) silverware; (*Fin*) silver; ✦**MODISMOS como una ~** bright as a pin; **hablar en ~** to speak bluntly, speak frankly
[2] (*esp LAm*) (= *dinero*) money; (= *riqueza*) wealth; **podrido en ~*** stinking rich*, rolling in it*
[3] **La Plata** (= *río*) the (River) Plate

**platacho** SM (*Cono Sur*) *dish of raw seafood*

**platada** SF (*LAm*) dish, plateful

**plataforma** SF [1] (*gen*) platform; (= *tablado*) stage; **zapatos de ~** platforms, platform shoes ► **plataforma continental** continental shelf ► **plataforma de carga** loading platform ► **plataforma de lanzamiento** launchpad, launching pad ► **plataforma de perforación** drilling rig, oil rig ► **plataforma espacial** space station ► **plataforma giratoria** turntable ► **plataforma petrolera**, **plataforma petrolífera** oil rig
[2] (*Pol*) (*tb* **~ electoral**) platform; (= *programa*) programme; [*de negociación*] package, set of proposals ► **plataforma reivindicativa** set of demands
[3] (*fig*) (*para lograr algo*) springboard

**platal*** SM (*LAm*) fortune

**platanal** SM, **platanar** SM (*Col*), **platanera** SF (*LAm*) banana plantation

**platanero/a** Ⓐ ADJ banana *antes de s*
Ⓑ SM/F (*LAm*) (= *cultivador*) banana grower; (*Com*) dealer in bananas

**plátano** SM [1] (= *fruta*) banana; (*para cocinar*) plantain; (= *árbol*) banana tree
[2] (= *árbol ornamental*) plane (tree)
[3] (⁑) banana⁑, prick**

**platea** SF (*Cine, Teat*) stalls *pl*, orchestra (section) (*EEUU*)

**plateado** Ⓐ ADJ [1] (= *de plata*) [*color, objeto*] silver; [*cabello*] silver, silvery; [*brillo*] silvery; (*Téc*) silver-plated
[2] (*Méx*) wealthy
Ⓑ SM silver-plating

**platear** ▸conjug 1a◂ Ⓐ VT [1] (*Téc*) to silver-plate, silver
[2] (*CAm, Méx*) to sell, turn into money
Ⓑ VI to turn silver

**platense** (*Arg*) Ⓐ ADJ [1] = **rioplatense A**
[2] (*de la ciudad de La Plata*) of/from La Plata
Ⓑ SMF [1] = **rioplatense B**
[2] native/inhabitant of La Plata; **los ~s** the people of La Plata

**plateresco** ADJ plateresque

**platería** SF [1] (= *arte*) silversmith's craft
[2] (= *tienda*) silversmith's
[3] (= *objetos*) silverware, silver

**platero/a** SM/F silversmith

**plática** SF (*esp Méx*) (= *charla*) talk, chat; (*Rel*) sermon; **estar de ~** to be chatting, be having a talk

**platicador*** ADJ (*Méx*) chatty, talkative

**platicar** ▸conjug 1g◂ Ⓐ VI (= *charlar*) to talk, chat
Ⓑ VT (*Méx*) (= *decir*) to tell

**platija** SF plaice, flounder

**platilla** SF (*Caribe*) water melon

**platillo** SM [1] (= *plato*) (*gen*) small plate; (*para taza*) saucer; [*de limosnas*] collecting bowl; [*de balanza*] pan; **pasar el ~** to pass the hat round ► **platillo volante**, **platillo volador** flying saucer
[2] **platillos** (*Mús*) cymbals
[3] (*CAm, Méx*) dish; **el tercer ~ de la comida** the third course of the meal

**platina** SF [1] [*de microscopio*] slide
[2] (*Mús*) [*de tocadiscos*] deck; [*de casete*] tape (deck); **doble ~** twin deck
[3] (*Tip*) platen

**platino** Ⓐ SM [1] (= *metal*) platinum
[2] **platinos** (*Aut*) contact points
Ⓑ ADJ **rubia ~** platinum blonde

**plato** SM [1] (= *recipiente*) (*para comer*) plate; (*de balanza*) pan; **fregar los ~s** to wash *o* do the dishes, wash up; ✦**MODISMOS pagar los ~s rotos** to carry the can*; **estar en el ~ y en la tajada** ◊ **estar al ~ y a las tajadas** to have one's cake and eat it; ✦**REFRÁN del ~ a la boca se pierde la sopa** there's many a slip 'twixt cup and lip ► **plato de postre** dessert plate ► **plato frutero** fruit dish ► **plato hondo** soup dish, soup plate ► **plato llano** dinner plate ► **plato sopero** soup dish, soup plate
[2] (= *contenido del plato*) plate, plateful; **un ~ de arroz** a plate *o* plateful of rice; ✦**MODISMO vender algo por un ~ de lentejas** to sell sth for a mess of pottage
[3] (*Culin*) (*en menú*) course; (= *guiso*) dish; **un menú de tres ~s** a three-course meal; **es un ~ típico español** it's a typical Spanish dish; **es mi ~ favorito** it's my favourite dish; ✦**MODISMOS no es ~ de mi gusto** it's not my cup of tea; **comen del mismo ~** they're great pals; **ser ~ de segunda mesa*** [*cosa*] to be second-best; [*persona*] play second fiddle ► **plato combinado** set main course ► **plato de fondo** main course ► **plato dulce** sweet course ► **plato fuerte** (= *comida principal*) main course; (= *abundante*) big meal; (= *tema principal*) main topic, central theme; (= *punto fuerte*) strong point ► **plato precocinado** pre-cooked meal ► **plato preparado** ready-to-serve meal ► **plato principal** main course
[4] [*de tocadiscos*] turntable ► **plato giradiscos**, **plato giratorio** turntable
[5] ► **plato de (la) ducha** shower tray
[6] (*Téc*) plate
[7] (*Dep*) **tiro al ~** clay pigeon shooting
[8] (*Cono Sur**) **es un ~** (= *guapo*) he's a dish*, he's very dishy*; **¡qué ~!** (= *divertido*) what a laugh!

**plató** SM set

**Platón** SM Plato

**platón** SM (*LAm*) [1] (*Culin*) (= *plato grande*) large dish; (*de servir*) serving dish
[2] (= *palangana*) washbasin, washbowl (*EEUU*)

**platónicamente** ADV platonically

**platónico** ADJ platonic

**platonismo** SM Platonism

**platonista** SMF Platonist

**platudo*** ADJ (*LAm*) rich, well-heeled*

**plausible** ADJ [1] [*argumento, motivo*] acceptable, admissible
[2] [*comportamiento, intento, esfuerzo*] commendable, praiseworthy

**plausiblemente** ADV [1] [*alegar*] reasonably, believably
[2] [*comportarse*] commendably, laudably

**playa** SF [1] (= *orilla del mar*) beach; **una ~ de arenas doradas** a beach with golden sands; **pasar el día en la ~** to spend the day at *o* on the beach; **pescar desde la ~** to fish from the beach *o* shore ► **Playa Girón** (*Caribe*) Bay of Pigs
[2] (= *costa*) seaside; **ir a veranear a la ~** to spend the summer at the seaside, go to the seaside for one's summer holidays
[3] (*LAm*) (= *llano*) flat open space ► **playa de carga y descarga** (*Ferro*) goods yard ► **playa de estacionamiento** car park, parking lot (*EEUU*) ► **playa de juegos** playground
[4] ✦***MODISMO*** **una ~ de algo** (*Caribe**) loads of sth*

**playera** SF [1] (*CAm, Méx*) (= *camiseta*) T-shirt
[2] (= *zapatilla*) canvas shoe; [*de tenis*] tennis shoe

**playero** ADJ beach *antes de s*; **es muy ~** he loves going down the beach

**playo** ADJ (*Arg, Méx*) flat

**play-off** ['pleiof] SM (*pl* **play-offs**) (*Dep*) play-off

**plaza** SF [1] (*entre calles*) square; **la Plaza Roja** Red Square; ✦***MODISMOS*** **abrir ~** (*Taur*) to open a bullfight; **regar la ~** (*Esp**) to have a beer (as a starter) ► **plaza de armas** parade ground ► **plaza de toros** bullring ► **plaza mayor** main square
[2] (= *mercado*) market, market place; **hacer la ~** to do the daily shopping
[3] (= *espacio*) (*gen*) room, space; [*de vehículo*] seat; **un vehículo de dos ~s** a two-seater vehicle; **el avión tiene 90 ~s** the plane carries 90 passengers; **reservar una ~** to book a seat; **"no hay ~s"** "no vacancies"; **abrir ~** to make way; **¡plaza!** make way! ► **plaza de atraque** berth, mooring ► **plaza de garaje** parking space (*in garage*) ► **plaza hotelera** hotel bed
[4] (= *puesto de trabajo*) (*gen*) post; (= *vacante*) vacancy; **cubrir una ~** to fill a vacancy *o* post *o* job; **sentar ~** (*Mil*) to enlist, sign on (**de** as)
[5] (†) (= *ciudad*) town, city
[6] (*tb* **~ fuerte**) (*Mil*) fortress, fortified town; (*Pol*) stronghold

**plazo** SM [1] (= *período*) period; **dentro del ~ previsto** within the specified period; **en un ~ de diez días** within a period of ten days; **nos dan un ~ de ocho días para acabar el trabajo** they've given us eight days to finish the job; **¿cuándo vence el ~?** when is the deadline?; **a ~** (*Com*) on credit; **a ~ fijo** (*Com*) fixed-term; **a corto ~** (*adj*) short-term; (*adv*) in the short term; **a largo ~** (*adj*) long-term; (*adv*) in the long term; **es una tarea a largo ~** it's a long-term job; **veremos los resultados a largo ~** we'll see the results in the long term; **a medio ~** (*adj*) medium-term; (*adv*) in the medium term ► **plazo de entrega** delivery time, delivery date ► **plazo de prescripción** (*Jur*) time limit
[2] (= *pago*) instalment, installment (*EEUU*), payment; **no pagó el ~ de marzo** he didn't pay the March instalment; **a ~s** in instalments; **pagar algo a ~s** pay for sth in instalments

**plazoleta** SF, **plazuela** SF small square

**pleamar** SF high tide

**plebe** SF **la ~** (*gen*) the common people *pl*, the masses *pl*; (*pey*) the mob, the rabble, the plebs* *pl* (*pey*)

**plebeyez** SF plebeian nature; (*fig*) coarseness, commonness

**plebeyo/a** Ⓐ ADJ [1] (= *de la plebe*) plebeian
[2] (= *ordinario*) coarse, common
Ⓑ SM/F plebeian, commoner

**plebiscito** SM plebiscite

**pleca** SF (*Inform*) backslash

**plectro** SM plectrum

**plegable** ADJ [*mesa, cama*] folding, collapsible

**plegadera** SF paperknife

**plegadizo** ADJ = **plegable**

**plegado** SM [1] (= *acto*) [*de papel*] folding, creasing; [*de algo duro*] bending; [*de tela*] pleating
[2] (= *pliegue*) fold

**plegamiento** SM [1] (*Geol*) fold
[2] [*de camión*] jack-knifing

**plegar** ▸conjug 1h, 1j◂ Ⓐ VT [1] (= *doblar*) [+ *papel*] to fold; [+ *algo duro*] to bend
[2] (*Cos*) to pleat
Ⓑ VI to fold up
Ⓒ **plegarse** VPR [1] (= *someterse*) to yield, submit (**a** to)
[2] (= *doblarse*) [*algo duro*] to bend; [*mesa, cama*] to fold away, be collapsible

**plegaria** SF prayer

**pleitear** ▸conjug 1a◂ VI [1] (*Jur*) (= *litigar*) to go to court; **~ con** *o* **contra algn** to take sb to court
[2] (*esp LAm**) (= *reñir*) to argue

**pleitesía** SF **rendir ~ a algn** (= *respeto*) to show respect for sb, show sb courtesy; (= *homenaje*) to pay tribute to sb

**pleitista** Ⓐ ADJ [1] (*Jur*) litigious
[2] (= *reñidor*) quarrelsome, argumentative
Ⓑ SMF [1] (*Jur*) litigious person
[2] (*fig*) troublemaker
[3] (*LAm*) (= *peleón*) brawler

**pleitisto** ADJ (*LAm*) quarrelsome, argumentative

**pleito** SM [1] (*Jur*) lawsuit, case; **pleitos** litigation *sing*; **andar en ~s** to be engaged in lawsuits *o* litigation; **entablar ~** to bring an action, bring a lawsuit; **ganar el ~** to win one's case; **poner ~** to sue, bring an action; **poner ~ a algn** to bring an action against sb, take sb to court ► **pleito civil** civil action ► **pleito de acreedores** bankruptcy proceedings *pl*
[2] (= *litigio*) dispute
[3] (*esp LAm*) (= *discusión*) quarrel, argument; (= *pelea*) fight, brawl; **estar a ~ con algn** to be at odds with sb; **no quiero meterme en ~s** I don't want to get into an argument
[4] ► **pleito homenaje** homage

**plenamente** ADJ [*consciente, recuperado*] fully; [*satisfecho*] completely; **me satisface ~** it gives me complete satisfaction; **acertó ~** he was absolutely right; **vivir la vida ~** to live life to the full

**plenaria** SF plenary, plenary session

**plenario** ADJ plenary, full; *ver tb* **indulgencia 1**

**plenilunio** SM full moon

**plenipotenciario/a** ADJ, SM/F plenipotentiary

**plenitud** SF [1] (= *apogeo*) **en la ~ de sus poderes** at the height of his powers; **estaba en la ~ de la vida** he was in the prime of life
[2] (= *totalidad*) plenitude, fullness

**pleno** Ⓐ ADJ full; **~ empleo** full employment; **~s poderes** full powers; **en ~ día** ◊ **a plena luz del día** in broad daylight; **en ~ verano** in the middle of the summer; **vive en ~ centro de Bilbao** he lives right in the center of Bilbao; **le dio en plena cara** she hit him full in the face; **en plena vista** in full view
Ⓑ SM [1] (= *reunión*) plenary, plenary session
[2] (*en las quinielas*) *maximum number of points*
[3] **en ~**: **el gobierno en ~ asistió al funeral** the entire Cabinet attended the funeral; **ha dimitido la junta directiva en ~** the board of directors resigned en masse

**pleonasmo** SM pleonasm

**pleonástico** ADJ pleonastic

**plepa** SF [1] (= *persona enfermiza*) sickly person
[2] (*) (= *antipático*) unpleasant sort
[3] (*) (= *pesado*) pain*, nuisance

**pletina** SF = **platina**

**plétora** SF (*frm*) (= *abundancia*) plethora (*frm*), abundance; (= *exceso*) excess, surplus

**pletórico** ADJ **estar ~** [*jugador*] to be on top form; **~ de** [+ *fuerza, energía, entusiasmo*] full of, bursting with; [+ *vida, ilusiones*] full of; [+ *felicidad, salud*] bursting with; **el equipo está ~ de moral** the team's morale couldn't be higher

**pleuresía** SF pleurisy

**plexiglás**® SM Perspex®, Plexiglas® (*EEUU*)

**plexo** SM (*Anat*) ► **plexo solar** solar plexus

**pléyade** SF [1] (*Literat*) distinguished group *o* gathering
[2] **Pléyades** (*Mit*) Pleiades

**plica** SF (= *carta cerrada*) sealed envelope *o* document; (*en un concurso*) sealed entry; (*en concurso de obras*) sealed bid

**pliego** SM (= *hoja de papel*) sheet; (= *carpeta*) folder; (*Tip*) section, signature ► **pliego cerrado** (*Náut*) sealed orders *pl* ► **pliego de cargos** list of accusations ► **pliego de condiciones** specifications *pl* (of a tender) ► **pliego de descargo** evidence (for the defendant) ► **pliego de reivindicaciones, pliego petitorio** (*Cono Sur*) list of demands

**pliegue** SM [1] (= *doblez*) fold, crease
[2] (*Cos*) (*gen*) pleat; (= *alforza*) tuck
[3] (*Geol*) fold

**plima** SF **flor de la ~** (*Cono Sur*) wisteria

**plin** EXCL **¡a mí, ~!** I couldn't care less!

**Plinio** SM Pliny ► **Plinio el Joven** Pliny the Younger ► **Plinio el Viejo** Pliny the Elder

**plinto** SM plinth

**plisado** Ⓐ ADJ pleated
Ⓑ SM [1] (= *acción*) pleating
[2] (= *tablas*) pleats *pl*

**plisar** ▸conjug 1a◂ VT to pleat

**PLN** SM ABR (*Costa Rica*) = **Partido de Liberación Nacional**

**plomada** SF [1] (*Arquit*) plumb
[2] (*Náut*) lead
[3] (*Pesca*) weights *pl*, sinkers *pl*

**plomar** ▸conjug 1a◂ VT to seal with lead

**plomazo** SM [1] (*) (= *pelmazo*) bore
[2] (*CAm, Méx*) (= *tiro*) shot; (= *herida*) bullet wound

➤ LENGUA Y USO: **plazo 1** 47.2, 47.3, 47.5

**plombagina** SF plumbago

**plomería** SF [1] (*Arquit*) lead roofing
[2] (*LAm*) (= *sistema*) plumbing; (= *taller*) plumber's workshop

**plomero/a** SM/F (*esp LAm*) plumber

**plomífero*** ADJ deadly boring

**plomizo** ADJ (*de plomo*) grey, gray (*EEUU*); [*cielo*] leaden (*liter*), grey, gray (*EEUU*)

**plomo** Ⓐ SM [1] (= *metal*) lead; **~ derretido** molten lead; **gasolina con ~** leaded petrol; **gasolina sin ~** unleaded petrol; **soldadito de ~** tin soldier; ✦***MODISMO*** **sacar ~ a algo** to make light of sth, play sth down
[2] (= *plomada*) plumb line; [*de pesca*] weight, sinker; **a ~** true, vertical(ly); (*fig*) (= *justo*) just right; **caer a ~** to fall heavily *o* flat
[3] (*Elec*) fuse; **se han fundido los ~s** the fuses have blown; **se le fundieron los ~s** (*Esp**) he blew his top*
[4] (*) (= *pesadez*) bore
[5] (*esp LAm*) (= *bala*) bullet
[6] (*Méx*) (= *tiroteo*) gunfight
Ⓑ ADJ [1] (*LAm*) (= *gris*) grey, gray (*EEUU*), lead-coloured, lead-colored (*EEUU*)
[2] **ponerse ~*** (= *enfadarse*) to dig one's heels in
[3] (*) (= *pesado*) boring, dull; **no seas ~** don't be such a bore

**plomoso** ADJ (*CAm*) boring

**plotter** ['ploter] SM (*pl* **plotters** ['ploter]) (*Inform*) plotter

**plugo, pluguiere** *etc ver* **placer**[1]

**pluma** Ⓐ SF [1] [*de ave*] feather; (*como adorno*) plume, feather; **colchón de ~s** feather bed; ✦***MODISMOS*** **hacer a ~ y a pelo** to be versatile, be ready to undertake anything; **tener ~** (*Esp*) to be camp
[2] (*para escribir*) (*de metal, plástico*) pen; (*de ave*) quill; **y otras obras de su ~** and other works from his pen; **dejar correr la ~** to write spontaneously; ✦***MODISMO*** **escribir algo a vuela ~** to scribble sth down ► **pluma atómica** (*Méx*) ballpoint pen ► **pluma electrónica** light pen ► **pluma esferográfica** (*LAm*) ballpoint pen ► **pluma estilográfica**, **pluma fuente** fountain pen
[3] (= *caligrafía*) penmanship, writing
[4] (*Bádminton*) (= *volante*) shuttlecock
[5] (*CAm*) (= *mentira*) fib, tale; (= *truco*) hoax
[6] (*Cono Sur**) (= *puta*) prostitute
[7] (*Andes, Caribe, Cono Sur*) (= *grifo*) tap, faucet (*EEUU*)
[8] (*Cono Sur*) (= *grúa*) crane, derrick
[9] (*Esp*‡) (= *peseta*) one peseta
[10] (*Esp***) (= *pene*) prick**
[11] (*Esp**) (= *periodista*) hack
Ⓑ SM (*Dep*) featherweight

**plumada** SF (= *plumazo*) stroke of the pen; (= *letra adornada*) flourish

**plumado** ADJ feathered

**plumafuente** SF (*LAm*) fountain pen

**plumaje** SM [1] (*Orn*) plumage, feathers *pl*
[2] (= *adorno*) plume, crest
[3] (= *penacho*) bunch of feathers

**plumario/a** SM/F (*CAm, Méx*) (= *periodista*) hack, journalist; (*) (= *funcionario*) penpusher, pencilpusher (*EEUU*)

**plumazo** SM [1] (= *trazo fuerte*) stroke of the pen; **de un ~** with one stroke of the pen; (*Caribe*) in a jiffy*; **es un cuento que escribió de un ~** it's a story which she dashed off
[2] (= *colchón*) feather mattress; (= *almohada*) feather pillow

**plumbemia** SF lead poisoning

**plúmbeo** ADJ [1] (= *de plomo*) lead *antes de s*, leaden (*liter*)
[2] (= *que pesa mucho*) weighty, heavy
[3] (= *aburrido*) boring, dull

**plúmbico** ADJ plumbic

**plumear** ▸conjug 1a◂ Ⓐ VT (*CAm, Méx**) to write, scribble
Ⓑ VI [1] [*ave*] to hatch
[2] (*Méx*‡) (= *ser prostituta*) to be on the game*

**plumero** Ⓐ SM [1] (*para limpiar*) feather duster
[2] (= *adorno*) plume
[3] (= *penacho*) bunch of feathers; ✦***MODISMO*** **se le ve el ~*** you can see what his game is*
[4] (= *portaplumas*) penholder
[5] (= *estuche*) pencil case
[6] (*Andes*) (= *fontanero*) plumber
[7] (*Cono Sur*) (= *borla*) powder puff
Ⓑ ADJ (*) (= *homosexual*) camp

**plumier(e)** SM pencil case

**plumífero**[1] SM quilted anorak

**plumífero**[2]**/a** SM/F (*hum*) (= *escritor*) hack; (= *periodista*) hack

**plumilla** Ⓐ SF nib
Ⓑ SMF (= *periodista*) hack journalist

**plumín** SM nib

**plumista** SMF clerk, scrivener

**plumón** SM [1] (*Orn*) down
[2] (*para abrigar*) (= *abrigo*) quilted jacket; (= *edredón*) continental quilt, duvet, comforter (*EEUU*); (= *saco de dormir*) quilted sleeping bag
[3] (*LAm*) (= *rotulador*) felt-tip pen

**plumoso** ADJ feathery, downy

**plural** Ⓐ ADJ [1] (*Ling*) plural
[2] (*esp LAm*) (= *muchos*) many
Ⓑ SM plural; **en ~** in the plural

**pluralidad** SF [1] (= *diversidad*) plurality; **hay una alta ~ temática** there are many different themes
[2] **una ~ de** (= *varios*) a number of; **el asunto tiene ~ de aspectos** there are a number of sides to this question; **países con una ~ de culturas** countries with several cultures; **una ~ de ideas** diverse ideas, a variety of ideas
[3] ► **pluralidad de votos** majority of votes

**pluralismo** SM pluralism

**pluralista** Ⓐ ADJ [1] (= *abierto*) pluralist, pluralistic
[2] (= *polifacético*) many-sided, diverse
Ⓑ SMF pluralist

**pluralización** SF pluralization

**pluralizar** ▸conjug 1f◂ VT [1] (*Ling*) to pluralize
[2] (= *generalizar*) to generalize

**pluri...** PREF pluri..., many ..., multi...

**plurianual** ADJ (= *de varios años*) lasting for several years; (= *largo*) long-term

**pluricelular** ADJ multicellular

**pluricultural** ADJ multicultural

**pluridimensional** ADJ multidimensional, multifaceted, many-sided

**pluridisciplinar** ADJ multidisciplinary

**pluriempleado/a** Ⓐ ADJ having more than one job
Ⓑ SM/F person with more than one job, moonlighter*

**pluriempleo** SM having more than one job, moonlighting*

**plurifamiliar** ADJ **vivienda ~** multi-family housing unit

**pluriforme** ADJ very diverse, multifaceted

**plurilingüe** ADJ multilingual

**plurilingüismo** SM multilingualism

**plurinacional** ADJ **estado ~** state consisting of several nationalities

**pluripartidismo** SM multi-party system

**pluripartidista** ADJ **sistema ~** multi-party system

**plurivalencia** SF (= *valores*) many-sided value; (= *versatilidad*) versatility; (= *aplicaciones*) wide applicability

**plurivalente** ADJ (= *polivalente*) multivalent, having numerous values; (= *versátil*) versatile; (= *aplicable*) widely applicable

**plus** SM bonus; **con cinco dólares de ~** with a bonus of five dollars ► **plus de antigüedad** seniority bonus ► **plus de carestía de vida** cost-of-living bonus ► **plus de exclusividad** *bonus in return for working exclusively for one employer* ► **plus de nocturnidad** extra pay for unsocial hours ► **plus de peligrosidad** danger money ► **plus de productividad** productivity bonus ► **plus salarial** bonus

**pluscafé** SM (*LAm*) liqueur

**pluscuamperfecto** SM (*Ling*) pluperfect, past perfect

**plusmarca** SF record; **batir la ~** to break the record

**plusmarquista** SMF (= *poseedor*) record holder; (= *que mejora*) record-breaker; (= *ganador*) top scorer

**plusvalía** SF (*gen*) appreciation, added value; [*de capital*] capital gain; **impuesto sobre la ~** capital gains tax

**Plutarco** SM Plutarch

**pluto**‡ ADJ (*Andes*) drunk, sloshed*

**plutocracia** SF plutocracy

**plutócrata** SMF plutocrat

**plutocrático** ADJ plutocratic

**Plutón** SM Pluto

**plutonio** SM plutonium

**pluvial** ADJ rain *antes de s*

**pluviometría** SF rainfall, precipitation

**pluviométrico** ADJ rainfall *antes de s*; **media pluviométrica** average rainfall

**pluviómetro** SM rain gauge, pluviometer

**pluviosidad** SF rainfall

**pluvioso** ADJ rainy

**pluviselva** SF rain-forest

**PM** ABR (= **Policía Militar**) MP

**p.m.** ABR [1] (= **post meridiem**) pm
[2] = **por minuto**

**pm.** ABR = **próximo**

**PMA** SM ABR [1] (= **Programa Mundial de Alimentos**) WFP
[2] (*Aut*) = **peso máximo autorizado**

**p/mes** ABR (= **por mes**) pcm

**PMM** SM ABR (= **parque móvil de ministerios**) *official government cars*

**PN** SMF ABR (*Esp*) = **profesor numerario/profesora numeraria**

**PNB** SM ABR (= **producto nacional bruto**) GNP

**P.N.D.** SM ABR (*Educ*) (= **personal no docente**) *non-teaching staff*

**PNN** Ⓐ SMF ABR (*Educ*) = **profesor(a) no numerario/a**
Ⓑ SM ABR (*Econ*) (= **producto nacional neto**) NNP

**PNP** SM ABR (*Puerto Rico*) = **Partido Nuevo Progresista**

**PNR** SM ABR (*Méx Hist*) = **Partido Nacional Revolucionario**

**PNUD** SM ABR (= **Programa de las Naciones Unidas para el Desarrollo**) UNDP

**PNV** SM ABR (*Esp Pol*) = **Partido Nacionalista Vasco**

**P.°** ABR (= **Paseo**) Ave., Av.

**p.o.** ABR = **por orden**

**poblacho** SM, **poblachón** SM dump, one-horse town

**población** SF [1] (= *gente*) population
► **población activa** working population
► **población flotante** floating population
► **población marginada** marginalized sectors of society *pl*; **el aumento de la ~ marginada** the increasing marginalization of society
► **población ocupada** working population
► **población pasiva** non-working population
[2] (= *lugar habitado, ciudad*) town; (= *pueblo*) village; (*Cono Sur*) (= *caserío*) small hamlet
[3] (= *acción*) settlement
[4] (*Chile*) (*tb* **~ callampa**) (= *suburbio*) shanty town; (= *barrio pobre*) slum area, poor quarter

**poblacional** ADJ population *antes de s*; **estudio ~** population study

**poblada** SF (*LAm*††) (= *revuelta*) rural revolt; (= *muchedumbre*) crowd

**poblado** Ⓐ ADJ [1] (= *habitado*) inhabited; **poco ~** sparsely populated; **densamente ~** densely populated; **la ciudad más poblada del país** the city with the largest population in the country
[2] **~ de** (= *habitado*) peopled *o* populated with; (= *lleno*) full of; (= *cubierto*) covered with
[3] [*barba, cejas*] bushy, thick
Ⓑ SM (= *pueblo*) village; (= *población*) town; (= *lugar habitado*) settlement; (*Aut*) built-up area
► **poblado de absorción**, **poblado dirigido** new town, satellite town

**poblador(a)** SM/F [1] (= *colonizador*) settler, colonist; (= *fundador*) founder; (= *habitante*) inhabitant; **los primeros ~es** the first settlers
[2] (*Chile*) slum dweller

**poblano/a** Ⓐ ADJ (*LAm*) village *antes de s*, town *antes de s*; (*Méx*) of/from Puebla
Ⓑ SM/F [1] (*LAm*) villager
[2] (*Méx*) native/inhabitant of Puebla

**poblar** ▸conjug 1l◂ Ⓐ VT [1] [*colonos, conquistadores*] to settle, populate
[2] [*animales, plantas*] inhabit; **los peces que pueblan las profundidades** the fish that inhabit the depths; **las estrellas que pueblan el espacio** the stars that fill space; **~ una colmena** (*Agr*) to stock a beehive;
[3] **~ de algo**: **han poblado el río con varias especies de peces** they have stocked the river with various species of fish; **~on el monte de abetos** they planted the trees with fir trees
Ⓑ **poblarse** VPR [1] (= *llenarse*) to fill (**de** with); **la región se pobló en pocos años** the area was settled *o* populated in the space of a few years; **el centro de la ciudad se pobló de gente** the city centre filled up with people
[2] (*Bot*) (= *cubrirse de hojas*) to come into leaf

**pobo** SM white poplar

**pobre** Ⓐ ADJ [1] [*persona, familia, barrio*] poor; **aquí vive gente muy ~** the people who live here are very poor
[2] (= *escaso*) poor; **sus conocimientos de inglés son muy ~s** his knowledge of English is very poor; **una dieta ~ en vitaminas** a diet poor in vitamins
[3] (*indicando compasión*) poor; **¡~ hombre!** poor man!, poor fellow!; **¡~ Francisco!** poor old Francisco!; **¡~ de mí!** poor me!; **¡~ de él!** poor man!, poor fellow!; **¡~ de ti si te pillo!** you'll be sorry if I catch you!; **~ diablo** poor wretch, poor devil
Ⓑ SMF [1] (= *necesitado*) poor person; (= *mendigo*) beggar; **un ~** a poor man; **los ~s** the poor, poor people; **un ~ pedía dinero** a beggar *o* poor man was asking for money
[2] (*indicando compasión*) poor thing; **la ~ estaba mojada** the poor thing was wet through

**pobrecillo/a** SM/F poor thing

**pobremente** ADV poorly

**pobrería** SF (*Cono Sur*), **pobrerío** SM (*Cono Sur*) the poor, poor people

**pobrete/a** Ⓐ SM/F poor thing, poor wretch
Ⓑ ADJ poor, wretched

**pobretería** SF [1] (= *los pobres*) the poor, poor people
[2] (= *pobreza*) poverty
[3] (= *tacañería*) miserliness, meanness

**pobretón/ona** Ⓐ ADJ very poor, terribly poor
Ⓑ SM/F poor man/woman

**pobreza** SF [1] (= *falta de dinero*) poverty; **vivían en la más absoluta ~** they lived in abject poverty; ✦***REFRÁN* ~ no es vileza** poverty is not a crime
[2] (= *escasez*) **nos sorprendió la ~ de su razonamiento** we were surprised by the poverty of his arguments; **~ de vocabulario** poverty of vocabulary
[3] (*Rel*) **voto de ~** vow of poverty

**poca** SM (*LAm*), **pócar** SM (*Méx*) poker

**pocero** SM well-digger

**pocerón** SM (*CAm, Méx*) large pool

**pocha**[1] SF (*Culin*) haricot bean

**pocha**[2] SF (*Cono Sur*) (= *mentira*) lie; (= *trampa*) trick

**poch(e)ar** ▸conjug 1a◂ VT (*Culin*) to poach

**pochismo*** SM (*Méx Ling*) *incorrect use of language caused by interference from American English*

**pocho/a*** Ⓐ ADJ [1] (= *estropeado*) [*flor*] withered; [*persona*] peaky*, off-colour*, off color (*EEUU**); [*fruta*] soft, overripe
[2] [*color*] faded
[3] (= *deprimido*) depressed, gloomy
[4] (*Cono Sur*) (= *gordito*) chubby; (= *bajo*) squat
Ⓑ SM/F (*Méx*) *United States national of Mexican origin*, Mexican-American

**pochoclo** SM (*Arg*) popcorn

**pocholada*** SF nice thing, pretty thing; **es una ~** it's lovely; **una ~ de niño** a sweet *o* cute little baby

**pocholez*** SF gem, treasure; **el vestido es una ~** it's a gorgeous dress

**pocholo/a*** Ⓐ ADJ nice, cute
Ⓑ SM/F pretty boy/pretty girl; (*en oración directa*) my little angel, my poppet

**pocilga** SF [1] (= *porqueriza*) pigsty, pigpen (*EEUU*)
[2] (= *lugar asqueroso*) pigsty, pigpen (*EEUU*)

**pocillo** SM [1] (= *tazón*) mug
[2] (= *cuenco*) (small) bowl, (small) dish
[3] (*LAm*) [*de café*] coffee cup
[4] (*Méx*) (= *jarra*) [*de cerveza*] tankard

**pócima** SF, **poción** SF [1] (*Farm*) potion, draught, draft (*EEUU*)
[2] (*Vet*) drench; (= *brebaje*) concoction

**poco** Ⓐ ADJ [1] (*en singular*) little, not much; **tenemos ~ tiempo** we have little time, we don't have much time; **hay muy ~ queso** there's very little cheese, there's hardly any cheese; **de ~ interés** of little interest; **con ~ respeto** with little respect, with scant respect; **el provecho es ~** the gain is small, there isn't much to gain; **poca <u>cosa</u>**: **no te preocupes por tan poca cosa** don't worry about such a little thing; **poca cosa se podría haber hecho** there wasn't much we could have done; **comemos, jugamos a cartas, leemos y poca cosa más** we eat, play cards, read and do little else *o* and that's about it; **es poca cosa** (= *no mucho*) it's not much; (= *no importante*) it's nothing much; **somos tan poca cosa** we're so insignificant; **es muy guapa pero poca cosa** she's very pretty, but there isn't much to her; **y por si <u>fuera</u> ~** and as if that weren't enough, and to cap it all
[2] (*en plural*) few, not many; **~s niños saben que ...** few *o* not many children know that ...; **tiene ~s amigos** he has few friends, he hasn't got many friends; **~s días después** a few days later; **compré unos ~s libros** I bought a few books; **me quedan pocas probabilidades** I don't have much chance; **todas las medidas son pocas** no measure will be enough
Ⓑ PRON [1] (*en singular*) [1·1] (= *poca cosa*) **la reforma servirá para ~** the reform won't do much good *o* won't be much use; **una hora da para ~** you can't get much done in an hour; **con lo ~ que me quedaba** with what little I had left; **ya sabes lo ~ que me interesa** you know how little it interests me
[1·2] **<u>un</u> ~** a bit, a little; **—¿tienes frío? —un ~** "are you cold?" — "a bit *o* a little"; **he bebido un ~, pero no estoy borracho** I've had a bit to drink, but I'm not drunk; **voy a dormir un ~** I am going to have a little sleep; **le conocía un ~** I knew him a bit *o* slightly; **necesito descansar un ~** I need to rest for a while; **espera un ~** wait a minute *o* moment; **estoy un ~ triste** I am rather *o* a little sad; **es un ~ lo que yo comentaba** that's more or less what I was saying; **un ~ <u>como</u>**: **es un ~ como su padre** he's rather *o* a bit like his father; **lo hice un ~ como protesta** I did it partly as a protest; **un ~ <u>de</u>**: **un ~ de dinero** a little money; **dame un ~ de vino** can I have some wine?; **¡un ~ de silencio!** let's have some quiet here!
[1·3] (*referido a tiempo*) not long; **tardaron ~ en hacerlo** it didn't take them long to do it, they didn't take long to do it; **lleva ~ trabajando aquí** he hasn't been working here long; **<u>a</u> ~ de** shortly after; **a ~ de haberlo firmado** shortly after signing it; **<u>cada</u> ~** every so often; **<u>dentro</u> de ~** shortly, soon; **~ <u>después</u>** shortly after; **<u>hace</u> ~** not long ago; **fuimos a verla hace ~** we visited her not long ago, we visited

her quite recently; **tu hermana ha llamado hace ~** your sister called a short while ago; **la conozco desde hace ~** I haven't known her long, I've only known her for a short while; **hasta hace ~** until recently

[2] (*en plural*) few; **~s son los que ...** there are few who ...; **ya somos ~s los que nos sentimos así** there are now very few of us who feel this way; **~s de entre ellos** few of them; **♦MODISMO como hay ~s**: **es tonto como hay ~s** he's as stupid as they come

Ⓒ ADV [1] (*con verbos*) not much, little; **cuesta ~** it doesn't cost much, it costs very little; **habla ~** he doesn't say much; **ahora trabaja ~** he doesn't work much now; **vamos ~ a Madrid** we don't go to Madrid much, we hardly ever go to Madrid; **lo estiman ~** they hardly value it at all, they value it very little

[2] (*con adjetivos: se traduce a menudo por medio de un prefijo*) **~ dispuesto a ayudar** disinclined to help; **~ amable** unkind; **~ probable** unlikely; **~ inteligente** unintelligent, not very intelligent; **sus libros son ~ conocidos aquí** his books are not very well known here

[3] (*otras locuciones*) **~ a ~** little by little; **¡~ a ~!** steady on!, easy does it!; **a ~** (*Méx**) **¿a ~?** never!, you don't say!; **¡a ~ no!** not much!*; **¿a ~ no?** (well) isn't it?; **¿a ~ crees que ...?** do you really imagine that ...?; **de a ~** (*LAm*) gradually; **tener en ~**: **tiene en ~ a su jefe** she doesn't think much of her boss; **tiene la vida en ~** he doesn't value his life; **~ más o menos** more or less; **por ~** almost, nearly; **por ~ me ahogo** I almost *o* nearly drowned; **a ~ que**: **a ~ que pueda** if at all possible; **a ~ que corras, lo alcanzas** if you run now you'll catch it

**poda** SF [1] (= *acto*) pruning
[2] (= *temporada*) pruning season

**podadera** SF (= *cuchillo*) pruning knife, billhook; (= *tijera*) pruning shears *pl*; (*de tipo yunque*) secateurs *pl*

**podadora** SF (*Méx*) lawnmower

**podar** ▸conjug 1a◂ VT [1] [+ *árbol*] to lop, prune; [+ *rama*] to lop, trim, trim off; [+ *rosal*] to prune
[2] (= *acortar*) [+ *texto*] to prune; [+ *pasaje, parte*] to cut out

**podenco** SM hound

**▼poder**

▸conjug 2s◂
- Ⓐ VERBO AUXILIAR
- Ⓑ VERBO INTRANSITIVO
- Ⓒ VERBO IMPERSONAL
- Ⓓ SUSTANTIVO MASCULINO

Ⓐ VERBO AUXILIAR

[1] [= *tener la posibilidad o capacidad de*] **yo puedo ayudarte** I can help you; **puedo hacerlo solo** I can do it on my own *o* by myself; **¿se puede llamar por teléfono desde aquí?** can you phone from here?; **no puede venir** he can't *o* cannot come; **llevo varios días sin ~ salir** I haven't been able to go out for several days; **no ha podido venir** he couldn't come, he was unable to come; **creo que mañana no voy a ~ ir** I don't think I'll be able to come tomorrow; **este agua no se puede beber** this water isn't fit to drink

[2] [= *tener permiso para*] **puedes irte** you can *o* may go; **¿puedo usar tu teléfono?** can *o* may I use your phone?; **¿puedo abrir la ventana?** can *o* may I open the window?; **aquí no se puede fumar** you aren't allowed to smoke here, you can't smoke here

[3] [*en peticiones*] **¿puedes/puede darme un vaso de agua?** can I/may I have a glass of water please?; **¿me puede usted decir cuándo sale el autobús?** can *o* could you tell me when the bus leaves?

[4] [*indicando eventualidad*] **puede** *o* **podría estar en cualquier sitio** it could *o* might be anywhere; **¡cuidado, te puedes hacer daño!** careful, you could *o* might hurt yourself!; **podías haberte roto una pierna** you could *o* might have broken your leg; **puede haber salido** he may have gone out; **por lo que pueda pasar** just in case

[5] [*indicando obligación moral*] **¡no pueden tratarnos así!** they can't treat us like this!; **bien podrían cuidarla un poco mejor** they really ought to take better care of her; **es lo menos que podemos hacer por ellos** it's the least we can do for them; **no podíamos dejarlo solo** we couldn't leave him alone

[6] [*en cálculos, aproximaciones*] **¿qué edad puede tener?** I wonder what age he is?, how old do you reckon he is?; **puede costar unas 15.000 pesetas** it could cost as much as 15,000 pesetas

[7] [*en sugerencias*] **podríamos ir al cine** we could go to the cinema; **siempre puedes volverlo a intentar** you can always try again later

[8] [*en reproches*] **¡podías habérmelo dicho!** you could *o* might have told me!; **habría podido ser más amable** she could *o* might have been a bit nicer; **¡al menos podrías disculparte!** you could at least say sorry!

Ⓑ VERBO INTRANSITIVO

[1] [= *tener la posibilidad o capacidad*] **no puedo** I can't; **lo haré si puedo** I'll do it if I can; **¡no puedo más!** (= *estoy agotado*) I can't go on!; (= *estoy desesperado*) I can't cope any more!; (= *he comido mucho*) I can't eat another thing!

[2] [= *tener permiso*] **¿se puede?** may I come in?; **¿puedo?** may I?

[3] [= *tener dominio, influencia*] **los que pueden** those who can, those who are able; **el dinero puede mucho** money can do almost anything, money talks; **la curiosidad pudo más que el temor** his curiosity got the better of his fear; **él puede mucho en el partido** he has a lot of influence in the party; **~ a algn: yo le puedo** I'm a match for him; (*entre niños*) I could have him*

♦ **poder con**: **¿puedes con la maleta?** can you manage the suitcase?; **no puedo con él** (= *no puedo controlarle*) I can't handle him; (= *pesa mucho*) he's too heavy for me; **no puedo con la hipocresía** I can't stand hypocrisy

[4] [*en locuciones*] **a más no ~**: **es tonto a más no ~** he's as stupid as they come; **su actuación fue correcta a más no ~** he behaved entirely properly; **comió a más no ~** he ate until he couldn't eat any more; **no ~ por menos que**: **no pude por menos que decirle lo que pensaba de él** I just had to tell him what I thought of him

[5] [*CAm, Méx**: = *molestar*] (*con irritación*) to annoy; (*con disgusto*) to upset; **su actitud me pudo** his attitude annoyed me *o* got on my nerves; **me pudo esa broma** that joke upset me

Ⓒ VERBO IMPERSONAL

♦ **puede (ser)** (= *es posible*) maybe, it may be so, perhaps; **¡no puede ser!** that can't be!, that's impossible!

♦ **puede (ser) que** + *SUBJUN*: **puede (ser) que esté en la biblioteca** he could *o* may be in the library, perhaps he's in the library; **puede (ser) que tenga uno ya** he may *o* might have one already; **puede (ser) que no venga** he may *o* might not come; **puede (ser) que tenga razón** she may *o* could be right; **puede (ser) que sí** maybe (so)

Ⓓ SUSTANTIVO MASCULINO

[1] [= *capacidad, facultad*] power; **tiene un enorme ~ de concentración** she has tremendous powers of concentration; **afirma tener ~es mágicos** he claims to have magic powers ► **poder adquisitivo** purchasing power ► **poder de convocatoria**: **tienen un gran ~ de convocatoria** they really pull in the crowds, they're real crowd-pullers* ► **poder de negociación** bargaining power

[2] [= *autoridad, influencia*] power; **ejercen un ~ enorme sobre la juventud** they have a lot of power *o* influence over young people; **en este país los militares tienen mucho ~** the military are very powerful in this country; **no tienen ~ para oponerse a estas medidas** they are not powerful enough to oppose these measures; **un partido jugado de ~ a ~** an evenly-matched game

[3] [*Pol*] **el ~** power; **¡el pueblo al ~!** power to the people!; **¡Herrera al ~!** Herrera for leader!; **bajo el ~ de algn**: **estar en el ~** ◊ **ocupar el ~** to be in power; **subir al ~** to come to power; **el ~ central** central government; **el cuarto ~** the fourth estate; **el ~ establecido** the establishment; **los ~es fácticos** the powers that be; **los ~es públicos** the authorities ► **poder absoluto** absolute power ► **poder civil** civil power ► **poder ejecutivo** executive power ► **poder judicial** judiciary ► **poder legislativo** legislative power

[4] [= *fuerza, eficacia*] **un detergente de gran ~ limpiador** a powerful detergent; **este medicamento no tiene ~ contra la tuberculosis** this drug is ineffective *o* isn't effective against tuberculosis

[5] [= *potestad*] **poderes** powers; **les dieron amplios ~es para dirigir la empresa** they were given wide-ranging powers to run the company; **tiene plenos ~es para intervenir en el asunto** he has full authority to intervene in the matter

[6] [*Jur*] **por ~es** *o* (*LAm*) **poder** by proxy; **casarse por ~es** to get married by proxy ► **poder notarial** power of attorney

[7] [= *posesión*] possession; **tengo en mi ~ información confidencial** I am in possession of confidential information; **estar** *u* **obrar en ~ de algn** to be in sb's hands *o* possession; **esa información está** *u* **obra en ~ de la juez** that information is in the hands of the judge, that information is in the judge's possession; **pasar a ~ de algn** to pass to sb, pass into sb's possession

[8] [*Fís, Mec*] power; **el ~ del motor** the power of the engine ► **poder calorífico** calorific value

[9] [*LAm*: = *persona*] drug pusher

**poderhabiente** SMF proxy, attorney (*EEUU*)

**poderío** SM [1] (= *poder*) power; (= *fuerza*)

➤ LENGUA Y USO: **poder A1** 39.3, 42.4, 43.3, 43.4 **A2** 36.1, 36.2, 36.3, 37.4 **A3** 31, 42.3 **C** 39.3

might; (= *señorío*) authority, jurisdiction
2 (*Fin*) wealth

**poderosamente** ADV powerfully

**poderoso** Ⓐ ADJ powerful; ✦REFRÁN **~ caballero es don dinero** money talks
Ⓑ SMPL **los ~s** (= *dirigentes*) the people in power; (= *ricos*) the rich and powerful

**podiatría** SF podiatry

**podio** SM (= *estrado*) podium; (*Méx*) rostrum; **subir al ~** (*Dep*) to mount the winners' podium; **estar en el ~ de la actualidad** to be in the limelight

**pódium** SM (*pl* **pódiums**) = **podio**

**podología** SF chiropody, podiatry (*EEUU*)

**podólogo/a** SM/F chiropodist, podiatrist (*EEUU*)

**podómetro** SM pedometer

**podón** SM billhook

**podre** SF pus

**podredumbre** SF 1 (= *cualidad*) rottenness, putrefaction; (= *parte podrida*) rot
2 (= *corrupción*) rottenness, corruption
3 (*Enología*) ► **podredumbre noble** noble rot
4 (= *tristeza*) secret sorrow, secret sadness
5 (*Med*) pus

**podrida** SF **armar la ~** (*Cono Sur**) to start a fight

**podrido** ADJ 1 (= *putrefacto*) rotten
2 (= *corrupto*) rotten, corrupt; **el sistema está ~ por dentro** there is corruption inside the system; **están ~s de dinero*** they're filthy rich*
3 (*Cono Sur**) (= *harto*) fed-up*

**podrir** ▸conjug 3a◂ = **pudrir**

**poema** SM poem; ✦MODISMO **ser todo un ~** to be quite a sight, be just like a fairy tale; (*pey*) to be a complete farce

**poemario** SM book of poems

**poemático** ADJ poetic

**poesía** SF 1 (= *arte*) poetry; **la ~ del Siglo de Oro** Golden Age poetry
2 (= *poema*) poem
3 (= *encanto*) poetry

**poeta** SMF 1 (= *compositor de versos*) poet
2 (*LAm*) (= *escritor*) writer, author

**poetastro** SM poetaster

**poética** SF poetics *sing*, art of poetry

**poéticamente** ADV poetically

**poético** ADJ poetic, poetical

**poetisa** SF poetess, woman poet

**poetizar** ▸conjug 1f◂ Ⓐ VT 1 [+ *texto*] to poeticize, put into poetry
2 (= *idealizar*) to idealize
Ⓑ VI to write poetry

**pogrom** SM, **pogromo** SM pogrom

**póker** SM poker

**polaca** SF (*Andes, Cono Sur*) (= *blusa*) smock

**polaco**[1]**/a** Ⓐ ADJ (= *de Polonia*) Polish
Ⓑ SM/F Pole
Ⓒ SM 1 (*Ling*) Polish
2 (*CAm*) (= *policía*) cop*

**polaco**[2]**/a** (*pey*) ADJ, SM/F Catalan

**polaina** SF 1 (= *sobrecalza*) leggings *pl*
2 (*Andes, CAm, Cono Sur*) (= *molestia*) nuisance; (= *chasco*) setback

**polar** ADJ polar

**polaridad** SF polarity

**polarización** SF polarization

**polarizado** Ⓐ ADJ polarized
Ⓑ SM polarizing

**polarizar** ▸conjug 1f◂ Ⓐ VT to polarize
Ⓑ **polarizarse** VPR to polarize, become polarized (**en torno a** around)

**polca** SF 1 (*Mús*) polka
2 (*) (= *jaleo*) fuss, to-do*
3 (*Andes*) (= *blusa*) blouse
4 (*Andes, Cono Sur*) (= *chaqueta*) long jacket

**polcata*** SF row, shindy*

**pólder** SM (*pl* **pólders**) polder

**polea** SF pulley; (*Aut*) fan belt; (*Náut*) tackle, tackle block

**poleada** SF (*CAm*) *hot drink made of milk and flour*

**polémica** SF 1 (= *discusión*) controversy
2 (= *género*) polemics *sing*

**polémico** ADJ controversial, polemical (*frm*)

**polemista** SMF polemicist; **un brillante ~** a brilliant polemicist

**polemizar** ▸conjug 1f◂ VI to argue (**en torno a** about); **se ha polemizado mucho en torno al tema** the matter has been the subject of much controversy; **no quiero ~** I have no wish to get involved in an argument; **~ con algn en la prensa** to have a debate with sb in the press

**polemología** SF war studies *pl*

**polen** SM pollen

**polenta** SF 1 (*Andes, Cono Sur*) (= *maicena*) cornflour, cornstarch (*EEUU*); (= *sémola de maíz*) ground maize, polenta
2 **tener ~** (= *entusiasmo*) to be enthusiastic; (= *calidad*) to be first-rate

**poleo** SM pennyroyal

**polera** SF 1 (*Chile*) (= *camiseta*) T-shirt
2 (*Cono Sur*) (= *jersey*) polo neck

**poli*** Ⓐ SM/F cop*
Ⓑ SF **la ~** the cops* *pl*

**poli...** PREF poly-

**poliamida** SM polyamide

**poliandria** SF polyandry

**poliándrico** ADJ polyandrous

**polibán** SM hip-bath

**Polichinela** SM Punch

**policía** Ⓐ SMF policeman/policewoman, police officer ► **policía de paisano** plain-clothes policeman ► **policía informático/a** *policeman specializing in computer crime* ► **policía local**, **policía municipal** local policeman/policewoman
Ⓑ SM ► **policía acostado** (*Ven Aut**) speed bump, sleeping policeman
Ⓒ SF (= *organización*) police; **¡llama a la ~!** call the police!; **Cuerpo Nacional de Policía** (*Esp*) ≈ the Police Force ► **policía antidisturbios** riot police ► **policía autonómica** *police force of a regional autonomy* ► **policía de barrio** community police ► **Policía de Tráfico** traffic police ► **Policía Local** Local Police ► **Policía Militar** military police ► **Policía Montada** mounted police ► **Policía Municipal** local police ► **Policía Nacional** national police ► **Policía Secreta** secret police

**POLICÍA**

*There are two types of* **policía** *in Spain, the* **policía nacional**, *in charge of national security and public order in general, and the* **policía municipal**, *with duties of regulating traffic and policing the local community. The Basque Country and Catalonia also have their own police forces, the* **Ertzaintza** *and the* **Mossos d'Esquadra** *respectively. In rural areas the* **Guardia Civil** *is responsible for policing duties.*
⇨ *See also* GUARDIA CIVIL, ERTZAINTZA

**policiaco** ADJ, **policíaco** ADJ police *antes de s*; **novela policíaca** detective story

**policial** Ⓐ ADJ police *antes de s*
Ⓑ SM (*CAm*) policeman

**policivo** ADJ (*Col*) police *antes de s*

**policlínica** SF, **policlínico** SM (*tb* **hospital policlínico**) general hospital

**policromado** Ⓐ ADJ polychrome
Ⓑ SM polychrome painting

**policromo** ADJ, **polícromo** ADJ polychromatic, polychrome

**polideportivo** SM sports centre, sports center (*EEUU*)

**poliducto** SM (*Perú, Ven*) oil pipeline

**poliedro** SM polyhedron

**poliéster** SM polyester

**poliestireno** SM polystyrene

**polietileno** SM polythene, polyethylene (*EEUU*)

**polifacético** ADJ multi-faceted, versatile

**polifacetismo** SM many-sidedness, versatility

**Polifemo** SM Polyphemus

**polifonía** SF polyphony

**polifónico** ADJ polyphonic

**polifuncional** ADJ multi-purpose, multi-functional

**poligamia** SF polygamy

**polígamo** Ⓐ ADJ polygamous
Ⓑ SM polygamist

**poligénesis** SF INV polygenesis

**políglota** ADJ, SMF, **poliglota** ADJ, SMF polyglot

**políglota/a** ADJ, SM/F, **poligloto/a** ADJ, SM/F polyglot

**poligonal** ADJ polygonal

**polígono** SM 1 (*Mat*) polygon
2 (= *terreno*) building lot ► **polígono de descongestión** overspill area ► **polígono de ensayos** test site, testing ground ► **polígono de tiro** shooting range; (*Mil*) firing range, artillery range ► **polígono industrial** industrial estate ► **polígono residencial** housing estate

**polígrafo/a** SM/F writer on a wide variety of subjects

**poliinsaturado** Ⓐ ADJ polyunsaturated
Ⓑ SM polyunsaturate

**polilla** SF (= *mariposa*) moth; (= *oruga*) grub; [*de la ropa*] clothes moth; [*de la madera*] woodworm; [*de libros*] bookworm

**polímata** SMF polymath

**polimerización** SF polymerization

**polímero** SM polymer

**poli-mili** SMF (*Esp Hist*) *member of the political-military wing of ETA*

**polimorfismo** SM polymorphism

**polimorfo** ADJ polymorphic

**Polinesia** SF Polynesia

**polinesio/a** ADJ, SM/F Polynesian

**polínico** ADJ pollen *antes de s*

**polinización** SF pollination ► **polinización cruzada** cross-pollination

**polinizar** ▸conjug 1f◂ VT to pollinate

**polinosis** SF INV hay fever

**polio** SF polio

**poliomielitis** SF INV poliomyelitis

**polipiel®** SF imitation leather

**pólipo** SM polyp, polypus

**polipropileno** SM polypropylene

**Polisario** SM ABR (*tb* **El Frente ~**) = **Frente Popular de Liberación del Sáhara y Río de Oro**

**polisemia** SF polysemy

**polisémico** ADJ polysemic

**polisílabo** Ⓐ ADJ polysyllabic
Ⓑ SM polysyllable

**polisón** SM **1** (= *armazón*) bustle
**2** (*) (= *trasero*) bottom

**polista** SMF polo player

**politécnica** SF ≈ technical college

**politeísmo** SM polytheism

**politeísta** ADJ polytheistic

**politene** SM, **politeno** SM polythene, polyethylene (*EEUU*)

**política** SF **1** (*Pol*) politics *sing*; **meterse en (la) ~** to get involved in politics; **la ~ en la posguerra** postwar politics ► **política de pasillo(s)** lobbying
**2** (= *programa*) policy ► **política agraria** agricultural policy ► **política de cañonera** gunboat diplomacy ► **política de ingresos y precios, política de jornales y precios** prices and incomes policy ► **política de mano dura** strong-arm policy, tough policy ► **política de silla vacía** empty-chair policy, refusal to take one's seat (in parliament) ► **política de tierra quemada** scorched earth policy ► **política económica** economic policy ► **política exterior** foreign policy ► **política interior** [*de país*] domestic policy; [*de organización*] internal politics ► **política presupuestaria** budget policy ► **política salarial** incomes policy
**3** (= *tacto*) tact, skill; (= *cortesía*) politeness, courtesy; (= *educación*) good manners *pl*

**políticamente** ADV politically; **~ correcto** politically correct

**politicastro/a** SM/F (*pey*) politico* (*pey*)

**político/a** Ⓐ ADJ **1** (*Pol*) political
**2** [*persona*] (= *diplomático*) tactful; (= *hábil*) skilful, skillful (*EEUU*); (= *cortés*) polite, well-mannered; (= *reservado*) stiff, reserved
**3** [*pariente*] **padre ~** father-in-law; **es tío ~ mío** he's an uncle of mine by marriage; **familia política** in-laws *pl*
Ⓑ SM/F politician ► **político/a de café** armchair politician

**politicón*** ADJ **1** (*Pol*) strongly political, keenly interested in politics
**2** (= *ceremonioso*) very ceremonious, obsequious

**politiquear** ▸conjug 1a◂ VI (= *actuar*) to play at politics, dabble in politics; (= *hablar*) to talk politics

**politiqueo** SM, **politiquería** SF (*pey*) political manoeuvring *o* (*EEUU*) maneuvering

**politiquero/a** SM/F (*pey*) political intriguer

**politiqués** SM political jargon

**politiquillo/a** SM/F minor politician

**politización** SF politicization

**politizar** ▸conjug 1f◂ VT to politicize

**politología** SF political science, study of politics

**politólogo/a** SM/F political scientist, political expert

**politoxicomanía** SF multiple drug-addiction

**politraumatismo** SM multiple injuries *pl*

**poliuretano** SM polyurethane

**polivalente** ADJ **1** (*Quím, Med*) polyvalent
**2** (= *versátil*) (*gen*) multi-purpose; [*avión*] multi-role
**3** (= *con varios aspectos*) multi-faceted, many-sided

**polivinilo** SM polyvinyl

**póliza** SF **1** (*Com*) (= *certificado*) certificate, voucher; (= *giro*) draft; **pagar una ~** to pay out on an insurance policy ► **póliza de seguro(s)** insurance policy ► **póliza dotal** endowment policy
**2** (= *impuesto*) tax stamp, fiscal stamp

**polizón** SM **1** (*Aer, Náut*) stowaway; **viajar de ~** to stow away (**en** on)
**2** (= *vago*) tramp, vagrant, bum (*EEUU*)

**polizonte‡** SM cop*

**polla** SF **1** (*Orn*) pullet; (= *polluelo*) chick ► **polla de agua** moorhen
**2** (⁂) (= *pene*) prick⁂; ✦*MODISMOS* **¡una ~!** get away!*; **¡ni qué ~s!** no way!*; **¿qué ~s quieres?** what the hell do you want?*; **¡qué duquesa ni que ~s en vinagre!** duchess my arse!⁂; **dejarse de ~s** to stop farting about‡
**3** (*LAm Naipes*) stakes *pl*, pool
**4** (*Cono Sur*) (= *lotería*) lottery

**pollaboba‡** SM berk*, wimp*

**pollada** SF brood

**pollastre*** SM = **pollo 3**

**pollastro*** SM, **pollastrón*** SM sly fellow

**pollera**[1] SF **1** (*para pollos*) (= *criadero*) hencoop, chicken run; (= *cesto*) basket for chickens
**2** (*LAm*) (= *falda*) skirt, overskirt
**3** (*Cono Sur Rel*) soutane
**4** (= *aparato*) walker; *ver tb* **pollero**

**pollería** SF poulterer's (shop)

**pollero/a**[2] SM/F **1** (= *criador*) chicken farmer; (= *vendedor*) poulterer
**2** (*LAm*) (= *jugador*) gambler
**3** (*Méx**) (= *guía*) *guide for illegal immigrants to USA*; *ver tb* **pollera**

**pollerudo** ADJ (*Cono Sur*) **1** (= *cobarde*) cowardly
**2** (= *chismoso*) backbiting, gossipy
**3** (= *santurrón*) self-righteous, sanctimonious

**pollino/a** SM/F **1** (= *burro*) donkey
**2** (*) (= *persona*) ass*, idiot

**pollita*** SF **1** (= *gallina*) young pullet
**2** (= *chica*) bird*, chick (*EEUU**); **ya está hecha una ~*** she's turned into quite a good-looking chick‡
**3** ✦*MODISMO* **echar ~s** to tell lies

**pollito** SM **1** (*Orn*) chick ► **pollito de un día** day-old chick
**2** (*) = **pollo 3**

**pollo** SM **1** (*Orn*) (= *adulto*) chicken; (= *cría*) chick; (*Culin*) chicken; **~ asado** *o* (*LAm*) **rostizado** roast chicken; ✦*MODISMOS* **echarse el ~** (*Cono Sur*) to pack up and go; **¡qué duquesa ni qué ~s en vinagre!*** duchess my foot!*; **¡ni eso ni ~s en vinagre!*** no way!*; **montar un ~** to make a fuss, make a scene ► **pollo de corral** free-range chicken ► **pollo de granja** broiler chicken
**2** (*Pol*) *torture where the victim is suspended from a pole or spit*
**3** (*) (= *joven*) young lad; **¿quién es ese ~?** who's that young lad?*; **es un ~ nada más** he's only a kid* ► **pollo pera*** (= *pijo*) rich kid; (= *chanchullero*) spiv*, flash Harry*
**4** (*Esp‡*) (= *esputo*) gob*; **soltar un ~** to gob*
**5** (*Méx**) (= *emigrante*) *would-be immigrant to USA from Mexico*

**polluelo** SM chick

**polo**[1] SM **1** (*Geog*) pole; **de ~ a ~** from pole to pole ► **polo magnético** magnetic pole ► **Polo Norte** North Pole ► **Polo Sur** South Pole
**2** (*Elec*) [*de imán*] pole; [*de enchufe*] pin; **una clavija de cuatro ~s** a four-pin plug ► **polo negativo** negative pole ► **polo positivo** positive pole
**3** (= *centro*) centre, center (*EEUU*), focus ► **polo de atracción** centre *o* (*EEUU*) center of attraction ► **polo de desarrollo, polo de promoción** (*Com*) development area
**4** (= *extremo*) **los dos generales son ~s opuestos** the two generals are poles apart; **esto es el ~ opuesto de lo que dijo antes** this is the exact opposite of what he said before ► **polo de referencia** point of reference
**5** (*para comer*) ice lolly, Popsicle® (*EEUU*)

**polo**[2] SM (*Dep*) polo ► **polo acuático** water polo

**polo**[3] SM (= *jersey*) polo-neck; (= *camisa*) polo shirt

**polola**[1] SF (*Cono Sur*) (= *coqueta*) flirt; (= *amiga*) girlfriend; *ver tb* **pololo**

**pololear** ▸conjug 1a◂ (*Chile**) Ⓐ VI **1** (= *salir*) to go out; **~ con algn** to be going out with sb, be dating sb*
**2** (= *coquetear*) to flirt (**con** with)
Ⓑ VT **1** (= *pretender*) to court
**2** (= *coquetear con*) to flirt with

**pololeo*** SM (*Chile*) **1** [*de novios*] dating*
**2** [*de pretendiente*] courting
**3** (= *coqueteo*) flirting

**pololito*** SM (*Chile*) odd job, casual job

**pololo/a**[2] (*Chile*) Ⓐ SM/F (*) boyfriend/girlfriend; *ver tb* **polola**
Ⓑ SM **1** (= *insecto*) moth
**2** (= *pesado*) bore
**3** (= *coqueto*) flirt
**4** (= *pretendiente*) (persistent) suitor
**5** (= *chulo*) pimp

**polonesa** SF polonaise

**Polonia** SF Poland

**poltergeist** SM INV poltergeist

**poltrón** ADJ idle, lazy

**poltrona** SF **1** (= *butaca*) easy chair
**2** (*pey*) (= *cargo*) **abandonar la ~ ministerial** to resign one's post as minister; **pasó demasiado tiempo en la ~** he spent too long in power *o* office

**poltronear** ▸conjug 1a◂ VI (*Cono Sur, Méx*) to laze around, loaf around

**polución** SF **1** (= *contaminación*) pollution ► **polución ambiental** environmental pollution ► **polución de la atmósfera** air pollution
**2** [*de semen*] ► **polución nocturna** nocturnal emission (*frm*), wet dream

**polucionante** ADJ polluting

**polucionar** ▸conjug 1a◂ VT to pollute

**polvareda** SF [1] (= *polvo*) cloud of dust
[2] (= *jaleo*) fuss, rumpus*; **levantar una ~** to create a storm, cause a rumpus*, kick up a fuss*

**polvera** SF [1] (= *estuche*) powder compact
[2] (*Méx*) cloud of dust

**polvero** SM [1] (*LAm*) cloud of dust
[2] (*CAm*) (= *pañuelo*) handkerchief

**polvete***** SM = **polvo 5**

**polvillo** SM [1] (*LAm Agr*) blight
[2] (*Andes, Cono Sur*) [*de tabaco*] *tobacco refuse*
[3] (*CAm*) (= *cuero*) *leather for shoemaking*
[4] (*Andes*) [*de arroz*] rice bran

**polvo** SM [1] (*en el aire*) dust; **lleno de ~** dusty; **limpiar** *o* **quitar el ~** to dust; ✦***MODISMOS*** **hacer algo ~*** to ruin sth; **hacer ~ a algn*** (= *agotar*) to wear sb out; (= *deprimir*) to depress sb; (*en discusión*) to wipe the floor with sb*; **hecho ~***: **estoy hecho ~** (= *cansado*) I'm shattered*, I'm knackered**; (= *deprimido*) I feel really down; **el coche está hecho ~** the car is a wreck; **el libro está hecho ~** the book is falling to pieces; **limpio de ~ y paja**: **ganó 50 millones, limpios de ~ y paja** he won 50 million in his hand; **matar el ~** to lay the dust; **hacer morder el ~ a algn** to humiliate sb; **sacudir el ~ a algn** to thrash sb, beat sb up*; ✦***REFRÁN*** **aquellos ~s traen estos lodos** such are the consequences ► **polvo espacial** space dust
[2] (*Quím, Culin, Med*) powder; [*de tocador*] face powder; **ponerse ~s** to powder one's face; **en ~** [*leche, canela, cocaína*] powdered; **sólo se encuentra en ~** it's only available in powdered form ► **polvos de arroz** rice powder *sing* ► **polvos de blanqueo** bleaching powder *sing* ► **polvos de chile** chili powder *sing* ► **polvo(s) de hornear**, **polvo(s) de levadura** baking powder *sing* ► **polvo dentífrico** tooth powder *sing* ► **polvos de picapica** itching powder *sing* ► **polvos de talco** talcum powder *sing* ► **polvos para dientes** tooth powder *sing*
[3] (**) (= *droga*) snow**, coke*
[4] (= *porción*) pinch; **un ~ de rapé** a pinch of snuff
[5] (***) screw***, shag***; **echar un ~** to have a screw *o* shag***; **está para un buen ~** she's hot stuff**

**pólvora** SF [1] (= *explosivo*) gunpowder; ✦***MODISMOS*** **no ha descubierto** *o* **inventado la ~** it's not as if he's done anything amazingly original; **gastar la ~ en salvas** (= *desperdiciar*) to waste time and energy; (= *hacer gestos inútiles*) to make empty gestures; (= *hacer aspavientos*) to make a great song and dance; **levantar ~** to create *o* make a stir; **oler a ~** to smell fishy*; **propagarse como la ~** to spread like wildfire ► **pólvora de algodón** guncotton
[2] (= *fuegos artificiales*) fireworks *pl*
[3] (= *mal genio*) bad temper, crossness
[4] (= *viveza*) life, liveliness

**polvorear** ▸conjug 1a◂ VT to powder, sprinkle (**de** with)

**polvoriento** ADJ [1] [*superficie*] dusty
[2] [*sustancia*] powdery

**polvorilla*** SMF **ser un(a) ~** (= *de genio vivo*) to be really touchy*; (= *inquieto*) to be a live wire

**polvorín** SM [1] (*Mil*) (= *almacén*) arsenal; (= *pólvora*) fine powder
[2] (= *situación peligrosa*) powder keg
[3] (*Cono Sur*) (= *insecto*) gnat
[4] (*Cono Sur, Méx*) = **polvorilla**
[5] (*Andes, Caribe*) (= *polvareda*) cloud of dust

**polvorón** SM *type of light, crumbly shortbread*

**polvorosa** SF ✦***MODISMO*** **poner pies en ~*** to beat it*, scarper*

**polvoroso** ADJ dusty

**polvoso** ADJ (*LAm*) dusty

**pom** SM (*CAm*) incense

**poma** SF [1] (= *manzana*) apple
[2] (= *frasco*) scent bottle; (*Cono Sur*) small flask; (*Andes*) carafe
[3] (*Méx*) (= *piedra*) pumice, pumice stone

**pomada** SF [1] (= *crema*) cream, ointment; ✦***MODISMOS*** **estar en la ~*** (= *metido*) to be mixed up in it, be involved; (= *al tanto*) to be in the know; **hacer algo ~** (*Cono Sur**) to break sth to bits, ruin sth
[2] (= *gente*) **la ~**** the cream, the top people

**pomar** SM apple orchard

**pomelo** SM grapefruit, pomelo (*EEUU*)

**pómez** SF **piedra ~** pumice (stone)

**pomo** SM [1] [*de puerta*] knob, handle; [*de espada*] pommel
[2] (= *frasco*) scent bottle
[3] (*Bot*) pome
[4] (*Andes*) (= *borla*) powder puff

**pompa** SF [1] (= *burbuja*) bubble ► **pompa de jabón** soap bubble
[2] (*Náut*) pump
[3] (= *fasto*) pomp, splendour, splendor (*EEUU*); (= *ostentación*) show, display; (= *boato*) pageant, pageantry ► **pompas fúnebres** (= *ceremonia*) funeral *sing*; (= *cortejo*) funeral procession *sing* ► **"Pompas fúnebres"** (= *funeraria*) "Undertaker's" *sing*, "Funeral parlour" *sing*, "Funeral parlor" (*EEUU*) *sing*

**Pompeya** SF Pompeii

**Pompeyo** SM Pompey

**pompis*** SM INV bottom, behind*, butt (*EEUU***)

**pompo** ADJ (*Andes*) blunt

**pompón** SM pompom

**pomposamente** ADV (= *con esplendor*) splendidly, magnificently; (= *con majestuosidad*) majestically; (= *con ostentación*) pompously

**pomposidad** SF (= *esplendor*) splendour, splendor (*EEUU*), magnificence; (= *majestuosidad*) majesty; (*pey*) (= *ostentación*) pomposity, pompousness

**pomposo** ADJ (= *espléndido*) splendid, magnificent; (= *majestuoso*) majestic; (= *ostentoso*) pompous

**pómulo** SM (= *hueso*) cheekbone; (= *mejilla*) cheek

**p.º n.º** SM ABR (= **peso neto**) nt. wt.

**ponchada**[1] SF (*LAm*) [1] [*de poncho*] ponchoful
[2] (= *mucho*) large quantity, large amount; **costó una ~** it cost a bomb*

**ponchada**[2] SF [*de ponche*] bowlful of punch

**ponchada**[3] SF (*Méx Aut*), **ponchadura** SF (*Méx Aut*) puncture, flat (*EEUU*)

**ponchar** ▸conjug 1a◂ Ⓐ VT (*Méx*) [1] [+ *neumático*] to puncture
[2] [+ *billete*] to punch
Ⓑ VI (*LAm**) (= *resistir*) to champ at the bit

**ponchazos*** SMPL (*Arg*) **a los ~** with great difficulty

**ponche** SM punch

**ponchera** SF [1] (*para ponche*) punch bowl
[2] (*Andes, Caribe, Méx*) (= *palangana*) washbasin, washbowl (*EEUU*); (*Andes*) (= *bañera*) bath
[3] (*Cono Sur**) (= *barriga*) paunch, beer belly*, beer gut*

**poncho**[1] ADJ [1] (= *perezoso*) lazy, idle
[2] (= *tranquilo*) quiet, peaceable
[3] (*Andes*) (= *gordito*) chubby

**poncho**[2] SM (= *ropa*) poncho, cape; (= *manta*) blanket; **los de a ~** (*Andes**) the poor; ✦***MODISMOS*** **estar a ~** (*Andes**) to be in the dark; **arrastrar el ~** (*LAm**) to be looking *o* spoiling for a fight; **donde el diablo perdió el ~** (*Cono Sur**) at the back of beyond*; **pisarle el ~ a algn** (*Andes*) to humiliate sb; **pisarse el ~** (*Cono Sur**) to be mistaken

**ponchura** SF (*Ven*) wash basin

**Poncio Pilato** SM Pontius Pilate

**ponderación** SF [1] (*al decir algo*) (= *contrapeso*) weighing, consideration; (= *cuidado*) deliberation
[2] (= *alabanza*) high praise; **está sobre toda ~** I can't praise it highly enough
[3] [*de índice*] weighting
[4] (= *equilibrio*) balance

**ponderado** ADJ [1] (= *alabado*) praised; **mi querido y nunca bien ~ amigo** my dear and unappreciated friend
[2] (= *equilibrado*) balanced
[3] (*Estadística*) weighted; **media ponderada** weighted average; **voto ~** proportional voting

**ponderar** ▸conjug 1a◂ VT [1] (= *alabar*) to praise highly, speak highly of; **~ algo a algn** to speak warmly of sth to sb, tell sb how good sth is; **le ponderan de inteligente** they speak highly of his intelligence
[2] (= *considerar*) to weigh up, consider
[3] (*Estadística*) to weight

**pondré** *etc ver* **poner**

**ponedero** SM nest, nesting box

**ponedora** ADJ **gallina ~** laying hen; **ser buena ~** to be a good layer

**ponencia** SF [1] (= *exposición*) paper, learned paper, communication; (= *informe*) report
[2] (= *comisión*) committee, board

**ponente** SMF speaker (*at a conference*)

**poner**

▸conjug 2q◂
Ⓐ VERBO TRANSITIVO
Ⓑ VERBO INTRANSITIVO
Ⓒ VERBO PRONOMINAL

*Para las expresiones* ***poner cuidado, poner en duda, poner por las nubes, poner a parir, poner como un trapo, poner verde, poner de vuelta y media, poner por testigo, ponerse por delante****, ver la otra entrada.*

Ⓐ VERBO TRANSITIVO

[1] ***= colocar, situar*** to put; **¿dónde pongo mis cosas?** where shall I put my things?; **pon los libros en la estantería** put the books on the shelf; **le puso la mano en el hombro** she put a hand on his shoulder; **me han puesto en la habitación de arriba** they've put me in the upstairs bedroom; **han puesto un anuncio en el periódico** they've put an advertisement in the paper; **voy a ~ las patatas** I'm going to put the potatoes on; **ponle un poco de mantequilla y verás qué bueno** put some butter in it and you'll see how

good it is; **~ algo aparte** to put sth aside, put sth to one side; **ponlo en su sitio** put it back
[2] [+ *ropa, calzado*] to put on; **le pusieron un vestido nuevo** they dressed her in a new dress; **ponle los zapatos** can you put his shoes on?
[3] [= *añadir*] to add; **ponle más sal** add some salt, put some more salt in it; **pongo 20 más para llegar a 100** I'll add 20 more to make it 100
[4] [= *aplicar, administrar*] to put; **le pusieron una tirita en la herida** they put a plaster on her wound; **ponle talco al cambiarle el pañal** put some talcum powder on him when you change his nappy; **le han puesto muchas inyecciones** she's been given a lot of injections
[5] [= *disponer, preparar*] **pon cubiertos para 12 personas** set the table for 12 people; **~ la mesa** to lay *o* set the table
[6] [= *instalar*] [6·1] [+ *teléfono, calefacción*] to put in; **queremos ~ moqueta** we want to have a carpet fitted
[6·2] [+ *tienda*] to open; [+ *casa*] to furnish; **han puesto una tienda de muebles** they've opened a furniture shop; **han puesto la casa con todo lujo** they have furnished the house luxuriously
[7] [= *exponer*] **ponlo al sol** leave *o* put it out in the sun; **~ algo a secar** to put sth out to dry
[8] [= *hacer funcionar*] [+ *radio, televisión, calefacción*] to put on, turn on; [+ *disco*] to put on, play; **pon el radiador** put the radiator on; **¿pongo música?** shall I put some music on?
[9] [= *ajustar*] [+ *despertador*] to set; **puse el despertador para las siete** I set the alarm for seven o'clock; **pon el horno al máximo** put the oven on maximum; **~ el reloj en hora** to put one's watch right; **ponlo más alto** turn it up
[10] [= *adoptar*] **¿por qué pones esa voz tan tonta?** why are you speaking in that silly voice?; **puso acento francés al decirlo** she put on a French accent when she said it; **¡no pongas esa cara!** don't look at me like that!; **puso muy mala cara cuando se lo dije** he looked very annoyed when I told him; **puso cara de asombro** he looked surprised
[11] [= *volver*] (+ *ADJ, ADV*) to make; **me pone furiosa** he makes me mad; **para no ~le de mal humor** so as not to make him cross, so as not to put him in a bad mood; **la has puesto colorada** you've made her blush; **la medicina lo puso bueno** the medicine made him better; **¡cómo te han puesto!** (= *te han manchado*) look what a mess you are!; (= *te han pegado*) they've given you a right thumping!
[12] [= *servir*] **¿qué te pongo?** what can I get you?, what would you like?; **¿me pones más patatas?** could I have some more potatoes?
[13] [= *conectar por teléfono*] to put through; **póngame con el conserje** put me through to the porter; **¿me pone con el Sr. García, por favor?** could you put me through to Mr García, please?; **le pongo en seguida** I'll put you through
[14] [= *exhibir*] **¿qué ponen en el cine?** what's on at the cinema?; **¿ponen alguna película esta noche?** is there a film on tonight?
[15] [= *enviar*] to send; **le puso un telegrama** he sent her a telegram
[16] [= *escribir*] to put; **¿qué pongo en la carta?** what shall I put in the letter?; **¿te has acordado de ~ el remite?** did you remember to put the return address on it?
[17] [= *decir, estar escrito*] to say; **¿qué pone aquí?** what does it say here?
[18] [= *imponer*] [+ *examen, trabajo*] to give, set; **nos pone mucho trabajo** he gives *o* sets us a lot of work; **el ayuntamiento pone muchos impuestos** council taxes are very high; **me han puesto una multa** I've been fined, I've been given a fine
[19] [= *oponer*] [+ *inconvenientes*] to raise; **nos han puesto muchos problemas** they've put a lot of obstacles in our way; **le pone peros a todo** he's always finding fault with everything
[20] [= *aportar, contribuir*] [+ *dinero*] **he puesto 5.000 pesetas de mi bolsillo** I put in 5,000 pesetas out of my own pocket; **todos pusimos 1.000 pesetas para el regalo** we all put in 1,000 pesetas towards the present; **yo pongo el dinero pero ella escoge** I do the paying, but she does the choosing; **yo pongo la bebida y vosotros el postre** I'll get the drink and you can get the dessert
[21] [= *invertir*] to put in; **hemos puesto más de cinco millones** we have put in over five million; **puso todos sus ahorros en aquel negocio** he put all his savings into that business
[22] [= *apostar*] **pon tres fichas al rojo** put three chips on red; **pongo 1.000 pesetas a que mañana llueve** I bet 1,000 pesetas that it will rain tomorrow
[23] [= *llamar*] to call; **¿qué nombre** *o* **cómo le van a ~?** what are they going to call him?, what name are they giving him?; **al niño le pusieron Luis** they called the child Luis
[24] [= *criticar, alabar*] **te puso muy bien ante el jefe** she was very nice about you to the boss; **me han puesto muy bien esa película** I've heard that film is very good; **¡cómo te han puesto!** (= *te han criticado*) they had a real go at you!; (= *te han alabado*) they were really nice about you!; **tu cuñada te ha puesto muy mal** your sister-in-law was very nasty about you
[25] [= *tildar*] **~ a algn de**: **la han puesto de idiota para arriba** they called her an idiot and worse
[26] [= *suponer*] **pongamos 120** let's say 120; **pongamos que ganas la lotería** suppose *o* supposing you win the lottery; **poniendo que ...** supposing that ...
[27] **~ a algn a** (+ *INFIN*): **nada más llegar nos pusieron a barrer** no sooner had we arrived than we were set to sweeping the floor; **puso a sus hijos a trabajar** she sent her children out to work
[28] **~ a Juan bien con Pedro** to make things up between Juan and Pedro; **~ a Juan mal con Pedro** to make Juan fall out with Pedro, cause a rift between Juan and Pedro
[29] [*en trabajo*] **~ a algn de**: **puso a su hija de sirvienta** she got her daughter a job as a servant; **lo han puesto de dependiente en una tienda** they got him a job as a shop assistant
[30] ✦*MODISMO* **¡no pongo ni una!** (*Caribe**) I just can't get anything right!
[31] [*gallina*] [+ *huevos*] to lay

Ⓑ VERBO INTRANSITIVO
[1] [*aves*] to lay (eggs)
[2] [= *apostar*] **no pongo a la lotería** I don't play the lottery

Ⓒ **ponerse** VERBO PRONOMINAL
[1] [= *colocarse, situarse*] (*de pie*) to stand; (*sentado*) to sit; (*echado*) to lie; **se puso delante de la ventana** he stood in front of the window; **se ponía a mi lado en clase** he used to sit next to me in class; **póngase de lado** lie on your side; **~se cómodo** to make o.s. comfortable; **ponte en mi lugar** put yourself in my place; **todos se pusieron de** *o* **en pie** everyone stood up; **se puso de rodillas** she knelt down
[2] [+ *ropa, calzado, joyas*] to put on; **~se un traje** to put a suit on; **ponte las zapatillas** put your slippers on; **no sé qué ~me** I don't know what to wear
[3] [= *aplicarse, administrarse*] **ponte más perfume** put some more perfume on; **te pones demasiado maquillaje** you wear too much make-up; **se puso un supositorio** he used a suppository
[4] [*sol*] to set
[5] [= *volverse*] (+ *ADJ, ADV*) **~se enfermo/gordo** to get ill/fat; **se puso hecho una furia** he got absolutely furious; **cuando se lo dije se puso muy triste** he was very sad when I told him; **¡no te pongas así!** don't be like that!; **¡qué guapa te has puesto!** you look lovely!; **en el agua se pone verde** it turns green in water
[6] [*al teléfono*] **dile que se ponga** tell him to come to *o* on the phone; **no se quiere ~** she doesn't want to come on (the phone); **¿se puede ~ María, por favor?** could I speak to María, please?
[7] [= *empezar*] **~se a hacer algo** to start *o* begin to do sth, start *o* begin doing sth; **se pusieron a gritar** they started *o* began shouting, they started *o* began to shout; **se va a ~ a llover** it's going to start raining; **si me pongo a pensar en lo que me espera ...** if I start thinking *o* to think about what awaits me ...; **~se con algo**: **ahora me pongo con los deberes** I'm going to start on my homework now
[8] [= *llenarse*] **~se de algo**: **¡cómo te has puesto de barro!** you're all covered in mud!; **se puso perdida de alquitrán** she got covered in tar; **nos hemos puesto bien de comida** we ate our fill
[9] [= *llegar*] **~se en** to get to, reach; **se puso en Madrid en dos horas** he got to *o* reached Madrid in two hours
[10] [= *emplearse*] **me puse a servir** I went into service; **~se de conserje** to take a job as a porter
[11] **~se a bien con algn** to get on good terms with sb; (*pey*) to get in with sb; **~se a mal con algn** to get on the wrong side of sb
[12] [‡ = *drogarse*] to get high‡
[13] [= *parecerle*] **se me pone que ...** (*LAm*) (= *me parece*) it seems to me that ...
[14] ✦*MODISMO* **ponérselos a algn‡** to cheat on sb

**poney** ['poni] SM (*pl* **poneys**) pony
**ponga** *etc ver* **poner**
**pongaje** SM (*Andes, Cono Sur*) = **pongueaje**
**pongo¹** *ver* **poner**
**pongo²** SM orang-utan

**pongo**[3] SM (*Andes*) [1] (= *criado*) *(unpaid) Indian servant*; (= *inquilino*) *Indian tenant*
[2] (*Geog*) ravine

**pongueaje** SM (*Andes, Cono Sur*) (*esp Hist*) *domestic service which Indian tenants are obliged to give free*

**poni** SM pony

**ponible** ADJ wearable

**poniente** Ⓐ ADJ west, western
Ⓑ SM [1] (= *oeste*) west
[2] (= *viento*) west wind

**ponja**‡ ADJ, SMF (*Andes*) Jap‡*

**pontaje** SM, **pontazgo** SM toll

**pontevedrés/esa** (*Esp*) Ⓐ ADJ of/from Pontevedra
Ⓑ SM/F native/inhabitant of Pontevedra; **los pontevedreses** the people of Pontevedra

**pontificado** SM papacy, pontificate

**pontifical** ADJ papal, pontifical

**pontificar** ▸conjug 1g◂ VI to pontificate

**pontífice** SM pope, pontiff; **el Sumo Pontífice** the Supreme Pontiff

**pontificio** ADJ papal, pontifical

**pontón** SM [1] (= *barco*) pontoon; **puente de pontones** pontoon bridge
[2] (= *puente*) bridge of planks
[3] (*Aer*) [*de hidroavión*] float
[4] (= *buque viejo*) hulk

**pony** ['poni] SM (*pl* **ponys**) pony

**ponzoña** SF (= *tóxico*) poison, venom; (= *ideas*) poison

**ponzoñoso** ADJ [*ataque*] venomous, poisonous; [*propaganda*] poisonous; [*costumbre, idea*] pernicious

**pool** [pul] SM (*pl* **pools** [pul]) (*Fin*) consortium

**pop** Ⓐ ADJ pop
Ⓑ SM (*Mús*) pop, pop music
Ⓒ EXCL bingo!*

**popa** SF [1] (*Náut*) stern; **a ~** astern, abaft; **de proa a ~** fore and aft, from stem to stern; *ver tb* **viento 1**
[2] (= *culo*) rear*, backside, bottom

**popar** ▸conjug 1a◂ VT [1] (= *mimar*) to spoil, make a fuss of; (= *halagar*) flatter
[2] (= *mofarse de*) to scorn, jeer at

**pope** SM [1] (*Rel*) priest of the Orthodox Church
[2] (*) (= *líder*) guru, spiritual leader; (= *ídolo*) idol

**popelín** SM, **popelina** SF poplin

**popería*** SF pop fans *pl*

**popero/a*** Ⓐ ADJ **música popera** pop music
Ⓑ SM/F pop fan

**popi*** Ⓐ ADJ pop
Ⓑ SMF pop fan

**popó**‡ SM poo-poo‡; **hacer ~** to do a poo-poo‡

**popof*** ADJ INV, **popoff*** ADJ INV (*Méx*) posh*, society *antes de s*

**poporo** SM [1] (*Andes, Caribe*) (= *bulto*) bump, swelling
[2] (*Caribe*) (= *porra*) truncheon, nightstick (*EEUU*)

**popote** SM (*Méx*) (= *pajita*) drinking straw; (= *tallo*) long thin stem; (= *hierba*) *tough grass used for making brooms*

**populachería** SF cheap popularity, playing to the gallery

**populachero** ADJ [1] (= *plebeyo*) common, vulgar; (= *chabacano*) cheap
[2] [*discurso, política*] rabble-rousing; [*político*] demagogic (*frm*), who plays to the gallery

**populacho** SM (= *capa social*) plebs* (*pey*) *pl*; (= *multitud*) mob

**popular** ADJ [1] (= *del pueblo*) [*cultura, levantamiento*] popular; [*música*] popular, folk *antes de s*; [*tradiciones*] popular, folk *antes de s*; [*lenguaje*] popular, colloquial; **el tribunal ~** the people's court
[2] (= *de clase obrera*) **un barrio ~** a working-class neighbourhood *o* (*EEUU*) neighborhood
[3] (= *muy conocido*) popular; **es un actor muy ~** he is a very popular actor; **es la más ~ de su clase** she's the most popular child in her class

**popularidad** SF popularity

**popularismo** SM popularism

**popularización** SF popularization

**popularizar** ▸conjug 1f◂ Ⓐ VT to popularize
Ⓑ **popularizarse** VPR to become popular

**populismo** SM populism; (= *política*) populist policies *pl*

**populista** ADJ, SMF populist

**populoso** ADJ populous

**popurrí** SM potpourri

**poquedad** SF [1] (= *timidez*) timidity, pusillanimity (*frm*)
[2] (= *escasez*) scantiness; (= *pequeñez*) smallness
[3] **una ~** (= *algo pequeño*) a small thing; (= *nimiedad*) a trifle

**póquer** SM poker

**poquísimo** ADJ [1] (*con nombres incontables*) (*gen*) very little; (= *casi nada*) hardly any, almost no; **con ~ dinero** with very little money
[2] **poquísimos** very few

**poquitín** SM **un ~** a little bit

**poquito** SM [1] **un ~** a little bit (**de** of); (*como adv*) a little, a bit
[2] **a ~s** bit by bit, little by little; **¡~ a poco!** gently!, easy there!; **se añade la leche ~ a poco** the milk is added a little at a time *o* gradually

▼**por** PREPOSICIÓN

[1] [*causa*] [1·1] (+ *SUSTANTIVO*) because of; **tuvo que suspenderse ~ el mal tiempo** it had to be cancelled because of the weather; **no se realizó ~ escasez de fondos** it didn't go ahead because of a shortage of funding; **nos encontramos ~ casualidad** we met by chance; **lo hago ~ gusto** I do it because I like to; **fue ~ necesidad** it was out of necessity; **~ temor a** for fear of; **no se lo dijo ~ temor a ofenderla** he didn't tell her for fear of offending her
[1·2] (+ *INFIN*) **no aprobó ~ no haber estudiado** he didn't pass because he hadn't studied; **~ venir tarde se perdió la mitad** because he arrived late he missed half of it; **me castigaron ~ mentir** I was punished for lying
[1·3] (+ *ADJ*) **le expulsaron ~ revoltoso** they expelled him for being a troublemaker; **lo dejó ~ imposible** he gave it up as (being) impossible; **esto te pasa ~ tonto** this is what you get for being stupid
[2] [*objetivo*] [2·1] (+ *SUSTANTIVO*) for; **trabajar ~ dinero** to work for money; **daría lo que fuera ~ un poco de tranquilidad** I'd give anything for a bit of peace and quiet; **brindemos ~ nuestro futuro** let's drink to our future
[2·2] (+ *INFIN*) **lo hizo ~ complacerle** he did it to please her; **~ no llegar tarde** so as not to arrive late, in order not to be late; **hablar ~ hablar** to talk for the sake of talking
[3] [*= en favor, defensa de*] for; **lo hice ~ mis padres** I did it for my parents; **hazlo ~ mí** do it for me, do it for my sake; **luchar ~ la patria** to fight for one's country
[4] [*elección*] **su amor ~ la pintura** his love of painting; **está loca ~ ti** she's crazy about you; **no sabía ~ cuál decidirme** I couldn't decide which to choose
[5] [*evidencia*] judging by, judging from; **~ lo que dicen** judging by *o* from what they say; **~ la cara que pone no debe de gustarle** judging by *o* from his face I don't think he likes it; **~ las señas no piensa hacerlo** apparently he's not intending to do it, it doesn't seem like he's intending to do it
[6] [*medio*] **~ su propia mano** by his own hand; **lo obtuve ~ un amigo** I got it through a friend; **la conozco ~ mi hermano** I know her through my brother; **~ correo** by post; **~ mar** by sea; **hablar ~ señas** to use sign language
[7] [*agente*] by; **hecho ~ él** done by him; **"dirigido ~"** "directed by"; **fueron apresados ~ la policía** they were captured by the police
[8] [*modo*] by; **me agarró ~ el brazo** he grabbed me by the arm; **punto ~ punto** point by point; **buscaron casa ~ casa** they searched house by house; **están dispuestos ~ tamaños** they are arranged according to size *o* by size; **~ orden alfabético** in alphabetical order
[9] [*lugar*] **se va ~ ahí** it's that way; **¿~ dónde?** which way?; **ir a Bilbao ~ Santander** to go to Bilbao via Santander; **cruzar la frontera ~ Canfranc** to cross the border at Canfranc; **pasar ~ Madrid** to go through Madrid; **se asomaron ~ la ventana** they leaned out of the window; **iban cantando ~ la calle** they were walking along the street singing; **paseábamos ~ la playa** we were walking along the beach; **~ todas partes** everywhere; **~ todo el país** throughout the country; **viajar ~ el mundo** to travel (around) the world
[10] [*aproximación*] **busca ~ ahí** look over there; **viven ~ esta zona** they live around here; **~ aquí cerca** near *o* around here; **aquello ocurrió ~ abril** it happened around April; **~ la feria** round about *o* around carnival time; **está ~ el norte** it's somewhere up north
[11] [*tiempo*] **se levanta ~ la mañana temprano** she gets up early in the morning; **~ la mañana siempre tengo mucho trabajo** I always have a lot of work in *o* during the morning; **no sale ~ la noche** he doesn't go out at night
[12] [*duración*] for; **será ~ poco tiempo** it won't be for long; **se quedarán ~ 15 días** they will stay for a fortnight
[13] [*sustitución, intercambio*] (= *a cambio de*) for; (= *en lugar de*) instead of; **te doy éste ~ aquél** I'll swap you this one for that one; **le dieron uno nuevo ~ el viejo** they gave him a new one (in exchange) for the old one; **lo vendí ~ 15 dólares** I sold it for 15 dollars; **me dieron 13 francos ~ una libra** I got 13 francs to the pound; **hoy doy yo la clase ~ él** today I'm giving the class for him *o* in his place; **ha puesto B ~ V** he has put B instead of V

➤ LENGUA Y USO: **por 1** 44.1

[14] *representación* **hablo ~ todos** I speak on behalf of *o* for everyone; **interceder ~ algn** to intercede on sb's behalf, intercede for sb; **diputado ~ Madrid** a member of parliament for Madrid; **vino ~ su jefe** he came instead of *o* in place of his boss
[15] *distribución* **10 dólares ~ hora** 10 dollars an hour; **80km ~ hora** 80km per *o* an hour; **revoluciones ~ minuto** revolutions per minute; **tres dólares ~ persona** three dollars each, three dollars per person
[16] *en multiplicaciones* **cinco ~ tres, quince** five times three is fifteen, five threes are fifteen; **mide 6 metros de alto ~ 4 de ancho** it is 6 metres high by 4 wide
[17] *= en cuanto a* **~ mí no hay inconveniente** that's fine as *o* so far as I'm concerned; **~ mí, que se vaya** as *o* so far as I'm concerned he can go, for all I care he can go; **~ mí, como si quieres pasar una semana sin comer** I don't care if you want to go for a week without eating; **si ~ mi fuera, tú estarías trabajando** if it were *o* was down to me, you'd be working
[18] *= como* **tomar a algn ~ esposo/esposa** to take sb to be one's husband/wife; **le dan ~ muerto** they have given him up for dead; **le tienen ~ tonto** they think he's stupid
[19] *concesión* (+ *SUBJUN*) **~ (muy) difícil que sea** however hard it is *o* may be; **~ mucho que lo quisieran** however much they would like to, much as they would like to; **~ más que lo intente** no matter how *o* however hard I try, try as I might
[20] *acción inacabada* (+ *INFIN*) **quedan platos ~ lavar** there are still some dishes to do; **aún me quedan tres páginas ~ traducir** I still have three pages left to translate
[21]
◆ **ir (a) por algo/algn** (= *en busca de*) to go and get sth/sb; **ha ido (a) ~ vino** she's gone to get some wine; **voy ~ el médico** I'll go and fetch *o* get the doctor; **voy a ~ él** (*a buscarle*) I'll go and get him; (*a atacarle*) I'm going to get him; **sólo van a ~ las pelas*** they're only in it for the money; **¡a ~ ellos!** get them!; ✦*MODISMO* **ir a ~ todas** to really go for it
[22] *en preguntas*
◆ **por qué** why; **¿~ qué no vienes conmigo?** why don't you come with me?; **no tengo ~ qué ir** there's no reason why I should go
◆ **¿por?** (*) why (do you ask)?

**porcachón*** ADJ = **porcallón**

**porcada*** SF = **porquería**

**porcallón*** ADJ filthy, dirty

**porcelana** SF (= *material*) porcelain; (= *loza*) china, chinaware, porcelain; **tienda de ~** china shop; **estantes llenos de ~s** shelves full of china *o* chinaware *o* porcelain

**porcentaje** SM percentage; **un elevado ~ de algo** a high percentage *o* proportion of sth; **el ~ de defunciones** the death rate; **trabajar a ~** to work on a percentage basis ► **porcentaje de accesos** (*Inform*) hit rate

**porcentual** ADJ percentage *antes de s*

**porcentualmente** ADV (= *en porcentaje*) in percentage terms, percentage-wise; (= *proporcionalmente*) proportionately

**porche** SM [1] [*de casa*] porch
[2] (= *soportal*) arcade

**Porcia** SF Portia

**porcino** Ⓐ ADJ pig *antes de s*, porcine (*frm*); **ganado ~** pigs *pl*; *ver tb* **fiebre 2**, **peste 1**
Ⓑ SM [1] (= *animal*) pig, hog (*esp EEUU*); (= *lechón*) young pig; **carne de ~** pork
[2] (*Med*) bump, swelling

**porción** SF [1] (= *parte*) (*gen*) portion; (*en un reparto*) share; (*en recetas*) quantity, amount; (*de chocolate, pastel*) piece; **una ~ de patatas fritas** a portion *o* helping of chips; **quesitos en porciones** cheese portions; **grandes porciones del presupuesto** large chunks of *o* a large proportion of the budget
[2] (= *montón*) **una ~ de** a number of; **tengo una ~ de cosas que hacer** I have a number of things to do; **tuvimos una ~ de problemas** we had quite a few problems *o* a number of problems

**porcuno** ADJ pig *antes de s*

**pordiosear** ▸conjug 1a◂ VI to beg

**pordiosero/a** SM/F beggar

**porende**†† ADV hence, therefore

**porfa*** EXCL please

**porfía** SF [1] (= *cualidad*) (= *terquedad*) stubbornness, obstinacy; (= *persistencia*) persistence
[2] (= *disputa*) dispute; (= *contienda*) continuous struggle, continuous competition
[3] **a ~** in competition

**porfiadamente** ADV (= *tercamente*) stubbornly, obstinately; (= *con insistencia*) persistently

**porfiado** Ⓐ ADJ (= *terco*) stubborn, obstinate; (= *insistente*) persistent
Ⓑ SM (*LAm*) (= *muñeco*) roly-poly doll, tumbler, tumbler toy

**porfiar** ▸conjug 1c◂ VI [1] (= *persistir*) to persist, insist; **~ en algo** to persist in sth; **porfía en que es así** he insists that it is so, he will have it that it is so; **~ por hacer algo** to struggle obstinately to do sth; **porfían por escapar** they are bent on escaping
[2] (= *disputar*) to argue stubbornly; **~ con algn** to argue with sb

**pórfido** SM porphyry

**porfión** ADJ dogged, stubborn

**porfirismo** SM porphyria

**porfirista** SMF (*Méx*) supporter of Porfirio Díaz

**pormenor** SM detail, particular

**pormenorización** SF **sin entrar en la ~** without going into detail

**pormenorizadamente** ADV in detail

**pormenorizado** ADJ detailed

**pormenorizar** ▸conjug 1f◂ Ⓐ VT [1] (= *describir*) to describe in detail
[2] (= *detallar*) to detail, set out in detail
Ⓑ VI to go into detail

**porno*** Ⓐ ADJ INV porn*, porno*
Ⓑ SM porn* ► **porno blando** soft porn* ► **porno duro** hard porn*

**pornografía** SF pornography ► **pornografía dura** hard porn ► **pornografía infantil** child pornography

**pornográfico** ADJ pornographic

**pornografista** SMF pornographer

**poro**[1] SM (*Anat*) pore

**poro**[2] SM (*LAm*) (= *puerro*) leek

**poronga**** SF (*Cono Sur*) prick**, cock**

**porongo** SM (*LAm*) [1] (= *planta*) gourd, calabash, squash (*EEUU*)
[2] (= *persona*) nobody

**pororó** SM (*Cono Sur*) popcorn

**porosidad** SF porousness, porosity

**poroso** ADJ porous

**porotal** SM (*LAm*) [1] (= *terreno*) beanfield, bean patch
[2] **un ~ de*** a whole lot of, a whole heap of

**poroto** SM [1] (*Andes, Cono Sur*) (= *judía*) bean; **porotos*** grub* *sing*, chow *sing* (*EEUU*‡), food *sing*; ✦*MODISMOS* **ganarse los ~s** to earn one's daily bread; **no valer un ~*** to be worthless ► **poroto verde** green bean, runner bean
[2] (*Cono Sur Dep*) (*tb fig*) point; **anotarse un ~*** to score a point; **¡te anotaste un ~!** you made it!
[3] (*Cono Sur**) (= *niño*) kid*; (= *alfeñique*) weakling

**porpuesto** SM (*Caribe*) minibus, taxi

**porque** CONJ [1] (= *por causa de que*) (+ *INDIC*) because; **no pudo ir ~ estaba enferma** she couldn't go because she was ill; **¿por qué no contestas? —~ no me da la gana** "why don't you answer?" — "because I don't feel like it"; **—¿por qué te vas? —porque sí** "why are you going?" — "just because"; — **¿por qué no puedo ir? —porque no** "why can't I go?" — "just because"
[2] (= *para que*) (+ *SUBJUN*) so that, in order that; **elevó la voz ~ todos pudieran oírlo** he raised his voice so that everyone could hear him *o* in order that everyone might hear him; **recemos ~ vuelvan** let us pray that they may return

**porqué** SM [1] (= *motivo*) reason (**de** for); **me gustaría saber el ~ de su actitud** I'd like to know the reason for her attitude; **no me interesan los ~s** I'm not interested in the whys and wherefores; **el ~ de la revolución** the causes of the revolution
[2] (†) (= *cantidad*) amount; **tiene mucho ~** he's got plenty of the ready*

**porquería** SF [1] (= *suciedad*) dirt, muck*; **¿qué es toda esta ~ que hay el suelo?** what's all this dirt *o* muck on the floor?; **estar hecho una ~** to be covered in dirt *o* muck*
[2] (= *guarrada*) **no hagas ~s con la comida** don't make such a mess with your food
[3] (= *indecencia*) **estas ~s no deberían salir por la tele** that filth *o* smut shouldn't be shown on TV; **decir ~s** to say filthy things
[4] (= *cosa de poca calidad*) junk*, rubbish*, garbage (*EEUU**); **si comes tantas ~s, luego no vas a cenar** if you eat all that junk *o* rubbish now you won't want your dinner*; **en esta tienda sólo venden ~s** this shop only sells cheap rubbish*; **la novela es una ~** the novel is just rubbish*
[5] (= *poco dinero*) pittance; **me han pagado una ~** they paid me a pittance; **lo vendieron por una ~** they sold it for next to nothing
[6] (= *mala pasada*) **¡vaya ~ te han hecho despidiéndote así!** what a lousy thing they did to you, sacking you like that!*
[7] **de ~** (*LAm**) (= *condenado*) lousy*

**porqueriza** SF pigsty, pigpen (*EEUU*)

**porquerizo** SM, **porquero** SM swineherd

**porra** SF [1] [*de policía*] truncheon, billyclub (*EEUU*)
[2] (*Téc*) large hammer
[3] (*Culin*) *large club-shaped fritter*
[4] (*) (= *nariz*) conk*, hooter*, schnozzle (*esp EEUU*‡)
[5] (= *juego*) sweep, sweepstake

**6** (*) (*exclamaciones*) **¡porras!** (= *¡maldición!*) damn!*; (= *¡mentira!*) rubbish!; **¡una ~!** no way!*; **¡a la ~!** get out!; **¡a la ~ el ministro!** the minister can go to hell!*; **mandar a algn a la ~** to tell sb to go to hell*, send sb packing; **¡vete a la ~!** go to hell!*; **¡qué coche ni que ~s!** car my foot!
**7** (*Méx Dep*) fans *pl*; (*Teat*) claque
**8** (*Andes, Cono Sur*) (= *mechón*) curl
**9** (*CAm, Méx Pol*) political gang
**10** (*CAm*) (= *olla*) metal cooking pot
**11** (**) (= *pene*) prick**
**12** (*) (= *pesado*) bore
**13** (*) (= *jactancia*) **gasta mucha ~** he's always boasting, he's always shooting his mouth off*

**porracear*** ▸conjug 1a◂ VT (*Caribe, Méx*) to beat up

**porrada** SF **1** (*) (= *montón*) **una ~ de** loads of*; **hace una ~ de tiempo** ages ago
**2** (= *porrazo*) thump, blow

**porrata*** SMF dope smoker*

**porrazo** SM **1** (= *golpe*) thump, blow; (= *caída*) bump; **le di un ~ con la silla** I whacked him with the chair; **me di un ~ contra la puerta** I banged myself on the door
**2** ✦MODISMOS **de ~** (*LAm*) in one go; **de golpe y ~** suddenly

**porrear** ▸conjug 1a◂ VI **1** (= *insistir*) to go on and on
**2** (= *drogarse*) to smoke dope*

**porrería*** SF **1** (= *petición*) annoying request
**2** (= *necedad*) stupidity

**porrero/a*** SM/F dope smoker*

**porreta** SF (*Bot*) green leaf; ✦MODISMO **en ~(s)*** stark naked, starkers*

**porretada** SF = **porrada 1**

**porrillo***: **a ~** ADV loads of*, galore; **tiene ropa a ~** he's got loads of clothes*; **gana dinero a ~** he earns loads of money*

**porro*** Ⓐ SM **1** (*Esp*) (*de droga*) joint*
**2** (= *idiota*) idiot, oaf
**3** (*Andes, Caribe*) (= *baile*) *folk dance*
Ⓑ ADJ stupid, oafish

**porrón¹** SM **1** (= *recipiente*) *jar with a long spout for drinking from*
**2** **un ~ de*** loads of*; **la película me gustó un ~*** the film is the business*; **esa tía me gusta un ~*** I fancy the pants off her*
**3** (*Arg*) [*de cerveza*] bottle of beer

**porrón²** ADJ (= *lerdo*) slow, stupid; (= *soso*) dull; (= *torpe*) sluggish

**porrón³** SM (*Orn*) pochard ▸ **porrón moñudo** tufted duck

**porrudo** ADJ **1** (= *abultado*) big, bulging
**2** (*Arg*) (= *melenudo*) long-haired
**3** (*Cono Sur*) (= *engreído*) big-headed, swollen-headed

**porsiacaso** SM (*Arg, Ven*) knapsack

**port.** ABR = **portugués**

**porta** SF port, porthole

**portaaeronaves** SM INV aircraft carrier

**portaaviones** SM INV aircraft carrier

**portabebés** SM INV baby carrier

**portabilidad** SF portability

**portable** Ⓐ ADJ portable
Ⓑ SM portable computer

**portabotellas** SM INV (= *botellero*) wine rack; (= *carrito*) bottle carrier; **carro ~** bottle carrier

**portabultos** SM INV carrier

**portabusto(s)** SM (*Méx*) brassiere (*frm*), bra

**portacargas** SM INV (= *caja*) crate; [*de bicicleta*] carrier

**portacheques** SM INV chequebook, checkbook (*EEUU*)

**portación** SF **~ de armas** carrying (of) a weapon

**portacoches** SM INV car transporter

**portacontenedor** SM, **portacontenedores** SM INV container ship

**portacubiertos** SM INV cutlery tray

**portada** SF **1** (= *primera plana*) [*de libro*] title page, frontispiece (*frm*); [*de periódico*] front page
**2** (= *cubierta*) [*de revista, libro*] cover; [*de disco*] sleeve, jacket (*EEUU*)
**3** (*Arquit*) (= *fachada*) façade; (= *pórtico*) porch, doorway; (= *portal*) carriage door, gateway

**portadiscos** SM INV record rack

**portado** ADJ **bien ~** (= *elegante*) well-dressed; (= *cortés*) well-behaved; (= *respetable*) respectable

**portadocumentos** Ⓐ SM INV document holder
Ⓑ ADJ INV **agenda ~** Filofax®; **cartera ~** briefcase

**portador(a)** SM/F **1** [*de cheque, carta*] bearer; **el ~ de esta carta** the bearer of this letter; **páguese al ~** pay the bearer
**2** (*Med*) [*de germen, virus*] carrier

**portaequipajes** SM INV **1** (*en un coche*) (= *maletero*) boot, trunk (*EEUU*); (= *baca*) roof-rack
**2** (*en tren, autocar*) luggage rack
**3** [*de bicicleta*] carrier

**portaesquíes** SM INV, **portaesquís** SM INV ski rack

**portaestandarte** SMF standard bearer

**portafolio** SM, **portafolios** SM INV briefcase, attaché case

**portafotos** SM INV locket

**portafusil** SM rifle sling

**portahachón** SM torchbearer

**portal** SM **1** [*de edificio*] (= *vestíbulo*) hallway; (= *puerta*) front door; **la llave del ~** the front door key; **un vecino de su ~** a neighbour who lives in the same block
**2** [*de casa*] hall, vestibule (*frm*)
**3** (*Rel*) ▸ **portal de Belén** (= *representación navideña*) Nativity scene; **el ~ de Belén** (*Biblia*) the stable at Bethlehem
**4** (*Dep*) goal
**5** [*de muralla*] gate
**6** (*Internet*) portal
**7** **portales** (= *soportales*) arcade *sing*

**portalada** SF = **portalón**

**portalámparas** SM INV (light)bulb socket

**portalápices** SM INV (= *estuche*) (*para llevar*) pencil case; (*para escritorio*) pencil holder, pen holder

**portalibros** SM INV book strap

**portaligas** SM INV suspender belt, garter belt (*EEUU*)

**portalón** SM **1** (*Arquit*) large gate, imposing entrance
**2** (*Náut*) gangway

**portamaletas** SM INV **1** (*Aut*) (= *baca*) roof rack; (*Chile*) (= *maletero*) boot, trunk (*EEUU*)
**2** (*en tren, autobús*) luggage rack

**portamanteo** SM (*Esp*) travelling bag

**portaminas** SM INV propelling pencil

**portamisiles** SM INV missile carrier

**portamonedas** SM INV purse, coin purse (*EEUU*)

**portante** SM ✦MODISMO **tomar el ~*** to clear off*

**portañuela** SF fly (*of trousers*)

**portaobjeto** SM, **portaobjetos** SM INV slide, microscope slide

**portapapeles** SM INV **1** (= *maletín*) briefcase
**2** (*Inform*) clipboard

**portaplacas** SM INV plate holder

**portaplatos** SM INV plate rack

**portapliegos** SM INV (*Andes*) office boy

**portaplumas** SM INV pen holder

**portar** ▸conjug 1a◂ Ⓐ VT [+ *bolsa, documentación*] to carry; [+ *arma*] to carry, bear (*frm*); [+ *gafas, ropa*] to wear
Ⓑ **portarse** VPR **1** (= *comportarse*) to behave, conduct o.s. (*frm*); **~se bien** to behave well; **~se mal** to misbehave, behave badly; **se portó muy bien conmigo** he treated me very well, he was very decent to me; **se ha portado como un cerdo** he has behaved like a swine
**2** (= *distinguirse*) to show up well, come through creditably
**3** (*LAm*) (= *comportarse bien*) to behave well

**portarretratos** SM INV photo frame, picture frame

**portarrollos** SM INV [*en baño*] toilet-roll holder; [*en cocina*] kitchen-roll holder

**portasenos** SM INV (*LAm*) brassiere (*frm*), bra

**portátil** Ⓐ ADJ portable
Ⓑ SM portable, portable computer

**portatostadas** SM INV toast rack

**portatrajes** SM INV suit bag

**portavelas** SM INV candle holder

**portaviandas** SM INV lunch box, dinner pail (*EEUU*)

**portaviones** SM INV aircraft carrier

**portavocía** SF office of spokesperson

**portavoz** Ⓐ SMF spokesman/spokeswoman, spokesperson
Ⓑ SM **1** (*pey*) (= *periódico, emisora*) mouthpiece
**2** (= *altavoz*) megaphone, loudhailer

**portazgo** SM toll

**portazo** SM slam; **cerrar la puerta de un ~** to slam the door (shut); **dar** o **pegar un ~** to slam the door

**porte** SM **1** (*Com*) (= *acto*) carriage, transport; (= *costos*) carriage; (*Correos*) postage ▸ **franco de porte** (*Com*) carriage paid; (*Correos*) post free ▸ **porte debido** (*Com*) freight C.O.D. ▸ **porte pagado** (*Com*) carriage paid; (*Correos*) post paid ▸ **porte por cobrar** freight forward
**2** (*esp Náut*) (= *tonelaje*) capacity
**3** (= *presencia*) bearing, demeanour, demeanor (*EEUU*); **de ~ distinguido** with a distinguished bearing o air
**4** (= *conducta*) behaviour, behavior (*EEUU*), conduct (*frm*)

**porteador(a)** SM/F (*en expedición*) porter; (*en la caza*) bearer; (*Com*) carrier

**portear¹** ▸conjug 1a◂ VT to carry, transport

**portear²** ▸conjug 1a◂ VI **1** [*puerta*] to slam, bang
**2** (*Cono Sur*) to get out in a hurry

**portento** SM (= *prodigio*) marvel, wonder; (= *genio*) genius, wizard; **es un ~ de belleza** she is stunningly beautiful; **¡qué ~ de memoria!** what a prodigious memory!, what an amazing memory!

**portentosamente** ADV marvellously, marvelously (*EEUU*), extraordinarily

**portentoso** ADJ marvellous, marvelous (*EEUU*), extraordinary

**porteño/a** Ⓐ ADJ (*Arg*) of/from Buenos Aires; (*Chile*) of/from Valparaíso
Ⓑ SM/F (*Arg*) native/inhabitant of Buenos Aires; (*Chile*) native/inhabitant of Valparaíso; **los ~s** the people of Buenos Aires/Valparaíso

**porteo** SM carriage, conveyance

**portería** SF [1] (= *conserjería*) caretaker's office, concierge's office; (= *vivienda*) caretaker's flat, concierge's flat
[2] (*Dep*) (= *meta*) goal

**portero/a** Ⓐ SM/F [1] [*de edificio*] caretaker, concierge, (apartment house) manager (*EEUU*)
[2] (*en hotel, hospital*) porter
[3] (*Dep*) goalkeeper
Ⓑ SM ► **portero automático**, **portero eléctrico**, **portero electrónico** entry phone

**portezuela** SF [1] (= *puerta*) door ► **portezuela de la gasolina** fuel-filler flap
[2] (*Cos*) pocket flap

**portezuelo** SM (*Cono Sur*) pass

**pórtico** SM [1] [*de iglesia, monumento*] portico
[2] [*de tiendas*] arcade
[3] (= *entrada*) gateway

**portilla** SF porthole

**portillo** SM [1] (*en la pared*) (= *abertura*) gap, opening; (= *brecha*) breach; (= *puerta falsa*) side entrance
[2] (= *postigo*) wicket, wicket gate
[3] (*Geog*) narrow pass
[4] (*en objeto frágil*) (= *abolladura*) dent; (= *desportilladura*) chip
[5] (*para lograr algo*) (= *punto débil*) weak spot, vulnerable point; (*para solución*) opening

**pórtland**® SM (*LAm*) cement

**portón** SM [1] (= *puerta grande*) large door
[2] (= *puerta principal*) main door; (*LAm*) [*de casa*] front door
[3] (*en cerca*) gate
[4] (*Cono Sur*) (= *puerta trasera*) back door
[5] (*Aut*) (*tb* **~ trasero**) hatch, hatchback, tailgate (*EEUU*)

**portorriqueño/a** ADJ, SM/F Puerto Rican

**portuario** ADJ (= *del puerto*) port *antes de s*, harbour *antes de s*, harbor *antes de s* (*EEUU*); (= *del muelle*) dock *antes de s*; **trabajador ~** docker

**Portugal** SM Portugal

**portugués/esa** Ⓐ ADJ, SM/F Portuguese
Ⓑ SM (*Ling*) Portuguese

**portuguesismo** SM portuguesism, *word/phrase etc borrowed from Portuguese*

**porvenir** SM future; **en el ~** in the future; **labrarse un ~** to carve out a future for o.s.; **un hombre sin ~** a man with no prospects *o* future; **le espera un brillante ~** he has a brilliant future ahead of him; **leer el ~ a algn** to tell sb's fortune

**pos**[1] SM **en ~ de** (*liter*) after, in pursuit of; **ir en ~ de algo/algn** to chase (after) sth/sb, pursue sth/sb; **va en ~ de triunfo** she's after success

**pos**[2]* CONJ (*esp LAm*) = **pues**

**posada** SF [1] (= *hospedaje*) shelter, lodging; **dar ~ a algn** to give shelter to sb, take sb in
[2] (= *lugar*) (*para comer*) inn; (*para dormir*) boarding house
[3] (= *morada*) house, dwelling
[4] (*CAm, Méx*) (= *fiesta*) Christmas party

**posaderas*** SFPL backside* *sing*, butt *sing* (*EEUU*‡), buttocks

**posadero/a** SM/F innkeeper

**posar** ►conjug 1a◄ Ⓐ VT [+ *carga*] to lay down, put down; [+ *mano*] to place, lay; **posó la mirada en el horizonte** his gaze rested on the horizon, his eyes came to rest on the horizon
Ⓑ VI (*Arte*) to sit, pose
Ⓒ **posarse** VPR [1] (= *pararse en tierra*) [*pájaro*] to perch, sit, alight; [*insecto*] to alight; [*avión*] to land; **el avión se encontraba posado** the aircraft was on the ground
[2] [*líquido, polvo*] to settle

**posas*** SFPL backside* *sing*, butt *sing* (*EEUU*‡), buttocks

**posavasos** SM INV (*de corcho, madera*) coaster; (*de cartón*) beer mat

**posbélico** ADJ postwar *antes de s*

**poscolonial** ADJ post-colonial

**poscombustión** SF **dispositivo de ~** afterburner

**posconciliar** ADJ post-conciliar

**posconcilio** SM **los 20 años de ~** the 20 years following Vatican II

**posdata** SF postscript

**posdoctoral** ADJ post-doctoral

**pose** SF [1] (*para foto, cuadro*) pose; (*Fot*) exposure, time exposure
[2] (= *actitud*) attitude
[3] (*pey*) (= *afectación*) affectation, pose; (= *postura afectada*) affected pose
[4] (= *elegancia*) poise

**poseedor(a)** SM/F [1] (= *dueño*) owner, possessor (*frm*)
[2] [*de puesto, récord*] holder

**poseer** ►conjug 2e◄ VT [1] (= *ser dueño de*) [+ *bienes*] to own; [+ *fortuna*] to own, have; [+ *talento, cultura*] to have; **poseía una inteligencia excepcional** he had an exceptional mind, he was exceptionally intelligent; **posee conocimientos de inglés** she has some knowledge of English; **lo poseyó un temblor convulso** he was overcome by *o* with a compulsive fit
[2] [+ *ventaja*] to have, enjoy; [+ *puesto, récord*] to hold
[3] (*sexualmente*) to possess, have

**poseído/a** Ⓐ ADJ [1] (= *poseso*) possessed (**por** by); (= *enloquecido*) maddened, crazed
[2] (= *engreído*) **estar muy ~ de algo** to be very vain about sth, have an excessively high opinion of sth
Ⓑ SM/F **gritar como un ~** to scream like one possessed

**poselectoral** ADJ post-electoral

**posesión** SF [1] (= *propiedad*) possession; [*de un puesto*] tenure, occupation; [*de lengua, tema*] complete knowledge, perfect mastery; **dar ~ a algn** to hand over to sb; **él está en ~ de las cartas** he is in possession of the letters; **está en ~ del récord** he holds the record; **tomar ~** to take over; **tomar ~ de algo** to take possession of sth, take sth over; **tomar ~ de un cargo** to take up a post
[2] (= *cosa poseída*) possession; (= *finca*) piece of property, estate; **huyen con sus escasas posesiones** they flee carrying their few possessions
[3] (*Chile Agr*) tenant's house and land
[4] (*Caribe*) ranch, estate

**posesionar** ►conjug 1a◄ Ⓐ VT **~ a algn de algo** to hand sth over to sb
Ⓑ **posesionarse** VPR **~se de algo** to take possession of sth, take sth over

**posesividad** SF possessiveness

**posesivo** ADJ, SM possessive

**poseso/a** Ⓐ ADJ = **poseído A1**
Ⓑ SM/F = **poseído B**

**posestructuralismo** SM post-structuralism

**posestructuralista** ADJ, SMF post-structuralist

**posfechar** ►conjug 1a◄ VT to postdate

**posfranquismo** SM *period after the death of Franco*

**posfranquista** ADJ **cultura ~** post-Franco culture, culture since Franco

**posglacial** ADJ post-glacial

**posgrado** SM **curso de ~** postgraduate course

**posgraduado/a** Ⓐ ADJ postgraduate
Ⓑ SM/F (= *persona*) graduate student, postgraduate
Ⓒ SM (= *título*) postgraduate degree

**posgradual** ADJ postgraduate

**posguerra** SF postwar period; **en la ~** in the postwar period, after the war; **los años de la ~** the postwar years

▼**posibilidad** SF [1] (= *oportunidad*) chance, possibility; **no existe ~ de que venga** there's no chance *o* possibility that he'll come; **no tenemos ninguna ~** we don't have the slightest chance, we don't stand a chance; **este chico tiene ~es** this boy has got potential; **la ~ de hacer algo** the chance of doing sth; **¿tienes ~ de aprobar el examen?** do you have any chance of passing the exam?; **tiene pocas ~es de ganar** he hasn't got much chance of winning; **me han dado la ~ de elegir** they have given me the choice *o* the chance to choose
[2] (= *alternativa*) possibility; **hemos descartado la ~ de una huelga** we've ruled out the possibility of a strike; **hay dos ~es: operación o radioterapia** there are two alternatives *o* possibilities: an operation or radiotherapy
[3] **posibilidades** (= *recursos*) means; **un deportivo no está dentro de mis ~es** a sports car is beyond my means *o* out of my price range; **vive por encima de sus ~es** he lives above his means

**posibilista** Ⓐ ADJ optimistic, positive
Ⓑ SMF optimist, positive thinker

**posibilitar** ►conjug 1a◄ VT (= *hacer posible*) [+ *acuerdo, acceso*] to make possible; [+ *idea, plan*] to make feasible; **los satélites posibilitan las operaciones a gran distancia** satellites make long distance operations possible; **esto posibilita la realización del proyecto** this makes the project feasible; **~ que algn haga algo** to allow sb to do sth, make it possible for sb to do sth

▼**posible** Ⓐ ADJ [1] [*opción, solución*] possible; **un ~ comprador** a possible *o* potential buyer; **hemos hecho todas las concesiones ~s** we have made all possible concessions *o* all the concessions we can; **hay una ~ infección** there is a suspected *o* possible infection; **hacer algo ~** to make sth possible; **su colaboración hizo ~ el acuerdo** her contribu-

➤ LENGUA Y USO: **posibilidad 1** 42.3, 43.3 **posible A1** 53.6

tion made the agreement possible; **entra dentro de lo ~** it is within the bounds of possibility; **en la medida de lo ~** as far as possible, insofar as possible (*frm*); **haremos todo lo ~ por evitarlo** we shall do everything possible *o* all we can to avoid it
2 **es ~** (= *probable, permitido*) it is possible; (= *realizable*) it is feasible; **—¿crees que vendrá? —es ~** "do you think he'll come?" — "possibly *o* he might *o* it's possible"; **¡eso no es ~!** it can't be!, that's not possible!; **esa propuesta es bastante ~** that proposal is quite feasible; **es ~ hacer algo** it is possible to do sth; **¿sería ~ comprar todavía las entradas?** would it still be possible to buy tickets?; **no me fue ~ llegar a tiempo** I was unable to get there in time; **es ~ que** (+ *SUBJUN*): **es ~ que no pueda ir** I might *o* may not be able to go; **es muy ~ que vuelva tarde** it's quite possible that I'll be back late, I may well be back late; **a** *o* **de ser ~** if possible; **si es ~** if possible; **si es ~, me gustaría verlo** I'd like to see him if possible; **le ruego que, si le es ~, acuda a la reunión** please come to the meeting if you possibly can; **si me fuera ~, te lo diría** if I could *o* if it were possible, I would tell you; ✦***MODISMO*** **¿será ~?*** I can't believe it!; **¡pues sí que eres descarado! ¿será ~?** I can't believe you are so cheeky!; **¿será ~ que no haya venido?** I can't believe he hasn't come!
Ⓑ ADV **lo más ... ~** as ... as possible; **lo más pronto ~** as soon as possible; *ver tb* **mejor A2.3**
Ⓒ **posibles** SMPL (*Esp*) means; **una señora de ~s** a woman of means; **vive dentro de sus ~s** she lives within her means; **una familia de ~s** a well-to-do family

▼**posiblemente** ADV possibly; **~ el mejor vino del mundo** possibly the best wine in the world; **—¿crees que vendrá? —posiblemente** "do you think she'll come?" — "possibly *o* she might"; **~ tengamos que mudarnos** we might have to move, it's possible that we'll have to move

**posición** SF 1 (= *postura*) position; **mantener el frasco en ~ vertical** keep the bottle in an upright position; **estar en ~ de firme** (*Mil*) to be at attention; **estar en ~ de guardia** to be on guard ► **posición del misionero** missionary position
2 (= *lugar*) position; **la ~ de los jugadores en el terreno de juego** the position of the players on the pitch
3 (= *categoría*) position, standing; **disfrutan de una elevada ~ social** they enjoy a high social position
4 (= *punto de vista*) position, stance; **¿cuál es su ~ en este conflicto?** what's your position *o* stance on this dispute?
5 (*en competición, liga*) place, position; **ganó Alemania con Italia en segunda ~** Germany won, with Italy in second place *o* position; **terminó en primera ~** he finished first *o* in first place; **posiciones de honor** first three places, medal positions; **perder posiciones** (*en lucha, enfrentamiento*) to lose ground
6 (*LAm*) (= *puesto de trabajo*) position, post

**posicionado** SM positioning

**posicionamiento** SM (= *acción*) positioning; (= *postura*) stance, attitude

**posicionar** ▸conjug 1a◂ Ⓐ VT to position
Ⓑ **posicionarse** VPR (= *tomar posición*) to adopt an attitude, take up a stance; (= *declarar su posición*) to define one's position, declare oneself

**posimperial** ADJ post-imperial

**posimpresionismo** SM post-impressionism

**posimpresionista** ADJ, SMF post-impressionist

**posindustrial** ADJ post-industrial

**positiva** SF (*Fot*) positive, print

**positivado** SM (*Fot*) printing

**positivamente** ADV positively

**positivar** ▸conjug 1a◂ VT (*Fot*) (= *imprimir*) to print; (= *revelar*) to develop

**positivismo** SM positivism

**positivista** ADJ, SMF positivist

**positivo** Ⓐ ADJ 1 (= *afirmativo, beneficioso*) positive; **la prueba de embarazo dio ~** the pregnancy test was positive; **el atleta dio ~** the athlete tested positive; **el conductor dio ~** the driver tested positive
2 (*Mat*) positive, plus
3 [*idea*] constructive; **es ~ que ...** it is good that ..., it is encouraging that ...
Ⓑ SM 1 (*Ling*) positive
2 (*Fot*) positive, print
3 (*Dep*) point

**pósito** SM 1 (= *granero*) granary, public granary
2 (= *cooperativa*) cooperative; **~ de pescadores** fishing cooperative

**positrón** SM positron

**posma*** SMF bore, dull person

**posmeridiano** ADJ postmeridian, afternoon *antes de s*

**posmodernidad** SF post-modernity

**posmodernismo** SM postmodernism

**posmoderno/a** Ⓐ ADJ postmodern
Ⓑ SM/F postmodernist

**posnatal** ADJ postnatal

**poso** SM 1 (= *sedimento*) [*de mineral*] sediment, deposit; [*de vino*] sediment, dregs *pl*, lees *pl*; [*de café*] dregs *pl*, grounds *pl* ► **posos de té** tea leaves
2 (= *huella*) trace

**posol** SM (*CAm*) *maize drink*

**posología** SF dosage

**posoperativo** ADJ post-operative

**posoperatorio** Ⓐ ADJ post-operative
Ⓑ SM post-operative period, period of recovery after an operation

**pososo** ADJ (*CAm*) (= *poroso*) porous, permeable; (= *absorbente*) absorbent

**posparto** Ⓐ ADJ postnatal
Ⓑ SM postnatal period, postpartum (*frm*)

**posponer** ▸conjug 2q◂ VT 1 (= *aplazar*) to postpone
2 (= *subordinar*) **~ la salud al trabajo** to put one's career before one's health; **~ el amor propio al interés general** to subordinate one's pride to the general interest; **~ a algn** to downgrade sb

**posposición** SF 1 (= *aplazamiento*) postponement
2 (*Ling*) postposition
3 (= *subordinación*) subordination

**pospositivo** ADJ postpositive

**posproducción** SF post-production

**posquemador** SM afterburner

**post...** PREF post...

**posta** Ⓐ SF 1 (†) (= *caballos*) relay, team; (= *tramo*) stage; (= *parada*) staging post; **por la ~** post-haste, as quickly as possible
2 ✦***MODISMO*** **a ~** on purpose, deliberately
3 (*Caza*) (= *munición*) slug, pellet
4 (*Chile Med*) First Aid Post, First Aid Station
5 (*Naipes*) stake
6 (*Culin*) slice ► **posta de pierna** (*CAm*) leg of pork
Ⓑ SM courier

**postal** Ⓐ ADJ postal; **giro ~** postal order; *ver tb* **caja 2, código 2**
Ⓑ SF postcard ► **postal ilustrada** picture postcard

**postcolonial** ADJ post-colonial

**postdata** SF postscript

**postdoctoral** ADJ post-doctoral

**poste** SM (= *palo*) post, pole; (= *columna*) pillar; [*de ejecución*] stake; (*Dep*) post, upright; **el balón pasó entre los ~s** the ball went in between the posts; ✦***MODISMOS*** **dar ~ a algn*** to keep sb hanging about; **mover los ~s** to move the goalposts; **oler el ~** (= *peligro*) to scent danger, see trouble ahead; (= *algo sospechoso*) to smell a rat* ► **poste de cerca** fence post ► **poste de llegada** winning post ► **poste del tendido eléctrico** electricity pylon ► **poste de portería** goalpost ► **poste de salida** starting post ► **poste indicador** signpost ► **poste telegráfico** telegraph pole

**postelectoral** ADJ post-electoral

**postema** SF 1 (*Med*) (= *absceso*) abscess
2 (*Méx*) (= *divieso*) boil; (= *pus*) pus
3 (*) (= *pelmazo*) bore, dull person

**postemilla** SF (*LAm*) gumboil

**póster** SM (*pl* **pósteres** *o* **pósters**) poster

**postergación** SF 1 [*de acto*] postponement
2 (= *relegación*) disregard, neglect; **ha sufrido una ~ en el trabajo** she has been passed over for promotion at work

**postergar** ▸conjug 1h◂ VT 1 (= *aplazar*) to defer, postpone; (= *retrasar*) to delay
2 (= *relegar*) (*en el trato*) to disregard, neglect; (*en ascenso*) to pass over, ignore

**posteridad** SF 1 (= *futuro*) posterity
2 (*Esp**) (= *culo*) bottom, backside*

**posterior** ADJ 1 (= *trasero*) [*lugar*] back, rear; [*máquina, motor*] rear-mounted; **en la parte ~ del jardín** at the back of the garden
2 (*en tiempo*) later, subsequent; **ser ~ a algo** to be later than sth
3 (*en orden*) later, following

**posteriori** *ver* **a posteriori**

**posterioridad** SF **con ~** subsequently, later; **con ~ a algo** subsequent to sth, after sth

**posteriormente** ADV later, subsequently, afterwards

**postgrado** SM = **posgrado**

**postgraduado/a** ADJ, SM/F = **posgraduado**

**postguerra** SF = **posguerra**

**postigo** SM 1 (= *contraventana*) shutter
2 (†) (= *puerta chica en otra mayor*) wicket, wicket gate; (= *portillo*) postern; (= *puerta falsa*) side door, side gate

**postillón** SM postillion

**postín*** SM 1 (= *lujo*) elegance; **de ~** posh*
2 (= *jactancia*) **darse ~** to show off; **se da mucho ~ de que su padre es ministro** he boasts about his father being a minister

➤ LENGUA Y USO: posiblemente A2 31, 36.1, 42.3 posiblemente 53.6

**postinear*** ▸conjug 1a◂ VI to show off

**postinero*** ADJ 1 [*persona*] vain, conceited (**de** about)
2 [*traje*] posh*

**postizas** SFPL (*Esp*) *small castanets*

**postizo** Ⓐ ADJ [*dientes, sonrisa, bigote*] false; [*cuello de camisa*] detachable
Ⓑ SM [*de pelo*] hairpiece, switch

**postnatal** ADJ postnatal

**postoperatorio** ADJ, SM = **posoperatorio**

**postor** SM bidder; **al mejor ~** to the highest bidder

**postparto** ADJ, SM = **posparto**

**postproducción** SF post-production

**postración** SF prostration

**postrado** ADJ prostrate; **~ por el dolor** prostrate with grief

**postrar** ▸conjug 1a◂ Ⓐ VT 1 (*Med*) (= *debilitar*) to weaken, prostrate
2 (= *derribar*) to cast down, overthrow
Ⓑ **postrarse** VPR to prostrate o.s.

**postre** Ⓐ SM dessert, pudding; **¿qué hay de ~?** what's for dessert?; **de ~ tomé un helado** I had ice cream for dessert; ✦***MODISMOS*** **para ~** to cap it all, on top of everything; **y, para ~, vamos y nos perdemos** and to cap it all *o* on top of everything, we went and got lost; **llegar para los ~s** to come very late
Ⓑ SF ✦***MODISMO*** **a la ~** when all is said and done, at the end of the day; **a la ~, todos defendemos los mismos intereses** when all is said and done *o* at the end of the day, we all have the same interests

**postremo** ADJ = **postrero**

**postrer** ADJ = **postrero**

**postrero** ADJ (= *último*) last; (= *rezagado*) rear, hindmost; **palabras postreras** dying words

**postrimerías** SFPL 1 (= *final*) final stages, closing stages; **en las ~ del siglo** in the last few years of the century, at the end *o* close of the century
2 (= *agonía*) dying moments
3 (*Teología*) four last things

**postulación** SF 1 (= *proposición*) proposition, postulation
2 (*Rel*) postulancy
3 (= *colecta*) collection
4 (*LAm*) [*de candidato*] nomination, candidature

**postulado** SM (= *supuesto*) assumption, postulate (*frm*); (= *proposición*) proposition

**postulante** SMF 1 (*Rel*) postulant, candidate
2 (*en colecta*) collector
3 (*LAm*) [*de trabajo*] candidate

**postular** ▸conjug 1a◂ Ⓐ VT 1 (= *defender*) [+ *teoría*] to postulate
2 (= *pedir*) to demand, seek; **en el artículo postula la reforma de ...** in the article he sets out demands for the reform of ...
3 (*en colecta*) to collect (for charity)
4 (*LAm*) (= *proponer*) [+ *candidato*] to nominate
Ⓑ VI 1 (*en colecta*) to collect (for charity)
2 (*LAm*) to apply (**para** for)
Ⓒ **postularse** VPR (*LAm Pol*) to stand

**póstumo** ADJ posthumous

**postura** SF 1 [*del cuerpo*] position; **no sé cómo puedes estar en una ~ tan incómoda** I don't know how you can stand being in such an uncomfortable position ► **postura del loto** lotus position
2 (= *actitud*) stance, position; **adoptó una ~ poco razonable** he adopted an unreasonable stance *o* position; **tomar ~** to take a stand
3 (*en una subasta*) bid; **hacer ~** to make a bid
4 (*en juego de azar*) bet, stake
5 [*de ave*] (= *acción*) egg-laying; (= *conjunto de huevos*) eggs *pl*, eggs laid *pl*
6 (⁑) (= *droga*) *1000-pesetas' worth of hashish*

**postural** ADJ postural

**post-venta** ADJ INV, **posventa** ADJ INV after-sales *antes de s*; **servicio** *o* **asistencia ~** after-sales service

**pota** SF 1 (= *calamar*) cuttlefish
2 **echar la(s) ~(s)⁑** to puke⁑, throw up*

**potabilización** SF purification

**potabilizadora** SF water-treatment plant, waterworks

**potabilizar** ▸conjug 1f◂ VT **~ el agua** to make the water drinkable

**potable** ADJ 1 drinkable; **agua ~** drinking water
2 (*) (= *aceptable*) good enough, passable

**potaje** SM 1 (*Culin*) *vegetable and pulse stew*
2 (= *revoltijo*) jumble

**potar⁑** ▸conjug 1a◂ VI to puke⁑, throw up*

**potasa** SF potash

**potasio** SM potassium

**pote** SM 1 (= *tarro*) jar; (= *jarra*) jug; (= *vaso*) glass; (= *olla*) pot; (= *maceta*) flowerpot, pot; (*Ven*) (= *bote*) tin, can; (*Méx*) (= *vasija*) mug; (*Andes, Caribe*) (= *termo*) flask; ✦***MODISMOS*** **a ~** in plenty; **darse ~*** to show off
2 (*Culin*) stew ► **pote gallego** Galician stew
3 (*) (= *gesto*) pout, sulky look
4 (*) (= *trago*) drink; **tomar unos ~s** to have a few drinks

**potear*** ▸conjug 1a◂ VI to have a few drinks

**potencia** SF 1 (= *capacidad*) power ► **potencia de fuego** firepower ► **potencia electoral** voting power, power in terms of votes ► **potencia hidráulica** hydraulic power ► **potencia muscular** muscular power, muscular strength ► **potencia nuclear** nuclear power
2 (*Mec*) power ► **potencia (en caballos)** horsepower ► **potencia al freno** brake horsepower ► **potencia real** effective power
3 (*Pol*) power; **las grandes ~s** the great powers; **éramos una ~ naval** we used to be a naval power ► **potencia colonial** colonial power ► **potencia mundial** world power
4 (*Mat*) power; **elevado a la quinta ~** raised to the power of five
5 (*Rel*) (*tb* **~ del alma**) faculty
6 **en ~** potential, in the making; **es una guerra civil en ~** it is a civil war in the making

**potenciación** SF = **potenciamiento**

**potenciador** Ⓐ ADJ **ser ~ de algo** to stimulate sth
Ⓑ SM ► **potenciador del sabor** flavour enhancer

**potencial** Ⓐ ADJ potential
Ⓑ SM 1 (= *capacidad*) potential ► **potencial comercial** market potential ► **potencial de ventas** sales potential ► **potencial ganador** (*Fin*) earning potential; (*Dep*) potential to win
2 (*Ling*) conditional

**potencialidad** SF potentiality

**potencialmente** ADV potentially

**potenciamiento** SM 1 [*de turismo, artes, nuevo producto*] promotion
2 [*de economía, producción, cooperación*] boosting, strengthening

**potenciar** ▸conjug 1b◂ VT 1 [+ *turismo, artes, nuevo producto*] to favour, favor (*EEUU*), foster, promote; (= *desarrollar*) to develop; (= *mejorar*) to improve
2 (= *fortalecer*) to boost, strengthen
3 (*Inform*) to upgrade

**potentado/a** SM/F 1 (*en la industria*) tycoon, magnate; **un ~ de la construcción** a construction tycoon *o* magnate; **los ~s que veranean en Marbella** the idle rich who spend the summer in Marbella
2 (= *poderoso*) big shot*

**potente** ADJ 1 (= *poderoso*) powerful
2 (*) (= *grande*) mighty, big; **un grito ~** a great yell, an almighty shout*
3 (= *viril*) virile
4 (*Chile*) [*salsa*] hot

**poteo*** SM drinking; **ir de ~** to go for a few drinks

**potestad** SF authority, jurisdiction; **patria ~** paternal authority; **~ marital** husband's (legal) authority

**potestativo** ADJ (*Jur*) (= *optativo*) optional, facultative

**potingue*** SM 1 (= *brebaje*) concoction, brew
2 (= *crema*) face cream

**potito** SM 1 (*Esp*) (= *tarro*) jar of baby food
2 (*LAm**) (= *culo*) backside, bum⁑, butt (*EEUU*⁑)

**poto*** SM (*Andes, Cono Sur*) 1 (= *culo*) backside, bum⁑, butt (*EEUU*⁑)
2 (= *fondo*) lower end
3 (*Bot*) calabash
4 (= *vasija*) earthenware jug

**potoco*** ADJ (*Andes, Cono Sur*) squat

**potón** (*Cono Sur*) Ⓐ ADJ coarse
Ⓑ SM rustic, peasant

**potosí** SM fortune; **cuesta un ~** it costs the earth, it costs a fortune; **vale un ~** it's worth a fortune; **ella vale un ~** she's a treasure, she's worth her weight in gold; **en ese negocio tienen un ~** they've got a gold mine in that business

**potra** SF 1 (*Zool*) filly
2 (*) (= *suerte*) luck, jam*; **de ~** luckily, by luck; **tener ~** to be jammy*
3 (*Med*) (= *hernia*) rupture, hernia

**potranco/a** SM/F colt/filly, young horse/mare

**potrear** ▸conjug 1a◂ Ⓐ VT 1 (*Andes, CAm*) (= *zurrar*) to beat
2 (*Caribe, Méx*) [+ *caballo*] to break, tame
Ⓑ VI (*CAm, Cono Sur*) to caper about, chase around

**potrero** Ⓐ SM (*LAm*) 1 (= *pasto*) pasture; (= *cercado*) paddock
2 (= *finca*) [*de ganado*] cattle ranch; [*de cría*] stud farm
3 (*Cono Sur*) (= *parque*) playground
4 (*Méx*) (= *llanura*) open grassland
Ⓑ ADJ (⁑) (= *afortunado*) lucky, jammy*

**potrillo** SM 1 (= *caballo*) colt
2 (*Chile*) (= *copa*) tall glass
3 (*Andes*) (= *canoa*) small canoe

**potro** SM 1 (*Zool*) colt

2 (*Dep*) (vaulting) horse
3 [*de tortura*] rack
4 [*de herrar*] shoeing frame
5 (*LAm Med*) hernia

**potroso*** ADJ jammy*, lucky

**POUM** SM ABR (*Esp Hist*) = **Partido Obrero de Unificación Marxista**

**poyo** SM (*para sentarse*) stone bench; (*en cocina*) stone kitchen top; (*de ventana*) stone ledge

**poza** SF 1 (= *charca*) (*gen*) puddle, pool; [*de río*] backwater, pool
2 (*LAm**) (= *escupitajo*) gob* of spit

**pozanco** SM puddle, pool

**pozo** SM 1 [*de agua*] well; ✦***MODISMOS*** **es un ~ de maldad** he is wicked through and through, he is rotten to the core; **ser un ~ de sabiduría** to be a fount of wisdom; **ser un ~ sin fondo** to be a bottomless pit; **caer en el ~** to fall into oblivion ► **pozo artesiano** artesian well ► **pozo ciego** cesspool ► **pozo de petróleo** oil well ► **pozo de riego** well used for irrigation ► **pozo negro** cesspool ► **pozo petrolífero** oil well ► **pozo séptico** septic tank
2 [*de río*] deep part
3 (*Min*) (= *hueco*) shaft; (= *mina*) pit, mine ► **pozo de aire** air shaft ► **pozo de registro, pozo de visita** manhole ► **pozo de ventilación** ventilation shaft
4 (*Náut*) hold
5 (*LAm Astron*) black hole

**pozol** SM (*LAm*) = **posol**

**pozole** SM (*Méx Culin*) maize stew

**PP** SM ABR (*Esp Pol*) = **Partido Popular**

**PP.** ABR (= **Padres**) Frs

**pp.** ABR (= **porte pagado**) CP, c/p

**p.p.** ABR (*Jur*) (= **por poder**) pp, per pro

**p.p.m.** ABR 1 (= **palabras por minuto**) wpm
2 (= **partes por millón**) ppm

**p.p.p.** ABR (= **puntos por pulgada**) d.p.i.

**PR** SM ABR = **Puerto Rico**

▼**práctica** SF 1 [*de actividad*] practice; **aprender con la ~** to learn by practice; **la ~ hace al maestro** practice makes perfect; **llevar algo a la ~** ◊ **poner algo en ~** to put sth into practice; **en la ~** in practice ► **práctica establecida** standard practice ► **prácticas restrictivas (de la competencia)** restrictive practices
2 **prácticas** (= *aprendizaje*) (*gen*) practice *sing*, training *sing*; [*de profesor*] teaching practice *sing*; [*de laboratorio*] experiments; **hacer ~s** to do one's training; **hacer ~s de clínica** to do one's hospital training; **contrato en ~s** work experience placement; **estudiantes en ~s** students doing work experience; **período de ~s** (practical) training period ► **prácticas de tiro** target practice ► **prácticas en empresa** work experience ► **prácticas profesionales** professional training, practical training (*for a profession*)

**practicable** ADJ 1 (= *factible*) practicable, workable, feasible
2 [*camino*] passable, usable
3 (*Teat*) [*puerta*] that opens, that is meant to open

**prácticamente** ADV practically; **está ~ terminado** it's practically finished, it's almost finished

**practicante** Ⓐ ADJ (*Rel*) practising, practicing (*EEUU*)
Ⓑ SMF (*Med*) (= *ayudante*) medical assistant, nurse (*specializing in giving injections, taking blood pressure, etc*); (*Méx*) (= *estudiante*) final year medical student

**practicar** ▸conjug 1g◂ Ⓐ VT 1 [+ *habilidad, virtud*] to practise, practice (*EEUU*), exercise
2 (= *hacer prácticas de*) [+ *actividad, profesión*] to practise, practice (*EEUU*); [+ *deporte*] to play; **le conviene ~ algún deporte** it would be good for him to play a sport *o* do some sport; **practica el francés con su profesor** she practises French with her teacher
3 (= *ejecutar*) [+ *operación quirúrgica*] to carry out, do, perform (*frm*); [+ *detención*] to make; [+ *incisión*] to make
4 [+ *hoyo*] to cut, make
Ⓑ VI (*en deporte, juego*) to practise, practice (*EEUU*); (*en profesión*) to do one's training *o* practice

**practicidad** SF (= *viabilidad*) practicality; (= *resultado*) effectiveness

**practicismo** SM down-to-earth attitude, sense of realism

**práctico** Ⓐ ADJ 1 (= *útil*) (*gen*) practical; [*herramienta*] handy; [*ropa*] sensible, practical; **no resultó ser muy ~** it turned out to be not very practical; **resulta ~ vivir tan cerca de la fábrica** it's convenient *o* handy to live so close to the factory
2 (= *no teórico*) [*estudio, formación*] practical; **conocimientos ~s de informática** practical experience of computers
3 (= *pragmático*) **sé ~ y búscate un trabajo que dé dinero** be practical *o* sensible and find a job with money
4 (*frm*) (= *experto*) **ser muy ~ en algo** to be very skilled at sth, be an expert at sth
Ⓑ SM 1 (*Náut*) pilot (*in a port*)
2 (*Med*) practitioner

**pradera** SF (= *prado*) meadow, meadowland; (*de Canadá, EEUU*) prairie; **unas extensas ~s** extensive grasslands

**pradería** SF meadowlands *pl*, grasslands *pl*

**prado** SM (= *campo*) meadow, field; (= *parque*) green grassy area; (= *pastizal*) pasture; (*LAm*) (= *césped*) grass, lawn

**Praga** SF Prague

**pragmática** SF 1 (*Ling*) pragmatics *sing*
2 (*Hist*) decree, proclamation

**pragmático** ADJ pragmatic

**pragmatismo** SM pragmatism

**pragmatista** SMF pragmatist

**prángana*** ADJ INV (*Méx*) poor

**PRD** SM ABR 1 (*Méx*) = **Partido de la Revolución Democrática**
2 (*República Dominicana*) = **Partido Revolucionario Dominicano**

**pre...** PREF pre...

**preacordar** ▸conjug 1l◂ VT to reach a preliminary agreement on, make a draft agreement on

**preacuerdo** SM preliminary agreement, outline *o* draft agreement

**preadolescente** Ⓐ ADJ pre-adolescent, pre-pubescent (*pey*)
Ⓑ SMF pre-adolescent boy/girl

**prealarma** SF early warning

**prealerta** SF standby, yellow alert; **en estado de ~** on standby, on yellow alert

**preámbulo** SM 1 (= *introducción*) [*de libro, discurso*] introduction; [*de ley, constitución*] preamble
2 (= *rodeo*) **andarse con ~s** ◊ **gastar ~s** to beat about the bush, avoid the issue; **sin más ~s** without further ado, without preamble
3 (= *preliminar*) prelude; **la visita del rey es el ~ de las conversaciones** the royal visit is a prelude to the negotiations

**preautonómico** ADJ (*Esp Pol*) *before the creation of the autonomous regional governments*

**preaviso** SM forewarning, early warning

**prebélico** ADJ prewar

**prebenda** SF 1 (*Rel*) (= *renta*) prebend
2 (= *gaje*) perk*; **las ~s del cargo** the perks of the job* ► **prebendas corporativas** business perks*

**prebendado** SM prebendary

**preboste** SM 1 (*Hist*) provost
2 (*Pol*) chief, leader

**precalentamiento** SM (*Dep*) warm-up; (*Aut*) warming up

**precalentar** ▸conjug 1j◂ Ⓐ VT to preheat; (*Dep*) to warm up
Ⓑ **precalentarse** VPR (*Dep*) to warm up

**precampaña** SF (*tb* **~ electoral**) run-up to the election campaign

**precanceroso** ADJ precancerous, pre-cancer

**precandidato/a** SM/F (*esp Méx Pol*) *official shortlisted Presidential candidate*

**precariamente** ADV precariously

**precariedad** SF 1 [*de empleo, salud, situación*] precariousness
2 [*de recursos, medios*] scarcity

**precario** Ⓐ ADJ [*salud*] precarious; [*situación*] precarious, difficult; [*economía, democracia*] unstable; [*vivienda*] poor, inferior; [*medios*] unpredictable, reduced
Ⓑ SM precarious state; **dejar a algn en ~** to leave sb in a difficult situation; **estamos en ~** we are in a difficult situation; **vivir en ~** to live from hand to mouth, scrape a living

**precaución** SF 1 (*al hacer algo*) (= *cuidado*) precaution; (= *medida*) preventive measure; **tomar precauciones** to take precautions; **extremar las precauciones** to be extra careful; **lo hicimos por ~** we did it to be on the safe side, we did it as a precautionary measure *o* as a precaution
2 (= *previsión*) foresight; (= *cautela*) caution; **ir con ~** to proceed with caution

**precautorio** ADJ precautionary

**precaver** ▸conjug 2a◂ Ⓐ VT (= *prevenir*) to try to prevent, guard against; (= *anticipar*) to forestall; (= *evitar*) to stave off
Ⓑ **precaverse** VPR to be on one's guard, take precautions (**contra** against); **~se de algo** to be on one's guard against sth, beware of sth

**precavidamente** ADV cautiously

**precavido** ADJ 1 (= *cauteloso*) cautious; ✦***REFRÁN*** **hombre ~ vale por dos** forewarned is forearmed
2 (= *preparado*) prepared; **vengo ~** I came prepared

**precedencia** SF 1 (= *prioridad*) precedence, priority
2 (= *preeminencia*) greater importance, superiority

**precedente** Ⓐ ADJ preceding, previous, foregoing (*frm*); **cada uno mejor que el ~** each one better than the one before

➤ LENGUA Y USO: práctica 2 46.1

Ⓑ SM precedent; **de acuerdo con el ~** according to precedent; **establecer** *o* **sentar un ~** to set a precedent; **sin ~(s)** (= *sin antecedentes*) unprecedented, without precedent; (= *sin igual*) unparalleled; **sin que sirva de ~** just this once; **por primera vez y sin que sirva de ~, voy a seguir tu consejo** just this once, I'll follow your advice

**precedentemente** ADV earlier, at an earlier stage, previously

**preceder** ▸conjug 2a◂ Ⓐ VT [1] (= *anteceder*) **~ a algo/algn** to precede sth/sb; **le precedía un coche** he was preceded by a car; **los años que precedieron a la Guerra Civil** the years leading up to the Civil War, the years preceding the Civil War; **el título precede al nombre** the title goes before the name

[2] (= *tener prioridad*) **~ a algo/algn** to have priority over sth/sb, take precedence over sth/sb

Ⓑ VI to precede; **todo lo que precede** all the preceding (part), all that which comes before

**preceptista** SMF theorist

**preceptiva** SF precepts *pl*

**preceptivo** ADJ compulsory, obligatory, mandatory; **es ~ utilizar el formulario** the application form must be used

**precepto** SM (= *regla*) precept; (= *mandato*) order, rule; **día** *o* **fiesta de ~** (*Rel*) holy day of obligation

**preceptor/a** SM/F (*en colegio*) teacher; (*particular*) (private) tutor

**preceptorado** SM tutorship

**preceptoral** ADJ tutorial

**preceptuar** ▸conjug 1e◂ VT to lay down, establish

**preces** SFPL prayers, supplications

**preciado** ADJ [1] (= *estimado*) [*posesión*] prized; [*amigo*] valued, esteemed

[2] (= *presuntuoso*) presumptuous

**preciarse** ▸conjug 1b◂ VPR **~ de algo** to pride o.s. on sth; **~ de hacer algo** to pride o.s. on doing sth

**precintado** Ⓐ ADJ [*paquete*] sealed, presealed; [*calle, zona*] sealed off

Ⓑ SM [*de paquete*] sealing; [*de calle, zona*] sealing off

**precintar** ▸conjug 1a◂ VT [+ *paquete*] to seal, preseal; [+ *calle, zona*] to seal off

**precinto** SM [1] (*Com*) seal

[2] (= *acción*) [*de paquete*] sealing; [*de calle, zona*] sealing off

**precio** SM [1] (= *importe*) [*de producto*] price; [*de viaje*] fare; (*en hotel*) rate, charge; **han subido los ~s** prices have gone up; **¿qué ~ tiene?** how much is it?; **a ~ de saldo** at a knockdown price; **a** *o* **por un ~ simbólico** for a nominal *o* token sum; **"no importa precio"** "cost no object"; **"precio a discutir"** "offers"; **último ~** closing price; ✦*MODISMOS* **poner** *o* **señalar ~ a la cabeza de algn** to put a price on sb's head; **no tener ~** to be priceless; **este cuadro no tiene ~** this painting is priceless; **su lealtad no tiene ~** his loyalty is of enormous value ► **precio al contado** cash ► **precio al detalle, precio al por menor** retail price ► **precio de compra** purchase price ► **precio de coste, precio de costo** cost-price; **a ~ de coste** at cost price ► **precio de fábrica** ex works price; **a ~ de fábrica** at factory prices ► **precio de intervención** intervention price ► **precio de mercado** market price ► **precio de ocasión** bargain price ► **precio de oferta** offer price ► **precio de referencia** suggested price ► **precio de salida** starting price ► **precio de situación** (*LAm*) bargain price ► **precio de venta** sale price, selling price ► **precio de venta al público** retail price ► **precio de venta recomendado** recommended retail price ► **precio neto** net price ► **precio obsequio** giveaway price ► **precio orientativo** manufacturer's recommended price ► **precios al consumo** retail prices ► **precio tope** top price, ceiling price ► **precio unitario** unit price

[2] (= *coste, sacrificio*) **pagó un ~ muy alto por su libertad** he paid a very high price for his freedom; **lo hará a cualquier ~** he'll do it whatever the cost *o* at any price; **evítelo a cualquier ~** avoid it at all costs; **al ~ de** (*frm*) at the cost of; **ganó las elecciones, pero al ~ de su integridad** he won the election but at the cost *o* expense of his integrity

[3] (*frm*) (= *valor*) worth, value; **un hombre de gran ~** a man of great worth; **tengo en gran ~ su amistad** I value his friendship very highly

**preciosamente** ADV (= *maravillosamente*) beautifully; (= *con encanto*) charmingly

**preciosidad** SF [1] (*) (= *objeto*) (*bello*) beautiful thing; (*apreciado*) precious object; **es una ~** he's adorable; **¡oye, ~!** hey, beautiful!

[2] (*como cualidad*) (= *excelencia*) preciousness; (= *valor*) value, worth

[3] (*pey*) (= *afectación*) preciousness, preciosity

**preciosismo** SM preciosity

**preciosista** Ⓐ ADJ precious, affected

Ⓑ SMF affected writer, precious writer

**precioso** ADJ [1] (= *valioso*) precious, valuable; *ver tb* **piedra A1**

[2] (= *hermoso*) (*gen*) lovely, beautiful; (= *primoroso*) charming; **un vestido ~** a beautiful dress; **tienen un niño ~** they have a lovely child; **¿verdad que es ~?** isn't it lovely *o* beautiful?

**preciosura** SF = **preciosidad 1**

**precipicio** SM [1] (*en monte, peñasco*) cliff, precipice

[2] (= *situación arriesgada*) abyss; **un país al borde del ~** a country on the edge of the abyss, a country on the brink of disaster *o* ruin

**precipitación** SF [1] (*al hacer algo*) (= *prisa*) haste; (= *imprudencia*) rashness; **con ~** hastily, precipitately (*frm*)

[2] (*Meteo*) rainfall, precipitation (*frm*); **precipitaciones abundantes** heavy rainfall; **precipitaciones débiles** light rain; **abundantes precipitaciones de nieve** heavy snow

[3] (*Quím*) precipitation

**precipitadamente** ADV [*huir, lanzarse*] headlong; [*irse*] very suddenly; [*actuar*] rashly, precipitately (*frm*); **escribí una nota ~** I dashed off a note; **tuvieron que casarse ~** they had to get married in a hurry; **ha abandonado ~ el país** he left the country very suddenly

**precipitado** Ⓐ ADJ [*huida*] headlong; [*partida*] hasty, sudden; [*conducta*] hasty, rash

Ⓑ SM (*Quím*) precipitate

**precipitador** SM precipitant

**precipitar** ▸conjug 1a◂ Ⓐ VT [1] (= *arrojar*) to hurl down, throw (**desde** from)

[2] (= *apresurar*) hasten, to precipitate (*frm*); **aquello precipitó su salida** that affair hastened *o* (*frm*) precipitated his departure; **la dimisión precipitó la crisis** her resignation brought on *o* (*frm*) precipitated the crisis; **no precipitemos los acontecimientos** let's not rush things

[3] (*Quím*) to precipitate

Ⓑ **precipitarse** VPR [1] (= *arrojarse*) to throw o.s., hurl o.s. (**desde** from); **~se sobre algo** [*pájaro*] to swoop down on sth; [*animal*] to pounce on sth; **~se sobre algn** to throw *o* hurl o.s. on sb

[2] (= *correr*) to rush, dash; **~se a hacer algo** to rush to do sth; **~se hacia la salida** to rush towards the exit

[3] (= *actuar sin reflexión*) to act hastily; **se ha precipitado rehusándolo** he acted hastily in rejecting it, it was rash of him to refuse it; **no te precipites** don't rush into things

**precipitoso** ADJ [1] [*lugar*] precipitous, very steep

[2] [*huida, etc*] = **precipitado A**

**precisa** SF [1] (*CAm*) (= *urgencia*) urgency

[2] **tener la ~** (*Cono Sur**) to be on the ball

**precisado** ADJ **verse ~ a hacer algo** to be forced *o* obliged to do sth

**precisamente** ADV [1] (= *con precisión*) precisely

[2] (= *exactamente*) precisely, exactly; **¡precisamente!** exactly!, precisely!; **~ por eso** for that very reason, precisely because of that; **~ fue él quien lo dijo** as a matter of fact it was he who said it; **~ estamos hablando de eso** we're just talking about that; **llegó ~ cuando nos íbamos** he arrived just as we were leaving; **yo no soy un experto ~** I'm not exactly an expert; **no es eso ~** it's not quite that

**precisar** ▸conjug 1a◂ Ⓐ VT [1] (= *necesitar*) to need, require; **no precisa lavado** it needs no washing, it doesn't require washing; **el jefe precisa tu ayuda** the boss needs your help; **no precisamos que el candidato tenga experiencia** we do not require that the candidate should be experienced; **"se precisan mensajeros"** "messengers required", "messengers wanted"

[2] (= *especificar*) to specify; **no precisó a qué hora llegaría** he didn't specify when he would arrive; **aún no han precisado los detalles del contrato** they have not specified the details of the contract yet; **¿puedes ~ un poco más?** can you be a little more specific?; **precisó que no se trataba de un virus** he said specifically that it was not a virus

Ⓑ VI **~ de algo** to need *o* require sth; **no precisamos de sus servicios** we do not need *o* require your services

**precisión** SF [1] (= *exactitud*) precision, accuracy, preciseness; **instrumento de ~** precision instrument

[2] **hacer precisiones** to clarify matters

[3] (= *necesidad*) need, necessity; **tener ~ de algo** to need sth, be in need of sth; **verse en la ~ de hacer algo** to be forced *o* obliged to do sth

[4] (*Méx*) (= *urgencia*) urgency

⮟**preciso** ADJ [1] (= *exacto*) precise; **una descripción precisa** a precise description; **hemos recibido instrucciones precisas** we have received precise instructions; **un reloj**

**muy ~** a very precise *o* accurate watch
2 (= *justo*) **en aquel ~ momento** at that precise *o* very moment; **tengo el tiempo ~ para comer y ducharme** I have just enough time to eat and shower
3 (= *necesario*) necessary; **las cualidades precisas** the necessary qualities; **cuando sea ~** when it becomes necessary; **si es ~ iré yo mismo** I'll go by myself if necessary; **es ~ tener coche** it is essential to have a car; **es ~ que lo hagas** you must do it; **no es ~ que vengas** there's no need for you to come; ✦***MODISMO*** **ser un Don Preciso** (*Cono Sur*) to believe o.s. to be indispensable
4 [*estilo, lenguaje*] concise
5 (*Caribe*) [*persona*] conceited

**precitado** ADJ above-mentioned

**preclaro** ADJ illustrious

**precocidad** SF 1 (= *cualidad*) precociousness, precocity
2 (*Bot*) earliness

**precocinado** ADJ pre-cooked; **platos ~s** ready meals, pre-cooked meals

**precocinar** ▸conjug 1a◂ VT to precook

**precognición** SF foreknowledge, precognition (*frm*)

**precolombino** ADJ pre-Columbian; **la América precolombina** America before Columbus

**preconcebido** ADJ preconceived; **idea preconcebida** preconceived idea, preconception

**preconcepción** SF preconception

**preconciliar** ADJ preconciliar, before Vatican II

**precondición** SF precondition

**preconización** SF 1 (= *recomendación*) recommendation
2 (= *apoyo*) advocacy

**preconizar** ▸conjug 1f◂ VT 1 (= *elogiar*) to praise
2 (= *recomendar*) to recommend, advise
3 (= *apoyar*) to advocate

**precontrato** SM pre-contract

**precordillera** SF (*LAm*) Andean foothills *pl*

**precoz** ADJ 1 (= *prematuro*) [*envejecimiento, calvicie, eyaculación*] premature; [*diagnóstico, pronóstico*] early; [*niño*] precocious
2 (*Bot*) early

**precozmente** ADV 1 (= *prematuramente*) [*envejecer, eyacular*] prematurely; [*diagnosticar, detectar*] early; **inició su actividad sexual ~** he became sexually active at an early age
2 (*Bot*) early

**precursor(a)** SM/F precursor, forerunner

**predación** SF (*Biol*) predation; (*fig*) depredation, plundering

**predador** SM, **predator** SM predator

**predecesor(a)** SM/F predecessor

**predecir** ▸conjug 3o◂ VT to predict, forecast

**predemocrático** ADJ prior to the establishment of democracy

**predestinación** SF predestination

**predestinado** ADJ predestined; **estar ~ a hacer algo** to be predestined to do sth

**predestinar** ▸conjug 1a◂ VT to predestine

**predeterminación** SF predetermination

**predeterminado** ADJ predetermined

**predeterminar** ▸conjug 1a◂ VT to predetermine

**prédica** SF (= *sermón*) sermon; (= *arenga*) harangue; **~s** preaching

**predicación** SF preaching

**predicado** SM predicate

**predicador/a** SM/F preacher

**predicamento** SM 1 (= *prestigio*) standing, prestige; **no goza ahora de tanto ~** it has less prestige now, it is not so well thought of now
2 (*LAm*) (= *situación difícil*) predicament

**predicar** ▸conjug 1g◂ VT, VI to preach; **~ con el ejemplo** to practise what one preaches

**predicativo** ADJ predicative

**predicción** SF [*de catástrofe, hecho futuro*] prediction; [*del tiempo*] forecast ► **predicción del tiempo** weather forecasting

**predicho** ADJ aforementioned

**predigerido** ADJ predigested

**predilección** SF predilection; **tener ~ por algo** to have a predilection for sth; **predilecciones y aversiones** likes and dislikes

**predilecto** ADJ favourite, favorite (*EEUU*); **fue nombrado hijo ~ de Madrid** he was named one of Madrid's honorary citizens

**predio** SM (= *finca*) property, estate; (*LAm*) (= *local*) premises *pl*; **~s** land *sing* ► **predio rústico** rural property, country estate ► **predio urbano** town property

**predisponente** ADJ [*factor, efecto*] underlying; **factores ~s de algo** the underlying factors of sth

**predisponer** ▸conjug 2q◂ VT to predispose; (*con prejuicios*) to prejudice, bias (**contra** against)

**predisposición** SF (= *tendencia*) predisposition; (= *prejuicio*) prejudice, bias (**contra** against); (*Med*) tendency, predisposition (**a** to)

**predispuesto** ADJ predisposed; **ser ~ a los catarros** to have a tendency to get colds; **es ~ al abatimiento** he tends to get depressed; **estar ~ contra algn** to be prejudiced against sb

**predocumento** SM draft, preliminary paper

**predominante** ADJ 1 (= *preponderante*) [*papel, poder*] predominant; [*opinión, ideología, viento*] prevailing
2 (*Com*) [*interés*] controlling

**predominantemente** ADV predominantly

**predominar** ▸conjug 1a◂ Ⓐ VI [*papel, poder*] to predominate, dominate; [*opinión, ideología, viento*] to prevail
Ⓑ VT to dominate, predominate over

**predominio** SM predominance

**preelectoral** ADJ pre-election *antes de s*; **sondeo ~** pre-election survey

**preeminencia** SF pre-eminence

**preeminente** ADJ pre-eminent

**preeminentemente** ADV pre-eminently

**preempción** SF pre-emption

**preenfriar** ▸conjug 1c◂ VT to precool

**preescoger** ▸conjug 2c◂ VT [+ *jugadores*] to seed

**preescolar** Ⓐ ADJ preschool; **educación ~** preschool education, nursery education
Ⓑ SM (= *escuela*) nursery school, nursery
Ⓒ SMF (= *niño*) child of nursery school age

**preestablecido** ADJ pre-established

**preestrenar** ▸conjug 1a◂ VT to preview, give a preview of

**preestreno** SM preview, press view

**preexistencia** SF pre-existence

**preexistente** ADJ pre-existing, pre-existent

**preexistir** ▸conjug 3a◂ VI to pre-exist, exist before

**prefabricado** Ⓐ ADJ prefabricated
Ⓑ SM prefabricated building, prefab*

**prefabricar** ▸conjug 1g◂ VT to prefabricate

**prefacio** SM preface, foreword

**prefecto** SM prefect

**prefectura** SF prefecture

**preferencia** SF 1 (= *prioridad*) preference; **tendrán ~ los que no lleguen al salario mínimo** preference will be given to those earning less than the minimum wage; **tienen ~ los vehículos que circulan por la derecha** vehicles coming from the right have priority; **localidad de ~** reserved seat; **tratamiento de ~** preferential treatment
2 (= *predilección*) preference; **no tengo ninguna ~** I have no preference; **tiene una clara ~ por la hija mayor** he has a clear preference for his eldest daughter, his eldest daughter is his clear favourite

**PREFERIR**

### Más verbo

- Cuando se habla de generalizaciones, **preferir** + INFINITIVO se traduce por **prefer** + **-ING**:

Prefiero nadar a correr
***I prefer swimming to running***
Juan siempre prefería leer a trabajar
***Juan always preferred reading to working***

- Cuando se habla de lo que se quiere hacer en una ocasión determinada, **prefiero/preferiría** se traducen por **would rather** + INFINITIVO *sin* **to** o, en un contexto más formal, por **would prefer** + INFINITIVO *con* **to**:

—¿Vamos al cine? —Preferiría quedarme en casa
***"Shall we go to the cinema?" — "I'd rather stay*** *o* ***I'd prefer to stay at home"***
Prefiero quedarme en un hotel a alquilar un apartamento
***I'd rather stay in a hotel than rent an apartment, I'd prefer to stay in a hotel rather than rent an apartment***

NOTA: Como se puede ver en el ejemplo anterior, **would prefer to** se usa en correlación con **rather than** + INFINITIVO *sin* **to** y nunca con **than** solo.

- Cuando se trata de traducir estructuras como **preferiría que** + ORACIÓN SUBORDINADA, en inglés se emplea la siguiente estructura: SUJETO DE LA ORACIÓN PRINCIPAL + **would rather** + SUJETO + VERBO EN PASADO:

Preferiría que él me llamara
***I'd rather he phoned me***
—¿Te importa que hable con ella? —Preferiría que no lo hicieras
***"Do you mind if I talk to her?" — "I'd rather you didn't"***

NOTA: Otra posibilidad de expresar esta construcción en inglés sería: **would prefer it if** + RESTO DE LA ORACIÓN o **would prefer** + OBJETO + CONSTRUCCIÓN DE INFINITIVO:

Preferiría que él me llamara
***I'd prefer it if he phoned me*** *o* ***I'd prefer him to phone me***

*Para otros usos y ejemplos ver la entrada.*

➤ LENGUA Y USO: preferencia 2 34.5

**preferencial** ADJ preferential

**preferente** ADJ **1** [*trato*] (= *especial*) preferential; (= *prioritario*) priority *antes de s*; [*lugar*] prominent; [*derecho*] prior; (*Fin*) [*acción*] preference *antes de s*
**2** **clase ~** (*Aer*) club class

**preferentemente** ADV preferably

**preferible** ADJ preferable (**a** to)

**preferiblemente** ADV preferably

**preferido/a** Ⓐ ADJ favourite, favorite (*EEUU*); **es mi cantante ~** he's my favourite singer
Ⓑ SM/F favourite, favorite (*EEUU*); **yo era la preferida de mi madre** I was my mother's favourite

**preferir** ▸conjug 3i◂ VT to prefer; **~ el té al café** to prefer tea to coffee; **¿cuál prefieres?** which do you prefer?; **¿qué prefieres (tomar)?** what will you have?; **prefiero ir a pie** I prefer to walk, I'd rather walk

**prefiguración** SF foreshadowing, prefiguration

**prefigurar** ▸conjug 1a◂ VT to foreshadow, prefigure

**prefijar** ▸conjug 1a◂ VT **1** (= *predeterminar*) to fix beforehand, prearrange
**2** (*Ling*) to prefix (**a** to)

**prefijo** SM **1** (*Ling*) prefix
**2** (*Telec*) (dialling) code, STD code, area code (*EEUU*)

**pregón** SM (= *proclama*) proclamation, announcement (*by town crier*); (*Com*) street cry, vendor's cry ▸ **pregón de las fiestas** local festival opening speech

**pregonar** ▸conjug 1a◂ VT [+ *inocencia propia, interés*] to proclaim, announce; [+ *secreto*] to disclose, reveal; [+ *mercancía*] to hawk; [+ *méritos*] to proclaim (for all to hear); **no estaría bien que lo fueras pregonando por ahí** you shouldn't go spreading it around

**pregonero/a** SM/F **1** (*municipal*) town crier
**2** [*de fiestas*] person who makes the opening speech
**3** (*Méx*) (= *subastador*) auctioneer

**pregrabado** ADJ pre-recorded

**pregrabar** ▸conjug 1a◂ VT to pre-record

**preguerra** SF prewar period; **el nivel de la ~** the prewar level; **en la ~** in the prewar period, before the war

**pregunta** SF question; **contestar a una ~** to answer a question; **hacer una ~** to ask *o* put a question; **acosar a algn a ~s** to bombard sb with questions; **lo negó, a ~s de los periodistas** questioned by the press he denied it; **presentar una ~** (*Pol*) to put down a question, table a question; ✦**MODISMO andar** *o* **estar a la cuarta ~** (*Esp**) to be broke* ▸ **pregunta capciosa** trick question ▸ **pregunta de elección múltiple** multiple-choice question ▸ **pregunta indiscreta** indiscreet question, tactless question ▸ **pregunta retórica** rhetorical question ▸ **pregunta sugestiva** (*Jur*) leading question ▸ **pregunta tipo test** multiple-choice question

**preguntar** ▸conjug 1a◂ Ⓐ VT to ask; **~ algo a algn** to ask sb sth; **siempre me preguntas lo mismo** you're always asking me the same question; **le pregunté la hora** I asked him the time; **pregúntale cómo se llama** ask her what her name is; **pregúntale si quiere venir** ask him if he wants to come, ask him whether he wants to come or not; **le fue preguntada su edad** (*frm*) he was asked his age
Ⓑ VI to ask, inquire; **~ por algn: si te preguntan por mí di que no he llegado** if they ask about me, tell them I haven't arrived; **cuando la vi ayer me preguntó por ti** she asked after you when I saw her yesterday; **hay alguien al teléfono que pregunta por el jefe** there's someone on the phone asking for the boss; **~ por la salud de algn** to ask after sb's health
Ⓒ **preguntarse** VPR to wonder; **me pregunto si vale la pena** I wonder if it's worthwhile

**preguntón*** ADJ inquisitive

**prehispánico** ADJ pre-Hispanic

**prehistoria** SF prehistory

**prehistórico** ADJ prehistoric

**preignición** SF pre-ignition

**preimpositivo** ADJ **beneficios ~s** pre-tax profits, profits before tax

**preinforme** SM preliminary report

**preinscripción** SF (*para cursar estudios*) pre-enrolment, pre-enrollment (*EEUU*); (*para congreso, cursillo*) provisional booking

**preinstalación** SF **~ de radio** radio fitted as standard; **~ de aire acondicionado** air conditioning pre-installed

**preinstalado** ADJ [*software*] pre-installed

**prejubilación** SF early retirement

**prejubilado/a** SM/F person who takes early retirement

**prejuiciado** ADJ (*LAm*) prejudiced (**contra** against)

**prejuicio** SM **1** (= *parcialidad*) prejudice, bias (**contra** against); **no tienen ~s contra los españoles** they are not prejudiced against Spaniards
**2** (= *idea preconcebida*) preconception
**3** (= *acto*) prejudgement

**prejuzgar** ▸conjug 1h◂ VT to prejudge

**prelación** SF precedence, priority; **tener ~ sobre algo** to have precedence *o* priority over sth

**prelado** SM prelate

**prelatura** SF prelature ▸ **prelatura personal** personal prelature

**prelavado** SM prewash

**preliminar** Ⓐ ADJ [*estudio, resultado*] preliminary; (*Dep*) **fase ~** qualifying round(s)
Ⓑ SM preliminary

**preludiar** ▸conjug 1b◂ Ⓐ VT to herald; **el calor que preludia la primavera** the warmth that heralds the coming of spring
Ⓑ VI (*Mús*) [*cantante*] to warm up; [*pianista*] to play a few scales; [*orquesta*] to tune up

**preludio** SM **1** (*Mús*) (= *comienzo*) prelude (**de** to); (= *ensayo*) warm-up
**2** (= *comienzo*) prelude

**premamá** ADJ **vestido (de) ~** maternity dress

**premarital** ADJ premarital

**prematrimonial** ADJ premarital, before marriage; *ver tb* **relación 6**

**prematuramente** ADV prematurely

**prematuro/a** Ⓐ ADJ premature; **es ~ hablar de detalles** it's too early to talk about details, it would be rather premature to talk about details
Ⓑ SM/F premature baby

**premedicación** SF premedication

**premeditación** SF premeditation; **con ~** with premeditation, deliberately

**premeditadamente** ADV with premeditation, deliberately

**premeditado** ADJ [*acto, crimen, tiro*] premeditated; [*ironía*] deliberate; [*negligencia*] wilful; [*insulto*] calculated

**premeditar** ▸conjug 1a◂ VT (= *pensar*) to premeditate, think out (in advance); (= *planear*) [+ *crimen*] to premeditate, plan

**premenstrual** ADJ premenstrual; *ver tb* **síndrome**

**premiado/a** Ⓐ ADJ [*novela*] prizewinning; [*número, boleto*] winning; **tu billete resultó** *o* **salió ~ con 60 millones** your ticket won 60 million
Ⓑ SM/F prizewinner

**premiar** ▸conjug 1b◂ VT **1** (= *dar un premio a*) to award a prize to; **el jurado ha premiado la película italiana** the jury awarded a prize to the Italian film; **fue premiado el director italiano** the Italian director received an award; **han premiado el documental** the documentary won an award
**2** (= *recompensar*) to reward (**con** with); **han premiado su esfuerzo con un aumento de sueldo** they rewarded his efforts with a pay rise

**premier** [pre'mjer] SMF prime minister, premier

**premiere** [pre'mjer] SF premiere

**premio** Ⓐ SM **1** (*en competición*) prize; **Gran Premio de Fórmula Uno** Formula One Grand Prix; **llevarse un ~** to get a prize ▸ **premio de consolación** consolation prize ▸ **premio de fin de carrera** final-year prize ▸ **premio en metálico** cash prize ▸ **premio extraordinario** (*Univ*) award with special distinction ▸ **premio gordo** jackpot
**2** (= *recompensa*) reward; **como ~ a sus servicios** as a reward for her services
**3** (*Com, Fin*) (= *prima*) premium; **a ~** at a premium
Ⓑ SMF (= *persona galardonada*) **una entrevista con la ~ Nobel de la Paz** an interview with the winner of the Nobel Peace Prize; **intervendrá en el debate el actual ~ Cervantes** the current Cervantes Prize winner will take place in the debate

**premioso** ADJ **1** (= *apremiante*) pressing, urgent
**2** [*orden*] strict
**3** [*persona*] (*al hablar*) reticent, shy of speaking; (*al escribir*) slow (in writing); (*al moverse*) slow, awkward
**4** [*estilo*] laboured, labored (*EEUU*)
**5** [*vestido*] tight

**premisa** SF premise

**premonición** SF premonition

**premonitoriamente** ADV as a warning

**premonitorio** ADJ premonitory (*frm*), warning *antes de s*

**premunirse** ▸conjug 3a◂ VPR (*LAm*) = **precaver B**

**premura** SF **1** (= *prisa*) haste, urgency
**2** (= *aprieto*) pressure; **con ~ de tiempo** under pressure of time, with very little time; **debido a ~ de espacio** because of pressure on space

**prenatal** ADJ antenatal, prenatal

**prenavideño** ADJ before Christmas, pre-Christmas *antes de s*

➤ LENGUA Y USO: **preferido A** 34.1, 34.3 **preferir** 34.1, 34.4, 35.5, 36.3 **prefijo** 27

**prenda** SF [1] (*tb* ~ **de vestir**) garment, article of clothing ► **prenda interior** undergarment, piece of underwear; **~s interiores** underwear *sing* ► **prendas de cama** bedclothes ► **prendas deportivas** sportswear *sing* ► **prendas de mesa** table linen *sing* ► **prendas de punto** knitwear *sing* ► **prendas de trabajo** work clothes
[2] (= *garantía*) pledge; **dejar algo en ~** (*por dinero*) to pawn sth; (*como garantía*) to leave sth as security; **en** *o* **como ~ de algo** as a token of sth; ✦*MODISMOS* **no soltar ~** to give nothing away; **no dolerle prendas a algn: a mí no me duelen ~s** I don't mind saying nice things about others, it doesn't worry me that I'm not as good as others; ✦*REFRÁN* **al buen pagador no le duelen ~s** a good payer is not afraid of giving guarantees
[3] **prendas** (= *cualidades*) talents, gifts; **buenas ~s** good qualities; **de todas ~s** first class, excellent
[4] (= *juego*) forfeit; **pagar ~** to pay a forfeit
[5] (*) (*en oración directa*) darling; **¡oye, ~!** hi, gorgeous!*
[6] **la ~** (*Cono Sur*) one's sweetheart, one's lover

**prendar** ▸conjug 1a◂ Ⓐ VT [1] [+ *persona*] (= *cautivar*) to captivate, enchant; (= *ganar la voluntad de*) to win over; **volvió prendado de la ciudad** by the time he came back he had fallen in love with the town
[2] (*Méx*) (= *empeñar*) to pawn
Ⓑ **prendarse** VPR **~se de algo** to be captivated by sth, be enchanted with sth; **~se de algn** to fall in love with sb

**prendedera** SF (*Andes*) waitress

**prendedero** SM, **prendedor** SM clasp, brooch, broach (*EEUU*)

**prender** ▸conjug 2a◂ Ⓐ VT [1] [+ *persona*] (= *capturar*) to catch, capture; (= *detener*) to arrest
[2] (*Cos*) (= *sujetar*) to fasten; (*con alfiler*) to pin, attach (**en** to); **~ el pelo con horquillas** to pin one's hair with grips
[3] (= *atar*) to tie, do up
[4] (*esp LAm*) [+ *fuego, horno, vela, cigarrillo*] to light; [+ *cerilla*] to strike; [+ *luz, TV*] to switch on; [+ *cuarto*] to light up
Ⓑ VI [1] [*fuego*] to catch; **sus ideas prendieron fácilmente en la juventud** his ideas soon caught on with the young
[2] (= *engancharse*) to catch, stick; **el ancla prendió en el fondo** the anchor buried itself in the seabed
[3] [*planta*] to take, take root
[4] [*vacuna*] to take
Ⓒ **prenderse** VPR [1] (= *encenderse*) to catch fire
[2] [*mujer*] to dress up
[3] (*Caribe*) (= *emborracharse*) to get drunk

**prendería**† SF [*de cosas usadas*] secondhand (clothes) shop; [*de baratijas*] junkshop; [*de empeños*] pawnbroker's (shop)

**prendero/a**† SM/F [1] [*de cosas usadas*] secondhand (clothes) dealer, junk dealer
[2] (= *prestamista*) pawnbroker

**prendido** Ⓐ ADJ [1] **quedar ~** (= *enganchado*) to be caught (fast), be stuck; (= *cautivado*) to be captivated
[2] (*Cono Sur Med*) constipated
[3] (*Méx*) (= *vestido*) dressed up
Ⓑ SM (= *adorno*) clip, brooch

**prendimiento** SM [1] (= *captura*) (*gen*) capture; [*de droga, contrabando*] seizure
[2] (= *detención*) arrest
[3] (*Cono Sur Med*) constipation

**prensa** SF [1] (= *publicaciones*) **la ~** the press, the (news)papers; **leer la ~** to read the (news)papers; **salir en la ~** to appear in the press *o* (news)papers; **tener mala ~** to have *o* get a bad press ► **la prensa amarilla** the gutter press ► **prensa del corazón** *periodicals specializing in real-life romance stories*
[2] (= *máquina*) (*Mec, Dep*) press; (*Tip*) printing press; [*de raqueta*] press; **aprobar un libro para la ~** to pass a book for the printers; **dar algo a la ~** to send sth to the printers; **entrar en ~** to go to press; **estar en ~** to be at the printers; **"libros en ~"** "forthcoming titles"

> **PRENSA DEL CORAZÓN**
>
> *The* **prensa del corazón** *is the generic term given in Spain to weekly or fortnightly magazines specializing in society gossip and the social lives of the rich and famous. The pioneer was* **¡Hola!** *which first appeared in 1944 (***Hello!** *magazine is the English-language version), while other popular titles include* **Pronto, Lecturas, Semana** *and* **Diez Minutos**. *They constitute a highly profitable sector of the market, occupying six of the top ten places in magazine sales.*

**prensaajos** SM INV garlic press

**prensado** Ⓐ ADJ compressed
Ⓑ SM [1] (= *acto*) pressing
[2] (= *lustre*) sheen, shine, gloss

**prensador** SM press, pressing machine ► **prensador de paja** straw baler

**prensaestopas** SM INV (*Náut*) stuffing box

**prensaje** SM (*Mús*) recording

**prensalimones** SM INV lemon-squeezer

**prensar** ▸conjug 1a◂ VT to press

**prensil** ADJ prehensile

**preñado** Ⓐ ADJ [1] [*mujer, animal*] pregnant; **está preñada de seis meses** she's six months pregnant
[2] **~ de algo** pregnant with sth, full of sth; **una situación preñada de peligros** a situation fraught with danger; **ojos ~s de lágrimas** eyes brimming with tears
[3] [*muro*] bulging, sagging
Ⓑ SM (= *embarazo*) pregnancy

**preñar** ▸conjug 1a◂ VT [1] (= *dejar embarazada*) to get pregnant; (*Zool*) to impregnate, fertilize
[2] (= *llenar*) to fill

**preñez** SF pregnancy

**preocupación** SF [1] (= *inquietud*) worry, concern; (= *miedo*) fear; **tiene la ~ de que su mujer le es infiel** he is worried that his wife is unfaithful to him
[2] (*LAm*) (= *preferencia*) special consideration, priority, preference

**preocupado** ADJ worried, concerned (**por** about)

**preocupante** ADJ worrying

**preocupar** ▸conjug 1a◂ Ⓐ VT (= *inquietar*) to worry; (= *molestar*) to bother; **esto me preocupa muchísimo** I'm extremely worried about this, this worries me very much; **me preocupa cómo decírselo** I'm worried about how to tell him; **no le preocupa el qué dirán** he's not bothered about what people may say
Ⓑ **preocuparse** VPR [1] (= *inquietarse*) to worry (**de, por** about); **¡no se preocupe!** (*para calmar a algn*) don't worry!; (*para que algn no haga algo*) don't bother!; **no te preocupes por eso** don't worry about that; **no se preocupa en lo más mínimo** he doesn't care in the least
[2] (= *ocuparse*) to concern o.s. (**de** about); **tú preocúpate de que todo esté listo** you see to it that everything is ready
[3] (= *dar prioridad*) **~se de algo** to give special attention to sth, give sth priority

**preolímpico/a** Ⓐ ADJ **torneo ~** Olympic qualifying tournament
Ⓑ SM (= *competición*) Olympic qualifying tournament *o* round
Ⓒ SM/F (= *clasificado*) Olympic qualifier; (= *participante*) *athlete etc taking part in an Olympic qualifying tournament*

**preoperatorio** Ⓐ ADJ pre-operative, pre-op*
Ⓑ SM pre-operative period

**prepago** SM prepayment; **tarjeta de ~** prepayment card

**preparación** SF [1] (= *realización*) preparation; **tiempo de ~: 30 minutos** preparation time: 30 minutes; **un plato de fácil ~** an easy dish to make; **estar en ~** to be in preparation; **tengo varios libros en ~** I have several books in preparation
[2] (*antes de hacer algo*) **¿cuánto tiempo dedicas a la ~ de un examen?** how long do you spend studying for *o* preparing an exam?; **la ~ de las vacaciones me llevó varias semanas** it took me weeks to prepare for the holidays; **clases de ~ al parto** ante-natal classes ► **preparación de datos** data preparation
[3] (= *formación*) (*de estudios*) education; (*profesional*) training; **salió de la universidad con una buena ~** he left university with a good education; **buscamos a alguien con una buena ~ informática** we're looking for someone with good computer training *o* with a good training in computers ► **preparación física** (= *entrenamiento*) training; (= *estado*) physical condition
[4] (*tb* **estado de ~**) preparedness, readiness; **~ militar** military preparedness
[5] (*Farm*) preparation

**preparado** Ⓐ ADJ [1] (= *dispuesto*) [*persona*] prepared, ready; **—¿te vas a presentar al examen? —no, todavía no estoy ~** "are you going to take the exam?" — "no, I'm not prepared *o* ready yet"; **¡~s, listos, ya!** (*gen*) ready, steady, go!; (*Dep*) on your marks, get set, go!; **no estoy ~ mentalmente para la entrevista** I am not mentally prepared for the interview
[2] (*Culin*) (= *listo para servir*) ready to serve; (= *precocinado*) ready cooked; *ver tb* **comida 1**
[3] (*Educ*) (*con estudios*) educated; (*profesional*) trained; (*con título*) qualified; **está muy bien ~ para este trabajo** he's very well trained for this job; **un candidato muy ~** a highly-qualified candidate
[4] (= *informado*) well-informed
Ⓑ SM (*Farm*) preparation

**preparador(a)** SM/F [1] (= *instructor*) [*de deportista*] trainer, coach; [*de opositor*] private tutor ► **preparador(a) físico/a** fitness trainer

2 [*de caballo*] trainer
3 (*en laboratorio*) assistant

**preparar** ▸conjug 1a◂ Ⓐ VT 1 (= *dejar listo*) [+ *comida*] to make, prepare; [+ *habitación, casa*] to prepare, get ready; [+ *compuesto, derivado*] (*Quím*) to prepare, make up; **estoy preparando la cena** I'm making *o* preparing dinner, I'm getting dinner ready; **¿te preparo un café?** shall I make you a coffee?; **¿me puedes ~ la cuenta, por favor?** can you make my bill up, please?; *ver tb* **terreno B4**
2 (= *organizar*) [+ *acción, viaje*] to prepare; [+ *ejemplar, revista*] to prepare, work on; **tardaron semanas en ~ el atraco** it took them weeks to set up *o* prepare the robbery; **tengo una sorpresa preparada para ti** I've got a surprise for you; **estamos preparando el siguiente número de la revista** we're working on *o* preparing the next issue of the magazine
3 (= *instruir*) (*para un partido*) to train, coach; (*para examen, oposición*) to coach, tutor; **lleva meses preparando al equipo** he has been training *o* coaching the team for months; **la están preparando en una academia** they are preparing *o* coaching her in a private school, she is being tutored in a private school; **~ a algn en algo** to coach sb in sth; **busco a alguien que me prepare en inglés** I'm looking for someone to coach me in English
4 [+ *examen, prueba*] to study for, prepare for; **llevo semanas preparando este examen** I have been studying *o* preparing for this exam for weeks
Ⓑ **prepararse** VPR 1 (= *disponerse*) to get ready; **venga, prepárate, que nos vamos** come on, get ready, we're going; **~se a hacer algo** to get ready to do sth; **se preparaba a salir de casa cuando sonó el teléfono** he was just about *o* getting ready to leave the house when the telephone rang; **prepárate a oír esto** get ready for this; **~se para** to get ready for, prepare for; **nos estamos preparando para las vacaciones** we are getting ready *o* preparing for the holidays
2 (= *estudiar*) [+ *discurso*] to prepare; [+ *examen*] to prepare for, study for; **lleva todo el día preparándose el discurso** she has been preparing her speech all day; **no me había preparado bien el examen** I hadn't done enough preparation for the exam, I hadn't prepared *o* studied properly for the exam
3 (= *formarse*) to prepare; **se están preparando para la prueba de acceso a la universidad** they are preparing for the university entrance exam; **me estoy preparando para el campeonato nacional** I'm preparing for the national championship
4 (= *aproximarse*) [*problemas, tormenta*] to loom; **vimos como se preparaba la tormenta** we saw how the storm was brewing *o* looming; **se prepara una reestructuración ministerial** a cabinet reshuffle is imminent *o* afoot *o* looming

**preparativo** Ⓐ ADJ preparatory, preliminary
Ⓑ **preparativos** SMPL preparations; **los ~s para la conferencia** the preparations for the conference; **hacer sus ~s** to make one's preparations, prepare

**preparatoria** SF (*CAm, Méx*) (= *colegio*) secondary school, high school (*EEUU*)

**preparatorio** ADJ [*curso, trabajo, material*] preparatory; [*diseño, dibujo, boceto*] preliminary; **ejercicios ~s** preliminary exercises, warm-up exercises

**pre-Pirineo** SM Pyrenean foothills

**preponderancia** SF (= *predominio*) preponderance; (= *superioridad*) superiority; **sus propuestas tienen ~ sobre las mías** his proposals carry more weight than mine

**preponderante** ADJ 1 (= *predominante*) predominant, preponderant (*frm*)
2 (= *superior*) superior

**preponderar** ▸conjug 1a◂ VI 1 (= *predominar*) to predominate, preponderate (*frm*)
2 (= *prevalecer*) to dominate, prevail

**preponente** ADJ (*Andes*) arrogant, self-important, conceited

**preponer** ▸conjug 2q◂ VT to place before

**preposición** SF preposition

**preposicional** ADJ prepositional

**prepósito** SM superior

**prepotencia** SF 1 (= *arrogancia*) high-handedness; **el incidente fue un ejemplo más de su ~** the incident was yet another example of his high-handedness; **nunca me habían tratado con tanta ~** I had never been treated in such a high-handed manner *o* with such arrogance
2 (= *poder*) power; **su ~ en el Congreso es absoluta** he has absolute power in Congress

**prepotente** ADJ 1 (= *arrogante*) high-handed; **actitud ~** high-handed attitude; **un ministro fatuo y ~** a conceited and arrogant minister
2 (= *poderoso*) powerful

**preproducción** SF pre-production

**prepucio** SM foreskin, prepuce (*frm*)

**prerrequisito** SM prerequisite

**prerrogativa** SF prerogative

**prerrománico** ADJ pre-romanesque

**presa** SF 1 (= *animal apresado*) (*por cazador*) catch; (*por otro animal*) prey; **ave de ~** bird of prey; **huyó ~ del pánico** he fled in panic; **hacer ~ en algo**: **la desesperación hizo ~ en los soldados** the soldiers were seized with despair; **ser ~ de algo** to be a prey to sth; **los ancianos son ~ fácil de los vendedores sin escrúpulos** old people are easy prey for unscrupulous salesmen
2 (*en un río*) (= *dique*) dam; (= *represa*) weir, barrage
3 (*Mil*) (= *botín*) spoils *pl*, booty; (*Náut*) prize
4 (*Agr*) ditch, channel
5 (= *colmillo*) tusk, fang; (*Orn*) claw
6 (*esp LAm*) [*de carne*] piece (of meat)

**presagiador** ADJ ominous

**presagiar** ▸conjug 1b◂ VT to betoken, forebode, presage

**presagio** SM omen, portent

**presbicia** SF long-sightedness

**presbiopía** SF presbyopia

**présbita** ADJ, **présbite** ADJ long-sighted

**presbiteriano/a** ADJ, SM/F Presbyterian

**presbiterio** SM presbytery, chancel

**presbítero/a** SM/F priest

**presciencia** SF prescience, foreknowledge

**presciente** ADJ prescient

**prescindencia** SF (*LAm*) (= *privación*) doing without, going without; (= *abstención*) non-participation, abstention

**prescindente** ADJ (*LAm*) non-participating

**prescindible** ADJ dispensable; **y cosas fácilmente ~s** and things we can easily do without

**prescindir** ▸conjug 3a◂ VI **~ de** 1 (= *renunciar a*) to do without, go without; **no puede ~ de su secretaria** he can't do without his secretary; **han prescindido del coche** they've given up their car
2 (= *ignorar*) to disregard; **no deberían ~ de su opinión** they shouldn't disregard *o* ignore her opinion
3 (= *omitir*) to dispense with; **prescindamos de los detalles inútiles** let's dispense with *o* skip the unnecessary details

**prescribir** ▸conjug 3a◂ (*pp* **prescrito**) Ⓐ VT to prescribe
Ⓑ VI [*plazo*] to expire, run out

**prescripción** SF 1 (*Med*) prescription ► **prescripción facultativa**, **prescripción médica** medical prescription; **por ~ facultativa** on the doctor's orders
2 (*Méx Jur*) legal principle

**prescriptivo** ADJ prescriptive

**prescripto** ADJ (*Arg*) prescribed

**prescrito** ADJ prescribed

**presea** SF 1 (*liter*) (= *joya*) jewel, gem; (= *cosa preciada*) treasure, precious thing
2 (*LAm*) (= *premio*) prize

**preselección** SF 1 (*Dep*) (= *acción*) seeding; (= *equipo*) squad, team
2 [*de candidatos, participantes*] shortlist, shortlisting; **hacer una ~** to draw up a shortlist

**preseleccionado/a** SM/F (*Dep*) squad member, member of the squad; (*en candidatura*) short-listed candidate; (*en concurso*) short-listed entry

**preseleccionar** ▸conjug 1a◂ VT 1 [+ *candidatos*] to shortlist
2 (*Dep*) to seed

**presencia** SF 1 (*al estar*) presence; **en ~ de algn** in the presence of sb, in sb's presence; **estamos en ~ de un gran escritor** we have here a great writer
2 (= *aspecto*) appearance; **buena ~** smart appearance; **tener buena ~** to look smart ► **presencia de ánimo** presence of mind

**presencial** ADJ **testigo ~** eyewitness

**presenciar** ▸conjug 1b◂ VT (= *asistir a*) to be present at, attend; (= *ver*) to witness, see

**presentable** ADJ presentable

**presentación** SF 1 (*entre personas*) introduction; **tras las oportunas presentaciones** after the appropriate introductions; *ver tb* **carta 1**, **tarjeta**
2 (= *introducción*) [*de personaje, proyecto*] presentation; [*de producto*] launch, presentation; [*de campaña*] launch; **el cantante llevó a cabo la ~ del acto** the singer presented *o* hosted the event; **texto de ~** introduction ► **presentación de modelos** fashion parade, fashion show ► **presentación editorial** (*dentro del libro*) publisher's foreword; (*en contraportada*) publisher's blurb ► **presentación en público** first public appearance, debut ► **presentación en sociedad** coming out, debut
3 (= *concurrencia*) **tras su ~ al concurso** after entering the competition; **¿cuáles son los motivos de su ~ a las elecciones?** what are your reasons for standing in these elections?

[4] (= *llegada*) turning up; **su ~ en mitad de la reunión** her turning up in the middle of the meeting; **no entendemos el por qué de su ~ sin avisar** we don't understand why he turned up unannounced
[5] (= *entrega*) submission; **la fecha de ~ del escrito** the date the document was submitted, the submission date of the document; **la ~ del trabajo tendrá que hacerse antes del día 31** the work must be submitted before the 31st; **el plazo de ~ de solicitudes está ya cerrado** applications are no longer being accepted, the closing date for applications is now past
[6] (= *muestra*) presentation; **previa ~ de su carné de socio** on presentation of your membership card; **se requiere la ~ de la invitación** invitations must be presented *o* shown on request
[7] (= *aspecto*) [*de persona*] appearance; [*de comida, producto, trabajo*] presentation; **se requiere buena ~ a los candidatos** candidates must be of good appearance
[8] (*Chile*) (= *solicitud*) petition

**presentador(a)** SM/F [1] [*de acto*] host/hostess, presenter
[2] (*TV, Radio*) [*de debate, documental, informativo*] presenter; [*de programa de variedades, concurso*] host/hostess, presenter

**presentar** ▸conjug 1a◂ Ⓐ VT [1] (= *enseñar, exponer*) (*gen*) to present; [+ *moción, candidato*] to propose, put forward; [+ *pruebas, informe*] to submit; [+ *documento, pasaporte*] to show; **~ una propuesta** to make *o* present a proposal; **~ algo al cobro** *o* **al pago** (*Com*) to present sth for payment
[2] (= *entregar*) to hand in; **mañana tengo que ~ un trabajo** I have to hand in an essay tomorrow; **presentó la dimisión** he handed in his resignation, he resigned
[3] (= *mostrar*) [+ *señal, síntoma*] to show; **presenta señales de deterioro** it is showing signs of wear
[4] (= *exponer al público*) [+ *producto, disco, libro*] to launch; **presentó su obra en la Galería Mons** she showed her work at the Galería Mons
[5] (*en espectáculo*) [+ *obra*] to perform; [+ *actor, actriz*] to present, feature; **el grupo presentó una obra en un solo acto** the group performed a one-act play
[6] (= *ser presentador de*) [+ *programa televisivo*] to present, host; **J. Pérez presenta el programa** the programme is presented *o* hosted by J. Pérez; **¿quién presenta ahora las noticias de las nueve?** who presents *o* reads the nine o'clock news now?
[7] (= *tener*) to have; **este año el examen presenta novedades** this year the exam has some new features; **el ferrocarril presenta ventajas evidentes** the train offers *o* has obvious advantages; **el cadáver presentaba varios impactos de bala** the body had several bullet wounds; **el coche presenta ciertas modificaciones** the car has had certain changes made to it
[8] [+ *persona*] to introduce; **me presentó a sus padres** he introduced me to his parents; **permítanme ~les a don Narciso Gómez** allow me to introduce Mr Narciso Gómez (to you); **te presento a Carlos** this is Carlos; **a ver si te presento a mi amiga Jacinta** you must meet my friend Jacinta, I must introduce you to my friend Jacinta; **ser presentada en sociedad** to come out, make one's début
[9] (= *ofrecer*) [+ *disculpa*] to offer, make; **presentó sus respetos** she paid her respects; **le presento mis consideraciones** (*en carta*) yours faithfully
[10] (*Mil*) **~ armas** to present arms; **~ batalla** (*lit*) to draw up in battle array; (*fig*) to offer resistance
Ⓑ **presentarse** VPR [1] (= *aparecer*) to turn up; **se ~on sin avisar** they turned up unexpectedly; **se presentó en un estado lamentable** he turned up in a dreadful state
[2] (= *comparecer*) **el atracador se presentó a la policía** the robber gave himself up to the police; **tengo que ~me ante el juez** I have to appear before the judge; **tendrá que ~se ante el juez cada semana** he'll have to report to the judge once a week; **hay que ~se el lunes por la mañana en la oficina del paro** we have to go to the Job Centre on Monday morning; **~se voluntario** to volunteer
[3] (= *hacerse conocer*) to introduce o.s. (**a** to); **antes de nada, me voy a ~** first of all, let me introduce myself
[4] [*candidato*] to run, stand; **~se a** [+ *puesto*] to apply for; [+ *examen*] to sit, enter for; [+ *concurso*] to enter; **he decidido no ~me a las elecciones** I've decided not to stand *o* run in the elections
[5] (= *surgir*) [*problema*] to arise, come up; [*oportunidad*] to present itself, arise; **se presentó un caso singular** a strange case came up; **el futuro no se presenta optimista** the future isn't looking too good; **el día se presenta muy hermoso** it looks like it's going to be a lovely day

**presente** Ⓐ ADJ [1] (*en el espacio*) **el objeto del ~ trabajo** the purpose of this essay; **los firmantes del ~ escrito** we the undersigned; **el público ~** those present in the audience; **según uno de los testigos ~s** according to one of the witnesses; **—¡Miguel García! —¡presente!** "Miguel García!" — "here!"; **un problema siempre ~** an ever-present problem; **estar ~** to be present; **¿estabas tú ~ en esa reunión?** were you present at that meeting?; **la mezcla de estilos está siempre ~ en sus películas** the mixing of styles is a permanent feature in his films; **esa posibilidad está siempre ~** there is always that possibility, that possibility always exists; **hacerse ~** to manifest o.s.; **su espíritu se hizo ~ a través de la médium** his spirit manifested itself through the medium; **tener algo ~** to bear sth in mind; **hay que tener ~ esa posibilidad** we have to bear that possibility in mind; **te tendré ~ si me entero de algún trabajo** I will bear you in mind if I hear of any jobs; **siempre os tendré ~s en mis pensamientos** you will always be in my thoughts, I will never forget you; ✦*MODISMO* **mejorando lo ~** as you are yourself, just like you; **es muy buena actriz, mejorando lo ~** she's a very good actress, as you are yourself *o* just like you; *ver tb* **cuerpo 2**
[2] (*en el tiempo*) [*año, mes, temporada*] current; [*momento*] present; **los acontecimientos ~s** current events; **en el ~ ejercicio fiscal** in the current tax year; **hasta el momento ~** up to the present time; **el día 28 del ~ mes** the 28th of this month
[3] (*LAm*) (*en sobre*) **"presente"** "by hand"
Ⓑ SMF **los/las ~s** those present; **todos los allí ~s** all those present
Ⓒ SM [1] (*tb* **momento ~**) present; **hay que vivir el ~** you have to live in the present; **hasta el ~** up to the present
[2] (*Ling*) present, present tense ▸ **presente de indicativo** present indicative ▸ **presente de subjuntivo** present subjunctive; *ver tb* **participio**
[3] (= *regalo*) present, gift
Ⓓ SF (*frm*) **le comunico por la ~ que ...** I hereby inform you that ... (*frm*)

**presentimiento** SM premonition, presentiment; **tener un mal ~** to have a sense of foreboding

▼**presentir** ▸conjug 3i◂ VT to feel, be aware of; **presiento que ...** I have a feeling that ..., I feel that ...

**preservación** SF preservation, protection

**preservante** SM preservative

**preservar** ▸conjug 1a◂ VT [1] (= *proteger*) to protect, preserve (**contra** against; **de** from)
[2] (*LAm*) (= *conservar*) to maintain, preserve

**preservativo** SM condom, contraceptive sheath (*frm*)

**presi*** SMF = **presidente**

**presidencia** SF [1] (= *gobierno*) [*de nación*] presidency; [*de comité*] chairmanship; **ocupar la ~ de** [+ *empresa*] to be the president of; [+ *comité*] to be the chairman of; **ocupar la ~ del gobierno** to be president; **España ocupa actualmente la ~ de la UE** Spain currently holds the presidency of the EU
[2] **Presidencia** (= *oficina*) Prime Minister's office

**presidenciable** Ⓐ ADJ **ministro ~** minister who has the makings of a president
Ⓑ SMF possible candidate *o* contender for the presidency

**presidencial** ADJ presidential; **las (elecciones) ~es** the presidential elections

**presidencialismo** SM presidential rule

**presidente/a** SM/F (SF *tb* **presidente**) [1] (*Pol, Com*) [*de país, asociación*] president; [*de comité, reunión*] chair, chairperson, chairman/chairwoman; (*Esp Pol*) (*tb* **Presidente del Gobierno**) prime minister; [*de la cámara*] speaker; **candidato a ~** (*Pol*) presidential candidate; **es candidato a ~ de Cruz Roja/del Real Madrid** he is a candidate for the presidency of the Red Cross/he is a candidate to be chairman of the board of Real Madrid ▸ **presidente/a de honor** honorary president ▸ **presidente/a vitalicio/a** president for life
[2] (*Jur*) (= *magistrado*) presiding magistrate; (= *juez*) presiding judge
[3] (*LAm*) (= *alcalde*) mayor

**PRESIDENTE DEL GOBIERNO**

*The head of the Spanish government, or* **Presidente del Gobierno**, *is elected not just by the winning party but by the entire* **Congreso de los Diputados** *following a general election. The* **Presidente** *is appointed for a four-year term and called upon by the King to form a cabinet. As in Britain, he has the power to call an early election, and can be forced to do so by a censure motion in the* **Congreso**.

➤ LENGUA Y USO: **presentir** 33.2

**presidiario/a** SM/F convict

**presidio** SM [1] (= *cárcel*) prison, penitentiary (*EEUU*); **meter a algn en ~** to put sb in prison
[2] (= *trabajos forzados*) hard labour, penal servitude
[3] (*Pol*) praesidium, presidium
[4] (*Mil*) (= *plaza fuerte*) garrison; (= *fortaleza*) fortress

**presidir** ▸conjug 3a◂ Ⓐ VT [1] (= *estar al frente de*) [+ *gobierno*] to preside over, be president of; [+ *reunión*] to chair, be chairman of
[2] (= *dominar*) to dominate; **los temores presidieron la jornada de ayer** fear dominated *o* held sway the whole day yesterday; **la inoperancia y el recurso a medidas de emergencia presidieron su política** the predominant features of his policy were ineffectiveness and recourse to emergency measures
Ⓑ VI (*en gobierno*) to hold the presidency; (*en ceremonia*) to preside; (*en reunión*) to be the chair

**presilla** SF [1] (*para botón, corchete*) [*de hilo, tela*] loop; [*de metal*] eye
[2] (= *cierre*) fastener, clip
[3] (*LAm Mil*) shoulder badge, flash; (*Méx*) epaulette

**presintonía** SF presetting, preprogram(m)ing

**presión** SF [1] (*Meteo, Fís, Téc*) pressure; (*con la mano*) press, squeeze; **olla a ~** pressure cooker; **reactor de agua a ~** pressurized water reactor; **indicador/medidor de ~** pressure gauge; **tres atmósferas de ~** three atmospheres of pressure; **hacer ~ sobre algo** to press (on) sth ▸ **presión arterial** blood pressure ▸ **presión atmosférica** atmospheric pressure, air pressure ▸ **presión sanguínea** blood pressure
[2] (= *influencia*) pressure; **ejercer** *o* **hacer ~ para que se haga algo** to press for sth to be done; (*Pol*) to lobby for sth to be done; **hay ~ dentro del partido** there are pressures within the party; **hacer algo bajo ~** to do sth under pressure ▸ **presión fiscal**, **presión impositiva** tax burden

**presionar** ▸conjug 1a◂ Ⓐ VT [1] [+ *botón, tecla*] to press
[2] [+ *persona*] to pressure, pressurize, put pressure on; **~ a algn para que haga algo** to pressure *o* pressurize sb into doing sth, put pressure on sb to do sth; **el ministro, presionado por los fabricantes, accedió** the minister, under pressure from the manufacturers, agreed
Ⓑ VI to press; **~ para algo** to press for sth; **~ para que sea permitido algo** to press for sth to be allowed

**preso/a** Ⓐ ADJ **llevar ~ a algn** to take sb prisoner; **estuvo ~ durante tres años** he was in prison for three years; **la cárcel donde estuvo ~** the prison where he served his sentence; **estar ~ del pánico** to be panic-stricken; ✦***MODISMO*** **~ por mil, ~ por mil quinientos** (*Esp*) in for a penny, in for a pound
Ⓑ SM/F (= *prisionero*) prisoner ▸ **preso/a común** ordinary prisoner ▸ **preso/a de conciencia** prisoner of conscience ▸ **preso/a de confianza** trusty ▸ **preso/a político/a** political prisoner ▸ **preso/a preventivo/a** remand prisoner

**pressing** ['presin] SM [1] (*Dep*) pressure
[2] = **presión 2**

**prestación** SF [1] (= *subsidio*) benefit; (*Méx*) fringe benefit, perk* ▸ **prestación asistencial** social security benefit, welfare benefit (*EEUU*) ▸ **prestación por desempleo** unemployment benefit, unemployment compensation (*EEUU*) ▸ **prestación por jubilación** retirement benefit ▸ **prestaciones sociales** (= *dinero*) social security benefits; (= *servicios*) social services
[2] (= *acción*) **se limitaron a la ~ de ayuda técnica** they limited themselves to giving technical aid; **le agradecemos la ~ de sus servicios** we are grateful for the services rendered ▸ **prestación de juramento** oath-taking, swearing in ▸ **prestación personal** obligatory service ▸ **prestaciones sanitarias** health services ▸ **prestación social sustitutoria** community service (*alternative to national service*)
[3] (*Fin*) (= *préstamo*) lending, loan
[4] **prestaciones** (*Téc, Inform*) features, facilities; (*Aut*) (= *equipamiento*) features; (= *rendimiento*) performance *sing*

**PRESTACIÓN SOCIAL SUSTITUTORIA**

*The* **Prestación Social Sustitutoria** (**PSS**) *is the non-military alternative to* **la mili** *for Spanish conscientious objectors. It involves a variety of largely unpaid community service ranging from social work to civil defence, to working on behalf of the local authority, the Red Cross or the Spanish equivalent of the Forestry Commission.*
⇨ *See also* MILI, INSUMISO

**prestado** ADJ (*gen*) borrowed; (*en biblioteca*) on loan; **llevaba un traje ~** he was wearing a borrowed suit; **de ~**: **fue a la boda de ~** he went to the wedding in borrowed clothes; **tuvo que vivir un tiempo de ~** he had to live at other people's expense for a while; **dejar algo ~** to lend sth; **pedir algo ~** (= *tomar prestado*) to borrow sth; (= *preguntar*) to ask to borrow sth; **tomar algo ~** to borrow sth

**prestador(a)** SM/F lender

**prestamista** SMF [*de dinero*] moneylender; [*de empeños*] pawnbroker

**préstamo** SM [1] (= *acción*) (*de prestar*) lending; (*de pedir prestado*) borrowing; **servicio de ~ de libros** book lending service; **buscamos una alternativa al ~ bancario** we are looking for an alternative to bank borrowing; **en ~** on loan ▸ **préstamo a domicilio** home lending ▸ **préstamo interbibliotecario** interlibrary loan
[2] (= *dinero prestado*) loan; **necesitamos un ~ de cinco millones** we need a loan of five million; **conceder un ~** to grant a loan; **hacer un ~ a algn** to give sb a loan; **pedir un ~** to ask for a loan ▸ **préstamo bancario** bank loan ▸ **préstamo cobrable a la vista** call loan ▸ **préstamo colateral** collateral loan ▸ **préstamo con garantía** secured loan ▸ **préstamo hipotecario** mortgage (loan), real-estate loan (*EEUU*) ▸ **préstamo para la vivienda** home loan ▸ **préstamo personal** personal loan ▸ **préstamo pignoraticio** collateral loan ▸ **préstamo puente** bridging loan; *ver tb* **casa 8**
[3] (*Ling*) loanword

**prestancia** SF (= *elegancia*) elegance, poise; (= *excelencia*) excellence, distinction

**prestar** ▸conjug 1a◂ Ⓐ VT [1] (= *dejar prestado*) to lend; **¿me puedes ~ el coche?** can I borrow your car?, can you lend me your car?; **prestó su imagen para un anuncio** he allowed his image to be used in an advertisement
[2] (*LAm*) (= *pedir prestado*) to borrow (**a** from)
[3] (= *dedicar*) [+ *esfuerzo*] to devote; [+ *apoyo, auxilio, ayuda*] to give; **le agradecemos los servicios prestados** we thank you for the services rendered; **la embajada también prestó su colaboración** the embassy also cooperated; **~ atención a algn/algo** to pay attention to sb/sth; **~ crédito a algo** to believe sth; **no podía ~ crédito a mis oídos** I couldn't believe my ears; **~ declaración** (*ante la policía*) to make a statement; (*en un juicio*) to give evidence, testify; **~ juramento** (*gen*) to take the oath, be sworn in; **prestó juramento sobre la Biblia** he swore on the Bible; **~ oídos a algo** to take notice of sth
[4] (*frm*) (= *aportar*) **los jóvenes prestaban alegría a la fiesta** the young people brought good cheer to *o* brightened up the party; **el color azul le prestaba un encanto especial a la habitación** the blue colour gave *o* lent a special charm to the room
[5] (*Ven*) **~ a algn** to do good to sb; **no le prestó el viaje** the trip didn't do him any good
Ⓑ VI [1] (= *dar de sí*) [*zapatos*] to give; [*cuerda*] to stretch
[2] (= *servir*) **~ para algo** to be big enough for sth
Ⓒ **prestarse** VPR [1] **~se a** [*persona*] [1.1] (= *aceptar*) to accept; **yo nunca me ~ía a esa petición** I would never agree to that request; **no se ~á a participar en ese tipo de juego** he will never agree to be involved in that kind of game
[1.2] (= *ofrecerse*) to volunteer to; **se prestó a echarnos una mano si hacía falta** he volunteered to give us a hand if we needed it
[2] (= *dar lugar a*) **~se a algo**: **sus palabras se ~on a confusión** his words were misinterpreted; **la situación actual se presta a varias interpretaciones** the present situation could be interpreted in several ways; **ese argumento se presta a discusión** that argument is open to debate
[3] (= *servir*) **~se para algo** to be suitable for sth; **se presta para cualquier uso** it is suitable for any purpose; **esta sala se presta muy bien para este tipo de concierto** this hall is perfectly suited to this type of concert
[4] **~se de algo** (*Caribe*) to borrow sth

**prestatario/a** SM/F borrower

**preste** SM (*hum*) priest

**presteza** SF promptness, alacrity (*frm*); **con ~** speedily, promptly, with alacrity (*frm*)

**prestidigitación** SF (= *ilusionismo*) conjuring, sleight of hand, prestidigitation (*frm*); (= *malabarismo*) juggling

**prestidigitador(a)** SM/F (= *ilusionista*) conjurer, prestidigitator (*frm*); (= *malabarista*) juggler

**prestigiado** ADJ (*LAm*) (= *respetable*) worthy, estimable; (= *prestigioso*) prestigious

**prestigiar** ▸conjug 1b◂ VT (= *dar prestigio*) to give prestige to; (= *dar fama*) to make famous; (= *honrar*) to honour, honor (*EEUU*) (**con** with); (= *realzar*) to enhance

**prestigio** SM 1 (= *fama*) prestige; **de ~** prestigious
2 (= *ensalmo*) spell, magic spell
3 (= *truco*) trick

**prestigioso** ADJ prestigious, famous

**presto** Ⓐ ADJ 1 (= *rápido*) quick, prompt, swift
2 (= *listo*) ready (**para** for; **a** to)
3 (*Mús*) presto
Ⓑ ADV (= *rápidamente*) quickly, swiftly; (= *en seguida*) right away, at once

**presumible** ADJ presumable, probable; **es ~ que la cifra sea mucho más alta** we can assume that the figure is much higher, the figure is likely to be much higher, the figure is probably much higher; **es ~ la existencia de restos más antiguos** we can assume the existence of older remains, we can assume that older remains exist

**presumiblemente** ADJ presumably

**presumido** ADJ (= *creído*) conceited; (= *coqueto*) vain

**presumir** ▸conjug 3a◂ Ⓐ VI (= *alardear*) to give o.s. airs, show off; (= *envanecerse*) to be conceited; **lo hizo para ~ ante sus amistades** he did it to show off in front of his friends; **no presumas tanto** don't be so conceited; **~ de listo** to think o.s. very smart; **presume de experto** he likes to think he's an expert, he considers himself an expert; **~ demasiado de sus fuerzas** to overestimate one's strength
Ⓑ VT 1 (= *suponer*) to presume; **presumo que quedarán campeones de la liga** I presume that they will end up as league champions; **según cabe ~** as may be presumed, presumably; **es de ~ que** presumably, supposedly
2 (*Arg, Bol*) (= *pretender*) to court; (= *coquetear con*) to flirt with

**presunción** SF 1 [*de un conocimiento*] (= *conjetura*) supposition, presumption; (= *sospecha*) suspicion; **el principio de ~ de inocencia** the principle that one is presumed innocent until proven guilty
2 (= *vanidad*) conceit, presumptuousness

**presuntamente** ADV supposedly, allegedly; **un hombre ~ rico** a supposedly *o* an allegedly rich man; **~ causó la muerte de su hermano** he is alleged to have caused the death of his brother

**presunto** ADJ 1 (= *supuesto*) (*gen*) supposed, presumed; [*criminal*] suspected, alleged; **el ~ asesino** the alleged murderer; **Gómez, ~ implicado en ...** Gómez, allegedly involved in ...
2 [*heredero*] apparent, presumptive
3 (= *llamado*) so-called; **estos ~s expertos** these so-called experts

**presuntuosamente** ADV (= *con vanidad*) conceitedly, presumptuously; (= *con pretensión*) pretentiously

**presuntuoso** ADJ (= *vanidoso*) conceited, presumptuous; (= *pretencioso*) pretentious

**presuponer** ▸conjug 2q◂ VT to presuppose, assume

**presuposición** SF presupposition, assumption

**presupuestal** ADJ (*Méx*) = **presupuestario**

**presupuestar** ▸conjug 1a◂ VT [+ *gastos*] to budget for; **costó mucho más de lo presupuestado inicialmente** it cost much more than was initially budgeted for; **su costo está presupuestado en 16 millones** its cost is estimated at 16 million

**presupuestario** ADJ budget *antes de s*, budgetary

**presupuestívoro/a** SM/F (*LAm hum*) public employee

**presupuesto** SM 1 (*Fin*) budget; **~ de ventas** sales budget ► **los Presupuestos Generales (del Estado)** the national budget ► **presupuesto operante** operating budget
2 (*para obra, encargo, etc*) estimate; **pedir ~** to ask for an estimate; **"~ sin compromiso"** "free estimates — no obligation"
3 (= *supuesto*) premise, assumption

**presurizado** ADJ pressurized

**presurosamente** ADV (= *con rapidez*) quickly, promptly; (= *con prisa*) hastily

**presuroso** ADJ (= *rápido*) quick, speedy; (= *precipitado*) hasty; [*paso*] quick, brisk; **entró ~** he rushed in; **acudieron ~s a ayudarnos** they rushed to our aid

**pretal** SM (*esp LAm*) strap, girth

**prêt-à-porter** ADJ INV off-the-peg, ready-to-wear, off-the-rack (*EEUU*)

**pretecnología** SF (*Escol*) practical subjects *pl*

**pretemporada** SF (*Dep*) pre-season

**pretenciosidad** SF 1 (= *pretensiones*) pretentiousness; (= *fanfarronería*) showiness
2 (*LAm*) vanity, boastfulness

**pretencioso** ADJ 1 (= *vanidoso*) pretentious, presumptuous; (= *fanfarrón*) showy
2 (*LAm*) (= *presumido*) vain, stuck-up*

**pretender** ▸conjug 2a◂ VT 1 (= *aspirar a*) **¿qué pretende usted?** what are you after?, what do you hope to achieve?; **~ el trono** to pretend to the throne; **~ hacer algo**: **pretendió convencerme** he tried to convince me; **pretendo sacar algo de provecho** I intend to get something out of it; **¿qué pretende usted decir con eso?** what do you mean by that?; **no pretendo ser rico** I've no aspirations to be rich; **pretende llegar a ser médico** she hopes to become a doctor; **~ que** (+ *SUBJUN*) to expect that ...; **¡no ~ás que te pague la comida!** you're not expecting me to pay for your meal, are you?
2 (*frm*) (= *afirmar*) to claim; **pretende que el coche le atropelló adrede** he claims that the car deliberately knocked him down
3 (†) (= *cortejar*) to woo, court

**pretendidamente** ADV supposedly, allegedly

**pretendido** ADJ supposed, alleged

**pretendiente/a** Ⓐ SM/F (= *aspirante*) (*a cargo*) candidate, applicant (**a** for); (*al trono*) pretender (**a** to)
Ⓑ SM [*de una mujer*] suitor

**pretensado** ADJ prestressed

**pretensión** SF 1 (= *intención*) aim; (= *aspiración*) aspiration; **un libro sin más ~ que divertir** a book which only aims to entertain; **tiene la ~ de que yo lo acompañe** he expects me to go with him
2 **pretensiones** (= *aspiraciones*) **tiene pretensiones de artista** she is an aspiring artist; **tiene pretensiones intelectuales** he likes to think of himself as an intellectual; **tiene pocas pretensiones** he doesn't aspire to much; **enviar historial profesional indicando pretensiones económicas** send curriculum vitae indicating desired salary; **una simple chaqueta sin pretensiones** a simple jacket, nothing fancy
3 (*LAm*) (= *vanidad*) vanity; (= *presunción*) presumption, arrogance

**pretensioso** ADJ (*LAm*) = **pretencioso 2**

**pretensor** SM **cinturón con ~** inertia-reel seatbelt

**preterir** ▸conjug 3a◂ VT to leave out, omit, pass over

**pretérito** Ⓐ ADJ 1 (*Ling*) past
2 (= *pasado*) past, former; **las glorias pretéritas del país** the country's former glories
Ⓑ SM (*Ling*) (*tb* **~ indefinido**) preterite, past historic ► **pretérito imperfecto** imperfect ► **pretérito perfecto** present perfect

**preternatural** ADJ preternatural

**pretextar** ▸conjug 1a◂ VT to use as an excuse; **~ que ...** to claim that ..., use as an excuse the fact that ...

**pretexto** SM pretext; **vino con el ~ de ver al abuelo** he came on the pretext of visiting Granddad; **con el ~ de que ...** on the pretext that ...; **era sólo un ~ para no venir** it was only an excuse not to come; **bajo ningún ~** under no circumstances; **so ~ de** (*frm*) under pretext of; **tomar a ~** (*frm*) to use as an excuse

**pretil** SM 1 (*Constr*) (= *muro*) parapet; (= *barandilla*) handrail, railing
2 (*Andes*) [*de garaje, hotel*] forecourt
3 (*Caribe, Méx*) (= *banco*) bench
4 (*Méx*) (= *encintado*) kerb

**pretina** SF 1 (= *cinturilla*) waistband; (= *cinturón*) belt, girdle† (*liter*)
2 (*Andes, Cono Sur*) (= *correa*) leather strap
3 (*Caribe*) (= *bragueta*) flies *pl*, fly

**pretor** SM 1 (*Méx*) (= *juez*) lower-court judge, magistrate
2 (*Hist*) praetor

**pretoriano** ADJ **guardia pretoriana** praetorian guard

**preu**†* SM one-year pre-university course

**preuniversitario/a**† Ⓐ ADJ pre-university; **curso ~** one-year pre-university course
Ⓑ SM/F *student on a pre-university course*

**prevalecer** ▸conjug 2d◂ VI 1 (= *imponerse*) to prevail (**sobre** against, over)
2 (= *triunfar*) to triumph, win through
3 (*Bot*) (= *arraigar*) to take root and grow; (= *prosperar*) to thrive

**prevaleciente** ADJ prevailing, dominant

**prevalerse** ▸conjug 2q◂ VPR **~ de algo** (= *valerse*) to avail o.s. of sth; (= *aprovecharse*) to take advantage of sth

**prevaricación** SF, **prevaricato** SM (*Jur*) perversion of the course of justice, corrupt practice

**prevaricar** ▸conjug 1g◂ VI to pervert the course of justice, be guilty of corrupt practice

**preve*** SF = **prevención 6**

**prevención** SF 1 [*de accidente, enfermedad*] prevention; **en ~ de algo** in order to prevent sth; **medidas de ~** emergency measures, contingency plans
2 (= *medida*) precautionary measure, precaution; **hemos tomado ciertas prevenciones** we have taken certain precautionary measures *o* precautions

➤ LENGUA Y USO: pretender 1 35.2

3 (= *previsión*) foresight, forethought; **obrar con ~** to act with foresight
4 (= *prejuicio*) prejudice; **tener ~ contra algn** to be prejudiced against sb
5 (= *comisaría*) police-station
6 (*Mil*) guardroom, guardhouse

**prevenido** ADJ 1 **ser ~** (= *cuidadoso*) to be cautious; (= *previsor*) to be far-sighted
2 **estar ~** (= *preparado*) to be ready, be prepared; (= *advertido*) to be forewarned, be on one's guard (**contra** against); ✦REFRÁN **hombre ~ vale por dos** forewarned is forearmed

**prevenir** ▸conjug 3r◂ Ⓐ VT 1 (= *evitar*) to prevent; (= *prever*) to foresee, anticipate; **hay accidentes que no se pueden ~** some accidents cannot be prevented; ✦REFRANES **más vale ~ que curar** o **lamentar** prevention is better than cure, better safe than sorry
2 (= *advertir*) to warn; **~ a algn** to warn sb, put sb on his guard (**contra, de** against, about); **pudieron ~le a tiempo** they were able to warn him in time
3 (= *predisponer*) to prejudice, bias (**a favor de** in favour of; **en contra de** against)
4 (= *preparar*) to prepare, get ready (**para** for)
5 (= *proveer*) **~ a algn de algo** to provide sb with sth
Ⓑ **prevenirse** VPR 1 (= *prepararse*) to get ready, prepare; **~se para un viaje** to get ready for a trip; **~se contra algo** to take precautions against sth, prepare for sth
2 (= *proveerse*) **~se de ropa adecuada** to provide o.s. with suitable clothing
3 **~se en contra de algn** to set o.s. against sb

**preventivo** ADJ [*medida*] preventive, precautionary; (*Med*) preventive; *ver tb* **prisión 2**

**prever** ▸conjug 2u◂ VT 1 (= *adivinar*) to foresee; (= *predecir*) to predict, forecast; **~ que ...** to anticipate that ..., expect that ...; **ya lo preveía** I expected as much; **se prevé un descenso de precios** a drop in prices is predicted o forecast; **si ganan como se prevé** if they win as expected o predicted
2 (= *proyectar*) to plan; **la elección está prevista para ...** the election is scheduled o planned for ...; **tenemos previsto atravesar el desierto** we are planning to cross the desert; **un embarazo no previsto** an unplanned pregnancy; **no teníamos previsto nada para eso** we had not made any allowance for that
3 (= *establecer*) to provide for, establish; **la ley prevé que ...** the law provides o stipulates that ...

**previamente** ADV previously

**previo** Ⓐ ADJ 1 (= *anterior*) [*experiencia, programa, conocimiento*] previous; [*examen*] preliminary; [*compromiso*] prior; **sin ~ aviso** without prior warning; **autorización previa** prior authorization, prior permission
2 **~ a** before, prior to
3 [*idea*] preconceived, received
Ⓑ PREP **~ acuerdo de todas las partes afectadas** subject to the agreement of all interested parties; **~ pago de los derechos** on payment of the fees; **"previa cita"** "by appointment only", "appointment required"
Ⓒ SM (*Cine*) playback

**previsible** ADJ foreseeable, predictable

**previsiblemente** ADV predictably

➤ LENGUA Y USO: **prever 2** 35.3

**previsión** SF 1 (*como cualidad*) (= *clarividencia*) foresight, far-sightedness; (= *prudencia*) caution
2 (= *acto*) precaution, precautionary measure; **en ~ de algo** (= *como precaución*) as a precaution against sth; (= *esperando*) in anticipation of sth
3 (= *pronóstico*) forecast; **previsiones económicas** economic forecast *sing*; **~ de ventas** sales forecast; **las previsiones del plan quinquenal** the forecasts of the five-year plan ▸ **previsión del tiempo, previsión meteorológica** weather forecast, weather forecasting
4 ▸ **previsión social** social security; (*Chile*) ≈ pension fund

**previsional** ADJ (*Cono Sur*) social security *antes de s*

**previsivo** ADJ (*Méx*) = **previsor**

**previsor** ADJ (= *precavido*) far-sighted; (= *prudente*) thoughtful, prudent

**previsoramente** ADV 1 (*previendo*) far-sightedly; (= *con prudencia*) prudently
2 (= *por si acaso*) just in case

**previsto** ADJ [*resultados*] predicted, anticipated; **la reunión prevista para el día 20** the meeting planned for the 20th; **empezó a la hora prevista** it started on time; **todo salió según lo ~** everything went as planned o (according) to plan

**prez** SM (†) honour, honor (*EEUU*), glory

**PRI** SM ABR (*Méx Pol*) = **Partido Revolucionario Institucional**

**pribar*** ▸conjug 1a◂ VT, VI = **privar**[2]

**prieta** SF (*Cono Sur*) black pudding

**prieto** Ⓐ ADJ 1 (= *apretado*) tight; **no hagas el nudo tan ~** don't tie the knot so tight; **de carnes prietas** firm-bodied; **un siglo ~ de historia** a century packed full of history, a century rich in history
2 (= *oscuro*) blackish, dark; (*esp Méx*) dark, swarthy
Ⓑ SM (*LAm*) (= *dado*) loaded dice

**prietuzco** ADJ (*CAm, Caribe, Méx*) blackish

**priísta** (*Méx Pol*) Ⓐ ADJ *of or pertaining to the PRI party*
Ⓑ SMF supporter of the PRI party

**prima** SF 1 [*de seguro*] premium
2 (= *gratificación*) bonus ▸ **prima a la producción, prima de incentivo** incentive bonus ▸ **prima de peligrosidad** danger money ▸ **prima de productividad** productivity bonus ▸ **prima por coste de la vida** cost of living bonus
3 (*Rel*) prime
4 (*Cono Sur*) **bajar la ~** to moderate one's language; **subir la ~** to use strong language; *ver tb* **primo**

**primacía** SF 1 (*como cualidad*) (= *superioridad*) primacy, first place; (= *supremacía*) supremacy; (= *prioridad*) priority; **tener la ~ sobre algo** to be superior to sth ▸ **primacía de paso** (*Aut*) priority, right of way
2 (*Rel*) primacy

**primada*** SF (= *estupidez*) piece of stupidity; (= *error*) silly mistake

**primado** SM (*Rel*) primate

**primadona** SF, **primadonna** SF prima donna

**primal(a)** Ⓐ ADJ yearling
Ⓑ SM/F yearling

**primar** ▸conjug 1a◂ Ⓐ VI (= *predominar*) **una zona en la que prima la actividad comercial** an area in which commercial activity predominates; **en el acuerdo bilateral prima la cooperación militar** military cooperation is key to the bilateral agreement; **en sus diseños prima la elegancia** elegance is the keynote in his designs; **~ sobre algo** to take precedence over sth, have priority over sth; **el materialismo prima sobre la espiritualidad** materialism takes precedence over spirituality
Ⓑ VT (*Dep*) to give a bonus to

**primaria** SF 1 (*Educ*) primary education
2 (*Pol*) (*tb* **~s**) primary election(s)

**primariamente** ADV primarily

**primariedad** SF primacy

**primario** ADJ [*color, sector*] primary; [*instinto, necesidad*] basic; **escuela primaria** primary school

**primate** Ⓐ SM 1 (*Zool*) primate
2 (= *prócer*) outstanding figure, important person
Ⓑ ADJ most important

**primavera** Ⓐ SF 1 (= *estación*) spring; **en ~** in spring, in springtime; ✦REFRÁN **la ~ la sangre altera** spring is in the air
2 (*liter*) (= *esplendor*) **está en la ~ de la vida** he is in the prime of life
3 **primaveras** (*liter*) (= *años*) summers (*liter*); **tenía quince ~s** she was a girl of fifteen summers (*liter*)
4 (*Orn*) blue tit
5 (*Bot*) primrose
Ⓑ SM **ser un ~** (*Esp**) to be a simple soul

**primaveral** ADJ spring *antes de s*, springlike

**prime*** ADJ = **primero**

**primer** ADJ *ver* **primero**

**primera** SF 1 (*Aut*) first gear, bottom gear; **meter (la) ~** to change into first gear; *ver tb* **bueno A9**
2 (*en viajes*) first class; **ir en ~** to go first class; **viajar en ~** to travel first class
3 **a la ~** (= *primera ocasión*) [*acertar*] first time; **las cosas no salen siempre a la ~** you don't always get it right first time; **saqué el carnet de conducir a la ~** I got my driving licence at the first attempt; **dijo sí a la ~** he said yes straight away
4 ✦MODISMO **de ~*** (= *excelente*) excellent, brilliant*; **el partido fue de ~** the match was excellent o brilliant*; **aquí vendemos un jamón de ~** here we sell the finest quality ham; **aquí se come de ~** you eat really well here, the food is excellent o brilliant* here; **hoy me encuentro de ~** I feel great today*; **esta cerveza me ha sentado de ~** this beer has gone down a treat*; **ese dinero me viene de ~** that money suits me down to the ground*; *ver tb* **clase A1.4**
5 (*Com*) ▸ **primera de cambio** first of exchange; ✦MODISMO **a la(s) ~(s) de cambio** (= *sin avisar*) without warning; (= *tras la primera dificultad*) at the first sign of trouble; *ver tb* **primero**

**primeramente** ADV (= *en primer lugar*) first, firstly; (= *principalmente*) chiefly

**primerear** ▸conjug 1a◂ VI (*Cono Sur*) to land the first blow, get in first

**primerizo/a** Ⓐ ADJ 1 (= *novato*) green, inexperienced
2 (= *primero*) first; **novela primeriza** first novel

Ⓑ SM/F (= *principiante*) beginner
Ⓒ SF (*Med*) first time mother

**primero/a** Ⓐ ADJ (*antes de sm sing* **primer**)
[1] (*en el espacio*) [*página, planta*] first; [*fila*] front, first; **vivo en el primer piso** I live on the first *o* (*EEUU*) second floor; **una foto en primera página** a front-page photo, a photo on the front page; **las primeras páginas del libro** the first few pages of the book; **un apartamento en primera línea de playa** an apartment right on the sea front; **estar ~** (*en una cola*) to be first; (*en importancia*) to come first; **perdone, pero yo estaba ~** excuse me, but I was first; **para mí ~ están mis estudios** my studies take priority *o* come first; **~ está la obligación y después la diversión** business before pleasure; *ver tb* **plana 1**, **plano B3**
[2] (*en el tiempo*) [*día, semana, fase*] first; [*época, poemas*] early; [*síntoma*] first, early; **la primera parte del partido** the first half of the match; **una novela escrita en primera persona** a novel written in the first person; **no es la primera vez** it is not the first time; **Juan Carlos Primero** Juan Carlos the First; **los ~s días estaba contento** I was happy for the first few days; **sus dos primeras novelas** his first two novels; **la primera época de Picasso** Picasso's early period; **en los ~s años del siglo** in the early years of the century; **a primera hora (de la mañana)** first thing in the morning; **mañana a primera hora** first thing tomorrow (morning); **a primeras horas de la tarde de ayer** early yesterday afternoon; **en primer lugar** (*dentro de un orden*) first of all; (*para dar énfasis*) in the first place; **en primer lugar vamos a visitar el Partenón** first of all we are going to visit the Parthenon; **en primer lugar, tú no deberías haber dicho nada** in the first place, you shouldn't have said anything; *ver tb* **hora 2.2**, **guerra 1**
[3] (= *principal*) [*deber, objetivo*] main, primary; **lo ~ es que te pongas bueno** the main thing is that you get well; **productos de primera calidad** top quality products; **artículos de primera necesidad** basic essentials, staple items; **primer actor** leading man; **primera actriz** leading lady; **~s auxilios** first aid; **el botiquín de ~s auxilios** the first-aid box; **de primera categoría** first-class; **un puerto de primera categoría** (*Ciclismo*) a first-category climb; **primer espada** (*Taur*) principal bullfighter; **primer violín** (= *concertino*) leader; (*de sección*) first violin; ✦***MODISMO*** **lo ~ es lo ~** first things first; *ver tb* **bailarín**, **dama 1**, **mandatario 2**, **ministro**, **piedra A1**
Ⓑ SM/F first; **soy el ~ de la lista** I'm top of the list, I'm first on the list; **quedó entre los diez ~s** he was in *o* among the first ten; **es la primera de la clase** she is the best in the class, she is top of the class; **fui la primera en darme cuenta del fallo** I was the first to realize the mistake; **llegar el ~** to be the first to arrive; *ver tb* **bueno A9**, **vista A6.4**, **primera**
Ⓒ SM [1] **a ~s (de mes)** at the beginning of the month; **a ~s de junio** at the beginning of June
[2] (*tb* **primer plato**) starter, first course; **¿qué van a tomar de ~?** what will you have as a starter *o* for the first course?
Ⓓ ADV [1] (= *en primer lugar*) first; **~ iremos a comprar y luego al cine** first, we'll do the shopping and then go to the cinema

[2] (*indicando preferencia*) sooner, rather; **~ se queda en casa que pedir dinero** she'd sooner *o* rather stay at home than ask for money; **¡~ morir!** I'd rather die!

**primicia** SF [1] (= *novedad*) novelty; (= *estreno*) first appearance ► **primicia informativa** scoop
[2] **primicias** (= *primeros frutos*) first fruits

**primigenio** ADJ primitive, original

**primípara** SF first-time mother, primipara (*frm*)

**primitiva** SF **la ~*** = **lotería primitiva**; *ver* **lotería**

**primitivamente** ADV [1] (= *al principio*) at first
[2] (= *de un modo primitivo*) primitively, in a primitive way

**primitivo** ADJ [1] [*arte, pueblo*] primitive; (= *salvaje*) uncivilized; **en condiciones primitivas** in primitive conditions; **el hombre ~** primitive man
[2] (= *original*) first, original; **el texto ~** the original text; **quedan 200 de los ~s 850** there remain 200 from the original 850; **devolver algo a su estado ~** to restore sth to its original state; **es una obra primitiva** it is an early work
[3] [*color*] primary
[4] (*Fin*) [*acción*] ordinary

**primo/a** Ⓐ ADJ [1] [*número*] prime
[2] [*materia*] raw
Ⓑ SM/F [1] (= *pariente*) cousin; ✦***MODISMOS*** **le vino el ~ de América**†* she started her period; **ser ~s hermanos** (*referido a cosas*) to be extraordinarily alike ► **primo/a carnal**, **primo/a hermano/a** first cousin
[2] (*) (= *incauto*) dupe, sucker*; ✦***MODISMOS*** **hacer el ~** to be taken for a sucker*, be taken for a ride*; **tomar a algn por ~** to do sb down*, take sb in*; *ver tb* **prima**

**primogénito/a** ADJ, SM/F first-born

**primogenitura** SF [1] (*al nacer*) primogeniture
[2] (= *patrimonio*) birthright

**primor** SM [1] (= *delicadeza*) delicacy
[2] (= *maestría*) care, skill; **hecho con ~** done most skilfully, delicately made; **cose que es un ~** she sews beautifully
[3] (= *objeto primoroso*) fine thing, lovely thing; **hace ~es con la aguja** she makes lovely things with her needlework; **hijos que son un ~** delightful children, charming children

**primordial** ADJ fundamental, essential; **esto es ~** this is top priority; **es de interés ~** it is of fundamental concern; **es ~ saberlo** it is essential to know it; **ha desempeñado un papel de ~ importancia** it has played a crucial role

**primordialidad** SF (= *importancia*) overriding importance; (= *supremacía*) supremacy

**primordialmente** ADV basically, fundamentally

**primorosamente** ADV (= *con delicadeza*) exquisitely, delicately, elegantly; (= *con esmero*) neatly, skilfully, skillfully (*EEUU*)

**primoroso** ADJ (= *delicado*) exquisite, fine; (= *esmerado*) neat, skilful, skillful (*EEUU*)

**prímula** SF primrose

**princesa** SF princess ► **princesa real** ≈ Princess Royal

**principado** SM principality; **el Principado de Asturias** (the principality of) Asturias

**principal** Ⓐ ADJ [1] (= *más importante*) (*gen*) principal, main; [*crítico, adversario*] foremost; [*piso*] first, second (*EEUU*); **interpreta el papel ~** she plays the leading role; **lo ~ es que el problema se ha solucionado** the main thing is the problem has been solved
[2] [*persona, autoridad*] illustrious
Ⓑ SM [1] (= *persona*) head, chief, principal
[2] (*Fin*) principal, capital
[3] (*Teat*) dress circle
[4] (= *piso*) first floor, second floor (*EEUU*)

**principalmente** ADJ principally, chiefly, mainly

**príncipe** Ⓐ SM prince; **el ~ de Asturias** the heir to the Spanish throne ► **príncipe azul** Prince Charming, knight in shining armour ► **príncipe consorte** prince consort ► **príncipe de Gales** Prince of Wales ► **príncipe heredero** crown prince
Ⓑ ADJ INV **edición ~** first edition

**principesco** ADJ princely

**principiante/a** Ⓐ ADJ [*actor, fotógrafo, jugador*] inexperienced; **conductor ~** learner driver
Ⓑ SM/F (= *novato*) beginner, novice; (= *aprendiz*) learner; **cometen errores de ~** they make basic mistakes

**principiar** ▸conjug 1b◂ Ⓐ VT to begin
Ⓑ VI to begin; **~ a hacer algo** to begin to do sth, begin doing sth; **~ con algo** to begin with sth

**principio** SM [1] (= *comienzo*) beginning; **al ~** at first, in the beginning; **a ~s del verano** at the beginning of the summer, early in the summer; **desde el ~** from the first, from the outset; **desde el ~ hasta el fin** from start to finish, from beginning to end; **en un ~** at first, to start with; **dar ~ a algo** to start sth off; **tener ~ en algo** to start from sth, be based on sth
[2] **principios** (= *nociones*) rudiments, first notions; **"Principios de física"** "Introduction to Physics", "Outline of Physics"
[3] (= *norma*) principle; **persona de ~s** man of principles; **en ~** in principle; **por ~** on principle; **es inmoral por ~** it is immoral in principle; **sin ~s** unprincipled; **el ~ de la legalidad** the force of law, the rule of law
[4] (*Fil*) principle
[5] (*Quím*) element, constituent
[6] (*Culin*) entrée

**principote*** SM (= *jactancioso*) show-off*, swank*; (= *arribista*) parvenu, social climber

**pringada** SF *bread dipped in gravy etc*

**pringado/a*** SM/F [1] (= *víctima*) (innocent) victim; (= *sin suerte*) unlucky person; (= *infeliz*) poor devil, wretch; **el ~ del grupo** the odd man out, the loser
[2] (= *tonto*) fool, idiot; **¡no seas ~!** don't be an idiot!
[3] (= *gafe*) bringer of bad luck

**pringao*** SM = **pringado**

**pringar** ▸conjug 1h◂ Ⓐ VT [1] (*Culin*) [+ *pan*] to dip, dunk; [+ *asado*] to baste; **~ el pan en la sopa** to dip one's bread in the soup
[2] (= *ensuciar*) to dirty, soil (with grease); (*esp LAm*) to splash
[3] (*) (= *implicar*) **~ a algn en un asunto** to involve sb in a matter; **están pringadas en esto unas altas personalidades** some top people are mixed up in this
[4] (*) (= *herir*) **~ a algn** to wound sb, make sb bleed
[5] (*) (= *denigrar*) to blacken, run down*
[6] (*Cono Sur*) [+ *enfermedad*] to give

➤ LENGUA Y USO: **primero A3** 53.2 **primordial** 53.6 **principal A1** 53.2 **principio 3** 53.6

7 (*Cono Sur**) [+ *mujer*] to put in the family way
8 **~la**‡ (= *meter la pata*) to drop a brick*, make a boob*; (*Med*) to get a dose of the clap‡; **~la(s)**‡ (= *morir*) to kick the bucket*, snuff it*
Ⓑ VI 1 (*) (= *perder*) to come a cropper*, take a beating; **hemos pringado** we're done for
2 (= *trabajar*) to sweat one's guts out*, slog away*
3 **~ en algo** (*superficialmente*) to dabble in sth; (*implicándose*) to take a hand in sth, get mixed up in sth
4 (*) (= *morir*) to kick the bucket*, snuff it*
5 (*CAm, Caribe, Méx*) (= *lloviznar*) to drizzle
Ⓒ **pringarse** VPR 1 (= *ensuciarse*) to get covered (**con, de** with, in)
2 (*) (= *involucrarse*) to get mixed up (**en** in)
3 (*) (= *comprometerse*) to get one's fingers burnt; **o nos pringamos todos, o ninguno** either we all carry the can or none of us does*
4 (*) (= *ganar por medios dudosos*) to make money on the side; (= *sacar tajada*) to get a rake-off*; (= *enriquecerse*) to make a packet*

**pringo** SM (*LAm*) (= *gota*) drop; (= *pizca*) bit, pinch; **con un ~ de leche** with a drop of milk

**pringón** Ⓐ ADJ (= *sucio*) dirty, greasy
Ⓑ SM 1 (= *mancha*) grease stain, grease spot
2 (‡) (= *tajada*) rake-off*; (= *ganancias*) packet*

**pringoso** ADJ (= *grasiento*) greasy; (= *pegajoso*) sticky

**pringue** SM *o* SF 1 (= *grasa*) grease, dripping
2 (= *mancha*) grease stain, grease spot; (= *suciedad*) dirt
3 (*) (= *molestia*) nuisance; **es un ~ tener que ...** it's a bind having to ...*
4 (*CAm, Méx*) (= *salpicadura*) splash (*of mud etc*)
5 (*Andes*) (= *quemadura*) burn
6 (‡) (= *dinero*) dosh‡, money
7 (‡) (= *policía*) Crime Squad

**prior(a)** SM/F prior/prioress

**priorato** SM (*Rel*) priory

**priori** *ver* **a priori**

**prioridad** SF (= *precedencia*) priority; (= *antigüedad*) seniority, greater age; (*Aut*) right of way, priority; **tener ~** to have *o* take priority (**sobre** over); (*Aut*) to have the right of way ► **prioridad de paso** (*Aut*) right of way

**prioritariamente** ADV (= *en primer lugar*) as a priority, first; (= *mayormente*) mainly, principally

**prioritario** ADJ (= *primero*) priority *antes de s*; (= *principal*) main, principal; (*Inform*) foreground *antes de s*; **un proyecto de carácter ~** a plan with top priority, a (top) priority plan; **lo ~ es ...** the first thing (to do) is ...

**priorizar** ▸conjug 1f◂ Ⓐ VT to give priority to, treat as a priority, prioritize
Ⓑ VI to determine priorities

**prisa** SF (= *prontitud*) hurry, haste; (= *premura*) urgency; **con las ~s me olvidé el paraguas** in the rush I forgot my umbrella; **voy con mucha ~** I'm in a great hurry; **a ~** quickly, hurriedly; **a toda ~** as quickly as possible; **correr ~** (*Esp*) to be urgent; **no corre ~** it's not urgent; **¿corren ~ estas cartas?** are these letters urgent?, is there any hurry for these letters?; **¿te corre ~?** are you in a hurry?; **darse ~** to hurry, hurry up; **¡date ~!** hurry (up)!, come along!; **de ~** quickly, hurriedly; **meter ~ a algn** to make sb get a move on, make sb hurry up; **tener ~** to be in a hurry; ✦**MODISMO sin ~ pero sin pausa** slow but steady

**prisco** Ⓐ ADJ (*LAm**) simple
Ⓑ SM (*esp Cono Sur*) (= *albaricoque*) apricot

**prisión** SF 1 (= *cárcel*) prison; **~ de alta** *o* **máxima seguridad** top-security prison
2 (= *encarcelamiento*) imprisonment; **cinco años de ~** five years' imprisonment, prison sentence of five years ► **prisión domiciliaria** house-arrest ► **prisión mayor** *sentence of more than six years and a day* ► **prisión menor** *sentence of less than six years and a day* ► **prisión perpetua** life imprisonment ► **prisión preventiva** preventive detention; **el juez ha decretado la ~ preventiva** the judge remanded him in custody
3 **prisiones** (= *grillos*) shackles, fetters

**prisionero/a** SM/F prisoner; **hacer ~ a algn** to take sb prisoner ► **prisionero/a de conciencia** prisoner of conscience ► **prisionero/a de guerra** prisoner of war ► **prisionero/a político/a** political prisoner

**prisma** SM 1 (*Fis, Ópt*) prism
2 (= *punto de vista*) point of view, angle; **bajo** *o* **desde el ~ de** from the point of view of

**prismático** Ⓐ ADJ prismatic
Ⓑ **prismáticos** SMPL binoculars, field glasses

**pristinidad** SF pristine nature, original quality

**prístino** ADJ pristine, original

**priva*** SF (*Esp*) **la ~** the booze*, the drink

**privacidad** SF (= *intimidad*) privacy; (= *secreto*) secrecy

**privación** SF 1 (= *acto*) deprivation, deprival; **sufrir ~ de libertad** to suffer loss of liberty
2 **privaciones** (= *miserias*) hardship *sing*, privations; **durante la guerra sufrimos muchas privaciones** we suffered a lot of hardship during the war

**privada** SF (*Méx*) private road

**privadamente** ADV privately

**privado** Ⓐ ADJ 1 [*club, colegio, avión*] private; **"~ y confidencial"** "private and confidential"
2 (*LAm*) (= *alocado*) mad, senseless
3 (*Caribe*) (= *débil*) weak, faint
Ⓑ SM 1 **en ~** privately, in private
2 (*Pol*) (= *favorito*) favourite, favorite (*EEUU*), protégé; (*Hist*) royal favourite, chief minister

**privanza** SF favour; **durante la ~ de Lerma** when Lerma was royal favourite, when Lerma was chief minister

**privar**[1] ▸conjug 1a◂ Ⓐ VT 1 (= *despojar*) **~ a algn de algo** to deprive sb of sth, take sth away from sb; **~ a algn del conocimiento** to render sb unconscious; **lo ~on del carnet de conducir** they suspended his driving licence, they took away his driving licence; **quedaron privados de electricidad** they were without electricity; **nos vimos privados de su compañía** we found ourselves deprived of her company
2 (= *prohibir*) **~ a algn de hacer algo** to forbid sb to do sth, prevent sb from doing sth; **no me prives de verte** don't forbid me to come to see you, don't tell me not to come again
3 (= *impedir*) to prevent; **lo cual me privó de verlos** which prevented me from seeing them
4 (= *extasiar*) to delight, overwhelm
Ⓑ VI 1 (*) (= *gustar mucho*) **las motos me privan** I'm mad about motorbikes*
2 (*) (= *estar de moda*) to be in fashion, be the thing, be all the rage*; **en ese periodo privaba la minifalda** at that time miniskirts were in *o* were all the rage*; **la cualidad que más priva entre ellos** the quality which is most strongly present in them; **priva en algunos públicos** it's popular with some audiences
Ⓒ **privarse** VPR **~se de algo** (= *abstenerse*) to deprive o.s. of sth; (= *renunciar*) to give sth up, forgo sth; **no se privan de nada** they don't want for anything, they lack nothing

**privar**[2]* ▸conjug 1a◂ VT, VI (= *beber*) to booze*

**privata**‡ SF = **priva**

**privativo** ADJ 1 (= *exclusivo*) exclusive; **esa función es privativa del presidente** that function is the president's alone; **el hecho no es ~ de España** it's not only *o* exclusively a Spanish phenomenon; **la planta es privativa del Brasil** the plant is peculiar *o* restricted to Brazil
2 (*Jur*) **una pena privativa de libertad** a prison sentence

**privatización** SF privatization

**privatizador** ADJ [*proceso, política*] privatisation *antes de s*, of privatisation; **organismo ~** privatisation body

**privatizar** ▸conjug 1f◂ VT to privatize

**prive**‡ SM = **priva**

**privilegiado/a** Ⓐ ADJ [*vida, posición, persona*] privileged; [*clima, inteligencia, memoria*] exceptional
Ⓑ SM/F privileged person; **los ~s** the privileged

**privilegiar** ▸conjug 1b◂ VT (= *favorecer*) to favour, favor (*EEUU*); (= *dar privilegio*) to grant a privilege to

**privilegio** SM privilege; **los ~s de la aristocracia** the privileges of the aristocracy; **tuve el ~ de conocerla en persona** I had the privilege of meeting her in person; **disfrutar** *o* **gozar de un ~** to enjoy a privilege; **conceder un ~** to grant a privilege ► **privilegio de invención** patent ► **privilegio fiscal** tax concession

**privota**‡ SMF piss artist‡, boozer‡

**pro** Ⓐ SM 1 (= *provecho*) profit, advantage; **en ~ de** (= *en nombre de*) on behalf of; (= *en favor de*) in favour of; **los ~s y los contras** the pros and cons, for and against; ✦**MODISMO buena ~ le haga** and much good may it do him
2 **de ~** (= *bueno*) worthy; (= *verdadero*) real, true; **hombre de ~** worthy man, honest man; **para los cinéfilos de ~** for real film buffs
Ⓑ PREP (= *en favor de*) for, on behalf of; **asociación ~ ciegos** association for (aid to) the blind; **campaña ~ paz** peace campaign

**pro-** PREF pro-; **~norteamericano** pro-American; **gestoras ~amnistía** pro-amnesty lobby

**pro...** PREF pro-...; *p.ej.* **~árabe** pro-Arab

**proa** SF (*Náut*) bow, prow; (*Aer*) nose; **de ~** bow *antes de s*, fore; **de ~ a popa** from stem to stern; **en la ~** in the bows; **poner la ~ a** (*Náut*) to head for, set a course for; ✦**MODISMO poner la ~ a algn** to take a stand against sb, set o.s. against sb

➤ LENGUA Y USO: **pro A1** 53.4

**proamnistía** ADJ INV pro-amnesty; **gestora ~** (*Esp*) *organization calling for an amnesty for ETA prisoners*

**probabilidad** SF [1] (= *capacidad de suceder*) likelihood, probability; **según toda ~** in all probability; **nubes y claros con pocas ~es de lluvia** cloud and sunny periods with little likelihood of rain
[2] (= *oportunidad*) chance, prospect; **hay pocas ~es de que venga** there is little prospect of his coming; **tenemos grandes ~es de ganar** we've got a good chance of winning; **apenas tiene ~es** he hasn't much chance ▸ **probabilidades de vida** expectation of life, life expectancy

**probable** ADJ [1] (= *posible*) probable, likely; **es ~ que ...** it is probable that ..., it is likely that ...; **es ~ que no venga** he probably won't come
[2] (= *demostrable*) provable

**probablemente** ADV probably

**probadamente** ADV **un método ~ ineficaz** a method of proven inefficiency

**probado** ADJ [1] (= *demostrado*) proven; **un sistema de probada eficacia** a system of proven efficiency; **es un hecho ~ que ...** it has been proved that ...
[2] (= *analizado*) tested; **es un método ~ y eficaz** it is a tested, effective method; **productos de probada calidad** tried and tested products

**probador** SM [1] (*para cambiarse*) changing room, fitting room
[2] [*de perfume*] tester
[3] (*tb* **piloto ~**) test pilot

**probanza** SF proof, evidence

**probar** ▸conjug 1l◂ Ⓐ VT [1] (= *demostrar*) [+ *eficacia, inocencia, teoría*] to prove; **eso ~ía la existencia de vida en Marte** that would prove the existence of life on Mars; **~ que** to prove that; **¿cómo puedes ~ que no estabas allí?** how can you prove that you weren't there?; **el juez consideró probado que era culpable** the judge considered that he had been proved guilty
[2] (= *poner a prueba*) [+ *sustancia, vacuna, persona*] to test; [+ *método*] to try; [+ *aparato, arma*] to test, try out; [+ *actor, músico*] to audition; **hemos dejado dinero en el suelo para ~lo** we've left some money lying on the floor to test him; **prueben su puntería, señoras y señores** try your aim, ladies and gentlemen; **te dan diez días para ~ el vídeo** they give you a ten-day trial period for the video, they give you ten days to try out the video; **~on a muchos actores para el papel** they auditioned a lot of actors for the part; *ver tb* **fortuna 1**, **suerte 1**
[3] (= *catar*) to try, taste; **prueba un poco de este pescado** try *o* taste a bit of this fish; **el médico me ha prohibido que pruebe el marisco** the doctor says I'm not allowed (to eat) seafood; **yo el vino no lo pruebo** I never touch *o* drink wine; **llevamos horas sin ~ bocado** it's hours since we've had a bite to eat; ✦*REFRÁN* **al ~ se ve el mosto** the proof of the pudding is in the eating
[4] [+ *ropa*] (*hecha a medida*) to fit; (*de confección*) to try on; **¿puede venir mañana a que le pruebe el traje?** can you come tomorrow to have your suit fitted?; **tengo que ir a la modista a que me pruebe** I have to go to the dressmaker for a fitting; **te voy a ~ este abrigo a ver como te queda** I'm going to try this coat on you to see what it looks like
Ⓑ VI [1] (= *intentar*) to try, have a go; **déjame que pruebe yo** let me try, let me have a go; **¿has probado con este bolígrafo?** have you tried this pen?; **~ a hacer algo** to try doing sth; **he probado a hacerlo yo sola, pero no he podido** I tried doing it on my own but I couldn't; ✦*MODISMO* **con** *o* **por ~ nada se pierde** there's no harm in trying, nothing ventured, nothing gained
[2] (= *sentar*) [*actividad, ropa*] to suit; [*comida*] to agree with; **le probó mal ese oficio** that trade didn't suit him; **no me prueba bien el café** coffee doesn't agree with me
[3] **~ de algo** = A3
Ⓒ **probarse** VPR [+ *ropa, zapatos*] to try on; **¿me puedo ~ esta camisa?** can I try this shirt on?; **pruébate una talla más** try (on) a larger size

**probatorio** ADJ (*Jur*) [*dato, documento*] **un hecho de limitado valor ~** a fact of limited evidential value; **documentos ~s de su culpabilidad** documents in proof of his guilt, documents proving his guilt

**probeta** Ⓐ SF test tube
Ⓑ ADJ INV test-tube *antes de s*; **bebé ~** test-tube baby

**probidad** SF integrity, honesty

**problema** Ⓐ SM [1] (= *dificultad*) problem; **el ~ del paro** the problem of unemployment; **el ~ es que no tengo tiempo** the problem is I don't have time; **si hay algún ~ dímelo** let me know if there is any problem; **¿tienes ~s de dinero?** do you have any money worries *o* financial problems?; **este coche nunca me ha dado ~s** this car has never given me any trouble; **no quiero ~s** I don't want any trouble
[2] (*Mat*) problem
[3] (*Méx*) (= *accidente*) accident, mishap
Ⓑ ADJ INV (= *problemático*) problem *antes de s*; **niño ~** problem child

**problemática** SF problems *pl*, questions *pl*

**problemático** ADJ problematic

**problematizar** ▸conjug 1f◂ VT [+ *asunto*] to make problematic; [+ *persona*] to burden with problems

**probo** ADJ honest, upright

**probóscide** SF proboscis

**procacidad** SF [1] [*de persona*] (= *desvergüenza*) insolence, impudence; (= *descaro*) brazenness
[2] [*de comentario, chiste*] indecency, obscenity

**procaz** ADJ [1] [*persona*] (= *atrevido*) insolent, impudent; (= *descarado*) brazen
[2] [*comentario, chiste*] indecent, obscene

**procedencia** SF [1] (= *origen*) source, origin
[2] (= *lugar de salida*) [*de tren, avión*] point of departure; [*de barco*] port of origin
[3] (*Jur*) propriety, legitimacy
[4] (= *conveniencia*) properness

**procedente** ADJ [1] **~ de** from; **un queso ~ de Noruega** a Norwegian cheese, a cheese from Norway; **llegó a Madrid ~ de Colombia** he arrived in Madrid from Colombia; **el tren ~ de Sevilla** the train from Seville
[2] (= *conveniente*) proper, fitting
[3] (*Jur*) proper; **procedimiento ~** proper procedure

**procedentemente** ADV properly, in a right and proper fashion

**proceder** ▸conjug 2a◂ Ⓐ VI [1] (= *provenir*) **~ de** to come from, originate in; **procede de una familia rica** she comes from *o* belongs to a wealthy family; **todo esto procede de su negativa** all this springs from his refusal; **de donde procede que ...** (from) whence it happens that ... (*frm*)
[2] (*al actuar*) (= *obrar*) to act; (= *conducirse*) to proceed, behave; **ha procedido precipitadamente** he has acted hastily; **conviene ~ con cuidado** it is best to go carefully, it would be best to proceed with caution; **~ contra algn** (*Jur*) to take proceedings against sb
[3] (= *pasar*) to proceed; **~ a una elección** to proceed to an election; **procedieron a la detención de los sospechosos** they proceeded to arrest the suspects; **procedieron a despejar la carretera** they proceeded to clear the road
[4] (= *ser correcto*) to be right (and proper), be fitting; **no procede obrar así** it is not right to act like that; **si el caso procede** if the case warrants it; **luego, si procede, ...** then, if appropriate, ...; **táchese lo que no proceda** cross out what does not apply
[5] (*) (= *estar de moda*) to be in*, be in fashion
Ⓑ SM (= *conducta*) behaviour, behavior (*EEUU*); (= *línea de acción*) course of action

**procedimental** ADJ procedural; (*Jur*) legal

**procedimiento** SM (= *sistema*) process; (= *método*) means, method; (= *trámites*) procedure; (*Jur*) proceedings; **un ~ para abaratar el producto** a method of making the product cheaper; **por un ~ deductivo** by a deductive process; **los ~s establecidos en el Tratado** the procedures established by the Treaty

**proceloso** ADJ (*liter*) stormy, tempestuous

**prócer** SM [1] (= *persona eminente*) worthy, notable; (= *magnate*) important person; (*esp LAm Pol*) famous son, famous citizen; **~ de las letras** literary figure, eminent writer
[2] (= *líder*) great man, leader; (*LAm*) leader of the independence movement

**procesado**[1] Ⓐ ADJ [*alimento*] processed
Ⓑ SM (*Téc*) processing ▸ **procesado de aguas** water treatment ▸ **procesado de imágenes** image processing

**procesado**[2]**/a** ADJ, SM/F accused

**procesador** SM processor ▸ **procesador de datos** data processor ▸ **procesador de textos** word processor

**procesadora** SF (*LAm*) (*tb* **~ de alimentos**) food processor

**procesal** ADJ [*derecho, obligación*] procedural; [*gasto*] legal; **defecto ~** procedural technicality; **costas ~es** legal costs

**procesamiento** SM [1] (*Jur*) (*gen*) prosecution; (= *juicio*) trial; *ver tb* **auto**[2] **1**
[2] (*Inform*) processing ▸ **procesamiento concurrente** concurrent processing ▸ **procesamiento de datos** data processing ▸ **procesamiento de textos** word processing ▸ **procesamiento interactivo** interactive processing ▸ **procesamiento por lotes** batch processing ▸ **procesamiento simultáneo** simultaneous processing
[3] (*Téc*) processing

➤ LENGUA Y USO: probabilidad 1 42.2 2 42.2, 43.2 probable 1 42.2, 43.2 probablemente 53.6 problema A1 53.2, 53.3

**procesar** ▸conjug 1a◂ VT [1] (= *juzgar*) [*juez*] to try, put on trial; [*estado, acusación*] to prosecute, put on trial
[2] (= *demandar*) to sue, bring an action against
[3] (*Téc, Inform*) to process

**procesión** SF [1] (*Rel*) procession
[2] (= *hilera*) stream; **una ~ de mendigos/hormigas** a never-ending stream of beggars/ants; **una ~ de quejas** a never-ending series of complaints; ✦*MODISMO* **la ~ va por dentro** he keeps his troubles *o* problems to himself

**procesional** ADJ processional

**procesionaria** SF (= *mariposa*) processionary moth; (= *oruga*) processionary caterpillar

**proceso** SM [1] (= *desarrollo, tb Anat, Quím*) process; **el ~ de una enfermedad** the course *o* progress of a disease ► **proceso de paz** peace process; ► **proceso de selección** selection process ► **proceso mental** mental process
[2] (*Med*) **un ~ gastroenterítico** an attack of gastroenteritis; **un ~ gripal** a bout of flu ► **proceso infeccioso** infection ► **proceso pulmonar** lung disease
[3] (= *transcurso*) lapse of time; **en el ~ de un mes** in the course of a month
[4] (*Jur*) (= *juicio*) trial; (= *pleito*) lawsuit, proceedings *pl*; **abrir** *o* **entablar ~** to bring a suit (**a** against); ► **proceso verbal** (= *escrito*) record; (= *audiencia*) hearing
[5] (*Inform*) processing ► **proceso de imágenes** image processing ► **proceso de textos** word processing ► **proceso electrónico de datos** electronic data processing ► **proceso no prioritario** background processing ► **proceso por lotes** batch processing ► **proceso prioritario** foreground processing

**procesual** ADJ [1] (*Jur*) procedural
[2] (= *en progreso*) evolving

**proclama** SF [1] (*Pol*) (= *bando*) proclamation; (= *discurso*) address; (= *manifiesto*) manifesto
[2] **proclamas** (= *amonestaciones*) banns

**proclamación** SF proclamation

**proclamar** ▸conjug 1a◂ Ⓐ VT to proclaim; **~ a algn algo** to proclaim sb sth; ✦*MODISMO* **~ algo a los cuatro vientos** to shout sth from the rooftops
Ⓑ **proclamarse** VPR **~se campeón** to become champion, win the championship; **~se rey** to proclaim o.s. king

**proclive** ADJ inclined, prone (**a** to)

**proclividad** SF proclivity (*frm*), inclination

**procónsul** SM proconsul

**procreación** SF procreation (*frm*), breeding

**procrear** ▸conjug 1a◂ VT, VI to procreate (*frm*), breed

**procura** SF (*esp LAm*) obtaining, getting; **en ~ de** in search of; **andar en ~ de algo** to be trying to get sth

**procuración** SF (*Jur*) power of attorney, proxy

**procurador(a)** SM/F [1] (*Jur*) (= *abogado*) attorney, solicitor ► **procurador(a) general** attorney general
[2] (= *apoderado*) proxy
[3] (*tb* **~ en Cortes**) (*Pol, Hist*) deputy, *member of Spanish parliament under Franco*; (*actualmente*) *member of a regional parliament*

**procuraduría** SF [1] (= *despacho*) lawyer's office
[2] (*tb* **~ general**) (*Méx*) attorney general's office
[3] (= *costas*) legal costs *pl*, lawyers' fees *pl*

**procurar** ▸conjug 1a◂ Ⓐ VT [1] (= *intentar*) **~ hacer algo** to try to do sth, endeavour *o* (*EEUU*) endeavor to do sth; **procura conservar la calma** do try to keep calm; **procura que no te vean** don't let them see you, take care not to let them see you
[2] (= *conseguir*) to get, obtain; **~ un puesto a algn** to get sb a job, find a job for sb; **esto nos ~á grandes beneficios** this will bring us great benefits
[3] (= *lograr*) **~ hacer algo** to manage to do sth, succeed in doing sth; **por fin procuró dominarse** eventually he managed to control himself
Ⓑ **procurarse** VPR **~se algo** to secure sth

**procurón*** ADJ (*Méx*) interfering, nosey*

**Procustes** SM, **Procusto** SM Procrustes; **lecho de ~** Procrustes' bed

**prodigalidad** SF [1] (= *abundancia*) bounty, richness
[2] (= *liberalidad*) lavishness, generosity
[3] (= *despilfarro*) wastefulness, extravagance

**pródigamente** ADV [1] (= *abundantemente*) bountifully
[2] (= *generosamente*) lavishly
[3] (= *con prodigalidad*) prodigally
[4] (= *con despilfarro*) wastefully

**prodigar** ▸conjug 1h◂ Ⓐ VT (= *dar mucho*) to lavish, give lavishly; (= *despilfarrar*) to squander; **prodiga las alabanzas** he is lavish in his praise; **nos prodigó sus atenciones** he was very generous in his kindnesses to us; **~ algo a algn** to lavish sb with sth, lavish sth on sb
Ⓑ **prodigarse** VPR [1] (= *ser generoso*) to be generous (*with what one has*); **se ~on en alabanzas** they were lavish with *o* in their praise
[2] (= *dejarse ver*) to show o.s.; **no te prodigas mucho que digamos** we don't see much of you to say the least

**prodigio** Ⓐ SM [1] (= *cosa*) wonder; **los ~s de la tecnología moderna** the wonders of modern technology; **este nuevo chip es un ~ electrónico** this new chip is an electronic wonder *o* marvel
[2] (= *persona*) prodigy; **este niño es un auténtico ~** this child is a real prodigy
[3] (*Rel*) miracle
Ⓑ ADJ INV **niño ~** child prodigy

**prodigiosamente** ADV prodigiously, marvellously, marvelously (*EEUU*)

**prodigioso** ADJ prodigious, marvellous, marvelous (*EEUU*)

**pródigo/a** Ⓐ ADJ [1] (= *exuberante*) bountiful; **un discurso ~ en citas bíblicas** a discourse rich in biblical quotations; **fui tan ~ en los pormenores que ...** I was so lavish in *o* with details that ...; **la pródiga naturaleza** bountiful nature
[2] (= *generoso*) lavish, generous (**de** with); **ser ~ de sus talentos** to be generous in offering one's talents
[3] (= *derrochador*) prodigal, wasteful; **hijo ~** prodigal son
Ⓑ SM/F (= *derrochador*) spendthrift, prodigal

**producción** SF [1] (*Com*) (= *acción*) production; (= *cantidad*) output; **en fase de ~** in the production phase; **la ~ maderera de Brasil** Brazil's timber output ► **producción bruta** gross production ► **producción en cadena** production-line assembly ► **producción en serie** mass production
[2] (*Literat, Mús*) output; **la ~ poética de Lorca** Lorca's poetic output; **su abundante ~ operística** his prolific operatic work
[3] (*Cine, Teat*) production; **departamento de ~** production department; **una ~ italiana** an Italian production ► **producción propia** (*TV*) in-house production; **programas de ~ propia** in-house programmes

**producir** ▸conjug 3n◂ Ⓐ VT [1] [+ *cereales, fruta, petróleo*] to produce; **se producen miles de toneladas de aceitunas al año** thousands of tons of olives are produced each year; **este país produce buenos deportistas** this country produces good sportsmen
[2] (= *fabricar*) [+ *aceite, coche*] to produce, make; [+ *electricidad, energía*] to produce, generate; **esta factoría ha producido cinco mil vehículos en un mes** this factory has turned out *o* produced *o* made five thousand vehicles in a month; **~ algo en serie** to mass-produce sth
[3] [+ *cambio, efecto, herida, daños*] to cause; **el virus que produce la neumonía** the virus which causes pneumonia; **un fallo en los frenos produjo el accidente** the accident was caused by brake failure; **tanto ruido me produce dolor de cabeza** all this noise is giving me a headache; **el polvo me produce alergia** I'm allergic to dust; **¿qué impresión te produjo?** what impression did it make on you?; **~ alegría a algn** to make sb happy; **~ tristeza a algn** to make sb sad
[4] (*Fin*) [+ *interés*] to yield; [+ *beneficio*] to yield, generate; **mis ahorros me producen un interés anual del 5%** my savings yield an annual interest of 5%
[5] (= *crear*) [+ *novela, cuadro*] to produce; **llevo tiempo sin ~ nada** I haven't produced anything for some time
[6] (*Cine, TV*) to produce
Ⓑ **producirse** VPR [1] (= *ocurrir*) [*cambio, efecto*] to take place; [*accidente, explosión, terremoto*] to occur; [*guerra, incendio, revolución*] to break out; **a no ser que se produzca un cambio** unless there is a change, unless a change takes place; **el accidente se produjo al salir de la autopista** the accident occurred as they left the motorway; **se produjo un aumento sensible de la demanda de viviendas** there was a significant increase in the demand for houses; **se desconoce a qué hora se produjo la muerte** the time of death is unknown; **se ha producido una disminución de la inversión** investment has fallen
[2] (= *provocarse*) [+ *herida, fractura*] **se produjo varias heridas con una cuchilla** he inflicted wounds on himself with a razor blade; **al caerse se produjo una fractura en el pie** she fractured a bone in her foot when she fell; **él mismo se produjo la muerte** he caused his own death

**productividad** SF productivity

**productivo** ADJ [*tierra, fábrica, encuentro*] productive; [*negocio*] profitable; **~ de interés** [*bono*] interest-bearing

**producto** SM [1] (= *artículo*) product; **nuestra gama de ~s cosméticos** our range of cosmetic products; **~s de primera necesidad**

staple items, staple products, basic necessities; **"consuma ~s españoles"** "buy Spanish goods"; **los ~s del campo** country produce ► **productos agrícolas** agricultural produce *sing*, farm produce *sing* ► **productos alimenticios** foodstuffs ► **productos de belleza** beauty products ► **productos de consumo** consumer goods ► **productos de desecho** waste products ► **productos de limpieza** cleaning products ► **producto derivado** by-product; **~s derivados de la leche** dairy products, dairy produce *sing*; **~s derivados del petróleo** oil products ► **producto químico** chemical product, chemical ► **productos de marca** branded goods, brand name goods ► **producto secundario** by-product ► **productos estancados** goods sold by state monopoly ► **productos lácteos** dairy products, dairy produce *sing* ► **productos perecederos** perishable goods

2 (= *producción*) production; **ha aumentado el ~ de este año** production has increased this year

3 (= *resultado*) result, product; **la clonación es ~ de años de investigación** cloning is the result *o* product of years of research; **eso es ~ de tu imaginación** that is a figment of your imagination

4 (*Fin*) (= *beneficio*) yield, profit ► **producto interior bruto** gross domestic product ► **producto interno bruto** (*Arg*) gross domestic product ► **producto nacional bruto** gross national product

5 (*Mat*) product

**productor(a)**[1] Ⓐ ADJ 1 (*Com, Agr*) producing; **países ~es de petróleo** oil producing countries; **las naciones ~as** producer nations

2 (*Cine, TV, Mús*) production *antes de s*; **la compañía ~a** the production company

Ⓑ SM/F 1 (*Com*) producer; (*Agr*) producer, grower; **el principal ~ de refrescos del mundo** the largest producer of soft drinks in the world; **los ~es de aceite de oliva** olive oil producers; **los ~es de vino** wine producers *o* growers

2 (*Cine, TV*) producer ► **productor(a) asociado/a** associate producer ► **productor(a) ejecutivo/a** executive producer

3 (= *obrero*) labourer

**productora**[2] SF (= *empresa*) (*Com*) producer; (*Cine, TV*) production company; (*Mús*) record company

**produje, produzco** *etc ver* **producir**

**proemio** SM preface, introduction

**proeza** SF 1 (= *hazaña*) exploit, feat, heroic deed

2 (*LAm*) (= *alarde*) boast

**Prof.** ABR, **prof.** ABR (= **profesor**) Prof

**Profa.** ABR, **profa.** ABR (= **profesora**) Prof

**profanación** SF desecration

**profanar** ▸conjug 1a◂ VT [+ *tumba, templo*] to desecrate, defile; **~ la memoria de algn** to blacken the memory of sb

**profano/a** Ⓐ ADJ 1 (= *laico*) profane, secular

2 (= *irrespetuoso*) irreverent

3 (= *no experto*) lay, uninitiated; (= *ignorante*) ignorant

4 (= *deshonesto*) indecent, immodest

Ⓑ SM/F (= *inexperto*) layman/laywoman; (= *ajeno*) outsider; **soy ~ en la materia** I don't know anything about the subject; **soy ~ en música** I don't know anything about music, I'm a layman when it comes to music

**profe*** SM/F = **profesor(a)**

**profecía** SF prophecy

**proferir** ▸conjug 3i◂ VT [+ *palabra, sonido, maldición*] to utter; [+ *insinuación*] to drop, throw out; [+ *insulto*] to hurl, let fly (**contra** at); [+ *suspiro*] to fetch, heave

**profesar** ▸conjug 1a◂ Ⓐ VT 1 (*Rel*) [+ *religión*] to profess; [+ *admiración, creencia*] to profess, declare

2 [+ *profesión*] to practise, practice (*EEUU*)

3 [+ *materia*] to teach; (*Univ*) to hold a chair in

Ⓑ VI (*Rel*) to take vows

**profesión** SF 1 (= *ocupación*) profession; (*en formulario*) occupation; (= *vocación*) calling, vocation; **abogado de ~** ◊ **de ~ abogado** a lawyer by profession ► **profesión liberal** liberal profession

2 (*Rel*) [*de fe*] profession, declaration; (*en orden religiosa*) taking of vows

**profesional** Ⓐ ADJ professional; **no ~** non-professional

Ⓑ SMF professional; **un ~ del diseño** a professional designer; **esta gran ~ del cine** this great professional of the cinema ► **profesional del amor** prostitute ► **profesional del sexo** sex worker

**profesionalidad** SF 1 [*de asunto*] professional nature

2 (= *actitud*) professionalism, professional attitude

**profesionalismo** SM professionalism

**profesionalización** SF **la ~ del ejército** the professionalization of the army; **ingresar en la ~** to become a professional

**profesionalizar** ▸conjug 1f◂ Ⓐ VT to professionalize, make more professional

Ⓑ **profesionalizarse** VPR to become professional, turn professional

**profesionalmente** ADV professionally

**profesionista** SMF (*Méx*) professional

**profeso** ADJ (*Rel*) professed

**profesor(a)** SM/F 1 (= *enseñante*) (*gen*) teacher; (= *instructor*) instructor ► **profesor(a) de autoescuela** driving instructor ► **profesor(a) de canto** singing teacher, singing tutor ► **profesor(a) de educación física** P.E. teacher ► **profesor(a) de equitación** riding teacher ► **profesor(a) de esgrima** fencing master/mistress ► **profesor(a) de esquí** ski instructor, skiing instructor ► **profesor(a) de gimnasia** gym instructor ► **profesor(a) de natación** swimming instructor ► **profesor(a) de piano** piano teacher ► **profesor(a) particular** private tutor ► **profesor(a) robot** teaching machine

2 (*Escol*) teacher ► **profesor(a) de biología** biology teacher, biology master/mistress ► **profesor(a) de instituto** secondary teacher

3 (*Univ*) (= *titular*) lecturer, professor (*EEUU*); (= *catedrático*) professor; **es ~ de griego** he is a lecturer in Greek, he lectures in Greek; **nuestros ~es de la universidad** our university teachers *o* lecturers; **se reunieron los ~es** the staff met, the faculty met (*esp EEUU*) ► **profesor(a) adjunto/a** assistant lecturer, assistant professor (*EEUU*) ► **profesor(a) agregado/a** assistant lecturer, assistant professor (*EEUU*)

**profesorado** SM 1 (= *profesores*) teaching staff, faculty (*EEUU*)

2 (= *profesión*) teaching profession; (= *enseñanza*) teaching, lecturing

3 (= *cargo*) professorship

**profesoral** ADJ [*actitud, tono*] professorial; [*plantilla, materiales*] teaching *antes de s*

**profesoril** ADJ donnish

**profeta** SM prophet; ✦**MODISMO no ser ~ en su tierra** not to be a prophet in one's own land

**proféticamente** ADV prophetically

**profético** ADJ prophetic

**profetisa** SF prophetess

**profetizar** ▸conjug 1f◂ VT (= *predecir*) to prophesy; (= *adivinar*) to guess, conjecture

**profiláctico** Ⓐ ADJ prophylactic

Ⓑ SM (= *condón*) condom, sheath (*frm*), prophylactic (*frm*)

**profilaxis** SF INV prophylaxis

**prófugo** SM (= *fugitivo*) fugitive; (= *desertor*) deserter; **continúa ~** he is still at large *o* on the run ► **prófugo de la justicia** fugitive from justice

**profundamente** ADV 1 (*con verbos*) [*creer, meditar, desconfiar*] deeply, profoundly; [*dormir*] deeply, soundly

2 (*con adjetivos*) [*religioso, afectado*] deeply, profoundly; [*dividido*] deeply; [*conservador*] extremely

**profundidad** SF 1 (= *hondura*) depth; (*Mat*) depth, height; **tener una ~ de 30cm** to be 30cm deep; **¿qué ~ tiene?** how deep is it?; **la poca ~ del río** the shallowness of the river; **la ~ de la crisis** the severity of the crisis ► **profundidad de campo** (*Fot*) depth of field; *ver tb* **carga 4**

2 **las ~es del océano** the depths of the ocean

3 (= *meticulosidad*) depth, profundity; **investigación en ~** in-depth investigation; **reforma en ~** radical *o* far-reaching reform; **limpieza de cutis en ~** deep skin cleansing

**profundímetro** SM depth gauge

**profundización** SF [*de conocimientos, crisis*] deepening; **es necesaria una ~ de los conocimientos históricos** we need to deepen our awareness of historical knowledge; **hemos de avanzar en la ~ de la democracia** we must consolidate democracy

**profundizar** ▸conjug 1f◂ Ⓐ VI **~ en algo** to go more deeply into sth; **no voy a ~ en este tema** I'm not going to go any more deeply into this topic; **un libro que ayuda a ~ en el conocimiento de las culturas americanas** a book which helps us to understand American cultures more deeply

Ⓑ VT 1 [+ *hoyo, pozo*] to deepen, make deeper

2 (= *investigar*) [+ *asunto*] to study in depth, go deeply into; [+ *misterio*] to fathom, get to the bottom of

**profundo** ADJ 1 (= *hondo*) deep; **tener 20cm de ~** to be 20cm deep, be 20cm in depth; **¿cuánto tiene de ~?** how deep is it?; **poco ~** shallow

2 (= *intenso*) [*suspiro, voz, respiración*] deep; [*nota*] low, deep; [*sueño*] deep, sound; [*misterio, pensador*] profound; **siento un ~ respeto hacia él** I have great *o* a deep respect for him; **las imágenes le produjeron una profunda**

**impresión** the pictures made a profound impression on him; **conocedor ~ del arte** expert in the art; **en lo ~ del alma** in the depths of one's soul; **estaban inmersos en una profunda oscuridad** (*liter*) they were enveloped by a profound darkness (*liter*)
[3] **en la Francia profunda** in the French heartland; **en el Sussex ~** in deepest Sussex, deep in Sussex

**profusamente** ADV (= *con abundancia*) profusely; (= *con extravagancia*) lavishly, extravagantly

**profusión** SF [1] (= *abundancia*) profusion
[2] (= *prodigalidad*) wealth; **con ~ de detalles** with a wealth of detail

**profuso** ADJ (= *abundante*) profuse; (= *pródigo*) lavish, extravagant

**progenie** SF [1] (= *hijos*) progeny (*frm*), offspring, brood (*pey*)
[2] (= *ascendencia*) family, lineage

**progenitor(a)** SM/F (= *antepasado*) ancestor; (= *padre*) father/mother; **progenitores** (*hum*) parents

**progenitura** SF offspring

**progesterona** SF progesterone

**programa** SM [1] (*de curso, actividades, TV, Radio*) programme, program (*EEUU*); **~ de actividades** programme of activities; **~ de gimnasia** exercise plan *o* regime ► **programa coloquio** chat show ► **programa concurso** game show ► **programa debate** TV debate ► **programa de consumo** consumer affairs programme ► **programa de estudios** curriculum, syllabus ► **programa de fomento de empleo** job creation scheme ► **programa electoral** electoral programme, electoral program (*EEUU*), election manifesto ► **programa piloto** pilot scheme
[2] (*Cine*) ► **programa continuo** continuous showing ► **programa doble** double bill
[3] (*Inform*) program ► **programa de aplicación** application program ► **programa fuente** source program ► **programa objeto** object program ► **programa verificador de ortografía** spell checker
[4] (*Cono Sur**) (= *amorío*) love affair

**programable** ADJ that can be programmed, programmable

**programación** SF [1] (*Inform*) programming, programing (*EEUU*) ► **programación de ordenadores** computer programming *o* (*EEUU*) programing
[2] (*Radio, TV*) programme planning, program planning (*EEUU*); (*en periódico*) programme guide, viewing guide; **ha habido ciertos cambios en la ~** there have been a few changes to the schedule ► **programación abierta** uncoded programmes *pl*, non-scrambled programmes *pl* ► **programación codificada** scrambled programmes *pl*
[3] (*Ferro*) scheduling, timetabling

**programado** ADJ planned, scheduled

**programador(a)** SM/F programmer; (*Inform*) (computer) programmer ► **programador(a) de aplicaciones** applications programmer ► **programador(a) de sistemas** systems programmer

**programar** ▸conjug 1a◂ VT [1] [+ *actividades, vacaciones*] (= *planear*) to plan; (*detalladamente*) to draw up a programme *o* (*EEUU*) program for
[2] (*Inform*) [+ *ordenador*] to program; [+ *vídeo*] to programme, program (*EEUU*)
[3] (*TV, Radio*) to show
[4] (*Ferro*) to schedule, timetable
[5] [+ *futuro*] to shape, mould, mold (*EEUU*), determine

**programático** ADJ programmatical

**programería** SF (*Inform*) ► **programería fija** firmware

**progre*** Ⓐ ADJ (= *moderno*) (*gen*) trendy; (*en política*) leftish, liberal; (*en lo sexual*) liberal, permissive (*in outlook*)
Ⓑ SMF (= *moderno*) (*gen*) trendy; (*en política*) lefty*, liberal; (*en lo sexual*) sexual liberal

**progresar** ▸conjug 1a◂ VI to progress, make progress

**progresía** SF [1] **la ~** (= *personas*) [*de moda*] the trendies; (*en política*) the lefties*, the liberals; (*en lo sexual*) the sexual liberals
[2] (= *actitud*) (*gen*) trendiness; (*Pol*) leftish outlook

**progresión** SF progression ► **progresión aritmética** arithmetic progression ► **progresión geométrica** geometric progression

**progresista** ADJ, SMF progressive

**progresivamente** ADV progressively

**progresividad** SF progressiveness, progressive nature

**progresivo** ADJ (= *que avanza*) progressive; (= *paulatino*) gradual; (= *continuo*) continuous; (*Ling*) continuous

**progreso** SM (= *mejora*) progress; (= *avance*) advance; **progresos** progress *sing*; **hacer ~s** to progress, make progress, advance

**progubernamental** ADJ pro-government

**prohibición** SF [1] (= *veto*) ban (**de** on), prohibition (**de** of); **la ~ total de las pruebas nucleares** the total ban on *o* the total prohibition of nuclear testing; **la ~ de exportar cereales** the banning *o* prohibition of cereal exports, the ban on cereal exports; **levantar la ~ de algo** to remove *o* lift the ban on sth
[2] [*de exportaciones, venta*] embargo (**de** on)

**prohibicionismo** SM prohibitionism

**prohibicionista** ADJ, SMF prohibitionist

▼ **prohibir** ▸conjug 3a◂ VT [1] (= *vedar*) [+ *venta, consumo, publicidad, prueba nuclear*] to ban, prohibit; **han prohibido la venta ambulante** street selling has been banned *o* prohibited; **la ley lo prohíbe** it is banned by law; **han prohibido la circulación de camiones este fin de semana** lorries have been banned from the roads this weekend; **quieren ~ la caza de ballenas** they want to put a ban on whaling, they want to ban whaling; **está totalmente prohibido hacer publicidad del tabaco** there is a total ban on tobacco advertising, tobacco advertising is completely banned *o* forbidden; **queda terminantemente prohibido** it is strictly forbidden
[2] (= *no permitir*) **~ algo a algn: prohibieron el acceso a la prensa** the press were banned; **el médico me ha prohibido los dulces** the doctor says I'm not allowed (to eat) sweet things, the doctor has banned me from eating sweet things; **~ a algn <u>hacer</u> algo**: **me prohibió entrar en su casa** he banned me from his house, he forbade me to enter his house; **la dirección nos prohibía usar maquillaje** the management prohibited us from wearing make-up, the management forbade us to wear make-up; **~ a algn <u>que</u> haga algo** to forbid sb to do sth; **te prohíbo que me hables así** I forbid you to talk to me like that; **<u>tener</u> algo prohibido**: **tengo prohibido el tabaco** I'm not allowed to smoke; **le tenían prohibido salir de casa** he was not allowed out; **me tienen prohibida la entrada** I'm banned, they have banned me; **me tienen prohibido hablar de política mientras comemos** I'm banned from talking politics at the dinner-table, I'm not allowed to talk politics at the dinner-table
[3] (*en letreros*) **"prohibida la caza"** "no hunting"; **"prohibida la entrada a menores de 18 años"** "no (admission to) under-18s"; **"prohibido el paso a toda persona ajena a la obra"** "no unauthorized entry", "authorized personnel only"; **"queda prohibido el consumo de alcohol en este local"** "no alcohol may be consumed on these premises"; **"prohibido fumar"** "no smoking"; **"prohibido jugar a la pelota"** "no ball games"; **"prohibido fijar carteles"** "stick no bills"

> ➤ LENGUA Y USO: **prohibir 1** 36.3, 37.4

**prohibitivo** ADJ [1] [*coste, precio*] prohibitive; **los precios del marisco son ~s** seafood is prohibitively expensive, the price of seafood is prohibitive
[2] [*ley, señal*] prohibitive

**prohibitorio** ADJ prohibitory

**prohijar** ▸conjug 1a◂ VT to adopt

**prohombre** SM (= *eminencia*) outstanding man, great man; (= *líder*) leader

**prójima*** SF [1] (= *fulana*) loose woman, woman of dubious character
[2] **la ~*** (= *esposa*) my old woman*, the wife*

**projimidad** SF (*Andes, Caribe, Cono Sur*) (= *compasión*) fellow feeling, compassion (for one's fellows); (= *solidaridad*) solidarity

**prójimo** SM [1] (= *semejante*) fellow man, fellow creature; (= *vecino*) neighbour, neighbor (*EEUU*); **el dinero del ~** other people's money; **meterse en los asuntos del ~** to meddle in other people's affairs; **amar al ~** to love one's neighbour
[2] (*) (= *tío*) so-and-so*, creature

**prolapso** SM prolapse

**prole** SF (= *descendencia*) offspring; (*pey, hum*) brood (*pey, hum*), spawn (*pey*); **padre de numerosa ~** father of a large family

**prolegómeno** SM preface, introduction; **los ~s del partido** (= *comienzo*) the early stages of the match; (= *ceremonias*) the pre-match ceremonies

**proletariado** SM proletariat

**proletario/a** Ⓐ ADJ proletarian
Ⓑ SM/F proletarian (*frm*), worker; **se negaron a disparar sobre sus hermanos ~s** they refused to shoot their fellow workers

**proletarismo** SM proletarianism

**proletarizar** ▸conjug 1f◂ VT to proletarianize

**proliferación** SF proliferation; **tratado de no ~ (de armas nucleares)** non-proliferation treaty (for nuclear weapons)

**proliferar** ▸conjug 1a◂ VI to proliferate

**prolífico** ADJ prolific (**en** of)

**prolijamente** ADV (= *interminablemente*) long-windedly; (= *con pesadez*) tediously; (= *con minuciosidad*) with an excess of detail

**prolijidad** SF (= *extensión*) long-windedness, prolixity (*frm*); (= *minuciosidad*) excess of detail

**prolijo** ADJ [1] (= *extenso*) prolix (*frm*); (= *largo*) long-winded; (= *pesado*) tedious; (= *muy minucioso*) excessively meticulous
[2] (*Arg*) (= *pulcro*) smart, neat
[3] (*Cono Sur*) (= *incansable*) untiring

**prologar** ▸conjug 1h◂ VT to preface, write an introduction to; **un libro prologado por Ortega** a book with a preface by Ortega

**prólogo** Ⓐ SM [1] [*de libro*] prologue, prolog (*EEUU*) (**de** to); **un texto con ~ y notas de García Márquez** a text edited by García Márquez
[2] (= *principio*) prelude (**de** to)
Ⓑ ADJ INV **etapa ~** preliminary stage, preparatory stage

**prologuista** SMF prologue *o* (*EEUU*) prolog writer

**prolongación** SF [1] (= *acto*) prolongation, extension
[2] [*de carretera*] extension; **por la ~ de la Castellana** along the new part of the Castellana, along the extension of the Castellana
[3] (*Elec*) extension, flex

**prolongado** ADJ [*reunión, viaje*] lengthy; **no se recomienda su uso ~** not suitable for prolonged use

**prolongar** ▸conjug 1h◂ Ⓐ VT [1] (= *alargar*) (*gen*) to prolong, extend; [+ *tubo*] to make longer, extend; [+ *reunión*] to prolong
[2] (*Mat*) [+ *línea*] to produce
Ⓑ **prolongarse** VPR (= *alargarse*) to extend, go on; **la carretera se prolonga más allá del bosque** the road goes on beyond the wood; **la sesión se prolongó bastante** the meeting went on quite a long time, it was a pretty long meeting; **la fiesta se prolongó hasta la madrugada** the party went on until the early hours

**prom.** ABR (= **promedio**) av

**promedial** ADJ average

**promedialmente** ADV on the average, as an average

**promediar** ▸conjug 1b◂ Ⓐ VT [1] (*Mat*) to work out the average of, average (out)
[2] (= *tener un promedio de*) to average; **la producción promedia 100 barriles diarios** production averages 100 barrels a day
Ⓑ VI [1] (= *mediar*) to mediate (**entre** between)
[2] **promediaba el mes** it was halfway through the month; **antes de ~ el mes** before the month is halfway through

**promedio** SM [1] (= *término medio*) average; **el ~ es de 35%** the average is 35%; **el ~ de asistencia diaria** the average daily attendance; **para aprobar hace falta sacar un cinco de ~** you need an average of five to pass
[2] [*de distancia*] middle, mid-point

**promesa** Ⓐ SF [1] (= *ofrecimiento*) (*gen*) promise; (*con compromiso formal*) pledge; **absolver a algn de su ~** to release sb from his promise; **cumplir una ~** to keep a promise; **faltar a una ~** to break a promise, go back on one's word ► **promesa de matrimonio** promise of marriage
[2] (= *persona*) **la joven ~ del deporte español** the bright hope of Spanish sport
Ⓑ ADJ INV **jugador ~** promising player

**promesante** SMF (*Cono Sur*), **promesero/a** SM/F (*Andes, Cono Sur*) pilgrim

**prometedor** ADJ, **prometente** ADJ promising

**prometedoramente** ADV promisingly

**Prometeo** SM Prometheus

**prometer** ▸conjug 2a◂ Ⓐ VT [1] (= *dar palabra*) to promise; **le han prometido unas vacaciones** they've promised her a holiday; **¡te lo prometo!** I promise!; **prometió llevarnos al cine** he promised to take us to the cinema
[2] (*) (= *asegurar*) to assure; **te prometo que se acordará de mí** I can assure you he will remember me; **no me verás más, te lo prometo** you won't see me again, (that) I can assure you
[3] (= *augurar*) to promise; **esto promete ser interesante** this promises to be interesting; **esto no nos promete nada bueno** this does not look at all hopeful for us, this promises to be pretty bad for us
[4] (*Rel*) **~ hacer algo** to take a vow to do sth
Ⓑ VI (= *tener porvenir*) to have promise, show promise; **este jugador promete** this player has *o* shows promise
Ⓒ **prometerse** VPR [1] **~se algo** to expect sth, promise o.s. sth; **nos habíamos prometido algo mejor** we had expected sth better; ✦**MODISMO prometérselas muy felices** to have high hopes
[2] [*novios*] to get engaged; **se prometió con él en abril** she got engaged to him in April

▼**prometido/a** Ⓐ ADJ [1] [*ayuda, favor*] promised; ✦**REFRÁN lo ~ es deuda** a promise is a promise, you can't break a promise; **la Tierra Prometida** the Promised Land
[2] [*persona*] engaged; **estar ~ con algn** to be engaged to sb
Ⓑ SM/F (= *novio*) fiancé/fiancée
Ⓒ SM (= *promesa*) promise

**prominencia** SF [1] (= *abultamiento*) bump, protuberance (*tb Med*); (= *hinchazón*) swelling; [*del terreno*] rise
[2] (*esp LAm*) (= *importancia*) prominence

**prominente** ADJ [1] [*mentón, tripa*] prominent
[2] (= *importante*) prominent

**promiscuidad** SF [1] (*sexual*) promiscuity
[2] (= *heterogeneidad*) mixture, confusion
[3] (= *ambigüedad*) ambiguity

**promiscuo** ADJ [1] (*sexualmente*) promiscuous
[2] (= *heterogéneo*) (*con intención*) mixed; (*por casualidad*) motley
[3] [*sentido*] ambiguous

**promisión** SF **tierra de ~** land of promise, promised land

**promisorio** ADJ [1] [*futuro, artista*] promising
[2] (*Jur*) promissory

**promoción** SF [1] (= *ascenso*) (*gen*) promotion, advancement; (*profesional*) promotion
[2] [*de producto, oferta*] promotion ► **promoción de ventas** sales promotion ► **promoción por correspondencia directa** direct mail advertising
[3] ► **promoción inmobiliaria** property development
[4] (= *año*) class, year; **la ~ de 1975** the 1975 class; **estaba en mi ~** he was from my class *o* year, he was the same class *o* year as me
[5] (= *ganga*) special offer; **está en ~** it's on (special) offer

**promocional** ADJ promotional

**promocionar** ▸conjug 1a◂ Ⓐ VT [1] [+ *producto, artista*] to promote
[2] (+ *empleado*) to promote
Ⓑ **promocionarse** VPR to improve o.s., better o.s.

**promontorio** SM (= *altura*) promontory; (*en la costa*) promontory, headland

**promotor(a)** SM/F (*gen*) promoter; [*de disturbios*] instigator, prime mover; [*de ley*] sponsor; **el ~ de los disturbios** the instigator of the rioting ► **promotor(a) de ventas** sales promoter ► **promotor(a) inmobiliario/a** property developer

**promotora** SF property development company

**promovedor(a)** SM/F (*gen*) promoter; [*de disturbios etc*] instigator

**promover** ▸conjug 2h◂ VT [1] (= *impulsar*) [+ *proceso, plan, intereses, desarrollo*] to promote; [+ *ley*] to sponsor; [+ *debate, conflicto*] to provoke; **normas destinadas a ~ el libre comercio** regulations aimed at promoting free trade; **~ un pleito** to bring an action, file a suit
[2] (= *provocar*) to cause; **su discurso promovió un enorme alboroto en la sala** his speech caused a tremendous uproar in the hall
[3] (= *ascender*) [+ *persona, equipo*] to promote (**a** to)

**promulgación** SF [1] (= *anuncio solemne*) announcement
[2] [*de ley*] enactment

**promulgar** ▸conjug 1h◂ VT [1] (= *anunciar solemnemente*) to announce
[2] [+ *ley*] to enact, pass

**pronombre** SM pronoun ► **pronombre personal** personal pronoun ► **pronombre posesivo** possessive pronoun ► **pronombre reflexivo** reflexive pronoun

**pronominal** ADJ pronominal

**pronominalización** SF pronominalization

**pronosticación** SF prediction, forecasting, prognostication (*frm*)

**pronosticador(a)** SM/F (*gen*) forecaster; (*Carreras*) tipster

**pronosticar** ▸conjug 1g◂ VT to forecast; **han pronosticado nevadas** they are forecasting snow; **pronosticó un aumento de la inflación** he forecast *o* predicted an increase in inflation

**pronóstico** SM [1] (= *predicción*) (*gen*) prediction, forecast; (*en carreras*) tip; **~s para el año nuevo** predictions for the new year ► **pronóstico del tiempo** weather forecast
[2] (*Med*) prognosis; **de ~ leve** slight, not serious; **su ~ es reservado** (*por falta de datos*) his condition is uncertain; (*por posibilidad de agravamiento*) his condition is unstable

**prontamente** ADV promptly

**prontico*** ADV, **prontito** ADV [1] (= *rápido*) double-quick; (= *enseguida*) right away
[2] (= *temprano*) very early, nice and early

**prontitud** SF [1] (= *rapidez*) quickness, promptness; **respondió con ~** he replied promptly
[2] (= *viveza*) quickness, sharpness

**pronto** Ⓐ ADV [1] (= *dentro de poco*) soon; **el tren estará ~ aquí** the train will be here soon; **~ hará diez años que nos casamos** it will soon be ten years since we got married; **todavía es ~ para salir** it's too soon *o* early to leave; **cuanto más ~ mejor** the sooner the better; **¡hasta ~!** see you soon!; **lo más ~ posible** as soon as possible

➤ LENGUA Y USO: **prometido A2** 51.2

[2] (*Esp*) (= *temprano*) early; **hoy he comido un poco ~** I ate a bit early today; **acostarse ~** to go to bed early; **levantarse ~** to get up early

[3] (= *rápidamente*) quickly; **se hizo famoso muy ~** he became famous very quickly; **¡venid aquí, ~!** come here, right now *o* quickly!; ✦***MODISMO* se dice (muy) ~*** (*algo difícil*) it's easier said than done; (*algo sorprendente*) it's quite a thought

[4] (*otras locuciones*) **al ~** at first; **de ~** (= *repentinamente*) suddenly; (= *inesperadamente*) unexpectedly; (*Col, Cono Sur*) (= *a lo mejor*) maybe, perhaps; **de ~ se cayó el cuadro de la pared** the picture suddenly fell off the wall; **se presentó de ~ en la casa** he turned up at the house unexpectedly; **de ~ no sabe** maybe *o* perhaps he doesn't know; **por de** *o* **lo ~** (= *por ahora*) for now, for the moment; (= *en primer lugar*) for a start, for one thing; **por lo ~ toma diez mil pesetas, mañana te daré el resto** take ten thousand pesetas for now *o* for the moment, and I'll give you the rest tomorrow; **—¿por qué no viniste? —bueno, por lo ~ estaba demasiado cansado** "why didn't you come?" — "well, for a start *o* for one thing I was too tired"; **tan ~ se ríe, tan ~ llora** one minute he's laughing, the next he's crying; **tan ~ es amigo tuyo, como de repente ya no lo es** one minute he's your friend, the next he doesn't want to know; **tan ~ como** (+ *SUBJUN*) as soon as; **te llamaré tan ~ como sepa algo** I'll call you as soon as I hear anything

Ⓑ ADJ [1] (*frm*) (= *rápido*) [*regreso, solución, mejoría*] swift; [*respuesta*] prompt; [*servicio, persona*] quick; **le deseo una pronta recuperación** I wish you a swift recovery; **quedo a la espera de su pronta respuesta** I look forward to your prompt reply; **es ~ en las decisiones** he is quick about making decisions; **estuvo muy ~ para irse** he was very quick to leave

[2] (*Cono Sur*) (= *preparado*) ready; **la comida está pronta** lunch is ready; **estar ~ para algo** to be ready for sth; **los republicanos estamos ~s para este desafío** we republicans are ready for this challenge; **estar ~ para hacer algo** to be ready to do sth

Ⓒ SM (*Esp**) (= *arrebato*) **le dio un ~ y se largó** he left on a sudden impulse; **tiene unos ~s muy malos** he gets ratty all of a sudden*; **le dio un ~ de enojo y me golpeó** she flew into a sudden rage and hit me

**prontuario** SM [1] (= *libro*) handbook, manual, compendium

[2] (*Arg Jur*) criminal record

**pronuncia** SF (*Méx*) = **pronunciamiento**

**pronunciación** SF pronunciation

**pronunciado** ADJ [*acento*] pronounced, strong; [*curva*] sharp; [*facciones*] marked, noticeable; [*pendiente*] steep; [*tendencia*] marked, noticeable

**pronunciamiento** SM military revolt, military uprising

▼**pronunciar** ▸conjug 1b◂ Ⓐ VT [1] (*Ling*) [+ *palabra, idioma*] to pronounce; [+ *sonido*] to make, utter

[2] (= *decir*) [+ *discurso*] to make, deliver; [+ *brindis*] to propose; **~ unas palabras de elogio** to say a few words of tribute; **pronunció unas palabras en las que ...** she said that ...

[3] (*Jur*) [+ *sentencia*] to pass, pronounce

Ⓑ **pronunciarse** VPR [1] to be pronounced; **no sé cómo se pronuncia esta palabra** I don't know how to pronounce this word

[2] (= *expresarse*) to declare o.s., state one's opinion; **~se a favor de algo** to pronounce in favour of sth, declare o.s. in favour of sth; **~se sobre algo** to pronounce on sth, make a pronouncement about sth; **un 20% no se pronunció** 20% expressed no opinion

[3] (*Pol, Mil*) (= *rebelarse*) to revolt, rise

[4] (= *acentuarse*) to become (more) pronounced

[5] (*) (= *apoquinar*) to cough up*, fork out*

**pronuncio** SM (*Andes*) = **pronunciamiento**

**propagación** SF [1] (= *extensión*) [*de enfermedad, infección, fuego*] spreading; [*de ruido*] spreading, diffusion (*frm*); [*de ideas*] spreading, dissemination (*frm*)

[2] (*Biol*) propagation

**propaganda** SF [1] (*Pol*) propaganda ▸ **propaganda electoral** electoral propaganda

[2] (*Com*) (= *publicidad*) advertising; **las revistas están llenas de ~** magazines are full of advertising; **hacer ~ de algo** to advertise sth; **han hecho mucha ~ del concierto** the concert has been well-advertised

[3] (= *panfletos, octavillas*) advertising leaflets *pl*; **repartía ~ por la calle** he was handing out advertising leaflets in the street; **me han llenado el buzón de ~** I've been inundated with junk mail

**propagandista** SMF propagandist

**propagandístico** ADJ [1] (*Pol*) propaganda *antes de s*

[2] (*Com*) advertising *antes de s*

**propagar** ▸conjug 1h◂ Ⓐ VT [1] (= *extender*) [+ *ideas*] to spread, disseminate; [+ *rumor, enfermedad, fuego*] spread

[2] (*Biol*) to propagate

Ⓑ **propagarse** VPR [1] [*ideas, rumores, enfermedad, incendio*] to spread

[2] (*Biol*) to propagate

**propalación** SF (= *divulgación*) disclosure; (= *diseminación*) dissemination

**propalar** ▸conjug 1a◂ VT (= *divulgar*) to divulge, disclose; (= *diseminar*) to disseminate; (= *publicar*) to publish an account of

**propano** SM propane

**propasarse** ▸conjug 1a◂ VPR (= *excederse*) to go too far, overstep the bounds; (*sexualmente*) to take liberties, overstep the bounds of propriety

**propela** SF (*Caribe, Méx*) (= *hélice*) propeller; (= *fuerabordo*) outboard motor

**propelente** SM propellent

**propender** ▸conjug 2a◂ VI **~ a algo** to tend towards sth, incline to sth; **~ a hacer algo** to tend to do sth, have a tendency to do sth

**propensión** SF inclination, tendency (**a** to); (*Med*) tendency

▼**propenso** ADJ [1] **~ a** (= *predispuesto*) prone to, subject to; (*Med*) prone to; **es muy ~ a enfadarse** he has a tendency to get angry, he's prone to getting angry; **soy propensa a los resfriados** I am very prone to colds, I catch colds easily

[2] (= *dispuesto*) inclined to; **ser ~ a hacer algo** to be *o* feel inclined to do sth

**propi*** SF = **propina**

**propiamente** ADV [1] (*tb* **~ dicho**) (*tb* **~ hablando**) strictly speaking; **éste es, ~, el centro del pueblo** this is, strictly speaking, the town centre; **~ hablando, esto no es un vaso, sino una taza** strictly speaking, that is a cup not a glass; **la ceremonia religiosa ~ dicha comenzará a las doce** the religious ceremony itself will begin at twelve

[2] (= *auténticamente*) really, exactly; **la novela no es ~ autobiográfica** the novel is not really *o* exactly autobiographical

**propiciación** SF propitiation

**propiciador(a)** SM/F (*LAm*) sponsor

**propiciar** ▸conjug 1b◂ VT [1] [+ *cambio, revolución*] (= *favorecer*) to favour, favor (*EEUU*); (= *crear condiciones*) to create a favourable atmosphere for; (= *provocar*) to cause, give rise to; **tal secreto propicia muchas conjeturas** such secrecy gives rise to *o* causes a lot of speculation; **un hecho que propició que el fuego se extendiera** a fact which helped the fire to spread

[2] (= *atraer*) to propitiate (*frm*), win over

[3] (*LAm*) to sponsor

**propiciatorio** ADJ propitiatory; **víctima propiciatoria** scapegoat

**propicio** ADJ [*momento, condiciones*] favourable, favorable (*EEUU*); [*persona*] kind, well-disposed

**propiedad** SF [1] (= *pertenencia*) possession, ownership; **ser de la ~ de algn** to be the property of sb, belong to sb; **es ~ del municipio** it is the property of the town, it belongs to the council, it's council property; **una finca de la ~ del marqués** an estate belonging to the marquis; **en ~**: **tener un puesto de trabajo en ~** to have tenure; **tener un piso/una parcela en el cementerio en ~** to own a flat/a plot of land in the cemetery; **adquirir una vivienda/un terreno en ~** to purchase a home/a piece of land (*land or property*); **ceder algo a algn en ~** to transfer to sb the full rights (of ownership) over sth, transfer sth completely to sb ▸ **propiedad privada** private ownership; **"no pasar — ~ privada"** "no entry — private property" ▸ **propiedad pública** public ownership

[2] (= *objeto poseído*) property; **una ~** a property, a piece of property; **este diamante es una de sus ~es más preciadas** this diamond is one of her most treasured possessions ▸ **propiedad particular** private property

[3] (*Quím, Med*) property

[4] (= *característica*) property, attribute

[5] (= *adecuación*) propriety; **discutir la ~ de una palabra** to discuss the appropriateness of a word; **hablar con ~** to speak properly *o* correctly; **hablar español con ~** (= *expresarse bien*) to have a good command of Spanish; (= *hablar correctamente*) to speak Spanish correctly, speak correct Spanish

[6] (= *exactitud*) accuracy; **lo reproduce con toda ~** he reproduces it faithfully

[7] (*Com*) (= *derechos*) right, rights *pl*; **"es propiedad"** "copyright" ▸ **propiedad industrial** patent rights *pl* ▸ **propiedad intelectual, propiedad literaria** copyright

**propietario/a** Ⓐ ADJ **la inmobiliaria propietaria del piso** the property company which owns the flat

Ⓑ SM/F [1] (= *poseedor*) (*gen*) owner, proprietor/proprietress; [*de tierras*] land-

➤ LENGUA Y USO: **pronunciar B2** 33.3 **propenso 1** 53.1

owner; **es ~ de una cadena de restaurantes** he owns a chain of restaurants
2 (= *casero*) landlord/landlady

**propina** SF 1 (= *dinero extra*) (*en restaurante, bar*) tip, gratuity (*frm*); [*de los niños*] pocket money; **dar algo de ~** to give sth extra; **me dieron mil pesetas de ~** they gave me a thousand-peseta tip; **si compras seis te dan uno de ~** if you buy six you get one free
2 (*Mús*) encore

**propinar** ▸conjug 1a◂ Ⓐ VT 1 (= *dar*) [+ *golpe*] to strike, deal; [+ *azotes*] to give; **le propinó una buena paliza** he gave him a good thrashing; **le propinó una serie de consejos** he gave him a lot of advice, he made him listen to several bits of advice
2 (= *invitar*) **~ a algn** to buy sb a drink
Ⓑ **propinarse** VPR **~se algo** to treat o.s. to sth

**propincuidad** SF propinquity, nearness, proximity

**propincuo** ADJ near

**propio** Ⓐ ADJ 1 (*uso enfático*) 1·1 (*con posesivos*) own; **salió del hospital por su ~ pie** he left the hospital on his own two feet; **lo vi con mis ~s ojos** I saw it with my own eyes; ✦***MODISMO*** **en mis propias narices** under my very nose
1·2 (= *mismo*) **me lo ha dicho el ~ ministro** the minister himself told me so; **la solicitud debe ser firmada por el ~ interesado** the application must be signed by the applicant himself; **hacer lo ~** to do the same, follow suit; **se marchó sin decir nada y pretendía que nosotros hiciéramos lo ~** he left without a word and wanted us to do the same *o* follow suit; **yo haría lo ~ que tú** I'd do the same as you; **al ~ tiempo** at the same time; **están subiendo los impuestos al ~ tiempo que baja la inflación** they are raising taxes at the same time as inflation is going down; **la novela es al ~ tiempo romántica y dinámica** the novel is both romantic and fast-moving at the same time
1·3 **al ~** (*CAm*) on purpose; **de ~** especially
2 (*indicando posesión*) own; **¿tiene coche ~?** do you have your own car?; **esos rizos parecen ~s** those curls look as if they are your own; **lo hizo en defensa propia** he did it in self-defence; **hablo en nombre ~ y en el de mis compañeros** I speak for myself and my colleagues
3 (= *característico*) **~ de algo/algn** typical of sth/sb; **una bebida propia del país** a drink typical of the country; **este sol es más ~ de un país mediterráneo** this sunshine is more typical of a Mediterranean country; **ese gesto era muy ~ de él** that gesture was very like him *o* very typical of him; **fruta propia del tiempo** seasonal fruit; **preguntas propias de un niño** questions that a child would ask
4 (= *inconfundible*) all (of) its own; **este perfume tiene un olor muy ~** this perfume has a scent all (of) its own
5 (= *adecuado*) suitable; **recibieron al rey con los honores que le son ~s** they received the king with the honours which are his due *o* with all suitable honours; **~ para algo** suitable for sth; **esa corbata no es muy propia para la ocasión** that tie is not very suitable for the occasion; **no es lugar ~ para este tipo de comportamiento** this is not the place for that sort of behaviour
6 (= *correcto*) strict, true; **utiliza las palabras en sentido ~** he uses the words in their strict *o* true sense
7 (*Esp**) (= *parecido*) **las manzanas están tan propias que dan ganas de comérselas** the apples look so real that you want to eat them; **has salido muy ~ en ese retrato** that portrait of you is a good likeness, that portrait looks really like you
8 (*esp Méx, CAm*) **—con su permiso —propio** "excuse me" — "certainly"
Ⓑ SM 1 (= *mensajero*) messenger
2 **~s y extraños** all and sundry; **su triunfo sorprendió a ~s y extraños** her victory surprised all and sundry

**proponente** SMF proposer

▼**proponer** ▸conjug 2q◂ (*pp* **propuesto**) Ⓐ VT
1 (= *sugerir*) [+ *idea, proyecto*] to suggest, propose; [+ *candidato*] to propose, put forward; [+ *brindis, moción de censura*] to propose; [+ *teoría*] to put forward, propound (*frm*); **hemos propuesto la creación de un centro de acogida** we have suggested *o* proposed the setting up of a reception centre; **el plan propuesto por el sindicato** the plan put forward *o* suggested *o* proposed by the union; **no creo que la solución sea ésa, como parece que algunos proponéis** I do not believe that is the solution, as some of you seem to suggest; **la cifra de ventas propuesta asciende a un millón de libras** the sales target comes to one million pounds; **te voy a ~ un trato** I'll make you a deal *o* a proposition; **~ a algn hacer algo** to suggest to sb that they should do sth; **fue ella quien me propuso hacer ese papel** it was her who suggested (to me) that I should play this part; **~ que** to suggest *o* propose that; **propongo que la reunión se aplace hasta mañana** I suggest *o* propose that the meeting be postponed till tomorrow, I suggest we put the meeting off till tomorrow; **yo propongo que lo paguemos a medias** I suggest we go halves on it; **le propuse que se casara conmigo** I proposed to her
2 (= *recomendar*) **~ a algn para** [+ *cargo*] to nominate sb for, propose sb as; [+ *premio*] to nominate sb for; **lo han propuesto para el cargo de secretario** they have nominated him for secretary, they have proposed him as secretary; **he sido propuesta para la beca de investigación** I've been nominated *o* proposed for the research scholarship; **la película ha sido propuesta como candidata para los Oscars** the film has been nominated for an Oscar
3 (= *plantear*) [+ *problema*] (*gen*) to pose; (*Mat*) to set
Ⓑ **proponerse** VPR **~se algo** to put one's mind to sth; **cuando me propongo algo seriamente, lo consigo** when I really set out to do something *o* put my mind to something, I get it done; **~se hacer algo** (*con intención*) to mean to do sth, intend to do sth; (*con empeño*) to be determined to do sth, be intent on doing sth; **me he propuesto dejar de fumar este año** I mean *o* intend to give up smoking this year; **no me había propuesto hacerte daño** I didn't mean *o* intend to hurt you; **me he propuesto terminar el libro hoy** I am determined to finish the book today, I am intent on finishing the book today; **~se que: ¿es que te has propuesto que lleguemos tarde?** you're determined to make us late, aren't you?, you're intent on making us late, aren't you?; **sin proponérselo** unintentionally; **y así, sin proponérmelo, me convertí en empresario** so, without exactly meaning to, I became a businessman, so I became a businessman unintentionally

**proporción** SF 1 (*gen*) proportion; (*Mat*) ratio; (= *relación*) relationship; (= *razón, porcentaje*) rate; **la ~ entre azules y verdes** the proportion of blues to greens; **está en ~ con los gastos** it is in proportion to the expenses; **ganaron la votación por una ~ de cinco a uno** they won the vote by a ratio of five to one; **esto no guarda ~ con lo otro** this is out of proportion to the rest; **guarda bien las proporciones** it remains in proportion
2 **proporciones** [*de objeto*] proportions; [*de plan, escándalo*] scope; **una máquina de proporciones gigantescas** a machine of huge size *o* proportions; **se desconocen las proporciones del desastre** the size *o* extent *o* scope of the disaster is unknown
3 (= *oportunidad*) chance, opportunity, right moment
4 **proporciones** (*Méx*) (= *riqueza*) wealth *sing*; **de proporciones** (*LAm*) (= *enorme*) huge, vast; (= *rico*) wealthy

**proporcionadamente** ADV proportionately, in proportion

**proporcionado** ADJ 1 **bien ~** [*persona, cara*] well-proportioned; [*talle*] shapely
2 (= *en proporción*) proportionate (**a** to)
3 (= *adecuado*) appropriate (**a** to); **de tamaño ~** of the appropriate size

**proporcional** ADJ proportional (**a** to)

**proporcionalmente** ADV proportionally

**proporcionar** ▸conjug 1a◂ VT 1 (= *dar*) to supply, provide; **~ dinero a algn** to supply sb with money; **esto le proporciona una renta anual de ...** this brings him in a yearly income of ...; **esto proporciona mucho encanto a la narración** this lends *o* gives great charm to the story; **su tío le proporcionó el puesto** his uncle found him the job, his uncle helped him into *o* helped him get the job
2 (= *adaptar*) to adjust, adapt (**a** to)

**proposición** SF 1 (= *sugerencia, oferta*) proposal; **aceptó nuestra ~ de vender la casa** he accepted our proposal to sell the house; **¿cuál es tu ~?** what do you propose?, what is your proposal *o* proposition? ► **proposición de ley** bill ► **proposición de matrimonio** marriage proposal, proposal of marriage ► **proposiciones deshonestas** indecent proposals, indecent suggestions ► **proposición no de ley** motion
2 (*Ling*) clause
3 (*Fil, Mat*) proposition

▼**propósito** SM 1 (= *intención*) purpose; **¿cuál es el ~ de su visita?** what is the purpose of his visit?; **para lograr este ~ se han desplazado a Madrid** with this in mind *o* for this purpose, they have gone to Madrid; **buenos ~s** (*para el futuro*) good intentions; (*para el año nuevo*) resolutions; **de ~** on purpose, deliberately; **fuera de ~** off the point; **hacer(se) (el) ~ de hacer algo** to resolve to do sth, decide to do sth; **los tres hicieron firme ~ de no atacar** the three of them resolved *o* decided not to attack; **nunca nos hemos hecho el ~ de gastar más dinero** it has never been our

➤ LENGUA Y USO: proponer A1 28.1 propósito 1 35.2 2 45.4

intention to spend more money; **sin ~** [*caminar, moverse*] aimlessly; [*actuar*] unintentionally; **tener (el) ~ de hacer algo** to intend *o* mean to do sth, be one's intention to do sth; **no tenía ~ ninguno de pelearme** I didn't intend *o* mean to get into a fight, it was not my intention to get into a fight; **tengo el firme ~ de irme de casa** I am determined to leave home, I am intent on leaving home ► **propósito de enmienda**: **no veo ~ de enmienda en su comportamiento** I don't see him mending his ways *o* turning over a new leaf

2 **a ~** 2·1 (*como adjetivo*) suitable, right (**para** for); **era la persona a ~ para el trabajo** he was very suitable for the job, he was the right person for the job; **hizo varios comentarios a ~** he made various comments on the matter

2·2 (*como adverbio*) on purpose, deliberately; **lo siento, no lo hice a ~** I'm sorry, I didn't do it on purpose *o* deliberately; **me he comprado un traje a ~ para la boda** I've bought a dress especially for the wedding; **venir a ~** (= *venir expresamente*) to come especially; (= *ser adecuado*) [*comentario, observación*] to be well-timed; [*dinero*] to come in handy; **he venido a ~ para verte** I have come especially to see you; **esa observación vino muy a ~** that was a timely remark, that remark was very well-timed; **el dinero que me diste me vino muy a ~** the money you gave me was just what I needed *o* came in very handy

2·3 (= *por cierto*) by the way; **a ~, ¿qué vais a hacer en Semana Santa?** by the way, what are you doing at Easter?

2·4 **a ~ de** (*después de verbo*) about; (*uso independiente*) talking of, à propos of; **estuvieron discutiendo a ~ de las elecciones** they were having a discussion about the election; **a ~ de Picasso, ¿has visto alguna vez el Guernica?** talking of *o* à propos of Picasso, have you ever seen Guernica?; **a ~ de dinero, ¿cuándo me vas a pagar?** now you mention it *o* talking of money, when are you going to pay me?; **¿a ~ de qué me dices eso ahora?** why do you say that now?

**propuesta** SF 1 (= *sugerencia*) proposal; **me hizo varias ~s de trabajo** he made me several work proposals; **a ~ de algn** at the proposal *o* suggestion of sb; **aprobar una ~** to approve a proposal; **desestimar una ~** to turn down *o* reject a proposal; **rechazar una ~** to reject a proposal, turn down a proposal ► **propuesta de ley** bill

2 (= *recomendación*) (*para un cargo*) candidature; (*para un premio*) nomination; **todos apoyaron su ~ como candidato** everyone supported his candidature; **la ~ de Elena como presidenta fue la más votada** Elena received most votes in the election for president

3 (= *proyecto*) design; **concurso de ~s** design competition

**propuesto** PP *de* **proponer**

**propugnación** SF advocacy

**propugnar** ▸conjug 1a◂ VT (= *proponer*) to advocate, propose, suggest; (= *apoyar*) to defend, support

**propulsado** ADJ **un avión ~ por tres motores** a plane driven by four engines; **el coche está ~ por un motor de ocho cilindros** the car has an eight-cylinder engine, the car runs on eight cylinders; **~ a chorro** jet-propelled

**propulsante** SM fuel, propellent

**propulsar** ▸conjug 1a◂ VT 1 (*Mec*) [+ *vehículo*] to drive, propel; [+ *avión, cohete*] to propel

2 [+ *actividad, cambio*] to promote, encourage

**propulsión** SF propulsion ► **propulsión a chorro** jet propulsion; **con ~ a chorro** jet-propelled ► **propulsión a cohete** rocket propulsion ► **propulsión por reacción** jet propulsion

**propulsor(a)** Ⓐ ADJ 1 [*motor*] jet *antes de s*

2 [*medidas*] driving

Ⓑ SM (*Téc*) (= *combustible*) propellent, fuel; (= *motor*) motor, engine

Ⓒ SM/F (= *persona*) promoter

**propuse** *etc ver* **proponer**

**prorrata** SF share, quota, prorate (*EEUU*); **a ~** proportionately, pro rata

**prorratear** ▸conjug 1a◂ VT to share out, distribute proportionately, prorate (*EEUU*); **~emos el dinero** we will share out the money pro rata; **los daños se ~án entre las cuatro aseguradoras** damages will be shared by the four insurers

**prorrateo** SM sharing (in proportion), apportionment; **a ~** pro rata, proportionately

**prórroga** SF (= *plazo extra*) extension; (*Dep*) extra time; (*Mil*) deferment; (*Jur*) stay (of execution), respite

**prorrogable** ADJ which can be extended

**prorrogación** SF deferment, prorogation (*frm*)

**prorrogar** ▸conjug 1h◂ VT [+ *período*] to extend; [+ *decisión*] to defer, postpone; [+ *sesión*] to prorogue, adjourn; (*Mil*) to defer; (*Jur*) to grant a stay of execution to; **prorrogamos una semana las vacaciones** we extended our holiday by a week; **no les ~on el contrato** their contract was not extended

**prorrumpir** ▸conjug 3a◂ VI to burst forth, break out; **la multitud prorrumpió en aplausos** the crowd burst (out) into applause; **~ en gritos** to start shouting; **~ en lágrimas** to burst into tears

**prosa** SF 1 (*Literat*) prose; **poema en ~** prose poem ► **prosa poética** prose poetry

2 (= *prosaísmo*) prosaic nature, ordinariness; **la ~ de la vida** the ordinariness of life

3 (*) (= *verborrea*) verbiage

4 (*Cono Sur*) (= *vanidad*) vanity, haughtiness

5 (*Andes, CAm*) (= *afectación*) pomposity, affectation

**prosador(a)** SM/F 1 (= *escritor*) prose writer

2 (*) (= *hablador*) chatterbox*, great talker

**prosaicamente** ADV prosaically

**prosaico** ADJ [*tono, lenguaje*] prosaic; [*explicación*] mundane, prosaic; [*ambición, objetivo*] mundane; **la realidad es mucho más prosaica** the truth is much more mundane

**prosaísmo** SM [*de lo cotidiano*] prosaic nature; (*Literat*) prosaicism

**prosapia** SF (= *alcurnia*) lineage, ancestry; **una familia de (mucha) ~** a (very) illustrious family; **es un liberal de ~** he comes from a long line of liberals

**proscenio** SM proscenium

**proscribir** ▸conjug 3a◂ VT 1 (= *prohibir*) (*gen*) to prohibit, ban; [+ *partido*] to proscribe, outlaw; [+ *criminal*] to outlaw; [+ *asunto*] to ban; **~ un tema de su conversación** to banish a topic from one's conversation

2 (= *desterrar*) to banish, exile

**proscripción** SF 1 (= *prohibición*) (*gen*) prohibition (*frm*) (**de** of), ban (**de** on); [*de partido*] proscription, outlawing

2 (= *destierro*) banishment

**proscripto** ADJ (*Arg*) = **proscrito**

**proscrito/a** Ⓐ PP *de* **proscribir**

Ⓑ ADJ 1 (= *prohibido*) (*gen*) banned, prohibited; [*actividad*] outlawed, proscribed; **un libro ~** a banned book

2 (= *desterrado*) exiled

Ⓒ SM/F (= *exiliado*) exile; (= *bandido*) outlaw

**prosecución** SF 1 (= *continuación*) continuation

2 [*de objetivo*] pursuit; [*de demanda*] pressing

3 (= *caza*) pursuit

**proseguir** ▸conjug 3d, 3k◂ Ⓐ VT (= *seguir*) [+ *charla, reunión*] to continue, carry on; [+ *demanda*] to go on with, press; [+ *investigación, estudio*] to pursue

Ⓑ VI 1 **~ en** *o* **con una actitud** to continue in one's attitude, maintain one's attitude

2 [*condición*] to continue, go on; **prosiguió con el cuento** he went on with the story; **¡por favor, prosiga!** please go on! *o* continue!; **prosigue el mal tiempo** the bad weather continues

**proselitismo** SM proselytism

**proselitista** ADJ proselytizing

**prosélito/a** SM/F convert, proselyte (*frm*); **hacer ~s** to win over converts

**prosificación** SF 1 (= *texto*) prose version

2 (= *acción*) rewriting as prose, turning into prose

**prosificar** ▸conjug 1g◂ VT to write a prose version of, rewrite as *o* in prose

**prosista** SMF prose writer

**prosodia** SF prosody

**prosopopeya** SF 1 (= *personificación*) personification, prosopopoeia (*frm*)

2 (= *pomposidad*) pomposity, affectation

**prospección** SF 1 (= *exploración*) exploration (**de** for); ► **prospección de mercados** market research

2 (*Min*) prospecting (**de** for); ► **prospección de petróleo** prospecting for oil, drilling for oil

3 (*Mil*) prospecting

**prospeccionar** ▸conjug 1a◂ VT to look to, examine

**prospectar** ▸conjug 1a◂ VT to survey

**prospectiva** SF futurology

**prospectivo** ADJ [*estudio, informe*] pilot; **análisis ~** forecast

**prospecto** SM 1 (= *folleto*) leaflet

2 (= *instrucciones*) (*gen*) sheet of instructions; [*de medicamento*] directions for use; [*de empresa, universidad*] prospectus

**prospector(a)** SM/F prospector ► **prospector(a) de mercados** market researcher

**prósperamente** ADV (= *con mejoras*) prosperously; (= *con éxito*) successfully

**prosperar** ▸conjug 1a◂ VI [*industria*] to prosper, thrive; [*idea, proyecto*] to prosper; (= *tener éxito*) to be successful; **la moción de censura no prosperó** the censure motion was unsuccessful *o* was defeated

**prosperidad** SF (= *bienestar*) prosperity; (= *éxito*) success; **en época de ~** in a period of prosperity, in good times; **desear a algn muchas ~es** to wish sb all success

▼**próspero** ADJ (= *floreciente*) prosperous, thriving; (= *venturoso*) successful; **feliz Navidad y ~ Año Nuevo** Happy Christmas and a prosperous new year; **con próspera fortuna** with good luck, favoured by fortune

**próstata** SF prostate

**prosternarse** ▸conjug 1a◂ VPR (= *postrarse*) to prostrate o.s.; (= *humillarse*) to bow low, bow humbly

**prostético** ADJ prosthetic

**prostibulario** ADJ brothel *antes de s*

**prostíbulo** SM brothel

**prostitución** SF prostitution; **casa de ~** brothel ► **prostitución infantil** child prostitution

**prostituir** ▸conjug 3g◂ Ⓐ VT [+ *persona*] to prostitute; [+ *ideales*] to prostitute

Ⓑ **prostituirse** VPR [1] (*en sentido sexual*) (*por primera vez*) to become a prostitute; (*como profesión*) to work as a prostitute

[2] (= *corromperse*) to prostitute o.s.

**prostituto/a** SM/F male prostitute/prostitute

**prosudo** ADJ (*Andes, Cono Sur*) affected, pompous

**protagónico** ADJ leading, major

**protagonismo** SM [1] (= *papel*) leading role; (= *liderazgo*) leadership; **conceder el ~ al pueblo** to grant power to the people

[2] (= *importancia*) prominence; (*en sociedad*) taking an active part, being socially active; **afán de ~** urge to be in the limelight; **tuvo poco ~** he made little showing; **el tema adquiere gran ~ en este texto** the theme takes on major importance in this text; **le gusta hacer las cosas sin ~s** he likes to do things without making a fuss

[3] (= *defensa*) defence, defense (EEUU)

[4] (= *apoyo*) support

**protagonista** Ⓐ ADJ central, leading; **tuvo un papel ~ en las negociaciones** she played a central *o* leading role in the negotiations

Ⓑ SMF [1] (*en hecho real*) main figure; **los ~s del conflicto** the main figures in the dispute

[2] (= *personaje*) [*de obra literaria*] main character, protagonist (*frm*); [*de película, serie*] main character, lead; **el ~ no muere en la película** the main character *o* lead doesn't die in the film

[3] (= *actor, actriz*) star; **la ~ de la película es Bette Davies** the star of the film is Bette Davies

**protagonístico** ADJ leading; **papel ~** leading role

**protagonizar** ▸conjug 1f◂ VT [1] (*Cine, Teat*) to play the lead in; **una película protagonizada por Greta Garbo** a film starring Greta Garbo

[2] (= *formar parte de*) [+ *proceso, rebelión*] to lead; [+ *manifestación, protesta, accidente*] to be involved in; [+ *escándalo*] to be caught up in, be involved in; [+ *derrota, victoria*] to figure in, be involved in; **el mes ha estado protagonizado por …** the month has been notable for …; **un encuentro protagonizado por los dos actores principales** a meeting between the two main protagonists

**proteaginosa** SF protein product

**protección** SF protection ► **protección civil** civil defence *o* (EEUU) defense ► **protección de datos** data protection

**proteccionismo** SM protectionism

**proteccionista** Ⓐ ADJ [*medida*] protectionist; [*arancel*] protective

Ⓑ SMF protectionist

**protector(a)** Ⓐ ADJ [1] (= *defensivo*) protecting, protective; **cubierta ~a** protective cover; **medidas ~as de la industria** measures to protect industry, protective measures towards industry; **crema ~a** barrier cream

[2] [*tono*] patronizing

Ⓑ SM/F (= *defensor*) (*gen*) protector; [*de artista*] patron; [*de la tradición*] guardian; **El Protector** (*LAm Hist Pol*) the Protector

Ⓒ SM [1] (*Inform*) ► **protector de pantalla** screen saver

[2] ► **protector solar** sun protection

[3] (*Boxeo*) ► **protector bucal** gum shield

**protectorado** SM protectorate

**proteger** ▸conjug 2c◂ Ⓐ VT [1] (= *resguardar*) to protect (**contra, de** against, from); **esta bufanda te ~á del frío** this scarf will protect you from the cold; **la policía protegió al árbitro de las iras del público** the police protected *o* shielded the referee from the wrath of the public; **sus padres la protegen demasiado** her parents are overprotective towards her; **protegemos los derechos de los trabajadores** we defend the rights of the workers; **~ contra grabación** *o* **escritura** (*Inform*) to write-protect

[2] [+ *artista*] to act as patron to

Ⓑ **protegerse** VPR **~se de** *o* **contra algo** to protect o.s. from *o* against sth; **nos protegimos de** *o* **contra la lluvia en la cabaña** we sheltered from the rain in the hut; **se protegió del** *o* **contra el sol con una gorra** he wore a cap for protection against the sun; **~se de las miradas indiscretas** to shield o.s. from prying eyes

**protegido/a** Ⓐ ADJ [1] (= *resguardado*) protected; **especie protegida** protected species

[2] [*vivienda*] subsidised

Ⓑ SM/F protégé, protégée

**proteico** ADJ [1] (= *cambiante*) protean

[2] [*alimento, contenido*] protein *antes de s*

**proteína** SF protein

**proteínico** ADJ protein *antes de s*; **contenido ~** protein content

**protervidad** SF wickedness, perversity

**protervo** ADJ wicked, perverse

**protésico/a** Ⓐ ADJ prosthetic

Ⓑ SM/F prosthetist, limb-fitter ► **protésico/a dental** dental technician

**prótesis** SF INV (*Med*) (*gen*) prosthesis; (= *brazo, pierna*) artificial limb ► **prótesis de cadera** artificial hip ► **prótesis de mama** breast implant ► **prótesis dental** dental prosthesis ► **prótesis de silicona** silicone implant

**protesta** SF [1] (= *queja*) protest; **el ministro desoyó las ~s ciudadanas** the minister ignored the people's protests; **una manifestación de ~ contra la nueva ley** a protest demonstration against the new law; **los gritos de ~ fueron silenciados con aplausos** shouts of protest were drowned by the applause; **canción (de) ~** protest song; **déjate de ~s porque no pienso dejarte ir** you can stop protesting because I'm not going to let you go; **en señal de ~ contra** *o* **por algo** in protest against sth

[2] (*frm*) (= *declaración*) protestation; **hacer ~s de lealtad** to protest one's loyalty

**protestación** SF protestation ► **protestación de fe** profession of faith ► **protestación de lealtad** protestation of loyalty, declaration of loyalty

**protestante** ADJ, SMF Protestant

**protestantismo** SM Protestantism

▼**protestar** ▸conjug 1a◂ Ⓐ VI [1] (= *quejarse*) to complain; **~on contra la subida de la gasolina** they complained *o* (*frm*) protested against the rise in the price of petrol; **protestó por lo mal que la habían tratado** she complained *o* (*frm*) protested about how badly she had been treated; **no protestes tanto y acábate la cena** stop complaining and finish your dinner

[2] (*Jur*) **¡protesto, Su Señoría!** objection, Your Honour!; **¡protesto contra esa observación!** I resent that!, I object to that remark!

Ⓑ VT [1] [+ *letra, pagaré*] to protest, note; **un cheque protestado por falta de fondos** a cheque referred to drawer

[2] (*frm*) (= *declarar*) to protest

**protesto** SM [1] [*de letra*] protest

[2] (*LAm*) protest

**protestón/ona*** Ⓐ ADJ whingeing (*pey**), perpetually moaning

Ⓑ SM/F perpetual moaner, whinger (*pey**)

**proto…** PREF proto…

**protocolario** ADJ [1] (= *ceremonial*) required by protocol, established by protocol

[2] (= *formulario*) ceremonial, formal

**protocolo** SM [1] (*Pol, Inform*) protocol

[2] (= *reglas ceremoniales*) protocol, convention

[3] (= *formalismo*) **sin ~s** informal(ly), without formalities

[4] (*Med*) medical record

**protón** SM proton

**protoplasma** SM protoplasm

**prototipo** SM (= *arquetipo*) prototype; (= *modelo*) model

**protuberancia** SF [1] (= *bulto*) protuberance

[2] (*en estadística*) bulge

**protuberante** ADJ protuberant

**prov.** ABR = **provincia**

**provecho** SM (= *ventaja*) advantage; (= *beneficio*) benefit; (*Fin*) (= *ganancia*) profit; **de ~** [*negocio*] profitable; [*actividad*] useful; [*persona*] worthy, honest; **¡buen ~!** enjoy your meal!; **¡buen ~ le haga!** and much good may it do him!; **en ~ de** to the benefit of; **un pueblo que lucha consigo mismo, en ~ de otros** a people who fight amongst themselves, to the benefit *o* advantage of others; **en ~ del prójimo** for the benefit of others; **en ~ propio** for one's own benefit, to one's own advantage; **sacar ~ de algo** to benefit from sth, profit by *o* from sth

**provechosamente** ADV advantageously, beneficially, profitably

**provechoso** ADJ (= *ventajoso*) advantageous; (= *beneficioso*) beneficial, useful; (= *rentable*) profitable

**provecto** ADJ aged, elderly; **de edad provecta** aged, elderly

**proveedor(a)** SM/F (= *abastecedor*) supplier, purveyor; (= *distribuidor*) dealer; **consulte a su ~ habitual** consult your usual dealer;

➤ LENGUA Y USO: **próspero** 50.2 **protestar A1** 41

**"Proveedores de la Casa Real"** "By appointment to His/Her Majesty"

**proveeduría** SF (*Cono Sur*) grocer's, grocery

**proveer** ▸conjug 2e◂ (*pp* **provisto y proveído**)
Ⓐ VT [1] (= *suministrar*) to supply, furnish (**de** with)
[2] (= *preparar*) to provide, get ready; **~ todo lo necesario** to provide all that is necessary (**para** for)
[3] [+ *vacante*] to fill
[4] [+ *negocio*] to transact, dispatch
[5] (*Jur*) to decree
Ⓑ VI **~ a** to provide for; **~ a las necesidades de algn** to provide for sb's needs; **~ a un vicio de algn** to pander to sb's vice
Ⓒ **proveerse** VPR **~se de algo** to provide o.s. with sth

**proveniente** ADJ **~ de** from; **gente ~ de diferentes países** people from different countries; **inversiones ~s de Japón** Japanese investment, investment from Japan

**provenir** ▸conjug 3r◂ VI **~ de** to come from; **la palabra "ruleta" proviene del francés** the word "roulette" comes from (the) French; **esto proviene de no haberlo curado antes** this stems from *o* comes from *o* is a result of not having treated it earlier

**Provenza** SF Provence

**provenzal** Ⓐ ADJ Provençal
Ⓑ SMF Provençal
Ⓒ SM (*Ling*) Provençal

**proverbial** ADJ proverbial

**proverbialmente** ADV proverbially

**proverbio** SM proverb

**provida** ADJ INV, **pro-vida** ADJ INV pro-life

**próvidamente** ADV providently

**providencia** SF [1] (*Rel*) **la (Divina) Providencia** (Divine) Providence
[2] **providencias** (= *precauciones*) measures, steps; **tomar las ~s necesarias para evitar accidentes** to take the steps necessary to avoid accidents
[3] (*Jur*) ruling, decision

**providencial** ADJ providential

**providencialmente** ADJ providentially

**providente** ADJ, **próvido** ADJ provident

**provincia** SF [1] (= *distrito*) province; (*Esp Admin*) ≈ county; **la capital de la ~** the provincial capital; **las Provincias Vascongadas** (*Hist*) the Basque Provinces, the Basque Country
[2] **de ~s: un pueblo de ~s** a country town, a provincial town; **lleva una vida de ~s** she lives a provincial life; **una gira por ~s** a tour of the provinces

**PROVINCIA**

*Spain is divided into 55 administrative* **provincias**, *including the islands and territories in North Africa. Each one has a* **capital de provincia** *which generally has the same name as the province itself.* **Provincias** *are grouped by geography, history and culture into* **comunidades autónomas**.
⇨ *See also* COMUNIDAD AUTÓNOMA

**provincial**[1] ADJ provincial, ≈ county *antes de s*

**provincial**[2]**(a)** SM/F (*Rel*) provincial

**provincialismo** SM [1] (= *cualidad*) provincialism
[2] (*Ling*) dialect word, phrase etc

**provincianismo** SM provincialism; **~ de cortas luces, ~ de vía estrecha** narrow provincialism, deadening provincialism

**provinciano/a** Ⓐ ADJ [1] (= *rural*) country *antes de s*
[2] (= *paleto*) provincial
[3] (†) (= *vasco*) Basque, of the Basque Provinces
Ⓑ SM/F [1] (= *de provincias*) provincial country dweller
[2] (†) (= *vasco*) Basque

**proviniente** ADJ = **proveniente**

**provisión** SF [1] (= *acto*) provision; **concurso para la ~ de 84 plazas de profesorado** competition to fill 84 teaching jobs
[2] (= *abastecimiento*) provision, supply
[3] **provisiones** (= *alimentos*) provisions, supplies
[4] (*Fin*) **cheque sin ~** bad cheque, bad check (*EEUU*) ► **provisión de fondos** financial cover
[5] (= *medida*) precautionary measure, step

**provisional** ADJ provisional

**provisionalidad** SF provisional nature, temporary character

**provisionalmente** ADV provisionally

**provisionar** ▸conjug 1a◂ VT to cover, make bad-debt provision for

**provisorio** ADJ (*esp LAm*) provisional

**provista** SF (*Cono Sur*) provisions *pl*, supplies *pl*

**provisto** PP *de* **proveer**; **~ de algo** [*persona*] provided with sth, supplied with sth; [*automóvil, máquina*] equipped with sth; **no iban ~s de suficiente comida** they didn't have enough food with them; **el televisor viene ~ de mando a distancia** the television comes with remote control included *o* complete with remote control

**provocación** SF provocation

**provocador(a)** Ⓐ ADJ provocative; **agente ~** agent provocateur
Ⓑ SM/F trouble-maker

**▼provocar** ▸conjug 1g◂ Ⓐ VT [1] (= *causar*) [+ *protesta, explosión*] to cause, spark off; [+ *fuego*] to cause, start (deliberately); [+ *cambio*] to bring about, lead to; [+ *proceso*] to promote; **~ risa a algn** to make sb laugh; **incendio provocado** arson
[2] [+ *parto*] to induce, bring on
[3] [+ *persona*] (*gen*) to provoke; (= *incitar*) to rouse, stir up (to anger); (= *tentar*) to tempt, invite; **¡no me provoques!** don't start me!; **~ a algn a cólera** *o* **indignación** to rouse sb to fury; **~ a algn a lástima** to move sb to pity; **el mar provoca a bañarse** the sea invites one to go for a swim
[4] (*sexualmente*) to rouse
Ⓑ VI [1] (*LAm*) (= *gustar, apetecer*) **me provoca comer** I feel like eating; **¿te provoca un café?** would you like a coffee?, do you fancy a coffee?; **¿qué le provoca?** what would you like?, what do you fancy?; **no me provoca la idea** the idea doesn't appeal to me, I don't fancy the idea; **—¿por qué no vas? —no me provoca** "why aren't you going?" — "I don't feel like it"; **no me provoca estudiar hoy** I'm not in the mood for studying today, I don't feel like studying today
[2] (*) (= *vomitar*) to be sick, throw up*

**provocativo** ADJ [1] (= *incitante*) provocative
[2] (*sexualmente*) [*mirada, vestido*] provocative; [*risa, gesto*] inviting, provocative

**proxeneta** SMF pimp, procurer/procuress

**proxenetismo** SM procuring

**próximamente** ADV shortly, soon

**proximidad** SF nearness, closeness; **en las ~es de Madrid** in the vicinity of Madrid

**próximo** ADJ [1] (= *cercano*) near, close; [*pariente*] close; **un lugar ~ a la costa** a place near the coast; **vivimos muy ~s** we live very close by; **en fecha próxima** soon, at an early date; **estar ~ a algo** to be close to sth, be near sth; **estar ~ a hacer algo** to be on the point of doing sth, be about to do sth
[2] (= *siguiente*) next; **el mes ~** next month; **el ~ 5 de junio** on 5th June next; **se bajarán en la próxima parada** they will get off at the next stop

**proyección** SF [1] (= *acto*) [*de imagen*] projection; [*de luz*] casting, throwing
[2] (*Cine*) screening; **el tiempo de ~ es de 35 minutos** the film runs for 35 minutes, the screening lasts 35 minutes
[3] (= *diapositiva*) slide, transparency
[4] (= *alcance*) hold, influence; **la ~ de los periódicos sobre la sociedad** the hold of newspapers over society; **un intelectual con gran ~ social** a very influential intellectual; **un artista de una gran ~ internacional** an internationally renowned artist

**proyeccionista** SMF projectionist

**proyectable** ADJ **asiento ~** (*Aer*) ejector seat

**proyectar** ▸conjug 1a◂ VT [1] (= *planear*) **~ hacer algo** to plan to do sth; **tenía proyectado hablar con él** I was planning to speak to him
[2] (*Arquit*) to plan; (*Mec*) to design; **está proyectado para ...** it is designed to ...
[3] (*Cine, Fot*) to project, screen
[4] [+ *luz*] to cast, project; [+ *sombra*] to cast
[5] (= *dirigir*) [+ *objeto*] to hurl, throw; [+ *chorro, líquido*] to shoot out
[6] (*Mat*) to project

**proyectil** SM [1] (= *arma*) projectile, missile ► **proyectil balístico intercontinental** intercontinental ballistic missile ► **proyectil de iluminación** flare, rocket ► **proyectil (tele)dirigido** guided missile
[2] (*Mil*) (*de cañón*) shell; (*con cohete*) missile

**proyectista** SMF [1] (*Aer, Aut, Téc*) (= *diseñador*) designer; (= *delineante*) draughtsman, draftsman (*EEUU*)
[2] (*Cine*) projectionist

**proyecto** SM [1] (= *intención*) plan; **cambiar de ~** to change one's plans; **está en ~ la publicación de los catálogos para el año que viene** the publication of the catalogues is planned for next year; **tener algo en ~** to be planning sth; **tener ~s para algo** to have plans for sth; **tener ~s sobre algo** to have designs on sth ► **proyecto piloto** pilot scheme
[2] (*Téc*) plan, design; (= *idea*) project
[3] (*Fin*) detailed estimate
[4] (*Pol*) ► **proyecto de declaración** draft declaration ► **proyecto de ley** bill
[5] (*Univ*) ► **proyecto de fin de carrera, proyecto final de carrera** (*práctico*) final-year project; (*teórico*) final-year dissertation

**proyector** SM [1] (*Cine*) projector ► **proyector de diapositivas** slide projector
[2] (= *foco de luz*) (*Teat*) spotlight; (*para*

➤ LENGUA Y USO: provocar A1 44.2

*monumentos*) floodlight; (*Mil*) (= *reflector*) searchlight ► **proyector antiniebla** foglamp

**prudencia** SF (= *cuidado*) care, caution; (= *cordura*) wisdom, prudence; (= *sensatez*) sound judgment, soundness; **actuar con ~** to be careful *o* cautious; **el problema debe ser analizado con ~** the problem must be carefully studied; **extremar la ~** to proceed with extreme caution

**prudencial** ADJ [1] (= *adecuado*) prudential; (= *sensato*) sensible; **tras un intervalo ~** after a decent interval, after a reasonable time
[2] [*cantidad, distancia*] roughly correct

**prudenciarse** ▸conjug 1b◂ VPR (*Andes, CAm, Méx*) (= *ser cauteloso*) to be cautious; (= *contenerse*) to hold back, control o.s.

▼**prudente** ADJ sensible, prudent; **lo más ~ sería ir ahora mismo al médico** the most sensible *o* prudent thing to do would be to go straight to the doctor; **es una conductora muy ~** she's a very careful driver; **manténgase a una distancia ~ del vehículo delantero** keep a safe distance from the car in front

**prudentemente** ADV (= *con sensatez*) sensibly, wisely, prudently; [*decidir*] judiciously, soundly; [*conducir*] carefully

**prueba** SF [1] (= *demostración*) proof; **esta es una ~ palpable de su incompetencia** this is clear proof of his incompetence; **¿tiene usted ~ de ello?** can you prove it?, do you have proof?; **eso es la ~ de que él lo hizo** this proves that he did it, this is the proof that he did it; **es ~ de que tiene buena salud** that proves *o* shows he's in good health; **sin dar la menor ~ de ello** without giving the faintest sign of it; **ser buena ~ de algo** to be clear proof of sth; **el resultado es buena ~ de su profesionalidad** the result is clear proof of her professionalism; **Alonso dio buena ~ de su calidad como orador** Alonso clearly demonstrated his quality as a speaker, Alonso gave clear proof of his quality as a speaker; **como** *o* **en ~ de** in proof of; **como** *o* **en ~ de lo cual** in proof of which; **me lo dio como** *o* **en ~ de amistad** he gave it to me as a token of friendship; **como** *o* **en ~ de que no es así te lo ofrezco gratis** to prove that that isn't the case, I'll give it to you for free; **a las ~s me remito** (I'll let) the facts speak for themselves
[2] (*Jur*) piece of evidence; **~s** evidence *sing*; **el fiscal presentó nuevas ~s** the prosecutor presented new evidence; **se encuentran en libertad por falta de ~s** they were released for lack of evidence ► **pruebas documentales** documentary evidence *sing* ► **pruebas indiciarias** circumstantial evidence *sing*
[3] (= *examen*) (*Escol, Univ, Med*) test; [*de actor*] (*Cine*) screen test; (*Teat*) audition; **la maestra nos hizo una ~ de vocabulario** our teacher gave us a vocabulary test; **el médico me hizo más ~s** the doctor did some more tests on me; **se tendrán que hacer la ~ del SIDA** they'll have to be tested for AIDS; ✦***MODISMO* ser la ~ de fuego de algo** to be an acid test of sth ► **prueba de acceso** entrance test, entrance examination ► **prueba de alcoholemia** Breathalyzer® test ► **prueba de aptitud** aptitude test ► **prueba de capacitación** proficiency test ► **prueba de(l) embarazo** pregnancy test ► **prueba de inteligencia** intelligence test ► **prueba de nivel** placement test ► **prueba de paternidad** paternity test ► **prueba de selectividad** (*Univ*) entrance examination ► **prueba de tornasol** litmus test ► **prueba nuclear** nuclear test ► **prueba práctica** practical, practical test
[4] (= *ensayo*) [4·1] (*gen*) **haz la ~** try it; **período de ~** [*de persona*] probationary period; [*de producto*] trial period; **piloto de ~s** test pilot; **vuelo de ~s** test flight; **estar en (fase de) ~s** to be on trial; **emitir en ~s** (*TV*) to broadcast test transmissions
[4·2] **a prueba** (*Téc*) on trial; (*Com*) on approval, on trial; **el nuevo secretario está a ~ durante un mes** the new secretary is on trial for a month; **ingresar con un nombramiento a ~** to take up a post for a probationary period; **matrimonio a ~** trial marriage; **poner** *o* **someter a ~** to put to the test; **poner a ~ la paciencia de algn** to try sb's patience; **poner a ~ los nervios de algn** to test sb's nerves
[4·3] **a ~ de**: **a ~ de agua** waterproof; **a ~ de bala(s)** bulletproof; **a ~ de bomba(s)** (*lit*) bombproof, shellproof; **un método a ~ de bombas** a surefire method; **es de una honestidad a ~ de bomba** he's completely honest; **a ~ de choques** shockproof; **a ~ de ladrones** burglarproof; **a ~ de ruidos** soundproof
► **prueba clínica** clinical trial ► **prueba de campo** field trial ► **prueba en carretera** (*Aut*) test drive
[5] (*Dep*) (= *disciplina*) event; (= *carrera*) race; **la ~ de los cien metros lisos** the hundred metres; **la ~ de descenso** the downhill; **la ~ individual** (*Tenis*) the singles ► **prueba campo a través** (*Atletismo*) cross-country race; (*Hípica*) cross-country trial ► **prueba clasificatoria** heat ► **prueba contrarreloj** time trial ► **prueba de carretera** (*Ciclismo*) road trial ► **prueba de obstáculos** obstacle race ► **prueba de relevos** relay, relay race ► **prueba de resistencia** endurance test ► **prueba de vallas** hurdles, hurdles race ► **prueba eliminatoria** heat ► **prueba por equipos** (*Ciclismo*) team trial
[6] (*Cos*) fitting; **sala de ~s** fitting room
[7] (*Fot*) print ► **prueba negativa** negative ► **prueba positiva** print
[8] [*de comida*] (= *acto*) testing, sampling; (= *cantidad*) taste, sample
[9] (*LAm*) (*en el circo*) (= *número*) circus act; (*Andes*) (= *función*) circus show, performance
[10] **pruebas** (*Tip*) proofs; **primeras ~s** first proofs, galleys; **~s de planas** page proofs; **corrector de ~s** proofreader

**pruebista** SMF [1] (*LAm*) (= *acróbata*) acrobat; (= *funámbulo*) tightrope walker; (= *prestidigitador*) conjurer; (= *malabarista*) juggler; (= *contorsionista*) contortionist
[2] (*Cono Sur*) [*de libros*] proofreader

**prurito** SM [1] (*Med*) (= *picor*) itching, pruritus (*frm*)
[2] (= *anhelo*) itch, urge; **tener el ~ de hacer algo** to have the urge to do sth; **por un ~ de exactitud** out of an excessive desire for accuracy, because of his eagerness to get everything just right

**Prusia** SF Prussia

**prusiano/a** ADJ, SM/F Prussian

**PS** SM ABR (*Pol*) = **Partido Socialista**

**pse...** PREF, **psi...** PREF psy...; *all forms are pronounced with silent "p"*

**PSE-EE** SM ABR (*Esp*) = **Partido Socialista de Euskadi-Euskadiko Eskerra**

**psefología** SF psephology

**psefólogo/a** SM/F psephologist

**pseudocientífico** ADJ pseudo-scientific

**psic...** PREF psych...

**psicoactivo** ADJ psychoactive

**psicoafectivo** ADJ mental, psychological

**psicoanálisis** SM INV psychoanalysis

**psicoanalista** SMF psychoanalyst

**psicoanalítico** ADJ psychoanalytic, psychoanalytical; **diván ~** psychiatrist's couch

**psicoanalizar** ▸conjug 1f◂ VT to psychoanalyse

**psicocirugía** SF psychosurgery

**psicodélico** ADJ psychedelic

**psicodepresor** SM depressant

**psicodinámica** SF psychodynamics *sing*

**psicodrama** SM psychodrama

**psicoestimulante** SM (mental) stimulant

**psicofármaco** SM psychotropic drug, mood-altering drug

**psicolingüística** SF psycholinguistics *sing*

**psicolingüístico** ADJ psycholinguistic

**psicología** SF psychology ► **psicología conductista** behavioural psychology, behavioral psychology (*EEUU*) ► **psicología de masas** mass psychology ► **psicología educativa** educational psychology ► **psicología femenina** feminine psychology, female psychology ► **psicología masculina** male psychology ► **psicología médica** medical psychology

**psicológicamente** ADV psychologically

**psicológico** ADJ psychological

**psicólogo/a** SM/F psychologist

**psicomotricidad** SF psychomotor activity

**psiconeurosis** SF INV psychoneurosis

**psicópata** SMF psychopath

**psicopático** ADJ psychopathic

**psicopatología** SF psychopathology

**psicopedagogo/a** SM/F educational psychologist

**psicoquinesis** SF INV psychokinesis

**psicoquinético** ADJ psychokinetic

**psicosis** SF INV psychosis

**psicosomático** ADJ psychosomatic

**psicotécnico** ADJ **test ~** ◊ **prueba psicotécnica** response test

**psicoterapeuta** SMF psychotherapist

**psicoterapia** SF psychotherapy

**psicótico/a** Ⓐ ADJ psychotic
Ⓑ SM/F psychotic

**psicotrópico** ADJ psychotropic, psychoactive

**psiqu...** PREF psych...

**Psique** SF Psyche

**psique** SF psyche

**psiquiatra** SMF psychiatrist

**psiquiatría** SF psychiatry

**psiquiátrico** Ⓐ ADJ psychiatric
Ⓑ SM mental hospital ► **psiquiátrico penitenciario** psychiatric prison

**psíquico** ADJ psychic, psychical; **enfermedades psíquicas** mental illnesses, psychological illnesses

**psitacosis** SF INV psittacosis

**PSOE** [pe'soe] SM ABR (*Esp*) = **Partido Socialista Obrero Español**

**psoriasis** SF INV psoriasis

➤ LENGUA Y USO: **prudente** 29.2

**PSS** SF ABR = **prestación social sustitutoria**; → INSUMISO, MILI, PRESTACIÓN SOCIAL SUSTITUTORIA

**PSUM** SM ABR (*Méx*) = **Partido Socialista Unificado de México**

**pta** ABR 1 (*Fin*) = **peseta**
2 = **presidenta**

**Pta.** ABR (*Geog*) (= **Punta**) Pt

**ptas** ABR = **pesetas**

**PTB** SM ABR (*Andes*) (= **Producto Territorial Bruto**) GDP

**pte.** ABR = **presidente**

**pterodáctilo** [tero'ðaktilo] SM pterodactyl

**ptmo.** ABR (*Com*) = **préstamo**

**ptomaína** [toma'ina] SF ptomaine

**ptomaínico** [toma'iniko] ADJ **envenenamiento ~** ptomaine poisoning

**pts** ABR = **pesetas**

**púa** SF 1 (= *pincho*) (*gen*) sharp point; (*Bot, Zool*) prickle, spine; [*de erizo*] quill; [*de peine*] tooth; [*de tenedor*] prong, tine; [*de alambre*] barb; (*LAm*) [*de gallo de pelea*] spur
2 (*Mús*) [*de guitarrista*] plectrum, pick; [*de tocadiscos*] gramophone needle, phonograph needle (*EEUU*)
3 (*Bot*) graft, cutting
4 (‡) one peseta

**puaf*** EXCL yuck!*

**puazo*** SM (*Arg*) slash

**pub** [pub, paβ] SM (*pl* **pubs** [pub, paβ]) *bar where music is played*

**púber** Ⓐ ADJ adolescent
Ⓑ SMF adolescent

**pubertad** SF puberty

**pubescencia** SF pubescence

**pubescente** ADJ pubescent

**púbico** ADJ pubic

**pubis** SM INV pubis

**publicación** SF publication

**públicamente** ADV publicly, in public; **lo admitió ~** he admitted it publicly *o* in public

**publicar** ▸conjug 1g◂ VT 1 (*Com*) [+ *libro, artículo*] to publish; [+ *disco, grabación*] to issue
2 (= *difundir*) (*gen*) to publicize; [+ *secreto*] to make public, divulge

**publicidad** SF 1 (*Com*) advertising; **hacer ~ de** to advertise; **se ha prohibido la ~ del tabaco** cigarette advertising has been banned ► **publicidad de lanzamiento** advertising campaign to launch a product, advance publicity ► **publicidad directa** direct advertising ► **publicidad en el punto de venta** point-of-sale advertising ► **publicidad estática** (advertising on) hoardings ► **publicidad gráfica** display advertising
2 (= *divulgación*) publicity; **dar ~ a algo** to give publicity to sth

**publicista** SMF publicist

**publicitar** ▸conjug 1a◂ Ⓐ VT 1 (*Com*) to advertise
2 (= *divulgar*) to publicize
Ⓑ **publicitarse** VPR to advertise

**publicitario/a** Ⓐ ADJ advertising *antes de s*, publicity *antes de s*; **campaña publicitaria** advertising campaign
Ⓑ SM/F advertising agent, advertising executive

**público** Ⓐ ADJ 1 (= *de los ciudadanos, del Estado*) [*transporte, teléfono, organismo, gasto*] public; **la gravedad de la situación es de dominio ~** the seriousness of the situation is public knowledge; **colegio ~** state school; **dinero ~** public money, government funds *pl*; **es un peligro ~ en la carretera** he is a danger to the public, he's a public menace on the roads*; **la vía pública** the street, the public highway (*frm*); *ver tb* **administración 1**, **deuda 2**, **opinión**, **sector**
2 (= *no íntimo*) [*acto, escándalo*] public; **los acusaron de escándalo ~** they were accused of public indecency; **se retiró de la vida pública** he retired from public life; **hacer algo ~** to make sth public; **en un comunicado de prensa hecho ~ ayer** in a press release issued yesterday; **su incompetencia fue pública y notoria** his incompetence was blatantly obvious *o* was plain for all to see; *ver tb* **relación 4**
Ⓑ SM 1 (= *audiencia*) (*Mús, Teat*) audience; (*Dep, Taur*) spectators *pl*, crowd; (*TV*) (*en el plató*) audience; (*en casa*) viewers *pl*, audience; **había poco ~ en la sala** there weren't many people in the audience; **"apta para todos los ~s"** "certificate U", "G movie" (*EEUU*); **el estadio estaba lleno de ~** the stadium was full of spectators, there was a big crowd in the stadium; **el ~ presente en el plató** the studio audience; **un programa con gran audiencia de ~** a programme with a large number of viewers *o* a large audience; **"aviso al público"** "public notice"; **en ~** [*actuar, hablar*] in public; [*actuación, presentación, aparición*] public; **el gran ~** (*gen*) the general public; **escribe para el gran ~** she writes for the average reader ► **público adulto** adult audience ► **público infantil** children's audience; **un programa de televisión dirigido al ~ infantil** a television programme for children *o* aimed at a children's audience ► **público objetivo** (*Com*) target customers *pl*; (*TV*) target audience
2 (= *seguidores*) 2·1 [*de periódico, escritor*] readers *pl*, readership; **no es lo que quiere nuestro ~** it's not what our readers want *o* our readership wants; **un diario para un ~ muy especializado** a newspaper for a very specialized readership
2·2 [*de cantante*] fans *pl*; **su ~ le sigue siendo fiel** her fans are still loyal to her
3 [*de oficina, banco, museo*] **nuestros precios están expuestos al ~** our prices are displayed publicly; **a las dos cerramos al ~** we close (to the public) at two o'clock; **"horario de atención al público"** (*en bancos*) "hours of business"; (*en tiendas*) "opening hours"

**publirreportaje** SM advertising feature

**pucará** SF 1 (*Arg, Andes Hist*) (= *fortaleza*) Indian fortress
2 (*LAm Arqueología*) (= *fuerte*) pre-Columbian fort; (= *tumba*) Indian burial mound

**pucelano/a*** Ⓐ ADJ of/from Valladolid
Ⓑ SM/F native/inhabitant of Valladolid; **los ~s** the people of Valladolid

**pucha**[1] SF 1 (*Cuba*) (= *ramo*) bouquet
2 (*Méx*) (= *pan*) ring-shaped loaf

**pucha**[2]* SF 1 (*LAm euf*) = **puta**
2 **¡(la) ~!** (*con sorpresa*) well I'm damned!; (*con irritación*) drat!

**puchana** SF (*Cono Sur*) broom

**puchar‡** ▸conjug 1a◂ VT to speak, say

**puchera** SF stew

**pucherazo*** SM electoral fiddle*; **dar ~** to rig an election, fiddle the votes*

**puchero** SM 1 (= *olla*) cooking pot
2 (= *guiso*) stew
3 (= *sustento*) daily bread; **ganar(se) el ~*** to earn one's crust; **apenas gana para el ~** he hardly earns enough to live on
4 (*) (= *mueca*) pout; **hacer ~s** to pout, screw up one's face

**puches** SMPL porridge *sing*, gruel *sing*

**puchica‡** EXCL (*Andes*) blast!*, damn!

**puchito/a*** SM/F (*Cono Sur*) youngest child

**pucho** SM 1 (*Cono Sur*) (= *colilla*) [*de cigarrillo*] fag end‡, dog end‡; [*de puro*] cigar stub
2 (*LAm*) (= *cigarrillo*) fag‡
3 (*LAm*) (= *resto*) (*gen*) scrap, left-over(s) *pl*; [*de bebida*] dregs *pl*; [*de tela*] remnant; (*Fin*) coppers *pl*, small change
4 (*LAm*) (= *nimiedad*) trifle, mere nothing; **a ~s** in dribs and drabs
5 (*Andes, Cono Sur*) (= *hijo*) youngest child

**puco** SM (*Andes, Cono Sur*) earthenware bowl

**pude** *etc ver* **poder**

**pudendo** Ⓐ ADJ **partes pudendas** private parts, pudenda (*frm*)
Ⓑ SM (= *pene*) penis

**pudibundez** SF (= *afectación*) false modesty; (= *remilgos*) excess of modesty

**pudibundo** ADJ (= *mojigato*) prudish; (= *vergonzoso*) bashful, modest; (= *tímido*) over-shy

**pudicicia** SF (= *pudor*) modesty; (= *castidad*) chastity

**púdico** ADJ (= *recatado*) modest; (= *casto*) chaste

**pudiendo** *ver* **poder**

**pudiente** ADJ (= *rico*) wealthy, well-to-do; (= *poderoso*) powerful, influential; **las gentes menos ~s** the less well-off; **las clases ~s** the upper classes

**pudín** SM pudding

**pudinga** SF puddingstone

**pudo** *etc ver* **poder**

**pudor** SM 1 (= *recato*) modesty; (= *timidez*) shyness; (= *vergüenza*) (sense of) shame, (sense of) decency; **con ~** modestly, discreetly; **tenía ~ de confesarlo** he was ashamed to confess it; **alardea sin ~ de su riqueza** she boasts unashamedly *o* openly about her wealth; **lo dijo sin ningún ~** she said it without embarrassment
2 (= *castidad*) chastity, virtue; **atentado al ~** indecent assault

**pudorosamente** ADV (= *recatadamente*) modestly; (= *con timidez*) shyly; (= *castamente*) chastely, virtuously

**pudoroso** ADJ (= *recatado*) modest; (= *tímido*) shy; (= *casto*) chaste, virtuous

**pudrición** SF 1 (= *proceso*) rotting
2 (= *lo podrido*) rot ► **pudrición seca** dry rot

**pudridero** SM rubbish heap

**pudrimiento** SM 1 (= *proceso*) rotting
2 (= *lo podrido*) rot

**pudrir** ▸conjug 3a◂ Ⓐ VT 1 (= *descomponer*) to rot, decay
2 (*) (= *molestar*) to upset, vex
Ⓑ VI (*fig*) (= *haber muerto*) to rot, be dead and buried
Ⓒ **pudrirse** VPR 1 (= *corromperse*) [*comida*]

to rot, decay; [*valores*] to deteriorate

2 [*persona*] to rot, languish; **mientras se pudría en la cárcel** while he was languishing in jail; **te vas a ~ de aburrimiento** you'll die of boredom; **¡que se pudra!*** let him rot!; **¡ahí** *o* **así te pudras!*** get away!*, not on your nelly!*

**pueblada*** SF 1 (*LAm*) (= *motín*) riot; (= *revuelta*) revolt, uprising

2 (*Cono Sur*) (= *multitud*) (*gen*) mob; [*de obreros*] gathering of workers

**pueblerino/a** Ⓐ ADJ [*carácter, ambiente*] small-town *antes de s*, countrified; [*persona*] rustic, provincial

Ⓑ SM/F (= *aldeano*) rustic, country person; (*pey*) country bumpkin*, hick (*EEUU**)

**pueblero/a** (*LAm*) Ⓐ ADJ town *antes de s*, city *antes de s*

Ⓑ SM/F townsman/townswoman, city dweller; (*pey*) city slicker

**pueblito** SM (*LAm*) little town; (*más pequeño*) little village

**pueblo** SM 1 (*Pol*) people, nation; **el ~ español** the Spanish people; **la voluntad del ~** the people's will; **hacer un llamamiento al ~** to call on the people ► **pueblo elegido** chosen people

2 (= *plebe*) common people *pl*, lower orders *pl*; **el ~ llano** the common people

3 (= *localidad pequeña*) (*gen*) small town; (*en el campo*) country town; (*de pocos habitantes*) village; **ser de ~** (*gen*) to be a country person, be from the countryside; (*pey*) to be a country bumpkin*, be a country hick (*EEUU**) ► **pueblo fantasma** ghost town ► **pueblo joven** (*Perú*) shanty town

**puedo** *etc ver* **poder**

**puente** Ⓐ SM 1 (*Arquit*) bridge; **sirven de ~ entre los refugiados y la Administración** they act as intermediaries *o* as a link between the refugees and the Government; ✦***MODISMOS*** **tender un ~** ◊ **tender ~s** to offer a compromise, go part-way to meet sb's wishes; **tender ~s de plata a algn** to make it as easy as possible for sb ► **puente aéreo** (*de servicio frecuente*) shuttle service; (*en crisis*) airlift ► **puente atirantado** suspension bridge ► **puente colgante** suspension bridge ► **puente de barcas** pontoon bridge ► **puente de peaje** toll bridge ► **puente de pontones** pontoon bridge ► **puente giratorio** swing bridge ► **puente grúa** bridge crane ► **puente levadizo** drawbridge ► **puente peatonal** footbridge ► **puente voladizo** cantilever bridge

2 [*de gafas, entre dientes*] bridge

3 (*Elec*) **hacer un ~ a un coche** to hot-wire a car

4 (*Náut*) (*tb* **~ de mando**) bridge; (= *cubierta*) deck ► **puente del timón** wheelhouse

5 (*entre fiestas*) long weekend; **hacer ~** to take a long weekend

6 (= *brecha*) gap; **habrá que salvar el ~ de una cosecha a otra** something will have to be done to fill *o* bridge the gap between one harvest and the next

7 (*Andes*) (= *clavícula*) collarbone

Ⓑ ADJ INV (= *temporal*) temporary; (= *de transición*) provisional, transitional; **crédito ~** bridging loan; **curso ~** intermediate course (*between two degrees*); **gabinete ~** caretaker government; **hombre ~** linkman, intermediary; **préstamo ~** bridging loan; **solución ~** temporary solution

**HACER PUENTE**

*When a public holiday in Spain falls on a Tuesday or Thursday it is common practice for employers to make the Monday or Friday a holiday as well and to give everyone a four-day weekend. This is known as* **hacer puente**. *When a named public holiday such as the* **Día de la Constitución** *falls on a Tuesday or a Thursday, people refer to the whole holiday period as e.g. the* **puente de la Constitución**.

**puentear*** ▸conjug 1a◂ Ⓐ VT 1 [+ *autoridad*] to bypass, pass over; **le ~on con el ascenso** they passed him over for the promotion

2 (*Fin*) to take out a bridging loan on sth

Ⓑ VI to jump a grade (in the hierarchy), go up to the grade next but one

**puenting** ['pwentin] SM bungee jumping (*from a bridge*)

**puerca**[1] SF 1 (*) (= *puta*) slut*

2 (= *cochinilla*) woodlouse; *ver tb* **puerco**

**puercada** SF (*Andes, CAm, Caribe*) (= *acto*) dirty trick; (= *dicho*) obscene remark

**puerco/a**[2] Ⓐ SM/F 1 (= *cerdo*) pig/sow, hog/sow (*EEUU*) ► **puerco de mar** porpoise ► **puerco espín** porcupine ► **puerco jabalí** wild boar, wild pig ► **puerco marino** dolphin ► **puerco montés**, **puerco salvaje** wild boar, wild pig; *ver tb* **Martín**

2 (*) (= *sinvergüenza*) pig*; (= *canalla*) swine*, rotter*

Ⓑ ADJ 1 (= *asqueroso*) dirty, filthy

2 (= *repugnante*) nasty, disgusting

3 (= *grosero*) coarse

4 (= *mezquino*) rotten*, mean; *ver tb* **puerca**

**puericia** SF boyhood

**puericultor(a)** SM/F **médico ~** paediatrician, pediatrician (*EEUU*)

**puericultura** SF paediatrics *sing*, pediatrics *sing* (*EEUU*)

**pueril** ADJ 1 (*gen*) childish, child *antes de s*; **edad ~** childhood

2 (*pey*) puerile (*frm*), childish

**puerilidad** SF puerility (*frm*), childishness

**puerperal** ADJ puerperal; **fiebre ~** puerperal fever

**puerqueza** SF (*Cono Sur*) 1 (= *objeto*) dirty thing, filthy object

2 (= *trampa*) dirty trick

3 (*Zool*) bug, creepy-crawly*

**puerro** SM leek

**puerta** SF 1 (*para bloquear el paso*) [*de casa, vehículo, armario*] door; [*de jardín, ciudad*] gate; **llaman a la ~** there's somebody at the door; **espero no haberme equivocado de ~** I hope this is the right door; **un coche de dos ~s** a two-door car; **nos encontramos en la ~ del Ministerio** we met at the entrance to the Ministry; **le esperé a la ~ de la escuela** I waited for him outside the entrance to the school; **Susana me acompañó a la ~** Susana saw me out ► **puerta accesoria** side door ► **puerta acristalada** glass door ► **puerta corredera** sliding door ► **puerta cortafuegos** fire door ► **puerta de artistas** stage door ► **puerta de servicio** tradesman's entrance ► **puerta excusada** side door ► **puerta giratoria** revolving door ► **puerta oscilante** swing door ► **puerta principal** [*de una casa*] front door; [*de edificio público*] main entrance ► **puerta trasera** back door ► **puerta ventana**, **puerta vidriera** French window

2 (= *abertura en la pared*) doorway

3 (*locuciones*) **~ a ~**: **servicio ~ a ~** door-to-door service; **tardo tres horas de ~ a ~** it takes me three hours door-to-door; **hacer el ~ a ~** (*Pol*) to doorstep; **de ~s abiertas**: **jornada de ~s abiertas** open day; **política de ~s abiertas** open-door policy; **a ~ cerrada** (*gen*) behind closed doors; (*Jur*) in camera; **de ~ en ~** from door to door; **iban de ~ en ~ pidiendo firmas** they went from door to door collecting signatures; **vendedor de ~ en ~** door-to-door salesman; ✦***MODISMOS*** **a las ~s de**: **a las ~s de la muerte** at death's door; **ahora, a las ~s de la vejez, lo comprendo** now that I am approaching old age, I understand; **en septiembre, ya a las ~s del otoño** in September, with autumn just around the corner; **dejar la ~ abierta a algo** to leave the way open to sth; **dejar una ~ abierta a otras opciones** to leave the way open for other options; **abrir la ~ a algo** to open the door to sth; **de ~s adentro** behind closed doors, in private; **política de ~s adentro** domestic *o* home policy; **un sirviente de ~s adentro** (*LAm*) a live-in servant; **de ~s afuera**: **lo que pasa de ~s afuera** (= *fuera de casa*) what happens outside of this home; (= *en el extranjero*) what happens abroad; **de ~s afuera se dice que ...** publicly it is being said that ...; **la gente empieza a vivir menos de ~s afuera** people are starting to be less concerned about appearances; **cerrarle todas las ~s a algn** to close off all avenues to sb; **por la ~ chica**: **entrar por la ~ chica** to get in by the back door; **coger la ~*** to leave; **dar con la ~ en las narices a algn** to slam the door in sb's face; **dar ~ a algn*** to chuck sb out; **estar en ~s**: **el invierno está en ~s** winter is just around the corner; **estar en ~s de hacer algo** to be about to do sth; **enseñar la ~ a algn** to show sb the door; **equivocarse de ~**: **te has equivocado de ~** you've come to the wrong person; **franquear las ~s a algn** to welcome sb in; **por la ~ grande**: **entrar por la ~ grande** to make a grand entrance; **salir por la ~ grande** [*torero*] to make a triumphant exit; **si me voy, lo haré por la ~ grande** if I leave, I'll leave with my head held high; **quedarse a la ~** to fall at the last hurdle; **querer poner ~s al campo** to try to stem the tide; **salir por la ~ de los carros** (= *apurado*) to leave in a hurry; (= *destituido*) to leave in disgrace

4 (*Aer*) gate ► **puerta de embarque** boarding gate

5 (*Dep*) goal; **un disparo** *o* **remate a ~** a shot at goal; **sacar de ~** to take a goal kick

6 (*Inform*) port

**puertaventana** SF (= *puerta*) French window; (= *contraventana*) shutter

**puertear** ▸conjug 1a◂ VI (*Cono Sur*) to make a dash for the exit

**puerto** SM 1 (*para embarcaciones*) port, harbour, harbor (*EEUU*); **entrar a** *o* **tomar ~** to enter (into) port; ✦***MODISMO*** **llegar a buen ~** to get over a difficulty, come through safely ► **puerto comercial** trading port ► **puerto de contenedores** container port ► **puerto**

**de entrada** port of entry ► **puerto de escala** port of call ► **puerto de gran calado** deep-water port ► **puerto de mar** seaport ► **puerto de origen** home port ► **puerto deportivo** marina, yachting harbour ► **puerto franco**, **puerto libre** free port ► **puerto naval** naval port, naval harbour ► **puerto pesquero** fishing port
[2] (*tb* ~ **de montaña**) pass
[3] (*Inform*) port ► **puerto de expansión** expansion port ► **puerto de serie** serial port ► **puerto (de transmisión en) paralelo** parallel port ► **puerto (de transmisión en) serie**, **puerto en serie** serial port

**Puerto Rico** SM Puerto Rico

**puertorriqueñismo** SM word *o* phrase peculiar to Puerto Rico

**puertorriqueño/a** ADJ, SM/F Puerto Rican

**pues** CONJ [1] (*con valor consecutivo*) then; — **tengo sueño** —**¡~ vete a la cama!** "I'm tired" — "then go to bed!"; **llegó, ~, con dos horas de retraso** so he arrived two hours late; **¿no vas con ella, ~?** aren't you going with her after all?
[2] (*con valor enfático*) well; **~ no voy** well I'm not going; **~, como te iba contando …** well, as I was saying …; **¡~ no lo sabía!** well, I didn't know!; **¡~ claro!** yes, of course!; **~ sí** well, yes; (= *naturalmente*) certainly; **~ no** well, no; (= *de ningún modo*) not at all; **¡~ qué!** come now!, what else did you expect!
[3] (*indicando duda*) **~, no sé** well, I don't know
[4] (*frm*) (*con valor causal*) since, for; **cómpralo, ~ lo necesitas** buy it, since you need it

**puesta** SF [1] (= *acto*) ► **puesta a cero** (*Inform*) reset ► **puesta al día** updating ► **puesta a punto** fine tuning ► **puesta de largo** coming-out (in society) ► **puesta en antena** (*TV*) showing, screening ► **puesta en común** idea-sharing session ► **puesta en escena** staging ► **puesta en libertad** freeing, release ► **puesta en marcha** (= *acto*) starting; (= *dispositivo*) self-starter ► **puesta en práctica** putting into effect, implementation
[2] (*Astron*) setting ► **puesta del sol** sunset
[3] [*de huevos*] egg-laying; **una ~ anual de 300 huevos** an annual lay *o* output of 300 eggs
[4] (*Naipes*) stake, bet
[5] (*Cono Sur*) **¡puesta!** it's a tie!, it's a draw!; (*en carrera*) it's a dead heat!

**puestero/a** SM/F [1] (*esp LAm*) (*en mercado*) stallholder, market vendor
[2] (*Cono Sur Agr*) (= *mayoral*) farm overseer, ranch caretaker; (= *agricultor*) small farmer, tenant farmer; (= *trabajador*) ranch hand

**puesto** Ⓐ PP *de* **poner**
Ⓑ ADJ [1] **con el sombrero ~** with one's hat on, wearing a hat; **una mesa puesta para nueve** a table laid for nine; **salieron del país con lo ~** they left the country with nothing but the clothes they were wearing; ✦***MODISMO*** **tenerlos bien ~s** (*Esp*‡) to be a real man
[2] [*persona*] **bien ~** ◊ **muy ~** well dressed, smartly turned out
[3] **ir ~*** (= *estar drogado*) to be high*; (= *estar borracho*) to be steaming*, be soused (*EEUU**)
[4] **no está muy ~ en este tema** he's not very well up on this subject
Ⓒ SM [1] (= *lugar*) place; (= *posición*) position; **ocupa el tercer ~ en la liga** it is in third place in the league; **ceder el ~ a algn** to give up one's place to sb; **guardar** *o* **mantener su ~** to keep the proper distance; **sabe estar en su ~** he knows his place ► **puesto de amarre** berth, mooring ► **puesto de honor** leading position
[2] (= *empleo*) post, position, job; **tiene un ~ de conserje** he works as a porter ► **puesto de decisión** position of power ► **puesto de trabajo** post, position, job; **se crearán 200 ~s de trabajo** 200 new jobs will be created
[3] [*de vigilancia*] post ► **puesto de control** checkpoint ► **puesto de escucha** listening-post ► **puesto de observación** observation post ► **puesto de policía** police post ► **puesto de socorro** first-aid post ► **puesto de vigilancia** (= *garita*) guard post; (= *torre*) watchtower ► **puesto fronterizo** border post
[4] (*Caza*) stand, place
[5] (*Com*) (*en mercado*) stall; (*en feria de muestras*) stand, booth ► **puesto callejero** street stall ► **puesto de mercado** market stall ► **puesto de periódicos** newspaper stand
[6] (*Cono Sur*) *land and house held by ranch caretaker*
Ⓓ **~ que** CONJ since, as

**puf**[1] EXCL ugh!

**puf**[2] SM (*pl* **pufs**) pouffe

**pufo*** SM [1] (= *trampa*) trick, swindle; **dar el ~ a algn** to swindle sb
[2] (= *deuda*) debt
[3] (= *persona*) con man*

**púgil** SM boxer

**pugilato** SM (= *boxeo*) boxing; (= *disputa*) conflict

**pugilismo** SM boxing

**pugilista** SM boxer

**pugilístico** ADJ boxing *antes de s*

**pugío** SM (*Andes, Cono Sur*) spring

**pugna** SF struggle, conflict; **entrar en ~ con algn** to clash with sb, come into conflict with sb; **estar en ~ con algn** to clash with sb, conflict with sb

**pugnacidad** SF pugnacity, aggressiveness

**pugnar** ▸conjug 1a◂ VI [1] (= *luchar*) to fight (**por** for); **~ en defensa de algo** to fight in defence of sth
[2] (= *esforzarse*) to struggle, strive; **~ por hacer algo** to struggle *o* strive to do sth; **~ por no reírse** to struggle not to laugh
[3] **~ con** [+ *opinión, idea*] to clash with, conflict with; [+ *persona*] to battle it out with

**pugnaz** ADJ pugnacious, aggressive

**puja** SF [1] (= *lucha*) struggle; **la ~ por el control de la empresa** the struggle for control of the firm
[2] (*en una subasta*) bidding ► **puja de salida** opening bid
[3] **sacar de la ~ a algn** (= *adelantarse*) to get ahead of sb; (= *sacar de apuro*) to get sb out of a jam*
[4] (*Andes**) ticking-off*

**pujante** ADJ (= *fuerte*) strong, vigorous; (= *potente*) powerful; (= *enérgico*) forceful; (= *poderoso económicamente*) booming

**pujanza** SF [*de grupo, país*] power, strength; [*de idioma, industria, economía*] strength; [*de carácter*] forcefulness, drive

**pujar** ▸conjug 1a◂ VI [1] (*en subasta*) to bid, bid up; (*Naipes*) to bid; **~ en** *o* **sobre el precio** to bid the price up
[2] (= *esforzarse*) to struggle, strain; **~ por hacer algo** to struggle to do sth
[3] **~ para adentro** (*Méx**) to grin and bear it
[4] (= *vacilar*) to falter, dither, hesitate
[5] (= *no encontrar palabras*) to struggle for words, be at a loss for words
[6] (= *hacer pucheros*) to be on the verge of tears
[7] (*CAm*‡) (= *quejarse*) to moan, whinge*

**puje*** SM (*Andes*) ticking-off*

**pujo** SM [1] (*Med*) difficulty in relieving o.s., tenesmus (*frm*)
[2] (= *ansia*) longing, strong urge; **sentir ~ de llorar** to be on the verge of tears; **sentir ~ de reírse** to have an uncontrollable urge to laugh
[3] (= *intento*) attempt, try, shot; **tiene ~s de caballero** he has pretensions to being a gentleman

**pulcramente** ADV (= *con orden*) neatly, tidily, smartly; (= *con delicadeza*) exquisitely, delicately

**pulcritud** SF (= *orden*) neatness, tidiness; (= *delicadeza*) exquisiteness, delicacy

**pulcro** ADJ (= *ordenado*) neat, tidy; (= *elegante*) smartly dressed; (= *exquisito*) exquisite; (= *delicado*) dainty, delicate

**pulga** SF [1] (= *insecto*) flea; ✦***MODISMOS*** **buscar las ~s a algn*** to tease sb, needle sb*; **no aguantar ~s*** to stand no nonsense; **tener malas ~s*** to be short-tempered, be bad-tempered; **un tío con muy malas ~s** a bad-tempered chap; **hacer de una ~ un elefante** *o* **un camello** (= *dar importancia*) to make a mountain out of a molehill; (= *buscar defectos*) to nit-pick
[2] [*de juego*] tiddlywink; **juego de ~s** tiddlywinks
[3] (*Inform*) bug

**pulgada** SF inch

**pulgar** SM thumb

**pulgarada** SF [1] (= *capirotazo*) flick, flip
[2] [*de rapé*] pinch

**Pulgarcito** SM Tom Thumb

**pulgón** SM plant louse

**pulgoso** ADJ (*Andes*) flea-ridden, verminous

**pulguero**‡ SM [1] (*Esp*) (= *cama*) kip‡, bed
[2] (*CAm, Caribe*) (= *cárcel*) jail

**pulguiento** ADJ (*Andes*) flea-ridden, verminous

**pulidamente** ADV [1] (= *con pulcritud*) neatly, tidily; (= *con esmero*) carefully; (= *refinadamente*) in a polished way; (*pey*) affectedly
[2] (= *con cortesía*) courteously

**pulido** Ⓐ ADJ [1] [*madera, metal*] polished
[2] [*estilo, lenguaje*] refined, polished
Ⓑ SM polish, polishing

**pulidor(a)** SM/F polisher

**pulidora** SF polishing machine

**pulimentado** SM polishing

**pulimentar** ▸conjug 1a◂ VT (= *pulir*) to polish; (= *dar lustre a algo*) to put a gloss on sth, put a shine on sth; (= *alisar*) to smooth

**pulimento** SM [1] (= *acto*) polishing
[2] (= *brillo*) gloss
[3] (= *sustancia*) polish

**pulique** SM (*CAm*) *dish of chillies and maize*

**pulir** ▸conjug 3a◂ Ⓐ VT [1] [+ *cristal, metal, suelo*] to polish
[2] (= *perfeccionar*) to polish; **hace falta ~ esta traducción** this translation still needs

➤ LENGUA Y USO: pues 4 44.1 puesto C2 46.1, 46.5

polishing
3 [+ *persona*] **nadie ha logrado ~lo** nobody has managed to polish his manners; **en este colegio ~án su educación** they will finish off *o* round off her education at this school
4 (‡) (= *birlar*) to pinch*; **ya me han pulido el bolígrafo** they've gone and pinched my pen*
Ⓑ **pulirse** VPR 1 (= *refinarse*) to acquire polish
2 (= *acicalarse*) to spruce o.s. up
3 (*) (= *gastar*) to go through, get through

**pull** ['pul] SM pullover

**pulla** SF 1 (= *insulto*) cutting remark, wounding remark; (= *mofa*) taunt; (= *indirecta*) dig
2 (= *obscenidad*) obscene remark, rude word

**pullman** ['pulman] SM 1 (*Andes, Cono Sur Ferro*) sleeping car
2 (*Chile*) (= *autobús*) long-distance coach

**pullover** [pul'oβer] SM pullover, jumper

**pulmón** SM (*Anat*) lung; **a pleno ~** [*respirar*] deeply; [*gritar*] at the top of one's lungs ► **pulmón de acero** iron lung

**pulmonar** ADJ pulmonary (*frm*), lung *antes de s*

**pulmonía** SF pneumonia ► **pulmonía doble** double pneumonia

**pulmotor** SM iron lung

**pulóver** SM pullover

**pulpa** SF 1 (*como resultado de machacar*) (*gen*) pulp; [*de fruta, planta*] flesh ► **pulpa de madera** wood pulp ► **pulpa dental**, **pulpa dentaria** pulp ► **pulpa de papel** paper pulp
2 (= *pasta blanda*) soft mass
3 (*Anat*) soft flesh
4 (*LAm*) (= *carne*) meat off the bone, fillet

**pulpejo** SM fleshy part, soft part

**pulpería** SF (*LAm*) (= *tienda*) general store, food store; (= *taberna*) bar, tavern

**pulpero/a** SM/F (*LAm*) (= *comerciante*) storekeeper, grocer; (= *tabernero*) tavern keeper

**púlpito** SM pulpit

**pulpo** SM 1 (*Zool*) octopus; ✦***MODISMOS*** **estar más perdido que un ~ en un garaje*** not to have a clue; **ser como un ~** to be all arms
2 (*Aut*) elastic strap

**pulposo** ADJ fleshy

**pulque** SM (*Méx*) pulque

**PULQUE**

***Pulque*** *is a traditional alcoholic drink from Mexico. Thick, slightly sweet and milky, it is brewed from the juice of the agave plant, or* ***maguey****, and is roughly equivalent in strength to beer. It was the sacred drink of the Aztecs, who used it in offerings to the gods and also for medicinal purposes. In modern-day Mexico it is often given to children since it is rich in vitamins, and in the cities it is sold in special bars called* ***pulquerías****.*

**pulquear** ▸conjug 1a◂ (*Méx*) Ⓐ VI to drink pulque
Ⓑ **pulquearse** VPR to get drunk on pulque

**pulquería** SF (*Méx*) bar

**pulquérrimo** ADJ SUPERL *de* **pulcro**

**pulsación** SF 1 (= *latido*) beat
2 [*de tecla*] (*Tip, Inform*) keystroke; **hace 200 pulsaciones por minuto** she does 200 keystrokes a minute ► **pulsación doble** (*Inform*) strikeover
3 [*de pianista, mecanógrafo*] touch

**pulsador** SM (= *botón*) button, push-button; (= *interruptor*) switch

**pulsar**[1] ▸conjug 1a◂ Ⓐ VT 1 [+ *botón*] to press; [+ *tecla*] to strike, touch, tap; (*Mús*) to play
2 [+ *opinión*] to sound out
3 **~ a algn** (*Med*) to take sb's pulse, feel sb's pulse
Ⓑ VI to beat

**pulsar**[2] SM (= *estrella*) pulsar; (= *agujero negro*) black hole

**pulsátil** ADJ pulsating

**pulseada** SF (*Cono Sur*) arm-wrestling; (*fig*) intense competition; **hacer una ~** to arm-wrestle

**pulsear** ▸conjug 1a◂ VI (*Cono Sur*) 1 (= *echar un pulso*) to arm-wrestle
2 (= *apuntar*) to take aim

**pulsera** SF bracelet, wristlet; **~ para reloj** watch strap; **reloj de ~** wristwatch ► **pulsera de pedida** (*Esp*) engagement bracelet

**pulsión** SF urge, drive, impulse

**pulso** SM 1 (*Anat*) pulse; **tomar el ~ a algn** to take sb's pulse, feel sb's pulse; ✦***MODISMOS*** **perder el ~ de algo: la Iglesia ha perdido el ~ de la sociedad** the church has lost touch with society; **tomar el ~ a algo: tomar el ~ a la opinión pública** to sound out public opinion; **tomar el ~ al mercado** to gauge the mood of the market
2 (= *seguridad en la mano*) **tener buen ~** to have a steady hand; **tener mal ~** to have an unsteady hand; **tener ~** (*Cono Sur*) to have a good aim; **con ~ firme** with a firm hand; **le tiembla el ~** his hand is shaking
3 **a~: levantar algo a ~** to lift sth with one hand; **levantar una silla a ~** to lift a chair with one hand; **tomar un mueble a ~** to lift a piece of furniture clean off the ground; **dibujo (hecho) a ~** freehand drawing; ✦***MODISMOS*** **ganar(se) algo a ~** (= *con esfuerzo*) to get sth through one's own hard work; (= *con dificultad*) to get sth the hard way; **hacer algo a ~** (= *sin ayuda*) to do sth without help from anyone; **a ~ sudando** by the sweat of one's brow
4 (= *pelea*) **echar un ~** to arm-wrestle
5 (= *contienda*) trial of strength, showdown; **el ~ entre el gobierno y la oposición** the confrontation *o* showdown between the government and the opposition; **echar un ~ a algn** (= *contender*) to have a trial of strength with sb; (= *desafiar*) to challenge sb
6 (= *tacto*) tact; **con mucho ~** with great tact
7 (*Col*) (= *pulsera*) bracelet; (= *reloj*) wristwatch

**pulular** ▸conjug 1a◂ Ⓐ VI 1 (= *bullir*) to swarm (**por** around); **los turistas pululan por el vestíbulo del hotel** the tourists are swarming around the hotel lobby, the hotel lobby is throbbing *o* swarming with tourists
2 (= *abundar*) to swarm (**de** with); **aquí pululan los mosquitos** this place is teeming *o* swarming with mosquitoes
Ⓑ VT (*LAm*) to infest, overrun

**pululo*** ADJ (*CAm*) short and fat

**pulverización** SF 1 [*de sólidos*] pulverization
2 [*de perfume, insecticida*] spraying

**pulverizador** SM [*de colonia, ambientador*] spray; [*de pintura*] spray gun ► **pulverizador nasal** nasal inhaler

**pulverizar** ▸conjug 1f◂ VT 1 [+ *sólido*] (*gen*) to pulverize; (= *reducir a polvo*) to powder, convert into powder
2 [+ *líquido*] to spray
3 (= *aniquilar*) [+ *enemigo, ciudad*] to pulverize, smash; [+ *rival, oponente*] to hammer, thrash; **pulverizó el récord** she smashed the record

**pulverulento** ADJ 1 [*sustancia*] powdered, powdery
2 [*superficie*] dusty

**pum** EXCL (*en disparo*) bang!; (*en golpe*) thud!; ✦***MODISMO*** **ni ~** not a thing; **no entendí ni ~** I didn't understand a thing

**puma** SM puma

**pumba** EXCL (*imitando un golpe*) bang!, crash!; (*imitando una explosión*) boom!, bang!

**puna** SF (*Andes*) 1 (*Geog*) (= *altiplano*) puna; (= *páramo*) bleak upland
2 (= *soroche*) mountain sickness
3 (= *viento*) cold mountain wind

**punch** SM (*LAm*) 1 (= *puñetazo*) punch
2 (*al hacer algo*) (= *empuje*) strength, punch; (= *agilidad*) agility
3 **punches** (*CAm*) popcorn *sing*

**punchar** ▸conjug 1a◂ VT (*LAm*) to punch

**punching** ['punʃin] SM punchball

**punching-ball** ['punʃinbal] SM (*Boxeo*) punchball, whipping-boy

**punción** SF puncture ► **punción en la médula** lumbar puncture

**pundonor** SM (= *dignidad*) self-respect, amour propre; (= *honra*) honour, honor (*EEUU*); (= *desfachatez*) nerve, cheek*

**pundonoroso** ADJ (= *digno*) honourable, honorable (*EEUU*); (= *puntilloso*) punctilious, scrupulous

**punga‡** Ⓐ SF (*Cono Sur*) thieving, nicking‡
Ⓑ SMF (*Cono Sur*) pickpocket, thief

**pungir** ▸conjug 3c◂ VT 1 (= *punzar*) to prick, puncture; (= *picar*) to sting
2 (= *hacer sufrir*) to cause suffering to

**punguista‡** SM/F (*Andes, Cono Sur*) (= *carterista*) pickpocket; (= *ladrón*) thief

**punible** ADJ punishable

**punición** SF punishment

**púnico** ADJ, SM (*Ling*) Punic

**punitivo** ADJ, **punitorio** ADJ punitive

**punki, punkie** ['punki] ADJ, SMF punk

**punta** Ⓐ SF 1 (= *extremo*) [*de dedo, lengua, pincel*] tip; [*de ciudad*] side; [*de mesa*] end; [*de pañuelo*] corner; **la ~ de los dedos** the fingertips, the tips of one's fingers; **colocad la ~ del pie hacia arriba** point your toes upwards; **vivimos en la otra ~ de Barcelona** we live on the other side of Barcelona; **se sentó en la otra ~ de la mesa** she sat at the other end of the table; **de ~ a cabo** *o* **de ~ a punta** from one end to the other; **nos recorrimos la ciudad de ~ a ~** we went from one end of the city to the other; **me leí el periódico de ~ a cabo** I read the paper from cover to cover; ✦***MODISMOS*** **la ~ del iceberg** the tip of the iceberg; **tener algo en la ~ de la lengua** to have sth on the tip of one's tongue
2 (= *extremo puntiagudo*) [*de cuchillo, tijeras, lápiz*] point; [*de flecha*] tip; **un rotulador de ~ fina** a felt-tip pen with a fine point; **un cuchi-**

**llo con ~** a pointed knife; **una estrella de cinco ~s** a five-pointed star; **de ~**: **tenía todo el pelo de ~** her hair was all on end; **las tijeras le cayeron de ~ en el pie** the scissors fell point down *o* point first on his foot; **unos zapatos de ~** a pair of pointed shoes; **acabado en ~** pointed; **a ~ de navaja** at knife point; **a ~ de pistola** at gunpoint; **sacar ~ a** [+ *lápiz*] to sharpen; (*Esp*) [+ *comentario, opinión*] to twist; **le saca ~ a todo lo que digo** she twists everything I say; ✦*MODISMOS* **a ~ de** (*LAm**) **salió adelante a ~ de esfuerzo** he got ahead by sheer effort *o* by dint of hard work; **va a entender a ~ de patadas** he has to have sense beaten into him; **vive a ~ de remedios** he lives on medicines; **estar de ~** [*persona*] to be irritable; **estar de ~ con algn** to be annoyed with sb; **ponerse de ~ con algn** to fall out with sb; **ir de ~ en blanco** to be all dressed up, be dressed up to the nines; **ponerse de ~ en blanco** to get all dressed up; **poner a algn los pelos** *o* **el vello de ~** to make sb's hair stand on end; **se me ponen los pelos de ~ de pensar en el miedo que pasamos** my hair stands on end when I think of how scared we were; **esas imágenes me pusieron el vello de ~** those images were really spine-chilling, those images made my hair stand on end; **estar hasta la ~ de los pelos con** *o* **de algn*** to be fed up to the back teeth with sb*; **a ~ (de) pala** (*Esp**) **había gente a ~ pala** there were loads of people*; **tienen dinero a ~ pala** they're loaded*, they've got loads of money* ► **punta de diamante** (= *cortador*) diamond glass cutter; (= *diseño*) diamond point; **cristal tallado a ~ de diamante** diamond-cut glass ► **punta de lanza** spearhead; **son la ~ de lanza de nuestra ofensiva comercial** they are spearheading our marketing campaign; *ver tb* **nervio 2**

3 (= *cantidad pequeña*) (*lit*) bit; (*fig*) touch; **una puntita de sal** a pinch of salt; **tiene sus ~s de filósofo** there's a touch of the philosopher about him; **tiene una ~ de loco** he has a streak of madness

4 (= *clavo*) tack

5 (*Geog*) (= *cabo*) point; (= *promontorio*) headland

6 (= *asta*) [*de toro*] horn; [*de ciervo*] point, tine

7 (*Ftbl*) **juega en la ~** he plays up front

8 (= *colilla*) stub, butt

9 (*Cos*) (= *encaje*) dentelle

10 **puntas** 10·1 [*del pelo*] ends; **tengo las ~s abiertas** I have split ends; **quiero cortarme las ~s** I'd like a trim, I'd like to have my hair trimmed

10·2 (*Ballet*) points, ballet shoes

10·3 (*Culin*)

► **puntas de espárrago** asparagus tips

► **puntas de solomillo** *finest cuts of pork*

11 (*Cono Sur, Méx*) **una ~ de algo** a lot of sth; **pagó una ~ de pesos por eso** he paid a lot of money for that; **son todos una ~ de ladrones** they are all a bunch of thieves

12 (*Cuba*) [*de tabaco*] *leaf of best tobacco*

13 (*Bol*) *eight-hour shift of work*

14 (*Caribe*) (= *mofa*) taunt, snide remark, a group of cows

Ⓑ ADJ INV peak; **horas ~** [*de electricidad, teléfono*] peak times; **la hora ~** [*del tráfico*] the rush hour; **el tráfico en la hora ~** rush-hour traffic; **tecnología ~** latest technology, leading edge technology; **velocidad ~** maximum speed, top speed

Ⓒ SMF (*Dep*) striker, forward; **media ~**

**puntada** SF 1 (*Cos*) stitch; **se ven las ~s** you can see the stitching; **dale unas puntaditas más a la manga** put a few more stitches in the sleeves; ✦*MODISMO* **no dar puntada: hoy no ha dado ~** he hasn't done a stroke all day; **no ha dado ~ en el asunto** he's done nothing at all about it ► **puntada cruzada** cross-stitch ► **puntada invisible** invisible mending

2 (*) (= *insinuación*) hint; **pegar** *o* **soltar una ~** to drop a hint

3 (= *dolor*) stitch, sharp pain

4 (*Méx*) witty remark, witticism

**puntaje** SM (*LAm*) score

**puntal** SM 1 (= *soporte*) (*Arquit*) prop, support; (*Agr*) prop; (*Téc*) strut

2 (= *persona*) (*que sirve de apoyo*) chief supporter; (*que ayuda a resistir*) cornerstone; (*que está al frente*) leading light

3 (*LAm*) snack

**puntapié** SM kick; **echar a algn a ~s** to kick sb out; **pegar un ~ a algn** to give sb a kick ► **puntapié colocado** place kick ► **puntapié de bote pronto** drop kick ► **puntapié de saque** drop-out

**puntazo** SM 1 (*Taur*) jab (*with a horn*)

2 (*LAm*) (= *pinchazo*) jab, poke; (= *puñalada*) stab; (= *herida*) stab wound, knife wound

3 (*) **fue un ~** it went down really well*; **¡qué ~ de fiesta!** the party was just perfect!

**punteado** Ⓐ ADJ (= *moteado*) (*gen*) dotted, covered with dots; [*pintura*] stippled; [*diseño*] of dots; [*plumaje*] flecked

Ⓑ SM 1 (= *moteado*) (*en diseño*) series of dots, stippling; (*en plumaje*) flecking

2 (*Mús*) picking

**puntear** ▸conjug 1a◂ Ⓐ VT 1 (*con puntos*) (= *motear*) to dot, cover *o* mark with dots; (= *pintar*) to stipple; (= *jaspear*) to fleck

2 (= *comprobar*) [+ *artículos*] to tick, put a mark against, check (*EEUU*); (*LAm*) [+ *lista*] to check off

3 (*Cos*) to stitch, stitch up

4 (*Mús*) [+ *guitarra*] to pluck; [+ *violín*] to play pizzicato

5 (*Cono Sur*) [+ *tierra*] to fork over

6 (*LAm*) [+ *desfile*] to head, lead

Ⓑ VI (*Náut*) to luff

**punteo** SM plucking

**puntera** SF 1 [*de zapato*] (= *punta*) toe; (= *refuerzo*) toecap

2 [*de lapicero*] pencil tip

3 (*) (= *puntapié*) kick

**punterazo** SM powerful shot, drive

**puntería** SF 1 (*al apuntar*) aim, aiming; **enmendar** *o* **rectificar la ~** to correct one's aim; **hacer la ~ de un cañón** to aim a gun, sight a gun

2 (= *destreza*) marksmanship; **tener buena ~** to be a good shot; **tener mala ~** to be a bad shot

**puntero** Ⓐ ADJ (= *primero*) top, leading; (= *moderno*) up-to-date; **más ~** (= *sobresaliente*) outstanding, furthest ahead; (= *último*) latest; **empresa puntera** leading company; **equipo ~** top club; **tecnología puntera** the latest technology, state-of-the-art technology

Ⓑ SM 1 (*para señalar*) pointer ► **puntero luminoso** light pen

2 (= *cincel*) stonecutter's chisel

3 (= *persona que destaca*) outstanding individual; (= *líder*) leader, top man

4 (*LAm*) [*equipo*] leading team; [*de rebaño*] leading animal; [*de desfile*] leader

5 (*LAm*) [*de reloj*] hand

**puntiagudo** ADJ sharp, sharp-pointed

**puntilla** SF 1 (*Cos*) lace edging

2 (*Taur*) *short dagger for giving the coup de grâce*; ✦*MODISMOS* **dar la ~** to finish off the bull, give the coup de grâce; **dar la ~ a algo/algn** to finish sth/sb off; **aquello fue la ~** that was the last straw

3 **de ~s** on tiptoe; **andar de ~s** to walk on tiptoe

4 (*Téc*) tack

5 [*de pluma*] point, nib

**puntillazo** SM 1 (*Taur*) *the decisive, mortal blow in a bullfight*

2 **dar el ~ a algo** to put an end to sth

**puntillismo** SM pointillism

**puntillo** SM 1 (*pey*) (= *amor propio*) exaggerated sense of honour *o* (*EEUU*) honor, excessive amour propre, punctilio (*frm*)

2 (‡) **coger** *o* **ligar un ~** (*con bebida*) to get merry*; (*con drogas*) to get high*; **tener un ~** (*con bebida*) to be merry*; (*con drogas*) to be high*

**puntilloso** ADJ (= *detallista*) punctilious; (= *susceptible*) touchy, sensitive

**punto** SM 1 (= *topo*) (*en un diseño*) dot, spot; (*en plumaje*) spot, speckle; (*en carta, dominó*) spot, pip; **aparecen en la piel unos ~s rojos** red spots appear on the skin; **línea de ~s** dotted line ► **punto negro** (= *espinilla*) blackhead

2 (= *signo*) (*en la i*) dot; (*de puntuación*) full stop, period (*EEUU*); **dos ~s** colon; ✦*MODISMOS* **con ~s y comas** down to the last detail; **les contó con ~s lo que había pasado** she told them what had happened down to the last detail; **poner los ~s sobre las íes** to dot the i's and cross the t's; **le puso los ~s sobre las íes** she corrected him, she drew attention to his inaccuracies; **sin faltar ~ ni coma** down to the last detail; **y ~**: **¡lo digo yo y ~!** I'm telling you so and that's that! ► **punto acápite** (*LAm*) (*en dictado*) full stop, new paragraph, period, new paragraph (*EEUU*) ► **punto final** full stop, period (*EEUU*); (*fig*) end; **poner ~ final a la discusión** to put an end to the argument, draw a line under the argument ► **puntos suspensivos** (*gen*) suspension points; (*en dictado*) dot, dot, dot ► **punto y aparte** (*en dictado*) full stop, new paragraph, period, new paragraph (*EEUU*); **esto marca un ~ y aparte en la historia del teatro** this marks a break with tradition *o* the past in the theatre; **este es un vino ~ y aparte** this is an uncommonly good *o* exceptional wine ► **punto y coma** semicolon ► **punto y seguido** (*en dictado*) full stop (no new paragraph), period (no new paragraph) (*EEUU*)

3 (*Dep*) point; **con ocho ~s a favor y tres en contra** with eight points for and three against; **los dos están empatados a ~s** the two of them are level on points; **ganar** *o* **vencer por ~s** to win on points; **perdieron por tres ~s** they lost by three points; **completó la ronda con cero ~s** she had a clear round; ✦*MODISMO* **perder (muchos) ~s** to lose (a lot of) prestige; **¡qué ~ te has marcado con**

➤ LENGUA Y USO: punto 4 53.1, 53.2 7 33.2

**lo que has dicho!*** what you said was spot-on*
[4] (= *tema*) (*gen*) point; (*en programa de actividades*) item; **no quiero extenderme sobre ese ~** I don't wish to elaborate on that point; **los ~s en el orden del día son ...** the items on the agenda are ...; **contestar ~ por ~** to answer point by point ► **punto capital** crucial point ► **puntos a tratar** matters to be discussed ► **puntos de consulta** terms of reference
[5] (= *labor*) knitting; (= *tejido*) knitted fabric, knit; **prendas de ~** knitwear *sing*; **falda de ~** knitted skirt; **chaqueta de ~** cardigan; **hacer ~** to knit ► **punto del derecho** plain knitting ► **punto del revés** purl ► **punto de media** plain knitting
[6] (*Cos, Med*) (= *puntada*) stitch; [*de media*] loose stitch; **me tuvieron que dar cinco ~s** I had to have five stitches; **me van a quitar los ~s** I am having my stitches out; ✦***MODISMO*** **¡~ en boca!** mum's the word! ► **punto de costado** (= *dolor*) stitch; **tengo un ~ de costado** I've got a stitch, I've got a pain in my side ► **punto de cruz** cross stitch ► **punto de sutura** stitch
[7] (= *lugar*) (*gen*) spot, place; (*Geog, Mat*) point; [*de proceso*] point, stage; (*en el tiempo*) point, moment; **al llegar a este ~** at this point *o* stage ► **punto cardinal** cardinal point; **los cuatro ~s cardinales** the four points of the compass ► **punto ciego** (*Anat*) blind spot ► **punto clave** key point; **el ~ clave de su razonamiento** the key point of her argument ► **punto crítico** critical point ► **punto culminante** high point; **llegar a su ~ culminante** to reach its climax ► **punto de asistencia** (*Aut*) checkpoint ► **punto débil** weak point *o* spot ► **punto de calor** heat source ► **punto de congelación** freezing-point ► **punto de contacto** point of contact ► **punto de control** checkpoint ► **punto de ebullición** boiling-point ► **punto de encuentro** meeting point ► **punto de equilibrio** (*Com*) break-even point ► **punto de fuga** vanishing point ► **punto de fusión** melting-point ► **punto de inflamación** flashpoint ► **punto de información** information centre ► **punto de mira** [*de rifle*] sight; (= *objetivo*) aim, objective; (= *punto de vista*) point of view; ✦***MODISMO*** **estar en el ~ de mira de algn**: **su comportamiento está en el ~ de mira de la prensa** his behaviour has come under scrutiny in the press; **el fraude fiscal está en el ~ de mira de Hacienda** the Treasury has targeted tax evasion; **Tokio está en el ~ de mira de sus misiles** their missiles are pointing towards Tokyo ► **punto de no retorno** point of no return ► **punto de partida** starting point ► **punto de penalti** penalty spot ► **punto de referencia** point of reference ► **punto de taxis** taxi stand, cab rank ► **punto de venta** point of sale; **terminales ~ de venta** point of sale terminals; **está presente en 3.000 ~s de venta** it's available at 3,000 outlets ► **punto de vista** point of view, viewpoint; **él lo mira desde otro ~ de vista** he sees it differently, he looks at it from another point of view ► **punto flaco** weak point, weak spot ► **punto muerto** (*Mec*) dead centre; (*Aut*) neutral (gear); (= *estancamiento*) deadlock, stalemate; **las negociaciones están en un ~ muerto** the negotiations are deadlocked, the talks have reached a stalemate ► **punto negro** (*Aut*) (accident) black spot; (*fig*) blemish ► **punto neurálgico** (*Anat*) nerve centre *o* (*EEUU*) center; (*fig*) key point ► **punto neutro** (*Mec*) dead centre; (*Aut*) neutral (gear)
[8] (*otras locuciones*) **a punto** ready; **está a ~** it's ready; **con sus cámaras a ~ para disparar** with their cameras at the ready; **llegar a ~** to come just at the right moment; **poner un motor a ~** to tune an engine; **al ~** at once, immediately; **estar al ~** (*LAm**) to be high‡; **bajar de ~** to decline, fall off, fall away; **a ~ de**: **a ~ de caramelo** caramelized; **poner el azúcar a ~ de caramelo** to caramelize the sugar; **batir las claras a ~ de nieve** beat the egg whites until stiff *o* until they form stiff peaks; **estar a ~ de hacer algo** to be on the point of doing sth, be about to do sth; **estábamos a ~ de salir cuando llamaste** we were about to go out when you phoned; **estuve a ~ de llamarte** I almost called you; **estaba a ~ de llorar** he was on the verge of tears; **estuve a ~ de perder el tren** I very nearly missed the train; **en ~**: **a las siete en ~** at seven o'clock sharp *o* on the dot; **llegó en ~** he arrived right on time; **en su ~** [*carne*] done to a turn; [*fruta*] just ripe; **el arroz está en su ~** the rice is just right; **pongamos las cosas en su ~** let's be absolutely clear about this; **hasta cierto ~** up to a point, to some extent; **hasta tal ~ que ...** to such an extent that ...; **la tensión había llegado hasta tal ~ que ...** the tension had reached such a pitch that ...; **subir de ~** (= *aumentar*) to grow, increase; (= *empeorar*) to get worse; ✦***MODISMOS*** **coger** *o* **ligar** *o* **pillar un buen ~‡** (*con alcohol*) to get merry*; (*con drogas*) to get high*; **cogerle** *o* **pillarle el ~ a algn‡** to work sb out; **darle el ~ a algn‡**: **si me da el ~, voy** if I feel like it, I'll go; **si le da el ~ es capaz de cualquier cosa** if he gets it into his head he can do anything; **saber algo a ~ fijo** to know sth for sure; **de todo ~** completely, absolutely
[9] (*Esp**) (= *hombre*) guy*; (*pey*) rogue; **¡vaya un ~!** ◊ **¡está hecho un ~ filipino!** he's a right rogue!*
[10] (= *agujero*) hole; **darse dos ~s en el cinturón** to let one's belt out a couple of holes
[11] (*Inform*) pixel ► **punto de parada** break-point ► **punto de referencia** benchmark

**puntuable** ADJ **una prueba ~ para el campeonato** a race which counts towards *o* scores in the championship

**puntuación** SF [1] (*Ling, Tip*) punctuation
[2] (= *puntos*) mark(s) (*pl*); (= *grado*) class, grade; (*Dep*) score
[3] (= *acto*) (*Escol*) marking, grading (*EEUU*); (*Dep*) scoring; **sistema de ~** system of scoring

**puntual** Ⓐ ADJ [1] [*persona, llegada*] punctual
[2] (= *detallado*) [*informe*] detailed; [*cálculo*] exact, accurate
[3] (= *aislado*) **se trata de casos muy ~es** they are very isolated cases; **ha tenido unos cuantos éxitos ~es en su carrera** he's had the odd success in his career, he's had a few successes at odd times during his career
Ⓑ ADV (= *a tiempo*) **nunca llega ~** he's never on time

**puntualidad** SF [1] [*de llegada*] punctuality; **pagar con ~** to pay promptly
[2] (= *exactitud*) exactness, accuracy
[3] (= *fiabilidad*) reliability, conscientiousness

**puntualización** SF specification, detailed statement *o* explanation

**puntualizador** ADJ specific, detailed

**puntualizar** ▸conjug 1f◂ VT [1] [+ *detalles*] to specify
[2] (= *recordar*) to fix in one's mind, fix in one's memory

**puntualmente** ADV [1] (= *con puntualidad*) [*llegar*] punctually; [*pagar*] promptly
[2] (= *con exactitud*) precisely, exactly, accurately
[3] (= *con fiabilidad*) reliably, conscientiously

**puntuar** ▸conjug 1e◂ Ⓐ VT [1] (*Ling, Tip*) to punctuate
[2] (= *evaluar*) [+ *clase, estilo*] to evaluate, assess; [+ *examen*] to mark, grade (*EEUU*)
Ⓑ VI [1] (= *valer*) to count; **eso no puntúa** that doesn't count
[2] (*Dep*) (= *marcar*) to score

**puntudo** ADJ (*LAm*) sharp

**puntura** SF puncture, prick

**punzada** SF [1] (= *puntura*) prick, jab
[2] (*Med*) (= *punto*) stitch; (= *dolor*) twinge (of pain), shooting pain; (= *espasmo*) spasm
[3] [*de pena, remordimiento*] pang, twinge
[4] (*Caribe**) (= *insolencia*) cheek*, nerve

**punzante** ADJ [1] [*dolor*] shooting, stabbing
[2] [*instrumento*] sharp
[3] [*comentario*] biting, caustic

**punzar** ▸conjug 1f◂ VT [1] (= *pinchar*) (*gen*) to puncture, prick, pierce; (*Téc*) to punch; (= *perforar*) to perforate
[2] (= *doler*) to hurt, grieve; **las sienes le punzaban** her temples were throbbing; **le punzan los remordimientos** he feels pangs of regret, his conscience pricks him

**punzó** ADJ (*Andes, Cono Sur*) bright red

**punzón** SM (*Téc*) punch; (*Tip*) bodkin

**puñada** SF punch, clout; **dar de ~s en** to punch, pound, beat on

**puñado** SM handful; **a ~s** by handfuls, in plenty; **me mola un ~*** I like it a lot, I love it

**puñal** SM dagger; ✦***MODISMO*** **poner un ~ al pecho a algn** to put sb on the spot

**puñalada** SF [1] (= *herida*) stab, wound, knife wound; **coser a ~s** to stab repeatedly, carve up*
[2] (= *traición*) terrible blow ► **puñalada trapera** stab in the back

**puñeta**** Ⓐ SF [1] (*indicando enojo*) **¡no me vengas con ~s!** give me peace!, stop your whining!; **¡qué coche ni que ~s!** car my arse!**; **tengo un catarro de la ~** I've got a hellish *o* a stinking cold*, I've got a bloody awful cold‡; ✦***MODISMO*** **irse a hacer ~s** to go to hell*; **¡vete a hacer ~s!** go to hell!*
[2] **hacer la ~ a algn** to screw sb around**
Ⓑ EXCL **¡~s!** ◊ **¡qué ~s!** (*indicando enojo*) shit!**, hell!*; (*indicando asombro*) bugger me!**, well I'm damned!

**puñetazo** SM punch; **a ~s** with one's fists; **dar a algn de ~s** to punch sb

**puñetería‡** SF bore, drag

**puñetero‡** ADJ (= *maldito*) damned*; (= *despreciable*) rotten

**puño** SM [1] (*Anat*) fist; **con el** *o* **a ~ cerrado** with one's clenched fist; **apretar los ~s** (*lit*) to clench one's fists; (*fig*) to struggle hard; ✦***MODISMOS*** **comerse los ~s** to be starving; **como un ~**: **su piso es como un ~** his flat is tiny *o* a matchbox; **es una verdad como un**

~ it's as plain as a pikestaff; **mentiras como ~s** whopping great lies*; **de mi/tu/su ~**: **de ~ y letra del poeta** in the poet's own handwriting; **ganar algo con los ~s** to get sth by sheer hard work; **tener a algn (metido) en un ~** to have sb under one's thumb ► **puño de hierro** knuckle-duster; *ver tb* **virgen B**
2 [*de camisa, chaqueta*] cuff
3 [*de espada*] hilt; [*de herramienta*] handle, haft, grip; [*de velero, vasija, puerta*] handle
4 (= *puñado*) handful, fistful

**pupa** Ⓐ SF 1 (*Med**) (= *ampolla*) blister; (*en los labios*) cold sore; (= *úlcera*) ulcer
2 (*) (*en lenguaje infantil*) pain; **hacer ~ a algn** to hurt sb; **hacerse ~** to get hurt
3 (*) (= *error*) gaffe, blunder
4 (*Entomología*) pupa
Ⓑ **pupas** SMF INV (*) unpredictable person; (= *gruñón*) moaner*

**pupila** SF 1 (*Anat*) pupil
2 (= *perspicacia*) sharpness, intelligence
3 (*Arg**) (= *prostituta*) prostitute, whore, hooker (*EEUU**)

**pupilo/a** SM/F 1 (*en pensión*) boarder; (*en un orfelinato*) inmate
2 (*Jur*) ward
3 (*Dep**) player

**pupitre** SM desk

**pupo** SM (*Andes, Cono Sur*) navel

**pupón** ADJ 1 (*Cono Sur, Méx**) (= *lleno*) stuffed, full, full up
2 (*Cono Sur‡*) (= *barrigón*) pot-bellied, paunchy

**pupurrí** SM pot-pourri

**pupusa** SF (*CAm Culin*) stuffed tortilla

**pupusería** SF (*CAm*) *shop selling stuffed tortillas*

**puque** ADJ (*Méx*) (= *podrido*) rotten, bad; (= *débil*) weak, sickly; (= *estéril*) sterile

**puquío** SM (*LAm*) spring, fountain

**pura** SF ✦***MODISMO*** **por las ~s** (*Cono Sur**) just for the hell of it

**puramente** ADV purely, simply

**purasangre** SMF (*pl* **purasangres**) thoroughbred

**puré** SM (*Culin*) purée, (thick) soup; **~ de guisantes** (*lit*) pea soup; (*fig*) peasouper*, thick fog; **~ de patatas** mashed potatoes *pl*; **~ de tomate** tomato purée, tomato paste; **~ de verduras** thick vegetable soup; ✦***MODISMO*** **estar hecho ~*** to be knackered*

**purear** ▸conjug 1a◂ VI (*Andes*) to drink one's liquor neat

**pureta*** Ⓐ ADJ old, elderly
Ⓑ SMF 1 (= *viejo*) old crock
2 (= *carca*) old square*

**pureza** SF purity

**purga** SF 1 (*Med*) purge, purgative
2 (*Pol*) purge
3 (= *drenaje*) venting, draining; **válvula de ~** vent

**purgación** SF 1 (= *acción*) purging; (= *medicina*) purgative
2 [*de mujer*] menstruation
3 **tener purgaciones*** to have the clap*

**purgante** SM, ADJ purgative

**purgar** ▸conjug 1h◂ Ⓐ VT 1 (*Med*) to purge, administer a purgative to
2 (*Pol*) (= *depurar*) to expel; **~ a los fascistas del partido** to purge the party of fascists, expel fascists from the party
3 (= *limpiar de*) [+ *pecado*] to purge, expiate; [+ *delito*] to pay for; [+ *pasiones*] to purge; **~ la religión de supersticiones** to purge *o* cleanse religion of superstition
4 (*Mec*) (= *drenar*) [+ *depósito, tubería*] to drain; [+ *radiador*] to bleed, drain; [+ *frenos*] to bleed
5 (= *purificar*) to purify, refine
Ⓑ **purgarse** VPR 1 (*Med*) to take a purge
2 (*fig*) **~se de algo** to purge o.s. of sth

**purgativo** ADJ purgative

**purgatorio** SM purgatory; **¡fue un ~!** it was purgatory!

**puridad** SF **en ~** (= *claramente*) plainly, directly; (= *estrictamente*) strictly speaking; (= *secretamente*) in secret

**purificación** SF purification ► **purificación étnica** ethnic cleansing

**purificador** Ⓐ ADJ purifying
Ⓑ SM ► **purificador de agua** water filter ► **purificador de aire** air purifier, air filter

**purificante** ADJ cleansing

**purificar** ▸conjug 1g◂ VT [+ *agua, raza*] to purify; [+ *metales*] to refine, purify; [+ *pulmones*] to cleanse

**purili‡** SMF old geezer‡

**Purísima** ADJ SUPERL **la ~** the Virgin

**purismo** SM purism

**purista** SMF purist

**puritanismo** SM puritanism

**puritano/a** Ⓐ ADJ 1 (*Rel*) Puritan
2 [*actitud tradición*] puritanical, puritan
Ⓑ SM/F 1 (*Rel*) Puritan
2 (*fig*) puritan

**puro** Ⓐ ADJ 1 (= *sin mezcla*) [*color, lenguaje*] pure; [*aire*] clean; [*oro*] solid
2 (*con valor enfático*) pure, simple; **de ~ aburrimiento** out of sheer boredom; **por pura casualidad** by sheer chance; ✦***MODISMO*** **~ y duro***: **fue un timo ~ y duro** it was a straightforward *o* downright swindle; **es un reaccionario ~ y duro** he's an out-and-out reactionary
3 (= *casto*) pure, chaste
4 (*LAm*) (= *uno solo*) only, just; **me queda una pura porción** I have just one portion left
5 (*esp Andes, Caribe, Méx*) (= *idéntico*) identical; **el hijo es ~ el padre** the son is exactly like his father
Ⓑ ADV **de ~ bobo** out of sheer stupidity; **de ~ cansado** out of sheer tiredness; **no se le ve el color de ~ sucio** it's so dirty you can't tell what colour it is; **cosas que se olvidan de ~ sabidas** things which are so well known that they get overlooked
Ⓒ SM 1 (*tb* **cigarro ~**) cigar ► **puro habano** Havana cigar
2 ✦***MODISMO*** **meter un ~ a algn*** (*gen*) to throw the book at sb*; (*Mil*) to put sb on a charge
3 **a ~ de†** by dint of, thanks only to

**púrpura** SF 1 (= *color*) purple
2 (= *cargo*) ► **púrpura cardenalicia** cardinal purple ► **la púrpura imperial** the mantel of emperor

**purpurado** SM (= *persona*) cardinal; (= *cargo*) purple

**purpurar** ▸conjug 1a◂ VT to dye purple

**purpúreo** ADJ purple

**purpurina** SF 1 (= *pintura*) (*gen*) metallic paint; (*para decoración, maquillaje*) glitter
2 (= *oropel*) glitz, tinsel

**purpurino** ADJ purple

**purrela** SF 1 (= *vino*) bad wine, cheap wine, plonk*
2 **una ~** a mere trifle, chicken feed (*pey*)

**purrete*** SM (*Cono Sur*) kid*, child

**purulento** ADJ purulent

**pus** SM pus

**puse** *etc ver* **poner**

**pusilánime** ADJ fainthearted, pusillanimous

**pusilanimidad** SF faintheartedness, pusillanimity

**pústula** SF pustule

**put** [pʌt] SM (*pl* **puts** [pʌt]) (*Golf*) putt

**puta**‡* SF 1 (= *prostituta*) whore, prostitute; **casa de ~s** brothel; **¡la muy ~!** the slut!, the bitch!‡; **ir(se) de ~s** to go whoring ► **puta callejera** streetwalker
2 (*expresando fastidio*) **¡puta!** bloody hell!‡; **¡la ~!** (*expresando sorpresa*) well I'm damned!
3 (*Naipes*) jack, knave
4 **pasarlas ~s** to have a shitty time*, have a rotten time*; *ver tb* **puto**

**putada**‡* SF (= *mala pasada*) dirty trick; **¡es una ~!** it's a real bugger!‡

**putañear*** ▸conjug 1a◂ VI to go whoring

**putañero*** Ⓐ ADJ 1 (= *que va de putas*) whoring
2 (= *cachondo*) randy, oversexed
Ⓑ SM whoremonger

**putativo** ADJ putative (*frm*), supposed

**puteada*** SF (*LAm*) (= *insultos*) shower of gross insults; (= *palabrota*) swearword

**puteado**‡* ADJ 1 (= *fastidiado*) **nos tienen ~s** they're really screwing us around‡; **el ~ pueblo español** the long-suffering *o* hard done-by Spanish people
2 (= *harto*) fed up to the back teeth*, browned off*; **estar ~** to be fed up to the back teeth*, be browned off
3 (= *maleado*) corrupted, perverted

**putear** ▸conjug 1a◂ Ⓐ VT 1 (‡*) (= *fastidiar*) to bugger about‡, muck around
2 (‡*) (= *enfadar*) to upset, send up the wall*
3 (*LAm**) (= *insultar*) to swear at, curse
Ⓑ VI (*) 1 (= *ir de putas*) to go whoring
2 (= *ser prostituta*) to be on the game*
3 (*Cono Sur*) (= *jurar*) to swear, curse, eff and blind*

**puteo*** SM **ir de ~** (*Esp*) to go whoring

**putería*** SF 1 (*de putas*) (= *prostitución*) prostitution, whoring; (= *vida*) life of the prostitute
2 (= *prostitutas*) gathering of prostitutes
3 (= *prostíbulo*) brothel
4 (= *artimañas*) womanly wile(s)
5 (= *zalamería*) soft soap*

**puterío*** SM whoring, prostitution

**puticlub*** [putɪ'klu] SM (*hum*) pick up joint‡

**putilla*** SF scrubber‡

**putiza‡** SF (*Méx*) brawl, set-to*

**puto**‡* Ⓐ ADJ bloody*, bloody awful*; **no me hizo ni ~ caso** she completely bloody ignored me‡; **no tengo ni un ~ duro** I'm absolutely skint*; **¡ni puta idea!** I've no bloody idea!*; **por toda la puta calle** all along the bloody street‡; **¡qué puta suerte!** (= *mala*) what bloody awful luck!*; (= *buena*) what incredible luck!*; ✦***MODISMO*** **de puta madre** (= *bueno*) terrific*, smashing*; (= *malo*) bloody awful‡; (*uso adverbial*) marvellously; **cocina**

**de puta madre** she's a bloody marvellous cook‡; *ver tb* **puta 2**
Ⓑ SM [1] (= *prostituto*) male prostitute
[2] (= *insulto*) sod‡*

**putrefacción** SF rotting, putrefaction; **basura en ~** rotting rubbish; **alimentos sujetos a ~** perishable foods; **el cadáver estaba en avanzado estado de ~** the body was in an advanced estate of decomposition ► **putrefacción fungoide** dry rot ► **putrefacción política** political corruption

**putrefacto** ADJ (= *podrido*) rotten, putrid; (= *descompuesto*) decayed

**putrescente** ADJ rotting, putrefying

**pútrido** ADJ putrid, rotten

**putt** [pʌt] SM (*pl* **putts** [pʌt]) putt

**putter** ['pʌter] SM (*pl* **putters** ['pʌter]) putter

**puya** SF [1] (= *vara*) (*gen*) goad, pointed stick; (*Taur*) point of the picador's lance
[2] (= *sarcasmo*) gibe, barbed comment
[3] (*Caribe*) one cent

**puyar** ▸conjug 1a◂ Ⓐ VT [1] (*LAm*) to jab, prick
[2] (*Col**) (= *molestar*) to upset, needle*
Ⓑ VI (*Caribe*) [*planta*] to shoot, sprout

**puyazo** SM [1] (*Taur*) jab with the lance
[2] (= *palabras*) gibe, barbed comment

**puyero** SM (*Caribe*) pile of money; **divertirse un ~*** to have a great time*, have a whale of a time*

**puyo** SM (*Cono Sur*) coarse woollen poncho

**puyón** SM [1] (*Andes, Cono Sur*) (= *espolón*) cock's spur
[2] (*Méx*) (= *puya*) sharp point; (= *espina*) thorn, prickle
[3] (*Andes, CAm, Caribe*) (= *pinchazo*) jab, prick
[4] (*Andes, CAm, Méx*) (= *brote*) shoot, bud

**puzcua** SF (*Méx*) puffed maize

**puz(z)le** ['puθle] SM puzzle (*tb fig*)

**PVC** SM ABR (= **polyvinyl-chloride**) PVC

**PVP** SM ABR (= **precio de venta al público**) RRP

**PYME** SF ABR, **pyme** SF ABR = **Pequeña y Mediana Empresa**

**PYRESA** SF ABR = **Prensa y Radio Española, Sociedad Anónima**

# Q q

**Q, q** [ku] SF (= *letra*) Q, q

**Qatar** SM Qatar

**q.b.s.m.** ABR (= **que besa su mano**) *courtesy formula*

**q.b.s.p.** ABR (= **que besa sus pies**) *courtesy formula*

**q.D.g.** ABR, **Q.D.G** ABR (= **que Dios guarde**) *courtesy formula*

**QED** ABR (= **quod erat demonstrandum**) QED

**q.e.g.e.** ABR (= **que en gloria esté**) ≈ RIP

**q.e.p.d.** ABR (= **que en paz descanse**) RIP

**q.e.s.m.** ABR (= **que estrecha su mano**) *courtesy formula*

**QH** SF ABR (= **quiniela hípica**) *horse-racing totalizator*

**qm** ABR = **quintal(es) métrico(s)**

**qts.** ABR (= **quilates**) c

**Quáker**® SM (*LAm*) porridge

**quantum** ['kwantum] SM (*pl* **quanta** ['kwanta]) (*Fís*) quantum

**quark** SM (*pl* **quarks**) quark

**quásar** SM quasar

**quattrocentista** ADJ quattrocento *antes de s*

**que**[1] PRON REL [1] (*refiriéndose a personas*) [1·1] (*como sujeto*) who, that; **el hombre ~ vino ayer** the man who *o* that came yesterday; **hable con alguien ~ entienda de esto** talk to someone who knows about this

[1·2] (*como complemento: a menudo se omite*) that; **el hombre ~ vi en la calle** the man (that) I saw in the street; **la chica ~ conoció durante las vacaciones** the girl (that) he met on holiday

[2] (*refiriéndose a cosas*) [2·1] (*como sujeto*) that, which; **la película ~ ganó el premio** the film that *o* which won the award

[2·2] (*como complemento: a menudo se omite*) that, which; **el coche ~ compré** the car (that *o* which) I bought; **el libro del ~ te hablé** the book (that *o* which) I spoke to you about; **el día ~ ella nació** the day (when *o* that) she was born; **la cama en ~ pasé la noche** the bed in which I spent the night, the bed I spent the night in

[3] **el/la/los/las ~** *ver* **el 8**

[4] **lo ~** *ver* **lo**[1] **3**

**que**[2] CONJ [1] (*en subordinada sustantiva: a menudo se omite*) [1·1] (+ *INDIC*) that; **creo ~ va a venir** I think (that) he will come; **dijo ~ vendría** he said (that) he'd come; **dile a Rosa ~ me llame** tell Rosa to call me; **estoy seguro de ~ lloverá** I am sure (that) it will rain; **aceptan la idea de ~ el diálogo es útil** they accept the idea that a dialogue is useful; **eso de ~ no lo sabía es un cuento** all that about him not knowing is pure fiction

[1·2] (+ *SUBJUN*) that; **no sabía ~ tuviera coche** I didn't know (that) he had a car; **me alegro de ~ hayan ganado** I am glad (that) they have won; **es una pena ~ no tengamos más tiempo** it's a pity (that) we haven't got more time; **no digo ~ sea un traidor** I'm not saying (that) he's a traitor; **espero ~ os sea útil** I hope you'll find it useful; **no creo ~ te sea difícil encontrarlo** I don't think you'll have any difficulty finding it; **quieren ~ les esperes** they want you to wait for them

[1·3] **decir ~ sí** to say yes; *ver tb* **claro B4**

[2] (*en comparaciones*) **eres igual ~ mi padre** you're just like my father; **más ~** more than; **ganas más ~ yo** you earn more than me; **es más alto ~ tú** he's taller than you; **más ~ nada** more than anything; **menos ~** less than; **prefiero estar aquí ~ en mi casa** I'd rather be here than at home; **prefiero las películas serias ~ las comedias** I prefer serious films to comedies; **yo ~ tú** if I were you; **yo ~ tú, iría** I'd go, if I were you

[3] (*expresando resultado*) [3·1] (*a menudo se omite*) that; **tan ... ~**: **es tan grande ~ no lo puedo levantar** it's so big (that) I can't lift it; **soplaba tan fuerte ~ no podíamos salir** it was blowing so hard (that) we couldn't go out; **tanto ... ~**: **las manos le temblaban tanto ~ apenas podía escribir** her hands were shaking so much (that) she could hardly write

[3·2] **tengo una sed ~ me muero** I'm dying of thirst; **huele ~ es un asco** it smells disgusting; *ver tb* **bendición 2**, **primor 2**

[4] (*expresando causa*) **llévate un paraguas, ~ está lloviendo** take an umbrella, it's raining; **no lo derroches, ~ es muy caro** don't waste it, it's very expensive; **¡vamos, ~ cierro!** come on now, I'm closing!; **¡cuidado, ~ te caes!** careful or you'll fall!, mind you don't fall!; **¡suélteme, ~ voy a gritar!** let go or I'll scream!

[5] (*expresando reiteración o insistencia*) **siguió toca ~ toca** he kept on playing; **estuvieron habla ~ habla toda la noche** they talked and talked all night; **¡~ sí!**: **—es verde —¡~ no! —¡~ sí!** "it's green" — "no it isn't!" — "yes it is!"; **—no funciona —~ sí, es ~ lo haces mal** "it doesn't work" — "yes it does, you're just doing it wrong"

[6] (*sin antecedente expreso*) [6·1] (*expresando mandato*) **¡~ lo haga él!** let him do it!, he can do it himself!; **¡~ entre!** send him in!, let him come in!

[6·2] (*expresando deseo*) **¡~ venga pronto!** let's hope he comes soon!; **¡~ te mejores!** get well soon!; **¡~ os guste la película!** enjoy the film!

[6·3] (*expresando sorpresa*) **¿~ no estabas allí?** (are you telling me) you weren't there?

[7] **el ~** (+ *SUBJUN*) (= *el hecho de que*) the fact that; **el ~ viva en Vitoria no es ningún problema** the fact that he lives in Vitoria isn't a problem; **el ~ quiera estar con su madre es natural** it is natural (that) he should want to be with his mother

**qué** Ⓐ PRON [1] (*interrogativo*) **¿qué?** what?; **¿~ has dicho?** what did you say?; **¿a ~ has venido?** why have you come?, what have you come for?; **¿con ~ lo vas a pagar?** how are you going to pay for it?, what are you going to pay with?; **¿de ~ lo conoces?** how do you know him?, where do you know him from?; **¿en ~ lo notas?** how can you tell?; **no sé ~ quiere decir** I don't know what it means; **¿~ tan grande es?** (*LAm*) how big is it?; **¿~ más?** (*gen*) what else?; (*en tienda*) anything else?; **¿para ~?**: **¿para ~ lo quiere?** why does he want it?, what does he want it for?; **¿para ~, si nunca me hace caso?** what's the point? he never listens to me anyway; **¿por ~?** why?; **¿por ~ no se lo dices?** why don't you tell him?; **¿~ tal?** how are things?; **¿~ tal estás?** how are you?; **¿~ tal el trabajo?** how's work?; **¿~ tanto?** (*LAm*) (= *¿cuánto?*) how much?; **¿~ tanto lo quiere?** how much do you love him?; **¿y ~?** so what?; **no lo he hecho, ¿y ~?** so what if I haven't done it?; **¿y a mí ~?** so what?, what has that got to do with me?; ✦***MODISMOS*** **ahí estaba el ~** that was the reason; **sin ~ ni para ~** without rhyme or reason

[2] (*exclamativo*) **¡~ de gente había!** what a lot of people there were!; **¡~ de cosas te diría!** what a lot I'd have to say to you!; **¡~ va!**: **¡~ va!, no me parece caro** no, I don't think it's expensive at all!; **—es muy fea —¡~ va! a mí me parece monísima** "she's very ugly" — "you're joking, I think she's really pretty!"; **¿aquí, en España, corrupción? ¡~ va!** corruption, here in Spain? come off it!

Ⓑ ADJ [1] (*interrogativo*) **¿~ día del mes es hoy?** what's today's date?, what's the date today?; **¿~ camisa le regalarías?** which shirt would you give him?; **dime ~ libro buscas** tell me which book you are looking for; **—¿has encontrado mi lápiz? —¿~ lápiz?**

"have you found my pencil?" — "what pencil?"; **¿~ edad tiene?** how old is he?, what age is he?; **¿a ~ velocidad?** how fast?, at what speed?; **¿de ~ tamaño es?** how big is it?, what size is it?

2 (*exclamativo*) **¡~ día más espléndido!** what a glorious day!; **¡~ casualidad!** what a coincidence!; **¡~ susto!** what a fright!; **¡~ asco!** how revolting!; **¡~ maravilla!** how wonderful!; **¡~ maravilla de casa!** what a wonderful house!

Ⓒ ADV **¡~ bonito!** isn't it pretty!, how pretty it is!; **¡~ boba eres!** you're so silly!; **¡~ mala eres!** you're awful!; **¡~ mala suerte!** what rotten luck!; **¡~ bien!** (= *estupendo*) great!, excellent!; (= *bravo*) well done!; **¡~ bien se vive solo!** it's great living on your own!; **¡~ bien canta!** she sings so well!, she's such a good singer!; **¡~ bien se oye!** you can hear so clearly!

**quebracho** SM 1 (= *árbol*) quebracho, quebracho tree; (= *madera*) break axe, break ax (*EEUU*)
2 (*Téc*) *extract used in leather-tanning*

**quebrada** SF 1 (= *hondonada*) ravine, gorge; (= *puerto*) gap, pass
2 (*LAm*) (= *arroyo*) brook, mountain stream

**quebradero** SM ► **quebradero de cabeza** headache, worry

**quebradizo** ADJ 1 (= *frágil*) (*gen*) fragile, brittle; [*hojaldre*] short; [*galleta*] crumbly; [*voz*] weak, faltering
2 (= *enfermizo*) sickly, frail
3 (= *muy sensible*) emotionally fragile, sensitive, easily upset
4 (*moralmente*) weak, easily tempted

**quebrado** Ⓐ ADJ 1 (= *roto*) (*gen*) broken; [*terreno*] rough, uneven; [*línea*] irregular, zigzag
2 **~ de color** [*rostro*] pale; [*tez*] pallid
3 (*Med*) ruptured
4 (*Fin*) bankrupt
Ⓑ SM 1 (*Mat*) fraction
2 (*Fin*) bankrupt ► **quebrado no rehabilitado** undischarged bankrupt ► **quebrado rehabilitado** discharged bankrupt

**quebradora** SF (*CAm Med*) dengue fever

**quebradura** SF 1 (= *grieta*) fissure, crack
2 (*Geog*) = **quebrada 1**
3 (*Med*) rupture

**quebraja** SF fissure, slit, crack

**quebrantadura** SF, **quebrantamiento** SM
1 (= *rotura*) (*gen*) breaking; (*al formarse una grieta*) cracking; [*de resistencia*] weakening; [*de cerradura*] forcing; [*de ley*] violation ► **quebrantadura de forma** (*Jur*) breach of normal procedure
2 (= *estado*) exhaustion, exhausted state
3 (= *mala salud*) broken health

**quebrantahuesos** SM INV bearded vulture

**quebrantar** ▸conjug 1a◂ Ⓐ VT 1 (= *romper*) (*gen*) to break; (*haciendo grietas*) to crack; (*haciendo añicos*) to shatter
2 (= *debilitar*) [+ *resistencia*] to weaken, break; [+ *salud, posición*] to destroy, undermine; [+ *persona*] to break; [+ *cimientos, furia, moral*] to weaken
3 (= *abrir*) [+ *cerradura*] to force; [+ *caja fuerte, sello*] to break open; [+ *cárcel*] to break out of; [+ *recinto sagrado*] to break into, violate; [+ *terreno vedado*] to trespass on
4 [+ *ley, promesa*] to break
5 [+ *color*] to tone down
6 (*LAm*) [+ *caballo*] to break in
Ⓑ **quebrantarse** VPR [*persona*] to be broken (in health *etc*)

**quebranto** SM 1 (= *perjuicio*) damage, harm
2 [*de persona*] (= *agotamiento*) exhaustion; (= *depresión*) depression; (= *mala salud*) broken health
3 (= *aflicción*) sorrow, affliction

**quebrar** ▸conjug 1j◂ Ⓐ VT 1 (= *romper*) to break, smash
2 (= *doblar*) (*gen*) to bend; [+ *cuerpo*] to bend (at the waist)
3 (= *torcer*) to twist
4 [+ *proceso*] (= *interrumpir*) to interrupt; (= *modificar*) to alter the course of, seriously interfere with
5 [+ *color*] to tone down
6 (*Méx**) (= *matar*) to bump off*, waste*
7 = **quebrantar A2, 6**
Ⓑ VI 1 (*Fin*) to fail, go bankrupt
2 (= *debilitarse*) to weaken
3 **~ con algn** to break with sb
Ⓒ **quebrarse** VPR 1 to break, get broken, smash
2 (*Med*) to rupture

**quebraza** SF 1 (= *grieta*) crack
2 (*Med*) crack (*on the skin*), chap

**quebrazón** SF 1 (*LAm*) [*de vidrio*] smashing, shattering
2 (*Cono Sur*) (= *contienda*) quarrel

**quebroso** ADJ (*Andes*) brittle, fragile

**queche** SM smack, ketch

**quechua** Ⓐ ADJ Quechua, Quechuan
Ⓑ SMF Quechua(n) Indian
Ⓒ SM (*Ling*) Quechua

> **QUECHUA**
>
> **Quechua**, *the language spoken by the Incas, is the most widely spoken indigenous language in South America, with some 13 million speakers in the Andean region. The first Quechua grammar was compiled by a Spanish missionary in 1560, as part of a linguistic policy intended to aid the process of evangelization. In 1975 Peru made Quechua an official state language. From Quechua come words such as "llama", "condor" and "puma".*

**queda** SF **toque de ~** curfew

**quedada**[1]†† SF (*CAm, Caribe, Méx*) spinster, old maid (*pey*)

**quedada**[2]* SF (= *broma*) joke, tease; (= *engaño*) hoax

**quedado** ADJ (*Cono Sur, Méx*) lazy

**quedar**

> ▸conjug 1a◂
> A VERBO INTRANSITIVO B VERBO PRONOMINAL
> *Para expresiones como* ***quedarse tan ancho, quedarse con las ganas, quedársele grabado algn, quedarse helado, quedarse parado****, ver la otra entrada.*

Ⓐ VERBO INTRANSITIVO

1 *indicando lugar* to be; **eso queda muy lejos** that's a long way away; **queda un poco más al oeste** it is a little further west; **queda a 6 km de aquí** it's 6 km from here; **queda hacia la derecha** it's over to the right; **¿por dónde queda Correos?** where's the post office?; **queda por aquí** it's around here somewhere; **esa cuestión queda fuera de nuestra responsabilidad** that matter lies outside our responsibility

2 *indicando posición* **quedó el penúltimo** he was second last; **~ atrás**: **no quieren ~ atrás en la carrera espacial** they don't want to be left behind *o* fall behind in the space race; **la crisis ha quedado atrás** the crisis is behind us

3 *indicando resultado* 3·1 (*con adjetivos, adverbios, locuciones preposicionales, participios*) **el autocar quedó destrozado** the coach was wrecked; **te ha quedado muy bonita la cocina** you've made a great job of the kitchen; **quedó paralítico tras el accidente** the accident left him paralysed; **la cara le ha quedado desfigurada** her face has been disfigured; **al final quedamos como amigos** we were still friends afterwards; **aún no han quedado definidos los criterios** the criteria still haven't been established; **la junta ha quedado constituida** the board has been elected; **~ ciego** to go blind; **~ huérfano** to be orphaned; **quedó huérfano de padre a los seis años** he lost his father when he was six years old; **~ viuda/viudo** to be widowed, lose one's husband/wife; ✦**MODISMO ahí quedó la cosa** that's how we left it

3·2 **~ en algo**: **¿en qué quedó la conversación?** how did the conversation end?; **todas sus promesas ~on en nada** all her promises came to nothing; **al final todo quedó en un susto** it gave us a scare but it turned out all right in the end

3·3 **~ sin**: **miles de personas han quedado sin hogar** thousands of people have been left homeless; **el proyecto quedó sin realizar** the project was never carried out; **la reconstrucción del puente ha quedado sin hacer por falta de presupuesto** the rebuilding of the bridge has been abandoned because of a shortage of funds

4 *en el trato, al hablar* **ha quedado como un canalla** he has shown himself to be a rotter; **~ bien**: **regalando flores siempre queda uno bien** taking flowers always makes a good impression; **sólo lo ha hecho por ~ bien** he only did it to make himself look good; **~ bien con algn** to make a good impression on sb; **~ mal**: **nos hiciste ~ mal haciendo esas preguntas** you made us look bad by asking those questions; **no quiero ~ mal con ellos** I don't want to get on the wrong side of them; **por no ~ mal** so as not to cause any offence; **~ por algo** to be left looking like sth; **quedé por idiota** I was left looking like an idiot; **aunque fue idea de todos, yo quedé por el culpable** although everyone was to blame, it ended up looking as if it was my fault; **~ en ridículo**: **ha quedado en ridículo** he ended up looking a fool; **quería que su marido ~a en ridículo** she wanted to make her husband look a fool, she wanted to show her husband up

5 = *permanecer* to stay; **~on allí una semana** they stayed there a week; **quedo a la espera de sus noticias** (*en carta*) I look forward to hearing from you

6 = *haber todavía* to be left; **no queda ninguno** there are none left; **¿queda algo de la cena?** is there any dinner left?; **no quedan más que escombros** there is nothing left but rubble; **no quedaba nadie en el**

**autobús** there was nobody left on the bus; **de la ciudad sólo queda el castillo** all that remains *o* is left of the city is the castle; **no quedó ni un solo edificio en pie** not a single building was left standing; **se me cayó un poco de vino, pero no ha quedado ninguna mancha** I spilt some wine, but it didn't leave a stain; **si a 8 le quito 2, quedan 6** if I take 2 from 8, I'm left with *o* it leaves 6; **~le a algn**: **¿le quedan entradas para esta noche?** do you have any tickets left for tonight?; **me quedan 1.000 pesetas** I've got 1,000 pesetas left; **no nos queda mucho dinero** we don't have much money left; **~ a deber algo** to owe sth; **no tenía suficiente y tuve que ~le a deber** I didn't have enough money on me, so I had to owe him; **me quedó a deber 5.000 pesetas** he was left owing me 5,000 pesetas; **quedan pocos días para la fiesta** the party is only a few days away; **nos quedan 12 km para llegar a Badalona** we've still got 12 km to go to Badalona; **~ por hacer**: **nos queda por pagar la luz** we still have to pay the electricity bill; **queda por limpiar la cocina** the kitchen still needs cleaning; **eso queda todavía por estudiar** that remains to be studied; **no me queda más remedio** I have no alternative (left); ♦***MODISMO*** **que no quede**: **por mí que no quede, yo he ayudado en lo que he podido** it won't be for want of trying on my part, I helped as much as I could; **por probar que no quede** there's no harm in trying; **tú por ser amable que no quede** nobody could accuse you of not being nice

[7] [*Educ*] [*asignatura*] **me han quedado las matemáticas** I failed mathematics

[8] [*ropa*] (= *ser la talla*) to fit; (= *sentar*) to suit; **¿qué tal (de grande) te queda el vestido?** does the dress fit you?; **me queda pequeño** it's too small for me; **no te queda bien ese vestido** that dress doesn't suit you; **te queda bien** it suits you; **no queda bien así/aquí** it doesn't look right like that/here

[9] **~ en** (= *acordar*): **¿quedamos en eso, entonces?** we'll do that, then, all right?; **~ en** *o* (*LAm*) **de hacer algo** to agree to do sth; **~on en esperar unos días antes de tomar una decisión definitiva** they agreed to wait a few days before taking a final decision; **quedamos en vernos mañana** we arranged to meet tomorrow; **~ en que** to agree that; **quedamos en que cada uno traería una botella** we agreed that everyone would bring a bottle; **¿en qué quedamos? ¿lo compras o no?** so what's it to be then? are you going to buy it or not?

[10] [= *citarse*] to arrange to meet; **hemos quedado en la puerta del cine** we've arranged to meet outside the cinema; **habíamos quedado, pero no se presentó** we had arranged to meet, but he didn't turn up; **¿quedamos a las cuatro?** shall we meet at four?; **¿cómo quedamos?** where shall we meet and what time?; **~ con algn** to arrange to meet sb; **¿quedamos con ella en la parada?** shall we meet her at the bus stop?

Ⓑ **quedarse** VERBO PRONOMINAL

[1] [= *permanecer, estar*] [1·1] (*gen*) to stay; **ve tú, yo me quedo** you go, I'll stay; **se quedó toda la mañana en la cama** she stayed in bed all morning; **me quedé en casa** I stayed at home; **sus preguntas se ~on sin respuesta** his questions remained *o* were left unanswered; **~se con unos amigos** to stay with some friends; **~se atrás** (= *atrasarse*) to fall behind, be left behind; (= *en posición retrasada*) to stay behind; **generalmente se queda atrás hasta la última vuelta** (*Dep*) he usually stays behind until the last lap

[1·2] (+ *GERUND*) **me quedé estudiando hasta que cerraron la biblioteca** I carried on *o* stayed working in the library until it closed; **id vosotros, yo me quedo un rato más viendo el museo** you go, I want to stay and look round the museum a bit more; **me quedé viendo la tele hasta muy tarde** I stayed up late watching TV; **mis compañeros salieron de trabajar a las cinco, pero yo me quedé hasta las ocho** my colleagues all left work at five, but I stayed behind until eight; **se nos quedó mirando asombrado** he stared at us in amazement; *ver tb* **A2**

[2] [*indicando resultado*] [2·1] (*con adjetivos, locuciones preposicionales*) **me estoy quedando sordo** I'm going deaf; **se ha quedado viudo** he has been widowed, he has lost his wife; **~se en nada** to come to nothing; **se me ha quedado pequeña esta camisa** I've outgrown this shirt

[2·2] **~se sin**: **nos hemos quedado sin café** we've run out of coffee; **~se sin empleo** to lose one's job; **al final nos quedamos sin ver el concierto** we didn't get to see the concert in the end; *ver tb* **A3**

[3] [= *conservar*] (*gen*) to keep; (= *comprar*) to take; **quédatela como recuerdo** keep it as a memento; **me la quedo** I'll take it; **~se con** (= *retener*) to keep; (= *comprar*) to take; (= *preferir*) to go for, take; **quédese con la vuelta** keep the change; **se quedó con mi pluma** he kept my pen; **me quedo con este paraguas** I'll take this umbrella; **el vencedor se queda con todo** winner takes all; **entre A y B, me quedo con B** given a choice between A and B, I'd go for *o* take B; **así que me quedé con el más tonto de los tres** so I got (left with) the stupidest of the three; **~se con hambre** to be still hungry

[4] [= *retener en la memoria*] **está muy mayor, no se le quedan las cosas** he's really old now, he can't remember things; **lo siento, no me quedé con su nombre** sorry, I can't quite remember your name; **tiene mucha facilidad para ~se con los números** she's very good at remembering numbers

[5] (*Esp*) **~se con algn*** (= *engañar*) to con sb*; (= *tomar el pelo a*) to take the mickey out of sb*, pull sb's leg*; **¿te estás quedando conmigo?** are you trying to kid me?*

[6] [= *calmarse*] [*viento*] to drop; [*mar*] to calm down

**quedito** ADV very softly, very gently

**quedo** Ⓐ ADJ [1] (= *inmóvil*) still

[2] (= *tranquilo*) [*voz*] quiet, gentle; [*paso*] soft

Ⓑ ADV softly, gently; **¡quedo!** (= *con cuidado*) careful now!; (= *suave*) gently now!

**quedón‡** ADJ (*Esp*) [1] (= *guasón*) jokey, waggish

[2] (= *ligón*) flirtatious, fond of the men/the ladies

**quehacer** SM job, task; **~es domésticos** housework *sing*, household chores; **agobiado de ~** overburdened with work; **atender a sus ~es** to go about one's business; **tener mucho ~** to have a lot to do

**queimada** SF *traditional Galician hot drink made with flamed "orujo", sugar and lemon*

**queja** SF [1] (= *reclamación*) (*gen*) complaint; (*refunfuñando*) grumble, grouse*; (*con rencor*) grudge, resentment; **una ~ infundada** an unjustified complaint; **presentar una ~** to make *o* lodge a complaint; **tener ~ de algn** to have a complaint to make about sb; **tener motivo de ~** to have cause for complaint; **estoy harto de tus ~s** I'm tired of your complaining

[2] (= *gemido*) moan, groan ► **queja de dolor** groan of pain

[3] (*Jur*) protest

**quejadera** SF (*Andes, Méx*), **quejambre** SF (*Andes, Méx*) moaning

**quejarse** ▸conjug 1a◂ VPR [1] (= *reclamar*) (*gen*) to complain (**de** about, of); (*refunfuñando*) to grumble (**de** about, at); (*protestando*) to protest (**de** about, at); **~ a la dirección** to complain to the management; **~ de que** to complain (about the fact) that; **se quejó de que nadie lo escuchaba** he complained that nobody listened to him; **~ de vicio*** to be always complaining

[2] (= *gemir*) (*gen*) to moan, groan; (*lloriqueando*) to whine

**quejica** Ⓐ ADJ moaning

Ⓑ SMF moaner, grumbler

**quejido** SM (= *gemido*) moan, groan; (= *lloriqueo*) whine; **dar ~s** (= *gemir*) to moan, groan; (= *lloriquear*) to whine

**quejigal** SM, **quejigar** SM gall-oak grove

**quejigo** SM gall-oak

**quejón/ona*** Ⓐ ADJ moaning, grumbling

Ⓑ SM/F moaner, grumbler

**quejoso** ADJ [*persona*] complaining; [*tono*] plaintive; **está ~ de mí** he is annoyed with me

**quejumbre** SF moan, groan

**quejumbroso** ADJ = **quejoso**

**queli[1]‡** SM, **quel‡** SF, **quela‡** SF house; **irse a la ~** to go home

**queli[2]‡** SM mate*, pal*, buddy (*EEUU**)

**quelite** SM (*CAm, Méx*) (= *verduras*) any green vegetable; (= *brote*) shoot, tip, green part; ♦***MODISMO*** **poner a algn como un ~** (*Méx**) to make mincemeat of sb

**quelonia** SF (*Caribe*) turtle

**quelonio** SM chelonian

**quelpo** SM kelp

**quema** SF [1] (= *incendio*) fire; (= *combustión*) burning; (*LAm Agr*) burning-off (of scrub); ♦***MODISMO*** **salvarse de la ~**: **fue el único atleta español que se salvó de la ~** he was the only athlete to escape the carnage

[2] (*Arg*) (= *vertedero*) rubbish dump

[3] **hacer ~** (= *acertar*) to hit the target

[4] (*Méx*) (= *peligro*) danger

**quemable** ADJ inflammable

**quemado** Ⓐ ADJ [1] (*por fuego, sol*) burned, burnt; **llegó muy ~ de la playa** he got back really burned *o* burnt from the beach; **esto sabe a ~** this tastes burned *o* burnt; **aquí huele a ~** there's a smell of burning in here

[2] (= *desprestigiado*) **se le considera un político ya ~** he's regarded as a political hasbeen; **ya está ~ como futbolista** he's had it as a footballer*; **un artista ~ por salir demasiado en televisión** an artist who has become overexposed through being on television too much

3 (*) (= *harto*) sick and tired*; **la vecina me tiene ~** I've had it up to here with the woman next door*, I'm sick and tired of the woman next door*; **estar ~ con algo** to be sick and tired of sth*
4 (*LAm*) (= *bronceado*) tanned
5 (*Chile**) (= *falto de suerte*) unlucky; **nací ~** I was born unlucky; **es tan ~ el pobre** he's such an unlucky guy*
Ⓑ SM 1 (= *acto*) burning; (*Med*) cauterization
2 (*LAm*) burnt field
3 **quemados** (= *heridos*) burn victims; **los ~s evolucionan favorablemente** the burn victims are making good progress; *ver tb* **unidad 3**

**quemador** SM burner ► **quemador de gas** gas burner

**quemadura** SF 1 (= *herida*) (*por fuego, sol*) burn; (*por líquido hirviendo*) scald; **una ~ de cigarro** a cigarette burn; **~ de primer/segundo grado** first-/second-degree burn ► **quemaduras de sol, quemaduras solares** sunburn *sing*
2 [*de fusible*] blow-out
3 (*Bot*) (*por helada*) cold blight; (= *tizón*) smut

**quemar** ▸conjug 1a◂ Ⓐ VT 1 (= *hacer arder*)
1·1 [*fuego, sol*] [+ *papeles, mueble, arroz, patatas*] to burn; [+ *edificio*] to burn down; [+ *coche*] to set fire to; **lo ~on vivo** he was burned alive; **las ~on en la hoguera** they were burned at the stake; **tenía el rostro quemado por el sol** he had a sunburned face; **el incendio ha quemado varias hectáreas de bosque** the fire has destroyed *o* burned down several hectares of woodland; **he quemado la camisa con la plancha** I scorched *o* burned my shirt with the iron; **los guerrilleros ~on varias aldeas** the guerrillas set fire to *o* burned several villages; *ver tb* **nave 1**
1·2 [*líquido hirviendo*] to scald; [*ácido, frío, helada*] to burn; **la pomada parece que te quema el brazo** the cream makes your arm burn
2 (= *dar sensación de calor*) [*radiador, especia picante*] to burn; **el radiador me está quemando la espalda** the radiator is burning my back; **esta bebida te quema la garganta** this drink burns your throat
3 [+ *fusible*] to blow
4 (= *gastar*) 4·1 [+ *calorías*] to burn, burn up; [+ *energías*] to burn off
4·2 [+ *fortuna*] to squander; [+ *dinero*] to blow*, squander; [+ *recursos*] to use up; **quemó su dinero en la lotería** he blew his money on the lottery*; ✦**MODISMO ~ etapas** to rush ahead with things
5 (*) (= *fastidiar*) to bug*, get*; **lo que más me quemó fue que me tratara como a un estúpido** what bugged* me *o* got* me most was the way he treated me as if I was stupid
6 (= *desgastar*) [+ *político, gobierno*] to destroy, be the ruin of; **un escándalo sexual puede ~ a cualquier político** a sex scandal can destroy *o* can be the ruin of any politician; **tanto aparecer en televisión va a ~ su carrera** all these TV appearances will damage his career
7 (*Com*) [+ *precios*] to slash, cut; [+ *géneros*] to sell off cheap
8 (*Cuba*) (= *estafar*) to swindle
9 (*CAm*) (= *denunciar*) to denounce, inform on
10 (*Ven**) (*con arma de fuego*) to shoot
11 (*Arg, Uru*) **~ a algn** to make a fool of sb
Ⓑ VI 1 (= *arder*) [*comida, líquido, metal*] to be boiling (hot); [*mejillas*] to be burning; **la sopa está quemando** the soup is boiling (hot); **ya no quema** it's not too hot now; **le quemaban las mejillas** her cheeks were burning; **¡cómo quema el sol!** the sun's really scorching (hot)!; **este sol no quema nada** (*LAm*) you won't get tanned in this sun
2 (= *picar*) [*especia, picante*] to burn; **es una especia que quema en la lengua** this spice burns your tongue
Ⓒ **quemarse** VPR 1 [*persona*] (*con fuego*) to burn o.s.; (*con el sol*) to get burned; **se quemó con aceite hirviendo** he burned himself on hot oil; **me quemé la lengua con la sopa** I burned my tongue on the soup; **para no ~se con el sol** to avoid getting sunburnt; **~se a lo bonzo** to set fire to o.s.; *ver tb* **ceja 1**
2 (= *arder*) [*cuadros, papeles*] to get burned; [*edificio*] to burn down; [*comida*] to burn; **se está quemando la cortina** the curtain is getting burned; **se me ha quemado la cena** I've burned the dinner, the dinner has burned; **se han quemado 100 hectáreas de pinares en el incendio** 100 hectares of pinewood have been destroyed in the fire; **no te acerques a la chimenea que se te va a ~ la ropa** don't go too close to the fire or you'll scorch *o* burn your clothes; **por el olor parece que algo se está quemando** it smells like something is burning
3 (= *desprestigiarse*) **tantos años trabajando en esto y aún no se ha quemado** so many years working on this and he's still going strong; **quiere hacer menos en televisión para no ~se en poco tiempo** he wants to do less television to avoid overexposure *o* becoming overexposed; **te quemás si salís con él** (*Arg, Uru*) you'll look really bad if you go out with him
4 (*en juego, adivinanzas*) **caliente, caliente ... ¡que te quemas!** (you're getting) warm, warmer ... you're really hot *o* you're boiling!
5 (*Caribe*) (= *deprimirse*) to get depressed

**quemarropa**: **a ~** ADV point-blank

**quemazón** SF 1 (= *acción*) burning, combustion; (*CAm, Caribe, Méx*) fire
2 (= *calor intenso*) intense heat
3 (= *picazón*) (*Med*) burning sensation; (*fig*) itch
4 (= *comentario*) cutting remark
5 (= *resentimiento*) pique, resentment
6 (*Com*) (= *saldo*) bargain sale, cut-price sale
7 (*Cono Sur*) (= *espejismo*) mirage (*on the pampas*)

**quemón**[1]* SM (*Méx*) (= *chasco*) disappointment, let-down

**quemón**[2]**/ona**‡ SM/F (*Méx*) dope smoker*

**quena** SF (*Andes, Cono Sur*) Indian flute

**queo**[1]‡ SM (*Esp*) house

**queo**[2]* SM **dar el ~** to shout a warning

**quepis** SM INV (*esp LAm Mil*) kepi, *round military cap*

**quepo** *etc ver* **caber**

**queque** SM (*LAm*) cake (*of various kinds*)

**queratina** SF keratin

**queratinizarse** ▸conjug 1f◂ VPR to keratinize

**querella** SF 1 (*Jur*) (= *acusación*) charge, accusation; (= *proceso*) suit, case; **interponer** *o* **presentar una ~ contra algn** to bring a lawsuit *o* an action against sb ► **querella por difamación** action for libel *o* defamation ► **querella privada** action for damages
2 (= *disputa*) dispute; **han olvidado sus viejas ~s** they have set aside their old disputes; **antiguas ~s familiares** old family feuds
3 (†) (= *queja*) complaint

**querellado/a** SM/F defendant

**querellante** SMF (*Jur*) plaintiff; **la parte ~** the plaintiff

**querellarse** ▸conjug 1a◂ VPR 1 (= *quejarse*) to complain
2 (*Jur*) to file a complaint, bring an action (**ante** before; **contra, de** against)

**querencia** SF 1 (*Zool*) (= *instinto*) homing instinct
2 (*Zool*) (= *guarida*) lair, haunt
3 (*Taur*) (bull's) favourite spot
4 (= *terruño*) favourite haunt, home ground; **buscar la ~** to head for home
5 (= *morriña*) homesickness, longing for home

**querendón/ona*** (*LAm*) Ⓐ ADJ affectionate, loving
Ⓑ SM/F (= *cariñoso*) loving *o* affectionate person; (= *favorito*) favourite, favorite (*EEUU*), pet; (= *amante*) lover

**querer**

▸conjug 2t◂
A VERBO TRANSITIVO
B VERBO INTRANSITIVO
C VERBO PRONOMINAL
D SUSTANTIVO MASCULINO

*Para la expresión* ***querer decir****, ver la otra entrada.*

Ⓐ VERBO TRANSITIVO
1 ***a una persona*** (= *amar*) to love; (= *apreciar*) to like; **¡te quiero!** I love you!; **quiero mucho a mis abuelos** I love my grandparents very much; **no estoy enamorado, pero la quiero mucho** I'm not in love with her, but I'm very fond of her; **la quiero con locura** I'm madly in love with her; **me quiere ... no me quiere** (*deshojando una margarita*) she loves me ... she loves me not; **en la oficina lo quieren mucho** he is well liked at the office; **~ bien a algn** to want the best for sb; **hacerse ~ por algn** to endear o.s. to sb; **~ mal a algn** to wish sb ill; ✦**MODISMOS ¡por lo que más quieras!** (*rogando*) by all that's sacred!; (*regañando*) for Heaven's sake!; **~ a algn como a la niña de sus ojos** to dote on sb; **la quiere como a la niña de sus ojos** she's the apple of his eye, he dotes on her
2 **= desear** 2·1 [+ *objeto*] to want; **¿cuál quieres?** which one do you want?; **¿qué más quieres?** (*lit*) what else do you want?; (*iró*) what more do you want?; **hace lo que quiere** she does what she wants *o* as she pleases; **se lo di, pero no lo quiso** I gave it to him, but he didn't want (to take) it; **¡lo que quieras!** as you wish!, have it your own way!; **¿quieres un café?** would you like some coffee?; **~ pelea** to be looking for trouble; **todo lo que tú quieras**: **será muy feo y todo lo que tú quieras, pero es muy buena persona** he may be ugly and all that, but he's a very nice person
2·2 (+ *INFIN*) to want; **~ hacer algo** to want to do sth; **quiere ser ingeniero** he wants to

➤ LENGUA Y USO: querer A2 35.4, 35.5, 36.3

be an engineer; **lleva días que no quiere comer** she's been off her food for several days; **¿qué quieres comer hoy?** what would you like for dinner today?; **no quiso pagar** he refused to pay, he wouldn't pay; **ha querido quedarse en casa** he preferred to stay at home
2·3 **~ que algn haga algo** to want sb to do sth; **no quiero que vayas** I don't want you to go; **el destino quiso que volvieran a verse** fate decreed that they should see each other again; **la tradición quiere que ...** tradition has it that ...; **éste quiere que le rompan la cabeza*** this guy is asking to get his head kicked in*; **¿quieres que me crea que tú solo te has bebido todo el whisky?** are you asking me to believe that you drank all the whisky by yourself?; **¿qué quieres que te diga?** what can I say?; **¿qué quieres que le haga?**: **si se va por ahí sin hacer caso, ¿qué quieres que le haga?** if he goes off without taking any notice, what am I supposed to do *o* what can I do about it?; **si estudio y no apruebo, ¿qué quieres que le haga?** if I study and still don't pass, what can I do?; **¡qué más quisiera yo!** if only I could!; **¿qué más quisiera yo que ver juntos a mis hijos?** what more could I wish for *o* want than to see my children together?
3 *= tener intención de* (+ *INFIN*) **no quería hacerte daño** I didn't mean to hurt you; **al ~ abrir la botella, saltó el tapón** the cork exploded while she was trying to open the bottle; **quiso hacerlo pero no pudo** he tried to do it but he couldn't
4 *pidiendo algo* **quería dos kilos de patatas, por favor** I'd like two kilos of potatoes, please, could I have two kilos of potatoes, please?; **¿quieres darme tu nueva dirección?** would *o* could you give me your new address?; **¿querría participar en nuestra oferta?** would you like to take advantage of our offer?; **¿cuánto quieren por el coche?** what are they asking for the car?, how much do they want for the car?
5 *= requerir* **¿para qué me querrá?** I wonder what he wants me for?, what can he want me for?; **el traje quiere un sombrero ancho** that dress needs a big hat to go with it
6 *uso impersonal* **quería amanecer** dawn was about to break; **quiere llover** it looks like rain
Ⓑ VERBO INTRANSITIVO
1 *= desear* **¿quieres?** (*ofreciendo algo*) do you want some?, would you like some?; **lo hago porque quiero** I do it because I want to; **—¿quieres casarte conmigo? —sí, quiero** "will you marry me?" — "yes, I will"; **—¿puedes enviar tú el correo? —como usted quiera** "could you take the post?" — "as you wish"; **mientras el jefe no quiera, no hay nada que hacer** as long as the boss is opposed, there's nothing to be done *o* nothing we can do about it; **ven cuando quieras** come whenever you like; ✦***MODISMOS*** **como quiere**: **¡está como quiere!** (*Esp*‡) she's a bit of all right!‡; **tiene tanto dinero que vive como quiere** he's so rich he can live as he pleases; **quiera o no** ◊ **quiera que no** whether he *etc* likes it or not; **quieras o no, eso cambiará nuestras vidas** whether you like it or not, that's going to change our lives; **con el cambio de trabajo, quieras que no, se ha animado un poco** you may agree or disagree, but the fact is he's perked up a bit since he changed jobs; ✦***REFRÁN*** **~ es poder** where there's a will there's a way
2 *= tener intención* **lo hizo queriendo** he did it deliberately *o* on purpose; **lo hizo sin ~** he didn't mean to do it, he did it inadvertently
3 **como quiera que** = **comoquiera**; **donde quiera que** = **dondequiera**
Ⓒ **quererse** VERBO PRONOMINAL
*recíproco* **nosotros nos queremos** we love each other; **se quieren como hermanos** they love each other like brothers
Ⓓ SUSTANTIVO MASCULINO
**cosas del ~** affairs of the heart; **dimitieron por culpa de algún ~** they resigned because of love affairs; **tener ~ a** to be fond of

**querida** SF mistress
**querido/a** Ⓐ ADJ 1 (= *amado*) dear; **~s amigos, nos hemos reunido para ...** dear friends, we are assembled here to ...; **nuestra querida patria** our beloved country; **sus seres ~s** his loved ones; **~s hermanos** (*Rel*) dearly beloved; **un alcalde ~ por todos** a mayor who is well-liked in the community, a popular mayor
2 (*en cartas*) dear; **Queridos padres:** Dear parents,
3 (*Andes*) nice
Ⓑ SM/F 1 (*uso apelativo*) darling; **¡sí, ~!** yes, darling!
2 (= *amante*) lover
**querindongo/a** SM/F lover
**quermes** SF, **quermés** SF kermes
**querosén** SM, **querosene** SM (*LAm*), **queroseno** SM kerosene, paraffin
**querúbico** ADJ cherubic
**querubín** SM cherub
**quesadilla** SF 1 (= *pastel*) cheesecake
2 (*LAm*) pasty, folded tortilla
**quesera** SF cheese dish; *ver tb* **quesero**
**quesería** SF 1 (= *tienda*) cheese shop, dairy
2 (= *fábrica*) cheese factory
3 (= *quesos*) cheeses *pl*
4 (= *productos lácteos*) dairy products *pl*
**quesero/a** Ⓐ ADJ **la industria quesera** the cheese industry
Ⓑ SM/F cheesemaker; *ver tb* **quesera**
**quesillo** SM (*CAm*) *tortilla with cream cheese filling*
**queso** SM 1 (= *alimento*) cheese; **le huelen los pies a ~** he's got cheesy feet*; ✦***MODISMOS*** **dársela a algn con ~*** to take sb in*; **estar como un ~*** to be tasty *o* dishy* ► **queso azul** blue cheese ► **queso crema** (*LAm*) cream cheese ► **queso de bola** Edam ► **queso de nata** cream cheese ► **queso de oveja** sheep's cheese ► **queso de puerco** (*Méx*) jellied pork ► **queso de untar** cheese spread ► **queso fundido** processed cheese, process cheese (*EEUU*) ► **queso helado**† ice-cream brick ► **queso manchego** *sheep's milk cheese made in La Mancha* ► **queso parmesano** Parmesan cheese ► **queso rallado** grated cheese
2 **quesos**‡ (= *pies*) plates*, feet
**quetzal** SM 1 (= *moneda*) *monetary unit of Guatemala*
2 (= *ave*) quetzal
**quevedos** SMPL pince-nez
**quey** SM (*Andes*) cake

**quiá**† EXCL never!, not on your life!
**quíbole*** EXCL (*Méx*) how's things?
**quiche** SM quiche
**quichua** Ⓐ ADJ Quechua, Quechuan
Ⓑ SMF Quechua(n) Indian
Ⓒ SM (*Ling*) Quechua
**quichuismo** SM Quechuan word *o* expression
**quichuista** SMF 1 (*LAm*) (= *especialista*) Quechua specialist
2 (*Andes, Cono Sur*) (= *hablante*) Quechua speaker
**quicio** SM doorjamb; ✦***MODISMOS*** **estar fuera de ~** to be out of joint; **sacar a algn de ~** to drive sb up the wall*, get on sb's nerves; **estas cosas me sacan de ~** these things make me see red *o* drive me mad
**quico** SM ✦***MODISMO*** **ponerse como el ~** (*Esp**) (= *comer mucho*) to stuff o.s.*; (= *engordar*) to get as fat as a pig
**quid** SM gist, crux; **dar en el ~** to hit the nail on the head; **he aquí el ~ de la cuestión** this is the crux of the matter
**quídam** SM 1 (= *alguien*) somebody (or other)
2 (= *don nadie*) nobody
**quiebra** SF 1 (*Fin*) bankruptcy; **ir a la ~** to go bankrupt ► **quiebra bancaria** bank failure ► **quiebra fraudulenta** fraudulent bankruptcy ► **quiebra voluntaria** voluntary bankruptcy
2 (= *deterioro*) breakdown; **la ~ de los valores tradicionales** the breakdown of traditional values
3 (†) (= *grieta*) crack, fissure
4 (†) (= *fracaso*) failure; **es algo que no tiene ~** it just can't go wrong
**quiebre** SM breaking, rupture
**quiebro** SM 1 (*Taur*) dodge, swerve; ✦***MODISMO*** **dar el ~ a algn** to dodge sb
2 (*Mús*) grace note(s), trill
**quien** PRON REL 1 (*con antecedente*) 1·1 (*como sujeto*) who; **hablé con mi abogado, ~ me dio la razón** I spoke to my solicitor, who said I was right; **él es ~ se ocupa de estos asuntos** he is the one who deals with these things; **el Ayuntamiento será ~ se haga cargo de eso** it'll be the Council that take care of that
1·2 (*como complemento*) who, whom (*frm*); **su profesor, a ~ está dedicado el libro, siempre lo apoyó** his teacher, who the book is dedicated to, always supported him, his teacher, to whom the book is dedicated, always supported him (*frm*); **el pintor a ~ describe en su libro** the painter he describes in his book, the painter whom he describes in his book (*frm*); **la señorita con ~ hablaba** the young lady I was talking to, the young lady to whom I was talking (*frm*)
2 (*como indefinido*) 2·1 (+ *SUBJUN*) **un libro muy interesante para ~ sepa poco del tema** a very interesting book for anyone who knows little about the subject; **~es no estén de acuerdo que se vayan** anyone who doesn't agree can leave; **pregúntale a ~ quieras** ask anyone *o* whoever you like; **"a ~ corresponda"** "to whom it may concern"
2·2 (+ *INDIC*) **~ más se quejaba era él** the person who complained most was him, he was the one that *o* who complained the most; **yo hablo con ~ quiero** I'll speak to who I like; **la tierra es para ~ la trabaja** the land belongs to he who works it; **lo dijo como ~ anuncia una gran noticia** he said it like

someone announcing some really important news; **hay ~ no piensa lo mismo** there are some *o* those who do not think the same; **no hay ~ lo aguante** no one can stand him; **¡no hay ~ te entienda!** there's no understanding you!

2·3 ✦*MODISMOS* **~ más, ~ menos**: **~ más, ~ menos tiene un amigo que ha estudiado en el extranjero** most of us have a friend who has studied abroad; **~ más, ~ menos, todos hemos tenido miedo a la oscuridad de pequeños** all of us, to some extent, have been afraid of the dark as children; **como ~ dice** so to speak; **nací en Navarra, a un paso, como ~ dice, de Francia** I was born in Navarre, just a stone's throw from France, so to speak; **como ~ no quiere la cosa**: **se acercó, como ~ no quiere la cosa, a enterarse de lo que decíamos** he casually moved closer to us to find out what we were saying; **era capaz de beberse una botella de vino, como ~ no quiere la cosa** he was quite capable of drinking a whole bottle of wine, just like that *o* as if it were nothing; **como ~ oye llover**: **estuve una hora intentando convencerlo, y él, como ~ oye llover** I spent an hour trying to persuade him but it was like water off a duck's back; **no ser ~**: **él no es quién para decirme lo que tengo que hacer** it's not for him to tell me what to do; **tú no eres ~ para decirme si tengo que llegar a casa antes de las diez** it's not for you to tell me whether I should come home before ten

**quién** PRON 1 (*interrogativo*) (*como sujeto*) who; (*como complemento*) whom; **no sé ~ lo dijo primero** I don't know who said it first; **¿~ es esa chica?** who's that girl?; **—te han llamado —¿~ era?** "somebody phoned you" — "who was it?"; **¿a ~ se lo diste?** who did you give it to?; **¿a ~ le toca?** whose turn is it?; **¿con ~ estabas anoche?** who were you with last night?; **¿de ~ es la bufanda esa?** whose scarf is that?; **¿~ de ustedes lo reconoce?** which of you recognizes it?

2 (*exclamativo*) **¡~ sabe!** who knows!; **¡~ pudiese!** if only I could!; **¡~ lo hubiera dicho!** who would have thought it!

**quienquiera** PRON INDEF (*pl* **quienesquiera**) whoever; **le cazaremos ~ que sea** we'll catch him whoever he is; **~ que sea el responsable lo pagará** whoever is responsible will pay; **~ que críe un niño** whoever brings up a child, anybody who brings up a child; **dondequiera que estén y con ~ que estén** wherever and whoever they may be

**quiera** *etc ver* **querer**

**quietismo** SM quietism

**quietista** SMF quietist

**quieto** ADJ 1 [*animal, persona*] (= *parado*) still; (= *inmóvil*) motionless; **¡quieto!** (*al perro*) down boy!; (*a un niño*) keep still!, stop fidgeting!; (= *sé bueno*) behave yourself!; **dejar algo ~** to leave sth alone; **¡estáte ~!** keep still!; **estar ~ como un poste** *o* **una estatua** to stand stock-still, be as still as a statue

2 [*carácter*] calm, placid

**quietud** SF [*de persona, noche*] stillness, quietude (*frm*); [*de situación*] calm

**quif** SM hashish

**quihubo**⁑ EXCL (*Méx*) how's it going?

**quijada** SF jaw, jawbone

**quijotada** SF quixotic act

**quijote** SM quixotic person, dreamer, do-gooder*; (*pey*) well-meaning busybody; **Don Quijote** Don Quixote

**quijotería** SF 1 = **quijotismo**

2 = **quijotada**

**quijotescamente** ADV quixotically

**quijotesco** ADJ quixotic

**quijotismo** SM quixotism

**quil.** ABR (= **quilates**) c

**quilar**⁑⁑ ▸conjug 1a◂ VT (*Esp*) to screw⁑⁑

**quilatar** ▸conjug 1a◂ VT = **aquilatar**

**quilate** SM carat; **oro de 18 ~s** 18 carat gold; ✦*MODISMO* **de muchos ~s** high class, quality

**quilco** SM (*Chile*) large basket

**quiligua** SF (*Méx*) large basket

**quilla**[1] SF (*Náut*) keel; **colocar la ~ de un buque** to lay down a ship; **dar de ~** to keel over; ✦*MODISMO* **pasar a algn por la ~** to keelhaul sb

**quilla**[2] SF (*LAm*) (= *cojín*) cushion

**quillango** SM (*Cono Sur*) blanket of furs, fur blanket

**quilo**[1] SM kilogramme, kilogram (*EEUU*)

**quilo**[2] SM (*Anat*) chyle; ✦*MODISMO* **sudar el ~*** (= *sufrir*) to have a tough time; (= *trabajar*) to slave *o* slog away

**quilo...** PREF = **kilo...**

**quilombear**⁑ ▸conjug 1a◂ VI (*Cono Sur*) to go whoring

**quilombera**⁑ SF (*Cono Sur*) tart⁑, slut⁑, whore

**quilombero**⁑ ADJ (*Cono Sur*) rowdy

**quilombo** SM (*Andes, Cono Sur*) 1 (= *burdel*) brothel

2 (= *choza*) rustic hut, shack

3 (*) (= *lío*) mess

**quiltrear*** ▸conjug 1a◂ VT (*Cono Sur*) to annoy

**quiltro*** SM (*Cono Sur*) 1 (= *perrito*) (*gen*) lapdog; (*callejero*) stray dog, mongrel

2 (*) (= *tipo pesado*) pest, nuisance

**quimba** SF 1 (*Andes, Caribe*) (= *calzado*) sandal

2 (*Andes*) (= *mueca*) grimace

3 **quimbas** (*Andes*) (= *dificultades*) difficulties; (= *deudas*) debts

**quimbo** SM (*Caribe*) knife, machete

**quimera** SF 1 (*Mit*) (= *monstruo imaginario*) chimera

2 (= *alucinación*) hallucination; (= *ilusión*) illusion, chimera; (= *noción*) fancy, fantastic idea; (= *sueño*) pipe dream

3 (= *sospecha*) unfounded suspicion; **tener la ~ de que ...** to suspect quite wrongly that ...

4 (= *riña*) quarrel

**quimérico** ADJ [*plan, proyecto, idea*] fanciful; [*esperanza*] impossible

**quimerista** Ⓐ ADJ 1 (= *soñador*) dreamy

2 (= *pendenciero*) quarrelsome; (= *ruidoso*) rowdy

Ⓑ SMF 1 (= *soñador*) dreamer, visionary

2 (= *pendenciero*) quarrelsome person; (= *ruidoso*) rowdy, brawler

**quimerizar** ▸conjug 1f◂ VI to indulge in fantasy *o* pipe dreams

**química** SF chemistry ► **química física** physical chemistry ► **química inorgánica** inorganic chemistry ► **química orgánica** organic chemistry

**químico/a** Ⓐ ADJ chemical

Ⓑ SM/F chemist

**quimioterapia** SF chemotherapy

**quimono** SM kimono

**quimoterapia** SF chemotherapy

**quina** SF 1 (*Bot*) quinine, Peruvian bark; ✦*MODISMOS* **ser más malo que la ~*** to be a little horror; **tragar ~*** to have to put up with it

2 (= *vino*) tonic wine

**quinaquina** SF (*Med*) quinine, cinchona bark

**quincalla** SF 1 (= *ferretería*) hardware, ironmongery

2 (= *baratija*) trinket

**quincallería** SF ironmonger's (shop), hardware store (*EEUU*)

**quincallero/a** SM/F ironmonger, hardware dealer (*EEUU*)

**quince** Ⓐ ADJ INV, PRON (*gen*) fifteen; (*ordinal, en la fecha*) fifteenth; **le escribí el día ~** I wrote to him on the fifteenth; **~ días** a fortnight; ✦*MODISMO* **dar ~ y raya a algn** to be able to beat sb with one hand tied behind one's back; *ver tb* **seis**

Ⓑ SM (= *número*) fifteen; (= *fecha*) fifteenth; **los Quince** the 15 member nations (*of the EU*)

**quinceañera** SF (*Méx*) *coming-out ball for girls who have reached their 15th birthday*

**quinceañero/a** Ⓐ ADJ fifteen-year-old; (*en general*) teenage

Ⓑ SM/F fifteen-year-old; (*en general*) teenager

**quinceavo** ADJ, SM fifteenth

**quincena** SF 1 (= *quince días*) fortnight, two weeks; **la segunda ~ de enero** the second half of January, the last two weeks in January

2 (= *condena*) fortnight's imprisonment

3 (= *pago*) fortnightly pay

**quincenal** ADJ fortnightly, bimonthly (*EEUU*)

**quincenalmente** ADV fortnightly, once a fortnight, semimonthly (*EEUU*)

**quinceno** ADJ fifteenth

**quincha** SF (*LAm*) *wall or roof etc made of rushes and mud*

**quinchar** ▸conjug 1a◂ VI (*LAm*) to build walls *etc* of "quincha"

**quincho** SM (*Cono Sur*) (= *choza*) mud hut; (*Andes, Cono Sur*) (= *cerco*) mud wall; (*Cono Sur*) (= *restaurán*) steak restaurant

**quincuagenario/a** ADJ, SM/F fifty-year old

**Quincuagésima** SF Quinquagesima Sunday

**quincuagésimo** ADJ fiftieth; *ver tb* **sexto**

**quindécimo** ADJ fifteenth

**quinfa** SF (*Andes*) sandal

**quingentésimo** ADJ five-hundredth; *ver tb* **sexto**

**quingo** SM 1 (*Andes*) twist, turn

2 **quingos** zigzag *sing*

**quinguear** ▸conjug 1a◂ VI (*Andes*) (= *girar*) to twist, turn; (= *zigzaguear*) to zigzag

**quiniela** SF 1 (= *boleto*) pools coupon; **echar la ~** to hand in one's coupon

2 (= *juego*) football pool(s); **jugar a la ~** *o* **a las ~s** to do the (football) pools ► **quiniela hípica** horse-racing totalizator

**QUINIELA**

*The* **quiniela** *is the Spanish equivalent of the football pools and coupons are available from* **estancos**. *Players can predict a home win (1),*

*a draw (X) or an away win (2) for most premier and first division matches. 12 or more correct forecasts wins a prize, the size of which varies from week to week depending on the takings or* **recaudación**. *There is also a version for horse racing, the* **quiniela hípica**, *although most betting on horses is done at the racecourse.*
⇨ *See also* ESTANCO

**quinielista** SMF pools punter, participant in a football pool

**quinielístico** ADJ pools *antes de s*; **boleto ~** pools coupon; **peña quinielística** pools syndicate

**quinientos/as** ADJ, PRON, SMPL/FPL (*gen*) five hundred; (*ordinal*) five hundredth; **en el ~** in the sixteenth century; ✦*MODISMO* **volvió a las (mil) quinientas*** he got back at some ungodly hour; *ver tb* **seiscientos**

**quinina** SF quinine

**quino** SM (*LAm*) cinchona, cinchona tree

**quinqué** SM [1] (*para iluminar*) oil lamp
[2] (*) (= *astucia*) know-how, shrewdness; **tener mucho ~** to know what's what, know what the score is*

**quinquenal** ADJ quinquennial; **plan ~** five-year plan

**quinquenalmente** ADV every five years

**quinquenio** SM quinquennium, five-year period

**quinqui*** SM (= *delincuente*) small-time delinquent; (= *vendedor*) small-time dealer

**quinta** SF [1] (= *casa de campo*) villa, country house; (*LAm*) (= *chalet*) house; (= *finca*) *small estate on the outskirts of a town*
[2] (*Mil*) draft, call-up; **ser de la (misma) ~ de algn** to be the same age as sb; **la ~ de 1998** the 1998 call-up, the class called up in 1998; **entrar en ~s** (= *tener edad*) to reach the call-up age; (= *ser llamado*) to be called up
[3] (*Mús*) fifth

**quintacolumnista** SMF fifth columnist

**quintada*** SF joke, trick

**quintaescencia** SF, **quintaesencia** SF quintessence

**quintaesencial** ADJ quintessential

**quintal** SM [1] (= *medida*) 100lbs; **esto pesa un ~*** (*fig*) this weighs a ton* ► **quintal métrico** ≈ 100kg
[2] (*Castilla*) (= *peso*) ≈ 46kg

**quintar** ▸conjug 1a◂ VT (*Mil*) to call up, conscript, draft (*EEUU*)

**quintería** SF farmhouse

**quintero** SM (= *agricultor*) farmer; (= *bracero*) farmhand, labourer, laborer (*EEUU*)

**quinteto** SM quintet

**quintilla** SF (*Literat, Hist*) *five-line stanza*

**quintillizo/a** SM/F quintuplet

**Quintín** SM ✦*MODISMOS* **se armó la de San ~*** all hell broke loose*; **se va a armar la de San ~** there will be an almighty row*; **costó la de San ~*** it cost a bomb*

**quinto** Ⓐ ADJ fifth; **quinta columna** fifth column; *ver tb* **sexto**
Ⓑ SM [1] (*Mat*) fifth
[2] (*Mil*) conscript, draftee (*EEUU*), national serviceman
[3] (*) (= *juego*) bingo
[4] (*Méx*) (= *moneda*) nickel
[5] (= *botellín*) small bottle of beer

**quíntral** SM (*Andes, Cono Sur*) [1] (*Zool*) armadillo
[2] (*Mús*) ten-stringed guitar

**quintuplicar** ▸conjug 1g◂ Ⓐ VT to quintuple
Ⓑ **quintuplicarse** VPR to quintuple; **el número de casos se ha quintuplicado** the number of cases has increased fivefold, there has been a fivefold increase in the number of cases

**quíntuplo** Ⓐ ADJ quintuple, fivefold
Ⓑ SM quintuple; **25 es el ~ de 5** 25 is five times more than 5

**quinzavo** ADJ, SM = **quinceavo**

**quiña** SF (*Andes*), **quiñadura** SF (*Andes*) scratch

**quiñar*** ▸conjug 1a◂ VT (*Andes*) to scratch

**quiñazo** SM (*LAm*) smash, collision

**quiño** SM (*LAm*) (= *puñetazo*) punch

**quiñón** SM piece of land, plot of land

**quiñonero** SM part owner (of a piece of land)

**quiosco** SM [*de venta*] kiosk, stand, stall; (= *pabellón*) summerhouse, pavilion ► **quiosco de música** bandstand ► **quiosco de necesidad** public lavatory ► **quiosco de periódicos** news stand

**quiosquero/a** SM/F owner of a news-stand, newspaper seller

**quipe** SM (*Andes*) knapsack, rucksack, backpack (*EEUU*)

**quipo** SM, **quipos** SMPL (*Andes Hist*) quipu, *Inca system of recording information using knotted strings*

**quipu** SM = **quipo**

**quique** SM (*Chile*) grison

**quiqui**** SM screw**; **echar un ~** have a screw**, to play hide the sausage*

**quiquiriquí** SM cock-a-doodle-doo

**quirico** SM (*Caribe*) (= *criado*) servant; (= *mensajero*) messenger; (= *ladrón*) petty thief

**quirófano** SM operating theatre, operating room (*EEUU*); **pasar por la mesa del ~** to go under the knife*

**quirógrafo** SM (*Méx*) IOU

**quirología** SF palmistry, chiromancy

**quiromancia** SF palmistry

**quiromántico/a** SM/F palmist

**quiromasaje** SM massage

**quiropedia** SF, **quiropodia** SF chiropody, podiatry (*EEUU*)

**quiropodista** SMF chiropodist, podiatrist (*EEUU*)

**quiropráctica** SF osteopathy

**quiropráctico/a** SM/F chiropractor

**quiroterapeuta** SMF chiropractor

**quirquincho** SM (*Cono Sur*) *species of armadillo*

**quirúrgicamente** ADV surgically; **intervenir ~ a algn** to operate on sb

**quirúrgico** ADJ surgical; **se puede tratar sin intervención quirúrgica** it can be treated without surgery

**quise** *etc ver* **querer**

**quisicosa*** SF puzzle, conundrum

**quisling** ['kizlin] SM (*pl* **quislings** ['kizlin]) quisling

**quisque*** SM, **quisqui*** SM **cada** *o* **todo ~** (absolutely) everyone, every man-Jack; **como cada ~** like everyone else; **ni ~** not a living soul; **ser un ~** (*gen*) to be a fusspot*; (= *detallista*) to have a mania for details

**quisquilla** SF [1] (*Zool*) shrimp
[2] (= *nimiedad*) trifle, triviality
[3] (= *pega*) slight snag, minor problem
[4] **quisquillas** (= *sofisterías*) quibbles, quibbling, hair-splitting; **¡déjate de ~s!** (= *no seas quisquilloso*) stop fussing!; (= *no protestes*) stop quibbling!; **pararse en ~s** (= *reñir*) to bicker; (= *protestar*) to quibble

**quisquilloso** ADJ [1] (= *susceptible*) touchy, oversensitive; (= *irritable*) irritable; (= *perfeccionista*) pernickety*, persnickety (*EEUU**), choosy, fussy
[2] (= *preocupado por nimiedades*) too bothered about petty details

**quiste** SM cyst ► **quiste ovárico** ovarian cyst ► **quiste sebáceo** sebaceous cyst

**quístico** ADJ cystic; **fibrosis quística** cystic fibrosis

**quisto** ADJ **bien ~** = **bienquisto**; **mal ~** = **malquisto**

**quita** SF [1] [*de deuda*] release
[2] (*LAm*) (= *descuento*) rebate
[3] **de ~ y pon: un cuello de ~ y pon** a detachable collar; **una moda de ~ y pon** a passing fashion; **la actitud que adopta es de ~ y pon** he's just adopting that attitude because it's expedient

**quitacutículas** SM INV cuticle cream, cuticle conditioner

**quitaesmalte** SM, **quitaesmaltes** SM INV nail-polish *o* nail-varnish remover

**quitagusto** SM (*Andes*) intruder, gatecrasher

**quitahielo** SM windscreen scraper

**quitaipón**: **de ~** ADJ *ver* **quita 3**

**quitalodos** SM INV boot scraper

**quitamanchas** SM INV [1] (= *producto*) stain remover
[2] (†) (= *oficio*) dry cleaner; (= *tienda*) dry-cleaner's (shop)

**quitamiedos** SM INV (*Esp*) handrail

**quitamotas*** SM INV bootlicker*, toady

**quitanieves** SM INV snowplough, snowplow (*EEUU*)

**quitapelillos*** SM INV bootlicker*, toady

**quitapenas** SM INV [1] (‡) (= *pistola*) pistol, rod (*EEUU*‡); (= *navaja*) knife, chiv‡
[2] (= *consuelo*) comforter, solace
[3] (= *licor*) stiff drink

**quitapesares** SM INV comfort, distraction

**quitapiedras** SM INV (*Ferro*) cowcatcher

**quitapintura** SF paint remover, paint stripper

**quitapón** = **quitaipón**; *ver* **quita 3**

**quitar** ▸conjug 1a◂ Ⓐ VT [1] (= *sacar*) (*gen*) to remove; [+ *ropa, zapatos*] to take off; [+ *póster, estantes*] to take down; **le ~on las vendas** they took her bandages off, they removed her bandages; **tardaron dos días en ~ los escombros** it took two days to clear *o* remove the rubble; **~on las banderas de los balcones** they took the flags down from the balconies, they removed the flags from the balconies; **quita eso de allí** get that away from there; **querían ~le de su puesto** they wanted to remove him from his post; **~ la mesa** to clear the table; ✦*MODISMOS* **~ de en medio a algn** to get rid of sb; **no ~le ojo a algn** not to take one's eyes off sb
[2] (= *arrebatar*) (*gen*) to take away; (*para robar*) to take, steal; [+ *vida*] to take; **su hermana le quitó la pelota** his sister took the

ball away from him; **me ~on la licencia** I had my licence taken away; **le ~on la cartera en el tren** someone took his wallet on the train, he had his wallet stolen on the train; **me quitó la novia** he stole my girlfriend; **~ el sitio a algn** to steal sb's place

3 (= *eliminar*) [+ *mancha*] to remove, get rid of; [+ *dolor*] to relieve, stop; [+ *felicidad, ilusión, ganas*] to take away; [+ *preocupaciones, temores*] to allay; **me quitó las ganas de comer** it took my appetite away; **trataba de ~me esa idea de la cabeza** she tried to make me change my mind; **~ el hambre**: **un par de rodajas deben ~ el hambre** a couple of slices should stop you feeling hungry; **no alimenta mucho, pero quita el hambre** it's not very nutritious, but it's filling; **~ la sed** to quench one's thirst; **el vino no quita la sed** wine doesn't quench your thirst, wine isn't thirst-quenching; **~ el sueño**: **el café me quita el sueño** coffee stops me sleeping; **ese asunto no me quita el sueño** I'm not losing any sleep over that matter

4 (= *restar*) **no quita nada de su valor** it does not detract at all from its value; **no le quiero ~ méritos** I don't want to detract from him; **eso le quita la razón** that shows he's wrong, that proves him wrong; **quiero ~ unos cuantos centímetros a mi cintura** I want to lose a few centimetres from around the waist; **me quita mucho tiempo** it takes up a lot of my time; **~ extensión a un campo** to reduce the size of a field; **~ importancia a algo** to play sth down; **quitando el postre comimos bien** apart *o* aside from the dessert we had a good meal; **quitando tres o cuatro, van a ir todos** except for three or four (people), everybody is going

5 (= *impedir*) **~ a algn de hacer algo** to stop *o* prevent sb (from) doing sth

6 (*Mat*) to take away, subtract

7 [+ *golpe*] to ward off; (*Esgrima*) to parry

8 (‡) [+ *dinero*] to make

Ⓑ VI **¡quita!, ¡quita de ahí!** (= *¡aparta!*) get out of the way!; (= *¡qué va!*) get away!, come off it!; **✦MODISMOS eso no quita**: **eso no quita para que me ayudes** that doesn't stop *o* prevent you helping me, that doesn't mean you can't help me; **eso no quita que eche de menos a mi mujer** that doesn't mean I don't miss my wife; **ni quito ni pongo** I'm neutral, I'm not saying one thing or the other; *ver tb* **quita 3**

Ⓒ **quitarse** VPR 1 (= *apartarse*) **¡quítate de ahí!** ◊ **¡quítate de en medio!** get out of the way!; **¡quítate de mi vista!** get out of my sight!; **me quito** (*Andes**) I'm off, I must be going

2 (= *desaparecer*) [*dolor*] to go, go away; [*mancha*] come out; **esa mancha de vino no se quita** that wine stain won't come out

3 (= *acabarse*) **se me quitan las ganas de ir** I don't feel like going now; **se me ~on las ganas de viajar** I no longer felt like travelling

4 (= *sacarse*) 4·1 [+ *ropa, zapatos*] to take off; [+ *barba*] to shave; [+ *lentillas*] to take out; **~se años: te has quitado diez años (de encima)** you look ten years younger; **no te quites años** don't lie about your age; **~se la preocupación** to stop worrying; **~se una muela** to have a tooth out

4·2 **~se algo/a algn de encima** to get rid of sth/sb; **¡ya me he quitado de encima el coche viejo!** at last I've got rid of the old car!; **¡no me la puedo ~ de encima!** I can't get rid of her!; **¡qué peso nos hemos quitado de encima!** what a relief!, that's a real weight off our minds!

5 **~se de** (= *dejar*): **~se de un vicio** to give up a bad habit; **~se del tabaco** to give up smoking; **quitémonos de tonterías** let's stop being silly

**quitasol** SM sunshade, parasol

**quitasueño** SM worry, problem

**quite** SM 1 (= *acción*) removal

2 (= *movimiento*) (*gen*) dodge, sidestep; (*Esgrima*) parry; (*Taur*) distracting manoeuvre *o* (*EEUU*) maneuver; **estar al ~** to be always ready to help *o* be at hand; **hacer el ~ a algn** (*Cono Sur*) to avoid sb; **esto no tiene ~** there's no help for it

3 (*LAm Dep*) tackle

**quiteño/a** Ⓐ ADJ of *o* from Quito

Ⓑ SM/F native/inhabitant of Quito; **los ~s** the people of Quito

**quitrín** SM (*CAm, Caribe, Cono Sur*) (= *vehículo*) trap

**quizá** ADV, **quizás** ADV perhaps, maybe; —**¿vienes o no?** —**quizá** "are you coming?" — "perhaps"; **~ llegue mañana, si tenemos suerte** if we're lucky it may arrive tomorrow, perhaps it will arrive tomorrow; **~ no** maybe not

**quórum** ['kworum] SM (*pl* **quórums** ['kworum]) quorum; **constituir ~** to make up a quorum; **la reunión no pudo celebrarse por falta de ~** the meeting could not be held because there wasn't a quorum *o* because it was inquorate

➤ LENGUA Y USO: quizá 53.6

# R r

**R, r** ['ere] SF (= *letra*) R, r

**R.** ABR [1] (*Rel*) (= **Reverendo**) Rev, Revd
[2] (= **Real**) R
[3] = **Rey, Reina**
[4] = **remite; remitente**
[5] (= **río**) R

**rabada** SF hindquarter, rump

**rabadán** SM head shepherd

**rabadilla** SF [1] (*Anat*) coccyx
[2] (*Culin*) [*de pollo*] parson's nose*, pope's nose (*EEUU**)

**rabanillo** SM wild radish

**rábano** SM radish; ✦***MODISMOS*** **¡un ~!*** get away!; **me importa un ~*** I don't care *o* give two hoots*; **tomar el ~ por las hojas** to get the wrong end of the stick* ► **rábano picante** horseradish

**rabear** ▸conjug 1a◂ VI to wag its tail

**rabelasiano** ADJ Rabelaisian

**rabí** SM (*pl* **rabíes**) rabbi

**rabia** SF [1] (*Med*) rabies
[2] (= *ira*) fury, anger; **me da ~** it makes me mad *o* infuriates me; **¡qué ~!** (= *ira*) isn't it infuriating!; (= *pena*) what a pity!; ✦***MODISMO*** **con ~: llueve con ~** it's raining with a vengeance; **es fea con ~** she's as ugly as sin*
[3] (= *antipatía*) **tener ~ a algn** to have a grudge against sb, have it in for sb*; **el maestro le tiene ~** the teacher has it in for him*, the teacher doesn't like him; **tomar ~ a algn/algo** to take a dislike to sb/sth

**rabiadero** SM (*Andes*) fit of rage

**rabiar** ▸conjug 1b◂ VI [1] (*Med*) to have rabies, be rabid
[2] (*) (= *sufrir*) (*de dolor*) to be in great pain; **estaba rabiando de dolor de muelas** she had a raging toothache
[3] (*) (= *encolerizarse*) **hacer ~ a algn** to infuriate sb, make sb see red; **las cosas así le hacen ~** things like that infuriate him *o* make him see red; **¡para que rabies!** so there!; ✦***MODISMOS*** **a ~*: me gusta a ~** (= *muchísimo*) I just love it; **que rabia*: está que rabia** (= *furioso*) he's hopping mad*, he's furious; **esta sopa quema que rabia** this soup is hot enough to burn the roof of your mouth off*; **este cóctel está que rabia** (= *buenísimo*) this cocktail has a real kick to it*
[4] (*) (= *anhelar*) **~ por algo** to long for sth, be dying for sth; **~ por hacer algo** to be dying to do sth

**rabiasca** SF (*Caribe*) fit of temper

**rabieta** SF tantrum; **coger(se) una ~** to throw a tantrum, fly into a rage

**rabietas*** SMF INV touchy sort, bad-tempered person

**rabillo** SM [1] (*Bot*) leaf stalk
[2] (*Anat*) small tail
[3] (= *punta*) tip; (= *parte delgada*) thin part; (= *tira*) thin strip of material; **mirar por el ~ del ojo** to look out of the corner of one's eye

**rabimocho** ADJ (*Andes, Caribe, Méx*) short-tailed

**rabínico** ADJ rabbinical

**rabino** SM rabbi; **gran ~** chief rabbi

**rabión** SM (*tb* **rabiones**) rapids *pl*

**rabiosamente** ADV [1] (= *furiosamente*) furiously, in a rage
[2] [*doler*] terribly
[3] (= *fanáticamente*) rabidly

**rabioso** ADJ [1] (*Med*) rabid; **perro ~** (*lit*) rabid dog; (*fig*) mad dog
[2] (= *furioso*) [*persona*] furious; [*aficionado*] rabid, fervent; **poner ~ a algn** to enrage sb, make sb livid; **de rabiosa actualidad** highly topical
[3] [*dolor*] terrible

**rabo** SM [1] (*Zool*) tail; ✦***MODISMOS*** **con el ~ entre las piernas** with one's tail between one's legs; **queda el ~ por desollar** the hardest part is still to come ► **rabo cortado** docked tail ► **rabo de buey** oxtail; *ver tb* **cabo 2**
[2] (**) (= *pene*) cock**, dick** ► **rabo verde** (*CAm*) dirty old man*

**rabón** ADJ [1] [*animal*] (= *de rabo pequeño*) short-tailed; (= *sin rabo*) tailless
[2] (*LAm*) (= *pequeño*) short, small
[3] (*Cono Sur*) (= *desnudo*) stark naked
[4] (*Caribe, Cono Sur*) [*cuchillo*] damaged
[5] (*Méx*) (= *desgraciado*) down on one's luck

**rabona** SF [1] **hacer (la) ~** (*Escol*) to play truant, skip school, play hookey (*EEUU**)
[2] (*LAm*) (= *prostituta*) camp follower

**rabonear** ▸conjug 1a◂ VI (*Cono Sur*) to play truant, skip school, play hookey (*EEUU**)

**rabosear** ▸conjug 1a◂ VT to mess up, rumple, crumple

**rabotada** SF rude remark

**rabudo** ADJ long-tailed

**raca**[1]* SF (*CAm*) (= *mamá*) mummy*

**raca**[2]*† SM (*Aut*) banger*

**racanear*** ▸conjug 1a◂ VI [1] (*con el dinero*) to be stingy*
[2] (*en el trabajo*) to slack

**racaneo*** SM, **racanismo*** SM [1] (*con el dinero*) stinginess
[2] (*en el trabajo*) slackness, idleness

**rácano/a*** Ⓐ ADJ [1] (= *tacaño*) stingy*, mean
[2] (= *vago*) bone idle
[3] (= *artero*) sly, cunning
Ⓑ SM/F [1] (= *tacaño*) mean devil, scrooge*
[2] (= *vago*) slacker, idler; **hacer el ~** to slack

**RACE** SM ABR (= **Real Automóvil Club de España**) ≈ RAC, ≈ AA, ≈ AAA (*EEUU*)

**racha** SF [1] (*Meteo*) gust of wind
[2] (= *periodo*) string, series; **buena ~** run of good luck; **mala ~** run of bad luck; ✦***MODISMOS*** **a ~s** by fits and starts; **estar de ~** (= *de suerte*) to be in luck; (*Dep*) (= *en forma*) to be in form

**rache** SM (*Caribe*) zip, zipper (*EEUU*)

**racheado** ADJ gusty, squally

**rachi:** SM night

**rachir** ▸conjug 3h◂ VT (*Cono Sur*) to scratch

**rachoso** ADJ (*Cono Sur*) ragged

**racial** ADJ racial, race *antes de s*; **odio ~** racial hatred, race hatred; **disturbios ~es** race riots

**racimo** SM [1] [*de uvas*] bunch, cluster
[2] [*de flores*] (= *ramo*) bunch; (*Bot*) raceme

**raciocinación** SF ratiocination

**raciocinar** ▸conjug 1a◂ VI to reason

**raciocinio** SM [1] (= *facultad*) reason
[2] (= *razonamiento*) reasoning

**ración** SF [1] (*Mat*) ratio
[2] (= *porción*) portion, helping; (*Mil*) ration; **una ~ de jamón** a portion of ham; **una ~ de albóndigas** a portion *o* plate of meatballs; **darse una ~ de vista**† to have a good look ► **ración de campaña** ration (*for a soldier on active service*) ► **ración de hambre** starvation wage
[3] (*Rel*) prebend

**racional** ADJ [1] (*Mat, Fil*) rational
[2] (= *razonable*) reasonable, sensible

**racionalidad** SF rationality

**racionalismo** SM rationalism

**racionalista** ADJ, SMF rationalist

**racionalización** SF [1] (*Psic, Fil*) rationalization
[2] (*Com*) streamlining, rationalization

**racionalizador** ADJ [1] (*Psic, Fil*) rationalizing
[2] (*Com*) streamlining, rationalizing

**racionalizar** ▸conjug 1f◂ VT [1] (*Psic o Fil*) to rationalize
[2] (*Com*) to streamline, rationalize

**racionalmente** ADV rationally, reasonably, sensibly

**racionamiento** SM rationing

**racionar** ▸conjug 1a◂ VT 1 (= *limitar*) to ration; **estar racionado** to be rationed
2 (= *distribuir*) to ration out, share out

**racionero** SM (*Rel*) prebendary

**racionista** SMF 1 (= *que percibe pensión*) person living on an allowance
2 (= *actor*) (*de papeles pequeños*) player of bit parts; (*de ínfima clase*) ham*, third-rate actor/actress

**racismo** SM racism, racialism

**racista** ADJ, SMF racist, racialist

**raco*** SM (*CAm*) (= *papá*) daddy*

**rada** SF (*Náut*) roads *pl*, roadstead

**radar** SM (= *sistema*) radar; (= *estación*) radar station

**radárico** ADJ radar *antes de s*

**radiación** SF 1 (*Fís*) radiation ▸ **radiación solar** solar radiation ▸ **radiación ultravioleta** ultraviolet radiation
2 (*Radio*) broadcasting

**radiactividad** SF radioactivity; **detector de ~** Geiger counter

**radiactivo** ADJ radioactive

**radiado** ADJ 1 (*Radio*) radio *antes de s*; **en una entrevista radiada** in a radio interview
2 (*Bot*) radiate

**radiador** SM radiator

**radial** ADJ 1 (*Mec*) radial
2 (*LAm Radio*) radio *antes de s*; **comedia ~** radio play
3 (*Aut*) **carretera ~** radial trunk road, *trunk road leading from periphery of a country to its centre*

**radiante** ADJ 1 (*Fís*) radiant
2 [*persona*] radiant; **estaba ~** she was radiant (**de** with)

**radiar**[1] ▸conjug 1b◂ VT 1 (*Fís*) to radiate
2 (*Radio*) to broadcast
3 (*Med*) to treat with radiation

**radiar**[2] ▸conjug 1b◂ VT 1 (*LAm*) (= *borrar*) to delete, cross off; (= *suprimir*) to remove
2 (= *expulsar*) to expel

**radicado** ADJ **~ en** based in

**radical** Ⓐ ADJ, SMF radical
Ⓑ SM 1 (*Ling*) root
2 (*Mat*) square-root sign
3 (*Quím*) radical

**radicalidad** SF (= *cualidad*) radical nature; (*Pol*) radicalism

**radicalismo** SM radicalism

**radicalización** SF [*de pensamiento*] increasing radicalism, radicalization (*frm*); [*de posturas, política*] toughening, radicalization (*frm*); [*de conflicto*] intensification

**radicalizar** ▸conjug 1f◂ Ⓐ VT to radicalize
Ⓑ **radicalizarse** VPR 1 (*Pol*) to become more radical, radicalize
2 [*conflicto*] to intensify

**radicalmente** ADV radically

**radicar** ▸conjug 1g◂ Ⓐ VI 1 [*dificultad, problema*] **~ en** to lie in; **el problema no radicaba en la situación política** the (root) cause of the problem was not the political situation
2 (*frm*) (= *localizarse*) to be, be situated, lie; **la sede principal radica en Barcelona** the headquarters are in Barcelona; **el centro de acogida radica dentro de la reserva natural** the reception centre is inside the nature reserve
3 (*Bot*) to take root
Ⓑ **radicarse** VPR to establish o.s. (**en** in)

**radicha*** SMF (*Cono Sur*) radical

**radicheta*** SF (*Cono Sur hum*) radical

**radícula** SF radicle

**radiestesia** SF water divining, dowsing

**radio**[1] SM 1 (*Mat*) radius; **en un ~ de 10km** within a radius of 10km; **de corto ~** short-range *antes de s*; **de largo ~** long-range *antes de s* ▸ **radio de acción** [*de autoridad*] jurisdiction, extent of one's authority; (*Aer*) range; **un avión de largo ~ de acción** a long-range aircraft ▸ **radio de giro** turning circle
2 [*de rueda*] spoke
3 (*Quím*) radium
4 (*Anat*) radius
5 (= *mensaje*) wireless message
6 (*LAm*) = **radio**[2]

**radio**[2] SF 1 (= *sistema*) radio, wireless†; **por ~** by radio, on the radio, over the radio; **hablar por ~** to talk on the radio ▸ **radio libre** pirate radio ▸ **radio macuto***: **enterarse de algo por ~ macuto** to hear sth on the grapevine ▸ **radio pirata** (= *sistema*) pirate radio; (= *emisora*) pirate radio station
2 (= *aparato*) radio, radio set, wireless (set)†

**radio...** PREF radio...

**radioactividad** SF = **radiactividad**

**radioactivo** ADJ = **radiactivo**

**radioaficionado/a** SM/F radio ham*, amateur radio enthusiast

**radioantena** SF (*Radio*) antenna; (*Astron*) radio telescope

**radioastronomía** SF radio astronomy

**radiobaliza** SF radio beacon

**radiobiología** SF radiobiology

**radiobúsqueda** SF radiopaging

**radiocaptar** ▸conjug 1a◂ VT to listen in to, pick up

**radiocarbono** SM radiocarbon

**radiocasete** SM radio cassette, radio-cassette player

**radiocomunicación** SF radio contact, contact by radio

**radiodespertador** SM clock radio, radio alarm

**radiodiagnóstico** SM X-ray diagnosis

**radiodifundir** ▸conjug 3a◂ VT to broadcast

**radiodifusión** SF broadcasting

**radiodifusora** SF (*LAm*) radio station

**radioemisora** SF radio station

**radioenlace** SM radio link

**radioescucha** SMF listener

**radioestesia** SF water divining, dowsing

**radiofaro** SM radio beacon

**radiofonía** SF radiotelephony

**radiofónico** ADJ radio *antes de s*

**radiogoniómetro** SM direction finder

**radiografía** SF 1 (= *técnica*) radiography, X-ray photography
2 **una ~** an X-ray, a radiograph (*frm*)

**radiografiar** ▸conjug 1c◂ VT 1 (*Med*) to X-ray
2 (*Radio*) to radio, send by radio

**radiográfico** ADJ X-ray *antes de s*, radiographic (*frm*)

**radiógrafo/a** SM/F radiographer

**radiograma** SM radio message, radiogram

**radiogramola**† SF (*Esp*) radiogram

**radioisótopo** SM radioisotope

**radiola** SF (*Perú*) jukebox

**radiólisis** SF INV radiolysis

**radiolocación** SF radiolocation

**radiología** SF radiology

**radiólogo/a** SM/F radiologist

**radiomensajería** SF radiopaging

**radionavegación** SF radio navigation

**radionovela** SF radio serial

**radiooperador(a)** SM/F radio operator

**radiopatrulla** SM patrol car

**radiorreceptor** SM radio receiver, radio set ▸ **radiorreceptor de contrastación** monitor set

**radioscopia** SF radioscopy

**radioso** ADJ (*LAm*) radiant

**radiotaxi** SM radio cab, radio taxi

**radiotécnica** SF radio engineering

**radiotécnico/a** SM/F radio engineer

**radiotelefonía** SF radiotelephony

**radiotelefonista** SMF radiotelephonist

**radioteléfono** SM radiotelephone

**radiotelegrafía** SF radiotelegraphy

**radiotelegrafiar** ▸conjug 1c◂ VT to radiotelegraph

**radiotelegrafista** SMF radio operator

**radiotelescopio** SM radiotelescope

**radioterapeuta** SMF radiotherapist

**radioterapia** SF radiotherapy

**radiotransmisión** SF (= *acto*) transmission, broadcasting; (= *programa*) transmission, broadcast

**radiotransmisor** SM radio transmitter

**radioyente** SMF listener

**radón** SM radon

**RAE** SF ABR (*Esp*) = **Real Academia Española**

> **RAE**
>
> *The* **Real Academia Española de la Lengua** *was created in 1713 and given royal approval by Philip V in 1714 with the motto* **"limpia, fija y da esplendor"** *to protect the purity of the Spanish language. There are 46 members appointed for life from among Spain's most prestigious writers and linguists. Its first dictionary, the six-volume* **Diccionario de Autoridades**, *was published between 1726 and 1739. A condensed single-volume version was published in 1780, since when more than 20 new editions have appeared.*

**raedera** SF scraper

**raedura** SF 1 (= *acto*) scrape, scraping
2 **raeduras** scrapings, filings
3 (*Med*) abrasion, graze

**raer** ▸conjug 2y◂ Ⓐ VT 1 (= *rascar*) to scrape; (= *quitar*) to scrape off
2 (*Med*) to graze, abrade (*frm*)
3 [+ *contenido*] to level off, level with the brim
Ⓑ **raerse** VPR (= *excoriarse*) to chafe; [*paño*] to fray

**raf** SM rough

**Rafael** SM Raphael

**ráfaga** SF 1 (*Meteo*) gust
2 [*de tiros*] burst
3 [*de intuición, luz*] flash

4 (*Andes, Cono Sur*) (= *racha*) run of luck; **estar de** *o* **en (mala) ~** to have a spell *o* run of bad luck, be going through a bad patch

**rafaguear** ▸conjug 1a◂ Ⓐ VT *to direct a burst of machine gun fire at*
Ⓑ VI *to fire a burst with a machine gun*

**rafañoso*** ADJ (*Cono Sur*) (= *sucio*) dirty; (= *ordinario*) coarse, common

**rafia** SF raffia

**rafting** ['raftin] SM white-water rafting

**raglán** ADJ INV **manga ~** raglan sleeve

**RAH** SF ABR (*Esp*) = **Real Academia de la Historia**

**rai** ADJ, SM rai

**raicear** ▸conjug 1a◂ VI (*LAm*) to take root

**raicero** SM (*LAm*) root system, roots *pl*

**raid** [raid] SM (*pl* **raids** [raid]) 1 (= *incursión*) [*de soldados*] raid; [*de policías*] police raid
2 (= *plaga*) attack, infestation
3 (*Aer*) long-distance flight; (*Aut*) rally drive
4 (= *esfuerzo*) attempt, endeavour, endeavor (*EEUU*); (= *empresa*) enterprise; (= *hazaña*) heroic undertaking; (*Dep*) endurance test
5 (*esp Méx Aut*) lift, ride (*EEUU*); **pedir ~** to hitch a lift

**raído** ADJ 1 [*paño*] frayed, threadbare; [*ropa, persona*] shabby
2 (= *desvergonzado*) shameless

**raigambre** SF (*a veces* SM) 1 (*Bot*) root system, roots *pl*
2 (= *tradición*) tradition; (= *antecedentes*) antecedents *pl*, history; **tienen ~ liberal** they have a liberal tradition; **una familia de fuerte ~ local** a family with deep roots in the area

**raigón** SM 1 (*Bot*) thick root, stump
2 [*de diente*] root

**rail** SM, **raíl** SM rail ► **rail electrizado** electrified rail, live rail

**Raimundo** SM Raymond

▼**raíz** SF 1 [*de planta*] root; ✦**MODISMOS de ~**: **arrancar algo de ~** to root sth out completely; **cortar un problema de ~** to nip a problem in the bud; **echar raíces** [*planta*] to take root; [*persona*] to put down roots
2 [*de diente, pelo*] root
3 (*Mat*) ► **raíz cuadrada** square root ► **raíz cúbica** cube root
4 (= *origen*) root; **ha vuelto a sus raíces** he has gone back to his roots; **hay que llegar a la ~ del problema** we have to get to the root of the problem; **la bebida fue la ~ de todos sus males** drink was the root cause *o* was at the root of all his troubles
5 **a ~ de** as a result of; **a ~ de su depresión dejó el trabajo** as a result of his depression he gave up his job
6 (*Ling*) root
7 (*Inform*) root

**raja** SF 1 (= *hendidura*) (*en la piel*) gash; (*en muro*) chink; (*en porcelana, cristal, madera*) crack
2 [*de melón, sandía*] slice
3 (**) (= *vagina*) cunt**
4 **sacar ~*** (= *sacar tajada*) to get a rake-off*, get one's cut*
5 (*Caribe*) (= *sangre negra*) **tener ~** to have some black blood, be of African descent
6 (*Andes*) ✦**MODISMO estar en la ~*** (= *sin dinero*) to be broke*
7 **rajas** (*Méx Culin*) pickled green pepper

➤ LENGUA Y USO: raíz 5 44.1

**rajá** SM rajah

**rajada*** SF 1 (*Cono Sur*) (= *huida*) flight, hasty exit
2 (*Méx*) (= *cobardía*) cowardly act

**rajado/a*** SM/F 1 (= *canalla*) swine*
2 (= *cobarde*) coward, chicken*

**rajador** ADJ (*Cono Sur*) fast

**rajadura** SF = **raja 1**

**rajamacana*** SM (*Caribe*) 1 (= *trabajo duro*) tough job
2 (= *persona*) (*duro*) tough character; (*terco*) stubborn person
3 (= *experto*) expert
4 **a ~** = **a rajatabla**; *ver* **rajatabla**

**rajante*** ADJ (*Cono Sur*) (= *perentorio*) peremptory, sharp; (= *inmediato*) immediate

**rajar** ▸conjug 1a◂ Ⓐ VT 1 [+ *papel, tejido*] to tear, rip; [+ *neumático, rueda*] to slash; [+ *vidrio, cerámica*] to crack; [+ *leña*] to chop up
2 (*) (= *acuchillar*) to cut up*
3 (*LAm*) (= *calumniar*) to slander, run down
4 (*LAm**) [+ *examen*] to flunk*, fail
5 (*Andes, Caribe*) (= *aplastar*) to crush, defeat; (= *arruinar*) to ruin; (= *fastidiar*) to annoy
6 (*Cono Sur**) [+ *trabajador*] to fire*
Ⓑ VI 1 (*) (= *hablar mucho*) to natter*; **~ de algn*** (= *criticar*) to slag sb off*
2 (*) (= *jactarse*) to brag
Ⓒ **rajarse** VPR 1 [*papel, tejido*] to tear, rip; [*vidrio, cerámica*] to crack; [*neumático*] to get ripped
2 (*) (= *echarse atrás*) to back out*; **no te irás a ~ ahora que tenemos las entradas** you are not going to back out now we've got the tickets; **¡me rajé!** (*LAm*) that's enough for me!, I'm quitting!
3 (*LAm*) (= *huir*) to run away

**rajatabla**: **a ~** ADV 1 (= *estrictamente*) strictly, rigorously; (= *exactamente*) exactly; **debéis seguir estas instrucciones a ~** you should follow these instructions exactly *o* to the letter; **cumplir las órdenes a ~** to carry out one's orders to the letter
2 (*LAm*) **pagar a ~** to pay on the dot, pay promptly

**rajatablas*** SM INV (*Andes, Caribe*) ticking-off*, telling-off*

**raje*** SM (*Cono Sur*) 1 (= *despido*) firing*, sacking*; **dar el ~ a algn** (= *despedir*) to fire sb*, sack sb*
2 (= *prisa*) **al ~** in a hurry; **tomar(se) el ~** to beat it*

**rajita** SF slice, thin slice

**rajo** SM (*LAm*) tear, rip

**rajón/ona** Ⓐ ADJ 1 (*LAm*) (= *liberal*) generous, lavish, free-spending
2 (*CAm, Méx*) (= *cobarde*) cowardly
3 (*CAm, Méx*) (= *pesimista*) readily disheartened
4 (*Méx*) (= *de poca confianza*) unreliable
Ⓑ SM (*Andalucía, LAm*) (= *raja*) tear, rip
Ⓒ SM/F 1 (*CAm, Méx*) (= *remolón*) quitter
2 (*CAm, Méx*) (= *matón*) bully; (= *jactancioso*) braggart
3 (*Andes, Méx*) (= *chismoso*) gossip, telltale, tattletale (*EEUU*)

**rajonada** SF (*CAm*) 1 (= *baladronada*) boast, brag; (= *jactancia*) bragging
2 (= *ostentación*) ostentation

**rajuñar*** ▸conjug 1a◂ VT (*Arg*) = **rasguñar**

**rala** SF (*Andes*) birdlime

**rale** SM (*Cono Sur*) wooden bowl, wooden dish

**ralea** SF (*pey*) kind, sort; **de esa ~** of that sort *o* (*liter*) ilk; **gente de baja ~** riffraff, common people

**ralear** ▸conjug 1a◂ VI to become thin, become sparse

**ralentí** SM 1 (*Cine*) slow motion; **al ~** in slow motion
2 (*Aut*) **estar al ~** ◊ **funcionar al ~** to be ticking over

**ralentización** SF, **ralentizamiento** SM (= *desaceleración*) slowing down, deceleration; (*Econ*) slowing down

**ralentizar** ▸conjug 1f◂ VT, VI to slow down

**rallado** ADJ grated; *ver tb* **pan 1**

**rallador** SM grater

**ralladura** SF **~ de limón** grated lemon rind; **~s de patata/queso** grated potato/cheese *sing*

**rallar** ▸conjug 1a◂ VT 1 (*Culin*) to grate
2 (**) (= *fastidiar*) to grate on; **me ralla esa actitud** that attitude grates on me
3 (*Caribe*) (= *provocar*) to goad

**rallo** SM (*Culin*) grater; (*Téc*) file

**rallón** ADJ (*Andes*) bothersome, irritating

**rally** ['rrali] (*pl* **rallys**) SM, **rallye** SM ['rrali] 1 (*Aut*) rally ► **rally de coches de época** vintage car rally
2 (*Fin*) rally

**ralo** Ⓐ ADJ 1 (= *claro*) [*pelo*] thin, sparse; [*bosque*] sparse; [*tela*] loosely woven; [*aire*] thin
2 (*Cono Sur*) (= *insustancial*) insubstantial
Ⓑ ADV **ralo-~** (*Cono Sur*) sometimes

**RAM** SF ABR (= **Random Access Memory**) RAM

**rama** SF 1 [*de árbol*] branch; **en ~: algodón en ~** raw cotton; **canela en ~** cinnamon sticks *pl*; ✦**MODISMOS andarse** *o* **irse por las ~s** to beat about the bush; **poner algo en la última ~** to leave sth till last ► **rama de olivo** (*lit, fig*) olive branch ► **rama de perejil** sprig of parsley
2 [*de ciencia, familia, organización*] branch; **Yolanda pertenece a la ~ materna de su familia** Yolanda is on his mother's side of the family
3 (*Imprenta*) **en ~** unbound
4 (*LAm**) (= *hachís*) pot*, hash*

**ramada** SF 1 (= *ramaje*) branches *pl*
2 (*LAm*) (= *cobertizo*) *shelter or covering made of branches*

**ramadán** SM, **Ramadán** SM Ramadan

**ramaje** SM branches *pl*

**ramal** SM 1 (= *cabo*) strand; (*para el caballo*) halter
2 (= *desvío*) (*Aut*) branch; (*Ferro*) branch line
3 (= *derivación*) offshoot

**ramalazo** SM 1 (= *azote*) lash
2 [*de depresión, locura*] fit; **me dio un ~ de dolor** I felt a sudden stab of pain; ✦**MODISMO tener ~** to be effeminate
3 (= *ráfaga*) [*de viento*] gust; [*de lluvia*] blast

**ramazón** SF (*CAm, Cono Sur, Méx*) antler, horns *pl*

**rambla** SF 1 (= *avenida*) boulevard, avenue
2 (= *arroyo*) watercourse
3 (*LAm*) (= *paseo marítimo*) esplanade, promenade; (= *muelle*) quayside

**ramera** SF whore, prostitute

**ramificación** SF ramification

**ramificarse** ▸conjug 1g◂ VPR to branch, branch out, ramify (*frm*)

**ramiforme** ADJ ramiform

**ramillete** SM 1 [*de flores*] bouquet, bunch; (*de adorno*) corsage; (*Bot*) (= *inflorescencia*) cluster
2 (= *conjunto selecto*) choice bunch, select group

**ramita** SF [*de árbol, planta*] twig, sprig; (= *ramo*) spray

**ramo** SM 1 [*de flores*] bouquet, bunch ► **ramo de novia** bride's bouquet
2 [*de árbol*] branch
3 (*Com*) (= *sector*) field, section, department; **es del ~ de la alimentación** he's in the food business; **el ministro del ~** the appropriate minister, the minister concerned with this; **es del ~*** (= *homosexual*) he's one of them*, he's a poof‡, he's a fag (*EEUU*‡)
4 (*) (= *ramalazo*) (*tb* **~s**) **tiene ~s de loco** he has a streak of madness in him, he has a mad streak in him

**ramojo** SM brushwood

**Ramón** SM Raymond

**ramonear** ▸conjug 1a◂ VT 1 [+ *árboles*] to lop, lop the twigs of
2 [*ovejas*] to browse on

**rampa** SF ramp ► **rampa de acceso** entrance ramp ► **rampa de desperdicios, rampa de la basura** refuse chute ► **rampa de lanzamiento** launch(ing) ramp ► **rampa de misiles** missile launcher ► **rampa móvil** mobile launch pad, mobile launching pad

**rampante** ADJ rampant

**rampla** SF (*Chile*) (truck) trailer

**ramplón** ADJ common, coarse

**ramplonería** SF commonness, coarseness

**rana** SF 1 (*Zool*) frog; ✦***MODISMOS* cuando las ~s críen pelo** when pigs fly, when pigs learn to fly; **¡hasta que las ~s críen pelo!** if I never see you again it'll be too soon!; **pero salió ~*** but he turned out badly, but he was a big disappointment ► **rana toro** bullfrog
2 (= *juego*) *game of throwing coins into the mouth of an iron frog*

**ranchada** SF 1 (*CAm*) (= *canoa*) canoe
2 (*LAm*) (= *cobertizo*) shed, improvised hut

**ranchar** ▸conjug 1a◂ VI 1 (*Cono Sur, Méx*) (= *vagar*) to wander from farm to farm
2 (*Andes, Caribe, Méx*) (= *pernoctar*) to spend the night; (= *establecerse*) to settle
3 (*Caribe*) (= *obstinarse*) to persist

**ranchear** ▸conjug 1a◂ Ⓐ VT (*Caribe, Méx*) (= *saquear*) to loot, pillage; (= *robar*) to rob
Ⓑ VI 1 (*LAm*) (= *formar rancho*) to build a camp
2 (*Andes, Cono Sur*) (= *comer*) to have a meal

**ranchera** SF 1 (*Méx Mús*) *Mexican folk song*
2 (= *coche*) station wagon; *ver tb* **ranchero**

**ranchería** SF 1 (*LAm*) (*para trabajadores*) labourers' quarters, laborers' quarters (*EEUU*)
2 (*LAm*) = **rancherío**
3 (*Caribe*) (= *taberna*) poor country inn
4 (*Caribe*) (= *chabolas*) shantytown

**rancherío** SM (*LAm*) settlement

**ranchero/a** Ⓐ ADJ (*Méx*) 1 (= *rudo*) uncouth; (= *ridículo*) ridiculous, silly
2 (= *conocedor del campo*) **es muy ~** he's a real countryman *o* country person
3 (*Culin*) **huevos ~s** *fried eggs in a hot chili and tomato sauce*
4 (*Mús*) **música ranchera** ≈ country and western music
Ⓑ SM/F 1 (*LAm*) (= *jefe de rancho*) rancher
2 (= *cocinero*) mess cook
3 (*Méx*) peasant, country person; *ver tb* **ranchera**

**ranchitos** SMPL (*Ven*) shantytown *sing*

**rancho** SM 1 (*Méx*) (= *granja*) ranch, small farm
2 (*LAm*) (= *choza*) hut, thatched hut; (*LAm*) (= *casa de campo*) country house, villa
3 (*Caribe*) (= *chabola*) shanty, shack; **~s** (*Andes, Caribe*) shanty town
4 (*Náut*) crew's quarters *pl*
5 (= *campamento*) camp, settlement
6 (*Mil*) mess, communal meal; (*pey*) (= *comida*) bad food, grub*; **asentar el ~** (= *preparar la comida*) to prepare a meal; (*fig*) (= *organizarse*) to settle in, get things organized; **hacer el ~** to have a meal; ✦***MODISMO* hacer ~ aparte** to set up on one's own, go one's own way
7 (*Cono Sur*) (= *sombrero*) straw hat

**rancidez** SF, **ranciedad** SF 1 [*de vino*] age, mellowness; [*de mantequilla, tocino*] staleness
2 (= *antigüedad*) great age, antiquity; (*pey*) antiquatedness

**rancio** Ⓐ ADJ 1 [*vino*] old, mellow; [*mantequilla, tocino*] rancid
2 [*linaje*] ancient; [*tradición*] very ancient, time-honoured, time-honored (*EEUU*); (*pey*) antiquated, old-fashioned; **esas dos son muy rancias** those two are a couple of old farts‡
Ⓑ SM = **rancidez**

**rancontán** ADV (*Andes, CAm, Caribe*) in cash

**rand** [ran] SM (*pl* **rands** [ran]) rand

**randa**[1] SF (*Cos*) lace, lace trimming

**randa**[2]* SM (= *ladrón*) pickpocket, petty thief; (= *sospechoso*) suspicious character, prowler

**randar**‡ ▸conjug 1a◂ VT to nick‡, rip off‡

**randevú** SM (*Cono Sur*) rendez-vous

**randevuses** SMPL (*Cono Sur*) courtesies

**ranfaña*** SM (*Andes, Cono Sur*) scruff*

**ranfañoso*** (*Andes, Cono Sur*) Ⓐ ADJ shabby, scruffy
Ⓑ SM scruff*

**ranfla** SF (*LAm*) ramp

**ranga** SF (*Andes*) nag, old horse

**ranglán** ADJ INV = **raglán**

**rango**[1] SM 1 (= *categoría*) rank; (= *prestigio*) standing, status; **de ~** of high standing, of some status; **de alto ~** of high standing, of some status
2 (*LAm*) (= *lujo*) luxury; (= *pompa*) pomp, splendour, splendor (*EEUU*)

**rango**[2] SM (*Andes*) = **ranga**

**rangosidad*** SF (*Cono Sur*) generosity

**rangoso*** ADJ (*Cono Sur*) generous

**Rangún** SM Rangoon

**ranita** SM Baby-gro®, rompers *pl*, romper suit

**ránking** ['raŋkin] SM (*pl* **ránkings** ['raŋkin]) 1 (= *clasificación*) ranking
2 (*Andes Mús*) top twenty, hit parade

**rantifuso** ADJ (*Cono Sur*) 1 (= *sucio*) dirty, grubby; (= *ordinario*) common
2 (= *sospechoso*) suspicious

**ranúnculo** SM (*Bot*) ranunculus; (*esp Esp*) buttercup

**ranura** SF (= *hendedura*) groove; (*para monedas*) slot ► **ranura de expansión** (*Inform*) expansion slot

**rap** SM rap, rap music; **hacer ~** to rap

**rapacidad** SF rapacity

**rapado/a** Ⓐ ADJ [*pelo*] close-cropped
Ⓑ SM/F (= *persona*) skinhead
Ⓒ SM (= *corte de pelo*) **tiene un buen ~** he has his hair close shaven

**rapadura** SF (*LAm*) (= *azúcar*) brown sugar; (= *caramelo*) *sweet made of milk and syrup*

**rapapolvo** SM telling-off*, ticking-off*; **echar un ~ a algn** to give sb a telling-off *o* ticking-off*

**rapar** ▸conjug 1a◂ Ⓐ VT 1 [+ *pelo*] to crop; [+ *barba*] to shave
2 (*) (= *arrebatar*) to snatch*, pinch*
Ⓑ **raparse** VPR **~se la cabeza** to shave one's head

**rapaz**[1] Ⓐ ADJ 1 (*Zool*) predatory; (*Orn*) of prey
2 (= *avaricioso*) rapacious, greedy; (= *inclinado al robo*) thieving
Ⓑ SF (*Zool*) predatory animal; (*Orn*) bird of prey

**rapaz**[2]**(a)**†† SM/F (*Esp hum*) boy/girl, lad/lass

**rape**[1] SM 1 [*de barba*] quick shave; [*de pelo*] rough haircut; **al ~** cut close
2 (*) (= *bronca*) ticking-off*, telling-off*

**rape**[2] SM (*Zool*) angler fish

**rapé** SM snuff

**rapel** SM, **rápel** SM = **rappel**

**raper** SMF (*pl* **rapers**) = **rapper**

**rapero/a*** Ⓐ ADJ rap *antes de s*
Ⓑ SM/F rapper

**rápida** SF (*Méx*) chute

**rápidamente** ADV fast, quickly

**rapidez** SF speed; **me sorprendió la ~ con que acabó el trabajo** the speed with which he finished the job surprised me, it surprised me how quickly he finished the job; **con ~** quickly; **se vistió con ~** she got dressed quickly

**rápido** Ⓐ ADJ 1 (= *veloz*) fast, quick; [*tren*] fast, express
2 (*Andes, Caribe, Cono Sur*) [*campo, paisaje*] fallow
3 (*Caribe*) [*tiempo*] clear
Ⓑ ADV quickly; **¡y ~, eh!** and make it snappy!*
Ⓒ SM 1 (*Ferro*) express
2 (*Andes, Caribe, Cono Sur*) (= *campo*) open country
3 **rápidos** (= *rabiones*) rapids

**rapiña** SF robbery, robbery with violence; *ver* **ave**

**rapiñar** ▸conjug 1a◂ VT to steal

**raposa** SF 1 (*Zool*) (= *zorro*) fox; (= *zorra*) vixen
2 (*Caribe*) (= *bolsa*) carrier bag; *ver tb* **raposo**

**raposera** SF foxhole

**raposero** ADJ **perro ~** foxhound

**raposo** SM 1 (= *zorro*) fox
2 (*Andes, Caribe*) (= *mocoso*) kid*; *ver tb* **raposa**

**rappel** SM abseiling; **a ~** by abseiling; **hacer ~** to abseil, abseil down

**rappelar** ▸conjug 1a◂ VI to abseil, abseil down

**rapper** SMF (*pl* **rappers**) rapper, rap artist

**rapsodia** SF rhapsody

**rapsódico** ADJ rhapsodic

**raptar** ▸conjug 1a◂ VT to kidnap, abduct

**rapto** SM 1 (= *secuestro*) kidnapping, kidnaping (*EEUU*), abduction
2 (= *impulso*) sudden impulse; **en un ~ de celos** in a sudden fit of jealousy
3 (= *éxtasis*) ecstasy, rapture

**raptor(a)** SM/F kidnapper

**raque**[1] SM beachcombing; **andar al ~** to beachcomb, go beachcombing

**raque**[2] SM (*Caribe*) bargain

**raquear**[1] ▸conjug 1a◂ VI to go beachcombing

**raquear**[2] ▸conjug 1a◂ VT (*Caribe*) to rob, hold up

**Raquel** SF Rachel

**raquero/a** SM/F beachcomber

**raqueta** SF [*de tenis, bádminton*] racket; [*de ping pong*] bat ► **raqueta de nieve** snowshoe

**raquetazo** SM shot, hit, stroke

**raquítico** ADJ 1 (*Med*) rachitic
2 [*cantidad, sueldo*] paltry, miserly
3 [*árbol*] stunted

**raquitis** SF INV, **raquitismo** SM rickets *pl*

**raramente** ADV rarely, seldom

**rarefacción** SF rarefaction

**rareza** SF 1 (= *calidad*) rarity
2 (= *objeto*) rarity
3 (= *rasgo singular*) oddity, peculiarity; **tiene sus ~s** he has his peculiarities, he has his little ways; **tiene alguna ~** there's something odd about him

**raridad** SF rarity

**rarificar** ▸conjug 1g◂ VT to rarefy

**rarífico** ADJ (*Cono Sur*) = **raro 1**

**raro** ADJ 1 (= *extraño*) strange, odd; **es un hombre muy ~** he's a very strange *o* odd man; **es ~ que no haya llamado** it's strange *o* odd that he hasn't called; **¡qué ~!** ◊ **¡qué cosa más rara!** how (very) strange!, how (very) odd!
2 (= *poco común*) rare; **una especie muy rara** a very rare species; **con alguna rara excepción** with few *o* rare exceptions; **de rara perfección** of rare perfection, of remarkable perfection; **rara vez nos visita** ◊ **rara es la vez que nos visita** he rarely visits us
3 (*Fís*) rare, rarefied

**ras** SM levelness, evenness; **a ~ de** level with, flush with; **volar a ~ de tierra** to fly (almost) at ground level; **~ con ~** level, on a level

**rasado** ADJ level; **cucharada rasada** level teaspoonful

**rasante** Ⓐ ADJ low; **tiro ~** low shot; **vuelo ~** low-level flight
Ⓑ SM slope; **cambio de ~** (*Aut*) brow of a hill

**rasar** ▸conjug 1a◂ Ⓐ VT 1 [+ *contenido*] to level, level with the brim
2 (= *rozar*) to skim, graze; **la bala pasó rasando su sombrero** the bullet grazed his hat
3 = **arrasar**
Ⓑ **rasarse** VPR [*cielo*] to clear

**rasca**[1]* SF 1 (*Esp*) (= *frío*) cold; **¿cómo se te ocurre salir con esta ~?** what do you think you're doing going out in this cold?; **¡menuda ~ hace!** it's freezing!
2 (*Andes, CAm, Caribe*) (= *borrachera*) drunkenness

**rasca**[2]* ADJ (*Cono Sur*) (= *vulgar*) tacky*; (= *de mala calidad*) inferior

**rascacielos** SM INV skyscraper

**rascacio** SM scorpion fish

**rascadera** SF 1 (= *utensilio*) scraper
2 (= *almohaza*) currycomb

**rascado*** ADJ 1 (*LAm*) (= *borracho*) drunk
2 (*CAm*) (= *casquivano*) feather-brained

**rascador** SM 1 (= *utensilio*) scraper
2 [*de pelo*] ornamental hairclasp

**rascaespalda** SM backscratcher

**rascamoño** SM 1 = **rascador 2**
2 (*Bot*) zinnia

**rascapies** SM INV (*Andes*) firecracker

**rascar** ▸conjug 1g◂ Ⓐ VT 1 (*con uñas*) to scratch
2 [+ *puerta, pared*] to scrape; [+ *pintura*] to scrape off
3 (*hum*) [+ *instrumento*] to scrape, scratch *o* saw away at
Ⓑ VI (*LAm*) (= *picar*) to itch
Ⓒ **rascarse** VPR 1 (*con uñas*) to scratch, scratch o.s.; ✦**MODISMOS ~se la barriga** ◊ **~se la panza** to take it easy
2 (*LAm*) (= *emborracharse*) to get drunk
3 **~se juntos** (*CAm, Cono Sur*) to band together; ✦**MODISMO no ~se con algn** (*Andes*) not to hit it off with sb

**rasca-rasca** SM scratch-card game ► **tarjetas rasca-rasca** scratch cards

**rascatripas*** SMF INV fiddler, third-rate violinist

**rasco*** ADJ (*Chile*) common, ordinary

**rascón**[1] ADJ 1 (= *amargo*) sharp, sour (to taste)
2 (*Méx*) (= *pendenciero*) quarrelsome

**rascón**[2] SM (*Orn*) water rail

**rascuache** ADJ (*CAm, Méx*) 1 (= *pobre*) poor, penniless
2 (= *desgraciado*) wretched
3 (= *ridículo*) ridiculous, in bad taste
4 (= *grosero*) coarse, vulgar
5 (= *tacaño*) mean, tightfisted

**rascucho** ADJ (*Cono Sur*) drunk

**RASD** SF ABR = **República Árabe Saharaui Democrática**

**raseado** ADJ level; **cucharada raseada** level spoonful

**rasear** ▸conjug 1a◂ VT 1 (= *rozar*) to skim, graze
2 (= *nivelar*) to level, level off
3 [+ *balón*] to play low, play along the ground

**rasera** SF fish slice

**rasero** SM strickle; **doble ~** double standards *pl*; ✦**MODISMO medir dos cosas con el mismo ~** to treat two things alike

**rasete** SM satinet, satinette

**rasgado** ADJ 1 [*ojos*] almond-shaped; [*boca*] wide, big
2 [*ventana*] wide
3 (*LAm*) (= *franco*) outspoken
4 (*Andes*) (= *generoso*) generous

**rasgadura** SF tear, rip

**rasgar** ▸conjug 1h◂ VT 1 [+ *tejido, piel*] to tear, rip; [+ *papel*] to tear up, tear to pieces
2 = **rasguear 1**

**rasgo** SM 1 (*Anat*) feature; **tiene unos ~s muy marcados** she has very pronounced (facial) features; **de ~s enérgicos** of energetic appearance
2 (= *peculiaridad*) characteristic, feature ► **rasgos característicos** typical features ► **rasgos distintivos** distinctive features
3 (*con pluma*) stroke, flourish; **~s** characteristics (*of one's handwriting*); ✦**MODISMO a grandes ~s** broadly speaking
4 (= *acto*) ► **rasgo de generosidad** act of generosity; (= *acción noble*) noble gesture ► **rasgo de ingenio** flash of wit, stroke of genius
5 (*LAm*) (= *acequia*) irrigation channel; (= *terreno*) plot, plot of land

**rasgón** SM tear, rip, rent (*liter*)

**rasguear** ▸conjug 1a◂ VT 1 (*Mús*) to strum
2 (= *al escribir*) to write with a flourish; (*fig*) (= *escribir*) to write

**rasguñadura** SF (*LAm*) scratch

**rasguñar** ▸conjug 1a◂ VT 1 (= *rascar*) to scratch
2 (*Arte*) to sketch, draw in outline

**rasguño** SM 1 (= *arañazo*) scratch; **salir sin un ~** to come out of it without a scratch
2 (*Arte*) sketch, outline drawing

**rasmillón** SM (*Cono Sur*) scratch

**raso** Ⓐ ADJ 1 [*campo, terreno*] (= *llano*) flat, level; (= *sin árboles*) clear, open; (= *liso*) smooth
2 [*asiento*] backless
3 [*cielo*] clear; **está ~** the sky is clear
4 [*contenido*] level, level with the brim; **una cucharada rasa** a level spoonful
5 [*pelota, vuelo*] very low, almost at ground level; **marcó el gol por ~** he scored with a low shot
6 (= *simple*) **soldado ~** private; **aprobado ~** bare pass, bare pass mark
Ⓑ ADV **tirar ~** (*Dep*) to shoot low
Ⓒ SM 1 (*Cos*) satin
2 (= *campo llano*) flat country; (= *campo abierto*) open country; **dormir al ~** to sleep out in the open

**raspa** SF 1 (*Bot*) [*de cebada*] beard; [*de uva*] stalk
2 [*de pez*] (= *espina*) fishbone; (= *espinazo*) backbone
3 (*) (= *persona irritable*) grouch*
4 (*) (= *persona delgada*) beanpole*, string bean (*EEUU**)
5 (*LAm**) (= *reprimenda*) scolding, telling-off*, ticking-off*
6 (*Caribe, Méx*) (= *azúcar*) brown sugar
7 (*Cono Sur*) (= *herramienta*) rasp
8 **ni de ~** (*Andes*) (= *de ninguna manera*) under no circumstances, no way*
9 (*CAm, Méx*) (= *burla*) joke
10 (*LAm*) (= *chusma*) riffraff

**raspada*** SF (*Caribe, Méx*) scolding, telling-off*, ticking-off*

**raspado** Ⓐ ADJ 1 (*CAm, Caribe*) shameless
2 **un aprobado ~** a bare pass; **lo aprobé ~** I just scraped through
Ⓑ SM 1 (*Med*) D and C, dilation and curettage
2 (*LAm*) (= *bebida*) water ice, sherbet (*EEUU*)

**raspador** SM 1 (= *herramienta*) scraper, rasp
2 (*Méx Culin*) grater

**raspadura** SF 1 (= *acto*) scrape, scraping, rasping
2 **raspaduras** [*de papel*] scrapings; [*de hierro*] filings
3 (= *raya*) scratch, mark
4 (= *borradura*) erasure
5 (*LAm*) (= *azúcar*) brown sugar, brown sugar scrapings

**raspante** ADJ sharp, rough

**raspar** ▸conjug 1a◂ Ⓐ VT [1] [+ *pintura*] to scrape off; **raspó la pintura de la pared** he scraped the paint off the wall; **has raspado la pared con la bicicleta** you've scraped the wall with your bike; **tienes que ~ la puerta para quitarle el barniz** you have to sand the door to get the varnish off
[2] [+ *piel*] to scratch; **este jersey me raspa el cuello** this jumper scratches my neck; **los socialistas quedaron raspando la mayoría absoluta** the Socialists were a whisker *o* an inch away from achieving an absolute majority, the Socialists were within a whisker *o* an inch of achieving an absolute majority
[3] [*vino, licor*] to be rough on; **este vino raspa la garganta** this wine is rough on your throat
[4] (*) (= *hurtar*) to pinch*, swipe*
[5] (*Caribe**) (= *matar*) to kill
[6] (*LAm**) (= *regañar*) to tick off*, tell off*, scold
[7] (*Méx*) (= *injuriar*) to say unkind things to, make wounding remarks to
[8] (*en un escrito*) to scratch out; **han raspado la firma** they have scratched out the signature
Ⓑ VI [1] [*manos, tejido, licor*] to be rough; **esta toalla raspa** this towel is rough
[2] (*LAm**) (= *irse*) to leg it*; (= *morir*) to kick the bucket*

**raspear*** ▸conjug 1a◂ Ⓐ VT (*LAm*) to tick off*, tell off*, scold
Ⓑ VI [*pluma*] to scratch

**raspón** SM [1] (= *rasguño*) scratch, graze; (*LAm*) (= *abrasión*) abrasion; (= *cardenal*) bruise
[2] (*LAm**) (= *regaño*) scolding, telling-off*, ticking-off*, scolding
[3] (*Col*) (= *sombrero*) straw hat
[4] (*Méx**) (= *comentario hiriente*) cutting remark

**rasponear*** ▸conjug 1a◂ VT (*Andes*) to scold, tick off*, tell off*

**rasposo** ADJ [1] [*sabor*] sharp, rough
[2] (*LAm**) (= *tacaño*) stingy*
[3] (*Cono Sur*) (= *raído*) scruffy, threadbare; (= *miserable*) wretched

**rasqueta** SF [1] (= *herramienta*) scraper, rasp
[2] (*Cono Sur*) (= *almohaza*) horse brush, currycomb

**rasquetear** ▸conjug 1a◂ VT (*Cono Sur*) to brush down

**rasquiña** SF (*LAm*) itch

**rasta** ADJ, SMF Rasta

**rastacuerismo*** SM (*LAm*) (= *ambición social*) social climbing; (= *tren de vida*) rich living; (= *ostentación*) ostentation, display

**rastacuero/a*** ADJ, SM/F (*LAm*) nouveau riche

**rastafario/a** ADJ, SM/F Rastafarian

**rastra** SF [1] (*Agr*) (= *rastrillo*) rake; (= *grada*) harrow
[2] **a ~s: tuvo que sacar al niño a ~s de la juguetería** she had to drag the child out of the toyshop; **llevaba la bolsa a ~s** she was dragging the bag along behind her; **el herido fue a ~s hasta la puerta** the injured man crawled to the door; **no voy al fútbol ni a ~s** wild horses wouldn't get me to a football match*; **desde hace años lleva este problema a ~s** she's been dogged by this problem for years; **con un sueldo tan bajo siempre vamos a ~s** with such a low salary we're always struggling (along)
[3] (*Pesca*) trawl; **pescar a la ~** to trawl
[4] (*para transportar*) trolley (*for moving heavy objects*), cart (*EEUU*)
[5] (= *ristra*) string
[6] (= *huella*) trail, track
[7] (*Cono Sur*) (= *cinturón*) *metal ornament on gaucho's belt*
[8] (†) (= *consecuencia*) unpleasant consequence, disagreeable result; (= *castigo*) punishment

**rastreable** ADJ traceable

**rastreador(a)** Ⓐ SM/F (= *persona*) tracker
Ⓑ SM (*Náut*) (*tb* **barco ~**) trawler ► **rastreador de minas** minesweeper

**rastrear** ▸conjug 1a◂ Ⓐ VT [1] (= *buscar*) to track, trail; [+ *satélite*] to track; [+ *río*] **~ el monte** to comb the woods; **~ los archivos** to trawl through the files
[2] [+ *minas*] to sweep
[3] (*Pesca*) to trawl
Ⓑ VI [1] (*Agr*) to rake, harrow
[2] (*Pesca*) to trawl
[3] (*Aer*) to skim the ground, fly very low

**rastreo** SM [1] (*en agua*) dredging, dragging; (*Pesca*) trawling
[2] [*de satélite*] tracking

**rastrerismo*** SM (*LAm*) toadying, bootlicking*, brown-nosing (*EEUU**)

**rastrero** ADJ [1] (*Zool*) creeping, crawling; (*Bot*) creeping
[2] [*vestido*] trailing
[3] [*vuelo*] very low
[4] [*conducta*] mean, despicable; [*persona*] cringing; [*método*] low; [*disculpa*] abject, humble

**rastrillada** SF (*Cono Sur*) track, trail

**rastrillar** ▸conjug 1a◂ Ⓐ VT [1] (*Agr*) to rake; (= *recoger*) to rake up; (= *alisar*) to rake smooth
[2] (*LAm*) [+ *fusil*] to fire; [+ *fósforo*] to strike
[3] (*CAm, Méx*) [+ *pies*] to drag
Ⓑ VI [1] (*Andes, Caribe, Cono Sur*) (= *errar el tiro*) to miss; (*Caribe, Cono Sur*) (= *disparar*) to fire, shoot
[2] (*Cono Sur**) (= *robar*) to shoplift

**rastrillazo** SM (*CAm*) [1] (= *sueñecito*) light sleep
[2] (= *piscolabis*) light meal, snack

**rastrillero/a*** SM/F (*Cono Sur*) shoplifter

**rastrillo** SM [1] (*Agr*) rake
[2] (*Mil*) portcullis; (*Arquit*) spiked gate
[3] (*Téc*) hackle, flax comb
[4] [*de cerradura, llave*] ward
[5] (*Ferro*) ► **rastrillo delantero** cowcatcher
[6] (*Com*) (= *mercadillo*) jumble sale
[7] (*Méx*) (= *cuchilla*) razor, safety razor

**rastro** SM [1] (= *pista*) trail; (= *olor*) scent; **la policía ha seguido el ~ a** *o* **de los atracadores** the police have followed the robbers' trail; **los perros le perdieron el ~** the dogs lost his scent
[2] (= *señal*) trace; **quedaban ~s de sangre en el suelo** there were traces of blood on the floor; **desaparecer sin dejar ~** to vanish without trace; **ni ~: no ha quedado ni ~ del jamón** there isn't a scrap of ham left
[3] (*Agr*) (= *rastrillo*) rake; (= *grada*) harrow
[4] (= *mercadillo*) fleamarket; **el Rastro** *fleamarket in Madrid*
[5] (†) (= *matadero*) slaughterhouse

**rastrojear** ▸conjug 1a◂ VI (*LAm*) (= *espigar*) to glean; [*animales*] to feed in the stubble

**rastrojera** SF stubble field

**rastrojero** SM [1] (*Cono Sur*) (= *campo*) stubble field
[2] (*Cono Sur Aut*) jeep
[3] (*Méx*) (= *maíz*) maize *o* (*EEUU*) corn stalks (*used as fodder*)

**rastrojo** SM [1] (*Agr*) (= *residuo*) [*de campo*] stubble; **campo de ~** stubble field
[2] (*Cono Sur*) (= *terreno cultivado*) ploughed field, plowed field (*EEUU*)
[3] **rastrojos** (*LAm*) (= *sobras*) waste *sing*, remains, leftovers

**rasura** SF [1] (= *llanura*) flatness, levelness; (= *lisura*) smoothness
[2] (= *afeitado*) shave, shaving; (*Téc*) scrape, scraping
[3] **rasuras** (= *raspaduras*) [*de papel*] scrapings; [*de hierro*] filings

**rasurado** SM shave

**rasurador** SM, **rasuradora** SF (*Méx*) electric shaver, electric razor

**rasurar** ▸conjug 1a◂ Ⓐ VT [1] (= *afeitar*) to shave
[2] (*Téc*) to scrape
Ⓑ **rasurarse** VPR to shave

**rata** Ⓐ SF rat; ✦*MODISMO* **ser una ~ de biblioteca** to be a bookworm ► **rata común** house rat ► **rata gris** brown rat ► **rata negra** black rat, house rat
Ⓑ SMF (*) [1] (= *tacaño*) miser, mean devil, stingy devil*
[2] (= *ladrón*) sneak thief

**rataplán** SM drumbeat, rub-a-dub

**ratear** ▸conjug 1a◂ Ⓐ VT [1] (= *hurtar*) to steal, pilfer
[2] (= *repartir*) to share out
[3] (= *reducir*) to reduce proportionately
Ⓑ VI (= *arrastrarse*) to crawl, creep

**ratera** SF (*Méx*) rat trap

**ratería** SF [1] (= *robo*) petty thieving; **una ~** a theft
[2] (= *cualidad*) crookedness, dishonesty

**raterismo** SM (*LAm*) thieving

**ratero/a** Ⓐ ADJ [1] (= *que roba*) thieving, light-fingered
[2] (= *despreciable*) despicable
Ⓑ SM/F (= *ladrón*) thief, petty thief; (= *carterista*) pickpocket; (*Méx*) [*de casas*] burglar

**raticida** SM rat poison

**ratificación** SF ratification

**ratificar** ▸conjug 1g◂ VT [+ *tratado*] to ratify; [+ *noticia*] to confirm; [+ *opinión*] to support; **~ que ...** to confirm that ...

**rating** ['ratin] SM (*pl* **ratings** ['ratin]) [1] (*Náut*) class
[2] (*TV etc*) popularity rating

**ratio** SM (*a veces* SF) ratio

**Ratisbona** SF Regensburg, Ratisbon

**rato** SM [1] (= *espacio de tiempo*) [1·1] (*uso incontable*) **lleva bastante ~ hablando** he's been talking for quite a while *o* for quite some time; **hace ~** a while ago, some time ago; **hace ~ que se fue** he left a while ago, he left some time ago; **largo ~** a long time; **hablamos largo ~** we talked a long time; **más ~** (*Chile*) later; **déjalo para más ~** leave it for later; **nos vemos más ~** see you later; **mucho ~** a long time; **¿vas a tardar mucho ~?** will you be long?; ✦*MODISMO* **para ~: tenemos carretera para ~** we still have quite a way to go; **tenemos para ~ con este trabajo** we still have quite a lot to do to get this work finished, we're still a long way from finishing this work; **aún queda presidente para ~** the president will still be around for some time to come; *ver tb* **cuerda 2**

1·2 (*uso contable*) **durante el ~ que estuve esperando** during the short time I was waiting; **estoy encantada de haber tenido este ~ para charlar contigo** I'm delighted to have had this time to chat to you; **en esos ~s me olvido de todo** at such moments I forget about everything; **otro ~**: **ya lo llamaré otro ~** I'll call him back another time; **dile que se ponga otro ~ al teléfono** can you call her back to the phone for a minute?; **¡hasta otro ~!** so long!, I'll see you!; **todo el ~** the whole time, all the time

1·3 **un ~** a (short) while; **al cabo de un ~ dijo ...** after a (short) while he said ...; **dentro de un ~** in a (short) while; **sólo estuvo allí un ~** he was only there a (short) while; **todavía tardará un ~ en salir** it'll still be a while before he comes out; **me quedaré un ~ más** I'll stay a bit longer; **me tuvo esperando un buen ~** she kept me waiting a good while *o* quite some time; **escríbeme cuando tengas un ~** write to me when you have a spare moment; **no regresó hasta pasado un buen ~** he didn't come back for a while; **dar un mal ~ a algn** to give sb a hard time; **estos hijos no dan más que malos ~s** these children give you nothing but grief; **mujer, no te des mal ~** don't let yourself be upset; **pasar un buen/mal ~** to have a good/bad time; **me hizo pasar un mal ~** I had a terrible time because of him; **pasar el ~** to pass the time; **tener sus ~s** to have one's moments

► **ratos de ocio** leisure time ► **ratos libres** spare time, free time

2 (*otras expresiones temporales*) **al ~** shortly afterwards, shortly after, a short while later; **al poco ~ sonó el teléfono** shortly afterwards *o* shortly after *o* a short while later the phone rang; **llamaron al poco ~ de irte** they called a short while after *o* shortly after you left; **al ~ viene** (*Méx**) he'll be here soon *o* in a (short) while; **voy a comer al ~** (*Méx**) I'm going to eat soon *o* in a moment; **a cada ~** every other minute; **caminaba despacio, parándose a cada ~** she walked slowly, stopping all the time *o* every other minute; **de ~ en ~** every so often

3 **a ~s** at times; **a ~s, me parece sincero y a otros no** at times he seems sincere and at other times not; **el enfermo sólo se levanta a ~s** the patient only gets up from time to time *o* now and again; **de a ~s** (*Arg, Uru*) from time to time, now and again; **a ~s perdidos** in one's spare moments; **trabajo en el jardín a ~s perdidos** I work in the garden in my spare moments

4 (*) **un ~** (*Esp*) (*uso adverbial*) (= *bastante*) **es un ~ difícil** it's pretty tricky*; **es un ~ listo** he's pretty smart*; **pesan un ~** they weigh quite a bit, they're pretty heavy*; **sabe un ~ largo de matemáticas** she knows quite a bit of maths*

**ratón** SM 1 (*Zool, Inform*) mouse; ✦*MODISMO* **mandar a algn a capar ratones**‡ to tell sb to go to blazes* ► **ratón almizclero** muskrat ► **ratón de archivo, ratón de biblioteca** bookworm ► **ratón óptico** optical mouse

2 (*Caribe*) (= *petardo*) squib, cracker

3 (*Caribe**) (= *resaca*) hangover

4 (*) (= *pelusa*) ball of fluff

**ratonar** ▸conjug 1a◂ VT to gnaw, nibble

**ratonera** SF 1 (= *trampa*) mousetrap

2 (= *agujero*) mousehole

3 (*fig*) (= *trampa*) trap; **caer en la ~** to fall into the trap

4 (*Andes, Cono Sur**) (= *barrio bajo*) hovel, slum

5 (*Caribe*) (= *tienda*) ranch store

**ratonero** SM (*tb* **~ común**) buzzard

**RAU** SF ABR (= **República Árabe Unida**) UAR

**raudal** SM 1 (= *torrente*) torrent, flood

2 (= *abundancia*) plenty, abundance; **a ~es** in abundance, in great numbers; **entrar a ~es** to pour in, come flooding in

**raudo** ADJ (*frm*) (= *rápido*) swift

**ravioles** SMPL ravioli

**raya**[1] SF 1 (= *línea*) line; (*en mano*) line; (*en tela, diseño*) stripe; **a ~s** striped; ✦*MODISMOS* **hacer ~** to mark off; **mantener a ~ a algn** to keep sb at bay; **pasarse de la ~** to overstep the mark, go too far; **poner a ~** to check, hold back; **tener a ~** (= *impedir el avance*) to keep off, keep at bay; (= *controlar*) to keep in check, keep under control ► **raya diplomática** (*en tejido*) pinstripe ► **raya en negro** black line ► **raya magnética** magnetic stripe

2 (= *marca*) (*en una superficie*) scratch, mark

3 (*en el pelo*) parting, part (EEUU); **hacerse la ~** to part one's hair

4 (*en el pantalón*) crease

5 (*Tip*) line, dash; (*Telec*) dash

6 (‡) (= *droga*) fix*, dose

7 (*Méx*††) (= *sueldo*) pay, wages *pl*

**raya**[2] SF (= *pez*) ray, skate ► **raya manta** butterfly ray, California butterfly ray

**rayadillo** SM (*Cos*) [*de rayas*] striped material; [*de rayas azules y blancas*] blue-and-white striped material

**rayado** Ⓐ ADJ 1 [*papel*] ruled, lined; [*tela, diseño*] striped

2 [*disco, mueble*] scratched

3 [*cheque*] crossed

4 (*) (= *loco*) cracked*, crazy

5 (*Cono Sur*) (= *fanático*) extreme, fanatical

Ⓑ SM 1 (*en papel*) ruling, ruled lines *pl*; (*en tela, diseño*) stripes *pl*, striped pattern

2 (*Caribe Aut*) no parking area

**rayador** SM 1 (*Méx*††) (= *contador*) paymaster, accountant

2 (*Cono Sur*) (= *árbitro*) umpire

3 (*Cono Sur*) = **rallador**

**rayadura** SF scratch

**rayajo*** SM scrawl

**rayano** ADJ 1 (= *lindante*) adjacent, contiguous (*frm*); (= *fronterizo*) bordering

2 **~ en** bordering on

**rayar** ▸conjug 1a◂ Ⓐ VT 1 [+ *papel*] to rule, draw lines on

2 [+ *disco, mueble*] to scratch

3 [+ *cheque*] to cross

4 (= *garabatear*) to scribble on

5 [+ *caballo*] to spur on

6 (*Méx*) (= *pagar*) to pay, pay his wages to

7 (*Cono Sur*) = **rallar**

Ⓑ VI 1 **~ con** (= *lindar*) to be next to, be adjacent to

2 **~ en** (= *asemejarse*) to border on, verge on; **esto raya en lo increíble** this verges on the incredible; **raya en los cincuenta** he's pushing fifty*

3 (= *arañar*) to scratch; **este producto no raya al fregar** this product cleans without scratching

4 **al ~ el alba** at break of day, at first light

5 (*Méx*) (= *cobrar*) to draw one's wages

Ⓒ **rayarse** VPR 1 [*objeto*] to get scratched

2 (*Andes*) (= *ver realizados sus deseos*) to see one's dreams come true

3 (*Méx*) (= *enriquecerse*) to get rich

4 (*Andes, Cono Sur**) (= *enojarse*) to lose one's temper

5 (*Cono Sur*) (= *enloquecer*) to go crazy

**rayero/a** SM/F (*Cono Sur*) linesman, assistant referee

**rayo**[1] SM 1 [*de luz*] ray, beam ► **rayo de luna** moonbeam ► **rayo de la muerte** death ray ► **rayo de partículas** particle beam ► **rayo de sol** sunbeam, ray of sunlight ► **rayo láser** laser beam ► **rayos catódicos** cathode rays ► **rayos cósmicos** cosmic rays ► **rayos gamma** gamma rays ► **rayos infrarrojos** infrared rays ► **rayos luminosos** light rays ► **rayo solar** sunbeam, ray of sunlight ► **rayos ultravioleta** ultraviolet rays ► **rayos X** X-rays

2 [*de rueda*] spoke

3 (*Meteo*) lightning, flash of lightning; **cayó un ~ en la torre** the tower was struck by lightning; ✦*MODISMOS* **a ~s**: **huele a ~s*** it smells awful; **sabe a ~s*** it tastes awful; **como un ~** like lightning, like a shot; **la noticia le sentó como un ~** the news hit him like a bombshell; **entrar como un ~** to dash in; **salir como un ~** to dash out; **pasar como un ~** to rush past, flash past; **echar ~s y centellas** to rage, fume; **¡que le parta un ~!*** damn him!*; **¡que me parta un ~ si lo sé!** I'm damned if I know!*; **¡a los demás que les parta un ~!** and the rest of them can go to hell!*; **ser un ~** to be as sharp as they come

4 (*como exclamativo*) **¡~s!*** dammit!*; **¿qué ~s es eso?*** what in hell's name is that?*

**rayo**[2] *ver* **raer**

**rayón** SM rayon

**rayuela** SF (= *juego de adultos*) pitch-and-toss; (*Arg*) (= *juego de niños*) hopscotch

**raza**[1] SF 1 (= *grupo étnico*) race; [*de animal*] breed; **de ~** ◊ **de pura ~** [*caballo*] thoroughbred; [*perro*] pedigree ► **raza blanca** white race ► **raza humana** human race ► **raza negra** black race

2 (= *estirpe*) stock

**raza**[2] SF 1 (= *grieta*) crack, slit, fissure; (*en tela*) run

2 (= *rayo*) ray of light

3 (*Perú***) (= *descaro*) cheek*; **¡qué tal ~!** some cheek!*, what a cheek!*

**razano** ADJ (*Andes*) thoroughbred

**razia** SF raid

**raziar** ▸conjug 1b◂ VT to raid

**razón** SF 1 (= *facultad*) reason; **entrar en ~** to see sense, listen to reason; **hacer que algn entre en ~** to make sb see sense; **perder la ~** to go out of one's mind; **tener uso de ~**: **escribo desde que tengo uso de ~** I've been writing for as long as I can remember; **apenas tenían uso de ~ cuando ...** they were mere babes in arms when ...

2 (= *verdad*) **asistir la ~**: **le asiste la ~** he has right on his side; **cargarse de ~** to have

➤ LENGUA Y USO: **razón 2** 38.1, 40.3 **3** 44.1, 44.2, 53.2, 53.6

right fully on one's side; **quiero cargarme de ~ antes de ...** I want to be sure of my case before ...; **con ~ o sin ella** rightly or wrongly; **dar la ~ a algn** (= *estar de acuerdo*) to agree that sb is right; (= *apoyar*) to side with sb; **al final me dio la ~** in the end he agreed that I was right; **quitar la ~ a algn** to say sb is wrong; **tratar de quitar a algn la ~** to try to put sb in the wrong; **~ le sobra** she's only too right; **tener ~** to be right; **no tener ~** to be wrong; **tener parte de ~** to be partly right; **tienen toda la ~ (del mundo)** they're absolutely right

[3] (= *motivo*) reason; **¿cuál era la ~ de su visita?** what was the reason for his visit?; **la ~ por la que lo hizo** the reason why he did it, the reason for his doing it; **sus razones tendrá** he must have his reasons; **con ~** with good reason; **están hartos con toda la ~ (del mundo)** they're fed up and they have good reason to be, they're fed up and rightly so; **¡con ~!** naturally!; **~ de más**: **~ de más para ayudarlas** all the more reason to help them; **en ~ a** *o* **de** (= *debido a*) owing to; (= *de acuerdo con*) according to; **no atender a razones**: **no atiende a razones** he won't listen to reason ► **razón de ser** raison d'être ► **razones de Estado** reasons of State

[4] (= *información*) **"razón: Princesa 4"** "inquiries to 4 Princesa Street", "for further details apply to 4 Princesa Street"; **dar ~ de algo/algn** to give information about sth/sb; **nadie me daba ~ de ella** nobody could tell me anything about her *o* give me any information about her; **nadie supo dar ~ de su paradero** no one knew *o* could tell us his whereabouts; **mandar a algn ~ de que haga algo**† to send word (to sb) to do sth

[5] (*Mat*) ratio; **en ~ directa con** in direct ratio to; **a ~ de**: **a ~ de cinco a siete** in the ratio of five to seven; **lo devolverán a ~ de mil dólares mensuales** they will pay it back at a rate of a thousand dollars a month; **abandonan el país a ~ de 800 cada año** they are leaving the country at the rate of 800 a year

[6] (*Com*) ► **razón social** trade name, firm's name

**razonabilidad** SF reasonableness

▼**razonable** ADJ reasonable

**razonablemente** ADV reasonably

**razonado** ADJ [1] (= *fundado en razones*) reasoned
[2] [*cuenta*] itemized, detailed

**razonamiento** SM reasoning

**razonar** ▸conjug 1a◂ Ⓐ VT [1] (= *argumentar*) to reason, argue
[2] [+ *problema*] to reason out
[3] [+ *cuenta*] to itemize
Ⓑ VI [1] (= *argumentar*) to reason, argue
[2] (= *hablar*) to talk, talk together

**razzia** ['raθia] SF = **razia**

**razziar** ▸conjug 1b◂ VT = **raziar**

**rbdo.** ABR (*Com*) (= **recibido**) recd, rec'd

**RCE** SF ABR (*Esp*) = **Radio Cadena Española**

**RCN** SF ABR (*Méx, Col*) = **Radio Cadena Nacional**

**RD** ABR (*Esp*) = **Real Decreto**

**RDA** SF ABR (*Hist*) (= **República Democrática Alemana**) GDR

**Rdo.** ABR (= **Reverendo**) Rev, Revd

**RDSI** SF ABR (= **Red Digital de Servicios Integrados**) ISDN

**re** SM (*Mús*) D ► **re mayor** D major

**re...** PREF [1] (*esp LAm*) (*repetición*) re...
[2] (*intensivo*) very; **refrío** very cold; **reguapa** really pretty; **¡rebomba!** (*Esp*†) that's amazing!; **¡rediez!** (*Esp*†) well I'm damned!*

**reabastecer** ▸conjug 2d◂ Ⓐ VT [*de combustible, de gasolina*] to refuel
Ⓑ **reabastecerse** VPR to refuel

**reabastecimiento** SM refuelling, refueling (*EEUU*)

**reabrir** ▸conjug 3a◂ (*pp* **reabierto**) Ⓐ VT to reopen; **✦MODISMO ~ las heridas** to open old wounds
Ⓑ **reabrirse** VPR to reopen

**reacción** SF [1] (*Fís, Quím*) reaction (**a, ante** to); ► **reacción nuclear** nuclear reaction
[2] (= *respuesta*) response (**a** to); **la ~ blanca** the white backlash ► **reacción en cadena** chain reaction
[3] (*Téc*) **avión a** *o* **de ~** jet plane; **propulsión por ~** jet propulsion

**reaccionar** ▸conjug 1a◂ VI [1] (= *responder*) (*tb Fís, Quím*) to react (**a, ante** to; **contra** against; **sobre** on), respond (**a** to); **¿cómo reaccionó?** how did she react?
[2] (= *sobreponerse*) to pull o.s. together

**reaccionario/a** ADJ, SM/F reactionary

**reacio** ADJ reluctant; **ser ~ a** to resist, resist the idea of; **ser ~ a hacer algo** to be reluctant *o* unwilling to do sth

**reacondicionamiento** SM [*de motor*] reconditioning; [*de empresa, organización*] reorganization, restructuring

**reacondicionar** ▸conjug 1a◂ VT [+ *motor*] to recondition; [+ *empresa, organización*] to reorganize, restructure

**reactivación** SF reactivating; **~ de la economía** economic recovery, economic upturn

**reactivar** ▸conjug 1a◂ VT to reactivate

**reactividad** SF reactivity

**reactivo** SM reagent

**reactor** SM [1] (*Fís*) reactor ► **reactor de agua a presión** pressurized water reactor ► **reactor enfriado por gas** gas-cooled reactor ► **reactor generador** breeder reactor ► **reactor nuclear** nuclear reactor ► **reactor reproductor** breeder reactor
[2] (*Aer*) (= *motor*) jet engine; (= *avión*) jet plane ► **reactor ejecutivo** executive jet

**readaptación** SF readjustment ► **readaptación profesional** retraining ► **readaptación social** social rehabilitation

**readaptar** ▸conjug 1a◂ VT [1] [+ *datos*] to readjust, adapt
[2] [+ *persona*] (*profesionalmente*) to retrain; (*socialmente*) to rehabilitate

**readmisión** SF readmission

**readmitir** ▸conjug 3a◂ VT to readmit

**readquirir** ▸conjug 3i◂ VT to recover

**reafirmación** SF reaffirmation

**reafirmar** ▸conjug 1a◂ VT to reaffirm, reassert

**reagrupación** SF regrouping

**reagrupar** ▸conjug 1a◂ Ⓐ VT to regroup
Ⓑ **reagruparse** VPR to regroup

**reagudizarse** ▸conjug 1f◂ VPR [*problema*] to get worse again; [*enfermedad*] to get worse again, recrudesce

**reaje:** SM (*Cono Sur*) mob, rabble

**reajustar** ▸conjug 1a◂ Ⓐ VT [1] (= *volver a ajustar*) to readjust
[2] (*Pol*) to reshuffle
[3] (= *subir*) [+ *precios*] to increase, put up
Ⓑ **reajustarse** VPR to readjust

**reajuste** SM [1] (= *acción*) readjustment; **un doloroso ~ de sus ideas** an agonizing reappraisal of his ideas
[2] (*Pol*) reshuffle ► **reajuste ministerial** cabinet reshuffle
[3] (*Econ*) ► **reajuste de precios** (= *subida*) price rise, price increase ► **reajuste salarial** (= *recorte*) wage cut

**real**[1] ADJ (= *verdadero*) real; **esta vez el dolor era ~** this time the pain was real; **en la vida ~** in real life; **la película está basada en hechos ~es** the film is based on real *o* actual events

**real**[2] Ⓐ ADJ [1] (= *de la realeza*) royal; **la familia ~** the royal family; **porque no me da la ~ gana*** because I don't damn well feel like it*
[2] (†) (= *espléndido*) grand, splendid; **una ~ hembra** (*hum*) a fine figure of a woman
Ⓑ SM [1] (*tb* **~ de la feria**) fairground
[2] (*Hist*) army camp; **✦MODISMO asentar** *o* **sentar los ~es** (*Mil*) to set up camp; [*persona*] to install o.s.; **ha asentado sus ~es en mi casa y de aquí no lo sacas** he's installed himself in my house and you won't get him out of here
[3] (*Hist, Fin*) *old Spanish coin of 25 céntimos, one quarter of a peseta*; **no tiene un ~*** he hasn't a bean*

**reala** SF (*CAm, Méx*) rope

**realada** SF (*Méx*) roundup, rodeo

**realar** ▸conjug 1a◂ VT (*Méx*) to round up

**realce** SM [1] (*Téc*) embossing
[2] (*Arte*) highlight
[3] (= *esplendor*) lustre, luster (*EEUU*), splendour, splendor (*EEUU*); (= *importancia*) importance, significance; **dar ~ a** (= *añadir esplendor*) to add lustre to, enhance; (= *destacar*) to highlight; **poner de ~** to emphasize

**realengo** ADJ [1] (*LAm*) [*animal*] ownerless
[2] (*Méx, Caribe*) (= *ocioso*) idle; (= *libre*) free, unattached

**realeza** SF royalty

▼**realidad** SF reality; **la ~ de la política** the realities of politics; **la ~ siempre supera a la ficción** truth is stranger than fiction; **atengámonos a la ~** let's stick to the facts; **la dura ~** the harsh reality; **en ~** in fact, actually; **la ~ es que ...** the fact (of the matter) is that ... ► **realidad virtual** virtual reality

**realimentación** SF (*Radio, Inform*) feedback; (*Aer*) refuelling, refueling (*EEUU*)

**realineamiento** SM realignment

**realinear** ▸conjug 1a◂ VT to realign

**realismo** SM realism ► **realismo mágico** magical realism ► **realismo social** social realism ► **realismo sucio** dirty realism

**REALISMO MÁGICO**

***Realismo mágico**, which derives from a term coined by the Cuban writer Alejo Carpentier in 1949, **lo real maravilloso**, refers to a primarily Latin American literary genre in which the writer combines elements of the fantastic and realistic in a conscious effort to reconcile tradition with modernity and American-Indian and Black oral culture with European literary writing. Such writers felt that post-Enlightenment European culture had sacrificed imaginative experimentation and themes of in-*

➤ LENGUA Y USO: **razonable** 53.2 **realidad** 53.4, 53.6

*stinct and desire to an intellectual rationalism which restricted their capacity to explore. The most celebrated magical realist writer is Colombian Nobel prize winner Gabriel García Márquez.*

**realista** Ⓐ ADJ realistic
Ⓑ SMF realist

**reality show** [re'alitiʃow] SM (*pl* **reality shows**) real-life drama show, reality show (*EEUU*)

**realizable** ADJ [1] [*propósito*] attainable; [*proyecto*] practical, feasible
[2] (*Fin*) [*activo*] realizable

**realización** SF [1] [*de proyecto*] carrying out
[2] [*de promesa*] fulfilment, fulfillment (*EEUU*)
[3] [*de propósito*] achievement, realization
[4] [*de viaje, vuelo, visita, compra*] making; **tras la ~ de su primer vuelo** after making his first flight
[5] (*Fin*) realization; (= *venta*) sale, selling-up; (= *liquidación*) clearance sale ► **realización de beneficios**, **realización de plusvalías** profit taking
[6] (*Cine, TV*) production; (*Radio*) broadcast
[7] (*Ling*) performance

**realizado** ADJ **sentirse ~** to feel fulfilled

**realizador(a)** SM/F (*Cine, TV*) producer

**realizar** ▸conjug 1f◂ Ⓐ VT [1] [+ *propósito*] to achieve, realize; [+ *promesa*] to fulfil, fulfill (*EEUU*), carry out; [+ *proyecto*] to carry out, put into effect
[2] [+ *viaje, vuelo, visita, compra*] to make; [+ *expedición*] to carry out, go on
[3] (*Fin*) [+ *activo*] to realize; [+ *existencias*] to sell off, sell up; [+ *ganancias*] to take
Ⓑ **realizarse** VPR [1] [*sueño*] to come true; [*esperanzas*] to materialize; [*proyecto*] to be carried out
[2] [*persona*] to fulfil o.s., fulfill o.s. (*EEUU*); **~se como persona** to achieve personal fulfilment *o* (*EEUU*) fulfillment, fulfil *o* (*EEUU*) fulfill o.s. as a person

**realmente**[1] ADV [1] (= *verdaderamente*) really; **fue una época ~ difícil** it was a really difficult period
[2] (= *de hecho*) really, actually; **lo prometió, aunque ~ no pensaba hacerlo** she promised to do it although she didn't actually *o* really intend to; **nunca me creí que fuera él ~ el autor** I never really *o* actually believed that he was the author

**realmente**[2] ADV (*referente a la realeza*) royally

**realojar** ▸conjug 1a◂ VT to rehouse

**realojo** SM rehousing

**realquilado/a** Ⓐ ADJ sublet
Ⓑ SM/F sublessee

**realquilar** ▸conjug 1a◂ VT (= *subarrendar*) to sublet; (= *alquilar de nuevo*) to relet

**realzar** ▸conjug 1f◂ VT [1] (= *dar más importancia*) to enhance, heighten, add to
[2] (*Téc*) to emboss, raise
[3] (*Arte*) to highlight

**reanimación** SF (= *restablecimiento*) (*tb fig*) revival; [*de un enfermo, accidentado*] resuscitation

**reanimar** ▸conjug 1a◂ Ⓐ VT [1] (= *dar fuerzas*) to revive; **un té bien caliente te ~á** a nice hot cup of tea will revive you
[2] [+ *enfermo, accidentado*] to revive
[3] (= *dar ánimo*) to cheer up; **sus palabras de consuelo lograron ~la** his words of comfort cheered her up
Ⓑ **reanimarse** VPR to revive

**reanudación** SF renewal, resumption

**reanudar** ▸conjug 1a◂ Ⓐ VT [+ *diálogo, viaje*] to resume; **~on su amistad tras una larga separación** they resumed their friendship after a long separation, they took up their friendship again after a long separation; **han reanudado las negociaciones** they have resumed the talks
Ⓑ **reanudarse** VPR to resume; **las clases se ~án el lunes** classes will resume on Monday

**reaparecer** ▸conjug 2d◂ VI (= *volver a aparecer*) to reappear; [*síntomas*] to recur

**reaparición** SF (= *nueva aparición*) reappearance; [*de síntomas*] recurrence

**reapertura** SF reopening

**reaplicar** ▸conjug 1g◂ VT to reapply

**reaprovisionamiento** SM replenishment, restocking

**reaprovisionar** ▸conjug 1a◂ VT to replenish, restock

**rearmar** ▸conjug 1a◂ Ⓐ VT to rearm
Ⓑ **rearmarse** VPR to rearm

**rearme** SM rearmament

**reasegurar** ▸conjug 1a◂ VT to reinsure

**reaseguro** SM reinsurance

**reasentar** ▸conjug 1j◂ VT to resettle

**reasfaltado** SM resurfacing

**reasfaltar** ▸conjug 1a◂ VT to resurface

**reasumir** ▸conjug 3a◂ VT to resume, reassume

**reata** SF [1] (= *cuerda*) rope (*joining string of pack animals*); (*LAm*) (= *lazo*) rope, lasso; (*LAm*) (= *correa*) strap; (*Andes*) (= *tira de algodón*) strip of cotton cloth
[2] (= *caballos*) string, string of horses, pack train; **de ~** (= *en hilera*) in single file, one after the other; (= *sumisamente*) submissively
[3] (*Andes, Caribe, Méx*) [*de flores*] flowerbed, border
[4] (*Méx*) (= *enrejado*) bamboo screen
[5] (*Méx***) (= *pene*) prick**, cock**; **echar ~** to fuck**

**reavivar** ▸conjug 1a◂ VT to revive

**rebaja** SF [1] (= *descuento*) reduction, discount; **me hicieron una ~ de 1000 ptas** they gave me a 1000 peseta reduction *o* discount; **¿me puede hacer alguna ~?** could you give me a discount?; **no hacemos devolución en los artículos de ~** sales goods cannot be returned
[2] (= *reducción*) [*de impuestos, tarifas, condena*] reduction; **la empresa propone una ~ de los salarios de un 8%** the company is proposing an 8% wage cut *o* an 8% reduction in wages
[3] **rebajas** (*en comercios*) sales; **las ~s de marzo** the spring sales; **"rebajas"** "sale"; **"grandes rebajas"** "big reductions", "sale"; **están de ~s en Harrods** Harrods have a sale, Harrods are having a sale

**rebajamiento** SM [1] (= *humillación*) **nunca creí que llegara a tal ~** I never thought that he would lower himself *o* he would stoop so far; **~ de sí mismo** self-abasement
[2] (= *rebaje*) [*de puerta, salario, condena, nivel del agua*] lowering
[3] (= *reducción*) = **rebaja 2**

**rebajar** ▸conjug 1a◂ Ⓐ VT [1] (= *reducir*) [1·1] (*en dinero*) [+ *impuesto, coste, precio*] to reduce, cut, lower; **algunos bancos ~on ayer sus tipos de interés** some banks reduced *o* cut *o* lowered their interest rates yesterday; **le ~on el precio en un cinco por ciento** they reduced *o* cut the price by five per cent, they took five per cent off; **¿nos han rebajado algo?** have they taken something off?, have they given us a reduction *o* discount?; **hemos rebajado todos nuestros artículos** we have reduced all our stock
[1·2] (*en tiempo*) [+ *condena, castigo*] to reduce; [+ *edad, límite*] to lower; **le ~on la condena por buen comportamiento** his sentence was reduced for good behaviour; **han rebajado la edad penal a los 16 años** they have lowered the age of criminal responsibility to 16; **propusieron ~ la jornada de trabajo** they proposed shortening the working day; **rebajó la plusmarca mundial en 1,2 segundos** he took 1.2 seconds off the world record
[1·3] (*en cantidad*) [+ *nivel, temperatura*] to reduce, lower; [+ *luz, tensión, intensidad*] to reduce; [+ *peso*] to lose; [+ *dolor*] to ease, alleviate; **la OMS aconseja ~ el consumo de azúcar en la dieta** the WHO recommends reducing *o* lowering the sugar intake in one's diet; **quiere ~ cinco kilos** he wants to take off *o* lose five kilos; **el hotel rebajó su categoría de cinco a cuatro estrellas** the hotel reduced its rating from five-star to four-star
[2] (= *diluir*) [+ *líquido*] to dilute; [+ *pintura*] to thin; [+ *color*] to tone down; [+ *droga*] to cut, adulterate; **siempre rebaja el vino con gaseosa** he always dilutes his wine with soda water; **echa un poco más de agua al caldo para ~lo de sal** put a bit more water in the soup to make it less salty
[3] (= *bajar la altura de*) [+ *terreno*] to lower, lower the level of; [+ *tejado*] to lower; [+ *puerta*] to rabbet
[4] (= *humillar*) to humiliate, put down; **rebajó a su mujer delante de sus amigos** he put his wife down *o* humiliated his wife in front of their friends; **piensa que ese trabajo lo rebaja** he thinks that job is beneath him *o* is humiliating; **ese tipo de comportamiento te rebaja** that sort of behaviour does you no credit
[5] (*Mil*) (= *eximir*) to exempt (**de** from)
Ⓑ VI **~ de peso** (*Arg, Uru*) to slim, lose weight; **una dieta para ~ de peso** a diet to lose weight, a slimming diet
Ⓒ **rebajarse** VPR [1] **~se a hacer algo** to lower o.s. to do sth, stoop to do sth; **yo no me ~ía a hablar con él** I wouldn't lower myself *o* I wouldn't stoop to talk to him; **~se ante algn** to humble o.s. before sb; **es demasiado orgulloso para ~se ante ti** he's too proud to humble himself before you
[2] (*Arg, Uru*) **me rebajé el pelo** I had my hair cut in layers

**rebaje** SM [1] [*de terreno, nivel*] lowering
[2] (*Téc*) (*en madera*) rabbet
[3] (*Econ, Fin*) cut

**rebajo** SM (*Téc*) rabbet

**rebalsa** SF pool, puddle

**rebalsar** ▸conjug 1a◂ Ⓐ VT [1] [+ *agua*] to dam, dam up, block
[2] (*LAm*) [+ *orillas*] to burst, overflow
Ⓑ **rebalsarse** VPR to form a pool, form a lake, become dammed up

**rebanada** SF [1] (*Culin*) slice
[2] (*Méx*) (= *pestillo*) latch

**rebanar** ▸conjug 1a◂ VT [+ *pan*] to slice; [+ *árbol*] to slice through, slice down; (*) [+ *pierna*] to slice off

**rebañar** ▸conjug 1a◂ VT [+ *restos*] to scrape up; **rebañó la salsa (del plato) con pan** he wiped *o* mopped the sauce up (from the plate) with bread; **rebañó el plato de arroz** she mopped up the rice from the plate; **logró ~ ciertos fondos** he managed to scrape some money together

**rebaño** SM 1 [*de ovejas*] flock; [*de cabras*] herd
2 [*de personas*] (*tb Rel*) flock

**rebasar** ▸conjug 1a◂ VT 1 [+ *límite*] to pass; [+ *punto*] to pass, go beyond; [+ *límite de tiempo*] to exceed; (*en cualidad, cantidad*) to exceed, surpass; (*en carrera, progreso*) to overtake, leave behind; **han rebasado ya los límites razonables** they have already gone beyond all reasonable limits; **el inglés lo rebasó en la última vuelta** the Englishman overtook *o* passed him on the last lap; **nuestro sistema educativo ya ha rebasado al europeo** our education system has now overtaken the European one
2 (*esp Méx Aut*) to overtake, pass (*EEUU*); (*Náut*) to sail past

**rebatible** ADJ 1 [*argumento*] easily refuted
2 [*silla*] tip-up

**rebatinga** SF (*CAm, Méx*) = **rebatiña**

**rebatiña** SF (*LAm*) scramble, rush; **les echó caramelos a la ~** he threw sweets so that they could scramble for them; **andar a la ~ de algo** (= *pelear por algo*) to scramble for sth, fight over sth; (= *discutir por algo*) to argue fiercely over sth

**rebatir** ▸conjug 3a◂ VT 1 [+ *ataque*] to repel; [+ *golpe*] to parry, ward off
2 [+ *argumento*] to reject, refute; [+ *sugerencia*] to reject; [+ *tentación*] to resist
3 [+ *suma*] to reduce; [+ *descuento*] to deduct, knock off

**rebato** SM (= *alarma*) alarm; (*Mil*) surprise attack; **llamar** *o* (*frm*) **tañer** *o* **tocar a ~** to sound the alarm

**rebautizar** ▸conjug 1f◂ VT to rechristen

**Rebeca** SF Rebecca

**rebeca** SF cardigan

**rebeco** SM chamois, ibex

**rebelarse** ▸conjug 1a◂ VPR to rebel; **~ contra** to rebel against

**rebelde** Ⓐ ADJ 1 (= *que se rebela*) rebellious; **el gobierno ~** the rebel government; **ser ~ a algo** to rebel against sth
2 [*niño*] unruly; [*resfriado*] persistent; [*mancha*] stubborn; [*pelo*] wild; [*problema*] difficult; [*sustancia*] difficult to work with
3 (*Jur*) defaulting
Ⓑ SMF 1 (*Mil, Pol*) rebel
2 (*Jur*) defaulter

**rebeldía** SF 1 (= *cualidad*) rebelliousness; (= *desafío*) defiance, disobedience; **estar en plena ~** to be in open revolt
2 (*Jur*) default; **caer en ~** to be in default; **fue juzgado en ~** he was judged by *o* in default

**rebelión** SF rebellion

**rebelón** ADJ hard-mouthed

**rebencudo** ADJ (*Caribe*) stubborn

**rebenque** SM (*LAm*) whip, riding crop

**rebenqueada*** SF (*LAm*) whipping, lashing

**rebenquear*** ▸conjug 1a◂ VT (*LAm*) to whip, lash

**reblandecer** ▸conjug 2d◂ VT to soften

**reblandecido*** ADJ (*Andes*) (= *loco*) soft in the head; (= *senil*) senile

**reblandecimiento** SM softening; **~ cerebral** softening of the brain

**reble:** SM bum:, ass (*EEUU*:*), bottom

**rebobinado** SM rewinding

**rebobinar** ▸conjug 1a◂ VT to rewind

**rebojo** SM crust, piece of bread

**rebolichada** SF (*Méx*) opportunity

**rebolludo** ADJ thickset, chunky*

**reborde** SM (= *saliente*) ledge; (*Téc*) flange, rim

**rebosadero** SM overflow

**rebosante** ADJ **~ de** (*lit, fig*) brimming with, overflowing with

**rebosar** ▸conjug 1a◂ Ⓐ VI 1 [*líquido, recipiente*] to overflow; **el café rebosa de la taza** the coffee cup is running over, the coffee is running *o* spilling over the edge of the cup; **la alegría le rebosa** he bubbles over with happiness; **les rebosa el dinero** they have pots of money; **el grupo llenó la sala a ~** the group filled the room to overflowing
2 **~ de algo** to overflow with sth, be brimming with sth; **~ de salud** to be radiant with health
3 (= *abundar*) to abound, be plentiful
Ⓑ VT to abound in; **su rostro rebosaba salud** he was the picture of health

**reboso** SM (*Caribe, Cono Sur*) driftwood

**rebotado*** SM (= *sacerdote*) ex-priest; (= *monje*) former monk

**rebotar** ▸conjug 1a◂ Ⓐ VT 1 [+ *pelota*] to bounce; [+ *ataque*] to repel, beat back; [+ *rayos*] to bounce back, cause to bounce off
2 [+ *clavo*] to clinch
3 (*) [+ *persona*] to annoy
4 (*Andes, Méx*) [+ *agua*] to muddy, stir up
Ⓑ VI [*pelota*] to bounce; [*bala*] to ricochet, glance (**de** off)
Ⓒ **rebotarse** VPR (*) to get cheesed off*; **~se con algn** to have a dig at sb*, have a go at sb*

**rebote** SM bounce, rebound; **de ~** (= *en el segundo bote*) on the rebound; (*fig*) (= *de rechazo*) indirectly

**reboteador(a)** SM/F rebounder

**rebotear** ▸conjug 1a◂ VI to get rebounds

**rebotica** SF back room

**rebozado** ADJ (*Culin*) fried in batter, fried in breadcrumbs

**rebozar** ▸conjug 1f◂ Ⓐ VT 1 (*Culin*) to roll in batter, roll in breadcrumbs
2 (*frm*) [+ *rostro*] to muffle up, cover
Ⓑ **rebozarse** VPR to muffle (o.s.) up

**rebozo** SM 1 (= *mantilla*) muffler, wrap; (*LAm*) (= *chal*) shawl
2 (*frm*) (= *ocultación*) dissimulation; **de ~** secretly; **sin ~** openly, frankly

**rebrotar** ▸conjug 1a◂ VI to break out again, reappear

**rebrote** SM new outbreak, reappearance

**rebufar** ▸conjug 1a◂ VI to snort loudly

**rebufo** SM loud snort

**rebujo** SM (= *maraña*) mass, knot, tangle; (= *paquete*) badly-wrapped parcel

**rebullicio** SM (= *bullicio*) hubbub, uproar; (= *agitación*) agitation

**rebullir** ▸conjug 3a◂ Ⓐ VT (*Méx*) to stir up
Ⓑ **rebullirse** VPR to stir, begin to move

**rebultado** ADJ bulky

**rebumbio*** SM (*Méx*) racket, din, hubbub

**rebusca** SF 1 (= *busca*) search
2 (*Agr*) gleaning
3 (= *restos*) leftovers *pl*, remains *pl*
4 (*Andes, Cono Sur*) (= *negocio*) small business; (*) (= *negocio ilegal*) shady dealing, illicit trading; (= *ganancia*) profit on the side

**rebuscado** ADJ 1 [*estilo*] affected; [*palabra*] recherché
2 (*LAm*) (= *afectado*) affected, stuck-up*

**rebuscar** ▸conjug 1g◂ Ⓐ VT 1 [+ *objeto*] to search carefully for; (*Agr*) to glean
2 [+ *lugar*] to search carefully; [+ *montón*] to search through, rummage in
Ⓑ VI (= *buscar minuciosamente*) to search carefully; (*Agr*) to glean; **estuve rebuscando en los armarios y no lo encontré** I was looking in the cupboards and I couldn't find it
Ⓒ **rebuscarse** VPR (*) 1 (*Andes, Cono Sur*) (= *buscar trabajo*) to look for work
2 (*Andes*) (= *ingeniárselas*) to get by

**rebuznar** ▸conjug 1a◂ VI to bray

**rebuzno** SM bray, braying

**recabar** ▸conjug 1a◂ VT 1 (= *obtener*) to manage to get (**de** from); **~ fondos** to raise funds
2 (= *reclamar*) to claim as of right, assert one's claim to
3 (= *solicitar*) to ask for, apply for; (= *exigir*) to demand, insist on

**recadero/a** SM/F (= *mensajero*) messenger; (= *repartidor*) errand boy/girl

**recado** SM 1 (= *mensaje*) message; **chico de los ~s** messenger, errand boy; **coger** *o* **tomar un ~** (*por teléfono*) to take a message; **dejar ~** to leave a message; **enviar a algn a un ~** to send sb on an errand; **mandar ~** to send word; **salir a un ~** ◊ **salir a hacer un ~** to go out on an errand
2 (= *provisión*) provisions *pl*, daily shopping
3 (= *equipo*) equipment, materials *pl* ► **recado de escribir** writing case, set of writing materials
4 (*LAm*) (= *montura*) saddle and trappings
5 (*Caribe*) (= *saludos*) greetings *pl*; **déle ~s a su familia** give my regards to his family
6 (††) (= *regalo*) gift, small present

**recaer** ▸conjug 2n◂ VI 1 (*Med*) to suffer a relapse, relapse
2 [*criminal etc*] to fall back, relapse (**en** into)
3 **~ en** *o* **sobre** [*elección*] to fall on, fall to; [*premio*] to go to; [*legado*] to pass to; [*deber*] to devolve upon; **las sospechas recayeron sobre el conserje** suspicion fell on the porter; **esta carga ~á más sobre los pobres** the poor will be the hardest hit by this burden; **la acusación recayó sobre él mismo** the charge came back on him
4 (*Arquit*) **~ a** to look out on, look over

**recaída** SF relapse (**en** into)

**recalar** ▸conjug 1a◂ Ⓐ VT to saturate, soak
Ⓑ VI 1 (*Náut*) to sight land, reach port
2 (*) (= *terminar en*) to end up (**en** at)
3 **~ a algn** (*LAm*) (= *recurrir*) to go to sb for help

▼**recalcar** ▸conjug 1g◂ Ⓐ VT 1 (= *subrayar*) to stress, emphasize; **~ algo a algn** to stress the importance of sth to sb; **~ a algn que …** to tell sb emphatically that …; **~ cada sílaba** to stress every syllable

➤ LENGUA Y USO: recalcar A1 53.6

2 [+ *contenido*] to press down, squeeze in; [+ *recipiente*] to cram, stuff (**de** with)
Ⓑ VI 1 (*Náut*) to list, heel
2 (*esp LAm*) (= *terminar en*) to end up (**en** at, in)
Ⓒ **recalcarse** VPR **~se un hueso** (*LAm*) to dislocate a bone

**recalcitrante** ADJ recalcitrant

**recalcitrar** ▸conjug 1a◂ VI 1 (= *echarse atrás*) to take a step back
2 (= *resistir*) to resist, be stubborn, refuse to take heed

**recalentado** ADJ warmed-up

**recalentamiento** SM 1 (= *calentamiento*) overheating ► **recalentamiento del planeta** global warming
2 (*Culin*) warming-up, reheating

**recalentar** ▸conjug 1j◂ Ⓐ VT 1 (*demasiado*) to overheat
2 [+ *comida*] to warm up, reheat
Ⓑ **recalentarse** VPR to get too hot

**recalificación** SF reassessment

**recalificar** ▸conjug 1g◂ VT to reassess

**recalmón** SM lull

**recamado** SM embroidery

**recamar** ▸conjug 1a◂ VT to embroider

**recámara** SF 1 (= *cuarto*) side room; (= *vestidor*) dressing room; (*esp Méx*) (= *dormitorio*) bedroom
2 [*de fusil*] breech, chamber
3 (= *cautela*) caution, wariness; **tener mucha ~** to be on the careful side, be naturally cautious

**recamarera** SF (*esp Méx*) chambermaid, maid

**recambiar** ▸conjug 1b◂ VT to change over

**recambio** SM (*Mec*) spare; [*de pluma*] refill; **neumático de ~** spare tyre, spare tire (*EEUU*); **piezas de ~** spares, spare parts

**recañí**: SF window

**recapacitar** ▸conjug 1a◂ Ⓐ VT to think over, reflect (up)on
Ⓑ VI to think things over, reflect

**recapitulación** SF recapitulation, summing-up

**recapitular** ▸conjug 1a◂ VT, VI to recapitulate, sum up

**recargable** ADJ rechargeable

**recargado** ADJ (= *sobrecargado*) overloaded; [*estilo, diseño*] overelaborate

**recargar** ▸conjug 1h◂ VT 1 [+ *encendedor, bolígrafo*] to refill; [+ *batería, pila*] to recharge; [+ *arma*] to reload
2 (= *cargar demasiado*) to clutter; **han recargado la habitación con muebles** they have cluttered the room with furniture
3 (*Fin*) **nos han recargado un 20%** we have to pay a 20% surcharge
4 (*Jur*†) [+ *sentencia*] to increase

**recargo** SM 1 (*Fin*) extra charge, surcharge; (= *aumento*) increase
2 (*Jur*) new charge, further charge
3 (*Med*) rise in temperature
4 (= *carga nueva*) new burden; (= *aumento de carga*) extra load, additional load

**recatado** ADJ 1 (= *modesto*) modest, shy, demure
2 (= *prudente*) cautious, circumspect

**recatar** ▸conjug 1a◂ Ⓐ VT to hide
Ⓑ **recatarse** VPR 1 (= *ser discreto*) to act discreetly; **sin ~se** openly
2 (= *ser prudente*) to be cautious; (= *vacilar*) to hesitate; **~se de algo** to fight shy of sth; **no se recata ante nada** nothing daunts her
3 (= *ocultarse*) to hide o.s. away (**de** from)

**recato** SM 1 (= *modestia*) modesty, shyness
2 (= *cautela*) caution, circumspection; (= *reserva*) reserve, restraint; **sin ~** openly, unreservedly

**recatón** SM (*Andes*) miner's pick

**recauchado** SM, **recauchaje** SM (*Chile*) retreading, remoulding, remolding (*EEUU*)

**recauchar** ▸conjug 1a◂ VT to retread, remould, remold (*EEUU*)

**recauchutado** SM 1 [*de neumático*] retread
2 (= *proceso*) retreading, remoulding, remolding (*EEUU*)

**recauchutar** ▸conjug 1a◂ VT [+ *neumático*] to retread, remould, remold (*EEUU*)

**recaudación** SF 1 (= *acción*) collection ► **recaudación de fondos** fundraising
2 (= *cantidad*) takings *pl*; (*Dep*) gate, gate money; → QUINIELA
3 (†) (= *oficina*) tax office

**recaudador(a)** SM/F ► **recaudador(a) de impuestos** tax collector

**recaudadora** SF (*Andes*) tax office, Internal Revenue Service (*EEUU*)

**recaudar** ▸conjug 1a◂ VT [+ *impuestos*] to collect; [+ *dinero*] to raise; (*Com*) to take; [+ *fondos*] to raise; [+ *deuda*] to recover

**recaudería** SF (*Méx*) greengrocer's shop

**recaudo** SM 1 (*Fin*) collection
2 (= *cuidado*) care, protection; (= *precaución*) precaution; **estar a buen ~** to be in a safe place; **poner algo a buen ~** to put sth in a safe place
3 (*Jur*) surety, security
4 (*CAm, Cono Sur, Méx*) (= *especias*) spices, condiments
5 (*CAm, Cono Sur, Méx*) (= *legumbres*) *daily supply of fresh vegetables*

**recebo** SM gravel

**recechar** ▸conjug 1a◂ VT to stalk

**rececho** SM stalking; **cazar a** *o* **en ~** to stalk

**recechor(a)** SM/F stalker

**recelar** ▸conjug 1a◂ Ⓐ VT **~ que ...** to suspect that ..., fear that ...
Ⓑ VI **~ de** to be suspicious of; **~ de hacer algo** to be wary of doing sth

**recelo** SM (= *suspicacia*) suspicion; (= *temor*) misgiving, apprehension; (= *desconfianza*) distrust, mistrust

**receloso** ADJ (= *suspicaz*) suspicious; (= *desconfiado*) distrustful; (= *temeroso*) apprehensive

**recensión** SF review

**recepción** SF 1 (= *acto*) reception
2 (*Radio*) reception
3 (= *ceremonia*) reception
4 (= *cuarto*) drawing room; [*de hotel*] reception, reception desk

**recepcionar** ▸conjug 1a◂ VT (*esp LAm*) to receive, accept

**recepcionista** SMF receptionist, hotel receptionist

**receptación** SF receiving, crime of receiving

**receptáculo** SM receptacle

**receptar** ▸conjug 1a◂ VT to receive

**receptividad** SF receptivity

**receptivo** ADJ receptive

**receptor(a)** Ⓐ SM (*Elec, Radio & TV*) receiver ► **receptor de televisión** television set
Ⓑ SM/F 1 (*Med*) recipient ► **receptor(a) universal** universal recipient
2 (*Béisbol*) catcher; (*en fútbol americano*) receiver
3 (*Ling*) recipient

**recesar** ▸conjug 1a◂ VI (*LAm Pol*) to recess, go into recess

**recesión** SF (*Com, Fin*) recession; [*de precios*] slide, fall

**recesivo** ADJ 1 (*Biol*) recessive
2 (*Econ*) recession *antes de s*, recessionary

**receso** SM 1 (*LAm Parl*) recess
2 (*Econ*) ► **receso económico** downturn in the economy

**receta** SF 1 (*Culin*) recipe (**de** for)
2 (*Med*) prescription; **"con receta médica"** "available on prescription only"

**recetar** ▸conjug 1a◂ VT 1 (*Med*) to prescribe
2 (*CAm, Méx*) [+ *golpe*] to deal

**recetario** SM collection of recipes, recipe book

**rechace** SM 1 (= *rechazo*) rejection
2 (*Dep*) rebound

**rechazamiento** SM 1 [*de ataque, enemigo*] repelling, repulsion
2 [*de acusación, idea*] rejection; [*de oferta*] refusal; [*de tentación*] resistance, rejection
3 [*de luz*] reflection
4 (*Med*) [*de órgano*] rejection

▼ **rechazar** ▸conjug 1f◂ VT 1 [+ *persona*] to push away; [+ *ataque*] to repel, beat off; [+ *enemigo*] to drive back
2 [+ *acusación, idea*] to reject; [+ *oferta*] to turn down, refuse; [+ *tentación*] to resist
3 [+ *luz*] to reflect; [+ *agua*] to throw off
4 (*Med*) [+ *órgano*] to reject

**rechazo** SM 1 (= *negativa*) refusal; **~ frontal** [*de propuesta*] outright rejection; [*de oferta*] flat refusal
2 (*Med*) rejection
3 (= *rebote*) bounce, rebound; **de ~** on the rebound
4 (= *desaire*) rebuff
5 [*de fusil*] recoil

**rechifla** SF 1 (= *silbido*) whistling; (= *abucheo*) booing; (*Teat*) catcall
2 (= *burla*) mockery

**rechiflar** ▸conjug 1a◂ Ⓐ VT (= *silbar*) to whistle at; (= *abuchear*) to boo
Ⓑ VI (= *silbar*) to whistle; (= *abuchear*) boo
Ⓒ **rechiflarse** VPR 1 **~se de algn** to make a fool of sb
2 (*Cono Sur*) (= *enojarse*) to get cross, lose one's temper

**rechín** SM (*Andes*) piece of burnt food; **huele a ~** I can smell food burning

**rechinamiento** SM [*de madera, puerta*] creak, creaking; [*de máquina*] clank, clanking; [*de metal seco*] grating; [*de motor*] grinding, whirr, whirring; [*de dientes*] grinding

**rechinar** ▸conjug 1a◂ Ⓐ VI 1 (= *chirriar*) [*madera, puerta*] to creak; [*máquina*] to clank; [*metal seco*] to grate; [*motor*] to grind, whirr; [*dientes*] to grind, gnash; **hacer ~ los dientes** to grind one's teeth
2 (*Andes, Cono Sur, Méx**) (= *rabiar*) to rage, fume
3 (*Caribe*) (= *quejarse*) to grumble; (= *contestar*) to answer back
Ⓑ VT (*CAm, Méx Culin*) to burn, overcook

➤ LENGUA Y USO: **rechazar 2** 39.1

Ⓒ **rechinarse** VPR 1 (*CAm, Méx*) (= *quemarse*) to burn, overcook
2 (*Cono Sur**) (= *enojarse*) to get cross, lose one's temper

**rechinido** SM, **rechino** SM = **rechinamiento**

**rechistar** ▸conjug 1a◂ VI to complain; **se fue a la cama sin ~** he went to bed without complaint, he went to bed without a word of complaint; **nadie se atrevió a ~** nobody dared complain

**rechonchez** SF stockiness

**rechoncho** ADJ thickset, stocky

**rechupete**: **de ~*** Ⓐ ADJ (= *estupendo*) splendid, jolly good*; [*comida*] delicious, scrumptious*
Ⓑ ADV splendidly, jolly well*; **pasarlo de ~** to have a fantastic time*; **el examen me ha salido de ~** the exam went like a dream for me

**recial** SM rapids *pl*

**reciamente** ADV (= *fuertemente*) strongly; (= *con intensidad*) intensely

**recibí** SM "received with thanks"; **poner el ~ en algo** to sign for sth

**recibidero** ADJ receivable

**recibido** ADJ (*LAm*) qualified

**recibidor**[1] SM [*de casa*] hall

**recibidor**[2]**(a)** SM/F (= *persona*) recipient, receiver

**recibimiento** SM 1 (= *acogida*) welcome, reception; **dispensar a algn un ~ apoteósico** to give sb a tremendous *o* (*frm*) rapturous welcome *o* reception
2 (†) (= *antesala*) anteroom, vestibule; (= *sala*) reception room; (= *vestíbulo*) hall

▼**recibir** ▸conjug 3a◂ Ⓐ VT 1 (= *ser beneficiario de*) 1·1 [+ *dinero, apoyo, llamada, noticias*] to receive, get; [+ *ayuda, homenaje*] to receive; **~án una compensación económica** they'll get compensation, they will receive financial compensation (*más frm*); **he recibido del Sr Gómez la cantidad de ...** (*en recibo*) received from Sr Gómez the sum of ...; **¿recibiste mi carta?** did you get my letter?; **estamos a la espera de ~ más mercancía** we're waiting for some new stock to arrive; **recibió el premio a la mejor película extranjera** it won the prize for best foreign film; **recibió la orden de vender las acciones** he was instructed to sell the shares; **no reciben bien el Canal 8** the reception is not very good on Channel 8; **"mensaje recibido"** (*Radio*) "message received"; **~ asistencia médica** to receive medical assistance, be given medical assistance; **~ el calificativo de** to be labelled (as); **~ el nombre de** (*frm*) (= *llamarse*) to be called; (*al nacer*) to be named
1·2 [*lago, río, mar*] **el río recibe las aguas de numerosos afluentes** a great many tributaries flow into the river
2 (= *sufrir*) [+ *susto*] to get; **recibió un susto tremendo** she got a terrible shock; **~ un disparo** to be shot; **~ un golpe** to be hit, be struck
3 [+ *persona*] 3·1 (= *acoger*) to welcome; **estaba en la puerta para ~ a los invitados** she was at the door to welcome the guests; **los recibieron muy mal** they were given a very poor welcome; **nos recibieron con gran alegría** they gave us a very warm welcome; **recibía a sus invitados en el salón** she entertained her guests in the drawing room; **ir a ~ a algn** to meet sb; **fueron a ~los a la estación** they went to meet them at the station; **salieron a ~los al jardín** they received them in the garden; ✦**MODISMO** **~ a algn con los brazos abiertos** to welcome sb with open arms
3·2 (*para reunión, entrevista*) (*gen*) to see; (*formalmente*) to receive; **el doctor lo ~á enseguida** the doctor will see you in a moment; **el rey se negó a ~los** the king refused to receive them; **hoy no puede ~ visitas** she can't receive visitors today; **no se les permite ~ visitas de sus familiares** they are not allowed family visits
3·3 (*en el matrimonio*) to take; **la recibió por esposa** he took her as *o* for his wife
4 (*Taur*) **~ al toro** to meet the bull's charge
5 (= *aceptar*) [+ *propuesta, sugerencia*] to receive; **la oferta fue mal recibida** the offer was badly received
6 (*en correspondencia*) **recibe un fuerte abrazo de tus padres** lots of love from Mum and Dad; **reciba un saludo de ...** yours sincerely ...; **recibe mi más sincera felicitación** my sincerest congratulations
7 (= *sostener*) [+ *peso*] to bear; **estas paredes reciben el peso de la casa** these are load-bearing walls
Ⓑ VI 1 (*frm*) (*en casa*) (= *tener invitados*) to entertain; (= *tener visitas*) to receive visitors; **reciben mucho en casa** they entertain a lot; **la baronesa sólo puede ~ los lunes** the baroness is only at home on Mondays, the baroness can only receive visitors on Mondays
2 [*médico*] to see patients; **el dentista no recibe los viernes** the dentist doesn't see patients on Fridays
Ⓒ **recibirse** VPR (*LAm Univ*) to graduate; **aún no se ha recibido** he hasn't graduated yet; **me faltan dos años para ~me** I've got two years to go before I graduate; **~se de** to qualify as; **~se de abogado** to qualify as a lawyer; **~se de doctor** to get *o* (*frm*) take one's doctorate, receive one's doctor's degree

**recibo** SM 1 (= *factura*) bill, account; **~ de la luz** electricity bill
2 [*de dinero*] receipt; **acusar ~ (de algo)** to acknowledge receipt (of sth)
3 ✦**MODISMO** **ser de ~**: **no es de ~ que...** it is unacceptable that ...
4 (*frm*) **estar de ~** [*persona*] to be at home, be at home to callers; [*traje, objeto*] to be ready for collection

**reciclado** Ⓐ ADJ recycled
Ⓑ SM (*Téc*) recycling; [*de persona*] retraining

**reciclador** ADJ recycling

**recicladora** SF (= *planta*) recycling plant; (= *empresa*) recycling firm

**reciclaje** SM, **reciclamiento** SM [*de papel, vidrio*] recycling; [*de profesional*] retraining; [*de plan*] modification, adjustment

**reciclar** ▸conjug 1a◂ Ⓐ VT (*Téc*) to recycle; [+ *profesional*] to retrain; [+ *plan*] to modify, adjust
Ⓑ **reciclarse** VPR [*profesional*] to retrain

**recidiva** SF relapse

**reciedumbre** SF (= *fuerza*) strength; (= *vigor*) vigour, vigor (*EEUU*)

**recién** ADV 1 (*antepuesto a participio*) newly; **~ casado** newly married; **los ~ casados** the newlyweds; **~ hecho** newly-made; **~ llegado** newly arrived; **los ~ llegados** (*a un lugar*) the newcomers; (*a una reunión*) the latecomers; **el ~ nacido** the newborn; **un ~ nacido** a newborn child
2 (*LAm*) (= *apenas*) just, recently; **~ llegó** he has only just arrived, he arrived only recently; **~ se acordó** he has just remembered it; **~ me lo acaban de decir** they've only just told me; **~ ahora** right now, this very moment; **~ aquí** right here, just here

**reciente** ADJ recent; **un descubrimiento muy ~** a very recent discovery; **su muerte está aún muy ~ en nuestra memoria** her death is still very fresh in our memory

**recientemente** ADV recently

**Recife** SM Recife; (††) Pernambuco

**recinto** SM (= *cercado*) enclosure; (= *área*) area, place; (= *zona delimitada*) precincts *pl*; **dentro del ~ universitario** on the university campus
► **recinto amurallado** walled enclosure
► **recinto ferial** exhibition site ► **recinto fortificado** fortified place ► **recinto penitenciario** prison grounds *pl*

**recio** Ⓐ ADJ 1 (= *fuerte*) [*persona*] strong, tough; [*cuerda*] thick, strong; [*prueba*] tough, demanding, severe; [*tierra*] solid
2 [*voz*] loud
3 [*tiempo*] harsh, severe
4 (= *intenso*) **en lo más ~ del combate** in the thick of the fight; **en lo más ~ del invierno** in the depths of winter
Ⓑ ADV [*soplar, golpear*] hard; [*cantar, gritar*] loudly

**recipiendario/a** SM/F (*frm*) newly-elected member

**recipiente** Ⓐ SMF (= *persona*) recipient
Ⓑ SM (= *vaso*) container

**reciprocación** SF reciprocation

**recíprocamente** ADV reciprocally, mutually

**reciprocar** ▸conjug 1g◂ VT to reciprocate

**reciprocidad** SF reciprocity; **usar de ~** to reciprocate

**recíproco** ADJ (= *mutuo*) reciprocal; (= *inverso*) inverse; **a la recíproca** vice versa; **estar a la recíproca** to be ready to respond

**recitación** SF recitation

**recitado** SM (= *recitación*) recitation; (*Mús*) recitative

**recital** SM [*de música*] recital; [*de literatura*] reading; **dio todo un ~ del arte de torear** he gave a virtuoso demonstration of the bullfighter's art ► **recital de poesía** poetry reading

**recitar** ▸conjug 1a◂ VT to recite

**recitativo** SM recitative

**reclamable** ADJ reclaimable

**reclamación** SF 1 (= *queja*) complaint; **formular** *o* **presentar una ~** to make *o* lodge a complaint
2 (= *reivindicación*) claim ► **reclamación salarial** wage claim

**reclamar** ▸conjug 1a◂ Ⓐ VT 1 [+ *herencia, tierras*] to claim; [+ *derechos*] to demand; **reclama su parte de los beneficios** he is claiming his share of the profits; **~ daños y perjuicios** to claim damages; **reclaman mejores condiciones de trabajo** they're demanding better working conditions; **~ una deuda** to demand payment of a debt; **~on su presencia ante el tribunal** they demanded him to appear before the court

➤ LENGUA Y USO: **recibir A1** 47.4

2 [+ *atención, solución*] to demand; **esto reclama toda nuestra atención** this demands our full attention
3 [+ *aves*] to call to
Ⓑ VI (= *quejarse*) to complain; **fui a ~ al director** I went and complained to the manager; **~ contra algo** to complain about sth; **~ contra una sentencia** (*Jur*) to appeal against a sentence
Ⓒ **reclamarse** VPR [*aves*] to call to one another

**reclame** SM o SF (*LAm*) advertisement; **mercadería de ~** loss leader

**reclamo** SM 1 (*Orn*) call; (*Caza*) decoy, lure
2 (= *llamada*) call; **acudir al ~** to answer the call
3 (= *anuncio*) advertisement; (= *slogan*) advertising slogan; (= *aliciente*) lure, attraction; (*Tip*) catchword ► **reclamo publicitario** advertising ploy
4 (*Jur*) claim
5 (= *afirmación*) claim, statement
6 (*LAm*) (= *protesta*) complaint

**reclinable** ADJ **asiento ~** reclining seat

**reclinar** ▸conjug 1a◂ Ⓐ VT to lean, recline, rest (**contra** against; **sobre** on)
Ⓑ **reclinarse** VPR to lean back

**reclinatorio** SM prie-dieu

**recluir** ▸conjug 3g◂ Ⓐ VT (= *encerrar*) to shut away; (*Jur*) (= *encarcelar*) to imprison
Ⓑ **recluirse** VPR to shut o.s. away

**reclusión** SF 1 (= *encarcelamiento*) imprisonment, confinement ► **reclusión mayor** imprisonment in conditions of maximum security ► **reclusión perpetua** life imprisonment
2 (= *cárcel*) prison
3 (= *encierro voluntario*) seclusion

**recluso/a** Ⓐ ADJ imprisoned; **población reclusa** prison population
Ⓑ SM/F 1 (*Jur*) inmate, prisoner ► **recluso/a de confianza** trusty ► **recluso/a preventivo/a** prisoner on remand, remand prisoner
2 (= *ermitaño*) recluse

**reclusorio** SM (*esp Méx*) prison

**recluta** Ⓐ SMF (= *persona*) recruit
Ⓑ SF (= *reclutamiento*) recruitment

**reclutamiento** SM recruitment

**reclutar** ▸conjug 1a◂ VT 1 [+ *soldados*] to recruit; [+ *trabajadores*] to contract, take on
2 (*Arg*) [+ *ganado*] to round up

**recobrar** ▸conjug 1a◂ Ⓐ VT [+ *salud*] to recover, get back; [+ *ciudad, fugitivo*] to recapture; [+ *amistad*] to win back; **~ las fuerzas** to get one's strength back; **~ el conocimiento** to regain consciousness, come to; **sólo ha recobrado parte del dinero que le robaron** he has recovered only part of the money stolen from him; **el país ha recobrado la calma** the country is calm again, calm has returned to the country
Ⓑ **recobrarse** VPR 1 (*Med*) (= *recuperarse*) to recover; **aún no se ha recobrado del accidente** he still hasn't recovered from the accident
2 (*frm*) (= *volver en sí*) to regain consciousness, come to
3 (*frm*) (= *serenarse*) to collect o.s.

**recobro** SM [*de salud*] recovery; [*de ciudad, fugitivo*] recapture; [*de dinero*] recovery, retrieval

➤ LENGUA Y USO: **recomendación 1** 46.5

**recocer** ▸conjug 2b, 2h◂ Ⓐ VT 1 (= *calentar*) to warm up, heat up; (= *cocer demasiado*) to overcook
2 (*Metal*) to anneal
3 (*Cono Sur*) (= *cocer*) to cook
Ⓑ **recocerse** VPR (*) (= *reconcomerse*) to be eaten up inside

**recochinearse*** ▸conjug 1a◂ VPR **~ de algn** (*Esp*) to take the mickey out of sb*

**recochineo*** SM mickey-taking*

**recocina** SF scullery

**recodar** ▸conjug 1a◂ VI to form a bend

**recodo** SM bend, turn

**recogecables** SM INV automatic cable retractor

**recogedor** SM (= *recipiente*) dustpan; (= *herramienta*) rake, scraper

**recogepelotas** SMF INV ball boy/ball girl

**recoger** ▸conjug 2c◂ Ⓐ VT 1 (= *levantar*) [+ *objeto caído*] to pick up; [+ *objetos dispersos*] to gather (up), gather together; **se agachó para ~ la cuchara** he bent down to pick up the spoon; **recogí el papel del suelo** I picked the paper up off the floor; **recogió la ropa del suelo** she gathered the clothes up off the floor; **si tiras agua en el suelo recógela con la fregona** if you spill water on the floor mop it up
2 (= *recolectar*) [+ *datos, información*] to gather, collect; [+ *dinero, firmas*] to collect; [+ *correo, basura*] to collect, pick up; **¿a qué hora recogen el correo?** what time is the mail o post collected?, what time do they collect the mail o post?; **a las diez recogen la basura** the rubbish gets collected at ten o'clock
3 (= *ordenar*) [+ *objetos*] to clear up, clear away; [+ *casa, habitación*] to tidy up, straighten up; **recógelo todo antes de marcharte** clear up everything before you leave; **recogí los platos y los puse en el fregadero** I cleared away the plates and put them in the sink; **~ la mesa** to clear the table; **recoge tus cosas** get your things together, gather up your things
4 (= *guardar*) [+ *ropa lavada*] to take in, get in; [+ *herramientas*] to put away
5 (*Agr*) to harvest, gather in, take in; [+ *fruta, guisantes*] to pick; [+ *flores*] to pick, gather
6 (= *reducir, ajustar*) [+ *cuerda, vela*] to take in; [+ *alas*] to fold; [+ *cuernos*] to draw in; [+ *falda*] to gather up, lift up; [+ *mangas*] to roll up; (*Cos*) to take in, reduce, shorten
7 (= *almacenar*) [+ *polvo*] to gather; [+ *líquido*] to absorb, take up; (*en recipiente*) to collect
8 (= *ir a buscar*) [+ *persona*] to pick up, fetch, collect; [+ *billetes, paquete*] to collect, pick up; **te vendremos a ~ a las ocho** we'll come and pick you up o fetch you o collect you at eight o'clock, we'll come for you at eight o'clock
9 (= *mostrar*) to show; **la imagen recoge uno de los momentos más dramáticos** the picture shows o captures one of the most dramatic moments; **el informe recoge la situación** the situation is described in the report
10 (= *incluir*) to include; **el informe recoge diversas sugerencias** various suggestions are included in the report, the report includes various suggestions; **vocablos que no están recogidos en el diccionario** words not included in the dictionary
11 [+ *demandas, reivindicaciones*] to take into account; **el acuerdo recoge las demandas de los indígenas** the agreement takes into account the demands of the native people
12 (= *recibir*) **ahora empieza a ~ los frutos de su esfuerzo** she's beginning to reap the reward(s) of her efforts; **no recogió más que censuras** he received nothing but condemnation; **de todo esto van a ~ muy poco** they won't get much back out of all this, they will get very little return from all this
13 (= *retirar*) [+ *periódico, libro*] to seize; [+ *moneda*] to call in; **las autoridades recogieron todos los ejemplares** the authorities seized all the copies; **van a ~ las monedas antiguas** they are going to call in the old coins
14 (= *dar asilo*) to take in, shelter
Ⓑ VI (= *ordenar*) to tidy up, straighten up; (*al cerrar, terminar*) to clear up
Ⓒ **recogerse** VPR 1 (= *retirarse*) to withdraw, retire; (*a casa*) to go home; (= *acostarse*) to go to bed
2 (= *refugiarse*) to take shelter
3 [+ *falda*] to gather up, lift up; [+ *mangas, pantalones*] to roll up; **~se el pelo** to put one's hair up; **se recogió el pelo en un moño** she put her hair up in a bun; **se recogió el pelo en una coleta** he tied his hair back in a ponytail

**recogida** SF 1 [*de basura, correo*] collection; **hay seis ~s diarias** there are six collections a day ► **recogida de basuras** refuse collection, garbage collection (*EEUU*) ► **recogida de datos** (*Inform*) data capture ► **recogida de equipajes** (*Aer*) baggage reclaim
2 (*Agr*) harvest
3 (= *retiro*) withdrawal, retirement
4 (*Méx Agr*) round-up; (*Cono Sur*) [*de policía*] sweep, raid

**recogido** Ⓐ ADJ 1 [*vida*] quiet; [*lugar*] secluded; [*persona*] reserved, retiring; **ella vive muy recogida** she lives very quietly
2 (= *apretado*) bunched up, tight
Ⓑ SM tuck, gathering

**recogimiento** SM 1 (= *estado*) absorption; **vivir con ~** to live in seclusion, live in peace and quiet
2 (*Rel*) recollection
3 (= *retirada*) withdrawal

**recolección** SF 1 [*de dinero*] collection ► **recolección de basura** (*esp LAm*) refuse collection, garbage collection (*EEUU*)
2 (*Agr*) (= *acto*) harvesting; (= *época*) harvest time
3 (= *recopilación*) compilation; (= *resumen*) summary
4 (*Rel*) retreat

**recolectar** ▸conjug 1a◂ VT = **recoger A2**

**recolector(a)** SM/F (*Agr*) picker

**recoleto** ADJ 1 [*persona*] quiet, retiring
2 [*calle*] quiet

**recolocación** SF relocation

**recolocar** ▸conjug 1g◂ VT to relocate

**recomendable** ADJ recommendable; **poco ~** inadvisable; **es una persona muy poco ~** he's someone I wouldn't recommend

▼ **recomendación** SF 1 (= *consejo*) recommendation
2 (*para un trabajo*) **carta de ~** letter of introduction o recommendation (**para** to); **tiene buenas recomendaciones** he is strongly recommended

3 (*Rel*) ► **recomendación del alma** prayers *pl* for the dying

**recomendado** ADJ (*LAm*) registered

▼ **recomendar** ▸conjug 1j◂ VT 1 (= *aconsejar*) to recommend; ~ **a algn que haga algo** to recommend *o* advise sb to do sth; **le recomiendo esta novela** I recommend this novel to you
2 (*para un trabajo*) to recommend; **lo ~on para el puesto** he was recommended for the job
3 (*LAm Correos*) to register

**recomendatorio** ADJ recommendatory; **carta recomendatoria** letter of introduction (**para** to)

**recomenzar** ▸conjug 1f, 1j◂ VT, VI to begin again, recommence

**recomerse** ▸conjug 2a◂ VPR to bear a secret grudge, harbour *o* (*EEUU*) harbor resentment

**recompensa** SF 1 (*por un servicio*) reward, recompense; **como** *o* **en ~ por los servicios prestados** (in return) for services rendered
2 (*por daño, perjuicio*) (= *compensación*) compensation (**de** for)

**recompensar** ▸conjug 1a◂ VT 1 [+ *servicio*] to reward, recompense; **"se recompensará"** "reward offered"
2 [+ *daño, perjuicio*] to compensate

**recomponer** ▸conjug 2q◂ VT 1 (= *arreglar*) to mend, repair
2 (*Tip*) to reset

**recompra** SF repurchase, buying back

**recomprar** ▸conjug 1a◂ VT to repurchase, buy back

**reconcentrar** ▸conjug 1a◂ Ⓐ VT 1 (= *concentrar*) [+ *atención*] to concentrate, devote (**en** to)
2 (= *juntar*) to bring together
3 [+ *solución*] to make more concentrated
4 (= *disimular*) to hide
Ⓑ **reconcentrarse** VPR (= *concentrarse*) to concentrate hard, become totally absorbed

**reconciliable** ADJ reconcilable

**reconciliación** SF reconciliation

**reconciliar** ▸conjug 1b◂ Ⓐ VT to reconcile
Ⓑ **reconciliarse** VPR to become reconciled, be reconciled

**reconcomerse** ▸conjug 2a◂ VPR to bear a secret grudge, harbour *o* (*EEUU*) harbor resentment

**reconcomio** SM 1 (= *rencor*) grudge, resentment
2 (= *deseo*) urge, longing, itch
3 (= *sospecha*) suspicion

**recóndito** ADJ recondite; **en lo más ~ de** in the depths of; **en lo más ~ del corazón** in one's heart of hearts; **en lo más ~ de mi ser** deep down inside

**reconducir** ▸conjug 3n◂ VT 1 [+ *persona*] to take back, bring back (**a** to)
2 (*Jur*) to renew, extend

**reconfortante** Ⓐ ADJ (= *que conforta*) comforting; (= *que anima*) cheering
Ⓑ SM (*LAm*) tonic

**reconfortar** ▸conjug 1a◂ Ⓐ VT 1 (= *confortar*) to comfort; (= *animar*) to cheer, encourage
2 (*Med*) to strengthen
Ⓑ **reconfortarse** VPR **~se con** to fortify o.s. with

▼ **reconocer** ▸conjug 2d◂ Ⓐ VT 1 (= *conocer*) to recognize; **no te he reconocido con ese sombrero** I didn't recognize you in that hat; **le reconocí por la voz** I knew *o* recognized him by his voice
2 (= *identificar*) to identify; **tuvo que ~ el cadáver de su hermano** he had to identify his brother's body
3 (= *considerar*) [+ *gobierno, hijo*] to recognize; **no le reconocieron como jefe** they did not recognize him as their leader
4 (= *admitir*) to admit; **reconócelo, ha sido culpa tuya** admit it, it was your fault; **hay que ~ que no es normal** you have to admit (that) it isn't normal; **reconozco que no existen pruebas** I admit that there is no evidence; **el acusado reconoció los hechos** the accused admitted what he had done; **me reconoció el mérito de haberlo hecho** he gave me the credit for doing it
5 (= *agradecer*) [+ *servicio*] to be grateful for
6 (*Med*) [+ *paciente*] to examine
7 [+ *terreno*] to survey; (*Mil*) to reconnoitre, spy out
8 (= *registrar*) to search
Ⓑ **reconocerse** VPR **se ha reconocido culpable** he has admitted his guilt

**reconocible** ADJ recognizable

▼ **reconocido** ADJ 1 [*jefe*] recognized, accepted
2 (*frm*) (= *agradecido*) **estar** *o* **quedar ~** to be grateful

▼ **reconocimiento** SM 1 (= *aprobación*) recognition; **en ~ a** ◊ **como ~ por** in recognition of
2 (= *registro*) search, searching; (= *inspección*) inspection, examination ► **reconocimiento de firma** (*Méx*) authentication of a signature
3 (*Mil*) reconnaissance; **vuelo de ~** reconnaissance flight
4 (*Med*) examination, checkup ► **reconocimiento físico** physical examination ► **reconocimiento médico** medical (examination)
5 (*Inform*) ► **reconocimiento de la voz** speech recognition ► **reconocimiento óptico de caracteres** optical character recognition

**reconquista** SF reconquest, recapture; **la Reconquista** the Reconquest (*of Spain*)

**RECONQUISTA**

*The term* **Reconquista** *refers to the eight centuries during which the Christian kings of the Spanish kingdoms gradually reclaimed their country from the Moors, who had invaded the Iberian Peninsula in 711. It is generally accepted that the reconquest began in 718 with the Christian victory at Covadonga in Asturias, and ended in 1492, when Ferdinand and Isabella, the* **Reyes Católicos**, *Catholic Monarchs, retook Granada, the last Muslim stronghold. In the intervening centuries there had been a great deal of contact and overlap between the two cultures. Christians living under Arab rule were called* **mozárabes**, *while* **mudéjares** *were practising Muslims living under Christian rule. In contrast with the pluralistic society that had existed under the Arabs, the final years of the* **Reconquista** *were a time of great intolerance with Arabs and Jews being forcibly converted to Christianity, after which they were known as* **conversos**. *Those refusing to be converted were expelled in 1492.*

**reconquistar** ▸conjug 1a◂ VT 1 (*Mil*) [+ *terreno*] to regain, reconquer; [+ *ciudad*] to recapture (**a** from)
2 (*fig*) [+ *estima*] to recover, win back

**reconsideración** SF reconsideration

**reconsiderar** ▸conjug 1a◂ VT to reconsider

**reconstitución** SF (= *acto*) reconstitution, reforming; [*de crimen, escena*] reconstruction

**reconstituir** ▸conjug 3g◂ VT (= *rehacer*) to reconstitute; [+ *crimen, escena*] to reconstruct

**reconstituyente** SM tonic

**reconstrucción** SF reconstruction

**reconstruir** ▸conjug 3g◂ VT to reconstruct

**recontar** ▸conjug 1l◂ VT 1 [+ *cantidad*] to recount, count again
2 [+ *cuento*] to retell, tell again

**recontra*** Ⓐ PREF (*LAm*) extremely, terribly; **~caro** terribly dear; **~bueno** really good; **estoy ~cansado** I'm terribly tired
Ⓑ EXCL well I'm ...!*

**reconvención** SF 1 (*frm*) (= *reprensión*) reprimand
2 (*Jur*) counterclaim

**reconvenir** ▸conjug 3r◂ VT 1 (= *reprender*) to reprimand
2 (*Jur*) to counterclaim

**reconversión** SF (= *reestructuración*) restructuring, reorganization ► **reconversión industrial** industrial rationalization ► **reconversión profesional** retraining

**reconvertir** ▸conjug 3i◂ VT 1 (= *transformar*) to reconvert (**en** to)
2 (= *reestructurar*) to restructure, reorganize; [+ *industria*] to rationalize; **~ profesionalmente** to retrain

**recopa** SF cup-winners' cup

**recopilación** SF 1 (= *recolección*) compilation; (= *resumen*) summary ► **recopilación de datos** (*Inform*) data collection
2 (*Jur*) code; **la Recopilación** *Spanish law code of 1567*; **la Nueva Recopilación** *Spanish law code of 1775*

**recopilador(a)** SM/F compiler

**recopilar** ▸conjug 1a◂ VT 1 (= *reunir*) to compile; (= *resumir*) to summarize
2 [+ *leyes*] to codify

**recopilatorio** Ⓐ ADJ compilation *antes de s*
Ⓑ SM compilation

**récord, record** ['rekor] Ⓐ ADJ INV record; **cifras ~** record numbers; **en un tiempo ~** in a record time
Ⓑ SM (*pl* **récords, records** ['rekor]) record; **batir el ~** to break the record

**recordable** ADJ memorable

**recordación** SF recollection; **digno de ~** memorable

**recordar**[1] ▸conjug 1l◂ Ⓐ VT 1 (= *acordarse de*) to remember; **prefieren no ~ aquellos tiempos** they prefer not to remember those times; **1999 será recordado como un año estupendo para todos** 1999 will be remembered as a great year for everybody; **recuerdo que un día se me acercó y me dijo ...** I remember that one day she came over to me and said ...; **no lo recuerdo** I can't remember, I don't remember; **creo ~ que ...** I seem to remember *o* recall that ...; **~ haber hecho algo** to remember doing *o* having done sth; **recuerda haberlo dicho** he remembers saying *o* having said it; **no recuerdo haberte dado permiso para salir** I don't remember *o* recall giving *o* having given you permission to go out; **~ que** to remember that; **recuerdo que no llegó hasta por la noche** I remember that he didn't arrive until nighttime

[2] (*= traer a la memoria*) to remind; **estas botas me recuerdan a las que llevábamos de pequeños** these boots remind me of the ones we used to wear as children; **¿a qué te recuerda esa foto?** what does that photo remind you of?; **el poema recuerda a García Lorca** the poem is reminiscent of García Lorca; **~ algo a algn** to remind sb of sth; **recuérdale que me debe 50 dólares** remind him that he owes me 50 dollars; **te recuerdo que son las tres** let me remind you that it's three o'clock; **me permito ~le que aún no hemos recibido el pago** I would remind you *o* may I remind you that we have not yet received payment; **~ a algn que haga algo** to remind sb to do sth; **recuérdame que ponga la lavadora** remind me to put the washing (machine) on

[3] (*Méx**) (*= despertar*) to wake up

Ⓑ VI to remember; **no recuerdo** I can't *o* don't remember; **si mal no recuerdo** if my memory serves me right *o* correctly, if I remember rightly *o* correctly; **que yo recuerde** as far as I can remember, as I recall (*frm*)

Ⓒ **recordarse** VPR [1] (*Cono Sur, Méx**) (*= despertar*) to wake up

[2] (*Andes, Caribe*) (*= volver en sí*) to come to, come round

[3] (*Chile*) (*= acordarse*) **ahora que me estoy recordando, la conocí en Madrid** now that I remember, I met her in Madrid; **apenas me recuerdo de mi antigua casa** I (can) hardly remember my old house

**recordar²** ▸conjug 1l◂ VT (*CAm, Caribe, Méx*) [*+ voz*] to record

**recordativo** ADJ reminiscent; **carta recordativa** reminder

**recordatorio** SM [1] (*= tarjeta*) [*de fallecimiento*] in memoriam card; [*de primera comunión*] First Communion card

[2] (*= aviso*) reminder; **esto te servirá de ~** let this be a reminder to you

**recordman** SM, **récordman** SM (*pl* **recordmans** *o* **récordmans**) record holder

**recorrer** ▸conjug 2a◂ VT [1] [*+ ciudad, país*] to travel around; **recorrimos Francia en moto** we travelled around France on a motorbike; **~ una ciudad a pie** to walk round a city, do a city on foot

[2] [*+ trayecto*] to cover, do; **ese día recorrimos 100 kilómetros** we covered *o* did 100 kilometres that day; **aún nos quedan diez kilómetros por ~** we still have ten kilometres to go

[3] (*= inspeccionar*) to go round; **he recorrido todas las librerías buscando esa novela** I've been round all the bookshops looking for that novel

[4] (*Tip*) [*+ letras*] to take over

[5] (†) (*= leer por encima*) **~ un escrito** to run one's eye over *o* look through a document

[6] (†) (*= reparar*) to repair, mend

**recorrido** SM [1] (*= viaje*) run, journey; **hicimos un ~ por los pueblos de Andalucía** we travelled round the villages of Andalusia; **el ~ del primer día fue de 450km** we covered 450kms on the first day

[2] (*= distancia*) **de corto ~** (*Aer*) short-haul; **de largo ~** (*Aer*) long-haul; **tren de largo ~** intercity train ► **recorrido de aterrizaje** (*Aer*) landing run

[3] (*= ruta*) route; **este es el ~ más largo** this is the longest route *o* way

[4] [*de émbolo*] stroke

[5] (*Golf*) round; **un ~ en cinco bajo par** a round of five under par

[6] (*Hípica*) **un ~ sin penalizaciones** a clear round

[7] (*Mec*) repair

**recortable** SM cut-out

**recortada** SF sawn-off shotgun

**recortado** Ⓐ ADJ [1] [*borde*] uneven, irregular

[2] (*CAm, Caribe*) (*= achaparrado*) short and stocky

[3] (*CAm, Caribe**) (*= necesitado*) broke*

Ⓑ SM (*Andes, Caribe, Cono Sur*) sawn-off shotgun, pistol

**recortar** ▸conjug 1a◂ Ⓐ VT [1] [*+ pelo*] to trim; [*+ exceso, sobras*] to cut away, cut off

[2] [*+ figura, diseño*] to cut out

[3] [*+ escopeta*] to saw off

[4] [*+ presupuesto*] to cut, reduce; [*+ plantilla*] to cut, cut back; [*+ víveres*] to cut down

[5] (*= perfilar*) to draw in outline

Ⓑ **recortarse** VPR to stand out, be silhouetted (**en, sobre** against)

**recorte** SM [1] (*= acción*) cutting, trimming

[2] [*del pelo*] trim

[3] (*para economizar*) cut; **han anunciado un ~ de** *o* **en los gastos** they have announced a cut *o* cutback in spending ► **recorte presupuestario** spending cut ► **recorte salarial** wage cut ► **recortes de personal**, **recortes de plantilla** staff cutbacks

[4] [*de periódico, revista*] cutting, clipping; **~s de periódico** newspaper cuttings *o* clippings; **el libro está hecho de ~s** the book is a scissors-and-paste job; **álbum de ~s** scrapbook

[5] (*CAm**) (*= comentario*) nasty remark

**recoser** ▸conjug 2a◂ VT to patch up, darn

**recosido** SM patch, darn

**recostable** ADJ **asiento ~** reclining seat

**recostado** ADJ reclining; **estar ~** to be lying down

**recostar** ▸conjug 1l◂ Ⓐ VT to lean (**en** on)

Ⓑ **recostarse** VPR (*= reclinarse*) to lie back, recline (*frm*); (*= tumbarse*) to lie down

**recotín*** ADJ (*Cono Sur*) restless

**recova** SF [1] [*de aves*] (*= negocio*) poultry business, dealing in poultry; (*= mercado*) poultry market

[2] (*Andes, Cono Sur*) (*= mercado*) food market; (*Andes*) (*= carnicería*) butcher's, butcher's shop

[3] (*Cono Sur Arquit*) arcade, covered corridor (*along the front of a house*)

**recoveco** SM [1] [*de calle etc*] turn, bend

[2] (*en casa*) nook, odd corner

[3] **recovecos** (*= complejidades*) ins and outs; **el asunto tiene muchos ~s** it's a very complicated matter; **hablar sin ~s** to speak plainly *o* frankly

**recovero/a** SM/F poultry dealer

**recreación** SF (*= esparcimiento*) recreation; (*= diversión*) amusement

**recrear** ▸conjug 1a◂ Ⓐ VT [1] (*= crear de nuevo*) to recreate

[2] (*= divertir*) to amuse, entertain

Ⓑ **recrearse** VPR to enjoy o.s.; **se recrea viendo los infortunios de otros** he takes pleasure in *o* gloats over others' misfortunes

**recreativo** ADJ Ⓐ ADJ recreational; **instalaciones recreativas** recreational facilities

Ⓑ SM games arcade

**recrecer** ▸conjug 2d◂ Ⓐ VT to increase

Ⓑ VI [1] (*= crecer*) to increase, grow

[2] (*= volver a ocurrir*) to happen again

Ⓒ **recrecerse** VPR to cheer up, recover one's spirits

**recreo** SM [1] (*= esparcimiento*) recreation; (*= diversión*) amusement

[2] (*Escol*) break, playtime, recess (*EEUU*)

**recriminación** SF [1] (*= reproches*) recrimination ► **recriminación mutua** mutual recrimination

[2] (*Jur*) countercharge

**recriminar** ▸conjug 1a◂ Ⓐ VT [1] (*= reprochar*) to reproach

[2] (*Jur*) to countercharge

Ⓑ VI to recriminate

Ⓒ **recriminarse** VPR to reproach each other

**recrudecer** ▸conjug 2d◂ Ⓐ VT to worsen

Ⓑ VI = C

Ⓒ **recrudecerse** VPR (*= intensificarse*) to intensify; (*= empeorar*) to intensify, worsen; (*= aumentar*) to recrudesce, break out again

**recrudecimiento** SM, **recrudescencia** SF new outbreak, flare-up

**recrudescente** ADJ recrudescent

**recta** SF [1] (*= línea*) straight line

[2] (*Dep*) straight ► **recta de llegada**, **recta final** home straight

[3] (*= última fase*) closing stages *pl*, final stage

**rectal** ADJ rectal

**rectamente** ADV [1] (*= correctamente*) [*comportarse, entender*] properly, correctly

[2] (*= directamente*) straight; **mirar a algn ~ a los ojos** to look sb straight in the eyes

**rectangular** ADJ rectangular

**rectángulo** Ⓐ ADJ [*forma*] rectangular; [*triángulo*] right-angled

Ⓑ SM rectangle, oblong

**rectificable** ADJ rectifiable; **fácilmente ~** easily rectified

**rectificación** SF correction; **publicar una ~** to publish a correction

**rectificador(a)** SM/F rectifier

**rectificar** ▸conjug 1g◂ Ⓐ VT [1] (*= corregir*) to rectify, correct; [*+ cálculo*] to correct; [*+ conducta*] to change, reform

[2] (*= enderezar*) to straighten, straighten out

[3] (*Mec*) to rectify; [*+ cilindro*] to rectify, rebore

[4] (*Culin*) to add; **~ de sal si hace falta** add salt to taste

Ⓑ VI to correct o.s.; **—no, eran cuatro, —rectificó** "no", he said, correcting himself, "there were four"; **rectifique, por favor** please see that this is put right

**rectilíneo** ADJ straight, rectilinear

**rectitud** SF [1] (*= calidad de justo*) rectitude, honesty

[2] [*de una línea*] straightness

**recto** Ⓐ ADJ [1] (*= derecho*) straight; (*= vertical*) upright

[2] **ángulo ~** right angle

[3] [*persona*] (*= honrado*) honest, upright; (*= estricto*) strict; [*juez*] fair, impartial; [*juicio*] fair; [*intención*] honest

[4] (*= literal*) [*sentido*] proper; **en el sentido ~**

**de la palabra** in the proper sense of the word
[5] (*Ling*) [*caso*] nominative
Ⓑ ADV **siga todo ~** go straight on; **la flecha fue recta al blanco** the arrow went straight to the target
Ⓒ SM (*Anat*) rectum

**rector(a)** Ⓐ ADJ [*entidad*] governing; [*idea, principio*] guiding, governing; **una figura ~a** an outstanding *o* leading figure; **los principios ~es del régimen** the régime's guiding principles
Ⓑ SM/F [1] (*Univ*) ≈ vice-chancellor, rector (*EEUU*), president (*EEUU*)
[2] [*de colegio*] principal

**rectorado** SM [1] (= *cargo*) ≈ vice-chancellorship, principalship, presidency (*EEUU*)
[2] (= *oficina*) ≈ vice-chancellor's office, president's office (*EEUU*)

**rectorar** ▸conjug 1a◂ VT (*CAm*) to rule, govern, direct

**rectoría** SF [1] = **rectorado**
[2] (*Rel*) rectory

**recua** SF mule train, train of pack animals; **una ~ de chiquillos** a bunch of kids

**recuadro** SM box

**recubrir** ▸conjug 3a◂ (*pp* **recubierto**) VT (= *cubrir*) to cover (**con, de** with); (= *pintar*) to coat (**con, de** with)

**recuento** SM (= *acto*) recount; (= *inventario*) inventory; **hacer el ~ de** to count up, reckon up ► **recuento de espermas** sperm count ► **recuento polínico** pollen count

▼**recuerdo** Ⓐ ADJ (*Andes**) awake
Ⓑ SM [1] (= *memoria*) memory; **guardar un feliz ~ de algn** to have happy memories of sb; **contar los ~s** to reminisce; **"Recuerdos de la vida de hace 80 años"** "Reminiscences of life 80 years ago"; **entrar en el ~** ◊ **pasar al ~** (*euf*) to pass away
[2] (= *regalo*) souvenir, memento; **"~ de Mallorca"** "present from Majorca"; **toma esto como ~** take this as a keepsake ► **recuerdo de familia** family heirloom
[3] **recuerdos** (= *saludos*) regards; **¡~s a tu madre!** give my regards to your mother!; **os manda muchos ~s para todos** he sends you all his warmest regards

**recuero** SM muleteer

**recuesto** SM slope

**reculada** SF [1] (*con el cuerpo, vehículo*) backward movement
[2] (*del fusil*) recoil
[3] (*Méx Mil*) retreat

**recular** ▸conjug 1a◂ VI [1] (= *ir hacia atrás*) [*animal, vehículo*] to move backwards, go back; [*fusil*] to recoil
[2] (= *ceder*) to back down
[3] [*ejército*] to fall back, retreat

**reculativa** SF (*Méx*) = **reculada 3**

**reculón** SM [1] (*LAm*) = **reculada**
[2] **andar a reculones** to go backwards

**recuperable** ADJ [*dinero, pérdidas*] recoverable; [*envases*] returnable

▼**recuperación** SF [1] (= *vuelta a la normalidad*) [*de economía, divisa*] recovery; [*de enfermo, paciente*] recovery, recuperation (*más frm*); **la lenta ~ del consumo privado** the slow recovery of consumer spending; **la pierna necesita un periodo de ~** your leg needs some time to recuperate
[2] (= *reutilización*) [2·1] [*de edificio*] restoration; [*de tierras*] reclamation; [*de chatarra, vidrio*] salvage; **un plan de ~ de edificios históricos de la ciudad** a restoration plan for historic buildings in the city
[2·2] [*de algo perdido, olvidado*] revival; **el movimiento de ~ de la música tradicional italiana** the movement for the revival of traditional Italian music
[3] [*de dinero, joyas*] recovery; (*Com*) [*de costes, pérdidas*] recovery, recoupment (*frm*)
[4] (*Esp Educ*) (= *examen*) resit; **examen de ~** resit; **tendrá que ir a clases de ~** he will have to do classes for the resits
[5] (*Inform*) retrieval

**recuperar** ▸conjug 1a◂ Ⓐ VT [1] (= *recobrar*) [1·1] [+ *bienes*] to recover; [+ *costes, pérdidas, inversión*] to recoup, recover; **no recuperamos el dinero robado** we didn't get the stolen money back, we didn't recover the stolen money (*más frm*); **nunca ~ás lo que te gastas en lotería** you'll never get back what you spend on the lottery
[1·2] [+ *credibilidad, poder, libertad, control*] to regain; [+ *fuerzas*] to get back, regain; **ella ha hecho que recupere la confianza en la gente** she has made me regain my trust in people; **el jugador ha recuperado la forma física** the player has regained fitness; **el país comienza a ~ la normalidad** the country is beginning to return to normality; **al verte recuperó la sonrisa** the smile came back *o* returned to her face when she saw you; **el dólar recupera posiciones** the dollar is recovering; **nunca recuperó la memoria** she never got her memory back, she never regained *o* recovered her memory
[1·3] [+ *clase, día*] to make up; **ayer trabajaron el doble para ~ el tiempo perdido** they worked double time yesterday to make up the time lost; **esta clase tendremos que ~la** we'll have to make up this class
[1·4] (*Inform*) to retrieve
[2] (= *reutilizar*) [2·1] [+ *edificio*] to restore; [+ *tierras*] to reclaim; [+ *chatarra, vidrio*] to salvage
[2·2] (*del olvido*) [+ *artista, obra*] to revive; [+ *tradiciones*] to restore, revive; **esta exposición recupera a un gran pintor olvidado** this exhibition has revived a great but forgotten painter
[3] (*Educ*) to retake, resit; **tengo que ~ una asignatura** I have to retake *o* resit one subject
Ⓑ **recuperarse** VPR [1] [*enfermo*] to recover (**de** from); **la ciudad se recupera poco a poco tras la intensa nevada** the city is gradually recovering from the heavy blizzard; **~se de** [+ *operación, enfermedad, crisis, viaje*] to recover from
[2] (*Com*) [*economía, mercado, divisa*] to recover; **los mercados financieros parecen ~se** the money markets seem to be recovering

**recuperativo** ADJ recuperative

**recurrencia** SF [1] (= *repetición*) recurrence
[2] (= *apelación*) recourse, appeal

**recurrente** Ⓐ ADJ (= *repetitivo*) recurrent
Ⓑ SMF (*Jur*) appellant

**recurrir** ▸conjug 3a◂ Ⓐ VT (*Jur*) to appeal against
Ⓑ VI [1] **~ a** [+ *medio, violencia*] to resort to; [+ *persona*] to turn to
[2] (*Jur*) to appeal (**a** to; **contra** against)

**recurso** SM [1] (= *medio*) **es una mujer de ~s** she's a resourceful woman; **tiene infinidad de ~s** he's infinitely resourceful; **como último ~** as a last resort
[2] (*Jur*) appeal; **interponer ~ contra algn** to lodge an appeal against sb ► **recurso de apelación** appeal to the Supreme Court
[3] **recursos** (= *bienes*) resources; **la familia está sin ~s** the family has nothing to fall back on ► **recursos ajenos** borrowed capital ► **recursos económicos** economic resources ► **recursos energéticos** energy resources ► **recursos financieros** financial resources ► **recursos humanos** human resources ► **recursos naturales** natural resources ► **recursos no renovables** non-renewable resources

**recusable** ADJ objectionable

**recusación** SF [1] (= *rechazo*) rejection
[2] (*Jur*) challenge

**recusante** ADJ, SMF recusant

**recusar** ▸conjug 1a◂ VT [1] (= *rechazar*) to reject, refuse
[2] (*Jur*) to challenge, challenge the authority of

**red** SF [1] (*para pescar*) net; [*de portería*] net; [*del pelo*] hairnet; (= *malla*) mesh; (= *para equipajes*) (luggage) rack; (= *cerca*) fence; (= *enrejado*) grille ► **red barredera** trawl ► **red de alambre** wire mesh, wire netting ► **red de seguridad** safety net ► **red metálica** metal screen
[2] [*de cosas relacionadas*] network; [*de agua, suministro eléctrico*] mains, main (*EEUU*), supply system; [*de tiendas*] chain; **la Red** (*Internet*) the Net; **con agua de la ~** with mains water, with water from the mains ► **red de área extendida** wide area network ► **red de área local** local network, local area network ► **red de comunicaciones** communications network ► **red de conmutación de circuito** circuit switching network ► **red de distribución** distribution network ► **red de emisoras** radio network ► **red de espionaje** spy network ► **red de rastreo** tracking network ► **red de transmisión de datos** data network ► **Red Digital de Servicios Integrados** Integrated Services Digital Network ► **red ferroviaria** railway network, railway system ► **red informática** network ► **red local** (*Inform*) local network, local area network ► **red rastreadora** tracking network ► **red vascular** vascular system ► **red viaria** road network
[3] (= *trampa*) snare, trap; **aprisionar a algn en sus ~es** to have sb firmly in one's clutches, have sb well and truly snared; **caer en la ~** to fall into the trap; **tender una ~ para algn** to set a trap for sb

**redacción** SF [1] (= *acción*) writing; **la ~ del texto me llevó dos horas** it took me two hours to write the text
[2] (= *expresión*) wording; **dices cosas interesantes, pero tendrías que cuidar la ~** what you say is interesting, but you need to pay more attention to how you word it
[3] (*Escol*) essay, composition
[4] (= *oficina*) newspaper office; (= *personas*) editorial staff

**redactar** ▸conjug 1a◂ Ⓐ VT [1] [+ *carta, noticia, artículo*] to write; [+ *acuerdo, contrato*] to draw up; **un ensayo mal redactado** a badly written essay
[2] (*Prensa*) [+ *periódico*] to edit
Ⓑ VI to write; **redacta muy mal** he writes very badly

➤ LENGUA Y USO: recuerdo B3 48.2 recuperación 1 50.4

**redactor(a)** SM/F [1] (*en periódico*) editor
[2] (= *escritor*) writer, drafter

**redada** SF [1] [*de policía*] raid
[2] (*Pesca*) (= *acción*) cast, throw; (= *captura*) catch, haul

**redaje** SM (*Andes*) (= *red*) net; (= *maraña*) mess, tangle

**redaño** SM [1] (*Anat*) mesentery
[2] **redaños*** (= *valor*) guts*

**redargüir** ▸conjug 3g◂ Ⓐ VT [1] (*Jur*) to impugn, hold to be invalid
[2] (*frm*) **~ que ...** to argue on the other hand that ...
Ⓑ VI (*frm*) to turn an argument against its proposer

**redecilla** SF hairnet

**rededor**: **al ~** ◊ **en ~ = alrededor**

**redefinición** SF redefinition

**redefinir** ▸conjug 3a◂ VT to redefine

**redemocratización** SF return to democracy, reestablishment of democracy

**redención** SF (*Rel*) redemption; (*Fin*) repayment, redemption (*frm*); (*Jur*) reduction in sentence

**redentor(a)** Ⓐ ADJ redeeming
Ⓑ SM/F redeemer; ✦*MODISMO* **meterse a ~** (*pey*) to stick one's oar in
Ⓒ SM **Redentor** Redeemer, Saviour, Savior (*EEUU*)

**redescubrir** ▸conjug 3a◂ (*pp* **redescubierto**) VT to rediscover

**redesignar** ▸conjug 1a◂ VT (*Inform*) to rename

**redespachar** ▸conjug 1a◂ VT (*Cono Sur Com*) to send on, forward, forward directly

**redicho*** ADJ affected

**redil** SM sheepfold

**redimensionamiento** SM (= *reestructuración*) remodelling, remodeling (*EEUU*); (*euf*) (= *racionalización*) racionalization

**redimensionar** ▸conjug 1a◂ VT (*Econ*) (= *reestructurar*) to remodel; (*euf*) (= *racionalizar*) to rationalize, streamline, cut back

**redimible** ADJ redeemable

**redimir** ▸conjug 3a◂ VT [1] (*Rel*) to redeem
[2] (*Fin*) to redeem (*frm*), repay
[3] (= *liberar*) [+ *cautivo*] to ransom, redeem (*frm*); [+ *esclavo*] to redeem (*frm*), purchase the freedom of

**rediós*** EXCL good God!

**redistribución** SF redistribution

**redistribuir** ▸conjug 3g◂ VT to redistribute

**redistributivo** ADJ redistributive; **programa ~** programme for the redistribution of wealth

**rédito** SM return, interest

**redituable** ADJ (*Cono Sur*) profitable

**redituar** ▸conjug 1e◂ VT to yield, produce, bear

**redivivo** ADJ revived, resuscitated

**redoba** SF (*Méx*) *wooden board hung round neck and used as a percussion instrument*

**redoblado** ADJ [1] (*Mec*) reinforced
[2] [*persona*] stocky, thickset
[3] [*paso*] double-quick
[4] [*fuerzas*] renewed; **volvió al ataque con fuerzas redobladas** he went back on the attack with renewed strength

**redoblante** SM side drum, long-framed side drum

**redoblar** ▸conjug 1a◂ Ⓐ VT [1] (= *aumentar*) to redouble
[2] (= *plegar*) [+ *papel etc*] to bend back; [+ *clavo*] to clinch
Ⓑ VI (*Mús*) to play a roll on the drum; [*trueno*] to roll, rumble

**redoble** SM [*de tambor*] drumroll; [*de trueno*] roll, rumble

**redoma** SF [1] (= *frasco*) flask, phial
[2] (*Cono Sur*) [*de pez*] fishbowl
[3] (*Caribe Aut*) roundabout, traffic circle (*EEUU*)

**redomado** ADJ [1] [*mentiroso, estafador*] inveterate
[2] (= *taimado*) sly, artful

**redomón** ADJ [1] (*LAm*) [*caballo*] (= *no domado por completo*) half-trained, not fully broken-in
[2] (*Méx*) [*caballo*] (= *salvaje*) wild, unbroken
[3] [*persona*] (= *inexperto*) untrained, unskilled; (= *torpe*) slow, dense
[4] (= *ordinario*) crude, rough

**redonda** SF [1] (*Mús*) semibreve, whole note (*EEUU*)
[2] (*Tip*) roman
[3] **a la ~**: **en muchas millas a la ~** for many miles around; **se olía a un kilómetro a la ~** you could smell it a mile off

**redondear** ▸conjug 1a◂ Ⓐ VT [1] (= *curvar*) to round off
[2] (= *completar*) to round off; **~ un negocio** to close a deal
[3] [+ *cifra*] (*tomando un valor superior*) to round up; (*tomando un valor inferior*) to round down
[4] (= *complementar*) to supplement, top up
Ⓑ **redondearse** VPR [1] (= *enriquecerse*) to become wealthy
[2] (= *librarse de deudas*) to get clear of debts

**redondel** SM [1] (= *círculo*) ring, circle ► **redondel de humo** smoke ring
[2] (*Taur*) bullring, arena
[3] (*Aut*) roundabout, traffic circle (*EEUU*)

**redondez** SF roundness; **en toda la ~ de la tierra** in the whole wide world

**redondilla** SF quatrain

**redondo** Ⓐ ADJ [1] [*forma*] round; **tiene la cara redonda** he has a round face; **tres metros en ~** three metres (a)round; ✦*MODISMO* **caer ~: le dispararon y cayó ~** he was shot and collapsed in a heap; **cayó ~ en la cama** he went out like a light as soon as he got into bed
[2] [*cantidad, cifra*] round; **en números ~s** in round numbers, in round figures
[3] (*) (= *completo*) complete, finished; **todo le ha salido ~** it all went well for him; **será un negocio ~** it will be a really good deal; **el negocio era ~** the business was really profitable; **triunfo ~** complete *o* resounding success
[4] (= *definitivo*) **dijo un no ~** he flatly refused
[5] (*Méx*) [*viaje*] round
[6] (*Méx**) (= *lerdo*) dense*, thick*; (= *débil*) weak
Ⓑ SM [1] **en ~: girar en ~** to turn right round; **negarse en ~** to refuse flatly
[2] (*Mús*†*) disc, record
[3] (*Culin*) rump steak

**redopelo** SM (*frm*) [1] (*) (= *riña*) scrap*, rough-and-tumble
[2] **a ~ = a contrapelo**; **una lógica a ~** logic stood on its head, logic in reverse; **traer al ~ a algn** to treat sb very badly, ride roughshod over sb

**redor** SM **en ~ = alrededor**

**redro** ADV behind

**redrojo** SM [1] (*Bot*) late fruit, withered fruit
[2] (*Cono Sur*) (= *exceso*) rest, remainder
[3] (*Méx**) (= *harapos*) rags *pl*

**redropelo** SM = **redopelo**

**reducción** SF [1] (= *disminución*) [1·1] [*de cantidad, precios, consumo, tamaño*] reduction; **una ~ del número de atentados** a reduction in the number of terrorist attacks; **una ~ del gasto público** a cut *o* reduction in public spending; **una ~ en el tamaño de los envases** a reduction in the size of containers; **estudian nuevas reducciones de personal** they are considering new staff cuts *o* reductions in staff
[1·2] [*de tiempo*] reduction; **la ~ a cinco años del mandato presidencial** the reduction of the presidential term to five years; **los sindicatos piden la ~ de la jornada laboral** they unions are calling for a shorter working day ► **reducción de jornada** reduction of working hours ► **reducción del activo** divestment ► **reducciones presupuestarias** budget cuts ► **reducciones salariales** wage cuts
[2] (*Mat*) (= *conversión*) [*de unidades, medidas*] conversion; [*de ecuaciones*] reduction
[3] [*de rebeldes*] defeat
[4] (*Med*) setting, reduction (*frm*)
[5] (*Chile*) [*de indígenas*] reservation (*of natives*)
[6] (*LAm Hist*) *settlement of Christianized Indians*

**reduccionismo** SM reductionism

**reducible** ADJ reducible

**reducido** ADJ [*grupo, número*] small; [*ingresos, recursos*] limited; [*tarifa, precio*] reduced; [*espacio*] confined; **una sala de dimensiones reducidas** a small-sized room; **personas con capacidad auditiva reducida** people with a hearing impairment; **a precios ~s** at reduced prices; **quedar ~ a** to be reduced to; **la plantilla quedó reducida a 70 personas** the staff was reduced to 70 people; **todo quedó ~ a un malentendido** everything boiled down to a misunderstanding

**reducir** ▸conjug 3n◂ Ⓐ VT [1] (= *disminuir*) [1·1] (*en cantidad*) [+ *gastos, inflación, precio*] to reduce, bring down, cut; [+ *tensión, ansiedad*] to reduce; [+ *riesgo*] to reduce, lessen; **medidas encaminadas a ~ el número de parados** measures designed to reduce *o* bring down *o* cut the number of unemployed; **han reducido las listas de espera en los hospitales** they have reduced *o* cut hospital waiting lists; **el autobús redujo su velocidad** the bus reduced speed, the bus slowed down; **conviene ~ el consumo de grasas** it is advisable to cut down on fatty foods; **el banco redujo su beneficio un 12%** the bank saw its profits fall by 12%; **un tratamiento para ~ la celulitis** a treatment to reduce cellulite; **~ algo <u>en</u> algo** to reduce sth by sth, cut sth by sth; **tenemos que ~ la producción en un 20%** we have to reduce *o* cut production by 20%; **~ a la mínima <u>expresión</u>** to reduce to the bare minimum; **~ algo al <u>mínimo</u>** to reduce *o* cut sth to the minimum; **~ algo a la <u>mitad</u>** to cut sth by half
[1·2] (*en tiempo*) [+ *jornada laboral*] to reduce, shorten; [+ *sentencia*] to reduce; **han reducido la mili a nueve meses** they have reduced *o* cut military service to nine months; **sus**

**abogados consiguieron ~ la sentencia a dos meses** his lawyers managed to get his sentence reduced to two months

1·3 (*en tamaño*) [+ *copia*] to reduce; [+ *discurso, artículo*] to cut down, shorten

2 **~ algo a algo** 2·1 (= *limitar*) to limit sth to sth; (= *simplificar*) to reduce sth to sth; **redujo su intervención a criticar al gobierno** her participation was limited to criticizing the government; **todo lo reduce a cosas materiales** he reduces everything to material terms

2·2 (= *convertir*) [+ *cantidad, medida*] to convert sth into sth; [+ *fracción, ecuación*] to reduce sth into sth; **~ un kilómetro a metros** to convert a kilometre into metres; **el techo fue reducido a cenizas por el fuego** the roof was reduced to ashes by fire; ✦*MODISMO* **~ algo al absurdo** to expose the absurdity of sth

3 (= *someter*) [+ *ladrón, fugitivo, loco*] to overpower; [+ *alborotadores*] to subdue; [+ *fortaleza*] to subdue, reduce (*frm*); **entre los tres lograron ~ al atracador** the three of them managed to overpower the robber; **~ a algn a la obediencia** to bring sb to heel; **~ a algn al silencio** (*por la fuerza, por miedo*) to silence sb; (*por vergüenza, humillación*) to reduce sb to silence

4 (*Med*) [+ *hueso, hernia*] to set, reduce (*frm*)

5 (*Quím*) to reduce

6 (*LAm*) (*en el mercado negro*) to get rid of*

Ⓑ VI (*Aut*) to change down; **reduce a segunda** change down to second gear

Ⓒ **reducirse** VPR 1 (= *disminuir*) [*inflación, población, beneficios*] to fall; [*calor*] to become less intense, decrease; [*salsa*] to reduce; **el número de accidentes se ha reducido en un 16,5%** the number of accidents has fallen by 16.5%; **sus gastos se redujeron a la mitad** their expenses were cut *o* reduced by half

2 (= *limitarse*) **~se a** 2·1 (*en cantidad*) **el mobiliario se reduce a unas pocas mesas y sillas** the furniture amounts to no more than *o* is simply a few tables and chairs; **sus ingresos se reducen a una pensión por invalidez de 56.000 pesetas** his income is limited to *o* consists only of a disability pension of 56.000 pesetas

2·2 (*en extensión*) **el consumo de heroína se ha ido reduciendo a la población más joven** heroin consumption has gradually been reduced to just the younger population; **el problema se reduce a una pura cuestión económica** the problem comes down to *o* boils down to simple economics, the problem is simply a question of economics; **la entrevista se redujo a un cuarto de hora escaso** the interview lasted barely a quarter of an hour; **el pensamiento del autor se puede ~ a lo siguiente** the author's thinking can be simplified *o* summarized as follows

2·3 [*persona*] to limit o.s. to; **en este ensayo nos ~emos a la situación en el siglo XVIII** in this essay we will limit ourselves to considering the situation in the 18th century; **se vieron reducidos a pedir limosna** they were reduced to begging for alms

**reductible** ADJ reducible

**reductivo** ADJ 1 (= *simplificador*) [*noción, enfoque*] reductive

2 [*régimen*] weight-losing; **mamoplastia reductiva** breast reduction

**reducto** SM [*de ideología, rebeldes*] stronghold, redoubt; **el último ~ del águila imperial** the last stronghold *o* redoubt of the imperial eagle; **el último ~ de los árabes en el reino de Castilla** the last Arab stronghold in the kingdom of Castile

**reductor** ADJ 1 (*Aut*) [*marcha*] reduction *antes de s*

2 (= *adelgazante*) [*crema*] slimming, reducing

3 (= *simplificador*) reductive

**reductora** SF (*Aut*) reduction gear

**reduje** *etc ver* **reducir**

**redundancia** SF redundancy; **valga la ~** forgive the repetition

**redundante** ADJ redundant, superfluous

**redundar** ▸conjug 1a◂ VI **~ en** to redound to (*frm*); **~ en beneficio de algn** to benefit sb, be to sb's advantage

**reduplicación** SF 1 (= *duplicación*) reduplication

2 [*de esfuerzos*] redoubling

3 (*Ling*) reduplication

**reduplicar** ▸conjug 1g◂ VT 1 (= *duplicar*) to reduplicate

2 [+ *esfuerzo*] to redouble

**reedición** SF reissue, reprint, reprinting

**reedificación** SF rebuilding

**reedificar** ▸conjug 1g◂ VT to rebuild

**reeditar** ▸conjug 1a◂ VT to reissue, republish, reprint

**reeducación** SF re-education ► **reeducación profesional** retraining

**reeducar** ▸conjug 1g◂ VT to re-educate; **~ profesionalmente** to give industrial retraining to

**reelección** SF re-election

**reelecto** ADJ (*LAm*) re-elected

**reelectoral** ADJ (*LAm*) re-electoral

**reelegible** ADJ eligible for re-election

**reelegir** ▸conjug 3c, 3k◂ VT to re-elect

**reembalar** ▸conjug 1a◂ VT to repack

**reembolsable** ADJ 1 [*gastos*] refundable, repayable

2 (*Com*) redeemable, refundable; **no ~** [*valores*] irredeemable; [*depósito*] non-returnable, non-refundable

**reembolsar** ▸conjug 1a◂ Ⓐ VT [+ *persona*] to reimburse; [+ *dinero*] to repay, pay back; [+ *depósito*] to refund, return

Ⓑ **reembolsarse** VPR to reimburse o.s.; **~se una cantidad** to recover a sum

**reembolso** SM [*de gastos*] reimbursement; [*de depósito*] refund; **enviar algo contra ~** to send sth cash on delivery ► **reembolso fiscal** tax rebate

**reemisor** SM booster station

**reemplazable** ADJ replaceable

**reemplazante** SMF (*esp LAm*) replacement, substitute

**reemplazar** ▸conjug 1f◂ VT 1 [+ *modelo, pieza*] to replace; **tenemos que encontrar la forma de ~ este sistema** we have to find a way of replacing this system; **~ a algo/algn** to replace sth/sb; **este motor ~á a los actuales de 11 litros** this engine will replace current 11 litre engines; **el nilón nunca podrá ~ al algodón** nylon will never be able to replace cotton; **~ algo con** *o* **por algo** to replace sth with sth; **van a ~ los discos duros por tarjetas de memoria RAM** hard disks will be replaced by RAM memory boards

2 [+ *persona*] 2·1 (= *ocupar el lugar de*) (*gen*) to replace; (*brevemente*) to stand in for; **durante la baja por maternidad mi ayudante me ~á** my assistant will take my place *o* will replace me while I am on maternity leave; **el subdirector lo reemplazó en la reunión** the assistant director stood in for him at the meeting; **tras el descanso, Pérez reemplazó a Carlos** Pérez came on for Carlos after half-time, Carlos was substituted by Pérez after half-time

2·2 (= *poner en lugar de*) to replace; **el entrenador no pretende ~ a ningún jugador** the coach does not intend to replace any player; **~ a algn con** *o* **por algn** to replace sb with sb; **los ~án por obreros extranjeros** they are going to be replaced by foreign workers, they will replace them with foreign workers

**reemplazo** Ⓐ SMF (= *persona sustituta*) replacement

Ⓑ SM 1 (= *sustitución*) replacement; **el coste del ~ de los productos sanguíneos sospechosos** the cost of replacing suspect blood products; **el entrenador decidió el ~ del portero** the coach decided to substitute the goalkeeper; **vino en ~ del profesor de física** he came to replace the physics teacher, he came as the replacement for the physics teacher

2 (*Esp Mil*) *intake of conscripts*; **los soldados pertenecientes al último ~ de 1994** soldiers recruited in the last call-up *o* draft of 1994; **soldados de ~** conscripts, draftees (*EEUU*)

**reemprender** ▸conjug 2a◂ VT to resume

**reencarnación** SF reincarnation

**reencarnar** ▸conjug 1a◂ Ⓐ VT to reincarnate

Ⓑ **reencarnarse** VPR to be reincarnated; **~se en algn/algo** to be reincarnated as sb/sth

**reencauchado** SM (*LAm*) retread, remould

**reencauchar** ▸conjug 1a◂ VT (*LAm*) to retread, remould

**reencender** ▸conjug 1j◂ VT to light again, rekindle

**reencontrarse** ▸conjug 1l◂ VPR to meet again

**reencuadernar** ▸conjug 1a◂ VT to rebind

**reencuentro** SM reunion

**reengancharse** ▸conjug 1a◂ VPR to re-enlist

**reenganche** SM (*Mil*) re-enlistment

**reentrada** SF re-entry

**reenvasar** ▸conjug 1a◂ VT to repack, rewrap

**reenviar** ▸conjug 1c◂ VT (*a nuevo domicilio*) to forward; (*a diferente dirección*) to redirect; (*al remitente*) to return

**reenvío** SM cross-reference

**reequilibrar** ▸conjug 1a◂ VT 1 (*Pol*) to restabilize

2 [+ *peso, carga*] to rebalance

**reescribir** ▸conjug 3a◂ VT to rewrite

**reestatificación** SF renationalization

**reestatificar** ▸conjug 1g◂ VT to renationalize

**reestrenar** ▸conjug 1a◂ VT (*Teat*) to revive, put on again; (*Cine*) to re-release

**reestreno** SM (*Teat*) revival; (*Cine*) re-release

**reestructuración** SF restructuring, reorganizing

**reestructurar** ▸conjug 1a◂ VT to restructure, reorganize

**reevaluación** SF reappraisal

**reevaluar** ▸conjug 1e◂ VT to reappraise

**reexaminación** SF re-examination

**reexaminar** ▸conjug 1a◂ VT to re-examine

**reexpedir** ▸conjug 3k◂ VT (*a nuevo domicilio*) to forward; (*a diferente dirección*) to redirect; (*al remitente*) to return

**reexportación** SF re-export

**reexportar** ▸conjug 1a◂ VT to re-export

**REF** SM ABR (*Esp Econ*) = **Régimen Económico Fiscal**

**Ref.ª** ABR (= **referencia**) ref

**refacción** SF [1] (*frm*) (= *colación*) light refreshment, collation (*frm*)
[2] (*LAm Mec*) repair; (*Arquit*) refurbishment, repair
[3] (*LAm Agr*) (= *gastos*) running costs *pl*
[4] (*Caribe, Méx*) (= *préstamo*) short-term loan; (= *subvención*) financial assistance
[5] **refacciones** (*Méx*) (= *repuestos*) spares, spare parts

**refaccionar** ▸conjug 1a◂ (*LAm*) VT [1] (*Mec*) to repair; (*Arquit*) to refurbish, repair
[2] (= *subvencionar*) to finance, subsidize

**refaccionaria** SF (*LAm*) repair shop

**refajo**† SM (= *enagua*) flannel underskirt; (= *combinación*) slip

**refalar*** ▸conjug 1a◂ (*Cono Sur*) Ⓐ VT [1] **~ algo a algn** (= *quitar*) to take sth from sb, take sth off sb
[2] (= *hurtar*) to steal
Ⓑ **refalarse** VPR (*) [1] (= *quitarse*) **~se los zapatos** to kick off one's shoes
[2] (= *huir*) to make off, beat it*
[3] (= *resbalar*) to slip

**refalón*** SM (*Cono Sur*) slip, fall

**refaloso*** ADJ (*Cono Sur*) [1] (= *resbaladizo*) slippery
[2] (= *tímido*) shy, timid

**refanfinflar*** ▸conjug 1a◂ VT **me la refanfinfla** I couldn't give a damn*

**refectorio** SM refectory

**referencia** SF [1] (= *mención*) reference; **con ~ a** with reference to; **hacer ~ a** to refer to, allude to ► **referencia comercial** trade reference ► **referencia cruzada** cross reference ► **referencia múltiple** general cross reference
[2] (= *informe*) account, report; **una ~ completa del suceso** a complete account of what took place; **me han dado buenas ~s de ella** I have had good reports of her ► **referencia bancaria** banker's reference

**referenciar** ▸conjug 1b◂ VT to index

**referendo** SM referendum

**referéndum** SM (*pl* **referéndums**) referendum

**referente** ADJ **~ a** relating to, about, concerning

**referí** SMF (*LAm*) referee, umpire

**referible** ADJ **~ a** referable to

**referido** ADJ [1] (= *antedicho*) above-mentioned
[2] (*Ling*) **discurso ~** reported speech

**referir** ▸conjug 3i◂ Ⓐ VT [1] (= *contar*) to tell, recount; **~ que …** to say that …, tell how …
[2] (= *dirigir*) **~ al lector a un apéndice** to refer the reader to an appendix
[3] (= *relacionar*) to refer, relate; **todo lo refiere a su teoría favorita** he refers *o* relates everything to his favourite theory; **han referido el cuadro al siglo XVII** they have dated the picture as 17th-century
[4] **~ a** (*Fin*) to convert into
[5] (*CAm*) (= *insultar*) to abuse, insult
[6] **~ algo a algn en cara** (*Méx*) to throw sth in sb's face
Ⓑ **referirse** VPR **~se a** to refer to; **me refiero a lo de anoche** I refer to what happened last night; **¿a qué te refieres?** what exactly do you mean?; **por lo que se refiere a eso** as for that, as regards that, as far as that is concerned

**refilón**: **de ~** ADV obliquely, on the slant; **el sol da de ~** the sun falls on the slant, the sun comes slanting in; **mirar a algn de ~** to look out of the corner of one's eye at sb

**refinación** SF refining

**refinado** Ⓐ ADJ refined
Ⓑ SM refining

**refinador(a)** SM/F refiner

**refinadura** SF refining

**refinamiento** SM refinement; **con todos los ~s modernos** with all the modern refinements ► **refinamiento por pasos** (*Inform*) stepwise refinement

**refinanciación** SF refinancing

**refinanciar** ▸conjug 1b◂ VT to refinance

**refinar** ▸conjug 1a◂ VT [1] (*Téc*) to refine
[2] (= *perfeccionar*) [+ *sistema*] to refine, perfect; [+ *estilo*] to polish

**refinería** SF refinery ► **refinería de petróleo** oil refinery

**refino** Ⓐ ADJ extra fine, pure, refined
Ⓑ SM refining

**refirmar** ▸conjug 1a◂ VT (*LAm*) to reaffirm

**refistolería** SF [1] (*CAm*) (= *intriga*) scheming nature
[2] (*Méx*) (= *presunción*) vanity
[3] (*Caribe**) (= *zalamería*) boot-licking*

**refistolero** ADJ [1] (*CAm*) (= *intrigante*) intriguing, scheming
[2] (*Méx*) (= *presuntuoso*) vane
[3] (*Caribe*) (= *zalamero*) greasy, oily

**reflación** SF reflation

**reflacionar** ▸conjug 1a◂ VT to reflate

**reflectante** ADJ reflective

**reflector** SM [1] (= *cuerpo que refleja*) reflector ► **reflector posterior** (*Aut*) rear reflector
[2] (*Elec*) spotlight; (*Aer, Mil*) searchlight

**reflejar** ▸conjug 1a◂ Ⓐ VT [1] [+ *imagen, luz*] to reflect
[2] (= *manifestar*) to reflect; **la novela refleja la problemática social de la época** the novel reflects the social problems of the time; **su expresión reflejaba inquietud** you could see the worry in her face, she wore a worried expression (on her face)
Ⓑ **reflejarse** VPR [1] [*imagen, luz*] to be reflected
[2] (= *manifestarse*) **el temor se reflejaba en su rostro** fear was written on his face

**reflejo** Ⓐ ADJ [1] [*luz*] reflected
[2] [*movimiento*] reflex
[3] [*verbo*] reflexive
Ⓑ SM [1] (= *imagen*) reflection; **miraba su ~ en el agua** he was looking at his reflection in the water
[2] (= *índice*) reflection; **este es un ~ de la inquietud del pueblo** this reflects *o* is a reflection of people's unease
[3] (*Anat*) reflex; (= *acción*) reflex action; **tener buenos ~s** to have good reflexes; **perder ~s** (*fig*) to lose one's touch
[4] **reflejos** (= *brillo*) gleam *sing*, glint *sing*; **tiene ~s metálicos** it has a metallic glint
[5] **reflejos** (*en el pelo*) highlights; **tiene el pelo castaño con ~s rubios** she has chestnut hair with blond highlights
[6] (= *tinte para el pelo*) rinse; **darse un ~ azul** to have a blue rinse

**reflejoterapia** SF reflexology

**reflex**, **réflex** Ⓐ ADJ INV SLR, reflex
Ⓑ SF SLR camera

**reflexión** SF [1] (*Fís*) reflection
[2] (= *consideración*) reflection, thought; **con ~** on reflection; **sin ~** without thinking; **mis reflexiones sobre el problema** my reflections on the problem; **hacer reflexiones** to reflect

**reflexionar** ▸conjug 1a◂ Ⓐ VT to reflect on, think about, think over
Ⓑ VI (= *considerar*) to reflect (**sobre** on); (*antes de actuar*) to think, pause; **¡reflexione!** you think about it!, think for a moment!

**reflexivamente** ADV [1] (*Ling*) reflexively
[2] [*obrar*] thoughtfully, reflectively

**reflexividad** SF (*Ling*) reflexiveness

**reflexivo** ADJ [1] [*verbo*] reflexive
[2] [*persona*] thoughtful, reflective
[3] [*acto*] considered

**reflexología** SF reflexology

**reflexoterapia** SF reflex therapy

**reflotar** ▸conjug 1a◂ VT [+ *barco*] to refloat; [+ *empresa, negocio*] to relaunch, re-establish

**refluir** ▸conjug 3g◂ VI to flow back

**reflujo** SM ebb, ebb tide

**refocilación** SF, **refocilamiento** SM (= *placer*) huge enjoyment, great pleasure; (*pey*) (= *regodeo*) unhealthy pleasure, cruel pleasure

**refocilar** ▸conjug 1a◂ Ⓐ VT (= *encantar*) to delight; (= *divertir*) to amuse hugely; (= *alegrar*) to cheer up
Ⓑ VI (*Andes, Cono Sur*) [*rayo*] to flash
Ⓒ **refocilarse** VPR [1] (= *divertirse*) **~se con algo** to enjoy sth hugely, take great delight in sth; **se refocila viendo lo que sufre otro** he delights in *o* gloats over sb else's sufferings
[2] (= *alegrarse*) to cheer up no end

**refocilo** SM [1] = **refocilación**
[2] (*Andes*) (= *relámpago*) lightning

**reforestación** SF reforestation

**reforestar** ▸conjug 1a◂ VT to reforest

**reforma** SF [1] (= *modificación*) reform; **~s políticas** political reforms; **la Reforma** (*Rel*) the Reformation; (*Méx Pol*) *19th century reform movement* ► **reforma agraria** land reform ► **reforma educativa** education reform
[2] **reformas** (*en edificio, local*) alterations; **cerrado por ~s** closed for refurbishment, closed for alterations
[3] (*Cos*) alteration

**reformación** SF reform, reformation

**reformado** ADJ reformed

**reformador(a)** SM/F reformer

**reformar** ▸conjug 1a◂ Ⓐ VT [1] [+ *edificio*] to renovate; **van a ~ todas las casas del casco antiguo** they are going to renovate all the houses in the old quarter
[2] [+ *ley, sistema*] to reform; **han reformado los estatutos del partido** they have reformed the party statutes
[3] [+ *persona*] to reform; **su novia ha conseguido ~le y ya no bebe** his girlfriend has managed to reform him and he doesn't drink any more

4 (*Cos*) to alter
5 (*frm*) (= *formar de otro modo*) to re-form
Ⓑ **reformarse** VPR [*persona*] to reform, mend one's ways

**reformatear** ▸conjug 1a◂ VT (*Inform*) to reformat

**reformatorio** SM reformatory ► **reformatorio de menores** remand home, reform school (*EEUU*)

**reformismo** SM reforming policy, reforming attitude

**reformista** Ⓐ ADJ reforming
Ⓑ SMF reformist, reformer

**reforzado** ADJ reinforced

**reforzador** SM (*Elec*) booster; (*Fot*) intensifier

**reforzamiento** SM reinforcement, strengthening

**reforzar** ▸conjug 1f, 1l◂ VT 1 (*Arquit, Carpintería*) to reinforce
2 (= *fortalecer*) to reinforce, strengthen; **debemos ~ nuestra estrategia de ventas** we must reinforce *o* strengthen our sales strategy
3 (*Mil*) to reinforce
4 [+ *dosis*] to increase
5 (*Fot*) to intensify

**refracción** SF refraction

**refractante** ADJ refractive

**refractar** ▸conjug 1a◂ VT to refract

**refractario** ADJ 1 (*Téc*) fireproof, heat-resistant; (*Culin*) ovenproof
2 **ser ~ a la reforma** to be resistant *o* opposed to reform; **ser ~ a las lenguas** to have no aptitude for languages, be hopeless where languages are concerned

**refractivo** ADJ refractive

**refractor** SM refractor

**refrán** SM proverb, saying; **como dice el ~** as the saying goes

**refranero** SM collection of proverbs

**refraniento** ADJ (*Cono Sur*) much given to quoting proverbs

**refregar** ▸conjug 1h, 1j◂ VT 1 (= *frotar*) to rub, rub hard; (= *limpiar*) to scrub
2 (*fig*) (= *restregar*) **~ algo a algn** *o* **en las narices de algn** to rub sth in to sb, harp on about sth to sb

**refregón** SM 1 (= *frotamiento*) (*sin darse cuenta*) rub, rubbing; (*limpiando*) scrub, scrubbing
2 (= *señal*) rub mark

**refrenar** ▸conjug 1a◂ VT 1 [+ *caballo*] to rein back
2 [+ *pasiones, ánimos*] to restrain, hold in check

**refrendar** ▸conjug 1a◂ VT 1 (= *dar validez a*) [+ *documento*] to countersign; [+ *decisión, nominación*] to endorse
2 [+ *pasaporte*] to stamp
3 (*) (= *repetir*) to do again, repeat; [+ *comida*] to order more of, have a second helping of

**refrendo** SM 1 (= *acto*) [*de documento*] countersigning; [*de decisión*] endorsement
2 (= *firma*) countersignature

**refrescante** ADJ refreshing, cooling

**refrescar** ▸conjug 1g◂ Ⓐ VT 1 (= *enfriar*) to cool, cool down
2 [+ *conocimiento*] to brush up, polish up; **~ la memoria** to refresh one's memory
3 [+ *acto*] to repeat; [+ *enemistad, interés*] to renew
Ⓑ VI 1 (*Meteo*) to get cooler, cool down; **en septiembre ya refresca** it starts to get cooler in September
2 [*bebida*] to be refreshing
3 (*Méx Med*) to get better
Ⓒ **refrescarse** VPR 1 (= *tomar el aire*) to go out for a breath of fresh air
2 (= *lavarse*) to freshen up
3 (= *beber*) to have a drink; (*Andes, esp Col*) (= *tomar té*) to have tea

**refresco** SM soft drink; **nos tomamos unos ~s** we had some soft drinks *o* refreshments; **después del concierto nos ofrecieron un ~** they laid on some refreshments for us after the concert ► **refresco de cola** cola

**refresquería** SF (*LAm*) refreshment stall

**refri*** SM (*Méx*) fridge*

**refriega** SF (*de poca importancia*) scuffle; (*violenta*) brawl

**refrigeración** SF [*de comida*] refrigeration; (*Mec*) cooling; [*de casa*] air conditioning ► **refrigeración por agua** water cooling ► **refrigeración por aire** air cooling

**refrigerado** ADJ [*comida*] chilled; [*sala*] air-conditioned; **~ por agua** water-cooled; **~ por aire** air-cooled

**refrigerador** Ⓐ ADJ cooling, refrigerating
Ⓑ SM 1 (= *frigorífico*) refrigerator, fridge
2 (*para el aire acondicionado*) cooling unit, cooling system

**refrigeradora** SF (*LAm*) refrigerator, fridge

**refrigerante** Ⓐ ADJ cooling, refrigerating
Ⓑ SM (*Quím*) refrigerant, coolant

**refrigerar** ▸conjug 1a◂ VT (= *enfriar*) to chill, refrigerate; (*Téc*) to refrigerate; (*Mec*) to cool; [+ *sala*] to air-condition

**refrigerio** SM 1 (= *piscolabis*) snack; (= *bebida*) cooling drink
2 (= *alivio*) relief

**refrior** SM chill, chill in the air

**refrito** Ⓐ ADJ 1 (*Culin*) refried
2 [*obra*] revised, rehashed
Ⓑ SM rehash, revised version

**refucilar** ▸conjug 1a◂ VI (*Andes, Cono Sur*) = **refocilar B**

**refucilo** SM (*Andes, Cono Sur*) lightning

**refuerzo** SM 1 (= *reforzamiento*) reinforcement
2 (*Téc*) support
3 **refuerzos** (*Mil*) reinforcements
4 (= *ayuda*) aid

**refugiado/a** ADJ, SM/F refugee

**refugiarse** ▸conjug 1b◂ VPR (= *acogerse a un refugio*) to take refuge; (= *cobijarse*) to shelter (**en** in); **se refugió en un país vecino** he fled to a neighbouring country

**refugio** SM 1 (= *sitio*) refuge, shelter; **acogerse a un ~** to take refuge, (take) shelter (**en** in); ► **refugio alpino** mountain hut ► **refugio antiaéreo** air-raid shelter ► **refugio antiatómico**, **refugio antinuclear**, **refugio atómico** fallout shelter ► **refugio de caza** hunting lodge ► **refugio de montaña** mountain hut ► **refugio fiscal** tax shelter ► **refugio nuclear** fallout shelter ► **refugio subterráneo** (*Mil*) underground shelter, dugout
2 (*Esp Aut*) street island

**refulgencia** SF (*frm*) brilliance, refulgence (*frm o liter*)

**refulgente** ADJ (*frm*) brilliant, refulgent (*frm o liter*)

**refulgir** ▸conjug 3c◂ VI (*frm*) to shine, shine brightly

**refundar** ▸conjug 1a◂ VT to relaunch

**refundición** SF 1 (*Téc*) recasting
2 [*de obra*] new version, adaptation

**refundidor(a)** SM/F reviser, adapter

**refundir** ▸conjug 3a◂ Ⓐ VT 1 (*Téc*) to recast
2 [+ *obra*] to adapt, rewrite
3 (*Andes, CAm, Méx*) (= *perder*) to lose, mislay
4 (*Cono Sur*) (= *arruinar*) to ruin, crush; (‡) [+ *candidato*] to plough‡, plow (*EEUU*)
5 (*CAm*) (= *guardar*) to keep carefully
Ⓑ **refundirse** VPR (*Andes, CAm, Méx*) to get lost, be mislaid

**refunfuñar** ▸conjug 1a◂ VI (= *gruñir*) to growl; (= *quejarse*) to grumble

**refunfuño** SM (= *gruñido*) growl, grunt; (= *queja*) grumble

**refunfuñón/ona*** Ⓐ ADJ grumpy
Ⓑ SM/F grouch*

**refusilo** SM (*Andes, Chile*) lightning

**refutable** ADJ refutable; **fácilmente ~** easily refuted

**refutación** SF refutation

**refutar** ▸conjug 1a◂ VT to refute

**regada** SF watering

**regadera** SF 1 (*Hort*) watering can; ✦MODISMO **estar como una ~** (*Esp**) to be crazy
2 (*Méx*) shower

**regadío** SM **de ~** irrigated; **tierra de ~** irrigated land; **cultivo de ~** crop that grows on irrigated land

**regadizo** ADJ irrigable

**regador** SM (*Cono Sur*) watering can

**regadura** SF (*en jardín*) sprinkling, watering; (*Agr*) irrigation

**regala** SF gunwale

**regaladamente** ADV [*vivir*] in luxury; **comer ~** to eat extremely well

**regalado** ADJ 1 (= *cómodo*) comfortable, pleasant; (*pey*) (= *fácil*) soft; ✦MODISMO **hace su regalada gana** (*LAm**) she does exactly what she likes *o* goes her own sweet way
2 (= *delicado*) dainty, delicate
3 (= *gratis*) free, given away; **me lo dio medio ~** he gave it to me for a song; **no lo quiero ni ~** I wouldn't have it at any price

**regalar** ▸conjug 1a◂ Ⓐ VT 1 (= *dar como regalo*) to give, give as a present; **~ algo a algn** to give sb sth, make sb a present of sth; **en su jubilación le ~on este reloj** they gave him this clock on his retirement, they presented him with this clock on his retirement; **están regalando plumas** they're giving pens away; **regaló el balón** (*Dep*) he gave the ball away
2 (*frm*) (= *agasajar*) **~ a algn con un banquete** to hold a dinner in sb's honour *o* (*EEUU*) honor; **le ~on con toda clase de atenciones** they lavished attention on him
Ⓑ **regalarse** VPR (= *darse gusto*) to indulge o.s., pamper o.s.

**regalía** SF 1 (= *privilegio*) privilege, prerogative
2 **regalías** [*del rey*] royal prerogatives; (*Com*) (= *bonificación*) bonus *sing*, perquisite *sing*; (= *derechos*) royalties *pl*; (= *adelanto*) advance payment *sing*

[3] (*esp LAm*) (= *regalo*) gift, present
[4] (*Caribe*) (= *excelencia*) excellence, goodness

**regaliz** SM, **regaliza** SF liquorice, licorice ► **regaliz de palo** stick of liquorice

**regalo** SM [1] (= *obsequio*) present, gift; **dar** *o* **hacer a algn un ~** to give sb a present *o* gift; **de ~: dan estos libros de ~** they're giving these books away; **entrada de ~** complimentary ticket; **estuche de ~** presentation case; **un libro de ~** a free book ► **regalo de boda** wedding present ► **regalo de Navidad, regalo de Reyes** Christmas present
[2] (= *deleite, placer*) pleasure; [*de comida*] treat, delicacy; **es un ~ para el oído** it's a treat to listen to; **un ~ del cielo** a godsend
[3] (††) (= *comodidad*) luxury, comfort

**regalón** ADJ [1] (= *comodón*) comfort-loving
[2] [*vida*] (= *de lujo*) of luxury; (*pey*) (= *fácil*) soft, easy
[3] (*LAm*) (= *predilecto*) **es el ~ de su padre** he's the apple of his father's eye, he's his daddy's pet
[4] (*Andes*) (= *obsequioso*) fond of giving presents

**regalonear** ►conjug 1a◄ (*Cono Sur*) Ⓐ VT (= *mimar*) to spoil, pamper
Ⓑ VI (= *dejarse mimar*) to allow o.s. to be pampered

**regañada*** SF (*CAm, Méx*) = **regaño**

**regañadientes**: **a ~** ADV unwillingly, reluctantly

**regañado** ADJ **estar ~ con algn** to be at odds with sb

**regañar** ►conjug 1a◄ Ⓐ VT to scold, tell off*
Ⓑ VI [1] [*persona*] to grumble, grouse*
[2] [*dos personas*] to fall out, quarrel
[3] (††) [*perro*] to snarl, growl

**regañina** SF = **regaño 1**

**regaño** SM [1] (= *reprimenda*) scolding, telling-off*; **merecerse un ~** to get a telling off*
[2] (= *gruñido*) snarl, growl; (= *mueca*) scowl; (= *queja*) grumble, grouse*

**regañón** ADJ (= *gruñón*) grumbling; [*mujer*] nagging

**regar** ►conjug 1h, 1j◄ Ⓐ VT [1] [+ *planta, parterre*] to water; [+ *campo, terreno*] to irrigate; [+ *calle*] to hose down; **regó la carta con lágrimas** (*liter*) she cried all over the letter
[2] (*Culin*) **~on la cena con Rioja** they washed the meal down with some Rioja; **durante la cocción se riega la carne con su jugo** whilst it is cooking, baste the meat in its own juice
[3] (*Geog*) [*río*] to water; [*mar*] to wash; **una costa regada por un mar tranquilo** a coast washed by a calm sea
[4] [+ *herida*] to wash, bathe (**con, de** with)
[5] (= *esparcir*) to sprinkle, scatter; **iba regando monedas** he was dropping money all over the place
[6] (*Andes, CAm**) (= *derramar*) to spill; (= *derribar*) to knock over, knock down
[7] (*Caribe*) (= *pegar*) to hit
Ⓑ VI [1] (*Caribe**) (= *bromear*) to joke; **está regando** she's having us on*
[2] (*Caribe*) (= *actuar sin pensar*) to act rashly
[3] **~la** (*Méx‡*) (= *fracasar*) to screw it up‡, make a mess of it
Ⓒ **regarse** VPR [1] (*CAm, Méx*) (= *dispersarse*) to scatter, scatter in all directions
[2] (*Caribe**) (= *enfadarse*) to get cross
[3] (*LAm*) (= *ducharse*) to shower, take a shower

**regata¹** SF (*Agr*) irrigation channel

**regata²** SF (*Náut*) (= *una carrera*) race, boat race; (= *varias carreras*) regatta

**regate** SM [1] (= *movimiento*) swerve, dodge; (*Dep*) dribble
[2] (= *treta*) dodge, ruse

**regatear¹** ►conjug 1a◄ VI (*Náut*) to race

**regatear²** ►conjug 1a◄ Ⓐ VT [1] (*Com*) [+ *objeto, precio*] to haggle over, bargain over
[2] (= *economizar*) to be mean with, economize on; **aquí regatean el vino** they are mean with their wine here; **su padre no le regatea dinero** her father does not keep her short of money; **no hemos regateado esfuerzos para terminarlo** we have spared no effort to finish it
[3] (*frm*) (= *negar*) to deny, refuse to allow; **no le regateo buenas cualidades** I don't deny his good qualities
Ⓑ VI [1] (*Com*) to haggle, bargain
[2] (= *esquivar*) to swerve, dodge; (*Dep*) to dribble
Ⓒ **regatearse** VPR **~se algo** (*LAm*) to haggle over sth

**regateo** SM [1] (*Com*) haggling, bargaining
[2] (*Dep*) dribbling

**regatista** SMF (= *participante*) competitor (*in yacht race*); (= *aficionado*) yachtsman/yachtswoman

**regato** SM pool

**regatón¹** SM [*de bastón*] tip, ferrule

**regatón²** Ⓐ ADJ (*Com*) haggling
Ⓑ SM (*Caribe**) (= *restos*) dregs *pl*
Ⓒ SMF (*Méx**) (= *comerciante*) small-time dealer

**regazo** SM lap

**regencia** SF regency

**regeneración** SF regeneration

**regenerado** ADJ regenerate

**regenerador** ADJ regenerative

**regeneramiento** SM regeneration

**regenerar** ►conjug 1a◄ VT to regenerate

**regenta** SF wife of the regent

**regentar** ►conjug 1a◄ VT [1] (= *dirigir*) [+ *hotel, negocio*] to run, manage; [+ *destinos*] to guide, preside over
[2] (= *ocupar*) [+ *puesto permanente*] to occupy, hold; [+ *puesto temporal*] to hold temporarily

**regente** Ⓐ ADJ [1] [*príncipe*] regent
[2] [*director*] managing
Ⓑ SMF [1] (*Pol*) regent
[2] [*de fábrica*] manager; (*Esp Farm*) chief pharmacist
Ⓒ SM (*Méx*) (= *alcalde*) mayor

**reggae** ['reɣe] SM reggae

**regiamente** ADV regally

**regicida** SMF regicide

**regicidio** SM regicide

**regidor(a)** Ⓐ ADJ [*principio*] governing, ruling
Ⓑ SM/F [1] (*Teat*) stage manager
[2] (*TV*) floor manager
Ⓒ SM (*Hist*) alderman

**regiego** ADJ, SM = **rejego**

**régimen** SM (*pl* **regímenes**) [1] (*Pol*) régime; **antiguo ~** ancien régime; **bajo el ~ del dictador** under the dictator's régime *o* rule ► **régimen del terror** reign of terror
[2] (*Med*) (*tb* **~ alimenticio**) diet; **estar a ~** to be on a diet; **poner a algn a ~** to put sb on a diet; **ponerse a ~** to go on a diet; **hacer ~** to be on a diet ► **régimen de adelgazamiento** diet, slimming diet ► **régimen lácteo** milk diet
[3] (= *reglas*) rules *pl*, set of rules; **en ~ de franquicia** under franchise; **prisión de ~ abierto** open prison; **he cambiado de ~ de vida** I have changed my whole way of life; **alojamiento en ~ de pensión completa** full board; **viviendas en ~ de alquiler** homes for rent ► **régimen tributario** tax system

**regimentación** SF regimentation

**regimiento** SM [1] (*Mil*) regiment
[2] (*) (= *multitud*) crowd

**Reginaldo** SM Reginald

**regio** Ⓐ ADJ [1] (= *real*) royal, regal
[2] (= *suntuoso*) splendid, majestic
[3] (*Andes, Cono Sur**) (= *genial*) great*, terrific*
Ⓑ EXCL (*Andes, Cono Sur**) great!*, fine!

**regiomontano/a** Ⓐ ADJ of/from Monterrey
Ⓑ SM/F native/inhabitant of Monterrey; **los ~s** the people of Monterrey

**región** SF [1] (*Geog, Pol*) region; (= *área*) area, part
[2] (*Anat*) region

**regional** ADJ regional

**regionalismo** SM regionalism

**regionalista** ADJ, SMF regionalist

**regionalización** SF regionalization

**regir** ►conjug 3c, 3k◄ Ⓐ VT [1] [+ *país*] to rule, govern; [+ *colegio*] to run; [+ *empresa*] to manage, run
[2] (*Econ, Jur*) to govern; **según el reglamento que rige estos casos** according to the statute which governs these cases; **los factores que rigen los cambios del mercado** the factors which govern *o* control changes in the market
[3] (*Ling*) to take; **ese verbo rige el dativo** that verb takes the dative
Ⓑ VI [1] (= *estar en vigor*) [*ley, precio*] to be in force; [*condición*] to prevail, obtain; **esa ley ya no rige** that law is no longer in force; **cuando estas condiciones ya no rijan** when these conditions no longer obtain
[2] (*con mes, año*) **el mes que rige** the present month, the current month
[3] (= *funcionar*) to work, go; **el timbre no rige** the bell doesn't work
[4] (*) (= *estar cuerdo*) **no ~** to have a screw loose*, not be all there*
Ⓒ **regirse** VPR **~se por** to be ruled by, be guided by, go by

**regista** SMF producer

**registrado** ADJ [1] (= *anotado*) registered
[2] (*Méx Correos*) (= *certificado*) registered

**registrador(a)** Ⓐ SM/F [1] (*Admin*) (= *persona*) recorder, registrar
[2] ► **registrador(a) de sonido** (*TV*) sound recordist
Ⓑ SM ► **registrador de vuelo** flight recorder

**registradora** SF (*Com*) cash register

**registrar** ►conjug 1a◄ Ⓐ VT [1] [+ *equipaje, lugar, persona*] to search; **lo hemos registrado todo de arriba abajo** we have searched the whole place from top to bottom; ✦***MODISMO*** **¡a mí que me registren!*** search me!*
[2] (= *anotar*) to register, record; **han registra-**

**do el nacimiento de su hijo** they have registered the birth of their son
[3] [+ *temperatura, terremoto*] to record, register; [+ *terremoto, temblor*] to register; **el termómetro registró una mínima de diez grados** the thermometer recorded *o* registered a minimum temperature of ten degrees
[4] (*Mús*) to record; **~ la voz en una cinta** to record one's voice on tape
[5] (*Méx*) [+ *correo*] to register
[6] **~ un libro**† to mark one's place in a book
Ⓑ **registrarse** VPR [1] (= *apuntarse*) to register; **tienes que ~te en el consulado** you have to register at the consulate; **me registré en el hotel** I checked into the hotel
[2] (= *ocurrir*) **hoy se han registrado las temperaturas más altas del año** the highest temperatures this year were recorded today; **se han registrado lluvias en toda la región** there was rain throughout the whole region; **se han registrado algunos casos de tifus** a few cases of typhus have been reported; **el cambio que se ha registrado en su actitud** the change which has occurred in his attitude

**registro** SM [1] (= *acción*) registration, recording
[2] (= *libro*) register; (*Inform*) record; **firmar el ~** to sign the register; **capacidad de ~** storage facility, recording capacity ► **registro catastral** land registry ► **registro de casamientos** register of marriages ► **registro de defunciones** register of deaths ► **registro de la propiedad inmobiliaria** land registry ► **registro de nacimientos** register of births ► **registro electoral** electoral register, electoral roll ► **registro lógico** logical record ► **registro mercantil** business register ► **registro parroquial** parish register
[3] (= *lista*) list, record; (= *apunte*) note ► **registro de erratas** list of errata
[4] (= *entrada*) entry
[5] (= *oficina*) registry, record office ► **registro civil** ≈ registry office, ≈ county clerk's office (*EEUU*) ► **registro de la propiedad** (= *oficina*) land registry, land registry office ► **registro de patentes y marcas** patent office
[6] (= *búsqueda*) search; (= *inspección*) inspection; **practicar un ~** to make a search (**en** of); **orden de ~** search warrant ► **registro domiciliario** house search ► **registro policíaco** police search
[7] (*Mús*) (= *grabación*) recording; **es un buen ~ de la sinfonía** it is a good recording of the symphony
[8] (*Mús*) (= *timbre*) [*de la voz*] register; [*del órgano*] stop; [*del piano*] pedal; ✦**MODISMOS adoptar un ~ muy raro** ◊ **salir por un ~ muy raro** to adopt a very odd tone; **mira por qué ~ nos sale ahora** look what he's coming out with now; **tocar todos los ~s** to pull out all the stops
[9] (*Téc*) manhole
[10] (*Ling*) register
[11] (*Dep*) (= *marca*) personal best; (= *récord*) record
[12] [*de reloj*] regulator
[13] (*Tip*) register; **estar en ~** to be in register
[14] (*Andes, Cono Sur*) (= *tienda*) wholesale textiles store

**regla** SF [1] (= *instrumento*) ruler ► **regla de cálculo** slide rule ► **regla de un pie** 12-inch rule ► **regla en T**, **regla T** T-square
[2] (= *norma*) rule; **las ~s del ajedrez** the rules of chess; **~s para utilizar una máquina** instructions for the use of a machine; **no hay ~ sin excepción** every rule has its exception; **las cuatro ~s** *addition, subtraction, multiplication and division*; **en ~** in order; **no tenía los papeles en ~** his papers were not in order; **todo está en ~** everything is in order; **poner algo en ~** to put sth straight; **por ~ general** generally, as a rule; **salir de ~** to overstep the mark; **en toda ~**: **hacer algo en toda ~** to do sth properly; **es un español en toda ~** he's a real Spaniard, he's a Spaniard through and through ► **reglas del juego** rules of the game ► **regla de tres** rule of three; **¿por qué ~ de tres ...?** (*Esp**) why on earth ...? ► **reglas de oro** golden rules
[3] (= *menstruación*) period
[4] (= *moderación*) moderation, restraint; **comer con ~** to eat in moderation
[5] (*Rel*) rule, order; **viven según la ~ benedictina** they live according to the Benedictine rule

**reglable** ADJ adjustable

**reglaje** SM [1] (*Mec*) adjustment ► **reglaje de neumáticos** wheel alignment
[2] (*Mil*) correction, correction of aim

**reglamentación** SF [1] (= *acción*) regulation
[2] (= *reglas*) regulations *pl*, rules *pl*

**reglamentar** ▸conjug 1a◂ VT to regulate

**reglamentariamente** ADV in due form, according to the rules

**reglamentario** ADJ [*uniforme*] regulation *antes de s*; **pistola reglamentaria** standard issue pistol; **en el traje ~** in the regulation dress; **en la forma reglamentaria** in the properly established way; **es ~** + INFIN the regulations stipulate that

**reglamento** SM (= *reglas*) rules *pl*, regulations *pl*; [*de reunión, sociedad*] standing order, standing orders *pl*; (*municipal*) by-law; [*de profesión*] code of conduct; **pistola de ~** standard issue pistol ► **reglamento de aduana** customs regulations *pl* ► **reglamento del tráfico** highway code

**reglar** ▸conjug 1a◂ Ⓐ VT [1] [+ *papel*] to rule
[2] [+ *acciones*] to regulate
[3] (*Mec*) to check, overhaul
[4] (*Mil*) [+ *puntería*] to correct
Ⓑ **reglarse** VPR **~se a** to abide by, conform to; **~se por** to be guided by

**regleta** SF space

**regletear** ▸conjug 1a◂ VT to space out

**regocijadamente** ADV merrily, joyfully

**regocijado** ADJ [1] [*carácter*] jolly, cheerful
[2] [*estado, humor*] merry, joyful

**regocijar** ▸conjug 1a◂ Ⓐ VT to gladden, delight; **la noticia regocijó a la familia** the news delighted the family, the news filled the family with joy; **un chiste que regocijó a todos** a joke which made everyone laugh; **creó un personaje para ~ a los niños** she created a character to amuse children
Ⓑ **regocijarse** VPR [1] (= *alegrarse*) to rejoice, be glad (**de, por** about, at); **se regocija de la mala suerte de otros** he delights in somebody else's misfortunes
[2] (= *reírse*) to laugh; **~se con un chiste** to laugh at a joke
[3] (= *pasarlo bien*) to have a good time

**regocijo** SM [1] (= *alegría*) joy, happiness; (= *júbilo*) delight, elation
[2] (††) (= *regodeo*) gloating (**por** over)
[3] **regocijos**†† (= *fiestas*) festivities, celebrations ► **regocijos navideños** Christmas festivities ► **regocijos públicos** public rejoicing

**regodearse** ▸conjug 1a◂ VPR [1] **~ con** *o* **en algo** to gloat over sth
[2] (*LAm**) (= *ser exigente*) to be fussy, be hard to please

**regodeo** SM [1] (= *broma*) joking
[2] (= *deleite*) delight; (*pey*) (= *refocilo*) perverse pleasure *o* delight

**regodeón** (*LAm*) ADJ [1] (= *exigente*) fussy, hard to please
[2] (= *egoísta*) self-indulgent

**regodiente** ADJ (*Andes*) fussy, hard to please

**regojo** SM [1] (= *pan*) piece of left-over bread
[2] (*) (= *persona*) tich*, titch*

**regoldar*** ▸conjug 1l◂ VI to belch

**regordete** ADJ [*persona*] chubby, plump; [*manos*] fat

**regosto** SM longing, craving (**de** for)

**regresar** ▸conjug 1a◂ Ⓐ VI (= *venir*) to return, come back; (= *irse*) to return, go back
Ⓑ VT (*LAm*) to give back, return
Ⓒ **regresarse** VPR (*LAm*) = **A**

**regresión** SF [1] (= *acción*) (*tb Psic*) regression
[2] (= *retroceso*) [*de productividad*] fall, decrease; [*de actividad cultural*] decline ► **regresión demográfica** population decline, fall in population

**regresivo** ADJ regressive, backward

**regreso** SM return; **viaje de ~** return trip; **emprender el ~ a** to return to, come/go back to; **estar de ~** to be back; **de ~** on the way back, on my/his/our *etc* way back; **de ~ a casa tuvimos una avería** the car broke down on the way home; **nos enteraremos al ~** we'll find out once we get back

**regro** ADJ (*Caribe*) great*, fabulous*

**regto.** ABR (= **regimiento**) Regt., Rgt

**regüeldo** SM (*frm*) belch, belching

**reguera** SF [1] (*Agr*) irrigation channel
[2] (*Náut*) cable, mooring rope, anchor chain

**reguero** SM [1] (= *señal*) track; [*de sangre*] trickle; [*de humo, pólvora*] trail; ✦**MODISMO propagarse como un ~ de pólvora** to spread like wildfire
[2] (*Agr*) irrigation ditch

**reguío** SM (*Andes*) = **riego**

**regulable** ADJ adjustable

**regulación** SF [1] (*con reglas*) regulation; (*Mec*) adjustment; (= *control*) control ► **regulación de la natalidad** birth control ► **regulación del tráfico** traffic control ► **regulación del volumen sonoro** (*Radio*) volume control
[2] (*euf*) (= *reducción*) reduction ► **regulación de empleo** redundancy ► **regulación de jornada** cut in working hours ► **regulación de plantilla** staff cut

**regulador** Ⓐ ADJ regulating, regulatory
Ⓑ SM (*Mec*) regulator, throttle; (*Radio*) control, button ► **regulador de intensidad (de luz)** dimmer, dimmer switch ► **regulador del volumen (sonoro)** volume control

**regular**[1] ADJ [1] (= *normal*) normal, usual
[2] (= *común*) ordinary; **por lo ~** as a rule, generally
[3] (= *uniforme*) regular; **a intervalos ~es** at regular intervals; **tiene un latido ~** it has a regular beat

4 (= *mediano*) medium, average; **de tamaño ~** medium-sized, average-sized
5 (= *no muy bueno*) so-so, not too bad; **es una novela ~** it's an average sort of novel; **—¿qué tal la fiesta? —regular** "what was the party like?" — "it was O.K. *o* all right *o* not too bad"; **—¿qué tal estás? —regular** "how are you?" — "so-so *o* all right *o* can't complain"
6 (*Rel, Mil*) regular

**regular**[2] ▸conjug 1a◂ VT 1 (= *ajustar*) to regulate, control; [*ley*] to govern; [+ *tráfico, precio*] to control
2 (*Mec*) to adjust, regulate; [+ *reloj*] to put right; [+ *despertador*] to set
3 (*Méx*) (= *calcular*) to calculate

**regularcillo*** ADJ = **regular**[1] **5**

**regularidad** SF regularity; **con ~** regularly

**regularización** SF (= *legalización*) regularization; (= *acomodación*) standardization

**regularizar** ▸conjug 1f◂ VT (= *ajustar, legalizar*) to regularize; (= *acomodar*) to standardize, bring into line

**regularmente** ADV regularly

**régulo** SM (*frm*) kinglet, petty king

**regurgitación** SF regurgitation

**regurgitar** ▸conjug 1a◂ VT to regurgitate

**regustado** ADJ (*Caribe*) well-satisfied

**regustar** ▸conjug 1a◂ VT (*Caribe, Méx*) to taste, relish, savour, to savor (*EEUU*)

**regusto** SM aftertaste; **queda siempre el ~** it leaves a bad taste in the mouth

**rehabilitación** SF 1 [*de enfermo, delincuente*] rehabilitation
2 (*en cargo*) reinstatement
3 [*de edificio*] restoration
4 [*de una máquina*] overhaul

**rehabilitar** ▸conjug 1a◂ VT 1 [+ *persona*] to rehabilitate; (*en cargo*) to reinstate
2 (*Arquit*) to restore, renovate; (*Mec*) to overhaul

**rehacer** ▸conjug 2r◂ Ⓐ VT 1 (= *hacer de nuevo*) to do again, redo; **tengo que ~ toda la carta** I have to do the whole letter again, I have to redo the whole letter again
2 (= *recomponer*) **no ha podido ~ su vida** he hasn't been able to piece his life together again *o* rebuild his life
Ⓑ **rehacerse** VPR 1 (= *reponerse*) to recover; **~se de algo** to get over sth, recover from sth
2 (*Mil*) to re-form

**rehecho** ADJ 1 (= *robusto*) thickset, chunky
2 (= *descansado*) rested

**rehén** SMF hostage

**rehenchir** ▸conjug 3l◂ VT to fill, stuff, pack (**de** with)

**rehilar** ▸conjug 1a◂ VI 1 (= *temblar*) to quiver, shake
2 [*flecha*] to hum

**rehilete** SM 1 (= *flecha*) dart; (*Taur*) banderilla
2 (*Dep*) (= *volante*) shuttlecock
3 (= *comentario*) taunt

**rehogar** ▸conjug 1h◂ VT to sauté, toss in oil

**rehostia**** Ⓐ EXCL damn it!
Ⓑ SF **esto es la ~** this is the absolute limit; **se cree que es la ~** he thinks he's the best thing since sliced bread*

**rehuir** ▸conjug 3g◂ VT to avoid; **Juan me rehúye** Juan is avoiding me; **rehúye de las situaciones difíciles** she avoids *o* runs away from difficult situations

**rehusar** ▸conjug 1a◂ Ⓐ VT to refuse; **~ hacer algo** to refuse to do sth
Ⓑ VI to refuse

**reidero*** ADJ amusing, funny

**reidor** ADJ (*frm*) merry, laughing

**reilón** ADJ (*Caribe*) (= *que se ríe*) given to laughing a lot, giggly; (= *alegre*) merry

**reimplantar** ▸conjug 1a◂ VT to re-establish, reintroduce

**reimponer** ▸conjug 2q◂ VT to reimpose

**reimpresión** SF reprint, reprinting

**reimprimir** ▸conjug 3a◂ VT to reprint

**reina** Ⓐ SF 1 (= *monarca*) queen ► **reina de (la) belleza** beauty queen ► **reina de la fiesta** carnival queen ► **reina madre** queen mother ► **reina mora** (= *juego*) hopscotch ► **reina viuda** dowager queen
2 (*Ajedrez*) queen
3 (*Entomología*) queen
4 (*Bot*) ► **reina claudia** greengage
5 (*) (= *droga*) pure heroin
Ⓑ ADJ INV **la prueba ~** the main event

**reinado** SM reign; **bajo el ~ de** in the reign of

**Reinaldo** SM Reginald

**reinante** ADJ 1 (= *soberano*) reigning
2 (*fig*) (= *que prevalece*) prevailing

**reinar** ▸conjug 1a◂ VI 1 [*rey, reina*] to reign, rule
2 [*caos, confusión, paz*] to reign; **reina una confusión total** total confusion reigns, there is total confusion; **entre la población reinaba el descontento** there was widespread discontent among the population; **reinan las bajas temperaturas** there are low temperatures everywhere, low temperatures prevail everywhere

**reinauguración** SF reinauguration

**reinaugurar** ▸conjug 1a◂ VT to reinaugurate

**reincidencia** SF 1 (= *acto*) relapse (**en** into)
2 (= *tendencia*) recidivism

**reincidente** SMF recidivist, persistent offender

**reincidir** ▸conjug 3a◂ VI (= *recaer*) to relapse (**en** into); [*criminal*] to reoffend; [*pecador*] to backslide

**reincorporación** SF 1 [*de trabajador*] (*tras descanso, vacaciones*) return; (*tras despido*) reinstatement
2 [*de colonia, territorio*] reincorporation

**reincorporar** ▸conjug 1a◂ Ⓐ VT 1 [+ *colonia, territorio*] to reincorporate
2 [+ *trabajador*] to reinstate
Ⓑ **reincorporarse** VPR **~se a algo** to rejoin sth; **~se al trabajo** (*tras vacaciones, descanso*) to return to work; (*tras despido*) to be reinstated

**reindustrialización** SF restructuring of industry

**reineta** Ⓐ ADJ **manzana ~** pippin
Ⓑ SF pippin

**reingresar** ▸conjug 1a◂ VI **~ en** to re-enter

**reingreso** SM re-entry (**en** into)

**reinicializar** ▸conjug 1f◂ VT (*Inform*) to reset, reboot

**reiniciar** ▸conjug 1b◂ VT to begin again

**reinicio** SM new beginning

**reino** SM kingdom ► **reino animal** animal kingdom ► **reino vegetal** plant kingdom; **el Reino Unido** the United Kingdom

**reinona*** SF (= *mariquita*) fairy*, fag (*EEUU**)

**reinoso/a** SM/F 1 (*Andes*) [*del interior*] inlander, inhabitant of the interior (*esp of the cold eastern upland*)
2 (*Caribe*) Colombian

**reinserción** SF ► **reinserción en la sociedad, reinserción social** social rehabilitation, assimilation into society

**reinsertado/a** SM/F (= *ex-terrorista*) reformed terrorist

**reinsertar** ▸conjug 1a◂ Ⓐ VT to rehabilitate, assimilate into society
Ⓑ **reinsertarse** VPR **~se en la sociedad** to resume an ordinary social life

**reinstalar** ▸conjug 1a◂ VT 1 [+ *aparato*] to reinstall
2 (*en un puesto*) to reinstate

**reinstauración** SF restoration

**reinstaurar** ▸conjug 1a◂ VT to restore

**reintegrable** ADJ returnable, refundable

**reintegración** SF 1 (*a cargo*) reinstatement (**a** in)
2 (*Fin*) refund, repayment
3 (= *vuelta*) return (**a** to)

**reintegrar** ▸conjug 1a◂ Ⓐ VT 1 (= *restituir, reconstituir*) to reintegrate
2 [+ *persona*] to reinstate (**a** in)
3 (*Fin*) [+ *dinero*] to pay back; **~ a algn una cantidad** to refund *o* pay back a sum to sb; **le han reintegrado todos sus gastos** he has been reimbursed for all his expenses
4 [+ *documento*] to attach a fiscal stamp to
Ⓑ **reintegrarse** VPR **~se a** to return to

**reintegro** SM 1 (*Fin*) refund, reimbursement; (*en banco*) withdrawal
2 [*de lotería*] return of one's stake
3 (= *sello*) fiscal stamp, cost of a fiscal stamp

**reintroducción** SF reintroduction

**reintroducir** ▸conjug 3n◂ VT to reintroduce

**reinventar** ▸conjug 1a◂ VT to reinvent

**reinversión** SF reinvestment

**reinvertir** ▸conjug 3i◂ VT to reinvest

**reír** ▸conjug 3l◂ Ⓐ VI 1 [*persona*] to laugh; **no me hagas ~** don't make me laugh; **echarse a ~** to burst out laughing; ✦***MODISMO* ~ como un loco** to laugh one's head off; ✦***REFRÁN* el que ríe el último, ríe mejor** *o* **más fuerte** he who laughs last laughs longest
2 (*liter*) [*ojos*] to laugh (*liter*), sparkle; [*campo, mañana, naturaleza*] to sparkle, glow
Ⓑ VT to laugh at; **todos le ríen los chistes** everybody laughs at his jokes
Ⓒ **reírse** VPR 1 to laugh; **~se con algo/algn**: **todos se ríen con sus chistes** everybody laughs at his jokes; **siempre nos reímos con él** we always have a good laugh with him; **~se de algn/algo** to laugh at sb/sth; **se está riendo de mí** he's laughing at me; **¿de qué te ríes?** what are you laughing at?; ✦***MODISMO* ¡déjame que me ría!** that's a good one!
2 (*) (= *estar roto*) **estos zapatos se ríen** these shoes are split wide open at the toes; **la chaqueta se me ríe por los codos** my jacket has worn through at the elbows

**reiteración** SF reiteration (*frm*), repetition; **llamada de ~** (*Com*) follow-up call; **visita de ~** (*Com*) follow-up visit

**reiteradamente** ADV repeatedly

**reiterado** ADJ repeated

**reiterar** ▸conjug 1a◂ VT to reiterate (*frm*), to repeat

**reiterativo** ADJ reiterative

**reivindicable** ADJ recoverable, recoverable at law

**reivindicación** SF [1] (= *reclamación*) demand; **el gobierno ha rechazado las reivindicaciones de los sindicatos** the government have rejected the union's demands ► **reivindicación salarial** pay claim, wage claim
[2] [*de asesinato, crimen*] **se produjo la ~ del atentado** responsibility for the attack has been claimed
[3] (= *desagravio*) **una lucha por la ~ de la memoria de Galileo** a fight to vindicate Galileo's memory; **era la justa ~ de los políticos de la República** it was a fair reappraisal of the politicians of the Republic
[4] (*Jur*) recovery

**reivindicar** ▸conjug 1g◂ Ⓐ VT [1] (= *reclamar*) [+ *derechos, condiciones, independencia*] to demand; [+ *herencia*] to claim; **reivindican subidas salariales** they are demanding pay increases
[2] [+ *asesinato, crimen*] to claim responsibility for; **han reivindicado la autoría del atentado** they have claimed responsibility for the attack
[3] (= *desagraviar*) [+ *reputación*] to vindicate; **reivindican la memoria de los poetas asesinados** they're demanding a reappraisal of the murdered poets
[4] (*Jur*) to recover
[5] (*LAm**) (= *exigir*) to demand
Ⓑ **reivindicarse** VPR (*LAm*) to vindicate o.s.

**reivindicativo** ADJ, **reivindicatorio** ADJ [*movimiento, acto, plataforma*] protest *antes de s*; **adoptar una postura más reivindicativa** to be more aggressive in one's demands

**reja** SF [1] [*de ventana*] bars *pl*, grille; [*de cercado*] railing; ✦**MODISMO entre ~s**: **estar entre ~s** to be behind bars; **meter a algn entre ~s** to put sb behind bars
[2] (*Rel*) screen
[3] (*Agr*) ► **reja del arado** ploughshare, plowshare (*EEUU*)
[4] (*LAm**) (= *cárcel*) prison, nick‡
[5] (*Méx Cos*) darn, darning
[6] (*Cono Sur Agr*) cattle truck

**rejado** SM grille, grating

**rejeada** SF (*Andes, CAm*) thrashing

**rejear** ▸conjug 1a◂ VT (*CAm*) to jail, put in jail

**rejego*** Ⓐ ADJ (*Méx*) [1] (= *rebelde*) wild, rebellious
[2] (= *lento*) slow, sluggish
Ⓑ SM (*CAm*) stud bull

**rejiego** ADJ (*Caribe, Méx*) = **rejego**

**rejilla** SF [1] [*de caño, alcantarilla*] grating, grille; [*de equipaje*] luggage rack; [*de horno*] shelf; [*de ventilador*] vent ► **rejilla de ventilación** ventilation grille
[2] (= *muebles*) wickerwork; **silla de ~** wicker chair
[3] (= *braserillo*) small stove, footwarmer
[4] (*Cono Sur*) (= *fresquera*) meat safe, cooler (*EEUU*)

**rejo** SM [1] (= *punta*) spike, sharp point
[2] [*de insecto*] sting
[3] (*Bot*) radicle
[4] (*fig*) (= *vigor*) strength, vigour, vigor (*EEUU*), toughness
[5] (*LAm*) (= *látigo*) whip; (= *soga*) cattle rope
[6] (*Caribe*) (= *tira*) strip of raw leather; (= *porra*) stick, club ► **rejo tieso** brave person
[7] (*Andes*) (= *ordeño*) milking; (= *vacas*) herd of cows

**rejón** SM (= *barra de hierro*) pointed iron bar, spike; (*Taur*) lance

**rejoneador(a)** SM/F (*Taur*) *mounted bullfighter who uses the lance*

**rejonear** ▸conjug 1a◂ (*Taur*) Ⓐ VT [+ *toro*] to wound with the lance
Ⓑ VI to fight the bull on horseback with the lance

**rejoya** SF (*CAm Geog*) deep valley

**rejudo** ADJ (*Andes, Caribe*) (= *pegajoso*) sticky, viscous; (*Caribe*) [*líquido*] runny

**rejugado** ADJ [1] (*Andes, Caribe*) (= *astuto*) cunning, sharp
[2] (*CAm*) (= *tímido*) shy

**rejunta** SF (*Cono Sur, Méx*) round-up, rodeo

**rejuntar** ▸conjug 1a◂ VT [1] (*esp Cono Sur*) (= *recoger*) to collect, gather in
[2] (*Méx*) [+ *ganado*] to round up
[3] (*Cono Sur*) [+ *suma*] to add up

**rejuvenecedor** ADJ rejuvenating

**rejuvenecer** ▸conjug 2d◂ Ⓐ VT to rejuvenate
Ⓑ **rejuvenecerse** VPR to be rejuvenated, become young again

**rejuvenecimiento** SM rejuvenation

**relación** SF [1] (= *vínculo*) connection; **no existe ninguna ~ entre los dos accidentes** there is no connection between the two accidents; **existe una ~ entre el tabaco y el cáncer** there is a connection *o* relation *o* relationship between cigarettes and cancer; **guardar ~ con algo** [*suceso*] to be connected with sth, be related to sth; [*persona*] to be connected with sth; **no guardar ~ (alguna) con algo** (= *no parecerse*) to bear no relation (whatsoever) to sth; (= *no estar relacionado*) to have no connection *o* relation (at all) with sth; **tener ~ con algo** = **guardar relación con algo** ► **relación calidad/precio** value for money; **tener buena ~ calidad/precio** to be good value for money ► **relación causa-efecto** cause and effect relationship ► **relación real de intercambio** terms of trade *pl*
[2] **con** *o* **en ~**: **en ~ con** (= *comparado con*) compared to, compared with; (= *en lo referente a*) with regard to, in connection with; **un aumento del 3% con ~ al año anterior** an increase of 3% over *o* compared to *o* compared with the previous year; **con ~ a la encuesta publicada por este periódico** with regard to *o* in connection with the survey published by this newspaper; **fue interrogado en ~ con el secuestro** he was questioned in connection with the kidnapping
[3] (= *entre personas*) [3·1] (*en el momento presente*) relations *pl*; **¿cómo es su ~** *o* **son sus relaciones con su jefe?** how are relations between you and your boss?; **estar en** *o* **mantener buenas relaciones con** [+ *persona*] to be on good terms with; [+ *organización*] to have good relations with; **romper las relaciones con** [+ *país, organización*] to break off relations with; [+ *familiar, amigo*] to break off all contact with
[3·2] (*de larga duración*) relationship; **¿cómo eran las relaciones con su padre?** what was your relationship with your father like?; **tenía una ~ de amistad con algunos de sus alumnos** he had a friendly relationship with some of his students; **¿sigues manteniendo las relaciones con tus antiguos compañeros de universidad?** do you still keep in touch with people from your university days?
► **relaciones humanas** human relations
[4] (*con empresa, organización*) connection; **¿tiene alguna ~ con esa empresa?** do you have any connection with that company?; **ha sido detenido por sus relaciones con la Mafia** he has been arrested because of his connections with the Mafia ► **relaciones comerciales** trade relations ► **relaciones diplomáticas** diplomatic relations ► **relaciones empresariales** business relations ► **relaciones laborales** labour relations, labor relations (*EEUU*) ► **relaciones públicas** (= *actividad*) public relations, PR; (= *profesional*) public relations officer, PR officer
[5] (*tb* **~ amorosa**) relationship; **nuestra ~ duró hasta 1997** our relationship lasted until 1997; **no veían con buenos ojos sus relaciones con una extranjera** they did not view his relationship with a foreign woman favourably; **tu ~ de pareja** your relationship with your partner; **llevan varios meses de relaciones** they've been seeing each other for some months; **tienen una ~ formal desde hace un año** they've been formally going out for a year ► **relación sentimental** relationship
[6] (*tb* **~ sexual**) (= *acto*) sex; (= *trato*) sexual relationship; **mantener** *o* **tener relaciones sexuales con algn** (*de forma esporádica*) to have sex with sb; (*de forma continuada*) to be in a sexual relationship with sb ► **relaciones carnales** carnal relations ► **relaciones extramatrimoniales** extra-marital relationships ► **relaciones ilícitas** illicit sexual relations ► **relaciones prematrimoniales** premarital sex, sex before marriage
[7] (= *referencia*) **hacer ~ a algo** to refer to sth; **no hizo ~ a ese tema** she did not refer to that subject
[8] **relaciones** (= *personas conocidas*) acquaintances; (= *enchufes*) contacts, connections; **tener (buenas) relaciones** to be well connected, have good contacts *o* connections
[9] (*Mat*) (= *proporción*) ratio; **los superan numéricamente en una ~ 46-36%** they outnumber them by a ratio of 46-36% ► **relación de compresión** compression ratio
[10] (*frm*) (= *narración*) account; **hacer una ~ de algo** to give an account of sth; **hizo una ~ detallada de lo que vio** she gave a detailed account of what she saw
[11] (= *lista*) list; **la ~ de aprobados se publicará en marzo** the list of those who have passed will be issued in March; **el usuario dispone, junto a la factura telefónica, de una ~ de sus llamadas** the customer receives, together with the telephone bill, a breakdown of calls made
[12] (*Jur*) (= *informe*) record, (official) return

**relacionado** ADJ [1] [*acontecimiento, tema, problema*] related; **las dos cuestiones están íntimamente relacionadas** the two matters are closely related; **~ con algo** related to sth; **delitos ~s con el narcotráfico** crimes related to drug trafficking; **actividades relacionadas con el teatro** theatre-related activities;

**me interesa todo lo ~ con el tema** I'm interested in everything to do with *o* connected with *o* related to the subject

[2] [*persona*] **una persona bien relacionada** a well-connected person; **~ con algn/algo** connected with sb/sth, linked to sb/sth; **J.S. podría estar ~ con el atentado** J.S. could be connected with *o* linked to the bomb attack; **empresas relacionadas con la industria automovilística** companies connected with *o* linked to the car industry; **se le considera muy bien ~ con los servicios secretos** he is thought to have very close connections with the secret service

**relacional** ADJ [1] (*Inform, Mat*) relational
[2] (*Sociol*) **estudio ~** study of (human) relationships

**relacionar** ▸conjug 1a◂ Ⓐ VT [1] (= *asociar*) to connect (**con** with); **ya hay tres documentos que lo relacionan con el caso** there are now three documents connecting him with *o* linking him to the case
[2] (= *enumerar*) to list; **los ejemplos que se relacionan a continuación** the examples listed below
Ⓑ **relacionarse** VPR [1] [*persona*] **un hombre que sabe ~se** a man who mixes with the right people; **~se con algn** to mix with sb; **en el colegio no se relacionaba con nadie** he didn't mix with anybody at school; **se relacionaba poco con los vecinos** she had little contact with her neighbours
[2] [*sucesos, temas*] to be connected, be related; **los dos hechos no se relacionan** the two events are not connected *o* related; **~se con algo** to be related to sth; **palabras que se relacionan con el mar** words related to the sea
[3] (*frm*) (= *referirse*) **en lo que se relaciona a** as for, with regard to

**relai** [re'le] SM, **relais** [re'le] SM relay

**relajación** SF [1] (= *sosiego*) relaxation
[2] (= *suavización*) slackening, loosening
[3] (*moral*) laxity
[4] (*Med*) hernia, rupture

**relajado** ADJ [1] (= *sosegado*) relaxed
[2] (= *inmoral*) dissolute, loose
[3] (*Med*) ruptured

**relajadura** SF (*Méx*) hernia, rupture

**relajante** Ⓐ ADJ [1] [*ejercicio, actividad*] relaxing
[2] (*Med*) sedative
[3] (*Cono Sur*) [*comida*] sickly, sweet and sticky
[4] (= *repugnante*) revolting, disgusting
Ⓑ SM sedative

**relajar** ▸conjug 1a◂ Ⓐ VT [1] (= *sosegar*) to relax
[2] (= *suavizar*) to slacken, loosen
[3] (*moralmente*) to weaken, corrupt
[4] (*LAm*) [*comida*] to cloy, sicken, disgust
[5] (*Caribe*) (= *hacer mofa de*) to mock, deride; (= *escarnecer*) to poke fun at
Ⓑ **relajarse** VPR [1] (= *sosegarse*) to relax
[2] (= *aflojarse*) to slacken off, loosen
[3] (*moralmente*) [*persona*] to go off the straight and narrow, go to the bad; [*moralidad*] to become lax
[4] (*Med*) **~se un tobillo** to sprain one's ankle; **~se un órgano** to rupture an organ

**relajo** SM (*LAm*) [1] (= *libertinaje*) laxity, dissipation, depravity; (= *indecencia*) lewdness
[2] (= *acción inmoral*) immoral act; (= *acto indecente*) indecent act
[3] (= *ruido*) row, din; (= *fiesta*) lewd party; (= *desorden*) commotion, disorder; (= *lío*) fuss, row; **¡qué ~!** what a row/mess!
[4] (= *burla*) rude joke; (= *trastada*) practical joke; (= *escarnio*) derision; **echar algo a ~** to make fun of sth; **cuento de ~** blue joke
[5] (*) (= *relajación*) relaxation; (= *descanso*) rest, break
[6] (*Méx*) (= *opción fácil*) easy ride, soft option

**relajón** ADJ [1] (*Caribe*) (= *mofador*) mocking; (*) (= *obsceno*) dirty
[2] (*Méx*) (= *depravado*) depraved, perverse

**relamer** ▸conjug 2a◂ Ⓐ VT to lick repeatedly
Ⓑ **relamerse** VPR [1] [*animal*] to lick its chops; [*persona*] (*tb* **~se los labios**) to lick one's lips
[2] (*fig*) **~se con algo** to relish the prospect of sth; (*pey*) to gloat over the prospect of sth
[3] (= *gloriarse*) to brag
[4] (††) (= *maquillarse*) to paint one's face

**relamido** ADJ [1] (= *afectado*) affected
[2] (= *acicalado*) overdressed
[3] (= *remilgado*) prim and proper
[4] (*CAm, Caribe**) (= *descarado*) shameless, cheeky*

**relámpago** Ⓐ SM (= *rayo*) flash of lightning; **vi un ~ en el horizonte** I saw a flash of lightning on the horizon; **ayer hubo ~s** there was lightning yesterday; ✦**MODISMO como un ~** as quick as lightning, in a flash ► **relámpago difuso** sheet lightning
Ⓑ ADJ INV **guerra ~** blitzkrieg; **visita ~** lightning visit; **viaje ~** lightning trip

**relampagucear** ▸conjug 1a◂ VI (*Caribe, Méx*) (= *parpadear*) to twinkle, flicker; (= *brillar*) to gleam

**relampaguceo** SM (*Caribe, Méx*) (= *parpadeo*) twinkle, flicker; (= *brillo*) gleam

**relampagueante** ADJ flashing

**relampaguear** ▸conjug 1a◂ VI [1] (*Met*) **relampagueó toda la noche** there was lightning all night
[2] (= *arrojar luz*) to flash
[3] (*Caribe*) (= *parpadear*) to twinkle, flicker; (= *brillar*) to gleam, shine

**relampagueo** SM [1] [*de luz*] flashing
[2] (*Caribe*) (= *parpadeo*) twinkle, flicker; (= *brillo*) gleam, shine

**relampuso** ADJ (*Caribe*) shameless, brazen

**relance** SM (*Cono Sur*) [1] = **piropo 1**
[2] **de ~** (= *al contado*) in cash

**relanzamiento** SM relaunch, relaunching

**relanzar** ▸conjug 1f◂ VT [1] [+ *plan*] to relaunch
[2] [+ *ataque*] to repel, repulse

**relatar** ▸conjug 1a◂ VT to relate, tell

**relativamente** ADV relatively

**relatividad** SF relativity

**relativismo** SM relativism

**relativista** Ⓐ ADJ relativistic
Ⓑ SMF relativist

**relativizar** ▸conjug 1f◂ VT to play down, diminish the importance of

**relativo** Ⓐ ADJ [1] (= *no absoluto*) relative; **una humedad relativa del 60%** a relative humidity of 60%; **todo es ~** everything is relative; **un problema de una importancia muy relativa** a relatively unimportant problem; **fueron momentos de relativa riqueza** it was a time of relative prosperity; **sus conocimientos son muy ~s** his knowledge is very limited
[2] (= *referente*) **~ a algo** relating to sth; **cuestiones relativas a la economía** matters relating to the economy; **en lo ~ a la educación …** as regards education …, with regard to education …
[3] (*Ling*) relative
Ⓑ SM relative

**relato** SM (= *narración*) story, tale; (= *informe*) account, report

**relator(a)** SM/F [*de cuentos*] teller, narrator; (*Jur*) court reporter

**relatoría** SF (*Jur*) post of court reporter

**relauchar*** ▸conjug 1a◂ VI (*Cono Sur*) to skive off‡

**relax** [re'las] SM (*Esp*) [1] (= *sosiego*) relaxation, state of relaxation; **hacer ~** to relax; **vamos a hacer un poco de ~** let's take a break
[2] **"relax"** (*euf*) (*anuncio*) "massage"

**relé** SM relay

**releer** ▸conjug 2e◂ VT to reread

**relegación** SF [1] (= *acción*) relegation
[2] (*Hist*) (= *destierro*) exile, banishment

**relegar** ▸conjug 1h◂ VT [1] (= *apartar*) to relegate; **~ algo al olvido** to consign sth to oblivion
[2] (*Hist*) (= *desterrar*) to exile, banish

**relente** SM night dew

**releso** ADJ (*Cono Sur*) stupid, thick*

**relevación** SF [1] (= *sustitución*) relief (*tb Mil*)
[2] (*Jur*) [*de obligación*] exoneration; [*de contrato*] release

**relevante** ADJ [1] (= *destacado*) outstanding
[2] (= *pertinente*) relevant

**relevar** ▸conjug 1a◂ VT [1] (*Mil*) [+ *guardia*] to relieve; [+ *colega*] to replace, substitute for; **~ la guardia** to relieve the guard
[2] (= *destituir*) **~ a algn de un cargo** to remove sb from office; **ser relevado de su mando** to be relieved of one's command
[3] (= *dispensar*) **~ a algn de una obligación** to relieve sb of a duty, free sb from an obligation; **~ a algn de hacer algo** to free sb from the obligation to do sth; **~ a algn de la culpa** to exonerate sb, free sb from blame
[4] (*Téc*) to emboss

**relevista** SMF (= *corredor*) relay runner; (= *nadador*) relay swimmer

**relevo** SM [1] (= *acto*) relief, change; (= *personas*) relief; **tomar el ~** to take over; **~ de la guardia** changing of the guard; **~ de los tiros** change of horses
[2] **relevos** (*Dep*) relay *sing*, relay race *sing*; **100 metros ~s** 100 metre relay ► **relevos femeninos** women's relay *sing* ► **relevos masculinos** men's relay *sing*

**reliar** ▸conjug 1c◂ VT to roll

**relicario** SM [1] (*Rel*) shrine, reliquary
[2] (= *medallón*) locket

**relieve** SM [1] (*Arte, Téc*) relief; **alto ~** high relief; **bajo ~** bas-relief; **en ~** in relief; **estampar** *o* **grabar en ~** to emboss
[2] (*Geog*) **un país de ~ montañoso** a mountainous country
[3] (= *importancia*) importance; **un personaje de ~** an important *o* prominent figure; **dar ~ a algo** to lend importance to sth; **la asistencia del ministro dio ~ a la celebración** the minister's presence lent an added importance to the event; **poner algo de ~** to highlight sth; **el colapso circulatorio puso de ~ la**

**falta de planificación** the traffic chaos highlighted the lack of planning
[4] **relieves**†† (= *restos*) leftovers

**religión** SF (*Rel*) religion; **entrar en ~** to take vows, enter a religious order

**religiosamente** ADV religiously

**religiosidad** SF [1] (= *devoción*) piety, religiousness, religiosity
[2] (= *puntualidad*) religiousness

**religioso/a** Ⓐ ADJ religious
Ⓑ SM/F monk/nun, member of a religious order

**relimpio*** ADJ absolutely clean

**relinchada** SF (*Méx*) = **relincho**

**relinchar** ▸conjug 1a◂ VI to neigh, snort

**relincho** SM neigh, neighing, snort, snorting

**reliquia** SF [1] (*Rel*) relic
[2] **reliquias** (= *restos*) relics, remains; (= *vestigios*) traces, vestiges ► **reliquia de familia** family heirloom
[3] (*Med*) **reliquias** after effects
[4] (*Méx*) (= *exvoto*) offering, votive offering

**rellano** SM landing

**rellena** SF (*Col, Méx*) (= *morcilla*) black pudding, blood sausage (*EEUU*)

**rellenable** ADJ refillable, reusable

**rellenado** SM (= *llenado*) refill, replenishment; (*Aut*) refuelling, refueling (*EEUU*)

**rellenar** ▸conjug 1a◂ Ⓐ VT [1] (= *volver a llenar*) to refill, replenish; (*Aer*) to refuel
[2] (= *llenar hasta arriba*) to fill up
[3] [+ *formulario*] to fill in, fill out; [+ *espacios*] to fill in
[4] (*Culin*) to stuff (**de** with)
[5] (*Cos*) to pad
Ⓑ **rellenarse** VPR to stuff o.s. (**de** with)

**rellenito** ADJ plump

**relleno** Ⓐ ADJ [1] (= *lleno hasta arriba*) full up (**de** of)
[2] (*Culin*) stuffed (**de** with)
[3] (= *gordito*) [*persona*] plump; [*cara*] full
Ⓑ SM [1] (*Culin*) (*para dulces*) filling; (*para carnes*) stuffing
[2] [*de caramelo*] centre, center (*EEUU*) ► **relleno blando** soft centre ► **relleno duro** hard centre
[3] (*en un escrito*) **frases de ~** padding
[4] (*Arquit*) plaster filling
[5] (*Cos*) padding
[6] (*Mec*) packing
[7] (*Andes*) (= *vertedero*) tip, dump

**reloj** [re'lo] SM (*grande*) clock; [*de pulsera*] watch; **contra (el) ~** against the clock; ✦*MODISMO* **como un ~** like clockwork; **marchar como un ~** to go like clockwork ► **reloj automático** timer, timing mechanism ► **reloj biológico** biological clock ► **reloj de arena** hourglass, sandglass ► **reloj de bolsillo** pocket watch ► **reloj de caja** grandfather clock ► **reloj de carillón** chiming clock ► **reloj de cuco** cuckoo clock ► **reloj de estacionamiento** parking meter ► **reloj de fichar** time clock ► **reloj de la muerte** (*Entomología*) deathwatch beetle ► **reloj de pie** grandfather clock ► **reloj de pulsera** wristwatch ► **reloj de sol** sundial ► **reloj despertador** alarm clock ► **reloj digital** digital watch ► **reloj eléctrico** electric clock ► **reloj fichador** time clock ► **reloj parlante** talking clock ► **reloj registrador** time clock

**relojear** ▸conjug 1a◂ VT (*Cono Sur*) [1] [+ *carrera*] to time
[2] (*) (= *vigilar*) to spy on, keep tabs on; (= *controlar*) to check, keep a check on

**relojería** SF [1] (= *tienda*) watchmaker's, watchmaker's shop
[2] (= *arte*) watchmaking, clockmaking; **aparato de ~** clockwork; **bomba de ~** time bomb; **mecanismo de ~** timing device

**relojero/a** SM/F (= *fabricante*) (*de relojes de pulsera*) watchmaker; (*de relojes de pared*) clockmaker

**reluciente** ADJ [1] (= *brillante*) shining, brilliant; [*joyas*] glittering, sparkling
[2] [*persona*] (= *de buen aspecto*) healthy-looking; (= *gordo*) well-fed

**relucir** ▸conjug 3f◂ VI (= *brillar*) to shine; [*joyas*] to glitter, sparkle; ✦*MODISMO* **sacar algo a ~** [+ *tema*] to bring sth up, mention sth; **siempre saca a ~ sus éxitos** he's always going on about how successful he is

**relujar** ▸conjug 1a◂ VT (*CAm, Méx*) to shine

**relumbrante** ADJ (= *brillante*) brilliant, dazzling; (= *deslumbrante*) glaring

**relumbrar** ▸conjug 1a◂ VI (= *brillar*) to dazzle; (= *deslumbrar*) to glare

**relumbrón** SM [1] [*de luz*] flash
[2] (= *ostentación*) flashiness, ostentation; **vestirse de ~** to dress ostentatiously; **joyas de ~** flashy jewellery *o* (*EEUU*) jewelry

**remachado** ADJ (*Andes*) quiet, reserved

**remachador(a)** Ⓐ SM/F (= *persona*) riveter
Ⓑ SF (= *máquina*) riveting machine, riveter

**remachar** ▸conjug 1a◂ Ⓐ VT [1] (*Téc*) [+ *metales*] to rivet; [+ *clavo*] to clinch
[2] [+ *aspecto, asunto, punto*] **quisiera ~ este punto que considero de extrema importancia** I would like to stress this point, which I think is extremely important; **el político remachó ese punto recordándoles qué había pasado** the politician really hammered home the point by reminding them what had happened
[3] (= *finalizar*) to finish off
Ⓑ **remacharse** VPR (*Andes**) to remain stubbornly silent

**remache** SM [1] (*Téc*) rivet
[2] (= *acción*) [*de metal*] riveting; [*de clavo*] clinching
[3] (*Andes*) (= *terquedad*) stubbornness, obstinacy

**remada** SF stroke

**remador(a)** SM/F rower

**remaduro** ADJ (*LAm*) overripe

**remake** [ri'meik] SM remake

**remalladora** SF mender, darner

**remallar** ▸conjug 1a◂ VT to mend, darn

**remalo*** ADJ (*LAm*) really bad

**remandingo** SM (*Caribe*) row, uproar

**remanente** Ⓐ ADJ [1] (= *que queda*) remaining
[2] (*Com*) [*de producto*] surplus
[3] (*Fís*) remanent
Ⓑ SM (= *lo que queda*) remainder; (*Com*) [*de producto*] surplus

**remangar** ▸conjug 1h◂ VT = **arremangar**

**remango*** ADJ lively, energetic, vigorous

**remangue*** SM liveliness, energy, vigour, vigor (*EEUU*); **hacer algo con ~** to do sth energetically, tackle sth vigorously

**remansarse** ▸conjug 1a◂ VPR to form a pool

**remanso** SM [1] (*en río*) pool
[2] (= *lugar*) quiet place; **un ~ de paz** an oasis of peace

**remaque** SM remake

**remar** ▸conjug 1a◂ VI [1] (*Náut*) to row; **~ en seco** to go on a rowing machine
[2] (††) (= *pasar penurias*) to toil, struggle

**remarcable** ADJ (*esp LAm*) remarkable

**remarcación** SF mark-up

**remarcar** ▸conjug 1g◂ (*esp LAm*) VT [1] (= *observar*) to notice, observe
[2] (= *señalar*) to point out
[3] (= *subrayar*) to emphasize, underline
[4] [+ *precio*] to mark up

**rematadamente** ADV terribly, hopelessly; **~ mal** terribly *o* hopelessly bad; **es ~ tonto** he's utterly stupid

**rematado** ADJ [1] (= *total*) hopeless, complete; **es un loco ~** he's a raving lunatic; **es un tonto ~** he's an utter fool *o* a complete idiot
[2] (*Esp*†) [*niño*] very naughty

**rematador(a)** SM/F [1] (*Dep*) goal scorer
[2] (*Andes, Cono Sur*) auctioneer

**rematadora** SF auction house, auctioneer's

**rematante** SMF highest bidder

**rematar** ▸conjug 1a◂ Ⓐ VT [1] (= *matar*) to finish off
[2] (= *terminar*) [+ *discurso, actuación*] to round off, conclude; [+ *trabajo*] to finish off; [+ *bebida, comida*] to finish up, finish off; **remató el concierto cantando su último éxito** she rounded off the concert by singing her latest hit
[3] (*Tenis*) to smash; (*Ftbl*) (*con el pie*) to shoot; (*con la cabeza*) to head; **remató el centro (de cabeza)** he met the cross (with a header); **remató la jugada** he finished off the move
[4] (*Cos*) to cast off
[5] (*Arquit*) to top, crown
[6] (*LAm Com*) (= *subastar*) to auction; (= *liquidar*) to sell off cheap
[7] (*Cono Sur*) [+ *caballo*] to pull up
Ⓑ VI [1] (= *terminar*) to end, finish off; **remató con un par de chistes** he ended *o* finished off with a couple of jokes
[2] **~ en** to end in; **es del tipo que remata en punta** it's the sort which ends in a point; **fue una broma que remató en tragedia** it was a prank which ended in tragedy
[3] (*Tenis*) to smash; (*Ftbl*) (*con el pie*) to shoot; (*con la cabeza*) to head; **~ de cabeza** to head the ball towards goal

**remate** SM [1] (= *cabo*) end; (= *punta*) tip, point; [*de edificio, mueble*] ornamental top
[2] (= *toque final*) **como ~ al concierto hizo un bis** to round off the concert he played an encore; **poner ~ a algo** to cap sth; ✦*MODISMOS* **de ~***: **está loco de ~** he's stark raving mad*; **para ~*** to crown it all, to top it all; **para ~ va y me insulta** to crown *o* top it all he went and insulted me
[3] (*Ftbl*) (*con el pie*) shot; (*con la cabeza*) header; **un ~ de cabeza** a header; **un equipo sin ~** a team with no finishing power
[4] (*LAm Com*) (= *liquidación*) bargain sale; (= *subasta*) auction
[5] (*Bridge*) bidding

**rematista** SMF (*Andes, Caribe*) auctioneer

**rembolsar** *etc* ▸conjug 1a◂ VT = **reembolsar**

**remecer** ▸conjug 2d◂ Ⓐ VT (*LAm*) (*de lado a lado*) to shake; (= *agitar*) to wave

Ⓑ **remecerse** VPR to rock, swing, swing to and fro

**remedar** ▸conjug 1a◂ VT (= *imitar*) to imitate, copy; (*para burlarse*) to ape, mimic

**remediable** ADJ that can be remedied *o* put right; **fácilmente ~** easily remedied *o* put right

**remediar** ▸conjug 1b◂ VT 1 (= *solucionar*) to remedy; **no podemos ~ este problema** we cannot remedy this problem; **si el gobierno no lo remedia se perderán muchos puestos de trabajo** if the government does not remedy the situation a lot of jobs will be lost; **llorando no remedias nada** you're not going to solve anything by crying, crying won't solve anything

2 (= *evitar*) **no pudo ~ echarse a reír** she couldn't prevent herself from laughing; **es un mujeriego pero le quiero, no puedo ~lo** he's a womanizer but I love him, I can't help it

3 [+ *necesidades*] to meet, help with

**remedio** SM 1 (= *alternativa*) choice, alternative; **no tengo más ~ que ir** I've got no alternative *o* choice but to go; **—¿tienes que trabajar este sábado? —¡qué ~!** "are you working this Saturday?" — "I've got no choice!"; **¿qué ~ me queda?** what else can I do?, what choice have I got?; **no hay más ~ que operarle** there is nothing for it but to operate on him; **¡si no hay más ~, iré!** well, if I have to, I'll go!

2 (= *solución*) **Juan no tiene ~** Juan's a hopeless case, Juan's beyond redemption; **como último ~** as a last resort; **sin ~: tenemos que hacerlo hoy sin ~** we have to do it today without fail; **es un tonto sin ~** he's hopelessly stupid, he's so stupid he's beyond redemption; **poner ~ a algo** to remedy sth, correct sth

3 (*Med*) cure, remedy; **un buen ~ contra** *o* **para el resfriado** a good cure *o* remedy for colds; **un ~ contra** *o* **para la tos** a cough remedy; **✦MODISMOS es peor el ~ que la enfermedad** the solution is worse than the problem; **¡ni por un ~!** not on your life!; **ni para un ~: no se le podía encontrar ni para un ~** it couldn't be had for love nor money; **no ha dejado leche ni para un ~** she hasn't left a single drop of milk ► **remedio casero** home remedy ► **remedio heroico** drastic action

4 (*frm*) (= *alivio*) relief, help; **es un ~ en su aflicción** it's a relief in her distress

5 (*Jur*) remedy, recourse

**remedo** SM (= *imitación*) imitation, copy; (*pey*) parody

**rememorar** ▸conjug 1a◂ VT to recall

**remendar** ▸conjug 1j◂ VT 1 [+ *ropa*] to darn, mend; (*con parche*) to patch

2 (*fig*) (= *corregir*) to correct

**remendón/ona** Ⓐ ADJ **zapatero ~** cobbler

Ⓑ SM/F cobbler

**remera** SF (*Arg*) (= *camiseta*) T-shirt

**remero/a** Ⓐ SM/F oarsman/oarswoman, rower

Ⓑ SM (= *máquina*) rowing machine

**remesa** SF [*de dinero*] remittance; [*de bienes*] shipment ► **remesa de fondos** (*Méx Com*) settlement, financial settlement

**remesar** ▸conjug 1a◂ VT [+ *dinero*] to remit, send; [+ *bienes*] to send, ship

➤ LENGUA Y USO: **remedio 1** 37.1, 45.4

**remeter** ▸conjug 2a◂ VPR (= *volver a meter*) to put back; [+ *camisa*] to tuck in

**remezón** SM (*LAm*) earth tremor, slight earthquake

**remiendo** SM 1 [*de ropa*] mending; (*con parche*) patching

2 (= *arreglo*) mend, darn; (= *parche*) patch; **a ~s** piecemeal; **echar un ~ a algo** (= *coser*) to darn sth; (= *poner un parche*) to patch sth, put a patch on sth

3 (= *corrección*) correction

4 (*Med*) improvement

5 (*Zool*) spot, patch

**remilgado** ADJ 1 (= *melindroso*) finicky, fussy, particular

2 (= *mojigato*) prudish, prim

3 (= *afectado*) affected

**remilgo** SM 1 (= *melindre*) fussiness; **él no hace ~s a ninguna clase de trabajo** he won't turn up his nose at any kind of work

2 (= *mojigatería*) prudery, primness

3 (= *afectación*) affectation

**remilgoso** ADJ (*LAm*) = **remilgado**

**reminiscencia** SF reminiscence

**remirado** ADJ 1 (= *prudente*) cautious, circumspect, careful; (*pey*) overcautious

2 (*pey*) (= *gazmoño*) prudish; (= *afectado*) affected, over-nice; (= *melindroso*) fussy, pernickety*, persnickety (*EEUU**)

**remirar** ▸conjug 1a◂ Ⓐ VT to look at again; **lo miraba y lo remiraba y aún no se lo creía** she stared and stared at it, but she still couldn't believe it

Ⓑ **remirarse** VPR to be extra careful (**en** about), take great pains (**en** over)

**remise** SM **auto de ~** (*Arg*) hire car

**remisión** SF 1 (= *envío*) sending; (*esp LAm Com*) shipment, consignment

2 (*al lector*) reference (**a** to)

3 (= *aplazamiento*) postponement

4 (= *disminución*) (*tb Med*) remission

5 (*Rel*) forgiveness, remission

**remiso** ADJ 1 [*persona*] **estar** *o* **mostrarse ~ a hacer algo** to be reluctant to do sth, be unwilling to do sth

2 [*movimiento*] slow, sluggish

**remisor(a)** SM/F (*LAm*) sender

**remite** SM sender

**remitente** SMF sender

**remitido** SM 1 (*en periódico*) paid insert

2 (*Méx*) (= *consignación*) shipment, consignment

**remitir** ▸conjug 3a◂ Ⓐ VT 1 (= *enviar*) to send; [+ *dinero*] to remit, send; (*Com*) to ship, send

2 [+ *lector*] to refer (**a** to)

3 (= *aplazar*) to postpone

4 **~ una decisión a algn** to refer a decision to sb

5 (*Rel*) to forgive, pardon

Ⓑ VI (= *disminuir*) to slacken, let up

Ⓒ **remitirse** VPR **a las pruebas me remito** the proof of the pudding is in the eating

**remix** SM remix

**remo** SM 1 (*Náut*) oar; **cruzar un río a ~** to row across a river; **pasaron los cañones a ~** they rowed the guns across; **✦MODISMO a ~ y vela** speedily

2 (*Dep*) rowing; **practicar el ~** to row

3 (*Anat**) limb; [*de pájaro*] wing

4 (††) (= *penuria*) toils *pl*; **andar al ~** to be hard at it

**remoción** SF (*esp LAm*) (= *acción de remover*) removal; (= *cese*) dismissal

**remodelación** SF 1 (*Arquit*) remodelling, remodeling (*EEUU*)

2 (*Aut*) restyling

3 [*de organización*] restructuring; (*Pol*) reshuffle ► **remodelación de gobierno** government reshuffle ► **remodelación ministerial** cabinet reshuffle

**remodelar** ▸conjug 1a◂ VT (*Arquit*) to remodel; (*Aut*) to restyle; (*Pol*) to reshuffle; [+ *organización*] to restructure

**remojar** ▸conjug 1a◂ VT 1 [+ *legumbres, prenda*] to soak, steep (**en** in); [+ *galleta*] to dip (**en** in, into)

2 (*) (= *celebrar bebiendo*) **¡este triunfo habrá que ~lo!** this victory calls for a drink!

3 (*Méx**) (= *sobornar*) to bribe

**remojo** SM 1 **poner algo a** *o* **en ~** to leave sth to soak

2 (*LAm*) (= *regalo*) gift, present; (= *propina*) tip

**remojón** SM 1 (*en piscina, playa*) **darse un ~*** to go in for a dip

2 (*Culin*) piece of bread soaked in milk *etc*

**remolacha** SF beetroot, beet (*EEUU*) ► **remolacha azucarera** sugar beet ► **remolacha de mesa**, **remolacha roja** beetroot, beet (*EEUU*)

**remolachero/a** Ⓐ ADJ beet *antes de s*

Ⓑ SM/F beet farmer

**remolcable** ADJ that can be towed, towable

**remolcador** SM 1 (*Náut*) tug

2 (*Aut*) breakdown lorry, tow truck (*EEUU*)

**remolcar** ▸conjug 1g◂ VT 1 (*Náut*) to tug

2 (*Aut*) to tow

**remoledor*** ADJ (*Andes, Cono Sur*) roistering, party-going

**remoler** ▸conjug 2h◂ Ⓐ VT 1 (= *moler*) to grind up small

2 (*LAm**) (= *fastidiar*) to annoy, bug*

Ⓑ VI (*Cono Sur, Andes**) to live it up*

**remolienda*** SF (*Andes, Cono Sur*) party, wild time*

**remolinar** ▸conjug 1a◂ VI, **remolinear** ▸conjug 1a◂ VI = **arremolinarse**

**remolino** SM 1 [*de agua*] (*pequeño*) swirl, eddy; (*grande*) whirlpool

2 [*de aire*] (*pequeño*) eddy; (= *grande*) whirlwind; [*de humo, polvo*] whirl, cloud

3 [*de pelo*] cowlick

4 [*de gente*] crowd, throng

5 (= *conmoción*) commotion

**remolón/ona*** Ⓐ ADJ (= *vago*) lazy

Ⓑ SM/F 1 (= *vago*) slacker, shirker

2 (= *ignorante*) **hacerse el ~: le tocaba pagar pero se hizo el ~** it was his turn to pay, but made as if it wasn't

**remolonear** ▸conjug 1a◂ Ⓐ VI (= *vaguear*) to slack, shirk

Ⓑ **remolonearse** VPR **cuando llegó la hora de pagar empezó a ~se** when it came to paying, he started making as if it had nothing to do with him

**remolque** SM 1 (= *vehículo*) trailer; (= *caravana*) trailer, semitrailer (*EEUU*), caravan; (*Náut*) ship on tow

2 (= *acción*) towing; **a ~** on tow; **ir a ~** to be on tow; **llevar un coche a ~** to tow a car; **dar ~ a un coche** to tow a car; **ir a ~ de algn** to go along with sb (*in what they say or do*)

3 (= *cuerda*) towrope

**remonda**†* SF **¡es la ~!** this is the end!

**remonta** SF 1 (*Cos*) mending, repair
2 (*Mil*) remount, supply of cavalry horses

**remontada** SF recovery

**remontar** ▸conjug 1a◂ Ⓐ VT 1 [+ *río*] to go up; [+ *obstáculo*] to negotiate, get over; *ver tb* **vuelo**[2] **1**
2 [+ *zapato*] to mend, repair; [+ *media*] to mend, mend a ladder in
3 (*Mil*) [+ *caballo*] to remount
4 [+ *reloj*] to wind
5 (*Caza*) [+ *animales*] to frighten away
Ⓑ **remontarse** VPR 1 [*avión, pájaro*] to rise, soar; [*edificio*] to soar, tower; **~se en alas de la imaginación** (*liter*) to take flight on the wings of fantasy
2 (*Fin*) **~se a** to amount to
3 (*en tiempo*) **~se a** to go back to; **este texto se remonta al siglo XI** this text dates from *o* dates back to the 11th century; **sus recuerdos se remontan a la Guerra Civil** her memories go back to the Civil War; **tenemos que ~nos a los mismos orígenes** we must go back to the roots of this

**remonte** SM ski lift

**remoquete** SM 1 (= *apodo*) nickname; **poner ~ a algn** to give sb a nickname
2 (= *puñetazo*) punch
3 (= *comentario*) cutting remark, dig*
4 (*) (= *coqueteo*) flirting, spooning*; (= *pretendiente*) suitor

**rémora** SF 1 (*Zool*) remora
2 (= *obstáculo*) hindrance

**remorder** ▸conjug 2h◂ Ⓐ VI (= *reconcomer*) **me remuerde el haberle tratado así** I have a guilty conscience about treating him like that; **no me remuerde la conciencia** I don't have any qualms about it
Ⓑ **remorderse** VPR to feel/show remorse

**remordimiento** SM (*tb* **~s**) remorse, regret; **tener ~s** to feel remorse, suffer pangs of conscience

**remotamente** ADV 1 [*parecerse, recordar*] vaguely
2 [*pensar*] vaguely, tentatively

**remotidad*** SF (*CAm*) remote spot, distant place

**remoto** ADJ 1 (*en el tiempo*) far-off, distant; **en épocas remotas** in far-off *o* distant times
2 (*en el espacio*) faraway, distant; **en un país ~** in a faraway *o* distant country
3 (= *poco probable*) remote; **existe la remota posibilidad de que venga** there is a remote possibility *o* a very slight chance he may come; **no tengo ni la más remota idea** I haven't the faintest *o* remotest idea; **no se me ocurriría insultarle ni por lo más ~** it would never enter my head to insult him; **—¿te enfrentarías a él? —¡ni por lo más ~!** "would you stand up to him?" — "no way *o* not on your life!"

**remover** ▸conjug 2h◂ VT 1 [+ *tierra*] to turn over, dig up; [+ *objetos*] to move round; [+ *fuego, brasas*] to poke, stir; [+ *sopa*] to stir; [+ *ensalada*] to toss; [+ *cóctel*] to shake; **~ el pasado** to stir up the past; **~ un asunto** to go into a matter; **~ un proyecto** to revive a scheme; ✦***MODISMOS*** **~ cielo y tierra** ◊ **~ Roma con Santiago** to move heaven and earth
2 (= *quitar*) to remove; (*Med*) to remove
3 (*esp LAm*) (= *cesar*) to dismiss

**removimiento** SM removal

**remozado** SM [*de persona*] rejuvenation; [*de edificio, fachada*] renovation

**remozamiento** SM [*de persona*] rejuvenation; [*de edificio, fachada*] renovation

**remozar** ▸conjug 1f◂ Ⓐ VT [+ *persona*] to rejuvenate; [+ *aspecto*] to brighten up; [+ *organización*] to give a new look to, give a face-lift to; [+ *edificio, fachada*] to renovate
Ⓑ **remozarse** VPR to be rejuvenated; **la encuentro muy remozada** she looks so much younger

**remplazar** ▸conjug 1f◂ VT = **reemplazar**

**rempujar*** ▸conjug 1a◂ VT to shove, push

**rempujón*** SM shove, push

**remuda** SF (= *cambio*) change, alteration; (= *reemplazo*) replacement; (*tb* **~ de ropa**) change of clothes, spare clothes *pl* ► **remuda de caballos** change of horses

**remudar** ▸conjug 1a◂ VT (= *cambiar*) to change, alter; (= *reemplazar*) to replace

**remunerable** ADJ remunerable

**remuneración** SF remuneration

**remunerado** ADJ **trabajo mal ~** badly-paid job

**remunerador** ADJ 1 (= *retribuido*) remunerative; **poco ~** unremunerative
2 (= *gratificante*) rewarding, worthwhile

**remunerar** ▸conjug 1a◂ VT (= *retribuir*) to remunerate; (= *premiar*) to reward

**remunerativo** ADJ remunerative

**renacentista** ADJ Renaissance *antes de s*

**renacer** ▸conjug 2d◂ VI 1 (= *volver a nacer*) to be reborn; (*Bot*) to reappear, come up again
2 (= *reavivar*) to revive; **hacer ~** to revive; **hoy me siento ~** today I feel like a new person *o* as if I've come to life again; **sentían ~ la esperanza** they felt new hope

**renaciente** ADJ renascent

**renacimiento** SM rebirth, revival; **el Renacimiento** the Renaissance

**renacuajo** SM 1 (*Zool*) tadpole
2 (*) (= *niño*) shrimp
3 (*pey*) (= *pequeñajo*) runt, little squirt*

**renal** ADJ renal, kidney *antes de s*

**Renania** SF Rhineland

**renano** ADJ Rhenish, Rhine *antes de s*

**rencilla** SF 1 (= *disputa*) quarrel; **~s** arguments, bickering *sing*
2 (= *rencor*) bad blood; **me tiene ~** he's got it in for me*, he bears me a grudge

**rencilloso** ADJ quarrelsome

**renco** ADJ lame

**rencor** SM (= *amargura*) rancour, rancor (*EEUU*), bitterness; (= *resentimiento*) ill feeling, resentment; (= *malicia*) spitefulness; **guardar ~** to bear malice, harbour *o* (*EEUU*) harbor a grudge (**a** against); **no le guardo ~** I bear him no malice

**rencorosamente** ADV 1 (= *con resentimiento*) resentfully; (= *con amargura*) bitterly
2 (= *con malicia*) spitefully, maliciously

**rencoroso** ADJ 1 [*ser*] spiteful, nasty
2 [*estar*] (= *resentido*) resentful; (= *amargado*) bitter

**rendición** SF 1 (*Mil*) surrender ► **rendición incondicional** unconditional surrender
2 (*Fin*) yield, profit, profits *pl*
3 (*Cono Sur Com, Fin*) trading balance; (*tb* **~ de cuentas**) balance

**rendidamente** ADV (= *sumisamente*) submissively; (= *servilmente*) obsequiously; (= *con devoción*) devotedly

**rendido** ADJ 1 (= *cansado*) exhausted, worn-out
2 (= *sumiso*) submissive; (= *servil*) obsequious; (= *enamorado*) devoted

**rendidor** ADJ (*LAm*) highly productive, highly profitable

**rendija** SF 1 (= *hendedura*) crack, cleft; (= *abertura*) aperture
2 (*en la ley*) loophole

**rendimiento** SM 1 [*de una máquina*] output; (= *capacidad*) capacity; (= *producción*) output; **aumentar el ~ de una máquina** to increase the output of a machine; **el ~ del motor** the performance of the engine; **funcionar a pleno ~** to work all-out, work at full throttle
2 [*de persona*] performance, achievement; **tiene muy bajo ~ escolar** he's not doing very well *o* achieving much academically; **Centro de Alto Rendimiento** *specialized sports training centre* ► **rendimiento académico** academic achievement ► **rendimiento laboral** performance at work
3 (*Fin*) yield, profit, profits *pl*; **ley del ~ decreciente** law of diminishing returns ► **rendimiento del capital** return on capital
4 (= *sumisión*) submissiveness; (= *servilismo*) obsequiousness; (= *devoción*) devotion; **su ~ total a la voluntad de ella** his complete submission to her will
5 (= *agotamiento*) exhaustion
6 (= *parte útil*) usable part, proportion of usable material

**rendir** ▸conjug 3k◂ Ⓐ VT 1 (= *producir*) to produce; [+ *beneficios etc*] to yield; [+ *producto, total etc*] to produce; [+ *interés*] to bear
2 (= *cansar*) to exhaust, tire out; **le rindió el sueño** he was overcome by sleep
3 **~ homenaje a** to pay tribute to; **~ culto a** to worship; **~ las gracias** (*frm*) to give thanks
4 (*Mil*) [+ *ciudad*] to surrender; [+ *fortaleza*] to take, capture; **~ la guardia** to hand over the guard
5 (*Mil*) [+ *bandera*] to dip; [+ *armas*] to lower, reverse
6 (*Esp*) (= *vomitar*) to vomit, bring up
7 (*Com*) [+ *factura*] to send
8 **~ examen** (*Cono Sur*) to sit *o* take an exam
9 (*frm*) (= *vencer*) [+ *país*] to conquer, subdue
10 (*frm*) (= *dominar*) to dominate; **logró ~ el albedrío de la joven** he came to dominate the young woman's will completely; **había que ~ su entereza** he had to overcome his moral objections
11 (*frm*) (= *devolver*) to give back, return; (= *entregar*) to hand over
Ⓑ VI 1 (= *producir*) to yield, produce; (= *dar resultados*) to give good results; **el negocio no rinde** the business is not profitable *o* doesn't pay; **la finca rinde para mantener a ocho familias** the estate produces enough to keep eight families; **este año ha rendido poco** it has done poorly this year; **trabajo, pero no rindo** I work hard but without much to show for it
2 [*arroz*] to swell up
3 (*LAm*) (= *durar*) to last longer, keep going
Ⓒ **rendirse** VPR 1 (= *ceder*) to yield (**a** to); (*Mil*) to surrender; (= *entregarse*) to give o.s. up; **~se a la razón** to yield to reason; **~se a la evidencia** to bow before the evidence; **~se**

➤ LENGUA Y USO: remontar B3 44.2 remoto 3 42.3

**a la fuerza** to yield to violence; **¡me rindo!** I give in!
2 (= *cansarse*) to wear o.s. out

**renditivo** ADJ (*Cono Sur*) productive

**renegado/a** Ⓐ ADJ 1 (= *traidor*) renegade; (*Rel*) apostate *antes de s*; (*Pol*) rebel *antes de s*
2 (*) (= *brusco*) gruff*; (= *malhumorado*) cantankerous, bad-tempered
Ⓑ SM/F (= *traidor*) renegade; (*Rel*) apostate; (*Pol*) rebel

**renegar** ▸conjug 1h, 1j◂ Ⓐ VI 1 **~ de: renegó de su fe** he renounced his faith; **ha renegado de su familia** she has disowned her own family
2 (= *maldecir*) to curse, swear; (= *blasfemar*) to blaspheme
3 (= *refunfuñar*) to complain (**de** about); **se pasa el día renegando de todo** she spends her time complaining about everything
4 (*Andes, Méx*) (= *enojarse*) to get angry, get upset
5 (*Andes, Méx*) (= *gritar*) to shout, rage
Ⓑ VT **negar y ~ algo** to deny sth vigorously; **niega y reniega haber provocado el incendio** he vigorously denies having started the fire

**renegociación** SF renegotiation

**renegociar** ▸conjug 1b◂ VT to renegotiate

**renegón*** ADJ grumbling, cantankerous, grouchy*

**renegrido** ADJ very black, very dark

**RENFE** SF ABR, **Renfe** SF ABR (*Ferro*) = **Red Nacional de los Ferrocarriles Españoles**

**renglón** SM 1 (= *línea*) line, line of writing; **escribir unos renglones** to write a few lines *o* words; **estos pobres renglones** (*liter*) these humble jottings; ✦***MODISMOS* a ~ seguido** immediately after; **leer entre renglones** to read between the lines
2 (*Com*) item of expenditure
3 (*LAm Com*) (= *género*) line of goods; (= *departamento*) department, area

**rengo** ADJ (*LAm*) lame, crippled

**rengue‡** SM train

**renguear** ▸conjug 1a◂ VI 1 (*LAm*) (= *cojear*) to limp, hobble
2 (*Cono Sur*) (= *perseguir*) to pursue a woman

**renguera** SF (*LAm*) limp, limping

**reniego** SM 1 (= *juramento*) curse, oath; (*Rel*) blasphemy
2 (= *queja*) grumble, complaint

**reno** SM reindeer

**renombrado** ADJ renowned, famous

**renombrar** ▸conjug 1a◂ VT to rename

**renombre** SM (= *fama*) renown, fame; **de ~** renowned, famous

**renovable** ADJ renewable

**renovación** SF 1 [*de contrato, pasaporte, suscripción*] renewal
2 [*de edificio*] renovation; **han invertido 100 millones en la ~ del museo** they have invested 100 million in the renovation of the museum; **subvenciones para la ~ de los sistemas informáticos** subsidies for updating *o* upgrading computer systems
3 [*de partido, asamblea*] clearout; **el comité necesita una completa ~** the committee needs a complete clearout
4 (= *reanudación*) renewal; **la ~ de las hostilidades acabó con las esperanzas de paz** the renewal of hostilities scuppered hopes of peace
5 (*Rel*) ► **renovación espiritual** spiritual renewal

**renovado** ADJ renewed, redoubled; **con renovada energía** with renewed energy

**renovador(a)** (*Pol*) Ⓐ ADJ reformist
Ⓑ SM/F restorer; **~ de muebles** furniture restorer

**renoval** SM (*Cono Sur, Méx*) area of young trees

**renovar** ▸conjug 1l◂ Ⓐ VT 1 [+ *contrato, pasaporte, suscripción*] to renew
2 [+ *edificio*] to renovate; [+ *sistema informático*] to update, upgrade
3 [+ *muebles*] to change; **han renovado el mobiliario de la casa** they've changed the furniture in the house
4 [+ *partido, asamblea*] to clear out
5 (= *reanudar*) [+ *ataques*] to renew; [+ *conversaciones*] to resume
Ⓑ **renovarse** VPR 1 (= *reanudarse*) **se han renovado los ataques** there have been renewed attacks, the attacks have resumed
2 [*persona*] **~se o morir** adapt or perish

**renquear** ▸conjug 1a◂ VI 1 (= *cojear*) to limp, hobble
2 (*) (= *ir tirando*) to get by, just about manage
3 [*motor*] to splutter
4 (= *vacilar*) to dither

**renqueo** SM limp

**renta** SF 1 (= *ingresos*) income; (= *ganancia*) interest, return; **tiene ~s particulares** she has a private income; **vivir de (las) ~s** to live on one's private income; **política de ~s** incomes *o* (*EEUU*) income policy; **título de ~ fija** fixed-interest bond; **valores de ~ fija** fixed-yield securities ► **renta bruta nacional** gross national income ► **renta del trabajo** earned income ► **renta devengada** earned income ► **renta disponible** disposable income ► **renta gravable** taxable income ► **renta imponible** taxable income ► **renta nacional** national income ► **renta no salarial** unearned income ► **renta sobre el terreno** ground rent ► **rentas públicas** revenue *sing* ► **renta vitalicia** annuity
2 (= *deuda*) public debt, national debt
3 (*esp LAm*) (= *alquiler*) rent; **"casa de renta"** "house to let"

**rentabilidad** SF profitability

**rentabilizar** ▸conjug 1f◂ VT (= *hacer rentable*) to make profitable, make more profitable; (= *sacar provecho de*) to exploit to the full; (*pey*) to cash in on

**rentable** ADJ profitable; **no ~** unprofitable; **la línea ya no es ~** the line is no longer economic (to run)

**rentado** ADJ (*Cono Sur*) paid

**rentar** ▸conjug 1a◂ Ⓐ VT 1 (= *producir*) to produce, yield
2 (*LAm*) [+ *casa*] to let, rent out; **"rento casa"** "house to let"
Ⓑ **rentarse** VPR **"se renta"** (*Méx*) "to let"

**rentero/a** SM/F tenant farmer

**rentista** SMF 1 (= *accionista*) stockholder; (*que vive de sus rentas*) rentier
2 (= *especialista*) financial expert

**rentístico** ADJ financial

**renuencia** SF 1 [*de persona*] reluctance, unwillingness
2 [*de materia*] awkwardness

**renuente** ADJ 1 [*persona*] reluctant, unwilling
2 [*materia*] awkward, difficult

**renuevo** SM 1 (= *acto*) renewal
2 (*Bot*) shoot, sprout

**renuncia** SF 1 (*a derecho, trono*) renunciation; **la paz depende de una ~ total a la violencia** peace is dependent on a total renunciation of violence; **está considerando una posible ~ a sus derechos al trono** he is thinking of renouncing his rights to the throne; **han hecho pública la ~ a sus exigencias/planes** they announced that they have abandoned *o* dropped their claims/plans; **confirmó su ~ a participar en el proyecto** he confirmed his refusal to take part in the project
2 [*de empleado*] resignation; **presentó su ~** he tendered his resignation, he resigned
3 (= *abnegación*) renunciation; **una vida de ~ y sacrificio** a life of renunciation and sacrifice

**renunciar** ▸conjug 1b◂ VI 1 **~ a** [+ *derecho, trono*] to renounce; [+ *exigencia, plan*] to abandon, drop; **han renunciado a la violencia** they have renounced violence; **ha renunciado a su puesto de jefe de prensa** he has resigned his post as press officer; **tras su enfermedad renunció al tabaco** after his illness he gave up smoking; **¿renuncias a Satanás?** do you renounce Satan?
2 (= *dimitir*) to resign; **el ministro no ~á** the minister will not resign
3 (*Naipes*) to revoke

**renuncio** SM 1 (*Naipes*) revoke
2 (= *mentira*) **coger a algn en un ~** to catch sb in a fib, catch sb out

**reñidamente** ADV bitterly, hard, stubbornly

**reñidero** SM ► **reñidero de gallos** cockpit

**reñido** ADJ 1 [*batalla, concurso*] hard-fought, close; **un partido ~** a hard-fought *o* close game; **en lo más ~ de la batalla** in the thick of the fight
2 (= *enfadado*) **estar ~ con algn** to have fallen out with sb, be on bad terms with sb; **está ~ con su familia** he has fallen out with his family, he is on bad terms with his family
3 (= *en contradicción*) **estar ~ con algo**: **está ~ con el principio de igualdad** it goes against *o* is contrary to the principle of equality

**reñidor** ADJ quarrelsome

**reñir** ▸conjug 3h, 3k◂ Ⓐ VT 1 (= *regañar*) to scold; (= *reprender*) to tell off*, reprimand (**por** for)
2 [+ *batalla*] to fight, wage
Ⓑ VI (= *pelear*) to quarrel, fall out (**con** with); **ha reñido con su novio** she's fallen out *o* had a fight with her boyfriend; **se pasan la vida riñendo** they spend their whole time quarrelling; **riñeron por cuestión de dinero** they quarrelled about money, they quarrelled over money

**reo[1]** SMF 1 (= *delincuente*) culprit, offender; (*Jur*) accused, defendant ► **reo de Estado** person accused of a crime against the state ► **reo de muerte** person under sentence of death
2 (*Cono Sur*) (= *vagabundo*) tramp, bum (*EEUU**)

**reo[2]** SM (= *pez*) sea trout

**reoca*** SF **es la ~** (*Esp*) (= *bueno*) it's the tops*; (= *malo*) it's the pits*

**reojo**: **de ~** ADV **mirar a algn de ~** (= *disimuladamente*) to look at sb out of the corner of one's eye; (= *con recelo*) to look askance at sb

**reorganización** SF reorganization

**reorganizar** ▸conjug 1f◂ Ⓐ VT to reorganize
Ⓑ **reorganizarse** VPR to reorganize

**reorientación** SF [*de negocio, economía*] reorientation; [*de recursos*] redeployment

**reorientar** ▸conjug 1a◂ VT [+ *economía*] to reorientate; [+ *dirección, costumbre*] to change; [+ *recursos*] to redeploy

**reóstato** SM rheostat

**Rep.** ABR (= **República**) Rep

**repanchigarse*** ▸conjug 1h◂ VPR, **repantigarse*** ▸conjug 1h◂ VPR to lounge, sprawl, loll (back); **estar repanchigado en un sillón** to be sprawled *o* lolling (back) in a chair

**repanocha*** SF **¡eres la ~!** you're unbelievable!; **¡aquello fue la ~!** it was unbelievable!

**reparable** ADJ repairable

**reparación** SF **1** (= *acción*) repairing, mending
**2** (*Téc*) repair; **efectuar reparaciones en** to carry out repairs to *o* on; **"reparaciones en el acto"** "repairs while you wait"
**3** (= *desagravio*) reparation
**4** (*Jur*) redress

**reparador(a)** Ⓐ ADJ **1** [*sueño*] refreshing; [*comida*] fortifying, restorative
**2** (*frm*) [*persona*] critical, faultfinding
Ⓑ SM/F (= *criticón*) critic, faultfinder
Ⓒ SM (*Téc*) repairer

**reparadora** SF ► **reparadora de calzados** (*Méx*) shoe repairer's

**reparar** ▸conjug 1a◂ Ⓐ VT **1** (= *arreglar*) to repair, mend, fix
**2** [+ *energías*] to restore; [+ *fortunas*] to retrieve
**3** [+ *ofensa*] to make amends for; [+ *suerte*] to retrieve; [+ *daño, pérdida*] to make good; [+ *consecuencia*] to undo
**4** [+ *golpe*] to parry
**5** (= *observar*) to observe, notice
**6** (*Cono Sur*) (= *imitar*) to mimic, imitate
Ⓑ VI **1** **~ en** (= *darse cuenta de*) to observe, notice; **no reparó en la diferencia** he didn't notice the difference; **sin ~ en que ya no funcionaba** without noticing it didn't work any more
**2** **~ en** (= *poner atención en*) to pay attention to, take heed of; (= *considerar*) to consider; **no ~ en las dificultades** not to consider the problems; **repara en lo que vas a hacer** consider what you are going to do, reflect on what you are going to do; **sin ~ en los gastos** regardless of the cost; **no ~ en nada** to stop at nothing
**3** (*LAm*) [*caballo*] to rear, buck
Ⓒ **repararse** VPR **1** (= *controlarse*) to restrain o.s.
**2** (*CAm, Méx*) [*caballo*] to rear, buck

**reparista** ADJ (*Andes, CAm, Caribe*), **reparisto** ADJ (*CAm, Caribe*) = **reparón A**

▼ **reparo** SM **1** (= *escrúpulo*) scruple, qualm; **no tuvo ~ en hacerlo** he had no qualms about doing it, he did not hesitate to do it
**2** (= *objeción*) objection; (= *crítica*) criticism; (= *duda*) doubt; **poner ~s** (= *oponerse*) to raise objections (**a** to); (= *criticar*) to criticize, express one's doubts
**3** (*frm*) (= *reparación*) repair; (*Arquit*) restoration
**4** (*Esgrima*) parry
**5** (= *protección*) defence, defense (*EEUU*), protection
**6** (*Med*) remedy
**7** (*CAm, Méx*) [*de caballo*] bucking, rearing; **tirar un ~** to rear, buck

**reparón/ona** Ⓐ ADJ critical, faultfinding
Ⓑ SM/F critic, faultfinder

**repartición** SF **1** (= *distribución*) distribution; (= *división*) sharing out, division
**2** (*Cono Sur Admin*) government department
**3** (*LAm Pol*) [*de tierras*] redistribution

**repartida** SF (*LAm*) = **repartición 1**

**repartidor(a)** SM/F (= *distribuidor*) distributor; (*Com*) deliveryman/deliverywoman ► **repartidor(a) de leche** milkman/milkwoman ► **repartidor(a) de periódicos** paperboy/papergirl ► **repartidor(a) de pizzas** pizza delivery boy/girl

**repartija** SF (*LAm pey*) share-out, carve-up*

**repartimiento** SM (= *distribución*) distribution; (= *división*) division

**repartir** ▸conjug 3a◂ Ⓐ VT **1** (= *dividir entre varios*) to divide (up), share (out); **tendremos que ~ el pastel** we'll have to share (out) *o* divide (up) the cake; **~ dividendos** to share the profits; **los estudiantes están repartidos en cuatro grupos** the students are divided into four groups; **el premio está muy repartido** the prize is shared among many
**2** (= *distribuir, dar*) [+ *correo, periódicos*] to deliver; [+ *folletos, premios*] to give out, hand out; [+ *naipes*] to deal; **repartieron golpes a todo el que se les acercaba** they lashed out at anyone who came near them
**3** (= *esparcir*) **hay guarniciones repartidas por todo el país** there are garrisons dotted about *o* spread about *o* distributed all over the country
Ⓑ **repartirse** VPR **1** (= *dividirse entre varios*) **se repartieron el botín** they divided (up) *o* shared (out) the spoils among themselves
**2** (= *distribuir*) **"se reparte a domicilio"** "home delivery (service)"

**reparto** SM **1** (= *partición*) sharing out; **el ~ de la herencia originó conflictos** the sharing out of the inheritance gave rise to disputes; **no existe un equilibrado ~ de la riqueza** there is not an even distribution of wealth, wealth is not evenly distributed ► **reparto de beneficios** profit sharing ► **reparto de dividendos** distribution of dividends
**2** (= *entrega*) [*de correo, periódicos*] delivery; **"reparto a domicilio"** "home delivery (service)"; **vamos a efectuar el ~ de premios** we are going to give out the prizes
**3** (*Cine, Teat*) cast; **un ~ estelar** a star cast
**4** (*LAm*) (= *solar*) building site; (= *barrio*) suburb

**repasador** SM (*Cono Sur*) dishcloth

**repasar** ▸conjug 1a◂ VT **1** [+ *cuenta*] to check; [+ *texto, lección*] to revise; [+ *apuntes*] to go over (again); [+ *publicación etc*] to put the finishing touches to, polish up
**2** (*Mec*) (= *arreglar*) to check, overhaul
**3** (*Cos*) **~ la plancha por una prenda** to iron a garment again, give a garment another iron
**4** (*Cos*) (= *coser*) to sew, sew up
**5** (*Cono Sur*) [+ *platos*] to wipe; [+ *mueble*] to dust, polish; [+ *ropa*] to brush, brush down
**6** [+ *lugar*] to pass again, pass by again; **pasar y ~ una calle** to go up and down a street

**repaso** SM **1** (= *revisión*) revision; **ejercicios de ~** revision exercises; **dale un ~ a esta lección** revise this lesson; **los técnicos daban el último ~ a la nave** the technicians were giving the ship a final check; **le di un último ~ a la carta antes de enviarla** I read through the letter again quickly before sending it; **un ~ de los temas tratados más importantes** a quick run-through *o* review of the main points I've dealt with; **✦MODISMO dar** *o* **pegar un buen ~ a algn*** (= *regañar*) to give sb a proper ticking-off*; (= *ganar*) to thrash sb
**2** (*Cos*) (= *arreglo*) **tengo que darles un ~ a estos pantalones** I have to mend these trousers; **ropa de ~** mending, darning

**repatear*** ▸conjug 1a◂ VT (*Esp*) **ese tío me repatea** that guy gets on my wick‡ *o* turns me right off*

**repatriación** SF repatriation

**repatriado/a** Ⓐ ADJ repatriated
Ⓑ SM/F repatriate, repatriated person

**repatriar** ▸conjug 1b◂ Ⓐ VT to repatriate; [+ *criminal*] to deport; **van a ~ el famoso monumento** they are going to send the famous monument back to its country of origin
Ⓑ **repatriarse** VPR to return home, go back to one's own country

**repe¹*** Ⓐ ADJ repeated, duplicated; **este sello lo tengo ~** I've got this stamp twice
Ⓑ SF (*TV*) repeat

**repe²** SM (*Andes*) mashed bananas with milk

**repechar** ▸conjug 1a◂ VI **~ contra** (*Méx*) to lean against, lean one's chest against

**repecho** SM **1** (= *vertiente*) sharp gradient, steep slope; **a ~** uphill
**2** (*Caribe, Méx*) (= *parapeto*) parapet
**3** (*Méx*) (= *refugio*) shelter, refuge

**repela** SF (*Andes, CAm*) gleaning, gleaning of coffee crop

**repelar** ▸conjug 1a◂ Ⓐ VT **1** (= *pelar*) [+ *cabeza*] to leave completely bare, shear; [+ *persona*] to leave completely shaven, shear; [+ *hierba*] to nibble, crop; [+ *uñas*] to clip
**2** (= *arrancar pelo*) **~ a algn** to pull sb's hair
**3** (*Méx*) (= *criticar*) to raise objections to, call into question
**4** (*Méx*) (= *reprender*) to scold, tell off*
Ⓑ **repelarse** VPR (*Cono Sur*) to feel remorse

**repelencia** SF (*esp LAm*) revulsion, disgust

**repelente** Ⓐ ADJ **1** (= *repulsivo*) repellent, repulsive
**2** (*) (= *sabelotodo*) **es ~** he's a know-all
Ⓑ SM repellent, insect repellent

**repeler** ▸conjug 2a◂ Ⓐ VT **1** [+ *enemigo*] to repel, repulse, drive back
**2** (= *rechazar*) **el material repele el agua** the material is water-resistant; **la pared repele la pelota** the wall sends the ball back, the ball bounces off the wall
**3** [+ *idea, oferta*] to reject
**4** (= *repugnar*) to repel, disgust
Ⓑ **repelerse** VPR **los dos se repelen** the two are incompatible, the two are mutually incompatible

➤ LENGUA Y USO: **reparo 2** 38.3

**repellar** ▸conjug 1a◂ VT [1] [+ *pared, muro*] to plaster, stucco
[2] (*LAm*) (= *enjalbegar*) to whitewash
[3] (*Caribe*) (= *menear*) to wriggle, wiggle

**repello** SM [1] (*en pared, muro*) **la pared tenía ~s** the cracks on the wall had been filled in with plaster
[2] (*LAm*) (= *jalbegue*) whitewash, whitewashing
[3] (*Caribe*) (*en baile*) wiggle, grind

**repelo** SM [1] (= *pelo*) hair out of place, hair that sticks up
[2] (*en madera*) snag, knot
[3] (*en la piel*) hangnail
[4] (*) (= *riña*) tiff, slight argument
[5] (= *aversión*) aversion
[6] (*Andes, Méx*) (= *baratijas*) junk, bric-a-brac
[7] (*Andes, Méx*) (= *trapo*) rag, tatter

**repelón** Ⓐ ADJ (*Méx*) grumbling, grumpy
Ⓑ SM [1] (= *tirón*) tug, tug at one's hair
[2] (*Cos*) ruck, snag
[3] (= *pedacito*) small bit, tag, pinch
[4] [*de caballo*] dash, short run
[5] (*Méx*) (= *reprimenda*) telling-off*, scolding

**repelús*** SM **me da ~** it gives me the willies* *o* shivers

**repeluz** SM **en un ~** (*Cono Sur*) in a flash, in an instant

**repeluzno*** SM nervous shiver, slight start of fear

**repensar** ▸conjug 1j◂ VT to rethink, reconsider

**repente** SM [1] (= *movimiento*) sudden movement, start; (*fig*) (= *impulso*) sudden impulse
► **repente de ira** fit of anger
[2] **de ~** (= *de pronto*) suddenly; (= *inesperadamente*) unexpectedly
[3] (*Méx Med*) (= *acceso*) fit; (= *desmayo*) fainting fit

**repentinamente** ADV **torcer ~** to turn sharply, make a sharp turn; *ver tb* **repente 2**

**repentino** ADJ [1] (= *súbito*) sudden; (= *imprevisto*) unexpected; [*curva, vuelta*] sharp
[2] **tener repentina compasión** (*frm*) to be quick to pity

**repentización** SF (*Mús*) sight-reading; (= *improvisación*) ad-lib, improvisation

**repentizar** ▸conjug 1f◂ VI (*Mús*) to sight-read; (= *improvisar*) to ad-lib, improvise

**repentón*** SM violent start

**repera*** SF **es la ~** it's the tops*

**repercusión** SF [1] (= *consecuencia*) repercussion; **repercusiones** repercussions; **las repercusiones de esta decisión** the repercussions of this decision; **de amplia** *o* **de ancha ~** far-reaching, with profound effects; **tener ~** *o* **repercusiones en** to have repercussions on
[2] [*de sonido*] repercussion; (= *reverberación*) reverberation, echo

**repercutir** ▸conjug 3a◂ Ⓐ VI [1] (= *influenciar*) **~ en** to have repercussions on, affect
[2] (= *reverberar*) [*sonido*] to echo, reverberate
[3] (= *rebotar*) to rebound, bounce off
[4] (*Méx*) (= *oler mal*) to smell bad, stink
Ⓑ VT (*Andes*) to contradict
Ⓒ **repercutirse** VPR to reverberate

**reperiquete** SM (*Méx*) [1] (= *baratija*) cheap jewellery, cheap jewelery (*EEUU*)
[2] (= *baladronada*) brag, boast

**repertoriar** ▸conjug 1b◂ VT to catalogue, catalog (*EEUU*), list

**repertorio** SM [1] (= *lista*) list, index; (= *catálogo*) catalogue, catalog (*EEUU*)
[2] (*Teat*) repertoire
[3] (*Inform*) repertoire

**repesca** SF [1] (*Escol*) repeat, repeat exam
[2] (*Dep*) play-off, play-off for third place

**repescar** ▸conjug 1g◂ VT to give a second chance to

**repeso** SM (*Andes*) bonus, extra

**repetición** SF [1] (= *acción*) repetition; (= *reaparición*) recurrence
[2] (*Teat*) encore
[3] **fusil de ~** repeating rifle

**repetidamente** ADV repeatedly

**repetido** ADJ [1] (= *reiterado*) repeated; **el tan ~ aviso** the oft-repeated warning
[2] (= *numeroso*) numerous; **en repetidas ocasiones** on numerous occasions; **repetidas veces** repeatedly, over and over again
[3] [*sello*] duplicate

**repetidor** SM (*Radio, TV*) booster, booster station

**repetidora** SF repeater rifle

**repetir** ▸conjug 3k◂ Ⓐ VT (= *reiterar*) to repeat; (= *rehacer*) to do again; **le repito que es imposible** I repeat that it is impossible; **los niños repiten lo que hacen las personas mayores** children imitate adults; **~ el postre** to have a second helping *o* seconds* of dessert; **~ un curso** to repeat a year
Ⓑ VI [1] (= *servirse de nuevo*) to have a second helping; **se comió un buen plato y repitió** she ate a large plateful and then had a second helping
[2] [*ajo, pepino, chorizo*] **el pepino repite mucho** cucumber keeps repeating on you; **las cebollas me repiten** onions repeat on me
Ⓒ **repetirse** VPR [1] [*persona*] to repeat o.s.
[2] [*suceso*] to recur; **¡ojalá no se repita esto!** I hope this won't happen again!
[3] [*comida*] **el ajo se me repite mucho** garlic repeats on me

**repetitivo** ADJ repetitive

**repicado** SM copying of tapes, copying of video tapes, video piracy

**repicar** ▸conjug 1g◂ Ⓐ VT [1] [+ *campanas*] to ring; ✦*MODISMO* **~ gordo un acontecimiento** to celebrate an event in style
[2] [+ *carne*] to chop up finely
[3] [+ *cinta*] to copy, pirate
Ⓑ **repicarse** VPR (†) to boast (**de** about, of)

**repintar** ▸conjug 1a◂ Ⓐ VT (= *volver a pintar*) to repaint; (= *pintar de prisa*) to paint hastily
Ⓑ **repintarse** VPR to pile the make-up on

**repipi*** ADJ (= *afectado*) affected; (= *esnob*) la-di-dah*; (= *engreído*) stuck-up*; **es una niña ~** she's a little madam

**repique** SM [1] [*de tambor*] beating
[2] [*de campanas*] ringing, pealing
[3] (*) (= *riña*) tiff, squabble

**repiquete** SM [1] [*de tambor*] beating; [*de campana*] pealing, ringing
[2] (*Mil*) clash
[3] (*Cono Sur Orn*) trill, song
[4] (*Andes*) (= *resentimiento*) pique, resentment

**repiquetear** ▸conjug 1a◂ Ⓐ VT [1] [+ *campanas*] to ring
[2] [+ *tambor*] to tap, beat rapidly
Ⓑ VI [1] (*Mús*) to peal, ring out
[2] [*máquina*] to clatter
Ⓒ **repiquetearse** VPR (*) to squabble

**repiqueteo** SM [1] [*de tambor*] beating; [*de campana*] pealing, ringing
[2] (*en mesa*) tapping
[3] [*de máquina*] clatter

**repisa** SF (= *estante*) shelf; **la ~ de la chimenea** the mantelpiece; **la ~ de la ventana** the windowsill

**replana** SF (*Andes*) underworld slang

**replantar** ▸conjug 1a◂ VT to replant

**replanteamiento** SM rethink, reconsideration

**replantear** ▸conjug 1a◂ Ⓐ VT [+ *cuestión*] to raise again, reopen
Ⓑ **replantearse** VPR **~se algo** to rethink *o* reconsider sth, think again about sth; **me lo estoy replanteando** I'm thinking it over again

**replantigarse*** ▸conjug 1h◂ VPR (*LAm*) = **repanchigarse**

**repleción** SF repletion

**replegable** ADJ [1] (= *que se pliega*) folding, that folds, that folds up
[2] (*Aer*) [*tren de aterrizaje*] retractable

**replegar** ▸conjug 1h, 1j◂ Ⓐ VT [1] (= *plegar*) to fold over; (*de nuevo*) to fold again, refold
[2] [+ *tren de aterrizaje*] to retract, draw up
Ⓑ **replegarse** VPR (*Mil*) to withdraw, fall back

**repletar** ▸conjug 1a◂ (*frm*) Ⓐ VT to fill completely, stuff full, pack tight
Ⓑ **repletarse** VPR to stuff o.s., eat to repletion (*frm*)

**repleto** ADJ [1] (= *lleno*) full up; **~ de** full of, crammed with; **el cuarto estaba ~ de gente** the room was crammed with people; **una colección repleta de rarezas** a collection containing many rare pieces
[2] **estar ~** [*persona*] to be full up (*with food*)
[3] [*aspecto*] well-fed

**réplica** SF [1] (= *respuesta*) answer; (*Jur*) replication; **derecho de ~** right of reply; **~s** back-chat *sing*; **dejar a algn sin ~s** to leave sb speechless
[2] (*Arte*) replica, copy

**replicar** ▸conjug 1g◂ VI [1] (= *contestar*) to answer, retort
[2] (= *objetar*) to argue, answer back; **¡no repliques!** don't answer back!

**replicón*** ADJ argumentative

**repliegue** SM [1] (= *pliegue*) fold, crease
[2] (*Mil*) withdrawal, retreat ► **repliegue táctico** tactical withdrawal, tactical retreat

**repoblación** SF [*de personas*] repopulation; [*de peces*] restocking; [*de árboles*] reafforestation
► **repoblación forestal** reafforestation

**repoblar** ▸conjug 1l◂ VT [+ *país*] to repopulate; [+ *río*] to restock; (*con árboles*) to plant trees on

**repollo** SM cabbage

**repollonco*** ADJ (*Cono Sur*), **repolludo*** ADJ tubby*, chunky*

**reponer** ▸conjug 2q◂ (*pp* **repuesto**) Ⓐ VT [1] [+ *productos, surtido*] to replenish
[2] (= *devolver*) [+ *objeto dañado*] to replace, pay for, pay for the replacement of; **~ el dinero robado** to pay back the stolen money
[3] (*en un cargo*) to reinstate
[4] (= *recuperar*) **~ fuerzas** to get one's strength back
[5] (*Teat*) to revive, put on again; (*TV*) to repeat

[6] (*frm*) (= *replicar*) to reply (**que** that)
(B) **reponerse** VPR (= *recuperarse*) to recover; **~se de** to recover from, get over

**repóquer** SM (*tb* **~ de ases**) *four aces plus a wild card*

**reportaje** SM report, article ► **reportaje gráfico** illustrated report

**reportar** ▸conjug 1a◂ (*frm*) (A) VT [1] (= *traer*) to bring, carry; (= *producir*) to give, bring; **esto le habrá reportado algún beneficio** this will have brought him some benefit; **la cosa no le reportó sino disgustos** the affair brought him nothing but trouble; **esto le habrá reportado dos millones** it must have landed him two million
[2] (*LAm*) (= *informar*) to report; (= *denunciar*) to denounce, accuse; (= *notificar*) to notify, inform
(B) VI (*LAm*) (*a cita*) to turn up (*for an appointment*)
(C) **reportarse** VPR [1] (= *contenerse*) to control o.s.; (= *calmarse*) to calm down
[2] (*Méx*) (= *presentarse*) to turn up

**reporte** SM (*esp CAm, Méx*) report, piece of news

**reportear** ▸conjug 1a◂ VT (*LAm*) [1] (= *fotografiar*) to photograph (*for the press*)
[2] [+ *suceso*] to report, report on

**repórter** SMF = **reportero**

**reportero/a** SM/F reporter ► **reportero/a gráfico/a** news photographer, press photographer

**reposabrazos** SM INV armrest

**reposacabezas** SM INV headrest

**reposacodos** SM INV elbow rest

**reposadamente** ADV (= *con tranquilidad*) quietly; (= *descansadamente*) gently, restfully; (= *sin prisa*) unhurriedly, calmly

**reposadera** SF (*CAm*) drain, sewer

**reposado** ADJ (= *tranquilo*) quiet; (= *descansado*) gentle, restful; (= *lento*) unhurried, calm

**reposapiés** SM INV footrest

**reposaplatos** SM INV table mat, hot pad (*EEUU*)

**reposar** ▸conjug 1a◂ (A) VI [1] (= *descansar*) to rest
[2] (= *dormir*) to sleep
[3] (= *apoyarse*) to lay, rest; **su mano reposaba sobre mi hombro** her hand lay *o* rested on my shoulder; **la columna reposa sobre una base circular** the column is resting *o* sitting on a circular base
[4] [*restos mortales*] to lie, rest
[5] (*Culin*) **dejar ~ algo** to let sth stand
(B) VT [1] (= *apoyar*) to lay, rest; **reposó la cabeza sobre la almohada** she lay *o* rested her head on the pillow
[2] **~ la comida** to let one's food settle *o* go down
(C) **reposarse** VPR [*líquido*] to settle

**reposera** SF (*Cono Sur*) canvas chair, deck chair

**reposición** SF [1] (= *recambio*) replacement
[2] (*Fin*) reinvestment
[3] (*Teat*) revival; (*TV*) repeat
[4] (*Med*) (*tb fig*) recovery

**reposicionar** ▸conjug 1a◂ VT to reposition

**repositorio** SM repository

**reposo** SM rest, repose (*frm o liter*); **estar en ~** to be resting; **guardar ~** (*Med*) to rest, stay in bed ► **reposo absoluto** (*Med*) complete rest

**repostada** SF (*LAm*) rude reply, sharp answer

**repostadero** SM refuelling stop, refueling stop (*EEUU*)

**repostaje** SM refuelling, refueling (*EEUU*), filling up

**repostar** ▸conjug 1a◂ (A) VT [+ *surtido*] to replenish; **~ combustible** *o* **gasolina** (*Aer*) to refuel; (*Aut*) to fill up, fill up with petrol
(B) VI to refuel
(C) **repostarse** VPR to replenish stocks, take on supplies; **~se de combustible** to refuel

**repostería** SF [1] (= *tienda*) confectioner's, confectioner's shop, cake shop
[2] (= *arte*) confectionery
[3] (= *despensa*) larder, pantry

**repostero/a** (A) SM/F confectioner, pastry cook
(B) SM (*Andes, Chile*) (= *despensa*) pantry, larder; (= *estantería*) kitchen shelf unit

**repostón*** ADJ (*CAm, Méx*) rude, surly

**repregunta** SF (*Jur*) cross-examination, cross-questioning

**repreguntar** ▸conjug 1a◂ VT (*Jur*) to cross-examine, cross-question

**reprender** ▸conjug 2a◂ VT (= *amonestar*) to reprimand, tell off*; [+ *niño*] to scold; **~ algo a algn** to criticize sb for sth

**reprensible** ADJ reprehensible

**reprensión** SF (= *amonestación*) (*a un adulto*) reprimand, telling-off*; (*a un niño*) scolding

**represa** SF [1] (= *presa*) dam; (= *lago artificial*) lake, pool; (= *vertedero*) weir ► **represa de molino** millpond
[2] (= *parada*) check, stoppage
[3] (= *represión*) repression
[4] (= *captura*) recapture

**represalia** SF reprisal; **como ~ por** in reprisal for; **tomar ~s** to retaliate, take reprisals (**contra** against)

**represaliado/a** SM/F victim of a reprisal

**represaliar** ▸conjug 1b◂ VT to take reprisals against

**represar** ▸conjug 1a◂ VT [1] (*Náut*) to recapture
[2] (= *detener*) to check, put a stop to
[3] (*Pol*) (= *reprimir*) to repress
[4] [+ *agua*] to dam, dam up; (*fig*) to stem

**representable** ADJ [1] (= *ilustrable*) **es ~ en un gráfico** it can be represented in a graph
[2] (*Teat*) **la obra no es ~** the play cannot be staged *o* performed

**representación** SF [1] [*de concepto, idea, imagen*] representation; **la ~ gráfica** the graphic representation; **en este cuadro el buitre es una ~ de la muerte** in this painting the vulture represents death
[2] [*de país, pueblo, organización*] (= *acto*) representation; (= *delegación*) delegation; **partidos políticos con ~ parlamentaria** political parties represented in parliament; **en el congreso había una nutrida ~ de empresarios** there was a large representation of businessmen at the conference; **la ~ española en la feria** the Spanish delegation at the fair; **en ~ de**: **el abogado que actúa en ~ del banco** the lawyer representing the bank; **me invitaron a ir en ~ de la empresa** they invited me to go as a representative of the company, they invited me to go to represent the company; **habló en ~ de todos** she spoke on behalf of everyone ► **representación diplomática** (= *actividad*) diplomatic representation; (= *oficina*) embassy ► **representación legal** (= *acto*) legal representation; (= *abogado*) lawyer(s); **la ~ legal del acusado** (= *acto*) the defendant's legal representation; (= *abogado*) the lawyers representing the defendant, the defendant's lawyers ► **representación proporcional** proportional representation
[3] (*Teat*) (= *función*) performance; (= *montaje*) production; **durante una ~ teatral** during a theatre performance; **una ~ financiada por el Patronato de Turismo** a production financed by the Tourist Board
[4] (*Com*) representation; **ha conseguido la ~ de varias firmas farmacéuticas** he has managed to become an agent for various pharmaceutical companies, he has managed to obtain the representation of various pharmaceutical companies; **tener la ~ exclusiva de un producto** to be sole agent for a product, have sole agency of a product (*frm*)
[5] (†) (= *súplica*) **hacer representaciones a algn** to make representations to sb (*frm*)
[6] (††) (= *importancia*) standing; **un hombre de ~** a man of some standing

**representado/a** SM/F client

**representante** SMF [1] [*de organización, país, en parlamento*] representative; **la única ~ española en esta prueba** Spain's only representative in this event; **uno de los máximos ~s del surrealismo** one of the greatest exponents *o* representatives of surrealism ► **representante legal** legal representative ► **representante sindical** union representative
[2] (*Com*) representative
[3] [*de artista, deportista*] agent
[4] (†) (= *actor*) performer, actor/actress

**representar** ▸conjug 1a◂ (A) VT [1] (= *actuar en nombre de*) [+ *país, votantes*] to represent; [+ *cliente, acusado*] to act for, represent; **la cantante que ~á a España en el festival** the singer who will represent Spain at the festival; **el príncipe representó al rey en la ceremonia** the prince attended the ceremony on behalf of the king *o* representing the king
[2] (= *simbolizar*) to symbolize, represent; **Don Quijote representa el idealismo** Don Quixote symbolizes *o* represents idealism; **cuando éramos pequeños nuestros padres representaban el modelo a seguir** when we were small our parents were our role models
[3] (= *reproducir*) to depict; **este grabado representa a la amada del pintor** this engraving depicts the painter's lover; **nuevas formas de ~ el mundo** new ways of representing *o* portraying *o* depicting the world; **esta columna del gráfico representa los síes** this column of the graph shows *o* represents those in favour
[4] (= *equivaler a*) [+ *porcentaje, mejora, peligro*] to represent; [+ *amenaza*] to pose, represent; **obtuvieron unos beneficios de 1,7 billones, lo que representa un incremento del 28% sobre el año pasado** they made profits of 1.7 billion, which represents an increase of 28% on last year; **los bantúes representan el 70% de los habitantes de Suráfrica** the Bantu account for *o* represent 70% of the inhabitants of South Africa; **la ofensiva de ayer representa una violación de la tregua** yesterday's offensive constitutes a violation of the truce; **no sabes lo mucho que representa este trabajo para él** you don't know how much this job means to him

5 (= *requerir*) [+ *trabajo, esfuerzo, sacrificio*] to involve; **representa mucho esfuerzo** it involves a great deal of effort
6 (*Teat*) [+ *obra*] to perform; [+ *papel*] to play; **el teatro donde se representa la obra** the theatre where the play is being performed; **en esta película represento el papel de un abogado** in this film I play the part of a lawyer; **¿quién va a ~ el papel que tenía antes la URSS?** who's going to play the part *o* role previously played by the USSR?
7 (= *aparentar*) [+ *edad*] to look; **no representa los años que tiene** she doesn't look her age; **representa unos 55 años** he looks about 55
8 (= *hacer imaginar*) to point out; **nos representó las dificultades con que nos podíamos encontrar** she pointed out the difficulties we might come up against
Ⓑ **representarse** VPR (= *imaginarse*) to imagine; **no puedo representármelo siendo fiel** I can't imagine him being faithful

**representatividad** SF **el sindicato con mayor ~ en la enseñanza** the union with the greatest representation in the teaching profession; **carece de la suficiente ~ para poder hablar en nombre del grupo** he is not representative enough of the group to speak on its behalf

**representativo** ADJ 1 (= *simbólico, característico*) representative; **estas cifras no son muy representativas** these figures are not very representative; **uno de los artistas más ~s de la época** one of the most representative artists of the age
2 (*Pol*) [*democracia, institución, organización*] representative; **organizaciones representativas de los indígenas** organizations representing the indigenous people

**represión** SF 1 [*de deseos, impulsos*] repression
2 (*Pol*) [*de rebelión*] suppression; **la brutal ~ de la rebelión por las tropas del gobierno** the brutal suppression of the rebellion by government troops; **la ~ es una realidad en China** repression is a fact of life in China

**represivo** ADJ, **represor** ADJ repressive

**reprimenda** SF reprimand, rebuke

**reprimido/a** Ⓐ ADJ repressed
Ⓑ SM/F repressed person

**reprimir** ▸conjug 3a◂ Ⓐ VT 1 [+ *deseos, impulsos*] to repress
2 [+ *rebelión*] to suppress
3 [+ *bostezo*] to suppress; [+ *risa*] to hold in, hold back
Ⓑ **reprimirse** VPR **~se de hacer algo** to stop o.s. (from) doing sth

**reprisar** ▸conjug 1a◂ VT (*CAm, Cono Sur, Méx*) to revive, put on again

**reprise**[1] SF (*esp LAm Teat*) revival

**reprise**[2] [re'pris] SM (*a veces* SF) (*Aut*) acceleration

**repristinación** SF (*frm*) restoration to its original state

**repristinar** ▸conjug 1a◂ VT (*frm*) to restore to its original state

**reprivatización** SF privatization, reprivatization

**reprivatizar** ▸conjug 1f◂ VT to privatize, reprivatize

**reprobable** ADJ reprehensible

**reprobación** SF (= *desaprobación*) reproval, reprobation; **escrito en ~ de ...** written in condemnation of ...

**reprobador** ADJ reproving, disapproving

**reprobar** ▸conjug 1l◂ VT 1 (= *desaprobar*) to reprove, condemn
2 (*LAm Escol*) (= *suspender*) to fail

**reprobatorio** ADJ = **reprobador**

**réprobo** ADJ damned

**reprocesado** SM, **reprocesamiento** SM reprocessing

**reprocesar** ▸conjug 1a◂ VT to reprocess

**reprochable** ADJ blameworthy, culpable

**reprochar** ▸conjug 1a◂ Ⓐ VT (= *reconvenir*) to reproach; **~ algo a algn** to reproach sb for sth; **le reprochan su descuido** they reproach him for his negligence
Ⓑ **reprocharse** VPR to reproach o.s.; **no tienes nada que ~te** you have nothing to reproach yourself for

**reproche** SM reproach (**a** for); **nos miró con ~** he looked at us reproachfully

**reproducción** SF reproduction ► **reproducción asexual** asexual reproduction ► **reproducción asistida** assisted reproduction

**reproducir** ▸conjug 3n◂ Ⓐ VT 1 (= *volver a producir*) to reproduce
2 (*Biol*) to reproduce, breed
3 (= *copiar*) to reproduce
Ⓑ **reproducirse** VPR 1 (*Biol*) to reproduce, breed
2 [*condiciones*] to be reproduced; [*suceso*] to happen again, recur; **se le han reproducido los síntomas** the symptoms have reappeared *o* recurred; **si se reproducen los desórdenes** if the disturbances happen again

**reproductor** Ⓐ ADJ [*yegua*] brood *antes de s*; [*órgano, sistema*] reproductive
Ⓑ SM ► **reproductor de CD** CD player ► **reproductor de compact disc, reproductor de discos compactos** compact disc player

**reprografía** SF reprography

**reprogramar** ▸conjug 1a◂ VT [+ *película*] to reprogramme, reprogram (*EEUU*); [+ *deuda*] to reschedule

**reps** SM INV rep

**reptar** ▸conjug 1a◂ VI to creep, crawl

**reptil** Ⓐ ADJ reptilian
Ⓑ SM reptile

**república** SF republic ► **república bananera** banana republic ► **República Dominicana** Dominican Republic ► **República Árabe Unida** United Arab Republic

**republicanismo** SM republicanism

**republicano/a** ADJ, SM/F republican

**repudiación** SF repudiation

**repudiar** ▸conjug 1b◂ VT 1 [+ *violencia*] to repudiate
2 (= *no reconocer*) to disown
3 (= *renunciar a*) to renounce

**repudio** SM repudiation

**repudrir** ▸conjug 3a◂ Ⓐ VT 1 (= *pudrir*) to rot
2 (*fig*) (= *consumir*) to gnaw at, eat up
Ⓑ **repudrirse** VPR to eat one's heart out, pine away

**repuesto** Ⓐ PP *de* **reponer**
Ⓑ SM 1 [*de pluma*] refill
2 (*Aut, Mec*) spare, spare part; **rueda de ~** spare wheel; **y llevamos otro de ~** and we have another as a spare *o* in reserve
3 (*Esp*) (= *mueble*) sideboard, buffet
4 (= *provisión*) stock, store; (= *abastecimiento*) supply

**repugnancia** SF 1 (= *asco*) disgust, repugnance; (= *aversión*) aversion (**hacia, por** to)
2 (= *desgana*) reluctance; **lo hizo con ~** he was loathe to do it
3 (*moral*) repugnance
4 (*Fil*) opposition, incompatibility

**repugnante** ADJ disgusting, revolting

**repugnar** ▸conjug 1a◂ Ⓐ VT 1 (= *causar asco*) to disgust, revolt; **ese olor me repugna** that smell is disgusting; **me repugna mirarlo** it disgusts *o* sickens me to watch it
2 (= *odiar*) to hate, loathe; **siempre ha repugnado el engaño** he's always hated deceit
3 (*Fil*) (= *contradecir*) to contradict
Ⓑ VI 1 (= *ser repugnante*) to be disgusting, be revolting
2 = **C**
Ⓒ **repugnarse** VPR (*Fil*) (= *ser opuestos*) to conflict, be in opposition; (= *contradecirse*) to contradict each other; **las dos teorías se repugnan** the two theories contradict each other

**repujado** ADJ embossed

**repujar** ▸conjug 1a◂ VT to emboss, work in relief

**repulgado** ADJ (*frm*) affected

**repulgar** ▸conjug 1h◂ VT 1 (*Cos*) to hem, edge
2 (*Culin*) to crimp

**repulgo** SM 1 (*Cos*) (= *dobladillo*) hem; (= *punto*) hemstitch
2 (*Culin*) crimping, fancy edging, decorated border ► **repulgos de empanada*** silly scruples

**repulido** ADJ 1 [*objeto*] polished
2 [*persona*] dressed up, dolled up*

**repulir** ▸conjug 3a◂ Ⓐ VT 1 [+ *objeto*] to polish up
2 [+ *persona*] to dress up
Ⓑ **repulirse** VPR (= *arreglarse*) to dress up, get dolled up*

**repulsa** SF 1 [*de oferta, persona*] rejection; [*de violencia*] **sufrir una ~** to meet with a rebuff
2 (*Mil*) check

**repulsar** ▸conjug 1a◂ VT (*frm*) 1 (= *rechazar*) [+ *solicitud*] to reject, refuse; [+ *oferta, persona*] to rebuff; [+ *violencia*] to condemn
2 (*Mil*) to repulse

**repulsión** SF 1 = **repulsa**
2 (= *aversión*) repulsion, disgust
3 (*Fís*) repulsion

**repulsivo** ADJ disgusting, revolting

**repunta** SF 1 (*Geog*) point, headland
2 (= *indicio*) sign, indication, hint
3 (= *resentimiento*) pique
4 (= *disgusto*) slight upset, tiff
5 (*LAm Agr*) round-up
6 (*Andes*) (= *riada*) sudden rise (*of a river*), flash flood

**repuntar** ▸conjug 1a◂ Ⓐ VT (*LAm*) [+ *ganado*] to round up
Ⓑ VI 1 [*marea*] to turn
2 (*LAm*) (= *manifestarse*) to begin to show; [*persona*] to turn up unexpectedly
3 (*LAm*) [*río*] to rise suddenly
Ⓒ **repuntarse** VPR 1 [*vino*] to begin to sour, turn

**2** [*persona*] to get cross, get annoyed
**3** [*dos personas*] to fall out, have a tiff

**repunte** SM **1** [*de mar*] turn of the tide; [*de río*] level
**2** (= *mejora*) upturn, recovery; **ha habido un ~ económico** there has been an economic upturn *o* recovery
**3** (*Andes Fin*) rise in share prices
**4** (*LAm Agr*) round-up

**reputación** SF reputation

**reputado** ADJ (*frm*) **muy ~** highly reputed, reputable; **una colección reputada en mucho** a highly regarded collection

**reputar** ▸conjug 1a◂ VT (*frm*) (= *considerar*) to deem, consider; **~ a algn de** *o* **por inteligente** to consider sb intelligent; **le reputan no apto para el cargo** they consider him unsuitable for the post; **una colección reputada en mucho** a highly regarded collection

**requebrar** ▸conjug 1j◂ VT (*liter*) (= *halagar*) to flatter, compliment; (= *flirtear*) to flirt with

**requemado** ADJ [*objeto, terreno, planta*] scorched; [*comida*] overdone, overcooked

**requemar** ▸conjug 1a◂ Ⓐ VT (= *quemar*) to scorch; (*Culin*) to burn; ✦***MODISMO*** **~le la sangre a algn**: **todo esto me requema la sangre** the whole thing makes my blood boil
Ⓑ **requemarse** VPR **1** (= *quemarse*) to get scorched; (= *secarse*) to get parched, dry up; [*comida*] to burn; ✦***MODISMO*** **~se la lengua** to burn one's tongue
**2** (= *guardar rencor*) to harbour a grudge, harbor a grudge (*EEUU*)

**requenete** ADJ (*Caribe*), **requeneto** ADJ (*Andes, Caribe*) = **rechoncho**

**requerimiento** SM **1** (= *petición*) request; **se personó en el juzgado a ~ del juez** she appeared in court after being summonsed by the judge
**2** (= *notificación*) notification

**requerir** ▸conjug 3i◂ Ⓐ VT **1** (= *necesitar*) to need, require; **esto requiere cierto cuidado** this requires some care; **"se requiere dominio del inglés"** "fluent English required", "good command of English required"
**2** (= *solicitar*) to request, ask; **~ a algn que haga algo** to request *o* ask sb to do sth; **el ministro requirió los documentos** the minister sent for his papers
**3** (= *llamar*) to send for, summon (*frm*); **el juez le requirió para que lo explicara** the judge summonsed him to explain it
**4** (††) (= *requebrar*) (*tb* **~ de amores**) to court, woo
Ⓑ VI **~ de** (*esp LAm*) to need, require

**requesón** SM cottage cheese

**requeté** SM **1** (*Hist*) Carlist militiaman
**2** (†) (= *machote*) he-man*, tough guy*

**requete...*** PREF extremely ...; **una chica ~guapa** a really attractive girl; **me parece ~bién** it seems absolutely splendid to me; **lo tendré muy ~pensado** I'll think it over very thoroughly

**requiebro** SM (*liter*) compliment, flirtatious remark

**réquiem** SM (*pl* **réquiems**) requiem

**requilorios** SMPL (†) **1** (= *trámites*) tedious formalities, red tape *sing*
**2** (= *adornos*) silly adornments, unnecessary frills
**3** (= *preliminares*) time-wasting preliminaries; (= *rodeos*) roundabout way of saying something
**4** (= *elementos dispersos*) bits and pieces

**requintar** ▸conjug 1a◂ Ⓐ VT **1** (*LAm*) (= *apretar*) to tighten
**2** **~ a algn** (*Andes, Méx*) to impose one's will on sb, push sb around
**3** (*Andes*) (= *insultar*) to abuse, swear at
Ⓑ VI (*Caribe*) (= *parecerse*) to resemble each other

**requisa** SF **1** (= *inspección*) survey, inspection
**2** (*Mil*) requisition
**3** (*esp LAm*) (= *confiscación*) seizure, confiscation

**requisar** ▸conjug 1a◂ VT **1** (= *confiscar*) to seize, confiscate
**2** (*Mil*) to requisition
**3** (*esp LAm*) (= *registrar*) to search

**requisición** SF **1** (= *confiscación*) seizure, confiscation
**2** (*Mil*) requisition
**3** (*esp LAm*) (= *inspección*) search

▼ **requisito** SM requirement, requisite; **cumplir los ~s** to fulfil *o* (*EEUU*) fulfill the requirements; **cumplir los ~s para un cargo** to have the essential qualifications for a post
► **requisito previo** prerequisite

**requisitoria** SF **1** (*Jur*) (= *citación*) summons; (= *orden*) writ
**2** (*LAm*) (= *interrogatorio*) examination, interrogation

**res** SF **1** (= *animal*) beast, animal; **100 ~es** 100 animals, 100 head of cattle ► **res lanar** sheep ► **res vacuna** (= *vaca*) cow; (= *toro*) bull; (= *buey*) ox
**2** (*Méx*) (= *carne*) steak

**resabiado** ADJ [*persona*] knowing, crafty; [*caballo*] vicious

**resabiarse** ▸conjug 1b◂ VPR to acquire bad habits, get into bad habits

**resabido** ADJ **1** [*dato*] well known; **lo tengo sabido y ~** I know all that perfectly well
**2** [*persona*] pretentious, pedantic

**resabio** SM **1** (= *gusto malo*) unpleasant aftertaste; **tener ~s de** (*fig*) to smack of
**2** (= *mala costumbre*) [*de persona*] bad habit

**resabioso** ADJ (*Andes, Caribe*) = **resabiado**

**resaca** SF **1** [*de mar*] undertow, undercurrent
**2** [*de borrachera*] hangover
**3** (= *reacción*) reaction, backlash; **la ~ blanca** the white backlash
**4** (*LAm**) (= *aguardiente*) high-quality liquor
**5** (*Cono Sur*) (*en playa*) line of driftwood and rubbish (*left by the tide*)
**6** (*Cono Sur**) (= *personas*) dregs *pl* of society
**7** (*Caribe*) (= *paliza*) beating

**resacado*** Ⓐ ADJ (*Méx*) (= *tacaño*) mean, stingy; (= *débil*) weak; (= *estúpido*) stupid; **es lo ~** it's the worst of its kind
Ⓑ SM (*Andes*) liquor, contraband liquor

**resacar** ▸conjug 1g◂ VT (*LAm*) to distil

**resacoso*** ADJ hungover

**resalado*** ADJ (= *vivo*) lively

**resaltable** ADJ notable, noteworthy

**resaltante** ADJ (*LAm*) outstanding

**resaltar** ▸conjug 1a◂ Ⓐ VI **1** (= *destacarse*) to stand out; **lo escribí en mayúsculas para que ~a** I wrote it in capitals to make it stand out; **entre sus cualidades resalta su elegancia** her most striking quality is her elegance; **hacer ~ algo** to set sth off; (*fig*) to highlight sth; **este maquillaje hace ~ sus delicadas facciones** this makeup sets off her delicate features; **la encuesta hace ~ el descontento con el sistema educativo** the survey highlights the dissatisfaction with the education system
**2** (= *sobresalir*) to jut out, project
Ⓑ VT (= *destacar*) to highlight; **el conferenciante resaltó el problema del paro** the speaker highlighted the problem of unemployment; **quiero ~ la dedicación de nuestros empleados** I would like to draw particular attention to the dedication of our staff

**resalte** SM, **resalto** SM **1** (= *saliente*) projection
**2** (= *rebote*) bounce, rebound

**resanar** ▸conjug 1a◂ VT to restore, repair, make good

**resaquero** ADJ (*LAm*) = **remolón A**

**resarcimiento** SM (= *pago*) repayment; (= *compensación*) compensation

**resarcir** ▸conjug 3b◂ Ⓐ VT (= *pagar*) to repay; (= *compensar*) to indemnify, compensate; **~ a algn de una cantidad** to repay sb a sum; **~ a algn de una pérdida** to compensate sb for a loss
Ⓑ **resarcirse** VPR **~se de** to make up for

**resbalada** SF (*LAm*) slip

**resbaladero** SM **1** (= *lugar*) slippery place
**2** (= *tobogán*) slide, chute

**resbaladilla** SF (*Méx*) slide, chute

**resbaladizo** ADJ slippery

**resbalar** ▸conjug 1a◂ Ⓐ VI **1** (*al andar*) to slip (**en, sobre** on); (*Aut*) to skid; **había llovido y resbaló** it had been raining and she slipped; **el coche resbaló y se dio contra el árbol** the car skidded into the tree; **le resbalaban las lágrimas por las mejillas** tears were trickling down her cheeks
**2** (= *equivocarse*) to slip up, make a slip
**3** (*) (= *ser indiferente*) **me resbala** it leaves me cold; **las críticas le resbalan** criticism runs off him like water off a duck's back
Ⓑ **resbalarse** VPR to slip; **se resbaló bajando la calle** she slipped walking down the street

**resbalón** SM **1** (= *acción*) slip; (*Aut*) skid
**2** (= *equivocación*) slip, error; **dar** *o* **pegar un ~** to slip up

**resbalosa** SF *Peruvian dance*

**resbaloso** ADJ **1** (*LAm*) (= *resbaladizo*) slippery
**2** (*Méx**) (= *coqueto*) flirtatious

**rescatar** ▸conjug 1a◂ Ⓐ VT **1** (= *salvar*) to save, rescue
**2** [+ *cautivo*] to rescue, free; [+ *pueblo*] to recapture, recover
**3** [+ *objeto empeñado*] to redeem
**4** [+ *póliza*] to surrender
**5** [+ *posesiones*] to get back, recover
**6** [+ *tiempo perdido*] to make up
**7** [+ *delitos*] to atone for, expiate (*frm*)
**8** [+ *terreno*] to reclaim
**9** (*LAm*) (= *revender*) to resell
Ⓑ VI (*Andes*) to peddle goods from village to village

**rescate** SM **1** (*en incendio, naufragio*) rescue; **operaciones de ~** rescue operations; **acudir al ~ de algn** to go to sb's rescue
**2** [*de cautivo*] rescue, freeing; [*de pueblo*] recapture, recovery

➤ LENGUA Y USO: requisito 37.1

3 [*de algo empeñado*] redemption
4 (*en secuestro*) (= *dinero*) ransom
5 [*de posesiones*] recovery
6 [*de delitos*] atonement, expiation (*frm*)
7 ► **rescate de terrenos** land reclamation

**rescindible** ADJ **contrato ~ por ambas partes** contract that can be cancelled by either side

**rescindir** ▸conjug 3a◂ VT 1 [+ *contrato*] to cancel, rescind
2 [+ *privilegio*] to withdraw

**rescisión** SF 1 [*de contrato*] cancellation
2 [*de privilegio*] withdrawal

**rescoldo** SM 1 (= *brasa*) embers *pl*, hot ashes *pl*
2 (= *recelo*) doubt, scruple; ✦*MODISMO* **avivar el ~** to stir up the dying embers

**rescontrar** ▸conjug 1l◂ VT (*Com, Fin*) to offset, balance

**resecación** SF, **resecamiento** SM drying

**resecar**[1] ▸conjug 1g◂ Ⓐ VT (= *secar*) to dry off, dry thoroughly
Ⓑ **resecarse** VPR to dry up

**resecar**[2] ▸conjug 1g◂ VT (*Med*) (= *quitar*) to cut out, remove; (= *amputar*) to amputate

**resección** SF resection

**reseco** ADJ 1 (= *muy seco*) very dry, too dry
2 (= *flaco*) skinny, lean

**reseda** SF (*LAm*), **resedá** SF (*LAm*) mignonette

**resellarse**†* ▸conjug 1a◂ VPR to switch parties, change one's views

**resembrado** SM re-sowing, re-seeding

**resembrar** ▸conjug 1j◂ VT to re-sow, re-seed

**resentido/a** Ⓐ ADJ 1 (= *disgustado*) resentful; **aún está ~ porque no le felicitaste** he still feels resentful that you didn't congratulate him, he still resents the fact that you didn't congratulate him
2 (= *dolorido*) painful; **aún tiene la mano resentida por el golpe** his hand is still painful *o* hurting from the knock
Ⓑ SM/F **es un ~** he has a chip on his shoulder, he is resentful

**resentimiento** SM (= *rencor*) resentment; (= *amargura*) bitterness

**resentirse** ▸conjug 3i◂ VPR 1 (= *estar resentido*) **~ con** *o* **por algo** to resent sth, feel bitter about sth
2 (= *debilitarse*) to be weakened, suffer; **con los años se resintió su salud** his health suffered *o* was affected over the years; **los cimientos se resintieron con el terremoto** the foundations were weakened by the earthquake; **sin que se resienta el dólar** without the dollar being affected
3 (= *sentir*) **~ de** [+ *defecto*] to suffer from; **~ de las consecuencias de** to feel the effects of; **me resiento todavía del golpe** I can still feel the effects of the injury

**reseña** SF 1 (= *resumen*) outline, summary; [*de libro*] review
2 (= *descripción*) brief description
3 (*Mil*) review
4 (*Cono Sur, esp Chile*) (= *procesión*) procession held on Passion Sunday

**reseñable** ADJ 1 (= *destacado*) noteworthy, notable; (= *digno de mencionar*) worth mentioning
2 [*ofensa*] bookable

**reseñante** SMF reviewer

**reseñar** ▸conjug 1a◂ VT 1 (= *resumir*) to write up, write a summary of
2 [+ *libro*] to review
3 [+ *delincuente*] to book

**reseñista** SMF reviewer

**resero/a** (*LAm*) Ⓐ SM (= *vaquero*) cowboy, herdsman
Ⓑ SM/F (= *comerciante*) cattle dealer

▼ **reserva** Ⓐ SF 1 (= *provisiones*) [*de minerales, petróleo, armamentos, vitaminas*] reserve; [*de agua*] supply; [*de productos ya almacenados*] stock; **las ~s de agua están al mínimo** water supplies are at a minimum; **acumularon grandes ~s de carbón para el invierno** they built up large stocks of coal for the winter; **pasta, arroz, legumbres, tienen ~s de todo** pasta, rice, pulses, they have stocks of everything; **~s de víveres** food supplies; **estos chicos tienen grandes ~s de energía** these kids have endless amounts *o* reserves of energy; **de ~** [*precio, jugador, fondo*] reserve *antes de s*; [*zapatos, muda*] spare; **el equipo de ~** the reserve team
2 (*Econ*) reserve; **las ~s de divisas** currency reserves ► **reserva de caja** cash reserves *pl* ► **reserva en efectivo**, **reserva en metálico** cash reserves *pl* ► **reserva para amortización**, **reserva para depreciaciones** depreciation allowance ► **reservas de oro** gold reserves ► **reservas monetarias** [*de un país*] currency reserves ► **reservas ocultas** hidden reserves, secret reserves
3 (= *solicitud*) (*en hotel, avión*) reservation; (*en teatro, restaurante*) reservation, booking; **no se cobra por la ~ de asientos** there is no booking *o* reservation charge; **se pueden hacer ~s por teléfono** you can book by phone, you can make a telephone booking *o* reservation; **ya he hecho la ~ de plaza en la academia de baile** I've reserved *o* booked my place at the dance school
4 (= *territorio*) reserve ► **reserva biológica** wildlife sanctuary, wildlife reserve ► **reserva de caza** game reserve ► **reserva de indios** Indian reservation ► **reserva de pesca** protected fishing area, fishing preserve ► **reserva nacional** national park ► **reserva natural** nature reserve
5 (*Mil*) **nuestro ejército tiene una importante ~ de soldados** our army has significant reserves of soldiers; **pasar a la ~** to join the reserve ► **reserva activa** active reserve
6 (*Dep*) **estar en la ~** to be a reserve
7 (*Aut*) [*de gasolina*] reserve tank; **con la ~ tenemos para diez kilómetros** with the reserve tank we have enough to go ten kilometres
8 (= *recelo*) reservation; **el pacto será aprobado, aunque con algunas ~s** the agreement will be sanctioned, but with certain reservations; **contestó con ciertas ~s** she answered with some reservation; **nos apoyaron sin ~s** they gave us their unreserved support
9 [*de carácter*] (= *inhibición*) reserve; (= *discreción*) discretion; **confiamos en tu ~ al manejar este asunto** we are counting on your discretion in this matter
10 (= *secreto*) confidence; **se ruega absoluta ~** your strictest confidence is requested; **han mantenido la más absoluta ~ sobre este incidente** they have maintained the utmost confidence over this incident; **sus nombres se mantienen en ~ por razones de seguridad** their names have not been revealed for security reasons
11 **a ~ de** subject to; **a ~ de un estudio más detallado** subject to more detailed study; **a ~ de consultar antes con mis superiores** subject to prior consultation with my superiors; **a ~ de que ...** unless ...
Ⓑ SMF (*Dep*) reserve; **el banquillo de los ~s** the reserves' bench
Ⓒ SM (= *vino*) vintage wine (*that has been aged for a minimum of three years*)

> **RESERVA**
>
> *Quality Spanish wine is often graded* **Crianza**, **Reserva** *or* **Gran Reserva** *according to the length of bottle-ageing and barrel-ageing it has undergone. Red* **Reserva** *wines are at least three years old, having spent a minimum of one year in cask, and white* **Reserva** *wines are at least two years old with at least six months spent in cask. A* **Gran Reserva** *wine is a top-quality wine. A red must be aged for at least 2 years in an oak cask and 3 years in the bottle. White wine must be aged for 4 years, with at least 6 months in cask.*
>
> ⇨ *See also* CRIANZA

**reservación** SF (*LAm*) reservation

**reservadamente** ADV in confidence

**reservado** Ⓐ ADJ 1 [*actitud, persona*] (= *poco comunicativo*) reserved; (= *discreto*) discreet
2 (= *confidencial*) [*asunto, documento*] confidential; **estos documentos son materia reservada** these documents are confidential, these documents contain confidential material
Ⓑ SM 1 (= *habitación aparte*) (*en restaurante*) private room; (*en tren*) reserved compartment
2 (*Cono Sur*) (= *vino*) vintage wine

▼ **reservar** ▸conjug 1a◂ Ⓐ VT 1 [+ *asiento, habitación, mesa*] to reserve, book; [+ *billete, entrada*] to book; **~ en exceso** to overbook
2 (= *guardar*) to keep, keep in reserve, set aside; **lo reserva para el final** he's keeping it till last; **ha reservado lo mejor para sí** he has kept the best part for himself
Ⓑ **reservarse** VPR 1 (*para luego*) to save o.s. (**para** for); **no bebo porque me reservo para más tarde** I'm not drinking because I'm saving myself for later on
2 (= *encubrir*) to conceal; (= *callar*) to keep to o.s.; **prefiero ~me los detalles** I prefer not to reveal the details

**reservista** SMF reservist

**reservón*** ADJ excessively reserved

**reservorio** SM (*Med*) reservoir

**resfriado** Ⓐ ADJ 1 (= *acatarrado*) **estar ~** to have a cold
2 (*Arg**) (= *indiscreto*) indiscreet
Ⓑ SM cold; **coger un ~** to catch a cold

**resfriar** ▸conjug 1c◂ Ⓐ VT 1 (*Med*) **~ a algn** to give sb a cold
2 (= *enfriar*) to cool, chill
3 [+ *ardor*] to cool
Ⓑ VI (*Meteo*) to turn cold
Ⓒ **resfriarse** VPR 1 (*Med*) to catch a cold
2 [*relaciones*] to cool off

**resfrío** SM (*LAm*) cold

**resguardar** ▸conjug 1a◂ Ⓐ VT to protect, shield (**de** from)
Ⓑ **resguardarse** VPR 1 (= *protegerse*) to de-

➤ LENGUA Y USO: **reserva A3** 48.4 **A8** 53.6 **A10** 46.5 **reservar A1** 48.3

fend o.s., protect o.s.
2 (= *obrar con cautela*) to proceed with caution

**resguardo** SM 1 [*de compra*] slip, receipt; [*de cheque*] stub ► **resguardo de consigna** cloakroom ticket, cloakroom check (*EEUU*)
2 (= *protección*) defence, defense (*EEUU*), protection; **servir de ~ a algn** to protect sb
3 (*Náut*) sea room

**residencia** SF 1 (= *casa*) residence; **la reunión tuvo lugar en la ~ del primer ministro** the meeting took place at the prime minister's residence; **segunda ~** second home ► **residencia canina** dogs' home, kennels *pl*, kennel (*EEUU*) ► **residencia de estudiantes** hall of residence ► **residencia oficial** official residence ► **residencia para ancianos, residencia para jubilados** residential home, old people's home ► **residencia sanitaria** hospital ► **residencia universitaria** hall of residence
2 (= *domicilio*) residence; **fijó su ~ en Barcelona** he took up residence in Barcelona; **con ~ en Bogotá** resident in Bogotá
3 (= *hotel*) guest house, boarding house
4 (= *estancia*) residence; **la conoció durante su ~ en Madrid** (*frm*) he got to know her during his residence *o* while he was living in Madrid; **permiso de ~** residence permit
5 (*Jur*) (= *investigación*) investigation, inquiry
6 (*Andes Jur*) ► **residencia vigilada** house arrest

**residencial** Ⓐ ADJ residential
Ⓑ SF (*Andes, Cono Sur*) boarding house, small hotel

**residenciar** ▸conjug 1b◂ Ⓐ VT (*Jur*) to investigate
Ⓑ **residenciarse** VPR (*frm*) to take up residence, establish o.s., settle

**residente** ADJ, SMF resident; **no ~** non-resident

**residir** ▸conjug 3a◂ VI 1 (= *vivir*) to reside, live
2 **~ en** (= *radicar en*) to reside in, lie in; (= *consistir en*) to consist in; **la dificultad reside en que ...** the difficulty resides in *o* lies in the fact that ...; **la autoridad reside en el gobernador** authority rests with the governor

**residual** ADJ residual, residuary; **aguas ~es** sewage *sing*

**residuo** SM 1 (= *parte que queda*) residue; (*Mat*) remainder; (*Quím*) residuum
2 **residuos** (= *restos*) remains; (= *basura*) refuse *sing*, waste *sing*; (*Téc*) waste products; **~s tóxicos** toxic waste *sing* ► **residuos atmosféricos** fallout *sing* ► **residuos nucleares** nuclear waste *sing* ► **residuos radiactivos** radioactive waste *sing* ► **residuos sólidos** solid waste *sing*

**resignación** SF resignation

**resignadamente** ADV resignedly, with resignation

**resignado** ADJ resigned

**resignar** ▸conjug 1a◂ Ⓐ VT (*frm*) [+ *puesto*] to resign; [+ *mando*] to hand over (**en** to)
Ⓑ **resignarse** VPR to resign o.s. (**a, con** to); **~se a hacer algo** to resign o.s. to doing sth

**resina** SF resin

**resinoso** ADJ resinous

**resistencia** SF 1 (= *oposición*) resistance; **la Resistencia** (*Hist*) the Resistance; **los acusaron de ~ a la autoridad** they were charged with resisting arrest; **ofrecer** *o* **oponer ~** to offer resistance, resist ► **resistencia pasiva** passive resistance
2 (= *aguante*) stamina; **los alpinistas necesitan mucha ~** mountaineers need lots of stamina; **el maratón es una carrera de ~** the marathon is an endurance race; **escribir una tesis es una prueba de ~** doing a thesis is a test of endurance; **carrera de ~** long-distance race
3 (*a la enfermedad, al frío*) resistance
4 [*de materiales*] strength; **este plástico es valorado por su ~** this plastic is valued for its strength
5 (*Elec*) (= *cualidad*) resistance; (= *componente de circuito*) resistor; [*de plancha, secador*] element

**resistente** Ⓐ ADJ (= *que ofrece resistencia*) resistant (**a** to); [*tela*] hard-wearing, tough; [*ropa*] strong; (*Bot*) hardy; **~ al calor** resistant to heat, heat-resistant; **~ al fuego** fireproof; **hacerse ~** (*Med*) to build up a resistance (**a** to)
Ⓑ SMF resistance fighter

**resistible** ADJ resistible

**resistir** ▸conjug 3a◂ Ⓐ VT 1 [+ *peso*] to bear, take, support; [+ *presión*] to take, withstand
2 [+ *ataque, tentación*] to resist; [+ *propuesta*] to resist, oppose, make a stand against; **resisto todo menos la tentación** I can resist anything but temptation
3 (= *tolerar*) to put up with, endure; **no puedo ~ este frío** I can't bear *o* stand this cold; **no lo resisto un momento más** I'm not putting up with this a moment longer
4 **~le la mirada a algn** to stare sb out
Ⓑ VI 1 (= *oponer resistencia*) to resist
2 (= *durar*) to last (out), hold out; **el equipo no puede ~ mucho tiempo más** the team can't last *o* hold out much longer; **el coche resiste todavía** the car is still holding out *o* going
3 (= *soportar peso*) **¿~á la silla?** will the chair take it?
Ⓒ **resistirse** VPR 1 = **B1**
2 (= *no estar dispuesto*) **~se a hacer algo** to be reluctant to do sth, resist doing sth; **no me resisto a citar algunos versos** I can't resist quoting a few lines; **me resisto a creerlo** I find it hard to believe
3 (= *encontrar difícil*) **se me resiste la química** I'm not very good at chemistry

**resituar** ▸conjug 1e◂ VT [+ *país*] to put back on track; [+ *debate, concepto*] to redefine

**resma** SF ream

**resobado** ADJ hackneyed, trite, well-worn

**resobar** ▸conjug 1a◂ VT 1 (= *manosear*) to finger, paw
2 [+ *tema*] to work to death

**resobrino/a** SM/F first cousin once removed

**resol** SM glare of the sun

**resolana** SF (*LAm*) (= *resol*) glare of the sun; (= *sitio*) sunspot, suntrap

**resolano** SM sunspot, suntrap

**resollar** ▸conjug 1l◂ VI 1 (= *respirar*) to breathe noisily; (= *jadear*) to puff and pant
2 (*fig*) **escuchar sin ~** to listen without saying a word in reply; **hace tiempo que no resuella** it's a long time since we heard from him

**resoltarse** ▸conjug 1l◂ VPR (*Andes*) to overstep the mark

**resolución** SF 1 (= *decisión*) decision; **tomar una ~** to take a decision ► **resolución fatal** decision to take one's own life
2 [*de problema*] (= *acción*) solving; (= *respuesta*) solution; **el problema no tiene ~** there is no solution to the problem
3 [*de conflicto*] resolution
4 (*Jur*) ► **resolución judicial** legal ruling
5 (= *determinación*) resolve, determination; **obrar con ~** to act with determination
6 (*frm*) (= *resumen*) **en ~** in a word, in short, to sum up
7 (*Inform*) **alta ~** high resolution; **baja ~** low resolution
8 (*Cono Sur*) (= *terminación*) finishing, completion

**resolutivo** ADJ decisive

**resoluto** ADJ = **resuelto B**

**resolver** ▸conjug 2h◂ (*pp* **resuelto**) Ⓐ VT 1 [+ *problema*] to solve; [+ *duda*] to settle; [+ *asunto*] to decide, settle; [+ *crimen*] to solve; **crimen sin ~** unsolved crime
2 (*Quím*) to dissolve
3 [+ *cuerpo de materiales*] to analyse, divide up, resolve (**en** into)
Ⓑ VI 1 (= *juzgar*) to rule, decide; **~ a favor de algn** to rule *o* decide in sb's favour
2 (= *decidirse por*) **~ hacer algo** to resolve to do sth
Ⓒ **resolverse** VPR 1 [*problema*] to resolve itself, work out
2 (= *decidir*) to decide, make up one's mind; **~se a hacer algo** to resolve to do sth; **~se por algo** to decide on sth; **hay que ~se por el uno o el otro** you'll have to make up your mind one way or the other
3 (*frm*) **~se en** to be transformed into; **todo se resolvió en una riña más** it all came down to one more quarrel

**resonador** SM resonator

**resonancia** SF 1 (= *reverberación*) resonance; (= *eco*) echo
2 (*Med*) (*tb* **~ magnética**) magnetic resonance scanning
3 (= *consecuencia*) wide impact, wide effect; **tener ~** to have repercussions, have a far-reaching effect

**resonante** ADJ 1 (= *que resuena*) resonant; (= *sonoro*) ringing, resounding
2 [*éxito*] tremendous, resounding

**resonar** ▸conjug 1l◂ VI to resound, ring (**de** with)

**resondrar*** ▸conjug 1a◂ VT (*Andes, Cono Sur*) to tell off, tick off*

**resongar** ▸conjug 1a◂ VT (*LAm*) = **rezongar**

**resoplar** ▸conjug 1a◂ VI 1 (*con ira*) to snort
2 (*por cansancio*) to puff

**resoplido** SM 1 (*de cansancio*) puff, puffing; (*de ira*) snort
2 (= *respiración fuerte*) **dar ~s** [*persona*] to breathe heavily, puff; [*motor*] to chug, puff
3 (= *exabrupto*) sharp answer

**resorber** ▸conjug 2a◂ VT to reabsorb

**resorción** SF resorption, reabsorption

**resorte** SM 1 (= *muelle*) spring
2 (= *medio*) means, expedient; (= *enchufe*) contact; (= *influencia*) influence; **tocar ~s** to pull strings; **tocar todos los ~s** to use all one's influence, pull all the strings one can
3 (*LAm**) (= *incumbencia*) concern; (= *competencia*) province; **no es de mi ~** it's not my concern *o* province

**respaldar** ▸conjug 1a◂ Ⓐ VT [1] [+ *documento*] to endorse
[2] (= *apoyar*) to back, support
[3] (*Inform*) to support
[4] (= *garantizar*) to guarantee
Ⓑ **respaldarse** VPR [1] (= *apoyarse*) **~se con** *o* **en** to base one's arguments on
[2] (= *reclinarse*) to lean back (**contra** against; **en** on)

**respaldo** SM [1] [*de silla*] back; [*de cama*] head
[2] [*de documento*] (= *dorso*) back; (= *cosa escrita*) endorsement; **firmar al** *o* **en el ~** to sign on the back
[3] (= *apoyo*) support, backing; (*LAm*) (= *ayuda*) help; (= *garantía*) guarantee; **operación de ~** back-up operation, support operation
[4] (*Hort*) wall

**respectar** ▸conjug 1a◂ VT **por lo que respecta a** as for, with regard to

**respectivamente** ADV respectively

**respectivo** ADJ [1] (= *correspondiente*) respective
[2] **en lo ~ a** as regards, with regard to

**respecto** SM **al ~** on this matter; **a ese ~** in that respect; **no sé nada al ~** I know nothing about it; **bajo ese ~** in that respect; **(con) ~ a** ◊ **~ de** with regard to, in relation to; **(con) ~ a mí** as for me

**respetabilidad** SF respectability

**respetable** Ⓐ ADJ respectable
Ⓑ SM **el ~** (*Teat*) the audience; (*hum*) the public

**respetablemente** ADV respectably

▼**respetar** ▸conjug 1a◂ Ⓐ VT [1] [+ *persona, derecho*] to respect; **respeto tu decisión** I respect your decision; **nunca ha respetado a sus padres** she has never respected *o* had any respect for her parents; **hacerse ~** to win respect, earn respect; **"respetad las plantas"** "be careful of the plants"
[2] (= *obedecer*) to observe; **respeten las normas de seguridad** observe the safety regulations; **no respetan los semáforos** they ignore the traffic lights, they do not observe the traffic lights
[3] (= *conservar*) to conserve; **al remodelar la zona ~on las murallas romanas** when they redeveloped the area they conserved the Roman walls
Ⓑ **respetarse** VPR (*reflexivo*) to have self-respect, respect o.s.; (*mutuo*) to respect each other; **no se respeta a sí misma** she has no self-respect; **un periodista que se respete no revela sus fuentes** no self-respecting journalist would reveal his sources

**respeto** SM [1] (= *consideración*) respect; **~ a la opinión ajena** respect for other people's opinion; **~ a las personas mayores** respect for one's elders; **con todos mis ~s, creo que se equivoca** with all due respect, I think you're wrong; **~ a** *o* **de sí mismo** self-respect; **¡un ~!** show some respect!; **faltar al ~ a algn** to be disrespectful to sb, be rude to sb; **guardar ~ a algn** to respect sb; **perder el ~ a algn** to lose one's respect for sb; **por ~ a algn** out of consideration for sb; **presentar sus ~s a algn** to pay one's respects to sb; **tener ~ a algn** to respect sb; ✦***MODISMO*** **campar por sus ~s** to do as one pleases
[2] (*) (= *miedo*) **volar me impone mucho ~** I'm very wary of flying; **le tengo mucho ~ a las tormentas** I'm fearful of thunderstorms
[3] (†) **de ~** best, reserve *antes de s*; **cuarto de ~** best room; **estar de ~** to be dressed up

**respetuosamente** ADV respectfully

**respetuosidad** SF respectfulness

**respetuoso** ADJ respectful

**réspice** SM (*frm*) [1] (= *respuesta*) sharp answer, curt reply
[2] (= *reprensión*) severe reprimand

**respingado** ADJ snub, turned-up

**respingar** ▸conjug 1h◂ VI [1] [*vestido*] to ride up
[2] [*caballo*] to shy, balk
[3] (= *mostrarse reticente*) to show o.s. unwilling, dig one's heels in

**respingo** SM [1] (= *sobresalto*) start, jump; **dar un ~** to start, jump
[2] (*Cos*) **la chaqueta me hace un ~ aquí** the jacket rides up here
[3] = **réspice**

**respingón** ADJ turned-up

**respingona** SF *traditional Castilian dance*

**respirable** ADJ breathable

**respiración** SF [1] [*de persona, animal*] breathing; **ejercicios de ~** breathing *o* (*más frm*) respiration exercises; **llegué sin ~** I arrived breathless *o* out of breath; **sus arriesgados saltos cortaban la ~** her dangerous leaps took your breath away; **contener la ~** to hold one's breath; **dejar a algn sin ~** to leave sb breathless, take sb's breath away; **quedarse sin ~** to be out of breath; **se quedó sin ~ después de correr tras el autobús** after running for the bus he was out of breath; **al ver aquello se quedó sin ~** the sight of it left him breathless *o* took his breath away ► **respiración artificial** artificial respiration ► **respiración asistida** artificial respiration (*by machine*); **está con ~ asistida** she is on a ventilator *o* respirator ► **respiración boca a boca** mouth-to-mouth resuscitation; **se le hizo la ~ boca a boca** he was given mouth-to-mouth resuscitation, he was given the kiss of life ► **respiración mecánica** = **respiración asistida**
[2] [*de lugar cerrado*] ventilation

**respiradero** SM [1] (*Téc*) vent, valve
[2] (*fig*) (= *respiro*) respite, breathing space

**respirador** SM (*tb* **~ artificial**) ventilator, (artificial) respirator

**respirar** ▸conjug 1a◂ Ⓐ VI [1] (= *tomar aire*) to breathe; **no respires por la boca** don't breathe through your mouth; **respire hondo** take a deep breath, breathe deeply; **~ con dificultad** to breathe with difficulty; **salí al balcón a ~ un poco** I went out to the balcony to get some air
[2] (= *descansar*) **estos niños no me dejan ni tiempo para ~** these children don't give me time to breathe; **tengo tanto trabajo que no puedo ni ~** I'm up to my ears *o* eyes in work; **sin ~** without a break, without respite
[3] (= *sentir alivio*) to breathe again; **¡respiro!** I can breathe again!, what a relief!; **~ aliviado** to breathe a sigh of relief; **~ tranquilo** to breathe easily *o* freely (again)
[4] (= *hablar*) **no respiró en toda la reunión** he didn't utter a word in the whole meeting; **los niños lo miraban sin poder ~** the children watched him with bated breath
[5] (= *ventilarse*) [5·1] [*fruta, vino*] to breathe
[5·2] (*Aut*) **levanta el capó para que respire el motor** put the bonnet up to ventilate the engine
Ⓑ VT [1] [+ *aire, oxígeno*] to breathe; **necesito ~ un poco de aire fresco** I need to get some fresh air; **se podía ~ el aroma de las flores** you could breathe in the smell of the flowers; **se respiraba un aire cargado de humo** there was a smoke-filled atmosphere
[2] (= *mostrar*) [+ *optimismo, felicidad*] to exude, radiate; **respira confianza** she exudes *o* radiates confidence
[3] (= *notar*) **se respiraba un ambiente festivo en la manifestación** there was an air of festivity at the demonstration; **se respiraba ya un ambiente prebélico** there was a sense of war in the air; **¿cuál es el clima que se respira en el país tras el atentado?** what is the feeling in the country following the bomb attack?

**respiratorio** ADJ [*insuficiencia, sistema, vías*] respiratory; [*problemas, dificultades*] breathing *antes de s*, respiratory

**respiro** SM [1] (= *respiración*) breath; **dio un ~ hondo** he took a deep breath; **lanzó un ~ de alivio** she breathed a sigh of relief
[2] (= *descanso*) [*de trabajo, esfuerzo*] break, rest; [*de ataque, preocupación*] respite; **llevas toda la semana trabajando, necesitas un ~** you've been working all week, you need a break *o* a rest; **los clientes no nos dan un momento de ~** the customers don't give us a moment's peace; **su rival no le concedió ningún ~** his rival gave him no respite; **trabajaba sin ~** she worked without respite; **tomarse un ~** to take a break, take a breather*
[3] (= *alivio*) [*de enfermedad, preocupación*] relief; **las pastillas le dan algún que otro ~ del dolor** the pills ease the pain for a while, the pills give her some relief from the pain; **es un ~ saber que han encontrado trabajo** it's a relief to know that they have found work; **poder escaparse unos días a la playa es un ~** getting away to the beach for a few days is like a breath of fresh air
[4] (= *prórroga*) extension; **los acreedores acordaron conceder un ~ de seis meses en el pago de la deuda** the creditors agreed to an extension of six months *o* agreed to grant six months' grace on the debt payment; **el gobierno necesita un ~ antes de las elecciones** the government needs a breathing space before the elections

**respis** SM = **réspice**

**resplandecer** ▸conjug 2d◂ VI [1] (= *relucir*) to shine; [*joyas*] to sparkle, glitter
[2] (*de alegría*) to shine; **~ de felicidad** to be radiant *o* shine with happiness

**resplandeciente** ADJ [1] (= *brillante*) shining; [*joyas*] sparkling, glittering
[2] (*de alegría*) radiant (**de** with)

**resplandor** SM [1] (= *brillantez*) brilliance, brightness; [*de joyas*] sparkle, glitter
[2] (*Méx*) (= *luz del sol*) sunlight; (= *calor del sol*) warmth of the sun; (= *brillo*) glare

**responder** ▸conjug 2a◂ Ⓐ VI [1] (= *contestar*) (*a pregunta, llamada*) to answer; (*en diálogo, carta*) to reply; **la mayor parte de los encuestados respondió afirmativamente** the majority of people surveyed said yes *o* (*frm*) answered positively; **aunque llamen al timbre varias veces no respondas** even if they ring the bell a number of times don't answer; **respóndame lo antes posible** please reply as soon as possible; **respondió de forma**

➤ LENGUA Y USO: respetar A2 38.3

**contundente** he gave a forceful reply; **~ a** [+ *pregunta*] to answer; [+ *carta*] to reply to, answer; [+ *críticas, peticiones*] to respond to, answer; **la primera ministra eludió ~ a las acusaciones de la oposición** the prime minister avoided answering the opposition's accusations; **~ al nombre de** [*persona*] to go by the name of; [*animal*] to answer to the name of; **el detenido, cuyo nombre responde a las iniciales A. M., …** the person under arrest, whose initials are A.M., …

**2** (= *replicar*) to answer back; **no me respondas** don't answer me back

**3** (= *reaccionar*) to respond; **nunca se imaginó que la gente fuera a ~ tan bien** he never imagined that people would respond so well; **los frenos no respondieron** the brakes didn't respond; **si las abonas bien verás qué bien responden** if you feed them well you'll see how well they respond; **~ a**: **no respondió al tratamiento** he did not respond to the treatment; **el pueblo respondió a su llamada** the population answered his call *o* (*más frm*) responded to his call

**4** (= *rendir*) [*negocio*] to do well; [*máquina*] to perform well; [*empleado*] to produce results; **debes preparar un equipo de profesionales que responda** you must train a team of professionals that can produce results *o* come up with the goods*

**5** (= *satisfacer*) **~ a** [+ *exigencias, necesidades*] to meet; [+ *expectativas*] to come up to; **este tipo de productos no responde ya a las exigencias del mercado** this type of product no longer meets market demands; **el equipo italiano no ha respondido a las expectativas** the Italian team has not come up to expectations; **la construcción de esta nueva facultad responde a una necesidad social** this new faculty has been built in response to public need

**6** (= *corresponder*) **~ a** [+ *idea, imagen, información*] to correspond to; [+ *descripción*] to answer, fit; **una imagen de fragilidad que no responde a la realidad** an image of fragility that does not correspond to reality; **uno de los detenidos responde a la descripción del sospechoso** one of those arrested answers *o* fits the description of the suspect

**7** (= *responsabilizarse*) **yo ya te avisé, así que no respondo** I warned you before, I'm not responsible; **~ de** [+ *acto, consecuencia*] to answer for; [+ *seguridad, deuda*] to be responsible for; [+ *honestidad*] to vouch for; **cada cual debe ~ de sus actos** every person must answer for his or her actions; **tendrá que ~ de su gestión económica ante un tribunal** he will have to answer for his financial management in a court of law; **yo no respondo de lo que pueda pasar** I cannot answer for the consequences; **la empresa no responde de la seguridad del edificio** the company is not responsible for the security of the building

**8** **~ por algn** to vouch for sb; **yo respondo por él** I can vouch for him

**9** [*material*] to be workable, be easily worked

Ⓑ VT (= *contestar*) [+ *pregunta, llamada*] to answer; **responde algo, aunque sea al azar** give an answer *o* say something, even if it's a guess; **—no quiero —respondió** "I don't want to," he replied; **me respondió que no sabía** she told me that she didn't know, she replied that she didn't know; **le respondí que sí** I said yes

**respondida** SF (*LAm*) reply

**respondón*** ADJ cheeky, lippy*, mouthy*

**responsabilidad** SF responsibility; (*Jur*) liability; **hay que exigir ~es al gobierno por los hechos** the government must be held accountable *o* responsible for what happened; **bajo mi ~** under my responsibility; **cargo de ~** position of responsibility; **de ~ limitada** limited liability *antes de s* ► **responsabilidad civil** public liability, public liability insurance ► **responsabilidad contractual** contractual liability ► **responsabilidad ilimitada** (*Com*) unlimited liability ► **responsabilidad objetiva** (*Jur*) strict liability ► **responsabilidad solidaria** joint responsibility

**responsabilizar** ▸conjug 1f◂ Ⓐ VT to blame, hold responsible; **~ a algn de algo** to hold sb responsible for sth, place the blame for sth on sb

Ⓑ **responsabilizarse** VPR **no me responsabilizo de sus actos** I'm not responsible for her actions; **cada uno de nosotros debe ~se de sus actos** we must all accept responsibility for our actions; **~se de un atentado** to claim responsibility for an attack

**responsable** Ⓐ ADJ **1** (= *sensato*) responsible; **es un niño muy ~ para su edad** he is very a responsible boy for his age

**2** (= *encargado*) responsible, in charge; **la persona ~ del departamento** the person in charge of the department, the person responsible for the department; **es ~ de la política municipal** she is responsible for *o* in charge of council policy

**3** (= *culpable*) responsible; **el conductor ~ del accidente** the driver responsible for the accident; **cada cual es ~ de sus acciones** everybody is responsible for their own actions; **el fabricante es ~ de los daños causados** the manufacturer is liable for the damage caused; **ser ~ ante algn de algo** to be accountable *o* answerable to sb for sth; **hacer a algn ~ de algo** to hold sb responsible for sth; **hacerse ~ de algo** to take responsibility for sth; **no me hago ~ de lo que pueda pasar** I take no responsibility for what may happen

Ⓑ SMF **1** (= *culpable*) **tú eres la ~ de lo ocurrido** you're responsible for what happened; **la policía busca a los ~s** the police are looking for the culprits

**2** (= *encargado*) **quiero hablar con el ~** I wish to speak to the person in charge; **Ramón es el ~ de la cocina** Ramón is in charge of the kitchen ► **responsable de prensa** press officer

**responso** SM prayer for the dead

**responsorio** SM response

▼**respuesta** SF **1** (= *contestación*) (*a pregunta, en examen, test*) answer; (*a carta, comentario*) reply; **preguntas y ~s** questions and answers; **demasiadas preguntas sin ~** too many unanswered questions; **su única ~ fue encogerse de hombros** his only reply was to shrug his shoulders

**2** (= *reacción*) **2·1** (*ante un estímulo, ataque*) response; **la inflamación es una ~ defensiva del organismo** the inflammation is a defensive response of the body; **estoy satisfecho de la ~ positiva del público** I am satisfied with the positive response from the public

**2·2** (*a problema*) answer; **la falta de ~ del gobierno a los problemas medioambientales** the government's failure to answer environmental problems

► **respuesta inmune**, **respuesta inmunitaria** immune response

**resquebradura** SF, **resquebrajadura** SF crack, split

**resquebrajar** ▸conjug 1a◂ Ⓐ VT to crack, split

Ⓑ **resquebrajarse** VPR to crack, split

**resquebrar** ▸conjug 1j◂ VI to begin to crack

**resquemar** ▸conjug 1a◂ VT **1** (= *quemar*) to burn slightly; (*Culin*) to scorch, burn; [+ *lengua*] to burn, sting; [+ *planta*] to parch, dry up

**2** (= *amargar*) to cause bitterness to, upset

**resquemor** SM **1** (= *resentimiento*) resentment, bitterness

**2** (= *sospecha*) secret suspicion

**3** (= *sensación*) burn, sting; (*Culin*) burnt taste

**resquicio** SM **1** (= *abertura*) chink, crack

**2** (= *oportunidad*) opening, opportunity; **un ~ de esperanza** a glimmer of hope ► **resquicio legal** legal loophole

**3** (*LAm*) (= *vestigio*) sign, trace

**4** (*Caribe*) (= *pedacito*) little bit, small piece

**resta** SF (*Mat*) **1** (= *sustracción*) subtraction

**2** (= *residuo*) remainder

**restablecer** ▸conjug 2d◂ Ⓐ VT [+ *relaciones*] to re-establish; [+ *orden*] to restore

Ⓑ **restablecerse** VPR (*Med*) to recover

**restablecimiento** SM **1** [*de relaciones*] re-establishment; [*de orden*] restoration

**2** (*Med*) recovery

**restallar** ▸conjug 1a◂ VI [*látigo*] to crack; [*papel*] to crackle; [*lengua*] to click

**restallido** SM [*de látigo*] crack; [*de papel*] crackle; [*de lengua*] click

**restante** ADJ remaining; **lo ~** the rest, the remainder; **los ~s** the rest

**restañar** ▸conjug 1a◂ VT to stanch, stop, stop the flow of; **~ las heridas** (*fig*) to heal the wounds

**restañasangre** SM bloodstone

**restar** ▸conjug 1a◂ Ⓐ VT **1** (*Mat*) to take away, subtract; **réstale 10 a 24** subtract 10 from 24, take away 10 from 24; **a esta cifra hay que ~le los gastos de comida** you have to deduct *o* subtract the meals allowance from this figure

**2** [+ *autoridad, importancia*] **~ autoridad a algn** to take away authority from sb; **le restó importancia** he did not give it much importance

**3** (*Dep*) [+ *pelota*] to return

Ⓑ VI (*frm*) to remain, be left; **restan tres días para terminarse el plazo** there are three days left before the closing date; **ahora sólo me resta hacerlo** it only remains for me now to do it, all I have to do now is do it

**restauración** SF **1** (= *acción*) restoration; **la Restauración** (*Esp*) *the restoration of the Spanish monarchy (1873)*

**2** (= *hostelería*) **la ~** the restaurant industry; **la ~ rápida** the fast-food industry

**restaurador(a)** Ⓐ SM/F **1** (*Arte*) restorer

**2** [*de hotel*] restaurateur, restaurant owner

Ⓑ SM ► **restaurador de cabello** hair restorer

➤ LENGUA Y USO: **respuesta 1** 46.1, 46.5, 47.1, 48.2

**restaurán** SM [resto'ran], **restaurant** SM = **restaurante**

**restaurante** SM restaurant

**restaurar** ▸conjug 1a◂ VT (*tb Inform*) to restore

**restinga** SF sandbar, shoal, mud bank

**restitución** SF [1] (= *devolución*) return [2] (= *restablecimiento*) restoration

**restituir** ▸conjug 3g◂ Ⓐ VT [1] (= *devolver*) to return, give back (**a** to) [2] (= *restablecer*) to restore [3] (*Arquit*) to restore Ⓑ **restituirse** VPR (*frm*) **~se a** to return to, go back to

**resto** SM [1] (= *lo que queda*) rest; (*Mat*) remainder; **yo haré el ~** I'll do the rest; **no hace falta que te cuente el ~** I don't need to tell you the rest; ✦***MODISMO*** **para los ~s***: **yo me quedo aquí para los ~s** I'm staying here for good [2] **restos** [*de edificio, muralla*] remains; [*de comida*] leftovers, scraps; [*de avión, naufragio*] wreckage *sing*; (= *escombros*) debris *sing*, rubble *sing* ► **restos de edición** remainders ► **restos de serie** leftovers, remainders ► **restos humanos** human remains ► **restos mortales** (mortal) remains [3] (*Dep*) (= *devolución de pelota*) return (of service); (= *jugador*) receiver; **estar al ~** to receive [4] (= *apuesta*) stake; **echar el ~*** (= *apostar*) to stake all one's money; (= *esforzarse al máximo*) to do one's utmost; **echar el ~ por hacer algo** to go all out to do sth, do one's utmost to do sth

**restorán** SM (*LAm*) restaurant

**restregar** ▸conjug 1h, 1j◂ VT (*con cepillo, estropajo*) to scrub; (*con trapo*) to rub, rub hard

**restricción** SF (= *limitación*) restriction, limitation; **sin ~ de** without restrictions as to; **hablar sin restricciones** to talk freely ► **restricciones eléctricas** electricity cuts, power cuts ► **restricción mental** mental reservations *pl* ► **restricciones presupuestarias** budgetary constraints ► **restricción salarial** wage restraint

**restrictivo** ADJ restrictive

**restrillar** ▸conjug 1a◂ Ⓐ VT (*Andes, Caribe*) [+ *látigo*] to crack Ⓑ VI (*Caribe*) [*madera*] to crack, creak

**restringido** ADJ restricted, limited

**restringir** ▸conjug 3c◂ VT to restrict, limit (**a** to)

**resucitación** SF resuscitation

**resucitador** SM respirator

**resucitar** ▸conjug 1a◂ Ⓐ VT [1] (*Rel*) [+ *persona*] to raise from the dead; **podía ~ a los muertos** he could bring back the dead [2] [+ *ley*] to resurrect Ⓑ VI to rise from the dead; **al tercer día resucitó** (*Biblia*) on the third day He rose again

**resudar** ▸conjug 1a◂ VT, VI [1] (= *sudar*) to sweat a little [2] [+ *recipiente*] to leak slightly

**resuello** SM [1] (= *aliento*) breath; (= *respiración*) breathing; **corto de ~** short of breath; **sin ~** out of breath, out of puff*; ✦***MODISMO*** **sumir el ~ a algn** (*LAm*‡) to bump sb off* [2] (= *jadeo*) puff; (= *respiración ruidosa*) wheeze; ✦***MODISMO*** **meter a algn el ~ en el cuerpo** to put the wind up sb* [3] (*LAm*) (= *respiro*) breathing space; (= *descanso*) rest; **tomar un ~** to take a breather [4] (‡) (= *dinero*) bread*, money

**resueltamente** ADV (= *con determinación*) resolutely, with determination; (= *audazmente*) boldly; (= *firmemente*) steadfastly

▼**resuelto** Ⓐ PP *de* **resolver** Ⓑ ADJ (= *determinado*) resolute, resolved, determined; (= *audaz*) bold; (= *firme*) steadfast; **estar ~ a algo** to be set on sth; **estar ~ a hacer algo** to be determined to do sth

**resulta** SF result; **de ~s de** as a result of; **estar a ~s de** (*esp Esp*) to keep track of, keep up-to-date with

**resultado** SM [1] (= *dato resultante*) [*de elecciones, examen, competición, investigación*] result; [*de partido*] score, result; **la publicación de los ~s económicos de la empresa** the publication of the company's economic results; **el ~ fue de empate a dos** the result was a two-two draw; **los ~s de la jornada futbolística** the football scores [2] (= *efecto*) result; **el pacto fue el ~ de meses de trabajo** the pact was the result of months of work; **dar ~** [*plan, método*] to succeed, be successful; [*tratamiento*] to produce results; **la jugada no ha dado ~** the move didn't come off* *o* wasn't successful; **la prueba no siempre da ~s fiables** the test does not always give *o* provide reliable results; **las negociaciones están dando ~s positivos** the negotiations are proving positive [3] (*Mat*) result

**resultante** Ⓐ ADJ resulting *antes de s*, resultant (*frm*) *antes de s*; **~ de** resulting from Ⓑ SF (*Fís*) resultant

▼**resultar** ▸conjug 1a◂ VI [1] (= *tener como resultado*) [1·1] (+ *ADJ, SUSTANTIVO*) to be; **varias personas ~on heridas en el atentado** several people were wounded in the attack; **el conductor resultó muerto** the driver was killed; **resultó ganador un escritor desconocido** the winner was an unknown writer; **varios corredores han resultado positivos** a number of runners have tested positive; **la operación resultó un fracaso** the operation was a failure, the operation resulted in failure (*frm*) [1·2] (+ *INFIN*) **resultó no saber nada de aquel asunto** he turned out to know nothing about that matter, it turned out that he knew nothing about that matter; **~ ser** to turn out to be; **resultó ser el padre de mi amigo** he turned out to be my friend's father; **si resulta ser verdadero** if it proves (to be) true, if it turns out to be true; **el causante del incendio resultó ser un cable de la luz** the cause of the fire turned out *o* proved to be an electric cable [1·3] **resulta que** it turns out that; **ahora resulta que no vamos** now it turns out *o* now it seems (that) we're not going after all; **dijeron que lo había hecho él solo, cuando resulta que tenía varios cómplices** he was said to have done it on his own, when it turns out that he had several accomplices; **al final resultó que era inocente** he proved *o* he turned out to be innocent in the end, in the end it turned out that he was innocent; **me gustaría ir, pero resulta que no tengo dinero** I'd like to go, but the thing is *o* the fact is that I haven't got any money [2] (= *salir*) to turn out, work out; **todo resultó bien** everything turned out *o* worked out well; **aquello no resultó muy bien** that didn't turn out *o* work out very well; **no resultó** it didn't work [3] (*frm*) (= *ser*) (+ *ADJ*) [3·1] (*uso impersonal*) **resulta difícil decidir si ...** it is hard to decide whether ...; **su versión resulta difícil de creer** his story is hard to believe, it's hard to believe his story; **este trabajo está resultando un poco aburrido** this job is getting a bit boring; **resulta más barato hacerlo así** it works out cheaper to do it this way [3·2] (*con complemento de persona*) **me está resultando fácil** I'm finding it easy; **la casa nos resulta muy pequeña** the house is too small for us; **me resulta simpático** he seems like a nice guy to me [4] (*frm*) **~ de** to be the result of, result from; **la mayor parte de sus problemas resultan de su falta de diplomacia** most of his problems are the result of a lack of tact; **¿quién sabe lo que ~á de todo esto?** who knows what will come of all this?, who knows what the outcome of all this will be? [5] (*frm*) **~ en** to result in, lead to; **el latifundismo resulta en beneficios privados** large-scale landholding results in *o* leads to individual profits [6] (*Esp**) (= *agradar*) **tu prima no es una belleza, pero resulta** your cousin is no beauty, but she's got something (about her); **esa corbata no resulta con ese traje** that tie doesn't look right *o* go with that suit

**resultón*** ADJ attractive

▼**resumen** Ⓐ SM summary, résumé; **hizo un ~ de lo que dijo** she gave a summary *o* résumé of what he said; **en ~** (= *en conclusión*) to sum up; (= *brevemente*) in short Ⓑ ADJ INV **comparencia ~** brief concluding appearance; **exposición ~** summary; **programa ~** programme in summary form

**resumidero** SM (*LAm*) = **sumidero**

▼**resumir** ▸conjug 3a◂ Ⓐ VT (= *recapitular*) to sum up; (= *condensar*) to summarize; (= *cortar*) to abridge, shorten Ⓑ VI **bueno, resumiendo ...** so, to sum up, ..., so, in short, ... Ⓒ **resumirse** VPR [1] **la situación se resume en pocas palabras** the situation can be summed up in a few words [2] [*asunto*] **~se en** to boil *o* come down to; **todo se resumió en algunos porrazos** all it boiled *o* came down to was a few punches

**resunta** SF (*Andes*) summary

**resurgimiento** SM resurgence

**resurgir** ▸conjug 3c◂ VI [1] (= *reaparecer*) to reappear, revive [2] (*Med*) to recover

**resurrección** SF resurrection

**retablo** SM altarpiece

**retacada** SF foul stroke

**retacado** ADJ (*Méx*) full

**retacarse** ▸conjug 1g◂ VPR (*LAm*) to refuse to budge

**retacear** ▸conjug 1a◂ VT (*Andes, Cono Sur*) to give grudgingly

**retachar** ▸conjug 1a◂ VT, VI (*LAm*) to bounce

**retacitos** SMPL (*CAm*) confetti

**retaco** SM [1] (*) (= *persona*) midget [2] (*Billar*) short cue

**retacón*** ADJ (*esp Andes, Cono Sur*) short, squat

➤ LENGUA Y USO: **resuelto B** 35.2 **resultar 1** 41, 43.4, 53.1, 53.3, 53.6 **resumen A** 53.4 **resumir A** 53.1, 53.4

**retador(a)** Ⓐ ADJ challenging, defiant
Ⓑ SM/F (*LAm Dep*) challenger

**retaguardia** SF [1] (*Mil*) rearguard; **a ~** in the rear; **tres millas a ~** three miles to the rear, three miles further back; **estar** *o* **ir a** *o* **en ~** to bring up the rear
[2] (*) (= *culo*) rear*, posterior (*hum*)

**retahíla** SF (= *serie*) string, series; [*de injurias*] stream

**retajado/a** (*Cono Sur*) Ⓐ ADJ (*Zool*) castrated, gelded
Ⓑ SM/F (**) wanker**

**retajar** ▸conjug 1a◂ VT [1] (= *cortar*) to cut out, cut round
[2] (*LAm*) (= *castrar*) to castrate, geld

**retal** SM remnant

**retaliación** SF (*LAm*) retaliation

**retallones** SMPL (*Caribe*) leftovers

**retama** SF, **retamo** SM (*LAm Bot*) broom

**retar** ▸conjug 1a◂ VT [1] (= *desafiar*) to challenge
[2] (*Arg**) (= *regañar*) to tell off, tick off*
[3] (*Cono Sur**) (= *insultar*) to insult, abuse; **~ a algn algo** to throw sth in sb's face

**retardación** SF (= *enlentecimiento*) retardation, slowing down; (= *retraso*) delaying; (*Mec*) deceleration

**retardado** ADJ **bomba de efecto ~** time bomb

**retardar** ▸conjug 1a◂ VT (= *frenar*) to slow down, slow up; [+ *marcha*] to hold up; [+ *tren*] to delay, make late

**retardatriz** ADJ delaying

**retardo** SM (*frm*) delay

**retazar** ▸conjug 1f◂ VT [1] (= *cortar*) to cut up, snip into pieces; [+ *leña*] to chop
[2] (= *dividir*) to divide up

**retazo** SM [1] (*Cos*) remnant, bit, piece; **retazos** snippets, bits and pieces; **a ~s** in bits
[2] (*Caribe*) bargain

**RETD** SF ABR (*Esp Telec*) = **Red Especial de Transmisión de Datos**

**rete...** PREF (*esp LAm*) very, extremely; **~bién** very well; **una persona ~fina** a really refined person*

**retemblar** ▸conjug 1j◂ VI to shudder, shake (**de** at, with)

**retemplar** ▸conjug 1a◂ VT (*Andes, CAm, Cono Sur*) to cheer up

**retén** SM [1] (*Téc*) stop, catch; (*Aut*) oil seal
[2] (= *reserva*) reserve, store; **tener algo de ~** to have sth in reserve
[3] (*Mil*) reserves *pl*, reinforcements *pl*; **hombre de ~** reserve; **estar de ~** to be on call
[4] (*LAm*) [*de policía*] roadblock, police roadblock
[5] (*Caribe*) (= *correccional*) remand home

**retención** SF [1] (= *contención*) retention
[2] (*Fin*) deduction, stoppage ▸ **retención a cuenta** deduction at source ▸ **retención de tráfico** traffic delay, traffic hold-up ▸ **retención fiscal** deduction for tax purposes
[3] (*Med*) retention
[4] (*Telec*) hold facility

**retener** ▸conjug 2k◂ Ⓐ VT [1] (= *no dejar marchar*) to keep; [*la policía*] to detain, hold; **lo retiene su familia** his family is what keeps him there; **no intentes ~me porque pienso ir** don't try and keep *o* stop me because I'm going; **retuvieron a los inmigrantes en la aduana** they held *o* detained the immigrants at customs; **una llamada de última hora me retuvo en la oficina** a last-minute phone call held me up *o* kept me back at the office; **~ a algn preso** to hold *o* keep sb prisoner
[2] (= *conservar*) [+ *datos, información*] to withhold; [+ *pasaporte*] to retain; **el Atlético ha conseguido ~ el título de Liga** Atlético managed to hold on to *o* keep *o* retain the league title
[3] (= *memorizar*) to retain; **es incapaz de ~ los nombres de la gente** he's incapable of retaining people's names
[4] (*Fin*) [+ *dinero*] to deduct
[5] [+ *calor*] to retain; [+ *líquido*] to hold; **no puede ~ la orina** he can't hold his water
[6] (*frm*) [+ *atención, interés*] to retain
[7] (*frm*) [+ *deseo, pasión*] to restrain; [+ *aliento*] to hold
Ⓑ **retenerse** VPR to restrain o.s.

**retenida** SF guy rope

**retentiva** SF memory

**retentivo** ADJ retentive

**reteñir** ▸conjug 3h y 3k◂ VT to redye

**reticencia** SF [1] (= *renuencia*) unwillingness, reluctance
[2] (= *reserva*) reticence, reserve
[3] (= *ironía*) irony, sarcasm

**reticente** ADJ [1] (= *reacio*) unwilling, reluctant; **estar** *o* **ser ~ a hacer algo** to be unwilling *o* reluctant to do sth; **se mostró ~ a aceptar** she was unwilling *o* reluctant to accept; **se declara ~ a meterse en política** he says he doesn't like the idea of getting involved in politics
[2] (= *con reserva*) reticent, reserved
[3] (= *irónico*) ironical, sarcastic

**rético/a** Ⓐ ADJ, SM/F Romansch
Ⓑ SM (*Ling*) Romansch

**retícula** SF [1] (*Ópt*) reticle
[2] (*Fot*) screen

**reticular** ADJ reticulated

**retículo** SM [1] (= *red*) reticle
[2] [*de medir*] grid

**retina** SF retina

**retinol** SM retinol

**retintín** SM [1] (= *tono sarcástico*) sarcastic tone; **decir algo con ~** to say sth sarcastically
[2] (= *tilín*) tinkle, tinkling; [*de llaves*] jingle, jangle; (*en el oído*) ringing

**retinto** ADJ (*esp LAm*) very dark

**retiñir** ▸conjug 3a◂ VI (= *resonar*) to tinkle; [*llaves*] to jingle, jangle; (*en el oído*) to go on ringing, go on ringing in one's ears

**retirada** SF [1] (*Mil*) retreat, withdrawal; **batirse en ~** ◊ **emprender la ~** to retreat, beat a retreat
[2] [*de dinero, embajador*] withdrawal
[3] [*de vehículo, objeto*] removal
[4] (††) (= *refugio*) safe place, place of refuge

**retiradamente** ADV [*vivir*] quietly, in seclusion

**retirado** ADJ [1] [*lugar*] remote
[2] [*vida*] quiet
[3] (= *jubilado*) retired
[4] (*Esp*††) **la tiene retirada** he keeps her as his mistress

**retirar** ▸conjug 1a◂ Ⓐ VT [1] [+ *acusación, apoyo, subvención*] to withdraw; [+ *demanda*] to withdraw, take back; **han retirado su apoyo al Gobierno** they have withdrawn their support for the Government; **les ~on las subvenciones** they had their subsidies taken away *o* withdrawn; **retiró su candidatura a la Presidencia** he stood down from the presidential election, he withdrew his candidacy for the presidency; **la mayoría del electorado le ha retirado la confianza** he has lost the confidence *o* trust of the majority of the electorate; **~ la palabra a algn** to stop speaking to sb; **~ el saludo a algn** to stop saying hello to sb
[2] [+ *moneda, sello*] to withdraw (from circulation); [+ *autobús, avión*] to withdraw (from service); **estos aviones serán retirados de** *o* **del servicio** these planes are to be withdrawn from service; **el producto fue retirado del mercado** the product was withdrawn from the market *o* taken off the market
[3] [+ *permiso, carnet, pasaporte*] to withdraw, take away; **le han retirado el permiso de conducir** he's had his driving licence taken away
[4] [+ *dinero*] to withdraw; **fui a ~ dinero de la cuenta** I went to withdraw some money from my account
[5] [+ *tropas*] to withdraw; [+ *embajador*] to recall, withdraw; [+ *atleta, caballo*] to withdraw, scratch
[6] (= *quitar*) to take away, remove; **la camarera retiró las copas** the waitress took the glasses away; **le ~on todos los objetos afilados de la celda** all sharp objects were removed from his cell
[7] [+ *cabeza, cara*] to pull back, pull away; [+ *mano*] to draw back, withdraw; [+ *tentáculo*] to draw in
[8] (= *jubilar*) to retire, pension off
Ⓑ **retirarse** VPR [1] (= *moverse*) to move back *o* away (**de** from); **retírate de la entrada para que pueda pasar la gente** move back *o* away from the door so that people can get through; **~se ante un peligro** to shrink back from a danger
[2] (= *irse*) **puede usted ~se** you may leave; **el testigo puede ~se** the witness may stand down; **se retiró enfadado a la cocina** he withdrew to the kitchen in a huff; **~se de las negociaciones** to withdraw from the negotiations; **se ~on del torneo** (*antes de su inicio*) they withdrew from *o* pulled out of the tournament; (*después de su inicio*) they retired from *o* pulled out of the tournament; **tuvo que ~se del terreno de juego** he had to leave the pitch
[3] **~se (a su habitación)** to retire (to one's room *o* to bed) (*frm, liter*)
[4] (*al teléfono*) **¡no se retire!** hold the line!
[5] (*Mil*) to withdraw, retreat
[6] (= *jubilarse*) to retire (**de** from); **mi padre se retira el año que viene** my father will be retiring next year; **cuando me retire de los negocios** when I retire from business; **se retiró anticipadamente** she took early retirement

**retiro** SM [1] (= *jubilación*) retirement; **un oficial en ~** a retired officer ▸ **retiro prematuro** early retirement
[2] (= *pensión*) retirement pension, pension
[3] (= *lugar*) quiet place, secluded spot; (*Rel*) retreat
[4] [*de dinero*] withdrawal

**reto** SM [1] (= *desafío*) challenge
[2] (*Cono Sur*) (= *reprimenda*) telling off, scold-

ing
3 (*Cono Sur*) (= *insulto*) insult

**retobado** ADJ 1 (*LAm*) [*animal*] (= *salvaje*) wild
2 (*LAm*) [*persona*] (= *taimado*) sly, crafty; (= *rebelde*) rebellious; (= *terco*) obstinate; (= *hosco*) sullen; (= *caprichoso*) unpredictable, capricious
3 (*Andes, CAm, Méx**) (= *gruñón*) grumbling; (= *descarado*) saucy, sassy (*EEUU*), cheeky*

**retobar** ▸conjug 1a◂ Ⓐ VT 1 (*Andes, Cono Sur*) (= *forrar*) to line with leather, line with sacking, line with oilcloth; (= *cubrir*) to cover with leather
2 (*Andes*) [+ *pieles*] to tan
Ⓑ VI = **C**
Ⓒ **retobarse** VPR (*LAm*) (= *obstinarse*) to be stubborn, dig one's heels in; (= *quejarse*) to grumble, protest

**retobo** SM 1 (*LAm*) (= *forro*) lining; (= *cubierta*) covering
2 (*Cono Sur*) (= *hule*) sacking, oilcloth
3 (*LAm*) (= *terquedad*) stubbornness; (= *protesta*) grumble, moan
4 (= *capricho*) whim
5 (*Andes, CAm Agr*) old stock, useless animals; (= *persona*) useless person; (= *objeto*) worthless object; (= *trastos*) junk, rubbish, garbage (*EEUU*)
6 (*LAm*) (= *resabio*) aftertaste

**retobón** ADJ (*Cono Sur*) = **retobado 1, 2**

**retocar** ▸conjug 1g◂ Ⓐ VT 1 [+ *dibujo, foto*] to touch up
2 [+ *grabación*] to play back
Ⓑ **retocarse** VPR (*Esp*) to freshen one's make-up

**retomar** ▸conjug 1a◂ VT to take up again

**retoñar** ▸conjug 1a◂ VT 1 (*Bot*) to sprout, shoot
2 (= *reaparecer*) to reappear, recur

**retoño** SM 1 (*Bot*) sprout, shoot
2 (*) (= *niño*) kid*

**retoque** SM 1 (= *acción*) touching-up; (= *último trazo*) finishing touch
2 (*Med*) symptom, sign, indication

**retorcer** ▸conjug 2b, 2h◂ Ⓐ VT 1 [+ *brazo*] to twist; [+ *manos, lavado*] to wring; [+ *hebras*] to twine, twine together; **~le el pescuezo a algn*** to wring sb's neck*
2 [+ *argumento*] to turn, twist; [+ *sentido*] to twist
Ⓑ **retorcerse** VPR 1 [*cordel*] to get into knots, get tangled (up) *o* twisted
2 [*persona*] to writhe, squirm; **~se de dolor** to writhe in pain; **~se de risa** to double up with laughter
3 **~ el bigote** to twirl one's moustache

**retorcido** ADJ 1 [*estilo*] involved
2 [*método, persona, mente*] devious

**retorcijón** SM (*LAm*) = **retortijón**

**retorcimiento** SM 1 [*de brazo*] twisting; [*de manos, ropa lavada*] wringing; [*de hebras*] entwining, twisting together
2 [*de estilo*] involved nature
3 [*de método, persona, mente*] deviousness

**retórica** SF 1 (*Literat*) rhetoric
2 **retóricas*** (= *palabrería*) hot air *sing*, mere words

**retóricamente** ADV rhetorically

**retórico/a** Ⓐ ADJ rhetorical
Ⓑ SM/F rhetorician

**retornable** ADJ returnable; **envase no ~** non-returnable container/bottle

**retornar** ▸conjug 1a◂ Ⓐ VI (= *venir*) to return, come back; (= *irse*) to return, go back
Ⓑ VT 1 (= *devolver*) to return, give back
2 (= *reponer*) to replace, put back
3 (= *mover*) to move back

**retorno** SM 1 (= *vuelta*) return; **viaje de ~** return journey; **operación ~** *traffic control operation for the mass return home after holidays or public holiday*
2 (*frm*) (= *recompensa*) reward; (= *pago*) repayment; (= *cambio*) exchange, barter; [*de regalo, servicio*] return
3 (*Elec*) ► **retorno terrestre** earth wire, ground wire (*EEUU*)
4 (*Inform*) ► **retorno del carro** (*tb Tip*) carriage return ► **retorno del carro automático** (*Inform*) word wrap, word wraparound
5 (*Méx Aut*) turning place; **"retorno prohibido"** "no U turns"

**retorsión** SF [*de brazo*] twisting; [*de manos, ropa mojada*] wringing

**retorta** SF retort

**retortero*** SM **andar al ~** to bustle about, have heaps of things to do; **andar al ~ por algo** to crave for sth; **andar al ~ por algn** to be madly in love with sb; **llevar** *o* **traer a algn al ~** to have sb under one's thumb

**retortijón** SM rapid twist ► **retortijón de tripas** stomach cramp

**retostar** ▸conjug 1l◂ VT to burn, overcook

**retozar** ▸conjug 1f◂ VI to romp, frolic, frisk about

**retozo** SM (= *holgorio*) romp, frolic; (= *jugueteo*) gambol; **~s** romping *sing*, frolics

**retozón** ADJ 1 (= *juguetón*) playful, frisky
2 [*risa*] bubbling

**retracción** SF retraction

**retractable** ADJ retractable

**retractación** SF retraction, recantation

**retractar** ▸conjug 1a◂ Ⓐ VT to retract, withdraw
Ⓑ **retractarse** VPR to retract, recant; **me retracto** I take that back; **me retracto de la acusación hecha** I withdraw the accusation

**retráctil** ADJ 1 (*Aer*) retractable
2 (*Biol*) retractile

**retraer** ▸conjug 2o◂ Ⓐ VT 1 [+ *uñas*] to draw in, retract
2 (= *volver a traer*) to bring back
3 (*frm*) (= *disuadir*) to dissuade
Ⓑ **retraerse** VPR 1 (= *retirarse*) **se retrajo a la aldea para su convalecencia** she withdrew to the village to convalesce
2 (= *intimidarse*) **se retrae cuando le preguntan algo** she goes into her shell when she's asked a question

**retraído** ADJ (= *tímido*) shy, reserved

**retraimiento** SM (= *timidez*) shyness, reserve

**retranca** SF (*LAm*) brake

**retrancar** ▸conjug 1g◂ Ⓐ VT (*LAm*) to brake
Ⓑ **retrancarse** VPR (*LAm*) (= *frenar*) to brake, apply the brakes

**retransmisión** SF (*TV, Radio*) **Canal Cinco realizará la ~ del partido** (*TV*) the match will be shown *o* broadcast on Channel Five; (*Radio*) the match will be broadcast on Channel Five; **durante la ~ no habrá cortes publicitarios** there will be no commercial breaks during the broadcast ► **retransmisión en diferido** delayed transmission ► **retransmisión en directo** live broadcast, live transmission

**retransmitir** ▸conjug 3a◂ VT 1 (*TV*) to show, broadcast; (*Radio*) to broadcast
2 (††) [+ *recado*] to relay, pass on

**retrasado/a** Ⓐ ADJ 1 (*en una actividad*) **estar** *o* **ir ~** to be behind; **va muy ~ en química** he is very behind in chemistry, he has a lot to make up in chemistry; **estar ~ en los pagos** to be behind in *o* with one's payments, be in arrears; **vamos ~s en la producción** we are lagging behind in the production
2 (*en el tiempo*) [*persona*] late; **llegó ~ a la reunión** he was late for the meeting, he got to the meeting late
3 (*en el desarrollo*) [*país, pueblo, sociedad*] backward; **nuestro sistema universitario va ~ respecto a otros países** our university system is very backward compared with *o* is behind that of other countries
4 (= *no actual*) [*ideas, estilo*] outdated, outmoded
5 [*reloj*] slow; **tengo el reloj ocho minutos ~** my watch is eight minutes slow
6 (*mentalmente*) mentally retarded
Ⓑ SM/F (*tb* **~/a mental**) (*pey*) mentally handicapped

**retrasar** ▸conjug 1a◂ Ⓐ VT 1 (= *aplazar*) [+ *suceso, acción*] to postpone, put off; [+ *fecha*] to put back; **retrasó en una hora su comparecencia ante la prensa** he postponed *o* put off his appearance before the press for an hour; **el sorteo ha sido retrasado una semana** the draw has been postponed for a week *o* put back a week; **han retrasado la fecha del examen** they've put back the date of the exam; **quieren ~ la edad de jubilación** they want to raise the retirement age
2 (= *retardar*) to delay, hold up; **varios problemas burocráticos ~on la salida del avión** a number of bureaucratic problems delayed *o* held up the departure of the plane; **la nieve está retrasando el tráfico** the snow is holding up *o* delaying traffic
3 [+ *reloj*] to put back; **esta noche tenemos que ~ los relojes** we have to put the clocks back tonight
Ⓑ VI [*reloj*] to be slow
Ⓒ **retrasarse** VPR 1 (*al llegar*) [*persona, tren*] to be late; **siento haberme retrasado** I'm sorry I'm late; **el avión se retrasó más de cuatro horas** the plane was more than four hours late
2 (*en una actividad*) to be late; **siempre se retrasaba en el cumplimiento de sus promesas** she was always late in fulfilling her promises; **se han retrasado en el pago de los sueldos este mes** they're late in paying the wages this month; **se han retrasado en el pago del alquiler** they're in arrears with the rent, they've fallen behind with the rent
3 [*acontecimiento, producción*] to be delayed, be held up; **el inicio del campeonato se retrasó por la lluvia** the start of the championship was delayed *o* held up by rain
4 (= *quedarse atrás*) (*en los estudios*) to get behind, fall behind; (*andando*) to lag behind; **empezó a ~se en los estudios cuando cayó enfermo** he began to fall *o* get behind in his studies when he fell ill
5 [*reloj*] to be slow

**retraso** SM 1 (*al llegar*) delay; **perdona el ~** sorry for the delay; **el ~ en la llegada de los bomberos** the delay in the arrival of the fire brigade; **nuestro vuelo ha sufrido un ~ de dos horas** our flight has been delayed by two hours; **ir con ~** to be running late; **llegar con ~** to be late, arrive late; **llegó con 25 minutos de ~** he was *o* arrived 25 minutes late
2 (*en una actividad*) delay; **protestaron por el ~ en el cobro de sus salarios** they complained about the delay in the payment of their wages; **llevo un ~ de seis semanas en mi trabajo** I'm six weeks behind with my work; **las obras de la catedral se iniciaron con ~** the building work at the cathedral started late; **el mitin comenzó con una hora de ~** the rally began an hour late, the rally was delayed (by) an hour
3 (*en país, investigación*) backwardness; **el ~ cultural del país con relación a los países vecinos** the cultural backwardness of the country compared to its neighbours; **llevamos años de ~ en la investigación espacial** we are years behind in space investigation
4 ► **retraso mental** mental deficiency; **padece un leve ~ mental** he has mild learning difficulties, he's slightly retarded

**retratar** ▸conjug 1a◂ Ⓐ VT 1 (*Arte*) to paint the portrait of; (*Fot*) to photograph, take a picture of; **hacerse ~** (*en cuadro*) to have one's portrait painted; (*en fotografía*) to have one's photograph taken
2 (= *representar*) to portray, depict, describe
Ⓑ **retratarse** VPR (*en cuadro*) to have one's portrait painted; (*en fotografía*) to have one's photograph taken

**retratería** SF (*LAm*) photographer's, photographer's studio

**retratista** SMF (*Arte*) portrait painter; (*Fot*) photographer

**retrato** SM 1 (*Arte*) portrait; (*Fot*) photograph, portrait; ✦*MODISMO* **ser el vivo ~ de algn** to be the spitting image of sb
2 (= *descripción*) portrayal, depiction, description

**retrato-robot** SM (*pl* **retratos-robot**) Identikit picture

**retrechería** SF 1 (= *truco*) dodge*, wheeze*, crafty trick; (*hum*) rascally trick
2 **retrecherías** (= *encantos*) winning ways, charming ways
3 (= *atractivo*) charm, attractiveness

**retrechero** ADJ 1 (= *dado a trucos*) full of dodges*; (= *astuto*) wily, crafty; (*hum*) rascally
2 (= *encantador*) winning, charming, attractive
3 (*LAm*) (= *tacaño*) mean; (= *tramposo*) unreliable, deceitful; (= *sospechoso*) suspicious

**retreparse** ▸conjug 1a◂ VPR to lean back

**retreta** SF 1 (*Mil*) retreat; (= *exhibición*) tattoo, display
2 (*LAm*) (= *concierto*) open-air band concert

**retrete** SM lavatory, bathroom (*EEUU*)

**retribución** SF 1 (= *pago*) pay, payment; (= *recompensa*) reward
2 (*Téc*) compensation

**retribuido** ADJ [*esfuerzos*] rewarded; [*puesto*] salaried; **un puesto mal ~** a badly-paid post

**retribuir** ▸conjug 3g◂ VT 1 (= *pagar*) to pay; (= *recompensar*) to reward
2 (*LAm*) [+ *favor*] to repay, return

**retro*** Ⓐ ADJ INV 1 [*moda*] backward-looking
2 (*Pol*) reactionary
Ⓑ SM (*Pol*) reactionary

**retro...** PREF retro...

**retroacción** SF feedback

**retroactivamente** ADV retroactively, retrospectively

**retroactividad** SF [*de ley*] retroactivity, retrospective nature; **estas leyes carecen de ~** these laws do not have retroactive effect; **la ~ de los aumentos salariales no es negociable** backdating the wage increases is not negotiable

**retroactivo** ADJ retroactive, retrospective; **ley con** *o* **de efecto ~** retroactive *o* retrospective law; **un aumento ~ desde abril** a rise backdated to April; **dar efecto ~ a un pago** to backdate a payment

**retroalimentación** SF (*tb Inform*) feedback

**retroalimentador** ADJ feedback *antes de s*

**retroalimentar** ▸conjug 1a◂ VT to feed back

**retrocarga** SF **de ~** breechloading; **arma de ~** breechloader

**retroceder** ▸conjug 2a◂ VI 1 (= *moverse hacia atrás*) to move back, move backwards, go back, go backwards; [*ejército*] to fall back, retreat; [*aguas*] to go down; **retrocedió unos pasos** he went *o* moved back a few steps; **la policía hizo ~ a la multitud** the police made the crowd move back; **tienes que ~ a la primera casilla** you have to go back to the first square
2 [*rifle*] to recoil
3 (= *desistir*) to give up; (= *rajarse*) to back down; (*ante un peligro*) to flinch; **no ~** to stand firm

**retroceso** SM 1 (= *movimiento*) backward movement; (*Mil*) retreat
2 [*de rifle*] recoil; **cañón sin ~** recoil-less gun
3 (*Com*) (= *recesión*) recession, depression; [*de precio*] fall, drop
4 (*Med*) new outbreak
5 (*Tip*) backspace

**retrocohete** SM retrorocket

**retrocuenta** SF countdown

**retrogradación** SF retrogression

**retrógrado** ADJ 1 (*Pol*) reactionary
2 (= *que retrocede*) retrograde, retrogressive

**retrogresión** SF retrogression

**retronar** ▸conjug 1l◂ VI = **retumbar**

**retropropulsión** SF jet propulsion

**retroproyección** SF (*con retroproyector*) overhead projection; (*Cine*) (= *efecto especial*) back projection

**retroproyector** SM overhead projector

**retrospección** SF retrospection

**retrospectiva** SF 1 (*Arte*) retrospective, retrospective exhibition
2 **en ~** with hindsight

**retrospectivamente** ADV retrospectively; [*considerar*] in retrospect

**retrospectivo** ADJ retrospective; **escena retrospectiva** flashback; **mirada retrospectiva** backward glance, look back (**a** at)

**retrotraer** ▸conjug 2o◂ VT to carry back (in time), take back; **retrotrajo su relato a los tiempos del abuelo** he carried his tale back into his grandfather's day; **ahora podemos ~ su origen al siglo XI** now we can take its origin further back to the 11th century; **piensa ~ el problema a su origen** he hopes to trace the problem back to its origin

**retroventa** SF resale; **precio de ~** resale price

**retrovírico** ADJ retroviral

**retrovirus** SM INV retrovirus

**retrovisión** SF hindsight; (*Cine*) flashback, flashback technique

**retrovisor** SM (*tb* **espejo ~**) driving mirror, rear-view mirror

**retrucar** ▸conjug 1g◂ VI 1 [+ *argumento*] to turn against its user
2 (*Cono Sur*) (= *replicar*) to retort; **le retruqué diciendo que ...** I retorted to him that ...
3 (*Billar*) to kiss

**retruécano** SM pun, play on words

**retruque** SM 1 (*Andes, Cono Sur*) sharp retort
2 **de ~** (*Cono Sur, Méx*) on the rebound

**retumbante** ADJ 1 (= *que retumba*) booming, rumbling; (= *sonoro*) resounding
2 (= *enfático*) bombastic

**retumbar** ▸conjug 1a◂ VI 1 [*artillería*] to boom, thunder; [*trueno*] to roll, crash; **la cascada retumbaba a lo lejos** the waterfall roared in the distance
2 [*voz, pasos*] to echo; **la caverna retumbaba con nuestros pasos** the cave echoed with our steps; **sus palabras retumban en mi cabeza** his words are still reverberating in my mind

**retumbo** SM [*de artillería*] boom, thunder; [*de trueno*] roll, rolling, crash, crashing; [*de voz*] boom, booming; [*de pasos*] echo

**reubicación** SF [*de trabajadores, empresas*] relocation; [*de comunidad, pueblo*] resettlement

**reubicar** ▸conjug 1g◂ VT [+ *trabajador, empresa*] to relocate; [+ *comunidad, pueblo*] to resettle

**reuma** SM, **reúma** SM rheumatism

**reumático** ADJ rheumatic

**reumatismo** SM rheumatism

**reumatoide** ADJ rheumatoid

**reunido** ADJ **está ~** (*Esp*) he's in a meeting; **el jefe está ~ con el director** the boss is in a meeting with his director

**reunificación** SF reunification

**reunificar** ▸conjug 1g◂ VT to reunify

**reunión** SF 1 (*de trabajo, deportiva*) meeting; (*social*) gathering; **¿irás a la ~ de padres?** are you going to the parents' meeting?; **no pudo ir a la ~ familiar** he couldn't go to the family gathering; **celebrar una ~** to hold a meeting; **convocar una ~** to call a meeting ► **reunión de trabajo** business meeting ► **reunión de ventas** sales meeting ► **reunión en la cumbre** summit (meeting) ► **reunión ilícita** unlawful assembly ► **reunión informativa** briefing ► **reunión plenaria** plenary session
2 (= *gente reunida*) meeting; **el director se dirigió a la ~** the director addressed the meeting

**reunir** ▸conjug 3a◂ Ⓐ VT 1 (= *juntar*) to join, join together
2 (= *recolectar*) [+ *cosas dispersas*] to gather, gather together, get together; [+ *datos*] to collect, gather; [+ *recursos*] to pool; [+ *colección*] to assemble, make; [+ *dinero*] to collect; [+ *fondos*] to raise; **la producción de los demás países reunidos no alcanzará al nuestro** the production of the other countries put together will not come up to ours; **los cuatro**

**reunidos no valen lo que él** he is better than the four of them put together; **~ esfuerzos** to join forces
3 [+ *personas*] to bring together, get together; **reunió a sus amigos para discutirlo** he got his friends together to talk it over
4 [+ *cualidades*] to combine; [+ *condiciones*] to have, possess; **la casa no reúne las condiciones** the house doesn't match up to requirements; **creo ~ todos los requisitos** I think I meet all the necessary requirements
Ⓑ **reunirse** VPR 1 (= *unirse*) to join together; (*de nuevo*) to reunite
2 [*personas*] (*en asamblea*) to meet, gather; (*en casa*) to get together; **~se para hacer algo** to get together to do sth
3 [*circunstancias*] to conspire (**para** to)

**reutilizable** ADJ reusable

**reutilización** SF reuse, recycling

**reutilizar** ▸conjug 1f◂ VT to reuse

**reválida** SF final examination

**revalidar** ▸conjug 1a◂ VT (= *ratificar*) to confirm, ratify; **~ un título** (*Dep*) to regain a title

**revalorar** ▸conjug 1a◂ VT = **revalorizar**

**revalorización** SF, **revaloración** SF [*de moneda*] revaluation; (*Fin*) reassessment

**revalorizar** ▸conjug 1f◂ Ⓐ VT [+ *moneda*] to revalue; (*Fin*) to reassess
Ⓑ **revalorizarse** VPR [*divisa*] to rise; [*mercancía*] to rise in value; **la peseta se ha revalorizado frente a la libra** the peseta has risen against the pound

**revaluación** SF revaluation

**revaluar** ▸conjug 1e◂ VT to revalue

**revancha** SF 1 (= *venganza*) revenge; **tomarse la ~** to get one's revenge, get one's own back
2 (*Dep*) return match; (*Boxeo*) return fight

**revanchismo** SM revanchism

**revanchista** ADJ, SMF revanchist

**revejido** ADJ (*Andes*) weak, feeble

**revelación** Ⓐ SF revelation; [*de un secreto*] disclosure; **fue una ~ para mí** it was a revelation to me
Ⓑ ADJ INV **el coche ~ del año** the surprise car of the year; **el diputado ~ del año** the surprise of the year among MPs

**revelado** SM developing

▼**revelador** Ⓐ ADJ [*información, documento*] revealing; (= *incriminador*) telltale
Ⓑ SM (= *sustancia*) developer

**revelar** ▸conjug 1a◂ Ⓐ VT 1 (= *descubrir*) to reveal; **reveló los nombres de sus cómplices** she revealed the names of her accomplices; **no quiso ~ su identidad** he did not want to reveal *o* disclose his identity, he did not want to identify himself; **~ un secreto** to reveal *o* give away a secret
2 (*frm*) (= *evidenciar*) to reveal, show; **su expresión revelaba desprecio** his expression revealed *o* showed contempt
3 (*Fot*) to develop; **todavía no hemos revelado las fotos** we haven't had the photos developed yet
Ⓑ **revelarse** VPR **~se como: se ha revelado como una gran pianista** she has turned out to be *o* shown herself to be a great pianist

**revendedor(a)** SM/F 1 [*de entradas*] ticket tout, scalper (*EEUU**)
2 (*Com*) (*al por menor*) retailer

**revender** ▸conjug 2a◂ VT 1 [+ *entradas*] to tout, resell, scalp (*EEUU**)
2 (= *vender*) to retail

**revendón** SM (*Andes*) middleman

**revenido** ADJ stale

**revenirse** ▸conjug 3r◂ VPR 1 [*pan, galletas, fritos*] to go stale; [*vino*] to go sour
2 [*pintura, escayola*] to dry out
3 (= *encogerse*) to shrink
4 (= *ceder*) to give way

**reventa** Ⓐ SF 1 [*de entradas*] touting, scalping (*EEUU**)
2 (= *venta al por menor*) resale; **precio de ~** resale price
Ⓑ SMF (= *persona*) ticket tout, scalper (*EEUU**)

**reventadero** SM 1 (= *trabajo*) tough job, heavy work, grind
2 (= *terreno áspero*) rough ground; (= *terreno escarpado*) steep terrain
3 (*Andes, Cono Sur, Méx*) (= *hervidero*) bubbling spring
4 (*Cono Sur*) = **rompiente**

**reventado*** ADJ (= *cansado*) exhausted

**reventador(a)** SM/F 1 (*en mitín*) troublemaker, heckler
2 (= *ladrón*) safe-breaker

**reventar** ▸conjug 1j◂ Ⓐ VT 1 (*por presión*) [+ *globo, neumático, tubería, ampolla*] to burst; [+ *espinilla*] to squeeze; **tengo una cubierta reventada** I've got a puncture, I have a flat tyre; **el ruido de las discotecas me revienta los oídos** I find the racket inside clubs deafening, the noise in clubs is enough to burst your eardrums; **"reventamos los precios"** "prices slashed"; **tanto alcohol le va a ~ el hígado** all this drink is going to do his liver in*
2 (*por una explosión*) [+ *puente, vehículo*] to blow up; [+ *cristales*] to shatter, blow out; **la granada le reventó la mano** the grenade blew off his hand; **los ladrones ~on la caja fuerte** the robbers blew (open) the safe; **~on la puerta de un disparo** they shot open the door
3 (= *estropear*) to ruin; **~ás la moto conduciendo así** you'll ruin the motorbike riding it like that
4 (= *agotar*) [+ *caballo*] to ride into the ground
5 (*) (= *golpear*) **lo ~on a palos** they beat the living daylights out of him*; **te voy a ~ a patadas** I'm going to kick your face in*; **si me desobedece lo reviento** if he doesn't obey me, I'll kill him*
6 (*) (= *hacer fracasar*) [+ *plan, espectáculo*] to wreck; [+ *asamblea, mitin, ceremonia*] to disrupt; [+ *huelga*] to smash, quash; [+ *manifestación*] to break up; **le encanta ~ nuestros planes** he loves wrecking our plans; **un grupo de sindicalistas intentó ~ la intervención del conferenciante** a group of trade union members heckled the delegate's speech *o* tried to shout down the delegate during his speech
7 (*) (= *fastidiar*) **le revienta tener que levantarse temprano** he can't stand having to get up early; **me revienta que nos traten así** being treated like that really bugs me*
Ⓑ VI 1 (= *explotar*) [*globo, tubería, depósito*] to burst; [*neumático*] to burst, blow out; [*granada, proyectil*] to blow up; [*cristal*] to break, shatter; **la presa reventó e inundó el valle** the dam burst, flooding the valley; **parecía que las venas del cuello le iban a ~** it looked as if the veins in his neck were about to burst; **le va a ~ el pantalón** his trousers are going to split; **hacer ~** [+ *neumático*] to burst; [+ *costuras*] to split; ✦**MODISMO a todo ~** (*Chile*) at the most; **es bastante joven, a todo ~ tiene 30 años** he's pretty young, 30 years old at the most; **no llegué tan tarde anoche, a todo ~ debían ser las once** I didn't get back so late last night, it must have been eleven at the latest
2 [*persona*] 2·1 (*por estar lleno*) **no puedo comer más, voy a ~** I can't eat any more, I'm full to bursting; **necesito entrar al baño, voy a ~** I need to go to the toilet, I'm bursting*
2·2 (*por enfado*) to explode; **cuando dijeron que no querían trabajar, reventé** when they told me they didn't want to work, I just exploded; **como esto dure un día más, creo que reviento** if this carries on one more day, I think I'll explode; **sus relaciones son tan tensas, que van a ~ en cualquier momento** relations between them are so tense that things are going to blow up at any moment
3 [*lugar*] **el teatro estaba a ~** the theatre was packed full, the theatre was full to bursting; **más de 20.000 personas llenaron la plaza de toros a ~** more than 20,000 people packed the bullring, the bullring was full to bursting with more than 20,000 people
4 **~ de: reventaba de ganas de decirlo todo** I was dying *o* bursting to tell him all about it; **~ de cansancio** to be worn out, be shattered; **~ de indignación** to be bursting with indignation; **~ de ira** to be livid, be absolutely furious; **~ de risa** to kill o.s. laughing, split one's sides (laughing)
5 **~ por** to be dying to, be bursting to; **reventaba por ver lo que pasaba** he was dying *o* bursting to see what was going on; **revienta por saber lo que dicen** she's dying *o* bursting to know what they're saying
6 (*) (= *morir*) to drop dead*; **por mí como si revientas** you can drop dead for all I care*
7 [*ola*] to break
Ⓒ **reventarse** VPR 1 (= *romperse*) 1·1 (*por presión*) [*tubería*] to burst; [*pantalón, vestido*] to split
1·2 (*por explosión*) [*depósito, tanque*] to explode, blow up
2 (*) (= *agotarse*) **se revienta a trabajar** he's slogging *o* sweating his guts out*, he's working his butt off (*EEUU**); **el toro se reventó corriendo** the bull ran itself into the ground
3 (*Arg, Col, Uru**) to crash; **se reventó contra un poste** it crashed into a post
4 (*Méx**) to have a great time; **nos reventamos en la boda de Rosa** we had a great time at Rosa's wedding

**reventazón** SF 1 (*Cono Sur*) (= *colina*) low ridge
2 (*Méx*) [*de estómago*] flatulence
3 (*Méx*) (= *fuente*) bubbling spring

**reventón** SM 1 (= *explosión*) [*de neumático*] blowout; [*de tubería*] burst
2 (= *esfuerzo grande*) **le dio un ~ al caballo** he rode his horse into the ground; **darse** *o* **pegarse un ~*** to slog *o* sweat one's guts out*, work one's butt off (*EEUU**); **se da cada ~ de trabajar** he kills himself working
3 (*Esp**) **dar un ~** (= *morirse*) to drop dead*
4 (= *cuesta*) steep slope; (= *subida*) tough climb

➤ LENGUA Y USO: **revelador A** 53.6

5 (= *apuro*) jam*, fix
6 (*Méx**) (= *juerga*) rave-up*
7 (*Cono Sur Min*) outcrop of ore
8 (*CAm*) (= *empujón*) shove, push

**rever** ▸conjug 2u◂ (*pp* **revisto**) VT 1 (*Jur*) [+ *sentencia*] to review; [+ *pleito*] to retry
2 (= *ver de nuevo*) to see again, look at again

**reverberación** SF reverberation

**reverberador** SM reverberator

**reverberar** ▸conjug 1a◂ VI 1 [*luz*] to play, be reflected; [*superficie*] to shimmer, shine; [*nieve*] to glare; **la luz reverberaba en el agua** the light played *o* danced on the water; **la luz del farol reverberaba en la calle** the lamplight was reflected on the street
2 [*sonido*] to reverberate

**reverbero** SM 1 [*de luz*] play, reflection; [*de superficie*] shimmer, shine; [*de nieve*] glare; **el ~ de la nieve** the glare of the snow, the dazzle of the snow
2 [*de sonido*] reverberation
3 (= *reflector*) reflector
4 (*LAm*) (= *cocinilla*) small spirit stove
5 (*Caribe*) (= *licor*) cheap liquor

**reverdecer** ▸conjug 2d◂ Ⓐ VI 1 (*Bot*) to grow green again
2 (= *renacer*) to come to life again, revive
Ⓑ VT (= *reavivar*) to revive, reawaken

**reverencia** SF 1 (= *inclinación*) bow; **hacer una ~** to bow
2 (= *respeto*) reverence
3 (*Rel*) **Reverencia** (*tb* **Su Reverencia, Vuestra Reverencia**) Your Reverence

**reverencial** ADJ reverential

**reverenciar** ▸conjug 1b◂ VT to revere, venerate

**reverencioso** ADJ reverent, respectful

**reverendísimo** ADJ Most Reverend

**reverendo** ADJ 1 (*Rel*) reverend; **el ~ padre Pabón** Reverend Father Pabón
2 (= *estimado*) respected, revered
3 (*) (= *solemne*) solemn
4 (*LAm**) (= *inmenso*) big, awful; **un ~ imbécil** a complete idiot

**reverente** ADJ reverent

**reverentemente** ADV reverently

**reversa** SF (*LAm*) reverse

**reversible** ADJ reversible

**reversión** SF reversion

**reversionario** ADJ reversionary

**reverso** SM (= *revés*) back, other side; [*de moneda*] reverse; ♦*MODISMO* **el ~ de la medalla** *o* **moneda** the other side of the coin

**revertir** ▸conjug 3i◂ VI 1 [*posesión*] to revert (**a** to)
2 (= *volver*) **~ a su estado primitivo** to revert to its original state
3 (= *venir a parar*) **~ en** to end up as; **~ en beneficio de** to benefit; **~ en perjuicio de** to be to the detriment of

**revés** SM 1 (= *lado contrario*) **el ~** [*de papel, sello, mano, tela*] the back; [*de prenda*] the inside; **siempre empieza las revistas por el ~** he always reads the magazines from the back; ♦*MODISMO* **el ~ de la moneda** *o* **medalla** the other side of the coin
2 **al** *o* **del ~** (*con sustantivo*) (= *lo de arriba abajo*) upside down; (= *lo de dentro fuera*) inside out; (= *lo de delante atrás*) back to front; **tienes el libro al ~** you are holding the book the wrong way round *o* upside down; **llevas los calcetines al ~** you've got your socks on inside out; **te has puesto la gorra del ~** you've put your cap on back to front; **has puesto los cables al ~** you've put the wires on the wrong way round; **llevas los zapatos al ~** you've got your shoes on the wrong feet; **volver al** *o* **del ~** [+ *prenda, objeto*] to turn the other way; [+ *argumento, situación*] to turn on its head
3 **al ~** (*con verbo*) the other way round; (*como nexo*) on the contrary; **ponte al ~** turn the other way round; **Luis le dejó dinero a Gerardo, ¿o fue al ~?** Luis lent Gerardo some money, or was it the other way round?; **todo nos salió al ~** everything went wrong for us, nothing went right for us; **cuando tienes prisa lo haces todo al ~** when you're in a hurry you do everything wrong; **a mí no me produce ningún complejo, al ~, es un orgullo** I'm not embarrassed by it, on the contrary, I feel very proud; **al ~ de**: **fue al ~ de lo que dices** it was the opposite of what you say; **al ~ de lo que se cree, ...** contrary to popular belief, ...; **entender algo al ~** to get hold of the wrong end of the stick; **y al ~** and vice versa; **cuando yo quiero salir él quiere trabajar, y al ~** when I want to go out he wants to work, and vice versa
4 (= *bofetada*) slap, backhand slap; **como me vuelvas a insultar te doy un ~** you insult me again and you'll get a slap *o* you'll feel the back of my hand
5 (*Dep*) backhand; **un ~ a dos manos** a two-handed backhand; **un ~ cruzado** a cross-court backhand
6 (= *contratiempo*) setback; **los reveses de la fortuna** changes in fortune; **sufrir un ~** to suffer a setback

**revesado** ADJ 1 [*asunto*] complicated, involved
2 (= *rebelde*) [*niño*] unruly, uncontrollable

**revesero** ADJ (*Andes*) treacherous

**revestimiento** SM (*Téc*) coating, covering; (= *forro*) lining; [*de carretera*] surface; (*Mil*) revetment ► **revestimiento antiadherente** non-stick coating

**revestir** ▸conjug 3k◂ Ⓐ VT 1 (= *recubrir*) [+ *pared, suelo*] to cover (**de, con** with); [+ *tubo*] to sheathe (**de, con** in); [+ *fachada*] to face (**de, con** with, in); **revestimos el suelo con láminas de corcho** we covered the floor with cork tiles; **revistieron el techo con fibra de vidrio** they lined the ceiling with fibreglass; **un armazón de acero revestido de hormigón** a steel frame clad in concrete
2 (*frm*) (= *presentar, tener*) to have, possess; **el acto revestía gran solemnidad** the ceremony was very solemn; **el asunto no reviste importancia** the matter is not important; **sus heridas no revisten importancia** his injuries are not serious
3 (*frm*) (= *encubrir*) **revistió de ingenuidad sus comentarios maliciosos** he cloaked his barbed comments with apparent innocence
4 (*frm*) [+ *lenguaje, texto*] to lard (**de** with); **revistió su discurso de frases grandilocuentes** he larded his speech with high-flown phrases
5 [*sacerdote*] to put on, don
Ⓑ **revestirse** VPR 1 (*frm*) (= *recubrirse*) **~se de paciencia** to summon up all one's patience; **se revistió de valor y fue a hablarle** he summoned all his courage and went to speak to her; **está revestido de autoridad** he is invested with authority; **los árboles se revisten de hojas** the trees are coming into leaf
2 [*sacerdote*] to put on one's vestments
3 (*frm*) (= *apasionarse*) to get carried away

**reviejo** ADJ (= *muy viejo*) very old; [*niño*] wise beyond his years

**revientapisos** SMF INV burglar, housebreaker

**revirado*** ADJ (*Cono Sur*) 1 (= *de mal genio*) bad-tempered, irritable; (= *revoltoso*) unruly, wild
2 (= *loco*) crazy

**revirar** ▸conjug 1a◂ Ⓐ VT to turn (round), twist (round)
Ⓑ **revirarse** VPR 1 (*Caribe, Cono Sur*) (= *rebelarse*) to rebel
2 (*Cono Sur*) (= *enloquecer*) to go crazy
3 **~se contra algn** (*Caribe, Cono Sur*) to turn on sb

**revirón** Ⓐ ADJ (*CAm, Caribe*) disobedient, rebellious, unruly
Ⓑ SM (*CAm, Caribe, Méx*) rebellion, revolt

**revisación** SF (*Cono Sur*), **revisada** SF (*LAm*) medical examination

**revisar** ▸conjug 1a◂ VT 1 [+ *texto*] to revise, look over, go through; [+ *edición*] to revise
2 [+ *cuenta*] to check; (*Fin*) to audit
3 (*Jur*) to review
4 [+ *teoría*] to reexamine, review
5 (*Mil*) to review
6 (*Mec*) to check, overhaul; (*Aut*) to service

**revisión** SF 1 [*de cuenta*] check; [*de teoría, método*] review ► **revisión aduanera** customs inspection ► **revisión de cuentas** audit ► **revisión salarial** wage review
2 (*Mec*) check, overhaul; (*Aut*) service

**revisionismo** SM revisionism

**revisionista** ADJ, SMF revisionist

**revisor(a)** Ⓐ SM/F 1 (*Ferro*) ticket collector, inspector
2 (*Cine, TV*) ► **revisor(a) de guión** script editor
3 (*Fin*) ► **revisor(a) de cuentas** auditor
Ⓑ SM ► **revisor ortográfico** spellchecker, spelling checker

**revista** SF 1 [*de información general*] magazine; (*especializada*) journal, review ► **revista científica** scientific journal ► **revista comercial** trade journal ► **revista de destape**† erotic magazine ► **revista de información general** current affairs magazine ► **revista del corazón** *magazine featuring celebrity gossip and real-life romance stories* ► **revista de moda** fashion magazine ► **revista gráfica**† illustrated magazine ► **revista juvenil** teenage magazine ► **revista literaria** literary review ► **revista semanal** weekly (magazine)
2 (= *sección*) section ► **revista de libros** books section ► **revista de toros** bullfighting news
3 (= *inspección*) inspection; (*Mil, Náut*) review, inspection; **pasar ~ a la tropa** to review *o* inspect the troops; **ahora pasaremos ~ a la actualidad deportiva** now we'll review today's sporting events; **¿ya has pasado ~ a todos los invitados?*** have you given all the guests the once-over, then?*
4 (*Teat*) variety show, revue
5 (*Jur*) retrial
6 (*Andes*) [*del pelo*] trim

**revistar** ▸conjug 1a◂ VT (*Mil*) to review, inspect; (*Náut*) to review

**revistero/a** Ⓐ SM (= *mueble*) magazine rack
Ⓑ SM/F (*en periódico*) (= *crítico*) reviewer, critic; (= *escritor*) contributor ► **revistero/a deportivo/a** sports journalist ► **revistero/a literario/a** literary critic, book reviewer

**revisto** PP *de* **rever**

**revitalización** SF revitalization

**revitalizador** Ⓐ ADJ revitalizing
Ⓑ SM stimulant

**revitalizante** ADJ revitalizing, invigorating

**revitalizar** ▸conjug 1f◂ VT to revitalize

**revival** Ⓐ SM (*Mús*) revival; [*de persona*] comeback
Ⓑ ADJ INV **canción ~** hit song from the past

**revivificar** ▸conjug 1g◂ VT to revitalize

**revivir** ▸conjug 3a◂ Ⓐ VT 1 (= *recordar*) to revive memories of
2 (= *vivir de nuevo*) to relive, live again
Ⓑ VI 1 (= *volver a vivir*) to revive, be revived
2 (= *renacer*) to come to life again

**revocación** SF (*Jur*) revocation; (= *decisión contraria*) reversal

**revocar** ▸conjug 1g◂ VT 1 [+ *decisión*] to revoke, reverse; [+ *orden*] to cancel; [+ *persona*] to remove from his post, axe, ax (*EEUU*)
2 [+ *humo*] to blow back
3 (*Arquit*) (= *enlucir*) to plaster; (= *encalar*) to whitewash
4 (= *disuadir*) to dissuade (**de** from)

**revocatoria** SF (*LAm*) revocation, repeal

**revoco** SM 1 (*Jur*) revocation; (= *decisión contraria*) reversal
2 = **revoque**

**revolar** ▸conjug 1l◂ VI (= *alzar el vuelo*) to take to flight again; (= *revolotear*) to flutter about, fly around

**revolcadero** SM mudhole, mud bath

**revolcar** ▸conjug 1g, 1l◂ Ⓐ VT 1 [+ *persona*] to knock down, knock over; (*Taur*) to knock down and trample on
2 (*) [+ *adversario*] to wipe the floor with*
3 (= *humillar*) to bring down, deflate
Ⓑ **revolcarse** VPR 1 [*persona*] to roll about; [*animal*] to wallow; (*) [*amantes*] to have a romp in the hay*; **~se de dolor** to writhe in pain; ✦***MODISMOS*** **~se en el vicio** to wallow in vice; **~se en la tumba** to turn in one's grave
2 (= *obstinarse*) to dig one's heels in

**revolcón*** SM fall, tumble; **dar un ~ a algn** to wipe the floor with sb*; **darse un ~ con algn** to have a roll in the hay with sb*

**revolear** ▸conjug 1a◂ Ⓐ VT (*Cono Sur*) [+ *lazo*] to twirl, spin
Ⓑ VI to fly round

**revolera** SF whirl, twirl

**revolica** SF (*CAm*) confusion

**revolotear** ▸conjug 1a◂ VI [*pájaro*] to flutter, fly about; [*mariposa*] to flit (about)

**revoloteo** SM [*de pájaro*] fluttering; [*de mariposa*] flitting

**revolqué** *ver* **revolcar**

**revoltijo** SM, **revoltillo** SM (= *confusión*) jumble, confusion; (= *desorden*) mess ► **revoltijo de huevos** scrambled eggs *pl*

**revoltoso/a** Ⓐ ADJ (= *rebelde*) rebellious, unruly; [*niño*] naughty, unruly
Ⓑ SM/F (= *alborotador*) troublemaker, agitator

**revoltura** SF 1 (*LAm*) (= *confusión*) confusion, jumble
2 (*Méx*) (= *mezcla*) mixture; (*Culin*) *scrambled eggs with vegetables*; (*Arquit*) mortar, cement

**revolución** SF 1 (*Téc*) revolution; **revoluciones por minuto** revolutions per minute
2 (*Pol*) revolution ► **Revolución Cultural** Cultural Revolution ► **Revolución de Octubre** October Revolution ► **revolución de palacio** palace revolution ► **Revolución Industrial** Industrial Revolution ► **revolución islámica** Islamic revolution ► **Revolución Verde** Green Revolution

**revolucionar** ▸conjug 1a◂ VT 1 [+ *industria, moda*] to revolutionize
2 (*Pol*) to stir up, sow discontent among
3 [+ *persona*] to get excited

**revolucionario/a** ADJ, SM/F revolutionary

**revoluta** SF (*CAm*) revolution

**revolvedora** SF (*Cono Sur, Méx*) concrete mixer

**revolver** ▸conjug 2h◂ (*pp* **revuelto**) Ⓐ VT 1 [+ *líquido*] to stir
2 [+ *papeles*] to look through
3 [+ *tierra*] to turn over, turn up, dig over
4 (= *enredar*) **¡deja de ~!** ◊ **¡no revuelvas!** (*a niño*) stop messing about with things!, stop fidgeting!; ✦***MODISMO*** **~la** to mess everything up
5 (= *desordenar*) to mix up, mess up; **han revuelto toda la casa** they've turned the whole house upside down
6 [+ *asunto*] to go into, investigate; **~ algo en la cabeza** to turn sth over in one's mind
7 (*Pol*) to stir up, cause unrest among; [+ *persona*] to provoke, rouse to anger
8 **~ los ojos** to roll one's eyes; **~ el estómago** to turn one's stomach
9 (= *envolver*) to wrap up
Ⓑ VI **~ en** to go through, rummage in, rummage about in; **~ en los bolsillos** to feel in one's pockets, fumble in one's pockets
Ⓒ **revolverse** VPR 1 (= *volver*) to turn round; (*en cama*) to toss and turn; **~se de dolor** to writhe in pain; **se revolvía en su silla** he was fidgeting about on his chair; **se me revuelve el estómago sólo de pensarlo** it turns my stomach just thinking about it; **~se al enemigo** to turn to face the enemy
2 (= *enfrentarse*) **~se contra algn** to turn on *o* against sb
3 [*sedimento*] to be stirred up; [*líquido*] to become cloudy
4 (*Meteo*) to break, turn stormy
5 (*Astron*) to revolve
6 (*Andes**) (= *prosperar*) to get a lucky break, have a change of fortunes; (*pey*) to look after Number One

**revólver** SM revolver

**revoque** SM (*Arquit*) 1 (= *enlucimiento*) plastering; (= *encaladura*) whitewashing
2 (= *enlucido*) plaster; (= *cal*) whitewash

**revuelco** SM fall, tumble

**revuelo** SM 1 [*de aves*] flutter, fluttering
2 (= *conmoción*) stir, commotion; (= *jaleo*) row, rumpus; **de ~** incidentally, in passing; **armar** *o* **levantar un gran ~** to cause a great stir

**revuelta** SF 1 (*Pol*) disturbance, riot; **las ~s populares del siglo pasado** the civil disturbances of the last century; **la ~ militar acabó con la democracia** the military uprising put an end to democracy
2 (= *agitación*) commotion, disturbance
3 (= *curva*) bend, turn
4 (= *vuelta*) turn; **dar vueltas y ~s a algo** to turn sth over and over in one's mind

**revuelto** Ⓐ PP *de* **revolver**
Ⓑ ADJ 1 [*objetos*] mixed up, in disorder; [*huevos*] scrambled; [*agua*] cloudy, turbid; [*mar*] rough; [*tiempo*] unsettled; **todo estaba ~** everything was in disorder *o* upside down; **los tiempos están ~s** these are troubled times; **tengo el pelo ~** my hair's all untidy *o* in a mess; **tener el estómago ~** to have an upset stomach, have a stomach upset
2 (= *inquieto*) [*adulto*] restless, discontented; [*niño*] mischievous, naughty; [*población*] rebellious, mutinous; **la gente está revuelta por abusos como ese** people are up in arms about scandals like this
3 [*asunto*] complicated, involved
Ⓒ SM 1 (*Culin*) *scrambled eggs with vegetables* ► **revuelto de gambas** scrambled eggs with prawns
2 (*Andes*) (= *mosto*) must, grape juice

**revulsar*** ▸conjug 1a◂ VT (*Méx*) to vomit, throw up

**revulsionar** ▸conjug 1a◂ VT (*frm*) **~ a algn** to turn sb's stomach

**revulsivo** SM 1 (*Med*) enema, revulsive
2 (= *acicate*) **el mal resultado electoral fue un ~ para la izquierda** the bad election results were a salutary lesson for the left

**rey** Ⓐ SM 1 (= *monarca*) king; **los Reyes inauguraron la exposición** the King and Queen opened the exhibition; **los Reyes Católicos** the Catholic Monarchs (*Ferdinand and Isabella of Aragon and Castile*); **el ~ de la selva** the king of the jungle; ✦***MODISMOS*** **se cree el ~ del mambo** he really fancies himself*, he thinks he's the bee's knees*; **hablando del ~ de Roma (por la puerta asoma)** talk of the devil; **lo mismo me da ~ que roque** it's all the same to me, it's all one to me; **ni ~ ni roque** no-one at all, not a single living soul; ✦***REFRÁN*** **a ~ muerto ~ puesto** off with the old, on with the new ► **rey de armas** (*Hist*) king of arms
2 **Reyes** (= *fecha*) Epiphany; **los Reyes Magos** the Magi, the Three Kings, the Three Wise Men; **¿qué te han traído los Reyes?** ≈ what did Father Christmas bring you?
3 (*en ajedrez, naipes*) king
4 (*uso apelativo*) pet*; **anda, ~, cómetelo todo** come on, pet, eat it all up*
Ⓑ ADJ INV **el fútbol es el deporte ~** football is the king of sports

**DÍA DE REYES**

**El Día de Reyes** *or* **Día de los Reyes Magos**, *often shortened to* **Reyes**, *which is on 6 January (Epiphany), is the day when children and adults in Spain traditionally receive presents for the Christmas season. When children go to bed on the night of 5 January, they leave their shoes outside their bedroom doors or by their windows for the* **Reyes Magos** *to leave presents beside. They may already have written letters to* **SS.MM. los Reyes Magos de Oriente** *with a list of what they would like. For* **Reyes** *it is traditional to eat* **Roscón de Reyes**, *a ring-shaped cake studded with frosted fruits and containing a little trinket or coin.*

**reyerta** SF quarrel

**reyezuelo** SM [1] (= *monarca*) petty king, kinglet
[2] (*Orn*) ~ **(sencillo)** goldcrest

**rezaga** SF (*LAm*) = **zaga**

**rezagado/a** Ⓐ ADJ **quedar ~** (= *quedar atrás*) to be left behind; (= *estar retrasado*) to be late, be behind; (*en pagos, progresos*) to fall behind; **carta rezagada** (*Andes, Méx*) (*sin reclamar*) unclaimed letter
Ⓑ SM/F (= *que llega tarde*) latecomer; (*Mil*) straggler

**rezagamiento** SM (= *atraso*) falling behind, lagging behind; (*en pagos, progresos*) backwardness

**rezagar** ▸conjug 1h◂ Ⓐ VT (= *dejar atrás*) to leave behind; (= *retrasar*) to delay, postpone
Ⓑ **rezagarse** VPR (= *atrasarse*) to fall behind; **nos rezagamos en la producción** we are falling behind in production

**rezago** SM [1] (= *material sobrante*) unused material, material which is left over
[2] (*Cono Sur*) (= *mercancías*) unsold goods *pl*, remaindered goods *pl*; (= *ganado*) cattle rejected at the abattoir
[3] (= *vacas dispersas*) group of straggling cattle
[4] (*Andes, Méx Correos*) (= *cartas*) unclaimed letters *pl*

**rezar** ▸conjug 1f◂ Ⓐ VT [+ *oración*] to say
Ⓑ VI [1] (*Rel*) to pray (**a** to)
[2] [*texto*] to read, go; **el anuncio reza así** the notice reads *o* goes as follows
[3] **~ con** (= *tener que ver con*) to concern, have to do with; **eso no reza conmigo** that has nothing to do with me
[4] (*) (= *quejarse*) to grumble

**rezo** SM [1] (= *oración*) prayer, prayers *pl*; **estar en el ~** to be at prayer
[2] (= *acto*) praying

**rezondrada*** SF (*Andes*) scolding

**rezondrar** ▸conjug 1a◂ VT, VI (*Andes*) = **rezongar**

**rezongador** ADJ = **rezongón**

**rezongar** ▸conjug 1h◂ Ⓐ VT (*LAm*) (= *regañar*) to scold
Ⓑ VI (= *gruñir*) to grumble; (= *murmurar*) to mutter; (= *refunfuñar*) to growl

**rezongo** SM [1] (= *quejido*) grumble, moan
[2] (*CAm*) (= *reprimenda*) reprimand; (= *regaño*) scolding

**rezongón** ADJ grumbling, grouchy*, cantankerous

**rezumar** ▸conjug 1a◂ Ⓐ VT to ooze, exude
Ⓑ VI [1] [*contenido*] to ooze (out), seep (out), leak (out); [*recipiente*] to ooze, leak
[2] (= *transpirar*) to ooze; **le rezuma el orgullo** he oozes pride; **le rezuma el entusiasmo** he is bursting with enthusiasm
Ⓒ **rezumarse** VPR [1] = **B1**
[2] (= *traslucirse un hecho*) to leak out, become known

**RFA** SF ABR (*Hist*) (= **República Federal Alemana**) FRG

**RFE** SF ABR = **Revista de Filología Española**

**Rh** ABR (= **Rhesus**) Rh; **soy Rh positivo** I'm rhesus positive

**ría**[1] SF estuary ► **Rías Altas** northern coast of Galicia ► **Rías Bajas** southern coast of Galicia

**ría**[2] *ver* **reír**

**riachuelo** SM brook, stream

**Riad** SM Riyadh

**riada** SF flood; ✦***MODISMO*** **hasta aquí llegó la ~** that's how bad things were

**ribazo** SM steep slope, steep bank

**ribeiro** SM *young white wine from Galicia*

**ribera** SF [1] [*de río, lago*] bank; [*del mar*] beach, shore; (= *área*) riverside
[2] (*Agr*) irrigated plain
[3] (*Cono Sur, Méx*) [*de campo*] riverside community; (= *chabolas*) shanty town, slum quarter

**riberano/a** ADJ, SM/F (*LAm*) = **ribereño**

**ribereño/a** Ⓐ ADJ (= *de río*) riverside *antes de s*; (= *costero*) coastal
Ⓑ SM/F *person who lives near a river*, riverside dweller

**ribete** SM [1] (*Cos*) border
[2] (= *adorno*) addition, adornment
[3] **ribetes** (= *toques*): **tiene sus ~s de pintor** he's got a bit of the painter about him

**ribetear** ▸conjug 1a◂ VT to edge, border, trim (**de** with)

**ribo** SM (*Andes*) [*de río*] bank; [*de mar*] shore

**riboflavina** SF riboflavin

**ricacho/a*** SM/F, **ricachón/ona*** SM/F fabulously rich man/woman; (*pey*) well-heeled bourgeois*, dirty capitalist*

**ricamente** ADV [1] (= *lujosamente*) richly
[2] (= *estupendamente*) **muy ~** very well; **viven muy ~ sin él** they manage very *o* perfectly well without him; **tan ~** very well; **he dormido tan ~** I've had such a good sleep; **comeremos tan ~** we'll have a really good meal

**Ricardo** SM Richard

**ricino** SM castor-oil plant; **aceite de ~** castor oil

**ricito** SM ringlet, kiss curl

**rico/a** Ⓐ ADJ [1] (= *adinerado*) rich, wealthy; ✦***REFRÁN*** **llueva sobre el más ~** to he that has shall be given more
[2] [*suelo*] rich; **~ de** *o* **en** rich in
[3] (= *valioso*) valuable, precious; (= *lujoso*) luxurious, sumptuous, valuable; [*tela*] fine, rich, sumptuous
[4] (= *sabroso*) delicious, tasty; **estos pasteles están muy ~s** these cakes are delicious
[5] (*) (= *bonito*) cute, lovely; (*en oración directa*) **¡rico!** darling!; **¡oye, ~!** hey, watch it!*; **¡que no, ~!** (*Esp*) no way, mate!*; **¡qué ~ es el pequeño!** isn't he a lovely baby!; **está muy rica la tía** she's a bit of all right‡; **¡qué ~!** (*iró*) (isn't that just) great!
Ⓑ SM/F rich person; **nuevo ~** nouveau riche

**rictus** SM INV [*de desprecio*] sneer; [*de burla*] grin ► **rictus de amargura** bitter smile ► **rictus de dolor** wince of pain

**ricura*** SF [1] (= *sabrosura*) tastiness, delicious quality; **¡qué ~ de pastel!** isn't this cake delicious?
[2] (= *hermosura*) **¡qué ~ de criatura!** what a gorgeous baby!
[3] (= *chica*) **¡oye, ~!** hey, gorgeous!

**ridi*** Ⓐ ADJ ridiculous; **¡no seas ~!** don't be ridiculous!
Ⓑ SM **hacer el ~** to make a fool of o.s.

**ridículamente** ADV ridiculously, absurdly

**ridiculez** SF [1] (= *dicho absurdo*) **¡qué ~!** how ridiculous!; **no digas más ridiculeces** don't be so ridiculous
[2] (= *insignificancia*) **¿y no os habláis por una ~ así?** (do) you mean you've stopped talking to each other because of a silly little thing like that?; **¿sólo vas a comer esta ~? ¡coge un poco más!** is that all you're eating? have a bit more!

**ridiculización** SF mockery

**ridiculizador** ADJ, **ridiculizante** ADJ mocking, derisive

**ridiculizar** ▸conjug 1f◂ VT to ridicule, deride; **~ a sus adversarios** to make one's opponents look silly

**ridículo** Ⓐ ADJ ridiculous; **¿a que suena ~?** doesn't it sound ridiculous?
Ⓑ SM **hiciste el ~** you made a fool of yourself; **puso a Ana en ~ delante de todos** he made a fool of Ana in front of everyone, he showed Ana up in front of everyone; **no te pongas en ~** don't make a fool of yourself, don't show yourself up; **no tiene sentido del ~** he isn't afraid of making a fool of himself; **exponerse al ~** (*frm*) to lay o.s. open to ridicule

**riego** SM [1] (= *aspersión*) watering; (= *irrigación*) irrigation; **la política de ~** irrigation policy ► **riego por aspersión** watering by spray, watering by sprinklers ► **riego por goteo** trickle irrigation
[2] (*Anat*) ► **riego sanguíneo** blood flow, blood circulation

**riel** SM [1] (*Ferro*) rail; **~es** rails, track *sing*
[2] (*Téc*) ingot

**rielar** ▸conjug 1a◂ VI (*poét*) to shimmer (*liter*)

**rielazo*** SM (*CAm*) blow, smack

**rielero/a** SM/F (*Méx*) railroad worker

**ríen** *etc ver* **reír**

**rienda** SF [1] (= *correa*) rein; ✦***MODISMOS*** **aflojar las ~s** to let up; **empuñar las ~s** to take charge; **llevar las ~s** to be in charge, be in control; **soltar las ~s** to let go; **a ~ suelta** (= *con toda libertad*) without the least restraint; (= *con celeridad*) at top speed; **dar ~ suelta a** to give free rein to; **dar ~ suelta a los deseos** to really indulge o.s.; **dar ~ suelta a la imaginación** to let one's imagination run wild; **dar ~ suelta al llanto** to weep uncontrollably; **dar ~ suelta a algn** to give sb a free hand
[2] (= *moderación*) restraint, moderating influence

**riendo** *ver* **reír**

**riente** ADJ (*liter*) [1] (= *risueño*) laughing, merry
[2] [*paisaje*] bright, pleasant

**riesgo** SM risk (**de** of); **esta operación presenta mayores ~s** the risks are higher with this operation, this operation is riskier; **un ~ para la salud** a health hazard *o* risk; **factor de ~** risk factor; **grupos de ~** risk groups; **de alto ~** high-risk; **seguro a** *o* **contra todo ~** fully comprehensive insurance policy; **a ~ de**: **a ~ de que me expulsen** at the risk of being expelled; **correr ~s** to take risks; **no quiero correr ese ~** I'd rather not take that risk; **correr el ~ de hacer algo** to run the risk of doing sth; **corres el ~ de que te despidan** you run the risk of being dismissed; ✦***MODISMO*** **por su cuenta y ~**: **los que se adentren en el bosque lo harán a su cuenta y ~** those who enter the forest do so at their own risk; **la compañía autorizó los pagos por su cuenta y ~, sin consultar** the company authorized the payments on their own behalf, without consulting ► **riesgo calculado** calculated risk ► **riesgo profesional** occupational hazard

**riesgoso** ADJ (*LAm*) risky, dangerous

**Rif** SM Rif, Riff

**rifa** SF [1] (= *lotería*) raffle
[2] (††) (= *riña*) quarrel, fight

**rifar** ▸conjug 1a◂ Ⓐ VT to raffle; **~ algo con fines benéficos** to raffle sth for charity
Ⓑ VI (††) to quarrel, fight
Ⓒ **rifarse** VPR [1] (*) (= *contender por*) **~se algo** to quarrel over sth, fight for sth; **~se el amor de algn** to vie for sb's love
[2] (*CAm*) (= *arriesgarse*) to take a risk

**rifeño/a** Ⓐ ADJ [*persona*] of/from Rif, of/from Riff; [*dialecto*] Riffian
Ⓑ SM/F Rif, Riff; **los ~s** the Rifs *o* Riffs, the Rif *o* Riff
Ⓒ SM (*Ling*) Riff

**rifirrafe*** SM, **rifirirafe*** SM shindy*, row

**rifle** SM (= *arma*) rifle; (*Dep*) sporting rifle; (*Caza*) hunting gun ► **rifle de repetición** repeating rifle

**riflero/a** Ⓐ ADJ (*Cono Sur, Méx*) [*tirador*] ace, crack
Ⓑ SM/F [1] (*Mil*) rifleman/riflewoman
[2] (*Cono Sur, Méx*) (= *tirador*) marksman/markswoman

**rígidamente** ADV [1] [*moverse*] rigidly, stiffly
[2] [*comportarse*] rigidly
[3] (= *estrictamente*) strictly, harshly
[4] (= *sin expresividad*) woodenly

**rigidez** SF [1] [*de material*] stiffness, rigidity; [*de pierna, tendón*] stiffness ► **rigidez cadavérica** rigor mortis
[2] (= *inflexibilidad*) [*de actitud*] inflexibility; [*de carácter*] strictness, inflexibility
[3] [*de expresión*] woodenness

**rígido** ADJ [1] (= *tieso*) rigid, stiff; **quedarse ~** (*gen*) to go rigid; (*de frío*) to get stiff, get stiff with cold
[2] [*actitud*] rigid, inflexible
[3] (*moralmente*) strict, harsh
[4] [*expresión*] wooden, expressionless

**rigor** SM [1] (= *severidad*) severity, harshness; (= *dureza*) toughness
[2] (*Meteo*) harshness, severity; **el ~ del verano** the hottest part of the summer; **los ~es del clima** the rigours *o* (*EEUU*) rigors of the climate
[3] (= *exactitud*) rigour, rigor (*EEUU*); **con todo ~ científico** with scientific precision; **una edición hecha con el mayor ~ crítico** an edition produced to rigorous critical standards
[4] **ser de ~** (= *esencial*) to be de rigueur, be absolutely essential; **después de los saludos de ~** after the usual *o* customary greetings; **me dio los consejos de ~** he gave me the advice you would have expected; **en ~** strictly speaking
[5] **un ~ de cosas** (*Andes*) (= *muchos*) a whole lot of things
[6] (*Cono Sur**) (= *paliza*) **dar un ~ a algn** to give sb a hiding*

**rigorismo** SM strictness, severity

**rigorista** Ⓐ ADJ strict
Ⓑ SMF strict disciplinarian

**rigue** SM (*CAm*) tortilla

**rigurosamente** ADV [1] (= *severamente*) severely, harshly
[2] (= *con exactitud*) rigorously
[3] (= *completamente*) **eso no es ~ exacto** that is not strictly accurate; **un estudio ~ científico** a thoroughly scientific study

**rigurosidad** SF rigour, rigor (*EEUU*), harshness, severity

**riguroso** ADJ [1] [*control, dieta, disciplina*] strict; [*actitud, castigo*] severe, harsh; [*medida*] tough; **es muy ~ con sus empleados** he's very strict with his employees; **iban de luto ~** they were wearing deep mourning; **exigen un cumplimiento ~ de los acuerdos** they're demanding strict compliance with the agreement; **en ~ orden alfabético** in strict alphabetical order
[2] [*invierno, clima*] harsh
[3] (= *concienzudo*) [*método, estudio*] rigorous; **es fruto de una investigación rigurosa** it's a product of rigorous research; **un trabajo poco ~** a sloppy piece of work
[4] (*liter*) cruel; **los hados ~s** cruel fate *sing*

**rija** SF quarrel, fight

**rijio** SM [1] (*CAm*) = **rijo**
[2] (*CAm, Méx*) (= *espíritu*) spirit, spirited temperament (*of a horse*)

**rijioso** ADJ (*CAm, Méx*) = **rijoso**

**rijo** SM lustfulness, sensuality

**rijosidad** SF [1] (= *susceptibilidad*) touchiness, susceptible nature
[2] (= *disposición para reñir*) quarrelsomeness
[3] (= *deseo sexual*) lustfulness, sensuality

**rijoso** ADJ [1] (= *susceptible*) sensitive, susceptible
[2] (= *peleador*) quarrelsome
[3] (= *sensual*) lustful, sensual
[4] [*caballo*] in rut

**rila** SF [1] (*Andes, Méx*) [*de carne*] gristle
[2] (*Andes*) (= *excremento*) bird droppings *pl*

**rilarse‡** ▸conjug 1a◂ VI [1] (= *agotarse*) to knacker o.s.*, get shagged out‡
[2] (= *rajarse*) to back out, fall down on the job
[3] (= *asustarse*) to be dead scared
[4] (= *temblar*) to shiver
[5] (= *peerse*) to fart**

**rima** SF [1] (= *consonancia*) rhyme; **octava ~** ottava rima; **tercia ~** terza rima ► **rima imperfecta** assonance, half rhyme ► **rima interna** internal rhyme ► **rima perfecta** full rhyme
[2] (= *composición*) **rimas** verse *sing*, poetry *sing*

**rimado** ADJ rhymed, rhyming

**rimador(a)** SM/F rhymester

**rimar** ▸conjug 1a◂ VT, VI to rhyme (**con** with)

**rimbombancia** SF [1] (= *pomposidad*) pomposity, bombast
[2] (= *ostentosidad*) showiness, flashiness
[3] (= *resonancia*) resonance, echo

**rimbombante** ADJ [1] (= *pomposo*) pompous, bombastic
[2] (= *ostentoso*) showy, flashy
[3] (= *resonante*) resounding, echoing

**rimbombar** ▸conjug 1a◂ VI to resound, echo, boom

**rímel** SM, **rimmel** SM mascara

**rimero** SM stack, pile, heap

**Rin** SM Rhine

**rin** SM [1] (*Méx Aut*) rim, wheel rim
[2] (*Perú Telec*) metal phone token

**rinche** ADJ (*Andes, Cono Sur*) full to the brim, brimming over

**rincón** SM [1] (= *ángulo*) corner (*inside*)
[2] (= *escondrijo*) corner, nook; (= *retiro*) retreat; **en un ~ de mi mente** somewhere in the back of my mind
[3] (*esp LAm*) (= *terreno*) patch of ground

**rinconada** SF corner

**rinconera** SF [1] (= *mesita*) corner table, corner unit; (= *armario*) corner cupboard, dresser
[2] (*Arquit*) wall between corner and window

**ring** [rrin] SM (*esp LAm*) ring, boxing ring

**ringla** SF, **ringle** SM, **ringlera** SF row, line

**ringlete** (*Andes, Cono Sur*) Ⓐ ADJ fidgety*, restless
Ⓑ SMF fidget*, restless person

**ringletear** ▸conjug 1a◂ VI (*Cono Sur*) to fidget

**ringorrango** SM [1] (*en escritura*) flourish
[2] **ringorrangos** (= *adornos*) frills, buttons and bows, useless adornments

**ringuelete** Ⓐ SMF (*Cono Sur, Andes*) (= *inquieto*) rolling stone (*fig*)
Ⓑ SM (*Andes*) (= *rehilete*) dart; (= *molinillo*) toy windmill

**ringueletear** ▸conjug 1a◂ VI (*Andes, Cono Sur*) = **callejear**

**rinitis** SF INV ► **rinitis alérgica** hay fever

**rinoceronte** SM rhinoceros ► **rinoceronte blanco** white rhinoceros

**rinoplastia** SF rhinoplasty

**rintoso‡** SM (*Caribe*) skiver‡, shirker

**riña** SF (= *discusión*) quarrel, argument; (= *lucha*) fight, brawl ► **riña de gallos** cockfight ► **riña de perros** dogfight, dogfighting

**riñendo** *etc ver* **reñir**

**riñón** SM [1] (*Anat*) (= *órgano*) kidney; **me duelen los riñones** my lower back hurts; ✦*MODISMOS* **me costó un ~*** it cost me a fortune, it cost the earth; **tener el ~ bien cubierto*** to be well off; **tener riñones*** to have guts, be tough ► **riñón artificial** artificial kidney
[2] (= *centro*) heart, core; **en el ~ de Castilla** in the very heart of Castile

**riñonada*** SF ✦*MODISMO* **me costó una ~** it cost the earth, it cost me a fortune

**riñonera** SF money belt, money pouch

**riñonudo*** ADJ tough

**río**[1] Ⓐ SM [1] (= *corriente de agua*) river; **es un ~ de oro** it's a gold mine; ✦*REFRANES* **a ~ revuelto, ganancia de pescadores** there is always somebody ready to take advantage of a chaotic situation; **cuando el ~ suena, agua lleva** ◊ **cuando el ~ suena, piedras trae** there's no smoke without fire ► **río abajo** downstream ► **río arriba** upstream
[2] (= *torrente*) stream, torrent; **un ~ de gente** a stream of people, a flood of people
Ⓑ ADJ INV (†) **novela ~** saga, roman fleuve; **programa ~** blockbuster of a programme; **serie ~** long-running series

**río**[2], **rió** *etc ver* **reír**

**Río de Janeiro** SM Rio de Janeiro

**Río de la Plata** SM River Plate

**Rioja** SF **La ~** La Rioja

**rioja** SM Rioja (wine)

**riojano/a** Ⓐ ADJ Riojan, of/from La Rioja
Ⓑ SM/F Riojan, native/inhabitant of La Rioja; **los ~s** the Riojans, the people of La Rioja
Ⓒ SM [1] (= *vino*) Rioja
[2] (*Ling*) Riojan dialect

**riolada*** SF flood, stream

**rioplatense** Ⓐ ADJ of/from the River Plate region
Ⓑ SMF native/inhabitant of the River Plate region; **los ~s** the people of the River Plate region

**riostra** SF brace, strut

**ripiado** ADJ 1 (*Andes*) (= *harapiento*) ragged
2 (*Caribe*) (= *pobre*) wretched, down-at-heel

**ripiar** ▸conjug 1b◂ VT 1 (*Arquit*) to fill with rubble
2 (*Andes, Caribe*) (= *cortar*) to shred, cut into shreds; (= *desmenuzar*) to crumble
3 (*Andes, Caribe*) (= *despilfarrar*) to squander
4 (*Andes*) [+ *persona*] to leave badly off; [+ *dos personas*] to mix up
5 (*Méx*) (= *espigar*) to glean
6 (*Caribe*) (= *pegar*) to hit

**ripiería** SF (*Andes*) mob, populace

**ripio** SM 1 (= *palabras inútiles*) padding, empty words *pl*; (*en poesía*) trite verse; ✦***MODISMO*** **no perder ~** not to miss a trick
2 (= *residuo*) refuse, waste
3 (= *escombro*) rubble, debris
4 (*Chile*) (= *grava*) gravel

**ripioso** ADJ (*Andes, Caribe*) ragged

**riqueza** SF 1 (= *bienes*) wealth; **la distribución de la ~** the distribution of wealth; **no le importaba nada toda su ~** all her riches meant nothing to her; **vivir en la ~** to live in luxury ► **riqueza imponible** taxable assets *pl*
2 (= *abundancia*) richness; **su enorme ~ espiritual** his enormous spiritual wealth *o* richness of spirit; **tiene una gran ~ de vocabulario** she has a very extensive *o* rich vocabulary
3 (= *fertilidad*) richness; **la ~ del suelo** the richness of the soil

**riquiña** SF (*Caribe*) sewing basket

**riquiñeque** SM (*Andes*) quarrel

**risa** SF laugh; **el libro es una verdadera ~** the book is a real laugh; **hubo ~s** there was laughter; **causar ~ a algn** (*frm*) to make sb laugh; **dar ~: daba ~ la manera en que lo explicaba** it was so funny the way he told it; **me dio la ~** I got (a fit of) the giggles; **de ~: no es cosa de ~** it's no laughing matter; **le pagan un sueldo de ~** they pay him a pittance, what they pay him is a joke; **entrarle a algn la ~: me entró la ~** I got (a fit of) the giggles; **mover** *o* **provocar a algn a ~** (*frm*) to make sb laugh; **¡qué ~!: ¡qué ~! ¿cómo se llama este humorista?** he's hilarious *o* so funny! what's that comedian's name again?; **¡qué ~, casi se cae de culo!** what a laugh *o* it was so funny *o* it was such a laugh, she nearly fell on her backside!; **soltar la ~** to burst out laughing; **tomarse algo a ~** to treat sth as a joke; **no te tomes a ~ todo lo que te digo** don't treat everything I tell you as a joke; ✦***MODISMOS*** **ahogarse de ~** to fall about laughing; **caerse de ~** to fall about laughing; **descoserse** *o* **desternillarse de (la) ~** to split one's sides laughing, laugh one's head off; **morirse de ~** to die laughing, kill o.s. laughing; **mondarse de ~** to split one's sides laughing, laugh one's head off; **muerto de ~: estaba muerto de ~ con la película** he was killing himself laughing at the film; **la bicicleta está muerta de ~ en el garaje** the bike is gathering dust in the garage; **partirse** *o* **troncharse de ~** to split one's sides laughing, laugh one's head off; ✦***REFRÁN*** **la ~ va por barrios** every dog has his day ► **risa contagiosa** infectious laugh ► **risa de conejo** false laugh, affected laugh ► **risa floja, risa tonta: me dio** *o* **entró la ~ floja** *o* **tonta** I got (a fit of) the giggles ► **risas enlatadas** canned laughter *sing*

**risco** SM 1 (= *peñasco*) cliff, crag
2 **riscos** (= *terreno áspero*) rough parts

**riscoso** ADJ steep

**risible** ADJ ludicrous, laughable

**risión** SF derision, mockery; **ser un objeto de ~** to be a laughing stock

**risotada** SF guffaw, loud laugh

**rispiar** ▸conjug 1b◂ VI (*CAm*) to rush off

**rispidez** SF 1 (*esp LAm*) (= *mala educación*) coarseness, uncouthness
2 (= *aspereza*) roughness, sharpness

**ríspido** ADJ 1 (*esp LAm*) (= *maleducado*) rough, coarse
2 (= *áspero*) [*terreno*] rough, rocky

**risquería** SF (*Cono Sur*) craggy place

**ristra** SF string; **una ~ de ajos** a string of garlic

**ristre** SM **en ~** at the ready, all set; *ver tb* **lanza A1**

**risueñamente** ADV smilingly

**risueño** ADJ 1 [*cara*] smiling; **muy ~** with a big smile
2 [*temperamento*] cheerful
3 (*liter*) [*paisaje*] bright, pleasant
4 (*liter*) (= *favorable*) favourable, favorable (*EEUU*)

**RITD** SF ABR (*Telec*) = **Red Iberoamericana de Transmisión de Datos**

**rítmico** ADJ rhythmic, rhythmical

**ritmo** SM 1 (*Mús*) rhythm; **tiene mucho sentido del ~** she has a very good *o* strong sense of rhythm; **daban palmas al ~ de la música** they were clapping in time to the music; **marcar el ~: marcaba el ~ con el pie** he kept time with his foot; **París marca el ~ de la moda** Paris sets the fashion trends
2 (= *marcha*) pace; **el trabajo se mantiene a un ~ intenso** work is proceeding at a fast pace; **lo haré a mi ~** I'll do it at my own pace; **trabaja a ~ lento** she works slowly, she works at a slow pace; ✦***MODISMO*** **a todo ~** flat out ► **ritmo cardíaco** heart rate ► **ritmo de crecimiento, ritmo de expansión** growth rate ► **ritmo de vida: el tranquilo ~ de vida de los pueblos** the quiet pace of life in the villages; **sin un sueldo no puedo llevar este ~ de vida** without a salary I can't keep up with this lifestyle ► **ritmo respiratorio** respiratory rate
3 (*frm*) (= *periodicidad*) rhythm; **de acuerdo con el ~ de las estaciones** in keeping with the rhythm of the seasons

**rito** SM rite ► **rito de iniciación** initiation rite ► **rito iniciático** initiation rite ► **ritos de paso** rites of passage

**ritual** Ⓐ ADJ ritual
Ⓑ SM ritual; **de ~** ritual, customary

**ritualismo** SM ritualism

**ritualista** Ⓐ ADJ ritualistic, ritual
Ⓑ SMF ritualist

**ritualizado** ADJ ritualized

**rival** Ⓐ ADJ rival, competing
Ⓑ SMF rival, competitor; **el eterno ~** the old enemy

**rivalidad** SF rivalry, competition

**rivalizar** ▸conjug 1f◂ VI to compete, contend; **~ con** to rival, compete with; **los dos rivalizan en habilidad** they rival each other in skill

**rizado** ADJ [*pelo*] curly; [*superficie*] ridged; [*terreno*] undulating; [*mar*] choppy

**rizador** SM curling iron, hair curler

**rizadura** SF ripple

**rizapestañas** SM INV eyelash curlers *pl*

**rizar** ▸conjug 1f◂ Ⓐ VT [+ *pelo*] to curl; [+ *superficie*] to ridge; [+ *mar*] to ripple, ruffle
Ⓑ **rizarse** VPR [*agua*] to ripple; **~se el pelo** to perm one's hair, have one's hair permed

**rizo**[1] Ⓐ ADJ curly
Ⓑ SM 1 [*de pelo*] curl; [*de superficie*] ridge; (*en agua*) ripple
2 (*Aer*) loop; **hacer el ~** (*Aer*) to loop the loop; ✦***MODISMO*** **rizar el ~** (= *complicar*) to split hairs
3 (*Aer*) looping the loop

**rizo**[2] SM (*Náut*) reef

**rizoma** SM rhizome

**R.M.** ABR = **Reverenda Madre**

**Rma.** ABR (= **Reverendísima**) Rt Rev.

**Rmo.** ABR (= **Reverendísimo**) Rt Rev.

**RNE** SF ABR = **Radio Nacional de España**

**R.O.** ABR = **Real Orden**

**roano** Ⓐ ADJ roan
Ⓑ SM roan, roan horse

**robacarros** SMF INV (*LAm*) car thief

**robacarteras** SMF INV pickpocket

**robagallinas*** SMF INV petty thief

**robalo** SM, **róbalo** SM sea bass

**robaperas*** SMF INV petty thief

**robar** ▸conjug 1a◂ Ⓐ VT 1 [+ *objeto, dinero*] to steal; [+ *banco*] to rob; **¡nos han robado!** we've been robbed!; **~ algo a algn** to steal sth from sb; **les robaba dinero a sus compañeros de clase** he was stealing money from his classmates; **me han robado la cartera** my wallet has been stolen; **Ana le ha robado el novio** Ana has stolen her boyfriend; **el defensa le robó el balón** the defender stole the ball off him; **no quiero ~le su tiempo** I don't want to take up your time; **tuve que ~le horas al sueño para acabar el trabajo** I had to work into the night to finish the job; **~le el corazón a algn** (*liter*) to steal sb's heart
2 [+ *atención*] to steal, capture; [+ *paciencia*] to exhaust; [+ *tranquilidad*] to destroy, take away; [+ *vida*] to take, steal
3 (= *estafar*) to cheat, rob; **en ese negocio te han robado** you've been cheated *o* robbed in that deal
4 [+ *naipes*] to take, draw; **roba una carta de la baraja** take *o* draw a card from the deck
5 (*frm*) [*río, corriente*] to carry away
6 (††) (= *raptar*) to kidnap, abduct
Ⓑ VI 1 (= *sisar*) to steal; **lo cogieron robando** he was caught stealing; **no ~ás** (*Biblia*) thou shalt not steal; **entraron a ~ en mi casa** they broke into my house
2 (*Naipes*) to take a card, draw a card

**Roberto** SM Robert

**robinsón** SM castaway

**roblar** ▸conjug 1a◂ VT to rivet, clinch

**roble** SM oak, oak tree; **de ~** oak *antes de s*; **de ~ macizo** of solid oak, solid oak *antes de s*

**robledal** SM, **robledo** SM oakwood

**roblón** SM rivet

**roblonar** ▸conjug 1a◂ VT to rivet

**robo** SM 1 [*de dinero, objetos*] theft; (*en vivienda*) burglary; (*en tienda, banco*) robbery ► **robo a mano armada** armed robbery ► **robo con allanamiento** breaking and entering ► **robo con escalo** breaking and entering (*climbing over a wall*)
2 (= *estafa*) **¡esto es un ~!** this is daylight robbery!; **¿cinco mil por una camiseta? ¡vaya ~!** five thousand for a T-shirt? what a rip-off!*
3 (= *cosa robada*) stolen article; (= *cosas robadas*) stolen goods *pl*

**robot** [ro'βo] Ⓐ SM (*pl* **robots** [ro'βo]) robot
Ⓑ ADJ INV **retrato ~** Identikit picture

**robótica** SF robotics *sing*

**robotización** SF robotization

**robotizar** ▸conjug 1f◂ VT (= *automatizar*) to automate; (*fig*) [+ *persona*] to turn into a robot

**robustecer** ▸conjug 2d◂ Ⓐ VT to strengthen
Ⓑ **robustecerse** VPR to grow stronger

**robustecimiento** SM strengthening

**robustez** SF strength, toughness, robustness

**robusto** ADJ strong, tough, robust

**ROC** SM ABR (= **Reconocimiento Óptico de Caracteres**) OCR

**Roca** SF **la ~** the Rock, the Rock of Gibraltar

**roca** SF 1 (= *piedra*) rock; **en ~ viva** in(to) the living rock; ✦*MODISMO* **ser firme como una ~** to be as solid as a rock
2 (‡) (= *droga*) crack

**rocalla** SF pebbles *pl*

**rocalloso** ADJ pebbly, stony

**rocambolescamente** ADV (= *extraordinariamente*) bizarrely, in a bizarre fashion; (= *recargadamente*) ornately, over-elaborately

**rocambolesco** ADJ (= *raro*) odd, bizarre; [*estilo*] ornate, over-elaborate

**rocanola**† SF jukebox

**rocanrol** SM rock-'n'-roll, rock and roll

**rocanrolear*** ▸conjug 1a◂ VI to rock and roll

**roce** SM 1 (= *acción*) rub, rubbing; (*Téc*) friction; (*Pol*) friction
2 (= *herida*) graze
3 (*) (= *contacto*) close contact; **tener ~ con algn** to be in close contact with sb, have a lot to do with sb
4 (= *disgusto*) brush; **tuvo algún ~ con la autoridad** he had a few brushes with the law

**rochabús*** SM (*Perú*) water cannon truck, police water cannon truck

**Rochela** SF **La ~** La Rochelle

**rochela*** SF (*Andes, Caribe*) (= *fiesta*) rowdy party; (= *alboroto*) din, racket

**rochelero*** ADJ (*Andes, Caribe*) (= *ruidoso*) unruly, rowdy; (*Caribe*) (= *travieso*) mischievous, naughty

**rociada** SF 1 (= *aspersión*) shower, spray; (*en bebida*) dash, splash; (*Agr*) spray
2 [*de piedras*] shower; [*de balas*] hail; [*de injurias*] hail, stream

**rociadera** SF watering can

**rociado** SM (= *aspersión*) sprinkling; (*Agr*) spraying

**rociador** SM (*para rociar*) spray; (*Agr*) sprinkler ► **rociador de moscas** fly spray

**rociar** ▸conjug 1c◂ Ⓐ VT 1 [+ *agua*] to sprinkle, spray; [+ *balas*] to spray
2 (*Culin*) (= *acompañar*) **~ el plato con un vino de la tierra** to wash down the dish with a local wine
Ⓑ VI (*Meteo*) **empieza a ~** the dew is beginning to fall; **rocía esta mañana** there is a dew this morning

**rocín** SM 1 (= *caballo*) [*de trabajo*] hack, nag; (*Cono Sur*) [*de montar*] riding horse
2 (*Andes*) (= *buey*) draught ox
3 (*) (= *persona*) lout

**rocinante** SM broken-down old horse

**rocío** SM 1 (*Meteo*) dew
2 (= *gotas*) sprinkling

**rock** ADJ, SM rock

**rockero/a** Ⓐ ADJ rock *antes de s*; **música rockera** rock music; **es muy ~** he's a real rock fan
Ⓑ SM/F (= *cantante*) rock singer; (= *músico*) rock musician; (= *aficionado*) rock fan

**rococó** ADJ, SM rococo

**rocola** SF jukebox

**rocosidades** SFPL rocky places

**rocoso** ADJ rocky

**rocote** SM (*LAm*), **rocoto** SM (*LAm*) large pepper, large chili

**roda** SF (*Náut*) stem

**rodaballo** SM turbot ► **rodaballo menor** brill

**rodada** SF 1 [*de rueda*] rut, track
2 (*Cono Sur, Méx*) (= *caída*) fall (from a horse)

**rodadero** SM (*Andes*) cliff, precipice

**rodado** Ⓐ ADJ 1 [*tráfico*] vehicular
2 [*piedra*] rounded; **canto ~** boulder; **salir** *o* **venir ~** to go smoothly
3 [*caballo*] dappled
4 [*estilo*] well-rounded, fluent
5 (= *con experiencia*) experienced
Ⓑ SM (*Cono Sur*) vehicle, wheeled vehicle

**rodadura** SF 1 (*tb* **banda de ~**) [*de neumático*] tread
2 (= *acto*) roll, rolling
3 (= *rodada*) rut

**rodaja** SF 1 [*de pan, fruta*] slice; **limón en ~s** sliced lemon
2 [*de mueble*] castor
3 (= *ruedecilla*) small wheel
4 (= *disco*) small disc

**rodaje** SM 1 (*Téc*) wheels *pl*, set of wheels
2 (*Cine*) shooting, filming
3 (*Aut*) running-in, breaking in (*EEUU*); **"en rodaje"** "running in"
4 (= *inicio*) **período de ~** initial phase; **poner en ~** to launch
5 (= *experiencia*) experience
6 (*Andes*) (= *impuesto*) vehicle tax, road tax

**rodamiento** SM 1 ► **rodamiento a bolas, rodamiento de bolas** ball bearing
2 (*tb* **banda de ~**) [*de neumático*] tread

**Ródano** SM Rhône

**rodante** ADJ rolling; **material ~** rolling stock

**rodapié** SM skirting board, baseboard (*EEUU*)

**rodar** ▸conjug 1l◂ Ⓐ VI 1 (= *dar vueltas*) [*pelota*] to roll; [*rueda*] to go round, turn; **la moneda fue rodando por el caño** the coin rolled down to the drain; **rodó escaleras abajo** he fell *o* rolled downstairs; **se oía el ~ de los carros** one could hear the sound of cartwheels; **~ de suelo** (*Aer*) to taxi; ✦*MODISMOS* **echarlo todo a ~** to mess it all up; **~ por algn** to be at sb's beck and call
2 (*) (= *deambular*) **me han hecho ir rodando de acá para allá** they kept shunting me about from one place to another; **tienen al niño rodando de guardería en guardería** they keep moving *o* shifting the kid about from nursery to nursery
3 (*Cine*) to shoot, film; **llevamos dos meses rodando en México** we've spent two months filming in Mexico
4 (*) (= *existir todavía*) to be still going, still exist; **ese modelo rueda todavía por el mundo** that model is still about
5 (*Méx, Arg*) [*caballo*] to stumble, fall forwards
Ⓑ VT 1 [+ *vehículo*] to wheel, wheel along; [+ *coche nuevo*] to run in
2 (= *hacer rodar*) [+ *objeto*] to roll, roll along
3 (*Cine*) to shoot, film
4 (*Inform*) [+ *programa*] to run
5 (*Caribe*) (= *agarrar*) to seize; (= *encarcelar*) to imprison
6 (*LAm*) **~ (a patadas)** to knock over, kick over
7 (*LAm*) [+ *ganado*] to round up

**Rodas** SF Rhodes

**rodear** ▸conjug 1a◂ Ⓐ VT 1 (= *poner alrededor de*) to encircle, enclose; **~on el terreno con alambre de púas** they surrounded the field with barbed wire, they put a barbed wire fence around the field; **le rodeó el cuello con los brazos** she threw her arms round his neck
2 (= *ponerse alrededor de*) to surround; **los soldados ~on el edificio** the soldiers surrounded the building
3 (*LAm*) [+ *ganado*] to round up
Ⓑ **rodearse** VPR 1 (= *volverse*) to turn round
2 **~se de** to surround o.s. with; **se rodeó de gente importante** she surrounded herself with important people

**rodela** SF 1 (= *escudo*) buckler, round shield
2 (*Cono Sur*) (= *rosca*) padded ring (*for carrying loads on one's head*)

**rodenticida** SM rat poison

**rodeo** SM 1 (= *ruta indirecta*) long way round, roundabout way; (= *desvío*) detour; **dar un ~** to make a detour
2 (*en discurso*) circumlocution; **andarse con ~s** to beat about the bush; **no te andes con ~s** ◊ **déjate de ~s** stop beating about the bush; **hablar sin ~s** to speak plainly
3 (*LAm Agr*) roundup
4 (*Dep*) rodeo

**rodera** SF rut, wheel track

**Rodesia** SF (*Hist*) Rhodesia

**rodesiano/a** ADJ, SM/F (*Hist*) Rhodesian

**rodete** SM 1 [*de pelo*] coil, bun; [*de grasa*] roll; (*para llevar carga*) pad
2 [*de cerradura*] ward

**rodilla** SF 1 (*Anat*) knee; **de ~s** kneeling; **doblar** *o* **hincar la ~** (= *arrodillarse*) to kneel down; (= *ser servil*) to bow, humble o.s. (**ante** to); **estar de ~s** to be kneeling, be kneeling down; **hincarse de** *o* **ponerse de ~s** to kneel, kneel down, get down on one's knees; **pusieron al país de ~s** they brought the country to its knees
2 (*para llevar carga*) pad
3 (= *paño*) floor cloth, mop

**rodillazo** SM push with the knee; **dar un ~ a** to knee

**rodillera** SF 1 (= *protección*) knee guard; (= *remiendo*) knee patch
2 (= *abombamiento*) baggy part (*in knee of*

trousers)
[3] (*para llevar carga*) pad

**rodillo** SM (*Culin*) rolling pin; (*Tip*) ink roller; [*de máquina de escribir*] cylinder, roller; (*para pintura, césped*) roller; (= *exprimidor*) mangle; (*Agr*) roller ► **rodillo de pintura** paint roller ► **rodillo de vapor** steamroller ► **rodillo pastelero** rolling pin

**rodillón/ona*** SM/F (*Andes*) old geezer*/old bag*

**rodio** SM rhodium

**rododendro** SM rhododendron

**Rodrigo** SM Roderick; **~ el último godo** Roderick, the last of the Goths

**rodrigón** SM stake, prop, support

**Rodríguez** SM **estar de ~** (*Esp*) to be left on one's own

**roedor** Ⓐ ADJ [1] (*Zool*) gnawing
[2] (= *atormentador*) [*sensación, conciencia*] gnawing; [*duda, sospecha*] nagging
Ⓑ SM rodent

**roer** ▸conjug 2z◂ VT [1] [+ *comida*] to gnaw; (= *mordiscar*) to nibble at; [+ *hueso*] to gnaw, pick
[2] (= *corroer*) to corrode, eat away
[3] [+ *capital*] to eat into (bit by bit)
[4] [*conciencia*] to prick

**rogación** SF [1] (= *petición*) petition
[2] **rogaciones** (*Rel*) rogations

▼ **rogar** ▸conjug 1h, 1l◂ Ⓐ VT (= *suplicar*) to beg; **démelo, se lo ruego** give it to me, I beg you; **ruegue a este señor que nos deje en paz** please ask this gentleman to leave us alone; **"se ruega no fumar"** "please do not smoke"
Ⓑ VI [1] (= *suplicar*) to beg, plead; **hacerse de ~** to play hard to get; **no se hace de ~** he doesn't have to be asked twice
[2] (*Rel*) to pray

**rogativa** SF (*Rel*) rogation

**rogatoria** SF (*LAm*) request, plea

**rogatorio** ADJ **comisión rogatoria** investigative commission, committee of inquiry

**rojear** ▸conjug 1a◂ VI [1] (= *volverse rojo*) to redden, turn red
[2] (= *tirar a rojo*) to be reddish

**rojeras*** SMF INV red, commie*

**rojete** SM rouge

**rojez** SF (= *cualidad*) redness; (*en la piel*) blotch

**rojigualdo** ADJ red-and-yellow (*colours of the Spanish flag*)

**rojillo/a*** ADJ, SM/F (= *izquierdista*) leftie*, pinko*

**rojizo** ADJ reddish

**rojo/a** Ⓐ ADJ [1] (*color*) red; **~ burdeos** maroon, dark red; **~ cereza** cherry red; **~ sangre** blood-red; **~ teja** brick-red; ✦***MODISMOS*** **poner ~ a algn** to make sb blush; **ponerse ~** to turn red, blush; **ponerse ~ de ira** to go purple with rage
[2] [*pelo*] red
[3] (*Pol*) red; (*Esp*) (*durante la Guerra Civil y con Franco*) Republican
Ⓑ SM [1] (= *color*) red, red colour *o* (*EEUU*) color; **calentar al ~ vivo** to make red-hot; **la atmósfera está al ~ vivo** the atmosphere is electric; **la emoción está al ~ vivo** excitement is at fever pitch; **un semáforo en ~** a red light
[2] (= *maquillaje*) ► **rojo de labios** lipstick
Ⓒ SM/F (*Pol*) (= *de izquierdas*) red; (= *republicano*) Republican

**rojura** SF redness

**rol** SM [1] (*Teat*) role, part; (*fig*) role; **juegos de ~** role-playing games; **desempeña un ~ importantísimo en la política municipal** she plays a very important role in local politics
[2] (*Méx*) (= *paseo*) **dar un ~** to take a walk
[3] (*Náut*) muster

**rola*** Ⓐ SF (*Caribe*) (= *comisaría*) police station
Ⓑ SMF (*Cono Sur*) (= *matón*) lout; (= *zonzo*) thickhead*, dope*

**Rolando** SM Roland

**rolar** ▸conjug 1a◂ Ⓐ VT [1] (*Andes, Cono Sur*) (= *mencionar*) to touch on, mention, mention in conversation; **la conversación roló la religión** the conversation touched on religion
[2] (*Méx*) (= *pasar*) to pass from hand to hand
Ⓑ VI [1] [*viento*] to veer round
[2] (*Cono Sur*) (= *ser arribista*) to be a social climber
[3] (*Andes, Cono Sur*) (= *hablar*) to talk, converse (**con** with)
[4] (*Andes, Cono Sur*) (= *alternar con*) to associate, be in contact (**con** with)

**Roldán** SM Roland

**roldana** SF pulley wheel

**rollazo*** Ⓐ ADJ dead boring*
Ⓑ SM real pain*

**rollista*** Ⓐ ADJ (*Esp*) **es muy ~** (= *pesado*) he's such a bore; (= *mentiroso*) he's such a storyteller *o* fibber*
Ⓑ SMF (*Esp*) (= *pesado*) bore; (= *mentiroso*) storyteller*, fibber*

**rollito** SM roll ► **rollito de primavera** spring roll

**rollizo** ADJ [1] (= *rechoncho*) plump; [*niño*] chubby; [*mujer*] plump, buxom
[2] (= *redondo*) round; (= *cilíndrico*) cylindrical

**rollo** Ⓐ SM [1] (= *cilindro*) [*de tela, papel, cuerda fina, cable fino*] roll; [*de cuerda gruesa, cable grueso*] coil; [*de película de cine*] reel; [*de pergamino*] scroll; **un ~ de papel higiénico** a roll of toilet paper; **regalamos un ~ color** we offer a free colour film; **papel en ~** rolled up paper; **los ~s del Mar Muerto** the Dead Sea Scrolls ► **rollo de pelo** (*Ven*) curler, hair curler, roller
[2] (*Culin*) [2·1] (*tb* **~ pastelero**) (*Esp*) rolling pin
[2·2] [*de masa, relleno*] (pastry) roll
► **rollo de primavera** spring roll
[3] (= *tronco*) log; **en ~** whole, uncut
[4] (*) (= *michelín*) roll of fat, spare tyre* (*hum*)
[5] (*Esp**) (*tb* **~ macabeo** *o* **patatero**) (= *explicación*) spiel*; (= *sermón*) lecture; (= *mentira*) yarn; **nos soltó el ~ de siempre** he gave us the usual spiel*; **¡menudo ~ nos contó tu padre!** what a lecture your dad gave us! (*iró*); **¡menudo ~ que tiene!** he's always waffling (on) about something!*; **nos vino con un ~ de su familia que no había quien se lo creyera** he spun us a yarn about his family that no one could possibly believe; **¡vaya ~ patatero que me estás contando!** you're talking a load of old tosh!‡, you're talking a load of baloney! (*EEUU**); **perdona por el ~ que te he soltado** sorry if I have bored you to death with my story; ✦***MODISMOS*** **cortar el ~** to cut it short*, cut the crap**; **corta el ~ y dime exactamente lo que quieres** cut it short* *o* cut the crap** and tell me exactly what you want; **cinco minutos más y ya corto el ~** five minutes more and then I'll shut up*; **cortar el ~ a algn**: **mejor que le cortes el ~, que tenemos prisa** don't let him rattle on, we're in a hurry; **¡con lo bien que lo estábamos pasando! ¡nos has cortado el ~!** we were having a great time until you went and spoiled things!; **estar de ~** (*Esp, Méx*): **están de ~ desde hace dos horas** they've been rattling on for two hours now; **tirarse el ~** (*Esp, Méx*): **no te tires el ~ conmigo que te conozco** don't give me that spiel* — I know what you're like; **tírate el ~ e invítame a una copa** be a pal and get me a drink*
[6] (*) (= *aburrimiento*) **¡qué ~!** what a pain!‡; **ser un ~** [*discurso, conferencia*] to be dead boring*; [*persona*] to be a bore*, be a pain‡; **lo de las lentillas es un ~** contact lenses are a real pain*
[7] (‡) (= *asunto*) thing; **está metido en muchos ~s** he's into all sorts of things; **no sabemos de qué va el ~** we don't know what it's all about *o* what's going on; **ir a su ~** to do one's own thing
[8] (*Esp*‡) (= *ambiente*) scene*; **no me va el ~ de esta gente** I'm not into their scene*
[9] (‡) (= *sensación*) **buen/mal ~**: **en sus fiestas siempre hay buen ~** there's always a good atmosphere at his parties; **había muy buen ~ entre nosotros** we got on really well together; **¡qué mal ~!** what a pain!*; **me da buen/mal ~** I've got a good/nasty *o* bad feeling about it; **¡qué buen ~ me da ese tío!** that guy gives me really good vibes!*; **la película me dio tan mal ~ que me deprimí** the film was a real downer*; **tener un buen/mal ~ con algn** to get on well/badly with sb
[10] (*) (= *relación sentimental*) **tener un ~ (con algn)** to be involved (with sb)
Ⓑ ADJ INV (*Esp, Méx**) boring; **esa película es muy ~** that film's dead boring*; **no seas ~, Julián** don't be a bore* *o* pain‡, Julián

**rolo** SM (*LAm*) stick, truncheon, billy (club) (*EEUU*)

**ROM** SF ABR (= **Read-Only Memory**) ROM

**Roma** SF Rome; ✦***MODISMOS*** **revolver ~ con Santiago** to leave no stone unturned; **~ no se construyó en un día** Rome was not built in a day; **por todas partes se va a ~** ◊ **todos los caminos llevan a ~** all roads lead to Rome

**romadizo** SM [1] (= *resfriado*) head cold; (= *catarro*) catarrh
[2] (*Caribe*) (= *reuma*) rheumatism

**romana** SF steelyard; ✦***MODISMO*** **cargar la ~** (*Cono Sur**) to heap the blame on somebody else; *ver tb* **romano**

**romance** Ⓐ ADJ [*idioma*] Romance
Ⓑ SM [1] (*Ling*) Romance language; (= *castellano*) Spanish, Spanish language; **hablar en ~** (= *con claridad*) to speak plainly
[2] (*Literat*) ballad
[3] (= *amorío*) romance, love affair; (= *amante*) lover

**romancear** ▸conjug 1a◂ Ⓐ VT (††) to translate into Spanish
Ⓑ VI (*Cono Sur*) [1] (= *charlar*) to waste time chatting
[2] (= *galantear*) to flirt

**romancero** SM collection of ballads; **el Romancero** the Spanish ballads

**romancístico** ADJ ballad *antes de s*

**romaní** Ⓐ ADJ Romany

➤ LENGUA Y USO: **rogar A** 31, 45.1, 46.1, 46.4, 48.1

Ⓑ SMF Romany
Ⓒ SM (*Ling*) Romany

**Romania** SF Romance countries *pl*, Romance-speaking regions *pl*

**románico** ADJ [1] [*idioma*] Romance
[2] (*Arte, Arquit*) Romanesque; (*en Inglaterra*) Norman

**romanizar** ▸conjug 1f◂ Ⓐ VT to romanize
Ⓑ **romanizarse** VPR to become romanized

**romano/a** Ⓐ ADJ, SM/F Roman
Ⓑ SM (*Esp*†) cop*; *ver tb* **romana**

**romanó** SM (*Ling*) Romany

**románticamente** ADV romantically

**romanticismo** SM romanticism

**romántico/a** ADJ, SM/F romantic

**romanticón*** ADJ [*persona*] sentimental, soppy*; [*película, novela*] slushy*, soppy*

**romaza** SF dock, sorrel

**rombal** ADJ rhombic

**rombo** SM [1] (*Mat*) rhombus; (*en diseño*) diamond, diamond shape
[2] (*TV*†) diamond (*warning of scenes with adult content*); **una película de dos ~s** an over-18 film

**romboidal** ADJ rhomboid

**romboide** SM rhomboid

**Romeo** SM Romeo

**romereante** SMF (*Andes, Caribe*) pilgrim

**romería** SF [1] (*Rel*) pilgrimage; **ir en ~** to go on a pilgrimage
[2] (*Aut*) queue, tailback

**ROMERÍA**

*In Spain* **romerías** *are annual religious pilgrimages to chapels and shrines associated with particular saints or miracles of the Virgin. The pilgrims, called* **romeros**, *make their way on foot to the particular holy site, often covering long distances, and make offerings before gathering for a picnic. The day's festivities often include sports fixtures, fireworks and traditional music and dancing. Some* **romerías** *are large-scale events, one of the best known being the* **Romería de la Virgen del Rocío** *at Huelva in Andalusia, which involves spectacular processions of pilgrims in traditional Andalusian dress, some on horseback and some in brilliantly decorated wagons.*

**romero¹/a** SM/F (= *peregrino*) pilgrim

**romero²** SM (*Bot*) rosemary

**romo** ADJ [1] (= *sin punta*) blunt; [*persona*] snub-nosed
[2] (= *aburrido*) dull, lifeless

**rompebolas**** SMF INV (*Arg*) pain in the arse**

**rompecabezas** SM INV [1] (= *juego*) jigsaw, jigsaw puzzle
[2] (= *algo complicado*) puzzle; (= *problema*) problem, headache

**rompecojones**** SMF INV pain in the arse**

**rompecorazones** SMF INV heartbreaker

**rompedero** Ⓐ SM ▸ **rompedero de cabeza** puzzle, brain teaser
Ⓑ ADJ (*frm*) breakable, delicate, fragile

**rompedor** ADJ [*obra, movimiento, ideas, artista*] ground-breaking

**rompedora-cargadora** SF power loader

**rompehielos** SM INV icebreaker

**rompehuelgas** SMF INV strikebreaker, blackleg

**rompenueces** SM INV nutcrackers *pl*, pair of nutcrackers

**rompeolas** SM INV breakwater

**romper** ▸conjug 2a◂ (*pp* **roto**) Ⓐ VT [1] (= *partir, destrozar*) [1·1] (*intencionadamente*) [+ *juguete, mueble, cuerda*] to break; [+ *rama*] to break, break off; [+ *vaso, jarrón, cristal*] to break, smash; **los ladrones entraron rompiendo la puerta a patadas** the burglars got in by kicking down the door; **la onda expansiva rompió los cristales** the shock wave broke *o* smashed the windows
[1·2] (= *rasgar*) [+ *tela, vestido, papel*] to tear, rip; **¡cuidado, que vas a ~ las cortinas!** careful, you'll tear *o* rip the curtains!; **se disgustó tanto con la carta que la rompió en pedazos** he was so angry about the letter that he tore *o* ripped it up
[1·3] (*por el uso*) [+ *zapatos, ropa*] to wear out
[1·4] [+ *barrera*] (*lit*) to break down, break through; (*fig*) to break down; **tratan de ~ barreras en el campo de la informática** they are trying to break down barriers in the area of computing; **~ la barrera del sonido** to break the sound barrier
[1·5] ✦**MODISMOS** **~ aguas**: **todavía no ha roto aguas** her waters haven't broken yet; **~ la cara a algn*** to smash sb's face in*; **~ el hielo** to break the ice; **~ una lanza en favor de algn/algo** to stick up for sb/sth; **no haber roto un plato**: **se comporta como si no hubiera roto un plato en su vida** he behaves as if butter wouldn't melt in his mouth; **de rompe y rasga**: **es una mujer de rompe y rasga** she's not someone to mess with; **quien rompe paga** one must pay the consequences for one's actions; *ver tb* **esquema 2**, **molde 1**
[2] (= *terminar*) [+ *equilibrio, silencio, maleficio, contrato*] to break; [+ *relaciones, amistad*] to break off; **hagamos algo distinto que rompa la rutina** let's do something different to break the routine; **la patronal ha roto el pacto con los sindicatos** employers have broken the agreement with the unions; **~ la racha de algo** to break a run of sth; **~ el servicio a algn** (*Tenis*) to break sb's service
[3] (*Mil*) [+ *línea, cerco*] to break, break through; **¡rompan filas!** fall out!; **~ (el) fuego** to open fire; **~ las hostilidades** to start hostilities
[4] (*Agr*) [+ *tierra*] to break, break up
[5] (*Arg, Uru***) (= *molestar*) to piss off**; **dejá de ~me** stop pissing me off**
Ⓑ VI [1] [*olas*] to break
[2] (= *salir*) [*diente*] to come through; [*capullo, flor*] to come out; **~ entre algo** to break through sth, burst through sth; **los manifestantes rompieron el cordón de seguridad** the demonstrators broke *o* burst through the security cordon
[3] [*alba, día*] to break; **al ~ el alba** at crack of dawn, at daybreak
[4] (= *empezar*) **~ a hacer algo** to (suddenly) start doing sth, (suddenly) start to do sth; **rompió a proferir insultos contra todo el mundo** he suddenly started hurling *o* to hurl insults at everyone; **al verme rompió a llorar** when he saw me he burst into tears; **~ en llanto** to break down in tears; **cuando rompa el hervor** when it comes to the boil
[5] (= *separarse*) [*pareja, novios*] to split up; **hace algún tiempo que rompieron** they split up some time ago; **~ con** [+ *novio, amante*] to split up with, break up with; [+ *amigo, familia*] to fall out with; [+ *aliado*] to break off relations with; [+ *tradición, costumbre, pasado*] to break with; [+ *imagen, tópico, leyenda*] to break away from; **ha roto con su novio** she has broken *o* split up with her boyfriend; **Albania rompió con China en 1978** Albania broke off relations with China in 1978; **han roto con una tradición de siglos** they have broken with a centuries-old tradition
Ⓒ **romperse** VPR [1] (= *partirse, destrozarse*) [1·1] [*juguete, mueble, cuerda*] to break; [*plato, cristal*] to break, smash; **la rama se ha roto con el viento** the branch broke (off) in the wind; **se me rompió un dedo en el accidente** my finger got broken in the accident, I broke a finger in the accident
[1·2] (*uso enfático*) **me he roto la muñeca jugando al tenis** I broke my wrist playing tennis; **no te vayas a ~ de tanto trabajar** (*iró, hum*) don't strain yourself working so hard (*iró*); ✦**MODISMO** **~se la cabeza*** (= *pensar mucho*) to rack one's brains; (= *preocuparse*) to kill o.s. worrying; *ver tb* **cuerno 1**
[2] (= *rasgarse*) [*tela, papel*] to tear, rip; **tiraron del gorro de papel hasta que se rompió** they pulled the paper hat till it tore *o* ripped; **se me han roto los pantalones** I've torn *o* ripped my trousers
[3] (= *estropearse*) [*coche, motor*] to break down; [*televisor*] to break; **se ha roto la lavadora** the washing machine is broken, the washing machine has broken down
[4] (= *gastarse*) [*ropa, zapatos*] to wear out; **se le han roto los pantalones por las rodillas** his trousers have worn (through) at the knees
[5] (*Ciclismo*) [*pelotón*] to break up
[6] (*Arg, Uru**) (= *esforzarse*) **no me rompí mucho, no valía la pena** I didn't go to a lot of trouble, it wasn't worth it; **el pobre se rompe tanto y saca malas notas** the poor guy works like crazy and gets really bad marks*; **así se lo agradecés a tu madre que se rompe todo por vos** that's how you thank your mother, who does all she can for you

**rompiente** SM [1] (= *escollo*) reef, shoal
[2] **rompientes** (= *olas*) breakers, surf *sing*

**rompimiento** SM [1] [*de ladrillo, cristal, porcelana*] breaking, smashing; [*de muro*] breaking; [*de tela, papel*] tearing; **la tromba de agua causó el ~ del muro** the downpour caused the wall to break *o* collapse ▸ **rompimiento de aguas** downpour
[2] [*de negociaciones, diálogo*] breaking-off; [*de récord*] breaking; **procederemos al ~ de contrato** we will break the contract forthwith (*frm*); **su ~ con el resto de las vanguardias europeas** his break with the rest of the European avant-garde ▸ **rompimiento de contacto** (*Mil*) disengagement
[3] (= *abertura*) opening
[4] (= *comienzo*) [*de hostilidades*] outbreak

**romplón**: **de ~** ADV (*LAm*) suddenly, unexpectedly

**rompope** SM (*CAm, Méx*) eggnog

**Rómulo** SM Romulus

**ron** SM rum

**ronca** SF [1] (*Zool*) (= *sonido*) roar (*of rutting stag*); (= *época*) rutting season
[2] (= *amenaza*) threat; **echar ~s** to bully, threaten

**roncadoras** SFPL (*LAm*) large spurs

**roncar** ▸conjug 1g◂ VI [1] (*cuando se duerme*) to snore
[2] [*ciervo, mar*] to roar
[3] (= *amenazar*) to threaten, bully
[4] (*Andes, Cono Sur**) (= *ser mandón*) to be bossy *o* domineering

**roncear** ▸conjug 1a◂ (A) VT [1] (= *insistir*) to pester, keep on at
[2] (*LAm*) (= *espiar*) to keep watch on, spy on
[3] (*LAm*) = **ronzar**[1]
(B) VI [1] (*Náut*) to move slowly
[2] (= *trabajar a desgana*) to work half-heartedly; (= *gandulear*) to slack, kill time

**roncería** SF [1] (= *desgana*) unwillingness
[2] (= *lisonja*) cajolery

**roncero** ADJ [1] (*Náut*) slow, slow-moving, sluggish
[2] (= *desganado*) unwilling; (= *gandul*) slack, slow; **estar ~** to find reasons for shirking work
[3] (= *gruñón*) grumpy, grouchy*
[4] (= *cobista*) smooth, smarmy*
[5] (*Andes, CAm, Cono Sur*) (= *taimado*) sly, sharp; (= *entrometido*) nosey*, meddling

**roncha** SF [1] (= *hinchazón*) swelling; ✦***MODISMOS*** **hacer ~** (*Cono Sur**) to create an impression; **levantar ~** (*Caribe**) to pass a dud cheque*; **sacar ~*** to cause an upset
[2] (= *cardenal*) bruise
[3] (= *rodaja*) slice

**ronco** ADJ [*persona*] hoarse; [*voz*] husky; [*sonido*] harsh, raucous

**roncón*** ADJ (*Andes, Caribe*) boastful, bragging

**ronda** SF [1] [*de guardia*] beat; (= *personas*) watch, patrol, guard; **ir de ~** to do one's round ► **ronda nocturna** night patrol, night watch
[2] (*Mús*) group of serenaders
[3] [*de bebidas*] round; **pagar una ~** to pay for a round
[4] [*de negociaciones, elecciones*] round
[5] [*de cartas*] hand, game
[6] (*en competición, concurso*) round; (*Golf*) round
[7] (*Aut*) (*tb* **~ de circunvalación**) ring road, beltway (*EEUU*), bypass
[8] (*Mil*) sentry walk
[9] (*Cono Sur*) (= *juego*) ring-a-ring-a-roses; **en ~** in a ring, in a circle

**rondalla** SF [1] (*Mús*) band of street musicians
[2] (= *ficción*) fiction, invention

**rondana** SF (*LAm*) pulley

**rondar** ▸conjug 1a◂ (A) VT [1] [*policía, soldado*] to patrol
[2] [+ *cifra, edad*] **el precio ronda los mil dólares** the price is in the region of a thousand dollars; **rondaba los 30 años** he was about 30
[3] (= *perseguir*) **la ronda a todas horas para que le preste dinero** he pesters her night and day to lend him money; **es una idea que me rondaba la cabeza desde hace tiempo** it's an idea which I've had going round in my head for quite a while; **me está rondando un catarro** I've got a cold hanging over me; **a estas horas siempre me ronda el sueño** I always start feeling sleepy around this time
[4] (†) (= *cortejar*) to court
(B) VI [1] [*policía, soldado*] to (be on) patrol
[2] (= *deambular*) to prowl; **sospechan de un hombre que rondaba por allí** they suspect a man who was prowling around the area
[3] [*pensamiento, idea*] **debes rechazar las dudas que te rondan por la cabeza** you must dispel the doubts that are besetting you
[4] (†) [*enamorado, la tuna*] to serenade

**rondeño/a** (A) ADJ of/from Ronda
(B) SM/F native/inhabitant of Ronda; **los ~s** the people of Ronda

**rondín**[1] SM (*Andes, Cono Sur*) (= *vigilante*) night watchman

**rondín**[2] SM (*Andes Mús*) harmonica

**rondó** SM (*Literat*) rondeau; (*Mús*) rondo

**rondón**: **de ~** ADV unexpectedly; **entrar de ~** (= *sin aviso*) to rush in; (*en fiesta*) to gatecrash

**ronquear** ▸conjug 1a◂ VI to be hoarse

**ronquedad** SF, **ronquera** SF [1] [*de persona*] hoarseness
[2] [*de voz*] (*permanentemente*) huskiness; (*temporalmente*) hoarseness

**ronquido** SM snore, snoring

**ronronear** ▸conjug 1a◂ VI to purr

**ronroneo** SM purr

**ronzal** SM halter

**ronzar**[1] ▸conjug 1f◂ VT (*Náut*) to move with levers, lever along

**ronzar**[2] ▸conjug 1f◂ VT, VI (*al comer*) to munch, crunch

**roña** (A) SF [1] (= *mugre*) dirt, grime; (*en metal*) rust
[2] (= *tacañería*) meanness, stinginess
[3] (*Vet*) mange
[4] (= *corteza*) pine bark
[5] (= *estratagema*) stratagem
[6] (*Caribe, Méx*) (= *envidia*) envy; (= *inquina*) grudge, ill will
[7] (*Andes Med*) feigned illness
[8] **jugar a la ~** to play for fun, play without money stakes
(B) SMF (*) mean person, scrooge*

**roñería** SF meanness, stinginess

**roñica*** SMF skinflint

**roñoso** ADJ [1] (= *mugriento*) dirty, filthy; [*metal*] rusty
[2] (= *tacaño*) mean, stingy
[3] (= *inútil*) useless
[4] (*Vet*) mangy
[5] (*Andes*) (= *tramposo*) tricky, slippery
[6] (*Caribe, Méx*) (= *rencoroso*) bitter, resentful; (= *hostil*) hostile

**ropa** SF clothes *pl*; **¡quítate esa ~ tan sucia!** take those dirty clothes off!; **siempre lleva ~ pasada de moda** he always wears old-fashioned clothes; **voy a cambiarme de ~** I'm going to change (my clothes); **tender la ~** to hang out the washing; ✦***MODISMOS*** **guardar la ~** to speak cautiously; **hay ~ tendida** the walls have ears; **nadar y guardar la ~** to cover one's back; **no tocar la ~ a algn** not to touch a hair of sb's head, keep one's hands off sb; ✦***REFRÁN*** **la ~ sucia se lava en casa** don't wash your dirty linen in public ► **ropa blanca** (= *ropa interior*) underwear; (= *ropa de cama, manteles*) linen; (*para la lavadora*) whites *pl* ► **ropa de cama** bed linen ► **ropa de color** coloureds *pl*, coloreds *pl* (*EEUU*) ► **ropa de deporte** sportswear ► **ropa de mesa** table linen ► **ropa de trabajo** work clothes *pl* ► **ropa hecha** ready-made clothes *pl*, off-the-peg clothes *pl* ► **ropa interior** underwear ► **ropa íntima** (*LAm*) underwear ► **ropa para lavar**, **ropa sucia** dirty washing, dirty clothes *pl*, laundry ► **ropa usada** secondhand clothes *pl* ► **ropa vieja** (*esp Méx Culin*) meat stew

**ropaje** SM [1] (= *vestiduras*) gown, robes *pl*; **ropajes** (*Rel*) vestments *pl*
[2] (*Literat*) (= *adornos*) embellishments *pl*, rhetorical adornments *pl*

**ropalócero** SM butterfly

**ropavejería** SF old-clothes shop

**ropavejero/a** SM/F second-hand-clothes dealer

**ropería** SF [1] (= *tienda*) clothes shop
[2] (= *comercio*) clothing trade, garment industry (*EEUU*)

**ropero** (A) ADJ for clothes, clothes *antes de s*; **armario ~** wardrobe
(B) SM (= *guardarropa*) wardrobe; [*de ropa blanca*] linen cupboard

**ropita** SF baby clothes *pl*

**ropón** SM [1] [*de ceremonia*] long robe
[2] (= *bata*) loose coat, housecoat

**roque**[1] SM (*Ajedrez*) rook, castle

**roque**[2]* ADJ **estar ~** to be asleep; **quedarse ~** to fall asleep

**roquedal** SM rocky place

**roqueño** ADJ [1] (= *rocoso*) rocky
[2] (= *duro*) hard as rock, rock-like, flinty; (*fig*) rock-solid

**roquero/a** ADJ, SM/F = **rockero**

**rorcual** SM rorqual, finback, finback whale

**ro-ro** SM car ferry, roll-on/roll-off ferry

**rorro** SM [1] (*) (= *bebé*) baby
[2] (*Méx*) (= *persona*) fair blue-eyed person
[3] (*Méx*) (= *muñeca*) doll

**Rosa** SF Rose

**rosa** (A) SF [1] (*Bot*) rose; **palo ~** rosewood; ✦***MODISMO*** **como una ~**: **estar como una ~** to feel as fresh as a daisy; **un cutis como una ~** a skin as soft as silk; **estar como las propias ~s** to feel entirely at ease; **florecer como ~ en mayo** to bloom, flourish; ✦***REFRÁN*** **no hay ~ sin espinas** there's no rose without a thorn ► **rosa almizcleña** musk rose ► **rosa laurel** rosebay, oleander
[2] **de color ~** ◊ **color de ~** pink; (*fig*) rosy; **vestidos color de ~** pink dresses; **verlo todo del color de ~** to see everything through rose-tinted spectacles *o* (*EEUU*) rose-colored glasses
[3] (*en la piel*) birthmark, red birthmark
[4] (*Arquit*) rose window
[5] ► **rosa de los vientos**, **rosa náutica** compass, compass card, compass rose
(B) ADJ pink; **revista ~** magazine of sentimental stories; **Zona Rosa** (*Méx*) (= *barrio*) *elegant (tourist) quarter of Mexico City*

**rosáceo** ADJ = **rosado A**

**rosacruciano** ADJ Rosicrucian

**rosado** (A) ADJ [1] [*color*] pink
[2] [*panorama*] rosy
(B) SM (= *vino*) rosé

**rosal** SM [1] (= *planta*) rose bush, rose tree ► **rosal de China**, **rosal japonés** japonica ► **rosal silvestre** wild rose ► **rosal trepador** climbing rose, rambling rose
[2] (*Caribe, Cono Sur*) (= *rosaleda*) rose bed, rose garden

**rosaleda** SF rose bed, rose garden

**rosario** SM [1] (*Rel*) rosary; (= *sarta*) rosary beads *pl*, rosary; **rezar el ~** to say the rosary;

♦*REFRÁN* **acabar como el ~ de la aurora** *o* **del alba** to end up in confusion, end with everybody falling out
2 (= *serie*) string, series; **un ~ de maldiciones** a string of curses
3 (*Agr*) chain of buckets (*of a waterwheel*)
4 (*Anat**) backbone
5 (*Arquit*) beading

**rosbif** SM roast beef

**rosca** SF 1 [*de humo*] ring, spiral; **estaba hecho una ~** he was all curled up in a ball
2 (*Culin*) ring-shaped roll, ring-shaped pastry, ≈ doughnut; ♦*MODISMOS* **hacer la ~ a algn*** to suck *o* (*EEUU*) kiss up to sb*; **no comerse una ~*** (= *no ligar*) to get absolutely nowhere
3 [*de tornillo*] thread; [*de espiral*] turn; **pasarse de ~** [*tornillo*] to have a crossed thread; [*persona*] to go too far, overdo it
4 (*Anat*) (= *hinchazón*) swelling; [*de grasa*] roll of fat
5 (*Andes Pol*) ruling clique, oligarchy
6 (*Cono Sur*) (*para llevar carga*) pad
7 (*Cono Sur Naipes*) circle of card players
8 (*Cono Sur*) (= *discusión*) noisy argument; (= *jaleo*) uproar, commotion; **se armó una ~** there was uproar

**rosco**[1] SM 1 (*Culin*) ring-shaped roll, ring-shaped pastry, ≈ doughnut; ♦*MODISMO* **no comerse un ~*** (= *no ligar*) to get absolutely nowhere (**con** with)
2 (*) (= *nota*) zero, nought

**rosco**[2] SM (*LAm Com*) middleman

**roscón** SM (*tb* **~ de Reyes**) ring-shaped cake (*eaten on the 6th January*); → DÍA DE REYES

**rosedal** SM (*Cono Sur*) = **rosaleda**

**Rosellón** SM Roussillon

**róseo** ADJ (*liter*) rosy, roseate

**roseta** SF 1 (*Bot*) small rose
2 (*Dep*) rosette
3 [*de regadera*] rose, nozzle
4 (*en la piel*) red spot
5 (*Andes, Cono Sur*) [*de espuela*] rowel
6 **rosetas** [*de maíz*] popcorn *sing*

**rosetón** SM 1 (*Arquit*) rose window
2 (*Dep*) rosette
3 (*Aut*) cloverleaf, cloverleaf junction

**rosicler** SM dawn pink, rosy tint of dawn

**rosita** SF 1 (*Bot*) small rose
2 (*Cono Sur*) (= *pendiente*) earring
3 **de ~** (*Méx*) (= *sin esfuerzo*) without effort; **andar de ~** (*LAm*) (*sin trabajo*) to be out of work
4 **rositas** [*de maíz*] popcorn *sing*

**rosquero*** ADJ (*Cono Sur*) quarrelsome

**rosquete‡** SM (*Andes*) queer‡, poof‡, fag (*EEUU‡*)

**rosquetón‡** (*Perú*) Ⓐ ADJ effeminate
Ⓑ SM queer‡, fag (*EEUU‡*)

**rosquilla** SF 1 [*de humo*] ring
2 (*Culin*) ring-shaped pastry, doughnut; ♦*MODISMO* **venderse como ~s** to sell like hot cakes
3 (= *larva*) small caterpillar

**rosticería** SF (*Méx, Chile*) roast chicken shop

**rostizado** ADJ roast; **pollo ~** (*Méx*) roast chicken

**rostizar** ▸conjug 1a◂ VT to spit-roast

**rostro** SM 1 (= *semblante*) countenance; (= *cara*) face; **retrato de ~ entero** full-face portrait
2 (*) (= *descaro*) nerve*, cheek*
3 (*Náut*) beak
4 (*Zool*) rostrum

**rostropálido/a** SM/F paleface

**rotación** SF 1 (= *giro*) rotation
2 (*Agr*) ► **rotación de cultivos** crop rotation ► **rotación de la tierra** rotation of the earth
3 (*Com*) [*de producción*] turnover ► **rotación de existencias** turnover of stock

**rotacional** ADJ rotational

**rotaje*** SM (*Chile*) plebs* *pl*

**rotar** ▸conjug 1a◂ VT to rotate

**rotarianismo** SM (*esp LAm*) Rotarianism

**rotariano/a** ADJ, SM/F (*LAm*) = **rotario**

**rotario/a** ADJ, SM/F (*esp LAm*) Rotarian

**rotativamente** ADV by turns

**rotativo** Ⓐ ADJ (= *que gira*) rotary, revolving; [*prensa*] rotary
Ⓑ SM 1 (*Tip*) rotary press
2 (= *periódico*) newspaper
3 (= *luz*) revolving light
4 (*Cono Sur Cine*) continuous performance

**rotatorio** ADJ rotating; **la secretaría será rotatoria** the secretaryship will rotate

**rotería** SF 1 (*LAm*) (= *plebe*) common people *pl*, plebs* *pl*
2 (*Cono Sur*) (= *truco*) dirty trick; (= *dicho*) coarse remark

**rotisería** SF (*Cono Sur*) delicatessen

**roto/a** Ⓐ PP *de* **romper**
Ⓑ ADJ 1 (= *partido, destrozado*) [*juguete, mueble, cristal, puerta*] broken; **tengo la pierna rota** I've broken my leg, I've got a broken leg
2 (= *rasgado*) [*tela, papel*] torn; **la bolsa está rota** the bag is torn; **tienes rota la manga del vestido** the sleeve of your dress is ripped *o* torn; **la cuerda estaba rota por los extremos** the rope was frayed at the ends
3 (= *estropeado*) [*lavadora, televisor*] broken; [*coche, motor*] broken down
4 [*zapato*] worn, worn-out
5 (= *destrozado*) [*persona*] broken; [*vida*] shattered; **estar ~ de cansancio** to be exhausted, be worn-out
6 (††) (= *libertino*) debauched, dissipated
7 (*Chile**) (= *de clase baja*) common, low-class; (= *maleducado*) rude
Ⓒ SM/F 1 (= *persona chilena*) 1·1 (*Perú, Bol**) Chilean, Chilean person
1·2 (*Chile*) **el ~ chileno** the average Chilean
2 (*Chile**) 2·1 (= *pobre*) pleb*
2·2 (= *persona*) guy*/woman; **es una rota con suerte** she's a lucky woman; **el rotito quería que le pagáramos el viaje** the cheeky devil wanted us to pay for his trip*
2·3 (= *maleducado*) **esta rota no sabe comportarse a la mesa** she's so rude *o* such a pig‡, she doesn't know how to behave at the dinner table
Ⓓ SM (= *agujero*) (*en pantalón, vestido*) hole; **te has hecho un ~ en la manga** you've got a hole in your sleeve; ♦*MODISMO* **valer** *o* **servir lo mismo para un ~ que para un descosido** to serve a multitude of purposes; ♦*REFRÁN* **nunca falta un ~ para un descosido** you can always find a companion in misfortune

**rotograbado** SM rotogravure

**rotonda** SF 1 (*Aut*) roundabout, traffic circle (*EEUU*)
2 (*Arquit*) rotunda, circular gallery
3 (*Ferro*) engine shed, roundhouse

**rotor** SM rotor

**rotoso*** ADJ 1 (*LAm*) (= *harapiento*) ragged, shabby
2 (*Andes, Cono Sur**) (= *ordinario*) low-life, common

**rótula** SF 1 (*Anat*) kneecap
2 (*Mec*) ball-and-socket joint

**rotulación** SF 1 (= *escritura*) labelling; (*en mapa etc*) lettering
2 (= *profesión*) sign painting

**rotulador** SM felt tip pen

**rotular** ▸conjug 1a◂ VT [+ *objeto*] to label, put a label on; [+ *carta, documento*] to head, entitle; [+ *mapa*] to letter, inscribe

**rotulata** SF labels *pl*, inscriptions *pl* (*collectively*)

**rotulista** SMF sign painter

**rótulo** SM 1 (= *letrero*) sign, notice; (= *cartel*) placard, poster ► **rótulo de salida** (*TV*) credits *pl* ► **rótulo luminoso** illuminated sign
2 (= *encabezamiento*) heading, title; (*en mapa*) lettering
3 (= *etiqueta*) label, ticket

➤ **rotundamente** ADV [*negar*] flatly, roundly; [*afirmar, expresar acuerdo*] emphatically

**rotundidad** SF 1 [*de negativa*] flatness; [*de victoria*] clearness, convincing nature
2 (= *redondez*) rotundity

**rotundo** ADJ 1 (= *terminante*) [*negativa*] flat; [*victoria*] clear, convincing; **me dio un "sí" ~** he gave me an emphatic "yes"
2 (= *redondo*) round

**rotura** SF 1 [*de objeto*] **varios autobuses sufrieron la ~ de cristales** a number of buses had their windscreens smashed *o* broken; **el seguro del coche cubre la ~ de cristales** the car insurance covers window breakage; **la explosión causó la ~ de la presa** the explosion caused the dam to break *o* burst *o* collapse; **la casa está sin agua por una ~ en las tuberías** the house has no water because of a broken pipe; **en la fotografía puede apreciarse la ~ del muro** in the photograph you can see where the wall is broken *o* the break in the wall
2 (*Med*) **la ~ del hueso se produjo en el momento de la caída** the bone broke at the moment of the fall; **ingresó por ~ de cadera** he was admitted for a broken hip; **ha sufrido una ~ de ligamentos** he has torn ligaments
3 (*en tela*) tear, rip

**roturación** SF breaking-up, ploughing, plowing (*EEUU*)

**roturar** ▸conjug 1a◂ VT (*Agr*) to break up, plough, plow (*EEUU*)

**rough** [ruf] SM **el ~** (*Golf*) the rough

**roulotte** [ru'lo] SF caravan, trailer (*EEUU*)

**round** [raun] SM (*pl* **rounds**) round

**roya** SF rust, blight

**royalty** SM (*pl* **royalties**) royalty

**roza** SF 1 (*Arquit*) groove, hollow (*in a wall*)
2 (*esp Cono Sur*) (= *hierbajos*) weeds *pl*
3 (*Méx*) (= *matas*) brush, stubble
4 (*Andes Agr*) planting in newly-broken ground
5 (*CAm*) (= *tierra limpia*) cleared ground

**rozado** ADJ worn, grazed

**rozador** SM (*Caribe*) machete

➤ LENGUA Y USO: **rotundamente** 39.3

**rozadura** SF (= *marca*) mark of rubbing, chafing mark; (*en la piel*) abrasion, graze

**rozagante** ADJ (*liter*) [1] [*vestido*] showy; (= *llamativo*) striking
[2] (= *ufano*) proud

**rozamiento** SM [1] (= *fricción*) rubbing, chafing; (*Mec*) friction
[2] **tener un ~ con algn*** to have a slight disagreement with sb

**rozar** ▸conjug 1f◂ Ⓐ VT [1] (= *tocar ligeramente*) **la rocé al pasar** I brushed past her; **estas botas me rozan los tobillos** these boots rub my ankles; **con esa falda vas rozando el suelo** your skirt is trailing on the floor; **la mesa ha rozado la pared** the table has scraped the wall; **la pelota rozó el poste** the ball shaved *o* grazed the post; **la flecha le rozó la oreja** the arrow grazed his ear; **la gaviota volaba rozando el mar** the seagull skimmed over the sea
[2] (= *acercarse a*) **debe estar rozando los 50** she must be getting on for 50; **su estilo de juego roza la perfección** his game is close to perfection; **es una cuestión que roza lo judicial** it's almost a judicial matter
[3] (*Arquit*) to make a groove *o* hollow in
[4] (*Agr*) [+ *hierba*] to graze; [+ *terreno*] to clear
Ⓑ VI **~ con algo: eso roza con la codicia** that's bordering *o* verging on greed
Ⓒ **rozarse** VPR [1] (= *tocarse ligeramente*) **se rozó conmigo al pasar** he brushed past me; **me rocé la rodilla con el muro** I grazed *o* scraped my knee on the wall
[2] (*) (= *tratarse*) **~se con algn** to hobnob with sb*, rub shoulders with sb
[3] (= *desgastarse*) [*cuello, puños*] to become frayed *o* worn
[4] (†) (= *tropezarse*) to trip over one's own feet; (*al hablar*) to get tongue-tied; **~se en un sonido** to stutter over a sound

**roznar**[1] ▸conjug 1a◂ VT, VI = **ronzar**

**roznar**[2] ▸conjug 1a◂ VI [*burro*] to bray

**roznido** SM bray, braying

**R.P.** ABR = **Reverendo Padre**

**r.p.m.** ABR (= **revoluciones por minuto**) rpm

**RRPP** ABR (= **relaciones públicas**) PR

**Rte.** ABR = **remite, remitente**

**RTVE** SF ABR = **Radiotelevisión Española**

**rúa** SF street

**Ruán** SM Rouen

**ruana** SF (*Andes, Caribe*) poncho, ruana

**ruandés/esa** ADJ, SM/F Rwandan

**ruanetas** SMF INV (*Col*) peasant

**ruano** ADJ, SM = **roano**

**rubeola** SF, **rubéola** SF German measles

**rubí** SM (= *piedra preciosa*) ruby; [*de reloj*] jewel

**rubia** SF [1] (*Esp*†*) (= *peseta*) peseta
[2] (*Aut*) estate car, station wagon (*EEUU*); *ver tb* **rubio**

**rubiales*** SMF INV blond/blonde, fair-haired person

**rubiato/a** Ⓐ ADJ fair, blond/blonde
Ⓑ SM/F fair-haired person, blond/blonde

**Rubicón** SM Rubicon; ✦*MODISMO* **pasar el ~** to cross the Rubicon

**rubicundo** ADJ [1] [*cara*] ruddy; [*persona*] ruddy-faced
[2] (= *rojizo*) reddish

**rubiez** SF (*liter*) blondness

**rubio/a** Ⓐ ADJ [1] [*persona*] fair-haired, blond/blonde; [*animal*] light-coloured, light-colored (*EEUU*), golden; **~ ceniza** ash-blond; **~ platino** platinum-blonde
[2] **tabaco ~** Virginia tobacco
Ⓑ SM Virginia tobacco
Ⓒ SM/F blond/blonde, fair-haired person
► **rubia ceniza** ash blonde ► **rubia de bote** peroxide blonde ► **rubia miel** honey blonde ► **rubia oxigenada** peroxide blonde ► **rubia platino** platinum blonde; *ver tb* **rubia**

**rublo** SM rouble

**rubor** SM [1] (*en cara*) blush, flush; **causar ~ a algn** to make sb blush
[2] (= *timidez*) bashfulness
[3] (= *color*) bright red

**ruborizado** ADJ (= *colorado*) blushing; (= *avergonzado*) ashamed

**ruborizante** ADJ blush-making

**ruborizar** ▸conjug 1f◂ Ⓐ VT to cause to blush, make blush
Ⓑ **ruborizarse** VPR to blush, redden (**de** at)

**ruboroso** ADJ (*frm*) [1] **ser ~** to blush easily
[2] **estar ~** (= *colorado*) to blush, be blushing; (= *avergonzado*) to feel bashful

**rúbrica** SF [1] (= *señal*) red mark
[2] [*de la firma*] flourish
[3] (= *título*) title, heading; **bajo la ~ de** under the heading of
[4] **de ~** customary, usual

**rubricar** ▸conjug 1g◂ VT [1] (= *firmar*) to sign with a flourish; [+ *documento*] to initial
[2] (= *concluir*) to sign and seal

**rubro** SM [1] (*LAm*) (= *título*) heading, title
[2] (*LAm Com*) ► **rubro social** trading name, firm's name
[3] (*LAm*) [*de cuenta*] heading

**ruca** SF [1] (*Cono Sur*) (= *cabina*) hut, Indian hut, cabin
[2] (*Méx*) (= *soltera*) old maid

**rucho** ADJ (*Andes*) [*fruta*] overripe

**rucio/a** Ⓐ ADJ [1] [*caballo*] grey, gray (*EEUU*); [*persona*] grey-haired, gray-haired (*EEUU*)
[2] (*Chile**) (= *rubio*) fair, blond/blonde
Ⓑ SM (= *caballo*) grey, gray (*EEUU*), grey horse, gray horse (*EEUU*)
Ⓒ SM/F (*Chile**) (= *rubio*) blond/blonde, blond/blonde person

**ruco** ADJ [1] (*LAm*) (= *usado*) worn-out, useless; (= *agotado*) exhausted
[2] (*Andes, Méx*) (= *viejo*) old

**ruda** SF rue

**rudamente** ADV [1] (= *tosco*) coarsely
[2] (= *sencillamente*) simply, plainly

**rudeza** SF [1] (= *tosquedad*) coarseness ► **rudeza de entendimiento** stupidity
[2] (= *sencillez*) simplicity

**rudimental** ADJ, **rudimentario** ADJ rudimentary

**rudimento** SM [1] (*Anat*) rudiment
[2] **rudimentos** (= *lo básico*) rudiments

**rudo** ADJ [1] [*madera*] rough; (= *sin pulir*) unpolished
[2] (*Mec*) [*pieza*] stiff
[3] [*persona*] (= *sencillo*) simple
[4] (= *tosco*) coarse
[5] [*golpe*] hard; **fue un ~ golpe para mí** it was a terrible blow for me

**rueca** SF distaff

**rueda** SF [1] (*Mec*) wheel; (= *neumático*) tyre, tire (*EEUU*); [*de mueble*] roller, castor; ✦*MODISMOS* **chupar ~** (*Ciclismo*) to tuck in; (= *aprovecharse*) to ride on sb's coattails; **ir sobre ~s*** (*en vehículo*) to go for a spin*; (= *marchar bien*) to go smoothly ► **rueda de agua** waterwheel ► **rueda de alfarero** potter's wheel ► **rueda de atrás** rear wheel, back wheel ► **rueda de cadena** sprocket wheel ► **rueda de la fortuna** wheel of fortune ► **rueda delantera** front wheel ► **rueda de molino** millwheel; ✦*MODISMO* **comulga con ~s de molino** he'd swallow anything ► **rueda dentada** cog ► **rueda de paletas** paddle wheel ► **rueda de recambio** spare wheel ► **rueda de trinquete** ratchet wheel ► **rueda hidráulica** waterwheel ► **rueda impresora** (*Inform*) print wheel ► **rueda libre** freewheel ► **rueda motriz** driving wheel ► **ruedas de aterrizaje** (*Aer*) landing wheels
[2] (= *círculo*) circle, ring; **en ~** in a ring ► **rueda de identificación** identification parade ► **rueda de prensa** press conference ► **rueda de reconocimiento** identification parade ► **rueda informativa** press conference
[3] (= *rodaja*) slice, round
[4] (*en torneo*) round
[5] (*Hist*) rack
[6] (= *pez*) sunfish
[7] [*de pavón*] spread tail; **hacer la ~** to spread its tail; ✦*MODISMO* **hacer la ~ a algn** to court sb; to play up to sb, ingratiate o.s. with sb
[8] **dar ~ (en)** (*Caribe Aut*) to drive (around)

**ruedecilla** SF (= *rueda pequeña*) small wheel; [*de mueble*] roller, castor

**ruedero** SM wheelwright

**ruedo** SM [1] (*Taur*) bullring, arena
[2] (*Pol*) ring
[3] (= *contorno*) edge, border; (= *circunferencia*) circumference; [*de vestido*] hem
[4] (= *esterilla*) mat, round mat
[5] (*Cono Sur*) (= *suerte*) luck, gambler's luck
[6] (= *rotación*) turn, rotation

**ruega** *etc ver* **rogar**

**ruego** SM request; **a ~ de** at the request of; **accediendo a los ~s de** in response to the requests of; **"~s y preguntas"** (*en una conferencia*) "any other business"

**rufián** SM [1] (= *gamberro*) hooligan; (= *canalla*) scoundrel
[2] (= *chulo*) pimp

**rufianería** SF, **rufianismo** SM [*de chulo*] pimping, procuring; (*Jur*) living off immoral earnings

**rufianesca** SF criminal underworld

**rufo** ADJ [1] (= *pelirrojo*) red-haired; (= *rizado*) curly-haired
[2] (*) (= *satisfecho*) smug, self-satisfied; (= *engreído*) cocky*, boastful

**rugbista** SMF rugby player

**rugby** ['rugbi] SM rugby

**rugido** SM roar ► **rugido de dolor** howl *o* roar of pain ► **rugido de tripas** stomach rumblings *pl*, collywobbles* *pl*

**rugir** ▸conjug 3c◂ VI [1] [*león etc*] to roar; [*toro*] to bellow; [*mar*] to roar; [*tormenta, viento*] to roar, howl, rage; [*estómago*] to rumble; [*persona*] to roar; **~ de dolor** to roar *o* howl with pain
[2] (‡) (= *oler mal*) to pong*, stink

**rugosidad** SF roughness

**rugoso** ADJ [1] (= *áspero*) rough
[2] (= *arrugado*) wrinkled, creased

**ruibarbo** SM rhubarb

**ruido** SM [1] (= *sonido*) noise; **¿has oído ese ~?** did you hear that noise?; **no hagas tanto ~** don't make so much noise; **no hagas ~, que el niño está durmiendo** don't make a sound, the baby's sleeping; **me hace ~ el estómago*** my stomach is rumbling; **lejos del mundanal ~** (*hum o liter*) far from the madding crowd (*liter*); **sin ~** quietly; ✦*MODISMOS* **mucho ~ y pocas nueces** much ado about nothing; **es más el ~ que las nueces**: **prometieron reformas para este año, pero era más el ~ que las nueces** they promised reforms for this year, but it was all hot air; **los grandes beneficios anunciados son más el ~ que las nueces** the large profits they announced are not all what they were cracked up to be ► **ruido blanco** white noise ► **ruido de fondo** background noise ► **ruido de sables**: **en los cuarteles se oye ~ de sables** there's talk of rebellion in the ranks
[2] (= *escándalo*) **hacer** *o* **meter ~** to cause a stir; **quitarse de ~s** to keep out of trouble

**ruidosamente** ADV [1] (= *estrepitosamente*) noisily, loudly
[2] (= *de manera sensacionalista*) sensationally

**ruidoso** ADJ [1] (= *estrepitoso*) noisy
[2] [*noticia*] sensational

**ruin** ADJ [1] (= *vil*) [*persona*] contemptible, mean
[2] [*trato*] (= *injusto*) mean, shabby; (= *cruel*) heartless, callous
[3] (= *tacaño*) mean, stingy
[4] (= *pequeño*) small, weak
[5] [*animal*] vicious

**ruina** SF [1] (*Fin*) ruin; **estaba al borde de la ~** he was on the brink of (financial) ruin; **la empresa le llevó a la ~** the venture ruined him (financially); **estar en la ~** to be ruined; **tanto gastar en viajes va a ser mi ~** spending all this money on travel is going to cost me a fortune
[2] [*de edificio*] collapse; **amenazar ~** to threaten to collapse, be about to fall down
[3] [*de imperio*] fall, decline; [*de persona*] ruin, downfall; **el alcohol va a ser mi ~** alcohol will be the ruin of me, alcohol will be my downfall; **esto contribuyó a su ~ política** this contributed to his political downfall
[4] (= *persona ajada*) **estar hecho una ~** to be a wreck, look a wreck
[5] **ruinas** ruins; **han descubierto unas ~s romanas** they have discovered some Roman ruins; **el castillo está en ~s** the castle is in ruins
[6] (*Jur*‡) bird‡, prison sentence

**ruindad** SF [1] (= *cualidad*) meanness, lowness
[2] (= *acto*) low act, mean act

**ruinoso** ADJ [1] (*Arquit*) ruinous; (= *destartalado*) tumbledown
[2] (*Fin*) ruinous, disastrous

**ruiseñor** SM nightingale

**rula** SF (*Andes, CAm*) hunting knife

**rular‡** ▸conjug 1a◂ VT to pass round

**rulemán** SM (*Cono Sur*) ball-bearing, roller bearing

**rulenco** ADJ (*Cono Sur*), **rulengo** ADJ (*Cono Sur*) weak, underdeveloped

**rulero** SM (*Andes*) hair curler, roller

**ruleta** SF roulette ► **ruleta rusa** Russian roulette

**ruletear** ▸conjug 1a◂ VI (*CAm, Méx*) to drive a taxi, drive a cab

**ruleteo** SM (*CAm, Méx*) taxi driving, cab driving

**ruletero** SM (*CAm, Méx*) taxi driver, cab driver

**rulo**[1] SM [1] (= *rodillo*) roller; (*Culin*) rolling pin
[2] [*de pelo*] curler
[3] (= *pelota*) ball, round mass
[4] (*Andes, Cono Sur*) (= *rizo*) natural curl

**rulo**[2] SM (*Cono Sur*) (= *terreno*) well-watered ground

**rulota** SF caravan, trailer (*EEUU*)

**ruma** SF (*LAm*) heap, pile

**Rumanía** SF, **Rumania** SF Romania

**rumano/a** Ⓐ ADJ, SM/F Rumanian, Romanian
Ⓑ SM (*Ling*) Rumanian, Romanian

**rumba**[1] SF [1] (*Mús*) rumba
[2] (*LAm*) (= *fiesta*) party, celebration

**rumba**[2] SF (*Cono Sur*) = **ruma**

**rumbar** ▸conjug 1a◂ Ⓐ VT (*LAm*) to throw
Ⓑ VI [1] (*Andes*) (= *zumbar*) to buzz
[2] (*Andes, Cono Sur*) (= *orientarse*) to get one's bearings
Ⓒ **rumbarse** VPR (*Andes*) to make off, go away

**rumbeador** SM (*Andes, Cono Sur*) pathfinder, tracker

**rumbear** ▸conjug 1a◂ VI [1] (*LAm Mús*) to dance the rumba
[2] (*LAm*) (= *seguir*) to follow a direction; (= *orientarse*) to find one's way, get one's bearings
[3] (*Cuba**) (= *ir de rumba*) to have a party
[4] (*Méx*) (*en bosque*) to clear a path (through the undergrowth)

**rumbero** Ⓐ ADJ [1] (*Andes, Cono Sur*) (= *rumbeador*) tracking, pathfinding
[2] (*Caribe*) [*juerguista*] party-going, fond of a good time
Ⓑ SM (*Andes*) (*en bosque*) pathfinder, guide; [*de río*] river pilot

**rumbo**[1] SM [1] (= *dirección*) (*Aer, Náut*) course; **corregir el ~** to correct one's course; **perder el ~** (*Aer, Náut*) to go off course; **poner ~ a** to set a course for; **con ~ a**: **acababa de despegar con ~ a Rumanía** it had just taken off for Romania; **zarparon con ~ sur** they set a southerly course; **sin ~ (fijo)** [*pasear*] aimlessly; [*viajar*] with no fixed destination; **una existencia sin ~** an aimless existence
[2] (= *tendencia*) **los acontecimientos han tomado un nuevo ~** events have taken a new turn; **los nuevos ~s de la estrategia occidental** the new lines of western strategy
[3] (= *generosidad*) generosity, lavishness; **de mucho ~** = **rumboso**; **viajar con ~** to travel in style
[4] (*LAm*) (= *fiesta*) party
[5] (*Cono Sur*) (= *herida*) cut (on the head)

**rumbo**[2] SM (*Andes Orn*) hummingbird

**rumbón*** ADJ = **rumboso**

**rumbosidad** SF lavishness

**rumboso** ADJ [1] [*persona*] (= *generoso*) generous; (= *espléndido*) big, splendid
[2] [*regalo*] lavish; [*boda, fiesta*] big, showy

**rumia** SF, **rumiación** SF rumination

**rumiante** ADJ, SM ruminant

**rumiar** ▸conjug 1b◂ Ⓐ VI [1] [*rumiante*] to chew the cud
[2] (= *considerar*) to ruminate, ponder; (*pey*) to take too long to make up one's mind
Ⓑ VT [1] (= *masticar*) to chew
[2] [+ *asunto*] to chew over

**rumor** SM [1] (= *noticia vaga*) rumour, rumor (*EEUU*); **circula** *o* **corre el ~ de que ...** there's a rumour going round that ...
[2] (= *murmullo*) murmur; [*de voces*] buzz

**rumoreado** ADJ rumoured, rumored (*EEUU*)

**rumorearse** ▸conjug 1a◂ VPR **se rumorea que** it is rumoured *o* (*EEUU*) rumored that

**rumoreo** SM murmur, murmuring

**rumorología** SF rumours *pl*, rumors *pl* (*EEUU*)

**rumorólogo/a** SM/F scandalmonger

**rumorosidad** SF noise level

**rumoroso** ADJ (*liter*) murmuring; [*arroyo*] babbling

**runa**[1] SF rune

**runa**[2] SM (*Andes, Cono Sur*) Indian, Indian man

**runa simi** SM (*Andes*) Quechua, Quechua language

**runcho** ADJ [1] (*Andes*) (= *ignorante*) ignorant; (= *obstinado*) stubborn
[2] (*CAm*) (= *tacaño*) mean

**rundir** ▸conjug 3a◂ (*Méx*) Ⓐ VT (= *guardar*) to keep; (= *ocultar*) to hide, put away
Ⓑ VI to become drowsy
Ⓒ **rundirse** VPR to fall fast asleep

**rundún** SM (*Cono Sur*) hummingbird

**runfla*** SF (*LAm*), **runflada*** SF (*LAm*) (= *montón*) lot, heap; (= *multitud*) crowd; (= *pandilla*) gang, gang of kids*

**rúnico** ADJ runic

**runrún** SM [1] [*de voces*] murmur
[2] (= *rumor*) rumour, rumor (*EEUU*), buzz*
[3] [*de una máquina*] whirr

**runrunearse** ▸conjug 1a◂ VPR **se runrunea que ...** the rumour *o* (*EEUU*) rumor is that ...

**runruneo** SM = **runrún 1**

**ruñir** ▸conjug 3h◂ VT, VI (*Andes, Méx*) = **roer**; (*Caribe*) = **roer 1, 2**

**rupestre** ADJ rock *antes de s*; **pintura ~** cave painting; **planta ~** rock plant

**rupia** SF (= *moneda*) rupee

**ruptor** SM contact breaker

**ruptura** SF [1] [*de cable, cerco*] **tenemos que encontrar el punto de ~ del cable** we need to find the point where the cable broke; **la ofensiva de ~ del cerco de Sarajevo** the attack to break the siege of Sarajevo
[2] (= *interrupción*) [*de pacto, contrato*] breaking; [*de relaciones, negociaciones*] breaking-off; **la construcción de la autopista puede llevar a la ~ del equilibrio ecológico** the construction of the motorway could upset the ecological balance; **el incidente causó la ~ de los lazos políticos entre ambos países** the incident led to the breaking-off of diplomatic ties between the two countries
[3] (= *disolución*) break-up; **la ~ de la unidad familiar** the break-up of the family unit; **los motivos de su ~ matrimonial** the reasons for the break-up of their marriage; **la ~ de la coalición electoral** the break-up of the electoral coalition
[4] (= *división*) split, rupture (*frm*); **las diferencias entre ambos líderes pueden provocar una ~ interna** the differences between the

two leaders could cause an internal split *o* (*frm*) a rupture within the party

5 (*con el pasado*) break; **este cambio supone una ~ con todo lo anterior** this change means a break with everything that went before

6 (*Tenis*) break; **seis puntos de ~** six break points ► **ruptura de servicio** break of service, service break

**rural** Ⓐ ADJ rural

Ⓑ SF (*Arg Aut*) estate car, station wagon (*EEUU*)

Ⓒ SM **los ~es** (*Méx Hist*) (= *la policía*) the rural police

**Rusia** SF Russia ► **Rusia Soviética** Soviet Russia

**ruso/a** Ⓐ ADJ Russian

Ⓑ SM/F 1 (= *de Rusia*) Russian; **los Rusos** the Russians, the people of Russia

2 (*Arg**) Jew

Ⓒ SM (*Ling*) Russian

**rústica** SF **libro en ~** paperback (book); **edición (en) ~** paperback edition; *ver tb* **rústico**

**rusticidad** SF 1 (= *calidad*) rusticity, rural character

2 (= *tosquedad*) coarseness, uncouthness; (= *grosería*) crudity; (= *descortesía*) bad manners *pl*, unmannerliness

**rústico/a** Ⓐ ADJ 1 (= *del campo*) rustic, rural, country *antes de s*

2 (= *tosco*) coarse, uncouth; (= *grosero*) crude; (= *descortés*) unmannerly

Ⓑ SM/F peasant, yokel, hillbilly (*EEUU*); *ver tb* **rústica**

**rustidera** SF roasting tin

**ruta** SF 1 [*de un viaje*] route

2 (= *camino*) ► **ruta aérea** air route, airway ► **ruta de la seda** silk route, silk road ► **Ruta Jacobea** Way of St James (*pilgrim road to Santiago de Compostela*)

3 (*Cono Sur*) (= *carretera*) road

**rutero/a** Ⓐ ADJ road *antes de s*

Ⓑ SM/F 1 (= *camionero*) truck driver

2 (*Esp*) (*de fin de semana*) raver

**rutilancia** SF sparkle

**rutilante** ADJ (*liter*) shining, sparkling, glowing

**rutilar** ▸conjug 1a◂ VI (*liter*) to shine, sparkle

**rutina** SF routine; **por ~** from force of habit ► **rutina diaria** daily routine

**rutinariamente** ADV (= *de manera rutinaria*) in a routine way; (= *sin imaginación*) unimaginatively

**rutinario** ADJ 1 [*procedimiento*] routine; (= *de cada día*) ordinary, everyday

2 [*persona*] ordinary; (= *sin imaginación*) unimaginative; [*creencia*] unthinking, automatic

**rutinizarse** ▸conjug 1f◂ VPR to become routine, become normal

**Rvdo.** ABR (= **Reverendo**) Rev, Revd

# S s

**S, s** ['ese] SF (= *letra*) S, s

**S** ABR **1** (= **sur**) S
**2** (= **septiembre**) Sept
**3** (= **sobresaliente**) v.g.
**4** (*Cine*) **película S** pornographic film

**S.** ABR (*Rel*) (= **San, Santa, Santo**) St

**s.** ABR **1** (= **siglo**) c
**2** (= **siguiente**) foll.

**s/** ABR (*Com*) (= **su, sus**) yr

**S.ª** ABR (= **Sierra**) Mts

**S.A.** ABR **1** (*Com*) (= **Sociedad Anónima**) Ltd, plc, Corp (*EEUU*), Inc (*EEUU*)
**2** (= **Su Alteza**) HH

**sáb.** ABR (= **sábado**) Sat

**sábado** SM **1** (= *día de la semana*) Saturday; **del ~ en ocho días** Saturday week, a week on Saturday, the Saturday after next; **el ~ pasado** last Saturday; **el ~ próximo** *o* **que viene** this *o* next Saturday; **el ~ por la mañana** (on) Saturday morning; **la noche del ~** (on) Saturday night; **un ~ sí y otro no** ◊ **cada dos ~s** every other *o* second Saturday; **no va al colegio los ~s** he doesn't go to school on Saturdays; **vendrá el ~ (25 de marzo)** he will come on Saturday (March 25th) ► **Sábado de Gloria**, **Sábado Santo** Easter Saturday
**2** (*Rel*) [*de los judíos*] Sabbath
**3** ✦*MODISMO* **hacer ~** to do the weekly clean

**sábalo** SM shad

**sabana** SF savannah

**sábana** SF **1** [*de cama*] sheet; **la Sábana Santa de Turín** the Holy Shroud of Turin; ✦*MODISMOS* **encontrar las ~s*** to hit the hay*; **se le pegan las ~s** he oversleeps; **ponerse en la ~** to strike it lucky ► **sábana de agua** sheet of rain
**2** (*Rel*) altar cloth
**3** (*‡*) (= *dinero*) 1000-peseta note; **media ~** 500-peseta note ► **sábana verde** 1000-peseta note

**sabandija** SF **1** (= *animal*) bug, creepy-crawly*; **~s** vermin *sing*
**2** (*) (= *persona*) louse*
**3** (*Arg**) (= *diablillo*) rascal

**sabanear** ▸conjug 1a◂ Ⓐ VT **1** (*CAm*) (= *agarrar*) to catch
**2** (*CAm*) (= *halagar*) to flatter
**3** (*CAm, Caribe*) (= *perseguir*) to pursue, chase
Ⓑ VI (*LAm*) (= *recorrer la sabana*) to travel across a plain; (= *reunir el ganado*) to round up cattle on the savannah, scour the plain for cattle

➤ LENGUA Y USO: **saber A4** 42.4, 43.4

**sabanero/a** (*LAm*) Ⓐ ADJ (= *de la sabana*) savannah *antes de s*, of/from the savannah
Ⓑ SM/F plainsman/plainswoman
Ⓒ SM (*CAm*) (= *matón*) bully, thug

**sabanilla** SF **1** (*Rel*) altar cloth
**2** (*Cono Sur*) (= *colcha*) bedspread

**sabañón** SM chilblain

**sabara** SF (*Caribe*) light mist, haze

**sabatario/a** ADJ, SM/F sabbatarian

**sabateño** SM (*Caribe*) boundary stone

**sabático** ADJ **1** (*Rel, Univ*) sabbatical
**2** (= *del sábado*) Saturday *antes de s*

**sabatino** ADJ Saturday *antes de s*

**sabedor** ADJ **ser ~ de algo** to know about sth

**sabelotodo*** SMF INV know-all*, know-it-all (*EEUU**)

▼**saber** ▸conjug 2m◂ Ⓐ VT **1** (= *tener conocimiento de*) **1·1** [+ *dato, información*] to know; **no sabía que era tu cumpleaños** I didn't know it was your birthday; **sé que me has mentido** I know you've lied to me; **lo sé** I know; **sin ~lo yo** without my knowledge, without me knowing; **hacer ~ algo a algn** to inform sb of sth, let sb know about sth; **quiero hacerle ~ que …** I would like to inform *o* advise you that …; **el motivo de esta carta es hacerle ~ que …** I am writing to inform *o* advise you that …
**1·2** (*locuciones*) **a ~** namely; **dos planetas, a ~, Venus y la Tierra** two planets, namely Venus and Earth; **a ~ si realmente lo compró** I wonder whether he really did buy it; **a ~ dónde lo tiene guardado** I wonder where he has it hidden away; **anda a ~** (*LAm*) = **vete a saber**; **demasiado bien sé que …** I know only too well that …; **¡no lo sabes bien!*** not half!*; **cualquiera sabe si …** it's anybody's guess whether …; **¡de haberlo sabido!** if only I'd known!; **lo dudo, pero nunca se sabe** I doubt it, but you never know; **para que lo sepas** let me tell you, for your information; **que yo sepa** as far as I know; **que sepamos** as far as we know; **un no sé qué** a certain something; **un no sé qué de afectado** a certain (element of) affectation; **¡quién sabe!** who knows!; **¿quién sabe?** who knows?, who can tell?, who's to say?; **¡si lo sabré yo!** I should know!; **tú sabrás (lo que haces)** I suppose you know (what you're doing); **¿tú qué sabes?** what do you know about it?; **¡vete a ~!** God knows!; **¡vete a ~ de dónde ha venido!** goodness only knows where he came from!; **vete tú a ~** your guess is as good as mine; **ya lo sabía yo** I thought as much; **¡yo qué sé!, ¡qué sé yo!** how should I know!, search me!*; ✦*MODISMOS* **cada uno sabe dónde le aprieta el zapato** everyone knows their own weaknesses; **no sabía dónde meterse** he didn't know what to do with himself; **no ~ ni papa** not to know the first thing about sth; *ver tb* **Brijá̃n**
**2** (= *enterarse de*) to find out; **en cuanto lo supimos fuimos a ayudarle** as soon as we found out, we went to help him; **cuando lo supe** when I heard *o* found out about it; **lograron ~ el secreto** they managed to learn the secret
**3** (= *tener noticias*) to hear; **desde hace seis meses no sabemos nada de él** we haven't heard from him for six months
**4** (= *tener destreza en*) **¿sabes ruso?** do you speak Russian?, can you speak Russian?; **no sé nada de cocina** I don't know anything about cookery, I know nothing about cookery; **~ hacer algo**: **sabe cuidar de sí mismo** he can take care of himself, he knows how to take care of himself; **¿sabes nadar?** can you swim?; **saben tratar muy bien al forastero** they know how to look after visitors; **¿sabes ir?** do you know the way?; **todavía no sabe orientarse por la ciudad** he still doesn't know his way around town; **pocos campeones saben perder** few champions are good losers; **es una persona que sabe escuchar** she's a good listener
**5** (*LAm*) **~ hacer** to be in the habit of doing; **no sabe venir por aquí** he doesn't usually come this way, he's not in the habit of coming along here
Ⓑ VI **1** (= *tener conocimiento*) **~ de algo** to know of sth; **sabe mucho de ordenadores** he knows a lot about computers; **sé de un sitio muy bueno** I know of a very good place; **hace mucho que no sabemos de ella** it's quite a while since we heard from her, we haven't had any news from her for quite a while
**2** (= *estar enterado*) to know; **costó muy caro, ¿sabe usted?** it was very expensive, you know; **un 5% no sabe, no contesta** there were 5% "don't knows"
**3** (= *tener sabor*) to taste; **no sabe demasiado bien** it doesn't taste too good; **sabe un poco amargo** it tastes rather bitter; **~ a** to taste of; **esto sabe a queso** this tastes of cheese; **esto sabe a demonio(s)** this tastes awful; ✦*MODISMO* **~le mal a algn**: **me supo muy mal lo que hicieron** I didn't like what they did, I wasn't pleased *o* didn't feel good

about what they did; **no me sabe mal que un amigo me gaste bromas** I don't mind a friend playing jokes on me, it doesn't bother me having a friend play jokes on me

Ⓒ **saberse** VPR [1] (*uso enfático*) **eso ya me lo sabía yo** I already knew that; **se lo sabe de memoria** she knows it by heart; ✦***MODISMO*** **se las sabe todas*** he knows every trick in the book*

[2] (*uso impersonal*) [2·1] (= *ser conocido*) **ya se sabe que ...** it is known that ..., we know that ...; **no se sabe** nobody knows, it's not known; **no se saben las causas** the causes are not known *o* are unknown; **¿se puede ~ si ...?** can you tell me if *o* whether ...?; **¿quién es usted, si se puede ~?** who are you, may I ask?; **sépase que ...** let it be known that ...; **nunca más se supo de ellos** they were never heard of again

[2·2] (= *ser descubierto*) **se supo que ...** it was learnt *o* discovered that ...; **por fin se supo el secreto** finally the secret was revealed

[3] (*de uno mismo*) **se saben héroes** they know they are heroes

Ⓓ SM knowledge, learning; **según mi leal ~ y entender** (*frm*) to the best of my knowledge ► **saber hacer** (*Téc*) know-how; (*Literat*) savoir-faire ► **saber popular** folk wisdom

**SABER**

Por regla general, si **saber** va seguido de un infinitivo, se traduce por **can** cuando indica una habilidad permanente y por **know how** cuando se trata de la capacidad de resolver un problema concreto. La construcción correspondiente habrá de ser **can** + INFINITIVO *sin* **to** *o* **know how** + INFINITIVO *con* **to**:

Jaime sabe tocar el piano

***Jaime can play the piano***

¿Sabes cambiar una rueda?

***Do you know how to change a wheel?***

**NOTA:** Hay que tener en cuenta que **know** (sin **how**) nunca puede ir seguido directamente de un infinitivo en inglés.

*Para otros usos y ejemplos ver la entrada.*

**sabiamente** ADV [1] (= *eruditamente*) learnedly, expertly

[2] (= *prudentemente*) wisely, sensibly

**sabichoso*** ADJ (*Caribe*) = **sabihondo**

**sabidillo/a*** SM/F know-all*, know-it-all (*esp EEUU**)

**sabido** Ⓐ PP *de* **saber**; **es ~ que** it is well known that; **como es ~** as we all know

Ⓑ ADJ [1] (= *consabido*) well-known, familiar

[2] (*iró*) [*persona*] knowledgeable, learned

[3] **de ~** (= *por supuesto*) for sure, certainly

[4] (*Andes*) (= *travieso*) mischievous, saucy

**sabiduría** SF (= *saber*) wisdom; (= *instrucción*) learning ► **sabiduría popular** folklore

**sabiendas: a ~** ADV (= *sabiendo*) knowingly; (= *a propósito*) deliberately; **a ~ de que ...** knowing full well that ...

**sabihondo/a** ADJ, SM/F know-all*, know-it-all (*esp EEUU**)

**sabio/a** Ⓐ ADJ [1] [*persona*] (= *docto*) learned; (= *juicioso*) [*persona*] wise, sensible; ✦***MODISMO*** **más ~ que Salomón** wiser than Solomon

[2] [*acción, decisión*] wise, sensible

[3] [*animal*] trained

Ⓑ SM/F (= *docto*) learned man/learned woman; (= *experto*) scholar, expert; **¡hay que escuchar al ~!** (*iró*) just listen to the professor!; ✦***REFRÁN*** **de ~s es rectificar** it takes a wise man to recognize that he was wrong

**sabiondo/a** ADJ, SM/F = **sabihondo**

**sablazo** SM [1] (= *herida*) sword wound; (= *golpe*) sabre slash, saber slash (*EEUU*)

[2] (*) (= *gorronería*) sponging*, scrounging*; **dar** *o* **pegar un ~ a algn** (*en tienda, restaurante*) to rip sb off*; (*al pedir dinero*) to touch sb for a loan*; **vivir de ~s** to live by sponging *o* scrounging*; **la cuenta fue un ~*** the bill was astronomical

**sable¹** SM (= *arma*) sabre, cutlass, saber (*EEUU*)

**sable²** SM (*Heráldica*) sable

**sablear*** ▸conjug 1a◂ VT **~ dinero a algn** to scrounge money from *o* off sb*; **~ algo a algn** to scrounge sth from *o* off sb*

**sablista*** SMF sponger*, scrounger*

**sabor** SM taste, flavour, flavor (*EEUU*); **con ~ a queso** cheese-flavoured; **este caramelo tiene ~ a naranja** this sweet tastes of orange, this sweet's orange-flavoured; **con un ligero ~ arcaico** with a slightly archaic flavour (to it); **sin ~** tasteless; (*fig*) insipid; ✦***MODISMO*** **le deja a uno mal/buen ~ de boca** it leaves a nasty/pleasant taste in the mouth ► **sabor local** local colour, local color (*EEUU*)

**saborcillo** SM slight taste

**saborear** ▸conjug 1a◂ Ⓐ VT [1] [+ *comida*] (*apreciando el sabor*) to savour, savor (*EEUU*); (= *probar*) to taste

[2] (= *dar sabor a*) to flavour, flavor (*EEUU*)

[3] (= *deleitarse con*) [+ *venganza, momento, triunfo, victoria*] to relish, savour, savor (*EEUU*); [+ *desgracia ajena*] to delight in

Ⓑ **saborearse** VPR to smack one's lips (in anticipation); **~se algo** (*fig*) to relish the thought of sth

**saborete** SM slight taste

**saborizante** SM flavouring, flavoring (*EEUU*)

**sabotaje** SM sabotage ► **sabotaje industrial** industrial sabotage

**saboteador(a)** SM/F saboteur

**sabotear** ▸conjug 1a◂ VT to sabotage

**Saboya** SF Savoy

**saboyano/a** Ⓐ ADJ of/from Savoy

Ⓑ SM/F native/inhabitant of Savoy; **los ~s** the people of Savoy

**sabré** *etc ver* **saber**

**sabrosera** SF (*LAm*) tasty thing, titbit

**sabroso** ADJ [1] [*comida*] tasty, delicious

[2] (= *agradable*) [*libro*] solid, meaty; [*oferta*] substantial; [*sueldo*] fat

[3] [*broma, historia*] racy, daring

[4] (*Andes, Caribe, Méx*) (= *ameno*) pleasant

[5] (*Andes, Caribe, Méx*) (= *parlanchín*) talkative

[6] (*Méx*) (= *fanfarrón*) bigheaded, stuck-up*

**sabrosón*** ADJ [1] (*LAm*) = **sabroso 1**

[2] (*Andes*) (= *parlanchín*) talkative, chatty

**sabrosura** SF (*LAm*) [1] [*de comida*] tastiness

[2] (= *lo agradable*) pleasantness, delightfulness, sweetness

[3] (= *placer*) delight, enjoyment

**sabueso** Ⓐ SM (*Zool*) bloodhound

Ⓑ SMF (= *detective*) sleuth*

**saburra** SF fur (*on tongue*)

**saburroso** ADJ coated, furred

**saca¹** SF [1] (= *saco*) big sack ► **saca de correo, saca de correos** mailbag

[2] (*LAm*) [*de ganado*] herd of cattle, moving herd of cattle

**saca²** SF (= *acción*) (*gen*) taking out, withdrawal; (*Com*) export; **estar de ~** (*Com*) to be on sale; [*mujer*] to be of marriageable age ► **saca carcelaria** illegal removal of a prisoner from prison (for execution)

**sacabocados** SM INV punch (*for making holes*)

**sacabotas** SM INV bootjack

**sacabuche** SM sackbut

**sacabullas*** SM INV (*Méx*) bouncer*

**sacaclavos** SM INV nail-puller, pincers *pl*

**sacacorchos** SM INV corkscrew

**sacacuartos** SM INV = **sacadineros**

**sacada** SF (*Andes, Cono Sur*) = **sacadura**

**sacadera** SF landing-net

**sacadineros*** SM INV [1] (= *baratija*) cheap trinket

[2] (= *diversión*) *money-wasting spectacle, worthless sideshow etc*

[3] (= *persona*) cheat

**sacador(a)** SM/F server

**sacadura** SF (*Andes, Cono Sur*) extraction

**sacafaltas** SMF INV faultfinder

**sacamuelas*** SMF INV [1] (*hum*) (= *dentista*) tooth-puller

[2] (= *parlanchín*) chatterbox*

**sacaniguas** SM INV (*Andes*) squib, Chinese cracker

**sacaperras*** SMF INV con artist*

**sacapuntas** SM INV pencil sharpener

**sacar**

▸conjug 1g◂

[A] VERBO TRANSITIVO [C] VERBO PRONOMINAL

[B] VERBO INTRANSITIVO

*Para las expresiones* ***sacar adelante, sacar brillo, sacar algo en claro, sacar los colores a algn, sacar faltas a algo, sacar algo en limpio, sacar provecho, sacar a relucir,*** *ver la otra entrada.*

Ⓐ VERBO TRANSITIVO

[1] [= ***poner fuera***] to take out, get out; **sacó el revólver y disparó** he drew his revolver and fired, he took *o* got his revolver out and fired; **he sacado las toallas al sol** I've put the towels out to dry in the sun; **saca la basura, por favor** please put *o* take the rubbish out; **~on a los rehenes por la ventana** they got the hostages out through the window; **~ a algn a bailar** to get sb up for a dance; **~ algo/a algn de: sacó toda su ropa del armario** she took all his clothes out of the wardrobe, she removed all his clothes from the wardrobe; **sacó el regalo del paquete** he removed the present from its wrapping; **voy a ~ dinero del cajero** I'm going to take *o* get some money out of the machine; **quiero ~ un libro de la biblioteca** I want to get a book out of the library; **¡sacadme de aquí!** get me out of here!; **nunca saca a su mujer de casa** he never takes his wife out; **mañana sacan a dos terroristas de cárcel** tomorrow two terrorists will be released from jail; **~ a pasear a algn** to take sb (out) for a walk; **saqué al perro a pasear** I took the dog (out) for a walk; ✦***MODISMO*** **~ a algn de sí** to drive sb mad

[2] [***de una persona***] [+ *diente*] to take out; **me han sacado una muela** I've had a tooth (tak-

en) out; **¡deja ese palo, que me vas a ~ un ojo!** stop playing with that stick, you're going to poke my eye out!; **~ sangre a algn** to take blood from sb

[3] *[con partes del cuerpo]* to stick out; **saca la lengua** stick your tongue out; **~ la lengua a alguien** to stick one's tongue out at sb; **~ la barbilla** to stick one's chin out; **saca la mano si vas a aparcar** stick your hand out if you're going to park; *ver tb* **pecho[1] 1**

[4] *[= obtener]* [4·1] [+ *notas, diputados*] to get; **siempre saca buenas notas** he always gets good marks; **han sacado 35 diputados** they have had 35 members (elected); **¿y tú qué sacas con denunciarlo a la policía?** and what do you get out of *o* gain from reporting him to the police?; **no consiguió ~ todos los exámenes en junio** (*Esp*) she didn't manage to pass *o* get all her exams in June; **sacó un seis** (*con dados*) he threw a six

[4·2] [+ *dinero*] **lo hago para ~ unas pesetas** I do it to earn *o* make a bit of money; **sacó el premio gordo** he got *o* won the jackpot; **sacamos una ganancia de ...** we made a profit of ...

[4·3] [+ *puesto*] to get; **sacó la plaza de enfermera** she got the nursing post

[4·4] [+ *información*] to get; **los datos están sacados de dos libros** the statistics are taken *o* come from two books; **¿de dónde has sacado esa idea?** where did you get that idea?; **¿de dónde has sacado esa chica tan guapa?** where did you get *o* find such a beautiful girlfriend?

[4·5] **~ algo de** [+ *fruto, material*] to extract sth from; **sacan aceite de las almendras** they extract oil from the almonds; **han sacado petróleo del desierto del Sáhara** they have extracted oil from the Sahara desert

[4·6] **~ algo a algn** to get sth out of sb; **no conseguirán ~le nada** they won't get anything out of him; **le ~on millones a base de chantajes** they got millions out of him by blackmailing him; **le ~on toda la información que necesitaban** they got all the information they needed from *o* out of him

[4·7] [+ *conclusión*] to draw; **¿qué conclusión se puede ~ de todo esto?** what can be concluded from all of this?, what conclusion can be drawn from all of this?; **lo que se saca de todo esto es que ...** the conclusion to be drawn from all this is that ...

[4·8] [+ *característica*] **ha sacado el pelo rubio de su abuela** she gets her blonde hair from her grandmother

[5] *[= comprar]* [+ *entradas*] to get; **yo ~é los billetes** I'll get the tickets

[6] *[= lanzar]* [+ *modelo nuevo*] to bring out; [+ *libro*] to bring out, publish; [+ *disco*] to release; [+ *moda*] to create; **han sacado sus nuevos productos al mercado** they have brought out their new product range; **ya han sacado las nuevas monedas de una peseta** the new one-peseta coins are out

[7] *[= hacer]* [+ *foto*] to take; [+ *copia*] to make; **te voy a ~ una foto** I'm going to take a photo of you; **esta cámara saca buenas fotos** this camera takes good photos

[8] *[= resolver]* **no conseguí ~ el problema** I couldn't solve the problem

[9] *[= mostrar]* **le han sacado en el periódico** he was in the paper; **los ~on en la tele** they were on TV; **no me sacó en la foto** he missed me out of the photo; **estamos sacando anuncios en TV** we're running some adverts on TV

[10] *[= mencionar]* **no me saques ahora eso** don't come to me with that now

[11] *[esp LAm = quitar]* [+ *ropa*] to take off; [+ *mancha*] to get out *o* off, remove (*frm*); **~ la funda a un fusil** to take the cover off a rifle

[12] *[= aventajar en]* **al terminar la carrera le sacaba 10 metros al adversario** he finished the race 10 metres ahead of his rival; **le saca 10cm a su hermano** he is 10cm taller than his brother

[13] *[= salvar]* to get out; **nos sacó de esa penosa situación** she got us out of that difficult situation; *ver tb* **apuro 1**

[14] *[= poner]* [+ *apodo, mote*] to give

[15] *[Dep]* [15·1] (*Tenis*) to serve

[15·2] (*Ftbl*) **saca el balón Kiko** (*en saque de banda*) the throw-in is taken by Kiko; (*en falta*) Kiko takes the free kick; **~ una falta** to take a free kick

[16] *[Cos]* [+ *prenda de vestir*] (= *ensanchar*) to let out; (= *alargar*) to let down

[17] *[Naipes]* to play

Ⓑ VERBO INTRANSITIVO

[1] *[Tenis]* to serve

[2] *[Ftbl]* (*en córner, tiro libre*) to take the kick; (*en saque de banda*) to take the throw-in; **después de marcar un gol, saca el contrario** after a goal has been scored, the opposing team kicks off

Ⓒ **sacarse** VERBO PRONOMINAL

[1] *[= extraer]* [+ *objeto*] to take out; [+ *diente*] to have out; **se sacó la mano del bolsillo** he took his hand out of his pocket; **casi me saco un ojo con la barra de hierro** I almost poked *o* took my eye out with the iron bar; **se tiene que ~ una muela** she has got to have a tooth out

[2] *[esp LAm = quitarse]* **~se la ropa** to take one's clothes off

[3] *[= conseguir]* to get; **~se unas pesetas** to get *o* make a few pesetas; **quiero ~me un doctorado** I want to get a PhD; **~se el carnet de conducir** to get one's driving licence, pass one's driving test; **~se el título de abogado** to qualify as a lawyer

[4] *[Méx = irse]* to leave, go away; **¡sáquese de aquí!** get out of here!

**sacarina** SF saccharin, saccharine

**sacarino** ADJ saccharin, saccharine

**sacatín** SM (*Andes*) still

**sacerdocio** SM priesthood

**sacerdotal** ADJ priestly

**sacerdote** SM priest; **sumo ~** high priest ► **sacerdote obrero** worker priest

**sacerdotisa** SF priestess

**sacha** ADJ INV (*LAm*) [1] (= *fingido*) false, sham; **~ médico** quack

[2] (= *desmañado*) bungling, unskilled; **~ carpintero** clumsy carpenter

**sachadura** SF weeding

**sachar** ▸conjug 1a◂ VT to weed

**sacho** SM weeding hoe

**saciado** ADJ **~ de** (*lit*) sated with; (*fig*) steeped in

**saciar** ▸conjug 1b◂ Ⓐ VT [1] [+ *hambre*] to satisfy; [+ *sed*] to quench

[2] [+ *deseos, curiosidad*] to satisfy; [+ *ambición*] to fulfil, fulfill (*EEUU*)

Ⓑ **saciarse** VPR [1] (*de comida, bebida*) to sate *o* satiate o.s. (**con, de** with)

[2] (= *satisfacerse*) to be satisfied (**con, de** with)

**saciedad** SF satiation, satiety; **comer hasta la ~** to eat one's fill; **repetir hasta la ~** to repeat ad nauseam

**saco[1]** SM [1] (= *costal*) (*referido al contenedor*) bag, sack; (*referido al contenido*) bagful; (*Mil*) kitbag; (*Dep*) punchball; ✦***MODISMOS* a ~s** by the ton; **por fin lo tenemos en el ~*** we've finally talked him round*; **no es** *o* **no parece ~ de paja** he can't be written off as unimportant; **caer en ~ roto** to fall on deaf ears; **no echar algo en ~ roto** to be careful not to forget sth; **dar a algn por ~**‡** to screw sb**‡**; **mandar a algn a tomar por ~**‡** to tell sb to get stuffed**‡**; **ser un ~ sin fondo** to spend money like water; **ser un ~ de huesos** to be a bag of bones ► **saco de arena** sandbag ► **saco de dormir** sleeping bag ► **saco postal** mailbag, postbag ► **saco terrero** sandbag

[2] (*Anat*) sac ► **saco amniótico** amniotic sac

[3] (= *gabán*) long coat, loose-fitting jacket; (*LAm*) (= *chaqueta*) jacket; (*Andes*) (= *jersey*) jumper

[4] (‡) (= *cárcel*) nick‡, prison

**saco[2]** SM (*Mil*) sack; **entrar a ~ en** to sack

**sacón/ona** Ⓐ ADJ (*) [1] (*CAm*) [*soplón*] sneaky; [*cobista*] flattering, soapy*

[2] (*LAm*) (= *entrometido*) nosey*, prying

Ⓑ SM/F (*) [1] (*CAm*) (= *zalamero*) flatterer, creep‡

[2] (*LAm*) (= *entrometido*) nosey-parker*

Ⓒ SM (*Cono Sur*) woman's outdoor coat

**saconear*** ▸conjug 1a◂ VT (*CAm*) to soft-soap*

**saconería*** SF [1] (*CAm*) (= *zalamería*) flattery, soft soap*

[2] (*LAm*) (= *curiosidad*) prying

**SACRA** SM ABR (*Arg*) = **Sindicato de Amas de Casa de la República Argentina**

**SACRA**

*Founded in 1984,* **SACRA**, *or the* **Sindicato de Amas de Casa de la República Argentina**, *was the world's first trade union for housewives. One of its main aims has been to redefine housework as employment and to obtain for its members the salaries, pensions and health benefits traditionally associated with union membership. It has developed an educational programme designed to improve women's job opportunities, organized cheap holidays for housewives and obtained free medical treatment for its members. While union membership has allowed thousands of women to take part in public affairs, critics believe that the idea that housewives should have salaries simply reaffirms the stereotypical view that women function best in the home and, in the long run, may encourage non-participation outside.*

**sacral** ADJ religious, sacral

**sacralización** SF consecration, canonization

**sacralizar** ▸conjug 1f◂ VT to consecrate

**sacramental** ADJ (*Rel*) [*rito*] sacramental; [*palabras*] ritual

**sacramentar** ▸conjug 1a◂ VT to administer the sacraments to

**sacramento** SM sacrament; **el Santísimo Sacramento** the Blessed Sacrament; **recibir los ~s** to receive the sacraments

**sacrificado** ADJ [1] [*profesión, vida*] demanding
[2] [*persona*] self-sacrificing

**sacrificar** ▸conjug 1g◂ Ⓐ VT [1] (*Rel*) to sacrifice (**a** to)
[2] (= *matar*) [+ *ganado*] to slaughter; [+ *animal doméstico*] to put to sleep
Ⓑ **sacrificarse** VPR to sacrifice o.s.

**sacrificio** SM [1] (*Rel*) sacrifice; **el ~ de la misa** the sacrifice of the mass
[2] [*de animal*] slaughter, slaughtering

**sacrilegio** SM sacrilege

**sacrílego** ADJ sacrilegious

**sacristán** SM verger, sexton, sacristan

**sacristía** SF [1] (*Rel*) vestry, sacristy
[2] (‡) (= *bragueta*) flies *pl*; (= *horcajadura*) crotch

**sacro** Ⓐ ADJ [*arte, música*] sacred; **Sacro Imperio Romano** Holy Roman Empire
Ⓑ SM (*Anat*) sacrum

**sacrosanto** ADJ sacrosanct

**sacuara** SF (*Andes*) bamboo plant

**sacudida** SF [1] (= *agitación*) shake, shaking; **dar una ~ a una alfombra** to beat a carpet; **avanzar dando ~s** to bump *o* jolt *o* lurch along
[2] (= *movimiento brusco*) [*de cuerpo, rodilla*] jerk; [*de cabeza*] toss
[3] [*de terremoto*] shock; [*de explosión*] blast; **la ~ de la bomba llegó hasta aquí** the bomb blast could be felt here ► **sacudida eléctrica** electric shock
[4] (= *alteración brusca*) [*de situación*] violent change; (*Pol*) upheaval; **hay que darle una ~** he needs a jolt

**sacudido** ADJ [1] (= *brusco*) ill-disposed, unpleasant
[2] (= *difícil*) intractable
[3] (= *resuelto*) determined

**sacudidura** SF, **sacudimiento** SM = **sacudida**

**sacudir** ▸conjug 3a◂ Ⓐ VT [1] (= *agitar*) [+ *árbol, edificio, cabeza*] to shake; [+ *ala*] to flap; [+ *alfombra*] to beat; [+ *colchón*] to shake, shake the dust out of
[2] (= *quitar*) [+ *tierra*] to shake off; [+ *cuerda*] to jerk, tug
[3] (= *conmover*) to shake; **una tremenda emoción sacudió a la multitud** a great wave of excitement ran through the crowd; **~ a algn de su depresión** to shake sb out of his depression; **~ los nervios a algn** to shatter sb's nerves
[4] (*) (= *pegar*) **~ a algn** to belt sb*
[5] **~ dinero a algn*** to screw money out of sb*
Ⓑ **sacudirse** VPR (*uno mismo*) to shake o.s.; [+ *brazo, pelo*] to shake; **el perro se sacudía el rabo** the dog was wagging its tail; **sacúdete la arena del pelo** shake the sand out of your hair; **salió del mar sacudiéndose el agua** he came out of the sea shaking the water off himself; **el caballo se sacudía las moscas con la cola** the horse brushed off the flies with its tail; **por fin se la han sacudido** they've finally got rid of her

**sacudón** SM (*LAm*) violent shake

**S.A. de C.V.** ABR (*Méx*) (= **Sociedad Anónima de Capital Variable**) Ltd, plc, Corp (*EEUU*), Inc (*EEUU*)

**sádico/a** Ⓐ ADJ sadistic
Ⓑ SM/F sadist

**sadismo** SM sadism

**sadista** SMF sadist

**sado*** ADJ = **sadomasoquista**

**sadoca‡** SMF = **sadomasoquista**

**sado-maso*** SM S & M*

**sadomasoquismo** SM sadomasochism

**sadomasoquista** Ⓐ ADJ sadomasochistic
Ⓑ SMF sadomasochist

**saeta** SF [1] (*Mil*) arrow, dart
[2] (= *aguja*) [*de reloj*] hand; [*de brújula*] magnetic needle
[3] (*Mús*) *sacred song in flamenco style*
[4] (*Rel*) ejaculatory prayer

**saetera** SF loophole

**saetín** SM [1] [*de molino*] millrace
[2] (*Téc*) tack

**safado*** ADJ [1] (*LAm*) (= *loco*) mad, crazy
[2] (*Arg*) (= *despejado*) cute*, alert, bright

**safagina** SF (*Andes*), **safajina** SF (*Andes*) uproar, commotion

**safari** SM safari; **estar de ~** to be on safari; ✦***MODISMO*** **contar ~s*** to shoot a line*

**safo‡** SM hankie*, handkerchief

**saga** SF [1] (*Literat*) saga
[2] (= *clan*) clan, dynasty

**sagacidad** SF (= *astucia*) shrewdness, cleverness; (= *perspicacia*) sagacity

**sagaz** ADJ [1] [*persona*] (= *astuto*) shrewd, clever; (= *perspicaz*) sagacious
[2] [*perro*] keen-scented

**sagazmente** ADV (= *con astucia*) shrewdly, cleverly; (= *con perspicacia*) sagaciously

**Sagitario** SM Sagittarius

**sagrado** Ⓐ ADJ [*lugar, libro*] holy, sacred; [*deber*] sacred; **Sagradas Escrituras** Holy Scriptures; **Sagrada Familia** Holy Family; *ver tb* **vaca 1**
Ⓑ SM sanctuary, asylum; **acogerse a ~** to seek sanctuary

**sagrario** SM sacrarium

**sagú** SM sago

**Sahara** [sa'ara] SM, **Sáhara** ['saxara] SM Sahara

**saharaui** [saxa'raui] Ⓐ ADJ Saharan
Ⓑ SMF native/inhabitant of the Sahara; **los ~s** the people of the Sahara

**sahariana** SF safari jacket

**sahariano/a** ADJ, SM/F = **saharaui**

**Sahel** SM Sahel

**sahumadura** SF = **sahumerio**

**sahumar** ▸conjug 1a◂ VT [1] (= *incensar*) to perfume, perfume with incense
[2] (= *fumigar*) to smoke, fumigate

**sahumerio** SM [1] (= *acto*) perfuming with incense
[2] (= *humo*) aromatic smoke
[3] (= *sustancia*) aromatic substance

**S.A.I.** ABR (= **Su Alteza Imperial**) HIH

**saibó** SM (*LAm*), **saibor** SM (*Andes, Caribe*) sideboard

**saín** SM [1] (= *grasa*) [*de animal*] animal fat; [*de pescado*] fish oil (*used for lighting*)
[2] (*en la ropa*) dirt, grease

**sainete** SM [1] (*Teat*) one-act farce, one-act comedy
[2] (*Culin*) (= *salsa*) seasoning, sauce; (= *bocadito*) titbit, delicacy

> **SAINETE**
>
> *A* ***sainete*** *is a humorous short, generally one-act, verse play sometimes performed as an interlude between the acts of a major play.* ***Sainetes*** *were developed in the 18th century by playwrights such as Ramón de la Cruz, and were largely based on satirical observations of ordinary people's lives and reflected in this the language they were written in. They were still being written by authors such as Carlos Arniches well into the 20th century.*
>
> ⇨ *See also* ENTREMÉS

**sainetero/a** SM/F, **sainetista** SMF writer of *sainetes*

**sajar** ▸conjug 1a◂ VT to cut open, lance

**sajín*** SM (*CAm*), **sajino*** SM (*CAm*) underarm odour, smelly armpits *pl*

**sajón/ona** ADJ, SM/F Saxon

**Sajonia** SF Saxony

**sajornar** ▸conjug 1a◂ VT (*Caribe*) to pester, harass

**sal**[1] SF [1] (*Culin, Quím*) salt ► **sal amoníaca** sal ammoniac ► **sal común** kitchen salt, cooking salt ► **sal de cocina** kitchen salt, cooking salt ► **sal de eno** (*CAm*) fruit salts, liver salts ► **sal de fruta(s)** fruit salts ► **sal de la Higuera** Epsom salts ► **sal de mesa** table salt ► **sal gema** rock salt ► **sales aromáticas** smelling salts ► **sales de baño** bath salts ► **sales minerales** mineral salts ► **sal gorda** kitchen salt, cooking salt ► **sal volátil** sal volatile
[2] [*de persona*] (= *gracia*) wit; (= *encanto*) charm; **tiene mucha ~** he's very amusing
[3] (*LAm*) (= *mala suerte*) misfortune, piece of bad luck

**sal**[2] *ver* **salir**

**sala** SF [1] (*en casa, tb* **~ de estar**) living room, sitting room, lounge; (= *cuarto grande*) hall; [*de castillo*] hall
[2] (= *local público*) (*Teat, Mús*) auditorium; (*Cine*) cinema, movie theater (*EEUU*); (*Jur*) court; (*Med*) ward; **deporte en ~** indoor sport; **un cine con diez ~s** a cinema with ten screens; **Titanic lo ponen en la ~ tres** Titanic is on screen three ► **sala capitular** chapterhouse, meeting room ► **sala cinematográfica** cinema, movie theater (*EEUU*) ► **sala de alumbramiento** delivery room ► **sala de autoridades** (*Aer*) VIP lounge ► **sala de banderas** guardroom ► **sala de cine** cinema, movie theater (*EEUU*) ► **sala de conciertos** concert hall ► **sala de conferencias** (*gen*) conference hall; (*Univ*) lecture hall, lecture theatre, lecture theater (*EEUU*) ► **sala de consejos** meeting room, conference room ► **sala de consulta** reading room ► **sala de embarque** departure lounge ► **sala de espera** (*Med, Ferro*) waiting room; (*Aer*) departure lounge ► **sala de fiestas** night club (*with cabaret*) ► **sala de grados** graduation hall ► **sala de juegos** (*en casino*) gaming room; (*en hotel, barco*) casino ► **sala de juntas** (*Com*) boardroom ► **sala de justicia** law court ► **sala de lectura** reading room ► **sala de lo civil** civil court ► **sala de lo criminal**, **sala de lo penal** criminal court ► **sala de**

**máquinas** (*Náut*) engine room ► **sala de muestras** showroom ► **sala de operaciones** operating theatre, operating room (*EEUU*) ► **sala de partos** delivery room ► **sala de prensa** press room ► **sala de profesores** staffroom ► **sala de recibo** parlour ► **sala de salidas** departure lounge ► **sala de subastas** saleroom, auction room ► **sala de urgencias** accident and emergency department, casualty department ► **sala X** adult cinema
[3] (= *muebles*) suite of living room furniture, lounge suite

**salacidad** SF salaciousness, prurience

**sala-cuna** SF (*pl* **salas-cuna**) (*Cono Sur*) day-nursery

**saladar** SM salt marsh

**saladería** SF (*Cono Sur*) meat-curing plant

**saladito** SM (*Cono Sur*) nibble, snack, bar snack

**salado** ADJ [1] (*Culin*) (= *con sal*) salt *antes de s*, salted; (= *con demasiada sal*) salty; (= *no dulce*) savoury; **agua salada** salt water; **está muy ~** it's very salty
[2] (= *persona*) (= *gracioso*) amusing; (= *encantador*) charming; **¡qué ~!** (= *divertido*) how amusing!; (*iró*) very droll!; **es un tipo muy ~** he's a very amusing chap
[3] [*lenguaje*] rich, racy
[4] (*LAm*) (= *desgraciado*) unlucky, unfortunate
[5] (*Cono Sur**) (= *caro*) [*objeto*] expensive; [*precio*] very high

**SALADO**

• **Salado** se traduce por **salt** al referirse al agua de mar (por oposición a agua dulce) o a un producto que ha sido curado con sal:

El Caspio es un lago de agua salada
***The Caspian Sea is a salt lake***
El bacalao salado se emplea mucho en la cocina española
***Salt cod is used a great deal in Spanish cooking***

• **Salado**, por oposición a dulce, se traduce por **savoury**:

...platos dulces y salados...
***...sweet and savoury dishes...***

• Si algo está **salado** porque sabe a sal o porque contiene demasiada sal, se debe traducir por **salty**:

Estas albóndigas están muy saladas
***These meatballs are very salty***

NOTA: **Salty** es la única de estas tres traducciones que se puede usar en grado superlativo o comparativo:

Esta carne está mucho más salada que la de ayer
***This meat is much saltier than what we had yesterday***

NOTA: Si nos referimos a almendras o cacahuetes salados se debe emplear **salted**.
*Para otros usos y ejemplos ver la entrada.*

**Salamanca** SF Salamanca

**salamanca** SF (*Cono Sur*) [1] (= *cueva*) cave, grotto
[2] (= *lugar oscuro*) dark place
[3] (= *brujería*) witchcraft, sorcery

**salamandra** SF salamander

**salamanqués/esa** ADJ, SM/F = **salmantino**

**salamanquesa** SF lizard, gecko

**salame** SM [1] (*Culin*) salami
[2] (*Cono Sur**) idiot, thickhead*

**salami** SM salami

**salar**[1] SM (*Andes, Cono Sur*) (= *yacimiento*) salt flat, salt pan; (= *mina*) salt mine

**salar**[2] ►conjug 1a◄ VT [1] (*Culin*) (*para poner salado*) to add salt to, put salt in; (*para conservar*) to salt
[2] (*LAm*) (= *arruinar*) to ruin, spoil; (= *gafar*) to bring bad luck to, jinx*; (= *maldecir*) to curse, wish bad luck on
[3] (*Andes*) [+ *ganado*] to feed salt to
[4] (*CAm, Caribe*) (= *deshonrar*) to dishonour

**salarial** ADJ wage *antes de s*; **reclamación ~** wage claim

**salario** SM wage, wages *pl*, pay, salary ► **salario base** basic wage ► **salario de hambre**, **salario de miseria** starvation wage ► **salario inicial** starting salary ► **salario mínimo** minimum wage ► **salario mínimo interprofesional** guaranteed minimum wage

**salaz** ADJ salacious, prurient

**salazón** SF [1] (= *acto*) salting
[2] (*Culin*) (= *carne*) salted meat; (= *pescado*) salted fish
[3] (*CAm, Caribe, Méx*) (= *mala suerte*) bad luck

**salazonera** SF salting plant (*for salting fish*)

**salbeque** SM (*CAm*) knapsack, backpack (*esp EEUU*)

**salbute** SM (*Méx*) stuffed tortilla

**salceda** SF, **salcedo** SM willow plantation

**salchicha** SF sausage

**salchichería** SF pork butcher's (shop)

**salchichón** SM *salami-type sausage*

**salchipapa** SF (*Andes*) *kind of kebab*

**salcochar** ►conjug 1a◄ VT to boil in salt water

**saldar** ►conjug 1a◄ Ⓐ VT [1] (*Com*) [+ *cuenta*] to settle, pay; [+ *deuda*] to settle, pay off
[2] [+ *diferencias*] to settle
[3] (= *liquidar*) [+ *existencias*] to clear, sell off; [+ *libros*] to remainder
Ⓑ **saldarse** VPR **~se con algo** to result in sth; **el accidente se ha saldado con cuatro muertos** the accident resulted in four deaths, four people died in the accident

**saldo** SM [1] [*de cuenta*] balance; **comprobé el ~ de mi cuenta** I checked my account balance ► **saldo acreedor** credit balance ► **saldo activo** active balance ► **saldo a favor** credit balance ► **saldo anterior** balance brought forward ► **saldo comercial** trade balance ► **saldo deudor** debit balance ► **saldo en contra** debit balance, adverse balance ► **saldo final** final balance ► **saldo negativo** debit balance, adverse balance ► **saldo pasivo** debit balance ► **saldo positivo** credit balance ► **saldo vencido** balance due
[2] (= *liquidación*) sale; **precio de ~** sale price; **un abrigo que compré en los ~s** a coat I bought in the sales
[3] (= *pago*) settlement, payment
[4] (= *resultado final*) **la manifestación acabó con un ~ de 20 personas heridas** a total of 20 people were injured in the demonstration; **el ~ oficial es de 28 muertos** the official toll is 28 dead
[5] **ser un ~*** [*cosa muy usada*] to have had it*; [*persona inútil*] to be hopeless, be a dead loss*; **cómprate otro abrigo, el que llevas es un auténtico ~** you should get yourself another coat, the one you're wearing has had it*; **eres un auténtico ~, no sabes ni freír un huevo** you're hopeless *o* you're a dead loss, you can't even boil an egg*

**saledizo** Ⓐ ADJ projecting
Ⓑ SM projection, overhang; **en ~** projecting, overhanging

**salera** SF (*Cono Sur*) = **salina**

**salero** SM [1] [*de mesa*] salt cellar, salt shaker (*EEUU*)
[2] (= *almacén*) salt store
[3] [*de persona*] (= *ingenio*) wit; (= *encanto*) charm; (= *atractivo*) sex appeal, allure
[4] (*Agr*) salt lick
[5] (*Cono Sur*) = **salina**

**saleroso*** ADJ = **salado 2**

**saleta** SF small room

**salga** *etc ver* **salir**

**salida** SF [1] [*de un lugar*] **le prohibieron la ~ del país** he was forbidden to leave the country; **exigen la ~ de las tropas extranjeras** they are demanding the withdrawal of foreign troops; **tras su ~ de la cárcel** when he came out of prison; **a la ~**: **te esperaremos a la ~** we'll wait for you on the way out; **a la ~ del cine fuimos a tomar una copa** after the cinema we went for a drink; **sondeos realizados a la ~ de las urnas** exit polls; **hubo ~ a hombros para el primero de los diestros** the first matador was carried out of the ring shoulder-high; **dar ~ a**: **el pasillo que da ~ a la pista de tenis** the passageway which leads out (on)to the tennis court; **necesitaba dar ~ a su creatividad** he needed to give expression to *o* find an outlet for his creativity; **dio ~ a su indignación** he gave vent to his anger; **puerta de ~** exit door; *ver tb* **visado**
[2] (= *aparición*) **los fans esperaban su ~ al escenario** the fans were waiting for her to come (out) onto the stage; **tras la ~ de los futbolistas al terreno de juego** after the footballers came/went out onto the pitch; **la venda detuvo la ~ de sangre** the bandage stopped the flow of blood; **precio de ~** [*de objeto subastado*] starting price; [*de acciones*] offer price ► **salida del sol** sunrise
[3] (= *lugar*) [*de edificio*] exit, way out; [*de autopista*] exit, turn-off; **¿dónde está la ~?** where's the exit *o* the way out?; **"salida"** (*encima de la puerta*) "exit"; (*en el pasillo*) "way out", "exit"; **una cueva sin ~** a cave with no way out; **el ejército controla las ~s de la ciudad** the army controls the roads out of the city; **tener ~ a algo**: **nuestro edificio tiene ~ a las dos calles** our building has access onto both streets; **un país que no tiene ~ al mar** a country with no access to the sea; **la sala tiene ~ al jardín** the living room opens on to the garden ► **salida de artistas** stage door ► **salida de emergencia** emergency exit ► **salida de incendios** fire exit; *ver tb* **callejón**
[4] [*de avión, tren*] departure; **la hora de ~ del vuelo** the flight departure time; **"salidas internacionales"** "international departures"; **"salidas nacionales"** "domestic departures"; **el autobús efectuará su ~ desde el andén número cuatro** the bus will depart from bay number four; **después de la ~ del tren** after the train leaves, after the departure of the train
[5] (= *escapada*) [*de viaje*] trip; [*de excursión*]

trip, outing; (*por la noche*) night out, evening out; **en mi primera ~ al extranjero** on my first trip abroad, on my first foreign trip; **me controlaban mucho las ~s por la noche** they kept tight control of my nights out *o* my going out at night; **es su primera ~ desde que dio a luz** it's the first time she's been out since she gave birth ► **salida al campo** field trip
[6] (= *comienzo*) [*de carrera, desfile*] start; **fuimos a ver la ~ de la procesión** we went to see the start of the procession, we went to see the procession move off; **"salida"** "start"; **los corredores estaban preparados para la ~** the runners were ready for the start (of the race); **acudieron a los puestos de ~** they took their starting positions; **Palmer tuvo una mala ~ del tee** (*Golf*) Palmer played a poor tee shot; **dar la ~** to give the starting signal; **es el encargado de dar la ~ a la carrera** he is the one who starts the race *o* gives the starting signal for the race; **tomar la ~** (= *empezar*) to start the race; (= *participar*) to take part, compete ► **salida en falso, salida falsa** false start ► **salida lanzada** running start, flying start ► **salida nula** false start ► **salida parada** standing start; *ver tb* **parrilla 2**
[7] (*Teat*) (*al entrar en escena*) appearance; (*para recibir aplausos*) curtain-call; **hago una sola ~ al principio de la obra** I only make one appearance at the beginning of the play; **hicieron tres ~s en los aplausos** they took three curtain calls
[8] (= *solución*) solution; **buscan una ~ negociada al conflicto** they are seeking a negotiated solution to the conflict; **la única ~ está en la negociación** the only way out is through negotiation, the only solution is to negotiate; **buscan en la música una ~ a sus frustraciones** they try to find an outlet for their frustration in music; **no le quedaba otra ~ que la dimisión** she had no alternative *o* option but to resign
[9] (*al hablar*) **¡qué buena ~!** that was a really witty comment!; **tiene unas ~s que te mueres de risa** some of the things he comes out with are just hilarious ► **salida de bombero** (*Esp hum*): **¡vaya ~s de bombero que tuvo!** he dropped some real clangers!* ► **salida de tono**: **fue una ~ de tono** it was inappropriate *o* uncalled-for
[10] (*Com*) [*de producto*] launch; **dar ~ a**: **dar ~ a los excedentes agrícolas** to find an outlet for surplus produce; **dimos ~ a nuestras existencias en dos meses** we sold off our stock in two months; **tener ~** to sell well; **tener una ~ difícil** to be a hard sell; **tener una ~ fácil** to have a ready market, be a soft sell
[11] (*Fin*) (= *cargo*) debit entry; **entradas y ~s** income and expenditure
[12] **salidas** (*en el trabajo*) openings, job opportunities; **esa carrera no tiene apenas ~s** there are very few openings *o* job opportunities for someone with that degree ► **salidas profesionales** job opportunities
[13] (*Téc*) [*de aire, gas, vapor*] vent; [*de agua*] outlet; **tiene ~s de aire caliente por los laterales** it has hot air vents on the sides; **los orificios de ~ de vapor** the steam vents; **apertura de ~ del agua** water outlet
[14] (*Inform*) output ► **salida impresa** hard copy
[15] (= *prenda*) ► **salida de baño** (*Cono Sur*) (*en casa*) bathrobe; (*en playa, piscina*) beach robe ► **salida de teatro** evening wrap
[16] (*Arquit*) (= *saliente*) projection
[17] (*Mil*) (*para el ataque*) sortie
[18] (*Naipes*) lead

**salido** Ⓐ PP *de* **salir**
Ⓑ ADJ [1] (= *prominente*) [*rasgos*] prominent; [*ojos*] bulging; [*dientes*] protruding
[2] (*Esp**) (= *cachondo*) randy*, horny*; **estar ~** [*animal*] to be on heat; [*persona*] to be in the mood, feel randy*, feel horny*
[3] (*) (= *osado*) daring; (*pey*) rash, reckless

**salidor** ADJ [1] (*LAm*) (= *fiestero*) fond of going out a lot
[2] (*Caribe*) (= *buscapleitos*) argumentative

**saliente** Ⓐ ADJ [1] (*Arquit*) projecting
[2] [*rasgo*] prominent
[3] (= *importante*) salient
[4] [*sol*] rising
[5] [*miembro*] outgoing, retiring
Ⓑ SM [1] (*Arquit*) projection
[2] [*de carretera*] hard shoulder, verge, berm (*EEUU*)
[3] (*Mil*) salient

**salina** SF [1] (= *mina*) salt mine
[2] (= *depresión*) salt pan
[3] **salinas** (= *fábrica*) saltworks; (= *saladar*) salt flats

**salinera** SF (*Andes, Caribe*) = **salina**

**salinidad** SF salinity, saltiness

**salinización** SF (= *acto*) salinization; (= *estado*) salinity

**salinizar** ▸conjug 1f◂ Ⓐ VT to salinize, make salty
Ⓑ **salinizarse** VPR to become salty

**salino** ADJ saline

## salir

▸conjug 3q◂
[A] VERBO INTRANSITIVO [B] VERBO PRONOMINAL
*Para las expresiones* ***salir adelante, salir ganando, salir perdiendo, salir de viaje***, *ver la otra entrada.*

Ⓐ VERBO INTRANSITIVO
[1] [= ***partir***] [*persona*] to leave; [*transportes*] to leave, depart (*frm*); (*Náut*) to leave, sail; **el autocar sale a las ocho** the coach leaves at eight; **sale un tren cada dos horas** there is a train every two hours; **~ de** to leave; **salimos de Madrid a las ocho** we left Madrid at eight; **saldremos del hotel temprano** we'll leave the hotel early; **quiere ~ del país** she wants to leave the country; **¿a qué hora sales de la oficina?** what time do you leave the office?; **salgo de clase a las cinco** I finish school at five; **~ para** to set off for; **después de comer salimos para Palencia** after we had eaten we set off for Palencia
[2] [= ***no entrar***] (= *ir fuera*) to go out; (= *venir fuera*) to come out; (*a divertirse*) to go out; **sal ahí fuera a recoger la pelota** go out there and get the ball back; **sal aquí al jardín con nosotros** come out into the garden with us; **salió a la calle a ver si venían** she went outside *o* she went out into the street to see if they were coming; **—¿está Juan? —no, ha salido** "is Juan in?" — "no, I'm afraid he's gone out"; **¿vas a ~ esta noche?** are you going out tonight?; **nunca he salido al extranjero** I've never been abroad; **la pelota salió fuera** (*Ftbl*) the ball went out (of play); **los rehenes salieron por la ventana** the hostages got out through the window; **salió corriendo (del cuarto)** he ran out (of the room); **~ de**: **nos la encontramos al ~ del cine** we bumped into her when we were coming out of the cinema; **¿de dónde has salido?** where did you appear *o* spring from?; **~ de un apuro** to get out of a jam; **~ del coma** to come out of a coma; **~ de paseo** to go out for a walk; ✦***MODISMOS*** **de esta no salimos*** we'll never get out of this one*; **~ de pobre**: **no salió nunca de pobre** he never stopped being poor
[3] [***al mercado***] [*revista, libro, disco*] to come out; [*moda*] to come in; **el libro sale el mes que viene** the book comes out next month; **acaba de ~ un disco suyo** an album of his has just come out *o* been released
[4] [***en medios de comunicación***] **la noticia salió en el periódico de ayer** the news was *o* appeared in yesterday's paper; **sus padres salieron en los periódicos** her parents were in the papers; **~ por la televisión** to be *o* appear on TV
[5] [= ***surgir***] to come up; **en el debate no salió el tema del aborto** the subject of abortion didn't come up in the debate; **si sale un puesto apropiado** if a suitable job comes up; **cuando salga la ocasión** when the opportunity comes up *o* arises; **¡ya salió aquello!** we know all about that!; **~le algo a algn: le ha salido novio/un trabajo** she's got herself a boyfriend/a job
[6] [= ***aparecer***] [*agua*] to come out; [*sol*] to come out; [*mancha*] to appear; **no sale agua del grifo** there's no water coming out of the tap; **ha salido una mancha en el techo** a damp patch has appeared on the ceiling; **me sale sangre** I'm bleeding
[7] [= ***nacer***] [*diente*] to come through; [*planta, sol*] to come up; [*pelo*] to grow; [*pollito*] to hatch; **me está saliendo una muela del juicio** one of my wisdom teeth is coming through; **ya le ha salido un diente al niño** the baby already has one tooth; **le han salido muchas espinillas** he's got a lot of blackheads; **nos levantamos antes de que saliera el sol** we got up before sunrise
[8] [= ***quitarse***] [*mancha*] to come out, come off; **el anillo no le sale del dedo** the ring won't come off her finger, she can't get the ring off her finger
[9] [= ***costar***] **la calefacción de gas saldría más barata** gas heating would work out cheaper; **~ a**: **sale a mil pesetas el kilo** it works out at a thousand pesetas a kilo; **salimos a 10 libras por persona** it works out at £10 each; **~ por**: **me salió por 1.000 pesos** it cost me 1,000 pesos
[10] [= ***resultar***] **¿cómo salió la representación?** how did the performance go?; **espero que todo salga como habíamos planeado** I hope everything goes to plan; **la prueba salió positiva** the test was positive; **salió triunfador de las elecciones** he was victorious in the elections; **la secretaria salió muy trabajadora** the secretary turned out to be very hard-working; **¿qué número ha salido premiado en la lotería?** what was the winning number in the lottery?; **salió alcalde por tres votos** he was elected mayor by three votes; **tenemos que aceptarlo, salga lo que salga** we have to accept it, whatever happens; **~ bien**: **el plan salió bien** the plan worked out well; **espero que todo salga**

**bien** I hope everything works out all right; **¿salió bien la fiesta?** did the party go well?; **ha salido muy bien de la operación** she's come through the operation very well; **¿cómo te salió el examen?** how did your exam go?; **~ mal**: **salió muy mal del tratamiento** the treatment wasn't at all successful; **la celebración salió mal por la lluvia** the celebrations were spoiled by the rain; **les salió mal el proyecto** their plan didn't work out; **¡qué mal me ha salido el dibujo!** oh dear! my drawing hasn't come out very well!

11 **~le algo a algn** 11·1 (= *poder resolverse*) **he intentado resolver el problema pero no me sale** I've tried to solve the problem but I just can't do it; **este crucigrama no me sale** I can't do this crossword

11·2 (= *resultar natural*) **no me sale ser amable con ella** I find it difficult being nice to her

11·3 (= *poder recordarse*) **no me sale su apellido** I can't think of his name

12 **~ a** [*calle*] to come out in, lead to; **esta calle sale a la plaza** this street comes out in *o* leads to the square

13 **~ a algn** (= *parecerse*) to take after sb; **ha salido a su padre** he takes after his father

14 **~ con algn** to go out with sb; **está saliendo con un compañero de clase** she's going out with one of her classmates; **salen juntos desde hace dos años** they've been going out (together) for two years

15 **~ con algo** (*al hablar*) to come out with sth; **y ahora sale con esto** and now he comes out with this; **ahora me sale con que yo le debo dinero** and now he starts complaining that I owe him money

16 **~ de** [*proceder*] to come from; **el aceite que sale de la aceituna** oil which comes from olives

17 **~ por algn** (= *defender*) to come out in defence of sb, stick up for sb; (*económicamente*) to back sb financially; **cuando hubo problemas, salió por mí** when there were problems, she stuck up for me *o* came out in my defence

18 ***Teat*** to come on; **sale vestido de policía** he comes on dressed as a policeman; **"sale el rey"** (*acotación*) "enter the king"

19 **= *empezar*** (*Dep*) to start; (*Ajedrez*) to have first move; (*Naipes*) to lead; **~ con un as** to lead an ace; **~ de triunfo** to lead a trump

20 ***Inform*** to exit

21 **= *sobresalir*** to stick out; **el balcón sale unos dos metros** the balcony sticks out about two metres

22 **= *pagar*** **~ a los gastos de algn** to meet *o* pay sb's expenses

Ⓑ **salirse** VERBO PRONOMINAL

1 **= *irse*** to leave; **se salió del partido** he left the party; **✦*MODISMO* ~se con la suya** to get one's way

2 **= *escaparse*** to escape (**de** from), get out (**de** of); **el tigre se salió de la jaula** the tiger escaped from the cage, the tiger got out of the cage

3 **= *filtrarse*** [*aire, líquido*] to leak (out); **la botella estaba rota y se salía el vinagre** the bottle was cracked and the vinegar was coming out *o* leaking (out); **se salía el aceite del motor** oil was leaking out of the engine; **el barril se sale** (*Esp*) the barrel is leaking

4 **= *rebosar*** to overflow; (*al hervir*) to boil over; **cierra el grifo antes de que se salga el agua** turn the tap off before the water overflows; **se ha salido la leche** the milk has boiled over; **el río se salió de su cauce** the river burst its banks; **✦*MODISMO* ~se de madre** to lose one's self-control

5 **= *desviarse*** to come off; **nos salimos de la carretera** we came off the road; **~se de la vía** to jump the rails; **~se del tema** to get off the point

6 **= *desconectarse*** to come out; **se ha salido el enchufe** the plug has come out

7 **= *excederse*** **~se de lo normal** to go beyond what is normal; **~se de los límites** to go beyond the limits

---

**SALIR**

**Para precisar la forma de salir**

Aunque **salir** (**de**) se suele traducir por **come out** (**of**) o por **go out** (**of**) según la dirección del movimiento, cuando se quiere especificar la forma en que se realiza ese movimiento, estos verbos se pueden reemplazar por otros como **run out**, **rush out**, **jump out**, **tiptoe out**, **climb out**, *etc*:

Se vio a tres hombres enmascarados salir del banco corriendo

***Three masked men were seen running out of the bank***

Salió del coche con un salto

***He jumped out of the car***

Salió de puntillas de la habitación

***He tiptoed out of the room***

*Para otros usos y ejemplos ver la entrada.*

---

**salita** SF 1 (*en casa*) sitting room
2 (*Teat*) small auditorium

**salitre** SM 1 (= *sustancia salina*) saltpetre, saltpeter (*EEUU*), nitre
2 (*Chile*) (= *nitrato de Chile*) Chilean nitrate

**salitrera** SF (= *fábrica*) nitre works; (= *mina*) nitrate fields *pl*

**saliva** SF saliva; **✦*MODISMOS* gastar ~** to waste one's breath (**en** on); **tragar ~** to swallow one's feelings

**salivación** SF salivation

**salivadera** SF spittoon, cuspidor (*EEUU*)

**salival** ADJ salivary

**salivar** ▸conjug 1a◂ VI 1 (= *segregar saliva*) to salivate
2 (*esp LAm*) (= *escupir*) to spit

**salivazo** SM gobbet of spit; **arrojar un ~** to spit

**salivera** SF (*Cono Sur*) spittoon, cuspidor (*EEUU*)

**salmantino/a** Ⓐ ADJ of/from Salamanca, Salamancan
Ⓑ SM/F native/inhabitant of Salamanca, Salamancan; **los ~s** the people of Salamanca, the Salamancans

**salmear** ▸conjug 1a◂ VI to sing psalms

**salmo** SM psalm

**salmodia** SF 1 (*Rel*) psalmody
2 (*) (= *canturreo*) drone

**salmodiar** ▸conjug 1b◂ VI 1 (*Rel*) to sing psalms
2 (*) (= *canturrear*) to drone

**salmón** SM salmon

**salmonela** SF salmonella

**salmonelosis** SF INV salmonellosis, salmonella food-poisoning

**salmonero** ADJ **río ~** salmon river

**salmonete** SM red mullet

**salmuera** SF pickle, brine

**salobre** ADJ salt, salty; **agua ~** brackish water

**saloma** SF 1 (*Náut*) sea shanty, sea song
2 [*de trabajo*] working song

**Salomé** SF Salome

**Salomón** SM Solomon

**salomónicamente** ADV with the wisdom of Solomon

**salomónico** ADJ **juicio ~** judgement of Solomon

**salón** SM 1 [*de casa*] living-room, lounge; **juego de ~** parlour game, parlor game (*EEUU*) ▸ **salón comedor** lounge-dining-room
2 [*de lugar público*] (*gen*) hall, assembly-room; [*de colegio*] common-room; (*Com*) show, trade fair, exhibition; (*Náut*) saloon; (*Chile Ferro*) first class ▸ **salón de actos** assembly room ▸ **salón de baile** ballroom ▸ **salón de belleza** beauty parlour, beauty parlor (*EEUU*) ▸ **salón de demostraciones** showroom ▸ **salón de fiestas** dance hall ▸ **salón de fumadores** smoking room ▸ **salón de juegos** (*en casino*) gaming room; (*en hotel, barco*) casino ▸ **salón del automóvil** motor show ▸ **salón de los pasos perdidos*** waiting room ▸ **salón de masaje** massage parlour, massage parlor (*EEUU*) ▸ **salón de pintura** art gallery ▸ **salón de plenos del Ayuntamiento** Council chamber ▸ **salón de reuniones** conference room ▸ **salón de sesiones** assembly hall ▸ **salón de té** tearoom ▸ **salón náutico** boat show
3 (= *muebles*) suite of living room furniture, lounge suite

**saloncillo** SM (*Teat*) private room

**salonero** SM (*Andes*) waiter

**salpicadera** SF (*Méx*) mudguard, fender (*EEUU*)

**salpicadero** SM dashboard

**salpicado** Ⓐ ADJ 1 **~ de** splashed *o* spattered with; **un diseño ~ de puntos rojos** a pattern with red spots in it; **una llanura salpicada de granjas** a plain with farms dotted about on it, a plain dotted with farms; **un discurso ~ de citas latinas** a speech sprinkled with Latin quotations, a speech full of Latin quotations
2 (*Cono Sur, Méx*) [*animal*] spotted, dappled
Ⓑ SM 1 (= *acto*) splashing
2 (= *diseño*) sprinkle

**salpicadura** SF 1 (= *acto*) splashing
2 (= *mancha*) splash
3 (*en conversación, discurso*) sprinkling

**salpicar** ▸conjug 1g◂ VT 1 (= *manchar*) (*de barro, pintura*) to splash (**de** with); (*de agua*) to sprinkle (**de** with); [+ *tela*] to dot, fleck (**de** with); **~ agua sobre el suelo** to sprinkle water on the floor; **la multitud de islas que salpican el océano** the host of islands dotted about the ocean; **este asunto salpica al gobierno** this affair hasn't left the government untouched, the government has been tainted by this affair
2 [+ *conversación, discurso*] to sprinkle (**de** with)

**salpicón** SM 1 = **salpicadura 1**
2 (*Culin*) ▸ **salpicón de marisco(s)** seafood salad
3 (*Andes*) (= *jugos mixtos*) cold mixed fruit juice
4 (*Andes, Cono Sur*) (= *ensalada*) raw vegetable salad

**salpimentar** ▸conjug 1a◂ VT 1 (*Culin*) to season, add salt and pepper to
2 (= *amenizar*) to spice up (**de** with)

**salpiquear** ▸conjug 1a◂ VT (*Andes, Caribe*) = **salpicar**

**salpresar** ▸conjug 1a◂ VT to salt, salt down

**salpreso** ADJ salted, salt

**salpullido** SM (= *erupción*) rash, skin eruption; (= *picadura*) fleabite; (= *hinchazón*) swelling (from a bite)

**salsa**[1] SF 1 (*Culin*) (*gen*) sauce; [*de carne*] gravy; (*para ensalada*) dressing; ✦*MODISMOS* **cocerse en su propia ~** to stew in one's own juice; **estar en su ~** to be in one's element; **es la ~ de la vida** it's the spice of life ► **salsa blanca** white sauce ► **salsa de ají** chili sauce ► **salsa de tomate** tomato sauce, ketchup ► **salsa holandesa** hollandaise sauce ► **salsa mahonesa, salsa mayonesa** mayonnaise ► **salsa tártara** tartar sauce
2 (*) (= *ambiente*) scene*; **la ~ madrileña** the Madrid scene*

**salsa**[2] SF (*Mús*) salsa

**salsera** SF sauce boat

**salsero/a** Ⓐ ADJ (*Mús*) salsa-loving; **ritmo ~** salsa rhythm
Ⓑ SM/F salsa music player

**salsifí** SM salsify

**saltabanco** SM 1 (*Hist*) quack, mountebank
2 = **saltimbanqui**

**saltado** ADJ 1 [*loza*] chipped, damaged; **la corona tiene varias piedras saltadas** the crown has several stones missing
2 [*ojos*] bulging

**saltador(a)** Ⓐ SM/F (*Atletismo*) jumper; (*Natación*) diver ► **saltador(a) de altura** high-jumper ► **saltador(a) de longitud** long-jumper ► **saltador(a) de pértiga** pole-vaulter ► **saltador(a) de trampolín** trampolinist ► **saltador(a) de triple** triple jumper
Ⓑ SM (= *comba*) skipping rope

**saltadura** SF chip

**saltamontes** SM INV grasshopper

**saltante** ADJ (*Andes, Cono Sur*) outstanding, noteworthy

**saltaperico** SM (*Caribe*) squib, firecracker

**saltar** ▸conjug 1a◂ Ⓐ VI 1 [*persona, animal*] (= *dar un salto*) (*tb Atletismo*) to jump; (*más lejos*) leap; (*a la pata coja*) to hop; **~ de alegría** to jump with *o* for joy; **~ a la comba** to skip, jump rope (*EEUU*); **hacer ~ un caballo** to jump a horse, make a horse jump; ✦*MODISMO* **está a la que salta** (= *a la caza de una oportunidad*) he never misses a trick*; (= *al día*) he lives for the day
2 (= *lanzarse*) 2·1 (*lit*) **~ al campo** *o* **al césped** (*Dep*) to come out on to the pitch; **~ al agua** to jump *o* dive into the water; **~ de la cama** to leap out of bed; **~ en paracaídas** to parachute; **~ por una ventana** to jump *o* leap out of a window; **~ sobre algn** to jump *o* leap *o* pounce on sb; **~ a tierra** to leap ashore
2·2 (*fig*) **~ al mundo de la política** to go into politics, move into the political arena; **~ del último puesto al primero** to jump from last place to first; **~ a la fama** to win fame, be shot to fame
3 (= *salir disparado*) [*chispa*] to fly, fly out; [*líquido*] to shoot out, spurt out; [*corcho*] to pop out; [*resorte*] to break, go*; [*astilla*] to fly off; [*botón*] to come off; [*pelota*] to fly; **saltan chispas** sparks are flying; **está saltando el aceite** the oil is spitting; **la pelota saltó fuera del campo** the ball flew out of the ground; **el balón saltó por encima de la portería** the ball flew over the bar; **hacer ~ una trampa** to spring a trap; **el asunto ha saltado a la prensa** the affair has reached the newspapers; ✦*MODISMOS* **~ a la memoria** to leap to mind; **salta a la vista** it's patently obvious, it hits you in the eye
4 (= *estallar*) [*cristal*] to shatter; [*recipiente*] to crack; [*madera*] to crack, snap, break; **la bombilla saltó en pedazos** the light bulb was blown to bits; **hacer ~ un edificio** to blow a building up; **~ por los aires**: **el coche saltó por los aires** the car was blown up; **el acuerdo puede ~ por los aires** the agreement could be destroyed *o* go up in smoke; **hacer ~ algo por los aires** to blow sth up; *ver tb* **banca 2**
5 (*Elec*) [*alarma*] to go off; [*plomos*] to blow
6 (*al hablar*) 6·1 (*de forma inesperada*) to say, pipe up*; **—¡estupendo! —saltó uno de los chavales** "great!" piped up* *o* said one of the boys; **~ con una patochada** to come out with a ridiculous *o* foolish remark; **~ de una cosa a otra** to skip from one thing *o* subject to another, skip about
6·2 (*con ira*) to explode, blow up
7 (= *irse*) **~ de un puesto** to give up a job; **hacer ~ a algn de un puesto** to boot sb out of a job*
8 [*cantidad, cifra*] to shoot up, leap, leap up; **la mayoría ha saltado a 900 votos** the majority has shot up *o* leaped (up) to 900 votes
9 **~ atrás** (*Biol*) to revert
Ⓑ VT 1 [+ *muro, obstáculo*] (*por encima*) to jump over, jump; (*llegando más lejos*) to leap, leap over; (*apoyándose con las manos*) to vault; **el caballo saltó la valla** the horse jumped over *o* jumped the fence
2 (= *arrancar*) **le saltó tres dientes** he knocked out three of his teeth; **me has saltado un botón** you've torn off one of my buttons
3 (*con explosivos*) to blow up
Ⓒ **saltarse** VPR 1 (= *omitir*) to skip; **nos saltamos el desayuno** we skipped breakfast; **hoy me he saltado una clase** I skipped a class today; **~se un párrafo** to skip a paragraph, miss out a paragraph; **me he saltado un par de renglones** I've skipped a couple of lines
2 (= *no hacer caso de*) **~se un semáforo** to go through a red light, jump the lights, shoot the lights*; **~se un stop** to disobey a stop sign; **~se todas las reglas** to break all the rules; *ver tb* **torera**
3 (= *salirse*) [*pieza*] to come off, fly off; **se me ~on las lágrimas** I burst out crying

**saltarín/ina** Ⓐ ADJ 1 (= *que salta*) [*cabra, cordero, niño*] frolicking; [*rana, pulga*] jumping, leaping
2 (= *inquieto*) restless
Ⓑ SM/F dancer

**salteado** ADJ 1 (= *discontinuo*) **—¿has leído el libro? —sólo unas páginas salteadas** "have you read the book?" — "I just skipped through it"; **hizo unos cuantos ejercicios ~s y dejó el resto** he skipped through a couple of exercises and left the rest
2 (*Culin*) sauté, sautéed

**salteador** SM (*tb* **~ de caminos**) highwayman

**salteamiento** SM highway robbery, holdup

**saltear** ▸conjug 1a◂ Ⓐ VT 1 (*Culin*) to sauté
2 (= *atracar*) to hold up
3 (= *sorprender*) to take by surprise
Ⓑ VI (= *hacer discontinuamente*) (*al trabajar*) to do in fits and starts; (*al leer*) to skip (over) bits; **lo leyó salteando** he read bits of it here and there

**salteña** SF (*Andes*) meat pie

**salterio** SM 1 (*Rel*) (*gen*) psalter; (*en la Biblia*) Book of Psalms
2 (*Mús*) psaltery

**saltimbanqui** SM (= *malabarista*) juggler; (= *acróbata*) acrobat; (= *volatinero*) tightrope walker

**salto** SM 1 (= *acción*) (*gen*) jump; (*de mayor altura, distancia*) leap; (*al agua*) dive; **este invento es un gran ~ adelante en tecnología** this invention is a great leap forward in technology; **la novela está narrada con numerosos ~s atrás en el tiempo** the novel is told with a lot of flashbacks in time; **a ~s**: **cruzamos el río a ~s** we jumped across the river; **había que andar a ~s para no pisar los cristales** you had to hop about so as not to tread on the glass; **el pájaro avanzaba a saltitos** the bird hopped along; **dar un ~** [*persona, animal*] to jump; [*corazón*] to leap; **dio un ~ de dos metros** he jumped two metres; **cuando me enteré di un ~ de alegría** I jumped for joy when I found out; **al verla me dio un ~ el corazón** when I saw her my heart leapt; **empezó a dar ~s para calentarse** he started jumping about to warm up; **los niños les acompañaban dando ~s** the kids went with them, jumping *o* hopping about; **me daba ~s el corazón** my heart was pounding; **el progreso da ~s imprevisibles** progress makes unpredictable leaps; **al hablar da muchos ~s de un tema a otro** when he speaks, he jumps from *o* leaps around from one subject to the next; **de un ~**: **se puso en pie de un ~** he leapt *o* sprang to his feet; **de un ~ se encaramó a la rama de un árbol** he leapt up onto the branch of a tree; **subió/bajó de un ~** he jumped up/down; **el libro supuso su ~ a la fama** the book marked his leap to fame, the book was his springboard to fame; **pegar un ~** = **dar un salto**; ✦*MODISMOS* **a ~ de mata**: **vivir a ~ de mata** (= *sin organización*) to lead a haphazard life; (= *sin seguridad*) to live from hand to mouth; **estoy leyendo el libro a ~ de mata** I'm reading the book in dribs and drabs; **dar el ~** to make the leap *o* jump; **le gustaría dar el ~ al teatro profesional** he would like to make the leap *o* jump into professional theatre; **pegar el ~ a algn*** to cheat on sb*; **tirarse al ~** (*Chile**) to take a chance *o* risk ► **salto a ciegas, salto al vacío** leap in the dark
2 (*Atletismo*) jump; (*Natación*) dive; **un ~ de ocho metros** a jump of eight metres; **los participantes en las pruebas de ~s** the participants in the jump events; **triple ~** triple jump ► **salto alto** (*LAm*) high jump ► **salto con garrocha** (*LAm*), **salto con pértiga** pole vault ► **salto de altura** high jump ► **salto de ángel** swallow dive ► **salto de carpa** jack-knife dive ► **salto de esquí** ski-jump; **la Copa del Mundo de ~s de esquí** ski-jumping World Cup ► **salto de longitud** long jump ► **salto de palanca** high dive ► **salto de trampolín** springboard dive

► **salto en paracaídas** (= *salto*) parachute jump; (= *deporte*) parachuting ► **salto largo** (*LAm*) long jump ► **salto mortal** somersault ► **salto nulo** no-jump ► **saltos de obstáculos** hurdles

3 (= *diferencia*) gap; **entre los dos hermanos hay un ~ de nueve años** there is a gap of nine years between the two brothers; **hay un gran ~ entre su primer libro y éste último** there is a big leap between his first book and this latest one

4 (= *en texto*) **aquí hay un ~ de 50 versos** there's a gap of 50 lines here; **he dado un ~ de varias páginas** I've skipped several pages ► **salto de línea** (*Inform*) line break

5 (= *desnivel*) [*de agua*] waterfall; (*en el terreno*) fault ► **salto de agua** (*Geog*) waterfall; (*Téc*) chute

6 ► **salto de cama** negligee

**saltón** Ⓐ ADJ 1 (= *prominente*) [*ojos*] bulging; [*dientes*] protruding

2 (*LAm*) (= *poco hecho*) undercooked, half-cooked

Ⓑ SM grasshopper

**saltona** SF (*Cono Sur*) young locust

**salubre** ADJ healthy, salubrious (*frm*)

**salubridad** SF 1 (= *cualidad*) healthiness, salubriousness (*frm*)

2 (= *estadísticas*) health statistics

**salud** SF 1 (*Med*) health; **estar bien/mal de ~** to be in good/bad health; **mejorar de ~** to get better; **tener buena ~** ◊ **gozar de buena ~** to enjoy good health; **devolver la ~ a algn** to give sb back his health, restore sb to health; **¿cómo vamos de ~?** how are we today? ► **salud ambiental** environmental health ► **salud mental** mental health, mental wellbeing ► **salud ocupacional** occupational health ► **salud pública** public health

2 (= *bienestar*) welfare, wellbeing; **la ~ moral de la nación** the country's moral welfare; ✦***MODISMO*** **curarse en ~** to be prepared, take precautions

3 (*en brindis*) **¡a su ~!** ◊ **¡~ (y pesetas)!** cheers!, good health!; **beber a la ~ de algn** to drink to the health of sb

4 (*al estornudar*) **¡salud!** bless you!

5 (*Rel*) salvation

**saludable** ADJ 1 (*Med*) healthy

2 (= *provechoso*) good, beneficial; **un aviso ~** a salutary warning

**saludador(a)** SM/F quack doctor

▼**saludar** ▸conjug 1a◂ Ⓐ VT 1 (*al encontrarse con algn*) (*con palabras*) to say hello to, greet (*frm*); (*con gestos*) to wave at, wave to; **entré a ~la** I went in to say hello to her; **me saludó dándome un beso** he greeted me with a kiss; **nos saludó con la mano** she waved to us; **le saludé desde la otra acera** I waved to him from the other side of the street; **les saludaban desde el barco agitando pañuelos blancos** they waved white handkerchiefs at them from the ship; **la saludó con una leve inclinación de cabeza** he greeted her with a slight nod; **la compañía en pleno salió a ~ al público** the whole company came out to take a bow; **salude de mi parte a su marido** give my regards to your husband

2 (*en carta*) **le saluda atentamente** yours faithfully

3 (*Mil*) to salute

4 [+ *noticia, suceso*] to hail, welcome

➤ LENGUA Y USO: saludar A1 48.2

Ⓑ VI 1 (= *dirigir un saludo*) to say hello; **nunca saluda** she never says hello

2 (*Mil*) to salute

Ⓒ **saludarse** VPR **se ~on con un beso** they greeted each other with a kiss; **hace tiempo que no se saludan** they haven't been speaking for some time

**saludo** SM 1 (*al encontrarse con algn*) (= *palabra*) greeting; (= *gesto*) wave; **no contestó a mi ~** he didn't respond to my greeting; **nos dirigió un ~ con la mano** he gave us a wave, he waved to us; **~s** *o* **un ~ a Adela** regards to Adela; ✦***MODISMO*** **negar el ~ a algn** to cut sb dead, ignore sb, blank sb*

2 (*en carta*) **un ~ cariñoso a Gonzalo** warm regards to Gonzalo; **un ~ afectuoso** *o* **cordial** kind regards; **~s** best wishes; **¡~s a Teresa de mi parte!** give my best wishes to Teresa!, say hello to Teresa for me!; **os envía muchos ~s** he sends you warmest regards; **atentos ~s** yours sincerely, yours truly (*EEUU*); **~s cordiales** kind regards; **~s respetuosos**† respectfully yours

3 (*Mil*) salute

**Salustio** SM Sallust

**salutación** SF greeting, salutation

**salva**[1] SF 1 [*de aplausos*] storm

2 (*Mil*) salute, salvo ► **salva de advertencia** warning shots *pl*

3 (= *saludo*) greeting

4 (= *promesa*) oath, solemn promise

**salva**[2] SF (= *bandeja*) salver, tray

**salvabarros** SM INV mudguard, fender (*EEUU*)

**salvación** SF 1 (= *rescate*) rescue (**de** from)

2 (*Rel*) salvation ► **salvación eterna** eternal salvation

**salvada** SF (*LAm*) = **salvación 1**

**salvado** SM bran

**Salvador** SM 1 **el ~** (*Rel*) the Saviour, the Savior (*EEUU*)

2 **El ~** (*Geog*) El Salvador

**salvador(a)** SM/F 1 (= *que rescata*) rescuer, saviour, savior (*EEUU*)

2 [*de playa*] life-saver

**salvadoreñismo** SM *word or phrase etc peculiar to El Salvador*

**salvadoreño/a** ADJ, SM/F Salvadoran

**salvaeslip** SM (*pl* **salvaeslips**) panty liner

**salvaguarda** SF safeguard

**salvaguardar** ▸conjug 1a◂ VT 1 (= *defender*) to safeguard

2 (*Inform*) to back up, make a backup copy of

**salvaguardia** SF 1 (= *defensa*) safeguard, defence, defense (*EEUU*)

2 (= *documento*) safe-conduct

**salvajada** SF savage deed, atrocity

**salvaje** Ⓐ ADJ 1 [*planta, animal, tierra*] wild

2 (= *no autorizado*) [*huelga*] unofficial, wildcat; [*construcción*] unauthorized

3 [*pueblo, tribu*] savage

4 (= *brutal*) savage, brutal; **un ~ asesinato** a brutal *o* savage murder

5 (*LAm**) (= *estupendo*) terrific*, smashing*

Ⓑ SMF (*lit, fig*) savage

**salvajería** SF = **salvajada**

**salvajez** SF = **salvajismo**

**salvajino** ADJ 1 (= *salvaje*) wild, savage

2 **carne salvajina** meat from a wild animal

**salvajismo** SM savagery

**salvamanteles** SM INV table mat, hot pad (*EEUU*)

**salvamento** SM 1 (= *acción*) (*gen*) rescue; [*de naufragio*] salvage; **de ~** rescue *antes de s*; **operaciones de ~** rescue operations; **bote de ~** lifeboat ► **salvamento y socorrismo** life-saving

2 (= *refugio*) place of safety, refuge

**salvaplatos** SM INV table mat, hot pad (*EEUU*)

**salvar** ▸conjug 1a◂ Ⓐ VT 1 (*de un peligro*) to save; **me salvó la vida** he saved my life; **los bomberos nos ~on del fuego** the firemen saved us from the blaze; **apenas ~on nada del incendio** they hardly managed to salvage anything from the fire; **me has salvado de tener que sentarme con ese pesado** you saved me (from) having to sit next to that old bore

2 (*Rel*) to save

3 (*Inform*) to save

4 (= *evitar*) [+ *dificultad, obstáculo*] to get round, overcome; [+ *montaña, río, barrera*] to cross; [+ *rápidos*] to shoot

5 (*frm*) [+ *distancia*] to cover; **el tren salva la distancia en dos horas** the train covers *o* does the distance in two hours

6 (= *exceptuando*) **salvando: salvando algún detalle, la traducción está muy bien** apart from a few minor details, the translation is very good; *ver tb* **distancia 1**

7 (*frm*) [+ *altura*] to rise above

8 (*Cono Sur*) [+ *examen*] to pass

Ⓑ **salvarse** VPR 1 (*de un peligro*) to escape; **pocos se ~on del naufragio** few escaped from *o* survived the shipwreck; **¡sálvese quien pueda!** ◊ **¡sálvese el que pueda!** every man for himself!

2 (*) (= *librarse*) **considera incompetentes a todos los ministros, no se salva nadie** in his view all the ministers are, without exception, incompetent; **todos son antipáticos, Carlos es el único que se salva** they're an unfriendly lot, Carlos is the one exception

3 (*Rel*) to be saved

**salvataje** SM (*Cono Sur*) rescue

**salvavidas** Ⓐ SM INV (= *flotador*) lifebelt, life preserver (*EEUU*); (= *chaleco*) life jacket

Ⓑ ADJ INV life-saving *antes de s*; **bote ~** lifeboat; **cinturón ~** lifebelt, life preserver (*EEUU*); **chaleco ~** life jacket

**salvedad** SF reservation, qualification; **con la ~ de que ...** with the proviso that ...; **me gustaría hacer una ~** I would like to qualify what you said *o* to make a qualification

**Salvi** SM (*forma familiar*) *de* **Salvador**

**salvia** SF sage

**salvilla** SF 1 (= *bandeja*) salver, tray

2 (*Cono Sur*) (= *vinagrera*) cruet

**salvo** Ⓐ ADJ safe; *ver tb* **sano 3**

Ⓑ PREP except, except for, save; **~ aquellos que ya contamos** except (for) those we have already counted; **de todos los países ~ de Italia** from all countries except Italy; **~ error u omisión** (*Com*) errors and omissions excepted

Ⓒ ADV **a ~** out of danger; **a ~ de** safe from; **nada ha quedado a ~ de sus ataques** nothing has been safe from *o* has escaped his attacks; **para dejar a ~ su reputación** in order to safeguard his reputation; **ponerse a ~** to reach safety; **en ~** out of danger, in a safe place

Ⓓ CONJ **~ que** ◊ **~ si** unless; **iré ~ que me avises al contrario** I'll go unless you tell me otherwise

**salvoconducto** SM safe-conduct

**salvohonor** SM (*hum*) backside

**samaritano/a** SM/F Samaritan; **buen ~** good Samaritan

**samaruco** SM (*Cono Sur*) hunter's pouch, gamebag

**samba** SF samba; *ver tb* **sambo**

**sambenito** SM [1] (= *deshonra*) **le colgaron el ~ de cobarde** they branded him a coward; **le colgaron el ~ de haberlo hecho** they put the blame for it on him; **echar el ~ a otro** to pin the blame on somebody else; **quedó con el ~ toda la vida** the stigma stayed with him for the rest of his life
[2] (*Hist*) sanbenito

**sambo/a** SM/F *offspring of black person and (American) Indian*

**sambumbia** SF [1] (*CAm, Caribe, Méx*) (= *bebida*) fruit drink
[2] (*Méx*) [*de ananás*] pineapple drink; (= *hordiate*) barley water drink
[3] (*Andes*) (= *trasto*) old thing, piece of junk; **volver algo ~** to smash sth to pieces

**sambutir**‡ ▸conjug 3a◂ (*Méx*) VT (= *meter a fuerza*) to stick in, stuff in*; (= *hundir*) to sink in, shove in

**samotana*** SF (*CAm*) row, uproar

**samovar** SM samovar

**sampablera** SF (*Caribe*) racket, row

**sampán** SM sampan

**Samuel** SM Samuel

**samurear** ▸conjug 1a◂ VI (*Caribe*) to walk with bowed head

**San** SM (*apócope de* **santo**) saint; **~ Juan** Saint John; **cerca de ~ Martín** near St Martin's (church); **se casarán por ~ Juan** (*en sentido extenso*) they'll get married sometime in midsummer; (*estrictamente*) they'll get married round about St John's Day; *ver tb* **santo**, **lunes**

**sanable** ADJ curable

**sanaco** ADJ (*Caribe*) silly

**sanalotodo** SM INV cure-all

**sanamente** ADV healthily

**sananería** SF (*Caribe*) stupid remark, silly comment

**sanar** ▸conjug 1a◂ Ⓐ VT [+ *herida*] to heal; [+ *persona*] to cure (**de** of)
Ⓑ VI [*herida*] to heal; [*persona*] to recover

**sanativo** ADJ healing, curative

**sanatorio** SM sanatorium, sanitarium (*EEUU*) ► **sanatorio mental** psychiatric clinic, psychiatric hospital

**San Bernardo** SM St Bernard

**sancho** SM [1] (= *cerdo*) pig, hog (*EEUU*)
[2] (*Méx*) (= *carnero*) ram; (= *cordero*) lamb; (= *macho cabrío*) billy goat; (= *animal abandonado*) orphan animal, suckling

**sanción** SF sanction; **sanciones comerciales** trade sanctions; **sanciones económicas** economic sanctions; **imponer sanciones** to impose sanctions; **levantar sanciones a algn** to lift sanctions against sb ► **sanción disciplinaria** punishment, disciplinary measure

**sancionable** ADJ punishable

**sancionado/a** SM/F guilty person; **los ~s** (*Pol*) those who have been punished for a political offence, those guilty of political crimes

**sancionar** ▸conjug 1a◂ VT [1] (= *castigar*) (*gen*) to sanction; (*Jur*) to penalize
[2] (= *permitir*) to sanction

**sancionatorio** ADJ (*Jur*) penal, penalty *antes de s*

**sancochado** SM (*Andes*) = **sancocho**

**sancochar** ▸conjug 1a◂ VT (*LAm*) to parboil

**sancocho** SM [1] (*Culin*) (= *comida mal guisada*) undercooked food; (= *carne*) parboiled meat
[2] (*LAm*) (= *guisado*) stew (of meat, yucca *etc*)
[3] (*CAm, Caribe, Méx*) (= *lío*) fuss
[4] (*Caribe*) (= *bazofia*) pigswill

**San Cristóbal** SM [1] (*Rel*) St Christopher
[2] (*Geog*) St Kitts

**sandalia** SF sandal

**sándalo** SM sandal, sandalwood

**sandez** SF [1] (= *cualidad*) foolishness
[2] (= *acción*) stupid thing; **decir sandeces** to talk nonsense; **fue una ~ obrar así** it was a stupid thing to do

**sandía** SF watermelon; *ver tb* **sandío**

**sandinismo** SM Sandinista movement

**sandinista** ADJ, SMF (*Nic*) Sandinista

**sandío/a** Ⓐ ADJ foolish, silly
Ⓑ SM/F fool; *ver tb* **sandía**

**sánduche** SM (*LAm*) sandwich

**sandunga** SF [1] (*) (= *encanto*) charm; (= *gracia*) wit
[2] (*LAm*) (= *juerga*) binge*, celebration

**sandunguero** ADJ (= *encantador*) charming; (= *gracioso*) witty

**sandwich** [saŋ'gwɪtʃ, sam'bɪtʃ] SM (*pl* **sandwichs, sandwiches**) sandwich

**sandwichera** SF toasted sandwich maker

**sandwichería** SF (*esp LAm*) sandwich bar

**saneamiento** SM [1] (= *limpieza*) [*de río, ciudad, alcantarillado*] clean-up; [*de terreno*] drainage; **pidió un préstamo para el ~ de la casa** she applied for a loan to upgrade the house; **materiales de ~** sanitary fittings
[2] [*de empresa*] restructuring; **invirtieron 100 millones en el ~ económico de la compañía** they invested 100 million in restructuring the company's finances; **el ~ de la economía** putting the economy back on a sound footing
[3] (*Fin*) [*de deuda*] write-off; [*de activo*] write-down
[4] (*Jur*) compensation, indemnification

**sanear** ▸conjug 1a◂ VT [1] (= *limpiar*) [+ *río, ciudad, alcantarillado*] to clean up; [+ *casa*] to upgrade
[2] [+ *empresa*] to restructure; **es preciso ~ la compañía** the company needs restructuring; **~ la economía** to put the economy back on a sound footing
[3] (*Fin*) [+ *deuda*] to write off; [+ *activo*] to write down
[4] (*Jur*) (= *compensar*) to compensate, indemnify

**sanfasón*** SF (*LAm*), **sanfazón** SF (*LAm*) cheek*; **a la ~** unceremoniously, informally; (*pey*) carelessly

**sanfermines** SMPL *festivities in celebration of San Fermín (Pamplona)*

**SANFERMINES**

*The* **Sanfermines** *is a week-long festival starting on July 7 in Pamplona (Navarre) to honour* **San Fermín**, *the town's patron saint. As with many other local Spanish festivities, one of the main events is bullfighting. In Pamplona, however, the bulls have to be led from their enclosure to the bullring early in the morning through the city's main streets. Young men, dressed in the traditional Navarrese attire of red berets, white shirts and trousers and red sashes round their waists, run through the streets leading the fast-moving bulls. This activity, known as the* **encierro**, *in which people risk serious injury and even death, was popularized by writers such as Ernest Hemingway and now attracts visitors from all over the world. The festivities start with the* **txupinazo**, *a large rocket fired from Pamplona's main square, and for a full week Pamplona becomes one large street party punctuated by the daily* **encierro**.

**sanforizar** ▸conjug 1f◂ VT to sanforize®

**sango** SM (*Andes*) *yucca and maize pudding*

**sangradera** SF [1] (*Med*) lancet
[2] [*de agua*] (= *acequia*) irrigation channel; (= *desagüe*) sluice, outflow

**sangradura** SF [1] (*Med*) (= *incisión*) cut made into a vein; (= *sangría*) bleeding, bloodletting
[2] (*Anat*) inner angle of the elbow
[3] (*Agr*) drainage channel

**sangrante** ADJ [1] [*encías, úlcera*] bleeding
[2] [*batalla, guerra*] bloody
[3] (= *indignante*) scandalous; **lo más ~ del caso es que la policía no hizo nada** the most scandalous aspect of the affair was that the police did nothing

**sangrar** ▸conjug 1a◂ Ⓐ VT [1] [+ *enfermo, vena*] to bleed
[2] (*Agr, Téc*) [+ *terreno*] to drain; [+ *agua*] to drain off; [+ *árbol, tubería, horno*] to tap
[3] [+ *texto, línea*] to indent
[4] (= *explotar*) **~ a algn** to bleed sb dry; **siempre está sangrando a sus padres** he is always bleeding his parents dry
[5] (*) (= *robar*) to filch
Ⓑ VI [1] [*persona, herida, encías*] to bleed; **me sangra la nariz** (*de forma espontánea*) I've got a nosebleed; (*a consecuencia de un golpe*) my nose is bleeding
[2] (*frm*) (= *doler*) to rankle; **aún le sangra la humillación** the humiliation still rankles
[3] (= *ser reciente*) **estar sangrando** to be still fresh

**sangre** Ⓐ SF [1] (*Biol*) blood; **tiene ~ de tipo O negativo** he's blood type O negative, his blood type is O negative; **las enfermedades de la ~** blood diseases; **la tela es de color rojo ~** the fabric is a blood-red colour; **chupar la ~ a algn** (*lit*) to suck sb's blood; (*fig*) (= *explotar*) to bleed sb dry; (*Méx*) (= *hacer pasar mal rato*) to give sb a hard time, make sb's life a misery; **dar ~** to give blood; **donar ~** to donate blood; **echar ~** to bleed; **estuvo echando ~ por la nariz** (*de forma natural*) he had a nosebleed; (*a consecuencia de un golpe*) his nose was bleeding, he was bleeding from the nose; **hacer ~ a algn** to make sb bleed; **me pegó y me hizo ~** he hit me and I started bleeding o to bleed, he hit me and made me bleed; **hacerse ~**: **¿te has hecho ~?** are you bleeding?; **me hice ~ en la rodilla** my knee started bleeding o to bleed; **salirle ~ a algn**: **me está saliendo ~ de la herida** my cut is bleeding ► **sangre caliente**: **a ~ caliente** in the heat of the moment; **por sus venas corre ~ caliente** he is very hot-blooded; **de ~ caliente** [*animal*] warm-blooded *antes de s*; [*persona*] hot-blooded *antes de s* ► **sangre fría** coolness, sang-froid (*frm*); **era el que tenía más ~ fría a la hora de tomar decisiones** he was the coolest when it came to taking decisions; **la ~ fría del asesino** the murderer's cold-blooded nature; **lo asesinaron a ~ fría** they killed him in cold blood; **de ~ fría** [*animal*] cold-blooded *antes de s*; [*persona*] cool-headed *antes de s*; **mantener la ~ fría** to keep calm, keep one's cool ► **sangre nueva** new blood; **los inmigrantes inyectaron ~ nueva en el país** the immigrants injected new blood into the country; *ver tb* **banco 3**, **baño 2**, **delito 1**

2 ✦*MODISMOS* **arderle la ~ a algn**: **me arde la ~ cada vez que me habla** each time he speaks to me it makes my blood boil; **beber la ~ a algn** (*Méx*) to give sb a hard time, make sb's life a misery; **bullirle la ~ a algn**: **me bulle la ~ ante tanto sufrimiento** seeing such suffering makes my blood boil; **son jóvenes y les bulle la ~ en las venas** they are young and bursting with energy; **hacer correr la ~** to shed blood; **no les importa hacer correr la ~ de sus compatriotas** they are unconcerned about shedding the blood of their fellow countrymen; **dar su ~ por algo** to give one's life for sth, shed one's blood for sth (*frm*); **dieron su ~ por sus ideales** they gave their lives for their beliefs; **encender la ~ a algn** to make sb's blood boil; **a ~ y fuego** ruthlessly, by fire and sword (*liter*); **la revuelta fue aplastada a ~ y fuego** the revolt was crushed ruthlessly *o* by fire and sword (*liter*); **hacerse mala ~** to get annoyed; **me hago muy mala ~ cuando me faltan al respeto** I get really annoyed when people are disrespectful to me; **helar la ~ a algn** to make sb's blood run cold; **sus gritos le helaban la ~ a cualquiera** her cries would make anyone's blood run cold; **hervirle la ~ a algn**: **me hierve la ~ cuando nos tratan así** it really makes me mad *o* it makes my blood boil when they treat us like this; **tener la ~ de horchata** *o* (*Méx*) **atole** to be cold-hearted; **ser de ~ ligera** (*Méx*) ◊ **ser liviano de ~** (*Chile*) to be easy-going *o* good-natured; **llegar a la ~** to come to blows; **andar con ~ en el ojo** (*Cono Sur**) to bear a grudge; **es de ~ pesada** (*Méx*) ◊ **es pesado de ~** (*Chile*) he's not a very nice person, he's not very good-natured; **quemar la ~ a algn** to make sb's blood boil; **me quema la ~ verlo sufrir** it makes my blood boil to see him suffer; **no llegar la ~ al río**: **discutimos un poco pero no llegó la ~ al río** we argued a bit but it didn't come *o* amount to much; **sudar ~** to sweat blood; **costar ~, sudor y lágrimas** to cost blood, sweat and tears; **no tener ~ en las venas** to be a cold fish

3 (= *linaje*) blood; **lleva ~ española en las venas** he has Spanish blood (in him); **somos hermanos de ~** we're blood brothers; **tenemos la misma ~** we are blood relations; ✦*MODISMOS* **llevar algo en la ~** to have sth in one's blood; **lleva la política en la ~** he's got politics in his blood; **la ~ tira (mucho)** blood is thicker than water ► **sangre azul** blue blood; **ser de ~ azul** to belong to the aristocracy

Ⓑ ► **pura sangre** SM INV (= *caballo*) thoroughbred

**sangregorda*** SMF bore

**sangría** SF 1 (*Med*) bleeding, bloodletting ► **sangría suelta** excessive flow of blood
2 [*de recursos*] outflow, drain
3 (*Anat*) inner angle of the elbow
4 (*Agr*) (= *acequia*) irrigation channel; (= *desagüe*) outlet, outflow; (= *zanja*) ditch; (= *drenaje*) drainage
5 [*de alto horno*] (= *acción*) tapping; (= *metal fundido*) stream of molten metal
6 (*Culin*) sangria
7 (*Tip, Inform*) indentation

**sangrientamente** ADV bloodily

**sangriento** ADJ 1 (= *con sangre*) [*herida*] bleeding; [*arma, manos*] bloody, bloodstained
2 [*batalla, guerra*] bloody
3 (= *cruel*) [*injusticia*] flagrant; [*broma*] cruel; [*insulto*] deadly
4 (*liter*) [*color*] blood-red

**sangrigordo** ADJ (*Caribe*) (= *aburrido*) tedious, boring; (= *insolente*) rude, insolent

**sangriligero*** ADJ (*LAm*), **sangriliviano** ADJ (*LAm*) pleasant, congenial

**sangripesado*** ADJ (*LAm**), **sangrón** ADJ (*Cuba, Méx*), **sangruno** ADJ (*Caribe*) (= *desagradable*) unpleasant, nasty; (= *aburrido*) boring, tiresome; (= *obstinado*) obstinate, pig-headed

**sanguarañas*** SFPL (*Andes*) circumlocutions, evasions

**sánguche** SM (*LAm*), **sanguchito** SM (*LAm*) sandwich

**sangüich** SM (*Esp*) sandwich

**sanguijuela** SF leech

**sanguinario** ADJ bloodthirsty, cruel

**sanguíneo** ADJ 1 (*Anat*) blood *antes de s*; **vaso ~** blood vessel
2 [*color*] blood-red

**sanguinolento** ADJ 1 (= *con sangre*) [*herida*] bleeding; [*flujo*] bloody; [*ojos*] bloodshot
2 (= *manchado de sangre*) bloodstained
3 [*color*] blood-red
4 (*Culin*) underdone, rare

**sanidad** SF 1 (= *cualidad*) health, healthiness
2 (*Admin*) health, public health; **(Ministerio de) Sanidad** Ministry of Health; **inspector de ~** health inspector ► **sanidad animal** animal welfare ► **sanidad pública** public health (department)

**San Isidro** SM Saint Isidore

> **SAN ISIDRO**
>
> **San Isidro** *is the patron saint of Madrid, and gives his name to the week-long festivities which take place round May 15. Originally an 18th-century trade fair, the* **San Isidro** *celebrations now include music, dance, a famous* **romería**, *theatre and bullfighting. The* **isidrada** *is in fact one of the most important dates in the bullfighting calendar.*
>
> ⇨ *See also* ROMERÍA

**sanitaría** SF (*Cono Sur*) plumber's, plumber's shop

**sanitario/a** Ⓐ ADJ [*condiciones*] sanitary; [*centro, medidas*] health *antes de s*; **política sanitaria** health policy; **control ~** public health inspection; **asistencia sanitaria** medical attention
Ⓑ **sanitarios** SMPL (= *aparatos de baño*) sanitary ware *sing*, bathroom fittings; (*Méx*) (= *wáter*) toilet *sing*, washroom *sing* (*EEUU*)
Ⓒ SM/F (*Med*) stretcher bearer

**sanjacobo** SM *escalope with cheese filling*

**San Juan** SM Saint John

> **SAN JUAN**
>
> *The* **Día de San Juan** *on June 24 fuses Christian tradition with ancient summer solstice celebrations. In many areas, particularly near the sea, it is customary to light large bonfires on open ground on the night of June 23 and to burn an effigy, normally a large rag doll, at the stake. These* **hogueras de San Juan**, *which are accompanied by fireworks and music, draw crowds of people wanting to dance or simply to enjoy the summer evening, until the fire dies out in the small hours. Some legends credit this night with magical qualities and talk of ghostly apparitions.*

**San Lorenzo** SM **el (Río) ~** the St Lawrence (River)

**San Marino** SM San Marino

**sano** ADJ 1 (= *con salud*) [*persona*] healthy; [*órgano*] sound; [*fruta*] unblemished; ✦*MODISMO* **cortar por lo ~** to take extreme measures, go right to the root of the problem
2 (= *beneficioso*) [*clima, dieta*] healthy; [*comida*] wholesome
3 (= *entero*) whole, intact; **~ y salvo** safe and sound; **no quedó plato ~ en toda la casa** there wasn't a plate in the house left unbroken; **esa silla no es muy sana** that chair is not too strong
4 (= *sin vicios*) [*persona*] healthy; [*enseñanza, idea*] sound; [*deseo*] earnest, sincere; [*objetivo*] worthy

**sansalvadoreño/a** Ⓐ ADJ of/from San Salvador
Ⓑ SM/F native/inhabitant of San Salvador; **los ~s** the people of San Salvador

**sánscrito** ADJ, SM Sanskrit

**sanseacabó** EXCL **y ~*** and that's the end of it

**Sansón** SM Samson; ✦*MODISMO* **es un ~** he's tremendously strong

**Santa Bárbara** SF Santa Barbara

**santabárbara** SF (*Náut*) magazine

**santamente** ADV **vivir ~** to live a saintly life

**santanderino/a** (*Esp*) Ⓐ ADJ of/from Santander
Ⓑ SM/F native/inhabitant of Santander; **los ~s** the people of Santander

**santateresa** SF praying mantis

**santería** SF 1 (*Cuba*) (= *tienda*) *shop selling religious images, prints, etc*; (= *brujería*) witchcraft
2 (*) = **santidad**
3 (*Caribe Rel*) *religion of African origin*

**santero/a** SM/F 1 (*Caribe*) *maker or seller of religious images, prints, etc*
2 (= *devoto*) *person excessively devoted to the saints*

**Santiago** SM St James ► **Santiago (de Chile)** Santiago (de Chile) ► **Santiago (de Compostela)** Santiago de Compostela

**santiaguero/a*** SM/F (*Cono Sur*) faith healer

**santiagués/esa** Ⓐ ADJ of/from Santiago de Compostela

Ⓑ SM/F native/inhabitant of Santiago de Compostela; **los santiagueses** the people of Santiago

**santiaguino/a** Ⓐ ADJ of/from Santiago (de Chile)
Ⓑ SM/F native/inhabitant of Santiago (de Chile); **los ~s** the people of Santiago (de Chile)

**santiamén** SM **en un ~** in no time at all, in a flash

**santidad** SF [*de lugar*] holiness, sanctity; [*de persona*] saintliness; **su Santidad** His Holiness

**santificación** SF sanctification

**santificar** ▸conjug 1g◂ VT [1] (*Rel*) [+ *persona*] to sanctify; [+ *lugar*] to consecrate; [+ *fiesta*] to keep; **santificado sea Tu Nombre** hallowed be Thy Name
[2] (*) (= *perdonar*) to forgive

**santiguada** SF (= *señal*) sign of the Cross; (= *acto*) act of crossing oneself

**santiguar** ▸conjug 1i◂ Ⓐ VT [1] (= *bendecir*) to make the sign of the cross over, bless
[2] (*) (= *pegar*) to slap, hit
[3] (*LAm*) (= *sanear*) to heal, heal by blessing
Ⓑ **santiguarse** VPR [1] (= *persignarse*) to cross o.s.
[2] (*) (= *exagerar*) to make a great fuss

**santísimo** Ⓐ ADJ SUPERL holy, most holy
Ⓑ SM **el Santísimo** the Holy Sacrament
Ⓒ SF ✦***MODISMO*** **hacer la santísima a algn*** (= *jorobar*) to drive sb up the wall*; (= *perjudicar*) to do sb down*

**santo/a** Ⓐ ADJ [1] (*Rel*) [*vida, persona*] holy; [*tierra*] consecrated; [*persona*] saintly; [*mártir*] blessed; *ver tb* **semana**
[2] [*remedio*] wonderful, miraculous
[3] (*enfático*) blessed; **~ y bueno** well and good; **hacer su santa voluntad** to do as one jolly well pleases; **todo el ~ día** the whole blessed day; **y él con su santa calma** and he as cool as a cucumber
Ⓑ SM/F [1] (*Rel*) saint; **Santo Tomás** St Thomas ► **santo/a patrón/ona, santo/a titular** patron saint
[2] ✦***MODISMOS*** **¿a ~ de qué?** why on earth?; **¿a qué ~?** what on earth for?; **¡por todos los ~s!** for pity's sake!; **no es ~ de mi devoción** he's not my cup of tea*; **alzarse con el ~ y la limosna*** to clear off with the whole lot*; **comerse los ~s*** to be terribly devout; **desnudar a un ~ para vestir otro** to rob Peter to pay Paul; **se le fue el ~ al cielo** he forgot what he was about to say; **¡que se te va el ~ al cielo!** you're miles away!; **llegar y besar el ~** to pull it off at the first attempt; **fue llegar y besar el ~** it was as easy as pie; **nacer con el ~ de espaldas** to be born unlucky; **poner a algn como un ~*** to give sb a telling-off*; **quedarse para vestir ~s** to be left on the shelf; **tener el ~ de cara*** to have the luck of the devil; **tener el ~ de espaldas*** to be cursed with bad luck
[3] (= *persona*) saint; **es un ~** he's a saint; **estaba hecho un ~** he was terribly sweet
Ⓒ SM [1] (= *onomástica*) saint's day; **mañana es mi ~** tomorrow is my name day *o* saint's day
[2] (*en libro*) picture
[3] ► **santo y seña** (*Mil*) password
[4] (*Cono Sur Cos*) patch, darn

**SANTO**

*As well as celebrating their birthday, many Spaniards celebrate their* **santo** *or* **onomástica**. *This is the day when the saint whose name they have is honoured in the Christian calendar. It used to be relatively common for newborn children to be called after the saint whose day they were born on. So a boy born on July 25 (Saint James's day) stood a good chance of being christened "Santiago". The tradition may be dying out now that parents are no longer restricted to names from the Christian calendar, as was the case in the past. As with birthdays, the person whose* **santo** *it is normally buys the drinks.*

**Santo Domingo** SM [1] (= *capital*) Santo Domingo
[2] (= *isla*) Hispaniola

**santón*** SM (*hum*) big shot*, big wheel*

**santoral** SM calendar of saints' days

**santuario** SM [1] (*Rel*) (= *templo*) sanctuary, shrine; (= *lugar sagrado*) sanctuary
[2] (*Andes, Caribe*) (= *ídolo*) native idol; (= *tesoro*) buried treasure

**santulario** ADJ (*Cono Sur*) = **santurrón A**

**santurrón/ona** Ⓐ ADJ (= *mojigato*) sanctimonious; (= *hipócrita*) hypocritical
Ⓑ SM/F (= *mojigato*) sanctimonious person; (= *hipócrita*) hypocrite

**saña** SF [1] (= *furor*) rage; (= *crueldad*) cruelty; **con ~** viciously
[2] (= *cartera*) wallet, billfold (*EEUU*)

**sañero⁑** SM (*Esp*) pickpocket

**sañoso** ADJ = **sañudo**

**sañudamente** ADV (= *furiosamente*) angrily, furiously; (= *con crueldad*) cruelly; (= *brutalmente*) viciously

**sañudo** ADJ [1] [*persona*] (= *furioso*) furious, enraged; (= *cruel*) cruel
[2] [*golpe*] vicious, cruel

**sapaneco** ADJ (*CAm*) plump, chubby

**sáparo** SM (*Andes*) wicker basket

**sapiencia** SF knowledge, wisdom

**sapo**[1] SM [1] (*Zool*) toad; ✦***MODISMO*** **echar ~s y culebras** to turn the air blue
[2] (= *persona*) ugly creature
[3] (*LAm*) *game of throwing coins into the mouth of an iron toad*
[4] (*CAm, Caribe*) (= *soplón*) informer, grass*, fink (*EEUU**)
[5] (*Cono Sur⁑*) (= *soldado*) soldier

**sapo**[2] ADJ [1] (*Andes, CAm, Cono Sur*) (= *astuto*) cunning, sly
[2] (*Cono Sur*) (= *hipócrita*) hypocritical, two-faced
[3] (*CAm, Caribe*) (= *chismoso*) gossipy

**saporro** ADJ (*Andes, CAm*) short and chubby

**sapotear** ▸conjug 1a◂ VT (*Andes*) to finger, handle

**saprófago** ADJ saprophagous

**saprófito** Ⓐ ADJ saprophytic
Ⓑ SM saprophyte

**saque** Ⓐ SM [1] (*Tenis*) service, serve; (*Rugby*) line-out; (*Ftbl*) (*para dar comienzo al partido*) kick-off ► **saque de banda** (*Ftbl*) throw-in ► **saque de castigo** penalty kick ► **saque de esquina** corner, corner kick ► **saque de falta** free kick ► **saque de honor** guest appearance ► **saque de mano** (*LAm*) throw-in ► **saque de portería, saque de puerta** goal kick ► **saque inicial** kick-off ► **saque lateral** throw-in ► **saque libre** free kick
[2] (= *apetito*) **tener buen ~** to have a hearty appetite
Ⓑ SMF (*Tenis*) server

**saqué** *etc ver* **sacar**

**saqueador(a)** SM/F looter

**saquear** ▸conjug 1a◂ VT [1] (*Mil*) to sack
[2] (= *robar*) to loot, plunder, pillage

**saqueo** SM [1] (*Mil*) sacking
[2] (= *robo*) looting, plundering, pillaging

**saquito** SM small bag ► **saquito de papel** paper bag

**S.A.R.** ABR (= **Su Alteza Real**) HRH

**sarampión** SM measles

**sarao** SM [1] (= *fiesta*) soirée, evening party
[2] (*) (= *lío*) fuss, to-do*

**sarape** SM (*Méx*) blanket

**sarasa*** SM pansy*, fairy*, fag (*EEUU⁑*)

**saraviado** ADJ (*Andes*) [*objeto*] spotted, mottled; [*animal*] spotted; [*persona*] freckled

**sarazo** ADJ (*LAm*) = **zarazo**

**sarazón** ADJ (*Méx*) = **zarazo**

**sarcasmo** SM sarcasm; **es un ~ que ...** it is ludicrous that ...

**sarcásticamente** ADV sarcastically

**sarcástico** ADJ sarcastic

**sarcófago** SM sarcophagus

**sarcoma** SM sarcoma

**sardana** SF *Catalan dance and music*

**sardina** SF sardine; ✦***MODISMO*** **como ~s en lata** like sardines ► **sardina arenque** herring ► **sardina noruega** brisling

**sardinero** ADJ sardine *antes de s*

**sardo/a** ADJ, SM/F Sardinian

**sardónico** ADJ sardonic, sarcastic

**sargazo** SM gulfweed

**sargentear** ▸conjug 1a◂ Ⓐ VT [1] (*Mil*) to command
[2] (*) (= *mandonear*) to boss about
Ⓑ VI (*) to be bossy, boss people about

**sargento** SMF [1] (*Mil*) sergeant ► **sargento de primera** [*de tierra*] staff sergeant; [*de aire*] flight sergeant
[2] (*pey*, *) (= *mandón*) bossy person

**sargentona*** SF tough mannish woman

**sargo** SM bream

**sari** SM sari

**sarita** SF (*Andes*) straw hat

**sarmentoso** ADJ [1] [*planta*] twining, climbing
[2] (*Anat*) [*manos*] gnarled; [*dedos*] long and thin

**sarmiento** SM vine shoot

**sarna** SF (*Med*) scabies; (*Vet*) mange

**sarniento** ADJ, **sarnoso** ADJ [1] (*Med*) scabious; (*Vet*) mangy
[2] (= *raquítico*) weak
[3] (*Andes, Cono Sur**) (= *despreciable*) lousy*, contemptible

**sarong** SM sarong

**sarpullido** SM [1] (*Med*) rash
[2] [*de pulga*] fleabite

**sarraceno/a** ADJ, SM/F Saracen

**sarracina** SF [1] (= *pelea*) brawl, free fight
[2] (= *matanza*) mass slaughter; **han hecho**

**una ~** (*Educ*) they've ploughed almost everybody*

**Sarre** SM Saar

**sarrio** SM Pyrenean mountain goat

**sarro** SM [1] (= *depósito*) (*en los dientes*) tartar, plaque; (*en la lengua*) fur; (*en una caldera*) scale, fur
[2] (*Bot*) rust

**sarroso** ADJ [*dientes*] covered with tartar; [*caldera, lengua*] furred, furry

**sarta** SF, **sartalada** SF (*Cono Sur*) (= *serie*) string; (= *fila*) line, row; **una ~ de mentiras** a pack of lies

**sartén** SF (SM *en LAm*) frying pan; ✦***MODISMO*** **coger la ~ por donde quema** to act rashly; **saltar de la ~ y dar en la brasa** to jump out of the frying pan into the fire; **tener la ~ por el mango** to have the upper hand

**sarteneja** SF (*Andes, Méx*) (= *marisma seca*) dried-out pool; (*Méx*) (= *bache*) pothole; (= *tierra seca*) cracked soil, parched soil

**sasafrás** SM sassafras

**sastre/a** Ⓐ SM/F tailor; (*Teat*) costumier; **hecho por ~** tailor-made ► **sastre de teatro** costumier
Ⓑ ADJ INV **traje ~** tailor-made suit

**sastrería** SF [1] (= *oficio*) tailor's trade, tailoring
[2] (= *tienda*) tailor's, tailor's shop

**Satán** SM, **Satanás** SM Satan

**satánico** ADJ (= *diabólico*) satanic; (= *malvado*) fiendish

**satanismo** SM Satanism, devil-worship

**satanización** SF demonizing

**satanizar** ▸conjug 1f◂ VT to demonize

**satelitario** ADJ satellite *antes de s*

**satélite** Ⓐ SM [1] (*Astron*) satellite; **transmisión vía ~** satellite broadcasting ► **satélite artificial** artificial satellite ► **satélite de comunicaciones** communications satellite ► **satélite espía** spy satellite ► **satélite meteorológico** weather satellite
[2] (= *persona*) (*gen*) satellite; (= *esbirro*) henchman; (= *compañero*) crony
Ⓑ ADJ INV satellite; **ciudad ~** satellite town; **país ~** satellite country

**satén** SM sateen

**satín** SM (*LAm*) sateen, satin

**satinado** Ⓐ ADJ glossy, shiny
Ⓑ SM gloss, shine

**satinar** ▸conjug 1a◂ VT to gloss, make glossy

**sátira** SF satire

**satíricamente** ADV satirically

**satírico** ADJ satiric, satirical

**satirizar** ▸conjug 1f◂ VT to satirize

**sátiro** SM [1] (*Literat*) satyr
[2] (= *hombre lascivo*) sex maniac

**satisfacción** SF [1] (= *placer*) satisfaction; **a ~ de** to the satisfaction of; **a su entera ~** to his complete satisfaction; **con ~ de todos** to everyone's satisfaction ► **satisfacción laboral, satisfacción profesional** job satisfaction
[2] [*de ofensa*] (= *compensación*) satisfaction, redress; (= *disculpa*) apology; **pedir una ~ a algn** to demand satisfaction from sb
[3] ► **satisfacción de sí mismo** self-satisfaction, smugness

**satisfacer** ▸conjug 2r◂ Ⓐ VT [1] [+ *persona*] to satisfy; **el resultado no me satisface** I'm not satisfied *o* happy with the result; **~ a algn de** *o* **por una ofensa** to give sb satisfaction for an offence
[2] (= *compensar*) [+ *gastos, demanda*] to meet; [+ *deuda*] to pay; [+ *éxito*] to gratify, please; [+ *necesidad, solicitud*] to meet, satisfy; (*Com*) [+ *letra de cambio*] to honour, honor (*EEUU*)
[3] [+ *culpa*] to expiate; [+ *pérdida*] to make good
Ⓑ **satisfacerse** VPR [1] (= *contentarse*) to satisfy o.s., be satisfied; **~se con muy poco** to be content with very little
[2] (= *vengarse*) to take revenge

**satisfactoriamente** ADV satisfactorily

**satisfactorio** ADJ satisfactory

**satisfecho** ADJ [1] (= *complacido*) satisfied; (= *contento*) content, contented; **darse por ~ con algo** to declare o.s. satisfied with sth; **dejar ~s a todos** to satisfy everybody
[2] (*después de comer*) **quedarse ~** to be full
[3] (*tb* **~ consigo mismo, ~ de sí mismo**) self-satisfied, smug; **nos miró ~** he looked at us smugly

**sativa** SF (*Cono Sur*) marijuana

**satrústegui*** EXCL well!, gee! (*EEUU*), well I'm blowed!*

**satsuma** SF satsuma

**saturación** SF saturation

**saturado** ADJ saturated

**saturar** ▸conjug 1a◂ VT (*Fís, Quím*) to saturate; **~ el mercado** to flood the market; **estos aeropuertos son los más saturados** those airports are the most crowded *o* stretched; **¡estoy saturado de tanta televisión!** I can't take any more television!

**saturnales** SFPL Saturnalia

**saturnino** ADJ saturnine

**Saturno** SM Saturn

**sauce** SM willow ► **sauce de Babilonia, sauce llorón** weeping willow

**saucedal** SM willow plantation

**saúco** SM elder

**saudí** ADJ, SMF, **saudita** ADJ, SMF Saudi

**Saúl** SM Saul

**sauna** SF (SM *en Cono Sur*) sauna

**saurio** SM saurian

**savia** SF sap

**saxífraga** SF saxifrage

**saxo** Ⓐ SM sax
Ⓑ SMF sax player

**saxofón** Ⓐ SM (= *instrumento*) saxophone
Ⓑ SMF (= *músico*) saxophonist

**saxofonista** SMF saxophonist

**saxófono** SMF = **saxofón A**

**saya** SF [1] (*para vestir*) (= *falda*) skirt; (= *enagua*) petticoat; (= *vestido*) dress
[2] (*Andes*) (= *mujer*) woman

**sayal** SM sackcloth

**sayo** SM (= *prenda*) smock, tunic; ✦***MODISMO*** **cortar un ~ a algn** (*Esp*) to gossip about sb, talk behind sb's back; **¿qué ~ se me corta?** what are they saying about me?

**sayón** SM [1] (*Jur*) executioner
[2] (= *hombre peligroso*) ugly customer*

**sayuela** SF (*Caribe*) long shirt, smock

**sazo*** SM hankie*

**sazón**[1] SF [1] [*de fruta*] ripeness; **en ~** [*fruta*] ripe, ready (to eat); (= *oportunamente*) opportunely; **fuera de ~** [*fruta*] out of season; (= *inoportunamente*) inopportunely
[2] (*liter*) **a la ~** then, at that time
[3] (= *sabor*) flavour, flavor (*EEUU*)

**sazón**[2] ADJ (*Andes, CAm, Méx*) ripe

**sazonado** ADJ [1] [*fruta*] ripe
[2] [*plato*] seasoned
[3] **~ de** seasoned with, flavoured *o* (*EEUU*) flavored with
[4] (= *ingenioso*) witty

**sazonar** ▸conjug 1a◂ Ⓐ VT [1] [+ *fruta*] to ripen
[2] (*Culin*) to season (**de** with)
[3] (*Caribe*) (= *endulzar*) to sweeten
Ⓑ VI to ripen

**s/c** ABR (*Com*) [1] = **su casa**
[2] = **su cuenta**

**scalextric**® SM [1] Scalextric® (*model motor racing set*)
[2] (*Aut*) *complicated traffic interchange*, spaghetti junction*

**schop** [ʃop] SM (*Cono Sur*) (= *vaso*) mug, tankard; (= *cerveza*) beer, draught *o* (*EEUU*) draft beer

**schopería** [ʃope'ria] SF (*Cono Sur*) beer bar

**scooter** [es'kuter] SM motor scooter

**Scotch**® SM (*Andes, Méx*) Sellotape®, Scotch tape® (*EEUU*)

**script** [es'kri] SF (*pl* **scripts** [es'kri]) script-girl

**Sdo.** ABR (*Com*) (= **Saldo**) bal

**SE** ABR (= **sudeste**) SE

**se**[1] PRON PERS [1] (*complemento indirecto*) [1·1] (*a él*) him; (*a ella*) her; (*a ellos*) them; (*a usted, ustedes*) you; **voy a dárselo** I'll give it to him *o* her *o* them *o* you; **ya se lo dije** I (already) told him *o* her *o* them *o* you; **he hablado con mis padres y se lo he explicado** I've talked to my parents and explained it to them; **aquí tiene las flores, ¿se las envuelvo, señor?** here are your flowers, shall I wrap them for you, sir?; **no lo tenemos, pero se lo puedo encargar** we haven't got it, but I can order it for you
[1·2] (*con doble complemento indirecto*) **dáselo a Enrique** give it to Enrique; **¿se lo has preguntado a tus padres?** have you asked your parents about it?
[1·3] (*con partes del cuerpo, ropa*) **se rompió la pierna** he broke his leg; **Pablo se lavó los dientes** Pablo cleaned his teeth; **Carmen no podía abrocharse el vestido** Carmen couldn't do up her dress; **han prometido no cortarse la barba** they have sworn not to cut their beards; **tiene que cortarse el pelo** he must have a haircut
[1·4] (*uso enfático*) **se comió un pastel** he ate a cake; **no se esperaba eso** he didn't expect that
[2] (*uso reflexivo*) [2·1] (*masculino*) himself; (*femenino*) herself; (*plural*) themselves; (*de usted*) yourself; (*de ustedes*) yourselves; (*sujeto no humano*) itself; **Marcos se ha cortado con un cristal** Marcos cut himself on a piece of broken glass; **Margarita se estaba preparando para salir** Margarita was getting (herself) ready to go out; **¿se ha hecho usted daño?** have you hurt yourself?; **se tiraron al suelo** they threw themselves to the ground; **la calefacción se apaga sola** the heating turns itself off automatically; **se está afeitando** he's shaving; **¡siéntese!** sit down; **sírvase esperar un momento** please wait a moment; **vestirse** to get dressed
[2·2] (*indefinido*) oneself; **mirarse en el espejo** to look at oneself in the mirror

3 (*como parte de un verbo pronominal*) **se durmió** he fell asleep; **se enfadó** he got annoyed; **se marchó** he left; **mi hermana nunca se queja** my sister never complains; **se retira** he withdraws
4 (*uso recíproco*) each other, one another; **se escriben a menudo** they write to each other often; **se quieren** they love each other; **hace un año que no se ven** it's a year since they last saw each other; **procuran no encontrarse** they try not to meet each other; **se miraron todos** they all looked at one another; **no se hablan** they are not on speaking terms
5 (*uso impersonal*) 5·1 (*con sujeto indeterminado*) **se registraron nueve muertos** there were nine deaths, nine deaths were recorded; **se dice que es muy rico** he's said to be very rich; **no se sabe por qué** it is not known *o* people don't know why; **se compró hace tres años** it was bought three years ago; **en esa zona se habla galés** Welsh is spoken in that area, people speak Welsh in that area; **se cree que el tabaco produce cáncer** it is believed that smoking causes cancer
5·2 (*referido al hablante*) **no se oye bien** you can't hear very well; **es lo que pasa cuando se come tan deprisa** that's what happens when you eat so fast; **¿cómo se dice eso en inglés?** how do you say that in English?; **se está bien aquí** it's nice here; **se hace lo que se puede** we do what we can; **se admiten sugerencias** we welcome suggestions; **"véndese coche"** "car for sale"; **se avisa a los interesados que …** those concerned are informed that …
5·3 (*en recetas, instrucciones*) **se pelan las patatas** peel the potatoes; **"sírvase muy frío"** "serve chilled"; **"no se admiten visitas"** "no visitors"; **"se prohíbe fumar"** "no smoking"

**sé** *ver* **saber**, **ser**

**S.E.** ABR (= **Su Excelencia**) H.E.

**SEA** SM ABR (*Esp Agr*) = **Servicio de Extensión Agraria.**

**sea** [*etc*] *ver* **ser**

**SEAT** SF ABR, **Seat** SF ABR (*Esp*) = **Sociedad Española de Automóviles de Turismo**

**sebáceo** ADJ sebaceous

**sebear** ▸conjug 1a◂ VT (*Caribe*) to inspire love in

**sebo** SM 1 (= *grasa*) (*gen*) grease, fat; (*para velas*) tallow; (*Culin*) suet
2 (= *gordura*) fat

**sebón** ADJ (*Andes, CAm, Cono Sur*) idle, lazy

**seboso** ADJ (= *grasiento*) greasy; (= *mugriento*) grimy

**Sec.** ABR (= **secretario, secretaria**) sec

**seca** SF 1 (*Agr*) drought
2 (*Meteo*) dry season
3 (*Náut*) sandbank

**secadero** SM 1 (= *lugar*) drying place
2 (*Andes*) (= *terreno*) dry plain, scrubland

**secado** SM drying ► **secado a mano** blow-dry

**secador** SM drier, dryer ► **secador centrífugo** spin drier, spin dryer ► **secador de manos** hand drier, hand dryer ► **secador de pelo** hairdrier, hairdryer

**secadora** SF tumble drier, tumble dryer ► **secadora centrífuga** spin drier, spin dryer ► **secadora de cabello** (*CAm, Méx*) hairdrier, hairdryer

**secamanos** SM INV hand drier, hand dryer

**secamente** ADV [*contestar*] curtly; [*ordenar*] sharply; **—no sé nada —afirmó ~** "I don't know anything," he said curtly; **se comportó muy ~ con nosotros** he was very short *o* curt with us; **—ahora, ¡a dormir! —dijo ~** "now, off to sleep!," he said sharply

**secano** SM 1 (*Agr*) (*tb* **tierra de ~**) (= *sin lluvia*) dry land, dry region; (= *sin riego*) unirrigated land; **cultivo de ~** dry farming
2 (*Náut*) (= *banco de arena*) sandbank; (= *islote*) small sandy island

**secante**[1] Ⓐ ADJ 1 **papel ~** blotting paper
2 (*Andes, Cono Sur**) (= *latoso*) annoying
Ⓑ SM blotting paper, blotter

**secante**[2] SF (*Mat*) secant

**secapelos** SM INV hair-drier, hair-dryer

**secar** ▸conjug 1g◂ Ⓐ VT 1 (= *quitar la humedad*) (*con paño, toalla*) to dry; (*con fregona*) to mop up; (*con papel secante*) to blot; **me sequé las lágrimas** I dried my tears; **~ los platos** to dry the plates, dry up
2 (= *resecar*) [+ *planta, terreno*] to dry up; [+ *piel*] to dry out
3 (*Uru*) (= *fastidiar*) to annoy, vex
Ⓑ VI to dry; **lo he puesto a ~ cerca del radiador** I've left it to dry near the radiator
Ⓒ **secarse** VPR 1 (*uso reflexivo*) 1·1 [*persona*] to dry o.s., get dry; **me encanta ~me al sol** I love drying myself in the sun
1·2 [+ *manos, pelo*] to dry; [+ *lágrimas, sudor*] to dry, wipe; **~se la frente** to mop one's brow
2 (= *quedarse sin agua*) 2·1 [*ropa*] to dry, dry off; **no entres hasta que no se seque el suelo** don't come in until the floor is dry *o* has dried
2·2 [*arroz, pasta*] to go dry; [*garganta*] to get dry; [*río, pozo*] to dry up, run dry; [*hierba, terreno*] to dry up; [*planta*] to wither
3 [*herida*] to heal up
4 (*) (= *adelgazar*) to get thin
5 (*) (*tb* **~se de sed**) to be parched*

**secarral** SM dry plain, arid area

**secarropa** SM clothes-horse

**sección** SF 1 (*Arquit, Mat*) section ► **sección cónica** conic section ► **sección longitudinal** longitudinal section ► **sección transversal** cross section ► **sección vertical** vertical section
2 (= *parte*) (*gen*) section; [*de almacén, oficina*] department ► **sección de contactos** personal column (*containing offers of marriage etc*) ► **sección de cuerdas** string section ► **sección deportiva** sports page, sports section ► **sección económica** financial pages *pl*, city pages *pl* ► **sección fija** regular feature
3 (*Mil*) section, platoon

**seccional** Ⓐ ADJ sectional
Ⓑ SF 1 (*Cono Sur*) police station
2 (*Col*) branch office

**seccionar** ▸conjug 1a◂ VT (= *dividir*) to section, divide into sections; (= *cortar*) to cut, cut off; (= *disecar*) to dissect; **~ la garganta a algn** to cut sb's throat

**secesión** SF secession

**secesionista** ADJ, SMF secessionist

**seco** Ⓐ ADJ 1 (= *no húmedo*) dry; **tengo los labios ~s** my lips are dry; **las sábanas no están secas todavía** the sheets are still not dry; **es un calor ~** it's a dry heat; **en ~** (= *sin líquido*): **no me puedo tragar esto en ~** I can't swallow this without water; **"limpiar en seco"** "dry clean only"; *ver tb* **dique 1**, **ley 1**
2 (= *desecado*) [*higo, pescado*] dried; [*hojas*] dead, dried; [*árbol*] dead; **un cuadro de flores secas** a painting of dried flowers; **estaban ~s todos los geranios** all the geraniums had dried up; **dame una cerveza, que estoy ~*** give me a beer, I'm really parched*; *ver tb* **ciruela**, **fruto 1**
3 (= *no graso*) [*piel, pelo*] dry
4 (= *no dulce*) [*vino, licor*] dry; **un champán muy ~** a very dry champagne
5 (= *flaco*) thin, skinny*; ✦***MODISMO*** **está ~ como un palo** he's (as) thin as a rake
6 (= *no amable*) [*persona, carácter, respuesta*] curt; [*orden*] sharp; [*estilo*] dry; **estuvo muy ~ conmigo por teléfono** he was very curt *o* short with me on the phone; **—no se puede —contestó muy ~** "can't be done," he replied curtly
7 (= *sin resonancia*) [*tos*] dry; [*ruido*] dull; [*impacto*] sharp; **oyó el golpe ~ de la puerta** he heard the dull thud of the door; **le dio un golpe ~ en la cabeza** he gave him a sharp bang on the head
8 **en ~** (= *bruscamente*): **frenar en ~** to brake sharply; **pararse en ~** to stop dead, stop suddenly; **parar a algn en ~** (*al hablar*) to cut sb short
9 (= *sin acompañamiento*) **sobrevivimos a base de pan ~** we survived on bread alone; **para vivir sólo tiene el sueldo ~** he has nothing but his salary to live on; *ver tb* **palo 5**
10 ✦***MODISMOS*** **a secas**: **no existe la libertad a secas** there's no such thing as freedom pure and simple; **Gerardo García, Gerardo a secas para los amigos** Gerardo García, just Gerardo to his friends; **nos alimentamos de pan a secas** we survived on nothing but bread; **dejar ~ a algn*** (= *matar*) to kill sb stone dead*; **lo dejó ~ de un tiro** he blew him away*; **cuando me dijo el precio me dejó ~** I was stunned when he told me the price; **ser ~ para algo** (*Chile**) to be a great one for sth*; **tener ~ a algn** (*Col, Cono Sur*): **me tienen ~** I've had enough of them; **tomarse algo al ~** (*Chile*) to down sth in one; **a ver todos, ¿al ~?** come on everyone, (down) in one!
Ⓑ SM (*Col*) main course

**secoya** SF redwood, sequoia

**secre*** SMF = **secretario**

**secreción** SF secretion

**secreta*** Ⓐ SF secret police
Ⓑ SMF secret policeman/policewoman

**secretamente** ADV secretly

**secretar** ▸conjug 1a◂ VT to secrete

**secretaría** SF 1 (= *oficina*) secretary's office
2 (= *cargo*) secretaryship
3 **Secretaría** (*Méx*) (= *Ministerio*) Ministry

**secretariado** SM 1 (= *oficina*) secretariat
2 (= *cargo*) secretaryship
3 (= *curso*) secretarial course
4 (= *profesión*) profession of secretary

**secretario/a** SM/F 1 (= *administrativo*) secretary ► **secretario/a adjunto/a** assistant secretary ► **secretario/a de dirección** executive secretary ► **secretario/a de imagen** public relations officer ► **secretario/a de prensa** press secretary ► **secretario/a de rodaje** script clerk ► **secretario/a general** (*gen*) general secretary; (*Pol*) secretary general ► **secretario/a judicial** clerk of the court

► **secretario/a municipal** town clerk ► **secretario/a particular** private secretary
[2] (*Méx Pol*) Minister, Minister of State, Secretary of State (*EEUU*) ► **secretario/a de Estado** (*Esp*) junior minister, undersecretary (*EEUU*)

**secretear** ▸conjug 1a◂ VI [1] (= *conversar*) to talk confidentially
[2] (= *cuchichear*) to whisper (unnecessarily)

**secreter** SM writing desk

**secretismo** SM secrecy, excessive secrecy

**secreto** Ⓐ SM [1] (= *confidencia*) secret; **alto ~** top secret; **confiar** *o* **contar un ~ a algn** to tell sb a secret; **en ~** in secret, secretly; **estar en el ~** (*frm*) to be in on the secret; **guardar un ~** to keep a secret; **hacer ~ de algo** (*frm*) to be secretive about sth, keep sth secret ► **secreto a voces** open secret ► **secreto de confesión** (*Rel*) confessional secret ► **secreto de estado** state secret ► **secreto de Polichinela** (*frm*) open secret ► **secreto de sumario, secreto sumarial**: **debido al ~ del sumario** *o* **sumarial** because the matter is sub judice; **se ha levantado el ~ sumarial sobre el caso** reporting restrictions have been lifted; *ver tb* **mantener A2.2**
[2] (= *clave*) secret; **el ~ está en la salsa** the secret is in the sauce; **¿cuál es el ~ de su éxito?** what is the secret of her success?
[3] (= *reserva*) secrecy; **lo han hecho con mucho ~** they have done it in great secrecy
[4] (= *cajón*) secret drawer
[5] (= *combinación*) combination
Ⓑ ADJ secret; **todo es de lo más ~** it's all highly secret

**secta** SF sect

**sectario/a** Ⓐ ADJ sectarian; **no ~** (*Pol*) non-sectarian; (*Rel*) non-denominational
Ⓑ SM/F sectarian

**sectarismo** SM sectarianism

**sector** SM [1] (*Econ, Geom*) sector ► **sector privado** private sector ► **sector público** public sector ► **sector terciario** tertiary sector, service industries *pl*, service sector
[2] (= *sección*) [*de opinión*] section; [*de ciudad*] area, sector

**sectorial** ADJ sectorial

**sectorialmente** ADV *in a way which relates to a particular sector o industry etc*

**secuaz** SMF (= *partidario*) (*gen*) follower, supporter; (*pey*) henchman

**secuela** SF [1] (= *consecuencia*) consequence
[2] (*Méx Jur*) proceedings *pl*, prosecution

**secuencia** SF sequence ► **secuencia de arranque** (*Inform*) startup routine, startup sequence

**secuenciación** SF sequencing

**secuencial** ADJ sequential

**secuencialmente** ADV sequentially, in sequence

**secuenciar** ▸conjug 1b◂ VT to arrange in sequence

**secuestración** SF [1] (*Jur*) sequestration
[2] = **secuestro**

**secuestrador(a)** SM/F [1] [*de persona*] kidnapper
[2] [*de avión*] hijacker ► **secuestrador(a) aéreo/a** hijacker

**secuestrar** ▸conjug 1a◂ VT [1] [+ *persona*] to kidnap
[2] [+ *avión*] to hijack
[3] (*Jur*) to seize, confiscate

**secuestro** SM [1] [*de persona*] kidnapping, kidnaping (*EEUU*)
[2] [*de avión*] hijack, hijacking ► **secuestro aéreo** hijack, hijacking
[3] (*Jur*) [*de cargamento, contrabando*] seizure; [*de propiedad*] sequestration

**secular** ADJ [1] (*Rel*) secular, lay
[2] (= *que dura 100 años*) century-old; (= *antiguo*) age-old, ancient; **una tradición ~** an age-old tradition

**secularización** SF secularization

**secularizar** ▸conjug 1f◂ VT to secularize

**secundar** ▸conjug 1a◂ VT [1] [+ *moción*] to second; [+ *huelga*] to take part in, join
[2] [+ *persona*] (*en un proyecto*) to support; (*para la votación*) to second

**secundario/a** Ⓐ ADJ (= *no principal*) (*gen*) secondary; [*carretera, efectos*] side *antes de s*; (*Inform*) background *antes de s*; **actor ~** supporting actor; *ver tb* **educación 1**
Ⓑ SM/F supporting actor

**secundinas** SFPL afterbirth *sing*

**secuoia** SF (*LAm*), **secuoya** SF (*LAm*) = **secoya**

**sed** SF [1] (= *ganas de beber*) thirst; **apagar** *o* **saciar la ~** to quench one's thirst; **tener (mucha) ~** to be (very) thirsty; **~ inextinguible** *o* **insaciable** unquenchable thirst
[2] (*Agr*) drought, dryness
[3] (= *ansia*) thirst (**de** for), craving (**de** for); **tener ~ de** to thirst *o* be thirsty for, crave

**seda** SF [1] (= *hilo, tela*) silk; **de ~** silk *antes de s*; ✦***MODISMOS*** **hacer ~**‡ to sleep, kip‡; **como la ~** (*adj*) as smooth as silk; (*adv*) smoothly; **ir como la ~** to go like clockwork ► **seda artificial** artificial silk ► **seda de coser** sewing silk ► **seda dental** dental floss ► **seda en rama** raw silk ► **seda hilada** spun silk ► **seda lavada** washed silk
[2] (*Zool*) bristle

**sedación** SF sedation

**sedal** SM fishing line

**sedán** SM saloon, sedan (*EEUU*)

**sedante** Ⓐ ADJ [1] (*Med*) sedative
[2] (= *relajante*) soothing, calming
Ⓑ SM sedative

**sedar** ▸conjug 1a◂ VT to sedate

**sedativo** ADJ sedative

**sede** SF [1] (= *lugar*) [*de gobierno*] seat; [*de organización*] headquarters *pl*, central office; (*Dep*) venue ► **sede diplomática** diplomatic quarter ► **sede social** head office, central office
[2] (*Rel*) see; **Santa Sede** Holy See

**sedentario** ADJ sedentary

**sedentarismo** SM [1] (= *cualidad*) sedentary nature
[2] (= *actitud*) sedentary lifestyle

**sedente** ADJ seated

**sedeño** ADJ [1] (= *sedoso*) silky, silken (*liter*)
[2] (*Zool*) bristly

**sedería** SF [1] (*de seda*) (= *comercio*) silk trade; (= *manufactura*) silk manufacture, sericulture; (= *tienda*) silk shop
[2] (= *géneros*) silk goods *pl*

**sedero/a** Ⓐ ADJ silk *antes de s*; **industria sedera** silk industry
Ⓑ SM/F silk dealer

**SEDIC** SF ABR = **Sociedad Española de Documentación e Información Científica**

**sedicente** ADJ self-styled, would-be

**sedición** SF sedition

**sedicioso/a** Ⓐ ADJ seditious
Ⓑ SM/F rebel

**sediente** ADJ **bienes ~s** real estate

**sediento** ADJ [*persona*] thirsty; [*campos*] parched; **~ de poder** power-hungry

**sedimentación** SF sedimentation

**sedimentar** ▸conjug 1a◂ Ⓐ VT [1] (= *depositar*) to deposit
[2] (= *aquietar*) to settle, calm
Ⓑ **sedimentarse** VPR [1] (= *depositarse*) to settle
[2] (= *aquietarse*) to calm down, settle down

**sedimentario** ADJ sedimentary

**sedimento** SM sediment, deposit

**sedosidad** SF silkiness

**sedoso** ADJ silky, silken

**seducción** SF [1] (= *acción*) seduction
[2] (= *encanto*) seductiveness

**seducir** ▸conjug 3n◂ Ⓐ VT [1] (*en sentido sexual*) to seduce
[2] (= *cautivar*) to charm, captivate; **seduce a todos con su simpatía** she captivates everyone with her charm; **la teoría ha seducido a muchos** the theory has attracted many people; **no me seduce la idea** I'm not taken with the idea
[3] (*moralmente*) to lead astray
Ⓑ VI to be charming; **es una película que seduce** it's a captivating film

**seductivo** ADJ = **seductor A**

**seductor(a)** Ⓐ ADJ [1] (*sexualmente*) seductive
[2] (= *cautivador*) [*persona*] charming; [*idea*] tempting
Ⓑ SM/F seducer/seductress

**Sefarad** SF [1] (*Hist*) Spain
[2] (= *patria*) homeland

**sefardí, sefardita** Ⓐ ADJ Sephardic
Ⓑ SMF Sephardic Jew/Sephardic Jewess, Sephardi; **~es** ◊ **sefarditas** Sephardim

**segable** ADJ ready to cut

**segadera** SF sickle

**segador(a)** SM/F (= *persona*) harvester, reaper

**segadora** SF (*Mec*) harvester ► **segadora de césped** lawnmower

**segadora-atadora** SF binder

**segadora-trilladora** SF combine harvester

**segar** ▸conjug 1h, 1j◂ VT [1] (*Agr*) [+ *mies*] to reap, cut; [+ *hierba*] to mow, cut
[2] (= *acabar con*) [+ *persona*] to cut off; [+ *esperanzas*] to ruin; **~ la juventud de algn** to cut sb off in his prime

**seglar** Ⓐ ADJ secular, lay
Ⓑ SMF layman/laywoman; **los ~es** the laity

**segmentación** SF segmentation

**segmentar** ▸conjug 1a◂ Ⓐ VT [1] (= *cortar*) to segment, cut into segments
[2] (= *dividir*) to divide up, separate out
Ⓑ **segmentarse** VPR to fragment, divide up

**segmento** SM (*Mat, Zool*) segment; (*Com, Fin*) sector, group ► **segmento de émbolo** (*Aut*) piston ring

**segoviano/a** Ⓐ ADJ of/from Segovia
Ⓑ SM/F native/inhabitant of Segovia; **los ~s** the people of Segovia

**segregación** SF [1] (= *separación*) segregation ► **segregación racial** racial segregation
[2] (*Anat*) secretion

**segregacionista** SMF segregationist, supporter of racial segregation

**segregar** ▸conjug 1h◂ VT [1] (= *separar*) to segregate

[2] (*Anat*) to secrete

**seguida** SF [1] **de ~** (= *sin parar*) without a break; (= *inmediatamente*) at once, immediately; **en ~** right away; **en ~ estoy con usted** I'll be with you right away; **en ~ voy** I'll be right there; **en ~ termino** I've nearly finished, I shan't be a minute; **en ~ tomó el avión para Madrid** he immediately caught the plane to Madrid

[2] ✦**MODISMO coger la ~** to get into the swing of it

**seguidamente** ADV [1] (= *sin parar*) continuously

[2] (= *inmediatamente después*) immediately after, next; **~ les ofrecemos ...** (*TV*) next ..., and next ...; **dijo ~ que ...** he went on at once to say that ...

**seguidilla** SF [1] (*Mús*) seguidilla (*dance and piece of music in a fast triple rhythm*)

[2] (*Literat*) seguidilla (*poem with four to seven lines used in popular songs*)

[3] **una ~ de protestas** a series of complaints

**seguidista** ADJ copycat *antes de s*

**seguido** Ⓐ ADJ [1] [*línea*] continuous, unbroken; **una fila seguida de casas** a row of terraced houses

[2] **~s: cinco días ~s** (= *ininterrumpidos*) five days running, five days in a row; **tres blancos ~s** three bull's-eyes in a row, three consecutive bull's-eyes; **llevo dos horas seguidas esperándote** I've been waiting for you for two whole *o* solid hours; **tuvo los niños muy ~s** she had all her children one after the other

[3] **~ de algo/algn** followed by sth/sb; **llegó el ministro ~ de sus colaboradores** the minister arrived, followed by his staff

Ⓑ ADV [1] (= *directo*) straight on; **vaya todo ~** just keep going straight on; **continúe por aquí ~** go straight on past here

[2] (= *detrás*) **ese coche iba primero y ~ el mío** that car was in front and mine was immediately behind it

[3] (*LAm*) (= *a menudo*) often; **le gusta visitarnos ~** she likes to visit us often

**seguidor(a)** SM/F (*gen*) follower; (*Dep*) supporter, fan*

**seguimiento** SM [1] (= *persecución*) pursuit; **ir en ~ de** to chase (after); **estación de ~** tracking station

[2] (= *continuación*) (*gen*) continuation; (*TV*) report, follow-up

[3] [*de proceso*] (*tb Med*) monitoring; **el secuestro ha tenido un gran ~ por todas las televisiones** the kidnapping received plenty of coverage on all channels; **el ~ de la huelga** the support for the strike

**seguir** ▸conjug 3d, 3k◂ Ⓐ VT [1] (= *perseguir*) [+ *persona, pista*] to follow; [+ *indicio*] to follow up; [+ *presa*] to chase, pursue; **tú ve primero que yo te sigo** you go first and I'll follow you; **ella llegó primero, seguida del embajador** she arrived first, followed by the ambassador; **nos están siguiendo** we're being followed; **seguía todos sus pasos** I followed his every step; **la seguía con la mirada** his eyes followed her; **me sigue como un perrito faldero** he's always tramping at my heels

[2] (= *estar atento a*) [+ *programa de TV*] to watch, follow; [+ *programa de radio*] to listen to, follow; [+ *proceso, progreso*] to monitor, follow up; [+ *satélite*] to track; **~ los acontecimientos de cerca** to monitor events closely; **estaba ocupada y no he seguido la conversación** I was busy and didn't follow the conversation; **esta exposición permite ~ paso a paso la evolución del artista** this exhibition allows the artist's development to be traced step by step

[3] (= *hacer caso de*) [+ *consejo*] to follow, take; [+ *instrucciones, doctrina, líder*] to follow; **siguió el ejemplo de su padre** he followed his father's example; **~ los pasos de algn** to follow in sb's footsteps; **sigue la tradición de la familia** he follows in the family tradition

[4] [+ *rumbo, dirección*] to follow; **seguimos el curso del río** we followed the course of the river; **siga la flecha** follow the arrow; **siga esta calle y al final gire a la derecha** carry on up *o* follow this street and turn right at the end; **~ su camino** to continue on one's way; **sigue su camino de cineasta independiente** he continues in his path of independent film-maker; **el mercado sigue su camino alcista** the market is continuing on its upward trend; **~ su curso**: **el proyecto sigue su curso** the project is still on course, the project continues on (its) course; **la enfermedad sigue su curso** the illness is taking *o* running its course; **que la justicia siga su curso** let justice take its course

[5] (= *entender*) [+ *razonamiento*] to follow; **es un razonamiento muy difícil de ~** it's an argument which is rather hard to follow; **¿me sigues?** are you with me?

[6] (*Educ*) [+ *curso*] to take, do

[7] (†) [+ *mujer*] to court†

Ⓑ VI [1] (= *continuar*) to go on, carry on; **¿quieres que sigamos?** shall we go on?; **¡siga!** (= *hable*) go on!, carry on; (*LAm*) (= *pase*) come in; **¡síguele!** (*Méx*) go on!; **"sigue"** (*en carta*) P.T.O.; (*en libro*) continued; **la carretera sigue hasta el pueblo** the road goes on as far as the town; **siga por la carretera hasta el cruce** follow the road up to the crossroads; **~ por este camino** to carry on along this path

[2] **~ adelante** [*persona*] to go on, carry on; [*acontecimiento*] to go ahead; **los Juegos Olímpicos siguieron (adelante) a pesar del atentado** the Olympics went ahead despite the attack; *ver tb* **adelante 1**

[3] (*en estado, situación*) to be still; **sigue enfermo** he's still ill; **sigue en Caracas** she's still in Caracas; **el ascensor sigue estropeado** the lift's still not working; **sigue soltero** he's still single; **¿cómo sigue?** how is he?; **que siga usted bien** keep well, look after yourself; **~ con una idea** to go on with an idea; **seguía en su error** he continued in his error; **seguimos sin teléfono** we still haven't got a phone; **sigo sin noticias** I still haven't heard anything; **sigo sin comprender** I still don't understand; **esas preguntas siguen sin respuesta** those questions remain unanswered

[4] **~ haciendo algo** to go on doing sth, carry on doing sth; **siguió mirándola** he went on *o* carried on looking at her; **siguió hablando con nosotros** he went on speaking to us; **el ordenador seguía funcionando** the computer carried on working, the computer was still working; **sigo pensando lo mismo** I still think the same; **sigue lloviendo** it's still raining

[5] (= *venir a continuación*) to follow, follow on; **como sigue** as follows; **lo que sigue es un resumen** what follows is a summary; **entre otros ejemplos destacan los que siguen** amongst other examples, the following stand out; **mencionaré varios casos en lo que sigue** I'll now move on to mention several cases; **~ a algo**: **las horas que siguieron a la tragedia** the hours following *o* that followed the tragedy; **a la conferencia siguió un debate** the lecture was followed by a discussion

Ⓒ **seguirse** VPR [1] (= *venir a continuación*) to follow; **una cosa se sigue a otra** one thing follows another; **después de aquello se siguió una época tranquila** after that there followed a quiet period

[2] (= *deducirse*) to follow; **de esto se sigue que ...** it follows from this that ...

▼ **según** Ⓐ PREP [1] (= *de acuerdo con*) according to; **~ el jefe** according to the boss; **~ este mapa** according to this map; **obrar ~ las instrucciones** to act in accordance with one's instructions; **~ lo que dice** from what he says, going by what he says; **~ lo que se decida** according to what is decided; **~ parece** seemingly, apparently

[2] (= *depende de*) depending on; **~ tus circunstancias** depending on your circumstances; **~ el dinero que tengamos** depending on what money we have

Ⓑ CONJ [1] (= *depende de*) depending on; **~ esté el tiempo** depending on the weather; **~ (como) me encuentre** depending on how I feel; **~ (que) vengan tres o cuatro** depending on whether three or four come

[2] (*indicando manera*) as; **~ me consta** as I know for a fact; **está ~ lo dejaste** it's just as you left it; **~ están las cosas, es mejor no intervenir** the way things are, it's better not to get involved; **~ se entra, a la izquierda** to the left as you go in

[3] (*indicando simultaneidad*) as; **lo vi ~ salía** I saw him as I was going out; **~ íbamos entrando nos daban la información** they gave us the information as we went in

Ⓒ ADV (*) **—¿lo vas a comprar? —según** "are you going to buy it?" — "it all depends"; **~ y como** ◊ **~ y conforme** it all depends

**segunda** SF [1] (*Aut*) second gear

[2] (*Ferro*) second class; **viajar en ~** to travel second class

[3] (*Mús*) second

[4] **segundas** (= *doble sentido*) double meaning; **lo dijo con ~s** he really meant something else when he said it; *ver tb* **segundo**

**segundar** ▸conjug 1a◂ Ⓐ VT [1] (= *repetir*) to do again

[2] (*Cono Sur*) [+ *golpe*] to return

Ⓑ VI to come second, be in second place

**segundero** SM second hand (*of watch*)

**segundo/a** Ⓐ ADJ (*gen*) second; [*enseñanza*] secondary; [*intención*] double; **en ~ lugar** (*en clasificación*) in second place; (*en discurso*) secondly; *ver tb* **sexto A**

Ⓑ SM/F [1] (*en orden*) (*gen*) second; (*Admin, Mil*) second in command; **sin ~** unrivalled ► **segundo/a de a bordo** (*Náut*) first mate; (*fig*) second in command

[2] (*Mús*) alto

Ⓒ SM [1] (= *medida de tiempo*) second

➤ LENGUA Y USO: según A1 53.5

2 (= *piso*) second floor, third floor (*EEUU*)
3 (*Astron*) ► **segundos de arco** seconds of arc; *ver tb* **segunda**

**segundón/ona** Ⓐ SM second son, younger son
Ⓑ SM/F second-class citizen

**segur** SF (= *hoz*) sickle; (= *hacha*) axe, ax (*EEUU*)

▼**seguramente** ADV **—están llamando a la puerta —seguramente será el cartero** "there's someone at the door" — "it'll probably be the postman" *o* "I expect it'll be the postman"; **~ llegarán mañana** they'll probably arrive tomorrow, I expect they'll arrive tomorrow; **~ nos volveremos a ver** I'm sure *o* I expect we'll see each other again; **—¿lo va a comprar? —seguramente** "is he going to buy it?" — "I expect so"

▼**seguridad** SF 1 (= *falta de riesgo*) 1·1 (*ante accidente, peligro*) safety; (*ante delito, atentado*) security; **han aumentado la ~ en el circuito** they have increased safety on the circuit; **para mayor ~ recomendamos el uso de la mascarilla** for safety's sake we recommend that you use a mask; **han cuestionado la ~ del experimento** they have questioned the safety of the experiment; **cierre de ~** [*de pulsera, collar, arma*] safety catch; **cinturón de ~** safety belt; **empresa de ~** security company; **medidas de ~** (*ante accidente, incendio*) safety measures; (*ante delito, atentado*) security measures
1·2 (*económica*) security; **le preocupa la ~ de sus inversiones** he's worried about the security of his investments; **hasta que no tenga trabajo no tendrá ~ económica** until he has a job he won't have any financial security
1·3 (*Mil, Pol*) security; **consejo de ~** security council
► **seguridad ciudadana** *the security of the public from crime*; **nos preocupa mucho la ~ ciudadana** we are very concerned about crime ► **seguridad colectiva** collective security ► **seguridad contra incendios** fire precautions *pl* ► **seguridad del Estado** national security, state security; **las fuerzas de ~ del Estado** state security forces ► **seguridad en el trabajo** health and safety at work ► **seguridad en la carretera** road safety ► **seguridad social** (= *sistema de pensiones y paro*) social security, welfare (*EEUU*); (= *contribuciones*) national insurance; (= *sistema médico*) national health service, ≈ NHS ► **seguridad vial** road safety
2 (= *sensación*) (*de no tener peligro*) security; (*de confianza*) confidence, assurance; **la ~ que da tener unos buenos frenos** the security that good brakes give you; **habla con mucha ~** he speaks with great confidence *o* assurance; **quiere dar la impresión de ~** he wants to give a confident impression ► **seguridad en uno mismo** self-confidence, self-assurance
3 (= *certeza*) certainty; **no hay ninguna ~ de que vaya a ocurrir** there's no certainty that that will happen; **no puedo darle ~** I can't say for sure *o* for certain; **con ~: no lo sabemos con ~** we don't know for sure *o* for certain; **con toda ~, podemos decir que ...** with complete certainty, we can say that ...; **tener la ~ de que ...** to be sure *o* certain that ...; **tenía la ~ de que algo iba a pasar** he was sure *o* certain that something was going to happen; **tengan ustedes la ~ de que ...** (you may) rest assured that ... (*frm*)
4 (*Jur*) [*de fianza*] security, surety

▼**seguro** Ⓐ ADJ 1 (= *sin peligro*) 1·1 [*refugio, método, vehículo*] safe; **no te subas a esa escalera porque no es muy segura** don't go up that ladder, it's not very safe; **a causa de una práctica sexual poco segura** due to unsafe sex
1·2 [*persona, objetos de valor*] safe; **está más ~ en el banco** it's safer in the bank; **el bebé se siente ~ cerca de su madre** the baby feels safe *o* secure close to its mother
2 (= *sujeto, estable*) secure; **hay que atar mejor la carga porque no parece muy segura** the load needs to be fixed a bit better because it doesn't seem to be very securely attached *o* very secure; **su trabajo no es nada ~** his job is not at all secure
3 (= *definitivo*) [*fracaso, muerte*] certain; **su dimisión no es segura** her resignation is not certain; **aún no hay fecha segura** there's no definite date yet; **eso es lo más ~** that's the most likely thing; **lo más ~ es que no pueda ir** I almost certainly *o* most likely won't be able to go; **dar algo por ~: si yo fuera tú no daría la victoria por segura** if I were you I wouldn't be sure of victory; **se da por ~ que se trataba de un secuestro** there's little doubt that it was a kidnapping; **es ~ que ...: es ~ que ganaremos la copa** we're bound *o* sure *o* certain to win the cup; **lo que es ~ es que el congreso se celebrará en Barcelona** the conference is definitely going to be held in Barcelona
4 (= *convencido*) sure; **¿estás ~?** are you sure?; **sí, estoy completamente segura** yes, I'm absolutely sure *o* positive; **—¿estás ~ de que era él? —sí, segurísimo** "are you sure it was him?" — "yes, positive"; **—vamos a ganar —pues yo no estaría tan ~** "we're going to win" — "I wouldn't bet on it" *o* "I wouldn't be so sure"; **~ de algo** sure of sth; **nunca he visto un hombre tan ~ de sus opiniones** I've never seen a man so sure of his opinions; **no estoy ~ de poder ir** I'm not sure I'll be able to go; **no estés tan ~ de que vas a ganar** don't be so sure that you're going to win
5 (*de uno mismo*) confident; **se muestra cada vez más ~ en el escenario** he is more and more sure of himself *o* confident on stage; **me noto más segura al andar** I feel more steady on my feet, I feel more confident walking now; **~ de sí mismo** self-confident, self-assured
6 (= *fiable*) [*fuente, cálculo, método*] reliable; **no es un método muy ~** it's not a very reliable *o* sure method; **es la forma más segura de adelgazar** it's the surest way to lose weight
7 (*LAm*) (= *honesto*) trustworthy
Ⓑ ADV for sure, for certain; **no lo sabemos ~** we don't know for sure *o* certain; **—¿seguro que te interesa? —sí, seguro** "are you sure that you're interested?" — "yes, I'm sure"; **—estoy dispuesto a cambiar de actitud —sí, sí, ~** (*iró*) "I'm willing to change my attitude" — "yeah, yeah, sure!" (*iró*); **~ que algunos se alegrarán** some people will certainly be pleased, I'm sure that some people will be pleased; **~ que llueve mañana** it's sure to rain tomorrow; **a buen ~ ◊ de ~** certainly; **a buen ~ o de ~ va a dar que hablar** it will certainly give people something to talk about; ✦*MODISMO* **ir** *o* **jugar sobre ~** to play (it) safe; **decidieron jugar sobre ~ contratando a un buen abogado** they decided to play (it) safe and hire a good lawyer
Ⓒ SM 1 (= *dispositivo*) 1·1 [*de puerta, lavadora*] lock; [*de arma de fuego*] safety catch; [*de pulsera*] clasp; **echa el ~, que van niños en el coche** lock the doors, there are children in the car
1·2 (*CAm, Méx*) (= *imperdible*) safety pin
2 (*Com, Fin*) insurance; **¿tienes el ~ del coche?** have you got your car insurance documents with you?; **hacerse un ~** to take out insurance ► **seguro a todo riesgo** comprehensive insurance ► **seguro contra terceros** third-party insurance ► **seguro de accidentes** accident insurance ► **seguro de crédito a la exportación** export credit guarantee ► **seguro de daños a terceros** third-party insurance ► **seguro de desempleo** unemployment benefit, unemployment compensation *o* insurance (*EEUU*) ► **seguro de enfermedad** health insurance ► **seguro de incendios** fire insurance ► **seguro de jubilación** retirement plan, pension plan, pension scheme ► **seguro de paro** (*Esp*) unemployment benefit, unemployment compensation *o* insurance (*EEUU*) ► **seguro de vida** life assurance, life insurance (*esp EEUU*) ► **seguro marítimo** marine insurance ► **seguro mixto** endowment assurance, endowment insurance (*esp EEUU*) ► **seguro multirriesgo** multirisk insurance ► **seguro mutuo** mutual insurance ► **seguro temporal** term insurance
3 (*) (= *sistema médico*) national health*; **los médicos de pago y los del ~** private doctors and national health *o* NHS ones ► **seguro social** (*LAm*) (= *sistema de pensiones y paro*) social security, welfare (*EEUU*); (= *contribuciones*) national insurance; (= *sistema médico*) national health service

**seibó** SM (*Andes, Caribe*) sideboard

**seis** Ⓐ ADJ INV, PRON (*gen*) six; (*ordinal, en la fecha*) sixth; **~ mil** six thousand; **tiene ~ años** she is six (years old); **un niño de ~ años** a six-year-old (child), a child of six; **son las ~** it's six o'clock; **son las cinco menos ~** it's six minutes to five; **nos fuimos los ~ al cine** all six of us went to the cinema; **somos ~ para comer** there are six of us for dinner; **unos ~** about six; **le escribí el día ~** I wrote to him on the sixth; **en la página ~** on page six
Ⓒ SM INV (= *número*) six; (= *fecha*) sixth; **dos más cuatro son ~** two plus four are six; **hoy es ~** today is the sixth; **llega el ~ de agosto** he arrives on the sixth of August *o* on August the sixth; **vive en el ~** he lives at number six; **el ~ de corazones** the six of hearts

**seiscientos/as** Ⓐ ADJ, PRON (*gen*) six hundred; (*ordinal*) six hundredth; **~ soldados** six hundred soldiers; **seiscientas botellas** six hundred bottles; **seiscientas treinta y dos pesetas** six hundred and thirty-two pesetas; **—¿cuántas habitaciones tiene el hotel? —seiscientas** "how many rooms does the hotel have?" — "six hundred"; **~ cuarenta** six hundred and forty; **el año ~** the year six hundred
Ⓑ SM 1 (= *número*) six hundred
2 (*) (*Aut*) *small, beetle-shaped 600cc car*

➤ LENGUA Y USO: **seguramente** 43.2 **seguridad 3** 42.1, 43.1, 53.6 **seguro A3** 42.1, 43.1, 52.6

*manufactured by SEAT and highly popular in Spain during the sixties and seventies*

**seísmo** SM earthquake

**seisporocho** SM (*Caribe*) *a Venezuelan folk dance*

**SEL** SF ABR = **Sociedad Española de Lingüística**

**selección** SF [1] (= *acción*) selection ► **selección biológica** natural selection ► **selección múltiple** multiple choice ► **selección natural** natural selection
[2] (*Dep*) ► **selección absoluta, selección nacional** national team, national side
[3] **selecciones** (*Literat, Mús*) selections

**seleccionable** ADJ eligible

**seleccionado** SM team

**seleccionador(a)** SM/F (*Dep*) manager, coach (*EEUU*)

**seleccionar** ▸conjug 1a◂ VT to select, pick, choose

**selectividad** SF [1] (= *cualidad*) selectivity
[2] (*Esp Univ*) entrance examination

**selectivo** ADJ selective

**selecto** ADJ [1] (= *exclusivo*) [*vino, producto*] select; [*club*] exclusive
[2] [*obras literarias*] selected

**selector** SM (*Téc*) selector ► **selector de programas** programme selector, program selector (*EEUU*)

**selenizaje** SM moon landing

**selenizar** ▸conjug 1f◂ VI to land on the moon

**self-service** SM self-service restaurant

**sellado** Ⓐ ADJ [*documento oficial*] sealed; [*pasaporte, visado*] stamped
Ⓑ SM [*de documento oficial*] sealing; [*de pasaporte, visado*] stamping

**selladora** SF primer, sealant

**selladura** SF (= *sello*) seal

**sellar** ▸conjug 1a◂ VT [1] (= *poner sello en*) [+ *documento oficial*] to seal; [+ *pasaporte, visado*] to stamp
[2] (= *marcar*) to brand
[3] (= *cerrar*) [+ *pacto, labios*] to seal; [+ *urna, entrada*] to seal up; [+ *calle*] to seal off

**sello** SM [1] (*Correos*) stamp; ✦***MODISMO*** **no pega ni un ~*** he's bone-idle* ► **sello aéreo** airmail stamp ► **sello conmemorativo** commemorative stamp ► **sello de correos** postage stamp ► **sello de urgencia** express-delivery stamp
[2] (= *estampación*) (*personal, de rey*) seal; (*administrativo*) stamp, official stamp; (*LAm*) (*en reverso de moneda*) tails ► **sello de caucho, sello de goma** rubber stamp ► **sello real** royal seal
[3] (*Com*) brand; (*Mús*) (*tb* **~ discográfico**) record label; (*Literat*) publishing house; **lleva el ~ de esta oficina** it carries the stamp of this office ► **sello fiscal** revenue stamp ► **sellos de prima** (*Com*) trading stamps
[4] (*Med*) capsule, pill
[5] (= *marca*) (*tb* **~ distintivo**) hallmark, stamp; **lleva el ~ de su genialidad** it carries the hallmark of his genius

**seltz** [selθ, sel] SM **agua (de) ~** seltzer (water)

**selva** SF [1] (= *jungla*) jungle ► **selva tropical** rainforest, tropical rainforest
[2] (= *bosque*) forest ► **Selva Negra** Black Forest

**selvático** ADJ [1] (= *de la selva*) forest *antes de s*
[2] (= *de la jungla*) jungle *antes de s*
[3] (= *rústico*) rustic
[4] (*Bot*) wild

**selvoso** ADJ wooded, well-wooded

**sem.** ABR (= **semana**) wk

**S.Em.ª** ABR (= **Su Eminencia**) H.E.

**semaforazo*** SM *robbery (of occupants of a car) at traffic lights*

**semáforo** SM [1] (*Aut*) traffic lights *pl* ► **semáforo sonoro** pelican crossing
[2] (*Náut*) semaphore; (*Ferro*) signal

**semana** SF [1] (= *siete días*) week; **entre ~** during the week, in the week; **podemos vernos un día entre ~** we could see each other one day during the week; **vuelo de entre ~** midweek flight; **días entre ~** weekdays ► **semana inglesa** five-day working week, five-day workweek (*EEUU*) ► **semana laboral** working week, workweek (*EEUU*) ► **Semana Santa** Holy Week
[2] (= *salario*) week's wages *pl*

**SEMANA SANTA**

*In Spain celebrations for* **Semana Santa** *(Holy Week) are often spectacular.* **Viernes Santo, Sábado Santo** *and* **Domingo de Resurrección** *(Good Friday, Holy Saturday, Easter Sunday) are all national public holidays, with additional days being given as local holidays. There are long processions through the streets with* **pasos** *- religious floats and sculptures. Religious statues are carried along on the shoulders of the* **cofrades,** *members of the* **cofradías** *or lay brotherhoods that organize the processions. These are accompanied by* **penitentes** *and* **nazarenos** *generally wearing long hooded robes. Seville, Málaga and Valladolid are particularly well known for their spectacular Holy Week processions.*

**semanal** ADJ weekly

**semanalmente** ADV weekly, each week

**semanario** Ⓐ ADJ weekly
Ⓑ SM weekly, weekly magazine

**semanero/a** SM/F (*LAm*) weekly-paid worker

**semántica** SF semantics *sing*

**semántico** ADJ semantic

**semblante** SM (*liter*) (= *cara*) countenance (*liter*), face; (= *aspecto*) look; **alterar el ~ a algn** to upset sb; **componer el ~** to put on a serious *o* straight face; **mudar de ~** to change colour *o* (*EEUU*) color; **el caso lleva otro ~ ahora** things look different now; **tener buen ~** (*de salud*) to look well; (*de humor*) to be in a good mood

**semblantear** ▸conjug 1a◂ VT [1] (*CAm, Cono Sur, Méx*) (= *mirar a la cara*) **~ a algn** to look sb straight in the face, scrutinize sb's face
[2] (*CAm, Méx*) (= *examinar*) to study, examine, look at

**semblanza** SF biographical sketch

**sembradera** SF seed drill

**sembradío** SM = **sembrío**

**sembrado** SM sown field

**sembrador(a)** SM/F sower

**sembradora** SF (*Mec*) seed drill

**sembradura** SF sowing

**sembrar** ▸conjug 1j◂ VT [1] (*Agr*) to sow (**de** with); **~ un campo de nabos** to sow *o* plant a field with turnips; ✦***REFRÁN*** **el que siembra recoge** you reap what you sow
[2] [+ *superficie*] to strew (**de** with)
[3] (= *extender*) [+ *objetos*] to scatter, spread; [+ *noticia*] to spread; [+ *minas*] to lay; **~ minas en un estrecho** ◊ **~ un estrecho de minas** (*Náut*) to mine a strait, lay mines in a strait; **~ la discordia** to sow discord; **~ el pánico** to spread panic, sow panic (*liter*)
[4] (*Méx*) [+ *jinete*] to throw; (= *derribar*) to knock down

**sembrío** SM (*LAm*) sown field

**semejante** Ⓐ ADJ [1] (= *parecido*) similar; **ser ~s** to be alike *o* similar; **~ a** like; **es ~ a ella en el carácter** she is like her in character; **son muy ~s** they are very much alike *o* very similar; **dijo eso o algo ~** she said that or something similar *o* something like that
[2] (*Mat*) similar
[3] (*uso enfático*) such; **nunca hizo cosa ~** he never did any such thing *o* anything of the sort; **¿se ha visto frescura ~?** did you ever see such cheek?
[4] (*Cono Sur, Méx*) (= *enorme*) huge, enormous
Ⓑ SM [1] (= *prójimo*) fellow man, fellow creature; **nuestros ~s** our fellow men
[2] **no tiene ~** (= *equivalente*) it has no equal, there is nothing to equal it

▼ **semejanza** SF similarity, resemblance; **a ~ de** like, as; **tener ~ con** to look like, resemble ► **semejanza de familia** family likeness

**semejar** ▸conjug 1a◂ Ⓐ VI (= *parecerse a*) to look like, resemble
Ⓑ **semejarse** VPR to look alike, resemble each other; **~se a** to look like, resemble

**semen** SM semen

**semental** Ⓐ ADJ stud *antes de s*, breeding *antes de s*
Ⓑ SM [1] (*Zool*) stallion, stud horse
[2] (‡) (= *hombre*) stud‡

**sementera** SF [1] (= *acto*) sowing
[2] (= *temporada*) seedtime
[3] (= *tierra*) sown land
[4] (= *caldo de cultivo*) hotbed (**de** of), breeding ground (**de** for)

**semestral** ADJ [*reunión, examen, resultados*] half-yearly, six-monthly; [*informe, revista*] biannual

**semestralmente** ADV [*reunirse, examinarse*] half-yearly; [*publicarse*] biannually

**semestre** SM [1] (= *seis meses*) (*gen*) period of six months; (*Univ*) semester
[2] (*Fin*) half-yearly payment

**semi...** PREF semi..., half-

**semiacabado** ADJ half-finished

**semialfabetizado** ADJ semiliterate

**semiamueblado** ADJ semi-furnished

**semiautomático** ADJ semiautomatic

**semibola** SF small slam

**semibreve** SF semibreve, whole note (*EEUU*)

**semicircular** ADJ semicircular

**semicírculo** SM semicircle

**semiconductor** SM semiconductor

**semiconsciente** ADJ semi-conscious, half-conscious

**semiconsonante** SF semiconsonant

**semicorchea** SF semiquaver, sixteenth (note) (*EEUU*)

**semicualificado** ADJ semiskilled

➤ LENGUA Y USO: **semejanza** 32.1

**semicultismo** SM half-learned word
**semiculto** ADJ half-learned
**semicupio** SM (*CAm, Caribe*) hip bath
**semiderruido** ADJ half-ruined, half-collapsed
**semidesconocido** ADJ virtually unknown
**semidescremado** ADJ semi-skimmed
**semidesértico** ADJ semidesert *antes de s*
**semidesierto** ADJ half-empty
**semidesnatado** ADJ semi-skimmed
**semidesnudo** ADJ half-naked
**semidiós** SM demigod
**semidormido** ADJ half-asleep
**semidúplex** ADJ half duplex
**semielaborado** ADJ half-finished
**semienterrado** ADJ half-buried
**semiexperto** ADJ semiskilled
**semifallo** SM singleton (**a** in)
**semifinal** SF semifinal
**semifinalista** SMF semifinalist
**semifondo** SM middle-distance race
**semifracaso** SM partial failure, near failure
**semiinconsciente** ADJ semiconscious, half-conscious
**semilla** SF [1] (*Bot*) seed; **uvas sin ~s** seedless grapes ► **semilla de césped** grass seed
[2] (= *origen*) seed, source; **la ~ de la discordia** the seeds of discord
[3] (*Cono Sur*) (= *niño*) baby, small child; **la ~** the kids* (*collectively*)
**semillero** SM (= *terreno*) seedbed, nursery; (= *caja*) seed box; **un ~ de delincuencia** a hotbed of *o* a breeding ground for crime; **la decisión fue un ~ de disgustos** the decision caused a whole series of problems
**semimedio** SM welterweight
**seminal** ADJ seminal
**seminario** SM [1] (*Rel*) seminary
[2] (*Univ*) seminar
[3] (*Agr*) seedbed
**seminarista** SM seminarian
**seminuevo** ADJ (*Com*) nearly new, pre-owned (*EEUU*)
**semioficial** ADJ semi-official
**semiología** SF semiology
**semiolvidado** ADJ half-forgotten
**semioruga** SF (*tb* **camión ~**) half-track
**semioscuridad** SF half-darkness
**semiótica** SF semiotics *sing*
**semiótico** ADJ semiotic
**semipesado** ADJ light-heavyweight
**semiprecioso** ADJ semiprecious
**semiprofesional** ADJ, SMF semi-professional
**semisalado** ADJ brackish
**semi-seco** SM medium-dry
**semiseparado** ADJ semidetached
**semisótano** SM lower ground floor
**semita** Ⓐ ADJ Semitic
Ⓑ SMF Semite
**semítico** ADJ Semitic
**semitono** SM semitone
**semivacío** ADJ half-empty
**semivocal** SF semivowel
**semivolea** SF half-volley
**sémola** SF semolina
**semoviente** ADJ **bienes ~s** livestock
**sempiterno** ADJ (*lit*) eternal; (*fig*) never-ending

**sen(a)** SM/F senna
**Sena** SM Seine
**senado** SM [1] (*Pol*) senate
[2] (= *reunión*) assembly, gathering

> **SENADO**
>
> *The **Senado** is the Upper Chamber of the Spanish Parliament. Approximately 80% of its 256 members acquire their seats in the general elections while the remaining 20% are nominated by each of the Autonomous Regions (**Comunidades Autónomas**). Like the **Congreso de los Diputados**, the term of office for the **Senado** is no longer than four years.*
> ⇨ *See also* CONGRESO DE LOS DIPUTADOS

**senador(a)** SM/F senator
**senatorial** ADJ senatorial
**sencillamente** ADV simply; **es ~ imposible** it's simply impossible
**sencillez** SF [1] [*de costumbre, estilo, ropa*] simplicity; **se viste con mucha ~** she dresses very simply
[2] [*de tema, problema*] simplicity, straightforwardness; **no entendió nada pese a la ~ del asunto** she didn't understand a thing despite the simplicity *o* straightforwardness of the matter
[3] (= *naturalidad*) naturalness; **me gustó su ~ en el trato** I liked her naturalness
[4] (*LAm*) (= *necedad*) foolishness
**sencillo** Ⓐ ADJ [1] [*costumbre, estilo, ropa*] simple; **su forma de hablar es sencilla y directa** his manner of speaking is simple and direct
[2] [*asunto, problema*] simple, straightforward; **es un plato ~ de hacer pero apetitoso** it's a simple but tasty dish, the dish is straightforward to make, but tasty
[3] (= *no afectado*) natural, unaffected; **es muy rico pero muy ~ en el trato** he's very rich, but nevertheless very natural *o* unaffected
[4] [*billete*] single
[5] (*LAm*) (= *necio*) foolish
Ⓑ SM [1] (= *disco*) single
[2] (*LAm*) (= *cambio*) small change
**senda** SF [1] (= *sendero*) path, track
[2] (*para conseguir algo*) path
[3] (*Cono Sur Aut*) lane
**senderismo** SM rambling, hill walking
**senderista**[1] SMF (*Dep*) rambler, hill walker
**senderista**[2] (*Perú Pol*) Ⓐ ADJ *of or pertaining to the Sendero Luminoso guerrilla movement*
Ⓑ SMF member of Sendero Luminoso
**sendero** SM path, track ► **Sendero Luminoso** (*Perú Pol*) Shining Path guerrilla movement
**sendos** ADJ PL **les dio ~ golpes** he hit both of them, he gave each of them a beating; **recibieron ~ regalos** each one received a present; **con sendas peculiaridades** each with its own peculiarity
**Séneca** SM Seneca
**senectud** SF old age
**Senegal** SM (*tb* **El ~**) Senegal
**senegalés/esa** ADJ, SM/F Senegalese
**senescencia** SF ageing
**senil** ADJ senile
**senilidad** SF senility
**senior, sénior** Ⓐ ADJ INV [1] (*Dep*) senior
[2] (= *con experiencia*) senior
[3] (*acompañando a nombre propio*) senior
Ⓑ SMF (*pl* **seniors** *o* **séniors**) (*Dep*) senior
**seno** SM [1] (= *pecho*) breast; **una operación para reducir los ~s** a breast-reduction operation
[2] (= *centro*) **en el ~ de la familia** in the bosom of the family; **el ~ del movimiento** the heart *o* core of the movement ► **seno de Abraham** Abraham's bosom
[3] (*liter*) (= *útero*) **lleva un niño en su ~** she is with child (*liter*) ► **seno materno** womb
[4] (*Mat*) sine
[5] (*Anat*) ► **seno frontal** frontal sinus ► **seno maxilar** maxillary sinus
[6] (*Náut, Meteo*) trough
[7] (*Geog*) (= *ensenada*) small bay; (= *golfo*) gulf
[8] (*frm*) (= *hueco*) hollow; **un fregadero de dos ~s** a double sink
**SENPA** SM ABR (*Esp*) = **Servicio Nacional de Productos Agrarios**
**sensación** SF [1] (= *percepción*) feeling, sensation; **una ~ de placer** a feeling *o* sensation of pleasure; **tengo la ~ de que ...** ◊ **me da la ~ de que ...** I have a feeling that ...
[2] (= *conmoción*) sensation; **causar** *o* **hacer ~** to cause a sensation
**sensacional** ADJ sensational
**sensacionalismo** SM sensationalism
**sensacionalista** Ⓐ ADJ sensationalist; **la prensa ~** the sensationalist press, the tabloid press
Ⓑ SMF sensationalist
**sensacionalizar** ▸conjug 1f◂ VT to sensationalize
**sensatamente** ADV sensibly
**sensatez** SF good sense; **con ~** sensibly
**sensato** ADJ sensible
**sensibilidad** SF [1] (*al dolor, al frío*) feeling; **no tiene ~ en las piernas** he has no feeling in his legs
[2] (= *emotividad*) sensitivity; **~ afectiva** emotional sensitivity
[3] (= *disposición*) feeling, sensitivity; **muestra una gran ~ para la música** she has a great feeling *o* sensitivity for music ► **sensibilidad artística** artistic feeling *o* sensitivity
[4] [*de aparato, máquina*] sensitivity; **una película de alta ~** a highly sensitive film
**sensibilización** SF sensitizing
**sensibilizado** ADJ [1] (= *alérgico*) sensitized
[2] (*Fot*) sensitive
**sensibilizar** ▸conjug 1f◂ VT [1] (= *concienciar*) to sensitize; **~ la opinión pública** to inform public opinion
[2] (*Fot*) to sensitize
**sensible** Ⓐ ADJ [1] (*al dolor, al frío*) sensitive; **tiene la piel muy ~** she has very sensitive skin; **~ a algo** sensitive to sth; **es muy ~ a los cambios de temperatura** it's very sensitive to changes in temperature; **los seres ~s** sentient beings
[2] (= *impresionable*) sensitive (**a** to); **es muy ~ y llora con facilidad** he is very sensitive and cries easily
[3] (= *perceptivo*) **~ a algo** sensitive to sth; **es muy ~ a los problemas de la población** he is very sensitive to people's problems; **Ana es muy ~ al arte** Ana has an artistic sensitivity
[4] (= *evidente*) [*cambio, diferencia*] appreciable, noticeable; [*pérdida*] considerable; **una ~ me-**

**joría** a noticeable improvement
[5] (*Téc*) sensitive (**a** to); (*Fot*) sensitive; **un aparato muy ~** a very sensitive piece of equipment; **una placa ~ a la luz** a light-sensitive plate
[6] (= *capaz*) **~ de** capable of; **~ de mejora** capable of improvement
Ⓑ SF (*Mús*) leading note

**sensiblemente** ADV perceptibly, appreciably, noticeably; **~ más** substantially more

**sensiblería** SF sentimentality

**sensiblero** ADJ sentimental, slushy*

**sensitiva** SF (*Bot*) mimosa

**sensitivo** ADJ [1] [*órgano*] sense *antes de s*
[2] [*animal*] sentient, capable of feeling

**sensomotor** ADJ sensorimotor

**sensor** SM sensor ► **sensor de calor** heat sensor

**sensorial** ADJ, **sensorio** ADJ sensory

**sensual** ADJ sensual, sensuous

**sensualidad** SF sensuality, sensuousness

**sensualismo** SM sensualism

**sensualista** SMF sensualist

**sentada** SF [1] (= *tiempo que se está sentado*) sitting; **de** *o* **en una ~** at one sitting
[2] (*Pol*) sit-in, sit-down protest; **hacer una ~** to organize a sit-in

**sentadera** SF [1] (*LAm*) (*para sentarse*) seat (*of a chair etc*)
[2] **sentaderas** (*Méx**) (= *trasero*) backside* *sing*

**sentadero** SM seat

**sentado** ADJ [1] **estar ~** to be sitting, be seated; **estaba ~ a mi lado** he was sitting *o* seated next to me; **permanecer ~** to remain seated; ✦***MODISMO*** **esperar ~*: si crees que te lo devolverá ya puedes esperar ~** if you think he's going to give it back to you you've got another think coming* *o* you can think again
[2] **dar por ~** to take for granted; **di por ~ que estabas de acuerdo** I took it for granted that you were in agreement, I assumed you were in agreement
[3] **dejar ~: quiero dejar ~ que ...** I want to make it clear that ...
[4] [*carácter, personalidad*] balanced

**sentador** ADJ (*Cono Sur*) smart, elegant

**sentadura** SF (*en piel*) sore; (*en fruta*) mark

**sentar** ▸conjug 1j◂ Ⓐ VT [1] [+ *persona*] to sit, seat
[2] (= *colocar*) [+ *objeto*] to place, place firmly; **~ las costuras** to press the seams; **~ el último ladrillo** to tap the last brick into place; **~ las bases de algo** to lay the foundations for sth
[3] (= *establecer*) [+ *base, principio*] to establish; [+ *precedente*] to set
[4] **~ una suma en la cuenta de algn** (*Com*) to put a sum down to sb's account
[5] (*Andes, Caribe*) [+ *persona*] to crush, squash
[6] (*Andes*) [+ *caballo*] to rein in sharply, pull up sharply
Ⓑ VI [1] (*en el aspecto*) to suit; **ese peinado le sienta horriblemente** that hairstyle doesn't suit her at all, that hairstyle looks awful on her
[2] **~ bien/mal a algn** [*comida*] to agree/disagree with sb; **no me sientan bien las gambas** prawns disagree with me; **unas vacaciones le ~ían bien** he could do with a holiday
[3] (= *agradar*) **~ bien/mal** to go down well/badly; **le ha sentado mal que lo hayas hecho tú** he didn't like your doing it; ✦***MODISMO*** **~ como un tiro: a mí me sienta como un tiro*** it suits me like a hole in the head*
Ⓒ **sentarse** VPR [1] [*persona*] to sit, sit down, seat o.s. (*frm*); **¡siéntese!** (do) sit down, take a seat; **sentémonos aquí** let's sit (down) here; **se sentó a comer** she sat down to eat
[2] [*sedimento*] to settle
[3] [*tiempo*] to settle, settle down, clear up
[4] (*Arquit*) [*cimientos*] to settle

**sentencia** SF [1] (*Jur*) sentence; **dictar** *o* **pronunciar ~** to pronounce sentence; **visto para ~** ready for sentencing ► **sentencia de muerte** death sentence
[2] (= *decisión*) decision, ruling; (= *opinión*) opinion
[3] (*Literat*) maxim, saying
[4] (*Inform*) statement

**sentenciar** ▸conjug 1b◂ Ⓐ VT [1] (*Jur*) to sentence (**a** to)
[2] (*Dep*) [+ *partido*] to decide
[3] (*LAm*) **~ a algn** to swear revenge on sb
Ⓑ VI [1] (= *dar su opinión*) to pronounce o.s., give one's opinion
[2] (*Dep*) to decide the match

**sentenciosamente** ADV gravely, weightily

**sentenciosidad** SF [1] [*de refrán*] pithiness
[2] [*de lenguaje*] sententiousness

**sentencioso** ADJ [1] [*refrán*] pithy
[2] [*lenguaje*] sententious; [*carácter*] dogmatic

**sentidamente** ADV [1] (= *con sentimiento sincero*) sincerely, with great feeling
[2] (= *con pesar*) regretfully

**sentido** Ⓐ ADJ [1] [*carta, declaración*] heartfelt; **pronunció unas sentidas palabras en su honor** he said some heartfelt words in his honour; **una pérdida muy sentida** a deeply felt loss; **mi más ~ pésame** my deepest sympathy, my heartfelt condolences
[2] (= *dolido*) hurt; **estaba muy sentida con sus amigos** she was very hurt by her friends
[3] [*carácter, persona*] sensitive
Ⓑ SM [1] (= *capacidad*) [1·1] (*para sentir*) sense; **ha perdido el ~ del gusto** he has lost his sense of taste; **los cinco ~s** the five senses; ✦***MODISMOS*** **costar un ~** (*Esp†**) to cost the earth; **poner los cinco ~s** to be on one's toes; **tener un sexto ~** to have a sixth sense
[1·2] (*para percibir*) sense; **no tiene ~ del ritmo** he has no sense of rhythm; **tiene muy buen ~ del color** he has a very good sense of colour
► **sentido común** common sense ► **sentido de la orientación** sense of direction ► **sentido de la proporción** sense of proportion ► **sentido del humor** sense of humour ► **sentido de los negocios** business sense ► **sentido del ridículo: su ~ del ridículo le impidió hacerlo** he felt self-conscious *o* embarrassed so he didn't do it; **tiene un gran ~ del ridículo** she easily feels self-conscious *o* embarrassed ► **sentido práctico: tener ~ práctico** to be practical
[2] (= *significado*) meaning; **ser madre le ha dado un nuevo ~ a su vida** being a mother has given a new meaning to her life; **¿cuál es el ~ literal de esta palabra?** what is the literal meaning of this word?; **la vida sin ti no tendría ~** without you life would have no meaning *o* would be meaningless; **doble ~** double meaning; **esa frase tenía doble ~** that sentence had a double meaning; **sin ~** [*palabras, comentario*] meaningless; **decía cosas sin ~** he was talking nonsense
[3] (= *lógica*) sense; **no le veo ~ a esta discusión** I can't see any sense *o* point in this argument; **poco a poco, todo empieza a cobrar ~** everything is gradually beginning to make sense; **sin ~** [*crueldad, violencia*] senseless; **fue un debate sin ~** it was a pointless debate; **tener ~** to make sense; **sólo tiene ~ quejarse si así puedes conseguir lo que quieres** it only makes sense to complain if *o* the only point in complaining is if you can then get what you want; **no tiene ~ que te disculpes ahora** it's pointless (you) apologizing now, there's no sense *o* point in (you) apologizing now
[4] (= *conciencia*) consciousness; **lo encontré en el suelo sin ~** I found him unconscious on the floor; **perder el ~** to lose consciousness; **recobrar el ~** to regain consciousness; ✦***MODISMO*** **quitar el ~ a algn** to take sb's breath away
[5] (= *dirección*) direction; **los dos avanzaban en el mismo ~** they were both moving forward in the same direction; **conducía en ~ contrario** he was driving in the opposite direction; **"sentido único"** "one way"; **en el ~ de las agujas del reloj** clockwise; **en ~ contrario al de las agujas del reloj** anticlockwise, counterclockwise (*EEUU*); *ver tb* **calle 1**
[6] (*otras expresiones*) **en ~ amplio** in the broad sense; **en el buen ~ de la palabra** in the best *o* good sense of the word; **en cierto ~** in a sense; **en ese ~** (*con nombre*) to that effect; (*con verbo*) in that sense, in that respect; **ha habido rumores en ese ~** there have been rumours to that effect; **en ese ~ no sabemos qué hacer** in that sense *o* respect, we don't know what to do; **en ~ estricto** in the strict sense of the word *o* term; **no es, en ~ estricto, un pez de río** it's not a freshwater fish in the strict sense of the word *o* term, it's not strictly speaking a freshwater fish; **en ~ figurado** in the figurative sense, figuratively; **en ~ lato** in the broad sense; **tomar algo en el mal ~** to take sth the wrong way; **en tal ~** to that effect; **están dispuestos a dar testimonio en tal ~** they are prepared to testify to that effect; **un acuerdo en tal ~ sería interpretado como una privatización** such an agreement *o* an agreement to that effect would be interpreted as privatization

**sentimental** ADJ [1] (= *emotivo*) [*persona, objeto*] sentimental; [*mirada*] soulful; **ponerse ~** to get sentimental
[2] [*asunto, vida*] love *antes de s*; **aventura ~** love affair

**sentimentalismo** SM sentimentality

**sentimentalmente** ADV sentimentally

**sentimentaloide*** ADJ sugary, over-sentimental

**sentimentero** ADJ (*Caribe, Méx*) = **sensiblero**

**sentimiento** SM [1] (= *emoción*) feeling; **pone mucho ~ cuando canta** he puts a lot of feeling into his singing; **despertó el ~ nacionalista del pueblo** it aroused the nationalistic feelings *o* sentiments of the people ► **sentimiento de culpa** feeling of guilt,

guilty feeling ► **sentimiento del deber** sense of duty
[2] (= *pena*) sorrow; **lloraba con mucho ~** he cried with great sorrow; **le acompaño en el ~** please accept my condolences
[3] **sentimientos** (= *forma de sentir*) feelings; **has conseguido herir sus ~s** you've managed to hurt his feelings; **no deberías jugar con sus ~s** you shouldn't play with his emotions *o* feelings; **¿le has revelado ya tus ~s?** have you told her how you feel?; **es una persona de buenos ~s** she's a good-hearted person; **es cruel y no tiene ~s** he's cruel and unfeeling

**sentina** SF [1] (*Náut*) bilge
[2] (*en ciudad*) sewer, drain

▼**sentir** ▸conjug 3i◂ Ⓐ VT [1] [+ *emoción, sensación, dolor*] to feel; **de repente he sentido frío** I suddenly felt cold; **no siento la pierna** I can't feel my leg; **empezó a ~ los efectos del alcohol** he began to feel the effects of the alcohol; **sentí ganas de contárselo** I felt the urge to tell him about it; **dejarse ~** to be felt; **están empezando a dejarse ~ los efectos de la crisis** the effects of the crisis are beginning to be felt; **en octubre ya se deja ~ el frío** by October it's already starting to get cold; **~ hambre** to feel hungry; **~ pena por algn** to feel pity for sb, feel sorry for sb; **~ sed** to feel thirsty
[2] (= *percibir*) to sense; **sintió la presencia de alguien en la oscuridad** he sensed a presence in the darkness; **quizá sintió que no le estaba diciendo la verdad** maybe she sensed that I wasn't telling her the truth
[3] (*con otros sentidos*) [3·1] (= *oír*) to hear; **no la sentí entrar** I didn't hear her come in; **no se sentía el vuelo de una mosca** you could have heard a pin drop
[3·2] (*esp LAm*) [+ *olor*] to smell; [+ *sabor*] to taste; **¿sientes el olor a quemado?** can you smell burning?; **no le siento ningún gusto a esto** this doesn't taste of anything to me
[4] (= *presentir*) **siento que esto no acabará bien** I have a feeling that this isn't going to end well
[5] [+ *música, poesía*] to have a feeling for
[6] (= *lamentar*) to be sorry about, regret (*más frm*); **siento mucho lo que pasó** I'm really sorry about what happened; **siento no haber podido ir** I'm sorry I wasn't able to go; **siento informarle que no ha sido seleccionado** I'm sorry to tell you that you haven't been selected, I regret to inform you that you haven't been selected (*más frm*); **siento molestarlo, pero necesito su ayuda** I'm sorry to bother you, but I need your help; **lo siento** I'm sorry; **lo siento muchísimo** ◊ **¡cuánto lo siento!** I'm so sorry; **lo siento en el alma** I'm terribly sorry; **~ que ...** to be sorry that ...; **siento mucho que pienses de esa forma** I'm very sorry that you feel that way
Ⓑ VI to feel; **ni oía ni sentía nada** he could neither hear nor feel anything; **ama y siente como cualquier ser humano** he feels love and emotion like any human being; **el tiempo se me pasaba sin ~** I didn't notice the time passing
Ⓒ **sentirse** VPR [1] (*en estado, situación*) to feel; **¿cómo te sientes?** how do you feel?; **no me siento con ánimos para eso** I don't feel up to it; **podemos ~nos satisfechos con el resultado** we can feel satisfied with the result; **se sentía observada** she felt she was being watched; **se sintió herido en su orgullo** his pride had been wounded; **~se como en casa** to feel at home; **~se culpable** to feel guilty; **~se mal** to feel bad; **me sentí mal por lo que había dicho** I felt bad about what I had said; **me sentí mal y me fui directamente a casa** I felt ill *o* bad and went straight home
[2] (*Med*) **~se de algo**: **desde la operación se siente mucho de la espalda** she's had a lot of back pain since the operation; **ha vuelto a ~se del reúma** she has begun to suffer from rheumatism again
[3] (*LAm*) (= *ofenderse*) to take offence; **no te sientas con él, no se refería a ti** don't be annoyed with him *o* don't take offence, he wasn't talking about you
[4] (*Méx*) (= *resquebrajarse*) [*pared, hueso, vasija*] to crack
Ⓓ SM [1] (= *opinión*) feeling, opinion; **la decisión no refleja el ~ mayoritario** the decision does not reflect the feeling *o* opinion of the majority; **el ~ popular** popular feeling, popular opinion
[2] (= *sentimiento*) feelings *pl*; **no quiero herir tu ~** I don't want to hurt your feelings; **el resurgimiento del ~ religioso** the upsurge in religious sentiment *o* feeling

**sentón** SM (*CAm, Méx*) (= *caída*) heavy fall; **dar un ~** (*Méx*) (= *caerse*) to fall on one's backside; **dar un ~ a** (*Andes*) [+ *caballo*] to rein in suddenly

▼**seña** SF [1] (= *gesto*) sign; **hablar por ~s** (*gen*) to communicate using signs; [*sordos*] to use sign-language; **hacer una ~ a algn** to make a sign to sb, signal to sb; **le hizo una ~ para que fuera** he signalled to him to go
[2] **señas** (= *dirección*) address *sing*; **dar las ~s de algn** to give sb's address
[3] **señas** (= *indicios*): **dar ~s de algo** to show signs of sth; **daba ~s de cansancio** he showed signs of tiredness; **por las ~s, parece imposible conseguirlo** it seems it's impossible to get hold of it, it's apparently impossible to get hold of it; **las ~s son mortales**† the signs are unmistakable
[4] **señas** (= *detalles*): **con las ~s que me diste lo reconocí enseguida** I recognized him immediately thanks to your description; **por** *o* **para más ~s** to be precise; **es colombiana, de Cali para más ~s** she's Colombian, from Cali to be precise ► **señas de identidad** identifying marks, distinguishing marks ► **señas personales** (personal) description *sing*
[5] (*Mil*) **santo y ~** password

**seña** SF = **señora**

**señal** SF [1] [*de aviso*] (*gen*) signal; (= *letrero*) sign; **un silbido era la ~ para que se callaran** a whistle was the signal for them to keep quiet; **el avión esperaba la ~ para despegar** the plane was waiting for the signal to take off; **una ~ acordada con anterioridad** a prearranged signal; **han puesto una ~ al principio del camino** they have put up a sign at the start of the road; **dar la ~ de** *o* **para algo** to give the signal for sth; **hacer una ~ a algn** (*con un gesto cualquiera*) to gesture to sb; (*ya acordada*) to signal to sb; **me hizo una ~ para que me apartara** he gestured to me to move aside; **subieron a la azotea para hacer ~es al helicóptero** they went up to the roof to signal to the helicopter ► **señal de alarma** (*ante un peligro*) warning signal; (= *síntoma*) warning sign; **dieron la ~ de alarma** they gave the warning signal; **deberían interpretar esto como una ~ de alarma** they should interpret this as a warning sign; **la muerte de varias ovejas ha hecho sonar la ~ de alarma** the death of several sheep has set alarm bells ringing ► **señal de auxilio** distress signal ► **señales de humo** smoke signals ► **la señal de la cruz** the sign of the cross ► **señal de la victoria** victory sign, V-sign ► **señal de salida** (*Dep, Ferro*) starting signal; **dar la ~ de salida** to give the starting signal ► **señal de socorro** distress signal
[2] (*Aut*) sign; **la ~ de stop** the stop sign ► **señal de circulación** traffic sign, road sign ► **señal de peligro** warning sign ► **señal de preferencia** right of way sign ► **señal de tráfico** traffic sign, road sign ► **señal horizontal** road marking ► **señal vertical** road sign
[3] (= *indicio*) sign; **es ~ de que las cosas van mejorando** it is a sign that things are improving; **su cuerpo mostraba ~es de violencia** his body showed signs of violent treatment; **le contestó sin la menor ~ de sorpresa** she answered him without the slightest sign of surprise; **los ladrones no dejaron la más mínima ~** the robbers didn't leave the slightest trace; **es buena ~** it's a good sign; **dar ~es de algo** to show signs of sth; **no daba ~es de nerviosismo** he showed no signs of nervousness; **lleva más de un mes sin dar ~es de vida** there's been no sign of him for more than a month; **en ~ de algo** as a sign of sth; **se dieron la mano en ~ de amistad** they shook hands as a sign of friendship; **en ~ de respeto** as a mark *o* sign of respect
[4] (= *marca*) mark; **un vehículo sin ninguna ~ identificativa** a vehicle with no identifying marks; **haz una ~ en los paquetes urgentes** put a mark on the express parcels, mark the express parcels; **dejó una ~ en la esquina de la página** he marked the page; **la varicela le ha dejado la cara llena de ~es** her face has been left badly scarred *o* marked by chickenpox; **dejó ~es de dedos en el cristal** he left fingerprints on the glass
[5] (*Med*) (= *síntoma*) symptom
[6] (*Com, Fin*) (= *depósito*) deposit; **dejar una cantidad en ~** to leave a sum as a deposit
[7] (*Radio*) signal; **se ha ido la ~** the signal has gone ► **señal horaria** time signal
[8] (*Telec*) (*al teléfono*) tone; (*en contestador*) beep, tone; **deja tu mensaje tras oír la ~** leave your message after the beep *o* tone ► **señal de comunicando** engaged tone, busy signal (*EEUU*) ► **señal de llamada** dialling tone, ringing *o* (*EEUU*) ring tone ► **señal de ocupado** (*LAm*) engaged tone, busy signal (*EEUU*)

**señala** SF (*Cono Sur*) earmark

**señaladamente** ADV [1] (= *claramente*) clearly, distinctly; **mantiene una actitud ~ hostil** he maintains a clearly *o* distinctly hostile attitude
[2] (= *especialmente*) especially; **eso beneficiaría ~ a los que más tienen** that would especially benefit those who are better off

**señalado** ADJ [1] (= *especial*) [*día*] special; [*ocasión, acontecimiento*] special, momentous; **en**

**una fecha tan señalada como hoy** on such a special *o* momentous day as today; **los rasgos más ~s de su poesía** the most notable features of his poetry

[2] [*persona*] (*gen*) distinguished; (*pey*) notorious; **un político especialmente ~ por la calidad de sus discursos** a politician particularly distinguished by the quality of his speeches; **un ~ criminal** a notorious criminal

**señalador** SM (*tb* **~ de libros**) bookmark

**señalar** ▸conjug 1a◂ Ⓐ VT [1] (= *indicar*) (*gen*) to show; (*con el dedo*) to point; **me señaló el camino** he showed me the way; **como señala el informe** as shown in the report; **la aguja señala el nivel del aceite** the needle shows the oil level; **el termómetro señalaba 25 grados** the thermometer read 25 degrees; **es de mala educación ~ a la gente** it's rude to point (at people); **~ una falta** (*Dep*) to indicate a foul

[2] (= *marcar*) to mark; **señala en rojo dónde están los fallos** mark the mistakes in red; **señaló las cajas con etiquetas** he labelled the boxes; **el acné le ha señalado la cara** his face has been marked *o* scarred by acne; **eso señaló el principio de la decadencia** that marked the start of the decline

[3] (= *destacar*) to point out; **tenemos que ~ tres aspectos fundamentales** we have to point out three fundamental aspects; **tuve que ~le varios errores en el examen** I had to point out several mistakes in the exam to him; **~ que** to point out that

[4] (= *designar*) [+ *fecha, precio*] to fix, settle; [+ *tarea*] to set; **en el momento señalado** at the given moment, at the appointed time; **todas las encuestas lo señalan como el candidato favorito** all the opinion polls point to him as the favourite candidate

[5] (*Aut*) [+ *carretera, ruta*] to signpost

[6] [+ *ganado*] to brand

Ⓑ **señalarse** VPR [1] (= *destacar*) to distinguish o.s. (**como** as); **se señaló como el mejor saltador de todos los tiempos** he established himself as the greatest jumper of all time; **se han señalado por su generosidad** they have distinguished themselves by their generosity

[2] (= *llamar la atención*) to stand out; **viste sobriamente porque no le gusta ~se** she dresses plainly because she doesn't like to stand out; **se señaló por su actitud rebelde ante la prensa** she stood out for her defiant attitude towards the press

**señalero** SM (*Cono Sur*) signalman

**señalización** SF [1] (= *acto*) (*Aut*) signposting, signing (*EEUU*); (*Ferro*) signalling, signaling (*EEUU*)

[2] (= *conjunto de señales*) (*en carretera*) road signs *pl*; (*en edificio*) signposting ► **señalización horizontal** markings *pl* on the road ► **señalización vertical** road signs *pl*

**señalizador** SM [1] (*tb* **~ vertical**) road sign

[2] (*tb* **~ de viraje**) (*Cono Sur*) indicator, turn signal (*EEUU*)

**señalizar** ▸conjug 1f◂ Ⓐ VT [1] (*Aut*) [+ *ruta, carretera*] to signpost; **el desvío no estaba bien señalizado** the turn-off was not properly signposted; **un cartel señalizaba el área de servicio** a sign indicated the service area

[2] (*Ferro*) to signal

Ⓑ VI (*con intermitente, con la mano*) to indicate, signal

**señero** ADJ [1] (= *sin par*) unequalled, unequaled (*EEUU*), outstanding

[2] (= *solo*) alone, solitary

**seño*** SF (*Esp*) = **señorita B3**

**señor(a)** Ⓐ ADJ [1] (*) (*antes de sustantivo*) (*uso enfático*) great big*; **vive en una ~a casa** he lives in a great big house*; **eso es un ~ melón** that's some melon

[2] (= *libre*) free, at liberty; **eres muy ~ de hacerlo si quieres** you're quite free *o* at liberty to do so if you want

Ⓑ SM/F [1] (= *persona madura*) man *o* (*más frm*) gentleman/lady; **ha venido un ~ preguntando por ti** there was a man *o* (*más frm*) a gentleman here asking for you; **le espera una ~a en su despacho** there's a lady waiting to see you in your office; **es todo un ~** he's a real gentleman; **lo he comprado en la planta de ~as** I bought it in ladieswear; **✦MODISMO dárselas de ~** to put on airs ► **señora de compañía** companion

[2] (= *dueño*) [*de tierras*] owner; [*de criado, esclavo*] master/mistress; **el ~ no vendrá hoy a comer** the master will not be here for lunch today; **¿está la ~a?** is the lady of the house in?; **el ~ de la casa** the master of the house; **no es ~ de sus pasiones** he cannot control his passions

[3] (*fórmula de tratamiento*) [3·1] (*con apellido*) Mr/Mrs; **es para el ~ Serrano** it's for Mr Serrano; **el ~ y la ~a Durán** Mr and Mrs Durán; **los ~es Centeno y Sánchez tuvieron que irse antes** (*frm*) Messrs Centeno and Sánchez had to leave early (*frm*); **los ~es (de) González** Mr and Mrs González

[3·2] (*) (*con nombre de pila*) **buenos días, ~ Mariano** (*a Mariano Ruiz*) good morning, Mr Ruiz; **la ~a María es de mi pueblo** (*hablando de María Ruiz*) Mrs Ruiz is from my village

[3·3] (*hablando directamente*) sir/madam; **no se preocupe ~** don't worry, sir; **¿qué desea la ~a?** (*en tienda*) can I help you, madam?; (*en restaurante*) what would you like, madam?; **¡oiga, ~a!** excuse me, madam!; **¡~as y ~es!** ladies and gentlemen!

[3·4] (*con nombre de cargo o parentesco*) **el ~ alcalde** the mayor; **el ~ cura** the priest; **~ presidente** Mr President; **~ alcalde** Mr Mayor; **sí, ~ juez** yes, my Lord; **como diría tu ~a madre** as your mother would say

[3·5] (*frm*) (*en correspondencia*) **muy ~ mío** Dear Sir; **muy ~a mía** Dear Madam; **muy ~es nuestros** Dear Sirs; **~ director** (*en carta a periódico*) Dear Sir

[4] (*uso enfático*) **pues sí ~, así es como pasó** yes indeed, that's how it happened; **¡no ~, ahora no te vas!** oh no, you're not going anywhere yet!; *ver tb* **señora**

Ⓒ SM [1] (*Hist*) lord ► **señor de la guerra** warlord ► **señor feudal** feudal lord

[2] (*Rel*) **el Señor** the Lord; **alabemos al Señor** let us praise the Lord; **Nuestro Señor** Our Lord; **Nuestro Señor Jesucristo** Our Lord Jesus Christ; **recibir al Señor** to take communion

**señora** SF [1] (= *esposa*) wife; **vino con su ~** he came with his wife; **la ~ de García** Mrs García; **mi ~** my wife

[2] (*Rel*) **Nuestra Señora** Our Lady

**señorear** ▸conjug 1a◂ Ⓐ VT [1] (= *gobernar*) (*gen*) to rule; (*pey*) to domineer, lord it over

[2] [+ *edificio*] to dominate, tower over

[3] [+ *pasiones*] to master, control

Ⓑ **señorearse** VPR [1] (= *dominarse*) to control o.s.

[2] (= *darse humos*) to adopt a lordly manner

[3] **~se de** to seize, seize control of

**señoría** SF [1] **su** *o* **vuestra Señoría** your *o* his lordship/your *o* her ladyship

[2] (= *dominio*) rule, sway

**señorial** ADJ noble, majestic, stately

**señorío** SM [1] (*Hist*) manor, feudal estate

[2] (= *dominio*) rule, dominion (**sobre** over)

[3] (= *cualidad*) majesty, stateliness

[4] (*) (= *personas adineradas*) (*gen*) distinguished people; (*pey*) toffs*, nobs**

**señorita** Ⓐ ADJ (= *de buenos modales*) (*Cono Sur*) polite

Ⓑ SF [1] (= *mujer soltera*) young lady; **una ~ ha llamado por teléfono** a young lady phoned; **ya estás hecha toda una ~** you've turned into a proper young lady; **la ~ no está contenta con nada** (*iró*) it would seem nothing pleases her ladyship; **residencia de ~s** hostel for young women ► **señorita de compañía** (*euf*) escort girl

[2] (*fórmula de tratamiento*) [2·1] (*con apellido*) Miss; **~ Pérez** Miss Pérez; **¿es usted señora o ~?** is it Mrs or Miss?

[2·2] (*con nombre de pila*) **buenos días, ~ Rosa** (*a Rosa Pérez*) good morning, Miss Pérez

[2·3] (*hablando directamente*) **¿puedo ayudarla en algo, ~?** can I help you, madam?

[2·4] (*usado por criados*) **la ~ no está en casa** (*referido a Rosa Pérez*) Miss Pérez is not at home; **¿a qué hora desea la ~ que la despierte?** what time would you like me to wake you, Miss?

[2·5] (*en correspondencia*) **estimada ~** (*a Rosa Pérez*) Dear Miss Pérez, Dear Ms Pérez

[3] (*) (= *maestra*) teacher; **mi ~ no nos ha mandado tarea** my teacher didn't give us any homework; **~, Luisa me ha quitado el bolígrafo** Miss, Luisa has taken my pen

**señoritingo/a*** SM/F spoilt brat*

**señorito** Ⓐ ADJ (*pey*) high and mighty*; **no le gusta trabajar, es muy señorita** she doesn't like working, she's too high and mighty*

Ⓑ SM [1] (= *hijo de señor*) young gentleman; (*en lenguaje de criados*) master, young master

[2] (*pey*) rich kid*

**señorón/ona*** SM/F big shot*

**señuelo** SM [1] (*Caza*) decoy

[2] (*fig*) (= *cebo*) bait, lure

[3] (*Andes, Cono Sur*) (= *buey*) leading ox

**seo** SF (*Aragón*) cathedral

**sep.** ABR (= **septiembre**) Sept

**sepa** *etc ver* **saber**

**separable** Ⓐ ADJ [1] (= *distinguible*) separable; **el carácter no es totalmente ~ de la forma física** character is not totally separable from physical form; **la vida privada es muy difícilmente ~ de la pública** it is very difficult to keep your private life separate from your public life

[2] (= *extraíble*) [*revista*] detachable; [*teclado*] removable

Ⓑ SM pull-out feature

**separación** SF [1] (= *división*) division; **la estantería sirve de ~ entre las dos zonas** the bookcase acts as a division between the two areas; **las tropas han cruzado la línea de ~** the troops have crossed the dividing line ► **separación de bienes** division of property ► **separación de poderes** separation of powers ► **separación racial** racial segregation

2 (*entre cónyuges, amigos*) separation; **tras varios meses de ~** after several months of separation; **en el momento de la ~ de las dos compañías** at the moment when the two companies split ► **separación legal**, **separación matrimonial** legal separation

3 (= *distancia*) gap, space; **deja un poco más de ~ entre los cuadros** leave a slightly bigger gap *o* space between the pictures

4 [*de un cargo*] removal, dismissal; **tras su ~ del cargo** after his removal *o* dismissal from the post ► **separación del servicio** (*Mil*) discharge

**separadamente** ADV separately

**separado/a** Ⓐ ADJ 1 (= *independiente*) separate; **dormimos en camas separadas** we sleep in separate beds; **tiene los ojos muy ~s** his eyes are very far apart; **por ~** separately; **los trabajos se facturan por ~** each job is invoiced separately; **puede comprar los libros juntos o por ~** you can buy the books together or separately

2 [*cónyuge*] separated; **está ~ de su mujer** he is separated from his wife; **es hija de padres ~s** her parents are separated

Ⓑ SM/F **los ~s con hijos** separated people with children

**separador** SM 1 (*en carpeta, maletín*) divider

2 (*Téc*) separator

3 (*Inform*) delimiter

4 (*Col Aut*) central reservation, median strip (*EEUU*)

**separadora** SF burster

**separar** ▸conjug 1a◂ Ⓐ VT 1 (= *apartar*) to separate; **la maestra nos separó para que no habláramos** the teacher split us up *o* separated us so that we wouldn't talk; **si no los llegan a ~ se matan** if no one had pulled them apart *o* separated them, they would have killed each other; **separe la última sección del formulario** detach the bottom of the form; **~ algn/algo de algn/algo** to separate sb/sth from sb/sth; **al nacer los ~on de sus padres** they were taken (away) *o* separated from their parents at birth; **los ~on del resto de los pasajeros** they were split up *o* separated from the rest of the passengers; **separa el sofá de la pared** move the sofa away from the wall; **separe la cazuela de la lumbre** take the pot off the heat; ✦*MODISMO* **~ el grano de la paja** to separate the wheat from the chaff

2 (= *distanciar*) **nada conseguirá ~nos** nothing can come between us; **éramos buenos amigos, pero la política nos separó** we were good friends but politics came between us; **el trabajo la mantiene separada de su familia** work keeps her away from her family; **hasta que la muerte nos separe** till death us do part

3 (= *existir entre*) **la distancia que separa Nueva York de Roma** the distance between New York and Rome; **el abismo que separa a los ricos de los pobres** the gulf between *o* separating (the) rich and (the) poor

4 (= *deslindar*) **los Pirineos separan España de Francia** the Pyrenees separate Spain from France; **unas barreras de protección separaban el escenario de la plaza** there were crash barriers separating the stage from the rest of the square; **la frontera que separa realidad y ficción** the dividing line between reality and fiction, the line that separates reality from *o* and fiction

5 (= *dividir*) to divide; **separa las palabras en sílabas** divide the words into syllables; **los separé en varios montones** I sorted them out into several piles

6 (= *poner aparte*) **¿me puedes ~ un poco de tarta?** can you put aside some cake for me?

7 (= *destituir*) (*de un cargo*) to remove, dismiss; **ser separado del servicio** (*Mil*) to be discharged

Ⓑ **separarse** VPR 1 (*en el espacio*) to part; **caminaron hasta la plaza, donde se ~on** they walked as far as the square, where they went their separate ways *o* where they parted; **al llegar a la juventud sus destinos parecen ~se** when they became teenagers they seemed to go their separate ways; **~se de algn/algo**: **no se separa de él ni un solo instante** she never leaves him *o* leaves his side for a moment; **no debí ~me de las maletas** I shouldn't have left the suitcases unattended; **no se separan ni un momento del televisor** they sit there glued to the television, they never take their eyes off the television; **consiguió ~se del pelotón** he managed to leave the pack behind; **no se separen del grupo hasta que estemos dentro de la catedral** stay with the group until we are in the cathedral; **no quiere ~se de sus libros** he doesn't want to part with his books; **se separó de la vida pública** she withdrew *o* retired from public life

2 (*en una relación*) [*cónyuges*] to separate, split up; [*socios, pareja*] to split up; **sus padres se han separado** his parents have separated *o* split up; **¿en qué año se ~on los Beatles?** what year did the Beatles break up *o* split up?; **~se de** [+ *cónyuge*] to separate from, split up with; [+ *socio, pareja*] to split up with; **se separó de su marido** she separated from *o* split up with her husband; **se ha separado de todos sus amigos** he has cut himself off from all his friends; **piensa ~se de la empresa** he is thinking of leaving the company

3 (= *desprenderse*) [*fragmento, trozo*] to detach itself (**de** from), come away; [*pedazos*] to come apart

4 (*Pol, Rel*) to break away; **se separó de ellos para formar su propio partido** he broke away from them to form his own party; **cuando la Iglesia anglicana se separó de Roma** when the Anglican Church broke away *o* (*frm*) seceded from Rome

5 (*Jur*) to withdraw (**de** from)

**separata** SF offprint

**separatismo** SM separatism

**separatista** ADJ, SMF separatist

**separo** SM (*Méx*) cell

**sepelio** SM burial, interment

**sepia** Ⓐ ADJ, SM INV (= *color*) sepia

Ⓑ SF 1 (= *pez*) cuttlefish

2 (*Arte*) sepia

**SEPLA** SM ABR (= **Sindicato Español de Pilotos de Líneas Aéreas**) ≈ BALPA

**sepsis** SF INV sepsis

**sept.** ABR (= **septiembre**) Sept

**septentrión** SM (*liter*) north

**septentrional** ADJ north, northern

**septeto** SM septet

**septicemia** SF septicaemia, septicemia (*EEUU*)

**séptico** ADJ septic

**septiembre** SM September; **llegará el (día) 11 de ~** he will arrive on the 11th of September *o* on September the 11th; **en ~** in September; **en ~ del año pasado/que viene** last/next September; **a mediados de ~** in mid-September; **estamos a tres de ~** it's the third of September; **todos los años, en ~** every September

**septillizo/a** SM/F septuplet

**séptimo** ADJ, SM seventh; *ver tb* **sexto**

**septuagenario/a** Ⓐ ADJ septuagenarian, seventy-year-old

Ⓑ SM/F septuagenarian, person in his/her seventies, seventy-year-old

**septuagésimo** ADJ, SM seventieth

**séptuplo** ADJ sevenfold

**sepulcral** ADJ 1 (= *del sepulcro*) sepulchral; **la inscripción ~** the inscription on the tomb *o* grave

2 (= *sombrío*) gloomy, dismal; **silencio ~** deathly silence

**sepulcro** SM (*esp Biblia*) tomb, grave, sepulchre, sepulcher (*EEUU*); **~ blanqueado** whited sepulchre

**sepultación** SF (*Cono Sur*) burial

**sepultar** ▸conjug 1a◂ VT 1 (= *enterrar*) (*gen*) to bury; (*en mina*) to trap, bury; **quedaron sepultados bajo la roca** they were buried under the rock

2 (= *ocultar*) to hide away, conceal

**sepultura** SF 1 (= *acción*) burial; **dar ~ a** to bury; **dar cristiana ~ a algn** to give sb a Christian burial; **recibir ~** to be buried

2 (= *tumba*) grave, tomb

**sepulturero** SM gravedigger

**seque** *etc ver* **secar**

**sequedad** SF 1 (= *falta de humedad*) dryness

2 (*en contestación, carácter*) curtness

**sequerío** SM dry place, dry field

**sequía** SF 1 (= *falta de lluvias*) drought

2 (= *temporada*) dry season

3 (*Andes*) (= *sed*) thirst

**sequiar** ▸conjug 1c◂ VI (*Cono Sur*) to inhale

**séquito** SM 1 [*de rey, presidente*] retinue, entourage

2 (*Pol*) followers *pl*

3 [*de sucesos*] train, string; **con todo un ~ de calamidades** with a whole catalogue of disasters

**SER** SF ABR (*Esp*) (= **Sociedad Española de Radiodifusión**) *radio network*

## ser

▸conjug 2v◂

| | |
|---|---|
| A VERBO INTRANSITIVO | C SUSTANTIVO MASCULINO |
| B VERBO AUXILIAR | |

Ⓐ VERBO INTRANSITIVO

1 *con función copulativa* 1·1 (+ *ADJ*) to be; **es difícil** it's difficult; **es muy alto** he's very tall; **soy casado/soltero/divorciado** I'm married/single/divorced; **compra uno que no sea caro** buy one that isn't too expensive; **es pesimista** he's a pessimist; **somos seis** there are six of us; **me es imposible asistir** I'm unable to attend, it's impossible for me to attend; **¡que seas feliz!** I wish you every happiness!; **—eres estúpida —no, no lo**

**soy** "you're stupid" — "no I'm not"; **¡~á posible!** I don't believe it!; **¡~ás burro!** you can be so stupid!

1·2 (+ *SUSTANTIVO, PRONOMBRE*) **el gran pintor que fue Goya** the great painter Goya; **hable con algún abogado que no sea Pérez** speak to some lawyer other than Pérez; **soy ingeniero** I'm an engineer; **con el tiempo fue ministro** he eventually became a minister; **yo era la reina, ¿vale?** suppose I were queen, right?; **presidente que fue de Francia** (*frm*) former president of France; **—¿dígame? —¡hola, soy Pedro!** "hello?" — "hello, it's Peter"; **—¿quién es? — soy yo** "who is it?" —"it's me"; **—¿quién ~á a estas horas? —~á tu hermano** "who can it be at this hour?" — "it must be your brother"; **—¿qué ha sido eso? —nada, la puerta ha dado un portazo** "what was that?" — "nothing, the door slammed shut"; **es él quien debiera hacerlo** he's the one who should do it

1·3 **~ de** (*indicando origen*) to be from; **ella es de Calatayud** she's from Calatayud; **estas naranjas son de España** these oranges are Spanish *o* from Spain; **¿de dónde es usted?** where are you from?

1·4 **~ de** (*indicando composición*) to be made of; **es de lana** it's made of wool, it's woollen; **es de piedra** it's made of stone

1·5 **~ de** (*indicando pertenencia*) to belong to; **el parque es del municipio** the park belongs to the town; **esta tapa es de otra caja** this lid belongs to another box; **¿de quién es este lápiz?** whose pencil is this?, who does this pencil belong to?; **éste es suyo** this one is his; **es de Joaquín** it's Joaquín's

1·6 + *INFIN* **es de creer que**: **continuó hablando, es de creer que sin interrupción** he went on talking, presumably without being interrupted; **si, como es de creer, ustedes también lo apoyan...** if, as may be supposed, you also support him...; **no es de creer que lo encarcelen, pero sí lo multarán** they probably won't put him in prison, but they are sure to fine him; **es de desear que ...** it is to be wished that ...; **es de esperar que ...** it is to be hoped that ...; **era de ver** it was worth seeing

2 **~ para** (*indicando dirección, finalidad*) **las flores son para ti** the flowers are for you; **el trofeo fue para Álvarez** the trophy went to Álvarez; **el sexto hoyo fue para García** García took the sixth hole; **este cuchillo es para cortar pan** this knife is for cutting bread; **ese coche no es para correr mucho** that car isn't made for going very fast; **esas finuras no son para mí** such niceties are not for me

3 *= existir* to be; **~ o no ~** to be or not to be; **Dios es** God exists; **érase que se era** ◊ **érase una vez** once upon a time

4 *= tener lugar* **la fiesta va a ~ en su casa** the party will be at her house; **el crimen fue en Agosto** the crime took place in August; ✦***MODISMO*** **otra vez ~á**: **—no he podido ir a visitarla —bueno, otra vez ~á** "I wasn't able to visit her" — "never mind, you can do it some other time"; **—no he aprobado —¡otra vez ~á!** "I didn't pass" — "better luck next time!

5 *en preguntas retóricas* **¿qué ~á de mí?** what will become of me?; **¿qué habrá sido de él?** what can have become of him?, what can have happened to him?

6 *con horas del día, fecha, tiempo* to be; **es la una** it's one o'clock; **son las siete** it's seven o'clock; **~án las ocho** it must be about eight (o'clock); **~ían las nueve cuando llegó** it must have been about nine (o'clock) when he arrived; **hoy es cuatro de septiembre** today is the fourth of September; **es verano** it's summer; **era de noche** it was night time; *ver tb* **hora 2**

7 *= en cálculos* to be; **tres y dos son cinco** three plus two is five; **—¿cuánto es? —son doscientas pesetas** "how much is it?" — "two hundred pesetas, please"

8 *locuciones en infinitivo* **a no ~**: **habríamos fracasado a no ~ por su apoyo** we would have failed had it not been for their help; **llegaremos tarde a no ~ que salgamos mañana** we'll be late unless we leave tomorrow; **como ha de** *o* **tiene que ~**: **es un hombre como tiene que ~** he's a real man; **se lo comió con cuchillo y tenedor, como ha de** *o* **tiene que ~** she ate it with a knife and fork, the way it's supposed to be eaten; **con ~** (= *a pesar de ser*): **con ~ ella su madre no le veo el parecido** she may well be his mother, but I can't see any resemblance; **de no ~**: **de no ~ esto cierto tendríamos que eliminarlo** if this weren't the case we'd have to get rid of him; **de no ~ por él me habría ahogado** if it hadn't been for him I'd have drowned; **no vaya a ~ que...**: **déjales tu teléfono, no vaya a ~ que se pierdan** give them your phone number in case they get lost; **anda despacio, no vaya a ~ que te caigas** walk slowly so you don't fall over

10 *locuciones en indicativo* **es más**: **creo que eso es así, es más, podría asegurártelo** I think that is the case, in fact I can assure you it is; **es que**: **—¿por qué no llamaste? —es que no pude** "why didn't you call?" — "because I couldn't"; **es que no quiero molestarle** it's just that I don't want to upset him; **¿es que no te enteras?** don't you understand, or what?; **¿cómo es que no llamaste?** how come you didn't call?

11 *locuciones en subjuntivo* **¡sea!** agreed!, all right!; **—compartiremos los gastos —¡sea!** "we'll share the cost" — "agreed!" *o* "all right!"; **(ya) sea ... (ya) sea**: **(ya) sea de izquierdas, (ya) sea de derechas yo no la voto** whether she's right-wing or left-wing, I'm not voting for her; **(ya) sea Juan o (ya) sea Antonio, alguien tiene que hacerlo** someone has to do it, (be it) either Juan or Antonio; **sea lo que sea**: **—¡pero si es economista! —sea lo que sea, yo no me fío de sus opiniones** "but he's an economist!" —"be that as it may *o* he may well be, but still I don't trust his opinions"; **o sea** that is; **mis compañeros, o sea, Juan y Pedro** my colleagues, that is, Juan and Pedro; **o sea, que no vienes** so you're not coming; **no sea que** in case; **llévate el móvil no sea que llamen** take your mobile phone with you in case they call; **pon aquí las llaves, no sea que las pierdas** put the keys here so you don't lose them

Ⓑ VERBO AUXILIAR

*en formas pasivas* to be; **fue construido** it was built; **~á fusilado** he will be shot; **está siendo estudiado** it is being studied; **ha sido asaltada una joyería** there has been a raid on a jeweller's

Ⓒ SUSTANTIVO MASCULINO

1 *= ente* being; **sus ~es queridos** her loved ones ► **ser humano** human being ► **Ser Supremo** Supreme Being ► **ser vivo** living creature

2 *= esencia, alma* being; **todo su ~ se conmovió ante tanta miseria** her whole being was moved by such poverty; **en lo más íntimo de su ~** deep within himself; **la quiero con todo mi ~** I love her with all my heart; **volver a su ~** to return *o* go back to normal

3 *existencia* life; **la mujer que le dio su ~** the woman who gave him (his) life, the woman who brought him into the world

> **SER**
>
> En español decimos **somos 15**, **son 28**, *etc*. Esta estructura se traduce al inglés por **there are/were/***etc* + **NÚMERO** + **of us/you/them**:
>
> Somos 50.
>
> ***There are 50 of us***
>
> Eran 38 en total
>
> ***There were 38 of them altogether***
>
> *Para otros usos y ejemplos ver la entrada.*

**sera** SF pannier, basket

**seráficamente** ADV angelically, like an angel

**seráfico** ADJ 1 (= *angélico*) angelic, seraphic 2 (*) (= *humilde*) poor and humble

**serafín** SM 1 (*Rel*) seraph; (*fig*) angel 2 (*Caribe*) (= *broche*) clip, fastener

**serape** SM (*Méx*) = **sarape**

**serbal** SM, **serbo** SM service tree, sorb

**Serbia** SF Serbia

**serbio/a** Ⓐ ADJ Serbian Ⓑ SM/F Serb Ⓒ SM (*Ling*) Serbian

**serbobosnio/a** ADJ, SM/F Bosnian Serb

**serbocroata** Ⓐ ADJ, SMF Serbo-Croatian Ⓑ SM (*Ling*) Serbo-Croat

**serenamente** ADV 1 (= *con calma*) calmly, serenely 2 (= *tranquilamente*) peacefully, quietly

**serenar** ▸conjug 1a◂ Ⓐ VT (*frm*) 1 (= *calmar*) [+ *ánimo, mente*] to calm; [+ *discusión, pelea*] to calm down; [+ *problema*] to settle 2 [+ *líquido*] to clarify Ⓑ VI (*Andes**) to drizzle Ⓒ **serenarse** VPR 1 [*persona*] to calm down 2 (*Meteo*) [*mar*] to grow calm; [*tiempo*] to clear up, settle (down) 3 [*líquido*] to clear, settle

**serenata** SF serenade

**serendipia** SF serendipity

**serenera** SF (*Andes, CAm, Caribe*) cape, wrap

**serenero** SM (*Cono Sur*) (= *pañuelo*) headscarf; (= *chal*) wrap, cape

**serenidad** SF 1 (= *calma*) calmness, serenity 2 (= *tranquilidad*) peacefulness, quietness

**serenísimo** ADJ **su Alteza Serenísima** His/Her Serene Highness

**sereno** Ⓐ ADJ 1 (= *apacible*) [*persona*] calm, serene; [*cara, expresión*] serene 2 (*Meteo*) [*tiempo*] settled, fine; [*cielo*] cloudless, clear 3 (= *calmado*) [*ambiente*] calm, quiet; [*tarde, noche*] still, peaceful; [*aguas*] calm, still 4 (= *sobrio*) **estar ~** to be sober Ⓑ SM 1 (= *humedad*) night dew; **dormir al ~**

to sleep out in the open; **le perjudica el ~** the night air is bad for her
[2] (= *vigilante*) night watchman

**sereta** SF builder's bucket, basket

**seriado** ADJ mass-produced

**serial** SM (SF *en Cono Sur*) serial ► **serial radiofónico** radio serial

**serialización** SF serialization

**serializar** ▸conjug 1f◂ VT to serialize

**seriamente** ADV seriously

**seriar** ▸conjug 1b◂ VT [1] (= *poner en serie*) to arrange in series, arrange serially
[2] (*TV, Radio*) to make a serial of, serialize
[3] (= *producir*) to mass-produce

**sericultura** SF silk-raising, sericulture

**serie** SF [1] (= *sucesión*) (*tb Biol, Mat*) series; **ha escrito una ~ de artículos sobre la infancia** she has written a series of articles about childhood; **asesinatos en ~** serial killings; **asesino en ~** serial killer
[2] (*Industria*) **de ~**: **tamaño de ~** standard size; **artículo de ~** mass-produced article; **equipamiento de ~** standard equipment; **modelo de ~** (*Aut*) standard model; **el aire acondicionado es de ~** air-conditioning comes as standard; **en ~**: **fabricación en ~** mass production; **fabricar** *o* **producir en ~** to mass-produce; **fuera de ~** (= *extraordinario*) special, out of the ordinary; **un fuera de ~** an extraordinary person, one of a kind; **artículos fuera de ~** (*Com*) goods left over, remainders
[3] (*Elec*) **en ~** in series
[4] (*Inform*) **impresora en ~** serial printer; **interface en ~** serial interface; **puerto (en) ~** serial port
[5] (= *conjunto*) [*de monedas, sellos*] series; [*de inyecciones*] course
[6] (*TV, Radio*) (*en episodios sueltos*) series; (*en historia continua*) serial
[7] (*Cine*) **película de ~ B** B-movie
[8] (*Dep*) qualifying heat

**seriedad** SF [1] (= *calidad personal*) seriousness; **hablar con ~** to speak seriously *o* in earnest
[2] (= *responsabilidad*) responsibility, sense of responsibility; **falta de ~** lack of responsibility, irresponsibility
[3] [*de enfermedad, crisis, problema*] seriousness
[4] (= *fiabilidad*) reliability, trustworthiness

**serigrafía** SF silk-screen printing; **una ~** a silk-screen print

**serigrafista** SMF silk-screen printer

**serimiri** SM drizzle

**serio** ADJ [1] [*expresión, tono*] serious; **¿por qué estás hoy tan ~?** why are you (looking) so serious today?; **su padre es muy ~** his father's a very serious person; **se quedó mirándome muy ~** he looked at me very seriously, he stared gravely at me; **pareces muy ~** you're looking very serious; **ponerse ~: se puso seria al ver la foto** she went *o* became serious when she saw the photo; **me voy a poner seria contigo si no estudias** I'm going to get cross with you if you don't do some studying
[2] **en ~** seriously; **tomar un asunto en ~** to take a matter seriously; **no hablaba en ~** I wasn't serious; **¿lo dices en ~?** are you serious?, do you really mean it?
[3] [*problema, enfermedad, pérdida*] serious; **esto se pone ~** this is getting serious
[4] (= *fiable*) [*persona*] reliable; [*trato*] straight, honest; **es una persona poco seria** he's not very reliable; **una empresa seria** a reliable firm; **no es ~ que ahora decidan echarse atrás** it's not very responsible of them to back out now
[5] (= *severo*) **el negro es un color demasiado ~ para una niña** black is too serious *o* severe a colour for a young girl; **lleva un traje muy ~** he's wearing a very formal suit
[6] [*estudio, libro*] serious

**sermón** SM [1] (*Rel*) sermon; **el Sermón de la Montaña** the Sermon on the Mount
[2] (*) (= *regañina*) lecture*; **vaya ~ que nos soltó tu padre** what a lecture your dad gave us!

**sermonear*** ▸conjug 1a◂ Ⓐ VT to lecture*
Ⓑ VI to sermonize

**sermoneo*** SM lecture*

**sermonero*** ADJ given to sermonizing

**sernambí** SM (*Andes, Caribe*) inferior rubber

**serología** SF serology

**serón** SM [1] (= *sera*) pannier, large basket
[2] [*de bebé*] cot

**seronegativo** ADJ seronegative

**seropositivo** ADJ (*gen*) seropositive; (*con VIH*) HIV-positive

**seroso** ADJ serous

**serotonina** SF serotonin

**serpa** SF (*Bot*) runner

**serpear** ▸conjug 1a◂ VI, **serpentear** ▸conjug 1a◂ VI [1] (*Zool*) to wriggle, creep
[2] [*camino*] to wind, twist and turn; [*río*] to wind, meander

**serpenteante** ADJ [*camino*] winding, twisting; [*río*] winding, meandering

**serpenteo** SM [1] (*Zool*) wriggling, creeping
[2] [*de camino*] winding, twisting; [*de río*] winding, meandering

**serpentín** SM coil

**serpentina** SF [1] (*Min*) serpentine
[2] (= *papel*) streamer

**serpentino** ADJ [1] (= *como serpiente*) snaky, sinuous
[2] [*camino*] winding, meandering

**serpiente** SF snake, serpent; **la Serpiente** the (European monetary) Snake ► **serpiente boa** boa constrictor ► **serpiente de anteojos** cobra ► **serpiente de cascabel** rattlesnake, rattler (*EEUU**) ► **serpiente de mar** sea serpent ► **serpiente de verano** silly (season) story, non-story (*used to fill papers in the slack season*) ► **serpiente de vidrio** slow-worm ► **serpiente pitón** python

**serpol** SM wild thyme

**serpollo** SM sucker, shoot

**serrado** ADJ serrated, toothed

**serraduras** SFPL sawdust *sing*

**serrallo** SM harem

**serrana** SF = **serranilla;** *ver tb* **serrano**

**serranía** SF [1] (= *terreno montañoso*) mountains *pl*, mountainous area, hilly country
[2] (*Méx*) (= *bosque*) wood, forest

**serraniego** ADJ = **serrano A**

**serranilla** SF *15th-century verse-form*

**serrano/a** Ⓐ ADJ [1] (*Geog*) mountain *antes de s*, hill *antes de s*
[2] (= *tosco*) coarse, rustic
[3] **partida serrana** (*Esp*) dirty trick
Ⓑ SM/F mountain-dweller, highlander; *ver tb* **serrana**

**serrar** ▸conjug 1j◂ VT [1] [+ *madera*] to saw up
[2] (= *separar*) to saw off

**serrería** SF sawmill

**serrín** SM sawdust

**serrote** SM (*Méx*) = **serrucho**

**serruchar** ▸conjug 1a◂ VT (*esp LAm*) to saw (up); (= *separar*) to saw off

**serrucho** SM [1] (= *herramienta*) saw, handsaw
[2] (*Caribe*) (= *prostituta*) whore
[3] **hacer un ~** (*Andes, Caribe*) to split the cost

**Servia** SF = **Serbia**

**servible** ADJ serviceable, usable

**servicial** Ⓐ ADJ helpful, obliging
Ⓑ SM (*Andes*) servant

**servicialidad** SF helpfulness, obliging nature

**servicio** SM [1] (= *ayuda, atención*) [1·1] (*a empresa, país*) service; **lleva veinte años de ~ en la empresa** he has twenty years' service with the company; **no cobró nada por sus ~s** he didn't charge anything for his services; **al ~ de**: **un agente secreto al ~ de la Corona** a secret agent in the service of the Crown; **estar de ~** to be on duty; **estar de ~ de guardia** (*Mil*) to be on guard duty; **estar fuera** *o* **libre de ~** to be off duty; **un policía libre de ~** an off-duty policeman; **prestar ~** (*gen*) to work; (*Mil*) to serve; **ha prestado sus ~s en el hospital universitario** she has worked at the university hospital; **prestó sus ~s como teniente de la marina** he served as a lieutenant in the navy
[1·2] (*a cliente*) service; **el ~ no está incluido** service is not included; **una empresa de ~s informáticos** a computing services company; **a su ~** at your service; **"servicio a domicilio"** "we deliver", "home delivery service"
[1·3] [*de tren, autobús*] service; **el ~ a la costa ha quedado interrumpido** the service to the coast has been interrupted
► **servicio a bordo** (*en avión*) in-flight services *pl*; (*en barco, tren*) services on board *pl* ► **servicio comunitario** community service ► **servicio contra incendios** fire service ► **servicio de aduana** customs service ► **servicio de asesoramiento** advisory service ► **servicio de atención al cliente** customer service ► **servicio de bomberos** fire service ► **servicio de contraespionaje** secret service ► **servicio de entrega** delivery service ► **servicio de información**, **servicio de inteligencia** intelligence service ► **servicio de limpieza** cleaning services *pl* ► **servicio de megafonía** public address system ► **servicio de orden** (*en manifestación*) stewards *pl*, marshals *pl* ► **servicio de préstamo a domicilio** lending facility, home lending service ► **servicio de recogida de basura** refuse collection service ► **servicio de transportes** transport service ► **servicio de vigilancia aduanera** coastguard patrol ► **servicio médico** medical service ► **servicio permanente** round-the-clock service ► **servicio posventa** after-sales service ► **servicios de socorro** emergency services ► **servicio secreto** secret service ► **servicios informativos** broadcasting services ► **servicios mínimos** minimum service *sing*, skeleton service *sing* ► **servicio social (sustitutorio)** community service (*performed in place of military service*) ► **servicios postales** postal services ► **servicios sociales** social services; *ver tb* **estación 1**

[2] (= *funcionamiento*) **estar en ~** to be in service; **entrar en ~** to come *o* go into service; **fuera de ~** out of service; **poner en ~** to put into service; **está previsto poner en ~ una segunda pista de aterrizaje** there are plans to open a second runway, there are plans to put a second runway into operation *o* service
[3] (= *beneficio*) service; **hizo un gran ~ a su país** he did his country a great service; **es un abrigo viejo, pero me hace mucho ~** it's an old coat, but I get a lot of use out of it; **hacer un flaco ~ a algn** to do sb a disservice
[4] (*Mil*) (*tb* **~ militar**) military service; **ser apto para el ~** to be fit for military service ► **servicio activo** active service
[5] (*en un hospital*) department; **"servicio de pediatría"** "paediatric department" ► **servicio de urgencias** accident and emergency department, casualty department
[6] **servicios** (*Econ*) public services; **el sector ~s** the public service sector
[7] (= *retrete público*) toilet, washroom (*EEUU*), restroom (*EEUU*); **¿dónde están los ~s?** where are the toilets?
[8] (*en la mesa*) [8·1] (*para cada comensal*) **un juego de café con seis ~s** a six-piece coffee set; **faltan dos ~s** we are two places *o* settings short
[8·2] (= *juego*) set
► **servicio de café** coffee set, coffee service
► **servicio de mesa** dinner service
► **servicio de té** tea set, tea service
[9] (= *servidumbre*) (*tb* **~ doméstico**) (= *personas*) servants *pl*; (= *actividad*) service, domestic service; **hay dos habitaciones para el ~** there are two rooms for the servants; **han mejorado las condiciones del ~** conditions of domestic service have improved; **escalera de ~** service staircase; **puerta de ~** tradesman's entrance
[10] (*Tenis*) serve, service; **romper el ~ de algn** to break sb's serve *o* service
[11] (*Rel*) service; **el ~ será oficiado por Monseñor Cipriá** Monsignor Cipriá will officiate at the service
[12] (*Fin*) [*de una deuda*] servicing
[13] (*LAm*) [*de un automóvil*] service; **le toca el ~ a los 3.000km** it's due (for) a service after 3000km

**servidor(a)** Ⓐ SM/F [1] (= *criado*) servant
[2] (*como expresión cortés*) **—¿quién es la última de la cola? —~a** "who's last in the queue?" — "I am"; **—Francisco Ruiz —¡servidor!** (*frm*) "Francisco Ruiz" — "present! *o* at your service!" (*frm*); **¡~ de usted!** at your service!; **"su seguro ~"**† (*en cartas*) "yours faithfully" (*frm*), "yours truly" (*EEUU frm*); **un ~**: **al final un ~ tuvo que fregar todos los platos** (*hum*) in the end yours truly *o* muggins had to wash all the dishes*; **él y un ~ pasamos un buen rato** he and I had a good time
[3] (*Cono Sur*) ► **servidor(a) del orden** police officer
Ⓑ SM (*Inform*) server ► **servidor de red** network server

**servidumbre** SF [1] (= *conjunto de criados*) staff, servants *pl*
[2] (= *condición*) [*de criado*] servitude; [*de esclavo*] slavery; **la ~ de los que trabajan para un jefe** the servitude of those who work for their boss; **el dinero se ha convertido en una forma de ~** money has turned into a form of slavery
[3] (*Hist*) (*tb* **~ de la gleba**) serfdom
[4] (*Jur*) ► **servidumbre de aguas** water rights *pl* ► **servidumbre de paso** rights *pl* of way

**servil** ADJ [1] (= *poco apreciado*) [*actitud, comportamiento*] servile, obsequious; [*trabajo*] menial
[2] [*imitación, estilo*] slavish

**servilismo** SM servility, obsequiousness (*frm*)

**servilla** SF slipper, pump

**servilleta** SF serviette, napkin

**servilletero** SM serviette ring, napkin ring

➤ **servir** ▸conjug 3k◂ Ⓐ VT [1] [+ *persona, intereses, causa*] to serve; **seguiré sirviendo al pueblo** I will continue to serve the people; **están sirviendo a su interés personal** they are furthering *o* serving their own interests; **~ a Dios** to serve God; **~ a la patria** to serve one's country; **¿en qué puedo ~le?** how can I help you?; ✦***MODISMOS*** **para ~le**† ◊ **para ~ a usted**† at your service; ✦***REFRÁN*** **no se puede ~ a Dios y al diablo** no man can serve two masters
[2] (*para comer*) [2·1] (*en la mesa*) [+ *comida*] to serve; [+ *bebida*] to serve, pour; **¿a qué hora sirven el desayuno?** what time is breakfast served?; **se negaron a ~nos** they refused to serve us; **¿me ayudas a ~ la mesa?** can you help me serve (the food)?; **la cena está servida** dinner's on the table, dinner is served (*frm*); **¿te sirvo un poco más?** would you like some more?, can I give you some more?; **había cinco criados para ~ la mesa** there were five servants waiting at *o* serving at table
[2·2] (= *proporcionar*) to give, serve (*frm*); **ese día sirven una comida especial a la tropa** the troops are given *o* (*frm*) served a special meal that day; **sirvieron unos canapés tras la inauguración** after the opening ceremony there were canapés, canapés were served after the opening ceremony (*frm*)
[3] (*Com*) [+ *pedido*] to process
[4] (*Tenis*) to serve
[5] (*Mec*) [+ *máquina, cañón*] to man
[6] (*Naipes*) [+ *cartas*] to deal
Ⓑ VI [1] (= *ser útil*) to be useful; **todavía puede ~** it might still be useful; **este mismo me ~á** this one will do; **siempre que lo he necesitado me ha servido** whenever I've needed it, it's done the job; **eso no sirve** that's no good *o* use; **este sistema ya no sirve** this system is no good *o* use any more; **ya no me sirve** it's no good *o* use to me now; **la distinción entre derechas e izquierdas ya no sirve** the distinction between right and left is no longer valid; **~ para algo**: **puede ~ para limpiar el metal** it can be used for *o* it is suitable for cleaning metal; **¿para qué sirve?** what is it for?; **¿para qué sirve este aparato?** what's this gadget for?; **la nueva normativa sólo ha servido para crear polémica** the new regulation has only served to stir up controversy (*frm*), the only thing the new rule has done is to stir up controversy; **el acuerdo no ha servido para alcanzar la paz** the agreement has not succeeded in achieving peace; **esta huelga no está sirviendo para nada** this strike is not achieving anything; **no sirves para nada** you're completely useless; **yo no ~ía para médico** I'd be no good as a doctor
[2] **~ de algo**: **la legislación italiana puede ~nos de guía** we can use Italian law as a guide, Italian law can serve a guide; **~ de ejemplo a algn** to be an example to sb; **esa experiencia le ha servido de lección** that experience taught him a lesson; **por si sirve de algo** in case that's any use; **no sirve de nada quejarse** it's no good *o* use complaining, there's no point in complaining; **no sirve de nada que vaya él** it's no good *o* use him going*, there's no point in him going; **¿de qué sirve mentir?** what's the good *o* use of lying?, what's the point in lying?; *ver tb* **precedente B**
[3] (*en el servicio doméstico*) to work as a servant; **estuvo sirviendo en Madrid** she was a servant in Madrid; **ponerse a ~** to become a servant
[4] [*camarero*] to serve; **vete a ~ en la barra** go and serve at the bar
[5] (*Mil*) to serve (*frm*); **yo serví en la Marina** I was in the Navy, I served in the Navy (*frm*); **está sirviendo** he's doing his military service
[6] (*Tenis*) to serve
[7] (*Naipes*) (*tb* **~ del palo**) to follow suit
Ⓒ **servirse** VPR [1] (= *ponerse*) [+ *comida*] to help o.s. to; [+ *bebida*] to pour o.s., help o.s. to; **sírvete más ensalada** have some more salad, help yourself to more salad; **yo misma me ~é el café** I'll pour myself some coffee, I'll help myself to some coffee; **¿qué se van a ~?** (*LAm*) what will you have?
[2] (= *utilizar*) **~se de** [+ *herramienta, objeto*] to use, make use of; [+ *amistad, influencia*] to use; **se han servido de su cargo para enriquecerse** they used their position to make money; **se sirvieron de la oscuridad para escapar** (*liter*) they availed themselves of the darkness to make good their escape (*liter*)
[3] (*frm*) (= *hacer el favor de*) **~se hacer algo**: **sírvase volver por aquí mañana** (would you) please come back tomorrow; **le ruego que se sirva acompañarme** (would you) come with me, please; **si la señora se sirve pasar por aquí** if madam would care to come this way

**servo** SM servo

**servo...** PREF servo...

**servoasistido** ADJ servo-assisted

**servodirección** SF power steering

**servofrenos** SMPL power-assisted brakes

**servomecanismo** SM servo, servomechanism

**sésamo** SM sesame; **¡ábrete ~!** open sesame!

**sesapil** SM sex-appeal

**sesear** ▸conjug 1a◂ VT *to pronounce c (before e, i) and z as s (a feature of Andalusian and much LAm pronunciation)*

**sesenta** ADJ INV, PRON, SM sixty; (= *ordinal*) sixtieth; **los (años) ~** the sixties; *ver tb* **seis**

**sesentañero/a** SM/F man/woman of about sixty

**sesentón/ona** Ⓐ ADJ sixty-year-old, sixtyish
Ⓑ SM/F man/woman of about sixty, sixty-year-old

**seseo** SM *pronunciation of c (before e, i) and of z as s (a feature of Andalusian and much LAm pronunciation)*

**sesera*** SF brains *pl*

**sesgado** ADJ [1] (= *inclinado*) slanted, slanting, oblique
[2] (= *ladeado*) awry, askew

➤ LENGUA Y USO: servir B1 43.4 C3 47.5, 48.3, 48.4

3 [*pelota*] swerving, sliced
4 [*opinión, reportaje*] bias(s)ed, slanted

**sesgar** ▸conjug 1h◂ VT 1 (= *inclinar*) to slant, place obliquely
2 (= *ladear*) to put askew, twist to one side
3 [+ *pelota*] to slice
4 (*Cos*) to cut on the bias
5 (*Téc*) to bevel
6 [+ *opinión, reportaje*] to bias, slant
7 [+ *vida*] to cut short

**sesgo** SM 1 (= *inclinación*) slant; **estar al ~** to be slanting
2 (= *torcimiento*) warp, twist
3 (*Cos*) bias; **cortar algo al ~** to cut sth on the bias
4 (*Téc*) bevel
5 (= *dirección*) direction; **ha tomado otro ~** it has taken a new turn
6 (*) (= *truco*) dodge*

**sésil** ADJ sessile

**sesión** SF 1 (*Admin*) session; **abrir/levantar la ~** to open/close o adjourn the session; **celebrar una ~** to hold a session ► **sesión de preguntas al gobierno** ≈ question time ► **sesión parlamentaria** parliamentary session ► **sesión secreta** secret session
2 (= *espacio de tiempo*) (*para retrato*) sitting; (*para tratamiento médico*) session ► **sesión de entrenamiento** training session ► **sesión de espiritismo** séance ► **sesión de lectura de poesías** poetry reading ► **sesión de prestidigitación** conjuring show ► **sesión fotográfica** photo session
3 (*Cine*) showing; (*Teat*) show, performance; **la segunda ~** the second showing; **hay tres sesiones diarias** there are three showings a day ► **sesión continua** continuous showing
4 (*Inform*) session

**sesionar** ▸conjug 1a◂ VI (= *estar en sesión*) to be in session; (= *celebrar sesión*) to hold a meeting

**seso** SM 1 (*Anat*) brain
2 (= *inteligencia*) brains *pl*, intelligence; ✦*MODISMOS* **calentarse** *o* **devanarse los ~s** to rack one's brains; **eso le tiene sorbido el ~** he's crazy about it; **perder el ~** to go off one's head (**por** over)
3 **sesos** (*Culin*) brains

**sesquicentenario** SM 150th anniversary, sesquicentenary

**sesquipedal** ADJ sesquipedalian

**sestear** ▸conjug 1a◂ VI to take a siesta, have a nap

**sesteo** SM (*LAm*) siesta, nap

**sesudamente** ADV sensibly, wisely

**sesudo** ADJ 1 (= *sensato*) sensible, wise
2 (= *inteligente*) brainy
3 (*Cono Sur*) (= *terco*) stubborn, pig-headed

**set** SM (*pl* **set** *o* **sets**) (*Dep*) set

**set.** ABR (= **setiembre**) Sept

**seta** SF mushroom ► **seta venenosa** toadstool

**setecientos/as** ADJ, PRON, SM (*gen*) seven hundred; (*ordinal*) seven hundredth; **en el ~** in the eighteenth century; *ver tb* **seiscientos**

**setenta** ADJ INV, PRON, SM (*gen*) seventy; (*ordinal*) seventieth; **los (años) ~** the seventies; *ver tb* **seis**

**setentañero/a** SM/F man/woman of about seventy, seventy-year-old

**setentón/ona** Ⓐ ADJ seventy-year-old, seventyish
Ⓑ SM/F man/woman of about seventy, seventy-year-old

**setero/a** Ⓐ ADJ mushroom *antes de s*
Ⓑ SM/F mushroom gatherer

**setiembre** SM = **septiembre**

**seto** SM 1 (= *cercado*) fence ► **seto vivo** hedge
2 (*Caribe*) (= *pared*) dividing wall, partition

**setter** SM (*pl* **setters** [se'ter]) setter

**SEU** SM ABR (*Hist*) = **Sindicato Español Universitario**

**seudo...** PREF pseudo...

**seudohistoria** SF pseudohistory

**seudónimo** Ⓐ ADJ pseudonymous
Ⓑ SM (= *nombre falso*) pseudonym; (= *nombre artístico*) pen name

**Seúl** SM Seoul

**s.e.u.o.** ABR (= **salvo error u omisión**) E & OE

**severamente** ADV 1 (= *con dureza*) severely
2 (= *con austeridad*) sternly

**severidad** SF 1 (*en el trato*) severity
2 (= *austeridad*) sternness

**severo** ADJ 1 (= *riguroso*) [*persona*] severe, harsh; [*padre, profesor, disciplina*] strict; [*castigo, crítica*] harsh; [*estipulaciones*] stringent; [*condiciones*] harsh, stringent; **ser ~ con algn** to treat sb harshly
2 (= *duro*) [*invierno*] severe, hard; [*frío*] bitter
3 (= *austero*) [*vestido, moda*] severe; [*actitud*] stern

**seviche** SM = **cebiche**

**Sevilla** SF Seville

**sevillanas** SFPL 1 (= *melodía*) *popular Sevillian tune*
2 (= *baile*) *typical Sevillian dance*

**sevillano/a** ADJ, SM/F Sevillian

**sexagenario/a** Ⓐ ADJ sexagenarian, sixty-year-old
Ⓑ SM/F sexagenarian, man/woman in his/her sixties, sixty-year-old

**sexagésimo** ADJ, SM sixtieth; *ver tb* **sexto 1**

**sexar** ▸conjug 1a◂ VT to sex

**sexenio** SM (*esp Méx*) *six-year Presidential term of office*

**sexería** SF sex shop

**sexi** = **sexy**

**sexismo** SM sexism

**sexista** ADJ, SMF sexist

**sexo** SM 1 (*Biol*) sex; **el bello ~** the fair sex; **el ~ débil** the weaker sex; **el ~ femenino/masculino** the female/male sex; **el ~ fuerte** the stronger sex; **el ~ opuesto** the opposite sex; **de ambos ~s** of both sexes; **sin ~** sexless; ✦*MODISMO* **hablar del ~ de los ángeles** to indulge in pointless discussion; **sería como discutir sobre el ~ de los ángeles** it would be a totally pointless discussion ► **sexo en grupo** group sex ► **sexo oral** oral sex ► **sexo seguro** safe sex
2 (= *órgano sexual*) [*de hombre*] penis, sexual organs *pl* (*frm*); [*de mujer*] vagina, sexual organs *pl* (*frm*)

**sexofobia** SF aversion to sex

**sexología** SF sexology

**sexólogo/a** SM/F sexologist

**sex shop** [sek'ʃop] SF (*pl* **sex shops**) sex shop

**sex symbol** [sek'simβol] SMF (*pl* **sex symbols**) sex symbol

**sexta** SF (*Mús*) sixth; *ver tb* **sexto**

**sextante** SM sextant

**sexteto** SM sextet

**sextillizo/a** SM/F sextuplet

**sexto** Ⓐ ADJ sixth; **Juan ~** John the sixth; **en el ~ piso** on the sixth floor; **en ~ lugar** in sixth place, sixth; **vigésimo ~** twenty-sixth; **una sexta parte** a sixth
Ⓑ SM (= *parte*) sixth; **dos ~s** two sixths; *ver tb* **sexta**

**séxtuplo** ADJ sixfold

**sexual** ADJ sexual, sex *antes de s*; **vida ~** sex life

**sexualidad** SF 1 (= *opción sexual*) sexuality
2 (*Biol*) sex; **determinar la ~ de** to determine the sex of

**sexualmente** ADV sexually; **ser acosado ~** to be sexually harassed, suffer (from) sexual harassment

**sexy** Ⓐ ADJ [*persona*] sexy; [*libro, escena*] erotic, titillating
Ⓑ SM sexiness, sex appeal

**s.f.** ABR (= **sin fecha**) n.d.

**s/f** ABR (*Com*) = **su favor**

**SGAE** SF ABR = **Sociedad General de Autores de España**

**SGEL** SF ABR = **Sociedad Española General de Librería**

**SGR** SF ABR = **sociedad de garantía recíproca**

**sgte.** ABR (= **siguiente**) foll., f

**sgtes.** ABR (= **siguientes**) foll., ff

**share** [ʃear] SM (*TV*) audience share

**shiatsu** ['sjatsu] SM shiatsu

**shock** [ʃok] SM (*pl* **shock** *o* **shocks** [ʃok]) shock

**short** [ʃor] SM, **shorts** [ʃor] SMPL shorts

**show** [tʃo, ʃou] SM 1 (*Teat*) show
2 (*Esp* *) (= *jaleo*) fuss, bother; **menudo ~ montó** he made a great song-and-dance about it
3 (= *farsa*) farce, masquerade

**si**[1] CONJ 1 (*uso condicional*) if; **si lo quieres, te lo doy** if you want it I'll give it to you; **si lo sé, no te lo digo** I wouldn't have told you, if I'd known; **si tuviera dinero, lo compraría** if I had any money I would buy it; **si me lo hubiese pedido, se lo habría** *o* **hubiera dado** if he had asked me for it I would have given it to him; **si no** (*condición negativa*) if not; (*indicando alternativa*) otherwise, or (else); **avisadme si no podéis venir** let me know if you can't come; **si no estudias, no aprobarás** you won't pass if you don't study, you won't pass unless you study; **ponte crema porque si no, te quemarás** put some cream on, otherwise *o* or (else) you'll get sunburned; **vete, si no, vas a llegar tarde** go, or (else) you'll be late; **llevo el paraguas por si (acaso) llueve** I've got my umbrella (just) in case it rains; **¿y si llueve?** what if it rains?; **¿y si se lo preguntamos?** why don't we ask her?
2 (*en interrogativas indirectas*) whether; **no sé si hacerlo o no** I don't know whether to do it or not; **no sabía si habías venido en avión o en tren** I didn't know whether *o* if you'd come by plane or train; **me pregunto si vale la pena** I wonder whether *o* if it's worth it; **no sé si será verdad** I don't know whether *o* if it's true; **¿sabes si nos han pagado ya?** do you know if we've been paid yet?
3 (*uso concesivo*) **no sé de qué te quejas, si**

**eres una belleza** I don't know what you're complaining about when you're so beautiful; **si bien** although; **si bien creó un amplio consenso político …** although it is true *o* while it may be true that he created a broad political consensus …
[4] (*uso desiderativo*) **¡si fuera verdad!** if only it were true!, I wish it were true!; **¡si viniese pronto!** I wish he'd come!, if only he'd come!
[5] (*indicando protesta*) but; **¡si no sabía que estabas allí!** but I didn't know you were there!; **¡si (es que) acabo de llamarte!** but I've only just phoned you!; **¡si tienes la tira de discos!** but you have loads of records!*
[6] (*uso enfático*) **¡si serán hipócritas!** they're such hypocrites!, they're so hypocritical!; **—es un pesado —¡si lo sabré yo!** "he's a pain" — "don't I know it!" *o* "you're telling me!"; **si lo sabré yo, que soy su mujer** I ought to know, I'm his wife; **que si engorda, que si perjudica a la salud …** they say it's fattening and bad for your health; **que si lavar los platos, que si limpiar el suelo, que si …** what with washing up and sweeping the floor and …
[7] (*indicando sorpresa*) **¡pero si es el cartero!** why, it's the postman!; **¡pero si eres tú! no te había reconocido** oh, it's you, I didn't recognize you!

**si**[2] SM (*Mús*) B ► **si mayor** B major

**sí**[1] Ⓐ ADV [1] (*como respuesta*) yes; **—¿te gusta? —sí** "do you like it?" — "yes (I do)"; **un dedo en alto es que sí** if you put one finger up it means yes; **—¿sabes que me caso? —¿ah, sí?** "do you know I'm getting married?" — "really?"; **—el piso es bonito pero no tiene mucha luz —bueno, eso sí** "it's a nice flat but it's a bit dark" — "yes, that's true"; **sí pues** (*LAm*) of course
[2] (*uso enfático*) [2·1] (*en oposición a una negación*) **ellos no van pero nosotros sí** they're not going but we are; **él no quiere pero yo sí** he doesn't want to but I do; **no tiene hermanos, pero sí dos hermanas** he doesn't have any brothers but he does have two sisters; **—¿a que no eres capaz? —¿a que sí?** "I bet you can't" — "do you want a bet?"*; **—yo eso no me lo creo —¡que sí, hombre!** "I can't believe that" — "I'm telling you, it's true"; **un sábado sí y otro no** every other Saturday; ✦*MODISMOS* **por sí o por no** in any case, just in case; **un sí es no es** somewhat; **resulta un sí es no es artificioso** it is somewhat contrived
[2·2] (*en oraciones afirmativas*) **vimos que sí, que era el mismo hombre** we saw that it was indeed the same man; **ahí sí me duele** it definitely hurts there, that's where it hurts; **apenas tienen para comer, pero eso sí, el tabaco no les falta** they hardly have enough money for food, but they're certainly never short of cigarettes; **ya llevamos aquí una semana, ¿a que sí, Luisa?** we've been here a week now, isn't that right, Luisa?; **ella sí vendrá** SHE'll certainly come; **sí que**: **pero nosotros sí que lo oímos** but WE certainly heard it; **sí que me lo dijo** (yes) he DID tell me; **¡pues sí que estoy yo para bromas!** (*iró*) this is a great time for jokes!; **eso sí que no**: **me piden que traicione a mis amigos y eso sí que no*** they're asking me to betray my friends and that's just not on*; **—¿puedo hacer unas fotos? —¡ah, no, eso sí que no!** "can I take some photos?" — "no, absolutely not!"; **eso sí que no se puede aguantar** that is just unbearable, I just can't stand that; ✦*MODISMO* **porque sí**: **no se hacen ricos porque sí, sino a base de arriesgar mucho** they don't get rich just like that, they have to take a lot of risks; **no vamos a la huelga porque sí** we're not going on strike just for the sake of it; **—¿por qué yo? —pues porque sí** "why me?" — "(just) because!"
[3] (*en oraciones subordinadas*) **creo que sí** I think so; **—¿asistirá el presidente? —puede que sí** "will the president be there?" — "he might be"; **decir que sí** to say yes; **se lo pedimos y dijo que sí** we asked her and she agreed *o* she said yes; **dijo que sí con la cabeza** he nodded in agreement
Ⓑ SM [1] (= *consentimiento*) yes; **un sí rotundo** a definite yes; **todavía no tengo el sí por su parte** she hasn't said yes yet; **la propuesta obtuvo un sí abrumador** people voted overwhelmingly in favour of the proposal; **dar el sí** (*a una propuesta*) to say yes; (*en la boda*) to say "I do"; **le costó mucho dar el sí al proyecto** he found it hard to agree to the project; ✦*MODISMO* **no tener ni un sí ni un no con algn**: **nunca hemos tenido ni un sí ni un no** we've never had a cross word *o* the slightest disagreement
[2] **síes** (= *votos*) votes in favour; **la mayoría necesaria era de 93 síes** a majority of 93 votes (in favour) was needed; **13 síes y 12 noes** 13 in favour and 12 against, 13 ayes and 12 noes

**sí**[2] PRON [1] (*uso reflexivo*) [1·1] (*de tercera persona*) (*referido a una persona*) himself/herself; (*referido a un objeto, concepto*) itself; (*en plural*) themselves; **no lo podrá hacer por sí solo** he won't be able to do it on his own *o* by himself; **sentía tras de sí los pasos de un hombre** she could hear the steps of a man following her; **tiene un currículum que para sí quisieran muchas actrices** she has a track record that many actresses would be envious of; **el producto en sí es inofensivo** the product itself is inoffensive; **sí mismo/a** (*referido a persona*) himself/herself; (*referido a objeto, concepto*) itself; (*uso impersonal*) yourself, oneself (*más frm*); **aquí el escritor habla de sí mismo** here the writer is talking about himself; **vivía muy encerrada en sí misma** she was very wrapped up in herself *o* wrapped up in her own world; **ha puesto lo mejor de sí mismo en ese proyecto** he has given his all to the project; **la tierra gira sobre sí misma** the earth turns on itself; **es mejor aprender las cosas por sí mismo** it's better to learn things by yourself *o* oneself (*más frm*); **sí mismos/as** themselves; **están muy seguros de sí mismos** they are very confident, they are very sure of themselves; **los datos hablan por sí mismos** the facts speak for themselves
[1·2] (*referido a usted*) (*en singular*) yourself; (*en plural*) yourselves; **sí mismo/a** yourself; **sí mismos/as** yourselves
[1·3] ✦*MODISMOS* **de por sí**: **el problema ya es bastante difícil de por sí** the problem is difficult enough in itself *o* as it is; **él, de por sí, ya tiene mal carácter** he's got a really bad temper at the best of times; **estar en sí** to be in one's right mind; **estar fuera de sí** to be beside o.s.; **empezó a dar gritos fuera de sí** he started shouting hysterically; **estar sobre sí** to be on one's guard; *ver tb* **caber 1**, **volver B3**

> **SI**
>
> La conjunción **si** se puede traducir al inglés por **if** o **whether**; **si no** se traduce por **if not** o **unless**.
>
> **Si**
>
> • Por regla general, **si** se traduce al inglés por **if** en las oraciones condicionales y por **whether** o **if** en las dubitativas:
>
> Si me has mentido te arrepentirás
> ***If you have lied to me you'll regret it***
> Si tuviera mucho dinero me compraría un caballo
> ***If I had lots of money, I'd buy myself a horse***
> No sé si me dejará quedarme
> ***I don't know whether*** o ***if he'll let me stay***
>
> • **Si** se puede traducir sólo por **whether**, y nunca por **if**, cuando se presentan dos opciones a elegir, cuando va detrás de una preposición, delante de un infinitivo o de una oración interrogativa indirecta:
>
> No sé si ir a Canadá o a Estados Unidos
> ***I can't decide whether to go to Canada or the United States***
> Quiero que hablemos de si deberíamos mandar a los niños a un colegio interno
> ***I want to talk to you about whether we should send the children to boarding school***
> Todavía no tenemos muy claro si vamos a mudarnos o no
> ***We still haven't made up our minds about whether to move or not***
>
> **Si no**
>
> • **Si no** generalmente se traduce al inglés por **if not** aunque, cuando en español se puede reemplazar por **a no ser que**, se puede utilizar también **unless** y cuando equivale a **de lo contrario** se emplea preferentemente **otherwise** o **or else**:
>
> Iría al cine más a menudo si no fuera tan caro
> ***I would go to the cinema more often if it weren't so expensive***
> No te puedes quedar aquí si no pagas el alquiler
> ***You can't stay here unless you pay your rent*** o ***You can't stay here if you don't pay your rent***
> Tenemos que estar allí antes de las diez; si no, vamos a tener problemas
> ***We must be there by ten, otherwise*** o ***or else we'll be in trouble***
>
> **NOTA:** Las oraciones del tipo **si hubieras/si no hubieras hecho algo…** se pueden traducir, en un registro más culto, omitiendo la partícula **if** e invirtiendo el orden del sujeto y el verbo auxiliar:
>
> Si hubieras estado aquí esto no habría ocurrido
> ***Had you been here this would not have happened***
> Si no hubiese robado el dinero, ahora no estaría en la cárcel
> ***Had he not stolen the money, he wouldn't be in prison now***
>
> *Para otros usos y ejemplos ver la entrada.*

[2] **entre sí**: **son idénticos entre sí** they are

identical to each other; **se repartieron la herencia entre sí** they shared (out) the inheritance among themselves; **las dos soluciones son incompatibles entre sí** the two solutions are mutually incompatible; **las dos ciudades distan entre sí 45km** the two cities are 45km apart

**Siam** SM Siam

**siamés/esa** ADJ, SM/F Siamese

**sibarita** Ⓐ ADJ sybaritic, luxury-loving
Ⓑ SMF sybarite, lover of luxury

**sibarítico** ADJ sybaritic, luxury-loving

**sibaritismo** SM sybaritism, love of luxury

**Siberia** SF Siberia

**siberiano/a** ADJ, SM/F Siberian

**sibil** SM [1] (= *cueva*) cave
[2] (= *sótano*) vault, underground store
[3] [*de trigo*] corn-storage pit

**Sibila** SF Sibyl

**sibila** SF sibyl

**sibilante** ADJ, SF sibilant

**sibilino** ADJ sibylline

**sic...** PREF = **psic...**

**sicalipsis** SF INV (= *erotismo*) eroticism, suggestiveness; (= *pornografía*) pornography

**sicalíptico** ADJ (= *erótico*) erotic, suggestive; (= *pornográfico*) pornographic

**sicario** SM hired killer, hitman*

**Sicilia** SF Sicily

**siciliano/a** Ⓐ ADJ, SM/F Sicilian
Ⓑ SM (= *dialecto*) Sicilian

**sico...** PREF = **psico...**

**sicofanta** SM, **sicofante** SM sycophant

**sicomoro** SM, **sicómoro** SM sycamore

**sicote*** SM (*LAm*) foot odour

**SIDA** SM ABR, **sida** SM ABR (= **síndrome de inmunodeficiencia adquirida**) AIDS; **~ declarado** full-blown AIDS

**sidatorio** SM AIDS clinic

**SIDE** SF ABR (*Arg*) (= **Secretaría de Inteligencia del Estado**) *Peronist secret service*

**sidecar** SM sidecar

**sideral** ADJ [1] (*Astron*) (= *de los astros*) astral; (= *del espacio exterior*) space *antes de s*
[2] [*coste, precio*] astronomic

**siderometalurgia** SF iron and steel industry

**siderometalúrgico** ADJ iron and steel *antes de s*

**siderurgia** SF iron and steel industry

**siderúrgica** SF iron and steel works

**siderúrgico** ADJ iron and steel *antes de s*

**sídico** ADJ AIDS *antes de s*

**sidoso/a** Ⓐ ADJ AIDS *antes de s*
Ⓑ SM/F AIDS sufferer

**sidra** SF cider

**sidrería** SF cider bar

**sidrero/a** Ⓐ ADJ cider *antes de s*
Ⓑ SM/F cider maker

**sidrina** SF cider

**siega** SF [1] (= *acción*) (= *cosechar*) reaping, harvesting; (= *segar*) mowing
[2] (= *época*) harvest, harvest time

**siembra** SF [1] (= *acción*) sowing; **patata de ~** seed potato
[2] (= *época*) sowing time

**siembre** SM (*Caribe*) sowing

**siempre** Ⓐ ADV [1] (*indicando frecuencia*) always; **está ~ lloviendo** it's always raining; **una persona ~ dispuesta a ayudar** someone always ready to help; **como ~** as usual; **el día había empezado como ~** the day had begun as usual; **tú tan modesto como ~** (*iró*) modest as ever; **de ~** [*lugar, hora*] usual *antes de s*; **por favor, lo de ~** my usual, please; **protestan los de ~** it's the same people as usual protesting; **siguen con los mismos problemas de ~** they've still got the same old problems; **vino con el mismo cuento de ~** he came out with the same old story; **desde ~** always; **lo vienen haciendo así desde ~** they've always done it this way; **¡hasta ~!** farewell!; **para ~** forever, for good*; **se ha ido para ~** she has gone forever *o* for good*; **dijeron adiós para ~ a su país** they bade farewell to their country forever; **por ~** (*liter*) for ever; **por ~ jamás** for ever and ever
[2] (= *en todo caso*) always; **~ puedes decir que no lo sabías** you can always say you didn't know
[3] (*LAm**) (= *todavía*) still; **¿~ se va mañana?** are you still going tomorrow?
[4] (*esp Méx*) (= *definitivamente*) certainly, definitely; **~ no me caso este año** I'm certainly *o* definitely not getting married this year; **~ sí** certainly, of course
[5] (*Chile*) (= *de todas maneras*) still; **lo tenían completamente rodeado y ~ se escapó** they had him completely surrounded but he still escaped; **~ sí me voy** I'm going anyway
Ⓑ CONJ [1] **~ que** (= *cada vez*) whenever; (= *a condición de*) as long as, provided (that), providing (that); **voy ~ que puedo** I go whenever I can; **~ que salgo llueve** every time *o* whenever I go out it rains; **riéguelas ~ que sea necesario** water them whenever necessary; **~ que él esté de acuerdo** as long as he agrees, provided (that) *o* providing (that) he agrees
[2] **~ y cuando** as long as, provided (that), providing (that)

**siempreverde** ADJ evergreen

**siempreviva** SF houseleek

**sien** SF (*Anat*) temple

**siena** ADJ, SM INV (= *color*) sienna

**siento** *etc ver* **sentar**, **sentir**

**sierpe** SF snake, serpent

**sierra** SF [1] (= *herramienta*) saw ► **sierra circular** circular saw ► **sierra de arco** hacksaw ► **sierra de bastidor** frame saw, span saw ► **sierra de cadena** chainsaw ► **sierra de calados**, **sierra de calar** fretsaw ► **sierra de espigar** tenon saw ► **sierra de marquetería** fretsaw, coping saw ► **sierra de vaivén** jigsaw ► **sierra mecánica** power saw ► **sierra para metales** hacksaw
[2] (*Geog*) mountain range, sierra; **la ~** (= *zona*) the hills, the mountains; **van a la ~ a pasar el fin de semana** they're off to the mountains for the weekend
[3] (*Méx*) (= *pez*) swordfish

**Sierra Leona** SF Sierra Leone

**siervo/a** SM/F slave ► **siervo de Dios** servant of the Lord ► **siervo de la gleba** serf

**siesta** SF [1] (= *sueñecito*) siesta, nap; **la hora de la ~** siesta time (*after lunch*); **dormir la** *o* **echarse una ~** to have an afternoon nap
[2] (= *hora del día*) afternoon

**siestecita** SF nap, doze

**siete[1]** Ⓐ ADJ INV, PRON seven; (*ordinal, en la fecha*) seventh; **las ~** seven o'clock; **le escribí el día ~** I wrote to him on the seventh; ✦*MODISMO* **hablar más que ~** to talk nineteen to the dozen
Ⓑ SM [1] (= *número*) seven; *ver tb* **seis**
[2] (= *roto*) **hacerse un ~ en el pantalón** to tear one's trousers (*making an L-shaped tear*)
Ⓒ SF (*LAm**) **¡la gran ~!** wow!*, hell!*; **de la gran ~** terrible*, tremendous*; **hijo de la gran ~** bastard**, son of a bitch (*EEUU***)

**siete[2]*** SM (*LAm*) arsehole**, asshole (*EEUU***)

**sietecueros** SM INV (*LAm*) gumboil, whitlow

**sietemesino/a** Ⓐ ADJ [*niño*] two months premature
Ⓑ SM/F baby born two months premature

**sífilis** SF INV syphilis

**sifilítico/a** ADJ, SM/F syphilitic

**sifón** SM [1] (*Téc*) trap, U-bend
[2] [*de agua*] siphon, syphon; **whisky con ~** whisky and soda
[3] (*Geol*) flooded underground chamber
[4] (*Andes*) (= *cerveza*) beer, bottled beer

**sifrino** ADJ (*Caribe*) stuck-up*, full of airs and graces

**sig.** ABR (= **siguiente**) f

**siga** SF (*Cono Sur*) pursuit; **ir a la ~ de algo** to chase after sth

**sigilo** SM (= *silencio*) stealth; (= *secreto*) secrecy; **con mucho ~** [*entrar, caminar*] very stealthily; [*reunirse, negociar*] amid great secrecy, with great secrecy ► **sigilo sacramental** secrecy of the confessional

**sigilosamente** ADV (= *silenciosamente*) stealthily; (= *secretamente*) secretly

**sigiloso** ADJ (= *silencioso*) stealth; (= *secreto*) secret

**sigla** SF (= *símbolo*) symbol; **siglas** (*pronunciadas como una palabra*) acronym *sing*; (*pronunciadas individualmente*) abbreviation *sing*

**siglo** SM [1] (= *cien años*) century; **el jugador del ~** the player of the century; **los ~s medios** the Middle Ages; **por los ~s de los ~s** world without end, for ever and ever ► **Siglo de las Luces** Age of Enlightenment ► **siglo de oro** (*Mit*) golden age ► **Siglo de Oro** (*Literat*) Golden Age
[2] (= *largo tiempo*) **hace un ~** *o* **hace ~s que no le veo** I haven't seen him for ages
[3] (*Rel*) **el ~** the world; **retirarse del ~** to withdraw from the world

**signar** ▸conjug 1a◂ Ⓐ VT [1] (= *sellar*) to seal
[2] (= *marcar*) to put one's mark on
[3] (= *firmar*) to sign
[4] (*Rel*) to make the sign of the Cross over
Ⓑ **signarse** VPR to cross o.s.

**signatario/a** ADJ, SM/F signatory

**signatura** SF [1] (*Mús, Tip*) signature
[2] [*de biblioteca*] catalogue number, catalog number (*EEUU*), press mark

**significación** SF [1] (= *importancia*) significance
[2] (= *sentido*) meaning

**significado** Ⓐ ADJ well-known
Ⓑ SM [1] [*de palabra*] meaning; **su ~ principal es ...** its chief meaning is ...; **una palabra de ~ dudoso** a word of uncertain meaning
[2] (= *importancia*) significance

**significante** Ⓐ ADJ (*esp LAm*) significant
Ⓑ SM (*Ling*) signifier

**significar** ▸conjug 1g◂ Ⓐ VT 1 (= *querer decir*) [*palabra*] to mean; [*suceso*] to mean, signify; **¿qué significa "freelance"?** what does "freelance" mean?
2 (= *representar*) **50 dólares significan muy poco para él** 50 dollars doesn't mean much to him; **él no significa nada para mí** he means nothing to me; **~á la ruina de la empresa** it will mean the end for the company; **él no significa gran cosa en estos asuntos** he doesn't count for much in these matters
3 (= *expresar*) to make known, express (**a** to); **le significó la condolencia de la familia** he expressed *o* conveyed the family's sympathy
Ⓑ **significarse** VPR 1 (= *distinguirse*) to become known, distinguish o.s. (**como** as)
2 (= *tomar partido*) to declare o.s., take sides; **no ~se** to refuse to take sides

**significativamente** ADV (= *considerablemente*) significantly; (= *expresivamente*) meaningfully

**significativo** ADJ 1 [*cambio, detalle, desarrollo*] significant; **es ~ que ...** it is significant that ...; **calcularlo a tres cifras significativas** to work it out to three significant figures
2 [*mirada*] meaningful

**signo** SM 1 (= *señal*) (*gen*) sign; (*Mat*) sign, symbol; **ese apetito es ~ de buena salud** such an appetite is a sign of good health ► **signo de admiración** exclamation mark, exclamation point (*EEUU*) ► **signo de interrogación** question mark ► **signo de la cruz** sign of the Cross ► **signo de la victoria** victory sign, V-sign ► **signo de sumar** plus sign ► **signo igual** equals sign, equal sign (*EEUU*) ► **signo lingüístico** linguistic sign ► **signo más** plus sign ► **signo menos** minus sign ► **signo postal** postage stamp ► **signos de puntuación** punctuation marks
2 (= *carácter*) **un ~ de los tiempos** a sign of the times; **una estrategia de ~ modernizador** a modernizing strategy; **invirtieron el ~ de la tendencia** they reversed the trend
3 (*tb* **~ del zodíaco**) star sign; **¿de qué ~ es Carmen?** what (star) sign is Carmen?

**sigo** *etc ver* **seguir**

**sigs.** ABR (= **siguientes**) ff

**siguiente** ADJ next, following; **el ~ vuelo** the next flight; **¡que pase el ~, por favor!** next please!; **el** *o* **al día ~** the following *o* next day; **dijo lo ~** he said the following

**sij** ADJ, SMF (*pl* **sijs**) Sikh

**sijolaj** SM (*CAm Mús*) clay whistle, type of ocarina

**sílaba** SF syllable

**silabario** SM spelling book

**silabear** ▸conjug 1a◂ VT (= *dividir en sílabas*) to divide into syllables; (= *pronunciar*) to pronounce syllable by syllable

**silabeo** SM division into syllables

**silábico** ADJ syllabic

**silba** SF hissing, catcalls *pl*; **armar** *o* **dar una ~ (a)** to hiss

**silbar** ▸conjug 1a◂ Ⓐ VT 1 (*Mús*) [+ *melodía*] to whistle
2 [+ *comedia, orador*] to hiss
Ⓑ VI 1 [*persona*] (*con los labios*) to whistle; (*al respirar*) to wheeze
2 [*viento*] to whistle; [*bala, flecha*] to whistle, whizz
3 (*Teat*) to hiss, boo

**silbatina** SF (*Andes, Cono Sur*) hissing, booing

**silbato** SM whistle

**silbido** SM, **silbo** SM 1 [*de persona*] (*con los labios*) whistle, whistling; (*al respirar*) wheezing
2 (= *zumbido*) hum ► **silbido de oídos** ringing in the ears
3 (= *abucheo*) hissing

**silenciador** SM silencer, muffler (*EEUU*)

**silenciamiento** SM [*de oposición*] silencing; [*de suceso*] hushing up

**silenciar** ▸conjug 1b◂ Ⓐ VT 1 [+ *suceso*] to hush up; [+ *hecho*] to keep silent about
2 [+ *persona*] to silence
3 (*Téc*) to silence
Ⓑ **silenciarse** VPR **se silenció el asunto** the matter was hushed up; **se silenció su labor** his work was kept secret

**silencio** Ⓐ SM 1 (= *falta de ruido*) silence; **¡silencio!** silence!, quiet!; **¡~ en la sala!** silence in court!; **nos escribió tras dos años de ~** after two years' silence she wrote to us; **un poco de ~, por favor** let's have a bit of quiet, please; **¡qué ~ hay aquí!** it's so quiet here!; **había un ~ sepulcral** it was deadly silent, there was a deathly silence; **en ~** in silence; **la casa estaba en ~** the house was silent; **en el ~ más absoluto** in dead silence; **guardar ~** to keep silent, keep quiet; **guardar un minuto de ~** to observe a one-minute *o* a minute's silence; **imponer ~ a algn** (*frm*) to make sb be quiet; **mantenerse en ~** to keep quiet, remain silent; **pasar una pena en ~** to suffer in silence; **reducir al ~** (*frm*) to silence, reduce to silence; **romper el ~** (*frm*) to break the silence ► **silencio administrativo** administrative silence
2 (*Mús*) rest
Ⓑ ADJ (*Andes, CAm, Méx*) (= *silencioso*) silent, quiet; (= *tranquilo*) still

**silenciosamente** ADV silently, quietly, noiselessly

**silencioso** ADJ [*persona*] silent, quiet; [*máquina*] silent, noiseless

**silense** ADJ (*Esp*) of Silos, of Santo Domingo de Silos

**silente** ADJ silent, noiseless

**sílex** SM silex, flint

**sílfide** SF sylph

**silfo** SM sylph

**silicato** SM silicate

**sílice** SF silica

**silíceo** ADJ siliceous

**silicio** SM silicon

**silicona** SF silicone

**silicosis** SF INV silicosis

**silla** SF 1 (= *asiento*) seat, chair; **política de la ~ vacía** policy of the empty chair, policy of not taking one's seat (*in parliament etc*); ✦***MODISMO*** **calentar la ~** to stay too long, outstay one's welcome ► **silla alta** high chair ► **silla de balanza**, **silla de hamaca** (*LAm*) rocking chair ► **silla de manos** sedan chair ► **silla de paseo** (*para bebé*) pushchair, stroller (*EEUU*) ► **silla de ruedas** wheelchair ► **silla de tijera** folding chair ► **silla eléctrica** electric chair ► **silla giratoria** swivel chair ► **silla plegable** folding chair
2 (*tb* **~ de montar**) saddle

**sillar** SM block of stone, ashlar

**sillería** SF 1 (= *asientos*) chairs *pl*, set of chairs; (*Rel*) choir stalls *pl*; (*Teat*) seating
2 (= *taller*) chair-maker's workshop
3 (*Arquit*) masonry, ashlar work

**sillero/a** SM/F Ⓐ (= *artesano*) chair-maker
Ⓑ SM (*Cono Sur*) (= *caballo*) horse, mule

**silleta** SF 1 (= *silla pequeña*) small chair
2 (*LAm*) (= *silla*) seat, chair; (= *taburete*) low stool
3 (*Med*) bedpan

**sillico** SM chamber pot

**sillín** SM saddle

**sillita** SF small chair ► **sillita de niño** pushchair, stroller (*EEUU*)

**sillón** SM 1 (= *butaca*) armchair, easy chair; (*LAm*) (= *mecedora*) rocking chair ► **sillón de dentista** dentist's chair ► **sillón de hamaca** (*LAm*) rocking chair ► **sillón de lona** deck chair ► **sillón de orejas** wing chair ► **sillón de ruedas** wheelchair ► **sillón orejero** wing chair
2 [*de montar*] sidesaddle

**silo** SM 1 (*Agr*) silo
2 (*Mil*) silo, bunker
3 (= *sótano*) underground store
4 (= *depósito*) storage pit

**silogismo** SM syllogism

**silogístico** ADJ syllogistic

**silueta** SF 1 (= *contorno*) silhouette; **se adivinaba una ~ detrás de la cortina** you could make out a silhouette *o* figure behind the curtain; **la ~ del castillo se recortaba sobre el horizonte** the castle was silhouetted against the horizon
2 (= *tipo*) figure; **un bañador que realza la ~** a swimsuit that shows off your figure
3 (*Arte*) silhouette, outline drawing; **en ~** in silhouette

**siluetear** ▸conjug 1a◂ VT (*lit*) to outline; (*fig*) to shape, mould, mold (*EEUU*)

**silvático** ADJ = **selvático**

**silvestre** ADJ 1 (*Bot*) wild
2 (= *agreste*) rustic, rural

**silvicultor(a)** SM/F forestry expert

**silvicultura** SF forestry

**SIM** SM ABR (*Esp*) = **Servicio de Investigación Militar**

**sima** SF 1 (= *abismo*) abyss, chasm
2 (= *grieta*) deep fissure

**Simbad** SM Sinbad ► **Simbad el marino** Sinbad the sailor

**simbiosis** SF INV symbiosis

**simbiótico** ADJ symbiotic

**simbólicamente** ADV symbolically

**simbólico** ADJ [*momento, papel*] symbolic; [*cantidad, gesto, pago, huelga*] token

**simbolismo** SM symbolism

**simbolista** ADJ, SMF symbolist

**simbolizar** ▸conjug 1f◂ VT to symbolize

**símbolo** SM symbol ► **símbolo de la fe**, **símbolo de los apóstoles** Creed ► **símbolo de prestigio** status symbol ► **símbolo gráfico** (*Inform*) icon

**simbología** SF 1 (= *símbolos*) symbols *pl*, system of symbols
2 (= *estudio*) study of symbols

**simbombo** ADJ (*Caribe*) cowardly

**simetría** SF 1 (= *igualdad*) symmetry
2 (= *armonía*) harmony

**simétricamente** ADV 1 (= *con igualdad*) sym-

➤ LENGUA Y USO: significar A1 53.3

metrically
[2] (= *con armonía*) harmoniously

**simétrico** ADJ [1] (= *igual*) symmetrical
[2] (= *armonioso*) harmonious

**simetrizar** ▸conjug 1f◂ VT [1] [+ *forma*] to make symmetrical
[2] (= *armonizar*) to bring into line, harmonize

**símico** ADJ = **simiesco**

**simiente** SF seed

**simiesco** ADJ simian

**símil** Ⓐ ADJ similar
Ⓑ SM [1] (= *comparación*) comparison
[2] (*Literat*) simile

**similar** ADJ similar (**a** to)

**similaridad** SF = **similitud**

**similitud** SF similarity, resemblance

**similor** SM pinchbeck; **de ~** pinchbeck, showy but valueless

**simiñaca** SF (*Caribe*) tangle, mess

**simio** SM ape, simian (*frm*)

**Simón** SM Simon

**simonía** SF simony

**simpatía** SF [1] (= *afecto*) **son muestras de ~ hacia** *o* **por la víctima** it's a show of sympathy towards the victim; **coger ~ a algn** to take a liking to sb; **ganarse la ~ de todos** to win everybody's affection; **tener ~ a algn** ◊ **sentir ~ hacia** *o* **por algn** to like sb; **no le tenemos ~ en absoluto** we don't like him at all; **no tiene ~s en el colegio** nobody at school likes him; **~s y antipatías** likes and dislikes
[2] (= *cordialidad*) friendly nature, friendliness; **su ~ nos cautivó** we were charmed by her friendly nature *o* friendliness; **la famosa ~ andaluza** that famous Andalusian friendliness; **tener (mucha) ~** to be (very) likeable *o* nice
[3] **simpatías** (*Pol*) sympathies; **sus ~s se decantan por los socialistas** his sympathies lie with the socialists
[4] (*Fís, Med*) sympathy; **explosión por ~** secondary explosion

**simpático** ADJ [1] (= *afectuoso*) [*persona*] nice, pleasant, likeable; [*ambiente*] congenial, pleasant; **¡qué policía más ~!** what a nice policeman!; **estuvo muy simpática con todos** she was very nice to everybody; **los cubanos son muy ~s** Cubans are very nice *o* friendly people; **no le hemos caído muy ~s** she didn't really take to us, she didn't really like us; **siempre procura hacerse el ~** he's always trying to ingratiate himself; **me cae ~** I think he's nice, I like him; **me es ~ ese muchacho** I like that lad
[2] (*Anat, Med*) sympathetic

**simpatiquísimo** ADJ SUPERL *de* **simpático**

**simpatizante** SMF sympathizer (**de** with)

**simpatizar** ▸conjug 1f◂ VI [1] [*dos personas*] to get on, get on well together; **pronto ~on** they soon became friends
[2] **~ con algn** to get on well with *o* take to sb

**simplada** SF (*Andes, CAm*) (= *cualidad*) simplicity, stupidity; (= *acto*) stupid thing, stupid thing to do *o* to say

**simple** Ⓐ ADJ [1] (= *sin adornos*) [*peinado, objeto*] simple; [*vestido, decoración*] plain
[2] [*método*] simple, easy, straightforward
[3] (*antes de sustantivo*) (= *mero*) mere; **por ~ descuido** through sheer carelessness; **es cosa de una ~ plumada** it's a matter of a mere stroke of the pen; **somos ~s aficionados** we're just amateurs
[4] (*antes de sustantivo*) (= *corriente*) ordinary; **es un ~ abogado** he's only *o* just a solicitor; **un ~ soldado** an ordinary soldier
[5] [*persona*] (= *sin complicaciones*) simple; (= *crédulo*) gullible; (*pey*) (= *de pocas luces*) simple-minded
[6] (*Ling, Quím*) simple
[7] (*Bot*) single
Ⓑ SMF (= *persona*) simpleton
Ⓒ SMPL **simples** (*Tenis*) singles; (*Bot*) simples

**simplemente** ADV simply, just; **~ tendrás que aceptarlo** you'll simply *o* just have to accept it; **~ pretendía ayudarte** I was only *o* just trying to help you; **~ te llamaba para confirmar la cita** I was just calling to confirm our date; **eso se arregla ~ diciéndole que no** the simple solution to that is to say no to him, that's easily solved by saying no to him

**simpleza** SF [1] [*de persona*] (= *cualidad mental*) simpleness; (= *credulidad*) gullibility; (= *necedad*) simple-mindedness
[2] (= *acto*) silly thing, silly thing to do/say; **se contenta con cualquier ~** she's happy with any little thing; **se enojó por una ~** he got annoyed over nothing *o* over some silly little thing; **eso son ~s** that's nonsense

**simplicidad** SF simplicity, simpleness

**simplificable** ADJ simplifiable

**simplificación** SF simplification

**simplificar** ▸conjug 1g◂ VT to simplify

**simplista** ADJ simplistic

**simplón/ona** Ⓐ ADJ simple, gullible
Ⓑ SM/F simple soul, gullible person

**simplote/a** ADJ, SM/F = **simplón**

**simposio** SM symposium

**simulación** SF [1] (= *representación*) simulation
► **simulación por ordenador** computer simulation
[2] (= *fingimiento*) pretence, pretense (*EEUU*)

**simulacro** SM [1] (= *fingimiento*) sham, pretence, pretense (*EEUU*; ► **simulacro de ataque** simulated attack, mock attack ► **simulacro de combate** mock battle ► **simulacro de incendio** fire practice, fire drill ► **simulacro de salvamento** (*Náut*) boat drill
[2] (= *apariencia*) semblance

**simulado** ADJ (= *representado*) simulated; (= *fingido*) feigned

**simulador** SM ► **simulador de vuelo** flight simulator

**simular** ▸conjug 1a◂ VT [1] [+ *ataque, robo*] to simulate
[2] (= *fingir*) to feign, sham; **simuló ser hermano del director** he pretended to be the director's brother

**simultáneamente** ADV simultaneously

**simultanear** ▸conjug 1a◂ VT **~ dos cosas** to do two things simultaneously; **~ A con B** to fit in A and B at the same time, combine A with B

**simultaneidad** SF simultaneousness

**simultáneo** ADJ simultaneous

**simún** SM simoom

**sin** PREP [1] (*seguido de sustantivo, pronombre*) without; **¿puedes abrirla ~ llave?** can you open it without a key?; **lo hice ~ la ayuda de nadie** I did it without anybody's help; **llevamos diez meses ~ noticias** it's been ten months since we've had any news, we've been ten months without news; **parejas jóvenes, ~ hijos** young couples with no children; **cerveza ~ alcohol** alcohol-free beer, non-alcoholic beer; **un producto ~ disolventes** a solvent-free product; **un vestido ~ tirantes** a strapless dress; **los ~ techo** the homeless; **un hombre ~ escrúpulos** an unscrupulous man; **agua mineral ~ gas** still mineral water; **estar ~ algo**: **estuvimos varias horas ~ luz** we had no electricity for several hours; **estoy ~ dinero** I've got no money; **quedarse ~ algo** (= *terminarse*) to run out of sth; (= *perder*) to lose sth; **me he quedado ~ cerillas** I've run out of matches; **se ha quedado ~ trabajo** he's lost his job
[2] (= *no incluyendo*) not including, excluding; **ese es el precio de la bañera ~ los grifos** that is the price of the bath, excluding *o* not including the taps; **cuesta 72.000 pesetas, ~ IVA** it costs 72,000 pesetas, exclusive of VAT *o* not including VAT
[3] + INFIN [3·1] (*indicando acción*) **se fueron ~ despedirse** they left without saying goodbye; **murió ~ haber hecho testamento** he died without having made a will; **nos despedimos, no ~ antes recordarles que ...** (*TV*) before saying goodnight we'd like to remind you that ...; **no me gusta estar ~ hacer nada** I don't like having nothing to do, I don't like doing nothing
[3·2] (*indicando continuidad*) **son las doce y el cartero ~ venir** it's twelve o'clock and the postman still hasn't come; **llevan mucho tiempo ~ hablarse** they haven't spoken to each other for a long time; **llevamos dos meses ~ cobrar** we haven't been paid for two months; **seguir ~**: **las camas seguían ~ hacer** the beds still hadn't been made; **sigo ~ entender para qué sirven** I still don't understand what they are for
[3·3] (*tras sustantivo pasivo*) **un montón de recibos ~ pagar** a pile of unpaid bills
[4] **~ que** (+ SUBJUN) without; **salieron ~ que nadie se diera cuenta** they left without anyone realizing; **~ que él lo sepa** without him knowing, without his knowing; **no lo haré ~ que me lo pidan** I won't do it unless they ask me to

**sinagoga** SF synagogue

**Sinaí** SM Sinai

**sinalefa** SF elision

**sinalefar** ▸conjug 1a◂ VT to elide

**sinapismo** SM [1] (*Med*) mustard plaster; **hay que ponerle un ~*** he needs gingering up
[2] (= *persona*) (*aburrido*) bore; (*fastidioso*) nuisance, pest

**sinarquismo** SM (*Méx*) Sinarquism (*Mexican fascist movement of the 1930s*)

**sinarquista** SMF (*Méx*) Sinarquist

**sinceramente** ADV sincerely

**sincerarse** ▸conjug 1a◂ VPR (= *justificarse*) to vindicate o.s.; (= *decir la verdad*) to tell the truth, be honest; **~ a** *o* **con** to be honest with, level with; **~ ante el juez** to justify one's conduct to the judge; **~ de su conducta** to explain *o* justify one's conduct

**sinceridad** SF sincerity; **no pongo en duda su ~** I don't doubt her sincerity; **respóndeme con ~** please answer honestly; **dime con toda ~ lo que piensas de ella** tell me in all honesty what you think of her; **con toda ~,**

**me parece un libro pésimo** to be quite honest *o* in all sincerity, I think it's a terrible book

**sincero** ADJ sincere; **es muy ~** he's very sincere; **ser ~ con algn** to be honest with sb; **si quieres que te sea ~, no estoy en absoluto de acuerdo** if you want my honest opinion, I don't agree at all; **reciba nuestro más ~ pésame** (*frm*) please accept our deepest sympathies *o* our heartfelt condolences

**síncopa** SF 1 (*Ling*) syncope
2 (*Mús*) syncopation

**sincopar** ▸conjug 1a◂ VT to syncopate

**síncope** SM 1 (*Ling*) syncope
2 (*Med*) syncope (*frm*); **casi le da un ~ cuando lo vio** she nearly fainted when she saw it

**sincopizarse** ▸conjug 1f◂ VPR to have a blackout

**sincretismo** SM syncretism

**sincronía** SF synchrony

**sincrónico** ADJ 1 (*Téc*) synchronized
2 [*sucesos*] simultaneous
3 (*Ling*) synchronic

**sincronismo** SM (= *correspondencia*) (*gen*) synchronism; [*de sucesos*] simultaneity; [*de fechas*] coincidence

**sincronización** SF synchronization

**sincronizadamente** ADV simultaneously

**sincronizador** SM timer

**sincronizar** ▸conjug 1f◂ VT to synchronize (**con** with)

**síncrono** ADJ synchronous

**sincrotrón** SM synchrotron

**sindicación** SF 1 [*de obreros*] unionization
2 (*Prensa*) syndication
3 (*LAm Jur*) charge, accusation

**sindical** ADJ union *antes de s*, trade-union *antes de s*

**sindicalismo** SM trade unionism, trades unionism

**sindicalista** Ⓐ ADJ union *antes de s*, trade-union *antes de s*
Ⓑ SMF trade unionist, trades unionist

**sindicalizar** ▸conjug 1f◂ Ⓐ VT to unionize
Ⓑ **sindicalizarse** VPR to form a union

**sindicar** ▸conjug 1g◂ Ⓐ VT 1 [+ *trabajadores*] to unionize
2 (*LAm*) to charge, accuse
Ⓑ **sindicarse** VPR [*trabajador*] to join a trade(s) union; [*trabajadores*] to form a trade(s) union

**sindicato** SM 1 [*de trabajadores*] trade union, trades union, labor union (*EEUU*) ► **sindicato amarillo** yellow union, *conservative union that is in the pocket of the management*; **el problema de los ~s amarillos** the problem of company unionism
2 [*de negociantes*] syndicate; ✦*MODISMO* **casarse por el ~*** to have a shotgun wedding

**sindicatura** SF syndicate

**síndico** SM [*de organización*] trustee; (*en caso de bancarrota*) receiver, official receiver

**síndrome** SM syndrome ► **síndrome de abstinencia** withdrawal symptoms *pl* ► **síndrome de Down** Down's syndrome ► **síndrome de Estocolmo** Stockholm syndrome ► **síndrome de fatiga crónica** chronic fatigue syndrome, ME ► **síndrome de Ménière** Ménière's syndrome, Ménière's disease ► **síndrome premenstrual** premenstrual syndrome, premenstrual tension ► **síndrome tóxico** poisoning

**sinécdoque** SF synecdoche

**sinecura** SF sinecure

**sine die** ADV sine die

**sine qua non** ADJ **condición ~** sine qua non

**sinergía** SF synergy

**sinestesia** SF synaesthesia, synesthesia (*EEUU*)

**sinfín** SM = **sinnúmero**

**sinfonía** SF symphony

**sinfónico** ADJ symphonic; **orquesta sinfónica** symphony orchestra

**sinfonieta** SF sinfonietta

**sinfonola** SF (*LAm*) jukebox

**Singapur** SM Singapore

**singar** ▸conjug 1h◂ Ⓐ VT (*Caribe*‡) to pester, annoy
Ⓑ VI (*CAm, Caribe*‡‡) to fuck‡‡, screw‡‡

**singladura** SF 1 (*Náut*) (= *recorrido*) day's run; (= *día*) nautical day
2 (*Pol*) course, direction

**single** SM 1 (*Mús*) single
2 **singles** (*Tenis*) singles

**singlista** SMF (*LAm*) singles player

**singón** SM (*Caribe, Méx*) womanizer, philanderer

**singuisarra*** SF (*Andes, Caribe*) row, racket

**singular** Ⓐ ADJ 1 (*Ling*) singular
2 **combate ~** single combat
3 (= *destacado*) outstanding, exceptional
4 (= *raro*) singular, odd
Ⓑ SM (*Ling*) singular; **en ~** (*lit*) in the singular; (*fig*) in particular; **se refiere a él en ~** it refers to him in particular; **que hable él en ~** let him speak for himself

**singularidad** SF singularity, peculiarity

**singularizar** ▸conjug 1f◂ Ⓐ VT to single out
Ⓑ **singularizarse** VPR (= *distinguirse*) to distinguish o.s., stand out; (= *llamar la atención*) to be conspicuous; **~se con algn** to single sb out for special treatment

**singularmente** ADV 1 (= *extrañamente*) singularly, peculiarly
2 (= *especialmente*) especially

**sinhueso*** SF tongue; ✦*MODISMO* **soltar la ~** to shoot one's mouth off*

**siniestra** SF left hand; **a mi ~** on my left

**siniestrado/a** Ⓐ ADJ damaged, wrecked, crashed; **la zona siniestrada** the affected area, the disaster zone
Ⓑ SM/F victim

**siniestralidad** SF accident rate

**siniestro** Ⓐ ADJ 1 (= *malintencionado*) [*intenciones, personaje*] sinister; [*mirada*] evil
2 (= *desgraciado*) [*día, viaje*] fateful; [*coincidencia*] unfortunate
3 (*liter*) (= *izquierdo*) left
Ⓑ SM (= *desastre natural*) disaster; (= *accidente*) accident ► **siniestro marítimo** disaster at sea ► **siniestro nuclear** nuclear disaster ► **siniestro total** total write-off; **fue declarado ~ total** it was declared a total write-off

**sinnúmero** SM **un ~ de** no end of, countless

**sino**[1] SM fate, destiny

**sino**[2] CONJ 1 (= *pero*) but; **no son ocho ~ nueve** there are not eight but nine; **no lo hace sólo para sí ~ para todos** he's not doing it only for himself but for everybody; **no sólo ..., sino ...** not only ..., but ...; **no cabe otra solución ~ que vaya él** the only answer is that he should go
2 (= *salvo*) except, save; **todos aplaudieron ~ él** everybody except him applauded; **no lo habría dicho ~ en broma** he could only have said it jokingly, he wouldn't have said it except as a joke
3 (= *únicamente*) only; **¿quién ~ él se habría atrevido?** only he would have dared!; **no te pido ~ una cosa** I ask only *o* but one thing of you

**sino...** PREF Chinese ..., Sino...

**sínodo** SM synod

**sinología** SF Sinology

**sinólogo/a** SM/F Sinologist

**sinonimia** SF synonymy

**sinónimo** Ⓐ ADJ synonymous (**de** with)
Ⓑ SM synonym

**sinopsis** SF INV synopsis

**sinóptico** ADJ synoptic, synoptical; **cuadro ~** diagram, chart

**sinovitis** SF INV ► **sinovitis del codo** tennis elbow

**sinrazón** SF wrong, injustice

**sinsabor** SM 1 (= *disgusto*) trouble, unpleasantness
2 (= *dolor*) sorrow
3 (= *preocupación*) uneasiness, worry

**sinsentido** SM absurdity

**sinsilico*** ADJ (*Méx*) stupid, thick*

**sinsonte** SM (*CAm, Méx*) mockingbird

**sinsustancia*** SMF idiot

**sintáctico** ADJ syntactic, syntactical

**sintagma** SM syntagma, syntagm

**Sintasol**® SM vinyl floor covering

**sintaxis** SF INV syntax

**síntesis** SF INV 1 (= *resumen*) summary; **en ~** (*frm*) in short
2 (*Biol, Quím*) synthesis
3 (*Fil*) synthesis
4 (*Inform*) synthesis ► **síntesis del habla** voice synthesis, speech synthesis

**sintéticamente** ADV synthetically

**sintético** ADJ synthetic

**sintetizador** SM synthesizer ► **sintetizador de la voz humana**, **sintetizador de voz** voice synthesizer, speech synthesizer

**sintetizar** ▸conjug 1f◂ VT 1 (*Quím, Mús*) to synthesize
2 (= *resumir*) to summarize

**sintiendo** *etc ver* **sentir**

**sintoísmo** SM Shintoism

**síntoma** SM 1 (*Med*) symptom
2 (= *señal*) sign, indication

**sintomático** ADJ symptomatic

**sintomatizar** ▸conjug 1f◂ VT to typify, characterize, be symptomatic of

**sintomatología** SF symptomatology

**sintonía** SF 1 (*Radio*) [*del dial*] tuning
2 (*Radio*) (= *melodía*) signature tune; **estén atentos a nuestra ~** stay tuned
3 (*entre personas*) **estar en ~ con algn** to be in tune with sb

**sintonización** SF tuning

**sintonizado** SM tuning

**sintonizador** SM tuner

**sintonizar** ▸conjug 1f◂ Ⓐ VT 1 (*Radio*) [+ *estación, emisión*] to tune to, tune in to

➤ LENGUA Y USO: **sincero** 49 **síntesis** 53.4

[2] (*Cine*) to synchronize
[3] (*Elec*) to syntonize
Ⓑ VI **~ con** to be in tune with, be on the same wavelength as

**sinuosidad** SF [1] (= *cualidad*) sinuosity (*liter*), intricacy
[2] (= *curva*) curve; **las ~es del camino** the windings of the road, the twists and turns of the road
[3] [*de persona, actitud*] deviousness

**sinuoso** ADJ [1] (= *con curvas*) [*camino*] winding, sinuous; [*línea, raya*] wavy; [*rumbo*] devious
[2] [*persona, actitud*] devious

**sinusitis** SF INV sinusitis

**sinvergonzón**‡ SM rotter*, swine‡

**sinvergüencería** SF [1] (= *acción*) dirty trick*
[2] (= *descaro*) shamelessness

**sinvergüenza** Ⓐ ADJ (= *pillo*) rotten; (= *descarado*) brazen, shameless
Ⓑ SMF (= *pillo*) scoundrel, rogue; (= *canalla*) rotter*; (= *insolente*) cheeky devil; **¡sinvergüenza!** (*hum*) you villain!; **es una ~** she's a cheeky devil

**sinvergüenzada*** SF (*LAm*) rotten thing*, rotten thing to do*

**sinvergüenzura** SF (*LAm*) shamelessness

**Sión** SM Zion

**sionismo** SM Zionism

**sionista** ADJ, SMF Zionist

**sipo** ADJ (*Andes*) pockmarked

**sipotazo** SM (*CAm*) slap

**siqu...** *etc* PREF *ver* **psiqu...** (*p.ej.*) **siquiatría** *ver* **psiquiatría**

**siquiera** Ⓐ ADV [1] (= *al menos*) at least; **una vez ~** once at least, just once; **deja ~ trabajar a los demás** at least let the others work; **dame un abrazo ~** at least give me a hug; **~ come un poquito** at least eat a bit
[2] (*en frases negativas*) **ni ~ me dio las gracias** he didn't even say thank you, he didn't so much as say thank you; **ni me miró ~** ◊ **ni ~ me miró** she didn't even look at me; **ni él ~ vino** not even he came
Ⓑ CONJ [1] (= *aunque*) even if, even though; **ven ~ sea por pocos días** do come even if it's only for a few days
[2] **~ venga, ~ no venga** whether he comes or not

**Siracusa** SF Syracuse

**sirena** SF [1] (*Mit*) siren, mermaid ► **sirena de la playa** bathing beauty
[2] (= *bocina*) siren, hooter ► **sirena de buque** ship's siren ► **sirena de niebla** foghorn

**sirga** SF towrope

**sirgar** ▸conjug 1h◂ VT to tow

**sirgo** SM twisted silk, piece of twisted silk

**Siria** SF Syria

**sirimba** SF (*Caribe*) faint, fainting fit

**sirimbo** ADJ (*Caribe*) silly

**sirimbombo** ADJ (*Caribe*) (= *débil*) weak; (= *tímido*) timid

**sirimiri** SM drizzle

**siringa** SF [1] (*LAm*) rubber tree
[2] (*Andes*) panpipes *pl*

**siringal** SM (*LAm*) rubber plantation

**Sirio** SM Sirius

**sirio/a** ADJ, SM/F Syrian

**sirla**‡ SF [1] (= *arma*) chiv‡, knife
[2] (= *atraco*) holdup, stick-up‡

**sirlero/a**‡ SM/F mugger

**siró** SM (*Caribe*) syrup

**siroco** SM sirocco

**sirope** SM (*LAm*) syrup

**sirsaca** SF seersucker

**sirte** SF shoal, sandbank

**sirviendo** *etc ver* **servir**

**sirviente/a** SM/F servant

**sisa** SF [1] (= *robo*) (*gen*) petty theft; [*de criado*] dishonest profit (*made by a servant*); **~s** pilfering *sing*, petty thieving *sing*
[2] (= *tajada*) cut, percentage*
[3] (*Cos*) (*gen*) dart; (*para la manga*) armhole

**sisal** SM sisal

**sisar** ▸conjug 1a◂ VT [1] (= *robar*) to thieve, pilfer
[2] (= *engañar*) to cheat
[3] (*Cos*) to take in

**sisear** ▸conjug 1a◂ VT, VI to hiss

**siseo** SM hiss, hissing

**Sísifo** SM Sisyphus

**sísmico** ADJ seismic

**sismo** SM (*esp LAm*) = **seísmo**

**sismografía** SF seismography

**sismógrafo** SM seismograph

**sismología** SF seismology

**sismólogo/a** SM/F seismologist

**sisón**[1]**/ona** Ⓐ ADJ thieving, light-fingered
Ⓑ SM/F petty thief

**sisón**[2] SM (*Orn*) little bustard

**sistema** SM [1] (= *conjunto ordenado*) system ► **sistema binario** (*Inform*) binary system ► **sistema de alerta inmediata** early warning system ► **sistema de calefacción** heating, heating system ► **sistema de diagnosis** diagnostic system ► **sistema de facturación** invoicing system ► **sistema de fondo fijo** (*Com*) imprest system ► **sistema de gestión de base de datos** database management system ► **sistema de lógica compartida** shared logic system ► **sistema de seguridad** security system ► **sistema educativo** education system ► **sistema experto** expert system ► **sistema financiero** financial system ► **sistema frontal** (*Meteo*) front, frontal system ► **sistema impositivo** tax system ► **sistema inmunitario, sistema inmunológico** immune system ► **sistema métrico** metric system ► **Sistema Monetario Europeo** European Monetary System ► **sistema montañoso** mountain range ► **sistema nervioso** nervous system ► **sistema nervioso central** central nervous system ► **sistema operativo** operating system ► **sistema operativo en disco** disk operating system ► **sistema pedagógico** educational system ► **sistema rastreador** (*en investigaciones espaciales*) tracking system ► **sistema tributario** tax system
[2] (= *método*) method; **trabajar con ~** to work systematically *o* methodically; **yo por ~ lo hago así** I make it a rule to do it this way, I've got into the habit of doing it this way

**sistemática** SF systematics *sing*

**sistemáticamente** ADV systematically

**sistematicidad** SF systematicity

**sistemático** ADJ systematic

**sistematización** SF systematization

**sistematizar** ▸conjug 1f◂ VT to systematize

**sitiador(a)** SM/F besieger

**sitial** SM seat of honour

**sitiar** ▸conjug 1b◂ VT [1] (= *asediar*) to besiege, lay siege to
[2] (= *acorralar*) to corner, hem in

**sitio** SM [1] (= *lugar*) place; **un ~ tranquilo** a peaceful place *o* spot; **Real Sitio** royal country house; **cambiar algo de ~** to move sth; **cambiarse de ~ con algn** to change places with sb; **en cualquier ~** anywhere; **en ningún ~**: **no lo encuentro en ningún ~** I can't find it anywhere; **en ningún ~ se pasa tan bien como aquí** you'll enjoy yourself nowhere better than here, you won't enjoy yourself anywhere better than here; **en todos los ~s** everywhere; ✦*MODISMOS* **así no vas a ningún ~** you'll get nowhere like that; **dejar a algn en el ~** to kill sb on the spot; **poner a algn en su ~** to put sb firmly in his place; **quedarse en el ~** to die instantly, die on the spot
[2] (= *espacio*) room, space; **hay ~ de sobra** there's plenty of room *o* space; **¿hay ~?** is there any room?; **te he guardado un ~ a mi lado** I've saved you a place next to me; **¿has encontrado ~ para aparcar?** have you found somewhere to park *o* a parking space?; **¿tienes ~ para nosotros en tu casa?** do you have room for us in your house?; **hacer ~ a algn** to make room for sb; **te hemos hecho ~ en el coche** we've made room for you in the car
[3] (*Mil*) siege; **poner ~ a algo** to besiege sth; **levantar el ~** to raise the siege; *ver tb* **estado 1.2**
[4] (*CAm, Cono Sur*) (= *solar*) building site, vacant lot (*EEUU*)
[5] (*Caribe, Méx Agr*) small farm, smallholding
[6] (*LAm*) (= *parada*) taxi rank, cab rank (*esp EEUU*); **carro de ~** taxi, cab (*esp EEUU*)

**sito** ADJ situated, located (**en** at, in)

**situ**: **in ~** ADV on the spot, in situ

**situación** SF [1] (= *circunstancias*) situation; **¿qué harías en una ~ así?** what would you do in a situation like that?; **me pones en una ~ muy difícil** you're putting me in a very difficult position; **no estoy en ~ de desmentirlo** I'm not in a position to deny it ► **situación jurídica** legal status ► **situación límite** extreme situation
[2] (= *emplazamiento*) situation, location; **la casa tiene una ~ inmejorable** the house is in a superb location, the house is superbly located *o* situated
[3] (*en la sociedad*) position, standing; **crearse una ~** to do well for o.s. ► **situación económica** financial position, financial situation
[4] (= *estado*) state; **la ~ del edificio es ruinosa** the building is in a state of ruin
[5] **precio de ~** (*LAm*) bargain price

**situacional** ADJ situational

**situado** ADJ [1] (= *colocado*) situated, placed; **está ~ en ...** it's situated in ...; **el piso no está muy bien ~** the flat isn't very well situated
[2] (*Fin*) **estar (bien) ~** to be financially secure

**situar** ▸conjug 1e◂ Ⓐ VT [1] (= *colocar*) to place, put; (*Mil*) to post; **esto la sitúa entre los mejores** this places *o* puts her among the best; **van a ~ la estación en el centro de la**

**ciudad** the station is going to be located *o* sited in the city centre

[2] (= *señalar*) to find, locate; **no supo ~ Grecia en el mapa** he couldn't find *o* locate Greece on the map

[3] (†) [+ *dinero*] (= *invertir*) to place, invest; (= *depositar en banco*) to bank; **~ una pensión para algn** to settle an income on sb

Ⓑ **situarse** VPR [1] (= *colocarse*) to position o.s.; **los jugadores se ~on cerca de la portería** the players positioned themselves near the goal; **se ha situado muy bien en la empresa** he's got himself a very good position in the company; **se ha situado entre los tres países más ricos del mundo** it has become one of the three richest countries in the world

[2] [*novela, película*] to be set; **la acción se sitúa en Buenos Aires** the action is set in Buenos Aires

[3] (*en la sociedad*) to do well for o.s.; **se situó muy bien en la capital** she did really well for herself in the capital

**siútico*** ADJ (*Chile*) = **cursi**

**siutiquería** SF (*Cono Sur*) = **cursilería**

**skay** [es'kai] SM imitation leather

**sketch** [es'ketʃ] SM (*pl* **sketches** [es'ketʃ]) sketch

**skin** [es'kin] ADJ, SMF (*pl* **skins**), **skinhead** [es'kinxeð] ADJ, SMF (*pl* **skinheads**) skinhead

**S.L.** ABR [1] (*Com*) (= **Sociedad Limitada**) Ltd, Corp. (*EEUU*)

[2] = **Sus Labores**; *ver* **labor 1**

**slalom** [ez'lalom] SM slalom ► **slalom gigante** giant slalom

**slam** [ez'lam] SM (*Bridge*) slam; **gran ~** grand slam; **pequeño ~** little slam

**slip** [ez'lip] SM (*pl* **slips** [ez'lip]) [1] (= *calzoncillos*) underpants *pl*, briefs *pl*, panties *pl* (*EEUU*)

[2] (= *bañador*) bathing trunks *pl*

**s.l. ni f.** ABR (= **sin lugar ni fecha**) n.p. or d.

**slogan** [ez'loɣan] SM (*pl* **slogans** [ez'loɣan]) slogan

**slot** [ez'lot] SM ► **slot de expansión** (*Inform*) expansion slot

**S.M.** ABR (*Esp*) [1] (*Rel*) = **Sociedad Marianista**

[2] (= **Su Majestad**) HM

**smash** [ez'mas] SM smash

**SME** SM ABR (= **Sistema Monetario Europeo**) EMS

**SMI** SM ABR = **salario mínimo interprofesional**

**smog** [ez'smo] SM smog

**smoking** [ez'mokin] SM (*pl* **smokings** [ez'mokin]) dinner jacket, tuxedo (*EEUU*)

**s/n** ABR = **sin número**

**snack** [ez'nak] SM (*pl* **snacks** [ez'nak]) [1] (= *merienda*) snack

[2] (= *cafetería*) snack bar

**s.n.m.** ABR = **sobre el nivel del mar**

**snob** [ez'noβ] = **esnob**

**so**[1] EXCL [1] (*para parar*) whoa!

[2] (*LAm*) (*¡silencio!*) quiet!, shut up!*

[3] (*Caribe*) (*a animal*) shoo!

**so**[2] EXCL (*como intensificador*) **¡so burro!** you idiot!, you great oaf!; **¡so indecente!** you swine!*

**so**[3] PREP *ver* **pena 5**, **pretexto**

**SO** ABR (= **suroeste**) SW

**s/o** ABR (*Com*) = **su orden**

**soasar** ▸conjug 1a◂ VT to roast lightly

**soba*** SF [1] [*de tela, persona*] fingering

[2] (= *paliza*) hiding; (= *bofetada*) slap, punch; **dar una ~ a algn** to wallop sb*

**sobacal** ADJ underarm *antes de s*

**sobaco** SM [1] (*Anat*) armpit; ✦***MODISMO*** **se lo pasó por el ~*** he dismissed it, he totally disregarded it

[2] (*Cos*) armhole

**sobada*** SF [1] (= *manoseo*) feel, grope

[2] (= *dormida*) long sleep; **me voy a pegar una ~ de órdago** I'm going to sleep like a log

**sobado** ADJ [1] [*ropa*] (= *usado*) worn, shabby; (= *arrugado*) crumpled

[2] [*libro*] well-thumbed, dog-eared

[3] (= *trillado*) [*tema*] well-worn; [*chiste*] old, corny*

[4] (*Culin*) [*masa*] short, crumbly (*EEUU*)

[5] (*Cono Sur*) (= *enorme*) big, huge

**sobador(a)** SM/F [1] (*Andes, Méx Med*) (= *matasanos*) quack

[2] (*Andes, Caribe, Méx*) (= *lisonjero*) flatterer, smooth talker

**sobajar** ▸conjug 1a◂ VT [1] = **sobajear 1**

[2] (*Andes, Méx*) (= *humillar*) to humiliate

**sobajear** ▸conjug 1a◂ VT [1] (= *manosear*) to handle, finger

[2] (*LAm*) (= *apretar*) to squeeze, press; (= *desordenar*) to mess up

**sobandero** SM (*Andes*) (= *matasanos*) quack

**sobao** Ⓐ ADJ (*) **quedarse ~** to fall asleep; *ver tb* **sobado**

Ⓑ SM *sponge cake made with cream or lard*

**sobaquera** SF [1] (*Cos*) armhole

[2] (*) (= *mancha*) stain

[3] (= *pistolera*) shoulder holster

[4] (*CAm, Caribe*) (= *olor*) underarm odour, underarm odor (*EEUU*)

**sobaquero** ADJ **funda sobaquera** shoulder holster

**sobaquina*** SF underarm odour, underarm odor (*EEUU*)

**sobar** ▸conjug 1a◂ Ⓐ VT [1] (= *toquetear*) [+ *tela*] to finger, dirty (with one's fingers); [+ *ropa*] to rumple, mess up; [+ *masa*] to knead; [+ *músculo*] to massage, rub

[2] (*) (= *magrear*) to grope*, paw*

[3] (*) (= *pegar*) to wallop

[4] (*) (= *molestar*) to pester

[5] (*LAm*) [+ *huesos*] to set

[6] (*Andes*) (= *despellejar*) to skin, flay

[7] (*Andes, Caribe, Méx*) (= *lisonjear*) to flatter

[8] (*CAm, Méx*) (= *reprender*) to tell off*

Ⓑ VI (*) to kip*, sleep

Ⓒ **sobarse** VPR (*) [*enamorados*] to neck, make out (*EEUU**), have a grope

**sobasquera** SF (*CAm, Caribe, Méx*) = **sobaquina**

**sobeo** SM fondling

**soberanamente** ADV supremely

**soberanía** SF sovereignty ► **soberanía popular** popular sovereignty

**soberano/a** Ⓐ ADJ [1] (*Pol*) sovereign

[2] (= *supremo*) supreme

[3] (*) (= *tremendo*) real, really big; **una soberana paliza** a real walloping*

Ⓑ SM/F sovereign; **los ~s** the king and queen, the royal couple

**soberbia** SF [1] [*de persona*] (= *orgullo*) pride; (= *altanería*) haughtiness, arrogance

[2] (= *magnificencia*) magnificence

[3] (= *ira*) anger; (= *malhumor*) irritable nature

**soberbio** ADJ [1] [*persona*] (= *orgulloso*) proud; (= *altanero*) haughty, arrogant

[2] (= *magnífico*) magnificent, grand; **¡soberbio!** splendid!

[3] (= *enojado*) angry; (= *malhumorado*) irritable

[4] (*) = **soberano A3**

**sobeta*** ADJ INV **estar** *o* **quedarse ~** to be having a kip

**sobijo** SM [1] (*Andes, CAm*) = **soba**

[2] (*Andes*) (= *desolladura*) skinning, flaying

**sobijón** SM (*CAm*) = **sobijo**

**sobón*** ADJ [1] (= *que soba*) **es muy ~** his hands are everywhere; **¡no seas ~!** get your hands off me!, stop pawing me!*

[2] (= *gandul*) lazy, workshy

[3] (*Andes*) (= *adulón*) soapy*, greasy

**sobornable** ADJ bribable, venal

**sobornar** ▸conjug 1a◂ VT [1] (= *comprar*) to bribe

[2] (*hum*) (= *engatusar*) to get round

**soborno** SM [1] (= *pago*) bribe; **denunció un intento de ~** he reported an attempted bribe

[2] (= *delito*) bribery

[3] (*Andes, Cono Sur*) (= *sobrecarga*) extra load; (= *prima*) extra, bonus; **de ~** extra, in addition

**sobra** SF [1] (= *excedente*) excess, surplus

[2] **sobras** [*de comida*] leftovers; (*Cos*) remnants

[3] **de ~** spare, extra; **aquí tengo de ~** I've more than enough here; **tenemos comida de ~** we've got more than enough food; **tengo tiempo de ~** I've got plenty of time; **tuvo motivos de ~** he was more than justified; **lo sé de ~** I know it only too well; **sabes de ~ que yo no he sido** you know full well that it wasn't me; **aquí estoy de ~** I'm not needed *o* I'm superfluous here; **es de ~ conocido** it's common knowledge

**sobradamente** ADV **lo conozco ~** I know him only too well; **con eso queda ~ satisfecho** he is more than satisfied with that; **es ~ sabido que ...** it is common knowledge that...

**sobradero** SM overflow pipe

**sobradillo** SM penthouse

**sobrado** Ⓐ ADJ [1] [*cantidad, tiempo*] (= *más que suficiente*) more than enough; (= *superfluo*) superfluous, excessive; (= *sobreabundante*) superabundant; **hay tiempo ~** there's plenty of time; **motivo más que ~ para hacerlo** all the more reason to do it; **tuvo razones sobradas para ...** he had good reason to ...; **sobradas veces** repeatedly

[2] **estar ~ de algo** to have more than enough of sth

[3] (= *acaudalado*) wealthy; **no anda muy ~** he's not very well off

[4] (= *atrevido*) bold, forward

[5] (*Cono Sur*) (= *enorme*) colossal

[6] **darse de ~** (*Andes**) to be full of oneself

Ⓑ ADV too, exceedingly

Ⓒ SM [1] (= *desván*) attic, garret

[2] **sobrados** (*Andalucía, Cono Sur*) leftovers

**sobrador*** ADJ (*Cono Sur*) stuck-up*, conceited

**sobrancero** ADJ unemployed

**sobrante** Ⓐ ADJ (= *excedente*) spare; (= *restante*) remaining

Ⓑ SM [1] (= *lo que sobra*) (*gen*) surplus, remainder; (*Com, Fin*) surplus; (= *saldo activo*) balance in hand

➤ LENGUA Y USO: sobra 3 53.1

[2] **sobrantes** odds and ends

Ⓒ SMF redundant worker, laid-off worker (*EEUU*), person made redundant

**sobrar** ▸conjug 1a◂ Ⓐ VT to exceed, surpass

Ⓑ VI (= *quedar de más*) to remain, be left, be left over; (= *ser más que suficiente*) to be more than enough; (= *ser superfluo*) to be spare; **ha sobrado mucha comida** there's a lot of food left (over); **por este lado sobra** there's too much on this side; **sobra uno** there's one too many, there's one left; **con este dinero ~á** this money will be more than enough; **esta pieza sobra** this piece is spare; **este ejemplo sobra** this example is unnecessary; **no es que sobre talento** it's not that there's a surplus of talent; **todo lo que has dicho sobra** all that you've said is quite unnecessary; **nos sobra tiempo** we have plenty of time; **al terminar me sobraba medio metro** I had half a metre left over when I finished; **veo que aquí sobro** I see that I'm not needed *o* I'm superfluous here; ✦***REFRÁN* más vale que sobre que no que falte** better too much than too little

**sobrasada** SF Majorcan sausage

**sobre**[1] SM [1] (*para cartas*) envelope ► **sobre de paga, sobre de pago** pay packet ► **sobre de primer día (de circulación)** first-day cover ► **sobre de sellos** packet of stamps

[2] (⁑) (= *cama*) bed; **meterse en el ~** to hit the sack*, hit the hay*

[3] (*LAm*) (= *cartera*) handbag

**sobre**[2] PREP [1] (= *encima de*) on; **está ~ la mesa** it's on the table; **un puente ~ el río Ebro** a bridge across *o* over the river Ebro; **prestar juramento ~ la Biblia** to swear on the Bible; **la marcha ~ Roma** the march on Rome; **llevaba una chaqueta negra ~ camisa blanca** he wore a black jacket over a white shirt; **varios policías se abalanzaron ~ él** several policemen jumped on *o* fell upon him; **los insultos llovían ~ mí de todas partes** insults rained down on me from all sides; **la responsabilidad que recae ~ sus hombros** the responsibility which rests on *o* upon his shoulders; ✦***MODISMO* estar ~ algn** (= *vigilar*) to keep constant watch over sb; (= *acosar*) to keep on at sb; (= *dominar*) to control sb; **tengo que estar ~ él para que lo haga** I have to stand over him to make him do it, I have to keep a constant watch over him to make sure he does it; **quiere estar ~ todos** he wants to control everyone

[2] (= *por encima de*) [2·1] [+ *lugar*] over; **volamos ~ Cádiz** we're flying over Cadiz; **se inclinó ~ la mesa** she leant over the table

[2·2] (*con cantidades*) above; **500 metros ~ el nivel del mar** 500 metres *o* (*EEUU*) meters above sea level; **dos grados ~ cero** two degrees above cero; **diez dólares ~ lo estipulado** ten dollars over and above what was agreed

[3] (*indicando superioridad*) over; **tiene muchas ventajas ~ los métodos convencionales** it has many advantages over conventional methods; **están celebrando su victoria ~ el Atlético** they're celebrating their victory over Atlético; **amaba la belleza ~ todas las cosas** he loved beauty above all things

[4] (*indicando proporción*) out of, in; **tres ~ cien** three out of every hundred, three in a hundred; **cuatro personas ~ diez no votarían** four out of ten people would not vote, four in every ten people would not vote; **una puntuación de tres ~ cinco** three (marks) out of five

[5] (*Fin*) on; **un préstamo ~ una propiedad** a loan on a property; **un aumento ~ el año pasado** an increase on *o* over last year; **un impuesto ~ algo** a tax on sth

[6] (= *aproximadamente*) about; **~ las seis** at about six o'clock; **ocupa ~ 20 páginas** it fills about 20 pages, it occupies roughly 20 pages

[7] (= *acerca de*) about, on; **un libro ~ Tirso** a book about *o* on Tirso; **información ~ vuelos** information about flights; **hablar ~ algo** to talk about sth

[8] (= *además de*) in addition to, on top of; **~ todas mis obligaciones ahora tengo una nueva** on top of all my duties I now have a new one

[9] **~ todo** (= *en primer lugar*) above all; (= *especialmente*) especially; **~ todo, no perdamos la calma** above all, let's keep calm; **~ todo me gusta éste** I especially like this one

**sobre...** PREF super..., over...

**sobreabundancia** SF superabundance, overabundance

**sobreabundante** ADJ superabundant, overabundant

**sobreabundar** ▸conjug 1a◂ VI to be very abundant (**en** in, with)

**sobreactuación** SF overacting

**sobreactuar** ▸conjug 1e◂ VI to overact

**sobrealimentación** SF overfeeding

**sobrealimentado** ADJ supercharged

**sobrealimentador** SM supercharger

**sobrealimentar** ▸conjug 1a◂ VT [1] [+ *persona*] to overfeed

[2] (*Mec*) to supercharge

**sobreañadido** ADJ (= *extra*) additional; (= *superfluo*) superfluous

**sobreañadir** ▸conjug 3a◂ VT to give in addition, add, add as a bonus

**sobrecalentamiento** SM overheating

**sobrecalentar** ▸conjug 1j◂ VT to overheat

**sobrecama** SM *o* SF bedspread

**sobrecaña** SF splint

**sobrecapacidad** SF overcapacity, excess capacity

**sobrecapitalización** SF overcapitalization

**sobrecapitalizar** ▸conjug 1f◂ VT to overcapitalize

**sobrecarga** SF [1] (= *peso excesivo*) (*lit*) overload; (*fig*) extra burden

[2] (*Com*) surcharge ► **sobrecarga de importación** import surcharge

[3] (*Correos*) overprint, overprinting

[4] (= *cuerda*) rope

**sobrecargar** ▸conjug 1h◂ VT [1] (*con peso*) [+ *camión*] to overload; [+ *persona*] to weigh down, overburden (**de** with); **~ el mercado** (*Cono Sur*) to glut the market

[2] (*Com*) to surcharge

[3] (*Correos*) to surcharge, overprint (**de** with)

[4] (*Elec*) to overload

**sobrecargo** SMF [1] (*Náut*) purser

[2] (*Aer*) senior flight attendant

**sobrecejo** SM [1] (= *ceño*) frown

[2] (*Arquit*) lintel

**sobreceño** SM frown

**sobrecito** SM sachet

**sobrecogedor** ADJ [1] [*paisaje, silencio*] imposing, impressive

[2] (= *horrible*) horrific; **~as escenas de guerra** horrific scenes of war

**sobrecoger** ▸conjug 2c◂ Ⓐ VT (= *sobresaltar*) to startle, take by surprise; (= *asustar*) to scare, frighten

Ⓑ **sobrecogerse** VPR [1] (= *sobresaltarse*) to be startled, start; (= *asustarse*) to get scared, be frightened

[2] (= *quedar impresionado*) to be overawed (**de** by); **~se de emoción** to be overcome with emotion

**sobrecontrata** SF overbooking

**sobrecontratar** ▸conjug 1a◂ VT, VI to overbook

**sobrecoste** SM extra charges *pl*

**sobrecubierta** SF jacket, dust jacket

**sobredicho** ADJ aforementioned

**sobredimensionado** ADJ [1] (= *muy grande*) excessively large, oversized

[2] **estar ~ de** to have a surplus *o* excess of, have too much of

**sobredimensionamiento** SM [*de personal*] excessive number; [*de tamaño*] increase in size, expansion

**sobredimensionar** ▸conjug 1a◂ VT [1] [+ *beneficios, importancia, problema*] to inflate

[2] (*Téc, Aut*) to oversize

**sobredorar** ▸conjug 1a◂ VT [1] (= *dorar*) to gild

[2] (= *disimular*) to gloss over

**sobredosis** SF INV overdose

**sobreentender** ▸conjug 2g◂ Ⓐ VT (= *entender*) to understand; (= *adivinar*) to deduce, infer

Ⓑ **sobreentenderse** VPR **aquí se sobreentienden dos palabras** you can see that there should be two words here; **se sobreentiende que ...** it is implied that ..., it goes without saying that ...

**sobreescribir** ▸conjug 3a◂ VT to overwrite

**sobreesfuerzo** SM [1] (= *esfuerzo enorme*) superhuman effort

[2] (*Med*) overstrain

**sobreestimación** SF overestimate

**sobreestimar** ▸conjug 1a◂ VT to overestimate

**sobreexcitación** SF overexcitement

**sobreexcitado** ADJ overexcited

**sobreexcitar** ▸conjug 1a◂ Ⓐ VT to overexcite

Ⓑ **sobreexcitarse** VPR to get overexcited

**sobreexplotación** SF [*de recursos*] overexploitation, draining; [*de trabajadores*] exploitation

**sobreexplotar** ▸conjug 1a◂ VT [+ *recursos*] to over-exploit, drain; [+ *trabajadores*] to exploit

**sobreexponer** ▸conjug 2q◂ VT to overexpose

**sobreexposición** SF overexposure

**sobrefunda** SF (*CAm*) pillowslip, pillowcase

**sobregirar** ▸conjug 1a◂ VT, VI to overdraw

**sobregiro** SM overdraft

**sobrehilar** ▸conjug 1a◂ VT to whipstitch, overcast

**sobrehumano** ADJ superhuman

**sobreimpresión** SF (*Correos*) overprint, overprinting

**sobreimpresionado** ADJ superimposed

**sobreimpresionar** ▸conjug 1a◂ VT to superimpose

**sobreimpreso** ADJ superimposed

**sobreimprimir** ▸conjug 3a◂ VT to overprint

**sobrellevar** ▸conjug 1a◂ VT [+ *peso*] to carry, help to carry; [+ *carga de otro*] to ease; [+ *desgracia, desastre, enfermedad*] to bear, endure; [+ *faltas ajenas*] to be tolerant towards

**sobremanera** ADV exceedingly; **me interesa ~** I'm most interested in it

**sobremarca** SF overbid

**sobremarcha** SF overdrive

**sobremesa** SF 1 (= *después de comer*) sitting on after a meal; **estar de ~** to sit round the table after lunch/dinner; **conversación de ~** table talk; **charla de ~** after-dinner speech; **orador de ~** after-dinner speaker; **programa de ~** (*TV*) afternoon programme; **un cigarro de ~** an after-lunch/dinner cigar; **hablaremos de eso en la ~** we'll talk about that after lunch/dinner
2 **lámpara de ~** table lamp; **ordenador de ~** desktop computer
3 (= *mantel*) table cover, tablecloth
4 (= *postre*) dessert

**SOBREMESA**

*After the main meal of the day, which usually takes place at around 2 or 3 p.m., the Spanish often linger on at table drinking coffee and/or liqueurs and chatting, playing cards or watching TV before returning to work later in the afternoon. While* **estar de sobremesa** *is also occasionally applied to the period after the evening meal, it is more usually taken to mean after lunch, and the* **sobremesa** *time band used in TV programme listings applies only to between 2.00 and 5.00 p.m.*

**sobremodo** ADV very much, enormously

**sobrenadar** ▸conjug 1a◂ VI to float

**sobrenatural** ADJ 1 (= *inexplicable*) supernatural; **lo ~** the supernatural; **ciencias ~es** occult sciences; **vida ~** life after death
2 (= *misterioso*) weird, unearthly

**sobrenombre** SM nickname

**sobrentender** ▸conjug 2g◂ VT = **sobreentender**

**sobrepaga** SF extra pay, bonus

**sobreparto** SM confinement (*after childbirth*); **dolores de ~** afterpains; **morir de ~** to die in childbirth

**sobrepasar** ▸conjug 1a◂ (A) VT [+ *límite, esperanzas*] to exceed; [+ *rival, récord*] to beat; [+ *pista de aterrizaje*] to overshoot
(B) **sobrepasarse** VPR = **propasarse**

**sobrepelliz** SF surplice

**sobrepelo** SM (*Cono Sur*) saddlecloth

**sobrepesca** SF over-fishing

**sobrepeso** SM [*de paquete, persona*] excess weight; [*de camión*] extra load

**sobrepoblación** SF overpopulation

**sobreponer** ▸conjug 2q◂ (*pp* **sobrepuesto**) (A) VT 1 (= *poner encima de*) to put on top (**en** of), superimpose (**en** on)
2 (= *añadir*) to add (**en** to)
3 (= *anteponer*) **~ A a B** to give A preference over B
(B) **sobreponerse** VPR 1 (= *recobrar la calma*) to control o.s., pull o.s. together
2 (= *vencer dificultades*) to win through; **~se a una enfermedad** to pull through an illness; **~se a un enemigo** to overcome an enemy; **~se a un rival** to triumph over a rival; **~se a un susto** to get over a fright

**sobreprecio** SM (= *recargo*) surcharge; (= *aumento de precio*) increase in price

**sobreprima** SF extra premium

**sobreproducción** SF overproduction

**sobreproducir** ▸conjug 3n◂ VT to overproduce

**sobreprotección** SF over-protection

**sobreprotector** ADJ over-protective

**sobreproteger** ▸conjug 2c◂ VT to overprotect

**sobrepuerta** SF lintel

**sobrepuesto** (A) PP *de* **sobreponer**
(B) ADJ superimposed

**sobrepujar** ▸conjug 1a◂ VT 1 (*en subasta*) to outbid
2 (= *superar*) to outdo, surpass; **sobrepuja a todos en talento** he outdoes all the rest in talent, he has more talent than all the rest

**sobrereacción** SF over-reaction

**sobrereserva** SF overbooking

**sobrereservar** ▸conjug 1a◂ VT, VI to overbook

**sobrero** (A) ADJ extra, spare
(B) SM (*Taur*) reserve bull

**sobresaliente** (A) ADJ 1 (*Arquit*) projecting, overhanging
2 (= *excelente*) outstanding
3 (*Univ*) first class
(B) SMF (*Teat*) understudy
(C) SM (*Educ*) distinction

**sobresalir** ▸conjug 3q◂ VI 1 (*Arquit*) to project, overhang, jut out; (= *salirse de la línea*) to stick out
2 (= *destacarse*) to stand out, excel

**sobresaltar** ▸conjug 1a◂ (A) VT to startle, frighten
(B) **sobresaltarse** VPR to start, be startled (**con, de** at)

**sobresalto** SM (= *sorpresa*) start; (= *susto*) fright, scare; (= *conmoción*) sudden shock; **de ~** suddenly

**sobresanar** ▸conjug 1a◂ VI 1 (*Med*) to heal superficially
2 (= *ocultarse*) to conceal itself, hide its true nature

**sobrescrito** SM (= *señas*) address; (= *inscripción*) superscription

**sobreseer** ▸conjug 2e◂ VT 1 **~ una causa** (*Jur*) to dismiss a case
2 **~ de algo** to desist from sth, give up sth

**sobreseído** ADJ **causa sobreseída** (*Jur*) case dismissed

**sobreseimiento** SM stay (of proceedings)

**sobresello** SM double seal

**sobrestadía** SF demurrage

**sobrestante** SM (= *capataz*) foreman, overseer; (= *gerente*) site manager

**sobresueldo** SM bonus, extra pay

**sobretasa** SF surcharge

**sobretensión** SF (*Elec*) surge

**sobretiempo** SM (*LAm*) overtime

**sobretiro** SM (*Méx*) offprint

**sobretítulo** SM (*Prensa*) general title, general heading

**sobretodo** SM overcoat

**sobrevaloración** SF 1 [*de dinero, moneda*] overvaluation
2 (*en importancia*) overrating

**sobrevalorado** ADJ 1 [*dinero, moneda*] overvalued
2 [*persona*] overrated

**sobrevalorar** ▸conjug 1a◂ VT [+ *dinero, moneda*] to overvalue; [+ *persona*] to overrate

**sobrevaluado** ADJ = **sobrevalorado**

**sobrevender** ▸conjug 2a◂ VT to overbook

**sobrevenir** ▸conjug 3r◂ VI (= *ocurrir*) to happen, happen unexpectedly; (= *resultar*) to follow, ensue

**sobrevirar** ▸conjug 1a◂ VI to oversteer

**sobrevivencia** SF survival

**sobreviviente** ADJ, SMF = **superviviente**

**sobrevivir** ▸conjug 3a◂ VI 1 (= *quedar vivo*) to survive; **sobrevivir a** [+ *accidente*] to survive; [+ *persona*] to survive, outlive
2 (= *durar más tiempo que*) to outlast

**sobrevolar** ▸conjug 1l◂ VT to fly over

**sobrevuelo** SM overflying; **permiso de ~** permission to overfly

**sobriedad** SF 1 [*de estilo, color, decoración*] sobriety; **vestía con ~** he was soberly dressed
2 (= *moderación*) moderation; **siempre come con ~** she always eats in moderation

**sobrino/a** SM/F nephew/niece; **mis ~s** (= *varones*) my nephews; **mis ~s** (= *varones y hembras*) my nieces and nephews

**sobrinonieto/a** SM/F great nephew/niece

**sobrio** ADJ 1 (= *no borracho*) sober
2 [*color, estilo, decoración*] sober
3 (= *moderado*) frugal; **llevan una vida muy sobria** they live a very frugal life; **ser ~ con la bebida** to drink in moderation; **es ~ de palabras** he's a man of few words
4 (= *tranquilo*) restrained

**sobros** SMPL (*CAm*) leftovers, scraps

**soca**[1] SF 1 (*Andes*) [*de arroz*] young shoots of rice; [*de tabaco*] top leaf of tobacco plant, high-quality tobacco leaf
2 (*CAm**) (= *embriaguez*) drunkenness

**soca**[2]* SM **hacerse el ~** to act dumb*

**socaire** SM 1 (*Náut*) lee; **al ~** to leeward
2 **al ~ de algo** (= *al abrigo de*) under the protection of sth; (= *so pretexto de*) using sth as an excuse; **estar** o **ponerse al ~** to shirk

**socaliña** (A) SF (= *astucia*) craft, cunning; (= *porfía*) clever persistence
(B) SMF (*) twister, swindler

**socaliñar** ▸conjug 1a◂ VT to get by a swindle

**socaliñero** ADJ (= *astuto*) crafty, cunning; (= *porfiado*) persistent

**socapa** SF **a ~** surreptitiously

**socapar*** ▸conjug 1a◂ VT (*Andes, Méx*) **~ a algn** to cover up for sb

**socar** ▸conjug 1g◂ (*CAm*) (A) VT 1 (= *comprimir*) to press down, squeeze, compress
2 (*) (= *enojar*) to annoy, upset
(B) VI to make an effort
(C) **socarse** VPR 1 (= *emborracharse*) to get drunk
2 **~se con algn** to fall out o squabble with sb

**socarrar** ▸conjug 1a◂ VT to scorch, singe

**socarrón** ADJ 1 (= *irónico*) [*persona, comentario, tono*] sarcastic, ironical; [*humor*] snide
2 (= *astuto*) crafty, cunning, sly

**socarronería** SF 1 (= *ironía*) [*de persona, comentario, tono*] sarcasm, irony; [*de humor*] snide humour, snide humor (*EEUU*)
2 (= *astucia*) craftiness, cunning, slyness

**socava** SF, **socavación** SF undermining

**socavar** ▸conjug 1a◂ VT 1 (= *minar*) to undermine
2 (= *excavar*) [*persona*] to dig under; [*agua*] to hollow out
3 (= *debilitar*) to sap, undermine

**socavón** SM 1 (*Min*) (= *galería*) gallery, tunnel; (= *hueco*) hollow; (= *cueva*) cavern; (*en la calle*) hole
2 (*Arquit*) subsidence

**soche** SM (*Andes*) [*de oveja*] tanned sheepskin; [*de cabra*], tanned goatskin

**socia*** SF (*Esp*) whore

**sociabilidad** SF [*de persona*] sociability; [*de animal*] gregariousness; [*de reunión*] conviviality

**sociable** ADJ [*persona*] sociable, friendly; [*animal*] social, gregarious; [*reunión*] convivial

**sociablemente** ADV sociably

**social** Ⓐ ADJ 1 (= *de la sociedad*) social
2 (*Com, Fin*) company *antes de s*, company's; **acuerdo ~** ◊ **pacto ~** wages agreement; **paz ~** industrial harmony, agreement between employers and unions
Ⓑ **sociales** SMPL (*Escol**) social studies

**socialdemocracia** SF social democracy

**socialdemócrata** Ⓐ ADJ social democrat, social democratic
Ⓑ SMF social democrat

**socialdemocrático** ADJ social democratic

**socialismo** SM socialism

**socialista** Ⓐ ADJ socialist, socialistic
Ⓑ SMF socialist

**socialización** SF [*de país*] collectivization; [*de empresa*] nationalization

**socializador** ADJ, **socializante** ADJ 1 (= *que socializa*) socializing
2 (*Pol*) [*reformas*] with Socialist leanings

**socializar** ▸conjug 1f◂ VT [+ *país*] to collectivize; [+ *empresa*] to nationalize

**socialmente** ADV socially

**sociata**‡ ADJ, SMF socialist

**sociedad** SF 1 (*Sociol*) society; **la ~ de consumo** the consumer society; **la ~ del ocio** the leisure society; **la ~ permisiva** the permissive society; **en la ~ actual** in contemporary society; **hacer ~** to join forces
2 (= *asociación*) (*gen*) society, association; (*oficial*) body ► **sociedad científica** learned society ► **Sociedad de Jesús** Society of Jesus ► **Sociedad de Naciones** League of Nations ► **sociedad de socorros mutuos** friendly society, provident society ► **sociedad docta** learned society ► **sociedad gastronómica** dining club ► **sociedad inmobiliaria** building society ► **sociedad secreta** secret society
3 (*Com, Fin*) (= *empresa*) (*gen*) company; [*de socios*] partnership ► **sociedad anónima** limited liability company, corporation (*EEUU*) ► **Sociedad Anónima** (*en nombres de empresa*) Limited, Incorporated (*EEUU*) ► **sociedad anónima laboral** workers' co-operative ► **sociedad comanditaria** limited partnership ► **sociedad conjunta** (*Com*) joint venture ► **sociedad de beneficencia** friendly society, benefit association (*EEUU*) ► **sociedad de cartera** holding company ► **sociedad de comandita** limited partnership ► **sociedad de control** holding company ► **sociedad instrumental**, **sociedad limitada** limited company, private limited company, corporation (*EEUU*) ► **sociedad mercantil** trading company ► **sociedad protectora de animales** society for the protection of animals
4 **alta** *o* **buena ~** high society; **entrar en ~** ◊ **presentarse en (la) ~** to come out, make one's debut; **notas de ~** gossip column, society news column
5 ► **sociedad conyugal** marriage partnership

**societal** ADJ societal

**socio/a** SM/F 1 (= *asociado*) [*de empresa*] associate; [*de club*] member; [*de sociedad docta*] fellow; **hacerse ~ de** to become a member of, join; **se ruega a los señores ~s ...** members are asked to ... ► **socio/a de honor** honorary member ► **socio/a de número** full member ► **socio/a honorario/a** honorary member ► **socio/a numerario/a** full member ► **socio/a vitalicio/a** life member
2 (*Com, Fin*) partner ► **socio activo** active partner ► **socio capitalista**, **socio comanditario** sleeping partner, silent partner (*EEUU*)
3 (*) (= *amigo*) buddy, mate*

**socio...** PREF socio...

**sociobiología** SF sociobiology

**sociocultural** ADJ sociocultural; **animador ~** [*de organización*] events organizer; [*de hotel*] entertainments manager

**socioeconómico** ADJ socioeconomic

**sociolingüística** SF sociolinguistics *sing*

**sociolingüístico** ADJ sociolinguistic

**sociología** SF sociology

**sociológico** ADJ sociological

**sociólogo/a** SM/F sociologist

**sociopolítico** ADJ sociopolitical

**sociosanitario** ADJ public health *antes de s*

**soco** Ⓐ ADJ 1 (*CAm*) (= *borracho*) drunk, tight*
2 = **zoco[1] A2**
Ⓑ SM 1 (*Andes Anat, Bot*) stump
2 (*Andes*) (= *cuchillo*) short blunt machete
3 = **zoco[2]**

**socola** SF (*Andes, CAm*) clearing of land

**socolar** ▸conjug 1a◂ VT 1 (*Andes, CAm*) [+ *tierra*] to clear, clear of scrub
2 (*Andes*) [+ *trabajo*] to bungle, do clumsily

**socollón** SM (*CAm, Caribe*) violent shaking

**socollonear** ▸conjug 1a◂ VT (*CAm*) to shake violently

**socón**‡ ADJ (*CAm*) studious, swotty*

**soconusco** SM 1 (= *chocolate*) fine chocolate
2 (*Caribe**) (= *trato*) shady deal, dirty business

**socorrer** ▸conjug 2a◂ VT [+ *ciudad sitiada*] to relieve; [+ *expedición*] to bring aid to; **~ a algn** to help sb, come to sb's aid

**socorrido** ADJ 1 [*tienda*] well-stocked
2 (= *útil*) handy; **un ~ primer plato** a common starter
3 [*persona*] helpful, obliging
4 [*ejemplo, método*] hackneyed, well-worn

**socorrismo** SM life-saving

**socorrista** SMF lifeguard, life-saver

**socorro** SM 1 (= *ayuda*) help, aid, assistance; (= *alivio*) relief; **¡socorro!** help!; **trabajos de ~** relief *o* aid work *sing*; **pedir ~** to ask for help; **acudió en su ~** she went to his aid ► **socorros mutuos** mutual aid *sing*
2 (*Cono Sur*) (= *pago adelantado*) advance payment, sub*

**socoyote** SM (*Méx*) smallest child

**Sócrates** SM Socrates

**socrático** ADJ Socratic

**socrocio** SM plaster

**socucha** SF (*Cono Sur, Méx*), **socucho** SM (*Cono Sur, Méx*) (= *cuartito*) poky little room, den; (= *casucha*) hovel, slum

**soda** SF 1 (*Quím*) soda
2 (= *bebida*) soda water

**sódico** ADJ sodium *antes de s*

**sodio** SM sodium

**Sodoma** SF Sodom

**sodomía** SF sodomy

**sodomita** SMF sodomite

**sodomizar** ▸conjug 1f◂ VT to sodomize

**SOE** SM ABR (*Esp*) = **Seguro Obligatorio de Enfermedad**

**soez** ADJ dirty, crude, coarse

**sofá** SM sofa, settee

**sofá-cama** SM (*pl* **sofás-cama**), **sofá-nido** SM (*pl* **sofás-nido**) sofa bed, studio couch

**sofero** ADJ (*Andes*) huge, enormous

**Sofía[1]** SF (= *nombre*) Sophia

**Sofía[2]** SF (*Geog*) Sofia

**sofión** SM (= *bufido*) angry snort; (= *reprimenda*) sharp rebuke; (= *réplica*) sharp retort

**sofisma** SM sophism

**sofista** SMF sophist

**sofistería** SF sophistry

**sofisticación** SF 1 [*de persona, gestos*] sophistication
2 (= *afectación*) affectation

**sofisticado** ADJ 1 [*persona, gesto*] sophisticated
2 (= *afectado*) (*pey*) affected

**sofístico** ADJ sophistic, sophistical

**soflama** SF 1 (= *fuego*) flicker, glow
2 (= *sonrojo*) blush
3 (= *arenga*) fiery speech, harangue
4 (*) (= *engaño*) deceit; (= *halagos*) cajolery, blarney
5 (*Méx*) (= *chisme*) piece of trivia, bit of gossip

**soflamar** ▸conjug 1a◂ VT 1 (= *quemar*) (*gen*) to scorch; (*Culin*) to singe
2 (= *hacer sonrojar*) to make blush
3 (*) (= *engañar*) to deceive; (= *halagar*) to cajole

**sofocación** SF 1 suffocation
2 = **sofoco 2**

**sofocado** ADJ **estar ~** (= *sin aire*) to be out of breath; (= *ahogándose*) to feel stifled; (= *abochornado*) to be hot and bothered

**sofocante** ADJ stifling, suffocating

**sofocar** ▸conjug 1g◂ Ⓐ VT 1 (= *ahogar*) [*calor*] to stifle; [*fuego, humo*] to suffocate; **este tiempo tan húmedo me sofoca** I find this humid weather stifling
2 (= *apagar*) [+ *incendio*] to smother, put out; [+ *rebelión*] to crush, put down; [+ *epidemia*] to stamp out
3 (= *enojar*) to anger, upset
4 (= *avergonzar*) to embarrass
5 (= *sonrojar*) to make ... blush
Ⓑ **sofocarse** VPR 1 (= *ahogarse*) (*por el esfuerzo*) to get out of breath; (*por el calor*) to suffocate

**2** (= *sonrojarse*) to blush
**3** (= *avergonzarse*) to get embarrassed
**4** (= *enojarse*) to get angry, get upset; **no vale la pena que te sofoques** it's not worth upsetting yourself about it
**5** (*CAm, Méx*) (= *preocuparse*) to worry, be anxious

**Sófocles** SM Sophocles

**sofoco** SM **1** (*por el calor*) stifling sensation; (*por la menopausia*) hot flush, hot flash (*EEUU*)
**2** (= *azoro*) embarrassment; **pasar un ~** to have an embarrassing time
**3** (= *ira*) anger, indignation

**sofocón*** SM **llevarse un ~** to get upset

**sofoquina*** SF **1** (= *calor*) stifling heat; **hace una ~** it's stifling
**2** = **sofocón**

**sofreír** ▸conjug 3l◂ (*pp* **sofrito**) VT to fry lightly

**sofrenada** SF **1** (*repentino*) sudden check, sudden jerk on the reins
**2** (*) (= *bronca*) ticking-off*

**sofrenar** ▸conjug 1a◂ VT **1** [+ *caballo*] to rein back sharply
**2** (= *controlar*) to restrain
**3** (*) (= *echar una bronca a*) to tick off*

**sofrito** Ⓐ PP *de* **sofreír**
Ⓑ SM *fried onion, garlic and tomato used as a base for cooking sauces and dishes*

**sofrología** SF sleep therapy

**software** ['sofwer] SM software ► **software de aplicación** application software ► **software del sistema** system software ► **software del usuario** user software ► **software integrado** integrated software

**soga** SF (= *cuerda*) (*gen*) rope, cord; [*de animal*] halter; [*del verdugo*] hangman's rope; ✦***MODISMOS*** **hacer ~** to lag behind; **dar ~ a algn** to make fun of sb; **echar la ~ tras el caldero** to chuck it all up*, throw in one's hand; **estar con la ~ al cuello** to be in deep water; **hablar de la ~ en casa del ahorcado** to say the wrong thing

**sogatira** SM tug of war

**soguear** ▸conjug 1a◂ VT **1** (*Andes, CAm, Cono Sur*) (= *atar*) to tie with a rope
**2** (*Caribe*) (= *lazar*) to lasso
**3** (*Caribe*) (= *domesticar*) to tame
**4** (*Andes**) (= *burlarse de*) to make fun of

**soguero** ADJ (*Caribe*) tame

**sois** *ver* **ser**

**soja** SF soya; **semilla de ~** soya bean

**sojuzgar** ▸conjug 1h◂ VT (= *vencer*) to conquer; (= *subyugar*) to subjugate

**sol[1]** SM **1** (= *astro*) sun; **al ponerse el ~** at sunset; **al salir el ~** at sunrise; **de ~ a ~** from dawn to dusk; ✦***MODISMOS*** **arrimarse al ~ que más calienta** to keep in with the right people; **como un ~** (= *brillante*) as bright as a new pin; **salga el ~ por donde quiera** come what may; **ser un ~**: **María es un ~, siempre tan agradable** María is a darling, she's always so pleasant; **el niño es un ~** he's a lovely child ► **sol naciente** rising sun ► **sol poniente** setting sun ► **sol y luna** (*Caribe**) machete, cane knife ► **sol y sombra** brandy and anisette
**2** (= *luz solar*) sun, sunshine; **entra mucho ~ en el comedor** the dining room gets a lot of sun *o* sunshine; **ayer tuvimos nueve horas de ~** we had nine hours of sunshine yesterday; **hay** *o* **hace ~** it is sunny, the sun is shining; **un día de ~** a sunny day; **estar al ~** to be in the sun; **mirar algo a contra ~** to look at sth against the light; **tomar el ~** to sunbathe; **tumbarse al ~** to lie in the sun; ✦***MODISMOS*** **hacía un ~ de justicia** the sun was blazing down; **no me deja ni a ~ ni a sombra** he doesn't give me a moment's peace ► **sol artificial** sunlamp
**3** (*uso apelativo*) **¡~ mío, ven con mamá!** come with Mummy, darling *o* pet!*
**4** (*Taur*) **localidades de ~** *the cheapest seats in a bullring with no shade*
**5** (*Perú Fin*) Sol, *former monetary unit of Peru*

**sol[2]** SM (*Mús*) G ► **sol mayor** G major

**solada** SF sediment

**solado** SM tiling, tiled floor

**solamente** ADV = **sólo**

**solana** SF **1** (= *lugar soleado*) sunny spot, suntrap
**2** (= *solario*) sun lounge, solarium

**solanas*** ADJ INV alone, all on one's own

**solanera** SF **1** (= *sol*) scorching sunshine
**2** (*Med*) (= *quemadura*) sunburn; (= *insolación*) sunstroke

**solano** SM east wind

**solapa** SF **1** [*de chaqueta*] lapel; [*de sobre, libro, bolsillo*] flap
**2** (= *pretexto*) pretext

**solapadamente** ADV slyly, in an underhand way, sneakily

**solapado** ADJ (= *furtivo*) sly, underhand; (= *evasivo*) evasive; (= *secreto*) undercover

**solapamiento** SM overlapping

**solapante** ADJ overlapping

**solapar** ▸conjug 1a◂ Ⓐ VT **1** (= *cubrir parcialmente*) to overlap
**2** (= *encubrir*) to cover up, keep dark
Ⓑ VI to overlap (**con** with)
Ⓒ **solaparse** VPR to overlap; **se ha solapado** it has got covered up, it has got hidden underneath

**solapo** SM **1** (*Cos*) lapel
**2** **a ~*** = **solapadamente**

**solar[1]** SM **1** (= *terreno*) (*gen*) lot, piece of land, site; (*en obras*) building site
**2** (= *casa solariega*) ancestral home, family seat
**3** (= *linaje*) lineage

**solar[2]** ▸conjug 1l◂ VT [+ *suelo*] to tile; [+ *zapatos*] to sole

**solar[3]** ADJ solar, sun *antes de s*; **rayos ~es** solar rays

**solariego** ADJ **1** **casa solariega** family seat, ancestral home
**2** (*Hist*) [*ascendencia*] ancient and noble; [*títulos*] manorial; **tierras solariegas** ancestral lands

**solario** SM, **solárium** SM solarium

**solas**: **a ~** ADV alone, by oneself; **finalmente se quedó a ~ en su despacho** at last she was alone *o* on her own in her office; **lo hizo a ~** he did it (all) by himself; **volar a ~** to fly solo; **vuelo a ~** solo flight

**solateras*** ADJ INV alone, all on one's own

**solaz** SM (= *descanso*) recreation, relaxation; (= *consuelo*) solace

**solazar** ▸conjug 1f◂ Ⓐ VT (= *divertir*) to amuse, provide relaxation for; (= *consolar*) to console, comfort; (= *alegrar*) to cheer
Ⓑ **solazarse** VPR to enjoy o.s., relax

**solazo*** SM scorching sun

**solazoso** ADJ (= *que descansa*) restful; (= *que entretiene*) recreational, relaxing

**soldada** SF pay; (*Mil*) service pay

**soldadera** SF (*Méx*) camp follower

**soldadesca** SF **1** (= *profesión*) military profession, military
**2** (*pey*) (= *soldados*) army rabble

**soldadesco** ADJ soldierly

**soldadito** SM ► **soldadito de plomo** tin soldier

**soldado[1]** SMF soldier; **una joven ~** a young woman soldier; **la tumba del Soldado Desconocido** the tomb of the Unknown Soldier ► **soldado de infantería** infantryman ► **soldado de marina** marine ► **soldado de plomo** tin soldier ► **soldado de primera** lance corporal ► **soldado raso** private, private first class (*EEUU*)

**soldado[2]** ADJ [*junta*] welded; **totalmente ~** welded throughout

**soldador(a)** Ⓐ SM/F (= *persona*) welder
Ⓑ SM (*Téc*) soldering iron

**soldadura** SF **1** [*de materiales*] solder
**2** (= *acción*) (*con estaño*) soldering; (*sin estaño*) welding ► **soldadura autógena** welding
**3** (= *juntura*) welded seam, weld

**soldar** ▸conjug 1l◂ Ⓐ VT **1** (*Téc*) (*con estaño*) to solder; (*fundiendo*) to weld
**2** (= *juntar*) to join, unite
**3** [+ *disputa*] to patch up
Ⓑ **soldarse** VPR [*huesos*] to knit, knit together

**soleado** ADJ sunny

**solear** ▸conjug 1a◂ VT (= *dejar al sol*) to put *o* leave in the sun; (= *blanquear*) to bleach

**solecismo** SM solecism

**soledad** SF **1** (= *falta de compañía*) (*voluntaria*) solitude; (*involuntaria*) loneliness, lonesomeness (*EEUU*); **le gusta trabajar en la ~ de su habitación** he likes working in the solitude of his room; **tengo miedo a la ~** I have a fear of loneliness; **la ~ le deprime** being alone makes him feel depressed
**2** **soledades** (*liter*) solitary place *sing*; **nadie habitaba aquellas ~es** no-one lived in that solitary place

**solejar** SM = **solana**

**solemne** ADJ **1** (= *serio*) solemn
**2** (*) (= *enorme*) [*mentira*] downright; [*tontería*] utter; [*error*] complete, terrible

**solemnemente** ADV solemnly

**solemnidad** SF **1** [*de persona*] solemnity
**2** [*de acontecimiento*] (= *majestuosidad*) impressiveness; (= *dignidad*) solemnity
**3** (= *ceremonia*) solemn ceremony; **~es** solemnities
**4** **solemnidades** (= *formalismos*) formalities, bureaucratic formalities
**5** **pobre de ~** miserably poor, penniless

**solemnización** SF solemnization, celebration

**solemnizar** ▸conjug 1f◂ VT to solemnize, celebrate

**solenoide** SM solenoid

➤ **soler** ▸conjug 2h; defectivo◂ VI **1** (= *acostumbrar*) **1.1** (*en presente*) **suele pasar por aquí** he usually comes this way; —**¿bebió alcohol? —pues no suele** "did he drink?" — "well, he doesn't usually"; **como se suele hacer por estas fechas** as is nor-

➤ LENGUA Y USO: soler 1 53.1

mal *o* customary at this time of the year

[1·2] (*en pasado*) **solíamos ir todos los años a la playa** we used to go to the beach every year

[2] (*Cono Sur*) (= *ocurrir*) to occur rarely, happen only occasionally; → ACOSTUMBRAR

**solera** SF [1] (= *tradición*) tradition; **éste es país de ~ celta** this is a country with a long-established Celtic tradition; **vino de ~** vintage wine; **es un barrio con ~** it is a typically Spanish *etc* quarter; **es de ~ de médicos** he comes from a line of doctors

[2] (= *objeto*) (*de apoyo*) prop, support; (*para saltar*) plinth

[3] [*de cuneta*] bottom

[4] (= *piedra de molino*) lower millstone

[5] (*Méx*) (= *baldosa*) flagstone

[6] (*Cono Sur*) [*de acera*] kerb, curb (*EEUU*)

**SOLERA**

*Sherry does not have a specific vintage since it is a mixture of the vintages from different years; the* **solera** *method is used to ensure uniformity of quality. In the* **bodega** *(cellar) the casks are arranged in horizontal rows, with the bottom row, known as the* **solera**, *containing the oldest wine. When part of this is bottled, the casks are replenished with wine from the row immediately above, which in turn is refilled with wine from the next row, and so on.*

⇨ *See also* JEREZ

**solería** SF flooring

**soleta** SF [1] (*Cos*) patch, darn

[2] (†) (= *mujer*) shameless woman

[3] (*) **dar ~ a algn** to chuck sb out; **tomar ~** to beat it*; **dejar a algn en ~s** (*Andes*) to leave sb penniless

[4] (*Méx Culin*) wafer, ladyfinger

**solevantamiento** SM [1] [*de objeto*] pushing up, raising

[2] (*Pol*) rising

**solevantar** ▸conjug 1a◂ VT [1] [+ *objeto*] to push up, raise

[2] (*Pol*) to rouse, stir up

**solfa** SF [1] (*Mús*) (= *solfeo*) sol-fa; (= *signos*) musical notation

[2] (*) (= *paliza*) thrashing

[3] ✦*MODISMO* **poner a algn en ~** to make sb look ridiculous

**solfear** ▸conjug 1a◂ VT [1] (*Mús*) to sol-fa

[2] (*) (= *zurrar*) to thrash

[3] (*) (= *echar una bronca a*) to tick off*

[4] (†) (*Cono Sur*) (= *hurtar*) to nick‡, swipe‡

**solfeo** SM [1] (*Mús*) sol-fa, singing of scales, voice practice; **clase de ~** singing lesson

[2] (*) (= *paliza*) thrashing; (= *reprensión*) ticking-off*

**solicitación** SF [*de beca, ayuda*] requesting; [*de votos*] canvassing

**solicitado** ADJ **estar muy ~** to be in great demand, be much sought after; **está muy solicitado por las chicas** all the girls are after him

**solicitante** SMF applicant

**solicitar** ▸conjug 1a◂ VT [1] (= *pedir*) [+ *permiso, apoyo*] to ask for, seek; [+ *visto bueno*] to seek; [+ *empleo, puesto*] to apply for; [+ *votos, opiniones*] to canvass; [+ *datos, información*] to ask for, request (*más frm*); **~ algo a algn** to ask sb for sth

[2] [+ *atención, tb Fís*] to attract

[3] (= *perseguir*) [+ *persona*] to pursue, try to attract; [+ *mujer*] to court

**solícito** ADJ (= *diligente*) solicitous (**por** about, for); (= *atento*) attentive; (= *servicial*) obliging

**solicitud** SF [1] (= *petición*) (*gen*) request; (*para puesto, beca, permiso*) application; **presenté** *o* **entregué la ~ para el trabajo** I submitted the application for the job; **denegar** *o* **rechazar una ~** to reject an application; **a ~** (*frm*) on request ▸ **solicitud de extradición** request *o* application for extradition ▸ **solicitud de pago** (*Com*) demand note

[2] (= *impreso*) application form; **rellene la ~ en letra mayúscula** fill in the application (form) in block capitals

[3] (*frm*) (= *atención*) **el recepcionista atendió con ~ nuestras reclamaciones** the receptionist was very solicitous in dealing with our complaints; **cuidaba con ~ a su nieto enfermo** she looked after her sick grandson with great devotion

**sólidamente** ADV solidly

**solidariamente** ADV jointly, mutually

**solidaridad** SF solidarity; **por ~ con** out of solidarity with

**solidario** ADJ [1] (= *humanitario*) caring; **Luis es muy ~** Luis is a very caring person; **vivimos en un mundo poco ~** we live in an uncaring world, we live in a world where it's every man for himself; **un acto ~** an act of solidarity; **~ con algo/algn: se ha mostrado muy ~ con nuestra causa** he has been very sympathetic to our cause, he has shown a lot of solidarity with our cause; **hacerse ~ con algo/algn** to declare one's solidarity with sth/sb; **~ de algo** (*frm*): **hacerse ~ de una opinión** to echo an opinion

[2] (*Jur*) [*compromiso*] mutually binding, shared in common; [*participación*] joint, common; [*firmante, participante*] jointly liable; **responsabilidad solidaria** joint liability

**solidarizarse** ▸conjug 1f◂ VPR **~ con** to declare one's support for; **me solidarizo con esa opinión** I share that view

**solideo** SM calotte, skullcap

**solidez** SF (= *firmeza*) solidity; (= *dureza*) hardness

**solidificación** SF solidification, hardening

**solidificar** ▸conjug 1g◂ Ⓐ VT to solidify, harden

Ⓑ **solidificarse** VPR to solidify, harden

**sólido** Ⓐ ADJ [1] [*objeto*] (= *compacto*) solid; (= *duro*) hard

[2] (*Téc*) (= *firme*) solidly made; (= *bien construido*) well built; [*zapatos*] stout, strong; [*color*] fast

[3] (= *seguro*) [*argumento*] solid, sound; [*base, principio*] sound

Ⓑ SM solid

**soliloquiar** ▸conjug 1b◂ VI to soliloquize, talk to oneself

**soliloquio** SM soliloquy, monologue

**solimán** SM [1] (*Quím*) corrosive sublimate

[2] (= *veneno*) poison

**solio** SM throne

**solipsismo** SM solipsism

**solista** SMF soloist

**solitaria** SF tapeworm

**solitario/a** Ⓐ ADJ [1] [*persona, vida*] solitary, lonely, lonesome (*EEUU*); **vivir ~** to live alone *o* on one's own

[2] [*lugar*] lonely, desolate; **a esa hora la calle está solitaria** at that hour the street is deserted *o* empty

Ⓑ SM/F (= *recluso*) recluse; (= *ermitaño*) hermit

Ⓒ SM [1] (*Naipes*) solitaire

[2] (= *diamante*) solitaire

[3] **en ~** alone, on one's own; **vuelta al mundo en ~** solo trip around the world; **tocar en ~** to play solo

**solito*** ADJ **estar ~** to be all alone, be all on one's own

**sólito** ADJ usual, customary

**soliviantado** ADJ rebellious

**soliviantar** ▸conjug 1a◂ VT [1] (= *amotinar*) to stir up, rouse, rouse to revolt

[2] (= *enojar*) to anger

[3] (= *sacar de quicio*) to exasperate

[4] (= *inquietar*) to worry; **le tienen soliviantado los celos** he is eaten up with jealousy

[5] (= *hacer sentir ansias*) to fill with longing

[6] (= *dar esperanzas a*) to buoy up with false hopes; **anda soliviantado con el proyecto** he has tremendous hopes for the scheme

**soliviar** ▸conjug 1b◂ Ⓐ VT to lift, push up

Ⓑ **soliviarse** VPR to half rise, partly get up

**solla** SF plaice

**sollamar** ▸conjug 1a◂ VT to scorch, singe

**sollastre** SM rogue, villain

**sollo** SM sturgeon

**sollozar** ▸conjug 1f◂ VI to sob

**sollozo** SM sob; **decir algo entre ~s** to sob sth

**solo**[1] Ⓐ ADJ [1] (= *sin compañía*) alone, on one's own; **pasa los días ~ en su cuarto** he spends the days alone *o* on his own in his room; **iré ~** I'll go alone *o* on my own; **dejar ~ a algn** to leave sb alone; **me quedé ~** I was left alone; **habla ~** he talks to himself; **se quedó ~ a los siete años** he was left an orphan *o* alone in the world at seven; ✦*MODISMOS* **estar más ~ que la una*** to be all on one's own; **es tonto como él ~** he's as stupid as they come; **lo hace como él ~** he does it as no one else can; **se queda ~ contando mentiras** he's as good a liar as you'll find; ✦*REFRÁN* **más vale estar ~ que mal acompañado** it's better to be on your own than in bad company

[2] (= *solitario*) lonely; **me siento muy ~** I feel very lonely

[3] (= *único*) **su sola preocupación es ganar dinero** his one *o* only concern is to make money; **con esta sola condición** on this one condition; **hay una sola dificultad** there is only *o* just one problem; **no hubo ni una sola objeción** there was not a single objection

[4] (= *sin acompañamiento*) [*café, té*] black; [*whisky, vodka, ron*] straight, neat; **tendremos que comer pan ~** we shall have to eat plain bread

[5] (*Mús*) solo; **cantar ~** to sing solo

Ⓑ SM [1] (*Mús*) solo; **un ~ de guitarra** a guitar solo; **un ~ para tenor** a tenor solo

[2] (= *café*) black coffee

[3] (*Naipes*) solitaire, patience

[4] (*Cono Sur*) (= *lata*) tedious conversation

**sólo** ADV, **solo**[2] ADV (= *únicamente*) only; (= *exclusivamente*) solely, merely, just; **~ quiero verlo** I only *o* just want to see it; **es ~ un teniente** he's only a lieutenant, he's a mere lieutenant; **no ~ A sino también B** not only

A but also B; **~ con apretar un botón** at the touch of a button; **me parece bien ~ que no tengo tiempo** that's fine, only *o* but I don't have the time; **ven aunque ~ sea para media hora** come even if it's just for half an hour; **con ~ que sepas tocar algunas notas** even if you only know how to play a few notes; **~ con que estudies dos horas diarias** by studying for as little as two hours a day; **tan ~** only, just; **~ que ...** except that ...

**solomillo** SM sirloin steak

**solón** SM (*Caribe*) scorching heat, very strong sunlight

**solsticio** SM solstice ► **solsticio de invierno** winter solstice ► **solsticio de verano** summer solstice

**soltar** ▸conjug 1l◂ Ⓐ VT 1 (= *dejar de agarrar*) to let go of; (= *dejar caer*) to drop; **soltó mi mano** he let go of my hand; **¡suéltenme!** let go of me!, let me go!; **no sueltes la cuerda** don't let go of the rope; **el gato me soltó el ratón en los pies** the cat dropped the mouse at my feet; **dejó de escribir y soltó el bolígrafo** she stopped writing and put down her Biro

2 [+ *amarras*] to cast off; [+ *nudo, cinturón*] (= *quitar*) to untie, undo; (= *aflojar*) to loosen; **ve soltando cuerda mientras bajas** pay the rope out gradually as you descend

3 (*Aut*) [+ *embrague*] to let out, release, disengage (*frm*); [+ *freno*] to release

4 (= *dejar libre*) [+ *preso, animal*] to release, set free; [+ *agua*] to let out, run off; **soltó una paloma blanca en señal de paz** he released a white dove as a token of peace

5 (= *emitir*) [+ *gas, olor*] to give off; [+ *grito*] to let out; **suelta vapores peligrosos** it gives off dangerous fumes; **solté un suspiro de alivio** I let out *o* heaved a sigh of relief; **~ una carcajada** to burst out laughing; **~ un estornudo** to sneeze; **~ un suspiro** to sigh

6 (= *asestar*) **~ un golpe** to deal a blow; **le soltó un puñetazo** she hit him

7 (*al hablar*) [+ *noticia*] to break; [+ *indirecta*] to drop; [+ *blasfemia*] to come out with, let fly; **les volvió a ~ el mismo sermón** he gave them the lecture all over again; **¡suéltalo ya!** out with it!, spit it out!*; **soltó un par de palabrotas** he came out with a couple of rude words, he let fly a couple of obscenities; ✦***MODISMO*** **~ cuatro verdades a algn** to tell sb a few home truths

8 (*) (= *perder*) [+ *puesto, privilegio*] to give up; [+ *dinero*] to cough up*; **no quiere ~ el puesto por nada del mundo** he won't give up the job for anything in the world

9 [*serpiente*] [+ *piel*] to shed

10 (= *resolver*) [+ *dificultad*] to solve; [+ *duda*] to resolve; [+ *objeción*] to satisfy, deal with

11 (*Andes*) (= *ceder*) to cede, give, hand over

Ⓑ **soltarse** VPR 1 (= *liberarse*) **que no se vaya a ~ el perro** don't let the dog get out *o* get loose; **logró ~se y pedir ayuda** he managed to free himself *o* get free and call for help

2 (= *desprenderse*) to come off; (= *aflojarse*) to come loose, work loose; **~se los botones** to undo one's buttons; **~se el pelo** to let one's hair down

3 (= *deshacerse*) [*cordón, nudo*] to come undone, come untied; [*costura*] to come unstitched

4 (= *desenvolverse*) (*con actividad*) to become expert; (*con idioma*) to become fluent; **~se a andar/hablar** to start walking/talking

5 (= *independizarse*) to achieve one's independence, win freedom

6 (= *desmandarse*) to lose control of o.s.; **~se a su gusto** to let off steam, let fly

7 (*) **~se con**: **~se con una idea absurda** to come up with a silly idea; **~se con una contribución de 50 dólares** to come up with a 50-dollar contribution; **por fin se soltó con algunos peniques** he eventually parted with a few coppers

**solterear** ▸conjug 1a◂ VI (*Cono Sur*) to stay single

**soltería** SF (*gen*) single state, unmarried state; [*de hombre*] bachelorhood; [*de mujer*] spinsterhood; **está muy bien en su ~** she's perfectly happy being single

**soltero/a** Ⓐ ADJ single, unmarried; **está soltera** she's single, she's unmarried; **madre soltera** single *o* unmarried mother

Ⓑ SM/F single *o* unmarried man/woman, bachelor/spinster; **apellido de soltera** maiden name; **la señora de García, Rodríguez de soltera** Mrs García, née Rodríguez

**solterón/ona** SM/F (= *hombre*) confirmed bachelor; (= *mujer*) spinster; (*pey*) old maid; **tía ~** maiden aunt

**soltura** SF 1 (*al hablar*) fluency, ease; **habla árabe con ~** he speaks Arabic fluently

2 (= *flojedad*) [*de cuerda*] slackness; [*de pieza, tornillo*] looseness; [*de brazos, piernas*] agility, nimbleness

3 (*Med*) (*tb* **~ de vientre**) looseness of the bowels, diarrhoea, diarrhea (*EEUU*)

4 (*pey*) (= *desvergüenza*) shamelessness

**solubilidad** SF solubility

**soluble** ADJ 1 (*Quím*) soluble; **~ en agua** water-soluble, soluble in water

2 [*problema*] solvable, that can be solved

**solución** SF 1 (*Quím*) solution

2 (= *respuesta*) [*de problema*] solution, answer (**a** to); [*de crucigrama, pregunta*] answer (**de** to); **esto no tiene ~** there's no answer to this, there's no solution to this one ► **solución final** final solution ► **solución salomónica** compromise solution

3 (*Teat*) climax, dénouement

4 ► **solución de continuidad** break in continuity, interruption

**solucionar** ▸conjug 1a◂ VT 1 [+ *problema*] to solve; **un problema sin ~** an unsolved problem

2 (= *decidir*) to resolve, settle

**solucionista** SMF solver

**solvencia** SF 1 (*Fin*) (= *estado*) solvency; (= *acción*) settlement, payment

2 (= *fiabilidad*) reliability; **de toda ~ moral** completely trustworthy; **fuentes de toda ~** completely reliable sources ► **solvencia moral** good character

3 (= *reputación*) solid reputation

4 (= *aptitud*) ability, competence

**solventar** ▸conjug 1a◂ VT 1 [+ *deuda*] to settle, pay

2 (= *solucionar*) [+ *dificultad*] to resolve; [+ *asunto*] to settle

**solvente** Ⓐ ADJ 1 (*Fin*) solvent, free of debt

2 (= *fiable*) [*persona*] reliable, trustworthy; [*fuente*] reliable

3 (= *decente*) respectable, worthy

4 (= *hábil*) able

Ⓑ SM (*Quím*) solvent

**solysombra*** SM brandy and anisette

**somalí** ADJ, SMF Somali

**Somalia** SF Somalia

**somanta** SF beating, thrashing

**somantar** ▸conjug 1a◂ VT to beat, thrash

**somatada** SF (*CAm*) blow, punch

**somatar** ▸conjug 1a◂ (*CAm*) Ⓐ VT 1 [+ *persona*] (= *zurrar*) to beat, thrash; (= *pegar*) to punch

2 (= *vender*) to sell off cheap

Ⓑ **somatarse** VPR to fall and hurt o.s., knock o.s. about badly

**somatén** SM 1 (= *alarma*) alarm; **tocar a ~** to sound the alarm

2 (*) (= *jaleo*) uproar, confusion

**somático** ADJ somatic

**somatizar** ▸conjug 1f◂ VT 1 (= *exteriorizar*) to externalize, express externally

2 (= *caracterizar*) to characterize

**somatón** SM (*CAm*) = **somatada**

**sombra** SF 1 (*proyectada por un objeto*) shadow; **sólo vi una ~** I only saw a shadow; **Juan se ha convertido en tu ~** Juan follows you round like your shadow; **dar** *o* **hacer ~** to cast a shadow; **el ciprés da** *o* **hace una ~ alargada** cypress trees cast a long shadow; **un árbol que da** *o* **hace ~** a shady tree; **no quiere que otros le hagan ~** he doesn't want to be overshadowed by anybody else; ✦***MODISMO*** **no se fía ni de su ~** he doesn't trust a soul ► **sombra de ojos** eyeshadow ► **sombras chinescas** shadow play *sing*, pantomime *sing*

2 (= *zona sin sol*) shade; **ven, siéntate aquí a la ~** come and sit here in the shade; **luz y ~** light and shade; **se sentó a la ~ del olivo** she sat in the shade of the olive tree; **medró a la ~ del presidente** she flourished under the protection of the president; ✦***MODISMOS*** **a la ~*** (= *en prisión*) in the clink*, inside*; **permanecer** *o* **quedarse en la ~** to stay in the background, remain on the sidelines

3 (= *rastro*) shadow; **sin ~ de duda** without a shadow of a doubt; **no es ni ~ de lo que era** he's a shadow of his former self; **sin ~ de avaricia** without a trace of greed; **no tiene ni ~ de talento** he hasn't the least bit of talent; **tiene una ~ de parecido con su tío** he has a faint resemblance to his uncle

4 (= *suerte*) luck; **¡qué mala ~!** how unlucky!, what bad luck!; **esta vez he tenido muy buena ~** I was very lucky this time

5 (= *gracia*) **tiene muy buena ~ para contar chistes** he's got a knack *o* gift for telling jokes, he's very funny telling jokes; **tener mala ~** to have a bad sense of humour

6 (= *mancha*) (*lit*) dark patch, stain; (*fig*) stain, blot; **es una ~ en su carácter** it is a stain *o* blot on his character

7 (= *fantasma*) shade, ghost

8 (*Arte*) shade

9 (*Boxeo*) shadow-boxing; **hacer ~** to shadow-box

10 (*CAm, Cono Sur*) (= *quitasol*) parasol, sunshade

11 (*CAm, Méx*) (= *toldo*) awning; (= *pórtico*) porch

12 (*CAm, Cono Sur*) (*para escribir*) guidelines *pl*

13 (†) **sombras** (= *oscuridad*) darkness *sing*, obscurity *sing*; (= *ignorancia*) ignorance *sing*; (= *pesimismo*) sombreness *sing*

**sombraje** SM, **sombrajo** SM shelter from the sun; **hacer ~s** to get in the light

**sombreado** Ⓐ ADJ shady
Ⓑ SM (*Arte*) shading

**sombreador** SM ► **sombreador de ojos** eyeshadow

**sombrear** ▸conjug 1a◂ VT [1] (= *dar sombra*) to shade
[2] (*Arte*) to shade
[3] (= *maquillar*) to put eyeshadow on

**sombrerera** SF [1] (= *caja*) hatbox
[2] (*Andes, Caribe*) (= *perchero*) hat stand; *ver tb* **sombrerero**

**sombrerería** SF [1] (= *sombreros*) hats *pl*, millinery
[2] (= *tienda*) hat shop
[3] (= *fábrica*) hat factory

**sombrerero/a** Ⓐ SM/F (= *artesano*) (*para sombreros de hombre*) hatter; (*para sombreros de mujer*) milliner; *ver tb* **sombrerera**
Ⓑ SM (*Andes, Cono Sur*) (= *perchero*) hatstand

**sombrerete** SM [1] (= *sombrero*) little hat
[2] [*de seta*] cap
[3] (*Téc*) [*de carburador*] bonnet; (= *cubo de rueda*) cap; [*de chimenea*] cowl

**sombrero** SM [1] (= *gorro*) hat; ✦**MODISMO** **quitarse el ~ ante algo** to take off one's hat to sth ► **sombrero apuntado** cocked hat ► **sombrero de ala ancha** wide-brimmed hat, broad-brimmed hat ► **sombrero de copa** top hat ► **sombrero de jipijapa** Panama hat ► **sombrero de paja** straw hat ► **sombrero de pelo** (*LAm*) top hat ► **sombrero de tres picos** cocked hat, three-cornered hat ► **sombrero flexible** soft hat, trilby, fedora (*EEUU*) ► **sombrero gacho** slouch hat ► **sombrero hongo** bowler, bowler hat, derby (*EEUU*) ► **sombrero safari** safari hat ► **sombrero tejano** stetson, ten-gallon hat
[2] (*Bot*) cap

**sombríamente** ADV sombrely, somberly (*EEUU*)

**sombrilla** SF parasol, sunshade; ✦**MODISMO** **me vale ~** (*Méx**) I couldn't care less*

**sombrío** Ⓐ ADJ [1] (= *con sombra*) shaded
[2] (= *triste*) [*lugar*] sombre, somber (*EEUU*), gloomy, dismal; [*persona, perspectiva*] gloomy
Ⓑ SM (*Méx*) shady place

**someramente** ADV superficially

**somero** ADJ [1] (= *a poca profundidad*) shallow
[2] (= *poco detallado*) superficial, summary (*frm*)

**someter** ▸conjug 2a◂ Ⓐ VT [1] (= *dominar*) [+ *territorio, población*] to subjugate; [+ *rebeldes*] to subdue, put down; [+ *asaltante*] to overpower, overcome; **ni entre cuatro hombres lo pudieron ~** even four men were not enough to overpower *o* overcome him
[2] (= *subordinar*) **sometió sus intereses a los de su pueblo** he put the interests of the people before his own, he subordinated his interests to those of the people (*frm*); **~ su opinión a la de otros** to put the opinion of others above one's own
[3] **~ a** [3·1] (= *exponer*) [+ *represión, tortura, interrogatorio*] to subject to; **cuando se somete a elevadas temperaturas** when it is subjected to high temperatures; **hay que ~ a examen todas las ideas establecidas** all established ideas should be subjected to scrutiny; **lo tiene sometido a su entera voluntad** he is entirely subject to her will; **~án las propuestas a un amplio debate** the proposals will be widely debated; **han sometido a referéndum su ingreso en la UE** they have held a referendum on joining the EU; **~ algo/a algn a prueba** to put sth/sb to the test; **vamos a ~ nuestra hipótesis a prueba** we are going to put our hypothesis to the test; **la princesa sometió a sus pretendientes a una prueba** the princess made her suitors undergo a test; **~ algo a votación** to put sth to the vote
[3·2] (= *entregar*) to submit sth to; **~á el acuerdo a la aprobación de los ministros** he will submit the agreement for the approval of the ministers; **~ una obra a la censura** to submit a work to the censor
Ⓑ **someterse** VPR [1] (= *aceptar*) **~se a** [+ *disciplina, autoridad*] to submit to; [+ *normas*] to comply with; **me someto a la voluntad de Dios** I submit to God's will; **tienen que ~se a las normas urbanísticas** they must comply with urban development regulations; **~se a la mayoría** to give way to the majority; **~se a la opinión de algn** to bow to sb's opinion
[2] (= *exponerse*) **~se a** [+ *desprecio, humillación*] to subject o.s. to; [+ *operación, prueba, tratamiento*] to undergo; **me niego a ~me a tal suplicio** I refuse to subject myself to such an ordeal; **deberá ~se a un intenso entrenamiento** she will have to undergo intensive training

**sometico** ADJ (*Andes*), **sometido** ADJ (*Andes, CAm*) = **entrometido**

**sometimiento** SM [1] (= *dominación*) [*de un pueblo*] subjugation; **tras el ~ de los celtas, los romanos ...** after the subjugation of the Celts, the Romans ...; **han conseguido el ~ de los rebeldes** they have managed to subdue the rebels
[2] (= *sumisión*) [2·1] (*por la fuerza*) subjection (**a** to); **siglos de ~ al patriarcado** centuries of subjection to *o* being subject to patriarchy
[2·2] (*voluntariamente*) (*a la autoridad*) submission (**a** to); (*a la ley*) compliance (**a** with); **rechazan el ~ a la autoridad** they refuse to submit to *o* bow to authority
[3] (= *exposición*) **como consecuencia de su ~ a estímulos externos** as a result of being subjected to external stimuli
[4] (= *entrega*) [*de propuesta*] submission (**a** to); **tras pocos días de su ~ a la aprobación del pleno** a few days after its submission to the plenary session for approval; **tras el ~ de la propuesta a votación** after the proposal was put to the vote

**somier** [so'mjer] SM (*pl* **somiers, somieres** [so'mjer]) (*sin concretar tipo*) bed base; (*con muelles*) springs *pl*; (*con láminas de madera*) slats *pl*

**somnambulismo** SM sleepwalking, somnambulism (*frm*)

**somnámbulo/a** SM/F sleepwalker, somnambulist (*frm*)

**somnífero** Ⓐ ADJ sleep-inducing
Ⓑ SM sleeping pill

**somnílocuo/a** Ⓐ ADJ given to talking in one's sleep
Ⓑ SM/F person who talks in his *o* her sleep

**somnolencia** SF sleepiness, drowsiness

**somnolento** ADJ, **somnoliento** ADJ sleepy, drowsy

**somorgujar** ▸conjug 1a◂ Ⓐ VT to duck
Ⓑ **somorgujarse** VPR to dive, plunge (**en** into)

**somormujo** SM grebe ► **somormujo menor** dabchick

**somos** *ver* **ser**

**sompopo** SM (*El Salvador*) yellow ant

**son**[1] SM [1] (*Mús*) (= *sonido*) sound; (= *sonido agradable*) pleasant sound; **al ~ de** to the sound of; **a los ~es de la marcha nupcial** to the strains of the wedding march
[2] (= *rumor*) rumour, rumor (*EEUU*); **corre el ~ de que ...** there is a rumour *o* (*EEUU*) rumor going round that ...
[3] (= *estilo*) manner, style; **¿a qué ~?** ◊ **¿a ~ de qué?** why on earth?; **en ~ de** as, like; **en ~ de broma** as *o* for a joke; **en ~ de paz** in peace; **en ~ de guerra** in a warlike fashion; **no vienen en ~ de protesta** they haven't come with the idea of complaining; **por este ~** in this way; **sin ~** for no reason at all
[4] (*LAm*) *Afro-Cuban dance and tune* ► **son huasteco** (*Méx*) *folk song from Veracruz*; *ver* **bailar A1**

**son**[2] *ver* **ser**

**sonado** ADJ [1] (= *comentado*) [*éxito, noticia*] much talked-about; [*escándalo, estafa*] notorious; **ha sido un divorcio muy ~** their divorce has caused a great stir, it has been a much talked-about divorce; **el escándalo fue muy ~** the scandal was much talked about, it was a notorious scandal; **hacer una que sea sonada*** to kick up a stink*
[2] (*) (= *chiflado*) **estar ~** to be crazy; (*Boxeo*) to be punch drunk

**sonaja** SF [1] (= *campanilla*) little bell
[2] **sonajas** (*para niño*) rattle *sing*

**sonajera** SF (*Cono Sur*), **sonajero** SM rattle

**sonambulismo** SM sleepwalking, somnambulism (*frm*)

**sonámbulo/a** SM/F sleepwalker, somnambulist (*frm*)

**sonanta**: SF guitar

**sonante** ADJ *ver* **contante**

**sonar**[1] ▸conjug 1l◂ Ⓐ VI [1] (= *producir sonido*) [1·1] [*campana, teléfono, timbre*] to ring; [*aparato electrónico*] to beep, bleep; **este timbre no suena** this bell doesn't work *o* ring; **está sonando el busca** the pager is beeping *o* bleeping; **el reloj de la iglesia no sonó** the church clock did not chime; **acaban de ~ las diez** it has just struck ten; **hacer ~** [+ *alarma, sirena*] to sound; [+ *campanilla, timbre*] to ring; [+ *trompeta, flauta*] to play; **hace ~ su vieja gaita en las grandes ocasiones** he plays his old bagpipes on special occasions; **haz ~ el claxon** blow *o* beep the horn
[1·2] [*alarma, sirena*] to go off; **a las seis sonó el despertador** the alarm clock went off at six
[1·3] [*máquina, aparato*] to make a noise; [*música*] to play; **¡cómo suena este frigorífico!** what a noise this fridge makes!; **~on tres disparos** three shots were heard; **empezó a ~ el himno nacional** the national anthem started to play; **le sonaban las tripas** his stomach was rumbling; ✦**MODISMO** **ni ~ ni tronar** not to count; *ver tb* **flauta A1**, **río A1**
[2] (*Ling*) [*fonema, letra*] to be pronounced; [*frase, palabra*] to sound; **la h de "hombre" no suena** the h in "hombre" is not pronounced *o* is silent; **escríbelo tal como sue-**

**na** write it as it sounds
[3] (= *parecer por el sonido*) to sound; **sonaba extraño viniendo de él** it sounded strange coming from him; **cantan en inglés y suenan muy bien** they sing in English and they sound very good; **ese título suena bien** that sounds like a good title; **~ a** to sound like; **suena a metálico** it sounds like metal; **eso me suena a excusa** that sounds like an excuse to me; **sus palabras sonaban a falso** his words rang *o* sounded false; **~ a hueco** to sound hollow; ✦***MODISMOS*** **así como suena** just like that; **le dijo que se fuera, así como suena** he told him to go, just like that; **se llama Anastasio, así como suena** he's called Anastasio, believe it or not; **me suena a chino** it sounds double Dutch to me
[4] (= *ser conocido*) to sound familiar, ring a bell*; **¿no te suena el nombre?** isn't the name familiar?, doesn't the name sound familiar *o* ring a bell?; **a mí su cara no me suena de nada** his face isn't at all familiar to me *o* doesn't look at all familiar to me
[5] (= *mencionarse*) **su nombre suena constantemente en relación con este asunto** her name is always coming up *o* being mentioned in connection with this affair; **no quiere que suene su nombre** he doesn't want his name mentioned
[6] (*Andes, Cono Sur**) (= *fracasar*) to come to grief*; **sonamos en la prueba de francés** we came to grief in the French test*; **ahora sí que sonamos** now we're really in trouble
[7] (*Cono Sur**) (= *morirse*) to kick the bucket*, peg out*
[8] (*Cono Sur**) (= *estropearse*) to pack up*
[9] **hacer ~** (*Cono Sur**) (*gen*) to wreck; [+ *dinero*] to blow*
[10] **hacer ~ a algn** (*Cono Sur**) (= *derrotar*) to thrash sb*; (= *castigar*) to do sb‡; (= *suspender*) to fail, flunk (*EEUU**); **lo van a hacer ~ si lo pillan** he'll get done for it if they catch him‡
Ⓑ VT [1] (= *hacer sonar*) [+ *campanilla*] to ring; [+ *trompeta*] to play; [+ *alarma, sirena*] to sound
[2] **~ la nariz a algn** to blow sb's nose
[3] (*Méx, Ven**) (= *pegar*) to clobber*
[4] (*Méx, Ven**) (= *ganar*) to thrash*
Ⓒ **sonarse** VPR (*tb* **~se los mocos** *o* **la nariz**) to blow one's nose

**sonar²** SM, **sónar** SM sonar

**sonata** SF sonata

**sonda** SF [1] (= *acción*) sounding
[2] (*Med*) probe
[3] (*Náut*) lead ► **sonda acústica** echo sounder ► **sonda espacial** space probe
[4] (*Téc*) bore, drill

**sondaje** SM (*Náut*) sounding; (*Téc*) boring, drilling; **conversaciones de ~** exploratory talks

**sondar** ▸conjug 1a◂ VT, **sondear** ▸conjug 1a◂ VT [1] (*Med*) to probe
[2] (*Náut*) to sound, take soundings of
[3] (*Téc*) to bore, bore into, drill
[4] (= *investigar*) [+ *misterio*] to fathom; [+ *persona, intenciones*] to sound out; **sondear a la opinión pública** to sound out public opinion; **sondear el terreno** to spy out the land, see how the land lies

**sondeo** SM [1] (*Med, Náut*) sounding
[2] (*Téc*) drilling
[3] (*Pol*) (= *encuesta*) poll; (= *contacto*) feeler, approach; **~ realizado a la salida de las urnas** exit poll ► **sondeo de audiencia** audience research ► **sondeo de la opinión pública** public opinion poll, Gallup Poll ► **sondeo de opinión** opinion poll ► **sondeo telefónico** telephone survey

**sonería** SF chimes *pl*

**soneto** SM sonnet

**songa** SF [1] (*Caribe*) (= *sarcasmo*) sarcasm, irony
[2] (*Méx*) (= *grosería*) dirty joke, vulgar remark
[3] **a la ~ (~)** (*Andes, CAm, Cono Sur**) slyly, underhandedly

**songo** Ⓐ ADJ (*Andes, Méx*) [1] (*) (= *estúpido*) stupid, thick*
[2] (*) (= *taimado*) sly, crafty
Ⓑ SM (*Andes*) buzz, hum

**sónico** ADJ sonic, sound *antes de s*

**sonidista** SMF sound engineer

**sonido** SM sound; **~ envolvente** surround sound

**soniquete** SM = **sonsonete 2**

**sonista** SMF sound engineer, sound recordist

**sonoboya** SF sonar buoy

**sonómetro** SM sound level meter

**sonoridad** SF sonority

**sonorización** SF [1] [*de película*] adding of the soundtrack
[2] [*de local*] installation of a sound system
[3] (*Ling*) voicing

**sonorizar** ▸conjug 1f◂ Ⓐ VT [1] [+ *película*] to add the sound track to
[2] [+ *local*] to install a sound system in
[3] (*Ling*) to voice
Ⓑ **sonorizarse** VPR (*Ling*) to voice, become voiced

**sonoro** ADJ [1] (= *ruidoso*) [*cavidad*] resonant; [*voz*] rich, sonorous; [*poesía*] sonorous; [*cueva*] echoing; [*beso*] loud
[2] (*Ling*) voiced
[3] **banda sonora** sound track; **efectos ~s** sound effects

**sonotone** SM hearing aid

**sonreír** ▸conjug 3l◂ Ⓐ VI [1] [*persona*] to smile; **~ a algn** to smile at sb; **el chiste no le hizo ni ~** she didn't even smile at the joke; **~ forzadamente** to force a smile
[2] (= *favorecer*) **le sonríe la fortuna** fortune smiles (up)on him; **el porvenir le sonríe** he has a bright future ahead of him
Ⓑ **sonreírse** VPR to smile

**sonría** *etc ver* **sonreír**

**sonriente** ADJ smiling

**sonrisa** SF smile; **~ amarga** wry smile; **~ forzada** forced smile; **no perder la ~** to keep smiling; **una ~ de oreja a oreja** an ear-to-ear grin

**sonrojante** ADJ embarrassing

**sonrojar** ▸conjug 1a◂ Ⓐ VT **~ a algn** to make sb blush
Ⓑ **sonrojarse** VPR to blush (**de** at)

**sonrojo** SM [1] (= *rubor*) blush
[2] (= *improperio*) offensive word, embarrassing remark (*that brings a blush*)

**sonrosado** ADJ rosy, pink

**sonrosarse** ▸conjug 1a◂ VPR to turn pink

**sonsacar** ▸conjug 1g◂ VT to wheedle, coax; **~ a algn** to pump sb for information; **~ un secreto a algn** to worm a secret out of sb

**sonsear** ▸conjug 1a◂ VI (*Cono Sur*) = **zoncear**

**sonsera** SF (*LAm*), **sonsería** SF (*LAm*) = **zoncera**

**sonso/a*** ADJ, SM/F (*LAm*) = **zonzo**

**sonsonete** SM [1] (= *sonido*) [*de golpes*] tap, tapping; [*de traqueteo*] rattle; [*de cencerro*] jangling
[2] (= *voz monótona*) monotonous delivery, singsong, singsong voice
[3] (= *frase rimada*) jingle, rhyming phrase
[4] (= *tono mofador*) mocking undertone

**sonsoniche** SM (*Caribe*) = **sonsonete**

**sonza** SF [1] (*Caribe*) (= *astucia*) cunning, deceit
[2] (*Méx*) (= *sarcasmo*) sarcasm, mockery

**soñación*** SF **¡ni por ~!** not on your life!

**soñado** ADJ [1] (= *ideal*) dream *antes de s*; **¿cómo sería su casa soñada?** what would your dream home be like?
[2] (= *deseado*) dreamed-of; **llegó el ~ día del armisticio** the dreamed-of armistice day dawned
[3] (*Col, Cono Sur**) (= *divino*) gorgeous; **un traje de novia ~** a gorgeous wedding dress

**soñador(a)** Ⓐ ADJ [*ojos, mirada*] dreamy; **siempre he sido un poco ~a** I've always been a a bit of a dreamer; **la gente es menos ~a hoy día** nowadays people are less idealistic
Ⓑ SM/F dreamer

**soñar** ▸conjug 1l◂ Ⓐ VT [1] (*durmiendo*) [1·1] [+ *ensueño*] to dream; **no recuerdo lo que soñé anoche** I can't remember what I dreamed about last night; **soñé que me había perdido en la selva** I dreamed that I had got lost in the jungle
[1·2] (*LAm*) [+ *persona*] to dream about; **te soñé anoche** I dreamed about you last night
[2] (= *imaginar*) to dream; **han ganado más dinero del que jamás habían soñado** they have won more money than they ever dreamed of *o* dreamed possible; **nunca lo hubiera soñado** I'd never have dreamed it; ✦***MODISMOS*** **¡ni ~lo!***: **¿ir en avión? yo eso ¡ni ~lo!** me go by plane? no chance!*; **—¿me compras un abrigo de visón? —¡ni lo sueñes!** "will you buy me a mink coat?" — "in your dreams!" *o* "dream on!"*; **que ni soñado***: **fue un montaje teatral que ni soñado** the staging of the play was out of this world*; **me va que ni soñado** it suits me a treat*
Ⓑ VI [1] (*durmiendo*) to dream; **~ con algo** to dream about sth; **anoche soñé contigo** I dreamed *o* I had a dream about you last night; **"que sueñes con los angelitos"** "sweet dreams"; **~ en voz alta** to talk in one's sleep
[2] (= *fantasear*) to dream; **deja ya de ~ y ponte a trabajar** stop daydreaming *o* dreaming and get on with some work; **~ con algo** to dream of sth; **soñaban con la victoria** they dreamed of victory; **soñaba con una lavadora** she dreamed of (one day) having a washing machine; **~ con hacer algo** to dream of doing sth; **sueña con ser cantante** she dreams of being a singer; **no podemos ni ~ con comprarnos un coche** we can't even think of buying a car; **~ despierto** to daydream

**soñarra** SF, **soñera** SF [1] (= *modorra*) drowsiness, deep desire to sleep
[2] (= *sueño*) deep sleep

**soñolencia** SF = **somnolencia**

**soñolientamente** ADV sleepily, drowsily

**soñoliento** ADJ sleepy, drowsy

**sopa** SF [1] (= *caldo*) soup; ✦*MODISMOS* **hasta en la ~**: **los encontramos hasta en la ~** they're everywhere, they're ten a penny; **andar a** *o* **vivir a** *o* **comer la ~ boba** to scrounge one's meals*; **poner a algn como ~ de Pascua*** to give sb a ticking-off* ► **sopa chilena** (*Andes*) corn and potato soup ► **sopa de cebolla** onion soup ► **sopa de cola** (*CAm*) oxtail soup ► **sopa de fideos** noodle soup ► **sopa de sobre** packet soup ► **sopa de verduras**, **sopa juliana** vegetable soup
[2] (= *pan mojado*) sop; **hacer ~s** to dunk*; ✦*MODISMOS* **estar hecho una ~** to be sopping wet, be soaked to the skin; **dar ~s con honda a algn** to be streets ahead of sb ► **sopas de leche** bread and milk
[3] ► **sopa de letras** word search, word search game
[4] (*Méx*) (*tb* **~ seca**) second course

**sopaipilla** SF (*Andes, Cono Sur*) fritter

**sopapear** ▸conjug 1a◂ VT [1] [+ *persona*] (= *golpear*) to slap, smack; (= *sacudir*) to shake violently
[2] (= *maltratar*) to maltreat; (= *insultar*) to insult

**sopapié** SM (*Andes*) kick

**sopapina** SF series of punches, bashing*

**sopapo** SM slap, smack

**sopar*** ▸conjug 1a◂ (*Cono Sur*) Ⓐ VT [+ *pan*] to dip, dunk
Ⓑ VI to meddle

**sopear** ▸conjug 1a◂ VT (*LAm*) to soak

**sopera** SF soup tureen

**sopero** Ⓐ ADJ [1] [*plato, cuchara*] soup *antes de s*
[2] (*Andes*) (= *curioso*) nosey*, gossipy
Ⓑ SM soup plate

▼**sopesar** ▸conjug 1a◂ VT [1] (= *levantar*) to try the weight of
[2] (= *evaluar*) [+ *situación*] to weigh up; [+ *palabras*] to weigh

**sopetón** SM [1] (= *golpe*) punch
[2] **de ~** suddenly, unexpectedly; **entrar de ~** to pop in, drop in; **entrar de ~ en un cuarto** to burst into a room

**sopimpa** SF (*Caribe*) series of punches

**soplacausas*** SMF INV incompetent lawyer

**soplado** Ⓐ ADJ (*) [1] [*persona*] (= *borracho*) tight*; (= *limpio*) clean; (= *pulcro*) extra smart, overdressed; (= *afectado*) affected; (= *engreído*) stuck-up*
[2] (*Cono Sur**) **ir ~** to drive very fast
Ⓑ SM (*tb* **~ de vidrio**) glass blowing

**soplador(a)** Ⓐ SM/F [1] [*de vidrio*] glass blower
[2] (= *alborotador*) troublemaker
[3] (*Andes, CAm Teat*) prompter
Ⓑ SM (= *ventilador*) fan, ventilator

**soplagaitas*** SMF INV idiot, twit*

**soplamocos*** SM INV [1] (= *puñetazo*) punch, slap
[2] (*Méx*) (= *comentario*) put-down

**soplapollas**** SMF INV berk*, wanker**, prick**

**soplar** ▸conjug 1a◂ Ⓐ VT [1] (= *echar aire sobre*) [+ *polvo*] to blow away, blow off; [+ *superficie, sopa, fuego*] to blow on; [+ *vela*] to blow out; [+ *globo*] to blow up; [+ *vidrio*] to blow
[2] (= *inspirar*) to inspire
[3] (= *decir confidencialmente*) **~ la respuesta a algn** to whisper the answer to sb; **~ a algn** (= *ayudar a recordar*) to prompt sb; **~ a algn algo referente a otro** to tell sb something nasty about somebody
[4] (*) (= *delatar*) to split on*
[5] (*) (= *birlar*) to pinch*
[6] (*) (= *cobrar*) to charge, sting*; **me han soplado ocho dólares** they stung me for eight dollars; **¿cuánto te ~on?** how much did they sting you for?
[7] (*) [+ *golpe*] **le sopló un buen mamporro** she whacked *o* clouted him one*
Ⓑ VI [1] [*persona, viento*] to blow; **¡sopla!*** (*indicando sorpresa*) well I'm blowed!*
[2] (*) (= *delatar*) to split*, squeal*
[3] (*) [*beber*] to drink, booze
Ⓒ **soplarse** VPR [1] (*) (= *devorar*) **~se un pastel** to wolf (down) a cake; **se sopla un litro entero** he knocks back a whole litre*
[2] (*) (= *delatar*) **~se de algn** to split on sb*, sneak on sb
[3] (*) (= *engreírse*) to get conceited

**soplete** SM blowlamp, blowtorch ► **soplete oxiacetilénico** oxyacetylene burner ► **soplete soldador** welding torch

**soplido** SM strong puff, blast

**soplo** SM [1] [*de aire*] (*con la boca*) blow, puff; (*por el viento*) puff, gust; ✦*MODISMO* **en un ~**: **la semana pasó como** *o* **en un ~** the week flew by, the week was over in no time
[2] (*Téc*) blast
[3] (*) tip-off; **dar el ~** to squeal*; **ir con el ~ al director** to tell tales to the headmaster, go and tell the head*
[4] (*) [*de policía*] informer, grass*, fink (*EEUU**)
[5] ► **soplo cardíaco**, **soplo al corazón** heart murmur

**soplón/ona*** SM/F [1] [*de policía*] informer, grass*, fink (*EEUU**)
[2] (*Méx*) (= *policía*) (*gen*) cop*; (*Andes*) [*de la policía secreta*] member of the secret police
[3] (*CAm Teat*) prompter

**sopón** ADJ (*Caribe*) interfering

**soponcio*** SM **¡qué ~! me pillaron copiando en el examen** I nearly died! they caught me copying in the exam; **si no abres las ventanas nos va a dar un ~** if you don't open the windows we're all going to pass out; **al verlo con la cabeza rapada le dio un ~** she had a fit when she saw him with his head shaved

**sopor** SM [1] (*Med*) drowsiness
[2] (= *letargo*) torpor

**soporífero**, **soporífico** Ⓐ ADJ [1] (*Med*) sleep-inducing
[2] (= *aburrido*) soporific
Ⓑ SM [1] (= *pastilla*) sleeping pill
[2] (= *bebida*) sleeping draught

**soportable** ADJ bearable

**soportal** SM [1] [*de casa*] porch
[2] **soportales** (*en una calle*) arcade *sing*, colonnade *sing*

**soportante** ADJ supportive

▼**soportar** ▸conjug 1a◂ Ⓐ VT [1] (= *resistir*) [+ *peso*] to support; [+ *presión*] to resist, withstand; **cuatro pilares soportan la bóveda** the vault is supported by four pillars; **las vigas soportan el peso del techo** the beams bear *o* carry the weight of the ceiling
[2] (= *aguantar*) [+ *dolor, contratiempo, clima*] to bear; [+ *persona*] to put up with; **soportaba su enfermedad con resignación** she bore her illness with resignation; **soportó a su marido durante años** she put up with her husband for years; **soporta mal el dolor** she cannot stand pain; **no soporto a ese imbécil** I can't stand that idiot; **no soporta que la critiquen** she can't stand being criticized
Ⓑ **soportarse** VPR **Ruth y Blanca no se soportan** Ruth and Blanca can't stand each other

**soporte** SM [1] (= *apoyo*) [*de puente*] support; [*de repisa*] bracket
[2] (= *pedestal*) base, stand
[3] [*de persona*] support; **es un buen ~ para sus padres** she's a real support to her parents; **esto es un ~ para su opinión** this supports *o* backs up her opinion
[4] (*Inform*) medium ► **soporte de entrada** input medium ► **soporte de salida** output medium ► **soporte físico** hardware ► **soporte lógico** software
[5] (*Heráldica*) supporter

**soprano** SMF soprano

**soquete** SM (*LAm*) sock, ankle sock, anklet (*EEUU*)

**sor** SF Sister; **Sor María** Sister Mary; **una ~*** a nun

**sorber** ▸conjug 2a◂ VT [1] (= *beber*) (*poco a poco*) to sip; (*chupando*) to suck up; **~ por una paja** to drink through a straw; **~ por las narices** (*gen*) to sniff, sniff in, sniff up; (*Med*) to inhale
[2] (= *absorber*) [*esponja, papel secante*] to soak up, absorb
[3] (= *tragar*) [*mar*] to suck down, swallow up; [+ *palabras*] to drink in

**sorbete** SM [1] (= *postre*) sorbet, sherbet (*EEUU*)
[2] (*Caribe, Cono Sur*) (= *pajita*) drinking straw
[3] (*Méx*) (= *sombrero*) top hat

**sorbetera** SF ice-cream freezer

**sorbetería** SF (*CAm*) ice-cream parlour, ice-cream shop

**sorbetón** SM gulp, mouthful

**sorbito** SM sip

**sorbo** SM (*al beber*) (= *trago pequeño*) sip; (= *trago grande*) gulp, swallow; **un ~ de té** a sip of tea; **beber a ~s** to sip; **de un ~** in one gulp; **tomar de un ~** to down in one, drink in one gulp

**sorche‡** SM, **sorchi‡** SM soldier

**sordamente** ADV dully, in a muffled way

**sordera** SF deafness ► **sordera profunda** profound deafness

**sordidez** SF [1] (= *suciedad*) sordidness, squalor
[2] (= *inmoralidad*) sordidness

**sórdido** ADJ [1] (= *sucio*) dirty, squalid
[2] (= *inmoral*) sordid
[3] [*palabra*] nasty, dirty

**sordina** SF [1] (*Mús*) mute
[2] **con ~** on the quiet, surreptitiously

**sordo/a** Ⓐ ADJ [1] [*persona*] deaf; **quedarse ~** to go deaf; **mostrarse ~ a** ◊ **permanecer ~ a** to be deaf to; **se mostró ~ a sus súplicas** he was deaf to her entreaties, her entreaties fell on deaf ears; ✦*MODISMOS* **a la sorda** ◊ **a sordas** on the quiet, surreptitiously; **~ como una tapia** as deaf as a post
[2] (= *insonoro*) [*ruido*] dull, muffled; [*dolor*] dull; [*emoción, ira*] suppressed
[3] (*Ling*) voiceless
Ⓑ SM/F deaf person; **hacerse el ~** to pretend not to hear, turn a deaf ear

➤ LENGUA Y USO: **sopesar 2** 53.4 **soportar A2** 34.3, 41

**sordociego/a** Ⓐ ADJ blind and deaf
Ⓑ SM/F blind and deaf person

**sordomudez** SF deaf-muteness

**sordomudo/a** Ⓐ ADJ deaf and dumb
Ⓑ SM/F deaf-mute

**sorgo** SM sorghum

**soriano/a** (*Esp*) Ⓐ ADJ of/from Soria
Ⓑ SM/F native/inhabitant of Soria; **los ~s** the people of Soria

**soriasis** SF INV psoriasis

**Sorlinga**: **Islas ~** SFPL Scilly Isles

**sorna** SF [1] (= *malicia*) sarcasm
[2] (= *tono burlón*) sarcastic tone; **con ~** sarcastically, mockingly
[3] (= *lentitud*) slowness

**sornar*** ▸conjug 1a◂ VI to kip*, sleep

**sorocharse** ▸conjug 1a◂ VPR [1] (*LAm*) = **asorocharse**
[2] (*Cono Sur*) (= *ponerse colorado*) to blush

**soroche** SM [1] (*LAm Med*) mountain sickness, altitude sickness
[2] (*Cono Sur*) (= *rubor*) blush, blushing
[3] (*Andes, Cono Sur Min*) galena, natural lead sulphide

**sorprendente** ADJ surprising; **no es ~ que …** it is hardly surprising that …, it is small wonder that …

**sorprender** ▸conjug 2a◂ Ⓐ VT [1] (= *asombrar*) to surprise; **no me ~ía que …** I wouldn't be surprised if …
[2] (= *coger desprevenido*) to catch; (*Mil*) to surprise; **lo sorprendieron robando** they caught him stealing
[3] [+ *conversación*] to overhear; [+ *secreto*] to find out, discover; [+ *escondrijo*] to find
Ⓑ VI to be surprising; **sorprende observar cómo lo hace** it's surprising to see how he does it; **sorprende la delicadeza de su verso** the delicacy of her poetry is surprising
Ⓒ **sorprenderse** VPR to be surprised; **me sorprendí de la claridad de sus ideas** I was surprised at the clarity of his ideas; **no me sorprendí de que se enfadara** I wasn't surprised he got angry; **se sorprendió mucho** he was very surprised

**sorprendido** ADJ surprised

**sorpresa** Ⓐ SF [1] (= *asombro*) surprise; **¡qué** *o* **vaya ~!** what a surprise!; **fue una ~ verte allí** it was a surprise to see you there, I was surprised to see you there; **ante** *o* **para mí ~** to my surprise; **con gran ~ mía** much to my surprise; **causar ~ a algn** to surprise sb; **coger a algn de** *o* **por ~** to take sb by surprise; **dar una ~**: **Pablo quería darme una ~** Pablo wanted to take me by surprise *o* surprise me; **nunca ha llegado a la final, pero esta vez podría dar una** *o* **la ~** she has never reached the final before but this time she may cause an upset *o* she may surprise a few people; **llevarse una ~** to get a surprise; **producir ~ a algn** to surprise sb
[2] (= *regalo*) surprise; **¿me has comprado alguna ~?** have you bought a surprise for me?
[3] (*Mil*) surprise attack
Ⓑ ADJ INV surprise *antes de s*; **ataques ~** surprise attacks; **inspección ~** spot check; **resultado ~** surprise result; **sobres ~** lucky dip bags; **visita ~** unannounced visit, surprise visit

**sorpresivamente** ADV (= *asombrosamente*) surprisingly; (= *repentinamente*) suddenly, unexpectedly

**sorpresivo** ADJ (*esp LAm*) (= *asombroso*) surprising; (= *imprevisto*) sudden, unexpected

**sorrajar** ▸conjug 1a◂ VT (*Méx*) (= *golpear*) to hit; (= *herir*) to wound

**sorrasear** ▸conjug 1a◂ VT (*Méx*) to part-roast, grill

**sorrongar** ▸conjug 1h◂ VI (*Andes*) to grumble

**sorrostrigar** ▸conjug 1h◂ VT (*Andes*) to pester, annoy

**sortario** ADJ (*Caribe*) lucky, fortunate

**sortear** ▸conjug 1a◂ Ⓐ VT [1] (= *decidir al azar*) to draw lots for
[2] (= *rifar*) (*gen*) to raffle; (*Dep*) to toss up for
[3] (= *evitar*) [+ *obstáculo*] to dodge, avoid; **el torero sorteó al toro** the bullfighter dodged out of the bull's way; **el esquiador sorteó las banderas con habilidad** the skier swerved skilfully round the flags; **aquí hay que ~ el tráfico** you have to weave in and out of the traffic here
[4] (= *librarse de*) [+ *dificultad*] to avoid, get round; [+ *pregunta*] to handle, deal with, deal with skilfully *o* (*EEUU*) skillfully
Ⓑ VI [1] (*en sorteo*) to draw lots
[2] (*con moneda*) to toss, toss up

**sorteo** SM [1] (*en lotería*) draw; (= *rifa*) raffle; (*Dep*) toss; **ganar el ~** to win the toss; **el ganador se decidirá mediante ~** lots will be drawn to decide the winner ► **sorteo de regalos** prize draw; → LOTERÍA
[2] (*al evitar algo*) dodging, avoidance

**sortija** SF [1] (= *anillo*) ring ► **sortija de compromiso, sortija de pedida** engagement ring ► **sortija de sello** signet ring
[2] (= *bucle*) curl, ringlet

**sortilegio** SM [1] (= *hechizo*) spell, charm
[2] (= *hechicería*) sorcery
[3] (= *encanto*) charm

**sos** (*Arg*) = **sois**; *ver* **ser**

**sosa** SF soda ► **sosa cáustica** caustic soda

**sosaina*** Ⓐ ADJ dull, boring
Ⓑ SMF dull person, bore

**sosco** SM (*Andes*) bit, piece

**sosegadamente** ADV calmly, peacefully

**sosegado** ADJ [1] [*apariencia, vida*] calm, peaceful
[2] [*persona*] calm, serene

**sosegar** ▸conjug 1h, 1j◂ Ⓐ VT [1] [+ *persona*] (= *calmar*) to calm; (= *aquietar*) to quieten, quiet (*EEUU*); (= *arrullar*) to lull
[2] [+ *ánimo*] to calm
[3] [+ *dudas, aprensiones*] to allay
Ⓑ VI to rest
Ⓒ **sosegarse** VPR (= *calmarse*) to calm down; (= *aquietarse*) to quieten down

**soseras*** ADJ = **soso 2**

**sosería** SF [1] (= *insulsez*) insipidness
[2] (= *monotonía*) dullness; **es una ~** it's boring, it's terribly dull

**sosia** SM double

**sosiego** SM [1] [*de lugar, ambiente*] (= *tranquilidad*) calm, calmness, tranquility; (= *quietud*) peacefulness
[2] [*de persona*] calmness, serenity, composure; **hacer algo con ~** to do sth calmly

**soslayar** ▸conjug 1a◂ VT [1] (= *poner ladeado*) to put sideways, place obliquely (*frm*)
[2] (= *librarse de*) [+ *dificultad*] to get round; [+ *pregunta*] to avoid, dodge, sidestep; [+ *encuentro*] to avoid

**soslayo**: **al** *o* **de ~** ADV obliquely, sideways; **mirada de ~** sidelong glance; **mirar de ~** (*lit*) to look out of the corner of one's eye (at); (*fig*) to look askance (at)

**soso** ADJ [1] (*Culin*) (= *insípido*) tasteless, insipid; (= *sin sal*) unsalted; **estas patatas están sosas** these potatoes are unsalted *o* need more salt
[2] (= *aburrido, inexpresivo*) dull, uninteresting

**sospecha** SF suspicion

**sospechar** ▸conjug 1a◂ Ⓐ VT to suspect; **sospecho que lo hizo él** I suspect (that) he did it; **—fue él el que lo robó —ya lo sospechaba** "it was he who stole it" — "I suspected as much"; **sospecho que no tardarán en llegar** I have a feeling they won't be long
Ⓑ VI **~ de algn** to suspect sb, be suspicious of sb; **la policía siempre sospechó del marido** the police always suspected the husband, the police were always suspicious of the husband

**sospechosamente** ADV suspiciously

**sospechoso/a** Ⓐ ADJ suspicious; **su comportamiento es muy ~** his behaviour is very suspicious; **el bar estaba lleno de tipos ~s** the bar was full of suspicious-looking types; **todos son ~s** everybody is under suspicion; **tiene amistades sospechosas** he has some dubious acquaintances; **es ~ de asesinato** he is suspected of murder
Ⓑ SM/F suspect

**sosquín** SM (*Caribe*) [1] (= *ángulo*) wide corner, obtuse angle
[2] (= *golpe*) backhander, sweetener (*EEUU*), unexpected blow

**sosquinar** ▸conjug 1a◂ VT (*Caribe*) to hit unexpectedly, wound unexpectedly

**sostén** SM [1] (*Arquit*) support, prop
[2] (= *prenda femenina*) bra, brassiere
[3] (= *alimento*) sustenance
[4] (= *apoyo*) support; **el único ~ de su familia** the sole support of his family; **el principal ~ del gobierno** the mainstay of the government

**sostener** ▸conjug 2k◂ Ⓐ VT [1] (= *sujetar*) [1·1] (*en las manos, los brazos*) to hold; **¡sostén esto un momentito!** hold this a minute!; **yo llevaba las cajas mientras él me sostenía la puerta** I carried the boxes while he held the door open for me
[1·2] (*en pie*) [+ *construcción, edificio, techo*] to hold up, support; **los pilares que sostienen el puente** the pillars which hold up *o* support the bridge; **las piernas apenas me sostenían** my legs could barely hold me up *o* support me; **entró borracho, sostenido por dos amigos** he came in drunk, held up *o* supported by two friends
[1·3] (= *soportar*) [+ *peso, carga*] to bear, carry, sustain (*frm*)
[2] (= *proporcionar apoyo a*) [2·1] (*económicamente*) to support; **no gano suficiente para ~ a una familia** I don't earn enough to support a family; **algunas de las alternativas sugeridas para ~ al club** some of the alternatives suggested to keep the club going
[2·2] (= *alimentar*) to support, sustain (*frm*); **la tierra no da para ~ a todo el mundo** the land does not provide enough to support *o* (*frm*) sustain everyone

➤ LENGUA Y USO: sorprender A1 42.2

[2·3] (*moralmente*) to support; **la élite ha dejado de ~ al régimen** the elite has stopped supporting the regime; **una mayoría capaz de ~ al Gobierno** a majority large enough to keep *o* support the government in power; **sólo lo sostiene el cariño de sus hijos** the love of his children is all that keeps him going
[3] (= *mantener*) [3·1] [+ *opinión*] to hold; **siempre he sostenido lo contrario** I've always held the opposite opinion; **sostiene un punto de vista muy diferente** he has *o* holds a very different point of view; **no tiene datos suficientes para ~ esa afirmación** she doesn't have enough information to back up *o* support that statement; **la investigación no ha terminado, como sostiene el juez** the investigation has not concluded, as the judge maintains *o* holds; **~ que** to maintain *o* hold that; **sigue sosteniendo que es inocente** she still maintains *o* holds that she is innocent
[3·2] [+ *situación*] to maintain, keep up; **no podrán ~ su puesto en la clasificación** they won't be able to maintain *o* keep up their place in the ranking; **los campesinos han sostenido desde siempre una fuerte lucha con el medio** country people have always kept up *o* carried on a hard struggle against the environment; **~ la mirada de algn** to hold sb's gaze
[4] (= *tener*) [+ *conversación, enfrentamiento, polémica*] to have; [+ *reunión, audiencia*] **sostuvo recientemente un enfrentamiento con el presidente** he recently had a clash with the president; **sostuvo un breve encuentro con sus ministros** he held a brief meeting with his ministers
[5] (*Mús*) [+ *nota*] to hold, sustain
Ⓑ **sostenerse** VPR [1] (= *sujetarse*) to stand; **la escultura se sostiene sobre cuatro columnas** the sculpture stands on four columns; **un libro grueso que se sostiene de canto** a thick book which will stand up; **no se me sostiene el peinado** my hair won't stay up; **~se en pie** [*persona*] to stand upright, stand on one's feet; [*edificio*] to stand; **apenas podía ~me en pie** I could hardly stand upright, I could hardly stand on my feet; **la iglesia es lo único que se sostiene todavía en pie** only the church is still standing
[2] (= *sustentarse*) [2·1] (*económicamente*) [*persona*] to support o.s.; [*empresa*] to keep going; **mientras pueda ~se con sus ingresos** as long as she can support herself on her income; **la minería se sostiene gracias a las subvenciones** the mining industry is kept going by subsidies
[2·2] (*con alimentos*) **¿cómo puedes ~te sólo con un bocadillo?** how can you keep going on just a sandwich?; **~se a base de algo** to live on sth, survive on sth
[3] (= *resistir*) **el mercado se sostiene firme** the market is holding firm; **~se en el poder** to maintain o.s. in power; **se sostiene en su negativa de no dejarlos participar** he persists in his refusal to let them take part

**sostenible** ADJ [*desarrollo, crecimiento, recuperación*] sustainable; **la situación no parece ~ a largo plazo** the situation does not seem to be sustainable in the long term; **su postura resulta difícilmente ~** his position is difficult to sustain

**sostenidamente** ADV continuously

**sostenido** Ⓐ ADJ [1] (= *continuo*) sustained
[2] (*Mús*) sharp; **do ~** C sharp
Ⓑ SM (*Mús*) sharp

**sostenimiento** SM [1] (= *sujeción*) support; **las vigas sirven de principal ~ al edificio** the girders act as the building's main support
[2] (= *conservación*) **una política de ~ de precios** a policy of maintaining price levels; **medidas que contribuyen al ~ de la democracia** measures that contribute to the upholding *o* maintenance of democracy
[3] (= *apoyo*) (*financiero*) maintenance; (*con alimentos*) sustenance; **para el ~ de la economía** for the maintenance of *o* to maintain the economy

**sota**[1] SF [1] (*Naipes*) jack, knave
[2] (†) (= *descarada*) hussy, brazen woman; (= *puta*) whore

**sota**[2] SM (*Cono Sur**) overseer, foreman

**sotabanco** SM [1] (= *desván*) attic, garret
[2] (*Cono Sur*) (= *cuartucho*) poky little room

**sotabarba** SF double chin, jowl

**sotacura** SM (*Andes, Cono Sur*) curate

**sotana** SF [1] (*Rel*) cassock, soutane
[2] (*) (= *paliza*) hiding

**sotanear*** ▸conjug 1a◂ VT to tick off*

**sótano** SM [1] (*en casa*) (*habitable*) basement; (*como almacén*) cellar
[2] (*en banco*) vault

**Sotavento**: **Islas ~** SFPL Leeward Isles

**sotavento** SM (*Náut*) lee, leeward; **a ~** to leeward; **de ~** leeward *antes de s*

**sotechado** SM shed

**soterradamente** ADV in an underhand way

**soterrado** ADJ buried, hidden

**soterramiento** SM excavation; **obras de ~** excavations, underground works

**soterrar** ▸conjug 1j◂ VT [1] (= *enterrar*) to bury
[2] (= *esconder*) to hide away, bury

**soto** SM [1] (*Bot*) (= *matorral*) thicket; (= *arboleda*) grove, copse
[2] (*Andes*) (*en la piel*) rough lump, bump; (= *nudo*) knot

**sotobosque** SM undergrowth

**sotreta** SF (*Andes, Cono Sur*) [1] (= *caballo*) horse; (= *caballo brioso*) frisky horse; (= *caballo viejo*) useless old nag
[2] (= *persona*) loafer, idler, bum (*EEUU*)

**soturno** ADJ taciturn, silent

**soufflé** [su'fle] SM soufflé

**soul** ADJ INV, SM (*Mús*) soul

**soutien** [su'tjen] SM (*pl* **soutiens**) (*Arg*) bra, brassiere

**souvenir** [suβe'nir] SM (*pl* **souvenirs**) souvenir

**soviet** SM soviet

**soviético/a** Ⓐ ADJ Soviet *antes de s*
Ⓑ SM/F **los ~s** the Soviets, the Russians

**soy** *ver* **ser**

**soya** SF (*LAm*) soya, soy (*EEUU*)

**S.P.** ABR [1] (*Rel*) = **Santo Padre**
[2] (*Esp Aut*) = **Servicio Público**
[3] (*Admin*) = **Servicio Postal**

**spaghetti(s)** SMPL, **spaguetti(s)** SMPL [espa'ɣeti(s)] spaghetti *sing*

**spárring** [es'parin] SM sparring partner

**speed*** [es'pið] SM (= *droga*) speed

**spi*** [es'pi] SM spinnaker

**spleen** [es'plin] SM = **esplín**

**SPM** SM ABR (= **síndrome premenstrual**) PMS

**sponsor** [espon'sor] SMF (*pl* **sponsors** [espon'sor]) sponsor

**sport** [es'por] SM sport; **chaqueta (de) ~** sports jacket, sports coat (*EEUU*); **ropa de ~** casual wear; **vestir de ~** to dress casually; **hacer algo por ~** to do sth (just) for fun

**spot** [es'pot] SM (*pl* **spots**) [1] (*TV*) ► **spot electoral** party political broadcast ► **spot publicitario** (*TV*) commercial, ad*
[2] (*Cono Sur Elec*) spotlight

**spray** [es'prai] SM (*pl* **sprays**) spray, aerosol

**sprint** [es'prin] SM (*pl* **sprints** [es'prin]) [1] (*Dep*) sprint; **imponerse al ~** to win in a sprint finish; **tengo que hacer un ~** I must dash, I must get a move on
[2] (*tb* **~ final**) (= *esfuerzo máximo*) final dash, last-minute rush

**sprintar** [esprin'tar] ▸conjug 1a◂ VI to sprint

**sprínter** [es'printer] SMF sprinter

**squash** [es'kwas] SM squash

**Sr.** ABR (= **Señor**) Mr; → DON/DOÑA

**Sra.** ABR (= **Señora**) Mrs; → DON/DOÑA

**S.R.C.** ABR (= **se ruega contestación**) RSVP

**Sres.** ABR (= **Señores**) Messrs

**Sria.** ABR (= **secretaria**) sec

**Sri Lanka** SM Sri Lanka

**Srio.** ABR (= **secretario**) sec

**Srs.** ABR (= **Señores**) Messrs

**Srta.** ABR (= **Señorita**) Miss, Ms; → DON/DOÑA

**SS.** ABR (= **Santos, Santas**) SS

**ss.** ABR [1] (= **siguientes**) following, foll.
[2] (= **siglos**) cent.

**S.S.** ABR [1] (*Rel*) (= **Su Santidad**) HH
[2] = **Seguridad Social**
[3] = **Su Señoría**

**s.s.** ABR (= **seguro servidor**) *courtesy formula*

**SSE** ABR (= **sudsudeste**) SSE

**SSI** SM ABR (= **Servicio Social Internacional**) ISS

**SS.MM.** ABR = **Sus Majestades**

**SSO** ABR (= **sudsudoeste**) SSW

**SSS** SM ABR = **servicio social sustitutorio**

**s.s.s.** ABR (= **su seguro servidor**) *courtesy formula*

**Sta.** ABR (= **Santa**) St

**staccato** [esta'kato] ADV INV staccato

**staff** [es'taf] SM (*pl* **staffs** [es'taf]) [1] (= *equipo*) (*Mil*) staff, command; (*Pol*) ministerial team
[2] (= *persona*) top executive
[3] (*Cine, Mús*) credits *pl*, cast (and credits) (*EEUU*), credit titles *pl*

**stage** [es'teiʒ] SM period, phase

**stagflación** [estagfla'θjon] SF stagflation

**Stalin** [es'talin] SM Stalin

**stand** [es'tan] SM (*pl* **stands** [es'tan]) stand

**standard** ADJ, SM, **stándard** ADJ, SM [es'tandar] = **estándar**

**standing** [es'tandin] SM standing; **de alto ~** [*oficial*] high-ranking; [*ejecutivo*] top; [*piso*] luxury; **una mujer de alto ~** a woman of high standing

**stárter** [es'tarter] SM [1] (*Aut*) (= *aire*) choke; (*LAm*) (= *arranque*) self-starter, starter motor
[2] (*LAm Equitación*) (= *persona*) starter; (= *puerta*) starting gate

**statu quo** SM status quo

**status** [es'tatus] SM INV status

**Sto.** ABR (= **Santo**) St

**stock** [es'tok] SM (*pl* **stocks** [es'tok]) stock, supply

**stop** [es'top] SM stop sign, halt sign

**store** [es'tor] SM sunblind, awning

**stress** [es'tres] SM stress

**stretching** [es'tretʃin] SM stretching

**strip-tease** [es'triptis] SM, **striptease** [es'triptis] SM striptease

**su** ADJ POSES [1] (*sing*) (= *de él*) his; (= *de ella*) her; (= *de usted*) your; (= *de animal, cosa*) its; (*impersonal*) one's; **el chico perdió su juguete** the boy lost his toy; **María vino con su padre** María came with her father; **dígame su número de teléfono** give me your telephone number; **un oso y su cachorro** a bear and its cub; **uno tiene que mirar por su negocio** one has to look after one's own business
[2] (*pl*) (= *de ustedes*) your; (= *de ellos, de ellas*) their; **no olviden sus paraguas** don't forget your umbrellas; **las niñas se quedaron en su cuarto** the girls stayed in their room
[3] (*uso enfático*) **tendrá sus buenos 80 años** he must be a good 80 years old; **su dinero le habrá costado** it must have cost her a pretty penny; **una casa de muñecas con sus cortinitas y todo** a doll's house with little curtains and everything

**suampo** SM (*CAm*) swamp

**suato*** ADJ (*Méx*) silly

**suave** Ⓐ ADJ [1] (= *liso*) [*superficie*] smooth, even; [*piel, pasta*] smooth
[2] (= *no fuerte*) [*color, movimiento, brisa, reprimenda*] gentle; [*clima, sabor*] mild; [*trabajo*] easy; [*operación mecánica*] smooth, easy; [*melodía, voz*] soft, sweet; [*ruido*] low; [*olor*] slight; [*droga*] soft; ✦***MODISMO*** **~ como el terciopelo** smooth as silk, like velvet
[3] [*persona, personalidad*] gentle, sweet; **estuvo muy ~ conmigo** he was very sweet to me, he behaved very nicely to me
[4] (*Chile, Méx**) (= *grande*) big, huge; (= *destacado*) outstanding
[5] (*Méx**) (= *atractivo*) good-looking, fanciable*; (= *estupendo*) great*, fabulous*; **¡suave!** great idea!*, right on! (*EEUU**)
[6] **dar la ~** (*LAm*) (= *halagar*) to flatter
Ⓑ ADV [1] (*LAm*) [*sonar*] softly, quietly
[2] (*Méx*) **toca ~** she plays beautifully

**suavemente** ADV [*golpear, llover*] gently; [*entrar*] softly; [*mover, deslizar*] smoothly

**suavidad** SF [1] (= *lisura*) [*de superficie*] smoothness, evenness; [*de piel*] smoothness
[2] (= *falta de intensidad*) [*de color, movimiento, brisa, reprimenda*] gentleness; [*de clima, sabor, olor*] mildness; [*de trabajo*] easiness; [*de melodía, voz*] softness, sweetness; [*de ruido*] quietness

**suavización** SF [1] [*de superficie*] smoothing
[2] (= *ablandamiento*) [*de severidad, dureza*] softening, tempering; [*de medidas*] relaxation

**suavizador** SM razor strop

**suavizante** SM (*para ropa*) softener, fabric softener; (*para pelo*) conditioner

**suavizar** ▸conjug 1f◂ Ⓐ VT [1] (= *alisar*) to smooth out, smooth down
[2] (= *ablandar*) (*gen*) to soften; [+ *carácter*] to mellow; [+ *severidad, dureza*] to temper; [+ *medida*] to relax
[3] (= *quitar fuerza a*) [+ *navaja*] to strop; [+ *pendiente*] to ease, make more gentle; [+ *color*] to tone down; [+ *tono*] to soften
Ⓑ **suavizarse** VPR to soften

**sub...** PREF sub..., under...; **~empleo** underemployment; **~privilegiado** underprivileged; **~estimar** to underestimate; **~valorar** to undervalue; **la selección española ~-21** the Spanish under-21 team

**suba** SF (*CAm, Cono Sur*) rise, rise in prices

**subacuático** ADJ underwater

**subalimentación** SF undernourishment

**subalimentado** ADJ undernourished, underfed

**subalpino** ADJ subalpine

**subalquilar** ▸conjug 1a◂ VT to sublet

**subalterno/a** Ⓐ ADJ [*importancia*] secondary; [*personal*] auxiliary
Ⓑ SM/F [1] (= *subordinado*) subordinate
[2] (*Taur*) assistant bullfighter

**subarbustivo** ADJ shrubby

**subarrendador(a)** SM/F subtenant

**subarrendar** ▸conjug 1j◂ VT to sublet, sublease

**subarrendatario/a** SM/F subtenant

**subarriendo** SM subtenancy, sublease

**subártico** ADJ subarctic

**subasta** SF [1] (= *venta*) auction, sale by auction; **poner en** *o* **sacar a pública ~** to put up for auction, sell at auction ► **subasta a la baja**, **subasta a la rebaja** Dutch auction
[2] (= *contrato de obras*) tender, tendering
[3] (*Naipes*) auction

**subastador(a)** SM/F auctioneer

**subastadora** SF (= *casa*) auction house

**subastar** ▸conjug 1a◂ VT to auction, sell at auction

**subatómico** ADJ subatomic

**subcampeón/ona** SM/F runner-up

**subcampeonato** SM runner-up position, second place

**subcomisario/a** SM/F deputy superintendent

**subcomisión** SF subcommittee

**subcomité** SM subcommittee

**subconjunto** SM [1] (*Inform*) subset
[2] (*Pol*) subcommittee
[3] (*Zool*) subspecies

**subconsciencia** SF subconscious

**subconsciente** Ⓐ ADJ subconscious
Ⓑ SM **el ~** the subconscious; **en el ~** in one's subconscious ► **subconsciente colectivo** collective subconscious

**subconscientemente** ADV subconsciously

**subcontinente** SM subcontinent

**subcontrata** SF subcontract

**subcontratación** SF subcontracting

**subcontratar** ▸conjug 1a◂ VT to subcontract

**subcontratista** SMF subcontractor

**subcontrato** SM subcontract

**subcultura** SF subculture

**subcutáneo** ADJ subcutaneous

**subdesarrollado** ADJ underdeveloped

**subdesarrollo** SM underdevelopment

**subdirección** SF section, subdepartment

**subdirector(a)** SM/F [*de organización*] deputy director; [*de empresa*] assistant manager/manageress, deputy manager/manageress; [*de colegio*] deputy head ► **subdirector(a) de biblioteca** sub-librarian, deputy librarian

**subdirectorio** SM subdirectory

**súbdito/a** ADJ, SM/F subject

**subdividir** ▸conjug 3a◂ Ⓐ VT to subdivide
Ⓑ **subdividirse** VPR to subdivide

**subdivisible** ADJ subdivisible

**subdivisión** SF subdivision

**sube** SM (*LAm*) **dar un ~ a algn** to give sb a hard time ► **sube y baja** see-saw

**subempleado** ADJ underemployed

**subempleo** SM underemployment

**subespecie** SF subspecies

**subestación** SF substation

**subestimación** SF [*de capacidad, enemigo*] underestimation; [*de objeto, propiedad*] undervaluation; [*de argumento*] understatement

**subestimar** ▸conjug 1a◂ VT [+ *capacidad, enemigo*] to underestimate, underrate; [+ *objeto, propiedad*] to undervalue; [+ *argumento*] to understate

**subexponer** ▸conjug 2q◂ VT to underexpose

**subexposición** SF underexposure

**subexpuesto** ADJ underexposed

**subfusil** SM automatic rifle

**subgénero** SM [1] (*Literat*) minor genre
[2] (*Zool*) subspecies

**subgerente** SMF assistant director

**subgrupo** SM (*gen*) subgroup; (*Pol*) splinter group

**subibaja** SM seesaw, teeter-totter (*EEUU*)

**subida** SF [1] (= *ascensión*) [*de montaña, cuesta*] ascent; **dirigió la primera ~ al Kilimanjaro** he led the first ascent on Kilimanjaro; **es una ~ difícil** it's a tough ascent *o* climb; **una ~ en globo** a balloon ascent; **a la ~ tuvimos que parar varias veces** we had to stop several times on the way up
[2] (= *pendiente*) slope, hill
[3] (= *aumento*) rise, increase; **una ~ de los precios** a price rise *o* increase; **se espera una ~ de las temperaturas** temperatures are expected to rise ► **subida salarial** pay rise, wage increase
[4] (*) [*de drogas*] high*

**subido** ADJ [1] (= *intenso*) [*color*] bright, intense; [*olor*] strong; **un chiste ~ de tono** a risqué joke
[2] [*precio*] high
[3] (*) **hoy tienes el guapo ~** you're looking great today; **está de tonto ~** he's being really silly

**subienda** SF (*Andes*) shoal

**subilla** SF awl

**subíndice** SM subscript

**subinquilino/a** SM/F subtenant

**subir** ▸conjug 3a◂ Ⓐ VT [1] (= *levantar*) [+ *pierna, brazo, objeto*] to lift, lift up, raise; [+ *calcetines, pantalones, persianas*] to pull up; **sube los brazos** lift your arms (up), raise your arms
[2] (= *poner arriba*) (*llevando*) to take up; (*trayendo*) to bring up; **¿me puedes ayudar a ~ las maletas?** can you help me to take up the cases?; **voy a ~ esta caja arriba** I'll take this box upstairs; **¿puedes ~ ese cuadro de abajo?** could you bring that picture up from down there?; **lo subieron al portaequipajes** they put it up on the rack; **lo subimos a un taxi** we put him in a taxi
[3] (= *ascender*) [+ *calle, cuesta, escalera, montaña*] (= *ir arriba*) to go up; (= *venir arriba*) to come up; **subió las escaleras de dos en dos** she went up the stairs two at a time; **tenía problemas para ~ las escaleras** he had

difficulty getting up *o* climbing the stairs

[4] (*= aumentar*) [*+ precio, salario*] to put up, raise, increase; [*+ artículo en venta*] to put up the price of; **los taxistas han subido sus tarifas** taxi drivers have put their fares up *o* have raised their fares; **van a ~ la gasolina** they are going to put up *o* increase the price of petrol

[5] (*= elevar*) [*+ volumen, televisión, radio*] to turn up; [*+ voz*] to raise; **sube la radio, que no se oye** turn the radio up, I can't hear it

[6] (*en escalafón*) [*+ persona*] to promote

[7] (*Arquit*) to put up, build; **~ una pared** to put up *o* build a wall

[8] (*Mús*) to raise the pitch of

Ⓑ VI [1] (*= ir arriba*) to go up; (*= venir arriba*) to come up; (*en un monte, en el aire*) to climb; **suba al tercer piso** go up to the third floor; **sube, que te voy a enseñar unos discos** come up, I've got some records to show you; **seguimos subiendo hasta la cima** we went on climbing till we reached the summit; **estaba mirando como la mosca subía por la ventana** I watched the fly move slowly up the window; **tuvimos que ~ andando** we had to walk up

[2] (*Transportes*) (*en autobús, avión, tren, bicicleta, moto, caballo*) to get on; (*en coche, taxi*) to get in; **~ a un autobús/avión/tren** to get on(to) a bus/plane/train; **~ a un coche** to get in(to) a car; **~ a una bicicleta** to get on(to) a bike; **~ a un caballo** to mount a horse, get on(to) a horse; **~ a bordo** to go *o* get on board

[3] (*en el escalafón*) to be promoted (**a** to); **nuestro objetivo es ~ a primera división** our aim is to go up *o* be promoted to the First Division

[4] (*= aumentar*) [*precio, valor*] to go up, rise; [*temperatura*] to rise; **la gasolina ha vuelto a ~** (the price of) petrol has gone up again; **sigue subiendo la bolsa** share prices are still rising; **le ha subido la fiebre** her temperature has gone up *o* risen; *ver tb* **tono 2**

[5] (*= aumentar de nivel*) [*río, mercurio*] to rise; [*marea*] to come in

[6] [*cantidad*] **~ a** to come to, total

Ⓒ **subirse** VPR [1] (*Transportes*) (*en autobús, avión, tren*) to get on; (*en coche*) to get in; (*en bicicleta*) to get on, climb on; **~se a un autobús/avión/tren** to get on(to) a bus/plane/train; **~se a un coche** to get in(to) a car; **~se a una bicicleta** to get on(to) a bike; **~se a un caballo** to mount a horse, get on(to) a horse; **~se a bordo** to go *o* get on board

[2] (*= trepar*) (*a árbol, tejado*) to climb; **el niño se le subió a las rodillas** the child climbed (up) onto her knees; ✦***MODISMO*** **~se por las paredes** to hit the roof; **están que se suben por las paredes** they're hopping mad; *ver tb* **barba A1**, **parra**

[3] (*con ropa*) **~se los calcetines/pantalones** to pull up one's socks/trousers; **~se la cremallera (de algo)** to zip (sth) up

[4] (*a la cabeza, cara*) **el vino se me sube a la cabeza** wine goes to my head; **el vino/el dinero se le ha subido a la cabeza** the wine/money has gone to his head; **se le subieron los colores a la cara** she blushed

[5] (*en comportamiento*) (*= engreírse*) to get conceited; (*= descararse*) to become bolder; (*= portarse mal*) to forget one's manners

[6] (*Bot*) to run to seed

> **SUBIR**
>
> **Otros verbos de movimiento**
>
> • **Subir la cuesta/la escalera** *etc*, por regla general, se suele traducir por **to come up** o por **to go up**, según la dirección del movimiento (hacia o en sentido contrario al hablante), pero **come** y **go** se pueden reemplazar por otros verbos de movimiento si la oración española especifica la forma en que se sube mediante el uso de adverbios o construcciones adverbiales:
>
> Tim subió las escaleras a gatas
>
> ***Tim crept up the stairs***
>
> El mes pasado los precios subieron vertiginosamente
>
> ***Prices shot up last month***
>
> *Para otros usos y ejemplos ver la entrada.*

**súbitamente** ADV (*= repentinamente*) suddenly; (*= de forma imprevista*) unexpectedly

**súbito** Ⓐ ADJ [1] [*cambio, acción*] (*= repentino*) sudden; (*= imprevisto*) unexpected; *ver tb* **muerte 1**

[2] (*= precipitado*) hasty, rash

[3] (*) (*= irritable*) irritable

Ⓑ ADV (*tb* **de ~**) suddenly, unexpectedly

**subjefatura** SF local headquarters, local police headquarters

**subjetivamente** ADV subjectively

**subjetivar** ▸conjug 1a◂ VT, **subjetivizar** ▸conjug 1f◂ VT to subjectivize, perceive in subjective terms

**subjetividad** SF subjectivity

**subjetivismo** SM subjectivism

**subjetivo** ADJ subjective

**subjuntivo** Ⓐ ADJ subjunctive

Ⓑ SM subjunctive, subjunctive mood

**sublevación** SF (*= motín*) [*de rebeldes, ciudadanos*] revolt, uprising; [*de militares*] mutiny; [*de presos*] riot

**sublevar** ▸conjug 1a◂ Ⓐ VT [1] (*= amotinar*) to rouse to revolt

[2] (*= indignar*) to infuriate

Ⓑ **sublevarse** VPR to revolt, rise, rise up

**sublimación** SF sublimation

**sublimado** SM sublimate

**sublimar** ▸conjug 1a◂ VT [1] [*+ persona*] to exalt

[2] [*+ deseos*] to sublimate

[3] (*Quím*) to sublimate

**sublime** ADJ [1] (*= excelso*) sublime; **lo ~** the sublime

[2] (*liter*) (*= alto*) high, lofty

**sublimemente** ADV sublimely

**sublimidad** SF sublimity

**subliminal** ADJ subliminal

**subliteratura** SF third-rate literature, pulp writing

**submarinismo** SM (*como deporte*) scuba diving; (*para pescar*) underwater fishing

**submarinista** Ⓐ ADJ **exploración ~** underwater exploration

Ⓑ SMF scuba diver

**submarino** Ⓐ ADJ underwater, submarine; **pesca submarina** underwater fishing

Ⓑ SM [1] (*Náut*) submarine

[2] (*Arg Culin*) *hot milk with piece of chocolate*

[3] (*Arg*) (*= tortura*) *repeated submersion of victim's head in water*

**submundo** SM underworld

**subnormal** Ⓐ ADJ [1] (*Med*) subnormal, mentally handicapped

[2] (*pey*) nuts*, mental*

Ⓑ SMF [1] (*Med*) subnormal person, mentally handicapped person

[2] (*pey*) nutcase*, blockhead*

**subnormalidad** SF subnormality, mental handicap

**subocupación** SF (*LAm*) underemployment

**subocupado/a** (*LAm*) Ⓐ ADJ underemployed

Ⓑ SM/F underemployed person; **los ~s** the underemployed

**suboficial** SMF non-commissioned officer, NCO

**subordinación** SF subordination

**subordinado/a** Ⓐ ADJ subordinate; **quedar ~ a algo** to be subordinate to sth

Ⓑ SM/F subordinate

**subordinar** ▸conjug 1a◂ Ⓐ VT to subordinate

Ⓑ **subordinarse** VPR **~se a** to subordinate o.s. to

**subpárrafo** SM subparagraph

**subproducto** SM by-product

**subprograma** SM subprogram

**subrayable** ADJ worth emphasizing; **el punto más ~** the point which should particularly be noted, the most important point

**subrayado** Ⓐ ADJ [1] (*con línea*) underlined

[2] (*en cursiva*) italicized, in italics

Ⓑ SM [1] (*con línea*) underlining

[2] (*en cursiva*) italics *pl*; **el ~ es mío** my italics, the italics are mine

**subrayar** ▸conjug 1a◂ VT [1] [*+ texto, frase*] (*con línea*) to underline; (*en cursiva*) to italicize, put in italics

[2] (*= recalcar*) to underline, emphasize

**subrepticiamente** ADV surreptitiously

**subrepticio** ADJ surreptitious

**subrogación** SF substitution, replacement

**subrogante** (*Chile*) Ⓐ ADJ acting

Ⓑ SMF substitute

**subrogar** ▸conjug 1h, 1l◂ VT to substitute, replace

**subrutina** SF subroutine

**subsahariano** ADJ sub-Saharan

**subsanable** ADJ (*= perdonable*) excusable; (*= reparable*) repairable; **un error fácilmente ~** an error which is easily put right *o* rectified; **un obstáculo difícilmente ~** an obstacle which is hard to overcome *o* get round

**subsanar** ▸conjug 1a◂ VT [*+ falta*] to overlook, excuse; [*+ perjuicio, defecto*] to repair, make good; [*+ error*] to rectify, put right; [*+ deficiencia*] to make up for; [*+ dificultad, obstáculo*] to get round, overcome

**subscribir** ▸conjug 3a◂ VT = **suscribir**

**subsecretaría** SF undersecretaryship

**subsecretario/a** SM/F undersecretary, assistant secretary

**subsector** SM subsection, subsector

**subsecuente** ADJ subsequent

**subsede** SF secondary venue

**subsidiar** ▸conjug 1b◂ VT to subsidize

**subsidiariedad** SF subordination, subsidiary nature

**subsidiario** ADJ subsidiary

**subsidio** SM [1] (*Fin*) (*= subvención*) subsidy, grant; (*= ayuda financiera*) aid ► **subsidio de desempleo** unemployment benefit, unem-

ployment compensation (*EEUU*) ► **subsidio de enfermedad** sick benefit, sick pay ► **subsidio de exportación** export subsidy ► **subsidio de huelga** strike pay ► **subsidio de natalidad** maternity benefit ► **subsidio de paro** unemployment benefit, unemployment compensation (*EEUU*) ► **subsidio de vejez** old age pension ► **subsidio familiar** ≈ family credit, ≈ welfare (*EEUU*)
[2] (*Andes*) (= *inquietud*) anxiety, worry

**subsiguiente** ADJ subsequent

**subsistema** SM subsystem

**subsistencia** SF (= *supervivencia*) subsistence; (= *sustento*) sustenance; **salario de ~** subsistence wage

**subsistente** ADJ (= *duradero*) lasting, enduring; (= *aún existente*) surviving; **una costumbre aún ~** a custom that still exists *o* survives

**subsistir** ▸conjug 3a◂ VI [1] (= *malvivir*) to subsist, live (**con, de** on); (= *perdurar*) to survive, endure; **todavía subsiste el edificio** the building is still standing; **es una creencia que subsiste** it is a belief which still exists; **sin ayuda económica no podrá ~ el colegio** the school will not be able to survive without financial aid
[2] (*Andes*) (= *vivir juntos*) to live together

**subsónico** ADJ subsonic

**subsótano** SM basement

**subst...** PREF = **sust...**

**substituir** ▸conjug 3g◂ VT = **sustituir**

**subsuelo** SM subsoil

**subsumir** ▸conjug 3a◂ VT to subsume

**subte*** SM (*Arg*) underground, tube*, subway (*EEUU*)

**subteniente/a** SM/F sub-lieutentant, second lieutenant

**subterfugio** SM subterfuge

**subterráneo** Ⓐ ADJ underground, subterranean
Ⓑ SM [1] (= *túnel*) underground passage
[2] (= *almacén bajo tierra*) underground store, cellar
[3] (*Arg*) (= *metro*) underground, subway (*EEUU*)

**subtexto** SM subtext

**subtitulado** SM subtitling

**subtitular** ▸conjug 1a◂ VT to subtitle

**subtítulo** SM subtitle, subheading; **~s** (*Cine, TV*) subtitles

**subtotal** SM subtotal

**subtropical** ADJ subtropical

**suburbano** Ⓐ ADJ suburban
Ⓑ SM (= *tren*) suburban train

**suburbial** ADJ suburban; (*pey*) slum *antes de s*

**suburbio** SM [1] (= *afueras*) suburb, outlying area
[2] (= *barrio bajo*) slum area, shantytown

**subutilizado** ADJ under-used, under-utilized

**subvaloración** SF undervaluing

**subvalorar** ▸conjug 1a◂ VT (= *no valorar*) to undervalue, underrate; (= *subestimar*) to underestimate

**subvención** SF subsidy, subvention, grant ► **subvenciones agrícolas** agricultural subsidies ► **subvención estatal** state subsidy ► **subvención para la inversión** (*Com*) investment grant

**subvencionar** ▸conjug 1a◂ VT to subsidize

**subvenir** ▸conjug 3r◂ VI **~ a** [+ *gastos*] to meet, defray; [+ *necesidades*] to provide for; **con eso subviene a sus vicios** he uses that to pay for his vices; **así subviene a la escasez de su sueldo** that's how he supplements his (low) salary

**subversión** SF [1] (= *acción*) subversion; **la ~ del orden establecido** the undermining of the established order
[2] (= *revolución*) revolution

**subversivo** ADJ subversive

**subvertir** ▸conjug 3i◂ VI [1] (= *alterar*) to subvert
[2] (= *derrocar*) to overthrow

**subyacente** ADJ underlying

**subyacer** ▸conjug 2x◂ VT to underlie

**subyugación** SF subjugation

**subyugador** ADJ, **subyugante** ADJ [1] (= *que domina*) dominating
[2] (= *que hechiza*) captivating, enchanting

**subyugar** ▸conjug 1h◂ VT [1] (= *dominar*) [+ *país*] to subjugate, subdue; [+ *enemigo*] to overpower; [+ *voluntad*] to dominate, gain control over
[2] (= *hechizar*) to captivate, charm

**succión** SF suction

**succionar** ▸conjug 1a◂ VT [1] (= *sorber*) to suck
[2] (*Téc*) to absorb, soak up

**sucedáneo** Ⓐ ADJ substitute
Ⓑ SM substitute

**suceder** ▸conjug 2a◂ Ⓐ VI [1] (= *ocurrir*) to happen; **pues sucede que no vamos** well it (so) happens we're not going; **no le había sucedido eso nunca** that had never happened to him before; **suceda lo que suceda** come what may, whatever happens; **¿qué sucede?** what's going on?; **lo que sucede es que ...** the fact *o* the trouble is that ...; **llevar algo por lo que pueda ~** to take sth just in case; **lo más que puede ~ es que ...** the worst that can happen is that ...; **lo mismo sucede con éste que con el otro** it's the same with this one as it is with the other
[2] (= *seguir*) **~ a algo** to follow sth; **al otoño sucede el invierno** winter follows autumn; **a este cuarto sucede otro mayor** a larger room leads off this one, a larger room lies beyond this one
Ⓑ VT [+ *persona*] to succeed; **~ a algn en un puesto** to succeed sb in a post; **si muere, ¿quién la ~á?** if she dies, who will succeed?
Ⓒ **sucederse** VPR to follow one another

**sucesión** SF [1] (*al trono, en un puesto*) succession (**a** to); **en la línea de ~ al trono** in line of succession to the throne ► **sucesión apostólica** apostolic succession
[2] (= *secuencia*) sequence, series; **una ~ de acontecimientos** a succession *o* series of events; **en rápida ~** in quick succession
[3] (= *herencia*) inheritance ► **derechos de sucesión** death duty
[4] (= *hijos*) issue, offspring; **morir sin ~** to die without issue

**sucesivamente** ADV successively, in succession; **y así ~** and so on

**sucesivo** ADJ (= *subsiguiente*) successive, following; (= *consecutivo*) consecutive; **tres días ~s** three days running, three consecutive days; **en lo ~** (= *en el futuro*) henceforth (*frm o liter*), in future; (= *desde entonces*) thereafter, thenceforth (*frm o liter*)

**suceso** SM [1] (= *acontecimiento*) event; (= *incidente*) incident; **sección de ~s** (*Prensa*) (section of) accident and crime reports
[2] (= *resultado*) issue, outcome; **buen ~** happy outcome

**sucesor(a)** SM/F [1] (*al trono, a un puesto*) successor
[2] (= *heredero*) heir/heiress

**sucesorio** ADJ [*lucha, derechos, crisis*] succession *antes de s*; [*impuesto*] inheritance *antes de s*; **tercero en la línea sucesoria** third in (the) line of succession

**suche** Ⓐ ADJ (*Caribe**) sharp, bitter
Ⓑ SM (*Cono Sur*) [1] (*) (= *grano*) pimple
[2] (*) (= *funcionario*) penpusher, pencil pusher (*EEUU*)
[3] (‡) (= *coime*) pimp

**súchil** SM (*LAm*) *an aromatic flowering tree*

**sucho** ADJ (*Andes*) maimed, crippled

**suciamente** ADV [1] (= *con suciedad*) dirtily, filthily
[2] (= *vilmente*) vilely, meanly
[3] (= *obscenamente*) obscenely

**suciedad** SF [1] (= *porquería*) dirt; **un detergente que elimina la ~** a detergent that banishes dirt
[2] (= *falta de limpieza*) dirtiness

**sucintamente** ADV succinctly, concisely

**sucinto** ADJ [1] [*discurso, texto*] succinct, concise
[2] [*prenda*] brief, scanty, skimpy*

**sucio** Ⓐ ADJ [1] (= *manchado*) [*cara, ropa, suelo*] dirty; **llevas los zapatos muy ~s** your shoes are very dirty; **tienes las manos sucísimas** your hands are filthy; **hazlo primero en ~** make a rough draft first, do it in rough first
[2] [*color*] dirty
[3] (= *fácil de manchar*) **los pantalones blancos son muy ~s** white trousers show the dirt, white trousers get dirty very easily
[4] (= *obsceno*) dirty, filthy; **palabras sucias** dirty words, filthy words
[5] (= *deshonesto*) [*jugada*] foul, dirty; [*táctica*] dirty; [*negocio*] shady
[6] [*conciencia*] bad
[7] [*lengua*] coated, furred
Ⓑ ADV **jugar ~** to play dirty
Ⓒ SM (*Andes*) bit of dirt

**suco**[1] ADJ (*Andes*) muddy, swampy

**suco**[2] ADJ (*Andes*) (= *rojizo*) bright red; (= *rubio*) blond, fair; (= *anaranjado*) orange

**sucre** SM sucre (*standard monetary unit of Ecuador*)

**sucrosa** SF sucrose

**sucucho** SM (*Caribe*) = **socucha**

**suculencia** SF (= *lo sabroso*) tastiness, richness; (= *jugosidad*) succulence

**suculento** ADJ (= *sabroso*) tasty, rich; (= *jugoso*) succulent

**sucumbir** ▸conjug 3a◂ VI to succumb (**a** to)

**sucursal** SF (= *oficina local*) branch, branch office; (= *filial*) subsidiary

**sucusumuco** ADV **a lo ~** (*Andes, Caribe*) pretending to be stupid, feigning stupidity

**sud** SM (*esp LAm*) south

**sudaca*** ADJ, SMF (*pey*) South American

**sudadera** SF sweatshirt

**sudado** Ⓐ ADJ sweaty
Ⓑ SM (*Perú*) stew

**Sudáfrica** SF South Africa

**sudafricano/a** ADJ, SM/F South African

**Sudamérica** SF South America

**sudamericano/a** ADJ, SM/F South American

**Sudán** SM Sudan

**sudanés/esa** ADJ, SM/F Sudanese

**sudar** ▸conjug 1a◂ Ⓐ VI [1] (= *transpirar*) to sweat; ✦**MODISMOS ~ a chorros*** ◊ **~ a mares*** to sweat buckets*; **hacer ~ a algn** to make sb sweat
[2] (= *exudar*) [*recipiente*] to ooze; [*pared*] to sweat
Ⓑ VT [1] (= *transpirar*) to sweat; ✦**MODISMO ~ la gota gorda** to sweat buckets*; *ver tb* **sangre A2, tinta 1**
[2] (= *mojar*) [+ *ropa, prenda*] to make sweaty; ✦**MODISMOS ~ la camiseta** to sweat blood; **me la suda**‡: **es un asunto que me la suda** it bores the pants off me*
[3] (*Bot*) (= *segregar*) to ooze, give out, give off
[4] (*) (= *conseguir con esfuerzo*) **~lo** to sweat it out; **~ un aumento de sueldo** to sweat for a rise in pay; **ha sudado el premio** he really went flat out to get that prize
[5] (*) [+ *dinero*] to cough up*, part with

**sudario** SM shroud

**sudestada** SF (*Cono Sur*) = **surestada**

**sudeste** SM = **sureste**

**sudista** Ⓐ ADJ southern
Ⓑ SMF Southerner

**sudoeste** = **suroeste**

**sudón*** ADJ (*LAm*) sweaty

**sudor** SM [1] (= *transpiración*) sweat; **con el ~ de su frente** by the sweat of one's brow; **estar bañado en ~** to be dripping with sweat
[2] (*tb* **~es**) (= *esfuerzo*) toil *sing*, labour *sing*, labor *sing* (*EEUU*)

**sudoración** SF sweating

**sudoroso** ADJ, **sudoriento** ADJ, **sudoso** ADJ sweaty; **trabajo ~** thirsty work

**Suecia** SF Sweden

**suecia** SF suede

**sueco/a** Ⓐ ADJ Swedish
Ⓑ SM/F Swede; ✦**MODISMO hacerse el ~*** to act dumb
Ⓒ SM (*Ling*) Swedish

**suegro/a** SM/F father-in-law/mother-in-law; **suegros** parents-in-law, in-laws

**suela** SF [1] [*de zapato*] (= *base*) sole; (= *trozo de cuero*) piece of strong leather; **media ~** half sole; ✦**MODISMOS no llegarle a algn a la ~ del zapata: Juan no le llega a la ~ del zapato a Pablo** Juan can't hold a candle to Pablo; **duro como la ~ de un zapato** tough as leather, tough as old boots; **de siete ~s** utter, downright; **un pícaro de siete ~s** an utter *o* a downright *o* a proper rogue
[2] (*Téc*) tap washer
[3] **~s** (*Rel*) sandals
[4] (= *pez*) sole

**suelazo** SM (*LAm*) (= *caída*) heavy fall, nasty bump; (= *golpe*) blow, punch

▼**sueldo** SM (= *paga*) (*gen*) pay; (*mensual*) salary; (*semanal*) wages *pl*; **asesino a ~** hired killer, contract killer; **estar a ~** to be on a salary, earn a salary; **estar a ~ de una potencia extranjera** to be in the pay of a foreign power ► **sueldo atrasado** back pay ► **sueldo base** basic salary ► **sueldo en especie** payment in kind ► **sueldo fijo** regular salary ► **sueldo líquido** net salary

➤ LENGUA Y USO: **sueldo** 46.2 **suerte 1** 50.5

**suelear*** ▸conjug 1a◂ VT (*Cono Sur*) to throw, chuck

**suelo** SM [1] (*en el exterior*) (= *tierra*) ground; (= *superficie*) surface; **caer al ~** to fall to the ground, fall over; **echar al ~** [+ *edificio*] to demolish; [+ *esperanzas*] to dash; [+ *plan*] to ruin; **echarse al ~** (= *tirarse al suelo*) to hurl o.s. to the ground; (= *arrodillarse*) to fall on one's knees; ✦**MODISMOS por los ~s**: **los precios están por los ~s** prices are at rock bottom; **esos géneros están por los ~s** those goods are dirt cheap; **tengo el ánimo por los ~s** I feel really low; **arrastrar** *o* **poner** *o* **tirar por los ~s** [+ *persona*] to slate, slag off*; [+ *novela, película*] to pan, slam, rubbish*; **medir el ~** to measure one's length (on the ground); **tirarse por los ~s*** to roll in the aisles (with laughter)*; **venirse al ~** to fail, collapse, be ruined ► **suelo natal**, **suelo patrio** native land, native soil
[2] (*en edificio*) (= *superficie*) floor; (= *solería*) flooring; **un ~ de mármol** a marble floor
[3] (= *terreno*) soil, land ► **suelo edificable** building land ► **suelo empresarial** *space for office accommodation* ► **suelo vegetal** topsoil
[4] [*de pan, vasija*] bottom

**suelta** SF **habrá una ~ de palomas** doves will be released

**suelte** *etc ver* **soltar**

**sueltista** SMF (*LAm*) freelance journalist

**suelto** Ⓐ ADJ [1] (= *libre*) (*gen*) free; [*criminal*] free, out; [*animal*] loose; **el bandido anda ~** the bandit's on the loose; **el perro anda ~** the dog is loose
[2] (= *desatado*) [*cordones*] undone, untied; [*cabo, hoja, tornillo*] loose; **llevas ~s los cordones** your shoelaces are undone; **el libro tiene dos hojas sueltas** the book has two pages loose; **el arroz tiene que quedar ~** rice shouldn't stick together
[3] **dinero ~** loose change
[4] [*prenda de vestir*] loose, loose-fitting; **iba con el pelo ~** she had her hair down *o* loose
[5] [*vientre*] loose
[6] **~ de lengua** (= *parlanchín*) talkative; (= *respondón*) cheeky; (= *soplón*) blabbing; (= *obsceno*) foul-mouthed
[7] (= *separado*) [*trozo, pieza*] separate, detached; [*ejemplar, volumen*] individual, odd; [*calcetín*] odd; **no se venden ~s** they are not sold singly *o* separately; **es un trozo ~ de la novela** it's a separate extract from the novel, it's an isolated passage from the novel; **son tres poesías sueltas** these are three separate poems; **hay un calcetín ~** there is one odd sock; **una mesa con números ~s de revistas** a table with odd copies of magazines
[8] (*Com*) (= *no envasado*) loose
[9] [*movimiento*] (= *libre*) free, easy; (= *ágil*) quick
[10] (= *fluido*) [*estilo*] fluent; [*conversación*] easy, easy-flowing; **está muy ~ en inglés** he is very good at *o* fluent in English
[11] (*moralmente*) free and easy
[12] (*Literat*) [*verso*] blank
Ⓑ SM [1] (= *cambio*) loose change, small change
[2] (= *artículo*) item, short article, short report

**suene** *etc ver* **sonar**

**sueña** *etc ver* **soñar**

**sueñera** SF (*LAm*) drowsiness, sleepiness

**sueño** SM [1] (= *estado*) sleep; **coger** *o* **conciliar el ~** to get to sleep; **echarse un ~** *o* **un sueñecito*** to have a nap, have a kip*; **en** *o* **entre ~s**: **me hablaste entre ~s** you talked to me but you were half asleep; **tener el ~ ligero** to be a light sleeper; **tener el ~ pesado** to be a heavy sleeper ► **sueño eterno** eternal rest ► **sueño invernal** (*Zool*) winter sleep ► **sueño paradójico** paradoxical sleep ► **sueño profundo** deep sleep ► **sueño REM** REM sleep; *ver tb* **dormir B2**
[2] (= *ganas de dormir*) **tienes cara de ~** you look sleepy; **tengo ~ atrasado** I haven't caught up on sleep, I haven't had much sleep lately; **caerse de ~** to be asleep on one's feet; **dar ~**: **su conversación me da ~** his conversation sends me to sleep; **la televisión me da ~** television makes me sleepy; **morirse de ~** ◊ **estar muerto de ~** to be asleep on one's feet, be so tired one can hardly stand; **quitar el ~ a algn** to keep sb awake; **el café me quita el ~** coffee keeps me awake; **ya se me ha quitado el ~** I'm not sleepy any more; **tener ~** to be sleepy, be tired; ✦**MODISMO perder el ~ por algo** to lose sleep over sth; *ver tb* **vencer A3**
[3] (= *imagen soñada*) dream; **anoche tuve un ~ espantoso** I had a horrible dream last night; **¿sabes interpretar los ~s?** do you know how to interpret dreams?; **¡que tengas dulces ~s!** sweet dreams!; ✦**MODISMO ¡ni en ~s!*** no chance!*; **eso no te lo crees tú ni en ~s** don't give me that!‡; **no pienso volver a hablarle ni en ~s** there's no way I'd ever talk to him again* ► **sueño húmedo** wet dream
[4] (= *ilusión*) dream; **por fin consiguió la casa de sus ~s** she finally got the house of her dreams *o* her dream home; **vive en un mundo de ~s** he lives in a dream world; **estas vacaciones son como un ~** these holidays are like a dream come true; **mi ~ dorado es vivir frente al mar** my greatest dream is to live by the sea ► **el sueño americano** the American Dream

**suero** SM [1] (*Med*) serum ► **suero fisiológico** saline solution
[2] [*de leche*] whey ► **suero de leche** buttermilk

**suertaza*** SF great stroke of luck

▼**suerte** SF [1] (= *fortuna*) luck; **con un poco de ~ podemos ganar** with a bit of luck we can win; **no me cupo tal ~** I had no such luck; **no nos acompañó mucho la ~** luck wasn't on our side; **¡suerte!** ◊ **¡buena suerte!** good luck!; **dar ~** to bring good luck; **el topacio da ~** topaz brings good luck; **este número me da ~** this is my lucky number; **día de ~** lucky day; **me considero un hombre de ~** I consider myself a lucky man; **estar de ~** to be in luck; **mala ~** bad luck; **la mala ~ está acompañando su gira** his tour is being dogged by bad luck; **¡siempre tengo tan mala ~ con los hombres!** I'm always so unlucky with men!, I always have such bad luck with men!; **¡qué mala ~!** how unlucky!, what bad luck!; **por ~** luckily, fortunately; **probar ~** to try one's luck; **tener ~** to be lucky; **¡que tengas ~!** good luck!, the best of luck!; **tuvo una ~ increíble** he was incredibly lucky; **tuvo la ~ de que el autobús saliera con retraso** he was lucky that the bus left late, luckily for him his bus left late; **tentar a la ~** to try one's luck; **traer ~** to be lucky, bring good luck; **me trajo ~** it brought me good luck; **trae mala ~** it's bad luck, it's unlucky; **✦MODISMO por ~ o por desgracia** for better or for worse; *ver tb* **golpe 11**

**2** (= *destino*) fate; **la ~ que les espera** the fate which awaits them; **quiso la ~ que pasara por allí un médico** as luck *o* fate would have it a doctor was passing by; **estar resignado a su ~** to be resigned to one's fate; **los abandonaron a su ~** they left them to their fate; **no estaba contento con su ~** he wasn't happy with his lot; **correr la misma ~ que algn** to suffer the same fate as sb; **mejorar la ~ de algn** to improve sb's lot; **tentar a la ~** to tempt fate

**3** (= *azar*) chance; **confiar algo a la ~** to leave sth to chance; **lo echaron a ~s** (*con cerillas, papeletas*) they drew lots; (*con moneda*) they tossed (a coin); **✦MODISMOS caerle** *o* **tocarle en ~ a algn**: **al equipo español le tocó en ~ enfrentarse a Turquía** as chance had it, the Spanish team were drawn to play against Turkey; **¡vaya marido que me ha tocado en ~!** what a husband I ended up with!; **la ~ está echada** the die is cast

**4** (= *clase*) sort, kind; **hubo toda ~ de comentarios** there were all sorts *o* kinds of remarks; **lo explicó con toda ~ de detalles** she explained it in great detail

**5** (*frm*) (= *modo*) **de esta ~** in this way; **no podemos seguir de esta ~** we cannot go on in this way; **los molinos de agua pueden clasificarse de esta ~** water wheels can be classified in the following way *o* in this way; **de ~ que** in such a way that

**6** (*Taur*) *stage of the bullfight* ► **suerte de banderillas** *the second stage of a bullfight, in which the "banderillas" are stuck into the bull's back* ► **suerte de capa** *stage of a bullfight where passes are made with the cape* ► **suerte de varas** *opening stage of a bullfight where the bull is weakened with the picador's lance* ► **suerte suprema** *final stage of a bullfight*

**suertero** ADJ (*LAm*), **suertudo** ADJ (*esp LAm*) lucky, jammy*

**suertoso** ADJ (*Andes*) lucky

**suestada** SF (*Arg*) southeast wind

**sueste** SM **1** (= *sombrero*) sou'wester
**2** (*LAm*) (= *viento*) southeast wind

**suéter** SM sweater

**Suetonio** SM Suetonius

**Suez** SM Suez; **Canal de ~** Suez Canal

**suficiencia** SF **1** (= *cabida*) sufficiency; **con ~** sufficiently, adequately; **una ~ de ...** enough ...
**2** (= *competencia*) competence; **demostrar su ~** to prove one's competence, show one's capabilities
**3** (*Escol*) proficiency
**4** (*pey*) (= *engreimiento*) self-importance; (= *satisfacción de sí mismo*) smugness, self-satisfaction

**suficiente** Ⓐ ADJ **1** (= *bastante*) enough; **ahora no llevo ~ dinero (como) para pagarte** I don't have enough money on me at the moment to pay you
**2** (= *petulante*) smug, self-satisfied
Ⓑ SM (*Escol*) ≈ C, pass mark, passing grade (*EEUU*)

**suficientemente** ADV sufficiently, adequately; **no era ~ grande** it wasn't big enough *o* sufficiently big; **~ bueno** good enough

**sufijo** SM suffix

**suflé** SM soufflé

**sufragáneo** ADJ suffragan

**sufragar** ▸conjug 1h◂ Ⓐ VT **1** (= *ayudar*) to help, aid
**2** (= *pagar*) [+ *gastos*] to meet, defray; [+ *proyecto*] to pay for, defray the costs of
Ⓑ VI (*LAm*) to vote (**por** for)

**sufragio** SM **1** (= *voto*) vote; **los ~s emitidos a favor del candidato** the votes cast for the candidate
**2** (= *derecho al voto*) suffrage ► **sufragio universal** universal suffrage
**3** (= *apoyo*) help, aid
**4** (*Rel*) suffrage

**sufragista** Ⓐ ADJ, SMF suffragist
Ⓑ SF (*Hist*) suffragette

**sufrible** ADJ bearable

**sufrido** Ⓐ ADJ **1** [*persona*] (= *fuerte*) tough; (= *paciente*) long-suffering, patient
**2** [*tela*] hard wearing, tough; [*color*] that does not show the dirt, that wears well
**3** [*marido*] complaisant
Ⓑ SM complaisant husband

**sufridor(a)** Ⓐ ADJ suffering
Ⓑ SM/F (= *persona*) sufferer
Ⓒ SM (*Andes*) saddlecloth

**sufrimiento** SM **1** (= *padecimiento*) suffering; **una vida marcada por el ~** a life of suffering
**2** (††) (= *paciencia*) patience; **tener ~ en las dificultades** to be patient in hard times, bear troubles patiently

**sufrir** ▸conjug 3a◂ Ⓐ VT **1** (= *tener*) [+ *accidente*] to have, suffer; [+ *consecuencias, revés*] to suffer; [+ *cambio*] to undergo; [+ *intervención quirúrgica*] to have, undergo; [+ *pérdida*] to suffer, sustain; **la ciudad sufrió un ataque** the city suffered *o* sustained an attack; **sufrió un ataque al corazón** he had a heart attack; **~ un colapso** to collapse
**2** (= *soportar*) **Juan no puede ~ a su jefe** Juan can't bear *o* stand his boss; **no puede ~ que la imiten** she can't bear *o* stand people imitating her
**3** [+ *examen, prueba*] to undergo
**4** (*frm*) (= *sostener*) to hold up, support
Ⓑ VI to suffer; **sufría en silencio** she suffered in silence; **mi madre sufre mucho si llego tarde a casa** my mother gets terribly worried if I'm late home; **hacer ~ a algn** to make sb suffer; **~ de algo** to suffer from sth; **sufre de reumatismo** she suffers from rheumatism; **sufre mucho de los pies** she suffers a lot *o* has a lot of trouble with her feet

**sugerencia** SF suggestion; **hacer una ~** to make a suggestion; *ver tb* **buzón 1**

**sugerente** ADJ **1** (= *lleno de ideas*) [*exposición, obra*] thought-provoking; [*lenguaje*] evocative
**2** (= *seductor*) [*mirada, gesto, voz*] suggestive; [*ropa, iluminación*] seductive; **con el ~ título de "Pasión tropical"** with the suggestive title of "Pasión tropical"

**sugerible** ADJ = **sugestionable**

**sugerimiento** SM suggestion

**sugerir** ▸conjug 3i◂ VT **1** (= *proponer*) to suggest; **¿tú qué me sugieres?** what do you suggest?; **nos sugirió la idea de grabar esa canción** he suggested the idea of recording that song to us; **~ hacer algo** to suggest doing sth; **yo sugiero empezar más temprano** I suggest that we begin earlier, I suggest beginning earlier; **~ a algn que** + SUBJUN: **me ha sugerido que escriba una novela** he has suggested that I write a novel *o* that I should write a novel
**2** (= *insinuar*) to hint at, suggest; **sugirió la posibilidad de que el ministro dimitiera** he hinted at the possibility of the minister resigning, he suggested the possibility that the Minister would resign
**3** (= *indicar*) to suggest; **los hallazgos arqueológicos sugieren la existencia de un asentamiento anterior** the archaeological finds suggest the existence of a previous settlement; **no es una novela histórica, como el título podría ~** it is not a historical novel, as the title might suggest
**4** (= *evocar*) **la película me ha sugerido muchas cosas** the film was very thought-provoking, the film gave me much food for thought; **la idea que nos sugiere este nuevo producto** the idea conveyed by this new product, the image this new product calls to mind

**sugestión** SF **1** (= *convencimiento*) **sus problemas no son más que pura ~** his problems are all in his mind; **lo durmió gracias a sus poderes de ~** he made him go to sleep by his hypnotic powers
**2** (= *insinuación*) suggestion; **nunca acepta las sugestiones de los demás** he never listens to anyone else's suggestions; **las sugestiones del demonio** the promptings of the devil

**sugestionable** ADJ (= *impresionable*) impressionable, suggestible; (= *influenciable*) readily influenced

**sugestionar** ▸conjug 1a◂ Ⓐ VT to influence; **es probable que se haya dejado ~ por ...** he may have allowed himself to be influenced by ...; **~ a algn para que haga algo** to influence sb to do sth
Ⓑ **sugestionarse** VPR to indulge in auto-suggestion; **~se con algo** to talk o.s. into sth

**sugestivo** ADJ **1** (= *que invita a pensar*) stimulating, thought-provoking; (= *evocador*) evocative
**2** (= *atractivo*) attractive

**sugiera** *etc ver* **sugerir**

**suiche** SM (*esp Méx*) **1** (*Elec*) switch
**2** (*Aut*) ignition, ignition switch

**suicida** Ⓐ ADJ suicidal; **comando ~** suicide squad; **conductor ~** suicidal driver; **piloto ~** suicide pilot, kamikaze pilot
Ⓑ SMF (= *que ha intentado suicidarse*) suicidal case; (= *muerto*) suicide victim; **es un ~ conduciendo** he's a maniac behind the wheel

**suicidado/a** SM/F *person who commits suicide*

**suicidar** ▸conjug 1a◂ Ⓐ VT (*iró*) to murder, assassinate (*so as to convey an impression of suicide*), fake the suicide of
Ⓑ **suicidarse** VPR to commit suicide, kill o.s.

**suicidario** ADJ, **suicidiario** ADJ suicidal

**suicidio** SM suicide

**sui géneris** ADJ INV individual, idiosyncratic

**suite** [swit] SF **1** (*en hotel*) suite
**2** (*Mús*) suite

**Suiza** SF Switzerland

**suiza** SF **1** (*CAm, Caribe*) (= *juego*) skipping,

➤ LENGUA Y USO: sugerencia 28.1 sugerir 1 28.1, 28.2, 53.6

jumping rope (*EEUU*), skipping game
[2] (*Andes, CAm*) (= *paliza*) beating

**suizo¹/a** ADJ, SM/F Swiss

**suizo²** SM (*Culin*) sugared bun

**suje*** SM bra

**sujeción** SF [1] (= *estado*) subjection
[2] (= *acción*) (*al cerrar*) fastening; (*al apoderarse de algo*) seizure
[3] (= *dominación*) subjection (**a** to); **con ~ a** subject to

**sujetacorbata** SM tiepin

**sujetador** SM [1] (= *prenda*) [*de ropa interior*] bra, brassiere (*frm*); [*del biquini*] top
[2] (*para pelo*) clip, hairgrip, bobby pin (*EEUU*)

**sujetalibros** SM INV book-end

**sujetapapeles** SM INV paper clip

**sujetar** ▸conjug 1a◂ Ⓐ VT [1] (= *agarrar*) to hold; **sujeta esto un momento** hold this a moment; **dos policías lo sujetaban contra la pared** two policemen pinned *o* held him against the wall; **lo tuvieron que ~ entre tres personas para que no huyera** he had to be held back *o* restrained by three people to stop him escaping
[2] (= *afianzar*) **lo sujeté con un esparadrapo** I fixed it with some sticking-plaster; **sujeta bien la ropa, que no se la lleve el viento** peg the clothes (up) properly so the wind doesn't blow them away; **hay que ~ bien a los niños dentro del coche** children should be properly strapped in *o* properly secured when travelling by car; **~ algo a**: **se sujeta a la pared por medio de argollas** it is fixed *o* attached *o* secured to the wall through rings; **~ algo con**: **~ algo con clavos** to nail sth down; **~ algo con grapas** to staple sth; **~ algo con tornillos** to screw sth down; **enrolló el mapa y lo sujetó con una goma** she rolled up the map and fastened *o* secured it with a rubber band; **sujetó las facturas con un clip** she clipped the invoices together
[3] (= *contener*) [+ *rebelde*] to subdue, conquer; [+ *rival, animal enfurecido*] to keep down; **es muy rebelde y sus padres no lo pueden ~** he's very rebellious — his parents can't control him; **lograron ~ las aspiraciones de los sindicatos** they succeeded in keeping the aspirations of the unions under control; **vive sin ataduras que la sujeten** she has nothing to tie her down, she has no ties to bind her; **mis deberes como político me sujetan aquí** my duties as a politician bind me here
Ⓑ **sujetarse** VPR [1] (= *agarrarse*) [1·1] [+ *pelo, sombrero*] to hold; **salió sujetándose los pantalones** he came out holding his trousers up; **¿tienes una goma para ~me el pelo?** have you got an elastic band to hold my hair up?; **inclinó la cabeza y se sujetó el sombrero** he tilted his head and held his hat on
[1·2] **~se a algo** to hold on to sth; **tuvo que ~se a la barandilla para no caerse** he had to hold on to the handrail so as not to fall over
[2] (= *someterse*) **~se a** [+ *normas, reglas*] to abide by; [+ *autoridad*] to submit to; **no quieren ~se a un horario fijo** they don't want to tie themselves down to fixed hours, they don't want to be bound by a fixed timetable

**sujeto** Ⓐ ADJ [1] (= *fijo*) fastened, secure; **¿está sujeta la cuerda?** is the rope fastened securely?, is the rope secure?; **las ruedas van sujetas por cuatro tuercas** the wheels are held on *o* secured by four nuts; **los espejos estaban ~s a la pared** the mirrors were fastened *o* fixed to the wall
[2] (= *pendiente*) **~ a algo** subject to sth; **vivimos ~s a las vicisitudes del destino** we are all subject to the vicissitudes of fate; **la programación podría estar sujeta a cambios** the programme could be subject to changes; **una suma de dinero no sujeta a impuestos** a non-taxable sum of money
Ⓑ SM [1] (*) (= *tipo*) character*; **un ~ sospechoso** a suspicious(-looking) character*
[2] (*Med, Fil*) subject; **todos los ~s estudiados** all the subjects studied
[3] (*Ling*) subject
[4] (*Fin*) ► **sujeto pasivo** taxpayer

**sulfamida** SF sulphonamide

**sulfatar** ▸conjug 1a◂ VT to fertilize, fertilize with sulphate

**sulfato** SM sulphate, sulfate (*EEUU*) ► **sulfato amónico** ammonium sulphate ► **sulfato de cobre** copper sulphate ► **sulfato de hierro** iron sulphate ► **sulfato magnésico** magnesium sulphate ► **sulfato potásico** potassium sulphate

**sulfurado*** ADJ cross, angry

**sulfurar** ▸conjug 1a◂ Ⓐ VT [1] (*Quím*) to sulphurate, sulfurate (*EEUU*)
[2] (*) (= *sacar de quicio a*) to rile*
Ⓑ **sulfurarse** VPR (*) (= *enojarse*) to get riled*, see red, blow up*

**sulfúreo** ADJ sulphurous, sulfurous (*EEUU*)

**sulfúrico** ADJ sulphuric, sulfuric (*EEUU*)

**sulfuro** SM sulphide, sulfide (*EEUU*)

**sulfuroso** ADJ sulphurous, sulfurous (*EEUU*)

**sultán/ana** SM/F sultan/sultana

**sultanato** SM sultanate

▼**suma** Ⓐ SF [1] (*Mat*) (= *acción*) addition, adding, adding up; (= *cantidad*) total, sum; (= *dinero*) sum; **una ~ de dinero** a sum of money; **¿cuánto es la ~ de todos los gastos?** what are the total expenses?; **hacer ~s** to add up, do addition; **hizo la ~ de todo lo que habían gastado** he added up everything they had spent; **~ y sigue** (*Com*) "carried forward"; (*) and it's still going on ► **suma global** lump sum
[2] (= *resumen*) summary; **en ~** in short; **una ~ de perfecciones** perfection itself; **es la ~ y compendio de todas las virtudes** she is the personification of virtue
Ⓑ SM **un ~ y sigue de grandes aportaciones al mundo del automóvil** a whole host of great contributions to the motoring world; **su vida es un continuo ~ y sigue de tragedias** his life is one tragedy after another

**sumador** SM adder

**sumadora** SF adding machine

**sumamente** ADV extremely, exceedingly, highly

**sumando** SM addend

**sumar** ▸conjug 1a◂ Ⓐ VT [1] (*Mat*) to add (together); **suma estas dos cantidades** add these two amounts (together)
[2] (= *totalizar*) to add up to, come to; **la cuenta suma seis dólares** the bill adds up *o* comes to six dollars; **dos y dos suman cuatro** two and two are *o* make four
[3] (†) (= *resumir*) to summarize, sum up
Ⓑ VI to add up; **suma y sigue** (*Contabilidad*) carried forward
Ⓒ **sumarse** VPR **~se a algo** to join sth; **~se a un partido** to join a party; **~se a una protesta** to join in a protest

**sumarial** ADJ summary

**sumariamente** ADV summarily

**sumario** Ⓐ ADJ [1] (= *breve*) brief, concise
[2] (*Jur*) summary; **información sumaria** summary proceedings *pl*
Ⓑ SM [1] (= *resumen*) (*gen*) summary; (*en revista*) contents *pl*
[2] (*Jur*) indictment; **abrir** *o* **instruir un ~** to institute legal proceedings, present *o* issue an indictment (*esp EEUU*)

**sumarísimo** ADJ summary

**Sumatra** SF Sumatra

**sumergible** Ⓐ ADJ [*nave*] submersible; [*reloj*] waterproof
Ⓑ SM submarine

**sumergido** ADJ [1] (*en agua*) submerged, sunken
[2] (= *ilegal*) illegal, unauthorized; **economía sumergida** black economy; **tratos ~s** black-market deals

**sumergimiento** SM submersion, submergence

**sumergir** ▸conjug 3c◂ Ⓐ VT (*completamente*) to immerse; (*parcialmente*) to dip (**en** in); **~ la bolsa en agua hirviendo** put the bag into the boiling water
Ⓑ **sumergirse** VPR [1] (= *hundirse*) [*objeto, persona*] to sink beneath the surface; [*submarino*] to dive
[2] (*en un ambiente*) **~se en** to immerse o.s. in

**sumersión** SF [1] (= *inmersión*) submersion
[2] (= *absorción*) absorption (**en** in)

**sumidero** SM [1] (*en calle, azotea, patio*) drain
[2] (*Téc*) sump, oilpan (*EEUU*)
[3] (= *sangría*) drain; **es el gran ~ de las reservas** it is the chief drain on our reserves
[4] (*Andes, Caribe*) (= *pozo negro*) cesspool, cesspit
[5] (*Caribe*) (= *tremedal*) quagmire

**sumido** ADJ **~ en su trabajo** immersed *o* buried in one's work; **~ en mis pensamientos** lost in thought

**sumiller** SM wine waiter

**suministrador(a)** SM/F supplier

**suministrar** ▸conjug 1a◂ VT [+ *géneros, información*] to supply, provide; [+ *persona*] to supply; **me ha suministrado muchos datos** he has given me a lot of information, he has provided *o* supplied me with a lot of information

**suministro** SM [1] (= *provisión*) supply; **~s** (*Mil*) supplies ► **suministro de agua** water supply ► **suministro de gas** gas supply ► **suministros de combustible** fuel supply *sing*
[2] (= *acción*) supplying, provision

**sumir** ▸conjug 3a◂ Ⓐ VT [1] (= *hundir*) (*gen*) to sink, plunge; [*mar, olas*] to swallow up, suck down
[2] (= *abismar*) to plunge (**en** into); **el desastre lo sumió en la tristeza** the disaster filled him with sadness
[3] (*Andes, Cono Sur, Méx*) (= *abollar*) to dent
Ⓑ **sumirse** VPR [1] (= *hundirse*) to sink
[2] [*agua*] to run away
[3] **~se en el estudio** to throw o.s. into one's studies; **~se en la duda** to be seized by doubt; **~se en la tristeza** to be filled with sadness
[4] [*boca, pecho*] to sink, be sunken, become

➤ LENGUA Y USO: suma A1 53.4

hollow

5 (*LAm*) (= *encogerse*) to cower, cringe; (= *desanimarse*) to lose heart; (= *callar*) to fall silent from fear, clam up

6 **~se el sombrero** (*LAm*) to pull one's hat down over one's eyes

**sumisamente** ADV (= *dócilmente*) submissively, obediently; (= *sin resistir*) unresistingly; (= *sin quejarse*) uncomplainingly

**sumisión** SF 1 (= *acción*) submission

2 (= *docilidad*) submissiveness

**sumiso** ADJ (= *dócil*) submissive; (= *que no se resiste*) unresisting; (= *que no se queja*) uncomplaining

**súmmum** SM height

**sumo**[1] ADJ 1 (= *supremo*) great, supreme; **con suma dificultad** with the greatest *o* utmost difficulty; **con suma indiferencia** with supreme indifference; **con suma destreza** with consummate skill

2 [*rango*] high, highest; **~ sacerdote** high priest; **la suma autoridad** the supreme authority

3 **a lo ~** at (the) most

**sumo**[2] SM (*Dep*) sumo, sumo wrestling

**sunco** ADJ (*Andes*) = **manco A**

**sungo** ADJ (*Andes*) 1 (= *de raza negra*) (*gen*) black; (= *de piel lisa*) with a shiny skin

2 (= *tostado*) tanned

**suní** ADJ, SMF, **sunita** ADJ, SMF Sunni

**suntuario** ADJ sumptuary

**suntuosamente** ADJ (= *magníficamente*) sumptuously, magnificently; (= *pródigamente*) lavishly, richly

**suntuosidad** SF (= *magnificencia*) sumptuousness, magnificence; (= *prodigalidad*) lavishness

**suntuoso** ADJ (= *magnífico*) sumptuous, magnificent; (= *lujoso*) lavish, rich

**sup.** ABR (= **superior**) sup

**supe** *etc ver* **saber**

**supeditar** ▸conjug 1a◂ Ⓐ VT 1 (= *subordinar*) to subordinate (**a** to); **tendrá que ser supeditado a lo que decidan ellos** it will depend *o* be dependent on what they decide

2 (= *sojuzgar*) to subdue

3 (= *oprimir*) to oppress, crush

Ⓑ **supeditarse** VPR **~se a** (= *subordinarse*) to be subject to; (= *ceder*) to give in to; **no voy a ~me a sus caprichos** I am not going to give in to her whims

**súper*** Ⓐ ADJ super*

Ⓑ SM supermarket

Ⓒ SF (*Aut*) four-star petrol

Ⓓ ADV (*) **pasarlo ~** to have a great time*

**super...** PREF super..., over...; **~ambicioso** overambitious; **~atraco** major hold-up; **~caro*** dead expensive*; **~desarrollo** overdevelopment; **~famoso** really famous; **~reservado** excessively shy; **un texto ~comentado** a text which has so often been commented on

**superable** ADJ [*dificultad*] surmountable, that can be overcome; [*tarea*] that can be performed; **un obstáculo difícilmente ~** an obstacle not easily overcome

**superabundancia** SF superabundance, overabundance

**superabundante** ADJ superabundant

**superación** SF 1 (= *acto*) overcoming, surmounting

2 (= *mejora*) improvement; *ver tb* **afán 1**

**superagente*** SMF supercop*, super-sleuth*

**superar** ▸conjug 1a◂ Ⓐ VT 1 (= *aventajar*) [+ *contrincante, adversario*] to overcome; [+ *límite*] to go beyond; [+ *récord, marca*] to break; **fue incapaz de ~ al rival** he was unable to overcome his rival; **pronto superó al resto de los corredores** she soon overtook the other runners; **las ventas han superado con creces nuestras expectativas** sales have far exceeded our expectations; **las temperaturas han superado los 20 grados** temperatures have risen (to) above 20 degrees; **~ a algn en algo**: **superó al adversario en cuatro puntos** she beat her opponent by four points; **nos superaban en número** they outnumbered us; **nos supera a todos en inteligencia** she's cleverer than all of us

2 (= *pasar con éxito*) [+ *dificultad*] to overcome; [+ *enfermedad, crisis*] to get over; **ha tenido que ~ muchos obstáculos en su vida** she has had to overcome a lot of obstacles in her life; **aún no ha superado el divorcio de sus padres** he still hasn't got over his parents' divorce

3 [+ *etapa*] to get past; **el equipo francés no superó la primera ronda** the French team did not get past the first round; **ya hemos superado lo peor** we're over the worst now

4 [+ *prueba, examen*] to pass

Ⓑ **superarse** VPR to excel o.s.; **esta tortilla está buenísima, ¡te has superado!** this omelette is delicious, you've excelled yourself!; **un atleta que siempre intenta ~se** an athlete who is always trying to do better

**superávit** SM (*pl* **superávits**) surplus

**superavitario** ADJ surplus *antes de s*

**superbombardero** SM superbomber

**supercarburante** SM high-grade fuel

**supercarretera** SF superhighway

**superchería** SF fraud, trick, swindle

**superchero** ADJ fraudulent

**superclase** SMF (*Dep*) top-class sportsman/sportswoman

**supercola** SF superglue

**superconductividad** SF superconductivity

**superconductor** Ⓐ ADJ superconductive

Ⓑ SM superconductor

**superconsumo** SM overconsumption

**supercopa** SF cup-winners' cup

**supercotizado** ADJ in very great demand

**supercuerda** SF (*Fís*) superstring

**superdirecta** SF overdrive

**superdotado/a** Ⓐ ADJ extremely gifted

Ⓑ SM/F extremely gifted person

**superego** SM superego

**superempleo** SM overemployment

**superentender** ▸conjug 2g◂ VT to supervise, superintend

**supererogación** SF supererogation

**superestrella** SF superstar

**superestructura** SF superstructure

**superferolítico*** ADJ 1 (= *afectado*) affected

2 (= *muy refinado*) excessively refined

3 (= *delicado*) overnice, finicky, choosy*

**superficial** ADJ 1 [*herida*] superficial, skin *antes de s*

2 (= *poco perceptible*) [*interés*] superficial; [*mirada*] brief, perfunctory; [*carácter*] shallow; [*medidas*] surface *antes de s*

**superficialidad** SF 1 [*de herida*] superficiality

2 (= *frivolidad*) shallowness

**superficialmente** ADV superficially

**superficie** SF 1 [*de cuerpo, líquido*] surface; **la ~ terrestre** the earth's surface; **el submarino salió a la ~** the submarine surfaced, the submarine came to the surface; **ruta de ~** surface route ▸ **superficie de rodadura** (*Aut*) tread ▸ **superficie inferior** lower surface, underside

2 (*en medidas*) area; **en una extensa ~** over a wide area; **una ~ de 200 hectáreas** an area of 200 hectares ▸ **superficie útil** useful area, usable space

3 (= *aspecto externo*) surface; **es un comentario inofensivo en la ~** it's a harmless comment on the surface

4 (*Com*) **gran ~** (= *hipermercado*) hypermarket, superstore; **~ de venta(s)** sales area

**superfino** ADJ superfine

**superfluamente** ADV superfluously

**superfluidad** SF superfluity

**superfluo** ADJ superfluous

**superfosfato** SM superphosphate

**superhéroe** SM superhero

**superhombre** SM superman

**superíndice** SM superscript

**superintendencia** SF supervision

**superintendente** SMF (= *supervisor*) supervisor, superintendent; (= *capataz*) overseer; **~ de división** sectional head

▼ **superior**[1] Ⓐ ADJ 1 (= *más alto*) [*estante, línea*] top *antes de s*; [*labio, mandíbula*] upper; **vive en el piso ~** he lives on the top floor; **en la parte ~ de la página** at the top of the page; **el cuadrante ~ izquierdo** the top left quadrant

2 (= *mejor*) superior, better; **ser ~ a algo** to be superior to sth, be better than sth; **sentirse ~ a algn** to feel superior to sb

3 (= *excelente*) **la orquesta estuvo ~** the orchestra was top-quality *o* top-class; **una moqueta de calidad ~** a superior quality *o* top-quality carpet

4 [*cantidad*] **cualquier número ~ a doce** any number above *o* higher than twelve; **nos son muy ~es en número** they greatly outnumber us

5 (*en categoría*) [*animal, especie*] higher; **una casta ~** a higher caste; **tiene un cargo ~ al tuyo** he has a higher-ranking post than yours

6 (*Educ*) [*curso, nivel*] advanced; [*enseñanza*] higher

Ⓑ SM (*en rango*) superior; **mis ~es** my superiors

**superior**[2]**/(a)** (*Rel*) Ⓐ ADJ superior

Ⓑ SM/F superior/mother superior

**superioridad** SF superiority; **con aire de ~** condescendingly, patronizingly

**superitar** ▸conjug 1a◂ VT (*Andes, Cono Sur*) 1 (= *superar*) to overcome

2 (= *aventajar*) to improve

**superlativo** ADJ, SM superlative

**superlujo** SM **hotel de ~** super-luxury hotel; **tiene categoría de ~** it is in the super-luxury class

**supermercado** SM supermarket

**superministro/a** SM/F minister with an overall responsibility, senior minister, overlord

**supermoda** SF **vestido de ~** high-fashion dress

➤ LENGUA Y USO: superior[1] A2 32.2

**supermujer** SF superwoman

**supernova** SF supernova

**supernumerario/a** ADJ, SM/F supernumerary

**superordenador** SM supercomputer

**superpetrolero** SM supertanker

**superpoblación** SF [*de país, región*] overpopulation; [*de barrio*] overcrowding

**superpoblado** ADJ [*país, región*] overpopulated; [*barrio*] overcrowded, congested

**superponer** ▸conjug 2q◂ VT [1] (= *colocar encima*) to superimpose, put on top
[2] **~ una cosa a otra** (*fig*) to give preference to one thing over another, put one thing before another
[3] (*Inform*) to overstrike

**superposición** SF superposition

**superpotencia** SF superpower, great power

**superpredador** SM top predator, superpredator

**superproducción** SF overproduction

**superprotector** ADJ over-protective

**supersecreto** ADJ top secret

**supersensible** ADJ ultra-sensitive

**supersimplificación** SF oversimplification

**supersónico** ADJ supersonic

**superstición** SF superstition

**supersticiosamente** ADV superstitiously

**supersticioso** ADJ superstitious

**supertalla** SF outsize

**supervalorar** ▸conjug 1a◂ VT to overvalue

**superventas*** Ⓐ ADJ best-selling
Ⓑ SM INV best seller; **lista de ~** (*Mús*) charts *pl*

**supervigilancia** SF (*LAm*) supervision

**supervisar** ▸conjug 1a◂ VT to supervise

**supervisión** SF supervision

**supervisor(a)** SM/F supervisor

**supervivencia** SF survival ► **supervivencia de los más aptos, supervivencia de los mejor dotados** survival of the fittest

**superviviente** Ⓐ ADJ surviving
Ⓑ SMF survivor

**supervivir** ▸conjug 3a◂ VI to survive

**superyo** SM superego

**supino** ADJ, SM supine

**súpito** ADJ [1] = **súbito**
[2] (*Andes*) (= *atónito*) dumbfounded

**suplantación** SF [1] (= *sustitución*) supplanting
[2] (*al hacerse pasar por otro*) impersonation
[3] (*Andes*) (= *falsificación*) forgery

**suplantar** ▸conjug 1a◂ VT [1] (= *sustituir*) to supplant, take the place of; (= *hacerse pasar por otro*) to impersonate
[2] (*Andes*) (= *falsificar*) to falsify, forge

**suplefaltas** SMF INV [1] (= *chivo expiatorio*) scapegoat
[2] (= *suplente*) substitute, stopgap, fill-in

**suplemental** ADJ supplementary

**suplementario** ADJ [*ingresos, vitaminas, información*] supplementary; **se cobra un precio ~** a supplement is charged; **empleo** *o* **negocio ~** sideline; **tren ~** extra *o* relief train; **tiempo ~** overtime

**suplementero** SM (*Cono Sur*) newsboy, news vendor

**suplemento** SM [1] (= *recargo*) (*al pagar*) supplement; (*Ferro*) excess fare ► **suplemento por habitación individual** single room supplement, single supplement
[2] (= *revista*) supplement ► **suplemento a color** colour supplement ► **suplemento dominical** Sunday supplement ► **suplemento separable** pull-out supplement

**suplencia** SF (= *sustitución*) substitution, replacement; (= *etapa*) *period during which one deputizes etc*

**suplente** Ⓐ ADJ (= *sustituto*) substitute, deputy; (= *disponible*) reserve; **maestro ~** supply teacher
Ⓑ SMF (= *sustituto*) substitute, deputy; (= *reemplazo*) replacement; (= *jugador, deportista*) reserve; (= *profesor*) supply teacher; (= *médico*) locum; (*Teat*) understudy

**supletorio** Ⓐ ADJ [*cama, sillón*] extra; [*medida*] stopgap *antes de s*; **con la ventaja supletoria de que ...** with the additional advantage that ...; **llevar una lámpara supletoria** to take a spare bulb
Ⓑ SM (*Telec*) extension

**súplica** SF (= *ruego*) request; (= *petición*) supplication, entreaty, plea; (*Jur*) (= *instancia*) petition; **~s** entreaties, pleading *sing*; **acceder a las ~s de algn** to grant sb's request; **se publica a ~ de ...** it is published at the request of ...

**suplicante** Ⓐ ADJ [*tono de voz*] imploring, pleading
Ⓑ SMF petitioner, supplicant

**suplicar** ▸conjug 1g◂ VT [1] (= *rogar*) to beg, beg for, plead for, implore; **~ a algn no hacer algo** to beg *o* implore sb not to do sth; **te suplico que te quedes** I beg you to stay; **"se suplica cerrar la puerta"** "please shut the door"
[2] (*Jur*) to appeal to, petition (**de** against)

**suplicatorio** SM [1] (*Pol*) *Supreme Court petition asking Parliament to overlook an MP's parliamentary immunity so that (s)he can be prosecuted*
[2] (*Jur*) letter supplicatory

**suplicio** SM [1] (= *tortura*) torture; (*Hist*) (= *ejecución*) punishment, execution
[2] (= *tormento*) torment, torture; **~ de Tántalo** ordeals of Tantalus; **es un ~ tener que escucharle** it's torture having to listen to him

**suplir** ▸conjug 3a◂ VT [1] (= *compensar*) [+ *necesidad*] to fulfil, fulfill (*EEUU*); [+ *omisión*] to make good; [+ *falta*] to make good, make up for; [+ *palabra que falta*] to supply
[2] (= *sustituir*) to replace, substitute; **~ a uno con otro** to replace one with another, substitute one for another; **está supliendo al portero lesionado** he's replacing the injured goalkeeper; **suplen el aceite con grasa animal** they replace the oil with animal fat, they substitute animal fat for the oil

**supo** *etc ver* **saber**

**supondré** *etc ver* **suponer**

▼**suponer** ▸conjug 2q◂ (*pp* **supuesto**) Ⓐ VT [1] (= *imaginar*) to imagine; **estoy muy satisfecho, como puedes ~** I'm very pleased, as you can imagine; **ya puedes ~ lo que pasó** you can guess *o* imagine what happened; **le pagaron, supongamos, diez millones** he was paid, say, ten million; **es de ~**: **es de ~ que haya protestas** I would imagine there will be protests, presumably there will be protests; **están muy apenados, como es de ~** they are very upset, as you would expect; **como era de ~, llegaron tarde** as was to be expected, they arrived late
[2] **~ que** (*intentando adivinar*) to imagine that, suppose that, guess that*; (*como hipótesis*) to suppose that; (*dando por sentado*) to assume that, presume that; **supongo que necesitaréis unas vacaciones** I imagine *o* suppose you'll need a holiday, I guess you'll need a holiday*; **sí, supongo que tienes razón** yes, I suppose you're right, yes, I guess you're right*; **eso nos hace ~ que ha habido un cambio de actitud** this would suggest (to us) that there has been a change of attitude; **supón que tuvieras mucho dinero, ¿qué harías?** suppose *o* supposing you had a lot of money, what would you do?; **suponiendo que todo salga según lo previsto** assuming *o* presuming everything goes according to plan; **supongo que no**: **—¿crees que llegará tarde? —no lo sé, supongo que no** "do you think he'll be late?" — "I don't know, I don't suppose so"; **—no será fácil —no, supongo que no** "it won't be easy" — "no, I suppose not"; **supongo que no habrá problemas** I don't suppose there will be any problems; **supongo que sí** I suppose so, I imagine so, I guess so*
[3] (= *atribuir*) (*con objeto indirecto de persona*) **os suponía informados de este asunto** I assumed *o* presumed you had been informed about this matter; **le suponía mucho más inteligente** I had imagined him to be more intelligent; **le supongo unos 60 años** I would say *o* guess he's about 60; **se le supone una gran antigüedad** it is thought *o* believed to be very old; **el equipo no mostró la calidad que se le suponía** the team did not show the talent expected of them *o* they had been credited with
[4] (= *implicar*) to mean; **la mudanza no nos supondrá grandes gastos** the move won't mean *o* involve a lot of expense for us; **nuestra amistad supone mucho para mí** our friendship means a great deal to me; **el nuevo método supuso una auténtica revolución** the new method brought about a complete revolution
Ⓑ **suponerse** VPR to imagine; **el viaje resultó justo como me suponía** the trip turned out just as I had imagined; **ya me lo suponía** I thought so; **~se que**: **suponte que os pasa algo** suppose *o* supposing something happens to you; **me supongo que no irá** I suppose he won't go
Ⓒ SM **un ~**: **a ver, un ~, si tú fueras su marido, ¿qué harías?** OK, just supposing you were her husband, what would you do?; **si te ofrecen el puesto, es un ~, ¿lo aceptarías?** supposing *o* suppose they were to offer you the job, would you accept?; **supongamos, es sólo un ~, que eso sea verdad** let us suppose, for the sake of argument, that it is true

**suponga** *etc ver* **suponer**

**suposición** SF [1] (= *conjetura*) assumption
[2] (= *calumnia*) slander

**supositorio** SM suppository

**supra...** PREF supra...

**supradicho** ADJ aforementioned

**supranacional** ADJ supranational

**supremacía** SF supremacy

**supremo** ADJ supreme; **jefe ~** commander-in-chief, supreme commander

➤ LENGUA Y USO: suponer A2 53.1, 53.2, 53.6

**supresión** SF [1] (= *acción*) [*de rebelión, crítica*] suppression; [*de costumbre, derecho, institución*] abolition; [*de dificultad, obstáculo*] removal, elimination; [*de restricción*] lifting; [*de detalle, pasaje*] deletion
[2] (= *prohibición*) banning

**supresivo** ADJ suppressive

**supresor** SM (*Elec*) suppressor

**suprimido** ADJ suppressed, banned

**suprimir** ▸conjug 3a◂ VT [+ *rebelión, crítica*] to suppress; [+ *costumbre, derecho, institución*] to abolish; [+ *dificultad, obstáculo*] to remove, eliminate; [+ *restricción*] to lift; [+ *detalle, pasaje*] to delete, cut out, omit; [+ *libro*] to suppress, ban; **~ la grasa de la dieta** to cut out *o* eliminate fat from one's diet

**supuestamente** ADV supposedly

▼**supuesto** Ⓐ PP *de* **suponer**
Ⓑ ADJ [1] (= *falso*) [*nombre*] assumed, false; **el ~ arquitecto resultó no tener título** the supposed architect proved not to be qualified
[2] (= *no demostrado*) supposed; **en el ~ informe policial** in the supposed police report
[3] **¡por ~!** of course!; **por ~ que iré** of course I'll go; **—¿puedo usar su teléfono? —¡por ~!** "can I use your phone?" — "of course (you can)!"
[4] **dar algo por ~** to take sth for granted; **dieron por ~ que estábamos interesados** they took it for granted that we were interested
[5] **~ que** (*frm*) (= *dando por sentado que*) assuming; (= *en caso de que*) in the event of; **~ que nuestra moneda no baje** (always) assuming our currency does not fall in value; **~ que las autoridades requieran una prueba** in the event of the authorities requiring proof
Ⓒ SM (= *hipótesis*) assumption; **partieron del ~ de que era verdad** they started from the assumption that it was true; **en el ~ de que no venga** assuming that he doesn't come
► **supuesto previo** prior assumption

**supuración** SF suppuration

**supurar** ▸conjug 1a◂ VI to suppurate, fester

**supuse** *etc ver* **suponer**

**sur** Ⓐ ADJ [*región*] southern; [*dirección*] southerly; [*viento*] south, southerly; **la zona ~ de la ciudad** the southern part of the city, the south of the city; **en la costa ~** on the south coast
Ⓑ SM [1] (= *punto cardinal*) south
[2] [*de región, país*] south; **el ~ del país** the south of the country; **al ~ de Jaén** (to the) south of Jaén; **eso cae más hacia el ~** that lies further (to the) south; **viajábamos hacia el ~** we were travelling south; **en la parte del ~** in the southern part; **las ciudades del ~** the southern cities, the cities of the south; **vientos del ~** south *o* southerly winds
[3] (= *viento*) south *o* southerly wind

**sura** SM sura

**Suráfrica** SF = **Sudáfrica**

**surafricano/a** ADJ, SM/F = **sudafricano**

**Suramérica** SF = **Sudamérica**

**suramericano/a** ADJ, SM/F = **sudamericano**

**surazo** SM (*Andes, Cono Sur*) strong southerly wind

**surcar** ▸conjug 1g◂ VT [+ *tierra*] to plough, plow (*EEUU*), plough through, plow through (*EEUU*), furrow; [+ *superficie*] to score, groove; **una superficie surcada de ...** a surface lined *o* criss-crossed with ...; **los barcos que surcan los mares** (*liter*) the ships which ply the seas; **las aves que surcan los aires** (*liter*) the birds which ride the winds

**surco** SM [1] (*Agr*) furrow; ✦**MODISMO echarse al ~** (*por pereza*) to sit down on the job; (= *terminar*) to knock off*, think one has done enough
[2] (= *ranura*) (*en metal*) groove, score; (*en disco*) groove
[3] (*Anat*) wrinkle
[4] (*en agua*) track, wake

**surcoreano/a** ADJ, SM/F South Korean

**sureño/a** Ⓐ ADJ southern
Ⓑ SM/F southerner

**surero** SM (*Andes*) cold southerly wind

**surestada** SF (*Cono Sur*) wet south-easterly wind

**sureste** Ⓐ ADJ [*parte*] southeast, southeastern; [*rumbo, viento*] southeasterly
Ⓑ SM [1] (*Geog*) southeast
[2] (= *viento*) southeast wind

**surf** SM surfing; **practicar el ~** to surf ► **surf a vela** windsurfing

**surfero/a** Ⓐ ADJ surfing
Ⓑ SM/F surfer

**surfing** SM **hacer ~** to surf, go surfing

**surfista** SMF surfer

**surgencia** SF, **surgimiento** SM emergence

**surgir** ▸conjug 3c◂ VI [1] (= *aparecer*) (*gen*) to arise, emerge, appear; [*líquido*] to spout, spout out, spurt; [*barco*] (*en la niebla*) to loom up; [*persona*] to appear unexpectedly; **la torre surge en medio del bosque** the tower rises up out of the woods
[2] [*dificultad*] to arise, come up, crop up; **han surgido varios problemas** several problems have come up *o* cropped up
[3] (*Náut*) to anchor

**suriano** ADJ (*Méx*) southern

**surja** *etc ver* **surgir**

**surmenage** SM, **surmenaje** SM (= *trabajo excesivo*) overwork; (= *estrés*) stress, mental fatigue; (= *crisis*) nervous breakdown

**suroeste** Ⓐ ADJ [*parte*] southwest, southwestern; [*rumbo, viento*] southwesterly
Ⓑ SM [1] (*Geog*) southwest
[2] (= *viento*) southwest wind

**surrealismo** SM surrealism

**surrealista** Ⓐ ADJ surrealist, surrealistic
Ⓑ SMF surrealist

**surtido** Ⓐ ADJ [1] (= *variado*) mixed, assorted, varied; **pasteles ~s** assorted cakes
[2] (= *provisto*) **estar bien ~ de** to be well supplied with, have good stocks of; **estar mal ~ de** to be badly off for
Ⓑ SM selection, assortment, range; **gran ~** large assortment, wide range; **artículo de ~** article from stock

**surtidor** SM [1] (= *chorro*) jet, spout; (= *fuente*) fountain
[2] ► **surtidor de gasolina** (= *aparato*) petrol pump, gas pump (*EEUU*); (= *lugar*) petrol station, gas station (*EEUU*)
[3] (*LAm*) [*de droga*] drug pusher

**surtir** ▸conjug 3a◂ Ⓐ VT [1] (= *suministrar*) to supply, furnish, provide; **~ a algn de combustible** to supply sb with fuel; **~ el mercado** to supply the market; **~ un pedido** to fill an order
[2] (= *tener*) *ver* **efecto 1**
Ⓑ VI (= *brotar*) to spout, spurt, spurt up, rise
Ⓒ **surtirse** VPR **~se de** to provide o.s. with

**surto** ADJ anchored

**suruca** SF (*Caribe*) [1] (= *algazara*) din, uproar
[2] (= *borrachera*) drunkenness

**suruco**‡ SM (*Cono Sur*) crap‡, shit‡

**surumbático** ADJ (*LAm*) = **zurumbático**

**surumbo** ADJ (*CAm*) = **zurumbo**

**surumpe** SM (*Andes*) inflammation of the eyes (*caused by snow glare*), snow blindness

**surupa** SF (*Caribe*) cockroach, roach (*EEUU*)

**suruví** SM (*Cono Sur*) catfish

**survietnamita** ADJ, SMF South Vietnamese

**susceptibilidad** SF [1] [*de persona*] susceptibility (**a** to)
[2] **susceptibilidades** (= *malentendidos*) sensibilities; **ofender las ~es de algn** to offend sb's sensibilities

**susceptible** ADJ [1] **~ de** capable of; **~ de mejora(r)** capable of improvement; **~ de sufrir daño** liable to suffer damage
[2] [*persona*] susceptible; **~ a las críticas** sensitive to criticism

**suscitar** ▸conjug 1a◂ VT [+ *rebelión*] to stir up; [+ *escándalo, conflicto*] to cause, provoke; [+ *discusión*] to start; [+ *duda, problema*] to raise; [+ *interés, sospechas*] to arouse; [+ *consecuencia*] to cause, give rise to, bring with it

▼**suscribir** ▸conjug 3a◂ (*pp* **suscrito**) Ⓐ VT [1] [+ *contrato, memoria*] to sign
[2] (= *reafirmar*) [+ *promesa*] to make; [+ *opinión*] to subscribe to, endorse
[3] (*Fin*) [+ *acciones*] to take out an option on; [+ *seguro*] to underwrite
[4] **~ a algn a una revista** to take out a subscription to a magazine for sb; **lo suscribió por 100 dólares** she put him down for a 100-dollar contribution
Ⓑ **suscribirse** VPR to subscribe (**a** to); **¿te vas a ~?** are you going to subscribe?; **~se a una revista** to take out a subscription for a magazine

**suscripción** SF subscription; **abrir una ~** to take out a subscription; **cerrar su ~** to cancel one's subscription; **por ~ popular** by public subscription

**suscripto** ADJ, PP (*Arg*) *de* **suscribir**

**suscriptor(a)** SM/F subscriber

**suscrito** PP *de* **suscribir**; **~ en exceso** oversubscribed

**Suso** SM *familiar form of Jesús*

**susodicho** ADJ above-mentioned

**suspender** ▸conjug 2a◂ Ⓐ VT [1] (= *colgar*) to hang, hang up, suspend (**de** from)
[2] (= *interrumpir*) [+ *pago, trabajo*] to stop, suspend; [+ *reunión, sesión*] to adjourn; [+ *línea, servicio*] to discontinue; [+ *procedimiento*] to interrupt; [+ *plan, viaje*] to call off, cancel; **~ hasta más tarde** to put off till later, postpone for a time; **~ a algn de empleo y sueldo** to suspend sb (from work) without pay; **~ la emisión de un programa** to cancel the showing of a programme; **ha suspendido su visita hasta la semana que viene** he's postponed his visit until next week; **el partido se suspendió a causa de la lluvia** the game was rained off; **han suspendido la boda** they've called the wedding off, they've cancelled the wedding
[3] (*Escol*) [+ *asignatura*] to fail; **he suspendido las matemáticas** I've failed maths; **lo han**

➤ LENGUA Y USO: supuesto B3 36.2, 40.2 suscribir A2 53.5

**suspendido en química** he's failed Chemistry

Ⓑ VI to fail

**suspense** SM suspense; **novela/película ~** thriller

**suspensión** SF [1] (*al colgar*) hanging, hanging up, suspension

[2] (*Aut, Mec*) suspension; **con ~ independiente** with independent suspension ► **suspensión hidráulica** hydraulic suspension

[3] (= *interrupción*) [*de campeonato*] stoppage, suspension; [*de sesión*] adjournment; [*de servicios*] stoppage ► **suspensión de empleo y sueldo** suspension without pay ► **suspensión de fuego** ceasefire ► **suspensión de hostilidades** cessation of hostilities ► **suspensión de pagos** suspension of payments

[4] (*Jur*) stay

**suspensivo** ADJ **puntos ~s** dots, suspension points

**suspenso** Ⓐ ADJ [1] (= *colgado*) hanging, suspended, hung (**de** from)

[2] (*Escol*) [*candidato*] failed

[3] **estar** *o* **quedarse ~** (= *pasmarse*) to be astonished, be amazed; (= *maravillarse*) to be filled with wonder; (= *aturdirse*) to be bewildered, be baffled

Ⓑ SM [1] (*Escol*) (= *asignatura*) fail, failure; **tengo un ~ en inglés** I failed English

[2] **estar en** *o* **quedar en ~**: **la reunión ha quedado en ~ hasta el jueves** they've adjourned the meeting until next Thursday; **el juicio está en ~ hasta que se encuentre un nuevo juez** the trial has been suspended until a new judge can be found

[3] (*LAm*) (= *misterio*) suspense; **una novela/película de ~** a thriller

**suspensores** SMPL [1] (*LAm*) (= *tirantes*) braces, suspenders (*EEUU*)

[2] (*Perú Dep*) athletic support *sing*, jockstrap *sing*

**suspensorio** Ⓐ ADJ suspensory

Ⓑ SM (= *prenda*) jockstrap; (*Med*) suspensory, suspensory bandage

**suspicacia** SF suspicion, mistrust

**suspicaz** ADJ suspicious, distrustful

**suspirado** ADJ longed-for, yearned for

**suspirar** ▸conjug 1a◂ VI to sigh; **~ por** (= *anhelar*) to long for

**suspiro** SM [1] (*lit, fig*) sigh; **deshacerse en ~s** to sigh deeply, heave a great sigh; **exhalar el último ~** to breathe one's last ► **suspiro de alivio** sigh of relief

[2] (*LAm Culin*) meringue

**sustancia** SF [1] (= *materia*) substance; **una ~ pegajosa** a sticky substance ► **sustancia blanca** (*Anat*) white matter ► **sustancia gris** (*Anat*) grey matter

[2] (= *esencia*) substance; **no has captado la ~ de su discurso** you haven't grasped the substance of his speech; **en ~** in substance, in essence; **sin ~** [*teoría, discurso*] lacking in substance; [*persona*] shallow, superficial

[3] (*Culin*) [*de alimento*] substance ► **sustancia de carne** meat stock

[4] (*Fil*) substance

**sustancial** ADJ [1] (= *importante*) substantial, significant; **no se han producido cambios ~es** there have been no substantial *o* significant changes

[2] (= *esencial*) substantial, fundamental

[3] = **sustancioso**

**sustancialmente** ADV (= *abundantemente*) substantially; (= *esencialmente*) essentially, vitally, fundamentally

**sustancioso** ADJ [*discurso*] that gives food for thought; [*comida*] solid, substantial; [*ganancias*] healthy, fat (*pey*)

**sustantivación** SF nominalization

**sustantivar** ▸conjug 1a◂ VT to nominalize

**sustantivo** Ⓐ ADJ substantive; (*Ling*) substantival, noun *antes de s*

Ⓑ SM noun, substantive ► **sustantivo colectivo** collective noun ► **sustantivo contable** count noun, countable noun ► **sustantivo no contable** uncount noun, uncountable noun

**sustentabilidad** SF viability

**sustentable** ADJ viable, sustainable

**sustentación** SF [1] (= *manutención*) maintenance

[2] (= *apoyo*) support

[3] (*Aer*) lift

**sustentar** ▸conjug 1a◂ Ⓐ VT [1] (= *sujetar*) to hold up, support, bear the weight of

[2] (= *alimentar*) to sustain, nourish

[3] [+ *familia, hijos*] to support, maintain

[4] [+ *esperanzas*] to sustain, keep alive

[5] [+ *idea, teoría*] to maintain, uphold

[6] (*Ecología*) to sustain

Ⓑ **sustentarse** VPR **~se con** to sustain o.s. with, subsist on; **~se de esperanzas** to live on hopes; **~se del aire** to live on air

**sustento** SM [1] (= *apoyo*) support

[2] (*para vivir*) (= *alimento*) sustenance; (= *manutención*) maintenance; **ganarse el ~** to earn one's living, earn a livelihood; **es el ~ principal de la institución** it is the lifeblood of the institution

**sustitución** SF substitution (**por** for), replacement (**por** by)

**sustituible** ADJ replaceable

**sustituir** ▸conjug 3g◂ VT [1] (= *poner en lugar de*) to replace, substitute; **~ A por B** to replace A by *o* with B, substitute B for A; **lo quieren ~** they want him replaced; **tendremos que ~ el neumático pinchado** we shall have to replace the flat tyre

[2] (= *tomar el lugar de*) (*gen*) to replace; (*temporalmente*) to stand in for; **los sellos azules sustituyen a los verdes** the blue stamps are replacing the green ones; **lo sustituí como secretario de la asociación** I replaced him as club secretary; **¿me puedes ~ un par de semanas?** can you stand in for me for a couple of weeks?; **me ~á mientras estoy fuera** he'll take my place *o* deputize for me while I'm away

**sustitutivo** Ⓐ ADJ substitute; **géneros propios ~s de los importados** home-produced goods in place of *o* to replace imported ones

Ⓑ SM substitute (**de** for)

**sustituto/a** SM/F (*temporal*) substitute, stand-in; (*para siempre*) replacement; **soy el ~ del profesor de inglés** I'm standing in for the English teacher

**sustitutorio** ADJ substitute, replacement *antes de s*; *ver tb* **servicio 1.3**

**susto** SM [1] (= *impresión repentina*) fright, scare; **¡qué ~!** what a fright!; **dar un ~ a algn** to give sb a fright *o* scare; **darse** *o* **pegarse un ~*** to have a fright, get scared (*EEUU*); **caerse del ~** to be frightened *o* scared to death; **meter un ~ a algn*** to put the wind up sb*; **✦MODISMOS no ganar para ~s*: este año no ganamos para ~s** it's been one setback after another this year; **no pasó del ~** it was less serious than was at first thought

[2] (*Andes*) (= *crisis nerviosa*) nervous breakdown

[3] **el ~** (*hum*) (*en restaurante*) the bill

**sustracción** SF [1] (= *acto*) removal

[2] (*Mat*) (= *resta*) subtraction, taking away; (= *descuento*) deduction

[3] (= *hurto*) theft ► **sustracción de menores** child abduction

**sustraer** ▸conjug 2p◂ Ⓐ VT [1] (= *llevarse*) to remove, take away

[2] (*Mat*) (= *restar*) to subtract, take away; (= *descontar*) to deduct

[3] (= *robar*) [+ *dinero, cuadro*] to steal; [+ *persona*] to abduct

[4] [+ *agua*] to extract

Ⓑ **sustraerse** VPR **~se a** (= *evitar*) to avoid; (= *apartarse de*) to withdraw from, contract out of; **no pude ~me a la tentación** I could not resist the temptation

**sustrato** SM substratum

**susurrante** ADJ [*viento*] whispering; [*arroyo*] murmuring; [*follaje*] rustling

**susurrar** ▸conjug 1a◂ Ⓐ VT to whisper; **me susurró su nombre al oído** he whispered his name in my ear

Ⓑ VI [1] [*persona*] to whisper; **~ al oído de algn** to whisper to sb, whisper in sb's ear

[2] (= *sonar*) [*viento*] to whisper; [*arroyo*] to murmur; [*hojas*] to rustle; [*insecto*] to hum

Ⓒ **susurrarse** VPR **se susurra que ...** it is being whispered that ..., it is rumoured *o* (*EEUU*) rumored that ...

**susurro** SM [1] (= *cuchicheo*) whisper

[2] (= *sonido*) [*de viento*] whisper; [*de arroyo*] murmur; [*de hojas*] rustle; [*de insecto*] hum, humming

**sutién** SM (*Arg*) bra, brassiere

**sutil** ADJ [1] [*diferencia*] subtle

[2] (= *perspicaz*) [*inteligencia, persona*] sharp, keen; [*comentario*] subtle

[3] (= *delicado*) [*hilo, hebra*] fine; [*tela*] delicate, thin, light; [*atmósfera*] thin; [*olor*] subtle, delicate; [*brisa*] gentle

**sutileza** SF [1] (= *delicadeza*) fineness, delicacy

[2] (= *perspicacia*) subtlety, subtleness; (= *agudeza*) sharpness, keenness

[3] (= *concepto sutil*) subtlety, fine distinction

[4] (*pey*) (= *maña*) artifice, artful deceit

**sutilizar** ▸conjug 1f◂ Ⓐ VT [1] [+ *objeto*] (= *reducir*) to thin down, fine down; (= *pulir*) to polish, perfect; (= *limar, mejorar*) to refine

[2] [+ *concepto*] (*pey*) to quibble about *o* over, split hairs about *o* over

Ⓑ VI (*pey*) (= *pararse en cosas nimias*) to quibble, split hairs

**sutura** SF suture

**suturar** ▸conjug 1a◂ VT to suture

**suyo/a** Ⓐ ADJ POSES [1] (= *de él*) his; (= *de ella*) her; (= *de ellos, ellas*) their; **la culpa es suya** it's his/her *etc* fault; **—permiso —es ~** (*Chile, Méx*) "excuse me" — "yes?"; **no es amigo ~** he is not a friend of his/hers *etc*; **no es culpa suya** it's not his/her *etc* fault, it's no fault of his/hers *etc*; **varios libros ~s** (= *de ellos*) several books of theirs, several of their books;

**hacer algo ~**: **hizo suyas mis palabras** he echoed my words; **eso es muy ~** that's just like him, that's typical of him; **él es un hombre muy ~** (= *reservado*) he's a man who keeps very much to himself; (= *quisquilloso*) he's a very fussy sort

2 (= *de usted, ustedes*) your; **¿es ~ esto?** is this yours?

Ⓑ PRON POSES (= *de él*) his; (= *de ella*) hers; (= *de usted, ustedes*) yours; (*de animal, cosa*) its; (= *de uno mismo*) one's own; (= *de ellos, ellas*) theirs; **este libro es el ~** this book is his/hers *etc*; **los ~s** (= *familia*) one's family *o* relations; (= *partidarios*) one's own people *o* supporters; **~ afectísimo** yours faithfully *o* sincerely, yours truly (*EEUU*); **de ~** in itself, intrinsically; **lo ~** (what is) his; (= *su parte*) his share, what he deserves; **aguantar lo ~** (= *su parte*) to do one's share; (= *mucho*) to put up with a lot; **él pesa lo ~** he's really heavy, he's a fair weight; ✦***MODISMOS*** **hacer de las suyas** to get up to one's old tricks; **ir a la suya** ◊ **ir a lo ~** to go one's own way; (*pey*) to go one's own sweet way, think only of o.s.; **salirse con la suya** to get one's own way; (*en una discusión*) to carry one's point; ✦***REFRÁN*** **cada cual a lo ~** it's best to mind one's own business

**svástica** [ezˈbastika] SF swastika

**swing** [swin] SM 1 (*Mús*) swing
2 (*Golf*) swing

**switch** [switʃ] SM (*esp Méx*) 1 (*Elec*) switch
2 (*Aut*) ignition

# T t

**T**[1], **t**[1] [te] SF (= *letra*) T, t

**T**[2] ABR, **t**[2] ABR (= **tonelada**) t, ton

**t.** ABR (= **tomo(s)**) vol, vols

**TA** SF ABR (= **traducción automática**) AT

**taba** SF (= *hueso*) ankle bone; (= *juego*) jacks, knucklebones, jackstones (*EEUU*); ✦***MODISMO*** **menear las ~s*** (= *moverse con prisa*) to bustle about; (= *apresurarse*) to get cracking*

**tabacal** SM (= *plantación*) tobacco plantation; (= *terreno*) tobacco field

**Tabacalera** SF *Spanish state tobacco monopoly*; → ESTANCO

**tabacalera** SF (*Méx*) cigarette factory

**tabacalero/a** Ⓐ ADJ tobacco *antes de s*
Ⓑ SM/F (= *tendero*) tobacconist, tobacco dealer (*EEUU*); (= *cultivador*) tobacco grower; (= *mayorista*) tobacco merchant

**tabaco** Ⓐ SM 1 (*para fumar*) 1·1 (= *producto*) tobacco; (= *planta*) tobacco plant; ✦***MODISMOS*** **se le acabó el ~** (*Cono Sur**) he ran out of dough*; **estar de mal ~** (*CAm**) to be in a bad mood; **estaba hecho ~*** [*persona*] he was all in; [*objeto*] it was all torn to pieces; **quitar el ~ a algn*** to do sb in*
1·2 (= *cigarrillos*) cigarettes *pl*; **¿tienes ~?** have you any cigarettes?
1·3 (*LAm*) (= *puro*) cigar
► **tabaco amarillo**, **tabaco americano** Virginia tobacco ► **tabaco de hebra** loose tobacco ► **tabaco de liar** rolling tobacco ► **tabaco de mascar** chewing tobacco ► **tabaco de pipa** pipe tobacco ► **tabaco en polvo** snuff ► **tabaco en rama** leaf tobacco ► **tabaco negro** dark tobacco ► **tabaco picado** shag, cut tobacco ► **tabaco rubio** Virginia tobacco ► **tabaco turco** Turkish tobacco
2 (*LAm*) (= *droga*) reefer*, joint*
3 (*Caribe**) (= *golpe*) slap, smack
Ⓑ ADJ (*esp LAm*) dusty brown

**tabacón**‡ SM (*Méx*) marijuana, grass‡

**tabalada** SF bump, heavy fall

**tabalear** ▸conjug 1a◂ Ⓐ VI (*con los dedos*) to drum, tap
Ⓑ VT (= *balancear*) to rock, swing

**tabaleo** SM 1 (*con los dedos*) drumming, tapping
2 (= *balanceo*) rocking, swinging

**tabanco** SM 1 (*CAm*) (= *desván*) attic
2 (*Méx*) (= *puesto*) stall

**tábano** SM horsefly, gadfly

**tabaqueada*** SF (*Méx*) (= *paliza*) beating-up*; (= *pelea*) fist-fight

**tabaquear** ▸conjug 1a◂ VI (*Andes*) to smoke

**tabaquera** SF 1 (= *bolsa*) tobacco pouch
2 (= *estuche*) (*para puros*) cigar case; (*para cigarrillos*) cigarette case; (*para rapé*) snuffbox
3 (= *tarro*) tobacco jar
4 [*de pipa*] bowl; *ver tb* **tabaquero**

**tabaquería** SF (*LAm*) 1 (= *tienda*) tobacconist's (shop), cigar store (*EEUU*)
2 (= *fábrica*) cigar factory, tobacco factory

**tabaquero/a** Ⓐ ADJ tobacco *antes de s*
Ⓑ SM/F (= *tendero*) tobacconist, tobacco dealer (*EEUU*); (= *mayorista*) tobacco merchant; (= *cultivador*) tobacco grower; *ver tb* **tabaquera**

**tabaquismo** SM smoking habit ► **tabaquismo pasivo** passive smoking

**tabaquito** SM (*LAm*) small cigar

**tabarra*** SF nuisance, bore; **dar la ~** to be a nuisance, be a pain in the neck*; **dar la ~ a algn** to pester sb

**tabasco**® SM Tabasco®

**tabear** ▸conjug 1a◂ VI (*Cono Sur*) to gossip

**taberna** SF 1 (= *bar*) pub, bar; (*Hist*) tavern
2 (*Caribe*) (= *tienda*) small grocery shop
3 (*Cono Sur*) [*de juego*] gambling den

**tabernáculo** SM tabernacle

**tabernario** ADJ [*lenguaje*] rude, dirty, coarse, tavern *antes de s*

**tabernero/a** SM/F (= *dueño*) landlord/landlady, publican, bar manager; (= *camarero*) barman/barmaid, bartender

**tabicar** ▸conjug 1g◂ Ⓐ VT 1 [+ *puerta, ventana*] (*con ladrillos*) to brick up; (*con madera*) to board up
2 [+ *habitación*] to partition off
3 [+ *nariz*] to block (up)
Ⓑ **tabicarse** VPR [*nariz*] to get blocked up

**tabicón** SM (*Méx*) breeze block

**tabique** SM (= *pared*) thin wall; (*entre habitaciones*) partition, partition wall ► **tabique nasal** nasal septum

**tabla** Ⓐ SF 1 (= *pieza*) [*de madera*] plank, board; [*de piedra*] slab; (*Arte*) panel; (= *estante*) shelf; (*Caribe*) (= *mostrador*) shop counter; ✦***MODISMOS*** **estar en las ~s** (*Caribe*) to be destitute; **escaparse en una ~** to have a narrow escape, have a close shave; **hacer ~ rasa** to make a clean sweep; **hacer ~ rasa de algo** to completely disregard sth, ride roughshod over sth; **salvarse en una ~** to have a narrow escape, have a close shave ► **tabla a vela** surfboard, windsurfing board ► **tabla de cocina** chopping board ► **tabla de dibujo** drawing board ► **tabla de esmeril** emery board ► **tabla de lavar** washboard ► **tabla del suelo** floorboard ► **tabla de picar** chopping board ► **tabla de planchar** ironing board ► **tabla de quesos** cheeseboard ► **tabla de salvación** (*fig*) last resort, only hope ► **tabla deslizadora**, **tabla de surf** surfboard ► **tabla de windsurf** windsurfing board
2 **tablas** 2·1 (*Taur*) barrier *sing*
2·2 (*Teat*) stage *sing*; **pisar las ~s** to tread the boards; **salir a las ~s** to go on the stage, become an actor/actress; ✦***MODISMOS*** **coger ~s** (*en teatro*) to gain acting experience; (*fig*) to get the hang of it; **tener (muchas) ~s** [*actor*] to have a good stage presence; [*político*] to be an old hand
3 **tablas** (*Ajedrez*) draw *sing*; (*fig*) stalemate *sing*; **hacer ~s** ◊ **quedar en ~s** (*lit*) to draw; (*fig*) to reach stalemate, be deadlocked; **el partido quedó en ~s** the game was a draw, the game was drawn ► **tablas por ahogado** stalemate
4 [*de falda*] box pleat, broad pleat
5 (= *lista*) (*Mat*) table; (*en libro*) (= *índice*) table; (*Dep*) (*tb* **~ clasificatoria**) table, (league) table; (*Inform*) array ► **tabla de consulta** (*Inform*) lookup table ► **tabla de ejercicios**, **tabla de gimnasia** exercise routine, set of exercises ► **tabla de logaritmos** table of logarithms ► **tabla de mareas** tide table ► **tabla de materias** table of contents ► **tabla de multiplicar** multiplication table ► **tabla de valores** set of values ► **tabla salarial** wage scale ► **tabla trazadora** plotter
6 (*Agr*) plot, patch
7 (*Andes*) ✦***MODISMOS*** **cantarle las ~s a algn** to tell it to sb straight; **salir con las ~s** to fail
Ⓑ SM (‡) queer‡, fairy‡, fag (*EEUU*‡)

**tablada** SF (*Cono Sur*) slaughterhouse

**tablado** SM 1 (= *plataforma*) stage
2 (*Hist*) scaffold

**tablaje** SM, **tablazón** SF planks *pl*, planking, boards *pl*

**tablao** SM (= *espectáculo*) flamenco show; (= *escenario*) dance floor (*for flamenco dancing*); (= *local*) flamenco venue

**tablear** ▸conjug 1a◂ VT 1 [+ *madera*] to cut into boards o planks
2 [+ *terreno*] (= *dividir*) to divide up into plots; (= *nivelar*) to level off
3 (*Cos*) to pleat
4 (*Cono Sur*) [+ *masa*] to roll out

**tablero** SM 1 (= *panel*) (*de madera*) board; (*para anuncios*) notice board, bulletin board

(EEUU); (= *pizarra*) blackboard; [*de mesa*] top; [*de mármol*] slab; (*Elec*) switchboard ► **tablero de dibujante, tablero de dibujo** drawing board ► **tablero de gráficos** (*Inform*) graph pad ► **tablero de instrumentos, tablero de mandos** instrument panel ► **tablero posterior** tailboard
2 (*para juegos*) board ► **tablero de ajedrez** chessboard
3 (= *garito*) gambling den

**tableta** SF 1 [*de chocolate*] bar, slab; (*Med*) tablet
2 [*de madera*] (= *bloque*) block; (= *tablero*) board
3 [*de escribir*] writing pad

**tabletear** ▸conjug 1a◂ VI to rattle

**tableteo** SM rattle

**tablilla** SF 1 (= *tabla*) small board; (*Med*) splint
2 (*Méx*) [*de chocolate*] bar

**tablista** SMF windsurfer

**tabloide** SM tabloid

**tablón** SM 1 (= *tabla*) plank; (= *viga*) beam ► **tablón de anuncios** notice board, bulletin board (EEUU)
2 (*) (= *borrachera*) **coger** *o* **pillar un ~** to get plastered*
3 (*LAm Agr*) plot, bed

**tablonazo** SM (*Caribe*) trick, swindle

**tabú** Ⓐ ADJ INV taboo; **palabras ~** taboo words
Ⓑ SM (*pl* **tabús, tabúes**) taboo

**tabuco** SM (= *chabola*) slum, shack; (= *cuarto*) tiny room, poky little room

**tabulación** SF tabulation

**tabulador** SM tab, tabulator

**tabular** Ⓐ ▸conjug 1a◂ VT to tabulate
Ⓑ ADJ tabular

**taburete** SM stool

**TAC** SF/M ABR (= **tomografía axial computerizada**) CAT

**tacada** SF (*Billar*) stroke; (= *serie de puntos*) break; ✦***MODISMO* de una ~** all in one go

**tacana** SF 1 (*Andes, Cono Sur Agr*) cultivated hillside terrace
2 (*Cono Sur, Méx*) [*de mortero*] pestle
3 (*Cono Sur*) (= *policía*) fuzz‡, police

**tacanear** ▸conjug 1a◂ VT (*Cono Sur*) (= *apisonar*) to tread down; (= *machacar*) to pound, crush

**tacañería** SF 1 (= *mezquindad*) meanness, stinginess
2 (= *astucia*) craftiness

**tacaño** ADJ 1 (= *avaro*) mean, stingy
2 (= *astuto*) crafty

**tacar** ▸conjug 1g◂ VT (*Andes*) 1 (= *disparar*) to shoot at sb
2 (= *llenar*) to fill, pack tightly (**de** with)

**tacatá*** SM, **tacataca** SM [*de bebé*] baby walker; [*de anciano*] walking frame, Zimmer frame®

**tacha**[1] SF 1 (*Téc*) large tack, stud
2 (*LAm*) = **tacho**

**tacha**[2] SF blemish; **sin ~** [*vida, reputación*] unblemished; [*estilo, conducta*] faultless; [*lealtad*] absolute; **una persona sin ~** a person who is beyond reproach; **poner ~ a algo** to find fault with sth

**tachadura** SF (= *tachón*) crossing-out, erasure (*frm*); (= *corrección*) correction

**tachar** ▸conjug 1a◂ VT 1 (= *suprimir*) to cross out; (= *corregir*) to correct; **~ a algn de una lista** to cross *o* take sb off a list
2 **~ a algn de** to brand sb (as); **lo ~on de colaboracionista** he was branded (as) a collaborator; **~ a algn de incapaz** to brand sb (as) incompetent; **tachó de inoportuna la invitación** he described the invitation as untimely; **me molesta que taches de tonterías lo que digo** I don't like the way you dismiss what I say as nonsense
3 (*Jur*) [+ *testigo*] to challenge

**tachero** SM (*Cono Sur*) tinsmith

**tachines‡** SMPL (*Esp*) (= *pies*) plates‡, feet; (= *zapatos*) shoes

**tacho** SM 1 (*LAm*) (= *cubo*) bucket, pail; (= *caldera*) boiler; (= *olla*) pan; (*para azúcar*) sugar pan, sugar evaporator; (= *arcón*) bin, container ► **tacho de la basura, tacho para la basura** (*Andes, Cono Sur*) dustbin, rubbish bin, trash *o* garbage can (EEUU) ► **tacho para lavar la ropa** clothes boiler
2 (*Cono Sur*) (= *lavabo*) washbasin, bathroom sink *o* washbowl (EEUU); ✦***MODISMO* irse al ~*** to be ruined, fail

**tachón**[1] SM 1 (*Téc*) ornamental stud, boss
2 (*Cos*) trimming

**tachón**[2] SM (= *tachadura*) crossing-out, deletion (*frm*); **escribe con letra clara y sin tachones** write clearly and avoid crossing things out

**tachonado** ADJ **~ de estrellas** star-studded, star-spangled; **candelabros ~s de diamantes** diamond-studded candelabras

**tachonar** ▸conjug 1a◂ VT to stud

**tachoso** ADJ defective, faulty

**tachuela** SF 1 (= *clavo*) (tin) tack; (*en cinturón, ropa*) stud; (*LAm*) (= *chincheta*) drawing pin
2 (*Caribe*) (= *alfiler*) long pin
3 (*Aut*) speed ramp, sleeping policeman
4 (*LAm*) (= *recipiente*) metal pan; (= *cazo*) dipper; (= *taza*) metal cup
5 (*LAm**) (= *persona*) short stocky person

**tacita** SF small cup; **la Tacita de Plata** Cadiz (*used affectionately*); ✦***MODISMO* como una ~ de plata** as bright as a new pin

**tácitamente** ADV tacitly

**Tácito** SM Tacitus

**tácito** ADJ 1 (*gen*) tacit; [*acuerdo*] unspoken, tacit; [*ley*] unwritten
2 (*Ling*) understood

**taciturnidad** SF (= *reserva*) taciturnity, silent nature; (= *mal humor*) sullenness, moodiness; (= *tristeza*) glumness

**taciturno** ADJ (= *callado*) taciturn, silent; (= *malhumorado*) sullen, moody; (= *triste*) glum

**tacizo** SM 1 (*Andes, Caribe*) (= *hacha*) narrow-bladed axe
2 (*Andes*) (= *celda*) small prison cell

**taco** SM 1 (= *pieza*) (*para tornillo*) Rawlplug®; (= *tapón*) plug, stopper; [*de bota de fútbol*] stud; (*para fusil*) wad, wadding; (= *tarugo*) wooden peg ► **taco de salida** (*Dep*) starting block
2 (*Billar*) cue
3 [*de papeles*] (*para escribir*) pad; [*de billetes, cupones*] book; [*de cheque*] stub; (= *calendario*) desk calendar
4 [*de jamón, queso*] cube
5 (*Esp**) (= *palabrota*) rude word, swearword; **soltar un ~** to swear; **dice muchos ~s** he swears a lot
6 (*Esp‡*) (= *lío*) mess; **armarse** *o* **hacerse un ~** to get into a mess, get mixed *o* muddled up; **dejar a algn hecho un ~** to flatten sb (in an argument)
7 (‡) (= *año*) year; **tener 16 ~s** to be 16 (years old); **cumple cinco ~s** (*en la cárcel*) he's doing five years' bird‡
8 (*Mil, Hist*) ramrod
9 (*LAm*) (= *tacón*) heel
10 (*Méx Culin*) taco, filled rolled tortilla; (*) (= *bocado*) snack, bite; ✦***MODISMO* darse ~** (*CAm, Méx**) to give o.s. airs
11 (*Chile*) (= *trago*) swig of wine*
12 (*Cono Sur, Méx*) (= *obstáculo*) obstruction, blockage; (*Chile**) (= *atasco*) traffic jam
13 (*aplicado a personas*) (*Cono Sur*) (= *chaparro*) short stocky person; (*Andes**) (= *personaje*) big shot*; (*CAm, Caribe, Méx*) fop, dandy
14 (*CAm, Caribe*) (= *preocupación*) worry, anxiety; (= *miedo*) fear

**tacógrafo** SM tachograph, tacho*

**tacómetro** SM tachometer

**tacón** SM 1 [*de zapato*] heel; **tacones altos** high heels; **tacones bajos** low heels; **nunca llevo tacones** I never wear high heels; **zapatos de ~ (alto)** high-heeled shoes ► **tacón (de) aguja** stiletto heel ► **tacón de cuña** wedge heel
2 (‡) (= *monedero*) purse, coin purse (EEUU)

**taconazo** SM (= *patada*) kick (*with one's heel*); (= *golpecito*) heel tap; **dar un ~** to click one's heels; **taconazos** (*Mil*) heel-clicking *pl*

**taconear** ▸conjug 1a◂ Ⓐ VI 1 (= *caminar*) to walk clicking *o* tapping one's heels
2 (= *dar golpecitos*) to tap with one's heels; (*Mil*) to click one's heels
3 (= *apresurarse*) to bustle about
Ⓑ VT (*Cono Sur*) to pack tight, fill right up

**taconeo** SM 1 (*al andar*) **podíamos oír el ~ de sus zapatos** we could hear her shoe heels clicking about
2 (= *golpecitos*) tapping with one's heels; (*Mil*) heel-clicking

**tacote‡** SM (*Méx*) marijuana, grass‡

**táctica** SF 1 (= *estrategia*) tactic; **una nueva ~** a new tactic, new tactics; **el equipo cambió de ~** the team changed tactics; **la ~ del avestruz** the head-in-the-sand approach ► **táctica de cerrojo** stonewalling, negative play
2 (= *jugada*) move; (*fig*) gambit

**tácticamente** ADV tactically

**táctico/a** Ⓐ ADJ tactical
Ⓑ SM/F (= *experto*) tactician; (*Dep*) coach

**táctil** ADJ tactile

**tacto** SM 1 (= *sentido*) (sense of) touch; (= *acción*) touch; **ser áspero al ~** to be rough to the touch; **conoce las monedas por el ~** she identifies coins by touch
2 (= *cualidad*) feel; **tiene un ~ viscoso** it has a sticky feel (to it)
3 (= *diplomacia*) tact; **tener ~** to be tactful

**tacuache** SM (*Caribe*) fib, lie

**tacuacín** SM (*Méx*) sloth

**tacuaco** ADJ (*Cono Sur*) chubby

**tacuche** Ⓐ SM (*Méx*) bundle of rags
Ⓑ ADJ worthless

**Tadjikstán** SM, **Tadjikia** SF Tadjikistan

**TAE** SF ABR (= **tasa anual efectiva** *o* **equivalente**) APR

**taekwondista** SMF taekwondist

**tae kwon do** SM, **tae-kwon-do** SM taekwondo, tae-kwon-do

**tafetán** SM [1] (= *tela*) taffeta
[2] (*tb* **~ adhesivo, ~ inglés**) sticking plaster, Band-Aid® (*EEUU*)
[3] **tafetanes** (= *banderas*) flags; (= *galas*) frills, buttons and bows

**tafia** SF (*LAm*) rum

**tafilete** SM morocco leather

**tagalo/a** Ⓐ ADJ, SM/F Tagalog
Ⓑ SM (*Ling*) Tagalog

**tagarnia*** SF **comer hasta la ~** (*Andes, CAm*) to stuff o.s.*

**tagarnina** SF [1] (= *puro*) (cheap) cigar
[2] (*Méx*) (= *petaca*) leather tobacco pouch
[3] (*Andes, CAm, Méx**) (= *borrachera*) **agarrar una ~*** to get tight*

**tagarote*** SM [1] (*Zool*) sparrowhawk
[2] (*) (= *persona*) tall shabby person
[3] (*) (= *empleadillo*) lawyer's clerk, pen-pusher, pencil pusher (*EEUU*)
[4] (*CAm*) (= *personaje*) big shot*

**tagua** SF (*Andes*) ivory palm

**tahalí** SM swordbelt

**Tahití** SM Tahiti

**tahona** SF (= *panadería*) bakery, bakehouse; (= *molino*) flour mill

**tahonero/a** SM/F (= *panadero*) baker; (= *molinero*) miller

**tahúr** SMF (= *jugador*) gambler; (*pey*) cardsharp, cheat

**taifa*** SF gang, crew

**taiga** SF taiga

**tailandés/esa** Ⓐ ADJ, SM/F Thai
Ⓑ SM (*Ling*) Thai

**Tailandia** SF Thailand

**taima** SF [1] (= *astucia*) slyness, craftiness, slickness
[2] (*Cono Sur**) (= *terquedad*) obstinacy, pigheadedness

**taimadamente** ADV craftily, cunningly

**taimado** ADJ [1] (= *astuto*) sly, crafty
[2] (= *hosco*) sullen
[3] (*Andes*) (= *perezoso*) lazy

**taimarse** ▸conjug 1a◂ VPR [1] (= *volverse taimado*) to get sly, adopt crafty tactics
[2] (= *enfadarse*) to go into a huff, sulk; (= *obstinarse*) to be obstinate, dig one's heels in

**taita*** SM [1] (*Andes, Cono Sur*) (= *papá*) father, dad*, daddy*; (= *tío*) uncle
[2] (*Cono Sur*) (*tratamiento*) *in direct address, term of respect used before a name*
[3] (*Cono Sur*) (= *matón*) tough, bully; (= *pendenciero*) troublemaker
[4] (††) (= *chulo*) pimp

**Taiwán** SM Taiwan

**taiwanés/esa** ADJ, SM/F Taiwanese

**taja** SF cut

**tajada** SF [1] (*Culin*) slice
[2] (*) (= *beneficio*) rake-off*; **sacar ~** to get one's share, take one's cut*; **sacaron buena ~ de ello** they did well out of it
[3] (= *raja*) cut, slash; **¡te haré ~s!** I'll have your guts for garters!*
[4] (*) (= *borrachera*) **coger** *o* **pillar una ~** to get plastered*
[5] (*Med*) hoarseness

**tajadera** SF [1] (= *hacha*) chopper; (= *cincel*) cold chisel
[2] (= *tabla*) chopping block

**tajadero** SM chopping block

**tajado** ADJ sheer

**tajador** SM (*Andes*) pencil sharpener

**tajalán/ana** Ⓐ ADJ (*Caribe*) lazy
Ⓑ SM/F idler, layabout

**tajaleo*** SM (*Caribe*) [1] (= *comida*) food, grub‡, chow (*EEUU*‡)
[2] (= *pelea*) row, brawl

**tajaloseo*** SM (*Caribe*) row

**tajamar** SM [1] (*Náut*) stem; [*de puente*] cut-water
[2] (*CAm, Cono Sur*) (= *muelle*) mole; (*Andes, Cono Sur*) (= *presa*) dam, dike

**tajante** ADJ [1] (= *contundente*) [*negativa*] emphatic; [*órdenes*] strict; [*crítica, distinción*] sharp; [*comentario*] incisive; **contestó con un "no" ~** he answered with an emphatic "no"; **hacer afirmaciones ~s** to make categorical statements; **fueron ~s en su condena** they were categorical in their condemnation; **una crítica ~ del gobierno** some sharp criticism of the government; **es una persona ~** he calls a spade a spade
[2] [*herramienta*] sharp, cutting

**tajantemente** ADV [*responder*] emphatically, sharply; **me niego ~** I categorically refuse; **la propuesta fue rechazada ~** the proposal was rejected outright

**tajar** ▸conjug 1a◂ VT to cut, slice, chop

**tajarrazo** SM (*CAm, Méx*) slash, wound; (*fig*) damage, harm

**tajeadura** SF (*Cono Sur*) long scar

**tajear*** ▸conjug 1a◂ VT (*LAm*) (= *cortar*) to cut (up), chop (up); (= *rajar*) to slash

**Tajo** SM Tagus

**tajo** SM [1] (= *corte*) cut, slash; **darse un ~ en el brazo** to cut one's arm; **cortar algo de un ~** to slice sth off; **tirar ~s a algn** to slash at sb
[2] (*Geog*) (= *corte*) cut, cleft; (= *escarpa*) steep cliff, sheer drop
[3] (*) (= *trabajo*) work; **todo el verano en el ~, sin vacaciones** I have to slog away all summer, without a holiday; **largarse al ~** to get off to work, get back on the job; **¡vamos al ~!** let's get on with it!
[4] (*Culin*) (= *tabla*) chopping block
[5] [*del verdugo*] executioner's block
[6] (= *filo*) cutting edge
[7] (= *taburete*) small three-legged stool

**tajón** SM (*Méx*) slaughterhouse

**tal** Ⓐ ADJ [1] (*en relación con algo ya mencionado*) such; **no existía ~ restaurante** no such restaurant existed; **nunca he hecho ~ cosa** I never did any such thing *o* anything of the sort; **en ~es casos es mejor consultar con un médico** in such cases it's better to consult a doctor; **nunca he visto a ~ persona** I've never seen any such person; **hace diez años, ~ día como hoy** on the same day ten years ago, ten years ago today; **el ~ cura resultó estar casado** this priest (we were talking about) *o* (*pey*) this priest person turned out to be married; *ver tb* **cosa 3, 4, 5, palo 1**
[2] (*indicando extrañeza o exageración*) such; **con ~ atrevimiento** with such a cheek, so cheekily; **eran ~es sus deseos de venganza** her desire for revenge was so great; **¡había ~ confusión en el aeropuerto!** it was total chaos at the airport!; **~ era su fuerza que podía levantar a dos hombres** he was so strong that he could lift two men
[3] (*indicando indeterminación*) **se aloja en ~ o cual hotel** he is staying at such-and-such a hotel; **~ día, a ~ hora** on such-and-such a day, at such-and-such a time; **vivía en la calle ~, en el número cual** she lived in such-and-such a street at such-and-such a number; **necesitaba un millón para ~ cosa y otro millón para ~ otra** he needed a million for one thing and another million for another; **un ~ García** one García, a man called García or something (*pey*)
Ⓑ PRON [1] (= *persona indeterminada*) **el ~** this man I mentioned; **ésa es una ~** (*pey*) she's a tart*; **me dijo que yo era un ~ o un cual** she called me all sorts of names; **es su padre, y como ~, es responsable de su hijo** he's his father, and as such he is responsible for his son; **✦MODISMO son ~ para cual** they're two of a kind; *ver tb* **fulano 1**
[2] (= *cosa indeterminada*) **no haré ~** I won't do anything of the sort, I'll do no such thing; **y ~***: **fuimos al cine y ~** we went to the pictures and stuff*; **había pinchos, bebidas y ~** there were snacks and drinks and things; **estábamos charlando y ~, y de pronto me dio un beso** we were just chatting and so on, when suddenly he kissed me; **~ y cual**: **teníamos prisa, pero entre ~ y cual tardamos una hora** we were in a hurry, but between one thing and another it took us an hour; **es muy simpática y ~ y cual, pero no me gusta** she's very nice and all that, but I don't like her; **me dijo que si ~ y que si cual, pero no pudo convencerme** he said this, that and the other, but he wasn't able to convince me
Ⓒ ADV [1] (*en comparaciones*) **~ como**: **estaba ~ como lo dejé** it was just as I had left it; **~ y como están las cosas, no creo que sea buena idea** as things are *o* given the current state of affairs, I don't think it would be a good idea; **~ y como están las cosas, es mejor que nos vayamos** under the circumstances, it would be better if we left; **~ cual**: **déjalo ~ cual** leave it just as it is; **después de tantos años sigue ~ cual** she hasn't changed after all these years; **se enteró de la noticia y se quedó ~ cual** when he heard the news he didn't bat an eyelid; **en la foto salió ~ cual es en realidad** it came out in the photo just like it is in real life; **~ la madre, cual la hija** like mother, like daughter; **~ que**: **tomaremos algo ligero ~ que una tortilla** we'll have something light such as *o* like an omelette
[2] (*en preguntas*) **¿qué ~?** how's things?, how are you?; **¿qué ~ el partido?** what was the game like?, how was the game?; **¿qué ~ tu tío?** how's your uncle?; **¿qué ~ estás?** how are you?; **¿qué ~ estoy con este vestido?** how do I look in this dress?; **¿qué ~ has dormido?** how did you sleep?; **¿qué ~ es físicamente?** what does she look like?; **¿qué ~ si lo compramos?** why don't we buy it?, suppose we buy it?
[3] **~ vez** perhaps, maybe; **son, ~ vez, las mejores canciones del disco** they are perhaps *o* maybe *o* possibly the best songs on the album; **—¿crees que ganarán? —tal vez** "do you think they'll win?" — "perhaps *o* maybe *o* they may do"; **~ vez me pase por tu**

**casa mañana** I may drop in at your place tomorrow

[4] **con ~ de: hace lo que sea con ~ de llamar la atención** he'll do anything to attract attention; **no importa el frío con ~ de ir bien abrigado** the cold doesn't matter as long as *o* if you're well wrapped up; **con ~ de que** provided (that), as long as; **con ~ de que no me engañes** provided (that) *o* as long as you don't deceive me; **con ~ de que regreséis antes de las once** provided (that) *o* as long as you get back before eleven

**tala** SF [1] [*de árboles*] felling, cutting down; (= *destrucción*) havoc
[2] (*Caribe*) (= *hacha*) axe, ax (*EEUU*)
[3] (*Caribe*) (= *huerto*) vegetable garden
[4] (*Cono Sur*) (= *pasto*) grazing

**talabarte** SM sword belt

**talabartería** SF [1] (= *taller*) saddlery, harness-maker's shop
[2] (*LAm*) (= *tienda*) leather-goods shop

**talabartero/a** SM/F saddler, harness maker

**talacha** SF, **talache** SM (*Méx*) mattock

**talado** SM felling

**taladradora** SF pneumatic drill, jackhammer (*EEUU*)

**taladrante** ADJ piercing

**taladrar** ▸conjug 1a◂ VT [1] [+ *pared*] to drill a hole/holes in, drill; [+ *billete, documento*] to punch; **una bala le taladró el tobillo** a bullet pierced his ankle
[2] [*ruido, mirada, dolor*] to pierce; **un ruido que taladra los oídos** an ear-splitting noise; **me taladró con la mirada** she fixed me with a piercing gaze; **un llanto de bebé taladra el silencio** a baby's cry pierces the silence, the silence is shattered by a baby's cry

**taladro** SM [1] (= *herramienta*) drill ► **taladro mecánico** power drill ► **taladro neumático** pneumatic drill
[2] (= *agujero*) drill hole

**talaje** SM [1] (*LAm*) (= *pasto*) pasture
[2] (*Cono Sur, Méx*) (= *pastoreo*) grazing, pasturage

**tálamo** SM marriage bed

**talamoco** ADJ (*Andes*) albino

**talante** SM [1] (= *carácter*) **un hombre de ~ liberal** a liberal-minded man
[2] (= *humor*) mood; **estar de buen ~** to be in a good mood; **estar de mal ~** to be in a bad mood; **responder de mal ~** to answer bad-temperedly
[3] (= *disposición*) **hacer algo de buen ~** to do sth willingly; **recibir a algn de buen ~** to give sb a warm welcome

**talar** ▸conjug 1a◂ VT [1] [+ *árbol*] to fell, cut down
[2] (= *devastar*) to lay waste, devastate
[3] (= *podar*) to prune

**talasoterapia** SF thalassotherapy

**talco** SM (*Quím*) talc; (*tb* **polvos de ~**) talcum powder

**talcualillo*** ADJ so-so, middling, fair

**talega** SF [1] (= *bolsa*) sack, bag
[2] **talegas** [2·1] (= *dinero*) money *sing*
[2·2] (*Méx***) (= *testículos*) balls**

**talegada** SF, **talegazo** SM heavy fall

**talego** SM [1] (= *saco*) long sack, big sack
[2] (*) (= *persona*) lump*
[3] (‡) (= *cárcel*) nick*, jail, can (*EEUU*‡)
[4] (‡) (= *billete*) 1000 pesetas; **medio ~** 500 pesetas
[5] (‡) [*de hachís*] *small bar of hash*

**taleguilla** SF bullfighter's breeches *pl*

**talejo** SM (*Andes*) paper bag

**talento** SM [1] (= *inteligencia*) **una mujer de enorme ~** a woman of enormous talent
[2] (= *aptitud*) talent; **sus hijos tienen ~ para la música** their children have a talent for music
[3] (= *prodigio*) talent; **su hijo es un auténtico ~** her son is a really gifted *o* talented boy
[4] (*Biblia*) talent

**talentoso** ADJ talented, gifted, exceptional (*EEUU*)

**talero** SM (*Cono Sur*) whip

**Talgo** SM ABR (*Esp*) (= **tren articulado ligero Goicoechea-Oriol**) *inter-city express train*

**talidomida** SF thalidomide

**talión** SM **la ley del ~** an eye for an eye

**talismán** SM talisman

**talla**[1] SF [1] [*de ropa*] size; **camisas de todas las ~s** shirts in all sizes; **¿de qué ~ son estos pantalones?** what size are these trousers?
[2] (= *altura*) height; **dar la ~** (*lit*) to be tall enough; (*fig*) to measure up; **no ha dado la ~ para ingresar en el ejército** he wasn't tall enough to join the army, he didn't satisfy the minimum height requirement for joining the army; **no dio la ~ como solista** he didn't make the grade as a soloist, he didn't measure up as a soloist; **no dio la ~ en la disputa** he couldn't hold his own in the argument; **tener poca ~** to be short
[3] (= *categoría, nivel*) stature; **hay pocos políticos de la ~ de este ministro** there are few politicians of the stature of this minister
[4] (*Arte*) (= *escultura*) sculpture; [*de madera*] carving; (= *grabado*) engraving ► **talla en madera** woodwork, wood carving
[5] (= *vara*) measuring rod
[6] (*Naipes*) hand
[7] (*Med*†) gallstones operation
[8] (*Jur*†) reward (*for capture of a criminal*); **poner a algn a ~** to offer a reward for sb's capture

**talla**[2] SF [1] (*CAm*) (= *mentira*) fib, lie
[2] (*Cono Sur*) (= *chismes*) gossip, chitchat; (= *piropo*) compliment; **echar ~s a algn** to pay a compliment to a woman; ✦*MODISMO* **echar ~** to put on airs
[3] (*Andes*) (= *paliza*) beating
[4] (*Méx**) (= *pelea*) set-to*, squabble

**tallado** Ⓐ ADJ [1] [*madera*] carved; [*piedra*] sculpted; [*metal*] engraved
[2] **bien ~** shapely, well-formed; **mal ~** misshapen
Ⓑ SM (*en madera*) carving; (*en piedra*) sculpting; (= *grabado*) engraving ► **tallado en madera** woodcarving

**tallador(a)** SM/F [1] (= *persona*) [*de madera*] carver; [*de piedra*] sculptor; [*de diamantes*] cutter; [*de metal*] engraver ► **tallador(a) de madera** woodworker, wood carver
[2] (*LAm Naipes*) dealer, banker

**tallar**[1] ▸conjug 1a◂ Ⓐ VT [1] [+ *madera*] to carve, work; [+ *piedra*] to sculpt; [+ *diamante*] to cut; [+ *metal*] to engrave
[2] [+ *persona*] to measure (the height of)
[3] (*Naipes*) to deal
Ⓑ VI (*Naipes*) to deal, be banker

**tallar**[2]* ▸conjug 1a◂ Ⓐ VT [1] (*Andes*) (= *fastidiar*) to bother, annoy
[2] (*Andes*) (= *azotar*) to beat
Ⓑ VI (*Cono Sur*) (= *chismear*) to gossip; [*amantes*] to whisper sweet nothings

**tallarín** SM [1] (*Culin*) noodle
[2] (*Andes**) (= *galón*) stripe

**talle** SM [1] (= *cintura*) waist; **un vestido de ~ bajo** a dress with a low waist ► **talle de avispa** wasp waist
[2] (= *medidas*) waist and chest measurements *pl*; (= *talla*) size, fitting
[3] (= *tipo*) [*de mujer*] figure; [*de hombre*] build, physique; **de ~ esbelto** slim; **tiene buen ~** she has a good figure
[4] (= *aspecto*) look, appearance; (= *contorno*) outline
[5] (*CAm, Cono Sur*) (= *corpiño*) bodice

**taller** SM (*Téc, Educ, Teat*) workshop; (= *fábrica*) factory, mill; (*Aut*) garage, repair shop; (*Arte*) studio; (*Cos*) workroom; (*en lenguaje sindical*) shop ► **taller de coches** car repair shop, garage (*for repairs*) ► **taller de máquinas** machine shop ► **taller de montaje** assembly shop ► **taller de reparaciones** repair shop ► **taller de teatro** theatre workshop, drama workshop ► **taller de trabajo** (*en congreso etc*) workshop ► **talleres gráficos** printing works ► **taller mecánico** garage (*for repairs*) ► **taller ocupacional** occupational therapy workshop

**tallero/a** SM/F (*LAm*) [1] (= *verdulero*) vegetable merchant, produce dealer (*EEUU*)
[2] (= *embustero*) liar

**tallista** SMF wood carver

**tallo** SM [1] [*de flor*] stem, stalk; [*de hierba*] blade
[2] (*Andes*) (= *repollo*) cabbage
[3] **tallos** (*LAm*) (= *verdura*) vegetables, greens
[4] (= *fruta*) crystallized fruit

**talludito*** ADJ mature, middle-aged; **el actor es ~ ya para este papel** the actor is getting on a bit now for this role; **Sofia Loren, que está ya talludita** Sofia Loren, who is no longer as young as she was

**talludo** ADJ [1] [*planta*] tall; [*persona*] tall, lanky; *ver tb* **talludito**
[2] (*CAm, Méx*) [*fruta*] (= *duro*) tough; (= *correoso*) leathery; (= *difícil de pelar*) hard to peel
[3] (*CAm, Méx**) **es un viejo ~** he's old but there's life in him yet; **es una máquina talluda** it's an old machine but it still serves its purpose

**talmente*** ADV exactly, literally; **la casa es ~ una pocilga** the house is literally a pigsty

**Talmud** SM Talmud

**talmúdico** ADJ Talmudic

**talón** SM [1] [*del pie*] heel; [*de calcetín, zapato*] heel; ✦*MODISMO* **pisar los talones a algn** to be hard on sb's heels ► **talón de Aquiles** Achilles heel
[2] [*de neumático*] rim
[3] (= *cheque*) cheque, check (*EEUU*); (= *matriz*) stub, counterfoil; (*Ferro*) luggage receipt ► **talón al portador** bearer cheque, cheque payable to the bearer ► **talón en blanco** blank cheque ► **talón nominativo** non-negotiable cheque; **un ~ nominativo a favor de Luis González** a cheque made out to *o* made payable to Luis González ► **talón sin fondos** bad cheque

**talonador(a)** SM/F (*Rugby*) hooker

**talonar** ▸conjug 1a◂ VT (*Rugby*) to heel

**talonario** SM [*de cheques*] cheque book, check book (*EEUU*); [*de recibos*] receipt book; [*de billetes*] book of tickets; [*de recetas*] prescription pad

**talonear** ▸conjug 1a◂ Ⓐ VT [1] (*LAm*) [+ *caballo*] to spur along, dig one's heels into
[2] (*Dep*) to heel
Ⓑ VI [1] (= *apresurarse*) to walk briskly, hurry along
[2] (*Méx*) [*prostituta*] to walk the streets, ply her trade

**talonera** SF heel-pad; (*Andes*) heel

**talquera** SF talcum powder container; (*con borla*) compact

**talquina*** SF (*Cono Sur*) deceit, treachery

**taltuza** SF (*CAm*) raccoon

**talud** SM slope, bank; (*Geol*) talus

**tamal** SM (*LAm*) [1] (*Culin*) tamale
[2] (= *trampa*) trick, fraud; (= *intriga*) intrigue; **hacer un ~** to set a trap
[3] (*Méx*) pile, bundle

**tamalero/a** Ⓐ ADJ [1] fond of tamales
[2] (= *intrigante*) scheming, fond of intrigue
Ⓑ SM/F (= *fabricante*) tamale maker; (= *vendedor*) tamale seller

**tamango** SM (*Cono Sur*) [1] (= *zapato*) sandal
[2] (= *vendas*) bandages *pl*

**tamañito** ADJ **dejar a algn ~** (= *humillar*) to make sb feel very small; (*en debate*) to crush sb, flatten sb (in an argument); **me quedé ~** (= *achicado*) I felt about so high; (= *confuso*) I felt utterly bewildered

**tamaño** Ⓐ SM size; **son del mismo ~** ◊ **tienen el mismo ~** they are the same size; **¿de qué ~ es?** how big is it?, what size is it?; **un ordenador del ~ de un libro** a computer the size of a book; **una foto ~ carnet** a passport-size photo; **de ~ natural** full-size, life-size; **de ~ extra** *o* **extraordinario** outsize, extra large ► **tamaño de bolsillo** pocket-size ► **tamaño familiar** family-size ► **tamaño gigante** king-size
Ⓑ ADJ [1] (= *tan grande*) so big a, such a big; (= *tan pequeño*) so small a, such a small; **parece absurdo que cometiera ~ error** it seems absurd that he should make such a mistake
[2] (*LAm*) (= *enorme*) huge, colossal

**támara** SF [1] (= *planta*) date-palm
[2] **támaras** (= *dátiles*) dates, cluster *sing* of dates

**tamarindo** SM [1] (*Bot*) tamarind
[2] (*Méx*‡) traffic policeman, traffic cop*

**tamarisco** SM, **tamariz** SM tamarisk

**tambache** SM (*Méx*) [*de ropa*] bundle of clothes; (= *bulto*) big package

**tambaleante** ADJ [1] [*persona*] staggering; [*paso*] unsteady; [*mueble*] unsteady, wobbly; [*vehículo*] swaying
[2] [*economía, democracia*] shaky; [*régimen*] tottering

**tambalear** ▸conjug 1a◂ Ⓐ VT to shake, rock
Ⓑ **tambalearse** VPR [1] [*persona*] to stagger; [*vehículo*] to lurch, sway; [*mueble*] to wobble; **ir tambaleándose** to stagger along
[2] [*gobierno*] to totter

**tambaleo** SM [*de persona*] staggering; [*de vehículo*] swaying; [*de mueble*] wobble

**tambar** ▸conjug 1a◂ VT (*Andes*) to swallow

**tambarria*** SF (*Andes, CAm*) binge*, booze-up*

**tambero/a** SM/F (*Andes Hist*) (= *mesonero*) innkeeper; (= *granjero*) dairy farmer

▼**también** ADV [1] (= *además*) also, too, as well; **ha estado en China y ~ en Japón** he has been in China and also in Japan, he has been in China and in Japan too *o* as well; **hablaron ~ de otros temas** they also discussed other matters, they discussed other matters too *o* as well; **Isabel ~ sabe inglés** (*uso ambiguo*) Isabel knows English too *o* as well; (*también inglés*) Isabel also knows English, Isabel knows ENGLISH too *o* as well; (*también Isabel*) ISABEL knows English too *o* as well; **Italia tomará ~ parte en la competición** ITALY will take part in the competition too *o* as well; **~ los niños tienen derecho a dar su opinión** children have the right to give their opinion too *o* as well; **¿tú ~ tienes la gripe?** have YOU got the flu too *o* as well?; **si él no viene, ~ podemos ir nosotros** if he doesn't come, WE can always go; **—estoy cansado —yo ~** "I'm tired" — "so am I" *o* "me too*"; **—me gustó —a él ~** "I liked it" — "so did he"; **ácido ascórbico, ~ conocido como vitamina C** ascorbic acid, also known as vitamin C; **—¿y es guapa? —también** "and is she pretty?" — "yes, she is"
[2] (*uso enfático*) **tuvimos mala suerte, aunque ~ es cierto que nos faltaba preparación** we were certainly unlucky but (then again) we were also underprepared *o* we were underprepared too *o* as well; **—me fui sin despedirme —¡pues anda que tú ~!** "I left without saying goodbye" —"what a thing to do!"

**tambo** SM [1] (*Andes Hist*) (= *taberna*) wayside inn, country inn
[2] (*Andes, Cono Sur*) (= *granja*) (small) dairy (farm)
[3] (*Cono Sur*) (= *corral*) milking yard
[4] (*Cono Sur*) (= *burdel*) brothel

**tambocha** SF (*Col*) *highly poisonous red ant*

**tambor** SM [1] (*Mús*) (= *instrumento*) drum; (= *persona*) drummer; ✦***MODISMO*** **venir** *o* **salir a ~ batiente** to come out with flying colours ► **tambor mayor** drum major
[2] (*Téc*) drum; [*de lavadora*] drum ► **tambor del freno** brake drum
[3] (*Anat*) ► **tambor del oído** eardrum
[4] [*de detergente*] drum
[5] ► **tambor magnético** (*Inform*) magnetic drum
[6] (*Arquit*) [*de columna*] tambour
[7] (*Cos*) (= *bastidor*) tambour
[8] (*Caribe, Méx*) (= *tela*) burlap, sackcloth

**tambora** SF [1] (*Mús*) (= *tambor*) bass drum; (*Méx*) (= *banda*) brass band
[2] (*Caribe**) (= *mentira*) lie, fib

**tamboril** SM small drum

**tamborilada** SF, **tamborilazo** SM (= *batacazo*) bump on one's bottom; (= *sacudida*) severe jolt; (= *espaldarazo*) slap on the shoulder

**tamborilear** ▸conjug 1a◂ Ⓐ VI [1] (*Mús*) to drum
[2] (*con los dedos*) to drum
[3] [*lluvia*] to patter, drum
Ⓑ VT (*) to praise up, boost

**tamborileo** SM [1] (*con los dedos*) drumming
[2] [*de lluvia*] patter, pattering

**tamborilero/a** SM/F drummer

**tambre** SM (*Andes*) dam

**tamegua** SF (*CAm, Méx*) weeding, cleaning

**tameguar** ▸conjug 1d◂ VT (*CAm, Méx*) to weed, clean

**Tamerlán** SM Tamburlaine

**Támesis** SM Thames

**tamil** ADJ, SMF Tamil

**tamiz** SM sieve; ✦***MODISMO*** **pasar algo por el ~** to go through sth with a fine-tooth comb, scrutinize sth

**tamizado** Ⓐ ADJ [*harina, información*] sifted; [*luz*] filtered
Ⓑ SM sifting

**tamizar** ▸conjug 1f◂ VT [+ *harina, azúcar*] to sift, sieve; [+ *datos, información*] to sift through; [+ *luz*] to filter; [+ *rayos*] to filter out

**tamo** SM (= *pelusa*) fluff, down; (*Agr*) dust; (= *paja*) chaff

**tampa** SF (*Cono Sur*) matted hair

**támpax®** SM INV Tampax®, tampon

**tampiqueño/a** Ⓐ ADJ of/from Tampico
Ⓑ SM/F native/inhabitant of Tampico; **los ~s** the people of Tampico

**tampoco** ADV [1] not...either, neither, nor; **yo no lo compré ~** I didn't buy it either; **~ lo sabe él** he doesn't know either; **ni Ana ni Cristóbal ~** neither Ana nor Cristóbal; **—yo no voy —yo ~** "I'm not going" — "nor am I *o* neither am I *o* me neither"; **—yo no fui —yo ~** "I didn't go" — "nor did I *o* neither did I *o* me neither"; **—nunca he estado en París —ni yo ~** "I've never been to Paris" — "neither have I *o* me neither"; **—¿lo sabes tú? —tampoco** "do you know?" — "no, I don't either"
[2] (*uso enfático*) **~ nos vamos a enfadar ahora por eso** we're not going to fall out over that, are we?; **bueno, ~ es como para ponerse a llorar** it's not as if it's anything to cry about

**tampón** Ⓐ SM [1] (*Med*) tampon
[2] (*para entintar*) ink pad
Ⓑ ADJ INV **parlamento ~** rubber-stamp parliament; **sistema ~** buffer system; **zona ~** buffer zone

**tamuga** SF [1] (*CAm*) (= *fardo*) bundle, pack; (= *mochila*) knapsack
[2] (*LAm*‡) joint‡, reefer‡

▼**tan** ADV [1] (*tras verbo*) so; **estaba ~ cansado que me quedé dormido** I was so tired I fell asleep; **no te esperaba ~ pronto** I wasn't expecting you so soon; **¡no es ~ difícil!** it's not so difficult!
[2] (*tras sustantivo*) such; **¿para qué quieres un coche ~ grande?** what do you want such a big car for?; **no es una idea ~ buena** it's not such a good idea
[3] (*en exclamaciones*) **¡qué idea ~ rara!** what an odd notion!; **¡qué regalo ~ bonito!** what a beautiful present!; **¡que cosa ~ rara!** how strange!
[4] (*en comparaciones*) **es ~ feo como yo** he's as ugly as me; **~ es así que** so much so that
[5] **~ sólo** only; **hace ~ sólo unas semanas** only a few weeks ago
[6] **~ siquiera** = **siquiera A**
[7] (*Méx*) **¿qué ~ grande es?** how big is it?; **¿qué ~ grave está el enfermo?** how ill is the patient?; **¿qué ~ lejos?** how far?

**tanaca** SF (*Andes*) slut

**tanaceto** SM tansy

**tanaco** ADJ (*Cono Sur*) foolish, silly

➤ LENGUA Y USO: **también 1** 53.5 **tan 4** 32.3

**tanate** SM (*CAm, Méx*) 1 (= *cesta*) basket, pannier
2 **tanates** (= *trastos*) odds and ends, bits and pieces, gear *sing*

**tanatorio** SM funeral home (*EEUU*)

**tanda** SF 1 (= *grupo*) [*de cosas, personas*] batch; [*de golpes*] series; [*de huevos*] layer; [*de inyecciones*] course, series; [*de ladrillos*] course; **por ~s** in batches ► **tanda de penaltis** series of penalties, penalty shoot-out
2 (= *turno*) [*de trabajo*] shift, turn; [*de riego*] turn (*to use water*) ► **tanda de noche** night shift
3 (*Billar*) game; (*Béisbol*) innings *pl*
4 (*LAm*) (= *espectáculo*) show, performance; (*Cono Sur*) (= *farsa*) farce; (*Cono Sur*) (= *musical*) musical; **primera ~** early performance, first show

**tándem** SM (= *bicicleta*) tandem; (*Pol*) duo, team; **en ~** (*Elec*) tandem; (*fig*) in tandem, jointly, in association

**tanga** SM tanga, G-string

**tangada*** SF trick, swindle

**tangana** SF (*Perú*) large oar

**tanganear** ▸conjug 1a◂ VT (*Andes, Caribe*) to beat

**tanganillas**: **en ~** ADV (*lit*) unsteadily; (*fig*) uncertainly, dubiously

**tanganillo** SM prop, wedge, temporary support

**tangar*** ▸conjug 1h◂ VT to swindle; **~ algo a algn** to do sb out of sth

**tangencial** ADJ tangential

**tangencialmente** ADV tangentially

**tangente** SF tangent; ✦*MODISMO* **salirse por la ~** (= *hacer una digresión*) to go off at a tangent; (= *esquivar una pregunta*) to dodge the issue

**Tánger** SM Tangier(s)

**tangerino/a** Ⓐ ADJ of/from Tangier(s)
Ⓑ SM/F native/inhabitant of Tangier(s); **los ~s** the people of Tangier(s)

**tangibilidad** SF tangibility

**tangible** ADJ (*lit*) tangible; (*fig*) tangible, concrete

**tango** SM tango

**tanguear** ▸conjug 1a◂ VI 1 (*LAm*) (= *bailar*) to tango
2 (*Andes*) [*borracho*] to reel drunkenly

**tanguero/a** SM/F, **tanguista** SMF tango dancer

**tánico** ADJ tannic; **ácido ~** tannic acid

**tanino** SM tannin

**tano/a** SM/F (*Cono Sur pey*) Italian, wop** (*pey*)

**tanque** SM 1 (= *depósito*) tank, reservoir; (*Aut*) tanker, tanker lorry ► **tanque de cerebros**, **tanque de ideas** think tank
2 (*Mil*) tank
3 (*Esp**) handbag, purse (*EEUU*)

**tanquero** SM (*Caribe Náut*) tanker; (*Aut*) tanker, tank wagon

**tanqueta** SF small tank, armoured *o* (*EEUU*) armored car

**tanquista** SMF member of a tank-crew

**tanta** SF (*Andes*) maize bread

**tantán** SM (= *tambor*) tomtom; (= *gong*) gong

**tantarán** SM, **tantarantán** SM 1 [*de tambor*] beat, rat-a-tat-tat
2 (*) (= *golpe*) hefty punch; (= *sacudida*) violent shaking

**tanteada** SF 1 (*LAm*) = **tanteo**
2 (*Méx*) (= *mala pasada*) dirty trick; (= *estafa*) hoax, swindle

**tanteador(a)** Ⓐ SM/F (= *persona*) scorer
Ⓑ SM (= *marcador*) scoreboard

**tantear** ▸conjug 1a◂ Ⓐ VT 1 (*con la mano*) to feel; **tanteó la mesilla en busca del reloj** he felt for the watch on the bedside table
2 (= *probar*) to test, try out; (= *sondear*) to probe; [+ *intenciones, persona*] to sound out; ✦*MODISMO* **~ el terreno** to test the water, get the lie of the land
3 (= *calcular*) [+ *tela, cantidad*] to make a rough estimate of; [+ *peso*] to feel, get the feel of; [+ *situación*] to weigh up; [+ *problema*] to consider
4 (*Arte*) to sketch in, draw the outline of
5 (*Dep*) to keep the score of
6 (*CAm, Méx*) (= *acechar*) to lie in wait for
7 (*Méx*) (= *estafar*) to swindle; (= *burlarse*) to make a fool of, take for a ride*
Ⓑ VI 1 (*Dep*) to score, keep (the) score
2 (*LAm*) (= *ir a tientas*) to grope, feel one's way; **¡tantee usted!** what do you think?

**tanteo** SM 1 (= *cálculo*) rough estimate; (= *consideración*) weighing up; **a** *o* **por ~** by guesswork
2 (= *prueba*) test, testing, trial; [*de situación*] sounding out; **al ~** by trial and error; **conversaciones de ~** exploratory talks
3 (*Dep*) score; **un ~ de 9-7** a score of 9-7

**tantico*** SM **un ~** (*esp LAm*) a bit, quite a bit; **es un ~ difícil** it's a bit awkward*

**tantísimo** ADJ so much; **~s** so many; **había tantísima gente** there was such a crowd

**tantito*** (*Méx*) Ⓐ ADJ a bit of, a little; **~ pulque** a little pulque
Ⓑ SM = **tantico**
Ⓒ ADV a bit, a little; **~ antes** a bit *o* little earlier

▼**tanto** Ⓐ ADJ 1 (*indicando gran cantidad*) (*en singular*) so much; (*en plural*) so many; **ahora no bebo tanta leche** I don't drink so *o* as much milk now; **tiene ~ dinero que no sabe qué hacer con él** he has so much money he doesn't know what to do with it; **¡tuve tanta suerte!** I was so lucky!; **¡tengo tantas cosas que hacer hoy!** I have so many things to do today!; **había ~s coches que no había donde aparcar** there were so many cars that there was nowhere to park; **~ ... como** (*en singular*) as much ... as; (*en plural*) as many ... as; **tiene ~ dinero como yo** he has as much money as I do; **no recibe tantas llamadas como yo** he doesn't get as many calls as I do; **~ gusto** how do you do?, pleased to meet you
2 (*indicando cantidad indeterminada*) **había cuarenta y ~s invitados** there were forty-odd guests; **hay otros ~s candidatos** there are as many more candidates, there's the same number of candidates again; **se dividen el trabajo en otras tantas partes** they divide up the work into a like number of parts
Ⓑ PRON 1 (= *gran cantidad*) (*en singular*) so much; (*en plural*) so many; **gana ~** he earns so much; **no necesitamos tantas** we don't need so many; **vinieron ~s que no cabían en la sala** so many people came that they wouldn't all fit into the room; **~ como** (*en singular*) as much as; (*en plural*) as many as; **gano ~ como tú** I earn as much as you; **coge ~s como quieras** take as many as you like; **es uno de ~s** he's nothing special
2 (= *cantidad indeterminada*) **nació en el mil novecientos cuarenta y ~s** she was born in nineteen forty-something *o* some time in the forties; **a ~s de marzo** on such and such a day in March; **yo no sé qué ~s de libros hay** I don't know how many books there are; ✦*MODISMO* **las tantas (de la madrugada** *o* **de la noche)**: **el tren llegó a las tantas** the train arrived really late *o* in the middle of the night; **estar fuera hasta las tantas** to stay out until all hours; **—¿qué hora es? —deben de ser las tantas** "what's the time?" — "it must be pretty late"
3 (*otras locuciones*) **entre ~** meanwhile; **mientras ~** meanwhile; **no es para ~** (*al quejarse*) it's not as bad as all that; (*al enfadarse*) there's no need to get like that about it; **por lo ~** so, therefore; ✦*MODISMOS* **ni ~ así**: **no nos desviamos ni ~ así** we didn't deviate even by this much; **no le tengo ni ~ así de lástima** I haven't a scrap of pity for him; **¡y ~!**: **—¿necesitarás unas vacaciones? —¡y ~!** "do you need a holiday?" — "you bet I do!"
Ⓒ ADV 1 (*con verbos*) (*indicando duración, cantidad*) so much; (*indicando frecuencia*) so often; **se preocupa ~ que no puede dormir** he gets so worried that he can't sleep, he worries so much that he can't sleep; **estoy cansada de ~ andar** I'm tired after all this walking; **¡cuesta ~ comprar una casa!** buying a house is such hard work!; **no deberías trabajar ~** you shouldn't work so hard; **¡no corras ~!** don't run so fast!; **ya no vamos ~ al cine** we don't go to the cinema so *o* as much any more; **ahora no la veo ~** I don't see so *o* as much of her now, I don't see her so often now; **~ como**: **él gasta ~ como yo** he spends as much as I do *o* as me; **~ como corre, va a perder la carrera** he may be a fast runner, but he's still going to lose the race; **~ como habla no dice más que tonterías** all his talk is just hot air; **~ tú como yo** both you and I; **~ si viene como si no** whether he comes or not; **~ es así que** so much so that; *ver tb* **montar B3**
2 (*con adjetivos, adverbios*) **los dos son ya mayores, aunque su mujer no ~** the two of them are elderly, although his wife less so; **~ como**: **es difícil, pero ~ como eso no creo** it's difficult, but not that difficult; **es un poco tacaño, pero ~ como estafador, no** he's a bit on the mean side, but I wouldn't go so far as to call him a swindler; **es ~ más difícil** it is all the more difficult; **es ~ más loable cuanto que ...** it is all the more praiseworthy because ...; **~ mejor** so much the better; **~ mejor para ti** so much the better for you; **~ peor** so much the worse; **~ peor para ti** it's your loss *o* that's just too bad; ✦*MODISMO* **¡ni ~ ni tan calvo!** there's no need to exaggerate!
3 (*en locuciones conjuntivas*) **en ~** as (being); **estoy en contra de la leyes en ~ sistema represivo** I am against laws as (being) a repressive system; **en ~ que** (= *mientras que*) while; (= *como*) as; **no puede haber democracia en ~ que siga habiendo torturas** for as long as there is torture, there can never be democracy, there can not be democracy while there is torture; **la Iglesia en ~ que institución** the Church as an institution
Ⓓ SM 1 (= *cantidad*) **me paga un ~ fijo cada semana** he pays me a fixed amount

➤ LENGUA Y USO: tanto B3 44.1

each week; **cobra un ~ por página** he gets so much per page; **¿qué ~ será?** (*LAm*) how much (is it)?; **otro ~**: **las máquinas costaron otro ~** the machines cost as much again *o* the same again ► **tanto alzado** fixed price; **por un ~ alzado** for a fixed rate ► **tanto por ciento** percentage
[2] (= *punto*) (*Ftbl, Hockey*) goal; (*Baloncesto, Tenis*) point; **Juárez marcó el segundo ~** Juárez scored the second goal; **marcó dos ~s** he scored twice; **apuntar los ~s** to keep score ► **tanto a favor** goal for, point for ► **tanto del honor** consolation goal ► **tanto en contra** goal against, point against; *ver tb* **apuntar C3**
[3] **estar al ~** to be up to date; **estar al ~ de los acontecimientos** to be fully abreast of events; **mantener a algn al ~ de algo** to keep sb informed about sth; **poner a algn al ~ de algo** to put sb in the picture about sth
[4] **un ~** (*como adv*) rather; **estoy un ~ cansado** I'm rather tired

**Tanzania** SF Tanzania

**tanzano/a** ADJ, SM/F Tanzanian

**tañar*** ▸conjug 1a◂ VT to grasp, understand; **~ a algn** to twig what sb is saying*

**tañedor(a)** SM/F [*de instrumentos de cuerda*] player; [*de campanas*] bell-ringer

**tañer** ▸conjug 2f◂ VT [+ *instrumento de cuerda*] to play; [+ *campana*] to ring

**tañido** SM (*Mús*) sound; [*de campana*] ringing

**TAO** SF ABR (= **traducción asistida por ordenador**) CAT

**tapa** SF [1] [*de caja, olla, piano*] lid; [*de frasco*] top; [*de depósito de gasolina*] cap; ✦*MODISMO* **levantarse la ~ de los sesos** to blow one's brains out ► **tapa de registro** manhole cover, inspection cover
[2] [*de libro*] cover; **libro de ~s duras** hardback
[3] [*de zapato*] heelplate
[4] [*de canal*] sluicegate
[5] (= *ración de comida*) snack (*taken at the bar counter with drinks*); **ir de ~s** *ver* **tapeo**
[6] (= *pieza de carne*) flank
[7] (*Andes*) (= *bistec*) rump steak
[8] (*Méx Aut*) hubcap
[9] (*Caribe*) (= *comisión*) commission

**tapaagujeros*** SM INV, **tapagujeros*** SM INV [1] (*Arquit*) jerry-builder
[2] (= *sustituto*) stand-in, substitute

**tapabarro** SM (*Cono Sur*) mudguard, fender (*EEUU*)

**tapaboca** SF, **tapabocas** SM INV [1] (= *prenda*) muffler
[2] (= *manotada*) slap

**tapaboquetes** SM INV stopgap

**tapacubos** SM INV hubcap

**tapada** SF [1] **un gay de ~*** a closet gay*
[2] (= *mentira*) lie

**tapadera** SF [1] [*de olla*] lid; [*de tarro de plástico*] top, cap
[2] [*de organización*] cover, front, front organization (**de** for); [*de espía*] cover; **el restaurante es una ~ de la mafia** the restaurant is a cover *o* front for the mafia

**tapadero** SM stopper

**tapadillo**: **de ~** ADV secretly, stealthily

**tapado/a** Ⓐ ADJ [1] (*Chile*) [*animal*] *all one colour*
[2] (*Andes*) (= *vago*) lazy, slack; (= *ignorante*) ignorant
[3] (*Ven*) **ser ~ para algo** to be useless at sth
Ⓑ SM/F (*Méx Pol*) *potential PRI Presidential election candidate*
Ⓒ SM [1] (*Uru, Chile*) (= *abrigo*) coat
[2] (*Méx*) (= *chal*) shawl; (= *pañuelo*) headscarf
[3] (*Bol*) (= *tesoro*) buried treasure
[4] (*Andes, CAm Culin*) *dish of plantain and barbecued meat*

**tapagrietas** SM INV filler

**tapalcate** SM (*CAm, Méx*) (= *objeto*) piece of junk, useless object; (= *persona*) useless person

**tapalodo** SM (*Andes, Caribe*) mudguard

**tapanca** SF [1] (*LAm*) (= *gualdrapa*) saddle blanket; (*Andes, Cono Sur*) [*de caballo*] horse trappings *pl*
[2] (*Cono Sur*) (= *culo*) backside

**tapaojo** SM (*LAm*) (= *venda*) blindfold, bandage (over the eyes); (= *parche*) patch

**tapaporos** SM INV primer

**tapar** ▸conjug 1a◂ Ⓐ VT [1] (= *cubrir*) (*gen*) to cover; (*más deliberada o completamente*) to cover up; **un velo le tapaba parte de la cara** part of her face was covered by a veil; **le tapó la boca con la mano** she covered his mouth with her hand; **le ~on los ojos y se lo llevaron** he was blindfolded and taken away; **mandaron ~ los desnudos de la Capilla Sixtina** they ordered the nudes of the Sistine Chapel to be covered up
[2] (= *cerrar*) (*con tapadera*) [+ *olla, tarro*] to put the lid on; [+ *botella*] (*gen*) to put the top on; (*con corcho*) to put the cork on
[3] [+ *tubo, túnel, agujero, ranura*] (= *obstruir*) block up; (= *rellenar*) to fill, fill in
[4] (= *abrigar*) (*con ropa*) to wrap up; (*en la cama*) to cover up; **tapa bien al niño, que no se enfríe** wrap the child (up) well so that he doesn't catch cold
[5] (= *ocultar*) [+ *objeto*] to hide; [+ *vista*] to block; [+ *hecho, escándalo*] to cover up; **los arbustos tapaban el sendero** the bushes hid the path; **las nubes siguen tapando el sol** the clouds are still blocking the sun; **la madre le tapa las travesuras** when he does something naughty, his mother always covers up for him
[6] (*Chile, Méx, Andes*) [+ *diente*] to fill
[7] (*LAm*) [+ *cañería, excusado*] to block
[8] (*Andes*) (= *aplastar*) to crush, flatten; (= *chafar*) to crumple, rumple
[9] (*Andes*) (= *insultar*) to abuse, insult
Ⓑ **taparse** VPR [1] (= *cubrirse*) (*gen*) to cover o.s.; (= *envolverse*) to wrap (o.s.) up; **me tapé con la manta** I covered myself with the blanket; **tápate bien al salir** wrap yourself up well before going out
[2] **~se los oídos/ojos** to cover one's ears/eyes; **la peste le hizo ~se la nariz** the stench was so bad that he had to cover *o* hold his nose
[3] (= *atascarse*) [*oídos, nariz*] to get blocked, get blocked up; [*cañería, excusado*] (*LAm*) to get blocked; **al aterrizar se me ~on los oídos** my ears got blocked (up) when we landed; **tengo la nariz tapada** my nose is blocked (up), I have a blocked (up) nose

**tapara** SF (*Caribe*) calabash, gourd, squash (*EEUU*)

**táparo** SM (*Andes*) [1] (= *yescas*) tinderbox
[2] (= *tuerto*) one-eyed person; (*fig*) dolt

**taparrabo** SM, **taparrabos** SM INV loincloth

**tapatío/a** (*Méx*) Ⓐ ADJ of/from Guadalajara
Ⓑ SM/F native/inhabitant of Guadalajara; **los ~s** the people of Guadalajara

**tapayagua** SF (*CAm, Méx*), **tapayagüe** SM (*Méx*) (= *nubarrón*) storm cloud; (= *llovizna*) drizzle

**tape*** SM (*Caribe*) cover

**tapear** ▸conjug 1a◂ VI (*esp Esp*) *ver* **tapeo**

**tapeo** SM (*esp Esp*) **ir de ~** to go round the bars (*drinking and eating snacks*); **bar de ~** tapas bar

**tapeque** SM (*Andes*) equipment for a journey

**tapera** SF (*LAm*) [1] (= *casa*) ruined house
[2] (= *pueblo*) abandoned village

**taperujarse*** ▸conjug 1a◂ VPR to cover up one's face

**tapesco** SM (*CAm, Méx*) (= *armazón*) bedframe; (= *cama*) camp bed

**tapete** SM (= *mantel*) tablecloth (*usually lace or embroidered*); (= *paño*) runner; (= *alfombrita*) rug; (*tb* **~ verde**) (*Naipes*) card table; ✦*MODISMOS* **estar sobre el ~** to be under discussion; **poner un asunto sobre el ~** to put a matter up for discussion

**tapetusa** SF (*Andes*) contraband liquor

**tapia** SF [1] (= *muro*) (*gen*) wall; [*de jardín*] garden wall; [*de adobe*] mud wall, adobe wall; **saltar la ~** to climb over the wall; *ver tb* **sordo A1**
[2] (*) (= *compañero*) partner

**tapial** SM = **tapia**

**tapialera** SF (*Andes*) = **tapia**

**tapiar** ▸conjug 1b◂ VT [1] [+ *jardín, terreno*] to wall in
[2] [+ *puerta, ventana*] (*con ladrillos*) to brick up; (*con tablas*) to board up

**tapicería** SF [1] [*de coche, muebles*] upholstery; **tela de ~** upholstery fabric
[2] (= *tapiz*) tapestry
[3] (= *arte*) tapestry making

**tapicero/a** SM/F [*de muebles*] upholsterer

**tapiñar*** ▸conjug 1a◂ VT to scoff*, eat

**tapioca** SF tapioca

**tapir** SM tapir

**tapisca** SF (*CAm, Méx*) maize harvest, corn harvest (*EEUU*)

**tapiscar** ▸conjug 1g◂ VT (*CAm, Méx*) to harvest

**tapita*** COMO ADJ **estar ~** (*Caribe*) to be as deaf as a post

**tapiz** SM [*de pared*] tapestry; [*de suelo*] carpet ► **tapiz volador** magic carpet

**tapizado** SM [*de coche, mueble*] upholstery; [*de suelo*] carpeting; [*de pared*] tapestries *pl*

**tapizar** ▸conjug 1f◂ VT [1] [+ *muebles*] to upholster, cover; [+ *coche*] to upholster; [+ *suelo*] to carpet, cover; [+ *pared*] to hang with tapestries
[2] (*fig*) to carpet (**con, de** with)

**tapón** Ⓐ SM [1] [*de botella*] (*gen*) cap, top; [*de corcho*] cork; [*de vidrio*] stopper ► **tapón de corona**, **tapón de rosca** screw top
[2] (*en los oídos*) (*para el ruido*) earplug; [*de cera*] plug
[3] [*de lavabo*] plug
[4] (*Med*) tampon
[5] (*Baloncesto*) block
[6] (*Aut*) (= *atasco*) traffic jam
[7] (*) (= *persona*) chubby person
[8] (*Méx Elec*) fuse
[9] (= *estorbo*) obstacle, hindrance; (*Aut**)

slowcoach*
Ⓑ ADJ (*CAm, Cono Sur*) tailless

**taponar** ▸conjug 1a◂ Ⓐ VT [+ *tubería, puerta, carretera*] to block; [+ *agujero*] to plug, block; (*Dep*) to block, stop; (*Med*) to tampon
Ⓑ **taponarse** VPR [*nariz, oídos*] to get blocked up

**taponazo** SM pop

**tapujar*** ▸conjug 1a◂ Ⓐ VT to cheat, con*
Ⓑ **tapujarse** VPR to muffle o.s. up

**tapujo*** SM [1] (= *engaño*) deceit, dodge; (= *secreto*) secrecy; (= *subterfugio*) subterfuge, dodge*; **andar con ~s** to be involved in some shady business*; **llevan no sé qué ~ entre manos** they're up to something; **sin ~s** (= *claramente*) honestly, openly; (= *sin rodeos*) without beating about the bush
[2] (= *embozo*) muffler

**taquear** ▸conjug 1a◂ Ⓐ VT (*LAm*) [1] (= *llenar*) to fill right up, pack tight (**de** with)
[2] [+ *arma*] (= *cargar*) to tamp, ram; (= *disparar*) to fire
Ⓑ VI [1] (*LAm*) to play billiards *o* (*EEUU*) pool
[2] (*Méx*) (= *comer tacos*) to have a snack of tacos
[3] (*Caribe*) (= *vestirse*) to dress in style
Ⓒ **taquearse** VPR (*Andes*) to get rich

**taquería** SF [1] (*Méx*) taco stall, taco bar
[2] (*Caribe*) (= *descaro*) cheek

**taquete** SM (*Méx*) plug, bung

**taquicardia** SF abnormally rapid heartbeat, tachycardia

**taquigrafía** SF shorthand, stenography (*EEUU*)

**taquigráficamente** ADV in shorthand; **tomar un discurso ~** to take down a speech in shorthand

**taquigráfico** ADJ shorthand *antes de s*

**taquígrafo/a** SM/F shorthand writer, stenographer (*EEUU*); ✦***MODISMO*** **con luz y ~s** openly

**taquilla** SF [1] (*para billetes, entradas*) (= *sala*) booking office, ticket office; (= *ventanilla*) ticket window; [*de teatro, cine*] box office; **éxito de ~** box-office success, box-office hit
[2] (= *recaudación*) (*Teat*) takings *pl*, take (*EEUU*); (*Dep*) gate money, proceeds *pl*; **la ~ fue escasa** attendance was poor
[3] (= *armario*) locker; (= *archivador*) filing cabinet; (= *carpeta*) file
[4] (*CAm*) (= *bar*) bar; (= *tienda*) liquor store
[5] (*Andes, CAm, Cono Sur*) (= *clavo*) tack

**taquillaje** SM (*Teat etc*) takings *pl*, box-office receipts *pl*; (*Dep*) gate-money, gate

**taquillero/a** Ⓐ ADJ popular, successful (at the box office); **ser ~** to be good (for the) box office, be a draw, be popular; **función taquillera** box-office success, big draw; **el actor más ~ del año** the actor who has been the biggest box-office draw of the year
Ⓑ SM/F clerk, ticket clerk

**taquimeca*** SM/F shorthand typist, stenographer (*EEUU*)

**taquimecanografía** SF shorthand typing

**taquimecanógrafo/a** SM/F shorthand typist, stenographer (*EEUU*)

**taquímetro** SM tachymeter

**taquito** SM [*de jamón*] small cube

**tara**[1] SF [1] (= *peso*) tare
[2] (= *defecto*) defect, blemish

**tara**[2] SF tally stick

**tarabilla** Ⓐ SF [1] [*de ventana*] latch, catch
[2] (*) (= *charla*) chatter
Ⓑ SMF (*) [1] (= *hablador*) chatterbox*
[2] (= *casquivano*) featherbrained person; (= *inútil*) useless individual, dead loss*

**tarabita** SF [1] [*de cinturón*] tongue
[2] (*Andes*) (*en puente*) cable of a rope bridge (*with hanging basket for carrying passengers across ravines*)

**taracea** SF inlay, marquetry

**taracear** ▸conjug 1a◂ VT to inlay

**tarado/a** Ⓐ ADJ [1] (*Com*) defective, imperfect
[2] [*persona*] crippled
[3] (*) (= *idiota*) stupid; (= *loco*) crazy, nuts*
Ⓑ SM/F (*) (= *idiota*) cretin*, moron*

**tarambana** SMF, **tarambanas** SMF INV [1] (= *casquivano*) harebrained person; (= *estrafalario*) crackpot*; (= *no fiable*) fly-by-night
[2] (= *parlanchín*) chatterbox*

**taranta** SF [1] (*LAm*) (= *locura*) mental disturbance, madness; (*CAm*) (= *confusión*) bewilderment
[2] (*Méx*) (= *embriaguez*) drunkenness
[3] (*Andes, Cono Sur Zool*) tarantula

**tarantear** ▸conjug 1a◂ VI (*Cono Sur*) (= *hacer algo imprevisto*) to do sth unexpected; (= *cambiar*) to chop and change a lot; (= *hacer cosas raras*) to behave strangely, be eccentric

**tarantela** SF tarantella

**tarantín** SM [1] (*CAm, Caribe Culin*) kitchen utensil
[2] (*Caribe*) (= *patíbulo*) scaffold
[3] (*Caribe*) (= *puesto*) stall
[4] **tarantines** (*Caribe**) odds and ends

**taranto** ADJ (*Andes*) dazed, bewildered

**tarántula** SF tarantula

**tarar** ▸conjug 1a◂ VT (*Com*) to tare

**tarareable** ADJ **melodía ~** catchy tune, tune that you can hum

**tararear** ▸conjug 1a◂ VT, VI to hum

**tararí*** Ⓐ ADJ (*Esp*) crazy
Ⓑ EXCL no way!*, you must be joking!

**tarasca** SF [1] (= *monstruo*) carnival dragon, monster
[2] (= *comilón*) glutton; (= *sangría de recursos*) *person who is a drain on one's resources*
[3] (*) (= *mujer*) old hag, old bag*
[4] (*Andes, CAm, Cono Sur*) (= *boca*) big mouth

**tarascada** SF [1] (= *mordisco*) bite
[2] (*) (= *contestación*) tart reply, snappy answer

**tarascar** ▸conjug 1g◂ VT to bite

**tarasco** SM (*Andes*), **tarascón** SM (*LAm*) bite, nip

**tarasquear** ▸conjug 1a◂ VT (*CAm, Cono Sur, Méx*) (= *morder*) to bite; (= *cortar*) to bite off

**tardanza** SF [1] (= *demora*) delay
[2] (= *lentitud*) slowness

**tardar** ▸conjug 1a◂ Ⓐ VT **he tardado un poco debido a la lluvia** I'm a bit late because of the rain; **tardamos tres horas de Granada a Córdoba** we took three hours to get from Granada to Córdoba; **¿cuánto se tarda?** how long does it take?; **aquí tardan mucho en servirte** the service is very slow here, they take a long time to serve you here; **tardó tres horas en encontrarlo** he took three hours looking for it, it took him three hours to find it; **tardó mucho en repararlo** he took a long time to repair it
Ⓑ VI **vete a buscarlo, pero no tardes** go and fetch it, but don't be long; **te espero a las ocho, no tardes** I expect you at eight, don't be late; **~ en hacer algo**: **tardó en llegar** it was late in arriving; **tarda en hacer efecto** it takes a while to take effect, it doesn't take effect immediately; **no tarde usted en informarme** please tell me as soon as you know; **el público no tardó en reaccionar** the spectators were not slow *o* were quick to react; **a más ~** at the latest; **a las ocho a más ~** at eight o'clock at the latest; **sin ~** without delay; **a todo ~** at the latest
Ⓒ **tardarse** VPR (*Méx**) to be long, take a long time; **no me tardo** I won't be long, I won't take long

**tarde** Ⓐ ADV (*gen*) late; (= *demasiado tarde*) too late; **llegar ~** to be late, arrive late; **ya es ~ para quejarse** it's too late to complain now; **se hace ~** it's getting late; **se te hará ~ si no aligeras** you'll be late if you don't hurry up; **de ~ en ~** from time to time; **más ~** later; **un poco más ~** a bit later; **~ o temprano** sooner or later
Ⓑ SF (= *primeras horas*) afternoon; (= *últimas horas*) evening; **a las siete de la ~** at seven in the evening; **¡buenas ~s!** good afternoon!/good evening!; **tenlo listo a la ~** have it ready by the afternoon/evening; **en la ~ de hoy** this afternoon/evening; **en la ~ del lunes** on Monday afternoon/evening; **por la ~** in the afternoon/evening; **el domingo por la ~** on Sunday afternoon/evening; ✦***MODISMO*** **de la ~ a la mañana** overnight

**tardecer** ▸conjug 2d◂ VI = **atardecer**

**tardecito** ADV (*LAm*) rather late

**tardíamente** ADV (= *tarde*) late, belatedly; (= *demasiado tarde*) too late

**tardío** ADJ [*periodo, producto*] late; **el Renacimiento ~** the late Renaissance; **la medicina ha sido una vocación tardía** she came to medicine late in life; **tener un hijo ~** to have a child late in life; **el interés de los historiadores ha sido relativamente ~** historians have only relatively recently *o* lately taken an interest

**tardo** ADJ [1] (= *lento*) slow, sluggish
[2] (= *torpe*) dull, dense; **~ de oído** hard of hearing; **~ de reflejos** slow (to react)

**tardo...** PREF late; **~rromano** late Roman; **el ~franquismo** the last years of the Franco régime

**tardón*** ADJ [1] (= *lento*) slow
[2] (= *lerdo*) dim

**tarea** SF [1] (= *trabajo*) task, job; **una de sus ~s es repartir la correspondencia** one of his tasks *o* jobs is to hand out the mail; **es una ~ poco grata** it's a thankless task; **todavía me queda mucha ~** I've still got a lot left to do
► **tareas domésticas** housework *sing*, household chores
[2] [*de colegial*] **las ~s** homework *sing*
[3] (*Inform*) task

**tareco** SM (*Andes*) old thing, piece of junk

**tarifa** SF [1] (= *precio fijado*) [*de suministros*] rate; [*de transportes*] fare ► **tarifa apex** apex fare ► **tarifa bancaria** bank rate ► **tarifa de suscripción** subscription rate ► **tarifa nocturna** (*Telec*) cheap rate ► **tarifa postal** postal rate ► **tarifa reducida** (*Transportes*) reduced fare ► **tarifa turística** tourist rates
[2] (= *lista de precios*) price list

[3] (= *arancel*) tariff ► **tarifa aduanera** customs tariff

**tarifar** ▸conjug 1a◂ Ⓐ VT to price
Ⓑ VI to fall out, quarrel

**tarifario** ADJ **política tarifaria** pricing policy; **revisión tarifaria** revision of prices, revision of pricing; **la tendencia tarifaria será la de reducir precios** the tendency will be to reduce prices

**tarificación** SF metering

**tarificar** ▸conjug 1g◂ VT to meter

**tarima** SF [1] (= *plataforma*) platform; (= *estrado*) dais; (= *soporte*) stand
[2] (= *suelo*) flooring

**tarimaco** SM (*Caribe*) = **tareco**

**tarja¹** SF (= *palo*) tally (stick)

**tarja²*** SF (= *golpe*) swipe, bash*

**tarjar** ▸conjug 1a◂ VT [1] (= *señalar*) to keep a tally of, notch up
[2] (*Andes, Cono Sur*) (= *tachar*) to cross out

**tarjeta** SF card; **dejar ~** to leave one's card; **pagar con ~** to pay by (credit) card; **pasar ~** to send in one's card ► **tarjeta amarilla** (*Dep*) yellow card ► **tarjeta bancaria** banker's card, bank card ► **tarjeta comercial** business card ► **tarjeta de circuitos** (*Inform*) circuit board ► **tarjeta de crédito** credit card ► **tarjeta de embarque** boarding pass ► **tarjeta de expansión** expansion card ► **tarjeta de felicitación** greetings card, greeting card (*EEUU*) ► **tarjeta de fidelidad** loyalty card ► **tarjeta de gráficos** graphics card ► **tarjeta de identidad** identity card ► **tarjeta de lector** reader's ticket ► **tarjeta de multifunción** multifunction card ► **tarjeta de Navidad** Christmas card ► **tarjeta de periodista** press card ► **tarjeta de prepago** (*de móvil*) prepaid card ► **tarjeta de presentación** business card ► **tarjeta de respuesta** reply card ► **tarjeta de respuesta pagada** reply-paid postcard ► **tarjeta de saludo** greetings card, greeting card (*EEUU*) ► **tarjeta de sonido** sound card ► **tarjeta de visita** business card, visiting card ► **tarjeta dinero** cash card ► **tarjeta gráfica** (*Inform*) graphics card ► **tarjeta inteligente** smart card ► **tarjeta navideña** Christmas card ► **tarjeta perforada** punched card ► **tarjeta postal** postcard ► **tarjeta roja** (*Dep*) red card ► **tarjeta telefónica** phonecard ► **tarjeta verde** (*Méx*) (= *visado*) Green Card (*EEUU*)

**tarjetear** ▸conjug 1a◂ VT **~ a un jugador** to show a card to a player

**tarjetero** Ⓐ ADJ **el árbitro se mostró muy ~** (*Ftbl*) the referee was constantly reaching for his pocket, the referee booked a lot of players
Ⓑ SM (= *cartera*) credit card holder, credit card wallet

**tarot** SM tarot

**tarpón** SM tarpon

**tarquín** SM mud, slime, ooze

**tarra⁑** SMF old geezer⁑

**tarraconense** Ⓐ ADJ of/from Tarragona
Ⓑ SMF native/inhabitant of Tarragona; **los ~s** the people of Tarragona

**Tarragona** SF Tarragona

**tarrajazo** SM [1] (*Andes, Caribe*) (= *suceso*) unpleasant event
[2] (*CAm*) (= *golpe*) blow; (= *herida*) wound

**tarramenta** SF (*Caribe, Méx*) horns *pl*

**tarrayazo** SM [1] (*Andes, Caribe, Méx*) [*de red*] cast (of a net)
[2] (*Caribe*) (= *golpe*) violent blow

**tarrear** ▸conjug 1a◂ VT (*Caribe*) to cuckold

**tarrina** SF [*de helado, margarina*] tub

**tarro** SM [1] (= *recipiente*) [*de vidrio*] jar; [*de porcelana*] pot
[2] (*Esp**) (= *cabeza*) nut*, noggin (*EEUU**); ✦***MODISMOS*** **comer el ~ a algn** (= *engañar*) to put one over on sb*; (= *lavar el cerebro*) to brainwash sb; **comerse el ~** to rack one's brains, think hard
[3] (*esp LAm*) (= *lata*) tin, can; (= *bidón*) drum; ✦***MODISMO*** **arrancarse con los ~s*** to run off with the loot*
[4] (*Andes††*) (= *chistera*) top hat
[5] (*Cono Sur*) (= *chiripa*) stroke of luck, fluke
[6] (*Caribe, Cono Sur*) (= *cuerno*) horn
[7] (*Caribe*) [*del marido*] cuckolding
[8] (*Caribe*) (= *asunto*) thorny question, complicated affair

**tarsana** SF (*LAm*) soapbark

**tarso** SM tarsus

**tarta** SF [1] (= *pastel*) cake; (*con base de hojaldre*) tart; ✦***MODISMO*** **repartir la ~** to divide up the cake ► **tarta de bodas** wedding cake ► **tarta de cumpleaños** birthday cake ► **tarta de frutas** fruitcake ► **tarta de manzana** apple tart ► **tarta de queso** cheesecake ► **tarta nupcial** wedding cake
[2] (= *gráfico*) pie chart

**tártago** SM [1] (*Bot*) spurge
[2] (*) (= *desgracia*) mishap, misfortune
[3] (*) (= *trastada*) practical joke

**tartaja*** Ⓐ ADJ INV stammering, tongue-tied
Ⓑ SMF INV stammerer

**tartajear** ▸conjug 1a◂ VT to stammer

**tartajeo** SM stammer(ing)

**tartajoso/a** ADJ, SM/F = **tartaja**

**tartalear** ▸conjug 1a◂ VI [1] (*al andar*) (*aturdido*) to walk in a daze; (*tambaleándose*) to stagger, reel
[2] (*al hablar*) to stammer, be stuck for words

**tartamudeante** ADJ stuttering, stammering

**tartamudear** ▸conjug 1a◂ VI to stutter, stammer

**tartamudeo** SM stutter(ing), stammer(ing)

**tartamudez** SF stutter, stammer

**tartamudo/a** Ⓐ ADJ stuttering, stammering
Ⓑ SM/F stutterer, stammerer

**tartán** SM tartan

**tartana** SF [1] (= *carruaje*) trap, light carriage
[2] (*) (= *auto*) banger*, clunker (*EEUU**)

**tartancho** ADJ (*Andes, Cono Sur*) = **tartamudo**

**Tartaria** SF Tartary

**tartárico** ADJ tartaric; **ácido ~** tartaric acid

**tártaro¹** SM (*Quím*) tartar; **salsa tártara** tartar sauce

**tártaro²/a** ADJ, SM/F Tartar

**tartera** SF (= *fiambrera*) lunch box; (*para horno*) cake tin

**Tarteso** SM Tartessus; (*Biblia*) Tarshish

**tarugo** Ⓐ ADJ [1] (*) (= *zoquete*) stupid
[2] (*Caribe*) (= *adulador*) fawning
Ⓑ SM [1] (= *pedazo de madera*) lump, chunk; (= *clavija*) wooden peg; (= *tapón*) plug, stopper; (= *adoquín*) wooden paving block
[2] (= *pan*) chunk of stale bread
[3] (*) (= *imbécil*) chump*, blockhead*
[4] (*Caribe**) (= *susto*) fright, scare
[5] (*Méx*) (= *miedo*) fear, anxiety
[6] (⁑) (= *soborno*) backhander*

**tarumba*** ADJ **volver ~ a algn** (= *confundir*) to confuse sb, get sb all mixed up; (= *marear*) to make sb dizzy; **volverse ~** to get all mixed up, get completely confused; **esa chica me tiene ~** I'm crazy about that girl

**tasa** SF [1] (= *precio*) rate; **de cero ~** zero-rated ► **tasa básica** (*Com*) basic rate ► **tasa de aeropuerto** airport tax ► **tasa de basuras** refuse *o* (*EEUU*) garbage collection charge ► **tasa de cambio** exchange rate ► **tasa de descuento bancario** bank rate ► **tasa de instrucción** tuition fee ► **tasa de interés** interest rate ► **tasas académicas** tuition fees ► **tasas judiciales** legal fees ► **tasas locales, tasas municipales** local taxes
[2] (= *índice*) rate ► **tasa de crecimiento, tasa de desarrollo** growth rate ► **tasa de desempleo** level of unemployment, unemployment rate ► **tasa de mortalidad** death rate, mortality rate ► **tasa de nacimiento, tasa de natalidad** birth rate ► **tasa de paro** level of unemployment, unemployment rate ► **tasa de rendimiento** (*Com*) rate of return
[3] (= *tasación*) valuation, appraisal (*EEUU*)
[4] (= *medida, regla*) measure; **sin ~** boundless, limitless; **gastar sin ~** to spend like there's no tomorrow

**tasable** ADJ ratable

**tasación** SF valuation, appraisal (*EEUU*); **~ de un edificio** valuation of a building ► **tasación pericial** expert valuation

**tasadamente** ADV sparingly

**tasador(a)** SM/F valuer, appraiser (*EEUU*) ► **tasador(a) de averías** average adjuster ► **tasador(a) de impuestos** tax appraiser

**tasajear** ▸conjug 1a◂ VT (*LAm*) [1] (= *cortar*) to cut, slash
[2] [+ *carne*] to jerk

**tasajo** SM [1] (= *cecina*) dried beef, jerked beef
[2] (*Andes*) (= *persona*) tall thin person

**tasajudo** ADJ (*LAm*) tall and thin

**tasar** ▸conjug 1a◂ VT [1] (= *valorar*) to value
[2] [+ *trabajo*] to rate (**en** at)
[3] (= *restringir*) to limit, put a limit on, restrict; (= *racionar*) to ration; (= *escatimar*) to be sparing with; (*pey*) to be mean with, stint; **les tasa a los niños hasta la leche** she even rations her children's milk

**tasca** SF pub, bar; **ir de ~s** to go on a pub crawl*

**tascar** ▸conjug 1g◂ VT [1] [+ *lino*] to swingle, beat
[2] [+ *hierba*] to munch, champ; [+ *freno*] to champ at sth
[3] (*Andes*) (= *masticar*) to chew, crunch

**Tasmania** SF Tasmania

**tasquear*** ▸conjug 1a◂ VI (*Esp*) to go drinking, go round the bars

**tasqueo*** SM **ir de ~** (*Esp*) = **tasquear**

**tata*** Ⓐ SM (*LAm*) (= *padre*) dad*, daddy*
Ⓑ SF (= *niñera*) nanny; (= *chacha*) maid; *ver tb* **tato**

**tatarabuelo/a** SM/F great-great-grandfather/-mother; **mis ~s** my great-great-grandparents

**tataranieto/a** SM/F great-great-grandson/-daughter; **sus ~s** his great-great-grandchildren

**tatas**: **a ~** ADV **andar a ~** (= *hacer pinitos*) to

toddle; (= *ir a gatas*) to crawl, get down on all fours

**tate**[1] EXCL (*sorpresa*) gosh!*, crumbs!*; (*al darse cuenta*) so that's it!, oh I see!; (*aviso*) look out!; (*admiración*) bravo!; (*ira*) come now!

**tate**[2]**‡** SM (= *marihuana*) hash*, pot‡

**tato/a*** Ⓐ SM/F (= *hermano*) brother/sister
Ⓑ SM (*LAm**) (= *padre*) dad(dy)*, pop (*EEUU**); *ver tb* **tata**

**tatole*** SM (*Méx*) plot

**tatuaje** SM [1] (= *dibujo*) tattoo
[2] (= *acto*) tattooing

**tatuar** ▸conjug 1d◂ VT to tattoo

**tauca** SF (*Andes*) [1] (= *objetos*) heap of things
[2] (= *bolsa*) large bag

**taumaturgia** SF miracle working, thaumaturgy

**taumaturgo** SM miracle worker

**taurinamente** ADV in bullfighting terms

**taurino** ADJ bullfighting *antes de s*; **el mundo ~** the bullfighting business; **una revista taurina** a bullfighting magazine

**Tauro** SM Taurus

**taurofobia** SF dislike of bullfighting

**tauróbofo/a** SM/F opponent of bullfighting

**tauromáco/a** Ⓐ ADJ bullfighting *antes de s*
Ⓑ SM/F bullfighting expert

**tauromaquia** SF (art of) bullfighting, tauromachy (*frm*)

**tauromáquico** ADJ bullfighting *antes de s*

**tautología** SF tautology

**tautológico** ADJ tautological

**TAV** SM ABR (= **tren de alta velocidad**) HVT

**taxativamente** ADV [1] (= *específicamente*) specifically, in a restricted sense
[2] (= *tajantemente*) sharply, emphatically

**taxativo** ADJ [1] (= *restringido*) limited, restricted; [*sentido*] specific
[2] (= *tajante*) sharp, emphatic

**taxi** SM taxi, cab; **fuimos en ~** we went by taxi

**taxidermia** SF taxidermy

**taxidermista** SMF taxidermist

**taximetrero/a** SM/F (*Arg*), **taximetrista** SMF (*Arg*) taxi driver, cab driver

**taxímetro** SM [1] (= *aparato*) taximeter, clock
[2] (*Arg*) (= *vehículo*) taxi

**taxista** SMF taxi driver, cabby*, cab driver (*EEUU*)

**taxonomía** SF taxonomy

**taxonomista** SMF taxonomist

**Tayikistán** SM Tadzhikistan

**taza** SF [1] (= *recipiente*) cup; (= *contenido*) cupful ► **taza de café** (= *café*) cup of coffee; (= *recipiente*) coffee cup
[2] [*de fuente*] basin, bowl; [*de lavabo*] bowl; [*de retrete*] pan, bowl ► **taza del wáter** toilet bowl
[3] (*Cono Sur*) (= *palangana*) washbasin, bathroom sink (*EEUU*) ► **taza de noche** (*Cono Sur euf*) chamber pot

**tazado** ADJ [*ropa*] frayed, worn; [*persona*] shabby

**tazar** ▸conjug 1f◂ Ⓐ VT [1] (= *cortar*) to cut; (= *dividir*) to cut up, divide
[2] (= *desgastar*) to fray
Ⓑ **tazarse** VPR to fray

**tazón** SM (= *cuenco*) bowl; (= *taza*) large cup; (= *jarra*) mug

**TBC** SM ABR = **tren de bandas en caliente**

**TC** SM ABR = **Tribunal Constitucional**

**TCI** SF ABR (= **Tarjeta de Circuito Impreso**) PCB

**TDV** SF ABR (= **tabla deslizadora a vela**) windsurfing board

**te**[1] SF *name of the letter t*

**te**[2] PRON PERS [1] (*como complemento directo*) you; **te quiero mucho** I love you very much; **ayer te vi en el centro** I saw you in the city centre yesterday
[2] (*como complemento indirecto*) you; **te voy a dar un consejo** I'm going to give you some advice; **te he traído esto** I've brought you this, I've brought this for you; **me gustaría comprártelo para navidad** I'd like to buy it for you *o* buy you it for Christmas; **no te lo compro porque lo vendes muy caro** I'm not going to buy from you because you're charging too much for it; **¿te han arreglado el ordenador?** have they fixed your computer (for you)?
[3] (*con partes del cuerpo, ropa*) **¿te duelen los pies?** do your feet hurt?; **¿te has puesto el abrigo?** have you put your coat on?
[4] (*uso enfático*) **te lo comiste todo** you ate it all up; **se te ha caído el bolígrafo** you've dropped your pen; **se te ha parado el reloj** your watch has stopped
[5] (*uso reflexivo o pronominal*) **¿te has lavado?** have you washed?; **¡cálmate!** calm down!; **¿te levantas temprano?** do you get up early?; **tienes que defenderte** you have to defend yourself; **te vas a caer** you'll fall; **te equivocas** you're wrong; **¿te has hecho daño?** have you hurt yourself?
[6] (*uso impersonal*) **aquí siempre te intentan timar** they always try to cheat you here

**té** SM [1] (= *planta, bebida*) tea
[2] (= *reunión*) tea party; **dar un té** to give a tea party; ✦***MODISMO*** **dar el té a algn*** to bore sb to tears

**tea** SF [1] (= *antorcha*) torch; (= *astilla*) firelighter; ✦***MODISMOS*** **arder como una ~** ◊ **convertirse en una ~** to go up like a torch
[2] (‡) (= *cuchillo*) knife

**teatral** ADJ [1] [*grupo, temporada*] theatre *antes de s*, theater *antes de s* (*EEUU*); [*asociación, formación*] dramatic; **obra ~** play
[2] (= *aparatoso*) (= *persona*) theatrical; [*gesto, palabras*] dramatic, theatrical; (*pey*) histrionic, stagey

**teatralidad** SF [1] (= *aparato*) theatricality; (= *drama*) drama; (*pey*) histrionics *pl*, staginess
[2] (= *sentido del teatro*) sense of theatre, stage sense; (*pey*) showmanship

**teatralizar** ▸conjug 1f◂ VT [+ *obra*] to stage; [+ *situación*] to dramatize

**teatralmente** ADV theatrically

**teatrero/a*** Ⓐ ADJ [1] (= *exagerado*) theatrical
[2] (= *aficionado*) **ser muy ~** to be a great theatre-goer
Ⓑ SM/F [1] (= *aficionado*) theatre-goer
[2] (= *profesional*) theatre-worker

**teatro** SM [1] (*gen*) theatre, theater (*EEUU*); (= *escenario*) stage; **escribir para el ~** to write for the stage; **en el ~ es una persona muy distinta** she's a very different person on the stage; **hacer que se venga abajo el ~** to bring the house down ► **teatro amateur**, **teatro de aficionados** amateur theatre, amateur dramatics ► **teatro de calle** street theatre ► **teatro del absurdo** theatre of the absurd ► **teatro de la ópera** opera house ► **teatro de repertorio** repertory theatre ► **teatro de títeres** puppet theatre ► **teatro de variedades** variety theatre, music hall, vaudeville theater (*EEUU*)
[2] (*Literat*) (= *género*) drama; (= *obras de teatro*) plays *pl*; **el ~ del siglo XVIII** 18th century theatre *o* drama; **el ~ de Cervantes** Cervantes's plays
[3] [*de suceso*] scene; (*Mil*) theatre, theater (*EEUU*) ► **teatro de guerra** theatre of war ► **teatro de operaciones** theatre of operations
[4] (= *exageración*) **hacer ~** (= *alborotar*) to make a fuss; (= *exagerar*) to exaggerate; **tiene mucho ~** he's always so melodramatic
[5] (*LAm*) (= *cine*) cinema, movies *pl*

**Tebas** SF Thebes

**tebeo** SM (children's) comic, comic book (*EEUU*); ✦***MODISMO*** **está más visto que el ~** that's old hat ► **tebeo de terror** horror comic

**tebeoteca** SF collection of comics

**teca** SF teak

**techado** SM (= *tejado*) roof; (= *cubierta*) covering; **bajo ~** under cover, indoors

**techar** ▸conjug 1a◂ VT to roof (in *o* over)

**techo** SM [1] (*interior*) ceiling; (*exterior, Aut*) roof; **el ~ de mi cuarto está pintado de blanco** the ceiling in my room is painted white; **los ~s de las casas son de pizarra** the houses have slate roofs; **bajo ~** indoors; **tenis bajo ~** indoor tennis; **bajo el mismo ~** under the same roof; **un sin ~** a homeless person; **los sin ~** the homeless ► **techo corredizo**, **techo solar** (*Aut*) sunroof
[2] (= *límite, tope*) ceiling, limit; (*Fin*) ceiling; **ha tocado ~** it has reached its upper limit, it has peaked ► **techo de cristal** glass ceiling
[3] (*Aer*) ceiling

**techumbre** SF roof

**tecito** SM (*esp LAm*) cup of tea

**tecla** SF (*Inform, Mús, Tip*) key; ✦***MODISMOS*** **dar en la ~*** (= *acertar*) to get it right; (= *aprender*) to get the hang of it; **dar en la ~ de hacer algo*** to fall into the habit of doing sth; **tocar ~s**: **no le queda ninguna otra ~ por tocar** there's nothing else left for him to try ► **tecla con flecha** arrow key ► **tecla de anulación** cancel key ► **tecla de borrado** delete key ► **tecla de cambio** shift key ► **tecla de control** control key ► **tecla de desplazamiento** scroll key ► **tecla de edición** edit key ► **tecla de función** function key ► **tecla de iniciación** booting-up switch ► **tecla del cursor** cursor key ► **tecla de retorno** return key ► **tecla de tabulación** tab key ► **tecla programable** user-defined key ► **teclas de control direccional del cursor** cursor control keys

**teclado** SM (*tb Inform*) keyboard, keys *pl*; [*de órgano*] keyboard, manual; **Gimbel a los ~s** Gimbel on keyboards; **marcación por ~** push-button dialling ► **teclado numérico** (*Inform*) numeric keypad

**tecle** ADJ (*Cono Sur*) weak, sickly

**tecleado** SM typing

**teclear** ▸conjug 1a◂ Ⓐ VT [1] (*gen*) to key in, type in; (*en cajero automático*) to enter
[2] (*) [+ *problema*] to approach from various angles
[3] (*LAm*) [+ *instrumento*] to play clumsily,

mess about on; [+ *máquina de escribir*] to mess about on
Ⓑ VI [1] (*en máquina de escribir, ordenador*) to type; (*en el piano*) to play
[2] (*) (= *tamborilear*) to drum, tap
[3] (*Cono Sur**) [*negocio*] to be going very badly; [*persona*] to be doing very badly; **ando tecleando** I'm doing very badly

**tecleo** SM [1] (= *tecleado*) typing, keying
[2] (*Mús*) playing
[3] (*) (= *tamborileo*) drumming, tapping

**tecleteo** SM = **tecleo**

**teclista** SMF (*Inform*) keyboard operator, keyboarder; (*Mús*) keyboard player

**teclo/a** Ⓐ ADJ (*Andes*) old
Ⓑ SM/F old man/woman

**técnica** SF [1] (= *método*) technique
[2] (= *tecnología*) technology; **los avances de la ~** advances in technology
[3] (= *destreza*) skill; *ver tb* **técnico**

**técnicamente** ADV technically

**tecnicidad** SF technicality, technical nature

**tecnicismo** SM [1] (= *carácter técnico*) technical nature
[2] (*Ling*) technical term, technicality

**técnico/a** Ⓐ ADJ technical
Ⓑ SM/F [1] (*en fábrica, laboratorio*) technician ▶ **técnico/a de laboratorio** laboratory technician, lab technician* ▶ **técnico/a de mantenimiento** maintenance engineer ▶ **técnico/a de sonido** sound engineer, sound technician ▶ **técnico/a de televisión** television engineer, television repairman ▶ **técnico/a informático/a** computer programmer
[2] (= *experto*) expert, specialist; **es un ~ en la materia** he's an expert on the subject
[3] (*Dep*) trainer, coach; *ver tb* **técnica**

**tecnicolor**® SM Technicolor®; **en ~** in Technicolor

**tecnificar** ▸conjug 1g◂ Ⓐ VT to make more technical
Ⓑ **tecnificarse** VPR to become more technical

**tecno** Ⓐ ADJ [*música*] techno
Ⓑ SM (*Mús*) techno

**tecno...** PREF techno....

**tecnocracia** SF technocracy

**tecnócrata** SMF technocrat

**tecnocrático** ADJ technocratic

**tecnología** SF technology; **alta ~** high technology; **nuevas ~s** new technologies ▶ **tecnología de alimentos** food technology ▶ **tecnología de estado sólido** solid-state technology ▶ **tecnología de la información** information technology ▶ **tecnología punta** leading-edge technology

**tecnológico** ADJ technological

**tecnólogo/a** SM/F technologist

**teco*** ADJ (*CAm, Méx*) drunk

**tecolote** Ⓐ SM [1] (*CAm, Méx*) (= *búho*) owl
[2] (*Méx**) (= *policía*) policeman, cop*
Ⓑ ADJ [1] (*CAm*) [*color*] reddish-brown
[2] (*CAm, Méx*) (= *borracho*) drunk

**tecomate** SM (*CAm, Méx*) [1] (= *calabaza*) gourd, calabash
[2] (= *recipiente*) earthenware bowl

**tecorral** SM (*Méx*) dry-stone wall

**tectónica** SF tectonics *sing*

**tecuán** Ⓐ ADJ (*CAm, Méx*) greedy, voracious
Ⓑ SM monster

**tedio** SM (= *aburrimiento*) boredom, tedium; (= *vaciedad*) sense of emptiness; **me produce ~** it just depresses me

**tedioso** ADJ tedious

**tefe** SM [1] (*Andes*) (= *cuero*) strip of leather; (= *tela*) strip of cloth
[2] (*Andes*) (= *cicatriz*) scar on the face

**tegumento** SM tegument

**Teherán** SM Teheran

**tehuacán** SM (*Méx*) mineral water

**Teide** SM **el (Pico de) ~** Teide, Teyde

**teína** SF theine

**teísmo** SM theism

**teísta** Ⓐ ADJ theistic
Ⓑ SMF theist

**teja**[1] SF (roof) tile; **de color ~** brick red; ✦***MODISMOS*** **pagar a toca ~*** to pay on the nail; **de ~s abajo** in this world, in the natural way of things; **de ~s arriba** in the next world; **por fin le cayó la ~** (*Cono Sur*) finally the penny dropped ▶ **tejas de pizarra** slates

**teja**[2] SF (*Bot*) lime (tree)

**tejadillo** SM top, cover

**tejado** SM (tiled) roof; ✦***MODISMO*** **tiene el ~ de vidrio** people who live in glass houses shouldn't throw stones, it's the pot calling the kettle black

**tejamaní** SM (*LAm*), **tejamanil** SM (*LAm*) roofing board, shingle

**tejano/a** Ⓐ ADJ, SM/F Texan
Ⓑ **tejanos** SMPL (= *vaqueros*) jeans, denims

**tejar**[1] ▸conjug 1a◂ VT to tile, roof with tiles; **~ un techo** to tile a roof

**tejar**[2] SM tile factory

**Tejas** SM Texas

**tejaván** SM (*LAm*) (= *cobertizo*) shed; (= *galería*) gallery; (= *choza*) rustic dwelling

**tejavana** SF (= *cobertizo*) shed; (= *tejado*) shed roof, plain tile roof

**tejedor(a)** SM/F [1] (= *artesano*) weaver
[2] (*Andes, Cono Sur*) (= *intrigante*) schemer, meddler

**tejedora** SF (= *máquina*) (*de hacer punto*) knitting machine; (*de tejer*) loom

**tejedura** SF [1] (= *acto*) weaving
[2] (= *textura*) weave, texture

**tejeduría** SF [1] (= *arte*) (art of) weaving
[2] (= *fábrica*) textile mill

**tejemaneje*** SM [1] (= *intriga*) intrigue; (= *chanchullo*) shady deal*; **los políticos y sus ~s** politicians and their shady deals*
[2] (= *actividad*) bustle; (= *bulla*) fuss; **se trae un tremendo ~** he's making a tremendous fuss

**tejer** ▸conjug 2a◂ Ⓐ VT [1] [+ *tela*] to weave; [+ *tela de araña*] to spin, make; [+ *capullo*] to spin; **tejido a mano** hand-woven
[2] (= *hacer punto*) to knit; (= *hacer ganchillo*) to crochet; (= *coser*) to sew; **tejido a mano** hand-knitted
[3] [+ *complot*] to hatch; [+ *plan*] to devise; [+ *mentira*] to fabricate; [+ *cambio etc*] to bring about little by little
Ⓑ VI [1] (*en telar*) to weave; ✦***MODISMO*** **~ y destejer** to chop and change, do and undo (*EEUU*)
[2] (= *hacer punto*) to knit; (= *hacer ganchillo*) to crochet; (= *coser*) to sew

**tejerazo*** SM (*Esp Hist*) **el ~** *the coup attempted by Col Tejero on 23 February 1981*

**tejeringo** SM fritter

**tejido** SM [1] (= *tela*) fabric, material; **el ~ social** the social fabric ▶ **tejido de punto** knitting, knitted fabric
[2] (= *trama*) weave; (= *textura*) texture; **un ~ de intrigas** a web of intrigue
[3] (*Anat*) tissue ▶ **tejido conjuntivo** connective tissue

**tejo**[1] SM [1] (= *aro*) ring, quoit; ✦***MODISMO*** **echar** *o* **tirar los ~s a algn*** to make a play for sb
[2] (= *juego*) hopscotch
[3] (*Esp*†*) *5 peseta piece*

**tejo**[2] SM (*Bot*) yew (tree)

**tejoleta** SF shard

**tejón** SM badger

**tejudo** SM label (*on spine of book*)

**tel.** ABR (= **teléfono**) tel

**tela** SF [1] (= *tejido*) cloth, fabric; (= *trozo*) piece of cloth; **esta ~ es muy resistente** this cloth *o* fabric is very strong; **usó una ~ para hacer el remiendo** she used a piece of cloth as a patch; **un libro en ~** a clothbound book; ✦***MODISMO*** **poner en ~ de juicio** to (call into) question, cast doubt on ▶ **tela asfáltica** roofing felt ▶ **tela cruzada** twill ▶ **tela de araña** spider's web ▶ **tela de saco** sackcloth ▶ **tela metálica** wire netting ▶ **tela mosquitera** mosquito net
[2] (*Arte*) (= *lienzo*) canvas, painting
[3] (*en líquido*) skin
[4] (*Anat*) membrane; ✦***MODISMO*** **llegarle a algn a las ~s del corazón** to touch sb's heart
[5] (*Bot*) skin ▶ **tela de cebolla** onion skin
[6] (‡) (= *dinero*) dough*, cash*; **sacudir** *o* **soltar la ~** to cough up*, fork out*
[7] (*Andes*) (= *tortilla*) thin maize pancake
[8] (*) (*tb* **~ marinera**) **el asunto tiene (mucha) ~** *o* **tiene ~ (marinera)** it's a complicated matter, there's a lot to it; **—ya va por el quinto marido —¡tiene ~ (marinera)!** "she's already on her fifth husband" — "that takes some beating!"*; **hay ~ para rato** there's lots to talk about
[9] (‡) (*enfático*) **~ de: es ~ de guapa** she's dead *o* really gorgeous*

**telabrejos** SMPL (*LAm*) things, gear, odds and ends

**telanda*** SF brass*, money

**telar** SM [1] (= *máquina*) loom; **telares** (= *fábrica*) textile mill *sing*
[2] (*Teat*) gridiron

**telaraña** SF cobweb, spider's web

**tele*** SF telly*, TV; **mirar** *o* **ver la ~** to watch telly; **salir en** *o* **por la ~** to be on telly*, be on the box*

**tele...** PREF tele...

**teleadicto/a*** SM/F telly-addict*

**telealarma** SF alarm (system)

**telebaby** SM (*pl* **telebabys**) cable car

**telebanco** SM cash dispenser

**telebasura*** SF junk TV

**telebrejos** SMPL (*Méx*) = **telabrejos**

**telecabina** SF cable-car

**telecámara** SF television camera

**telecargar** ▸conjug 1h◂ VT (*Inform*) to download

**telecomando** SM remote control

**telecomedia** SF TV comedy show

**telecompra** SF TV shopping

**telecomunicación** SF telecommunication

**teleconferencia** SF (= *reunión*) teleconference; (= *sistema*) teleconferencing

**telecontrol** SM remote control

**telecopia** SF (= *sistema*) fax (system); (= *mensaje*) fax (message)

**telecopiadora** SF telecopier

**telediario** SM television news bulletin

**teledifusión** SF telecast

**teledirigido** ADJ remote-controlled, radio-controlled

**telef.** ABR (= **teléfono**) tel

**telefacsímil** SM, **telefax** SM (= *sistema*) fax (system); (= *mensaje*) fax (message)

**teleférico** SM cable railway, cableway, aerial tramway (*EEUU*); (*para esquiadores*) ski lift

**telefilm** SM, **telefilme** SM TV film

**telefonazo*** SM telephone call; **te daré un ~** I'll give you a ring *o* call

**telefonear** ▸conjug 1a◂ VT, VI to telephone, phone (up)

**telefonema** SM telephone message

**telefonía** SF telephony; **red de ~ móvil** mobile phone network; **servicios de ~ móvil** mobile phone services ► **telefonía celular** cellular telephone system

**Telefónica** SF **la ~** *former Spanish national telephone company*

**telefónicamente** ADV by telephone; **fue amenazado ~** he received threats by telephone

**telefónico** ADJ telephone *antes de s*, telephonic; **llamada telefónica** telephone call; **listín ~** telephone book; **marketing ~** telemarketing, telesales *pl*

**telefonillo** SM entry phone

**telefonista** SMF (telephone) operator, telephonist

▼**teléfono** SM [1] (= *aparato*) telephone, phone; (= *número*) telephone number, phone number; **todas las habitaciones tienen ~** there are telephones in all the rooms; **¿tienes ~?** do you have a phone?, are you on the phone?; **apunta mi ~** write down my phone number; **coger el ~** ◊ **contestar al ~** to answer the phone; **está hablando por ~** he's on the phone; **llamar a algn por ~** to phone sb (up), ring sb up; **te llaman por** *o* **al ~** there's someone on the phone for you ► **teléfono celular** cellphone, cellular phone ► **teléfono de la esperanza** ≈ Samaritans *pl* ► **teléfono de tarjeta** card phone ► **teléfono erótico** sex line; **~ gratuito** Freefone® ► **teléfono inalámbrico** cordless (tele)phone ► **teléfono móvil** mobile (phone) ► **teléfono móvil de coche** car phone ► **teléfono particular** home telephone number ► **teléfono rojo** (*Pol*) hotline ► **teléfono sin hilos** cordless (tele)phone; *ver tb* **colgar A3**
[2] [*de ducha*] shower head

**telefotografía** SF, **telefoto** SF telephoto

**telefotográfico** ADJ telephoto *antes de s*

**telegenia** SF telegenic quality

**telegénico** ADJ telegenic

**telegrafía** SF telegraphy

**telegrafiar** ▸conjug 1c◂ VT, VI to telegraph

**telegráfico** ADJ telegraphic, telegraph *antes de s*

**telegrafista** SMF telegraphist

**telégrafo** SM telegraph ► **telégrafo óptico** semaphore

**telegrama** SM telegram, wire (*EEUU*); **poner un ~ a algn** to send sb a telegram

**teleimpresor** SM, **teleimpresora** SF teleprinter

**teleindicador** SM TV monitor

**teleinformático** ADJ telematic

**telele*** SM fit, queer turn; **le dio un ~** it gave him quite a turn

**telemandado** ADJ remote-controlled

**telemando** SM remote control

**telemanía** SF TV addiction

**telemarketing** SM, **telemárketing** SM telesales *pl*

**telemática** SF data transmission, telematics *sing*

**telemático** ADJ telematic

**telemedida** SF telemetry

**telemedir** ▸conjug 3k◂ VT to telemeter

**telémetro** SM rangefinder

**telengues** SMPL (*CAm*) things, gear, odds and ends

**telenoticias** SFPL television news *sing*, TV news *sing*

**telenovela** SF soap (opera), TV serial

**telenque** ADJ (*Cono Sur*) weak, feeble

**teleobjetivo** SM telephoto lens, zoom lens

**teleología** SF teleology

**teleoperador(a)** SM/F telemarketing phone operator

**telépata** SMF telepathist

**telepate** SM (*CAm*) bedbug

**telepatía** SF telepathy

**telepáticamente** ADV telepathically

**telepático** ADJ telepathic

**teleproceso** SM teleprocessing

**telequinesia** SF telekinesis

**telerregulación** SF adjustment by remote control

**telescopar** ▸conjug 1a◂ Ⓐ VT to telescope
Ⓑ **telescoparse** VPR to telescope

**telescópico** ADJ telescopic

**telescopio** SM telescope

**teleserie** SF TV series

**telesilla** SM *o* SF chair lift, ski lift

**telespectador(a)** SM/F viewer

**telesquí** SM ski lift

**teletaquilla** SF pay-per-view television; **partidos de fútbol en ~** pay-per-view football matches

**teletaxi** SM radio cab, radio taxi

**teletex** SM, **teletexto** SM teletext

**teletienda** SF home shopping

**teletipista** SMF teletypist, teleprinter operator

**teletipo** SM teletype, teleprinter

**teletratamiento** SM teleprocessing

**teletubo** SM cathode-ray tube, television tube

**televendedor(a)** SM/F telesales person

**televenta** SF, **televentas** SFPL telesales

**televidente** SMF viewer

**televisar** ▸conjug 1a◂ VT to televise

**televisión** SF television; **hacer ~** to work in television; **salir en** *o* **por la ~** to be on television; **ver la ~** to watch television ► **televisión comercial** commercial television ► **televisión de alta definición** high-definition television ► **televisión de circuito cerrado** closed-circuit television ► **televisión en color** colour *o* (*EEUU*) color television ► **televisión matinal** breakfast television ► **televisión pagada** pay-television, pay-TV ► **televisión por cable** cable television ► **televisión por satélite** satellite television

**televisivo /a** Ⓐ ADJ [1] television *antes de s*; **serie televisiva** television series
[2] (= *de interés televisivo*) televisual; [*persona*] telegenic
Ⓑ SM/F television personality

**televisor** SM television set

**televisual** ADJ television *antes de s*

**télex** SM INV telex

**telón** SM (*Teat*) curtain ► **telón de acero** (*Pol*) Iron Curtain ► **telón de boca** front curtain ► **telón de fondo**, **telón de foro** backcloth, backdrop ► **telón de seguridad** safety curtain ► **telón metálico** fire curtain

**telonero/a** Ⓐ ADJ (*Mús*) [*grupo*] support *antes de s*
Ⓑ SM/F (*Mús*) support band, support act; (*Teat*) first turn, curtain-raiser

**telúrico** ADJ [1] (= *de la Tierra*) **movimiento ~** earthquake
[2] [*fuerzas, corrientes*] telluric

▼**tema** SM [1] (= *asunto*) subject; **luego hablaremos de ese ~** we'll talk about that subject later; **el ~ de su discurso** the subject *o* theme of his speech; **es un ~ muy manoseado** it's a hackneyed *o* well-worn theme; **es un ~ recurrente en su obra** it is a recurring theme in his work; **tienen ~ para rato** they have plenty to talk about; **cambiar de ~** to change the subject; **pasar del ~***: **—¿qué piensas de las elecciones? —paso del ~** "what do you think about the elections?" — "I couldn't care less about them"* ► **tema de actualidad** topical issue ► **tema de conversación** talking point ► **temas de actualidad** current affairs
[2] (*Ling*) [*de palabra*] stem; [*de oración*] theme
[3] (*Mús*) theme

**temar** ▸conjug 1a◂ VI (*Cono Sur*) [1] (= *tener idea fija*) to have a mania, be obsessed
[2] (= *tener inquina*) to bear ill will; **~ con algn** to have a grudge against sb

**temario** SM [1] (*Univ*) (= *temas*) list of topics; (= *programa*) programme, program (*EEUU*); (= *asignaturas*) syllabus
[2] [*de oposiciones*] set of topics
[3] [*de conferencia, reunión*] agenda

**temascal** SM (*CAm, Méx*) bathroom; (*fig*) hot place, oven

**temática** SF [1] (= *conjunto de temas*) subjects *pl*
[2] (= *tema*) [*de obra, película*] subject matter

**temático** ADJ [1] [*acuerdo, trato*] thematic; **las preguntas deben ordenarse por bloques ~s** questions must be grouped by *o* according to topic; **parque ~** theme park
[2] (*Ling*) stem *antes de s*
[3] (*Andes*) (= *poco prudente*) injudicious, tasteless

**tembladera*** SF [1] (= *tembleque*) violent shaking, trembling fit
[2] (*LAm*) quagmire

**tembladeral** SM (*Cono Sur, Méx*) quagmire

➤ LENGUA Y USO: **teléfono 1** 27 **tema 1** 53.1

**temblar** ▸conjug 1j◂ VI 1 [*persona*] 1·1 (*por miedo*) to tremble, shake; (*por frío*) to shiver; **me temblaba la mano** my hand was trembling *o* shaking; **~ de miedo** to tremble *o* shake with fright; **~ de frío** to shiver with cold; **✦MODISMO ~ como un azogado** to shake like a leaf, tremble all over
1·2 (= *sentir miedo*) **echarse a ~** to get frightened; **tiemblo de pensar en lo que pueda ocurrir** I shudder to think what may happen; **~ ante la escena** to shudder at the sight; **~ por su vida** to fear for one's life
2 [*edificio*] to shake, shudder; [*tierra*] to shake; **✦MODISMO dejar una botella temblando*** to use most of a bottle

**tembleque*** SM 1 (= *temblor*) violent shaking, shaking fit; **le entró un ~** he got the shakes, he began to shake violently
2 (*LAm*) (= *persona*) weakling

**temblequeante*** ADJ [*andar*] doddery, wobbly, tottering; [*voz*] quivering, tremulous

**temblequear*** ▸conjug 1a◂ VI (= *temblar*) to shake violently, be all of a quiver; (= *tambalearse*) to wobble

**temblequera*** SF 1 (= *temblor*) shaking; (= *tambaleo*) wobbling
2 (*Andes, Caribe*) (= *miedo*) fear; (= *temblor*) trembling

**temblón** Ⓐ ADJ trembling, shaking; **álamo ~** aspen
Ⓑ SM aspen

**temblor** SM 1 [*de miedo*] trembling, shaking; [*de frío, fiebre*] shivering; **uno de los síntomas es un ligero ~ en las manos** one of the symptoms is a slight trembling *o* shaking of the hands; **cuando la vio le dio un ~** he trembled when he saw her; **le entró un ~ violento** he began to shake violently; **los ~es son síntomas de fiebre** shivering is a symptom of fever
2 (*tb* **~ de tierra**) earthquake, (earth) tremor

**tembloroso** ADJ 1 [*persona*] (*por miedo*) shaking, trembling; (*por frío*) shivering; **con voz temblorosa** in a tremulous *o* shaky voice
2 [*llama*] flickering

**tembo** ADJ (*Andes*) featherbrained, stupid

**temer** ▸conjug 2a◂ Ⓐ VT [+ *persona, castigo, consecuencias*] to be afraid of, fear; **teme al profesor** he's afraid *o* frightened of the teacher; **~ a Dios** to fear God; **~ hacer algo** to be afraid of doing sth; **temo ofenderles** I'm afraid of offending them; **~ que** to be afraid (that), fear (that); **teme que no vaya a volver** she's afraid *o* she fears (that) he might not come back
Ⓑ VI to be afraid; **no temas** don't be afraid; **~ por algo** to fear for sth; **~ por la seguridad de algn** to fear for sb's safety; **el equipo de rescate temía por nuestras vidas** the rescue team feared for our lives
Ⓒ **temerse** VPR **~se algo: ya me lo temía, es el carburador** it's the carburettor, I thought as much *o* I was afraid it might be; **—ha empezado a llover —me lo temía** "it has started raining" — "I was afraid it would"; **—no podré venir —me lo estaba temiendo** "I won't be able to come" — "I was afraid you wouldn't"; **se temen lo peor** they fear the worst; **~se que** to be afraid (that); **mucho me temo que ya no lo encontrarás** I'm very much afraid (that) you won't find it now, I very much suspect (that) you won't find it now; **me temo que no** I'm afraid not

**temerariamente** ADV (= *sin prudencia*) rashly, recklessly; (= *sin reflexión*) hastily; (= *con audacia*) boldly

**temerario** ADJ 1 [*persona, acto*] (= *imprudente*) rash, reckless; (= *audaz*) bold
2 [*juicio*] hasty, rash

**temeridad** SF 1 (= *imprudencia*) rashness; (= *audacia*) boldness; (= *prisa*) hastiness
2 (= *acto*) rash act, folly

**temerón** Ⓐ ADJ bullying, ranting, loud-mouthed
Ⓑ SM bully, ranter

**temerosamente** ADV fearfully

**temeroso** ADJ 1 (= *con temor*) fearful, frightened
2 **~ de Dios** God-fearing, full of the fear of God
3 (= *espantoso*) fearsome

**temible** ADJ fearsome, frightful; [*adversario*] fearsome, redoubtable

**temor** SM (= *miedo*) fear; **~ a** fear of; **por ~** from fear; **por ~ a** for fear of; **por ~ a equivocarme** for fear of making a mistake; **sin ~ a** without fear of ▸ **temor de Dios** fear of God

**témpano** SM 1 (*tb* **~ de hielo**) ice floe; **✦MODISMO como un ~** as cold as ice, ice-cold; **quedarse como un ~*** to be chilled to the bone
2 (= *tamboril*) small drum, kettledrum
3 (= *parche*) drumhead
4 (*Arquit*) tympan
5 ▸ **témpano de tocino** (*Culin*) flitch of bacon

**témpera** SM tempera

**temperadero** SM (*LAm*) summer resort

**temperado** ADJ (*Andes*) = **templado**

**temperamental** ADJ temperamental

**temperamento** SM 1 (= *manera de ser*) temperament, nature; **tiene un ~ muy equilibrado** he has a very balanced temperament; **es una mujer de ~ emprendedor** she is a woman with an enterprising nature
2 (= *genio*) temperament; **tener ~** to be temperamental

**temperancia** SF temperance

**temperante** (*LAm*) Ⓐ ADJ teetotal
Ⓑ SMF teetotaller, abstainer

**temperar** ▸conjug 1a◂ Ⓐ VT (= *moderar*) to temper; (= *calmar*) to calm; (= *aliviar*) to relieve
Ⓑ VI (*LAm*) (= *veranear*) to spend the summer, summer; (= *cambiar de aires*) to have a change of air, have a change of climate

**temperatura** SF temperature; **a ~ ambiente** at room temperature; **descenso/aumento de las ~s** fall/rise in temperature; **tomar la ~ a algn** to take sb's temperature

**temperie** SF (state of the) weather

**tempestad** SF storm; **levantar una ~ de protestas** to raise a storm of protest; **el libro ha cosechado una ~ de críticas** the book has provoked a storm of criticism; **"La Tempestad" de Shakespeare** Shakespeare's "Tempest" ▸ **tempestad de arena** sandstorm ▸ **tempestad de nieve** snowstorm ▸ **tempestad de polvo** dust storm

**tempestivo** ADJ timely

**tempestuoso** ADJ stormy

**templado** Ⓐ ADJ 1 [*líquido, comida*] lukewarm; [*clima*] mild, temperate; (*Geog*) [*zona*] temperate
2 (= *moderado*) moderate, restrained; (*en comer*) frugal; (*en beber*) of sober habits, abstemious; **nervios ~s** nerves of steel
3 (*Mús*) well-tuned
4 (= *valiente*) brave, courageous; (= *franco*) bold, forthright
5 (*) (= *listo*) bright, lively; (*CAm, Méx*) (= *hábil*) able, competent
6 (*Andes*) (= *severo*) severe
7 (*Andes, Caribe*) (= *borracho*) tipsy
8 **✦MODISMO estar ~** (*Andes, Cono Sur*) to be in love
Ⓑ SM (*Téc*) tempering, hardening

**templanza** SF 1 (= *virtud*) temperance
2 (*Meteo*) mildness

**templar** ▸conjug 1a◂ Ⓐ VT 1 [+ *comida*] (= *calentar*) to warm up; (= *enfriar*) to cool down
2 [+ *clima*] to make mild; [+ *calor*] to reduce
3 (= *moderar*) to moderate; [+ *ánimos*] to calm; [+ *cólera*] to restrain, control
4 (*Quím*) [+ *solución*] to dilute
5 [+ *acero*] to temper, harden
6 (*Mús*) to tune (up)
7 (*Mec*) to adjust; [+ *tornillo*] to tighten up; [+ *resorte*] to set properly
8 (*Arte*) [+ *colores*] to blend
9 (*Andes*) (= *derribar*) to knock down; (*CAm*) (= *golpear*) to hit, beat up; (*Andes*) (= *matar*) to kill, bump off*
10 (*Caribe***) to screw**, fuck**
Ⓑ VI 1 (*Meteo*) (= *refrescar*) to get cooler; (= *hacer más calor*) to get warmer, get milder
2 (*Caribe*) (= *huir*) to flee
Ⓒ **templarse** VPR 1 [*agua, ambiente*] (= *calentarse*) to warm up, get warm; (= *enfriarse*) to cool down
2 [*persona*] to be moderate, act with restraint; **~se en la comida** to eat frugally
3 (*Andes, CAm*) (= *morir*) to die, kick the bucket*
4 (*Caribe, Méx*) (= *huir*) to flee
5 (*Andes, Caribe*) (= *emborracharse*) to get tipsy
6 (*Cono Sur*) (= *enamorarse*) to fall in love
7 (*Cono Sur*) (= *excederse*) to go too far, overstep the mark
8 **templárselas** (*Andes*) to stand firm

**templario** SM Templar

**temple** SM 1 (*Téc*) (= *proceso*) tempering; (= *efecto*) temper
2 (*Mús*) tuning
3 (= *humor*) mood; **estar de mal ~** to be in a bad mood
4 (= *coraje*) courage, boldness; (= *espíritu*) mettle, spirit
5 (= *pintura*) distemper; (*Arte*) tempera; **pintar al ~** to distemper; (*Arte*) to paint in tempera
6 (*Meteo*) state of the weather, temperature
7 (*LAm*) (= *enamoramiento*) infatuation

**templete** SM 1 (*en parque*) pavilion, kiosk ▸ **templete de música** bandstand
2 (= *templo*) small temple; (= *santuario*) shrine; (= *nicho*) niche

**templo** SM 1 (= *edificio de culto*) temple; **el ~ de Apolo** the Temple of Apollo; **✦MODISMOS como un ~*** (= *enorme*) huge, enormous; (= *excelente*) first-rate, excellent; **una verdad como un ~** a glaring truth
2 (= *iglesia*) church ▸ **templo metodista**

Methodist church *o* chapel ► **templo protestante** Protestant church

**tempo** SM tempo

**temporada** SF 1 (= *periodo determinado*) season; **los mejores goles de la ~** the best goals of the season; **en plena ~** at the height of the season; **estar fuera de ~** to be out of season ► **temporada alta** high season ► **temporada baja** low season ► **temporada de caza** open season ► **temporada de esquí** ski season ► **temporada de exámenes** examination period ► **temporada de fútbol** football season ► **temporada de ópera** opera season ► **temporada media** mid-season
2 (= *periodo indeterminado*) period; **pasa muchas ~s en el extranjero** she spends long periods abroad; **llevan una ~ de peleas continuas** they've been going through a phase *o* period of constant squabbling; **nos vamos a pasar una temporadita al campo** we're going to spend some time in the country; **a** *o* **por ~s** on and off; **—¿tienes mucho trabajo? —va a** *o* **por ~s** "have you got a lot of work?" — "it's a bit on and off *o* it goes in phases"*

**temporadista** SMF (*Caribe*) holiday-maker, vacationer (*EEUU*)

**temporal** Ⓐ ADJ 1 (= *provisional*) temporary; [*trabajo*] temporary, casual; (*en turismo, agricultura*) seasonal; **empresa de trabajo ~** temp recruitment agency
2 (*Rel*) temporal; **poder ~** temporal power
3 (*Anat*) temporal
Ⓑ SM 1 (= *tormenta*) storm; (= *mal tiempo*) spell of rough weather; ✦***MODISMO*** **capear el ~** to weather the storm, ride out the storm ► **temporal de agua**, **temporal de lluvia** (= *tormenta*) rainstorm; (= *período lluvioso*) rainy weather, prolonged rain ► **temporal de nieve** (= *tormenta*) snowstorm; (= *período de nevadas*) snowy weather
2 (*Anat*) temporal bone
3 (*Caribe*) (= *persona*) shady character

**temporalmente** ADV temporarily

**temporáneo** ADJ temporary

**temporario** ADJ (*LAm*) temporary

**témporas** SFPL ember days; *ver tb* **culo 1**

**temporero/a** Ⓐ ADJ [*obrero*] (= *eventual*) temporary, casual; (= *de temporada*) seasonal
Ⓑ SM/F (= *eventual*) casual worker; (= *de temporada*) seasonal worker

**temporizador** Ⓐ ADJ **mecanismo ~** timing device
Ⓑ SM timer, timing device

**temporizar** ▸conjug 1f◂ VI to temporize

**tempozonte** ADJ (*Méx*) hunchbacked

**tempranal** ADJ early

**tempranear** ▸conjug 1a◂ VI 1 (*LAm*) to get up early
2 (*Cono Sur Agr*) to sow early

**tempranero** ADJ 1 [*fruta*] early
2 [*persona*] **ser ~** to be an early riser

**temprano** Ⓐ ADJ early; **a una edad temprana** at an early age
Ⓑ ADV early; **saldremos por la mañana ~** we shall be leaving early in the morning; **ayer me acosté ~** I went to bed early yesterday; **aún es ~ para conocer los resultados** it's too soon to know the results yet

**ten** *ver* **tener**

**tenacidad** SF 1 (= *perseverancia*) tenacity
2 (= *persistencia*) [*de dolor*] persistence; [*de mancha*] stubbornness; [*de creencia*] strength, stubbornness (*pey*); [*de resistencia*] tenacity
3 [*de material*] toughness, resilience

**tenacillas** SFPL (*para azúcar*) sugar tongs; (*para cabello*) curling tongs, curling iron *sing* (*EEUU*); (*Med*) tweezers, forceps; (*para velas*) snuffers

**tenamaste** Ⓐ ADJ (*CAm, Méx*) stubborn
Ⓑ SM 1 (*CAm, Méx*) (= *piedra*) cooking stone
2 (*CAm*) = **cachivache**

**tenaz** ADJ 1 [*persona*] (= *perseverante*) tenacious, persistent
2 (= *persistente*) [*dolor*] persistent; [*mancha*] stubborn; [*creencia*] firm, stubborn (*pey*); [*resistencia*] tenacious
3 [*material*] tough, durable, resistant

**tenaza** SF 1 (*Bridge*) squeeze (**a** in)
2 **tenazas** (*Téc*) pliers, pincers; [*de cocina, para el fuego*] tongs; (*Med*) forceps

**tenazmente** ADV (= *con perseverancia*) tenaciously; (= *con tozudez*) stubbornly

**tenazón**: **a** *o* **de ~** ADV (= *de pronto*) suddenly; [*disparar*] without taking aim

**tenca**[1] SF (= *pez*) tench

**tenca**[2] SF (*Cono Sur*) (= *engaño*) lie, swindle

**tencal** SM (*Méx*) wicker box, wicker poultry cage

**tencel**® SM Tencel®

**tencha*** SF (*CAm*) prison

**tendajo** SM = **tendejón**

**tendal*** SM 1 (*LAm*) (= *montón*) load*, heap*; **un ~ de** a load of*, a whole heap of*
2 (= *toldo*) awning
3 (*Agr*) (*para aceitunas*) *sheet spread to catch olives when shaken from the tree*
4 (*Cono Sur Agr*) (*para esquilar*) shearing shed; (*Andes, CAm*) (*para secar café*) *sunny place for drying coffee*
5 (*Andes*) (= *campo*) flat open field
6 (*Andes, Caribe*) (= *fábrica*) brickworks, tileworks

**tendalada*** SF (*LAm**) *a lot of scattered objects or people*; **una ~ de** a lot of, loads of*

**tendear** ▸conjug 1a◂ VI (*Méx*) to go window-shopping

**tendedera** SF 1 (*CAm, Caribe, Méx*) (= *cuerda*) clothes-line
2 (*Andes*) = **tendal**

**tendedero** SM (= *lugar*) drying place; (= *cuerda*) clothesline, washing line; (= *armazón*) clothes horse

**tendejón** SM (= *tienda*) small shop; (= *cobertizo*) stall, booth

▼**tendencia** SF tendency, trend; **la ~ hacia el socialismo** the tendency *o* trend towards socialism; **una palabra con ~ a quedarse arcaica** a word which is tending to become archaic; **tener ~ a hacer algo** to have a tendency *o* to tend to do sth; **tengo ~ a engordar** I have a tendency *o* I tend to put on weight ► **tendencia a la baja** downward trend ► **tendencia al alza**, **tendencia alcista** upward trend ► **tendencia bajista** downward trend ► **tendencia imperante** dominant trend, prevailing tendency ► **tendencias del mercado** market trends

**tendenciosidad** SF tendentiousness

**tendencioso** ADJ tendentious

**tendente** ADJ **una actitud ~ al minimalismo** an attitude tending towards minimalism; **una medida ~ a mejorar los servicios** a measure designed to improve services

▼**tender** ▸conjug 2g◂ Ⓐ VT 1 (= *extender*) [+ *herido, paciente*] to lay; [+ *mantel*] to spread; **lo tendieron en la cama** they laid him on the bed; **tendieron el cadáver sobre el suelo** they laid the corpse out on the floor; **tendí la toalla sobre la arena** I spread the towel (out) on the sand
2 (= *colgar*) [+ *ropa*] to hang out; [+ *cuerda*] to stretch
3 (= *alargar*) [+ *lápiz, libro*] to hold out; **me tendió la mano** he stretched *o* held out his hand to me
4 [+ *trampa*] to set, lay; **le tendieron una trampa** they set *o* laid a trap for him; **nos han tendido una emboscada** we've been ambushed
5 (= *construir*) [+ *puente, ferrocarril*] to build; [+ *cable, vía*] to lay
6 (*LAm*) **~ la cama** to make the bed; **~ la mesa** to lay the table, set the table
7 [+ *arco*] to draw
Ⓑ VI 1 **~ a hacer algo** to tend to do sth; **en octubre las temperaturas tienden a bajar** temperatures tend to fall in October; **las prendas de lana tienden a encoger** woollen clothes tend to shrink
2 **~ a algo** to tend to *o* towards sth; **tiende al egocentrismo** she tends to self-centredness; **la inflación tiende al alza** the trend is for inflation to go up; **el color tiende a verde** the colour is verging on *o* has a tendency towards green; **las plantas tienden a la luz** plants grow *o* turn towards the light
Ⓒ **tenderse** VPR 1 (= *acostarse*) to lie down, stretch (o.s.) out
2 [*caballo*] to run at full gallop
3 (*Naipes*) to lay down
4 (†) (= *despreocuparse*) to give up, let things go

**ténder** SM (*Ferro*) tender

**tenderete** SM 1 (*en mercado*) (= *puesto*) (market) stall; (= *carretón*) barrow; **montar un ~** to set up a stall
2 (= *géneros*) display of goods for sale
3 (*para ropa lavada*) = **tendedero**

**tendero/a** SM/F (*gen*) shopkeeper, storekeeper (*EEUU*); [*de comestibles*] grocer

**tendida** SF (*Cono Sur*) shy, start

**tendido** Ⓐ ADJ 1 [*persona*] lying, lying down; **estaba tendida en el suelo** she was lying on the ground
2 [*galope*] fast
Ⓑ SM 1 (= *ropa lavada*) (*tb* **~s**) washing, clothes *pl* (*hung out to dry*)
2 (*Taur*) front rows of seats
3 [*de cable, vía*] (*por tierra*) laying; (*por el aire*) hanging
4 (= *cables*) wires *pl* ► **tendido de alta tensión** high voltage power line ► **tendido eléctrico** power line, overhead cables *pl*, overhead lines *pl*
5 (*Culin*) batch of loaves
6 (*Arquit*) coat of plaster
7 (*Andes, Méx*) (= *ropa de cama*) bedclothes *pl*
8 (*CAm, Caribe*) (= *cuerda*) long tether, rope
9 (*Andes, Méx*) (= *puesto de mercado*) (market) stall

**tendinitis** SF INV tendinitis, tendonitis

**tendinoso** ADJ sinewy

➤ LENGUA Y USO: **tendencia** 53.1 **tender B1** 53.1

**tendón** SM tendon, sinew ► **tendón de Aquiles** Achilles' tendon

**tendonitis** SF INV tendinitis, tendonitis

**tendré** *etc ver* **tener**

**tenducho*** SM poky little shop

**tenebrosidad** SF [1] (*poét*) (= *oscuridad*) darkness, gloom(iness)
[2] [*de perspectiva*] gloominess, blackness
[3] [*de asunto, complot*] sinister nature
[4] [*de estilo*] obscurity

**tenebroso** ADJ [1] (= *oscuro*) dark, gloomy
[2] [*perspectiva*] gloomy, black
[3] (*pey*) [*complot, pasado*] sinister
[4] [*estilo*] obscure

**tenedor(a)** Ⓐ SM/F (*Com, Fin*) holder, bearer ► **tenedor(a) de acciones** shareholder ► **tenedor(a) de libros** book-keeper ► **tenedor(a) de obligaciones** bondholder ► **tenedor(a) de póliza** policyholder
Ⓑ SM [*de mesa*] fork; **restaurante de cinco ~es** ≈ five-star restaurant

**teneduría** SF ► **teneduría de libros** book-keeping

**tenencia** SF [1] (= *posesión*) [*de vivienda*] tenancy, occupancy; [*de propiedad*] possession; **~ de drogas** possession of drugs; **~ ilícita de armas** illegal possession of weapons
[2] [*de cargo*] tenure ► **tenencia asegurada** security of tenure
[3] (= *puesto*) **~ de alcaldía** post of deputy mayor
[4] (*Mil*) lieutenancy

## tener

▸conjug 2k◂
[A] VERBO TRANSITIVO [C] VERBO PRONOMINAL
[B] VERBO AUXILIAR
*Para las expresiones como* ***tener cuidado, tener ganas, tener suerte, tener de particular, tener en cuenta****, ver la otra entrada.*

Ⓐ VERBO TRANSITIVO

*El uso de* **got** *con el verbo* **have** *es más frecuente en inglés británico, pero sólo se usa en el presente.*

[1] [*= poseer, disponer de*] to have, have got; **¿tienes dinero?** do you have *o* have you got any money?; **¿tienes un bolígrafo?** do you have *o* have you got a pen?; **¿tiene usted permiso para esto?** do you have *o* have you got permission for this?; **tiene un tío en Venezuela** he has an uncle in Venezuela, he's got an uncle in Venezuela; **ahora no tengo tiempo** I don't have *o* I haven't got time now

[2] [*referido a aspecto, carácter*] to have, have got; **tiene el pelo rubio** he has blond hair, he's got blond hair; **tenía una sonrisa preciosa** she had a lovely smile; **tiene la nariz aguileña** she has an aquiline nose, she's got an aquiline nose; **tenía el pelo mojado** his hair was wet

[3] [*referido a edad*] to be; **tiene siete años** he's seven (years old); **¿cuántos años tienes?** how old are you?; **al menos debe de ~ 55 años** she must be at least 55

[4] [*referido a ocupaciones*] to have, have got; **tenemos clase de inglés a las 11** we have an English class at 11, we've got an English class at 11; **el lunes tenemos una reunión** we're having a meeting on Monday, we've got a meeting on Monday; **mañana tengo una fiesta** I'm going to a party tomorrow

[5] [*= parir*] to have; **va a ~ un niño** she's going to have a baby

[6] [*= medir*] to be; **~ 5cm de ancho** to be 5cm wide

[7] [*= sentir*] (+ *SUSTANTIVO*) to be + *adj*; **~ hambre/sed/calor/frío** to be hungry/thirsty/hot/cold; **no tengas tantos celos** don't be so jealous; **hemos tenido mucho miedo** we have been very frightened; **le tengo mucho cariño** I'm very fond of him; **he tenido un presentimiento** I've had a premonition

[8] [*= padecer, sufrir*] to have; **han tenido un accidente** they have had an accident; **hemos tenido muchas dificultades** we have had a lot of difficulties; **Luis tiene la gripe** Luis has *o* has got flu; **tengo fiebre** I have *o* I've got a (high) temperature; **¿qué tienes?** what's the matter with you?, what's wrong with you?

[9] [*= sostener*] to hold; **tenía el pasaporte en la mano** he had his passport in his hand, he was holding his passport in his hand; **tenme el vaso un momento, por favor** hold my glass for me for a moment, please; **¡ten!** ◊ **¡aquí tienes!** here you are!

[10] [*= recibir*] to have; **aún no he tenido carta** I haven't had a letter yet; **¿has tenido noticias suyas?** have you heard from her?

[11] [*= pensar, considerar*] **~ a bien hacer algo** to see fit to do sth; **~ a algn en algo**: **te tendrán en más estima** they will hold you in higher esteem; **~ a algn por** (+ *ADJ*) to consider sb (to be) + *adj*; **le tengo por poco honrado** I consider him (to be) rather dishonest; **ten por seguro que ...** rest assured that ...

[12]
♦ **tener algo que** + *INFIN*: **tengo trabajo que hacer** I have *o* I've got work to do; **no tengo nada que hacer** I have *o* I've got nothing to do; **eso no tiene nada que ver** that has *o* that's got nothing to do with it

[13] [*locuciones*] **ya saben dónde me tienen** you always know where you can find me; **¡ahí lo tienes!** there you are!, there you have it!; **~ algo de** + ADJ: **de bueno no tiene nada** there's nothing good about it; **no tiene nada de particular** it's nothing special; **¿qué tiene de malo?** what's wrong with that?; **~lo difícil** to find it difficult; **~lo fácil** to have it easy; ***✦MODISMOS*** **¿(conque) ésas tenemos?** so that's the game, is it?, so it's like that, is it?; **no ~las todas consigo** (= *dudar*) to be dubious *o* unsure; (= *desconfiar*) to be uneasy, be wary; **no las tengo todas conmigo de que lo haga** I'm none too sure that he'll do it, I'm not entirely sure that he'll do it; **~ todas las de ganar** to hold all the winning cards, look like a winner; **~ todas las de perder** to be fighting a losing battle, look like losing; ***✦REFRÁN*** **quien tuvo retuvo** some things stay with you to the grave

Ⓑ VERBO AUXILIAR

[1]
♦ **tener que** + *INFIN* [1·1] (*indicando obligación*) **tengo que comprarlo** I have to *o* I've got to buy it, I must buy it; **tenemos que marcharnos** we have to *o* we've got to go, we must be going; **tienen que aumentarte el sueldo** they have to *o* they've got to give you a rise; **tuvo que devolver todo el dinero** he had to pay all the money back; **tiene que ser así** it has to be this way

[1·2] (*indicando suposición, probabilidad*) **¡tienes que estar cansadísima!** you must be really tired!; **tiene que dolerte mucho ¿no?** it must hurt a lot, doesn't it?; **tiene que estar en tu despacho** it must be in your office; **tiene que haberte dolido mucho** it must have hurt a lot

[1·3] (*en reproches*) **¡tendrías que haberlo dicho antes!** you should have said so before!; **¡tendría que darte vergüenza!** you should be ashamed of yourself!; **¡tú tenías que ser!** it would be you!, it had to be you!

[1·4] (*en sugerencias, recomendaciones*) **tendrías que comer más** you should eat more; **tendríamos que pedirle perdón** we should apologize to him

[2] (+ *PARTICIPIO*) **tenía puesto el sombrero** he had his hat on; **nos tenían preparada una sorpresa** they had prepared a surprise for us; **tenía pensado llamarte** I had been thinking of phoning you; **te lo tengo dicho muchas veces** I've told you hundreds of times; **yo no le tengo visto** I've never set eyes on him

[3] (+ *ADJ*) **procura ~ contentos a todos** he tries to keep everybody happy; **me tiene perplejo la falta de noticias** the lack of news is puzzling, I am puzzled by the lack of news

[4] [*esp Méx*: = *llevar*] **tienen tres meses de no cobrar** they haven't been paid for three months, it's three months since they've been paid; **tengo cuatro años aquí** I've been here for four years

Ⓒ **tenerse** VERBO PRONOMINAL

[1] [*= sostenerse*] **~se firme** (*lit*) to stand upright; (*fig*) to stand firm; **~se de** *o* **en pie** to stand up; **la muñeca se tiene de pie** the doll stands up; **no se puede ~ de pie** ◊ **no se tiene de pie** he can hardly stand; **estoy que no me tengo de sueño** I'm falling asleep on my feet, I'm about ready to drop

[2] [*= considerarse*] **~se en mucho** to have a high opinion of o.s.; **~se por**: **se tiene por muy listo** he thinks himself very clever, he thinks he's very clever

**teneraje** SM (*LAm*) calves *pl*

**tenería** SF tannery

**Tenerife** SM Tenerife

**tenga, tengo** *etc ver* **tener**

**tenguerengue‡** SM (*Caribe*) hovel

**tenia** SF tapeworm

**tenida** SF [1] (*Cono Sur*) (= *traje*) suit, outfit; (= *uniforme*) uniform ► **tenida de gala** evening dress ► **tenida de luto** mourning ► **tenida de noche** evening dress
[2] (*LAm*) (= *reunión*) meeting, session; [*de masones*] meeting (*of a masonic lodge*)

**tenienta** SF (†) (= *esposa*) lieutenant's wife

**teniente** Ⓐ SMF (SF *a veces* **tenienta**) [1] (*Mil*) lieutenant, first lieutenant (*EEUU*) ► **teniente coronel** lieutenant colonel ► **teniente de navío** lieutenant ► **teniente general** lieutenant general
[2] (= *ayudante*) deputy, assistant ► **teniente de alcalde** deputy mayor ► **teniente fiscal** assistant prosecutor
Ⓑ ADJ **estar ~‡** to be deaf

**tenis** SM INV [1] (= *deporte*) tennis ► **tenis de mesa** table tennis
[2] (= *zapato*) tennis shoe, plimsoll; ***✦MODISMO*** **colgar los ~‡** to kick the bucket‡
[3] (= *pistas*) tennis courts *pl*; (= *club*) tennis club

**tenista** SMF tennis player

➤ LENGUA Y USO: tener B1 37.1, 37.2, 37.3, 45.2

**tenístico** ADJ tennis *antes de s*

**tenor[1]** SM (*Mús*) tenor

**tenor[2]** SM (= *sentido*) meaning, sense; **el ~ de esta declaración** the tenor of this statement; **a este ~** in this fashion, like this; **del siguiente ~** as follows; **a ~ de** (= *según*) according to; (*Jur*) in accordance with

**tenorio*** SM ladykiller, Don Juan

**tensado** SM [*de cable, cuerda*] tensioning, tightening; [*de arco*] drawing

**tensamente** ADV tensely

**tensar** ▸conjug 1a◂ Ⓐ VT [+ *cable, cuerda*] to tighten, tauten; [+ *músculo*] to tense; [+ *arco*] to draw; [+ *relaciones*] to strain
Ⓑ **tensarse** VPR [*relaciones*] to become strained

**tensión** SF 1 [*de cable, cuerda*] tension, tautness
2 [*de músculos*] tension; **con los músculos en ~** with one's muscles all tensed up
3 (*Med*) blood pressure; **tener la ~ alta** to have high blood pressure; **tomarse la ~** to have one's blood pressure taken ► **tensión arterial** blood pressure
4 (*Elec*) (= *voltaje*) tension, voltage; **alta ~** high tension; **cable de alta ~** high-tension cable
5 [*de gas*] pressure
6 (= *estrés*) strain, stress; **estar en ~** to be tense ► **tensión excesiva** (over)strain ► **tensión nerviosa** nervous strain, nervous tension ► **tensión premenstrual** premenstrual tension, PMT
7 (*en situación*) tension, tenseness; **hubo momentos de gran ~** there were some very tense moments; **la ~ de la situación política** the tenseness of the political situation ► **tensión racial** racial tension

**tensionado** ADJ tense, in a state of tension

**tensional** ADJ tense, full of tension

**tensionar** ▸conjug 1a◂ VT 1 [+ *músculo*] to tense
2 [+ *adversario*] to put pressure on; [+ *relaciones*] to put a strain on

**tenso** ADJ 1 (= *tirante*) tense, taut
2 [*persona, situación*] tense; [*relaciones*] strained; **es una situación muy tensa** it is a very tense situation; **las relaciones entre los dos están muy tensas** relations between the two are very strained

**tensor** Ⓐ SM (*Téc*) guy, strut; (*Anat*) tensor; [*de cuello*] stiffener; (*Dep*) chest expander
Ⓑ ADJ tensile

**tentación** SF 1 (= *impulso*) temptation; **resistir (a) la ~** to resist temptation; **no pude resistir la ~ de comprarlo** I couldn't resist the temptation to buy it; **vencer la ~** to overcome temptation
2 (*) (= *cosa tentadora*) **las gambas son mi ~** I can't resist prawns; **¡eres mi ~!** you'll be the ruin of me!

**tentacular** ADJ tentacular; **la envergadura ~** the width of the tentacles

**tentáculo** SM tentacle; **la mafia va extendiendo sus ~s** the Mafia is gradually spreading its tentacles

**tentado** ADJ **estuve ~ de decírselo** I was tempted to tell him

**tentador(a)** Ⓐ ADJ tempting
Ⓑ SM/F tempter/temptress

**tentar** ▸conjug 1j◂ VT 1 (= *seducir*) to tempt; **me tentó con una copita de anís** she tempted me with a glass of anisette; **no me tienta nada la idea** I can't say I fancy the idea*; **~ a algn a hacer algo** to tempt sb to do sth
2 (= *palpar*) to feel; (*Med*) to probe; **ir tentando el camino** to feel one's way
3 (= *probar*) to test, try (out)

**tentativa** SF (= *intento*) attempt; (*Jur*) criminal attempt ► **tentativa de asesinato** attempted murder ► **tentativa de robo** attempted robbery ► **tentativa de suicidio** suicide attempt

**tentativo** ADJ tentative

**tentebonete*** SM (= *empleo*) cushy job*, plum; (= *gaje*) perk*

**tentempié*** SM snack, bite

**tenue** ADJ 1 [*tela, velo*] thin, fine
2 [*olor, sonido, línea*] faint; [*neblina, lluvia*] light; [*aire*] thin
3 [*razón*] tenuous, insubstantial; [*relación*] tenuous
4 [*estilo*] simple, plain

**tenuidad** SF 1 [*de tela*] thinness, fineness
2 [*de sonido*] faintness; [*de neblina, lluvia*] lightness; [*del aire*] thinness
3 [*de razón, relación*] tenuousness
4 [*de estilo*] simplicity

**teñido** SM dying

**teñir** ▸conjug 3h, 3k◂ Ⓐ VT 1 [+ *pelo, ropa*] to dye; **~ una prenda de azul** to dye a garment blue; **el jersey ha teñido los pañuelos** the colour of the jersey has come out on the handkerchiefs
2 (= *manchar*) to stain; **teñido de sangre** stained with blood
3 (= *matizar*) to tinge (**de** with); **un poema teñido de añoranza** a poem tinged with longing
4 (*Arte*) [+ *color*] to darken
Ⓑ **teñirse** VPR 1 **~se el pelo** to dye one's hair
2 **el mar se tiñó de negro** the sea darkened

**teocali** SM (*Méx*), **teocalli** SM (*Méx Hist*) Aztec temple

**teocracia** SF theocracy

**teocrático** ADJ theocratic

**teodolito** SM theodolite

**teogonía** SF theogony

**teologal** ADJ **las virtudes ~es** the three Christian virtues (*faith, hope and charity*)

**teología** SF theology

**teológico** ADJ theological

**teólogo/a** SM/F theologian, theologist

**teorema** SM theorem

**teorético** ADJ (*LAm*) theoretic(al)

▼ **teoría** SF theory; **en ~** in theory, theoretically ► **teoría atómica** atomic theory ► **teoría cuántica** quantum theory ► **teoría de conjuntos** set theory ► **teoría de la información** information theory ► **teoría de la relatividad** theory of relativity ► **teoría del caos** chaos theory

**teóricamente** ADV theoretically, in theory

**teoricidad** SF theoretical nature

**teórico/a** Ⓐ ADJ theoretic(al); **examen ~** theory (exam)
Ⓑ SM/F theoretician, theorist

**teorización** SF theorizing

**teorizante** SMF theoretician, theorist; (*pey*) theorizer

**teorizar** ▸conjug 1f◂ VI to theorize

**teosofía** SF theosophy

**teosófico** ADJ theosophical

**teósofo/a** SM/F theosophist

**tepalcate** SM (*CAm, Méx*) 1 (= *vasija*) earthenware jar; (= *fragmento*) fragment of pottery, shard
2 (= *trasto*) piece of junk

**tepalcatero/a** SM/F (*Méx*) potter

**tepe** SM sod, turf, clod

**tepetate** SM (*CAm, Méx*) 1 (= *residuo*) slag
2 (= *caliza*) limestone

**tepocate** SM (*CAm, Méx*) 1 (= *guijarro*) stone, pebble
2 (*) (= *niño*) kid*

**teporocho*** ADJ (*Méx*) tight*, drunk

**tequi*** SM car

**tequila** SM tequila

**tequilero*** ADJ (*Méx*) tight*, drunk

**tequío** SM (*CAm, Méx*) (= *molestia*) trouble; (= *fardo*) burden; (= *daño*) harm, damage

**tequioso** ADJ (*CAm, Méx*) (= *molesto*) annoying; (= *gravoso*) burdensome; (= *dañino*) harmful

**terapeuta** SMF therapist

**terapéutica** SF therapeutics *sing*

**terapéutico** ADJ therapeutic(al)

**terapia** SF therapy ► **terapia aversiva** aversion therapy ► **terapia de choque** shock therapy ► **terapia de conducta** behavioural therapy, behavioral therapy (*EEUU*) ► **terapia de electrochoque** electroshock therapy ► **terapia de grupo** group therapy ► **terapia electroconvulsiva** electroconvulsive therapy ► **terapia génica** gene therapy ► **terapia laboral** occupational therapy ► **terapia lingüística** speech therapy ► **terapia ocupacional** occupational therapy ► **terapia por aversión** aversion therapy ► **terapia táctil** touch therapy

**teratogénico** ADJ teratogenic

**tercamente** ADV stubbornly, obstinately

**tercena** SF 1 (*Méx*) (= *almacén*) government warehouse
2 (*Andes*) (= *carnicería*) butcher's (shop)

**tercenista** SMF (*Andes*) butcher

**tercer** ADJ *ver* **tercero**

**tercera** SF 1 (*Mús*) third
2 (*Aut*) third (gear)
3 (= *clase*) third class; **un hotel de ~** a third-rate hotel; *ver tb* **tercero**

**tercería** SF 1 (= *arbitración*) mediation, arbitration
2 (*pey*) [*de alcahuete*] procuring

**tercermundismo** SM 1 (= *atraso*) backwardness, under-development
2 (= *actitudes*) *attitudes or policies akin to those of a third-world country*

**tercermundista** Ⓐ ADJ third-world *antes de s*; (*pey*) (*fig*) backward
Ⓑ SM third-world country

**tercero/a** Ⓐ ADJ (*antes de sm sing* **tercer**) third; **la tercera vez** the third time; **terceras personas** third parties; **tercer grado (penitenciario)** *lowest category within the prison system which allows day release privileges*; **Tercer Mundo** Third World; ✦***MODISMO*** **a la tercera va la vencida** third time lucky; *ver tb*

➤ LENGUA Y USO: **teoría** 53.2

**edad 1**, **sexto A**
Ⓑ SM/F [1] (= *árbitro*) mediator, arbitrator; (*Jur*) third party ► **tercero en discordia** third party
[2] (*pey*) (= *alcahuete*) procurer/procuress, go-between
Ⓒ SM (= *piso*) third floor; *ver tb* **tercera**

**tercerola** SF (*Caribe*) shotgun

**terceto** SM [1] (*Mús*) trio
[2] (*Literat*) tercet, triplet

**terciada** SF (*LAm*) plywood

**terciado** ADJ [1] (*en tamaño*) **una merluza terciada** a medium-sized hake
[2] (= *usado*) **está ~ ya** [*botella etc*] it's a third finished
[3] **azúcar terciada** brown sugar
[4] **llevar algo ~** [+ *bolso, arma*] to wear sth crosswise *o* across one's chest *etc*; **con el sombrero ~** with his hat at a rakish angle

**terciana** SF tertian (fever)

**terciar** ►conjug 1b◄ Ⓐ VT [1] (*Mat*) (= *dividir en tres*) to divide into three
[2] (= *inclinar*) to slant, slope; [+ *arma*] to wear (diagonally) across one's chest; [+ *sombrero*] to tilt, wear on the slant
[3] (*Agr*) to plough a third time
[4] (*Andes, Cono Sur, Méx*) (*al hombro*) to hoist on to *o* carry on one's shoulder
[5] (*LAm*) [+ *vino*] to water down; (*Méx*) (= *mezclar*) to mix, blend
Ⓑ VI [1] (= *mediar*) to mediate; **~ entre dos rivales** to mediate between two rivals; **yo ~é con el jefe** I'll have a word with the boss
[2] (= *participar*) **~ en algo** to take part in sth, join in sth
[3] (= *completar el número*) to fill in, make up the numbers
Ⓒ **terciarse** VPR **si se tercia, él también sabe hacerlo** if it comes to that, he knows how to do it too; **si se tercia una buena oportunidad** if a good chance presents itself *o* comes up; **si se tercia alguna vez que yo pase por allí** if I should happen to go that way

**terciario** ADJ tertiary

**tercio** SM [1] (= *tercera parte*) third; **dos ~s** two thirds
[2] (*Taur*) stage, part (of the bullfight); **cambiar de ~** (*Taur*) to enter the next stage of the bullfight; (= *cambiar de tema*) to change the subject
[3] (*Mil, Hist*) regiment, corps ► **tercio de la guardia civil** division of the civil guard ► **tercio extranjero** foreign legion
[4] **hacer buen ~ a algn** (= *hacer favor*) to do sb a service; (= *ser útil*) to serve sb well, be useful to sb; **hacer mal ~ a algn** to do sb a bad turn; ✦***MODISMO*** **estar mejorado en ~ y quinto** to come out of it very well
[5] (*LAm*) (= *fardo*) pack, bale
[6] (*Caribe*) (= *hombre*) fellow, guy*

**terciopelo** SM velvet

**terco** ADJ [1] (= *obstinado*) stubborn, obstinate; ✦***MODISMO*** **~ como una mula** as stubborn as a mule
[2] (*Andes*) (= *severo*) harsh, unfeeling; (= *indiferente*) indifferent
[3] [*material*] hard, tough, hard to work

**Tere** SF (*forma familiar*) *de* **Teresa**

**tere** ADJ (*Andes*) [*niño*] weepy, tearful

**terebrante** ADJ [*dolor*] sharp, piercing

**tereco** SM (*Andes*) = **tereque**

**Terencio** SM Terence

**tereque** SM (*Andes, Caribe*) [1] = **cachivache**
[2] **tereques** things, gear* *sing*, odds and ends

**Teresa** SF T(h)eresa

**teresiano** ADJ **las obras teresianas** the works of Saint Teresa (of Ávila)

**tergal**® SM Terylene®, Dacron® (*EEUU*)

**tergiversación** SF distortion

**tergiversar** ►conjug 1a◄ VT to distort, twist (the sense of)

**terliz** SM ticking

**termal** ADJ thermal

**termalismo** SM hydrotherapy, bathing at a spa

**termalista** Ⓐ ADJ spa *antes de s*
Ⓑ SMF *person who visits a spa*

**termas** SFPL (= *baños*) thermal baths; (= *manantiales*) thermal springs, hot springs

**termes** SM INV termite

**termia** SF (gas) therm

**térmica**[1] SF (= *corriente*) thermal, hot-air current

**térmica**[2] SF (*tb* **central ~**) power station

**térmico** ADJ thermic, heat *antes de s*; [*cristal*] heated; **baja térmica en el norte** a drop in temperature in the North

**terminacho** SM (= *palabra malsonante*) nasty word, rude word; (= *palabra fea*) ugly word; (= *palabra incorrecta*) incorrect word, malapropism, linguistic monstrosity

**terminación** SF [1] (= *finalización*) ending, termination; **la fecha prevista para la ~ de las obras** the date work was due to be finished
[2] (*Ling*) ending, termination
[3] (*Cono Sur Téc*) (= *acabado*) finish, finishing
[4] ► **terminaciones nerviosas** nerve endings

**terminado** Ⓐ SM (*Téc*) finish, finishing
Ⓑ ADJ (= *acabado*) finished; **bien ~** well finished

**terminajo** SM = **terminacho**

**terminal** Ⓐ ADJ [1] (= *final*) [*enfermedad, estación*] terminal; **un cáncer en fase ~** a terminal cancer; **un enfermo en fase ~** a terminal patient; **los enfermos ~es** the terminally ill; **el edificio ~ del aeropuerto** the airport terminal
[2] (*Bot*) [*hoja, rama*] terminal
Ⓑ SM (*a veces* SF) (*Elec, Inform*) terminal ► **terminal de computadora** computer terminal ► **terminal de vídeo** video terminal ► **terminal informático** computer terminal ► **terminal interactivo** interactive unit
Ⓒ SF (*a veces* SM) (*Aer, Náut*) terminal; [*de autobuses, trenes*] terminus ► **terminal de carga** freight terminal ► **terminal de contenedores** container terminal ► **terminal de pasajeros**, **terminal de viajeros** passenger terminal

**terminante** ADJ [*respuesta*] categorical, conclusive; [*negativa*] flat, outright; [*prohibición*] strict; [*decisión*] final

▼ **terminantemente** ADV [*responder*] categorically, conclusively; [*negar*] flatly; [*prohibir*] strictly; **queda ~ prohibido fumar en clase** smoking during lectures is strictly forbidden

▼ **terminar** ►conjug 1a◄ Ⓐ VT to finish; **he terminado el libro** I've finished the book; **no me ha dado tiempo a ~ el vestido** I haven't had time to finish the dress; **quiso ~ sus días en Marbella** she wanted to end her days in Marbella
Ⓑ VI [1] [*persona*] [1·1] (*en una acción, un trabajo*) to finish; **¿todavía no has terminado?** haven't you finished yet?; **¿quieres dejar que termine?** would you mind letting me finish?; **~ de hacer algo** to finish doing sth, stop doing sth; **cuando termine de hablar** when he finishes *o* stops speaking; **terminó de llenar el vaso con helado** he topped *o* filled the glass up with ice-cream; **terminaba de salir del baño** she had just got out of the bath; **no termino de entender por qué lo hizo** I just can't understand why she did it; **no me cae mal, pero no termina de convencerme** I don't dislike him, but I'm not too sure about him
[1·2] (*de una forma determinada*) to end up; **terminé rendido** I ended up exhausted; **~on peleándose** they ended up fighting; **terminó mal** he ended up badly; **terminó diciendo que ...** he ended by saying that ...
[1·3] **~ con**: **han terminado con todas las provisiones** they've finished off all the supplies; **hace falta algo que termine con el problema del paro** we need something to put an end to the problem of unemployment; **un cáncer terminó con su vida** cancer killed him; **he terminado con Andrés** I've broken up with *o* finished with Andrés; **¡estos niños van a ~ conmigo!** these children will be the death of me!
[1·4] **~ por hacer algo** to end up doing sth; **seguro que ~á por dimitir** I bet he ends up resigning
[2] [*obra, acto*] to end; **¿cómo termina la película?** how does the film end?; **la ceremonia terminó con un baile** the ceremony ended with a dance; **esto va a ~ en tragedia** this will end in tragedy; **estoy deseando que termine este año** I can't wait for this year to be over *o* to end; **¿a qué hora termina la clase?** what time does the class finish *o* end?
[3] [*objeto, palabra*] **~ en algo** to end in sth; **termina en punta** it ends in a point; **termina en vocal** it ends in *o* with a vowel
[4] (*Inform*) to quit
Ⓒ **terminarse** VPR [1] [*obra, acto*] to end; **antes de que se termine el curso** before the year ends *o* finishes, before the year is over
[2] [*comida, gasolina, carrete*] to run out; **se nos ha terminado el café** we've run out of coffee
[3] [*persona*] to finish; **me terminé el libro en dos días** I finished the book in two days; **¡termínate toda la sopa!** finish (up) your soup!; **termínate la copa y vámonos** finish your drink and let's go, drink up and let's go

**terminista** SMF (*Cono Sur*) pedant

**término** SM [1] (= *fin*) end, conclusion (*frm*); **al ~ del partido/del debate** at the end *o* (*frm*) conclusion of the match/of the debate; **dar ~ a** [+ *situación*] to end; [+ *labor*] to complete; **dio ~ a la obra que su antecesor dejó sin concluir** he completed the work that his predecessor had left unfinished; **llegar a ~** [*negociación, proyecto*] to be completed, come to a conclusion; [*embarazo*] to go to (full) term; **las negociaciones llegaron a buen ~** the negotiations came to a successful conclusion; **llevar algo a ~** to bring sth to a conclusion; **llevar algo a buen** *o* **feliz ~** to bring sth to a

➤ LENGUA Y USO: terminantemente 36.3 terminar A 53.4

successful conclusion; **llevar a ~ un embarazo** to go to (full) term, carry a pregnancy to full term; **poner ~ a algo** to put an end to sth; **tenemos que poner ~ a tales atrocidades** we must put an end to such atrocities
[2] (= *lugar*) **primer ~** [*de imagen*] foreground; **en primer ~ podemos contemplar la torre** in the foreground, we can see the tower; **de ahí se deduce, en primer ~, que ...** thus we may deduce, firstly, that ...; **segundo ~** middle distance; **con la recesión el problema pasó a un segundo ~** with the recession the problem took second place; **en segundo ~** secondly; **en último ~** (= *en último lugar*) ultimately; (= *si no hay otro remedio*) as a last resort; **la decisión, en último ~, es suya** ultimately, the decision is his; **la causa fue, en último ~, la crisis económica de los 70** the cause was, in the final *o* last analysis, the economic crisis of the 70s; **en último ~ puedes dormir en el sofá** if the worst comes to the worst, you can always sleep on the sofa ► **término medio** (= *punto medio*) happy medium; (= *solución intermedia*) compromise, middle way; **ni mucho ni poco, queremos un ~ medio** neither too much nor too little, we want a happy medium; **tendrán que buscar un ~ medio** they will have to look for a compromise *o* middle way; **como** *o* **por ~ medio** on average
[3] (*Ling*) (= *palabra, expresión*) term; **una lista de ~s médicos** a list of medical terms; **era una revolucionaria, en el buen sentido del ~** she was a revolutionary in the good sense of the word
[4] **términos** [4·1] (= *palabras*) terms; **se expresó en ~s conciliatorios** he expressed himself in conciliatory terms; **han perdido unos 10.000 millones de dólares en ~s de productividad** they have lost some 10,000 million dollars in terms of productivity; **en ~s generales** in general terms, generally speaking; **(dicho) en otros ~s, ...** in other words ...; **en ~s reales** in real terms
[4·2] (= *condiciones*) [*de contrato, acuerdo, tregua*] terms; **según los ~s del contrato** according to the terms of the contract; **los ~s del intercambio** the terms of trade; **estar en buenos ~s con algn** to be on good terms with sb
[5] (*Mat, Fil*) [*de fracción, ecuación*] term; **✦MODISMO invertir los ~s** to reverse the roles
[6] (= *límite*) [*de terreno*] boundary, limit; (= *en carretera*) boundary stone ► **término municipal** municipal district, municipal area
[7] (= *plazo*) period, term (*frm*); **en el ~ de diez días** within a period *o* (*frm*) term of ten days
[8] (*Col, Méx*) (*en restaurante*) **—¿qué ~ quiere la carne? —término medio, por favor** "how would you like the meat?" — "medium, please"
[9] (*Ferro*) terminus

**terminología** SF terminology
**terminológico** ADJ terminological
**terminólogo/a** SM/F terminologist
**termita** SF, **térmite** SF termite
**termitero** SM (= *montículo*) termite mound; (= *nido*) termite nest, termitarium (*frm*)
**termo** SM [1] (= *frasco*) Thermos flask®
[2] (= *calentador*) water heater
**termo...** PREF thermo...

**termoaislante** ADJ heat-insulating
**termodinámica** SF thermodynamics *sing*
**termodinámico** ADJ thermodynamic
**termoeléctrico** ADJ thermoelectric
**termoimpresora** SF thermal printer
**termoiónico** ADJ thermionic
**termómetro** SM thermometer ► **termómetro clínico** clinical thermometer
**termonuclear** ADJ thermonuclear
**termopar** SM thermocouple
**termopila** SF thermopile
**Termópilas** SFPL **Las ~** Thermopylae
**termostático** ADJ thermostatic
**termostato** SM thermostat
**termotanque** SM (*Cono Sur*) immersion heater
**terna** SF short list (*of three candidates*)
**ternario** ADJ ternary
**terne** Ⓐ ADJ [1] (= *fuerte*) tough, strong, husky; (*pey*) bullying
[2] (= *terco*) stubborn; **~ que ~** out of sheer stubbornness
Ⓑ SM [1] bully, tough*
[2] (*Cono Sur*) rogue
**ternejo** ADJ (*Andes*) spirited, vigorous
**ternera** SF [1] (*Agr*) (heifer) calf
[2] (*Culin*) veal
**ternero** SM (*Agr*) calf
**ternerón** ADJ [1] (*) (= *compasivo*) soft-hearted
[2] (*Cono Sur, Méx*) [*mozo*] overgrown, big
**terneza** SF [1] (= *ternura*) tenderness
[2] **ternezas*** (= *palabras tiernas*) sweet nothings, tender words
**ternilla** SF cartilage
**ternilloso** ADJ gristly, cartilaginous
**terno** SM [1] (= *grupo de tres*) set of three, group of three; (= *trío*) trio
[2] (= *traje*) three-piece suit; (*LAm*) suit
[3] (*Caribe*) (= *joyas*) necklace set
[4] (*) (= *palabrota*) curse, swearword; **echar** *o* **soltar ~s** to curse, swear
**ternura** SF [1] (= *sentimiento*) tenderness; (= *cariño*) affection, fondness; **miró a los niños con ~** she looked fondly *o* tenderly at the children
[2] (*) (= *palabra*) endearment
**ternurismo** SM sentimentality
**ternurista** ADJ sentimental, schmaltzy*
**Terpsícore** SF Terpsichore
**terquedad** SF [1] (= *obstinación*) stubbornness, obstinacy
[2] (= *dureza*) hardness, toughness
[3] (*Andes*) (= *severidad*) harshness, lack of feeling; (= *indiferencia*) indifference
**terracota** SF terracotta
**terrado** SM [1] (= *tejado*) flat roof; (= *terraza*) terrace
[2] (*) (= *cabeza*) nut*, noggin (*EEUU**), bonce*
**terraja** SF diestock
**terral** Ⓐ SM (*LAm*) (= *polvareda*) cloud of dust
Ⓑ ADJ **viento ~** land breeze *o* wind
**Terranova** SF Newfoundland
**terranova** SM (= *perro*) Newfoundland dog
**terraplén** SM [1] (*en carretera, ferrocarril*) embankment
[2] (*Agr*) terrace
[3] (*Mil*) rampart, bank
[4] (= *cuesta*) slope, gradient

**terraplenar** ▸conjug 1a◂ VT [+ *terreno*] (= *nivelar*) to (fill and) level (off); (= *elevar*) to bank up, raise; (*Agr*) to terrace; [+ *hoyo*] to fill in
**terráqueo /a** Ⓐ ADJ earth *antes de s*, terrestrial (*frm*); **globo ~** globe
Ⓑ SM/F earthling
**terrario** SM terrarium
**terrateniente** SMF landowner
**terraza** SF [1] (*Arquit*) (= *balcón*) balcony; (= *azotea*) flat roof, terrace
[2] (= *café*) pavement café; **nos sentamos en la ~ de un café** we sat outside a cafe
[3] (*Agr*) terrace
[4] (*en jardín*) flowerbed, border
[5] (*Culin*) (= *jarro*) two-handled glazed jar
[6] (*) (= *cabeza*) nut*, noggin (*EEUU**), bonce*
**terrazo** SM terrazzo
**terregal** SM [1] (*LAm*) (= *terrón*) clod, hard lump of earth
[2] (*Méx*) (= *tierra*) loose earth, dusty soil; (= *polvareda*) cloud of dust
**terremoto** SM earthquake
**terrenal** ADJ worldly; **la vida ~** worldly life, earthly life; *ver tb* **paraíso 1**
**terreno** Ⓐ ADJ [1] (*Rel*) [*bienes*] earthly; **esta vida terrena** this earthly life (*liter*)
[2] (*Biol, Geol*) terrestrial
Ⓑ SM [1] (= *extensión de tierra*) (*gen*) land; (= *parcela*) piece of land, plot of land; **30 hectáreas de ~** 30 hectares of land; **es ~ municipal** it is council land; **los ~s pertenecientes al museo** the land belonging to the museum; **vender unos ~s** to sell some land; **nos hemos comprado un ~ en las afueras** we've bought a piece of land *o* plot of land *o* some land on the outskirts of the city; **el ~ que antes ocupaba la fábrica** the site the factory used to be on
[2] (*explicando sus características*) (= *relieve*) ground, terrain; (= *composición*) soil, land; **los accidentes del ~** the unevenness of the ground *o* terrain; **un ~ pedregoso** stony ground *o* terrain; **estamos sobre un ~ arenoso** we're on sandy soil *o* land; **vehículos todo ~** all-terrain vehicles
[3] (= *campo*) [3·1] [*de estudio*] field; **en el ~ de la química** in the field of chemistry; **ése no es mi ~** that's not my field
[3·2] [*de actividad*] sphere, field; **el gobierno debe tomar medidas urgentes en el ~ económico** the government must take urgent measures in the economic sphere *o* field; **la competencia de las empresas extranjeras en todos los ~s** competition from foreign companies in all areas; **en cuanto a las pensiones, se ha avanzado poco en este ~** as for pensions, little progress has been made in this area; **este caso entra en el ~ militar** this case is a military matter
[4] **✦MODISMOS ceder ~** to give ground (**a, ante** to); **pisar ~ firme** to be on safe *o* firm *o* solid ground; **ganar ~** to gain ground; **perder ~** to lose ground; **saber** *o* **conocer el ~ que se pisa** to be on familiar ground; **preparar el ~** to pave the way; **vencer a algn en su propio ~** to defeat sb on his home *o* own ground; **recuperar ~** to recover lost ground; **sobre el ~** on the ground; **analizarán la situación sobre el ~** they will analyse the situation on the ground; **resolveremos el problema sobre el ~** we will solve the problem as we go along; **~**

**abonado**: **es ~ abonado para el vicio** it is a breeding ground for vice; **dichas tendencias han encontrado el ~ abonado entre la juventud** these trends have found a fertile breeding ground amongst the young; **este país es ~ abonado para las inversiones extranjeras** this country provides rich pickings for foreign investment; **llamar a algn a ~** to tell sb off, pull sb up* ► **terreno de pruebas** testing-ground
[5] (*Dep*) **empataron en su ~** they drew at home; **perdieron en su propio ~** they lost on their home ground; **el equipo tuvo una nueva derrota fuera de su ~** the team suffered a fresh defeat away (from home) ► **terreno de juego** pitch, field

**térreo** ADJ (= *de tierra*) earthen; [*color*] earthy

**terrero** Ⓐ ADJ [1] (= *de la tierra*) earthy; *ver tb* **saco[1] 1**
[2] [*vuelo*] low, skimming
[3] (= *humilde*) humble
Ⓑ SM pile, heap; (*Min*) dump

**terrestre** ADJ [1] (= *de la Tierra*) **la atmósfera ~** the earth's atmosphere; **la superficie ~** the surface of the earth, the earth's surface; **un observatorio que girará en órbita ~** an observatory that will orbit the earth; *ver tb* **corteza 1**
[2] (= *ni de aire ni de agua*) [*fuerzas, tropas*] ground *antes de s*, land *antes de s*; [*minas, frontera*] land *antes de s*; [*transporte*] land *antes de s*, terrestrial (*frm*); [*ofensiva*] (= *no aérea*) ground *antes de s*; (= *no por mar*) land *antes de s*; **la distribución de alimentos por vía ~** distribution of food overland *o* by land
[3] (*Téc, TV*) terrestrial
[4] [*animal, vegetación*] land *antes de s*, terrestrial (*frm*)
[5] (*Rel*) earthly

**terrible** ADJ terrible, awful

**terriblemente** ADV terribly, awfully

**terrícola** SMF earthling

**terrier** SM terrier

**terrífico** ADJ terrifying

**terrina** SF terrine

**territorial** ADJ (= *de territorio*) territorial; (= *de región*) regional

**territorialidad** SF territoriality

**territorio** SM territory; **en todo el ~ nacional** in the whole country ► **territorio bajo mandato** mandated territory

**terrón** SM [1] [*de tierra*] clod, lump
[2] [*de azúcar*] lump; **azúcar en ~es** lump sugar
[3] (= *terreno*) field, patch (of land); **destripar terrones** to work the land

**terronera** SF (*Andes*) terror, fright

**terror** SM terror; **película de ~** horror film; **me da ~ pensar que tengo que hablar con él** the thought of having to speak to him terrifies me, it terrifies me to think I have to speak to him ► **terrores nocturnos** nightmares

**terrorífico** ADJ terrifying, frightening

**terrorismo** SM terrorism ► **terrorismo de Estado** state terrorism

**terrorista** ADJ, SMF terrorist

**terroso** ADJ earthy

**terruño** SM [1] (= *parcela de tierra*) plot, piece of ground; (= *tierra nativa*) native soil, home (ground); **apego al ~** attachment to one's native soil
[2] (= *terrón*) lump, clod

**terso** ADJ [1] (= *liso*) smooth; (= *brillante*) shiny, glossy; **piel tersa** smooth skin, soft skin
[2] [*estilo*] polished, smooth

**tersura** SF [1] (= *suavidad*) smoothness; (= *brillo*) shine, glossiness
[2] [*de estilo, lenguaje*] smoothness, flow

**tertulia** SF [1] (= *reunión*) social gathering, regular informal gathering; **la ~ del Café Gijón** the Cafe Gijón circle, the in-crowd at the Cafe Gijón; **estar de ~** to talk, sit around talking; **hacer ~** to get together, meet informally and talk; **hoy no hay ~** there's no meeting today, the group is not meeting today ► **tertulia literaria** literary circle, literary gathering ► **tertulia radiofónica** radio talk show ► **tertulia televisiva** talk show
[2] (= *sala*) clubroom, games room
[3] (*Cono Sur*) (= *galería*) gallery; (*Caribe*) (= *palcos*) boxes

**TERTULIA**

*The term* **tertulia** *is used for groups of people who meet informally on a regular basis to chat about current affairs, the Arts, etc and is also used to refer to the gathering itself. In early 20th Century Spain,* **tertulias literarias** *were much in vogue, and critics and writers would meet to discuss the literary issues of the day in places such as the famous Café Gijón. In more recent times, the term has been used to refer to the highly organized PR platforms in which writers of the moment engage in round-table discussions to promote their latest work.*

**Tertuliano** SM Tertullian

**tertuliano/a** SM/F [1] (= *contertulio*) member of a social gathering
[2] (*Radio, TV*) talk show guest

**tertuliar** ▸conjug 1b◂ VI (*LAm*) (= *ir a una reunión*) to attend a social gathering; (= *reunirse*) to get together, meet informally and talk

**Teruel** SM Teruel

**terylene**® SM Terylene®, Dacron® (*EEUU*)

**Tesalia** SF Thessaly

**tesar** ▸conjug 1j◂ VT to tauten, tighten up

**tesauro** SM thesaurus

**tescal** SM (*Méx*) stony ground

**tesela** SF tessera

**Teseo** SM Theseus

**tesina** SF dissertation, minor thesis

▼**tesis** SF INV [1] (*Univ*) thesis ► **tesis doctoral** doctoral thesis, doctoral dissertation (*EEUU*), PhD thesis
[2] (*Fil*) thesis
[3] (= *teoría*) **su ~ es insostenible** his theory is untenable; **no podemos refutar las ~ de la defensa** we cannot refute the defence's arguments; **no comparto su ~** I don't share your opinion

**tesitura** SF [1] (= *mental*) attitude, frame of mind
[2] (*Mús*) tessitura

**teso** Ⓐ ADJ (= *tenso*) tense
Ⓑ SM crest

**tesón** SM (= *tenacidad*) tenacity, persistence; (= *insistencia*) insistence; **resistir con ~** to resist tenaciously

**tesonero** ADJ (*LAm*) tenacious, persistent

**tesorería** SF [1] (= *cargo*) treasurership, office of treasurer
[2] (= *oficina*) treasury
[3] (= *activo disponible*) liquid assets *pl*

**tesorero/a** SM/F treasurer

**tesoro** SM [1] (*de mucho valor*) treasure; **valer un ~** to be worth a fortune; **tenemos una cocinera que es todo un ~** we have a cook who is a real treasure, we have a real gem of a cook; **el libro es un ~ de datos** the book is a mine of information; **es un ~ de recuerdos** it is a treasure-house of memories ► **tesoro escondido** buried treasure
[2] (*en oración directa*) darling; **¡sí, ~!** yes, my darling!
[3] (*Fin, Pol*) treasury ► **Tesoro público** Exchequer, Treasury
[4] (= *pagaré*) treasury bond
[5] (= *diccionario*) thesaurus

**Tespis** SM Thespis

**test** SM (*pl* **tests** [tes]) test; **examen tipo ~** multiple-choice exam ► **test de comprensión** comprehension test ► **test de embarazo** pregnancy test

**testa** SF [1] (= *cabeza*) head ► **testa coronada** crowned head
[2] (*) (= *inteligencia*) brains *pl*; (= *sentido común*) gumption*

**testador(a)** SM/F testator/testatrix

**testaduro** ADJ (*Caribe*) = **testarudo**

**testaferro** SM front man

**testamentaría** SF [1] (= *acto*) execution of a will
[2] (= *bienes*) estate

**testamentario/a** Ⓐ ADJ testamentary
Ⓑ SM/F executor/executrix

**testamento** SM [1] will, testament; **hacer ~** to make one's will
[2] (*Biblia*) **Antiguo Testamento** Old Testament; **Nuevo Testamento** New Testament
[3] (*) (= *escrito largo*) screed

**testar[1]** ▸conjug 1a◂ VI (= *hacer testamento*) to make a will

**testar[2]** ▸conjug 1a◂ VT (*Andes*) (= *subrayar*) to underline

**testar[3]** ▸conjug 1a◂ VT [+ *coche, producto*] to test

**testarada*** SF, **testarazo*** SM bump on the head; **darse una ~** to bump *o* bang one's head

**testarudez** SF stubbornness, pigheadedness

**testarudo** ADJ stubborn, pigheaded

**testear** ▸conjug 1a◂ (*LAm*) Ⓐ VT to test
Ⓑ VI to do a test, undergo a test

**testera** SF front, face; (*Zool*) forehead

**testero** SM [1] = **testera**
[2] [*de cama*] bedhead
[3] (*Arquit*) wall

**testes** SMPL testes

**testiculamen**** SM equipment*, balls** *pl*

**testículo** SM testicle

**testificación** SF [1] testification
[2] = **testimonio**

**testificar** ▸conjug 1g◂ Ⓐ VT (= *atestiguar*) to attest; (*en juicio*) to testify to, give evidence of
Ⓑ VI (*en juicio*) to testify, give evidence; **~ de** (= *atestiguar*) to attest; (= *dar testimonio*) to testify to, give evidence of

**testigo** Ⓐ SMF [1] (*Jur*) witness; [*de boda, contrato*] witness; **citar a algn como ~** to call

➤ LENGUA Y USO: tesis 3 53.2

sb as a witness ► **testigo de cargo** witness for the prosecution ► **testigo de descargo** witness for the defence ► **testigo ocular** eyewitness ► **testigo pericial** expert witness ► **testigo presencial** eyewitness
[2] (= *espectador*) witness; **declaró un ~ del accidente** a person who had witnessed the accident gave evidence; **tú eres ~ de que nunca le he pegado** you can testify to *o* vouch for the fact that I have never hit him; **estas paredes han sido ~ de nuestro amor** these walls have witnessed *o* are the witness of our love; **pongo al cielo por ~** as God is my witness
[3] (*Rel*) ► **testigo de Jehová** Jehovah's witness
Ⓑ SM [1] (*Dep*) (*en relevos*) baton
[2] (*Aut*) **~ luminoso** warning light
[3] (*en experimento*) control
[4] (*Geol*) sample core
Ⓒ ADJ INV **grupo ~** control group

**testimonial** ADJ token, nominal

**testimonialmente** ADV (= *como símbolo*) as a token gesture; (= *nominalmente*) nominally; (= *sin entusiasmo*) half-heartedly

**testimoniar** ▸conjug 1b◂ Ⓐ VT (= *testificar*) to testify to, bear witness to; (= *mostrar*) to show, demonstrate
Ⓑ VI to testify, bear witness

**testimonio** SM [1] (*Jur*) (= *declaración*) testimony, evidence; (= *afidávit*) affidavit; **dar ~** to testify (**de** to), give evidence (**de** of); **falso ~** perjury, false testimony
[2] (= *prueba*) proof; (= *indicación*) evidence; **~ de compra** proof of purchase; **los fósiles son ~ de ello** fossils are evidence of this; **las calles nos dan ~ de su pasado árabe** the streets bear witness to its Arab past; **como ~ de mi afecto** as a token *o* mark of my affection

**testosterona** SF testosterone

**testuz** SM [*de caballo*] forehead; [*de buey, toro*] nape (*of the neck*)

**teta** Ⓐ SF [1] (*) (= *mama*) breast, tit**, boob*; **dar (la) ~ a** to suckle, breast-feed; **quitar la ~ a** to wean; **niño de ~** baby at the breast; ✦***MODISMO*** **mejor que ~ de monja*** really great*
[2] [*de biberón*] teat, nipple (*EEUU*)
Ⓑ ADJ INV **estar ~** (*Esp**) to be really great*

**tetamen*** SM big bust

**tétano** SM, **tétanos** SM INV tetanus

**tete*** SM (*Cono Sur*) mess, trouble

**tetelque** ADJ (*CAm, Méx*) sharp, bitter

**tetera**[1] SF (*para té*) teapot; (= *recipiente grande*) tea urn ► **tetera eléctrica** electric kettle

**tetera**[2] SF (*Méx*) (= *biberón*) feeding bottle; (= *vasija*) *vessel with a spout*

**tetero** SM (*Andes, Caribe*) feeding bottle

**tetilla** SF [1] [*de hombre*] nipple
[2] [*de biberón*] teat, nipple (*EEUU*)

**tetina** SF teat, nipple (*EEUU*)

**Tetis** SF Thetis

**tetón**[1] SM (*en neumático*) bubble, swelling

**tetón**[2]* ADJ (*Cono Sur*) stupid, thick*

**tetona*** ADJ busty*

**tetrabrik®** SM INV, **tetra brik®** SM INV Tetra-Pak®, carton

**tetracilíndrico** ADJ **motor ~** four-cylinder engine

**tetracloruro** SM tetrachloride ► **tetracloruro de carbono** carbon tetrachloride

**tetraedro** SM tetrahedron

**tetrágono** SM tetragon

**tetrámetro** SM tetrameter

**tetramotor** ADJ four-engined

**tetrapak®** SM INV, **tetra pak®** SM INV Tetra-Pak®

**tetrarreactor** SM four-engined jet plane

**tetratlón** SM tetrathlon

**tétrico** ADJ [*ambiente, habitación, lugar*] gloomy, dismal; [*humor, pensamiento, cuento, relato*] gloomy, pessimistic; [*luz*] dim, wan

**tetuda*** ADJ busty*

**tetunte** SM (*CAm*) bundle

**teutón/ona** Ⓐ ADJ Teutonic
Ⓑ SM/F Teuton

**teutónico** ADJ Teutonic

**teveo** SM = **tebeo**

**textil** Ⓐ ADJ [1] [*industria*] textile
[2] [*playa*] non-nudist
Ⓑ **textiles** SMPL (= *tejidos*) textiles
Ⓒ SF textile company

**texto** SM text; **libro de ~** textbook; **grabado fuera de ~** full-page illustration

**textual** ADJ [1] (= *de un texto*) textual; **cita ~** quotation
[2] (= *exacto*) exact; (= *literal*) literal; **son sus palabras ~es** those are his exact words

**textualmente** ADV [1] (*Literat*) textually
[2] (= *exactamente*) exactly; (= *literalmente*) literally, word for word; **dice ~ que ...** he says —and I quote— that ...

**textura** SF texture

**tez** SF (= *piel*) complexion, skin; (= *color*) colouring, coloring (*EEUU*); **de ~ morena** dark(-skinned), dusky (*liter*); **de ~ pálida** fair(-skinned)

**tezontle** SM (*Méx*) volcanic rock (*for building*)

**Tfno.** ABR, **tfno.** ABR (= **teléfono**) Tel, tel

**TGV** SM ABR (= **tren de gran velocidad**) ≈ APT

**thriller** SM (*pl* **thrillers**) thriller

**ti** PRON PERS you; **es para ti** it's for you; **ahora todo depende de ti** it all depends on you now; **esto no se refiere a ti** this doesn't refer to you; **¿a ti te gusta el jazz?** do you like jazz?; **¿a ti te han dicho algo?** have they said anything to you?; **sólo piensas en ti (mismo)** you only think of yourself; **no sabes defenderte por ti misma** you don't know how to stand up for yourself

**tiamina** SF thiamine

**tiangue** SM (*CAm*) (= *mercado*) small market; (= *puesto*) booth, stall

**tianguis** SM INV (*CAm, Méx*) (open-air) market

**TIAR** SM ABR = **Tratado Interamericano de Asistencia Recíproca**

**tiara** SF tiara

**tiarrón/ona*** SM big guy*/big girl

**tibante** ADJ (*Andes*) haughty

**tibe** SM (*Andes, Caribe*) whetstone

**Tíber** SM Tiber

**Tiberio** SM Tiberius

**tiberio*** Ⓐ ADJ (*CAm, Méx*) sloshed*
Ⓑ SM [1] (= *jaleo*) uproar, row; (= *pelea*) set-to*
[2] (*CAm, Méx*) binge*

**Tibet** SM **El ~** Tibet

**tibetano/a** Ⓐ ADJ, SM/F Tibetan
Ⓑ SM (*Ling*) Tibetan

**tibia** SF tibia

**tibiarse** ▸conjug 1b◂ VPR (*CAm, Caribe*) to get cross

**tibieza** SF [1] [*de líquidos*] lukewarmness, tepidness
[2] [*de creencias*] half-heartedness; [*de persona*] lukewarmness, lack of enthusiasm

**tibio** ADJ [1] [*comida, líquido*] lukewarm, tepid
[2] [*creencia*] half-hearted; [*persona*] lukewarm; [*recibimiento*] cool, unenthusiastic; **estar ~ con algn** to be cool to sb, behave distantly towards sb; ✦***MODISMO*** **poner ~ a algn*** (= *insultar*) to hurl abuse at sb, give sb a verbal battering; (*por detrás*) to say dreadful things about sb
[3] (*CAm, Caribe*) (= *enfadado*) cross, angry

**tibor** SM (= *jarro*) large earthenware jar; (*Caribe*) (= *orinal*) chamber pot; (*Méx*) (= *calabaza*) gourd, squash (*EEUU*)

**tiburón** SM [1] (*Zool*) shark ► **tiburón de río** pike
[2] (*) (= *persona sin escrúpulos*) shark*
[3] (*Bolsa*) raider
[4] (*Cono Sur*) wolf*, Don Juan

**tiburoneo** SM (*Bolsa*) share raiding

**tic** SM (*pl* **tics**) [1] (= *sonido*) click; [*de reloj*] tick
[2] (*Med*) tic ► **tic nervioso** nervous tic
[3] (= *costumbre*) habit

**Ticiano** SM Titian

**tícket** ['tike] SM (*pl* **tíckets** ['tike]) (= *billete*) ticket; [*de compra*] receipt

**tico/a*** ADJ, SM/F (*CAm*) Costa Rican

**tictac** SM [*de reloj*] tick, ticking; [*de corazón*] beat; **hacer ~** [*reloj*] to tick; [*corazón*] to beat

**tiempecito** SM (spell of) very bad weather

**tiemple** SM [1] (*Cono Sur*) (= *galanteo*) love-making, courting
[2] (*Cono Sur*) (= *amante*) lover
[3] (*LAm*) (= *enamoramiento*) infatuation

**tiempo** SM [1] (*indicando duración*) time; **no tengo ~** I haven't got time; **tenemos todo el ~ del mundo** we have all the time in the world; **el ~ pasa y no nos damos ni cuenta** time goes by *o* passes and we don't even realize it; **tómate el ~ que quieras** take as long as you want; **me llevó bastante ~** it took me quite a long time; **hace bastante ~ que lo compré** I bought it quite a while ago; **¿cuánto ~ se va a quedar?** how long is he staying for?; **¿cuánto ~ hace de eso?** how long ago was that?; **¿cuánto ~ hace que vives aquí?** how long have you been living here?; **¡cuánto ~ sin verte!** I haven't seen you for ages!; **más ~**: **necesito más ~ para pensármelo** I need more time *o* longer to think about it; **no puede quedarse más ~** he can't stay any longer; **mucho ~**: **una costumbre que viene de mucho ~ atrás** a long-standing custom; **has tardado mucho ~** you took a long time; **ocurrió hace mucho ~** it happened a long time ago; **hace mucho ~ que no la veo** I haven't seen her for a long time; **al poco ~ de** soon after; **al poco ~ de su muerte** soon after his death; **se acostumbró a la idea en muy poco ~** she soon got used to the idea, it didn't take her long to get used to the idea ► **tiempo de exposición** (*Fot*) exposure time ► **tiempo libre** spare time, free time

[2] (*otras locuciones*) **a tiempo** in time; **llegamos a ~ de ver la película** we got there in time to see the film; **todavía estáis a ~ de cambiar de idea** it's still not too late for you to change your minds; **el avión llegó a ~** the plane arrived on time; **cada cierto ~** every so often; **a ~ completo** full-time; **trabajar a ~ completo** to work full-time; **con ~**: **llegamos con ~ de darnos un paseo** we arrived in time to have a walk; **si me lo dices con ~** if you tell me beforehand; **con el ~** eventually; **con el ~ lo conseguiremos** we'll manage it eventually; **dar ~**: **no da ~ a terminarlo** there isn't enough time to finish it; **¿crees que te dará ~?** do you think you'll have (enough) time?; **dale ~** give him time; **fuera de ~** at the wrong time; **ganar ~** to save time; **hacer ~** to while away the time; **matar el ~** to kill time; **a ~ parcial** part-time; **trabajo a ~ parcial** part-time work; **trabajador a ~ parcial** part-timer; **de un** *o* **algún ~ a esta parte** for some time (past); **pasar el ~** to pass time; **no es más que una forma de pasar el ~** it just a way of passing time; **perder el ~** to waste time; **estás perdiendo el ~** you're wasting your time; **me estás haciendo perder el ~** you're wasting my time; **sería simplemente perder el ~** it would just be a waste of time; **¡rápido, no perdamos (el) ~!** quick, there's no time to lose!; **sin perder ~** without delay; **sacar ~ para hacer algo** to find the time to do sth; **tener ~ para algo** to have time for sth; ✦***MODISMOS*** **andando el ~** in due course, in time; **el ~ apremia** time presses; **dar ~ al ~** to let matters take their course; **de ~ en ~** from time to time; ✦***REFRANES*** **con el ~ y una caña (hasta las verdes caen)** all good things come to those who wait; **el ~ es oro** time is precious; **el ~ dirá** time will tell; **el ~ todo lo borra ◊ el ~ lo cura todo** time is a great healer

[3] (= *momento*) time; **al mismo ~ ◊ a un ~** at the same time; **al (mismo) ~ que** at the (same) time as; **cada cosa a su ~** everything in good time; **llegamos antes de ~** we arrived early; **ha nacido antes de ~** he was born prematurely, he was premature; **a su debido ~** in due course

[4] (= *época*) time; **durante un ~ vivimos en Valencia** we lived in Valencia for a time *o* while; **en ~ de los griegos** in the days of the Greeks; **en mis ~s** in my day; **en ~s de mi abuelo** in my grandfather's day; **en los buenos ~s** in the good old days; **en estos ~s que corren** these days; **en otros ~s** formerly; **en los últimos ~s** recently, lately, in recent times; **a través de los ~s** through the ages; **los ~s están revueltos** these are troubled times; **hay que ir con los ~s** you have to move with the times; ✦***MODISMO*** **en ~s de Maricastaña**: **va vestida como en ~s de Maricastaña** her clothes went out with the ark, her clothes are really old-fashioned; **una receta del ~ de Maricastaña** an ancient *o* age-old recipe ► **tiempos modernos** modern times

[5] (= *edad*) age; **Ricardo y yo somos del mismo ~** Ricardo and I are the same age; **¿cuánto** *o* **qué ~ tiene el niño?** how old is the baby?

[6] (*Dep*) half; **primer ~** first half; **segundo ~** second half ► **tiempo muerto** (*lit*) time-out; (*fig*) breather

[7] (*Mús*) [*de compás*] tempo, time; [*de sinfonía*] movement

[8] (*Ling*) tense; **en ~ presente** in the present tense ► **tiempo compuesto** compound tense ► **tiempo simple** simple tense

[9] (*Meteo*) weather; **hace buen ~** the weather is good; **hace mal ~** the weather is bad; **¿qué ~ hace ahí?** what's the weather like there?; **si dura el mal ~** if the bad weather continues; **del ~**: **¿quiere el agua fría o del ~?** would you like the water chilled or at room temperature?; **prefiero la fruta del ~** I prefer fruit that's in season; ✦***REFRÁN*** **a mal ~, buena cara** one must try to put a brave face on it; *ver tb* **mapa**, **hombre A1**

[10] (*Inform*) time ► **tiempo compartido** time-sharing ► **tiempo de ejecución** run time ► **tiempo real** real time; **conversación en ~ real** real-time conversation; **cada jugador está conectado en ~ real** all the players are playing in real time

[11] (*Industria*) time ► **tiempo de paro**, **tiempo inactivo** downtime ► **tiempo preferencial** prime time

[12] (*Náut*) stormy weather

[13] (*Mec*) cycle; **motor de dos ~s** two-stroke engine

**tienda** SF [1] (*Com*) shop, store; **lo compré en esta ~** I bought it in this shop; **ir de ~s** to go shopping ► **tienda de comestibles** grocer's (shop), grocery (*EEUU*) ► **tienda de deportes** sports shop, sporting goods store (*EEUU*) ► **tienda de regalos** gift shop ► **tienda de ultramarinos** grocer's (shop), grocery (*EEUU*) ► **tienda libre de impuestos** duty-free shop ► **tienda por departamento** (*Caribe*) department store

[2] (*tb* **~ de campaña**) tent; **montar la ~** to pitch the tent; **desmontar la ~** to take down the tent

[3] (*Náut*) awning

[4] (*Med*) ► **tienda de oxígeno** oxygen tent

**tienta** SF [1] **a ~s** gropingly, blindly; **andar a ~s** to grope one's way along, feel one's way; (*fig*) to feel one's way; **buscar algo a ~s** to grope around for sth; **decir algo a ~s** to throw out a remark at random, say sth to see what effect it has

[2] (*Taur*) trial, test

[3] (*Med*) probe

**tiento** SM [1] (= *diplomacia*) tact; (= *prudencia*) care; (= *cautela*) wariness, circumspection; **ir con ~** to go carefully

[2] (= *toque*) feel(ing), touch; **a ~** (= *por el tacto*) by touch; (= *con inseguridad*) uncertainly; **perder el ~** to lose one's touch; **a 40 dólares nadie le echó un ~** at 40 dollars nobody was biting, at 40 dollars he didn't get a tickle*

[3] (*) (= *propuesta*) pass*; **echar un ~ a una chica** to make a pass at a girl, try it on with a girl*

[4] (= *buen pulso*) steadiness of hand, steady hand

[5] (*) (= *trago*) swig*; **dar un ~** to take a swig (**a** from)

[6] (*Zool*) feeler, tentacle

[7] (= *palo*) (*Circo*) balancing pole; [*de ciego*] blind man's stick

[8] (*) (= *puñetazo*) blow, punch; **dar ~s a algn** to hit sb

[9] (*Cono Sur*) (= *tira*) thong of raw leather, rawhide strap

**tiernamente** ADV tenderly

**tierno** ADJ [1] (= *blando*) [*carne*] tender; [*pan*] fresh

[2] [*brote*] tender

[3] (= *afectuoso*) [*persona*] tender, affectionate; [*mirada, sonrisa*] tender

[4] (= *joven*) tender; **a la tierna edad de cinco años** at the tender age of five; **en su más tierna infancia** in his tenderest youth

**tierra** SF [1] **la Tierra** the earth, the Earth

[2] (= *superficie*) [2·1] (*fuera del agua*) land; **¡~ a la vista!** land ahoy!; **permanecer en ~** to remain on land; **la industria pesquera genera unos 400.000 empleos en ~** the fishing industry provides 400,000 jobs on land; **saltar a ~** to leap ashore; **~ adentro** inland; **el desierto avanza ~ adentro** the desert is advancing inland; **soy de ~ adentro** I'm from inland; **por ~** overland, by land; **atravesar un país por ~** to go overland *o* by land across a country; **por ~ y por mar** by land and by sea; **tomar ~** to reach port, get in

[2·2] (= *no aire*) (*desde el aire*) ground; (*desde el espacio*) earth; **la explosión ocurrió cuando el avión cayó a ~** the explosion occurred when the aeroplane hit the ground; **un ataque por ~ y aire** a ground and air attack; **tocar ~** to touch down; **tomar ~** to land ► **tierra firme** (= *no aire*) solid ground; (= *no agua*) land

[3] (= *suelo*) ground; **estaba tirado en la ~** he was lying on the ground; **caer a ~** to fall down; **caer por ~** [*persona*] to fall to the ground; [*argumento, teoría*] to fall apart; **dar con algo en ~** to knock sth over; **echar a ~** [+ *construcción, rival*] to knock down; **echarse a ~** to throw o.s. on *o* to the ground; ✦***MODISMOS*** **besar la ~** to fall flat on one's face; **echar** *o* **tirar por ~** [+ *trabajo, organización*] to ruin, destroy; [+ *expectativas, sueños*] to shatter; [+ *teoría, tesis*] to demolish; **perder ~** (*antes de caerse*) to lose one's footing; (*en el agua*) to get out of one's depth; **poner ~ de por medio** to get away as quickly as possible; **venirse a** *o* **por ~** to collapse; **¡~, trágame!** I want to die! (*iró*)

[4] (= *material*) (*gen*) earth; (= *polvo*) dust; (= *barro*) mud; (*para jardinería, cultivo*) soil; **olía a ~ mojada** it smelled of wet earth; **se levantó mucha ~** a dust cloud blew up; **con los zapatos llenos de ~** (= *polvo*) with his shoes covered in dust; (= *barro*) with his shoes covered in mud; **viviendas con suelo de ~** houses with earth *o* dirt floors; **el avión aterrizó en una pequeña pista de ~** the aeroplane landed on a small dirt runway; **un camino de ~** a dirt road; **es muy buena ~ para las plantas** it's good soil for plants; **un saco de ~** a bag of soil; **jugarán en pistas de ~** they'll play on clay courts; **sacudir la ~** (*Cono Sur, Méx*) to dust; ✦***MODISMOS*** **estar bajo ~** to be dead and buried; **echar ~ a** *o* **sobre algo** (= *ocultar*) to hush up sth; (= *olvidar*) to put sth behind one; **acordaron echar ~ al incidente y seguir siendo amigos** they agreed to put the incident behind them and continue to be friends; **echar ~ a algn** (*Méx, Chile*) to sling *o* throw mud at sb; (*Col**) to make sb look bad; **le vienes a echar ~ a mi carro con tu descapotable** your convertible makes my car look ridiculous *o* really bad; **echarse ~ encima** to foul one's own nest ► **tierra caliente** (*LAm*) *land below 1000m. approximately* ► **tierra de batán** fuller's earth

► **tierra de brezo** peat ► **tierra fría** (*LAm*) *land above 2000m. approximately* ► **tierra quemada** (*Pol*) scorched earth ► **tierra templada** (*LAm*) *land between 1000m. and 2000m. approximately* ► **tierra vegetal** topsoil; *ver tb* **pista 3**, **política 2**
[5] (*Agr*) land; **trabajar la ~** to work the land; **las ~s de cereales** grain-growing land; **heredó unas ~s cerca del río** he inherited some land near the river; ✦**MODISMO en cualquier ~ de garbanzos** all over ► **tierra baldía** wasteland ► **tierra de cultivo** arable land ► **tierra de labor** agricultural land ► **tierra de pan llevar** grain-growing land ► **tierra de regadío** irrigated land ► **tierra de secano** dry land, unirrigated land
[6] (= *división territorial*) [6·1] (= *lugar de origen*) **en mi ~ no se usa esa expresión** we don't use that expression where I come from; **vamos a nuestra ~ a pasar las Navidades** we're going home for Christmas; **todo refugiado siente nostalgia de su ~** every refugee feels homesick for or misses his native land *o* homeland; **de la ~** [*vino, queso*] local, locally produced; [*fruta, verduras*] locally grown; **productos de la ~** local produce
[6·2] (*en plural*) **la expropiación de ~s palestinas** the expropriation of Palestinian land *o* lands; **sus viajes por ~s de Castilla** his travels through the lands of Castile; **su largo exilio en ~s australianas** her lengthy exile in Australia; **no es de estas ~s** he's not from these parts, he's not from this part of the world; ✦**MODISMO ver ~s**† to see the world ► **Tierra del Fuego** Tierra del Fuego ► **tierra de nadie** no-man's-land ► **tierra de promisión** promised land ► **tierra natal** native land ► **tierra prometida** promised land ► **Tierra Santa** Holy Land
[7] (*Elec*) earth, ground (*EEUU*); **conectar un aparato a ~** to earth *o* (*EEUU*) ground an appliance; *ver tb* **toma A1**

**tierra-aire** ADJ INV **misil ~** surface-to-air missile, ground-to-air missile

**tierrafría** SMF (*Andes*) highlander

**tierral** SM (*LAm*), **tierrazo** SM (*LAm*) = **terral**

**tierra-tierra** ADJ INV **misil ~** surface-to-surface missile

**tierrero** SM (*LAm*) cloud of dust

**tierruca** SF native land, native heath

**tieso** Ⓐ ADJ [1] (= *duro*) stiff; (= *rígido*) rigid; (= *erguido*) erect; (= *derecho*) straight; (= *tenso*) taut; **ponte tiesa** stand up straight; **con las orejas tiesas** with its ears pricked; ✦**MODISMOS dejar ~ a algn*** (= *matar*) to do sb in*; (= *sorprender*) to amaze sb, leave sb speechless; **quedarse ~*** (*de frío*) to be frozen stiff; (= *sorprenderse*) to be left speechless; (= *morirse*) to snuff it*, peg out*
[2] (= *sano*) fit; (= *vivo*) sprightly; (= *alegre*) chirpy*; **le encontré muy ~ a pesar de su enfermedad** I found him very chirpy in spite of his illness
[3] (= *poco amable*) (*en conducta*) stiff; (*en actitud*) rigid; **me recibió muy ~** he received me very coldly; ✦**MODISMO ~ como un ajo** as stiff as a poker
[4] (= *orgulloso*) proud; (= *presumido*) conceited, stuck-up*; (= *pagado de sí mismo*) smug; **iba tan ~ con la novia al brazo** he was walking so proudly with his girl on his arm
[5] (= *terco*) stubborn; (= *firme*) firm, confident; **ponerse ~ con algn** to stand one's ground, insist on one's rights; (*pey*) to be stubborn with sb; **tenerlas tiesas con algn** to put up a firm resistance to sb, stand up for o.s.
[6] (*) (= *sin dinero*) (flat) broke*
Ⓑ ADV strongly, energetically, hard

**tiesto** SM [1] (= *maceta*) flowerpot
[2] (= *cascote*) shard, piece of pottery
[3] (*Cono Sur*) (= *vasija*) pot, vessel; (= *orinal*) chamber pot

**tiesura** SF [1] (= *rigidez*) stiffness
[2] (= *presunción*) conceit
[3] (= *terquedad*) stubbornness

**tifiar**⁑ ▸conjug 1b◂ VT (*Caribe*) to nick⁑, lift*

**tifitifi*** SM (*Caribe*) theft

**tifo** SM typhus ► **tifo asiático** cholera ► **tifo de América** yellow fever ► **tifo de Oriente** bubonic plague

**tifoidea** SF (*tb* **fiebre ~**) typhoid

**tifón** SM [1] (= *huracán*) typhoon
[2] (= *tromba*) waterspout
[3] (*Méx Min*) outcrop of ore

**tifus** SM INV [1] (*Med*) typhus ► **tifus exantemático** spotted fever ► **tifus icteroides** yellow fever
[2] (*Teat**) claque; **entrar de ~** to get in free

**tigra** SF (*LAm Zool*) female tiger; (= *jaguar*) female jaguar; ✦**MODISMO ponerse como una ~ parida** (*Andes, Cono Sur**) to fly off the handle*

**tigre** SM [1] (*Zool*) tiger; (*LAm*) jaguar ► **tigre de Bengala** Bengal tiger ► **tigre de colmillo de sable** sabre-toothed tiger ► **tigre de papel** paper tiger
[2] (*Andes*) (= *café*) *black coffee with a dash of milk*; (*Andes*) (= *combinado*) cocktail
[3] (⁑) (= *wáter*) bog⁑, loo*, john (*EEUU*⁑); **esto huele a ~** this stinks, this smells foul

**tigrero** Ⓐ ADJ (*Cono Sur*) brave
Ⓑ SM (*LAm*) jaguar hunter

**tigresa** SF [1] (= *animal*) tigress
[2] (= *mujer cruel*) shrew; (= *mujer fatal*) vamp*

**tigridia** SF tiger lily

**tigrillo** SM (*LAm*) *member of the cat tribe, eg ocelot, lynx*

**Tigris** SM Tigris

**tigrón*** SM (*Caribe*) bully, braggart

**tigüila** SF (*Méx*) trick, swindle

**tija** SF (*Aut*) shank

**tijera** SF [1] (*tb* **~s**) scissors *pl*; (*para jardín*) shears *pl*, clippers *pl*; **unas ~s** a pair of scissors; **meter la ~ en algo** to cut into sth; **es un trabajo de ~** it's a scissors-and-paste job ► **tijeras de coser** sewing scissors ► **tijeras de podar** secateurs ► **tijeras para las uñas** nail scissors ► **tijeras podadoras** secateurs
[2] [*de bicicleta*] fork
[3] **de ~** folding; **silla de ~** (= *con respaldo*) folding chair; (= *banqueta*) folding stool, camp stool; **escalera de ~** steps, step-ladder
[4] (*LAm Zool*) claw, pincer
[5] (*) (= *persona*) gossip; **ser una buena ~** ◊ **tener buena ~** (= *chismoso*) to be a great gossip; (= *mordaz*) to have a sharp tongue; (= *criticón*) be a scandalmonger

**tijeral** SM (*Cono Sur*) stork

**tijereta** SF [1] (= *insecto*) earwig
[2] (*Bot*) vine tendril
[3] (*Dep*) scissor(s) kick, overhead kick

**tijeretada** SF, **tijeretazo** SM snip, snick

**tijeretear** ▸conjug 1a◂ Ⓐ VT to snip, snick
Ⓑ VI [1] (= *entrometerse*) to meddle
[2] (*CAm, Cono Sur, Méx*) (= *chismear*) to gossip, backbite

**tijereteo** SM [1] (*con tijeras*) snipping, snicking
[2] (= *entrometimiento*) meddling
[3] (*CAm, Cono Sur, Méx*) (= *chismes*) gossiping, backbiting

**tila** SF [1] (= *planta*) lime tree
[2] (= *infusión*) lime flower tea; ✦**MODISMO ¡que te den ~!*** give me a break!*
[3] (⁑) (= *droga*) hash*, pot*

**tildar** ▸conjug 1a◂ VT [1] (= *acusar*) **~ a algn de racista** to brand sb (as) a racist; **le ~on de vago** they dismissed him as lazy, they called him lazy
[2] (*Tip*) (*gen*) to put an accent on; (*sobre la n*) to put a tilde over

**tilde** SF [1] (*ortográfica*) (= *acento*) (*gen*) accent; (*sobre la n*) tilde
[2] (= *mancha*) blemish; (= *defecto*) defect, flaw
[3] (= *bagatela*) triviality; (= *pizca*) jot, bit; ✦**MODISMO en una ~*** in a jiffy*

**tilichera** SF (*CAm, Méx*) hawker's box, glass-covered box

**tilichero/a** SM/F (*CAm, Méx*) hawker, pedlar, peddler (*EEUU*)

**tiliches*** SMPL (*CAm, Méx*) (= *pertenencias*) belongings; (= *baratijas*) trinkets; (= *trastos*) junk *sing*

**tilín** SM [*de campanilla*] tinkle, ting-a-ling; ✦**MODISMOS hacer ~ a algn***: **me hace ~** [*persona*] I fancy him*; [*cosa*] I like it, I go for it*; **no me hace ~** [*cosa*] it doesn't do anything for me; **en un ~** (*Andes, Caribe, Cono Sur**) in a flash; **tener algo al ~** (*Caribe*) to have sth at one's fingertips

**tilinches*** SMPL (*Méx*) rags

**tilingada*** SF (*Cono Sur, Méx*) silly thing (to do etc)

**tilingo/a*** (*Andes, Cono Sur, Méx*) Ⓐ ADJ silly, stupid
Ⓑ SM/F fool

**tilinguear*** ▸conjug 1a◂ VI (*Andes, Cono Sur, Méx*) to act the fool

**tilinguería*** SF (*Andes, Cono Sur, Méx*) [1] (= *estupidez*) silliness, stupidity
[2] **tilinguerías** nonsense *sing*

**tilintar** ▸conjug 1a◂ VT (*CAm*) to stretch, tauten

**tilinte** ADJ (*CAm*) [1] (= *tenso*) tight, taut
[2] (= *elegante*) elegant
[3] (= *repleto*) replete

**tilma** SF (*Méx*) blanket, cape

**tilo** SM [1] (= *planta*) lime tree
[2] (*LAm*) (= *infusión*) lime flower tea

**tiloso*** ADJ (*CAm*) dirty, filthy

**timador(a)** SM/F swindler, trickster

**timar** ▸conjug 1a◂ Ⓐ VT to swindle, con*; **¡me han timado!** I've been conned!*; **le ~on la herencia** they swindled him out of his inheritance
Ⓑ **timarse** VPR (*) [*pareja*] to make eyes at each other; **~se con algn** (= *engatusar*) to play sb along, lead sb on; (*amorosamente*) to make eyes at sb, ogle sb

**timba** SF [1] (*en juego de azar*) hand
[2] (= *garito*) gambling den
[3] (*CAm, Caribe, Méx*) (= *tripa*) pot-belly
[4] ✦**MODISMO tener ~** (*Caribe*): **esto tiene ~** it's a sticky business

**timbal** SM [1] (*Mús*) small drum, kettledrum; **~es** timpani
[2] (*Culin*) meat pie
[3] **timbales**** (= *testículos*) balls**

**timbembe*** ADJ (*Cono Sur*) weak, trembling

**timbero/a*** (*Cono Sur*) Ⓐ ADJ given to gambling
Ⓑ SM/F gambler

**timbiriche** SM (*Caribe, Méx*) small shop

**timbrado** ADJ **voz bien timbrada** well-toned voice

**timbrar** ▸conjug 1a◂ VT [1] [+ *documento*] to stamp
[2] [+ *carta*] to postmark, frank

**timbrazo** SM ring; **dar un ~** to ring the bell

**timbre** SM [1] (*Elec*) bell; **tocar el ~** to ring the bell ► **timbre de alarma** alarm bell
[2] (*Mús*) timbre ► **timbre nasal** nasal timbre, twang
[3] (*Com, Fin*) (= *sello*) fiscal stamp, revenue stamp; (= *renta*) stamp duty, revenue stamp (*EEUU*)
[4] (*Méx*) [*de correos*] (postage) stamp
[5] (*LAm*) (= *descripción*) [*de persona*] personal description; [*de géneros*] description of goods (*etc*)
[6] ► **timbre de gloria** (= *señal*) mark of honour; (= *acto*) *action etc which is to one's credit*

**timbrear** ▸conjug 1a◂ VI to ring (the bell)

**timbusca** SF (*Andes*) (= *sopa*) thick soup; (= *plato rústico*) *spicy local dish*

**tímidamente** ADV shyly, timidly

**timidez** SF shyness, timidity

**tímido** ADJ shy, timid

**timo** SM swindle, con trick*; **dar un ~ a algn** to swindle sb, con sb*; **¡es un ~!** it's a rip-off!*

**timón** SM [1] (*Aer, Náut*) rudder; (= *mando, control*) helm; **poner el ~ a babor** to turn to port, port the helm; ✦***MODISMO* coger** *o* **empuñar el ~** to take the helm, take charge ► **timón de deriva**, **timón de dirección** rudder ► **timón de profundidad** (*Aer*) elevator
[2] [*de carruaje*] pole; [*de arado*] beam
[3] (*Andes Aut*) steering wheel

**timonear** ▸conjug 1a◂ Ⓐ VT (*LAm*) (= *dirigir*) to direct, manage; (= *guiar*) to guide
Ⓑ VI to steer; (*Andes Aut*) to drive

**timonel** SMF (*Náut*) steersman/steerswoman, helmsman/helmswoman; (*en barca de remo*) cox

**timonera** SF wheelhouse

**timonería** SF (*Náut*) rudders *pl*, steering mechanisms *pl*; (*Ferro*) linkage

**timonero** SM = **timonel**

**timorato** ADJ [1] (= *tímido*) lily-livered, spineless
[2] (= *mojigato*) sanctimonious, prudish
[3] (= *que teme a Dios*) God-fearing

**Timoteo** SM Timothy

**tímpano** SM [1] (*Anat*) tympanum, eardrum
[2] (*Arquit*) tympanum
[3] (*Mús*) small drum, kettledrum; **tímpanos** (*en orquesta*) timpani

**tina** SF (= *recipiente*) tub, vat; (*para bañarse*) bath(tub) ► **tina de lavar** washtub

**tinaco** SM (*Méx*) (= *cisterna*) water tank; (*Andes, Méx*) (= *vasija*) tall earthenware jar

**tinaja** SF large earthenware jar

**tinajero** SM stone water filter

**tinca** SF [1] (*Cono Sur*) (= *capirotazo*) flip, flick
[2] (*Andes*) bowls *pl*
[3] (*Cono Sur*) (= *pálpito*) hunch

**tincada** SF (*Cono Sur*) hunch

**tincanque** SM (*Cono Sur*) = **tinca 1**

**tincar*** ▸conjug 1g◂ VI (*Chile*) [1] (= *presentir*) to have a hunch about; **me tinca que …** it seems to me that …, I have a feeling that…
[2] (= *apetecer*) to like, fancy*; **me tinca** I like it; **no me tinca** I don't fancy the idea
[3] (= *dar un capirotazo a*) to flip, flick

**tincazo** SM (*Cono Sur*) = **tinca 1**

**tinctura** SF tincture

**tinerfeño/a** Ⓐ ADJ of/from Tenerife
Ⓑ SM/F native/inhabitant of Tenerife; **los ~s** the people of Tenerife

**tinga*** SF (*Méx*) row, uproar

**tingar** ▸conjug 1h◂ VT (*Andes*) to flip, flick

**tinglado** SM [1] (= *tablado*) platform; (= *cobertizo*) shed
[2] (*) (= *sistema*) set-up; **está metida en el ~ del espiritismo** she's into the spiritualism thing; **conocer el ~** to know the score*; **montar el ~** to get going, set up in business; **montar su ~** to do one's own thing*
[3] (= *intriga*) plot, intrigue; (= *truco*) trick; **armar un ~** to hatch a plot
[4] (= *follón*) mess

**tingo** SM (*Andes*), **tingue** SM (*Andes*) = **tinca 1**

**tinieblas** SFPL [1] (= *oscuridad*) dark(ness) *sing*; (= *sombras*) shadows; (= *tenebrosidad*) gloom *sing*
[2] (= *confusión*) confusion *sing*; (= *ignorancia*) ignorance *sing*; **estamos en ~ sobre sus proyectos** we are in the dark about his plans

**tino¹** SM [1] (= *habilidad*) skill, knack, feel; (= *seguridad*) (sureness of) touch; (= *conjeturas*) (good) guesswork; (*Mil*) (= *puntería*) (accurate) aim; **coger el ~** to get the feel *o* hang of it; **a ~** gropingly; **a buen ~** by guesswork
[2] (= *tacto*) tact; (= *perspicacia*) insight, acumen; (= *juicio*) good judgement; **sin ~** foolishly; **obrar con mucho ~** to act very wisely; **perder el ~** to act foolishly, go off the rails; ✦***MODISMO* sacar de ~ a algn** (= *enfadar*) to exasperate sb, infuriate sb; (= *confundir*) to confuse sb
[3] (= *moderación*) moderation; **sin ~** immoderately; **comer sin ~** to eat to excess; **gastar sin ~** to spend recklessly

**tino²** SM [1] (= *tina*) vat; [*de piedra*] stone tank
[2] (= *lagar*) winepress; [*de aceite*] olive press

**tinoso** ADJ (*Andes*) (= *hábil*) skilful, skillful (*EEUU*), clever; (= *juicioso*) sensible; (= *moderado*) moderate; (= *diplomático*) tactful

**tinque** SM (*Cono Sur*) = **tinca 1**

**tinta** SF [1] (*para escribir*) ink; **con ~** in ink; ✦***MODISMOS* saber algo de buena ~** to know sth on good authority; **sudar ~*** to slog, slave one's guts out* ► **tinta china** Indian ink, India ink (*EEUU*) ► **tinta de imprenta** printing ink, printer's ink ► **tinta de marcar** marking ink ► **tinta indeleble** indelible ink ► **tinta invisible**, **tinta simpática** invisible ink
[2] [*de pulpo, calamar*] ink; **calamares en su ~** squid in their own ink
[3] (*Arte*) (= *color*) colour, color (*EEUU*); **tintas** (*liter*) shades, hues; **media ~** half-tone, tint; ✦***MODISMOS* cargar las ~s** to exaggerate; **medias ~s** (= *medidas*) half measures; (= *ideas*) half-baked ideas; (= *respuestas*) inadequate answers
[4] (= *tinte*) dye

**tintar** ▸conjug 1a◂ VT to dye

**tinte** SM [1] (= *acto*) dyeing
[2] (= *producto*) dye, dyestuff; (*para madera*) stain
[3] (= *tintorería*) dry cleaner's; (= *taller*) dyer's (shop)
[4] (= *tendencia*) hint; **sin el menor ~ político** without the slightest hint of politics, with no political overtones whatsoever
[5] (= *barniz*) veneer, gloss; **tiene cierto ~ de hombre de mundo** he has a slight touch of the man of the world about him

**tinterillo** SM [1] (= *empleado*) penpusher, pencil pusher (*EEUU*), small-time clerk
[2] (*LAm*) (= *abogado*) shyster lawyer*

**tintero** SM [1] (= *recipiente*) inkpot, ink bottle (*EEUU*), inkwell; ✦***MODISMO* dejarse algo en el ~** (= *olvidar*) to forget about sth; (= *no mencionar*) to leave sth unsaid; **no se deja nada en el ~** she leaves nothing unsaid
[2] (*LAm*) (= *plumas*) desk set, writing set

**tintillo** SM (*Cono Sur*) red wine

**tintín** SM [*de campanilla*] tinkle, tinkling; [*de cadena, llaves*] jingle; [*de copas, tazas*] clink, chink

**tintinear** ▸conjug 1a◂ VI [*campanilla*] to tinkle; [*cadena, llaves*] to jingle; [*copas, tazas*] to clink, chink

**tintineo** SM = **tintín**

**tinto** Ⓐ ADJ [1] [*vino*] red
[2] (= *teñido*) dyed; (= *manchado*) stained; **~ en sangre** stained with blood, bloodstained
Ⓑ SM [1] (= *vino*) red wine; **un ~** a (glass of) red wine
[2] (*Col*) (= *café*) black coffee

**tintorera** SF (= *pez*) shark; (*Andes, CAm, Méx*) female shark; *ver tb* **tintorero**

**tintorería** SF [1] (= *tienda*) dry cleaner's
[2] (= *actividad*) dyeing; (= *fábrica*) dyeworks; (= *establecimiento*) dyer's, dyer's shop

**tintorero/a** SM/F (= *que tiñe*) dyer; (= *que limpia en seco*) dry cleaner; *ver tb* **tintorera**

**tintorro*** SM plonk*, cheap red wine

**tintura** SF [1] (= *acto*) dyeing
[2] (*Quím*) dye, dyestuff; (*Téc*) stain
[3] (*Farm*) tincture ► **tintura de tornasol** litmus ► **tintura de yodo** (tincture of) iodine
[4] (= *poquito*) smattering; (= *barniz*) thin veneer

**tinturar** ▸conjug 1a◂ VT [1] (= *teñir*) to dye
[2] (= *instruir*) **~ a algn** to give sb a rudimentary knowledge, teach sb superficially

**tiña** SF [1] (*Med*) ringworm
[2] (= *pobreza*) poverty
[3] (= *tacañería*) meanness

**tiñoso** ADJ [1] (*Med*) scabby, mangy
[2] (= *miserable*) poor, wretched
[3] (= *tacaño*) mean

**tío/a** SM/F [1] (= *pariente*) uncle/aunt; **mi ~ Ignacio** my uncle Ignacio; **mis ~s** (= *sólo hombres*) my uncles; (= *hombres y mujeres*) my uncle(s) and aunt(s); **el ~ Sam** Uncle Sam; ✦***MODISMOS* ¡no hay tu tía!*** nothing doing!; **¡cuéntaselo a tu tía!*** pull the other one!* ► **tío/a abuelo/a** great-uncle/great-aunt ► **tío/a carnal** blood uncle/aunt

[2] (*) (= *hombre*) guy*, bloke*; (= *mujer*) woman; (= *chica*) girl; **¿quién es ese ~?** who's that guy *o* bloke?*; **los ~s** guys*, blokes*; **las tías** women; **¡qué ~! ¡no ha perdido un solo partido!** the guy's incredible, he hasn't lost a single match!*; **¡qué ~! ¡nunca me deja en paz!** the guy's a real pain, he won't leave me alone!*; ✦***MODISMOS*** **es un ~ grande** ◊ **es un ~ con toda la barba** he's a great guy *o* bloke* ► **tío/a bueno/a** hunk*/stunner*; **¡tía buena!** hello gorgeous!*
[3] (††) *title given to older people in traditional rural communities*; **ha muerto el ~ Francisco** old Francisco has died

**tiovivo** SM roundabout, carousel (*EEUU*), merry-go-round

**tipa** SF (*Andes, Cono Sur*) large wicker basket; *ver tb* **tipo**

**tipazo*** SM [1] (= *tipo*) [*de hombre*] build; [*de mujer*] figure; **¡qué ~ tiene Raquel!** what a figure Raquel's got!
[2] (= *hombre*) (*grande*) tall chap*, big guy*; (*arrogante*) arrogant fellow; (*Andes*) (= *importante*) bigwig*

**tipear** ▸conjug 1a◂ VT, VI (*LAm*) to type

**tipejo/a*** SM/F (*raro*) oddball*, queer fish*; (*despreciable*) nasty character

**tiperrita** SF (*Caribe*) typist

**tipiadora**† SF [1] (= *máquina*) typewriter
[2] (= *persona*) typist

**típicamente** ADV typically

**tipicidad** SF genuineness, authenticity

**típico** ADJ [1] (= *característico*) typical; **es muy ~ de él** it's typical of him; **¡lo ~!** typical!
[2] (= *pintoresco*) full of local colour *o* (*EEUU*) color; (= *tradicional*) traditional; (= *regional*) regional; [*costumbre*] typical; **es la taberna más típica de la ciudad** it's the most picturesque pub in town; **no hay que perderse tan típica fiesta** you shouldn't miss a festivity so full of local colour *o* tradition; **es un traje ~** it is a traditional costume; **baile ~** regional dance, national dance

**tipificación** SF classification

**tipificar** ▸conjug 1g◂ VT [1] (= *clasificar*) to class, consider (**como** as)
[2] (= *ser típico de*) to typify, characterize

**tipismo** SM (= *color*) local colour, local color (*EEUU*); (= *interés folklórico*) picturesqueness; (= *tradicionalismo*) traditionalism; (= *regionalismo*) regional character

**tiple** Ⓐ SM [1] (*Mús*) (= *persona*) treble, boy soprano
[2] (= *voz*) soprano
Ⓑ SF (*cantante*) soprano

**tipo/a** Ⓐ SM/F (*) (= *individuo*) (= *hombre*) guy*, bloke*; (= *mujer*) chick*, bird*, dame (*EEUU**); **¿quién es ese ~?** who's that guy *o* bloke?*; **dos ~s sospechosos** two suspicious characters*; *ver tb* **tipa**
Ⓑ SM [1] (= *clase*) type, kind, sort; **un coche de otro ~ pero del mismo precio** a different type *o* kind *o* sort of car but for the same price; **un nuevo ~ de bicicleta** a new type of bicycle; **no me gusta este ~ de fiestas** I don't like this kind of party; **todo ~ de ...** all sorts *o* kinds of ...; **tuvimos todo ~ de problemas** we had all sorts *o* kinds of problems
[2] (*Bot, Literat, Zool*) type
[3] (*Com, Fin*) rate ► **tipo a término** forward rate ► **tipo bancario**, **tipo base** base rate ► **tipo de cambio** exchange rate ► **tipo de descuento** discount rate ► **tipo de interés** interest rate ► **tipo impositivo** tax rate
[4] (= *figura, cuerpo*) [*de hombre*] build; [*de mujer*] figure; **tiene el ~ de su padre** he has his father's build; **tener buen ~** [*hombre*] to be well built; [*mujer*] to have a good figure; **Nuria tiene un ~ horrible** Nuria has a terrible figure; ✦***MODISMOS*** **aguantar** *o* **mantener el ~** to keep one's composure; **jugarse el ~** to risk one's neck
[5] (*Tip*) type ► **tipo de letra** typeface ► **tipo gótico** Gothic type ► **tipo menudo** small type
Ⓒ ADJ INV [1] (= *similar a*) **un sombrero ~ Bogart** a Bogart-style hat; **una joven ~ Marilyn** a girl in the Marilyn mould; **una foto ~ carné** a passport-size photo; **un vehículo ~ jeep** a jeep-type vehicle
[2] (= *típico*) average, typical; **dos conductores ~** two average *o* typical drivers; **lengua ~** standard language

**tipografía** SF [1] (= *arte*) typography
[2] (= *taller*) printing works, printing press

**tipográfico** ADJ typographical, printing *antes de s*

**tipógrafo/a** SM/F printer

**tipología** SF typology

**tiposo** ADJ (*Andes*) ridiculous, eccentric

**típula** SF cranefly, daddy-long-legs

**tique** SM = **tíquet**

**tiquear** ▸conjug 1a◂ VT (*Cono Sur*) to punch

**tíquet** ['tike] SM (*pl* **tíquets** ['tike]) (= *billete*) ticket; (= *recibo de compra*) receipt; (*Andes*) (= *etíqueta*) label

**tiquismiquis*** Ⓐ SMF INV (= *persona*) fusspot*, fussbudget (*EEUU**)
Ⓑ SMPL [1] (= *escrúpulos*) silly scruples; (= *detalles*) fussy details; (= *quejas*) silly *o* trivial objections
[2] (= *cortesías*) affected courtesies, bowing and scraping
[3] (= *riñas*) bickering *sing*, squabbles
[4] (= *molestias*) minor irritations, pinpricks

**tiquitique*** SM **estar en el ~** to be gossiping

**tira**[1] Ⓐ SF [1] [*de tela*] strip; [*de zapato*] strap; **cortar algo en ~s** to cut sth into strips ► **tira cómica** comic strip ► **tira de películas** film strip ► **tira publicitaria** flysheet, advertising leaflet
[2] (*) ✦***MODISMO*** **la ~***: **me gusta la ~** I love it; **ganan la ~** they earn a packet*; **de eso hace la ~** that was ages ago; **la ~ de** loads of*, masses of; **estoy desde hace la ~ de tiempo** I've been here for absolutely ages
Ⓑ SM ► **tira y afloja** (= *negociaciones*) hard bargaining; (= *concesiones*) give and take, mutual concessions *pl*

**tira**[2] Ⓐ SF (*CAm, Méx**) police, cops* *pl*
Ⓑ SM (*Cono Sur**) (plainclothes) cop*, detective

**tirabuzón** SM [1] (= *rizo*) curl, ringlet
[2] (= *sacacorchos*) corkscrew; ✦***MODISMO*** **sacar algo a algn con ~** to drag sth out of sb
[3] (*Natación*) twist, corkscrew

**tirachinas** SM INV catapult, slingshot (*EEUU*)

**tirada** SF [1] [*de dados, dardos*] throw; **en la primera ~ hizo diez puntos** he scored ten points in the first throw; **de una ~** in one go; **leyó la novela de una ~** he read the novel straight through in one go
[2] (= *distancia*) distance; **de aquí a Almería hay una ~ de 18kms** the distance from here to Almería is 18km; **aún nos queda una buena ~** we've still got a long way to go
[3] (*Tip*) (= *acto*) printing; (= *ejemplares impresos*) print run; (= *ejemplares vendidos*) circulation; **han hecho una ~ de 5.000 ejemplares** they have done a print run of 5,000 copies; **la revista tiene una ~ semanal de 200.000 ejemplares** the magazine has a weekly circulation of 200,000 copies ► **tirada aparte** offprint
[4] (= *retahíla*) string
[5] (*Cos*) length
[6] (*LAm*) (= *discurso*) boring speech
[7] (*Cono Sur*) (= *indirecta*) hint
[8] (*Caribe*) (= *mala pasada*) dirty trick

**tiradera** SF [1] (*CAm, Caribe, Cono Sur*) (= *faja*) sash; (= *correa*) belt, strap; (*Caribe*) [*de caballo*] harness strap, trace
[2] (*Andes, CAm**) (= *mofa*) taunt

**tiradero** SM (*Méx*) (= *vertedero*) tip, rubbish-dump; (= *suciedad, desorden*) mess; **esta casa es un ~** this house is a tip*

**tirado/a** Ⓐ ADJ [1] (= *tumbado*) **estar ~** to be lying; **siempre está ~ en el sofá** he's always lying on the sofa; **los juguetes estaban ~s por toda la habitación** the toys were lying *o* strewn all over the room
[2] (*) (= *barato*) **estar ~** to be dirt-cheap*
[3] (*) (= *fácil*) **estar ~** to be dead easy *o* a cinch*; **esa asignatura está tirada** that subject is dead easy*, that subject is a cinch*
[4] (*) **dejar ~ a algn** to leave sb in the lurch; **quedarse ~** to be left in the lurch
[5] (= *embarcación*) rakish
Ⓑ SM/F (*) (= *colgado*) ho-hoper*

**tirador(a)** Ⓐ SM/F (= *persona*) marksman/markswoman, shooter; (*CAm, Méx*) (= *cazador*) hunter; **es un buen ~** he's a good shot ► **tirador(a) apostado/a** sniper ► **tirador(a) certero/a** sharpshooter
Ⓑ SM [1] [*de cajón*] handle; [*de puerta*] knob
[2] [*de campanilla*] bell pull
[3] (= *tirachinas*) catapult, slingshot (*EEUU*)
[4] (*Arte, Téc*) (= *pluma*) drawing pen
[5] (*Andes, Cono Sur*) (= *cinturón*) wide gaucho belt
[6] **tiradores** (*Cono Sur*) (= *tirantes*) braces, suspenders (*EEUU*)

**tiragomas** SM INV catapult, slingshot (*EEUU*)

**tiraje** SM [1] (*Tip*) (= *impresión*) printing; (= *cantidad*) print run
[2] (*CAm, Cono Sur, Méx*) [*de chimenea*] chimney flue

**tiralevitas** SMF INV bootlicker*

**tiralíneas** SM INV drawing pen, ruling pen

**tiranía** SF tyranny

**tiránicamente** ADV tyrannically

**tiranicida** SMF tyrannicide (*person*)

**tiranicidio** SM tyrannicide (*act*)

**tiránico** ADJ (*gen*) tyrannical; [*amor*] possessive, domineering; [*atracción*] irresistible, all-powerful

**tiranizar** ▸conjug 1f◂ VT (= *oprimir*) to tyrannize; (= *gobernar*) to rule despotically; (= *dominar*) to domineer

**tirano/a** Ⓐ ADJ (= *tiránico*) tyrannical, despotic; (= *dominante*) domineering
Ⓑ SM/F tyrant, despot
Ⓒ SM (*Méx**) (= *policía*) cop*

**tirantas** SFPL (*Andes, Méx*) braces, suspenders (*EEUU*)

**tirante** Ⓐ ADJ [1] [+ *soga*] tight, taut; (= *tensado*) tensed, drawn tight
[2] [*relaciones, situación*] (= *tenso*) tense, strained; **estamos algo ~s** things are rather strained between us
[3] (*Fin*) tight
Ⓑ SM [1] [*de vestido*] shoulder strap; **tirantes** [*de pantalones*] braces, suspenders (*EEUU*); **vestido sin ~s** strapless dress
[2] (*Arquit*) crosspiece, brace; (*Mec*) strut, brace; [*de arreos*] trace

**tirantear** ▸conjug 1a◂ VT (*CAm, Cono Sur*) to stretch

**tirantez** SF [1] (*Téc etc*) tightness, tension
[2] (*fig*) (= *tensión*) tension, strain; **la ~ de las relaciones con Eslobodia** the strained relations with Slobodia, the tense state of relations with Slobodia; **ha disminuido la ~** the tension has lessened
[3] (*Fin*) tightness

**tirar**

▸conjug 1a◂
[A] VERBO TRANSITIVO [C] VERBO PRONOMINAL
[B] VERBO INTRANSITIVO
*Para las expresiones como* ***tirar de la lengua, tirar de la manta, tirar por la borda, tirar por tierra****, ver la otra entrada.*

Ⓐ VERBO TRANSITIVO
[1] [= ***lanzar***] to throw; **tiró un papel por la ventanilla** he threw a piece of paper out of the window; **~ algo a algn** (*para que lo coja*) to throw sth to sb; (*para hacer daño*) to throw sth at sb; **tírame la pelota** throw me the ball; **les tiraban piedras a los soldados** they were throwing stones at the soldiers; **me tiró un beso** she blew me a kiss
[2] [= ***derribar***] [+ *edificio*] to pull down; [+ *jarrón, silla, estatua*] to knock over; [+ *pared, verja*] to knock down; **van a ~ la casa** they are going to demolish *o* pull down the house; **la moto la tiró al suelo** the motorbike knocked her over; **el viento ha tirado la valla** the wind has knocked the fence down; **¡abre, o tiro la puerta abajo!** open up, or I'll break the door down!
[3] [= ***dejar caer***] to drop; **tropezó y tiró la bandeja** she tripped and dropped the tray; **han tirado muchas bombas en la capital** many bombs have been dropped on the capital
[4] [= ***desechar***] to throw away; **no tires las sobras, que se las voy a dar al perro** don't throw away the leftovers, I'll give them to the dog; **tira las sobras a la basura** throw the leftovers in the bin; **no tires el aceite por el sumidero** don't tip *o* pour the oil down the drain; **estos pantalones están para ~los** these trousers have had it, these trousers are about ready for the dustbin; **no hay que ~ la comida** you shouldn't waste food
[5] [= ***malgastar***] [+ *dinero*] to waste; [+ *fortuna*] to squander; **has tirado el dinero comprando eso** it was a waste of money buying that, you wasted your money buying that
[6] [= ***disparar***] [+ *tiro*] to fire; [+ *flecha*] to shoot; [+ *cohete*] to launch, fire; **el aparato tira el proyectil a 2.000m** the machine throws the projectile 2,000m
[7] [+ ***foto***] to take
[8] [= ***dar, pegar***] **deja ya de ~ patadas** stop kicking; **la mula le tiró una coz** the mule kicked him *o* gave him a kick; **¡mamá, Carlos me ha tirado un mordisco!** Carlos has bitten me, Mum!
[9] [***Tip***] (= *imprimir*) to print, run off
[10] [= ***trazar***] [+ *línea*] to draw, trace
[11] [*: = ***suspender***] **ya me han vuelto a ~ en química** I've failed chemistry again, I've flunked chemistry again (*esp EEUU**)
[12] [***Andes***: = ***usar***] to use; **~ brazo** to swim
[13] [***Andes, Caribe, Cono Sur***: = ***acarrear***] to cart, haul, transport
[14] **~la de**† (= *dárselas de*) to fancy oneself as, pose as

Ⓑ VERBO INTRANSITIVO
[1] [***haciendo fuerza***] [1·1] (= *traer hacia sí*) to pull; **¡tira un poco más fuerte!** pull a bit harder!; **~ de** [+ *soga, cuerda*] to pull; **tire de ese cabo** pull that end; **¡no le tires de la trenza a tu hermana!** don't pull your sister's pigtail!; **~ de la cadena (del wáter)** to flush the toilet, pull the chain; **~ de la manga a algn** to tug at sb's sleeve; **"tirar"** (*Esp*) (*en puerta etc*) "pull"; **"tire"** (*LAm*) (*en puerta etc*) "pull"
[1·2] (= *llevar tras sí*) **~ de** to pull; **un burro tiraba de la carreta** a donkey was pulling the cart along, the cart was drawn by a donkey; **los niños tiraban del trineo** the children were pulling the sledge along
[2] [*: = ***atraer***] **no le tira el estudio** studying does not appeal to him, studying holds no attraction for him; **la patria tira siempre** one's native land always exerts a powerful pull
[3] [= ***estar tirante***] [*ropa*] to be tight; **este vestido tira un poco de aquí** this dress is a bit tight here; **me tira de sisa** it's tight round my armpits
[4] [= ***usar***] **~ de** [+ *espada, navaja*] to draw; **~on de cuchillos** they drew their knives; **tiramos de diccionario y lo traducimos en un minuto*** if we use a dictionary it will just take a minute to translate
[5] [= ***disparar***] to shoot; **¡no tires!** don't shoot!; **~ con bala** to use live ammunition; **~ al blanco** to aim; **~ a matar** to shoot to kill; **los guardas tiraban a matar** the guards were shooting to kill; **mi jefa es de las que tiran a matar** my boss is the sort of person who goes for the kill
[6] [***Dep***] (*con balón*) to shoot; (*con fichas, cartas etc*) to go, play; **¡tira!** shoot!; **tiró fuera de la portería** he shot wide of the goal; **tira tú ahora** it's your go now; **~ a puerta** (*Esp*) to shoot at goal
[7] [*: = ***arreglárselas***] to get by; **podemos ~ con menos dinero** we can get by on less money; **ir tirando** to get by, manage; **—¿qué tal esa salud? —vamos tirando** "how's your health?" — "we're getting by"
[8] [= ***funcionar***] [*motor*] to pull; [*chimenea, puro*] to draw, pull; **el motor no tira** the engine isn't pulling; **esta moto no tira** there's no life in this motorbike
[9] [= ***ir***] to go; **tire usted adelante** go straight on; **¡tira de una vez!** get on with it!, go on, then!; **~ a la derecha** to turn right; **~ por una calle** to turn down a street, go off along a street
[10] [*: = ***durar***] to last; **esos zapatos ~án todavía otro invierno** those shoes will last another winter yet
[11] [***seguido de preposición***]
◆ **tirar a** (= *tender*) **tiene el pelo rubio tirando a rojizo** he has reddish blond hair; **es mediocre tirando a malo** it's middling to bad, it's mediocre verging on bad; **tira más bien a cuidadoso** he's on the careful side; **tira a su padre** he takes after his father
◆ **tirar para** (= *aspirar a ser*) **la pequeña tira para actriz** the little girl has ambitions of becoming an actress; **tira para médico** he's attracted towards a career in medicine
[12] ✦***MODISMO*** **a todo ~** at the most; **nos queda gasolina para 20km a todo ~** we have only enough petrol for 20kms at the most *o* at the outside; **llegará el martes a todo ~** he'll arrive on Tuesday at the latest
[13] [***LAm*****: ***sexualmente***] to screw**

Ⓒ **tirarse** VERBO PRONOMINAL
[1] [= ***lanzarse***] to throw o.s.; **~se al suelo** to throw o.s. to the ground; **~se por una ventana** to jump from *o* out of a window, throw o.s. out of a window; **~se por un precipicio** to throw o.s. over a cliff; **~se al agua** (*gen*) to plunge into the water; (*de cabeza*) to dive *o* plunge into the water; **~se en la cama** to lie down in bed; **~se en paracaídas** to parachute (down); (*en emergencia*) to bale out; **~se sobre algn** to rush at sb, spring on sb
[2] [*: = ***pasar***] to spend; **se tiró dos horas arreglándolo** he spent two hours fixing it; **me tiré mucho tiempo haciéndolo** I spent a lot of time doing it, it took me a long time to do it
[3] [= ***expeler***] **~se un eructo*** to burp*, belch, break wind; **~se un pedo*** to fart*
[4] **~se a algn**** (*sexualmente*) to screw sb**, lay sb*
[5] [*: = ***irse***] **~se a otra parte** to clear off somewhere else*

**tirilla** SF [1] (= *tira*) band, strip; (*Cos*) neckband
[2] (*Cono Sur*) (= *ropa*) shabby dress, ragged garment

**tirillas*** SMF INV [1] (= *mequetrefe*) unimportant person, nobody; **¡vete, ~!** get along, little man!
[2] (= *enclenque*) undersized individual, runt

**tirillento** ADJ (*LAm*) ragged, shabby

**tirita** SF [1] (*Med*) (sticking) plaster, Band-Aid® (*EEUU*)
[2] (*Cos*) tag, tape (*for name on clothing*)

**tiritaña*** SF mere trifle

**tiritar** ▸conjug 1a◂ VI [1] (*de frío, miedo*) to shiver (**de** with)
[2] (*) ✦***MODISMO*** **dejaron el pastel tiritando** they almost finished the cake off; **esta botella ha quedado tiritando** there isn't much left of this bottle

**tiritón** SM shiver

**tiritona** SF shivering (fit)

**Tiro** SM Tyre

**tiro** SM [1] (= *disparo*) shot; **oímos un ~** we heard a shot; **resultó herido con un ~ de bala en la pierna** he received a gunshot wound to the leg; **lo mataron de un ~** they shot him dead; **se oyeron varios ~s a lo lejos** gunfire was heard *o* shots were heard in the distance; **a tiros**: **liarse a ~s con algn** (*lit*) to have a gunfight with sb; (*fig*) to get involved in a slanging match with sb; **tendrán que decidirlo a ~s** they'll have to shoot it out; **ma-**

**tar a algn a ~s** to shoot sb (dead); **pegar un ~ a algn** to shoot sb; **le pegó un ~ a su amante** she shot her lover; **¡que le peguen cuatro ~s!** he ought to be shot!; **se pegó un ~** he shot himself; ✦***MODISMOS*** **a ~ de piedra** a stone's throw away; **a ~ fijo*** for sure; **lo sé a ~ fijo** I know for sure; **esperar a ver por dónde van los ~s** to wait and see which way the wind is blowing; **creían que era un problema de trabajo, pero por ahí no iban los ~s** they thought the problem was work-related, but they were wide of the mark; **ir de ~s largos** to be all dressed up, wear one's Sunday best; **ni a ~s***: **no lo haría ni a ~s** I wouldn't do it for love or money; **salir el ~ por la culata**: **le salió el ~ por la culata** it backfired on him; **sentar como un ~***: **me sienta como un ~** [*obligación*] it's a real pain*; [*ropa, peinado*] it looks really awful *o* terrible on me*; [*comida*] it really doesn't agree with me; **me sentó como un ~ que no viniera a la cita** I was really miffed that she didn't turn up* ► **tiro al blanco** target practice ► **tiro al pichón** clay pigeon shooting ► **tiro al plato** trap shooting, clay pigeon shooting ► **tiro con arco** archery ► **tiro de escopeta** gunshot ► **tiro de gracia** coup de grâce ► **tiro de pichón** clay pigeon shooting; *ver tb* **campo 4**, **galería 1**

2 (= *alcance*) range; **estar a ~** to be within range; **cuando el jabalí estuvo a ~** once the boar was within range; **tenía varios ejemplares a ~** she had several copies to hand; **si se pone a ~, lo mato** if he comes near me, I'll kill him; **le pide dinero al primero que se le pone a ~** she's always asking the first person who comes along for money; **tener algo a ~** to be within one's reach, have within one's reach; **a ~ de fusil** within shooting distance

3 (*Dep*) (= *lanzamiento*) shot; **parar un ~** to stop a shot ► **tiro a gol** shot at goal ► **tiro de aproximación** (*Golf*) approach shot ► **tiro de revés** backhand (shot) ► **tiro libre** (*en fútbol*) free kick; (*en baloncesto*) free throw

4 [*de animales*] team; **animal de ~** draught animal; **caballo de ~** carthorse

5 [*de pantalón*] *distance between crotch and waist*; **el pantalón me va corto de ~** the trousers are too tight around my crotch

6 (*Arquit*) (*en escalera*) flight of stairs; [*de chimenea*] draught, draft (*EEUU*)

7 (*Min*) (= *pozo*) shaft ► **tiro de mina** mineshaft

8 (*para tirar*) (= *cuerda*) rope, cord; (= *cadena*) chain; [*de timbre*] bellpull; [*de arreos*] brace, strap

9 **tiros** (*Mil*) swordbelt *pl*; (*Cono Sur*) braces, suspenders (*EEUU*)

10 (*Méx**) (= *éxito*) hit*, success

11 (*LAm*) (*otras locuciones*) **a ~ de hacer algo** about to do sth, on the point of doing sth; ✦***MODISMOS*** **al ~** (*esp Chile**) at once, right away; **de a ~** completely; **del ~** consequently; **hacer algo de un ~** to do sth in one go

12 (*Andes, Cono Sur, Méx*) (= *canica*) marble

13 (*Cono Sur*) (*en carreras*) distance, course

14 (*Méx*) (= *ejemplar*) issue; (= *edición*) edition

15 (*Cono Sur*) (= *indirecta*) hint

16 (*Caribe*) (= *astucia*) craftiness, cunning

**tiroideo** ADJ thyroid

**tiroides** Ⓐ ADJ INV thyroid
Ⓑ SM INV (*a veces* SF) thyroid (gland)

**Tirol** SM **El ~** the Tyrol

**tirolés/esa** ADJ, SM/F Tyrolean

**tirón**[1] SM 1 (= *acción*) pull, tug; **dar un ~ a algo** to give sth a pull *o* tug, pull *o* tug at sth; **me dio un ~ del jersey** she pulled *o* tugged at my jumper; **le dio un ~ de pelo** she pulled his hair; **dar un ~ de orejas a algn** (*lit*) to pull *o* tug sb's ear; (*fig*) to tell sb off; **me lo arrancó de un ~** she suddenly jerked it away from me; ✦***MODISMO*** **aguantar el ~** to ride out *o* weather the storm

2 (*en músculo, tendón*) **sufrió un ~ en la pantorrilla** he pulled a calf muscle ► **tirón muscular** pulled muscle

3 (= *robo*) bag-snatching; **el ~ es el delito más común** bag-snatching is the most common crime; **intentó darle el ~** he tried to snatch her bag

4 (*de un coche, motor*) sudden jerk, sudden jolt

5 ✦***MODISMO*** **de un ~**: **leyó la novela de un ~** he read the novel straight through in one go; **se lo bebió de un ~** he drank it down in one go; **trabajan diez horas de un ~** they work ten hours at a stretch; **he dormido toda la noche de un ~** I slept right through the night

**tirón**[2] SM (= *persona*) tyro, novice

**tironear** ▸conjug 1a◂ VT (*esp LAm*) = **tirar B1.1**

**tironero** SM/F, **tironista** SMF bag-snatcher

**tirotear** ▸conjug 1a◂ Ⓐ VT (= *disparar*) to shoot at, fire on; (= *matar*) to shoot, shoot down
Ⓑ **tirotearse** VPR to exchange shots

**tiroteo** SM (= *tiros*) shooting, exchange of shots; (= *escaramuza*) skirmish; (= *batalla*) gunfight; (*con policía*) shoot-out ► **tiroteo cruzado** crossfire

**Tirreno** ADJ **Mar ~** Tyrrhenian Sea

**tirria*** SF dislike; **tener ~ a algn** to dislike sb, have a grudge against sb

**tisaje** SM weaving

**tisana** SF tisane, herbal tea

**tísico/a** Ⓐ ADJ consumptive, tubercular
Ⓑ SM/F consumptive

**tisiquento** ADJ (*Cono Sur*), **tisiquiento** ADJ (*Cono Sur Med*) consumptive; (*de aspecto*) pale and thin

**tisis** SF INV consumption, tuberculosis

**tisú** SM (*pl* **tisús**) (= *tela*) lamé; (= *pañuelo*) tissue

**tisular** ADJ tissue *antes de s*

**tít.** ABR = **título**

**Titán** SM Titan

**titán** SM titan, giant; **una tarea de titanes** a titanic task; **un combate de titanes** a titanic struggle

**titánico** ADJ titanic

**titanio** SM titanium

**titeador*** ADJ (*Andes, Cono Sur*) mocking, derisive

**titear*** ▸conjug 1a◂ VT (*Andes, Cono Sur*) to mock, scoff at, to make fun of

**titeo*** SM (*Andes, Cono Sur*) mockery, scoffing; **tomar a algn para el ~** to scoff at sb, make fun of sb

**títere** Ⓐ SM 1 (= *marioneta*) puppet; ✦***MODISMO*** **no dejar ~ con cabeza** (= *cambiar*) to turn everything upside down; (= *romper*) to break up everything in sight; (= *criticar*) to spare no one

2 **títeres** (= *espectáculo*) puppet show *sing*; (= *arte*) puppetry *sing*

3 (= *persona*) puppet, tool

Ⓑ ADJ INV **gobierno ~** puppet government

**titi*** SF bird*, chick*

**tití** SM (*LAm*) capuchin (monkey)

**titilante** ADJ twinkling

**titilar** ▸conjug 1a◂ VI [*luz, estrella*] to twinkle; [*párpado*] to flutter, tremble

**titipuchal*** SM (*Méx*) (noisy) crowd

**titiritaña** SF (*Méx*) 1 (= *espectáculo*) puppet show

2 (= *cosa insignificante*) piece of trivia; **de ~** sickly

**titiritero/a** SM/F 1 (= *que maneja marionetas*) puppeteer

2 (= *acróbata*) acrobat; (= *malabarista*) juggler; (= *artista de circo*) circus artist

**tito/a*** SM/F uncle/auntie*

**Tito Livio** SM Livy

**titubeante** ADJ 1 (= *que duda*) hesitant

2 (= *que balbucea*) stuttering

3 [*discurso, voz*] halting

**titubear** ▸conjug 1a◂ VI 1 (= *vacilar*) to hesitate, vacillate; **no ~ en hacer algo** not to hesitate to do sth; **respondió sin ~** he answered without hesitation

2 (= *balbucear*) to stutter

**titubeo** SM 1 (= *vacilación*) hesitation, vacillation; **proceder sin ~s** to act without hesitation, act resolutely

2 (= *balbuceo*) stuttering

▼ **titulación** SF (*Univ*) degrees and diplomas *pl*; **"se necesita ~ universitaria"** "university degree required"

**titulado/a** Ⓐ ADJ 1 [*libro*] entitled; **una obra titulada "Sotileza"** a book entitled "Sotileza"

2 [*persona*] with a degree, qualified; **~ en ingeniería** with a degree in engineering

Ⓑ SM/F graduate

**titular** Ⓐ ADJ **jugador ~** regular first-team player; **juez ~** *judge assigned to a particular court*; **médico ~** *doctor assigned to a particular post in the public health care system*; **profesor ~** *teacher assigned to a particular post in the state education system*

Ⓑ SMF 1 [*de puesto*] holder, incumbent; (*Rel*) incumbent

2 [*de cuenta, pasaporte*] holder; [*de coche, vivienda*] owner

3 (*Dep*) regular first-team player; (*LAm*) captain

Ⓒ SM (*Prensa*) headline; **los ~es** (*Radio, TV*) the (news) headlines

Ⓓ VT ▸conjug 1a◂ [+ *libro, película*] to title, entitle; **tituló la obra "Fiesta"** he (en)titled the play "Fiesta"; **¿cómo vas a ~ el trabajo?** what title are you going to give the essay?

Ⓔ **titularse** VPR 1 [*novela, poema*] **¿cómo se titula la película?** what's the title of the film?, what's the film called?; **la película se titula "Texas"** the film is called "Texas", the title of the film is "Texas"

2 (*Univ*) to graduate; **~se en algo** to graduate in sth

**titularidad** SF 1 (= *propiedad*) ownership; **empresa de ~ pública** publicly-owned company

➤ LENGUA Y USO: **titulación** 42.4

2 (*de un cargo*) tenure; **durante la ~ de Bush** during Bush's period of office
3 (*Dep*) first place, first-team place, top spot

**titulillo** SM (*Tip*) running title, page heading; (*Prensa*) subhead, section heading; ✦*MODISMO* **andar en ~s*** to watch out for every little thing

**titulitis** SF INV (*hum*) (*en una empresa etc*) *mania for employing graduate personnel*; (*en un estudiante*) *obsession with acquiring an academic degree*

**titulización** SF (*Fin*) securitization

**titulizar** ▸conjug 1f◂ VT (*Fin*) to securitize

**título** SM 1 [*de libro, película*] title; (*en periódico*) headline; (*Jur*) heading
2 [*de campeón*] title
3 (*Educ*) (= *diploma*) certificate; (= *licenciatura*) degree; (= *calificación*) qualification; (*Caribe Aut*) driving licence, driver's license (*EEUU*); **maestro sin ~** unqualified teacher; **títulos** qualifications; **tener los ~s para un puesto** to have the qualifications for a job ► **título universitario** university degree
4 (= *dignidad*) title; (= *persona*) titled person; **casarse con un ~** to marry into the nobility, marry a titled person ► **título de nobleza** title of nobility
5 (= *cualidad*) quality; **no es precisamente un ~ de gloria para él** it is not exactly a quality on which he can pride himself; **tiene varios ~s honrosos** he has several noble qualities, he has a number of worthy attributes
6 (*en presupuesto*) item
7 **a ~ de** (= *a modo de*) by way of; (= *en calidad de*) in the capacity of; **a ~ de ejemplo, ...** by way of example, ..., for example, ...; **el dinero fue a ~ de préstamo** the money was by way of (being) a loan; **a ~ de curiosidad** as a matter of interest; **ya ha comenzado a funcionar a ~ experimental** it is already being used on an experimental basis; **a ~ particular** *o* **personal** in a personal capacity, in an unofficial capacity; **a ~ póstumo** posthumously
8 [*de bienes*] title ► **título de propiedad** title deed
9 (*Fin*) (= *bono*) bond ► **título al portador** bearer bond ► **título de renta fija** fixed interest security ► **título de renta variable** variable yield security
10 (= *derecho*) right; **con justo ~** rightly; **tener ~ de hacer algo** to be entitled to do sth

**tiza** SF (*para escribir, de billar*) chalk; **una ~** a piece of chalk

**tizar** ▸conjug 1f◂ VT 1 (*Cono Sur*) (= *planear*) to plan; (= *diseñar*) to design, model
2 (*Andes*) [+ *traje*] to mark out for cutting

**tizate** SM (*CAm, Méx*) chalk

**Tiziano** SM Titian

**tizna** SF black, grime

**tiznado/a**** SM/F (*CAm, Méx*) bastard**, son of a bitch (*EEUU***)

**tiznajo*** SM = **tiznón**

**tiznar** ▸conjug 1a◂ Ⓐ VT 1 (= *ennegrecer*) to blacken, black; (= *manchar*) to smudge, stain (**de** with)
2 [+ *reputación*] to stain, tarnish; [+ *nombre, carácter*] to defame, blacken
Ⓑ **tiznarse** VPR 1 **~se la cara con hollín** to blacken one's face with soot
2 (= *mancharse*) to get smudged, get soiled
3 (*CAm, Cono Sur, Méx**) (= *emborracharse*) to get drunk

**tizne** SM (= *hollín*) soot; (= *mancha*) smut

**tiznón** SM [*de hollín*] speck of soot, smut; (= *mancha*) smudge

**tizo** SM firebrand

**tizón** SM 1 (= *madera*) firebrand; ✦*MODISMO* **negro como un ~** as black as coal
2 (*Bot*) smut
3 (= *deshonra*) stain, blemish

**tizonazos** SMPL pains of hell

**tizonear** ▸conjug 1a◂ VT [+ *fuego*] to poke, stir

**tizos:** SMPL dabs:, fingers

**tlacanear*** ▸conjug 1a◂ VT (*Méx*) to feel up:

**tlachique** SM (*Méx*) unfermented pulque

**tlacote** SM (*Méx*) growth, tumour, tumor (*EEUU*)

**tlacual:** SM (*Méx*) 1 (= *alimentos*) food; (= *comida, cena*) meal
2 (= *olla*) cooking pot

**tlapalería** SF (*Méx*) (= *ferretería*) ironmonger's (shop), hardware store; (= *papelería*) stationer's

**tlapiloya:** SF (*Méx*) clink:, jail

**tlapisquera** SF (*Méx*) shed, barn, granary

**tlascal** SM (*Méx*) tortilla

**TLC** SM ABR (= **Tratado de Libre Comercio**) NAFTA

**tlecuil** SM (*Méx*) brazier

**Tm** ABR, **tm** ABR (= **tonelada(s) métrica(s)**) tonne

**TNT** SM ABR (= **trinitrotolueno**) TNT

**toa** SF (*LAm*) hawser, rope, towrope

**toalla** SF towel; ✦*MODISMO* **arrojar** *o* **tirar la ~** to throw in the towel ► **toalla de baño** bath towel ► **toalla de mano** hand towel ► **toalla de playa** beach towel ► **toalla de rodillo** roller towel ► **toalla playera** beach towel

**toallero** SM towel rail

**toba:** SF 1 (= *colilla*) dog-end:
2 (= *puñetazo*) punch, bash*

**tobar** ▸conjug 1a◂ VT (*Andes*) to tow

**tobera** SF nozzle

**tobillera** SF 1 (*para tobillo*) ankle support
2 (*) (= *chica*) teenager, bobbysoxer (*EEUU**)

**tobillero** Ⓐ ADJ [*falda*] ankle-length
Ⓑ SM (= *calcetín*) ankle-sock; (*Dep*) ankle-guard

**tobillo** SM ankle

**tobo** SM (*Caribe*) bucket

**tobogán** SM 1 (*en parque*) slide; (*en piscina*) chute, slide ► **tobogán acuático** water slide
2 (*para nieve*) toboggan, sledge, sled (*EEUU*)
3 [*de feria*] switchback ► **tobogán gigante** roller coaster

**toc** ADV **¡toc, toc!** (*en puerta*) rat-a-tat!, knock, knock!

**toca**[1] SF 1 [*de monja*] cornet, wimple
2 (*Hist*) (= *tocado*) headdress; (= *sombrero sin ala*) toque; (= *gorrito*) bonnet ► **tocas de viuda** widow's weeds

**toca**[2] SMF (*LAm*) = **tocayo**

**tocadiscos** SM INV record player, phonograph (*EEUU*)

**tocado**[1] ADJ 1 [*fruta*] bad, rotten; [*carne etc*] tainted, bad; **estar ~** (*Dep*) to be injured; ✦*MODISMO* **estar ~ de la cabeza** to be weak in the head
2 **una creencia tocada de heterodoxia** a somewhat unorthodox belief

**tocado**[2] Ⓐ ADJ **~ con un sombrero** wearing a hat
Ⓑ SM 1 (= *prenda*) headdress
2 (= *peinado*) coiffure, hairdo
3 (= *arreglo*) toilet, washroom (*EEUU*)

**tocador**[1] SM 1 (= *mueble*) dressing table; **jabón de ~** toilet soap; **juego de ~** toilet set
2 (= *cuarto*) boudoir, dressing room ► **tocador de señoras** ladies' room
3 (= *neceser*) toilet bag

**tocador**[2]**(a)** SM/F (*Mús*) player

**tocadorista** SMF dresser

**tocamientos** SMPL (sexual) molestation *sing*

**tocante** ADJ **~ a** regarding, with regard to, about; **en lo ~ a** so far as ... is concerned, as regards

**tocar**[1] ▸conjug 1g◂ Ⓐ VT 1 (*gen*) to touch; (*para examinar*) to feel; **si lo tocas te vas a quemar** if you touch it you'll burn yourself; **¡no me toques!** don't touch me!; **que nadie toque mis papeles** don't let anyone touch my papers; **no toques el dinero como no sea para una emergencia** don't touch the money unless it's an emergency; **tócalo, verás qué suave** feel it and see how soft it is; **tócale la frente, la tiene muy caliente** feel his forehead, it's very hot; **no toques la mercancía sin guantes** don't handle the goods without gloves; **el delantero tocó la pelota con la mano** the forward handled (the ball); ✦*MODISMO* **~ madera** to touch wood, knock on wood (*EEUU*)
2 (= *estar en contacto con*) to touch; **la mesa está tocando la pared** the table is touching the wall; **ponte ahí, tocando la pared** stand up against the wall over there; **~ tierra** to touch down, land
3 (= *hacer sonar*) [+ *piano, violín, trompeta*] to play; [+ *campana, timbre*] to ring; [+ *tambor*] to beat; [+ *silbato*] to blow; [+ *disco*] to play; **el reloj de la iglesia ha tocado las diez** the church clock has just struck ten; **~ la bocina** *o* **el claxon** to hoot *o* sound one's horn; **~ la generala** (*Mil*) to sound the call to arms; **~ la retirada** to sound the retreat
4 [+ *tema*] to refer to, touch on; **no tocó para nada esa cuestión** he didn't refer to *o* touch on that matter at all; **prefiero no ~ lo relacionado con el trabajo** I'd prefer not to talk about work
5 (= *afectar*) to concern; **esa cuestión me toca de cerca** that issue closely concerns me; **por lo que a mí me toca** so far as I am concerned
6 (= *estar emparentado con*) to be related to; **a mí Juan no me toca nada** Juan is not related to me in any way
7 (= *conmover*) to touch; **las imágenes me ~on en lo más profundo** the pictures moved *o* touched me deeply; **el poema nos tocó el corazón** the poem touched our hearts; **me has tocado el amor propio** you've wounded my pride
8 (*Dep*) to hit; **el balón tocó el palo** the ball hit the post
9 (*Náut*) **hacía varios días que no tocábamos puerto** it was several days since we had called at *o* put in at a port; **en este crucero ~emos el puerto de Génova** on this cruise we will call *o* stop at Genoa

10 (*Caza*) to hit
11 (*Arte*) to touch up
Ⓑ VI 1 (*Mús*) to play; **toca en un grupo de rock** he's in *o* he plays in a rock group
2 (= *sonar*) **en cuanto toque el timbre** when the bell rings; **tocan a misa** they are ringing the bell for mass; **~ a muerto** to toll the death knell
3 (= *llamar*) **~ a una puerta** to knock on *o* at a door
4 (= *corresponder*) **no toca hacerlo hasta el mes que viene** it's not due to be done until next month; **ahora toca torcer a la derecha** now you have to turn right; **~ a algn: les tocó un dólar a cada uno** they got a dollar each; **¿les ~á algo de herencia?** will they get anything under the will?; **me ha tocado el peor asiento** I ended up with *o* got the worst seat; **le tocó la lotería** he won the lottery; **¿a quién le toca?** whose turn is it?; **~ a algn hacer algo: te toca jugar** it's your turn (to play), it's your go; **nos toca pagar a nosotros** it's our turn to pay; **siempre me toca fregar a mí** I'm always the one who has to do the dishes; **a usted le toca reprenderle si lo cree conveniente** it is up to you to reprimand him if you see fit; ✦***MODISMO* ¡a pagar tocan!** it's time to pay up!
5 (= *rayar*) **~ en algo** to border on sth, verge on sth; **esto toca en lo absurdo** this borders *o* verges on the ridiculous; **su conducta toca en locura** his behaviour borders *o* verges on madness
6 (= *chocar*) **~ con algo** to touch sth
7 **~ a su fin** to be drawing to a close; **el verano tocaba a su fin** summer was drawing to a close
Ⓒ **tocarse** VPR 1 (*uso reflexivo*) **no te toques los granos** don't pick your spots; **está todo el día tocándose la barba** he's always playing with his beard; **tocársela** (*Esp***) (= *masturbarse*) to jerk off**; (*fig*) to do bugger-all**; **está todo el día tocándosela** he does bugger-all all day**; ✦***MODISMO* tocárselas*** to beat it*
2 (*uso recíproco*) to touch; **los cables no deben ~se** the wires should not be touching
3 (*LAm**) (= *drogarse*) to be a junkie*

**tocar**[2] ▸conjug 1g◂ Ⓐ VT [+ *pelo*] to do, arrange, set
Ⓑ **tocarse** VPR to cover one's head, put on one's hat

**tocata**[1]* SM record player, phonograph (*EEUU*)

**tocata**[2] SF (*Mús*) toccata

**tocateja**: **a ~*** ADV on the nail*

**tocayo/a** SM/F 1 namesake; **es mi ~** he's my namesake; **somos ~s** we have the same name
2 (= *amigo*) friend

**toche** SM (*Méx*) hare

**tochimbo** SM (*Andes*) smelting furnace

**tocho*** SM big fat book, tome

**tocineta** SF (*Col*) bacon

**tocinillo** SM ► **tocinillo de cielo** *pudding made with egg yolk and syrup*

**tocino** SM 1 (= *grasa*) salted fresh lard; (*con vetas de carne*) salt pork; [*de panceta*] bacon ► **tocino entreverado, tocino veteado** streaky bacon
2 ► **tocino de cielo** = **tocinillo de cielo**; *ver* **tocinillo**

**toco**[1]**/a** SM/F (*CAm*) = **tocayo**

**toco**[2] SM (*Caribe*) = **tocón**[1]

**toco**[3]* SM **costó un ~** (*Cono Sur*) it cost a hell of a lot*

**tocoginecología** SF obstetrics *sing*

**tocoginecólogo/a** SM/F obstetrician

**tocología** SF obstetrics *sing*

**tocólogo/a** SM/F obstetrician

**tocolotear** ▸conjug 1a◂ VI (*Caribe*) to shuffle (the cards)

**TODAVÍA**

**Todavía** se traduce principalmente al inglés por **still** o **yet**.

- Se traduce por **still** cuando nos referimos a una situación o acción que comenzó en el pasado y que todavía continúa. Generalmente **still** se coloca detrás de los verbos auxiliares o modales y delante de los demás verbos:
  Todavía tienen hambre
  ***They are still hungry***
  Todavía toco el piano
  ***I still play the piano***
  ¿Puedes verlos todavía?
  ***Can you still see them?***
- También se puede traducir **todavía** por **still** para expresar insatisfacción o sorpresa en oraciones negativas. En este caso, **still** se coloca detrás del sujeto:
  Todavía no sé cómo ayudarle
  ***I still don't know how to help him***
  Después de veinte años todavía no puede olvidarlo
  ***After twenty years she still can't forget him***
- Se traduce generalmente por **yet** en frases negativas e interrogativas cuando nos referimos a una situación o acción que no ha tenido lugar todavía y que esperamos que ocurra. **Yet** va al final de la frase, aunque a veces puede ponerse delante del verbo principal en frases negativas:
  El doctor no ha llegado todavía
  ***The doctor hasn't arrived yet*** o ***hasn't yet arrived***
  ¿Todavía no han llamado?
  ***Haven't they phoned yet?***

**NOTA:** En lenguaje formal, se puede traducir **todavía** por **yet** en frases afirmativas para expresar que algo no se ha realizado. Para ello utilizamos la estructura **to have yet** + **INFINITIVO** *con* **to**:
  Todavía tienen que comunicarnos los resultados
  ***They have yet to tell us the results***

- En oraciones comparativas **todavía** se traduce por **even**:
  Su prima es todavía más alta que ella
  ***Her cousin is even taller than she is***

**NOTA:** El adverbio **aún** sigue las mismas pautas que **todavía**:
  Aún no sé cómo decírselo
  ***I still don't know how to tell him***
  ¿Aún no has hablado con ella?
  ***Haven't you talked to her yet?***
  Aún está trabajando para esa compañía de seguros
  ***She's still working for that insurance company***
  Este pastel está aún mejor que el de la semana pasada
  ***This cake is even better than last week's***

*Para otros usos y ejemplos ver la entrada.*

**tocomocho*** SM **el timo del ~** *confidence trick involving the sale of a worthless lottery ticket*

**tocón**[1] SM (*Bot*) stump

**tocón**[2]**/ona*** SM/F groper*; **es un ~** he's got wandering hands*

**tocón**[3] ADJ (*Andes*) (= *sin rabo*) tailless; (*Caribe*) (= *sin cuernos*) hornless

**tocuyo** SM (*Andes, Cono Sur*) coarse cotton cloth

**todavía** ADV 1 (*temporal*) (*en oraciones afirmativas*) still; (*en oraciones negativas*) yet, still; **está nevando ~** it is still snowing; **—¿has acabado? —todavía no** "have you finished" — "not yet"; **~ no se ha ido** she hasn't gone yet, she still hasn't gone; **~ en 1970** as late as 1970
2 (= *incluso, aun así*) even; **es ~ más inteligente que su hermano** he's even more intelligent than his brother, he's more intelligent still than his brother
3 (*) (= *encima*) **has aprobado sin estudiar y ~ te quejas** you passed without doing any work and (yet) you're still complaining

**toditito*** ADJ (*LAm*), **todito** ADJ (absolutely) all

**todo** Ⓐ ADJ 1 (*en singular*) (= *en su totalidad*) all; **no han llamado en ~ el día** they haven't phoned all day; **no he dormido en toda la noche** I haven't slept all night; **lo golpeó con toda su fuerza** he hit him with all his might; **ha viajado por ~ el mundo** he has travelled throughout *o* all over the world; **lo sabe ~ Madrid** all Madrid knows it; **en toda España no hay más que cinco** there are only five in the whole of Spain; **recorrimos ~ el bosque** we searched the whole forest; **vino ~ el equipo** the whole team came; **el universo ~** the whole universe; **he limpiado toda la casa** I've cleaned the whole house; **puso una alfombra a ~ lo ancho de la habitación** she put a rug down right across the room; **en toda España no lo encuentras** you won't find it anywhere in Spain; **~ lo que usted necesite** everything *o* whatever you need; **con ~ lo listo que es, no es capaz de resolver esto** clever as he is *o* for all his intelligence, he can't solve this problem; **~ lo demás** all the rest; **a** *o* **con toda prisa** in all haste, with all speed; **a toda velocidad** at full speed; ✦***MODISMOS* a ~ esto** (= *entretanto*) meanwhile; (= *a propósito*) by the way; **a ~ esto, la orquesta siguió tocando** meanwhile, the band kept on playing; **a ~ esto, ¿os apetece ir al cine?** by the way, would you like to go to the cinema?; **a ~ esto, no nos olvidemos de llamarla** while we're on the subject, we mustn't forget to phone her; **¡toda la vida!** (*LAm**) yes, indeed!; *ver tb* **cuanto B1**, **mundo 1, 2, 6**
2 (*en plural*) 2·1 (*en un conjunto*) all; **~s los libros** all the books; **~s vosotros** all of you
2·2 (= *cada*) every; **~s los días** every day; **nos vemos todas las semanas** we see each other every week; **pararon a ~s los coches que pasaban** they stopped every car that went by; **habrá un turno para ~s y cada uno de los participantes** each and every one of the participants will have their turn; *ver tb* **forma 2**
3 (*con valor enfático*) **es ~ un hombre** he's every inch a man, he's a real man; **es ~ un héroe** he's a real hero; **ese hombre es ~ ambición** that man is all ambition; **tiene toda la nariz de su abuela** her nose is exactly like her grandmother's; **el niño era ~ ojos** the

child was all eyes; **soy ~ oídos** I'm all ears; **puede ser ~ lo sencillo que usted quiera** it can be as simple as you wish; **dio un portazo por toda respuesta** his only response was to slam the door; **~ lo contrario** quite the opposite; *ver tb* **más A2.4**

[4] (= *del todo*) **lleva una falda toda rota** she's wearing a skirt that's all torn; **estaba ~ rendido** he was completely worn out; **vaya ~ seguido** go straight on *o* ahead

Ⓑ PRON [1] (*en singular*) **se lo comió ~** he ate it all; **cree que lo sabe ~** she thinks she knows it all; **lo han vendido ~** they've sold the lot, they've sold it all; **se enfada por ~** she gets angry about everything; **lo sabemos ~** we know everything; **~ cabe en él** he is capable of anything; **~ o nada** all or nothing; **~ son reveses** it's one setback after another; **y luego ~ son sonrisas** and then it's all smiles; **~ el que quiera ...** everyone *o* anyone who wants to ...

[2] (*en plural*) (= *cosas*) all (of them); (= *personas*) everybody, everyone; **~s son caros** they're all expensive; **el más bonito de ~s** the prettiest of all; **~s estaban de acuerdo** everybody *o* everyone agreed; **~s los que quieran venir** all those who want to come, anyone who wants to come

[3] (*locuciones con preposición*) **ir a ~** to be prepared to do or die; **ante ~** first of all, in the first place; **con ~**: **con ~ y** in spite of; **el coche, con ~ y ser nuevo ...** the car, in spite of being new ..., despite the fact that the car was new ...; **con ~ (y con eso)** still, nevertheless; **con ~ y con eso llegamos una hora tarde** we still arrived an hour late, nevertheless we arrived an hour late; **de ~**: **lo llamaron de ~** they called him every name under the sun; **nos pasó de ~** everything possible happened to us, you name it, it happened to us; **del ~** wholly, entirely; **no es del ~ malo** it is not wholly *o* all bad; **no es del ~ verdad** it is not entirely true; **después de ~** after all; ✦***MODISMOS*** **estar en ~** to be on the ball*; **de todas todas**: **¡te digo que sí de todas todas!** I tell you it jolly well is!; **es verdad de todas todas** it's absolutely true; **ir a por todas** to give it one's all; *ver tb* **botica 1, pesar D3, sobre² 9**

Ⓒ SM **el ~** the whole; **como** *o* **en un ~** as a whole; ✦***MODISMO*** **ser el ~*** to run the show; *ver tb* **jugar C1, C3.1**

**todopoderoso** Ⓐ ADJ almighty, all-powerful; **Dios Todopoderoso** Almighty God

Ⓑ SM **el Todopoderoso** the Almighty

**todoterreno** Ⓐ SM INV (*tb* **coche ~, vehículo ~**) four-wheel drive vehicle, all-terrain vehicle

Ⓑ ADJ INV [1] [*objeto, máquina*] (= *versátil*) multi-purpose; (= *adaptable*) adaptable

[2] [*persona*] versatile

**tofo** SM (*Cono Sur*) white clay

**toga** SF (*Hist*) toga; (*Jur*) robe, gown; (*Univ*) gown; **tomar la ~** to qualify as a lawyer

**togado/a** SM/F lawyer, attorney(-at-law) (*EEUU*)

**Togo** SM Togo

**Togolandia** SF Togoland

**togolés/esa** ADJ, SM/F Togolese

**toilette** [tua'le] SF (*Cono Sur*) toilet, lavatory, washroom (*EEUU*)

**toisón** SM (*tb* **~ de oro**) Golden Fleece

**tojo¹** SM (*Bot*) gorse, furze

**tojo²** ADJ (*Andes*) (= *gemelo*) twin

**Tokio** SM Tokyo

> **TODO**
>
> • Para traducir el adjetivo **todo** con el sentido de **en su totalidad** se usa **all**, seguido del sustantivo en singular y sin determinante:
>
> Se pasó toda la tarde viendo la tele
> ***He spent all afternoon watching TV***
>
> • Con el mismo sentido anterior, también se puede traducir por **whole** o **entire**, éste último es más enfático. En este caso, el indefinido tiene que ir acompañado de un sustantivo contable en singular y precedido por un determinante:
>
> Se pasó toda la tarde viendo la tele
> ***He spent the whole*** *o* ***the entire afternoon watching TV***
>
> • **Todos** se traduce por **every** cuando se hace hincapié en todos y cada uno de los individuos de un grupo de personas o cosas y también cuando se habla de acciones repetidas:
>
> Todos los niños deben llevar el uniforme del colegio
> ***Every child must wear school uniform***
> Salimos a cenar todos los viernes
> ***We go out for dinner every Friday***
>
> **NOTA:** El sustantivo que sigue a **every** va en singular y nunca lleva determinante. El verbo va también en singular.
>
> • Cuando **todos** se emplea para generalizar, se traduce por **all**. En este caso el sustantivo que sigue a **all** no lleva determinante:
>
> Todos los alemanes saben hablar inglés
> ***All Germans can speak English***
>
> • **Todos** también se traduce por **all** para referirse al conjunto de individuos de un grupo pero, a diferencia de **every**, sin dar importancia a los elementos. En este caso el sustantivo lleva determinante y va en plural, como el verbo:
>
> Todos los libros de la biblioteca eran antiguos
> ***All the books in the library were old***
>
> *Para otros usos y ejemplos ver la entrada.*

**tol** SM (*CAm*) gourd, squash (*EEUU*)

**tolda** SF [1] (*LAm*) (= *tela*) canvas

[2] (*LAm*) (= *tienda de campaña*) tent; (= *refugio*) shelter; [*de barco*] awning

[3] (*Caribe*) (= *bolsa grande*) large sack

[4] (*Caribe*) (= *cielo nublado*) overcast sky

[5] (*Caribe Pol*) **es de la ~ Acción Democrática** he belongs to Acción Democrática

**toldería** SF (*Andes, Cono Sur*) Indian village, camp of Indian huts

**toldillo** SM (*Andes, Caribe*) mosquito net

**toldo** SM [1] (*en tienda, balcón*) awning; (*en la playa*) sunshade; (*para fiesta*) marquee, garden tent (*EEUU*); (*para tapar*) tarpaulin

[2] (*Méx Aut*) hood, top (*EEUU*)

[3] (*Andes, Cono Sur*) (= *choza*) Indian hut; (*Méx*) (= *tienda*) tent

[4] (*Andes, Caribe*) (= *mosquitera*) mosquito net

**tole¹*** SM [1] (= *disturbio*) commotion, uproar; (= *protesta*) outcry; **levantar el ~** to kick up a fuss; **venir a algn con el ~** to pester *o* badger sb about sth, go on at sb about sth

[2] (= *chismes*) gossip, rumours *pl*

[3] ✦***MODISMO*** **coger** *o* **tomar el ~** (= *irse*) to get out, pack up and go

**tole²** SM (*Andes*) track, trail

**toledano/a** Ⓐ ADJ Toledan, of/from Toledo; *ver tb* **noche 1**

Ⓑ SM/F Toledan, native/inhabitant of Toledo; **los ~s** the people of Toledo, the Toledans

**tolempo** SM (*Andes*) = **lempo**

**tolerable** ADJ tolerable

**tolerado** ADJ tolerated; **película tolerada (para menores)** a film suitable for children

**tolerancia** SF [1] (= *respeto*) tolerance; [*de ideas*] toleration

[2] (*Med, Téc*) tolerance

**tolerante** ADJ tolerant

**tolerantismo** SM religious toleration

**tolerar** ▸conjug 1a◂ VT [1] (= *consentir*) to tolerate; **no se puede ~ esto** this cannot be tolerated; **no tolera que digan eso** he won't allow them to say that; **su madre le tolera demasiado** his mother lets him get away with too much

[2] (= *aguantar*) to bear, put up with; **su estómago no tolera los huevos** eggs don't agree with him; **el cosmonauta toleró muy bien esta situación difícil** the cosmonaut stood up very well to this awkward situation; **el puente no tolera el peso de los tanques** the bridge will not support the weight of the tanks

[3] (*Med, Téc*) to tolerate

**tolete** SM [1] (*Náut*) tholepin

[2] (*LAm*) (= *palo*) short club, stick, cudgel

[3] (*Andes, Caribe*) (= *pedazo*) piece, bit

[4] (*Andes*) (= *balsa*) raft

**toletole** SM [1] (*Andes, Cono Sur*) (= *alboroto*) row, uproar

[2] (*Andes*) (= *terquedad*) obstinacy

[3] (*Caribe**) (= *vida alegre*) high life; (= *vagabundeo*) roving life

[4] (= *chismes*) gossip, rumours *pl*

**tolla** SF [1] (= *pantano*) marsh, quagmire

[2] (*Caribe, Méx*) (= *abrevadero*) drinking trough

**tollina*** SF hiding*

**Tolomeo** SM Ptolemy

**Tolón** SM Toulon

**toloncho** SM (*Andes*) piece of wood

**tolondro** Ⓐ ADJ scatterbrained

Ⓑ SM (*Med*) (= *chichón*) bump, swelling

**tolondrón** ADJ, SM = **tolondro**

**tolosarra** Ⓐ ADJ of/from Tolosa

Ⓑ SMF native/inhabitant of Tolosa; **los ~s** the people of Tolosa

**tolteca** Ⓐ ADJ Toltec

Ⓑ SMF Toltec

**tolva** SF [1] (= *recipiente*) hopper; (= *vertedor*) chute

[2] (*Cono Sur, Méx Ferro*) hopper wagon, hopper car (*EEUU*)

[3] (*Méx Min*) shed for storing ore

**tolvanera** SF dustcloud

**toma** Ⓐ SF [1] (*Téc*) [*de agua, gas*] (= *entrada*) inlet; (= *salida*) outlet ► **toma de aire** air inlet, air intake ► **toma de antena** (*Radio, TV*) aerial socket ► **toma de corriente** power point ► **toma de tierra** earth (wire), ground (wire) (*EEUU*)

[2] (*Cine, TV*) shot; **la película empieza con una ~ aérea** the film begins with an aerial shot; **¡escena primera, tercera ~!** scene one, take three! ► **toma directa** live shot

[3] [*de jarabe, medicina*] dose; [*de bebé*] feed; **~ de rapé** pinch of snuff

[4] (*Mil*) (= *captura*) taking, capture; **la ~ de**

**Granada** the taking *o* capture of Granada; **la ~ de la Bastilla** the storming of the Bastille
5 (*LAm*) (= *acequia*) irrigation channel; (*CAm*) (= *arroyo*) brook
6 ► **toma de conciencia** realization ► **toma de contacto** initial contact ► **toma de decisiones** decision-making, decision-taking ► **toma de declaración** taking of evidence ► **toma de hábito** (*Rel*) taking of vows ► **toma de posesión**: **mañana tendrá lugar la ~ de posesión del nuevo presidente** the new president will take office tomorrow ► **toma de tierra** (*Aer*) landing, touchdown
Ⓑ SM ► **toma y daca** give and take

**tomada** SF (*LAm*) plug

**tomadero** SM 1 (= *asidero*) handle
2 (= *entrada*) inlet, intake; (= *grifo*) tap, faucet (*EEUU*)

**tomado** ADJ 1 [*voz*] hoarse
2 **estar ~** (*LAm**) (= *borracho*) to be drunk
3 (*tb* **~ de orín**) rusty

**tomador(a)** Ⓐ ADJ (*LAm**) (= *borracho*) drunken
Ⓑ SM/F 1 (*Com*) [*de bono, cheque*] drawee; [*de seguro*] policy holder
2 (*LAm**) (= *borracho*) drunkard
3 (†*) (= *ladrón*) thief

**tomadura** SF ► **tomadura de pelo** (= *guasa*) leg-pull*; (= *mofa*) mockery; (= *timo*) con*, rip-off*

**tomaína** SF ptomaine

**tomante**‡ SM queer‡, fag (*EEUU*‡)

**tomar**

▸conjug 1a◂
A VERBO TRANSITIVO C VERBO PRONOMINAL
B VERBO INTRANSITIVO
*Para las expresiones* ***tomar las aguas, tomar las armas, tomar la delantera, tomar impulso, tomar tierra****, ver la otra entrada.*

Ⓐ VERBO TRANSITIVO
1 *= coger* to take; **si no tienes bolígrafo toma éste** take this pen if you haven't got one; **la tomó de la mano** he took her by the hand; **lo toma o lo deja** take it or leave it; **¡toma!** here (you are)!; **vayan tomando asiento** please sit down, please be seated (*frm*); **~ la pluma** to pick *o* take up one's pen; ✦*MODISMO* **~ las de Villadiego** to shift it*
2 *= ingerir, consumir* [+ *comida*] to eat, have; [+ *bebida*] to drink, have; [+ *medicina*] to take; **si tienes hambre podemos ~ algo** if you're hungry we can get something to eat; **tomas demasiado café** you drink too much coffee; **tomamos unas cervezas** we had a few beers; **¿qué quieres ~?** what would you like?, what will you have?; **tome una cucharada de jarabe cada ocho horas** take a spoonful of syrup every eight hours; **~ el pecho** to feed at the breast, breastfeed
3 *= viajar en* [+ *tren, avión, taxi*] to take; **vamos a ~ el autobús** let's take *o* get the bus; **cada día toma el tren de las nueve** he catches *o* takes the nine o'clock train every day
4 *Cine, Fot, TV* to take; **~ una foto de algn** to take a photo of sb, take sb's photo
5 *= apuntar* [+ *notas, apuntes*] to take; [+ *discurso*] to take down; **nunca toma apuntes en clase** he never takes notes in class; **tomo nota de todo lo que me has dicho** I have taken note of everything you have told me; **nos ~on declaración en comisaría** they took (down) our statements *o* they took statements from us at the police station; **~ por escrito** to write down
6 *= medir* [+ *temperatura, pulso*] to take; **tengo que ir a que me tomen la tensión** I have to go and have my blood pressure taken; **ven, que te tomo las medidas** let me take your measurements
7 *= adoptar* [+ *decisión, precauciones*] to take; **~emos medidas para que no vuelva a suceder** we will take steps to ensure that it does not happen again
8 *= adquirir* **la situación está tomando mal cariz** the situation is beginning to look ugly; **el proyecto ya está tomando forma** the project is taking shape; *ver tb* **color 2, conciencia 3**
9 *= empezar a sentir* **le han tomado mucho cariño** they have become very fond of him; **les tomé asco a los caracoles** I took a dislike to snails; ✦*MODISMO* **~la** *o* **tenerla tomada con algn*** to have (got) it in for sb*; **la jefa la ha tomado** *o* **la tiene tomada conmigo** the boss has (got) it in for me
10 *= disfrutar de* [+ *baño, ducha*] to have, take; **~ el aire** *o* **el fresco** to get some fresh air; **~ el sol** to sunbathe
11 *Mil* (= *capturar*) to take, capture; (= *ocupar*) to occupy; **la policía tomó la fábrica** the police occupied the factory
12 *= contratar* [+ *empleado*] to take on, engage
13 *= ocupar* to take; **traducirlo me ha tomado tres horas** it took me three hours to translate it
14 *= entender, interpretar* to take; **tomó muy a mal que la suspendieran** she took it very badly when she failed; **lo tomó como una ofensa** he took offence at it, he was offended by it; **lo han tomado a broma** they haven't taken it seriously, they are treating it as a joke; **no lo tomes en serio** don't take it seriously
15
◆ **tomar a algn por** (= *confundir*) **~ a algn por policía** to take sb for a policeman, think that sb is a policeman; **~ a algn por loco** to think sb mad; **¿por quién me toma?** what do you take me for?, who do you think I am?
16 *sexualmente* to have
17 *Andes*: *= molestar* to upset, annoy

Ⓑ VERBO INTRANSITIVO
1 *Bot* [*planta*] to take (root); [*injerto*] to take
2 *LAm*: *= ir* **~ a la derecha** to turn right
3 *LAm*: *= beber* to drink; **estaba tomando en varios bares** he was drinking in a number of bars
4 *exlamaciones* **¡toma! menuda suerte has tenido ...** well, of all the luck!, can you believe it? what luck!; **¡toma! pues yo también lo sé hacer** hey! I know how to do that too; **¡toma ya!**: **¡toma ya, vaya tío tan bueno!** wow, what an amazing guy!*; **¡toma ya, vaya golazo!** look at that, what a fantastic goal!
5 *esp LAm** **tomó y se fue** off he went, he upped and went; **tomó y lo rompió** he went and broke it

Ⓒ **tomarse** VERBO PRONOMINAL
1 *= cogerse* [+ *vacaciones*] to take; **me he tomado la libertad de leer tu informe** I have taken the liberty of reading your report; **no se ~on la molestia de informarnos** they didn't bother *o* take the trouble to let us know
2 *= ingerir* [+ *bebida*] to drink, have; [+ *comida*] to eat, have; [+ *medicina*] to take; **se tomó 13 cervezas** he drank *o* had 13 beers; **me tomé un bocadillo** I ate *o* had a sandwich; **tómate el yogur, verás qué bueno** eat up your yogurt, you'll like it
3 *= medirse* [+ *pulso, temperatura*] to take
4 *= entender, interpretar* to take; **no te lo tomes así** don't take it that way; **no te lo tomes tan a mal** don't take it so badly, don't take it so much to heart; **se lo sabe ~ bien** he knows how to take it, he can take it in his stride; **se lo toma todo muy en serio** he takes it all very seriously
5
◆ **tomarse por** (= *creerse*) to think o.s.; **¿por quién se toma ese ministro?** who does that minister think he is?
6 *= tomarse de orín* to get rusty

**Tomás** SM Thomas

**tomatal** SM 1 (= *terreno*) tomato bed, tomato field
2 (*LAm*) (= *planta*) tomato plant

**tomatazo** SM **recibió una lluvia de ~s** he was pelted with tomatoes; **lo echaron del escenario a ~s** they saw him offstage, throwing tomatoes

**tomate** SM 1 tomato; **salsa de ~** tomato sauce; ✦*MODISMO* **ponerse como un ~** to turn as red as a beetroot
2 (*) (*en calcetín, media*) hole
3 (*) (= *jaleo*) fuss, row; (= *pelea*) set-to*; **al final de la noche hubo ~** there was a fight at the end of the evening; **¡qué ~!** what a mess!; **esto tiene ~** this is tough, this is a tough one

**tomatera** SF 1 (= *planta*) tomato plant
2 (*Cono Sur**) (= *juerga*) drunken spree; (= *fiesta*) rowdy party

**tomatero/a** SM/F (= *cultivador*) tomato grower; (= *comerciante*) tomato dealer

**tomavistas** SM INV cine camera, movie camera (*EEUU*)

**tombo**‡ SM (*Andes*) fuzz‡, police

**tómbola** SF tombola

**tomillo** SM thyme ► **tomillo salsero** savory, garden thyme

**tominero** ADJ (*Méx*) mean

**tomismo** SM Thomism

**tomista** ADJ, SMF Thomist

**tomiza** SF esparto rope

**tomo**[1] SM volume; **en tres ~s** in three volumes

**tomo**[2] SM (= *bulto*) bulk, size; ✦*MODISMO* **de ~ y lomo*** utter, out-and-out; **un canalla de ~ y lomo** a real swine*

**tomografía** SF tomography

**tomo-homenaje** SM (*pl* **tomos-homenaje**) homage volume, Festschrift

**tomón** ADJ (*Andes*) teasing, jokey

**tompiate** SM (*Méx*) (= *canasta*) basket (*of woven palm leaves*); (= *bolsa*) pouch (*of woven palm leaves*)

**ton** SM ✦*MODISMO* **sin ~ ni son** (= *sin motivo*) for no particular reason; (= *sin lógica*) without rhyme or reason

**tonada** SF [1] (= *melodía*) tune; (= *canción*) song, air
[2] (*LAm*) (= *acento*) accent
[3] (*Caribe*) (= *embuste*) fib; (= *juego de palabras*) pun

**tonadilla** SF little tune, ditty

**tonal** ADJ tonal

**tonalidad** SF [1] (*Mús*) tonality; (*Radio*) tone; **control de ~** tone control ► **tonalidad mayor** major key ► **tonalidad menor** minor key
[2] (*Arte*) (= *tono*) shade; (= *colores*) colour scheme, color scheme (*EEUU*); **una bella ~ de verde** a beautiful shade of green; **cambiar la ~ de un cuarto** to change the colour scheme of a room

**tonel** SM [1] (= *barril*) barrel, cask
[2] (*) (= *persona*) fat lump*

**tonelada** SF [1] (= *unidad*) ton ► **tonelada americana**, **tonelada corta** short ton ► **tonelada inglesa**, **tonelada larga** long ton, gross ton ► **tonelada métrica** metric ton, tonne
[2] (*Náut*) ► **tonelada de registro** register ton; **un buque de 30.000 ~s de registro bruto** a ship of 30,000 gross register tons

**tonelaje** SM tonnage

**tonelería** SF cooperage, barrel-making

**tonelero/a** SM/F cooper

**tonelete** SM [1] (= *tonel*) cask, keg
[2] (= *falda*) short skirt

**Tonete** SM (*forma familiar*) *de* **Antonio**

**tonga** SF [1] (= *capa*) layer, stratum; [*de ladrillos*] course
[2] (*Caribe, Méx*) (= *montón*) pile
[3] (*Andes, Aragón, Cono Sur*) (= *tarea*) job, task; (= *tanda*) spell of work
[4] (*Andes*) (= *siesta*) nap

**tongada** SF (= *capa*) layer; (= *revestimiento*) coat, covering

**tongo**[1] SM (*Dep*) (= *trampa*) fixing; **¡hay ~!** it's been fixed!, it's been rigged!; **hubo ~ en las elecciones** the elections were rigged

**tongo**[2] SM (*Andes, Chile*) [1] (= *bombín*) Indian woman's hat, bowler hat
[2] (= *bebida*) rum punch

**tongonearse** ▸conjug 1a◂ VPR (*LAm*) = **contonearse**

**tongoneo** SM (*LAm*) = **contoneo**

**tongorí** SM (*Andes, Cono Sur*) (= *hígado*) liver; (= *menudillos*) offal; (= *bofe*) lights *pl*

**tongoy** SM (*LAm*) bowler hat

**Toni** SM (*forma familiar*) *de* **Antonio**

**tónica** SF [1] (= *bebida*) tonic, tonic water
[2] (= *tendencia*) tone, trend, tendency; **es una de las ~s del estilo moderno** it is one of the keynotes of the modern style
[3] (*Mús*) tonic

**tonicidad** SF tonicity

**tónico** Ⓐ ADJ [1] (*Mús*) [+ *nota*] tonic; (*Ling*) [+ *sílaba*] tonic *antes de s*, stressed
[2] (*Med*) (= *estimulante*) tonic, stimulating
Ⓑ SM tonic

**tonificador** ADJ, **tonificante** ADJ invigorating, stimulating

**tonificar** ▸conjug 1g◂ VT [+ *músculos, piel*] to tone up; [+ *ánimo*] to invigorate

**tonillo** SM [1] (*especial*) (sarcastic) tone of voice
[2] (*monótono*) monotonous tone of voice, monotonous drone
[3] (*regional*) accent

**tono** SM [1] [*de sonido*] tone; **en ~ bajo** in low tones, in a low tone; **baja/sube un poco el ~ del televisor** turn down/up the television a little ► **tono de discado** (*Cono Sur*), **tono de marcar** (*Telec*) dialling tone, dial tone (*EEUU*) ► **tono de voz** tone of voice; **lo noté por el ~ de su voz** I could tell from his tone of voice; **—ya me he dado cuenta —dijo, alzando el ~ de voz** "I can see that," he said, raising his voice
[2] [*de palabras, discusión, escrito*] tone; **le molestó el ~ de mi carta** she was upset by the tone of my letter; **¡cómo hablas en ese ~ a tu padre!** how dare you speak to your father in that tone (of voice)!; **esa expresión tiene un ~ despectivo** that expression sounds insulting; **contestó con ~ de enfado** she replied angrily; **intenté tratar la cuestión en ~ de broma** I tried to treat the whole matter lightheartedly; **nos habló con un ~ distante** her voice was rather distant as she spoke to us; **un disco de ~ más intimista** a record with a more intimate feel (to it); **bajar el ~** to soften one's tone; **bajar el ~ de algo** to soften the tone of sth, tone sth down; **cambiar de ~** to change one's tone; **cuando le dije eso se serenó y cambió de ~** when I told him that he calmed down and changed his tone *o* his tone changed; **fue él quien cambió el ~ de la conversación** it was him that changed the tone of the conversation; **la reunión cambió de ~ pasadas las nueve de la noche** the tone of the meeting changed after nine o'clock; **a este ~** in the same vein; **fuera de ~** [*respuesta, comentario, actitud*] uncalled for; **subir de ~** [*discusión, conversación*] to grow *o* become heated; [*conflicto*] to intensify; [*quejas*] to grow louder; **las voces empezaron a subir de ~** they began to raise their voices; **la oposición está subiendo el ~ de sus ataques al gobierno** the opposition is stepping up *o* intensifying its attacks on the government; **chistes subidos de ~** racy jokes
[3] **a ~** matching; **ropa náutica y accesorios a ~** sailing gear and matching accessories; **estar a ~ con algo** [*color*] to match sth; [*diseño, comentarios*] to be in keeping with sth; **una escena final divertida, muy a ~ con el resto de la película** an amusing final scene, very much in keeping with the rest of the film; **una ideología más a ~ con los tiempos** an ideology more in tune with the times; **ponerse a ~** (= *prepararse físicamente*) to get (o.s.) into shape; (= *animarse*) to perk o.s. up*; **voy a tomarme un whisky doble, a ver si me pongo a ~** I'm going to have a double whisky to perk myself up*
[4] (= *clase, distinción*) **una familia de ~** a good family; **eso no es de ~** that's just not done; **ser de buen/mal ~: ir a los balnearios era entonces una actividad de buen ~** visiting spas was quite the done thing then; **una fiesta de buen ~** a fashionable party; **es de mal ~ hablar de esos temas** it is bad form to talk about such matters, it's (simply) not done to talk about such things; ✦*MODISMO* **darse ~** to put on airs
[5] [*de color*] shade, tone; **en ~s grises y azules** in shades of grey and blue, in grey and blue tones; **~s pastel** pastel shades, pastel tones
[6] (*Anat, Med*) tone ► **tono muscular** muscle tone
[7] (*Mús*) (= *intervalo*) tone; (= *tonalidad*) key; (= *altura*) pitch ► **tono mayor** major key ► **tono menor** minor key
[8] (*Mús*) (= *diapasón*) tuning fork; (= *corredera*) slide

**tonsura** SF tonsure

**tonsurado** ADJ tonsured

**tonsurar** ▸conjug 1a◂ VT [1] (*Rel*) to tonsure
[2] [+ *lana*] to clip, shear

**tontada** SF = **tontería 1, 2**

**tontaina*** SMF idiot, dimwit*

**tontamente** ADV stupidly; **sonreía ~ ante las cámaras** he grinned stupidly at the cameras; **se me olvidó llamar por teléfono ~** I stupidly forgot to phone; **tropezó ~** he tripped clumsily

**tontear*** ▸conjug 1a◂ VI [1] (= *hacer el tonto*) to fool about, act the fool
[2] (= *decir tonterías*) to talk nonsense
[3] (*amorosamente*) to flirt

**tontera** SF (*LAm*) = **tontería**

**tontería** SF [1] (= *dicho*) **eso son ~s** ◊ **eso es una ~** that's nonsense *o* rubbish *o* (*esp EEUU*) garbage; **decir ~s** to talk nonsense *o* rubbish *o* (*esp EEUU*) garbage; **¡qué ~ acabas de decir!** that was a silly thing to say!; **lo que has dicho no es ninguna ~** what you've just said isn't such a bad idea; **¡déjate de ~s!** don't be silly!, don't talk nonsense!; **dejémonos de ~s** let's be serious
[2] (= *acto*) **ha sido una ~ el negarte a verle** it was silly of you to refuse to see him; **hacer una ~** to do a silly thing *o* something silly; **no hace nada más que ~s** he's always doing silly things *o* being silly; **deja de hacer ~s** stop being silly
[3] (= *insignificancia*) silly little thing; **cualquier ~ le afecta** he gets upset over any silly little thing *o* the slightest thing; **lo vendió por una ~** he sold it for next to nothing
[4] (= *remilgo*) **Juanito tiene mucha ~ a la hora de comer** Juanito is so picky about his food
[5] (= *cualidad*) silliness, foolishness

**tonto/a** Ⓐ ADJ [1] [*persona*] [1·1] (= *bobo*) (*dicho con afecto*) silly; (*dicho con enfado*) stupid; **venga, vente con nosotros, ¡no seas ~!** come on, come with us, don't be silly!; **¡qué ~ soy!** how silly *o* stupid of me!; **fui tan ~ que me dejé engañar por ellos** I was silly enough to be taken in by them; **¿tú te has creído que yo soy ~?** ◊ **¿me tomas por ~?** do you think I'm stupid?; ✦*MODISMO* **es ~ del bote** *o* **de capirote** *o* **de remate** he's a total *o* complete idiot*
[1·2] (*poco inteligente*) stupid; **¡y parecía ~!** and we thought he was stupid!; ✦*MODISMOS* **a lo ~: ¿para qué esforzarse a lo ~?** why go to all that trouble for nothing?; **y a lo ~, a lo ~, se le pasó la mitad del día** and before he knew it, half the day had slipped by; **es más ~ que Abundio** (*Esp**) he's as thick as two short planks*; **hacer ~ a algn** (*Chile**) to trick sb; **a tontas y a locas: piénsalo bien, no quiero que actúes/hables a tontas y a locas** think carefully, don't just do/say the first thing that comes into your head; **esos jóvenes sin seso que sólo hablan a tontas y a locas** these silly youngsters who chatter away

without even thinking what they're saying
1·3 (= *insolente*) silly; **¡si te pones ~ no te vuelvo a traer al cine!** if you start being silly I won't take you to the cinema again!
1·4 (= *torpe*) **me quedé como ~ después del golpe** I felt dazed after the knock; **hoy se me olvida todo, estoy como ~** I keep forgetting things today, I'm out of it*; **dejar a algn ~** (*Esp*) to leave sb speechless
1·5 (= *presumido*) stuck-up*; **pasaba muy ~ por delante de ella** he walked past her showing off; **está muy ~ desde que es médico** he's such a show-off since he became a doctor*
1·6 (*Med*) imbecile; *ver tb* **pelo 8**
2 [*risa, frase, accidente*] silly; **¡qué fallo más ~!** it was a really silly mistake!; **fue una respuesta tonta** that was a stupid answer; **me entró la risa tonta** I started giggling; **me pilló en una hora tonta y le presté el dinero** I wasn't thinking at that moment and I lent him the money; *ver tb* **caja 1**
Ⓑ SM/F 1 idiot; **soy un ~, ¡nunca debí haberla escuchado!** I'm such an idiot, I should never have listened to her!; **allí estaba, riéndome como una tonta** there I was, laughing like an idiot; **el ~ del pueblo** the village idiot; ✦***MODISMOS*** **hacer el ~** (*a propósito*) to act the fool, play the fool; (*sin querer*) to be a fool; **has hecho el ~ no siguiendo sus consejos** you were a fool not to take her advice; **hacerse el ~** to act dumb ► **tonto útil** willing stooge
2 (*Med*) imbecile
Ⓒ SM 1 (*Circo, Teat*) clown, funny man
2 (*Andes, CAm*) (= *palanca*) jemmy

**tontón[1]/ona*** SM/F = **tonto B**

**tontón[2]*** SM (= *vestido*) smock, maternity dress

**tontorrón/ona*** SM/F dimwit*

**tontura** SF = **tontería 5**

**tontureco** ADJ (*CAm*) = **tonto A**

**tonudo*** ADJ (*Cono Sur*) classy*

**tony** ['toni] SM (*LAm**) clown

**toña‡** SF 1 (= *golpe*) (*con el puño*) bash*, punch; (*con el pie*) kick
2 (= *borrachera*) **pillarse una ~** (*Esp*) to get plastered‡

**top*** Ⓐ ADJ (= *mejor*) top, best; [*empresa, marca*] leading
Ⓑ SM INV 1 (= *prenda*) top
2 (= *persona*) top person, leading personality; **el ~ del ~** la crème de la crème; **el ~ de la gama** the best in its range

**topacio** SM topaz

**topadora** SF (*Cono Sur, Méx*) bulldozer

**topar** ▸conjug 1a◂ Ⓐ VI 1 (= *encontrar*) **~ con** [+ *persona*] to run into, come across, bump into; [+ *objeto*] to find, come across
2 (= *chocar*) **~ contra** to run into, hit; **~ con un obstáculo** to run into an obstacle, hit an obstacle
3 (= *consistir*) **la dificultad topa en eso** that's where the trouble lies, there's the rub
4 (*Méx*) (= *reñir*) to quarrel
Ⓑ VT 1 (*Zool*) to butt, horn
2 [+ *persona*] to run into, come across, bump into; [+ *objeto*] to find, come across; **le topé por casualidad en el museo** I happened to bump into him in the museum
3 (*Andes, Cono Sur, Méx*) (= *apostar*) to bet, stake
Ⓒ **toparse** VPR **~se con** [+ *persona*] to run into, come across, bump into; [+ *objeto*] to find, come across; **me topé con él hoy en el bar** I bumped into him in the bar today

**tope[1]** Ⓐ ADJ INV (= *máximo*) maximum, top; **la edad ~ para el puesto** the maximum age for the job; **fecha ~** closing date, deadline; **precio ~** top price; **sueldo ~** maximum salary
Ⓑ SM 1 (= *límite*) limit; ✦***MODISMOS*** **estar a ~** *o* **hasta el ~** *o* **hasta los ~s***: **el teatro estaba (lleno) a ~** the theatre was packed out*; **el contenedor está hasta los ~s** the container is overloaded; **voy a estar a ~ de trabajo** I'm going to be up to my eyes *o* neck in work*; **ir a ~*** to go flat out*; **trabajar a ~*** to work flat out*; **vivir a ~*** to live life to the full ► **tope salarial** wage ceiling
2 (*Náut*) [*del mastelero*] masthead; (= *vigía*) lookout
3 (*Andes, Cono Sur*) (= *cumbre*) peak, summit
Ⓒ ADV (*Esp‡*) (= *muy*) **es ~ enrollada** she's mega-cool*; **es ~ guay** it's well cool*

**tope[2]** SM 1 (= *golpe*) (*gen*) bump, knock; (*con la cabeza*) butt
2 (= *riña*) quarrel; (= *pelea*) scuffle
3 (= *objeto*) stop, check; [*de tren*] buffer; [*de coche*] bumper, fender (*EEUU*); [*de puerta*] doorstop, wedge; [*de revólver*] catch; (*Méx*) (*en una carretera*) speed bump *o* hump ► **tope de tabulación** tab stop
4 (= *dificultad*) snag, problem; **ahí está el ~** that's the problem, that's just the trouble
5 (‡) (= *robo*) burglary

**topera** SF 1 (*Zool*) molehill
2 (‡) (= *metro*) tube*, subway (*EEUU*)

**topero/a‡** SM/F burglar

**toperol** SM (*Cono Sur, Méx*) brass tack

**topetada** SF bump, bang

**topetar** ▸conjug 1a◂ VT 1 (= *golpear*) to butt, bump
2 (= *encontrarse*) to bump into

**topetazo** SM bump, bang

**topetear** ▸conjug 1a◂ VT (*Andes*) = **topetar**

**topetón** SM = **topetazo**

**topicazo*** Ⓐ ADJ corny, clichéd
Ⓑ SM cliché

▼**tópico** Ⓐ ADJ 1 (*Med*) local; **de uso ~** for external use
2 (= *trillado*) commonplace, trite
Ⓑ SM 1 (= *lugar común*) commonplace, cliché
2 (*LAm*) (= *tema*) topic, subject

**topillo[1]** SM (*Méx*) (= *timo*) trick, swindle

**topillo[2]** SM (*Zool*) vole

**topista‡** SMF burglar

**top-less** SM, **topless** SM (*en playa, piscina*) topless bathing; (*en club*) topless entertainment; **ir en** *o* **hacer ~** to go topless

**top-model** SMF (*pl* **top-models**) supermodel

**topo[1]** SM 1 (*Zool*) mole
2 (= *torpe*) clumsy person, blunderer
3 (= *espía*) mole
4 (*Esp*) (= *lunar*) polka dot
5 (*Mec*) mole, tunnelling machine

**topo[2]** SM 1 (*LAm*) (= *alfiler*) large pin
2 (*Andes*) (= *distancia*) *measurement of distance of 1.5 leagues*

**topocho[1]** ADJ (*Caribe*) (= *gordito*) plump, chubby

**topocho[2]** SM (*Caribe Bot*) plantain

**topografía** SF topography

**topográfico** ADJ topographic(al)

**topógrafo/a** SM/F topographer

**topolino** Ⓐ SM 1 (= *zapato*) wedge-heeled shoe
2 (= *coche*) small car (*Fiat 500 cc*)
Ⓑ SF (= *persona*) teenager, bobbysoxer (*EEUU*)

**topón** SM (*LAm*) = **topetada**

**toponimia** SF 1 (= *nombres*) toponymy (*frm*), place names *pl*
2 (= *estudio*) study of place names

**toponímico** ADJ toponymic

**topónimo** SM place name

**toposo** ADJ (*Caribe*) meddlesome

**top-secret** [top'sikret] ADJ, SM INV top secret

**toque** SM 1 (= *golpecito*) tap; **le dio un ~ en el hombro** he gave her a tap on the shoulder; **unos toquecitos con la varita y saldrá el conejo** a few taps of the magic wand and the rabbit will come out; ✦***MODISMOS*** **dar un ~ de atención a algn** ◊ **dar un ~ a algn***: **el jefe tuvo que darle un ~ de atención por llegar tarde** the boss had to pull him up for being late; **te van a dar un ~ si sigues portándote mal** you'll get a telling-off if you keep behaving badly
2 (= *sonido*) [*de campana*] chime, ring; [*de reloj*] stroke; [*de timbre*] ring; [*de tambor*] beat; **al ~ de las doce** on the stroke of twelve; **dar un ~ a algn** (*por teléfono*) to give sb a bell* ► **toque de diana** reveille ► **toque de difuntos** death knell ► **toque de oración** call to prayer ► **toque de queda** curfew ► **toque de retreta** retreat ► **toque de silencio** lights out
3 (= *detalle*) touch; **el ~ personal** the personal touch; **faltan algunos ~s para completarlo** it still needs a few touches to finish it off; **dar el último ~** *o* **los últimos ~s a algo** to put the finishing touch *o* touches to sth
4 (*Arte*) [*de color, brillo*] touch ► **toque de luz** highlight
5 (*Quím*) test
6 (†) (= *quid*) crux, essence; **ahí está el ~** that's the crux of the matter
7 (*Andes*) (= *vuelta*) turn

**toquetear*** ▸conjug 1a◂ VT 1 (= *manosear*) to handle, finger
2 (*Mús*) to play idly, mess about on
3 (= *acariciar*) to fondle, feel up*, touch up*

**toqueteo*** SM 1 (= *manoseo*) handling, fingering
2 (= *caricias*) fondling, touching up*

**toquido** SM (*CAm, Méx*) = **toque**

**toquilla** SF 1 (= *chal*) knitted shawl; (*para la cabeza*) headscarf
2 (= *gorro*) woollen bonnet; (*Andes*) (= *sombrero*) straw hat

**torácico** ADJ thoracic

**torada** SF herd of bulls

**tórax** SM thorax; **radiografía de ~** chest X-ray

**torbellino** SM 1 [*de viento*] whirlwind; [*de polvo*] dust cloud
2 [*de cosas*] whirl
3 (= *persona*) whirlwind

**torcaz** ADJ **paloma ~** wood pigeon, ring dove

**torcecuello** SM (*Orn*) wryneck

**torcedor** SM 1 (*Téc*) spindle
2 (= *angustia*) torment, torture

**torcedura** SF 1 (*gen*) twist(ing); (*Med*)

➤ LENGUA Y USO: **tópico B1** 53.1

sprain, strain
[2] (= *vino*) weak wine

**torcer** ▸conjug 2b, 2h◂ Ⓐ VT [1] (= *retorcer*) [+ *dedo, muñeca, tronco*] to twist; [+ *tobillo*] to twist, sprain; [+ *madera*] to warp; [+ *soga*] to plait; (= *doblar*) to bend; **¡me torció el brazo!** he twisted my arm!; **le ha torcido el cuello** he's twisted his neck; **torció la cabeza para mirarla** he turned (his head) to look at her
[2] **~ el gesto** to scowl; **~ los ojos** *o* **la vista** to squint
[3] [+ *ropa*] to wring
[4] (= *cambiar*) [+ *rumbo*] to change; [+ *voluntad*] to bend; [+ *pensamientos*] to turn; [+ *significado*] to distort, twist; **el conflicto ha torcido el curso de los acontecimientos** the conflict has changed the course of events
[5] (= *pervertir*) [+ *persona*] to lead astray
Ⓑ VI (= *girar*) [*camino, vehículo, viajero*] to turn; **el coche torció a la izquierda** the car turned left; **al llegar allí tuerza usted a la derecha** when you get there turn right
Ⓒ **torcerse** VPR [1] (= *retorcerse*) to twist; (= *doblarse*) to bend; **me torcí el tobillo** I twisted *o* sprained my ankle
[2] (= *ladearse*) **gira el volante que te estás torciendo** turn the steering wheel, you're not driving straight; **usa papel rayado para no ~se escribiendo** use ruled paper so you write straight
[3] (= *ir por mal camino*) [*persona*] to go astray, go off the rails
[4] (= *ir mal*) [*proyecto*] to go off the rails; [*proceso, acontecimientos*] to take a strange turn
[5] (= *agriarse*) [*leche*] to turn, go off; [*vino*] to go sour

**torcida** SF wick

**torcidamente** ADV [1] (*lit*) in a twisted way, crookedly
[2] (*fig*) deviously, in a crooked way

**torcido** Ⓐ ADJ [1] (= *no derecho*) [*nariz, línea*] crooked; (= *doblado*) [*palo, alambre*] bent; **el cuadro está ~** the picture is not straight, the picture is crooked; **llevaba el sombrero algo ~** he had his hat on not quite straight
[2] (= *taimado*) devious, crooked
[3] (*Andes, CAm, Caribe*) (= *desgraciado*) unlucky
Ⓑ SM (= *acto*) [*de seda*] twist

**torcijón** SM [1] sudden twist
[2] = **retortijón**

**torcimiento** SM = **torcedura**

**tordillo** Ⓐ ADJ dappled, dapple-grey
Ⓑ SM dapple

**tordo** Ⓐ ADJ dappled, dapple-grey
Ⓑ SM (*Orn*) thrush

**torear** ▸conjug 1a◂ Ⓐ VT [1] [+ *toro*] to fight, play
[2] (= *evitar*) to dodge, avoid
[3] (= *acosar*) to plague; (= *burlarse*) to tease, draw on; (= *confundir*) to confuse; ✦***MODISMO* ¡a mí no me torea nadie!** nobody messes me around!*
[4] (= *mantener a raya*) to keep at bay; (= *dar largas a*) to put off, keep guessing
[5] (*CAm, Cono Sur*) [+ *animal*] to provoke, enrage; (*Cono Sur, Méx*) [+ *persona*] to infuriate
[6] (*Andes, Cono Sur*) [*perro*] to bark furiously at
Ⓑ VI [1] (*Taur*) to fight (bulls); **toreó bien Suárez** Suárez fought well; **no volverá a ~** he will never fight again; **el muchacho quiere ~** the boy wants to be a bullfighter
[2] (*) (= *dar largas*) to spin it out, procrastinate
[3] (*Andes, Cono Sur*) (= *ladrar*) to bark furiously

**toreo** SM (art of) bullfighting

**torera** SF (= *chaqueta*) short tight jacket; ✦***MODISMOS* saltarse un deber a la ~** to neglect one's duty; **saltarse una ley a la ~** to flout a law; *ver tb* **torero**

**torería** SF [1] (= *toreros*) bullfighters *pl*; (= *mundo del toreo*) bullfighting world
[2] (*Caribe, CAm*) (= *broma*) prank

**torero/a** SM/F bullfighter; ✦***MODISMO* hacer una de ~*** to say sth completely off the point; *ver tb* **torera**

**torete** SM [1] (= *toro*) (*pequeño*) small bull; (*joven*) young bull
[2] (= *niño*) (*fuerte*) strong child, robust child; (*travieso*) mischievous child; (*de mal genio*) bad-tempered child

**toril** SM bullpen

**torio** SM thorium

**torito*** SM (*Andes Entomología*) bluebottle

**tormenta** SF [1] (*Meteo*) storm; ✦***MODISMO* una ~ en un vaso de agua** a storm in a teacup, a tempest in a teapot (*EEUU*) ► **tormenta de arena** sandstorm ► **tormenta de nieve** snowstorm ► **tormenta de polvo** dust storm
[2] (= *discusión etc*) storm; (= *trastorno*) upheaval, turmoil; **desencadenó una ~ de pasiones** it unleashed a storm of passions; **sufrió una ~ de celos** she was eaten up with jealousy ► **tormenta de cerebros** brainstorm, brainstorming

**tormento** SM (= *tortura*) torture; (*fig*) torture, torment; (= *angustia*) anguish, agony; **dar ~ a** to torment; (*fig*) to torment, plague; **darse ~** to torment o.s.; **estos zapatos son un ~** these shoes are agony; **sus dos hijos son un ~ perpetuo** her two sons are a constant trial *o* torment to her

**tormentoso** ADJ stormy

**tormo** SM lump, mass

**torna** SF (= *vuelta*) return; ✦***MODISMOS* cambiar las ~s** to turn the tables; **volver las ~s a algn** to turn the tables on sb; **se han vuelto las ~s** now the boot's on the other foot, it's a different story now

**tornada** SF return

**tornadera** SF pitchfork, winnowing fork

**tornadizo/a** Ⓐ ADJ (= *cambiadizo*) changeable; (= *caprichoso*) fickle
Ⓑ SM/F (*Hist*) renegade

**tornado** SM tornado

**tornar** ▸conjug 1a◂ Ⓐ VT [1] (= *devolver*) to give back, return
[2] (= *cambiar*) to change (**en** into), alter
Ⓑ VI [1] (= *volver*) to return, go back
[2] **~ a hacer algo** to do sth again; **tornó a llover** it began to rain again; **tornó a estudiar el problema** he studied the problem again
[3] **~ en sí** to regain consciousness, come to
Ⓒ **tornarse** VPR [1] (= *regresar*) to return
[2] (= *volverse*) to become, turn

**tornasol** SM [1] (*Bot*) sunflower
[2] (*Quím*) litmus; **papel de ~** litmus paper
[3] (*fig*) sheen, iridescence

**tornasolado** ADJ (*gen*) iridescent, sheeny; [*seda*] shot

**tornasolar** ▸conjug 1a◂ Ⓐ VT to make iridescent, put a sheen on
Ⓑ **tornasolarse** VPR to be *o* become iridescent, show different lights

**tornavía** SF turntable

**tornavoz** SF [*de instrumento musical*] sounding board; [*de púlpito*] sounding board, canopy; **hacer ~** to cup one's hands to one's mouth

**torneado** Ⓐ ADJ [1] (*Téc*) turned (*on a lathe*)
[2] [*brazo*] shapely, delicately curved; [*figura*] pleasingly rounded
Ⓑ SM turning

**tornear** ▸conjug 1a◂ VT to turn (*on a lathe*)

**torneo** SM [1] (*Dep*) tournament, competition ► **torneo de tenis** tennis tournament ► **torneo por equipos** team tournament
[2] (*Hist*) (= *justa*) joust

**tornero/a** SM/F machinist, turner

**tornillería** SF (= *tornillos*) screws *pl*; (*sin especificar*) nuts and bolts *pl*

**tornillo** SM [1] (*en punta*) screw; (*para tuerca*) bolt; ✦***MODISMOS* apretar los ~s a algn** to apply pressure on sb, put the screws on sb*; **le falta un ~*** he has a screw loose*; **hacer ~** (*Mil*) to desert ► **tornillo de banco** vice, vise (*EEUU*), clamp ► **tornillo sin fin** worm gear
[2] (*Cono Sur**) (= *frío*) bitter cold

**torniquete** SM [1] (= *barra giratoria*) turnstile
[2] (*Med*) tourniquet

**torniscón** SM [1] (= *apretón*) pinch, squeeze
[2] (= *manotazo*) (*en la cara*) slap on the face; (*en la cabeza*) smack on the head, cuff

**torno** SM [1] (*para levantar pesos*) winch, windlass; (*para tensar*) winding drum
[2] (*para tornear*) lathe; **labrar a ~** to turn on the lathe ► **torno de alfarero** potter's wheel ► **torno de asador** spit ► **torno de banco** vice, vise (*EEUU*), clamp ► **torno de hilar** spinning wheel ► **torno de tornero** turning lathe
[3] [*de río*] (= *recodo*) bend; (= *rabiones*) race, rapids *pl*
[4] **en ~ a: se reunieron en ~ a él** they gathered round him; **la conversación giraba en ~ a las elecciones** the conversation revolved *o* centred around the election; **polemizar en ~ a un texto** to argue about a text; **todo estaba inundado en muchos kilómetros en ~** everything was flooded for miles around

**toro** SM [1] (*Zool*) bull; ✦***MODISMOS* coger el ~ por los cuernos** ◊ **irse a la cabeza del ~** to take the bull by the horns; **echar el ~ a algn*** to give sb a severe dressing-down*; **hacer un ~*** (*Teat*) to stand in for somebody; **a ~ pasado** with hindsight, in retrospect; **soltar el ~ a algn*** to give sb a severe dressing-down* ► **toro bravo, toro de lidia** fighting bull
[2] (= *hombre*) strong man, he-man*, tough guy*; ✦***MODISMO* ser ~ corrido** to be an old hand at it, be an old fox
[3] **los ~s** (= *corrida*) bullfight *sing*; (= *toreo*) bullfighting; **ir a los ~s** to go to the bullfight; **este año no habrá ~s** there will be no bullfight this year; **no me gustan los ~s** I don't like bullfighting; ✦***MODISMOS* ciertos son los ~s** it turns out that it's true; **ver los ~s desde la barrera** to stand on the sidelines, remain uncommitted
[4] ✦***MODISMO* hacer ~s*** to play truant, cut

class
5 **Toro** (*Zodíaco*) Taurus

**torombolo*** ADJ (*Caribe*) (= *gordito*) plump; (= *barrigón*) pot-bellied

**toronja** SF grapefruit, pomelo (*EEUU*)

**toronjil** SM lemon balm

**toronjo** SM grapefruit tree

**torpe** ADJ 1 (= *poco ágil*) [*persona*] clumsy; [*movimiento*] ungainly; **¡qué ~ eres, ya me has vuelto a pisar!** you're so clumsy, you've trodden on my foot again!; **un hombre de ~s andares** a man with an ungainly walk
2 (= *necio*) dim, slow; **soy muy ~ para la informática** I'm very dim *o* slow when it comes to computers; **es bastante ~ y nunca entiende las lecciones** he's a bit dim *o* slow, he never understands the lessons
3 (= *sin tacto*) clumsy; **¡qué ~ soy! me temo que la he ofendido** how clumsy *o* stupid of me! I'm afraid I've offended her

**torpear** ▸conjug 1a◂ VI (*Cono Sur*) to be dishonest, behave dishonourably

**torpedear** ▸conjug 1a◂ VT (*Mil*) to torpedo; [+ *proyecto*] to torpedo; **~ a algn con preguntas** to bombard sb with questions

**torpedeo** SM bombardment

**torpedero** SM torpedo boat

**torpedo** SM torpedo

**torpemente** ADV 1 (= *sin destreza*) clumsily, awkwardly
2 (= *neciamente*) slow-wittedly

**torpeza** SF 1 (= *falta de agilidad*) [*de persona*] clumsiness; [*de movimientos*] ungainliness
2 (= *falta de inteligencia*) dimness, slowness
3 (= *falta de tacto*) **¡menuda ~ la tuya! has ofendido a toda la familia** that was really tactless *o* clumsy of you, you've offended the whole family!; **fue una ~ por mi parte decírselo** it was stupid *o* clumsy of me to tell him
4 (= *tontería*) **cometer una ~** to do sth stupid

**torpón** ADJ (*Cono Sur*) = **torpe**

**torpor** SM torpor

**torrado** SM 1 (‡) (= *cabeza*) bonce‡, head
2 **torrados** (*Culin*) toasted chickpeas

**torrar** ▸conjug 1a◂ Ⓐ VT 1 (*Culin*) to toast, roast
2 (‡) (= *robar*) to pinch*, nick*
Ⓑ **torrarse** VPR 1 (= *asarse*) to roast
2 (*) (= *dormirse*) to go off to sleep

**torre** SF 1 (*Arquit*) tower; [*de oficinas, viviendas*] tower block; (*Radio*) mast, tower; [*de electricidad*] pylon; [*de pozo de petróleo*] derrick ► **torre de alta tensión**, **torre de conducción eléctrica** electricity pylon ► **Torre de Babel** Tower of Babel ► **torre de marfil** ivory tower ► **torre de música** hi-fi
2 (*Ajedrez*) rook, castle
3 (*Aer, Mil, Náut*) turret; (*Mil*) watchtower ► **torre de control** (*Aer*) control tower ► **torre de lanzamiento** launch tower ► **torre del homenaje** keep ► **torre de mando** [*de submarino*] conning tower ► **torre de observación** observation tower, watchtower ► **torre de perforación** drilling rig ► **torre de refrigeración** cooling tower ► **torre (de) vigía** (*Náut*) crow's nest; [*de submarino*] conning tower ► **torre de vigilancia** watchtower
4 (*Caribe, Méx*) (= *chimenea*) factory chimney

5 ✦MODISMO **dar en la ~** (*Méx*) to hit where it hurts most

**torrefacción** SF toasting, roasting

**torrefacto** ADJ high roast

**torreja** SF 1 (*LAm*) *(fried) slices of fruit and vegetables*
2 (*Cono Sur*) slice of fruit

**torrencial** ADJ torrential

**torrencialidad** SF torrential nature

**torrencialmente** ADV torrentially

**torrente** SM 1 (= *río*) torrent; **llover a ~s** to rain cats and dogs, rain in torrents ► **torrente de sangre**, **torrente sanguíneo** bloodstream
2 [*de palabras*] torrent, rush; [*de insultos*] stream, torrent; [*de lágrimas*] flood; [*de gente*] stream ► **torrente de voz** powerful voice

**torrentera** SF gully, watercourse

**torrentoso** ADJ (*LAm*) [*río*] torrential, rushing; [*lluvia*] torrential

**torreón** SM [*de castillo*] tower; [*de casa*] turret

**torrero** SM lighthouse keeper

**torreta** SF 1 (*Aer, Mil, Náut*) turret; [*de submarino*] conning tower ► **torreta de observación**, **torreta de vigilancia** watchtower
2 (*Elec*) pylon, mast

**torrezno** SM rasher, slice of bacon

**tórrido** ADJ torrid

**torrificar** ▸conjug 1g◂ VT (*Méx*) [+ *café*] to toast, roast

**torrija** SF *bread soaked in milk and fried in batter with honey or sugar and wine, eaten especially at Easter*

**torsión** SF 1 (= *torcedura*) twist, twisting
2 (*Mec*) torsion, torque

**torsional** ADJ torsional

**torso** SM (*Anat*) torso; (*Arte*) head and shoulders

**torta** SF 1 (*) (= *bofetada*) thump; (= *puñetazo*) punch, sock*; (= *caída*) fall; (= *choque*) crash; **liarse a ~s** to get involved in a punch-up
2 (= *pastel*) cake; (*con base de masa quebrada*) tart, flan; (= *crepe*) pancake; (*Méx*) sandwich; ✦MODISMOS **la ~ costó un pan** it worked out dearer than expected, it was more trouble than it was worth; **eso es ~s y pan pintado** it's child's play, it's a cinch‡; **¡ni ~!*** I haven't a clue!, not the foggiest!; **no entendió ni ~** he didn't understand a word of it; **nos queda la ~** there's a lot left over
3 (*CAm, Méx*) (= *tortilla*) ► **torta de huevos** omelet(te)
4 (*Esp*‡) (= *borrachera*) **agarrar una ~** to get plastered*
5 (*Tip*) font

**tortazo*** SM (= *bofetada*) slap, sock*; (= *golpe*) thump; **pegarse un ~** to get a knock

**tortear** ▸conjug 1a◂ Ⓐ VT (*Cono Sur*) [+ *masa*] to flatten, roll; (*CAm, Méx*) [+ *tortilla*] to shape (*with the palms of one's hands*)
Ⓑ VI (*Méx*) (= *aplaudir*) to clap, applaud

**tortero** ADJ (*Andes*) round and flat, disc-shaped

**tortícolis** SF INV stiff neck; **me levanté con ~** I got up with a stiff neck *o* a crick in my neck

**tortilla** SF 1 [*de huevo*] omelette; ✦MODISMOS **hacer algo una ~** to smash sth up; **van a hacer el negocio una ~** they're sure to mess the deal up; **hacer a algn una ~*** to beat sb up*; **dar la vuelta a la ~** to turn the tables; **volverse la ~**: **se ha vuelto la ~** now the boot is on the other foot, it's a different story now; **se le volvió la ~** it came out all wrong for him, it all blew up in his face ► **tortilla de patatas**, **tortilla española** Spanish potato omelette ► **tortilla francesa** plain omelette
2 (*CAm, Méx*) [*de maíz*] flat maize pancake, tortilla
3 (‡) (= *lesbianismo*) lesbian sex

**tortillera** SF 1 (*CAm, Méx*) (= *vendedora*) seller of maize pancakes
2 (**) (= *lesbiana*) dyke**, lesbian

**tortita** SF pancake

**tórtola** SF turtledove

**tortoleo** SM (*Méx*) billing and cooing

**tórtolo** SM 1 (= *ave*) (male) turtledove
2 (*) (= *amante*) lovebird, loverboy; **tórtolos** pair of lovers, lovebirds

**tortuga** SF [*de tierra*] tortoise; (*tb* **~ marina**) turtle; ✦MODISMO **a paso de ~** at a snail's pace

**tortuguismo** SM (*Méx*) go-slow, slowdown (*EEUU*)

**tortuoso** ADJ 1 [*camino*] winding, full of twists and turns
2 [*conducta*] devious

**tortura** SF torture

**torturado/a** SM/F torture victim

**torturar** ▸conjug 1a◂ VT to torture

**toruno** SM 1 (*CAm*) (= *semental*) stud bull; (*Cono Sur*) (= *toro viejo*) old bull; (*Cono Sur*) (= *buey*) ox
2 (*Cono Sur*) (= *hombre*) fit old man

**torvisca** SF, **torvisco** SM spurge flax

**torvo** ADJ grim, fierce; **una mirada torva** a fierce look

**torzal** SM 1 (= *hilo*) cord, twist
2 (*Cono Sur*) (= *lazo*) plaited rope, lasso

**tos** SF cough; **acceso de ~** coughing fit; **tiene ~** he's got a cough ► **tos convulsa**, **tos ferina** whooping cough

**toscamente** ADV roughly, crudely

**Toscana** SF **La ~** Tuscany

**toscano/a** Ⓐ ADJ, SM/F Tuscan
Ⓑ SM 1 (*Ling*) Tuscan; (*Hist*) Italian
2 (= *puro*) (a kind of) cigar

**tosco** ADJ coarse, rough, crude

**tosedera** SF (*LAm*) nagging cough

**toser** ▸conjug 2a◂ Ⓐ VI to cough
Ⓑ VT ✦MODISMO **no hay quien le tosa** he's in a class by himself; **no hay quien le tosa a la hora de cocinar** he's in a class by himself when it comes to cooking; **cuando se pone así no hay quien le tosa** no one gets in his way when he's in that mood

**tosido** SM (*CAm, Cono Sur, Méx*) cough

**tósigo** SM poison

**tosquedad** SF coarseness, roughness, crudeness

**tostada** SF 1 [*de pan*] piece of toast; **~s** toast *sing*; ✦MODISMO **olerse la ~** to smell a rat
2 **una ~ de*** a load of*, masses of; **hace una ~ de años** ages ago
3 (*Méx*) (= *tortilla*) fried tortilla; (*CAm*) (= *plátano*) toasted slice of banana
4 (*Cono Sur*) (= *conversación*) long boring conversation

**tostado** Ⓐ ADJ 1 (*Culin*) toasted
2 [*color*] dark brown, ochre; [*persona*] tanned

Ⓑ SM [1] (= *acción*) [*de pan*] toasting; [*de café*] roasting
[2] (= *bronceado*) tan

**tostador** SM [*de pan*] toaster; [*de café*] roaster ► **tostador de pan** electric toaster

**tostadora** SF toaster

**tostadura** SF [*de café*] roasting

**tostar** ▸conjug 1l◂ Ⓐ VT [1] [+ *pan*] to toast; [+ *café*] to roast; [+ *carne*] to brown
[2] (= *broncear*) to tan
[3] (*Caribe, Cono Sur**) (= *pegar*) **~ a algn** to tan sb's hide*
[4] (*Méx*) (= *ofender*) to offend; (= *perjudicar*) to harm, hurt; (= *matar*) to kill
[5] (*Caribe, Cono Sur*) (= *proseguir*) to push on with
Ⓑ **tostarse** VPR (*tb* **~se al sol**) to tan, get brown

**tostelería** SF (*CAm*) cake shop

**tostón** SM [1] (*) (= *lata*) bore, nuisance; (= *discurso*) long boring speech; (= *cuento*) tedious tale; **dar el ~** (= *aburrir*) to be a bore; (= *fastidiar*) to be a nuisance
[2] (*Culin*) (= *cubito*) crouton; (= *tostada*) piece of toast dipped in oil; (= *tostada quemada*) *piece of bread toasted too much*; (= *garbanzo*) toasted chickpea
[3] (= *lechón*) roast sucking pig
[4] (*Caribe*) (= *banana*) slice of fried green banana
[5] (*Méx**) (= *moneda*) 50-cent piece

**tostonear*** ▸conjug 1a◂ VT, VI (*Méx*) to sell at bargain prices

**total** Ⓐ ADJ [1] (= *absoluto*) [*éxito, fracaso*] total; **una revisión ~ de su teoría** a complete revision of his theory; **una calamidad ~** a total disaster
[2] (= *global*) [*importe, suma*] total
[3] (*) (= *excelente*) smashing, brilliant; **es un libro ~** it's a brilliant book
Ⓑ ADV [1] (= *resumiendo*) in short, all in all; (= *así que*) so; **~ que** to cut a long story short, the upshot of it all was that …; **~, que no fuimos** so we didn't go after all; **~, que vas a hacer lo que quieras** basically then you're going to do as you please
[2] (= *al fin y al cabo*) at the end of the day; **~, ¿qué más te da?** at the end of the day, what do you care?; **~, usted manda** well, you're the boss after all
Ⓒ SM (= *suma total*) total; (= *totalidad*) whole; **el ~ son 50 pesos** the total is 50 pesos; **el ~ de la población** the whole (of the) population; **en ~** in all; **en ~ éramos catorce** there were fourteen of us altogether ► **total debe** debit total ► **total de comprobación** hash total ► **total haber** assets total

**totalidad** SF whole; **la ~ de la población** the whole (of the) population; **la práctica ~ de los votantes** nearly all the voters; **quieren publicar el informe en su ~** they want to publish the report in its entirety; **la aseguradora cubrirá los gastos en su ~** the insurer will cover all expenses

**totalitario** ADJ totalitarian

**totalitarismo** SM totalitarianism

**totalizador** Ⓐ ADJ all-embracing, all-encompassing
Ⓑ SM totalizator

**totalizar** ▸conjug 1f◂ Ⓐ VT to totalize, add up
Ⓑ VI to add up to, total

▼ **totalmente** ADV totally, completely; **Mario es ~ distinto a Luis** Mario is totally *o* completely different from Luis; **estoy ~ de acuerdo** I totally *o* completely agree; **—¿estás seguro? —totalmente** "are you sure?" — "absolutely"

**totazo** SM [1] (*Andes*) (= *explosión*) bursting, explosion
[2] (*Andes, Caribe*) (= *golpe*) bang on the head

**totear** ▸conjug 1a◂ (*Andes, Caribe*) Ⓐ VI to burst, explode
Ⓑ **totearse** VPR (= *reventar*) to burst; (= *agrietarse*) to crack, split

**tótem** SM (*pl* **tótems**) totem, totem pole

**totémico** ADJ totemic

**totemismo** SM totemism

**totopo** SM (*CAm, Méx*), **totoposte** SM (*CAm, Méx*) crisp tortilla

**totora** SF (*Andes*) large reed

**totoral** SM (*LAm*) reed bed

**totoreco*** ADJ (*CAm*) thick*, stupid

**totovía** SF woodlark

**totuma** SF [1] (*Andes, Caribe Bot*) gourd, squash (*EEUU*), calabash
[2] (*Cono Sur*) (= *cardenal*) bruise; (= *chichón*) bump, lump
[3] (*Andes, Caribe, Cono Sur*) (= *cabeza*) nut‡, head; **cortarse ~** (*Caribe*) to get one's hair cut

**totumo** SM [1] (*LAm*) (= *árbol*) calabash tree
[2] (*Cono Sur*) (= *chichón*) bump on the head

**touroperador(a)** SM/F tour operator

**toxicidad** SF toxicity

**tóxico** Ⓐ ADJ toxic, poisonous
Ⓑ SM poison, toxin

**toxicodependencia** SF drug-addiction

**toxicodependiente** SMF drug-addict

**toxicología** SF toxicology

**toxicológico** ADJ toxicological

**toxicólogo/a** SM/F toxicologist

**toxicomanía** SF drug-addiction

**toxicómano/a** Ⓐ ADJ addicted to drugs
Ⓑ SM/F drug addict

**toximia** SF toxaemia, toxemia (*EEUU*)

**toxina** SF toxin

**toxinfección** SF poisoning ► **toxinfección alimentaria** food poisoning

**tozudez** SF stubbornness, obstinacy

**tozudo** ADJ stubborn, obstinate

**traba** SF [1] (= *unión*) bond, tie; (*Mec*) clasp, clamp; [*de caballo*] hobble; (*Cono Sur*) hair slide
[2] **trabas** [*de prisionero*] shackles
[3] (= *estorbo*) obstacle, hindrance; **sin ~s** unrestrained, free; **poner ~s a** to restrain, obstruct; **ponerse ~s** to make difficulties for o.s.
[4] (*Caribe, Méx*) [*de gallos*] (= *pelea*) cockfight; (= *lugar*) cockpit

**trabacuenta** SM mistake, miscalculation; **andar con ~s** to be engaged in endless controversies

**trabado** ADJ [1] (= *unido*) joined; [*discurso*] coherent, well constructed
[2] (= *fuerte*) tough, strong
[3] (*LAm*) (*al hablar*) stammering
[4] (*Andes*) (= *bizco*) cross-eyed

**trabajado** ADJ [1] (= *elaborado*) carefully worked; **bien ~** well made, elaborately fashioned
[2] (*pey*) forced, strained, artificial
[3] [*persona*] (= *cansado*) worn out, weary from overwork

**trabajador(a)** Ⓐ ADJ hard-working, industrious
Ⓑ SM/F worker, labourer, laborer (*EEUU*); (*Pol*) worker ► **trabajador(a) autónomo/a** self-employed person ► **trabajador(a) eventual** casual worker ► **trabajador(a) por cuenta ajena** employee, employed person ► **trabajador(a) por cuenta propia** self-employed person ► **trabajador(a) portuario/a** docker ► **trabajador(a) social** social worker

**trabajar** ▸conjug 1a◂ Ⓐ VI [1] [*persona*] to work; **trabaja en las afueras** she works on the outskirts of town; **no trabajes tanto** don't work so hard; **ahora trabajo más que antes** I work harder now than I used to; **se mata trabajando para alimentar a su familia** he works himself to death to feed his family; **llevo una semana sin ~** I haven't done any work for a week; **ese actor trabaja muy bien** that actor's very good; **~ <u>de</u> algo** to work as sth; **trabajo de camarero** I work as a waiter; **~ <u>en</u> algo**: **¿en qué trabajas?** what's your job?; **¿ha trabajado antes en diseño gráfico?** do you have any previous work experience in graphic design?; **trabajan en una compañía aérea** they work for an airline; **~ por <u>horas</u>** to work by the hour; **~ <u>jornada</u> completa** to work full-time; **~ media jornada** to work half-days; **~ <u>por</u> hacer algo**: **estamos trabajando por conseguir nuestros derechos** we are working towards getting our rights; **~ a <u>tiempo</u> parcial** to work part-time; ✦***MODISMOS*** **~ como un buey** *o* **como una mula** to work like a Trojan; **~ como un condenado** *o* **un negro** to work like a slave
[2] (= *funcionar*) [*fábrica*] to work; [*máquina*] to run, work; **la fábrica trabaja día y noche** the factory works day and night; **para que el cerebro trabaje** for the brain to work (properly); **el sistema inmunitario trabaja para vencer las infecciones** the immune system works to overcome infections; **el tiempo trabaja a nuestro favor** time is on our side; <u>hacer</u> **~**: **si quiere hacer trabar su dinero llámenos** if you want to make your money work for you, give us a call
[3] [*tierra, árbol*] to bear, yield
Ⓑ VT [1] [+ *tierra, cuero, madera*] to work; [+ *masa*] to knead; [+ *ingredientes*] to mix in
[2] [+ *detalle, proyecto*] to work on; [+ *mente*] to exercise; **hay que ~ un poco más los números musicales** we need to do a bit more work on the musical numbers; **el pintor ha trabajado muy bien los árboles** the painter has put a lot of work into the trees
[3] (*Com*) (= *vender*) to sell; **es mi colega quien trabaja ese género** it is my colleague who sells *o* handles that line; **nosotros no trabajamos esa marca** we don't sell *o* stock that brand
[4] [+ *caballo*] to train
Ⓒ **trabajarse** VPR [1] [+ *persona*] to work on; **se está trabajando a su tía para sacarle los ahorros** he's working on his aunt in order to get hold of her savings
[2] [+ *asunto*] to work on; **tienes que ~te el ascenso un poco más** you need to work a bit harder on getting that promotion; **tienes que ~te un poco más el alemán** you've got

➤ LENGUA Y USO: **totalmente** 38.1, 39.2, 40.1, 53.6

to work on your German a bit; **quien no se lo trabaja no consigue nada** you won't get anything if you don't work for it

**trabajo** SM [1] (= *labor*) work; **tengo mucho ~** I have a lot of work; **me queda ~ para una hora** I have an hour's work left; **¡buen ~!** good work!; **en reconocimiento a su ~ como actor** in recognition of his work as an actor; **tiene una enorme capacidad de ~** she's a very willing worker; **planchar la ropa es el ~ que menos me gusta** the ironing is the job I like least; **a veces le sale algún que otro trabajillo** he gets odd jobs now and then; **el ~ de la casa** the housework; **ropa de ~** work clothes; **estar sin ~** to be unemployed; **los que están sin ~** the unemployed; **quedarse sin ~** to find o.s. out of work, lose one's job; ✦*MODISMO* **¡esto es un ~ de chinos!** this is really painstaking work! ► **trabajo a destajo** piecework ► **trabajo de campo, trabajo en el terreno** fieldwork ► **trabajo en equipo** teamwork ► **trabajo intelectual** brainwork ► **trabajo manual** manual labour, manual labor (*EEUU*) ► **trabajo nocturno** night work ► **trabajo por turnos** shiftwork ► **trabajos forzados** hard labour *sing*, hard labor (*EEUU*) *sing* ► **trabajos manuales** (*Escol*) handicrafts ► **trabajo social** social work ► **trabajo sucio** dirty work
[2] (*tb* **puesto de ~**) job; **le han ofrecido un ~ en el banco** he's been offered a job at the bank; **tengo un ~ de media jornada** I have a job working half-days; **no encuentro ~** I can't find work *o* a job ► **trabajo eventual** temporary job ► **trabajo fijo** permanent job
[3] (*tb* **lugar de ~**) work; **vivo cerca de mi ~** I live near work *o* near my workplace; **está en el ~** she's at work; **me puedes llamar al ~** you can call me at work; **ir al ~** to go to work
[4] (= *esfuerzo*) **lo hizo con mucho ~** it cost him a lot of effort to do it; **han sido muchos años de ~ para ganar el pleito** it has taken many years' hard work to win the lawsuit; **ahorrarse el ~** to save o.s. the trouble; **costar ~**: **le cuesta ~ hacerlo** he finds it hard to do; **me cuesta ~ decir que no** I find it hard to say no; **dar ~**: **reparar la casa nos ha dado mucho ~** it was hard work *o* a real job repairing the house; **los niños pequeños dan mucho ~** small children are a lot of work; **tomarse el ~ de hacer algo** to take the trouble to do sth; ✦*REFRÁN* **~ te doy, ~ te mando** it's no easy task, it's a tough job
[5] (= *obra*) (*Arte, Literat*) work; (*Educ*) essay; [*de investigación*] study; **uno de los mejores ~s del arquitecto** one of the architect's greatest works; **tengo que entregar dos ~s mañana** I have to hand in two essays tomorrow
[6] (*Econ*) [6·1] (= *mano de obra*) labour, labor (*EEUU*)
[6·2] (*tb* **Ministerio de Trabajo**) ≈ Department of Employment, ≈ Department of Labor (*EEUU*)

**trabajoadicto/a** SM/F workaholic

**trabajosamente** ADV (= *con trabajo*) laboriously; (= *dolorosamente*) painfully

**trabajoso** ADJ [1] (= *difícil*) hard, laborious; (= *doloroso*) painful
[2] (*Med*) pale, sickly
[3] (*Cono Sur*) (= *exigente*) exacting, demanding; (= *astuto*) wily
[4] (*Andes*) (= *poco amable*) unhelpful; (= *malhumorado*) bad-tempered, tetchy
[5] (*Cono Sur*) (= *molesto*) annoying

**trabalenguas** SM INV tongue twister

**trabar** ▸conjug 1a◂ Ⓐ VT [1] [+ *puerta, ventana*] (*para que quede cerrada*) to wedge shut; (*para que quede abierta*) to wedge open; **trabó la puerta con una silla para que no entrara** he wedged the door shut with a chair to stop her getting in; **trabó la pata de la mesa con una madera** she wedged a piece of wood under the table leg
[2] [+ *salsa, líquido*] to thicken
[3] (*Carpintería*) to join; (*Constr*) to point
[4] (= *comenzar*) [+ *conversación, debate*] to start (up), strike up; [+ *batalla*] to join; **~ amistad** to strike up a friendship
[5] (= *enlazar*) **una serie de razonamientos muy bien trabados** a tightly woven *o* very well constructed argument
[6] (= *obstaculizar*) to hold back; **la falta de recursos ha trabado el desarrollo de la investigación** research has been held back by the lack of funds
[7] [+ *caballo*] to hobble
[8] [+ *sierra*] to set
[9] (*CAm, Caribe*) (= *engañar*) to deceive
Ⓑ VI [1] [*planta*] to take
[2] [*ancla, garfio*] to grip
Ⓒ **trabarse** VPR [1] (= *enredarse*) to get tangled up; **me trabé en un matorral y no podía salir** I got tangled up in a thicket and couldn't get free; **se le traba la lengua** he gets tongue-tied; (*Caribe*) he loses the thread (of what he is saying)
[2] (= *atascarse*) [*cajón, puerta, mecanismo*] to jam, get jammed
[3] (= *involucrarse*) **~se en una discusión** to get involved in an argument

**trabazón** SF [1] (*Téc*) joining, assembly
[2] [*de líquido*] consistency
[3] (= *coherencia*) coherence

**trabilla** SF (= *tira*) small strap; (= *broche*) clasp; [*de cinturón*] belt loop; (= *puntada*) dropped stitch

**trabucar** ▸conjug 1g◂ Ⓐ VT (= *confundir*) to confuse; (= *desordenar*) to mix up, mess up; [+ *palabras, sonidos*] to mix up, confuse
Ⓑ **trabucarse** VPR to get all mixed up

**trabuco** SM [1] (*tb* **~ naranjero**) blunderbuss; (= *juguete*) popgun
[2] (**) (= *pene*) prick**

**traca** SF [1] [*de fuegos artificiales*] string of fireworks; (= *ruido fuerte*) row, racket
[2] **es de ~*** it's killingly funny

**trácala** SF [1] (*Andes*) (= *gentío*) crowd, mob
[2] (*Caribe, Méx*) (= *trampa*) trick, ruse
[3] (*Méx*) (= *tramposo*) trickster

**tracalada*** SF [1] (*LAm*) (= *gentío*) crowd; **una ~ de** a load of*; **a ~s** by the hundred
[2] (*Méx*) (= *trampa*) trick, ruse

**tracalero/a*** (*Méx, Caribe*) Ⓐ ADJ (= *astuto*) crafty; (*tramposo*) sly, deceitful
Ⓑ SM/F cheat, trickster

**tracamundana*** SF [1] (= *jaleo*) row, rumpus
[2] (= *cambio*) swap, exchange

**tracatrá*** EXCL no way!*, get away!*

**tracción** SF traction, drive ► **tracción a las cuatro ruedas** four-wheel drive ► **tracción delantera** front-wheel drive ► **tracción integral**, **tracción total** four-wheel drive ► **tracción trasera** rear-wheel drive

**tracería** SF tracery

**tracoma** SM trachoma

**tractivo** ADJ tractive

**tractor** Ⓐ SM tractor ► **tractor agrícola** agricultural tractor, farm tractor ► **tractor de oruga** caterpillar tractor
Ⓑ ADJ **rueda ~a** drive wheel

**tractorada** SF *demonstration where farmers block the streets with their tractors*

**tractorista** SMF tractor driver

**trad.** ABR (= **traducido**) trans

**tradición** SF tradition

**tradicional** ADJ traditional

**tradicionalidad** SF traditionality, traditional character

**tradicionalismo** SM traditionalism

**tradicionalista** ADJ, SMF traditionalist

**tradicionalmente** ADV traditionally

**tráding** ['tradin] Ⓐ ADJ **empresa ~** trading company
Ⓑ SF trading company

**traducción** SF translation (**a** into; **de** from); ► **traducción asistida por ordenador** computer-assisted translation ► **traducción automática**, **traducción automatizada** automatic translation, machine translation ► **traducción directa** *translation into one's own language* ► **traducción simultánea** simultaneous translation

**traducible** ADJ translatable

**traducir** ▸conjug 3n◂ Ⓐ VT to translate (**a** into; **de** from)
Ⓑ **traducirse** VPR **~se en** (= *significar*) to mean in practice; (= *suponer*) to entail, result in

**traductor(a)** SM/F translator ► **traductor(a) jurado/a** official translator

**traer** ▸conjug 2o◂ Ⓐ VT [1] (= *transportar*) to bring; **¿has traído el dinero?** have you brought the money?; **¿me traes un vaso de agua?** can you bring *o* fetch *o* get me a glass of water?; **el muchacho que trae los periódicos** the lad who delivers *o* brings the newspapers; **¿nos trae la cuenta, por favor?** can we have the bill, please?; **trae, ya lo arreglo yo** give it to me, I'll fix it; **¿me puedes ~ mañana a la oficina?** can you bring me to work *o* give me a lift to work tomorrow?; **¿qué la trae por aquí?** what brings you here?; **~ un hijo al mundo** to bring a child into the world; **~ buenas/malas notas** to get good/bad marks *o* grades (*EEUU*); ✦*MODISMO* **como su madre** *o* **como Dios lo trajo al mundo** as naked as the day he was born, in his birthday suit; *ver tb* **memoria 1**
[2] (= *llevar encima*) [+ *ropa*] to wear; [+ *objeto*] to carry; **traía unos zapatos muy bonitos** she was wearing some very nice shoes; **¿qué traes en esa bolsa?** what have you got in that bag?, what are you carrying in that bag?
[3] [*periódico, revista*] **el periódico no trae nada sobre eso** there's nothing about it in the newspaper; **¿trae alguna noticia interesante?** is there any interesting news?
[4] (= *causar*) [+ *suerte, paz, beneficios*] to bring; [+ *recuerdos*] to bring back; [+ *consecuencias*] to have; **te ~á buena suerte** it'll bring you good luck; **el embargo trajo como consecuencia la ruina económica** the embargo brought

about *o* resulted in the economic ruin; ~ **consigo** to bring about; **la recesión trajo consigo un aumento del paro** the recession brought with it *o* brought about an increase in unemployment; *ver tb* **colación 1**, **cuento[1] 3**

5 (= *tener*) (+ *ADJ*) **la ausencia de noticias me trae muy inquieto** the lack of news is making me very anxious; **el juego lo trae perdido** gambling is his ruin; *ver tb* **loco A1**

6 ✦*MODISMOS* **me trae sin cuidado** ◊ **me trae al fresco*** I couldn't care less*; **me la trae floja**‡ I couldn't give a damn‡; ~ **de cabeza a algn**: **el caso trae de cabeza a la policía local** this case is proving to be a headache for local police; **el horario comercial trae de cabeza a los consumidores** shopping hours are a headache for consumers; **~la con algn** (*Méx*) to have it in for sb*; **llevar** *o* **~ a mal ~ a algn** [*persona*] to give sb nothing but trouble; [*problema*] to be the bane of sb's life; **¡este hijo mío me trae a mal ~!** this son of mine is really giving me a hard time!, this son of mine is (giving me) nothing but trouble!; **~ y llevar a algn** (= *molestar*) to pester sb; (= *chismorrear*) to gossip about sb; *ver tb* **traído**

7 (= *atraer*) [+ *imán*] to draw, attract

Ⓑ **traerse** VPR 1 (= *tramar*) to be up to; **estoy seguro de que esos dos se traen algún manejo sucio** I'm sure the two of them are up to something shady; *ver tb* **mano 2**

2 (*uso enfático*) to bring; **me he traído la cámara** I've brought the camera, I've brought the camera with me; **no se trajo al novio** she didn't bring her boyfriend

3 (*) ✦*MODISMO* **se las trae**: **es un problema que se las trae** it's a real nightmare of a problem; **tiene un padre que se las trae** her father is impossible, her father is a real nightmare

4 (*Esp*††) **~se bien** (= *vestirse*) to dress well; (= *comportarse*) to behave properly; **~se mal** (= *vestirse*) to dress shabbily; (= *comportarse*) to behave badly

**trafagar** ▸conjug 1h◂ VI to bustle about

**tráfago** SM 1 (= *ajetreo*) bustle, hustle

2 (*Com*) traffic, trade

3 (= *trabajo*) (*pesado*) drudgery, toil; (*rutinario*) routine job

**trafaguear** ▸conjug 1a◂ VI (*Méx*) to bustle about, keep on the go

**traficante** SMF dealer (**en** in); ► **traficante de armas** arms dealer ► **traficante de drogas** drug dealer ► **traficante de esclavos** slave trader

**traficar** ▸conjug 1g◂ VI 1 (= *negociar*) to deal (**con** with; **en** in); (*pey*) to traffic (**en** in)

2 (†) (= *moverse*) to keep on the go, be on the move; (= *viajar*) to travel a lot

**tráfico** SM 1 (*Aut, Ferro*) traffic; **accidente de ~** road accident, traffic accident; **cortar el ~** to interrupt traffic ► **tráfico de carga** (*LAm*), **tráfico de mercancías** goods traffic ► **tráfico por ferrocarril** rail traffic ► **tráfico rodado** road traffic, vehicular traffic

2 (*tb* **Dirección General de Tráfico**) *public department in charge of controlling traffic*

3 (= *negocio*) trade; (*pey*) traffic (**en** in); ► **tráfico de drogas, tráfico de estupefacientes** drug traffic ► **tráfico de influencias** peddling of political favours *o* (*EEUU*) favors

4 (*LAm*) (= *tránsito*) transit, passage

**tragabalas** SM INV (*Méx*) bully, braggart

**tragadera**‡ SF (*LAm*) slap-up do*, blow-out‡, chow-down (*EEUU*‡)

**tragaderas** SFPL 1 (= *garganta*) throat *sing*, gullet *sing*

2 (= *credulidad*) gullibility *sing*; (= *tolerancia*) tolerance *sing*; **tener buenas ~** (= *ser crédulo*) to be gullible; (= *ser permisivo*) to be very easy-going, be prepared to put up with a lot

**tragadero** SM throat, gullet; **la comida fue un ~** (*Méx**) we stuffed ourselves*

**tragador(a)** SM/F glutton

**tragafuegos** SMF INV fire eater

**trágala*** Ⓐ SMF (= *glotón*) glutton

Ⓑ SM ✦*MODISMOS* **cantar el ~ a algn** to laugh in sb's face; **es el país del ~** it's the country where you accept something whether you like it or not

**tragaldabas*** SMF INV glutton, pig*, hog (*EEUU*)

**tragaleguas*** SMF INV great walker

**tragalibros** SMF INV (= *lector*) bookworm; (= *empollón*) swot*, grind (*EEUU*)

**tragallón** ADJ (*Cono Sur*) greedy

**tragaluz** SM skylight

**tragamonedas** SM INV = **tragaperras**

**traganíqueles*** SM INV (*CAm*) = **tragaperras**

**tragantada*** SF swig*, mouthful

**tragantón*** ADJ greedy

**tragantona*** SF 1 (*) (= *comilona*) slap-up meal, blow-out*, chow-down (*EEUU*‡)

2 (= *trago*) gulp

3 (= *acto*) (act of) swallowing hard

**tragaperras** SF INV (*gen*) slot machine; (*en bar*) fruit-machine, one-armed bandit; *ver tb* **máquina 1**

**tragar** ▸conjug 1h◂ Ⓐ VT 1 [+ *comida, bebida*] to swallow; **un poco de agua te ayudará a ~ la pastilla** the tablet will be easier to swallow with a little water; **nunca he visto a nadie ~ tanta comida*** I've never seen anyone put away so much food*; **le molesta la garganta al ~ saliva** her throat bothers her when she swallows hard; **me insultó, pero tragué saliva por respeto a su padre** he insulted me, but I bit my tongue out of respect for his father

2 (= *absorber*) to soak up; **esta tierra traga el agua rápidamente** this ground soaks the water up very quickly

3 (*) (= *gastar*) to use; **este coche traga mucha gasolina** this car uses a lot of petrol *o* guzzles* petrol

4 (*) (= *aguantar*) [+ *insultos, reprimenda*] to put up with; **le ha hecho ~ mucho a su mujer** his wife has had to put up with a lot; **no puedo ~ a tu hermano** I can't stand your brother

5 (*) (= *creer*) to swallow*, fall for*; **nadie se va a ~ esa historia** nobody is going to swallow *o* fall for that story*

Ⓑ VI 1 (*) (= *engullir*) **tu hijo traga que da gusto** your son really enjoys *o* loves his food

2 (*) (= *creer*) to swallow*, fall for*; **—¿han tragado? —no, no se han creído nada** "did they swallow it *o* fall for it?" — "no, they didn't believe a word"*

Ⓒ **tragarse** VPR 1 [+ *comida, bebida*] to swallow; **se lo tragó entero** he swallowed it whole; **el perro se ha tragado un hueso** the dog has swallowed a bone; **eso me lo trago en dos minutos*** I could put that away in no time*

2 (= *absorber*) [*arena, tierra*] to soak up; [*mar, abismo*] to swallow up, engulf

3 [*teléfono, máquina*] to swallow; **la máquina del café se me ha tragado todas las monedas** the coffee machine has swallowed all my change

4 (= *aguantar*) [+ *insultos, reprimenda*] to put up with; **tuvo que ~se las amenazas de su jefe** he had to put up with his boss's threats; **siempre tengo que ~me los problemas de los demás** I always have to sit and listen to other people's problems; **pone la tele y se traga todo lo que le echen** he puts the TV on and watches anything that's on

5 (*) (= *creer*) to swallow*, fall for*; **se ~á todo lo que se le diga** he'll swallow *o* fall for whatever he's told*

6 (= *reprimir*) **~se las lágrimas** to hold back one's tears; **~se el orgullo** to swallow one's pride

**tragasables** SMF INV sword-swallower

**tragasantos** SMF INV excessively pious person

**tragavenado** SM (*Andes, Caribe*) boa constrictor

**tragedia** SF tragedy; **monta una ~ de cualquier tontería** he makes a drama out of every little thing

**trágicamente** ADV tragically

**trágico** Ⓐ ADJ tragic(al); **lo ~ es que ...** the tragedy of it is that ..., the tragic thing about it is that ...

Ⓑ SM tragedian

**tragicomedia** SF tragicomedy

**tragicómico** ADJ tragicomic

**trago** SM 1 (*de un líquido*) drink; **un traguito de agua** a sip of water; **no vendría mal un ~ de vino** a drop of wine would not come amiss; **echar un ~** to have a drink, have a swig*; **beber algo de un ~** to drink sth in one gulp; ✦*MODISMOS* **el ~ del estribo** one for the road; **brindar el ~ a algn** (*LAm*) to stand sb a drink

2 (= *bebida alcohólica*) drink; (*LAm*) (= *licor*) hard liquor; **¡échame un ~!** give me a drink!; **ser demasiado aficionado al ~** to be too fond of the drink

3 (= *experiencia*) **mal ~** ◊ **~ amargo** (= *momento difícil*) hard time, rough time; (= *golpe*) blow; (= *desgracia*) misfortune, calamity; **fue un ~ amargo** it was a cruel blow; **nos quedaba todavía el ~ más amargo** the worst of it was still to come

4 **a ~s: hacer algo a ~s** to do sth bit by bit

**tragón/ona** Ⓐ ADJ greedy

Ⓑ SM/F glutton; **es un ~** he is very greedy, he's a greedy pig*

**traguear*** ▸conjug 1a◂ Ⓐ VT, VI (*CAm*) (= *beber*) to drink; (*Caribe*) (= *emborracharse*) to get sloshed*

Ⓑ **traguearse** VPR (*Andes, CAm, Méx*) to get sloshed*

**trai** SM (*Cono Sur Rugby*) try

**traición** SF 1 (= *deslealtad*) betrayal; (= *alevosía*) treachery; **una ~** a betrayal; **cometer una ~ contra algn** to betray sb; **matar a algn a ~** to kill sb treacherously

2 (*Jur*) treason; **alta ~** high treason

**traicionar** ▸conjug 1a◂ VT to betray

**traicionero** ADJ treacherous

**traída** SF carrying, bringing ► **traída de aguas** water supply

**traído** Ⓐ ADJ (†) worn, threadbare; ✦*MODISMO* **~ y llevado**: **el tan ~ y llevado tema del papel de la familia hoy día** the overworked *o* time-worn subject of the role of the family today; **el tan ~ y llevado oro de Moscú** the much talked-about Moscow gold
Ⓑ **traídos** SMPL (*Col*) presents, gifts

**traidor(a)** Ⓐ ADJ [*persona*] treacherous; [*acto*] treasonable
Ⓑ SM/F traitor/traitress; (*Teat*) villain

**traidoramente** ADV treacherously, traitorously

**traiga** *etc ver* **traer**

**trailer** SM (*pl* **trailers**), **tráiler** SM (*pl* **tráilers**)
1 (*Cine*) trailer
2 (= *caravana*) caravan, trailer (*EEUU*); [*de camión*] trailer, trailer unit

**traílla** SF 1 (*Téc*) scraper, leveller; (*Agr*) harrow
2 [*de perro*] lead, leash
3 (= *conjunto de perros*) team of dogs

**traillar** ▸conjug 1a◂ VT (= *rascar*) to scrape; (= *allanar*) to level; (*Agr*) to harrow

**traína** SF, **traiña** SF sardine-fishing net, dragnet

**trainera** SF [*de pesca*] small fishing boat (*used for trawling*); [*de remo*] *rowing boat used for racing*

**Trajano** SM Trajan

**traje**[1] *ver* **traer**

**traje**[2] SM (*de dos piezas*) suit; (= *vestido*) dress; (*típico*) dress, costume; (*fig*) garb, guise; **~ hecho** off-the-peg suit; **~ hecho a la medida** made-to-measure suit; **un policía en ~ de calle** a plain-clothes policeman; ✦*MODISMOS* **cortar un ~ a algn** to gossip about sb; **en ~ de Eva** in her birthday suit ► **traje de agua** wet suit ► **traje de baño** bathing costume, swimsuit, swimming costume ► **traje de campaña** battledress ► **traje de ceremonia** full dress ► **traje de chaqueta** suit ► **traje de cóctel** cocktail dress ► **traje de cuartel** (*Mil*) undress ► **traje de época** period costume ► **traje de etiqueta** dress suit, dinner dress ► **traje de luces** bullfighter's costume ► **traje de noche** evening dress ► **traje de novia** wedding dress, bridal gown ► **traje de oficina** business suit ► **traje de paisano** (*Esp*) civilian clothes; (*de policía*) plain clothes ► **traje de playa** sunsuit ► **traje espacial** spacesuit ► **traje isotérmico** wet suit ► **traje largo** evening gown ► **traje pantalón** trouser suit ► **traje regional** regional costume, regional dress ► **traje serio** business suit

**trajeado** ADJ **ir bien ~** to be well dressed, be well turned out; **estar ~ de** to be dressed in; (*hum*) to be got up in, be rigged out in; **estar bien ~ para la temporada** to have the right clothes for the weather *o* season

**trajear** ▸conjug 1a◂ Ⓐ VT (= *vestir*) to clothe, dress (**de** in); (*hum*) to get up, rig out (**de** in)
Ⓑ **trajearse** VPR (= *vestirse*) to dress up; (= *adquirir*) to provide o.s. with clothes

**trajelarse**‡ ▸conjug 1a◂ VPR **~ una botella** to knock a bottle back*

**traje-pantalón** SM (*pl* **trajes-pantalón**) trouser suit

**trajera** *etc ver* **traer**

**traje-sastre** SM (*pl* **trajes-sastre**) suit, tailor-made suit

**trajín** SM 1 (*) (= *ajetreo*) coming and going, bustle, commotion; (= *jaleo*) fuss
2 (= *transporte*) haulage, transport
3 **trajines*** (= *actividades*) affairs, goings-on; **trajines de la casa** household chores

**trajinado** ADJ [*tema*] well-worked, overworked, trite

**trajinar** ▸conjug 1a◂ Ⓐ VI (= *ajetrearse*) to bustle about; (= *viajar*) to travel around a lot; (= *moverse mucho*) to be on the go, keep on the move
Ⓑ VT 1 (= *transportar*) to carry, transport
2 (*Cono Sur*) (= *estafar*) to swindle, deceive
3 (*Cono Sur*) (= *registrar*) to search
4 (**) (*sexualmente*) to lay‡

**trajinería** SF carriage, haulage

**trajinista** SMF (*Caribe, Cono Sur*) busybody, snooper

**tralla** SF (= *cuerda*) whipcord, whiplash; (= *látigo*) lash, whip

**trallazo** SM 1 [*de látigo*] (= *ruido*) crack of a whip; (= *golpe*) lash
2 (*) (= *bronca*) telling-off*
3 (*Dep*) fierce shot, hard shot

**trama** SF 1 [*de un tejido*] weft, woof
2 [*de historia*] plot
3 (= *conjura*) plot, scheme, intrigue
4 (= *vínculo*) connection, link; (= *correlación*) correlation
5 (*Tip*) shaded area

**tramar** ▸conjug 1a◂ Ⓐ VT 1 (= *tejer*) to weave
2 [+ *engaño, enredo*] to plan, plot; [+ *complot*] to lay, hatch; **están tramando algo** they're up to sth; **¿qué estarán tramando?** I wonder what they're up to?
Ⓑ **tramarse** VPR **algo se está tramando** there's something going on, there's sth afoot

**trambucar** ▸conjug 1g◂ VI 1 (*Andes, Caribe*) (= *naufragar*) to be shipwrecked
2 (*Caribe*) (= *enloquecer*) to go out of one's mind, lose one's marbles‡

**trambuque** SM (*Andes*) shipwreck

**trámil** ADJ (*Cono Sur*) awkward, clumsy

**tramitación** SF **~ de divorcio** divorce proceedings *pl*; **~ de visado** visa application; **~ de subvención** grant application procedure

**tramitar** ▸conjug 1a◂ VT (= *gestionar*) [+ *pasaporte, permiso*] to process; [+ *crédito*] to negotiate; **el consulado le está tramitando el pasaporte** the consulate is processing his passport application; **vamos a empezar a ~ el permiso de obras** we're going to apply for planning permission; **estoy tramitando un préstamo con el banco** I'm negotiating a loan with the bank; **ya están tramitando su divorcio** they have started divorce proceedings

**trámite** SM 1 (= *fase*) step, stage; **obtener un visado implica toda una serie de ~s** there are a number of steps *o* stages involved in obtaining a visa; **tuvimos que hacer muchos ~s antes de abrir el negocio** we had a lot of paperwork to do before we could start the business; **estoy harto de tantos ~s** I'm fed up with all this red tape *o* form-filling
2 (= *formalidad*) formality; **este examen es puro ~, ya tienes el puesto asegurado** this exam is purely a formality, you've already got the job
3 (= *proceso*) procedure; **para acortar los ~s lo hacemos así** to make the procedure shorter we do it this way; **de ~**: **el gobierno se limita a resolver asuntos de ~** the government is dealing only with routine business matters; **en ~** in hand; **lo tenemos en ~** we have the matter in hand, we are pursuing the matter; **el proyecto de ley está en ~ parlamentario** the bill is going through parliament; **"patente en trámite"** "patent pending", "patent applied for" ► **trámites judiciales** court proceedings

**tramo** SM 1 [*de carretera*] section, stretch; [*de puente*] span; [*de escalera*] flight ► **tramo cronometrado** time trial
2 [*de tiempo*] period; **el ~ final de las rebajas** the last few days of the sale
3 (= *terreno*) plot
4 (*Fin*) [*de préstamo*] tranche; [*de impuestos*] band

**tramontana** SF 1 (= *viento*) north wind; (= *dirección*) north; ✦*MODISMO* **perder la ~*** to lose one's head
2 (= *soberbia*) pride, conceit; (= *lujo*) luxury

**tramontar** ▸conjug 1a◂ Ⓐ VI [*sol*] to sink behind the mountains
Ⓑ **tramontarse** VPR to escape over the mountains

**tramoya** SF 1 (*Teat*) piece of stage machinery
2 (= *enredo*) plot, scheme; (= *estafa*) trick, swindle; (= *parte oculta*) secret part (of a deal)

**tramoyar** ▸conjug 1a◂ VT (*Andes, Caribe*) to swindle

**tramoyero** ADJ (*CAm, Caribe*) tricky, sharp

**tramoyista** SMF 1 (*Teat*) stagehand, scene shifter
2 (= *estafador*) swindler, trickster; (= *farsante*) humbug; (= *impostor*) impostor; (= *intrigante*) schemer

**trampa** SF 1 (*para cazar*) trap; (= *lazo*) snare ► **trampa explosiva** (*Mil*) booby trap ► **trampa mortal** death trap ► **trampa para ratas** rat trap
2 (= *engaño*) trap; **no vayas, es una ~** don't go, it's a trap; **esto tiene ~** ◊ **aquí hay ~** there's a catch here; **caer en la ~** to fall into the trap; **coger a algn en la ~** to catch sb lying; **tender una ~ a algn** to set *o* lay a trap for sb; ✦*MODISMO* **ni ~ ni cartón**: **este contrato no tiene ni ~ ni cartón** there's no hidden catch in this contract
3 (*en el juego*) **¡eso es ~!** that's cheating!; **hacer ~(s)** to cheat
4 (= *puerta*) trapdoor; [*de mostrador*] hatch
5 (*Golf*) bunker, sand trap (*EEUU*)
6 (*Com*) bad debt
7 (†) (= *bragueta*) fly

**trampantojo*** SM (= *juego de manos*) sleight of hand, trick; (= *chanchullo*) fiddle*, cheat; (= *método poco limpio*) underhand method

**trampear** ▸conjug 1a◂ Ⓐ VT (*en el juego*) to cheat
Ⓑ VI 1 (= *hacer trampa*) to cheat; (= *conseguir dinero*) to get money by false pretences
2 (= *ir tirando*) to manage, get by
3 [*vestido, zapatos etc*] to last out

**trampería** SF = **tramposería**

**trampero** Ⓐ ADJ (*CAm, Cono Sur, Méx*) = **tramposo A**
Ⓑ SM 1 (= *cazador*) trapper
2 (*Cono Sur*) (= *trampa*) trap for birds

**trampilla** SF [1] (= *escotilla*) trap, hatchway ► **trampilla de carburante** filler cap, fuel (tank) cap
[2] (= *mirilla*) peephole
[3] (= *bragueta*) fly

**trampista** SMF = **tramposo B**

**trampolín** SM [1] (*Dep*) (*en piscina*) springboard, diving board; (*en gimnasia*) trampoline; [*de esquí*] ski-jump
[2] (*para conseguir algo*) springboard

**trampón*** ADJ crooked*

**tramposería** SF crookedness

**tramposo/a** Ⓐ ADJ crooked, tricky; **ser ~** to be a cheat
Ⓑ SM/F [1] (*en el juego*) cheat; (= *estafador*) crook*, shyster (*EEUU*), swindler; (= *tahúr*) cardsharp
[2] (*Fin*) bad payer

**tranca** SF [1] [*de puerta, ventana*] bar; ✦*MODISMO* **a ~s y barrancas** with great difficulty, overcoming many obstacles
[2] (= *garrote*) cudgel, club
[3] (*esp LAm**) (= *borrachera*) **tener una ~** to be drunk
[4] **trancas** (*Méx**) (= *piernas*) legs; ✦*MODISMO* **saltar las ~s** (*Méx*) (= *rebelarse*) to rebel; (= *perder la paciencia*) to lose one's patience
[5] (*Cono Sur*) [*de escopeta*] safety catch
[6] (*Caribe*) dollar, peso
[7] (*Caribe Aut*) traffic jam
[8] (*Cono Sur**) (= *complejo*) complex, neurosis

**trancada** SF (= *paso*) stride; **en dos ~s** (*lit*) in a couple of strides; (*fig*) in a couple of ticks

**trancantrulla** SF (*Cono Sur*) trick, fraud

**trancaperros** SM INV (*Caribe*) row, scrap

**trancar** ▸conjug 1g◂ Ⓐ VT [1] [+ *puerta, ventana*] to bar
[2] (*Caribe Aut*) to box in, block in, shut in
Ⓑ VI (*al caminar*) to stride along
Ⓒ **trancarse** VPR [1] (*LAm*) (= *estar estreñido*) to be constipated
[2] (*Caribe**) to get drunk

**trancazo** SM [1] (= *golpe*) blow, bang (with a stick)
[2] (*) (= *gripe*) flu

**trance** SM [1] (= *momento difícil*) **estamos pasando por un mal ~** we're going through a difficult period *o* patch; **aún no ha logrado superar el ~** he still hasn't managed to get over what he's been through; **puesto en tal ~** placed in such a predicament; **estar en ~ de muerte** to be at death's door; **estar en ~ de hacer algo** to be on the point of doing sth; **último ~** last *o* dying moments; **a todo ~** at all costs ► **trance mortal** last *o* dying moments *pl*
[2] [*de médium*] trance; (*Rel*) trance, ecstasy; **entrar en ~** to fall *o* go into a trance; **estar en ~** to be in a trance

**tranco** SM [1] (= *paso*) stride, big step; **andar a ~s** to walk with long strides, take big steps; **en dos ~s** (*lit*) in a couple of strides; (*fig*) in a couple of ticks
[2] (*Arquit*) threshold

**trancón** SM (*Col Aut*) traffic jam

**tranque** SM (*Cono Sur*) (= *presa*) dam; (= *embalse*) reservoir

**tranquera** SF [1] (= *cercado*) palisade, fence
[2] (*LAm*) (*para ganado*) cattle gate

**tranquero** SM (*Andes, Caribe, Cono Sur*) cattle gate

**tranqui*** Ⓐ EXCL cool it!*, calm down!
Ⓑ ADJ = **tranquilo**

**tranquilamente** ADV [1] (= *plácidamente*) peacefully; **el bebé dormía ~ en su cuna** the baby was sleeping peacefully in its cot
[2] (= *sin prisa*) **fuimos paseando ~ hasta el pueblo** we took a leisurely stroll into the village; **piénsalo ~ antes de responder** take your time and think about it before you answer
[3] (= *con aplomo*) calmly; **háblale ~** speak to him calmly
[4] (= *sin preocupación*) **le puedo contar todos mis secretos ~** I can tell her all my secrets with no worries
[5] (= *con descaro*) **y se fue ~ sin pagar** and he went off, cool as you please *o* like, without paying
[6] (= *fácilmente*) **se puede ver ~ tres películas seguidas** he's quite capable of watching three films in a row

**tranquilidad** SF [1] (= *placidez*) peace; **¡qué ~ se respira en el campo!** the countryside is so peaceful!; **si no hay ~ no puedo estudiar** I can't study without peace and quiet; **con tres hijos no tengo ni un momento de ~** with three children I never get a moment's peace
[2] (= *falta de prisa*) **llévatelo a casa y léelo con ~** take it home and read it at your leisure
[3] (= *aplomo*) calm; **respondió con ~** he answered calmly
[4] (= *falta de preocupación*) **para mayor ~ llama a tus padres** call your parents, to put your mind at rest; **¡qué ~! ya se han acabado los exámenes** what a relief, the exams are over at last!; **puedes decírmelo con total ~, no se lo contaré a nadie** you're quite safe telling me, I won't tell anyone; **perder la ~** to lose patience
[5] (= *descaro*) **dijo con toda ~ que no pensaba pagar** she said quite calmly *o* as cool as you please *o* like that she didn't intend to pay

**tranquilino/a** SM/F (*LAm*) drunkard

**tranquilizador** ADJ [*música*] soothing; [*hecho*] reassuring

**tranquilizadoramente** ADV (*calmando*) soothingly; (*quitando ansiedad*) reassuringly

**tranquilizante** Ⓐ ADJ = **tranquilizador**
Ⓑ SM (*Med*) tranquillizer, tranquilizer (*EEUU*)

**tranquilizar** ▸conjug 1f◂ Ⓐ VT to calm down; **un brandy te ~á** a brandy will calm you down; **el árbitro intentó ~ a los jugadores** the referee tried to calm the players down; **las palabras del médico me ~on** the doctor's words reassured me; **¿por qué no llamas a tu madre para ~la?** why don't you call your mother to put her mind at rest?
Ⓑ **tranquilizarse** VPR to calm down; **¡tranquilícese!** calm down!; **se tranquilizó al saber que habían llegado bien** she stopped worrying when she found out that they had arrived safely

**tranquilla** SF [1] (= *pasador*) latch, pin
[2] (*en conversación*) trap, catch
[3] (*Andes*) (= *obstáculo*) hindrance, obstacle

**tranquillo*** SM knack; **coger el ~ a algo** to get the hang of sth, get the knack of sth

**tranquilo/a** Ⓐ ADJ [1] (= *plácido*) [*sitio, momento*] quiet, peaceful; [*mar*] calm; **se fueron a vivir a un pueblecito ~** they went to live in a quiet *o* peaceful little village; **una tarde tranquila** a quiet *o* peaceful afternoon
[2] (= *sosegado*) calm; **es una persona muy tranquila** she's a very calm person; **el día del examen estaba bastante ~** the day of the exam I was quite calm; **contestó muy ~ a todas las preguntas** he answered all the questions calmly
[3] (= *sin preocupación*) **¡estad ~s que yo me encargo de todo** don't worry, I'll look after everything; **tú estáte ~ hasta que yo vuelva** you stay put till I come back; **¡deja ya ~ al pobre chico!** leave the poor boy alone!; **¡~, no merece la pena enfadarse!** calm down! there's no point getting annoyed; **¡eh, ~, sin empujar!** hey, easy does it! no pushing!; **tener la conciencia tranquila** to have a clear conscience
[4] (= *descarado*) **¡mira que es tranquila! todos esperando y ella como si nada** nothing seems to bother her! everyone's waiting and she couldn't care less; **se quedó tan ~** he didn't bat an eyelid; **lo ha suspendido todo y él tan ~** he's failed the lot, but it doesn't seem to worry him
Ⓑ SM/F **¡es una tranquila de cuidado! aún no ha acabado los deberes** she's not bothered about anything, that one — she still hasn't finished her homework!

**tranquis*** ADJ **hacer algo en plan ~** to take one's time to do sth

**tranquiza** SF (*Andes, Méx*) beating

**Trans.** ABR (*Com*) = **transferencia**

**trans...** PREF trans...; *ver tb* **tras...**

**transacción** SF [1] (*Com*) transaction; (= *acuerdo*) deal, bargain ► **transacción comercial** business deal
[2] (*Jur*) (*para evitar un pleito*) compromise, compromise settlement; **llegar a una ~** to reach a compromise

**transandino** ADJ trans-Andean

**transar**[1] ▸conjug 1a◂ Ⓐ VT (*Cono Sur*) (= *comerciar*) to trade
Ⓑ VI (*LAm*) = **transigir A**

**transar**[2] ▸conjug 1a◂ VT (*Méx*) (= *defraudar*) to cheat, swindle, defraud

**transatlántico** Ⓐ ADJ transatlantic; [*travesía*] Atlantic; **los países ~s** the countries on the other side of the Atlantic
Ⓑ SM (= *barco*) (ocean) liner

**transbordador** Ⓐ SM (*Náut*) ferry; (*Aer*) shuttle ► **transbordador espacial** space shuttle ► **transbordador funicular** cable railway ► **transbordador para coches** car ferry
Ⓑ ADJ **puente ~** transporter bridge

**transbordar** ▸conjug 1a◂ Ⓐ VT (*gen*) to transfer; (*Náut*) to tranship
Ⓑ VI (*Ferro*) to change

**transbordo** SM [1] (*Ferro*) [*de pasajeros*] change; **hacer ~** to change (**en** at)
[2] [*de equipajes*] transfer

**transcender** ▸conjug 2g◂ VT = **trascender**

**transceptor** SM transceiver

**transcribir** ▸conjug 3a◂ (*pp* **transcrito**) VT (= *copiar*) to transcribe; (*de alfabeto distinto*) to transliterate

**transcripción** SF (= *copia*) transcription; [*de alfabeto distinto*] transliteration

**transcrito** PP *de* **transcribir**

**transcultural** ADJ cross-cultural

**transculturización** SF transculturation

**transcurrir** ▸conjug 3a◂ VI [1] [*tiempo*] to pass, elapse; **han transcurrido siete años** seven years have passed
[2] [*acto, celebración*] to pass, go; **la manifestación transcurrió sin incidentes** the demonstration passed without incident; **todo transcurrió normalmente** everything went normally

**transcurso** SM passing, lapse, course; **~ del tiempo** course of time, passing of time; **en el ~ de ocho días** in the course *o* space of a week; **en el ~ de los años** over the years

**transecto** SM transect

**transepto** SM transept

**transeúnte** Ⓐ ADJ (= *no residente*) transient, transitory; [*miembro*] temporary
Ⓑ SMF [1] (*en la calle*) passer-by; **~s** passers-by
[2] (= *no residente*) non-resident; (*euf*) (= *mendigo*) vagrant

**transexual** ADJ, SMF transsexual

**transexualidad** SF transsexuality

**transexualismo** SM transsexualism

**transferencia** SF [1] (*Jur, Dep*) transfer ► **transferencia bancaria** banker's order, bank transfer ► **transferencia cablegráfica** cable transfer ► **transferencia de crédito** credit transfer ► **transferencia electrónica de fondos** electronic funds transfer ► **transferencia por cable** cable transfer
[2] (*Psic*) transference

**transferible** ADJ transferable

**transferir** ▸conjug 3i◂ VT to transfer

**transfiguración** SF transfiguration

**transfigurar** ▸conjug 1a◂ VT to transfigure (**en** into)

**transformable** ADJ transformable; (*Aut*) convertible

**transformación** SF [1] (= *cambio*) transformation, change (**en** into; **en** into)
[2] (*Culin*) processing
[3] (*Rugby*) conversion

**transformacional** ADJ transformational

**transformador** SM (*Elec*) transformer

**transformar** ▸conjug 1a◂ Ⓐ VT [1] (= *convertir*) **~ algo en algo** to turn sth into sth; **han transformado el palacio en museo** they have turned *o* converted the palace into a museum; **pretendía ~ el plomo en oro** he aimed to turn lead into gold
[2] (= *cambiar*) to transform; **su novia lo ha transformado** his girlfriend has transformed him; **las nuevas tecnologías han transformado el mundo de la comunicación** new technology has transformed the world of communications
[3] (*Rugby*) to convert
Ⓑ **transformarse** VPR [1] (= *convertirse*) **~se en algo** to turn into sth; **al hervir, el agua se transforma en vapor** water turns *o* is converted into steam when it boils; **la rana se transformó en príncipe** the frog turned into a prince
[2] (= *cambiar*) **cuando sonríe se le transforma la cara** her face is transformed when she smiles; **desde que dejó de beber se ha transformado** since he stopped drinking he's a changed man

**transformismo** SM [1] (*Biol*) evolution, transmutation
[2] (*sexual*) transvestism

**transformista** SMF [1] (*Teat*) quick-change artist(e)
[2] (*sexual*) transvestite

**transfronterizo** ADJ cross-border *antes de s*; **seguridad transfronteriza** cross-border security

**tránsfuga** SMF (*Pol*) [*de partido*] turncoat; [*de nación*] defector

**transfuguismo** SM tendency to defect

**transfundir** ▸conjug 3a◂ VT [1] [+ *líquidos*] to transfuse
[2] [+ *noticias*] to tell, spread

**transfusión** SF transfusion ► **transfusión de sangre, transfusión sanguínea** blood transfusion; **hacer una ~ de sangre a algn** to give sb a blood transfusion

**transgenia** SF genetic modification

**transgénico** ADJ genetically modified, GM *antes de s*

**transgredir** ▸conjug 3a◂ VT, VI to transgress

**transgresión** SF transgression

**transgresor(a)** SM/F transgressor

**transiberiano** ADJ trans-Siberian

**transición** SF transition (**a** to; **de** from); **período de ~** transitional period; **la ~** (*Esp Pol*) the transition (*to democracy after Franco's death*)

**LA TRANSICIÓN**

*The death of General Franco on 20 November 1975 ushered in a period of transition to democracy in Spain which was to end with the democratic transfer of power to the* **PSOE** *(Spanish Socialist Party) on November 28, 1982.*
*On 22 November 1975 Juan Carlos I was proclaimed king. Though initially handicapped by a constitutional system devised by Franco, the King was able to appoint the* **aperturista** *Adolfo Suárez as Prime Minister in July 1976. Within three months Suárez rushed through a political reform bill introducing universal suffrage and a two-chamber parliament which was put to a referendum and endorsed by 94.2% of the electorate. Political parties were legalized and elections were held on 15 June 1977. Suárez and his party, the newly-formed* **UCD (Unión de Centro Democrático)**, *won without gaining an overall majority. Through accords with the other parties — the* **Pactos de la Moncloa** *- they were able to manage the transitional process, which included the drafting and endorsement of the 1978 Constitution.*
*The* **UCD** *went on to win the next general election in 1979 by an even tighter margin. Splits within the party finally led to Suárez's resignation in 1981, which was seized upon by sections of the military as the opportunity for a coup. Early general elections in November 1982 led to a landslide victory for the Socialists.*
⇨ *See also* APERTURISMO, 23-F

**transicional** ADJ transitional

**transido** ADJ **~ de angustia** beset with anxiety; **~ de dolor** racked with pain; **~ de frío** frozen to the marrow; **~ de hambre** fainting with hunger

**transigencia** SF [1] (= *avenencia*) compromise; (*cediendo*) yielding
[2] (= *actitud*) spirit of compromise, accommodating attitude

**transigente** ADJ [1] (= *que cede*) accommodating
[2] (= *tolerante*) tolerant

**transigir** ▸conjug 3c◂ Ⓐ VI [1] (= *ceder*) to give way, make concessions; **hemos transigido con la demanda popular** we have bowed to popular demand
[2] (= *tolerar*) **~ con algo** to tolerate sth; **yo no transijo con tales abusos** I cannot tolerate this sort of outrage
Ⓑ VT **~ un pleito** (*Jur*) to settle (a suit) out of court

**Transilvania** SF Transylvania

**transistor** SM transistor

**transistorizado** ADJ transistorized

**transitable** ADJ passable

**transitar** ▸conjug 1a◂ VI [*vehículo*] to travel; [*peatón*] to go, walk; **calle transitada** busy street; **~ por** to go along, pass along

**transitivamente** ADV transitively

**transitivo** ADJ transitive

**tránsito** SM [1] (= *paso*) transit, passage, movement; **"se prohíbe el ~"** "no thoroughfare"; **el ~ de este camino presenta dificultades** the going on this road is not easy; **estar de ~** to be in transit, be passing through; **en ~** in transit
[2] (= *tráfico*) movement, traffic; **calle de mucho ~** busy street; **horas de máximo ~** rush hour *sing*, peak (traffic) hours ► **tránsito rodado** vehicular traffic
[3] [*de puesto*] transfer, move
[4] (= *muerte*) passing, death
[5] (= *parada*) [*de transporte público*] stop; [*de turismos*] stopping place; **hacer ~** to make a stop
[6] (= *pasillo*) passageway

**transitoriedad** SF transience

**transitorio** ADJ [1] (= *provisional*) [*medida*] provisional, temporary; [*período*] transitional, of transition
[2] (= *pasajero*) transitory

**transliteración** SF transliteration

**transliterar** ▸conjug 1a◂ VT to transliterate

**translucidez** SF translucence

**translúcido** ADJ translucent

**transmarino** ADJ overseas

**transmigración** SF migration, transmigration

**transmigrar** ▸conjug 1a◂ VI to migrate, transmigrate

**transmisibilidad** SF (*Med*) contagiousness, ability to be transmitted

**transmisible** ADJ transmissible; (*Med*) contagious

**transmisión** SF [1] (= *acto*) transmission; (*Jur*) transfer ► **transmisión de dominio** transfer of ownership
[2] (*Mec*) transmission
[3] (*Elec*) transmission; (*Radio, TV*) transmission, broadcast(ing) ► **transmisión en circuito** hookup ► **transmisión en diferido** recorded programme *o* (*EEUU*) program, repeat broadcast ► **transmisión en directo** live broadcast ► **transmisión exterior** outside broadcast ► **transmisión por satélite** satellite broadcasting
[4] **transmisiones** (*Mil*) signals (corps)

[5] (*Inform*) **media ~ bidireccional** half duplex; **plena ~ bidireccional** full duplex ► **transmisión de datos** data transmission ► **transmisión de datos en paralelo** parallel data transmission ► **transmisión de datos en serie** serial data transmission

**transmisor** Ⓐ ADJ transmitting; **aparato ~** ◊ **estación ~a** transmitter
Ⓑ SM transmitter

**transmisora** SF transmitter, radio relay station

**transmisor-receptor** SM transceiver; (*portátil*) walkie-talkie

▼ **transmitir** ▸conjug 3a◂ Ⓐ VT [1] (*Radio, TV*) [+ *señal, sonido*] to transmit; [+ *programa*] to broadcast
[2] [+ *bienes, saludos, recados*] to pass on
[3] [+ *enfermedad, gérmenes*] to give, pass on
[4] (*Jur*) to transfer (**a** to)
Ⓑ VI (*Radio, TV*) to broadcast

**transmutable** ADJ transmutable

**transmutación** SF transmutation

**transmutar** ▸conjug 1a◂ VT to transmute (**en** into)

**transnacional** Ⓐ ADJ transnational, international
Ⓑ SF transnational (company), multinational (company)

**transoceánico** ADJ transoceanic

**transparencia** SF [1] [*de cristal, agua*] transparency
[2] (= *claridad*) openness, transparency; **el nuevo Ejecutivo se caracteriza por su ~** the new Government is characterized by its policy of openness; **todos los partidos prometen ~ en su financiación** all the parties are promising to be open about their sources of finance, all the parties are promising financial transparency ► **transparencia fiscal** fiscal *o* tax transparency ► **transparencia informativa** information transparency *o* disclosure
[3] (*Fot*) slide, transparency

**transparentar** ▸conjug 1a◂ Ⓐ VT (= *dejar ver*) to reveal, allow to be seen; [+ *emoción*] to reveal, betray
Ⓑ VI [*ser transparente*] to be transparent; (= *dejarse ver*) to show through
Ⓒ **transparentarse** VPR [1] [*vidrio, agua*] to be transparent, be clear; [*objeto, ropa*] to show through; **se te transparenta el sujetador** your bra is showing through, you can see your bra through that
[2] (*) [*ropa gastada*] to become threadbare; [*persona*] to be dreadfully thin
[3] (= *insinuarse*) to show clearly, become perceptible; **se transparentaba su verdadera intención** his real intention became clear

**transparente** Ⓐ ADJ [1] [*agua, cristal*] transparent, clear; [*aire*] clear; [*vestido*] see-through
[2] [*persona*] transparent; [*intenciones, motivos*] clear, transparent
[3] [*gestión, contabilidad*] open, transparent; **el Presidente ha prometido una gestión ~** the President has promised open *o* transparent government
Ⓑ SM (= *pantalla*) blind, shade

**transpiración** SF [1] (= *sudor*) perspiration
[2] (*Bot*) transpiration

**transpirar** ▸conjug 1a◂ VI [1] (= *sudar*) to perspire
[2] [*líquido*] to seep through, ooze out; (*Bot*) to transpire
[3] (= *revelarse*) to transpire, become known

➤ LENGUA Y USO: **transmitir A2** 49

**transpirenaico** ADJ [*ruta*] trans-Pyrenean; [*tráfico*] passing through *o* over the Pyrenees

**transplantar** ▸conjug 1a◂ VT = **trasplantar**

**transpondedor** SM transponder

**transponer** ▸conjug 2q◂ (*pp* **transpuesto**) Ⓐ VT [1] (*gen*) to transpose; (= *cambiar de sitio*) to switch over, move about
[2] (= *trasplantar*) to transplant
[3] **~ la esquina** to disappear round the corner
Ⓑ VI (= *desaparecer*) to disappear from view; (= *ir más allá*) to go beyond, get past; [*sol*] to go down
Ⓒ **transponerse** VPR [1] (= *cambiarse*) to change places
[2] (= *esconderse*) to hide (behind); [*sol*] to go down
[3] (= *dormirse*) to doze (off)

**transportable** ADJ transportable; **fácilmente ~** easily carried, easily transported

**transportación** SF transportation

**transportador** SM [1] (*Mec*) conveyor, transporter ► **transportador de banda**, **transportador de correa** conveyor belt
[2] (*Mat*) protractor

**transportar** ▸conjug 1a◂ Ⓐ VT [1] [+ *tropas, mercancías*] (*gen*) to transport; (*en barco*) to ship; **transportan el ganado por ferrocarril** the livestock is transported by rail; **el camión transportaba medicamentos** the lorry was carrying medicines; **el avión podrá ~ 100 pasajeros** the plane will be able to carry 100 passengers; **aquella música la transportaba a su adolescencia** that music took her back *o* transported her to when she was a teenager
[2] (*Elec*) [+ *corriente*] to transmit
[3] (*Mús*) to transpose
Ⓑ **transportarse** VPR (= *extasiarse*) to be transported, be enraptured

**transporte** SM [1] [*de pasajeros, tropas*] transport, transportation (*EEUU*); [*de mercancías*] transport, transportation (*EEUU*), carriage; **se me va el sueldo en ~** all my wages go on transport; **¿cuál es su medio de ~ habitual?** what is your usual means of transport?; **Ministerio de Transportes** Ministry of Transport, Department of Transportation (*EEUU*) ► **transporte colectivo** public transport, public transportation (*EEUU*) ► **transporte de mercancías** goods transport ► **transporte escolar** school buses *pl* ► **transporte por carretera** road transport, haulage ► **transporte público** public transport, public transportation (*EEUU*)
[2] (*Náut*) transport, troopship
[3] (= *éxtasis*) transport
[4] (*Méx**) vehicle

**transportista** Ⓐ SMF (*Aut*) haulier, haulage contractor
Ⓑ SM (*Aer*) carrier

**transposición** SF transposition

**transpuesto** ADJ **quedarse ~** to doze off

**transustanciación** SF transubstantiation

**transustanciar** ▸conjug 1b◂ VT to transubstantiate

**transvasar** ▸conjug 1a◂ VT = **trasvasar**

**transversal** Ⓐ ADJ transverse, cross; (= *oblicuo*) oblique; **calle ~** cross street; **otra calle ~ de la calle mayor** another street which crosses the high street
Ⓑ SF **una ~ de la Gran Vía** a street crossing *o* which cuts across the Gran Vía

**transversalmente** ADV (= *cruzando*) transversely, across; (= *oblicuamente*) obliquely

**transverso** ADJ = **transversal A**

**transvestido/a** ADJ, SM/F transvestite

**transvestismo** SM transvestism

**tranvía** SM (= *coche*) tram(car), streetcar (*EEUU*); (= *sistema*) tramway; (*Ferro*) local train

**trapacear*** ▸conjug 1a◂ VI (= *trampear*) to cheat, be on the fiddle*; (= *causar líos*) to make mischief

**trapacería*** SF [1] (= *trampa*) racket, fiddle*
[2] (= *chisme*) piece of gossip, malicious rumour *o* (*EEUU*) rumor

**trapacero/a*** Ⓐ ADJ (= *tramposo*) dishonest, swindling
Ⓑ SM/F [1] (= *tramposo*) cheat, swindler
[2] (= *chismoso*) gossip, mischief-maker

**trapacista** SMF = **trapacero B**

**trapajoso** ADJ [1] (= *andrajoso*) shabby, ragged
[2] [*pronunciación*] defective, incorrect; [*persona*] (*que habla mal*) who talks incorrectly; (*con defecto*) who has a speech defect

**trápala** Ⓐ SF [1] [*de caballo*] clatter, clip-clop
[2] (*) (= *jaleo*) row, uproar, shindy*; (= *parloteo*) talkativeness
[3] (= *trampa*) swindle, trick
Ⓑ SMF [1] (*) (= *hablador*) chatterbox*
[2] (*) (= *tramposo*) swindler, cheat

**trapalear** ▸conjug 1a◂ VI [1] [*caballo*] to clatter, beat its hooves, clip-clop; [*persona*] to clatter, go clattering along
[2] (*) (= *parlotear*) to chatter, jabber
[3] (= *mentir*) to fib, lie; (= *trampear*) to be on the fiddle*

**trapalero*** ADJ (*Caribe*) = **trapalón**

**trapalón*** ADJ (= *mentiroso*) lying; (= *tramposo*) dishonest, swindling

**trapalonear** ▸conjug 1a◂ VI (*Cono Sur*) = **trapalear 3**

**trapatiesta*** SF (= *jaleo*) commotion, uproar, shindy*; (= *pelea*) fight, brawl

**trapaza** SF = **trapacería**

**trapeador** SM (*LAm*) floor mop

**trapear** ▸conjug 1a◂ VT [1] (*LAm*) [+ *suelo*] to mop
[2] (*CAm**) (= *pegar*) to beat, tan*; (= *insultar*) to insult; (= *regañar*) to tick off*

**trapecio** SM [1] (*en gimnasia, circo*) trapeze
[2] (*Mat*) trapezium, trapezoid (*EEUU*)

**trapecista** SMF trapeze artist(e)

**trapería** SF [1] (= *trapos*) rags *pl*; (= *ropa vieja*) old clothes *pl*
[2] (= *tienda*) [*de ropa*] second-hand clothes shop; [*de cacharros*] junk shop

**trapero/a** Ⓐ ADJ *ver* **puñalada**
Ⓑ SM/F ragman/ragwoman

**trapezoide** SM trapezoid

**trapicar** ▸conjug 1g◂ VI (*Cono Sur*) [*comida*] to taste very hot; [*herida*] to sting, smart

**trapichar** ▸conjug 1a◂ VT (*Andes, Méx*) to smuggle (in); (*Caribe*) to deal in

**trapiche** SM [1] (*para aceite de oliva*) olive-oil press; (*para azúcar*) sugar mill
[2] (*Andes, Cono Sur Min*) ore crusher

**trapichear*** ▸conjug 1a◂ Ⓐ VI [1] (= *hacer trampa*) to be on the fiddle*; (= *tramar*) to plot, scheme; (= *andar en malos pasos*) to be

mixed up in something shady*
[2] (*Cono Sur*) (= *comerciar*) to scrape a living by buying and selling
(B) VT to deal in, trade in

**trapicheo*** SM fiddle*, shady deal*; **trapicheos** (= *trampas*) fiddles*, shady dealing* *sing*; (= *intrigas*) plots, schemes, tricks

**trapichero/a*** SM [1] (= *negociante*) small-time dealer
[2] (*Andes, Caribe*) (= *entrometido*) busybody

**trapiento** ADJ ragged, tattered

**trapillo** SM **estar** *o* **ir de ~** to be dressed in ordinary clothes, be informally dressed

**trapío*** SM [1] (= *encanto*) charm; (= *garbo*) elegance, graceful way of moving; **tener buen ~** to have a fine presence, carry o.s. elegantly, move well *o* gracefully; (*fig*) to have real class
[2] [*de toro*] fine appearance

**trapisonda** SF [1] (= *pelea*) row, brawl; (= *jaleo*) row, commotion, shindy*
[2] (*) (= *trampa*) swindle, fiddle*; (= *asunto sucio*) monkey business*, shady affair*, fiddle*; (= *intriga*) intrigue

**trapisondear** ▸conjug 1a◂ VI (= *intrigar*) to scheme, plot, intrigue; (= *hacer trampa*) to fiddle*, wangle*

**trapisondeo*** SM, **trapisondería*** SF (= *intriga*) scheming, plotting, intrigues; (= *trampa*) fiddling*, wangling*

**trapisondista*** SMF (= *conspirador*) schemer, intriguer; (= *tramposo*) fiddler*, wangler*

**trapito*** SM **cada día se pone un ~ distinto** she puts on some different garb every day, she's in some different get-up every day*; **siempre se está comprando ~s** she's always buying herself clothes; ✦*MODISMO* **sacar los ~s al sol** (*LAm*) to rake up the past ► **trapitos de cristianar**†* Sunday best, glad rags*

**trapo** SM [1] (= *paño para limpiar*) (*gen*) cloth; (*usado, raído*) rag; **un ~ húmedo** a damp cloth; **pasar un ~ por** [+ *suelo*] to give a wipe over *o* down; [+ *muebles*] to dust ► **trapo de cocina** (*para secar los platos*) tea towel, dish towel (*EEUU*); (*para limpiar*) dish cloth ► **trapo del polvo** duster, dust cloth (*EEUU*)
[2] (= *trozo de tela*) (*gen*) piece of material; (*usado, raído*) rag, piece of rag; **un dragón de cartón y ~** a dragon made of cardboard and rags; ✦*MODISMO* **tener manos de ~** to have butterfingers; *ver tb* **muñeca 2**
[3] **trapos*** (= *ropa*) clothes; **gasta una barbaridad en ~s** she spends a fortune on clothes
[4] (*Náut*) (= *vela*) canvas, sails *pl*; **a todo ~** under full sail
[5] (*Taur**) cape
[6] ✦*MODISMOS* **como un ~***: **dejar a algn como un ~*** to tear sb to shreds*; **estar como un ~*** to be like a limp rag*; **poner a algn como un ~*** to lay into sb*, slag sb off‡; **entrar a** *o* **al ~** to go on the attack; **no pudo aguantar más críticas y entró al ~** he couldn't stand being criticized any longer and went on the attack; **hecho un ~*** = **como un trapo**; **soltar el ~** (*al llorar*) to burst into tears; (*al reír*) to burst out laughing; **a todo ~*** (= *muy rápido*) at full speed, flat out*; (= *a toda potencia*) full blast, at full blast; (*LAm*) (= *a todo lujo*) in style; **iban a todo ~** they were going at full speed *o* flat out*; **tenían la música puesta a todo ~** they had the music on (at) full blast; **celebraron la boda a todo ~** they celebrated the wedding in style; **llorar a todo ~** to cry one's eyes out ► **trapos sucios**: **no quieren que salgan a la luz los ~s sucios** they don't want the skeletons in the cupboard to come out; **lavar los ~s sucios en casa** not to wash one's dirty linen in public; **en la cena sacaron los ~s sucios (a relucir** *o* (*Esp*) **a la luz)** everyone at the dinner party washed their dirty linen in public; **le sacaron los ~s sucios a relucir** they were raking up his past

**traposiento** ADJ (*Andes*) ragged

**traposo** ADJ [1] (*Andes, Caribe, Cono Sur*) (= *harapiento*) ragged
[2] (*Cono Sur*) = **trapajoso 2**
[3] (*Cono Sur*) [*carne*] tough, stringy

**trapujear** ▸conjug 1a◂ VI (*CAm*) to smuggle

**trapujero** SM (*CAm*) smuggler

**traque** SM [1] (= *ruido*) crack, bang
[2] (‡) (= *pedo*) noisy fart‡

**tráquea** SF trachea, windpipe

**traquear** ▸conjug 1a◂ (A) VT [1] (*CAm, Cono Sur, Méx*) (= *dejar huella*) to make deep tracks on
[2] (*Caribe*) [+ *persona*] to take about from place to place; (*Cono Sur*) [+ *ganado*] to switch from place to place
[3] (*Caribe*) (= *probar*) to test, try out; (= *entrenar*) to train
(B) VI [1] (*con ruido*) = **traquetear B**
[2] (*Cono Sur*) (= *frecuentar*) to frequent a place
[3] (*Caribe*) (= *beber*) to drink
(C) **traquearse** VPR (*Caribe*) to go out of one's mind

**traqueo** SM = **traqueteo**

**traqueotomía** SF tracheotomy, tracheostomy

**traqueteado** ADJ hectic, busy

**traquetear** ▸conjug 1a◂ (A) VT [+ *recipiente*] to shake; [+ *sillas etc*] to rattle, bang about, make a lot of noise with, muck about with
(B) VI [1] (*con ruido*) [*vehículo*] to rattle, jolt; [*cohete*] to crackle, bang; [*ametralladora*] to rattle, clatter
[2] (*Cono Sur, Méx*) (= *apresurarse*) to bustle about, go to and fro a lot; (*Cono Sur*) (= *cansarse*) to tire o.s. out at work

**traqueteo** SM [1] (= *acción*) [*de vehículo*] rattle, rattling, jolting; [*de cohete*] crackle, bang; [*de ametralladora*] rattle
[2] (*Andes, Caribe, Méx*) (= *ruido*) row, din; (= *movimiento*) hustle and bustle, coming and going

**traquidazo** SM (*Méx*) = **traquido**

**traquido** SM [*de látigo*] crack; [*de disparo*] crack, bang, report

**traquinar** ▸conjug 1a◂ VI (*Caribe*) = **trajinar A**

**tras¹** (A) PREP [1] (= *después de*) after; **~ unos días de vacaciones volvió a su trabajo** after a few days' holiday she went back to work; **~ perder las elecciones se retiró de la política** after losing the election he retired from politics; **día ~ día** day after day; **uno ~ otro** one after another *o* the other
[2] (= *por detrás de*) behind; **estaba oculto ~ las cortinas** he was hidden behind the curtains; **¿qué escondes ~ esa mirada inocente?** what are you hiding behind that innocent face?; **andar** *o* **estar ~ algo** to be after sth; **anda ~ un puesto en la administración pública** he's after a job in the civil service; **correr** *o* **ir ~ algn** to chase (after) sb
[3] **~ (de)**: **~ (de) abollarme el coche va y se enfada** he dents my car and on top of that *o* then he gets angry
(B) SM (†*) (= *trasero*) behind, rump

**tras²** EXCL **¡tras, tras!** tap, tap!; (*llamando*) knock, knock!

**tras...** PREF *ver* **trans...**

**trasalcoba** SF dressing room

**trasaltar** SM retrochoir

**trasbocar*** ▸conjug 1g◂ VT, VI (*Andes, Cono Sur*) to vomit, throw up

**trasbucar** ▸conjug 1g◂ VT (*Caribe, Cono Sur*) to upset, overturn

**trasbuscar** ▸conjug 1g◂ VT (*Cono Sur*) to search carefully

**trascendencia** SF [1] (= *importancia*) importance, significance; (= *consecuencias*) implications *pl*, consequences *pl*; **una discusión sin ~** a discussion of no particular significance; **un encuentro sin ~** an inconsequential meeting; **la matanza no ha tenido ~ informativa** the killing did not make the headlines
[2] (*Fil*) transcendence

**trascendental** ADJ [1] (= *importante*) significant, important; (= *esencial*) vital
[2] (*Fil*) transcendental

**trascendente** ADJ = **trascendental**

**trascender** ▸conjug 2g◂ (A) VI [1] (= *conocerse*) to leak out, get out; **por fin ha trascendido la noticia** the news has leaked *o* got out at last; **no queremos que sus comentarios trasciendan** we do not want her remarks to leak out *o* to get out
[2] (= *propagarse*) **~ a algo** to extend to sth; **su influencia trasciende a los países más remotos** his influence extends to the most remote countries
[3] (= *ir más allá*) **~ de algo** to transcend sth, go beyond sth; **una cuestión que trasciende de los intereses nacionales** a matter that transcends *o* goes beyond national interests; **el debate ha trascendido de los círculos académicos** the debate has gone beyond academic circles
[4] (*Fil*) to transcend
[5] (†) (= *oler*) to smell (**a** of); (= *heder*) to reek (**a** of)
(B) VT to transcend, go beyond; **esto trasciende los confines de la razón** it transcends *o* goes beyond the boundaries of reason

**trascocina** SF scullery

**trascolar** ▸conjug 1l◂ VT to strain

**trasconejarse*** ▸conjug 1a◂ VPR to get lost, be misplaced

**trascordarse** ▸conjug 1l◂ VPR **~ algo** to forget sth, lose all memory of sth; **estar trascordado** to be completely forgotten

**trascoro** SM retrochoir

**trascorral** SM [1] (= *corral*) inner yard
[2] (*) (= *culo*) bottom

**trascuarto** SM back room

**trasegar** ▸conjug 1h, 1j◂ (A) VT [1] (= *cambiar de sitio*) to move about, switch round; [+ *puestos*] to reshuffle
[2] [+ *vino*] (*para la mesa*) to decant; (*en bodega*) to rack, pour into another container *o* bottle
[3] (*) [+ *bebida*] to knock back*
[4] (= *trastornar*) to upset
(B) VI (*) to drink, booze*

**trasera** SF back, rear

**trasero** Ⓐ ADJ [*puerta*] back; [*asiento*] back, rear; **la parte trasera del edificio** the back *o* rear of the building; **motor ~** rear-mounted engine; **rueda trasera** back wheel, rear wheel
Ⓑ SM [1] (*euf*) (= *culo*) bottom, behind; **✦*MODISMO* quedar(se) con el ~ al aire*** to be caught with one's pants down*
[2] (*Zool*) hindquarters *pl*
[3] (††) **traseros** (= *antepasados*) ancestors

**trasfondo** SM (*gen*) background; [*de crítica*] undertone, undercurrent

**trasgo** SM [1] (= *duende*) goblin, imp
[2] (= *niño*) imp

**trasgredir** ▸conjug 3a◂ VT = **transgredir**

**trashojar** ▸conjug 1a◂ VT to leaf through, glance through

**trashumancia** SF, **trashumación** SF seasonal migration, transhumance (*frm*)

**trashumante** ADJ migrating, on the move to new pastures

**trashumar** ▸conjug 1a◂ VI to make the seasonal migration, move to new pastures

**trasiego** SM [1] (= *cambio de sitio*) move, switch; [*de puestos*] reshuffle; [*de vino*] (*para la mesa*) decanting; (*en bodega*) racking
[2] (= *trastorno*) upset
[3] (= *ir y venir*) coming and going

**trasigar** ▸conjug 1h◂ VT (*Andes*) to upset, turn upside down

**trasijado** ADJ skinny

**traslación** SF [1] (*Astron*) movement, passage
[2] (= *copia*) copy; (= *acción*) copy(ing)
[3] (= *metáfora*) metaphor; (= *uso figurado*) figurative use

**trasladar** ▸conjug 1a◂ Ⓐ VT [1] [+ *empleado, preso*] to transfer, move; [+ *muebles, tienda, oficina*] to move; **la han trasladado de sección** she has been transferred *o* moved to another department; **ayúdame a ~ estos archivadores al otro despacho** help me move these filing cabinets into the other office; **han trasladado la oficina a otra ciudad** they have moved the office to another city, they have relocated to another city
[2] (= *copiar*) [+ *carta, informe*] to copy
[3] (= *aplazar*) [+ *evento*] to postpone (**a** until); [+ *reunión*] to adjourn (**a** until)
[4] (= *traducir*) to translate (**a** into); **trasladó su pensamiento al papel** she transferred her thoughts onto paper; **~ una novela a la pantalla** to transfer a novel to the screen
Ⓑ **trasladarse** VPR [1] (= *desplazarse*) to travel; **los que se trasladan al trabajo en coche** those who travel to work by car; **después de la ceremonia nos trasladamos al hotel** after the ceremony we moved on *o* went to the hotel
[2] (= *mudarse*) to move (**a** to); **nos hemos trasladado a un local más céntrico** we've moved to more central premises; **~se a otro puesto** to move to a new job

**traslado** SM [1] [*de muebles*] removal; [*de oficina, residencia*] move; **mi cuñado nos ayudó con el ~** my brother-in-law helped us with the move
[2] [*de empleado, preso*] transfer; **le han denegado el ~ a Madrid** they refused him his transfer to Madrid; **el preso se fugó durante su ~ a otro centro penitenciario** the prisoner escaped while he was being transferred *o* moved to another prison
[3] ► **traslado de bloque** (*Inform*) cut-and-paste operation
[4] (= *copia*) copy
[5] (*Jur*) notification; **dar ~ a algn de una orden** to give sb a copy of an order

**traslapar** ▸conjug 1a◂ Ⓐ VT to overlap
Ⓑ **traslaparse** VPR to overlap

**traslapo** SM overlap, overlay

**traslaticiamente** ADV figuratively

**traslaticio** ADJ figurative

**traslucir** ▸conjug 3f◂ Ⓐ VT (= *mostrar*) to show; (= *revelar*) to reveal, betray
Ⓑ VI **dejar ~ algo** to suggest sth
Ⓒ **traslucirse** VPR [1] (= *ser transparente*) to be translucent, be transparent
[2] (= *ser visible*) to show through
[3] (= *inferirse*) to reveal itself, be revealed; (= *ser obvio*) to be plain to see; **en su cara se traslucía cierto pesimismo** his expression revealed *o* showed a certain pessimism
[4] (= *saberse*) to leak out, come to light

**traslumbrar** ▸conjug 1a◂ Ⓐ VT to dazzle
Ⓑ **traslumbrarse** VPR [1] (= *ser deslumbrado*) to be dazzled
[2] (= *ir y venir*) to appear and disappear suddenly, come and go unexpectedly; (= *pasar rápidamente*) to flash across

**trasluz** SM [1] **al ~: mirar algo al ~** to look at sth against the light
[2] (= *luz difusa*) diffused light; (= *luz reflejada*) reflected light, gleam
[3] (*Caribe*) (= *semblanza*) resemblance

**trasmano** SM [1] **a ~** (= *apartado*) out of the way; **me pilla a ~** it's out of my way, it's not on my way
[2] (*Andes*) **por ~** (= *secretamente*) secretly, in an underhand way

**trasminante** ADJ (*Cono Sur*) [*frío*] bitter, piercing

**trasminarse** ▸conjug 1a◂ VPR to filter through, pass through

**trasmundo** SM hidden world, secret world

**trasnochada** SF [1] (= *vigilia*) vigil, watch; (= *noche sin dormir*) sleepless night
[2] (*Mil*) night attack
[3] (= *noche anterior*) last night, the night before

**trasnochado** ADJ [1] (= *obsoleto*) outmoded
[2] (= *ojeroso*) haggard, run-down

**trasnochador/a** Ⓐ ADJ **son muy ~es** they go to bed very late, they keep very late hours
Ⓑ SM/F night bird, night owl

**trasnochar** ▸conjug 1a◂ Ⓐ VI [1] (= *acostarse tarde*) to stay up late, go to bed late; (= *no acostarse*) to stay up all night; (= *ir de juerga*) to have a night out, have a night on the tiles
[2] **~ en un sitio** to spend the night in a place
Ⓑ VT [+ *problema*] to sleep on
Ⓒ **trasnocharse** VPR (*Méx**) = **trasnochar A**

**trasoír** ▸conjug 3p◂ VT, VI to mishear

**trasojado** ADJ haggard, hollow-eyed

**traspaís** SM interior, hinterland

**traspalar** ▸conjug 1a◂ VT to shovel about, move with a shovel

**traspapelar** ▸conjug 1a◂ Ⓐ VT to lose, mislay
Ⓑ **traspapelarse** VPR to get mislaid

**traspapeleo** SM misplacement

**traspar** ▸conjug 1a◂ VI (*Méx*) to move house

**traspasar** ▸conjug 1a◂ Ⓐ VT [1] (= *penetrar*) to pierce, go through, penetrate; [*líquido*] to go/come through, soak through; **la bala le traspasó el pulmón** the bullet pierced his lung; **~ a algn con una espada** to run sb through with a sword
[2] [*dolor*] to pierce, go right through; **un ruido que traspasa el oído** an ear-splitting noise; **el grito me traspasó** the yell went right through me; **la escena me traspasó el corazón** the scene pierced me to the core
[3] [+ *calle*] to cross over
[4] [+ *límites*] to go beyond, overstep; **esto traspasa los límites de lo aceptable** this goes beyond what is acceptable; **~ la barrera del sonido** to break the sound barrier
[5] [+ *ley, norma*] to break, infringe
[6] [+ *propiedad*] (= *transferir*) to transfer; (= *vender*) to sell, make over; (*Jur*) to convey; **"se traspasa negocio"** "business for sale"
[7] (*Dep*) [+ *jugador*] to transfer
[8] (*Pol*) [+ *poderes, competencias*] to devolve
Ⓑ **traspasarse** VPR to go too far, overstep the mark

**traspaso** SM [1] (= *venta*) transfer, sale; (*Jur*) conveyance
[2] (= *propiedad*) property transferred; (*Jur*) property being conveyed
[3] (*Dep*) (= *acción*) transfer; (= *pago*) transfer fee
[4] (*Esp Pol*) ► **traspaso de competencias** transfer of powers
[5] [*de ley*] infringement
[6] (= *pena*) anguish, pain, grief

**traspatio** SM (*LAm*) backyard

**traspié** SM [1] (= *tropezón*) trip, stumble; **dar un ~** to trip, stumble
[2] (= *error*) blunder, slip

**traspintarse** ▸conjug 1a◂ VPR [1] (*en papel*) to come through, show through
[2] (*) (= *acabar mal*) to backfire, turn out all wrong

**trasplantado/a** SM/F transplant patient

**trasplantar** ▸conjug 1a◂ Ⓐ VT to transplant
Ⓑ **trasplantarse** VPR to emigrate, uproot o.s.

**trasplante** SM [1] (*Med*) transplant, transplantation ► **trasplante de corazón** heart transplant ► **trasplante de órganos** organ transplant ► **trasplante hepático** liver transplant
[2] (*Bot*) transplanting

**trasponer** ▸conjug 2q◂ VT = **transponer**

**traspontín** SM = **traspuntín**

**traspuesta** SF [1] (= *transposición*) transposition; (= *cambio*) switching, changing over
[2] (*Geog*) rise
[3] (= *huida*) flight, escape; (= *acto de esconderse*) hiding
[4] (= *patio*) backyard; (= *dependencias*) outbuildings *pl*

**traspuesto** ADJ **quedarse ~** to doze off

**traspunte** SMF prompt, prompter

**traspuntín** SM [1] (= *asiento*) tip-up seat, folding seat
[2] (*) (= *culo*) backside*, bottom

**trasque** CONJ (*LAm*) in addition to the fact that …, besides being …

**trasquiladura** SF shearing

**trasquilar** ▸conjug 1a◂ VT [1] [+ *oveja*] to shear; [+ *pelo, persona*] to crop; **✦*MODISMO* ir por lana y volver trasquilado** to get more than you bargained for
[2] (*) (= *cortar*) to cut (down)

**trasquilón** SM **¡menudo ~ que le han dado!** what a mess they've made of his hair!; **cortado a trasquilones** unevenly cut

**trastabillar** ▸conjug 1a◂ VI (*esp LAm*) to stagger, stumble

**trastabillón** SM (*LAm*) stumble, trip

**trastada*** SF [1] (= *travesura*) prank, mischief
[2] (= *mala pasada*) dirty trick; **hacer una ~ a algn** to play a dirty trick on sb

**trastajo*** SM piece of junk

**trastazo*** SM bump, bang, thump; **darse** *o* **pegarse un ~** (*lit*) to get a knock; (*fig*) to come a cropper*

**traste[1]** SM [1] (*Mús*) [*de guitarra*] fret
[2] ✦***MODISMOS*** **dar al ~ con algo** to spoil sth, mess sth up; **dar al ~ con una fortuna** to squander a fortune; **dar al ~ con los planes** to ruin one's plans; **esto ha dado al ~ con mi paciencia** this has exhausted my patience; **irse al ~** to fall through, be ruined

**traste[2]** SM [1] (*LAm*) = **trasto**
[2] (*Cono Sur**) bottom, backside*

**trastear** ▸conjug 1a◂ Ⓐ VT [1] (*Mús*) (= *tocar*) to play (well)
[2] [+ *objetos*] (= *mover*) to move around; (= *revolver*) to disarrange, mess up
[3] (*Taur*) to play with the cape
[4] [+ *persona*] (= *manipular*) to twist around one's little finger, lead by the nose; (= *hacer esperar*) to keep waiting, keep hanging on
[5] (*Méx‡*) (= *acariciar*) to feel up*, touch up*
Ⓑ VI [1] (= *mover objetos*) to move things around; **~ con** *o* **en** (= *buscar*) to rummage among; (= *manosear*) to fiddle with; (= *desordenar*) to mess up, disarrange
[2] (*Andes, CAm*) (= *mudarse*) to move house
Ⓒ **trastearse** VPR (*Andes, Cono Sur*) to move house

**trastera** SF [1] (= *cuarto*) lumber room
[2] (*Méx*) (= *armario*) cupboard
[3] (*Caribe*) (= *trastos*) heap of junk

**trastería** SF [1] (= *trastos*) lumber, junk
[2] (= *tienda*) junkshop
[3] = **trastada**

**trastero** SM [1] (= *cuarto*) lumber room
[2] (*Méx*) (= *armario*) cupboard, closet (*EEUU*)
[3] (*Méx‡*) (= *culo*) backside*
[4] (*CAm, Méx*) (*para platos*) dishrack

**trastienda** SF [1] [*de tienda*] back room; ✦***MODISMO*** **obtener algo por la ~** to get sth under the counter
[2] (*) (= *astucia*) cunning; **tiene mucha ~** he's a sly one
[3] (*Cono Sur, Méx**) (= *culo*) backside*

**trasto** SM [1] (= *cosa inútil*) piece of junk; ✦***MODISMO*** **tirarse los ~s a la cabeza** to have a blazing row ► **trastos viejos** junk *sing*, rubbish *sing*, garbage *sing* (*EEUU*)
[2] **trastos*** gear *sing*, tackle *sing*; **liar los ~s** to pack up and go ► **trastos de matar** weapons ► **trastos de pescar** fishing tackle *sing*
[3] **trastos** (*Teat*) (= *decorado*) scenery *sing*; (= *accesorios*) stage furniture *sing*, properties
[4] (*) (= *persona inútil*) good-for-nothing, dead loss*
[5] (*) (= *niño*) little rascal

**trastocamiento** SM disruption

**trastocar** ▸conjug 1g, 1l◂ VT = **trastrocar**

**trastornado** ADJ [*persona*] disturbed; [*mente*] disturbed, unhinged

**trastornar** ▸conjug 1a◂ Ⓐ VT [1] (= *perturbar*) [+ *mente*] to disturb, unhinge; [+ *persona*] to drive crazy, mentally disturb; **esa chica le ha trastornado** that girl is driving him crazy, he's lost his head over that girl
[2] (*) (= *encantar*) to delight; **le trastornan las joyas** she's crazy about jewels, she just lives for jewels
[3] (= *alterar*) [+ *persona*] to upset, trouble, disturb; [+ *ideas*] to confuse, upset; [+ *proyecto*] to upset; [+ *vida*] to mess up; [+ *sentidos*] to daze, mess up; [+ *nervios*] to shatter; [+ *orden público*] to disturb; [+ *objetos*] to mix up, turn upside down
Ⓑ **trastornarse** VPR [1] [*persona*] to go out of one's mind, become deranged *o* disturbed
[2] [*proyectos*] to fall through, be ruined

**trastorno** SM [1] (= *molestia*) inconvenience, trouble; **tener que esperar es un ~** it's a real nuisance having to wait
[2] (*Pol*) disturbance, upheaval; **los ~s políticos** the political disturbances
[3] (*Med*) upset, disorder ► **trastorno de personalidad** personality disorder ► **trastorno digestivo**, **trastorno estomacal** stomach upset ► **trastorno mental** mental disorder

**trastrabillar** ▸conjug 1a◂ VI [1] (= *tropezar*) to trip, stumble
[2] (= *tambalearse*) to totter, reel, stagger
[3] (= *tartamudear*) to stammer, stutter

**trastrocar** ▸conjug 1g, 1l◂ VT [1] [+ *objetos*] to switch over, change round; [+ *orden*] to reverse, invert
[2] [+ *palabras*] to change, transform

**trastrueco** SM, **trastrueque** SM [1] (= *cambio*) [*de objetos*] switch, changeover; [*de orden*] reversal, switch
[2] (= *transformación*) change, transformation

**trastumbar** ▸conjug 1a◂ VT **~ la esquina** (*Méx*) to disappear round the corner, turn the corner

**trasudar** ▸conjug 1a◂ VI [*atleta*] to sweat lightly; [*cosa*] to seep

**trasudor** SM slight sweat

**trasuntar** ▸conjug 1a◂ VT [1] (= *copiar*) to copy, transcribe
[2] (= *resumir*) to summarize
[3] (= *mostrar*) to show, exude; **su cara trasuntaba serenidad** his face exuded calm

**trasunto** SM [1] (= *copia*) copy, transcription
[2] (= *semejanza*) image, likeness; (= *copia exacta*) carbon copy; **fiel ~** exact likeness; **esto es un ~ en menor escala de lo que ocurrió** this is a repetition on a smaller scale of what happened

**trasvasable** ADJ transferable

**trasvasar** ▸conjug 1a◂ VT [1] [+ *líquido*] to pour into another container, transfer; [+ *vino*] to decant
[2] [+ *río*] to divert

**trasvase** SM [1] (= *paso*) [*de vino*] pouring, decanting; [*de río*] diversion
[2] (= *fuga*) drain

**trasvasijar** ▸conjug 1a◂ VT (*Cono Sur*) = **trasvasar**

**trasvolar** ▸conjug 1l◂ VT to fly over, cross in an aeroplane

**trata** SF ► **trata de blancas** white slave trade ► **trata de esclavos** slave trade

**tratable** ADJ [1] (= *amable*) friendly, sociable
[2] [*enfermedad*] treatable
[3] (*Cono Sur*) passable

**tratadista** SMF writer (of a treatise)

**tratado** SM [1] (*Com*) agreement; (*Pol*) treaty, pact ► **Tratado de Adhesión** Treaty of Accession (*to EU*) ► **tratado de paz** peace treaty ► **Tratado de Roma** Treaty of Rome ► **Tratado de Utrecht** Treaty of Utrecht
[2] (= *libro*) treatise; **un ~ de física** a treatise on physics

**tratamiento** SM [1] [*de objeto, material, tema*] treatment; [*de problema*] handling, treatment
[2] (*Med*) treatment ► **tratamiento ambulatorio** out-patient treatment ► **tratamiento con rayos X** X-ray treatment ► **tratamiento de choque** shock treatment ► **tratamiento médico** medical treatment
[3] (*Inform*) processing ► **tratamiento de datos** data processing ► **tratamiento de gráficos** graphics processing ► **tratamiento de la información** information processing ► **tratamiento de márgenes** margin settings ► **tratamiento de textos** word processing ► **tratamiento por lotes** batch processing
[4] [*de persona*] treatment; **el ~ que recibí** the way I was treated, the treatment I received
[5] (= *título*) title, style (*of address*); **dar ~ a algn** to give sb his full title; ✦***MODISMO*** **apear el ~ a algn** to drop sb's title, address sb without formality

**tratante** SMF dealer, trader (**en** in)

**tratar** ▸conjug 1a◂ Ⓐ VT [1] [+ *persona, animal, objeto*] to treat; **su novio la trata muy mal** her boyfriend treats her very badly; **hay que ~ a los animales con cariño** animals should be given plenty of affection, animals should be treated lovingly; **te dejo la cámara, pero trátala bien** I'll let you have the camera, but be careful with it *o* treat it carefully; **la vida la ha tratado muy bien** life has been very kind to her, life has treated her very well; **este asunto debe ser tratado con cuidado** this matter should be handled carefully; **~ a algn de loco** to treat sb like a madman; ✦***MODISMO*** **~ a algn a patadas** to treat sb like dirt
[2] (= *llamar*) **¿cómo le tenemos que ~ cuando nos hable?** how should we address him when he speaks to us?; **~ a algn de algo** to call sb sth; **~ a algn de vago** to call sb a layabout; **~ a algn de tú/usted** to address sb as "tú"/"usted"
[3] (= *relacionarse con*) **~ a algn: ya no lo trato** I no longer have any dealings with him; **lo trato sólo desde hace seis meses** I have only known him for six months; **me cae bien, pero no la he tratado mucho** I like her, but I haven't had a lot to do with her
[4] (*Med*) [+ *paciente, enfermedad*] to treat; **me están tratando con un nuevo fármaco** I'm being treated with a new drug; **le ~on la neumonía con antibióticos** they treated the pneumonia with antibiotics; **¿qué médico te está tratando?** which doctor is giving you treatment?
[5] [+ *tejido, madera, residuos*] to treat; **el agua se ha tratado con cloro** the water has been treated with chlorine
[6] (= *discutir*) [+ *tema*] to deal with; [+ *acuerdo, paz*] to negotiate; **~emos este tema en la reunión** we'll deal with this subject in the meeting; **este asunto tiene que ~lo direc-**

**tamente con el director** you'll have to speak directly with the manager about this matter
[7] (*Inform*) to process
Ⓑ VI [1] ~ **de** [*libro*] to be about, deal with; [*personas*] to talk about, discuss; **la película trata de un adolescente en Nueva York** the film is about a teenager in New York; **ahora van a ~ del programa** they're going to talk about *o* discuss the programme now
[2] (= *intentar*) ~ **de hacer algo** to try to do sth; **~é de llegar pronto** I'll try to arrive early; **trata de no ser demasiado estricto con él** try not to be too strict with him; ~ **de que**: **~é de que ésta sea la última vez** I'll try to make sure that this is the last time; **trata por todos los medios de que el trabajo esté acabado para mañana** try and do whatever you can to make sure that the job is done by tomorrow
[3] (= *relacionarse*) ~ **con algn**: **trato con todo tipo de gente** I deal with all sorts of people; **no tratamos con traidores** we don't have dealings with traitors; **no había tratado con personas de esa clase** I had not previously come into contact with people like that; **para ~ con animales hay que tener mucha paciencia** you have to be very patient when dealing with animals; **es muy difícil ~ con el enemigo** it is not at all easy to have dealings with the enemy
[4] (*Com*) ~ **con** *o* **en algo** to deal in sth; **trataban con** *o* **en pieles** they dealt in furs, they were involved in the fur trade
Ⓒ **tratarse** VPR [1] (= *cuidarse*) to look after o.s.; **ahora se trata con mucho cuidado** he looks after himself very carefully now; **no se trata nada mal el chico** (*iró*) he certainly looks after himself all right
[2] (= *relacionarse*) **~se con algn** to have dealings with sb; **hace tiempo que no me trato con ellos** it is a while since I've had any dealings *o* had anything to do with them; **se trató con gente rica** she mixed with wealthy people
[3] (= *hablarse*) to address each other; **¿cómo nos tenemos que ~?** how should we address each other?; **no se tratan desde hace tiempo** they haven't been speaking (to each other) for some time; **~se de**: **se tratan de usted** they address each other as "usted"; **¿aquí nos tratamos de tú o de usted?** are we on "tú" or "usted" terms here?
[4] **~se de algo** [4·1] (= *ser acerca de*) to be about sth; **se trata de la nueva piscina** it's about the new pool; **¿de qué se trata?** what's it about?
[4·2] (= *ser cuestión de*) **se trata de aplazarlo un mes** it's a question of putting it off for a month; **se trata sencillamente de que rellenéis este formulario** all you have to do is fill in this form
[4·3] (= *ser*) **ahora bien, tratándose de ti ...** now, seeing as it's you ...; **si no se trata más que de eso** if there's no more to it than that, if that's all it is; **se ~á de su primera visita a Colombia** it will be her first visit to Colombia

**tratativas** SFPL (*Cono Sur*) (= *negociaciones*) negotiations; (= *medidas*) steps, measures

**trato** SM [1] (= *acuerdo*) deal; **¡~ hecho!** it's a deal!; **cerrar un ~** to close *o* clinch a deal; **hacer un ~** to do a deal; **hacer buenos ~s a algn†** to offer sb advantageous terms ► **trato comercial** business deal
[2] (= *relación*) **ya no tengo ~ con ella** I don't have anything to do with her any more; **no quiero ~ con él** I want nothing to do with him; **romper el ~ con algn** to break off relations with sb ► **trato carnal**, **trato sexual**: **tener ~ carnal** *o* **sexual con algn** to have sexual relations with sb
[3] **tratos** (= *negociaciones*) negotiations; **entrar en ~s con algn** to enter into negotiations *o* discussions with sb; **estar en ~s con algn** to be in negotiations with sb, be negotiating with sb
[4] (= *tratamiento*) treatment; **daba muy mal ~ a sus empleados** he treated his employees very badly; **malos ~s** physical abuse *sing*; **malos ~s a menores** child abuse *sing* ► **trato de favor**, **trato preferente** preferential treatment
[5] (= *manera de ser*) manner; **es una persona de ~ agradable** he has a pleasant manner; **de fácil ~** easy to get on with
[6] (*forma de cortesía*) **no sé qué ~ darle, si de tú o de usted** I don't know whether to address him as "tú" or as "usted"; **dar a algn el ~ debido** to give sb his proper title
[7] (*Méx*) (= *puesto*) market stall; (= *negocio*) small business

**trauma** SM [1] (= *shock*) trauma
[2] (= *lesión*) injury
[3] (*Med*) = **traumatología**

**traumar** ▸conjug 1a◂ VT to traumatize

**traumático** ADJ traumatic

**traumatismo** SM traumatism

**traumatizante** ADJ traumatic

**traumatizar** ▸conjug 1f◂ VT (*Med, Psic*) to traumatize; (*fig*) to shock, affect profoundly

**traumatología** SF orthopedic surgery

**traumatólogo/a** SM/F traumatologist

**trauque** SM (*Cono Sur*) friend

**travelling** SM (*pl* **travelling(s)** ['traβelin]), **travelín** SM (*Cine*) (= *aparato*) dolly, travelling platform; (= *movimiento*) tracking shot

**través** SM [1] (*Arquit*) (= *viga*) crossbeam
[2] (*Mil*) traverse; (= *muro*) protective wall
[3] (= *curva*) bend, turn; (= *inclinación*) slant; (= *sesgo*) bias; (= *deformación*) warp
[4] (= *contratiempo*) reverse, misfortune; (= *trastorno*) upset
[5] **a ~ de** across; (= *por medio de*) through; **fuimos a ~ del bosque** we went through the woods; **un árbol caído a ~ de los carriles** a tree fallen across the lines; **lo sé a ~ de un amigo** I heard about it through a friend
[6] **al ~** across, crossways; **de ~** across, crossways; (= *oblicuamente*) obliquely; (= *de lado*) sideways; **hubo que introducirlo de ~** it had to be squeezed in sideways; **con el sombrero puesto de ~** with his hat on crooked *o* askew; **ir de ~** (*Náut*) to drift/be blown off course; **mirar de ~** to squint; **mirar a algn de ~** (*lit*) to look sideways at sb; (*fig*) to look askance at sb

**travesaño** SM [1] (*Arquit*) crossbeam; (*Dep*) crossbar
[2] [*de cama*] bolster
[3] (*CAm, Caribe, Méx Ferro*) sleeper, tie (*EEUU*)

**travesear** ▸conjug 1a◂ VI [1] (= *jugar*) to play around; (= *ser travieso*) to play up, be mischievous, be naughty; (*pey*) to live a dissipated life
[2] (= *hablar*) to talk wittily, sparkle
[3] (*Méx*) [*jinete*] to show off one's horsemanship

**traveseo** SM (*Méx*) display of horsemanship

**travesera** SF (*Mús*) flute

**travesero** Ⓐ ADJ cross *antes de s*, slanting, oblique; **flauta travesera** flute
Ⓑ SM bolster

**travesía** SF [1] (= *calle*) side street; [*de pueblo*] *road that passes through a village*
[2] (= *viaje*) (*Náut*) crossing, voyage; (*Aer*) crossing; (= *distancia*) distance travelled, distance to be crossed ► **travesía del desierto** (*fig*) period in the wilderness
[3] (= *viento*) crosswind; (*Cono Sur*) west wind
[4] (*en el juego*) (= *ganancias*) amount won; (= *pérdidas*) amount lost
[5] (*Andes, Cono Sur*) (= *desierto*) arid plain, desert region

**travesti** SMF, **travestí** SMF transvestite; (= *artista*) drag artist

**travestido/a** Ⓐ ADJ disguised, in disguise
Ⓑ SM/F = **travesti**

**travestirse** ▸conjug 3k◂ VPR to cross-dress

**travestismo** SM transvestism

**travesura** SF [1] (= *broma*) prank, lark; **son ~s de niños** they're just childish pranks; **las ~s de su juventud** the wild doings of his youth, the waywardness of his young days
[2] (= *mala pasada*) sly trick
[3] (= *gracia*) wit, sparkle

**traviesa** SF [1] (*Arquit*) (= *viga*) crossbeam
[2] (*Ferro*) sleeper, tie (*EEUU*)
[3] (*Min*) cross gallery
[4] **fuimos (a) campo ~** we went across country

**travieso** ADJ [1] [*niño*] naughty, mischievous
[2] [*adulto*] (= *inquieto*) restless; (= *vivo*) lively; (= *vicioso*) dissolute; (= *listo*) bright, clever, shrewd; (= *gracioso*) witty

**trayecto** SM [1] (= *distancia*) distance; **recorrió el ~ en cinco horas** she covered the distance in five hours
[2] (= *viaje*) journey; **comeremos durante el ~** we'll eat during the journey *o* on the way; **también puedes hacer el ~ en autobús** you can also do the journey by bus; **final del ~** end of the line
[3] [*de bala*] trajectory

**trayectoria** SF [1] (= *camino*) trajectory, path ► **trayectoria de vuelo** flight path
[2] (= *desarrollo*) development, path; **la ~ actual del partido** the party's present line; **la ~ poética de Garcilaso** Garcilaso's poetic development ► **trayectoria profesional** career

**trayendo** *etc ver* **traer**

**traza** SF [1] (= *aspecto*) appearance; **este hombre tiene mala ~** this man has an unpleasant appearance; **nunca conseguirás trabajo con esas ~s** you'll never get a job looking like that; **por** *o* **según las ~s** judging by appearances; **esto lleva** *o* **tiene ~s de no acabar nunca** this looks as though it will never end
[2] [*de edificio*] plan, design; [*de ciudad*] layout
[3] (= *habilidad*) skill, ability; **darse** *o* **tener ~ para hacer algo** to be skilful *o* clever at doing sth; **para pianista tiene poca ~** she's not much of a pianist
[4] (*Inform*) trace
[5] (*Cono Sur*) (= *huella*) track, trail

**trazable** ADJ traceable

**trazada** SF line, course, direction; **cortar la ~ a algn** (*Aut*) to cut in on sb

**trazado** SM [1] [*de carretera*] route
[2] [*de edificio*] plan, design; [*de ciudad*] layout
[3] (*Andes*) (= *cuchillo*) machete

**trazador(a)** Ⓐ ADJ (*Mil, Fís*) tracer *antes de s*; **bala ~a** tracer bullet; **elemento ~** tracer element
Ⓑ SM/F (= *persona*) planner, designer
Ⓒ SM [1] (*Fís*) tracer
[2] (*Inform*) ► **trazador de gráficos, trazador gráfico** plotter ► **trazador plano** flatbed plotter

**trazadora** SF tracer, tracer bullet

**trazar** ▸conjug 1f◂ VT [1] (= *dibujar*) [+ *línea*] to draw, trace; (*Arte*) to sketch, outline; (*Arquit, Téc*) to plan, design
[2] [+ *fronteras, límites*] to mark out; [+ *itinerario*] to plot; [+ *desarrollo, política*] to lay down, mark out
[3] (= *explicar*) to outline, describe

**trazo** SM [1] (= *línea*) stroke, line ► **trazo de lápiz** pencil line, pencil stroke ► **trazo discontinuo** broken line
[2] (= *esbozo*) sketch, outline
[3] **trazos** [*de cara*] lines, features; **de ~s enérgicos** vigorous-looking; **de ~s indecisos** with an indecisive look about him
[4] [*de ropaje*] fold

**TRB** SFPL ABR (= **toneladas de registro bruto**) GRT

**TRC** SM ABR (= **tubo de rayos catódicos**) CRT

**trébedes** SFPL trivet *sing*

**trebejos** SMPL [1] (= *utensilios*) equipment *sing*, things ► **trebejos de cocina** kitchen utensils, kitchen things
[2] (*Ajedrez*) chessmen

**trébol** SM [1] (*Bot*) clover
[2] (*Arquit*) trefoil
[3] **tréboles** (*Naipes*) clubs

**trebolar** SM (*Cono Sur*) clover field, field covered in clover

**trece** ADJ INV, PRON, SM (*gen*) thirteen; (*ordinal, en la fecha*) thirteenth; **le escribí el día ~** I wrote to him on the thirteenth; ✦***MODISMO* mantenerse en sus ~** to stand one's ground, stick to one's guns; *ver* **seis**

**treceavo** Ⓐ ADJ thirteenth
Ⓑ SM **el ~** the thirteenth; **un ~** a thirteenth, a thirteenth part

**trecho** SM [1] (= *tramo*) stretch; (= *distancia*) way, distance; (= *tiempo*) while; **andar un buen ~** to walk a good way; **a ~s** (= *en parte*) in parts, here and there; (= *cada tanto*) intermittently, by fits and starts; **de ~ en ~** every so often, at intervals; **muy de ~ en ~** very occasionally, only once in a while
[2] (*Agr*) (= *parcela*) plot, patch
[3] (*) (= *trozo*) bit, part; **queda un buen ~ que hacer** there's still quite a bit to do; **he terminado ese ~** I've finished that bit

**trefilar** ▸conjug 1a◂ VT [+ *alambre*] to draw (out)

**tregua** SF [1] (*Mil*) truce
[2] (= *descanso*) lull, respite; **sin ~** without respite; **no dar ~** to give no respite; **dar ~s** [*dolor*] to come and go, let up from time to time; [*asunto*] not to be urgent

**treinta** ADJ thirty; [*fecha*] thirtieth; *ver tb* **seis**

**treintañero/a** Ⓐ ADJ thirtysomething*
Ⓑ SM/F thirtysomething*

**treintena** SF (about) thirty

**treintón/ona** Ⓐ ADJ thirtysomething*
Ⓑ SM/F thirtysomething*

**trekking** SM trekking

**trematodo** SM (*Zool*) fluke

**tremebundo** ADJ (= *terrible*) terrible, frightening; (= *amenazador*) threatening; (= *violento*) fierce, savage

**tremedal** SM quaking bog

**tremenda** SF **tomarse algo a la ~** to make a great fuss about sth, take sth too seriously

**tremendamente** ADV tremendously

**tremendismo** SM [1] [*de noticia*] stark reality
[2] (*Arte*) use of realism to shock

**tremendista** Ⓐ ADJ crude, coarsely realistic
Ⓑ SMF [1] (= *alarmista*) alarmist
[2] (= *escritor*) *coarsely realistic writer, writer who shocks by his realism*

**tremendo** ADJ [1] (*) (= *grandísimo*) tremendous; **hay unas diferencias tremendas entre los dos** there are tremendous differences between the two of them; **le dio una paliza tremenda** he gave him a tremendous beating; **un error ~** a terrible mistake; **me llevé un disgusto ~** I was terribly upset; **una roca tremenda de alta** a terrifically high rock*
[2] (= *terrible*) terrible, horrific; **hemos presenciado escenas tremendas** we witnessed terrible *o* horrific scenes
[3] (*) (= *divertido*) **es ~, ¿eh?** he's something else, isn't he?*
[4] (*) (= *travieso*) **esta niña es tremenda** this girl is a (little) terror

**trementina** SF turpentine

**tremolar** ▸conjug 1a◂ Ⓐ VT [1] [+ *bandera*] to wave
[2] (*fig*) to show off, flaunt
Ⓑ VI to wave, flutter

**tremolina*** SF row, fuss, commotion, shindy*; **armar una ~** to start a row, make a fuss, to kick up a shindy*

**tremotiles** SMPL (*Andes, Caribe*) tools, tackle *sing*

**trémulamente** ADV tremulously

**trémulo** ADJ [*voz*] tremulous, shaky, quavering; [*mano*] trembling; [*luz*] flickering; **le contestó trémula de emoción** she answered him, trembling *o* quivering with emotion

**tren** SM [1] (*Ferro*) train; **cambiar de ~** to change trains, change train; **subirse a** *o* **tomar** *o* **coger un ~** to catch a train; **ir en ~** to go by train; ✦***MODISMOS* dejar el ~ a algn** (*Chile, Ven**) to be left on the shelf; **tiene miedo de que la deje el ~** she's scared of being left on the shelf; **estar como un ~** (*Esp**) to be hot stuff*, be a bit of alright*; **llevarse el ~ a algn** (*Méx**) (= *morirse*) to kick the bucket*; (= *estar furioso*) to be in a rage, be incensed; **para parar un ~***: **tenemos libros para parar un ~** we've got books coming out of our ears*; **recibimos cartas para parar un ~** we got more letters than you could possibly imagine; **perder el ~ de algo**: **perdimos el ~ de la revolución científica** when it came to the scientific revolution, we missed the boat; **este país no puede perder una vez más el ~ del cambio** this country mustn't get left behind on the road to change; **subirse al ~ de algo**: **no han sabido subirse al ~ de la reconversión económica** they failed to take the road to economic restructuring; **no era de ésos que se empeñaban en subirse al ~ de la unión europea** he was not one of those determined to jump on *o* climb on the European bandwagon ► **tren ascendente**† up train ► **tren botijo**†* excursion train ► **tren correo** mail train ► **tren cremallera** cog railway ► **tren de alta velocidad** high-speed train ► **tren de carga** goods train, freight train (*EEUU*) ► **tren de cercanías** suburban train, local train ► **tren de contenedores** container train ► **tren de la bruja** ghost train ► **tren de largo recorrido** long-distance train ► **tren de mercancías** goods train, freight train (*EEUU*) ► **tren de pasajeros** passenger train ► **tren descendente**† down train ► **tren directo** through train ► **tren expreso** express, express train ► **tren mixto** passenger and goods train ► **tren ómnibus**† stopping train, local train, accommodation train (*EEUU*) ► **tren postal** mail train ► **tren rápido** express, express train ► **tren suplementario** relief train
[2] (= *ritmo*) **ir a buen ~** to go at a good speed; **forzar el ~** to force the pace; **a fuerte ~** fast; ✦***MODISMO* vivir a todo ~** to live in style ► **tren de vida** lifestyle; **no pudo sostener ese ~ de vida** he could not keep up that lifestyle
[3] (*Mec*) set (*of gears, wheels*) ► **tren de aterrizaje** (*Aer*) undercarriage, landing gear ► **tren de bandas en caliente** hot-strip mill ► **tren de laminación** rolling-mill ► **tren delantero** (*Aut*) front wheel assembly ► **tren de lavado** (*Aut*) car wash ► **tren trasero** (*Aut*) rear wheel assembly
[4] (*en viajes*) (= *equipaje*) luggage; (= *equipo*) equipment ► **tren de viaje** equipment for a journey
[5] (*Mil*) convoy
[6] **en ~ de** (*LAm*) in the process of; **estamos en ~ de realizarlo** we are in the process of doing it; **estar en ~ de recuperación** to be on the road to recovery
[7] (*Caribe*) (= *taller*) workshop; (= *empresa*) firm, company ► **tren de lavado** laundry ► **tren de mudadas** removal company
[8] (*CAm*) [8·1] (= *trajín*) coming and going
[8·2] **trenes** shady dealings
[9] (*Méx*) (= *tranvía*) tram, streetcar (*EEUU*)
[10] (*Caribe*) (= *majadería*) cheeky remark

**trena‡** SF clink‡, prison, can (*EEUU*‡)

**trenca** SF duffle-coat

**trencilla** SF, **trencillo** SM braid

**tren-cremallera** SM (*pl* **trenes-cremallera**) funicular (railway)

**trenista** SMF [1] (*Caribe*) (= *patrón*) owner of a workshop; (= *gerente*) company manager
[2] (*Méx Ferro*) railway worker, railroad worker (*EEUU*)

**Trento** SM Trent; **Concilio de ~** Council of Trent

**trenza** SF [1] [*de pelo*] plait, braid (*EEUU*); (*Cos*) braid; [*de pajas, cintas*] plait; [*de hilos*] twist; ✦***MODISMO* encontrar a una mujer en ~** to find a woman with her hair down ► **trenza postiza** hairpiece
[2] (*LAm*) [*de cebollas*] string
[3] **trenzas** (*Caribe*) [*de zapatos*] shoelaces
[4] (*Culin*) plait
[5] (*Cono Sur*) (= *recomendación*) recommendation, suggestion
[6] (*Cono Sur*) (= *pelea*) hand-to-hand fight

**trenzado** Ⓐ ADJ [*pelo*] plaited, braided (*EEUU*); (*Cos*) braided; (= *entrelazado*) intertwined, twisted together
Ⓑ SM [1] [*de pelo*] plaiting, braiding (*EEUU*); [*de pajas, cintas*] plaiting
[2] (*Ballet*) entrechat

**trenzar** ▸conjug 1f◂ Ⓐ VT [+ *cabello*] to plait, braid (*EEUU*); [+ *pajas, cintas*] to plait; (*Cos*) to braid; [+ *hilo*] to weave, twist (together)
Ⓑ VI [*bailarines*] to weave in and out; [*caballo*] to caper
Ⓒ **trenzarse** VPR (*LAm*) [1] (*) (= *pelear*) to come to blows
[2] **~se en una discusión** to get involved in an argument

**trepa**[1] Ⓐ SF [1] (= *subida*) climb, climbing
[2] (= *voltereta*) somersault
[3] (= *ardid*) trick, ruse
[4] (*Caza*) hide, blind (*EEUU*)
[5] (*) (= *paliza*) tanning*
Ⓑ SMF (*) (= *arribista*) social climber; (= *cobista*) creep*

**trepa**[2] SF [1] (*Téc*) (*con taladro*) drilling, boring
[2] (*Cos*) (= *guarnición*) trimming
[3] [*de madera*] grain

**trepada** SF climb; (*fig*) rise, ascent

**trepaderas** SFPL (*Caribe, Méx*) climbing irons

**trepado** SM [1] (*Téc*) drilling, boring
[2] [*de sello*] perforation

**trepador(a)** Ⓐ ADJ [1] [*planta*] climbing; [*rosa*] rambling
[2] **este vino es bien ~** (*Andes**) this wine goes straight to your head
Ⓑ SM/F (*) (= *persona*) social climber
Ⓒ SM [1] (*Bot*) climber; (= *rosa*) rambler
[2] (*Orn*) nuthatch
[3] **trepadores** (= *garfios*) climbing irons

**trepadora** SF (*Bot*) climber, rambler

**trepanación** SF trepanation

**trepanar** ▸conjug 1a◂ VT to trepan

**trepar**[1] ▸conjug 1a◂ Ⓐ VI [1] [*persona, animal*] to climb; **~ a un árbol** to climb (up) a tree
[2] (*Bot*) to climb (**por** up)
Ⓑ VT **~ puestos** to climb the ladder

**trepar**[2] ▸conjug 1a◂ VT [1] (*Téc*) (= *taladrar*) to drill, bore
[2] (*Cos*) to trim

**trepe*** SM telling-off*; **echar un ~ a algn** to tell sb off*

**trepetera*** SF (*Caribe*) hubbub, din

**trepidación** SF vibration, shaking

**trepidante** ADJ [*ritmo*] frenetic, frantic; [*ruido*] intolerable, ear-splitting; [*frío*] extreme

**trepidar** ▸conjug 1a◂ VI [1] (= *temblar*) to shake, vibrate
[2] (*LAm*) (= *vacilar*) to hesitate, waver; **~ en hacer algo** to hesitate to do sth

**treque** ADJ (*Caribe*) witty, funny

**tres** Ⓐ ADJ INV, PRON (*gen*) three; (*ordinal, en la fecha*) third; **las ~** three o'clock; **le escribí el día ~** I wrote to him on the third; **✦MODISMOS de ~ al cuarto** cheap, poor quality; **como ~ y dos son cinco** as sure as sure can be, as sure as eggs is eggs; **ni a la de ~** on no account, not by a long shot; **no ver ~ en un burro** to be as blind as a bat
Ⓑ SM (= *número*) three; (= *fecha*) third ► **tres en raya** (= *juego*) noughts and crosses, tic tac toe (*EEUU*); *ver tb* **seis**

**trescientos/as** ADJ, PRON, SM (*gen*) three hundred; (*ordinal*) three hundredth; *ver tb* **seiscientos**

**tresillo** SM [1] [*de muebles*] three-piece suite
[2] (*Mús*) triplet

**tresnal** SM (*Agr*) shock, stook

**treso** ADJ (*Méx*) dirty

**treta** SF [1] (= *truco*) trick; (= *ardid*) ruse, stratagem; (*Com*) stunt, gimmick ► **treta publicitaria** advertising gimmick
[2] (*Esgrima*) feint

**tri...** PREF tri..., three-

**tríada** SF triad

**trial** Ⓐ SM (*Dep*) trial
Ⓑ SF trial motorcycle

**triangulación** SF triangulation

**triangular** Ⓐ ADJ triangular
Ⓑ ▸conjug 1a◂ VT to triangulate

**triángulo** SM triangle ► **triángulo amoroso** love triangle ► **triángulo de aviso** warning triangle ► **triángulo de las Bermudas** Bermuda Triangle

**triates** SMPL (*Méx*) triplets

**triatlón** SM triathlon

**tribal** ADJ tribal

**tribalismo** SM tribalism

**tribu** SF tribe

**tribulación** SF tribulation

**tribulete*** SM trainee journalist

**tribuna** SF [1] [*de orador*] platform, rostrum; (*en mitin*) platform ► **tribuna libre, tribuna pública** (= *debate*) open forum, forum for debate
[2] (*Dep*) stand, grandstand ► **tribuna cubierta** covered stand ► **tribuna de invitados** visitors gallery ► **tribuna de prensa** (*Dep*) press box; (*Parl*) press gallery
[3] (*Rel*) gallery ► **tribuna del órgano** organ loft
[4] (*Jur*) ► **tribuna del acusado** dock ► **tribuna del jurado** jury box

**tribunal** SM [1] (*Jur*) (= *lugar*) court; (= *conjunto de jueces*) court, bench; **en pleno ~** in open court; **llevar a algn ante los ~es** to take sb to court; **sus actos serán juzgados por el ~ de la opinión pública** public opinion will be the judge of his actions ► **Tribunal Constitucional** constitutional court ► **Tribunal de Justicia de las Comunidades Europeas, Tribunal de Justicia de la Unión Europea** European Court of Justice ► **Tribunal de la Haya** International Court of Justice ► **tribunal de primera instancia** court of first instance ► **Tribunal Internacional de Justicia** International Court of Justice ► **Tribunal Supremo** High Court, Supreme Court (*EEUU*) ► **tribunal (tutelar) de menores** juvenile court
[2] (*Univ*) (= *examinadores*) board of examiners
[3] (*Pol*) (= *comisión investigadora*) tribunal
[4] (*Cono Sur Mil*) court martial

**TRIBUNAL CONSTITUCIONAL**

*The role of the Spanish* **Tribunal Constitucional** *is to see that the 1978 Constitution is adhered to by the organs of government. It has jurisdiction in conflicts of power between the Spanish State and the* **Comunidades Autónomas** *and between the Autonomous Communities themselves, and it also has powers to safeguard the basic rights of citizens. It consists of 12 members, 4 nominated by Congress and 4 by Senate, 2 by the Government and 2 by the governing body of the Spanish judiciary, the* **Consejo General del Poder Judicial**.
⇨ *See also* LA CONSTITUCIÓN ESPAÑOLA

**tribuno** SM tribune

**tributación** SF [1] (= *pago*) payment
[2] (= *impuesto*) taxation ► **tributación directa** direct taxation

**tributar** ▸conjug 1a◂ Ⓐ VT [1] (*Fin*) to pay
[2] [+ *homenaje, respeto etc*] to pay; [+ *gracias, recibimiento*] to give; [+ *afecto etc*] to have, show (**a** for)
Ⓑ VI (= *pagar impuestos*) to pay taxes

**tributario** Ⓐ ADJ [1] (*Geog, Pol*) tributary *antes de s*
[2] (*Fin*) tax, taxation *antes de s*; **sistema ~** tax system; **privilegio ~** tax concession
Ⓑ SM tributary

**tributo** SM [1] (= *homenaje*) tribute; **rendir ~** to pay tribute
[2] (*Fin*) (= *impuesto*) tax

**tricampeón/ona** SM/F triple champion, three-times champion

**tricentenario** SM tercentenary

**tricentésimo** ADJ three hundredth

**trichina** SF (*LAm*) trichina

**triciclo** SM tricycle

**tricófero** SM (*Andes, Cono Sur, Méx*) hair restorer

**tricola** SF (*Cono Sur*) knitted waistcoat

**tricolor** Ⓐ ADJ tricolour, tricolor (*EEUU*), three-coloured, three-colored (*EEUU*); **bandera ~** tricolour
Ⓑ SF tricolour

**tricornio** SM three-cornered hat

**tricota** SF (*LAm*) heavy knitted sweater

**tricotar** ▸conjug 1a◂ Ⓐ VT to knit; **tricotado a mano** hand-knitted
Ⓑ VI to knit

**tricotosa** SF knitting machine

**tridente** SM trident

**tridentino** ADJ Tridentine, of Trent; **Concilio Tridentino** Council of Trent; **misa tridentina** Tridentine Mass

**tridimensional** ADJ three-dimensional

**trienal** ADJ triennial

**trienalmente** ADV triennially

**trienio** SM [1] (= *periodo*) period of three years, triennium (*frm*)
[2] (= *pago*) *monthly bonus for each three-year period worked with the same employer*

**trifásico** Ⓐ ADJ (*Elec*) three-phase, triphase
Ⓑ SM **tener ~*** to have pull, have influence

**triforio** SM (*Rel*) triforium, clerestory

**trifulca*** SF row, shindy*

**trifulquero*** ADJ rowdy, trouble-making

**trifurcación** SF trifurcation

**trifurcarse** ▸conjug 1g◂ VPR to divide into three

**trigal** SM wheat field

**trigésimo** ADJ thirtieth; *ver tb* **sexto A**

**trigo** SM [1] (= *cereal*) wheat; **de ~ entero** wholemeal; **✦MODISMO no ser ~ limpio** to be dishonest; **no todo era ~ limpio** it wasn't completely above board, it was a bit fishy* ► **trigo blando** soft wheat ► **trigo candeal** bread wheat ► **trigo duro** hard wheat, durum wheat ► **trigo sarraceno** buckwheat
[2] **trigos** (= *campo*) wheat *sing*, wheat

field(s); ✦*MODISMO* **meterse en ~s ajenos** to meddle in somebody else's affairs
[3] (‡) (= *dinero*) dough*, money

**trigonometría** SF trigonometry

**trigonométrico** ADJ trigonometric(al)

**trigueño/a** ADJ [*cabello*] dark blond, corn-coloured; [*rostro*] olive-skinned, golden-brown; (*LAm euf*) dark-skinned

**triguero/a** Ⓐ ADJ wheat *antes de s*; *ver tb* **espárrago**
Ⓑ SM/F (= *comerciante*) corn merchant
Ⓒ SM (= *tamiz*) corn sieve

**trila** SF, **triles** SMPL (game of) "find the lady"

**trilateral** ADJ, **trilátero** ADJ trilateral, three-sided

**trilero** SM card-sharp

**trilingüe** ADJ trilingual

**trilita** SF trinitrotoluene

**trilla** SF [1] (*Agr*) threshing
[2] (*Caribe, Cono Sur*) (= *paliza*) thrashing, beating
[3] (*Méx*) (= *senda*) track
[4] (*Caribe*) (= *atajo*) short cut

**trillado** Ⓐ ADJ [1] (*Agr*) threshed
[2] [*camino*] well-trodden
[3] [*tema*] (= *gastado*) well-worn, hackneyed; (= *conocido*) well-known
Ⓑ SM [1] (= *investigación*) thorough investigation
[2] (*Caribe*) (= *sendero*) path, track

**trillador** SM thresher

**trilladora** SF threshing machine

**trilladura** SF threshing

**trillar** ▸conjug 1a◂ VT [1] (*Agr*) to thresh
[2] [+ *tema etc*] to overuse

**trillizo/a** SM/F triplet

**trillo** SM [1] (= *máquina*) threshing machine
[2] (*CAm, Caribe*) (= *sendero*) path, track

**trillón** SM trillion, quintillion (*EEUU*)

**trilogía** SF trilogy

**trimarán** SM trimaran

**trimestral** ADJ quarterly, three-monthly; (*Univ*) term *antes de s*

**trimestralmente** ADV quarterly, every three months

**trimestre** SM [1] (= *periodo*) (*gen*) quarter, period of three months; (*Univ*) term
[2] (*Fin*) (= *pago*) quarterly payment; (= *alquiler*) quarter's rent

**trinado** SM (*Orn*) song, warble; (*Mús*) trill

**trinar** ▸conjug 1a◂ VI [1] (*Orn*) to sing, warble, trill; (*Mús*) to trill
[2] (*) (= *enfadarse*) to fume, be angry; (*Cono Sur*) (= *gritar*) to shout; **está que trina** he's hopping mad*

**trinca** SF [1] (= *tres*) group of three, set of three, threesome
[2] (*Andes, Cono Sur*) (= *pandilla*) band, gang; (= *facción*) faction; (= *complot*) plot, conspiracy
[3] (*Cono Sur*) (= *canicas*) marbles *pl*
[4] (*Caribe, Méx*) (= *embriaguez*) drunkenness; *ver tb* **trinco**

**trincar**[1] ▸conjug 1g◂ Ⓐ VT [1] (= *atar*) to tie up, bind; (*Náut*) to lash
[2] (= *inmovilizar*) to pinion, hold by the arms
[3] (*) (= *detener*) to nick*
[4] (‡) (= *matar*) to do in*
[5] (**) (= *copular*) to screw**
[6] (*CAm, Cono Sur, Méx*) (= *exprimir*) to squeeze, press
[7] (*Cono Sur**) **me trinca que ...** I have a hunch that ...
Ⓑ **trincarse** VPR (*CAm, Méx*) **~se a hacer algo** to start to do sth *o* doing sth, set about doing sth

**trincar**[2] ▸conjug 1g◂ VT [1] (= *romper*) to break up
[2] (= *cortar*) [+ *carne*] to chop up; [+ *papel*] to tear up

**trincar**[3]* ▸conjug 1g◂ Ⓐ VT, VI (= *beber*) to drink
Ⓑ **trincarse** VPR (*Caribe, Méx*) to get drunk

**trinchador** SM carving knife, carver

**trinchante** SM [1] (= *cuchillo*) carving knife, carver; (= *tenedor*) meat fork, carving-fork
[2] (= *mueble*) side table; (*Cono Sur*) sideboard

**trinchar** ▸conjug 1a◂ VT [1] (= *cortar*) to carve, cut up
[2] (‡) (= *matar*) to do in*

**trinche** Ⓐ SM [1] (*LAm*) (= *tenedor*) fork
[2] (*Andes, Cono Sur, Méx*) (= *mueble*) side table
[3] (*Méx Agr*) pitchfork
Ⓑ ADJ **pelo ~** (*Andes*) frizzy hair

**trinchera** SF [1] (= *zanja*) ditch; (*Mil*) trench; (*Ferro*) cutting; **guerra de ~s** trench warfare
[2] (= *abrigo*) trench coat
[3] (*LAm*) (= *cercado*) fence, stockade
[4] (*Méx*) (= *cuchillo*) curved knife

**trinchete** SM shoemaker's knife; (*Andes*) table knife

**trincho** SM (*Andes*) (= *parapeto*) parapet; (= *zanja*) trench, ditch

**trinco/a** SM/F (*Caribe, Méx*) drunkard; *ver tb* **trinca**

**trincón‡** ADJ murderous

**trineo** SM (*pequeño*) sledge, sled (*EEUU*); (*grande*) sleigh ► **trineo de balancín** bobsleigh ► **trineo de perros** dog sleigh

**Trini** SF (*forma familiar*) *de* **Trinidad**

**Trinidad** SF [1] (*Rel*) Trinity
[2] (*Geog*) Trinidad

**trinidad** SF trio, set of three

**trinitaria** SF [*de jardín*] pansy; (*silvestre*) heart's-ease

**trinitrotolueno** SM trinitrotoluene

**trino** SM (*Orn*) warble, trill; (*Mús*) trill

**trinomio** ADJ, SM trinomial

**trinque*** SM liquor, booze*

**trinquetada** SF (*Caribe*) period of danger; (*Andes, Méx*) hard times

**trinquete**[1] SM (*Mec*) pawl, catch; [*de rueda dentada*] ratchet

**trinquete**[2] SM [1] (*Náut*) (= *palo*) foremast; (= *vela*) foresail
[2] (*Dep*) pelota court

**trinquete**[3] SM (*Méx*) [1] (= *soborno*) bribe; (= *asunto turbio*) shady deal*, corrupt affair
[2] **es un ~ de hombre*** he really is a tough customer
[3] (*Andes*) (= *habitación*) small room

**trinquis*** Ⓐ SM INV drink, swig*
Ⓑ ADJ (*Méx*) drunk, sloshed*

**trío** SM trio

**tripa** SF, **tripas** SFPL [1] (= *intestino*) intestine, gut; (= *vísceras*) guts*, insides*, innards*; **me duele la ~** I have a stomach ache; **quitar las ~s a un pez** to gut a fish; **le gruñían las ~s** his tummy was rumbling*; ✦*MODISMOS* **hacer de ~s corazón** to pluck up courage; **echar las ~s** (= *vomitar*) to retch, vomit violently; **tener malas ~s** to be cruel; **revolver las ~s algn** to turn sb's stomach; **¡te sacaré las ~s!** I'll rip you apart!, I'll tear your guts out!‡
[2] (*) (= *barriga*) [2·1] (*gen*) belly, tummy*; **echar ~** to put on weight, start to get a paunch; **tener mucha ~** to be fat, have a paunch; **llenar la ~ a costa de otro** to eat well at somebody else's expense
[2·2] (*Esp*) [*de mujer encinta*] bulge; **dejar a una chica con ~**† to get a girl in the family way; **estar con ~** to be in the family way
[3] [*de fruta*] core, seeds *pl*
[4] **las ~s*** (= *mecanismo*) the insides*, the works; (= *piezas*) the parts; **sacar las ~s de un reloj** to take out the works of a watch
[5] [*de vasija*] belly, bulge
[6] (*Com, Jur etc*) (= *expediente*) file, dossier
[7] (*Caribe*) [*de neumático*] inner tube

**tripartito** ADJ tripartite

**tripe** SM shag

**tripear*** ▸conjug 1a◂ VI to stuff o.s.*, scoff*

**triperío** SM (*Andes, Méx*) guts *pl*, entrails *pl*

**tripero*** ADJ greedy

**tripi‡** SM LSD, dose of LSD

**tripicallos** SMPL (*Esp Culin*) tripe *sing*

**tripitir** ▸conjug 3a◂ VT to repeat again, do a third time

**triple** Ⓐ ADJ triple; (*de tres capas*) with three layers; **~ salto** triple jump
Ⓑ SM [1] **el ~: es el ~ de lo que era** it is three times what it was *o* as big as it was; **su casa es el ~ de grande que la nuestra** their house is three times bigger than *o* as big as ours
[2] (*Dep*) (= *salto*) triple jump; (*en baloncesto*) three-point basket
Ⓒ SF ► **triple vírica** triple vaccine
Ⓓ ADV (*) **esta cuerda es ~ gruesa que ésa** this string is three times thicker than that bit

**tripleta** SF trio, threesome

**triplicado** ADJ triplicate; **por ~** in triplicate

**triplicar** ▸conjug 1g◂ Ⓐ VT to treble, triple; **las pérdidas triplican las ganancias** losses are three times bigger *o* more than the profits
Ⓑ **triplicarse** VPR to treble, triple

**triplo** SM = **triple B1**

**trípode** SM tripod

**Trípoli** SM Tripoli

**tripón/ona*** Ⓐ ADJ fat, potbellied
Ⓑ SM/F (*Méx*) little boy, little girl; **los tripones** the kids*

**tríptico** SM [1] (*Arte*) triptych
[2] (= *formulario*) form in three parts; (= *documento*) three-part document; (= *folleto*) three-page leaflet

**triptongo** SM triphthong

**tripudo** ADJ fat, potbellied

**tripulación** SF crew

**tripulado** ADJ **vuelo ~** manned flight; **vuelo no ~** unmanned flight; **~ por** manned by, crewed by

**tripulante** SMF [*de barco, avión*] crew member; **tripulantes** crew *sing*

**tripular** ▸conjug 1a◂ VT [1] [+ *barco, avión*] to crew
[2] (*Aut etc*) to drive
[3] (*Cono Sur*) to mix (up)

**tripulina*** SF (*Cono Sur*) row, brawl

**trique** SM 1 (= *ruido*) crack, sharp noise, swish
2 **a cada ~** at every moment, repeatedly
3 (*Andes, Méx*) (= *truco*) trick, dodge
4 **triques** (*Méx**) things, gear *sing*, odds and ends; (*Andes, CAm*) (= *juego*) noughts and crosses, tic tac toe (*EEUU*)

**triquina** SF trichina

**triquinosis** SF INV trichinosis

**triquiñuela** SF trick, dodge; **saber las ~s del oficio** to know the tricks of the trade, know all the dodges; **es un tío ~s*** he's an artful old cuss*

**triquis** SMPL (*Méx*) = **trique 4**

**triquitraque** SM string of fire crackers

**trirreactor** SM tri-jet

**trirreme** SM trireme

**tris** SM INV 1 (= *estallido*) crack; (*al rasgarse*) rip, tearing noise
2 ✦*MODISMOS* **en un ~** in a trice; **recogimos la mesa en un ~** we cleared the table in no time; **está en un ~** it's touch and go; **estar en un ~ de hacer algo** to be within an inch of doing sth; **estuvo en un ~ que lo perdiera** he very nearly lost it, he was within an inch of losing it; **por un ~**: **los dos coches evitaron el choque por un ~** the two cars avoided a collision by a hair's breadth
3 (*LAm*) (= *juego*) noughts and crosses *pl*, tic tac toe (*EEUU*)

**trisar** ▸conjug 1a◂ VT (*Andes, Cono Sur*) (= *rajar*) to crack; (= *desportillar*) to chip

**trisca** SF 1 (= *crujido*) crunch, crushing noise
2 (= *bulla*) uproar; (*) rumpus, row
3 (*Caribe*) (= *mofa*) mockery; (= *chiste*) private joke

**triscar** ▸conjug 1g◂ Ⓐ VT 1 (= *enredar*) to mix, mingle; (= *confundir*) to mix up
2 [+ *sierra*] to set
3 (*Andes, Caribe*) (= *mofar*) to mock, joke about; (= *tomar el pelo*) to tease
Ⓑ VI 1 (= *patalear*) to stamp one's feet about
2 [*corderos etc*] to gambol, frisk about; [*personas*] to romp, play about

**triscón** ADJ (*Andes*) hypercritical, overcritical

**trisecar** ▸conjug 1g◂ VT to trisect

**trisemanal** ADJ triweekly

**trisemanalmente** ADV triweekly, thrice weekly

**trisilábico** ADJ trisyllabic, three-syllabled

**trisílabo** Ⓐ ADJ trisyllabic, three-syllabled
Ⓑ SM trisyllable

**trisito** SM (*Andes*) (= *pizca*) pinch; (= *pedacito*) scrap, piece

**trismo** SM lockjaw

**Tristán** SM Tristram, Tristan

**triste** Ⓐ ADJ 1 (= *entristecido*) [*persona*] sad; (= *desgraciado*) miserable; [*carácter*] gloomy, melancholy; **poner ~ a algn** to make sb sad, make sb unhappy, make sb miserable; **me puse muy ~ cuando me enteré de la noticia** I was very sad when I heard the news
2 (= *entristecedor*) [*noticia, canción*] sad; [*paisaje*] dismal, desolate; [*cuarto*] gloomy
3 (*) (= *mustio*) [*flor*] withered
4 (= *lamentable*) sad, sorry; **es ~ verle así** it is sad to see him like that; **es ~ no poder ir** it's a pity *o* shame we can't go; **hizo un ~ papel** he cut a sorry figure; **la ~ verdad es que …** the sad truth is that …
5 (= *insignificante*) miserable; **no queda sino un ~ penique** there's just one miserable penny left; **me dieron un ~ trozo de pan para comer** they gave me a miserable piece of bread for lunch
6 (*Andes*) (= *tímido*) shy, timid
Ⓑ SM (*LAm*) (= *canción*) sad love song

**tristemente** ADV sadly; **el ~ famoso lugar** the sadly notorious *o* well-known place

**tristeza** SF 1 [*de persona*] sadness, sorrow
2 (*Bot*) *tree virus*
3 **tristezas** (= *sucesos*) unhappy events; (= *noticias*) sad news *sing*

**tristón** ADJ (= *triste*) sad, downhearted; (= *pesimista*) pessimistic, gloomy; (= *depresivo*) given to melancholy

**tristura** SF (*esp LAm*) = **tristeza**

**Tritón** SM Triton

**tritón** SM (*Zool*) newt

**trituración** SF, **triturado** SM grinding, crushing, trituration (*frm*)

**triturador** SM, **trituradora** SF (*Téc*) grinder, crushing machine; (*Culin*) mincer, mincing machine ► **triturador de basuras** waste-disposal unit ► **triturador (de papel)** shredder

**triturar** ▸conjug 1a◂ VT to grind, crush, triturate (*frm*)

**triunfador(a)** Ⓐ ADJ [*ejército*] triumphant, victorious; [*equipo, concursante*] winning, victorious
Ⓑ SM/F winner; **es un ~ nato** he's a born winner

**triunfal** ADJ 1 [*arco, marcha*] triumphal
2 [*grito, sonrisa, recibimiento*] triumphant; **el presidente hizo su entrada ~** the President made his triumphant entrance; **el equipo hizo su entrada ~ en la ciudad** the team entered the city in triumph

**triunfalismo** SM 1 [*de persona*] (= *optimismo*) euphoria, excessive optimism; (= *petulancia*) smugness, over-confidence, triumphalism; **lo digo sin ~s** I say it without wishing to gloat
2 [*de país*] jingoism

**triunfalista** ADJ 1 [*persona*] (= *optimista*) euphoric, excessively optimistic; (= *petulante*) smug, over-confident, triumphalist
2 [*país, declaraciones*] jingoistic

**triunfalmente** ADV triumphantly

**triunfante** ADJ 1 (= *victorioso*) triumphant; **salir ~** to come out the winner, emerge victorious
2 (= *jubiloso*) jubilant, exultant

**triunfar** ▸conjug 1a◂ VI 1 (= *ganar, vencer*) to triumph, win; **los socialistas ~on en las elecciones** the socialists triumphed in *o* won the elections; **~ en un concurso** to win a competition; **~ sobre los enemigos** to triumph over one's enemies; **la razón ha triunfado sobre la ignorancia** reason has triumphed over ignorance; **al final triunfó el amor** in the end love conquered all
2 (= *tener éxito*) to be successful, succeed; **ha triunfado en su profesión** she has been successful in her profession; **~ en la vida** to succeed *o* be successful in life
3 (*Naipes*) [*jugador*] to play a trump; **triunfan corazones** hearts are trumps

**triunfo** SM 1 (= *victoria*) win, victory; (= *éxito*) victory, success; **fue el sexto ~ consecutivo del equipo** it was the team's sixth consecutive win *o* victory; **ha sido un verdadero ~** it has been a real triumph *o* victory; **adjudicarse el ~** to win; ✦*MODISMO* **costar un ~** to be a huge effort; **sacarme la carrera me ha costado un ~** getting a degree has been a huge effort
2 (*Naipes*) trump; **seis sin ~s** six no-trumps; **palo del ~** trump suit; ✦*MODISMO* **tener todos los ~s en la mano** to hold all the trump-cards
3 (= *trofeo*) trophy

**triunvirato** SM triumvirate

**trivial** ADJ trivial, trite

**trivialidad** SF 1 (= *cualidad*) triviality, triteness
2 (= *asunto*) trivial matter; (= *dicho*) trite remark; **~es** trivia, trivialities; **decir ~es** to talk in platitudes

**trivialización** SF trivializing, minimizing (the importance of), playing-down

**trivializar** ▸conjug 1f◂ VT to trivialize, minimize (the importance of), play down

**trivialmente** ADV trivially, tritely

**triza** SF bit, shred; **hacer algo ~s** (= *rasgar*) to tear sth to shreds; (= *hacer pedazos*) to smash sth to bits; **los críticos hicieron ~s la obra** the critics pulled the play to pieces, the critics tore the play to shreds; **hacer ~s a algn** (= *cansar*) to wear sb out; (= *aplastar*) to flatten sb, crush sb; **estar hecho ~s** [*persona*] to be shattered*

**trizar** ▸conjug 1f◂ VT (= *rasgar*) to tear to shreds; (= *hacer pedazos*) to smash to bits

**troca** SF (*Méx*) lorry, truck

**trocaico** ADJ trochaic

**trocar** ▸conjug 1g, 1l◂ Ⓐ VT 1 (= *canjear*) barter, to exchange
2 (= *cambiar*) to change; **~ la alegría en tristeza** to change gaiety into sadness
3 (*Cono Sur*) (= *vender*) to sell; (*Andes*) (= *comprar*) to buy
4 (= *confundir*) to mix up, confuse
5 [+ *comida*] to vomit
Ⓑ **trocarse** VPR 1 (= *transformarse*) **~se en** become, turn into; **las víctimas se ~on en verdugos** the victims became executioners
2 (= *confundirse*) to get mixed up

**trocear** ▸conjug 1a◂ VT to cut up, cut into pieces

**trocha** SF 1 (= *senda*) narrow path; (= *atajo*) short cut
2 (*LAm Ferro*) gauge, gage (*EEUU*) ► **trocha normal** standard gauge
3 (*Cono Sur Aut*) (= *carril*) lane
4 (*Andes*) (= *trote*) trot
5 (*Andes*) (= *porción*) portion, helping (*of meat*)

**trochar** ▸conjug 1a◂ VI (*Andes*) to trot

**troche**: **a ~ y moche** ADV [*correr*] helter-skelter, pell-mell; [*desparramar*] all over the place; [*distribuir*] haphazardly; **gastar dinero a ~ y moche** to spend money like water

**trochemoche**: **a ~** ADV *ver* **troche**

**trofeo** SM 1 (= *copa*) trophy
2 (= *victoria*) victory, triumph

**troglodita** SMF 1 (= *cavernícola*) cave dweller, troglodyte
2 (= *bruto*) brute, oaf; (= *huraño*) unsociable individual, recluse
3 (*) (= *glotón*) glutton

**troica** SF troika

**troja** SF (*LAm*) granary, barn

**troje** SF, **troj** SF granary, barn

**trola**[1]* SF fib, lie

**trola**[2] SF (*Andes*) (= *jamón*) slice of ham; (= *cuero*) piece of raw hide; (= *corteza*) piece of loose bark

**trole** SM [1] (*Elec*) trolley, cart (*EEUU*), trolley pole
[2] (†*) (= *autobús*) trolley bus

**trolebús** SM trolley bus

**trolero/a*** SM/F fibber, liar

**tromba** SF whirlwind; **pasar como una ~** to go by like a whirlwind; **entrar en ~** to come in in a torrent, come rushing in ► **tromba de agua** violent downpour ► **tromba de polvo** column of dust ► **tromba marina** waterspout ► **tromba terrestre** whirlwind, tornado

**trombo** SM clot, thrombus (*frm*)

**trombón** Ⓐ SM (= *instrumento*) trombone ► **trombón de varas** slide trombone
Ⓑ SMF (= *músico*) trombonist

**trombonista** SMF trombonist

**trombosis** SF INV thrombosis ► **trombosis cerebral** brain haemorrhage, cerebral haemorrhage

**trome*** ADJ (*Andes*) bright, smart

**trompa** Ⓐ SF [1] (*Mús*) horn; ✦**MODISMO sonar la ~ marcial** to sound a warlike note ► **trompa de caza** hunting horn
[2] (= *juguete*) spinning top
[3] (*Zool*) [*de elefante*] trunk; [*de insecto*] proboscis
[4] (*) (= *nariz*) snout⁑, hooter⁑; (*LAm*) (= *labios*) thick lips *pl*, blubber lips *pl*; **¡cierra la ~!** (*CAm, Méx*⁑) shut your trap!⁑
[5] (*Anat*) tube, duct; **ligadura de ~s** tubal ligation ► **trompa de Eustaquio** Eustachian tube ► **trompa de Falopio** Fallopian tube
[6] (*Meteo*) = **tromba**
[7] (*) (= *borrachera*) **cogerse** *o* **agarrarse una ~** to get tight*
[8] (*Méx Ferro*) cowcatcher
Ⓑ SMF [1] (*Mús*) horn player
[2] (*Cono Sur**) (= *patrón*) boss, chief
Ⓒ ADJ (*) **estar ~** to be tight*

**trompazo** SM, **trompada** SF [1] (= *choque*) bump, bang
[2] (= *puñetazo*) punch, swipe
[3] (*Méx*) (= *zurra*) thrashing, beating-up*

**trompeadura** SF (*LAm*) [1] (= *choques*) bumping, banging
[2] (= *puñetazos*) series of punches; (= *paliza*) beating-up*

**trompear** ▸conjug 1a◂ (*LAm*) Ⓐ VT to punch, thump
Ⓑ **trompearse** VPR to fight

**trompeta** Ⓐ SF [1] (*Mús*) (= *instrumento*) trumpet; (*fig*) clarion
[2] (⁑) (= *droga*) reefer*, joint*
[3] (*Cono Sur Bot*) daffodil
Ⓑ SMF (*Mús*) trumper player; (*Mil*) trumpeter
Ⓒ SM (= *imbécil*) twit*; (= *borracho*) drunk*, old soak*
Ⓓ ADJ (*Méx**) (= *borracho*) sloshed*, tight*

**trompetazo** SM (*Mús*) trumpet blast; (*fig*) blast, blare

**trompetear** ▸conjug 1a◂ VI to play the trumpet

**trompeteo** SM sound of trumpets

**trompetero/a** SM/F [*de orquesta*] trumpet player; (*Mil*) trumpeter

**trompetilla** SF [1] (*tb* **~ acústica**) ear trumpet
[2] (*Caribe**) (= *ruido*) raspberry*

**trompetista** SMF trumpet player

**trompeto*** ADJ (*Méx*) drunk

**trompezar** ▸conjug 1f◂ VI (*LAm*) = **tropezar**

**trompezón** SM (*LAm*) = **tropezón**

**trompicar** ▸conjug 1g◂ Ⓐ VT (= *hacer tropezar*) to trip up
Ⓑ VI (= *tropezarse*) to trip

**trompicón** SM [1] (= *tropiezo*) trip, stumble; ✦**MODISMO a trompicones** in fits and starts
[2] (*Caribe*) (= *puñetazo*) blow, punch

**trompis*** SM INV punch, bash*

**trompiza*** SF (*Andes, Méx*) punch-up⁑

**trompo** SM [1] (= *juguete*) spinning top; ✦**MODISMO ponerse como un ~*** to stuff o.s.*, eat to bursting point ► **trompo de música** humming top
[2] (*Aut*) *180 degree turn or skid*
[3] (*Dep*) spin
[4] (*LAm*) (= *desmañado*) clumsy person; (= *bailador*) rotten dancer*
[5] (*Esp*⁑) (= *dinero*) 1000-peseta note

**trompón** SM [1] (*) (= *choque*) bump, bang
[2] (= *puñetazo*) hefty punch, vicious swipe
[3] (*Bot*) (*tb* **narciso ~**) daffodil

**trompudo** ADJ (*LAm*) thick-lipped, blubber-lipped

**tron**⁑ SM = **tronco**[2]

**trona** SF high chair

**tronada** SF, **tronadera** SF (*Méx*) thunderstorm

**tronado** ADJ [1] (= *viejo*) old, useless
[2] (*) **estar ~** (= *loco*) to be potty*; (*LAm*) (= *drogado*) to be high (on drugs)*; (*CAm*) (= *sin dinero*) to be broke*

**tronadura** SF (*Chile Min*) blasting

**tronamenta** SF (*Andes, Méx*) thunderstorm

**tronar** ▸conjug 1l◂ Ⓐ VI [1] (*Meteo*) to thunder; ✦**MODISMO por lo que pueda ~** just in case, to be on the safe side
[2] [*cañones etc*] to boom, thunder
[3] (*) (= *enfurecerse*) to rave, rage; **~ contra** to spout forth against, rage *o* thunder against
[4] (*) (= *reñir*) **~ con algn** to fall out with sb
[5] (*) (= *arruinarse*) to go broke*; (= *fracasar*) to fail, be ruined
Ⓑ VT [1] (*CAm, Méx**) (= *fusilar*) to shoot
[2] **la tronó** (*Méx**) he blew it⁑, he messed it up
Ⓒ **tronarse** VPR (*) [1] (*CAm, Méx*) (= *matarse*) to shoot o.s., blow one's brains out
[2] (*LAm*) (= *drogarse*) to take drugs

**tronazón** SF (*CAm, Méx*) thunderstorm

**troncal** ADJ **línea ~** main (trunk) line; **materia ~** core subject

**troncar** ▸conjug 1g◂ VT = **truncar**

**troncha** SF [1] (*LAm**) (= *tajada*) slice; (= *pedazo*) piece, chunk
[2] (*LAm**) (= *prebenda*) sinecure, soft job
[3] (*Méx*) (= *comida*) [*de soldado*] soldier's rations *pl*; (*escasa*) meagre meal

**tronchacadenas** SM INV chain cutters *pl*

**tronchado*** Ⓐ SM (*Méx*) (= *buen negocio*) gold mine; (= *negocio próspero*) prosperous business
Ⓑ ADJ (*Andes*) (= *lisiado*) maimed, crippled

**tronchante*** ADJ hilarious, killingly funny

**tronchar** ▸conjug 1a◂ Ⓐ VT [1] (= *talar*) to fell, chop down; (= *cortar*) to cut up, cut off; (= *hender*) to split, crack, shatter
[2] [+ *vida*] to cut short; [+ *esperanzas*] to dash
[3] (*) (= *cansar*) to tire out
Ⓑ **troncharse** VPR [1] (*) (*tb* **~se de risa**) to split one's sides laughing
[2] *árbol*] to fall down, split
[3] (*) (= *cansarse*) to tire o.s. out

**troncho** Ⓐ SM [1] (*Bot*) stem, stalk
[2] (*Cono Sur*) (= *trozo*) piece, chunk
[3] (*Andes*) (= *enredo*) knot, tangle
[4] (⁂) (= *pene*) prick⁂
Ⓑ ADJ (*Cono Sur*) maimed, crippled

**tronco**[1] SM [1] [*de árbol*] trunk; (= *leño*) log; ✦**MODISMO dormir como un ~** to sleep like a log ► **tronco de Navidad** (*Culin*) yule log
[2] (*Anat*) trunk
[3] (= *estirpe*) stock
[4] (*Ferro*) main line, trunk line
[5] (⁂) (= *pene*) prick⁂

**tronco**[2]**/a**⁑ SM/F [1] (= *tío*) bloke*/bird*; **María y su ~** María and her bloke*
[2] (= *amigo*) (*en oración directa*) mate*, pal*; **—oye, ~** "hey, man"*

**tronera** Ⓐ SF [1] (*Mil*) (= *aspillera*) loophole, embrasure; (*Arquit*) small window
[2] (*Billar*) pocket
[3] (*Méx*) (= *chimenea*) chimney, flue
Ⓑ SMF (*) (= *tarambana*) harebrained person
Ⓒ SM (*) (= *libertino*) rake, libertine

**tronido** SM [1] (*Meteo*) thunderclap; **~s** thunder *sing*, booming *sing*
[2] (= *explosión*) loud report, bang, detonation

**tronío** SM lavish expenditure, extravagance

**trono** SM [1] [*de monarca*] (= *asiento*) throne; (= *símbolo*) crown; **heredar el ~** to inherit the crown; **nuestra lealtad al ~** our loyalty to the crown; **subir al ~** to ascend the throne, come to the throne
[2] [*de campeón*] crown

**tronquista** SMF (*LAm*) lorry driver, truck driver (*EEUU*)

**tronzar** ▸conjug 1f◂ VT [1] (= *cortar*) to cut up; (= *romper*) to split, rend, smash
[2] (*Cos*) to pleat
[3] (*) [+ *persona*] to tire out

**tropa** SF [1] (*Mil*) (= *soldados rasos*) rank and file, ordinary soldiers *pl*; (= *ejército*) army; **las ~s** the troops; **ser de ~** to be in the army ► **tropas de asalto, tropa de choque** storm troops
[2] (= *multitud*) crowd, troop; (*pey*) mob, troop
[3] (*LAm Agr*) flock, herd
[4] (*Cono Sur*) (= *vehículos*) stream of vehicles; (= *coches*) line of cars; (= *carros*) line of carts
[5] (*Méx*) (= *maleducado*) rude person; (*Caribe**) (= *tonto*) dope*

**tropear** ▸conjug 1a◂ VT (*Arg*) to herd

**tropecientos*** ADJ PL umpteen*

**tropel** SM [1] (= *gentío*) mob, crowd; **acudir en ~** to crowd in, come en masse
[2] (= *revoltijo*) mess, jumble
[3] (= *prisa*) rush, haste

**tropelía** SF outrage, violent act; **cometer una ~** to commit an outrage

**tropero** SM [1] (*Arg Agr*) cowboy, cattle drover
[2] (*Méx*) boor

**tropezar** ▸conjug 1f, 1j◂ Ⓐ VI [1] (*con los pies*) to trip, stumble; **tropezó y por poco se cae** he tripped *o* stumbled and nearly fell; **¡cuidado, no tropieces!** mind you don't trip up!; **ha tropezado con una piedra** she tripped on a stone; **he tropezado con el escalón** I tripped on the step

2 (= *chocar*) **~ con** *o* **contra algo** to bump into sth; **~ con** *o* **contra un árbol** to bump into a tree

3 (= *enfrentarse*) **~ con algo** to run into sth, encounter sth; **tropezamos con una dificultad** we ran into *o* encountered a difficulty; **tropezó con muchos obstáculos durante su carrera política** she came up against *o* encountered numerous obstacles in her political career

4 (= *encontrarse*) **~ con algn** to bump into sb, run into sb; **he tropezado con María en la facultad** I bumped *o* ran into María in the department

5 (= *reñir*) **~ con algn** to have an argument with sb

6 (= *cometer un error*) to err, make a mistake; **ha tropezado muchas veces en la vida** she has erred many times *o* made many mistakes in her life

Ⓑ **tropezarse** VPR [*dos personas*] to bump *o* run into each other; **nos tropezamos casi cada día por la calle** we bump *o* run into each other practically every day in the street; **~se con algn** to bump *o* run into sb; **me tropecé con Juan en el banco** I bumped *o* ran into Juan at the bank

**tropezón** SM 1 (= *traspié*) trip, stumble; **dar un ~** to trip, stumble; **hablar a tropezones** to speak jerkily, speak falteringly; **proceder a ~es** to proceed by fits and starts

2 (= *equivocación*) slip, blunder; (*moral*) lapse

3 **tropezones** (*Culin*) *small pieces of food added to soup*

**tropical** ADJ 1 (= *del trópico*) tropical

2 (*Cono Sur*) (= *melodramático*) rhetorical, melodramatic, highly-coloured

**tropicalismo** SM (*Cono Sur*) rhetoric, melodramatic style, excessive colourfulness

**trópico** SM 1 (*Geog*) tropic; **los ~s** the tropics ► **trópico de Cáncer** Tropic of Cancer ► **trópico de Capricornio** Tropic of Capricorn

2 **trópicos** (*Caribe*) (= *dificultades*) hardships, difficulties; ✦***MODISMO*** **pasar los ~s** to suffer hardships, have a hard time

**tropiezo** SM 1 (= *error*) slip, blunder; (*moral*) moral lapse

2 (= *revés*) (*gen*) setback; (*en el amor*) disappointment in love

3 (= *desgracia*) misfortune, mishap

4 (= *disputa*) argument, quarrel

**tropilla** SF (*Cono Sur*) drove, team

**tropo** SM trope

**troquel** SM die

**troquelado** SM die cut

**troquelar** ▸conjug 1a◂ VT 1 [+ *cuero, cartón*] to die-cut; [+ *moneda, medalla*] to strike; [+ *metal*] to die-cast

2 (= *perforar*) to punch

**troqueo** SM trochee

**trosco/a*** SM/F Trot*, Trotskyist

**trotacalles*** SMF INV bum*

**trotaconventos** SF INV go-between, procuress

**trotamundos** SMF INV globetrotter

**trotar** ▸conjug 1a◂ VI 1 [*caballo*] to trot

2 (*) (= *viajar*) to travel about, chase around here and there

**trote** SM 1 [*de caballo*] trot; **ir al ~** to trot, go at a trot; **irse al ~** to go off in a hurry; **tomar el ~** to dash off

2 (*) (= *uso*) **de mucho ~** hard-wearing, tough; **chaqueta para todo ~** a jacket for everyday wear

3 (*) (= *ajetreo*) bustle; **el abuelo ya no está para esos ~s** grandad is not up to that sort of thing any more

**trotskismo** SM Trotskyism

**trotskista** ADJ, SMF Trotskyist

**trova** SF ballad

**trovador** SM troubadour

**Troya** SF Troy; ✦***MODISMOS*** **¡aquí fue ~!** you should have heard the fuss!; **¡arda ~!** press on regardless!, never mind the consequences!

**troyano/a** ADJ, SM/F Trojan

**troza** SF log

**trozo** SM 1 (= *pedazo*) piece, bit; **un ~ de madera** a piece of wood; **a ~s** in bits; **cortado a ~s** cut into pieces; **vi la película a ~s** I only saw bits of the film; ✦***MODISMO*** **es un ~ de pan*** he's a dear, he's a sweetie*

2 (*Literat, Mús*) passage; **~s escogidos** selected passages, selections

**trucaje** SM 1 (*Cine*) trick photography

2 (*en el juego*) rigging, fixing

**trucar*** ▸conjug 1g◂ Ⓐ VT 1 [+ *resultado*] to fix, rig; [+ *baraja*] to tamper with; **las cartas estaban trucadas** (*fig*) the dice were loaded against us

2 (*Aut*) [+ *motor*] to soup up*

Ⓑ VI (*Billar*) to pot the ball, pot

**trucha**[1] SF 1 (= *pez*) trout ► **trucha arco iris** rainbow trout ► **trucha marina** sea trout

2 (*Téc*) crane, derrick

**trucha**[2] SF (*CAm Com*) (= *puesto*) stall, booth

**trucha**[3]* SMF (= *persona*) (= *taimado*) tricky individual, wily bird; (= *tramposo*) cheat

**truche**⁑ SM (*Andes*) snappy dresser*, dude (*EEUU**)

**truchero**[1]**/a** SM/F (*CAm*) hawker, vendor

**truchero**[2] ADJ trout *antes de s*; **río ~** trout river

**truchimán** SM 1 (*Hist*) interpreter

2 (*) rogue, villain

**trucho** ADJ (*Andes*) sharp, rascally

**truco** SM 1 (= *ardid*) trick, dodge; (*Cine*) trick effect, piece of trick photography; **el tío tiene muchos ~s** the fellow is up to all the tricks in the book; **coger el ~ a algn** to see how sb works a trick, catch on to sb's little game; **arte de los ~s** conjuring ► **truco de naipes** card trick ► **truco publicitario** advertising gimmick

2 (= *habilidad*) knack; **coger el ~** to get the knack, get the hang of it, catch on

3 (*Andes, Cono Sur*) (= *puñetazo*) punch, bash*

4 (*Cono Sur Naipes*) *popular card game*

5 **trucos** (*Billar*) billiards *sing*, pool *sing*

**truculencia** SF gruesomeness

**truculento** ADJ gruesome, horrifying

**trueco** SM = **trueque**

**trueno** SM 1 (*Meteo*) **un ~** a clap of thunder, a thunderclap; **~s** thunder *sing*

2 (= *ruido*) [*de cañón*] boom, thundering ► **trueno gordo*** (*lit*) finale (*of firework display*); (*fig*) big row, major scandal

3 (*) (= *tarambana*) wild youth, madcap; (= *libertino*) rake

4 (*Caribe*) (= *juerga*) binge*, noisy party

5 **truenos** (*Caribe*) (= *zapatos*) stout shoes

**trueque** SM 1 (= *cambio*) exchange; (*Com*) barter; **a ~ de** in exchange for; **aun a ~ de perderlo** even if it means losing it

2 **trueques** (*Andes Fin*) change *sing*

**trufa** SF 1 (*Bot*) truffle

2 (*) (= *mentira*) fib, story

**trufado** ADJ stuffed with truffles

**trufar** ▸conjug 1a◂ Ⓐ VT 1 (*Culin*) to stuff with truffles

2 (*) (= *estafar*) to take in*, swindle

Ⓑ VI (*) (= *mentir*) to fib, tell stories

**trufi*** SM (*Andes*) taxi

**truhán** SM 1 (= *pillo*) rogue, crook*, shyster (*EEUU*); (= *estafador*) swindler; (= *charlatán*) mountebank

2 (*Hist*) jester, buffoon

**truhanería** SF 1 (= *picardía*) roguery; (= *estafa*) swindling

2 (*Hist*) buffoonery

**truhanesco** ADJ 1 (= *tramposo*) dishonest, crooked*

2 (*Hist*) buffoonish

**truísmo** SM truism

**truja**⁑ SM fag⁑, gasper⁑

**trujal** SM [*de vino*] winepress; [*de aceite*] olive-oil press

**trujimán** SM = **truchimán**

**trujis**⁑ SM INV fag⁑, gasper⁑

**trulla** SF 1 (= *bullicio*) bustle; (= *disturbio*) commotion; (= *ruido*) noise

2 (= *multitud*) crowd, throng

3 (*Andes*) (= *broma*) practical joke

**trullada** SF (*Caribe*) crowd, throng

**trullo**⁑ SM nick⁑, jail, can (*EEUU*⁑)

**truncado** ADJ (= *reducido*) truncated, shortened; (= *incompleto*) incomplete

**truncamiento** SM truncation, shortening

**truncar** ▸conjug 1g◂ VT 1 (= *acortar*) [+ *texto*] to truncate, shorten; [+ *cita*] to mutilate

2 [+ *carrera, vida*] to cut short; [+ *esperanzas*] to dash; [+ *proyecto*] to ruin; [+ *desarrollo*] to stunt, check

**trunco** ADJ (= *reducido*) truncated, shortened; (= *incompleto*) incomplete

**truquero/a** (*LAm*) Ⓐ ADJ tricky gimmicky

Ⓑ SM/F trickster

**truqui*** SM = **truco 1, 2**

**trusa** SF 1 (*Caribe*) (= *bañador*) bathing trunks *pl*

2 (*Andes, Méx*) (= *calzoncillos*) underpants *pl*; (= *bragas*) knickers *pl*, panties *pl* (*EEUU*); [*de bebé*] pants *pl*

**trust** [trus] SM (*pl* **trusts** [trus]) (*Fin*) trust, cartel

**Tte.** ABR (= **teniente**) Lieut, Lt

**TU** SM ABR (= **tiempo universal**) U.T.

**tu** ADJ POSES your; **han venido tu tía y tus primos** your aunt and your cousins have come; **hágase tu voluntad** (*Rel*) thy will be done

**tú** PRON PERS 1 you; **cuando tú quieras** whenever you like; **que esto quede entre tú y yo** this is between you and me; **¿yo, gordo? ¿y tú qué?** fat? me? what about you?; **llegamos antes que tú** we arrived before you (did); **es mucho más alto que tú** he is much taller than you (are); **en el partido se mantuvo el tú a tú** the game was between equals, the game was an equal struggle; **hablar** *o* **llamar** *o* **tratar a algn de tú** to use the "tú" form of address; **nos tratamos de tú** we address each other as tú; **háblame de tú, que ahora**

**somos familia** you can address me as "tú", we're family now
**2** (*) (*uso vocativo*) **¡tú! ven aquí** you! come here; **¡oye tú, que me voy a tener que enfadar!** listen, you, I'm going to have to get cross!; **¡tú cállate!** shut up, you!

**tualé** (*LAm*) Ⓐ SM toilet, bathroom (*EEUU*), lavatory
Ⓑ SF toilet

**tuareg** ADJ, SMF (*pl* **tuareg** *o* **tuaregs**) Tuareg

**tubercular** ADJ tubercular

**tubérculo** SM **1** (*Bot*) tuber; (= *patata*) potato
**2** (*Anat, Med*) tubercle

**tuberculosis** SF tuberculosis

**tuberculoso/a** Ⓐ ADJ tuberculous, tubercular; **estar ~** to suffer from tuberculosis, have tuberculosis
Ⓑ SM/F tuberculosis patient

**tubería** SF **1** (= *tubo*) pipe
**2** (= *conjunto de tubos*) pipes *pl*, piping

**Tubinga** SF Tübingen

**tubo** SM **1** (= *recipiente*) tube; ✦*MODISMO* **pasar por el ~*** to knuckle under ► **tubo acústico** speaking-tube ► **tubo capilar** capillary ► **tubo de chimenea** chimneypot ► **tubo de desagüe** (*interior*) waste pipe; (*exterior*) drainpipe ► **tubo de ensayo** test tube ► **tubo de escape** exhaust (pipe) ► **tubo de humo** chimney, flue ► **tubo de imagen** television tube ► **tubo de lámpara** lamp glass ► **tubo de órgano** organ pipe ► **tubo de radio** wireless valve, tube (*EEUU*) ► **tubo de rayos catódicos** cathode-ray tube ► **tubo de respiración** breathing-tube ► **tubo de vacío** valve, vacuum tube (*EEUU*) ► **tubo digestivo** alimentary canal ► **tubo fluorescente** fluorescent tube ► **tubo lanzatorpedos** torpedo tube
**2** (= *tubería*) pipe
**3** ✦*MODISMO* **por un ~*** loads*; **gastó por un ~** he spent a fortune*; **lo vendió por un ~*** he sold it for a fantastic price*
**4** (*LAm*) [*de teléfono*] handset, earpiece
**5** (‡) (= *cárcel*) nick‡, can (*EEUU*‡)

**tubular** Ⓐ ADJ tubular
Ⓑ SM (= *prenda*) roll-on

**tucán** SM, **tucano** SM (*LAm*) toucan

**Tucídedes** SM Thucydides

**tuco¹/a** Ⓐ ADJ **1** (*LAm*) (= *mutilado*) maimed, limbless; (= *manco*) with a finger/hand missing
**2** (*CAm**) (= *achaparrado*) squat
Ⓑ SM/F (= *persona*) cripple*
Ⓒ SM (*LAm Anat*) stump

**tuco²** SM (*Cono Sur*) (= *salsa*) pasta sauce; [*de tomate*] tomato sauce

**tuco³** SM (*Andes, Cono Sur Entomología*) glow-worm

**tuco⁴/a** SM/F (*CAm*) (= *tocayo*) namesake

**tucura** SF **1** (*Cono Sur*) (= *langosta*) locust
**2** (*Andes*) (= *libélula*) dragonfly; (= *mantis*) praying mantis; (= *saltamontes*) grasshopper
**3** (= *sacerdote*) corrupt priest

**tucuso** SM (*Caribe*) hummingbird

**tudesco/a** ADJ, SM/F German

**tuerca** SF nut; ✦*MODISMO* **apretar las ~s a algn** to tighten the screws on sb ► **tuerca mariposa** wing nut

**tuerce‡** SM (*CAm*) misfortune, setback

**tuerto/a** Ⓐ ADJ **1** (= *con un ojo*) one-eyed; (= *ciego en un ojo*) blind in one eye
**2** (= *torcido*) twisted, bent, crooked
**3 a tuertas** (= *invertido*) upside-down; (= *al revés*) back to front; ✦*MODISMO* **a tuertas o a derechas** (= *con razón o sin ella*) rightly or wrongly; (= *sea como sea*) by hook or by crook; (= *sin pensar*) thoughtlessly, hastily
Ⓑ SM/F (= *persona*) (= *con un ojo*) one-eyed person; (= *ciego en un ojo*) person who is blind in one eye
Ⓒ SM (= *injusticia*) wrong, injustice

**tuesta*** SF (*Caribe*) binge*

**tueste** SM roasting

**tuétano** SM **1** (= *médula*) marrow, squash (*EEUU*); ✦*MODISMO* **hasta los ~s** through and through, utterly; **mojarse hasta los ~s** to get soaked to the skin; **enamorado hasta los ~s** head over heels in love
**2** (= *meollo*) core, essence

**tufarada** SF (= *olor*) bad smell, foul smell; (= *racha de aire*) gust

**tufillas*** SMF INV bad-tempered person

**tufillo** SM slight smell (**a** of)

**tufo¹** SM **1** (= *emanación*) fumes *pl*
**2** (= *hedor*) (*gen*) stink; [*de cuarto*] fug; ✦*MODISMO* **se le subió el ~ a las narices** he got very cross
**3 tufos*** (= *vanidad*) swank* *sing*, conceit *sing*; **tener ~s** to be swanky*, be conceited

**tufo²** SM (= *rizo*) curl, sidelock

**tugurio** SM **1** (= *cafetucho*) den, joint‡; (= *chabola*) hovel, slum, shack; (= *cuartucho*) poky little room; (*Agr*) shepherd's hut
**2 tugurios** (*Andes*) shanty town *sing*

**tuja** SF (*Andes*) hide-and-seek

**tul** SM tulle, net

**tulenco** ADJ (*CAm*) splay-footed

**tulipa** SF lampshade

**tulipán** SM tulip; (*Andes, Caribe, Méx*) hibiscus

**tulipanero** SM, **tulipero** SM tulip-tree

**tulis** SM INV (*Méx*) highway robber, brigand

**tullida** SF (*Caribe*) (= *truco*) dirty trick

**tullido/a** Ⓐ ADJ (= *lisiado*) crippled; (= *paralizado*) paralysed
Ⓑ SM/F cripple

**tullir** ▸conjug 3h◂ VT **1** (= *lisiar*) to cripple, maim; (= *paralizar*) to paralyse
**2** (= *cansar*) to wear out, exhaust
**3** (= *maltratar*) to abuse, maltreat

**tumba¹** SF (= *sepultura*) tomb, grave; ✦*MODISMOS* **hablar a ~ abierta** to speak openly; **llevar a algn a la ~** to carry sb off; **ser (como) una ~** to keep one's mouth shut, not breathe a word to anyone

**tumba²** SF **1** (*LAm*) (= *tala*) felling of timber, clearing of ground; (= *tierra*) ground cleared for sowing; (= *claro*) forest clearing
**2** (= *sacudida*) shake, jolt
**3** (= *voltereta*) somersault
**4** (*Cono Sur*) (= *carne*) *boiled meat of poor quality*

**tumba³** SF (*Caribe, Cono Sur*) (= *tambor*) African drum

**tumbacuartillos*** SM INV old soak‡

**tumbacuatro** SM (*Caribe*) braggart

**tumbadero** SM (*Caribe, Méx*) **1** (*Agr*) ground cleared for sowing
**2** (*) (= *burdel*) brothel

**tumbadora** SF (*Caribe*) large conga drum

**tumbar** ▸conjug 1a◂ Ⓐ VT **1** (= *derribar*) [+ *persona*] to knock down, knock over; [+ *puerta*] (*a golpes*) to batter down; (*a patadas*) to kick down *o* in; [*viento*] to blow down; **tanto alcohol acabó tumbándolo** all that alcohol ended up laying him out; **lo ~on a golpes** they punched him to the ground
**2** (‡) (= *matar*) to do in‡
**3** (*) [*olor*] to knock back*; **un olor que te tumba*** an overpowering smell, a smell which knocks you back*
**4** (= *impresionar*) to amaze, overwhelm; **el espectáculo me dejó tumbado** the sight overwhelmed me; **su presunción tumbó a todos** his conceit amazed everybody, his conceit knocked everybody sideways
**5** (**‡**) (= *copular*) to lay‡, screw**‡**
**6** (*) (= *suspender*) to fail, flunk (*EEUU*)
**7** (*LAm*) [+ *árbol*] to fell; [+ *tierra*] to clear
Ⓑ VI **1** (= *caerse*) to fall down
**2** (*Náut*) to capsize
**3** (*) (= *impresionar*) **tiene una desfachatez que tumba de espaldas** his cheek is enough to take your breath away*
Ⓒ **tumbarse** VPR **1** (= *acostarse*) to lie down; **estar tumbado** to lie, be lying down
**2** [*trigo*] to go flat
**3** (= *relajarse*) to decide to take it easy; (= *abandonarse*) to give up (on things), let o.s. go (*after achieving a success etc*)

**tumbilla** SF (*CAm*) wicker suitcase

**tumbo¹** SM **1** (= *sacudida*) shake, jolt; ✦*MODISMO* **dando ~s** with all sorts of difficulties
**2** (= *caída*) fall, tumble; **dar un ~** to fall, shake

**tumbo²** SM (*Hist*) monastic cartulary

**tumbón*** ADJ lazy, bone idle

**tumbona** SF (= *butaca*) easy chair; [*de playa*] deckchair, beach chair (*EEUU*)

**tumefacción** SF swelling

**tumefacto** ADJ swollen

**tumescente** ADJ tumescent

**tumido** ADJ swollen, tumid (*frm*)

**tumor** SM tumour, tumor (*EEUU*), growth ► **tumor cerebral** brain tumour ► **tumor benigno** benign tumour ► **tumor maligno** malignant growth

**túmulo** SM **1** (= *sepultura*) tumulus, burial mound
**2** (*Geog*) mound

**tumulto** SM turmoil, tumult; (*Pol*) (= *motín*) riot, disturbance ► **tumulto popular** popular rising

**tumultuario** ADJ = **tumultuoso**

**tumultuosamente** ADV tumultuously; (*pey*) riotously

**tumultuoso** ADJ tumultuous; (*pey*) riotous, disorderly

**tuna¹** SF (*Bot*) prickly pear

**tuna²** SF **1** (*Esp Mús*) ► **tuna estudiantina** student music group
**2** (= *vida picaresca*) rogue's life, vagabond life; (*fig*) merry life; **correr la ~** to have a good time, live it up*
**3** (*CAm*) (= *embriaguez*) drunkenness

**TUNA**

**Tunas**, *also known as* **estudiantinas** *are groups of students dressed in 17th century costumes who play guitars, lutes and tambourines and go serenading through the streets. They also make impromptu appearances at wed-*

*dings and parties singing traditional Spanish songs, often of a bawdy nature, in exchange for drinks or a few pesetas.*

**tunantada** SF dirty trick

**tunante** SM rogue, villain; **¡~!** you villain!; (*a un niño*) you young scamp!

**tunantear** ▸conjug 1a◂ VI to live a rogue's life, be a crook*

**tunantería** SF [1] (= *vileza*) crookedness, villainy
[2] (= *engaño*) dirty trick, villainy

**tunar** ▸conjug 1a◂ VI to loaf, idle, bum around (*EEUU*)

**tunco/a** (*CAm, Méx*) Ⓐ ADJ (= *lisiado*) maimed, crippled; (= *manco*) one-armed
Ⓑ SM/F (= *persona*) cripple
Ⓒ SM (*Zool*) pig, hog (*EEUU*)

**tunda**[1] SF (= *esquileo*) shearing

**tunda**[2] SF [1] (= *paliza*) beating, thrashing
[2] **darse una ~** to wear o.s. out

**tundir**[1] ▸conjug 3a◂ VT [+ *pieles*] to shear; [+ *hierba*] to mow, cut

**tundir**[2] ▸conjug 3a◂ VT [1] (= *golpear*) to beat, thrash
[2] (= *cansar*) to exhaust, tire out

**tundra** SF tundra

**tunear** ▸conjug 1a◂ VI [1] (= *vivir como pícaro*) to live a rogue's life
[2] (= *gandulear*) to loaf, idle; (= *divertirse*) to have a good time

**tunecino/a** ADJ, SM/F Tunisian

**túnel** SM [1] (= *paso*) tunnel ► **túnel aerodinámico** wind tunnel ► **túnel de lavado** car wash ► **túnel del Canal de la Mancha** Channel Tunnel ► **túnel del tiempo** time warp ► **túnel de pruebas aerodinámicas** wind tunnel ► **túnel de vestuarios** tunnel leading to the changing-rooms ► **túnel de viento** wind tunnel
[2] (= *crisis*) bad time
[3] (*Dep*) nutmeg

**tuneladora** SF tunnelling machine

**tunelar** ▸conjug 1a◂ VI to tunnel

**tunes** SMPL (*Andes, CAm*) first steps (*of a child*); **hacer ~** to toddle, start to walk, take one's first steps

**Túnez** SM (= *país*) Tunisia; (= *ciudad*) Tunis

**tungo** Ⓐ ADJ (*Andes*) short, shortened, blunt
Ⓑ SM [1] (*Andes*) (= *trozo*) bit, chunk
[2] (*Cono Sur Anat*) (= *cuello*) neck

**tungsteno** SM tungsten

**túnica** SF [1] (*Hist*) tunic; [*de monje*] robe
[2] (*Anat, Bot*) tunic

**Tunicia** SF Tunisia

**túnico** SM (*LAm*) shift, long undergarment

**túnido** SM tuna (fish)

**tuno/a** Ⓐ SM/F (= *pícaro*) rogue, villain; **el muy ~** the old rogue
Ⓑ SM (*Mús*) *member of a student music group*; → TUNA

**tunoso** ADJ (*Andes*) prickly

**tuntún**: **al ~** ADV thoughtlessly, any old how; **juzgar al buen ~** to judge hastily, jump to conclusions

**tuntuneco*** ADJ (*CAm, Caribe*) stupid, dense*

**tuñeco** ADJ (*Caribe*) maimed, crippled

**tupamaro/a** (*Cono Sur Hist, Pol*) Ⓐ ADJ Tupamaro *antes de s*, urban guerrilla *antes de s*
Ⓑ SM/F Tupamaro, urban guerrilla

**tupé** SM [1] (= *mechón*) quiff
[2] (= *peluca*) toupée, hairpiece
[3] (*) (= *caradura*) nerve*, cheek*

**tupí** Ⓐ SMF [1] Tupi (Indian)
[2] (*esp Par*) = **tupí-guaraní**
Ⓑ SM (*Ling*) Tupi

**tupia** SF (*Andes*) dam

**tupiar** ▸conjug 1b◂ VT (*Andes*) to dam up

**tupición** SF [1] (*LAm*) (= *obstrucción*) blockage, obstruction; (*Med*) catarrh
[2] (*LAm*) (= *multitud*) dense crowd, throng
[3] (*Andes, Méx*) (= *vegetación*) dense vegetation
[4] (*Cono Sur**) **una ~ de cosas** a lot of things
[5] (*LAm*) (= *confusión*) bewilderment, confusion

**tupido** Ⓐ ADJ [1] (= *denso*) thick; (= *impenetrable*) impenetrable; [*tela*] close-woven
[2] (*LAm*) (= *obstruido*) blocked up, obstructed
[3] (= *torpe*) dim*, dense*
[4] (*Méx*) (= *frecuente*) common, frequent
Ⓑ ADV (*Méx*) (= *con tesón*) persistently, steadily; (= *a menudo*) often, frequently

**tupí-guaraní** Ⓐ ADJ Tupi-Guarani
Ⓑ SMF Tupi-Guarani (Indian)
Ⓒ SM (*Ling*) Tupi-Guarani

**tupinambo** SM Jerusalem artichoke

**tupir** ▸conjug 3a◂ Ⓐ VT [1] (= *apretar*) to pack tight, press down, compact
[2] (*LAm*) (= *obstruir*) to block, stop up, obstruct
Ⓑ **tupirse** VPR [1] (*) (= *comer mucho*) to stuff oneself*
[2] (*LAm*) (= *desconcertarse*) to feel silly, get embarrassed

**turba**[1] SF (= *combustible*) peat

**turba**[2] SF (= *muchedumbre*) crowd, throng; (*en movimiento*) swarm; (*pey*) mob

**turbación** SF [1] (= *alteración*) disturbance
[2] (= *inquietud*) alarm, worry; (= *perplejidad*) bewilderment, confusion; (= *agitación*) trepidation
[3] (= *vergüenza*) embarrassment

**turbado** ADJ [1] (= *alterado*) disturbed
[2] (= *inquieto*) alarmed, worried; (= *perplejo*) bewildered
[3] (= *avergonzado*) embarrassed

**turbador** ADJ (= *inquietante*) disturbing, alarming; (= *vergonzoso*) embarrassing

**turbal** SM peat bog

**turbamulta** SF mob, rabble

**turbante** SM [1] (= *prenda*) turban
[2] (*Méx Bot*) gourd, calabash, squash (*EEUU*)

**turbar** ▸conjug 1a◂ Ⓐ VT [1] [+ *silencio, reposo, orden*] to disturb; **el ruido turbó su sueño** the noise disturbed her sleep; **nada turbó la buena marcha de las negociaciones** nothing hindered *o* disturbed the smooth progress of the negotiations
[2] [+ *agua*] to disturb, stir up
[3] (= *alterar*) **la noticia turbó su ánimo** the news troubled his mind, the news perturbed him; **su llegada inesperada la turbó visiblemente** his unexpected arrival visibly disturbed her
[4] (= *avergonzar*) to embarrass; **sus palabras de amor la ~on** his words of love embarrassed her
Ⓑ **turbarse** VPR [1] (= *alterarse*) **al reconocer a su agresor se turbó enormemente** she was deeply disturbed when she recognized her attacker; **se turbó de tal modo que no pudo responder** he was so disturbed he couldn't reply
[2] (= *avergonzarse*) to get embarrassed; **se turbó al ver que ella lo miraba fijamente** when he realized she was staring at him he came over *o* got all embarrassed

**turbera** SF peat bog

**turbiedad** SF [1] [*de líquidos*] cloudiness
[2] (= *opacidad*) opacity; (= *confusión*) confusion
[3] (= *turbulencia*) turbulence

**turbina** SF turbine ► **turbina a** *o* **de vapor** steam engine ► **turbina de gas** gas turbine ► **turbina eólica** wind turbine

**turbio** Ⓐ ADJ [1] [*agua*] cloudy, muddy, turbid (*frm*)
[2] [*vista*] dim, blurred; [*mente, pensamientos*] disturbed; [*tema*] unclear, confused
[3] [*período*] turbulent, unsettled
[4] [*negocio*] shady*; [*método*] dubious
Ⓑ ADV **ver ~** not to see clearly, to have blurred vision
Ⓒ **turbios** SMPL sediment *sing*

**turbión** SM [1] (*Meteo*) (= *aguacero*) heavy shower, downpour
[2] (= *aluvión*) shower, torrent

**turbo** Ⓐ SM (*Mec*) turbo, turbocharger; (= *coche*) turbocharged car
Ⓑ ADJ INV turbo *antes de s*

**turbo...** PREF turbo...

**turboalimentado** ADJ turbocharged

**turbocompresor** SM turbo-compressor; (= *diesel*) turbo-supercharger

**turbodiesel** ADJ INV, SM turbo diesel

**turbohélice** Ⓐ SM turboprop, turboprop aeroplane
Ⓑ ADJ INV turboprop *antes de s*

**turbonada** SF (*Cono Sur*) sudden storm, squall

**turbopropulsado** ADJ turboprop *antes de s*

**turbopropulsor**, **turborreactor** Ⓐ SM turbojet (aeroplane)
Ⓑ ADJ INV turbojet *antes de s*

**turbulencia** SF [1] (*Meteo*) turbulence
[2] [*de río, aguas*] turbulence
[3] (= *desorden*) [*de época*] turbulence; [*de reunión*] storminess
[4] (= *inquietud*) restlessness

**turbulento** ADJ [1] [*río, aguas*] turbulent
[2] [*período*] troubled, turbulent; [*reunión*] stormy
[3] [*carácter*] restless

**turca**‡ SF piss-up‡, binge*; **coger** *o* **pillar una ~** to get sozzled*, get pissed‡

**turco/a** Ⓐ ADJ Turkish
Ⓑ SM/F [1] (= *de Turquía*) Turk; **joven ~** (*Pol*) young Turk
[2] (*LAm pey*) *immigrant from the Middle East*
[3] (*LAm*) (= *buhonero*) pedlar, peddler (*EEUU*), hawker
Ⓒ SM (*Ling*) Turkish

**turcochipriota** ADJ, SMF Turkish-Cypriot

**túrdiga** SF thong, strip of leather

**Turena** SF Touraine

**turf** SM [1] (= *deporte*) **el ~** the turf, horse-racing
[2] (= *pista*) racetrack

**turfista** Ⓐ ADJ fond of horse-racing
Ⓑ SM/F racegoer

**turgencia** SF turgidity

**turgente** ADJ, **túrgido** ADJ turgid, swollen

**Turín** SM Turin

**Turingia** SF Thuringia

**turismo** SM [1] (= *actividad*) tourism; (= *industria*) tourist industry *o* trade; **el ~ constituye su mayor industria** tourism is their biggest industry; **se ha desarrollado mucho el ~ en el norte** tourism has been greatly developed in the north; **ahora se hace más ~ que nunca** numbers of tourists are greater now than ever ► **turismo blanco** winter holidays *pl*, skiing holidays *pl* ► **turismo cultural** cultural tourism ► **turismo de calidad** quality tourism ► **turismo ecológico** eco-tourism ► **turismo interior** domestic tourism ► **turismo rural** country holidays *pl*, green tourism; **promover el ~ rural** to promote tourism in rural areas; **casas de ~ rural** ≈ holiday cottages ► **turismo sexual** sex tourism
[2] (*Aut*) car, private car

**turista** SMF (*gen*) tourist; (= *visitante*) sightseer; **clase ~** economy class, tourist class

**turístico** ADJ tourist *antes de s*

**turistizado** ADJ touristy

**Turkmenistán** SM Turkmenistan

**turma** SF [1] (*Anat*) testicle
[2] (*Bot*) truffle; (*Andes*) potato

**túrmix**® SM *o* SF mixer, blender

**turnar** ▸conjug 1a◂ Ⓐ VI to take turns
Ⓑ **turnarse** VPR to take turns; **se turnan para usarlo** they take it in turns to use it

**turné** SM tour, trip

**turno** SM [1] (= *vez*) turn; (*en juegos*) turn, go; **es tu ~** it's your turn; **cuando te llegue el ~** when your turn comes; **espere su ~** wait your turn; **por ~s** in turns, by turns; **estuvo con su querida de ~** he was with his lover of the moment; **el tonto de ~** the inevitable idiot ► **turno de preguntas** round of questions
[2] [*de trabajo*] shift; **hago el ~ de tarde** I do the afternoon shift; **estar de ~** to be on duty; **farmacia de ~** duty chemist; **médico de ~** duty doctor, doctor on duty; **trabajo por ~s** shiftwork; **trabajar por ~s** to work shifts, do shiftwork ► **turno de día** day shift ► **turno de noche** night shift ► **turno de oficio** spell of court duty ► **turno rotativo** rotating shift

**turolense** Ⓐ ADJ of/from Teruel
Ⓑ SMF native/inhabitant of Teruel; **los ~s** people of Teruel

**turón** SM polecat

**turqueo*** SM (*CAm*) fight

**turquesa** Ⓐ ADJ, SM (= *color*) turquoise
Ⓑ SF turquoise

**turquesco** ADJ Turkish

**turquí** ADJ **color ~** indigo, deep blue

**Turquía** SF Turkey

**turra**‡ SF (*Cono Sur*) whore, prostitute

**turrón** SM [1] (= *dulce*) nougat
[2] (*) (= *cargo*) cushy job, sinecure

**TURRÓN**

***Turrón** is a type of Spanish sweet rather like nougat which is eaten particularly around Christmas. It has Arabic origins and is made of honey, egg whites, almonds and hazelnuts. There are two traditional varieties:* ***alicante****, which is hard and contains whole almonds, and* ***jijona****, which is soft and made from crushed almonds.*

**turulato*** ADJ stunned, flabbergasted; **se quedó ~ con la noticia** he was stunned by the news

**tururú*** Ⓐ ADJ (= *loco*) **estar ~** to be crazy
Ⓑ EXCL no way!*, you're joking!

**tus**[1] EXCL (*a un perro*) good dog!, here boy!

**tus**[2]* SM ✦*MODISMO* **no decir ~ ni mus** to remain silent, say nothing; **sin decir ~ ni mus** without saying a word

**tusa** SF [1] (*Andes, CAm, Caribe*) [*de maíz*] (= *mazorca*) cob of maize, corncob; (*sin grano*) corn husk, maize husk; (*Caribe*) (= *cigarro*) *cigar rolled in a maize leaf*; (*Cono Sur*) (= *seda*) corn silk
[2] (*Cono Sur*) (= *crin*) horse's mane
[3] (*Cono Sur*) (= *esquileo*) clipping, shearing
[4] (*Andes*) [*de viruela*] pockmark
[5] (*Andes**) (= *susto*) fright; (= *inquietud*) anxiety
[6] (*CAm, Caribe*) (= *mujerzuela*) whore
[7] ✦*MODISMO* **no vale ni una ~** (*CAm, Caribe**) it's worthless

**tusar** ▸conjug 1a◂ VT (*LAm*) (= *esquilar*) to cut, clip, shear; (= *cortar*) to cut roughly, cut badly

**tuse** SM (*Cono Sur*) = **tusa**

**tuso** ADJ [1] (*Andes, Caribe*) (= *esquilado*) cropped, shorn
[2] (*Caribe*) (= *rabón*) docked, tailless
[3] (*Andes, Caribe*) (= *picado de viruelas*) pockmarked

**tútano** SM (*LAm*) = **tuétano**

**tute** SM *card game similar to bezique*; ✦*MODISMO* **darse un ~** to work extra hard

**tutear** ▸conjug 1a◂ Ⓐ VT **~ a algn** (*lit*) to address sb as "tú" (*2nd person sing*); (*fig*) to be on familiar terms with sb
Ⓑ **tutearse** VPR **se tutean desde siempre** they have always addressed each other as "tú", they have always been on familiar terms

**tutela** SF [1] (*Jur*) guardianship; **bajo ~** in ward; **estar bajo ~ jurídica** [*niño*] to be a ward of court
[2] (= *protección*) tutelage, protection; **estar bajo la ~ de** (= *amparo*) to be under the protection of; (= *auspicios*) to be under the auspices of

**tutelaje** SM (*LAm*) = **tutela**

**tutelar** Ⓐ ADJ tutelary; **ángel ~** guardian angel
Ⓑ ▸conjug 1a◂ VT (= *proteger*) to protect, guard; (= *guiar*) to advise, guide; (= *vigilar*) to supervise, oversee

**tuteo** SM use of (the familiar) "tú", addressing a person as "tú"; **se ha extendido mucho el ~** the use of "tú" has greatly increased

**tutilimundi*** SM (*LAm*) everybody

**tutiplén**†*: **a ~** ADV [*dar*] freely; [*repartir*] haphazardly, indiscriminately; [*comer*] hugely, to excess

**tutor(a)** Ⓐ SM/F [1] (*Jur*) guardian
[2] (*Univ*) tutor ► **tutor(a) de curso** (*Escol*) form master/mistress
Ⓑ SM (*Agr*) prop, stake

**tutoría** SF [1] (*Jur*) guardianship
[2] (*Univ*) tutorial (class), section (of a course) (*EEUU*)

**tutorial** ADJ tutorial

**tutorizar** ▸conjug 1f◂ VT = **tutelar B**

**tutú** SM tutu

**tutuma** SF (*Andes, Cono Sur*) [1] (‡) (= *cabeza*) nut‡, noggin (*EEUU**), head; (= *bollo*) bump; (= *joroba*) hump; (= *cardenal*) bruise
[2] (= *fruta*) *type of cucumber*

**tutumito** SM (*Andes, CAm*) idiot

**tuturuto** Ⓐ ADJ [1] (*CAm, Caribe, Méx*) (= *borracho*) drunk
[2] (*Andes, CAm, Caribe*) (= *tonto*) stupid; (= *aturdido*) dumbfounded, stunned
Ⓑ SM (*Cono Sur*) (= *chulo*) pimp

**tuve** *etc ver* **tener**

**tuyo/a** Ⓐ ADJ POS yours; **¿es ~ este abrigo?** is this coat yours?; **cualquier amigo ~** any friend of yours
Ⓑ PRON POS [1] (*gen*) yours; **este es el ~** this one's yours; **la tuya está en el armario** yours is in the cupboard; **mis amigos y los ~s** my friends and yours; **¡adelante, ésta es la tuya!** go on, now's your chance!; **¿ya estás haciendo de las tuyas?** are you up to your tricks again?; **lo ~: todo lo ~ me pertenece a mi también** everything that is yours also belongs to me; **he puesto lo ~ en esta caja** I've put your things in this box; **sé que lo ~ con Ana acabó hace tiempo** I know that you and Ana finished a while ago; **la informática no es lo ~** computers are not your thing
[2] **los ~s** (= *tus familiares*) your folks*, your family; **¿echas de menos a los ~s?** do you miss your folks?

**tuza** SF (*LAm Zool*) mole

**TV** SF ABR (= **televisión**) TV

**TVE** SF ABR = **Televisión Española**

**tweed** [twi] SM tweed

**txistu** SM (Basque) flute

**txistulari** SM (Basque) flute player

# U u

**U, u**[1] [u] SF (= *letra*) U, u; **doble U** (*Méx*) W; **curva en U** hairpin bend

**u**[2] CONJ (*used instead of "o" before o-, ho-*) or; **siete u ocho** seven or eight

**U.** ABR (= **Universidad**) Univ., U

**ualabi** SM wallaby

**UAM** SF ABR [1] (*Esp*) = **Universidad Autónoma de Madrid**
[2] (*Méx*) = **Universidad Autónoma Metropolitana**

**ubérrimo** ADJ exceptionally fertile

**ubicación** SF [1] (*esp LAm*) (= *posición*) situation, location
[2] (= *empleo*) job, position

**ubicado** ADJ [1] (*esp LAm*) (= *situado*) situated, located; **una tienda ubicada en la calle Lagasca** a shop in Lagasca street; **bien ~** ◊ **ubicadísimo** (*Méx*) well situated *o* located, in a desirable location
[2] (*en un trabajo*) working

**ubicar** ▸conjug 1g◂ Ⓐ VT [1] (*esp LAm*) (= *colocar*) to place, locate; [+ *edificio*] to site
[2] (= *encontrar*) [2·1] **~ algo** to find sth, locate sth; **no supo ~ Madrid en el mapa** he was unable to find *o* locate Madrid on the map
[2·2] (*LAm*) **~ a algn** to find sb, locate sb; **no hemos podido ~ al jefe** we have been unable to find *o* locate the boss, we have been unable to track down the boss
Ⓑ **ubicarse** VPR [1] (= *estar situado*) **el museo se ubica en el centro de la ciudad** the museum is located *o* situated in the city centre
[2] (= *orientarse*) to find one's way around; **a pesar del mapa no consigo ~me** even though I have a map I can't find my way around; **este es el museo, ¿te ubicas ahora?** this is the museum, have you got your bearings now?
[3] (*LAm**) (= *colocarse*) to get a job

**ubicuidad** SF ubiquity; **el don de la ~** the gift for being everywhere at once

**ubicuo** ADJ ubiquitous

**ubre** SF udder

**ubrera** SF (*Med*) thrush

**UCD** SF ABR (*Esp*) = **Unión de Centro Democrático**; → LA TRANSICIÓN

**UCE** SF ABR [1] (*Fin*) (= **Unidad de Cuenta Europea**) ECU
[2] (*Esp*) = **Unión de Consumidores de España**

**ucedista** (*Esp*) Ⓐ ADJ **política ~** policy of UCD, UCD policy
Ⓑ SMF member of UCD

**-ucho, -ucha** *ver* **Aspects of Word Formation in Spanish 2**

**uchuvito*** ADJ (*Andes*) drunk, tight*

**UCI** SF ABR (= **Unidad de Cuidados Intensivos**) ICU

**UCM** SF ABR (*Esp*) = **Universidad Complutense de Madrid**

**-uco, -uca** *ver* **Aspects of Word Formation in Spanish 2**

**UCP** SF ABR (= **unidad central de proceso**) CPU

**UCR** SF ABR (*Arg*) = **Unión Cívica Radical**

**Ucrania** SF Ukraine

**ucraniano/a** ADJ, SM/F, **ucranio/a** ADJ, SM/F Ukrainian

**ucronía** SF uchronia, imaginary time

**ucrónico** ADJ uchronic, imaginary

**Ud.** PRON ABR = **usted**

**-udo** *ver* **Aspects of Word Formation in Spanish 2**

**Uds.** PRON ABR = **ustedes**

**UDV** SF ABR (= **unidad de despliegue visual**) VDU

**UE** SF ABR (= **Unión Europea**) EU

**UEFA** SF ABR (= **Unión Europea de Fútbol Asociación**) UEFA

**UEI** SF ABR (= **Unidad Especial de Intervención**) *special force of the Guardia Civil*

**-uelo, -uela** *ver* **Aspects of Word Formation in Spanish 2**

**UEM** SF ABR (= **unión económica y monetaria**) EMU

**UEO** SF ABR (= **Unión Europea Occidental**) WEU

**UEP** SF ABR (= **Unión Europea de Pagos**) EPU

**UEPS** ABR (= **último en entrar, primero en salir**) LIFO

**UER** SF ABR (= **Unión Europea de Radiodifusión**) EBU

**UF** SF ABR (*Chile*) (= **Unidad de Fomento**) *changing monetary unit in a fixed dollar system*

**uf** EXCL (*cansancio*) phew!; (*repugnancia*) ugh!

**ufanamente** ADV (= *con orgullo*) proudly; (= *con jactancia*) boastfully; (= *con satisfacción*) smugly

**ufanarse** ▸conjug 1a◂ VPR to boast; **~ con** *o* **de algo** to boast of sth, pride o.s. on sth

**ufanía** SF [1] (= *orgullo*) pride; (= *jactancia*) boastfulness; (= *satisfacción*) smugness
[2] (*Bot*) = **lozanía 1**

**ufano** ADJ [1] (= *orgulloso*) proud; (= *jactancioso*) boastful; (= *satisfecho*) smug; **iba muy ~ en el nuevo coche** he was going along so proudly in his new car; **está muy ~ porque le han dado el premio** he is very proud that they have awarded him the prize
[2] (*Bot*) = **lozano 1**

**ufología** SF ufology, study of unidentified flying objects

**ufólogo/a** SM/F ufologist

**Uganda** SF Uganda

**ugandés/esa** ADJ, SM/F Ugandan

**ugetista** (*Esp*) Ⓐ ADJ **política ~** policy of the UGT, UGT policy
Ⓑ SMF member of the UGT

**UGT** SF ABR (*Esp*) = **Unión General de Trabajadores**

**UIT** SF ABR (= **Unión Internacional para las Telecomunicaciones**) ITU

**ujier** SM (*en un tribunal*) usher; (= *conserje*) doorkeeper, attendant

**-ujo, -uja** *ver* **Aspects of Word Formation in Spanish 2**

**újule** EXCL (*Méx*) (*para indicar desprecio*) huh!; (*para indicar sorpresa*) wow!, phew!

**úlcera** SF [1] (*Med*) ulcer, sore ► **úlcera de decúbito** bedsore ► **úlcera duodenal** duodenal ulcer ► **úlcera gástrica** gastric ulcer
[2] (*Bot*) rot

**ulceración** SF ulceration

**ulcerar** ▸conjug 1a◂ Ⓐ VT to make sore, ulcerate
Ⓑ **ulcerarse** VPR to ulcerate

**ulceroso** ADJ ulcerous

**ule** SM (*CAm, Méx*) = **hule**[1] **1**

**ulerear** ▸conjug 1a◂ VT (*Cono Sur*) to roll out

**ulero** SM (*Cono Sur*) rolling pin

**Ulises** SM Ulysses

**ulluco** SM (*Andes, Cono Sur*) manioc

**ulpo** SM (*Chile, Perú*) maize gruel

**ulterior** ADJ [1] [*sitio*] farther, further
[2] [*tiempo*] later, subsequent

**ulteriormente** ADV later, subsequently

**ultimación** SF completion, conclusion

**ultimador(a)** SM/F (*LAm*) killer, murderer

**últimamente** ADV [1] (= *recientemente*) lately, recently; **no lo he visto ~** I haven't seen him lately *o* recently
[2] (= *por último*) lastly, finally
[3] (= *en último caso*) as a last resort
[4] **¡últimamente!** (*LAm*) well, I'll be damned!, that's the absolute end!

**ultimar** ▸conjug 1a◂ VT [1] (= *terminar*) [+ *detalles, acuerdo*] to finalize; [+ *proyecto, obra*] to

put the finishing *o* final touches to; **el tratado que ultiman estos días ambos gobiernos** the treaty which the two governments have been finalizing over the last few days; **están ultimando la nueva edición del libro** they are putting the finishing *o* final touches to the new edition of the book; **están ultimando los preparativos para la boda** they are making the final preparations for the wedding
[2] (*LAm frm*) (= *matar*) to kill, murder

**ultimato** SM, **ultimátum** SM (*pl* **ultimátums**) ultimatum

**ultimizar** ▸conjug 1f◂ VT = **ultimar**

▼**último/a** Ⓐ ADJ [1] (= *final*) last; **el ~ día del mes** the last day of the month; **la última película que hizo Orson Wells** the last film Orson Wells made; **las últimas Navidades que pasamos allí** the last Christmas we spent there; **la Última Cena** (*Rel*) the Last Supper; **a lo ~*** in the end; **¿y qué ocurre a lo ~?** and what happens in the end?; **estoy a lo ~ del libro** I've nearly finished the book; **por ~** finally, lastly; **por ~, el conferenciante hizo referencia a ...** finally *o* lastly, the speaker mentioned ...; **por última vez** for the last time
[2] (= *más reciente*) [2·1] (*en una serie*) [*ejemplar, moda, novedad*] latest; [*elecciones, periodo*] last; **este coche es el ~ modelo** this car is the latest model; **¿has leído el ~ número de la revista?** have you read the latest issue of the magazine?; **las últimas noticias** the latest news; **las últimas novedades musicales** the latest music releases; **los dos ~s cuadros que ha hecho no son tan innovadores** his two latest *o* his latest two paintings are not so innovative; **durante la última década** in *o* over the last decade; **en las últimas horas ha aparecido otro posible comprador** in the last few hours another possible buyer has emerged; **volvió a salir elegido en las últimas elecciones** he was reelected at the last election; **la última película que he visto** the last film I saw; **las últimas películas que he visto** the last few films I have seen; **ahora ~** (*Chile*) recently; **su malhumor no es de ahora ~** his bad mood is not a recent thing; **ha estado estudiando más ahora ~** he's been studying more recently; **en los ~s años** in *o* over the last few years, in recent years; **en los útimos tiempos** lately
[2·2] (*entre dos*) latter; **de los dos, éste ~ es el mejor** of the two, the latter is the best; *ver tb* **hora 2.2**
[3] (*en el espacio*) [3·1] (= *más al fondo*) back; **un asiento en la última fila** a seat in the back row
[3·2] (= *más alto*) top; **viven en el ~ piso** they live on the top floor
[3·3] (= *más bajo*) bottom, last; **el ~ escalón** the bottom *o* last step; **el equipo en última posición** the team in last *o* bottom place; **ocupan el ~ lugar en el índice de audiencia** they have the lowest viewing figures
[3·4] (= *más lejano*) most remote, furthest; **las noticias llegan hasta el ~ rincón del país** news gets to the most remote *o* the furthest parts of the country
[4] (= *extremo*) **sólo lo aceptaremos como ~ recurso** we will only accept it as a last resort; **en ~ caso, iría yo** as a last resort *o* if all else fails, I would go; **esta medida tiene como fin ~ reducir el nivel de contaminación** the ultimate aim of this measure is to reduce pollution levels; *ver tb* **extremo**[2] **A2**, **instancia 3**, **remedio 2**
[5] (= *definitivo*) **es mi última oferta** that's my final offer; **dígame cuál es el ~ precio** tell me what your lowest price is; ✦***MODISMO* decir la última palabra** to have the last word
[6] **lo ~*** [6·1] (= *lo más moderno*) the latest thing; **lo ~ en pantalones** the latest thing in trousers; **lo ~ en tecnología ofimática** the latest (in) office technology
[6·2] (= *lo peor*) the limit; **pedirme eso encima ya es lo ~** for him to ask that of me as well really is the limit
Ⓑ SM/F [1] **el ~** the last, the last one; **el ~ de la lista** the last (one) on the list; **¿quién es la última?** who's the last in the queue?; **hablar el ~** to speak last; **llegó la última** she arrived last; **ser el ~ en hacer algo** to be the last (one) to do sth; **el ~ en salir que apague la luz** the last one to leave, turn the light off; ✦***MODISMOS* reírse el ~** to have the last laugh; **a la última**: **estar a la última** to be bang up-to-date*; **siempre va vestida a la última** she's always wearing the latest thing; **zapatos a la última** the latest thing in shoes; **estar en las últimas*** (= *a punto de morir*) to be at death's door, be on one's last legs*; (= *sin dinero*) to be down to one's last penny *o* (*EEUU*) cent; **en últimas** (*Col*) as a last resort; *ver tb* **vestir B1**
[2] (*) **¿a qué no sabes la última de Irene?** do you know the latest about Irene?
[3] (*Esp*) **a últimos de mes** towards the end of the month
Ⓒ ADV (*Cono Sur*) in the last position, in the last place

**ultra** Ⓐ ADJ INV extreme right-wing
Ⓑ SMF neo-fascist

**ultra...** PREF ultra..., extra...

**ultracongelación** SF (*Esp*) (deep-)freezing

**ultracongelado** ADJ (*Esp*) deep-frozen

**ultracongelador** SM (*Esp*) deep-freeze, freezer

**ultracongelar** ▸conjug 1a◂ VT (*Esp*) to deep-freeze

**ultraconservador(a)** ADJ, SM/F ultra-conservative

**ultracorrección** SF hypercorrection

**ultracorto** ADJ ultra-short

**ultraderecha** SF extreme right, extreme right-wing

**ultraderechista** Ⓐ ADJ extreme right(-wing)
Ⓑ SMF extreme right-winger

**ultrafino** ADJ ultrafine

**ultraísmo** SM *revolutionary poetic movement of the 1920s (imagist, surrealist etc)*

**ultraizquierda** SF extreme left(-wing)

**ultraizquierdista** Ⓐ ADJ extreme left(-wing)
Ⓑ SMF extreme left-winger

**ultrajador** ADJ, **ultrajante** ADJ (= *ofensivo*) offensive; (= *injurioso*) insulting; (= *descomedido*) outrageous

**ultrajar** ▸conjug 1a◂ VT [1] (= *ofender*) to offend; (= *injuriar*) to insult, abuse
[2] (*liter*) (= *estropear*) to spoil, crumple, disarrange

**ultraje** SM (= *injuria*) insult; (= *atrocidad*) outrage

**ultrajoso** ADJ = **ultrajador**

**ultraligero** Ⓐ ADJ microlight
Ⓑ SM microlight, microlight aircraft

**ultramar** SM **de** *o* **en ~** overseas, abroad; **los países de ~** foreign countries; **productos venidos de ~** goods from abroad; **pasó ocho años en ~** he spent eight years overseas

**ultramarino** Ⓐ ADJ [1] (= *extranjero*) overseas, foreign
[2] (*Com*) (= *importado*) imported
Ⓑ **ultramarinos** SM INV (*tb* **tienda de ~s**) grocer's (shop), grocery (*EEUU*)
Ⓒ **ultramarinos** SMPL (= *comestibles*) groceries, foodstuffs

**ultramoderno** ADJ ultramodern

**ultramontanismo** SM ultramontanism

**ultramontano** ADJ, SM ultramontane

**ultranza** SF **a ~** [1] (*como adjetivo*) (*Pol etc*) out-and-out, extreme; **un nacionalista a ~** a rabid nationalist; **paz a ~** peace at any price
[2] (*como adverbio*) **luchar a ~** to fight to the death; **lo quiere hacer a ~** he wants to do it at all costs

**ultrapotente** ADJ extra powerful

**ultrarrápido** ADJ extra fast

**ultrarrojo** ADJ = **infrarrojo**

**ultrasecreto** ADJ top secret

**ultrasensitivo** ADJ ultrasensitive

**ultrasofisticado** ADJ highly sophisticated

**ultrasónico** ADJ ultrasonic

**ultrasonido** SM ultrasound

**ultrasur** SMF INV *extremist fan of Real Madrid FC*

**ultratumba** SF **la vida de ~** life beyond the grave, life after death; **una voz de ~** a ghostly voice

**ultravioleta** ADJ INV ultraviolet; **rayos ~** ultraviolet rays

**ulular** ▸conjug 1a◂ VI [*animal, viento*] to howl, shriek; [*búho*] to hoot, screech

**ululato** SM [*de animal*] howl, shriek; [*de búho*] hoot, screech

**UM** SF ABR (*Esp*) = **Unión Mallorquina**

**umbilical** ADJ umbilical; **cordón ~** umbilical cord

**umbral** SM [1] [*de entrada*] threshold; **pasar** *o* **traspasar el ~ de algn** to set foot in sb's house; **en los ~es de la muerte** at death's door
[2] (= *comienzo*) **estar en los ~es de algo** to be on the threshold *o* verge of sth; **eso está en los ~es de lo imposible** that borders *o* verges on the impossible
[3] (*Com*) ► **umbral de la pobreza** poverty line ► **umbral de rentabilidad** break-even point

**umbralada** SF (*Andes, Cono Sur*), **umbralado** SM (*Andes, Cono Sur*), **umbraladura** SF (*Andes*) threshold

**umbrío** ADJ, **umbroso** ADJ shady

**UME** SF ABR (= **Unión Monetaria Europea**) EMU

**UMI** SF ABR (= **unidad de medicina intensiva**) ICU

**un(a)** Ⓐ ART INDEF [1] (*en singular*) (*refiriéndose a algo no conocido o de forma imprecisa*) a; (*antes de vocal o de h*) an; (*dando mayor énfasis, con expresiones temporales*) one; **una silla** a chair; **un paraguas** an umbrella; **hacía una mañana espléndida** it was a lovely morning; **hay una cosa que me gustaría saber** there is one

➤ LENGUA Y USO: último A1 53.5

thing I would like to know; **una mañana me llamó** he called me one morning

[2] (*en plural*) [2·1] (*uso indefinido*) (= *algunos*) some; (= *pocos*) a few; **fui con unos amigos** I went with some friends; **hay unas cervezas en la nevera** there are a few *o* some beers in the fridge; **unas horas más tarde** a few hours later

[2·2] (*con partes del cuerpo*) **tiene unas piernas muy largas** she has very long legs

[2·3] (*con objetos a pares*) some; **me he comprado unos zapatos de tacón** I've bought some high-heels; **necesito unas tijeras** I need a pair of scissors

[2·4] (*con cantidades, cifras*) about, around; **había unas 20 personas** there were about *o* around 20 people, there were some 20 people; **unos 80 dólares** about *o* around 80 dollars, some 80 dollars; **hacía unos 30 grados** it was about 30 degrees

[3] (*enfático*) **¡se dio un golpe ...!** he banged himself really hard!; **¡había una gente más rara ...!** there were some real weirdos there!*; **¡sois unos vagos!** you're so lazy!

Ⓑ ADJ (*numeral*) one; **sólo quiero una hoja** I only want one sheet; **una excursión de un día** a one-day trip, a day trip; **tardamos una mañana entera** it took us a whole morning; *ver tb* **uno**

**una** PRON [1] **es la ~** (= *hora*) it's one o'clock; **¡a la ~, a las dos, a las tres!** (*antes de empezar algo*) one, two, three!; (*en subasta*) going, going, gone!; (*Dep*) ready, steady, go!; ✦*MODISMOS* **~ de dos** either one thing or the other; **todos a ~** all together

[2] (*enfático*) [2·1] (= *pelea, paliza*) **armar ~** to kick up a fuss; **te voy a dar ~ que verás** I'm going to give you what for; ✦*MODISMO* **no dar ~** not to get a single thing right

[2·2] (= *mala pasada*) **hacerle ~ a algn** to play a dirty trick on sb

[3] (*enfático*) **¡había ~ de gente!** what a crowd there was!

**U.N.A.M.** SF ABR (*Méx*) = **Universidad Nacional Autónoma de México**

**unánime** ADJ unanimous

**unánimemente** ADV unanimously

**unanimidad** SF unanimity; **por ~** unanimously

**uncial** ADJ, SF uncial

**unción** SF [1] (*Med*) anointing

[2] (*Rel*) (*tb fig*) unction

**uncir** ▸conjug 3b◂ VT to yoke

**undécimo** ADJ, SM eleventh; *ver tb* **sexto A**

**UNED** SF ABR (*Esp*) (= **Universidad Nacional de Educación a Distancia**) ≈ OU

**UNESCO** SF ABR (= **United Nations Educational, Scientific and Cultural Organization**) UNESCO

**ungido** ADJ anointed; **el Ungido del Señor** the Lord's Anointed

**ungir** ▸conjug 3c◂ VT [1] (*Med*) to put ointment on, rub with ointment

[2] (*Rel*) to anoint

**ungüento** SM [1] (= *sustancia*) ointment, unguent

[2] (= *remedio*) salve, balm

**ungulado** Ⓐ ADJ ungulate, hoofed

Ⓑ SM ungulate, hoofed animal

**uni...** PREF uni..., one-..., single-...

**únicamente** ADV only, solely

**unicameral** ADJ (*Pol*) single-chamber

**unicameralismo** SM system of single-chamber government

**unicato*** SM (*Méx*) sole rule, power monopoly

**UNICEF** SF ABR (= **United Nations International Children's Emergency Fund**) UNICEF

**unicelular** ADJ unicellular, single-cell

**unicidad** SF uniqueness

**único** ADJ [1] (= *solo*) only; **es el ~ ejemplar que existe** it is the only copy in existence; **fue el ~ sobreviviente** he was the sole *o* only survivor; **hijo ~** only child; **sistema de partido ~** one-party *o* single-party system; **la única dificultad es que ...** the only difficulty is that ...; **es lo ~ que nos faltaba** (*iró*) that's all we needed

[2] (= *singular*) unique; **este ejemplar es ~** this specimen is unique; **como pianista es única** as a pianist she is in a class of her own; **¡eres ~! sólo a ti se te podía ocurrir algo así** you're amazing! only you could think of something like that

**unicolor** ADJ one-colour, all one colour

**unicornio** SM unicorn

**unidad** SF [1] (= *cohesión*) unity; **defienden la ~ del Estado** they defend the unity of the State; **falta de ~ en la familia** lack of family unity ► **unidad de acción** (*Literat*) unity of action; [*de partido, movimiento*] unity ► **unidad de lugar** (*Literat*) unity of place ► **unidad de tiempo** (*Literat*) unity of time

[2] (*Com, Mat*) unit; **precio por ~** unit price; **—¿cuánto es? —cien pesetas la ~** "how much is it?" — "one hundred pesetas each"; **se venden en cajas de seis ~es** they are sold in boxes of six ► **unidad de cuenta europea** European currency unit ► **unidad de medida** unit of measurement ► **unidad monetaria** monetary unit

[3] (*Med*) (= *pabellón, sala*) unit ► **unidad coronaria** coronary unit ► **unidad de cuidados intensivos** intensive care unit ► **unidad de quemados** burns unit ► **unidad de vigilancia intensiva** intensive care unit

[4] (*Radio, TV*) ► **unidad móvil** outside broadcast unit

[5] (*Inform*) ► **unidad central** mainframe computer ► **unidad de control** control unit ► **unidad de disco fijo** hard (disk) drive ► **unidad de visualización** visual display unit ► **unidad periférica** peripheral device

[6] (*Ferro*) (= *vagón*) coach, wagon, freight car (*EEUU*)

[7] (*Aer*) (= *avión*) aircraft ► **unidad de cola** tail unit

[8] (*Mil*) unit ► **unidad de combate** combat unit ► **unidad militar** military unit

**unidimensional** ADJ one-dimensional

**unidireccional** ADJ **calle ~** one-way street

**unido** ADJ [*amigos, familiares*] close; **una familia muy unida** a very close *o* very close-knit family; **está muy unida a su madre** she's very close to her mother; **mantenerse ~s** to keep together, stick together, stay together

**unifamiliar** ADJ single-family

**unificación** SF unification

**unificador** ADJ unifying, uniting

**unificar** ▸conjug 1g◂ VT [1] (= *unir*) to unite, unify

[2] (= *hacer uniforme*) to standardize

**uniformado/a** Ⓐ ADJ uniformed

Ⓑ SM/F (*gen*) man/woman in uniform; (= *policía*) policeman/policewoman

**uniformar** ▸conjug 1a◂ VT [1] (= *hacer uniforme*) to make uniform; (*Téc*) to standardize

[2] [+ *persona*] to put into uniform, provide with a uniform

**uniforme** Ⓐ ADJ [*movimiento, sistema*] uniform; [*superficie*] level, even, smooth; [*velocidad*] steady, uniform

Ⓑ SM uniform ► **uniforme de campaña**, **uniforme de combate** battledress ► **uniforme de gala** full-dress uniform

**uniformemente** ADV uniformly

**uniformidad** SF (*gen*) uniformity; [*de acabado*] evenness, smoothness; [*de velocidad*] steadiness

**uniformización** SF standardization

**uniformizar** ▸conjug 1f◂ VT = **uniformar**

**Unigénito** SM **el ~** the Only Begotten Son

**unilateral** ADJ unilateral, one-sided

**unilateralismo** SM unilateralism

**unilateralmente** ADV unilaterally

**unión** SF [1] (= *acción*) [1·1] [*de puntos, extremos*] joining together; [*de empresas*] merger; **la operación consiste en la ~ de los extremos del hueso fracturado** the operation consists of joining together the two ends of the fractured bone; **crearon el nombre de la empresa mediante la ~ de sus apellidos** the name of the company was created by joining together *o* combining their surnames; **solicitaron su ~ a la OTAN en 1993** they applied to join NATO in 1993

[1·2] **en ~ con** *o* **de** (= *acompañado de*) together with, along with; (= *en asociación con*) in association with, together with; **viajó a París en ~ de sus colegas** he travelled to Paris together with *o* along with his associates; **la construcción del centro fue concedida a Unitex, en ~ con otra empresa** the contract to build the centre was awarded to Unitex, in association with another firm

[2] (= *cualidad*) unity; **hemos fracasado por falta de ~** we have failed through lack of unity; **la ~ de los cristianos está muy lejana todavía** Christian unity is still a long way off; ✦*REFRÁN* **la ~ hace la fuerza** united we stand

[3] (= *organización*) ► **unión aduanera** customs union ► **Unión Europea** European Union ► **Unión General de Trabajadores** (*Esp*) *socialist union confederation* ► **Unión Monetaria (Europea)** (European) Monetary Union ► **Unión Panamericana** Pan-American Union ► **Unión Soviética** (*Hist*) Soviet Union

[4] [*de pareja*] (= *matrimonio*) union; **su ~ en santo matrimonio** their union in holy matrimony ► **unión consensual** common-law marriage ► **unión libre** cohabitation

[5] (*Mec*) joint; **punto de ~** junction (**entre** between)

**unipartidario** ADJ one-party

**unipartidismo** SM one-party system

**unipersonal** ADJ single, individual

**unir** ▸conjug 3a◂ Ⓐ VT [1] (= *acercar*) [1·1] [+ *grupos, tendencias, pueblos*] to unite; **es la persona perfecta para ~ al partido** he is the ideal person to unite the party

[1·2] [*sentimientos*] to unite; **los une el mismo amor a la verdad** they are united in their love of the truth; **a nuestros dos países los unen muchas más cosas de las que los dividen** there are far more things that unite our two countries than divide them; **nos une el interés por la ciencia** we share an interest in science; **me une a él una estrecha amistad** I have a very close friendship with him

1·3 [*lazos*] to link, bind; **los lazos que unen ambos países** the ties that bind *o* link both countries

2 (= *atar*) [*contrato*] to bind; **con el periódico me unía un mero contrato** I was bound to the newspaper by nothing more than a simple contract; **el jugador ha rescindido el contrato que lo unía al club** the player has terminated the contract binding him to the club; **~ a dos personas en matrimonio** to join together two people in matrimony

3 (= *asociar, agrupar*) to combine; **uniendo los dos nombres resulta un nuevo concepto** a new concept is created by combining the two nouns; **el esquí de fondo une dos actividades: montañismo y esquí** cross-country skiing combines two activities: mountaineering and skiing; **decidieron ~ sus fuerzas para luchar contra el crimen** they decided to join forces in the fight against crime; **ha logrado ~ su nombre al de los grandes deportistas de este siglo** he has won a place among the great sporting names of this century

4 (= *conectar*) [*carretera, vuelo, ferrocarril*] to link (**con** with); **la autopista une las dos poblaciones** the motorway links the two towns

5 [+ *objetos, piezas*] (*gen*) to join, join together; (*con pegamento, celo*) to stick together; (*con clavos, puntas*) to fasten together; **~ los bordes con cinta adhesiva** stick the edges together with adhesive tape; **van a tirar el tabique para ~ el salón a la cocina** they are going to knock together the lounge and the kitchen

6 (*Culin*) [+ *líquidos*] to mix; [+ *salsa*] to blend

7 (*Com*) [+ *compañías, intereses*] to merge

Ⓑ **unirse** VPR 1 (= *cooperar*) (*para proyectos importantes*) to join together, come together, unite; (*en problemas puntuales*) to join forces; **los sindicatos se han unido en la lucha contra el paro** the trade unions have joined together *o* come together *o* united in the fight against unemployment; **si nos unimos todos, seremos más fuertes** if we all join together *o* come together *o* unite, we will be stronger; **ambas empresas se han unido para distribuir sus productos en Asia** the two companies have joined forces to distribute their products in Asia; **todos los partidos se unieron para mostrar su rechazo a la violencia** all the parties joined together *o* were united in their rejection of violence

2 (= *formar una unidad*) [*empresas, instituciones*] to merge; **tres cajas de ahorro se unen para crear un nuevo banco** three savings banks are merging to make a new bank; **~se en matrimonio** to be joined in matrimony (*frm*), marry

3 **~se a** 3·1 [+ *movimiento, organización, expedición*] to join; **se unieron al resto del grupo en París** they joined the rest of the group in Paris; **los taxistas se han unido a la huelga de camioneros** the taxi drivers have joined the lorry drivers' strike

3·2 [*problemas, características, estilos*] **a este atraso económico se une un paro estructural** this economic underdevelopment is compounded by structural unemployment; **a la maravillosa cocina se une un servicio muy eficiente** the wonderful cooking is complemented by very efficient service

3·3 [+ *propuesta, iniciativa*] to support; **me uno a esta propuesta** I support this proposal

4 **~se con** to join together with, combine with; **se unieron con los demócratas para formar una coalición** they joined together *o* combined with the democrats to form a coalition

5 [*líneas, caminos*] to meet; **se unen las ramas por encima** the branches meet overhead

**unisex** ADJ INV unisex

**unísono** Ⓐ ADJ unisonous, unison

Ⓑ SM **al ~** (*lit*) in unison; (*fig*) in unison, with one voice; **al ~ con** in tune *o* harmony with

**unitario/a** Ⓐ ADJ 1 (*Pol*) unitary

2 (*Rel*) Unitarian

Ⓑ SM/F 1 (*Arg Hist*) centralist

2 (*Rel*) Unitarian

**unitarismo** SM Unitarianism

**univalente** ADJ univalent

**univalvo** ADJ univalve

**universal** ADJ (= *general*) universal; (= *mundial*) world, world-wide; **historia ~** world history; **de fama ~** internationally *o* world famous; **una especie de distribución ~** a species with a world-wide distribution *o* found all over the world

**universalidad** SF universality

**universalizar** ▸conjug 1f◂ Ⓐ VT (= *hacer universal*) to universalize; (= *generalizar*) to bring into general use

Ⓑ **universalizarse** VPR to become widespread

**universalmente** ADV (= *generalmente*) universally; (= *mundialmente*) all over the world

**universiada** SF university games *pl*, student games *pl*

**universidad** SF university ▸ **Universidad a Distancia** ≈ Open University ▸ **universidad laboral** polytechnic, technical school *o* institute (*EEUU*) ▸ **Universidad Nacional de Educación a Distancia** ≈ Open University ▸ **universidad popular** extramural classes *pl*, extension courses *pl*

**universitario/a** Ⓐ ADJ university *antes de s*

Ⓑ SM/F (= *estudiante*) (university) student; (= *licenciado*) university graduate

**universo** SM 1 (= *cosmos*) universe

2 (= *conjunto*) world; **el ~ poético de Lorca** Lorca's poetic world; **todo un ~ de regalos** a whole world of gifts

**unívoco** ADJ [*palabra, término*] univocal, monosemous; [*correspondencia*] one-to-one

**UNO** SF ABR (*Nic*) = **Unión Nacional Opositora**

**uno/a** Ⓐ PRON 1 (*uso como numeral*) one; **queda sólo ~** there's only one left; **trece votos a favor y ~ en contra** thirteen votes in favour and one against; **voy a hacer café, ¿quieres ~?** I'm going to make some coffee, do you want one?; **dos maletas grandes y una más pequeña** two large suitcases and a smaller one; **~ es joven y el otro viejo** one (of them) is young and the other is old; **~ a ~** one by one; **cada ~: había tres manzanas para cada ~** there were three apples each; **cada ~ a lo suyo** everyone should mind their own business; **de ~ en ~** one by one; **Dios es ~** God is one; **la verdad es una** there is only one truth; **~ y otro** both; **el ~ y el otro están locos** they're both mad; **el ~ le dijo al otro** one said to the other; **~ con otro salen a diez dólares** they average out at ten dollars each; **~ tras otro** one after another, one after the other; **~ por ~** one by one; ✦***MODISMOS*** **una y no más** that's the last time I'm doing that; **lo ~ por lo otro** what you lose on the swings you gain on the roundabouts; **es todo ~** ◊ **es ~ y lo mismo** it's all the same; **comer y sentirse mal fue todo ~** no sooner had she eaten than she fell ill

2 (*uso indefinido*) (= *persona*) 2·1 (*en singular*) somebody, someone; **~ dijo hace poco que debería estar prohibido** somebody *o* someone said recently that it should be banned; **ha venido una que dice que te conoce** somebody *o* someone came who says she knows you; **más de ~: no gustará a más de ~** there are quite a few (people) who won't like this; **más de ~ estaría encantado con esto** most people would be more than happy with this; **para mí es ~ de tantos** as far as I'm concerned he's just one of many *o* a very ordinary sort

2·2 (*en plural*) **llegaron ~s y se sentaron** some people arrived and sat down; **~s que estaban allí protestaron** some (of those) who were there protested; **~s me gustan y otros no** some I like, some *o* others I don't; **admirado por ~s y odiado por otros** admired by some and hated by others; **los ~s dicen que sí y los otros que no** some say yes and some *o* others say no; **~s y otros** all of them

3 (*uso impersonal*) you, one (*frm*); **~ puede equivocarse** you *o* (*frm*) one can make a mistake; **~ nunca sabe qué hacer** you never know *o* (*frm*) one never knows what to do; **~ no es perfecto** I'm not perfect, one isn't perfect (*frm*); **~ mismo** yourself, oneself; **es mejor hacerlo ~ mismo** it's better to do it yourself *o* oneself; **reírse de ~ mismo** to laugh at yourself *o* oneself; **tener confianza en ~ mismo** to be self-confident

4 (*uso recíproco*) **el ~ al otro** each other; **se miraban fijamente el ~ al otro** they stared at each other; **se interrumpen el ~ al otro** they interrupt each other; **~s a otros** each other, one another; **se detestan ~s a otros** they hate each other *o* one another

Ⓑ SM (*gen*) one; (*ordinal*) first; **el ~ es mi número de la suerte** one is my lucky number; **ciento ~** a hundred and one; **el ~ de mayo** the first of May, May the first; **planta ~** first floor; **la fila ~** the first row, the front row; **número ~** number one; **este disco ha llegado al número ~** this record has reached number one; **el enemigo público número ~** public enemy number one; **el paro es el problema número ~** unemployment is the number one problem; **es la número ~ del tenis mundial** she's the number one tennis player in the world; *ver tb* **un, seis**

**untadura** SF 1 (= *acto*) (= *cubrimiento*) smearing, rubbing; (= *engrase*) greasing

2 (= *producto*) (*Med*) ointment; (*Mec etc*) grease, oil

3 (= *mancha*) mark, smear

**untar** ▸conjug 1a◂ Ⓐ VT [1] (= *cubrir*) to smear, rub (**con, de** with); (*Med*) to anoint, rub (**con, de** with); (*Mec etc*) to grease, oil; **~ su pan en la salsa** to dip *o* soak one's bread in the gravy; **~ el pan con mantequilla** to spread butter on one's bread; **~ los dedos de tinta** to smear ink on one's fingers, smear one's fingers with ink
[2] (*) (= *sobornar*) to bribe, grease the palm of
Ⓑ **untarse** VPR [1] (= *ensuciarse*) **~se con** *o* **de** to smear o.s. with
[2] (*) (*fraudulentamente*) to have sticky fingers*

**unto** SM [1] (= *ungüento*) ointment
[2] (= *grasa*) grease, animal fat
[3] (*Cono Sur*) (= *betún*) shoe polish

**untuosidad** SF greasiness, oiliness

**untuoso** ADJ (= *graso*) greasy, oily

**untura** SF = **untadura**

**uña** SF [1] (*Anat*) [*de la mano*] nail, fingernail; [*del pie*] toenail; (*Zool*) claw; **comerse las ~s** (*lit*) to bite one's nails; (*fig*) to get very impatient; (*LAm*) (= *ser pobre*) to be really poor; **hacerse las ~s** to have one's nails done, do one's nails; **✦MODISMOS tener las ~s afiladas** to be light-fingered; **ser ~ y carne** to be inseparable; **estar de ~s con algn** to be at daggers drawn with sb; **defender algo con ~s y dientes** to defend sth tooth and nail; **dejarse las ~s**: **se dejó las ~s en ese trabajo** he wore his fingers to the bone at that job; **enseñar las ~s** to show one's claws; **tener las ~s largas** to be light-fingered; **mostrar** *o* **sacar las ~s** to show one's claws ► **uña encarnada** ingrowing toenail
[2] (= *pezuña*) hoof ► **uña de caballo** (*Bot*) coltsfoot; **✦MODISMO escapar a ~ de caballo** to ride off at full speed ► **uña de vaca** (*Culin*) cow heel
[3] [*del alacrán*] sting
[4] (*Téc*) claw, nail puller (*EEUU*)
[5] [*de ancla*] fluke

**uñada** SF scratch

**uñalarga** SMF (*LAm*) thief

**uñarada** SF = **uñada**

**uñero** SM [1] (= *panadizo*) whitlow
[2] (= *uña encarnada*) ingrowing toenail
[3] [*de libro*] thumb notch; **dos tomos con ~** two volumes with thumb index

**uñeta** SF (*Chile*) plectrum

**uñetas*** SMF INV (*LAm*) thief

**uñetear** ▸conjug 1a◂ VT (*Cono Sur*) to steal

**uñilargo** SM, **uñón** SM (*Perú*) thief

**UOE** SF ABR (*Esp Mil*) = **Unidad de Operaciones Especiales**

**UP** SF ABR [1] (*Chile*) = **Unidad Popular**
[2] (*Col*) = **Unión Patriótica**
[3] (*Perú*) = **Unión Popular**

**upa**[1] SM (*Andes*) idiot

**upa**[2] EXCL up, up!

**UPA** SF ABR (= **Unión Panamericana**) PAU

**UPAE** SF ABR = **Unión Postal de las Américas y España**

**upar*** ▸conjug 1a◂ VT = **aupar**

**UPC** SF ABR (= **unidad de procesamiento central**) CPU

**uperización** SF UHT treatment

**uperizado** ADJ **leche uperizada** UHT milk

**UPN** SF ABR (*Esp*) (= **Unión del Pueblo Navarro**) *Navarrese nationalist party*

**UPU** SF ABR (= **Unión Postal Universal**) UPU

**Urales** SMPL (*tb* **Montes ~**) Urals

**uralita**® SF *corrugated asbestos and cement roofing material*

**uranio** SM uranium ► **uranio enriquecido** enriched uranium

**Urano** SM Uranus

**urbanícola** SMF city dweller

**urbanidad** SF courtesy, politeness, urbanity (*frm*)

**urbanificar** ▸conjug 1g◂ VT = **urbanizar**

**urbanismo** SM [1] (= *planificación*) town planning; (= *desarrollo*) urban development
[2] (*Caribe*) real-estate development

**urbanista** SMF town planner

**urbanístico** ADJ [*problemas*] town-planning *antes de s*; [*plan, entorno*] urban, city *antes de s*

**urbanita** SMF city dweller, urbanite (*EEUU*)

**urbanizable** ADJ **terreno ~** building land; **zona no ~** green belt, land designated as not for building

**urbanización** SF [1] (= *acto*) urbanization
[2] (= *colonia, barrio*) housing development, housing estate

**urbanizado** ADJ built-up

**urbanizadora** SF property development company

**urbanizar** ▸conjug 1f◂ VT [1] [+ *terreno*] to develop, build on, urbanize
[2] [+ *persona*] to civilize

**urbano** ADJ [1] (= *de la ciudad*) urban, town *antes de s*, city *antes de s*
[2] (= *educado*) courteous, polite, urbane (*frm*)

**urbe** SF large city, metropolis; (= *capital*) capital city; **La Urbe** (*Esp*) Madrid, the Capital

**urbícola** SMF city dweller

**urco** SM (*Andes, Cono Sur*) (*gen*) ram; (= *alpaca*) alpaca

**urdimbre** SF [1] [*de tela*] warp
[2] (= *intriga*) scheme, intrigue

**urdir** ▸conjug 3a◂ VT [1] [+ *tela*] to warp
[2] (= *tramar*) to plot

**urdu** SM (*Ling*) Urdu

**urea** SF urea

**urente** ADJ burning, stinging

**uréter** SM ureter

**uretra** SF urethra

**urgencia** SF [1] (= *apresuramiento*) urgency; **con toda ~** with the utmost urgency; **pedir algo con ~** to request sth urgently; **trataron varios asuntos de ~** they dealt with a number of urgent *o* pressing matters
[2] (= *emergencia*) emergency; **en caso de ~** in case of (an) emergency, in an emergency; **medida de ~** emergency measure; **déjame entrar en el baño, por favor, que tengo una ~** let me in to the bathroom, please, it's an emergency; **procedimiento de ~** (*Admin*) emergency procedure
[3] (*Med*) emergency; **el doctor se ocupará primero de las ~s** the doctor will deal with the emergencies *o* emergency cases first; **servicios de ~** emergency services; **la operaron de ~** she underwent emergency surgery; **"urgencias"** "accident & emergency"; **tuvimos que ir a ~s** we had to go to casualty

**urgente** ADJ [*mensaje, trabajo*] urgent; [*asunto*] urgent, pressing; **carta ~** special delivery letter; **pedido ~** rush order

**urgentemente** ADV urgently

**urgir** ▸conjug 3c◂ VI to be urgent *o* pressing; **urge el dinero** the money is urgently needed; **me urge la respuesta** I need a reply urgently *o* as soon as possible; **el tiempo urge** time presses, time is short; **me urge terminarlo** I must finish it as soon as I can; **me urge partir** I have to leave at once; **"úrgeme vender: dos gatos ..."** "must be sold: two cats ..."

**úrico** ADJ uric

**urinario** Ⓐ ADJ urinary
Ⓑ SM urinal, public lavatory

**urna** SF (= *vasija*) urn; [*de cristal*] glass case; (*Pol*) (*tb* **~ electoral**) ballot box; **acudir a las ~s** to vote, go to the polls

**URNG** SF ABR (*Guat*) = **Unidad Revolucionaria Nacional Guatemalteca**

**uro** SM aurochs

**urogallo** SM capercaillie

**urogenital** ADJ urogenital

**urología** SF urology

**urólogo/a** SM/F urologist

**urpo** SM (*Cono Sur*) = **ulpo**

**urraca** SF [1] (= *ave*) magpie
[2] (*) (= *habladora*) chatterbox*; (= *chismosa*) gossip

**URSS** [urs] SF ABR (*Hist*) (= **Unión de Repúblicas Socialistas Soviéticas**) USSR

**ursulina** SF [1] (*Rel*) Ursuline nun
[2] (*Esp**) goody-goody*

**urta** SF sea bream

**urticaria** SF urticaria, nettle rash

**urubú** SM (*Cono Sur*) black vulture

**Uruguay** SM (*tb* **el ~**) Uruguay

**uruguayismo** SM *word or phrase peculiar to Uruguay*

**uruguayo/a** ADJ, SM/F Uruguayan

**USA** ADJ INV United States *antes de s*, American; **dos aviones ~** two US planes

**usado** ADJ [1] (= *no nuevo*) [*coche*] second-hand, used; [*televisor, ropa*] second-hand; [*sello, billete*] used
[2] (= *gastado*) [*pila*] flat; [*ropa, disco*] worn-out; **un diccionario muy ~** a well-thumbed dictionary

**usagre** SM (*Med*) impetigo; (*Vet*) mange

**usanza** SF usage, custom; **a ~ india** ◊ **a ~ de los indios** according to Indian custom

**usar** ▸conjug 1a◂ Ⓐ VT [1] (= *utilizar*) [+ *aparato, transporte, sustancia, expresión*] to use; **sólo usan el coche cuando salen al campo** they only use the car when they go to the country; **están dispuestos a ~ la violencia para defender sus ideas** they are prepared to use *o* resort to violence to defend their ideas; **la maleta está sin ~** the suitcase has never been used; **esta herramienta ha de ~se con sumo cuidado** this tool must be used with great care; **no sé ~ este teléfono** I don't know how to use this telephone; **no olvide ~ el cinturón de seguridad** don't forget to wear your seat belt; **~ algo/a algn <u>como</u>** to use sth/sb as; **lo ~on como conejillo de indias** they used him as a guinea pig; **de ~ y tirar** [*envase, producto*] disposable; **literatura que algunos llaman de "~ y tirar"** so-called "pulp fiction"
[2] (= *llevar*) [+ *ropa, perfume*] to wear; **el pañuelo que usan los palestinos** the scarf worn by the Palestinians; **esos pantalones**

**están sin ~** these trousers have not been worn; **¿qué número usa?** what size do you take?
[3] (= *soler*) **~ hacer algo** to be in the habit of doing sth
Ⓑ VI **~ de** [+ *derecho, poder*] to exercise; **~ del derecho al voto** to exercise one's right to vote, use one's vote
Ⓒ **usarse** VPR to be worn; **la chistera ya no se usa** top hats are not worn nowadays, no one wears top hats nowadays

**Usbekia** SF, **Usbiekistán** SM Uzbekistan

**usía** PRON PERS Your Lordship/Your Ladyship

**usina** SF [1] (*LAm*) factory, plant
[2] (*Cono Sur*) [*de electricidad*] power plant; [*de gas*] gasworks; [*de tranvías*] tram depot

**uslero** SM (*Chile*) rolling pin

**USO** SF ABR (*Esp*) = **Unión Sindical Obrera**

**uso** SM [1] (= *utilización*) use; **los médicos desaconsejan el ~ indiscriminado de antibióticos** doctors advise against the indiscriminate use of antibiotics; **un mango de plata gastado por el ~** a silver handle worn through use; **una base de datos para ~ exclusivo de los científicos** a database for the use of scientists only, a database exclusively for scientists' use; **el ~ correcto del pronombre "le"** the correct use of the pronoun "le"; **el ~ de la bicicleta no está permitido en autopistas** bicycles are not allowed *o* permitted on motorways; **no está permitido el ~ del claxon en las proximidades de un hospital** you cannot hoot your horn in the vicinity of a hospital; **el ~ y abuso de un producto/una expresión** the excessive use of a product/an expression; **términos de ~ común** terms in common use *o* usage; **un analgésico de ~ corriente** a commonly used painkiller; **aparatos de ~ doméstico** domestic appliances; **"de uso externo"** (*Med*) "for external use"; **objeto de ~ personal** article for personal use, personal item; **jeringuillas de un solo ~** disposable syringes; **estar en ~** to be in use; **tratamientos médicos actualmente en ~** medical treatments currently being used *o* currently in use; **un termino aún hoy en ~** a term still used today; **estar en buen ~** to be in good condition; **está fuera de ~** (= *no se usa*) it is not in use; (= *no funciona*) it is out of order; **hacer ~ de** [+ *derecho, privilegio, poder*] to exercise; [+ *armas, fuerza*] to use; **estar en el ~ de la palabra** to be speaking, have the floor (*frm*); **hacer ~ de la palabra** to speak ► **uso de razón**: **desde que tuvo ~ de razón** (*lit*) since he reached the age of reason; (*fig*) for as long as he could remember
[2] (= *aplicación*) use; **el mercurio tiene innumerables ~s industriales** mercury has countless uses in industry; **esta calculadora tiene varios ~s** this calculator has several uses
[3] (= *costumbre*) custom; **los ~s sociales de nuestro tiempo** the social customs of our time; **los ~s más tradicionales de la región** the most traditional customs of the region
[4] **al ~**: **los tópicos al ~** the usual clichés; **ésta no es una guía de turismo al ~** this is not the usual sort of travel guide, this is not a travel guide in the usual sense of the word; **por emplear el tecnicismo al ~** to use the current technical jargon; **las ideas posmodernistas tan al ~ en los últimos años** the post-modernist ideas so fashionable in recent years

**usted** PRON PERS [1] (*en singular*) you (*polite or formal address*); **esto es para ~** this is for you; **lo haremos sin ~** we'll do it without you; **—muchas gracias —a ~** "thank you very much" — "thank YOU"; **el coche de ~** your car; **mi coche y el de ~** my car and yours; **hablar** *o* **llamar** *o* **tratar de ~ a algn** to use the "usted" form with sb, address sb using the "usted" form; **no me hables de ~, que no soy tan vieja** you needn't use the "usted" form with me — I'm not that old
[2] **ustedes** you (*polite or formal address in most of Spain and replaces vosotros in Latin America*); **gracias a todos ~es podremos pagarlo** thanks to all of you we shall be able to pay it; **pasen ~es, por favor** please come in; **a ver, niños ¿~es qué quieren para cenar?** (*esp LAm*) right, what do you children want for tea?

**usual** ADJ usual, customary

**usualmente** ADV usually

**usuario/a** SM/F user; **~ de la vía pública** road user; **~ final** (*Inform*) end user

**usufructo** SM usufruct, use ► **usufructo vitalicio** life interest (**de** in)

**usufructuario/a** SM/F usufructuary

**usura** SF usury

**usurario** ADJ usurious, extortionate

**usurear** ▸conjug 1a◂ VI (= *prestar*) *to lend money at an exorbitant rate of interest*

**usurero/a** SM/F usurer

**usurpación** SF [*de poder, trono*] usurpation; [*de tierras*] seizure

**usurpador(a)** SM/F usurper

**usurpar** ▸conjug 1a◂ VT [+ *poder, trono*] to usurp; [+ *tierras*] to seize

**usuta** SF (*Arg, Perú*) = **ojota 1**

**utensilio** SM (= *herramienta*) tool, implement; (*Culin*) utensil; **con los ~s de su oficio** with the tools of his trade ► **utensilios de cirujano** surgeon's instruments ► **utensilios de pintor** artist's materials ► **utensilios para escribir** writing materials ► **utensilios para pescar** fishing tackle

**uterino** ADJ uterine; **hermanos ~s** children born of the same mother; *ver tb* **furor**

**útero** SM womb, uterus ► **útero alquilado, útero de alquiler** surrogate motherhood

**útil** Ⓐ ADJ [1] (= *de utilidad*) useful; (= *servible*) usable, serviceable; **es muy ~ saber conducir** it is very useful to be able to drive; **las plantas ~es para el hombre** plants which are useful to man; **el coche es viejo pero todavía está ~** the car is old but it is still serviceable; **es muy ~ tenerlo aquí cerca** it's very handy having it close by here; **¿en qué puedo serle ~?** can I help you?, what can I do for you?
[2] **día ~** (= *hábil*) working day, weekday
[3] (*Mil*) **~ para el servicio** [*persona*] fit for military service; [*vehículo*] operational
Ⓑ **útiles** SMPL tools, equipment *sing* ► **útiles de chimenea** fire irons ► **útiles de labranza** agricultural implements ► **útiles de pesca** fishing tackle

**utilería** SF (*LAm*) props *pl*

**utilero/a** SM/F (*LAm Teat*) property manager, props man

**utilidad** SF [1] (*gen*) usefulness; **no pongo en duda la ~ de tu invento** I'm not questioning the usefulness of your invention; **un método de gran ~ para aprender inglés** a very useful method for learning English; **no lo tires, ya le encontraremos alguna ~** don't throw it away, we'll find some use for it; **un servicio de ~ pública** a public service; **sacar la máxima ~ a algo** to use sth to the full, make full use of sth
[2] (*LAm Com, Fin*) profit ► **utilidades ocasionales** windfall profits
[3] (*Inform*) utility

**utilitario** Ⓐ ADJ [1] [*persona*] utilitarian
[2] [*coche, ropa*] utility *antes de s*
Ⓑ SM (*Aut*) small car, compact car

**utilitarismo** SM utilitarianism

**utilitarista** SMF utilitarian

**utilizable** ADJ [1] (= *que puede usarse*) usable, serviceable; (= *disponible*) available for use, ready to use
[2] (*Téc*) reclaimable

**utilización** SF [1] (= *uso*) use, utilization (*frm*)
[2] (*Téc*) reclamation

**utilizar** ▸conjug 1f◂ VT [1] (= *usar*) to use, make use of, utilize (*frm*); **¿qué medio de transporte utilizas?** which means of transport do you use?; **me dejó ~ su ordenador** she let me use her computer
[2] (= *explotar*) [+ *recursos*] to harness; [+ *desperdicios*] to reclaim

**utillaje** SM tools *pl*, equipment

**utillero** SM [1] (= *ayudante*) plumber's mate
[2] (*Ftbl*) kit man

**útilmente** ADV usefully

**utopía** SF, **utopia** SF Utopia

**utópico** ADJ Utopian

**utopista** ADJ, SMF Utopian

**utrículo** SM utricle

**UV** Ⓐ ABR (= **ultravioleta**) UV
Ⓑ SF ABR (*Esp Pol*) = **Unió(n) Valenciana**

**UVA** ABR (= **ultravioleta**) UVA

**uva** SF [1] grape; **las doce ~s** ◊ **las ~s de la suerte** *twelve grapes eaten at midnight on New-Year's Eve*; ✦***MODISMOS*** **de ~s a peras** once in a blue moon; **ir de ~s a peras** to change the subject for no reason; **entrar a por ~s** to take the plunge; **estar de mala ~** (*Esp**) to be in a bad mood; **tener muy mala ~** to be a nasty piece of work*; **estar hecho una ~** to be as drunk as a lord ► **uva blanca** green grape, white grape ► **uva crespa** gooseberry ► **uva de Corinto** currant ► **uva de gato** (*Bot*) stonecrop ► **uva espina** gooseberry ► **uva moscatel** muscatel grape ► **uva negra** black grape ► **uva pasa** raisin ► **uvas de mesa** dessert grapes ► **uvas verdes** (*fig*) sour grapes
[2] (*) (= *vino*) wine; (= *bebida*) drink (*in general*)
[3] (*Cono Sur*) (= *beso*) kiss

**uve** SF (name of the letter) V; **en forma de ~** V-shaped; **escote en ~** V-neck ► **uve doble** (name of the letter) W

**UVI** SF ABR (= **unidad de vigilancia intensiva**) ICU ► **UVI móvil** mobile intensive care unit

**úvula** SF uvula

**uvular** ADJ uvular

**uxoricida** SM uxoricide, wife-killer

**uxoricidio** SM uxoricide

**-uzo, -uza** *ver* **Aspects of Word Formation in Spanish 2**

**V**, **v** ['uβe, be'korta (*LAm*)] SF (= *letra*) V, v; **en (forma de) V** V-shaped; **escote en V** V-neck ► **V chica** (*LAm**), **V corta** (*LAm**) (the letter) V ► **V de la victoria** (*gen*) V for victory; (= *signo*) victory sign, V-sign ► **V doble** (*Esp*), **doble V** (*LAm*) (the letter) W

**V** ABR (*Elec*) (= **voltio(s)**) v

**V.** ABR [1] = **Usted**
[2] = **Véase**
[3] (= **Visto**) OK

**v.** ABR [1] = **ver, véase**
[2] (*Literat*) (= **verso**) v

**va** *ver* **ir**

**V.A.** ABR = **Vuestra Alteza**

**vaca** SF [1] (*Zool*) cow; **el mal** *o* **la enfermedad de las ~s locas** mad cow disease; ✦***MODISMOS*** **(los años de) las ~s flacas** the lean years; **(los años de) las ~s gordas** the fat years, the boom years; **pasar las ~s gordas** to have a grand time of it*; **ponerse como una ~*** to get as fat as a pig* ► **vaca de leche** (*lit*) dairy cow; (*LAm*) (*fig*) good business, profitable deal ► **vaca de San Antón** ladybird, ladybug (*EEUU*) ► **vaca lechera** dairy cow ► **vaca marina** sea cow, manatee ► **vaca sagrada** (*tb fig*) sacred cow
[2] (*Culin*) beef
[3] (= *cuero*) cowhide
[4] (*LAm Com*) *enterprise with profits on a pro rata basis*
[5] ✦***MODISMO*** **hacer(se) la ~** (*Andes*) to play truant, play hooky (*EEUU*)

**vacaburra⁑** SF boor; **¡vacaburra!** animal!⁑

**vacación** SF, **vacaciones** SFPL holiday(s), vacation *sing* (*EEUU*); **estar de vacaciones** to be (away) on holiday; **irse** *o* **marcharse de vacaciones** to go (away) on holiday, go off on holiday; **hacer vacaciones** to take a day off ► **vacaciones escolares** school holidays ► **vacaciones pagadas**, **vacaciones retribuidas** holidays with pay

**vacacional** ADJ holiday *antes de s*, vacation *antes de s*; **período ~** holiday period

**vacacionista** SMF holidaymaker, vacationer (*EEUU*)

**vacada** SF herd of cows

**vacaje** SM [1] (*Cono Sur*) (= *vacada*) cows *pl*, cattle *pl*; (= *manada*) herd of cows
[2] (*Méx*) herd of beef cows

**vacante** Ⓐ ADJ (*gen*) vacant; [*silla*] empty, unoccupied; [*puesto*] unfilled
Ⓑ SF [1] (= *puesto*) vacancy, (unfilled) post; **hay una ~ en la oficina** there is a vacancy in the office; **proveer una ~** to fill a post
[2] (*LAm*) (= *asiento*) empty seat

> **VACACIONES**
>
> **¿"Holiday" o "holidays"?**
>
> • En inglés británico, **vacaciones** se puede traducir tanto por **holiday** como por **holidays** cuando hablamos de un periodo de tiempo sin colegio o trabajo:
>
> ¿Dónde pasaste las vacaciones?
> ***Where did you spend your holiday(s)?***
> Larry fue a Londres un par de días durante las vacaciones
> ***Larry went to London for a couple of days during the holiday(s)***
>
> • **Vacaciones** se traduce por **holiday** cuando se habla de un viaje en particular:
>
> El año pasado pasamos unas vacaciones maravillosas en Mallorca
> ***We had a lovely holiday in Majorca last year***
> ¿Te lo has pasado bien en las vacaciones?
> ***Did you have a good holiday?***
>
> **NOTA:** Aquí **holiday** funciona como un sustantivo contable normal; se añade una "s" cuando se trata de más de un viaje.
>
> • **Estar de vacaciones** se traduce por **to be on holiday**. En este caso **holiday** no acepta el plural:
>
> Estaré de vacaciones dos semanas
> ***I'll be on holiday for a fortnight***
>
> *Para otros usos y ejemplos ver la entrada.*

**vacar** ▸conjug 1g◂ VI [1] (*gen*) to fall vacant, become vacant; [*puesto*] to remain unfilled
[2] (†) [*persona*] (= *cesar*) to cease work; (= *estar inactivo*) to be idle
[3] (†) **~ a** *o* **en** to engage in, devote o.s. to
[4] (†) **~ de** to lack, be without

**vacarí** ADJ cowhide *antes de s*

**vaccinio** SM (*Esp*) bilberry, blueberry (*EEUU*)

**vaciadero**† SM [1] (= *conducto*) drain
[2] (= *vertedero*) rubbish tip, garbage dump (*EEUU*)

**vaciado** Ⓐ ADJ [1] [*estatua*] cast in a mould, cast in a mold (*EEUU*); [*útiles*] hollow-ground
[2] (*Méx*) (= *estupendo*) great*, terrific*
Ⓑ SM [1] [*de objeto*] cast, mould(ing), mold(ing) (*EEUU*) ► **vaciado a troquel** die-cast ► **vaciado de yeso** plaster cast
[2] (= *acto de vaciar*) [*de madera, piedra*] hollowing out; (= *excavación*) excavation; [*de piscina, estanque*] emptying
[3] [*de cuchillo*] sharpening
[4] (*Aer*) ► **vaciado rápido** jettisoning

**vaciapatatas** SM INV potato scoop

**vaciar** ▸conjug 1c◂ Ⓐ VT [1] [+ *recipiente, contenido*] to empty; [+ *radiador*] to drain; (= *beber*) to drink up; (*Aer*) to jettison; (*Inform*) to dump; **vacié la nevera para limpiarla** I emptied the fridge to clean it; **vació los bolsillos en la mesa** he emptied out his pockets on to the table; **vació la leche en un vaso** he poured the milk into a glass; **lo vació todo sobre su cabeza** he poured the lot over his head
[2] [+ *madera, piedra*] to hollow out; [+ *estatua*] to cast
[3] [+ *cuchillo*] to sharpen, grind
[4] [+ *tema, teoría*] to expound at length
[5] [+ *texto*] to copy out
[6] (*) (= *hacer una histerectomía a*) to give a hysterectomy to
Ⓑ VI [*río*] to flow, empty (**en** into)
Ⓒ **vaciarse** VPR [1] [*bañera, depósito*] to empty
[2] (*) (*tb* **~se por la lengua**) to blab*, spill the beans*

**vaciedad** SF [1] (= *estado*) emptiness
[2] (= *necedad*) (piece of) nonsense; **~es** nonsense *sing*, rubbish *sing*, garbage *sing* (*EEUU*)

**vacila*** SM tease, joker

**vacilación** SF hesitation, vacillation; **sin vacilaciones** unhesitatingly

**vacilada** SF [1] (*esp CAm, Méx**) (= *broma*) mickey-taking⁑; (= *chiste*) joke; (= *chiste verde*) dirty joke; **de ~** as a joke, for a laugh*
[2] (*Méx**) (= *borrachera*) binge*, spree
[3] (= *truco*) trick

**vacilante** ADJ [1] [*mano, paso*] unsteady; [*voz*] faltering, halting; [*memoria*] uncertain; [*mueble*] wobbly, tottery
[2] [*persona*] (= *inseguro*) hesitant, uncertain; (= *indeciso*) indecisive
[3] [*luz*] flickering

**vacilar** ▸conjug 1a◂ Ⓐ VI [1] (= *dudar*) to hesitate, waver; (= *ser indeciso*) to vacillate; (= *esperar*) to hold back from doing sth; **sin ~** unhesitatingly; **~ en hacer algo** to hesitate to do sth; **~ entre dos posibilidades** to hesitate between two possibilities; **es un hombre que vacila mucho** he is a very indecisive man, he is a man who dithers a lot; **no vaciles en decírmelo** don't hesitate to tell me about it
[2] (*por falta de estabilidad*) [*mueble*] to be unsteady, wobble; [*persona*] (*al andar*) to totter, reel; (*al hablar*) to falter; [*memoria*] to fail; [*moralidad*] to be collapsing
[3] [*luz*] to flicker

[4] (= *variar*) **un sabor que vacila entre agradable y desagradable** a taste which varies *o* ranges between nice and nasty
[5] (*) (= *guasearse*) **~ con algn** to tease sb, take the mickey out of sb‡
[6] (*Méx**) (= *divertirse*) to have fun, lark about*; (= *ir de juerga*) to go on a spree
[7] (*) (= *presumir*) to talk big*, show off, swank*
Ⓑ VT [1] (= *burlarse de*) to take the mickey out of‡, make fun of; **¡no me vaciles!** stop messing me about!*
[2] (*CAm**) (= *engañar*) to trick

**vacile** SM [1] (*) (= *guasa*) teasing; **estar de ~** to tease
[2] (= *duda*) hesitation

**vacilón/ona*** Ⓐ ADJ [1] (= *guasón*) teasing, jokey; **estar ~** to be in a jokey mood
[2] (*CAm, Méx*) (= *juerguista*) fun-loving
[3] (= *presumido*) swanky*, stuck-up*
Ⓑ SM/F [1] (= *bromista*) tease, joker
[2] (*CAm, Méx*) (= *juerguista*) party-goer, reveller
[3] (= *presumido*) poser*, show-off*
Ⓒ SM (*CAm, Méx*) (= *juerga*) party; (= *diversión*) fun; **andar de ~** to be out on the town

**vacío** Ⓐ ADJ [1] (*gen*) empty; [*puesto, local*] vacant, empty; **el teatro estaba medio ~** the theatre was half empty; **nunca bebo cerveza con el estómago ~** I never drink beer on an empty stomach; **he alquilado un piso ~ porque sale más barato** I've rented an unfurnished flat because it's cheaper; **Madrid queda ~ en agosto** Madrid is empty *o* deserted in August; **de ~: el camión volvió de ~** the lorry came back empty; **lo pedí pero tuve que marcharme de ~** I asked for it but had to go away empty-handed; ✦***MODISMO*** **irse con las manos vacías** to leave empty-handed
[2] (= *superficial*) [*persona*] shallow; [*conversación*] meaningless; **un discurso ~ de contenido** a speech empty *o* devoid of any content
[3] (= *sin sentido*) [*existencia*] empty, meaningless
[4] (= *vano*) [*esfuerzo*] vain; [*promesa*] empty, hollow
[5] **pan ~** (*Andes, CAm, Caribe*) dry bread
Ⓑ SM [1] (*Fís*) vacuum; **envasar al ~** to vacuum-pack; **envasado al ~** vacuum-packed
[2] (= *hueco*) (empty) space, gap; **han dejado un ~ para el nombre** they have left a space for the name; **tener un ~ en el estómago** to have an empty stomach; ✦***MODISMO*** **hacer el ~ a algn** to send sb to Coventry
[3] (= *abismo*) **el ~** the void, space; **saltó al ~ desde lo alto del acantilado** he jumped from the top of the cliff into space *o* the void; **se arrojó al ~ desde un quinto piso** he threw himself out of a fifth-floor window; ✦***MODISMO*** **caer en el ~** to fall on deaf ears
[4] (= *falta de sentido*) void; **el ~ existencial** the existential void; **su muerte dejó un ~ en nuestras vidas** his death left a void in our lives; **una sensación de ~** a feeling of emptiness
[5] (*Jur, Pol*) ► **vacío de poder** power vacuum ► **vacío legislativo** gap in the legislation ► **vacío político** political vacuum
[6] (*Mec*) **marchar en ~** to tick over
[7] (*Anat*) side, flank

**vacuidad** SF (*frm*) vacuity (*frm*), vacuousness (*frm*)

**vacuna** SF [1] (= *sustancia*) vaccine; **la ~ de la hepatitis** the hepatitis vaccine; **ponerle una ~ a algn** to vaccinate sb ► **vacuna antigripal** flu vaccine
[2] (*esp LAm*) (= *acto*) vaccination

**vacunación** SF vaccination

**vacunar** ▸conjug 1a◂ Ⓐ VT [1] (*Med*) to vaccinate (**contra** against)
[2] (*ante adversidad, dolor*) (= *preparar*) to prepare; (= *habituar*) to inure; (= *prevenir*) to forearm
Ⓑ **vacunarse** VPR to be *o* get vaccinated

**vacuno** Ⓐ ADJ bovine, cow *antes de s*; **ganado ~** cattle
Ⓑ SM (= *ganado*) cattle *pl*; **carne de ~** beef ► **vacuno de carne** beef cattle ► **vacuno de leche, vacuno lechero** dairy cattle

**vacuo** ADJ [1] (= *vacío*) empty
[2] [*comentario, comportamiento*] vacuous (*frm*), frivolous

**vade**† SM = **vademécum 2**

**vadeable** ADJ [1] [*río*] fordable, crossable
[2] [*problema*] not impossible, not insuperable

**vadear** ▸conjug 1a◂ Ⓐ VT [1] [+ *río*] (= *atravesar*) to ford; (*a pie*) to wade across; [+ *agua*] to wade through
[2] [+ *dificultad*] to surmount, overcome
[3] [+ *persona*] to sound out
Ⓑ VI to wade; **cruzar un río vadeando** to wade across a river; **llegar a tierra vadeando** to wade ashore

**vademécum** SM (*pl* **vademécums**) [1] (= *libro*) vade mecum
[2] (*Escol*) satchel, schoolbag

**vadera** SF wide ford

**vade retro** EXCL (*hum*) go away!; **¡~, Satanás!** get thee behind me (Satan)!

**vado** SM [1] [*de río*] ford
[2] (*Esp Aut*) garage entrance; **"vado permanente"** "garage entrance", "keep clear"
[3] (†) (*fig*) (= *salida*) way out, solution; **no hallar ~** to see no way out, find no solution; **tentar el ~** to look into possible solutions
[4] (†) (*fig*) (= *descanso*) respite

**vagabundaje** SM vagrancy

**vagabundear** ▸conjug 1a◂ VI [1] (= *andar sin rumbo*) to wander, rove
[2] (*pey*) [*pordiosero*] to be a tramp, be a bum (*EEUU*)
[3] (= *gandulear*) to loaf, idle

**vagabundeo** SM [1] (*sin rumbo*) wandering, roving
[2] [*de pordiosero*] tramp's life, bumming (*EEUU*); (*pey*) vagrancy
[3] (= *ganduleo*) loafing, idling

**vagabundo/a** Ⓐ ADJ [1] (= *errante*) [*persona*] wandering, roving; [*perro*] stray
[2] (= *pordiosero*) vagabond (*frm*); (*pey*) vagrant
Ⓑ SM/F [1] (= *persona errante*) wanderer, rover
[2] (= *pordiosero*) vagabond (*frm*), tramp, bum (*EEUU*); (*pey*) vagrant

**vagación** SF (*Mec*) free play

**vagamente** ADV vaguely

**vagamundería** SF (*LAm*) idleness, laziness

**vagamundero** ADJ (*LAm*) idle, lazy

**vagancia** SF [1] (= *pereza*) laziness, idleness
[2] (= *vagabundeo*) vagrancy

**vagante** ADJ [1] (*liter*) (= *sin rumbo*) wandering
[2] (*Mec*) (= *suelto*) free, loose

**vagar** ▸conjug 1h◂ Ⓐ VI [1] (= *errar*) to wander (about), roam; (= *rondar*) to prowl about; (= *pasear*) to saunter up and down, wander about the streets; (= *entretenerse*) to loiter; (= *gandulear*) to idle, loaf; **~ como alma en pena** to wander about like a lost soul
[2] (*Mec*) to be loose, move about
Ⓑ SM (= *tiempo libre*) leisure, free time; (= *pereza*) idleness; (= *calma*) lack of anxiety, freedom from worry; **andar de ~** to be at leisure

**vagido** SM cry (*of new-born baby*)

**vagina** SF vagina

**vaginal** ADJ vaginal

**vaginitis** SF INV vaginitis

**vago/a** Ⓐ ADJ [1] (*gen*) vague; (*Arte, Fot*) blurred, ill-defined; (= *indeterminado*) indeterminate
[2] [*persona*] (= *perezoso*) lazy, slack; (= *poco fiable*) unreliable; (= *ocioso*) idle, unemployed; ✦***MODISMO*** **ser más ~ que la chaqueta de un guardia*** to be a lazy devil*
[3] [*ojo*] lazy; [*objeto*] idle, unused; [*espacio*] empty
[4] (= *errante*) roving, wandering
[5] (†) **en ~** [*mantenerse*] unsteadily; [*esforzarse*] in vain; **dar golpes en ~** to flail about, beat the air
Ⓑ SM/F [1] (= *holgazán*) idler, lazybones*; (= *inútil*) useless individual, dead loss; **hacer el ~** to loaf around
[2] (= *vagabundo*) tramp, vagrant, bum (*EEUU*); (= *pobre*) down-and-out

**vagón** SM (*Ferro*) [*de pasajeros*] coach, carriage, passenger car (*EEUU*); [*de mercancías*] goods *o* freight van, goods *o* freight wagon, freight car (*EEUU*) ► **vagón cama** sleeping car ► **vagón cisterna** tanker, tank wagon ► **vagón de cola** (*lit*) guard's van, caboose (*EEUU*); (*fig*) rear, tail end ► **vagón de equipajes** luggage van ► **vagón de ganado, vagón de hacienda** (*Cono Sur*) cattle truck, stock car (*EEUU*) ► **vagón de primera** first-class carriage ► **vagón de reja** (*Cono Sur*) cattle truck, stock car (*EEUU*) ► **vagón de segunda** second-class carriage ► **vagón directo** through carriage ► **vagón mirador** observation car ► **vagón postal** mailcoach, mailcar (*EEUU*) ► **vagón restaurante** dining car ► **vagón tanque** tanker, tank wagon ► **vagón tolva** hopper

**vagonada** SF truckload, wagonload

**vagoneta** SF light truck

**vaguada** SF watercourse, stream bed

**vaguear** ▸conjug 1a◂ VI to laze around

**vaguedad** SF [1] (= *ambigüedad*) vagueness
[2] (= *una vaguedad*) vague remark; **hablar sin ~es** to get straight to the point

**vaguería** SF, **vaguitis*** SF INV (*Esp*) laziness, idleness, slackness

**vaharada** SF [1] [*de aliento*] puff of breath
[2] (= *olor*) smell; (= *ráfaga de olor*) whiff; (= *tufo*) reek

**vahear** ▸conjug 1a◂ VI [1] (= *echar vapor*) to steam
[2] (= *humear*) to fume, give off fumes, smoke
[3] (= *oler*) smell; (= *atufar*) to reek

**vahído** SM dizzy spell

**vaho** SM [1] (= *vapor*) steam, vapour, vapor (*EEUU*); (*en cristal*) mist, condensation; (= *aliento*) breath; (= *ráfaga de olor*) whiff
[2] **vahos** (*Med*) inhalation *sing*

**vaina** Ⓐ SF [1] [*de espada*] sheath, scabbard; [*de útil*] sheath, case; [*de cartucho*] case
[2] (*Bot*) [*de garbanzo, guisante*] pod; [*de nuez*] husk, shell
[3] **vainas** (= *judías*) green beans
[4] (= *pega*) problem, snag; (*LAm**) (= *molestia*) nuisance, bore; (= *cosa*) thing; **¡qué ~!** what a nuisance!
[5] (*Andes*) (= *chiripa*) fluke, piece of luck
[6] (*Cono Sur*) (= *estafa*) swindle
[7] ✦*MODISMO* **echar ~** (*Caribe***) to screw**, fuck**
Ⓑ SMF (*) (= *persona inútil*) twit*, nitwit*, dork (*esp EEUU**)
Ⓒ ADJ (*LAm*) (= *enojoso*) annoying

**vainica** SF (*Cos*) hemstitch

**vainilla** SF vanilla

**vainillina** SF vanillin

**vainita** SF (*LAm*) green bean

**vais** *ver* **ir**

**vaivén** SM [1] (= *balanceo*) swaying; (= *acción de mecerse*) rocking; [*de columpio*] swinging; (= *ir y venir*) to-ing and fro-ing; [*de pistón*] backward and forward motion; (= *sacudidas*) lurching
[2] [*de tráfico, circulación*] constant movement
[3] [*de la suerte*] change of fortune
[4] (*Pol*) swing, seesaw, teeter-totter (*EEUU*)
[5] **vaivenes** (= *altibajos*) ups and downs, vicissitudes (*frm*)

**vaivenear**† ▸conjug 1a◂ VT (*gen*) to oscillate; (= *mecer*) to rock; (*adelante y atrás*) to move backwards and forwards; (= *balancear*) to swing, sway

**vajear** ▸conjug 1a◂ VT (*CAm, Caribe, Méx*) [+ *culebra*] to fascinate, hypnotize; (= *hechizar*) to bewitch; (= *seducir*) to win over by flattery, seduce

**vajilla** SF (*gen*) crockery, dishes *pl*; (= *una vajilla*) service, set; **lavar la ~** to wash up ► **vajilla de oro** gold plate ► **vajilla de porcelana** chinaware

**valdiviano/a** Ⓐ ADJ of/from Valdivia
Ⓑ SM/F native/inhabitant of Valdivia; **los ~s** the people of Valdivia
Ⓒ SM *typical Chilean dish of dried meat and vegetables*

**valdré** *etc ver* **valer**

**vale**[1] SM (*Fin*) (= *pagaré*) promissory note (*frm*), IOU*; (= *recibo*) receipt; (= *cuenta*) bill, check (*EEUU*); (= *cupón*) voucher, chit ► **vale de comida** luncheon voucher ► **vale de correo** money order ► **vale de descuento** discount voucher ► **vale de regalo** gift voucher, gift certificate (*EEUU*) ► **vale (de) restaurante** luncheon voucher ► **vale postal** money order

**vale**[2]* EXCL (*Esp*) OK, sure; *ver tb* **valer B8**

**vale**[3]* SM (*LAm*) (= *amigo*) pal*, chum, buddy (*EEUU*); **ser ~ con algn** (*Andes*) to be pals with sb* ► **vale corrido** (*Caribe*) old crony

**valedero** ADJ (= *válido*) valid; (*Jur*) binding; **~ para seis meses** valid for six months; **~ hasta el día 16** valid until the 16th

**valedor(a)** SM/F [1] (= *protector*) protector, guardian
[2] (*LAm*) = **vale**[3]

**valedura** SF [1] (*Méx*) (= *ayuda*) help; (= *protección*) protection; (= *favor*) favour, favor (*EEUU*)
[2] (*Andes, Caribe*) (= *propina*) *gift made by a gambler out of his winnings*

**valemadrista*** (*Méx*) Ⓐ ADJ [1] (= *apático*) indifferent, laid-back*
[2] (= *cínico*) cynical
Ⓑ SMF [1] (= *apático*) indifferent person
[2] (= *cínico*) cynic

**Valencia** SF Valencia

**valencia** SF (*Quím*) valency, valence (*EEUU*)

**valenciana** SF (*Méx*) trouser turn-up, trouser cuff (*EEUU*); *ver tb* **valenciano**

**valencianismo** SM [1] (*Ling*) *word/phrase etc peculiar to Valencia*
[2] (*culturalmente*) *sense of the differentness of Valencia*; (*Pol*) *doctrine of or belief in Valencian autonomy*

**valenciano/a** Ⓐ ADJ of/from Valencia
Ⓑ SM/F native/inhabitant of Valencia; **los ~s** the people of Valencia; *ver tb* **valenciana**

**valentía** SF [1] (= *valor*) bravery, courage; (= *atrevimiento*) boldness; (= *resolución*) resoluteness
[2] (= *jactancia*) boastfulness
[3] (= *acto de valor*) brave deed, heroic exploit
[4] (*pey*) (= *dicho*) boast, brag

**valentón/ona** Ⓐ ADJ (= *fanfarrón*) boastful; (= *arrogante*) arrogant; (= *matón*) bullying
Ⓑ SM/F (= *fanfarrón*) braggart; (= *matón*) bully

**valentonada** SF (= *dicho*) boast, brag; (= *acto*) arrogant act

## valer

▸conjug 2p◂
[A] VERBO TRANSITIVO [C] VERBO PRONOMINAL
[B] VERBO INTRANSITIVO
*Para la frase* ***valer la pena****, ver la otra entrada.*

Ⓐ VERBO TRANSITIVO

[1] [= *costar*] to cost; **sólo el vuelo ya vale 100.000 pesetas** the flight alone costs 100,000 pesetas; **este libro vale cinco dólares** this book costs five dollars; **¿cuánto vale?** ◊ **¿qué vale?** how much is it?, how much does it cost?; **ésas valen (a) 200 pesetas el kilo** those are 200 pesetas a kilo

[2] [= *tener un valor de*] to be worth; **el terreno vale más que la casa** the land is worth more than the house; ✦*MODISMOS* **no vale un higo** *o* **un pimiento** (*Esp**) it's not worth a brass farthing; **vale lo que pesa (en oro)** it's worth its weight in gold

[3] [= *ser causa de*] [+ *premio*] to win; [+ *críticas, amenazas*] to earn; **la final histórica que le valió a Brasil la copa del mundo** the famous final in which Brazil won the world cup; **son las cualidades que le valieron el premio** these are the qualities which won him the prize; **esa tontería le valió un rapapolvo** that piece of stupidity got *o* earned him a telling-off; **su ausencia le valió la pérdida del contrato** his absence lost *o* cost him the contract

[4] [*Mat*] (= *equivaler a*) to equal; **en ese caso X vale 9** in that case X equals 9; **el ángulo B vale 38 grados** angle B is 38 degrees

[5] [= *proteger*] **¡válgame (Dios)!** oh, my God!, God help me!

Ⓑ VERBO INTRANSITIVO

[1] [= *costar*] **este coche vale muy caro** this car is very expensive *o* costs a lot of money; **¿vale mucho?** is it very expensive?

[2] [= *tener valía*] **vale mucho como intérprete** he's an excellent *o* first-rate interpreter; **Juan vale más que su hermano** Juan is a better person than his brother; **su última película no vale gran cosa** his latest film is not up to much *o* is not much good; **este coche no vale nada** this car is useless; **hacer ~**: **hizo ~ su derecho al veto** he exercised his veto; **hizo ~ sus derechos** he asserted his rights; **hizo ~ sus argumentos en la reunión** she got her arguments across during the meeting; **hacerse ~** to assert o.s.; **~ por** (= *equivaler a*) to be worth; **cada cupón vale por un paquete de azúcar** each coupon is worth *o* can be exchanged for one bag of sugar; **cuatro fichas azules valen por una negra** four blue counters equal *o* are worth one black one

[3] [= *servir*] [3·1] [*herramienta, objeto*] to be useful; **todavía puede ~** it might still be useful; **este mismo valdrá** this one will do; **eso no vale** that's no good *o* use; **hay que tirar todo lo que no vale** we must throw out everything that is no use; **ya no me vale** it's no good *o* use to me now; **este destornillador no me vale porque es pequeño** this screwdriver is no good to me, it's too small; **~ para algo**: **es viejo, pero vale para la lluvia** it's old, but it'll do for when it rains; **este trozo no me vale para hacer la cortina** this piece won't do to make the curtain; **este cuchillo no vale para nada** this knife is useless
[3·2] [*ropa*] **este sombrero me vale aún** I can still wear *o* use this hat; **me vale la ropa de mi hermana** my sister's clothes do for* *o* fit me as well; **a mi hijo no le vale la ropa del año pasado** the clothes my son wore last year are too small for him now
[3·3] [*situación*] **no le vale ser hijo del ministro** being the minister's son is no use to him; **su situación privilegiada no le valió** his privileged position was no help *o* use to him; **no le valdrán excusas** excuses won't help him *o* do him any good
[3·4] [*persona*] **yo no valdría para enfermera** I'd be no good as a nurse; **el chico no vale para el trabajo** the boy is no good *o* not right for the job; **no vales para nada** you're hopeless *o* useless, you're a dead loss*

[4] [= *ser válido*] [*documento*] to be valid; [*moneda, billete*] to be legal tender; **este tipo de pasaporte no vale desde hace un mes** they stopped using this type of passport a month ago; **estos billetes ya no valen** these banknotes are no longer legal tender; **es una teoría que no vale ya** it is a theory which no longer holds; **valga la expresión** for want of a better way of putting it; **está un poco chiflado, valga la expresión** he's a bit cracked, for want of a better way of putting it, he's a bit cracked, so to speak; ✦*MODISMO* **¡no hay ... que valga!**: **—¡pero querido! —¡no hay querido que valga!** "but darling!" — "don't darling me!"*; *ver tb* **pero B2**, **redundancia**

[5] **más vale**: **más vale así** it's better this way; **más vale no hacerlo** it would be better not to do it; **más vale mantener esto en secreto** it would be best to keep this quiet; **—mañana te devuelvo el dinero —más te vale** "I'll give you the money back tomorrow" — "you'd better!"; **más vale que me vaya** I'd *o* I had better go; **más vale que te lleves el abrigo** you'd *o* you had better take your coat; **más vale que vayas tú** it would be better if YOU went; ✦*REFRÁN* **más vale tarde que**

➤ LENGUA Y USO: valer B5 28.1, 29.2

**nunca** better late than never
[6] [*Esp* = *ser suficiente*] to be enough; **dos terrones valen para endulzarlo** two lumps are enough to sweeten it; **vale ya, que habéis estado gritando toda la tarde** that's enough! you've been shouting all afternoon; **¡vale, vale!, no me eches más azúcar** OK! that's enough! don't put any more sugar in; **—¿subo más la persiana? —no, así ya vale** "shall I put the blind up a bit more?" — "no, it's OK like that"
[7] [* = *estar permitido*] to be allowed; **—¿puedo darle con la mano? —no, eso no vale** "can I hit it with my hand?" — "no, that's not allowed"; **no vale intentarlo dos veces** you're not allowed to have two goes; **no vale empujar** no pushing!, pushing's not allowed; **—le han dado el trabajo al hijo del jefe —¡pues, eso no vale!** "they've given the job to the boss's son" — "that's not on!"* *o* "they can't do that!"
[8]
◆ **vale** (*Esp**) (= *de acuerdo*) all right, OK*; **—¿vamos a tomar algo? —¡vale!** "shall we go for a drink?" — "OK!" *o* "all right!"; **pásate por mi casa esta tarde, ¿vale?** drop by my house this afternoon, OK?; **vale que discutan, pero que se peguen es imperdonable** having an argument is one thing but hitting each other is another matter entirely *o* is inexcusable
[9] **✦*MODISMO* me vale madre** *o* **sombrilla** (*Méx**) I couldn't care less*, I don't give a damn!*
Ⓒ **valerse** VERBO PRONOMINAL
[1] **~se de** (= *utilizar*) [+ *herramienta, objeto*] to use, make use of; (= *aprovecharse de*) [+ *amistad, influencia*] to use; **se valió de un bastón para cruzar el río** he used a cane to get across the river; **se valió del derecho al veto para frenar el acuerdo** he made use of *o* exercised his veto to put a stop to the agreement; **se valió de su cargo para conseguir la información** she used her position to obtain the information
[2] [= *arreglárselas*] **es muy mayor, pero todavía se vale** she is very old, but she can still do things for herself; **no se vale solo** ◊ **no puede ~se por sí mismo** he can't look after himself *o* manage on his own

**valeriana** SF valerian
**valerosamente** ADV bravely, valiantly
**valeroso** ADJ brave, valiant
**valet** [ba'le] SM (*pl* **valets** [ba'le]) (*Naipes*) jack, knave
**valetudinario/a** ADJ, SM/F valetudinarian
**valga** *etc ver* **valer**
**Valhala** SM Valhalla
**valía** SF [1] (= *valor*) worth, value; **de gran ~** [*objeto*] very valuable, of great worth; [*persona*] worthy, estimable
[2] (= *influencia*) influence
**validación** SF (*gen*) validation; (*Pol*) ratification
**validar** ▸conjug 1a◂ VT (*gen*) to validate; (*Pol*) to ratify
**validez** SF validity; **dar ~ a** (*gen*) to validate; (*Pol*) to ratify
**valido** SM (*Hist*) (royal) favourite, (royal) favorite (*EEUU*)
**válido** ADJ [1] [*billete, respuesta*] valid (**hasta** until; **para** for)
[2] (*Med*) (= *fuerte*) strong, robust; (= *sano*) fit
**valiente** Ⓐ ADJ [1] [*persona, acción, decisión*] brave, courageous, valiant (*liter*); **no te las des de ~ porque sé que tienes miedo** don't pretend to be brave because I know you're frightened
[2] (*iró*) (*antes de s*) fine; **¡~ amigo estás tú hecho!** a fine friend *o* some friend you are!*; **¡~ gobierno!** some government!*, what a government!*
Ⓑ SMF brave man/woman; **se hace el ~ porque le están mirando todos** he's pretending to be brave because everyone's looking at him
**valientemente** ADV bravely, courageously, valiantly (*liter*)
**valija** SF [1] (= *maleta*) case; (*LAm*) suitcase; (= *portamantas*) valise; (= *cartera*) satchel
[2] (*Correos*) mailbag; (= *correspondencia*) mail, post ► **valija diplomática** diplomatic bag, diplomatic pouch (*EEUU*)
**valijería** SF (*Cono Sur*) travel-goods shop
**valimiento** SM [1] (= *valor*) value; (= *beneficio*) benefit
[2] (*Pol*) favour, favor (*EEUU*), protection; (*Hist*) position of royal favourite, status of the royal favourite; **~ con algn** ◊ **~ cerca de algn** influence with sb
**valioso** ADJ [1] (= *de valor*) valuable; (= *útil*) useful, beneficial; (= *estimable*) estimable (*frm*)
[2] (†) (= *rico*) wealthy; (= *poderoso*) powerful
**valisoletano/a** ADJ, SM/F = **vallisoletano**
**valkiria** SF Valkyrie
**valla** SF [1] (= *cercado*) fence; (*Mil*) barricade; (= *empalizada*) palisade, stockade; (*Dep*) hurdle; **400 metros ~s** 400 metres hurdles ► **valla de contención** crush barrier ► **valla de protección, valla de seguridad** barrier ► **valla electrificada** electric fence ► **valla publicitaria** hoarding, billboard (*EEUU*)
[2] (*fig*) (= *barrera*) barrier; (= *límite*) limit; (= *estorbo*) obstacle, hindrance; **romper** *o* **saltar(se) las ~s** to disregard social conventions
[3] (*Andes, Caribe, Méx*) [*de gallos*] cockpit
[4] (*Andes*) (= *zanja*) ditch
**valladar** SM [1] = **valla 1**
[2] (= *defensa*) defence, defense (*EEUU*), barrier
**vallado** Ⓐ ADJ (= *cercado*) fenced
Ⓑ SM [1] = **valla 1**
[2] (*Mil*) defensive wall, rampart
[3] (*Méx*) (= *zanja*) deep ditch
**Valladolid** SM Valladolid
**vallar** ▸conjug 1a◂ VT to fence in, put (up) a fence round
**valle** SM [1] (*Geog*) valley ► **valle de lágrimas** (*liter*) vale of tears (*liter*)
[2] **energía de ~** off-peak power demand/supply; **horas de ~** off-peak hours
**vallero/a** (*Méx*) Ⓐ ADJ valley *antes de s*
Ⓑ SM/F valley dweller
**vallino** ADJ (*Andes*) valley *antes de s*
**vallisoletano/a** Ⓐ ADJ of/from Valladolid
Ⓑ SM/F native/inhabitant of Valladolid; **los ~s** the people of Valladolid
**vallista** SMF hurdler
**vallisto** ADJ (*Cono Sur, Méx*) valley *antes de s*
**vallunco** ADJ (*CAm*) rustic, peasant *antes de s*
**valón/ona** Ⓐ ADJ Walloon
Ⓑ SM/F Walloon; **los valones** the Walloons
Ⓒ SM (*Ling*) Walloon
**valona** SF [1] (*Andes, Caribe*) [*de caballo*] *artistically trimmed mane*; **hacer la ~** (*Caribe*) to shave
[2] (*Méx*) = **valedura 1**
**valonar** ▸conjug 1a◂ VT (*Andes*) to shear
**valonearse** ▸conjug 1a◂ VPR (*CAm*) to lean from the saddle
**valor** SM [1] (*Com, Fin*) value; **¿cuál es el ~ real de ese cuadro?** what's this painting worth in real terms?, what's the real value of this painting?; **un documento de gran ~** a very valuable document, a document of great value; **objetos de incalculable ~** priceless objects; **billetes de pequeño ~** small-denomination notes; **el contrato fue declarado nulo y sin ~** the contract was declared null and void; **el ~ del cheque no es correcto** the amount on the cheque is not correct; **de ~** [*joya, obra*] valuable; **objetos de ~** valuables; **por ~ de** to the value of; **importaciones por ~ de un millón de dólares** imports to the value of one million dollars; **un cheque por ~ de 50.000 pesetas** a cheque for the sum of *o* to the value of 50,000 pesetas; **ha habido pérdidas por ~ de 30 millones de pesetas** there have been losses of 30 million pesetas ► **valor adquisitivo** purchasing power ► **valor a la par** par value ► **valor añadido** added value ► **valor catastral** rateable value ► **valor comercial** commercial value ► **valor contable** asset value ► **valor de cambio** exchange value ► **valor de compra** purchasing power ► **valor de desecho** salvage value ► **valor de escasez** scarcity value ► **valor de mercado** market value ► **valor de rescate** surrender value ► **valor desglosado** break-up value ► **valor de sustitución** replacement value ► **valor de uso** use value ► **valor en bolsa** stock market value ► **valor en libros** book value ► **valor estrella** blue-chip stock, blue-chip share ► **valor facial** face value, denomination ► **valor nominal** nominal value ► **valor por defecto** default value ► **valor según balance** book value
[2] (= *importancia*) value; **una composición de indudable ~ musical** a composition of undoubted musical value; **una pintura de gran ~ artístico** a painting of great artistic merit *o* value; **este anillo tiene un gran ~ para mí** this ring means a great deal to me, this ring is very valuable to me; **dar ~ a algo**: **lo que le da ~ musical a este trabajo es su originalidad** it is the originality of this work that gives it its musical worth *o* value; **no dábamos ~ a nuestro patrimonio** we didn't value our heritage highly enough; **no le di ~ a sus palabras** I didn't attach any importance to what he said; **quitar ~ a algo** to minimize the importance of sth ► **valor alimenticio** nutritional value, food value ► **valor calorífico** calorific value ► **valor nutritivo** nutritional value ► **valor sentimental** sentimental value
[3] **valores** [3·1] (= *principios*) values; **los ~es morales de la sociedad occidental** the moral values of Western society; *ver tb* **escala 1**, **juicio 3**
[3·2] (*Fin*) (= *títulos*) securities, stocks, bonds ► **valores de renta fija** fixed-interest securities ► **valores de renta variable** variable-yield securities ► **valores en cartera** holdings ► **valores fiduciarios** fiduciary issue

*sing*, banknotes ► **valores habidos** investments ► **valores inmuebles** real estate *sing*
4 (= *persona famosa*) star; **uno de los nuevos ~es del cine español** one of the rising stars of Spanish cinema
5 (= *validez*) validity; **tener ~** to be valid; **este documento ya no tiene ~** this document is no longer valid
6 (*en una escala*) level; **las temperaturas han alcanzado ~es superiores a los normales** temperatures have reached higher than normal levels; **se han medido ~es de 80 litros por metro cúbico** levels of 80 litres per cubic metre have been recorded
7 (*Mat*) value ► **valor absoluto** absolute value
8 (*Mús*) value; **el ~ de una blanca es de dos negras** a minim is worth two crotchets
9 (= *coraje*) bravery, courage; **el ~ de los soldados** the bravery *o* courage of the soldiers; **le dieron una medalla al ~** he was awarded a medal for bravery; **no tuve ~ para decírselo** I didn't have the courage to tell her; **armarse de ~** to pluck up (the) courage ► **valor cívico** (sense of) civic duty
10 (*) (= *descaro*) nerve*; **¿cómo puedes tener el ~ de negarlo?** how do you have the nerve to deny it?*

**valoración** SF 1 (= *tasación*) 1·1 [*de joya, obra de arte*] valuation; **hacer una ~ de algo** to value sth, give a valuation of sth; **la ~ social del trabajo doméstico** the value that society places on housework, how much society values housework
1·2 [*de daños, pérdidas*] (= *acción*) assessment; (= *resultado*) estimate; **hacer una ~ de algo** to assess sth, give an assessment of sth
2 [*de actuación, situación*] assessment; **¿cuál es su ~ de lo que ha pasado?** what's your assessment of what happened?; **en su ~ de los datos** in assessing the facts, in his assessment of the facts; **hacer una ~ de algo** to make an assessment of sth, assess sth; **no quisieron hacer ninguna ~ de los resultados electorales** they declined to make any assessment of the election results
3 (*Quím*) titration

**valorar** ▸conjug 1a◂ VT 1 (= *tasar*) [+ *joya, obra de arte*] to value (**en** at); [+ *daños, pérdidas*] to assess (**en** at); **un cuadro valorado en dos millones** a painting valued at two million; **las pérdidas han sido valoradas en miles de millones** the damage has been estimated *o* assessed at thousands of millions
2 (= *apreciar*) [+ *cualidad*] to value, appreciate; **no sabes ~ la amistad** you don't value *o* appreciate friendship; **un trabajo no valorado por la sociedad** it is a job which is not valued *o* appreciated by society; **valoro mucho la sinceridad** I value honesty highly; **los resultados han sido valorados negativamente** the results were judged negatively; **los jóvenes valoran muy poco a los políticos** young people have a very poor opinion of politicians; **"se ~án los conocimientos de inglés"** "knowledge of English an advantage"
3 (= *revalorizar*) to raise the value of
4 (*Quím*) to titrate

**valorización** SF 1 (= *tasación*) = **valoración 1**
2 (*LAm*) (= *aumento*) increase in value

**valorizar** ▸conjug 1f◂ Ⓐ VT 1 (= *tasar*) = **valorar 1**
2 (*LAm*) (= *aumentar*) to raise the value of
Ⓑ **valorizarse** VPR (*LAm*) to increase in value

**Valquiria** SF Valkyrie

**vals** (*pl* **valses**) SM waltz

**valsar** ▸conjug 1a◂ VI to waltz

**valse** SM 1 (*LAm*) (= *vals*) waltz
2 (*Caribe*) *Venezuelan folk dance*

**valsear** ▸conjug 1a◂ VI (*LAm*) to waltz

**valuable** ADJ (*LAm*) 1 (= *valioso*) valuable
2 (= *calculable*) calculable

**valuación** SF = **valoración 1**

**valuador(a)** SM/F (*LAm*) valuer

**valuar** ▸conjug 1e◂ VT = **valorar**

**valumen** SM 1 (*Cono Sur*) [*de plantas*] luxuriance, rankness
2 (*Méx*) (= *lío*) bundle; (= *masa*) mass, bulk

**valumoso** ADJ 1 (*CAm, Cono Sur*) [*planta*] luxuriant, rank
2 (*Andes, CAm, Méx*) (= *voluminoso*) bulky
3 (*Caribe*) (= *vanidoso*) vain, conceited

**valva** SF (*Bot, Zool*) valve

**válvula** SF valve ► **válvula de admisión** inlet valve ► **válvula de escape** (*Mec*) exhaust valve; (*fig*) safety valve ► **válvula de purga** vent ► **válvula de seguridad** safety valve

**vamos** *ver* **ir**

**vampi*** SF = **vampiresa**

**vampiresa** SF (*Cine*) vamp, femme fatale

**vampirizar** ▸conjug 1f◂ VT to sap, milk, bleed dry

**vampiro** SM 1 (*Zool, Mit*) vampire
2 (= *explotador*) vampire, bloodsucker

**van** *ver* **ir**

**vanagloria** SF vainglory

**vanagloriarse** ▸conjug 1b◂ VPR 1 (= *jactarse*) to boast (**de** of); **~ de hacer algo** to boast of doing sth
2 (= *envanecerse*) to be vain, be arrogant

**vanaglorioso** ADJ (= *ostentoso*) vainglorious; (= *vano*) vain, boastful, arrogant

**vanamente** ADV 1 (= *inútilmente*) in vain
2 (= *con vanidad*) vainly

**vanarse** ▸conjug 1a◂ VPR (*Andes, Caribe, Cono Sur*) [*fruto*] to shrivel up; [*negocio*] to fall through, come to nothing, produce no results

**vandálico** ADJ 1 [*acto, comportamiento*] loutish
2 (*Hist*) Vandal, Vandalic

**vandalismo** SM vandalism

**vándalo/a** Ⓐ ADJ loutish
Ⓑ SM/F 1 (= *salvaje*) vandal
2 (*Hist*) Vandal

**vanguardia** SF (*Mil*) (*fig*) vanguard; **de ~** (*Arte*) avant-garde; (*Pol*) vanguard *antes de s*; **un pintor de ~** an avant-garde painter; **estar en la ~ del progreso** to be in the vanguard of progress; **ir a la** *o* **en ~** (*lit*) to be in the vanguard; (*fig*) to be at the forefront

**vanguardismo** SM (*Arte, Literat*) avant-garde movement; (= *estilo*) ultramodern manner

**vanguardista** Ⓐ ADJ [*moda, estilo*] avant-garde; [*tecnología*] revolutionary; **un coche de tecnología ~** a car at the cutting edge of technology
Ⓑ SMF avant-garde artist

**vanidad** SF 1 (= *presunción*) vanity; **por pura ~** out of sheer vanity; **halagar la ~ de algn** to play up to sb's vanity
2 (= *irrealidad*) unreality; (= *inutilidad*) uselessness, futility; (= *superficialidad*) shallowness
3 (*Rel*) vanity; **~ de ~es** (*Biblia*) vanity of vanities

**vanidoso** ADJ vain, conceited

**vano** Ⓐ ADJ 1 (= *infundado*) [*ilusión, esperanza*] empty, vain; [*temor, sospecha*] groundless; [*superstición*] foolish
2 (= *inútil*) [*intento*] vain, futile; **~s esfuerzos** vain *o* futile efforts; **sus esfuerzos fueron ~s** their efforts were in vain; **en ~** in vain; **no en ~ se le considera el mejor nadador** not for nothing is he held to be the best swimmer
3 (= *vacío*) [*promesa, excusa*] empty; **no son más que palabras vanas** they are just empty words
4 [*persona*] (= *superficial*) shallow; (= *vanidoso*) vain
5 [*cáscara*] empty, hollow
Ⓑ SM (*Arquit*) space, opening

**vapor** SM 1 (*gen*) vapour, vapor (*EEUU*); (*Téc*) [*de agua*] steam; [*de gas*] fumes *pl*; (*Meteo*) mist, haze; **verduras al ~** steamed vegetables; **a todo ~** (*lit, fig*) at full steam; **de ~** steam *antes de s*; **acumular ~** to get steam up; **echar ~** to give off steam, steam ► **vapor de agua** water vapour
2 (*Náut*) steamship, steamer ► **vapor correo** mail boat ► **vapor de paletas**, **vapor de ruedas** paddle steamer ► **vapor volandero** tramp steamer
3 (*Med*) vertigo, giddiness
4 **vapores**† (= *accesos histéricos*) vapours, vapors (*EEUU*)

**vapora** SF 1 (= *barco*) steam launch
2 (*Caribe Ferro*) steam engine

**vaporar** ▸conjug 1a◂ VT, VI = **vaporear**

**vaporear** ▸conjug 1a◂ Ⓐ VT to evaporate
Ⓑ VI to give off vapour
Ⓒ **vaporearse** VPR to evaporate

**vaporización** SF vaporization

**vaporizador** SM (*para agua*) vaporizer; (= *pulverizador*) spray

**vaporizar** ▸conjug 1f◂ Ⓐ VT (*gen*) [+ *agua*] to vaporize; [+ *perfume*] to spray
Ⓑ **vaporizarse** VPR to vaporize

**vaporizo** SM (*Caribe, Méx*) 1 (= *calor*) strong heat, steamy heat
2 (*Med*) inhalation

**vaporoso** ADJ 1 [*tela*] sheer, diaphanous
2 (*de vapor*) vaporous; (= *brumoso*) misty; (= *lleno de vapor*) steamy, steaming

**vapulear** ▸conjug 1a◂ VT 1 [+ *alfombra, persona*] to beat; (= *azotar*) to beat up*, thrash; (*con látigo*) flog
2 (= *regañar*) to slate*

**vapuleo** SM 1 (= *paliza*) beating, thrashing; (*con látigo*) flogging
2 (= *regañina*) slating*

**vaquerear** ▸conjug 1a◂ VI (*Andes*) to play truant

**vaquería** SF 1 (= *lechería*) dairy
2 (*LAm*) (= *arte del vaquero*) craft of the cowboy; (= *cuidado de ganado*) cattle farming
3 (*Andes, Caribe*) (= *cubo*) milking pail; (= *establo*) milking shed
4 (*Caribe*) (= *ganado*) herd of dairy cows
5 (*Caribe*) (= *caza*) hunting with a lasso
6 (*Méx*) (= *baile*) barn dance, country dance

**vaqueriza** SF (= *establo*) cowshed; (= *corral*) cattle yard

**vaquerizo/a** Ⓐ ADJ cattle *antes de s*
Ⓑ SM/F cowherd

**vaquero/a** Ⓐ ADJ (= *de los pastores*) cowboy *antes de s*; [*tela, falda*] denim *antes de s*; **pantalones ~s** jeans
Ⓑ SM/F 1 [*de ganado*] cowherd, cowboy/cowgirl
2 (*LAm*) (= *lechero*) milkman/milkwoman
3 (*Andes*) (= *ausente*) truant
Ⓒ SM 1 (*Caribe*) (= *látigo*) rawhide whip
2 **vaqueros** (= *pantalones*) jeans

**vaqueta** Ⓐ SF 1 (= *cuero*) cowhide, leather
2 (*para afilar*) razor strop
Ⓑ SM (*Caribe*) shifty sort*

**vaquetón** ADJ 1 (*Caribe*) (= *poco fiable*) unreliable, shifty
2 (*Méx*) (= *lerdo*) dim-witted; (= *flemático*) phlegmatic, slow
3 (*Méx*) (= *descarado*) barefaced, brazen

**vaquetudo** ADJ (*Caribe, Méx*) = **vaquetón**

**vaquilla** SF 1 (= *ternera*) heifer
2 **vaquillas** (= *reses*) young calves; (= *fiesta*) (*tb* **corrida de ~s**) *bullfight with young bulls*

**vaquillona** SF (*LAm*) heifer

**V.A.R.** ABR (= **Vuestra Alteza Real**) HRH

**vara** SF 1 (= *palo*) stick, pole; (*Mec*) rod, bar; [*de carro, carroza*] shaft; (*Bot*) branch (*stripped of its leaves*); [*de flor*] central stem, main stalk ► **vara de las virtudes** magic wand ► **vara de medir** yardstick, measuring rod ► **vara de oro** goldenrod ► **vara de pescar** fishing rod ► **vara de San José** goldenrod ► **vara mágica** magic wand
2 (*Pol*) (= *insignia*) staff of office; **doblar la ~ de la justicia** to pervert (the course of) justice; **empuñar la ~** to take over, take (up) office (*as mayor etc*); ✦*MODISMO* **medir las cosas con la misma ~** to judge things by the same standards ► **vara alta** (= *autoridad*) authority, power; (= *peso*) influence; (= *dominio*) dominance; **tener mucha ~ alta** to have great influence, be influential ► **vara consistorial** staff of office
3 (*esp LAm Mat*) ≈ yard (= *.836 metres, = 2.8 feet*)
4 (*Taur*) (= *lanza*) lance, pike; (= *herida*) wound with the lance; **poner ~s al toro** to wound the bull with the lance
5 ✦*MODISMO* **dar la ~ a*** to annoy, bother
6 (†*) (= *revés*) blow; (= *disgusto*) upset, setback

**varada** SF 1 (*Náut*) beaching
2 (= *lanzamiento*) launching

**varadero** SM dry dock

**varado** Ⓐ ADJ 1 (*Náut*) **estar ~** (*en la playa*) to be beached; (*en un banco de arena*) to be grounded
2 (*LAm**) ✦*MODISMO* **estar ~** (*Cono Sur*) (= *sin trabajo*) to be without regular work; (*CAm, Cono Sur, Méx*) (= *sin dinero*) to be broke*
Ⓑ SM (*Cono Sur*) *man without a regular job*

**varadura** SF stranding, running aground

**varajillo** SM (*Caribe*) liqueur coffee

**varal** SM 1 (= *palo*) long pole; [*de carro, carroza*] shaft; (*Teat*) batten; (= *armazón*) framework of poles; (= *puntal*) strut, support
2 (*) (= *persona*) beanpole*

**varapalear** ▸conjug 1a◂ VT to slate, tear to pieces

**varapalo** SM 1 (= *palo*) long pole
2 (= *golpe*) blow with a stick; (= *paliza*) beating
3 (= *regañina*) dressing-down*
4 (= *disgusto*) disappointment, blow

**varar** ▸conjug 1a◂ Ⓐ VT 1 (= *llevar a la playa*) to beach, run aground
2 (= *botar*) to launch
Ⓑ VI, **vararse** VPR 1 (*Náut*) to run aground
2 [*negocio, asunto*] to get bogged down

**varayoc** SM (*Andes*) Indian chief

**varazo** SM blow with a stick

**varazón** SF (*Andes, Caribe, Méx*) sticks *pl*, bunch of sticks

**vardasca** SF green twig, switch

**varé**†* SM (*Esp*) 100 pesetas

**vareador(a)** SM/F olive picker, olive harvester

**varear** ▸conjug 1a◂ VT 1 [+ *persona*] to beat, hit; [+ *frutas*] to knock down (*with poles*); [+ *alfombra*] to beat; (*Taur*) goad (*with the lance*)
2 (*Com*) [+ *paño*] to sell by the yard
3 (*Cono Sur*) [+ *caballo*] to exercise, train

**varec** SM kelp, wrack

**varejón** SM (*Cono Sur*) 1 = **vardasca**
2 (= *palo*) stick, straight branch (*stripped of leaves*)

**vareta** SF 1 (= *ramita*) twig, small stick; (*con liga*) *lime twig for catching birds*
2 (*Cos*) stripe
3 (= *indirecta*) insinuation; (= *pulla*) taunt; **echar ~s** to make insinuations
4 ✦*MODISMOS* **estar de ~** ◊ **irse de ~** to have diarrhoea

**varetazo** SM (*Taur*) *sideways thrust with the horn*

**varga** SF *steepest part of a slope*

**variabilidad** SF variability

**variable** Ⓐ ADJ (*gen*) variable, changeable; (*Mat, Inform*) variable
Ⓑ SF (*Mat, Inform*) variable

**variación** SF (*gen, Mús*) variation; (*Meteo*) change; **sin ~** unchanged

**variado** ADJ (*gen*) varied; (= *diverso*) mixed; (= *surtido*) assorted; [*superficie, color*] variegated

**variante** Ⓐ ADJ variant
Ⓑ SF 1 [*de palabra, texto*] variant ► **variante dialectal** dialectal variant ► **variante fonética** phonetic variant, alternative pronunciation ► **variante ortográfica** spelling variant, alternative spelling
2 (*Aut*) diversion
3 (*en quiniela*) *draw or away win*
Ⓒ SM 1 **variantes** (*Esp Culin*) pickled vegetables (*as hors d'oeuvres*)
2 (*Andes*) (= *senda*) path; (= *atajo*) short cut

**variar** ▸conjug 1c◂ Ⓐ VT 1 (= *cambiar*) to change, alter; **han variado el enfoque de la revista** they have changed *o* altered the magazine's focus
2 (= *dar variedad a*) to vary; **intento ~ el menú** I try to vary the menu
Ⓑ VI 1 (= *cambiar*) to vary; **los precios varían según el tamaño** prices vary according to size; **~ de opinión** to change one's mind; **~ de precio** to vary in price; **~ de tamaño** to vary in size; **para ~** (*iró*) (just) for a change; **hoy hemos comido sopa, para ~** we had soup today, (just) for a change
2 (= *ser diferente*) to be different, differ; **esto varía de lo que dijo antes** this is different *o* this differs from what he said earlier

**varicela** SF chickenpox

**varicoso** ADJ 1 [*pierna*] varicose
2 [*persona*] *suffering from varicose veins*

**variedad** SF 1 (= *diversidad*) variety
2 (*Biol*) variety
3 **variedades** (*Teat*) variety show *sing*; **teatro de ~es** variety theatre, music hall, vaudeville theater (*EEUU*)

**varietés** SMPL (*Teat*) = **variedad 3**

**varilla** SF 1 [*de metal*] (*Mec*) rod, bar; [*de faja, abanico, paraguas*] rib; [*de rueda*] spoke; [*de corsé*] rib, stay; [*de gafas*] sidepiece, earpiece ► **varilla del aceite** dipstick ► **varilla de zahorí** divining rod
2 (*Anat*) jawbone
3 (*Méx*) (= *baratijas*) cheap wares *pl*, trinkets *pl*
4 (*Caribe*) (= *vaina*) nuisance, bother

**varillaje** SM [*de abanico, paraguas*] ribs *pl*, ribbing; (*Mec*) rods *pl*, links *pl*

**varillar** ▸conjug 1a◂ VT (*Caribe*) [+ *caballo*] to try out, train

**vario** Ⓐ ADJ 1 (= *variado*) varied; [*color*] variegated, motley
2 (= *cambiable*) varying, changeable; [*persona*] fickle
3 **varios** (= *muchos*) several, a number of; **hay varias posibilidades** there are several *o* a number of *o* various possibilities; **en ~s libros que he visto** in a number of books which I have seen; **los inconvenientes son ~s** there are several drawbacks; **asuntos ~s** (any) other business
Ⓑ **varios** PRON (= *unos*) some; **~s piensan que** ... some (people) think that ...

**varioloso** ADJ pockmarked

**variopinto** ADJ 1 (= *de distintos colores*) multi-coloured, multi-colored (*EEUU*), colourful, colorful (*EEUU*)
2 (= *diverso*) [*objetos, regalos*] diverse, miscellaneous; [*gente, público*] very mixed

**varita** SF wand ► **varita de las virtudes**, **varita mágica** magic wand

**variz** (*pl* **varices** *o* **várices**) SF (*Med*) varix; **tener varices** to have varicose veins

**varón** Ⓐ ADJ male; **hijo ~** son, boy
Ⓑ SM 1 (= *niño*) boy; (= *hombre*) man, male; (= *gran hombre*) great man, worthy man; **tuvo cuatro hijos, todos varones** she had four children, all boys; **es un santo ~** (= *hombre bondadoso*) he's a saint; (= *hombre simple*) he's a simple fellow ► **varón de Dios** saintly man
2 (*Andes*) (= *marido*) husband
3 (*Cono Sur, Méx*) (= *vigas*) beams *pl*, timber

**varona** SF, **varonesa** SF mannish woman

**varonil** ADJ 1 (= *viril*) manly, virile; (= *enérgico*) vigorous
2 (*Biol*) male
3 (*pey*) [*mujer*] mannish; **una mujer de aspecto ~** a woman of mannish appearance

**Varsovia** SF Warsaw

**vas** *etc ver* **ir**

**vasallaje** SM (*Hist*) vassalage; (*pey*) (= *sumisión*) subjection, serfdom

**vasallo** SM vassal

**vasar** SM kitchen dresser, kitchen cabinet (*EEUU*)

**vasco/a** Ⓐ ADJ Basque
Ⓑ SM/F Basque; **los ~s** the Basques
Ⓒ SM (*Ling*) Basque

**vascófilo/a** SM/F expert in Basque studies

**vascófono/a** Ⓐ ADJ Basque-speaking
Ⓑ SM/F Basque speaker

**vascofrancés/esa** Ⓐ ADJ **País Vascofrancés** French Basque Country
Ⓑ SM/F French Basque

**vascohablante** Ⓐ ADJ Basque-speaking
Ⓑ SMF Basque speaker

**Vascongadas** SFPL **las ~** the Basque Provinces

**vascongado/a** ADJ, SM/F = **vasco**

**vascuence** SM (*Ling*) Basque

**vascular** ADJ vascular

**vase**†† *ver* **ir**

**vasectomía** SF vasectomy

**vaselina** SF Vaseline®, petroleum jelly; ✦*MODISMOS* **hacer una ~** (*Fbtl*) to ease the ball in over the goalie's head; **poner ~*** to calm things down, make things go smoothly

**vasera** SF kitchen shelf, rack

**vasija** SF (*Hist*) vessel; (*Culin*) pot, dish

**vaso** SM 1 (*para beber*) (*gen*) glass; (*para whisky*) tumbler; (*Andes*) small cup; ✦*MODISMO* **ahogarse en un ~ de agua** to make a mountain out of a molehill ► **vaso alto** tall glass ► **vaso de vino** (= *recipiente*) wineglass; (= *contenido*) glass of wine
2 (= *cantidad*) glass, glassful
3 (= *recipiente*) (*para flores*) vase; [*de pila*] cell; (*liter*) vase, urn; (*Andes Aut*) hubcap ► **vaso de engrase** (*Mec*) grease cup ► **vaso litúrgico, vaso sagrado** liturgical vessel ► **vasos comunicantes** communicating vessels
4 (*Anat*) vessel; (= *canal*) duct, tube ► **vaso capilar** capillary ► **vaso sanguíneo** blood vessel
5 (*Náut*) (= *barco*) boat, ship; (= *casco*) hull
6 (*Zool*) hoof
7 (= *orinal*) (*tb* **~ de noche**†) chamber pot

**vasoconstrictor** Ⓐ ADJ vasoconstrictor *antes de s*, vasoconstrictive
Ⓑ SM vasoconstrictor, vasoconstrictive substance

**vasodilatador** Ⓐ ADJ vasodilator *antes de s*, vasodilating
Ⓑ SM vasodilator

**vasquismo** SM (*culturalmente*) *sense of the differentness of the Basque Country*; (*Pol*) *doctrine of or belief in Basque autonomy*

**vasquista** Ⓐ ADJ that supports *etc* Basque autonomy; **el movimiento ~** the movement for Basque autonomy; **la familia es muy ~** the family strongly supports Basque autonomy
Ⓑ SMF supporter *etc* of Basque autonomy

**vástago** SM 1 (*Bot*) shoot
2 (*Mec*) rod ► **vástago de émbolo** piston rod
3 (= *hijo, descendiente*) offspring, descendant
4 (*Andes, CAm, Caribe*) (= *tronco*) trunk of the banana tree

**vastedad** SF vastness, immensity

**vasto** ADJ vast, huge

**vataje** SM wattage

**vate** SM 1 (*Hist*) seer, prophet
2 (*Literat*) poet, bard

**váter** SM lavatory, W.C., restroom (*EEUU*)

**Vaticano** SM Vatican; **la Ciudad del ~** Vatican City

**vaticano** ADJ (*gen*) Vatican; (= *papal*) papal

**vaticinador** SM (= *profeta*) seer, prophet; [*del tiempo, economía*] forecaster

**vaticinar** ▸conjug 1a◂ VT (= *predecir*) to predict; (= *pronosticar*) to forecast

**vaticinio** SM (= *predicción*) prediction; (= *pronóstico*) to forecast

**vatio** SM watt

**vaya** *etc ver* **ir**

**VCL** SM ABR (= **visualizador cristal líquido**) LCD

**Vd.** ABR = **usted**

**Vda.** ABR = **viuda**

**Vds.** ABR = **ustedes**

**ve**[1] *ver* **ir**, **ver**

**ve**[2] SF (*LAm*) ► **ve chica**, **ve corta** *name of the letter V* ► **ve doble** *name of the letter W*

**V.E.** ABR = **Vuestra Excelencia**

**vea** *etc ver* **ver**

**vecinal** ADJ 1 [*camino*] local; [*impuesto*] local, municipal; **padrón ~** list of residents
2 (*LAm*) (= *vecino*) neighbouring, neighboring (*EEUU*), adjacent

**vecindad** SF 1 (= *barrio*) neighbourhood, neighborhood (*EEUU*); (= *cercanía*) vicinity; (*LAm*) (= *barrio pobre*) inner-city slum
2 (= *vecinos*) neighbours *pl*, neighbors (*EEUU*) *pl*, neighbourhood; (= *comunidad local*) local community; (= *residentes*) residents *pl*
3 (*Jur*) residence, abode; **declarar su ~** to state where one lives, give one's place of residence

**vecindario** SM (= *barrio*) neighbourhood, neighborhood (*EEUU*); (= *población*) population, residents *pl*; (= *comunidad local*) local community

**vecino/a** Ⓐ ADJ 1 (= *cercano*) neighbouring, neighboring (*EEUU*); **se fue a vivir a un pueblo ~** he went to live in a neighbouring *o* nearby village
2 (= *contiguo*) **vive en el edificio ~** he lives in the house next door; **el garaje ~ al mío** the garage next to mine; **las dos fincas son vecinas** the two properties adjoin
3 (*frm*) (= *parecido*) similar; **suertes vecinas** similar fates
Ⓑ SM/F 1 [*de edificio, calle*] neighbour, neighbor (*EEUU*); **somos ~s** we are neighbours; **el ~ de al lado** the next-door neighbour ► **vecino/a de rellano** next-door neighbour (*in a block of flats*)
2 (= *habitante*) [*de un pueblo*] inhabitant; [*de un barrio*] resident; **un pueblo de 800 ~s** a village of 800 inhabitants; **un ~ de la calle Corredera** a resident of *o* a person who lives in Corredera street; **asociación de ~s** residents' association

**vector** SM vector

**Veda** SM Veda

**veda** SF 1 (= *prohibición*) prohibition
2 (= *temporada*) close season, closed season (*EEUU*)

**vedado** SM private preserve; **cazar/pescar en ~** to poach, hunt/fish illegally ► **vedado de caza** game reserve

**vedar** ▸conjug 1a◂ VT (= *prohibir*) to prohibit, ban; (= *impedir*) to stop, prevent; [+ *idea, plan*] to veto; **~ a algn hacer algo** to forbid sb to do sth

**vedeta** SF = **vedette**

**vedetismo** SM (= *protagonismo*) insistence on being in the forefront, insistence on playing the star role; (= *estrellato*) stardom

**vedette** [be'ðet] SF 1 [*de revista musical*] (= *artista principal*) star; (*de menor importancia*) starlet
2 [*de fiesta, equipo, acontecimiento*] star
3 (*Méx*) (= *corista*) chorus girl

**védico** ADJ Vedic

**vedija** SF 1 (= *lana*) tuft of wool
2 (= *greña*) mat of hair, matted hair

**vega** SF 1 (= *terreno bajo*) fertile plain, rich lowland area; (= *prado*) water meadows *pl*; (*Andes*) *stretch of alluvial soil*
2 (*Caribe*) (= *tabacal*) tobacco plantation

**vegetación** SF 1 (= *plantas*) vegetation
2 (*Med*) ► **vegetaciones adenoideas** adenoids

**vegetal** Ⓐ ADJ [*aceite, productos*] vegetable *antes de s*; **patología ~** plant pathology
Ⓑ SM 1 (= *planta*) plant, vegetable
2 **vegetales** (*CAm, Méx*) (= *verduras*) vegetables
3 (= *persona*) vegetable

**vegetar** ▸conjug 1a◂ VI 1 (*Bot*) to grow
2 (*fig*) [*persona*] to vegetate; [*negocio*] to stagnate

**vegetarianismo** SM vegetarianism

**vegetariano/a** ADJ, SM/F vegetarian

**vegetativo** ADJ vegetative; **sistema nervioso ~** vegetative nervous system; **vida vegetativa** vegetative life

**vegoso** ADJ (*Cono Sur*) [*tierra*] soggy, damp

**veguero** Ⓐ ADJ lowland *antes de s*, low-lying
Ⓑ SM 1 (= *agricultor*) lowland farmer
2 (*Caribe*) [*de tabaco*] tobacco planter
3 (= *cigarro puro*) coarse cigar; (*Cono Sur*) (= *tabaco cubano*) good-quality Cuban tobacco, good cigar

**vehemencia** SF vehemence

**vehemente** ADJ vehement

**vehicular**† ▸conjug 1a◂ VT (*gen*) to transport; (= *transmitir*) to transmit, convey

**vehiculizar** ▸conjug 1f◂ VT = **vehicular**

**vehículo** SM 1 (*Aut*) vehicle ► **vehículo a motor** motor vehicle ► **vehículo astral** spacecraft ► **vehículo automóvil** motor vehicle ► **vehículo carretero** road vehicle ► **vehículo cósmico** spacecraft ► **vehículo de carga** goods vehicle ► **vehículo de la empresa** company car ► **vehículo de motor** motor vehicle ► **vehículo de transporte** goods vehicle ► **vehículo espacial** spacecraft ► **vehículo industrial** commercial vehicle ► **vehículo privado** private vehicle ► **vehículo utilitario** commercial vehicle
2 [*de modas, ideas*] vehicle (**de** for)
3 (*Med*) carrier, transmitter (**de** of)

**veinte** ADJ INV, PRON, SM (*gen*) twenty; (*ordinal, en la fecha*) twentieth; **el siglo ~** the twentieth century; **le escribí el día ~** I wrote to him on the twentieth; **los (años) ~** the twenties; *ver tb* **seis**

**veinteañero/a**, **veintiañero/a** Ⓐ ADJ twentyish, about twenty
Ⓑ SM/F person of about twenty, person in his/her twenties

**veintena** SF **una ~** about twenty

**veintipocos** ADJ PL twenty-odd

**veintitantos** ADJ PL twenty-odd; **tiene ~ años** he's in his twenties, he's twenty-something*, he's twenty-odd*

**veintiuna** SF (*Naipes*) pontoon, twenty-one (*EEUU*)

**vejación** SF (= *humillación*) humiliation; (= *maltrato*) ill-treatment; **sufrir vejaciones** to suffer humiliation

**vejamen** SM [1] = **vejación**
[2] (= *pasquín*) satire, lampoon; (= *pulla*) shaft, taunt

**vejaminoso** ADJ (*Andes, Caribe*) irritating, annoying

**vejancón/ona*** Ⓐ ADJ, **vejarrón/ona*** ADJ ancient*, doddery*, decrepit
Ⓑ SM/F old chap/dear*, old dodderer*

**vejar** ▸conjug 1a◂ VT (= *molestar*) to vex, annoy; (= *humillar*) to humiliate; (= *mofarse de*) to scoff at; (= *atormentar*) to harass

**vejarano** ADJ (*LAm**) ancient*, doddery*, decrepit

**vejatorio** ADJ (= *molesto*) annoying, vexatious; (= *humillante*) humiliating, degrading; [*comentarios*] hurtful, offensive; **es ~ para él tener que pedirlo** it is humiliating for him to have to beg for it

**vejestorio** SM (*pey*) old dodderer*, old crock*

**vejete*** SM old boy*

**vejez** SF [1] (= *senectud*) old age; ✦***MODISMO*** **¡a la ~, viruelas!** fancy that happening at his *etc* age!*
[2] (†) (= *cuento*) old story; (= *noticia*) piece of stale news
[3] **vejeces** (= *achaques*) ills of old age; (= *manías, chocheces*) grouchiness *sing*, grumpiness *sing*

**vejiga** SF [1] (*Anat*) bladder ► **vejiga de la bilis** gallbladder ► **vejiga natatoria** air bladder, swim bladder
[2] (*Med*) blister
[3] (*en pintura*) blister

**vela¹** SF [1] [*de cera*] candle; ✦***MODISMOS*** **estar a dos ~s*** (= *sin enterarse*) to be in the dark; (= *sin dinero*) to be broke*; **encender** *o* **poner una ~ a Dios y otra al diablo** to have it both ways; **¿quién te dio ~ en este entierro?** who asked you to butt in? ► **vela de sebo** tallow candle
[2] (= *vigilia*) **estar en ~** to be unable to get to sleep; **pasar la noche en ~** to have a sleepless night
[3] (*) (= *moco*) bogey*
[4] (*Taur**) horn
[5] (= *trabajo nocturno*) night work; (*Mil*) (period of) sentry duty
[6] (*LAm*) (= *velorio*) wake
[7] (*Cono Sur*) (= *molestia*) nuisance; **¡qué ~!** what a nuisance!; ✦***MODISMO*** **aguantar la ~** (= *soportar*) to put up with it; (= *plantar cara*) to face the music*
[8] (*Caribe, Méx*) (= *bronca*) telling-off*

**vela²** SF (*Náut*) sail; (= *deporte*) sailing; **barco de ~** sailing ship; **darse** *o* **hacerse a la ~** ◊ **largar las ~s** to set sail, get under way; **hacer ~** to go sailing; **a toda ~** ◊ **a ~s desplegadas** (*lit*) under full sail; (*fig*) vigorously, energetically; ✦***MODISMOS*** **arriar** *o* **recoger ~s** (= *retractarse*) to back down; (= *abandonar*) to give up, chuck it in*; **estar a dos ~s*** to be broke*, be skint‡; **estar entre dos ~s*** ◊ **ir a la ~*** to be half-seas over‡; **ir como las ~s** (*Cono Sur*) to drive very fast; **plegar ~s** to slow down ► **vela balón** spinnaker ► **vela mayor** mainsail

**velación** SF wake, vigil

**velada** SF (evening) party, soirée ► **velada de boxeo** fight night ► **velada musical** musical evening

**veladamente** ADV in a veiled way

**velado** ADJ (*gen, tb fig*) veiled; (*Fot*) fogged, blurred; [*sonido*] muffled

**velador** SM [1] (= *mesa*) pedestal table; (*LAm*) (= *mesita*) bedside table, night table (*EEUU*)
[2] (*para velas*) candlestick
[3] (*Cono Sur*) (= *lámpara*) night light
[4] (*Méx*) (= *pantalla*) lampshade
[5] (= *vigilante*) watchman, caretaker; (*Hist*) sentinel

**veladora** SF [1] (*Méx*) (= *lámpara*) table lamp, bedside lamp
[2] (*LAm*) (= *vela*) candle; (*Rel*) paraffin lamp

**velamen** SM sails *pl*, canvas

**velar¹** ▸conjug 1a◂ Ⓐ VT [1] [+ *enfermo*] to sit up with; [+ *muerto*] to keep vigil over
[2] (*Mil*) to watch, keep watch over
[3] (*LAm*) (= *codiciar*) to look covetously at
Ⓑ VI [1] (†) (= *permanecer despierto*) to stay awake, go without sleep
[2] **~ por algo/algn** (= *cuidar*) to look after sth/sb; **velaba por la salud de sus hijos** she looked after her children's health; **nadie vela por mis intereses** nobody watches over my interests; **tendremos que ~ por que esto no se repita** we'll have to see to it *o* ensure that this doesn't happen again
[3] (*Rel*) to keep vigil
[4] [*arrecife*] to appear

**velar²** ▸conjug 1a◂ Ⓐ VT [1] (*Fot*) to fog
[2] (*liter*) (= *cubrir con un velo*) to veil
[3] (*liter*) (= *ocultar*) to conceal
Ⓑ **velarse** VPR [1] (*Fot*) to fog
[2] (*liter*) (= *cubrirse con un velo*) to veil o.s.

**velar³** ADJ (*Ling*) velar

**velarizar** ▸conjug 1f◂ VT to velarize

**velarte** SM (*Hist*) broadcloth

**velatorio** SM wake

**Velázquez** SM Velázquez, Velasquez

**veleidad** SF [1] (= *volubilidad, inconstancia*) fickleness, capriciousness
[2] (= *capricho*) whim; [*de humor*] unpredictable mood

**veleidoso** ADJ fickle, capricious

**velero** Ⓐ ADJ [*barco*] manoeuvrable, maneuverable (*EEUU*)
Ⓑ SM [1] (*Náut*) (*grande*) sailing ship; (*pequeño*) sailing boat, sailboat (*EEUU*)
[2] (*Aer*) glider
[3] (= *persona*) sailmaker

**veleta** Ⓐ SF [1] [*de edificio*] weather vane, weathercock
[2] (*Pesca*) float
Ⓑ SMF (= *persona*) fickle person, weathercock

**veletería** SF (*Cono Sur*) chopping and changing, fickleness

**velís** SM (*Méx*) (= *maleta*) suitcase; (= *bolso*) valise, overnight bag

**veliz** SM (*Méx*) = **velís**

**vello** SM (*Anat*) fuzz, soft hair; (*Bot*) down; (*en frutas*) bloom; (*en cuerna*) velvet ► **vello facial** facial hair

**vellocino** SM fleece ► **Vellocino de Oro** Golden Fleece

**vellón¹** SM [1] (= *lana*) fleece; (= *piel*) sheepskin
[2] (= *mechón*) tuft of wool

**vellón²** SM [1] (*Téc*) copper and silver alloy
[2] (*CAm, Caribe*) (= *moneda*) five-cent coin

**vellonera** SF (*Caribe*) jukebox

**vellosidad** SF (= *pelusa*) downiness; (= *pelo fuerte*) hairiness; (= *lanosidad*) fluffiness

**velloso** ADJ (= *con pelusa*) downy; (*más fuerte*) hairy; (= *lanoso*) fluffy

**velludo** Ⓐ ADJ hairy
Ⓑ SM plush, velvet

**velo** SM [1] [*de tul, gasa*] veil; **tomar el ~** to take the veil; **corramos un tupido ~ sobre esto** let us draw a discreet veil over this
[2] (*fig*) (= *cobertura*) veil, light covering; (*Fot*) fog; (*en cristal*) mist; [*de silencio, misterio*] shroud
[3] (= *pretexto*) pretext, cloak
[4] (= *confusión*) confusion, mental fog
[5] (*Anat*) ► **velo de paladar** soft palate, velum

**velocidad** SF [1] (*gen*) speed; (*Téc*) velocity; (*fig*) swiftness, speediness; **de alta ~** high-speed; **a gran ~** at high speed; **a máxima** *o* **toda ~** at full speed, at top speed; **¿a qué ~?** how fast?, at what speed?; **¿a qué ~ ibas?** what speed were you doing?; **cobrar ~** to pick up *o* gather speed; **disminuir** *o* **moderar la ~** ◊ **perder ~** to slow down; **exceder la ~ permitida** to speed, exceed the speed limit; ✦***MODISMO*** **confundir la ~ con el tocino*** to get things mixed up ► **velocidad adquirida** momentum ► **velocidad de crucero** cruising speed ► **velocidad de despegue** takeoff speed ► **velocidad del sonido** speed of sound ► **velocidad de obturación, velocidad de obturador** shutter speed ► **velocidad de transferencia** transfer rate ► **velocidad económica** cruising speed ► **velocidad máxima** maximum speed, top speed ► **velocidad máxima de impresión** (*Inform*) maximum print speed ► **velocidad punta** maximum speed, top speed
[2] (*Mec*) gear, speed; **primera ~** ◊ **~ corta** low gear, bottom gear, first gear; **segunda/tercera/cuarta ~** second/third/top gear; **meter la segunda ~** to change into second gear; **cuatro ~es hacia adelante** four forward gears ► **velocidades de avance** forward gears

**velocímetro** SM speedometer

**velocípedo** SM velocipede

**velocista** SMF sprinter

**velódromo** SM cycle track

**velomotor** SM moped

**velón** SM [1] (= *lámpara*) oil lamp
[2] (*Andes, Cono Sur, Méx*) (= *vela*) thick tallow candle
[3] (*CAm*) (= *parásito*) sponger*, parasite
[4] (*Andes, Caribe*) *person who casts covetous glances*

**velorio¹** SM [1] (= *fiesta*) party, celebration; (*Andes, Caribe, Cono Sur*) dull party, flat affair
[2] (*esp LAm*) (= *velatorio*) funeral wake, vigil for the dead ► **velorio del angelito** *wake for a dead child*

**velorio²** SM (*Rel*) *ceremony of taking the veil*

**veloz** ADJ [*tren, coche, barco*] fast; [*movimiento*] quick, swift; **~ como un relámpago** as quick as lightning

**velozmente** ADV fast, quickly, swiftly

**ven** *ver* **venir**

**vena** SF [1] (*Anat*) vein; **abrirse** *o* **cortarse las ~s** to slit one's wrists; **inyectar en ~** to inject into a vein ► **vena yugular** jugular vein
[2] (*Min*) vein, seam
[3] (*en piedra, madera*) grain
[4] (*Bot*) vein, rib
[5] [*de humor, ánimo*] mood; **le dio la ~ por hacer eso** he had a notion to do that; **coger a algn de** *o* **en ~** to catch sb in the right mood; **estar de** *o* **en ~** (= *tener ganas*) to be in the mood (**para** for); (= *estar en forma*) to be in good form ► **vena de locura** streak of madness
[6] (= *talento*) talent, promise; **tiene ~ de pintor** he has the makings of a painter, he shows a talent for painting
[7] (*Geog*) underground stream

**venablo** SM dart; ✦*MODISMO* **echar ~s** to burst out angrily

**venado** SM [1] (= *ciervo*) deer; (*macho*) stag
[2] (*Culin*) venison
[3] (*Caribe*) (= *piel*) deerskin
[4] (*Caribe*) (= *prostituta*) whore
[5] (*Andes*) (= *contrabando*) contraband
[6] ✦*MODISMO* **correr** *o* **pintar el ~** (*CAm, Méx*) to play truant, play hookey (*EEUU*)

**venal**[1] ADJ (*Anat*) venous

**venal**[2] ADJ (*frm*) [1] (= *vendible*) vendible (*frm*), saleable, salable (*EEUU*)
[2] (*pey*) (= *sobornable*) venal (*frm*), corrupt

**venalidad** SF venality, corruptness

**venático** ADJ crazy, mad

**venatorio** ADJ hunting *antes de s*

**vencedor(a)** Ⓐ ADJ [*equipo, partido*] winning, victorious (*frm*); [*general, país*] victorious
Ⓑ SM/F (= *ganador*) [*de una competición, elecciones*] winner; [*de una guerra*] victor; **una guerra sin ~es ni vencidos** a war with neither victor nor vanquished

**vencejo**[1] SM (*Orn*) swift

**vencejo**[2] SM (*Agr*) straw plait, string (*used in binding sheaves*)

**vencer** ▸conjug 2b◂ Ⓐ VT [1] (= *derrotar*) [+ *enemigo, rival*] to defeat, beat; [+ *enfermedad, dolor*] to beat, overcome; **vencieron al equipo visitante por 3 a 2** they defeated *o* beat the visiting team 3-2; **nuestro sistema inmunológico es capaz de ~ al virus** our immune system is capable of beating *o* overcoming the virus; **a decir tonterías nadie le vence** when it comes to talking rubbish he's in a class of his own, no one beats him when it comes to talking rubbish; **vence a todos en elegancia** he outdoes them all in style, he beats them all for style
[2] (= *controlar*) [+ *miedo, tentación*] to overcome; [+ *pasión*] to control; **consiguió ~ la tentación de fumar** he managed to overcome the temptation to smoke
[3] (= *prevalecer*) [*miedo, sueño*] to overcome; **por fin lo venció el sueño** sleep finally overcame him; **me venció el pánico cuando tuve que hablarle** panic got the better of me *o* I was overcome with panic when I had to speak to him
[4] (*Dep*) [+ *obstáculo*] to overcome; [+ *prueba*] to complete; [+ *distancia*] to do, complete; [+ *montaña*] to conquer; **vencieron los 15km en dos horas** they did *o* completed the 15km in two hours; **no consiguió ~ todas las pruebas** he didn't manage to complete all the heats
[5] (= *hacer ceder*) [+ *soporte, rama*] to break; **el peso de los libros ha vencido el estante** the shelf gave way under the weight of the books, the weight of the books broke the shelf; **conseguimos ~ la puerta** we managed to break the door down
Ⓑ VI [1] (*en batalla, partido, elecciones*) to win; **hemos vencido por dos a cero** we won two nil; **¡~emos!** we shall win *o* overcome!; **dejarse ~ (por)** to give in (to); **no te dejes ~ y sigue adelante** keep going and don't give in; **por fin se dejó ~ por la curiosidad** he finally gave in to his curiosity, he finally let (his) curiosity get the better of him; **no te dejes ~ por las dificultades** don't give up in the face of difficulties, don't let difficulties get the better of you
[2] (*liter*) [*amor, pasión*] to triumph, be triumphant
[3] (*Com*) [*documento, póliza, pasaporte*] to expire; [*inversión*] to mature; **su contrato vence a final de año** his contract runs out *o* expires at the end of the year; **el plazo para pagar el alquiler vence mañana** the deadline for paying the rent is tomorrow, the rent is due tomorrow; **el plazo para la entrega de solicitudes vence mañana** the closing date for applications is tomorrow; **la semana que viene me vence el primer plazo del ordenador** I have to pay my first instalment on the computer next week, my first instalment on the computer is due next week
Ⓒ **vencerse** VPR [1] (= *ceder*) [*muelle, estante, soporte*] to give way; **la cama se venció con tanto peso** the bed gave way under the weight; **la mesa se vence hacia un lado** the table leans to one side; **la cabeza se le vencía hacia un lado** his head hung *o* leaned to one side
[2] (*LAm*) [*pasaporte, permiso*] to expire; **cómetelo antes de que se venza** eat it before the use-by date; **se venció el plazo** the time's up
[3] (*Cono Sur, Méx*) [*elástico, resorte*] to wear out; [*costura*] to come apart
[4] (= *dominarse*) [*persona*] to control o.s.

**vencido/a** Ⓐ ADJ [1] (= *derrotado*) [*ejército, general*] defeated; [*equipo, jugador*] losing; **darse por ~** to give up, give in; **ir de ~** [*persona*] to be all in, be on one's last legs; **la enfermedad va de vencida** the illness is past its worst; **la tormenta va de vencida** the worst of the storm is over
[2] (= *combado*) [*tabla, viga de madera*] sagging; **la estantería estaba vencida con tanto peso** the shelves were sagging under the weight
[3] (*Com*) [*intereses, deuda*] due, payable; **con los intereses ~s** with the interest which is due *o* payable; **le pagan por meses ~s** he is paid at the end of the month
[4] (*LAm*) [*boleto, permiso*] out of date; [*medicamento, alimento*] past its use-by date
[5] (*Cono Sur, Méx*) [*elástico, resorte*] worn out
Ⓑ SM/F (*Dep*) loser; **los ~s** (*Dep*) the losers; (*Mil*) the defeated, the vanquished (*frm*); *ver tb* **tercero A**, **vencedor B**
Ⓒ ADV **pagar ~** to pay in arrears

**vencimiento** SM [1] (*Com*) [*de plazo, contrato*] expiry, expiration (*frm*); [*de inversión, préstamo*] expiry date, date of expiration (*frm*); [*de deuda*] maturity; **al ~ del título** on expiry of the title *o* when the title expires; **con ~ el 1 de marzo** expiring on 1st March
[2] [*de estantería, viga*] (*al combarse*) sagging; (*al romperse*) collapse
[3] [*de dificultad*] **tras el ~ de los primeros obstáculos** after overcoming the first few obstacles

**venda** SF bandage ► **venda elástica** elastic bandage

**vendaje**[1] SM (*Med*) dressing, bandaging ► **vendaje compresivo** support bandage ► **vendaje provisional** first-aid bandage

**vendaje**[2] SM [1] (*Com*) commission
[2] (*LAm*) (= *plus*) bonus, perk*

**vendar** ▸conjug 1a◂ VT [1] [+ *herida*] to bandage, dress; [+ *ojos*] to cover, blindfold
[2] (*fig*) (= *enceguecer*) to blind; ✦*MODISMO* **~ los ojos a algn** to hoodwink sb

**vendaval** SM (= *ventarrón*) gale, strong wind; (*fig*) storm

**vendedor(a)** Ⓐ ADJ selling; (*Fin*) **corriente ~a** selling tendency, tendency to sell
Ⓑ SM/F (*gen*) seller, vendor; (*en tienda*) shop assistant, sales assistant, sales clerk (*EEUU*); (= *minorista*) retailer; [*de empresa*] sales representative, salesman/saleswoman ► **vendedor(a) a domicilio** door-to-door salesman/saleswoman ► **vendedor(a) ambulante** hawker, pedlar, peddler (*EEUU*) ► **vendedor(a) de seguros** insurance salesman/saleswoman

**vendeja**† SF [1] (= *venta*) public sale
[2] (= *géneros*) *collection of goods offered for sale*

**vendepatrias** SMF INV traitor

**vender** ▸conjug 2a◂ Ⓐ VT [1] [+ *producto*] to sell; **venden la bicicleta a mitad de precio** they are selling the bicycle at half price; **lo vendieron por 5.000 pesetas** they sold it for 5,000 pesetas; **~le algo a algn** to sell sb sth, sell sth to sb; **me ha vendido un ordenador** he sold me a computer; **~ al contado** to sell for cash; **~ al por mayor** to sell wholesale; **~ al por menor** to sell retail; **este coche está sin ~** this car remains unsold; ✦*MODISMO* **¡a mí que las vendo!** I'm not falling for that one!
[2] (= *traicionar*) [+ *amigo*] to betray, sell out*; [+ *cómplice*] to shop*
Ⓑ VI to sell; **los buenos productos siempre venden** a good product will always sell; **vendemos a precios inmejorables** our prices are unbeatable
Ⓒ **venderse** VPR [1] [*producto*] to sell, be sold; **este artículo se vende muy bien** this item is selling very well; **se vende en farmacias** it is sold in chemists'; **el cuadro se vendió por cuatro millones** the painting sold *o* was sold for four million; **se vendían a 1.200 pesetas en el mercado** they were selling at *o* for 1,200 pesetas in the market; **es buen político, pero no sabe ~se** he's a good politician but he doesn't know how to sell himself; **"se vende"** "for sale"; **"se vende coche"** "car for sale"; ✦*MODISMO* **~se caro** to play hard to get
[2] (= *dejarse corromper*) to sell out; (= *dejarse sobornar*) to accept a bribe; **le acusaron de ~se a las multinacionales** they accused him of selling out to the multinationals; **el árbitro se vendió** the referee accepted a bribe
[3] (= *traicionarse*) to give o.s. away

**vendetta** [ben'ðeta] SF vendetta

**vendí** SM certificate of sale

**vendibilidad** SF (*gen*) saleability; (*Com*) marketability

**vendible** ADJ (*gen*) saleable; (*Com*) marketable

**vendido** ADJ ✦***MODISMO* ir** *o* **estar ~ a algo/algn*** to be at the mercy of sth/sb

**vendimia** SF 1 [*de uvas*] grape harvest, wine harvest; (*relativo a calidad, año*) year; **la ~ de 1985** the 1985 vintage
2 (= *provecho*) big profit, killing

**vendimiador(a)** SM/F vintager

**vendimiar** ▸conjug 1b◂ VT 1 [+ *uvas*] to harvest, pick
2 (*fig*) to squeeze a profit out of, make a killing out of*
3 (†*) (= *matar*) to bump off*

**vendré** *etc ver* **venir**

**venduta** SF 1 (*LAm*) (= *subasta*) auction, public sale
2 (*Caribe*) (= *frutería*) greengrocer's (shop), fruiterer's (shop); (= *abacería*) small grocery store
3 (*Caribe*) (= *estafa*) swindle

**vendutero** SM 1 (*LAm*) (*en subasta*) auctioneer
2 (*Caribe*) (= *comerciante*) greengrocer, produce dealer (*EEUU*)

**Venecia** SF Venice

**veneciano/a** Ⓐ ADJ of/from Venice
Ⓑ SM/F native/inhabitant of Venice; **los ~s** the people of Venice

**veneno** SM (*gen*) poison; [*de serpiente*] venom

**venenoso** ADJ [*animal*] poisonous, venomous; [*planta, sustancia*] poisonous; [*palabras, lengua*] venomous

**venera** SF (*Zool*) scallop; (= *concha*) scallop shell; → CAMINO DE SANTIAGO

**venerable** ADJ venerable

**veneración** SF (*gen*) worship; (*Rel*) veneration

**venerando** ADJ venerable

**venerar** ▸conjug 1a◂ VT (*gen*) to worship, revere; (*Rel*) to venerate

**venéreo** ADJ venereal; **enfermedad venérea** venereal disease

**venero** SM 1 (*Min*) lode, seam
2 (= *fuente*) spring
3 (*fig*) source, origin ▸ **venero de datos** mine of information

**venezolanismo** SM *word or phrase peculiar to Venezuela*

**venezolano/a** Ⓐ ADJ Venezuelan
Ⓑ SM/F Venezuelan; **los ~s** the Venezuelans

**Venezuela** SF Venezuela

**venga** *etc ver* **venir**

**vengador(a)** Ⓐ ADJ avenging
Ⓑ SM/F avenger

**venganza** SF revenge, vengeance; **lo hizo con espíritu de ~** he did it in a spirit of revenge *o* vengeance; **mintió por** *o* **como ~** she lied out of revenge *o* vengeance; **jurar ~ a algn** to swear vengeance on sb; **clamar ~** (*frm*) to cry for vengeance (*frm*)

**vengar** ▸conjug 1h◂ Ⓐ VT to avenge
Ⓑ **vengarse** VPR to take revenge, get one's revenge; **~se de algn** to take revenge on sb; **~se de una ofensa** to take revenge for an offence

**vengativo** ADJ [*persona, espíritu*] vengeful, vindictive; [*acto*] retaliatory

**vengo** *etc ver* **venir**

**venia** SF 1 (= *perdón*) pardon, forgiveness
2 (= *permiso*) permission, consent; **con su ~** by your leave, with your permission; **casarse sin la ~ de sus padres** to marry without the consent of one's parents
3 (*LAm Mil*) salute

**venial** ADJ venial

**venialidad** SF veniality

**venida** SF 1 (*gen*) coming; (= *llegada*) arrival; (= *vuelta*) return
2 (†) (= *ímpetu*) impetuosity, rashness

**venidero** ADJ coming, future; **en lo ~** in (the) future; **los ~s** posterity, future generations

## venir

▸conjug 3r◂
A VERBO INTRANSITIVO B VERBO PRONOMINAL
*Para las expresiones* ***venir al caso, venir de lejos, venir a las manos, venir a menos, venir a pelo, venir de perlas, venirse abajo, venirse encima****, ver la otra entrada.*

Ⓐ VERBO INTRANSITIVO

1 *a un lugar* to come; **vino a Córdoba desde Barcelona** he came to Córdoba from Barcelona; **¡ven acá** *or* **aquí!** come (over) here!; **vino en taxi** he came by taxi; **~ a** + INFIN: **vinieron a verme al hospital** they came to see me in hospital; **me vienen a recoger en coche** they're coming to pick me up in the car; **¿y todo esto a qué viene?** what's all this in aid of?; **¿a qué vienen tantos llantos?** what's all this crying about?; **¿y ahora a qué vienes?** what do you want now?; **hacer ~ a algn**: **le hicieron ~ desde Londres** they had him come (all the way) from London; **hicieron ~ al médico** they sent for the doctor, they called out the doctor; **~ (a) por algn/algo** to come for sb/sth; **vinieron (a) por el enfermo** they came to pick up the patient, they came for the patient; **han venido (a) por el coche** they've come to pick up the car, they've come for the car; ✦***MODISMO* ~le a algn con**: **no me vengas con historias** don't give me any of your stories

2 = *volver* **¡enseguida** *o* **ahora vengo!** I'll be right back!*; **cuando vinimos de las vacaciones todo estaba sucio** when we got back from our holiday everything was dirty

3 = *estar* to be; **la noticia venía en el periódico** the news was in the paper; **viene en la página 47** it's on page 47; **esta palabra no viene en el diccionario** this word isn't in the dictionary; **el texto viene en castellano** the text is (written) in Spanish; **viene en varios colores** it comes in several colours

4 = *ocurrir* to come; **la guerra y todo lo que vino después** the war and everything that happened *o* came afterwards; **ahora viene lo mejor de la película** this is the best bit in the film, the best bit in the film is coming up now; **lo veía ~** I could see it coming; ✦***MODISMOS* (estar) a verlas ~** to wait and see what happens; **venga lo que venga** come what may; **~ rodado** to go smoothly; ✦***REFRÁN* las desgracias nunca vienen solas** it never rains but it pours

5
◆ **venir de** (= *provenir*) to come from; **esta palabra viene del árabe** this word comes from the Arabic; **esta especia viene de oriente** this spice comes from the East; **la fortuna le viene de su padre** his fortune comes from his father; **de ahí vienen muchos problemas** it is the cause of many problems; **la honestidad le viene de familia** honesty runs in her family

6 = *sobrevenir* **de repente le vinieron muchos problemas** a lot of problems suddenly cropped up; **le vino un gran dolor de cabeza** he got a terrible headache; **le vino la idea de salir** he had the idea of going out; **me vinieron ganas de llorar** I felt like crying; ✦***MODISMO* como te** *o* **le venga en gana** just as you wish

7 = *quedar* **la falda me viene ancha** the skirt is too loose (for me); **el abrigo te viene algo pequeño** the coat is rather small on *o* for you; **te viene estrecho en la espalda** it's too tight round your shoulders; **este puesto de trabajo me viene grande** *o* **ancho** this job is beyond me, this job is too much for me; **~ bien**: **¿te viene bien el sábado?** is Saturday all right for you?; **hoy no me viene bien** today is not convenient for me; **eso vendrá bien para el invierno** that will come in handy for the winter*; **me vendría bien una copita** I could do with a drink*; **~ mal**: **mañana me viene mal** tomorrow is inconvenient; **no me vendría mal un descanso** I could do with a rest

8
◆ **por venir** (= *futuro*) **las generaciones por ~** future generations, generations to come; **lo peor está por ~** the worst is yet *o* still to come
◆ **que viene** (= *próximo*) next; **el mes que viene** next month; **lo estudiaremos el curso que viene** we'll be studying it next year
◆ **venga a** (*con sentido reiterativo*) **yo estoy nerviosísimo y ella venga a mirarme** I'm really nervous and she won't stop staring at me; **yo no tenía dinero y el niño venga a pedir chucherías** I didn't have any money and my boy was always *o* forever asking for little treats; **tenía mucha prisa y los periodistas venga a preguntas** I was in a real hurry and the journalists wouldn't stop asking questions

9 *como auxiliar* 9·1 **~ a** + INFIN: **el desastre vino a turbar nuestra tranquilidad** the disaster upset our peaceful existence; **viene a llenar un gran vacío** it fills a big gap; **vino a parar** *o* **dar a la cárcel** he ended up in jail; **~ a ser**: **viene a ser 84 en total** it comes to 84 all together; **viene a ser lo mismo** it comes to *o* amounts to the same thing
9·2 (+ GERUND) **eso lo vengo diciendo desde hace tiempo** that's what I've been saying all along
9·3 (+ PARTICIPIO) **vengo cansado** I'm tired; **venía hecho polvo*** he was shattered*

10
◆ **¡venga!** (*Esp**) **¡venga, vámonos!** come on, let's go!; **¡venga, una canción!** let's have a song!; **préstame mil pesetas, venga** go on, lend me 1,000 pesetas; **—¿quieres que lo hagamos juntos? —¡venga!** "shall we do it together?" — "come on, then"; **—¡hasta luego! —¡venga!** "see you later!" — "O.K.!" *o* "right!"; **¡venga ya, no seas pesado!** come on, don't be such a bore!; **—me ha tocado la lotería —¡venga ya!** "I've won the lottery" — "you're kidding!*"

Ⓑ **venirse** VERBO PRONOMINAL

1 = *llegar* to come; **el niño se vino solo**

➤ LENGUA Y USO: venir A7 31

the child came here all on his own
[2] [= *volver*] to come back; **se vino de la fiesta porque estaba aburrido** he came back from the party because he was bored
[3] [= *fermentar*] [*vino*] to ferment; [*masa*] to prove
[4] [= *convenirse*] **lo que se ha venido en llamar ...** what we have come to call ...
[5] [*CAm***: *sexualmente*] to come**

**VENIR**

Aunque **venir** y **come** generalmente dan una idea de movimiento en dirección al hablante, e **ir** y **go** implican que hay un movimiento en dirección opuesta al hablante, tenemos que distinguir algunos casos en los que hay diferencias entre los dos idiomas.

- En español no solemos describir el movimiento de una acción desde el punto de vista de la otra persona, mientras que en inglés sí. Por ejemplo, si alguien nos llama, respondemos:
  Ya voy
  ***I'm coming***
- Si estamos organizando algo por teléfono, por carta, o en una conversación:
  Iré a recogerte a las cuatro
  ***I'll come and pick you up at four***
  ¿Voy contigo?
  ***Shall I come with you?***
- Por lo tanto, tenemos que traducir **ir** por **come** cuando, si vamos a algún sitio, nos unimos a alguien o a un grupo que va o ya está en ese sitio.

*Para otros usos y ejemplos ver la entrada.*

**venoso** ADJ [1] [*sangre*] venous
[2] [*hoja*] veined, ribbed

**venpermutar** ▸conjug 1a◂ VT (*Col*) to offer for sale or exchange

**venta** SF [1] (*Com*) sale; **han prohibido la ~ de armas** the sale of arms has been banned; **a la ~** on sale; **estar a la ~** to be on sale; **poner algo a la ~** to put sth on *o* up for sale; **salir a la ~** to go on sale; **de ~**: **de ~ únicamente en farmacias** available only at chemists'; **en ~**: **estar en ~** to be (up) for sale, be on the market; **"en venta"** "on sale" ► **venta a domicilio** door-to-door selling ► **venta al contado** cash sale ► **venta al detalle** retail ► **venta al por mayor** wholesale ► **venta al por menor** retail ► **venta a plazos** hire purchase, installment plan (*EEUU*) ► **venta callejera** peddling, hawking ► **venta de liquidación** clearance sale ► **venta directa** direct selling ► **venta piramidal** pyramid selling ► **venta por balance** stocktaking sale ► **venta por catálogo** mail-order selling ► **venta por correo** mail-order selling ► **venta por cuotas** hire purchase, installment plan (*EEUU*) ► **venta por inercia** inertia selling ► **venta posbalance** stocktaking sale ► **venta pública** public sale, auction ► **ventas a término** forward sales ► **ventas brutas** gross sales ► **ventas de exportación** export sales ► **ventas por teléfono** telephone sales
[2] (†) (= *posada*) country inn
[3] (*Caribe, Méx*) (= *tienda*) small shop, stall; (*Cono Sur*) [*de feria, exposición*] stall, booth

**ventada** SF gust of wind

**ventaja** SF [1] (= *beneficio*) advantage; **tiene la ~ de que está cerca de casa** it has the advantage of being close to home; **es un plan que tiene muchas ~s** it is a plan that has many advantages; **llevar ~ a algn** to have the advantage over sb, be ahead of sb, be one up on sb; **la ~ que A le lleva a B es grande** A has a big advantage over B; **sacar ~ de algo** (= *aprovechar*) to derive profit from sth; (*pey*) to use sth to one's own advantage
[2] (*Dep*) (*en carrera*) start, advantage; (*Tenis*) advantage; (*en las apuestas*) odds *pl*; **me dio una ~ de cuatro metros** ◊ **me dio cuatro metros de ~** he gave me a four metre start; **me dio una ~ de 20 puntos** he gave me an advantage of 20 points; **llevar ~** (*en carrera*) to be leading *o* ahead; **llevaba una ~ de varios segundos sobre su rival** he was several seconds ahead of his rival; **llevan una ~ de 1-0** they are 1-0 up *o* ahead
[3] **ventajas** (*en empleo*) extras, perks* ► **ventajas supletorias** fringe benefits

**ventajear** ▸conjug 1a◂ VT (*Andes, CAm*) [1] (= *rebasar*) to outstrip, surpass; (= *llevar ventaja a*) to get the advantage of
[2] (= *mejorar*) to better, improve on
[3] (= *preferir*) to prefer, give preference to
[4] **~ a algn** (*pey*) to beat sb to it, get the jump on sb*

**ventajero/a** ADJ, SM/F (*LAm*) = **ventajista**

**ventajismo** SM [1] (= *oportunismo*) opportunism
[2] (*LAm*) cheek*, nerve*

**ventajista** Ⓐ ADJ (= *poco escrupuloso*) unscrupulous; (= *egoísta*) self-seeking, grasping; (= *taimado*) sly, treacherous
Ⓑ SMF (= *oportunista*) opportunist

**ventajosamente** ADV (*gen*) advantageously; (*Fin*) profitably; **estar ~ colocado** to be well placed

**ventajoso** ADJ [1] (*gen*) advantageous; (*Fin*) profitable
[2] (*LAm*) = **ventajista A**

**ventana** SF [1] (*Constr*) window; **doble ~** double-glazed window; **tirar algo por la ~** (*lit*) to throw sth out of the window; (*fig*) to throw sth away, fail to make any use of sth ► **ventana aislante** double-glazed window ► **ventana de guillotina** sash window ► **ventana salediza** bay window ► **ventana vidriera** picture window ► **ventanas dobles** double glazing *sing*
[2] [*de nariz*] nostril
[3] (*Inform*) window
[4] (*Andes*) (= *claro de bosque*) forest clearing, glade

**ventanaje** SM windows *pl*

**ventanal** SM large window

**ventanear** ▸conjug 1a◂ VI to be always at the window, be forever peeping out

**ventanilla** SF [1] [*de vehículo*] window; **si tienes calor baja la ~** open the window if you're hot
[2] (*en cine, teatro*) box office; (*en oficina*) window; **recoja sus entradas en la ~** pick your tickets up at the box office; **para abonar en cuenta pase por ~** please make deposits at the cash desk; **me tuvieron todo el día de ~ en ~** they gave me the runaround all day*; **programa de ~ única** *programme to simplify bureaucratic procedures*
[3] [*de sobre*] window
[4] (*Anat*) (*tb* **~ de la nariz**) nostril

**ventanillero/a** SM/F counter-clerk

**ventanillo** SM (= *ventana*) small window; (= *mirilla*) peephole

**ventarrón** SM (= *viento*) gale, strong wind; (= *ráfaga*) blast

**ventear** ▸conjug 1a◂ Ⓐ VT [1] [*perro*] to sniff
[2] [+ *ropa*] (= *airear*) to air; (= *secar*) to put out to dry
[3] (*LAm*) [+ *animal*] to brand
[4] (*LAm*) (= *abanicar*) to fan
[5] (*Cono Sur*) [+ *adversario*] to get far ahead of, leave far behind
[6] (*LAm Agr*) to winnow
Ⓑ VI (= *curiosear*) to snoop, pry; (= *investigar*) to inquire, investigate
Ⓒ **ventearse** VPR [1] (= *henderse*) to split, crack; (= *ampollarse*) to blister; (= *secarse*) to get too dry, spoil
[2] (= *ventosear*) to break wind
[3] (*Andes, Caribe, Cono Sur*) (= *estar mucho fuera*) to be outdoors a great deal
[4] (*Andes, Caribe*) (= *engreírse*) to get conceited

**ventero/a** SM/F innkeeper

**ventilación** SF [1] [*de habitación, edificio*] ventilation; (= *abertura*) opening for ventilation; **sin ~** unventilated ► **ventilación mecánica** artificial respiration
[2] (= *corriente*) draught, draft (*EEUU*)
[3] [*de problema, asunto*] airing

**ventilado** ADJ draughty, drafty (*EEUU*), breezy

**ventilador** SM [1] (*gen, de coche*) fan
[2] (= *abertura*) air vent, ventilator
[3] (*Med*) ventilator

**ventilar** ▸conjug 1a◂ Ⓐ VT [1] (= *airear*) [+ *cuarto*] to air, ventilate; [+ *ropa*] to air
[2] (*) (= *resolver*) to sort (out)*; **han ventilado el problema en dos horas** they sorted (out) the problem in two hours*
[3] (= *hacer público*) [+ *intimidades, secreto*] to air; **ha estado ventilando los detalles íntimos de su relación** he's been airing the intimate details of their relationship
Ⓑ **ventilarse** VPR [1] (= *airearse*) [*ropa*] to air; **abre la ventana para que se ventile la habitación** open the window to air *o* ventilate the room
[2] (*frm*) (= *tomar aire*) [*persona*] to get some (fresh) air
[3] (*) [+ *comida, bebida, trabajo*] to polish off*; **se ventiló la botella de whisky en un día** he polished off the bottle of whisky in one day*
[4] (*) (= *matar*) **~se a algn** to do sb in*
[5] (*Esp***) **~se a algn** (= *copular con*) to shag sb**, screw sb**

**ventisca** SF blizzard, snowstorm

**ventiscar** ▸conjug 1g◂ VI, **ventisquear** ▸conjug 1a◂ VI (= *nevar*) to blow a blizzard, snow with a strong wind; [*nieve*] to drift

**ventisquero** SM [1] (= *tormenta*) blizzard, snowstorm
[2] (= *montículo*) snowdrift; (= *barranco*) *gully/slope where the snow lies*

**vento‡** SM (*Cono Sur*) dough‡

**ventolada** SF (*LAm*) strong wind, gale

**ventolera** SF [1] (= *ráfaga*) gust of wind, blast
[2] (= *juguete*) windmill
[3] (*) (= *capricho*) whim, wild idea; **le dio la**

~ **de comprarlo** he had a sudden notion to buy it

[4] (= *vanidad*) vanity, conceit; (= *satisfacción*) smugness; (= *arrogancia*) arrogance; (= *jactancia*) boastfulness; **tiene mucha ~** she's terribly big-headed*

**ventolina** SF [1] (*LAm*) (= *ráfaga*) sudden gust of wind
[2] (*Náut*) light wind

**ventorrillo** SM [1] (= *taberna*) small inn, roadhouse
[2] (*Caribe, Méx*) (= *tienda*) small shop

**ventosa** SF [1] (= *agujero*) vent, air hole
[2] (*Zool*) sucker
[3] (*Med*) cupping glass
[4] (*Téc*) suction pad

**ventosear** ▸conjug 1a◂ VI to break wind

**ventosidad** SF wind, flatulence (*frm*)

**ventoso** Ⓐ ADJ [1] (*Meteo*) windy
[2] (= *flatulento*) windy, flatulent (*frm*)
Ⓑ SM (*Esp*⁑) (= *ladrón*) burglar

**ventral** ADJ ventral

**ventregada** SF brood, litter

**ventrículo** SM ventricle

**ventrílocuo/a** SM/F ventriloquist

**ventriloquia** SF ventriloquism

**ventrudo** ADJ potbellied

**ventura** SF [1] (= *dicha*) happiness
[2] (= *suerte*) luck, (good) fortune; (= *casualidad*) chance; **mala ~** bad luck; **por su mala ~** as bad luck would have it; **por ~** (*frm*) (= *por suerte*) fortunately; (= *por casualidad*) by (any) chance; **¿piensas ir, por ~?** are you by any chance thinking of going?; **echar la buena ~ a algn** to tell sb's fortune; **probar ~** to try one's luck; **~ te dé Dios** I wish you luck; ✦***MODISMO*** **a la ~** at random; **ir a la ~** to go haphazardly, go without a fixed plan; **vivir a la ~** to live in a disorganized way; **todo lo hace a la ~** he does it all in a hit-or-miss fashion; ✦***REFRÁN*** **viene la ~ a quien la procura** God helps those who help themselves

**venturero** ADJ (*Méx*) [1] [*cosecha*] out of season
[2] [*trabajo*] temporary, casual

**venturoso** ADJ [1] (= *afortunado*) lucky, fortunate; (= *exitoso*) successful
[2] (= *dichoso*) happy

**Venus** Ⓐ SF (*Mit*) Venus
Ⓑ SM (*Astron*) Venus

**venus** SF (= *mujer*) goddess

**venusiano/a** ADJ, SM/F Venusian

**veo-veo** SM (= *juego*) I spy (with my little eye)

**ver**

> ▸conjug 2u◂
> [A] VERBO TRANSITIVO
> [B] VERBO INTRANSITIVO
> [C] VERBO PRONOMINAL
> [D] SUSTANTIVO MASCULINO
>
> *Para las expresiones* **ver visiones, no ver tres en un burro**, *ver el sustantivo.*

Ⓐ VERBO TRANSITIVO

[1] [= ***percibir***] [1·1] [+ *persona, objeto*] to see; **te vi en el parque** I saw you in the park; **desde aquí lo ~ás mejor** you can see it better from here; **lo he visto con mis propios ojos** I saw it with my own eyes; **me acuerdo como si lo estuviera viendo** I remember it as if I were seeing it now, I remember it as if it were yesterday; **¡vieran qué casa!** (*Méx*) ◊ **¡hubieran visto qué casa!** (*Méx*) you should have seen the house!; **dejarse ~**: **este año Pedro no se ha dejado ~ por aquí** we haven't seen much of Pedro this year; ✦***MODISMOS*** **no veo ni jota** I can't see a thing; **si te he visto no me acuerdo**: **le pedí que me ayudara, pero si te he visto no me acuerdo** I asked him to help me but he (just) didn't want to know; **~ algn/algo venir**: **—¿que ha dimitido? —eso ya lo veía venir** "he's resigned?" — "well, you could see it coming"; **ya te veo venir, ¿a que quieres que te preste el coche?** I know what you're after, you want to borrow the car, don't you?

[1·2] (+ *GERUND*) **los vi paseando por el parque** I saw them walking in the park

[1·3] + *INFIN* **la vi bajar la escalera** I saw her come downstairs; **eso lo he visto hacer aquí muchas veces** I have often seen that done here

[1·4] (+ *ADJ*) **te veo muy triste** you look very sad; **esta casa la veo pequeña para tanta gente** I think this house is too small for so many people

[2] [= ***mirar***] [+ *televisión, programa, partido*] to watch; **anoche vi una película en la tele** I saw *o* watched a film on TV last night; **es (digno) de ~** it's worth seeing; ✦***MODISMO*** **no poder (ni) ~ a algn**: **no lo puedo (ni) ~** I can't stand him

[3] [***en saludos***] **¡cuánto tiempo sin ~te!** I haven't seen you for ages!; **¡hasta más ~!** see you again!

[4] [= ***visitar***] to see; **ayer fui a ~ a tu hermano** I went to see your brother yesterday; **tendré que ir a ~ al abogado** I shall have to go to *o* and see my solicitor; **el médico todavía no la ha visto** the doctor hasn't seen her yet

[5] [= ***imaginar***] to see, imagine; **lo estoy viendo de almirante** I can just see *o* imagine him as an admiral

[6] [= ***vivir***] to live through; **yo he visto dos guerras mundiales** I have lived through two world wars; ✦***MODISMOS*** **y usted que lo vea** ◊ **y tú que lo veas**: **—¡a celebrarlo con salud el año próximo! — ¡y usted que lo vea!** "many happy returns!" — "thank you!"

[7] [= ***examinar***] to look at; **este tema lo ~emos en la próxima clase** we'll be looking at this subject in the next lesson

[8] [= ***comprobar***] to see; **¡~ás como al final te caerás!** you'll fall, you just wait and see!; **ya ~ás como al final tengo que hacerlo yo** I'll end up doing it myself, you'll see; **habrá que ~**: **habrá que ~ lo que les habrá contado** we'll have to see what he's told them; **voy a ~ si está en su despacho** I'll see if he's in his office

[9] [= ***notar***] to see; **no veo la diferencia entre uno y otro** I can't see the difference between them; **ya veo que tendré que hacerlo yo solo** I can see I'll have to do it myself; **—¿ves que no son iguales? —pues, no lo veo** "can't you see they're not the same?" — "no, I can't"; **—gana más de cien mil al mes —¡ya ves!** "she earns more than 100,000 a month" — "well, there you go!"; **dejarse ~**: **los efectos de la crisis se dejaron ~ meses después** the effects of the crisis were felt months later; **la preocupación se dejaba ~ en su cara** the worry showed in his face; **echar de ~ algo** to notice sth; **por lo que veo** from what I can see

[10] [= ***entender***] to see; **ahora veo la importancia del problema** I see how serious the problem is now; **¿no ves que ...?** don't *o* can't you see that ...?; **no veo muy claro para qué lo quiere** I can't really see what he wants it for; **hacer ~ algo a algn** to point sth out to sb

[11] [= ***encontrar***] to see; **no veo nada en contra de eso** I see nothing against it; **no le veo solución al conflicto** I can't see a solution to the conflict

[12] [***Jur***] [*pleito*] to hear, try; **el proceso se ~á en mayo** the case will be heard in May

[13]

◆ **tener que ver**: **—es demasiado pequeño —¿y eso qué tiene que ~?** "it's too small" — "what's that got to do with it?"; **esto tiene que ~ con lo que estudiamos ayer** this has to do with what we were looking at yesterday; **yo no tuve nada que ~ en la venta del terreno** I had nothing to do with the sale of the land

[14]

◆ **a ver**: **a ~ niños, ¿cuál es la capital de Francia?** now, children, what is the capital of France?; **—mira, tú sales en la foto —¿a ~?** "look, you're in the photo" — "let's have a look" *o* "let's see"; **a ~ ese niño, que no se quede solo** don't leave that child on his own; **a ~ qué dicen las noticias sobre el robo** let's see if there's anything about the robbery on the news; **a ~ qué está pasando** let's see what's happening; **—estás estudiando mucho —¡a ~, no queda más remedio!** "you're doing a lot of studying" — "well, I haven't got much choice!"; **¡a ~, cállate ya!** shut up, will you!; **¿a ~?** (*Andes Telec*) hello?; **a ~ si ...**: **a ~ si acabas pronto** see if you can finish this off quickly; **¡a ~ si te crees que no lo sé!** surely you don't think I don't know about it!

Ⓑ VERBO INTRANSITIVO

[1] [= ***percibir***] to see; **no veo muy bien con el ojo derecho** I can't see very well with my right eye; **como vimos ayer en la conferencia** as we saw in the lecture yesterday; **como ~emos más adelante** as we shall see later; **eso está por ~** that remains to be seen; ✦***MODISMOS*** **que no veo***: **tengo un hambre que no veo** I'm famished!; **que no veas***: **hay un ruido que no veas** there's a hell of a racket!*; **un coche que no veas** an amazing car; **~ y callar**: **no digas nada, tú sólo ~ y callar** you'd better keep your mouth shut about this; **~ para creer** seeing is believing

[2] [= ***comprobar***] to see; **según voy viendo...** as I am beginning to see...; **—¿quién ha venido? —no sé, voy a ~** "who is it?" —"I don't know, I'll go and see"; **—al final siempre me toca hacerlo a mí —ya veo** "in the end it's always me that has to do it" — "so I see"

[3] [= ***entender***] to see; **¿ves?, así es mucho más fácil** you see? it's much easier like this; **a mi modo de ~** as I see it, the way I see it; **yo este tema no lo veo así** I don't see this issue that way; **¿viste?** (*Cono Sur*) right?, are you with me?

[4] **~ de hacer algo** to see about doing sth, try to do sth; **tenemos que ~ de solucionar este problema** we must try to *o* and find a solution to this problem; **~emos de salir temprano** we'll see if we can leave early, we'll try to *o* and leave early

5 *otras locuciones* **¡hay que ~!**: **¡hay que ~ lo que te pareces a tu madre!** gosh! how like your mother you are *o* look!; **¡hay que ~ lo que ha cambiado la ciudad!** it's incredible *o* you wouldn't believe how much the town has changed!; **¡para que veas!**: **ha aprobado todo las asignaturas, ¡para que veas!** she passed all her exams, how about that!; **no sólo no perdí, sino que arrasé, ¡para que veas!** not only did I not lose, but I won by a mile, so there!; **lo dijo por ~** (*Caribe*) ◊ **lo dijo de por ~** (*Cono Sur*) he was just trying it on*; **quedar en ~emos** (*LAm*): **todo quedó en ~emos** it was all left in the air; **eso está** *o* **queda en ~emos** it's not certain yet; **vamos a ~** let's see ..., let me see ...; **—¿esto tiene arreglo? —no sé, vamos a ~** "can this be repaired?" — "I don't know, let's see *o* let me see"; **¿por qué no me llamaste, vamos a ~?** why didn't you call me, I'd like to know?; **ya veremos** we'll see; **—¿podré ir a la fiesta? —ya ~emos** "can I go to the party?" — "we'll see"

Ⓒ **verse** VERBO PRONOMINAL

1 *reflexivo* to see o.s.; **no quiere ~se en el espejo** she doesn't want to see herself in the mirror; **se vio reflejado en el espejo** he saw his reflection in the mirror

2 *recíproco* (= *saludarse, visitarse*) to see each other; (= *citarse*) to meet; **ahora apenas nos vemos** we hardly see (anything of) each other nowadays; **¡luego nos vemos!** see you later!; **¡nos estamos viendo!** (*LAm*) see you (later)!; **quedamos en ~nos en la estación** we arranged to meet at the station; **~se con algn** to see sb

3 *= percibirse* **desde aquí no se ve** you can't see it from here; **se le veía mucho en el parque** he was often to be seen in the park; **se le veían las bragas** you could see her knickers; **no se ha visto un lío parecido** you never saw such a mess; **¿cuándo se vio nada igual?** have you ever seen anything like it!; **es digno de ~se** it's worth seeing; **¡habráse visto!*** of all the cheek!*, well I like that!; **eso ya se ~á** that remains to be seen

4 *= mirar* **véase la página 9** see page 9

5 *= notarse* **—ahora estoy muy feliz —ya se ve** "I'm very happy now" — "I can see that"; **se ve que no tiene idea de informática** he obviously hasn't got a clue about computers; **se ve que sí** so it seems; **¡qué se vean los forzudos!** let's see how tough you are!

6 *= imaginarse* to see o.s., imagine o.s.; **yo ya me veía en la cárcel** I could see myself going to jail

7 *LAm* = parecer* to look; **te ves divina** you look wonderful; **te ves cansado** you look tired; **te vas a ~ precioso así** you'll look lovely like that

8 *= estar, encontrarse* to find o.s., be; **~se en un apuro** to find o.s. *o* be in a jam*; **se veía en la cumbre de la fama** he was at the height of his fame

9

◆ **vérselas**: **me las vi y me las deseé para hacerlo*** it was a real sweat to get it done*, it was a tough job to get it done*; **vérselas con algn**: **tendrá que vérselas con mi abogado** he'll have my solicitor to deal with

Ⓓ SUSTANTIVO MASCULINO

1 *= aspecto* **de buen ~** good-looking; **tener buen ~** to be good-looking

2 *= opinión* **a mi ~** as I see it, the way I see it

**vera** SF (*gen*) edge, verge, berm (*EEUU*); [*de río*] bank; **a la ~ de** (*poét*) near, next to; **a la ~ del camino** beside the road, at the roadside; **se sentó a mi ~** he sat down beside me

**veracidad** SF truthfulness, veracity (*frm*)

**veracruzano/a** Ⓐ ADJ of/from Veracruz Ⓑ SM/F native/inhabitant of Veracruz; **los ~s** the people of Veracruz

**veragua** SF (*CAm*) mildew (*on cloth*)

**veranda** SF veranda(h)

**veraneante** SMF holidaymaker, (summer) vacationer (*EEUU*)

**veranear** ▸conjug 1a◂ VI to spend the summer (holiday), spend the summer vacation (*EEUU*), holiday; **veranean en Jaca** they go to Jaca for the summer; **es un buen sitio para ~** it's a nice place for a summer holiday

**veraneo** SM summer holiday, summer vacation (*EEUU*); **lugar de ~** summer resort, holiday resort; **estar de ~** to be away on (one's summer) holiday; **ir de ~ a la montaña** to go off to spend one's summer holidays in the mountains

**veraniego** ADJ 1 (= *del verano*) summer *antes de s*
2 (*fig*) trivial

**veranillo** SM 1 ► **veranillo de San Martín** (*en noviembre*) Indian summer ► **veranillo de San Miguel** (*en septiembre*) Indian summer
2 (*CAm*) dry spell (*in the rainy season*) ► **veranillo de San Juan** (*Cono Sur*) (*en junio*) ≈ Indian summer

**verano** SM 1 (= *estación calurosa*) summer
2 (*en regiones equatoriales*) dry season

**veranoso** ADJ (*LAm*) dry

**veras** SFPL 1 (= *cosas serias*) serious things; **entre burlas y ~** half jokingly
2 **de ~** (= *de verdad*) really, truly; (= *sinceramente*) sincerely; (= *con empeño*) in earnest; **¿de ~?** really?, is that so?; **lo siento de ~** I am truly sorry; **esto va de ~** this is serious; **ahora va de ~ que lo hago** now I really am going to do it; **ahora me duele de ~** now it really does hurt; **esta vez va de ~** this time it's the real thing*

**veraz** ADJ truthful

**verbal** ADJ (*gen*) verbal; [*mensaje*] oral

**verbalizar** ▸conjug 1f◂ VT to verbalize, express

**verbalmente** ADV [*acordar*] verbally; [*comunicar*] orally

**verbena** SF 1 (= *fiesta*) fair; [*de santo*] *open-air celebration on the eve of a saint's day*; (= *baile*) open-air dance
2 (*Bot*) verbena

**verbenero** ADJ of *o* relating to a *verbena*; **persona verbenera** party animal*; **alegría verbenera** fun of the fair; **música verbenera** fairground music

**verbigracia** ADV for example, e.g.

**verbo** SM 1 (*Ling*) verb ► **verbo activo** active verb ► **verbo auxiliar** auxiliary verb ► **verbo defectivo** defective verb ► **verbo deponente** deponent verb ► **verbo finito** finite verb ► **verbo intransitivo**, **verbo neutro** intransitive verb ► **verbo reflexivo** reflexive verb ► **verbo transitivo** transitive verb
2 (*Literat*) language, diction; **de ~ elegante** elegant in style
3 (= *juramento*) curse, oath; **echar ~s** to swear, curse
4 **el Verbo** (*Rel*) the Word

**verborrea** SF, **verborragia** SF verbosity, verbal diarrhoea *o* (*EEUU*) diarrhea*

**verborreico** ADJ verbose, wordy

**verbosidad** SF verbosity, wordiness

**verboso** ADJ verbose, wordy

**verdad** SF 1 (= *veracidad*) truth; **la pura ~** the plain truth; **no pudo esclarecer la ~ de los hechos** he couldn't establish the truth about what happened; **hay una parte de ~ en todo esto** there is some truth *o* an element of truth in all this; **nadie está en posesión de la ~** no one has an exclusive right to the truth; **decir la ~** to tell the truth; **a decir ~** ◊ **si te digo la ~** to be honest, to tell you the truth; **la ~ sea dicha** if (the) truth be known; **en ~** to be honest, really; **en ~ no sé qué contestarte** to be honest I don't know what to say to you, I really don't know what to say to you; **en ~ os digo que seréis recompensados** (*Biblia*) verily I say unto you, you shall be rewarded; **faltar a la ~** to be untruthful, be economical with the truth (*euf*); **en honor a la ~** to be perfectly honest, in all honesty; ✦*MODISMO* **ir con la ~ por delante** to be completely open about things; *ver tb* **hora 2.2**
2 **de ~** (*como adj*) real; (*como adv*) really; **¿son de ~ estas balas?** are those real bullets?; **ése sí que es un torero de ~** he's what I call a real bullfighter; **—mañana vendré a ayudarte —¿de ~?** "I'll come and help you tomorrow" — "really?" *o* "will you?"; **la quiero de ~** I really love her; **esta vez me voy a enfadar de ~** this time I really am going to get angry; **de ~ que no me importa ir** I really don't mind going, I don't mind going, honestly *o* really
3 **es ~** it's true; **eso no es ~** that's not true; **¿es ~ que a Diego le ha tocado la lotería?** is it true that Diego has won the lottery?; **bien es ~ que** of course; **bien es ~ que es aún pronto para juzgar los resultados** of course, it's too soon to make any judgement about the results; **si bien es ~ que** although, even though; **si bien es ~ que llevamos poco tiempo aquí, ya puedo decir que ...** although *o* even though we haven't been here long, I can already say that ...
4 (*) (*para enfatizar*) **pues la ~, no sé** to be honest I don't know, I don't really know; **la ~ es que no me gusta mucho** to be honest I don't like it much, I don't really like it much
5 (*para corroborar algo*) **estás cansado ¿verdad?** *o* **¿no es ~?** you're tired, aren't you?; **hace frío ¿verdad?** *o* **¿no es ~?** it's cold, isn't it?; **no os gustó ¿verdad?** you didn't like it, did you?; **¿~ que sí fuimos?** we went, didn't we?, we did go, didn't we?; **¿~ que has sido tú?** it was you, wasn't it?
6 (= *afirmación verdadera*) truth; **no me gustan las ~es a medias** I don't like half-truths; **lo que acabas de decir es una gran ~** you couldn't have spoken a truer word; **~ científica** scientific truth; **~ objetiva** objective truth; ✦*MODISMOS* **ser una ~ de Perogrullo** to be patently obvious; **ser una ~ como un puño*** to be the bitter *o* painful truth; **ser una ~ como un templo** to be the plain truth; **las ~es del barquero** the plain

➤ LENGUA Y USO: verdad 1 38.1 2 45.1

truths, the simple truths; **decirle cuatro ~es a algn** to give sb a piece of one's mind*

**verdaderamente** ADV [1] (= *de verdad*) really; **es ~ una pena** it really is a shame
[2] (*con adjetivo*) really, truly; **es ~ triste** it's really *o* truly sad; **un hombre ~ bueno** a really *o* truly good man
[3] (*para confirmar*) indeed; **y ~, el sitio no es nada especial** and indeed, the place is nothing special

**verdadero** ADJ [1] (= *auténtico*) [*caso, joya, motivo, nombre*] real; [*historia, versión*] true; [*testimonio*] truthful; **no creo que sea ésa la verdadera razón** I don't think that's the real reason; **¿cuál es tu ~ nombre?** what's your real name?; **es un ~ amigo** he's a true friend
[2] (*para enfatizar*) real; **es un ~ héroe** he's a real hero; **fue un ~ desastre** it was a real *o* (*frm*) veritable disaster; **es el ~ retrato de su madre** he's the spitting image of his mother
[3] (= *sincero*) [*persona*] truthful

**verde** Ⓐ ADJ [1] (*color*) green; **✦MODISMOS estar ~ de envidia** to be green with envy; **poner ~ a algn*** to run sb down*, slag sb off‡; **siempre ponen ~ al jefe** they're always running down* *o* slagging off‡ the boss; **me llamó y me puso ~ por no haberla ayudado** she called me and gave me a piece of her mind for not helping her*
[2] [*árbol, planta*] green; [*fruta, verdura*] green, unripe; [*legumbres*] green; [*madera*] unseasoned
[3] [*zona, espacio*] green; **faltan zonas ~s en esta ciudad** there are not enough green spaces in this city
[4] (*) [*plan, proyecto*] **el proyecto está muy ~** the project is at a very early stage
[5] (*) (= *sin experiencia*) green*; **está muy ~*** he's very green*, he doesn't know a thing
[6] (*) [*chiste, canción*] smutty*, blue*, dirty; **viejo ~** dirty old man*
[7] (*Pol*) Green
Ⓑ SM [1] (= *color*) green ► **verde botella** bottle green ► **verde esmeralda** emerald green ► **verde lima** lime green ► **verde manzana** apple green ► **verde oliva** olive green ► **verde pistacho** pistachio green
[2] (= *hierba*) grass; (= *follaje*) foliage, greenery; (= *forraje*) green fodder; **sentarse en el ~** to sit on the grass; **segar la hierba en ~** to cut the grass while it is still green
[3] (*) (= *billete*) [*de mil pesetas*] 1,000-peseta note; [*de un dólar*] dollar bill, buck (*EEUU**), greenback (*EEUU**)
[4] **✦MODISMO darse un ~ de algo**† to have one's fill of sth
[5] (*Cono Sur*) (= *mate*) maté
[6] (*Cono Sur*) (= *pasto*) grass, pasture
[7] (*Cono Sur*) (= *ensalada*) salad
[8] (*Andes*) (= *plátano*) plantain
[9] (*Caribe, Méx*) (= *campo*) country, countryside
[10] (*Caribe**) (= *policía*) cop*
Ⓒ SMF (*Pol*) Green; **los Verdes** the Greens, the Green Party

**verdear** ▸conjug 1a◂ VI [1] (= *tener color*) to look green; (= *tirar a verde*) to be greenish
[2] (= *volverse verde*) to go green, turn green
[3] (*Cono Sur*) (= *beber mate*) to drink maté
[4] (*Cono Sur Agr*) to graze

**verdecer** ▸conjug 2d◂ VI [*objeto*] to turn green, grow green; [*persona*] to go green

**verdegay** ADJ, SM light green

**verdemar** ADJ, SM sea-green

**verde-oliva** ADJ INV olive green

**verderón** SM [1] (*Orn*) greenfinch
[2] (*Esp‡*) 1,000-peseta note

**verdete** SM verdigris

**verdiazul** ADJ greenish-blue

**verdiblanco** ADJ light green

**verdín** SM [1] (= *color*) fresh green
[2] (*Bot*) (= *verdete*) verdigris; (= *capa*) scum; (= *musgo*) moss
[3] (*en la ropa*) green stain

**verdinegro** ADJ dark green

**verdino** ADJ bright green

**verdirrojo** ADJ green and red

**verdolaga** SF **crecer como la ~** (*CAm*) to spread like wildfire

**verdón** Ⓐ ADJ (*Cono Sur*) [1] (= *verdino*) bright green
[2] [*fruta*] slow to ripen
Ⓑ SM [1] (*Orn*) = **verderón 1**
[2] (*Cono Sur*) (= *cardenal*) bruise, welt

**verdor** SM [1] (= *color*) greenness
[2] (*Bot*) verdure
[3] (†) (= *juventud*) youth

**verdoso** ADJ greenish

**verdugo** SM [1] (= *ejecutor*) executioner; (*en la horca*) hangman
[2] (= *tirano*) cruel master, tyrant; (= *atormentador*) tormentor
[3] (= *látigo*) lash
[4] (= *tormento*) torment
[5] (= *cardenal*) welt, weal
[6] (*Bot*) shoot
[7] (= *estoque*) rapier
[8] (= *pasamontañas*) balaclava

**verdugón** SM [1] (= *cardenal*) weal, welt
[2] (*Bot*) twig, shoot, sprout
[3] (*Andes*) (= *rasgón*) rent, rip

**verdulera** SF (*pey*) fishwife, coarse woman; *ver tb* **verdulero**

**verdulería** SF greengrocer's (shop)

**verdulero/a** SM/F greengrocer, vegetable merchant (*EEUU*); *ver tb* **verdulera**

**verdura** SF [1] (*Culin*) greens *pl*, (green) vegetables *pl*; **sopa de ~(s)** vegetable soup
[2] (= *color*) greenness; (= *follaje*) greenery, verdure (*liter*)
[3] (†) (= *obscenidad*) smuttiness*, scabrous nature

**verdusco** ADJ dark green, dirty green

**vereco*** ADJ (*CAm*) cross-eyed

**verecundia** SF bashfulness, sensitivity, shyness

**verecundo** ADJ bashful, sensitive, shy

**vereda** SF [1] (= *senda*) path, lane; **✦MODISMOS entrar en ~** [*persona*] to toe the line; [*elemento*] to fall into place, fit into the normal pattern; **hacer entrar en ~ a algn** ◊ **meter en ~ a algn** to bring sb into line, make sb toe the line; **ir por la ~** to do the right thing, keep to the straight and narrow
[2] (*LAm*) (= *acera*) pavement, sidewalk (*EEUU*)
[3] (*Andes*) (= *pueblo*) village, settlement; (= *zona*) *section of a village*
[4] (*Méx*) (= *raya*) parting, part (*EEUU*)

**veredicto** SM verdict; **emitir ~** to issue *o* give a verdict ► **veredicto de culpabilidad** verdict of guilty, guilty verdict ► **veredicto de inculpabilidad** verdict of not guilty, not guilty verdict

**veredón** SM (*Cono Sur*) broad pavement, broad sidewalk (*EEUU*)

**verga** SF [1] (= *vara*) rod, stick; (*Náut*) yard(arm), spar
[2] (*Zool*) penis; (**‡**) [*de hombre*] prick**‡**, cock**‡**; **✦MODISMOS me vale ~**‡ I don't give a toss‡; **¡ni ~!**‡ you must be joking!*, no bloody way !‡
[3] (*CAm**) **✦MODISMOS a ~** by hook or by crook; **por la ~ grande** at the back of beyond*

**vergajo** SM [1] [*de toro*] pizzle; (**‡**) [*de hombre*] prick‡, cock‡; **dar un ~**‡ to have a screw‡
[2] (= *látigo*) lash, whip
[3] (*Andes**) (= *canalla*) swine*, rat*

**vergazo** SM **un ~ de** (*CAm**) lots of*, loads of*

**vergel** SM (*liter*) (= *jardín*) garden, yard (*EEUU*); (= *huerto*) orchard

**vergonzante** ADJ [1] (= *que tiene vergüenza*) shamefaced; (= *tímido*) bashful; **pobre ~** *poor but too ashamed to beg openly*
[2] (= *que produce vergüenza*) shameful, shaming

**vergonzosamente** ADV [1] (= *con timidez*) bashfully, shyly; (= *con modestia*) modestly
[2] (= *deshonrosamente*) shamefully, disgracefully

**vergonzoso** ADJ [1] [*persona*] (= *tímido*) bashful, shy; (= *modesto*) modest
[2] [*acto*] shameful, disgraceful; **es ~ que ...** it is disgraceful that ...
[3] **partes vergonzosas** (*euf*) (*Anat*) private parts

**vergüenza** SF [1] (= *azoramiento*) embarrassment; **casi me muero de ~** I almost died of embarrassment; **¡qué ~!** how embarrassing!; **me da ~ decírselo** I feel too embarrassed to tell him; **sentir ~ ajena** to feel embarrassed for sb
[2] (= *dignidad*) shame, sense of shame; **si tuviera ~ no lo haría** if he had any (sense of) shame he wouldn't do it; **¡~ debería darte!** you should be ashamed!, shame on you!; **¡vaya manera de tratar a tu abuela, qué ~!** what a way to treat your grandmother, you should be ashamed *o* shame on you!; **¡qué poca ~ tienes!** you've got no shame!, you're utterly shameless; **perder la ~** to lose all sense of shame; **sacar a algn a la ~**†† (*lit*) to make a public display of sb; (*fig*) to hold sb up to shame
[3] (= *escándalo*) disgrace; **el hijo es la ~ de su familia** the son is a disgrace to his family; **es una ~ que esté tan sucio** it's a disgrace *o* it's disgraceful that it should be so dirty
[4] **vergüenzas*** (*euf*) (= *genitales*) privates (*euf*), naughty bits* (*hum*); **con las ~s al aire** fully exposed (*hum*)

**vericuetos** SMPL [1] (= *terreno escarpado*) rough track *sing*
[2] (= *complejidades*) **los ~ del sistema fiscal** the intricacies of the tax system

**verídico** ADJ truthful, true

**verificabilidad** SF verifiability

**verificable** ADJ verifiable

**verificación** SF [1] (= *inspección*) inspection, check; (*Mec*) testing; [*de resultados*] verification; [*de testamento*] proving ► **verificación médica** checkup
[2] (= *cumplimiento*) fulfilment, fulfillment (*EEUU*)
[3] [*de profecía*] realization

**verificar** ▸conjug 1a◂ Ⓐ VT [1] (= *inspeccionar*) to inspect, check; (*Mec*) to test; [+ *resultados*] to check; [+ *hechos*] to verify, establish; [+ *testamento*] to prove
[2] (= *realizar*) [+ *inspección*] to carry out; [+ *ceremonia*] to perform; [+ *elección*] to hold
Ⓑ **verificarse** VPR [1] [*acontecimiento*] to occur, happen; [*mitin*] to be held, take place
[2] [*profecía*] to come true

**verija** SF [1] (*Anat*) groin, genital region
[2] (*LAm*) [*de caballo*] flank

**verijón*** ADJ (*Méx*) idle, lazy

**veringo** ADJ (*Andes*) nude, naked

**veringuearse** ▸conjug 1a◂ VPR (*Andes*) to undress

**verismo** SM (= *realismo*) realism, truthfulness; (*Arte, Literat*) verism

**verista** ADJ (*Arte, Literat*) veristic

**verja** SF (= *puerta*) iron gate; (= *cerca*) railings *pl*; (= *reja*) grating, grille

**vermicida** SM vermicide

**vermicular** ADJ vermicular

**vermífugo** SM vermifuge

**verminoso** ADJ infected, wormy

**vermú** SM (*pl* **vermús** [ber'mu]) = **vermut**

**vermut** [ber'mu] SM (*pl* **vermuts** [ber'mus]) [1] (= *bebida*) vermouth
[2] (*Andes, Cono Sur Cine*) (early evening) cinema matinee

**vernáculo** ADJ vernacular; **lengua vernácula** vernacular

**vernal** ADJ (*poét*) vernal (*poét*), spring *antes de s*

**Verónica** SF Veronica

**verónica** SF [1] (*Bot*) veronica, speedwell
[2] (*Taur*) *a kind of pass with the cape*

**verosímil** ADJ (= *probable*) likely, probable; (= *creíble*) credible

**verosimilitud** SF [1] (= *probabilidad*) likelihood, probability; (= *credibilidad*) credibility
[2] (*Literat*) verisimilitude

**verosímilmente** ADV (= *de modo probable*) in a likely way; (= *de modo creíble*) credibly

**verraco** SM [1] (= *cerdo*) boar, male pig
[2] (*Andes*) (= *carnero*) ram
[3] (*Caribe*) (= *jabalí*) wild boar

**verraquear** ▸conjug 1a◂ VI [1] (= *gruñir*) to grunt
[2] [*niño*] to wail, howl with rage

**verraquera** SF [1] (= *enfado*) fit of rage, tantrum; (= *lloro*) crying spell
[2] (*Caribe*) (= *borrachera*) drunken spell

**verruga** SF [1] (*en cara, espalda*) wart; (*en manos, pies*) verruca
[2] (*Bot*) wart
[3] (= *latoso*) pest, nuisance
[4] (*) (= *defecto*) fault

**verrugoso** ADJ warty, covered in warts

**versación** SF (*Cono Sur, Méx*) expertise, skill

**versada** SF (*LAm*) long tedious poem

**versado** ADJ ~ **en** (= *conocedor*) versed in, conversant with; (= *experto*) expert in, skilled in

**versal** (*Tip*) Ⓐ ADJ capital
Ⓑ SF capital (letter)

**versalitas** SFPL (*Tip*) small capitals

**Versalles** SM Versailles

**versallesco** ADJ [1] (*Arte, Hist*) Versailles *antes de s*
[2] [*lenguaje, modales*] extremely refined

**versar** ▸conjug 1a◂ VI [1] ~ **sobre** (= *tratar*) to deal with, be about
[2] (= *girar*) to go round, turn
[3] (*Caribe*) (= *versificar*) to versify, improvise verses
[4] (*Caribe*) (= *charlar*) to chat, talk
[5] (*Méx**) (= *guasearse*) to tease, crack jokes

**versátil** ADJ [1] (= *adaptable*) versatile
[2] (*pey*) (= *inconstante*) fickle, changeable
[3] (*Anat*) mobile, loose

**versatilidad** SF [1] (= *adaptabilidad*) versatility
[2] (*pey*) (= *inconstancia*) fickleness
[3] (*Anat*) mobility, ease of movement

**versículo** SM verse

**versificación** SF versification

**versificador(a)** SM/F versifier

**versificar** ▸conjug 1g◂ Ⓐ VT to versify, put into verse
Ⓑ VI to write verses, versify

**versión** SF (*gen*) version; (= *traducción*) translation; (= *adaptación*) adaptation; **película en ~ original** original version; **película en ~ española** Spanish-language version; **~ (de) concierto** concert performance

**versionar** ▸conjug 1a◂ VT (= *adaptar*) to adapt, make a new version of; (*Mús*) to adapt; (= *grabar*) record a version of; (= *traducir*) to translate

**vers.°** ABR (*Rel*) (= **versículo**) v

**verso** SM [1] (= *género*) verse; (= *línea*) line, verse line; (= *poema*) poem; **teatro en ~** verse drama; **en el segundo ~ del poema** in the second line of the poem; **hacer ~s** to write poetry ▸ **verso libre** free verse ▸ **verso suelto** blank verse
[2] **echar ~** (*Caribe, Méx**) to rabbit on*

**versolari** SM (*País Vasco, Aragón*) *improviser of verse*

**versus** PREP versus, against

**vértebra** SF vertebra

**vertebración** SF [1] (= *apoyo*) support
[2] (= *estructuración*) structuring, essential structure

**vertebrado** ADJ, SM vertebrate

**vertebrador** ADJ **fuerza ~a** unifying force, force making for cohesion; **columna ~a** central column; **soporte ~** principal support

**vertebral** ADJ vertebral; **columna ~** spinal column, spine

**vertebrar** ▸conjug 1a◂ VT [1] (= *apoyar*) to hold up, support
[2] (= *estructurar*) to provide the backbone of, be the essential structure of

**vertedero** SM [1] [*de basura*] rubbish tip, garbage dump (*EEUU*)
[2] = **vertedor**
[3] (*Cono Sur*) (= *pendiente*) slope, hillside

**vertedor** SM [1] (= *desagüe*) drain, outlet; [*de presa*] spillway
[2] (*Náut*) scoop, bailer
[3] (= *cuchara, pala*) scoop, small shovel

**verter** ▸conjug 2g◂ Ⓐ VT [1] [+ *contenido*] to pour (out), empty (out); (*sin querer*) to spill, pour; [+ *lágrimas, luz, sangre*] to shed; [+ *basura, residuos*] to dump, tip; **vertió el contenido de la bolsa encima de la mesa** she poured the contents of the bag onto the table; **he vertido el café sobre el mantel** I've spilled my coffee on the tablecloth
[2] [+ *recipiente*] (= *vaciar*) to empty (out); (= *invertir*) to tip up; (*sin querer*) to upset
[3] (*Ling*) to translate (**a** into)
Ⓑ VI [*río*] to flow, run (**a** into); [*declive*] to fall (**a** towards)

**vertical** Ⓐ ADJ [*línea, plano*] vertical; [*postura, piano*] upright; **despegue ~** (*Aer*) vertical take-off; **ponlo ~** put it upright
Ⓑ SF [1] (*Téc, Mat*) vertical line, vertical; **descender en ~** to descend vertically; **elevarse en ~** to rise vertically
[2] (*Dep*) **hacer la ~** to do a handstand
Ⓒ SM (*Astron*) vertical circle

**verticalidad** SF (= *posición*) vertical position; (= *dirección*) vertical direction

**verticalmente** ADJ vertically

**vértice** SM [1] [*de cono, pirámide*] apex, vertex; [*de ángulo*] vertex ▸ **vértice geodésico** bench mark, survey point
[2] (*Anat*) crown (of the head)

**verticilo** SM whorl

**vertido** SM [1] (= *acto*) (*accidental*) spillage; (*deliberado*) dumping; [*de líquido*] pouring; **el ~ de residuos nucleares** the dumping of nuclear waste
[2] **vertidos** (= *residuos*) waste *sing*; **~s tóxicos** toxic waste *sing*

**vertiente** SF [1] [*de montaña, tejado*] slope
[2] (= *aspecto*) side, aspect; **sin considerar la ~ ética de la cuestión** without considering the ethical side *o* aspect of the issue; **la ~ humanística del movimiento** the humanistic side of the movement; **el curso tiene una ~ filosófica** the course has a philosophical dimension
[3] (*LAm*) (= *manantial*) spring

**vertiginosamente** ADV [1] (= *de manera vertiginosa*) giddily, dizzily, vertiginously (*frm*)
[2] (*fig*) (= *excesivamente*) dizzily, excessively; (= *rápidamente*) very rapidly; **los precios suben ~** prices are rising rapidly, prices are spiralling up

**vertiginoso** ADJ [1] (= *que causa vértigo*) giddy, dizzy, vertiginous (*frm*)
[2] [*velocidad*] dizzy, excessive; [*alza*] very rapid

**vértigo** SM [1] (*por la altura*) **mirar hacia abajo me da ~** looking down makes me (feel) dizzy; **no subo porque tengo ~** I'm not going up because I'm afraid of heights
[2] (*Med*) vertigo; **tiene ~** he suffers from *o* has vertigo; **las pastillas pueden provocar ~(s)** these tablets may cause giddiness
[3] (= *frenesí*) frenzy; **el ~ de la vida en la ciudad** the frenzy of city life; **el ~ de los negocios** the frenzied rush of business; **el ~ de los placeres** the whirl of pleasures
[4] (*) **de ~: iban a una velocidad de ~** they were going at breakneck speed; **tiene un talento de ~** he has a breathtaking talent; **es de ~ cómo crece la ciudad** it's astonishing how quickly the city is growing

**vesania** SF rage, fury; (*Med*) insanity

**vesánico** ADJ raging, furious; (*Med*) insane

**vesícula** SF (*Anat*) vesicle; (= *ampolla*) blister ▸ **vesícula biliar** gall-bladder

**vespa**® SF Vespa®, scooter, motor-scooter

**vespertino** Ⓐ ADJ evening *antes de s*; **periódico ~** evening paper
Ⓑ SM evening paper

**vespino** SM small motorcycle

**vesre*** SM (*Arg*), **vesrre*** SM (*Arg*) back slang

**vestal** ADJ, SF vestal

**veste** SF (*liter*) garb (*liter*)

**vestíbulo** SM [*de casa, hotel*] vestibule (*frm*), lobby, hall; (*Teat*) foyer

**vestiditos** SMPL baby clothes

**vestido** Ⓐ ADJ dressed; **era la mejor vestida de la fiesta** she was the best dressed woman at the party; **me gusta ir bien ~** I like to be well-dressed; **¿cómo iba vestida la novia?** what was the bride wearing?; **~ con algo** wearing sth, dressed in sth; **va ~ con un traje azul** he's wearing a blue suit, he's dressed in a blue suit; **~ de algo** wearing sth, dressed in sth; **siempre va ~ de negro** he always wears black; **mi mayor ilusión es verte vestida de blanco** my greatest wish is to see you all in white; **¡en marzo y ya vas vestida de verano!** it's only March and you're wearing summer clothes already!
Ⓑ SM 1 (= *prenda*) [*de mujer*] dress; (*Col*) [*de hombre*] suit ► **vestido de debajo**† undergarment (*frm*) ► **vestido de encima**† outer garment (*frm*) ► **vestido de fiesta** party dress ► **vestido de noche** evening dress ► **vestido de novia** wedding dress, bridal gown ► **vestido isotérmico** wet suit
2 (= *vestimenta*) clothes *pl*; **la historia del ~** the history of costume

**vestidor** SM dressing room

**vestidura** SF 1 (*liter*) clothing, apparel
2 **vestiduras** (= *ropa*) clothes; ✦*MODISMO* **rasgarse las ~s** to tear one's hair
3 **vestiduras** (*Rel*) vestments ► **vestiduras sacerdotales** priestly vestments

**vestigial** ADJ vestigial

**vestigio** SM 1 (= *señal*) trace, vestige; **no quedaba el menor ~ de ello** there was not the slightest trace of it
2 **vestigios** (= *ruinas*) remains, relics

**vestimenta** SF 1 (= *ropa*) clothing; (*pey*) gear‡, stuff*
2 **vestimentas** (*Rel*) vestments

**vestir** ▸conjug 3k◂ Ⓐ VT 1 (= *poner la ropa a*) [+ *niño, muñeca*] to dress; **su madre la vistió de novia** her mother helped her dress for the wedding; ✦*REFRÁN* **vísteme despacio, que tengo prisa** more haste less speed; *ver tb* **santo B2**
2 (= *disfrazar*) to dress up; **¿de qué lo vas a ~?** what are you going to dress him up as?
3 (= *hacer la ropa a*) **lo viste un buen sastre** he has his clothes made at a good tailor's; **la modista que la viste cobra muy barato** the dressmaker who makes her clothes is very cheap
4 (= *proporcionar la ropa*) [*persona*] to clothe; [*institución, Estado*] to pay for one's clothing; **tengo una familia que ~ y alimentar** I have a family to feed and clothe; **~ al desnudo** (*Biblia*) to clothe the naked; **lo viste el Ayuntamiento** the Council pays for his clothing
5 (= *llevar puesto*) to wear; **la modelo viste un traje de noche con sombrero** the model is wearing an evening dress with a hat
6 (= *revestir*) [+ *sillón*] to cover, upholster; [+ *pared*] to cover, decorate
7 (*liter*) (= *disfrazar*) [+ *defecto*] to conceal; **viste de prudencia su cobardía** he conceals his cowardice behind a pretence of discretion; **vistió de gravedad su rostro** he assumed *o* adopted a serious expression
Ⓑ VI 1 (= *llevar ropa*) to dress; **siempre viste a la última moda** she always dresses in *o* wears the latest fashions; **abrió la puerta a medio ~** he opened the door only half-dressed; **¿todavía estás sin ~?** aren't you dressed yet?, haven't you got dressed yet?; **~ bien** to dress well; **~ mal** to dress badly; **~ de: le gusta ~ de gris** he likes to wear grey; **~ de paisano** [*policía*] to be in plain clothes; [*soldado*] to be in civilian clothes *o* in civvies* *o* in mufti*; **~ de sport** to dress casually; **~ de uniforme** [*policía, soldado*] to wear a uniform, be in uniform; [*alumno*] to wear a uniform; ✦*MODISMO* **el mismo que viste y calza**† the very same
2 (= *ser elegante*) [*traje, color*] to be elegant; **el negro viste mucho** black is very elegant; **tener un coche así sí que viste*** owning a car like that is really flashy*; **ahora lo que viste es viajar al Caribe*** the Caribbean is the trendy *o* the in place to go these days*; **de ~** [*ropa, zapatos*] smart; [*traje*] formal; **necesito algo un poco más de ~** I need something a bit smarter *o* more formal; **ese traje es de mucho ~** that suit's too dressy* *o* formal; **saber ~** to know how to dress, have good dress sense
Ⓒ **vestirse** VPR 1 (= *ponerse la ropa*) to get dressed; **no tardo nada en ~me** I get dressed in no time; **me vestí con lo primero que encontré** I put on the first thing I picked up; **¿cómo te vas a ~ para la fiesta?** what are you going to wear to the party?; **~se de algo** to wear sth; **voy a empezar a ~me de verano** I'm going to start wearing my summer clothes; **~se de fiesta** *o* **de gala** [*persona*] to get (all) dressed up; [*ciudad*] to be (all) decked out; **~se de largo** (*para fiesta, recepción*) to wear an evening dress; *ver tb* **mona 1**
2 (= *disfrazarse*) **~se de algo** to dress up as sth; **¿de qué te vas a ~?** what are you going to dress up as?; **me vestí de marinero** I dressed up as a sailor
3 (= *comprar la ropa*) to buy one's clothes; **se viste en las mejores tiendas** she buys her clothes in the best shops
4 (*liter*) (= *cubrirse*) **~se de algo** to be covered in sth; **toda la ciudad amaneció vestida de blanco** day dawned on a city entirely covered in white; **el cielo se vistió de nubes** the sky clouded over; **su rostro se vistió de severidad** his face took on a serious expression
5 (*tras enfermedad*) to get up again
Ⓓ SM (= *forma de vestir*) **su elegancia en el ~** the smart way she dresses

**vestón** SM (*Chile*) jacket

**vestuario** SM 1 (*gen*) clothes *pl*, wardrobe; (*Teat*) wardrobe, costumes *pl*; (*Mil*) uniform
2 (= *cuarto*) (*Teat*) [*de actor*] dressing room; (= *área*) backstage area; (*Dep*) (*en club*) changing room
3 (*Teat*) (= *guardarropa*) cloakroom

**Vesubio** SM Vesuvius

**veta** SF (*Min*) seam, vein; [*de madera*] grain; (*en piedra, carne*) streak, stripe

**vetar** ▸conjug 1a◂ VT (*gen*) to veto; [+ *socio*] to blackball

**vetazo** SM (*Andes*) lash

**veteada** SF (*Andes*) flogging, beating

**veteado** Ⓐ ADJ [*mármol*] veined; [*madera*] grained; [*carne*] streaked (**de** with); [*tocino*] streaky
Ⓑ SM [*del mármol*] veining; [*de la madera*] graining; [*de la carne*] streaks *pl*

**vetear** ▸conjug 1a◂ VT 1 (*gen*) to grain; [+ *carne*] to streak
2 (*Andes*) (= *azotar*) to flog, beat

**veteranía** SF (= *estatus*) status *o* dignity *etc* of being a veteran; (= *servicio*) long service; (= *antigüedad*) seniority

**veterano/a** Ⓐ ADJ (*Mil*) veteran; **es veterana en el oficio** she's an old hand*
Ⓑ SM/F (*Mil*) veteran; (*fig*) old hand*, old stager*

**veterinaria** SF veterinary medicine, veterinary science

**veterinario/a** SM/F veterinary surgeon, vet, veterinarian (*EEUU*)

**vetevé** SM (*Andes*) sofa

**veto** SM veto; **poner el ~ a algo** to veto sth; **tener ~** to have a veto

**vetulio** SM (*Andes*) old man

**vetustez** SF (*liter*) great age, antiquity; (*iró*) hoariness

**vetusto** ADJ ancient, very old; (*iró*) hoary

▼**vez** SF 1 (= *ocasión*) time; **aquella ~** that time; **por esta ~** this time, this once; **la próxima ~** next time; **a la ~: hablaban todos a la ~** they were all talking at once *o* at the same time; **canta a la ~ que toca** she sings and plays at the same time, she sings while she plays; **me fascina a la ~ que me repele** I find it both fascinating and revolting at the same time; **¿has estado alguna ~ en ...?** have you ever been to ...?; **alguna que otra ~** occasionally, now and again; **las más de las veces** mostly, in most cases; **por primera ~** for the first time; **la primera ~ que lo vi** the first time I saw him; **toda ~ que ...** since ..., given that ...; **por última ~** for the last time; **¿cuándo lo viste por última ~?** when was the last time you saw him?, when did you see him last?; *ver tb* **tal C3**
2 (*indicando frecuencia*) **lo he hecho cien veces** I've done it hundreds *o* lots of times*; **¿cuántas veces al año?** how many times a year?; **tres veces** three times; **es cinco veces más caro** it's five times more expensive, it costs five times as much; **a veces** ◊ **algunas veces** sometimes, at times; **contadas veces** seldom; **de ~ en cuando** now and again, from time to time, occasionally; **¿cuántas veces?** how often?, how many times?; **dos veces** twice; **a una velocidad dos veces superior a la del sonido** at twice the speed of sound; **en ... veces: se fríen las patatas en dos veces** fry the potatoes in two batches; **por enésima ~** for the umpteenth time*; **muchas veces** often; **otra ~** again; **pocas veces** seldom, rarely; **rara ~** ◊ **raras veces** seldom, rarely; **repetidas veces** again and again, over and over again; **una ~** once; **la veo una ~ a la semana** I see her once a week; **una ~ dice que sí y otra que no** first he says yes and then he says no, one time he says yes, the next he says no; **más de una ~** more than once; **érase** *o* **había una ~ una princesa ...** once upon a time there was a princess ...; **"una ~ al año no hace daño"** once in a while can't hurt; **una y otra ~** time and (time) again; **varias veces** several times; *ver tb* **cada 2, 3**
3 (*otras expresiones*) **de una ~** (= *en una sola ocasión*) in one go; (= *definitivamente*) once and

➤ LENGUA Y USO: vez 2 53.1

for all*; **las derribó todas de una ~** she knocked them all down in one go; **¡acabemos de una ~!** let's get it over with (once and for all)!*; **¡cállate de una ~!** for the last time, shut up!*; **¡dilo de una ~!** just say it!; **en ~ de** instead of; **hacer las veces de** to serve as; **un vestíbulo que hacía las veces de vestuario** a hall that served as a changing room; **hizo las veces de musa y amante del poeta** she was a muse and lover to the poet; **una ~ que** once; **una ~ que me lo dijo se fue** once he had told me, he left; **una ~ que se hayan marchado todos me iré yo** once they've all left, I'll go too; **de una ~ para siempre** ◊ **de una ~ por todas** once and for all*, for good

[4] (= *turno*) turn, go; **a su ~** in turn; **cuando le llegue la ~** when his turn comes; **ceder la ~** (*gen*) to give up one's turn; (*en cola*) to give up one's place; **pedir la ~** to ask who's last in the queue; **quitar la ~ a algn** to push in in front of sb

[5] (*Mat*) **siete veces nueve** seven times nine

**veza** SF vetch

**v.g.** ABR, **v.gr.** ABR (= **verbigracia**) viz

**vía** Ⓐ SF [1] (= *calle*) road; (*en autopista*) lane; **¡por favor, dejen la ~ libre!** please make way! ► **vía de abastecimiento** supply route ► **vía de acceso** access road ► **vía de agua** leak; **se abrió una ~ de agua en el barco** the boat sprang a leak ► **vía de circunvalación** bypass, ring road, beltway (*EEUU*) ► **vía de dirección única** one-way street *o* road ► **vía de escape** escape route, way out ► **Vía Láctea** Milky Way ► **vía libre**: **el gobierno ha dado** *o* **dejado ~ libre al proyecto** the government has given the go-ahead to the project; **eso es dar** *o* **dejar la ~ libre a la corrupción** that's leaving the way open for corruption ► **vía pecuaria** cattle route ► **vía pública** public highway, thoroughfare ► **vía romana** Roman road

[2] (*Ferro*) (= *raíl*) track, line; (= *andén*) platform; **fue arrollado cuando cruzaba la ~** he was run over when he was crossing the track *o* line; **el tren está estacionado en la ~ ocho** the train is (standing) at platform eight ► **vía ancha** broad gauge; **de ~ ancha** broad-gauge *antes de s* ► **vía doble** double track ► **vía estrecha** narrow gauge; **de ~ estrecha** narrow-gauge *antes de s* ► **vía férrea** railway, railroad (*EEUU*) ► **vía muerta** (*Ferro*) siding; **el proceso ha entrado en una ~ muerta** the process has come to a dead end ► **vía única** single track; **de ~ única** single-track *antes de s*

[3] (*Transportes, Correos*) ► **vía aérea** airway; **por ~ aérea** [*viaje*] by air; [*envío postal*] (by) airmail ► **vía de comunicación** communication route ► **vía fluvial** waterway ► **vía marítima** sea route, seaway; **por ~ marítima** by sea ► **vía terrestre** overland route; **por ~ terrestre** [*viaje*] overland, by land; [*envío postal*] (by) surface mail

[4] (*Anat*) tract ► **vías digestivas** digestive tract *sing* ► **vías respiratorias** respiratory tract *sing* ► **vías urinarias** urinary tract *sing*

[5] (= *medio, canal*) **no conseguirán nada por la ~ de la violencia** they won't achieve anything through violence *o* by using violence; **por ~ arbitral** by (process of) arbitration; **por ~ oficial** through official channels; **tercera ~** middle way, compromise ► **vía judicial**: **recurrir a la ~ judicial** to go to the courts, have recourse to the law ► **vías de hecho** (*euf*) physical violence *sing*, assault and battery *sing*

[6] (*Med*) **por ~ oral** *o* **bucal** orally; **por ~ tópica** topically, externally; **por ~ interna** internally

[7] **en ~s de**: **un país en ~s de desarrollo** a developing country; **una especie en ~s de extinción** an endangered species; **el asunto está en ~s de solución** the matter is on its way to being solved

[8] (*Rel*) way ► **Vía Crucis** Way of the Cross, Stations of the Cross *pl*

[9] (*Quím*) process

Ⓑ PREP via; **un vuelo a Nueva York ~ Londres** a flight to New York via London; **retransmisión ~ satélite** satellite broadcast

**viabilidad** SF [1] [*de un plan*] viability, feasibility

[2] (*Aut*) road conditions *pl*

**viabilizar** ▸conjug 1f◂ VT to make viable

**viable** ADJ viable, feasible

**viacrucis** SM INV [1] (*Rel*) Way of the Cross, Stations of the Cross *pl*; ✦**MODISMO hacer el ~**⁑ to go on a pub-crawl*

[2] (= *problemas*) load of disasters, heap of troubles

**viada** SF (*Andes*) speed

**viaducto** SM viaduct

**viajado** ADJ **ser muy ~** to be well-travelled

**viajante** SMF ► **viajante (de comercio)** commercial traveller, traveling salesman (*EEUU*) ► **viajante en jabones** traveller in soap, soap salesman

**viajar** ▸conjug 1a◂ VI [1] (= *hacer viajes*) to travel; **ha viajado mucho** he has travelled a lot; **~ en coche/autobús** to go by car/bus; **~ por** to travel around, tour

[2] (⁑) (= *flipar*) to trip⁑

**viajazo** SM [1] (*Méx*) (= *empujón*) push, shove

[2] (*Caribe*) (= *azote*) lash

[3] (*CAm*) (= *bronca*) telling-off*

**viaje**[1] SM [1] (= *desplazamiento*) (*gen*) trip; (*por mar, el espacio*) voyage; **es su primer ~ al extranjero** it's her first trip abroad; **¡buen ~!** have a good trip!; **un ~ en barco** a boat trip; **los ~s** (= *actividad*) travelling, traveling (*EEUU*), travel; **tras dos años de ~s por África** after two years travel in Africa; **agencia de ~s** travel agent's, travel agency; **estar de ~** to be away; **salir de ~** to go away; **se fue de ~ a Perú** she went on a trip to Peru ► **viaje de buena voluntad** goodwill trip, goodwill mission ► **viaje de Estado** state visit ► **viaje de estudios** field trip ► **viaje de fin de curso** end-of-year trip ► **viaje de ida** outward journey ► **viaje de ida y vuelta**, **viaje redondo** (*LAm*) return trip, round trip ► **viaje de negocios** business trip ► **viaje de novios** honeymoon ► **viaje de recreo** pleasure trip ► **viaje organizado** package tour ► **viaje relámpago** lightning visit, flying visit

[2] (= *trayecto*) journey; **es un ~ muy largo** it's a very long journey

[3] (= *carga*) load; **un ~ de leña** a load of wood

[4] (*) [*de droga*] trip*; **tuvo un mal ~** she had a bad trip*

[5] (*esp Caribe*) (= *vez*) time; **de un ~** all in one go, at one blow; **lo repitió varios ~s** he repeated it several times

[6] ✦**MODISMO echar un ~ a algn** (*CAm*) to give sb a telling-off*

> **VIAJE**
>
> **¿"Journey", "voyage", "trip" o "travel"?**
>
> • **Viaje** se traduce por **journey** cuando se refiere a un **viaje** en particular, tanto por aire como por tierra:
>
> El viaje de Londres a Madrid dura unas dos horas
>
> ***The journey from London to Madrid takes about two hours***
>
> • Un largo **viaje** por mar se traduce por **voyage**:
>
> Muchos marineros murieron en el primer viaje de Colón a América
>
> ***Many sailors died on Columbus's first voyage to America***
>
> • Cuando **viaje** hace referencia no sólo al trayecto de ida y vuelta, sino también a la estancia en un lugar, se suele traducir por **trip**. Normalmente se trata de un viaje con un fin concreto o de un viaje corto:
>
> Fui a Alemania en viaje de negocios
>
> ***I went to Germany on a business trip***
>
> • Como sustantivo incontable, **travel** se utiliza sólo en lugar de **travelling** para traducir la actividad de viajar; también, en muy contadas ocasiones, puede usarse en plural referido a viajes concretos:
>
> No le gusta nada viajar en barco
>
> ***He hates travelling by sea*** *o* ***He hates sea travel***
>
> Colecciona recuerdos en sus viajes al extranjero
>
> ***He collects souvenirs on his travels abroad***
>
> *Para otros usos y ejemplos ver la entrada.*

**viaje**[2]* SM (= *tajada*) slash (*with a razor*); (= *golpe*) bash*; (= *puñalada*) stab; **tirar un ~ a algn** to take a slash at sb

**viajero/a** Ⓐ ADJ travelling, traveling (*EEUU*); (*Zool*) migratory

Ⓑ SM/F (*gen*) traveller, traveler (*EEUU*); (= *pasajero*) passenger; **¡señores ~s, al tren!** will passengers kindly board the train!, all aboard!

**vial** Ⓐ ADJ (*gen*) road *antes de s*; (*de la circulación*) traffic *antes de s*; **circulación ~** road traffic; **fluidez ~** free movement of traffic; **reglamento ~** (= *control*) traffic control; (= *código*) rules *pl* of the road, highway code; **seguridad ~** road safety, safety on the road(s)

Ⓑ SM road

**vialidad** SF highway administration

**vianda** SF (*tb* **~s**) [1] (= *comida*) food

[2] (*Caribe*) (= *verduras*) vegetables *pl*

[3] (*Andes, Cono Sur*) (= *fiambrera*) lunch box, dinner pail (*EEUU*)

**viandante** SMF (= *peatón*) pedestrian; (= *paseante*) passer-by; (= *viajero*) traveller, traveler (*EEUU*)

**viaraza** SF (*LAm*) [1] (= *enojo*) fit of anger, fit of temper; **estar con la ~** to be in a bad mood

[2] (= *idea*) bright idea

**viario** ADJ road *antes de s*; **red viaria** road network; **sistema ~** transport system, system of communications

**viático** SM [1] (*Rel*) viaticum

[2] (*Hist*) (= *comida*) *food for a journey*

3 **viáticos** (= *estipendio*) travelling *o* (*EEUU*) traveling expenses, travel allowance *sing*

**víbora** SF 1 (*Zool*) viper; **tener lengua de ~** to have a sharp tongue
2 (*Méx*) (= *cartera*) money belt

**viborear** ▸conjug 1a◂ VI 1 (*Cono Sur*) (= *serpentear*) to twist and turn, snake along
2 (*Caribe Naipes*) to mark the cards

**vibración** SF 1 (= *temblor*) vibration
2 (*Ling*) roll, trill
3 **vibraciones*** (= *sentimientos*) vibrations, vibes*; **vibraciones negativas** bad vibes*

**vibracional** ADJ vibratory

**vibrador** SM vibrator

**vibráfono** SM vibraphone

**vibrante** Ⓐ ADJ 1 (= *que vibra*) vibrating
2 (*Ling*) rolled, trilled
3 [*voz*] ringing; [*reunión*] exciting, lively; **~ de** ringing with, vibrant with
Ⓑ SF (*Ling*) vibrant

**vibrar** ▸conjug 1a◂ Ⓐ VI 1 (= *moverse*) to vibrate; (= *agitarse*) to shake, rattle; (= *pulsar*) to throb, beat, pulsate; [*voz*] to quiver
2 (*Ling*) **hacer ~ las erres** to roll *o* trill one's r's
Ⓑ VT (= *hacer mover*) to vibrate; (= *agitar*) to shake, rattle

**vibratorio** ADJ vibratory

**viburno** SM viburnum

**vicaria** SF woman priest

**vicaría** SF vicarage; **pasar por la ~*** to tie the knot*, get hitched‡

**vicario** SM (*Rel*) curate ► **Vicario de Cristo** Vicar of Christ (*the Pope*) ► **vicario general** vicar general

**vice*** SMF vice-president

**vice...** PREF vice...

**vicealcalde/esa** SM/F deputy mayor

**vicealmirante** SMF vice-admiral

**vicecampeón/ona** SM/F runner-up

**vicecanciller** SMF 1 (*Univ*) vice-chancellor
2 (*en Alemania, Austria*) vice-chancellor
3 (*LAm*) deputy foreign minister, assistant secretary of state (*EEUU*)

**viceconsejero/a** SM/F *deputy minister in a regional government*

**vicecónsul** SMF vice-consul

**vicedecanato** SM vice-deanship

**vicedecano/a** SM/F vice-dean

**vicedirector(a)** SM/F [*de empresa, organismo*] deputy director; (*Escol*) deputy headmaster, deputy headmistress; (*Prensa*) deputy editor

**vicegerente** SM assistant manager

**vicelendakari** SMF, **vicelehendakari** SMF *vice-president of the Basque autonomous government*

**vicelíder** SMF deputy leader

**viceministro/a** SM/F deputy minister

**Vicente** SM Vincent

**vicepresidencia** SF (*Pol*) vice-presidency; [*de empresa, comité*] vice-chairmanship

**vicepresidente/a** SM/F (*Pol*) vice-president; [*de comité, empresa*] vice-chairman

**vicetiple** SF chorus-girl

**viceversa** ADV vice versa

**vichadero** SM (*Cono Sur*) = **bichadero**

**vichear** ▸conjug 1a◂ VT (*Cono Sur*), **vichar** ▸conjug 1a◂ VT (*Cono Sur*) = **bichear**

**viciado** ADJ 1 [*aire*] foul, stale
2 [*costumbres, texto*] corrupt
3 [*comida*] contaminated

**viciar** ▸conjug 1b◂ Ⓐ VT 1 (= *corromper*) to corrupt, pervert
2 (*Jur*) to nullify, invalidate
3 [+ *texto*] (= *alterar*) to corrupt; (= *interpretar mal*) to interpret erroneously
4 [+ *droga, producto*] to adulterate; [+ *aire*] to pollute; [+ *comida*] to spoil, contaminate
5 [+ *objeto*] to bend, twist; [+ *madera*] to warp
Ⓑ **viciarse** VPR 1 (= *corromperse*) become corrupted; *ver tb* **enviciar B**
2 [*objeto*] to warp, lose its shape
3 [*comida*] to be/become contaminated
4 [*aire, agua*] to be/become polluted

**vicio** SM 1 (= *corrupción*) vice
2 (= *mala costumbre*) bad habit, vice; **no le podemos quitar el ~** we can't get him out of the habit; **tiene el ~ de no contestar las cartas** he has the bad habit of not answering letters; **de** *o* **por ~** out of sheer habit; **quejarse de ~** to complain for no reason at all; **hablar de ~** to chatter away; **eso tiene mucho ~*** that's very habit-forming* *o* addictive ► **vicio inveterado**, **vicio de origen** ingrained bad habit
3 (= *adicción*) **el ~** the drug habit, drug addiction; **darse al ~** to take to drugs
4 (= *defecto*) defect, blemish; (*Jur*) error; (*Ling*) mistake, incorrect form; **adolece de ciertos ~s** it has a number of defects
5 [*de superficie*] warp; [*de línea*] twist, bend
6 (*con niño*) excessive indulgence
7 (*Bot*) rankness
8 **de ~*** (= *estupendo*) great, super*
9 **estar de ~** (*LAm*) (= *sin trabajar*) to be idle

**viciosamente** ADV 1 (= *depravadamente*) dissolutely
2 (*Bot*) rankly, luxuriantly

**vicioso/a** Ⓐ ADJ 1 (= *depravado*) dissolute, depraved
2 (= *mimado*) spoiled
3 (*Mec*) faulty, defective
4 (*Bot*) rank
Ⓑ SM/F 1 (= *depravado*) dissolute person, depraved person
2 (= *adicto*) addict; **soy un ~ del fútbol** I am hooked on football*, I am a football fanatic *o* addict*

**vicisitud** SF 1 (= *suceso*) vicissitude (*liter*); (= *desgracia*) accident, mishap; (= *cambio*) sudden change
2 **vicisitudes** (= *alternancia*) vicissitudes (*liter*)

**víctima** SF 1 (*gen*) victim; (*Zool*) prey; [*de accidente*] casualty; **fue ~ de una estafa** she was the victim of a swindle; **no hay que lamentar ~s del accidente** there were no casualties in the accident; **hay pocas ~s mortales** there are not many dead; **falleció ~ de un ataque cardiaco** he died of *o* from a heart attack; **es ~ de alguna neurosis** he is a prey to some neurosis
2 (*Hist*) sacrifice

**victimar** ▸conjug 1a◂ VT (*LAm*) (= *herir*) to wound; (= *matar*) to kill

**victimario/a** SM/F 1 (*Hist*) *person who helped the priest during human sacrifices*
2 (*LAm*) (= *asesino*) killer, murderer

**victimismo** SM *tendency to see oneself as being victimized*; **reaccionó con ~** he claimed he was being victimized

**victimizar** ▸conjug 1f◂ VT to victimize

**Victoria** SF Victoria

**victoria** SF victory; (*Dep*) win, victory; **la ~ del partido conservador** the conservative party's victory; **su primera ~ fuera de casa** (*Dep*) their first away win *o* victory; ✦*MODISMO* **cantar ~** to claim victory; **no podemos cantar ~ hasta que acabe el recuento de votos** we can't claim victory until all the votes have been counted ► **victoria pírrica** Pyrrhic victory ► **victoria por puntos** (*Boxeo*) points victory

**victoriano** ADJ Victorian

**victoriosamente** ADV victoriously

**victorioso** ADJ victorious

**victrola** SF (*LAm*) gramophone, phonograph (*EEUU*)

**vicuña** SF vicuna

**vid** SF vine

**vid.** ABR (= **vide, ver**) v

**vida** SF 1 (= *existencia*) life; **he vivido aquí toda mi ~** I've lived here all my life; **está escribiendo la ~ de Quevedo** he is writing the life *o* a life *o* a biography of Quevedo; **¿qué es de tu ~?** what's new?, how's life?; **le va la ~ en ello** his life depends on it; **con ~** alive; **estar con ~** to be still alive; **escapar** *o* **salir con ~** to escape *o* come out alive; **en ~ de**: **en ~ de mi marido** when my husband was alive, during my husband's lifetime; **¡en la** *o* **mi ~!** never (in all my life)!; **en mi ~ he visto semejante cosa** I've never seen such a thing (in all my life); **~ o muerte**: **una operación a ~ o muerte** a life-or-death operation; **es una cuestión de ~ o muerte** it's a matter of life and death; **estar entre la ~ y la muerte** to be at death's door; **debatirse entre la ~ y la muerte** to be fighting for one's life; **la otra ~** the next life; **perder la ~** to lose one's life; **de por ~** for life; **quitar la ~ a algn** to take sb's life; **quitarse la ~** to take one's own life; **rehacer la ~** to start a new life; **sin ~** lifeless; **encontró en el suelo el cuerpo sin ~ de su marido** she found her husband's lifeless body on the floor; **fue hallado sin ~** he was found dead; **un cuerpo sin ~** a (dead) body, a corpse; **toda la ~**: **un amigo de toda la ~** a lifelong friend; **ya no hay trabajos para toda la ~** there are no jobs for life nowadays ► **vida eterna** everlasting life ► **vida íntima** private life ► **vida nocturna** nightlife ► **vida privada** private life ► **vida sentimental** love-life; *ver tb* **esperanza**
2 (= *forma de vivir*) life; **llevan una ~ muy tranquila** they lead a very quiet life; **la ~ airada** (= *modo de vida*) the criminal life; (= *hampa*) the underworld; **de ~ airada** loose-living, immoral; **mujer de ~ alegre** loose woman; **~ arrastrada** wretched life; **la ~ cotidiana** everyday life; **doble ~** double life; **llevar una doble ~** to lead *o* live a double life; **hacer ~ marital** to live together (as man and wife); **hacer una ~ normal** to lead a normal life; **no hacer ~ social** to have no social life; **hay que dejarles hacer su ~** you must let them live their own life; **mala ~**: **echarse a la mala ~** to go astray; **llevar mala ~** to have a dissolute lifestyle; **mujer de mala ~** loose woman ► **vida de perros**, **vida perra** dog's

life, wretched life

3 (= *sustento*) **la ~ está muy cara** the cost of living is very high; **tienen la ~ resuelta** they are set up for life; **coste de la ~** cost of living; **ganarse la ~** to earn *o* make one's living; **se gana la ~ haciendo traducciones** he earns *o* makes his living doing translations; **nivel de ~** standard of living; *ver tb* **buscar C1**

4 [*de objeto*] **la ~ de estos edificios es breve** the life of these buildings is short; **la media de ~ de un televisor** the average lifespan of a television set ► **vida útil** (*Com*) lifespan; (*Téc*) useful life

5 **✦MODISMOS amargar la ~ a algn** to make sb's life a misery; **así es la ~** that's life, such is life; **¡por ~ del chápiro verde!*** I'll be darned!*; **complicarse la ~** to make life difficult for o.s.; **contar la ~**: **¡no me cuentes tu ~!** I don't want your life story!; **costarle la ~ a algn**: **le costó la ~** it cost him his life; **dar ~ a algn**: **la mujer que me dio la ~** the woman who brought me into the world; **dar ~ a un personaje** to play a part; **darse buena ~** *o* **la ~ padre** to live the life of Riley*; **estar encantado de la ~** to be delighted; **acepté encantada de la ~** I was delighted to accept; **enterrarse en ~** to cut o.s. off from the world; **¡esto es ~!** this is the life!; **hacer por la ~*** to eat; **dar mala ~ a algn** to ill-treat sb, make sb's life a misery; **meterse en ~s ajenas** to pry into other people's affairs, meddle in other people's affairs; **¡hijo de mi ~!** my dear child!; **la ~ y milagros de algn** sb's life story; **cuéntame tu ~ y milagros** tell me all about yourself; **pasarse la ~**: **se pasa la ~ quejándose** he's forever complaining; **pasar la ~ a tragos*** to have a miserable life; **pasar a mejor ~** (*euf*) to pass away, go to a better place; **pegarse la gran ~** *o* **la ~ padre** to live the life of Riley*; **tener siete ~s como los gatos** (*hum*) to have nine lives; **vender cara la ~** to sell one's life dearly; *ver tb* **vivir B1**

6 (= *vitalidad*) **lleno de ~** [*ojos*] lively; [*persona*] full of life; **sus ojos sin ~** his lifeless eyes; **este sol es la ~** this sunshine is a real tonic; **dar ~ a**: **la música le da ~ a estas imágenes** the music brings these images to life; **dar ~ a una fiesta** to liven up a party

7 (*apelativo cariñoso*) **¡vida!** ◊ **¡~ mía!** my love!, my darling!

8 (*euf*) (= *prostitución*) **una mujer de la ~** a loose woman; **echarse a la ~** to start walking the streets; **hacer la ~** to walk the streets

**videncia** SF clairvoyance

**vidente** Ⓐ ADJ sighted
Ⓑ SMF 1 (= *no ciego*) sighted person
2 (= *clarividente*) clairvoyant(e); (= *profeta*) seer
3 (*TV*) viewer

**vídeo** SM (= *sistema*) video; (= *aparato*) video (recorder); (= *cinta*) video, videotape; **cinta de ~** videotape; **película de ~** video film; **registrar** *o* **grabar en ~** to video, (video)tape ► **vídeo compuesto** (*Inform*) composite video ► **vídeo comunitario** community video ► **vídeo doméstico** home video ► **vídeo inverso** (*Inform*) reverse video ► **vídeo musical** music video ► **vídeo promocional** promotional video

**vídeo...** PREF video ...

**videoadicción** SF video addiction*

**videoadicto/a** SM/F video addict*

**videoaficionado/a** SM/F video fan

**videocámara** SF video camera

**videocasete** SM video cassette

**videocasetera** SF video cassette recorder

**videocassette** SF video cassette

**videocine** SM video films *pl*

**videocinta** SF videotape

**videoclip** SM (*pl* **videoclips**) videoclip, video

**videoclub** SM (*pl* **videoclubs** *o* **videoclubes**) video shop, video store

**videoconferencia** SF videoconference, teleconference

**videoconsola** SF (video) games console

**videocopia** SF pirate video

**videodisco** SM video disc *o* (*EEUU*) disk

**videoedición** SF video editing

**videofilm** SM, **videofilme** SM videofilm

**videófono** SM videophone

**videofrecuencia** SF video frequency

**videograbación** SF (= *acto*) videotaping, taping; (= *programa registrado*) recording

**videograbador** SM (*Arg*) video recorder, video

**videograbadora** SF video recorder, video

**videograbar** ▸conjug 1a◂ VT to video, videotape

**videográfico** ADJ video *antes de s*

**videograma** SM video recording, videogram, video

**videojuego** SM video game

**videolibro** SM video book

**videomarcador** SM electronic scoreboard

**videopiratería** SF video piracy

**videopresentación** SF video-presentation

**videoproyección** SF video-screening; **pantalla de ~** video-screen

**videoproyector** SM video projector

**videorregistrador** SM video (tape-)recorder

**videorrevista** SF video magazine

**videoteca** SF video library

**videotelefonía** SF videotelephony

**videoteléfono** SM videophone

**videoterminal** SM video terminal, visual display unit, VDU

**videotex** SM Videotex®

**videotexto** SM videotext

**vidilla*** SF **dar ~ a algo** to spice sth up, liven sth up; **dar ~ a algn** to liven sb up

**vidorra*** SF good life, easy life; **pegarse la ~** to live it up*

**vidorria** SF 1 (*Arg**) (= *vida alegre*) gay life, easy life
2 (*Andes, Caribe*) (= *vida triste*) miserable life

**vidriado** Ⓐ ADJ glazed
Ⓑ SM 1 (= *barniz*) glaze, glazing
2 (= *loza*) glazed earthenware

**vidriar** ▸conjug 1b◂ Ⓐ VT to glaze
Ⓑ **vidriarse** VPR [*objeto*] to become glazed; [*ojos*] to glaze over

**vidriera** SF 1 (= *puerta*) glass door; (= *ventana*) glass window ► **vidriera (de colores)** stained glass window
2 (*LAm*) (= *escaparate*) shop window; (= *vitrina*) showcase
3 (*Caribe*) (= *puesto*) tobacco stall, tobacco kiosk

**vidriería** SF 1 (= *fábrica*) glassworks
2 (= *objetos*) glassware

**vidriero** SM glazier

**vidrio** SM 1 (= *material*) glass; (*esp LAm*) (= *ventana*) window; **bajo ~** under glass; **~s rotos** broken glass *sing*; **✦MODISMOS pagar los ~s rotos** to carry the can*; **soplar ~*** to booze* ► **vidrio cilindrado** plate glass ► **vidrio coloreado**, **vidrio de colores** stained glass ► **vidrio deslustrado**, **vidrio esmerilado** frosted glass, ground glass ► **vidrio inastillable** laminated glass, splinter-proof glass ► **vidrio pintado** stained glass ► **vidrio plano** sheet glass ► **vidrio polarizado** polarized glass ► **vidrio tallado** cut glass
2 (*) (= *vaso*) glass; **tomar unos ~s** to have a few drinks
3 (*Cono Sur*) (= *botella*) bottle of liquor
4 (*LAm*) (= *ventanilla*) window

**vidrioso** ADJ 1 (*gen*) glassy; (= *frágil*) brittle, fragile; (= *como vidrio*) glass-like
2 [*ojo*] glassy; [*expresión*] glazed; [*superficie*] slippery
3 [*persona*] touchy, sensitive
4 [*asunto*] delicate

**vidurria** SF (*Andes, Caribe, Cono Sur*) = **vidorria**

**vieira** SF scallop

**vieja** SF 1 (= *anciana*) old woman
2 (*) **la ~** (= *madre*) my mum*; (= *esposa*) my old woman*
3 (*Cono Sur*) (= *petardo*) cracker, squib
4 (*Méx*) [*de cigarro*] cigar stub

**viejada** SF (*Cono Sur*) group of old people

**viejales*** SM INV old chap*

**viejera** SF 1 (*Caribe*) (= *vejez*) old age
2 (*Caribe*) (= *trasto*) bit of old junk

**viejito/a*** SM/F (*LAm*) 1 (= *anciano*) old person
2 (= *amigo*) friend

**viejo/a** Ⓐ ADJ 1 (= *de mucha edad*) old; **hacerse** *o* **ponerse ~** to grow old, get old; **de ~ me gustaría vivir junto al mar** when I'm old, I'd like to live by the sea; **✦MODISMOS ~ como el mundo** as old as the hills; **más ~ que el cagar**** bloody ancient**
2 (= *envejecido*) old; **está muy ~ para la edad que tiene** he looks very old for his age
3 (= *usado*) old; **tiraré todos los zapatos ~s** I'll throw all my old shoes away; **ropa vieja** old clothes *pl*; (= *de segunda mano*) secondhand clothes *pl*; **librería de ~** secondhand bookshop; **zapatero de ~** cobbler; **✦MODISMO se cae de ~** it's falling to bits *o* pieces
4 (= *antiguo*) old; **un ~ amigo** an old friend; **viejas costumbres** old customs; **mi padre es de la vieja escuela** my father is of the old school
5 **Plinio el Viejo** Pliny the Elder
Ⓑ SM/F 1 (= *persona mayor*) old man/old woman; **los ~s** the elderly, old people; **el Viejo de Pascua** (*LAm*) Father Christmas; *ver tb* **verde A6**
2 (*LAm**) **mi ~** (= *padre, esposo*) my old man*; **mi vieja** (= *madre, esposa*) my old woman*; **mis ~s** (*esp LAm*) (= *padres*) my parents, my folks*
3 (*LAm**) (*en oración directa*) (= *querido*) darling
4 (*LAm**) (= *chica*) **las viejas** the chicks*, the birds*
5 (*) (*como excl*) (= *tío, colega*) mate*, pal*, buddy (*EEUU**)

**viejón** ADJ (*Andes, Cono Sur*) elderly

**Viena** SF Vienna

**viene** *etc ver* **venir**

**vienés/esa** ADJ, SM/F Viennese

**viento** SM [1] (*Meteo*) wind; (*ligero*) breeze; **corre** *o* **hay** *o* **hace** *o* **sopla (mucho) ~** it is (very) windy; **~ en popa** following wind; **✦MODISMOS beber los ~s por algn** to be crazy about sb; **como el ~** like the wind; **correr malos ~s para algo** to be the wrong moment for sth; **contra ~ y marea** at all costs, come what may; **gritar algo a los cuatro ~s** to shout sth from the rooftops, tell all and sundry about sth; **echar a algn con ~ fresco*** to chuck sb out*; **¡vete con ~ fresco!** go to blazes!*; **lo mandé a tomar ~*** I sent him packing; **ir ~ en popa** to go splendidly, go great guns*; [*negocio*] to prosper; **sorber los ~s por algn** to be crazy about sb; **✦REFRÁN quien siembra ~s recoge tempestades** sow the wind and reap the whirlwind ► **viento a favor** tailwind ► **viento ascendente** (*Aer*) upcurrent ► **viento colado** draught, draft (*EEUU*) ► **viento contrario** headwind ► **viento de cara** headwind ► **viento de cola** tailwind ► **viento de costado** crosswind, side wind ► **viento de espalda** tailwind ► **viento de la hélice** slipstream ► **viento de proa** headwind ► **viento en contra** headwind ► **viento favorable** lead wind; (*en atletismo*) wind assistance ► **viento huracanado** hurricane force wind, violent wind ► **viento lateral** side wind ► **viento portante** prevailing wind ► **viento racheado** gusty wind, squally wind ► **vientos alisios** trade winds ► **vientos nuevos** (*fig*) winds of change ► **viento terral** land breeze ► **viento trasero** tailwind
[2] (*Mús*) wind instruments *pl*, wind section
[3] (*Camping*) guy rope, guy
[4] (= *ventosidad*) wind, flatulence (*frm*)
[5] (*Caza*) scent
[6] [*de perro*] sense of smell, keen scent
[7] (= *vanidad*) conceit, vanity; **estar lleno de ~** to be puffed up (with conceit)
[8] (*Andes*) [*de cometa*] strings *pl* (*of a kite*)
[9] (*CAm*) (= *reuma*) rheumatism

**vientre** SM [1] (= *estómago*) belly; **bajo ~** lower abdomen
[2] (= *matriz*) womb; **llevar un hijo en su ~** to carry a child in one's womb
[3] (= *intestino*) bowels *pl*; **hacer de ~** ◊ **descargar el ~** ◊ **exonerar el ~** to have a bowel movement, move one's bowels ► **vientre flojo** looseness of the bowels
[4] [*de animal muerto*] guts *pl*, entrails *pl*
[5] (*Zool*) foetus, fetus (*EEUU*)
[6] [*de recipiente*] belly, wide part

**vier.** ABR (= **viernes**) Fri

**viernes** SM INV Friday ► **Viernes Santo** Good Friday; *ver tb* **sábado**

**Vietnam** SM Vietnam ► **Vietnam del Norte** North Vietnam ► **Vietnam del Sur** South Vietnam

**vietnamita**[1] (A) ADJ, SMF Vietnamese
(B) SM (*Ling*) Vietnamese

**vietnamita**[2] SF (= *máquina*) duplicator

**viga** SF (= *madera*) balk, timber, lumber (*EEUU*); (*Arquit*) [*de madera*] beam, rafter; [*de metal*] girder; **✦MODISMO estar contando las ~s** to be gazing vacantly at the ceiling ► **viga maestra** main beam ► **viga transversal** crossbeam

**vigencia** SF [1] (= *validez*) validity, applicability; [*de contrato*] term, life; [*de ley, reglamento*] operation; **entrar en ~** to come into effect, take effect; **estar en ~** to be in force, be valid; **perder ~** to go out of use, be no longer applicable; **tener ~** to be valid, apply
[2] (= *norma social*) social convention, norm of society

**vigente** ADJ [*ley, reglamento*] current, in force; [*tarifa*] current; **según la normativa ~** according to the regulations currently in force; **una costumbre aún ~ en nuestro siglo** a custom which still prevails in our own century

**vigésimo** ADJ, SM twentieth; *ver tb* **sexto A**

**vigía** (A) SMF lookout, watchman; **los ~s** (*Náut*) the watch
(B) SF [1] (*Mil*) watchtower
[2] (*Geog*) reef, rock

**vigilancia** SF [1] (= *custodia*) vigilance; **los niños pequeños requieren ~ constante** small children require constant vigilance; **burlaron la ~ de sus guardianes** they evaded the watchful eye of their guards; **tener bajo ~** [+ *paciente*] to keep under observation; [+ *prisionero*] to keep under surveillance ► **vigilancia intensiva** (*Med*) intensive care
[2] (= *servicio*) security; **la ~ del hotel es excelente** security at the hotel is excellent

**vigilante** (A) ADJ (*gen*) vigilant, watchful; (= *alerta*) alert
(B) SMF [1] (*en cárcel*) warder, guard (*EEUU*); [*de trabajo*] supervisor; (*en tienda*) store detective; [*de museo*] keeper; (*en piscina*) attendant ► **vigilante de noche**, **vigilante nocturno** night watchman ► **vigilante jurado** armed security guard
[2] (*Cono Sur*) (= *policía*) policeman

**vigilantemente** ADV vigilantly, watchfully

**vigilar** ▸conjug 1a◂ (A) VT [1] [+ *niño, enfermo, equipaje, máquina*] to keep an eye on, watch; **vigila a los niños para que no se hagan daño** keep an eye on *o* watch the children to see they don't get hurt; **vigila el arroz para que no se pegue** keep an eye on the rice to make sure it doesn't stick
[2] [+ *trabajo*] to supervise
[3] [+ *presos*] to guard; [+ *frontera*] to guard, police; **vigilaban de cerca al sospechoso** they kept a close watch on the suspect
(B) VI to keep watch; **tú vigila fuera mientras yo me escondo** you keep a lookout *o* keep watch outside while I hide; **~ por algo** to watch over sth; **su misión es ~ por la seguridad del Estado** his task is to watch over national security

**vigilia** SF [1] (= *vela*) wakefulness; (= *vigilancia*) watchfulness; **pasar la noche de ~** to stay awake all night
[2] (= *trabajo*) night work, late work; (= *estudio*) night-time study
[3] (*Rel*) vigil; (= *víspera*) eve; (= *abstinencia*) abstinence; (= *ayuno*) fast; **día de ~** day of abstinence; **comer de ~** abstain from meat; **potaje de ~** vegetable stew

**vigor** SM [1] (= *fuerza*) vigour, vigor (*EEUU*); (= *vitalidad*) vitality; (= *resistencia*) toughness, hardiness; (= *empuje*) drive; **con ~** vigorously
[2] (= *vigencia*) **en ~** [*norma*] in force; [*tarifa, horario*] valid, applicable; **entrar en ~** to take effect, come into force; **poner en ~** to put into effect, put into operation; *ver tb* **mantenerse B2**

**vigorización** SF (= *refuerzo*) strengthening; (= *estímulo*) encouragement, stimulation; (= *vitalidad*) revitalization

**vigorizador** ADJ, **vigorizante** ADJ (*gen*) invigorating; [*frío, viento*] bracing; [*ducha, bebida*] revitalizing; [*medicina*] tonic

**vigorizar** ▸conjug 1f◂ VT to invigorate; (= *animar, alentar*) to encourage, stimulate; (= *dar fuerza a*) to strengthen; (= *revitalizar*) to revitalize

**vigorosamente** ADV (*gen*) vigorously; (= *con fuerza*) strongly, forcefully; (= *con dificultad*) strenuously

**vigoroso** ADJ (*gen*) vigorous; (= *fuerte*) strong, tough; [*esfuerzo*] strenuous; [*protesta*] vigorous, forceful; [*niño*] sturdy

**viguería** SF (= *vigas*) beams *pl*, rafters *pl*; [*de metal*] girders *pl*, metal framework

**vigués/esa** (A) ADJ of Vigo
(B) SM/F native/inhabitant of Vigo; **los vigueses** the people of Vigo

**vigueta** SF joist, small beam

**VIH** SM ABR (= **virus de la inmunodeficiencia humana**) HIV

**vihuela** SF (*Hist*) *early form of the guitar*

**vihuelista** SMF (*Hist*) *vihuela player*

**vijúa** SF (*Andes*) rock salt

**vikingo/a** SM/F Viking

**vil** ADJ [*persona*] low, villainous; [*acto*] vile, rotten; [*conducta*] despicable, mean; [*trato*] unjust, shabby; **el ~ metal** filthy lucre

**vileza** SF [1] (= *cualidad*) vileness, foulness; (= *carácter*) meanness; (= *injusticia*) injustice
[2] (= *acción*) vile act, base deed

**vilipendiar** ▸conjug 1b◂ VT [1] (= *denunciar*) to vilify, revile
[2] (= *despreciar*) to despise, scorn

**vilipendio** SM [1] (= *denuncia*) vilification, abuse
[2] (= *desprecio*) contempt, scorn; (= *humillación*) humiliation

**vilipendioso** ADJ (= *despreciable*) contemptible; (= *humillante*) humiliating

**villa** SF [1] (= *pueblo*) small town; (*Pol*) borough, municipality; **la Villa (y Corte)** (*Esp*) Madrid ► **villa de emergencia** (*Arg*), **villa miseria** (*Arg*), **villa precaria** (*Arg*) shantytown, slum quarter ► **villa olímpica** Olympic village
[2] (= *casa*) villa

**Villadiego** SM **tomar las de ~*** to beat it quick*

**villanaje** SM [1] (= *estatus*) humble status, peasant condition
[2] (= *personas*) peasantry, villagers *pl*

**villancico** SM (Christmas) carol

**villanesco** ADJ (= *de campesinos*) peasant *antes de s*; (= *de pueblo*) village *antes de s*, rustic

**villanía** SF [1] (= *cualidad*) villainy, baseness
[2] (= *acción*) = **vileza 2**
[3] (= *dicho*) obscene expression, filthy remark
[4] (*Hist*) humble birth, lowly status

**villano/a** (A) ADJ [1] (*Hist*) (= *campesino*) peasant *antes de s*; (= *rústico*) rustic
[2] (= *grosero*) coarse
[3] (= *vil*) villainous, base
(B) SM/F [1] (*Hist*) serf, villein; (= *campesino*) peasant, rustic

[2] (= *canalla*) rotter*, rat*; (*Cine*) villain
[3] (*LAm*) villain

**villista** SMF (*Méx Pol*) supporter of Pancho Villa

**villorrio** SM one-horse town, dump*; (*LAm*) shantytown

**vilmente** ADV (= *con vileza*) vilely, foully; (= *despreciablemente*) despicably; (= *injustamente*) unjustly

**vilo** ADV [1] **en ~** (= *levantado*) into the air; (= *suspenso*) suspended, unsupported; **sostener algo en ~** to hold sth up
[2] **en ~** (= *intranquilo*) on tenterhooks; **estar** *o* **quedar en ~** ◊ **estar con el alma en ~** to be left in suspense, be on tenterhooks; **tener a algn en ~** to keep sb in suspense, keep sb waiting

**vilote** SM (*LAm*) coward

**vinagre** SM vinegar ► **vinagre de sidra** cider vinegar ► **vinagre de vino** wine vinegar

**vinagrera** SF [1] (= *botella*) vinegar bottle
[2] **vinagreras** (= *juego*) cruet stand *sing*
[3] (*LAm Med*) heartburn, acidity

**vinagreta** SF (*tb* **salsa ~**) vinaigrette, French dressing

**vinagroso** ADJ [1] (= *ácido*) vinegary, tart
[2] [*persona*] bad-tempered, sour

**vinatería** SF [1] (= *tienda*) wine shop
[2] (= *comercio*) wine trade

**vinatero/a** SM/F wine merchant, vintner

**vinaza** SF nasty wine, wine from the dregs

**vinazo** SM strong wine

**vincha** SF (*Andes, Cono Sur*) hairband, headband

**vinculación** SF [1] (= *relación*) linking, binding; (*fig*) bond, link
[2] (*Jur*) entail

**vinculante** ADJ binding (**para** on)

**vincular** ▸conjug 1a◂ Ⓐ VT [1] (= *relacionar*) to link, bind (**a** to); **~ sus esperanzas a algo** to base one's hopes on sth; **~ su suerte a la de otro** to make one's fate dependent on sb else's; **están estrechamente vinculados entre sí** they are closely bound together
[2] (*Jur*) to entail
Ⓑ **vincularse** VPR to be linked, link o.s. (**a** to)

**vínculo** SM [1] (= *relación, lazo*) link, bond; **los ~s de la amistad** the bonds of friendship; **hay un fuerte ~ histórico** there is a strong historical link ► **vínculo de parentesco** family ties *pl*, ties *pl* of blood
[2] (*Jur*) entail

**vindicación** SF [1] (= *defensa*) vindication
[2] (= *venganza*) revenge, vengeance

**vindicar** ▸conjug 1g◂ Ⓐ VT [1] [+ *persona, reputación*] to vindicate; [+ *derecho*] to regain, win back
[2] (= *vengar*) to avenge
Ⓑ **vindicarse** VPR [1] (= *vengarse*) to avenge o.s.
[2] (= *justificarse*) to vindicate o.s.

**vine** *etc ver* **venir**

**vineo*** SM **ir de ~** to go boozing*

**vinería** SF (*LAm*) wine shop

**vínico** ADJ wine *antes de s*

**vinícola** ADJ [*industria*] wine *antes de s*; [*región*] wine-growing *antes de s*, wine-making *antes de s*

**vinicultor(a)** SM/F wine grower

**vinicultura** SF wine growing, wine production

**vinificable** ADJ that can be made into wine, suitable for wine-making

**vinificación** SF fermentation

**vinílico** ADJ vinyl *antes de s*

**vinillo** SM thin wine, weak wine

**vinilo** SM vinyl

**vino** SM [1] (= *bebida*) wine; **aguar** *o* **bautizar el ~** to water the wine; ✦*MODISMOS* **dormir el ~** to sleep off a hangover; **echar agua al ~** to water down a statement; **tener buen ~** to be able to handle one's drink; **tener mal ~** to get wild after a few drinks ► **vino añejo** mature wine ► **vino blanco** white wine ► **vino corriente** ordinary wine ► **vino de aguja** sparkling wine ► **vino de Jerez** sherry ► **vino de la casa** house wine ► **vino del año** new wine, wine for early drinking ► **vino de Málaga** Malaga (wine) ► **vino de mesa** table wine ► **vino de Oporto** port (wine) ► **vino de pasto** ordinary wine ► **vino de postre** dessert wine ► **vino de reserva** reserve ► **vino de solera** vintage wine ► **vino espumoso** sparkling wine ► **vino peleón** cheap wine, plonk* ► **vino rosado** rosé (wine) ► **vino tinto** red wine ► **vino tranquilo** non-sparkling wine
[2] (= *recepción*) drinks *pl*, reception; **después de la conferencia hubo un ~** there were drinks after the lecture ► **vino de honor** official reception; (*Cono Sur*) special wine

**vinolento** ADJ boozy‡, fond of the bottle

**vinoso** ADJ [*sabor*] like wine, vinous (*frm*); [*color*] wine-coloured, wine-colored (*EEUU*)

**vinoteca** SF collection of wines

**vinotería** SF (*Méx*) wine-shop

**viña** SF [1] (= *planta*) vine; (= *lugar*) vineyard
[2] (*Méx*) (= *vertedero*) rubbish dump, garbage dump (*EEUU*)

**viñador(a)** SM/F (= *propietario*) wine grower; (= *trabajador*) vineyard worker

**viñal** SM (*Cono Sur*) vineyard

**viñatero/a** SM/F (*Andes, Cono Sur*) wine grower

**viñedo** SM vineyard

**viñeta** SF (*Arte, fig*) vignette; (*Prensa*) cartoon, sketch, drawing; (= *emblema*) emblem, device

**viola** Ⓐ SF [1] (*Bot*) viola
[2] (*Mús*) viola; (*Hist*) viol ► **viola de gamba** viola da gamba
Ⓑ SMF viola player

**violáceo** ADJ violet

**violación** SF [1] (*sexual*) rape
[2] [*de ley*] infringement; [*de acuerdo, principio*] violation, breach; [*de derecho, territorio*] violation ► **violación de contrato** breach of contract ► **violación de domicilio** housebreaking
[3] (= *profanación*) violation

**violado** ADJ, SM violet

**violador(a)** Ⓐ SM rapist
Ⓑ SM/F violator, offender (**de** against)

**violar** ▸conjug 1a◂ VT [1] [+ *persona*] to rape
[2] [+ *ley*] to break, infringe (*frm*); [+ *acuerdo, principio*] to violate, breach; [+ *derecho, territorio*] to violate; [+ *domicilio*] to break into, force entry into
[3] (= *profanar*) to violate

**violatorio** ADJ **ser ~ de** to be in breach *o* violation of

**violencia** SF [1] (*gen*) violence; (= *fuerza*) force; (*Jur*) assault, violence; (*Pol*) rule by force; **no ~** non-violence; **hacer algo con ~** to do sth violently; **usar ~ para abrir una caja** to force open a box; **no se consigue nada con él usando la ~** you will not achieve anything with him by using force, you won't get anywhere with him if you use force; **amenazar ~** to threaten violence; [*turba*] to turn ugly; **apelar a la ~** to resort to violence, use force; **hacer ~ a** = **violentar A2** ► **violencia doméstica** domestic violence
[2] (= *vergüenza*) embarrassment; (= *situación*) embarrassing situation; **si eso te causa ~** if that makes you feel awkward *o* uncomfortable, if that embarrasses you; **estar con ~** to be *o* feel awkward
[3] **una ~** a damaging act; (= *atrocidad*) an outrage
[4] (*Col Hist, Pol*) **la Violencia** *long period of civil disturbances and killings beginning in 1948*

**violentamente** ADV [1] (= *con violencia*) violently; (= *con furia*) furiously, wildly
[2] (*LAm*) (= *rápidamente*) quickly

**violentar** ▸conjug 1a◂ Ⓐ VT [1] [+ *puerta, cerradura*] to force; [+ *rama*] to bend, twist (out of shape); [+ *casa*] to break into
[2] [+ *persona*] (= *avergonzar*) to embarrass; (= *forzar*) to force, persuade forcibly; (= *maltratar*) to subject to violence; (*Jur*) to assault
[3] [+ *principio*] to violate, outrage; [+ *sentido*] to distort, twist
Ⓑ **violentarse** VPR (= *avergonzarse*) to get embarrassed; (= *forzarse*) to force o.s.

**violentismo** SM (*Chile*) social agitation

**violentista** ADJ, SMF (*Chile Pol*) subversive

**violento** ADJ [1] [*acto, deporte, persona*] violent; **se produjo una violenta explosión** there was a violent explosion; **murió de muerte violenta** he suffered a violent death
[2] (= *incómodo*) awkward, uncomfortable; **me fue muy ~ verlo llorar** seeing him cry made me feel very awkward *o* uncomfortable; **me encuentro ~ estando con ellos** I feel awkward *o* I don't feel at ease when I'm with them
[3] [*postura*] awkward
[4] [*interpretación*] forced
[5] (*LAm*) (= *repentino*) quick; **tuvo que hacer un viaje ~** she had to make a sudden trip

**violeta** Ⓐ SF violet; **conservador a la ~** dyed-in-the-wool conservative ► **violeta africana** African violet ► **violeta de genciana** gentian violet
Ⓑ ADJ INV violet
Ⓒ SM violet

**violín** Ⓐ SM [1] (= *instrumento*) violin
[2] ► **violín de Ingres** *spare-time occupation, art, hobby etc at which one shines*
[3] (*Caribe*) (= *mal aliento*) bad breath
[4] **de ~** (*Méx**) gratis, free
[5] ✦*MODISMOS* **embolsar el ~** (*LAm*) to get egg on one's face*; **meter ~ en bolsa** (*Cono Sur**) to be embarrassed; **pintar un ~** (*Méx**) to make a rude sign; **tocar ~** (*Andes**) to play gooseberry, be a third wheel (*EEUU*)
Ⓑ SMF (= *persona*) violinist; **primer ~** ◊ **~ primero** (= *concertino*) leader; [*de sección*] first violin; **segundo ~** second violin

**violinista** SMF violinist, fiddler*

**violón** Ⓐ SM double bass; ✦*MODISMO* **tocar el ~*** to talk rot
Ⓑ SMF (= *persona*) double bass player

**violoncelista** SMF cellist

**violoncelo** SM cello

**violonchelista** SMF cellist

**violonchelo** SM cello

**vip*** SM (*pl* **vips**) VIP

**viperino** ADJ viperish; **lengua viperina** wicked tongue

**vira**[1] SF (*Mil*) dart

**vira**[2] SF [*de zapato*] welt

**viracho** ADJ (*Cono Sur*) cross-eyed

**Viracocha** SM 1 (*Andes, Cono Sur Hist*) *Inca god*
2 (*Andes Hist**) (= *título*) *name given by Incas to the Spanish Conquistadors*

**virada** SF (*Náut*) tack, tacking

**virador** SM (*Fot*) toner

**virago** SF mannish woman

**viraje** SM 1 (*Náut*) tack; [*de coche*] turn; (*repentino*) swerve; (*en carretera*) bend, curve ► **viraje en horquilla** hairpin bend
2 (*fig*) change of direction; (*Pol*) abrupt switch, volte-face; [*de votos*] swing
3 (*Fot*) toning

**virar** ▸conjug 1a◂ Ⓐ VT 1 (*Náut*) to put about, turn
2 (*Fot*) to tone
3 (*LAm*) (= *dar vuelta a*) to turn (round); (= *invertir*) to turn over, turn upside down
4 (*Caribe*) (= *azotar*) to whip
Ⓑ VI 1 (= *cambiar de dirección*) to change direction, turn; (*Náut*) to tack, go about; [*vehículo*] to turn; (*con violencia*) to swerve; **tuve que ~ a la izquierda para no atropellarle** I had to swerve left to avoid hitting him; **~ en redondo** to turn round completely; **~ a estribor** to turn to starboard; **~ hacia el sur** to turn towards the south
2 (= *cambiar de parecer*) to change one's views; [*voto*] to swing; **el país ha virado a la derecha** the country has swung (to the) right; **~ en redondo** to swing round completely, make a complete volte-face
Ⓒ **virarse** VPR (*Caribe*‡) (= *morirse*) to kick the bucket‡

**virgen** (*pl* **vírgenes**) Ⓐ ADJ [*persona*] virgin; [*cinta*] blank; [*película*] unexposed
Ⓑ SMF virgin; (*Rel*) **la Virgen** the Virgin; **la Virgen de las Angustias** Our Lady of Sorrows; **la Santísima Virgen** the Blessed Virgin; **¡Santísima Virgen!** by all that's holy!; ✦***MODISMOS*** **aparecérsele la Virgen a algn***: **se le apareció la Virgen** he got his big chance, he struck lucky*; **ser (devoto) de la Virgen del Puño*** to be very tight-fisted; **ser un viva la Virgen***: **es un viva la Virgen** he doesn't give a damn‡, he doesn't care one bit*

**virgencita** SF small picture of the Virgin

**Vírgenes** SFPL **Islas ~** Virgin Islands

**virgiliano** ADJ Virgilian

**Virgilio** SM Virgil

**virginal** ADJ 1 [*cuerpo, doncella*] virginal
2 (*Rel*) *of or relating to the Virgin*

**virginidad** SF virginity

**Virgo** SM Virgo

**virgo** SM virginity

**virguería** SF 1 (= *adorno*) silly adornment, frill; (= *objeto delicado*) pretty thing, delicately made object
2 (= *maravilla*) wonder, marvel; **es una ~** it's wonderful; **hacer ~s** (*fig*) to work wonders, do clever things; **hacer ~s con algo** to be clever enough to handle sth well

**virguero*** ADJ 1 (= *bueno*) super*, smashing*
2 (= *elegante*) smart, nattily dressed; (= *exquisito*) pretty, delicately made
3 (= *hábil*) clever, smart

**viricida** Ⓐ ADJ viricidal
Ⓑ SM viricide

**vírico** ADJ viral, virus *antes de s*; **enfermedad vírica** viral illness

**viril** ADJ virile, manly; **la edad ~** the prime of life; *ver tb* **miembro A1**

**virilidad** SF 1 (= *cualidad*) virility, manliness
2 (= *estado*) manhood

**virilizar** ▸conjug 1f◂ Ⓐ VT to make like a man, induce male characteristics in
Ⓑ **virilizarse** VPR to become like a man, acquire male characteristics

**viringo** ADJ (*Andes*) 1 (= *desnudo*) bare, naked
2 (= *despellejado*) skinned, skinless

**viroca** SF (*Cono Sur*) serious mistake

**virola** SF 1 (= *regatón*) metal tip, ferrule; [*de herramienta, lanza*] collar
2 (*Cono Sur, Méx*) (= *argolla*) silver ring; (= *disco*) metal disc (*fixed to harness etc as an adornment*)

**virolento** ADJ pockmarked

**virolo** ADJ (*Andes*) cross-eyed

**virología** SF virology

**virólogo/a** SM/F virologist

**virote** SM 1 (= *flecha*) arrow
2 (*Méx**) (= *pan*) bread roll
3 (†) (= *señorito*) hooray Henry*
4 (*Andes, Méx*) (= *tonto*) simpleton

**virreinato** SM viceroyalty

**virrey** SM viceroy

**virriondo‡** ADJ (*Méx*) 1 [*animal*] (*hembra*) on heat; (*macho*) in rut
2 [*persona*] randy*, horny‡

**virtual** ADJ 1 (= *potencial*) potential; **el ~ candidato a la presidencia** the potential candidate for president; **tras el partido de hoy son ya los ~es campeones** after today's match they are virtually assured of the championship
2 (*Inform, Fís*) virtual; **memoria ~** virtual memory; **realidad ~** virtual reality

**virtualidad** SF potentiality; **tiene ciertas ~es** it has certain potentialities

**virtualmente** ADJ virtually

▼**virtud** SF 1 (= *calidad*) virtue; **~ cardinal** cardinal virtue
2 (= *capacidad*) ability, power; (= *eficacia*) efficacy; **en ~ de** by virtue of, by reason of; **tener la ~ de ...** + INFIN to have the virtue of ... + *ger*, have the power to ... + *infin*; **una planta que tiene ~ contra varias enfermedades** a plant which is effective against certain diseases; **~es curativas** healing power *sing*, healing properties
3 (*Caribe***) (= *pene*) prick**; (= *vagina*) cunt**

**virtuosamente** ADV virtuously

**virtuosismo** SM virtuosity

**virtuosista** ADJ virtuoso

**virtuoso/a** Ⓐ ADJ virtuous
Ⓑ SM/F virtuoso

**viruela** SF 1 (= *enfermedad*) smallpox
2 **viruelas** (= *marcas*) pockmarks; **picado de ~s** pockmarked ► **viruelas locas** chickenpox *sing*

**virulé**: **a la ~*** ADJ 1 (= *estropeado*) damaged; (= *torcido*) bent, twisted; (= *viejo*) old; (= *raído*) shabby; **ojo a la ~** shiner*
2 [*persona*] cracked, potty*

**virulencia** SF virulence

**virulento** ADJ virulent

**virus** SM INV virus; **enfermedad por ~** viral illness ► **virus atenuado** attenuated virus ► **virus de inmunodeficiencia humana** human immunodeficiency virus ► **virus gripal** flu virus ► **virus informático** computer virus

**viruta** Ⓐ SF 1 [*de madera, metal*] shaving ► **virutas de acero** steel wool *sing*
2 (‡) (= *dinero*) bread‡, money
Ⓑ SM, **virutas** SM INV carpenter

**vis** SF **~ cómica** sense of comedy; **tener ~ cómica** to be witty

**visa** SF (*LAm*) visa ► **visa de permanencia** residence permit ► **visa de tránsito** transit visa

**visado** SM visa ► **visado de entrada** entry visa ► **visado de salida** exit visa ► **visado de tránsito** transit visa ► **visado de turista**, **visado turístico** tourist visa

**visaje** SM (wry) face, grimace; **hacer ~s** to pull faces, grimace

**visar** ▸conjug 1a◂ VT 1 [+ *pasaporte*] to visa
2 [+ *documento*] to endorse, approve

**vis a vis** Ⓐ ADV face to face
Ⓑ SM (= *reunión*) face to face (meeting); (*en la cárcel*) private visit

**visceral** ADJ 1 (*Anat*) visceral
2 (= *profundo*) visceral, deep-rooted; **aversión/reacción ~** gut aversion/reaction; **sentimientos ~es** gut feelings

**visceralmente** ADV deeply, viscerally (*frm*)

**vísceras** SFPL (*Anat*) viscera *pl*, entrails; (*fig*) guts, bowels

**visco** SM birdlime

**viscosa** SF viscose

**viscosidad** SF 1 (= *cualidad*) viscosity; [*de líquido*] thickness
2 (*Bot, Zool*) (= *sustancia*) slime; (= *secreción*) sticky secretion

**viscoso** ADJ (*gen*) viscous; [*líquido*] thick; [*secreción*] slimy

**visera** SF (*Mil*) visor; [*de gorra*] peak; [*de jockey, tenista*] eyeshade; (*Caribe*) [*de caballo*] (horse's) blinkers *pl*; [*de estadio*] canopy ► **visera de béisbol** baseball cap

**visibilidad** SF visibility; **la ~ es de 200m** there is a visibility of 200m; **la ~ queda reducida a cero** visibility is down to zero; **una curva de escasa ~** (*Aut*) a bend with poor visibility ► **visibilidad cero** zero visibility

**visible** ADJ 1 (= *que se ve*) visible; **es ~ a simple vista** it's visible to the naked eye, it can be seen with the naked eye; **ponlo donde esté bien ~** put it where it can be easily seen, put it where it's clearly visible
2 (= *evidente*) **dio muestras de ~ disgusto** he was visibly upset; **la miró con ~ enojo** he looked at her, visibly annoyed
3 (= *decente*) decent, presentable; **¿estás ~?** are you decent *o* presentable?

**visiblemente** ADV visibly

**visigodo/a** Ⓐ ADJ Visigothic
Ⓑ SM/F Visigoth

➤ LENGUA Y USO: **virtud 2** 44.1

**visigótico** ADJ Visigothic

**visillo** SM [1] (= *cortina*) lace curtain, net curtain
[2] (*en butaca*) antimacassar

**visión** SF [1] (*Anat*) vision, (eye)sight; **perder la ~ de un ojo** to lose the sight in *o* of one eye ► **visión borrosa** blurred vision ► **visión de túnel** tunnel vision ► **visión doble** double vision ► **visión reducida** impaired vision
[2] (*Rel*) vision; (= *fantasía*) fantasy; (= *ilusión*) illusion; **ver visiones** to be seeing things, suffer delusions; **se le apareció en ~** it came to him in a vision
[3] (= *vista*) view; **un político con ~ de futuro** a farsighted politician ► **visión de conjunto** complete picture, overall view
[4] (= *punto de vista*) view, point of view; **su ~ del problema** his view of the problem
[5] (*pey*) scarecrow, fright*; **ella iba hecha una ~** she looked a real sight*; **han comprado una ~ de cuadro** they've bought an absolutely ghastly picture

**visionado** SM [1] (= *acción*) viewing, inspection
[2] (*TV*) viewing-room

**visionadora** SF (*Fot*) viewer

**visionar** ▸conjug 1a◂ VT [1] (*TV*) to view, see; (*por adelantado*) to preview; (*Fot*) to view, have a viewing of
[2] (= *entrever*) to glimpse; (= *prever*) to foresee
[3] (= *presenciar*) to witness

**visionario/a** Ⓐ ADJ visionary; (*pey*) deluded, subject to hallucinations
Ⓑ SM/F visionary; (*pey*) deluded person; (= *loco*) lunatic, crazy individual

**visir** SM vizier; **gran ~** grand vizier

**visita** SF [1] (= *acción*) visit; (*breve*) call; **horas de ~** visiting hours; **tarjeta de ~** business card, visiting card; **estar de ~ en un lugar** to be on a visit to a place; **ir de ~** to go visiting; **devolver** *o* **pagar una ~** to return a visit; **hacer una ~ a** to visit, pay a visit to ► **visita conyugal** conjugal visit ► **visita de cortesía**, **visita de cumplido** formal visit, courtesy call ► **visita de despedida** farewell visit ► **visita de Estado** state visit ► **visita de intercambio** exchange visit ► **visita de médico*** very short call, brief visit ► **visita de pésame** *visit to express one's condolences* ► **visita en grupo** group visit ► **visita íntima** conjugal visit ► **visita oficial** official visit ► **visita relámpago** flying visit
[2] (= *persona*) visitor, caller; **hoy tenemos ~** we have visitors today; **"no se admiten ~s"** "no visitors"
[3] (*en la aduana*) search; **derecho de ~** right to search
[4] (*Caribe Med*) enema

**visitación** SF (*Rel*) visitation

**visitador(a)** Ⓐ SM/F [1] (= *visitante*) frequent visitor
[2] (= *inspector*) inspector
[3] (*Com, Med*) drug company salesman
Ⓑ SF (*LAm*) [1] (= *jeringa*) syringe
[2] (= *enema*) enema

**visitante** Ⓐ ADJ visiting
Ⓑ SMF visitor

**visitar** ▸conjug 1a◂ Ⓐ VT (*gen*) to visit; (*brevemente*) to call on; **fuimos a ~ a mis tíos** we went to visit my aunt and uncle; **5.000 personas han visitado ya la exposición** 5,000 people have already visited the exhibition
Ⓑ VI **el médico está visitando** the doctor is holding his surgery
Ⓒ **visitarse** VPR [1] [*personas*] to visit each other
[2] (*Med*) to attend the doctor's surgery

**visiteo** SM frequent visiting, constant calling

**visitero/a** Ⓐ ADJ fond of visiting, much given to calling
Ⓑ SM/F frequent visitor, constant caller

**visitón*** SM long and boring visit, visitation (*hum*)

**vislumbrar** ▸conjug 1a◂ VT [1] [+ *paisaje, figura*] to glimpse, catch a glimpse of
[2] [+ *solución*] to glimpse, begin to see; [+ *futuro*] to get a slight idea of; [+ *hecho desconocido*] to surmise

**vislumbre** SF [1] (= *vista*) glimpse, brief view
[2] (= *brillo*) gleam, glimmer
[3] (= *posibilidad*) glimmer, slight possibility; (= *conjetura*) conjecture; (= *noción*) vague idea; **tener ~s de** to get an inkling of, get a vague idea of

**viso** SM [1] [*de metal*] gleam, glint
[2] (= *aspecto*) **hay un ~ de verdad en esto** there is an element of truth in this; **tenía ~s de nunca acabar** it seemed that it was never going to finish; **tiene ~s de ser puro cuento** it looks like being just a story; **✦MODISMOS a dos ~s** ◊ **de dos ~s** with a double purpose, two-edged
[3] (= *ropa*) slip
[4] **✦MODISMO ser persona de ~** to be somebody, be important
[5] (*Geog*) viewpoint, vantage point
[6] **visos** [*de tela*] sheen *sing*, gloss *sing*; **negro con ~s azules** black with a bluish sheen, black with bluish lights in it; **hacer ~s** to shimmer

**visón** SM mink

**visor** SM [1] (*Aer*) bombsight; (*Mil*) sight ► **visor nocturno** night sight ► **visor telescópico** telescopic sight
[2] (*Fot*) (*tb* **~ de imagen**) viewfinder

**víspera** SF eve, day before; **la ~ de** ◊ **en ~s de** on the eve of (*tb fig*); **estar en ~s de hacer algo** to be on the point *o* verge of doing sth ► **víspera de Navidad** Christmas Eve

**vista** Ⓐ SF [1] (= *visión*) sight, eyesight; **hasta donde alcanza la ~** as far as the eye can see; **el coche desapareció de mi ~** the car disappeared from sight; **nublarse la ~**: **se me nubló la ~** my eyes clouded over; **perder la ~** to lose one's sight; **tener buena/mala ~** to have good/bad eyesight; **✦MODISMO hacer la ~ gorda** to turn a blind eye, pretend not to notice ► **vista cansada** (*por defecto*) longsightedness; (*por agotamiento*) eyestrain ► **vista corta** short sight ► **vista de águila**, **vista de lince** eagle eye; **tener ~ de águila** *o* **de lince** to have eagle eyes, to have eyes like a hawk *o* a lynx
[2] (= *ojos*) [2·1] (= *órgano*) eyes *pl*; **tiene un problema en la ~** she has something wrong with her eyes; **a la altura de la ~** at eye level; **una luz que hiere la ~** a dazzling light, a light that hurts one's eyes; **torcer la ~** to squint
[2·2] (= *mirada*) **¡~ a la derecha!** (*Mil*) eyes right!; **aguzar la ~** (*para ver a lo lejos*) to screw one's eyes up; (*para descubrir algo*) to look sharp; **alzar la ~** to look up; **apartar la ~** to look away; **no apartar la ~ de algo** to keep one's eyes glued to sth; **bajar la ~** to look down, lower one's gaze; **buscar algo con la ~** to look around for sth; **clavar la ~ en algn/algo** to stare at sb/sth, fix one's eyes on sb/sth; **dirigir la ~ a algn/algo** to look towards sb/sth, turn one's gaze on sb/sth; **echar una ~ a algn/algo** to take a look at sb/sth; **fijar la ~ en algn/algo** to stare at sb/sth, fix one's eyes on sb/sth; **medir a algn con la ~** to size sb up; **pasar la ~ por algo** to look over sth, glance quickly at sth; **con la ~ puesta en la pared** with his eyes fixed on the wall; **con la ~ puesta en las elecciones** with a view to the elections; **con la ~ puesta en la futura legislación medioambiental, la compañía ha sacado un nuevo modelo** in the light of the forthcoming environmental legislation, the company has launched a new model; **¡quítate de mi ~!** get out of my sight!; **recorrer algo con la ~** to run one's eye over sth; **seguir algo con la ~** to follow sth with one's eyes; **volver la ~** to look away; **volver la ~ atrás** to look back; **✦MODISMOS comerse** *o* **devorar a algn con la ~** (*con deseo*) to devour sb with one's eyes; (*con ira*) to look daggers at sb*; **perder algo de ~** to lose sight of sth; **no perder a algn de ~** to keep sb in sight; **saltar a la ~**: **su inteligencia salta a la ~** she is strikingly intelligent; **una cosa que salta a la ~ es ...** one thing that immediately hits *o* strikes you is ...; **salta a la ~ que ...** it's blindingly obvious that ...
[3] (= *perspicacia*) foresight; **tuvieron ~ para comprar las acciones** they showed foresight in buying the shares, it was shrewd of them to buy the shares; **ha tenido mucha ~ con el piso** he was very far-sighted about the flat; **tener ~ para los negocios** to have good business acumen
[4] (= *panorama*) view; **la ~ desde el castillo** the view from the castle; **con ~s a**: **con ~s a la montaña** with a view of the mountains; **una habitación con ~s al mar** a room with a sea view, a room overlooking the sea; **con ~s al oeste** facing west ► **vista anterior**, **vista frontal** front view
[5] (*Fot*) (= *imagen*) view; **una tarjeta con una ~ de Venecia** a card with a view of Venice ► **vista de pájaro** bird's-eye view; **observar algo a ~ de pájaro** to get a bird's-eye view of sth ► **vista fija** still ► **vista frontal** front view
[6] (*otras expresiones*) [6·1] **a la ~** in sight *o* view; **la parte que quedaba a la ~** the part that was visible *o* in view; **no es muy agradable a la ~** it's not a pretty sight, it's not very pleasant to look at; **cuenta a la ~** (*Fin*) instant access account; **a la ~ está (que ...)** it's obvious (that ...), you can see for yourself (that ...); **no tengo ningún proyecto a la ~** I have no plans in sight; **estaré a la ~ de lo que pase** I will keep an eye on developments; **yo me quedo a la ~ del fuego** I'll keep an eye on the fire; **a la ~, no son pobres** from what you can tell, they're not poor; **a la ~ de todos** in full view (of everyone); **los resultados están a la ~ de todos** the results are there for everyone to see; **lo fríen a la ~ del cliente** it's fried in front of the customer; **a la ~ de tal espectáculo** at the sight of such a scene; **a la ~ de sus informes** in

➤ LENGUA Y USO: vista A6 35.2, 44.1

the light of *o* in view of his reports; **poner algo a la ~** to put sth on view
**6·2** **a ... años/días ~**: **pagadero a 30 días ~** payable within 30 days; **a un año ~ de las elecciones** (= *antes*) a year before the elections; **a cinco años ~** (= *después*) five years from then; **a dos años ~ de la exposición** two years after the exhibition
**6·3** **con ~s a** with a view to; **con ~s a una solución del problema** with a view to solving the problem; **han modernizado el estadio con ~s al Mundial** they have modernized the stadium ahead of the World Cup; **una medida con ~s al futuro** a measure taken with the future in mind
**6·4** **de ~** by sight; **conocer a algn de ~** to know sb by sight; **en ~ de** in view of; **en ~ de que ...** in view of the fact that ...; **¡hasta la ~!** see you!, so long!; **a primera ~** at first sight, on the face of it; **a simple ~** (= *sin ayuda de aparatos*) to the naked eye; (= *por la primera impresión*) at first sight
**7** (= *aspecto*) appearance, looks *pl*; **esos plátanos no tienen muy buena ~** those bananas don't look too good; **un coche con una ~ estupenda** a wonderful-looking car; **de ~ poco agradable** not very nice to look at, unprepossessing
**8** (*Jur*) hearing; **~ de una causa** hearing of a case ► **vista oral** first hearing
**9** **vistas** (*Hist*) meeting *sing*, conference *sing*
Ⓑ SMF (*tb* **~ de aduana**) customs official

**vistar*** ▸conjug 1a◂ VT (*LAm*) to have a look at, look over, look round

**vistazo** SM look, glance; **de un ~** at a glance; **echar** *o* **pegar un ~ a*** to glance at, have a (quick) look at

**vistillas** SFPL viewpoint *sing*

**visto**[1] *ver* **vestir**

**visto**[2] Ⓐ PP *de* **ver**
Ⓑ ADJ **1** (= *conocido*) **no, ésa chaqueta no, que la tengo muy vista** no, not that jacket, I wear it all the time; **ese color está muy ~** you see that colour all over the place, everyone is wearing that colour; **no quisiera hacerme demasiado ~ en este bar** I don't want to be seen too much in this bar; **ese chiste ya está más que ~** that joke is as old as the hills; **ser lo nunca ~** to be unheard of; **tres derrotas consecutivas es lo nunca ~ en este estadio** three defeats in a row is unheard of *o* has never happened before in this stadium; **el ministro, cosa nunca vista, hizo unas declaraciones en contra del presidente** the minister spoke out against the president, something which is unheard of; **✦MODISMO más ~ que el tebeo** (*Esp*) as old as the hills
**2** (= *considerado*) **estar bien/mal ~** [*comportamiento*] to be the done thing/be frowned upon; [*persona*] to be well/badly thought of; [*iniciativa, propuesta*] to be welcomed/not welcomed; **lo que está bien ~** the done thing; **estaba mal ~ que una mujer saliera sola** it was not the done thing for a woman to go out alone, it was frowned upon for a woman to go out alone; **no está bien ~ dentro del sindicato** he's not very well thought of *o* highly regarded in the union
**3** (= *expuesto*) [*ladrillo*] bare, exposed; [*viga*] exposed; **un edificio de ladrillo ~** a building of bare *o* exposed brick
**4** (*Jur*) **¡visto!** case adjourned; **~ para sentencia** adjourned for sentencing
**5** (*en locuciones*) **está ~ que ...** it is clear *o* obvious that ...; **está ~ que el problema no tiene solución** it is clear *o* obvious that there is no solution to the problem; **estaba ~ que la historia terminaría en boda** you could tell that they would end up getting married, it was clear *o* obvious that they would end up getting married; **por lo ~** apparently; **por lo ~, no les interesa** apparently *o* from what I can see, they are not interested; **—¿no ha venido el cartero todavía? —por lo ~ no** "hasn't the postman come yet?" — "apparently not" *o* "it would appear not"; **✦MODISMOS ni ~ ni oído** like lightning; **~ y no ~**: **cogió el bolso y salió corriendo, fue ~ y no ~** he grabbed the bag and ran out, one minute he was there and the next minute he was gone; **lo fusilaron ~ y no ~** they shot him just like that; **en un ~ y no ~** in a flash; **en un ~ y no ~ el conejo desapareció de ante nuestros ojos** in a flash the rabbit disappeared before our very eyes
**6** **~ que** since; **~ que no nos hacían caso nos fuimos** since they took no notice of us we left
Ⓒ SM ► **visto bueno** approval, go-ahead*; **vuestra propuesta no ha recibido el ~ bueno** your proposal has not been approved *o* didn't get the go-ahead*; **dar el ~ bueno a algo** to give sth one's approval, give sth the go-ahead*; **el juez ha dado el ~ bueno para que se investigue el caso** the judge has given his approval *o* given the go-ahead for the case to be investigated*; **dar el ~ bueno a algn para que haga algo** to give one's approval for sb to do sth, give sb the go-ahead to do sth*

**vistosamente** ADV (*gen*) brightly, colourfully, colorfully (*EEUU*); (*pey*) gaudily

**vistosidad** SF (*gen*) brightness, colourfulness, colorfulness (*EEUU*); (*pey*) gaudiness; [*de feria, ballet*] spectacular nature

**vistoso** ADJ [*ropa*] bright, colourful, colorful (*EEUU*); (*pey*) gaudy; [*partido*] spectacular

**Vístula** SM Vistula

**visual** Ⓐ ADJ visual; **campo ~** field of vision; **memoria ~** visual memory
Ⓑ SF **1** (= *línea*) line of sight
**2** (*) (= *vistazo*) look, glance; **echar una ~** to take a look (**a** at)

**visualización** SF **1** (= *representación*) visualization
**2** (*Inform*) display(ing); **pantalla de ~** display screen, VDU
**3** ► **visualización radiográfica** (*Med*) scanning

**visualizador** SM (*Inform*) display screen, VDU

**visualizar** ▸conjug 1f◂ VT **1** (= *imaginarse*) to visualize
**2** (= *hacer visible*) to visualize
**3** (*Inform*) to display
**4** (*LAm*) (= *divisar*) to see, make out
**5** **~ radiográficamente** (*Med*) to scan

**visualmente** ADV visually

**vital** ADJ **1** (= *de la vida*) life *antes de s*; **fuerza ~** life force; **espacio ~** living space
**2** (= *fundamental*) vital; **es ~ que haya unidad en el partido** party unity is vital; **de importancia ~** vitally important
**3** (= *enérgico*) vital, full of vitality
**4** (*Anat*) vital; **órganos ~es** vital organs

**vitaliciamente** ADV for life

**vitalicio** Ⓐ ADJ life *antes de s*, for life; **cargo ~** post held for life; **pensión vitalicia** life pension
Ⓑ SM life annuity

**vitalidad** SF vitality

**vitalismo** SM **1** (*Fil*) vitalism
**2** [*de persona*] vitality

**vitalista** Ⓐ ADJ **1** (*Fil*) vitalist
**2** [*persona*] vital, full of life
Ⓑ SMF (*Fil*) vitalist

**vitalización** SF vitalization

**vitalizador** ADJ **acción ~a** ◊ **efecto ~** revitalizing effect

**vitalizante** ADJ revitalizing

**vitalizar** ▸conjug 1f◂ VT (*esp LAm*) to vitalize

**vitamina** SF vitamin

**vitaminado** ADJ with added vitamins

**vitaminar** ▸conjug 1a◂ VT to add vitamins to

**vitamínico** ADJ vitamin *antes de s*

**vitaminizado** ADJ with added vitamins

**vitando** (*frm*) ADJ (*gen*) to be avoided; [*crimen*] heinous

**vitela** SF vellum

**vitícola** ADJ [*industria*] grape *antes de s*, vine *antes de s*; [*región*] grape-producing, vine-producing

**viticultor(a)** SM/F (= *cultivador*) vine grower; (= *dueño*) proprietor of a vineyard

**viticultura** SF vine growing, viticulture (*frm*)

**vitíligo** SM vitiligo

**vitivinicultura** SF grape and wine-growing

**vitoco*** ADJ (*Caribe*) vain, stuck-up*

**vitola** SF **1** [*de cigarro*] cigar band
**2** (= *aspecto*) appearance, looks *pl*
**3** (*Mec*) calibrator

**vitoquear*** ▸conjug 1a◂ VI (*Caribe*) to be conceited, swank*

**vítor** Ⓐ EXCL hurrah!
Ⓑ SM cheer; **entre los ~es de la multitud** among the cheers of the crowd; **dar ~es a** to cheer (on)

**vitorear** ▸conjug 1a◂ VT to cheer, acclaim

**Vitoria** SF Vitoria

**vitoriano/a** Ⓐ ADJ of/from Vitoria
Ⓑ SM/F native/inhabitant of Vitoria; **los ~s** the people of Vitoria

**vitral** SM stained-glass window

**vítreo** ADJ **1** [*ojos*] glassy
**2** (*Geol, Min*) vitreous
**3** (*Anat*) vitreous; **humor ~** vitreous humour, vitreous humor (*EEUU*); **membrana vítrea** vitreous membrane

**vitrificación** SF vitrification

**vitrificar** ▸conjug 1g◂ Ⓐ VT to vitrify
Ⓑ **vitrificarse** VPR to vitrify

**vitrina** SF **1** [*de tienda*] glass case, showcase; (*en casa*) display cabinet
**2** (*LAm*) (= *escaparate*) shop window

**vitriolo** SM vitriol

**vitro** ADJ, ADV *ver* **in vitro**

**vitrocerámica** SF **placa de ~** glass-ceramic hob

**vitrocerámico** ADJ glass-ceramic

**vitrola** SF (*LAm*) gramophone, phonograph (*EEUU*)

**vitualla** SF, **vituallas** SFPL provisions *pl*, victuals *pl*

**vituperable** ADJ reprehensible

**vituperación** SF condemnation, censure, vituperation *(frm)*

**vituperar** ▸conjug 1a◂ VT to condemn, censure, vituperate against *(frm)*

**vituperio** SM 1 *(= condena)* condemnation, censure, vituperation *(frm)*
2 *(= deshonra)* shame, disgrace
3 **vituperios** *(= insultos)* abuse *sing*, insults

**vituperioso** ADJ *(frm)* vituperative *(frm)*, abusive

**viuda** SF 1 ▸ **viuda negra** *(= araña)* black widow (spider)
2 *(Andes, Cono Sur) (= fantasma)* ghost
3 *(Andes Culin)* fish stew
4 *(Caribe) (= cometa)* large kite; *ver tb* **viudo**

**viudedad** SF 1 *(= viudez) [de mujer]* widowhood; *[de hombre]* widowerhood
2 *(Fin)* widow's pension

**viudez** SF *[de mujer]* widowhood; *[de hombre]* widowerhood

**viudo/a** Ⓐ ADJ 1 *[persona]* widowed; **estar viuda*** *(= sola)* to be a grass widow
2 *(Culin*)* **garbanzos ~s** chickpeas by themselves
Ⓑ SM/F widower/widow; *ver tb* **viuda**

**viva** SM cheer; **dar un ~** to give a cheer; **prorrumpir en ~s** to burst out cheering, start to cheer

**vivac** SM *(pl* **vivacs***)* bivouac

**vivacidad** SF 1 *(= vigor)* vigour, vigor *(EEUU)*
2 *(= personalidad)* liveliness, vivacity; *(= inteligencia)* sharpness
3 *[de colores]* brightness

**vivalavirgen*** Ⓐ ADJ INV happy-go-lucky*
Ⓑ SMF INV happy-go-lucky person*

**vivales*** SM INV wide boy*, punk *(EEUU*)*, smooth operator

**vivamente** ADV *(gen)* in lively fashion; *[describir, recordar]* vividly; *[protestar]* sharply, strongly; *[sentir]* acutely, intensely; **lo siento ~** I am deeply sorry, I sincerely regret it; **se lo deseo ~** I sincerely hope he gets it

**vivaque** SM bivouac

**vivaquear** ▸conjug 1a◂ VI to bivouac

**vivar**[1] SM 1 *(Zool)* warren
2 *(para peces) (= estanque)* fishpond; *(industrial)* fish farm

**vivar**[2] ▸conjug 1a◂ VT *(LAm) (= vitorear)* to cheer

**vivaracho** ADJ 1 *[persona] (= vivo)* jaunty; *(= vivaz)* vivacious
2 *[ojos]* bright, lively, twinkling
3 *(Méx)* sharp, sly

**vivaz** ADJ 1 *[niño, persona] (= vivo)* lively; *(= listo)* keen, sharp
2 *(= de larga vida)* long-lived; *(= duradero)* enduring, lasting; *(Bot)* perennial
3 *(= vigoroso)* vigorous

**vivencia** SF experience

**vivencial** ADJ existential

**vivenciar** ▸conjug 1b◂ VT to experience

**víveres** SMPL provisions; *(esp Mil)* stores, supplies

**vivero** SM 1 *[de plantas]* nursery; *(= semillero)* seedbed; *[de árboles]* tree nursery
2 *(para peces) (= estanque)* fishpond; *(Com)* fish farm; *(Zool)* vivarium ▸ **vivero de ostras** oyster bed
3 *(fig)* breeding ground; *(pey)* hotbed; **es un ~ de discordias** it's a hotbed of discord

**viveza** SF *[de ritmo]* liveliness; *[de imagen]* vividness; *[de luz, color]* brightness; *[de mente, movimiento]* sharpness, quickness; *[de sensación]* intensity, acuteness; *[de emoción]* strength, depth; **contestar con ~** to answer with spirit; **la ~ de su inteligencia** the sharpness of his mind; **la ~ de sus sentimientos** the strength of his feelings

**vividero** ADJ habitable, inhabitable, that can be lived in

**vivido** ADJ 1 *(= experimentado)* **los años ~s en Brasil** the years we lived in Brazil; **la crisis vivida por el gobierno** the crisis the government went through *o* experienced; **un episodio ~ por el autor** an episode which the author himself experienced
2 *(= habitado)* lived-in; **la zona más vivida del palacio** the most lived-in part of the palace

**vívido** ADJ vivid, graphic

**vividor(a)** Ⓐ ADJ opportunistic
Ⓑ SM *(= aprovechado)* hustler, wide boy*, punk *(EEUU*)*
Ⓒ SM/F opportunist

**vivienda** SF 1 *(= alojamiento)* housing; **el problema de la ~** the housing problem; **la escasez de (la) ~** the housing shortage
2 *(= casa)* house, home; *(= piso)* flat, apartment *(EEUU)*; **segunda ~** second home; **bloque de ~s** block of flats, apartment block *(EEUU)* ▸ **vivienda de renta limitada** *controlled rent housing* ▸ **vivienda en alquiler** *(= casa)* house to let *o* rent; *(= piso)* flat to let *o* rent ▸ **viviendas de protección oficial** *state-subsidized housing*

**viviente** ADJ living; **los ~s** the living

**vivificador** ADJ *(gen)* life-giving; *(fig)* revitalizing

**vivificante** ADJ = **vivificador**

**vivificar** ▸conjug 1g◂ VT 1 *[+ persona]* to give life to, invigorate
2 *[+ industria]* to revitalize, bring new life to
3 *[+ situación, suceso]* to enliven

**vivillo** ADJ, SM *(Cono Sur)* = **vividor**

**vivíparo** ADJ viviparous

**vivir** ▸conjug 3a◂ Ⓐ VI 1 *(= estar vivo)* to live; **los elefantes viven muchos años** elephants live long lives, elephants live for many years; **mientras yo viva** as long as I live; **todavía vive** he's still alive
2 *(= pasar la vida)* to live; **sólo vive para la música** music is her whole life, she only lives for music; **siempre he vivido honradamente** I have always lived an honest life; **ahora ya puedes ~ tranquila** now you can relax; **desde que me subieron el sueldo no vivo tan mal** since I had a pay rise I haven't been that badly off; **vivieron felices y comieron perdices** they lived happily ever after; **~ bien** to live well; **en este país se vive bien** people live well in this country, people have a good life in this country; ✦**MODISMOS ~ del cuento** to live on *o* by one's wits; **~ para ver** you live and learn; *ver tb* **cuerpo 1**, **Dios 2**
3 *(= disfrutar de la vida)* **no vivo de la intranquilidad que tengo** I'm worried to death; **no podía ~ de la vergüenza** the shame of it was killing him; **no dejar ~ a algn**: **su marido no la deja ~** her husband is always on at her*, her husband doesn't give her a moment's peace; **los dolores no me dejan ~** the pain never lets up; **los celos no la dejan ~** she is eaten up with jealousy; **saber ~** to know how to live; **tú sí que sabes ~** you really know how to live
4 *(= habitar)* to live; **en esa casa no vive nadie** nobody lives in that house; **estuve viviendo un año en Londres** I lived in London for a year; **¿vives sola?** do you live on your own?; **viven juntos** *(como pareja)* they live together; *(compartiendo casa)* they live together, they share a house (together)
5 *(= subsistir)* **con lo que gano no me llega para ~** what I earn is not enough to live on; **la fotografía no me da para ~** I can't make *o* earn a living from photography, photography doesn't give me enough to live on; **viven por encima de sus posibilidades** they live beyond their means; **~ de algo** to live on sth; **vive de la caridad** he lives on charity; **yo vivo de mi trabajo** I work for a living; **vive de ilusiones** he lives in a dream world; **~ al día** to live from day to day; **~ de la pluma** to live by one's pen; **~ de las rentas** *(lit)* to have a private income; **publicó un libro hace años y desde entonces vive de las rentas** years ago he published a book and he's lived off it *o* lived on the strength of it ever since; *ver tb* **aire 1**
6 *(= durar) [recuerdo]* to live, live on; *[prenda, objeto]* to last; **su recuerdo siempre ~á en nuestra memoria** his memory will always be with us, his memory will live on in our minds; **esa chaqueta ya no ~á mucho tiempo** that jacket won't last much longer
7 *(Mil)* **¿quién vive?** who goes there?; **pedir el quién vive a algn** to challenge sb
8 *(como exclamación)* **¡viva!** hurray!; **¡viva el rey!** long live the king!; **¡vivan los novios!** (here's) to the bride and groom!
Ⓑ VT 1 *(= experimentar) [+ guerra, periodo difícil]* to live through, go through; **nosotros no vivimos la época del comunismo** we didn't live through the communist era; **la época que nos ha tocado ~** the age in which we happen to live; **ha vivido momentos de verdadera angustia** she went through moments of real agony; **tú dedícate a ~ la vida** go ahead and live life to the full *o* get the most out of life
2 *(= sentir)* to experience; **yo vivo la música de una forma distinta** I experience music in a different way; **parece que estoy viviendo ese momento otra vez** it's as if I were *o* was experiencing that moment all over again
Ⓒ SM *(= forma de vida)* (way of) life; **el buen ~** the good life; **de mal ~**: **una mujer de mal ~** a loose woman; **gente de mal ~** undesirable people

**vivisección** SF vivisection

**vivisector(a)** SM/F vivisectionist

**vivito** ADJ **estar ~ y coleando** to be alive and kicking

**vivo/a** Ⓐ ADJ 1 *(= con vida)* 1·1 *[persona, animal] (tras sustantivo)* living; *(tras verbo)* alive; **los seres ~s** living beings; **lo quemaron ~** he was burned alive; **"se busca vivo o muerto"** "wanted, dead or alive"; **venden los cebos ~s** they sell live bait
1·2 *[piel]* raw; **tenía la piel en carne viva** his skin was raw; **me dio** *o* **hirió en lo más ~** it cut me to the quick; ✦**MODISMO a lo ~**: **le quitó la muela a lo ~** he just pulled the tooth clean out; **lo explica a lo ~** he explains it very expressively; **describir algo a lo ~** to

describe sth very realistically; *ver tb* **cal**, **fuerza 5**, **lágrima**, **lengua 4**
[2] (*TV, Radio*) **en ~** (= *en directo*) live; (= *en persona*) in person; **una transmisión en ~ desde el estadio** a live broadcast from the stadium; **un espectáculo con música en ~** a live music show, a show with live music; **¿has visto en ~ a algún famoso?** have you ever seen anyone famous in the flesh?
[3] (= *intenso*) [*descripción*] vivid, graphic; [*imaginación, mirada, ritmo*] lively; [*movimiento, paso*] quick, lively; [*color*] bright; [*sensación*] acute; [*genio*] fiery; [*ingenio*] ready; [*inteligencia*] sharp, keen; [*filo*] sharp; **su recuerdo siempre seguirá ~ entre nosotros** her memory will always be with us, her memory will live on in our minds; ✦*MODISMO* **ser la viva imagen** o **el ~ retrato de algn** to be the spitting image of sb; *ver tb* **rojo B1**, **voz 1**
[4] [*persona*] (= *listo*) clever; (= *astuto*) sharp; (= *animado*) lively; **pasarse de ~** to be too clever by half*
Ⓑ SM/F [1] (*) (= *aprovechado*) **es un ~** he's a clever one*, he's a sly one*
[2] **los ~s** the living
Ⓒ SM (*Cos*) edging, border

**vizacha** SF (*LAm Zool*) viscacha

**vizcaíno/a** Ⓐ ADJ of/from Biscay
Ⓑ SM/F native/inhabitant of Biscay; **los ~s** the people of Biscay

**Vizcaya** SF Biscay (*Spanish province*); **el Golfo de ~** the Bay of Biscay

**vizcondado** SM viscounty

**vizconde** SM viscount

**vizcondesa** SF viscountess

**V.M.** ABR = **Vuestra Majestad**

**v.m.**†† ABR (= **vuesa merced**) *courtesy formula*

**V.O.** ABR (*Cine*) = **versión original**

**Vº.Bº.** ABR (= **visto bueno**) OK

**vocablo** SM (*frm*) word, term; **jugar del ~** to pun, play on words

**vocabulario** SM vocabulary

**vocación** SF vocation, calling; **errar la ~** to miss one's vocation; **tener ~ por** to have a vocation for

**vocacional** Ⓐ ADJ vocational
Ⓑ SF (*Méx Educ*) technical college

**vocal** Ⓐ ADJ [*cuerdas*] vocal
Ⓑ SMF [*de comité, tribunal*] member; (= *director*) director, member of the board of directors; (= *portavoz*) chairperson
Ⓒ SF (*Ling*) vowel

**vocalía** SF committee

**vocálico** ADJ vocalic, vowel *antes de s*

**vocalismo** SM vowel system

**vocalista** SMF vocalist, singer

**vocalizar** ▸conjug 1f◂ Ⓐ VI [1] (= *pronunciar*) to vocalize
[2] (*Mús*) (= *canturrear*) to hum; (= *hacer prácticas*) to sing scales, practise, practice (*EEUU*)
Ⓑ **vocalizarse** VPR to vocalize

**vocalmente** ADV vocally

**vocativo** SM vocative

**voceado** ADJ vaunted, much-trumpeted

**voceador** Ⓐ ADJ loud, loud-mouthed
Ⓑ SM [1] (= *pregonero*) town crier
[2] (*LAm*) [*de periódicos*] news vendor, newspaper seller

**vocear** ▸conjug 1a◂ Ⓐ VT [1] [+ *mercancías*] to cry
[2] (= *llamar*) to call loudly to, shout to
[3] (= *dar vivas a*) to cheer, acclaim
[4] [+ *secreto*] to shout to all and sundry, shout from the rooftops
[5] (= *manifestar*) to proclaim; **su cara voceaba su culpabilidad** his face proclaimed his guilt
[6] (*) (= *jactarse*) to boast about, lay public claim to
Ⓑ VI to yell, bawl

**vocejón** SM loud voice, big voice

**voceo** SM shouting, yelling, bawling

**voceras*** SM INV loudmouth

**vocería** SF [1] (= *griterío*) shouting, yelling; (= *escándalo*) hullabaloo*, uproar
[2] (*esp LAm*) (= *cargo*) position of spokesperson

**vocerío** SM = **vocería**

**vocero/a** SM/F (*esp LAm*) spokesman/ spokeswoman, spokesperson

**vociferación** SF shouting

**vociferador** ADJ loud, loud-mouthed

**vociferar** ▸conjug 1a◂ Ⓐ VT [1] (= *gritar*) to yell, shout
[2] (= *jactarse*) to proclaim boastfully
Ⓑ VI to yell, shout, vociferate (*frm*)

**vocinglería** SF [1] (= *griterío*) shouting; (= *escándalo*) hubbub, uproar
[2] (= *cualidad*) [*del vociferador*] loudness, noisiness; [*del hablador*] garrulousness

**vocinglero** ADJ [1] (= *vociferador*) loud-mouthed
[2] (= *hablador*) garrulous

**vodevil** SM music hall, variety show o theatre, vaudeville (*EEUU*)

**vodevilesco** ADJ music-hall *antes de s*, vaudeville *antes de s* (*EEUU*)

**vodka** SM vodka

**vodú** SM (*LAm*) voodoo

**voduísmo** SM (*LAm*) voodooism

**vol.** ABR (= **volumen**) vol.

**volada** SF [1] (= *vuelo*) short flight, single flight
[2] (*LAm*) (*diversos sentidos*) = **bolada**

**voladizo** ADJ (*Arquit*) projecting

**volado** Ⓐ ADJ [1] (*Tip*) superior, raised; **letra volada** o **voladita** superscript
[2] **estar ~*** (= *loco*) to be crazy*; (= *intranquilo*) to be worried; (= *drogado*) to be high*; (*Méx, Caribe*) (= *soñando*) to be in a dreamy state
[3] (*Chile**) (= *despistado*) absent-minded
[4] (*LAm**) (*de genio*) quick-tempered
[5] (*Arquit*) [*balcón, cornisa*] projecting
Ⓑ SM [1] (*Méx*) (*con una moneda*) **echar un ~** to toss a coin
[2] (*Méx*) (= *aventura*) affair
[3] (*CAm*) (= *mentira*) fib, lie
[4] (*Caribe, Cono Sur Cos*) flounce
Ⓒ ADV (*Andes, CAm, Méx*) in a rush, hastily; **ir ~** to go off in a hurry

**volador** Ⓐ ADJ flying *antes de s*
Ⓑ SM [1] (= *pez*) flying fish; (= *calamar*) *species of squid*
[2] (= *cohete*) rocket
[3] (*Andes, CAm*) (= *molinillo*) toy windmill
[4] (*Caribe*) (= *cometa*) kite

**voladura** SF [1] (= *derribo*) blowing up; (*Min*) blasting ► **voladura controlada** controlled explosion
[2] (*Cos*) flounce, ruffle

**volandas** ADV [1] **en ~** (= *por el aire*) through the air; **¡voy en ~!** (*hum*) I must fly!*
[2] (*) **en ~** (= *con rapidez*) like lightning

**volandera** SF [1] (= *piedra*) millstone, grindstone
[2] (*Mec*) washer
[3] (*) (= *mentira*) fib

**volandero** ADJ [1] [*pieza*] loose, shifting; [*cuerda, hoja*] loose; [*dolor*] that moves about
[2] (= *al azar*) random, casual; (= *imprevisto*) unexpected
[3] (*Orn*) fledged, ready to fly; [*persona*] restless

**volanta** SF [1] (*Andes, Caribe*) (= *rueda*) large wheel
[2] (*Caribe*) (= *carro*) break

**volantazo** SM (*Aut*) sharp turn; (*fig*) sudden switch, sudden change of direction

**volante** Ⓐ ADJ [1] (= *volador*) flying
[2] (= *itinerante*) [*estudio, sede*] travelling, traveling (*EEUU*); *ver tb* **meta A1**
[3] (= *inquieto*) [*persona*] unsettled
Ⓑ SM [1] (*Aut*) steering wheel; **se puso un rato al ~** she took the wheel for a while; **ir al ~** to be at the wheel, be driving
[2] (*Téc*) (*en motor*) flywheel; (*en reloj*) balance wheel
[3] (*tb* **papel ~**) (= *nota*) note; (*LAm*) [*de propaganda*] pamphlet; *ver tb* **hoja 2**
[4] (*Esp Med*) referral note; **me dieron un ~ para el oftalmólogo** I was referred to o I was given a referral to the ophthalmologist
[5] (*Bádminton*) (= *pelota*) shuttlecock; (= *juego*) badminton
[6] (*Cos*) flounce
Ⓒ SMF (*Chile*) [1] (*Ftbl*) (= *jugador*) winger
[2] (= *conductor*) driver; [*de carreras*] racing driver

**volantín** Ⓐ ADJ loose, unattached
Ⓑ SM [1] (= *sedal*) fishing line
[2] (*LAm*) (= *cometa*) kite
[3] (*Andes*) (= *cohete*) rocket
[4] (*LAm*) (= *voltereta*) somersault

**volantista** SM (*Aut*) driver; [*de carreras*] (racing) driver; (*pey*) road hog

**volantón** Ⓐ ADJ fledged, ready to fly
Ⓑ SM fledgling

**volantusa** SF (*LAm*) prostitute

**volantuzo*** SM (*Andes*) snappy dresser*

**volapié** SM (*Taur*) wounding thrust; **a ~** [*ave*] half walking and half flying; ✦*MODISMO* **de ~*** in a split second

**volar** ▸conjug 1l◂ Ⓐ VI [1] (= *en el aire*) [*avión, pájaro, persona*] to fly; **nunca he volado en helicóptero** I've never flown in o been in a helicopter; **¿a qué hora vuelas mañana?** what time is your flight tomorrow?, what time do you fly tomorrow?; **los papeles salieron volando por la ventana** the papers blew out of the window; **el balón pasó volando por encima de nosotros** the ball flew over our heads; **"vuela con Iberia"** "fly (with) Iberia"; **echar a ~** [+ *pájaro*] to set free, let go; [+ *globo, cometa*] to fly; [+ *noticia*] to spread; **echarse a ~** [*pájaro*] (*por primera vez*) to (begin to) fly; (= *levantar el vuelo*) to take off; **~ en globo** to balloon; **dejar ~ la imaginación** to let one's imagination run riot; ✦*MODISMOS* **~ alto**: **este joven escritor ~á alto** this young writer will go far; **ese político quiere ~ de-**

**masiado alto** that politician is too ambitious; **en su última novela vuela alto** in his latest novel he reaches new heights; **~ solo** to go it alone; **un sindicato que hoy vuela solo** a trade union which nowadays is going it alone; **empezó a ~ solo en su último libro** in his latest book he branched out on his own; **desde pequeño se le notaban las ganas de ~ solo** since he was a child you could see how much he wanted to do things his own way; *ver tb* **burro B1**

[2] **hacer ~ algo/a algn** to blow sth/sb up; **una bomba hizo ~ el automóvil** a bomb blew up the car; **el choque le hizo ~ por los aires a más de dos metros de la carretera** he was thrown more than two metres from the road by the impact; **hacer ~ algo en pedazos** to blow sth to pieces *o* to smithereens

[3] **volando: ¡venga, volando, que nos vamos!** come on, get a move on, we're going!*; **¡voy para allá volando!** I'll be right there!*; **me preparó la cena volando** he made my dinner in double-quick time*; **hice las maletas volando y me fui** I packed my bags as quick as I could and left*; **pasó volando en la moto** he whizzed *o* sped past on his motorbike; **el deportivo iba volando por la autopista** the sports car sped down the motorway; **~ a hacer algo** to rush to do sth; **voló a decírselo a todo el mundo** he rushed to tell everybody; **me voy volando a echar esta carta** I must rush to post this letter

[4] (= *pasar rápido*) [*noticia*] to travel fast; [*tiempo*] to fly; [*días, semanas, meses*] to fly by; **las buenas noticias vuelan** good news travels fast; **¡cómo vuela el tiempo!** (how) time flies!; **los meses vuelan y pronto llegará el verano** the months are flying by and summer will soon be here

[5] (*) (= *desaparecer*) [*objeto, persona*] to go, disappear; **cuando me di cuenta, el bolso ya había volado** before I knew it, the bag was gone *o* had gone *o* had disappeared; **en una semana ~on las diez botellas** the ten bottles went *o* disappeared in the space of a week; **cuando llegó la policía los ladrones ya habían volado** when the police arrived the robbers had vanished *o* disappeared; **el tabaco parece que vuela en esta casa** cigarettes seem to sprout legs in this house*

[6] (*Arquit*) to stick out

[7] (*Méx**) [*alcohol, diluyente*] to evaporate

[8] (*) (*con drogas*) to trip*, get high*

Ⓑ VT [1] (= *hacer volar*) [+ *cometa, globo*] to fly; (*Caza*) [+ *pájaro*] to flush out; **se pasa el día volando aviones de papel** he spends the day flying paper aeroplanes

[2] (= *hacer explotar*) [+ *edificio, vehículo*] to blow up; [+ *caja fuerte*] to blow (open); **~on la entrada de la mina** they blasted open the entrance to the mine; **le ~on la cabeza de un disparo** they blew his head off with one shot

[3] (*Tip*) [+ *letra, número*] to put in superscript

[4] (*Chile, Méx, Ven**) (= *robar*) to pinch*, nick*

[5] (*LAm**) (= *irritar*) [+ *persona*] to irritate

[6] (*CAm*) ✦***MODISMOS* ~ diente** to eat; **~ lengua** to talk, speak; **~ máquina** to type; **~ pata** to walk

Ⓒ **volarse** VPR [1] (= *irse por el aire*) [*papel, paraguas*] to blow away; [*globo*] to fly away, fly off; [*sombrero*] to blow off; **se me ~on todos los papeles** all my papers blew away; **con el viento se me ha volado el paraguas** the wind has blown my umbrella away; **se le voló el sombrero** his hat blew off

[2] (*) (= *escaparse*) [*persona*] to run off; **el marido se voló con su amante** the husband ran off with his lover

[3] (*LAm**) (= *desaparecer*) to go, disappear

[4] (*LAm**) (= *enfadarse*) to lose one's temper, blow up*

**volate** SM [1] (*Andes*) (= *confusión*) confusion, mess

[2] (*Andes*) (= *objetos*) lot of odd things

[3] **echar ~** (*Caribe**) (= *desesperarse*) to throw up one's hands in despair

**volatería** SF [1] (= *cetrería*) hawking, falconry

[2] (*Orn*) (= *pájaros*) birds *pl*, flock of birds; (= *aves*) fowls *pl*

[3] (= *pensamientos*) random thoughts *pl*, formless collection of ideas

[4] (*Andes*) (= *fuegos artificiales*) fireworks *pl*

**volatero** SM (*Andes*) rocket

**volátil** ADJ [1] (*Quím*) volatile

[2] [*carácter, situación*] volatile, changeable

**volatilidad** SF [1] (*Quím*) volatility, volatile nature

[2] [*de carácter, situación*] volatility, changeableness

**volatilizar** ▸conjug 1f◂ Ⓐ VT (*Quím*) to volatilize

Ⓑ **volatilizarse** VPR [1] (*Quím*) to volatilize

[2] (= *esfumarse*) to vanish into thin air; **¡volatilízate!**⁑ get lost!⁑

**volatín** SM [1] (= *acrobacia*) acrobatics *pl*

[2] = **volatinero**

**volatinero/a** SM/F tightrope walker

**volcado** SM ► **volcado de memoria** (*Inform*) dump

**volcán** SM [1] (*Geog*) volcano; ✦***MODISMO* estar sobre un ~** to be sitting on top of a powder keg ► **volcán apagado** extinct volcano ► **volcán de lodo** mud volcano ► **volcán inactivo** dormant volcano

[2] (*Andes, Cono Sur*) (= *torrente*) summer torrent; (= *avalancha*) avalanche

[3] (*CAm*) (= *montón*) pile, heap; **un ~ de cosas** a lot of things, a whole heap of things

[4] (*Caribe*) (= *estrépito*) deafening noise; (= *confusión*) confusion, hubbub

**volcanada** SF (*Cono Sur*) whiff

**volcanarse** ▸conjug 1a◂ VPR (*Andes*) to break down

**volcánico** ADJ volcanic

**volcar** ▸conjug 1g, 1l◂ Ⓐ VT [1] (= *tirar*) [+ *vaso*] to upset, knock over; [+ *contenido*] to empty out, tip out; [+ *carga*] to dump; [+ *coche, camión*] to overturn; [+ *barco*] to overturn, capsize

[2] **estar volcado a un cometido** to be dedicated to a task

[3] **~ a algn**† (= *marear*) to make sb dizzy, make sb's head swim; (= *convencer*) to force sb to change his mind

[4] (†) (= *irritar*) to irritate, exasperate; (= *desconcertar*) to upset; (= *embromar*) to tease

Ⓑ VI [*coche, camión*] to overturn

Ⓒ **volcarse** VPR [1] (= *voltearse*) [*recipiente*] to be upset, get overturned; [*contenido*] to tip over; [*coche, camión*] to overturn; [*barco*] to capsize

[2] (= *desvivirse*) to bend over backwards*, to go out of one's way; **~se para** *o* **por conseguir algo** to do one's utmost to get sth; **~se por complacer a algn** to bend over backwards to satisfy sb*

[3] (= *entregarse*) **~se en una actividad** to throw o.s. into an activity

**volea** SF volley; **media ~** half volley

**volear** ▸conjug 1a◂ VT, VI to volley; **~ por alto** to lob

**voleibol** SM volleyball

**voleiplaya** SM beach ball, beach volleyball

**voleo** SM [1] (= *volea*) volley; ✦***MODISMOS* de un ~** ◊ **del primer ~** (= *rápidamente*) quickly; (= *bruscamente*) brusquely, suddenly; (= *de un golpe*) at one blow; **sembrar a** *o* **al ~** to scatter the seed; **repartir algo a** *o* **al ~** to distribute sth haphazardly

[2] (*) (= *golpe*) punch, bash*

**volframio** SM wolfram

**Volga** SM Volga

**volibol** SM volleyball

**volición** SF volition

**volido** SM (*LAm*) flight; **de un ~** quickly, at once

**volitivo** ADJ volitional, volitive; **capacidad volitiva** willpower

**volován** SM vol-au-vent

**volqueta** SF, **volquete** SM (*Aut*) dumper, dumping lorry, dump truck (EEUU); (= *carro*) tipcart

**voltaico** ADJ voltaic

**voltaje** SM voltage

**voltario** ADJ (*Cono Sur*) [1] (= *cambiable*) fickle, changeable

[2] (= *voluntarioso*) wilful, headstrong

[3] (= *pulcro*) spruce, dapper

**volteada** SF [1] (*Cono Sur Agr*) roundup

[2] (*CAm, Cono Sur, Méx Pol*) defection

**volteado** SM [1] (= *volcado*) turn-over, turning over

[2] (*Andes Mil*) deserter; (*Pol*) turncoat

**volteador(a)** SM/F acrobat

**voltear** ▸conjug 1a◂ Ⓐ VT [1] (*esp LAm*) (= *volver al revés*) to turn over, turn upside down; (= *dar la vuelta a*) to turn round; (= *lanzar al aire*) to toss

[2] **~ la espalda** (*LAm*) (= *dar la espalda*) to turn one's back

[3] (*esp Cono Sur, Méx*) (= *volcar*) to knock, knock over

[4] [+ *campanas*] to peal

[5] (*esp LAm*) [+ *lazo*] to whirl, twirl

[6] **~ a algn** (*Andes, Caribe*) to force sb to change his mind

[7] (*Caribe*) (= *buscar*) to search all over for

Ⓑ VI [1] (= *dar vueltas*) to roll over, go rolling over and over; (= *dar una voltereta*) to somersault

[2] (*LAm*) (= *torcer*) to turn; **~ a la derecha** to turn right; (= *volverse*) to turn round

[3] (*LAm*) **~ a hacer algo** to do sth again; **volteó a decirlo** he said it again

[4] (*Caribe*⁑) **volteó con mi amiga** he went off with my girlfriend

Ⓒ **voltearse** VPR (*LAm*) [1] (= *dar la vuelta*) to turn round; (*Pol*) (= *cambiar de lado*) to change one's allegiance, go over to the other side

[2] (= *volcarse*) to overturn, tip over

**voltereta** SF (= *de acróbata, gimnasta*) (*hacia delante*) somersault; (*hacia los lados*) cartwheel; (*por caída*) roll, tumble; **dar ~s** (*hacia delante*) to turn somersaults; (*hacia los lados*) to do cartwheels ▸ **voltereta lateral** cartwheel ▸ **voltereta sobre las manos** handspring

**voltímetro** SM voltmeter

**voltio** SM 1 (*Fís*) volt
2 (*) (= *vuelta, paseo*) stroll; **darse un ~** to go for *o* take a stroll

**volubilidad** SF (= *inconstancia*) fickleness, changeableness; (= *imprevisibilidad*) unpredictability; (= *inestabilidad*) instability

**voluble** ADJ 1 [*persona*] (= *inconstante*) fickle, changeable; (= *imprevisible*) erratic, unpredictable; (= *inestable*) unstable
2 (*Bot*) twining, climbing

**volumen** SM (*pl* **volúmenes**) 1 [*de cuerpo*] volume; **el ~ de un líquido** the volume of a liquid; **cajas de gran ~** large *o* bulky boxes ▸ **volumen atómico** atomic volume ▸ **volumen molecular** molecular volume
2 [*de sonido*] volume; **bajar el ~** to turn the volume down; **subir el ~** to turn the volume up; **puso la radio a todo ~** he turned the radio full up
3 (*Com*) volume; **el ~ de las exportaciones** the volume of exports ▸ **volumen de contratación** trading volume ▸ **volumen de negocios, volumen de operaciones** turnover
4 (= *tomo*) volume
5 [*de cabello*] body; **esta espuma da ~ y brillo a su cabello** this foam gives your hair body and shine

**volumétrico** ADJ volumetric

**voluminoso** ADJ (*gen*) voluminous; [*paquete*] bulky

**voluntad** SF 1 (= *capacidad decisoria*) will; **no tiene ~ propia** he has no will of his own; **por ~ propia** of one's own volition *o* free will
2 (= *deseo*) wish; **su ~ es hacerse misionero** his wish is to become a missionary; **no lo dije con ~ de ofenderle** I did not say it with any wish to offend you, I had no desire to offend you; **última ~** last wish; (*Jur*) last will and testament; **lo hizo contra mi ~** he did it against my will; **tienen ~ de ganar** they have the will to win; **hágase tu ~** (*Rel*) Thy will be done; **por causas ajenas a mi ~** for reasons beyond my control; **hace siempre su santa ~** he always does exactly as he pleases ▸ **voluntad divina** divine will ▸ **voluntad popular** will of the people
3 (= *determinación*) (*tb* **fuerza de ~**) willpower; **le cuesta, pero tiene mucha ~** it's difficult for him, but he has a lot of willpower *o* a strong will; **no tiene ~ para dejar de beber** he hasn't the willpower to give up drinking; **es una chica con mucha ~** she's a very strong-willed girl; **hace falta ~ para escucharlo hasta el final** you need a strong will to listen to it right through ▸ **voluntad débil** weak will ▸ **voluntad de hierro, voluntad férrea** iron will
4 (= *disposición*) will; **buena ~**: **lo solucionaremos con un poco de buena ~** with a bit of good will we'll find a solution; **lo sugerí con buena ~** I suggested it with the best of intentions, I suggested it in good faith; **los hombres de buena ~** (*Rel*) men of goodwill; **mala ~**: **hay muy mala ~ contra el presidente** there is a lot of ill will against the president; ✦*MODISMO* **ganar(se) la ~ de algn** to win sb over
5 **a ~** at will; **se abre a ~** it opens at will; **se puede beber a ~** you can drink as much as you like
6 **la ~** (= *dinero*): **un mendigo le pidió la ~** a beggar asked him if he could spare some money; **cada uno da la ~ para contribuir al regalo** everyone is free to contribute what they want towards the present; **—¿cuánto es? —la ~** "how much is it?" — "as much as you think it's worth"
7 (†) (= *afecto*) fondness, affection; **tener ~ a algn** to be fond of sb, feel affection for sb

**voluntariado** SM (= *trabajo*) voluntary work; (= *trabajadores*) voluntary workers *pl*

**voluntariamente** ADV voluntarily

**voluntariedad** SF wilfulness, unreasonableness

**voluntario/a** Ⓐ ADJ 1 (= *no obligado*) voluntary
2 (*Mil*) voluntary; [*fuerza*] volunteer *antes de s*
Ⓑ SM/F volunteer; **alistarse** *u* **ofrecerse ~** to volunteer (**para** for)

**voluntariosamente** ADV 1 (= *con buenas intenciones*) dedicatedly, in a well-intentioned way
2 (= *tercamente*) wilfully

**voluntarioso** ADJ 1 (= *dedicado*) dedicated, willing
2 (= *terco*) headstrong, wilful, willful (*EEUU*)

**voluntarismo** SM (= *terquedad*) headstrong nature, wilfulness; (= *arbitrariedad*) arbitrariness

**voluntarista** ADJ (= *terco*) headstrong, wilful; (= *arbitrario*) arbitrary

**voluptuosamente** ADV voluptuously

**voluptuosidad** SF voluptuousness

**voluptuoso/a** Ⓐ ADJ voluptuous
Ⓑ SM/F voluptuary

**voluta** SF 1 (*Arquit*) scroll, volute
2 [*de humo*] spiral, column

**volvedor** Ⓐ ADJ (*Andes, Caribe*) **este caballo es ~** this horse always finds its way home
Ⓑ SM 1 (= *llave inglesa*) wrench; (= *destornillador*) screwdriver
2 (*Andes*) (= *plus*) bonus, extra

**volver** ▸conjug 2h◂ (*pp* **vuelto**) Ⓐ VT 1 (= *dar la vuelta a*) [+ *cabeza*] to turn; [+ *colchón, tortilla, enfermo*] to turn over; [+ *jersey, calcetín*] to turn inside out; [+ *página*] to turn, turn over; **~ la espalda** to turn away; **me volvió la espalda** he turned his back on me; **~ la esquina** to go round *o* turn the corner; ✦*MODISMO* **tener a algn vuelto como un calcetín** *o* **una media** to have sb wrapped round one's little finger
2 (= *cambiar la orientación de*) to turn; **volvió el arma contra sí mismo** he turned the gun on himself; **~ la vista atrás** to look back; **~ los ojos al pasado** to look back; **volvieron los ojos a épocas más recientes** they looked to more recent times; **vuelve sus ojos ahora hacia uno de sus grandes compositores** she now turns to one of her favourite composers; **~ el pensamiento a Dios** to turn one's thoughts to God; **~ la proa al viento** to turn the bow into the wind
3 (*) (= *devolver*) [+ *compra*] to return; [+ *comida*] to bring up; [+ *imagen*] to reflect; [+ *objeto lanzado*] to send back, return; [+ *visita*] to return; **~ algo a su lugar** to return sth to its place, put sth back (in its place); **~ la casa a su estado original** to return *o* restore the house to its original condition; **~ bien por mal** to return good for evil
4 (= *enrollar*) [+ *manga*] to roll up
5 (+ *ADJ*) to make; **el accidente lo volvió inservible** the accident left it useless; **el ácido lo vuelve azul** the acid turns it blue, the acid makes it go blue; **vuelve fieras a los hombres** it turns men into wild beasts; **~ loco a algn** to drive sb mad
6 (*Ling*) to translate (**a** into)
Ⓑ VI 1 (= *regresar*) (*a donde se está*) to come back, return; (*a donde se estaba*) to go back, return (**a** to; **de** from); **déjalas aquí y luego vuelves a por ellas** leave them here and come back for them later; **~ victorioso** to come back victorious, return in triumph; **no he vuelto por allí** I've never gone back there; **volvió muy cansado** he got back very tired; **volviendo a lo que decía ...** going back *o* returning to what I was saying ...; **~ atrás** to go back, turn back; **~ a una costumbre** to revert to a habit
2 **~ a hacer algo** to do sth again; **~ a empezar** to start (over) again; **me he vuelto a equivocar** I've made a mistake again, I've made another mistake; **he vuelto a salir con ella** I've started going out with her again; **volvió a casarse** she remarried, she (got) married again; **volví a poner en marcha el motor** I restarted the engine; **~ a hacerlo** to redo it; **~ a pintar algo** to repaint sth
3 **~ en sí** to come to, come round; **~ sobre sí** to change one's mind
4 [*camino*] to turn (**a** to)
Ⓒ **volverse** VPR 1 (= *darse la vuelta*) 1·1 [*persona*] to turn, turn round; **se volvió a mí** he turned to me; **se volvió para mirarlo** he turned (round) to look at it; **~se atrás** (*en camino*) to turn back; (*en decisión*) to back out; (*en negociaciones*) to withdraw; **a última hora se han vuelto atrás** they pulled out *o* backed out at the last minute; **si pudiese ~me atrás en el tiempo ...** if I could go back in time ...
1·2 [*objeto*] (*boca abajo*) to turn upside down; (*de dentro a fuera*) to turn inside out; **se le volvió el paraguas** his umbrella turned inside out; ✦*MODISMO* **~se (en) contra (de) algn** to turn against sb; **todo se le vuelve en contra** everything is turning against him; **todo se le vuelven dificultades** troubles come thick and fast for him
2 (= *regresar*) to turn back, go back; **empezó a llover y nos volvimos** it started to rain and we turned back; **vuélvete a buscarlo** go back and look for it
3 (+ *ADJ*) **se ha vuelto muy cariñoso** he's become very affectionate; **en el ácido se vuelve más oscuro** it turns *o* goes darker in the acid; **~se loco** to go mad
4 [*leche*] to go off, turn sour

**vomitado** ADJ [*persona*] sickly

**vomitar** ▸conjug 1a◂ Ⓐ VT 1 (= *devolver*) to vomit, bring up; **~ sangre** to spit blood
2 [+ *humo, llamas*] to belch, belch forth; [+ *lava*] spew; [+ *injurias*] to hurl (**contra** at)
3 [+ *secreto*] to tell reluctantly, finally come out with; [+ *ganancias*] to disgorge, shed
Ⓑ VI 1 (= *devolver*) to vomit, be sick
2 (*fig*) **eso me da ganas de ~** that makes me sick, that makes me want to puke*

**vomitera** SF, **vomitina** SF vomiting, retching

**vomitivo** Ⓐ ADJ [1] (*Med*) emetic
[2] (*fig*) disgusting; [*chiste*] sick-making, repulsive
Ⓑ SM [1] (*Med*) emetic
[2] (*Cono Sur*) (= *fastidio*) nuisance, bore

**vómito** SM [1] (= *acto*) vomiting, being sick ► **vómito de sangre** spitting of blood
[2] (= *materia*) vomit, sick
[3] (*LAm*) ► **vómito negro** yellow fever

**vomitona*** SF bad turn*

**vomitorio** SM vomitorium, vomitory

**voquible** SM (*hum*) word

**voracear** ▸conjug 1a◂ VT (*Cono Sur*) to challenge in a loud voice

**voracidad** SF voracity, voraciousness

**vorágine** SF [*de mar, río*] whirlpool, vortex, maelstrom (*frm*); [*de odio, destrucción, confusión*] maelstrom; [*de actividad, publicidad*] whirl

**voraz** ADJ [1] (= *devorador*) voracious, ravenous; (*pey*) greedy
[2] [*fuego*] raging, fierce
[3] (*Méx*) (= *audaz*) bold

**vorazmente** ADV (*gen*) voraciously, ravenously; (*pey*) greedily

**vórtice** SM [1] (= *remolino*) [*de agua*] whirlpool, vortex; [*de viento*] whirlwind
[2] [*de ciclón*] eye

**vos** PRON PERS [1] (*esp Cono Sur**) you *sing*
[2] (††) you, ye††

**vosear*** ▸conjug 1a◂ VT (*esp Cono Sur*) to address as "vos"

**voseo*** SM (*esp Cono Sur*) *addressing a person as "vos", the familiar usage*

**Vosgos** SMPL Vosges

**vosotros/as** PRON (*esp Esp*) [1] (*sujeto*) you (*familiar form of address*); **~ vendréis conmigo** you'll come with me; **hacedlo ~ mismos** do it yourselves
[2] (*después de prep, en comparaciones*) you; **lo he comprado para ~** I've bought it for you; **¿no pedís nada para ~?** aren't you going to ask for anything for yourselves?; **lo han hecho mejor que vosotras** they've done it better than you; **irán sin ~** they'll go without you

**votación** SF (= *acto*) voting; (= *votos*) ballot, vote; **por ~ popular** by popular vote; **por ~ secreta** by secret ballot; **someter algo a ~** to put sth to the vote, take a vote on sth; **la ~ ha sido nutrida** voting has been busy ► **votación a mano alzada** show of hands ► **votación por poder** voting by proxy ► **votación táctica** tactical voting ► **votación unánime** unanimous vote

**votante** Ⓐ ADJ voting
Ⓑ SMF voter

**votar** ▸conjug 1a◂ Ⓐ VT [1] (*Pol*) [+ *candidato, partido*] to vote for; [+ *moción, proyecto de ley*] to pass, approve (by vote); **Pérez fue el más votado** Pérez received the highest number of votes, Pérez got most votes
[2] (*Rel*) to vow, promise (**a** to)
Ⓑ VI [1] (*Pol*) to vote (**por** for)
[2] (*Rel*) to vow, take a vow
[3] (= *echar pestes*) to curse, swear

**votivo** ADJ votive

**voto** SM [1] (*Pol*) vote; **dar su ~** to cast one's vote, give one's vote (**a** for); **emitir su ~** to cast one's vote; **ganar por siete ~s** to win by seven votes; **hubo 13 ~s a favor y 11 en contra** there were 13 votes for and 11 against; **tener ~** to have a vote ► **voto afirmativo** vote in favour ► **voto bloque** block vote ► **voto cautivo** captive vote ► **voto de calidad** casting vote ► **voto de castigo** protest vote ► **voto de censura** vote of censure, vote of no confidence ► **voto decisivo** casting vote ► **voto de conciencia** free vote ► **voto de confianza** vote of confidence ► **voto de desconfianza** vote of no confidence ► **voto de gracias** vote of thanks ► **voto de los indecisos** floating vote ► **voto en blanco** blank vote ► **voto fluctuante** floating vote ► **voto grupo** card vote ► **voto nulo** spoiled ballot paper ► **voto por correo** postal vote ► **voto secreto** secret vote, secret ballot
[2] (*Rel*) (= *promesa*) vow; (= *ofrenda*) ex voto; **hacer ~ de** + INFIN to take a vow to + *infin* ► **voto de castidad** vow of chastity ► **voto de obediencia** vow of obedience ► **voto de pobreza** vow of poverty ► **voto de silencio** vow of silence ► **votos monásticos** monastic vows
[3] (= *juramento*) oath, curse; (= *palabrota*) swearword
[4] **votos** (= *deseos*) wishes, good wishes; **hacer ~s por el restablecimiento de algn** to wish sb a quick recovery, hope that sb will get well soon; **hago ~s para que se remedie pronto** I pray that it will be speedily put right, I earnestly hope that something will soon be done about it; **mis mejores ~s por su éxito** my best wishes for its success

**vox populi** ADJ vox populi; **ser ~** to become common knowledge

**voy** *ver* **ir**

**voyeur** [bo'jer] SM voyeur

**voyeurismo** [boje'rismo] SM voyeurism

**vóytelas** EXCL (*Méx*) wow!*

**voz** SF [1] (= *sonido humano*) voice; **con la ~ entrecortada** *o* **empañada** in a voice choked with emotion; **me temblaba la ~** my voice was trembling *o* shaking; **aclararse la ~** to clear one's throat; **ahuecar la ~** to deepen one's voice; **en ~ alta** (= *de forma audible*) aloud, out loud; (= *con tono potente*) loudly; **leyó el poema en ~ alta** he read the poem aloud *o* out loud; **soñar en ~ alta** to think aloud *o* out loud; **¿me lo puedes repetir en ~ alta?** can you say that again louder?; **en ~ baja** in a low voice, in a whisper; **me lo dijo en ~ baja** she whispered it to me, she told me in a whisper *o* in a low voice; **algunos comentaban, en ~ baja, que sería mejor que dimitiera** some were whispering that it would be best if he resigned; **le canta en ~ baja para que se duerma** he sings softly to her to put her to sleep; **está empezando a cambiar la ~** his voice is beginning to break; **forzar la ~** to strain one's voice; **a media ~** in a whisper; **estábamos hablando a media ~ en la oscuridad** we were whispering in the dark; **mudar la ~** = **cambiar la voz**; **perder la ~** ◊ **quedarse sin ~** (*temporalmente*) to lose one's voice; (*definitivamente*) to lose the power of speech; **tener la ~ tomada** to be hoarse; **a una ~** with one voice; **de viva ~** aloud; **la votación se realizó de viva ~** people voted aloud; **me lo dijo de viva ~** he told me himself *o* personally *o* in person; ✦**MODISMOS decir algo a ~ en cuello** *o* **a ~ en grito** to shout sth at the top of one's voice; **ser la ~ de su amo** to speak with one's master's voice ► **voz argentina** silvery voice ► **voz en off** (*TV, Cine*) voice-over ► **voz humana** human voice; *ver tb* **anudar B3**, **desanudar**, **levantar A7**, **torrente 2**
[2] (*Mús*) [2·1] (= *sonido*) [*de instrumento*] sound; **la ~ del órgano** the sound *o* (*liter*) the strains of the organ
[2·2] (= *persona*) voice; **canción a cuatro voces** song for four voices, four-part song; **cantar a dos voces** to sing a duet; **llevar la ~ cantante** (*en un grupo de pop, rock*) to be the lead singer; (*en un concierto clásico*) to be the lead soprano/tenor *etc*; (*fig*) to call the tune
[2·3] (= *habilidad para el canto*) voice; **tiene muy buena ~** she has a very good voice; **estar en ~** to be in good voice
[3] (= *aviso*) voice; **la ~ de la conciencia** the promptings *o* voice of conscience; **hay que escuchar también la ~ del corazón** you must listen to your heart as well; **dar la ~ de alarma** to raise the alarm; **los consumidores han dado la ~ de alarma** consumers have raised the alarm; **dar una ~ a algn** to give sb a shout; **cuando hayas terminado, dame una ~** give me a shout when you've finished* ► **voz de mando** (*Mil*) command; **formaron a la ~ de mando** they lined up at the command; **Patricia parece llevar la ~ de mando en este asunto** Patricia is the boss when it comes to this matter
[4] (= *rumor*) rumour, rumor (*EEUU*); **circula** *o* **corre la ~ de que ...** there is a rumour going round that ..., the word is that ...; **hacer circular** *o* **correr la ~ de que ...** to spread the rumour *o* word that ... ► **voz común** hearsay, gossip
[5] (*Pol*) (= *opinión*) voice; **la ~ del pueblo** the voice of the people; **tener ~ y voto** to have full voting rights; **miembro con ~ y voto** full member; **nosotros no tenemos ni ~ ni voto en este asunto** we have no say whatsoever in this matter; ✦**MODISMO no tener ~ en capítulo** to have no say in a matter ► **voz pública** public opinion; **sus equivocaciones no suelen salir a la ~ pública** their mistakes are never made public
[6] **voces** (= *gritos*) shouting *sing*; **se oían voces a lo lejos** there was shouting in the distance; **a voces**: **discutir a voces** to argue noisily *o* loudly; **estuve llamando a voces pero no me abrieron la puerta** I called out *o* shouted but they didn't open the door; **su boda es un secreto a voces** their marriage is a well-known secret; **dar** *o* **pegar voces** to shout; ✦**MODISMO dar cuatro voces a algn** to take sb to task; *ver tb* **pedir A6**
[7] (*en el juego*) call
[8] (*Ling*) [8·1] (= *vocablo*) word; **una ~ de origen árabe** a word of Arabic origin
[8·2] [*del verbo*] voice
► **voz activa** active voice ► **voz media** middle voice ► **voz pasiva** passive voice

**vozarrón** SM booming voice

**VP** ABR (= **Vice-Presidente**) V.P.

**VPO** SF ABR = **vivienda de protección oficial**

**vra.** ABR = **vuestra**

**vro.** ABR = **vuestro**

**vs.** ABR (= **versus**) vs

**vto.** ABR (*Com*) = **vencimiento**

**vudú** SM voodoo

**vuduísmo** SM voodooism

**vuela** *etc ver* **volar**

**vuelapluma**: **a ~** ADV quickly, without much thought

**vuelco** SM [1] (= *acción*) upset, spill; **dar un ~** [*coche*] to overturn; [*barco*] to capsize
[2] **mi corazón dio un ~** my heart missed a beat
[3] (*fig*) catastrophe; **este negocio va a dar un ~** this business is heading for catastrophe

**vuelillo** SM lace adornment, frill

**vuelo**[1] *ver* **volar**

**vuelo**[2] SM [1] [*de ave, avión*] flight; **se servirá un desayuno durante el ~** breakfast will be served during the flight; **alzar** *o* **levantar el ~** (= *echar a volar*) to fly off; (= *marcharse*) to dash off; (= *independizarse*) to leave the nest; **remontar el ~: la cigüeña remontó el ~** the stork soared (up) into the sky, the stork took the sky; **la economía empieza a remontar el ~** the economy is beginning to take off; ✦***MODISMOS*** **captar** *o* **cazar** *o* **coger algo al ~** to be quick to understand sth; **cazarlas al ~** to be quick on the uptake*; **de** *o* **en un ~** rapidly; **no se oía ni el ~ de una mosca** you could have heard a pin drop; **tomar ~** to grow, develop ► **vuelo a baja cota** low-level flying ► **vuelo a vela** gliding ► **vuelo chárter** charter flight ► **vuelo con ala delta** hang-gliding ► **vuelo con motor** powered flight ► **vuelo de demostración** demonstration flight ► **vuelo de instrucción** training flight ► **vuelo de órbita** orbital flight ► **vuelo de prueba(s)** test flight ► **vuelo de reconocimiento** reconnaissance flight ► **vuelo directo** direct flight, non-stop flight ► **vuelo en picado** dive ► **vuelo espacial** space flight ► **vuelo interior** internal flight, domestic flight ► **vuelo libre** hang-gliding ► **vuelo nacional** domestic flight ► **vuelo rasante** low-level flying ► **vuelo regular** scheduled flight ► **vuelo sin escalas**, **vuelo sin etapas** non-stop flight ► **vuelo sin motor** gliding
[2] (*Orn*) (= *plumas*) flight feathers *pl*; (= *alas*) wings *pl*; **tirar al ~** to shoot at birds on the wing; ✦***MODISMOS*** **cortar los ~s a algn** to clip sb's wings; **de altos ~s** [*plan*] important; [*ejecutivo*] high-flying
[3] [*de falda, capa*] **el ~ de la falda** the spread *o* swirl of the skirt; **falda de mucho ~** full *o* wide skirt
[4] (*Arquit*) projection

**vuelta** SUSTANTIVO FEMENINO
[1] [= ***giro***] **una ~ de la tierra** one revolution of the earth; **el documento dio la ~ por toda la oficina** the document went all round the office; **¡media ~!** (*Mil*) about turn!, about face! (*EEUU*); **los soldados dieron media ~** the soldiers did an about-turn *o* (*EEUU*) an about-face; **estaba cerrado y tuvimos que darnos media ~** it was closed so we had to turn round and go back; **la ~ al mundo** (= *viaje*) a round-the-world trip; **quiere dar la ~ al mundo** she wants to go round the world ► **vuelta al ruedo** (*Taur*) *circuit of the ring made by a triumphant bullfighter*; **dar la ~ al ruedo** to go round the ring ► **vuelta atrás** backward step ► **vuelta de campana**: **el coche dio una ~ de campana en el aire** the car turned right over in mid-air ► **vuelta de tuerca** turn of the screw ► **vuelta en redondo** complete turn
◆ **dar la vuelta** (= *volverse*) to turn round; **al final del callejón tienes que dar la ~** you'll have to turn round at the end of the street; **dar la ~ a** [+ *llave, manivela*] to turn; [+ *página*] to turn (over)
◆ **dar vueltas**: **el camión dio dos ~s y cayó boca abajo** the lorry turned over twice and landed upside down; **dar ~s sobre un eje** to turn on *o* spin round an axis; **he estado dando ~s en la cama toda la noche** I've been tossing and turning (in bed) all night; **el avión dio ~s y más ~s antes de aterrizar** the plane circled round and round before landing; **he tenido que dar muchas ~s para encontrarlo** I had to go all over the place to find it; **dar ~s alrededor de un planeta** to go *o* revolve round a planet
◆ **dar vueltas a algo**: **el cinturón le daba dos ~s a la cintura** the belt went twice round her waist; **le dimos tres ~s al parque corriendo** we ran three times round the park
◆ **darle vueltas a algn**: **me da ~s la cabeza** my head is spinning; **estaba mareado y todo me daba ~s** I was dizzy and everything was going *o* spinning round
◆ **darse la vuelta** (*de pie*) to turn round; (*tumbado*) to turn over; **date la ~ para que te pueda peinar** turn round so I can do your hair; **me di la ~ porque me estaba quemando la espalda** I turned over because my back was getting burnt
[2] [= ***otro lado***] [*de hoja*] back, other side; [*de tela*] wrong side; **a la ~ de la página** on the next page, overleaf; **lo escribió a la ~ del sobre** he wrote it on the back of the envelope; **dar la ~ a** [+ *disco*] to turn over; **dale la ~ al jersey** (= *ponlo del derecho*) turn the jumper the right way out; (= *ponlo del revés*) turn the jumper inside out; **dale la ~ al vaso** (= *ponlo boca arriba*) turn the glass the right way up; (= *ponlo boca abajo*) turn the glass upside down; **a la ~ de la esquina** around the corner; **la tienda está a la ~ de la esquina** the shop is just around the corner; **las elecciones están ya a la ~ de la esquina** the elections are almost upon us *o* just around the corner
[3] [= ***regreso***] [3·1] (= *acción*) **¿para cuándo tenéis prevista la ~?** when do you expect to be back?; **¡hasta la ~!** see you when I/you get back; **este acuerdo supone una ~ a la normalidad** the agreement means that things should get back to normal; **la ~ al colegio** (*en septiembre*) the new school year; **"~ al colegio"** "back to school"; **a ~ de correo** by return (of post); **de ~** on the way back; **de ~, iremos a verlos** we'll go and see them on the way back; **de ~ al trabajo** back to work; **estar de ~** (*lit*) to be back; **estaremos de ~ el domingo** we'll be back on Sunday; **¿meterme en política? a mi edad uno ya está de ~ de todo** go into politics? I'm too old for that sort of thing; **el público ya está de ~ de todo** the public has seen it all before
[3·2] (*en transportes*) **si cierras la ~ el billete sale más barato** the ticket is cheaper if you specify the return date; **billete de ida y ~** return ticket; **el viaje de ~** the return journey
[4] [= ***paseo***] (*a pie*) stroll; (*en coche, bicicleta*) ride; **dar una ~: dimos una ~ por el parque** we went for a stroll in the park; **después de estudiar me voy a dar una ~** I'm going out for a bit when I've finished studying; **salieron a dar una ~ en la bici** they went out for a ride on their bikes; **nos dio una ~ en su coche** he gave us a ride in his car, he took us for a spin in his car*; **si quieres ver pobreza date una ~ por esta zona** if you want to see poverty take a walk round here
[5] [***en camino, ruta***] **una carretera con muchas ~s** a road with lots of bends *o* twists and turns in it; **el camino da muchas ~s hasta llegar a la cima** the road twists and turns up to the summit; **por este camino se da mucha más ~** it's much further this way, this is a much longer way round
[6] [***a un circuito, pista***] lap; (*Golf*) round; **di tres ~s a la pista** I did three laps of the track ► **vuelta de honor** lap of honour
[7] [***Ciclismo***] tour ► **vuelta ciclista** cycle tour; **la ~ ciclista a España** the Tour of Spain
[8] [= ***ronda***] [*de elección, torneo, bebidas*] round; **el presidente ganó en la segunda ~** the president won in the second round; **la segunda ~ de la competición** the second round of the competition; **partido de ~** return match; **me tocó pagar la primera ~** I had to pay the first round
[9] [= ***dinero suelto***] change; **quédese con la ~** keep the change
[10] [= ***cambio***] **las ~s de la vida** the ups and downs of life; **este acontecimiento dio la ~ a las negociaciones** this event changed the direction of the talks completely
[11] [= ***cabo, fin***] **a la ~ de tres años** after three years
[12] [***de cuerda***] loop ► **vuelta de cabo** (*Náut*) hitch
[13] [***Cos***] [*de puntos*] row; [*de pantalón*] turn-up, cuff (*EEUU*)
[14] ✦***MODISMOS*** **a ~s con algo**: **¡ya estamos otra vez a ~s con la guerra!** not the war again!; **siempre están a ~s con lo mismo** they're always going on about the same thing; **buscar las ~s a algn** to try to catch sb out; **dar cien (mil) ~s a algn***: **te da cien (mil) ~s** she can run rings round you, she's miles better than you; **dar la ~ a algn** (*CAm**) to con sb*; **darle ~s a algo**: **darle ~s a un asunto** to think a matter over; **no le des más ~s a lo que dijo** stop worrying about what he said; **no tiene ~ de hoja**: **esto es así y no tiene más ~ de hoja** that's how it is and that's all there is to it; **tenemos que hacerlo ya y no hay más ~ de hoja** we've got to do it now, there are no two ways about it *o* there's no alternative; **poner a algn de ~ y media*** (= *insultar*) to lay into sb; (= *reprender*) to give sb a dressing-down*; **sacar la ~ a algn** (*Andes*) to cuckold sb; **dar la ~ a la tortilla** to change things completely

**vueltero** ADJ (*Cono Sur*) [*persona*] difficult

**vueltita*** SF (*LAm*) (short) stroll *o* walk; (*en coche*) (short) drive

**vuelto** Ⓐ PP *de* **volver**
Ⓑ SM (*LAm*) = **vuelta 9**

**vuelva** *etc ver* **volver**

**vuestro/a** (*esp Esp*) Ⓐ ADJ POSES your (*familiar form of address*); (*después de sustantivo*) of yours; **~ perro** your dog; **~s hijos** your children; **una idea vuestra** an idea of yours, one of your ideas; **un amigo ~** a friend of yours
Ⓑ PRON POSES yours (*familiar form of address*); **—¿de quién es esto? —es ~** "whose is this?" — "it's yours"; **éste es el ~** this one's yours; **la vuestra está en el jardín** yours is in

➤ LENGUA Y USO: vuelta 14 35.2

the garden; **mis amigos y los ~s** my friends and yours; **¡ánimo, ésta es la vuestra!** come on, this is your big chance!; **lo ~**: **lo ~ también le pertenece a ella** what is yours also belongs to her; **he puesto lo ~ en la caja** I have put your things in the box; **¿ya se han enterado de lo ~?** do they know about you two yet?; **lo ~ es jugar al fútbol** playing football is your thing*; **los ~s** (= *vuestra familia*) your folks*; (= *vuestro equipo*) your lot*, your side; **es (uno) de los ~s** he's one of you

**vulcanita** SF vulcanite

**vulcanización** SF vulcanization

**vulcanizar** ▸conjug 1f◂ VT to vulcanize

**Vulcano** SM Vulcan

**vulcanología** SF vulcanology

**vulcanólogo/a** SM/F vulcanologist

**vulgar** ADJ [1] (= *no refinado*) [*lengua, gusto, vestido*] vulgar; [*modales, rasgos*] coarse
[2] (= *común, corriente*) [*persona, físico*] ordinary, common; [*suceso, vida*] ordinary, everyday; **~ y corriente** ordinary; **el hombre ~** the ordinary man, the common man
[3] (= *no técnico*) common; **"glóbulo blanco" es el nombre ~ del leucocito** "white blood cell" is the common name for leucocyte

**vulgaridad** SF [1] (= *cualidad*) vulgarity, coarseness
[2] (= *frase*) vulgar *o* coarse expression
[3] **vulgaridades** (= *trivialidades*) banalities, platitudes; (= *necedades*) inanities

**vulgarismo** SM vulgarism

**vulgarización** SF [1] (= *popularización*) popularization; **obra de ~** popular work
[2] (*Ling*) translation into the vernacular

**vulgarizar** ▸conjug 1f◂ VT [1] (= *hacer popular*) to popularize
[2] (*Ling*) to translate into the vernacular

**vulgarmente** ADV commonly, ordinarily; (*pey*) vulgarly; **los nevus, ~ llamados "lunares"** naevi, commonly *o* popularly known as "moles"

**Vulgata** SF Vulgate

**vulgo** Ⓐ SM common people; (*pey*) lower orders *pl*, common herd
Ⓑ ADV **el mingitorio, ~ "meadero"** the urinal, commonly *o* popularly known as the "bog"

**vulnerabilidad** SF vulnerability

**vulnerable** ADJ vulnerable (**a** to)

**vulneración** SF infringement, contravention

**vulnerar** ▸conjug 1a◂ VT [1] (= *perjudicar*) [+ *fama*] to damage, harm; [+ *costumbre, derechos*] to interfere with, affect seriously
[2] (*Jur, Com*) to violate, break

**vulpeja** SF vixen

**vulpino** ADJ (*Zool*) vulpine; (*fig*) foxy

**vulva** SF vulva

**W**, **w** ['uβe 'doβle, (*LAm*) 'doβle be] SF (= *letra*) W, w

**W** ABR, **W** ABR (= **vatio**) w

**wachimán** SM (*LAm*) = **guachimán**

**walkie** ['walki] SM, **walky** ['walki] SM walkie-talkie

**walki-talki** [walki'talki] SM walkie-talkie

**Walkman®** ['walkman] SM Walkman®

**walquiria** [bal'kirja] SF Valkyrie

**wamba®** ['bamba] SF plimsoll, sneaker (*EEUU*)

**wat** SM, **watt** SM [bat, wat] (*pl* **wats**, **watts**) watt

**wáter** ['bater] SM toilet, lavatory

**waterpolista** SMF water polo player

**waterpolo** SM water polo

**web** SM *o* SF website

**wedge** [weʒ] SM wedge

**welter** SM, **wélter** SM ['belter] welterweight

**western** SM western

**whiskería** SF, **wisquería** SF bar (*specializing in whisky*)

**whisky** SM, **whiskey** SM ['wiski, 'gwiski] whisky, whiskey ► **whisky de malta** malt whisky

**wikén** SM (*Chile*) weekend

**Winchester** SM **disco ~** Winchester disk

**windsurf** ['winsurf] SM windsurfing; **hacer ~** to go windsurfing

**windsurfista** [winsur'fista] SMF windsurfer

**wolfram** ['bolfram] SM, **wolframio** [bol'framjo] SM wolfram

**wonderbra®** SM, **wonderbrá** SM Wonderbra®

**X**, **x** ['ekis] SF (= *letra*) X, x

**xantofila** SF xanthophyll

**XDG** SF ABR (*Esp Pol*) = **Xunta Democrática de Galicia**

**xeno** SM xenon

**xenofilia** SF xenophilia

**xenófilo/a** Ⓐ ADJ xenophilic Ⓑ SM/F xenophile

**xenofobia** SF xenophobia

**xenófobo/a** Ⓐ ADJ xenophobic Ⓑ SM/F xenophobe

**xenón** SM xenon

**xenotransplante** SM xenograft, xenotransplant

**xerocopia** SF photocopy

**xerocopiar** ▸conjug 1b◂ VT to photocopy

**xerófito** ADJ xerophytic

**xerografía** SF xerography

**xerografiar** ▸conjug 1b◂ VT to xerograph

**xilófono** SM xylophone

**xilografía** SF [1] (= *arte*) xylography [2] (= *impresión*) xylograph, wood engraving

**xilográfico** ADJ xylographic

**Xto.** ABR = **Cristo**

**Xunta** SF *Galician autonomous government*

# Y y

**Y, y** [i'ɣrjeɣa] SF (= *letra*) Y, y

**y** CONJ [1] (*uso copulativo*) and; **fuimos a Málaga y a Granada** we went to Malaga and Granada; **una isla exótica y de gran belleza** an exotic, tremendously beautiful island; **treinta y uno** thirty-one; **un kilo y cuarto** one and a quarter kilos
[2] (*al comienzo de una pregunta*) **—ya ha llegado el primer grupo —¿y los demás?** "the first group has already arrived" — "(and) what about the others?"; **a mí no me apetece ir, ¿y a ti?** I don't feel like going, what about you?; **—id vosotros —¿y tú, qué vas a hacer?** "you go" — "but what are you going to do?"; **¿y Max? no lo veo por ninguna parte** where's Max? I can't see him anywhere; **—he decidido dejar de estudiar —¿y eso?** "I've decided to stop studying" — "why's that then?"; **¿y qué?** (*con desinterés, desprecio*) so (what)?; (*con interés*) and?; **no, no me han aceptado, ¿y qué?** they haven't accepted me, who cares *o* so what?; **—ya tengo las notas —¿y qué?, ¿has aprobado?** "I've just got the marks" — "and, did you pass?"
[3] (*uso adversativo*) **¡él viviendo en una mansión y su hermano en la calle!** he's living in a mansion while his brother's on the streets!; **¿dices que no quieres tarta y te la comes entera?** you say you don't want any cake and then you eat a whole one?
[4] (*esp LAm*) (*en repetición*) **estuvo llora y llora** he was crying and crying
[5] (*esp Arg, Uru*) (*en respuestas*) **—lo lamento mucho —y bueno, habrá que aceptarlo** "I'm very sorry" — "well, we just have to accept it"

▼**ya** Ⓐ ADV [1] (*con acción pasada*) already; **lo hemos visto ya** we've seen it already; **ya han dado las diez** it's past ten already; **¿ya has terminado?** have you finished already?; **¿ya habías estado antes en Valencia?** had you been to Valencia before?; **ya me lo suponía** I thought as much; **ya se acabó** it's all over now; **ya en el siglo X** as early as the tenth century
[2] (*con verbo en presente*) [2·1] (*con una acción esperada*) **ya es la hora** time's up; **ya es hora de irnos** it's time for us to go now; **ya está aquí** he's here already; **ya viene el autobús** here's the bus; **ya puedes irte** you can go now; **ya podéis ir pasando al comedor** you can start going through into the dining room now; **estos zapatos ya me están pequeños** these shoes are too small for me now; **¿ya anda?** is she walking yet?
[2·2] (*expresando sorpresa*) **¿ya te vas?** are you leaving already?
[2·3] (= *ahora*) now; **lo quiero ya** I want it (right) now; **¡cállate ya!** oh, shut up!; **¡ya voy!** coming!; **desde ya (mismo)** (*Esp*): **lo que quiero es empezar desde ya** I want to start right now *o* away; **una estrategia que empiezo a poner en marcha desde ya mismo** a strategy which I will start to adopt as of now *o* as of this very moment; **ya mismo** (*esp Cono Sur**) (= *en seguida*) at once; (= *claro*) of course, naturally
[3] (*con acción futura*) **ya te llegará el turno a ti** you'll get your turn; **ya lo arreglarán** it'll get fixed sometime; **ya iré cuando pueda** I'll try and make it when I can; **ya verás como todo se arregla** it'll all work out, don't you worry; **ya veremos** we'll see (about that)
[4] **ya no** not any more, no longer; **ya no vive aquí** he doesn't live here any more, he no longer lives here; **ya no viene a visitarnos** he doesn't come to see us any more, he no longer comes to see us; **ya no quiero más** I don't want any more; **ya no lo volverás a ver** you won't see it any more; **Javier ya no es tan alto como su hermano** Javier isn't as tall as his brother any more, Javier is no longer as tall as his brother
[5] (*expresando que se ha entendido o se recuerda algo*) **ya entiendo** I see; **¡ya lo sé!** I know!; **—¿no te acuerdas de ella? es la hija de Ricardo —¡ah, ya!** "don't you remember her? she's Ricardo's daughter" — "oh yes, of course!"
[6] (*expresando acuerdo o incredulidad*) **ya, pero ...** yes, but ...; **¡ya, ya!** (*iró*) yes, yes!, oh, yes!, oh, sure!; **ya, y luego viste un burro volando ¿no?** (*iró*) sure, and pigs might fly!; **esto ya es un robo** this really is robbery
[7] (*con valor enfático*) **pues ya gasta ¿eh?** he really does spend a lot, doesn't he?; **¿una hora tardas en llegar al trabajo? pues ya está lejos ¿eh?** it takes you an hour to get to work? it must be quite some way away! **ya lo creo que estuvimos allí** you bet we were there; **¿que no se ha casado? ya lo creo que sí** you say she hasn't got married? I think you'll find she has; **es más pobre que Haití, que ya es decir** it's poorer than Haiti, and that's saying something; **¡murió con 104 años, que ya es decir!** she was 104 when she died, which is no mean achievement!; **pues si él no viene, ya me dirás qué hacemos** you tell me what we'll do if he doesn't come; **¡ya está!** that's it!; **rellena el impreso y ya está** fill in the form and that's it; **¡ya está bien!** that's (quite) enough!; **¡ya me gustaría a mí poder viajar!** I wouldn't mind being able to travel either!; **¡ya era hora!** about time too!; **¡ya podían haber avisado de que venían!** they could have said they were coming!; **¡ya puedes ir preparando el dinero!** you'd better start getting the money ready!
Ⓑ CONJ [1] (*uso distributivo*) **ya por una razón, ya por otra** whether for one reason or another; **ya te vayas, ya te quedes, me es igual** whether you go or stay is all the same to me; **ya dice que sí, ya dice que no** first he says yes, then he says no, one minute he says yes, the next he says no; **no ya** not only; **no ya aquí, sino en todas partes** not only here, but everywhere; **debes hacerlo, no ya por los demás, sino por ti mismo también** you should do it, not just for everyone else's sake but for your own sake too
[2] **ya que** (seeing) as, since; **ya que no viene, iremos nosotros** (seeing) as *o* since she's not coming, we'll go; **ya que ha dejado de llover, ¿por qué no salimos a dar una vuelta?** (seeing) as *o* since it's stopped raining, why don't we go for a walk?; **ya que no estudia, por lo menos podía ponerse a trabajar** seeing as she isn't studying, the least she could do is get a job

**yac** [jak] SM (*pl* **yacs**) yak

**yacaré** SM (*LAm*) alligator

**yacente** ADJ reclining, recumbent

**yacer** ▸conjug 2x◂ VI [1] (= *estar tendido*) to lie; **los heridos yacían sobre el asfalto** the injured were lying on the tarmac; **libros y papeles yacían en confuso montón** books and papers lay in a confused heap
[2] (= *estar enterrado*) to lie; **aquí yace Pedro Núñez** here lies Pedro Núñez
[3] (††) (= *fornicar*) **~ con** to lie with (*liter*)

**yacija** SF [1] (= *cama*) bed; (*mala*) rough bed; **ser de mala ~** (= *dormir mal*) to sleep badly, be a restless sleeper; (*fig*) be a ne'er-do-well
[2] (= *sepultura*) grave, tomb

**yacimiento** SM (*Geol*) bed, deposit; (*arqueológico*) site ► **yacimiento petrolífero** oilfield

**yacuzzi**® [ja'kusi] SM (*pl* **yacuzzis**) Jacuzzi®

**yagua** SF (*Ven*) (= *palma*) royal palm; (= *tejido*) *fibrous tissue from the wood of the royal palm*

**yagual** SM (*CAm, Méx*) padded ring (*for carrying loads on the head*)

**yaguar** SM (*LAm*) jaguar

➤ LENGUA Y USO: **ya B2** 44.1

**yaguareté** SM (*Andes, Cono Sur*) jaguar
**yaguré** SM (*LAm*) skunk
**yaíta** ADV (*LAm*) = **ya**
**yak** [jak] SM (*pl* **yaks**) yak
**Yakarta** SF Jakarta
**yámbico** ADJ iambic
**yana** ADJ (*Andes*) black
**yanacón/ona** SM/F (*Andes, Cono Sur Hist*) (= *aparcero*) Indian tenant farmer, Indian sharecropper; (= *criado*) Indian servant
**yancófilo** ADJ (*LAm*) pro-American, pro-United States
**yanomami** ADJ, SMF Yanomami
**yanqui*** Ⓐ ADJ Yankee*
Ⓑ SMF Yank*, Yankee*
**yanquilandia** SF (*LAm pey*) the USA
**yantar**†† ▸conjug 1a◂ Ⓐ VT to eat
Ⓑ VI to have lunch
Ⓒ SM food
**yapa*** SF [1] (*LAm*) (= *plus*) extra bit; (= *trago*) one for the road, last drink; **dar algo de ~** (*lit*) to throw in a bit extra for free; (*fig*) to add sth for good measure
[2] (*Caribe, Méx*) (= *propina*) tip
[3] (*Cono Sur Mec*) attachment, end piece
**yapada** SF (*LAm*) extra bit
**yapar** ▸conjug 1a◂ Ⓐ VT (*LAm*) [1] (= *dar de más*) to throw in as an extra
[2] (= *extender*) to stretch; (= *alargar*) to add a bit to, lengthen
Ⓑ VI to throw in an extra bit
**yarará** SF (*Andes, Cono Sur*) rattlesnake
**yaraví** SM (*Andes, Arg*) plaintive Indian song
**yarda** SF yard
**yate** SM [*de vela*] yacht; [*de motor*] pleasure cruiser, motor cruiser
**yatista** SMF yachtsman/yachtswoman
**yaya**[1]* SF nan, nana
**yaya**[2] SM [1] (*LAm*) (= *herida*) minor wound; (= *cicatriz*) scar; (= *dolor*) slight pain
[2] (*Caribe*) (= *bastón*) stick, walking stick
**yaz** SM jazz
**yazca** *etc ver* **yacer**
**yda** ABR (= **yarda**) yd
**ye...** (*para ciertas palabras*) *ver* **hie...** *p. ej.* **yerra**
**yedra** SF ivy
**yegua** Ⓐ SF [1] (= *animal*) mare ► **yegua de cría** brood mare
[2] (*Andes, Cono Sur* pey*) old bag*; (= *puta*) whore (*pey*)
[3] (*Andes, CAm*) [*de cigarro*] cigar stub
Ⓑ ADJ [1] (*CAm, Caribe*) (= *tonto*) stupid; (= *ordinario*) rough, coarse
[2] (*Cono Sur*) (= *grande*) big, huge
**yeguada** SF [1] (= *rebaño*) herd of horses; (= *caballeriza*) stud; (*Cono Sur*) (= *yeguas*) group of breeding mares
[2] (*CAm, Caribe*) (= *burrada*) stupid thing, foolish act
**yeguarizo** SM (*Cono Sur*) [1] [*de cría*] stud, group of breeding mares
[2] (= *caballos*) horses *pl*
**yegüerío** SM (*CAm, Caribe*) = **yeguarizo 1**
**yeísmo** SM *pronunciation of Spanish "ll" as "y"*
**yelmo** SM helmet
**yema** SF [1] [*del huevo*] yolk; (*LAm*) (= *huevo*) egg ► **yema mejida** egg flip
[2] (*Bot*) leaf bud
[3] (*Anat*) ► **yema del dedo** fingertip
[4] (*Culin*) *sweet made with egg yolk and sugar*
[5] (= *lo mejor*) best part
[6] (= *medio*) middle; **dar en la ~** to hit the nail on the head; **en la ~ del invierno** in the middle of winter
[7] (= *dificultad*) snag
**Yemen** SM Yemen
**yemení** ADJ, SMF, **yemenita** ADJ, SMF Yemeni
**yen** SM (*pl* **yens** *o* **yenes**) yen
**yendo** *ver* **ir**
**yerba** SF [1] = **hierba**
[2] **~ (de) mate** maté
[3] (*) (= *marihuana*) grass*
**yerbabuena** SF (*LAm*) mint
**yerbal** SM (*Cono Sur*), **yerbatal** SM (*Andes*) maté plantation
**yerbatero/a** (*LAm*) Ⓐ ADJ of *o* pertaining to maté
Ⓑ SM/F [1] (= *herbolario*) herbalist; (= *curandero*) quack doctor
[2] (= *comerciante*) maté dealer; (= *cultivador*) maté grower
**yerbear** ▸conjug 1a◂ VI (*Cono Sur*) to drink maté
**yerbera** SF (*Cono Sur*) maté (leaves) container
**yerbero/a** SM/F (*LAm*) = **yerbatero B**
**yerga** *etc ver* **erguir**
**yermar** ▸conjug 1a◂ VT to lay waste
**yermo** Ⓐ ADJ (= *inhabitado*) uninhabited; (= *estéril*) barren
Ⓑ SM wasteland
**yerna*** SF (*Andes, Caribe*) daughter-in-law
**yerno** SM son-in-law
**yernocracia*** SF nepotism
**yeros** SMPL lentils
**yerre** *etc ver* **errar**
**yerro** SM error, mistake
**yersey** SM (*LAm*), **yersi** SM (*LAm*) jersey
**yerto** ADJ stiff, rigid; **~ de frío** frozen stiff*
**yesca** SF [1] (= *materia inflamable*) tinder; (*Cono Sur*) (= *piedra*) flint; **caja de ~** tinderbox; **arder como si fuera ~** to burn like tinder
[2] (*fig*) (= *pábulo*) fuel; (= *situación*) inflammable situation; (= *grupo*) group which is easily inflamed
[3] (*fig*) (*Culin*) thirst-making food
[4] (*Andes Fin*) debt
**yesería** SF plastering, plasterwork
**yesero** SM plasterer
**yeso** SM [1] (*Geol*) gypsum
[2] (*Arquit*) plaster; **dar de ~ a una pared** to plaster a wall ► **yeso mate** plaster of Paris
[3] (*Med*) (= *material*) plaster; (= *molde*) plaster cast
[4] (*Arte*) plaster cast
[5] (= *tiza*) chalk
**yesquero** SM (*LAm*) cigarette lighter
**yeta*** SF (*LAm*) bad luck
**yetar*** ▸conjug 1a◂ VT (*Cono Sur*) to put a jinx on*, jinx*
**yeti** SM yeti
**ye-yé**†* Ⓐ ADJ groovy*, trendy; **música ~** sixties pop music
Ⓑ SMF groover*, trendy
**yídish** SM, **yíddish** SM ['jidiʃ] Yiddish
**yihad** [ji'ad] SM jihad
**yip** SM (*LAm*) jeep
**yirante*** SF (*Cono Sur*) streetwalker
**yo** Ⓐ PRON PERS [1] (*sujeto*) I; **Carlos y yo no fuimos** Carlos and I didn't go; **yo no soy de los que exageran** I'm not one to exaggerate; **¡y yo que confiaba en ti!** and to think that I trusted you!; **yo que tú** if I were you; **—¿quién es? —soy yo** "who is it?" — "it's me"; **—¿quién lo dijo? —yo no** "who said that?" — "not me"; **lo hice yo misma** I did it myself
[2] (*en comparaciones, después de prep*) me; **es más delgada que yo** she is slimmer than me *o* than I am; **que esto quede entre tú y yo** this is between you and me; **nos lo comeremos entre tú y yo** we'll eat it between us
Ⓑ SM (*Psic*) **el yo** the self, the ego
**yod** SF yod
**yodado** ADJ iodized, with added iodine; **sal yodada** iodized salt
**yodo** SM iodine
**yodoformo** SM iodoform
**yoga**[1] SM yoga
**yoga**[2] SF (*Méx*) (= *daga*) dagger
**yogui** SM yogi
**yogur** SM [1] (= *alimento*) yoghurt; **mal ~** (*euf*) = **mala leche** ► **yogur descremado**, **yogur desnatado** low-fat yoghurt
[2] (*Esp**) (= *coche de policía*) police car, squad car
**yogurtera** SF [1] (= *electrodoméstico*) yoghurt-maker
[2] (*Esp**) (= *coche*) police car, squad car
**yol** SM yawl
**yola** SF yawl; (= *yate*) sailing boat; [*de carreras*] (racing) shell
**yonqui*** SMF junkie*
**yoquei** SM = **yóquey**
**yoquepierdismo*** SM (*CAm*) self-interest, I'm-all-right-Jack attitude*
**yóquey** SMF (*pl* **yóqueis**) jockey
**yoyó** SM (*pl* **yoyós**), **yo-yo** SM (*pl* **yo-yos**) yo-yo
**YPF** SMPL ABR (*Arg*) = **Yacimientos Petrolíferos Fiscales**
**YPFB** SMPL ABR (*Bol*) = **Yacimientos Petrolíferos Fiscales Bolivianos**
**yuca** Ⓐ SF [1] (*Bot*) yucca; (*LAm*) manioc root, cassava
[2] (*Caribe*) (= *pobreza*) poverty; **pasar ~** to be poor
[3] (*Andes*) (= *comida*) food
[4] (*Andes*) (= *pierna*) leg
[5] (*Andes, CAm*) (= *mentira*) lie
Ⓑ ADJ (*CAm**) (= *difícil*) tough, hard
**yucateco/a** Ⓐ ADJ of/from Yucatan
Ⓑ SM/F native/inhabitant of Yucatan; **los ~s** the people of Yucatan
**yudo** SM judo
**yugar*** ▸conjug 1a◂ VI (*CAm*) to slog away*
**yugo** SM yoke; **sacudir el ~** (*fig*) to throw off the yoke ► **yugo del matrimonio** marriage tie
**Yugoslavia** SF, **Yugoeslavia** SF (*Hist*) Yugoslavia
**yugoslavo/a**, **yugoeslavo/a** (*Hist*) Ⓐ ADJ Yugoslavian
Ⓑ SM/F Yugoslav
**yuguero** SM ploughman, plowman (*EEUU*)
**yugular** ADJ jugular; ✦***MODISMOS*** **encontrar la ~ de algn** to find sb's weak spot; **lanzarse a la ~** to go for the jugular

**yuju** EXCL yipee!

**yungas** SFPL (*Andes, Cono Sur Geog*) *hot tropical valleys*

**yungla** SF jungle

**yunque** SM [1] [*de metal*] anvil; ✦**MODISMO** **hacer** *o* **servir de ~** to have to put up with hardships *o* abuse
[2] (*Anat*) anvil
[3] (= *persona*) (*paciente*) stoical person; (*trabajador*) tireless worker

**yunta** SF [1] [*de bueyes*] yoke, team (of oxen)
[2] (*Chile*) [*de personas*] couple, pair
[3] **yuntas** (*LAm*) (= *botones*) cufflinks

**yuntero** SM ploughman, plowman (*EEUU*)

**yuppie** ['jupi] ADJ, SMF yuppie

**yuta** SF [1] (*Cono Sur Bio*) slug
[2] **hacer la ~** (*Andes, Cono Sur*) to play truant

**yute** SM jute

**yuxtaponer** ▸conjug 2q◂ VT to juxtapose

**yuxtaposición** SF juxtaposition

**yuxtapuesto** PP *de* **yuxtaponer**

**yuyal** SM (*Cono Sur*) scrub(land)

**yuyerío** SM (*Andes, Cono Sur*) (= *malas hierbas*) weeds *pl*; (= *plantas silvestres*) wild plants *pl*

**yuyero/a** SM/F (*Cono Sur*) herbalist

**yuyo** (*LAm*) SM [1] (= *planta silvestre*) weed; (= *planta medicinal*) herb, medicinal plant; (= *condimento*) herb flavouring *o* (*EEUU*) flavoring; (*Andes*) cooking herb; ✦**MODISMO** **estar como un ~** (*Cono Sur*) to be wet*
[2] (*Andes*) (= *emplasto*) herbal poultice
[3] **yuyos** (*CAm*) (= *ampollas*) blisters on the feet

# Z z

**Z, z** [ˈθeta, (*esp LAm*) ˈseta] SF (= *letra*) Z, z
**zabordar** ▸conjug 1a◂ VI to run aground
**zabullir** ▸conjug 3h◂ VT = **zambullir**
**zacapela** SF, **zacapella** SF rumpus*, row
**zacatal** SM (*CAm*) pasture
**zacate** SM **1** (*CAm*) (= *hierba*) grass; (= *heno*) hay, fodder; (*CAm, Méx*) (= *paja*) straw, thatch
**2** (*Méx*) (= *trapo*) dishcloth
**zacatear** ▸conjug 1a◂ (*CAm*) Ⓐ VT to beat
Ⓑ VI to graze
**zacatera** SF (*CAm*) (= *pasto*) pasture; (= *almiar*) haystack
**zafacoca*** SF **1** (*LAm*) (= *pelea*) brawl
**2** (*Méx*) (= *paliza*) beating
**3** (*Caribe*) (= *disturbio*) riot
**zafacón** SM (*Ant, Caribe*) wastepaper basket, waste basket (*EEUU*)
**zafado*** ADJ (*LAm*) **1** (= *loco*) mad, crazy
**2** (= *descarado*) cheeky*, cute (*EEUU**)
**zafadura** SF (*LAm*) dislocation
**zafaduría*** SF (*LAm*) **1** (= *descaro*) cheek*, nerve*
**2** (= *acción*) bit of cheek*
**zafante** PREP (*Caribe*) except (for)
**zafar** ▸conjug 1a◂ Ⓐ VT **1** (= *soltar*) to untie
**2** (= *desembarazar*) [+ *barco*] to lighten; [+ *superficie*] to clear, free
**3** (*LAm*) (= *excluir*) to exclude
Ⓑ **zafarse** VPR **1** (= *escaparse*) to escape, run away; (= *irse*) to slip away; (= *soltarse*) to break loose; (= *ocultarse*) to hide o.s. away
**2** (*Téc*) to slip off, come off
**3** **~se de** [+ *persona*] to get away from; [+ *trabajo*] to get out of; [+ *dificultad*] to get round; [+ *acuerdo*] to get out of, wriggle out of
**4** (*) **~se con algo** (= *robar*) to pinch sth*; (= *librarse*) to get away with sth
**5** (*LAm*) **~se un brazo** to dislocate one's arm
**6** (*CAm, Cono Sur*) (= *esquivar*) to dodge
**7** (*Andes*) (= *volverse loco*) to go a bit crazy, lose one's marbles*
**zafarrancho** SM **1** (*Náut*) clearing for action
► **zafarrancho de combate** call to action stations
**2** (= *desastre*) havoc; **hacer un ~** to cause havoc
**3** (*) (= *riña*) fracas, row
**zafio** ADJ coarse, uncouth
**zafiro** SM sapphire
**zafo** Ⓐ ADJ **1** (*Náut*) clear
**2** (= *ileso*) unharmed; (= *intacto*) undamaged, intact; **salir ~ de algo** to come out of sth unscathed
**3** (*LAm*) (= *libre*) free
Ⓑ PREP (*CAm*) (= *excepto*) except (for)
**zafón** SM (*Andes*) slip, error
**zafra**[1] SF oil jar, oil container
**zafra**[2] SF (*LAm*) (= *cosecha*) sugar harvest; (= *fabricación*) sugar making
**zaga** SF **1** (= *parte trasera*) rear; **a la ~** behind, in the rear; **A ha quedado muy a la ~ de B** A is well behind B; **A no le va a la ~ a B** A is every bit as good as B; **no le va a la ~ a nadie** he is second to none; **dejar en ~** to leave behind
**2** (*Dep*) defence, defense (*EEUU*)
**zagal(a)** SM/F (= *muchacho*) boy/girl, lad/lass; (*Agr*) shepherd/shepherdess
**zagalejo/a** SM/F (= *muchacho*) lad/lass; (*Agr*) shepherd boy/girl
**zagalón/ona** SM/F strapping young lad/lass
**zagual** SM paddle
**zaguán** SM **1** (= *entrada*) hallway, entrance hall
**2** (*CAm*) (= *garaje*) garage
**zaguero/a** Ⓐ ADJ **1** (= *trasero*) rear, back *antes de s*; **equipo ~** bottom team
**2** [*carro*] *too heavily laden at the back*
**3** (= *retrasado*) slow
Ⓑ SM/F (*Ftbl*) defender; (*Rugby*) full back
**zahareño** ADJ **1** (= *salvaje*) wild
**2** (= *arisco*) unsociable
**zaherimiento** SM (= *crítica*) criticism; (= *reprimenda*) reprimand
**zaherir** ▸conjug 3i◂ VT (= *criticar*) to criticize sharply, attack; (= *herir*) to wound, hurt; (= *reprender*) to upbraid, reprimand
**zahiriente** ADJ wounding, hurtful
**zahones** SMPL chaps
**zahorí** SMF **1** (= *vidente*) clairvoyant; (*que busca agua*) water diviner
**2** (= *persona perspicaz*) highly perceptive person
**zahúrda** SF **1** (*Agr*) pigsty
**2** (*) (= *tugurio*) hovel, shack
**zahurra** SF (*Andes*) din, hullabaloo*
**zaino**[1] ADJ [*caballo*] chestnut; [*vaca*] black
**zaino**[2] ADJ (= *pérfido*) treacherous; [*animal*] vicious; **mirar a lo** o **de ~** to look sideways
**zainoso** ADJ (*Cono Sur*) treacherous
**Zaire** SM Zaire
**zaireño/a** ADJ, SM/F Zairean
**zalagarda** SF **1** (*Mil*) ambush, trap; (*Caza*) trap; (= *escaramuza*) skirmish; (= *ardid*) ruse
**2** (= *alboroto*) row, din; (= *riña*) noisy quarrel; (= *jaleo*) shindy*
**zalamerear** ▸conjug 1a◂ VI (*Andes*) to flatter
**zalamería** SF (*tb* **~s**) flattery; **no me vengas con ~s** stop trying to butter me up*
**zalamero/a** Ⓐ ADJ (= *lisonjero*) flattering; (= *relamido*) suave; (*pey*) slimy
Ⓑ SM/F flatterer; (*pey*) slimeball*
**zalea** SF sheepskin
**zalema** SF **1** (= *reverencia*) salaam, deep bow
**2** = **zalamería**
**zalenco** ADJ (*Caribe*) lame
**zalenquear** ▸conjug 1a◂ VI (*Andes*) to limp
**zamacuco/a** SM/F crafty person
**zamarra** SF (= *piel*) sheepskin; (= *chaqueta*) sheepskin jacket
**zamarrazo** SM (= *golpe*) blow; (= *revés*) setback
**zamarrear** ▸conjug 1a◂ VT **1** [*perro*] to shake
**2** (= *sacudir*) to shake; (= *empujar*) to shove around
**3** (*) (*en discusión*) to corner*
**zamarro** SM **1** (= *piel*) sheepskin; (= *chaqueta*) sheepskin jacket
**2** **zamarros** (*Andes*) (= *pantalones*) chaps
**3** (*) (= *rústico*) boor, yokel; (= *taimado*) sly person
**zamba** SF *Argentinian handkerchief dance*; *ver tb* **zambo**
**zambada** SF (*Andes*) group of half-breeds
**zambardo** (*Cono Sur*) SM **1** (= *desmañado*) clumsy person
**2** (= *desmaña*) clumsiness; (= *daño*) damage, breakage
**3** (= *chiripa*) fluke
**zambeque** (*Caribe*) Ⓐ ADJ silly
Ⓑ SM **1** (= *idiota*) idiot
**2** (= *jaleo*) uproar, hullabaloo*
**zambequería** SF (*Caribe*) silliness
**zamberío** SM (*Andes*) half-breeds *pl**
**Zambeze** SM Zambesi
**Zambia** SF Zambia
**zambiano/a** ADJ, SM/F Zambian
**zambo/a** Ⓐ ADJ (*) knock-kneed
Ⓑ SM/F (*LAm*) person of mixed race (*esp of black and Indian parentage*); *ver tb* **zamba**
**zambomba** SF **1** (= *tambor*) *kind of rustic drum*
**2** (*como excl*) **¡zambomba!*** wow!
**zambombazo** SM **1** (= *estallido*) bang, explosion
**2** (= *golpe*) blow, punch
**zambombo** SM boor, yokel

**zambra** SF [1] (= *baile*) gipsy *o* (*EEUU*) gypsy dance
[2] (*) (= *alboroto*) uproar

**zambrate** SM (*CAm*), **zambrera** SF (*Caribe*) row, commotion

**zambucar** ▸conjug 1g◂ VT to hide, tuck away

**zambuir** ▸conjug 3g◂ VI (*Andes*) = **zambullir**

**zambullida** SF dive, plunge

**zambullir** ▸conjug 3h◂ Ⓐ VT (*en el agua*) to plunge (**en** into); (*debajo del agua*) to duck (**en** under)
Ⓑ **zambullirse** VPR [1] (*en el agua*) to dive (**en** into); (*debajo del agua*) to duck (**en** under)
[2] (= *ocultarse*) to hide

**zambullón** SM (*Andes*) = **zambullida**

**Zamora** SF Zamora

**zamorano/a** Ⓐ ADJ of/from Zamora
Ⓑ SM/F native/inhabitant of Zamora; **los ~s** the people of Zamora

**zampa** SF (*Arquit*) pile

**zampabollos*** SMF INV [1] (= *glotón*) greedy pig*, glutton
[2] (= *grosero*) coarse individual

**zampar*** ▸conjug 1a◂ Ⓐ VT [1] (= *esconder*) to put away hurriedly (**en** in)
[2] (= *sumergir*) to plunge (**en** into)
[3] (= *arrojar*) to hurl, dash (**en** against, to); **lo zampó en el suelo** he hurled *o* dashed it to the floor
[4] (= *comer*) to wolf down
[5] (*LAm*) **~ una torta a algn** to wallop sb*
Ⓑ VI to gobble
Ⓒ **zamparse** VPR [1] (= *lanzarse*) to bump, crash; **se zampó en medio del corro** he thrust himself roughly into the circle
[2] (*en fiesta, reunión*) to gatecrash, go along uninvited
[3] **~se en** to dart into, shoot into; **se zampó en el cine** he shot into the cinema
[4] (= *comerse*) **~se algo** to wolf sth down; **se zampó cuatro porciones enteras** he wolfed down four whole helpings

**zampatortas*** SMF INV = **zampabollos**

**zampón*** ADJ greedy

**zampoña** SF shepherd's pipes *pl*, rustic flute

**zampuzar** ▸conjug 1f◂ VT [1] = **zambullir**
[2] = **zampar**

**zamuro** SM (*Ven*) turkey vulture, turkey buzzard (*EEUU*)

**zanahoria** Ⓐ SF carrot; *ver tb* **palo 1**
Ⓑ SMF (*Cono Sur*) (= *imbécil*) idiot, nitwit*; (= *desmañado*) clumsy oaf; (= *pobre*) poor wretch

**zanate** SM (*CAm, Méx*) rook

**zanca** SF [1] [*de ave*] shank
[2] [*de persona*] (*hum*) shank

**zancada** SF stride; **alejarse a grandes ~s** to stride away; **en dos ~s** (= *rápidamente*) in a couple of ticks; (= *fácilmente*) very easily

**zancadilla** SF (*para derribar a algn*) trip; (= *trampa*) trick; **echar la ~ a algn** (*lit*) to trip sb up; (*fig*) to put the skids under sb*

**zancadillear** ▸conjug 1a◂ VT (*lit*) to trip (up); (*fig*) to put the skids under*

**zancajear** ▸conjug 1a◂ VI to rush around

**zancajo** SM [1] (= *talón*) heel; **A no le llega a los ~s a B** A can't hold a candle to B
[2] (*) (= *persona*) dwarf, runt

**zancajón** ADJ (*Méx*) [1] (= *alto*) tall, lanky
[2] (= *torpe*) clumsy

**zancarrón** SM [1] [*de la pierna*] leg bone
[2] (†*) (= *viejo*) old bag of bones
[3] (†*) (= *profesor*) poor teacher

**zanco** SM stilt; ✦**MODISMO estar en ~s** to be high up

**zancón** ADJ [1] (= *de piernas largas*) long-legged
[2] (*CAm*) (= *alto*) lanky
[3] (*LAm*) [*vestido*] too short

**zancudero** SM (*CAm, Caribe*) swarm of mosquitoes

**zancudo** Ⓐ ADJ long-legged; *ver tb* **ave**
Ⓑ SM (*LAm*) mosquito

**zanfona** SF hurdy-gurdy

**zangamanga*** SF trick

**zanganada** SF stupid remark, silly thing (to say)

**zanganear*** ▸conjug 1a◂ VI [1] (= *gandulear*) to idle, loaf about; (= *hacer el tonto*) to fool around
[2] (= *decir disparates*) to make stupid remarks

**zángano/a** Ⓐ SM/F [1] (*) (= *holgazán*) idler, slacker
[2] (*) (= *pícaro*) rogue
[3] (*) (= *pesado*) bore
Ⓑ SM (= *insecto*) drone

**zangarriana** SF [1] (*Med*) (= *jaqueca*) severe headache, migraine; (= *trastorno leve*) minor upset
[2] (= *abatimiento*) blues *pl*, depression

**zangolotear** ▸conjug 1a◂ Ⓐ VT to shake
Ⓑ VI to buzz about uselessly
Ⓒ **zangolotearse** VPR [1] [*ventana*] to rattle, shake
[2] [*persona*] to fidget

**zangoloteo** SM (= *sacudida*) shaking; [*de persona*] fidgeting; [*de ventana*] rattling

**zangolotino** ADJ **niño ~** (= *infantil*) big kid*; (= *tonto*) silly child

**zangón** SM big lazybones, lazy lump*

**zanguanga*** SF fictitious illness; **hacer la ~** to swing the lead*, malinger

**zanguango/a*** Ⓐ ADJ idle, slack
Ⓑ SM/F slacker, shirker

**zanja** SF [1] (= *fosa*) ditch; (= *hoyo*) pit; (= *tumba*) grave; **abrir las ~s** (*Arquit*) to lay the foundations (**de** for)
[2] (*LAm*) (= *barranco*) gully, watercourse
[3] (*Andes*) (= *límite*) fence, low wall

**zanjar** ▸conjug 1a◂ VT [1] (= *abrir una zanja*) to dig a trench in
[2] (= *acabar*) [+ *dificultad*] to get around; [+ *conflicto*] to resolve, clear up; [+ *discusión*] to settle

**zanjón** SM [1] (= *zanja profunda*) deep ditch
[2] (*Caribe, Cono Sur*) (= *risco*) cliff; (= *barranco*) gully, ravine

**zanquear** ▸conjug 1a◂ Ⓐ VT (*CAm, Caribe, Méx*) to hunt for
Ⓑ VI [1] (= *andar mal*) to waddle
[2] (= *ir rápidamente*) to stride along
[3] (= *trajinar*) to rush about, bustle about

**zanquilargo** ADJ long-legged, leggy

**zanquivano** ADJ spindly-legged

**Zanzíbar** SM Zanzibar

**zapa**[1] SF [1] (= *pala*) spade
[2] (*Mil*) sap, trench

**zapa**[2] SF sharkskin, shagreen

**zapador** SM sapper

**zapallada** SF [1] (*Cono Sur*) (= *chiripa*) fluke; (= *suerte*) lucky break; (= *conjetura*) lucky guess
[2] (*Andes*) (= *comentario*) silly remark

**zapallito** SM (*Cono Sur*) courgette, zucchini (*EEUU*)

**zapallo** SM [1] (*LAm*) (= *calabaza*) gourd, pumpkin
[2] (*Cono Sur*) = **zapallada 1**
[3] (*Andes*) (= *gordo*) fat person
[4] (*Andes, CAm*) (= *tonto*) dope*, fool
[5] (*Cono Sur*‡) (= *cabeza*) nut‡

**zapallón*** ADJ (*Andes, Cono Sur*) chubby, fat

**zapapico** SM pick, pickaxe, pickax (*EEUU*)

**zapar** ▸conjug 1a◂ VT, VI to sap, mine

**zaparrazo** SM scratch

**zapata** SF [1] (= *calzado*) half-boot
[2] (*Mec*) shoe ► **zapata de freno**, **zapata de frenos** brake shoe

**zapatazo** SM [1] (= *golpe dado con zapato*) blow with a shoe; (= *caída, ruido*) thud; **tratar a algn a ~s*** to ride roughshod over sb
[2] (*Dep*) fierce kick, hard shot
[3] (*Náut*) violent flap of a sail

**zapateado** SM [1] (= *claqué*) tap dance
[2] (= *baile típico español*) zapateado

**zapatear** ▸conjug 1a◂ Ⓐ VI [1] (= *dar golpecitos*) to tap one's feet; (= *bailar*) to tap-dance
[2] [*conejo*] to thump
[3] [*vela*] to flap violently
Ⓑ VT [1] (= *dar golpecitos en*) to tap with one's foot
[2] (= *patear*) to boot*
[3] (= *maltratar*) to ill-treat, treat roughly

**zapateo** SM tapping

**zapatería** SF [1] (= *tienda*) shoeshop; (= *fábrica*) shoe factory, footwear factory
[2] (= *oficio*) shoemaking

**zapatero/a** Ⓐ ADJ [1] [*industria*] shoemaking *antes de s*
[2] [*legumbres, patatas*] hard, undercooked
Ⓑ SM/F shoemaker; ✦**REFRÁN ~, a tus zapatos** the cobbler should stick to his last ► **zapatero de viejo, zapatero remendón** cobbler
Ⓒ SM (= *mueble*) shoe rack

**zapatiesta*** SF set-to*, shindy*

**zapatilla** SF [1] (*para casa*) slipper; (*Dep*) training shoe ► **zapatillas de ballet** ballet shoes ► **zapatillas de clavos** running shoes, spikes ► **zapatillas de deporte** sports shoes, trainers, sneakers (*EEUU*) ► **zapatillas de tenis** tennis shoes
[2] (*Mec*) washer

**zapatista** ADJ, SMF Zapatista

**zapato** SM shoe; ✦**MODISMOS estaban como tres en un ~** they were packed in like sardines; **meter a algn en un ~** to bring sb to heel; **saber dónde aprieta el ~** to know the score* ► **zapato náutico** boat shoe ► **zapatos de cordones** lace-up shoes ► **zapatos de golf** golf shoes ► **zapatos de goma** (*LAm*), **zapatos de hule** (*Méx*) tennis shoes ► **zapatos de plataforma** platform shoes ► **zapatos de salón** court shoes, pumps (*EEUU*) ► **zapatos de tacón**, **zapatos de tacones altos** high-heeled shoes ► **zapatos de tacón de aguja** stilettos; *ver tb* **niño B1**; → PANTALONES, ZAPATOS, GAFAS

**zapatón** SM (*LAm*) overshoe, galosh

**zape** EXCL [1] (*a animal*) shoo!
[2] (*sorpresa*) good gracious!

**zapear** ▸conjug 1a◂ Ⓐ VI (*TV*) to channel-hop
Ⓑ VT [1] [+ *gato*] to shoo, scare away; [+ *persona*] to shoo away, get rid of
[2] (*Andes, CAm*) (= *espiar*) to spy on, watch

**zapeo** SM channel-hopping

**zaperoco*** SM (*Caribe*) muddle, mess

**zapote** SM (*CAm, Méx*) (= *planta*) sapodilla, sapota; (= *fruta*) sapodilla plum, sapota

**zapoteca** ADJ, SMF Zapotec

**zapping** [ˈθapin] SM channel-hopping; **hacer ~** to channel-hop

**zaque** SM [1] [*de vino*] wineskin
[2] (‡) (= *borracho*) boozer‡, old soak‡

**zaquizamí** SM [1] (= *buhardilla*) attic, garret
[2] (= *cuartucho*) poky little room, hole; (= *tugurio*) hovel

**zar** SM tsar, czar (*esp EEUU*)

**zarabanda** SF [1] (*Hist*) sarabande
[2] (= *movimiento*) rush, whirl
[3] (*Méx*) (= *paliza*) beating

**zaragata** SM [1] (*) (= *ajetreo*) bustle; (= *jaleo*) hullabaloo*; (= *riña*) row, set-to*
[2] **zaragatas** (*Caribe*) (= *zalamerías*) flattery *sing*

**zaragate*** SM [1] (*LAm*) (= *malvado*) rogue, rascal; (= *entrometido*) busybody
[2] (*Caribe*) (= *zalamero*) flatterer, creep‡

**zaragatero*** Ⓐ ADJ (= *bullicioso*) rowdy, noisy; (= *peleador*) quarrelsome
Ⓑ SM rowdy, hooligan

**Zaragoza** SF Saragossa

**zaragozano/a** Ⓐ ADJ of/from Saragossa
Ⓑ SM/F native/inhabitant of Saragossa; **los ~s** the people of Saragossa

**zaragüelles** SMPL *baggy trousers that form part of the traditional dress of Valencia and Murcia*

**zaramullo** Ⓐ ADJ [1] (*Andes, CAm, Caribe*) (= *afectado*) affected; (= *engreído*) conceited; (= *delicado*) finicky
[2] (*Andes, Caribe*) (= *divertido*) amusing, witty
Ⓑ SM (*Andes*) [1] (= *tontería*) silly thing
[2] (= *entrometido*) busybody; (= *tonto*) fool

**zaranda** SF [1] (= *tamiz*) sieve
[2] (*Méx*) (= *carrito*) wheel barrow
[3] (*Caribe*) (= *juguete*) spinning top; (*Mús*) horn

**zarandajas*** SFPL trifles, odds and ends, little things

**zarandear** ▸conjug 1a◂ Ⓐ VT [1] (= *sacudir*) to shake vigorously; (= *empujar*) to jostle, push around
[2] (*) (= *dar prisa a*) to keep on the go
[3] (= *cribar*) to sieve, sift
[4] (*LAm*) (= *balancear*) to swing, push to and fro
[5] (= *insultar*) to abuse publicly
Ⓑ **zarandearse** VPR [1] (*esp LAm*) (= *pavonearse*) to strut about
[2] (= *ir y venir*) to keep on the go

**zarandeo** SM [1] (= *sacudida*) shaking
[2] (*por el tamiz*) sieving

**zarandillo** SM (= *persona enérgica*) active person; (= *persona inquieta*) fidget; ✦**MODISMO llevar a algn como un ~** to keep sb on the go

**zarapito** SM (*tb* **~ real**) curlew

**zaraza** SF chintz, printed cotton cloth

**zarazas** SFPL rat poison *sing*

**zarazo** ADJ (*LAm*) [1] [*fruta*] underripe
[2] (*) (= *bebido*) tipsy, tight*

**zarcillo** SM [1] (= *pendiente*) earring
[2] (*Bot*) tendril
[3] (*Cono Sur, Méx Agr*) earmark

**zarco** ADJ light blue

**zarigüeya** SF opossum, possum

**zarina** SF tsarina, czarina (*esp EEUU*)

**zarista** ADJ, SMF tsarist, czarist (*esp EEUU*)

**zaroche** SM (*LAm*) = **soroche**

**zarpa** SF [1] [*de león, tigre*] paw; (*) [*de persona*] paw, mitt; **echar la ~ a algo** to get one's hands on sth
[2] [*de barro*] splash of mud

**zarpada** SF = **zarpazo**

**zarpar** ▸conjug 1a◂ VI to weigh anchor, set sail

**zarpazo** SM [1] [*de animal*] **el gato me dio un ~** the cat scratched me; **el oso me dio un ~** the bear hit me with its paw
[2] (= *desgracia*) blow

**zarpear** ▸conjug 1a◂ VT (*CAm, Méx*) to splash with mud

**zarrapastroso** ADJ, **zarrapastrón** ADJ [*persona*] scruffy; [*ropa*] shabby

**zarria** SF [1] (= *salpicadura*) splash of mud
[2] (= *harapo*) rag, tatter

**zarza** SF bramble, blackberry (bush)

**zarzal** SM bramble patch

**zarzamora** SF blackberry

**zarzaparrilla** SF sarsaparilla

**zarzo** SM [1] (*Agr*) hurdle; (*para construir*) wattle
[2] (*Andes*) (= *buhardilla*) attic

**zarzuela** [1] SF *Spanish light opera*
[2] ► **zarzuela de mariscos** (*Esp*) seafood casserole
[3] **(Palacio de) la Zarzuela** *royal palace in Madrid*

**ZARZUELA**

**Zarzuelas**, *named after the Zarzuela Palace where they were first performed in the 17th century for the entertainment of Philip IV, are a kind of Spanish comic folk opera. They are usually in three acts, and their chief ingredients include stock characters, traditional scenes and a mixture of dialogue, music and traditional song. After a decline in popularity in the 18th century, interest in this very Spanish genre was rekindled as part of the 19th century revival of Spanish nationalism.*

**zarzuelista** SMF *composer of Spanish light opera*

**zas** EXCL bang!, crash!; **le pegó un porrazo ... ¡zas! ... que ...** he gave him a swipe ... bang! ... which ...; **apenas habíamos puesto la radio y ... ¡zas! ... se cortó la corriente** we had only just switched on the radio when "click!" and off went the current; **cayó ¡zas! al agua** she fell into the water with a big splash

**zasca** EXCL [1] bang!, crash!
[2] (*como adv*) all of a sudden

**zascandil*** SM ne'er-do-well

**zascandilear** ▸conjug 1a◂ VI to buzz about uselessly, fuss around

**zaya** SF (*Caribe*) whip

**zeda** SF (name of the) letter z

**zen** ADJ INV, SM Zen

**Zenón** SM Zeno

**zenzontle** SM (*CAm, Méx*) mockingbird

**zepelín** SM zeppelin

**zeta** Ⓐ SF the (name of the) letter z
Ⓑ SM (*Aut*) Z-car, police car

**Zetlandia** SF **Islas de ~** Shetland Isles *o* Islands, Shetland

**zigoto** SM zygote

**zigzag** SM (*pl* **zigzagues** *o* **zigzags**) zigzag; **relámpago en ~** forked lightning

**zigzagueante** ADJ zigzag *antes de s*

**zigzaguear** ▸conjug 1a◂ VI to zigzag

**zigzagueo** SM zigzagging

**Zimbabue** SM, **Zimbabwe** SM Zimbabwe

**zimbabuo/a** ADJ, SM/F Zimbabwean

**zinc** SM zinc

**zíngaro/a** ADJ, SM/F = **cíngaro**

**zíper** SM (*Méx*) zip, zipper (*EEUU*)

**zipizape*** SM set-to*, rumpus*; **armar un ~** to start a rumpus; **los dos están siempre de ~** the two of them are always squabbling

**zócalo** SM [1] (*Arquit*) (= *pedestal*) plinth, base
[2] [*de pared*] skirting board, baseboard (*EEUU*)
[3] (*Méx*) (= *plaza*) main square; (= *bulevar*) walk, boulevard; (= *parque*) park

**zocato/a** Ⓐ ADJ [1] [*fruta, legumbre*] hard
[2] [*persona*] left-handed
Ⓑ SM/F left-handed person
Ⓒ SM (*Andes*) (= *pan*) stale bread

**zoclo** SM = **zueco**

**zoco¹/a** Ⓐ ADJ [1] (= *zurdo*) left-handed
[2] (*Andes*) (= *manco*) one-armed; (*Andes, Caribe, Cono Sur*) (= *mutilado*) maimed
Ⓑ SM/F [1] (= *zurdo*) left-handed person
[2] (*Caribe*) (= *tonto*) fool
Ⓒ SM (*Cono Sur*) (= *puñetazo*) hefty punch

**zoco²** SM (Arab) market, souk

**zocotroco** SM (*Andes, Cono Sur*) chunk, big lump; **~ de hombre*** hefty man*

**zodiaco** SM, **zodíaco** SM zodiac

**zollenco** ADJ (*Méx*) big and tough

**zollipar*** ▸conjug 1a◂ VI to sob

**zombi** SMF zombie

**zona** SF [1] (*en país, región*) area; **las ~s afectadas por las inundaciones** the areas affected by flooding; **las ~s más ricas/remotas/deprimidas del país** the richest/remotest/most depressed areas *o* parts of the country; **la ~ norte/sur/este/oeste de la isla** the northern/southern/eastern/western part of the island; **comimos en uno de los restaurantes típicos de la ~** we ate in a restaurant typical of the area, we ate in a typical local restaurant; **~s costeras** coastal areas; **~ montañosa** *o* **de montaña** mountainous area, mountainous region; **~s rurales** rural areas; **~s turísticas** tourist areas; **~s urbanas** urban areas ► **zona catastrófica** disaster area ► **zona de combate** combat zone ► **zona de conflicto** (*Mil*) conflict zone ► **zona de desarrollo** development area ► **zona de exclusión (aérea)** (air) exclusion zone ► **zona de guerra** war zone ► **zona de influencia** area of influence ► **zona de libre comercio** free-trade zone, free-trade area ► **zona de peligro** danger zone, danger area ► **zona de picnic** picnic area ► **zona de seguridad** security zone ► **zona desnuclearizada** nuclear-free zone ► **zona euro** Euro area ► **zona franca** duty-free zone ► **zona fronteriza** (*gen*) border area; (*Mil*) border zone ► **zona húmeda** wetland ► **zona industrial** industrial area ► **zona**

**militar** military zone, military area ► **zona roja** (*Esp*) Republican territory ► **zona segura** safe zone
2 (*en ciudad*) area; ► **zona azul** (*Esp Aut*) *restricted parking zone* **zona centro** centre; **los aparcamientos de la ~ centro** city centre car parks; **zona comercial** (*para negocios en general*) commercial district; (*sólo de tiendas*) shopping area ► **zona de copas**: **¿dónde está la ~ de copas?** where do people go out to drink? ► **zona de ensanche** development area ► **zona edificada** built-up area ► **zona marginada** (*CAm*) slum area ► **zona peatonal** pedestrian precinct ► **zona residencial** residential area ► **zona roja** (*LAm*) red-light district ► **zona rosa** (*Méx*) *partly pedestrianized zone, so called because of its pink paving stones* ► **zona verde** green space
3 (*en edificio, recinto*) area; **las ~s comunes de la prisión** the communal areas of the prison; **~ de no fumadores** no smoking area ► **zona ancha** (*Dep*) midfield ► **zona de castigo** (*Dep*) sin bin ► **zona de penumbra, zona de sombra** (*lit*) shaded area; (*fig*) area of secrecy ► **zona oscura**: **las ~s oscuras de la personalidad** the hidden areas of the personality; **las ~s oscuras de la política** the shady *o* murky areas of politics
4 (*Geog*) zone ► **zona glacial** glacial zone ► **zona templada** temperate zone ► **zona tórrida** torrid zone
5 (*Anat, Med*) area; **las ~s próximas a la columna vertebral** the areas around the spinal column; **sentí un dolor por la ~ del hombro** I felt a pain around my shoulder; ► **zona erógena** erogenous zone; ► **zona lumbar** lumbar region
6 (*Baloncesto*) free-zone lane

**zonación** SF zoning

**zonal** ADJ zonal

**zoncear** ▸conjug 1a◂ VI (*LAm*) to behave stupidly

**zoncera** SF, **zoncería** SF 1 (*LAm*) (= *cualidad*) silliness, stupidity
2 (*Cono Sur*) mere trifle; **costar una ~** to cost next to nothing; **comer una ~** to have a bite to eat

**zonchiche** SM (*CAm, Méx*) buzzard

**zonda** SF (*Arg*) hot northerly wind

**zonificar** ▸conjug 1g◂ VT to zone, divide into zones

**zonzo/a** Ⓐ ADJ 1 (*LAm*) (= *tonto*) silly, stupid; (= *pesado*) boring
2 (*Méx*) (= *aturdido*) dazed
Ⓑ SM/F (*LAm*) (= *tonto*) idiot; (= *pesado*) bore

**zonzoneco** ADJ (*CAm*), **zonzoreco** ADJ (*CAm*), **zonzoreno** ADJ (*CAm*) stupid

**zoo** SM zoo

**zoo...** PREF zoo...

**zoología** SF zoology

**zoológico** Ⓐ ADJ zoological
Ⓑ SM zoo

**zoólogo/a** SM/F zoologist

**zoom** [θum] SM (= *objetivo*) zoom lens; (= *toma*) zoom shot

**zoomórfico** ADJ zoomorphic

**zoomorfo** SM zoomorph

**zooplancton** SM zooplankton

**zoo-safari** SM safari park

**zope** SM (*CAm*) vulture

**zopenco/a*** Ⓐ ADJ dull, stupid
Ⓑ SM/F clot*, nitwit*

**zopilote** SM (*CAm, Méx*) 1 (= *ave*) vulture
2 (*) (= *ladrón*) thief

**zopilotear*** ▸conjug 1a◂ VT (*CAm, Méx*) 1 (= *comer*) to wolf down
2 (= *robar*) to pinch*, nick*

**zopo** ADJ crippled, maimed

**zoquetada** SF (*LAm*) stupidity

**zoquetazo** SM (*Cono Sur, Méx*) swipe, punch

**zoquete** Ⓐ SMF (*) (= *zopenco*) blockhead; (= *patán*) lout, oaf
Ⓑ SM 1 [*de madera*] block
2 [*de pan*] crust
3 (*LAm*) (= *suciedad*) body dirt, human dirt
4 (*Caribe, Méx*) (= *puñetazo*) punch; (= *trompada*) smack in the face

**zoquetillo** SM shuttlecock

**zorenco** ADJ (*CAm*) stupid

**Zoroastro** SM Zoroaster

**zorongo** SM (*Mús*) *popular song and dance of Andalusia*

**zorra** Ⓐ SF 1 (= *animal*) vixen
2 (⁑) (= *prostituta*) whore (*pey*), tart⁑, slut⁑; **¡zorra!** you slut!⁑
3 (*) (= *borrachera*) **pillar una ~** to get sloshed*
Ⓑ ADJ (⁑) (= *puñetero*) bloody⁑; **no tengo ni ~ idea** I haven't a bloody clue⁑; **toda la ~ noche** the whole bloody night⁑; *ver tb* **zorro**

**zorral** ADJ 1 (*Andes, CAm*) (= *molesto*) annoying
2 (*Andes*) (= *obstinado*) obstinate

**zorrear*** ▸conjug 1a◂ VI to be up to one's tricks again, be up to no good

**zorrera** SF 1 (= *madriguera*) foxhole; (*fig*) smoky room
2 (= *turbación*) worry, anxiety
3 (= *modorra*) drowsiness

**zorrería** SF 1 (= *astucia*) foxiness, craftiness
2 (= *acción*) sly trick

**zorrero** ADJ foxy, crafty

**zorrillo** SM (*Cono Sur*), **zorrino** SM (*Cono Sur*) skunk

**zorro** Ⓐ ADJ foxy, crafty
Ⓑ SM 1 (= *animal*) fox ► **zorro gris** grey fox
2 (= *piel*) fox fur, fox skin ► **zorro plateado** silver fox (fur)
3 (= *persona*) (= *taimado*) crafty old fox; (= *gandul*) slacker, shirker; ✦***MODISMOS*** **estar hecho un ~** to be very drowsy; **estar hecho unos ~s*** [*habitación*] to be in an awful state; [*persona*] to be all in; *ver tb* **zorra**

**zorrón*** ADJ sluttish

**zorruno** ADJ foxy, fox-like

**zorrupia⁑** SF tart⁑, whore (*pey*)

**zorzal** SM 1 (= *ave*) thrush
2 (= *hombre listo*) shrewd man; (= *hombre taimado*) sly fellow
3 (*Cono Sur*) (= *tonto*) simpleton; (= *inocente*) dupe, naïve person

**zorzalear*** ▸conjug 1a◂ VI (*Cono Sur*) to sponge*

**zorzalero*** ADJ (*Cono Sur*) sponging*, parasitical

**zorzalino*** ADJ **la vida zorzalina** the easy life

**zosco** SM (*Caribe*) idiot

**zotal®** SM disinfectant

**zote*** Ⓐ ADJ dim, stupid
Ⓑ SMF dimwit*

**zozobra** SF 1 (*Náut*) capsizing, overturning
2 (= *inquietud*) worry, anxiety; (= *nerviosismo*) jumpiness

**zozobrar** ▸conjug 1a◂ VI 1 [*barco*] (= *hundirse*) to founder, sink; (= *volcar*) to capsize, overturn; (= *peligrar*) to be in danger
2 (= *fracasar*) [*plan*] to fail, founder; [*negocio*] to be ruined
3 [*persona*] to be anxious, worry

**zueco** SM clog, wooden shoe

**zulla*** SF human excrement

**zullarse*** ▸conjug 1a◂ VPR (= *ensuciarse*) to dirty o.s.; (= *ventosear*) to fart⁑, break wind

**zullón*** SM fart⁑

**zulo** SM [*de armas*] cache; [*de documentos*] hiding place

**zulú** Ⓐ ADJ 1 Zulu
2 († *pey*) brutish
Ⓑ SMF 1 Zulu
2 († *pey*) brute

**Zululandia** SF Zululand

**zumaque** SM sumac(h)

**zumba** SF 1 (= *burla*) teasing; **dar** *o* **hacer ~ a algn** to tease sb
2 (*LAm**) (= *paliza*) beating
3 (*Méx*) drunkenness

**zumbado*** ADJ **estar ~** to be crazy, be off one's head*

**zumbador** SM 1 (*Elec*) buzzer
2 (*Caribe, Méx*) (= *ave*) hummingbird

**zumbar** ▸conjug 1a◂ Ⓐ VI 1 (= *sonar*) [*insecto*] to buzz; [*máquina*] to hum, whirr; [*oídos*] to ring, buzz; **~le a algn los oídos: me zumban los oídos** my ears are ringing, I have a buzzing in my ears; **le estarán zumbando los oídos** his ears must be burning
2 ✦***MODISMO*** **salir zumbando*** to shoot off*; **salió zumbando cuando vio a la policía** he shot off as soon as he caught sight of the police*; **tengo que salir zumbando para no perder el tren** I must rush so I don't miss the train
3 (*) (= *quedar cerca*) to be very close; **no está en peligro ahora, pero le zumba** he's not actually in danger now but it's not far away
Ⓑ VT 1 (= *burlar*) to tease
2 (= *golpear*) to beat, hit
3 (*LAm**) (= *tirar*) chuck*
4 (⁑) (= *robar*) to nick⁑
5 (⁂) (= *copular con*) to fuck⁂
Ⓒ **zumbarse** VPR 1 (= *burlarse*) **~se de algn** to tease sb, poke fun at sb
2 (*Andes, Caribe*) (= *marcharse*) to clear off*
3 (*Caribe*) (= *pasarse*) to overstep the mark
4 (= *copular con*) **~se a algn⁂** to fuck sb⁂
5 (= *masturbarse*) **zumbársela⁂** to wank⁂

**zumbido** SM 1 [*de insecto*] buzz(ing); [*de máquina*] hum(ming), whirr(ing) ► **zumbido de oídos** buzzing in the ears, ringing in the ears
2 (*) (= *puñetazo*) punch, biff*

**zumbo**[1] SM (*Andes, CAm*) gourd, calabash

**zumbo**[2] SM = **zumbido 1**

**zumbón/ona** Ⓐ ADJ [*persona*] waggish, funny; [*tono*] teasing; (*pey*) sarcastic
Ⓑ SM/F joker, tease

**zumiento** ADJ juicy

**zumo** SM 1 [*de frutas, verduras*] juice ► **zumo de naranja** orange juice

[2] (= *provecho*) **sacar el ~ a algo** to get the most out of sth

**zumoso** ADJ juicy

**zuncho** SM metal band, metal hoop

**zupia** SF [1] (= *heces*) dregs *pl*; (= *vino*) muddy wine; (= *brebaje*) nasty drink, evil-tasting liquid
[2] (= *gentuza*) dregs *pl*
[3] (*Andes*) (= *aguardiente*) rough liquor

**zurcido** SM [1] (= *acto*) darning, mending
[2] (= *remiendo*) darn, mend

**zurcidura** SF = **zurcido**

**zurcir** ▸conjug 3b◂ VT [1] (= *coser*) to darn, mend
[2] (= *juntar*) to join, put together; [+ *mentiras*] to concoct, think up
[3] ✦***MODISMOS*** **¡que las zurzan!*** to hell with them!*; **¡que te zurzan!*** get lost!*

**zurdazo** SM (= *golpe*) left-handed punch; (= *tiro*) left-footed shot

**zurdear** ▸conjug 1a◂ VT (*LAm*) to do with the left hand

**zurdo/a** Ⓐ ADJ [*mano*] left; [*persona*] left-handed; **a zurdas** (*lit*) with the left hand; (*fig*) the wrong way, clumsily; ✦***MODISMO*** **no es ~** he's no fool
Ⓑ SM/F [1] (= *persona*) (*gen*) left-handed person; (*Tenis*) left-hander
[2] (*Cono Sur Pol pey*) lefty*, left-winger

**zurear** ▸conjug 1a◂ VI to coo

**zureo** SM coo, cooing

**zuri**⁑ SM **darse el ~** to clear out*

**zurito** SM small glass (*of beer*)

**zuro** SM cob, corncob

**zurra** SF [1] (*) (= *paliza*) hiding*
[2] (*) (= *trabajo*) hard grind*, drudgery
[3] (*) (= *pelea*) roughhouse*
[4] [*de pieles*] dressing

**zurrador** SM dresser

**zurrapa** SF [1] (= *mancha*) smudge, smear; (*en calzoncillos, bragas*) skidmark*; (= *hilo*) thread, stream (*of dirt*); **zurrapas** (= *posos*) dregs
[2] (= *cosa despreciable*) trash, rubbish

**zurraposo** ADJ full of dregs, muddy

**zurrar** ▸conjug 1a◂ VT [1] (*) (= *pegar*) to wallop*, give a hiding*
[2] (*) (*en discusión*) to flatten
[3] (*) (= *criticar*) to lash out at, lay into*
[4] [+ *pieles*] to dress

**zurria*** SF [1] (*Andes, CAm*) (= *paliza*) hiding*
[2] (*Andes*) (= *multitud*) lot, crowd

**zurriaga** SF whip, lash

**zurriagar** ▸conjug 1h◂ VT to whip, lash

**zurriagazo** SM [1] (= *azote*) lash, stroke
[2] (= *desgracia*) stroke of bad luck; (= *revés*) severe blow; (= *mal trato*) piece of unjust *o* harsh treatment

**zurriago** SM whip, lash

**zurribanda*** SF = **zurra 1, 3**

**zurriburri*** SM [1] (= *confusión*) turmoil, confusion; (= *lío*) mess, mix-up; (= *ruido*) hubbub
[2] (= *persona despreciable*) worthless individual
[3] (= *pandilla*) gang; (= *turba*) rabble

**zurrón** SM pouch, bag

**zurullo** SM, **zurullón** SM [1] (*en líquido*) lump
[2] (⁂) (= *excremento*) turd⁂
[3] (⁑) (= *persona*) lout, hooligan

**zurumato** ADJ (*Méx*) (= *turulato*) light-headed, woozy*; (= *estúpido*) stupid

**zurumbanco** ADJ (*CAm, Méx*) [1] = **zurumato**
[2] (*) (= *medio borracho*) half-drunk, half cut*

**zurumbático** ADJ **estar ~** to be stunned, be dazed

**zurumbo** ADJ (*CAm*) [1] = **zurumato**
[2] (*) (= *medio borracho*) half-drunk, half cut*

**zutano/a** SM/F (Mr *etc*) So-and-so; **si se casa fulano con zutana** if Mr X marries Miss Y; *ver tb* **fulano 1**

# LANGUAGE IN USE

# LENGUA Y USO

by

Beryl T. Atkins and Hélène M. A. Lewis

Teresa Álvarez García   Diana Feri   José Miguel Galván Déniz   Cordelia Lilly

## Language in Use

### Contents

### *Spanish-English*



## Lengua y Uso

### Índice de materias

### *Inglés-Español*




### Corpus Acknowledgements

We would like to acknowledge the assistance of the many hundreds of individuals and companies who have kindly given permission for copyright material to be used in The Bank of English. The written sources include many national and regional newspapers in Britain and overseas; magazine and periodical publishers in Britain, the United States and Australia. Extensive spoken data has been provided by radio and television broadcasting companies; research workers at many universities and other institutions; and individual numerous contributors. We are grateful to them all.

### Agradecimientos

Agradecemos especialmente la valiosa colaboración de los periódicos EL MUNDO y ABC, así como del Laboratorio de Lingüística Informática de la Universidad Autónoma de Madrid, en el que se realizó el 'Corpus de Referencia de la Lengua Española Contemporánea: corpus oral centro-peninsular' dirigido por el Prof. Dr. Francisco A. Marcos-Marín.

## Introduction to Language in Use – New Edition

Our aim in writing **Language in Use** has been to help non-native speakers find fluent, natural ways of expressing themselves in the foreign language, without risk of the native-language distortion that sometimes results from literal translation.

To achieve this, we have identified a number of essential language functions, such as *agreement, suggestions* and *apologies,* and provided a wealth of examples to show typical ways of expressing them. Users can select phrases to meet their needs using either their knowledge of the foreign language alone or by looking at the translations of the key elements.

In this completely revised and updated edition of **Language in Use**, the authentic examples are taken from Collins vast computerized databases of modern English and Spanish. These databases consist of around 400 million English and Spanish words from a variety of modern written and spoken sources: literature, magazines, newspapers, letters, radio and television.

The fresh new colour layout is designed to make consultation even easier. Clear headings and subdivisions enable you to find the topic of your choice at a glance. We have given style guidance, where appropriate, so that you can be confident that the phrase you have chosen is as assertive, tentative, direct or indirect as you want it to be.

The main dictionary text is linked to the **Language in Use** section. Certain words, *suggestion,* for example, have been marked in the main dictionary to show that additional material is given in Language in Use. In these cases, an arrow symbol appears in the margin beside the headword, and a footnote (**suggestion 1** 1.1, 1.2) tells you which **Language in Use** section(s) to go to – in this case, sections 1.1 and 1.2 for examples relating to category 1. As all cross-referred words are underlined in the relevant **Language in Use** section, you will quickly be able to locate them there.

Since Spanish forms of address corresponding to the English *you* vary according to the formality of the relationship, we have tried to reflect this in a consistent manner. As a general rule, *tú/te* has been shown in everyday one-to-one situations where there is no evidence of formality. Where the situation or language suggests a more formal relationship, *usted/le* has been used. Where more than one person is addressed, *vosotros/as* and *ustedes/les* have been used in a similar way. Nevertheless, as usage of *tú/usted* and *vosotros/ustedes* varies depending on which variety of Spanish is being spoken and the age of the speakers, you should be prepared to make adjustments accordingly.

## Lengua y Uso – Introducción a la nueva edición

Nuestro objetivo al escribir este suplemento de **Lengua y Uso** ha sido ayudar a los estudiantes de ambas lenguas a encontrar formas de expresarse con naturalidad en el idioma extranjero y evitar así las distorsiones que a veces resultan de una traducción literal.

Para ello, se ha analizado el acto de la comunicación partiendo de ciertas funciones del tipo *consejos, permiso* o *posibilidad,* para agrupar toda una serie de frases y expresiones bajo las secciones correspondientes. De esta manera el lector puede seleccionar la frase que le hace falta gracias tanto a sus conocimientos pasivos del idioma extranjero como a la traducción dada a su propia lengua de dichas frases.

En esta nueva edición, totalmente revisada y actualizada, hemos hecho uso de ejemplos de la lengua hablada y escrita tomados de la base de datos electrónica de la que dispone Collins para su labor lexicográfica: más de 400 millones de palabras en inglés y español, recogidas de libros, revistas, periódicos, cartas, programas de radio y televisión.

La nueva presentación gráfica, ahora en color, tiene como objetivo facilitar aún más la labor de consulta. La claridad de los encabezamientos y subdivisiones permite encontrar en un momento el tema buscado. Además, se da una orientación de estilo en los casos apropiados para que pueda saberse con seguridad si la frase se usa de forma más o menos directa, o en un contexto más o menos familiar etc.

El texto central de diccionario enlaza con este suplemento. En algunas entradas (como *recomendar,* por ejemplo), hay una llamada que indica que podrán verse más ejemplos relacionados con ellas en la sección correspondiente de **Lengua y Uso**. En estos casos, al lado de la palabra cabeza de artículo aparece una flecha, además de una nota a pie de página (**recomendar 1** 28.1, 29.1, 40.4, 46.5) que indica en qué sección pueden encontrarse dichos ejemplos. En el caso de *recomendar,* se verán ejemplos relacionados con la acepción 1 en las secciones 28.1, 29.1, 40.4, 46.5. Como además todas las palabras remitidas a este suplemento vienen subrayadas en el mismo, se las puede localizar rápidamente.

En cuanto al tratamiento de *tú* o *usted* en las frases en español y en las traducciones de este suplemento, se ha decidido usar como norma general el *tuteo,* excepto en los ejemplos de situaciones que requieren un trato más formal y por lo tanto el uso de *usted.*

# 1 SUGGESTIONS

## 1.1 Making suggestions

### Using direct questions

- ¿**Quieres que** ponga la maceta en la ventana?
  = *would you like me to*
- ¿**Te apetece que** vayamos a verle esta tarde?
  = *do you fancy going*
- ¿**Por qué no** lo dejas hasta que volvamos a casa?
  = *why don't you*
- ¿**Y si** organizáramos una fiesta para darle una sorpresa?
  = *what if we*
- ¿**Te parece bien** que la invitemos a la fiesta?
  = *do you think we should*
- ¿**Qué te parece** decírselo por carta?
  = *what do you think about*
- ¿**No se te ha ocurrido que** el mejor regalo no es siempre el más caro?
  = *hasn't it ever occurred to you that*
- ¿**No cree que sería mejor** hacerlo ahora?
  = *mightn't it be better to*
- ¿**Puedo hacerle una propuesta** que quizá le parezca interesante?
  = *may I make a suggestion*

### Assertively

- **Yo que tú** no haría nada por ahora
  = *if I were you*
- **Lo que sugiero es lo siguiente**: por ahora no cambiemos los planes
  = *what I suggest is that*
- **Lo que deberíamos hacer es no** preocuparnos demasiado de los demás
  = *what we should not do is*
- **Propongo que** busquemos ayuda profesional
  = *I suggest that*
- **Lo mejor sería no** involucrarse en un conflicto en el que no tenemos ni arte ni parte
  = *it would be best not to*
- **No se olvide de** avisarme en cuanto llegue
  = *don't forget to*
- **Yo propondría que** la actual reforma de la ley se negocie buscando el consenso de todos
  = *I would suggest that*
- **Les sugeriría que** llamaran antes por teléfono
  = *I would advise you to*
- **Quisiera hacer una propuesta para** mejorar el servicio
  = *I should like to make a suggestion to*
- **Si se me permite una sugerencia**, yo creo que debemos trazar un plan de actuación detallado
  = *if I may make a suggestion*

### Tentatively

- **Sería cuestión de** hacer una prueba para ver si funciona
  = *we/you would have to*
- **Si le parece bien, podemos** enviárselo por correo urgente
  = *if you agree, we could*
- **Lo que podríamos hacer es** hablar con él antes de que se marche a Italia
  = *what we could do is*
- **Sería mejor que** el ganador del premio fuera un escritor novel
  = *it would be best if*
- **Sería buena idea** aprovechar la atención que va a atraer el acontecimiento
  = *it would be a good idea to*
- **No sería mala idea** levantarse un poco más temprano
  = *it mightn't be a bad idea to*
- **Quizás habría que** ser un poco más firmes con ellos
  = *perhaps you/we should*
- En estas circunstancias **sería muy poco aconsejable** enviar más tropas a la zona
  = *it would be very inadvisable to*
- **Sería preferible** tener mejor calidad de vida para nuestra población
  = *it would be preferable to*
- **Convendría** encontrar una alternativa más sencilla
  = *it would be advisable to*
- **Convendría que** recurriera a los servicios de un especialista
  = *you would do well to*
- **Sería conveniente que** acudieran a un abogado con la documentación
  = *it would be advisable for ... to*

## 1.2 Asking for suggestions

- ¿**Alguna idea**?
  = *any ideas?*
- ¿**Tú qué dices**?
  = *what do you think?*
- ¿**Cómo lo ves**?
  = *what do you think?*
- ¿**Tú qué harías**?
  = *what would you do?*
- ¿**Qué hacemos ahora**?
  = *what shall we do now?*
- ¿**A tí qué te parece que podemos** hacer ahora?
  = *what do you think we can*
- **Si se le ocurre algo** ...
  = *if you have any ideas*
- ¿**Qué haría usted en mi lugar**?
  = *what would you do if you were me?*
- ¿**Tiene usted alguna sugerencia** al respecto?
  = *have you any suggestions?*

# 2 ADVICE

## 2.1 Asking for advice

- ¿**Tú qué me aconsejas**?
  = *what would you advise me to do?*
- ¿**Tú qué harías (si estuvieras) en mi lugar**?
  = *what would you do if you were me?*
- ¿**Te puedo pedir un consejo**?
  = *can I ask your advice about something?*
- ¿**Tú crees que a estas alturas sirve de algo que** desconvoquen la huelga?
  = *do you think there is any point in ...at this late stage?*
- **Necesito que alguien me aconseje**
  = *I need some advice*
- ¿**Qué es lo más recomendable** en esta situación?
  = *what would be advisable*
- **Quería pedirle un consejo**
  = *I'd like to ask your advice about something*
- ¿**Usted qué me aconsejaría que** hiciera?
  = *what would you advise me to*
- **Le agradecería que me asesorase sobre** ese asunto
  = *I would be grateful for your advice on*

## 2.2 Giving advice

- **Yo que tú** no haría nada por ahora
  = *if I were you*
- **Yo en tu lugar** no lo dudaría
  = *if I were you*

- **Hay que** tomarse las cosas con más calma
  = *you must*
- **Te interesa más** comprar acciones de la otra empresa
  = *you would be better to*
- **Deberías** mostrarte más abierto y sincero en tu relación
  = *you should*
- **Lo que ella debería hacer es** cambiar su imagen ligeramente
  = *what she should do is*
- **Harías bien en** visitar a un especialista
  = *you would do well to*
- **Más vale no** decir nada por el momento
  = *it would be better or best not to*
- **Mi consejo es que** te sinceres con ellos y les digas la verdad
  = *my advice would be to*
- **Habría que** sopesar los pros y los contras antes de tomar una decisión definitiva
  = *we/you ought to*
- **Lo que habría que hacer es** consultarlo con quien sepa sobre el tema
  = *what we/you ought to do is*
- **Lo que haría falta es que** instalaran un nuevo sistema de refrigeración
  = *what they should do is*
- **Lo mejor que puede hacer es** dirigirse a la oficina central
  = *the best thing you can do is*
- **Le recomiendo que** abandone el hábito del cigarrillo si quiere mejorar su estado de salud
  = *I would advise you to*
- **Sería totalmente desaconsejable** intervenir ahora
  = *it would be extremely inadvisable to*
- **Permítanme ustedes que insista en la necesidad de** presionar a la compañía
  = *I'd like to emphasize the need to*
- **Me permito sugerirle que** corrija dichos errores, para mejorar aún más si cabe la calidad de su periódico
  = *I should like to suggest that you*

More tentatively

- **¿Y si** fueras a verle y le pidieras perdón?
  = *what if you*
- **Yo te aconsejaría** un cambio de aires
  = *I'd recommend*
- **Quizás habría que** preparar unos planes más detallados
  = *perhaps we should*
- **Yo le diría que** fuera prudente a la hora de tomar una decisión
  = *I would advise you to*
- **No sería mala idea** enviarlo todo exprés
  = *it wouldn't be a bad idea to*
- **Sería prudente** llamar antes por teléfono, por si acaso está fuera
  = *it would be wise to*

### 2.3 Warnings

- **Os advierto que** no vamos a dar ninguna información
  = *I should warn you that*
- **Debo advertirle que** esa agencia no es de fiar
  = *I must warn you that*
- **Si no** pides disculpas ahora, **deberás atenerte a las consecuencias**
  = *if you don't ... you must accept the consequences*
- **Corremos el riesgo de** perder toda credibilidad
  = *we run the risk of*
- **Que sirva de advertencia:** si continuáis con esa actitud, las consecuencias pueden ser nefastas
  = *be warned:*
- **Sería cosa de locos** *or* **una locura** proseguir en estas pésimas condiciones
  = *it would be madness to*
- **Es necesario** cambiar de rumbo **antes de que sea demasiado tarde**
  = *we need to ... before it is too late*
- **Es absolutamente indispensable que** modifiquemos nuestra política de ventas
  = *it is absolutely vital that*

## 3 OFFERS

### 3.1 Using direct questions

- **¿Te ayudo**?
  = *can I help (you)?*
- **¿Cierro** la ventana?
  = *shall I close*
- **¿Quieres que** vaya a recoger al niño al colegio?
  = *would you like me to*
- **¿Necesitas ayuda**?
  = *do you need any help?*
- **¿Me dejas que te eche una mano con** los preparativos?
  = *can I lend (you) a hand with*
- **¿Puedo ayudarle en algo**?
  = *can I do anything to help?*
- **¿Me permite que le ofrezca mi colaboración** de cara al proyecto?
  = *perhaps you will allow me to offer some help*

### 3.2 Direct offers

- No te preocupes, **ya lo hacemos nosotros**
  = *we'll do it*
- **Si quieres** te acompaño
  = *... if you like*
- **Puedo ir yo si** no hay nadie disponible
  = *I could go if*
- **Déjeme que le ayude**
  = *let me help you*
- **Estoy para lo que haga falta**
  = *I'm ready and willing to do whatever's needed*
- **Estoy dispuesto a** hacer todo lo que sea necesario
  = *I'm prepared to*
- **No dude en venir a mí si** le surge algún problema
  = *don't hesitate to come back to me if*
- **Permítame usted por lo menos que** le lleve a la estación
  = *at least let me*
- **Me tiene a su entera disposición** para todo lo que necesite
  = *I'm entirely at your disposal*
- **Sería un placer** poder servirle en todo lo que haga falta
  = *it would be a pleasure to*

## 4 REQUESTS

### 4.1 Using direct questions

- **¿Me traes** un vaso de agua?
  = *would you fetch me*
- **¿Me dejas** tu chaqueta?
  = *can I borrow*
- **¿Quieres** cambiarme el turno?
  = *would you mind*
- **¿Te importa** echar esta carta al correo?
  = *would you mind*
- **¿Te puedo pedir un favor**?
  = *would you do me a favour?*
- **¿Podría decirme** qué pone en ese cartel, **por favor**?
  = *could you tell me ..., please?*

- ¿**Le importaría** cerrar un poco la ventana?
  = *would you mind*
- ¿**Sería tan amable de** enseñármelo usted mismo?
  = *would you be so kind as to*
- ¿**Podría** aclararme unas dudas sobre su patrimonio, **si tiene la bondad**?
  = *would you mind*

Assertively

- **Déjame el coche, anda**, sólo por una noche
  = *lend me the car, won't you*
- **Por favor, házmelo** cuanto antes
  = *please can you do it for me*
- **Sólo te pido que** bajes un poco la voz
  = *I'm only asking you to*
- **Alcánzame** las gafas, **si me haces el favor**
  = *pass me ..., will you?*
- **Haga el favor de no** poner los pies en el asiento
  = *please don't*
- Vuelva a llamar en cinco minutos, **si es tan amable**
  = *if you don't mind*
- **Le ruego que** se apresure en responder
  = *please*

More tentatively

- **Si no es mucho pedir**, mándame un listado de direcciones
  = *please ..., if it isn't too much trouble*
- **Nos vendría bien** saberlo mañana, antes de la reunión
  = *it would be good if we could*
- **Preferiría que no** lo utilizara a partir de las ocho
  = *I would rather you didn't*
- **Si no es demasiada molestia, ¿podrías** comentarnos cómo es el panorama musical en tu ciudad?
  = *if it isn't too much trouble, could you*
- **Le agradecería que** me ayudara a resolver el problema
  = *I'd be grateful if you would*

In writing

- **Tenga la amabilidad de** presentarse en nuestras oficinas en horario laboral
  = *please*
- **Agradeceríamos su colaboración en** cualquier aspecto de nuestra investigación
  = *we should be grateful if you would help us in*
- **Les quedaríamos muy agradecidos si** se pudieran poner en contacto con nuestros representantes
  = *we should be very grateful if*
- **Tengan a bien** comunicarnos la respuesta por télex
  = *please*

# 5 COMPARISONS

## 5.1 Constrasting facts

- Las carreteras están **relativamente** tranquilas para esta época del año
  = *comparatively*
- Las nuestras son producciones modestas, **comparadas con** las más "aparatosas" de otros teatros
  = *compared with*
- **En comparación con** el interior del país, el clima en la costa **no es tan** extremo
  = *in comparison with ... is not so*
- **Si comparamos** el actual estado del río **y** *or* **con** el anterior, podemos observar un aumento en el grado de contaminación
  = *if we compare ... and or with*
- Los países desarrollados consumen en exceso, **mientras que** los del Tercer Mundo no llegan a cubrir las necesidades básicas
  = *while*

## 5.2 Comparing similar things

- Estos dos cuadros **son igualitos**
  = *are just the same*
- Su programa político **es igual que** el de la oposición
  = *is the same as*
- En nuestras carreteras se producen **casi tantos** accidentes **como** en las de Grecia y Portugal
  = *almost as many ... as*
- El paisaje es **tan** bello **como** lo describió el poeta
  = *as ... as*
- García Márquez se limita a transcribir la realidad **tal como es**
  = *just as or like it is*
- Ambos coches valen **exactamente lo mismo**
  = *exactly the same*
- Ha vuelto a suceder **lo mismo que** hace unos años
  = *the same thing as*
- **Al igual que sucede** en el reino animal, las plantas también luchan por su supervivencia
  = *just as happens*
- Los dos hermanos **se parecen mucho** físicamente
  = *are very alike*
- Las temperaturas aquí **son muy parecidas** *or* **similares a** las de mi tierra
  = *are very similar to*
- Esto **equivale a** veinte horas de trabajo
  = *is equivalent to*

## 5.3 Comparing dissimilar things

- Los pros **son (muchos) más que** los contras
  = *there are (far) more ... than*
- En su tierra se le aprecia **(muchísimo) menos que** en el extranjero
  = *far less than*
- Es aún **(mucho) más** nacionalista **que** su hermano
  = *far more ... than*
- Un coche nuevo contamina **bastante menos que** uno viejo
  = *considerably less than*
- Al contribuyente se le cobra **mucho menos de lo que** cuestan los servicios
  = *much less than*
- Lo que diga una revista del corazón **no es lo mismo que** las manifestaciones públicas de un presidente
  = *is not the same as*
- Esa canción ya **no** suena **tanto como** el año pasado
  = *not ... as much as*
- **No se parece en nada a** su padre
  = *he is not at all like*
- ¡**Hay diferencia entre** este vino y el otro ...!
  = *there's quite some difference between*
- Un modelo **se diferencia** *or* **distingue del** otro en el número de extras que lleva incorporados
  = *the difference between ... and ... lies in*
- La realidad **es muy diferente** *or* **distinta de** lo que teníamos creído
  = *is very different from*

## 5.4 Comparing favourably

- Me encuentro **muchísimo mejor** ahora que me han operado
  = *much better*
- Este vino **es muy superior** al otro
  = *is vastly superior to*

## 5.5 Comparing unfavourably

- Para muchos perder su cargo público resulta **mucho peor que**

perder la dignidad
= *much worse than*

- Las posibilidades que ofrece una máquina de escribir **no tienen (ni punto de) comparación con** las prestaciones de un procesador de textos
= *between ... and*

- Este premio **no es tan** importante **como** el que consiguió hace unos años
= *is not as ... as*

- Como deportista, Juan **no le llega ni a la suela de los zapatos**
= *isn't a patch on him*

### 5.6 Increasing and decreasing

- Estos juegos **tienen cada vez más aceptación entre** los estudiantes
= *are becoming more and more popular with*

- Las desigualdades **son cada vez mayores**
= *are becoming greater and greater*

- A decir verdad, yo escribo **cada vez menos**, y acabaré sin duda por dejar de escribir
= *less and less*

- **Son cada vez menos los que** se casan antes de los 29 años
= *fewer and fewer people*

- **Cuanto más** madura un vino, **más** añejo es su sabor
= *the more ..., the more*

## 6 OPINIONS

### 6.1 Asking for someone's opinion

- ¿**Qué piensas de** su actitud?
= *what do you think of*

- ¿**Qué te parece** mi trabajo?
= *what do you think of*

- ¿**Crees que** le gustará el regalo?
= *do you think that*

- ¿**Piensas que** se puede estudiar en estas condiciones?
= *do you think that*

- ¿**Qué opina usted de** la exportación de animales vivos?
= *what do you think of or about*

- ¿**Qué opinión tiene usted de** sus compatriotas?
= *what is your opinion of*

- ¿**Qué opinión le merece** la subida del precio de los carburantes?
= *what is your opinion of*

- ¿**Nos puede ofrecer su opinión sobre** la liberalización del mercado?
= *could you give us your opinion on*

- **Quisiera saber lo que opina sobre** el informe publicado en la prensa
= *I should like to know what you think about*

- **Me interesaría conocer su opinión en torno a** la nueva política exterior del gobierno
= *I should be interested to know your opinion of*

### 6.2 Expressing your opinion

- **Creo que** le va a encantar tu visita
= *I think that*

- **Me parece que** le has caído muy bien a todos
= *I think that*

- **Para ser sincero**, su obra no me apasiona
= *to be honest*

- **En mi opinión**, fue un error no haberle contratado antes
= *in my opinion*

- **A mi parecer** *or* **A mi manera de ver**, las cosas se deberían hacer de otro modo
= *in my view*

- **Mi opinión personal es que** se debería nombrar un comité al respecto
= *my personal opinion is that*

- **Yo considero que** eso no es perjudicial para el sistema democrático
= *it is my belief that*

- **Personalmente, creo que** es un gasto innecesario
= *personally, I think that*

- **Debo reconocer** *or* **admitir que** nuestra posición se ha visto debilitada
= *I must admit that*

- **Mi posición al respecto** difiere de la suya
= *my position on the matter*

- **En mi calidad de** *or* **Como** Premio Nobel de la Paz, **quiero reafirmar** mi apoyo inequívoco a una solución pacífica y negociada
= *as ..., I should like to reaffirm*

- **Si me permite que le dé mi opinión, me parece que** esa oferta es un engaño
= *if I may be allowed to offer my opinion, I think that*

#### With more conviction

- **Lo que es yo**, no lo veo necesario
= *personally*

- **Si quieres mi opinión**, déjame que te diga que no tienes de qué quejarte
= *if you want my opinion*

- **Si quieren que les dé mi opinión**, hay necesidades más importantes en las que gastar el dinero
= *if you want my opinion*

- **Tengo que decir que** no me gusta nada
= *I must say that*

- **Estoy totalmente seguro de que** nos lo van a devolver
= *I'm quite sure that*

- **Estoy convencida de que** no cuentan con fondos suficientes
= *I'm convinced that*

- **No puedo menos que pensar que** es un acto deliberado
= *I can't help thinking that*

#### More tentatively

- **Me da que** no va a venir
= *I suspect that*

- **Me da la sensación de que** no va a dar resultado
= *I have a (funny) feeling that*

- **Tengo la impresión de que** algo marcha mal
= *I have the impression that*

- **Supongo que** es una posibilidad tan buena como cualquier otra
= *I suppose that*

- Los padres, **imagino que** también tendrán que contribuir a ello
= *I suppose that*

- **Con el debido respeto, debo decirle que** eso no es así
= *with all due respect, I have to tell you that*

### 6.3 Replying without giving an opinion

- **No sabría decir**
= *I couldn't say*

- **Preferiría reservarme la opinión**
= *I would rather reserve judgement*

- **Es difícil dar una opinión** sin conocer las circunstancias
= *it's difficult to give an opinion*

- **No puedo opinar sobre** un tema del que no tengo conocimiento
= *I can't express an opinion on*

- **No deseamos ofrecer ninguna opinión hasta que** la situación se haya aclarado
= *we would rather not express an opinion until*

- **No estoy en posición de hacer declaraciones** al respecto
= *I'm not in a position to make a statement*

- **No puedo pronunciarme a favor de** ninguna de las opciones
  = *I cannot say I am in favour of*
- **No me es posible emitir una opinión objetiva sobre** este asunto
  = *I cannot give an objective opinion on*

## 7 LIKES, DISLIKES AND PREFERENCES

### 7.1 Asking people what they like

- ¿**Te gusta** el yogur de fresa?
  = *do you like*
- ¿**Cuál de** las tres camisas **te gusta más**?
  = *which of ... do you like best?*
- ¿**Le gustaría** viajar a otra época?
  = *would you like to*
- De las dos posibilidades, ¿**cuál prefiere**?
  = *which do you prefer?*
- **Quería saber si prefieren** salir ahora **o** después de comer
  = *I wanted to know if you would prefer to ... or*
- ¿**Podrían darme su parecer sobre** el nuevo programa?
  = *could you give me your opinion on*

### 7.2 Saying what you like

- **Me agrada que** hayan venido a verme desde tan lejos
  = *it was good of them to*
- **A todos nos gusta que** nos reconozcan un trabajo bien hecho
  = *we all like it when*
- **Me ha gustado mucho el regalo** que me has enviado
  = *I was delighted with the present*
- A mí los turistas que vienen por aquí **me caen (muy) bien**
  = *I (really) like ...*
- **Lo que más me gusta es** observar a la gente
  = *what I like (doing) best is*
- **Disfruto** charlando con los niños
  = *I enjoy*
- **Disfruto con** sus atrevidos comentarios en televisión
  = *I enjoy*
- **Me seduce la idea de** viajar a Finlandia, no sé por qué
  = *the idea of ... really appeals to me*
- Para muchos ver la televisión **es su pasatiempo favorito**
  = *is their favourite pastime*
- **Soy muy aficionado a** la danza contemporánea
  = *I'm very keen on*
- **Me encanta** el mar y navegar a vela
  = *I love*
- **Me fascina observar** el firmamento en una noche clara
  = *I love watching*
- **Me apasiona** la luminosidad del paisaje mediterráneo
  = *I love*
- **Siento verdadera debilidad por** los postres cremosos
  = *I have a weakness for*

### 7.3 Saying what you dislike

- **No me gusta** comer fuera de casa
  = *I don't like*
- Sus canciones **no son nada del otro mundo**
  = *aren't anything to write home about*
- **Me cuesta tener que** criticarle en público
  = *I find it hard to have to*
- **No me gusta nada que** me mientan
  = *I don't like ... at all*
- **No me resulta nada agradable** ir a trabajar a estas horas de la noche
  = *I'm not at all keen on*
- **Me molesta** el olor de las sardinas asadas
  = *I find ... very unpleasant*
- Mis nuevos vecinos **me caen muy mal** *or* **no me caen nada bien**
  = *I don't like ... at all*
- **Le he cogido manía a** ese chico
  = *I've really taken a dislike to*
- **No soporto que** me hagan esperar
  = *I can't stand*
- **Lo que más me fastidia es que** suban tanto el volumen
  = *what really annoys me is when*
- **Si hay algo que no aguanto es que** cambien la programación sin avisar
  = *if there's one thing I can't bear, it's when*
- **Detesto** cualquier tipo de violencia
  = *I hate*
- **Me horrorizan** las corridas de toros
  = *I really hate*

### 7.4 Saying what you prefer

- **Prefiero la** lectura **a** la televisión
  = *I prefer ... to*
- **Prefiero que** llegues tarde **a que** no vengas
  = *I'd rather you ... than*
- **Es mejor** *or* **preferible** hablar en el idioma del cliente
  = *it's better to*
- **Preferiría que** nadie me acompañara
  = *I would rather*
- **Nos vendría mejor** *or* **Nos convendría más** salir antes para evitar la hora de más tráfico
  = *we would do better to*
- **Tengo especial predilección por** la música de Falla
  = *I am particularly fond of*

### 7.5 Expressing indifference

- Vamos a esperar hasta encontrar la persona idónea, **no pasa nada porque** no haya titular durante un tiempo
  = *it doesn't matter if*
- **Me da igual** *or* **Me da lo mismo** vivir aquí **que** allí
  = *it's all the same to me whether ... or*
- **Me es (completamente) indiferente** que salga de presidente uno **u** otro
  = *it makes (absolutely) no difference to me whether ... or*
- **Si** no le veo hoy **no importa**
  = *it doesn't matter if*
- **No tiene (la mayor) importancia que** se demoren unos minutos
  = *it doesn't matter (in the slightest) if*

## 8 INTENTIONS AND DESIRES

### 8.1 Asking what someone intends or plans to do

- ¿**Qué piensas hacer**?
  = *what do you intend to do?*
- ¿**Qué vas a hacer** con las plantas estas vacaciones?
  = *what are you going to do?*
- ¿**Qué planes tienes** para la familia?
  = *what plans have you got?*
- ¿**Qué intentas hacer**?
  = *what are you trying to do?*
- ¿**Qué esperan ustedes conseguir con** esta propuesta?
  = *what do you hope to achieve with?*
- **Quisiera saber cómo piensa** actuar en lo referente al tema que nos ocupa
  = *I'd like to know how you intend to*

### 8.2 Talking about intentions

- **Voy a** tomar el tren de las siete
  = *I'm going to*

- **Pienso** marcharme cuando me haya recuperado por completo
  = *I intend to*
- **Haremos** los preparativos para la fiesta la noche antes
  = *we shall*
- **Tengo la intención de** empezar una serie de conciertos para niños
  = *I plan or intend to*
- **Mi intención no es otra que** explicar que la promoción de la salud es el objetivo principal de la salud pública
  = *my sole aim is to*
- **Me propongo** alcanzar la cima en un tiempo récord
  = *my aim is to*
- **Tienen previsto** casarse coincidiendo con las vacaciones
  = *they are planning to*
- Los vecinos **tienen pensado** denunciar la situación a las autoridades
  = *are planning to*
- **El objetivo de** la directiva **es** remodelar los estatutos del partido
  = *the aim of ... is to*
- El médico **está decidido a** salvar la vida del niño como sea
  = *is determined to*
- **Está resuelta a no** dejarlo hasta que acabe
  = *she is determined not to*
- La presidencia alemana **se ha planteado unos objetivos muy ambiciosos**
  = *has set itself some very ambitious goals*
- **Desconozco sus intenciones**
  = *I don't know what he is intending to do*

### 8.3 Saying what you would like

- **Me gustaría** saber qué se propone hacer como nuevo director
  = *I'd like to*
- **Me gustaría que** el partido tuviera una actitud más realista
  = *I'd like ... to*
- **Me único deseo es** volver a mi hogar
  = *all I want is to*
- **Nuestro deseo es que**, de una vez por todas, se nos tome en serio
  = *what we want is for ... to*
- Como actriz, **me encantaría poder** trabajar con un director como él
  = *I'd love to be able to*
- **Ojalá no lloviera** tanto para poder salir más a menudo
  = *if only it didn't rain*
- **Esperemos que** todo salga bien
  = *let's hope that*
- **Es de esperar que** las negociaciones lleguen a buen puerto
  = *it's to be hoped that*
- **Quisiera** dedicar una canción a mi hija Gemma, que cumple mañana 12 años
  = *I should like to*
- **Querría que** mis cuadros estuviesen colgados junto a los de los grandes maestros
  = *I'd like ... to*
- **Desearía que** se le prestara mayor atención a los desamparados
  = *I should like ... to*
- **Sueña con** llegar a ser modelo
  = *her dream is to*

### 8.4 Saying what you don't intend or don't want to do

- **No quiero que vayan** a pensar otra cosa
  = *I don't want you to*
- Por ahora **no me planteo** hacer una película sobre temas tan delicados
  = *I'm not considering*
- Convocar elecciones anticipadas **no entraba en nuestros planes**
  = *was not on our agenda*
- **No se trata de** hablar otra vez con ellos, sino de que acepten lo que hemos propuesto ya varias veces
  = *it's not a question of*
- **No desearíamos** causarles molestias
  = *we would not wish to*

With more determination

- **No pienso** hacerle caso
  = *I do not intend to*
- **No tenía la más mínima intención de** dimitir
  = *he didn't have the slightest intention of*
- **Jamás haría** una cosa así
  = *I would never do*
- **Me niego (rotundamente) a** entrar en la polémica
  = *I (categorically) refuse to*

## 9 PERMISSION

### 9.1 Asking for permission

- ¿**Puedo** pasar?
  = *may I*
- ¿**Me dejas que** lo use yo antes?
  = *will you let me ... please?*
- ¿**Se puede** aparcar aquí?
  = *can I*
- ¿**Te importa si** subo la tele un poco?
  = *do you mind if I*
- ¿**Podría** hacerle unas preguntas?
  = *could I*
- ¿**Le importaría que** me sentara?
  = *would you mind if I*
- ¿**Les molesta que** abra la ventana?
  = *do you mind if I*
- **Con su permiso** vamos a cerrar el tema de una vez
  = *... if you don't mind*
- ¿**Sería mucha molestia** dejarlo para más tarde?
  = *would it be an awful nuisance if*
- ¿**Me permite** usar su teléfono?
  = *may I*
- ¿**Tendrían inconveniente en que** tomáramos unas fotografías?
  = *would you mind if*
- **Espero que no les importe que** hagamos uso de esta información
  = *I hope you don't mind if*

### 9.2 Giving permission

- ¡**Naturalmente que** puedes ir!
  = *of course*
- **Puede** escoger otro modelo, si le conviene más
  = *you can (always)*
- **Les autorizamos a que** actúen como estimen más conveniente
  = *you have our permission to*
- **Tiene mi autorización para** llevar a cabo el proyecto
  = *you have my authorization to*
- **No tengo ningún inconveniente en** responder a sus preguntas
  = *I don't have any objection to*

### 9.3 Refusing permission

- ¿Es que piensas que te voy a dejar el coche? ¡**Ni pensarlo**!
  = *no way!*
- **No puedo dejarte** ir de excursión con el tiempo tan malo que hace
  = *I can't let you*
- ¡**No consiento** ese tipo de lenguage en esta casa!
  = *I will not tolerate*
- **No se puede** fumar aquí
  = *you can't*
- **Me opongo a que se les permita** acudir a la reunión
  = *I am opposed to their being allowed to*

- **Eso es imposible, porque no lo permite** el decreto de 1983
  = *that's impossible because ... doesn't allow it*
- **Lo siento, pero no está permitido** entrar si no se pertenece a la organización
  = *I'm sorry, but you aren't allowed to*
- **Le prohíbo (terminantemente) que** se dirija a mí de esa manera
  = *I absolutely forbid you to*

### 9.4 Saying that permission is granted

- **Le dejan** acostarse a la hora que quiera
  = *he's allowed to*
- **Me dijo que podía** venir cuando quisiera
  = *she said I could*
- Nuestros padres **nos dieron permiso para** organizar una fiesta
  = *gave us permission to*
- **Nos han concedido** la licencia de importación
  = *we have been granted*
- El alcohol es la única droga cuyo consumo público **está permitido**
  = *is allowed*
- **Tengo autorización para** firmar en nombre del Consejo de Administración
  = *I am authorized to*

### 9.5 Saying that permission is refused

- **No me dejan** participar en la carrera por problemas de salud
  = *I'm not allowed to*
- **Me han denegado** la beca de estudios que necesitaba
  = *I've been refused*
- **No nos han otorgado la autorización necesaria**
  = *we haven't been given the necessary authorization*
- **No nos está permitido** hablar del tema con la prensa
  = *we aren't allowed to*
- **No estoy autorizado para** hacer declaraciones de ningún tipo
  = *I'm not authorized to*
- **No tengo autorización para** darles acceso a las instalaciones
  = *I'm not authorized to*
- El médico **me ha prohibido** fumar
  = *has forbidden me to*
- **Tengo totalmente prohibido** el alcohol, a causa de problemas hepáticos
  = *I'm not allowed*

## 10 OBLIGATION

### 10.1 Saying what someone must do

- **Tenemos que** levantarnos a primera hora de la mañana
  = *we have to*
- Hagas lo que hagas, **no te olvides de** avisarme si tienes problemas
  = *don't forget to*
- **No le queda más remedio que** *or* **No tiene más remedio que** soportar la afrenta con dignidad
  = *he has no option but to*
- **Me han encargado que** realice esta inspección
  = *I've been given the job of*
- En nombre del gobierno **debo** hacer la siguiente declaración: ...
  = *I must*
- Las circunstancias políticas **me obligaron a** salir de mi país
  = *forced me to*
- Todos **estamos obligados a** *or* **tenemos la obligación de** actuar con un gran sentido de la responsabilidad
  = *have a duty to*
- Por razones de seguridad a bordo **nos vemos obligados a** limitar el equipaje de mano de nuestros pasajeros
  = *we are obliged to*
- **Tengo el deber de informarles de que** su petición ha sido rechazada
  = *it is my duty to inform you that*
- Aquí **hace falta que alguien** ponga un poco de orden
  = *what we need is someone to*
- En verano **hay que** proteger la piel contra las radiaciones solares
  = *you must*
- Para viajar a Copiapó **es preciso** atravesar desiertos de arena y riscos áridos
  = *you have to*
- **Es obligatorio que** figure en el envase la fecha de elaboración
  = *it is compulsory for ... to*
- **Es esencial** *or* **imprescindible** *or* **indispensable** devolver el agua al medio natural sin contaminaciones
  = *it is essential to*
- **Para que sea** válida la renuncia al puesto **se requiere que** esté hecha libremente
  = *in order to be ... must*
- La ley **estipula que hay que** superar los dieciséis años para solicitar una licencia
  = *stipulates that you have to*
- Es un país donde **se exige que** los automóviles lleven un nivel de equipamiento y automatización muy alto
  = *are required to*
- **Se exige** experiencia en ventas
  = *... required*
- **Es requisito indispensable tener** cumplido el servicio militar
  = *it is essential to have*

### 10.2 Enquiring if someone is obliged to do something

- **¿De verdad tengo que** pagar para entrar?
  = *do I really have to*
- **¿Qué debo hacer para** empezar a escribir novelas?
  = *what must I do in order to*
- **¿Se necesita** carnet de conducir?
  = *do I need*
- **¿Estoy obligada a** atenerme a estas normas?
  = *do I have to*
- **¿Tiene** un ciudadano **la obligación de** demostrar su identidad si así lo requiere la policía?
  = *is ... obliged to*

### 10.3 Saying what someone is not obliged to do

- **No vale** *or* **merece la pena que** te molestes en acompañarme
  =*there's no need for ... to*
- Los ciudadanos europeos **no necesitan** pedir un permiso de trabajo
  = *do not need to*
- **No hace falta que** tomen las comidas en el hotel **si no quieren**
  = *you needn't ... if you don't want to*
- **No está obligada a** contestar si no quiere
  = *you're not obliged to*
- **No tiene por qué** aceptar una oferta que no le interesa
  = *there is no reason why you should*
- **No es obligatorio** llevar el pasaporte
  = *it is not compulsory to*
- **No es necesario** hacer trasbordo para ir a Barcelona
  = *you don't need to*
- Los militares de reemplazo **no tendrán obligación de** obedecer órdenes si no están de servicio
  = *will not be under any obligation to*
- **No es indispensable que** lleguemos antes de las ocho
  = *we don't absolutely have to*
- **No se sientan obligados a** aceptar la propuesta de la Delegación del Gobierno
  = *don't feel obliged to*

### 10.4 Saying what someone must not do

- **No puedes** presentarte a votar en nombre de otra persona
  = *you cannot*
- **No se puede** solicitar permiso de residencia **hasta que** no se tenga un contrato de trabajo
  = *you cannot ... until you have*
- **No me hable** más del tema
  = *would you mind not saying*
- **No le permito que** hable a los clientes de ese modo
  = *I won't have you*
- **No tiene usted derecho a** tratarme como si fuera un esclavo
  = *you have no right to*
- **Le prohíbo** nombrar al director para nada
  = *I forbid you to*
- **Está prohibido** pisar el césped en los parques
  = *you are not allowed to*
- El régimen ha advertido que **no tolerará que critiquen** abiertamente al Gobierno
  = *it will not tolerate any ... criticism*

## 11 AGREEMENT

### 11.1 Agreeing with a statement

- **Claro que** la colección más importante de bonsais es la del Palacio Imperial Japonés
  = *of course*
- ¡**Exacto**! Ahí está la raíz del problema
  = *exactly*
- **Naturalmente**. Esa es la única forma de acabar con la corrupción política
  = *of course*
- **Yo también pienso lo mismo**. Nuestro equipo no tiene posibilidades en el campeonato
  = *I agree*
- **Estoy de acuerdo contigo en lo que dices del** machismo
  = *I agree with what you say about*
- **Por supuesto que** no hay derecho a que nos traten así
  = *of course*
- Todo el pueblo cree todavía hoy que está vivo. **Y puede que tengan razón**
  = *they may be right*
- **En eso tienes** *or* **te doy toda la razón**, el emigrante trabaja mucho y nunca se queja
  = *you are quite right there*
- **Te entiendo perfectamente**: yo he pasado por lo mismo hace años
  = *I know exactly what you mean*
- Mi maestra **tenía razón** al decir que para ser bailarín profesional hay que ser bueno
  = *was right*
- **Es cierto que** es un tema que nunca se ha tratado en serio
  = *it is true that*
- **Comprendo muy bien que** es un asunto muy delicado
  = *I quite understand that*
- **Admito que** estaba equivocado
  = *I admit that*
- Los dos **somos del mismo parecer** *or* **de la misma opinión**
  = *are of the same opinion*
- **Compartimos la misma opinión** *or* **el mismo punto de vista**
  = *we share the same view*
- **En eso coincido totalmente con** usted
  = *I entirely agree with ... on that*
- **Estamos en completo acuerdo**
  = *we are in complete agreement*
- **Ningún experto podrá refutar** dicho principio
  = *no one could argue with*

### 11.2 Agreeing to a proposal

- ¡**Me apunto**!
  = *count me in!*
- ¡**Claro**! Podéis venir cuando queráis
  = *of course*
- ¡**Vale**! Nos vemos a las cuatro
  = *fine*
- **De acuerdo**: publicaremos el artículo en el próximo número de la revista
  = *agreed*
- **Perfecto**. Allí estaremos
  = *fine*
- **Me parece bien que** le invites a cenar
  = *I think it's a good idea (for you) to*
- **Me parece una idea estupenda**
  = *I think it's a great idea*
- **Tengo que reconocer** *or* **admitir que la idea me gusta**
  = *I must admit that I like the idea*
- **Estamos conformes con** el precio que piden
  = *we agree to*
- **Apoyaremos su propuesta** ante el consejo ejecutivo
  = *we will back your proposal*
- **Acepto con mucho gusto** su invitación a visitarle en México
  = *I am very pleased to accept*
- El parlamento **está dispuesto a aceptar** la nueva ley reguladora
  = *is willing to accept*
- La asamblea de accionistas **aprobó el plan** presentado por la junta directiva
  = *approved the plan*
- **Tendré en cuenta sus consejos** a la hora de firmar el acuerdo
  = *I'll bear your advice in mind*
- **Quiero expresarle mi total conformidad con** su plan de actuación para los próximas meses
  = *I should like to say that I wholeheartedly endorse*

### 11.3 Agreeing to a request

- ¡**Claro, hombre**! ¡**Para eso están los amigos**!
  = *of course! That's what friends are for!*
- ¿Que si puedo echar una mano mañana? ¡**Por supuesto que sí**!
  = *of course I will*
- **Sí**, mujer, **faltaría más**, úsalo cuando quieras
  = *but of course*
- **Bueno**. Mañana estaré libre si me necesitas
  = *fine*
- Las fechas que propones **me vienen bien**
  = *are fine for me*
- **Si me necesitas, no tienes más que avisarme**
  = *if you need me, just let me know*
- **Puedes contar con** nuestro apoyo
  = *you can count on*
- **Estaré encantado de** participar en ese intercambio
  = *I'll be delighted to*
- El famoso cantante **accedió a que** la prensa estuviera presente
  = *agreed to*
- **No tengo ningún inconveniente en** que se haga público el informe judicial
  = *I have no objection to*

## 12 DISAGREEMENT

### 12.1 Disagreeing with what someone has said

- ¿5.000? No, ¡**qué va**!, 10.000 por lo menos
  = *no way!*

- ¿Madridista yo? ¡**Pero que dices, hombre**! Yo del Real Betis y nadie más
  = *you must be <u>joking</u>!*
- **Yo no lo veo así**
  = *that's not how I see it*
- ¿**No lo dirás en serio**?
  = *you can't be <u>serious</u>*
- **En eso te equivocas** *or* **estás equivocado**
  = *you're <u>wrong</u> there*
- **No estoy de acuerdo contigo en** ese punto
  = *I <u>disagree</u> with you on*
- **Estamos en contra de** toda clase de extremismos
  = *we are <u>against</u>*
- **No entiendo tu actitud** ante el problema
  = *I can't <u>understand</u> your attitude*
- **No se trata de** *or* **No es cuestión de** hacer nuevas leyes, **sino de** poner en práctica las que ya existen
  = *it's not a question of ... but of*
- **Yo personalmente me inclino por** la segunda opción
  = *<u>personally</u>, I favour*
- Sus críticas **no tienen justificación alguna**
  = *there is absolutely no <u>justification</u> for*
- **Deseo expresar mi total disconformidad con** esta medida
  = *I should like to express my total <u>disagreement</u> with*

More tentatively

- **Yo opino de manera distinta**
  = *I see it differently*
- En lo que se refiere al tema de la seguridad social tengo **una opinión muy distinta** a la suya
  = *I take a very different view*
- **Siento (tener que) contradecirte** *or* **llevarte la contraria, pero** las cosas son como son
  = *I'm sorry to (have to) <u>contradict</u> you, but*
- **No comparto tu opinión** al respecto
  = *I do not <u>share</u> your view*
- **No coincidimos con** su planteamiento
  = *we do not <u>agree</u> with*

### 12.2 Disagreeing with what someone proposes

- ¡**Vaya ocurrencia**!
  = *what a <u>ridiculous</u> idea!*
- **Me parece una idea descabellada** el cambiar ahora de táctica
  = *I think it would be <u>madness</u> to*
- **No estamos dispuestos a aceptar** sus planteamientos
  = *we are not <u>prepared</u> to accept*
- **Resulta (más que) discutible que** sea la única solución
  = *it's (highly) <u>debatable</u> whether*
- **Me niego a** votar sin estar debidamente informado
  = *I <u>refuse</u> to*
- **No podemos adherirnos a la propuesta del** portavoz de la oposición
  = *we cannot <u>agree</u> to the proposal made by*
- **No podemos suscribir** el ultimátum dado por la OTAN
  = *we cannot support*

More tentatively

- **No lo veo muy claro**
  = *I'm not <u>sure</u>*
- **No me hace mucha gracia** levantarme tan temprano
  = *I'm not <u>keen</u> on (the idea of)*
- **Lo de** introducirnos en el mercado extranjero **no nos convence**
  = *we're not <u>keen</u> on the idea of*
- **Me es imposible apoyar** su solicitud
  = *I cannot give you my <u>support</u> for*
- Su plan **no nos parece factible**
  = *does not seem <u>feasible</u> to us*
- **Me temo que no me será posible** aceptar su proyecto
  = *I'm afraid I shall not be able to*

### 12.3 Refusing a request

- ¡**Ni pensarlo**!
  = *it's out of the <u>question</u>*
- **No puede ser**. Ya no hay tiempo para cambiar el procedimiento
  = *it's <u>impossible</u>*
- **Lo siento, pero no estamos en condiciones de** aceptar su propuesta en este momento
  = *I'm sorry, but we are not in a position to*
- **Es totalmente imposible** reducir el personal de la empresa
  = *... is out of the <u>question</u>*
- **No accederemos jamás a** introducir la semana de 32 horas
  = *we shall never <u>agree</u> to*

More tentatively

- **Me gustaría, pero no voy a poder**
  *I'd like to, but I <u>can't</u>*
- **Lo sentimos, pero no podemos atender su petición**
  *we regret that we cannot <u>grant</u> your <u>request</u>*
- **Por desgracia** *or* **Desgraciadamente, su demanda no puede ser atendida**
  *unfortunately, your <u>request</u> cannot be <u>granted</u>*
- **Aun sintiéndolo mucho, he de negarme a** hacer lo que nos piden
  *I'm very sorry, but I must <u>refuse</u> to*
- **Lamentamos comunicarle que** su petición ha sido denegada
  *we are sorry to have to inform you that*

## 13 APPROVAL

- Y si se quieren casar, **pues muy bien**, que se casen
  *<u>fine</u>*
- ¡**Así se hace**!
  = *well done!*
- ¡**Estupendo**!, por mi ahora mismo
  = *<u>great</u>!*
- **Me parece perfecto**. Podemos empezar cuando queráis
  = *that seems <u>fine</u> to me*
- ¡**Buena idea**! Yo también me voy a bañar
  = *<u>good</u> idea!*
- **No hay problema**. Dame tu dirección y te lo mando por correo urgente
  = *no <u>problem</u>*
- **Conforme**: No tomaremos ninguna medida hasta previo aviso
  = *<u>agreed</u>*
- **Trato hecho**
  = *it's a <u>deal</u>*
- **Sigue así** *or* **por ese camino**
  = *carry on just as you* [illegible]
- **Has hecho bien en** decírmelo
  = *you were right to*
- **Me parece muy bien que** te estés tomando las cosas con tranquilidad
  = *I think it's <u>great</u> that*
- **Me alegro mucho de que** tomes un paso tan importante
  = *I'm so <u>pleased</u> that*
- **Estoy muy contento con** el rendimiento de los jugadores
  = *I'm very <u>pleased</u> with*
- Todos **han dado por bueno** el resultado del referéndum que se convocó el pasado mes de diciembre
  = *has <u>welcomed</u>*

More formally

- **Estoy satisfecho con** la decisión del organismo mundial
  = *I am satisfied with*
- **Nos parece una idea excelente que** haya decidido usted encargarse del asunto
  = *we think it is excellent that*
- Cualquier propuesta **será bien recibida**
  = *will be welcomed*
- **Celebro que** se hayan desmentido los rumores
  = *I am delighted that*
- **Será un placer** colaborar con ustedes
  = *I shall be delighted to*

## 14 DISAPPROVAL

- Pero ¿**qué dices**, Pedro Morán el mejor corredor del mundo?
  = *what are you on about?*
- **Sólo a tí se te ocurre una cosa así**
  = *trust you to come up with something like that!*
- ¡**Menuda ocurrencia**!
  = *what a ridiculous idea!*
- ¿**Cómo voy a aprobar su conducta si** va en contra de mis principios?
  = *how could I possibly approve of such behaviour when*
- **Me parece fatal que** la gente fume en los vagones de no fumadores
  = *I think it's awful that*
- **Lo que me parece mal es que** se hagan inversiones desmesuradas a costa de otras zonas mucho más necesitadas
  = *what I think is wrong is that*
- **De ninguna manera** deben paralizarse las obras
  = *under no circumstances*
- Hay capítulos que **no deberían haber sido** publicados
  = *should not have been*
- Muchos de los encuestados **no están nada contentos con** el rumbo actual de la economía
  = *are unhappy with*
- ¿**Con qué derecho se atreven a** prohibirme que hable?
  = *who do they think they are to*
- ¡**Eso no se puede tolerar**!
  = *this cannot be tolerated*
- **No estoy dispuesto a tolerar** tales afirmaciones
  = *I am not prepared to put up with*
- **Es intolerable que** no se haya llegado a un acuerdo definitivo todavía
  = *it is intolerable that*
- **Es inconcebible que** en los albores del siglo XXI se sigan produciendo este tipo de intoxicaciones
  = *it is unbelievable that*
- Todas las instituciones democráticas **condenan** la violencia
  = *condemn*
- **Deseamos protestar contra** la severidad de la pena impuesta por el juez
  = *we should like to protest against*
- El gobierno **expresó su más enérgica repulsa por** el atentado cometido ayer
  = *expressed its strongest condemnation of*

More tentatively

- **No estamos conformes con** el tono en que se expuso el informe
  = *we are not happy about*
- Los profesores universitarios **están poco satisfechos con** las instituciones para las que trabajan
  = *are unhappy with*
- **Me decepciona que** no haya conseguido su objetivo todavía
  = *I am disappointed that*
- **Nos disgusta** el tratamiento que algunas tertulias radiofónicas dan a Cataluña y el catalán
  = *we are unhappy about*
- **Es deplorable que** ocurran cosas de esta naturaleza
  = *it is deplorable that*

## 15 CERTAINTY, PROBABILITY, POSSIBILITY AND CAPABILITY

### 15.1 Expressing certainty

- **Seguro que** no está en casa
  = *I'm sure*
- **Está claro que** lo que pretende la publicidad de estos productos es satisfacer el deseo de muchos de perder unos kilos
  = *it is obvious that*
- **Salta a la vista que** no son del lugar ... por la vestimenta, digo
  = *it's patently obvious that*
- **Estoy segura de que** ésa es la fecha exacta de su nacimiento
  = *I'm sure that*
- **Estamos convencidos de que** los coches se roban para venderlos
  = *we are convinced that*
- **Es obvio que** *or* **Es evidente que** se va a convertir en el principal tema de conversación en los próximos días
  = *it is clear that*
- **Por supuesto que** siempre va a haber alguien que se crea eso
  = *of course*
- La fecha de inicio **será, casi con toda** *or* **total seguridad**, el primer domingo de septiembre
  = *will almost certainly be*
- **Se tiene la certeza de que** los secuestradores fueron como máximo tres
  = *we know for certain that*
- **Sin lugar a dudas** *or* **Sin duda alguna**, esta nueva victoria es un gran aliciente para el equipo
  = *without a doubt*
- **No cabe la menor duda de que** sus condiciones de vida eran infrahumanas
  = *there can't be the slightest doubt that*
- **Es innegable que** determinadas melodías perdurarán siempre
  = *it is undeniable that*

### 15.2 Expressing probability

- Aquí en este barrio **es fácil que** te atraquen
  = *you are quite likely to be*
- **Ya verás como** todo sale bien
  = *you'll see how*
- **Seguramente** se ha retrasado por el camino
  = *... probably ...*
- **Debe (de) haberse** olvidado de su compromiso
  = *he must have*
- **Lo más seguro** *or* **probable es que** esa no fuera su verdadera intención
  = *... probably ...*
- **Es muy posible** *or* **probable que** lleguemos a nuestro destino dentro del horario previsto
  = *it seems very likely that*
- **(Muy) posiblemente** *or* **probablemente** se trate de una falsa alarma
  = *... (very) probably ...*
- **Parece ser que** la autoridad monetaria podría tomar la decisión de subir los tipos de interés el próximo día 23
  = *it seems that*
- **No sería de extrañar que** *or* **No sería extraño que** los animales fueran al final los más perjudicados
  = *it wouldn't be surprising if*
- **No me sorprendería que** el ciclista francés ganara la etapa de hoy
  = *I shouldn't be surprised if*

- Según la agencia meteorológica, **hay muchas** *or* **grandes posibilidades de que** se produzcan nuevas erupciones
  = *it is very likely that*
- **Todavía tiene mucha** *or* **una buena chance de** ganar la carrera (*LAm*)
  = *he still has a good chance of*
- **Todo lleva a suponer** *or* **Todo parece indicar que** las rupturas matrimoniales seguirán en aumento
  = *all the indications are that*

## 15.3 Expressing possibility

- **Igual** no tengo suerte y suspendo
  = *I may*
- **A lo mejor** hago escala en Tenerife de camino a Montevideo
  = *maybe*
- **Quizá(s)** tengamos que volver antes de lo previsto
  = *perhaps*
- **Tal vez** nuestras sospechas son infundadas
  = *perhaps*
- **Puede que** la situación se convierta en irreversible
  = *... may*
- Dicho comando **podría ser** el autor de diversos atentados terroristas cometidos en la región desde octubre
  = *could be*
- **Siempre existe la posibilidad de que** el nivel de precios aumente
  = *there's always the possibility that*
- **Cabe la posibilidad de que** los afectados hayan bebido agua contaminada
  = *it is possible that*
- **Cabe pensar que** el error haya sido a propósito
  = *it is possible that*

## 15.4 Expressing capability

- ¿**Sabes** escribir a máquina?
  = *can you*
- ¿**Sabes** usar el nuevo procesador de textos?
  = *do you know how to*
- **Hablo** francés y **entiendo** el italiano
  = *I can speak ... I can understand*
- **Puedo** invertir hasta trece millones en las obras
  = *I can*
- Se exigen **conocimientos básicos de** mecánica
  = *a basic knowledge of*
- El niño **tiene aptitudes para** la física y las matemáticas
  = *has an aptitude for*
- El ser humano **tiene la capacidad del** raciocinio
  = *has the capacity for*

# 16 DOUBT, IMPROBABILITY, IMPOSSIBILITY AND INCAPABILITY

## 16.1 Expressing doubt

- **No sé si** debemos discutir ese tema ahora
  = *I don't know whether*
- **No estoy seguro de cuáles son** sus condiciones
  = *I'm not sure what ... are*
- **No es seguro que** el viaje de vuelta sea en el mismo tren
  = *it isn't certain that*
- **No está claro quién** va a salir más perjudicado de la situación
  = *it isn't clear who*
- **No tengo muy claro que** sirva de algo el que vayamos a la huelga
  = *I'm not very sure that*
- **Me pregunto si** realmente merece la pena trabajar fuera
  = *I wonder whether*
- **No estoy (plenamente) convencido de que** su propuesta sea la solución más acertada
  = *I'm not (entirely) convinced that*
- **Dudo que** vuelva a haber otra oferta similar
  = *I doubt whether*
- **Todavía quedan dudas sobre** las circunstancias en que acontecieron los hechos
  = *doubts still remain about*
- **No hay ninguna seguridad de que** el proyecto esté finalizado el mes que viene
  = *we cannot be certain that*
- **Ya veremos si** conviene o no meterse en ese tipo de aventuras
  = *we shall see in due course whether*
- **No se sabe con certeza si** es una enfermedad hereditaria
  = *no one knows for certain whether*

## 16.2 Expressing improbability

- **Es difícil que** el número uno español participe en el campeonato el próximo año
  = *... is unlikely to*
- **Dudo mucho que** el cambio se traduzca en una mejora de la calidad
  = *I very much doubt whether*
- **Es bastante dudoso que** se convoque el referéndum
  = *it is rather doubtful whether*
- **No parece que** vaya a hacer buen tiempo
  = *it doesn't look as if*
- **Me extrañaría** *or* **Me sorprendería (mucho) que** la fruta madurara en esas condiciones
  = *I should be (very) surprised if*
- **Es (muy) poco probable que** una subida de las multas se traduzca en un descenso del número de infracciones
  = *... is (very) unlikely to*
- **No parece muy probable que** se logre desarrollar una vacuna eficaz
  = *it doesn't seem very likely that*
- **Es (muy/bastante) improbable que** ocurra un accidente en una central nuclear moderna
  = *... is (very/pretty) unlikely to*
- Quien pierde su empleo **cada vez tiene menos probabilidades de** encontrar uno nuevo a corto plazo
  = *has less and less chance of*

## 16.3 Expressing impossibility

- No, no estuve en París. ¡**Qué más quisiera yo**!
  = *chance would be a fine thing!*
- A estas horas **no puede ser** el cartero
  = *it can't be*
- **No es posible que se trate** de la misma persona
  = *it can't be*
- **Es totalmente** *or* **completamente imposible que** la vegetación crezca en unas condiciones tan adversas
  = *... can't possibly*
- **Me resulta (materialmente) imposible** despedirme de todos en persona
  = *it would be (physically) impossible for me to*
- El camino de la negociación **tiene escasas posibilidades de** éxito
  = *has very little chance of*
- **No hay** *or* **No existe ninguna posibilidad de que** los sindicatos lleguen a un acuerdo con el gobierno en tan poco tiempo
  = *there isn't the slightest chance of*
- **Me es imposible** llamarle hasta mañana
  = *I can't*
- **No parece factible que** el delantero uruguayo vaya a fichar por el Barcelona
  = *it doesn't seem feasible that*

- Se ha demostrado que el plan de regulación del tráfico **es poco viable**
  = *is not very practicable*

## 16.4 Expressing incapability

- **No veo nada** desde aquí
  = *I can't see anything*
- **No sé cómo explicar** lo que vi
  = *I can't explain*
- **Apenas se podía uno** mover de la cantidad de gente que había
  = *one could hardly*
- Muchos industriales de nuestro país **no se sienten capaces de** competir de igual a igual con los extranjeros
  = *feel incapable of*
- **Yo soy (totalmente) incapaz de** montar escenas en público porque soy muy pudorosa
  = *I am (quite) incapable of*
- Este chico **no sirve para** este trabajo
  = *is no good at*
- **Carece de las aptitudes necesarias para** una misión de tal envergadura
  = *he hasn't the necessary aptitude for*
- Muy a menudo la policía **se ve imposibilitada para** actuar con una mayor efectividad
  = *find themselves unable to*

# 17 EXPLANATIONS

## 17.1 Emphasizing the reason for something

- Tuvimos que marcharnos **porque** se puso a llover
  = *because*
- **Como** tardabas en llegar, decidimos irnos
  = *as*
- Las plantas se han marchitado **por** exceso de riego
  = *due to*
- Tiene 10.000 acciones **gracias a** los ahorros de toda la vida
  = *thanks to*
- **Con** la nevada que ha caído no hay correo
  = *what with*
- **Es que** llevamos tanto tiempo agarrados al kalashnikov que no podemos soltarlo fácilmente
  = *it's just that*
- Ha tenido muy mala suerte. **Por eso** le tengo tanta lástima
  = *that's why*
- Habla tan bajo que a menudo parece que susurrara. **Por eso mismo** le aconsejaron que interviniera lo menos posible en mítines populares
  = *that's why*
- El fenómeno **tiene muchísimo que ver con** las nuevas formas de vida que aíslan cada vez más al hombre de la ciudad
  = *has a great deal to do with*
- No toleraba flores junto a ella **por miedo a que** la intoxicaran
  = *for fear that*
- **No es** la religión **la causa de** tanta guerra
  = *it is not ... that causes*
- **En vista de que** el fuego había provocado una densa humareda, se decidió la evacuación del recinto
  = *seeing that*

### More formally

- El problema es grave, **ya que** el consumo anual es mayor que la producción
  = *for*
- Se recomienda ir pronto, **puesto que** se forman colas importantes
  = *since*
- La cuantía de las donaciones no era demasiado elevada, **pues** únicamente había monedas de bajo valor
  = *as*
- La evacuación del edificio se vio dificultada **a causa del** bloqueo de una de las salidas de emergencia
  = *because of*
- En todo el mundo se ha desencadenado una gran competencia por las áreas de pesca. **Por este motivo** han surgido grandes problemas
  = *for this reason*
- El absentismo entre los eurodiputados es muy preocupante, **dado que** el Parlamento europeo toma cada vez más decisiones
  = *given that*
- **Por razones de seguridad**, aparcamos el automóvil lejos de la casa
  = *for ... reasons*
- **Sus motivos para** abrir una nueva oficina **son** de orden económico
  = *his reasons for ... are*
- La capital se hallaba ayer prácticamente paralizada **a consecuencia de** la huelga general
  = *as a result of*
- **Como consecuencia de** la crisis económica, las ventas se redujeron en un porcentaje considerable
  = *as a result of*
- **Como resultado de** las acciones emprendidas, los trabajadores lograron parte de sus reivindicaciones
  = *as a result of*
- **Debido a** condiciones meteorológicas adversas, nos vemos obligados a suspender la celebración anunciada
  = *owing to*
- Los problemas de suciedad en la zona **se deben a** una mala gestión municipal
  = *are due to*
- La falta de lluvias **ha ocasionado** una grave sequía al sur del país
  = *has caused*
- Su especial percepción de la atmósfera parisina **arranca de** una infancia llena de vivencias
  = *dates back to*
- Dicha teoría sostiene que la evolución **resulta de** una interacción entre la variación y la selección
  = *is a result of*
- El descenso de la competitividad **procede principalmente de** los elevados costes y del declive de la productividad
  = *is mainly due to*
- La fuerza de esta poesía **radica en** su brillante capacidad verbal
  = *lies in*
- **Ocurre que** a veces a algunos les da por hablar en un tono ofensivo
  = *what happens is that*
- La explosión, **provocada por** una bomba, ha causado un alto número de heridos
  = *which was caused by*
- Yo personalmente **lo atribuyo a** un error del conductor
  = *I attribute it to*

## 17.2 Emphasizing the result of something

- No quería ir con el estómago vacío, **así que** me preparé un sandwich previo
  = *so*
- Me atrae **tanto** lo que hago **que** no me merece la pena restarle tiempo para dedicarlo a otras cosas
  = *so much that*
- Salieron temprano, **de modo que** cuando él llegó se encontró la casa vacía
  = *so that*
- El recuerdo del hambre infantil le marcó **de tal manera que** siempre devoraba grandes cantidades de pan
  = *in such a way that*

- No fabrican anticuerpos **y por lo tanto** no pueden inmunizarse contra los parásitos y los virus
  = *and therefore*

## 18 APOLOGIES

### 18.1 Apologizing

- **Perdona**, me había olvidado de tí
  = *I'm sorry*
- **Perdona que** no avisara con tiempo suficiente
  = *I'm sorry*
- No consigo acordarme del autor. **Lo siento**
  = *I'm sorry*
- **Siento mucho no haber podido** conseguir la información
  = *I'm so sorry that I wasn't able to*
- **Pido perdón a** la familia **por** lo que hicimos
  = *I ask ... to forgive*
- Cualquiera que se atreva a hacer una cosa así es, **con perdón**, un perfecto imbécil
  = *if you'll forgive me for saying so*
- **Lo lamento**. A veces me cuesta reprimirme
  = *I am very sorry*

More formally

- El escritor **pidió disculpas por** su ausencia en el acto inaugural
  = *apologized for*
- En cualquier caso **acepte mis disculpas, por favor**
  = *please accept my apologies*
- **Disculpen si** les he causado alguna molestia
  = *I apologize if*
- **Rogamos disculpen las molestias que** esta deficiencia pueda causarles
  = *we apologize for any inconvenience that*
- **Espero que** el avisado lector **excuse** estas generalidades que seguramente conoce
  = *I hope that ... will excuse*
- **Espero dispensen lo ocurrido**
  = *I hope you'll forgive us/me for this unfortunate incident*
- **Lamentamos profundamente que** haya ocurrido este incidente
  = *we are very sorry that*

### 18.2 Apologizing for being unable to do something

- **Por desgracia** la empresa **no puede** atender su petición en estos instantes
  = *unfortunately or I'm afraid ... is unable to*
- **Sentimos comunicarle que** a partir de la fecha dejaremos de abonar el importe correspondiente al seguro de las pólizas
  = *we regret to inform you that*
- **Desgraciadamente** *or* **Lamentablemente, nos es imposible** aceptar su propuesta
  = *unfortunately, we are unable to*
- **Muy a nuestro pesar nos vemos obligados a** prescindir de sus servicios a partir de hoy
  = *we very much regret that we areobliged to*

### 18.3 Admitting responsibility

- **Es culpa mía**. Me lo he buscado
  = *it's my fault*
- **Reconozco que estaba equivocado**
  = *I admit I was wrong*
- **Sé que** mis palabras de anoche **no tienen perdón**
  = *I know that ... was unforgivable*
- **Debo confesar que** el error **fue culpa mía**
  = *I must confess that ... was my fault*
- **Me responsabilizo plenamente de** lo ocurrido
  = *I take full responsibility for*
- **Admitimos que** existen defectos en la organización
  = *we admit that*
- **Asumimos plenamente nuestra responsabilidad**
  = *we fully accept our responsibility*

### 18.4 Disclaiming responsibility

- De verdad que **no lo hice a posta**
  = *I didn't do it on purpose*
- **Ha sido sin querer**
  = *it was an accident*
- **Lo dijeron sin mala intención**
  = *they didn't mean any harm*
- **No era mi intención ofenderle**: hablaba en broma
  = *I didn't mean to offend you*
- **Pensé que hacía bien en** dirigirme a ellos directamente
  = *I thought I was doing the right thing in*
- **Teníamos entendido que** ellos estaban de acuerdo
  = *we thought that*
- Habría querido actuar de otro modo, **pero no tenía otra salida**
  = *but I had no alternative*
- **Espero que comprenda usted** lo difícil de nuestra situación
  = *I hope you will understand*

### 18.5 Replying to an apology

- **No pasa nada**, hombre: si se ha roto me compro otro y ya está
  = *don't worry about it*
- **No te preocupes**. ¿Qué culpa tienes tú?
  = *don't worry*
- Fue un lapsus: **no se hable más**
  = *we won't say any more about it*
- **No importa**, ya lo sabíamos
  = *it doesn't matter*
- **No te guardo (ningún) rencor**
  = *I don't bear you any grudge*
- **No es ninguna molestia**
  = *it's no trouble*
- El retraso **no tiene (ninguna) importancia**
  = *is of no importance*
- **Aceptamos de buen grado sus disculpas**
  = *we are happy to accept your apologies*

## 19 JOB APPLICATIONS

### 19.1 Starting your letter

- **En referencia al anuncio publicado en** la edición de hoy de La Gaceta, **le agradecería que me enviara los datos y la documentación pertinente** al puesto anunciado
  = *with reference to your advertisement in ..., I should be grateful if you would send me details of*
- **En respuesta a su anuncio de hoy en** Noticias, **les agradecería que me considerasen para el puesto de** jefe de ventas
  = *in response to your advertisement in today's ..., I should be grateful if you would consider me for the position of*
- **Me permito enviarles mis detalles para que los tomen en consideración** en el caso de que necesiten los servicios de alguien con mis cualificaciones/mi experiencia
  = *I am writing to you with my particulars in the hope that you may consider them*

### 19.2 Detailing your experience and giving your reasons for applying

- **Soy licenciado en Ciencias de la Información y llevo seis meses trabajando en** la redacción de un periódico local, **donde estoy al**

Julia Guedes Tola
Paseo Buenos Aires 141, 5° A
07052 Alicante

12 de julio, 2000

Sr. Director Gerente
INFOCOMP, Sistemas informáticos
C/ Primero de Mayo 73, 1°
46002 VALENCIA

Muy Señor mío:

Me dirijo a usted para solicitar el puesto de Director de ventas anunciado en EL PAIS el día 9 de este mes.

Como podrá ver en la copia del currículum vitae que adjunto, tengo considerable experiencia en el sector comercial, además de numerosas relaciones con empresas de la zona, sin duda de gran utilidad para un puesto como el que solicito.

Adjunto también toda la documentación justificativa que se exige.

Quedo a su disposición para cualquier aclaración que necesite y le agradezco la atención prestada.

Atentamente,

Julia Guedes

## CURRICULUM VITAE

| | |
|---|---|
| NOMBRE Y APELLIDOS | **Julia Guedes Tola** |
| DOMICILIO | Paseo Buenos Aires 141, 5° A<br>07052 Alicante |
| TELÉFONO | (965) 93 15 58 |
| FECHA DE NACIMIENTO | 5 de septiembre de 1966 |
| ESTADO CIVIL | soltera |

ESTUDIOS [1]

| | |
|---|---|
| 1984-89 : | Licenciatura en Ciencias Empresariales, Universidad de Valencia |
| 1988 marzo-junio : | Universidad de Dublín, intercambio Erasmus |
| 1983-84 : | COU, Instituto Salzillo, Murcia |

EXPERIENCIA PROFESIONAL

| | |
|---|---|
| Desde mayo 1994 : | Directora de Ventas, ELECTRÓNICA COSTA BLANCA, Alicante |
| Febrero 1990 - marzo 1994 : | Encargada de Administración, Agencia de Publicidad PLENA PLANA, Castellón |
| Veranos 1988 y 1989 : | Profesora de matemáticas, Academia ESTUDIOS, Alcoy |
| Enero - marzo 1989 : | Prácticas laborales en INTER-CHIP, Valencia |

INFORMACIÓN COMPLEMENTARIA

Idiomas: inglés, uso habitual en el entorno laboral. Numerosos contactos empresariales en toda la Costa Blanca. Asesoramiento empresarial ofrecido con regularidad a pequeñas y medianas empresas de la industria turística. Destreza en el uso y aprovechamiento de recursos informáticos en la empresa.

[1] People with British, American or other qualifications applying for jobs in Spanish-speaking countries might use some form of wording to explain their qualifications such as *"equivalente al bachillerato superior español/mejicano"* etc. (3 A-levels), *"equivalente a una licenciatura en Letras/Ciencias"* etc. (B.A. B.Sc. etc) etc. Alternatively, *"Licenciado en Lenguas Clásicas"* etc. might be used.

**cargo de** la sección de sucesos
*= I have a degree in Media Studies and for the last six months have been working on ... where I am in charge of*

- **Tengo dos años de experiencia como** auxiliar administrativo **en** una empresa de importación-exportación
  *= I have two years' experience as ... in*
- Además del inglés, mi lengua materna, **hablo español con fluidez** *or* **soltura, tengo conocimientos de francés y entiendo el italiano escrito**
  *= I speak Spanish fluently, have a working knowledge of French, and can understand written Italian*
- **Aunque no tengo experiencia previa en** este tipo de trabajo, **he desempeñado otros trabajos eventuales durante las vacaciones de verano**. Si lo desean, puedo darles los nombres de las entidades en las que he estado empleado
  *= although I have no previous experience of ..., I have had other holiday jobs*
- **Mi sueldo actual es de** ... ptas **al año, e incluye cuatro semanas de vacaciones remuneradas**
  *= my current salary is ... a year, with four weeks paid holiday*
- **Desearía trabajar en su país** durante algún tiempo **con objeto de perfeccionar mis conocimientos de español y adquirir experiencia en** el sector hotelero
  *= I should like to work in your country ... so as to improve my Spanish and gain experience in*
- He terminado recientemente mis estudios de Filología Hispánica y **estoy muy interesado en usar mis conocimientos de español dentro de un entorno laboral**
  *= I am very keen to use my Spanish in a work environment*
- **Tengo extremo interés en trabajar con** una empresa de su prestigio
  *= I should very much like to work for*

## 19.3 Closing the letter

- **Estoy a su entera disposición para ofrecerles cualquier información complementaria que necesiten**
  *= I should be happy to supply any further information that you may need*
- **Podría incorporarme a su empresa a partir de** primeros de junio
  *= I would be available for work from*
- **Tendré mucho gusto en entrevistarme con ustedes** cuando lo consideren conveniente
  *= I should be delighted to attend for interview*
- **Le agradezco la atención prestada y quedo a la espera de su respuesta**
  *= thanking you for your kind attention, I look forward to hearing from you*

## 19.4 Asking for and giving references

- **Le ruego se sirva comunicarnos** cuánto tiempo lleva trabajando la Sra. Fernández en su empresa, cuáles eran sus responsabilidades **y qué opinión le merece su capacidad profesional para el puesto que solicita. Trataremos su respuesta con la mayor reserva y confidencialidad**
  *= please would you let us know ... what you think of her suitability for the post that she has applied for. We shall treat your reply in the strictest confidence*
- **Durante los cinco años que** la Sra. Díaz **ha trabajado en nuestra empresa, siempre ha demostrado** gran constancia, sentido de la responsabilidad ycapacidad de organización. **No dudo en recomendarla para el puesto mencionado**
  *= in the five years ... has worked for us, she has shown ... I have no hesitation in recommending her for the post in question*

## 19.5 Accepting and refusing

- **Acudiré con mucho gusto a sus oficinas** de la calle Rato **para una entrevista** el próximo día 15 de octubre a las 10 de la mañana
  *= I shall be delighted to attend for interview at your offices*
- **Deseo confirmar mi aceptación del puesto** que me han ofrecido y la fecha de mi incorporación al mismo
  *= I am writing to confirm my acceptance of the post*
- **Antes de tomar una decisión, les agradecería que discutiéramos algunos puntos** de su oferta
  *= before coming to a decision, I should be grateful if we could discuss a few points*
- **Tras considerarla detenidamente, lamento tener que rechazar** su oferta de trabajo
  *= after much consideration, I am sorry to have to decline*

# 20 COMMERCIAL CORRESPONDENCE

## 20.1 Enquiries

- **Hemos visto en el último número de** nuestro boletín industrial **su oferta especial en** artículos de oficina
  *= having seen your special offer on ... in the last issue of*
- **Les agradeceríamos que nos enviaran información más detallada sobre** los productos que anuncian, **incluyendo descuentos por pedidos al por mayor, forma de pago y fechas de entrega**
  *= we should be grateful if you would send us details of ..., including wholesale discounts, payment terms and delivery times*

## 20.2 ... and replies

- **Acusamos recibo de su carta con fecha de** 10 de febrero, **interesándose por** nuestros equipos. **Adjunto encontrará** nuestro catálogo general y lista de precios en vigor
  *= thank you for your letter of ..., inquiring about .... Please find enclosed*
- **En respuesta a su consulta del** 20 del corriente, **nos complace enviarle los detalles que nos solicitaba**
  *= in reply to your inquiry of ..., we are pleased to send you the information you requested*

## 20.3 Orders

- **Les rogamos nos envíen por avión los siguientes artículos a la mayor brevedad**
  *= please send us the following items by airmail as soon as possible*
- **Les agradeceríamos que tomaran nota de nuestro pedido** núm. 1.443 **y nos confirmen su aceptación a vuelta de correo**
  *= we should be grateful if you would note our order ... and confirm acceptance by return of post*
- **Adjunta le remitimos nota de pedido núm.** 8.493, **que esperamos se sirva cumplimentar con la mayor urgencia**
  *= please find enclosed order no ..., which we hope can be executed with all possible speed*
- **Tengan la amabilidad de efectuar la entrega dentro del plazo especificado. De no ser así nos reservamos el derecho a rechazar la mercancía**
  *= please ensure that delivery is within the specified time. Otherwise, we must reserve the right to refuse the merchandise*

## 20.4 ... and replies

- **Acusamos recibo de su pedido núm.** 7721
  *= we acknowledge receipt of your order no.*
- **Le agradecemos su pedido con fecha del** 3 de septiembre, **al que daremos salida** tan pronto como nos sea posible
  *= thank you for your order of ..., which we will dispatch*
- **La entrega se efectuará en un plazo no superior** a veinte días
  *= you should allow 20 days for delivery*

## 20.5 Deliveries

- **Efectuaremos entrega de los productos en cuanto** recibamos sus instrucciones
  *= orders will be dispatched as soon as*
- **No nos responsabilizamos de los daños que la mercancía pueda sufrir en tránsito**
  *= we cannot accept responsibility for goods damaged in transit*
- **Sírvanse enviar acuse de recibo**
  *= please confirm receipt*

**TODOLIBRO S.A.**
**EDITORES – DISTRIBUIDORES**
**Av. del Guadalquivir, 144 - 41005 Sevilla**
**Tel (954) 34 34 90 - Fax (954) 34 00 39**

West Distribution Services Ltd
14 St David's Place
Birmingham B12 5TS

Sevilla, 12 de octubre de 2000

Estimados señores:

Acusamos recibo de su carta del 20 de septiembre, en la que nos sugieren la posibilidad de que su representante el Sr. John Kirk nos visite en Sevilla aprovechando su próximo viaje por España, al objeto de establecer una relación más estrecha entre nuestras respectivas casas.

Tendremos, naturalmente, mucho gusto en recibirle y en principio sugerimos la fecha del lunes 23 de octubre para nuestro primer contacto, que podría tener lugar en nuestras oficinas a las 10 de la mañana.

Sin otro particular, quedamos a la espera de sus noticias.

Atentamente,

J. J. Rodríguez

Juan José Rodriguez
Director Comercial

*Calzados la Mallorquina*
*Casa fundada en 1928*
Carretera de la Finca, s/n - 07034 Palma de Mallorca - Teléfono (971) 100303

Palma, 2 de marzo de 2000

Dña Ana Hernández
Import-Export. S.A.
Mellado 38
28034 Madrid

Estimada Sra. Hernández,

Con referencia a su carta del 20-2-00, sobre la liquidación de nuestra factura núm 86-109876, le informo que aún existe un saldo pendiente de 120.000 ptas., debido al parecer a que han deducido una nota de crédito por dicha cantidad de la que no tenemos conocimiento.

Sin duda se trata de un error fácilmente subsanable, por lo que le rogamos que revisen sus cálculos con el fin de aclarar su cuenta y podamos continuar nuestras transacciones como de costumbre.

Reciba un atento saludo,

Andrés Carbonell

Andrés Carbonell
Jefe de Ventas

- Le informamos que **la mercancía ha sido despachada según lo acordado**
  = *the goods were dispatched as agreed*

## 20.6 Payments

- Cumpliendo su encargo, **le remitimos adjunta factura por valor de** 35.000 ptas, **con vencimiento a** diez días **vista**
  = *please find enclosed our invoice for the sum of .... Payment is due within ... of receipt*
- **El importe total se eleva a** 320.700 ptas
  = *the final total amounts to*
- **Sírvase remitirnos el pago a vuelta de correo**
  = *please send payment by return*
- **Adjuntamos cheque por valor de** 356.000 ptas **en liquidación de su factura**
  = *please find enclosed our cheque for the sum of ... in settlement of your invoice*

## 20.7 Complaints

- **Les comunicamos que no hemos recibido nuestro pedido del 4 de julio dentro del plazo acordado**. Les rogamos que hagan las indagaciones pertinentes
  = *please note that we have not received our order of ... within the agreed time*
- **Nos permitimos recordarle que estamos a la espera del pago de nuestra factura** núm. 43.809, **cuyo plazo venció** el 2 del corriente. Le rogamos se ponga en contacto con nosotros a la mayor brevedad
  = *we should like to remind you that we are awaiting payment for invoice no. ... which fell due on*
- **Hemos apreciado un error de suma en su factura** núm. 7.787, por lo que les rogamos se sirvan remitirnos rectificación
  = *we have found an addition error in invoice*

# 21 GENERAL CORRESPONDENCE

## 21.1 Starting a letter

To a friend or acquaintance

- **Como hace tanto tiempo que no sé de tí me he decidido a** mandarte unas líneas ...
  = *as it's been so long since I had news of you, I decided to*
- **Me alegró mucho recibir noticias tuyas**, después de tanto tiempo
  = *it was lovely to hear from you*
- **Gracias por la amable carta** que me enviaste
  = *thank you for the very nice letter*
- **Perdona que no te haya escrito antes pero** mis ocupaciones profesionales me dejan poco tiempo para más
  = *please forgive me for not having written before but*

### In formal correspondence

- **Me dirijo a ustedes para solicitar mayor información sobre** los cursos de verano organizados por su entidad
  = *I am writing to ask for further information on*
- **Les ruego que me envíen** los números de abril y mayo pasados de su revista. Adjunto el cupón con detalles de mi tarjeta de crédito
  = *please send me*
- **Le agradecería que me informara si** han encontrado una chaqueta negra que creo haber olvidado en la habitación que ocupamos en su hotel
  = *I should be grateful if you would let me know if*

### ... and replies

- **En contestación a su carta del** 19 de noviembre, **he de informarle que** no hemos encontrado los documentos por los que se interesa
  = *in answer to your letter of ..., I regret to inform you that*
- **Acusamos recibo de su carta, en la que pregunta por** nuestros cursos de verano
  = *thank you for your letter inquiring about*
- **He recibido su carta en la que solicita** autorización para reproducir uno de mis cuadros en la portada de su revista
  = *I have received your letter asking for*
- **Gracias por su carta del** 29 de enero y disculpe la tardanza en responder
  = *thank you for your letter of*
- **En referencia a su petición para que** se reforme el reglamento del club, **tengo el gusto de comunicarle que** ya ha sido remitida a órgano de dirección
  = *with reference to your request for ..., I am pleased to advise you that*

## 21.2 Ending a letter

- **Espero que tardes menos en escribirme esta vez**
  = *I hope that this time you won't take so long to write to me*
- **No te olvides de darle mis recuerdos a** todos por ahí
  = *do give my best wishes to*
- **A ver si podemos vernos** pronto
  = *let's see if we can get together*
- **Recuerdos de parte de** mi madre
  = *... sends her best wishes*

### In formal correspondence

- **Quedo a la espera de sus noticias**
  = *I look forward to hearing from you*
- **No dude en ponerse en contacto con nosotros si requiere más información**
  = *don't hesitate to contact us if you need further information*
- **Muchas gracias de antemano por su colaboración**
  = *thanking you in advance for your help*

## 21.3 Travel plans

- **¿Disponen ustedes de un listado de cámpings de** la región?
  = *do you have a list of campsites for*
- **Sírvanse enviarme su guía de actividades deportivas** y lista de precios
  = *please would you send me your guide to sports activities*
- **¿Podría decirme si quedan plazas para** el viaje por el Marruecos interior que anuncian en el número de este mes de su revista?
  = *please could you tell me if there are any places left for*

## 21.4 Bookings

- Me han recomendado encarecidamente su hotel, por lo que **les agradeceré que me reserven** dos **habitaciones individuales con cuarto de baño** para la primera semana de junio
  = *I should be grateful if you would reserve me ... single rooms with en suite bathroom ...*
- **Deseo confirmar mi reserva. Tenga la amabilidad de decirme si requiere el pago por adelantado**
  = *I should like to confirm my booking. Please would you let me know if you require payment in advance*
- Por circunstancias ajenas a mi voluntad, **me veo obligado a cancelar la reserva hecha** la semana pasada
  = *I am obliged to cancel the booking I made*

Santander, 10 de marzo de 2000

Querido César:

Recibí la carta que nos escribiste hace unos meses. Siento no haberte contestado hasta ahora, aunque ya te imaginarás que no se debe a que no nos hayamos acordado de tí, simplemente hemos estado demasiado ocupados con el traslado.

Tanto Rosa como yo tenemos recuerdos muy agradables de la temporada que pasamos en tu casa de Puebla. En realidad, el objeto principal de esta carta es invitarte a pasar unas semanas con nosotros este verano. Sabemos lo mucho que te gustaría visitar nuestra tierra y en estas fechas nosotros vamos a poder respirar por fin tras unos meses de intensa actividad.

Espero que te encuentres bien y que podamos verte pronto.

Un saludo muy afectuoso de Rosa y un abrazo de

José

Liverpool, 5 de noviembre de 2000

Sra. Dña. Agustina Martos
Dpto de Historia Moderna
Facultad de Filosofía y Letras
Universidad de Salamanca
C/ Fray Luís de León
37002 SALAMANCA
Spain

Estimada señora,

Me dirijo a usted para solicitarle su inestimable colaboración sobre un tema del que tengo entendido que es una gran experta.

Estoy realizando una investigación sobre el comercio durante el reinado de los Reyes Católicos para una futura tesis doctoral y tenía pensado pasar unos meses en España para estudiar el asunto con detenimiento a partir de las fuentes. Un amigo me recomendó que me pusiera en contacto con usted, de ahí esta carta.

En principio mi idea era visitar el Archivo de Simancas, pero antes quisiera saber su opinión; si me aconseja que empiece mis investigaciones en otros archivos o bibliotecas y si debería realizar algún trámite previo para acceder a los mismos.

A pesar de llevar poco tiempo estudiando este periodo de la historia, ha llegado ya a apasionarme y, si no es inconveniente, le estaría inmensamente agradecido si me permitiera visitarla en algún momento de mi viaje a España.

Una vez más, le agradezco de antemano cualquier ayuda que pueda prestarme.

Atentamente,

J. Hamilton

## Standard opening and closing formulae

**When the person is known to you**

| OPENING FORMULAE | CLOSING FORMULAE |
|---|---|
| **(fairly formal)** | |
| Estimado señor (García):[1] | Reciba un cordial saludo de |
| Estimada señorita (González):[1] | |
| Estimado colega: | Un cordial saludo |
| Estimada Carmen: | |
| [1] *the forms Sr., Sra., Srta. can be used before the surname* | |
| **(fairly informal)** | |
| Mi apreciado amigo: | Afectuosamente |
| Mi apreciada amiga: | |
| Mi querido amigo: | Un afectuoso saludo de |
| Mi querida amiga: | |

**Writing to a firm or an institution (see also 20 )**

| OPENING FORMULAE | CLOSING FORMULAE |
|---|---|
| Muy señor mío:[1] *(esp Sp)* | Le saluda atentamente |
| Muy señores míos:[2] | Les saluda atentamente |
| Estimados señores:[2] | Atentamente |
| De nuestra consideración: *(LAm)* | |
| [1] *if the addressee's job title etc is given* | |
| [2] *if not naming individual addressee* | |

**When the recipient is not personally known to you**

| OPENING FORMULAE | CLOSING FORMULAE |
|---|---|
| Muy señor mío: *(esp Sp)* | Reciba un respetuoso saludo de |
| Distinguido señor: | |
| Distinguida señora: | |
| *More formal* | |
| Estimado señor: | Atentamente |
| Estimada señora: | Le saluda(n[1]) atentamente |
| | [1] *if the signatory is more than one person* |

**To close friends and family**

| OPENING FORMULAE | CLOSING FORMULAE |
|---|---|
| Querido Juan: | Recibe un fuerte abrazo de |
| Querida Elvira: | Muchos besos y abrazos de |
| Mi querido Pepe: | Tu amigo que no te olvida |
| Mis queridos primos: | |
| Queridísima Julia: | Con mucho cariño |

**To a person in an important position**

| OPENING FORMULAE | CLOSING FORMULAE |
|---|---|
| Señor Director: | Respetuosamente le saluda |
| Señor Secretario General: | |

## 22 THANKS

- **Gracias por todo**
  = *thank you for everything*
- **Te escribo esta nota para darte las gracias por** haber ayudado tanto a mi hija a superar sus problemas
  = *I am writing to thank you for*
- **Te agradezco mucho** las molestias que te has tomado
  = *I am very grateful to you for*
- **Te estoy muy agradecido por** el interés que has demostrado
  = *I am very grateful to you for*
- **Ha sido muy amable de su parte** acompañarme durante tan grata visita
  = *it was very kind of you to*
- **Le estamos profundamente agradecidos por** las atenciones que ha mostrado con nosotros
  = *we are very grateful to you for*
- **Quisiera expresarles mi más sincero agradecimiento por** la inestimable ayuda que nos han prestado
  = *I should like to express my heartfelt gratitude for*
- **Le ruego que transmita a** sus colegas **nuestro reconocimiento por** el interés que mostraron en nuestras propuestas
  = *please would you convey our thanks to ... for*

## 23 BEST WISHES

### 23.1 For any occasion

- **Les deseamos un feliz** fin de semana
  = *have a good*
- **Le deseo una feliz** estancia en nuestra compañía
  = *I wish you a happy*
- **Le deseamos lo mejor en** estas fechas tan señaladas
  = *all best wishes on*
- **Un cariñoso saludo de** todos nosotros
  = *very best wishes from*
- **Espero que se encuentren todos bien y que podamos tener el placer de volver a verlos pronto**
  = *I hope you are all well and that we shall have the pleasure of seeing you again soon*
- **Transmita mis mejores deseos al** Sr. Giménez **por** su candidatura
  = *please convey my best wishes to ... for*

### 23.2 Season's greetings

- **Feliz Navidad y Próspero Año Nuevo**
  = *Merry Christmas and a Happy New Year*
- **Felices Pascuas**
  = *Happy Christmas*
- **Les deseamos unas Felices Navidades y lo mejor para el año entrante**
  = *best wishes for a Merry Christmas and a Happy, Prosperous New Year*
- **Felices Fiestas** a todos
  = *Happy Christmas to you all*

### 23.3 Birthdays and saint's day

- ¡**Felicidades**!
  = *Happy Birthday!*
- ¡**Feliz cumpleaños**!/¡**Feliz aniversario**! (*CAm*)
  = *Happy Birthday!*
- **Te deseamos muchas felicidades** y que cumplas muchos más
  = *Happy Birthday and Many Happy Returns of the Day*
- **Muchísimas felicidades en el día de tu santo**
  = *With All Best Wishes on your Saint's Day*
- ¡Feliz **onomástico**! (*LAm*)
  = *Happy Saint's Day!*

### 23.4 Get well wishes

- **Que te mejores pronto**
  = *get well soon*
- **Espero que te pongas bien cuanto antes**
  = *I hope that you'll be better soon*
- **Le deseamos una pronta recuperación**
  = *we hope that you'll soon be better*

### 23.5 Wishing someone luck

- ¡**Suerte**!
  = *good luck!*
- ¡**Buena suerte con** tu nuevo trabajo!
  = *good luck with*
- Adiós y **muchísima suerte**
  = *the best of luck*
- **Te deseo toda la suerte del mundo** en el examen
  = *the very best of luck*
- **Espero que te salga todo bien**
  = *I hope that everything goes well for you*
- **Os deseamos mucho éxito para** el estreno de la obra
  = *we wish you every possible success for*

### 23.6 Congratulations

- **Felicidades por tu reciente paternidad**, Antonio
  = *congratulations on becoming a father*
- ¡**Enhorabuena** (*Sp*) por la noticia!
  = *congratulations!*
- **Mi más cordial** *or* **calurosa enhorabuena** (*Sp*)
  = *many congratulations*
- Ha estado usted inmejorable. ¡**Le felicito**!
  = *congratulations!*
- **Reciba mis más sinceras felicitaciones por** el premio
  = *warmest congratulations on*

*NB: In Spain and South America, births, engagements and marriages are not usually announced in the formal way that they are in English-speaking countries*

## 24 ANNOUNCEMENTS

### 24.1 Announcing a birth and responding

- El matrimonio Rodríguez García **se complace en anunciar el nacimiento de su hijo** Guillermo el 10 de julio de 2000 en Edimburgo
  = *are pleased to announce the birth of their son*
- **Me alegra comunicarte que** Lola y Fernán **han sido padres de una niña**, que nació el 25 de septiembre y que recibirá el nombre de Emma. Tanto la madre como la niña se encuentran en perfecto estado de salud
  = *I am very glad to tell you that ... have had a daughter*
- **Nuestra más cordial felicitación por el nacimiento de su hijo**, con nuestro deseo de una vida llena de salud y prosperidad
  = *warmest congratulations on the birth of your son*
- **Nos ha dado una gran alegría recibir las noticias del nacimiento de** Ana y les felicitamos de todo corazón
  = *we were delighted to learn of the birth of ...*

### 24.2 Announcing an engagement and responding

- Los señores de Ramírez López y Ortega de los Ríos **se complacen en anunciarel compromiso matrimonial de** sus hijos Roberto y María José
  = *are happy to announce the engagement of*
- **Deseamos participarte que** Ana y Manolo **se han prometido**. Como es natural, **nos alegramos mucho de que** hayan tomado esta decisión
  = *we wanted to let you know that ... have got engaged .... We are delighted that*

- Hemos sabido que se ha anunciado su compromiso matrimonial con la Srta Gil de la Casa y **aprovechamos esta oportunidad para darle la enhorabuena** (*Sp*) *or* **felicitarle** en tan dichosa ocasión
  = *we should like to take this opportunity to offer you our very best wishes and congratulations*

- Me he enterado de que se ha formalizado el compromiso de boda. **Me alegro enormemente y les deseo lo mejor** a los novios
  = *it is splendid news and I should like to send ... my very best wishes*

## 24.3 Announcing a change of address

- **Deseamos comunicarles nuestra nueva dirección a partir del** 1 de marzo: Fernández de la Hoz, 25, 2° derecha, 28010 Madrid. Teléfono 543 43 43
  = *please be advised that from ... our address will be*

## 24.4 Announcing a wedding

*See also* **INVITATIONS**

- Helena Pérez Cantillosa y Antonio Fayos de la Cuadra **tienen el placer de anunciar el próximo enlace matrimonial de su hija** María de los Angeles **con** Pedro Carbonell i Trueta, **que se celebrará** en la parroquia de Santa María la Grande el próximo día 3 de mayo a las doce del mediodía
  = *are pleased to announce the forthcoming marriage of their daughter ... and ... which will take place*

- **Me alegra comunicarles que la boda de** mi hijo Juan y Carmen **se celebró** el pasado día 4 en el Juzgado Municipal (*Sp*) *or* Registro Civil (*LAm*)
  = *I am pleased to be able to tell you that ... were married on*

## 24.5 Announcing a death and responding

- Dña Juana Gómez Rivero, viuda de Tomás Alvarez Ramajo, **falleció en el día de ayer a la edad de 72 años después de recibir los Santos Sacramentos** y la bendición apostólica. **D.E.P.** Sus hijos, hermanos, y demás familia **ruegan a** sus amistades y personas piadosas **una oración por su alma. El funeral por su eterno descanso tendrá lugar mañana** a las diez de la mañana en la Iglesia de Nuestra Señora de los Remedios
  = *... passed away yesterday aged 72, having received the Holy Sacrament.R.I.P. ... would ask ... to pray for her .... the funeral will take place tomorrow*

- **Con gran dolor anunciamos que** nuestro querido padre, D. Carlos Delgado, ha fallecido en la madrugada del día 10. Rogamos una oración por su alma
  = *it is with deepest sorrow that we have to announce that*

- **Deseamos expresarle nuestro más sentido pésame por tan dolorosa pérdida, y hacemos votos para que logren hacer frente a estos difíciles momentos con la mayor entereza**
  = *we should like to extend our deepest sympathy to you on your sad loss and to say that we very much hope you will be able to find the strength to bear up in this sad time*

- **Me he enterado con gran tristeza de la muerte de** tu hermano Carlos. De verdad **lo siento en el alma. Comprendo que estas palabras no te servirán de consuelo, pero ya sabes que puedes contar conmigo para lo que necesites**....
  = *I was very sad to learn of the death of I am so very sorry. Words are of little comfort, but you know you can count on me if there is anything you need*

# 25 INVITATIONS

## 25.1 Marriages

- Las familias Herrera Martínez y Gil Pérez **tienen el placer de comunicarles el próximo enlace matrimonial de** sus hijos Cristina y Andrés. **La ceremonia religiosa tendrá lugar el** 5 de junio en la Iglesia de San Francisco de Villalta, a la una de la tarde **y a continuación se dará un almuerzo en** el hotel Las Encinas
  = *... are pleased to announce the marriage of .... The ceremony will take place on ... and there will be a reception afterwards at*

### ... and replies

- **Tenemos sumo gusto en aceptar su amable invitación a** la boda de su hija. **Aprovechamos la ocasión para felicitar sinceramente a los novios**
  = *we are delighted to accept your kind invitation to ..., and we should like to offer our warmest congratulations to the happy couple*

## 25.2 Other formal receptions

- María Luisa Gómez y Roberto Espinedo **tienen el gusto de invitarles al bautizo de su hija** Leticia, **que se celebrará** el domingo día 3 a las once de la mañana en la Iglesia parroquial de S. Marcos. **La recepción tendrá lugar en** el restaurante "Los Molinos", Calle de S. Juan 27
  = *request the pleasure of your company at the christening of their daughter ...,which will take place .... A reception will be held afterwards at*

- A la atención de la Srta. Marta Goikoetxea: El Decano de la Facultad de Estudios Empresariales de la Universidad de Donosti **se complace en invitarla a la cena que tendrá lugar el** 3 de julio **con motivo del** décimo aniversario de su incorporación a nuestra facultad. **S.R.C.**
  = *requests the pleasure of your company at a dinner on ... to celebrate the ... R.S.V.P.*

- En Ediciones Frontera **celebramos** el lanzamiento de nuestra nueva colección "Letras históricas" **con un cóctel en** la Galería de Arte de Carmen Villarroel el martes a las ocho de la tarde. **Esperamos que le sea posible acudir** al mismo
  = *we are having a cocktail party to celebrate .... We hope you will be able to attend*

### ... and replies

- **Agradecemos su amable invitación, que aceptamos con mucho gusto**
  = *thank you very much for your kind invitation, which we are delighted to accept*

- **Gracias por su invitación a** la cena de homenaje del Presidente de la Asociación, **a la que acudiré encantada**
  = *thank you for your invitation to .... shall be delighted to attend*

- **He recibido su invitación, pero lamento no poder asistir, como hubiera sido mi deseo, por tener un compromiso previo**
  = *thank you for your invitation. I greatly regret that, owing to a prior engagement, I shall not be able to attend*

## 25.3 Less formal invitations

- **Quisiéramos corresponder de alguna forma a su amabilidad al** tener en su casa a nuestra hija el verano pasado, **por lo que hemos pensado que podrían pasar con nosotros** las vacaciones de Semana Santa, si les viene bien
  = *we should like to do something to show our appreciation for your kindness in ... and we wondered if you would be able to spend ... with us*

- **Nos gustaría mucho que** María Teresa y tú **vinierais a cenar con nosotros** el viernes por la noche
  = *we should be so glad if ... would come to dinner*

- **Quedas invitado a una fiesta que damos** el sábado a las nueve de la noche **y a la que esperamos que puedas venir**
  = *you are invited to a party ... and we very much hope you can come*

- **Vamos a reunirnos unos cuantos amigos** en casa el sábado por la tarde para tomar unas copas y picar algo **y nos encantaría que pudieras venir tú también**, sola o acompañada, como prefieras
  = *we are having a little gathering with some friends ... and we should be delighted if you could come too*

- Pascual y yo normalmente pasamos todo el mes de agosto en el apartamento de Gandía, pero en julio **lo tienes a tu disposición. No tienes más que avisar si quieres** pasar allí una temporada
  = *you would be very welcome to use it. Just let us know if you would like to*

... and replies

- **Le agradezco enormemente su amabilidad al invitarme a** pasar unos días conustedes. **Estoy deseando que lleguen** las vacaciones para ponerme en marcha
  = *it was extremely kind of you to invite me to .... I'm so much looking forward to*
- **Muchas gracias por tu invitación** para el viernes. María Teresa y yo **acudiremos con mucho gusto**
  = *thank you very much for your invitation .... would be delighted to come*
- **Lo siento en el alma pero no me es posible** cenar contigo el domingo
  = *I am extremely sorry but I am unable to*

## 26 ESSAY WRITING

### 26.1 The broad outline of the essay

Introductory remarks

- **Hoy es un hecho bien sabido que** ciertas corrientes vanguardistas de la Europa de entreguerras tuvieron especial eco en Canarias
  = *nowadays, it is a well-known fact that*
- **La historia ha sido testigo en repetidas ocasiones de** la ambición de las naciones dominantes
  = *throughout history there have been repeated examples of*
- **Una actitud muy extendida hoy día es la de considerar que** nada tiene valor permanente
  = *the attitude that ... is very widespread these days*
- **Hoy en día todo el mundo está de acuerdo en que** el progreso significa un aumento del nivel de vida. **Sin embargo, cabe preguntarse si** esta mejora repercute por igual en todos los sectores de la población
  = *nowadays, everyone agrees that .... However, we should perhaps ask ourselves whether*
- **Normalmente, al hablar de** "cultura", **nos referimos al** sentido antropológico de la palabra
  = *when we talk about ..., we usually mean*
- **Se suele afirmar que** la televisión tiene una influencia excesiva en elcomportamiento de los más jóvenes. **Convendría analizar esta afirmación a la luz de** nuevas investigaciones psicológicas
  = *it is often said that .... This statement needs to be examined in the light of*
- **Uno de los temas que más preocupa a la opinión pública es el de** la seguridad ciudadana
  = *one of the issues which the public is particularly concerned about is*
- **Existe una gran divergencia de opiniones sobre** la dirección que ha de tomar la reforma educativa
  = *there are many different opinions about*
- **Un tema que se ha planteado reiteradamente es el de** la presencia de la mujer en el mundo empresarial
  = *one issue which has often been raised is*
- **Se debate con frecuencia en nuestros días el problema de** los cambios estructurales en la familia
  = *a problem which is often discussed these days is*

Explaining the aim of the essay

- **En el presente informe vamos a abordar** la influencia que el turismo puede haber ejercido en el desarrollo de la España contemporánea
  = *in this paper we shall examine*
- **En este trabajo trataremos de averiguar si** las bacterias deberían incluirse en el reino animal o vegetal
  = *in this essay we shall try to establish whether*
- **Este ensayo es un intento de dar respuesta a una pregunta de crucial importancia**: ¿a qué se debe que la industria de la defensa sea la única que no esté recorrida por los aires desreguladores del liberalismo?
  = *this essay is an attempt to answer a fundamental question*
- **Nuestro propósito es** hacer justicia a la obra de España en América, tantas veces criticada entre nosotros
  = *our aim is to*
- **Este trabajo tiene como objetivo** aclarar las circunstancias que llevaron a este pueblo a ser una fuerza invasora
  = *the aim of this essay is to*
- **Con objeto de** profundizar el papel que ciertos productos tienen en el desarrollo de las alergias, se ha llevado a cabo un estudio en dos escuelas de la ciudad
  = *with the aim of*

Developing the argument

- **Empecemos diciendo que** ninguna filosofía se puede considerar la panacea de todos los problemas
  = *let us begin by saying that*
- **Para comenzar, debemos hacer hincapié en** la diferencia entre adictos y consumidores ocasionales de drogas
  = *first of all, ... must be emphasized*
- **Damos por sentado que** la situación económica del país en el siglo pasado dificultaba la adopción de las nuevas tendencias artísticas
  = *we are assuming that*
- **Centrémonos primero en el problema de** la congestión en el centro de las grandes ciudades
  = *first, let us concentrate on the problem of*
- **En primer lugar conviene examinar si** existe algún uso o costumbre que no permita la agrupación de accionistas
  = *first, we need to consider whether*
- **Como punto de partida hemos tomado** la situación inmediatamente anterior al estallido del conflicto
  = *we have taken as a starting-point*
- **Si partimos del principio del** equilibrio del ecosistema, **podremos comprender cómo** muchas de nuestras actividades lo rompen constantemente
  = *if we start from the principle of ..., we shall be able to see how*
- Los que abogan por una disminución de la actividad pesquera esgrimen varios argumentos de peso. **El primero que vamos a analizar es** la reducción acelerada de los bancos de pesca
  = *the first ... that we shall examine is*

Connecting elements

- **Pero debemos concentrar la atención en** el aspecto realmente importante del problema
  = *however, we should now focus our attention on*
- **Pasemos ahora a considerar otro aspecto del** tema que nos ocupa
  = *let us move on to another aspect of*
- **Dirijamos la atención al segundo aspecto que** apuntábamos
  = *let us turn our attention to the second point that*
- **A continuación trataremos un punto estrechamente relacionado**
  = *next, we shall look at another closely related issue*
- **Nos ocupamos seguidamente de** los detalles que muchos críticos han ignorado
  = *next, we shall consider*
- **Continuemos con** una mención detallada de los distintos apartados de la declaración
  = *let us now move on to*
- **Pero volvamos de nuevo al asunto** que nos ocupa
  = *but, to return to the issue*
- **Examinemos con más detalle** los orígenes de la situación
  = *let us look in greater detail at*

The other side of the argument

- **Pero pasemos al segundo argumento planteado, según el cual** tener el dinero inutilizado en una cuenta corriente perjudica al

Tesoro, pero beneficia al banco emisor
  = *now let us move on to the second argument, according to which*

- **Consideremos ahora lo que ocurriría si** contáramos con un aparato que pudiese grabar cada acto de nuestra existencia de manera que tuviéramos un rápido acceso a todo lo que nos ha sucedido
  = *now let us consider what would happen if*
- **Pero existe otro factor sin el cual no se puede comprender la importancia de** la ingeniería genética para la naciente bioindustria
  = *but there is another factor that should be taken into account if we are to understand the importance of*
- **Un segundo enfoque consiste en decidir si** las limitaciones impuestas a los extranjeros que quieran participar en las empresas privatizadas se adapta a la normativa comunitaria
  = *a second approach would be to decide whether*
- **Sin embargo, también merece atención el planteamiento de quienes aseguran que** el transporte es un servicio social subvencionado
  = *however, it is also worthwhile considering the view of those who maintain that*
- **Es preciso advertir, no obstante, que** esta biografía es muy elemental y está orientada a lectores con mínimos conocimientos sobre el asunto
  = *it should be pointed out, however, that*
- **Lo que digo sobre** la poesía oriental **puede ser aplicado igualmente a** la poesía occidental, tanto la europea como la americana
  = *my comments on ... can equally well be applied to*
- **En contrapartida, la creencia de que** es bueno romper estereotipos hace que nuestro estilo de diálogo aparente ser más violento que en otras culturas
  = *on the other hand, the belief that*
- **Ante tal afirmación se puede objetar que** uno debe votar a aquéllos ante los cuales se siente más representado
  = *such an assertion can be countered with the argument that*

### In conclusion

- **En resumen**, los servicios ferroviarios del país necesitan una planificación seria y a largo plazo
  = *in short*
- **En definitiva**, la búsqueda de lo absoluto es esencial en su obra
  = *in the final analysis*
- **Se trata, en suma, de** desarrollar un método de diseño que permita que la arquitectura aproveche las posibilidades tecnológicas en beneficio de todos
  = *in short, it is a question of*
- **Todos los argumentos vistos aquí llevan a la misma conclusión**: se tardarán tantos años en recuperar la biodiversidad perdida que es importante que empecemos a conservarla ya
  = *all the arguments set out here lead to the same conclusion*
- **De todo lo que antecede se deduce que** durante algunos años al menos, no se puede esperar llegar a un acuerdo sobre este tema a nivel universal
  = *from what has been said, it can be seen that*
- **Todo ello demuestra** la inviabilidad de los sistemas de reparto del trabajo como método de reducir el paro
  = *all of this demonstrates*
- **Llegamos así a la conclusión de que** la responsabilidad recae en los países desarrollados
  = *we are therefore drawn to the conclusion that*
- **En conclusión**, existe un grave problema de vivienda en la ciudad, que debemos intentar resolver cuanto antes
  = *in conclusion*
- **Para concluir, diremos que** los argumentos con los que nos hallamos más de acuerdo son aquellos refrendados por la investigación científica
  = *let us conclude by saying that*
- **Como colofón, hagamos mención de** lo que decía el dramaturgo: "Y los sueños, sueños son"
  = *finally, let us remember*

## 26.2 Constructing a paragraph

### Ordering elements

- **Ante todo**, entendemos por escalada libre la progresión por una pared sin emplear más que la roca, los pies y las manos
  = *first and foremost*
- En esta discusión median poderosas razones políticas; **primero**, porque el tradicional apoyo a la iniciativa privada del Gobierno de Estados Unidos influye también en las actividades culturales; **en segundo lugar**, porque la cultura europea ha estado siempre sujeta al Estado y no es fácil separarlas de repente
  = *firstly ...; secondly*
- **Pero antes de examinar esta cuestión, veamos primeramente** cuáles son las enfermedades hereditarias que podrían beneficiarse de esta terapia y cuáles son los equipos que trabajan en este campo
  = *before examining this question in detail, let us look at*
- **Finalmente**, habría que pedir con urgencia a todos los responsables públicos que se comiencen a discutir los temas de bioética con la mayor transparencia
  = *finally*
- **Por último**, hay que resaltar que la obra hace gala de un estilo que rebasa la simple eficacia
  = *lastly*

### Connecting elements

- La tendencia de las sociedades humanas es a endiosar mitos y anatemizar diablos. De **los primeros** se esperan milagrosas salvaciones; contra **los segundos** se descargan las miserias
  = *the former ... the latter*
- **No sólo** *or* **solamente** se ha creado la esperanza de una paz duradera **sino que también** *or* **además** se han sentado las bases para que así ocurra
  = *not only ... but also*
- **En relación con** *or* **En conexión con** lo expuesto anteriormente, hemos de añadir la falta de previsión
  = *in connection with*
- **A este respecto hay que destacar que** las enfermedades de transmisión sexual están más extendidas entre los hombres que entre las mujeres
  = *in this regard we should point out that*
- **Tanto** la forma **como** el contenido muestran una estructura simétrica
  = *both ... and*
- El estudio determina, **por otra parte**, la relación de causa-efecto que se da en la construcción española entre la crisis que padece y su efecto multiplicador
  = *moreover*
- El libro tiene dos virtudes. **Por una parte**, reúne toda la información sobre los maltratos a menores **y por otra**, pone sobre la mesa lo que está pasando
  = *on the one hand ... and on the other*
- **Si por un lado** en sus mejores obras consigue una trascendentalización del arte, **por otro**, en las más repetitivas, se reduce a una mera manifestación convencional
  = *while on the one hand ..., on the other*
- Las operaciones se llevaron a cabo, **bien** por negligencia de los supervisores, **bien** por astucia del perpetrante
  = *either ... or*
- **Ni** sus colegas **ni** sus ayudantes, **ni siquiera** los más allegados, tenían idea de lo que el artista se proponía lograr
  = *neither ... nor ... nor even*

### Adding elements

- Un ajuste de tal magnitud afectaría, **además**, a otras empresas estatales
  = *moreover*
- **Además de** los instrumentos señalados para el fomento de la investigación científica por parte de la Administración, **existen** otras

medidas indirectas que pueden tomar diferentes Ministerios
= *in addition to ..., there are*

- **Otro dato a tener en cuenta es** la aprobación de un comunicado conjunto
  = *another factor to take into account is*
- **Otro acontecimiento que tuvo también gran importancia fue** la firma de un acuerdo de cooperación entre ambos países
  = *another very important event was*
- **Y no sólo eso** *or* **eso no es todo**: tales medidas no compensan a los afectados de ninguna manera
  = *and that is not all*
- Todo ejercicio aeróbico estresa el sistema central. **Es más**, el corazón no puede saber qué ejercicio está realizando
  = *moreover*
- **Cabe destacar igualmente** que la transferencia genética se ha empleado con éxito en células de mamífero
  = *it should also be noted that*
- **Por lo que respecta a** las novedades de producto, la gama todo terreno se ha ampliado con la llegada de tres nuevas versiones
  = *as far as ... are concerned*
- **En cuanto a** las tendencias para los 12 meses siguientes, el gasto en software se incrementará en el 59,9% de las empresas
  = *as for*

### Introducing one's own point of view

- **Soy de la opinión de que** es mejor que los medios de comunicación estén en manos de los propietarios de la edición y de la comunicación que controlados por los propietarios de entes financieros
  = *I am of the opinion that*
- La exposición más destacada del pintor aragonés fue, **a mi criterio**, la exhibida en el Casón del Buen Retiro a principios de los sesenta
  = *to my mind*
- Para muchos la diferencia es simplemente administrativa, **y yo lo suscribo totalmente**
  = *and I would agree wholeheartedly*
- Hasta cierto punto **comparto esta opinión**
  *I share that view*
- **Nuestra hipótesis es que** el pintor busca plasmar la fugacidad, aunque tal vez nos equivoquemos
  = *our hypothesis is that*
- **Podemos afirmar que** las raíces del levantamiento armado hay que buscarlas en las condiciones de vida de la población indígena
  = *it is true to say that*
- **Vaya por delante mi firme convicción de que**, en un tiempo razonable, vamos a ser capaces de relanzar el arte de nuestra tierra hasta volverle a situar en lugar destacado dentro de Europa
  = *first and foremost I am convinced that*
- El problema, **desde mi punto de vista**, reside en que aún no se ha conseguido sintetizar culturalmente una nueva idea de España, como comunidad de pueblos o nación de naciones
  = *as I see it*
- **Basta** comenzar a leer la obra **para sentirse** transportado a la época
  = *you only need to ... to feel*

### Introducing someone else's point of view

- Tras ellos el arte posmodernista **- según concluye el autor -** ha terminado por ser un barrio de Disneylandia, un paraíso de masas
  = *as the author concludes*
- Esta y otras consideraciones, **como señala el autor**, deben estimular a nuevas y específicas investigaciones y debates
  = *as the author points out*
- **Como afirmó Platón**, ningún hombre puede aspirar al conocimiento total de la verdad absoluta
  = *as Plato stated*
- Parece que fue una clara agresión, **a juzgar por los comentarios de** la prensa y de algunas personas
  = *judging by the comments of*
- La comisión que investiga el caso **mantiene la teoría de** la existencia de "un poder político paralelo sin cuyo concurso no hubiera sido posible el fraude masivo detectado"
  = *the theory supported by ... is that*
- El proponente **reiteró su tesis sobre** la inadmisibilidad de la tortura en ningún supuesto
  = *repeated his argument about*
- El museo **asegura que** la retirada del logotipo había sido decidida en la etapa del ministro anterior
  = *maintains that*

### Introducing an example

- **Sirva de ejemplo** la situación descrita por uno de los viajeros
  = *as an example, let us take*
- **Y mencionaré como ejemplo de ello** el episodio independiente compuesto por unas jornadas de cacería en las que el protagonista participa
  = *and I shall take as an example*
- **Podemos hacer uso de un ejemplo gráfico**
  = *to give a graphic example:*
- **Pongamos por caso** *or* **Supongamos que** uno de los rivales decide retirarse
  = *let us suppose that*
- **Procederé a ilustrar con algunos ejemplos** la idea de que se ha producido un desfase entre la ciencia económica y la sociedad
  = *with the help of some examples, I shall move on to*
- Las autoridades arguyen que la medida supone un importante ahorro de energía, pero yo disiento. **Veamos un ejemplo**
  = *let us look at an example*

### Introducing a quotation or source

- **Ya lo dice el refrán**, "Dime con quién andas y te diré quién eres"
  = *as the saying goes*
- Tal convicción animó al Realismo decimonónico, **que, en palabras de** Clarín, exigía del novelista la facultad de "saber ver y copiar"
  = *which, in the words of*
- **Según la frase atribuida al** famoso pintor, "Yo no busco, encuentro"
  = *as ... is supposed to have said*
- **Ya dice** d'Ors **que** el dandismo de Valle-Inclán "no es sino el uniforme de los estudiantes de Coimbra y Santiago, perpetuado toda una vida"
  = *as ... says*
- **Podemos citar un pasaje que ilustra** esta posibilidad
  = *let us take a passage which illustrates*
- **Tomemos como referencia el momento en que** todo se descubre
  = *let us take as our point of reference the moment when*

## 26.3 The mechanics of the argument

### Stating facts

- **La característica más destacada del problema es** su universalidad
  = *the most notable aspect of the problem is*
- **A medida que se avanza** en la lectura de la obra, **se abren nuevas perspectivas**
  = *as one progresses ..., new perspectives open up*
- **Podemos observar que**, en estos momentos, **existe** una clara tendencia común en los ejecutivos europeos
  = *it can be seen that ... there is*
- **Se puede constatar que** hay un gran índice del alcoholismo en la isla
  = *it can be seen that*
- **Es un hecho que** la industria está demostrando interés por este

tipo de buques ya que se han hecho varios pedidos de barcos porta-barcazas
= *it is a fact that*

- **Si partimos de la base de que** las corrientes que se engloban bajo el título de "Nuevas tecnologías" nunca han tenido un especial prestigio en este país ...
= *if we start from the premise that*

### Making a supposition

- Por los documentos que existen **podemos suponer que** Ferri sea valenciano, descendiente tal vez de Féliz Ferri, pintor levantino del siglo XVIII
= *it can be assumed that*
- Esta novedad **permite pensar que** será posible un tratamiento de afecciones neuromusculares humanas en un futuro próximo
= *leads us to believe that*
- La ruptura entre ambos **podría interpretarse como** una celosa competencia de naturaleza literaria
= *could be interpreted as*
- **Me atrevo a pensar que** aquellos años fueron los más felices en su matrimonio, como así lo pude constatar en dos ocasiones en que fui a visitarle
= *I would venture to suggest that*
- **Podría quizá pensarse que** la física da una respuesta clara al problema de la naturaleza del tiempo, pero nada más alejado de la verdad, como observan los dos libros objeto del presente comentario
= *one might (be tempted to) think that*
- La simplicidad del método **hace suponer que** se continuará empleando en el futuro
= *suggests that*
- **Especulemos con la hipótesis de** un descenso acelerado de la temperatura del planeta
= *let us take the hypothetical situation in which there is*

### Expressing a certainty

- **Lo cierto es que** los mecanismos de lucha contra el terrorismo no sólo no han mejorado, sino que se encuentran en uno de sus peores momentos
= *one thing is certain:*
- La salida de presos preventivos produce una sensación de inseguridad en los ciudadanos, pero **está claro que** la justicia debe predominar sobre todo
= *it is clear that*
- **Es indudable que** Chigorin fue un precursor del nuevo ajedrez, que sería creado en el primer cuarto de este siglo por la llamada escuela hipermoderna
= *without a doubt*
- **No hay duda de que** esta nueva medida del gobierno supone un peligro para la libertad de expresión
= *there can be no doubt that*
- **No se puede negar que** el yogur es el derivado lácteo preferido por los españoles
= *it cannot be denied that*
- **Todos coinciden en que** hay argumentos de peso para defender la filosofía como pilar básico de la formación académica
= *everyone agrees that*
- **Es evidente que** si la informática y las telecomunicaciones no pudiesen ser utilizadas para reforzar el poder existente, habrían sido dejadas totalmente de lado
= *it is clear that*
- Más allá de la guerra de cifras, **es incontestable que** la convocatoria de huelga tuvo un seguimiento mayoritario en el sector industrial
= *unquestionably*
- Un político dimite - **como es obvio en cualquier democracia** - por sentido de la responsabilidad y no por disciplina de partido
= *as is the case in any normal democracy*

### Expressing doubt

- **Es improbable que** un académico empleara la forma "andase"
= *it is unlikely that*
- **Resulta difícil creer que** una obra de tal celebridad pueda ser vendida en el mercado secreto del arte robado
= *it is hard to believe that*
- Y aún **cabría preguntarse si** la auténtica literatura no ha sido siempre la manifestación de lo individual e incluso de lo íntimo
= *the question arises as to whether*
- **Todavía está por ver**, sin embargo, cuáles van a ser las tendencias en las subastas de arte cuando cese la actual recesión
= *it still remains to be seen*
- Su parecido físico con el autor del crimen, **introduce un elemento de duda** en la identificación
= *introduces an element of doubt*
- Un nuevo atraco **pone en cuestión** la seguridad de los furgones blindados
= *raises doubts about*

### Conceding a point

- España, que debe considerarse un país desarrollado en el conjunto occidental, no tiene, **sin embargo**, una política medioambiental integral
= *nevertheless*
- Todavía no estamos en situación de valorar su trabajo, **aunque** sí creemos que es un autor con mucho que decir
= *although*
- Asegura que lo que le interesa es la felicidad. Habría que saber, **no obstante**, en qué consiste para ella ese concepto tan abstracto
= *however*
- **Aunque** hayan surgido escépticos por todas partes, el acuerdo de paz entre ambos países se irá construyendo poco a poco
= *even if*
- Es la operación más importante que haya pactado nunca una empresa española quisiera aclarar en el exterior. **Pero** amenaza también con convertirse en la más controvertida
= *however*
- **A pesar de que** la obre carece de la unidad que poseen otras "semióperas" de Purcell, el conjunto es de una frescura, una variedad y un encanto admirables
= *in spite of the fact that*
- **Por mucho que se complique** el lenguaje de la clase política, existe una gran masa de población capaz de descifrarlo
= *however complicated ... becomes*
- El hombre es capaz de mantener su temperatura corporal en unos límites muy estrechos, **sea cual sea** la temperatura ambiental
= *whatever ... is*
- Estos viajes cuasidiplomáticos al extranjero por parte de un candidato de la oposición durante el año electoral son, **como mínimo**, insólitos
= *to say the least*
- No se puede caer en la tentación, comprensible **hasta cierto punto**, de disminuir los precios de los productos petrolíferos a los usuarios
= *up to a point*
- En el plano social, **hay que reconocer que** los resultados obtenidos a lo largo de más de una década de aplicación de esta ley son, en términos generales, muy satisfactorios
= *it must be recognized that*
- **Hemos de admitir que** el turismo también ha afectado negativamente a la zona
= *it must be admitted that*

### Emphasizing particular points

- **Ante todo debemos subrayar que** esta obra es muy superior a las anteriores
= *first and foremost, it should be stressed that*

- **Conviene también precisar que** el hecho de pasar unas vacaciones en la nieve no tiene por qué suponer obligatoriamente pasarse el día exclusivamente esquiando
  = *it should also be pointed out that*
- De todos modos, es evidente que fue un pionero, **no sólo** en lo ideológico, **sino también** en lo que se refiere a la acción social
  = *not only ... but also*
- La gente no le ha apoyado en parte por las sospechas que levanta su personalidad. **Pero un factor aún más importante es** que su discurso democrático hace temblar a una región poco democrática
  = *but an even more important factor is*
- En cuanto al tema de la corrupción, **sería preciso matizar que** no son sólo los cargos públicos los culpables, ya que también se han beneficiado individuos de la sociedad civil
  = *it should be pointed out that*
- **La cuestión fundamental es que** la lucha de los ecologistas no está únicamente encaminada a salvar a tal o cual animal, sino a recuperar el equilibrio entre el hombre y la Tierra
  = *the fact is that*
- La poesía explica el tiempo, y **yo diría incluso que** la poesía no tiene tiempo, que la poesía "es" el tiempo
  = *I would go as far as to say that*
- **Es precisamente** la teoría cuántica, aun con sus paradojas, la que hace posible la creación de una máquina del tiempo
  = *it is precisely ...*

### Moderating a statement

- **Sería deseable** la implantación de un impuesto verde que gravase las energías contaminantes
  = *... would be desirable*
- Quizás muchos tan sólo relacionen al director con aquellos años de apertura erótica, **pero sería injusto** condicionar toda su obra a esa etapa transitoria
  = *but it would be unfair to*
- Probablemente por ello se han vertido inexactitudes que, **sin ánimo polémico**, quisiera aclarar
  = *without wishing to be controversial*
- **La cuestión no tendría más importancia si no fuera porque** ese dinero procede de los fondos de ayuda al desarrollo teóricamente destinados a financiar proyectos en países del Tercer Mundo
  = *this would not be particularly important were it not for the fact that*
- **A pesar de ser** una tesis bien construida, **se hace necesario en cierta medida cuestionarse** su validez en el mundo de hoy
  = *although it is ..., should perhaps be questioned*

### Indicating agreement

- Por lo que conocemos del autor, bastantes de los episodios aquí narrados son, **efectivamente**, autobiográficos
  = *in fact*
- **Nada más cierto que** la afirmación que la autora hace al final del libro: "Saber dialogar es una asignatura pendiente en la sociedad democrática"
  = *... is absolutely right*
- Debido a la actual necesidad de prudencia, **sí parece justificada** la lentitud del Consejo en la toma de decisiones
  = *does indeed seem justified*
- **Es cierto que** el poder consultar los microfilmes indexados por temas y fechas ayuda considerablemente al historiador
  = *it is true that*
- **Soy partidario del** acuerdo, porque el diálogo y la concordia son siempre armas justas
  = *I am in favour of*
- Como reacción contra ese concepto de realismo, que el autor da **justamente** como extinguido, se alzó el contrario
  = *rightly*
- La exposición del problema que realizó el nuevo presidente de la organización parece **razonable y convincente**
  = *reasonable and convincing*

### Indicating disagreement

- En cambio, lo que sí **resulta altamente discutible** es la atención morbosa con que los medios de comunicación han seguido el caso
  = *is highly questionable*
- El resultado de sus obras **es poco convincente**
  = *is not very impressive*
- Pero el trabajo tiene inconvenientes metodológicos que **lo ponen en tela de juicio**
  = *raise doubts about it*
- Con la debida humildad, **expreso mis reservas sobre** lo radical de dicha revisión
  = *I should like to express my doubts about*
- Esas interpretaciones **carecen de base sólida**
  = *there are no real grounds for ...*
- Las soluciones por ellos aportadas **distan mucho de ser indiscutibles**
  = *are questionable, to say the least*
- **Pecaríamos de ingenuos si creyéramos que** ése es el único argumento válido
  = *it would be extremely naïve to believe that*
- El punto de vista antropocentrista que pretende que somos los únicos hombres del universo **es** hoy día **totalmente inaceptable**
  = *is totally unacceptable*
- **Sería un grave error** acabar con el cinturón de dunas en el que se ubicaría la urbanización
  = *it would be a serious mistake to*
- **Es de todo punto absurdo mantener que** los acontecimientos del este de Europa no han repercutido sobre los nacionalismos de los países occidentales
  = *it is completely absurd to suggest that*

### Making a correction

- El segundo lienzo de la subasta estaba valorado en 4-6 millones y fue vendido por 3.500.000; **en realidad**, 3.920.000
  = *or, to be precise*
- La idea de este proyecto es difundir el conocimiento de las Reales Academias. **No se trata propiamente de** una historia de las Academias, **sino de** una presentación de las mismas
  = *it is not really ..., but rather*
- Si rechazan escribir sobre literatura **no es porque** tengan mucho que ocultar sobre el proceso de la escritura. **Me parece más bien que** carecen de una sólida cultura literaria
  = *it is not because ..., but rather, it seems to me, because*
- **Tal vez sería más adecuado hablar de** problemas por resolver **que de** inconvenientes, dado que con el ritmo de desarrollo actual los problemas analizados a continuación tendrán solución a corto o medio plazo
  = *perhaps it would be better to talk about ... rather than*
- La transexualidad **tiene más de** conflicto **que de** la perversión sexual que muchos le atribuyen
  = *is more a question of ... than of*

### Indicating the reason for something

- La tierra está agotada **debido a** la agricultura y a la ganadería intensiva que practicó la cooperativa durante años
  = *owing to*
- En estas tierras habría habido una ruptura total con el pasado anterior, **lo cual explica** la inexistencia de siervos y libertos y el clima de libertad personal de la época medieval
  = *which explains*
- El descubrimiento fue posible **gracias a** los grandes progresos técnicos que pusieron el radiotelescopio a disposición de los astrónomos
  = *thanks to*

- Y si quienes conocían el manuscrito no concedieron importancia a esas disquisiciones, **es, sin duda, porque** nada en ellas les resultaba digno de especial mención
  = *it is doubtless because*
- Ambas pinturas necesitan ser restauradas, **dado que** su estado de conservación no es bueno
  = *since*
- En la semiótica de entrada cabe todo, **puesto que** todo es signo, o signo de un signo
  = *since*
- El estudio ha demostrado que esta enfermedad **es el motivo de** baja laboral de un 8%
  = *is responsible for*
- **Si** no se observan distorsiones, **es porque** los rayos viajan una distancia corta y bajo un ángulo demasiado empinado para que se curven apreciablemente
  = *if ..., it is because*

### Indicating the consequences of something

- El informe prevé una reactivación en la demanda de pisos, **lo que llevará a** un ligero aumento de los precios
  = *which will lead to*
- La enmienda fue aprobada por unanimidad, **lo que significa** que irá directamente al Congreso Federal del partido sin que sea debatida por el pleno
  = *which means that*
- Las galas televisivas recaudan centenares de millones, **por lo que** la ayuda final superará fácilmente los mil millones de pesetas
  = *for which reason*
- La industria auxiliar de la automoción atraviesa una fuerte crisis **como consecuencia de** la recesión en las ventas de automóviles
  = *as a result of*
- El carácter documental de sus libros, unido a la técnica literaria de los mismos, **daba como resultado** una fórmula muy bien acogida por la industria editorial y su público
  = *resulted in*
- El uso de la mitad del arsenal atómico mundial existente **provocaría** en el hemisferio Norte un largo invierno nuclear y la desaparición de la vida humana
  = *would cause*
- Este insecto-palo, carece de alas y es idéntico a una ramita seca. **De ahí que** resulte tan difícil distinguirlo entre la maleza
  = *that is why*
- Tendrán que perfeccionar su producto y seguir las tendencias del mercado, **lo que implica** producir coches para todos los niveles adquisitivos
  = *which involves*

### Contrasting or comparing

- Las ciencias sociales se verán severamente afectadas con la reforma universitaria, **por el contrario** las ciencias aplicadas y las carreras técnicas serán muy favorecidas
  = *whereas*
- Las causas clásicas de mortalidad tienden a disminuir en los países desarrollados, **en cambio**, las enfermedades hereditarias toman cada vez mayor relieve
  = *whereas*
- El olfato humano está muy poco desarrollado **en comparación con** el de algunos animales
  = *in comparison with*
- La exportación mantuvo ritmos positivos de crecimiento, **en contraste con** el comportamiento medio de los países de la OCDE
  = *in contrast with*
- **En contraposición al** descenso que se observa en la venta de libros a Europa,las exportaciones a otros países han experimentado un aumento respecto al año anterior
  = *unlike*
- En *La Riqueza de las Naciones*, de Adam Smith, se puede ver **la diferencia entre** la tradición liberal **y** el neoliberalismo actual
  = *the difference between ... and*
- Esta zona posee la mayoría de los yacimientos de crudo **mientras que** en Esmeralda está la principal refinería y puerto de exportación del crudo
  = *while*
- La organización se ha gastado una suma **muy superior a** la prevista
  = *far higher ... than*
- Este material se compone de microfibras con un diámetro **diez veces inferior al de** las fibras de poliéster corriente
  = *ten times smaller than*

## 27 EL TELÉFONO

### Para obtener un número

Could you get me 043 65 27 82, please?
*(o-four-three six-five two-seven eight-two)*

Could you give me directory enquiries *(Brit)* *o* directory assistance *(EEUU)* please?

Can you give me the number of Europost of 54 Broad Street, Newham?

It's not in the book

What is the code for Exeter?

How do I make an outside call?

You omit the '0' when dialling England from Spain

### Diferentes tipos de llamadas

It's a local call

It's a long-distance call

I want to make an international call

I want to make a reverse charge call to a London number *(Brit)* *o* I want to call a London number collect *(EEUU)*

I'd like an alarm call for 7.30 tomorrow morning

### Habla el telefonista

What number do you want? *o* What number are you calling?

Where are you calling from?

You can dial the number direct

Replace the receiver and dial again

There's a Mr Campbell calling you from Canberra and wishes you to pay for the call. Will you accept it?

Go ahead, caller

*(Información)* There's nothing listed under that name

There's no reply from 45 77 57 84

Hold the line, please

All lines are engaged - please try later

I'm trying it for you now

It's ringing for you now

The line is engaged *(Brit)* *o* busy *(EEUU)*

### Cuando contestan

Could I have extension 516? *o* Can you give me extension 516?

Is that Mr Lambert's phone?

Could I speak to Mr Swinton, please? *o* Is Mr Swinton there?

Who's speaking?

I'll call back in half an hour

I'm ringing from a callbox *(Brit)* *o* I'm calling from a pay station *o* payphone *(EEUU)*

Could you ask him to ring me when he gets back?

Could you tell him I called?

## 27 THE TELEPHONE

### Getting a number

¿Por favor, me puede poner con el 043 65 27 82?
*(cero cuarenta y tres, sesenta y cinco, veintisiete, ochenta y dos)*

¿Me pone con Información (Urbana/Interurbana), por favor?

¿Me puede decir el número de Europost? La dirección es Plaza Mayor, 34, Carmona, provincia de Sevilla

No está en la guía

¿Cuál es el prefijo de León?

¿Qué hay que hacer para obtener línea?

No marque el cero del prefijo cuando llame a Londres desde España

### Different types of call

Es una llamada local *or* urbana

Es una llamada interurbana

Deseo llamar al extranjero

Quisiera hacer una llamada a cobro revertido a Londres

Por favor, ¿me podrían avisar por teléfono mañana por la mañana a las siete y media?

### The operator speaks

¿Con qué número desea comunicar?

¿Desde dónde llama usted?

Puede marcar el número directamente

Cuelgue y vuelva a marcar

Hay una llamada para usted del Sr. Lopez, que telefonea desde Bilbao y desea hacerlo a cobro revertido. ¿Acepta usted la llamada?

Ya puede hablar, señor/señora/señorita or ¡Hable(, por favor)!

*(Directory Enquiries)* Ese nombre no figura en la guía

El 45 77 57 84 no contesta

No se retire(, señor/señora/señorita)

Las líneas están saturadas; llame más tarde, por favor

Le pongo *(Sp)* *or* Le estoy conectando *(LAm)*

Está sonando *or* llamando

Está comunicando

### When your number answers

¿Me da la extensión *or* el interno *(S. Cone)* 516?

¿Es éste el número del señor Lambert?

Por favor, ¿podría hablar con Carlos García? *or* Quisiera hablar con Carlos García, por favor *or* ¿Está Carlos García?

¿De parte de quién? *or* ¿Quién le/la llama?*or* ¿Quién habla?

Llamaré otra vez dentro de media hora

Llamo desde una cabina (telefónica)

¿Puede decirle que me llame cuando vuelva?

¿Podría decirle que llamé?

### Contesta la centralita *o* el conmutador (*LAm*)

Queen's Hotel, can I help you?
Who is calling, please?
Do you know his extension number?
I am connecting you now *o* I'm putting you through now
I have a call from Tokyo for Mrs Thomas
Sorry to keep you waiting
There's no reply
You're through
Would you like to leave a message?

### Para contestar

Hello?

Hello, this is Anne speaking
*(Is that Anne?)* Speaking
Would you like to leave a message?
Put the phone down and I'll call you back
This is a recorded message
Please speak after the tone

### En caso de dificultad

I can't get through
The number is not ringing
I'm getting 'number unobtainable'
Their phone is out of order
We were cut off
I must have dialled the wrong number
We've got a crossed line
I got the wrong extension
This is a very bad line

### The switchboard operator speaks

Hotel Castellana, ¿dígame?
¿Me puede decir quién llama?
¿Sabe usted qué extensión *or* interno *(S. Cone)* es?
Le pongo *(Sp) or* Le conecto *or* Le paso
Hay una llamada de Tokio para la Sra. Martínez
Perdone la demora, pero no se retire
No contesta
Ya tiene línea
¿Quiere dejar un recado?

### Answering the telephone

¿Diga? *or* ¿Dígame? *or* ¿Aló? *(LAm) or* ¿Bueno? *(Mex) or* ¿Hola? *(S. Cone)*
Sí, soy Ana, ¿dígame?
(¿Es Ana?) Si, soy yo *or* Sí, aquí Ana *or* Al aparato
¿Quiere dejar un recado?
Cuelgue y le llamaré yo
Este es el contestador automático de ...
Deje su mensaje después de la señal

### In case of difficulty

No consigo comunicar
El teléfono no suena
Me sale la señal de línea desconectada
Ese teléfono está estropeado
Nos han cortado (la comunicación)
Debo de haberme equivocado de número
Hay un cruce de líneas
Me han dado una extensión que no era la que yo quería
Se oye muy mal *or* La línea está muy mal

# 27a E-MAIL

## Sending messages

Nuevo mensaje

Archivo Edición Ver Herramientas Correo Ayuda Enviar

A: glopez@infotec.es

CC: cperez@infotec.es

Copia oculta:

Asunto: Reunión

Nuevo mensaje

Responder al autor

Responder a todos

Reenviar

Archivo adjunto

Necesitaríamos reunirnos para discutir el asunto de la remodelación de la oficina y la contratación de un nuevo servicio de limpieza. Se me ocurre que podría ser el próximo lunes. Pensáoslo y dadme una respuesta.

Un saludo.

Pedro.

| Archivo | File |
|---|---|
| Edición | Edit |
| Ver | View |
| Herramientas | Tools |
| Correo | Compose |
| Ayuda | Help |
| Enviar | Send |
| Nuevo mensaje | New |
| Responder al autor | Reply to Sender |

## Receiving messages

Reunión

Archivo Edición Ver Herramientas Correo Ayuda

De: Gloria López (glopez@infotec.es)

Fecha: 20 de enero de 2000 11:38

A: psierra@infotec.es

CC: cperez@infotec.es

Asunto: Re: Reunión

In Spanish, when telling someone your e-mail address you say : **"glopez arroba infotec punto es"**.

A mí me parece bien el lunes. Propongo que lo hagamos a primera hora; por ejemplo a las nueve en la sala de reuniones. Espero respuesta.

Un saludo.

Gloria.

| Responder a todos | Reply to all |
|---|---|
| Reenviar | Forward |
| Archivo adjunto | Attachment |
| A | To |
| CC | CC |
| Copia oculta | BCC (blind carbon copy) |
| Asunto | Subject |
| De | From |
| Fecha | Sent |

# 27a CORREO ELECTRÓNICO

**Enviar mensajes**

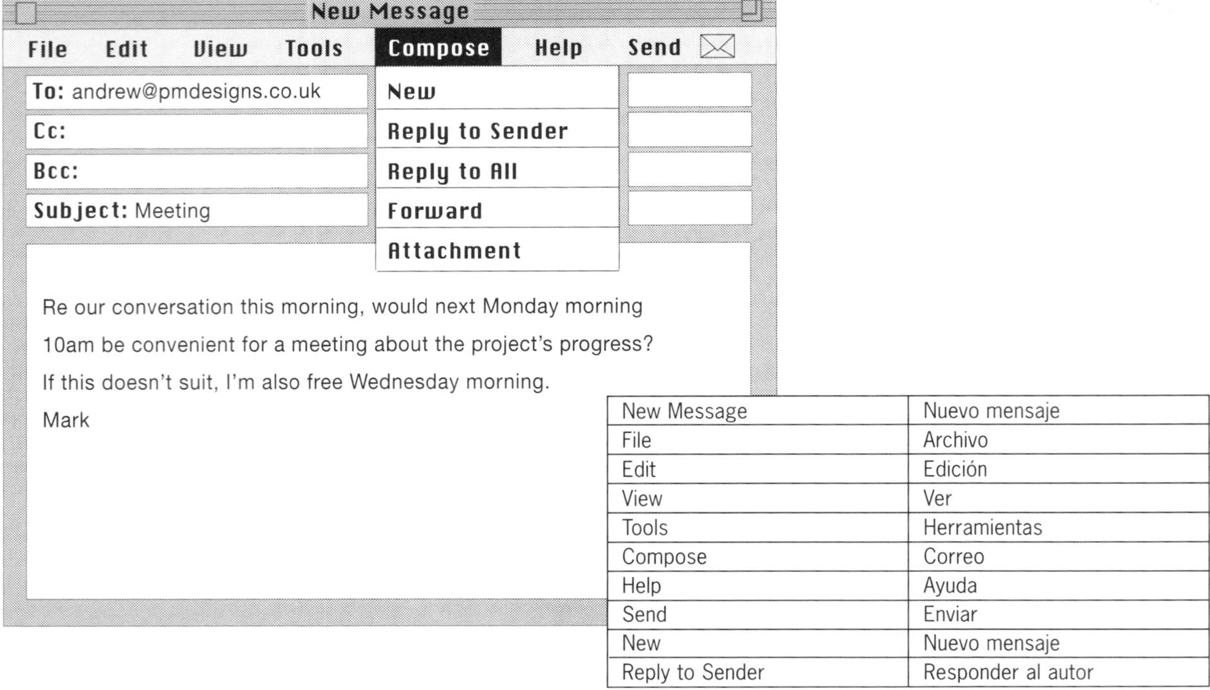


| | |
|---|---|
| New Message | Nuevo mensaje |
| File | Archivo |
| Edit | Edición |
| View | Ver |
| Tools | Herramientas |
| Compose | Correo |
| Help | Ayuda |
| Send | Enviar |
| New | Nuevo mensaje |
| Reply to Sender | Responder al autor |

**Recibir mensajes**

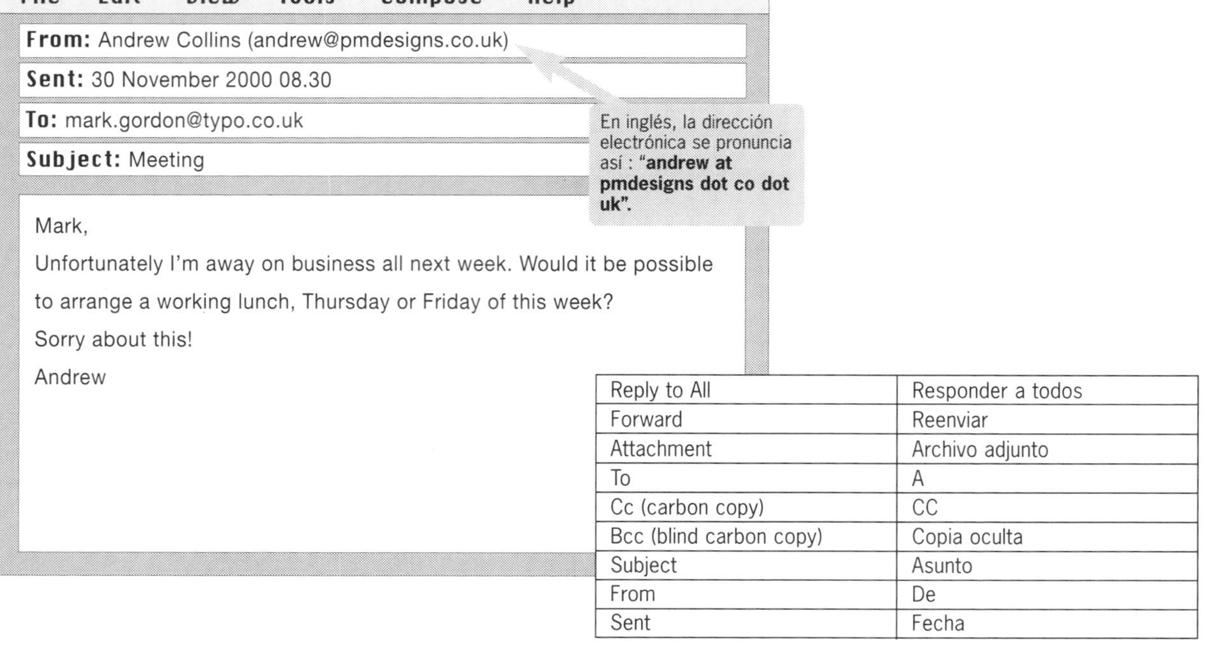


En inglés, la dirección electrónica se pronuncia así : **"andrew at pmdesigns dot co dot uk".**

| | |
|---|---|
| Reply to All | Responder a todos |
| Forward | Reenviar |
| Attachment | Archivo adjunto |
| To | A |
| Cc (carbon copy) | CC |
| Bcc (blind carbon copy) | Copia oculta |
| Subject | Asunto |
| From | De |
| Sent | Fecha |

## 28 SUGERENCIAS

### 28.1 Para hacer sugerencias

- **You might like to** think it over before giving me your decision
  = *tal vez quiera*
- **If you were to** give me the negative, **I could** get copies made
  = *si me diera ... yo podría*
- **You could** help me clear out my office, **if you don't mind**
  = *podría ... si no le importa*
- **We could** stop off in Venice for a day or two, **if you like**
  = *podríamos ... si te apetece*
- I've got an idea - **let's organize** a surprise birthday party for Megan!
  = *vamos a organizar*
- **If you've no objection(s), I'll** speak to them personally
  = *si no tienes inconveniente, hablaré*
- **If I were you, I'd** go
  = *yo que tú, iría*
- **If you ask me, you'd better** take some extra cash
  = *en mi opinión, más vale que*
- **I'd be very careful not to** commit myself at this stage
  = *tendría cuidado de no*
- **I would recommend (that) you** discuss it with him before making a decision
  = *te recomendaría que*
- **It could be in your interest to** have a word with the owner first
  = *te convendría*
- **There's a lot to be said for** living alone
  = *... tiene muchas ventajas*
- Go and see Pompeii - **it's a must**!
  = *no dejes de ir a ver*

Más directamente

- **I suggest that you** go to bed and try to sleep
  = *te sugiero que*
- **I'd like to suggest that you** seriously consider taking a long holiday
  = *te sugeriría*
- **We propose that** half the fee be paid in advance, and half on completion
  = *proponemos que*
- **It is very important that** you take an interest in what he is trying to do
  = *es muy importante que*
- **I am convinced that** this would be a dangerous step to take
  = *estoy convencido de que*
- I cannot put it too strongly: **you really must** see a doctor
  = *de verdad, tienes que*

Menos directamente

- **Say you were to** approach the problem from a different angle
  = *y si*
- In these circumstances, **it might be better to** wait
  = *quizás sería mejor*
- **It might be a good thing** *o* **a good idea to** warn her about this
  = *estaría bien*
- **Perhaps it would be as well to** change the locks
  = *quizás convendría*
- **Perhaps you should** take up a sport
  = *tal vez deberías*
- **If I may make a suggestion**, a longer hemline might suit you better
  = *si me permite una sugerencia*
- **Might I be allowed to offer a little advice?** - talk it over with a solicitor before you go any further
  = *¿me permite que le dé un pequeño consejo?*
- **If I might be permitted to suggest something**, installing bigger windows would make the office much brighter
  = *si se me permite hacer una sugerencia*

Haciendo una pregunta

- **How do you fancy** a holiday in Australia?
  = *¿te apetece ...?*
- I was thinking of going for a drink later. **How about it?**
  = *¿qué te parece?*
- **What would you say to** a trip up to town next week?
  = *¿qué te parecería ...?*
- **Would you like to** stay in Paris for a couple of nights?
  = *¿te gustaría ...?*
- **What if** you try ignoring her and see if that stops her complaining?
  = *¿y si ...?*
- What you need is a change of scene. **Why not** go on a cruise?
  = *¿por qué no ...?*
- **Suppose** *o* **Supposing** you left the kids with your mother for a few days?
  = *¿y si ...?*
- **How would you feel about** taking calcium supplements?
  = *¿qué te parecería ...?*
- **Have you ever thought of** starting up a magazine of your own?
  = *¿no se te ha ocurrido ...?*
- **Would you care to** have lunch with me?
  = *¿querría ...?*

### 28.2 Para pedir sugerencias

- **What would you do if you were me?**
  = *¿qué harías tú en mi lugar?*
- **Have you any idea how I should** go about it to get the best results?
  = *¿tienes idea cómo debería ...?*
- I've no idea what to call our new puppy: **have you any suggestions?**
  = *¿se te ocurre algo?*
- I can only afford to buy one of them: **which do you suggest?**
  = *¿cuál me aconsejas?*
- **I wonder if you could suggest** where we might go for a few days?
  = *¿podría sugerirnos ...?*
- **I'm a bit doubtful about** where to start
  = *no estoy muy seguro de*

## 29 CONSEJOS

### 29.1 Para pedir consejo

- What would you do **if you were me?**
  = *en mi lugar*
- Would a pear tree grow in this spot? If not, **what would you recommend?**
  = *qué recomendaría usted*
- **Do you think I ought to** tell the truth if he asks me where I've been?
  = *crees que debería*
- **What would you advise me to do** in the circumstances?
  = *¿qué me aconsejaría que hiciera?*
- **Would you advise me to** seek promotion within this firm or apply for another job?
  = *¿me aconsejaría usted que ...?*
- **I'd like** *o* **I'd appreciate your advice on** personal pensions
  = *me gustaría que me aconsejara sobre*
- **I'd be grateful if you could advise me on** how to treat this problem
  = *le agradecería que me aconsejara sobre*

## 29.2 Para aconsejar

De manera impersonal

- **It might be wise** *o* **sensible to** consult a specialist
  = *quizás sería prudente*
- **It might be a good idea to** seek professional advice
  = *quizás sería buena idea*
- **It might be better to** think the whole thing over before taking any decisions
  = *sería mejor*
- **You'd be as well to** state your position at the outset, so there is no mistake
  = *más te valdría*
- **You would be well-advised to** invest in a pair of sunglasses if you're going to Spain
  = *haría bien en*
- **You'd be ill-advised to** have any dealings with this firm
  = *sería poco aconsejable que*
- **t would certainly be advisable to** book a table
  = *se aconseja*
- **It is in your interest** *o* **your best interests to** keep your dog under control if you don't want it to be reported
  = *le conviene*
- **Do be sure to** read the small print before you sign anything
  = *asegúrate de*
- **Try to avoid** upsetting her; she'll only make your life a misery
  = *intenta evitar*
- **Whatever you do, don't** drink the local schnapps
  = *no se te ocurra*

De manera más personal

- **If you ask me, you'd better** take some extra cash
  = *para mí que es mejor que lleves*
- **If you want my advice, you should** steer well clear of them
  = *si quieres un consejo, aléjate*
- **If you want my opinion, I'd** go by air to save time
  = *si quieres mi opinión, yo iría*
- **In your shoes** *o* **If I were you, I'd** be thinking about moving on
  = *yo que tú, me pondría a pensar*
- **Take my advice** and don't rush into anything
  = *hazme caso*
- **I'd be very careful not to** commit myself at this stage
  = *yo tendría mucho cuidado de no*
- **I think you ought to** *o* **should** seek professional advice
  = *creo que deberías*
- **My advice would be to** have nothing to do with them
  = *yo te aconsejaría que*
- **I would advise you to** pay up promptly before they take you to court
  = *yo te aconsejaría que*
- **I would advise against** calling in the police unless he threatens you
  = *yo aconsejaría no*
- **I would strongly advise you to** reconsider this decision
  = *yo le aconsejo que*
- **I would urge you to** reconsider selling the property
  = *le ruego encarecidamente que*
- **Might I be allowed to offer a little advice?** - talk it over with a solicitor before going any further
  = *¿me permite que le dé un consejo?*

## 29.3 Para hacer una advertencia

- It's really none of my business but **I don't think you should** get involved
  = *creo que no deberías*
- **A word of caution:** watch what you say to him if you want it to remain a secret
  = *una advertencia:*
- **I should warn you that** he's not an easy customer to deal with
  = *te advierto que*
- **Take care not to** lose the vaccination certificate
  = *ten cuidado de no*
- **Watch you don't** trip over your shoelaces
  = *cuidado no*
- **Make sure that** *o* **Mind that** *o* **See that you don't** say anything they might find offensive
  = *ten cuidado de no*
- **I'd think twice about** sharing a flat with him
  = *me lo pensaría dos veces antes de*
- **It would be sheer madness to** attempt to drive without your glasses
  = *sería una auténtica locura*
- **You risk** a long delay in Amsterdam **if** you come back by that route
  = *corre el riesgo de ... si*

# 30 PROPUESTAS

De manera directa

- **I would be delighted to** help out, if I may
  = *me encantaría*
- **It would give me great pleasure to** show you round the city
  = *sería un placer*
- **We would like to offer you** the post of Sales Director
  = *quisiéramos ofrecerle*
- **I hope you will not be offended if I offer** a contribution towards your expenses
  = *espero que no se ofenda si le ofrezco*
- **Do let me know if I can** help in any way
  = *avísame si puedo*
- **If we can** be of any further assistance, **please do not hesitate to** contact us
  = *si podemos ... no dude en*

Haciendo una pregunta

- **Say we were to** offer you a 5% rise, **how would that sound?**
  = *¿qué le parecería si le ofreciéramos ...?*
- **What if I were to** call for you in the car?
  = *¿y si yo ...?*
- **Could I** give you a hand with your luggage?
  = *¿puedo ...?*
- **Shall I** do the photocopies for you?
  = *¿te hago ...?*
- **Is there anything I can do to** help you find suitable accommodation?
  = *¿puedo hacer algo para ...?*
- **May** *o* **Can I offer you** a drink?
  = *¿le pongo ...?*
- **Would you like me to** find out more about it for you?
  = *¿quieres que ...?*
- **Would you allow me to** pay for dinner, at least?
  = *¿me deja que ...?*
- **You will let me** show you around Glasgow, **won't you**?
  = *¿me dejarás que ... ¿no?*

# 31 PETICIONES

- **Please would you** drop by on your way home and pick up the papers you left here?
  = *¿puedes ...?*
- **Would you please** try to keep the noise down while I'm studying?
  = *haced el favor de*

- **Would you mind** look**ing** after Hannah for a couple of hours tomorrow?
  = *¿te importaría ...?*
- **Could I ask you to** watch out for anything suspicious in my absence?
  = *¿podrías ...?*

Por escrito

- **I should be grateful if you could** confirm whether it would be possible to increase my credit limit to £5000
  = *le agradecería que confirmara*
- **We would ask you not to** use the telephone for long-distance calls
  = *le pedimos que no*
- **You are requested to** park at the rear of the building
  = *se ruega*
- **We look forward to** receiv**ing** confirmation of your order within 14 days
  = *quedamos a la espera de*
- **Kindly inform us if** you require alternative arrangements to be made
  = *tenga la amabilidad de comunicarnos si*

De manera más indirecta

- **I would rather you didn't** breathe a word to anyone about this
  = *preferiría que no*
- **I would appreciate it if you could** let me have copies of the best photos
  = *te agradecería que*
- **I was hoping that you might** have time to visit your grandmother
  = *esperaba que tendrías*
- **I wonder whether you could** spare a few pounds till I get to the bank?
  = *¿te sería posible ...?*
- **I hope you don't mind if I** borrow your exercise bike for half an hour
  = *espero que no te importe que ...*
- **It would be very helpful** *o* **useful if you could** have everything ready beforehand
  = *nos vendría muy bien si*
- **If it's not too much trouble, would you** pop my suit into the dry cleaners on your way past?
  = *si no es mucha molestia, podrías*
- **You won't forget** to lock up before you leave, **will you?**
  = *no te olvidarás de ..., ¿no?*

## 32 COMPARACIONES

### 32.1 Objetivas

- The streets, though wide for China, are narrow **compared with** English ones
  = *comparadas con*
- The bomb used to blow the car up was small **in** *o* **by comparison with** those often used nowadays
  = *en comparación con*
- **f you compare** the facilities we have here **with** those in other towns, you soon realize how lucky we are
  = *si se comparan ... con*
- It is interesting to note **the similarities and the differences between** the two approaches
  = *las semejanzas y las diferencias entre*
- **In contrast to** the opulence of the Kirov, the Northern Ballet Theatre is a modest company
  = *en contraste con*
- Only 30% of the females died **as opposed to** 57% of the males
  = *frente a*
- **Unlike** other loan repayments, those to the IMF cannot simply be rescheduled
  = *a diferencia de*
- The quality of the paintings is disappointing **beside** that of the sculpture section
  = *al lado de*
- **Whereas** burglars often used to make off only with video recorders, they now also tend to empty the fridge
  = *mientras que*
- **What differentiates these wines from** a good champagne is their price
  = *lo que diferencia ... de*

### 32.2 Comparaciones favorables

- Orwell was, indeed, **far superior to** him intellectually
  = *muy superior a*
- Personally I think high-speed trains **have the edge over** both cars and aircraft for sheer convenience
  = *aventajan a*
- Michaela was astute beyond her years and altogether **in a class of her own**
  = *única en su género*

### 32.3 Comparaciones desfavorables

- Matthew's piano playing **is not a patch on** his sister's
  = *no le llega a la suela del zapato a*
- My old chair **was nowhere near as** comfortable **as** my new one
  = *no era ni mucho menos tan ... como*
- The parliamentary opposition **is no match for** the government, which has a massive majority
  = *no puede con*
- Commercially-made ice-cream **is far inferior to** the home-made variety
  = *es muy inferior a*
- The sad truth was that **he was never in the same class as** his friend
  = *no estaba a la misma altura que*
- Ella doesn't rate anything **that doesn't measure up to** Shakespeare
  = *que no esté al nivel de*
- Her brash charms **don't bear comparison with** Marlene's sultry sex appeal
  = *no tienen comparación con*
- The Australians are far bigger and stronger than us - **we can't compete with** their robot-like style of play
  = *no podemos competir con*

### 32.4 Para destacar el parecido

- The new computerized system costs **much the same as** a more conventional one
  = *prácticamente lo mismo que*
- When it comes to performance, **there's not much to choose between** them
  = *no hay mucha diferencia entre*
- The impact was **equivalent to** 250 hydrogen bombs exploding
  = *equivalente a*
- English literature written by people of the ex-colonies **is** clearly **on a par with** the writings of native-born British people
  = *está al mismo nivel que*
- In Kleinian analysis, the psychoanalyst's role **corresponds to** that of mother
  = *corresponde a*
- The immune system **can be likened to** *o* **compared to** a complicated electronic network
  = *se le puede comparar con*
- **There was a close resemblance between** her **and** her son
  = *había un gran parecido entre ... y*
- **It's swings and roundabouts** - what you win in one round, you lose in another
  = *al final viene a ser lo mismo*

### 32.5 Para destacar el contraste

- **You cannot compare** a small local library **with** a large city one
  = *no se puede comparar con*
- Homemade clothes **just cannot compare with** bought ones
  = *no se pueden comparar con*
- **There's no comparison between** the sort of photos I take **and** those a professional could give you
  = *no hay comparación entre ... y*
- His books **have little in common with** those approved by the Party
  = *tienen poco en común con*
- We might be twins, but **we have nothing in common**
  = *no tenemos nada en común*
- The modern army **bears little resemblance to** the army of 1940
  = *se parece poco a*

## 33 OPINIONES

### 33.1 Para pedir la opinión de alguien

- **What do you think of** the new Managing Director?
  = *¿qué piensas de ...?*
- **What is your opinion on** women's rights?
  = *¿qué opinas sobre ...?*
- **What are your thoughts on** the way forward?
  = *¿cuál es su opinión sobre ...?*
- **What is your attitude to** people who say there is no such thing as sexual inequality?
  = *¿cuál es su actitud hacia ...?*
- **What are your own feelings about** the way the case was handled?
  = *¿qué opina usted acerca de ...?*
- **How do you see** the next stage **developing**?
  = *¿cómo ve el desarrollo de ...?*
- **How do you view** an event like the Birmingham show in terms of the cultural life of the city?
  = *¿cóme ve ...?*
- **I would value your opinion on** how best to set this all up
  = *apreciaría su opinión sobre*
- **I'd be interested to know what your reaction is to** the latest report on food additives
  = *me interesaría conocer su reacción ante*

### 33.2 Para expresar la opinión propia

- **In my opinion**, eight years as President is quite enough for anyone
  = *en mi opinión*
- **As I see it**, everything depended on Karlov being permitted to go to Finland
  = *según lo veo yo*
- **I feel that** there is an epidemic of fear about cancer which is not helped by all the publicity about the people who die of it
  = *pienso que*
- **Personally, I believe** the best way to change a government is through the electoral process
  = *personalmente, creo que*
- **It seems to me that** the successful designer leads the public
  = *a mi parecer*
- **I am under the impression that** he is essentially a man of peace
  = *mi impresión es que*
- **I have an idea that** you are going to be very successful
  = *presiento que*
- **I am of the opinion that** the rules should be looked at and refined
  = *soy de la opinión de que*
- **I'm convinced that** we all need a new vision of the future
  = *estoy convencido de que*
- **I daresay** there are so many names that you get them mixed up once in a while
  = *me figuro que*
- We're prepared to prosecute the company, which **to my mind** has committed a criminal offence
  = *a mi parecer*
- **From my point of view** activities like these should not be illegal
  = *desde mi punto de vista*
- **As far as I'm concerned**, Barnes had it coming to him
  = *en lo que a mí respecta*
- It's a matter of common sense, nothing more. **That's my view of the matter**
  = *Esa es mi opinión sobre el tema*
- **It is our belief that** to be proactive is more positive than being reactive
  = *nosotros creemos que*
- **If you ask me**, there's something a bit strange going on
  = *para mí que*
- **If you want my opinion**, if you don't do it soon you'll lose the opportunity altogether
  = *si quiere mi opinión*

### 33.3 Para responder sin expresar una opinión

- Would I say she had been a help? **It depends what you mean by** help
  = *depende de lo que quiera decir con*
- It could be seen as a triumph for capitalism but **it depends on your point of view**
  = *depende de su punto de vista*
- **It's hard** o **difficult to say whether** she has benefited from the treatment or not
  = *resulta difícil decir si*
- **I'm not in a position to comment on whether** the director's accusations are well-founded
  = *no estoy en situación de comentar si*
- **I'd prefer not to comment on** operational decisions taken by the service in the past
  = *preferiría no pronunciarme sobre*
- **I'd rather not commit myself** at this stage
  = *preferiría no comprometerme*
- **I don't have any strong feelings about which of the two** companies we decide to use for the job
  = *no tengo una opinión firme sobre cuál de las dos compañías*
- **This isn't something I've given much thought to**
  = *es algo en lo que no me he parado a pensar*
- **I know nothing about** fine wine
  = *no sé nada sobre*

## 34 GUSTOS Y PREFERENCIAS

### 34.1 Para preguntarle a alguien sus preferencias

- **Would you like to** visit the castle, while you are here?
  = *¿te gustaría ...?*
- **How would you feel about** Simon join**ing** us?
  = *¿qué te parecería si ...?*
- **What do you like** do**ing best** when you're on holiday?
  = *¿qué es lo que más te gusta hacer ...?*
- **What's your favourite** film?
  = *¿cuál es tu ... preferida?*
- **Which of the two** proposed options **do you prefer?**
  = *¿cuál de las dos ... prefiere?*
- We could either go to Rome or stay in Florence - **which would you rather** do?
  = *¿qué preferirías ...?*

### 34.2 Para expresar gustos

- **I'm very keen on** garden**ing**
  = *me gusta mucho*

- **I'm very fond of** white geraniums and blue petunias
  = *me gustan mucho*
- **I really enjoy** a good game of squash after work
  = *disfruto con*
- **There's nothing I like more than** a quiet night in with a good book
  = *no hay nada que me guste más que*
- **I have a weakness for** rich chocolate gateaux
  *siento debilidad por*
- **I've always had a soft spot for** the Dutch
  = *siempre he sentido debilidad por*

### 34.3 Para decir lo que a uno no le gusta

- Acting **isn't really my thing** - I'm better at singing
  = *no es lo mío*
- Watching football on television **isn't my favourite** pastime
  = *no es mi ... preferido*
- Some people might find it funny but **it's not my kind of** humour
  = *no es mi tipo de*
- I enjoy playing golf, although this type of course **is not my cup of tea**
  = *no es plato de mi gusto*
- Sitting for hours on motorways **is not my idea of fun**
  = *no es lo que yo llamo divertirse*
- The idea of walking home at 10 or 11 o'clock at night **doesn't appeal to me**
  = *no me resulta nada atractiva*
- **I've gone off the idea of** cycling round Holland
  = *se me han quitado las ganas de*
- **I can't stand** *o* **can't bear** the thought of seeing him
  = *no soporto*
- **I am not enthusiastic about** shopping in large supermarkets
  = *no me entusiasma*
- **I'm not keen on** seafood
  = *no me entusiasma*
- **I don't like the fact that** he always gets away with not helping out in the kitchen
  = *no me gusta que*
- **What I hate most is** waiting in queues for buses
  = *lo que más detesto es*
- **I dislike** laziness since I'm such an energetic person myself
  = *me desagrada*
- **There's nothing I dislike more than** having to go to work in the dark
  = *no hay nada que me guste menos que*
- **I have a particular aversion to** the religious indoctrination of schoolchildren
  = *siento una aversión especial por*
- **I find it intolerable that** people like him should have so much power
  = *me resulta intolerable que*

### 34.4 Para decir lo que uno prefiere

- **I'd prefer to** *o* **I'd rather** wait until I have enough money to go by air
  = *preferiría*
- **I'd prefer not to** *o* **I'd rather not** talk about it just now
  = *prefiero no*
- **I'd prefer you to** give *o* **I'd rather you** gave me your comments in writing
  = *prefiero que*
- **I'd prefer you not to** *o* **I'd rather you didn't** invite him
  = *prefiero que no lo invites*
- **I like** the blue curtains **better than** the red ones
  = *... me gustan más que ...*
- **I prefer** red wine **to** white wine
  = *prefiero ... a*

### 34.5 Para expresar indiferencia

- **It makes no odds whether you have** a million pounds or nothing, we won't judge you on your wealth
  = *da lo mismo que tengas*
- **I really don't care what** you tell her as long as you tell her something
  = *me trae sin cuidado lo que*
- **It's all the same to me whether** he comes **or** not
  = *me da igual que ... o que*
- **I don't mind at all** - let's do whatever is easiest
  = *me da exactamente lo mismo*
- **It doesn't matter which** method you choose to use
  = *no importa qué*
- **I don't feel strongly about** the issue of privatization
  = *no tengo una opinión definida sobre*
- **I have no particular preference**
  = *no tengo preferencias*

## 35 INTENCIONES Y DESEOS

### 35.1 Para preguntar a alguien lo que piensa hacer

- **Will you** take the job?
  = *¿vas a ...?*
- **What do you intend to do?**
  = *¿qué piensas hacer?*
- **Did you mean to** *o* **intend to** tell him about it, or did it just slip out?
  = *¿tenías intención de ...?*
- **What do you propose to do** with the money?
  = *¿qué piensas hacer ...?*
- **What did you have in mind for** the rest of the programme?
  = *¿qué tenías pensado ...?*
- **Have you anyone in mind for** the job?
  = *¿tienes a alguien pensado para ...?*

### 35.2 Para expresar las propias intenciones

- **We're toying with the idea of** releasing a compilation album
  = *le estamos dando vueltas a la posibilidad de*
- **I'm thinking of** retiring next year
  = *estoy pensando en*
- **I'm hoping to** go and see her when I'm in Paris
  = *espero*
- I studied history, **with a view to** becoming a politician
  = *con vistas a*
- We bought the land **in order to** farm it
  = *para*
- We do not penetrate foreign companies **for the purpose of** collecting business information
  = *con el fin de*
- **We plan to** move *o* **We are planning on** moving next year
  = *estamos planeando*
- **Our aim** *o* **Our object in** buying the company **is to** provide work for the villagers
  = *nuestro propósito al ... es*
- **I aim to** reach Africa in three months
  = *pretendo*

#### Con mayor convicción

- **I am going to** sell the car as soon as possible
  = *voy a*
- **I intend to** put the house on the market
  = *tengo la intención de*
- **I have made up my mind to** *o* **I have decided to** go to Japan
  = *he decidido*

- I went to Rome **with the intention of** visit**ing** her, but she had gone away
  = *con intención de*
- **We have every intention of** winn**ing** a sixth successive championship
  = *estamos decididos a*
- **I have set my sights on** recaptur**ing** the title
  = *mi objetivo es volver a ganar*
- **My overriding ambition is to** get into politics
  = *mi gran ambición es*
- **I resolve to** do everything in my power to help you
  = *estoy resuelto a*

## 35.3 Para expresar lo que no se piensa hacer

- **I don't mean to** offend you, but I think you're wrong
  = *no es mi intención*
- **I don't intend to** pay unless he completes the job
  = *no es mi intención*
- **I have no intention of** accept**ing** the post
  = *no tengo intención de*
- **We are not thinking of** tak**ing** on more staff
  = *no tenemos previsto*
- **We do not envisage** mak**ing** changes at this late stage
  = *no contemplamos*

## 35.4 Para expresar lo que se desea hacer

- **I'd like to** see the Sistine Chapel some day
  = *me gustaría*
- **I want to** work abroad when I leave college
  = *quiero*
- **We want her to** be an architect when she grows up
  = *queremos que sea*
- **I'm keen to** develop the business
  = *tengo mucho interés en*

### Con gran entusiasmo

- **I'm dying to** leave home
  = *me muero de ganas de*
- **My ambition is to** become an opera singer
  = *lo que ambiciono es*
- **I long to** go to Australia but I can't afford it
  = *tengo el anhelo de*
- **I insist on** speak**ing** to the manager
  = *insisto en*

## 35.5 Para expresar lo que no se quiere hacer

- **I would prefer not to** o **I would rather not** have to speak to her about this
  = *preferiría no*
- **I wouldn't want to** have to change my plans just because of her
  = *no quisiera*
- **I don't want to** take the credit for something I didn't do
  = *no quiero*
- **I have no wish** o **desire to** become rich and famous
  = *no tengo ningún deseo de*
- **I refuse to** be patronized by the likes of her
  = *me niego a*

# 36 PERMISO

## 36.1 Para pedir permiso

- **Can I** o **Could I borrow** your car this afternoon?
  = *¿me dejas ...?*
- **Can I** use the telephone, please?
  = *¿puedo ...?*
- **Can I have the go-ahead to** order the supplies?
  = *¿me das luz verde para ...?*
- **Are we allowed to** say what we're up to or is it top secret at the moment?
  = *¿podemos ...?*
- **Would it be all right if** I arrived on Monday instead of Tuesday?
  = *¿te importaría que ...?*
- **Would it be possible for us to** leave the car in your garage for a week?
  = *¿nos sería posible dejar ...?*
- We leave tomorrow. **Is that all right by you**?
  = *¿te parece bien?*
- **Do you mind if** I come to the meeting next week?
  = *¿te importa que ...?*
- **Would it bother you if** I invited him?
  = *¿te molestaría que lo invitara ...?*
- **Would you let me** come into partnership with you?
  = *¿me dejaría ...?*
- **Would you have any objection to** sail**ing** at once?
  = *¿tiene algún inconveniente en ...?*
- **With your permission, I'd like to** ask some questions
  = *con su permiso, quisiera*

### Con más cautela

- **Is there any chance of** borrow**ing** your boat while we're at the lake?
  = *¿nos sería posible ...?*
- **I wonder if I could possibly** use your telephone?
  = *¿podría ...?*
- **Might I be permitted to** suggest the following ideas?
  = *¿me permitirían que ...?*
- **May I be allowed to** set the record straight?
  = *¿me dejan que ...?*

## 36.2 Para dar permiso

- **You can** have anything you want
  = *puedes*
- **You are allowed to** visit the museum, as long as you apply in writing to the Curator first
  = *puedes*
- **It's all right by me if** you want to skip the Cathedral visit
  = *por mí puedes ... si*
- **You have my permission to** be absent for that week
  = *te doy permiso para*
- **I've nothing against her** go**ing** there with us
  = *no me opongo a que*
- The Crown **was agreeable to** hav**ing** the case called on March 23
  = *dio su consentimiento para que*
- **I do not mind if** my letter is forwarded to the lady concerned
  = *no veo inconveniente en que*
- **You have been authorized to** use all necessary force to protect relief supply routes
  = *está autorizado a*
- **We should be happy to allow you to** inspect the papers here
  = *no tenemos inconveniente en que*

### Con más insistencia

- If you need to keep your secret, **of course you must keep it**
  = *guárdalo, claro*
- **By all means** charge a reasonable consultation fee
  = *por supuesto*
- **I have no objection at all to your** quot**ing** me in your article
  = *no tengo ningún inconveniente en que*

- **We would be delighted to** have you
  = *sería un placer*

## 36.3 Para denegar permiso

- **You can't** *o* **you mustn't** go anywhere near the research lab
  = *no puedes*
- **I don't want you to** see that man again
  = *no quiero que*
- **I'd rather you didn't** give them my name
  = *preferiría que no*
- **You're not allowed to** leave the ship until relieved
  = *no tienes permiso para*
- **I've been forbidden to** swim for the moment
  = *me han prohibido que*
- **I've been forbidden** alcohol **by** my doctor
  = *... me ha prohibido*
- **I couldn't possibly allow you to** pay for all this
  = *¿cómo te voy a dejar ...?*
- **You must not** enter the premises without the owners' authority
  = *no se le autoriza a*
- **We cannot allow** the marriage **to** take place
  = *no podemos permitir que*

### Con más insistencia

- **I absolutely forbid you to** take part in any further search
  = *te prohíbo terminantemente*
- **You are forbidden to** contact my children
  = *tienes prohibido*
- Smoking **is strictly forbidden** at all times
  = *está terminantemente prohibido*
- **It is strictly forbidden to** carry weapons in this country
  = *está terminantemente prohibido*
- **We regret that it is not possible for you to** visit the castle at the moment, owing to the building works (*por escrito*)
  = *lamentamos informarle que no se puede*

# 37 OBLIGACIÓN

## 37.1 Para explicar lo que se está obligado a hacer

- **You've got to** *o* **You have to** be back before midnight
  = *tienes que*
- **You must** have an address in Prague before you can apply for the job
  = *tienes que*
- **You need to** have a valid passport if you want to leave the country
  = *hay que*
- I have no choice: this is how **I must** live and I cannot do otherwise
  = *debo*
- **He was forced to** ask his family for a loan
  = *se vio obligado a*
- Jews **are obliged to** accept the divine origin of the Law
  = *están obligados a*
- A degree **is indispensable** for future entrants to the profession
  = *es indispensable*
- Party membership **is an essential prerequisite of** a successful career
  = *es un requisito indispensable para*
- **It is essential to** know what the career options are before choosing a course of study
  = *es esencial*
- Wearing the kilt **is compulsory for** all those taking part
  = *es obligatorio para*
- One cannot admit defeat, **one is driven to** keep on trying
  = *algo te empuja a*
- **We have no alternative but to** fight
  = *no nos queda otro remedio más que*
- Three passport photos **are required**
  = *se necesitan*
- Club members **must not fail to** observe the regulations about proper behaviour
  = *han de*
- **You will** go directly to the headmaster's office and wait for me there
  = *vete*

## 37.2 Para saber si se está obligado a hacer algo

- **Do I have to** *o* **Have I got to** be home by midnight?
  = *¿tengo que ...?*
- **Does one have** to *o* **need to** book in advance?
  = *¿hay que ...?*
- **Is it necessary to** go into so much detail?
  = *¿es necesario ...?*
- **Ought I to** tell my colleagues?
  = *¿debería ...?*
- **Should I** call the police?
  = *¿debería ...?*
- **Am I meant to** *o* **Am I expected to** *o* **Am I supposed to** fill in this bit of the form?
  = *¿tengo que ...?*

## 37.3 Para explicar lo que no se está obligado a hacer

- **I don't have to** *o* **I haven't got to** be home so early now the nights are lighter
  = *no tengo que*
- **You don't have to** *o* **You needn't** go there if you don't want to
  = *no hace falta que*
- **You are not obliged to** *o* **You are under no obligation to** invite him
  = *no estás obligado*
- **It is not compulsory** *o* **obligatory to** have a letter of acceptance but it does help
  = *no es obligatorio*
- The Council **does not expect you to** pay all of your bill at once
  = *no espera que*

## 37.4 Para explicar lo que no se debe hacer

- **On no account must you** be persuaded to give up the cause
  = *no debes de ninguna manera*
- **You are not allowed to** sit the exam more than three times
  = *no puedes*
- Smoking **is not allowed** in the dining room
  = *no se puede*
- **You mustn't** show this document to any unauthorized person
  = *no debe*
- These are tasks **you cannot** ignore, delegate or bungle
  = *no puedes*
- **You're not supposed to** *o* **meant to** use this room unless you are a club member
  = *no puede*
- **I forbid you to** return there
  = *te prohíbo que*

### De forma menos directa

- **It is forbidden to** bring cameras into the gallery
  = *está prohibido*
- **You are forbidden to** talk to anyone while the case is being heard
  = *le está prohibido*
- Smoking **is prohibited** *o* **is not permitted** in the dining room
  = *está prohibido*

## 38 ACUERDO

### 38.1 Para expresar acuerdo con lo que se dice

- **I fully agree with you** *o* **I totally agree with you** on this point
  = *estoy totalmente de acuerdo contigo*
- **We are in complete agreement** on this
  = *estamos totalmente de acuerdo*
- **I entirely take your point about** the extra vehicles needed
  = *tienes toda la razón en que*
- I think **we see completely eye to eye** on this issue
  = *pensamos exactamente lo mismo*
- I talked it over with the chairman and **we are both of the same mind**
  = *ambos somos de la misma opinión*
- **You're quite right in** point**ing** at distribution as the main problem
  = *tienes razón en*
- **We share your views** on the proposed expansion of the site
  = *compartimos su opinión*
- **My own experience** certainly **bears out** *o* **confirms** what you say
  = *mi experiencia personal confirma*
- **It's true that** you had the original idea but many other people worked on it
  = *es verdad que*
- **As you have quite rightly pointed out**, this will not be easy
  = *como bien dijo usted*
- **I have to concede that** the results are quite eye-catching
  = *he de reconocer que*
- **I have no objection to** this being done
  = *no tengo inconveniente en que*
- **I agree in theory**, but in practice it's never quite that simple
  = *en principio estoy de acuerdo*
- **I agree up to a point**
  = *estoy de acuerdo hasta cierto punto*

De forma más familiar

- Go for a drink instead of working late? **Sounds good to me!**
  = *me parece estupendo*
- **That's a lovely idea**
  = *¡qué buena idea!*
- **I'm all for** encourag**ing** a youth section in video clubs such as ours
  = *soy partidario de*
- **I couldn't agree with you more**
  = *estoy totalmente de acuerdo contigo*

De forma menos directa

- **I am delighted to wholeheartedly endorse** your campaign
  = *me complace dar mi incondicional apoyo a*
- **Our conclusions are entirely consistent with** your findings
  = *nuestras conclusiones confirman ... totalmente*
- Independent statistics **corroborate** those of your researcher
  = *corroboran*
- **We applaud** the group's decision to stand firm on this point
  = *celebramos*

### 38.2 Para expresar acuerdo con lo propuesto

- This certainly **seems the right way to go about it**
  = *parece ser la forma correcta de proceder*
- **I will certainly give my backing to** such a scheme
  = *cuenta con todo mi apoyo*
- **It makes sense to** enlist helping hands for the final stages
  = *tiene sentido*
- **We certainly welcome** this development
  = *nos alegra*

De forma más familiar

- **It's a great idea**
  = *es una idea estupenda*
- Cruise control? **I like the sound of that**
  = *suena bien*
- **I'll go along with** Ted's proposal that we open the club up to women
  = *apoyo*

De forma menos directa

- This solution **is most acceptable** to us
  = *nos parece muy aceptable*
- The proposed scheme **meets with our approval**
  = *aprobamos*
- This is a proposal which **deserves our wholehearted support**
  = *merece nuestro apoyo incondicional*
- I shall do my best to **fall in with** her wishes
  = *acceder a*

### 38.3 Para expresar acuerdo con lo que pide alguien

- Of course **I'll be happy to** organize it for you
  = *estaré encantado de*
- **I'll do as you suggest** and send him the documents
  = *seguiré tu consejo*
- **There's no problem about** getting tickets for him
  = *podemos/puedo ... sin problema*

De forma menos directa

- Reputable builders **will not object to** this reasonable request
  = *no podrán reparos a*
- **We should be delighted to** cooperate with you in this enterprise
  = *con mucho gusto*
- An army statement said it **would comply with** the ceasefire
  = *respetaría*
- **I consent to** the performance of such procedures as are considered necessary
  = *accedo a*

## 39 DESACUERDO

### 39.1 Para mostrarse en desacuerdo con lo que se ha dicho

- There must be some mistake - **it can't possibly** cost as much as that
  = *no es posible que*
- I'm afraid he **is quite wrong** if he has told you that
  = *se equivoca*
- **You're wrong in thinking that** I haven't understood
  = *te equivocas al pensar que*
- The article **is mistaken in** claim**ing** that debating the subject is a waste of public money
  = *comete un error al*
- Surveys **do not bear out** Mrs Fraser's assumption that these people will return to church at a later date
  = *no confirman*
- **I cannot agree with you** on this point
  = *no estoy de acuerdo contigo*
- **We cannot accept the view that** the lack of research and development explains the decline of Britain
  = *no aceptamos la opinión de que*
- To say we should forget about it, no **I cannot go along with that**
  = *no puedo aceptar eso*
- **We must agree to differ on this one**
  = *habrá que aceptar que nunca nos pondremos de acuerdo en este punto*

Con más insistencia

- **This is most emphatically not the case**
  = *insisto en que no es así*
- **I entirely reject** his contentions
  = *rechazo totalmente*
- **I totally disagree with** the previous two callers
  = *no estoy en absoluto de acuerdo con*
- his is your view of the events: **it is certainly not mine**
  = *yo desde luego no lo veo así*
- **I cannot support you** on this matter
  = *no puedo apoyarte*
- **Surely you can't believe that** he'd do such a thing?
  = *¿no creerás que ...?*

### 39.2 Para mostrarse en desacuerdo con lo que se ha propuesto

Con decisión

- **I'm dead against** this idea
  = *estoy totalmente en contra de*
- **Right idea, wrong approach**
  = *es una buena idea, pero mal enfocado*
- **I will not hear of** such a thing
  = *no quiero ni oír hablar de*
- **It is not feasible to** change the schedule at this late stage
  = *no es viable*
- This **is not a viable alternative**
  = *no es una alternativa viable*
- Trade sanctions will have an immediate effect but it **is the wrong approach**
  = *no es forma de hacer las cosas*

Con menos insistencia

- **I'm not too keen on** this idea
  = *no me convence mucho*
- **I don't think much of** this idea
  = *no me convence mucho*
- **This doesn't seem to be the right way of** dealing with the problem
  = *esta no parece la mejor forma de*
- While we are grateful for the suggestion, **we are unfortunately unable to** implement this change
  = *por desgracia nos es imposible*
- **I regret that I am not in a position to** accept your kind offer
  = *lamento no hallarme en condiciones de*

### 39.3 Para mostrarse en desacuerdo con lo que se ha pedido

- **I wouldn't dream of** doing a thing like that
  = *no se me ocurriría*
- I'm sorry but **I just can't** do it
  = *es que no puedo*
- **I cannot in all conscience** leave those kids in that atmosphere
  = *en conciencia no puedo*

Con más decisión

- **This is quite out of the question** for the time being
  = *no puede ser*
- **I won't agree to** any plan that involves your brother
  = *no voy a apoyar*
- **I refuse point blank to** have anything to do with this affair
  = *me niego rotundamente*

De forma menos directa

- **I am afraid I must refuse**
  = *lo siento pero he de negarme*
- **I cannot possibly comply with** this request
  = *me es imposible acceder a*
- **It is unfortunately impracticable for us to** commit ourselves at this stage
  = *nos es, por desgracia, imposible*
- In view of the proposed timescale, **I must reluctantly decline to** take part
  = *aun sintiéndolo, me veo obligado a declinar*

## 40 APROBACIÓN

### 40.1 Para aprobar lo que se ha dicho

- **I couldn't agree** (with you) **more**
  = *Estoy totalmente de acuerdo (contigo)*
- **I couldn't have put it better myself**
  = *tal y como lo hubiera dicho yo mismo*
- We must oppose terrorism, whatever its source. - **Hear, hear!**
  = *¡sí, señor!*
- **I endorse** his feelings regarding the condition of the Simpson memorial
  = *suscribo*

### 40.2 Para aprobar una propuesta

- **It's just the job!**
  = *¡perfecto!*
- **This is just the sort of thing I wanted**
  = *es justo lo que quería*
- **This is exactly what I had in mind**
  = *es justo lo que yo tenía pensado*
- Thank you for sending the draft agenda: **I like the look of it very much**
  = *me ha causado muy buena impresión*
- **We are all very enthusiastic about** o **very keen on** his latest set of proposals
  = *estamos todos entusiasmados con*
- **I shall certainly give it my backing**
  = *por supuesto que lo voy a apoyar*
- Any game which is as clearly enjoyable as this **meets with my approval**
  = *tiene mi aprobación*
- Skinner's plan **deserves our total support** o **our wholehearted approval**
  = *merece todo nuestro apoyo*
- **There are considerable advantages** in the alternative method you propose
  = *... comporta numerosas ventajas*
- **We recognize the merits** of this scheme
  = *reconocemos los méritos de*
- **We view** your proposal to extend the site **favourably**
  = *... nos merece una opinión favorable*
- This project **is worthy of our attention**
  = *merece de nuestra atención*

### 40.3 Para aprobar una idea

- **You're quite right to** wait before making such an important decision
  = *tienes toda la razón al*
- **I entirely approve of** the idea
  = *apruebo totalmente*
- **I'd certainly go along with that!**
  = *estoy totalmente de acuerdo*
- **I'm very much in favour of** that sort of thing
  = *soy muy partidario de*
- **What an excellent idea!**
  = *¡Qué idea tan estupenda!*

### 40.4 Para aprobar una acción

- **I applaud** Noble's perceptive analysis of the problems
  = ... *merece un* *aplauso*
- **I have a very high opinion of** their new teaching methods
  = *tengo muy buena opinión de*
- **I have a very high regard for** the work of the Crown Prosecution Service
  = *tengo muy buen* *concepto* *de*
- **I think very highly of** the people who have been leading thus far
  = ... *me merecen muy buena opinión*
- **I certainly admire** his courage in telling her what he thought of her
  = *siento gran* *admiración* *por*
- **I must congratulate you on** the professional way you handled the situation
  = *debo* *felicitarle* *por*
- **I greatly appreciated** the enormous risk that they had all taken
  = *les* *agradecí* *mucho*
- **I can thoroughly recommend** the event to field sports enthusiasts
  = *recomiendo* *plenamente*

## 41 DESAPROBACIÓN

- **This doesn't seem to be the right way of** going about it
  *no parece ésta la mejor manera de*
- **I don't think much of** what this government has done so far
  *no tengo muy buena opinión de*
- **I can't say I'm pleased about** what has happened
  *no es que esté muy* *contento* *con*
- The police **took a dim view of** her attempt to help her son break out of jail
  *veía ... con malos ojos*
- **We have a low** *o* **poor opinion of** opportunists like him
  *sentimos poca estima por*
- They **should not have refused to** give her the money
  *no deberían haberse negado a*

Más directamente

- **I'm fed up with** having to wait so long for payments to be made
  = *estoy hasta la* *coronilla* *de*
- **I've had (just) about enough of** this whole supermodel thing
  = ... *(ya) me tiene* *harto*
- **I can't bear** *o* **stand** people who smoke in restaurants
  = *no* *soporto*
- **How dare he** say that!
  = *¡cómo se atreve a ...!*
- **He was quite wrong to** repeat what I said about her
  = *hizo muy mal en*
- **I cannot approve of** *o* **support** any sort of testing on live animals
  = *me* *resulta* *inaceptable*
- **We are opposed to** all forms of professional malpractice
  = *nos* *oponemos* *a*
- **We condemn** any intervention which could damage race relations
  = *condenamos*
- **I must object to** the tag "soft porn actress"
  = *tengo que* *protestar* *contra*
- **I'm very unhappy about** your (idea of) going off to Turkey on your own
  = *me hace muy poca gracia*
- **I strongly disapprove of** such behaviour
  = *desapruebo* *totalmente*

## 42 CERTEZA, PROBABILIDAD, POSIBILIDAD Y CAPACIDAD

### 42.1 Certeza

- **She was bound to** discover that you and I had talked
  = *era de esperar que*
- **It is inevitable that they will** get to know of our meeting
  = *es* *inevitable* *que se enteren*
- **I'm sure** *o* **certain (that)** he'll keep his word
  = *estoy* *seguro* *de que*
- **I'm positive** *o* **convinced (that)** it was your mother I saw
  = *estoy convencido de que*
- **We now know for certain** *o* **for sure that** the exam papers were seen by several students before the day of the exam
  = *sabemos ya con* *seguridad*
- **I made sure** *o* **certain that** no one was listening to our conversation
  = *me* *aseguré* *de que*
- From all the evidence **it is clear that** they were planning to sell up
  = *está* *claro* *que*
- **What is indisputable is that** a diet of fruit and vegetables is healthier
  = *lo que es* *indiscutible* *es que*
- **It is undeniable that** racial tensions in Britain have been increasing
  = *no se puede negar que*
- **There is no doubt that** the talks will be long and difficult
  = *no hay ninguna* *duda* *de que*
- **There can be no doubt about** the objective of the animal liberationists
  = *no cabe ninguna* *duda* *acerca de*
- This crisis has demonstrated **beyond all (possible) doubt** that effective political control must be in place before the creation of such structures
  = *sin lugar a* *dudas*
- Her pedigree **is beyond dispute** *o* **question**
  = *está fuera de* *dudas*
- **You have my absolute assurance that** this is the case
  = *tiene mi* *garantía* *absoluta de que*
- **I can assure you that** I have had nothing to do with any dishonest trading
  = *puedo* *asegurarle* *que*
- **Make no mistake about it** - I will return when I have proof of your involvement
  = *que quede bien* *claro*

### 42.2 Probabilidad

- **There is a good** *o* **strong chance that** they will agree to the deal
  = *hay bastantes* *probabilidades* *de que*
- **It seems highly likely that** it was Bert who told Peter what had happened
  = *parece muy* *probable* *que*
- **The chances** *o* **the odds are that** he will play safe in the short term
  = *lo más* *probable* *es que*
- **The probability is that** your investment will be worth more in two years time
  = *lo más* *probable* *es que*
- The child's hearing will, **in all probability,** be severely affected
  = *con toda* *probabilidad*
- You will **very probably** be met at the airport by one of our men
  = *es muy* *probable* *que*
- **It is highly probable that** American companies will face retaliation abroad
  = *es muy* *probable* *que*
- **It is quite likely that** you will get withdrawal symptoms at first
  = *es bastante* *probable* *que*

- **The likelihood is that** the mood of mistrust and recrimination will intensify
  = *lo más probable es que*
- The person indicted is, **in all likelihood**, going to be guilty as charged
  = *con toda probabilidad*
- **There is reason to believe that** the books were stolen from the library
  = *hay motivo para creer que*
- **He must** know of the paintings' existence
  = *debe de*
- The talks **could very well** spill over into tomorrow
  = *podrían muy bien*
- The cheque **should** reach you by Saturday
  = *debería*
- **It wouldn't surprise me** *o* **I wouldn't be surprised if** he was working for the Americans
  = *no me sorprendería que*

### 42.3 Posibilidad

- The situation **could** change from day to day
  = *podría*
- Britain **could perhaps** play a more positive role in developing policy
  = *podría quizá*
- **I venture to suggest (that)** a lot of it is to do with his political ambitions
  = *me atrevería a sugerir que*
- **It is possible that** psychological factors play some unknown role in the healing process
  = *es posible que*
- **It is conceivable that** the economy is already in recession
  = *cabe la posibilidad de que*
- **It is well within the bounds of possibility that** England could be beaten
  = *no se puede descartar la posibilidad de que*
- **It may be that** the whole battle will have to be fought over again
  = *puede ser que*
- **It may be (the case) that** they got your name from the voters' roll
  = *puede ser que*
- **There is an outside chance that** the locomotive may appear in the Gala
  = *hay una remota posibilidad de que*
- **There is a small chance that** your body could reject the implants
  = *existe una pequeña posibilidad de que*

### 42.4 Para expresar lo que alguien es capaz de hacer

- Our Design and Print Service **can** supply envelopes and package your existing literature
  = *pueden*
- Applicants must **be able to** use a word processor
  = *saber*
- **He is qualified to** teach physics
  = *tiene titulación para*

## 43 INCERTIDUMBRE, IMPROBABILIDAD, IMPOSIBILIDAD E INCAPACIDAD

### 43.1 Incertidumbre

- **I doubt if** *o* **It is doubtful whether** he knows where it came from
  = *dudo que*
- **There is still some doubt surrounding** his exact whereabouts
  = *sigue habiendo dudas acerca de*
- **I have my doubts about** replacing private donations with taxpayers' cash
  = *tengo mis dudas sobre la sustitución de*
- **It isn't known for sure** *o* **It isn't certain** where she is
  = *no se sabe con certeza*
- **No one can say for sure** how any child will develop
  = *no se puede decir con seguridad*
- It's all still up in the air - **we won't know for certain** until next week
  = *no lo sabremos con seguridad*
- You're asking why I should do such an extraordinary thing and **I'm not sure** *o* **certain that** I really know the answer
  = *no estoy seguro de*
- **I'm not convinced that** you can really teach people who don't want to learn
  = *no estoy convencido de que*
- **We are still in the dark about** where the letter came from
  = *seguimos sin saber*
- How long this muddle can last **is anyone's guess**
  = *cualquiera sabe*
- Sterling is going to come under further pressure. **It is touch and go whether** base rates will have to go up
  = *está por ver si*
- **I'm wondering if** I should offer to help?
  = *no sé*

### 43.2 Improbabilidad

- You have **probably not** yet seen the document I am referring to
  = *seguramente no*
- **It is highly improbable that** there will be a challenge for the party leadership in the near future
  = *hay poquísimas probabilidades de que*
- **It is very doubtful whether** the expedition will reach the summit
  = *es muy dudoso que*
- **In the unlikely event that** the room was bugged, the music would drown out their conversation
  = *si se diera el caso poco probable de que*
- **It was hardly to be expected that** democratization would be easy
  = *apenas cabía esperar que*

### 43.3 Imposibilidad

- **There can be no** changes in the schedule
  = *no puede haber*
- Nowadays Carnival **cannot** happen **without** the police telling us where to walk and what direction to walk in
  = *no puede ... sin que*
- People said prices would inevitably rise; **this cannot be the case**
  = *esto es imposible*
- **I couldn't possibly** invite George and not his wife
  = *¿cómo voy a ...?*
- The report **rules out any possibility of** exceptions, and amounts to little more than a statement of the obvious
  = *descarta cualquier posibilidad de*
- **There is no question of** us getting this finished on time
  = *es imposible que*
- A West German spokesman said **it was out of the question that** these weapons would be based in Germany
  = *que ... de ninguna manera*
- **There is not (even) the remotest chance that** *o* **There is absolutely no chance that** he will succeed
  = *no existe la más remota posibilidad de que*
- The idea of trying to govern twelve nations from one centre **is unthinkable**
  = *es impensable*
- Since we had over 500 applicants, **it would be quite impossible to** interview them all
  = *sería del todo imposible*

### 43.4 Para expresar lo que uno es incapaz de hacer

- **I can't** drive, I'm afraid
  = *no sé*

- **I don't know how to** use a word processor
  = *no sé*
- The army **has been unable to** suppress the political violence in the area
  = *no ha podido*
- The congress had shown itself **incapable of** real reform
  = *incapaz de*
- His fellow-directors **were not up** to runn**ing** the business without him
  = *no eran capaces de*
- We hoped the sales team would be able to think up new marketing strategies, but they **were** unfortunately **not equal to the task**
  = *no fueron capaces de hacerlo*
- I'm afraid the task **proved** (to be) **beyond his capabilities**
  = *resultó demasiado para él*
- I'd like to leave him but sometimes I feel that such a step **is beyond me**
  = *es superior a mis fuerzas*
- **He simply couldn't cope with** the stresses of family life
  = *es que no podía con*
- Far too many women accept that they're **hopeless at** *o* **no good at** manag**ing** money
  = *no sirven para controlar*
- **I'm not in a position to** say now how much substance there is in the reports
  = *no estoy en situación de*
- **It is quite impossible for me to** describe the confusion and horror of the scene
  = *me resulta casi imposible*

## 44 EXPLICACIONES

### 44.1 Para dar las razones de algo

- He was sacked **for the simple reason that** he just wasn't up to it any more
  = *por la sencilla razón de que*
- **The reason that** we admire him is that he knows what he is doing
  = *la razón de que*
- He said he could not be more specific **for** security **reasons**
  = *por razones de*
- The students were arrested **because of** suspected dissident activities
  = *por*
- Parliament has prevaricated, **largely because of** the unwillingness of the main opposition party to support the changes
  = *sobre todo a causa de*
- Teachers in the eastern part of Germany are assailed by fears of mass unemployment **on account of** their communist past
  = *a causa de*
- Morocco has announced details of the austerity package it is adopting **as a result of** pressure from the International Monetary Fund
  = *como consecuencia de*
- They are facing higher costs **owing to** rising inflation
  = *debido a*
- The full effects will be delayed **due to** factors beyond our control
  = *debido a*
- **Thanks to** their generosity, the charity can afford to buy new equipment
  = *gracias a*
- What also had to go was the notion that some people were born superior to others **by virtue of** their skin colour
  = *en virtud de*
- Both companies became profitable again **by means of** severe cost-cutting
  = *mediante*
- He shot to fame **on the strength of** a letter he had written to the papers
  = *a raíz de*
- The King and Queen's defence of old-fashioned family values has acquired a poignancy **in view of** their inability to have children
  = *en vista de*
- The police have put considerable pressure on the Government to toughen its stance **in the light of** recent events
  = *a la luz de*
- **In the face of** this continued disagreement, the parties have asked for the polling to be postponed
  = *ante*
- His soldiers had been restraining themselves **for fear of** harm**ing** civilians
  = *por temor a herir*
- A survey by the World Health Organization says that two out of every five people are dying prematurely **for lack of** food or health care
  = *por falta de*
- **Babies have died for want of** *o* **for lack of** proper medical attention
  = *por falta de*
- I refused her a divorce, **out of** spite I suppose
  = *por*
- The warder was freed unharmed **in exchange for** the release of a colleague
  = *a cambio de*
- The court had ordered his release, **on the grounds that** he had already been acquitted of most of the charges against him
  = *basándose en que*
- I am absolutely in favour of civil disobedience **on** moral **grounds**
  = *por motivos*
- It is unclear why they initiated this week's attack, **given that** negotiations were underway
  = *dado que*
- **Seeing that** he had a police escort, the only time he could have switched containers was on the way to the airport
  = *dado que*
- **As** he had been up since 4 a.m., he was doubtless very tired
  = *como*
- International intervention was appropriate **since** tensions had reached the point where there was talk of war
  = *ya que*
- She could not have been deaf, **for** she started at the sound of a bell (*literario*)
  = *pues*
- I cannot accept this decision. **So** I confirm it is my intention to appeal to a higher authority
  = *así que*
- What the Party said was taken to be right, **therefore** anyone who disagreed must be wrong
  = *por lo tanto*
- **Following** last weekend's rioting in central London, Conservatives say some left-wing Labour MPs were partly to blame
  = *tras*
- **The thing is that** once you've retired there's no going back
  = *lo que pasa es que*

### 44.2 Para explicar la causa o el origen de algo

- The serious dangers to your health **caused by** *o* **brought about by** cigarettes are now better understood
  = *provocados por*
- When the picture was published recently, **it gave rise to** *o* **led to** speculation that the three were still alive and being held captive
  = *dio lugar a*
- The army argues that security concerns **necessitated** the demolitions
  = *hacían necesarias*

- This lack of recognition **was at the root of** the dispute
  = *fue la razón fundamental de*
- **I attribute** all this mismanagement **to** the fact that the General Staff in London is practically non-existent
  = *atribuyo ... a*
- This unrest **dates from** colonial times
  = *data de*
- The custom **goes back to** pre-Christian days
  = *se remonta a*

## 45 DISCULPAS

### 45.1 Para disculparse

- **I'm really sorry**, Steve, **but** we won't be able to come on Saturday
  = *de verdad lo siento ... pero*
- **I'm sorry that** your time has been wasted
  = *siento que*
- **I am sorry to have to** say this to you but you're no good
  = *siento tener que*
- **Apologies if** I wasn't very good company last night
  = *disculpa si*
- **I must apologize for** what happened. Quite unforgivable, and the man responsible has been disciplined
  = *le ruego disculpe*
- **I owe you an apology**. I didn't think you knew what you were talking about
  = *te debo una disculpa*
- The general back-pedalled, saying that **he had not meant to** offend the German government
  = *no había sido su intención ofender*
- **Do forgive me for** being a little abrupt
  = *le ruego me perdone que haya sido*
- **Please forgive me for** behaving so badly
  = *perdóname por haberme comportado*
- **Please accept our apologies** if this has caused you any inconvenience
  = *les rogamos acepten nuestras disculpas*

### 45.2 Para aceptar responsabilidad de algo

- **I admit** I overreacted, but someone needed to speak out against her
  = *admito que*
- **I have no excuse for** what happened
  = *no tengo excusa para explicar*
- **It is my fault that** our marriage is on the rocks
  = *es culpa mía que*
- The Government **is not entirely to blame for** the crisis
  = *no tiene toda la culpa de*
- **I should never have** let him rush out of the house in anger
  = *no tenía que haber*
- Oh, but **if only I hadn't** lost the keys
  = *ojalá no hubiera*
- I hate to admit that the old man was right, but **I made a stupid mistake**
  = *fue un fallo tonto*
- **My mistake was in** failing to push my concerns and convictions as hard as I could have done
  = *mi error fue no conseguir*
- **My mistake was to** arrive wearing a jacket and polo-neck jumper
  = *cometí el error de*
- In December and January the markets raced ahead, and I missed out on that. **That was my mistake**
  = *ese fue mi error*

### 45.3 Para expresar lo que se lamenta

- **I'm very upset about** her decision but I accept she needs to move on to new challenges
  = *estoy muy disgustado por*
- **It's a shame that** the press gives so little coverage to these events
  = *es una pena que*
- **I feel awful about** saying this but you really ought to spend more time with your children
  = *me sabe mal*
- **I'm afraid I can't** help you very much
  = *(me temo que) no puedo*
- **It is a pity that** my profession can make a lot of money out of the misfortunes of others
  = *es una lástima que*
- **It is unfortunate that** the matter should have come to a head just now
  = *es de lamentar que*
- David and I **very much regret that** we have been unable to reach an agreement
  = *lamentamos mucho*
- The accused **bitterly regrets** this incident and it won't happen again
  = *lamenta de corazón*
- **We regret to inform you that** the post of Editor has now been filled
  = *lamentamos tener que informarle que*

### 45.4 Para rechazar toda responsabilidad

- **I didn't do it on purpose**, it just happened
  = *no lo hice a propósito*
- Sorry, Nanna. **I didn't mean to** upset you
  = *no era mi intención*
- Sorry about not coming to the meeting **I was under the impression that** it was just for managers
  = *tenía idea de que*
- **We are simply trying to** protect the interests of local householders
  = *intentamos sencillamente*
- I know how this hurt you but **I had no choice**. I had to put David's life above all else
  = *no me quedaba otro remedio*
- **We were obliged to** accept their conditions
  = *nos vimos obligados a*
- We are unhappy with 1.5%, but under the circumstances **we have no alternative but to** accept
  = *no nos queda otra alternativa que*
- **I had nothing to do with** the placing of any advertisement
  = *no tuve nada que ver con*
- A spokesman for the club assured supporters that **it was a genuine error** and **there was no intention to** mislead them
  = *se trataba de un error auténtico y que no hubo intención de*

## 46 SOLICITUDES DE TRABAJO

### 46.1 Para empezar la carta

- **In reply to your advertisement** for a Trainee Manager in today's *Guardian*, I would be grateful if you would send me further details of the post
  = *en respuesta a su anuncio*
- **I wish to apply for the post of** bilingual correspondent, as advertised in this week's
  = *desearía que se me considerara para Euronews el puesto de*
- **I am writing to ask if there is any possibility of work in your company**
  = *le ruego me informe si existe alguna posibilidad de empleo dentro de su empresa*

89 Short Street
Glossop
Derby SK13 4AP

The Personnel Director
Norton Manufacturing Ltd
Sandy Lodge Industrial Estate
Northants NN10 8QT

3 February 2000

Dear Sir or Madam[1]

With reference to your advertisement in the Guardian of 2 February 2000, I wish to apply for the post of Export Manager in your company.

I am currently employed as Export Sales Executive for United Engineering Ltd. My main role is to develop our European business by establishing contact with potential new distributors and conducting market research both at home and abroad.

I believe I could successfully apply my sales and marketing skills to this post and therefore enclose my curriculum vitae for your consideration. Please do not hesitate to contact me if you require further details. I am available for interview at any time.

I look forward to hearing from you.

Yours faithfully

Janet Lilly

[1] Cuando no se sabe si el destinatario es hombre o mujer, se debe usar esta fórmula. Por otra parte, si se conoce la identidad del destinatario se puede utilizar una de estas formas al escribir el nombre y dirección:

Mr Derek Balder
Mrs Una Claridge
Ms Nicola Stokes
*o*
Personnel Director
Messrs. J.M. Kenyon Ltd. *etc.*

En el encabezamiento de la carta, las fórmulas correspondientes serían: "Dear Mr Balder", "Dear Mrs Claridge" etc, "Dear Sir/ Madam" (según corresponda, si se sabe si es hombre o mujer), "Dear Sir or Madam" (si no se sabe).

Las cartas que comienzan con el nombre de la persona en el encabezamiento (e.g. "Dear Mr Balder") pueden terminar con la fórmula de despedida "Yours sincerely"; las que empiezan con "Dear Sir/ Madam" normalmente acaban con "Yours faithfully", seguido de la firma. Véanse más detalles en las páginas 822-825.

[2] Si se solicita un puesto en el extranjero se puede emplear una frase que explique el título académico que se posee, p.ej. "Spanish/Mexican etc. equivalent of A-Levels (bachillerato superior)", "equivalent to a degree in English Studies etc. (licenciatura en Filología Inglesa etc)".

## *CURRICULUM VITAE*

**Name:** Margaret Sinclair

**Address:** 12 Poplar Avenue, Leeds LS12 9DT, England

**Telephone:** 0113 246 6648

**Date of Birth:** 2.2.70

**Marital Status:** Single

**Nationality:** British

**Qualifications[2]:**
Diploma in Business Management, Liverpool College of Business Studies (1994)
B.A. Honours in French with Hispanic Studies (Upper 2nd class), University of York (1993)
A-Levels: English (B), French (A), Spanish (A), Geography (C) (1988)
O-Levels: in 8 subjects (1986)

**Employment History:**
Assistant Manager, Biblio Bookshop, York (October 1994 to present)
Sales Assistant, Langs Bookshop, York (summer 1994)
English Assistant, Lycée Victor Hugo, Nîmes, France (1991-92)
Campsite courier, Peñíscola, Spain (summer 1989)

**Other Information:**
I enjoy reading, the cinema, skiing and amateur dramatics.
I hold a clean driving licence and am a non-smoker.

**References:**

Mr John Jeffries
Manager
Biblio Bookshop
York
YT5 2PS

Ms Teresa González
Department of Spanish
University of York
York
YT4 3DE

- **I am writing to enquire about the possibility of joining your company on work placement** for a period of 3 months
  = *le agradecería me informara sobre la posibilidad de efectuar prácticas de trabajo en su empresa*

## 46.2 Para hablar de la experiencia profesional propia

- **I have** three **years' experience of** office work
  = *tengo ... años de experiencia en*
- **I am familiar with word processors**
  = *tengo experiencia en proceso de textos*
- **As well as speaking fluent** English, **I have a working knowledge of** German
  = *además de hablar ... con fluidez, tengo buenos conocimientos de*
- **As you will see from my CV,** I have worked in Belgium before
  = *como verá en mi currículum*
- **Although I have no experience of** this type of work, I have had other holiday jobs and can supply references from my employers, if you wish
  = *a pesar de carecer de experiencia en*
- **My current salary is** ... per annum and I have four weeks' paid leave
  = *mi sueldo actual es de*

## 46.3 Para exponer las motivaciones propias

- **I would like to make better use of my languages**
  = *quisiera hacer más uso de los idiomas que conozco*
- **I am keen to work in** public relations
  = *tengo mucho interés en trabajar en*

## 46.4 Para terminar la carta

- **I will be available from** the end of April
  = *estaré libre a partir de*
- **I am available for interview** at any time
  = *me tendrá a su disposición para una entrevista personal*
- **Please do not hesitate to contact me** for further information
  = *no dude en ponerse en contacto conmigo*
- **Please do not contact my current employers**
  = *le rogaría que no se comunicara con mi empresa*
- **I enclose** a stamped addressed envelope for your reply
  = *adjunto*

## 46.5 Como pedir y redactar referencias

- In my application for the position of lecturer, I have been asked to provide the names of two referees and **I wondered whether you would mind if I gave your name** as one of them
  = *le agradecería me permitiera dar su nombre*
- Ms Lee has applied for the post of Marketing Executive with our company and has given us your name as a reference. **We would be grateful if you would let us know whether you would recommend her for this position**
  = *le agradeceríamos nos informase si merece su recomendación para tal puesto*
- **Your reply will be treated in the strictest confidence**
  = *su respuesta será tratada con absoluta reserva*
- I have known Mr Chambers for four years in his capacity as Sales Manager and **can warmly recommend him for the position**
  = *me complace recomendarlo para el puesto*

## 46.6 Para aceptar o rechazar una propuesta de empleo

- Thank you for your letter of 20 March. **I will be pleased to attend for interview** at your Manchester offices on Thursday 7 April at 10am
  = *con mucho gusto me presentaré a la entrevista personal que me solicitan*
- **I would like to confirm my acceptance of** the post of Marketing Executive
  = *deseo confirmar que acepto*
- **I would be delighted to accept this post. However,** would it be possible to postpone my starting date until 8 May?
  = *aceptaría encantado el puesto. Sin embargo,*
- **I would be glad to accept your offer; however,** the salary stated is somewhat lower than what I had hoped for
  = *aceptaría con mucho gusto su oferta; sin embargo*
- Having given your offer careful thought, **I regret that I am unable to accept**
  = *lamento no poder aceptarla*

# 47 CORRESPONDENCIA COMERCIAL

## 47.1 Peticiones de información

- **We see from** your advertisement in the Healthy Holiday Guide that you are offering cut-price holidays in Scotland, and **would be grateful if you would send us** details
  = *hemos visto ... Les agradeceríamos que nos enviaran*
- I read about the Happy Pet Society in the NCT newsletter and would be very interested to learn more about it. **Please send me details of** membership
  = *les agradecería que me enviaran información detallada sobre*

### ... y cómo responder

- **In response to your enquiry of** 8 March, **we have pleasure in enclosing** full details on our activity holidays in Cumbria, **together with** our price list, valid until October 2000
  = *en respuesta a su consulta del ... adjuntamos ... acompañados de*
- **Thank you for your enquiry about** the Society for Wildlife Protection. **I enclose** a leaflet explaining our beliefs and the issues we campaign on. **Should you wish** to join, a membership application form is also enclosed
  = *le agradecemos el interés mostrado por ... Le envío ... Si se decidiera a*

## 47.2 Pedidos y cómo responder

- **We would like to place an order for** the following items, in the sizes and quantities specified below
  = *desearíamos hacer un pedido de*
- **Please find enclosed our order no.** 3011 for ...
  = *adjunto encontrará nuestro pedido n°*
- **The enclosed order** is based on your current price list, assuming our usual discount
  = *el pedido adjunto*
- **I wish to order** a can of "Buzz off!" wasp repellent, as advertised in the July issue of Gardeners' Monthly, **and enclose a cheque for** £2.50
  = *desearía encargar ... para lo que adjunto un cheque por valor de*
- **Thank you for your order of** 3 May, which will be dispatched within 30 days
  = *le agradecemos su pedido de fecha*
- **We acknowledge receipt of your order no.** 3570 and advise that the goods will be dispatched within 7 working days
  = *acusamos recibo de su pedido n°*
- **We regret that the goods you ordered are temporarily out of stock**
  = *lamentamos tener que informarle que los artículos solicitados se hallan agotados temporalmente*
- **Please allow** 28 days **for delivery**
  = *la entrega se efectuará en un plazo de*

## 47.3 Entregas

- **Our delivery time is** 60 days from receipt of order
  = *nuestro plazo de entrega es de*
- **We await confirmation of your order**
  = *quedamos a la espera de confirmación de su pedido*

Ms Sharon McNeillie
41 Courthill Street
Beccles NR14 8TR

117 Rollesby Road
Beccles NR6 9DL
☎ 61 654 31 71

18 January 2000

Dear Ms McNeillie

**Special Offer! 5% discount on orders received in January!**

Thank you for your recent enquiry. We can deliver fresh flowers anywhere in the country at very reasonable prices. Our bouquets come beautifully wrapped, with satin ribbons, attractive foil backing, a sachet of plant food and, of course, your own personalized message. For that special occasion, we can even deliver arrangements with a musical greeting, the ideal surprise gift for birthdays, weddings or Christmas!

Whatever the occasion, you will find just what you need to make it special in our latest brochure, which I have pleasure in enclosing, along with our current price list. All prices include delivery within the UK.

During the promotion, a discount of 5% will apply on all orders received before the end of January, so hurry!

We look forward to hearing from you.

Yours sincerely

Daisy Duckworth

Daisy Duckworth
Promotions Assistant

---

**Carrick Foods Ltd**

*Springwood Industrial Estate*
*Alexandra Road*
*Sheffield S11 5GF*

Ms J Birkett
Department of English
Holyrood High School
Mirlees Road
Sheffield S19 7KL

14 April 2000

Dear Ms Birkett

Thank you for your letter of 7 April enquiring if it would be possible to arrange a group visit to our factory. We would of course be delighted to invite you and your pupils to take part in a guided factory tour. You will be able to observe the process from preparation through to canning, labelling and packaging of the final product ready for dispatch. Our factory manager will be available to answer pupils' questions at the end of the tour.

I would be grateful if you could confirm the date of your proposed visit, as well as the number of pupils and teachers in the party, at your earliest convenience.

Thank you once again for your interest in our company. I look forward to meeting you.

Yours sincerely

George Whyte

**We confirm that the goods were dispatched on** 4 September
= *confirmamos que el envío de la mercancía tuvo lugar el*

- **We cannot accept responsibility for** goods damaged in transit
= *lamentamos no poder responsabilizarnos de*

## 47.4 Para hacer una reclamación

- **We have not yet received** the items ordered on 6 May (ref. order no. 541)
= *no hemos recibido aún*
- **Unfortunately**, the goods were damaged in transit
= *desgraciadamente*
- **The goods received differ significantly from the description** in your catalogue.
= *los artículos recibidos difieren sustancialmente de los descritos*
- If the goods are not received by 20 October, **we shall have to cancel our order***nos*
= *veremos obligados a anular nuestro pedido*

## 47.5 Pagos

- **The total amount outstanding is ...**
= *el importe pendiente se eleva a*
- **We would be grateful if you would attend to this account** immediately
= *les agradeceríamos que nos enviaran liquidación de esta cuenta*
- **Please remit payment by return**
= *sírvase remitirnos el pago a vuelta de correo*
- Full payment **is due within** 14 working days from receipt of goods
= *vence en un plazo de*
- **We enclose** a cheque for ... **in settlement of your invoice no.** 2003L/58
= *adjuntamos ... como liquidación de su factura n°*
- We must point out an error in your account and **would be grateful if you would adjust your invoice** accordingly
= *les agradeceríamos que rectificaran su factura*
- This mistake was due to an accounting error, and **we enclose a credit note for** the sum involved
= *abonamos*
- **Thank you for your cheque for** ... in settlement of our invoice
= *le agradecemos su cheque por valor de*
- **We look forward to doing further business with you** in the near future
= *Esperamos poder volver a servirles*

# 48 CORRESPONDENCIA DE CARÁCTER GENERAL

## 48.1 Para comenzar una carta

### Para escribir a alguien que se conoce

- **Thank you** *o* **Thanks for your letter** which arrived yesterday
= *gracias por tu carta*
- **It was good** *o* **nice** *o* **lovely to hear from you**
= *me alegró recibir noticias tuyas*
- It's such a long time since we were last in touch that **I felt I must write a few lines** just to say hello
= *pensé que tenía que escribirte unas líneas*
- **I'm sorry I haven't written for so long**, and hope you'll forgive me; I've had a lot of work recently and ...
= *perdona que no te haya escrito desde hace tanto tiempo*

### Para escribir a una organización

- **I am writing to ask whether** you have in stock a book entitled ...
= *el motivo de mi carta es preguntarles si*
- **Please send me** ... I enclose a cheque for ...
= *les ruego me envíen*
- When I left your hotel last week, I think I may have left a red coat in my room. **Would you be so kind as to** let me know whether it has been found?
= *si fueran tan amables, ¿podrían ...?*
- **I** have seen the details of your summer courses, and **wish to know whether** you still have any vacancies on the Beginners' Swedish course
= *desearía saber si*

## 48.2 Para terminar el cuerpo de la carta (antes de la despedida)

### A un conocido

- **Gerald joins me in sending very best wishes to you all**
= *Gerald y yo os deseamos lo mejor a todos*
- **Please remember me to** your wife - I hope she is well
= *dele mis recuerdos a*
- **I look forward to hearing from you**
= *quedo a la espera de tu respuesta*

### A un amigo

- **Say hello to Martin for me**
= *saluda a Martin de mi parte*
- **Give my warmest regards to Vincent**
= *un abrazo para Vincent*
- **Do write** when you have a minute
= *escríbeme*
- **Hoping to hear from you before too long**
= *esperando recibir noticias tuyas pronto*

### A amigos íntimos

- Rhona **sends her love**/Ray **sends his love**
= *abrazos/besos de parte de*
- **Give my love to** Daniel and Laura, and tell them how much I miss them
= *abrazos/besos a*
- Jodie and Carla **send you a big hug**
= *te mandan un muy fuerte abrazo*

## 48.3 Preparativos de viaje

### Para reservar una habitación

- **Please send me details of** your prices
= *sírvanse enviarme información detallada sobre*
- **Please let me know by return of post if** you have one single room with bath, half board, for the week commencing 3 October
= *sírvanse informarme a vuelta de correo si*
- **I would like to book** bed-and-breakfast accommodation with you
= *desearía reservar*

## 48.4 Para confirmar o anular una reserva

- **Please consider this a firm booking** and hold the room until I arrive, however late in the evening
= *le ruego considere esta como una reserva en firme*
- **Please confirm the following by fax**: one single room with shower for the nights of 20-23 April 2000
= *sírvanse confirmarme por fax los siguientes datos*
- **We expect to arrive** in the early evening, unless something unforeseen happens
= *esperamos llegar*
- **I am afraid I must ask you to alter my booking from** 25 August **to** 3 September. I hope this will not cause too much inconvenience
= *me veo obligado a solicitarle que cambie mi reserva del ... al*
- Owing to unforseen circumstances, **I am afraid (that) I must cancel the booking** made with you for the week beginning 5 September
= *lamento tener que anular la reserva*

226 Wilton Street
Leicester LE8 7SP

20th November 2000

Dear Hannah,

Sorry I haven't been in touch for a while. It's been hectic since we moved house and we're still unpacking! Anyway, it's Leah's first birthday on the 30th and I wondered if you and the kids would like to come to her party that afternoon. We were planning to start around 4 o'clock and finish around 5.30 or so. I've invited a clown and a children's conjurer, mainly for the entertainment of the older ones. With a bit of luck, you and I might get a chance to catch up on all our news!

Drop me a line or give me a ring if you think you'll be able to make it over on the 30th. It would be lovely if you could all come!

Hoping to hear from you soon. Say hello to Danny, Paul and Jonathan for me.

Love,
Jackie

14 Apsley Grove
Aberdeen AB4 7LP
Scotland

14th April 2000

Dear Paloma and Paco,

How are you? I hope you and the children enjoyed Montse's birthday party yesterday. I wish I could have been there too.

My flight from Madrid was delayed, so we didn't reach Gatwick till after midnight last night. I am a bit tired, but at least I have the weekend ahead to recover before going back to work on Monday!

You were so kind to me and I can't thank you enough for all your warmth and hospitality. It was a truly unforgettable stay. I took lots of photographs, as you know, and I intend to have them developed as soon as possible so I can look at them and think of you all. I shall, of course, send you copies of the best ones.

Remember that you are only too welcome to come and stay with me any time. It would be lovely to see you both and to have the opportunity to do something for you at last.

Keep in touch and take care!

With love from

Sandra

## Fórmulas de saludo y de despedido

*El esquema siguiente proporciona ejemplos de fórmulas de saludo y de despedida que se usan a menudo en la correspondencia. Dentro de cada sección son posibles las permutaciones:*

### A alguien conocido personalmente

| FÓRMULAS DE SALUDO | FÓRMULAS DE DESPEDIDA |
|---|---|
| Dear Mr Brown | |
| Dear Mrs Drake | |
| Dear Mr & Mrs Charlton | Yours sincerely |
| Dear Miss Baker | |
| Dear Ms Black | |
| Dear Dr Armstrong | With all good wishes, Yours sincerely[1] |
| Dear Professor Lyons | |
| Dear Sir Gerald | With kindest regards, Yours sincerely[1] |
| Dear Lady MacLeod | *[1] tratamiento más cordial* |
| Dear Andrew | |
| Dear Margaret | |

### A un(a) amigo(a), a un pariente

| FÓRMULAS DE SALUDO | FÓRMULAS DE DESPEDIDA |
|---|---|
| Dear Victoria | With love from |
| Dear Aunt Eleanor | Love from |
| Dear Granny and Grandad | Love to all[1] |
| Dear Mum and Dad | Love from us all[1] |
| My dear Elizabeth | Yours[1] |
| My dear Albert | All the best[1] |
| Dearest Norman | With much love from[2] |
| My dearest Mother | Lots of love from[2] |
| My dearest Lucy | Much love, as always[2] |
| My darling Peter | All my love[2] |
| | *[1] tratamiento familiar* |
| | *[2] tratamiento afectuoso* |

### A un conocido o un(a) amigo(a)

| FÓRMULAS DE SALUDO | FÓRMULAS DE DESPEDIDA |
|---|---|
| Dear Alison | Yours sincerely |
| Dear Annie and George | With best wishes, Yours sincerely[1] |
| Dear Uncle Eric | |
| Dear Mrs Newman | With kindest regards, Yours sincerely[1] |
| Dear Mr and Mrs Jones | |
| My dear Miss Armitage | All good wishes, Yours sincerely[1] |
| | With best wishes, *(etc)* Yours ever[2] |
| | Kindest regards,[2] |
| | Best wishes[2] |
| | With best wishes, As always[2] |
| | *[1] tratamiento más cordial* |
| | *[2] tratamiento familiar* |

### Cartas comerciales (véase también 47)

| FÓRMULAS DE SALUDO | FÓRMULAS DE DESPEDIDA |
|---|---|
| Dear Sirs[1] | |
| Dear Sir[2] | |
| Dear Madam[3] | Yours faithfully |
| Dear Sir or Madam[4] | |
| *[1] para dirigirse a una empresa* | |
| *[2] para dirigirse a un hombre* | |
| *[3] para dirigirse a una mujer* | |
| *[4] cuando no se sabe si se dirige uno a un hombre o una mujer* | |

## 49 AGRADECIMIENTOS

- **Just a line to say thanks for** the lovely book which arrived today
  = *sólo unas letras para darle las gracias por*
- **I can't thank you enough for** finding my watch
  = *no se cómo darle las gracias por*
- **(Would you) please thank him from me**
  = *dele las gracias de mi parte*
- **We greatly appreciated** your support during our recent difficulties
  = *agradecemos enormemente*
- Your advice and understanding **were much appreciated**
  = *le quedamos muy reconocidos por*
- **I am writing to thank you** *o* **to say thank you for** allowing me to quote your experience in my article on multiple births
  = *me dirijo a usted para darle las gracias por permitirme*
- **Please accept our sincere thanks for** all your help and support
  = *le damos nuestro más sincero agradecimiento por*
- **A big thank you to everyone** involved in the show this year
  = *muchísimas gracias a todos*
- **We would like to express our appreciation to** the University of Durham Research Committee for providing a grant
  = *queremos expresar nuestro reconocimiento a*

De parte de un grupo

- **Thank you on behalf of** the Manx Operatic Society **for** all your support
  = *gracias en nombre de ... por*
- **I am instructed by** our committee **to convey our sincere thanks for** your assistance at our recent Valentine Social
  = *... me ha encomendado que les transmitiera nuestro sincero agradecimiento por*

## 50 SALUDOS DE CORTESÍA Y FELICITACIONES

### 50.1 Expresiones para cualquier ocasión

- **I hope you have** a lovely holiday
  = *espero que tengas*
- **With love and best wishes for** your wedding anniversary
  = *os deseo un feliz*
- **(Do) give my best wishes to** your mother **for** a happy and healthy retirement
  = *dile a ... que le deseo lo mejor en*
- Len **joins me in sending you our very best wishes for** your future career
  = *... y yo te deseamos lo mejor en*

### 50.2 En Navidad y Año Nuevo

- **Merry Christmas and a happy New Year**
  = *Feliz Navidad y Próspero Año Nuevo*
- **With season's greetings and very best wishes from** (+ *firma*)
  = *les deseamos unas felices fiestas*
- **May I send you all our very best wishes for** 2000
  = *quisiera desearles a todos un feliz*

### 50.3 Para un cumpleaños

- **All our love and best wishes on your** 21st **birthday**, from Simon, Liz, Kerry and the cats
  = *te deseamos muchísimas felicidades en tu 21 cumpleaños. Con todo nuestro cariño*
- I am writing to wish you **many happy returns (of the day)**. Hope your birthday brings you everything you wished for
  = *muchas felicidades (en el día de tu cumpleaños)*

### 50.4 Para desear una pronta recuperación

- Sorry (to hear) you're ill - **get well soon!**
  = *que te mejores pronto*
- I was very sorry to learn that you were ill, and **send you my best wishes for a speedy recovery**
  = *le deseo una pronta recuperación*

### 50.5 Para desear buena suerte

- **Good luck in your** driving test. I hope things go well for you on Friday
  = *buena suerte en el*
- Sorry to hear you didn't get the job - **better luck next time!**
  = *¡que haya más suerte la próxima vez!*
- **We all wish you the best of luck in** your new job
  = *te deseamos mucha suerte con*

### 50.6 Para felicitar a alguien

- You're expecting a baby? **Congratulations!** When is the baby due? (*hablado*)
  = *¡enhorabuena! (esp Sp), ¡felicitaciones! (esp LAm)*
- You've finished the job already? **Well done!** (*hablado*)
  = *¡muy bien!*
- **We all send you our love and congratulations on** such an excellent result (*escrito*)
  = *enhorabuena de parte de todos por*
- **This is to send you our warmest congratulations and best wishes on** your engagement (*escrito*)
  = *recibe nuestra más cordial enhorabuena por*

## 51 NOTAS Y AVISOS DE SOCIEDAD

### 51.1 Para anunciar un nacimiento

- Julia Archer **gave birth to** a 6lb 5oz **baby son**, Andrew, last Monday. **Mother and baby are doing well**
  = *... dio a luz un niño. Tanto la madre como el niño se encuentran en perfecto estado*
- Ian and Zoë Pitt **are delighted to announce the birth of a daughter**, Laura, on 1st May, 2000, at Minehead Hospital (*en una carta o periódico)*
  = *se complacen en anunciar el nacimiento de su hija*
- At the Southern General Hospital, on 1st December, 1999, **to Paul and Diane Kelly (née Smith) a son, John Alexander,** a brother for Helen (*en un periódico*)
  = *Paul y Diane Kelly tienen el placer de anunciar el nacimiento de su hijo, John Alexander*

... y para responder

- **Congratulations on the birth of** your son
  = *enhorabuena por el nacimiento de*
- **We were delighted to hear about the birth of** Stephanie, and send our very best wishes to all of you
  = *nos alegró mucho saber del nacimiento de*

### 51.2 Para anunciar un compromiso matrimonial

- I'm sure you'll be pleased to hear that Jim and I **got engaged** yesterday
  = *estamos prometidos desde*
- **It is with much pleasure that the engagement is announced between** Michael, younger son of Professor and Mrs Perkins, York, **and** Jennifer, only daughter of Dr and Mrs Campbell, Hucknall (*en un periódico*)
  = *nos complace anunciar el compromiso matrimonial entre ... y*

... y para responder

- **Congratulations to you both on your engagement**, and very best wishes for a long and happy life together
  = *enhorabuena a los dos por vuestro compromiso*
- **I was delighted to hear of your engagement**, and wish you both all the best for your future together
  = *me ha alegrado mucho saber de su compromiso*

### 51.3 Para anunciar una boda

- **I'm getting married** in June, to a wonderful man named Lester Thompson
  = *me caso el 1 de junio de 2000 tuvo*
- At Jurby Church, on 1st June, 2000, Eve, daughter of Ian and Mary Jones, Jurby,to John, son of Ray and Myra Watt, Ayr (*en un periódico*)
  = *lugar el enlace matrimonial de Eve Jones, hija de Ian y Mary Jones, vecinos de Jurby, con John Watt, hijo de Ray y Myra Watt de Ayr. La ceremonia fue celebrada en la Iglesia de Jurby*

... y para responder

- **Congratulations on your marriage, and best wishes to you both for your future happiness**
  = *enhorabuena por vuestra boda. Os deseamos lo mejor para el futuro*
- **We were delighted to hear about your daughter's marriage to** Iain, and wish them both all the best for their future life together
  = *nos hemos alegrado mucho de saber de la boda de su hija con*

### 51.4 Para anunciar un fallecimiento

- My husband **died suddenly** in March
  = *murió de repente*
- **It is with great sadness that I have to tell you that** Joe's father **passed away** three weeks ago
  = *con gran dolor tengo que comunicarte el fallecimiento*
- **Suddenly**, at home, in Newcastle-upon-Tyne, on Saturday 2nd July, 2000, Alan, aged 77 years, **the beloved husband of** Helen and **loving father of** Matthew (*en un periódico*)
  = *... falleció repentinamente ... dejando a su desconsolada esposa ... e hijo*

... y para responder

- My husband and I **were greatly saddened to learn of the passing of** Dr Smith, and send (*o* offer) you and your family our most sincere condolences
  = *nos entristeció enormemente enterarnos del fallecimiento de*
- **We wish to extend our deepest sympathy for your sad loss to you and your wife**
  = *queremos expresarle nuestro más sentido pésame a su mujer y a usted por su dolorosa pérdida*

### 51.5 Para anunciar el cambio de dirección

- We are moving house next week. **Our new address** as of 4 May 2000 **will be ...**
  = *las nuevas señas ... son*

## 52 INVITACIONES

### 52.1 Invitaciones oficiales

- Mr and Mrs James Waller **request the pleasure of your company at the marriage of** their daughter Mary Elizabeth to Mr Richard Hanbury at St Mary's Church, Frampton on Saturday, 21st August, 2000 at 2 o'clock and afterwards at Moor House, Frampton
  = *tienen el placer de invitarles al enlace de*
- The Chairman and Governors of Hertford College, Oxford **request the pleasure of the company of** Miss Charlotte Young and partner **at a dinner** to mark the anniversary of the founding of the College
  = *tienen el placer de invitar a ... a la cena*

... y para responder

- **We thank you for your kind invitation to** the marriage of your daughter Annabel on 20th November, **and have much pleasure in accepting**
  = *gracias por su amable invitación a ..., que aceptamos con mucho gusto*
- Mr and Mrs Ian Low **thank** Dr and Mrs Green for **their kind invitation to** the marriage of their daughter Ann on 21st July **and are delighted to accept**
  = *agradecen su amable invitación a ... y aceptan encantados*
- **We regret that we are unable to accept your invitation to** the marriage of your daughter on 6th May
  = *sentimos no poder aceptar su invitación a*

### 52.2 Invitaciones a fiestas

- **We are celebrating Rosemary's engagement to David** by holding a dinner dance at the Central Hotel on Friday 11th February, 2000, **and very much hope that you will be able to join us**
  = *celebramos el compromiso matrimonial de Rosemary y David ... y esperamos que podáis acompañarnos*
- **We are giving a dinner party** next Saturday, **and would be delighted if you and your wife could come**
  = *damos una cena ... y nos encantaría que vinierais tu mujer y tú*
- **I'm having a party** next week for my 18th - **come along, and bring a friend**
  = *voy a hacer una fiesta ... te espero. Y puedes traer a un amigo*

### 52.3 Para quedar con alguien

- **Would you and Gordon like to come** to dinner next Saturday?
  = *¿os gustaría venir a tí y a Gordon ...?*
- **Would you be free for** lunch next Tuesday?
  = *¿tienes tiempo para ...?*
- **Perhaps we could** meet for coffee some time next week?
  = *podíamos*

### 52.4 Para aceptar una invitación

- **Yes, I'd love to meet up with you** tomorrow
  = *sí, me encantaría verte*
- **It was good of you to invite me**, I've been longing to do something like this for ages
  = *me alegro de que me hayas invitado*
- **Thank you for your invitation to** dinner - **I look forward to it very much**
  = *gracias por su invitación a ... iré con mucho gusto*

### 52.5 Para declinar una invitación

- **I'd love to come, but I'm afraid** I'm already going out that night
  = *me encantaría ir, pero*
- **I wish I could come, but unfortunately** I have something else on
  = *ojalá pudiera ir, pero por desgracia*
- It was very kind of you to invite me to your dinner party next Saturday. **Unfortunately I will not be able to accept**
  = *desgraciadamente no voy a poder aceptar*
- **Much to our regret, we are unable to accept**
  = *sentimos tener que decirle que nos es imposible aceptar*

### 52.6 Sin dar una respuesta concreta

- **I'm not sure** what I'm doing that night, but I'll let you know later
  = *no estoy seguro de*
- **It all depends on whether** I can get a sitter for Rosie at short notice
  = *depende de si*
- **I'm afraid I can't really make any definite plans** until I know when Alex will be able to take her holidays
  = *el problema es que no puedo planear nada definitivamente*

# 53 REDACCIÓN

## 53.1 El argumento en líneas generales

### Para introducir un tema

#### De manera impersonal

- **It is often said** *o* **claimed that** teenagers get pregnant in order to get council accommodation
  = *se suele afirmar que*
- **It is a cliché** *o* **a commonplace (to say) that** American accents are infinitely more glamorous than their British counterparts
  = *es un tópico (decir) que*
- **It is undeniably true that** Gormley helped to turn his union members into far more sophisticated workers
  = *es innegable que*
- **It is a well-known fact that** in this age of technology, it is computer screens which are responsible for many illnesses
  = *es un hecho de sobra conocido que*
- **It is sometimes forgotten that** much Christian doctrine comes from Judaism
  = *a veces se olvida que*
- **It would be naïve to suppose that** in a radically changing world these 50-year-old arrangements can survive
  = *sería ingenuo suponer que*
- **It would hardly be an exaggeration to say that** the friendship of both of them with Britten was among the most creative in the composer's life
  = *se puede decir sin temor a exagerar que*
- **It is hard to open a newspaper nowadays without reading that** TV is going to destroy reading and that electronic technology has made the written word obsolete
  = *hoy en día resulta difícil abrir un periódico en el que no leamos que*
- **First of all, it is important to try to understand** some of the systems and processes involved in order to create a healthier body
  = *en primer lugar, es importante intentar comprender*
- **It is in the nature of** sociological theory **to** make broad generalizations about such things as the evolution of society
  = *es un rasgo característico de*
- **It is often the case that** early interests lead on to a career
  = *suele suceder que*

#### De manera personal

- **By way of introduction, let me** summarize the background to this question
  = *a modo de introducción, voy a*
- **I would like to start with** a very sweeping statement which can be easily challenged
  = *comenzaré con*
- **Before going specifically into the issue of** criminal law, **I wish first to summarize** how Gewirth derives his principles of morality and justice
  = *antes de entrar en el tema concreto de ... quisiera resumir*
- **Let us look at** what self-respect in your job actually means
  = *examinemos*
- **We commonly think of** people **as** isolated individuals but, in fact, few of us ever spend more than an hour or two of our waking hours alone
  = *normalmente consideramos a ... como*
- **What we are mainly concerned with here is** the conflict between what the hero says and what he actually does
  = *nuestra principal preocupación aquí es*
- **We live in a world in which** the word "equality" is liberally bandied about
  = *en el mundo en que vivimos*

### Para incluir conceptos y problemas

- **The concept of** controll**ing** harmful insects by genetic means isn't new
  = *el concepto de*
- **The idea of** getting rich without too much effort has universal appeal
  = *la idea de*
- **The question of whether** Hamlet was really insane has long occupied critics
  = *que ... es una cuestión que*
- Why they were successful where their predecessors had failed **is a question that has been much debated**
  = *es una cuestión muy debatida*
- **One of the most striking aspects of this issue is** the way (in which) it arouses strong emotions
  = *uno de los aspectos más notables de este tema*
- **There are a number of issues** on which China and Britain openly disagree
  = *hay una serie de puntos*

### Para hacer generalizaciones

- **People who** work outside the home **tend to believe that** parenting is an easy option
  = *la gente que ... tiende a creer que*
- **There's** always **a tendency for people to** exaggerate their place in the world
  = *hay una tendencia entre la gente a*
- Many gardeners **have a tendency to** treat plants like humans
  = *tienen tendencia a*
- Viewed psychologically, it would seem that **we all have the propensity for** such traits
  = *todos somos propensos a*
- **For the (vast) majority of people**, literature is a subject which is studied at school but which has no relevance to life as they know it
  = *para la (inmensa) mayoría de la gente*
- **For most of us**, housework is a necessary but boring task
  = *para la mayoría de nosotros*
- History **provides numerous examples** *o* **instances of** misguided national heroes who did more harm than good in the long run
  = *aporta numerosos ejemplos*

### Para ser más preciso

- The impact of these theories on the social sciences, and economics **in particular**, was extremely significant
  = *en concreto*
- **One particular issue** raised by Butt was, suppose Hughes at the time of his conviction had been old enough to be hanged, what would have happened?
  = *un punto en concreto*
- **A more specific point** relates to using this insight as a way of challenging our hidden assumptions about reality
  = *un aspecto más concreto*
- **More specifically**, he accuses Western governments of continuing to supply weapons and training to the rebels
  = *más en concreto*

## 53.2 Para presentar una tesis

### Para introducirla

- **First of all, let us consider** the advantages of urban life
  = *en primer lugar, consideremos*
- **Let us begin with an examination of** the social aspects of this question
  = *comencemos con un examen de*
- **The first thing that needs to be said is that** the author is presenting a one-sided view
  = *lo primero que hay que decir es que*

- **What should be established at the very outset is that** we are dealing here with a practical issue rather than a philosophical one
  = *antes de nada debemos dejar claro que*

Para delimitar el debate

- **In the next section, I will pursue the question of** whether the expansion of the Dutch prison system can be explained by Box's theory
  = *en la próxima sección me centraré en la cuestión de*
- **I will then deal with the question of** whether or not the requirements for practical discourse are compatible with criminal procedure
  = *a continuación me ocuparé de la cuestión de*
- We must distinguish between the psychic and the spiritual, and **we shall see how** the subtle level of consciousness is the basis for the spiritual level
  = *veremos cómo*
- **I will confine myself to** giving an account of certain decisive facts in my militant career with Sartre
  = *me limitaré a*
- In this chapter, **I shall largely confine myself to** a consideration of those therapeutic methods that use visualization as a part of their procedures
  = *me limitaré en gran medida a*
- **We will not concern ourselves here with** the Christian legend of St James
  = *no nos vamos a ocupar aquí de*
- **Let us now consider** to what extent the present municipal tribunals differ from the former popular tribunals in the above-mentioned points
  = *pasemos a considerar ahora*
- **Let us now look at** the ideal types of corporatism that neo-corporatist theorists developed to clarify the concept
  = *pasemos a examinar*

Para exponer los puntos

- **The main issue under discussion is** how the party should re-define itself if it is to play any future role in Hungarian politics
  = *el principal punto de debate es*
- **A second, related problem is** that business ethics has mostly concerned itself with grand theorizing
  = *otro problema relacionado con esto es*
- **The basic issue at stake is this**: is research to be judged by its value in generating new ideas?
  = *el punto básico en cuestión es éste:*
- **An important aspect of** Milton's imagery **is** the play of light and shade
  = *un aspecto importante de ... es*
- **It is worth mentioning here that** when this was first translated, the opening reference to Heidegger was entirely deleted
  = *cabe mencionar aquí que*
- **Finally, there is the argument that** watching too much television may stunt a child's imagination
  = *por último, está el argumento de que*

Para poner un argumento en duda

- World leaders appear to be taking a tough stand, but **is there any real substance in what's been agreed**?
  = *¿se ha decidido algo concreto?*
- This is a question which **merits close(r) examination**
  = *merece un estudio (más) detallado*
- The unity of the two separate German states **has raised fundamental questions** for Germany's neighbours
  = *ha planteado interrogantes fundamentales para*
- The failure to protect our fellow Europeans in Bosnia **raises fundamental questions on** the role of the armed forces
  = *plantea problemas fundamentales sobre*

- **This raises once again the question of** whether a government's right to secrecy should override the public's right to know
  = *... lo que plantea, una vez más, la cuestión de*
- **This poses the question of** whether these measures are really helping the people they were intended to help
  = *la cuestión que esto plantea es*

Para ofrecer un análisis de la cuestión

- **It is interesting to consider why** this scheme has been so successful
  = *es interesante examinar porqué*
- **On the question of** whether civil disobedience is likely to help end the war, Chomsky is deliberately diffident
  = *en lo que concierne a*
- **We are often faced with the choice between** our sense of duty **and** our own personal inclinations
  = *solemos vernos ante la necesidad de escoger entre ... y*
- **When we speak of** realism in music, **we do not at all have in mind** the illustrative bases of music
  = *al hablar de ..., no tenemos presente en absoluto*
- **It is reasonable to assume that** most people living in industrialized societies are to some extent contaminated by environmental poisons
  = *está dentro de lo razonable suponer que*

Para aportar un argumento

- **An argument in support of** this approach **is that** it produces ...
  = *un argumento a favor de ... es que*
- **In support of his theory**, Dr Gold notes that most oil contains higher-than-atmospheric concentrations of helium-3
  = *para apoyar su teoría*
- **This is the most telling argument in favour of** an extension of the right to vote
  = *éste es el argumento más convincente a favor de*
- **The second reason for advocating** this course of action **is that** it benefits the community at large
  = *la segunda razón para mostrarse partidario de ... es que*
- **The third, more fundamental, reason for** looking to the future **is that** even the angriest investors realize they need a successful market
  = *la tercera razón, más fundamental, para ... es que*
- Despite communism's demise, confidence in capitalism seems to be at an all-time low. **The fundamental reason for** this contradiction seems to me quite simple
  = *la razón fundamental de*

## 53.3 Para presentar una antítesis

Para criticar u oponerse a algo

- **In actual fact, the idea of** there being a rupture between a so-called old criminology and an emergent new criminology **is somewhat misleading**
  = *de hecho, la idea de ... es en cierto modo engañoso*
- In order to argue this, **I will show that** Wyeth**'s position is**, in actual fact, **untenable**
  = *voy a demostrar que la postura de ... es ... insostenible*
- **It is claimed, however,** that the strict Leboyer method is not essential for a less traumatic birth experience
  = *se afirma, sin embargo,*
- **This need not mean that** we are destined to suffer for ever. **Indeed, the opposite may be true**
  = *esto no significa que .... De hecho quizá sea lo contrario*
- Many observers, though, **find it difficult to share his opinion that** it could mean the end of the Tamil Tigers
  = *les resulta difícil compartir su opinión de que*
- **On the other hand**, there are more important factors that should be taken into consideration
  = *por otra parte*

- The judgement made **may well be true but** the evidence given to sustain it is unlikely to convince the sceptical
  = *bien puede ser cierto pero*
- Reform **is all very well, but** it is pointless if the rules are not enforced
  = *está muy bien, pero*
- The case against the use of drugs in sport rests primarily on the argument that .... **This argument is weak,** for two reasons
  = *este argumento carece de solidez*
- According to one theory, the ancestors of vampire bats were fruit-eating bats. But **this idea does not hold water**
  = *esta idea no se sostiene*
- Their claim to be a separate race **does not stand up to** historical scrutiny
  = *no resiste*
- **This view does not stand up** if we examine the known facts about John
  = *esta opinión no se sostiene*
- **The trouble with this idea is not that** it is wrong, **but rather that** it is uninformative
  = *el problema no es que esta idea ... sino que*
- **The difficulty with this view is that** he bases the principle on a false premise
  = *el problema que plantea esta opinión radica en que*
- **The snag with** such speculations **is that** too much turns on one man or event
  = *la pega de ... es que*
- But removing healthy ovaries **is entirely unjustified in my opinion**
  *no tiene, en mi opinión, justificación alguna*

### Para proponer una alternativa

- **Another approach may be to** develop substances capable of blocking the effects of the insect's immune system
  = *otro planteamiento posible es*
- **Another way to** reduce failure is to improve vocational education
  = *otra forma de*
- **However, the other side of the coin is** the fact that an improved self-image really can lead to prosperity
  = *sin embargo, la otra cara de la moneda es*
- **It is more accurate to speak of** a plurality of new criminologies rather than of a single new criminology
  = *es más preciso hablar de*
- **Paradoxical as it may seem**, computer models of mind can be positively humanizing
  = *aunque parezca paradójico*

## 53.4 Para presentar la síntesis argumental

### Para evaluar los argumentos expuestos

- **How can we reconcile** these two apparently contradictory viewpoints?
  = *¿cómo reconciliar ...?*
- **On balance**, making money honestly is more profitable than making it dishonestly
  = *al fin y al cabo*
- Since such vitamins are more expensive, **one has to weigh up the pros and cons**
  = *hay que sopesar los pros y los contras*
- **We need to look at the pros and cons of** normative theory as employed by Gewirth and Phillips
  = *es necesario examinar los pros y contras de*
- **The benefits of** partnership in a giant trading market **will** almost certainly **outweigh the disadvantages**
  = *los beneficios de ... pesarán más que los inconvenientes*
- **The two perspectives are not mutually exclusive**
  = *las dos perspectivas no se excluyen mutuamente*

### Para decantarse por uno de los argumentos

- Dr Meaden's theory **is the most convincing explanation**
  = *es la explicación más convincente*
- **The truth** *o* **fact of the matter is that** in a free society you can't turn every home into a fortress
  = *lo cierto es que*
- But **the truth is that** Father Christmas has a rather mixed origin
  = *lo cierto es que*
- Although this operation sounds extremely dangerous, **in actual fact** it is extremely safe
  = *en realidad*
- **When all is said and done, it must be acknowledged that** a purely theoretical approach to social issues is sterile
  = *a fin de cuentas, se debe reconocer que*

### Para resumir los argumentos

- In this chapter, **I have demonstrated** *o* **shown that** the Cuban alternative has been undergoing considerable transformations
  = *he demostrado que*
- **This shows how**, in the final analysis, adhering to a particular theory on crime is at best a matter of reasoned choice
  = *esto demuestra cómo*
- **The overall picture shows that** prison sentences were relatively frequent, but not particularly severe
  = *la visión de conjunto demuestra que*
- **To recap** *o* **To sum up, then, (we may conclude that)** there are in effect two possible solutions to this problem
  = *en resumen, (se puede concluir que)*
- **To sum up this chapter** I will offer two examples ...
  = *para resumir este capítulo*
- **To summarize**, we have seen that the old staple industries in Britain had been hit after the First World War by a deteriorating international competitive position
  = *en resumen*
- Habermas's argument, **in a nutshell**, is as follows
  = *en suma*
- But **the key to the whole argument is** a single extraordinary paragraph
  = *la clave del problema ... se encuentra en*
- **To round off this section on** slugs, gardeners may be interested to hear that there are three species of predatory slugs in the British Isles
  = *para terminar esta sección sobre*

### Para extraer conclusiones

- **From all this, it follows that** it is impossible to extend those kinds of security measures to all potential targets of terrorism
  = *de todo esto se deduce que*
- This, of course, **leads to the logical conclusion that** those who actually produce do have a claim to the results of their efforts
  = *nos lleva a la conclusión lógica de que*
- **There is only one logical conclusion we can reach**, which is that we ask our customers what is the Strategic Reality that they perceive in our marketing programme
  = *sólo podemos llegar a una conclusión lógica*
- **The inescapable conclusion is that** the criminal justice system does not simply reflect the reality of crime; it helps create it
  = *la conclusión ineludible es que*
- **We must conclude that** there is no solution to the problem of defining crime
  = *debemos decir, a modo de conclusión, que*
- **In conclusion**, because interpersonal relationships are so complex, there can be no easy way of preventing conflict
  = *en conclusión*
- **The upshot of all this is that** treatment is unlikely to be available
  *la consecuencia de todo esto es que*

- **So it would appear that** butter is not significantly associated with heart disease after all
  = *parece, pues, que*
- **This only goes to show that** a good man is hard to find
  = *esto demuestra*
- **The lesson to be learned** from this **is that** you cannot hope to please everyone all of the time
  = *la lección que se puede aprender es*
- **At the end of the day**, the only way the drug problem will be beaten is when people are encouraged not to take them
  = *al fin y al cabo*
- **Ultimately, then**, while we may have some sympathy for these young criminals, we must do our utmost to protect society from them
  = *en definitiva*

## 53.5 La estructura del párrafo

### Para añadir información

- **In addition**, the author does not really empathize with his hero
  = *además*
- This award-winning writer, **in addition to** being a critic, biographer and poet, has written 26 crime novels
  = *además de ser*
- But this is only part of the picture. **Added to this are** fears that a major price increase would cause riots
  = *hay que añadir*
- **An added** complication **is** that the characters are not aware of their relationship to one another
  = *una … más es*
- **Also**, there is the question of language
  = *además*
- **The question also arises as to** how this idea can be put into practice
  = *también se plantea la cuestión de*
- Politicians, **as well as** academics and educationalists, tend to feel strongly about the way history is taught
  = *al igual que*
- But, **over and above that**, each list contains fictitious names and addresses
  = *además de eso*
- **Furthermore**, ozone is, like carbon dioxide, a greenhouse gas
  = *además*

### Para comparar

- **Compared with** the heroine, Alison is an insipid character
  = *comparada con*
- **In comparison with** the Czech Republic, the culture of Bulgaria is less westernized
  = *en comparación con*
- This is a high percentage for the English Midlands but low **by comparison with** some other parts of Britain
  = *si se compara con*
- **On the one hand**, there is no longer a Warsaw Pact threat. **On the other (hand)**, the positive changes could have negative side-effects
  = *por una parte … por otra*
- **Similarly**, a good historian is not obsessed by dates
  = *del mismo modo*
- There can only be one total at the bottom of a column of figures and **likewise** only one solution to any problem
  = *del mismo modo*
- What others say of us will translate into reality. **Equally**, what we affirm as true of ourselves will likewise come true
  = *de igual manera*
- There will now be a change in the way we are regarded by our partners, and, **by the same token**, the way we regard them
  = *del mismo modo*
- **There is a fundamental difference between** adequate nutrient intake **and** optimum nutrient intake
  = *hay una diferencia fundamental entre … y*

### Para unir dos elementos

- **First of all** *o* **Firstly**, I would like to outline the benefits of the system
  = *en primer lugar*
- In music we are concerned **first and foremost** with the practical application of controlled sounds relating to the human psyche
  = *ante todo*
- **In order to understand** the conflict between the two nations, **it is first of all necessary to** know something of the history of the area
  = *para comprender … es necesario ante todo*
- **Secondly**, it might be simpler to develop chemical or even nuclear warheads for a large shell than for a missile
  = *en segundo lugar*
- **In the first/second/third place**, the objectives of privatization were contradictory
  = *en primer/segundo/tercer lugar*
- **Finally,** there is the argument that watching too much television may stunt a child's imagination
  = *por último*

### Para expresar una opinión personal

- **In my opinion**, the government is underestimating the scale of the epidemic
  = *en mi opinión*
- **My personal opinion is that** the argument lacks depth
  = *mi opinión personal es que*
- This is a popular viewpoint, but **speaking personally**, I cannot understand it
  = *yo personalmente*
- **Personally**, I think that no one can appreciate ethnicity more than black or African people themselves
  = *yo personalmente*
- **For my part**, I cannot agree with the leadership on this question
  = *por mi parte*
- **My own view is that** what largely determines the use of non-national workers are economic factors rather than political ones
  = *mi opinión personal es que*
- **In my view**, it only perpetuates the very problem that it sets out to address
  = *a mi parecer*
- Although the author argues the case for patriotism, **I feel that** he does not do it with any great personal conviction
  = *creo que*
- **I believe that** people do understand that there can be no quick fix for Britain's economic problems
  = *yo creo que*
- **It seems to me that** what we have is a political problem that needs to be solved at a political level
  = *a mi parecer*
- **I would maintain that** we have made a significant effort to ensure that the results are made public
  = *yo afirmaría que*

### Para expresar la opinión de otra persona

- **He claims** *o* **maintains that** intelligence is conditioned by upbringing
  = *mantiene que*
- Bukharin **asserts that** all great revolutions are accompanied by destructive internal conflict
  = *afirma que*
- The communiqué **states that** some form of nuclear deterrent will continue to be needed for the foreseeable future
  = *manifiesta que*

- **What he is saying is that** the time of the old, highly structured political party is over
  = *lo que dice es que*
- His admirers **would have us believe that** watching this film is more like attending a church service than having a night at the pictures
  = *quieren hacernos creer*
- **According to** the report, poverty creates a climate favourable to violence
  = *según*

Para dar un ejemplo

- **To take another example**: many thousands of people have been condemned to a life of sickness and pain because ...
  = *para poner otro ejemplo*
- Let us consider, **for example** *o* **for instance**, the problems faced by immigrants arriving in a strange country
  = *por ejemplo*
- His meteoric rise **is the most striking example yet of** voters' disillusionment with the record of the previous government
  = *es el ejemplo más claro de ... hasta ahora*
- The case of Henry Howey Robson **serves to illustrate** the courage exhibited by young men in the face of battle
  = *sirve para ilustrar*
- Just consider, **by way of illustration**, the difference in amounts accumulated if interest is paid gross, rather than having tax deducted
  = *a modo de ejemplo*
- **A case in point is** the decision to lift the ban on contacts with the republic
  = *un ejemplo que viene al caso es*
- **Take the case of** the soldier returning from war
  = *tomemos el caso de*
- **As** the Prime Minister **remarked** recently, the Channel Tunnel will greatly benefit the whole of the European Community
  = *tal y como ha señalado ...*

## 53.6 Los mecanismos del debate

Para presentar una suposición

- They have telephoned the president to put pressure on him. **And that could be interpreted as** trying to gain an unconstitutional political advantage
  = *y eso se podría interpretar como*
- Retail sales rose sharply last month. This was higher than expected and **could be taken to mean that** inflationary pressures remain strong
  = *podría hacernos suponer*
- In such circumstances, **it might well be prudent** to diversify your investments
  = *quizá sería prudente*
- These substances do not remain effective for very long. **This is possibly because** they work against the insects' natural instinct to feed
  = *posiblemente se deba a que*
- His wife had become an embarrassment to him and therefore **it is not beyond the bounds of possibility that** he may have contemplated murdering her
  = *no está fuera de lo posible que*
- Mr Fraser's assertion **leads one to suppose that** he is in full agreement with Catholic teaching as regards marriage
  = *nos lleva a suponer*
- **It is probably the case that** all long heavy ships are vulnerable
  = *probablemente*
- After hearing nothing from the taxman for so long, most people **might reasonably assume that** their tax affairs were in order
  = *podría suponerse lógicamente que*
- **One could be forgiven for thinking that** because the substances are chemicals they'd be easy to study
  = *es comprensible que se piense que*
- **I venture to suggest that** very often when people like him talk about love, they actually mean lust
  = *me atrevo a sugerir que*

Para expresar certeza

Véase también la sección 42 CERTEZA

- **It is clear that** any risk to the human foetus is very low
  = *está claro que*
- Benn is **indisputably** a fine orator, one of the most compelling speakers in politics today
  = *indiscutiblemente*
- British universities are **undeniably** good, but they are not turning out enough top scientists
  = *no se puede negar que*
- **There can be no doubt that** the Earth underwent a dramatic cooling which destroyed the environment and life style of these creatures
  = *no cabe duda alguna de que*
- **It is undoubtedly true that** over the years there has been a much greater emphasis on safer sex
  = *es indudable que*
- **As we all know**, adultery is far from uncommon, particularly in springtime
  = *como todos sabemos*
- **One thing is certain**: the party is far from united
  = *lo que es cierto es que*
- **It is (quite) certain that** unless peace can be brought to this troubled land no amount of aid will solve the long-term problems of the people
  = *está (muy) claro que*

Para expresar dudas

Véase también la sección 43 DUDAS

- **It is doubtful whether**, in the present repressive climate, anyone would be brave or foolish enough to demonstrate publicly
  = *es dudoso que*
- **It remains to be seen whether** the security forces will try to intervene
  = *queda por ver si*
- **I have a few reservations about** the book
  = *tengo ciertas reservas acerca de*
- The judges are expected to endorse the recommendation, but **it is by no means certain that** they will make up their minds today
  = *no hay ninguna seguridad de que*
- **It is questionable whether** media coverage of terrorist organizations actually affects terrorism
  = *es discutible que*
- **This raises the whole question of** exactly when men and women should retire
  = *esto plantea la cuestión de*
- The crisis **puts a question mark against** the Prime Minister's stated commitment to intervention
  = *abre un interrogante acerca de*
- **Both these claims are true up to a point** and they need to be made. But they are limited in their significance
  = *ambas afirmaciones son ciertas hasta cierto punto*

Para mostrarse de acuerdo

Véase también la sección 38 ACUERDO

- **I agree wholeheartedly with** the opinion that smacking should be outlawed
  = *coincido totalmente con*
- **One must acknowledge that** their history will make change more painful
  = *hay que reconocer que*

- **It cannot be denied that** there are similarities between the two approaches
  = *no se puede negar que*
- Courtney - **rightly in my view** - is strongly critical of the snobbery and élitism that is all too evident in these circles
  = *pienso que con toda la razón*
- Preaching was considered an important activity, **and rightly so** in a country with a high illiteracy rate
  = *y con mayor razón*
- You may dispute the Pope's right to tell people how to live their lives, **but it is hard to disagree with** his picture of modern society
  = *pero es difícil no coincidir con*

Para mostrarse en desacuerdo

**Véase también la sección 39 DESACUERDO**

- **I must disagree with** Gordon's article on criminality: it is dangerous to suggest that to be a criminal one must look like a criminal
  = *debo mostrar mi desacuerdo con*
- As a former teacher **I find it hard to believe that** there is no link at all between screen violence and violence on the streets
  = *me cuesta creer que*
- The strength of their feelings **is scarcely credible**
  = *es poco verosímil*
- Her claim to have been the first to discover the phenomenon **lacks credibility**
  = *carece de toda credibilidad*
- Nevertheless, **I remain unconvinced by** Milton
  = *... sigue sin convencerme*
- Many do not believe that water contains anything remotely dangerous. Sadly, **this is far from the truth**
  = *dista mucho de ser cierto*
- To say that everyone requires the same amount of a vitamin is as stupid as saying we all have blonde hair and blue eyes. **It simply isn't true**
  = *sencillamente no es cierto*
- His remarks **were** not only highly offensive to black and other ethnic minorities but **totally inaccurate**
  = *totalmente erróneos*
- Stomach ulcers are often associated with good living and a fast-moving lifestyle. **(But) in reality** there is no evidence to support this theory
  = *pero en realidad*
- This version of a political economy **does not stand up to close scrutiny**
  = *no resiste un análisis pormenorizado*

Para resaltar uno de los argumentos

- Nowadays, **there is clearly** less stigma attached to unmarried mothers
  = *está claro que hay*
- Evidence shows that ..., so once again **the facts speak for themselves**
  = *los hechos hablan por sí solos*
- **Few will argue with the principle that** such a fund should be set up
  = *apenas hay quien discuta el principio*
- Hyams **supports this claim** by looking at sentences produced by young children learning German
  = *apoya esta afirmación*
- **The most important thing is to** reach agreement from all sides
  = *lo más importante es*
- Perhaps **the most important aspect of** cognition is the ability to manipulate symbols
  = *el aspecto más importante de*

Para destacar un punto en concreto

- **It would be impossible to exaggerate the importance of** these two volumes for anyone with a serious interest in the development of black gospel music
  = *no se puede exagerar la importancia de*
- The symbolic importance of Jerusalem for both Palestinians and Jews **is almost impossible to overemphasize**
  = *nunca se insistirá demasiado en*
- **It is important to be clear that** Jesus does not identify himself with Yahweh
  = *es importante dejar claro que*
- **It is significant that** Mandalay seems to have become the central focus in this debate
  = *resulta revelador que*
- **It should not be forgotten that** many of those now in exile were close to the centre of power until only one year ago
  = *no hay que olvidar que*
- **It should be stressed that** the only way pet owners could possibly contract such a condition from their pets is by eating them
  = *habría que recalcar que*
- **There is a very important point here and that is that** the accused claims that he was with Ms Martins all evening on the night of the crime
  = *lo que resulta importante aquí es que*
- At the beginning of his book Mr Stone **makes a telling point**. The Balkan peoples, he notes, are for the first time ...
  = *hace un comentario revelador*
- Suspicion is **the chief feature of** Britain's attitude to European theatre
  = *el rasgo primordial de*
- **In order to focus attention on** Hobson's distinctive contributions to macroeconomics, these wider issues are neglected here
  = *con objeto de centrarnos en*
- **These statements are interesting in that** they illustrate different views
  = *estas afirmaciones son interesantes porque*

# English-Spanish Dictionary

# Diccionario Inglés-Español

# A a

**A, a**[1] [eɪ] Ⓐ N [1] (= *letter*) A, a *f*; **A for Andrew** A de Antonio; **to get from A to B** ir de A a B; **No. 32A** (= *house*) núm. 32 bis, núm. 32 duplicado; **the A-Z of Management Techniques** el manual básico de Técnicas de Gestión, Técnicas de Gestión de la A a la Z; **✦IDIOM to know sth from A to Z** conocer algo de pe a pa *or* de cabo a rabo
[2] (*Mus*) **A** la *m*; **A major/minor** la mayor/menor; **A sharp/flat** la sostenido/bemol
[3] (*Scol*) sobresaliente *m*
Ⓑ CPD ► **A level** N ABBR (*Brit Scol*) (= **Advanced level**) ≈ bachillerato *m*; **to take three A levels** presentarse como candidato en tres asignaturas de *A level*; **she has an A level in chemistry** tiene un título de *A level* en química ► **A road** N (*Brit*) ≈ carretera *f* nacional ► **"A" shares** NPL acciones *fpl* de clase A ► **A side** N [*of record*] cara *f* A ► **A to Z**® N (= *map book*) callejero *m*

**A LEVELS**

*Al terminar la educación secundaria obligatoria, los estudiantes de Inglaterra, Gales e Irlanda del Norte pueden estudiar otros dos años para preparar dos o tres asignaturas más y examinarse de ellas a los 18 años. Estos exámenes se conocen con el nombre de* **A levels** *o* **Advanced levels**. *Cada universidad determina el número de* **A levels** *y la calificación necesaria para acceder a ella.*
*En Escocia los exámenes equivalentes son los* **Highers** *o* **Higher Grades**, *que se hacen de unas cinco asignaturas tras un año de estudios. Después se puede optar entre entrar en la universidad directamente o estudiar otro año más, bien para hacer el mismo examen de otras asignaturas, o para sacar los* **CSYS**, *abreviatura de* **Certificate of Sixth Year Studies**.
⇨ *Ver tb* GCSE

**a**[2] [eɪ, ə] INDEF ART (*before vowel or silent h* **an** [æn, ən, n]) [1] un(a) *m/f*; (+ *fem noun starting with stressed* **a** *or* **ha**) un; **a book** un libro; **an apple** una manzana; **a soul** un alma; **an eagle** un águila; **an axe** un hacha
[2] (*article often omitted in translation*) [2·1] (*with professions*) **he is an engineer** es ingeniero; **I am not a doctor** yo no soy médico; BUT **he's a brilliant scientist** es un excelente científico; **that child's a thief!** ¡ese niño es un ladrón!
[2·2] (*after* **tener/buscar** *if singular object the norm*) **I have a wife and six children** tengo mujer y seis hijos; **have you got a passport?** ¿tiene usted pasaporte?; **I haven't got a car** no tengo coche; **she's looking for a secretary** busca secretaria; BUT **she has a daughter** tiene una hija; **they have a lovely house** tienen una casa preciosa; → LOOK FOR
[2·3] (*after negatives*) **you don't stand a chance** no tienes posibilidad alguna; **without a doubt** sin duda; **without saying a word** sin decir palabra
[2·4] (*in expressions*) **half an hour** media hora; **a fine excuse!** ¡bonita disculpa!; **what an idiot!** ¡qué idiota!; **a hundred pounds** cien libras; **a drink would be nice** me gustaría algo de beber
[2·5] (*apposition*) **Patrick, a lecturer at Glasgow University, says that ...** Patrick, profesor de la Universidad de Glasgow, dice que ...; BUT **the Duero, a Spanish river** el Duero, un río español
[3] (= *a certain*) un(a) tal; **a Mr Smith called to see you** vino a verte un tal señor Smith
[4] (= *each, per*) por; **two apples a head** dos manzanas por persona; **£80 a week** 80 libras por semana; **50 kilometres an hour** 50 kilómetros por hora; BUT **30 pence a kilo** 30 peniques el kilo; **once a week/three times a month** una vez a la semana/tres veces al mes

**A.** ABBR (= **answer**) R

**a.** ABBR = **acre**

**a...** PREFIX a...; **atonal** atonal; **atypical** atípico

**a-** PREFIX (†† *or dial*) **everyone came a-running** todos acudieron corriendo; **it was a-snowing hard** estaba nevando mucho

**A1** ['eɪ'wʌn] ADJ de primera clase, de primera categoría; **to feel A1** estar muy bien

**A3** ['eɪ'θriː] ADJ **A3 paper** ◊ **A3-size paper** papel *m* tamaño A3, doble folio *m*

**A4** ['eɪ'fɔːʳ] ADJ **A4 paper** ◊ **A4-size paper** papel *m* tamaño A4, papel *m* tamaño folio, folios *mpl*

**AA** N ABBR [1] (= **Alcoholics Anonymous**) A.A.
[2] (*Brit*) (= **Automobile Association**) ≈ RACE *m*
[3] (*US Univ*) = **Associate in Arts**
[4] (*Mil*) = **anti-aircraft**

**AAA** N ABBR [1] = **Amateur Athletics Association**
[2] (*US*) (= **American Automobile Association**) ≈ RACE *m*

**Aachen** ['ɑːxən] N Aquisgrán *m*

**AAF** N ABBR = **American Air Force**

**AAIB** N ABBR (*Brit*) = **Air Accident Investigation Branch**

**AAM** N ABBR = **air-to-air missile**

**A&E** [ˌeɪən'diː] N ABBR (= **Accident and Emergency**) ≈ Urgencias *fpl*

**AAR** ABBR = **against all risks**

**aardvark** ['ɑːdvɑːk] N (*Zool*) cerdo *m* hormiguero

**Aaron** ['ɛərən] N Aarón

**AAU** N ABBR (*US*) = **Amateur Athletic Union**

**AAUP** N ABBR (*US Univ*) = **American Association of University Professors**

**AB** ABBR [1] (*Naut*) = **able(-bodied) seaman**
[2] (*US Univ*) (= **Bachelor of Arts**) Lic. en Fil. y Let.
[3] (*Canada*) = **Alberta**

**ABA** N ABBR [1] = **Amateur Boxing Association**
[2] (*US*) = **American Bankers Association**
[3] (*US*) = **American Bar Association**

**aback** [ə'bæk] ADV **to take ~** desconcertar, sorprender; **to be taken ~** quedarse desconcertado, sorprenderse; **I was quite taken ~ by the news** la noticia me causó gran sorpresa, la noticia me dejó desconcertado

**abacus** ['æbəkəs] N (*pl* **abacuses**, **abaci** ['æbəsaɪ]) ábaco *m*

**abaft** [ə'bɑːft] (*Naut*) Ⓐ ADV a popa, en popa
Ⓑ PREP detrás de

**abalone** [ˌæbə'ləʊnɪ] N oreja *f* marina

**abandon** [ə'bændən] Ⓐ VT [1] (= *desert*) [+ *car, family*] abandonar, dejar; **to ~ sb to his fate** abandonar a algn a su suerte; **~ ship!** ¡evacuar el barco!
[2] (= *give up*) [+ *plan, attempt*] renunciar a; [+ *game*] anular; **the game was ~ed after 20 minutes' play** después de 20 minutos de juego se anuló el partido; **~ all hope ye who ...** abandonad toda esperanza aquellos que ...; **to ~ o.s. to sth** entregarse *or* abandonarse a algo
Ⓑ N **to dance with wild ~** bailar desenfrenadamente; *see also* **gay A3**

**abandoned** [ə'bændənd] ADJ [1] (= *deserted*) [*house, building*] abandonado, desierto; [*child*] abandonado, desamparado; [*vehicle, pet*] abandonado
[2] (= *unrestrained*) [*manner*] desinhibido, desenfrenado; **in an ~ fashion** con abandono, desenfrenadamente
[3] (†) (= *dissolute*) **an ~ woman** una mujer perdida *or* de conducta dudosa

**abandonment** [ə'bændənmənt] N [1] (= *state*) abandono *m*; (= *act*) acto *m* de desamparar, el abandonar
[2] (*moral*) = **abandon B**

**abase** [ə'beɪs] VT [+ *person*] humillar, rebajar; **to ~ o.s. (so far as to** + INFIN) rebajarse (hasta el punto de + *infin* )

**abasement** [ə'beɪsmənt] N (= *humiliation*) humillación *f*, degradación *f*; (= *moral decay*) depravación *f*, envilecimiento *m*

**abashed** [ə'bæʃt] ADJ (= *shy*) tímido, retraído; (= *ashamed*) avergonzado; **to be ~ at sth** avergonzarse de algo; **he carried on not a bit ~** siguió como si tal cosa

**abate** [ə'beɪt] Ⓐ VI [*wind, storm*] amainar; [*fever*] bajar; [*flood*] retirarse, bajar; [*noise*] disminuir; [*anger*] aplacarse; [*pain, symptoms*] remi-

tir; [*enthusiasm*] moderarse; **inflationary pressures are abating** ceden *or* remiten las presiones inflacionistas
Ⓑ VT (*Jur*) [+ *noise, pollution*] (= *eliminate*) eliminar; (= *reduce*) disminuir

**abatement** [əˈbeɪtmənt] N 1 (= *reduction*) [*of wind, storm*] amaine *m*; [*of fever, flood*] bajada *f*; [*of anger*] aplacamiento *m*; [*of enthusiasm*] moderación *f*; [*of pain, symptoms*] remisión *f*
2 (*Jur*) [*of noise, pollution*] (= *elimination*) eliminación *f*; (= *reduction*) disminución *f*, moderación *f*

**abattoir** [ˈæbətwɑːʳ] N matadero *m*

**abbacy** [ˈæbəsɪ] N abadía *f*

**abbé** [ˈæbeɪ] N abate *m*

**abbess** [ˈæbɪs] N abadesa *f*

**abbey** [ˈæbɪ] Ⓐ N abadía *f*; **Westminster Abbey** la Abadía de Westminster
Ⓑ CPD ► **abbey church** N iglesia *f* abacial, iglesia *f* de abadía

**abbot** [ˈæbət] N abad *m*

**abbr., abbrev.** ABBR = **abbreviation, abbreviated**

**abbreviate** [əˈbriːvɪeɪt] VT abreviar

**abbreviation** [əˌbriːvɪˈeɪʃən] N 1 (= *short form*) abreviatura *f*
2 (= *act of shortening*) abreviación *f*

**ABC** [ˈeɪbiːˈsiː] N ABBR 1 (= *alphabet*) abecé *m*; **it's as easy** *or* **simple as ~*** es coser y cantar*, es facilísimo; **the ~ of Politics** (*as title*) el Abecé de la Política
2 (*US*) = **American Broadcasting Company**
3 (*Australia*) = **Australian Broadcasting Commission**

**abdicate** [ˈæbdɪkeɪt] Ⓐ VT 1 [+ *throne*] abdicar
2 [+ *responsibility, right*] renunciar a
Ⓑ VI abdicar (**in favour of** en, en favor de)

**abdication** [ˌæbdɪˈkeɪʃən] N 1 [*of monarch*] abdicación *f*
2 [*of responsibility, right*] renuncia *f* (**of** a)

**abdomen** [ˈæbdəmen, (*Med*) æbˈdəʊmen] N (*Anat*) abdomen *m*, vientre *m*; [*of insect*] abdomen *m*

**abdominal** [æbˈdɒmɪnl] Ⓐ ADJ abdominal
Ⓑ N **abdominals** (= *muscles*) abdominales *mpl*

**abducent** [æbˈdjuːsənt] ADJ abductor

**abduct** [æbˈdʌkt] VT raptar, secuestrar

**abduction** [æbˈdʌkʃən] N rapto *m*, secuestro *m*

**abductor** [æbˈdʌktəʳ] N raptor(a) *m/f*, secuestrador(a) *m/f*

**abed**†† [əˈbed] ADV en cama, acostado

**Aberdonian** [ˌæbəˈdəʊnɪən] Ⓐ ADJ de Aberdeen
Ⓑ N nativo/a *m/f* de Aberdeen, habitante *mf* de Aberdeen

**aberrant** [əˈberənt] ADJ (*Bio*) aberrante; [*behaviour*] anormal

**aberration** [ˌæbəˈreɪʃən] N aberración *f*; **mental ~** enajenación *f* mental

**abet** [əˈbet] VT [+ *criminal*] incitar; [+ *crime*] instigar; **to ~ sb in a crime** ser cómplice de algn en un delito; *see also* **aid 2**

**abetment** [əˈbetmənt] N incitación *f*, instigación *f*; (*Jur*) complicidad *f*

**abetter, abettor** [əˈbetəʳ] N instigador(a) *m/f*, fautor(a) *m/f*; (*esp Jur*) cómplice *mf*

**abeyance** [əˈbeɪəns] N **to be in ~** estar en desuso; **to fall into ~** caer en desuso

**abhor** [əbˈhɔːʳ] VT aborrecer, abominar

**abhorrence** [əbˈhɒrəns] N 1 (= *feeling*) aborrecimiento *m*, repugnancia *f*; **violence fills me with ~** aborrezco la violencia; **to hold in ~** aborrecer, detestar
2 (= *object*) abominación *f*

**abhorrent** [əbˈhɒrənt] ADJ aborrecible, detestable; **it's totally ~ to me** lo detesto totalmente

**abide** [əˈbaɪd] (*pt, pp* **abode** *or* **abided**) Ⓐ VT (*neg only*) aguantar, soportar; **I can't ~ him** no lo aguanto *or* soporto, no lo puedo ver; **I can't ~ a coward** aborrezco los cobardes; **I can't ~ tea** me da asco el té
Ⓑ VI (†) (= *dwell*) morar; (= *stay*) permanecer, continuar

►**abide by** VI + PREP [+ *rules*] atenerse a, obrar de acuerdo con; [+ *promise*] cumplir con; [+ *decision*] respetar, atenerse a; [+ *rules of competition*] ajustarse a, aceptar

**abiding** [əˈbaɪdɪŋ] ADJ (*liter*) permanente, perdurable

**ability** [əˈbɪlɪtɪ] N 1 (= *capacity*) aptitud *f*, capacidad *f*; **~ to pay** solvencia *f*, recursos *mpl*; **his ~ in French** su aptitud para el francés; **to the best of my ~** lo mejor que pueda *or* sepa; **my ~ to do it depends on ...** el que yo lo haga depende de ...
2 (= *talent*) **a boy of ~** un chico de talento; **he has great ~** tiene un gran talento (**for** para); **abilities** talento *m*, dotes *fpl*

**ab initio** [ˌæbɪˈnɪʃɪəʊ] Ⓐ ADV ab initio, desde el principio
Ⓑ ADJ **~ learner** principiante *mf*

**abiotic** [ˌeɪbaɪˈɒtɪk] ADJ abiótico

**abject** [ˈæbdʒekt] ADJ 1 (= *wretched*) [*condition*] deplorable; [*state*] lamentable; **England's ~ performance in the World Cup** la pésima actuación de Inglaterra en el Mundial
2 (= *grovelling*) sumiso; **an ~ slave to fashion** un esclavo sumiso de la moda; **he sounded ~** su tono era sumiso y arrepentido; **we received an ~ apology from the travel company** recibimos una carta de la agencia de viajes deshaciéndose en disculpas
3 (*as intensifier*) [*misery, failure*] absoluto; [*stupidity*] supino; [*cowardice*] abyecto, vil (*liter*); [*surrender*] indigno; **to live in ~ poverty** vivir en la miseria más absoluta

**abjectly** [ˈæbdʒektlɪ] ADV [*fail*] de la forma más indigna, miserablemente; **he apologized ~** se deshizo en disculpas; **~ miserable** sumamente desgraciado; **to be ~ poor** vivir en la miseria más absoluta

**abjectness** [ˈæbdʒektnɪs] N 1 (= *wretchedness*) [*of conditions*] lo miserable; [*of position*] lo indigno; **the ~ of the conditions in which they live** lo miserable de las condiciones en que viven; **we were shocked at the ~ of their performance** nos dejo horrorizados lo mal que lo hicieron
2 (= *grovelling quality*) **the ~ of his apology** el tono sumiso y arrepentido de su disculpa

**abjure** [əbˈdʒʊəʳ] VT (*frm*) renunciar a, abjurar de

**Abkhaz** [æbˈkɑːz], **Abkhazi** [æbˈkɑːzɪ], **Abkhazian** [æbˈkɑːzɪən] Ⓐ ADJ abjasio
Ⓑ N (*pl* **Abkhaz**) 1 (= *person*) abjasio/a *m/f*
2 (*Ling*) abjasio *m*

**Abkhazia** [æbˈkɑːzɪə] N Abjazia *f*

**ablative** [ˈæblətɪv] (*Ling*) Ⓐ ADJ ablativo
Ⓑ N (*also* **~ case**) ablativo *m*; **in the ~** en ablativo
Ⓒ CPD ► **ablative absolute** N ablativo *m* absoluto

**ablaze** [əˈbleɪz] ADV 1 (= *on fire*) en llamas, ardiendo; **the cinema was ~ in five minutes** en cinco minutos el cine estaba en llamas *or* ardiendo; **to set sth ~** prender fuego a algo
2 (*fig*) **the house was ~ with light** la casa resplandecía de luz; **the garden was ~ with colour** el jardín resplandecía de color; **to be ~ with indignation** estar indignadísimo *or* encolerizado

**able** [ˈeɪbl] Ⓐ ADJ 1 **to be ~ to do sth** (*of acquired skills*) saber hacer algo; (*other contexts*) poder hacer algo; **the child isn't ~ to walk (yet)** el niño no sabe andar (todavía); **he's not ~ to walk** no puede andar; **come as soon as you are ~** ven en cuanto puedas; **I was eventually ~ to escape** por fin pude escaparme, por fin logré escaparme; **~ to pay** solvente
2 (= *capable*) [*person*] capaz; [*piece of work*] sólido; **she is one of our ~st pupils** es una de nuestras alumnas más capaces
Ⓑ CPD ► **able seaman** N marinero *m* de primera *or* patentado

> **ABLE, CAN**
>
> **Poder** and **saber** can both translate **to be able to**, **can** and **could**.
>
> **Skills**
> • Use **saber** when **to be able to**, **can** and **could** mean "know how to":
> Can you type?
> ***¿Sabes escribir a máquina?***
> His wife couldn't drive
> ***Su mujer no sabía conducir***
>
> **Other contexts**
> • Generally, use **poder**:
> He can stay here
> ***Puede quedarse aquí***
> We have not been able to persuade them
> ***No hemos podido convencerlos***
> **NOTE:** When **can** and **could** are followed by **find** or a verb of perception - **see**, **hear**, **feel**, **taste** or **smell** - they are usually not translated:
> I can't find it
> ***No lo encuentro***
> What can you see?
> ***¿Qué ves?***
>
> **Alternatives to "poder"**
> • When **to be able** means "to be capable of", you can often use **ser capaz de** as an alternative to **poder**:
> I don't think he'll be able to resist it
> ***No creo que sea capaz de*** *or* ***pueda resistirlo***
> *For further uses and examples, see main entries at* ***able*** *and* ***can.***

**...able** SUFFIX ...able

**able-bodied** [ˈeɪblˈbɒdɪd] Ⓐ ADJ sano
Ⓑ CPD ► **able-bodied seaman** N marinero *m* de primera, marinero *m* patentado

**ablution** [əˈbluːʃən] N 1 (*Rel*) ablución *f*; **to perform one's ~s** (*hum*) lavarse; **to be at one's ~s** (*hum*) estar en el lavabo
2 **ablutions** (*Mil**) servicios *mpl*

**ably** [ˈeɪblɪ] ADV hábilmente, con mucha habilidad; **~ assisted by** hábilmente ayudado por, con la experta colaboración de

**ABM** N ABBR = **anti-ballistic missile**

**abnegate** [ˈaebnɪgeɪt] VT (*frm*) [+ *responsibility*] eludir, rehuir; [+ *one's religion*] abjurar; **to ~ one's rights** renunciar a sus derechos

**abnegation** [ˌæbnɪˈgeɪʃən] N (*frm*) abnegación *f*

**abnormal** [æbˈnɔːməl] ADJ anormal; [*shape*] irregular

**abnormality** [ˌæbnɔːˈmælɪtɪ] N (= *condition*) anormalidad *f*; (= *instance*) anormalidad *f*, desviación *f*

**abnormally** [æb'nɔːməlɪ] ADV [1] irregularmente; **an ~ formed bone** un hueso de formación anormal
[2] (= *exceptionally*) de modo anormal, anormalmente; **an ~ large sum** una cantidad descomunal

**Abo*** ['æbəʊ] N (*Australia pej*) = **aborigine**

**aboard** [ə'bɔːd] Ⓐ ADV (*Naut*) a bordo; **to go ~** embarcar, subir a bordo; **to take ~** embarcar, cargar; **all ~!** (*Rail*) ¡viajeros, al tren!; **life ~ is pleasant** es agradable la vida de a bordo
Ⓑ PREP **~ the ship** a bordo del barco; **~ the train** en el tren

**abode** [ə'bəʊd] Ⓐ PT, PP *of* **abide**
Ⓑ N (*esp Jur*) morada *f*, domicilio *m*; **place of ~** domicilio *m*; **right of ~** derecho *m* a domiciliarse; **of no fixed ~** sin domicilio fijo; **to take up one's ~** domiciliarse, establecerse

**abolish** [ə'bɒlɪʃ] VT abolir, suprimir

**abolishment** [ə'bɒlɪʃmənt] N = **abolition**

**abolition** [ˌæbəʊ'lɪʃən] N abolición *f*, supresión *f*

**abolitionist** [ˌæbəʊ'lɪʃənɪst] N (*Hist*) abolicionista *mf*

**A-bomb** ['eɪbɒm] N ABBR (= **atom(ic) bomb**) bomba *f* atómica

**abominable** [ə'bɒmɪnəbl] Ⓐ ADJ abominable, detestable; [*taste, workmanship*] detestable, pésimo
Ⓑ CPD ► **the abominable snowman** N el abominable hombre de las nieves

**abominably** [ə'bɒmɪnəblɪ] ADV abominablemente, pésimamente; **to behave ~** comportarse abominablemente *or* pésimamente; **he writes ~** escribe pésimamente; **to be ~ rude to sb** ser terriblemente grosero con algn

**abominate** [ə'bɒmɪneɪt] VT (*frm*) abominar (de), detestar

**abomination** [əˌbɒmɪ'neɪʃən] N [1] (= *feeling*) aversión *f*
[2] (= *detestable act, thing*) escándalo *m*

**aboriginal** [ˌæbə'rɪdʒənl] Ⓐ ADJ aborigen, indígena
Ⓑ N aborigen *mf*, indígena *mf*

**aborigine** [ˌæbə'rɪdʒɪnɪ] N aborigen *mf* australiano/a

**abort** [ə'bɔːt] Ⓐ VI [1] (*Med*) abortar
[2] (*Comput*) abandonar
[3] (= *fail*) [*plan, project, negotiations*] fracasar, malograrse
Ⓑ VT [1] (*Med*) abortar; **~ed foetuses** *or* (*US*) **fetuses** fetos *mpl* de abortos
[2] (= *abandon*) [+ *mission, operation*] suspender; [+ *deal, agreement*] anular; [+ *plan*] abandonar; [+ *landing, takeoff*] abortar
[3] (= *cause to fail*) malograr; **the bad weather ~ed plans for an air display** el mal tiempo malogró los planes de llevar a cabo una exhibición aérea
[4] (*Comput*) abandonar

**abortifacient** [əˌbɔːtɪ'feɪʃənt] Ⓐ ADJ abortivo
Ⓑ N abortivo *m*

**abortion** [ə'bɔːʃən] Ⓐ N [1] (*Med*) [1·1] (= *termination*) aborto *m* (provocado); **illegal ~** aborto *m* ilegal; **to have an ~** hacerse un aborto, abortar (*no de forma espontánea*); **to perform** *or* **carry out an ~** practicar un aborto
[1·2] (*frm*) (*also* **spontaneous ~**) aborto *m* (espontáneo)
[2] (*) (= *failure*) fracaso *m*, malogro *m*
Ⓑ CPD ► **abortion clinic** N clínica *f* donde se practican abortos ► **abortion law** N ley *f* del aborto ► **abortion pill** N píldora *f* abortiva

**abortionist** [ə'bɔːʃənɪst] N abortista *mf*

**abortive** [ə'bɔːtɪv] ADJ [1] (= *failed*) [*attempt, plan*] fracasado, frustrado
[2] (*Med*) [*method, medicine*] abortivo

**abortively** [ə'bɔːtɪvlɪ] ADV [*try, attempt*] en vano; **the negotiations ended ~** las negociaciones fracasaron

**abound** [ə'baʊnd] VI (= *exist in great quantity*) abundar; **to ~ in** *or* **with** (= *have in great quantity*) estar lleno de, abundar en

**about** [ə'baʊt]

> *When* ***about*** *is an element in a phrasal verb, eg* ***bring about, come about, turn about, wander about****, look up the verb.*

Ⓐ ADV [1] (= *approximately*) más o menos, aproximadamente, alrededor de; **~ £20** unas 20 libras, 20 libras más o menos; **there were ~ 25 guests** había unos 25 invitados, había como 25 invitados (*esp LAm*); **~ seven years ago** hace unos siete años; **at ~ two o'clock** a eso de las dos, sobre las dos; **it's ~ two o'clock** son las dos, más o menos; **he must be ~ 40** tendrá alrededor de 40 años; **that's ~ all I could find** eso es más o menos todo lo que podía encontrar; **that's ~ it** eso es(, más o menos); **it's just ~ finished** está casi terminado; **that's ~ right** eso es(, más o menos); **he's ~ the same** sigue más o menos igual; **it's ~ time you stopped** ya es hora de que lo dejes
[2] (*place*) **is anyone ~?** ¿hay alguien?; **is Mr Brown ~?** ¿está por aquí el Sr. Brown?; **to be ~ again** (*after illness*) estar levantado; **we were ~ early** nos levantamos temprano; **all ~** (= *everywhere*) por todas partes; **there's a lot of measles ~** hay mucho sarampión, está dando el sarampión; **there isn't much money ~** hay poco dinero, la gente tiene poco dinero; **to run ~** correr por todas partes; **he must be ~ somewhere** debe de andar por aquí; **there's a thief ~** por aquí anda un ladrón; **to walk ~** pasearse
[3] **to be ~ to do sth** estar a punto de *or* (*LAm*) por hacer algo; **nobody is ~ to sell it** nadie tiene la más mínima intención de venderlo; **I'm not ~ to do all that for nothing** no pienso hacer todo eso gratis
Ⓑ PREP [1] (= *relating to*) de, acerca de, sobre; **a book ~ gardening** un libro de jardinería, un libro sobre la jardinería; **I can tell you nothing ~ him** no le puedo decir nada acerca de él; **I'm phoning ~ tomorrow's meeting** llamo por la reunión de mañana; **they fell out ~ money** riñeron por cuestión de dinero; **~ the other night, I didn't mean what I said** respecto a la otra noche, no iba en serio cuando dije esas cosas; **do something ~ it!** ¡haz algo!; **there's nothing I can do ~ it** no puedo hacer nada al respecto; **how** *or* **what ~ this one?** ¿qué te parece éste?; **he was chosen out of 200, how** *or* **what ~ that!** entre 200 lo eligieron a él, ¡quién lo diria! *or* ¡fíjate!; **how** *or* **what ~ coming with us?** ¿por qué no vienes con nosotros?; **how** *or* **what ~ a drink?** ¿vamos a tomar una copa?; **how** *or* **what ~ a song?** ¿por qué no nos cantas algo?; **how** *or* **what ~ it?** (= *what do you say?*) ¿qué te parece?; (= *what of it?*) ¿y qué?; **how** *or* **what ~ me?** y yo, ¿qué?; **what's that book ~?** ¿de qué trata ese libro?; **what did she talk ~?** ¿de qué habló?; **what's all this noise ~?** ¿a qué se debe todo este ruido?; **"I want to talk to you" — "what ~?"** — quiero hablar contigo —¿acerca de qué?
[2] (= *particular to*) **there's something ~ him (that I like)** tiene un no sé qué (que me gusta); **there's something ~ a soldier** los soldados tienen un no sé qué; **he had a mysterious air ~ him** tenía un cierto aire misterioso; **there's something odd ~ it** aquí hay algo raro
[3] (= *doing*) **while you're ~ it can you get me a beer?** ya que estás en ello ¿me traes una cerveza?; **and while I'm ~ it I'll talk to your father** y de paso hablaré con tu padre; **you've been a long time ~ it** has tardado bastante en hacerlo; *see also* **go about**
[4] (= *intending*) **I can't imagine what he was ~ when he did that** no entiendo lo que pretendía con eso
[5] (= *around*) **to do jobs ~ the house** (= *repairs*) hacer arreglos en la casa; **I had no money ~ me** no llevaba dinero encima; **he looked ~ him** miró a su alrededor; **somewhere ~ here** por aquí cerca; **to wander ~ the town** deambular por la ciudad

**about-face** [əˌbaʊt'feɪs] N, VI = **about-turn**

**about-turn** [əˌbaʊt'tɜːn] Ⓐ N [1] (*Mil*) media vuelta *f*
[2] (*fig*) cambio *m* radical de postura, giro *m* (brusco)
Ⓑ VI [1] (*Mil*) dar media vuelta
[2] (*fig*) cambiar radicalmente de postura

**above** [ə'bʌv]

> *When* ***above*** *is an element in a phrasal verb, eg* ***get above****, look up the verb.*

Ⓐ ADV [1] (= *overhead*) arriba; **seen from ~** visto desde arriba; **the flat ~** el piso de arriba
[2] (*referring to heaven*) **from ~** del cielo, de lo alto; **God, who is in heaven ~** Dios en las alturas, Dios que vive en el reino de los cielos; **the gods ~** los dioses en las alturas
[3] (*in status*) de más categoría; **those ~** los de más categoría; **orders from ~** órdenes *fpl* superiores *or* de arriba
[4] (*in text*) arriba, más arriba; **see ~** véase (más) arriba; **as set out ~** según lo arriba expuesto; **as I said ~** como ya he dicho
[5] (= *more*) **boys of five and ~** los niños mayores de cinco años; **seats are available at £5 and ~** las entradas cuestan a partir de 5 libras
Ⓑ PREP [1] (= *higher than, over*) encima de; **there was a picture ~ the fireplace** había un cuadro encima de la chimenea; **~ the clouds** encima de las nubes; **~ ground: they were trapped 150ft ~ ground** estaban atrapados a una altura de 150 pies sobre el nivel del suelo; **vegetables that grow ~ ground** las verduras que crecen en la superficie; **2,000 metres ~ sea level** 2.000 metros sobre el nivel del mar; **I couldn't hear ~ the din** no podía oír con tanto ruido
[2] (= *upstream of*) **the Thames ~ London** el Támesis más arriba de Londres
[3] (*of rank*) **he is ~ me in rank** tiene una categoría superior a la mía, tiene un rango superior al mío; *see also* **station A4**; (*of priority*) **~ all** sobre todo; **he values honesty ~ all else** ante todo valora la honestidad; **he was, ~ all else, a musician** era, ante todo, un músico
[4] (= *morally superior*) **he's ~ that sort of thing** está muy por encima de esas cosas; **he's not ~ a bit of blackmail** es capaz hasta del chantaje; **to get ~ o.s.** pasarse (de listo)
[5] (= *beyond*) **it's ~ me** es demasiado complicado para mí
[6] (*numbers*) más de, superior a; **there were not ~ 40 people** no había más de 40 personas; **any number ~ 12** cualquier número superior a 12; **she can't count ~ ten** no sabe contar más allá de diez; **children ~ seven years of age** los niños mayores de siete años; **temperatures ~ 40 degrees** temperaturas *fpl* por encima de los 40 grados; **temperatures well ~ normal** temperaturas *fpl* muy

superiores a las normales; **wage rises of 3% ~ inflation** aumentos *mpl* de sueldo de un 3% por encima del nivel de inflación; *see also* **average B**

Ⓒ ADJ [*fact, place*] sobredicho, arriba mencionado; [*photo, illustration*] de arriba

Ⓓ N **the ~ is a photo of ...** lo anterior *or* lo que se ve arriba es una foto de ...; **please translate the ~** por favor traduzca lo anterior

**above-board** [əˈbʌvˈbɔːd] Ⓐ ADV abiertamente, sin rebozo
Ⓑ ADJ legítimo, honrado

**above-mentioned** [əˈbʌvˈmenʃənd] ADJ [*fact, point, place*] sobredicho, arriba mencionado; [*person*] susodicho

**above-named** [əˈbʌvˈneɪmd] ADJ = **above-mentioned**

**Abp** ABBR (= **Archbishop**) Arz., Arzpo.

**abracadabra** [ˌæbrəkəˈdæbrə] N abracadabra *m*

**abrade** [əˈbreɪd] VT (*frm*) raer, raspar

**Abraham** [ˈeɪbrəhæm] N Abrahán, Abraham

**abrasion** [əˈbreɪʒən] N (= *act, injury*) abrasión *f*, escoriación *f*

**abrasive** [əˈbreɪsɪv] Ⓐ ADJ **1** [*substance, surface*] abrasivo
**2** (*fig*) [*personality*] desabrido, brusco; [*tone*] áspero, desabrido
Ⓑ N abrasivo *m*

**abrasively** [əˈbreɪsɪvlɪ] ADV [*say, reply*] ásperamente, con tono áspero *or* desabrido

**abrasiveness** [əˈbreɪsɪvnɪs] N **1** [*of surface, substance*] lo abrasivo
**2** (*fig*) [*of person, tone*] torpeza *f*, desabrimiento *m*

**abreaction** [ˌæbrɪˈækʃən] N (*Psych*) abreacción *f*

**abreast** [əˈbrest] ADV **1** (= *side by side*) **to march four ~** marchar en columna de cuatro en fondo; **streets so narrow that two can barely walk ~** calles tan estrechas que dos personas difícilmente pueden andar hombro con hombro; **to come ~ of sth/sb** llegar a la altura de algo/algn
**2** (= *aware of*) **to be/keep ~ of sth** estar/mantenerse al corriente de algo; **to keep ~ of the news** mantenerse al día *or* al corriente

**abridge** [əˈbrɪdʒ] VT [+ *book*] resumir, compendiar; (= *cut short*) abreviar, acortar

**abridged** [əˈbrɪdʒd] ADJ [*book*] resumido, compendiado

**abridgement** [əˈbrɪdʒmənt] N **1** (= *shortened version*) resumen *m*, compendio *m*
**2** (= *act*) abreviación *f*

**abroad** [əˈbrɔːd] ADV **1** (= *in foreign country*) en el extranjero; **to live ~** vivir en el extranjero; **to go ~** ir al extranjero; **he had to go ~** (*fleeing*) tuvo que salir del país; **when the minister is ~** cuando el ministro está fuera del país; **our army ~** nuestro ejército en el extranjero; **our debts ~** nuestras deudas en el exterior; **troops brought in from ~** tropas traídas del extranjero
**2** (*frm*) (= *about*) **there is a rumour ~ that ...** corre el rumor de que ...; **how did the news get ~?** ¿cómo se divulgó la noticia?
**3** (†) (= *outside*) fuera; **there were not many ~ at that hour** había poca gente por las calles a aquella hora

**abrogate** [ˈæbrəʊgeɪt] VT (*frm*) abrogar

**abrogation** [ˌæbrəʊˈgeɪʃən] N (*frm*) abrogación *f*

**abrupt** [əˈbrʌpt] ADJ **1** (= *sudden*) [*change, rise*] brusco; [*departure*] repentino; [*resignation, dismissal*] repentino, súbito; **to come to an ~ end** terminar de repente; **to come to an ~ halt** *or* **stop** (*lit*) pararse bruscamente *or* en seco; (*fig*) terminarse de repente
**2** (= *brusque*) [*person*] brusco, cortante; [*question*] brusco; [*comment, reply*] cortante; **he was ~ to the point of rudeness** estuvo tan brusco *or* cortante que resultaba hasta grosero; **he was very ~ with me** estuvo muy brusco *or* cortante conmigo; **I was taken aback by her ~ manner** me chocó su brusquedad
**3** (= *steep*) [*hillside, precipice*] abrupto, escarpado

**abruptly** [əˈbrʌptlɪ] ADV **1** (= *suddenly*) [*stop, end, leave*] bruscamente, repentinamente; [*brake*] bruscamente
**2** (= *brusquely*) [*say, ask*] bruscamente
**3** (= *steeply*) abruptamente; **a cliff rose ~ before them** frente a ellos se alzaba abruptamente un acantilado

**abruptness** [əˈbrʌptnɪs] N **1** (= *suddenness*) lo repentino; **we were taken aback by the ~ of his departure** nos sorprendió lo repentino de su marcha; **we were shocked by the ~ of his dismissal** nos dejó horrorizados que lo despidieran tan de repente
**2** (= *brusqueness*) brusquedad *f*
**3** (= *steepness*) lo escarpado

**ABS** N ABBR (= **antilock braking system**) ABS *m*

**abscess** [ˈæbsɪs] N absceso *m*

**abscond** [əbˈskɒnd] VI fugarse; (*with funds*) huir

**absconder** [əbˈskɒndəʳ] N (*from prison*) fugitivo/a *m/f*, evadido/a *m/f*

**absconding** [əbˈskɒndɪŋ] ADJ en fuga

**abseil** [ˈæbsaɪl] VI (*Brit Sport*) (*also* **~ down**) hacer rappel, bajar en la cuerda; **he ~ed down the rock** hizo rappel roca abajo

**abseiling** [ˈæbsaɪlɪŋ] N (*Brit Sport*) rappel *m*

**absence** [ˈæbsəns] N [*of person*] ausencia *f*; [*of thing*] falta *f*; **in the ~ of** [+ *person*] en ausencia de; [+ *thing*] a falta de; **after an ~ of three months** tras una ausencia de tres meses; **to be sentenced in one's ~** ser condenado en ausencia; **~ of mind** distracción *f*, despiste *m*; **✦PROV ~ makes the heart grow fonder** la ausencia es al amor lo que el viento al aire, que apaga el pequeño y aviva el grande

**absent** Ⓐ [ˈæbsənt] ADJ **1** (= *not present*) [*person, thing*] ausente; **"to ~ friends!"** (*toast*) "¡por los amigos ausentes!"; **to be ~** faltar (**from** a); **to be ~ from school** faltar al colegio; **he has been ~ from his desk for two weeks** lleva dos semanas sin aparecer por el despacho; **~ without leave** (*Mil*) ausente sin permiso; **to go ~ without leave** ausentarse sin permiso
**2** (= *absent-minded*) ausente, distraído; **she was ~, preoccupied** estaba ausente *or* distraída, preocupada; **an ~ stare** una mirada ausente *or* distraída
**3** (= *lacking*) **a spirit of compromise was noticeably ~ from the meeting** en la reunión la voluntad de llegar a un acuerdo brilló por su ausencia
Ⓑ [æbˈsent] VT **to ~ o.s.** ausentarse (**from** de)

**absentee** [ˌæbsənˈtiː] Ⓐ N (*from school, work*) ausente *mf*
Ⓑ CPD ► **absentee ballot** N (*US*) voto *m* por correo ► **absentee landlord** N propietario/a *m/f* absentista ► **absentee rate** N nivel *m* de absentismo

**absenteeism** [ˌæbsənˈtiːɪzəm] N absentismo *m*

**absently** [ˈæbsəntlɪ] ADV distraídamente

**absent-minded** [ˈæbsəntˈmaɪndɪd] ADJ (*momentarily*) distraído, ausente; (*habitually*) despistado, distraído; **an ~ professor** un profesor despistado *or* distraído

**absent-mindedly** [ˈæbsəntˈmaɪndɪdlɪ] ADV distraídamente

**absent-mindedness** [ˈæbsəntˈmaɪndɪdnɪs] N (*momentary*) distracción *f*; (*habitual*) despiste *m*

**absinth(e)** [ˈæbsɪnθ] N **1** (= *drink*) absenta *f*
**2** (*Bot*) ajenjo *m*

**absolute** [ˈæbsəluːt] Ⓐ ADJ **1** (= *complete, unqualified*) [*certainty, confidence, majority, need*] absoluto; [*support*] incondicional, total; [*refusal*] rotundo; [*prohibition, command*] terminante; [*proof*] irrefutable; [*denial*] rotundo, categórico; [*right*] incuestionable; **he's an ~ beginner** es un auténtico principiante; **it's an ~ fact that ...** es indiscutible el hecho de que ...; **the divorce was made ~** concedieron el divorcio por sentencia firme; **~ monopoly** monopolio *m* total; **it was the ~ truth, I promise** era la pura verdad, se lo prometo; **~ veto** veto *m* total
**2** (= *unlimited*) [*power, monarch*] absoluto
**3** (= *not relative*) [*value*] absoluto; **in ~ terms** en términos absolutos; **the quest for ~ truth** la búsqueda de la verdad absoluta
**4** (*as intensifier*) [*liar, villain*] redomado; **the party was an ~ disaster** la fiesta fue un completo desastre; **it's an ~ disgrace** es una auténtica vergüenza; **it's the ~ end!** ¡es el colmo!; **she wore an expression of ~ hatred** la expresión de su cara estaba llena de odio; **the man's an ~ idiot** es completamente idiota; **it's ~ rubbish!** ¡es puro disparate!
**5** (*Gram*) absoluto
Ⓑ N (*Philos*) **the ~** lo absoluto
Ⓒ CPD ► **absolute alcohol** N alcohol *m* puro ► **absolute liability** N (*Fin, Jur*) responsabilidad *f* total ► **absolute pitch** N (*Mus*) oído *m* absoluto; **to have ~ pitch** tener oído absoluto ► **absolute temperature** N temperatura *f* absoluta ► **absolute zero** N cero *m* absoluto

**absolutely** [ˈæbsəluːtlɪ] ADV **1** (= *completely*) [*clear, impossible, alone, untrue*] completamente, totalmente; [*hilarious, beautiful, wonderful*] realmente; [*exhausted, horrible*] totalmente; [*necessary*] absolutamente; **it's ~ boiling in here!** ¡aquí dentro hace un calor infernal!; **he's ~ delighted at being a father again** está contentísimo de volver a ser padre; **the food was ~ disgusting** la comida era verdaderamente asquerosa; **punctuality is ~ essential** la puntualidad es de vital importancia; **~ everybody** absolutamente todo el mundo; **~ everything** absolutamente todo; **I've looked ~ everywhere for it** lo he buscado absolutamente por todas partes; **your hands are ~ filthy** tienes las manos sucísimas *or* verdaderamente sucias; **it is ~ forbidden to** + INFIN queda terminantemente prohibido + *infin*; **it's ~ freezing in here!** ¡aquí dentro hace un frío que pela!; **it makes ~ no difference** no cambia nada en absoluto; **~ nobody/nothing** nadie/nada en absoluto; **to be ~ right** tener toda la razón; **to lie ~ still** permanecer tumbado completamente quieto; **are you ~ sure?** ¿estás completamente seguro?; **it's ~ true** es la pura verdad, es totalmente cierto
**2** (= *unconditionally*) [*refuse, deny*] rotundamente; [*believe*] firmemente; **I agree ~** estoy totalmente de acuerdo
**3** (*) (= *certainly*) desde luego; **"it's worrying, isn't it?" — "absolutely"** —es preocupante ¿verdad? —desde luego; **~ not!** ¡de ninguna manera!; **"does this affect your attitude to your work?" — "~ not"** —¿afecta esto a su actitud hacia su trabajo? —no, en absoluto

4 (*Gram*) **adverbs used ~** adverbios de uso absoluto

**absolution** [ˌæbsəˈluːʃən] N (*Rel*) absolución *f*; **to give ~ to sb** dar la absolución a algn, absolver a algn

**absolutism** [ˈæbsəluːtɪzəm] N absolutismo *m*

**absolutist** [ˈæbsəluːtɪst] Ⓐ ADJ absolutista Ⓑ N absolutista *mf*

**absolve** [əbˈzɒlv] VT (= *free*) absolver (**from** de)

**absorb** [əbˈzɔːb] VT 1 [+ *liquid*] absorber; [+ *heat, sound, shock, vibrations, radiation*] amortiguar
2 (*fig*) [+ *information*] asimilar; [+ *time, energy*] ocupar, absorber; **the business ~s most of his time** el negocio absorbe *or* le lleva la mayor parte de su tiempo; **the parent company ~s the losses made by the subsidiary** la empresa matriz absorbe las pérdidas de la filial; **the country ~ed 1,000 refugees** el país dio entrada a *or* acogió a 1.000 refugiados
3 (= *engross*) **to be ~ed in** estar absorto en, estar ensimismado con; **she was ~ed in a book** estaba absorta en *or* ensimismada con un libro; **to get ~ed in** centrarse *or* meterse de lleno en

**absorbable** [əbˈzɔːbəbl] ADJ absorbible

**absorbency** [əbˈzɔːbənsɪ] N absorbencia *f*

**absorbent** [əbˈzɔːbənt] Ⓐ ADJ absorbente Ⓑ CPD ► **absorbent cotton** N (*US*) algodón *m* hidrófilo

**absorbing** [əbˈzɔːbɪŋ] ADJ [*study etc*] (= *fascinating*) apasionante; (= *engrossing*) absorbente; **I find history very ~** me apasiona la historia, encuentro la historia apasionante

**absorption** [əbˈzɔːpʃən] Ⓐ N (*Comm, fig*) absorción *f*
Ⓑ CPD ► **absorption costing** N cálculo *m* del costo de absorción

**abstain** [əbˈsteɪn] VI 1 (= *refrain*) abstenerse (**from** de); **to ~ from comment** no ofrecer comentario
2 (= *not vote*) abstenerse
3 (= *not drink*) abstenerse de las bebidas alcohólicas

**abstainer** [əbˈsteɪnəʳ] N 1 (= *non-voter*) abstencionista *mf*
2 (= *teetotaller*) (*also* **total ~**) abstemio/a *m/f*

**abstemious** [əbˈstiːmɪəs] ADJ [*person*] abstemio; [*meal*] sin alcohol

**abstemiousness** [əbˈstiːmɪəsnɪs] N sobriedad *f*, moderación *f*

**abstention** [əbˈstenʃən] N abstención *f*; **there were 20 ~s** hubo 20 abstenciones

**abstinence** [ˈæbstɪnəns] Ⓐ N abstinencia *f* (**from** de); **total ~** abstinencia *f* total (*esp* de bebidas alcohólicas)
Ⓑ CPD ► **abstinence syndrome** N síndrome *m* de abstinencia

**abstinent** [ˈæbstɪnənt] ADJ abstinente

**abstract** Ⓐ [ˈæbstrækt] ADJ abstracto
Ⓑ [ˈæbstrækt] N 1 (= *summary*) resumen *m*, sumario *m*
2 (*Art*) pintura *f* abstracta
3 **in the ~** en abstracto
Ⓒ [æbˈstrækt] VT 1 (= *remove*) quitar; (*Chem*) extraer
2 (= *steal*) sustraer, robar
3 (= *summarize*) [+ *book, article*] resumir
4 **to ~ o.s.** abstraerse (**from** de), ensimismarse
Ⓓ [ˈæbstrækt] CPD ► **abstract art** N arte *m* abstracto ► **abstract expressionism** N expresionismo *m* abstracto ► **abstract noun** N nombre *m* abstracto

**abstracted** [æbˈstræktɪd] ADJ distraído, ensimismado

**abstractedly** [æbˈstræktɪdlɪ] ADV **she listened ~** escuchaba distraída

**abstraction** [æbˈstrækʃən] N 1 (= *act*) abstracción *f*
2 (= *absent-mindedness*) distraimiento *m*, ensimismamiento *m*

**abstruse** [æbˈstruːs] ADJ recóndito, abstruso

**abstruseness** [æbˈstruːsnɪs] N lo recóndito, carácter *m* abstruso

▼**absurd** [əbˈsɜːd] Ⓐ ADJ [*idea, plan*] absurdo; [*appearance*] ridículo; **don't be ~!** ¡no digas tonterías!; **how ~!** ¡qué ridículo!; **you look ~ in that hat** con ese sombrero estás ridículo
Ⓑ N **the ~** el absurdo; **the theatre of the ~** el teatro del absurdo

**absurdist** [əbˈsɜːdɪst] ADJ [*play, novel*] del absurdo

**absurdity** [əbˈsɜːdɪtɪ] N 1 (= *quality*) lo absurdo
2 (= *act of madness*) locura *f*, disparate *m*; **it would be an ~ to try** sería una locura *or* un disparate intentarlo; **it would be an ~ to say that** sería absurdo decir eso

**absurdly** [əbˈsɜːdlɪ] ADV [*long, complicated*] absurdamente, ridículamente; **they were all laughing ~** todos se estaban riendo de una forma ridícula

**ABTA** [ˈæbtə] N ABBR (= **Association of British Travel Agents**) ≈ AEDAVE *f*

**Abu Dhabi** [ˌæbʊˈdɑːbɪ] N Abu Dhabi *m*

**abulia** [əˈbuːlɪə] N (*Psych*) abulia *f*

**abundance** [əˈbʌndəns] N abundancia *f*; **in ~** en abundancia, en cantidad, en grandes cantidades; **we have a great ~ of plums** tenemos ciruelas en abundancia; **we had an ~ of rain** llovió copiosamente

**abundant** [əˈbʌndənt] ADJ abundante; **a country ~ in minerals** un país rico en minerales

**abundantly** [əˈbʌndəntlɪ] ADV abundantemente; **he made it ~ clear to me that ...** me dejó meridianamente claro que ...

**abuse** Ⓐ [əˈbjuːs] N 1 (= *insults*) insultos *mpl*, improperios *mpl* (*more frm*); **to heap ~ on sb** ◊ **hurl ~ at sb** llenar a algn de improperios
2 (= *misuse*) abuso *m*; **~ of trust/power** abuso de confianza/poder; **open to ~** abierto al abuso; *see also* **child B**, **drug C**, **sexual B**
Ⓑ [əˈbjuːz] VT 1 (= *insult*) insultar, injuriar; **he roundly ~d the government** dijo mil improperios contra el gobierno
2 (= *mistreat*) [+ *child*] (*physically*) maltratar; (*sexually*) abusar de
3 (= *misuse*) [+ *position, privilege*] abusar de

**abuser** [əˈbjuːzəʳ] N (*physical*) *culpable de malos tratos*; (*sexual*) *culpable de abusos deshonestos*; **she killed her ~** mató al que la abusaba; *see also* **child B**, **drug C**

**Abu Simbel** [ˌæbʊˈsɪmbl] N Abu Simbel *m*

**abusive** [əbˈjuːsɪv] ADJ 1 (= *offensive*) ofensivo, insultante; [*language*] lleno de insultos, injurioso; **to be ~ to sb** ser grosero a algn, decir cosas injuriosas a algn (*more frm*); **to become ~** ponerse grosero
2 (*physically*) [*person*] que maltrata; [*relationship*] de malos tratos
3 (*sexually*) [*person*] que abusa (sexualmente); [*relationship*] de abuso sexual
4 [*practice*] abusivo

**abusively** [əbˈjuːsɪvlɪ] ADV [*speak, refer*] de manera insultante *or* desconsiderada

**abut** [əˈbʌt] Ⓐ VI **to ~ on sth** [*land*] lindar con algo, confinar con algo; [*house, building*] estar contiguo con algo, colindar con algo
Ⓑ VT **to ~ sth** = **to abut on sth**

**abutment** [əˈbʌtmənt] N (*Archit*) estribo *m*, contrafuerte *m*; (*Carpentry*) empotramiento *m*

**abutting** [əˈbʌtɪŋ] ADJ contiguo, colindante

**abuzz** [əˈbʌz] ADJ **the whole office was ~ with the news** toda la oficina comentaba la noticia

**abysmal** [əˈbɪzməl] ADJ 1 (= *very bad*) [*result, performance*] pésimo; **the play was ~** la representación fue pésima
2 (= *very great*) [*ignorance*] abismal; **to live in ~ poverty** vivir en la mayor miseria

**abysmally** [əˈbɪzməlɪ] ADV [*play, sing*] pésimamente; [*bad, low*] terriblemente; [*fail*] rotundamente

**abyss** [əˈbɪs] N (*lit*) abismo *m*, sima *f*; (*fig*) abismo *m*

**Abyssinia** [ˌæbɪˈsɪnɪə] N Abisinia *f*

**Abyssinian** [ˌæbɪˈsɪnɪən] Ⓐ ADJ abisinio Ⓑ N abisinio/a *m/f*

**AC** N ABBR 1 (*Elec*) (= **alternating current**) C.A. *f*
2 (*Aer*) = **aircraftman**
3 (*US Sport*) (= **Athletic Club**) C.A. *m*

**a/c** ABBR 1 (= **account**) c/, c.[ta]
2 (*US*) (= **account current**) c/c

**acacia** [əˈkeɪʃə] N acacia *f*

**Acad** ABBR = **academy, academic**

**academe** [ˈækədiːm], **academia** [ˌækəˈdiːmɪə] N (*liter*) mundo *m* académico

**academic** [ˌækəˈdemɪk] Ⓐ ADJ 1 (*Scol, Univ*) [*ability, qualifications, achievement*] académico; **~ standards were high** los niveles académicos eran buenos; **in ~ circles** en círculos universitarios; **~ freedom** libertad *f* de cátedra; **~ journal** revista *f* dirigida a académicos; **~ staff** profesorado *m*, personal *m* docente; **the ~ world** el mundo académico
2 (= *scholarly*) intelectualmente dotado; **an exam for ~ children** un examen para niños intelectualmente dotados
3 (= *theoretical*) [*question*] (puramente) teórico, sin interés práctico; [*debate*] (puramente) teórico; **that's all quite ~** eso no tiene ninguna trascendencia; **it is of ~ interest only** sólo tiene interés teórico
Ⓑ N académico/a *m/f*, profesor(a) *m/f* universitario/a
Ⓒ CPD ► **academic advisor** N (*US*) jefe *mf* de estudios ► **academic dean** N (*US*) decano/a *m/f* ► **academic dress** N vestidura *f* universitaria ► **academic gown** N toga *f* ► **academic officers** NPL (*US*) personal *m* docente ► **academic rank** N (*US*) rango *m* académico ► **academic year** N (*Univ*) año *m* académico; (*Scol*) año *m* escolar

**academically** [ˌækəˈdemɪkəlɪ] ADV 1 (*Scol, Univ*) **an ~ gifted child** un niño con grandes dotes intelectuales; **~, the boy is below average** en los estudios el chico está por debajo del promedio; **she's outstanding ~** es muy brillante desde el punto de vista académico; **an ~ renowned professor** un catedrático de renombre en círculos universitarios; **an ~ sound argument** un argumento sólido desde el punto de vista intelectual
2 (= *theoretically*) **to argue ~** dar razones puramente teóricas

**academicals** [ˌækəˈdemɪkəlz] NPL vestidura *fsing* universitaria

**academician** [əˌkædəˈmɪʃən] N académico/a *m/f*

**academy** [əˈkædəmɪ] Ⓐ N 1 (= *private college*) academia *f*; (*Scot*) instituto *m* (de segunda enseñanza), colegio *m*; **~ of music** conservatorio *m*; **~ for young ladies** colegio *m* para señoritas; *see also* **military**, **naval**
2 (= *learned society*) academia *f*; **the Spanish**

➤ LANGUAGE IN USE: absurd A 26.3

**Academy** la Real Academia Española; *see also* **royal**
Ⓑ CPD ► **Academy Award** N (*Cine*) galardón *m* de la Academia de Hollywood, Oscar *m*

**acanthus** [əˈkænθəs] N (*pl* **acanthuses, acanthi**) acanto *m*

**ACAS** [ˈeɪkæs] N ABBR (*Brit*) (= **Advisory Conciliation and Arbitration Service**) ≈ IMAC *m*

**acc.** ABBR 1 (*Fin*) (= **account**) c/, c.ta
2 (*Ling*) = **accusative**

**accede** [ækˈsiːd] VI **to ~ to** 1 (= *assent to*) [+ *request*] acceder a; [+ *suggestion*] aceptar
2 (= *gain, enter into*) [+ *office, post*] tomar posesión de; [+ *party*] adherirse a; [+ *throne*] acceder a, subir a; [+ *treaty*] adherirse a

**accelerate** [ækˈseləreɪt] Ⓐ VT acelerar, apresurar; **~d depreciation** depreciación *f* acelerada; **~d program** (*US Univ*) curso *m* intensivo
Ⓑ VI (*esp Aut*) acelerar

**acceleration** [æk,seləˈreɪʃən] Ⓐ N (*esp Aut*) aceleración *f*
Ⓑ CPD ► **acceleration clause** N (*Fin*) provisión *f* para el vencimiento anticipado de una deuda

**accelerator** [ækˈseləreɪtəʳ] N (*Aut*) acelerador *m*; **to step on the ~** pisar el acelerador

**accent** Ⓐ [ˈæksənt] N 1 (*written*) acento *m*; **put an ~ on the "o"** pon un acento sobre la "o"; **acute ~** acento *m* agudo; **written ~** acento *m* ortográfico
2 (= *pronunciation*) acento *m*; **he has a French ~** tiene acento francés; **with a strong Andalusian ~** con (un) fuerte acento andaluz
3 (= *emphasis*) (*fig*) **to put the ~ on** subrayar (la importancia de), recalcar; **the minister put the ~ on exports** el ministro recalcó la importancia de la exportación; **this year the ~ is on bright colours** (*Fashion*) este año están de moda los colores vivos
4 (*liter*) (= *tone*) **in ~s of some surprise** en cierto tono de asombro
Ⓑ [ækˈsent] VT 1 [+ *syllable, word*] acentuar
2 [+ *need, difference*] recalcar, subrayar
3 [+ *colour, feature*] realzar
Ⓒ [ˈæksənt] CPD ► **accent mark** N acento *m* ortográfico

**accented** [ækˈsentɪd] ADJ [*syllable*] acentuado; [*voice*] con acento

**accentual** [ækˈsentjʊəl] ADJ acentual

**accentuate** [ækˈsentjʊeɪt] VT 1 (*lit*) [+ *syllable, word*] acentuar
2 (*fig*) [+ *need, difference etc*] recalcar, subrayar; [+ *colour, feature*] realzar

**accentuation** [æk,sentjʊˈeɪʃən] N acentuación *f*

▼**accept** [əkˈsept] Ⓐ VT 1 [+ *gift, invitation, apology, offer*] aceptar; [+ *report*] aprobar; (*Med*) [+ *transplant*] tolerar; **the Academy ~ed the word in 1970** la Academia admitió la palabra en 1970
2 [*machine*] [+ *coin*] admitir
3 (*Comm*) [+ *cheque, orders*] aceptar
4 (= *acknowledge*) reconocer, admitir; [+ *person*] admitir, acoger; **it is ~ed that ...** se reconoce *or* admite que ...; **I do not ~ that way of doing it** no apruebo ese modo de hacerlo; **to ~ responsibility for sth** asumir la responsabilidad de algo; **he was ~ed as one of us** se lo admitió *or* acogió como a uno de nosotros
Ⓑ VI aceptar, asentir

**acceptability** [ək,septəˈbɪlətɪ] N aceptabilidad *f*

**acceptable** [əkˈseptəbl] ADJ [*behaviour, plan, offer*] aceptable; [*gift*] grato; **that would not be ~ to the government** eso no le resultaría aceptable al gobierno; **that kind of behaviour is not socially ~** ese tipo de comportamiento no es socialmente aceptable

**acceptably** [əkˈseptəblɪ] ADV 1 (= *in the accepted manner*) [*behave, phrase*] de manera aceptable
2 (= *satisfactorily*) [*play, sing*] razonablemente bien; **inflation is now ~ low** la inflación es ahora lo suficientemente baja

▼**acceptance** [əkˈseptəns] Ⓐ N 1 [*of gift, invitation, apology, offer, cheque*] aceptación *f*
2 (= *approval*) aprobación *f*, acogida *f*; **to meet with general ~** tener una buena acogida general; **to win ~** lograr la aprobación
Ⓑ CPD ► **acceptance credit** N crédito *m* de aceptación

**acceptation** [,æksepˈteɪʃən] N acepción *f*

**accepted** [əkˈseptɪd] ADJ [*fact, idea, practice*] reconocido, establecido; **it's the ~ thing** es lo establecido, es la norma; **he's an ~ expert** es un experto reconocido (como tal); **it is not a socially ~ habit** es una costumbre que no es socialmente aceptable

**acceptor** [əkˈseptəʳ] N aceptador(a) *m/f*; (*Comm*) aceptante *mf*

**access** [ˈækses] Ⓐ N 1 (= *entry etc*) acceso *m*; **a road was built to improve ~ to the property** se construyó una carretera para facilitar el acceso a la propiedad; **of easy ~** de fácil acceso; **to gain ~ (to)** (*lit*) lograr entrar (en); **to gain ~ to sb** conseguir libre acceso a algn; **to give ~ to a room** comunicar con *or* dar acceso a una habitación; **this gives ~ to the garden** por aquí se sale al jardín; **to have ~ to sb** tener libre acceso a algn; **the house has ~ onto the park** la casa tiene salida al parque; **he had ~ to the family papers** tuvo acceso a los papeles de la familia, se le facilitaron los papeles de la familia; **to obtain legal ~ to a property** conseguir una autorización legal para entrar en una propiedad
2 (*Jur*) (*in divorce*) derecho *m* de visita
3 (*Comput*) acceso *m*
4 (= *sudden outburst*) acceso *m*, arrebato *m*; **he had a sudden ~ of generosity** tuvo un repentino acceso *or* arrebato de generosidad; **in an ~ of rage** en un arrebato *or* acceso de cólera
Ⓑ VT (*Comput*) [+ *file*] conseguir acceso a
Ⓒ CPD ► **access code** N código *m* de acceso ► **access course** N (*Brit*) curso *m* de acceso ► **access road** N vía *f* de acceso ► **access time** N (*Comput*) tiempo *m* de acceso

**accessibility** [æk,sesɪˈbɪlɪtɪ] N [*of place*] facilidad *f* de acceso; [*of person*] lo asequible, carácter *m* abordable; [*of art, language*] accesibilidad *f*; **they want to increase the ~ of art to ordinary people** quieren hacer que el arte sea más accesible al ciudadano medio

**accessible** [ækˈsesəbl] ADJ 1 [*place*] accesible
2 (= *approachable*) [*person*] accesible, asequible
3 (= *understandable*) [*art, language*] accesible (**to** para)
4 (= *able to be influenced*) **he is not ~ to reason** no escucha la razón, hace oídos sordos a la razón

**accession** [ækˈseʃən] N (*frm*) 1 (= *elevation*) (*to office, post*) entrada *f* en posesión (**to** de); [*of king, queen*] subida *f*, ascenso *m* (**to the throne** al trono); **~ to power** subida *f* or ascenso *m* al poder
2 (= *consent*) (*to treaty*) accesión *f*, adherencia *f* (**to** a)
3 (= *entry, admission*) entrada *f* (**to** en)
4 (= *increase*) aumento
5 (*in library, museum*) (= *acquisition*) (nueva) adquisición *f*

**accessorize** [əkˈsesə,raɪz] VT (*US*) [*dress*] comprar el bolso y los zapatos a juego con

**accessory** [ækˈsesərɪ] Ⓐ ADJ 1 (= *additional*) accesorio, secundario
2 (*Jur*) **to be ~ to** ser cómplice de
Ⓑ N 1 **accessories** (*Aut etc*) accesorios *mpl*; (*to outfit*) complementos *mpl*, accesorios *mpl*; **kitchen/bathroom accessories** accesorios *or* artículos *mpl* de cocina/baño
2 (*Jur*) cómplice *mf* (**to** de); **~ after the fact** cómplice *mf* encubridor(a); **~ before the fact** cómplice *mf*

**accidence** [ˈæksɪdəns] N accidentes *mpl*

▼**accident** [ˈæksɪdənt] Ⓐ N 1 (= *mishap*) accidente *m*; **to meet with** *or* **have an ~** tener *or* sufrir un accidente; ***♦IDIOM*** **it's an ~ waiting to happen** es un peligro en potencia; ***♦PROV*** **~s will happen** son cosas que pasan; *see also* **road B**
2 (= *unforeseen event*) casualidad *f*; **by ~** (= *by chance*) por *or* de casualidad; (= *unintentionally*) sin querer, involuntariamente; **by some ~ I found myself there** me encontré allí por accidente; **more by ~ than design** más por casualidad que por intención; **I'm sorry, it was an ~** lo siento, lo hice sin querer; **it's no ~ that ...** no es casualidad *or* casual que ...
3 (*Geol, Philos*) accidente *m*
Ⓑ CPD ► **Accident and Emergency Department** N (*in hospital*) Urgencias *fpl* ► **(road) accident figures** NPL cifras *fpl* de accidentes (en carretera) ► **accident insurance** N seguro *m* contra accidentes ► **accident prevention** N prevención *f* de accidentes ► **(road) accident statistics** NPL estadísticas *fpl* de accidentes (en carretera)

**accidental** [,æksɪˈdentl] Ⓐ ADJ 1 (= *by chance*) casual, fortuito; **~ death** muerte *f* por accidente
2 (= *unintentional*) imprevisto; **I didn't do it deliberately, it was ~** no lo hice adrede, fue sin querer
Ⓑ N (*Mus*) accidente *m*

**accidentally** [,æksɪˈdentəlɪ] ADV 1 (= *by chance*) por casualidad; **we met quite ~** nos encontramos por pura casualidad
2 (= *unintentionally*) sin querer, involuntariamente; **he was ~ killed** fue muerto por accidente; **the liquids were ~ mixed** los líquidos se mezclaron por descuido; ***♦IDIOM*** **~ on purpose*** sin querer y no tan sin querer

**accident-prone** [ˈæksɪdənt,prəʊn] ADJ susceptible a los accidentes

**acclaim** [əˈkleɪm] Ⓐ VT 1 (= *praise*) aclamar, alabar; **the play was ~ed** la obra fue aclamada
2 (= *proclaim*) aclamar; **he was ~ed king** lo aclamaron rey
Ⓑ N (= *praise*) alabanza *f*, aclamación *f*; (= *applause*) aplausos *mpl*; **the book met with great ~** el libro tuvo una extraordinaria acogida, el libro recibió encendidos elogios

**acclamation** [,ækləˈmeɪʃən] N 1 (= *approval*) aclamación *f*
2 (= *applause*) aplausos *mpl*, vítores *mpl* (*more frm*); **amid the ~s of the crowd** entre los aplausos *or* (*more frm*) vítores de la multitud; **to be chosen by ~** ser elegido por aclamación

**acclimate** [əˈklaɪmət] VT, VI (*US*) = **acclimatize**

**acclimation** [,æklaɪˈmeɪʃən] N (*US*) = **acclimatization**

**acclimatization** [ə,klaɪmətaɪˈzeɪʃən], **acclimation** (*US*) [,æklaɪˈmeɪʃən] N aclimatación *f*

➤ LANGUAGE IN USE: **accept A** 11.2, 25.2 **acceptance A1** 19.5, 20.3 **accident A2** 18.4

**acclimatize** [əˈklaɪmətaɪz], **acclimate** (*US*) [əˈklaɪmət] Ⓐ VT aclimatar (**to** a); **to ~ o.s.** aclimatarse (**to** a)
Ⓑ VI aclimatarse (**to** a)

**acclivity** [əˈklɪvɪtɪ] N subida *f*, cuesta *f*

**accolade** [ˈækəʊleɪd] N [1] (= *praise*) elogio *m* entusiasta; (= *honour*) honor *m*; (= *award*) galardón *m*, premio *m*
[2] (*Hist*) acolada *f*, espaldarazo *m*

**accommodate** [əˈkɒmədeɪt] Ⓐ VT [1] (= *lodge, put up*) [+ *person*] alojar, hospedar; **can you ~ four people in July?** ¿tiene usted habitaciones para cuatro personas en julio?
[2] (= *have space for*) tener cabida para; **this car ~s six** este coche tiene cabida *or* asientos para seis personas; **can you ~ two more in your car?** ¿caben dos más en tu coche?
[3] (= *reconcile*) [+ *differences*] acomodar, concertar; [+ *quarrel*] poner fin a; [+ *quarrellers*] reconciliar
[4] (= *adapt*) acomodar, adaptar (**to** a)
[5] (= *supply*) proveer (**with** de); **to ~ sb with a loan** facilitar un préstamo a algn
[6] (= *oblige*) complacer, hacer un favor a
Ⓑ VI [*eye*] adaptarse (**to** a)

**accommodating** [əˈkɒmədeɪtɪŋ] ADJ (= *helpful*) servicial, complaciente; (= *easy to deal with*) acomodadizo, acomodaticio

**accommodation** [əˌkɒməˈdeɪʃən] Ⓐ N [1] (*also US* **~s**) (= *lodging*) alojamiento *m*; (= *rooms*) habitaciones *fpl*; **have you any ~ available?** ¿tiene usted habitaciones disponibles?; **to book ~ in a hotel** reservar una habitación en un hotel; **"accommodation to let"** "se alquilan habitaciones"
[2] (= *space*) lugar *m*, cabida *f*; **there is ~ for 20 passengers** hay lugar para 20 pasajeros; **there is standing ~ only** hay sitio solamente para estar de pie; **the plane has limited ~** el avión tiene un número limitado de plazas
[3] (= *agreement*) acuerdo *m*; **to reach an ~ with creditors** llegar a un acuerdo con los acreedores
[4] (= *adaptation*) acomodación *f*, adaptación *f*
[5] (= *loan*) crédito *m*, préstamo *m*
Ⓑ CPD ► **accommodation address** N domicilio *f* postal ► **accommodation bill** N (*Comm*) pagaré *m* de favor ► **accommodation bureau** N oficina *f* de hospedaje ► **accommodation note** N = **accommodation bill** ► **accommodation train** N (*US*) tren *m* de cercanías

**accompaniment** [əˈkʌmpənɪmənt] N (*also Mus*) acompañamiento *m*; **they marched to the ~ of a military band** desfilaban al compás de una banda militar

**accompanist** [əˈkʌmpənɪst] N (*Mus*) acompañante/a *m/f*

**accompany** [əˈkʌmpənɪ] VT [1] (= *escort*) acompañar; **to be accompanied by sb** ir acompañado de algn
[2] (*fig*) acompañar; **accompanied by** acompañado de; **he accompanied this with a grimace** esto lo dijo acompañado de una mueca, al decir esto hizo una mueca; **~ing letter** carta *f* adjunta
[3] (*Mus*) acompañar (**on the violin/piano** con el violín/al piano); **to ~ o.s. on the piano** acompañarse al piano

**accomplice** [əˈkʌmplɪs] N cómplice *mf*

**accomplish** [əˈkʌmplɪʃ] VT [1] (= *achieve*) efectuar, lograr; [+ *task, mission*] llevar a cabo; [+ *purpose, one's design*] realizar
[2] (= *finish*) terminar, concluir

**accomplished** [əˈkʌmplɪʃt] ADJ [1] [*pianist etc*] experto, consumado; [*performance*] logrado
[2] [*fact*] consumado

**accomplishment** [əˈkʌmplɪʃmənt] N [1] (= *achievement*) logro *m*; **a great ~** un gran logro; **it's quite an ~ to** + *INFIN* exige mucho talento + *infin*; **her ~ in finishing the film although ill** su logro de terminar la película a pesar de estar enferma
[2] (= *completion, fulfilment*) realización *f*; **difficult of ~** de difícil consecución
[3] (= *skill*) talento *m*; **accomplishments** talento *m*, dotes *fpl*

**accord** [əˈkɔːd] Ⓐ N [1] (= *harmony*) acuerdo *m*, armonía *f*; **with one ~** de *or* por común acuerdo; **to be in ~** estar de acuerdo (**with** con), estar en armonía (**with** con); **of his/her own ~** espontáneamente, (de) motu proprio
[2] (= *treaty*) acuerdo *m*
Ⓑ VT [+ *welcome, praise*] dar (**to** a); [+ *honour*] conceder (**to** a)
Ⓒ VI concordar, armonizar (**with** con)

**accordance** [əˈkɔːdəns] N **in ~ with** conforme a, de acuerdo con

**according** [əˈkɔːdɪŋ] ADV [1] **~ to** según; (= *in accordance with*) conforme a, de acuerdo con; **~ to him ...** según él ...; **~ to what he told me** según me dijo; **it went ~ to plan** salió conforme a *or* de acuerdo con nuestros *etc* planes; **classified ~ to size** clasificado por *or* según tamaños; **to play the game ~ to the rules** jugar siguiendo las reglas
[2] **~ as** según que, a medida que

**accordingly** [əˈkɔːdɪŋlɪ] ADV [1] (= *correspondingly*) **it is a difficult job and he should be paid ~** es un trabajo difícil y debería recibir un pago acorde; **to act ~** actuar en consecuencia
[2] (= *therefore*) por consiguiente, por lo tanto; **the text was too long and the editor ~ cut it by 20%** el texto era demasiado largo y por consiguiente *or* por lo tanto el editor lo acortó un 20%

**accordion** [əˈkɔːdɪən] N acordeón *m*

**accordionist** [əˈkɔːdɪənɪst] N acordeonista *mf*

**accost** [əˈkɒst] VT abordar; **he ~ed me in the street** me abordó en la calle, se dirigió a mí en la calle; **he ~ed me for a light** se acercó a mí para pedir fuego

**accouchement** [əˈkuːʃmɑ̃ːŋ] N (*frm*) parto *m*

**account** [əˈkaʊnt] Ⓐ N [1] (*Comm, Fin*) (*at shop*) cuenta *f*; (= *invoice*) factura *f*; (= *bank account*) cuenta *f* (bancaria); **they have the Blotto ~** (*Advertising*) ellos hacen la publicidad de Blotto; **cash or ~?** ¿en metálico o a cuenta?; **to charge sth to sb's ~** cargar algo en cuenta a algn; **to close an ~** liquidar una cuenta; **payment on ~** pago *m* a cuenta; **to get £50 on ~** recibir 50 libras anticipadas; **to put £50 down on ~** cargar 50 libras a la cuenta; **to buy sth on ~** comprar algo a cuenta; **to open an ~** abrir una cuenta; **~ payable** cuenta *f* por pagar; **"account payee only"** "únicamente en cuenta del beneficiario"; **~ receivable** cuenta *f* por cobrar; **to render an ~** pasar factura; **~ rendered** cuenta *f* pasada; **to settle an ~** liquidar una cuenta; **to settle ~s (with)** (*fig*) ajustar cuentas (con); **statement of ~** estado *m* de cuenta; **the Account** (*St Ex*) periodo *m* (de 15 días) al fin del cual se ajustan las cuentas; *see also* **current**, **deposit C**, **joint D**
[2] **accounts** (*Comm*) (= *calculations*) cuentas *fpl*; (= *department*) (sección *f* de) contabilidad *f*; **to keep the ~s** llevar las cuentas
[3] (= *report*) informe *m*; **by all ~s** a decir de todos, según se dice; **by** *or* **according to her own ~** por lo que dice ella; **to give an ~ of** dar cuenta de, informar sobre; **to keep an ~ of** [+ *events*] guardar relación de; [+ *amounts*] llevar cuentas de
[4] (= *consideration*) consideración *f*; **on no ~** ◊ **not on any ~** de ninguna manera, bajo ningún concepto; **on that ~** por eso; **on his ~** por él, en su nombre; **on his own ~** por cuenta propia; **on ~ of** (= *because of*) a causa de; (*esp US**) (= *because*) porque, debido a que; **I couldn't do it on ~ of my back's sore*** no he podido hacerlo porque me duele la espalda; **to leave sth out of ~** no tomar algo en consideración *or* cuenta; **to take ~ of sth** ◊ **take sth into ~** tener algo en cuenta *or* consideración, tener algo presente; **to take no ~ of** no tomar *or* no tener en cuenta
[5] (= *importance*) importancia *f*; **of no** *or* **little** *or* **small ~** de poca importancia; **of some ~** de cierta importancia, de alguna consideración
[6] (= *explanation*) **to bring** *or* **call sb to ~** pedir cuentas a algn; **to give an ~ of o.s.** justificar su conducta; **to give a good ~ of oneself** (= *perform well*) tener una buena actuación; (= *make good impression*) causar buena impresión; **to be held to ~ for sth** ser obligado a rendir cuentas por algo
[7] (= *benefit*) **to put** *or* **turn sth to (good) ~** aprovechar algo, sacar provecho de algo
Ⓑ VT (*frm*) considerar, creer; **I ~ him a fool** lo considero un tonto; **I ~ myself lucky** me considero afortunado; **he is ~ed an expert** se le considera un experto; **I should ~ it a favour if ...** agradecería que ...
Ⓒ CPD ► **account balance** N saldo *m* de la cuenta ► **account book** N libro *m* de cuentas ► **account day** N día *m* de liquidación ► **account number** N (*at bank etc*) número *m* de cuenta ► **accounts department** N sección *f* de contabilidad

► **account for** VI + PREP [1] (= *explain*) explicar, justificar; **how do you ~ for it?** ¿cómo lo explica *or* justifica usted?; **I cannot ~ for it** no me lo explico; **that ~s for it** ésa es la razón *or* la explicación; **✦IDIOM there's no ~ing for taste(s)** sobre gustos no hay nada escrito
[2] (= *give reckoning of*) [+ *actions, expenditure*] dar cuenta de, responder de; **everything is now ~ed for** ya se ha dado cuenta de todo, todo está completo ya; **many are still not ~ed for** aún se desconoce la suerte que han corrido muchas personas
[3] (= *represent*) representar, suponer; **children ~ for 5% of the audience** los niños representan *or* suponen el 5 por ciento de la audiencia
[4] (= *destroy, kill*) acabar con; **one bomb ~ed for the power station** una bomba acabó con la central eléctrica; **they ~ed for three stags** mataron tres ciervos; **the ship ~ed for three enemy aircraft** el barco derribó tres aviones enemigos

**accountability** [əˌkaʊntəˈbɪlətɪ] N responsabilidad *f*

**accountable** [əˈkaʊntəbl] ADJ responsable (**for** de; **to** ante); **not ~ for one's actions** no responsable de los propios actos; **he is ~ only to himself** sólo se da cuentas a sí mismo, sólo se siente responsable ante sí mismo

**accountancy** [əˈkaʊntənsɪ] N contabilidad *f*

**accountant** [əˈkaʊntənt] N contable *mf*, contador(a) *m/f* (*LAm*); (*in bank etc*) economista *mf*; **~'s office** contaduría *f*; *see also* **chartered**

**accounting** [əˈkaʊntɪŋ] Ⓐ N contabilidad *f*
Ⓑ CPD ► **accounting period** N periodo *m* contable, ejercicio *m* financiero

**accoutred**, **accoutered** (*US*) [əˈkuːtəd] PP, ADJ (*frm or liter*) equipado (**with** de)

➤ LANGUAGE IN USE: **account** A4 26.2

**accoutrements** [əˈkuːtrəmənts], **accouterments** (*US*) [əˈkuːtəmənts] NPL (*frm*) equipo *msing*, avíos *mpl*

**accredit** [əˈkredɪt] VT **1** (= *credit*) atribuir (**to** a); **to ~ a quality to sb** ◊ **~ sb with a quality** atribuir una cualidad a algn
**2** (= *recognize*) [+ *qualification*] reconocer (oficialmente); [+ *representative, body*] autorizar, acreditar
**3** (= *appoint*) acreditar; **to ~ an ambassador to** acreditar a algn como embajador en

**accreditation** [əˌkredɪˈteɪʃən] Ⓐ N reconocimiento *m* (oficial); (*US Scol, Univ*) habilitación *f* de enseñanza
Ⓑ CPD ► **accreditation officer** N (*US Scol*) inspector(a) *m/f* de enseñanza

**accredited** [əˈkredɪtɪd] ADJ [*source, supplier, agent*] autorizado

**accretion** [əˈkriːʃən] N aumento *m*, acrecentamiento *m*

**accrual** [əˈkrʊəl] N (*frm*) acumulación *f*

**accrue** [əˈkruː] (*frm*) Ⓐ VI (= *mount up*) acumularse (*also Fin*); **to ~ from** proceder de; **to ~ to** corresponder a; **some benefit will ~ to you from this** de esto resultará algo a beneficio de usted
Ⓑ CPD ► **accrued charges** NPL gastos *mpl* vencidos ► **accrued income** N renta *f* acumulada ► **accrued interest** N interés *m* acumulado

**acct** ABBR (= **account**) c/, c.$^{ta}$

**acculturate** [əˈkʌltʃəˌreɪt] VT (*frm*) aculturar

**acculturation** [əˌkʌltʃəˈreɪʃən] N (*frm*) aculturación *f*

**accumulate** [əˈkjuːmjʊleɪt] Ⓐ VT acumular
Ⓑ VI acumularse
Ⓒ CPD ► **accumulated depreciation** N depreciación *f* acumulada

**accumulation** [əˌkjuːmjʊˈleɪʃən] N **1** (= *amassing*) acumulación *f*, acopio *m*
**2** (= *mass*) montón *m*

**accumulative** [əˈkjuːmjʊlətɪv] ADJ acumulativo

**accumulator** [əˈkjuːmjʊleɪtər] N **1** (*Elec, Comput*) acumulador *m*
**2** (*Brit*) (= *bet*) apuesta *f* múltiple acumulativa

**accuracy** [ˈækjʊrəsɪ] N [*of measurement, figures, clock*] exactitud *f*; [*of instrument*] precisión *f*; [*of translation, copy, words, description*] fidelidad *f*, exactitud *f*; [*of forecast*] lo acertado; [*of aim, shot*] lo certero; **~ is very important for a good typist** no cometer errores es muy importante para un buen mecanógrafo; **they were impressed by the typist's ~** estaban impresionados por la falta de errores en el trabajo del mecanógrafo

**accurate** [ˈækjʊrɪt] ADJ [*number, measurement, figure, calculation*] exacto; [*instrument, scales*] preciso; [*translation, copy, information, description, memory*] fiel, exacto; [*observation, answer, forecast*] acertado; [*instructions*] preciso; [*shot, aim*] certero; [*missile*] de gran precisión; [*typist*] que no comete errores; **is that clock ~?** ¿tiene ese reloj la hora exacta?; **~ spelling is important** escribir sin faltas es muy importante; **it was his father or, to be ~, his stepfather** era su padre o, para ser exacto, su padrastro; **to be strictly ~ …** para ser más preciso *or* exacto …; **the newspaper has been ~ in its reports** el periódico ha informado fielmente de los hechos en sus reportajes; **the tests are 90% ~ in identifying future victims** los análisis aciertan al detectar futuras víctimas en un 90 por ciento de los casos; **clocks that are ~ to one second in 40 million years** relojes que no pierden ni ganan más de un segundo en 40 millones de años; **the scales are ~ to half a gram** la balanza tiene un margen de error de sólo medio gramo

**accurately** [ˈækjʊrɪtlɪ] ADV [*measure*] con exactitud; [*calculate*] exactamente; [*reflect, translate, copy, draw*] fielmente, exactamente; [*inform, describe*] fielmente, con exactitud; [*predict*] con exactitud; [*shoot, aim*] certeramente

**accursed†**, **accurst†** [əˈkɜːst] ADJ (*liter*) maldito; (= *ill-fated*) infausto, desventurado; **~ be he who …!** ¡maldito sea quien …!, ¡mal haya quien …!

**accusal** [əˈkjuːzl] N (*Jur*) acusación *f*

**accusation** [ˌækjʊˈzeɪʃən] N (= *charge*) acusación *f*

**accusative** [əˈkjuːzətɪv] (*Ling*) Ⓐ ADJ acusativo
Ⓑ N (*also* **~ case**) acusativo *m*; **in the ~** en acusativo

**accusatorial** [əˌkjuːzəˈtɔːrɪəl] ADJ = **accusatory**

**accusatory** [əˈkjuːzətərɪ] ADJ [*remark*] acusatorio; [*glance, gesture, manner*] acusador

**accuse** [əˈkjuːz] VT **to ~ sb (of)** acusar a algn (de); **he stands ~d of …** se le acusa de …

**accused** [əˈkjuːzd] N **the ~** (*Jur*) (*sing*) el/la acusado/a; (*pl*) los/las acusados/as

**accuser** [əˈkjuːzər] N acusador(a) *m/f*

**accusing** [əˈkjuːzɪŋ] ADJ [*look, eyes*] acusador; **in an ~ voice** en tono acusador; **to point an ~ finger at sb** (*lit*) señalar a algn con un dedo acusador; (*fig*) acusar a algn

**accusingly** [əˈkjuːzɪŋlɪ] ADV [*say*] en tono acusador; **she looked at me ~** me lanzó una mirada acusadora; **she pointed at Derek ~** señaló a Derek con un dedo acusador

**accustom** [əˈkʌstəm] VT acostumbrar, habituar (**to** a); **to ~ sb to (doing) sth** acostumbrar a algn a (hacer) algo; **to ~ o.s. to (doing) sth** acostumbrarse a (hacer) algo; **to be ~ed to (doing) sth** estar acostumbrado a (hacer) algo; **to get ~ed to (doing) sth** acostumbrarse a (hacer) algo

**accustomed** [əˈkʌstəmd] ADJ acostumbrado, usual

**AC/DC** [ˌeɪsiːˈdiːsiː] Ⓐ N ABBR = **alternating current/direct current**
Ⓑ ADJ **he's ~‡** es bisexual

**ACE** N ABBR (*US*) = **American Council on Education**

**ace** [eɪs] Ⓐ N **1** (*Cards*) as *m*; **✦IDIOMS to be within an ~ of** estar a punto *or* a dos dedos de; **to keep an ~ up one's sleeve** ◊ **have an ~ in the hole** (*US**) guardar un triunfo en la mano, guardarse un as en la manga; **to play one's ~** jugar su triunfo; **to hold all the ~s** tener la sartén por el mango
**2** (*Tennis*) ace *m*
**3** (= *pilot, racing driver etc*) as *m*; **he's ~s** (*US**) es fenomenal*
Ⓑ ADJ (*) estupendo*, de aúpa*; **~ player** as *m*
Ⓒ CPD ► **Ace bandage**® N (*US*) venda *f* elástica

**acephalous** [əˈsefələs] ADJ acéfalo

**acerbic** [əˈsɜːbɪk] ADJ **1** [*taste*] acre, acerbo
**2** (*fig*) mordaz, cáustico

**acerbity** [əˈsɜːbɪtɪ] N **1** [*of taste*] acritud *f*, aspereza *f*
**2** (*fig*) mordacidad *f*

**acetate** [ˈæsɪteɪt] N acetato *m*

**acetic** [əˈsiːtɪk] Ⓐ ADJ acético
Ⓑ CPD ► **acetic acid** N ácido *m* acético

**acetone** [ˈæsɪtəʊn] N acetona *f*

**acetylene** [əˈsetɪliːn] Ⓐ N acetileno *m*
Ⓑ CPD ► **acetylene burner** N soplete *m* oxiacetilénico ► **acetylene lamp** N lámpara *f* de acetileno ► **acetylene torch** N soplete *m* oxiacetilénico ► **acetylene welding** N soldadura *f* oxiacetilénica

**ache** [eɪk] Ⓐ N (= *pain*) dolor *m*; **I have an ~ in my side** me duele el costado; **full of ~s and pains** lleno de achaques *or* goteras*; **✦IDIOM with an ~ in one's heart** con mucho pesar
Ⓑ VI **1** (= *hurt*) doler; **my head ~s** me duele la cabeza; **it makes my head ~** me da dolor de cabeza; **I'm aching all over** me duele todo
**2** (*fig*) **it was enough to make your heart ~** era para romperle a uno el alma; **my heart ~s for you** lo siento en el alma
**3** (= *yearn*) desear, suspirar (**for** por); **I am aching for you** suspiro por ti; **I am aching to see you again** me muero por volver a verte; **I ~d to help** me moría por ayudar

**achievable** [əˈtʃiːvəbl] ADJ alcanzable; **an aim readily ~** un propósito fácil de alcanzar

▼**achieve** [əˈtʃiːv] Ⓐ VT (= *reach*) conseguir, alcanzar; (= *complete*) llevar a cabo; (= *accomplish*) realizar; **he will never ~ anything** él no hará nunca nada; **what do you hope to ~ by that?** ¿qué esperas lograr con eso?
Ⓑ VI (= *be successful*) avanzar, hacer progresos; **the children are not achieving as they should** los niños no avanzan *or* hacen los progresos que debieran

**achievement** [əˈtʃiːvmənt] N **1** (= *act*) realización *f*, consecución *f*
**2** (= *thing achieved*) logro *m*, éxito *m*; **that's quite an ~** es todo un logro *or* éxito, es toda una hazaña; **among his many ~s** entre los muchos éxitos *or* las muchas hazañas en su haber
**3** (*Scol*) **the level of ~** el nivel de rendimiento escolar; *see also* **record A5.1**

**achiever** [əˈtʃiːvər] N (*also* **high ~**) *persona que realiza su potencial or que llega muy alto*

**Achilles** [əˈkɪliːz] Ⓐ N Aquiles
Ⓑ CPD ► **Achilles heel** N talón *m* de Aquiles ► **Achilles tendon** N tendón *m* de Aquiles

**aching** [ˈeɪkɪŋ] Ⓐ ADJ **1** [*tooth, feet*] dolorido, que duele
**2** (*fig*) **with an ~ heart** con mucho pesar
Ⓑ N dolor *m*

**achromatic** [ˌækrəʊˈmætɪk] ADJ acromático

**achy*** [ˈeɪkɪ] ADJ dolorido; **to feel ~** sentirse dolorido; **I feel ~ all over** me duele todo

**acid** [ˈæsɪd] Ⓐ N **1** (*Chem*) ácido *m*
**2** (‡) (= *drug*) ácido* *m*; **to drop ~** consumir ácido
Ⓑ ADJ **1** (= *not alkaline*) [*soil, food, conditions*] ácido
**2** (= *sharp, bitter*) [*fruit, taste*] ácido
**3** (*fig*) [*remark, tone*] mordaz; [*voice*] agrio, mordaz; **to have an ~ tongue** tener la lengua viperina
Ⓒ CPD ► **acid drops** NPL (*Brit*) caramelos *mpl* ácidos ► **acid green** N verde *m* limón ► **acid head‡** N (*Drugs*) adicto/a *m/f* al ácido ► **acid house (music)** N música *f* acid ► **acid house party** N fiesta *f* acid ► **acid rain** N lluvia *f* ácida ► **acid rock** N (*Mus*) rock *m* acid ► **the acid test** N (*fig*) la prueba de fuego, la prueba decisiva ► **acid yellow** N amarillo *m* limón

**acidic** [əˈsɪdɪk] ADJ ácido

**acidifier** [əˈsɪdɪfaɪər] N acidulante *m*

**acidify** [əˈsɪdɪfaɪ] Ⓐ VT acidificar
Ⓑ VI acidificarse

**acidity** [əˈsɪdɪtɪ] N acidez *f*

**acidly** [ˈæsɪdlɪ] ADV [*comment, reply*] mordazmente

**acidophilous** [ˌæsɪˈdɒfɪləs] ADJ acidófilo

➤ LANGUAGE IN USE: achieve A 8.1

**acid-proof** ['æsɪdpru:f], **acid-resisting** ['æsɪdrɪ'zɪstɪŋ] ADJ a prueba de ácidos

**acidulant** [ə'sɪdjʊlənt] N acidulante *m*

**acidulous** [ə'sɪdjʊləs] ADJ acídulo

**ack-ack*** ['æk'æk] Ⓐ N (= *gunfire*) fuego *m* antiaéreo; (= *guns*) artillería *f* antiaérea
Ⓑ CPD ► **ack-ack fire** N fuego *m* antiaéreo ► **ack-ack gun** N cañón *m* antiaéreo

▼**acknowledge** [ək'nɒlɪdʒ] VT 1 (= *admit*) reconocer; [+ *claim, truth*] admitir; [+ *crime*] confesarse culpable de; **I ~ that ...** reconozco que ...; **to ~ defeat** darse por vencido; **to ~ that sb is superior** ◊ **~ sb as superior** reconocer que algn es mejor; **to ~ sb as leader** reconocer a algn como jefe; **I ~ myself the loser** reconozco que he perdido; **she ~d herself in the wrong** reconoció que estaba equivocada
2 (= *thank for*) [+ *favour, gift*] agradecer, dar las gracias por
3 (*also* **~ receipt of**) [+ *letter*] acusar recibo de
4 (= *greet*) [+ *person*] saludar; (= *reply to*) [+ *greeting*] contestar a

**acknowledged** [ək'nɒlɪdʒd] ADJ **an ~ expert** un experto reconocido como tal; **a generally ~ fact** un hecho generalmente reconocido

**acknowledgement** [ək'nɒlɪdʒmənt] N 1 (= *admission*) admisión *f*; (= *recognition*) reconocimiento *m*; **in ~ of** en reconocimiento de, en agradecimiento a; **I wish to make public ~ of the help** quiero agradecer públicamente la ayuda; **to make ~s** expresar su agradecimiento
2 (*Comm*) [*of letter etc*] acuse *m* de recibo
3 [*of greeting*] contestación *f*
4 **to quote sb without ~** citar a algn sin mencionar la fuente; **acknowledgements** (*in book*) menciones *fpl*

**ACLU** N ABBR = **American Civil Liberties Union**

> **ACLU**
>
> *La* **American Civil Liberties Union** *o* **ACLU** *es una organización no partidista que se fundó en 1920 para proteger los derechos de los ciudadanos estadounidenses tal y como lo establece la Constitución. La* **ACLU** *presta su apoyo en los tribunales cuando se trata de casos de violación de las libertades del ciudadano, especialmente en casos relacionados con la discriminación por motivos de religión, raza, color o sexo, o en casos relacionados con la libertad de expresión. Esta organización jugó un papel importante en la lucha contra la segregación racial. Sin embargo, debido a su defensa de la libertad total, también ha apoyado marchas del Partido Nazi Americano y del Ku Klux Klan, decisiones que han creado mucha polémica.*

**acme** ['ækmɪ] N colmo *m*, cima *f*; **the ~ of perfection** la suma perfección, el colmo de la perfección; **he is the ~ of good taste** es el buen gusto en persona

**acne** ['æknɪ] N acné *m or f*

**acolyte** ['ækəʊlaɪt] N 1 (*Rel*) acólito *m*, monaguillo *m*
2 (*fig*) acólito/a *m/f*

**aconite** ['ækənaɪt] N acónito *m*

**acorn** ['eɪkɔ:n] N bellota *f*

**acoustic** [ə'ku:stɪk] Ⓐ ADJ acústico
Ⓑ CPD ► **acoustic coupler** N acoplador *m* acústico ► **acoustic guitar** N guitarra *f* acústica ► **acoustic nerve** N nervio *m* auditivo ► **acoustic screen** N panel *m* acústico

**acoustically** [ə'ku:stɪklɪ] ADV [*poor, perfect*] desde el punto de vista acústico; [*record*] acústicamente

**acoustics** [ə'ku:stɪks] N 1 (*with sing vb*) (*Phys*) acústica *f*
2 (*with pl vb*) [*of hall etc*] acústica *f*

**ACPO** ['ækpəʊ] N ABBR (*Brit*) = **Association of Chief Police Officers**

**acquaint** [ə'kweɪnt] VT 1 (= *inform*) **to ~ sb with sth** informar a algn de *or* sobre algo; **to ~ o.s. with sth** informarse sobre algo
2 (= *know*) **to be ~ed** conocerse; **to be ~ed with** [+ *person*] conocer; [+ *fact*] saber; [+ *situation*] estar enterado *or* al corriente de; **to become ~ed with** [+ *person*] (llegar a) conocer; [+ *fact*] saber; [+ *situation*] ponerse al tanto de

**acquaintance** [ə'kweɪntəns] N 1 (*with person*) relación *f*; (*with subject etc*) conocimiento *m*; **to make sb's ~** conocer a algn; **I am very glad to make your ~** tengo mucho gusto en conocerlo; **a plumber of my ~** un fontanero que conozco; **I don't have the honour of her ~** no tengo el honor de conocerla; **it improves on ~** mejora a medida que lo vas conociendo; **on closer** *or* **further ~ it seems less attractive** al conocerlo mejor tiene menos atracción; **to renew (one's) ~ with sb** reanudar la amistad con algn; *see also* **nod C4**
2 (= *person*) conocido/a *m/f*; **an ~ of mine** un conocido mío; **we're just ~s** nos conocemos ligeramente nada más; **we're old ~s** nos conocemos desde hace tiempo; **to have a wide circle of ~s** conocer a muchas personas

**acquaintanceship** [ə'kweɪntənsʃɪp] N 1 (*between two people*) relaciones *fpl*
2 (= *knowledge*) conocimiento *m* (**with** de), familiaridad *f* (**with** con)

**acquiesce** [,ækwɪ'es] VI (= *agree*) consentir (**in** en), conformarse (**in** con); (*unwillingly*) someterse, doblegarse

**acquiescence** [,ækwɪ'esns] N aquiescencia *f* (**in** a, en), consentimiento *m* (**in** para)

**acquiescent** [,ækwɪ'esnt] ADJ conforme, aquiescente; **he was perfectly ~** se mostró completamente conforme; **he is ~ by nature** por su naturaleza se conforma con todo

**acquire** [ə'kwaɪəʳ] VT [+ *possessions*] (= *get*) adquirir, obtener; (= *manage to get*) conseguir; [+ *habit, reputation, native language*] adquirir; [+ *foreign language*] aprender; [+ *territory*] tomar posesión de; [+ *colour, tint*] adquirir, tomar; **where did you ~ that?** ¿dónde conseguiste eso?; **I seem to have ~d a strange umbrella** parece que he tomado el paraguas de otro; **to ~ a name for honesty** ganarse fama de honrado; *see also* **taste A5**

**acquired** [ə'kwaɪəd] ADJ adquirido; **an ~ taste** un gusto adquirido

**acquirement** [ə'kwaɪəmənt] N 1 [*of possessions*] adquisición *f*, obtención *f*
2 **acquirements** (*frm*) (= *skills*) conocimientos *mpl*

**acquirer** [ə'kwaɪərəʳ] N (*Comm, Fin*) adquirente *mf*

**acquisition** [,ækwɪ'zɪʃən] N 1 (= *act, purchased object*) adquisición *f*
2 (*Comm*) [*of company*] absorción *f*

**acquisitive** [ə'kwɪzɪtɪv] ADJ codicioso; **the ~ society** la sociedad de consumo

**acquisitiveness** [ə'kwɪzɪtɪvnɪs] N codicia *f*

**acquit** [ə'kwɪt] VT 1 (*Jur*) **to ~ sb (of)** absolver *or* exculpar a algn (de); **he was ~ted on all charges** lo absolvieron de todas las acusaciones
2 **to ~ o.s.: how did he ~ himself?** ¿cómo se desenvolvió?; **to ~ o.s. well** defenderse bien; **to ~ o.s. of** [+ *duty*] desempeñar

**acquittal** [ə'kwɪtl] N (*Jur*) absolución *f*, exculpación *f*

**acre** ['eɪkəʳ] N acre *m* (*4.047 metros cuadrados*); **the family's broad** *or* **rolling ~s** las extensas fincas de la familia; **there are ~s of space for you to play in*** hay la mar de espacio para que juguéis*; **I've got ~s of weeds*** tengo un montón de malas hierbas*

**acreage** ['eɪkərɪdʒ] N superficie *f* medida en acres, extensión *f* medida en acres; **the 1990 wheat ~** el área sembrada de trigo en 1990; **what ~ do you have here?** ¿cuánto miden estos terrenos?, ¿qué extensión tiene esta tierra?; **they farm a large ~** cultivan unos terrenos muy extensos

**acrid** ['ækrɪd] ADJ 1 (*lit*) [*smell, taste*] acre, punzante
2 (*fig*) áspero, mordaz

**Acrilan®** ['ækrɪlæn] N acrilán® *m*

**acrimonious** [,ækrɪ'məʊnɪəs] ADJ [*argument*] reñido, enconado; [*debate, meeting, exchange*] reñido; [*divorce, break-up*] amargo; [*remark*] mordaz, cáustico

**acrimoniously** [,ækrɪ'məʊnɪəslɪ] ADV [*argue*] enconadamente; [*end, break up*] amargamente; [*say*] mordazmente

**acrimony** ['ækrɪmənɪ] N acritud *f*, acrimonia *f*; **there has been no ~ between us** no ha habido acritud *or* acrimonia entre nosotros; **their first meeting ended in ~** su primera reunión acabó en una disputa enconada

**acrobat** ['ækrəbæt] N acróbata *mf*

**acrobatic** [,ækrəʊ'bætɪk] ADJ acrobático

**acrobatics** [,ækrəʊ'bætɪks] NPL acrobacia *fsing*; (*as profession*) acrobacia *fsing*, acrobatismo *msing*; (*Aer*) vuelo *m* acrobático; **mental/verbal ~** malabarismos *mpl* mentales/verbales

**acronym** ['ækrənɪm] N sigla(s) *f(pl)*, acrónimo *m*

**acropolis** [ə'krɒpəlɪs] N acrópolis *f*

**across** [ə'krɒs]

> *When* **across** *is an element in a phrasal verb, eg* **come across, run across**, *look up the verb.*

Ⓐ PREP 1 (= *from one side to other of*) a través de; **a tree had fallen ~ the road** había caído un árbol a través de la carretera; **to go ~ a bridge** atravesar *or* cruzar un puente; **to run ~ a road** cruzar una calle corriendo; **the bridge ~ the Tagus** el puente sobre el Tajo; **with arms folded ~ his chest** con los brazos cruzados sobre el pecho
2 (= *on the other side of*) al otro lado de; **~ the street from our house** al otro lado de la calle enfrente de nuestra casa; **the lands ~ the sea** las tierras más allá del mar; **from ~ the sea** desde más allá del mar
3 (*in measurements*) **it is 12km ~ the strait** el estrecho tiene 12km de ancho
4 (= *crosswise over*) a través de; *see also* **board A1**
Ⓑ ADV 1 (= *from one side to the other*) a través, al través; **don't go around, go ~** no des la vuelta, ve al través; **shall I go ~ first?** ¿paso yo el primero?; **to run ~** (*over bridge*) atravesar *or* cruzar corriendo; **to swim ~** atravesar a nado; **to cut sth ~** cortar algo por (el) medio; **a plank had been laid ~** habían colocado una tabla encima; **he helped an old lady ~** ayudó a una señora mayor a cruzar la calle
2 (= *on opposite side*) **it's ~ from the Post Office** está enfrente de Correos; **he sat down ~ from her** se sentó frente a ella
3 (*in measurements*) **the lake is 12km ~** el

➤ LANGUAGE IN USE: acknowledge 3 20.4

lago tiene 12km de ancho; **the plate is 30cm ~** el plato tiene un diámetro de 30cm; **how far is it ~?** (*river*) ¿cuántos metros tiene de ancho?

[4] (= *crossways*) a través, en cruz, transversalmente

**across-the-board** [əˈkrɒsðəˈbɔːd] ADJ [*increase*] global, general

**acrostic** [əˈkrɒstɪk] N acróstico *m*

**acrylic** [əˈkrɪlɪk] Ⓐ ADJ acrílico
Ⓑ CPD ► **acrylic fibre** N fibra *f* acrílica

**acrylonitrile** [ˌækrɪləʊˈnaɪtraɪl] N acrilonitrilo *m*

**ACT** N ABBR (*US*) (= **American College Test**) *examen que se hace al término de los estudios secundarios*

**act** [ækt] Ⓐ N [1] (= *deed*) acto *m*, acción *f*; **to catch sb in the ~** sorprender a algn en el acto; **I was in the ~ of writing to him** justamente le estaba escribiendo
[2] (*Parl*) ley *f*
[3] (*Theat*) (= *division*) acto *m*; (= *performance*) número *m*; ✦**IDIOMS it's a hard** *or* **tough ~ to follow** es muy difícil de igualar; **to get into** *or* **in on the ~*** introducirse en el asunto, lograr tomar parte; **to get one's ~ together*** organizarse, arreglárselas
[4] (*fig*) (= *pretence*) cuento *m*, teatro *m*; **to put on an ~** fingir, hacer teatro*
Ⓑ VT (*Theat*) [+ *play*] representar; **to ~ the part of** (*lit*) hacer el papel de; **he really ~ed the part** (*fig*) la verdad es que daba el papel; ✦**IDIOM to ~ the fool** hacerse el tonto
Ⓒ VI [1] (= *perform*) (*Theat*) hacer teatro; (*Cine*) hacer cine; **I ~ed in my youth** de joven fui actor; **she's away ~ing in the provinces** está actuando en provincias; **to ~ in a film** tener un papel en una película; **have you ever ~ed?** ¿has actuado alguna vez?, ¿tienes experiencia como actor?; **who's ~ing in it?** ¿quién actúa?
[2] (= *pretend*) **he's only ~ing** lo está fingiendo (nada más); **to ~ ill** fingirse enfermo; *see also* **stupid**
[3] (= *behave*) actuar, comportarse; **he is ~ing strangely** está actuando *or* se está comportando de una manera rara; **she ~ed as if she was unwell** actuaba *or* se comportaba como si estuviera enferma
[4] (= *take action*) obrar, tomar medidas; **to ~ with caution** obrar con precaución; **he ~ed to stop it** tomó medidas para impedirlo; **now is the time to ~** hay que ponerse en acción ahora mismo; **he declined to ~** se negó a actuar; **he ~ed for the best** hizo lo que mejor le parecía
[5] (= *work*) **he was ~ing as ambassador** hacía de embajador; **~ing in my capacity as chairman** en mi calidad de presidente; **to ~ for sb** representar a algn
[6] (= *function*) [*thing*] funcionar; **to ~ as sth** servir de algo; **it ~s as a deterrent** sirve para disuadir, sirve de disuasión; **it ~s as a safety valve** funciona como válvula de seguridad
[7] (= *take effect*) [*drug*] surtir efecto, actuar; **the medicine is slow to ~** la medicina tarda en surtir efecto *or* actuar; **it ~s by stimulating the immune system** actúa estimulando el sistema inmunológico
Ⓓ CPD ► **act of contrition** N acto *m* de contrición ► **act of faith** N acto *m* de fe ► **act of folly** N locura *f* ► **act of God** N (caso *m* de) fuerza *f* mayor; **we're not insured against ~s of God** no estamos asegurados en casos de fuerza mayor *or* no estamos asegurados contra fuerzas mayores ► **act of justice** N acto *m* de justicia ► **Act of Parliament** N ley *f* (*aprobada por el Parlamento*) ► **act of treason** N traición *f*; **an ~ of treason** una traición ► **act of war** N acción *f* de guerra ► **the Acts of the Apostles** NPL los Hechos de los Apóstoles

►**act on** VI + PREP = **act upon**

►**act out** VT + ADV representar; **to ~ out a macabre drama** (*fig*) representar (hasta el final) un drama macabro; **she is given to ~ing out her fantasies** tiene tendencia a hacer vivir sus fantasías en la realidad

►**act up*** VI + ADV [*person*] portarse mal; [*knee, back, injury*] molestar, doler; [*machine*] fallar, estropearse

►**act upon** VI + PREP [1] [+ *advice, suggestion*] seguir; [+ *order*] obedecer; **to ~ upon the evidence** obrar de acuerdo con los hechos
[2] (= *affect*) afectar (a); **the drug ~s upon the brain** la droga afecta al cerebro

**ACT OF PARLIAMENT**

*A una ley ya aprobada por el Parlamento británico se la denomina* **Act of Parliament**. *Antes, cuando todavía es un proyecto de ley (***bill***), puede ser modificado tanto por la Cámara de los Comunes como por la de los Lores. Si ambas cámaras lo aprueban, se envía al monarca para que dé su aprobación (***Royal Assent***), aunque esto es una mera formalidad. Tras ello la ley ya es oficialmente un* **Act of Parliament**, *y pasa a formar parte de la legislación británica, reemplazando cualquier ley consuetudinaria (***common law***) que hubiera sobre ese asunto.*
⇨ *Ver tb* COMMON LAW

**actable** [ˈæktəbl] ADJ representable

**acting** [ˈæktɪŋ] Ⓐ ADJ [*headmaster, president etc*] interino, suplente
Ⓑ N (*Theat*) (= *performance*) interpretación *f*, actuación *f*; (= *profession*) profesión *f* de actor, teatro *m*; **what was his ~ like?** ¿qué tal hizo el papel?; **this is ~ as it should be** esto se llama realmente ser actor *or* actriz, así es el teatro de verdad; **~ is not in my line** yo no soy actor; **she has done some ~** tiene alguna experiencia como actriz; **to go in for ~** hacerse actor

**actinic** [ækˈtɪnɪk] ADJ actínico

**actinium** [ækˈtɪnɪəm] N actinio *m*

**action** [ˈækʃən] Ⓐ N [1] (= *activity*) **the time has come for ~** ha llegado el momento de hacer algo *or* de actuar; **when shall we get some ~ on this?** ¿cuándo se va a hacer algo al respecto?; **into ~**: **they went into ~ to rescue the climbers** intervinieron para rescatar a los alpinistas; **to put a plan into ~** poner un plan en práctica *or* en marcha; **emergency procedures will be put into ~** las medidas de emergencia serán puestas en marcha; **a man of ~** un hombre de acción; **to be out of ~** [*machinery*] no funcionar, estar averiado; **the lifts are out of ~** los ascensores no funcionan *or* están averiados; **"out of action"** "no funciona", "fuera de servicio"; **he was out of ~ for months** estuvo sin poder hacer nada durante meses; **the illness put him out of ~ for six months** la enfermedad lo dejó seis meses fuera de combate; **~ stations!** ¡a sus puestos!; *see also* **disciplinary**, **freedom**, **industrial**
[2] (= *steps*) medidas *fpl*; **emergency ~** medidas *fpl* de emergencia; **to take ~ against sb/sth** tomar medidas contra algn/algo; **their advice is to take no ~** aconsejan no hacer nada
[3] (= *deed*) acto *m*; **he wasn't responsible for his ~s** no era responsable de sus actos; **to judge sb by his ~s** juzgar a algn por sus actos *or* acciones; ✦**IDIOM to suit the ~ to the word** unir la acción a la palabra; ✦**PROV ~s speak louder than words** obras son amores, que no buenas razones
[4] (*) (= *excitement*) animación *f*, marcha* *f*; **they were hoping to find some ~** esperaban encontrar algo de animación, esperaban encontrar algo de marcha*; **where's the ~ in this town?** ¿dónde está la marcha en este pueblo?*; **he likes to be where the ~ is** le gusta estar en medio del meollo*; ✦**IDIOM a piece** *or* **slice of the ~*** una tajada*, una parte de los dividendos
[5] (*Mil*) (= *intervention*) intervención *f*; (= *engagement*) contienda *f*, enfrentamiento *m*; **we are trying to avoid military ~** estamos tratando de evitar la intervención militar; **we didn't know how many men we had lost until the ~ was over** no supimos cuantos hombres habíamos perdido hasta que terminó la contienda *or* el enfrentamiento; **to go into ~** [*person, unit*] entrar en acción *or* en combate; [*army, battleship*] entrar en acción; **wounded/killed in ~** herido/muerto en acción (de guerra) *or* en combate; **to see ~** luchar
[6] (= *mechanism*) [*of piano*] transmisión *f*; [*of clock*] mecanismo *m*
[7] (= *motion*) (*gen*) movimiento *m*; [*of horse*] marcha *f*
[8] (= *effect, operation*) [*of acid, drug, elements*] efecto *m*; **stones worn smooth by the ~ of water** piedras *fpl* erosionadas por efecto del agua
[9] (*Jur*) (= *measures*) acción *f* judicial; (= *lawsuit*) proceso *m* judicial; **the police are not taking any ~** la policía no va a emprender ninguna acción judicial; **to bring an ~ against sb** comenzar un proceso judicial contra algn; **~ for damages** demanda *f* por daños y perjuicios; *see also* **court D**, **legal A1**, **libel**
[10] (*Theat, Cine*) [*of play*] acción *f*; **the ~ (of the play) takes place in Greece** la acción (de la obra) se desarrolla en Grecia; **~!** (*Cine*) ¡acción!
[11] (*Phys*) acción *f*
Ⓑ VT poner en práctica, poner en marcha
Ⓒ CPD ► **action committee** N comité *m* de acción ► **action film** N película *f* de acción ► **action group** N grupo *m* de acción ► **action man** N (*esp hum*) hombre *m* de acción ► **action movie** N (*US*) = **action film** ► **action painting** N tachismo *m* ► **action replay** N (*TV*) repetición *f* (de la jugada); (*fig*) repetición *f*

**actionable** [ˈækʃnəbl] ADJ (*Jur*) justiciable, procesable

**action-packed** [ˈækʃnpækt] ADJ [*film, book*] lleno de acción; [*holiday, life*] muy movido

**activate** [ˈæktɪveɪt] VT activar

**activator** [ˈæktɪˌveɪtəʳ] N activador *m*

**active** [ˈæktɪv] Ⓐ ADJ [1] (= *lively*) [*person, brain*] activo; [*imagination*] vivo; **he has an ~ mind** tiene una mente muy activa
[2] (= *busy*) [*life, day, period*] de mucha actividad, muy movido
[3] (= *not passive*) [*member, population*] activo; **guerrilla groups are ~ in the province** grupos de guerrilleros están luchando en la provincia; **animals which are ~ at night** los animales que desarrollan su actividad por la noche; **we are giving it ~ consideration** lo estamos estudiando en serio; **to take an ~ interest in sth** interesarse vivamente por algo; **after 17 years' ~ involvement in the party**

después de 17 años de militar activamente en el partido; **to play** *or* **take an ~ part in sth** participar activamente en algo; **he withdrew from ~ participation in the project** dejó de participar activamente en el proyecto; **to be politically ~** ◊ **to be ~ in politics** militar políticamente; **he played an ~ role in bringing about a ceasefire** desempeñó un papel activo a la hora de conseguir el alto al fuego; **to be sexually ~** tener relaciones sexuales; **the government must take ~ steps to bring down inflation** el gobierno debe tomar medidas directas para bajar la inflación

4 (= *not extinct*) [*volcano*] en actividad

5 (*Chem, Physics, Electronics*) activo; **the ~ ingredient** el ingrediente activo

6 (*Fin, Comm*) [*trading, market*] activo; **~ assets** activo *m* productivo; **~ balance** saldo *m* activo; **~ money** dinero *m* activo, dinero *m* disponible; **~ partner** socio/a *m/f* activo/a; **~ trade balance** balanza *f* comercial favorable, balanza *f* comercial acreedora

7 (*Mil*) **~ service** *or* (*US*) **duty** servicio *m* activo; **to be on ~ service** *or* **duty** estar en activo; **to die on ~ service** morir en acto de servicio; **he saw ~ service in Italy and Germany** estuvo en servicio activo en Italia y Alemania

8 (*Ling, Gram*) **~ vocabulary** vocabulario *m* activo; **the ~ voice** la voz activa; **in the ~ voice** en voz activa

(B) N (*Gram*) **the ~** la voz activa

(C) CPD ► **active birth** N (*Med*) parto *m* natural ► **active file** N (*Comput*) fichero *m* activo ► **the active list** N la reserva activa; **to be on the ~ list** estar en la reserva activa ► **active suspension** N (*Aut*) suspensión *f* activa

**actively** ['æktɪvlɪ] ADV [*encourage, promote, campaign, support,*] enérgicamente; [*seek, consider*] seriamente; **to be ~ involved in sth** tomar parte activa en algo, participar activamente en algo

**activism** ['æktɪvɪzəm] N activismo *m*

**activist** ['æktɪvɪst] N activista *mf*

**activity** [æk'tɪvɪtɪ] (A) N [*of person*] actividad *f*; (*in port, town*) movimiento *m*, actividad *f*; **business activities** actividades *fpl* comerciales; **leisure activities** pasatiempos *mpl*; **social activities** actividades *fpl* sociales; **terrorist activities** actividades *fpl* terroristas

(B) CPD ► **activity book** N (*accompanying text book*) libro *m* de actividades, cuaderno *m* de actividades; (= *book of games*) libro *m* de pasatiempos ► **activity holiday** N *vacaciones con actividades ya programadas*

**actor** ['æktəʳ] N actor *m*

**actress** ['æktrɪs] N actriz *f*

**actual** ['æktjʊəl] (A) ADJ 1 (= *real*) real; **the ~ number is much higher than that** el número real es mucho más alto; **the film was based on ~ events** la película estaba basada en hechos reales; **let's take an ~ case/example** tomemos un caso/ejemplo concreto; **there is no ~ contract** no hay contrato propiamente dicho; **you met an ~ film star?** ¿has conocido a una estrella de cine de verdad?; **in ~ fact** en realidad; **~ size** tamaño *m* real

2 (= *precise*) [*amount, figure*] exacto; [*words*] exacto, textual; **I don't remember the ~ figures** no recuerdo las cifras exactas; **what were his ~ words?** ¿cuáles fueron sus palabras exactas *or* textuales?

3 (= *very*) **they couldn't find the ~ gun that was used** no encontraron el arma que se utilizó; **the film used the ~ people involved as actors** la película utilizó como actores a los implicados

4 (= *proper*) **the ~ wedding procession starts at eleven** el desfile de boda propiamente dicho empieza a las once; **on the ~ day somebody will carry that for you** ese día alguien lo llevará por ti

(B) CPD ► **actual bodily harm** N (*Jur*) daños *mpl* físicos, lesiones *fpl* corporales ► **actual loss** N (*Comm*) pérdida *f* efectiva

**actuality** [,æktjʊ'ælɪtɪ] N realidad *f*; **in ~** en realidad

**actualize** ['æktjʊəlaɪz] VT 1 (= *make real*) realizar

2 (= *represent*) representar de manera realista, describir con realismo

**actually** ['æktjʊəlɪ] ADV 1 (= *really*) en realidad, realmente; **she didn't ~ see the accident** en realidad no vio el accidente, no vio el accidente realmente; **no one ~ died** en realidad no murió nadie; **can computers ~ create language?** ¿pueden realmente crear un idioma los ordenadores?; **inflation has ~ fallen** la inflación de hecho ha bajado; **I never thought you'd ~ do it!** ¡jamás pensé que lo harías de verdad!

2 (*correcting, clarifying*) **that's not true, ~** bueno, eso no es cierto; **~, I don't know him at all** pues la verdad, no lo conozco de nada; **~, you were quite right** pues mira, de hecho tenías razón; **"he earns £30,000 a year" — "£30,500, actually"** —gana 30.000 libras al año —30.500 libras para ser exactos; **~, I didn't come here just to help you** en realidad, no he venido sólo para ayudarte

3 (= *exactly*) exactamente; **what did he ~ say?** ¿qué es lo que dijo exactamente?

4 (*for emphasis*) **we ~ caught a fish!** ¡incluso *or* hasta pescamos un pez!; **I was so bored I ~ fell asleep!** ¡me aburría tanto que de hecho me quedé dormido!; **you only pay for the electricity you ~ use** sólo pagas la electricidad que consumes

**actuarial** [,æktjʊ'ɛərɪəl] (A) ADJ actuarial

(B) CPD ► **actuarial tables** NPL tablas *fpl* actuariales

**actuary** ['æktjʊərɪ] N actuario/a *m/f* de seguros

**actuate** ['æktjʊeɪt] VT 1 [+ *person*] mover, motivar; **he was ~d by envy** estaba movido *or* motivado por la envidia; **a statement ~d by malice** una declaración movida *or* motivada por el rencor

2 (*Mech*) impulsar, accionar

**acuity** [ə'kjuːɪtɪ] N acuidad *f*, agudeza *f*

**acumen** ['ækjʊmen] N perspicacia *f*, tino *m*, agudeza *f*

**acupressure** [ækjə,preʃəʳ] N acupresión *f*, digitopuntura *f*

**acupuncture** ['ækjʊpʌŋktʃəʳ] N acupuntura *f*

**acupuncturist** [,ækjʊ'pʌŋktʃərɪst] N acupuntor(a) *m/f*, acupunturista *mf*

**acute** [ə'kjuːt] ADJ 1 (= *intense*) [*crisis, shortage, problem*] grave; [*anxiety, joy*] profundo, intenso; [*pain*] agudo; [*discomfort*] fuerte; **the report has caused the government ~ embarrassment** el informe ha puesto en una situación de lo más embarazosa al gobierno; **to become ~** [*shortage, problem*] agravarse

2 (= *keen*) [*hearing*] fino, agudo; [*sense of smell*] fino; **to have ~ powers of observation** tener agudas *or* grandes dotes de observación

3 (= *shrewd*) [*person, mind, comment*] agudo, perspicaz; **that was very ~ of you!** ¡qué perspicaz!, ¡eres un lince!

4 (*Med*) [*illness, case, appendicitis*] agudo

5 (*Geom*) [*angle*] agudo

6 (*Ling*) [*accent*] agudo; **e ~** e con acento agudo

**acutely** [ə'kjuːtlɪ] ADV 1 (= *intensely*) [*feel, suffer*] intensamente; [*embarrassing, uncomfortable*] sumamente; **I am ~ aware that …** me doy perfecta cuenta de que …, me doy cuenta perfectamente de que …, soy perfectamente consciente de que …; **they were ~ aware of the difficulties involved** tenían plena consciencia de todas las dificultades que suponía

2 (= *shrewdly*) perspicazmente

**acuteness** [ə'kjuːtnɪs] N 1 (= *keenness*) [*of vision, hearing, observation, analysis*] agudeza *f*

2 (= *shrewdness*) perspicacia *f*, agudeza *f*

3 (*Med*) gravedad *f*

**AD** (A) ADV ABBR (= **Anno Domini**) A. de C., a.C., A.C.

(B) N ABBR (*US Mil*) = **active duty**

**ad*** [æd] N ABBR = **advertisement**

**a.d.** ABBR = **after date**

**A/D** ABBR = **analogue-digital**

**adage** ['ædɪdʒ] N adagio *m*, refrán *m*

**adagio** [ə'dɑːdʒɪəʊ] N adagio *m*

**Adam** ['ædəm] (A) N Adán; ✦*IDIOMS* **I don't know him from ~*** no lo conozco en absoluto; **to be as old as ~** ser de tiempos de Maricastaña, ser más viejo que el mundo

(B) CPD ► **Adam's ale** N agua *f* ► **Adam's apple** N nuez *f* (de la garganta)

**adamant** ['ædəmənt] ADJ (*fig*) firme, inflexible; **he was ~ in his refusal** se mantuvo firme *or* inflexible en su negativa

**adamantine** [,ædə'mæntaɪn] ADJ adamantino

**adamantly** ['ædəməntlɪ] ADV [*refuse*] rotundamente, terminantemente; **to be ~ opposed to sth** oponerse terminantemente *or* firmemente a algo

**adapt** [ə'dæpt] (A) VT 1 [+ *machine*] ajustar, adaptar; [+ *building*] remodelar; **it is perfectly ~ed to its environment** está adaptado perfectamente a su ambiente; **to ~ o.s. to sth** adaptarse a algo, ajustarse a algo

2 [+ *text*] adaptar; **~ed from the Spanish** adaptado del español; **~ed for the screen** adaptado para el cine *or* la pantalla; **his novel was ~ed for television** su novela fue adaptada para la televisión; **a novel ~ed by H. Campbell** una novela en versión de H. Campbell

(B) VI adaptarse

**adaptability** [ə,dæptə'bɪlɪtɪ] N adaptabilidad *f*, capacidad *f* para adaptarse *or* acomodarse

**adaptable** [ə'dæptəbl] ADJ [*vehicle etc*] adaptable; [*person*] capaz de acomodarse, adaptable; **he's very ~** se adapta *or* se acomoda con facilidad a las circunstancias

**adaptation** [,ædæp'teɪʃən] N (*Bio*) adaptación *f*; [*of text*] versión *f*

**adapter, adaptor** [ə'dæptəʳ] N (*gen*) adaptador *m*; (*Brit Elec*) enchufe *m* múltiple, ladrón *m*

**adaption** [æ'dæpʃən] N = **adaptation**

**adaptive** [ə'dæptɪv] ADJ **the human body is remarkably ~** el cuerpo humano tiene una gran adaptabilidad *or* una gran capacidad de adaptación; **an ~ reaction to an intolerable situation** una reacción de adaptación a una situación intolerable

**ADC** N ABBR 1 = **aide-de-camp**

2 (*US*) = **Aid to Dependent Children**

3 = **analogue-digital converter**

**add** [æd] (A) VT 1 (*Math*) sumar

2 (= *join*) añadir, agregar (*esp LAm*) (**to** a); **there is nothing ~ed** no hay nada añadido; **"add salt to taste"** "añadir sal al gusto";

✦*IDIOM* **to ~ insult to injury** para colmo de males
[3] (= *say further*) añadir, agregar; **he ~ed that ...** añadió que ..., agregó que ...; **there's nothing to ~** no hay nada que añadir, no hay nada más que decir
Ⓑ VI (= *count*) sumar
►**add in** VT + ADV añadir, incluir
►**add on** VT + ADV añadir; **we ~ed two rooms on** hicimos construir *or* añadimos dos habitaciones más; **you have to ~ 15 dollars on for service** hay que añadir 15 dólares por el servicio
►**add to** VI + PREP aumentar, acrecentar; **it only ~ed to our problems** no hizo sino aumentar nuestros problemas; **then, to ~ to our troubles ...** luego, para colmo de desgracias ..., luego, para más desgracias ...
►**add together** VT + ADV sumar
►**add up** Ⓐ VT + ADV [1] [+ *figures*] sumar
[2] [+ *benefits, advantages*] calcular
Ⓑ VI + ADV [1] [*figures*] sumar; **it doesn't ~ up** (*Math*) no cuadra
[2] (*fig*) (= *make sense*) tener sentido; **it all ~s up** es lógico, tiene sentido; **it's all beginning to ~ up** la cosa empieza a aclararse; **it just doesn't ~ up** no tiene sentido
►**add up to** VI + PREP [1] (*Math*) sumar, ascender a; **it ~s up to 25** suma 25, asciende a 25
[2] (*fig*) (= *mean*) querer decir, venir a ser; **what all this ~s up to is ...** lo que quiere decir *or* significa todo esto es que ...; **it doesn't ~ up to much** es poca cosa, no tiene gran importancia

**added** ['ædɪd] Ⓐ ADJ añadido, adicional; **with ~ emphasis** con mayor énfasis, con más énfasis aún; **it's an ~ problem** es un problema más; **~ to which ...** y además ..., por si fuera poco ...
Ⓑ CPD ► **added value** N valor *m* añadido

**addendum** [ə'dendəm] N (*pl* **addenda** [ə'dendə]) ad(d)enda *f*, adición *f*, artículo *m* suplementario

**adder** ['ædəʳ] N víbora *f*

**addict** ['ædɪkt] N [1] (*addicted to drugs etc*) adicto/a *m/f*
[2] (*) (= *enthusiast*) entusiasta *mf*; **I'm a detective story ~*** yo soy un entusiasta de la novela policíaca; **a telly ~*** un(a) teleadicto/a

**addicted** [ə'dɪktɪd] ADJ (*lit*) adicto; **to be ~ to sth** ser adicto a algo (*also fig*); **I'm ~ to chocolate** soy adicto al chocolate; **to be ~ to drugs** ser drogadicto; **to be ~ to heroin** ser heroinómano; **I went through four years of being ~ to video games** pasé cuatro años enganchado a los videojuegos; **to become ~ to** [+ *drugs etc*] enviciarse con; **she had become ~ to golf** se envició con el golf, se convirtió en una adicta al golf, se había vuelto una apasionada del golf

**addiction** [ə'dɪkʃən] N [1] (*to drugs, alcohol*) adicción *f*, dependencia *f*; **his ~ to drugs** su adicción a *or* dependencia de las drogas, su drogodependencia; **heroin ~** adicción *f* a *or* dependencia *f* de la heroína, heroinomanía *f*
[2] (*fig*) adicción *f*; **his ~ to TV soaps** su adicción a las telenovelas

**addictive** [ə'dɪktɪv] ADJ [1] (*lit*) [*drug*] que crea adicción, adictivo; [*personality*] propenso a las adicciones; **cigarettes are highly ~** los cigarros son muy adictivos *or* crean una fuerte adicción; **an ~ habit** un vicio que crea adicción
[2] (*fig*) **to be ~** ser como una droga, ser adictivo, ser un vicio*; **rock climbing is ~** el alpinismo es como una droga, el alpinismo es adictivo, el alpinismo es un vicio*; **movie-making can quickly become ~** el hacer películas puede convertirse pronto en una adicción

**adding machine** ['ædɪŋmə,ʃiːn] N sumadora *f*

**Addis Ababa** ['ædɪs'æbəbə] N Addis Abeba *m*

**addition** [ə'dɪʃən] Ⓐ N [1] (*Math*) adición *f*, suma *f*; **if my ~ is correct** si he sumado bien; **to do ~** hacer sumas
[2] (= *act*) adición *f*; **in ~** además; **in ~ to** además de; **with the ~ of a cardigan, it makes the perfect summer outfit** añadiendo una chaqueta, es el conjunto perfecto para el verano
[3] (= *thing added*) **these are our new ~s** éstas son nuestras nuevas adquisiciones; **this is a welcome ~ to our books on agriculture** éste aumenta valiosamente nuestra colección de libros sobre agricultura; **we made ~s to our stocks** aumentamos nuestras existencias; **an ~ to the family** un nuevo miembro de la familia
Ⓑ CPD ► **addition sign** N signo *m* de sumar

**additional** [ə'dɪʃənl] ADJ [*cost, payment*] adicional, extra; [*troops, men*] más; **the US is sending ~ troops to the region** los Estados Unidos van a mandar más tropas a la región; **it is an ~ reason to** + *INFIN* es razón de más para + *infin*; **this gave him ~ confidence** esto aumentó su confianza; **~ charge** cargo *m* adicional

**additionality** [ə,dɪʃə'nælɪtɪ] N adicionalidad *f*

**additionally** [ə'dɪʃənlɪ] ADV [1] (= *even more*) [*worry*] aún más; **this makes it ~ difficult for me** esto me lo hace aún más difícil, esto aumenta (aún más) mis dificultades
[2] (= *moreover*) además

**additive** ['ædɪtɪv] N aditivo *m*

**additive-free** ['ædɪtɪv'friː] ADJ sin aditivos

**addled** ['ædld] ADJ [1] (= *rotten*) huero, podrido
[2] (= *confused*) [*brain*] confuso, débil

**add-on** ['ædɒn] Ⓐ N (*Comput*) componente *m* *or* dispositivo *m* adicional
Ⓑ ADJ [*product, part*] adicional

**address** [ə'dres] Ⓐ N [1] [*of house etc*] dirección *f*, señas *fpl*; **she isn't at this ~ any more** ya no vive en esta casa; *see also* **business B**, **forwarding**, **home D**
[2] (= *speech*) discurso *m*; (= *lecture*) conferencia *f*; **election ~** (= *speech*) discurso *m* electoral; (= *leaflet*) carta *f* de propaganda electoral; *see also* **public**
[3] (*Parl etc*) petición *f*, memorial *m*
[4] (= *title*) **form of ~** tratamiento *m*
[5] (*Comput*) dirección *f*; **absolute/relative ~** dirección *f* absoluta/relativa
[6] (†) (= *skill*) destreza *f*, habilidad *f*
[7] (††) (= *manners*) modales *mpl*; (= *behaviour*) conducta *f*, comportamiento *m*
[8] **to pay one's ~es to**† hacer la corte a, pretender a
Ⓑ VT [1] [+ *letter*] (= *direct*) dirigir (**to** a); (= *put address on*) poner la dirección en; **the letter was ~ed to the editor** la carta iba dirigida al director; **I ~ed it to your home** lo mandé a tu casa; **this is ~ed to you** esto viene con *or* a su nombre; **this letter is wrongly ~ed** esta carta lleva la dirección equivocada; **I haven't ~ed it yet** todavía no le he puesto la dirección
[2] [+ *person*] [2·1] (= *speak to*) dirigirse a; **are you ~ing me?** ¿se está usted dirigiendo a mí?; **the judge ~ed the jury** el juez se dirigió al jurado
[2·2] (= *make a speech to*) [*audience*] pronunciar un discurso ante; **to ~ the House** (*Parl*) pronunciar un discurso en el Parlamento
[2·3] **to ~ sb as "tú"** tratar a algn de "tú", tutear a algn; **to ~ sb by his proper title** dar el debido tratamiento a algn
[2·4] **to ~ o.s. to** [+ *person*] dirigirse a; [+ *problem, task*] aplicarse a
[3] [+ *remarks*] dirigir; **please ~ your complaints to the manager** se ruega dirijan sus reclamaciones al director
[4] [+ *problem*] abordar
Ⓒ CPD ► **address book** N librito *m* de direcciones, agenda *f* ► **address commission** N (*Comm*) *comisión que se paga al agente fletador por su tarea de embarque* ► **address label** N etiqueta *f* para la dirección

**addressee** [,ædre'siː] N destinatario/a *m/f*; (*Comm*) consignatario/a *m/f*; **"postage to be paid by the ~"** "a franquear en destino"

**addressing** [ə'dresɪŋ] Ⓐ N (*Comput*) direccionamiento *m*
Ⓑ CPD ► **addressing machine** N máquina *f* de direcciones

**Addressograph**® [ə'dresəʊgrɑːf] N máquina *f* de direcciones *or* para dirigir sobres

**adduce** [ə'djuːs] VT (*frm*) alegar, aducir

**adductor** [ə'dʌktəʳ] N (*Anat*) aductor *m*

**Adelaide** ['ædəleɪd] N Adelaida *f*

**Aden** ['eɪdn] N Adén *m*; **Gulf of ~** Golfo *m* de Adén

**adenoidal** ['ædɪnɔɪdl] ADJ adenoideo; **he has an ~ tone** tiene una voz gangosa

**adenoids** ['ædɪnɔɪdz] NPL vegetaciones *fpl* adenoideas

**adept** Ⓐ [ə'dept] ADJ experto, hábil, ducho (**at, in** en)
Ⓑ ['ædept] N experto/a *m/f*, maestro/a *m/f*; **to be an ~ at sth/at doing sth** ser experto *or* maestro en algo/en hacer algo

**adeptly** [ə'deptlɪ] ADV con acierto *or* habilidad

**adequacy** ['ædɪkwəsɪ] N [*of income, explanation, facilities*] lo aceptable; [*of punishment, reward, diet*] lo apropiado; [*of person*] capacidad *f*, competencia *f*

**adequate** ['ædɪkwɪt] ADJ [1] (= *sufficient*) [*funds*] suficiente; **an ~ supply of food** suficientes alimentos; **one teaspoonful should be ~** una cucharadita bastará *or* será suficiente; **I didn't think the sentence was ~** la sentencia no me pareció correcta
[2] (= *satisfactory*) [*diet*] equilibrado, apropiado; [*income, standard*] aceptable; [*housing, facilities*] adecuado, apropiado; **he failed to provide an ~ explanation for the delay** no fue capaz de dar una explicación convincente de su retraso; **is she the most ~ person to do it?** ¿es la persona más adecuada *or* idónea para hacerlo?; **there are no words ~ to express my gratitude** no hay palabras que expresen adecuadamente mi gratitud; **to be ~ for sb** [*housing*] ser adecuado para algn; **my income is quite ~ for my needs** mis ingresos cubren bien mis necesidades; **this saw should be ~ for the job** este serrucho valdrá para ese trabajo; **this typewriter is perfectly ~** esta máquina de escribir me sirve perfectamente; **to feel ~ to a task** sentirse capacitado para una tarea
[3] (*pej*) (= *passable*) [*performance, essay*] aceptable, pasable; **the pay was ~ but hardly out of this world** el sueldo era aceptable *or* pasable, pero desde luego, nada del otro mundo

**adequately** ['ædɪkwɪtlɪ] ADV [*prepared, trained, protected*] suficientemente; [*punish*] de forma apropiada; [*respond*] apropiadamente; [*perform*] de forma aceptable; **this has never been ~ explained** esto nunca se ha explicado con claridad; **he speaks the language ~** habla el idioma de forma aceptable

➤ LANGUAGE IN USE: addition A2 26.2 address A1 24.3

**adhere** [əd'hɪəʳ] VI (= *stick*) adherirse, pegarse (**to** a)

►**adhere to** VI + PREP (= *observe*) [+ *party, policy*] adherirse a; [+ *rule*] observar; (= *stand by*) [+ *belief*] aferrarse a; (= *fulfil*) [+ *promise*] cumplir

**adherence** [əd'hɪərəns] N [1] (*lit*) adherencia *f* (**to** a)
[2] (*fig*) (*to policy*) adhesión *f*; (*to rule*) observancia *f* (**to** de)

**adherent** [əd'hɪərənt] Ⓐ ADJ adhesivo, adherente
Ⓑ N (= *person*) partidario/a *m/f*

**adhesion** [əd'hi:ʒən] N = **adherence**

**adhesive** [əd'hi:zɪv] Ⓐ ADJ adhesivo
Ⓑ N adhesivo *m*, pegamento *m*
Ⓒ CPD ► **adhesive plaster** N esparadrapo *m* ► **adhesive tape** N (= *stationery*) cinta *f* adhesiva, Scotch® *m*, celo *m*; (*Med*) esparadrapo *m*

**ad hoc** [,æd'hɒk] ADJ [*decision*] para el caso; [*committee*] formado con fines específicos

**adieu** [ə'dju:] Ⓐ EXCL ¡adiós!
Ⓑ N (*pl* **adieus** *or* **adieux** [ə'dju:z]) (*frm*) adiós *m*; **to bid ~ to** [+ *person*] despedirse de; [+ *thing*] renunciar a, abandonar; **to say one's adieus** *or* **adieux** despedirse

**ad infinitum** [,ædɪnfɪ'naɪtəm] ADV hasta el infinito, ad infinitum; **and so on ~** y así hasta el infinito *or* ad infinitum; **it just carries on ~** es inacabable, es cosa de nunca acabar; **it varies ~** tiene un sinfín de variaciones

**ad interim** ['æd'ɪntərɪm] Ⓐ ADV en el ínterin, interinamente
Ⓑ ADJ interino

**adipose** ['ædɪpəʊs] ADJ adiposo

**adiposity** [,ædɪ'pɒsɪtɪ] N adiposidad *f*

**adjacent** [ə'dʒeɪsənt] ADJ contiguo; [*angle*] adyacente; **~ to** contiguo a

**adjectival** [,ædʒek'taɪvəl] ADJ adjetivo, adjetival

**adjectivally** [,ædʒek'taɪvəlɪ] ADV adjetivamente

**adjective** ['ædʒektɪv] N adjetivo *m*

**adjoin** [ə'dʒɔɪn] Ⓐ VT estar contiguo a, lindar con, colindar con
Ⓑ VI estar contiguo, colindar

**adjoining** [ə'dʒɔɪnɪŋ] ADJ contiguo, colindante (*more frm*); **the ~ house** la casa contigua, la casa de al lado, la casa colindante (*more frm*); **two ~ countries** dos países vecinos, dos países colindantes (*more frm*); **in an ~ room** en un cuarto contiguo

**adjourn** [ə'dʒɜ:n] Ⓐ VT [1] (= *suspend*) suspender; (= *postpone*) aplazar; **to ~ a discussion for a week** aplazar un debate por una semana; **I declare the meeting ~ed** se levanta la sesión; **to stand ~ed** estar en suspenso
[2] (*Jur*) **the court is ~ed** se levanta la sesión
Ⓑ VI [1] [*meeting*] aplazarse; (*Parl*) disolverse; **the court then ~ed** entonces el tribunal levantó la sesión
[2] (= *move*) (*frm or hum*) **to ~ to** [+ *sitting-room, verandah*] pasar a; **they ~ed to the pub** se trasladaron al bar

**adjournment** [ə'dʒɜ:nmənt] N (= *period*) suspensión *f*; (= *postponement*) aplazamiento *m*

**Adjt.** ABBR = **adjutant**

**adjudge** [ə'dʒʌdz] VT [1] (= *pronounce, declare*) declarar; **he was ~d the winner** se lo declaró ganador, se le concedió la victoria; **to ~ that ...** estimar que ..., considerar que ...
[2] (*Jur*) [+ *costs, damages*] adjudicar; **to ~ sb guilty** declarar culpable a algn

**adjudicate** [ə'dʒu:dɪkeɪt] Ⓐ VT [+ *contest*] arbitrar, hacer de árbitro en; [+ *claim*] decidir sobre
Ⓑ VI arbitrar; **to ~ on a matter** arbitrar en un asunto

**adjudication** [ə,dʒu:dɪ'keɪʃən] Ⓐ N adjudicación *f*; **~ of bankruptcy** (*Jur*) adjudicación *f* de quiebra
Ⓑ CPD ► **adjudication order** N (*Jur*) orden *f* de adjudicación

**adjudicator** [ə'dʒu:dɪkeɪtəʳ] N juez *mf*, árbitro *mf*

**adjunct** ['ædʒʌŋkt] N adjunto/a *m/f*, accesorio/a *m/f*

**adjure** [ə'dʒʊəʳ] VT (*frm*) **to ~ sb to do sth** (= *order*) ordenar solemnemente a algn que haga algo; (= *implore*) suplicar *or* implorar a algn que haga algo

**adjust** [ə'dʒʌst] Ⓐ VT [1] (= *regulate*) [+ *height, temperature, speed, knob, dial*] regular; [+ *machine, engine, brakes*] ajustar; **she ~ed her wing mirror** ajustó el retrovisor exterior; **this chair can be ~ed** esta silla se puede regular; **"do not adjust your set"** "no modifique los controles de su aparato"
[2] (= *correct*) [+ *figures*] ajustar; [+ *salaries, wages, prices*] reajustar; **~ed gross income** ingresos *mpl* brutos ajustados; **the seasonally ~ed unemployment total** la tasa de desempleo desestacionalizada; **we have ~ed all salaries upwards/downwards** hemos hecho un reajuste de todos los salarios al alza/a la baja
[3] (= *change, adapt*) [+ *terms*] modificar; **I tried to ~ my eyes to the darkness** intenté que los ojos se me acostumbrasen a la oscuridad; **to ~ o.s. to a new situation** adaptarse a una nueva situación
[4] (= *arrange*) [+ *hat, tie, clothes*] arreglar; [+ *straps*] ajustar; **she ~ed her head scarf** se arregló la pañoleta
[5] (*Insurance*) [+ *claim*] liquidar, tasar
Ⓑ VI [*person*] adaptarse; [*machine, device*] ajustarse; **the boy is having trouble in ~ing** el niño está teniendo dificultades para adaptarse; **to ~ to sth** [*person*] acostumbrarse a algo, adaptarse a algo; [*eyes, body*] acostumbrarse a algo; **the seat ~s to various heights** el asiento se puede regular a distintas alturas

**adjustability** [ə,dʒʌstə'bɪlɪtɪ] N adaptabilidad *f*

**adjustable** [ə'dʒʌstəbl] Ⓐ ADJ ajustable, regulable; **the date is ~** podemos cambiar la fecha
Ⓑ CPD ► **adjustable spanner** N llave *f* inglesa

**adjuster** [ə'dʒʌstəʳ] N [1] (= *device*) ajustador *m*, tensor *m*
[2] *see* **loss B**

**adjustment** [ə'dʒʌstmənt] N [1] (= *regulation*) [*of temperature, height, knob, dial*] regulación *f*; [*of machine, engine, brakes*] ajuste *m*
[2] (= *rearrangement*) [*of clothing*] arreglo *m*
[3] (= *alteration*) modificación *f*, cambio *m*; **we can always make an ~** siempre podemos cambiarlo; **to make an ~ to one's plans** modificar sus planes
[4] (= *adaptation*) [*of person*] adaptación *f*; **social ~** adaptación *f* social
[5] (*Econ*) ajuste *m*, reajuste *m*; **~ of prices** ajuste *m* de precios; **~ of wages** reajuste *m* salarial; **after ~ for inflation** después de los ajustes *or* reajustes debidos a la inflación
[6] (*Insurance*) [*of claim*] liquidación *f*, tasación *f*

**adjutant** ['ædʒətənt] Ⓐ N ayudante *mf*
Ⓑ CPD ► **Adjutant General** N *general responsable del aparato administrativo*

**Adlerian** [,æd'lɪərɪən] ADJ (*Psych*) adleriano

**ad lib** [æd'lɪb] Ⓐ ADV [*perform, speak*] improvisando; [*continue*] a voluntad, a discreción
Ⓑ ADJ [*production, performance, speech*] improvisado
Ⓒ VT [+ *music, words etc*] improvisar
Ⓓ VI [*actor, speaker etc*] improvisar

**Adm.** ABBR [1] = **Admiral**
[2] = **Admiralty**

**adman*** ['ædmæn] N (*pl* **admen**) profesional *m* de la publicidad, publicista *m*

**admass** ['ædmæs] N *la masa influenciable por la publicidad*

**admin*** ['ædmɪn] N ABBR (*Brit*) (= **administration**) administración *f*

**administer** [əd'mɪnɪstəʳ] VT [1] (= *manage*) [+ *company, estate, funds, finances*] administrar; [+ *country*] gobernar
[2] (= *dispense*) [+ *medicine, sacrament*] administrar; [+ *justice, laws, punishment*] administrar, aplicar; **to ~ an oath to sb** tomar juramento a algn

**administered** [əd'mɪnɪstəd] CPD ► **administered price** N precio *m* fijado por el fabricante (*y que no puede ser variado por el detallista*)

**administrate** [əd'mɪnɪstreɪt] VT administrar, dirigir

**administration** [əd,mɪnɪs'treɪʃən] N [1] [*of company, estate, finances*] administración *f*; [*of country*] gobierno *m*; **a lot of time is spent on ~** se emplea mucho tiempo en la administración; **the job involves a lot of routine ~** el trabajo comprende bastantes tareas rutinarias de administración; **business ~** administración *f* de empresas
[2] [*of medicine, sacrament*] administración *f*, dispensa *f*; [*of justice, punishment*] administración *f*, aplicación *f*; **~ of an oath** toma *f* de juramento
[3] (= *governing body*) [*of company, institution*] administración *f*; **the college ~** la administración del colegio
[4] (*esp US Pol*) (= *government*) gobierno *m*, administración *f*; **the Reagan ~** el gobierno de Reagan, la administración de Reagan

**administrative** [əd'mɪnɪstrətɪv] ADJ [1] [*work, officer, system*] administrativo; [*costs, expenses*] de administración, administrativo; **~ assistant** ayudante *mf* administrativo/a; **~ law** derecho *m* administrativo; **~ skills** dotes *fpl* administrativas; **~ staff** personal *m* de administración
[2] (*US Jur*) **~ court** tribunal *m* administrativo; **~ machinery** maquinaria *f* administrativa, aparato *m* administrativo

**administratively** [əd'mɪnɪstrətɪvlɪ] ADV desde el punto de vista administrativo

**administrator** [əd'mɪnɪstreɪtəʳ] N administrador(a) *m/f*; (*Jur*) albacea *mf*

**admirable** ['ædmərəbl] ADJ admirable, digno de admiración

**admirably** ['ædmərəblɪ] ADV admirablemente, de una manera digna de admiración

**admiral** ['ædmərəl] N almirante *mf*

**Admiralty** ['ædmərəltɪ] Ⓐ N (*Brit*) Ministerio *m* de Marina, Almirantazgo *m*; **First Lord of the ~** Ministro *m* de Marina
Ⓑ CPD ► **Admiralty court** N (*US*) tribunal *m* marítimo

**admiration** [,ædmə'reɪʃən] N admiración *f*

**admire** [əd'maɪəʳ] VT (*gen*) admirar; (= *express admiration for*) elogiar; **she was admiring herself in the mirror** se estaba admirando en el espejo

**admirer** [əd'maɪərəʳ] N admirador(a) *m/f*

**admiring** [əd'maɪərɪŋ] ADJ [*look, glance, tone, voice*] (lleno) de admiración, admirativo; **his ~ fans** sus admiradores

**admiringly** [əd'maɪərɪŋlɪ] ADV [*say, describe*] con admiración; **to speak ~ of sb** hablar con admiración de algn; **he looked at her ~** le lanzó una mirada (llena) de admiración, le lanzó una mirada admirativa

**admissibility** [əd,mɪsə'bɪlɪtɪ] N admisibilidad *f*

**admissible** [əd'mɪsəbl] ADJ admisible, aceptable

**admission** [əd'mɪʃən] Ⓐ N 1 (*to building*) entrada *f*; **~ is free on Sundays** la entrada es gratuita los domingos; **"admission free"** "entrada gratis"; **"no admission"** "prohibida la entrada", "se prohíbe la entrada"; **we gained ~ by a window** logramos entrar por una ventana
2 (*to institution as member*) ingreso *m* (**to** en)
3 (= *acknowledgement*) confesión *f*, reconocimiento *m*; **it would be an ~ of defeat** sería un reconocimiento de la derrota, sería reconocer la derrota; **by** *or* **on his own ~** él mismo lo reconoce; **he made an ~ of guilt** hizo una confesión de culpabilidad, se confesó culpable
Ⓑ CPD ► **admission fee** N cuota *f* de entrada ► **admissions form** N (*US Univ*) impreso *m* de matrícula ► **admissions office** N (*US Univ*) secretaría *f*

▼**admit** [əd'mɪt] VT 1 (= *allow to enter*) [+ *person*] dejar entrar; [+ *patient*] (*to hospital*) ingresar; [+ *air, light*] dejar pasar, dejar entrar; **"children not admitted"** "se prohíbe la entrada a los menores de edad"; **"this ticket admits two"** "entrada para dos personas"; **to be ~ted to the Academy** ingresar en la Academia; **to be ~ted to hospital** ingresar en el hospital; **~ting office** (*US Med*) oficina *f* de ingresos
2 (= *acknowledge*) reconocer; [+ *crime*] confesar; [+ *error*] reconocer; **it is hard, I ~** es difícil, lo reconozco; **it must be ~ted that ...** hay que reconocer que ...; **I ~ nothing!** ¡no tengo nada que confesar!

►**admit of** VI + PREP (*frm*) admitir; **it ~s of no other explanation** no cabe otra explicación

►**admit to** VI + PREP [+ *crime*] confesarse culpable de; **she ~s to doing it** confiesa haberlo hecho; **I ~ to feeling a bit ill** confieso que me siento algo mal

**admittance** [əd'mɪtəns] N entrada *f*; **to gain ~** conseguir entrar; **he was refused ~** se le negó la entrada; **"no admittance"** "se prohíbe la entrada", "prohibida la entrada"

**admittedly** [əd'mɪtɪdlɪ] ADV **it's only a theory, admittedly, but ...** reconozco que sólo es una teoría, pero ..., es verdad que *or* de acuerdo que sólo es una teoría, pero ...; **admittedly, economists often disagree among themselves** hay que reconocer que *or* hay que admitir que *or* es verdad que los economistas a menudo no están de acuerdo entre ellos

**admixture** [əd'mɪkstʃəʳ] N mezcla *f*, adición *f*; (*fig*) dosis *f inv*

**admonish** [əd'mɒnɪʃ] VT (*frm*) 1 (= *reprimand*) reprender, amonestar (**for** por)
2 (= *warn*) advertir, prevenir
3 (= *advise*) aconsejar (**to do** hacer)

**admonishment** [əd'mɒnɪʃmənt] N = **admonition**

**admonition** [,ædməʊ'nɪʃən] N (*frm*) (= *reproof*) reprensión *f*; (= *warning*) amonestación *f*, advertencia *f*; (= *advice*) consejo *m*, recomendación *f*

**admonitory** [əd'mɒnɪtərɪ] ADJ (*frm*) admonitorio

**ad nauseam** [,æd'nɔːsɪæm] ADV hasta la saciedad

**adnominal** [,aed'nɒmɪnəl] Ⓐ ADJ adnominal
Ⓑ N adnominal *m*

**ado** [ə'duː] N **without further** *or* **more ~** sin más (ni más); ✦**IDIOM much ~ about nothing** mucho ruido y pocas nueces

**adobe** [ə'dəʊbɪ] N adobe *m*

**adolescence** [,ædəʊ'lesns] N adolescencia *f*

**adolescent** [,ædəʊ'lesnt] Ⓐ ADJ adolescente
Ⓑ N adolescente *mf*

**Adolf** ['ædɒlf], **Adolphus** [ə'dɒlfəs] N Adolfo

**Adonis** [ə'dəʊnɪs] N Adonis

**adopt** [ə'dɒpt] VT 1 [+ *child*] adoptar
2 [+ *report*] aprobar; [+ *suggestion*] seguir, aceptar; (*Pol*) [+ *candidate*] elegir

**adopted** [ə'dɒptɪd] ADJ [*child*] adoptivo, adoptado (*Mex*)

**adoption** [ə'dɒpʃən] N adopción *f*; **they have two children by ~** tienen dos hijos adoptivos; **country of ~** patria *f* adoptiva

**adoptive** [ə'dɒptɪv] ADJ adoptivo

**adorable** [ə'dɔːrəbl] ADJ adorable, encantador

**adorably** [ə'dɔːrəblɪ] ADV de manera adorable *or* encantadora

**adoration** [,ædɔː'reɪʃən] N adoración *f*

**adore** [ə'dɔːʳ] VT (= *love*) adorar; **I ~ your new flat** me encanta tu nuevo piso

**adoring** [ə'dɔːrɪŋ] ADJ [*look*] lleno de adoración; [*parent etc*] cariñoso

**adoringly** [ə'dɔːrɪŋlɪ] ADV con adoración

**adorn** [ə'dɔːn] VT adornar, embellecer

**adornment** [ə'dɔːnmənt] N 1 (= *act*) [*of body, person*] adorno *m*, embellecimiento *m*; [*of building, room*] decoración *f*
2 (= *object*) adorno *m*

**ADP** N ABBR = **Automatic Data Processing**

**adrenal** [ə'driːnl] Ⓐ ADJ suprarrenal
Ⓑ CPD ► **adrenal gland** N glándula *f* suprarrenal

**adrenalin(e)** [ə'drenəlɪn] N adrenalina *f*; **I feel the ~ rising** (*fig*) siento que me sube la adrenalina

**Adriatic** [,eɪdrɪ'ætɪk] Ⓐ ADJ adriático
Ⓑ N **the ~ (Sea)** el (Mar) Adriático

**adrift** [ə'drɪft] ADV 1 (*esp Naut*) a la deriva; **to be cast ~** (*lit*) (*accidentally*) irse a la deriva; (*deliberately, also fig*) ser arrojado a la deriva; **to come ~** [*boat*] soltarse, irse a la deriva; [*wire, rope*] soltarse, desprenderse; **to be cut ~** ser soltado a la deriva; **to be set ~** ser dejado a la deriva
2 (= *directionless*) perdido; **she felt ~ and isolated** se sentía perdida y aislada
3 (= *awry*) **profits can be as much as £5m ~** los beneficios pueden estar hasta 5 millones de libras por debajo de lo esperado; **to go ~** [*plan, scheme*] fallar, irse al garete*
4 (*Sport*) **to be five points/seconds ~ of** estar a cinco puntos/segundos de, ir cinco puntos/segundos a la zaga de

**adroit** [ə'drɔɪt] ADJ diestro, hábil

**adroitly** [ə'drɔɪtlɪ] ADV diestramente, hábilmente

**adroitness** [ə'drɔɪtnɪs] N destreza *f*, habilidad *f*

**ADT** N ABBR (*US, Canada*) = **Atlantic Daylight Time**

**adulate** ['ædjʊleɪt] VT adular

**adulation** [,ædjʊ'leɪʃən] N adulación *f*

**adulatory** [,ædju'leɪtərɪ, (*US*) 'ædʒələtɔːrɪ] ADJ adulador

**adult** ['ædʌlt] Ⓐ ADJ 1 [*person*] adulto, mayor; [*animal*] adulto
2 (= *explicit*) [*film, book*] para adultos
3 (= *mature*) maduro, adulto; **to be ~ about sth** comportarse como una persona adulta/como personas adultas con respecto a algo
Ⓑ N adulto/a *m/f*; **"adults only"** (*Cine*) "autorizado para mayores de 18 años"
Ⓒ CPD ► **adult education** N educación *f* para adultos

**adulterate** [ə'dʌltəreɪt] VT adulterar

**adulteration** [ə,dʌltə'reɪʃən] N adulteración *f*

**adulterer** [ə'dʌltərəʳ] N adúltero *m*

**adulteress** [ə'dʌltərɪs] N adúltera *f*

**adulterous** [ə'dʌltərəs] ADJ adúltero

**adultery** [ə'dʌltərɪ] N adulterio *m*

**adulthood** ['ædʌlthʊd] N adultez *f*, mayoría *f* de edad, edad *f* adulta

**adumbrate** ['ædʌmbreɪt] VT (*frm*) bosquejar; (= *foreshadow*) presagiar, anunciar

**adumbration** [,ædʌm'breɪʃən] N (*frm*) bosquejo *m*; (= *foreshadowing*) presagio *m*, anuncio *m*

**ad val.** ADJ, ADV ABBR (*Comm*) = **ad valorem**

**ad valorem** [ædvə'lɔːrəm] Ⓐ ADV conforme a su valor, por avalúo
Ⓑ CPD ► **ad valorem tax** N impuesto *m* según valor

▼**advance** [əd'vɑːns] Ⓐ N 1 (= *forward movement*) avance *m*; **the rapid ~ of the Russian army** el rápido avance de las tropas rusas
2 (= *progress*) (*in science, technology*) avance *m*, adelanto *m*; [*of disease*] avance *m*; **an important scientific ~** un importante avance *or* adelanto científico; **the rapid ~ of modern industrial society** el vertiginoso desarrollo de la sociedad industrial moderna; **with the ~ of old age** según se va/iba envejeciendo
3 [*of money*] 3·1 (= *initial payment*) anticipo *m*, adelanto *m*; **she was paid a £530,000 ~ for her next novel** le dieron un anticipo *or* adelanto de 530.000 libras por su próxima novela
3·2 (*on salary*) **could you give me an ~?** ¿me podría dar un anticipo?; **she got an ~ on her salary** consiguió que le anticiparan parte del sueldo
3·3 (= *loan*) préstamo *m*
4 (= *rise*) (*in prices*) alza *f*, aumento *m*; **any ~ on £15?** (*in auction*) ¿alguien ofrece más de 15 libras?, 15 libras ¿alguien da más?
5 **advances** (*amorous*) insinuaciones *fpl*; (*Pol*) intentos *mpl* de acercamiento; **to make ~s to** *or* **toward(s) sb** (*amorous*) insinuarse a algn, hacer insinuaciones a algn; **she accused him of making unwanted sexual ~s** lo acusó de insinuaciones sexuales indebidas; **she rejected his ~s** no hizo caso de sus insinuaciones
6 **in ~: to let sb know a week in ~** avisar a algn con ocho días de antelación; **to book in ~** reservar con antelación; **the dish may be made in ~** el plato puede prepararse con anterioridad; **in ~ of: to arrive in ~ of sb** llegar antes que algn; **to be in ~ of one's time** adelantarse a su época, estar por delante de su época; **to pay in ~** pagar por adelantado; **to send sb on in ~** mandar a algn por delante; **thanking you in ~** agradeciéndole de antemano
Ⓑ VT 1 (= *move forward*) [+ *time, date, clock*] adelantar; (*Mil*) [+ *troops*] avanzar; **it ~s the ageing process** acelera el envejecimiento
2 (= *further*) [+ *plan, knowledge*] potenciar; [+ *interests*] promover, fomentar; [+ *career*] promocionar; [+ *cause, claim*] promover; [+ *person*] (*in career*) ascender (**to** a); **he has done much to ~ our understanding of music** ha contribuido mucho a potenciar nuestros conocimientos musicales
3 (= *put forward*) [+ *idea, opinion, theory*] pro-

poner, sugerir; [+ *suggestion*] hacer; [+ *proposal*] presentar; [+ *opinion*] expresar; **he ~d the theory that ...** propuso *or* sugirió la teoría de que ...

[4] (= *hand over*) [+ *money*] (*as initial fee*) adelantar, anticipar; (*as early wages*) adelantar; (*as loan*) prestar

Ⓒ VI [1] (= *move forward*) avanzar; **the advancing enemy army** el ejército enemigo que avanza; **she ~d across the room** avanzó hacia el otro lado de la habitación; **to ~ on sth/sb** (*gen*) acercarse a algo/algn, avanzar hacia algo/algn; **to ~ on sth** (*Mil*) avanzar sobre algo

[2] (= *progress*) [*science, technology*] progresar, adelantarse; [*work, society*] avanzar; [*career*] progresar; [*person, pupil*] hacer progresos, progresar; (*in rank*) ascender (**to** a); **her film career was advancing nicely** su carrera cinematográfica progresaba bien *or* iba por muy buen camino; **despite his advancing years he was a good player** a pesar de su edad (avanzada) era un buen jugador; **with advancing years one forgets** con el paso de los años uno se olvida

[3] (*Fin*) (= *rise*) [*price*] subir

Ⓓ CPD ► **advance booking** N reserva *f* anticipada, reserva *f* por anticipado; **"advance booking advisable"** "se recomienda que reserven por adelantado" ► **advance booking office** N (*Brit*) taquilla *f* (de reservas *or* venta anticipada) ► **advance copy** N [*of book*] ejemplar *m* de muestra; [*of speech*] copia *f* (del discurso) ► **advance guard** N (= *reconnaissance group*) avanzada *f*; (= *lookouts*) avanzadilla *f*; (= *mobile unit*) brigada *f* móvil ► **advance man** N (*US Pol*) *responsable de una campaña política* ► **advance notice** N aviso *m* previo; **meals can be provided with ~ notice** con aviso previo, se preparan comidas ► **advance party** N (= *reconnaissance group*) avanzada *f*; (= *lookouts*) avanzadilla *f* ► **advance payment** N anticipo *m* ► **advance publicity** N promoción *f* (antes del estreno, lanzamiento, etc) ► **advance warning** N aviso *m* previo

**advanced** [əd'vɑːnst] Ⓐ ADJ [1] (= *developed*) [*civilization, society*] avanzado

[2] (= *not elementary*) [*course, level, studies*] avanzado, superior; [*student*] (de nivel) avanzado; **~ mathematics** matemáticas *fpl* avanzadas *or* superiores

[3] (= *precocious*) adelantado; **her youngest child is very ~ for his age** su hijo menor es muy adelantado para su edad

[4] (= *modern*) [*ideas*] avanzado

[5] (*in time*) [*stage*] avanzado; [*disease*] de grado avanzado; **the talks are at an ~ stage** las negociaciones están muy avanzadas; **women in ~ stages of pregnancy** mujeres *fpl* en los últimos meses del embarazo; **the research is well ~** la investigación está muy adelantada; **patients with ~ cancer** los pacientes con cáncer de grado avanzado; **she became a mother at the ~ age of 44** tuvo su primer hijo a la avanzada edad de 44 años; **a man of ~ years** un hombre entrado en años, un hombre de edad avanzada; **to be ~ in years** estar entrado en años

Ⓑ CPD ► **advanced gas-cooled reactor** N reactor *m* avanzado refrigerado por gas ► **Advanced Level** N (*Brit Scol frm*) ≈ bachillerato *m*; **she has an Advanced level in chemistry** tiene un título de *Advanced Level* en química; → A LEVELS

**advancement** [əd'vɑːnsmənt] N [1] (= *furthering*) fomento *m*

[2] (= *improvement*) progreso *m*

[3] (*in rank*) ascenso *m*

**advantage** [əd'vɑːntɪdʒ] N [1] ventaja *f*; **it's no ~ to play first** el jugar primero no es una ventaja; **"languages and shorthand an ~"** (*in job advert*) "serán méritos *or* se valorarán idiomas y taquigrafía"; **to have an ~ over sb** llevar ventaja a algn; **I'm sorry, you have the ~ of me** (*fig*) lo siento, pero no recuerdo su nombre; **to have an ~ in numbers** llevar ventaja en cuanto al número; **he has the ~ of youth** tiene la ventaja de ser joven; **the plan has many ~s** el proyecto tiene muchas ventajas; **to show sth off to best ~** hacer que algo se vea bajo la luz más favorable; **to take ~ of sb** (*unfairly*) aprovecharse de algn, sacar partido de algn; (*sexually*) abusar de algn; **to take ~ of an opportunity** aprovechar una oportunidad; **it's to our ~** es ventajoso para nosotros; **to turn sth to (one's) ~** sacar buen partido de algo

[2] (*Sport*) **~ González** (*Tennis*) ventaja González

**advantaged** [əd'vɑːntɪdʒd] NPL **the ~** los privilegiados, los favorecidos

**advantageous** [ˌædvən'teɪdʒəs] ADJ [*offer, position*] ventajoso, provechoso; **to be ~ to sb** ser ventajoso *or* provechoso para algn, beneficiar a algn

**advantageously** [ˌædvən'teɪdʒəslɪ] ADV ventajosamente, provechosamente

**advent** ['ædvənt] Ⓐ N [1] (= *arrival*) advenimiento *m*

[2] (*Rel*) **Advent** Adviento *m*

Ⓑ CPD ► **Advent calendar** N calendario *m* de Adviento ► **Advent Sunday** N domingo *m* de Adviento

**adventitious** [ˌædven'tɪʃəs] ADJ (*frm*) adventicio

**adventure** [əd'ventʃəʳ] Ⓐ N aventura *f*; **the spirit of ~** el espíritu de aventura, el espíritu aventurero

Ⓑ CPD ► **adventure playground** N (*Brit*) parque *m* infantil ► **adventure story** N novela *f* de aventuras

**adventurer** [əd'ventʃərəʳ] N [1] (= *explorer*) aventurero/a *m/f*

[2] (*pej*) (= *opportunist*) desaprensivo/a *m/f*

**adventuress** [əd'ventʃərɪs] N aventurera *f*

**adventurism** [əd'ventʃərɪzm] N aventurismo *m*

**adventurist** [əd'ventʃərɪst] Ⓐ ADJ aventurista

Ⓑ N aventurista *mf*

**adventurous** [əd'ventʃərəs] ADJ [*person*] aventurero; [*enterprise*] peligroso, arriesgado; [*style*] innovador, atrevido; [*journey*] (= *intrepid*) intrépido; (= *eventful*) lleno de incidentes; **we had a very ~ time getting here** el viaje para llegar aquí ha estado repleto de incidentes; **we need a more ~ slogan** necesitamos un eslogan más llamativo

**adventurously** [əd'ventʃərəslɪ] ADV (= *intrepidly*) con espíritu aventurero *or* emprendedor; (= *boldly*) atrevidamente

**adverb** ['ædvɜːb] N adverbio *m*

**adverbial** [əd'vɜːbɪəl] ADJ adverbial

**adversarial** [ˌædvɜː'sɛərɪəl] Ⓐ ADJ [*role*] de antagonista; [*relationship*] de enfrentamiento, conflictivo

Ⓑ CPD ► **adversarial procedure** N procedimiento *m* de confrontación ► **the adversarial system** N (*Jur*) el sistema acusatorio

**adversary** ['ædvəsərɪ] N adversario/a *m/f*, contrario/a *m/f*

**adverse** ['ædvɜːs] ADJ [*criticism, decision, effect, wind*] adverso, contrario; [*conditions*] adverso, desfavorable; **to be ~ to** ser contrario a, estar en contra de

**adversely** ['ædvɜːslɪ] ADV desfavorablemente, negativamente; **to affect ~** perjudicar

**adversity** [əd'vɜːsɪtɪ] N infortunio *m*, desgracia *f*; **in times of ~** en tiempos difíciles; **he knew ~ in his youth** de joven conoció la miseria; **companion in ~** compañero *m* de desgracias

**advert**[1] [əd'vɜːt] VI (*frm*) **to ~ to** referirse a

**advert**[2]* ['ædvɜːt] N ABBR (*Brit*) = **advertisement**

**advertise** ['ædvətaɪz] Ⓐ VT [1] (*Comm etc*) anunciar; **"as ~d on TV"** "anunciado en TV"

[2] (= *draw attention to*) [+ *weakness etc*] exponer, revelar públicamente

Ⓑ VI [*company*] hacer publicidad, hacer propaganda; (*in newspaper etc*) poner un anuncio; (*on TV*) hacer publicidad; **it pays to ~** la publicidad siempre rinde; **to ~ for** buscar por medio de anuncios

**advertisement** [əd'vɜːtɪsmənt] Ⓐ N anuncio *m* (**for** de); **to put an ~ in a newspaper** poner un anuncio en un periódico; **it's not much of an ~ for the place*** no dice mucho en favor de la ciudad/del hotel *etc*

Ⓑ CPD ► **advertisement column** N (*Brit*) columna *f* *or* sección *f* de anuncios ► **advertisement rates** NPL tarifas *fpl* de anuncios

**advertiser** ['ædvətaɪzəʳ] N anunciante *mf*

**advertising** ['ædvətaɪzɪŋ] Ⓐ N [1] (= *business*) publicidad *f*; **my brother's in ~** mi hermano se dedica a la publicidad

[2] (= *advertisements collectively*) anuncios *mpl*

Ⓑ CPD ► **advertising agency** N agencia *f* de publicidad ► **advertising campaign** N campaña *f* publicitaria ► **advertising manager** N jefe/a *m/f* de publicidad ► **advertising medium** N medio *m* de publicidad ► **advertising rates** NPL tarifa *fsing* de anuncios

**advertorial** [ˌædvə'tɔːrɪəl] N (*Press*) publirreportaje *m*

▼**advice** [əd'vaɪs] Ⓐ N [1] (*gen*) consejos *mpl*; **he ignored my ~** ignoró mis consejos; **it was good ~** *or* **a good piece of ~** fue un buen consejo; **her doctor's ~ was to rest** el médico le aconsejó descansar; **he did it against the ~ of friends** lo hizo en contra de lo que le aconsejaron sus amigos; **to follow sb's ~** seguir el consejo *or* los consejos de algn; **let me give you some ~** permíteme que te dé un consejo, permíteme que te aconseje; **if you want my ~ ...** si quieres (seguir) mi consejo ...; **my ~ to you is not to say anything** te aconsejo no decir nada, mi consejo es que no digas nada; **I need your ~** necesito que me aconsejes; **on the ~ of sb** siguiendo el consejo *or* los consejos de algn; **a piece of ~** un consejo; **to take sb's ~** seguir el consejo *or* los consejos de algn, hacer caso a algn; **take my ~ and stay away from him!** ¡sigue mi consejo y no te metas con él!, ¡hazme caso y no te metas con él!; **when I want your ~ I'll ask for it** cuando quiera que me aconsejes te lo pediré, cuando quiera tu consejo te lo pediré

[2] (= *professional help, information*) asesoramiento *m*; **you need expert ~** necesitas el asesoramiento de un experto, necesitas hacerte asesorar por un experto; **the tourist office will give us ~ on places to visit** la oficina de turismo nos asesorará sobre qué lugares visitar; **to seek sb's ~** consultar a algn, hacerse asesorar por algn; **to seek professional/medical ~** consultar a *or* hacerse asesorar por un profesional/médico; **to take legal ~** con-

➤ LANGUAGE IN USE: advice A1 2.1, 2.2

sultar a un abogado, asesorarse con un abogado
[3] (*Comm*) aviso *m*, notificación *f*
Ⓑ CPD ► **advice column** N (*gen*) consultorio *m*; (= *agony aunt*) consultorio *m* sentimental ► **advice note** N nota *f* de aviso ► **advice service** N servicio *m* de asesoramiento

**advisability** [əd,vaɪzə'bɪlɪtɪ] N conveniencia *f*, prudencia *f*

▼**advisable** [əd'vaɪzəbl] ADJ aconsejable, conveniente; **it would be ~ to** + INFIN sería aconsejable + *infin*, sería conveniente + *infin*; **if you think it ~** si le parece bien

▼**advise** [əd'vaɪz] Ⓐ VT [1] (= *recommend*) [+ *action*] aconsejar, recomendar; **he ~s caution** aconseja *or* recomienda prudencia; **I'd ~ leaving the car here** aconsejaría que dejáramos el coche aquí; **to ~ sb to do sth** aconsejar a algn que haga algo; **what would you ~ me to do?** ¿qué me aconsejas (que haga)?; **you would be ill ~d to go** no sería prudente que fueras, harías mal yendo *or* en ir; **you would be well ~d to go** sería prudente que fueras, harías bien yendo *or* en ir; *see also* **ill-advised**
[2] (= *give advice to*) aconsejar; (= *help and inform professionally*) asesorar; **can you ~ me on the best route?** ¿me puede aconsejar cuál es la mejor ruta?; **he ~s them on investment** les asesora en sus inversiones; **she will ~ you what to do** ella te dirá lo que tienes que hacer
[3] (*frm*) (= *inform*) informar; (*officially*) notificar; **to ~ sb of sth** informar a algn de algo; (*officially*) notificar algo a algn; **he wrote to ~ me of his decision** me escribió para informarme de *or* notificarme su decisión; **please ~ us of a convenient date** le ruego nos notifique una fecha conveniente; **to keep sb ~d of** *or* **about sth** mantener a algn al corriente *or* informado de algo
[4] (= *warn*) advertir; **they were ~d that it would look bad** les advirtieron (de) que causaría una mala impresión; **to ~ sb against doing sth** aconsejar a algn que no haga algo; **they ~d me against selling the house** me aconsejaron que no vendiera la casa; **the doctor ~d me against it** el médico me lo desaconsejó; **no one had ~d him of the possible consequences** nadie lo había advertido de las posibles consecuencias
Ⓑ VI (= *make recommendations*) dar consejos; **I would ~ against it** yo te lo desaconsejaría, yo no te lo aconsejaría; **he ~d against going** nos aconsejó que no fuéramos; **to ~ on sth** (= *give information on*) informar *or* dar información sobre algo; [*lawyer, accountant*] asesorar sobre algo; **job centres will ~ on training courses** en las oficinas de empleo informan *or* dan información sobre cursillos de formación

**advisedly** [əd'vaɪzɪdlɪ] ADV deliberadamente; **to speak ~** hablar con conocimiento de causa; **I say so ~** lo digo después de pensarlo bien

**advisement** [əd'vaɪzmənt] (*US*) Ⓐ N consulta *f*, deliberación *f*; **to take sth under ~** (= *think over*) estudiar algo; (= *get expert advice on*) consultar algo con expertos, someter algo a la deliberación de expertos
Ⓑ CPD ► **advisement counseling** N guía *f* vocacional

**adviser**, **advisor** [əd'vaɪzəʳ] N (*in business, politics etc*) asesor(a) *m/f*, consejero/a *m/f*; **legal ~** abogado/a *m/f*, asesor(a) *m/f* jurídico/a; **spiritual ~** consejero *m* espiritual

**advisory** [əd'vaɪzərɪ] Ⓐ ADJ [*body*] consultivo; **in an ~ capacity** como asesor(a)
Ⓑ N (*esp US*) nota *f* oficial, anuncio *m* público
Ⓒ CPD ► **advisory board** N junta *f* consultiva ► **advisory committee** N (*US Pol*) comité *m* consultivo ► **advisory opinion** N (*US Jur*) opinión *f* consultiva *or* asesora ► **advisory service** N servicio *m* consultivo

**advocacy** ['ædvəkəsɪ] N [1] (= *support*) apoyo *m* (activo)
[2] (*Jur*) defensa *f*

**advocate** Ⓐ ['ædvəkeɪt] VT (= *be in favour of*) abogar por, ser partidario de; **what do you ~?** ¿qué nos aconsejas?; **I ~ doing nothing** yo recomiendo no hacer nada
Ⓑ ['ædvəkɪt] N defensor(a) *m/f*, partidario/a *m/f*; (*Scot Jur*) abogado/a *m/f*; *see also* **devil**; → LAWYERS, QC/KC

**advt** ABBR = **advertisement**

**adze**, **adz** (*US*) [ædz] N azuela *f*

**AEA** N ABBR [1] (*Brit*) (= **Atomic Energy Authority**) ≈ JEN *f* (*Sp*)
[2] (= **Association of European Airlines**) AAE *f*

**AEC** N ABBR (*US*) (= **Atomic Energy Commission**) ≈ JEN *f* (*Sp*)

**AEEU** N ABBR (*Brit*) = **Amalgamated Engineering and Electrical Union**

**AEF** N ABBR (*US*) = **American Expeditionary Forces**

**Aegean** [iː'dʒiːən] N **the ~ (Sea)** el (Mar) Egeo

**aegis**, **egis** (*US*) ['iːdʒɪs] N **under the ~ of** (= *protection*) bajo la tutela de; (= *patronage*) patrocinado por, bajo los auspicios *or* (*frm*) la égida de

**aegrotat** [iː'grəʊtæt] N (*Brit*) *título universitario que se concede al candidato que por enfermedad no ha podido presentarse a los exámenes*

**Aeneas** [iː'niːəs] N Eneas

**Aeneid** ['iːnɪɪd] N Eneida *f*

**aeon** ['iːən] N [1] (*Astron*) eón *m*
[2] (*fig*) eternidad *f*

**aerate** ['ɛəreɪt] VT [+ *liquid*] gasificar; [+ *blood*] oxigenar; **~d water** agua *f* con gas

**aeration** [ɛə'reɪʃən] N aireación *f*

**aerial** ['ɛərɪəl] Ⓐ ADJ aéreo
Ⓑ N (*Brit Rad, TV*) antena *f*; (*also* **~ mast**) torre *f* de antena; **indoor ~** antena *f* interior
Ⓒ CPD ► **aerial input*** N (*US*) mensaje *m* recibido por antena ► **aerial ladder** N (*US*) escalera *f* de bomberos ► **aerial photograph** N aerofoto *f*, fotografía *f* aérea ► **aerial photography** N fotografía *f* aérea ► **aerial railway** N teleférico *m* ► **aerial survey** N reconocimiento *m* aéreo ► **aerial tanker** N transportador *m* aéreo

**aerie** ['ɛərɪ] N (*US*) = **eyrie**

**aero...** ['ɛərəʊ] PREFIX aero...

**aerobatic** [,ɛərəʊ'bætɪk] ADJ [*display*] de acrobacia aérea

**aerobatics** [,ɛərəʊ'bætɪks] NPL acrobacia *fsing* aérea

**aerobic** [ɛə'rəʊbɪk] ADJ [*shoes, dance*] de *or* para aerobic; [*exercise*] aeróbico

**aerobics** [ɛə'rəʊbɪks] NPL aerobic *msing*; **I do ~** hago aerobic

**aerodrome** ['ɛərədrəʊm] N (*esp Brit*) aeródromo *m*

**aerodynamic** ['ɛərəʊdaɪ'næmɪk] ADJ aerodinámico

**aerodynamically** ['ɛərəʊdaɪ'næmɪklɪ] ADV desde el punto de vista aerodinámico, aerodinámicamente

**aerodynamics** ['ɛərəʊdaɪ'næmɪks] N aerodinámica *fsing*

**aero-engine** ['ɛərəʊ,endʒɪn] N motor *m* de aviación

**aerofoil** ['ɛərəʊfɔɪl], **airfoil** (*US*) ['ɛə,fɔɪl] N plano *m* aerodinámico

**aerogram(me)** ['ɛərəʊgræm] N [1] (= *air-letter*) aerograma *m*
[2] (= *radio message*) radiograma *m*

**aerolite** ['ɛərəlaɪt] N aerolito *m*

**aeromodelling** ['ɛərəʊ'mɒdlɪŋ] N aeromodelismo *m*

**aeronaut** ['ɛərənɔːt] N aeronauta *mf*

**aeronautic** [,ɛərə'nɔːtɪk] ADJ = **aeronautical**

**aeronautical** [,ɛərə'nɔːtɪk] ADJ aeronáutico

**aeronautics** [,ɛərə'nɔːtɪks] N aeronáutica *fsing*

**aeroplane** ['ɛərəpleɪn] N (*Brit*) avión *m*; *see also* **model B1**

**aerosol** ['ɛərəsɒl] N aerosol *m*, atomizador *m*

**aerospace** ['ɛərəʊspeɪs] ADJ aeroespacial; **the ~ industry** la industria aeroespacial

**Aertex®** ['ɛəteks] N *tejido ligero de algodón usado esp. para prendas deportivas*

**Aeschylus** ['iːskɪləs] N Esquilo

**Aesop** ['iːsɒp] N Esopo; **~'s Fables** Fábulas *fpl* de Esopo

**aesthete**, **esthete** (*US*) ['iːsθiːt] N esteta *mf*

**aesthetic**, **esthetic** (*US*) [iːs'θetɪk] ADJ estético

**aesthetical**, **esthetical** (*US*) [iːs'θetɪkəl] ADJ = **aesthetic**

**aesthetically**, **esthetically** (*US*) [iːs'θetɪkəlɪ] ADV estéticamente

**aestheticism**, **estheticism** (*US*) [iːs'θetɪsɪzəm] N esteticismo *m*

**aesthetics**, **esthetics** (*US*) [iːs'θetɪks] N estética *fsing*

**AEU** N ABBR (*Brit*) (*formerly*) = **Amalgamated Engineering Union**

**a.f.** N ABBR [1] = **audio frequency**
[2] (*Comm*) = **advance freight**

**AFA** N ABBR (*Brit*) = **Amateur Football Association**

**afar** [ə'fɑːʳ] ADV (*liter*) lejos; **from ~** desde lejos; **~ off** a lo lejos, en lontananza (*liter*)

**AFB** N ABBR (*US Mil*) = **Air Force Base**

**AFC** N ABBR [1] (*Brit*) = **Amateur Football Club**
[2] (*Brit*) = **Association Football Club**
[3] = **automatic frequency control**

**AFDC** N ABBR (*US Admin*) = **Aid to Families with Dependent Children**

**affability** [,æfə'bɪlɪtɪ] N afabilidad *f*

**affable** ['æfəbl] ADJ [*person, mood*] afable

**affably** ['æfəblɪ] ADV afablemente

**affair** [ə'fɛəʳ] N [1] (= *business*) asunto *m*; **the government has mishandled the ~** el gobierno ha llevado mal el asunto
[2] **affairs** (= *matters*) asuntos *mpl*; **you will have to put your ~s in order** tendrás que aclarar tus asuntos; **she runs my business ~s** ella se encarga de lo relacionado con mis negocios; **~s of the heart** asuntos *mpl* del corazón; **a man of ~s** un hombre de negocios; **~s of state** asuntos *mpl* de estado
[3] (= *event*) ocasión *f*; **it will be a big ~** será una ocasión importante, será todo un acontecimiento; **the minister's visit will be a purely private ~** la visita del ministro tendrá un carácter puramente privado; **dinner was a gloomy ~** la cena no fue una ocasión muy alegre
[4] (= *case*) caso *m*, asunto *m*; **the Watergate ~** el caso Watergate, el asunto (de) Watergate
[5] (= *concern*) asunto *m*; **that's my ~** eso es asunto mío *or* cosa mía, eso sólo me concierne a mí; **if he wants to make a fool of him-**

➤ LANGUAGE IN USE: **advisable** 1.1, 2.1 **advise A1, 2** 1.1, 2.1, 2.2 **A1, 23** 21.1

**self, that's his ~** si quiere hacer el ridículo, es asunto suyo *or* allá él

6 (= *love affair*) aventura *f* (amorosa), affaire *m*, lío *m* (amoroso)*; **he had an ~ with a French girl** tuvo una aventura *or* un affaire con una chica francesa, tuvo un lío *or* estuvo liado con una chica francesa*; **they're having an ~** están liados

7 (*) (= *thing*) **the bed was an iron ~ with brass knobs** la cama era un trasto de hierro con adornos de bronce; **the house was a ramshackle, wooden ~** la casa era un destartalado cobertizo de madera

**affect** [ə'fekt] Ⓐ VT 1 (= *have effect on*) afectar, influir en; **it did not ~ my decision** no influyó en mi decisión

2 (= *concern*) afectar, tener que ver con; **this will ~ everybody** esto afectará a todos

3 (= *harm*) perjudicar

4 (*Med*) **a wound ~ing the right leg** una herida que afecta a la pierna derecha; **his whole left side was ~ed** tenía todo el costado izquierdo afectado

5 (= *move emotionally*) conmover, afectar; **he seemed much ~ed** parecía muy conmovido *or* afectado

6 (= *feign*) **he ~ed indifference** afectó *or* aparentó indiferencia, fingió ser indiferente; **she ~ed to cry** ella fingió llorar

7 (†† *or frm*) (= *like*) **she ~s bright colours** a ella le gustan los colores claros

Ⓑ N (*Psych*) afecto *m*, estado *m* afectivo

**affectation** [,æfek'teɪʃən] N afectación *f*, falta *f* de naturalidad; **affectations** afectación *fsing*

**affected** [ə'fektɪd] ADJ 1 (= *pretentious*) [*person, manner, accent*] afectado

2 (= *feigned*) [*remorse, enthusiasm*] fingido

3 (= *suffering effects*) [*area, region, part of body*] afectado; **the worst ~ areas of Central China** las zonas peor afectadas de China Central

**affectedly** [ə'fektɪdlɪ] ADV de manera afectada, con afectación

**affecting** [ə'fektɪŋ] ADJ conmovedor, enternecedor

**affection** [ə'fekʃən] N afecto *m* (**for** a; **towards** hacia), cariño *m*; **to transfer one's ~s** dar su amor a otro/a

**affectionate** [ə'fekʃənɪt] ADJ 1 cariñoso, afectuoso

2 (*in letter endings*) **with ~ greetings** cariñosamente, afectuosamente; **your ~ nephew** con abrazos de tu sobrino

**affectionately** [ə'fekʃənɪtlɪ] ADV 1 afectuosamente, cariñosamente

2 (*in letter endings*) **~ yours** ◊ **yours ~** un abrazo cariñoso

**affective** [ə'fektɪv] ADJ afectivo

**affectivity** [,æfek'tɪvətɪ] N afectividad *f*

**affiance** [ə'faɪəns] VT (*frm*) prometer en matrimonio (**to** a); **to be ~d** estar prometido (**to** a); **to ~ o.s. to** prometerse a

**affidavit** [,æfɪ'deɪvɪt] N (*Jur*) declaración *f* jurada, afidávit *m*; **to swear an ~ (to the effect that)** hacer una declaración jurada (que)

**affiliate** Ⓐ [ə'fɪlɪeɪt] VI **to ~ to** ◊ **~ with** afiliarse a

Ⓑ [ə'fɪlɪɪt] N (= *organization*) filial *f*; (= *person*) afiliado/a *m/f*

**affiliated** [ə'fɪlɪeɪtɪd] ADJ [*member, society*] afiliado (**to, with** a); **~ company** empresa *f* filial *or* subsidiaria

**affiliation** [ə,fɪlɪ'eɪʃən] Ⓐ N 1 (= *connection*) afiliación *f*; **political ~s** filiación *fsing* política

2 (*Jur*) paternidad *f*

Ⓑ CPD ► **affiliation order** N decreto *m* relativo a la paternidad ► **affiliation proceedings** NPL proceso *m* para determinar la paternidad

**affinity** [ə'fɪnɪtɪ] N 1 (= *similarity, relationship*) afinidad *f*; **A has certain affinities with B** entre A y B existe cierta afinidad

2 (= *liking*) simpatía *f*; **I feel no ~ whatsoever with** *or* **for him** no siento ninguna simpatía por él

**affirm** [ə'fɜːm] VT (= *state*) afirmar, aseverar; (= *confirm*) confirmar

**affirmation** [,æfə'meɪʃən] N afirmación *f*, aseveración *f*

**affirmative** [ə'fɜːmətɪv] Ⓐ ADJ afirmativo

Ⓑ N **to answer in the ~** dar una respuesta afirmativa, contestar afirmativamente

Ⓒ CPD ► **affirmative action** N (*US Pol*) medidas *fpl* a favor de las minorías

**AFFIRMATIVE ACTION**

**Affirmative action** *es el término estadounidense que hace referencia al tratamiento privilegiado que reciben las minorías étnicas y las mujeres en lo que concierne al empleo o la educación. La administración del presidente Kennedy puso en marcha esta política en los años sesenta, estableciendo cuotas para asegurar más puestos de trabajo y plazas universitarias a aquellos colectivos con baja representación, lo cual se garantizó gracias a la Ley de Igualdad de Oportunidades Laborales (***Equal Employment Opportunities Act***), de 1972. Esta discriminación positiva fue para muchos la causa de que fueran a su vez discriminados los colectivos no minoritarios, por ejemplo, los hombres de raza blanca, por lo que la aplicación estricta de los cupos se ha relajado un tanto desde entonces.*

**affirmatively** [ə'fɜːmətɪvlɪ] ADV afirmativamente

**affix** Ⓐ [ə'fɪks] VT [+ *signature*] poner, añadir; [+ *stamp*] poner, pegar; [+ *seal*] imprimir; **to ~ a notice to the wall** pegar un anuncio en la pared

Ⓑ N ['æfɪks] (*Ling*) afijo *m*

**afflict** [ə'flɪkt] VT afligir; **the ~ed** los afligidos; **to be ~ed with** *or* **by** sufrir de, estar aquejado de

**affliction** [ə'flɪkʃən] N 1 (= *suffering*) aflicción *f*, congoja *f*

2 (*bodily*) mal *m*; **the ~s of old age** los achaques de la vejez

3 (= *misfortune*) desgracia *f*, infortunio *m*; **it's a terrible ~** es una desgracia tremenda

**affluence** ['æfluəns] N riqueza *f*, opulencia *f*; **to live in ~** vivir con lujo

**affluent** ['æfluənt] Ⓐ ADJ acaudalado, rico; **the ~ society** la sociedad de la abundancia

Ⓑ N 1 **the ~** los ricos

2 (*Geog*) afluente *m*

**afflux** ['æflʌks] N afluencia *f*; (*Med*) aflujo *m*

**afford** [ə'fɔːd] VT 1 (= *pay for*) **we can ~ it** podemos permitírnoslo; **we can't ~ such things** no podemos permitirnos tales cosas, tales cosas no están a nuestro alcance; **we can't ~ to go on holiday** no podemos permitirnos el lujo de ir de vacaciones; **how much can you ~?** ¿cuánto puedes gastar?

2 (= *spare, risk*) **I can't ~ the time** no tengo tiempo; **I can't ~ to be idle** no puedo permitirme el lujo de no hacer nada; **I can't ~ not to do it** no puedo permitirme el lujo de no hacerlo; **we can ~ to wait** nos podemos permitir esperar; **an opportunity you cannot ~ to miss** una ocasión que no puedes desperdiciar; **can we ~ the risk?** ¿podemos arriesgarnos?

3 (*frm*) (= *provide*) [+ *opportunity*] proporcionar, dar; **it ~s shade** da sombra; **that ~ed me some relief** eso me proporcionó cierto alivio; **this ~s me a chance to speak** esto me da la oportunidad de hablar

**affordable** [ə'fɔːdəbl] ADJ [*price*] razonable; [*purchase*] posible

**afforest** [æ'fɒrɪst] VT poblar de árboles, poblar con árboles

**afforestation** [æ,fɒrɪs'teɪʃən] N forestación *f*

**afforested** [æ'fɒrɪstɪd] ADJ [*land*] poblado de árboles

**affray** [ə'freɪ] N (*frm*) refriega *f*, reyerta *f*

**affreightment** [ə'freɪtmənt] N fletamento *m*

**affricate** ['æfrɪkət] Ⓐ ADJ africado

Ⓑ N africada *f*

**affright**†† [ə'fraɪt] VT (*poet*) asustar, espantar

**affront** [ə'frʌnt] Ⓐ N afrenta *f*, ofensa *f*; **to be an ~ to** afrentar a

Ⓑ VT ofender, afrentar; **to be ~ed** ofenderse

**Afghan** ['æfgæn] Ⓐ ADJ afgano

Ⓑ N 1 (= *person*) afgano/a *m/f*

2 (*Ling*) afgano *m*

3 (= *dog*) perro/a *m/f* afgano/a

**Afghanistan** [æf'gænɪstæn] N Afganistán *m*

**aficionado** [ə,fɪsjə'nɑːdəʊ] N aficionado/a *m/f*

**afield** [ə'fiːld] ADV **far ~** muy lejos; **countries further ~** países más lejanos; **you'll have to go further ~ for that** para eso hará falta buscar más lejos

**afire** [ə'faɪəʳ] ADJ (*liter*) **to be ~** arder, estar en llamas; **to be ~ to help** anhelar ardientemente ayudar

**aflame** [ə'fleɪm] ADJ (*liter*) en llamas

**AFL-CIO** N ABBR (*US*) = **American Federation of Labor and Congress of Industrial Organizations**

**afloat** [ə'fləʊt] ADJ a flote; **the oldest ship ~** el barco más viejo que sigue a flote; **by a miracle we were still ~** quedamos a flote de milagro; **the largest navy ~** la mayor marina del mundo; **to spend one's life ~** pasar toda la vida a bordo; **to keep sth ~** (*lit, fig*) mantener algo a flote; **to stay** *or* **keep ~** (*lit, fig*) mantenerse a flote; **to get a business ~** lanzar un negocio

**aflutter** [ə'flʌtəʳ] ADJ **to set sb's heart ~** hacer que el corazón de algn se acelere

**afoot** [ə'fʊt] ADV **there is something ~** algo se está tramando; **there is a plan ~ to remove him** existe un plan para apearlo; **to set a scheme ~** poner un proyecto en marcha, poner una idea en movimiento

**afore** [ə'fɔːʳ] CONJ (†† *or dial*) (*esp Scot*) antes (de) que

**aforementioned** [ə,fɔː'menʃənd], **aforenamed** [ə'fɔːneɪmd], **aforesaid** [ə'fɔːsed] ADJ susodicho, mencionado

**aforethought** [ə'fɔːθɔːt] ADJ **with malice ~** con premeditación

**afoul** [ə'faʊl] ADV 1 **to run ~ of sb** ponerse a malas *or* indisponerse con algn

2 **to run ~ of a ship** chocar con un barco

**AFP, afp** N ABBR (= **alpha-fetoprotein**) AFP *f*

▼ **afraid** [ə'freɪd] ADJ 1 (= *frightened*) **to be ~** tener miedo; **don't be ~** no tengas miedo; **I was ~ that nobody would believe me** tenía miedo de que nadie me creyera, temía que nadie me creyera; **I was ~ to ask** me daba miedo preguntar, tenía miedo de preguntar; **to be ~ for sb** temer por algn; **to be ~ for sb's**

➤ LANGUAGE IN USE: **afraid 2** 18.2

**life** temer por la vida de algn; **she suddenly looked ~** de repente parecía asustada; **to be ~ of sth/sb** tener miedo de algo/a algn, temer algo/a algn (*more frm*); **they're ~ of you** te tienen miedo; **he was ~ of losing his job** tenía miedo de perder su trabajo, temía perder su trabajo (*more frm*); **she's ~ of flying** le da miedo volar; **I'm ~ of dogs** los perros me dan miedo, les tengo miedo a los perros; **you have nothing to be ~ of** no tienes nada que temer; **he's not ~ of hard work** el trabajo duro no le asusta; **I was ~ of that** me lo temía; **♦*IDIOM* to be ~ of one's own shadow** tener miedo hasta de su propia sombra

[2] (= *sorry*) **I'm ~ he's out** lo siento, pero no está; **it's a bit stuffy in here, I'm ~** me temo que el aire aquí dentro está muy cargado; **I'm ~ not** me temo que no *or* no, lo siento; **I'm ~ so** me temo que sí *or* sí, lo siento

**afresh** [ə'freʃ] ADV de nuevo, otra vez; **to do sth ~** volver a hacer algo; **to start ~** volver a empezar

**Africa** ['æfrɪkə] N África *f*

**African** ['æfrɪkən] Ⓐ ADJ africano
Ⓑ N africano/a *m/f*

**African-American** [ˌæfrɪkənə'merɪkən] Ⓐ ADJ afroamericano
Ⓑ N afroamericano/a *m/f*

**Afrikaans** [ˌæfrɪ'kɑːns] N afrikaans *m*

**Afrikaner** [ˌæfrɪ'kɑːnəʳ] Ⓐ ADJ afrikaner
Ⓑ N afrikaner *mf*

**Afro** ['æfrəʊ] N (*also* **~ hairstyle**) peinado *m* afro

**Afro...** ['æfrəʊ] PREFIX afro...

**Afro-American** [ˌæfrəʊə'merɪkən] Ⓐ ADJ afroamericano
Ⓑ N afroamericano/a *m/f*

**Afro-Asian** [ˌæfrəʊ'eɪʃən] Ⓐ ADJ afroasiático
Ⓑ N afroasiático/a *m/f*

**Afro-Caribbean** [ˌæfrəʊkærɪ'biːən] Ⓐ ADJ afrocaribeño
Ⓑ N afrocaribeño/a *m/f*

**AFT** N ABBR (*US*) = **American Federation of Teachers**

**aft** [ɑːft] ADV (*Naut*) en popa; **to go ~** ir a popa

**after** ['ɑːftəʳ]

> *When **after** is an element in a phrasal verb, eg **ask after, look after, take after**, look up the verb.*

Ⓐ PREP [1] (*in time*) después de; **soon ~ eating it** poco después de comerlo; **I'll have a shower ~ you** me ducharé después que tú; **it was twenty ~ three** (*US*) eran las tres y veinte

[2] (*in position, order*) detrás de, tras; **day ~ day** día tras día; **one ~ the other** uno tras otro; **excuse ~ excuse ◊ one excuse ~ another** excusas y más excusas; **~ you!** ¡pase usted!, ¡usted primero!; **~ you with the salt** pásame la sal cuando acabes; **our biggest customer ~ the US** nuestro mayor cliente después de Estados Unidos

[3] (= *behind*) **close the door ~ you** cierra la puerta al salir *or* cuando salgas; **I'm tired of cleaning up ~ you** estoy cansado de ir detrás de ti limpiándolo todo; **he ran ~ me with my umbrella** corrió tras de mí con mi paraguas

[4] (= *seeking*) **the police are ~ him** la policía lo está buscando *or* está detrás de él; **I have been ~ that for years** eso lo busco desde hace años; **she's ~ a special dress** busca un vestido especial; **she's ~ a husband** va en pos de un marido; **they're all ~ the same thing** todos van a por lo mismo; **what is he ~?** ¿qué pretende?; **I see what you're ~** ya caigo, ya comprendo lo que quieres decir; (*hostile*) ya te he calado

[5] (= *in the manner of*) **this is ~ Goya** esto se pintó según el estilo de Goya; **~ the English fashion** a la (manera) inglesa; *see also* **heart A2**

[6] (= *in honour of*) **he is named ~ Churchill** se le llamó así por Churchill

[7] (= *in view of*) después de; **~ all I've done for you** después de *or* con todo lo que he hecho por ti; **he can't go back ~ what he's done** después de lo que ha hecho no puede volver; **~ all** después de todo

Ⓑ ADV [1] (= *afterward*) después; **for weeks ~** durante varias semanas después; **long ~** mucho tiempo después; **soon ~** poco después

[2] (= *behind*) detrás

Ⓒ CONJ después de que, después que*; **we ate ~ they'd gone** comimos después de que ellos se marcharon; **I went out ~ I'd eaten** salí después de comer; **we'll eat ~ you've gone** comeremos cuando te hayas ido

Ⓓ ADJ [1] **in ~ years** (*frm*) en los años siguientes, años después

[2] (*Naut*) de popa

**afterbirth** ['ɑːftəbɜːθ] N secundinas *fpl*, placenta *f*

**afterburner** ['ɑːftəˌbɜːnəʳ] N dispositivo *m* de poscombustión

**aftercare** ['ɑːftəkɛəʳ] N (*Med*) asistencia *f* postoperatoria; [*of prisoners*] asistencia *f* (para exprisioneros)

**afterdeck** ['ɑːftədek] N cubierta *f* de popa

**after-dinner** ['ɑːftə'dɪnəʳ] ADJ de sobremesa; **~ speech** discurso *m* de sobremesa; **~ drink** copa *f* de después de la cena

**after-effect** ['ɑːftərɪfekt] N consecuencia *f*; **after-effects** [*of treatment*] efectos *mpl* secundarios; [*of illness, operation, accident*] secuelas *fpl*

**afterglow** ['ɑːftəgləʊ] N [1] (*in sky*) arrebol *m*, resplandor *m* crepuscular

[2] (*bodily*) sensación *f* de bienestar

**after-hours** ['ɑːftə'aʊəz] Ⓐ ADV fuera de horas
Ⓑ ADJ **~ dealings** transacciones *fpl* fuera de horas

**afterlife** ['ɑːftəlaɪf] N vida *f* de ultratumba

**aftermath** ['ɑːftəmæθ] N consecuencias *fpl*, secuelas *fpl*; **in the ~ of the war** en el periodo de posguerra

**afternoon** ['ɑːftə'nuːn] Ⓐ N tarde *f*; **good ~!** ¡buenas tardes!; **in the ~** por la tarde; **(in the) ~s he's generally out** por las tardes en general no está

Ⓑ CPD ► **afternoon performance** N función *f* de la tarde ► **afternoon tea** N (*Brit*) ≈ merienda *f*

**afterpains** ['ɑːftəˌpeɪnz] NPL dolores *mpl* de posparto

**afters*** ['ɑːftəz] NPL (*Brit*) postre *msing*; **what's for ~?** ¿qué hay de postre?

**after-sales** ['ɑːftəseɪlz] CPD ► **after-sales service, after-sales support** N servicio *m* posventa, asistencia *f* posventa

**aftershave** ['ɑːftəʃeɪv] N (*also* **~ lotion**) aftershave *m inv*, loción *f* para después del afeitado

**aftershock** ['ɑːftəˌʃɒk] N [*of earthquake*] réplica *f*

**aftertaste** ['ɑːftəteɪst] N (*lit, fig*) regusto *m*, dejo *m*

**after-tax** ['ɑːftə'tæks] Ⓐ ADJ después de impuestos

Ⓑ CPD ► **after-tax profits** N beneficios *mpl* postimpositivos

> **AFTER**
>
> ### Time
>
> ### Preposition
>
> • You can usually translate **after** referring to a point in time using **después de**:
>
> Please ring after six
> ***Por favor, llama después de las seis***
> I'll phone you after the match
> ***Te llamaré después del partido***
> ...Francoism after Franco...
> ***...el franquismo después de Franco...***
>
> • To translate **after** + **PERIOD OF TIME**, you can also use **al cabo de** in more formal Spanish:
>
> After a year in the army, he had had enough
> ***Después de (estar) un año en el ejército*** *or* ***Al cabo de un año en el ejército, no lo soportaba más***
>
> ! Use **más tarde *que*** or **después *que*** with names of people and personal pronouns when they stand in for a verb:
>
> He got there half an hour after us *or* after we did
> ***Llegó allí media hora más tarde que nosotros*** *or* ***después que nosotros***
>
> • Translate **after** + **-ING** using **después de** + **INFINITIVE**:
>
> Don't go swimming immediately after eating
> ***No te bañes justo después de comer***
>
> ### Conjunction
>
> • When the action in the **after** clause has already happened, and the subjects of the two clauses are different, you can generally translate **after** using **después de que**. This can be followed either by the *indicative* or, especially in formal or literary Spanish, by the *subjunctive*:
>
> I met her after she had left the company
> ***La conocí después de que dejó*** *or* ***dejara la empresa***
>
> • When the action in the **after** clause has not happened yet or had not happened at the time of speaking, **cuando** is more common than **después de que**, though both translations are possible. In both cases, use the *subjunctive*:
>
> We'll test the brakes after you've done another thousand miles
> ***Comprobaremos los frenos cuando*** *or* ***después de que haya recorrido mil millas más***
>
> • If the subject of both clauses is the same, **después de** + **INFINITIVE** is usually used rather than **después de que**:
>
> He wrote to me again after he retired
> ***Me volvió a escribir después de jubilarse***
>
> **NOTE:** This construction is also sometimes used in colloquial Spanish even when the subjects are different:
>
> After you left, the party ended
> ***Después de irte tú, se terminó la fiesta***
>
> *For further uses and examples, see main entry.*

**afterthought** ['ɑːftəθɔːt] N ocurrencia *f* tardía, idea *f* adicional; **as an ~** por si acaso

**after-treatment** ['ɑːftətriːtmənt] N tratamiento *m* postoperatorio

**afterward** ['ɑːftəwəd], **afterwards** ['ɑːftəwədz] (*esp Brit*) ADV después, más tarde; **~ we all helped with the washing up** después *or* luego *or* más tarde todos ayudamos a fregar los platos; **I realized ~ that he was right** después *or* luego me di cuenta de que él tenía razón; **immediately ~** inmediatamente después, acto seguido; **long ~** mucho tiempo después; **shortly** *or* **soon ~** poco después, al poco rato; **I didn't remember until ~** no lo recordé hasta después *or* hasta más tarde

**afterword** ['ɑftə'wɜːd] N epílogo *m*

**afterworld** [ˈɑːftəwɜːld] N mundo *m* más allá

**AG** ABBR [1] = **Adjutant General**
[2] = **Attorney General**; *see* **attorney**

**again** [əˈgen] ADV [1] (= *once more*) otra vez, de nuevo; (*often translated by "volver a" + infin*) **try ~** inténtalo otra vez *or* de nuevo, vuelve a intentarlo; **he climbed up ~** volvió a subir; **would you do it all ~?** ¿lo volverías a hacer?; **come ~ soon** vuelve pronto; **what was that joke ~?** ¿cómo era el chiste aquel (que contaste)?; **what, you ~?** ¿tú otra vez (por aquí)?; **~ and ~** una y otra vez, vez tras vez; **I've told you ~ and ~** te lo he dicho una y otra vez *or* mil veces; **I won't do it ever ~** no lo haré nunca más; **as many ~** otros tantos; **as much ~** otro tanto; **never ~!** ¡nunca más!; **oh no, not ~!** ¡Dios mío, otra vez!; **now and ~** de vez en cuando; **he is as old ~ as I am** me dobla la edad
[2] (= *besides, moreover*) **and again ...** ◊ **then again ...** (= *on the other hand*) por otra parte ...; (= *moreover*) además ...; **~, we just don't know** por otra parte, realmente no sabemos; **~, it may not be true** por otra parte, puede no ser verdad; **these are different ~** también éstos son distintos

▼ **against** [əˈgenst]

> *When* ***against*** *is an element in a phrasal verb, eg* ***go against, run up against,*** *look up the verb.*

Ⓐ PREP [1] (= *in opposition to*) [+ *person*] contra, en contra de; [+ *plan*] en contra de; **what have you got ~ me?** ¿qué tiene usted en contra de mí?, ¿qué tiene usted contra mí?; **I spoke ~ the plan** hablé en contra del proyecto; **I see nothing ~ it** no veo nada en contra; **he was ~ it** estaba en contra, se opuso a ello; **he was ~ going** estaba en contra de ir; **it's ~ the law** la ley lo prohíbe, es ilegal; **it's ~ the rules** no lo permiten las reglas; **conditions are ~ us** las condiciones nos son desfavorables; **luck was ~ him** la suerte le era contraria; **to stand** *or* **run ~ sb** (*Pol*) presentarse en contra de algn; ✦***IDIOM*** **to be up ~ it** estar en un aprieto; **now we're really up ~ it!** ¡ahora sí tenemos problemas!; *see also* **tide 2**
[2] (= *in contact with*) contra; **he hit his head ~ the wall** se dio con la cabeza contra la pared; **he leant the ladder ~ the wall** apoyó la escalera contra la pared
[3] (= *in front of*) contra; **~ the light** contra la luz, a contrasol; **the hills stood out ~ the sunset** las colinas se destacaban sobre la puesta del sol
[4] (*in comparisons*) **(as) ~** contra, en contraste con; **six today, as ~ seven yesterday** seis hoy, en comparación con siete ayer
[5] (= *for*) **refund available ~ this voucher** se devuelve el precio al presentar este comprobante; **everything was ready ~ his arrival** todo estaba listo para su llegada
Ⓑ ADV en contra; **well, I'm ~** bueno, yo estoy en contra; **there were 20 votes ~** hubo 20 votos en contra

**Agamemnon** [ˌægəˈmemnən] N Agamenón

**agape** [əˈgeɪp] ADJ, ADV boquiabierto

**agar-agar** [ˌeɪgəˈeɪgəʳ] N gelatina *f*, agar-agar *m*

**agate** [ˈægət] N ágata *f*

**agave** [əˈgeɪvɪ] N agave *f*, pita *f*, maguey *m* (*LAm*)

**age** [eɪdʒ] Ⓐ N [1] [*of person, animal, building*] edad *f*; **what ~ is she?** ¿qué edad tiene?, ¿cuántos años tiene?; **when I was your ~** cuando tenía tu edad; **I have a daughter your ~** *or* **the same ~ as you** tengo una hija de tu edad *or* de tu misma edad; **he's twice your ~** te dobla en edad; **he's half your ~** lo doblas en edad; **act your ~!** ¡compórtate de acuerdo con tu edad!, ¡no seas niño!; **people of all ~s** gente de todas las edades; **at my ~** a mi edad; **at the ~ of 11** a los 11 años, a la edad de 11 años; **from an early ~** desde muy pequeño; **to feel one's ~** sentirse viejo; **she looks/doesn't look her ~** aparenta/no aparenta la edad que tiene; **60 is no ~ at all** 60 años no son nada; **he is five years of ~** tiene cinco años (de edad); **they are both of an ~** los dos tienen la misma edad; **to be of an ~ to do sth** tener edad suficiente para hacer algo
[2] (= *adulthood*) **to be of ~** ser mayor de edad; **to come of ~** (*lit, fig*) llegar a *or* alcanzar la mayoría de edad; **to be under ~** ser menor de edad
[3] (= *old age*) **~ is beginning to tell on him** los años empiezan a pesar sobre él; **wine improves with ~** el vino mejora con el paso del tiempo
[4] (= *era*) era *f*; **this is the ~ of the car** ésta es la era del automóvil; **the ~ we live in** los tiempos que vivimos, los tiempos que corren; **in the ~ of steam** en la era de las locomotoras de vapor; *see also* **enlightenment, nuclear, reason A3**
[5] (*) (= *long time*) **we waited an ~** *or* **for ~s** esperamos una eternidad; **it's ~s** *or* **an ~ since I saw him** hace siglos *or* un siglo que no lo veo; **you took ~s** has tardado una eternidad *or* un siglo
Ⓑ VT [+ *person*] envejecer; [+ *wine*] envejecer, criar, añejar; **the experience had ~d her terribly** esa experiencia la había envejecido tremendamente
Ⓒ VI [*person*] envejecer; [*wine*] madurar, añejarse; **he has ~d a lot** ha envejecido mucho; **she seems to have ~d ten years in the last month** parece haber envejecido diez años en el último mes; **to ~ well** [*wine*] mejorar con los años; **she has ~d well** se conserva bien para la edad que tiene, le sientan bien los años
Ⓓ CPD ► **age bracket** N grupo *m* de edad, grupo *m* etario (*more frm*) ► **age difference** N diferencia *f* de edad ► **age discrimination** N discriminación *f* por razón de edad ► **age group** N grupo *m* de edad, grupo *m* etario (*more frm*); **the 40 to 50 ~ group** el grupo que comprende los de 40 a 50 años, el grupo de edad de 40 a 50; **children of the same ~ group** niños de la misma edad ► **age limit** N límite *m* de edad, edad *f* mínima/máxima; **there is no upper ~ limit** no hay un límite máximo de edad ► **age range** N escala *f* de edad; **children in the ~ range from 12 to 14** niños que van de los 12 a los 14 años

**aged** Ⓐ [ˈeɪdʒɪd] ADJ [1] (= *old*) viejo, anciano
[2] [eɪdʒd] **~ 15** de 15 años (de edad), que tiene 15 años
Ⓑ [ˈeɪdʒɪd] NPL **the ~** los ancianos *mpl*

**ageing** [ˈeɪdʒɪŋ] Ⓐ ADJ [*person*] anciano, envejecido; [*machinery, vehicle*] anticuado, viejo
Ⓑ N envejecimiento *m*, el envejecer, senescencia *f*; **the ~ process** el proceso de envejecer

**ageism** [ˈeɪdʒɪzəm] N discriminación *f* por razón de edad

**ageist** [ˈeɪdʒɪst] Ⓐ ADJ (= *discriminatory*) [*policy*] que discrimina en razón de la edad; (= *prejudiced*) [*person*] *con prejuicios por razón de edad*
Ⓑ N *persona con prejuicios por razón de edad*

**ageless** [ˈeɪdʒlɪs] ADJ (= *eternal*) eterno; (= *always young*) siempre joven

**age-long** [ˈeɪdʒlɒŋ] ADJ multisecular

**agency** [ˈeɪdʒənsɪ] Ⓐ N [1] (= *office*) agencia *f*; *see also* **advertising, travel D**
[2] (= *branch*) delegación *f*
[3] (= *institution*) organismo *m*; **International Atomic Energy Agency** Organismo *m* Internacional de Energía Atómica
[4] (= *mediation*) **through the ~ of** por medio de, por la mediación de
Ⓑ CPD ► **Agency for International Development** N (*US*) Agencia *f* para el Desarrollo Internacional

**agenda** [əˈdʒendə] N [1] (*at meeting*) orden *m* del día; **on the ~** en el orden del día
[2] (*fig*) **environmental issues are high on the party's ~** los asuntos medioambientales ocupan un lugar prominente en el programa político del partido; **to have one's own ~** tener sus propias prioridades; **to set the ~** marcar la pauta

**agent** [ˈeɪdʒənt] N [1] (*for company, sports personality, actor*) agente *mf*, representante *mf*; (*Jur*) apoderado/a *m/f*; (*Pol*) delegado/a *m/f*; (*undercover*) agente *mf*; **his father acts as his ~** su padre actúa como su representante; *see also* **free E, literary, sole**[3]
[2] (*US*) (= *station master*) jefe/a *m/f* de estación
[3] (*Chem*) agente *m*; **chemical ~** agente *m* químico
[4] (= *catalyst*) **she has portrayed herself as an ~ of change** se ha descrito a sí misma como agente *or* propulsora *or* motor del cambio

**agentive** [ˈeɪdʒəntɪv] N (*Gram*) agentivo *m*

**agent provocateur** [ˈæʒɑ̃ːprɒvɒkəˈtɜːʳ] N agente *mf* provocador(a)

**age-old** [ˈeɪdʒəʊld] ADJ multisecular, antiquísimo

**agglomeration** [əˌglɒməˈreɪʃən] N aglomeración *f*

**agglutinate** [əˈgluːtɪneɪt] Ⓐ VT aglutinar
Ⓑ VI aglutinarse

**agglutination** [əˌgluːtɪˈneɪʃən] N aglutinación *f*

**agglutinative** [əˈgluːtɪnətɪv] ADJ aglutinante

**aggrandize** [əˈgrændaɪz] VT (= *increase stature of*) [+ *person*] engrandecer; (= *exaggerate*) agrandar, exagerar; **to ~ o.s.** darse aires (de grandeza)

**aggrandizement** [əˈgrændɪzmənt] N [*of person*] engrandecimiento *m*; *see also* **self-aggrandizement**

**aggravate** [ˈægrəveɪt] VT [1] (= *make worse*) agravar
[2] (*) (= *annoy*) irritar, sacar de quicio

**aggravating** [ˈægrəveɪtɪŋ] ADJ [1] (*Jur*) agravante
[2] (*) (= *annoying*) molesto; **he's an ~ child** es un niño molesto; **it's very ~** es para volverse loco

**aggravation** [ˌægrəˈveɪʃən] N [1] (= *exacerbation*) [*of problem, situation, illness*] agravación *f*, empeoramiento *m*
[2] (*) (= *annoyance*) irritación *f*
[3] (*Jur*) circunstancia *f* agravante; **robbery with ~** robo *m* agravado

**aggregate** Ⓐ [ˈægrɪgɪt] N [1] (= *total*) conjunto *m*; **on ~** en conjunto; **Scotland won 5-4 on ~** ganó Escocia por 5 a 4 en conjunto; **in the ~** en conjunto, en total
[2] (*Geol, Constr*) agregado *m*
Ⓑ [ˈægrɪgɪt] ADJ total, global
Ⓒ [ˈægrɪgeɪt] VT juntar, sumar

**aggression** [əˈgreʃən] N [1] (= *behaviour*) agresión *f*; **an act of ~** un acto de agresión
[2] (= *feeling*) agresividad *f*; **~ is not a solely**

➤ LANGUAGE IN USE: **against A1** 12.1

**masculine trait** la agresividad no es una característica únicamente masculina

**aggressive** [ə'gresɪv] ADJ [1] (= *belligerent*) [*person, animal, behaviour*] agresivo; **he was in a very ~ mood** estaba muy agresivo
[2] (= *assertive*) [*salesman, company*] enérgico, agresivo; [*player*] agresivo; **~ marketing techniques** técnicas *fpl* de marketing agresivas

**aggressively** [ə'gresɪvlɪ] ADV [1] (= *belligerently*) [*behave, react*] agresivamente, de manera agresiva; [*say*] con mucha agresividad
[2] (= *assertively*) [*trade, sell*] enérgicamente, con empuje; [*play*] agresivamente

**aggressiveness** [ə'gresɪvnɪs] N [1] (= *belligerence*) agresividad *f*
[2] (= *assertiveness*) empuje *m*

**aggressor** [ə'gresəʳ] N agresor(a) *m/f*

**aggrieved** [ə'gri:vd] Ⓐ ADJ ofendido; **the ~ husband** el marido ofendido; **in an ~ tone** en un tono de queja; **he was much ~** se ofendió mucho; **to feel ~** ofenderse, resentirse (**at** por)
Ⓑ CPD ► **the aggrieved party** N la parte perjudicada *or* agraviada

**aggro*** ['ægrəʊ] N (*Brit*) [1] (= *violence*) agresividad *f*, violencia *f*; **the crowd was looking for ~** la gente buscaba camorra*
[2] (= *hassle*) líos *mpl*, problemas *mpl*; **I'm not going, it's too much ~** no voy, es mucha lata*

**aghast** [ə'gɑ:st] ADJ horrorizado, pasmado (**at** ante); **to be ~ at** horrorizarse *or* pasmarse ante

**agile** ['ædʒaɪl] ADJ ágil

**agility** [ə'dʒɪlɪtɪ] N agilidad *f*

**agin** [ə'gɪn] PREP (*Scot, also hum*) = **against**; **to be** *or* **take ~ sth** oponerse a algo

**aging** ['eɪdʒɪŋ] ADJ, N = **ageing**

**agitate** ['ædʒɪteɪt] Ⓐ VT [1] (= *excite, upset*) inquietar, perturbar
[2] (= *shake*) agitar
Ⓑ VI (*Pol*) **to ~ for sth** hacer campaña en pro de algo; **to ~ against sth** hacer campaña en contra de algo

**agitated** ['ædʒɪteɪtɪd] ADJ inquieto, perturbado; **in an ~ tone** en tono inquieto; **to be very ~** estar muy inquieto (**about** por)

**agitation** [,ædʒɪ'teɪʃən] N [1] (*mental*) inquietud *f*, perturbación *f*
[2] (= *shaking*) agitación *f*
[3] (*Pol*) agitación *f*

**agitator** ['ædʒɪteɪtəʳ] N [1] (*Pol*) agitador(a) *m/f*
[2] (*Chem*) agitador *m*

**agitprop** ['ædʒɪt,prɒp] N propaganda *f* política (*esp de izquierdas*)

**aglow** [ə'gləʊ] ADJ radiante, brillante; **to be ~ with** brillar de; **to be ~ with happiness** irradiar felicidad

**AGM** N ABBR (= **annual general meeting**) junta *f* anual

**Agnes** ['ægnɪs] N Inés

**agnostic** [æg'nɒstɪk] Ⓐ ADJ agnóstico
Ⓑ N agnóstico/a *m/f*

**agnosticism** [æg'nɒstɪsɪzəm] N agnosticismo *m*

**ago** [ə'gəʊ] ADV **long ~** hace mucho tiempo; **not long ~** no hace mucho (tiempo); **how long ~ was it?** ¿hace cuánto tiempo?, ¿cuánto tiempo hace?; **as long ~ as 1978** ya en 1978; **no longer ~ than yesterday** ayer solamente, ayer nada más; **a week ~** hace una semana; **a little while ~** hace poco; **just a moment ~** hace un momento nada más

**agog** [ə'gɒg] ADJ **the country was ~** el país estaba emocionadísimo; **he was ~ to hear the news** tenía enorme curiosidad por saber las noticias; **to set ~** emocionar, crear gran curiosidad a

**agonize** ['ægənaɪz] VI atormentarse; **to ~ over a decision** dudar antes de tomar una decisión

**agonized** ['ægənaɪzd] ADJ angustioso

**agonizing** ['ægənaɪzɪŋ] ADJ [*pain*] atroz, muy agudo; [*indecision, suspense*] angustioso; [*moment*] de angustia; [*reappraisal*] agonizante, doloroso

**agonizingly** ['ægənaɪzɪŋlɪ] ADV (= *painfully*) dolorosamente; **it was ~ painful** era atrozmente doloroso; **~ close** angustiosamente cerca; **~ slow** terriblemente *or* desesperantemente lento

**agony** ['ægənɪ] Ⓐ N [1] (*physical*) dolor *m* agudo; **I was in ~** sufría dolores horrorosos
[2] (*mental*) angustia *f*; **to suffer agonies of doubt** estar atormentado por las dudas; **to be in an ~ of impatience** impacientarse mucho; **it was ~!*** ¡fue fatal!*; **the play was sheer ~*** la obra era una birria*; *see also* **pile on B**
[3] (= *final agony, death agony*) agonía *f*; **he was in his final** *or* **death ~** estaba agonizando
Ⓑ CPD ► **agony aunt*** N (*Brit*) columnista *f* del consultorio sentimental ► **agony column*** N (*Brit*) consultorio *m* sentimental ► **agony uncle*** N (*Brit*) columnista *m* del consultorio sentimental

**agoraphobe** ['ægərəfəʊb] N agorafóbico/a *m/f*

**agoraphobia** [,ægərə'fəʊbɪə] N agorafobia *f*

**agoraphobic** [,ægərə'fəʊbɪk] Ⓐ ADJ agorafóbico
Ⓑ N agorafóbico/a *m/f*

**AGR** N ABBR = **Advanced Gas-Cooled Reactor**

**agrammatical** [,eɪgrə'mætɪkəl] ADJ agramatical

**agrarian** [ə'grɛərɪən] Ⓐ ADJ agrario
Ⓑ CPD ► **agrarian reform** N reforma *f* agraria ► **agrarian revolution** N revolución *f* agraria

**agrarianism** [ə'grɛərɪənɪzəm] N agrarismo *m*

**agree** [ə'gri:] Ⓐ VI [1] (= *consent*) consentir; **eventually he ~d** por fin consintió; **you'll never get him to ~** no lograrás nunca su consentimiento; **to ~ to sth** consentir en *or* aceptar algo; **he'll ~ to anything** se aviene a todo; **I ~ to your marrying my niece** acepto que usted se case con mi sobrina
[2] (= *be in agreement*) estar de acuerdo; (= *come to an agreement*) ponerse de acuerdo; **I ~** estoy de acuerdo, estoy conforme; **I quite ~** estoy completamente de acuerdo; **don't you ~?** ¿no está de acuerdo?, ¿no le parece?; **to ~ about** *or* **on sth** (= *be in agreement*) estar de acuerdo sobre algo; (= *come to an agreement*) ponerse de acuerdo sobre algo; **I don't ~ about trying again tomorrow** no estoy de acuerdo con lo de volverlo a intentar mañana; **to ~ with** [+ *person*] estar de acuerdo *or* coincidir con; [+ *policy*] estar de acuerdo con, aprobar
[3] (= *accord, coincide*) concordar; **these statements do not ~ (with each other)** estas declaraciones no concuerdan; **his reasoning ~s with mine** su razonamiento concuerda con el mío
[4] (= *get on together*) [*people*] congeniar; **we simply don't ~** simplemente no congeniamos
[5] **to ~ with** [5·1] (= *approve of*) aprobar; **I don't ~ with women playing football** no apruebo que las mujeres jueguen al fútbol
[5·2] (= *be beneficial to*) [*food, climate*] **garlic/this heat doesn't ~ with me** el ajo/este calor no me sienta bien
[6] (*Gram*) concordar (**with** con)
Ⓑ VT [1] (= *consent*) **to ~ to do sth** consentir en *or* aceptar hacer algo
[2] (= *be in agreement, come to an agreement*) **"it's impossible," she ~d** —es imposible —asintió; **to ~ that** estar de acuerdo en que; **everyone ~s that it is so** todos están de acuerdo en que es así; **it was ~d that ...** se acordó que ...; **it is ~d that ...** (*on legal contracts*) se acuerda que ...; **they ~d among themselves to do it** (todos) se pusieron de acuerdo para hacerlo; **it was ~d to + INFIN** se acordó + *infin*; **we ~d to meet up later** quedamos en vernos después; **to ~ to disagree** *or* **differ** estar en desacuerdo amistoso
[3] (= *admit*) reconocer; **I ~ that I was too hasty** reconozco que lo hice con precipitación; **I ~ that it was foolish** reconozco que era insensato
[4] [+ *plan, statement etc*] aceptar, llegar a un acuerdo sobre; [+ *price*] convenir; **the plan was speedily ~d** el proyecto fue aceptado sin demora; **"salary to be agreed"** "sueldo a convenir"; **at a date to be ~d** en una fecha (que queda) por determinar *or* concertar

**agreeable** [ə'gri:əbl] ADJ [1] (= *pleasing*) [*sensation, pastime, surprise*] agradable; [*person*] agradable, simpático; **it was ~ having her in the office** era agradable tenerla en la oficina; **she made a point of being ~ to them** se esforzó por ser agradable *or* simpática con ellos
[2] (*frm*) (= *acceptable*) **is that ~ to you?** ¿está de acuerdo?, ¿está conforme?; **a solution that would be ~ to all** una solución satisfactoria para todos
[3] (*frm*) (= *willing*) **get your secretary to do it if she is ~** dáselo a tu secretaria para que lo haga si a ella no le importa; **she is ~ to making the arrangements** no le importa encargarse de los preparativos

**agreeably** [ə'grɪəblɪ] ADV [*chat, reply*] agradablemente; **they were ~ surprised to discover that ...** se llevaron una agradable sorpresa al descubrir que ...

**agreed** [ə'gri:d] ADJ [*time, plan*] convenido; **as ~** según lo convenido; **are we all ~?** ¿estamos todos de acuerdo?; **~!** ¡de acuerdo!, ¡conforme(s)!

**agreement** [ə'gri:mənt] N [1] (= *understanding, arrangement*) acuerdo *m*; (= *consent*) consentimiento *m*; (= *treaty etc*) acuerdo *m*, pacto *m*; (*Comm*) contrato *m*; **to come to** *or* **reach an ~** llegar a un acuerdo; **to enter into an ~** firmar un contrato; **to enter into an ~ to do sth** firmar un contrato para hacer algo; **by mutual ~** por acuerdo mutuo, de común acuerdo; *see also* **gentleman**
[2] (= *shared opinion*) acuerdo *m*; **he nodded in ~** ◊ **he nodded his ~** asintió con la cabeza; **to be in ~ on a plan** estar conformes en un proyecto; **to be in ~ with** [+ *person*] estar de acuerdo con; [+ *decision*] estar de acuerdo con, estar conforme con; (= *consistent with*) concordar con, estar en concordancia con
[3] (*Gram*) concordancia *f*

**agribusiness** ['ægrɪ,bɪznɪs] N agroindustria *f*, industria *f* agropecuaria

**agricultural** [,ægrɪ'kʌltʃərəl] Ⓐ ADJ agrícola
Ⓑ CPD ► **agricultural college** N escuela *f* de agricultura ► **agricultural expert** N perito/a *m/f* agrónomo/a ► **agricultural show** N feria *f* agrícola *or* de campo ► **agricultural subsidy** N subvención *f* agrícola

**agriculturalist** [,ægrɪ'kʌltʃərəlɪst] N [1] (= *farmer*) agricultor(a) *m/f*
[2] (= *professional expert*) perito/a *m/f* agrónomo/a

**agriculture** ['ægrɪkʌltʃəʳ] N agricultura *f*; **Ministry of Agriculture, Fisheries and Food**

► LANGUAGE IN USE: **agree A1** 11.2, 11.3, 12.2, 12.3 **A2** 11.1, 26.1, 26.2, 26.3 **agreed** 11.2, 13 **agreement 2** 11.1

(*Brit*) ≈ Ministerio *m* de Agricultura, Pesca y Alimentación (*Sp*)

**agriculturist** [ˌæɡrɪˈkʌltʃərɪst] N = **agriculturalist**

**agrobiologist** [ˌæɡrəʊbaɪˈɒlədʒɪst] N agrobiólogo/a *m/f*

**agrobiology** [ˌæɡrəʊbaɪˈɒlədʒɪ] N agrobiología *f*

**agrochemical** [ˌæɡrəʊˈkemɪkəl] Ⓐ ADJ agroquímico
Ⓑ N (producto *m*) agroquímico *m*

**agronomist** [əˈɡrɒnəmɪst] N agrónomo/a *m/f*

**agronomy** [əˈɡrɒnəmɪ] N agronomía *f*

**agroproduct** [ˌæɡrəʊˈprɒdʌkt] N agroproducto *m*

**aground** [əˈɡraʊnd] ADV (*Naut*) **to be ~** estar encallado *or* varado; **to run ~** encallar; **to run a ship ~** varar un barco, hacer que encalle un barco

**agt** ABBR (*Comm*) = **agent**

**ague**†† [ˈeɪɡjuː] N fiebre *f* intermitente

**AH** ABBR = **anno Hegirae** (= *from the year of the Hegira*) a.h.

**ah** [ɑː] EXCL ¡ah!

**aha** [ɑːˈhɑː] EXCL ¡ajá!

**ahead** [əˈhed] ADV

> When **ahead** is an element in a phrasal verb, eg **draw ahead, go ahead**, look up the verb.

[1] (*in space, order*) delante; **to be ~** (*in race*) llevar la delantera, ir (por) delante, ir ganando; (*fig*) llevar la ventaja, ir a la cabeza; **to go on ~** ir adelante; **this put Barcelona three points ~** esto dio al Barcelona tres puntos de ventaja; **to send sb ~** enviar a algn por delante; *see also* **straight B1**
[2] (*in time*) antes; [*book*] con anticipación; **there's trouble ~** han de sobrevenir disgustos, ya se prevén dificultades; **there's a busy time ~** tendremos mucha tarea; **to look ~** (*fig*) anticipar; **to plan ~** planificar por adelantado *or* con anticipación; **to think ~** pensar en el futuro
[3] **~ of** [3.1] (*in space, order*) delante de; **there were three people ~ of us** había tres personas delante de nosotros; **to be ~ of sb** (*in race, competition*) llevar ventaja a; **to get ~ of sb** (*lit, fig*) adelantarse a algn
[3.2] (*in time*) **you'll get there ~ of us** llegarás antes que nosotros; **he's two hours ~ of the next competitor** lleva dos horas de ventaja sobre el rival más próximo; **share prices rose ~ of the annual report** la cotización subió en anticipación del informe anual; **we are three months ~ of schedule** llevamos tres meses de adelanto sobre la fecha prevista; **to arrive ~ of time** llegar antes de la hora prevista; **to be ~ of one's time** anticiparse a su época; **Wagner was two centuries ~ of his time** Wagner se anticipó en dos siglos a su época; **the plane is ~ of its time** el avión va por delante de su tiempo

**ahem** [əˈhem] EXCL ¡ejem!

**ahold** [əˈhəʊld] N (*esp US*) [1] **to get ~ of sb** (= *get in touch with*) contactar con algn; (= *find*) localizar a algn; **to get ~ of sth** (= *obtain*) conseguir *or* obtener algo
[2] **to get ~ of o.s.** (*fig*) controlarse

**ahoy** [əˈhɔɪ] EXCL **ship ~!** ¡barco a la vista!; **~ there!** ¡ah del barco!

**AHQ** N ABBR = **Army Headquarters**

**AI** N ABBR [1] (= **Amnesty International**) AI *f*
[2] (= **artificial intelligence**) IA *f*
[3] = **artificial insemination**

**AID** N ABBR [1] = **artificial insemination by donor**
[2] (*US*) (= **Agency for International Development**) AID *f*
[3] (*US Admin*) = **Aid to Families with Dependent Children**

**aid** [eɪd] Ⓐ N [1] (= *assistance*) ayuda *f*; **to come/go to sb's ~** (*lit*) acudir en ayuda *or* (*more frm*) en auxilio de algn; (*in argument*) salir en defensa de algn; **a neighbour rushed to his ~** un vecino corrió en su ayuda *or* (*more frm*) en su auxilio; **a charity performance in ~ of the blind** una representación benéfica a beneficio de los ciegos; **what's all this in ~ of?*** ¿a qué viene todo esto?; **with the ~ of** con la ayuda de; **she could only walk with the ~ of crutches** sólo podía andar con la ayuda *or* ayudándose de unas muletas; **the star can be seen without the ~ of a telescope** la estrella se puede ver sin necesidad *or* ayuda de un telescopio
[2] (*economic, medical*) ayuda *f*; **to give ~** prestar ayuda; *see also* **food B**, **legal B**
[3] (= *book, tool*) ayuda *f*; **the book is an invaluable ~ to teachers** el libro es una ayuda valiosísima para los profesores; *see also* **audiovisual**, **deaf C**, **hearing B**, **teaching B**, **visual**
[4] (= *person*) asistente *mf*
Ⓑ VT [1] [+ *progress, process, recovery*] (= *speed up*) acelerar; (= *contribute to*) contribuir a
[2] [+ *person*] ayudar; **to ~ sb to do sth** ayudar a algn a hacer algo; **to ~ one another** ayudarse mutuamente; **to ~ and abet sb** ser cómplice de algn; (*Jur*) instigar y secundar a algn
Ⓒ VI ayudar; **it ~s in the prevention of tooth decay** ayuda a prevenir la caries
Ⓓ CPD ► **aid agency** N organismo *m* de ayuda ► **aid package** N dotación *f* de ayuda ► **aid programme**, **aid program** (*US*) N programa *m* de ayuda ► **aid station** N (*US*) puesto *m* de socorro ► **aid worker** N cooperante *mf*

**aide** [eɪd] N [1] (*Mil*) edecán *m*
[2] (*Pol*) ayudante *mf*

**-aided** [ˈeɪdɪd] ADJ (*ending in compounds*) **state~ schools** escuelas *fpl* subvencionadas por el estado; **grant~ factories** fábricas *fpl* subvencionadas; **computer~ design** diseño *m* asistido por ordenador *or* (*esp LAm*) computador

**aide-de-camp** [ˌeɪddəˈkɑ̃ːŋ] N (*pl* **aides-de-camp**) edecán *m*

**aide-mémoire** [ˈeɪdmeɪˈmwɑː] N (*pl* **aides-mémoire, aide-mémoires**) memorándum *m*

**AIDS, Aids** [eɪdz] Ⓐ N ABBR (= **Acquired Immune Deficiency Syndrome**) SIDA *m*, sida *m*
Ⓑ CPD ► **AIDS campaign** N campaña *f* antisida ► **AIDS clinic** N sidatorio *m* ► **AIDS sufferer** N enfermo/a *m/f* del sida ► **AIDS test** N prueba *f* del sida ► **AIDS victim** N víctima *f* del sida

**AIDS-related** [ˈeɪdzrɪˌleɪtɪd] ADJ relacionado con el SIDA

**AIH** N ABBR = **artificial insemination by husband**

**ail** [eɪl] Ⓐ VT (†) afligir; **what ~s you?** ¿qué tienes?, ¿qué te pasa?
Ⓑ VI (*also* **to be ~ing**) estar enfermo, estar sufriendo

**aileron** [ˈeɪlərɒn] N alerón *m*

**ailing** [ˈeɪlɪŋ] ADJ [*person*] enfermo, achacoso; [*industry, economy*] debilitado

**ailment** [ˈeɪlmənt] N enfermedad *f*, achaque *m*

**AIM** N ABBR (*Brit St Ex*) (= **Alternative Investment Market**) segundo mercado *m*, mercado *m* de títulos no cotizados

▼ **aim** [eɪm] Ⓐ N [1] (= *purpose, object*) objetivo *m*, propósito *m*; **his one ~ was to escape** su único objetivo *or* propósito era escaparse; **to achieve one's ~s** conseguir sus propósitos *or* lo que se propone; **I achieved the ~ I set myself** conseguí mi propósito, conseguí lo que me había propuesto; **to have no ~ in life** no tener un norte *or* una meta en la vida; **with the ~ of doing sth** con miras a hacer algo, con la intención de hacer algo
[2] (*with gun, arrow*) puntería *f*; **to have a good/poor ~** tener buena/mala puntería; **to miss one's ~** fallar *or* errar el tiro; **to take ~ (at sth/sb)** apuntar (a algo/algn); **he took careful ~** apuntó con cuidado
Ⓑ VT [+ *gun*] apuntar; [+ *camera*] dirigir, enfocar; [+ *blow*] lanzar, intentar dar; [+ *remark, criticism*] dirigir; **he ~ed the pistol at me** me apuntó con la pistola; **missiles ~ed at the capital** misiles apuntando a la capital; **he ~ed a kick at my shins** me lanzó una patada a las canillas, intentó darme una patada en las canillas; **this advertising is ~ed at children** esta campaña va dirigida a los niños; **talks ~ed at ending the war** conversaciones *fpl or* negociaciones *fpl* encaminadas a la finalización de la guerra
Ⓒ VI [1] (*with weapon*) apuntar; **I ~ed at his forehead** le apunté a *or* en la frente; **~ for the centre of the green** intenta lanzar la pelota al centro del green
[2] (= *aspire*) **to ~ to do sth** ponerse como objetivo hacer algo; **~ to drink five glasses of water a day** póngase como objetivo beber cinco vasos de agua al día; **we must ~ at reducing inflation** debemos aspirar a *or* dirigir nuestros esfuerzos a reducir la inflación; **to ~ for sth** aspirar a algo; **it will give you something to ~ for** así tendrás algo a lo que aspirar; ♦**IDIOM to ~ high** picar muy alto, aspirar a mucho
[3] (= *intend*) **to ~ to do sth** [*person*] proponerse *or* pretender hacer algo; **I ~ to finish it today** me he propuesto *or* me propongo terminarlo hoy, pretendo terminarlo hoy; **the book ~s to answer these questions** el libro tiene como objetivo *or* pretende contestar estas preguntas

**aimless** [ˈeɪmlɪs] ADJ [*way of life, pursuit*] sin sentido, sin propósito; [*person*] sin objeto, sin propósito; **after hours of ~ wandering he went home** tras pasar horas deambulando sin rumbo (fijo), se fue a casa

**aimlessly** [ˈeɪmlɪslɪ] ADV [*wander, drift, walk*] sin rumbo (fijo); [*chat, talk*] por hablar; [*live*] sin propósito

**aimlessness** [ˈeɪmlɪsnɪs] N [*of wandering*] falta *f* de rumbo; [*of life*] falta *f* de sentido, falta *f* de propósito; [*of conversation*] falta *f* de objeto

**ain't**‡ [eɪnt] (*dial*) = **am not**, **is not**, **are not**, **has not**, **have not**; *see* **be**, **have**

**air** [ɛəʳ] Ⓐ N [1] (*lit*) aire *m*; **I need some ~!** ¡necesito un poco de aire!; **by ~** [*travel*] en avión; [*send*] por avión, por vía aérea; **(seen) from the ~** desde el aire; **to get some fresh ~** tomar un poco el aire; **to throw sth (up) in** *or* **into the ~** lanzar algo al aire; **the balloon rose (up) in** *or* **into the ~** el globo se elevó en el aire; **we let the ~ out of his tyres** le desinflamos las ruedas; **one can't live on ~** no se puede vivir del aire; **the cold night ~** el aire frío de la noche; **in the open ~** al aire libre; **the ~ rang with their laughter** su risa resonaba en el aire; **the sea ~** el aire del mar; **spring is in the ~** ya se siente la primavera; **to take the ~**† tomar el fresco, airearse; **to take to the ~** [*bird*] alzar *or* levantar el vuelo; [*plane*] despegar; **to fly through the ~** vo-

➤ LANGUAGE IN USE: **aim A1** 8.2, 26.1

lar por el aire *or* por los aires; ✦***IDIOMS*** **to be in the ~: it's still very much in the ~** está todavía en el aire, todavía no es seguro; **there's something in the ~** se respira algo; **to leave sth (hanging) in the ~** dejar algo en el aire *or* pendiente; **our plans are up in the ~** nuestros planes están en el aire; **to be walking** *or* **floating on ~** no caber en sí de alegría; *see also* **breath A2**, **change A1**, **clear D1**, **hot D**, **thin A9**

2 (*Rad, TV*) **off ~** fuera de antena; **the argument continued off ~** la discusión continuó fuera de antena; **to go off (the) ~** [*broadcaster, station*] cerrar la emisión; [*programme*] finalizar; **to be on (the) ~** [*programme, person*] estar en el aire; [*station*] emitir, estar en el aire; **we are on (the) ~ from six to seven** emitimos de seis a siete, estamos en el aire de seis a siete; **the programme could be on (the) ~ within a year** el programa podría emitirse dentro de un año; **you're on (the) ~** estás en el aire, estamos emitiendo; **would you be prepared to talk about it on (the) ~?** ¿estaría dispuesto a hablar de ello durante la emisión del programa?, ¿estaría dispuesto a hablar de ello una vez estemos en el aire?; **to go on (the) ~** salir al aire

3 (= *appearance, manner*) aire *m*; **he looked at me with an ~ of surprise** me miró con aire de sorpresa, me miró algo sorprendido; **he has an ~ of importance** tiene cierto aire de importancia; **to give o.s. ~s** ◊**put on ~s** darse aires (de importancia); **~s and graces** afectación *fsing*

4 (*Mus*) aire *m*

5 (†) (= *breeze*) brisa *f*

Ⓑ VT 1 (= *ventilate*) [+ *room*] ventilar, airear; [+ *clothes, bed*] airear, orear

2 (= *make public*) [+ *idea, grievance*] airear, hacer público; **it gives them a chance to ~ their views** les da la oportunidad de airear *or* hacer públicos sus puntos de vista; **he always has to ~ his knowledge in front of me** siempre tiene que hacer alarde de *or* lucir lo que sabe delante de mí

3 (*US Rad, TV*) [+ *programme*] emitir

4 (*US*) (= *transport*) transportar por avión, aerotransportar

Ⓒ VI 1 [*clothes*] airearse, orearse; **I hung the blankets out to ~** colgué las mantas fuera para que se aireasen *or* se oreasen

2 (*US TV, Rad*) [*programme*] emitirse

Ⓓ CPD ► **air alert** N alerta *f* aérea ► **air ambulance** N (= *plane*) avión *m* sanitario, avión *m* ambulancia; (= *helicopter*) helicóptero *m* sanitario, helicóptero *m* ambulancia ► **air attack** N ataque *m* aéreo ► **air bag** N airbag *m*, bolsa *f* de aire ► **air base** N base *f* aérea ► **air bed** N colchón *m* inflable ► **air bladder** N (*Zool*) vejiga *f* natatoria ► **air brake** N (*Aut, Rail*) freno *m* neumático *or* de aire; (*Aer*) freno *m* aerodinámico ► **air brick** N ladrillo *m* de ventilación ► **air bridge** N puente *m* aéreo ► **air bubble** N burbuja *f* de aire ► **air burst** N explosión *f* en el aire ► **air cargo** N carga *f* aérea ► **air carrier** N aerolínea *f* ► **air chamber** N cámara *f* de aire ► **air chief marshal** N (*Brit*) comandante *m* supremo de las Fuerzas Aéreas ► **air commodore** N (*Brit*) general *m* de brigada aérea ► **air conditioner** N acondicionador *m* de aire ► **air conditioning** N aire *m* acondicionado, climatización *f*; **a cinema with ~ conditioning** un cine climatizado ► **air corridor** N pasillo *m* aéreo, corredor *m* aéreo ► **air cover** N (*Mil*) cobertura *f* aérea ► **air current** N corriente *f* de aire ► **air cushion** N (= *inflatable cushion*) almohada *f* inflable; (*Aer*) colchón *m* de aire ► **air cylinder** N bombona *f* de aire ► **air disaster** N catástrofe *f* aérea ► **air duct** N tubo *m* de aire, tubo *m* de ventilación ► **air express** N (*US*) avión *m* de carga ► **air fare** N tarifa *f* aérea, precio *m* del billete de avión; **a 10% reduction in ~ fares** un descuento del 10% en las tarifas aéreas *or* los precios de los billetes de avión; **I'll pay for the ~ fare** yo pagaré el billete de avión ► **air ferry** N transbordador *m* aéreo ► **air filter** N filtro *m* de aire ► **air force** N fuerzas *fpl* aéreas, ejército *m* del aire ► **air force base** N (*esp US*) base *f* aérea ► **Air Force One** N (*US*) avión *m* presidencial ► **air freight** N (= *transport, charge*) flete *m* aéreo; (= *goods*) carga *f* aérea; **to send sth by ~ freight** transportar algo por avión ► **air freight terminal** N terminal *f* de mercancías (*transportadas por aire*) ► **air freshener** N ambientador *m* ► **air guitar** N guitarra *f* imaginaria ► **air gun** N (= *pistol*) pistola *f* de aire (comprimido); (= *rifle*) escopeta *f* de aire (comprimido) ► **air hole** N respiradero *m* ► **air hostess** N (*Brit*) azafata *f*, aeromoza *f* (*LAm*), cabinera *f* (*Col*) ► **air intake** N (*on aircraft*) toma *f* de aire; (*when breathing*) aire *m* inhalado, capacidad *f* pulmonar ► **air lane** N pasillo *m* aéreo, corredor *m* aéreo ► **air letter** N aerograma *m* ► **air marshal** N (*Brit*) mariscal *m* del aire ► **air mass** N masa *f* de aire ► **air mattress** N colchón *m* inflable ► **air miles** NPL puntos *mpl* (acumulables para viajar) ► **air miss** N air-miss *m*, aproximación *f* peligrosa entre dos aviones ► **air pocket** N bolsa *f* de aire ► **air pollutant** N contaminante *m* atmosférico ► **air pollution** N contaminación *f* del aire, contaminación *f* atmosférica ► **air power** N fuerza *f* aérea; **the use of ~ power** el uso de la fuerza aérea ► **air pressure** N presión *f* atmosférica ► **air pump** N bomba *f* de aire ► **air purifier** N purificador *m* de aire ► **air raid** N ataque *m* aéreo; *see also* **air-raid** ► **air rifle** N escopeta *f* de aire (comprimido) ► **air shaft** N pozo *m* de ventilación ► **air show** N (*commercial*) feria *f* de la aeronáutica; (= *air display*) exhibición *f* de acrobacia aérea ► **air shuttle** N puente *m* aéreo ► **air sock** N manga *f* (de viento) ► **air space** N espacio *m* aéreo; **Spanish ~ space** espacio *m* aéreo español ► **air steward** N auxiliar *m* de vuelo ► **air stewardess** N auxiliar *f* de vuelo, azafata *f* ► **air strike** N ataque *m* aéreo ► **air superiority** N supremacía *f* aérea ► **air suspension** N (*Aut*) suspensión *f* neumática ► **air taxi** N aerotaxi *m* ► **air terminal** N terminal *f* (de aeropuerto) ► **air ticket** N billete *m* de avión ► **air time** N (*Rad, TV*) tiempo *m* en antena ► **air traffic** N tráfico *m* aéreo; *see also* **air-traffic** ► **air travel** N viajes *mpl* en avión ► **air valve** N respiradero *m* ► **air vent** N (*in building*) respiradero *m*; (*in clothing*) abertura *f* (*en prenda de ropa*); (*on dryer*) tobera *f* de aire caliente ► **air vice-marshall** N (*Brit*) general *m* de división de las Fuerzas Aéreas ► **air waybill** N hoja *f* de ruta aérea

**airborne** ['ɛəbɔːn] ADJ 1 [*aircraft*] volando, en el aire; **to become ~** elevarse en los aires, subir; **we shall soon be ~** el avión despegará pronto; **suddenly we were ~** de repente nos vimos en el aire; **we were ~ for eight hours** volamos durante ocho horas

2 (*Mil*) aerotransportado; **~ troops** tropas *fpl* aerotransportadas

3 [*virus, germ, bacteria*] transmitido por el aire; [*seed*] llevado por el aire

**airbrush** ['ɛəbrʌʃ] Ⓐ N aerógrafo *m*

Ⓑ VT pintar con aerógrafo

**airbus** ['ɛəbʌs] Ⓐ N aerobús *m*

Ⓑ CPD ► **airbus service** N puente *m* aéreo

**air-condition** ['ɛəkən,dɪʃən] VT climatizar, refrigerar

**air-conditioned** ['ɛəkən,dɪʃənd] ADJ [*room, hotel*] climatizado, con aire acondicionado

**air-cooled** ['ɛəkuːld] ADJ refrigerado por aire

**aircraft** ['ɛəkrɑːft] Ⓐ N (*pl inv*) avión *m*; **the ~ industry** la industria aeronáutica

Ⓑ CPD ► **aircraft carrier** N porta(a)viones *m*

**aircraftman** ['ɛəkrɑːftmən] N (*pl* **aircraftmen**) (*Brit*) cabo *m* segundo (de las fuerzas aéreas)

**aircrew** ['ɛəkruː] N tripulación *f* de avión

**airdrome** ['ɛə,drəʊm] N (*US*) = **aerodrome**

**airdrop** ['ɛədrɒp] Ⓐ N entrega *f* por paracaídas

Ⓑ VT entregar por paracaídas, lanzar desde el aire

**Airedale** ['ɛədeɪl] N (*also* **~ dog**) perro *m* Airedale

**airfield** ['ɛəfiːld] N campo *m* de aviación

**airflow** ['ɛəfləʊ] N corriente *f* de aire, flujo *m* de aire

**airfoil** ['ɛə,fɔɪl] N (*US*) = **aerofoil**

**airframe** ['ɛəfreɪm] N armazón *m or f* (*de avión*)

**airhead**✱ ['ɛahed] N cabeza *f* de serrín✱, chorlito✱ *m*

**airily** ['ɛərɪlɪ] ADV [*say*] sin darle importancia; [*dismiss*] muy a la ligera; [*wave, gesture*] despreocupadamente

**airiness** ['ɛərɪnɪs] N 1 [*of room, building*] (= *spaciousness*) lo espacioso, lo amplio; (= *ventilation*) buena ventilación *f*

2 [*of manner*] ligereza *f*

**airing** ['ɛərɪŋ] Ⓐ N **to give sth an ~** [+ *linen, room*] ventilar algo; [+ *idea*] airear algo, someter algo a la discusión; [+ *issue, matter*] ventilar algo; [+ *film on TV*] dar algo, pasar algo, proyectar algo; [+ *play*] poner en escena algo

Ⓑ CPD ► **airing cupboard** N (*Brit*) armario *m* para oreo

**airless** ['ɛəlɪs] ADJ [*room*] mal ventilado; [*day*] sin viento; **it's very ~ in here** aquí dentro falta aire

**airlift** ['ɛəlɪft] Ⓐ N puente *m* aéreo

Ⓑ VT aerotransportar, transportar por avión

**airline** ['ɛəlaɪn] Ⓐ N línea *f* aérea

Ⓑ CPD ► **airline pilot** N piloto *mf* de compañía aérea

**airliner** ['ɛəlaɪnəʳ] N avión *m* de pasajeros

**airlock** ['ɛəlɒk] N (*in pipe*) burbuja *f* de aire; (*in spacecraft etc*) cámara *f* estanca, compartimento *m* estanco; (*accidental*) bolsa *f* de aire

**airmail** ['ɛəmeɪl] Ⓐ N correo *m* aéreo; **to send a letter (by) ~** mandar una carta por correo aéreo *or* por avión

Ⓑ CPD ► **airmail edition** N (*Press*) edición *f* aérea ► **airmail letter** N carta *f* por correo aéreo ► **airmail paper** N papel *m* para avión ► **airmail sticker** N etiqueta *f* de correo aéreo

Ⓒ VT mandar por correo aéreo *or* por avión

**airman** ['ɛəmən] N (*pl* **airmen**) aviador *m*, piloto *m*

**airplane** ['ɛəpleɪn] N (*US*) = **aeroplane**

**airplay** ['ɛəpleɪ] N (*Rad*) cobertura *f* radiofónica

**airport** ['ɛəpɔːt] Ⓐ N aeropuerto *m*

Ⓑ CPD ► **airport tax** N impuestos *mpl* de aeropuerto

**airproof** ['ɛəpruːf] ADJ hermético

**air-raid** ['ɛəreɪd] CPD ► **air-raid precautions** NPL precauciones *fpl* a tomar en caso de ataque aéreo ► **air-raid shelter** N refugio *m* antiaéreo ► **air-raid warden** N vigilante *mf* que se encarga de dar la voz de alarma en caso de ataque aéreo ► **air-raid warning** N alarma *f* antiaérea; *see also* **air D**

**airscrew** ['ɛəskruː] N (*Brit*) hélice *f* de avión

➤ LANGUAGE IN USE: **airmail A** 20.3

**air-sea** [ɛə'siː] CPD ► **air-sea base** N base *f* aeronaval ► **air-sea rescue** N rescate *m* aeronaval

**airship** ['ɛəʃɪp] N aeronave *f*

**airsick** ['ɛəsɪk] ADJ mareado (en avión); **to be ~** estar mareado (en avión); **to get ~** marearse (en avión)

**airsickness** ['ɛəsɪknɪs] N mareo *m* (en avión)

**airspeed** ['ɛəspiːd] Ⓐ N velocidad *f* aérea
Ⓑ CPD ► **airspeed indicator** N anemómetro *m*

**airstream** ['ɛəstriːm] N corriente *f* de aire

**airstrip** ['ɛəstrɪp] N pista *f* de aterrizaje

**airtight** ['ɛətaɪt] ADJ 1 (*lit*) [*container, seal*] hermético
2 (= *not open to question*) [*case, argument*] sin fisuras, irrefutable

**air-to-air** [,ɛətə'ɛəʳ] ADJ [*missile*] aire-aire

**air-to-ground** [,ɛətə'graʊnd] ADJ [*missile*] aire-tierra, aire-superficie

**air-to-sea** [,ɛətə'siː] ADJ [*missile*] aire-mar

**air-to-surface** [,ɛətə'sɜːfɪs] ADJ [*missile*] aire-superficie, aire-tierra

**air-traffic** ['ɛətræfɪk] CPD ► **air-traffic control** N control *m* del tráfico aéreo ► **air-traffic controller** N controlador(a) *m/f* aéreo/a; *see also* **air D**

**airwaves** ['ɛəweɪvz] NPL (*Rad, TV*) (= *radio waves*) ondas *fpl* hertzianas; (= *programmes*) programación *f*; **over the ~** a través de las ondas, por los medios de comunicación audiovisuales

**airway** ['ɛəweɪ] N 1 (*Aer*) (= *company*) línea *f* aérea, aerolínea *f*; (= *route*) ruta *f* aérea
2 (*Anat*) vía *f* respiratoria
3 (= *ventilator shaft*) conducto *m* de ventilación

**airwoman** ['ɛə,wʊmən] N (*pl* **airwomen**) aviadora *f*

**airworthiness** ['ɛə,wɜːðɪnɪs] N buenas condiciones *fpl* para el vuelo

**airworthy** ['ɛəwɜːðɪ] ADJ en condiciones de volar, en condiciones de vuelo

**airy** ['ɛərɪ] ADJ (*compar* **airier**; *superl* **airiest**) 1 [*room, building*] (= *spacious*) espacioso, amplio; (= *well ventilated*) bien ventilado
2 [*fabric, clothing*] (= *lightweight*) ligero; (= *unsubstantial*) etéreo
3 (= *careless, light*) [*remark*] hecho a la ligera; [*gesture, wave*] despreocupado
4 (= *empty*) [*idea, generalization*] ligero; **he's always full of ~ promises** siempre hace promesas a la ligera

**airy-fairy*** [,ɛərɪ'fɛərɪ] ADJ (*Brit*) [*ideas, principles*] superficial, vacío; [*plan, promises*] vano, fantasioso; [*person*] insustancial

**aisle** [aɪl] N (*Rel*) nave *f* (lateral); (*in theatre, plane, train, coach, supermarket*) pasillo *m*; **~ seat** asiento *m* de pasillo; ✦*IDIOMS* **to walk up** *or* **down the ~ with sb†** llevar al altar a algn; **it had them rolling in the ~s** los tuvo muertos de (la) risa

**AISP** N ABBR (= **Agricultural Income Subsidies Programme**) PARA *m*

**aitch** [eɪtʃ] N *nombre de la h inglesa*; **to drop one's ~es** no pronunciar las haches (*indicio clasista o de habla dialectal*)

**Aix-la-Chapelle** ['eɪkslæʃə'pel] N Aquisgrán *m*

**Ajaccio** [ə'ʒætʃɪəʊ] N Ajaccio *m*

**ajar** [ə'dʒɑːʳ] ADV entreabierto; **to leave the door ~** dejar entreabierta la puerta, no cerrar completamente la puerta, entrecerrar la puerta (*Mex*)

**Ajax** ['eɪdʒæks] N Áyax

**AK** ABBR (*US Post*) = **Alaska**

**AKA, aka** ABBR (= **also known as**) alias

**akimbo** [ə'kɪmbəʊ] ADV **with arms ~** en jarras

**akin** [ə'kɪn] ADJ 1 parecido (**to** a), semejante (**to** a)
2 (*frm*) (= *related by blood*) consanguíneo; **they are not ~** no tienen parentesco consanguíneo

**AL** ABBR (*US*) = **Alabama**

**ALA** N ABBR (*US*) = **American Library Association**

**Ala.** ABBR (*US*) = **Alabama**

**alabaster** ['æləbɑːstəʳ] Ⓐ N alabastro *m*
Ⓑ ADJ alabastrino

**alabastrine** [,ælə'bæstraɪn] ADJ alabastrino

**à la carte** [ælæ'kɑːt] ADV a la carta

**alacrity** [ə'lækrɪtɪ] N prontitud *f*, presteza *f*; **with ~** con prontitud *or* presteza

**Aladdin** [ə'lædɪn] Ⓐ N Aladino
Ⓑ CPD ► **Aladdin's cave** N (*fig*) cueva *f* de ricos tesoros ► **Aladdin's lamp** N lámpara *f* de Aladino

**Alans** ['ælənz] NPL alanos *mpl*

**Alaric** ['ælərɪk] N Alarico

**alarm** [ə'lɑːm] Ⓐ N 1 (= *warning, bell*) alarma *f*; (= *signal*) señal *f* de alarma; **to raise** *or* **sound the ~** dar la alarma; *see also* **false B**, **fire D**
2 (= *fear*) alarma *f*, sobresalto *m*; **there was general ~** cundió la alarma general; **there was some ~ at this** esto produjo cierta inquietud; **to cry out in ~** gritar alarmado; **to cause ~** causar alarma; **~ and despondency** inquietud y desconcierto
3 (*also* **~ clock**) despertador *m*
Ⓑ VT alarmar; **to be ~ed at** asustarse de; **don't be ~ed** no te asustes, no te inquietes
Ⓒ CPD ► **alarm bell** N timbre *m* de alarma; **the court's decision has set ~ bells ringing in government** la decisión del tribunal ha hecho cundir la alarma entre el gobierno ► **alarm call** N (= *wake-up call*) llamada *f* de aviso (para despertar); **I'd like an ~ call for six a.m., please** llámenme *or* despiértenme a las seis, por favor ► **alarm clock** N despertador *m* ► **alarm signal** N señal *f* de alarma ► **alarm system** N sistema *m* de alarma

**alarmed** [ə'lɑːmd] ADJ [*voice*] sobresaltado, asustado; *see also* **alarm B**

**alarming** [ə'lɑːmɪŋ] ADJ alarmante

**alarmingly** [ə'lɑːmɪŋlɪ] ADV de modo alarmante; **~ high numbers** cifras *fpl* alarmantes

**alarmist** [ə'lɑːmɪst] Ⓐ ADJ alarmista
Ⓑ N alarmista *mf*

**alarum** [ə'lærəm] N (*†† or hum*) = **alarm A1**

**alas** [ə'læs] EXCL (*† or liter*) ¡ay (de mí)!; **~, it is not so** desafortunadamente, no es así; **I must tell you, ~, that …** tengo que decirte, y lo siento, que …; **I have no money, ~** no tengo dinero, y esto es triste; **~ for Poland!** ¡ay de Polonia!

**Alas.** ABBR (*US*) = **Alaska**

**Alaska** [ə'læskə] Ⓐ N Alaska *f*
Ⓑ CPD ► **Alaska Highway** N carretera *f* de Alaska ► **Alaska Range** N Cordillera *f* de Alaska

**Alaskan** [ə'læskən] Ⓐ ADJ de Alaska
Ⓑ N nativo/a *m/f* de Alaska, habitante *mf* de Alaska

**alb** [ælb] N (*Rel*) alba *f*

**Albania** [æl'beɪnɪə] N Albania *f*

**Albanian** [æl'beɪnɪən] Ⓐ ADJ albanés
Ⓑ N 1 (= *person*) albanés/esa *m/f*
2 (*Ling*) albanés *m*

**albatross** ['ælbətrɒs] N 1 (*Orn*) albatros *m inv*
2 (*fig*) (= *burden*) rémora *f*; ✦*IDIOM* **to be an ~ around sb's neck** suponer una rémora para algn
3 (*Golf*) albatros *m inv*, menos tres *m*

**albeit** [ɔːl'biːɪt] CONJ aunque

**Albert** ['ælbət] N Alberto

**Albigenses** [,ælbɪ'dʒensiːz] NPL albigenses *mpl*

**Albigensian** [,ælbɪ'dʒensɪən] ADJ albigense

**albinism** ['ælbɪnɪzəm] N albinismo *m*

**albino** [æl'biːnəʊ] Ⓐ ADJ albino
Ⓑ N albino/a *m/f*

**Albion** ['ælbɪən] N Albión *f*

**album** ['ælbəm] Ⓐ N (= *book, record, CD*) álbum *m*; **autograph/photograph ~** álbum *m* de autógrafos/fotografías
Ⓑ CPD ► **album cover** N portada *f* de disco

**albumen, albumin** ['ælbjʊmɪn] N (= *egg white*) clara *f* de huevo; (*Bot*) albumen *m*; (*Chem*) albúmina *f*

**albuminous** [æl'bjuːmɪnəs] ADJ albuminoso

**alchemical** [æl'kemɪkəl] ADJ alquímico, de alquimia

**alchemist** ['ælkɪmɪst] N alquimista *mf*

**alchemy** ['ælkɪmɪ] N (= *ancient chemistry*) alquimia *f*; (*fig*) (= *mysterious power*) poder *m* mágico

**alcohol** ['ælkəhɒl] N (= *drink*) alcohol *m* (*also Chem*); **I never touch ~** no pruebo el alcohol, soy abstemio

**alcohol-free** ['ælkəhɒl,friː] ADJ sin alcohol

**alcoholic** [,ælkə'hɒlɪk] Ⓐ ADJ alcohólico; **~ drinks** bebidas *fpl* alcohólicas
Ⓑ N alcohólico/a *m/f*, alcoholizado/a *m/f*

**alcoholism** ['ælkəhɒlɪzəm] N alcoholismo *m*; **to die of ~** morir alcoholizado

**alcopop** ['ælkəʊpɒp] N (*Brit*) *combinado de refresco y alcohol que se vende ya embotellado*

**alcove** ['ælkəʊv] N nicho *m*, hueco *m*

**Ald.** ABBR = **alderman**

**alder** ['ɔːldəʳ] N aliso *m*

**alderman** ['ɔːldəmən] N (*pl* **aldermen**) concejal(a) *m/f* (*de categoría superior*)

**aldosterone** [æl'dɒstə,rəʊn] N aldosterona *f*

**aldrin** ['ɔːldrɪn] N aldrina *f*

**ale** [eɪl] N cerveza *f*; *see also* **brown E**, **light[2] D**, **pale[1] C**

**aleatoric** [,eɪlɪə'tɒrɪk], **aleatory** ['eɪlɪətərɪ] ADJ aleatorio

**Alec** ['ælɪk] N (*familiar form*) *of* **Alexander**

**alehouse†** ['eɪl,haʊs] N taberna *f*

**alert** [ə'lɜːt] Ⓐ ADJ 1 (= *mentally acute*) [*person*] espabilado, despierto; [*expression*] vivo; **they were ~** eran espabilados, tenían la mente despierta; **he's a very ~ baby** es un bebé muy despierto
2 (= *vigilant*) alerta *inv*, atento; **we must stay ~** hay que estar atentos
3 (= *aware*) **to be ~ to sth** ser consciente *or* al tanto de algo
Ⓑ N alerta *f*; **to be on the ~** estar alerta; **to put** *or* **place troops on (the) ~** poner a las tropas sobre aviso *or* en situación de alerta; *see also* **red C**
Ⓒ VT alertar, poner sobre aviso; **to ~ sb to sth** alertar a algn de algo, poner a algn sobre aviso de algo; **we are now ~ed to the dangers** ahora estamos sobre aviso en cuanto a los peligros

**alertness** [ə'lɜːtnɪs] N (= *mental acuteness*) lo espabilado, lo despierto; (= *vigilance*) vigilancia *f*

**Aleutian** [ə'luːʃən] ADJ **the ~ Islands** ◊ **the ~s** las Islas Aleutianas

**A-level** ['eɪ,levl] N ABBR (*Brit Scol*) *see* **A**

**Alex** ['ælɪks] N (*familiar form*) *of* **Alexander**

**Alexander** [ˌælɪgˈzɑːndəʳ] N Alejandro; **~ the Great** Alejandro Magno

**Alexandria** [ˌælɪgˈzɑːndrɪə] N Alejandría *f*

**alexandrine** [ˌælɪgˈzændraɪn] N alejandrino *m*

**ALF** N ABBR (*Brit*) (= **Animal Liberation Front**) *movimiento reivindicativo de los derechos de los animales*

**Alf** [ælf] N (*familiar form*) *of* **Alfred**

**alfalfa** [ælˈfælfə] N alfalfa *f*

**Alfred** [ˈælfrɪd] N Alfredo

**alfresco** [ælˈfreskəʊ] Ⓐ ADJ al aire libre
Ⓑ ADV al aire libre

**alga** [ˈælgə] N (*pl* **algae** [ˈældʒiː]) alga *f*

**algal** [ˈælgəl] ADJ de algas

**Algarve** [ælˈgɑːv] N **the ~** el Algarve

**algebra** [ˈældʒɪbrə] N álgebra *f*

**algebraic** [ˌældʒɪˈbreɪɪk] ADJ algebraico

**Algeria** [ælˈdʒɪərɪə] N Argelia *f*

**Algerian** [ælˈdʒɪərɪən] Ⓐ ADJ argelino
Ⓑ N argelino/a *m/f*

**algicide** [ˈældʒɪsaɪd] N algicida *m*

**Algiers** [ælˈdʒɪəz] N Argel *m*

**algorithm** [ˈælgəˌrɪðəm] N algoritmo *m*

**algorithmic** [ˌælgəˈrɪðmɪk] ADJ algorítmico

**alias** [ˈeɪlɪəs] Ⓐ N alias *m inv*
Ⓑ ADV **Smith ~ Stevens** Smith alias Stevens

**alibi** [ˈælɪbaɪ] Ⓐ N (*in relation to crime*) coartada *f*; (*) (= *excuse*) excusa *f*, pretexto *m*
Ⓑ VT **to ~ sb** (*US**) proveer de una coartada a algn
Ⓒ VI (*US**) buscar excusas (**for doing sth** por haber hecho algo)

**Alice** [ˈælɪs] Ⓐ N Alicia; **~ in Wonderland** Alicia en el país de las maravillas; **~ through the Looking-Glass** Alicia en el país del espejo
Ⓑ CPD ► **Alice band** N (*Brit*) diadema *f*

**alien** [ˈeɪlɪən] Ⓐ ADJ [1] (= *foreign*) extranjero
[2] (= *unfamiliar*) extraño, ajeno; **~ to** ajeno a
[3] (= *extraterrestrial*) alienígena, extraterrestre; **~ being** alienígena *mf*, extraterrestre *mf*
Ⓑ N [1] (= *foreigner*) extranjero/a *m/f*
[2] (= *extraterrestrial*) alienígena *mf*, extraterrestre *mf*

**alienate** [ˈeɪlɪəneɪt] VT [1] (= *offend*) [+ *person*] ofender; [+ *sb's sympathies*] perder, enajenar (*frm*); **to ~ o.s. from sb** alejarse *or* apartarse de algn
[2] (*Pol, Philos*) alienar, enajenar
[3] (*Jur*) enajenar

**alienated** [ˈeɪlɪəneɪtɪd] ADJ alienado

**alienation** [ˌeɪlɪəˈneɪʃən] N [1] (*Pol, Philos*) alienación *f*, enajenación *f*; **feelings of ~ (from society)** sentimientos *mpl* de alienación *or* enajenación (social)
[2] (= *estrangement*) [*of friend*] alejamiento *m*
[3] (*Jur*) enajenación *f*, traspaso *m*
[4] (*Med*) enajenación *f* mental

**alienist** [ˈeɪljənɪst] N (*US*) alienista *mf*

**alight**[1] [əˈlaɪt] ADJ [1] (*lit*) **to be ~** [*fire*] estar ardiendo; [*lamp*] estar encendido *or* (*LAm*) prendido; **to keep a fire ~** mantener un fuego ardiendo; **to set ~** pegar fuego a, incendiar
[2] (*fig*) **~ with** [+ *happiness, enthusiasm*] resplandeciente de

**alight**[2] [əˈlaɪt] VI [1] (*from vehicle*) bajar, apearse (**from** de)
[2] (*on branch, etc*) [*bird, insect*] posarse (**on** sobre)

►**alight on** VI + PREP [+ *fact, idea*] caer en la cuenta de, darse cuenta de

**align** [əˈlaɪn] VT alinear; **to ~ o.s. with** (*Pol, fig*) ponerse del lado de

> ➤ LANGUAGE IN USE: **alike A** 5.2

**alignment** [əˈlaɪnmənt] N (*lit, fig*) alineación *f*; **to be in ~** estar alineados, estar en línea recta; **to be out of ~ (with)** no estar alineado (con)

▼ **alike** [əˈlaɪk] Ⓐ ADJ **they are very ~** son muy parecidos, se parecen mucho; **you're all ~!** ¡sois todos iguales!, ¡todos son iguales! (*esp LAm*); **to look ~** parecerse; **they all look ~ to me** yo no veo diferencia entre ellos, para mí todos son iguales
Ⓑ ADV [1] (= *in the same way*) del mismo modo, igual; **to think/dress ~** pensar/vestir del mismo modo *or* igual
[2] (= *both, equally*) **men and women ~** tanto los hombres como las mujeres

**alimentary** [ˌælɪˈmentərɪ] Ⓐ ADJ alimenticio
Ⓑ CPD ► **alimentary canal** N tubo *m* digestivo

**alimony** [ˈælɪmənɪ] N (*Jur*) pensión *f* alimenticia

**A-line** [ˈeɪlaɪn] ADJ [*dress*] de línea trapezoide

**alive** [əˈlaɪv] ADJ [1] vivo; **to be ~** estar vivo, vivir; **it's good to be ~!** ¡qué bueno es vivir!; **to be still ~** vivir todavía; [*dying person*] estar todavía con vida; **while ~ he did no harm** en vida no hizo daño a nadie; **she plays as well as any pianist ~** toca tan bien como cualquier pianista del mundo; **he's the best footballer ~** es el mejor futbolista del mundo; **to bring a story ~** dar vida a una historia, animar una historia; **to be buried ~** ser enterrado vivo; **to burn sb ~** quemar a algn vivo; **the scene came ~ as she described it** la escena se animaba *or* vivificaba al describirla ella; **we were being eaten ~ by mosquitoes** los mosquitos nos comían vivos; **to keep sb ~** conservar a algn con vida; **to keep a memory ~** guardar vivo *or* fresco un recuerdo, hacer perdurar una memoria; **to keep a tradition ~** mantener viva una tradición; **man ~!**† ¡hombre!; **no man ~ could do better** no lo podría hacer mejor nadie; **he managed to stay ~ on fruit** logró sobrevivir comiendo frutas; **the prisoner must be taken ~** hay que capturar vivo *or* con vida al prisionero; *see also* **dead A1**
[2] (*fig*) (= *lively*) activo, enérgico; **look ~!**†* (= *hurry*) ¡date prisa!, ¡apúrate! (*LAm*); ✦*IDIOM* **~ and kicking*** vivito y coleando
[3] **~ with** [+ *insects*] lleno de, hormigueante en; **a book ~ with interest** un libro lleno de interés
[4] (*frm*) **~ to** (= *aware of*) consciente de; **I am ~ to the danger** estoy consciente del peligro, me doy cuenta del peligro; **I am fully ~ to the fact that ...** soy consciente de que ..., no ignoro que ...; **I am fully ~ to the honour you do me** soy plenamente consciente del honor que se me hace

**alkali** [ˈælkəlaɪ] N (*pl* **alkalis, alkalies**) álcali *m*

**alkaline** [ˈælkəlaɪn] ADJ alcalino

**alkalinity** [ˌælkəˈlɪnɪtɪ] N alcalinidad *f*

**alkaloid** [ˈælkəlɔɪd] Ⓐ ADJ alcaloideo
Ⓑ N alcaloide *m*

**alkie**‡, **alky**‡ [ˈælkɪ] N ABBR (= **alcoholic**) borrachín/ina *m/f*

**all** [ɔːl]

> [A] ADJECTIVE [D] NOUN
> [B] PRONOUN [E] COMPOUNDS
> [C] ADVERB
>
> *When **all** is part of a set combination, eg **in all seriousness/probability**, look up the noun. Note that **all right** has an entry to itself.*

Ⓐ ADJECTIVE
[1] todo; **~ my life** toda mi vida; **~ my friends** todos mis amigos; **~ men** todos los hombres; **they drank ~ the beer** se bebieron toda la cerveza; **~ the others went home** todos los demás se fueron a casa; **it rained ~ day** llovió todo el día, llovió el día entero; **she hasn't been in ~ day** no ha estado en todo el día; [BUT] **~ three (of them) were found guilty** los tres fueron declarados culpables; **I'll take ~ three (of them)** me llevo los tres; **40% of ~ marriages end in divorce** el 40% de los matrimonios terminan en divorcio; **it would have to rain today, of ~ days!** ¡tenía que llover hoy justamente!; **for ~ their efforts, they didn't manage to score** a pesar de todos sus esfuerzos, no lograron marcar un tanto; **they chose him, of ~ people!** lo eligieron a él, como si no hubiera otros; **~ those who disobey will be punished** todos aquéllos que desobedezcan serán castigados
◆ **all that**: **it's not as bad as ~ that** no es para tanto; **~ that is irrelevant now** todo eso ya no importa
◆ **and all that** y cosas así, y otras cosas por el estilo; **he went on about loyalty and ~ that** habló sin parar sobre la lealtad y cosas así; **sorry and ~ that, but that's the way it is** disculpas y todo lo demás, pero así son las cosas
◆ **of all the ...**: **of ~ the luck!** ¡vaya suerte!; **of ~ the tactless things to say!** ¡qué falta de tacto!; *see also* **best, four B2**
[2] [= **any**] **it has been proved beyond ~ doubt** se ha probado sin que quepa la menor duda; **the town had changed beyond ~ recognition** la ciudad había cambiado hasta hacerse irreconocible

Ⓑ PRONOUN
[1] [*singular*] [1·1] (= *everything*) todo; **it's ~ done** está todo hecho; **we did ~ we could to stop him** hicimos todo lo posible para detenerlo; **it was ~ I could do not to laugh** apenas pude contener la risa; **~ is not lost** (*liter or hum*) aún quedan esperanzas; **~ of it** todo; **I didn't read ~ of it** no lo leí todo *or* entero; **not ~ of it was true** no todo era cierto; **you can't see ~ of Madrid in a day** no puedes ver todo Madrid *or* Madrid entero en un día; **I do ~ of the work** yo hago todo el trabajo; **I do ~ of the cooking** siempre cocino yo; **it took him ~ of three hours** (= *at least*) le llevó tres horas enteras; (*iro*) (= *only*) le llevó ni más ni menos que tres horas; **she must be ~ of 16** (*iro*) debe de tener al menos 16 años; **is that ~?** ◊ **will that be ~?** ¿es eso todo?, ¿nada más?; **six o'clock? is that ~?** ¿las seis? ¿nada más?; **that's ~** eso es todo, nada más; **~ is well** todo está bien; ✦*IDIOM* **when ~ is said and done** a fin de cuentas; ✦*PROV* **~'s well that ends well** bien está lo que bien acaba; *see also* **best, once A1, tell**
[1·2] (= *the only thing*) **~ I can tell you is ...** todo lo que puedo decirte es ..., lo único que puedo decirte es ...; **~ I want is to sleep** lo único que quiero es dormir; **that was ~ that we managed to salvage from the fire** eso fue todo lo que conseguimos rescatar del incendio; **~ that matters is that you're safe** lo único que importa es que estás a salvo; **~ that he did was laugh** lo único que hizo fue reírse
[2] [*plural*] todos *mpl*, todas *fpl*; **they ~ came with their husbands** todas vinieron con sus maridos; **this concerns ~ of you** esto os afecta a todos (vosotros); **his was the worst performance of ~** la suya fue la peor actuación de todas; **they ~ say that** todos dicen lo mismo; **~ who knew him loved him** todos los que le conocieron le querían
[3] [*in scores*] **the score is two ~** van empatados a dos, el marcador es de empate a dos; **to draw two ~** empatar a dos; **it's 30 ~** (*Ten-*

*nís*) treinta iguales

4 *in set structures*

◆ **above all** sobre todo

◆ **after all** después de todo

◆ **all but**: ~ **but seven/twenty** todos menos siete/veinte

◆ **all for nothing**: **I rushed to get there, ~ for nothing** fui a toda prisa, todo para nada, fui a toda prisa, y total para nada

◆ **all in all** en general; ~ **in ~, things turned out quite well** en general, las cosas salieron bastante bien; **we thought, ~ in ~, it wasn't a bad idea** pensamos que, mirándolo bien, no era una mala idea

◆ **and all**: **what with the rain and ~** con la lluvia y todo lo demás; **the dog ate the sausage, mustard and ~** el perro se comió la salchicha, mostaza incluida

◆ **for all I care**: **you can go right now for ~ I care** por mí como si te vas ahora mismo

◆ **for all I know**: **for ~ I know he could be dead** puede que hasta esté muerto, no lo sé; **for ~ I know, he could be right** igual hasta tiene razón, no lo sé

◆ **if (...) at all**: **I'll go tomorrow if I go at ~** si es que voy, iré mañana; **it rarely rains here, if at ~** aquí rara vez llueve, si es que llueve; **I'd like to see him today, if (it's) at ~ possible** me gustaría verlo hoy, si es del todo posible; **they won't attempt it, if they have any sense at ~** si tienen el más mínimo sentido común, no lo intentarán

◆ **in all**: **50 men in ~** 50 hombres en total

◆ **it all**: **he ate it ~** se lo comió todo; **it ~ happened so quickly** sucedió todo tan rápido; **she seemed to have it ~: a good job, a happy marriage** parecía tenerlo todo: un buen trabajo, un matrimonio feliz

◆ **it's all or nothing** es todo o nada

◆ **most of all** sobre todo, más que nada

◆ **no ... at all**: **I have no regrets at ~** no me arrepiento en absoluto; **it makes no difference at ~** da exactamente igual

◆ **not ... at all**: **I don't feel at ~ well** no me siento nada bien; **she wasn't at ~ apologetic** no se disculpó para nada; **I'm not at ~ tired** no estoy cansado en lo más mínimo *or* en absoluto; **it was not at ~ nice** no fue nada agradable; **you mean he didn't cry at ~?** ¿quieres decir que no lloró nada?; **did you mention me at ~?** ¿mencionaste mi nombre por casualidad?

◆ **not at all!** (*answer to thanks*) ¡de nada!, ¡no hay de qué!; **"are you disappointed?" — "not at ~!"** —¿estás defraudado? —en absoluto

Ⓒ ADVERB

1 *= entirely* todo

*Make* **todo** *agree with the person or thing described:*

**she went ~ red** se puso toda colorada; **you're ~ wet** estás todo mojado; **it's ~ dirty** está todo sucio; **the children were ~ alone** los niños estaban completamente solos; **there were insects ~ around us** había insectos por todas partes; **I did it ~ by myself** lo hice completamente solo; **he was ~ covered in blood** estaba completamente cubierto de sangre; **she was dressed ~ in black** iba vestida completamente de negro; **we shook hands ~ round** nos estrechamos todos las manos

2 *in set structures*

◆ **all along**: ~ **along the street** a lo largo de toda la calle, por toda la calle; **this is what I feared ~ along** esto es lo que estaba temiendo desde el primer momento *or* el principio

◆ **all but** (= *nearly*) casi; **he ~ but died** casi se muere, por poco se muere; **he's ~ but forgotten now** ya casi no se le recuerda

◆ **all for sth**: **to be ~ for sth** estar completamente a favor de algo; **I'm ~ for it** estoy completamente a favor; **I'm ~ for giving children their independence** estoy completamente a favor de *or* apoyo completamente la idea de dar independencia a los niños

◆ **all in** (= *all inclusive*) (*Brit*) todo incluido; (*) (= *exhausted*) hecho polvo*; **the trip cost £200 ~ in** el viaje costó 200 libras, todo incluido; **after a day's skiing I was ~ in** después de un día esquiando, estaba hecho polvo* *or* rendido; **you look ~ in** se te ve rendido, ¡vaya cara de estar hecho polvo!*

◆ **all out**: **to go ~ out** (= *spare no expense*) tirar la casa por la ventana; (*Sport*) emplearse a fondo; **to go ~ out for the prize** volcarse por conseguir el premio; **we must go ~ out to ensure it** hemos de desplegar todos nuestros medios para asegurarlo

◆ **all over**: ~ **over the world you'll find ...** en *or* por todo el mundo encontrarás ...; **he's travelled ~ over the world** ha viajado por todo el mundo; **you've got mud ~ over your shoes** tienes los zapatos cubiertos de barro; **I spilled coffee ~ over my shirt** se me cayó el café encima y me manché toda la camisa; **they were ~ over him*** le recibieron con el mayor entusiasmo; **I ache ~ over** me duele (por) todo el cuerpo; **I looked ~ over for you** te busqué por *or* en todas partes; **it happens ~ over** ocurre en todas partes; **that's him ~ over*** eso es muy típico de él

◆ **all the more ...**: **considering his age, it's ~ the more remarkable that he succeeded** teniendo en cuenta su edad, es aún más extraordinario que lo haya logrado; **she valued her freedom, ~ the more so because she had fought so hard for it** valoraba mucho su libertad, tanto más cuanto que había luchado tanto por conseguirla

◆ **all too ...**: **it's ~ too true** lamentablemente es cierto; ~ **too soon, the holiday was over** cuando quisimos darnos cuenta las vacaciones habían terminado; **the evening passed ~ too quickly** la tarde pasó demasiado rápido

◆ **all up with**: **it's ~ up with him** está acabado

◆ **all very ...**: **that's ~ very well but ...** todo eso está muy bien, pero ...

◆ **not all there**: **he isn't ~ there*** no tiene todos los tornillos bien*, le falta algún tornillo*

◆ **not all that ...**: **it isn't ~ that far** no está tan lejos; **it shouldn't be ~ that difficult** no debería resultar tan difícil

*see also* **all-out**, **better B**

Ⓓ NOUN

*= utmost* **he had given her his ~** (= *affection*) se había entregado completamente a ella; (= *possessions*) le había dado todo lo que tenía; **I really didn't give it my ~** no di todo lo que podía dar de mí; **I decided to give it my ~** decidí echarle el resto; **he puts his ~ into every game** se da completamente en cada partido, siempre da todo lo que puede de sí en cada partido

Ⓔ COMPOUNDS ► **the all clear** N (= *signal*) el cese de la alarma, el fin de la alarma; (*fig*) el visto bueno, luz verde; **~ clear!** ¡fin de la alerta!; **to be given the ~ clear** (*to do sth*) recibir el visto bueno, recibir luz verde; (*by doctor*) recibir el alta médica *or* definitiva ► **All Fools' Day** N ≈ día *m* de los (Santos) Inocentes ► **All Hallows' (Day)** N día *m* de Todos los Santos ► **All Saints' Day** N día *m* de Todos los Santos ► **All Souls' Day** N día *m* de (los) Difuntos (*Sp*), día *m* de (los) Muertos (*LAm*)

**all-** [ɔːl] PREFIX **~American** típicamente americano, americano cien por cien; **~leather** todo cuero; **with an ~Chinese cast** con un reparto totalmente chino; **there will be an ~Spanish final** en la final figurarán únicamente españoles; **it's an ~woman show** es un espectáculo enteramente femenino

**ALL-AMERICAN**

*El término* **all-American** *se usa para referirse a los deportistas universitarios que son seleccionados por su habilidad en un deporte determinado para formar parte de un equipo nacional, equipo que no compite como tal, ya que es sólo un título honorífico. De estos equipos, el que recibe mayor publicidad es el de fútbol americano.*

*Este término se usa también para hacer referencia a una persona que representa el ideal de la clase media norteamericana, como cuando se dice, por ejemplo:* **he is a fine, upstanding all-American boy**.

**Allah** [ˈælə] N Alá *m*

**all-around** [ˈɔːləˈraʊnd] ADJ (*US*) = **all-round**

**allay** [əˈleɪ] VT [+ *fears*] aquietar, calmar; [+ *doubts*] despejar; [+ *pain*] aliviar

**all-consuming** [ˈɔːlkənˈsjuːmɪŋ] ADJ [*passion, interest*] absorbente

**allegation** [ˌælɪˈgeɪʃən] N alegato *m*

**allege** [əˈledʒ] VT 1 (*with verb/clause*) afirmar (**that** que); **she is ~d to have stolen money from a cash box** se afirma que robó dinero del que había en una caja; **he is ~d to be wealthy** según se dice es rico; **he is ~d to be the leader** según se dice él es el jefe

2 (*with noun*) alegar; **he absented himself alleging illness** se ausentó alegando estar enfermo

**alleged** [əˈledʒd] ADJ [*crime, thief, victim, author*] presunto; [*fact, reason*] supuesto; **~ police brutality** presunta brutalidad policial; **his ~ involvement in the scandal** su presunta *or* supuesta relación con el escándalo

**allegedly** [əˈledʒɪdlɪ] ADV presuntamente, supuestamente; **the crimes he had ~ committed** los crímenes que presuntamente *or* supuestamente había cometido; **his van ~ struck two people** según se afirma *or* supuestamente, su furgoneta atropelló a dos personas; **~ illegal immigrants** inmigrantes presuntamente ilegales; **his ~ beautiful wife** su esposa, que según se dice es muy bella

**allegiance** [əˈliːdʒəns] N lealtad *f*; **to owe ~ to** deber lealtad a; **to pledge** *or* **swear ~ to** jurar lealtad a; **oath of ~** (*Brit*) juramento *m* de lealtad *or* fidelidad

**allegoric** [ˌælɪˈgɒrɪk] ADJ = **allegorical**

**allegorical** [ˌælɪˈgɒrɪkəl] ADJ alegórico

**allegorically** [ˌælɪˈgɒrɪkəlɪ] ADV alegóricamente

**allegorize** [ˈælɪgəraɪz] VT alegorizar

**allegory** [ˈælɪgərɪ] N alegoría *f*

**allegro** [əˈlegrəʊ] N alegro *m*

**alleluia** [ˌælɪˈluːjə] N aleluya *f*

**all-embracing** [ˈɔːlɪmˈbreɪsɪŋ] ADJ [*survey, study, work, knowledge*] exhaustivo, global; [*hospitality*] generalizado, sin distingos

**Allen key** [ˈælənˌkiː], **Allen wrench** (*US*) [ˈælənˌrentʃ] N llave *f* (de) Allen

**allergen** [ˈælədʒən] N alérgeno *m*

**allergenic** [ˌæləˈdʒenɪk] ADJ alergénico

**allergic** [əˈlɜːdʒɪk] ADJ alérgico; **to be ~ to** (*Med, hum*) ser alérgico a

**allergist** [ˈælədʒɪst] N alergista *mf*, alergólogo/a *m/f*

**allergy** ['ælədʒɪ] Ⓐ N alergia *f* (**to** a); **total ~ syndrome** síndrome *m* de alergia total
Ⓑ CPD ► **allergy clinic** N clínica *f* de alergias

**alleviate** [ə'li:vɪeɪt] VT aliviar, mitigar

**alleviation** [ə,li:vɪ'eɪʃən] N alivio *m*, mitigación *f*

**alley** ['ælɪ] Ⓐ N [1] (*between buildings*) callejón *m*, callejuela *f*; (*in garden, park*) paseo *m*; ✦*IDIOM* **this is right up my ~*** esto es lo que me va, esto es lo mío
[2] (*US Tennis*) banda *f* lateral para dobles; *see also* **blind E**, **bowling B**
Ⓑ CPD ► **alley cat** N (*also fig*) gato/a *m/f* callejero/a

**alleyway** ['ælɪweɪ] N = **alley A1**

**all-fired*** ['ɔ:lfaɪəd] (*US*) Ⓐ ADJ excesivo; **in an ~ hurry** con muchísima prisa
Ⓑ ADV a más no poder

**alliance** [ə'laɪəns] N alianza *f*; **to enter into an ~ with** aliarse con

**allied** ['ælaɪd] Ⓐ ADJ [1] (*Mil, Pol*) [1·1] (= *united, in league*) [*troops, countries, parties*] aliado; **~ against sb/sth** aliado en contra de algn/algo; **a group closely ~ to General Pera's faction** un grupo estrechamente ligado a la facción del General Pera; **~ with sth/sb** aliado con algo/algn
[1·2] **Allied** (*Hist*) [*nations, tanks, operation, casualties*] aliado; **the Allied forces** las fuerzas aliadas
[2] (= *associated*) [*subjects, products, industries*] relacionado, afín; **~ to sth** relacionado con algo, afín a algo; **lectures on subjects ~ to health** conferencias sobre temas relacionados con *or* afines a la salud
[3] (= *coupled*) **~ to** *or* **with sth** combinado con algo; **his sense of humour ~ to** *or* **with his clean-cut looks** su sentido del humor combinado con su cuidado aspecto
Ⓑ CPD ► **allied health professional** N (*US*) *profesional de la medicina o la enfermería que trabaja para una mutua*

**alligator** ['ælɪgeɪtəʳ] N caimán *m*

**all-important** ['ɔ:lɪm'pɔ:tənt] ADJ de primera *or* de suma importancia

**all-in** ['ɔ:lɪn] Ⓐ ADJ (*Brit*) [*price*] global, con todo incluido; [*insurance policy*] contra todo riesgo
Ⓑ CPD ► **all-in wrestling** N lucha *f* libre

**all-inclusive** ['ɔ:lɪn'klu:sɪv] ADJ [*price*] con todo incluido; **~ insurance policy** póliza *f* de seguro contra todo riesgo

**alliteration** [ə,lɪtə'reɪʃən] N aliteración *f*

**alliterative** [ə'lɪtərətɪv] ADJ aliterado

**all-metal** ['ɔ:l'metl] ADJ enteramente metálico

**all-night** ['ɔ:l'naɪt] Ⓐ ADJ [*café, garage*] abierto toda la noche; [*vigil, party*] que dura toda la noche
Ⓑ CPD ► **all-night pass** N (*Mil*) permiso *m* de pernocta ► **all-night service** N servicio *m* nocturno ► **all-night showing** N (*Cine*) sesión *f* continua nocturna

**all-nighter*** ['ɔ:l'naɪtəʳ] N *espectáculo o fiesta etc que dura hasta la madrugada*

**allocate** ['æləʊkeɪt] VT [1] (= *allot*) asignar (**to** a); **to ~ funds for a purpose** asignar *or* destinar fondos para un propósito
[2] (= *distribute*) repartir (**among** entre)

**allocation** [,æləʊ'keɪʃən] N [1] (= *allotting*) (*also Comput*) asignación *f*
[2] (= *distribution*) reparto *m*
[3] (= *share, amount*) ración *f*, cuota *f*

**allomorph** ['æləʊmɔ:f] N alomorfo *m*

**allopathic** [,æləʊ'pæθɪk] ADJ alopático

**allopathy** [æ'lɒpəθɪ] N alopatía *f*

**allophone** ['æləʊfəʊn] N alófono *m*

**allot** [ə'lɒt] VT [1] (= *assign*) [+ *task, share, time*] asignar (**to** a); **the space ~ted to each contributor** el espacio asignado a cada colaborador; **we finished in the time ~ted** terminamos en el tiempo previsto; **he was ~ted the role of villain** le dieron el papel de malo
[2] (= *distribute*) repartir, distribuir

**allotment** [ə'lɒtmənt] N [1] (= *distribution*) reparto *m*, distribución *f*
[2] (= *quota*) asignación *f*, cuota *f*
[3] (*Brit*) (= *land*) parcela *f*

**all-out** ['ɔ:l'aʊt] Ⓐ ADJ [*effort*] supremo; [*attack*] con máxima fuerza; **~ strike** huelga *f* general; **~ war** (*Mil*) guerra *f* total, conflicto *m* bélico generalizado; (*fig*) guerra *f* total
Ⓑ **all out** ADV *see* **all C2**

**all-over** ['ɔ:l'əʊvəʳ] ADJ [*pattern*] repetido sobre toda la superficie; [*suntan*] completo, integral

▼**allow** [ə'laʊ] VT [1] (= *permit*) [1·1] permitir; **smoking is not ~ed** no está permitido fumar; **"no dogs allowed"** "no se admiten perros"; **~ me!** ¡permítame!; **he can't have sweets, he's not ~ed** no puede comer caramelos, no se lo permiten *or* no lo dejan; **to ~ sb to do sth** dejar *or* (*more frm*) permitir a algn hacer algo, dejar *or* (*more frm*) permitir que algn haga algo; **nobody was ~ed to leave** no dejaron *or* permitieron marcharse a nadie, no dejaron *or* permitieron que nadie se marchara; **~ me to introduce you to Dr Amberg** permítame que le presente al Dr Amberg; **we cannot ~ this to happen** no podemos permitir que esto ocurra; **~ the mixture to cool** deje enfriar la mezcla; **he was ~ed home after hospital treatment** le permitieron *or* le dejaron irse a casa tras recibir tratamiento en el hospital; **he is not ~ed visitors** no le permiten visitas
[1·2] **to ~ sb in/out/past** permitir *or* dejar a algn entrar/salir/pasar, permitir *or* dejar a algn que entre/salga/pase; **he's not ~ed out on his own** no le dejan salir *or* que salga solo a la calle, no le permiten salir *or* que salga solo a la calle; **they made holes in the box to ~ air in** hicieron unos agujeros en la caja para que entrara el aire
[2] **to ~ o.s.**: **to ~ o.s. to be persuaded** dejarse convencer; **he won't ~ himself to fail** hará lo imposible por evitar el fracaso; **she ~ed herself a smile** dejó escapar una sonrisa
[3] (= *reckon on*) dejar; **~ 5cms for shrinkage** dejar 5cms por si encoge; **~ (yourself) three hours for the journey** deja *or* calcula tres horas para el viaje; **how much should I ~ for expenses?** ¿cuánto debo prever para los gastos?; **please ~ 28 days for delivery** lo recibirá en su casa en un plazo de 28 días
[4] (= *grant*) [+ *money*] asignar; [+ *time*] dar; **the time ~ed has been extended to 28 days** el plazo establecido ha sido ampliado a 28 días; **the judge ~ed him £1,000 costs** el juez le asignó 1.000 libras en concepto de costes; **to ~ sb a discount** aplicar *or* hacer un descuento a algn; **the extra income will ~ me more freedom** el ingreso extra me dará más libertad
[5] (*Jur*) (= *admit*) [+ *claim, appeal*] admitir, aceptar; (*Sport*) [+ *goal*] conceder; **to ~ that** reconocer que; **I had to ~ that she was discreet** tuve que reconocer que era discreta

►**allow for** VI + PREP tener en cuenta; **after ~ing for his costs** después de haber tenido en cuenta sus gastos; **~ for delays on some roads** tengan en cuenta que puede haber retenciones en algunas carreteras; **we have to ~ for that possibility** debemos tener presente esa posibilidad; **we must ~ for the cost of the wood** tenemos que dejar un margen para el coste de la madera

►**allow of** VI + PREP admitir; **a question that ~s of only one reply** una pregunta que sólo admite una respuesta

**allowable** [ə'laʊəbl] ADJ [1] (= *permissible*) permisible, admisible
[2] [*expense*] deducible; **~ against tax** desgravable

**allowance** [ə'laʊəns] N [1] (= *payment*) (*from state*) prestación *f*; (*from ex-husband, benefactor*) pensión *f*; (*from parents*) dinero mensual/semanal/*etc*; (= *allocated from fund*) asignación *f*; (*esp US*) (= *pocket money*) dinero *m* de bolsillo; **he makes his mother an ~** le concede una pensión a su madre; **he has an ~ of £100 a month** tiene una asignación de 100 libras mensuales; *see also* **family B**
[2] (= *discount*) descuento *m*, rebaja *f*; (*Tax*) desgravación *f*; **tax ~** desgravación *f* fiscal
[3] (= *concession*) concesión *f*; **one must make ~s** hay que hacer concesiones; **to make ~(s) for sb** ser comprensivo con algn, disculpar a algn; **to make ~(s) for the weather** tener en cuenta el tiempo
[4] (*Mech*) tolerancia *f*
[5] (= *volume, weight*) margen *m*

**alloy** ['ælɔɪ] Ⓐ N (= *metal*) aleación *f*; (*fig*) mezcla *f*
Ⓑ ['ælɔɪ] CPD ► **alloy wheels** NPL llantas *fpl* de aleación
Ⓒ [ə'lɔɪ] VT alear, ligar

**all-party** ['ɔ:l'pɑ:tɪ] ADJ [*group, talks*] multipartidista

**all-pervading** [,ɔ:lpə'veɪdɪŋ], **all-pervasive** [,ɔ:lpə'veɪsɪv] ADJ omnipresente

**all-points bulletin** [,ɔ:lpɔɪnts'bʊlɪtɪn] N (*US*) *boletín difundido por la policía para la búsqueda y captura de un sospechoso*

**all-powerful** ['ɔ:l'paʊəfʊl] ADJ omnipotente, todopoderoso

**all-purpose** ['ɔ:l'pɜ:pəs] ADJ [*tool, cleaner*] multiusos *inv*, universal; [*vehicle, flour, wine*] para todo uso

**all right** [,ɔ:l'raɪt] Ⓐ ADJ [1] (= *satisfactory*) **it's ~** (= *it's fine*) todo está bien; (= *passable*) no está mal; (= *don't worry*) no te preocupes; **the film was ~** la película no estuvo mal; **yes, that's ~** sí, de acuerdo *or* vale; **are you ~?** ¿estás bien?; **well, he's ~** (= *not bad*) bueno, es regular; **he's ~ as a goalkeeper** como portero vale; **it's ~ by me** yo, de acuerdo, lo que es por mí, no hay problema; **it's ~ for you!** a ti ¿qué te puede importar?; **it's ~ for some!** (*iro*) ¡los hay con suerte!; **it's ~ for you to smile** tú bien puedes sonreír; **is it ~ for me to go at four?** ¿me da permiso para *or* puedo marcharme a las cuatro?; **is it ~ for me to take the dog?** ¿se me permite llevar al perro?; **is that ~ with you?** ¿te parece bien?; **it's ~ with me** yo, de acuerdo, lo que es por mí, no hay problema; **is he ~ with the girls?** ¿se comporta bien con las chicas?; ✦*IDIOMS* **it'll be ~ on the night** todo estará listo para el estreno; **she's a bit of ~*** ¡está buenísima!*
[2] (= *safe, well*) bien; **I'm/I feel ~ now** ya estoy bien; **it's ~, you can come out again now** está bien, puedes salir ya; **do you think the car will be ~ there overnight?** ¿tú crees que le pasará algo al coche allí toda la noche?; **she's ~ again now** está mejor, se ha repuesto ya
[3] (= *well-provided*) **we're ~ for the rest of our lives** no tendremos problemas económicos en el resto de la vida; **are you ~ for cigarettes?** ¿tienes suficiente tabaco?; ✦*IDIOM*

➤ LANGUAGE IN USE: **allow** 1 9.3, 9.4, 9.5, 10.4 2 20.4

**I'm ~, Jack** (*Brit**) mientras yo esté bien, a los demás que los zurzan*
[4] (= *available*) **are you ~ for Tuesday?** ¿te viene bien el martes?
Ⓑ ADV [1] (= *satisfactorily, without difficulty*) bien; **everything turned out ~** todo salió bien; **I can see ~, thanks** veo bien, gracias; **he's doing ~ for himself*** no le van nada mal las cosas
[2] (*) (= *without doubt*) **he complained ~!** ¡ya lo creo que se quejó!; **you'll get your money back ~** se te devolverá tu dinero, eso es seguro
Ⓒ EXCL (*in approval*) ¡bueno!, ¡muy bien!; (*in agreement*) ¡de acuerdo!, ¡vale!, ¡okey!; (*introducing a new subject*) bueno; (*in exasperation*) ¡se acabó!; (*esp US*) (*in triumph*) ¡olé!, ¡sí señor!; **~, let's get started** bueno, vamos a empezar; **~, who's in charge here?** muy bien ¿quién manda aquí?; **"we'll talk about it later" — "all ~"** —lo hablamos después —vale

**all-risks** ['ɔːl'rɪsks] CPD ► **all-risks insurance** N seguro *m* contra todo riesgo

**all-round** ['ɔːl'raʊnd] ADJ [*success etc*] completo; [*improvement*] general, en todos los aspectos; [*view*] amplio; [*person*] completo, con capacidad para todo

**all-rounder** ['ɔːl'raʊndəʳ] N persona *f* con capacidad para todo

**allspice** ['ɔːlspaɪs] N pimienta *f* inglesa, pimienta *f* de Jamaica

**all-star** ['ɔːl'stɑː] ADJ [*cast*] todo estelar; **~ performance** ◊ **show with an ~ cast** función *f* de primeras figuras, función *f* estelar

**all-terrain vehicle** [ˌɔːltəˌreɪn'viːɪkl] N vehículo *m* todo terreno

**all-the-year-round** [ˌɔːlðəˌjɪə'raʊnd] ADJ [*sport*] que se practica todo el año; [*resort*] abierto todo el año

**all-time** ['ɔːl'taɪm] ADJ de todos los tiempos; **an ~ record** un récord nunca igualado; **exports have reached an ~ high** las exportaciones han alcanzado cifras nunca conocidas antes; **the pound is at an ~ low** la libra ha caído a su punto más bajo

**allude** [ə'luːd] VI **to ~ to** aludir a, referirse a

**allure** [ə'ljʊəʳ] Ⓐ N atractivo *m*, encanto *m*
Ⓑ VT (*liter*) atraer, cautivar

**alluring** [ə'ljʊərɪŋ] ADJ seductor, atrayente

**alluringly** [ə'ljʊərɪŋlɪ] ADV de manera seductora, de manera atrayente

**allusion** [ə'luːʒən] N alusión *f*, referencia *f*

**allusive** [ə'luːsɪv] ADJ lleno de alusiones, lleno de referencias

**alluvial** [ə'luːvɪəl] ADJ aluvial

**alluvium** [ə'luːvɪəm] N (*pl* **alluviums, alluvia**) aluvión *m*, depósito *m* aluvial

**all-weather** ['ɔːl'weðəʳ] ADJ para todo tiempo

**ally** ['ælaɪ] Ⓐ N aliado/a *m/f*; **the Allies** los Aliados
Ⓑ [ə'laɪ] VT **to ~ o.s. with** aliarse con, hacer alianza con

**all-year-round** [ˌɔːlˌjɪə'raʊnd] ADJ [*sport*] que se practica todo el año; [*resort*] abierto todo el año

**alma mater** ['ælmə'meɪtəʳ] N alma máter *f*

**almanac** ['ɔːlmənæk] N almanaque *m*

**almighty** [ɔːl'maɪtɪ] Ⓐ ADJ [1] (= *omnipotent*) todopoderoso; **Almighty God** ◊ **God Almighty** Dios Todopoderoso; **the ~ dollar** el todopoderoso dólar
[2] (*) (= *tremendous*) tremendo, de mil demonios*; **an ~ din** un ruido tremendo *or* de mil demonios; **I foresee ~ problems** preveo unos enormes problemas; **he's an ~ fool if he believes that!** ¡vaya tonto si cree eso!
Ⓑ N **the Almighty** el Todopoderoso
Ⓒ ADV (*) terriblemente, la mar de*; **an ~ loud bang** un estallido terriblemente fuerte

**almond** ['ɑːmənd] Ⓐ N (= *nut*) almendra *f*; (= *tree*) almendro *m*
Ⓑ ADJ **an ~ taste** un sabor a almendra
Ⓒ CPD [*essence, extract*] de almendra(s)
► **almond oil** N aceite *m* de almendra
► **almond paste** N pasta *f* de almendras
► **almond tree** N almendro *m*

**almond-eyed** ['ɑːmənd'aɪd] ADJ de ojos almendrados

**almond-shaped** ['ɑːmənd,ʃeɪpt] ADJ almendrado

**almoner†** ['ɑːmənəʳ] N [1] (*Hist*) limosnero *m*
[2] (*Brit Med*) oficial *mf* de asistencia social (adscrito a un hospital)

**almost** ['ɔːlməʊst] ADV casi; **it's ~ finished/ready** casi está terminado/listo; **it's ~ midnight** ya es casi medianoche; **he ~ certainly will win** casi seguro que gana; **he ~ fell** casi se cae, por poco no se cae; **I had ~ forgotten about it** casi lo olvido, por poco no lo olvido; **we're ~ there** estamos a punto de llegar, ya nos falta poco para llegar; **"have you finished?" — "almost"** —¿has acabado? —casi

**alms** [ɑːmz] NPL limosna *fsing*

**almsbox** ['ɑːmzbɒks] N cepillo *m* para los pobres

**almshouse** ['ɑːmzhaʊs] N (*pl* **almshouses**) hospicio *m*, casa *f* de beneficencia

**aloe** ['æləʊ] Ⓐ N aloe *m*, agave *f*
Ⓑ CPD ► **aloe vera** N aloe *m* vera

**aloft** [ə'lɒft] ADV (*liter*) (= *above*) arriba; (= *upward*) hacia arriba; (*Naut*) en *or* a la arboladura

**alone** [ə'ləʊn] Ⓐ ADJ [1] (= *by oneself*) solo; **she lives ~** vive sola; **to be ~** estar solo *or* a solas; **I was left to bring up my two children ~** me quedé solo teniendo que criar a mis dos hijos; **all ~** (completamente) solo; **I feel so ~** me siento tan solo; **am I ~ in thinking so?** ¿soy yo el único que lo cree?; **they are not ~ in their belief** no son los únicos que lo creen, no son ellos solos los que lo creen; **to leave sb ~** dejar solo a algn; **I only left him ~ for a moment** no lo dejé solo más que un momento; **don't leave them ~ together** no los dejes solos a los dos; **I won't leave you ~ with him** no te dejaré solo con él; **we spent some time ~ together** pasamos algún tiempo juntos los dos solos; **I was ~ with my thoughts** estaba a solas con mis pensamientos
[2] (= *undisturbed*) [2·1] **to leave** *or* **let sb ~** dejar a algn en paz; **leave** *or* **let me ~!** ¡déjame en paz!, ¡déjame estar! (*LAm*)
[2·2] **to leave** *or* **let sth ~** no tocar algo; **leave** *or* **let it ~!** ¡déjalo!, ¡no lo toques!; **why can't he leave** *or* **let things ~?** (*fig*) ¿por qué no puede dejar las cosas como están?; **to leave** *or* **let well ~**: **you'd better leave** *or* **let well ~** mejor no te metas en ese asunto; **don't interfere, just leave** *or* **let well ~** no te entrometas, déjalo estar; **the article doesn't look bad as it is, I would leave** *or* **let well ~** el artículo no está mal tal y como está, yo no lo tocaría
[3] (*as conj*) **let ~**: **I wouldn't allow her to go with her sister, let ~ by herself** no la dejaría ir con su hermana, y aún menos sola; **he can't read, let ~ write** no sabe leer y aún menos escribir; **he can't change a light bulb, let ~ rewire the house!** no puede ni cambiar una bombilla, ¿cómo va a renovar toda la instalación eléctrica de la casa?
Ⓑ ADV solamente, sólo; **you and you ~ can make that decision** tú y solamente *or* sólo tú puedes tomar esa decisión, eres el único que puede tomar esa decisión; **the travel ~ cost £600** solamente *or* sólo el viaje costó 600 libras; **she spends more money on hats ~ than I do on my entire wardrobe** sólo en sombreros se gasta más de lo que yo gasto en ropa, se gasta más en sombreros nomás que lo que yo gasto en toda mi ropa (*LAm*); **a charm which is hers ~** un encanto que es muy suyo; **to go it alone***: **I decided to go it ~** (= *do it unaided*) decidí hacerlo solo, decidí hacerlo por mi cuenta; (= *start a company*) decidí establecerme por mi cuenta; **the US is prepared to go it ~ as the only nation not to sign the treaty** EEUU está dispuesto a quedarse solo siendo el único país que no firme el tratado; ♦**PROV man cannot live by bread ~** no sólo de pan vive el hombre

**along** [ə'lɒŋ]

> *When* **along** *is an element in a phrasal verb, eg* **get along, play along, string along**, *look up the verb.*

Ⓐ ADV [1] (= *forward*) **move ~ there!** ¡circulen, por favor!; **she walked ~** siguió andando
[2] (= *with you, us etc*) **bring him ~ if you like** tráelo, si quieres; **are you coming ~?** ¿tú vienes también?
[3] (= *here, there*) **I'll be ~ in a moment** ahora voy; **she'll be ~ tomorrow** vendrá mañana
[4] (*in set expressions*) **all ~** desde el principio; **he was lying to me all ~** me había mentido desde el principio; **~ with** junto con; **he came, ~ with his friend** él vino, junto con su amigo
Ⓑ PREP por, a lo largo de; **to walk ~ the street** andar por la calle; **the trees ~ the path** los árboles a lo largo del camino; **all ~ the street** todo lo largo de la calle; **the shop is ~ here** la tienda está por aquí; **we acted ~ the lines suggested** hemos obrado de acuerdo con las indicaciones que nos hicieron; **somewhere ~ the way it fell off** en alguna parte del camino se cayó; **somewhere ~ the way** *or* **the line someone made a mistake** (*fig*) en un momento determinado alguien cometió un error

**alongside** [ə'lɒŋ'saɪd] Ⓐ PREP [1] (= *next to*) al lado de; **there's a stream ~ the garden** hay un arroyo al lado del jardín; **the car stopped ~ me** el coche se paró a mi lado; **they have to work ~ each other** tienen que trabajar juntos; **how can these systems work ~ each other?** ¿cómo estos sistemas pueden funcionar en colaboración?
[2] (*Naut*) al costado de; **to come ~ a ship** atracarse al costado de un buque
Ⓑ ADV (*Naut*) de costado; **to bring a ship ~** acostar un buque; **to come ~** atracar

**aloof** [ə'luːf] ADJ [1] (= *standoffish*) [*person, manner*] distante; **he was very ~ with me** conmigo se mostró muy distante; **she has always been somewhat ~** ella siempre ha guardado las distancias
[2] (= *uninvolved*) **to hold o.s.** *or* **remain** *or* **stand ~ from sb** guardar *or* mantener las distancias con algn, mantenerse apartado de algn; **to hold o.s.** *or* **remain** *or* **stand ~ from sth** mantenerse al margen de algo

**aloofness** [ə'luːfnɪs] N actitud *f* distante

**alopecia** [ˌæləʊ'piːʃə] N alopecia *f*

**aloud** [ə'laʊd] ADV en voz alta; **to think ~** pensar en voz alta

**alpaca** [æl'pækə] N alpaca *f*

**alpenhorn** ['ælpənhɔ:n] N trompa *f* de los Alpes

**alpenstock** ['ælpɪnstɒk] N alpenstock *m*, bastón *m* montañero

**alpha** ['ælfə] Ⓐ N (= *letter*) alfa *f*; (*Brit Scol, Univ*) sobresaliente *m*
Ⓑ CPD ► **alpha particle** N (*Phys*) partícula *f* alfa ► **alpha rhythm, alpha wave** N (*Physiol*) ritmo *m* alfa

**alphabet** ['ælfəbet] N alfabeto *m*

**alphabetic** [,ælfə'betɪk] ADJ = **alphabetical**

**alphabetical** [,ælfə'betɪkəl] ADJ alfabético; **in ~ order** en *or* por orden alfabético

**alphabetically** [,ælfə'betɪkəlɪ] ADV alfabéticamente, en *or* por orden alfabético

**alphabetize** ['ælfəbətaɪz] VT alfabetizar, poner en orden alfabético

**alphanumeric** [,ælfənju:'merɪk] Ⓐ ADJ alfanumérico
Ⓑ CPD ► **alphanumeric character** N carácter *m* alfanumérico ► **alphanumeric field** N campo *m* alfanumérico

**Alphonso** [æl'fɒnsəʊ] N Alfonso

**alpine** ['ælpaɪn] Ⓐ ADJ alpino
Ⓑ N planta *f* alpestre

**alpinist** ['ælpɪnɪst] N alpinista *mf*

**Alps** [ælps] NPL **the ~** los Alpes

**already** [ɔ:l'redɪ] ADV ya; **Liz had ~ gone** Liz ya se había ido; **is it finished ~?** ¿ya está terminado?; **that's enough ~!** (*US**) ¡basta!, ¡ya está bien!

**alright** [,ɔ:l'raɪt] = **all right**

**Alsace** ['ælsæs] N Alsacia *f*

**Alsace-Lorraine** ['ælsæslə'reɪn] N Alsacia-Lorena *f*

**Alsatian** [æl'seɪʃən] Ⓐ ADJ alsaciano
Ⓑ N 1 (= *person*) alsaciano/a *m/f*
2 (*Brit*) (*also* **~ dog**) (perro *m*) pastor *m* alemán, perro *m* lobo

▼**also** ['ɔ:lsəʊ] ADV 1 (*gen*) también; **her cousin ~ came** su primo también vino
2 (*as linker*) además; **~, I must explain that ...** además debo aclarar que ...

**also-ran** ['ɔ:lsəʊræn] N 1 (*Sport*) caballo *m* perdedor
2 (*) (= *person*) nulidad *f*

**alt.** ABBR (= **altitude**) alt.

**Alta** ABBR (*Canada*) = **Alberta**

**Altamira** [,æltə'mi:rə] N **the ~ caves** las cuevas de Altamira

**altar** ['ɒltəʳ] Ⓐ N altar *m*; **high ~** altar *m* mayor; ✦***IDIOMS*** **he sacrificed all on the ~ of his ambition** lo sacrificó todo en aras de su ambición; **to lead a girl to the ~** conducir a una chica al altar
Ⓑ CPD ► **altar boy** N acólito *m*, monaguillo *m* ► **altar cloth** N sabanilla *f*, paño *m* de altar ► **altar rail** N comulgatorio *m*

**altarpiece** ['ɒltəpi:s] N retablo *m*

**alter** ['ɒltəʳ] Ⓐ VT 1 (= *change*) [+ *text*] modificar, cambiar; (*esp for the worse*) alterar; [+ *painting, speech*] retocar; [+ *opinion, course*] cambiar de; (*Archit*) reformar; (*Sew*) arreglar; **then that ~s things** entonces la cosa cambia; **it has ~ed things for the better** ha cambiado las cosas para mejor, ha mejorado las cosas; **circumstances ~ cases** el caso depende de las circunstancias; **I see no need to ~ my view** no veo ninguna necesidad de cambiar mi opinión
2 (= *falsify*) [+ *evidence*] falsificar; [+ *document*] alterar
3 (*US*) (= *castrate*) castrar
Ⓑ VI [*person, place*] cambiar; **I find him much ~ed** le veo muy cambiado; **to ~ for the better** mejorar, cambiar para mejor; **to ~ for the worse** empeorar, cambiar para peor

**alteration** [,ɒltə'reɪʃən] N 1 (= *change*) (*to text*) modificación *f*, cambio *m*; (*esp for the worse*) alteración *f* (**in, to** de); (*to painting, speech etc*) retoque *m*; (*Sew*) arreglo *m*; **to make ~s to** [+ *building, text*] hacer modificaciones en; [+ *dress*] hacer arreglos a
2 **alterations** (*Archit*) reformas *fpl*

**altercation** [,ɒltə'keɪʃən] N altercado *m*

**alter ego** ['æltər'i:gəʊ] N álter ego *m*

**alternate** Ⓐ [ɒl'tɜ:nɪt] ADJ 1 (= *alternating*) alterno; **~ layers of cheese and potatoes** capas alternas de queso y patatas; **we had a week of ~ rain and sunshine** tuvimos una semana en la que se alternaron el sol y las lluvias; **let's read ~ lines** vamos a leer cada uno un renglón
2 (= *every second*) **on ~ days** cada dos días, un día sí y otro no; **he lives ~ months in Brussels and London** vive un mes en Bruselas y uno en Londres; **to write on ~ lines** escribir en renglones alternos
3 (*Bot, Math*) alterno
4 (*US*) = **alternative A**
Ⓑ [ɒl'tɜ:nɪt] N (*US Sport*) (*at conference*) suplente *mf*
Ⓒ ['ɒltɜ:neɪt] VI alternar; **an annual cycle of drought alternating with floods** un ciclo anual de sequías alternando con inundaciones; **the temperatures ~ between very hot and extremely cold** las temperaturas oscilan entre un calor y un frío intensos; **he ~s between euphoria and depression** pasa de la euforia a la depresión y vice versa; **they ~ between avoiding us and ignoring us** unas veces nos evitan y otras nos ignoran
Ⓓ ['ɒltɜ:neɪt] VT alternar

**alternately** [ɒl'tɜ:nɪtlɪ] ADV **the meetings took place ~ in France and Germany** las reuniones se celebraron una vez en Francia y la siguiente en Alemania; **he could ~ bully and charm people** un momento podía intimidar a la gente y al siguiente embelesarles; **I lived ~ with my mother and my grandmother** vivía unas veces con mi madre y otras con mi abuela; **she became ~ angry and calm** su ánimo iba de la ira a la calma y vice versa; **we have Mondays off ~** nos turnamos para librar el lunes

**alternating** ['ɒltɜ:neɪtɪŋ] Ⓐ ADJ alterno
Ⓑ CPD ► **alternating current** N (*Elec*) corriente *f* alterna

**alternation** [,ɒltɜ:'neɪʃən] N alternación *f*; **in ~** alternativamente

▼**alternative** [ɒl'tɜ:nətɪv] Ⓐ ADJ 1 [*plan, route*] alternativo, otro; **the only ~ system** el único sistema alternativo; **do you have an ~ candidate?** ¿tienes otro candidato?
2 (= *non-traditional*) alternativo; **the ~ society** la sociedad alternativa
Ⓑ N alternativa *f*; **there are several ~s** hay varias alternativas *or* posibilidades; **what ~s are there?** ¿qué alternativas *or* opciones hay?; **I have no ~** no tengo más remedio, no me queda otra alternativa *or* opción; **there is no ~** no hay otro remedio, no queda otra (*LAm*); **you have no ~ but to go** no tienes más alternativa *or* opción *or* remedio que ir; **fruit is a healthy ~ to chocolate** la fruta es una opción más sana que el chocolate
Ⓒ CPD ► **alternative comedian** N humorista *mf* alternativo/a ► **alternative comedy** N humorismo *m* alternativo ► **alternative energy** N energías *fpl* alternativas ► **alternative medicine** N medicina *f* alternativa ► **alternative school** N (*US*) *colegio para niños que requieren una atención diferenciada*

**alternatively** [ɒl'tɜ:nətɪvlɪ] ADV **~, you can use household bleach** si no, puede usar lejía doméstica; **we could go on to the next village, or, ~, we could camp here** podemos ir hasta el siguiente pueblo, o podemos acampar aquí

**alternator** ['ɒltɜ:neɪtəʳ] N (*Aut, Elec*) alternador *m*

▼**although** [ɔ:l'ðəʊ] CONJ aunque; **~ it's raining, there are 20 people here already** aunque está lloviendo, ya hay aquí 20 personas; **~ poor, they were honest** aunque eran pobres, eran honrados

**altimeter** ['æltɪmi:təʳ] N altímetro *m*

**altitude** ['æltɪtju:d] Ⓐ N altitud *f*, altura *f*; **at these ~s** a estas altitudes
Ⓑ CPD ► **altitude sickness** N mal *m* de altura, soroche *m* (*LAm*)

**alto** ['æltəʊ] Ⓐ N (= *instrument, male singer*) alto *m*; (= *female singer*) contralto *f*
Ⓑ ADJ alto
Ⓒ CPD ► **alto saxophone** N saxofón *m* alto

**altocumulus** [,æltəʊ'kju:mjʊləs] N (*pl* **altocumuli** [,æltəʊ'kju:mjʊlaɪ]) altocúmulo *m*

**altogether** [,ɔ:ltə'geðəʳ] Ⓐ ADV 1 (= *in all*) en total; **~, he played in 40 matches** en total, participó en 40 partidos; **how much is that ~?** ¿cuánto es en total?; **~ it was rather unpleasant** en general fue muy desagradable
2 (= *entirely*) [*stop, disappear*] por completo, del todo; [*different, impossible*] totalmente; [*wonderful*] realmente; **he abandoned his work ~** dejó de trabajar por completo *or* del todo; **she looked ~ lovely** estaba realmente encantadora; **I'm not ~ happy with your work** no estoy del todo satisfecho con tu trabajo; **Asia was another matter ~** lo de Asia era un tema totalmente diferente; **"do you believe him?" — "not ~"** —¿le crees? —no del todo; **it's ~ out of the question** es totalmente imposible; **I'm not ~ sure** no estoy del todo seguro, no estoy totalmente seguro; **it's ~ too complicated** es realmente demasiado complicado
Ⓑ N **in the ~*** (= *naked*) en cueros*

**altoist** ['æltəʊɪst] N (= *saxophone player*) saxo *m* alto, saxofonista *mf* alto

**altostratus** [,æltəʊ'streɪtəs] N (*pl* **altostrati** [,æltəʊ'streɪtaɪ]) altostrato *m*

**altruism** ['æltrʊɪzəm] N altruismo *m*

**altruist** ['æltrʊɪst] N altruista *mf*

**altruistic** [,æltrʊ'ɪstɪk] ADJ altruista

**ALU** N ABBR (= **Arithmetical Logic Unit**) ULP *f*

**alum** ['æləm] N alumbre *m*

**aluminium** [,æljʊ'mɪnɪəm], **aluminum** (*US*) [ə'lu:mɪnəm] Ⓐ N aluminio *m*
Ⓑ CPD ► **aluminium foil** N papel *m* de aluminio, aluminio *m* doméstico

**alumnus** [ə'lʌmnəs] N (*pl* **alumni** [ə'lʌmnaɪ]), **alumna** [ə'lʌmnə] N (*pl* **alumnae** [ə'lʌmni:]) (*esp US*) graduado/a *m/f*; **~ association** asociación *f* de graduados

**alveolar** [æl'vɪələʳ] ADJ alveolar

**alveolus** [æl'vɪələs] N (*pl* **alveoli** [æl'vɪəlaɪ]) alvéolo *m*, alveolo *m*

**always** ['ɔ:lweɪz] ADV siempre; **as ~** como siempre; **nearly ~** casi siempre; **he's ~ late** siempre llega tarde; **he's ~ moaning** siempre está quejándose; **you can ~ go by train** también puedes ir en tren

**Alzheimer's (disease)** ['æltshaɪməz(dɪ,zi:z)] N (enfermedad *f* de) Alzheimer *m*

► LANGUAGE IN USE: also 1 26.2, 26.3 alternative B 18.4 although 26.3

**AM** N ABBR [1] (= **amplitude modulation**) A.M. *f*
[2] (*US*) = **Artium Magister, Master of Arts**; *see* **MA**
[3] (*Welsh Pol*) (= **Assembly Member**) parlamentario/a *m/f*

**Am** ABBR [1] = **America**
[2] = **American**

**am** [æm] 1ST PERS SING PRESENT *of* **be**

**a.m.** ADV ABBR (= **ante meridiem**) a.m.; **at four ~** a las cuatro de la mañana

**AMA** N ABBR (*US*) = **American Medical Association**

**amalgam** [əˈmælgəm] N amalgama *f* (**of** de)

**amalgamate** [əˈmælgəmeɪt] Ⓐ VT [+ *texts*] amalgamar; [+ *companies*] fusionar
Ⓑ VI [*organizations*] amalgamarse, unirse; [*companies*] fusionarse

**amalgamation** [əˌmælgəˈmeɪʃən] N amalgamiento *m*; (*Comm*) fusión *f*

**amanita** [ˌæməˈnaɪtə] N amanita *f*

**amanuensis** [əˌmænjʊˈensɪs] N (*pl* **amanuenses** [əˌmænjʊˈensiːz]) amanuense *mf*

**Amaryllis** [ˌæməˈrɪlɪs] N Amarilis

**amaryllis** [ˌæməˈrɪlɪs] N amarilis *f inv*

**amass** [əˈmæs] VT [+ *wealth, information*] acumular

**amateur** [ˈæmətəʳ] Ⓐ N [1] (*lit*) (= *non-professional*) amateur *mf*; (= *hobbyist*) aficionado/a *m/f*; **he boxed first as an ~ then as a professional** boxeó primero como amateur y después como profesional; **an enthusiastic ~** un amateur entusiasta; **I love gardening but I'm just an ~** me encanta la jardinería, pero no soy más que un aficionado
[2] (*pej*) chapucero/a *m/f*; **those guys are ~s!*** ¡esos tipos son unos chapuceros!
Ⓑ ADJ [1] (= *not professional*) [*athlete, actor, production*] amateur; [*club, competition*] para amateurs, para aficionados; **~ athletics/photography** atletismo/fotografía para amateurs; **an ~ photographer** un aficionado a la fotografía, un fotógrafo aficionado; **an ~ detective** un detective aficionado; **I have an ~ interest in pottery** me interesa la cerámica como aficionado; **~ status** condición *f* de amateur
[2] (*pej*) [*production, performance*] de aficionados, chapucero; **it was a very ~ performance** fue una actuación de aficionados *or* muy chapucera
Ⓒ CPD ► **amateur dramatics** NSING teatro *m* amateur, teatro *m* de aficionados

**amateurish** [ˈæmətərɪʃ] ADJ (*pej*) poco profesional, inexperto

**amateurishly** [ˈæmətərɪʃlɪ] ADV (*pej*) de manera poco profesional

**amateurism** [ˈæmətərɪzəm] N [1] (= *amateur status*) lo amateur
[2] (*pej*) falta *f* de profesionalidad

**amatory** [ˈæmətərɪ] ADJ (*frm, liter*) amatorio, erótico

**amaze** [əˈmeɪz] VT pasmar, asombrar; **to be ~d (at)** quedar pasmado (de); **I was ~d that I managed to do it** estaba asombrado de haberlo conseguido; **you ~ me!** ¡me admiras!, ¡me dejas patidifuso!*

**amazed** [əˈmeɪzd] ADJ [*glance, expression*] asombrado, lleno de estupor

**amazement** [əˈmeɪzmənt] N asombro *m*; **the news caused general ~** la noticia causó sorpresa generalizada *or* un asombro general; **they looked on in ~** miraron asombrados; **to my ~** para mi gran asombro *or* sorpresa

**amazing** [əˈmeɪzɪŋ] ADJ [1] (= *astonishing*) asombroso; **that's ~ news!** ¡es una noticia asombrosa!
[2] (= *wonderful*) extraordinario; **Kay's an ~ cook** Kay es una cocinera extraordinaria

**amazingly** [əˈmeɪzɪŋlɪ] ADV [1] (= *astonishingly*) asombrosamente; **it was ~ easy** asombraba lo fácil que era, era asombrosamente fácil; **~ enough** por increíble que parezca, aunque parece mentira; **~, nobody was killed** por milagro, no hubo víctimas
[2] (= *wonderfully*) extraordinariamente; **she is ~ generous** es extraordinariamente generosa; **he is ~ fit for his age** su estado físico es extraordinario para un hombre de su edad; **he did ~ well** tuvo un éxito formidable

**Amazon** [ˈæməzən] Ⓐ N [1] (*Geog*) Amazonas *m*
[2] (*Myth*) amazona *f*; (*fig, also* **amazon**) amazona *f*; (*US pej*) marimacho *m*
Ⓑ CPD ► **Amazon basin** N cuenca *f* del Amazonas ► **Amazon jungle** N selva *f* de Amazonas

**Amazonia** [ˌæməˈzəʊnɪə] N Amazonia *f*

**Amazonian** [ˌæməˈzəʊnɪən] ADJ amazónico

**ambassador** [æmˈbæsədəʳ] N embajador(a) *m/f*; (*fig*) embajador(a) *m/f*, representante *mf* (**for** de); **the Spanish ~** el embajador de España

**ambassadorial** [æmˌbæsəˈdɔːrɪəl] ADJ de embajador

**ambassadorship** [æmˈbæsədəʃɪp] N embajada *f*

**ambassadress**† [æmˈbæsədrɪs] N embajadora *f*

**amber** [ˈæmbəʳ] Ⓐ N ámbar *m*; **at** *or* **on ~** (*Brit Aut*) en ámbar
Ⓑ ADJ [1] [*jewellery*] de ámbar; [*colour*] ambarino
[2] (*Brit Aut*) **~ light** luz *f* ámbar

**ambergris** [ˈæmbəgriːs] N ámbar *m* gris

**ambi...** [ˈæmbɪ] PREFIX ambi...

**ambiance** [ˈæmbɪəns] = **ambience**

**ambidextrous** [ˌæmbɪˈdekstrəs] ADJ ambidiestro, ambidextro

**ambience** [ˈæmbɪəns] N ambiente *m*, atmósfera *f*

**ambient** [ˈæmbɪənt] Ⓐ ADJ ambiental
Ⓑ CPD ► **ambient music** N música *f* ambiental

**ambiguity** [ˌæmbɪˈgjʊɪtɪ] N (= *lack of clarity*) ambigüedad *f*; [*of meaning*] doble sentido *m*

**ambiguous** [æmˈbɪgjʊəs] ADJ [*remark, meaning*] ambiguo

**ambiguously** [æmˈbɪgjʊəslɪ] ADV ambiguamente, de forma ambigua

**ambiguousness** [æmˈbɪgjʊəsnɪs] N ambigüedad *f*

**ambit** [ˈæmbɪt] N ámbito *m*; **within the ~ of** dentro del *or* en el ámbito de

**ambition** [æmˈbɪʃən] N ambición *f*; **to achieve one's ~** realizar su ambición; **he has no ~** no tiene ambición; **to have an ~ to be a doctor** ambicionar ser médico; **his ~ is to ...** ambiciona ...

**ambitious** [æmˈbɪʃəs] ADJ [*person, plan, goal*] ambicioso; **he was not an ~ man** no era un hombre ambicioso; **perhaps you're being too ~** quizá estés intentando abarcar demasiado; **if you feel a bit more ~ you could try this recipe** si te sientes con ganas de probar algo más difícil, puedes intentar esta receta; **to be ~ for** *or* **of sth** (*frm*) ambicionar algo; **to be ~ for sb** ambicionar grandes cosas para algn; **he was ~ to be the boss** aspiraba a *or* ambicionaba ser el jefe; **his ~ reform programme** su ambicioso programa de reforma; **that's rather ~, isn't it?** eso es bastante ambicioso, ¿no?; **starting with this could be a little ~** empezar con eso podría ser querer abarcar demasiado *or* podría ser un poco ambicioso

**ambitiously** [æmˈbɪʃəslɪ] ADV ambiciosamente; **a book ~ titled ...** un libro con el ambicioso título de ...; **next Keith will ~ attempt to name all Shakespeare's plays in two minutes** ahora Keith llevará a cabo su ambicioso intento de nombrar todas las obras de Shakespeare en dos minutos; **he decided, perhaps rather ~, to build the extension himself** decidió, quizás sobrevalorando sus posibilidades *or* intentando abarcar demasiado, construir la extensión él mismo; **he had ~ hoped to finish the job in a month** había esperado poder terminar el trabajo en un mes, lo que era mucho esperar

**ambivalence** [æmˈbɪvələns] N ambivalencia *f*

**ambivalent** [æmˈbɪvələnt] ADJ ambivalente

**amble** [ˈæmbl] Ⓐ VI [*person*] andar sin prisa; [*horse*] amblar, ir a paso de andadura; **to ~ along** andar sin prisa, pasearse despacio; **the bus ~s along at 40kph** el autobús va tranquilamente a 40kph; **he ~d into my office at ten o'clock** entró tranquilamente en mi oficina a las diez; **he ~d up to me** se me acercó a paso lento
Ⓑ N [*of horse*] ambladura *f*, paso *m* de andadura; **to walk at an ~** [*person*] andar sin prisa, pasearse despacio

**Ambrose** [ˈæmbrəʊz] N Ambrosio

**ambrosia** [æmˈbrəʊzɪə] N ambrosía *f*

**ambulance** [ˈæmbjʊləns] Ⓐ N ambulancia *f*
Ⓑ CPD ► **ambulance chaser*** N (*esp US pej*) *abogado sin escrúpulos a la caza de personas accidentadas cuyos casos reporten jugosos beneficios* ► **ambulance driver** N conductor/a *m/f* de ambulancia, ambulanciero *m* ► **ambulance man** N ambulanciero *m*

**ambulatory** [ˌæmbjʊˈleɪtərɪ] ADJ (*US Med*) no encamado

**ambush** [ˈæmbʊʃ] Ⓐ N emboscada *f*; **to set** *or* **lay an ~ for** tender una emboscada a; **to lie in ~** estar emboscado (**for** para coger)
Ⓑ VT cazar por sorpresa, agarrar por sorpresa (*LAm*); **to be ~ed** caer en una emboscada, ser cazado por sorpresa

**ameba** [əˈmiːbə] N (*US*) = **amoeba**

**ameliorate** [əˈmiːlɪəreɪt] (*frm*) Ⓐ VT mejorar
Ⓑ VI mejorar, mejorarse

**amelioration** [əˌmiːlɪəˈreɪʃən] N (*frm*) mejora *f*, mejoramiento *m*

**amen** [ˈɑːˈmen] Ⓐ EXCL amén; **~ to that** así sea, ojalá sea así
Ⓑ N amén *m*

**amenable** [əˈmiːnəbl] ADJ [1] (= *responsive*) **~ to argument** flexible, que se deja convencer; **~ to discipline** sumiso, dispuesto a dejarse disciplinar; **~ to reason** dispuesto a entrar en razón; **~ to treatment** susceptible de ser curado, curable; **I'd like to visit you at home if you're ~** me gustaría hacerle una visita en su casa, si le parece bien
[2] (*Jur*) responsable (**for** de)

**amend** [əˈmend] VT [+ *law*] enmendar; [+ *text, wording*] corregir

**amendment** [əˈmendmənt] N [1] (*to law*) enmienda *f* (**to** a); **the Fifth Amendment** (*US*) la Quinta Enmienda (*a la Constitución de los Estados Unidos*); **to invoke** *or* **plead** *or* **take the Fifth (Amendment)** (*US*) acogerse a la quinta, negarse a dar testimonio bajo la protección de la Quinta Enmienda (*relativa a la*

*autoincriminación)*
[2] (*to text*) corrección *f*

**FIFTH AMENDMENT**

*La Quinta Enmienda a la Constitución de los Estados Unidos establece varios principios legales fundamentales que protegen al ciudadano frente al poder del Estado. Entre estos derechos están el de que una persona no sea encarcelada o sus bienes sean embargados sin juicio previo, así como el derecho a no ser procesada dos veces por el mismo delito, o a no ser obligada a aportar pruebas contra sí misma. Al hecho de negarse a aportar pruebas autoincriminatorias se le conoce como* **taking the fifth** *(acogerse a la quinta) y, durante las investigaciones anticomunistas que el senador McCarthy realizó en la década de los años 50, aquéllos que se acogían a esta quinta enmienda eran generalmente acusados de llevar a cabo actividades antiamericanas.*

**amends** [ə'mendz] NPL **to make ~ (to sb) for sth** (= *apologize*) dar satisfacción (a algn) por algo; (= *compensate*) compensar (a algn) por algo; **I'll try to make ~ in future** trataré de dar satisfacción en el futuro

**amenity** [ə'mi:nɪtɪ] Ⓐ N [1] (= *quality*) amenidad *f*
[2] (= *thing*) (*gen pl*) **amenities** comodidades *fpl*; **the amenities of life** las cosas agradables de la vida; **a house with all amenities** una casa con todas las comodidades *or* todo confort; **the hotel has very good amenities** el hotel tiene excelentes servicios e instalaciones; **the town has many amenities** la ciudad ofrece gran variedad de servicios; **we are trying to improve the city's amenities** nos esforzamos por mejorar las instalaciones de la ciudad
Ⓑ CPD ► **amenity bed** N (*Brit Med*) habitación *f* privada ► **amenity society** N (*Brit*) asociación *f* para la conservación del medio ambiente

**amenorrhoea**, **amenorrhea** (*US*) [eɪ,menə'rɪə] N amenorrea *f*

**America** [ə'merɪkə] N (= *continent*) América *f*; (= *USA*) Estados *mpl* Unidos

**American** [ə'merɪkən] Ⓐ ADJ (= *of USA*) norteamericano, estadounidense; [*continent*] americano; **the ~ dream** el sueño americano; ✦***IDIOM* as ~ as apple pie** genuinamente americano
Ⓑ N [1] (= *person*) (*from USA*) norteamericano/a *m/f*, americano/a *m/f*; (*from continent*) americano/a *m/f*
[2] (*Ling**) inglés *m* americano
Ⓒ CPD ► **American English** N inglés *m* americano ► **American football** N fútbol *m* americano ► **American Indian** N amerindio/a *m/f* ► **American leather** N cuero *m* artificial ► **American Legion** N *organización de veteranos de las dos guerras mundiales*; → LEGION; ► **American plan** N (*US*) (*in hotel*) (habitación *f* con) pensión *f* completa ► **American Spanish** N español *m* de América

**AMERICAN DREAM**

*El término* **American Dream**, *(el sueño americano), se refiere a los valores y creencias que para muchos estadounidenses son característicos de su modo de entender la vida como nación y que encuentran su materialización en la Declaración de Independencia de 1776. Con este término se pone especial énfasis en el individualismo, la importancia de trabajar duro, el hecho de que todos podemos mejorar y que la libertad y la justicia han de ser universales. Para muchos el "sueño americano" era una oportunidad para hacer fortuna.*
*El término también se usa de forma irónica para referirse al contraste entre estos ideales y las actitudes materialistas que caracterizan a la sociedad estadounidense actual.*

**Americana** [ə,merɪ'kɑ:nə] N *objetos, documentos etc pertenecientes a la herencia cultural norteamericana*

**Americanism** [ə'merɪkənɪzəm] N americanismo *m*

**Americanization** [ə,merɪkənaɪ'zeɪʃən] N americanización *f*

**Americanize** [ə'merɪkənaɪz] VT americanizar; **to become ~d** americanizarse

**americium** [,æmə'rɪsɪəm] N americio *m*

**Amerind** [,æmərɪnd] N amerindio/a *m/f*

**Amerindian** [,æmə'rɪndɪən] Ⓐ ADJ amerindio
Ⓑ N amerindio/a *m/f*

**amethyst** ['æmɪθɪst] N amatista *f*

**Amex** ['æmeks] N ABBR (*US*) [1]® (= **American Express**®) **~ card** tarjeta *f* de American Express
[2] (*US*) = **American Stock Exchange**

**amiability** [,eɪmɪə'bɪlɪtɪ] N amabilidad *f*, afabilidad *f*

**amiable** ['eɪmɪəbl] ADJ amable, afable

**amiably** ['eɪmɪəblɪ] ADV amablemente, afablemente

**amicable** ['æmɪkəbl] ADJ amistoso, amigable; **to reach an ~ settlement** llegar a un acuerdo amistoso

**amicably** ['æmɪkəblɪ] ADV amistosamente, amigablemente

**amid** [ə'mɪd] PREP en medio de, entre

**amidships** [ə'mɪdʃɪps] ADV en medio del barco

**amidst** [ə'mɪdst] PREP (*frm*) en medio de, entre

**amino-acid** [ə'mi:nəʊ,æsɪd] N aminoácido *m*

**Amish** ['ɑ:mɪʃ] N **the ~** los amish (*secta religiosa menonita*)

**amiss** [ə'mɪs] Ⓐ ADJ **there's something ~** pasa algo; **something is ~ in your calculations** algo falla en tus cálculos; **have I said something ~?** ¿he dicho algo inoportuno?; **there was nothing ~ that I could see** por lo que vi, todo estaba bien
Ⓑ ADV **don't take it ~, will you?** no lo tomes a mal, no te vayas a ofender; **a lick of paint wouldn't go** *or* **come ~** una mano de pintura no vendría mal; **a little politeness wouldn't go** *or* **come ~** un poco de educación no estaría de más, no vendría mal un poco de educación

**amity** ['æmɪtɪ] N (*frm*) concordia *f*, amistad *f*

**AMM** N ABBR = **antimissile missile**

**Amman** [ə'mɑ:n] N Ammán *m*

**ammeter** ['æmɪtə^r] N amperímetro *m*

**ammo*** ['æməʊ] N ABBR = **ammunition**

**ammonal** ['æmənəl] N amonal *m*

**ammonia** [ə'məʊnɪə] N amoníaco *m*; **liquid ~** amoníaco *m* líquido

**ammonium** [ə'məʊnɪəm] Ⓐ N amonio *m*
Ⓑ CPD ► **ammonium hydroxide** N hidróxido *m* amónico ► **ammonium sulphate** N sulfato *m* amónico

**ammunition** [,æmjʊ'nɪʃən] Ⓐ N [1] (*lit*) munición *f*
[2] (*fig*) argumentos *mpl*
Ⓑ CPD ► **ammunition belt** N cartuchera *f*, canana *f* ► **ammunition dump** N depósito *m* de municiones ► **ammunition pouch** N cartuchera *f* ► **ammunition store** N depósito *m* de municiones

**amnesia** [æm'ni:zɪə] N amnesia *f*

**amnesiac** [æm'ni:zɪæk] Ⓐ ADJ amnésico
Ⓑ N amnésico/a *m/f*

**amnesty** ['æmnɪstɪ] Ⓐ N amnistía *f*; **to grant an ~ to** amnistiar (a), conceder una amnistía a
Ⓑ VT amnistiar

**Amnesty International** [,æmnɪstɪɪntə'næʃnəl] N Amnistía *f* Internacional

**amnio*** ['æmnɪəʊ] N = **amniocentesis**

**amniocentesis** [,æmnɪəʊsen'ti:sɪs] N (*pl* **amniocenteses** [,æmnɪəʊsən'ti:si:z]) amniocentesis *f*

**amniotic** [,æmnɪ'ɒtɪk] ADJ amniótico; **~ fluid** líquido *m* amniótico; **~ sac** saco *m* amniótico

**amoeba** [ə'mi:bə] N (*pl* **amoebas**, **amoebae** [ə'mi:bi:]) ameba *f*, amiba *f*

**amoebic** [ə'mi:bɪk] Ⓐ ADJ amébico
Ⓑ CPD ► **amoebic dysentery** N disentería *f* amébica

**amok** [ə'mɒk] ADV **to run ~** enloquecerse, desbocarse

**among(st)** [ə'mʌŋ(st)] PREP entre, en medio de; **from ~** de entre; **~ the Yanomami it is deemed a virtue** entre los yanomami se considera una virtud; **he is ~ those who ...** es de los que ...; **it is not ~ the names I have** no figura entre los nombres que tengo; **this is ~ the possibilities** ésa es una de las posibilidades; **they quarrelled ~ themselves** riñeron entre sí; **one can say that ~ friends** eso se puede decir entre amigos; **share it ~ yourselves** repartíoslo entre vosotros

**amoral** [eɪ'mɒrəl] ADJ amoral

**amorality** [,eɪmɒ'rælɪtɪ] N amoralidad *f*

**amorous** ['æmərəs] ADJ [*person, look*] apasionado; **to feel ~** sentirse apasionado; **he made ~ advances to his secretary** se le insinuó a su secretaria

**amorously** ['æmərəslɪ] ADV [*look, embrace*] apasionadamente

**amorphous** [ə'mɔ:fəs] ADJ amorfo

**amortizable** [ə'mɔ:tɪzəbl] Ⓐ ADJ amortizable
Ⓑ CPD ► **amortizable loan** N préstamo *m* amortizable

**amortization** [ə,mɔ:tɪ'zeɪʃən] N amortización *f*

**amortize** [ə'mɔ:taɪz] VT amortizar

**amount** [ə'maʊnt] N [1] (= *quantity*) cantidad *f*; **a huge ~ of rice** una cantidad enorme de arroz; **there is quite an ~ left** queda bastante; **any ~ of** cualquier cantidad de; **I have any ~ of time** tengo mucho tiempo; **we have had any ~ of trouble** hemos tenido un sinnúmero de problemas; **no ~ of arguing will help** es totalmente inútil discutir; **in small ~s** en pequeñas cantidades; **the total ~** el total, la cantidad total
[2] (= *sum of money*) cantidad *f*, suma *f*; **a large ~ of money** una gran cantidad *or* suma de dinero
[3] (= *total value*) valor *m*; **a bill for the ~ of** una cuenta por importe *or* valor de; **check in the ~ of $50** (*US*) cheque *m* por valor de 50 dólares; **to the ~ of** por valor de; **debts to the ~ of £100** deudas *fpl* por valor de 100 libras

▼ ► **amount to** VI + PREP [1] (= *add up to*) [*sums, figures, debts*] sumar, ascender a
[2] (= *be equivalent to*) equivaler a, significar; **it ~s to the same thing** es igual, viene a ser lo mismo; **this ~s to a refusal** esto equivale a

➤ LANGUAGE IN USE: amount to 20.6

una negativa

3 (= *be worth*) **it doesn't ~ to much** apenas es significativo, viene a ser poca cosa; **he'll never ~ to much** nunca dejará de ser nadie

**amour**† [ə'mʊəʳ] N (*liter*) amorío *m*, aventura *f* amorosa

**amour-propre** ['æmʊə'prɒpr] N amor *m* propio

**amp** [æmp] N 1 (*also* **ampere**) amperio *m*; **a 13-~ plug** un enchufe de 13 amperios

2 (*) (*also* **amplifier**) ampli* *m*, amplificador *m*

**amperage** ['æmpərɪdʒ] N amperaje *m*

**ampere, ampère** ['æmpɛəʳ] Ⓐ N amperio *m*

Ⓑ CPD ► **ampere-hour** N amperio-hora *m*

**ampersand** ['æmpəsænd] N el signo & (= *and*)

**amphetamine** [æm'fetəmi:n] N anfetamina *f*

**amphibia** [æm'fɪbɪə] NPL anfibios *mpl*

**amphibian** [æm'fɪbɪən] Ⓐ N anfibio *m*

Ⓑ ADJ anfibio

**amphibious** [æm'fɪbɪəs] ADJ [*animal, vehicle*] anfibio

**amphitheatre, amphitheater** (*US*) ['æmfɪ,θɪətəʳ] N anfiteatro *m*

**Amphitryon** [æm'fɪtrɪən] N Anfitrión

**amphora** ['æmfərə] N (*pl* **amphoras, amphorae** ['æmfə,ri:]) ánfora *f*

**ample** ['æmpl] ADJ (*compar* **ampler**; *superl* **amplest**) 1 (= *plentiful, more than sufficient*) 1·1 (*before noun*) [*evidence, proof, resources*] abundante; [*time, space*] de sobra; **to have ~ time (to do sth)** tener tiempo de sobra (para hacer algo); **there is ~ space for a desk in this room** hay sitio de sobra para un escritorio en esta habitación; **she has ~ means** tiene medios más que suficientes; **there'll be ~ opportunity to relax** habrá oportunidades de sobra para relajarse; **an ~ supply of jars** una abundante cantidad de tarros; **there was an ~ supply of food** había comida en abundancia; **to make ~ use of sth** usar algo en abundancia; **she was given ~ warning that …** se le avisó con tiempo de sobra de que …

1·2 **to be ~** ser más que suficiente; **eight hours' sleep should be ~** ocho horas de sueño deberían ser más que suficientes; **one cupful of rice is ~ for two people** una taza de arroz es más que suficiente para dos personas; **thanks, I have ~** gracias, tengo bastante

2 (= *generous*) [*garment*] amplio, grande; [*waist*] ancho, generoso; [*portion, bosom*] generoso; **his ~ stomach** su enorme *or* prominente barriga; **his ~ chin** su papada

**amplification** [,æmplɪfɪ'keɪʃən] N 1 [*of sound*] amplificación *f*

2 (*fig*) (= *elaboration*) desarrollo *m*, explicación *f*

**amplifier** ['æmplɪfaɪəʳ] N amplificador *m*

**amplify** ['æmplɪfaɪ] VT 1 [+ *sound*] amplificar; (*also Rad*) aumentar

2 (*fig*) [+ *statement etc*] desarrollar; **he refused to ~ his remarks** se negó a hacer más comentarios

**amplitude** ['æmplɪtju:d] N amplitud *f*

**amply** ['æmplɪ] ADV 1 (= *sufficiently*) [*demonstrate, illustrate*] ampliamente, suficientemente; **we were ~ rewarded** fuimos ampliamente recompensados; **we were ~ justified** estuvimos plenamente justificados

2 (= *generously*) **she is ~ proportioned** es de proporciones generosas

**ampoule, ampule** (*US*) ['æmpu:l] N ampolla *f*

**amputate** ['æmpjʊteɪt] VT amputar

**amputation** [,æmpjʊ'teɪʃən] N amputación *f*

**amputee** [,æmpjʊ'ti:] N *persona cuya pierna o cuyo brazo ha sido amputada/o*

**Amsterdam** [,æmstə'dæm] N Amsterdam *m*

**amt** ABBR (= **amount**) impte

**Amtrak** ['æmtræk] N (*US*) *empresa nacional de ferrocarriles de los EEUU*

**amuck** [ə'mʌk] ADV = **amok**

**amulet** ['æmjʊlɪt] N amuleto *m*

**amuse** [ə'mju:z] VT 1 (= *cause mirth to*) divertir; **the thought seemed to ~ him** la idea parecía divertirle; **this ~d everybody** divirtió *or* hizo reír a todos; **we are not ~d** (*hum*) no nos hace gracia; **to be ~d at** *or* **by** divertirse con; **with an ~d expression** con una mirada risueña

2 (= *entertain*) distraer, entretener; **to keep sb ~d** entretener a algn; **this should keep them ~d for years** esto deberá ocupar su atención por muchos años; **to ~ o.s.** distraerse; **run along and ~ yourselves** marchaos y a pasarlo bien

**amusement** [ə'mju:zmənt] Ⓐ N 1 (= *mirth*) **with a look of ~** con mirada risueña; **there was general ~ at this** al oír esto se rieron todos; **much to my ~** con gran regocijo mío; **to conceal one's ~** ocultar sus ganas de reír, aguantarse la risa

2 (= *entertainment*) distracción *f*, diversión *f*; **they do it for ~ only** para ellos es un pasatiempo nada más

3 **amusements** (= *pastimes*) diversiones *fpl*, distracciones *fpl*; (*Brit*) (*in fairground*) atracciones *f*; (*in amusement arcade*) máquinas *fpl* electrónicas, máquinas *fpl* tragaperras; **a town with plenty of ~s** una ciudad que ofrece muchas diversiones

Ⓑ CPD ► **amusement arcade** N (*Brit*) sala *f* de juegos recreativos ► **amusement park** N (*esp US*) parque *m* de atracciones

**amusing** [ə'mju:zɪŋ] ADJ 1 (= *funny*) gracioso, divertido; **I found it ~** me pareció gracioso *or* divertido; **I didn't find it ~** no le vi la gracia

2 (= *entertaining*) entretenido

**amusingly** [ə'mju:zɪŋlɪ] ADV 1 (= *funnily*) de forma divertida; **~ written** escrito con gracia

2 (= *entertainingly*) de forma entretenida

**an** [æn, ən, n] INDEF ART *see* **a**

**ANA** N ABBR (*US*) 1 = **American Newspaper Association**

2 = **American Nurses' Association**

**anabolic** [,ænə'bɒlɪk] ADJ anabólico; **~ steroid** esteroide *m* anabolizante

**anachronism** [ə'nækrənɪzəm] N anacronismo *m*

**anachronistic** [ə,nækrə'nɪstɪk] ADJ anacrónico

**anacoluthon** [,ænəkə'lu:θɒn] N (*pl* **anacolutha** [,ænəkə'lu:θə]) anacoluto *m*

**anaconda** [,ænə'kɒndə] N anaconda *f*

**Anacreon** [ə'nækrɪən] N Anacreonte

**anaemia, anemia** (*US*) [ə'ni:mɪə] N anemia *f*

**anaemic, anemic** (*US*) [ə'ni:mɪk] ADJ (*Med*) anémico; (*fig*) (= *weak*) débil

**anaerobic** [,ænɛə'rəʊbɪk] ADJ anaerobio

**anaesthesia, anesthesia** (*US*) [,ænɪs'θi:zɪə] N anestesia *f*

**anaesthetic, anesthetic** (*US*) [,ænɪs'θetɪk] Ⓐ N anestésico *m*; **local/general ~** anestesia *f* local/total; **to be under (an) ~** estar anestesiado; **to give sb an ~** ◊ **put sb under (an) ~** anestesiar a algn

Ⓑ ADJ anestésico

**anaesthetist, anesthetist** (*US*) [æ'ni:sθɪtɪst] N anestesista *mf*

**anaesthetize, anesthetize** (*US*) [æ'ni:sθɪtaɪz] VT anestesiar

**anagram** ['ænəgræm] N anagrama *m*

**anal** ['eɪnəl] Ⓐ ADJ anal

Ⓑ CPD ► **anal retentive** N (*Psych*) persona estancada en la fase anal; (*) quisquilloso/a *m/f*, puñetero/a *m/f* ► **anal sex** N sexo *m* anal

**analgesia** [,ænæl'dʒi:zɪə] N analgesia *f*

**analgesic** [,ænæl'dʒi:sɪk] Ⓐ ADJ analgésico

Ⓑ N analgésico *m*

**analog** ['ænəlɒg] N (*US*) = **analogue**

**analogical** [,ænə'lɒdʒɪkəl] ADJ analógico

**analogous** [ə'næləgəs] ADJ análogo (**to, with** a)

**analogue** ['ænəlɒg] Ⓐ N análogo *m*

Ⓑ CPD analógico ► **analogue computer** N ordenador *m* analógico

**analogy** [ə'nælədʒɪ] N analogía *f*; (= *similarity*) semejanza *f*; **by ~ with** ◊ **on the ~ of** por analogía con; **to argue from** *or* **by ~** razonar por analogía; **to draw an ~ between** señalar una semejanza entre

**analysand** [ə'nælɪ,sænd] N (*Psych*) sujeto *m* analizado, analizando *m*

**analyse, analyze** (*US*) ['ænəlaɪz] VT 1 (= *study*) analizar

2 (*Psych*) psicoanalizar

**analyser, analyzer** (*US*) ['ænəlaɪzəʳ] N (*Tech*) analizador *m*

▼ **analysis** [ə'nælɪsɪs] N (*pl* **analyses** [ə'nælɪsi:z]) 1 (= *study*) análisis *m inv*; **in the final** *or* **last** *or* **ultimate ~** a fin de cuentas

2 (*Psych*) psicoanálisis *m*

**analyst** ['ænəlɪst] N 1 (*Chem etc*) analista *mf*

2 (*Psych*) psicoanalista *mf*

**analytic** [,ænə'lɪtɪk] ADJ = **analytical**

**analytical** [,ænə'lɪtɪkəl] Ⓐ ADJ analítico; **an ~ mind** una mente analítica

Ⓑ CPD ► **analytical psychology** N psicología *f* analítica

**analyze** ['ænəlaɪz] VT (*US*) = **analyse**

**analyzer** ['ænəlaɪzəʳ] N (*US*) = **analyser**

**anapaest, anapest** ['ænəpi:st] N anapesto *m*

**anaphoric** [,ænə'fɒrɪk] ADJ anafórico

**anarchic** [æ'nɑ:kɪk] ADJ anárquico

**anarchical** [æ'nɑ:kɪkəl] ADJ = **anarchic**

**anarchism** ['ænəkɪzəm] N anarquismo *m*

**anarchist** ['ænəkɪst] Ⓐ N anarquista *mf*

Ⓑ ADJ anarquista

**anarchistic** [,ænə'kɪstɪk] ADJ anarquista

**anarcho-syndicalism** [,ænəkəʊ'sɪndɪkəlɪzəm] N anarcosindicalismo *m*

**anarchy** ['ænəkɪ] N 1 (*Pol*) anarquía *f*

2 (*) (= *chaos*) anarquía *f*

**anathema** [ə'næθɪmə] N 1 (*Rel*) anatema *m*

2 (*fig*) **he is ~ to me** no lo puedo ver, para mí es inaguantable; **the idea is ~ to her** para ella la idea es una abominación, la idea le resulta odiosa

**anathematize** [ə'næθɪmətaɪz] VT anatematizar

**anatomical** [,ænə'tɒmɪkəl] ADJ anatómico

**anatomist** [ə'nætəmɪst] N anatomista *mf*

**anatomize** [ə'nætəmaɪz] VT (*Bio*) anatomizar; (*fig*) analizar minuciosamente, diseccionar

**anatomy** [ə'nætəmɪ] N 1 (*Med*) anatomía *f*

2 (*hum*) (= *body*) anatomía *f*

3 (*frm*) (= *analysis*) análisis *m inv* minucioso, disección *f*

**ANC** N ABBR (= **African National Congress**) CNA *m*

**ancestor** ['ænsɪstəʳ] N 1 (= *person*) antepasado/a *m/f*

2 (*fig*) [*of machine, idea, organization*] antecesor(a) *m/f*, predecesor(a) *m/f*

**ancestral** [æn'sestrəl] Ⓐ ADJ ancestral

Ⓑ CPD ► **ancestral home** N casa *f* solariega

➤ LANGUAGE IN USE: **analysis 1** 26.1

**ancestress**† ['ænsıstrıs] N antepasada *f*

**ancestry** ['ænsıstrı] N (= *lineage*) ascendencia *f*, linaje *m*; (= *noble birth*) abolengo *m*

**anchor** ['æŋkəʳ] Ⓐ N [1] (*Naut*) ancla *f*; **to be** *or* **lie** *or* **ride at ~** estar al ancla, estar anclado; **to cast** *or* **drop ~** echar anclas; **~s aweigh!** ¡leven anclas!; *see also* **weigh A3**
[2] (*fig*) seguridad *f*, sostén *m*; (= *person*) pilar *m*
[3] = **anchorman**, **anchorwoman**
Ⓑ VT [1] (*Naut*) anclar
[2] (*fig*) sujetar (**to** a), afianzar (**to** en)
[3] (*esp US TV, Rad*) presentar
Ⓒ VI (*Naut*) anclar

**anchorage** ['æŋkərıdʒ] Ⓐ N ancladero *m*, fondeadero *m*
Ⓑ CPD ► **anchorage dues**, NPL **anchorage fee** N anclaje *m*

**anchorite** ['æŋkəraıt] N anacoreta *mf*

**anchorman** ['æŋkəmæn] N (*pl* **anchormen**) (*TV, Rad*) presentador *m*; (*fig*) hombre clave

**anchorwoman** ['æŋkə,wʊmən] N (*pl* **anchorwomen**) (*TV, Rad*) presentadora *f*

**anchovy** ['æntʃəvı] N (*live, fresh*) boquerón *m*; (*salted, tinned*) anchoa *f*

**ancient** ['eınʃənt] ADJ [1] (= *old, classical*) antiguo; **~ Greek** griego *m* antiguo; **~ history** historia *f* antigua; **that's ~ history!*** ¡eso pertenece a la historia!; **in ~ days** en la antigüedad, hace muchísimo tiempo; **~ monument** (*Brit*) monumento *m* histórico; **~ Rome** la Roma antigua; **remains of ~ times** restos *mpl* de la antigüedad
[2] (* *hum*) [*person*] viejo, anciano; [*clothing, object*] antiquísimo, de los tiempos de Maricastaña*; **we went in his ~ car** fuimos en su antiquísimo coche; **he's getting pretty ~** va para viejo; → OLD

**ancients** ['eınʃənts] NPL **the ~** los antiguos

**ancillary** [æn'sılərı] ADJ [1] (= *secondary*) subordinado (**to** a)
[2] (= *supporting*) [*staff, workers*] auxiliar; [*services*] complementario
[3] (= *additional*) [*charges, costs*] adicional

**and** [ænd, ənd, nd, ən] CONJ [1] y; (*before i-, hi- but not hie-*) e; **you ~ me** tú y yo; **French ~ English** francés e inglés; **and?** ¿y?, ¿y qué más?; **~ how!*** ¡y (no veas) cómo!; **~/or** y/o
[2] (*with compar adj*) **better ~ better** cada vez mejor; **more ~ more** cada vez más; **more ~ more difficult** cada vez más difícil
[3] (*in numbers*) **one ~ a half** uno y medio; **a hundred ~ one** ciento uno; **two hundred ~ ten** doscientos diez; **five hours ~ 20 minutes** cinco horas y 20 minutos; **ten dollars ~ 50 cents** diez dólares y *or* con 50 centavos
[4] (*negative sense*) ni; **without shoes ~ socks** sin zapatos ni calcetines; **you can't buy ~ sell here** aquí no se permite comprar ni vender
[5] (*repetition, continuation*) **she cried ~ cried** no dejaba de llorar, lloraba sin parar; **I rang ~ rang** llamé muchas veces; **he talked ~ talked** habló sin parar *or* (*LAm*) cesar
[6] (*before infin*) **try ~ do it** trata de hacerlo; **please try ~ come!** ¡procura venir!; **wait ~ see** espera y verás; **come ~ see me** ven a verme
[7] (*implying a distinction*) **there are lawyers ~ lawyers!** hay abogados y abogados
[8] (*implying a conditional*) **one move ~ you're dead!** ¡como te muevas disparo!, ¡un solo movimiento y disparo!

**Andalusia** [,ændə'lu:zıə] N Andalucía *f*

**Andalusian** [,ændə'lu:zıən] Ⓐ ADJ andaluz
Ⓑ N [1] (= *person*) andaluz(a) *m/f*
[2] (*Ling*) andaluz *m*

> **AND**
>
> In order to avoid two "i" sounds coming together, **and** is translated by **e** not **y** before words beginning with **i** and **hi** and before the letter **y** used on its own:
>
> ...Spain and Italy...
> ***...España e Italia...***
> ...grapes and figs...
> ***...uvas e higos...***
> ...words ending in S and Y...
> ***...palabras terminadas en S e Y...***
>
> **NOTE:** Words beginning with **hie** are preceded by **y**, since **hie** is not pronounced "i":
>
> ...coal and iron mines...
> ***...minas de carbón y hierro...***

**Andean** ['ændıən] Ⓐ ADJ andino
Ⓑ CPD ► **Andean high plateau** N altiplanicie *f* andina, altiplano *m* (*LAm*) andino

**Andes** ['ændi:z] NPL **the ~** los Andes

**andiron** ['ændaıən] N morillo *m*

**Andorra** [,æn'dɔ:rə] N Andorra *f*

**Andorran** [,æn'dɔ:rən] Ⓐ ADJ andorrano
Ⓑ N andorrano/a *m/f*

**Andrew** ['ændru:] N Andrés

**androcentric** [,ændrəʊ'sentrik] ADJ androcéntrico

**androcentricity** [,ændrəʊsen'trısıtı] N androcentrismo *m*

**androgen** ['ændrədʒən] N andrógeno *m*

**androgenic** ['ændrə'dʒenık] ADJ androgénico

**androgynous** [æn'drɒdʒınəs] ADJ andrógino

**androgyny** [æn'drɒdʒını] N androginia *f*

**android** ['ændrɔıd] N androide *m*

**Andromache** [æn'drɒməkı] N Andrómaca

**Andromeda** [æn'drɒmıdə] N Andrómeda

**androsterone** [æn'drɒstə,rəʊn] N androsterona *f*

**Andy** ['ændı] N (*familiar form*) *of* **Andrew**

**anecdotal** [,ænık'dəʊtəl] ADJ anecdótico

**anecdote** ['ænıkdəʊt] N anécdota *f*

**anemia** [ə'ni:mıə] N (*US*) = **anaemia**

**anemic** [ə'ni:mık] ADJ (*US*) = **anaemic**

**anemone** [ə'nemənı] N (*Bot*) anémona *f*, anemone *f*; (= *sea anemone*) anémona *f*

**aneroid** ['ænərɔıd] Ⓐ ADJ aneroide
Ⓑ CPD ► **aneroid barometer** N barómetro *m* aneroide

**anesthesia** [,ænıs'θi:zıə] N (*US*) = **anaesthesia**

**anesthesiologist** [,ænıs,θi:zı'ɒlədʒıst] N (*US*) anestesista *mf*

**anesthetic** [,ænıs'θetık] ADJ, N (*US*) = **anaesthetic**

**anesthetist** [æ'ni:səθıtıst] N (*US*) = **anaesthetist**

**anesthetize** [æ'ni:səθıtaız] VT (*US*) = **anaesthetize**

**aneurism**, **aneurysm** ['ænjə,rızəm] N aneurisma *m*

**anew** [ə'nju:] ADV (*liter*) de nuevo, otra vez; **to begin ~** comenzar de nuevo, volver a empezar

**angel** ['eındʒəl] Ⓐ N [1] (*Rel*) ángel *m*; **Angel of Darkness** ángel *m* de las tinieblas; **the Angel of Death** el ángel exterminador; ✦***IDIOMS*** **I'm on the side of the ~s** yo estoy de parte de los ángeles; **speak** *or* **talk of ~s!** hablando del ruin de Roma (por la puerta asoma); **to rush in where ~s fear to tread** meterse en la boca del lobo; *see also* **fool A1**, **guardian**
[2] (*) (= *person*) **she's an ~** es un ángel; **be an ~ and give me a cigarette** ¿me das un pitillo, amor?
[3] (*esp Theat**) caballo *m* blanco*, promotor(a) *m/f*
Ⓑ CPD ► **angel dust*** N (*Drugs*) polvo *m* de ángel ► **angel food cake** (*US*) N *bizcocho muy esponjoso hecho sin las yemas de huevo* ► **angels on horseback** NPL (*Brit Culin*) *rollitos de beicon rellenos de ostras y servidos sobre pan tostado*

**Angeleno** [,ændʒə'li:nəʊ] N habitante *mf* de Los Angeles

**angelfish** ['eındʒəlfıʃ] N (*pl* **angelfish**) angelote *m*, pez *m* ángel

**angelic** [æn'dʒelık] ADJ angélico

**angelica** [æn'dʒelıkə] N angélica *f*

**angelical** [æn'dʒelıkəl] ADJ = **angelic**

**angelically** [æn'dʒelıklı] ADV angelicalmente, como los ángeles

**angelus** ['ændʒıləs] N ángelus *m*

**anger** ['æŋgəʳ] Ⓐ N ira *f*; **red with ~** rojo de ira; **to move** *or* **rouse sb to ~** provocar la ira de algn; **to speak in ~** hablar indignado; **words spoken in ~** palabras pronunciadas en un momento de enfado (*Sp*), palabras pronunciadas en un momento de enojo (*LAm*)
Ⓑ VT enfadar (*Sp*), enojar (*LAm*); **to be easily ~ed** enfadarse fácilmente (*Sp*), enojarse fácilmente (*LAm*)

**angina** [æn'dʒaınə] N (*Med*) (*also* **~ pectoris**) angina *f* (de pecho)

**angiogram** ['ændʒıəʊgræm] N angiograma *m*

**angiosperm** ['ændʒıə,spɜ:m] N angiosperma *f*

**angle**[1] [æŋgl] Ⓐ N [1] (*Math, Geom, etc*) ángulo *m*; **at an ~ of 80 degrees** ◊ **at an 80 degree ~** con un ángulo de 80 grados; **an iron bar stuck out at an ~** una barra de hierro sobresalía formando un ángulo; **he wore his hat at an ~** llevaba el sombrero ladeado, llevaba el sombrero hacía un lado; **hold the knife at an ~** coge el cuchillo inclinado; **cut the bread at an ~** corte el pan en diagonal; **to be at an ~ to sth** formar ángulo con algo; **to look at a building from a different ~** contemplar un edificio desde otro ángulo; **photographed from a low ~** fotografiado desde un ángulo inferior; **a high-/low-~ shot** (*Phot*) una toma desde un ángulo superior/inferior; **~ of approach** (*Aer*) ángulo *m* de aterrizaje; **~ of climb** (*Aer*) ángulo *m* de subida; *see also* **right E**
[2] (*fig*) [2·1] (= *point of view*) punto *m* de vista; **what's your ~ on this?** ¿cuál es tu punto de vista al respecto?, ¿tú qué opinas de esto?; **from the parents' ~** desde el punto de vista *or* la perspectiva de los padres
[2·2] (= *aspect*) componente *m*; **the director decided to play down the love ~** el director decidió restar importancia al componente amoroso
[2·3] (= *focus*) perspectiva *f*, ángulo *m*; **to look at sth from a different ~** enfocar algo desde otra perspectiva *or* desde otro ángulo; **to look at a problem from all ~s** estudiar un problema desde todas las perspectivas, estudiar un problema desde todos los ángulos *or* puntos de vista; **this article gives a new ~ on the question** este artículo da un nuevo enfoque a la cuestión
Ⓑ VT [1] [+ *object*] orientar; (*Sport*) [+ *shot*] sesgar, ladear; **he ~d the lamp towards his desk** orientó la luz de la lámpara hacia la mesa; **an ~d header** un cabezazo sesgado *or* ladeado *or* de lado
[2] (*fig*) [2·1] (= *aim*) dirigir; **this article is ~d towards non-specialists** este artículo va dirigido al lector no especializado
[2·2] (= *bias*) sesgar; **the report was ~d so as**

**to present them in a bad light** el informe estaba sesgado de forma que daba una mala impresión de ellos
Ⓒ VI (= *turn*) desviarse, torcerse; **the path ~d sharply to the left** el camino se desviaba *or* torcía de pronto hacia la izquierda
Ⓓ CPD ► **angle bracket** N (= *support*) escuadra *f*; (*Typ*) corchete *m* agudo ► **angle iron** N (*Constr*) hierro *m* angular

**angle²** [ˈæŋgl] VI [1] (= *fish*) pescar (con caña); **to ~ for trout** pescar truchas
[2] (*fig*) **to ~ for sth** (*gen*) andar buscando algo; (*for votes, for job*) andar a la caza de algo; **he's just angling for sympathy** sólo anda buscando compasión

**Angle** [ˈæŋgl] N anglo/a *m/f*

**Anglepoise**® [ˈæŋglpɔɪz] N (*Brit*) (*also* **~ lamp**) lámpara *f* de estudio

**angler** [ˈæŋgləʳ] N pescador(a) *m/f* (de caña)

**anglerfish** [ˈæŋgləfɪʃ] N rape *m*

**Angles** [ˈæŋglz] NPL anglos *mpl*

**Anglican** [ˈæŋglɪkən] Ⓐ ADJ anglicano
Ⓑ N anglicano/a *m/f*

**Anglicanism** [ˈæŋglɪkənɪzəm] N anglicanismo *m*

**anglicism** [ˈæŋglɪsɪzəm] N anglicismo *m*, inglesismo *m*

**anglicist** [ˈæŋglɪsɪst] N anglicista *mf*

**anglicize** [ˈæŋglɪsaɪz] VT dar forma inglesa a, anglificar

**angling** [ˈæŋglɪŋ] N pesca *f* con caña

**Anglo*** [ˈæŋgləʊ] N blanco/a *m/f*, americano/a *m/f* (de origen no hispano)

**Anglo-** [ˈæŋgləʊ] PREFIX anglo...; **~Spanish** angloespañol; **an ~French project** un proyecto anglofrancés

**Anglo-American** [ˈæŋgləʊəˈmerɪkən] Ⓐ ADJ angloamericano
Ⓑ N angloamericano/a *m/f*

**Anglo-Asian** [ˈæŋgləʊˈeɪʃn] Ⓐ ADJ angloasiático
Ⓑ N angloasiático/a *m/f*

**Anglo-Catholic** [ˈæŋgləʊˈkæθlɪk] Ⓐ ADJ anglocatólico
Ⓑ N anglocatólico/a *m/f*

**Anglo-Catholicism** [ˈæŋgləʊkəˈθɒlɪsɪzəm] N anglocatolicismo *m*

**Anglo-Indian** [ˈæŋgləʊˈɪndɪən] Ⓐ ADJ angloindio
Ⓑ N angloindio/a *m/f*

**Anglo-Irish** [ˈæŋgləʊˈaɪərɪʃ] Ⓐ ADJ angloirlandés
Ⓑ N angloirlandés/esa *m/f*

**Anglo-Norman** [ˌæŋgləʊˈnɔːmən] Ⓐ ADJ anglonormando
Ⓑ N [1] (= *person*) anglonormando/a *m/f*
[2] (*Ling*) anglonormando *m*

**anglophile** [ˈæŋgləʊfaɪl] N anglófilo/a *m/f*

**anglophobe** [ˈæŋgləʊfəʊb] N anglófobo/a *m/f*

**anglophobia** [ˌæŋgləʊˈfəʊbjə] N anglofobia *f*

**anglophone** [ˈæŋgləʊfəʊn] Ⓐ ADJ anglófono
Ⓑ N anglófono/a *m/f*

**Anglo-Saxon** [ˈæŋgləʊˈsæksən] Ⓐ ADJ anglosajón
Ⓑ N [1] (= *person*) anglosajón/ona *m/f*
[2] (*Ling*) anglosajón *m*

**ANGLO-SAXON**

*La lengua anglosajona,* **Anglo-Saxon**, *también llamada* **Old English**, *se extendió en Inglaterra tras las invasiones de pueblos germánicos en el siglo V y continuó usándose hasta la conquista normanda de la isla. Hoy en día sigue siendo una parte importante del idioma inglés. Como ejemplos de palabras de origen anglosajón que aún se usan tenemos* **man**, **child**, **eat**, **love** *o* **harvest**.
*El término se usa también para describir el mundo angloparlante, sobre todo si tiene su origen o está muy influido por costumbres inglesas, si bien hay personas de origen escocés, irlandés, galés o minorías étnicas que prefieren no usarlo.*

**Angola** [æŋˈgəʊlə] N Angola *f*

**Angolan** [æŋˈgəʊlən] Ⓐ ADJ angoleño
Ⓑ N angoleño/a *m/f*

**angora** [æŋˈgɔːrə] N angora *f*; **an ~ sweater** un jersey *or* suéter de angora

**angostura** [ˌæŋgəˈstjʊərə] Ⓐ N angostura *f*
Ⓑ CPD ► **angostura bitters**® NPL bíter *msing* de angostura

**Angoulême** [ɑːŋgʊˈlɛm] N Angulema *f*

**angrily** [ˈæŋgrɪlɪ] ADV [*react, speak*] con ira; **"I tried!" he said ~** —¡lo intenté! —dijo enfadado *or* (*LAm*) enojado; **he protested ~** protestó airadamente

**angry** [ˈæŋgrɪ] ADJ (*compar* **angrier**; *superl* **angriest**) [1] (= *cross*) [*person*] enfadado (*Sp*), enojado (*LAm*); [*voice*] de enfado (*Sp*), de enojo (*LAm*); [*letter, reply*] airado; **to be ~** estar enfadado (**with** con); **he was very ~** estaba muy enfadado; **you won't be ~, will you?** no te vas a enfadar *or* (*LAm*) enojar ¿verdad?; **to be ~ about** *or* **at sth** estar enfadado por algo; **he was very ~ about** *or* **at being dismissed** estaba furioso porque lo habían despedido; **to get ~** enfadarse (*Sp*), enojarse (*LAm*); **she gave me an ~ look** me miró enfadada; **your father looks very ~** tu padre parece estar muy enfadado; **this sort of thing makes me ~** estas cosas me sacan de quicio*; **don't make me ~!** ¡no me hagas enfadar!; **there were ~ scenes when it was announced that ...** hubo escenas airadas cuando se anunció que ...; **~ young man** (*Brit*) joven *m* airado
[2] (*liter*) [*sky*] tormentoso, borrascoso; [*sea*] bravo
[3] (*Med*) [*wound, rash*] inflamado; **the blow left an ~ mark on his forehead** el golpe dejó una marca de un rojo encendido en su frente

**angst** [æŋst] N angustia *f*

**angstrom** [ˈæŋstrʌm] N angstrom *m*

**anguish** [ˈæŋgwɪʃ] N (*physical*) tormentos *mpl*; (*mental*) angustia *f*; **to be in ~** (*physically*) padecer tormentos, sufrir lo indecible; (*mentally*) estar angustiado

**anguished** [ˈæŋgwɪʃt] ADJ (*physically*) atormentado de dolor; (*mentally*) angustiado

**angular** [ˈæŋgjʊləʳ] ADJ [*shape, lines*] angular; [*face, features*] anguloso

**angularity** [ˌæŋgjʊˈlærətɪ] N [*of shape, lines*] angularidad *f*; [*of face, features*] angulosidad *f*

**aniline** [ˈænɪliːn] Ⓐ N anilina *f*
Ⓑ CPD ► **aniline dye** NPL colorante *m* de anilina

**anima** [ˈænɪmə] N (*Psych*) ánima *f*, alma *f*

**animal** [ˈænɪməl] Ⓐ N [1] (= *not plant*) animal *m*; **man is a political ~** el hombre es un animal político
[2] (*fig*) (= *thing*) cosa *f*; **there's no such ~** no existe tal cosa; **they are two different ~s** son cosas bien distintas
[3] (* *pej*) (= *person*) animal* *mf*, bestia* *mf*; **you ~!** ¡animal!*, ¡bestia!*
Ⓑ ADJ animal
Ⓒ CPD ► **animal cracker** N (*US*) galletita *f* de animales ► **animal fats** NPL grasas *fpl* de animal ► **animal husbandry** N cría *f* de animales ► **animal instinct** N instinto *m* animal ► **the animal kingdom** N el reino animal ► **Animal Liberation Front** N (*Brit*) Frente *m* de Liberación de los Animales ► **animal liberationist** N miembro *mf* del Frente de Liberación de los Animales ► **animal lover** N amante *mf* de los animales ► **animal magnetism** N [*of person*] atracción *f* animal, magnetismo *m* salvaje ► **animal rights movement** N movimiento *m* pro derechos de los animales ► **animal sanctuary** N centro *m* de acogida para animales ► **animal spirits** NPL vitalidad *f* ► **animal testing** N pruebas *fpl* de laboratorio con animales

**animalcule** [ˌænɪˈmælkjuːl] N (*frm*) animálculo *m*

**animality** [ˌænɪˈmælətɪ] N animalidad *f*

**animate** Ⓐ [ˈænɪmɪt] ADJ vivo
Ⓑ [ˈænɪmeɪt] VT animar, estimular

**animated** [ˈænɪmeɪtɪd] ADJ [1] (= *lively*) [*person, discussion*] animado; **to become ~** animarse
[2] (*Cine*) **~ cartoon** dibujos *mpl* animados

**animatedly** [ˈænɪmeɪtɪdlɪ] ADV [*talk, behave*] animadamente

**animation** [ˌænɪˈmeɪʃən] N [1] (= *liveliness*) vivacidad *f*, animación *f*
[2] (*Cine*) (= *process*) animación *f*; (= *film*) película *f* de animación, dibujos *mpl* animados

**animator** [ˈænɪmeɪtəʳ] N (*Cine*) animador(a) *m/f*

**animatronics** [ˌænɪməˈtrɒnɪks] N (*Cine*) animación *f* por ordenador

**animism** [ˈænɪmɪzəm] N animismo *m*

**animist** [ˈænɪmɪst] Ⓐ ADJ animista
Ⓑ N animista *mf*

**animosity** [ˌænɪˈmɒsɪtɪ] N animosidad *f*, rencor *m*

**animus** [ˈænɪməs] N [1] (= *animosity*) odio *m*
[2] (*Psych*) animus *m*, alma *f*

**anise** [ˈænɪs] N anís *m*

**aniseed** [ˈænɪsiːd] Ⓐ N (= *flavour*) anís *m*; (= *seed*) grano *m* de anís
Ⓑ CPD ► **aniseed ball** N bolita *f* de anís

**anisette** [ˌænɪˈzet] N anisete *m*, anís *m*

**Anjou** [ɑːŋˈʒuː] N Anjeo *m*

**Ankara** [ˈæŋkərə] N Ankara *f*

**ankle** [ˈæŋkl] Ⓐ N tobillo *m*; **I've twisted my ~** me he torcido el tobillo
Ⓑ CPD ► **ankle joint** N articulación *f* del tobillo ► **ankle sock** N (*Brit*) calcetín *m* tobillero ► **ankle strap** N tirita *f* tobillera

**anklebone** [ˈæŋklbəʊn] N hueso *m* del tobillo

**ankle-deep** [ˈæŋklˈdiːp] ADV **to be ~ in water** estar metido hasta los tobillos en el agua; **the water is only ~** el agua llega a los tobillos nada más

**anklet** [ˈæŋklɪt] N brazalete *m* para el tobillo, ajorca *f* para el pie; (*US*) calcetín *m* corto

**ankylosis** [ˌæŋkɪˈləʊsɪs] N anquilosis *f*

**Ann** [æn] N Ana; **~ Boleyn** Ana Bolena

**ann** ABBR [1] = **annual**
[2] (*Fin*) = **annuity**

**annalist** [ˈænəlɪst] N analista *mf*, cronista *mf*

**annals** [ˈænəlz] NPL anales *mpl*; **in all the ~ of crime** en toda la historia del crimen; **never in the ~ of human endeavour** nunca en la historia de los esfuerzos humanos

**Anne** [æn] N Ana

**anneal** [əˈniːl] VT templar

**annex** [əˈneks] Ⓐ VT [1] [+ *territory*] anexar, anexionar (**to** a)
[2] [+ *document*] adjuntar, añadir (**to** a)
Ⓑ [ˈæneks] N (*US*) = **annexe**

**annexation** [ˌænekˈseɪʃən] N anexión *f*

**annexe** [ˈæneks] N [1] (= *building*) edificio *m* anexo
[2] (= *document*) anexo *m*

**annihilate** [əˈnaɪəleɪt] VT aniquilar

**annihilation** [əˌnaɪəˈleɪʃən] N aniquilación *f*, aniquilamiento *m*

**anniversary** [ˌænɪˈvɜːsərɪ] N aniversario *m*; **wedding ~** aniversario *m* de bodas; **golden/silver wedding ~** bodas *fpl* de oro/plata; **the Góngora ~ dinner** el banquete para festejar el aniversario de Góngora

**Anno Domini** [ˈænəʊˈdɒmɪnaɪ] N (*frm*) **~ 43** el año 43 después de Jesucristo; **the third century ~** el siglo tercero de Cristo

**annotate** [ˈænəʊteɪt] VT anotar, comentar

**annotation** [ˌænəʊˈteɪʃən] N (= *act*) anotación *f*; (= *instance*) anotación *f*, apunte *m*

▼**announce** [əˈnaʊns] VT [1] (*gen*) anunciar; **we regret to ~ the death of ...** lamentamos tener que anunciar la muerte de ...
[2] (= *inform*) comunicar, hacer saber; **it is ~d from London that ...** se comunica desde Londres que ...
[3] (= *declare*) declarar; **he ~d that he wasn't going** declaró que no iba

**announcement** [əˈnaʊnsmənt] N (*gen*) anuncio *m*; (= *declaration*) declaración *f*; **~ of birth** (aviso *m*) natalicio *m*; **~ of death** (nota *f*) necrológica *f*; **I'd like to make an ~** tengo algo que anunciar

**announcer** [əˈnaʊnsəʳ] N [1] (*TV, Rad*) locutor(a) *m/f*
[2] (*at airport etc*) el *or* la que hace anuncios

▼**annoy** [əˈnɔɪ] VT molestar, fastidiar; **he's just trying to ~ you** lo que quiere es molestarte *or* fastidiarte; **is this man ~ing you, madam?** ¿le está molestando este hombre, señora?; **don't be ~ed if I can't come** no te enfades si no puedo venir; **to be ~ed about** *or* **at sth** estar enfadado *or* molesto por algo; **to be ~ed with sb** estar enfadado *or* molesto con algn; **to get ~ed** enfadarse; **it's no good getting ~ed with me** de nada sirve enfadarte conmigo

**annoyance** [əˈnɔɪəns] N [1] (= *displeasure*) irritación *f*; (= *anger*) enfado *m*, enojo *m* (*LAm*); **to my ~ I find that ...** con gran disgusto mío descubro que ...
[2] (= *annoying thing*) molestia *f*

**annoying** [əˈnɔɪɪŋ] ADJ [*habit, noise*] molesto, irritante; [*person*] irritante, pesado; **the ~ thing about it is that ...** lo que más me fastidia del asunto es que ...; **how ~!** ¡qué fastidio!; **it's ~ to have to wait** es un fastidio tener que esperar; **he's such an ~ person!** ¡qué hombre más irritante *or* pesado!; **I find her very ~** me resulta muy pesada; **I find it very ~** me molesta mucho

**annoyingly** [əˈnɔɪɪŋlɪ] ADV [*behave, act*] de modo irritante; **and then, ~ enough, she wasn't at home** y encima no estaba en casa, lo que me fastidió mucho; **~, I shan't be able to be there** me da mucha rabia, pero no voy a poder ir; **the radio was ~ loud** la radio estaba tan alta que molestaba; **she was ~ vague** era tan distraída que sacaba de quicio*; **he has an ~ loud voice** tiene un vozarrón de lo más irritante

**annual** [ˈænjʊəl] Ⓐ ADJ anual
Ⓑ N [1] (= *publication*) anuario *m*; (= *children's comic book*) *cómic para niños que se publica en forma de libro normalmente por Navidad*
[2] (*Bot*) planta *f* anual
Ⓒ CPD ► **annual general meeting** N (*Brit*) junta *f* general anual ► **annual income** N ingresos *mpl* anuales ► **annual report** N informe *m* anual

**annually** [ˈænjʊəlɪ] ADV anualmente, cada año; **£500 ~** 500 libras al año

**annuity** [əˈnjuːɪtɪ] N renta *f* vitalicia

**annul** [əˈnʌl] VT [+ *judgment, contract, marriage*] anular; [+ *law*] revocar, abrogar

**annulment** [əˈnʌlmənt] N [*of marriage*] anulación *f*; [*of law*] revocación *f*, abrogación *f*

**annum** [ˈænəm] N *see* **per**

**Annunciation** [əˌnʌnsɪˈeɪʃən] N Anunciación *f*

**anode** [ˈænəʊd] N ánodo *m*

**anodize** [ˈænədaɪz] VT anodizar

**anodyne** [ˈænəʊdaɪn] Ⓐ ADJ (*Med*) analgésico; (*fig*) anodino
Ⓑ N (*Med*) analgésico *m*; (*fig*) remedio *m*

**anoint** [əˈnɔɪnt] VT [1] (*with oil etc*) ungir (**with** de)
[2] (*fig*) (= *nominate*) designar, nombrar

**anointing** [əˈnɔɪntɪŋ] N unción *f*; **~ of the sick** (*Rel*) unción *f* de los enfermos

**anomalous** [əˈnɒmələs] ADJ anómalo

**anomaly** [əˈnɒməlɪ] N anomalía *f*

**anon**[1] [əˈnɒn] ADV [1] luego, dentro de poco; **I'll see you ~** nos veremos luego
[2] (††) **ever and ~** de vez en cuando

**anon**[2] [əˈnɒn] ABBR = **anonymous**

**anonymity** [ˌænəˈnɪmɪtɪ] N anonimato *m*; **to preserve one's ~** permanecer en el anonimato; **the ~ of rented rooms** lo anónimo de las habitaciones de alquiler

**anonymous** [əˈnɒnɪməs] ADJ [1] (= *unnamed*) [*caller, writer, phone call, poem*] anónimo; [*ballot*] secreto; **he received an ~ letter** recibió un anónimo; **Alcoholics Anonymous** Alcohólicos *mpl* Anónimos; **he wishes to remain ~** quiere permanecer en el anonimato
[2] (= *unmemorable*) [*place, room*] anónimo, sin ninguna seña de identidad; **~-looking people** gente de apariencia anónima

**anonymously** [əˈnɒnɪməslɪ] ADV [*send, give, speak*] anónimamente, de manera anónima; [*live*] en el anonimato; [*publish*] de forma anónima, sin el nombre del autor; **the book came out ~** el libro salió de forma anónima *or* sin el nombre del autor

**anorak** [ˈænəræk] N [1] (*esp Brit*) (= *coat*) anorak *m*
[2] (*Brit* pej*) (= *person*) pelmazo/a *m/f*, petardo/a *m/f*

**anorectic** [ˌænəˈrektɪk] = **anorexic**

**anorexia** [ˌænəˈreksɪə] Ⓐ N (*Med*) anorexia *f*
Ⓑ CPD ► **anorexia nervosa** N anorexia *f* nerviosa

**anorexic** [ˌænəˈreksɪk] Ⓐ ADJ anoréxico
Ⓑ N anoréxico/a *m/f*

▼**another** [əˈnʌðəʳ] Ⓐ ADJ [1] (= *additional*) otro; **would you like ~ beer?** ¿quieres otra cerveza?; **have ~ one** toma *or* coge otro; **we need ~ two men** necesitamos dos hombres más, necesitamos otros dos hombres; **not ~ minute!** ¡ni un minuto más!; **there are ~ two months to go** faltan otros dos meses *or* dos meses más; **~ two kilometres** dos kilómetros más; **without ~ word** sin decir ni una palabra más; **there's not ~ painting like it** no existe otro cuadro como éste; **I don't think he'll be ~ Mozart** no creo que llegue a ser otro Mozart; **I've discovered yet ~ problem** he descubierto otro problema más; **take ~ five** coge cinco más *or* otros cinco, toma cinco más *or* otros cinco (*LAm*)
[2] (= *different*) otro; **do it ~ time** hazlo en otra ocasión; **that's quite ~ matter** eso es otra cosa totalmente distinta, eso es otro cantar
Ⓑ PRON otro/a *m/f*; **help yourself to ~** sírvete otro; **in one form or ~** de una forma u otra; **what with one thing and ~** entre una cosa u otra; **if not this time then ~** si no esta vez, pues otra; *see also* **one C5**

**A.N. Other** [ˌeɪˌenˈʌðəʳ] N fulano* *m*, un tipo cualquiera*; **"A.N. Other"** (*on list*) "a concretar"

**anoxia** [əˈnɒksɪə] N anoxia *f*

**anoxic** [əˈnɒksɪk] ADJ anóxico

**Ansaphone®** [ˈɑːnsəfəʊn] N = **answerphone**

**ANSI** N ABBR (*US*) = **American National Standards Institute**

▼**answer** [ˈɑːnsəʳ] Ⓐ N [1] (= *reply*) respuesta *f*, contestación *f*; **he has an ~ for everything** tiene respuesta *or* contestación para todo; **I never got an ~ to my question** nunca me respondieron *or* contestaron (a) la pregunta; **he smiled in ~** como respuesta esbozó una sonrisa; **in ~ to your letter** en respuesta a su carta; **in ~ to your question** en *or* como respuesta a su pregunta, para responder *or* contestar (a) su pregunta; **there's no ~** (*Telec*) no contestan; **I knocked but there was no ~** llamé a la puerta pero no hubo respuesta *or* no abrieron; **there's no ~ to that** no existe una respuesta para eso; **I made no ~** no respondí; **her only ~ was to smile** respondió simplemente con una sonrisa, como respuesta se limitó a sonreír; **it was the ~ to my prayers** fue la solución a todos mis problemas; ✦**IDIOMS to know all the ~s** tener respuesta para todo, saberlo todo; **he's not exactly the ~ to a maiden's prayer** no es precisamente un príncipe azul
[2] (= *solution*) solución *f*; **we have the ~ to your problem** tenemos la solución a su problema; **prison is not the ~** la cárcel no es solución; **there is no easy ~** no hay una solución fácil
[3] (= *equivalent*) **cachaça is Brazil's ~ to tequila** la cachaça es el tequila brasileño; **Belgium's ~ to Sylvester Stallone** el Sylvester Stallone belga
[4] (*in exam, quiz*) [4·1] (= *correct response*) (*to question*) respuesta *f*; (*to problem*) solución *f*
[4·2] (= *individual response*) respuesta *f*; **write your ~s on the sheets provided** escriba las respuestas en las hojas que se le han proporcionado
[5] (*Jur*) contestación *f* a la demanda, réplica *f*
Ⓑ VT [1] (= *reply to*) [+ *person*] contestar a, responder a; [+ *question*] contestar (a), responder (a); [+ *letter*] contestar (a); [+ *criticism*] responder a; **~ me** contéstame, respóndeme; **to ~ your question, I did see him** contestando *or* respondiendo a tu pregunta, (te diré que) sí lo vi; **she never ~ed my letters** nunca contestaba (a) mis cartas; **he ~ed not a word** no dijo (ni una) palabra; **to ~ that ...** responder que ..., contestar que ...; **"not yet," he ~ed** —aún no —respondió; **to ~ a call for help** acudir a una llamada de socorro; **to ~ the door** (ir a) abrir la puerta, atender la puerta (*LAm*); **our prayers have been ~ed** nuestras súplicas han sido escuchadas; **to ~ the telephone** contestar el teléfono
[2] (= *fulfil*) [+ *needs*] satisfacer; [+ *description*] responder a; **two men ~ing the description of the suspects** dos hombres que respondían a la descripción de los sospechosos; **it ~s the purpose** sirve para su propósito, cumple su cometido
[3] (*Jur*) **to ~ a charge** responder a una acusación, responder a un cargo
[4] (*Naut*) **to ~ the helm** obedecer al timón
Ⓒ VI contestar, responder; **she didn't ~ im-**

➤ LANGUAGE IN USE: **announce 1** 24.1, 24.2, 24.4, 24.5 **annoy** 7.3 **another A1** 26.2 **answer A1** 21.1 **B1** 26.1

**mediately** tardó en contestar *or* responder; **if the phone rings, let someone else ~** si suena el teléfono, deja que conteste otro; **the doorbell rang but I didn't ~** sonó el timbre pero no abrí
Ⓓ CPD ► **answer paper** N hoja *f* de respuestas

►**answer back** VI + ADV [1] (= *be cheeky*) (*on one occasion*) replicar, contestar; (*habitually*) ser respondón/ona; **don't ~ back!** ¡no repliques!
[2] (= *defend o.s.*) defenderse (*contra las críticas*)

►**answer for** VI + PREP [1] (= *take responsibility for*) [+ *actions*] responder de; **I'll not ~ for the consequences** no respondo de las consecuencias, no me responsabilizo de las consecuencias; **to ~ for the truth of sth** responder de la veracidad de algo; **to ~ for sb's safety** responder de la seguridad de algn; **he's got a lot to ~ for** tiene la culpa de muchas cosas; **he must be made to ~ for his crimes** le tienen que hacer pagar por sus crímenes
[2] (= *reply for*) responder por; **I can't ~ for the others, but ...** no puedo responder por los demás, pero ...; **can't she ~ for herself?** ¿no sabe responder ella sola?
[3] (= *serve as*) servir de

►**answer to** VI + PREP [1] (= *be accountable to*) **to ~ to sb** responder ante algn; **I ~ to nobody** no tengo que darle cuentas a nadie
[2] (= *respond to*) **the steering ~s to the slightest touch** la dirección responde *or* es sensible al más mínimo roce
[3] (= *be called*) **the dog ~s to the name of Kim** el perro atiende por Kim
[4] (= *fit*) [+ *description*] responder a; **he ~s to the description circulated by police** responde a la descripción que ha hecho circular la policía

**answerable** ['ɑːnsərəbl] ADJ [1] (= *accountable*) responsable; **to be ~ to sb (for sth)** ser responsable ante algn (de algo); **he's not ~ to anyone** no tiene que dar cuentas a nadie
[2] [*question*] que tiene respuesta; **the question is not readily ~** la pregunta no tiene respuesta fácil

**answering** ['ɑːnsərɪŋ] CPD ► **answering machine** N contestador *m* (automático) ► **answering service** N (*live*) servicio *m* telefónico de contestación; (*with answerphone*) servicio *m* de contestador automático

**answerphone** ['ɑːnsəˌfəʊn] N contestador *m* (automático)

**ant** [ænt] N hormiga *f*; ✦***IDIOM*** **to have ~s in one's pants*** tener avispas en el culo*

**ANTA** N ABBR (*US*) = **American National Theater and Academy**

**antacid** ['ænt'æsɪd] Ⓐ ADJ antiácido
Ⓑ N antiácido *m*

**antagonism** [æn'tægənɪzəm] N (*towards sb*) hostilidad *f*; (*between people*) rivalidad *f*, antagonismo *m*

**antagonist** [æn'tægənɪst] N antagonista *mf*, adversario/a *m/f*

**antagonistic** [ænˌtægə'nɪstɪk] ADJ [1] (= *hostile*) [*person, attitude*] hostil, antagonista
[2] (= *opposed*) [*ideas, views*] antagónico, opuesto; **I am not in the least ~ to the idea** yo no me opongo en lo más mínimo a la idea

**antagonize** [æn'tægənaɪz] VT **I don't want to ~ him** no quiero contrariarle; **he managed to ~ everybody** logró ponerse a malas con todos, logró suscitar el antagonismo de todos

**Antarctic** [ænt'ɑːktɪk] Ⓐ ADJ antártico
Ⓑ N **the ~** el Antártico
Ⓒ CPD ► **the Antarctic Circle** N el círculo Polar Antártico ► **the Antarctic Ocean** N el Océano Antártico

**Antarctica** [ænt'ɑːktɪkə] N Antártida *f*

**ante** ['æntɪ] (*esp US*) Ⓐ N (*Cards*) apuesta *f*; ✦***IDIOM*** **to raise** *or* **up the ~*** (*Cards*) subir la apuesta; (*fig*) elevar las demandas
Ⓑ VT apostar
Ⓒ VI poner su apuesta

►**ante up*** VI + ADV (*US*) pagar, apoquinar*

**ante...** ['æntɪ] PREFIX ante...

**anteater** ['æntˌiːtəʳ] N (*Zool*) oso *m* hormiguero

**antebellum** ['æntɪ'beləm] ADJ prebélico (*particularmente referido a la guerra civil norteamericana*)

**antecedent** [ˌæntɪ'siːdənt] Ⓐ N antecedente *m*; **antecedents** (= *past history*) antecedentes *mpl*; (= *ancestors*) antepasados *mpl*
Ⓑ ADJ precedente, que precede (**to** a)

**antechamber** ['æntɪˌtʃeɪmbəʳ] N antecámara *f*, antesala *f*

**antedate** ['æntɪ'deɪt] VT [1] (= *precede*) preceder, ser anterior a; **text A ~s B by 50 years** el texto A es anterior a B en 50 años; **this building ~s the Norman conquest** este edificio data de antes de *or* es anterior a la conquista normanda
[2] [+ *cheque*] antedatar

**antediluvian** ['æntɪdɪ'luːvɪən] ADJ (*Rel, fig*) antediluviano

**antelope** ['æntɪləʊp] N (*pl* **antelope, antelopes**) antílope *m*

**antenatal** ['æntɪ'neɪtl] Ⓐ ADJ prenatal; **~ exercises** ejercicios *mpl* para mujeres embarazadas
Ⓑ N = **antenatal examination**
Ⓒ CPD ► **antenatal care** N asistencia *f* prenatal ► **antenatal clinic** N clínica *f* prenatal ► **antenatal examination** N reconocimiento *m* prenatal

**antenna** [æn'tenə] N (*pl* **antennas** *or* **antennae** [æn'teniː]) [1] [*of insect, animal*] antena *f*
[2] (*TV*) antena *f*

**antepenult** [ˌæntɪpɪ'nʌlt] N sílaba *f* antepenúltima

**antepenultimate** ['æntɪpɪ'nʌltɪmɪt] ADJ antepenúltimo

**anterior** [æn'tɪərɪəʳ] ADJ anterior (**to** a)

**anteroom** ['æntɪrʊm] N antesala *f*

**anthem** ['ænθəm] N himno *m*; (*Rel*) antífona *f*; *see also* **national C**

**anther** ['ænθəʳ] N antera *f*

**anthill** ['ænthɪl] N hormiguero *m*

**anthologist** [æn'θɒlədʒɪst] N antologista *mf*

**anthologize** [æn'θɒlədʒaɪz] VT [+ *works*] hacer una antología de; [+ *poem, author*] incluir en una antología

**anthology** [æn'θɒlədʒɪ] N antología *f*

**Anthony** ['æntənɪ] N Antonio

**anthracite** ['ænθrəsaɪt] N antracita *f*

**anthrax** ['ænθræks] N ántrax *m*

**anthropo...** [ˌænθrəʊpɒ] PREFIX antropo...

**anthropocentric** [ˌænθrəʊpəʊ'sentrɪk] ADJ antropocéntrico

**anthropoid** ['ænθrəʊpɔɪd] Ⓐ ADJ antropoide
Ⓑ N antropoide *mf*

**anthropological** [ˌænθrəpə'lɒdʒikəl] ADJ antropológico

**anthropologist** [ˌænθrə'pɒlədʒɪst] N antropólogo/a *m/f*

**anthropology** [ˌænθrə'pɒlədʒɪ] N antropología *f*

**anthropometry** [ˌænθrə'pɒmɪtrɪ] N antropometría *f*

**anthropomorphic** [ˌænθrəpəʊ'mɔːfɪk] ADJ antropomórfico

**anthropomorphism** [ˌænθrəʊpə'mɔːfɪzəm] N antropomorfismo *m*

**anthropomorphist** [ˌænθrəpəʊ'mɔːfɪst] Ⓐ ADJ antropomorfista
Ⓑ N antropomorfista *mf*

**anthropomorphous** [ˌænθrəʊpə'mɔːfəs] ADJ antropomorfo

**anthropophagi** [ˌænθrəʊ'pɒfəgaɪ] NPL antropófagos *mpl*

**anthropophagous** [ˌænθrəʊ'pɒfəgəs] ADJ antropófago

**anthropophagy** [ˌænθrəʊ'pɒfədʒɪ] N antropofagia *f*

**anti** ['æntɪ] Ⓐ PREP **she is ~ the whole idea*** ella está completamente en contra de la idea
Ⓑ ADJ **he's rather ~*** está más bien opuesto

**anti...** ['æntɪ] PREFIX anti...

**anti-abortion** [ˌæntɪə'bɔːʃən] ADJ **~ campaign** campaña *f* en contra del aborto, campaña *f* antiabortista

**anti-abortionist** [ˌæntɪə'bɔːʃənɪst] N antiabortista *mf*

**anti-aircraft** ['æntɪ'ɛəkrɑːft] ADJ [*gun*] antiaéreo

**anti-apartheid** ['æntɪə'pɑːteɪt] ADJ anti-apartheid

**anti-authority** ['æntɪɔː'θɒrɪtɪ] ADJ [*speeches, attitude*] antiautoritario, contestatario

**anti-bacterial** ['æntɪbæk'tɪərɪəl] ADJ bactericida

**anti-ballistic** ['æntɪbə'lɪstɪk] ADJ antibalístico; **~ missile** misil *m* antibalístico

**antibiotic** ['æntɪbaɪ'ɒtɪk] Ⓐ N antibiótico *m*
Ⓑ ADJ antibiótico

**antibody** ['æntɪˌbɒdɪ] N anticuerpo *m*

**antic** ['æntɪk] N *see* **antics**

**Antichrist** ['æntɪkraɪst] N Anticristo *m*

**anticipate** [æn'tɪsɪpeɪt] Ⓐ VT [1] (= *expect*) [+ *trouble, pleasure*] esperar, contar con; **this is worse than I ~d** esto es peor de lo que esperaba; **the police ~d trouble** la policía esperaba disturbios, la policía contaba con que hubiera disturbios; **I ~ seeing him tomorrow** espero *or* cuento con verlo mañana; **as ~d** según se esperaba, como esperábamos; **the ~d audience did not materialize** no apareció el público que se esperaba *or* con que se había contado; **an eagerly-~d event** un acontecimiento muy esperado; **to ~ that ...** prever que ..., calcular que ...; **do you ~ that this will be easy?** ¿crees que esto va a resultar fácil?; **we ~ that he will come in spite of everything** contamos con que *or* esperamos que venga a pesar de todo
[2] (= *foresee*) [+ *event*] prever; [+ *question, objection, wishes*] anticipar; **~d cost** (*Comm*) coste *m* previsto; **~d profit** beneficios *mpl* previstos
[3] (= *forestall*) [+ *person*] anticiparse a, adelantarse a; [+ *event*] anticiparse a, prevenir; **you have ~d my wishes** usted se ha anticipado *or* adelantado a mis deseos; **you have ~d my orders** (*wrongly*) usted ha actuado sin esperar mis órdenes
Ⓑ VI (= *act too soon*) anticiparse

**anticipation** [ænˌtɪsɪ'peɪʃən] N [1] (= *expectation*) expectativa *f*; **in ~** (= *ahead of time*) de antemano; **in ~ of a fine week** esperando una semana de buen tiempo; **I bought it in ~ of her visit** lo compré en previsión de su visita; **thanking you in ~** en espera de sus noticias
[2] (= *excitement*) ilusión *f*; **we waited in**

**great ~** esperábamos con gran ilusión
[3] (= *foresight*) previsión *f*, anticipación *f*; **to act with ~** obrar con previsión
[4] (= *foretaste*) anticipo *m*, adelanto *m*

**anticipatory** [æn'tɪsɪpeɪtərɪ] ADJ anticipador; **~ breach of contract** violación *f* anticipadora de contrato

**anticlerical** ['æntɪ'klerɪkl] Ⓐ ADJ anticlerical
Ⓑ N anticlerical *mf*

**anticlericalism** ['æntɪ'klerɪklɪzəm] N anticlericalismo *m*

**anticlimactic** ['æntɪklaɪ'mæktɪk] ADJ decepcionante

**anticlimax** ['æntɪ'klaɪmæks] N [1] (= *disappointment*) decepción *f*; **what an ~!** ¡qué decepción!; **the book ends in ~** la novela termina de modo decepcionante; **the game came as an ~** el partido no correspondió con lo que se esperaba
[2] (*Rhetoric*) anticlímax *m inv*

**anticlockwise** ['æntɪ'klɒkwaɪz] (*Brit*) Ⓐ ADJ en sentido contrario al de las agujas del reloj
Ⓑ ADV en sentido contrario al de las agujas del reloj

**anticoagulant** ['æntɪkəʊ'ægjʊlənt] Ⓐ ADJ anticoagulante
Ⓑ N anticoagulante *m*

**anticorrosive** ['æntɪkə'rəʊzɪv] ADJ anticorrosivo

**antics** ['æntɪks] NPL [*of clown etc*] payasadas *fpl*; [*of child, animal etc*] gracias *fpl*; (= *pranks*) travesuras *fpl*; **he's up to his old ~ again** (*pej*) ya está haciendo de las suyas otra vez

**anticyclone** ['æntɪ'saɪkləʊn] N anticiclón *m*

**anticyclonic** [,æntɪsaɪ'klɒnɪk] ADJ anticiclónico, anticiclonal

**anti-dandruff** [,æntɪ'dændrəf] ADJ anticaspa *inv*

**antidazzle** ['æntɪ'dæzl] ADJ antideslumbrante

**antidepressant** [,æntɪdɪ'presnt] Ⓐ ADJ antidepresivo
Ⓑ N antidepresivo *m*

**antidote** ['æntɪdəʊt] N (*Med*) antídoto *m* (**for, to** contra); (*fig*) remedio *m* (**for, to** contra, para)

**anti-dumping** ['æntɪ'dʌmpɪŋ] ADJ [*duty, measures*] anti-dumping *inv*

**anti-Establishment** ['æntɪɪs'tæblɪʃmənt] ADJ en contra del sistema

**antifeminism** [,æntɪ'femɪnɪzəm] N antifeminismo *m*

**antifeminist** [,æntɪ'femɪnɪst] Ⓐ ADJ antifeminista
Ⓑ N antifeminista *mf*

**antifreeze** ['æntɪ'friːz] N anticongelante *m*

**anti-friction** ['æntɪ'frɪkʃən] ADJ antifriccional, contrafricción *inv*

**antigen** ['æntɪdʒən] N antígeno *m*

**anti-glare** ['æntɪ'glɛəʳ] ADJ antideslumbrante

**Antigone** [æn'tɪgənɪ] N Antígona

**Antigua** [æn'tiːgə] N Antigua *f*

**anti-hero** ['æntɪ,hɪərəʊ] N (*pl* **antiheroes**) antihéroe *m*

**anti-heroine** ['æntɪ'herəʊɪn] N antiheroína *f*

**antihistamine** [,æntɪ'hɪstəmɪn] Ⓐ ADJ antihistamínico
Ⓑ N antihistamínico *m*

**anti-inflammatory** ['æntɪɪn'flæmətərɪ] Ⓐ ADJ antiinflamatorio
Ⓑ N antiinflamatorio *m*

**anti-inflationary** [,æntɪɪn'fleɪʃnərɪ] ADJ antiinflacionista

**anti-knock** ['æntɪ'nɒk] ADJ antidetonante

**Antilles** [æn'tɪliːz] NPL Antillas *fpl*

**anti-lock** ['æntɪ'lɒk] ADJ [*device, brakes*] antibloque *inv*

**antilogarithm** [,æntɪ'lɒgərɪðəm] N antilogaritmo *m*

**antimacassar** ['æntɪmə'kæsəʳ] N antimacasar *m*

**antimagnetic** [,æntɪmæg'netɪk] ADJ antimagnético

**antimalarial** [,æntɪmə'lɛərɪəl] ADJ antipalúdico

**anti-marketeer** ['æntɪ,mɑːkə'tɪəʳ] N (*Brit Pol*) persona *f* contraria al Mercado Común

**antimatter** ['æntɪ,mætəʳ] N antimateria *f*

**antimissile** ['æntɪ'mɪsaɪl] ADJ antimisil

**antimony** ['æntɪmənɪ] N antimonio *m*

**anti-motion sickness** [,æntɪ'məʊʃən,sɪknɪs] ADJ [*pill*] contra el mareo

**antinomy** [æn'tɪnəmɪ] N antinomia *f*

**antinuclear** ['æntɪ'njuːklɪəʳ] ADJ antinuclear

**antinuke*** [,æntɪ'njuːk] ADJ antinuclear

**Antioch** ['æntɪɒk] N Antioquía *f*

**antioxidant** ['æntɪ'ɒːksədənt] N antioxidante *m*

**antiparasitic** [,æntɪ,paerə'sɪtɪk] ADJ antiparasitario

**antipathetic** [,æntɪpə'θetɪk] ADJ hostil (**to** a)

**antipathy** [æn'tɪpəθɪ] N (*between people*) antipatía *f* (**between** entre; **towards, to** hacia); (*to thing*) aversión *f* (**towards, to** hacia, por)

**antipersonnel** ['æntɪpɜːsə'nel] ADJ (*Mil*) destinado a causar bajas

**antiperspirant** [,æntɪ'pɜːspərənt] Ⓐ ADJ antiperspirante
Ⓑ N antiperspirante *m*

**antiphon** ['æntɪfən] N antífona *f*

**antiphony** [æn'tɪfənɪ] N canto *m* antifonal

**Antipodean, antipodean** [æn,tɪpə'diːən] Ⓐ ADJ de las antípodas; (*Brit hum*) (= *Australian*) australiano
Ⓑ N habitante *mf* de las antípodas; (*Brit hum*) (= *Australian*) australiano/a *m/f*

**antipodes** [æn'tɪpədiːz] NPL antípodas *fpl*; **the Antipodes** (*Brit esp hum*) Australia *f* (y Nueva Zelanda *f*)

**antipope** ['æntɪpəʊp] N antipapa *m*

**antiprotectionist** [,æntɪprə'tekʃənɪst] ADJ antiproteccionista

**antiquarian** [,æntɪ'kwɛərɪən] Ⓐ ADJ anticuario
Ⓑ N (= *collector*) coleccionista *mf* de antigüedades; (= *dealer*) anticuario/a *m/f*
Ⓒ CPD ► **antiquarian bookseller** N librero/a *m* especializado/a en libros antiguos ► **antiquarian bookshop** N librería *f* anticuaria ► **antiquarian collection** N colección *f* de antigüedades

**antiquary** ['æntɪkwərɪ] N = **antiquarian B**

**antiquated** ['æntɪkweɪtɪd] ADJ (*pej*) anticuado

**antique** [æn'tiːk] Ⓐ ADJ [1] [*furniture, vase*] de época; [*bracelet*] antiguo
[2] (= *ancient*) antiguo, de la antigüedad; (*pej*) anticuado
Ⓑ N antigüedad *f*
Ⓒ CPD ► **antique dealer** N anticuario/a *m/f* ► **antique shop** N tienda *f* de antigüedades

**antiqued** [æn'tiːkt] ADJ [*furniture*] envejecido

**antiquity** [æn'tɪkwɪtɪ] N [1] (= *age, ancient times*) antigüedad *f*; **of great ~** muy antiguo; **high ~** remota antigüedad; **in ~** en la antigüedad, en el mundo antiguo
[2] **antiquities** antigüedades *fpl*

**anti-racism** ['æntɪ'reɪsɪzəm] N antirracismo *m*

**anti-racist** ['æntɪ'reɪsɪst] Ⓐ ADJ antirracista
Ⓑ N antirracista *mf*

**anti-religious** ['æntɪrɪ'lɪdʒəs] ADJ antirreligioso

**anti-riot** ['æntɪ'raɪət] ADJ [*police, troops*] antidisturbios

**anti-roll** ['æntɪ'rəʊl] CPD ► **anti-roll bar** N barra *f* estabilizadora, barra *f* antivuelco ► **anti-roll device** N estabilizador *m*

**antirrhinum** [,æntɪ'raɪnəm] N antirrino *m*

**anti-rust** ['æntɪ'rʌst] ADJ antioxidante

**anti-segregationist** ['æntɪsegrə'geɪʃənɪst] ADJ antisegregacionista

**anti-semite** ['æntɪ'siːmaɪt] N antisemita *mf*

**anti-semitic** ['æntɪsɪ'mɪtɪk] ADJ antisemita

**anti-semitism** ['æntɪ'semɪtɪzəm] N antisemitismo *m*

**antiseptic** [,æntɪ'septɪk] Ⓐ ADJ antiséptico
Ⓑ N antiséptico *m*

**anti-skid** ['æntɪ'skɪd] ADJ antideslizante

**anti-slavery** ['æntɪ'sleɪvərɪ] ADJ en contra de la esclavitud

**anti-smoking** ['æntɪ'sməʊkɪŋ] ADJ antitabaco

**antisocial** ['æntɪ'səʊʃəl] ADJ [1] (= *offensive*) [*behaviour, tendency*] antisocial
[2] (= *unsociable*) insociable

**antistatic** ['æntɪ'stætɪk] ADJ antiestático

**anti-strike** ['æntɪ'straɪk] ADJ antihuelga

**anti-submarine** ['æntɪsʌbmə'riːn] ADJ antisubmarino

**anti-tank** ['æntɪ'tæŋk] ADJ antitanque

**anti-terrorist** ['æntɪ'terərɪst] ADJ antiterrorista

**anti-theft** [,æntɪ'θeft] CPD ► **anti-theft device** N sistema *m* antirrobo

**antithesis** [æn'tɪθɪsɪs] N (*pl* **antitheses** [æn'tɪθɪsiːz]) antítesis *f inv*

**antithetic** [,æntɪ'θetɪk] ADJ = **antithetical**

**antithetical** [,æntɪ'θetɪkəl] ADJ antitético

**antithetically** [,æntɪ'θetɪkəlɪ] ADV por antítesis

**antitoxic** ['æntɪ'tɒksɪk] ADJ antitóxico

**antitoxin** ['æntɪ'tɒksɪn] N antitoxina *f*

**anti-trust** ['æntɪ'trʌst] Ⓐ ADJ (*US*) antimonopolista
Ⓑ CPD ► **anti-trust law** N ley *f* antimonopolios ► **anti-trust legislation** N legislación *f* antimonopolios

**antivivisection** ['æntɪ,vɪvɪ'sekʃən] Ⓐ N antiviviseccionismo *m*
Ⓑ CPD ► **antivivisection movement** N movimiento *m* antiviviseccionista

**antivivisectionism** ['æntɪ,vɪvɪ'sekʃənɪzəm] N antiviviseccionismo *m*

**antivivisectionist** ['æntɪ,vɪvɪ'sekʃənɪst] N antiviviseccionista *mf*

**anti-war** [,æntɪ'wɔːʳ] ADJ antibelicista, pacifista

**anti-wrinkle** ['æntɪ'rɪŋkl] ADJ antiarrugas

**antler** ['æntləʳ] N cuerna *f*, asta *f*; **antlers** cornamenta *fsing*

**Antony** ['æntənɪ] N Antonio

**antonym** ['æntənɪm] N antónimo *m*

**antonymy** [æn'tɒnɪmɪ] N antonimia *f*

**antsy‡** ['æntsɪ] ADJ (*US*) nervioso, inquieto

**Antwerp** ['æntwɜːp] N Amberes *m*

**anus** ['eɪnəs] N ano *m*

**anvil** ['ænvɪl] N yunque *m*

**anxiety** [æŋ'zaɪətɪ] Ⓐ N [1] (= *concern*) preocupación *f*, inquietud *f*; **he expressed his anxieties about the future** expresó su preocupación *or* inquietud por el futuro; **we've had a lot of ~ over the children's health** hemos estado muy preocupados por la salud de los niños; **it is a great ~ to me** me preocupa mucho
[2] (= *keenness*) ansia *f*, afán *m*; **~ to do sth** ansia *or* afán de hacer algo; **in his ~ to leave, he forgot his case** estaba tan ansioso por irse que olvidó su maleta

3 (*Med, Psych*) ansiedad *f*, angustia *f*

Ⓑ CPD ► **anxiety attack** N ataque *m* de ansiedad ► **anxiety neurosis** N neurosis *f inv* de ansiedad

**anxious** [ˈæŋkʃəs] ADJ 1 (= *worried*) [*person*] preocupado, inquieto; [*expression*] de preocupación, de inquietud; [*face, eyes*] angustiado; **you'd better go home, your mother will be ~** es mejor que te vayas a casa, tu madre estará preocupada *or* inquieta; **to be ~ about sth** estar preocupado por algo; **he was ~ about starting his new job** le preocupaba empezar en el nuevo trabajo; **I'm very ~ about you** me tienes muy preocupado; **to become** *or* **get ~** ponerse nervioso; **to feel ~** estar preocupado, estar inquieto; **with an ~ glance** con una mirada llena de preocupación *or* inquietud; **in an ~ voice** en un tono angustiado

2 (= *worrying*) [*situation, wait*] angustioso; [*hours, days*] lleno de ansiedad, angustioso; **it's been a very ~ time for me** ha sido un periodo muy angustioso para mí, he pasado un periodo lleno de ansiedad; **it was an ~ moment** fue un momento angustioso

3 (= *keen*) **he's ~ that nothing should go wrong** no quiere que exista el más mínimo riesgo de que algo salga mal, no quiere de ninguna manera que nada vaya mal; **I am very ~ that he should go** quiero que vaya a toda costa; **she is ~ to see you before you go** tiene muchas ganas de verte antes de que te vayas; **I'm not very ~ to go** tengo pocas ganas de ir; **~ to please her mother, she cleaned the house** deseosa de *or* deseando agradar a su madre, limpió la casa; **to be ~ for reform** desear *or* ansiar una reforma; **he is ~ for results** está deseoso de *or* ansioso por ver resultados; **to be ~ for promotion/success** ansiar *or* ambicionar un ascenso/el éxito; **he was ~ for her to leave** estaba impaciente por que ella se marchara, tenía muchas ganas de que ella se marchara

4 (*Med, Psych*) [*feeling*] de angustia; [*person*] que padece de ansiedad; **to be ~** padecer ansiedad

**anxiously** [ˈæŋkʃəslɪ] ADV 1 (= *worriedly*) [*look, wait*] con preocupación, con inquietud; **"am I boring you?" she said, ~** —¿te aburro? —dijo con ansiedad

2 (= *keenly, eagerly*) ansiosamente, con ansiedad

**anxiousness** [ˈæŋkʃəsnɪs] N 1 (= *concern*) preocupación *f*, inquietud *f*; (= *fear*) (*also Med, Psych*) ansiedad *f*, angustia *f*

2 (= *keenness*) ansia *f*, afán *m*; **~ to do sth** ansia *or* afán de hacer algo

**any** [ˈenɪ]

A ADJECTIVE C ADVERB
B PRONOUN

Ⓐ ADJECTIVE

1 ***in questions***

*When* **any** *modifies an uncountable noun in questions it is usually not translated:*

**have you got ~ money?** ¿tienes dinero?; **is there ~ sugar?** ¿hay azúcar?

*When* **any** *modifies a plural noun in questions it is often not translated. However, if a low number is expected in response,* **algún/alguna** *+ singular noun is used:*

**are there ~ tickets left?** ¿quedan entradas?; **did they find ~ survivors?** ¿hubo supervivientes?; **do you speak ~ foreign languages?** ¿hablas algún idioma extranjero?; **do you have ~ questions?** ¿alguna pregunta?

2 ***with negative, implied negative***

*When* **any** *modifies an uncountable noun it is usually not translated:*

**I haven't ~ money** no tengo dinero; **I have hardly ~ money left** casi no me queda dinero

*When the translation is countable,* **ningún/ninguna** *+ singular noun can be used:*

**you haven't ~ excuse** no tienes ninguna excusa; **she accepted without ~ hesitation** aceptó sin ninguna duda; **we got him home without ~ problem** lo llevamos a casa sin ningún problema

*When* **any** *modifies a plural noun, it is either left untranslated or, for greater emphasis, translated using* **ningún/ninguna** *+ singular noun:*

**he hasn't got ~ friends** no tiene amigos; **I can't see ~ cows** no veo ninguna vaca; **I won't do ~ such thing!** ¡no voy a hacer una cosa semejante!

3 ***in conditional constructions***

**Any** *+ plural noun is often translated using* **algún/alguna** *+ a singular noun:*

**if there are ~ problems let me know** si hay algún problema, me lo dices; **if there are ~ tickets left** si queda alguna entrada; BUT **if he had ~ decency he would apologize** si tuviera un poco de decencia, se disculparía; **if it is in ~ way inconvenient to you ...** si por cualquier razón le resultara inconveniente ...

4 ***= no matter which*** cualquier; **~ teacher will tell you** te lo dirá cualquier profesor; **bring me ~ (old) book** tráeme un libro cualquiera; **buy ~ two tins of soup and get one free** por cada dos latas de sopa cualesquiera que compre le regalamos otra; **wear ~ hat (you like)** ponte el sombrero que quieras; **he's not just ~ violinist** no es un violinista cualquiera; **take ~ one you like** tome cualquiera, tome el que quiera; **it could have happened to ~ one of us** le podría haber pasado a cualquiera de nosotros; **it's much like ~ other seaside resort** es muy parecido a cualquier otro sitio costero; **come at ~ time** ven cuando quieras; **we can cater for up to 300 guests at ~ one time** podemos proveer hasta a 300 invitados en cada ocasión; **~ person who** *or* **that breaks the rules will be punished** se castigará a toda persona que no acate las reglas; *see also* **day A1**, **minute 1**, **moment 1**, **case A3**, **rate A2**

5 ***in set expressions*** **~ amount of**: **they'll spend ~ amount of money to get it** se gastarán lo que haga falta para conseguirlo; **~ number of**: **there must be ~ number of people in my position** debe haber gran cantidad de personas en mi situación; **I've told you ~ number of times** te lo he dicho montones de veces

Ⓑ PRONOUN

1 ***in questions***

*When* **any** *refers to an uncountable noun in questions it is usually not translated:*

**I fancy some soup, have we got ~?** me apetece sopa, ¿tenemos?; **is there ~ milk left?** ¿queda (algo de) leche?

*When* **any** *refers to a plural noun in questions it is often translated using* **alguno/alguna** *in the singular:*

**I need a stamp, have you got ~?** necesito un sello, ¿tienes alguno?; **do ~ of you know the answer?** ¿sabe alguno (de vosotros) la respuesta?; **have ~ of them arrived?** ¿ha llegado alguno (de ellos)?

2 ***with negative, implied negative***

*When* **any** *refers to an uncountable noun it is usually not translated:*

**"can I have some bread?" — "we haven't ~"** —¿hay pan? —no nos queda nada *or* no tenemos

*When* **any** *refers to a plural noun, it is either left untranslated or, for greater emphasis, translated using* **ningún/ninguna** *in the singular:*

**"did you buy the oranges?" — "no, there weren't ~"** ¿compraste (las) naranjas? —no, no había *or* no tenían; **she has two brothers but I haven't got ~** tiene dos hermanos pero yo no tengo ninguno; **I don't like ~ of them** no me gusta ninguno; **I don't believe ~ of them has done it** no creo que lo haya hecho ninguno de ellos; BUT **he hasn't done ~ of his homework** no ha hecho nada de deberes

3 ***in conditional constructions*** **if ~ of you knows how to drive** si alguno de vosotros sabe conducir; **few, if ~, survived** pocos, si alguno, sobrevivió

4 ***= no matter which*** cualquiera; **~ of those books will do** cualquiera de esos libros servirá; **it's better than ~ of his other films** es mejor que cualquiera de sus otras películas

Ⓒ ADVERB

1 ***in questions*** **would you like ~ more soup?** ¿quieres más sopa?; **is he ~ better?** ¿está (algo) mejor?

2 ***with negative*** **don't wait ~ longer** no esperes más (tiempo); **I don't love him ~ more** ya no le quiero; **I couldn't do that ~ more than I could fly** yo puedo hacer eso tanto como volar; **the room didn't look ~ too clean** la habitación no parecía muy limpia

3 ***esp US* = at all*** **it doesn't help us ~** eso no nos ayuda para nada; **does she sing ~?** ¿sabe cantar de una forma u otra?

**anybody** [ˈenɪbɒdɪ] PRON 1 (*in questions, conditional constructions*) alguien; **did you see ~?** ¿viste a alguien?; **has ~ got a pen?** ¿tiene alguien un bolígrafo?; **is this ~'s seat?** ¿es de alguien *or* alguno este asiento?, ¿está *or* hay alguien sentado aquí?; **is there ~ else I can talk to?** ¿hay alguien más con quien pueda hablar?; **if ~ calls, I'm not in** si llama alguien, no estoy; **if ~ can do it, he can** si alguien lo puede hacer, es él

2 (*with negative, implied negative*) nadie; **I can't see ~** no veo a nadie; **she doesn't like ~ contradicting her** no le gusta que nadie la contradiga; **I didn't ask ~ else** no se le pregunté a nadie más; **hardly ~ came** apenas vino nadie; **there was hardly ~ there** casi no había nadie

3 (= *no matter who*) cualquiera; **I need a volunteer, ~ will do** necesito un voluntario, cualquier persona *or* cualquiera sirve; **~ will tell you the same** cualquiera te diría lo mismo, todos te dirán lo mismo; **~ would have thought he had lost!** cualquiera habría pensado que había perdido; **it's ~'s race** esta carrera la podría ganar cualquiera; **it would have defeated ~ but Jane** habría desanimado a cualquiera *or* a todos menos a Jane; **~ else would have laughed** cualquier otro se hubiera reído; **that's ~'s guess** ¡quién sabe!; **it's not available to just ~** no está a disposición de cualquier persona *or* cualquiera; **I'm not going to marry just ~** yo no me caso con cualquiera; **he's not just ~, he's the boss** no es cualquiera, es el jefe; **bring ~ you like** trae a quien quieras; **~ who** *or* **that wants to go back should go now** si alguno quiere volver, que lo haga ahora; **I'll shoot ~**

**who** *or* **that moves** al primero que se mueva le disparo; **~ who** *or* **that invests in this** todo el que invierta en esto; **~ with any sense would know that!** ¡cualquiera con (algo de) sentido común sabría eso!
4 (= *person of importance*) alguien; **she knows everybody who's ~** conoce a todo el mundo que es alguien *or* importante

**anyhow** [ˈenɪhaʊ] ADV 1 = **anyway**
2 (*) (= *carelessly, haphazardly*) de cualquier modo, de cualquier manera; **he leaves things just ~** deja las cosas de cualquier modo *or* manera; **the books were all ~, on the floor** los libros estaban por el suelo de cualquier modo *or* manera; **I came in late and finished my essay off ~** volví tarde y terminé mi ensayo sin pensarlo mucho

**anymore** [ˌenɪˈmɔːʳ] ADV *see* **any C1, C2**

**anyone** [ˈenɪwʌn] PRON = **anybody**

**anyplace*** [ˈenɪpleɪs] PRON (*US*) = **anywhere**

**anyroad*** [ˈenɪrəʊd] ADV (*Brit*) = **anyway 1**

**anything** [ˈenɪθɪŋ] PRON 1 (*in questions, conditional constructions*) algo, alguna cosa; **do you need ~?** ¿necesitas algo *or* alguna cosa?; **would you like ~ to eat?** ¿quieres algo *or* alguna cosa de comer?; **is there ~ inside?** ¿hay algo *or* alguna cosa dentro?; **can ~ be done?** ¿se puede hacer algo *or* alguna cosa?; **are you doing ~ tonight?** ¿haces algo *or* alguna cosa esta noche?, ¿tienes algún plan para esta noche?; **is there ~ more boring than …?** ¿puede haber algo más aburrido que …?; **did you see ~ interesting?** ¿viste algo de interés?; **if ~ should happen to me** si algo me ocurriera; **if I hear ~ I'll tell you** si oigo algo, te lo diré; BUT **think before you say ~** piensa antes de decir nada; **~ else?** (*in shop etc*) ¿algo más?, ¿alguna cosa más?; **if ~ it's much better** es mucho mejor si cabe; **if ~ it's larger** si acaso, es algo más grande; **is there ~ in what he says?** ¿hay algo de verdad en lo que dice?; **have you heard ~ of them?** ¿tienes alguna noticia de ellos?
2 (*with negative, implied negative*) nada; **I can't see ~** no veo nada; **you haven't seen ~ yet** todavía no has visto nada; **can't ~ be done?** ¿no se puede hacer nada?; **I didn't see ~ interesting** no vi nada de interés; **we can't do ~ else** no podemos hacer otra cosa, no podemos hacer nada más; **hardly ~** casi nada; **I don't think there's ~ more annoying than …** no creo que haya nada más irritante que …; ♦**IDIOM not for ~ in the world** por nada del mundo
3 (*no matter what*) cualquier cosa; **~ could happen** puede pasar cualquier cosa; **they'll eat ~** comen de todo, comen cualquier cosa (*pej*); BUT **he will give you ~ (that) you ask for** te dará lo que pidas; **~ but that** todo menos eso; **"was she apologetic?" — "~ but!"** —¿se disculpó? —¡nada de eso!; **it was ~ but pleasant** fue cualquier cosa menos agradable, era de todo menos agradable; **their friendship was more important than ~ else** su amistad era más importante que todo lo demás; **~ else would be considered unacceptable** todo lo demás se consideraría inaceptable; **she wanted more than ~ else to be an actress** ella quería ser actriz por encima de todo; **he did it more out of pity than ~ else** más que nada lo hizo por compasión; **I'm not buying just ~** yo no compro cualquier cosa; **sing ~ you like** canta lo que quieras, canta cualquier cosa; **it could take ~ up to three months** podría llevar hasta tres meses; ♦**IDIOM I'd give ~ to know** daría cualquier cosa por saberlo
4 (*in guesses, estimates*) **he must have ~ between 15 and 20 apple trees** debe de tener entre 15 y 20 manzanos
5 (*in set expressions*) **as ~***: **she was as white as ~** estaba más pálida que todo, estaba de lo más pálida; **it's as clear as ~ what they want** lo que quieren está tan claro como el agua*, está muy claro lo que quieren; **as much as ~**: **I'm in it for the publicity as much as ~** más que nada estoy en esto por la publicidad; **it was a matter of principle as much as ~** era una cuestión de principios más que nada; **he ran like ~*** corrió hasta más no poder, corrió como loco*; **she cried like ~*** lloró como una descosida*; **or ~** (= *or anything like it*): **did she say who she was or ~?** ¿dijo quién era ella o algo por el estilo?; **he's not a minister or ~** no es ministro ni nada por el estilo; **he's not ugly or ~, just strange** no es feo ni nada por el estilo, sólo raro

**anytime** [ˈenɪtaɪm] ADV *see* **time A4**

**anyway** [ˈenɪweɪ], **anyways*** [ˈenɪweɪz] (*US*) ADV 1 (= *in any event*) de todas formas, de todos modos; **~, you're here** de todas formas *or* de todos modos, estás aquí; **~, it's not my fault** de todas formas *or* de todos modos, yo no tengo la culpa; **he doesn't want to go out and ~ he's not allowed** no quiere salir y de todas formas *or* de todos modos no le dejan; **whose money is this ~?** de todas formas *or* de todos modos, ¿de quién es el dinero?; **who needs men ~?** de todas formas *or* de todos modos, ¿quién necesita a los hombres?; **~, why invite somebody you never speak to?** de todas formas *or* de todos modos ¿por qué invitar a alguien con quien nunca hablas?
2 (= *regardless*) de todas formas, de todos modos; **I shall go ~** iré de todas formas *or* de todos modos; **he's not supposed to drink but he does ~** se supone que no debe beber, pero lo hace de todas formas *or* de todos modos
3 (= *at least*) al menos; **it's not a good idea, I don't think so ~** no es buena idea, al menos eso es lo que yo pienso
4 (= *incidentally*) por cierto; **why are you going ~?** por cierto ¿por qué te vas?
5 (*continuing what has been said*) en fin; **~, as I was saying …** en fin, como decía antes …; **so ~, this policeman came up to me and said …** en fin, este policía se me acercó y dijo …

**anywhere** [ˈenɪwɛəʳ] Ⓐ ADV 1 (*in questions*) (*location*) en alguna parte, en algún lugar *or* sitio; (*direction*) a alguna parte, a algún lugar *or* sitio; **have you seen my coat ~?** ¿has visto mi abrigo en *or* por alguna parte?, ¿has visto mi abrigo por algún sitio?; **can you see him ~?** ¿le ves por alguna parte *or* por algún sitio?; **did you visit ~ else?** ¿visitasteis algún otro sitio?
2 (*with negatives, implied negatives*) (*location*) por *or* en ninguna parte, por *or* en ningún sitio; (*direction*) a ninguna parte, a ningún sitio; **I can't find it ~** no lo encuentro por *or* en ninguna parte, no lo encuentro por *or* en ningún sitio; **I'm not going ~** no voy a ninguna parte, no voy a ningún sitio; **we didn't go ~ special** no fuimos a ningún sitio especial; **he was first and the rest didn't come ~** él se clasificó primero y los demás quedaron muy por debajo; **it's not available ~ else** no lo tienen en ningún otro sitio, no lo tienen en ninguna otra parte; **I wouldn't live ~ else** no viviría en ninguna otra parte, no viviría en ningún otro sitio; **I'm not going to live just ~** yo no voy a vivir en cualquier sitio; **it isn't ~ near Castroforte** está bastante lejos de Castroforte; **the house isn't ~ near big enough*** la casa no es ni por asomo lo bastante grande; **it isn't ~ near enough*** (*sum of money*) con eso no hay suficiente ni mucho menos; ♦**IDIOM that won't get you ~*** así no conseguirás nada
3 (*in affirmative sentences*) en cualquier parte; **put the books down ~** pon los libros en cualquier parte *or* donde sea; **~ you go you'll see the same** dondequiera que vayas verás lo mismo, verás lo mismo en cualquier parte a donde vayas; **sit ~ you like** siéntate donde quieras; **she leaves her things just ~** deja sus cosas en cualquier parte; **you can buy stamps almost ~** se pueden comprar sellos casi en cualquier sitio; **she could have been ~ between 30 and 50 years old** podría haber tenido desde 30 hasta 50 años; **it would be the same ~ else** sería lo mismo en cualquier otra parte; **~ from 200 to 300** (*US*) entre 200 y 300; **~ in the world** en cualquier parte del mundo
Ⓑ PRON **we haven't found ~ else to live** no hemos encontrado ningún otro sitio para vivir; **it's miles from ~** está completamente aislado; **a plane ticket to ~ in the world** un billete de avión a cualquier parte del mundo

**Anzac** [ˈænzæk] N ABBR = **Australia-New Zealand Army Corps**

**AOB** ABBR (= **any other business**) ruegos *mpl* y preguntas

**AOCB** ABBR (= **any other competent business**) ruegos *mpl* y preguntas

**AONB** N ABBR (*Brit*) (= **Area of Outstanding Natural Beauty**) ≈ Paraje *m* Natural

**aorist** [ˈɛərɪst] N aoristo *m*

**aorta** [eɪˈɔːtə] N (*pl* **aortas, aortae** [eɪˈɔːtiː]) aorta *f*

**aortic** [eɪˈɔːtɪk] ADJ aórtico

**AP** N ABBR = **Associated Press**

**apace** [əˈpeɪs] ADV (*frm*) aprisa, rápidamente

**apache** [əˈpætʃɪ] N apache *m*

**apart** [əˈpɑːt]

> *When* ***apart*** *is an element in a phrasal verb, eg* ***fall apart, tear apart****, look up the verb.*

ADV 1 (= *separated*) **it was the first time we had been ~** era la primera vez que estábamos separados; **with one's feet ~** con los pies apartados; **the two towns are 10km ~** los dos pueblos están a 10km el uno del otro; **their birthdays are two days ~** sus cumpleaños se separan por dos días; **posts set equally ~** postes espaciados con regularidad *or* colocados a intervalos iguales; **to hold o.s. ~** mantenerse aparte; **to keep ~** separar, mantener aislado (**from** de); **he lives ~ from his wife** vive separado de su mujer; **they have lived ~ for six months** viven separados desde hace seis meses; **we live three doors ~** vivimos a tres puertas de ellos; **the house stands somewhat ~** la casa está algo aislada; **they stood a long way ~** estaban muy apartados (el uno del otro); **he stood ~ from the others** se mantuvo apartado de los otros; **I can't tell them ~** no puedo distinguir el uno del otro; *see also* **set apart**
2 (= *in pieces*) **to come** *or* **fall ~** romperse, deshacerse; **to take sth ~** desmontar algo; *see also* **fall apart, take apart, tear apart**
3 (= *aside*) **joking ~ …** en serio …; **these problems ~ …** aparte de estos problemas …, estos problemas aparte …
4 **~ from** 4·1 (= *excluding*) aparte de; **~ from the fact that …** aparte del hecho de que …; **but quite ~ from that …** pero aparte de eso …
4·2 (= *except for*) **he ate everything ~ from the meat** comió todo menos *or* excepto la

carne; **they all voted against ~ from John** todos votaron en contra aparte de John

**apartheid** [ə'pɑːteɪt] N apartheid *m*

**aparthotel** [ə'pɑːthəʊˌtel] N aparthotel *m*

**apartment** [ə'pɑːtmənt] Ⓐ N [1] (*US*) (= *flat*) piso *m*, departamento *m* (*LAm*)
[2] (*Brit*) (= *room*) cuarto *m*, aposento *m* (*liter*); *see also* **state**
Ⓑ CPD ► **apartment hotel** N (*US*) aparthotel *m* ► **apartment house** N (*US*) casa *f* de apartamentos

**apathetic** [ˌæpə'θetɪk] ADJ apático; **to be ~ towards sth** ser indiferente hacia algo, no mostrar interés alguno en algo

**apathetically** [ˌæpə'θetɪkəlɪ] ADV con apatía, con indiferencia

**apathy** ['æpəθɪ] N apatía *f*, indiferencia *f*; **~ towards sth** indiferencia hacia algo, falta *f* de interés en algo

**APB** N ABBR (*US*) (= **all points bulletin**) *frase usada por la policía por "descubrir y aprehender"*

**APC** N ABBR = **armo(u)red personnel carrier**

**ape** [eɪp] Ⓐ N [1] (*Zool*) mono *m*, simio *m*, antropoide *mf*; ♦**IDIOM to go ~** (*US*‡) (= *lose one's temper*) ponerse como un energúmeno*, ponerse hecho una fiera*; (= *go crazy*) ponerse como una moto‡
[2] (* *pej*) (= *person*) **you (great) ~!** ¡bestia!*
Ⓑ VT imitar, remedar

**APEC** ['eɪpek] N ABBR = **Asia Pacific Economic Co-operation**

**Apennines** ['æpɪnaɪnz] NPL Apeninos *mpl*

**aperient** [ə'pɪərɪənt] Ⓐ ADJ laxante
Ⓑ N laxante *m*

**aperitif** [əˌperɪ'tiːf] N aperitivo *m*

**aperture** ['æpətʃjʊəʳ] N [1] (= *crack*) rendija *f*, resquicio *m*
[2] (*Phot*) abertura *f*

**apeshit**‡ ['eɪpʃɪt] ADJ (*esp US*) ♦**IDIOM to go ~** (= *lose one's temper*) ponerse como un energúmeno*, ponerse hecho una fiera*; (= *go crazy*) ponerse como una moto‡

**APEX** ['eɪpeks] N ABBR [1] (*Brit*) = **Association of Professional, Executive, Clerical and Computer Staff**
[2] (*also* **apex**) = **Advance Purchase Excursion**; **~ fare** precio *m* APEX; **~ ticket** billete *m* APEX

**apex** ['eɪpeks] N (*pl* **apexes, apices** ['eɪpɪsiːz])
[1] (*Math*) vértice *m*
[2] (*fig*) cumbre *f*, cima *f*

**aphasia** [æ'feɪzɪə] N afasia *f*

**aphid** ['eɪfɪd] N áfido *m*

**aphis** ['eɪfɪs] N (*pl* **aphides** ['eɪfɪdiːz]) áfido *m*

**aphonic** [ˌeɪ'fɒnɪk] ADJ afónico

**aphorism** ['æfərɪzəm] N aforismo *m*

**aphoristic** [ˌæfə'rɪstɪk] ADJ aforístico

**aphrodisiac** [ˌæfrəʊ'dɪzɪæk] Ⓐ ADJ afrodisiaco
Ⓑ N afrodisiaco *m*

**Aphrodite** [ˌæfrəʊ'daɪtɪ] N Afrodita

**API** N ABBR (*US*) = **American Press Institute**

**apiarist** ['eɪpɪərɪst] N apicultor(a) *m/f*

**apiary** ['eɪpɪərɪ] N colmenar *m*

**apiculture** ['eɪpɪkʌltʃəʳ] N apicultura *f*

**apiece** [ə'piːs] ADV (= *for each person*) cada uno/a; (= *for each thing*) cada uno/a; **they had a gun ~** tenía cada uno un revólver; **he gave them an apple ~** dio una manzana a cada uno; **the rule is a dollar ~** la regla es un dólar por cabeza *or* persona

**aplastic anaemia, aplastic anemia** (*US*) [eɪ'plæstɪkə'niːmɪə] N anemia *f* aplástica

**aplenty** [ə'plentɪ] ADV (*liter*) **there was food ~** había comida abundante, había abundancia de comida

**aplomb** [ə'plɒm] N (*liter*) aplomo *m*; **with great ~** con gran aplomo *or* serenidad

**APO** N ABBR (*US*) = **Army Post Office**

**Apocalypse** [ə'pɒkəlɪps] N Apocalipsis *m*

**apocalyptic** [əˌpɒkə'lɪptɪk] ADJ apocalíptico

**apocopate** [ə'pɒkəpeɪt] VT apocopar

**apocope** [ə'pɒkəpɪ] N apócope *f*

**Apocrypha** [ə'pɒkrɪfə] NPL libros *mpl* apócrifos de la Biblia, Apócrifos *mpl*

**apocryphal** [ə'pɒkrɪfəl] ADJ apócrifo

**apodosis** [ə'pɒdəsɪs] N apódosis *f*

**apogee** ['æpədʒiː] N apogeo *m*

**apolitical** [ˌeɪpə'lɪtɪkəl] ADJ apolítico

**Apollo** [ə'pɒləʊ] N Apolo

**apologetic** [əˌpɒlə'dʒetɪk] ADJ [*look, smile, letter, tone*] de disculpa; **he came in with an ~ air** entró como pidiendo disculpas; **he didn't seem in the least ~** no parecía sentirlo en absoluto; **"oh, I'm sorry," said the girl, immediately ~** —ay, lo siento —dijo la niña disculpándose rápidamente; **twenty minutes late, a profusely ~ Mrs Perks arrived** la Sra. Perks llegó con veinte minutos de retraso disculpándose profusamente; **he was very ~** se deshizo en disculpas; **to be ~ about sth** disculparse por algo

**apologetically** [əˌpɒlə'dʒetɪkəlɪ] ADV **he smiled ~** sonrió como pidiendo disculpas; **"it's my fault," he said ~** —es culpa mía —dijo en tono de disculpa; **he came in ~** entró como pidiendo perdón

**apologetics** [əˌpɒlə'dʒetɪks] NSING apologética *f*

**apologia** [ˌæpə'ləʊdʒɪə] N apología *f*

**apologist** [ə'pɒlədʒɪst] N apologista *mf*

▼**apologize** [ə'pɒlədʒaɪz] VI disculparse, pedir perdón; (*for absence etc*) presentar las excusas; **there's no need to ~** no hay de qué disculparse; **I ~!** ¡lo siento!; **to ~ to sb (for sth)** disculparse con algn (por algo); **he ~d for being late** se disculpó por llegar tarde; **to ~ for sb** disculparse *or* pedir perdón por algn; **never ~!** disculpas, ¡nunca!

**apologue** ['æpəlɒg] N apólogo *m*

▼**apology** [ə'pɒlədʒɪ] N [1] (= *expression of regret*) disculpa *f*; **letter of ~** carta *f* de disculpa; **I demand an ~** exijo una disculpa; **to make** *or* **offer an ~** disculparse, presentar sus excusas (**for** por); **to make no ~** *or* **apologies for sth** no tener reparo en algo; **I make no apologies for being blunt** no tengo ningún reparo en serle franco; **please accept my apologies** le ruego me disculpe; **I owe you an ~** te debo una disculpa; **to send an ~** (*at meeting*) presentar sus excusas; **there are apologies from Gerry and Jane** se han excusado Gerry y Jane
[2] (*Literat*) apología *f*
[3] (*pej*) **an ~ for a stew** una birria de guisado; **this ~ for a letter** ésta que apenas se puede llamar carta

**apophthegm** ['æpəθem] N apotegma *m*

**apoplectic** [ˌæpə'plektɪk] ADJ [1] (*Med*) apoplético
[2] (*) (= *very angry*) furioso; **to get ~** enfurecerse

**apoplexy** ['æpəpleksɪ] N [1] (*Med*†) apoplejía *f*
[2] (= *rage*) cólera *f*, ira *f*

**apostasy** [ə'pɒstəsɪ] N apostasía *f*

**apostate** [ə'pɒstɪt] N apóstata *mf*

**apostatize** [ə'pɒstətaɪz] VI apostatar (**from** de)

**a posteriori** ['eɪpɒsˌterɪ'ɔːraɪ] ADJ, ADV a posteriori

**apostle** [ə'pɒsl] N [1] (*Rel*) apóstol *m*
[2] (*fig*) apóstol *m*, paladín *m*

**apostolate** [ə'pɒstəlɪt] N apostolado *m*

**apostolic** [ˌæpəs'tɒlɪk] Ⓐ ADJ apostólico; **the ~ coalition** la coalición apostólica
Ⓑ CPD ► **apostolic succession** N sucesión *f* apostólica

**apostrophe** [ə'pɒstrəfɪ] N [1] (*Ling*) apóstrofo *m*
[2] (= *address*) apóstrofe *m*

**apostrophize** [ə'pɒstrəfaɪz] VT apostrofar

**apothecary**† [ə'pɒθɪkərɪ] N boticario *m*

**apotheosis** [əˌpɒθɪ'əʊsɪs] N (*pl* **apotheoses** [əˌpɒθɪ'əʊsiːz]) apoteosis *f*

**appal, appall** (*US*) [ə'pɔːl] VT horrorizar; **everyone was ~led** se horrorizaron todos, todos quedaron consternados; **I was ~led by the news** me horrorizó la noticia

**Appalachia** [ˌæpə'leɪtʃɪə] N *región de los (montes) Apalaches*

**Appalachians** [ˌæpə'leɪtʃənz] NPL (montes *mpl*) Apalaches *mpl*

**appalling** [ə'pɔːlɪŋ] ADJ [*sight, behaviour, weather, destruction*] espantoso, horroroso; [*suffering, crime, conditions*] atroz, espantoso; [*spelling, mistake, headache, smell*] espantoso; **he has ~ taste in clothes** tiene un gusto pésimo para la ropa; **her first novel was ~** su primera novela fue un horror

**appallingly** [ə'pɔːlɪŋlɪ] ADV [1] (= *badly*) [*sing, play*] pésimamente; [*treat*] espantosamente mal, terriblemente mal; [*suffer*] horriblemente, terriblemente; **he had behaved ~** se había portado fatal *or* terriblemente mal; **the situation has deteriorated ~** la situación ha empeorado de forma terrible
[2] (= *extremely*) [*difficult, selfish, ignorant*] terriblemente; **the film was ~ bad** la película era pésima

**apparatchik** [ˌæpə'rættʃɪk] N [1] (*in Communist country*) miembro *m* del aparato del partido comunista, apparatchik *m*
[2] (*in organization*) funcionario/a *m/f*, burócrata *mf*

**apparatus** [ˌæpə'reɪtəs] (*pl* **apparatus, apparatuses**) N [1] (*Anat, Mech*) aparato *m*; (= *set of instruments*) equipo *m*
[2] (*fig*) (= *system*) sistema *m*, aparato *m*

**apparel** [ə'pærəl] Ⓐ N [1] (*Brit*†) atuendo *m*; (*hum*) atavío *m*
[2] (*US*) ropa *f*
Ⓑ VT vestir (**in** de); (*hum*) trajear, ataviar (**in** de)

**apparent** [ə'pærənt] ADJ [1] (= *clear*) claro; **to be ~ that** estar claro que; **it was ~ that there were problems** estaba claro que había problemas; **it was immediately ~ that he was lying** enseguida se vio claramente que mentía; **to become ~** hacerse patente; **it became ~ that he was not coming** se hizo patente que no venía; **it is becoming ~ that we will have to find larger premises** ya se está viendo que vamos a tener que encontrar un local más grande; **this attitude is ~ in some of the things they say** esta actitud queda patente *or* se ve claramente en algunas de las cosas que dicen; **for no ~ reason** sin motivo aparente; **it was ~ to me that there were problems** veía claro *or* me resultaba obvio que había problemas
[2] (= *seeming*) [*success, contradiction, interest*] aparente; **more ~ than real** más aparente que real
[3] *see* **heir**

**apparently** [ə'pærəntlɪ] ADV [1] (= *it appears*) por lo visto, según parece; **~, they're getting**

➤ LANGUAGE IN USE: **apologize** 18.1 **apology 1** 18.1, 18.5

**a divorce** por lo visto *or* según parece, se van a divorciar; **"is she the new teacher?" — "apparently"** —¿es ella la nueva profesora? —por lo visto *or* eso parece; **"I thought they were coming" — "apparently not"** —pensé que venían —por lo visto no *or* parece que no
2 (= *seemingly, on the surface*) aparentemente; **to be ~ calm** estar aparentemente tranquilo; **an ~ harmless question** una pregunta aparentemente inocente; **the murders follow an ~ random pattern** los asesinatos parecen seguir un esquema aleatorio

**apparition** [,æpə'rɪʃən] N 1 (= *ghost*) aparecido *m*, fantasma *m*
2 (= *appearance*) aparición *f*

**appeal** [ə'piːl] Ⓐ N 1 (*requesting sth*) 1·1 (= *call*) llamamiento *m*, llamado *m* (*LAm*); (= *request*) petición *f*, solicitud *f*; **he made an ~ for calm** hizo un llamamiento a la calma; **to issue an ~ for aid for sb** hacer un llamamiento solicitando ayuda para algn; **the police repeated their ~ for witnesses to contact them** la policía volvió a hacer un llamamiento a posibles testigos del hecho para que se pusieran en contacto con ellos; **an ~ to arms/reason** un llamamiento a las armas/la cordura; **our ~ for volunteers** la petición *or* solicitud que hicimos de voluntarios
1·2 (= *entreaty*) súplica *f*; **he was deaf to all ~s** hacía oídos sordos a todas las súplicas
1·3 (= *campaign for donations*) **they launched a £5 million ~ for cancer research** realizaron una campaña para la recaudación de 5 millones de libras para la lucha contra el cáncer; **an ~ on behalf of a mental health charity** una petición de ayuda para una organización benéfica de salud mental
1·4 (*Jur*) apelación *f*, recurso *m* (de apelación); **his ~ was successful** su apelación *or* recurso (de apelación) dio resultado; **there is no ~ against his decision** su fallo es inapelable; **she won/lost the case on ~** ganó/perdió el caso en la apelación *or* en segunda instancia; **right of** *or* **to ~** derecho *m* de apelación, derecho *m* a apelar; **their lands were forfeit without ~** sus tierras fueron confiscadas sin posibilidad de apelación; *see also* **court**
2 (= *attraction*) atractivo *m*, encanto *m*; **the party's new name was meant to give it greater public ~** el nuevo nombre del partido tenía como objetivo atraer a más público; **the idea held little ~** la idea no le resultaba muy atrayente; *see* **sex**
Ⓑ VI 1 **to ~ for** (= *call publicly for*) [+ *peace, tolerance, unity*] hacer un llamamiento a; (= *request*) solicitar, pedir; **the authorities ~ed for calm** las autoridades hicieron un llamamiento a la calma; **the police have ~ed to the public for information** la policía ha hecho un llamamiento al público pidiendo información; **to ~ for funds** solicitar *or* pedir fondos; **he ~ed for silence** rogó silencio
2 (= *call upon*) **to ~ to sb's finer feelings/sb's generosity** apelar a los sentimientos nobles/la generosidad de algn; **to ~ to the country** (*Pol*) recurrir al arbitrio de las urnas
3 (*Jur*) apelar; **to ~ against** [+ *sentence, ruling*] apelar contra *or* de, recurrir (contra); **they have ~ed to the Supreme Court to stop her extradition** han apelado *or* recurrido al Tribunal Supremo para detener su proceso de extradición
4 (= *be attractive*) **that sort of comedy doesn't ~ any more** ese tipo de humor ya no gusta; **to ~ to sb** [*idea, activity*] atraer a algn, resultar atrayente a algn; **I don't think this will ~ to the public** no creo que esto le atraiga al público, no creo que esto le resulte atrayente al público; **it ~s to the child in everyone** hace salir al niño que llevamos dentro
Ⓒ VT (*US Jur*) **to ~ a decision/verdict** apelar contra *or* de una decisión/un veredicto, recurrir (contra) una decisión/un veredicto
Ⓓ CPD ► **appeal(s) committee** N comité *m* de apelación ► **appeal court** N tribunal *m* de apelación ► **appeal judge** N juez *mf* de apelación, jueza *f* de apelación ► **appeal(s) procedure** N procedimiento *m* de apelación ► **appeal(s) process** N proceso *m* de apelación

➤ LANGUAGE IN USE: appeal B4 7.2

**appealing** [ə'piːlɪŋ] ADJ 1 (= *attractive*) [*idea*] atractivo, atrayente; **the idea would be very ~ to Britain** la idea resultaría muy atractiva *or* atrayente para Gran Bretaña; **the book is especially ~ to the younger reader** el libro es de especial interés para el lector joven; **they are trying to make the party more ~ to younger voters** intentan hacer que el partido atraiga al electorado joven
2 (= *beseeching*) [*look, eyes*] suplicante

**appealingly** [ə'piːlɪŋlɪ] ADV 1 (= *attractively*) **a lock of hair fell ~ across his forehead** un mechón de pelo le caía sobre la frente de modo que resultaba muy atractivo *or* atrayente; **he found her ~ stubborn** su terquedad le resultaba atractiva *or* atrayente
2 (= *beseechingly*) de modo suplicante

**appear** [ə'pɪəʳ] VI 1 (= *arrive, become visible*) [*person, graffiti*] aparecer; [*ghost*] aparecerse; [*spot, stain, crack*] aparecer, salir; [*symptom*] aparecer, presentarse; **Trudy ~ed at last** por fin apareció Trudy; **he ~ed briefly to address his supporters** hizo una breve aparición para dirigirse a sus seguidores; **he ~ed without a tie** se presentó sin corbata; **he ~ed from nowhere** salió *or* apareció de la nada; **where did you ~ from?** ¿de dónde has salido?; **the sun ~ed from behind a cloud** el sol salió de detrás de una nube; **to ~ in public** aparecer en público; **to ~ to sb** (*as vision*) aparecerse a algn; **he ~ed to me in a dream** se me apareció en sueños
2 (*Theat, TV*) salir; **she ~ed in "Fuenteovejuna"** salió *or* hizo un papel en "Fuenteovejuna"; **she ~ed as Ophelia** hizo (el papel) de Ofelia; **to ~ on stage** aparecer en escena; **to ~ on television** salir en *or* por televisión
3 (*Jur*) 3·1 [*defendant*] comparecer; **to ~ before sb** comparecer ante algn; **to ~ in court** comparecer ante el tribunal *or* los tribunales; **to ~ on a charge of murder** comparecer acusado de homicidio
3·2 [*lawyer*] **to ~ for** *or* **on behalf of sb** representar a algn; **to ~ for the defence/the prosecution** representar a la defensa/la acusación
4 (= *be published*) salir, publicarse; **the book ~ed in 1960** el libro salió *or* se publicó en 1960; **the term first ~ed in print in 1530** el primer testimonio escrito del término se remonta a 1530; **it was her life's ambition to ~ in print** la ilusión de su vida era ver su nombre impreso
5 (= *seem*) parecer; **he ~s tired** parece cansado; **how does it ~ to you?** ¿qué impresión le da?; **it ~s to me that they are mistaken** me da la impresión de que *or* me parece que están equivocados; **they ~ not to like each other** parece que no se gustan, no parece que se gusten; **there ~s to be a mistake** parece que hay un error; **she ~ed not to notice** no pareció darse cuenta; **we must ~ to be fair** debemos dar la impresión de ser justos; **it ~s not** ◊ **it would ~ not** parece que no; **"he came then?" — "so it would ~"** —¿entonces él ha venido? —eso parece; **she got the job, or so it would ~** le dieron el trabajo, según parece
6 (= *become apparent*) **as will ~ in due course** según se verá a su debido tiempo

**appearance** [ə'pɪərəns] Ⓐ N 1 (= *act of showing o.s.*) aparición *f*; **to make an ~** aparecer, dejarse ver; **to make a personal ~** aparecer en persona; **to put in an ~** hacer acto de presencia
2 (*Theat, TV*) aparición *f*; **to make one's first ~** hacer su primera aparición, debutar; **his ~ as Don Mendo** su actuación en el papel de Don Mendo; **his ~ in "Don Mendo"** su actuación en "Don Mendo"; **cast in order of ~** personajes *mpl* en orden de aparición en escena
3 (*Jur*) comparecencia *f*; **to make an ~ in court** comparecer ante el tribunal
4 [*of book etc*] publicación *f*
5 (= *look*) aspecto *m*; **she takes great care over her ~** cuida mucho su aspecto; **at first ~** a primera vista; **to have a dignified ~** tener aspecto solemne; **he had the ~ of an executive** parecía ejecutivo, tenía aspecto de ejecutivo; **in ~** de aspecto
6 **appearances** apariencias *fpl*; **~s can be deceptive** las apariencias engañan; **to** *or* **by all ~s** al parecer; **contrary to all ~s** en contra de las apariencias; **you shouldn't go by ~s** no hay que fiarse de las apariencias; **to judge by ~s, ...** a juzgar por las apariencias, ...; **to keep up ~s** guardar las apariencias; **for the sake of ~s** ◊ **for ~s' sake** para guardar las apariencias
Ⓑ CPD ► **appearance money** N remuneración *f* por hacer acto de presencia

**appease** [ə'piːz] VT 1 (= *pacify*) [+ *person*] apaciguar, calmar; [+ *anger*] aplacar
2 (= *satisfy*) [+ *person*] satisfacer; [+ *hunger*] saciar; [+ *curiosity*] satisfacer, saciar
3 (*Pol*) apaciguar, contemporizar con

**appeasement** [ə'piːzmənt] N 1 (= *pacification*) [*of person*] apaciguamiento *m*; [*of anger*] aplacamiento *m*
2 (*Pol*) contemporización *f*, entreguismo *m*

**appellant** [ə'pelənt] N apelante *mf*

**appellate** [ə'pelɪt] ADJ **~ court** (*US Jur*) tribunal *m* de apelación

**appellation** [,æpe'leɪʃən] N (= *name*) nombre *m*; (= *title*) título *m*; [*of wine*] denominación *f* de origen

**append** [ə'pend] (*frm*) VT 1 (= *add*) [+ *signature*] añadir; [+ *note*] agregar, añadir
2 (= *attach*) adjuntar
3 (*Comput*) anexionar (al final)

**appendage** [ə'pendɪdʒ] N 1 (*frm*) (= *adjunct*) apéndice *m*
2 (*fig*) pegote* *m*

**appendectomy** [,æpen'dektəmɪ] N apendectomía *f*

**appendicitis** [ə,pendɪ'saɪtɪs] N apendicitis *f inv*; **to have ~** tener apendicitis; **acute ~** apendicitis *f* aguda

**appendix** [ə'pendɪks] N (*pl* **appendixes, appendices** [ə'pendɪsiːz]) 1 (*Anat*) apéndice *m*; **to have one's ~ out** hacerse extirpar el apéndice
2 [*of book*] apéndice *m*

**apperception** [,æpə'sepʃən] Ⓐ N (*frm*) percepción *f*
Ⓑ CPD ► **apperception test** N (*US*) test *m* de percepción

**appertain** [,æpə'teɪn] VI **to ~ to** relacionarse con, tener que ver con

**appetite** ['æpɪtaɪt] N [1] (*for food*) apetito *m*; **to eat with an ~** comer con buen apetito *or* con ganas; **to have a good ~** tener buen apetito; **to have no ~** no tener apetito; *see also* **suppressant**
[2] (*fig*) deseo *m*, anhelo *m* (**for** de); **they had no ~ for further fighting** ya no les apetecía seguir luchando, no tenían más ganas de luchar; **it spoiled their ~ for going abroad** eso les quitó las ganas de ir al extranjero

**appetizer** ['æpɪtaɪzəʳ] N (= *drink*) aperitivo *m*; (= *food*) aperitivo *m*, tapas *fpl* (*Sp*), botanas *fpl* (*Mex*), bocaditos *mpl* (*Peru*)

**appetizing** ['æpɪtaɪzɪŋ] ADJ apetitoso

**Appian Way** ['æpɪən'weɪ] N Vía *f* Apia

**applaud** [ə'plɔːd] Ⓐ VT [1] [*audience, spectators*] aplaudir
[2] (*fig*) [+ *decision, efforts*] aplaudir
Ⓑ VI aplaudir

**applause** [ə'plɔːz] N [1] (= *clapping*) aplausos *mpl*; **a round of ~ for Peter!** ¡un aplauso para Peter!; **there was loud ~** sonaron fuertes aplausos
[2] (= *approval*) aprobación *f*; (= *praise*) alabanza *f*, aplauso *m*; **to win the ~ of** ganarse la aprobación de

**apple** ['æpl] Ⓐ N (= *fruit*) manzana *f*; (= *tree*) manzano *m*; **~ of discord** manzana *f* de la discordia; **✦IDIOMS ~s and pears** (*Brit**) (= *stairs*) escalera *f*; **the Big Apple** (*US**) la Gran Manzana, Nueva York *f*; → CITY NICKNAMES; **the ~ of one's eye** la niña de los ojos de algn; **one bad** *or* **rotten ~ can spoil the whole barrel** manzana podrida echa ciento a perder
Ⓑ CPD ► **apple blossom** N flor *f* del manzano ► **apple brandy** N licor *m* de manzana ► **apple core** N corazón *m* de manzana ► **apple dumpling** N *postre a base de manzana asada y masa* ► **apple fritter** N manzana *f* rebozada ► **apple orchard** N manzanar *m*, manzanal *m* ► **apple pie** N pastel *m* de manzana, pay *m* de manzana (*LAm*); *see also* **apple-pie** ► **apple sauce** N (*Culin*) compota *f* de manzana; (*US**) (= *hokum*) tonterías *fpl* ► **apple tart** N tarta *f* de manzana ► **apple tree** N manzano *m*

**applecart** ['æplkɑːt] N **✦IDIOM to upset** *or* **overturn the ~** echarlo todo a rodar, desbaratar los planes

**apple-green** ['æplgriːn] Ⓐ ADJ verde manzana *inv*
Ⓑ N verde *m* manzana

**applejack** ['æpldʒæk] N (*US*) licor *m* de manzana

**apple-pie** ['æpl'paɪ] ADJ **in ~ order** en perfecto orden; **to make sb an ~ bed** (*Brit*) hacerle la petaca a algn; *see also* **apple**

**appliance** [ə'plaɪəns] N [1] (= *device*) aparato *m*; **electrical ~** (aparato *m*) electrodoméstico *m*
[2] (= *application*) [*of skill, knowledge*] aplicación *f*
[3] (*Brit*) (*also* **fire ~**) coche *m* de bomberos

**applicability** [,æplɪkə'bɪlɪtɪ] N aplicabilidad *f*

**applicable** [ə'plɪkəbl] ADJ aplicable, pertinente (**to** a); **delete what is not ~** táchese lo que no proceda; **this law is also ~ to foreigners** esta ley es aplicable *or* se refiere también a los extranjeros; **a rule ~ to all** una regla que se extiende a todos

**applicant** ['æplɪkənt] N [1] (*for job etc*) aspirante *mf*, candidato/a *m/f* (**for a post** a un puesto)
[2] (*for money, assistance*) solicitante *mf*
[3] (*Jur*) suplicante *mf*

**application** [,æplɪ'keɪʃən] Ⓐ N [1] [*of ointment etc*] aplicación *f*; **"for external application only"** "para uso externo"
[2] (= *request*) solicitud *f*, petición *f* (**for** de); **~ for shares** solicitud *f* de acciones; **~s in triplicate** las solicitudes por triplicado; **to make an ~ for** solicitar; **to make an ~ to** dirigirse a; **prices on ~** los precios, a solicitud; **details may be had on ~ to the office** los detalles pueden obtenerse mediante solicitud a nuestra oficina; **are you going to put in an ~?** ¿te vas a presentar?; **to submit one's ~** presentar su solicitud
[3] (= *diligence*) aplicación *f*; **he lacks ~** le falta aplicación
Ⓑ CPD ► **application form** N solicitud *f* ► **applications package** N (*Comput*) paquete *m* de programas de aplicación ► **application(s) program** N (*Comput*) programa *m* de aplicación *or* aplicaciones ► **application(s) software** N (*Comput*) paquete *m* de aplicación *or* aplicaciones

**applicator** ['æplɪkeɪtəʳ] N aplicador *m*

**applied** [ə'plaɪd] ADJ aplicado; **~ linguistics** lingüística *fsing* aplicada; **~ mathematics** matemáticas *fpl* aplicadas; **~ science** ciencias *fpl* aplicadas

**appliqué** [æ'pliːkeɪ] N (*also* **~ lace, ~ work**) encaje *m* de aplicación

**apply** [ə'plaɪ] Ⓐ VT [1] [+ *ointment, paint etc*] aplicar (**to** a); **to ~ heat to a surface** (*Tech*) exponer una superficie al calor; (*Med*) calentar una superficie; **to ~ a match to sth** prender fuego a algo con una cerilla
[2] (= *impose*) [+ *rule, law*] aplicar, emplear
[3] (= *use*) **to ~ the brakes** frenar; **to ~ pressure on sth** ejercer presión sobre algo; **to ~ pressure on sb** (*fig*) presionar a algn
[4] (= *dedicate*) **to ~ one's mind to a problem** dedicarse a resolver un problema; **to ~ o.s. to a task** dedicarse *or* aplicarse a una tarea
Ⓑ VI [1] (= *be relevant*) ser aplicable, ser pertinente; **cross out what does not ~** táchese lo que no proceda; **to ~ to** (= *be applicable to*) ser aplicable a, referirse a; **the law applies to everybody** la ley es aplicable a *or* de obligado cumplimiento para todos; **this rule doesn't ~ to us** esta norma no nos afecta
[2] (*for job, audition*) presentarse; **are you ~ing?** ¿te vas a presentar?; **"please apply at the office"** "diríjanse a la oficina"; **to ~ to sb** dirigirse a algn, acudir a algn; **to ~ for** [+ *scholarship, grant, assistance*] solicitar, pedir; [+ *job*] solicitar, presentarse a; **"patent applied for"** "patente en trámite"; **to ~ to sb for sth** solicitar algo a algn; *see also* **within**

**appoggiatura** [ə,pɒdʒə'tʊərə] N (*pl* **appoggiaturas, appoggiature** [ə,pɒdʒə'tʊəre]) apoyatura *f*

**appoint** [ə'pɔɪnt] VT [1] (= *nominate*) nombrar (**to** a); **they ~ed him chairman** le nombraron presidente; **they ~ed him to do it** le nombraron para hacerlo
[2] (*frm*) [+ *time, place*] fijar, señalar (**for** para); **at the ~ed time** a la hora señalada

**appointee** [əpɔɪn'tiː] N persona *f* nombrada

**appointive** [ə'pɔɪntɪv] ADJ **~ position** (*US*) *puesto que se cubre por nombramiento*

**appointment** [ə'pɔɪntmənt] Ⓐ N [1] (= *arrangement to meet*) [1·1] (*with client, bank manager etc*) cita *f*; **to meet sb by ~** reunirse con algn mediante cita previa; **I have an ~ at ten** tengo cita a las diez; **do you have an ~?** (*to caller*) ¿tiene usted cita?; **to keep an ~** acudir a una cita; **to make an ~ (with sb)** concertar una cita (con algn); **to make an ~ for three o'clock** pedir (una) cita para las tres
[1·2] (*with dentist, doctor, hairdresser etc*) hora *f*; **I have an ~ at ten** tengo hora a las diez; **do you have an ~?** ¿tiene usted hora?; **to make an ~ (with sb)** pedir hora (con algn); **to make an ~ for three o'clock** pedir hora para las tres
[2] (*to a job*) nombramiento *m* (**to** para); (= *job*) puesto *m*, empleo *m*; **there are still several ~s to be made** todavía hay varios nombramientos por hacer; **"by appointment to HRH"** "proveedores oficiales de S.A.R."; **"appointments (vacant)"** (*Press*) "oferta de empleo"
[3] **appointments** (*frm*) (= *furniture etc*) mobiliario *msing*
Ⓑ CPD ► **appointments board, appointments service** N (*Univ etc*) oficina *f* de colocación ► **appointments bureau** N agencia *f* de colocaciones

**apportion** [ə'pɔːʃən] VT [+ *resources etc*] repartir, distribuir; [+ *blame*] asignar; **the blame is to be ~ed equally** todos tienen la culpa por partes iguales

**apportionment** [ə'pɔːʃənmənt] N [1] [*of resources etc*] reparto *m*, distribución *f*
[2] (*US Pol*) delimitación *f* de distritos *or* condados

**apposite** ['æpəzɪt] ADJ apropiado (**to** para)

**apposition** [,æpə'zɪʃən] N [1] [*of position*] yuxtaposición *f*
[2] (*Gram*) aposición *f*; **in ~** en aposición

**appositional** [,æpə'zɪʃənl] ADJ aposicional

**appraisal** [ə'preɪzəl] N [1] (= *valuation*) tasación *f*, valoración *f*
[2] [*of worth, importance*] estimación *f*, apreciación *f*; [*of situation, employee*] evaluación *f*

**appraise** [ə'preɪz] VT [1] (= *value*) [+ *property, jewellery*] tasar, valorar
[2] (= *assess*) [+ *worth, importance*] estimar, apreciar; [+ *situation*] evaluar; [+ *staff*] evaluar
[3] (*US*) (= *price*) tasar

**appraiser** [ə'preɪzəʳ] N (*US Comm, Fin*) tasador(a) *m/f*

**appraising** [ə'preɪzɪŋ] ADJ [*look etc*] apreciativo

**appreciable** [ə'priːʃəbl] ADJ [1] (= *noticeable*) apreciable; **an ~ difference** una diferencia apreciable
[2] (= *large*) importante, considerable; **an ~ sum** una cantidad importante *or* considerable

**appreciably** [ə'priːʃəblɪ] ADV [*change, grow*] sensiblemente, perceptiblemente; **he is ~ older than his brother** es considerablemente mayor que su hermano; **the weather had turned ~ colder** el tiempo se había vuelto bastante más frío

**appreciate** [ə'priːʃɪeɪt] Ⓐ VT [1] (= *be grateful for*) agradecer; **I ~d your help** agradecí tu ayuda; **I ~ the gesture** agradezco el detalle; **we should much ~ it if ...** agradeceríamos mucho que + *subjun*
[2] (= *value, esteem*) apreciar, valorar; **he does not ~ music** no sabe apreciar *or* valorar la música; **I am not ~d here** aquí no se me aprecia *or* valora; **we much ~ your work** tenemos un alto concepto de su trabajo
[3] (= *understand*) [+ *problem, difference*] comprender; **I ~ your wishes** comprendo sus deseos; **yes, I ~ that** sí, lo comprendo; **to ~ that ...** comprender que ...; **we fully ~ that ...** comprendemos perfectamente que ...
[4] (= *be sensitive to*) percibir; **the smallest change can be ~d on this machine** en esta máquina se percibe el más leve cambio
Ⓑ VI [*property etc*] revalorizarse, aumentar(se) en valor

► LANGUAGE IN USE: **apply** B2 19.4

**appreciation** [ə,pri:ʃɪ'eɪʃən] N [1] (= *understanding*) comprensión *f*; [*of art etc*] aprecio *m*; **he showed no ~ of my difficulties** no reconoció mis dificultades; **you have no ~ of art** no sabes apreciar el arte, no entiendes de arte
[2] (= *gratitude*) gratitud *f*, agradecimiento *m*; (= *recognition*) apreciación *f*, reconocimiento *m*; **as a token of my ~** en señal de mi gratitud *or* agradecimiento; **she smiled her ~** sonrió agradecida
[3] (= *report*) informe *m*; (= *obituary*) nota *f* necrológica, necrológica *f*; (*Literat*) crítica *f*, comentario *m*
[4] (= *rise in value*) revalorización *f*, aumento *m* en valor

**appreciative** [ə'pri:ʃɪətɪv] ADJ [1] (= *grateful*) [*person*] agradecido; [*smile*] de agradecimiento; [*look*] lleno de agradecimiento; **to be ~ of** [+ *kindness, efforts*] mostrarse agradecido por, agradecer; **he was very ~ of what I had done** se mostró muy agradecido por lo que yo había hecho, agradeció mucho lo que yo había hecho
[2] (= *admiring*) [*person*] apreciativo; [*comment*] elogioso; [*look, whistle*] de admiración; **it's rewarding to act before an ~ audience** es gratificante actuar ante un público que sabe apreciar la calidad de lo que ve *or* ante un público apreciativo; **to be ~ of** [+ *art, music, good food*] saber apreciar
[3] (= *aware*) **to be ~ of** [+ *danger, risk*] ser capaz de apreciar; **they were not fully ~ of the danger that lay ahead** no eran capaces de apreciar del todo el peligro que les acechaba

**appreciatively** [ə'pri:ʃɪətɪvlɪ] ADV **he accepted the gift ~** aceptó el regalo agradecido; **the audience clapped** *or* **applauded ~** el público aplaudió agradecido; **she smiled ~** sonrió con admiración, sonrió agradecida

**apprehend** [,æprɪ'hend] (*frm*) VT [1] (= *arrest*) detener, aprehender
[2] (= *understand*) comprender
[3] (= *fear*) recelar, recelar de

**apprehension** [,æprɪ'henʃən] N [1] (= *fear*) aprensión *f*, temor *m*; **she was filled with ~ at the prospect** le invadía el temor ante esa perspectiva; **my chief ~ is that ...** mi mayor temor es que + *subjun*
[2] (*frm*) (= *awareness*) comprensión *f*
[3] (*frm*) (= *arrest*) detención *f*

**apprehensive** [,æprɪ'hensɪv] ADJ inquieto; **I was feeling a little ~** sentía cierta aprensión, me sentía inquieto; **he is ~ that he might fail the exam** teme *or* le preocupa suspender el examen; **she is ~ that some accident might befall her children** teme que *or* le preocupa que sus hijos puedan tener un accidente; **to be ~ about sth** estar inquieto por algo; **everyone is ~ about the ordeals to come** todos están inquietos por los terribles momentos que puedan avecinarse; **I'm a bit ~ about the trip** el viaje me tiene inquieto; **they're a little ~ about coming** les inquieta un poco la idea de venir; **we were both ~ about the reaction of the other players** ambos temíamos la reacción de los otros jugadores; **to grow ~** inquietarse; **he gave her an ~ look** la miró aprensivo *or* inquieto, le dirigió una mirada de aprensión *or* inquietud

**apprehensively** [,æprɪ'hensɪvlɪ] ADV con aprensión, con temor

**apprentice** [ə'prentɪs] Ⓐ N [1] (= *learner*) aprendiz(a) *m/f*
[2] (= *beginner*) principiante *mf*
Ⓑ VT **to ~ sb to** colocar a algn de aprendiz con; **to be ~d to** estar de aprendiz con
Ⓒ CPD ► **apprentice electrician** N aprendiz(a) *m/f* de electricista

**apprenticeship** [ə'prentɪʃɪp] N aprendizaje *m*; **to serve one's ~** hacer el aprendizaje

**apprise** [ə'praɪz] VT (*frm*) informar; **to ~ sb of sth** informar a algn de algo; **to be ~d of** estar al corriente de; **I was never ~d of your decision** no se me comunicó su decisión, no me informaron de su decisión

**appro*** ['æprəʊ] ABBR (*Comm*) = **approval**; **on ~** a prueba

▼ **approach** [ə'prəʊtʃ] Ⓐ VT [1] (= *come near*) [+ *place*] acercarse a, aproximarse a; [+ *person*] abordar, dirigirse a; **he ~ed the house** se acercó *or* aproximó a la casa; **a man ~ed me in the street** un hombre me abordó en la calle
[2] (*with request etc*) dirigirse a; (= *speak to*) hablar con; **have you tried ~ing the mayor?** ¿has probado a dirigirte al alcalde?; **have you ~ed your bank manager about the loan?** ¿has hablado con el gerente del banco sobre el préstamo?; **he is difficult to ~** no es fácil abordarle
[3] (= *tackle*) [+ *subject, problem, job*] abordar; **we must ~ the matter with care** tenemos que abordar el asunto con mucho cuidado; **I ~ it with an open mind** me lo planteo sin ningún prejuicio; **it all depends on how we ~ it** depende de cómo lo enfoquemos
[4] (= *approximate to*) (*in quality*) aproximarse a; (*in appearance*) parecerse a; **here the colour ~es blue** aquí el color tira a azul; **it was ~ing midnight** era casi medianoche; **the performance ~ed perfection** la interpretación rayaba en la perfección; **he's ~ing 50** se acerca a los 50; **no other painter ~es him** (*fig*) no hay otro pintor que se le pueda comparar
Ⓑ VI acercarse
Ⓒ N [1] (= *act*) acercamiento *m*, aproximación *f*; **at the ~ of the enemy** al acercarse *or* aproximarse el enemigo; **at the ~ of Easter** al acercarse la Pascua; **at the ~ of night** al caer la noche; **we observed his ~** lo vimos acercarse
[2] (*to problem, subject*) enfoque *m*, planteamiento *m*; **a new ~ to maths** un nuevo enfoque *or* planteamiento sobre las matemáticas; **I don't like your ~ to this matter** no me gusta tu modo de enfocar esta cuestión; **we must think of a new ~** tenemos que idear otro método
[3] (= *offer*) oferta *f*, propuesta *f*; (= *proposal*) proposición *f*, propuesta *f*; **to make ~es to sb** dirigirse a algn; **to make amorous ~es to sb** (*liter*) requerir de amores a algn
[4] (= *access*) acceso *m* (**to** a); (= *road*) vía *f* de acceso, camino *m* de acceso; **~es** accesos *mpl*; (*Mil*) aproches *mpl*; **the northern ~es of the city** los accesos *or* las vías de acceso a la ciudad por el norte
[5] (*Golf*) aproximación *f*, golpe *m* de aproximación
Ⓓ CPD ► **approach light** N (*Aer*) baliza *f* de aproximación ► **approach road** N vía *f* de acceso, entrada *f* ► **approach shot** N (*Golf*) golpe *m* de aproximación

**approachable** [ə'prəʊtʃəbl] ADJ [*person*] accesible, abordable; [*place*] accesible; [*text, idea, work*] asequible

**approaching** [ə'prəʊtʃɪŋ] ADJ próximo, venidero; [*car, vehicle*] que se acerca en dirección opuesta, que viene en dirección contraria; **the ~ elections** las próximas elecciones

**approbation** [,æprə'beɪʃən] N aprobación *f*

**appropriate** Ⓐ [ə'prəʊprɪɪt] ADJ [*time, place, method, response*] apropiado, adecuado; [*moment*] oportuno, apropiado, adecuado; [*authority, department*] competente, correspondiente; **it is ~ that ...** resulta apropiado *or* adecuado que ...; **it may be ~ to discuss this with your solicitor** quizá sería conveniente que discutiera esto con su abogado; **she's the most ~ person to present the award** es la persona más indicada *or* más adecuada para presentar el premio; **to take ~ action** tomar las medidas apropiadas *or* adecuadas *or* pertinentes; **choose A, B or C as ~** elija A, B o C según corresponda; **this treatment was very ~ for our son** este tratamiento resultó ser muy apropiado or adecuado para nuestro hijo; **it would not be ~ for me to discuss individual cases** no sería apropiado que comentara casos concretos; **to take ~ precautions** tomar las debidas precauciones; **it seemed ~ to end with a joke** parecía apropiado terminar con un chiste; **words ~ to the occasion** palabras apropiadas *or* adecuadas para la ocasión; **a job ~ to his talents** un trabajo que se adecúa a sus aptitudes; **A, and where ~, B** A, y en su caso, B; **you will be answering queries, and, where ~, demonstrating our software** dará información a quien la pida y, si se presta, hará demostraciones de nuestro software
Ⓑ [ə'prəʊprɪeɪt] VT [1] (= *steal*) apropiarse de
[2] (= *set aside*) [+ *funds*] asignar, destinar (**for** a)

**appropriately** [ə'prəʊprɪɪtlɪ] ADV [*dress*] apropiadamente; [*respond*] apropiadamente, adecuadamente; [*act*] debidamente; **~ dressed for the occasion** vestido apropiadamente para la ocasión, vestido acorde con la ocasión; **it's entitled, ~ enough, "Art for the Nation"** se titula, muy apropiadamente, "Arte para la Nación"; **they have committed a crime and they must be punished ~** han cometido un crimen y deben recibir el correspondiente castigo

**appropriateness** [ə'prəʊprɪɪtnɪs] N lo apropiado

**appropriation** [ə,prəʊprɪ'eɪʃən] Ⓐ N [1] (= *confiscation*) apropiación *f*; **illegal ~** apropiación *f* indebida
[2] (= *allocation*) asignación *f*
[3] (= *funds assigned*) fondos *mpl*; (*US*) crédito *m*
Ⓑ CPD ► **appropriation account** N cuenta *f* de asignación ► **appropriation bill** N (*US Pol*) proyecto *m* de ley de presupuestos ► **Appropriation Committee** N (*US Pol*) Comisión *f* de gastos de la Cámara de Representantes ► **appropriation fund** N fondo *m* de asignación

**approval** [ə'pru:vəl] N (= *consent*) aprobación *f*, visto *m* bueno; **does this have your ~?** ¿le da usted su aprobación *or* visto bueno a esto?; **to meet with sb's ~** obtener la aprobación de algn; **a look of ~** una mirada de aprobación; **on ~** (*Comm*) a prueba; **he nodded his ~** asintió con la cabeza

▼ **approve** [ə'pru:v] Ⓐ VT [+ *plan, decision, legislation, expenditure, minutes*] aprobar; [+ *drug, medicine, method*] autorizar; **the council has ~d the construction of a hotel** el ayuntamiento ha dado su aprobación para *or* ha aprobado la construcción de un hotel
Ⓑ VI [1] (= *be in favour*) **I think she'll ~** creo que estará de acuerdo, creo que le parecerá bien; **he's not allowed sweets, his mother doesn't ~** no le dejan comer caramelos, a su madre no le gusta
[2] (= *give authorization*) dar su aprobación; **if**

➤ LANGUAGE IN USE: approach C2 26.1 approve A 11.2

**Congress ~s, the project will go ahead next year** si el Congreso da su aprobación *or* lo aprueba, el proyecto se llevará a cabo el año que viene

▼ ► **approve of** VI + PREP [1] **to ~ of sth: not everyone ~s of the festival** no todo el mundo está de acuerdo con la celebración del festival; **he doesn't ~ of drinking** no le parece bien *or* no le gusta que se beba alcohol; **I don't ~ of her going** no me parece bien *or* no me gusta que vaya
[2] **to ~ of sb: they don't ~ of my fiancé** no les parece bien mi novio

**approved** Ⓐ ADJ (= *accredited*) acreditado; **the ~ method of cleaning** el método de limpieza aconsejado por las autoridades
Ⓑ CPD ► **approved school** N (*Brit*) correccional *m*, reformatorio *m*

**approving** [ə'pruːvɪŋ] ADJ [*words, look*] aprobatorio, de aprobación; **several people gave her ~ glances** varias personas le lanzaron miradas aprobatorias *or* de aprobación

**approvingly** [ə'pruːvɪŋlɪ] ADV con aprobación; **he looked at her ~** la miró con aprobación; **he nodded ~** hizo un gesto de aprobación con la cabeza

**approx** [ə'prɒks] ABBR (= **approximately**) aprox.

**approximate** Ⓐ [ə'prɒksɪmɪt] ADJ aproximado
Ⓑ [ə'prɒksɪmeɪt] VI **to ~ to** aproximarse a, acercarse a

**approximately** [ə'prɒksɪmɪtlɪ] ADV aproximadamente, más o menos; **the film lasts three hours ~** la película dura aproximadamente tres horas, la película dura tres horas (poco) más o menos

**approximation** [ə,prɒksɪ'meɪʃən] N aproximación *f*

**appt.** ABBR (*US*) = **appointment**

**appurtenance** [ə'pɜːtɪnəns] N (= *appendage*) dependencia *f*; (= *accessory*) accesorio *m*; **the house and its ~s** la casa con sus dependencias

**APR, apr** N ABBR (= **annual(ized) percentage rate**) TAE *f*

**Apr.** ABBR (= **April**) ab., abr.

**après-ski** [,æpreɪ'skiː] Ⓐ N après-ski *m*
Ⓑ ADJ de après-ski

**apricot** ['eɪprɪkɒt] N [1] (= *fruit*) albaricoque *m*, chabacano *m* (*Mex*), damasco *m* (*LAm*)
[2] (= *tree*) albaricoquero *m*, chabacano *m* (*Mex*), damasco *m* (*LAm*)

**April** ['eɪprəl] Ⓐ N abril *m*; *see* **July** *for usage*
Ⓑ CPD ► **April Fool** N (= *trick*) ≈ inocentada *f*; **~ Fool!** ≈ ¡inocente! ► **April Fools' Day** N ≈ día *m* de los (Santos) Inocentes (*en el Reino Unido y los EEUU, el 1 abril*) ► **April showers** NPL lluvias *fpl* de abril

**APRIL FOOLS' DAY**

*El 1 de abril es* **April Fools' Day** *en la tradición anglosajona. En ese día se les gastan bromas a los desprevenidos, quienes reciben la denominación de* **April Fool** *(inocente), y tanto la prensa escrita como la televisión difunden alguna historia falsa con la que sumarse al espíritu del día.*

**a priori** [eɪpraɪ'ɔːraɪ] Ⓐ ADV a priori
Ⓑ ADJ apriorístico

**apron** ['eɪprən] Ⓐ N [1] (= *garment*) delantal *m*; (*workman's, mason's etc*) mandil *m*
[2] (*Aer*) plataforma *f* de estacionamiento
[3] (*Theat*) proscenio *m*
Ⓑ CPD ► **apron stage** N (*Theat*) escena *f* saliente ► **apron strings** NPL (*fig*) **he's tied to his mother's/wife's ~ strings** está pegado a las faldas de su madre/esposa

**apropos** [,æprə'pəʊ] Ⓐ ADV a propósito
Ⓑ PREP **~ of** a propósito de
Ⓒ ADJ oportuno

**apse** [æps] N ábside *m*

**APT** N ABBR (*Brit*) (*formerly*) (= **Advanced Passenger Train**) ≈ TGV *m*, ≈ AVE *m* (*Sp*)

**apt** [æpt] ADJ (*compar* **apter**; *superl* **aptest**) [1] (= *suitable*) [*name, title*] acertado, apropiado; [*description*] acertado, atinado; [*remark*] acertado, oportuno; **how ~ that he should have been jailed on the anniversary of his crime!** ¡qué oportuno que lo hayan encerrado en el aniversario de su delito!
[2] (= *liable*) **to be ~ to do sth** tener tendencia a hacer algo, tender a hacer algo; **we are ~ to forget that ...** nos olvidamos fácilmente de que ..., tenemos tendencia *or* tendemos *or* somos propensos a olvidarnos de que ...; **he's ~ to be late** tiene tendencia a *or* tiende a *or* suele llegar tarde; **I am ~ to be out on Mondays** los lunes no suelo estar; **this is ~ to occur** esto tiene tendencia *or* tiende a ocurrir, hay propensión a que esto ocurra
[3] (= *clever*) capaz; **he has proved himself an ~ pupil** ha demostrado ser un alumno capaz

**apt.** ABBR (= **apartment**) apto.

▼ **aptitude** ['æptɪtjuːd] Ⓐ N (= *ability*) aptitud *f*, talento *m*; (= *tendency*) inclinación *f*; **to have an ~ for sth** tener aptitud(es) *or* talento para algo
Ⓑ CPD ► **aptitude test** N prueba *f* de aptitud

**aptly** ['æptlɪ] ADV [*describe, remark*] acertadamente; **he was ~ described by his biographer as ...** fue descrito acertadamente por su biógrafo como ...; **an ~ named plant** una planta con un nombre muy acertado *or* apropiado; **I always felt he had been ~ named** siempre me pareció que su nombre era muy acertado *or* apropiado

**aptness** ['æptnɪs] N [*of name, description*] lo acertado, lo apropiado; [*of remark*] lo acertado, lo oportuno

**Apuleius** [,æpjə'lɪəs] N Apuleyo

**aqua-aerobics** ['ækwəɛə'rəʊbɪks] N aerobic *msing* acuático

**aquafarming** ['ækwə,fɑːmɪŋ] N piscicultura *f*

**aqualung** ['ækwəlʌŋ] N escafandra *f* autónoma

**aquamarine** [,ækwəmə'riːn] Ⓐ ADJ (de color) verde mar *inv*
Ⓑ N aguamarina *f*

**aquanaut** ['ækwənɔːt] N submarinista *mf*

**aquaplane** ['ækwəpleɪn] Ⓐ N tabla *f* de esquí acuático
Ⓑ VI (*Brit Aut*) patinar

**Aquarian** [ə'kwɛərɪən] N acuario *mf*

**aquarium** [ə'kwɛərɪəm] N (*pl* **aquariums** *or* **aquaria** [ə'kwɛərɪə]) (= *tank, building*) acuario *m*

**Aquarius** [ə'kwɛərɪəs] N [1] (= *sign, constellation*) Acuario *m*
[2] (= *person*) Acuario *mf*; **she's (an) ~** es Acuario

**aquatic** [ə'kwætɪk] Ⓐ ADJ acuático
Ⓑ N [1] (*Bot*) planta *f* acuática
[2] (*Zool*) animal *m* acuático

**aquatics** [ə'kwætɪks] N (*Sport*) deportes *mpl* acuáticos

**aquatint** ['ækwətɪnt] N acuatinta *f*

**aqueduct** ['ækwɪdʌkt] N acueducto *m*

**aqueous** ['eɪkwɪəs] ADJ acuoso, ácueo (*frm*)

**aquifer** ['ækwɪfəʳ] N acuífero *m*

**aquiferous** [ə'kwɪfərəs] ADJ acuífero

**aquiline** ['ækwɪlaɪn] ADJ **an ~ nose** una nariz aguileña *or* aquilina

**Aquinas** [ə'kwaɪnəs] N Aquino; **St Thomas ~** Santo Tomás de Aquino

**AR** ABBR [1] (*Comm*) = **account rendered**
[2] (*for tax*) = **annual return**
[3] (*report*) = **annual return**
[4] (*US*) = **Arkansas**

**A/R** ABBR = **against all risks**

**ARA** N ABBR (*Brit*) = **Associate of the Royal Academy**

**Arab** ['ærəb] Ⓐ ADJ árabe
Ⓑ N [1] (= *person*) árabe *mf*
[2] (= *horse*) caballo *m* árabe

**arabesque** [,ærə'besk] N (*Ballet etc*) arabesco *m*

**Arabia** [ə'reɪbɪə] N Arabia *f*

**Arabian** [ə'reɪbɪən] Ⓐ ADJ árabe, arábigo; **the ~ Desert** el desierto Arábigo; **the ~ Gulf** el golfo Arábigo; **the ~ Sea** el mar de Omán; **The ~ Nights** Las mil y una noches
Ⓑ N árabe *mf*

**Arabic** ['ærəbɪk] Ⓐ ADJ árabe
Ⓑ N (*Ling*) árabe *m*
Ⓒ CPD ► **Arabic numerals** NPL numeración *fsing* arábiga

**Arabist** ['ærəbɪst] N arabista *mf*

**arabization** [,ærəbaɪ'zeɪʃən] N arabización *f*

**arabize** ['ærəbaɪz] VT arabizar

**arable** ['ærəbl] Ⓐ ADJ cultivable, arable (*esp LAm*); **~ farm** granja *f* agrícola; **~ farming** agricultura *f*; **~ land** tierra *f* de cultivo *or* cultivable
Ⓑ N tierra *f* de cultivo, tierra *f* cultivable

**arachnid** [ə'ræknɪd] N arácnido *m*

**Aragon** ['ærəgən] N Aragón *m*

**Aragonese** [,ærəgə'niːz] Ⓐ ADJ aragonés
Ⓑ N [1] (= *person*) aragonés/esa *m/f*
[2] (*Ling*) aragonés *m*

**ARAM** N ABBR (*Brit*) = **Associate of the Royal Academy of Music**

**Aramaic** [,ærə'meɪɪk] N arameo *m*

**arbiter** ['ɑːbɪtəʳ] N [1] (= *adjudicator*) árbitro/a *m/f*
[2] (*fig*) **to be an ~ of taste/style** ser un árbitro del buen gusto/de la moda

**arbitrage** [,ɑːbɪ'trɑːʒ] N arbitraje *m*

**arbitrageur** [,ɑːbɪtræ'ʒɜː] N arbitrajista *mf*

**arbitrarily** ['ɑːbɪtrərɪlɪ] ADV arbitrariamente

**arbitrariness** ['ɑːbɪtrərɪnɪs] N arbitrariedad *f*

**arbitrary** ['ɑːbɪtrərɪ] ADJ arbitrario

**arbitrate** ['ɑːbɪtreɪt] Ⓐ VT resolver, juzgar
Ⓑ VI arbitrar, mediar (**between** entre)

**arbitration** [,ɑːbɪ'treɪʃən] N arbitraje *m*; **they went to ~** recurrieron al arbitraje; **the question was referred to ~** se confió el asunto a un tribunal de arbitraje

**arbitrator** ['ɑːbɪtreɪtəʳ] N árbitro/a *m/f*, mediador(a) *m/f*

**arbor** ['ɑːbəʳ] N (*US*) = **arbour**

**arboreal** [ɑː'bɔːrɪəl] ADJ arbóreo

**arboretum** [,ɑːbə'riːtəm] N (*pl* **arboretums, arboreta** [,ɑːbə'riːtə]) arboreto *m*, jardín *m* botánico arbóreo

**arboriculture** ['ɑːbərɪ,kʌltʃəʳ] N arboricultura *f*

**arbour, arbor** (*US*) ['ɑːbəʳ] N cenador *m*, pérgola *f*

**arbutus** [ɑː'bjuːtəs] N madroño *m*

**ARC** N ABBR [1] (*Med*) = **AIDS-related complex**
[2] = **American Red Cross**

**arc** [ɑːk] Ⓐ N arco *m*
Ⓑ VI arquearse, formar un arco

➤ LANGUAGE IN USE: approve of 1 14 aptitude A 15.4, 16.4

Ⓒ CPD ► **arc lamp** N lámpara *f* de arco; (*in welding*) arco *m* voltaico ► **arc welding** N soldadura *f* por arco

**arcade** [ɑːˈkeɪd] Ⓐ N 1 (= *shopping precinct*) galería *f* comercial; (*round public square*) soportales *mpl*, pórtico *m*; (*in building*) galería *f* interior; (*in church*) claustro *m*
2 (*Brit*) (*also* **amusement ~**) sala *f* de juegos, salón *m* de juegos
3 (*Archit*) (= *arch*) bóveda *f*; (= *passage*) arcada *f*
Ⓑ CPD ► **arcade game** N videojuego *m*

**Arcadia** [ɑːˈkeɪdɪə] N Arcadia *f*

**Arcadian** [ɑːˈkeɪdɪən] Ⓐ ADJ árcade, arcádico
Ⓑ N árcade *mf*, arcadio/a *m/f*

**Arcady** [ˈɑːkədɪ] N Arcadia *f*

**arcane** [ɑːˈkeɪn] ADJ arcano

**arch**[1] [ɑːtʃ] Ⓐ N 1 (*Archit*) arco *m*; (= *vault*) bóveda *f*
2 [*of foot*] puente *m*; **fallen ~es** pies *mpl* planos
3 (*dental*) arcada *f*, arco *m*
Ⓑ VT [+ *back, body etc*] arquear; **to ~ one's eyebrows** arquear las cejas
Ⓒ VI 1 arquearse, formar un arco
2 **to ~ over** (*Archit*) abovedar

**arch**[2] [ɑːtʃ] ADJ 1 (= *superior*) [*look*] de superioridad; [*remark*] en tono de superioridad
2 (= *mischievous*) malicioso
3 (= *cunning*) [*glance, person*] astuto

**arch**[3] [ɑːtʃ] ADJ (= *great*) **an ~ criminal** un consumado delincuente; **an ~ hypocrite** un consumado hipócrita, un hipócrita de primer orden; *see also* **arch-enemy**

**archaeological**, **archeological** (*esp US*) [ˌɑːkɪəˈlɒdʒɪkəl] ADJ arqueológico

**archaeologist**, **archeologist** (*esp US*) [ˌɑːkɪˈɒlədʒɪst] N arqueólogo/a *m/f*

**archaeology**, **archeology** (*esp US*) [ˌɑːkɪˈɒlədʒɪ] N arqueología *f*

**archaic** [ɑːˈkeɪɪk] ADJ arcaico

**archaism** [ˈɑːkeɪɪzəm] N arcaísmo *m*

**archangel** [ˈɑːkˌeɪndʒəl] N arcángel *m*

**archbishop** [ˈɑːtʃˈbɪʃəp] N arzobispo *m*; **the Archbishop of Canterbury** el Arzobispo de Canterbury

> **ARCHBISHOP**
>
> *En la Iglesia anglicana (***Church of England***) existen dos arzobispos:* **Archbishop of York** *y* **Archbishop of Canterbury***, siendo éste el jefe espiritual de la Iglesia. Ambos arzobispos, que ocupan un escaño en la Cámara de los Lores, son nombrados por el monarca con el asesoramiento del Primer Ministro y los representantes de la Iglesia anglicana. El Arzobispo de Canterbury es quien corona al nuevo monarca británico en la ceremonia de la coronación (***Coronation Ceremony***) y oficia en las bodas reales. Los dos arzobispos ejercen autoridad administrativa sobre el clero en sus respectivos arzobispados (***provinces***).*
>
> ⇨ *Ver tb* CHURCHES OF ENGLAND/SCOTLAND

**archbishopric** [ɑːtʃˈbɪʃəprɪk] N arzobispado *m*

**archdeacon** [ˈɑːtʃˈdiːkən] N arcediano *m*

**archdiocese** [ˈɑːtʃˈdaɪəsɪs] N archidiócesis *f inv*

**archduke** [ˈɑːtʃˈdjuːk] N archiduque *m*

**arched** [ɑːtʃt] ADJ [*roof, window, doorway*] abovedado; [*bridge*] con arcos, con arcadas; [*brow*] arqueado

**arch-enemy** [ˈɑːtʃˈenɪmɪ] N archienemigo/a *m/f*

**archeological** [ˌɑːkɪəˈlɒdʒɪkəl] ADJ (*esp US*) = **archaeological**

**archeologist** [ˌɑːkɪˈɒlədʒɪst] N (*esp US*) = **archaeologist**

**archeology** [ˌɑːkɪˈɒlədʒɪ] N (*esp US*) = **archaeology**

**archer** [ˈɑːtʃəʳ] N arquero/a *m/f*

**archery** [ˈɑːtʃərɪ] N tiro *m* con arco

**archetypal** [ɑːkɪˈtaɪpl] ADJ arquetípico

**archetypally** [ˌɑːkɪˈtaɪpəlɪ] ADV arquetípicamente

**archetype** [ˈɑːkɪtaɪp] N 1 (= *original*) arquetipo *m*
2 (= *epitome*) modelo *m*, arquetipo *m*

**archetypical** [ˌɑːkɪˈtɪpɪkəl] ADJ = **archetypal**

**Archimedes** [ˌɑːkɪˈmiːdiːz] N Arquímedes; **~' screw** rosca *f* de Arquímedes

**archipelago** [ˌɑːkɪˈpelɪgəʊ] N (*pl* **archipelagos, archipelagoes**) archipiélago *m*

**archiphoneme** [ˈɑːkɪˌfəʊniːm] N archifonema *m*

**architect** [ˈɑːkɪtekt] N 1 (= *professional*) arquitecto/a *m/f*
2 (*fig*) artífice *mf*; **the ~ of victory** el artífice de la victoria

**architectonic** [ˌɑːkɪtekˈtɒnɪk] ADJ arquitectónico

**architectural** [ˌɑːkɪˈtektʃərəl] ADJ arquitectónico

**architecturally** [ˌɑːkɪˈtektʃərəlɪ] ADV arquitectónicamente; **an ~ striking building** un edificio impresionante desde el punto de vista arquitectónico

**architecture** [ˈɑːkɪtektʃəʳ] N arquitectura *f*

**architrave** [ˈɑːkɪtreɪv] N arquitrabe *m*

**archive** [ˈɑːkaɪv] Ⓐ N (*gen*) archivo *m*; (*Comput*) archivo *m*, fichero *m*
Ⓑ VT archivar
Ⓒ CPD ► **archive file** N (*Comput*) fichero *m* archivado ► **archive film** N imágenes *fpl* de archivo ► **archive material** N material *m* de archivo

**archivist** [ˈɑːkɪvɪst] N archivero/a *m/f*, archivista *mf* (*LAm*)

**archly** [ɑːtʃlɪ] ADV 1 (= *in a superior way*) con aire de superioridad
2 (= *mischievously*) maliciosamente
3 (= *cunningly*) con astucia

**archness** [ˈɑːtʃnɪs] N 1 (= *air of superiority*) aire *m* de superioridad
2 (= *mischievousness*) malicia *f*
3 (= *cunning*) astucia *f*

**archpriest** [ˈɑːtʃˈpriːst] N arcipreste *m*

**archway** [ˈɑːtʃweɪ] N (= *passage*) pasaje *m* abovedado; (= *arch*) arco *m*

**ARCM** N ABBR (*Brit*) = **Associate of the Royal College of Music**

**arctic** [ˈɑːktɪk] Ⓐ ADJ 1 (*Geog*) ártico
2 (*fig*) (= *cold*) glacial, gélido
Ⓑ N **the Arctic** el Ártico
Ⓒ CPD ► **Arctic Circle** N Círculo *m* Polar Ártico ► **arctic fox** N zorro *m* polar ► **Arctic Ocean** N Océano *m* Ártico

**ARD** N ABBR (*US*) = **acute respiratory disease**

**Ardennes** [ɑːˈdənz] NPL Ardenas *fpl*

**ardent** [ˈɑːdənt] ADJ 1 (= *enthusiastic*) [*supporter, admirer, opponent*] apasionado, ferviente; [*feminist, nationalist*] acérrimo; [*desire*] ardiente, ferviente; [*belief, plea*] ferviente; **she is ~ in her opposition to the proposals** se opone ardientemente a las propuestas
2 (= *passionate*) [*lover, lovemaking*] apasionado

**ardently** [ˈɑːdəntlɪ] ADV 1 (= *enthusiastically*) [*support, defend, desire*] ardientemente, fervientemente; [*speak*] con vehemencia
2 (= *passionately*) [*kiss*] apasionadamente

**ardour**, **ardor** (*US*) [ˈɑːdəʳ] N 1 (*for sth*) (= *love*) pasión *f*; (= *fervour, eagerness*) fervor *m*, ardor *m*
2 (*romantic*) ardor *m*, pasión *f*

**arduous** [ˈɑːdjʊəs] ADJ [*work, task*] arduo; [*climb, journey*] arduo, penoso; [*conditions*] riguroso, duro

**arduously** [ˈɑːdjʊəslɪ] ADV [*work*] arduamente; [*climb*] con dificultad, penosamente

**arduousness** [ˈɑːdjʊəsnɪs] N [*of work, task*] lo arduo; [*of climb, journey*] lo arduo, lo penoso; [*of conditions*] lo riguroso, lo duro

**are** [ɑːʳ] PRESENT (*2nd pers sing, 1st, 2nd, 3rd pers pl*) *of* **be**

**area** [ˈɛərɪə] Ⓐ N 1 (= *surface measure*) superficie *f*, extensión *f*, área *f*; **the lake is 130 square miles in ~** el lago tiene 130 millas cuadradas de superficie *or* de extensión, el lago se extiende sobre una superficie *or* área de 130 millas cuadradas; *see also* **surface**
2 (= *region*) [*of country*] zona *f*, región *f*; [*of city*] zona *f*; (*Admin, Pol*) zona *f*, área *f*; **in mountainous ~s of Europe and Asia** en las zonas *or* regiones montañosas de Europa y Asia; **an ~ of outstanding natural beauty** una zona de una belleza natural excepcional; **an ~ of high unemployment** una zona con un alto índice de desempleo; **the London ~** la zona *or* el área de Londres; **rural/urban ~s** zonas *fpl* rurales/urbanas; *see also* **catchment**, **disaster**, **sterling**
3 (= *extent, patch*) zona *f*; **the blast caused damage over a wide ~** la explosión causó daños en una extensa zona; **there is an ~ of wasteland behind the houses** hay un terreno baldío detrás de las casas; **when applying the cream avoid the ~ around the eyes** evite aplicarse la crema en la zona que rodea los ojos
4 (= *space*) zona *f*; **communal ~** zona *f* comunitaria; **dining ~** comedor *m*; **picnic ~** merendero *m*; **play ~** zona *f* recreativa; **reception ~** recepción *f*; **slum ~** barrio *m* bajo; **smoking ~s are provided** se han habilitado zonas para fumadores; **waiting ~** zona *f* de espera
5 (*Sport*) (*also* **penalty ~**) área *f* de penalti, área *f* de castigo; *see also* **goal**
6 (*Brit*) (= *basement courtyard*) patio *m*
7 (= *sphere*) [*of knowledge*] campo *m*, terreno *m*; [*of responsibility*] esfera *f*; **I am not a specialist in this ~** no soy especialista en este campo *or* terreno; **~ of study** campo *m* de estudio; **that is not my ~ of competence** eso no es competencia mía; **it affects all ~s of our lives** afecta a todos los sectores de nuestra vida; **it's a potential ~ of concern** puede llegar a ser motivo de preocupación; **there are still some ~s of disagreement** aún existen discrepancias sobre algunos puntos; **one of the problem ~s is lax security** una cuestión problemática es la falta de seguridad; *see also* **grey**
Ⓑ CPD ► **area code** N (*US Telec*) prefijo *m* (local), código *m* territorial ► **area manager** N jefe/a *m/f* de zona ► **area office** N oficina *f* regional ► **area representative** N representante *mf* de zona

**arena** [əˈriːnə] N 1 (= *stadium*) estadio *m*
2 (= *circus*) pista *f*
3 (*Bullfighting*) (= *building*) plaza *f*; (= *pit*) ruedo *m*
4 (*fig*) (= *stage*) palestra *f*; **the political ~** el ruedo político

**aren't** [ɑːnt] = **are not**

**areola** [əˈrɪələ] N (*pl* **areolas** *or* **areolae**) aureola *f*, areola *f*

**Argentina** [ˌɑːdʒənˈtiːnə] N Argentina *f*

**Argentine** [ˈɑːdʒəntaɪn] Ⓐ ADJ argentino
Ⓑ N 1 (= *person*) argentino/a *m/f*
2 **the ~** la Argentina

**Argentinian** [ˌɑːdʒənˈtɪnɪən] Ⓐ ADJ argentino
Ⓑ N argentino/a *m/f*

**Argie*** [ˈɑːdʒɪ] N (*pej*) = **Argentinian**

**argon** [ˈɑːgɒn] N argón *m*

**Argonaut** [ˈɑːgənɔːt] N argonauta *m*

**argot** [ˈɑːgəʊ] N argot *m*

**arguable** [ˈɑːgjʊəbl] ADJ discutible; **it is ~ whether …** no está probado que …; **it is ~ that …** se puede decir que …

**arguably** [ˈɑːgjʊəblɪ] ADV **he is ~ the best player in the world** se podría mantener que es el mejor jugador del mundo

**argue** [ˈɑːgjuː] Ⓐ VI 1 (= *disagree*) discutir; (= *fight*) pelearse; **his parents were always arguing** sus padres estaban siempre discutiendo *or* peleándose; **he started arguing with the referee** empezó a discutir con el árbitro; **to ~ (with sb) about** *or* **over sth** discutir *or* pelearse (con algn) por algo; **they were arguing about what to do next** estaban discutiendo sobre qué hacer después; **she achieved it, you can't ~ with that** lo logró, eso es indiscutible; **I didn't dare ~** no me atreví a llevar la contraria; **just get in and don't ~ (with me)!** ¡entra y no (me) discutas!
2 (= *reason*) **he ~s well** presenta sus argumentos de modo convincente, razona bien; **to ~ against sth** dar razones en contra de algo; **to ~ against doing sth** dar razones para que no se haga algo; **to ~ for sth** abogar por algo; **he ~d for the president's powers to be restricted** abogó en favor de que se limitaran los poderes del presidente; **he ~s from a deeply religious conviction** sus argumentos parten de una profunda convicción religiosa
3 (= *indicate*) **his lack of experience ~s against him** su falta de experiencia es un factor en su contra; **it ~s well for him** es un elemento a su favor
Ⓑ VT 1 (= *debate*) discutir; **I won't ~ that point** no voy a discutir ese punto; *see also* **toss A3**
2 (= *persuade*) **he ~d me into/out of going** me convenció de que fuera/no fuera; **he ~d his way out of getting the sack** consiguió que no lo despidieran con buenos razonamientos
3 (= *maintain*) sostener; **to ~ that** sostener que; **he ~d that it couldn't be done** sostenía que no se podía hacer; **it could be ~d that we are not doing enough** se podría decir que no estamos haciendo lo suficiente
4 (= *cite, claim*) (*esp Jur*) alegar; **the defence ~d diminished responsibility** la defensa alegó un atenuante de responsabilidad
5 **to ~ a case** 5·1 (*Jur*) presentar un pleito, exponer un pleito
5·2 (*fig*) **a well ~d case** un argumento bien expuesto; **to ~ the case for sth** abogar en favor de algo
6 (= *suggest*) indicar; **it ~s a certain lack of feeling** indica cierta falta de sentimientos

► **argue out** VT + ADV [+ *problem*] discutir a fondo; **they ~d the whole thing out over dinner** discutieron a fondo todo el asunto durante la cena

**argument** [ˈɑːgjʊmənt] N 1 (= *disagreement*) discusión *f*; (= *fight*) pelea *f*; **I don't want any ~ (about it)** no quiero discutir, no hay discusión que valga; **to get into an ~ (with sb)** empezar a discutir (con algn); **to have an ~ (with sb)** discutir (con algn); (*more heatedly*) pelearse (con algn); **we had an ~ about money** tuvimos una discusión *or* discutimos por razones de dinero; **let's not have an ~ about it** no discutamos; **there was an ~ over the missing plate** hubo una discusión sobre el plato que faltaba; **you've only heard one side of the ~** tú sólo conoces una cara del asunto; ✦**IDIOM he had an ~ with a wall** (*hum*) se dio contra la pared
2 (= *debate*) polémica *f*; **there is some ~ as to whether or not it's possible** hay bastante polémica sobre si es posible o no; **she is open to ~** está dispuesta a discutirlo; **the conclusion is open to ~** la conclusión se presta a discusión *or* es discutible; **to win/lose an ~** ganar/perder (en) un enfrentamiento; *see also* **sake**
3 (= *case*) argumento *m*, razones *fpl*; **there is a strong ~ for** *or* **in favour of doing nothing** existen argumentos *or* razones de peso para *or* en favor de no hacer nada; **an ~ could be made for government intervention** se podrían alegar razones para la intervención del gobierno
4 (= *reasoning*) razonamiento *m*; **if you take this ~ one step further** si llevas el razonamiento un poco más allá; **his ~ is that …** él sostiene que …; *see also* **line[1] A11**
5 (= *synopsis*) argumento *m*, resumen *m*
6 (*Jur*) **opening ~** exposición *f* inicial; **closing ~** conclusiones *fpl* finales

**argumentation** [ˌɑːgjʊmənˈteɪʃən] N argumentación *f*, argumentos *mpl*

**argumentative** [ˌɑːgjʊˈmentətɪv] ADJ [*person*] amigo de las discusiones, discutidor

**Argus** [ˈɑːgəs] N Argos

**argy-bargy*** [ˈɑːdʒɪˈbɑːdʒɪ] N (*Brit*) pelotera* *f*, altercado *m*

**aria** [ˈɑːrɪə] N aria *f*

**Arian** [ˈɛərɪən] Ⓐ ADJ arriano
Ⓑ N arriano/a *m/f*

**Arianism** [ˈɛərɪənɪzəm] N arrianismo *m*

**ARIBA** [əˈriːbə] N ABBR (*Brit*) = **Associate of the Royal Institute of British Architects**

**arid** [ˈærɪd] ADJ (*lit, fig*) árido

**aridity** [əˈrɪdɪtɪ] N (*lit, fig*) aridez *f*

**Aries** [ˈɛəriːz] N 1 (= *sign, constellation*) Aries *m*
2 (= *person*) Aries *mf*; **I'm (an) ~** soy Aries

**aright** [əˈraɪt] ADV correctamente, acertadamente; **if I heard you ~** si le oí bien; **if I understand you ~** si le entiendo correctamente; **to set ~** rectificar

**arise** [əˈraɪz] (*pt* **arose**; *pp* **arisen** [əˈrɪzn]) VI 1 (= *occur*) surgir, presentarse; **difficulties have ~n** han surgido *or* se han presentado dificultades; **a storm arose** (*liter*) se levantó una tormenta; **a great clamour arose** (*liter*) se produjo un tremendo clamor; **should the need ~** de ser necesario; **should the occasion ~** si se presenta la ocasión; **the question does not ~** no hay tal problema, la cuestión no viene al caso; **the question ~s whether …** se plantea el problema de si …
2 (= *result*) surgir; **there are problems arising from his attitude** surgen problemas a raíz de su actitud; **matters arising (from the last meeting)** asuntos pendientes (de la última reunión); **arising from this, can you say …?** partiendo de esta base, ¿puede usted decir …?
3 (†) (= *get up*) levantarse, alzarse; **arise!** (*slogan*) ¡arriba!

**arisen** [əˈrɪzn] PP *of* **arise**

**aristo*** [ˈærɪstəʊ] N (*Brit*) aristócrata *mf*

**aristocracy** [ˌærɪsˈtɒkrəsɪ] N (= *nobility*) aristocracia *f*

**aristocrat** [ˈærɪstəkræt] N aristócrata *mf*

**aristocratic** [ˌærɪstəˈkrætɪk] ADJ aristocrático

**Aristophanes** [ˌærɪsˈtɒfəniːz] N Aristófanes

**Aristotelian** [ˌærɪstəˈtiːlɪən] ADJ aristotélico

**Aristotelianism** [ˌærɪstəˈtiːlɪənɪzəm] N aristotelismo *m*

**Aristotle** [ˈærɪstɒtl] N Aristóteles

**arithmetic** Ⓐ [əˈrɪθmətɪk] N aritmética *f*; *see also* **mental**
Ⓑ [ˌærɪθˈmetɪk] ADJ aritmético; **~ progression** progresión *f* aritmética
Ⓒ [ˌærɪθˈmetɪk] CPD ► **arithmetic mean** N media *f* aritmética

**arithmetical** [ˌærɪθˈmetɪkəl] ADJ = **arithmetic B**

**arithmetician** [əˌrɪθməˈtɪʃən] N aritmético/a *m/f*

**Ariz.** ABBR (*US*) = **Arizona**

**ark** [ɑːk] N arca *f*; **Noah's Ark** el Arca *f* de Noé; **Ark of the Covenant** Arca *f* de la Alianza; ✦**IDIOM it's out of the Ark*** viene del año de la nana*

**Ark.** ABBR (*US*) = **Arkansas**

**arm[1]** [ɑːm] N 1 (*Anat*) brazo *m*; **with one's ~s folded** con los brazos cruzados; **to give sb one's ~** dar el brazo a algn; **to hold sth/sb in one's ~s** coger algo/a algn en brazos; **arm in arm**: **he walked ~ in ~ with his wife** iba cogido del brazo de su mujer; **they were walking along ~ in ~** iban cogidos del brazo; **they rushed into each other's ~s** corrieron a echarse uno en brazos del otro; **this pushed them into the ~s of the French** esto les obligó a buscar el apoyo de los franceses; **he held it at ~'s length** (*lit*) lo sujetaba con el brazo extendido; *see also* **to keep sb at ~'s length**; **she came in on her father's ~** entró del brazo de su padre; **with his coat over his ~** con el abrigo sobre el brazo; **to put one's ~(s) round sb** abrazar a algn; **within ~'s reach** al alcance de la mano; **to take sb's ~** coger a algn del brazo; **to take sb in one's ~s** tomar a algn en sus brazos; **to throw one's ~s round sb's neck** echar los brazos al cuello a algn; **he had a parcel under his ~** llevaba un paquete debajo del brazo *or* bajo el brazo; ✦**IDIOMS to cost an ~ and a leg*** costar un ojo de la cara*; **to keep sb at ~'s length** (*fig*) mantener las distancias con algn; **a list as long as your ~** una lista kilométrica; **the (long** *or* **strong) ~ of the law** el brazo de la ley; **to welcome sth/sb with open ~s** recibir algo/a algn con los brazos abiertos; **to put the ~ on sb** (*US**) presionar a algn; **I'd give my right ~ to own it** daría mi brazo derecho por que fuera mío; *see also* **babe**, **chance B1**, **fold[2]**, **twist B2**
2 (= *part*) 2·1 [*of chair, river, crane, pick-up*] brazo *m*; [*of spectacles*] patilla *f*; [*of coat*] manga *f*; **~ of the sea** brazo *m* de mar
2·2 [*of organization, company, also Mil*] (= *division*) división *f*; (= *section*) sección *f*; (*Pol*) brazo *m*; **the military ~ of the Western alliance** el brazo armado de la alianza occidental; **the political ~ of a terrorist group** el brazo político de un grupo terrorista; *see also* **fleet**

**arm[2]** [ɑːm] Ⓐ N 1 (= *weapon*) arma *f*; **to bear ~s** portar armas; **to lay down one's ~s** deponer *or* rendir las armas; **order ~s!** ¡descansen armas!; **present ~s!** ¡presenten armas!; **shoulder ~s!** ◊ **slope ~s!** ¡sobre el hombro, armas!; **to take up ~s (against sth/sb)** tomar las armas (contra algo/algn); **by 1809 Britain had 817,000 men under ~s** en 1809

► LANGUAGE IN USE: **argue A1** 11.1 **argument 3, 4** 26.1, 26.2

Gran Bretaña tenía 817.000 hombres en sus filas *or* en las fuerzas armadas; **✦IDIOM to be up in ~s about sth**: **environment groups are up in ~s about the plan** los grupos ecologistas están oponiéndose al plan enfurecidamente; **no need to get up in ~s over such a small thing** no hace falta poner el grito en el cielo *or* ponerse así por una cosa tan insignificante; *see also* **rise B9**
[2] **arms** (= *coat of arms*) escudo *msing* de armas, blasón *msing*
Ⓑ VT [+ *person, ship, nation*] armar, proveer de armas; [+ *missile*] equipar; **to ~ sb with sth** (*lit*) armar a algn de *or* con algo; (*fig*) proveer a algn de algo; **to ~ o.s. with sth** (*lit*) armarse de *or* con algo; (*fig*) armarse de algo; **she had ~ed herself with a rifle** se había armado de *or* con un rifle; **I ~ed myself with all the information I would need** me armé de toda la información que necesitaría
Ⓒ VI armarse (**against** contra)
Ⓓ CPD ► **arms control** N control *m* de armamento(s) ► **arms dealer** N traficante *mf* de armas ► **arms embargo** N embargo *m* de armas ► **arms factory** N fábrica *f* de armas ► **arms limitation** N límite *m* armamentístico ► **arms manufacturer** N fabricante *mf* de armas ► **the arms race** N la carrera armamentística, la carrera de armamentos ► **arms reduction** N reducción *f* de armas ► **arms trade** N tráfico *m* de armas

**armada** [ɑːˈmɑːdə] N flota *f*, armada *f*; **the Armada** (*Hist*) la (Armada) Invencible

**armadillo** [ˌɑːməˈdɪləʊ] N armadillo *m*

**Armageddon** [ˌɑːməˈgedn] N (*Bible*) la batalla de Armagedón; (*fig*) la guerra del fin del mundo

**armament** [ˈɑːməmənt] Ⓐ N armamento *m*; **~s** (= *weapons*) armamento *msing*
Ⓑ CPD ► **the armaments industry** N la industria de armamento, la industria armamentista *or* armamentística

**armature** [ˈɑːmətjʊəʳ] N [1] (*Bot, Elec, Zool*) armadura *f*; [*of dynamo*] inducido *m*
[2] (= *supporting framework*) armazón *f*

**armband** [ˈɑːmbænd] N brazalete *m*

**armchair** [ˈɑːmtʃɛəʳ] Ⓐ N sillón *m*
Ⓑ CPD ► **armchair general** N general *mf* de salón ► **armchair strategist** N estratega *mf* de salón, estratega *mf* de café

**armed** [ɑːmd] Ⓐ ADJ [*conflict, struggle, resistance*] armado; **their men were not ~** sus hombres no iban armados; **their men were heavily ~** sus hombres iban bien provistos de armas; **~ guards** guardias *mpl* armados; **the ~ forces** las fuerzas armadas; **~ robbery** robo *m* a mano armada; **~ with sth** (*lit, fig*) armado de *or* con algo; **they were ~ with machine guns** iban armados de *or* con ametralladoras; **she came ~ with reams of statistics** vino armada de *or* con páginas y páginas de estadísticas; **the missile was ~ with a conventional warhead** el misil estaba equipado de *or* con una cabeza convencional; **✦IDIOM ~ to the teeth** armado hasta los dientes
Ⓑ PT, PP *of* **arm²**

**-armed** [ɑːmd] ADJ (*ending in compounds*) de brazos ...; **strong-armed** de brazos fuertes; **one-armed** manco

**Armenia** [ɑːˈmiːnɪə] N Armenia *f*

**Armenian** [ɑːˈmiːnɪən] Ⓐ ADJ armenio
Ⓑ N [1] (= *person*) armenio/a *m/f*
[2] (*Ling*) armenio *m*

**armful** [ˈɑːmfʊl] N brazada *f*

**armhole** [ˈɑːmhəʊl] N sobaquera *f*, sisa *f*

**armistice** [ˈɑːmɪstɪs] N armisticio *m*

**armlet** [ˈɑːmlɪt] N brazal *m*

**armlock** [ˈɑːmˈlɒk] N llave *f* de brazo; **to hold sb in an ~** inmovilizar a algn con una llave

**armor** [ˈɑːməʳ] N (*US*) = **armour**

**armored** [ˈɑːməd] ADJ (*US*) = **armoured**

**armorer** [ˈɑːmərəʳ] N (*US*) = **armourer**

**armorial** [ɑːˈmɔːrɪəl] ADJ heráldico; **~ bearings** escudo *m* de armas

**armor-piercing** [ˈɑːməˌpɪəsɪŋ] ADJ (*US*) = **armour-piercing**

**armor-plated** [ˈɑːməˈpleɪtɪd] ADJ (*US*) = **armour-plated**

**armory** [ˈɑːmərɪ] N (*US*) = **armoury**

**armour**, **armor** (*US*) [ˈɑːməʳ] Ⓐ N [1] (*Mil, Zool, fig*) armadura *f*; (= *steel plates*) blindaje *m*
[2] (= *tank forces*) divisiones *fpl* acorazadas, fuerzas *fpl* blindadas
Ⓑ VT blindar, acorazar
Ⓒ CPD ► **armour plate** N blindaje *m* ► **armour plating** N = **armour plate**

**armour-clad** [ˈɑːməklæd] ADJ = **armoured**

**armoured**, **armored** (*US*) [ˈɑːməd] ADJ acorazado, blindado; **~ car** carro *m* blindado; **~ column** columna *f* blindada; **~ personnel carrier** vehículo *m* blindado para el transporte de tropas

**armourer**, **armorer** (*US*) [ˈɑːmərəʳ] N armero *m*

**armour-piercing**, **armor-piercing** (*US*) [ˈɑːməˌpɪəsɪŋ] ADJ [*shell*] perforante

**armour-plated**, **armor-plated** (*US*) [ˈɑːməˈpleɪtɪd] ADJ = **armoured**

**armoury**, **armory** (*US*) [ˈɑːmərɪ] N [1] (*lit, fig*) (= *arsenal*) arsenal *m*
[2] (*US*) (= *arms factory*) fábrica *f* de armas

**armpit** [ˈɑːmpɪt] N [1] (*Anat*) sobaco *m*, axila *f*
[2] (*) (= *unpleasant place*) cloaca *f*

**armrest** [ˈɑːmrest] N [*of chair*] brazo *m*; (*in bus, plane, etc*) apoyo *m* para el brazo, apoyabrazos *m inv*

**arm-twisting*** [ˈɑːmˌtwɪstɪŋ] N presión *f*

**arm-wrestling** [ˈɑːmˌreslɪŋ] N pulso *m*, pulseada *f* (*S. Cone*)

**army** [ˈɑːmɪ] Ⓐ N [1] (*Mil*) ejército *m*; **to be in the ~** ser militar; **to join the ~** alistarse
[2] (*fig*) ejército *m*, multitud *f*
Ⓑ CPD ► **army chaplain** N capellán *m* castrense ► **army corps** N cuerpo *m* del ejército ► **army doctor** N médico/a *m/f* militar ► **army life** N vida *f* militar ► **Army list** N lista *f* de oficiales del ejército ► **army of occupation** N ejército *m* de ocupación ► **army slang** N argot *m* militar ► **army surplus** N excedentes *mpl* del ejército

**army-issue** [ˈɑːmɪˌɪʃuː] ADJ del ejército, proporcionado por el ejército

**arnica** [ˈɑːnɪkə] N árnica *f*

**aroma** [əˈrəʊmə] N aroma *m* (**of** de, a)

**aromatherapist** [əˈrəʊməˈθerəpɪst] N aromaterapeuta *mf*

**aromatherapy** [əˈrəʊməˈθerəpɪ] N aromaterapia *f*

**aromatic** [ˌærəʊˈmætɪk] ADJ aromático

**arose** [əˈrəʊz] PT *of* **arise**

**around** [əˈraʊnd]

*When* ***around*** *is an element in a phrasal verb, eg* ***look around, move around, potter around****, look up the verb.*

Ⓐ ADV alrededor, en los alrededores; **is he ~?** ¿está por aquí?; **there's a lot of flu ~** hay mucha gripe por ahí; **all ~** por todos lados; **she's been ~*** (= *travelled*) ha viajado mucho, ha visto mucho mundo; (*pej*) (= *experienced*) se las sabe todas; **~ here** por aquí; **is there a chemist's ~ here?** ¿hay alguna farmacia por aquí?; **we're looking ~ for a house** estamos buscando casa; **for miles ~** en muchas millas a la redonda; **he must be somewhere ~** debe de estar por aquí
Ⓑ PREP [1] alrededor de; **she wore a scarf ~ her neck** llevaba una bufanda alrededor del cuello; **she ignored the people ~ her** ignoró a la gente que estaba a su alrededor; **to wander ~ the town** pasearse por la ciudad; **there were books all ~ the house** había libros en todas partes de la casa *or* por toda la casa; **to go ~ the world** dar la vuelta al mundo; *see also* **round**, **corner**
[2] (= *approximately*) aproximadamente, alrededor de; **it costs ~ £100** cuesta alrededor de *or* aproximadamente 100 libras; **~ 50** 50 más o menos; **he must be ~ 50** debe de tener unos 50 años; **~ 1950** alrededor de 1950, hacia 1950; **~ two o'clock** a eso de las dos

**arousal** [əˈraʊzəl] N (*sexual*) excitación *f* (sexual)

**arouse** [əˈraʊz] VT [1] (*frm*) (= *awaken from sleep*) despertar
[2] (= *stimulate*) [+ *suspicion, curiosity*] despertar, suscitar; **it ~d great interest** despertó *or* suscitó mucho interés; **to ~ the appetite** abrir el apetito; **it should ~ you to greater efforts** debería incitarte a esforzarte más
[3] (*sexually*) excitar

**ARP** NPL ABBR = **air-raid precautions**

**arpeggio** [ɑːˈpedʒɪəʊ] N arpegio *m*

**arr.** ABBR [1] (*on timetable*) = **arrives, arrival**
[2] (*Mus*) (= **arranged**) *adaptación de*

**arrack** [ˈærək] N arac *m*, aguardiente *m* de palma *or* caña *etc*

**arraign** [əˈreɪn] VT procesar, acusar (**before** ante)

**arraignment** [əˈreɪnmənt] N (*Jur*) ≈ lectura *f* del acta de acusación

**arrange** [əˈreɪndʒ] Ⓐ VT [1] (= *put into order*) [+ *books, thoughts*] ordenar; [+ *hair, flowers*] arreglar; **to ~ one's affairs** poner sus asuntos en orden; **how did we ~ matters last time?** ¿cómo lo organizamos la última vez?
[2] (= *place*) [+ *furniture, chairs*] disponer, colocar; **how is the room ~d?** ¿qué disposición tienen los muebles?
[3] (= *plan*) planear, fijar; [+ *meeting*] organizar; [+ *schedule, programme*] acordar; **to ~ a party** organizar una fiesta; **everything is ~d** todo está arreglado; **"to be ~d"** "por determinar"; **it was ~d that ...** se quedó en que ...; **have you anything ~d for tomorrow?** ¿tienes planes para mañana?, ¿tienes algún compromiso mañana?; **a marriage has been ~d between ...** se ha concertado la boda de ...; **I've ~d a surprise for tonight** he preparado una sorpresa para esta noche; **to ~ a time for** fijar una hora para; **what did you ~ with him?** ¿en qué quedaste con él?
[4] (*Mus*) adaptar, hacer los arreglos de
Ⓑ VI **to ~ to do sth** quedar en hacer algo; **I ~d to meet him at the cafe** quedé en verlo *or* quedé con él en el café; **I have ~d to see him tonight** quedamos en vernos esta noche, he quedado con él esta noche; **to ~ with sb to** + INFIN ponerse de acuerdo con algn para que + *subjun*; **to ~ with sb that** convenir con algn en que + *subjun*; **I have ~d for you to go** lo he arreglado para que vayas; **can you ~ for my luggage to be sent up?** por favor, (haga) que me suban el equipaje; **can you ~ for him to replace you?** ¿puedes arreglarlo para que te sustituya?

**arranged** [əˈreɪndʒd] ADJ [*marriage*] concertado (por los padres)

**arrangement** [ə'reɪndʒmənt] N [1] (= *order*) orden *m*
[2] (*Mus*) arreglo *m*
[3] (= *agreement*) acuerdo *m*; **prices by ~** precios a convenir; **larger orders by ~** los pedidos de mayor cantidad previo acuerdo; **by ~ with Covent Garden** con permiso de Covent Garden; **to come to an ~ (with sb)** llegar a un acuerdo (con algn); **we have an ~ with them** tenemos un acuerdo con ellos; **he has an ~ with his secretary** (*amorous*) se entiende con su secretaria
[4] (= *plan*) plan *m*; **if this ~ doesn't suit you** si este plan no le viene bien
[5] **arrangements** (= *plans*) planes *mpl*; (= *preparations*) preparativos *mpl*; **what are the ~s for your holiday?** ¿qué plan *or* planes tienes para las vacaciones?; **we must make ~s to help** debemos ver cómo podemos ayudar; **to make one's own ~s** obrar por cuenta propia; **if she doesn't like the idea she must make her own ~s** si no le gusta la idea que se las arregle sola; **all the ~s are made** todo está arreglado; **Pamela is in charge of the travel ~s** Pamela se encarga de los preparativos para el viaje

**arranger** [ə'reɪndʒəʳ] N [1] (*Mus*) arreglista *mf*
[2] (= *organizer*) organizador(a) *m/f*

**arrant** ['ærənt] ADJ (*frm*) [*knave, liar etc*] consumado; **~ nonsense** puro disparate *m*

**array** [ə'reɪ] Ⓐ N [1] (*Mil*) formación *f*, orden *m*; **in battle ~** en orden *or* formación de batalla; **in close ~** en filas apretadas
[2] (= *collection*) colección *f*; (= *series*) serie *f*; **a fine ~ of flowers** un bello conjunto de flores; **a great ~ of hats** una magnífica colección de sombreros
[3] (= *dress*) atavío *m*
[4] (*Comput*) matriz *f*, tabla *f*
Ⓑ VT (*frm*) [1] (= *arrange, display*) disponer
[2] (= *line up*) formar (**against** contra)
[3] (= *dress*) ataviar, engalanar (**in** con, de)

**arrears** [ə'rɪəz] NPL [1] [*of money*] atrasos *mpl*; **rent ~** atrasos *mpl* de alquiler; **to be in ~** (*with rent*) ir atrasado en los pagos; **to get into ~** atrasarse en los pagos; **to pay one month in ~** pagar con un mes de retraso *or* a mes vencido; **to be in ~ with one's correspondence** tener correspondencia atrasada
[2] (*Sport*) **to be in ~** ir retrasado

**arrest** [ə'rest] Ⓐ N [*of person*] detención *f*; [*of goods*] secuestro *m*; **to make an ~** hacer una detención; **to be under ~** estar detenido; **you're under ~** queda usted detenido; **to put** *or* **place sb under ~** detener *or* arrestar a algn
Ⓑ VT [1] [+ *criminal*] detener
[2] [+ *attention*] atraer
[3] [+ *progress, decay etc*] (= *halt*) detener, parar; (= *hinder*) obstaculizar; **measures to ~ inflation** medidas para detener la inflación
Ⓒ CPD ► **arrest warrant** N orden *f* de detención

**arrested development** [ə,restɪddɪ'veləpmənt] N atrofia *f*, desarrollo *m* atrofiado

**arresting** [ə'restɪŋ] ADJ llamativo, que llama la atención

**arrival** [ə'raɪvəl] Ⓐ N [1] [*of person, letter etc*] llegada *f*, arribo *m* (*esp LAm*); **"Arrivals"** (*Aer*) "Llegadas"; **on ~** al llegar; **dead on ~** ingresó cadáver
[2] (= *person*) persona *f* que llega; **Jim was the first ~ at the party** Jim fue el primero en llegar a la fiesta; **a new ~** (= *newcomer*) un recién llegado; (= *baby*) un recién nacido
Ⓑ CPD ► **arrivals hall** N (*Aer*) sala *f* de llegadas

**arrive** [ə'raɪv] VI [1] [*person, taxi, letter, meal etc*] llegar, arribar (*esp LAm*); [*time, winter, event etc*] llegar; **to ~ (up)on the scene** entrar en escena
[2] [*baby*] nacer, llegar
[3] (*) (= *succeed in business etc*) triunfar, alcanzar el éxito

►**arrive at** VI + PREP [+ *decision, solution*] llegar a; [+ *perfection*] lograr, alcanzar; **we finally ~d at a price** por fin convenimos (en) un precio; **they finally ~d at the idea of doing …** finalmente llegaron a la conclusión de hacer …; **how did you ~ at this figure?** ¿cómo has llegado a esta cifra?

**arriviste** [,æriː'viːst] N arribista *mf*

**arrogance** ['ærəgəns] N arrogancia *f*, prepotencia *f* (*esp LAm*)

**arrogant** ['ærəgənt] ADJ arrogante, prepotente (*esp LAm*)

**arrogantly** ['ærəgəntlɪ] ADV con arrogancia, con prepotencia (*esp LAm*)

**arrogate** ['ærəʊgeɪt] VT **to ~ sth to o.s.** arrogarse algo

**arrow** ['ærəʊ] N (= *weapon, sign*) flecha *f*

**arrowhead** ['ærəʊhed] N punta *f* de flecha

**arrowroot** ['ærəʊruːt] N arrurruz *m*

**arse**** [ɑːs] (*Brit*) Ⓐ N culo* *m*; **get (up) off your ~!** ¡mueve el culo!*; **move** *or* **shift your ~!** (= *move over*) córrete para allá; (= *hurry up*) ¡mueve el culo!*; ♦***IDIOM*** **he can't tell his ~ from his elbow** no tiene ni puñetera *or* puta idea*, confunde la velocidad con el tocino*
Ⓑ VT **I can't be ~d** no me apetece un huevo*

►**arse about****, **arse around**** VI + ADV hacer el ganso *or* idiota*

**arsehole**** ['ɑːsheʊl] N (*Brit*) [1] (= *person*) gilipollas** *mf inv*, pendejo/a *m/f* (*LAm**), huevón/ona *m/f* (*S. Cone**)
[2] (*Anat*) culo* *m*

**arsenal** ['ɑːsɪnl] N arsenal *m*

**arsenic** ['ɑːsnɪk] N arsénico *m*

**arsenical** [ɑː'senɪkl] ADJ arsénico, arsenical

**arson** ['ɑːsn] N incendio *m* premeditado

**arsonist** ['ɑːsənɪst] N incendiario/a *m/f*, pirómano/a *m/f*

**art**[1] [ɑːt] Ⓐ N [1] (= *painting etc*) arte *m*; **the ~s** las bellas artes; **art for ~'s sake** el arte por el arte; **work of ~** obra *f* de arte
[2] (= *skill*) arte *m*, habilidad *f*, destreza *f*; (= *technique*) técnica *f*; (= *knack*) maña *f*; (= *gift*) don *m*, facilidad *f*; **the ~ of embroidery** el arte del bordado; **the ~ of persuasion/seduction** el arte de la persuasión/la seducción; *see also* **fine**[1]
[3] (*Univ*) **Arts** Filosofía *f* y Letras; **Faculty of Arts** Facultad *f* de Filosofía y Letras; *see also* **bachelor**, **master**
[4] (= *cunning*) arte *m*
Ⓑ CPD ► **art collection** N colección *f* de arte ► **art college** N escuela *f* de Bellas Artes ► **art dealer** N marchante *mf* ► **art deco** N art decó *m* ► **art exhibition** N exposición *f* de arte ► **art form** N medio *m* de expresión artística ► **art gallery** N (*state-owned*) museo *m* (de arte); (*private*) galería *f* de arte ► **art lover** N aficionado/a *m/f* al arte ► **art nouveau** N modernismo *m* ► **art paper** N papel *m* cuché ► **arts and crafts** NPL artesanías *fpl* ► **art school** N escuela *f* de Bellas Artes ► **Arts Council** N (*Brit*) *institución pública encargada de la promoción de la cultura y de las actividades artísticas* ► **Arts degree** N licenciatura *f* en Letras ► **Arts student** N estudiante *mf* de Letras ► **art student** N estudiante *mf* de Bellas Artes; *see also* **performance**

**art**[2]†† [ɑːt] PRESENT (*thou form*) *of* **be**

**artefact** ['ɑːtɪfækt] N [1] (= *object*) artefacto *m*
[2] (*fig*) (= *product*) producto *m*; (= *accident*) accidente *m*

**arterial** [ɑː'tɪərɪəl] ADJ [*blood*] arterial; **~ road** arteria *f*

**arteriosclerosis** [ɑː'tɪərɪəʊsklɪə'rəʊsɪs] N arteriosclerosis *f inv*

**artery** ['ɑːtərɪ] N [1] (*Anat*) arteria *f*
[2] (= *road*) arteria *f*

**artesian** [ɑː'tiːzɪən] ADJ **~ well** pozo *m* artesiano

**artful** ['ɑːtfʊl] ADJ [1] (= *cunning*) [*person, trick*] astuto, taimado, ladino (*esp LAm*)
[2] (= *skilful*) ingenioso; **an ~ way of doing sth** una forma ingeniosa de hacer algo

**artfully** ['ɑːtfəlɪ] ADV [1] (= *cunningly*) con mucha maña, astutamente
[2] (= *skilfully*) [*arranged, constructed, designed*] ingeniosamente

**artfulness** ['ɑːtfʊlnɪs] N [1] (= *cunning*) maña *f*, astucia *f*
[2] (= *skill*) ingenio *m*

**art-house** ['ɑːthaʊs] ADJ [*film*] de autor, de arte y ensayo; **~ cinema** (= *films*) cine *m* de autor, cine *m* de arte y ensayo; (= *place*) cine *m* de arte y ensayo

**arthritic** [ɑː'θrɪtɪk] ADJ artrítico

**arthritis** [ɑː'θraɪtɪs] N artritis *f inv*

**arthropod** ['ɑːθrəpɒd] N artrópodo *m*

**Arthur** ['ɑːθəʳ] N Arturo; **King ~** el Rey Arturo

**Arthurian** [ɑː'θjʊərɪən] ADJ artúrico

**artic*** [ɑː'tɪk] N (*Brit Aut*) = **articulated lorry**

**artichoke** ['ɑːtɪtʃəʊk] N [1] (= *globe artichoke*) alcachofa *f*, alcaucil *m*
[2] (= *Jerusalem artichoke*) aguaturma *f*, cotufa *f* (*LAm*)

**article** ['ɑːtɪkl] Ⓐ N [1] (= *item, product*) artículo *m*; (= *object*) objeto *m*, cosa *f*; **~s of value** objetos *mpl* de valor; **~s of clothing** prendas *fpl* de vestir
[2] (*in newspaper etc*) artículo *m*; *see also* **leading**
[3] (*Ling*) artículo *m*; **definite/indefinite ~** artículo *m* definido/indefinido, artículo *m* determinado/indeterminado
[4] (*Admin, Jur*) artículo *m*, cláusula *f*
Ⓑ VT (*Brit*) **to be ~d to sb** estar de aprendiz con algn
Ⓒ CPD ► **article of faith** N artículo *m* de fe ► **article of partnership** N contrato *m* de asociación ► **articles of apprenticeship** NPL (*Brit*) contrato *msing* de aprendizaje ► **articles of association** NPL (*Comm*) estatutos *mpl* sociales ► **articles of war** NPL (*US Mil Hist*) código *msing* militar

**articled clerk** ['ɑːtɪkld'klɑːk] N (*Brit*) pasante *mf*

**articulate** Ⓐ [ɑː'tɪkjʊlɪt] ADJ [1] [*speech, account*] articulado; [*person*] que se expresa bien; **she's very** *or* **highly ~** se expresa muy bien; **he's not very ~** le cuesta expresarse
[2] (*Anat*) articulado
Ⓑ [ɑː'tɪkjʊleɪt] VT [1] (= *express*) [+ *thoughts, feelings*] expresar
[2] (= *pronounce*) [+ *word, sentence*] articular

**articulated** [ɑː'tɪkjʊleɪtɪd] ADJ **~ lorry** camión *m* articulado

**articulately** [ɑː'tɪkjʊlɪtlɪ] ADV [*speak, express o.s.*] con facilidad, fluidamente; [*pronounce*] articulando bien

**articulation** [ɑː,tɪkjʊ'leɪʃən] N [1] (= *expression*) [*of thoughts, feelings*] expresión *f*
[2] (= *pronunciation*) [*of word, sentence*] articulación *f*
[3] (*Anat*) articulación *f*

**articulatory** [ɑːˈtɪkjʊlətərɪ] ADJ articulatorio

**artifact** [ˈɑːtɪfækt] N (*esp US*) = **artefact**

**artifice** [ˈɑːtɪfɪs] N 1 (= *cunning*) habilidad *f*, ingenio *m*
2 (= *trick*) artificio *m*, ardid *m*; (= *strategem*) estratagema *f*

**artificial** [ˌɑːtɪˈfɪʃəl] Ⓐ ADJ 1 (= *synthetic*) [*light, flower, lake, leg, limb*] artificial; [*leather*] sintético; [*jewel*] de imitación; [*hair*] postizo
2 (*fig*) [*person, manner*] artificial, afectado; [*smile*] forzado; [*situation*] artificial
Ⓑ CPD ► **artificial horizon** N horizonte *m* artificial ► **artificial insemination** N inseminación *f* artificial ► **artificial intelligence** N inteligencia *f* artificial ► **artificial manure** N abono *m* químico ► **artificial respiration** N respiración *f* artificial ► **artificial silk** N seda *f* artificial, rayón *m* ► **artificial sweetener** N edulcorante *m*

**artificiality** [ˌɑːtɪfɪʃɪˈælɪtɪ] N 1 (*lit*) (= *synthetic nature*) artificialidad *f*
2 (*fig*) [*of person, manner*] artificialidad *f*, afectación *f*, falta *f* de naturalidad

**artificially** [ˌɑːtɪˈfɪʃəlɪ] ADV 1 (= *by synthetic means*) artificialmente
2 (*fig*) con afectación

**artillery** [ɑːˈtɪlərɪ] N (= *guns, troops etc*) artillería *f*

**artilleryman** [ɑːˈtɪlərɪmən] N (*pl* **artillerymen**) artillero *m*

**artisan** [ˈɑːtɪzæn] N artesano/a *m/f*

**artisanal** [ɑːˈtɪzənəl] ADJ [*skills, groups, clothes*] artesanal

**artist** [ˈɑːtɪst] N artista *mf*

**artiste** [ɑːˈtiːst] N (*esp Brit Theat*) artista *mf* (del espectáculo); (*Mus*) intérprete *mf*

**artistic** [ɑːˈtɪstɪk] Ⓐ ADJ [*ability, design, temperament, freedom*] artístico; **to be ~** [*person*] tener dotes artísticas; **an ~ flower arrangement** un arreglo floral muy artístico
Ⓑ CPD ► **artistic director** N director(a) *m/f* artístico/a

**artistically** [ɑːˈtɪstɪkəlɪ] ADV [*arranged, presented*] con mucho arte, artísticamente; **~ gifted children** niños con dotes artísticas; **to be ~ inclined** tener dotes artísticas; **~, the photographs are stunning** desde el punto de vista artístico, las fotografías son sensacionales

**artistry** [ˈɑːtɪstrɪ] N (= *skill*) arte *m*, habilidad *f*

**artless** [ˈɑːtlɪs] ADJ 1 (= *straightforward*) [*beauty*] natural; [*person, smile, comment*] ingenuo, sin malicia; [*book, story, film*] sencillo, sin artificios
2 (= *naïve*) simple
3 (= *clumsy*) torpe

**artlessly** [ˈɑːtlɪslɪ] ADV 1 (= *innocently*) ingenuamente
2 (= *clumsily*) torpemente

**artlessness** [ˈɑːtlɪsnɪs] N 1 (= *straightforwardness*) [*of beauty*] naturalidad *f*; [*of person, behaviour, comment*] ingenuidad *f*, falta *f* de malicia
2 (= *clumsiness*) torpeza *f*

**artsy*** [ˈɑːtsɪ] (*esp US*) = **arty**

**artsy-craftsy*** [ˈɑːtsɪˈkrɑːftsɪ] ADJ (*US*) = **arty-crafty**

**artsy-fartsy‡** [ˈɑːtsɪˈfɑːtsɪ] ADJ (*US*) = **arty-farty**

**artwork** [ˈɑːtwɜːk] N material *m* gráfico

**arty*** [ˈɑːtɪ] ADJ [*style*] con pretensiones artísticas, seudoartístico; [*clothing*] afectado, extravagante; [*person*] de gusto muy afectado, que se las da de muy artista; **she looks ~** ◊ **she is ~-looking** tiene pinta de cultureta

**arty-crafty*** [ˈɑːtɪˈkrɑːftɪ], **artsy-craftsy*** (*US*) [ˈɑːtsɪˈkrɑːftsɪ] ADJ [*style*] con pretensiones artísticas; [*person*] (= *creative*) con inclinación por las manualidades, muy manitas *inv*; (= *keen on craftware*) metido a artesano, enamorado de la artesanía

**arty-farty‡** [ˈɑːtɪˈfɑːtɪ], **artsy-fartsy*** (*US*) [ˈɑːtsɪˈfɑːtsɪ] ADJ pretencioso, con pretensiones artísticas

**ARV** N ABBR (*US*) (= **American Revised Version**) *versión norteamericana de la Biblia*

**arvee*** [ɑːˈviː] N (*US*) = **recreational vehicle**

**Aryan** [ˈɛərɪən] Ⓐ ADJ ario
Ⓑ N ario/a *m/f*

**AS** ABBR (*US*) 1 = **Associate in Sciences**
2 = **American Samoa**

**as** [æz, əz]

A CONJUNCTION
B PREPOSITION
C ADVERB

*For set combinations in which* **as** *is not the first word, eg* ***such ... as, the same ... as, dressed as, acknowledge as****, look up the other word.*

Ⓐ CONJUNCTION

1 ***in time clauses***

*You can usually use* **cuando** *when the* **as** *clause simply tells you* **when** *an event happened:*

cuando; **as I was passing the house** cuando pasaba por delante de la casa; **he came in as I was leaving** entró cuando yo salía

*Alternatively, use* **al** + **INFINITIVE**:

**he came in as I was leaving** entró al salir yo; **he tripped as he was coming out of the bank** tropezó al salir *or* cuando salía del banco; **as the car drew level with us, I realized Isabel was driving** al llegar el coche a nuestra altura *or* cuando el coche llegó a nuestra altura, me di cuenta de que lo conducía Isabel

*Translate* **as** *using* **mientras** *for longer actions which are happening at the same time:*

(= *while*) mientras; **as we walked, we talked about the future** mientras caminábamos, hablábamos del futuro

*In the context of two closely linked actions involving parallel development, translate* **as** *using* **a medida que** *or* **conforme**. *Alternatively, use* **según va** *etc* + **GERUND**:

**as one gets older, life gets more and more difficult** a medida que se envejece *or* conforme se envejece *or* según va uno envejeciendo, la vida se hace cada vez más difícil; **as he got older he got deafer** a medida que *or* conforme envejeció se fue volviendo más sordo, según fue envejeciendo se fue volviendo más sordo

2 ***in reason clauses***

*When* **as** *means "since" or "because", you can generally use* **como**, *provided you put it at the beginning of the sentence. Alternatively, use the more formal* **puesto que** *either at the beginning of the sentence or between the clauses or* **ya que** *especially between the clauses.*

como; (*more frm*) puesto que, ya que; **as you're here, I'll tell you** como estás aquí *or* puesto que estás aquí, te lo diré; **he didn't mention it as he didn't want to worry you** como no quería preocuparte, no lo mencionó, no lo mencionó puesto que no quería preocuparte; **he couldn't come as he had an appointment** no pudo asistir porque *or* puesto que *or* ya que tenía un compromiso; **patient as she is, she'll probably put up with it** con lo paciente que es, seguramente lo soportará

3 ***describing way, manner*** como; **leave things as they are** dejad las cosas como están; **I'm okay as I am** estoy bien tal como estoy; **knowing him as I do, I'm sure he'll refuse** conociéndolo como lo conozco, estoy seguro de que no aceptará; **the village, situated as it is near a motorway, ...** el pueblo, situado como está cerca de una autopista, ...; **as I've said before ...** como he dicho antes ...; **as I was saying ...** como iba diciendo ...; **her door is the first as you go up** su puerta es la primera según se sube; **she is very gifted, as is her brother** tiene mucho talento, al igual que su hermano; **you'll have it by noon as agreed** lo tendrá antes del mediodía, tal como acordamos; **it's not bad, as hotels go** no está mal, en comparación con otros hoteles; **as in all good detective stories** como en toda buena novela policíaca; **as you know** como sabe; **Arsenal are playing as never before!** ¡Arsenal está jugando mejor que nunca!; **as often happens** como suele ocurrir; **he performed brilliantly, as only he can** actuó de maravilla, como sólo él sabe hacerlo; **as you were!** (*Mil*) ¡descansen!; **do as you wish** haga lo que quiera

4 (= ***though***) aunque; **tired as he was, he went to the party** aunque estaba cansado, asistió a la fiesta; **interesting as the book is, I don't think it will sell very well** el libro es interesante, pero aún así no creo que se venda bien, aunque el libro es interesante, no creo que se venda bien; **try as she would** *or* **might, she couldn't lift it** por más que se esforzó no pudo levantarlo; **unlikely as it may seem ...** por imposible que parezca ...

5 ***in set structures***

◆ **as if** *or* **as though** como si; **it was as if** *or* **as though he were still alive** era como si estuviera todavía vivo; **he looked as if** *or* **as though he was ill** parecía como si estuviera enfermo; **it isn't as if** *or* **as though he were poor** no es que sea pobre, que digamos; **as if she knew!** ¡como si ella lo supiera!

◆ **as if to**: **the little dog nodded his head, as if to agree** el perrito movió la cabeza, como asintiendo

◆ **as in**: **it's spelled with V as in Valencia** se escribe con V de Valencia

◆ **as it is**: **as it is, it doesn't make much difference** en realidad, casi da lo mismo; **as it is we can do nothing** en la práctica *or* tal y como están las cosas no podemos hacer nada; **I've got quite enough to do as it is** tengo ya bastante trabajo

◆ **as it were**: **I'd understood the words, but I hadn't understood the question, as it were** había entendido las palabras, pero no había comprendido la pregunta, por así decirlo; **I have become, as it were, two people** me he convertido como en dos personas; **he was as it were tired and emotional** estaba de alguna forma cansado y con los nervios a flor de piel

◆ **as was**: **that's the headmistress, the deputy as was** esa es la directora, que antes era la subdirectora

Ⓑ PREPOSITION

1 (= ***while***) **she was often ill as a child** de pequeña se ponía enferma con frecuencia

2 (= ***in the capacity of***) como; **he succeeded as a politician** tuvo éxito como político; **I don't think much of him as an actor** como actor, no me gusta mucho; **she treats me as her equal** me trata de igual a igual; **we're going as tourists** vamos en plan de turismo; **he was there as adviser** estaba allí en calidad de asesor; **Gibson as Hamlet** (*Theat*) Gibson en el papel de Hamlet; **he works as a waiter** trabaja de camarero; *see also* **such C**

Ⓒ ADVERB

1 ***in comparisons***

◆ **as ... as** tan ... como; **I am as tall as him** soy

➤ LANGUAGE IN USE: **as** A2 17.1 A3 5.2 C1 5.2, 5.3, 5.5

tan alto como él; **this tree can grow as tall as 50 feet** este árbol puede llegar a medir 50 pies de alto; **as big as a house** (tan) grande como una casa; **she hit him as hard as she could** lo golpeó lo más fuerte que pudo, lo golpeó tan fuerte como pudo; **he was writing as long ago as 1945** en 1945 ya escribía; **she doesn't walk as quickly** *or* **as fast as me** no camina tan rápido como yo; **walk as quickly** *or* **as fast as you can** camina lo más rápido que puedas; **he ate as quickly as possible** comió lo más rápido posible; **it was still being done by hand as recently as 1960** en 1960 todavía seguía haciéndose a mano; **the fresh snow was as white as white could be** la nieve fresca era todo lo blanca que podía ser; **is it as far as that?** ¿tan lejos está?; **is it as big as all that?** ¿es de verdad tan grande?

- **as little as**: **by saving as little as ten pounds a month** ahorrando tan sólo diez libras al mes
- **as many ... as** tantos/as ... como; **I haven't got as many pairs of shoes as you** no tengo tantos pares de zapatos como tú; **I've got a lot of tapes but I haven't got as many as him** *or* **as he has** tengo muchas cintas, pero no tantas como él; **she gets as many as eight thousand letters a month** llega a recibir hasta ocho mil cartas al mes
- **as much**: **she thought he was an idiot, and said as much** pensaba que era un idiota, y así lo expresó
- **as much ... as** tanto/a ... como; **I haven't got as much energy as you** no tengo tanta energía como tú; **you've got as much as she has** tienes tanto como ella; **you spend as much as me** *or* **as I do** tú gastas tanto como yo; **it didn't cost as much as I had expected** no costó tanto como yo me esperaba; **it can cost as much as $2,000** puede llegar a costar 2.000 dólares
- **as one**: **they all stood up as one** se levantaron todos a la vez
- **half/twice/three times as ...**: **it's half as expensive** es la mitad de caro; **it's twice as expensive** es el doble de caro; **it's three times as expensive** es tres veces más caro; **she's twice as nice as her sister** es el doble de simpática que su hermana; **her coat cost twice as much as mine** su abrigo costó el doble que el mío
- **without as** *or* **so much as**: **she gave me back the book without as much as an apology** me devolvió el libro sin pedirme siquiera una disculpa

[2] ***in set structures***

- **as for**: **as for the children, they were exhausted** en cuanto a los niños, estaban rendidos, los niños, por su parte, estaban rendidos; **as for that ...** en cuanto a esto ...
- **as from**: **as from tomorrow** a partir de mañana
- **as of**: **as of yesterday/now** a partir de ayer/ahora
- **as to**: **as to that I can't say** en lo que a eso se refiere, no lo sé; **as to her mother ...** en cuanto a su madre ...; **to question sb as to his intentions** preguntar a algn sus intenciones; **they make decisions as to whether students need help** deciden si los alumnos necesitan ayuda; **he inquired as to what the problem was** preguntó cuál era el problema
- **as yet** hasta ahora, hasta el momento; *see also* **regard B4**

**ASA** N ABBR [1] (*Brit*) = **Advertising Standards Authority**
[2] (*Brit*) = **Amateur Swimming Association**
[3] (*US*) = **American Standards Association**

**ASA/BS** ABBR = **American Standards Association/British Standard**

**a.s.a.p.*** ADV ABBR (= **as soon as possible**) lo antes posible, lo más pronto posible

**asbestos** [æzˈbestəs] N amianto *m*, asbesto *m*

**asbestosis** [ˌæzbesˈtəʊsɪs] N asbestosis *f inv*

**ascend** [əˈsend] Ⓐ VT (*frm*) [+ *stairs*] subir; [+ *mountain*] subir a; [+ *throne*] ascender a, subir a
Ⓑ VI (= *rise*) subir, ascender; (= *slope up*) elevarse

**ascendancy** [əˈsendənsɪ] N ascendiente *m*, dominio *m*

**ascendant** [əˈsendənt] N **to be in the ~** estar en auge, ir ganando predominio

**ascending** [əˈsendɪŋ] ADJ ascendente; **in ~ order** en orden ascendente

**ascension** [əˈsenʃən] Ⓐ N ascensión *f*
Ⓑ CPD ► **Ascension Day** N día *m* de la Ascensión ► **Ascension Island** N Isla *f* Ascensión

**ascent** [əˈsent] N [1] (= *climb, way up*) subida *f*; (*in plane*) ascenso *m*
[2] (= *slope*) pendiente *f*, cuesta *f*
[3] (*fig*) ascenso *m*

**ascertain** [ˌæsəˈteɪn] VT determinar, establecer (**that** que)

**ascertainable** [ˌæsəˈteɪnəbl] ADJ determinable

**ascertainment** [ˌæsəˈteɪnmənt] N determinación *f*

**ascetic** [əˈsetɪk] Ⓐ ADJ ascético
Ⓑ N asceta *mf*

**asceticism** [əˈsetɪsɪzəm] N ascetismo *m*

**ASCII** [ˈæskiː] Ⓐ N ABBR (= **American Standard Code for Information Interchange**) ASCII *m*
Ⓑ CPD ► **ASCII file** N fichero *m* ASCII

**ascorbic** [əˈskɔːbɪk] ADJ **~ acid** ácido *m* ascórbico

**ASCOT**

**Ascot** o **Royal Ascot** *es una competición de carreras de caballos que dura cuatro días y se celebra en junio en el hipódromo de Ascot, cerca del castillo de Windsor, en el sur de Inglaterra. Es uno de los acontecimientos más importantes en el calendario hípico británico, y también lo es a nivel social, pues a él acuden miembros de la realeza y la clase alta británica. La familia real hace acto de presencia en carruajes, y sigue las carreras desde una zona reservada llamada* **Royal Enclosure**. *Se considera un gran honor ser invitado a ella y los invitados han de observar estrictas normas de etiqueta. En el día conocido como* **Ladies Day** *(el Día de las Damas), es tradicional que las mujeres vayan a las carreras luciendo sombreros y vestidos espectaculares.*

**ascribable** [əsˈkraɪbəbl] ADJ atribuible (**to** a)

**ascribe** [əˈskraɪb] VT **to ~ sth to sb/sth** atribuir algo a algn/algo

**ascription** [əˈskrɪpʃən] N atribución *f*

**ASCU** N ABBR (*US*) = **Association of State Colleges and Universities**

**ASE** N ABBR (*US*) = **American Stock Exchange**

**ASEAN** N ABBR = **Association of South-East Asian Nations**

**aseptic** [eɪˈseptɪk] ADJ aséptico

**asexual** [eɪˈseksjʊəl] ADJ asexual

**asexually** [eɪˈseksjʊəlɪ] ADV de forma asexual

**ASH** [æʃ] N ABBR (*Brit*) = **Action on Smoking and Health**

**ash¹** [æʃ] Ⓐ N [1] (*also* **~ tree**) fresno *m*
[2] (= *wood*) (madera *f* de) fresno *m*
Ⓑ ADJ de madera de fresno; **a black ~ table** una mesa negra (de madera) de fresno

**ash²** [æʃ] Ⓐ N (*from fire, cigarette*) ceniza *f*; **~es** (*gen, mortal remains*) cenizas *fpl*; **to burn** *or* **reduce sth to ~es** reducir algo a cenizas; **~es to ~es, dust to dust** (*Rel*) las cenizas a las cenizas, el polvo al polvo; **the Ashes** (*Cricket*) *trofeo de los partidos de críquet Australia-Inglaterra*; **✦IDIOM to rise out of the ~es of sth** surgir de las cenizas de algo
Ⓑ CPD ► **ash bin**, **ash can** (*US*) N cubo *m or* (*LAm*) bote *m or* (*LAm*) tarro *m* de la basura ► **Ash Wednesday** N miércoles *m inv* de Ceniza; *see also* **ash blond(e)**

**ashamed** [əˈʃeɪmd] ADJ [1] (= *remorseful*) avergonzado, apenado (*LAm*); **he was/felt ~ about what had happened** estaba/se sentía avergonzado por lo que había pasado; **she was in tears, saying how ~ she felt** estaba llorando y diciendo lo avergonzada *or* arrepentida que se sentía *or* estaba; **she was ~ that she had been so nasty** ◊ **she was ~ about having been so nasty** estaba avergonzada *or* se avergonzaba *or* se arrepentía de haber sido tan cruel; **to be ~ of o.s.** estar avergonzado de sí mismo; **you ought to be ~ of yourself!** ¡debería darte vergüenza *or* (*LAm*) pena!, ¡no te da vergüenza!
[2] (= *embarrassed*) **I was ~ to ask for money** me daba vergüenza *or* (*LAm*) pena pedir dinero; **I've done nothing, I'm ~ to say** me da vergüenza *or* (*LAm*) pena reconocerlo pero no he hecho nada; **I was too ~ to tell anyone** me sentía demasiado avergonzado como para decírselo a nadie; **it's nothing to be ~ of** no hay por qué avergonzarse *or* (*LAm*) apenarse; **I'm ~ of you** me avergüenzo de ti; **I felt ~ that the money spent on my education had been wasted** me daba vergüenza pensar que el dinero que se había gastado en mi educación no había servido para nada

**ash blond(e)** [æʃˈblɒnd] Ⓐ ADJ rubio ceniza
Ⓑ N rubio/a *m/f* ceniza

**ash-coloured**, **ash-colored** (*US*) [ˈæʃkʌləd] ADJ [1] (*lit*) color ceniza *inv*, ceniciento
[2] (= *pale*) pálido

**ashen** [ˈæʃn] ADJ [1] (= *greyish*) ceniciento
[2] (= *pale*) pálido
[3] (= *ashwood*) de fresno

**Ashkenazi** [ˌæʃkəˈnɑːzɪ] Ⓐ ADJ askenazí
Ⓑ N (*pl* **Ashkenazim** [ˌæʃkəˈnɑːzɪm]) askenazí *mf*

**ashlar** [ˈæʃləʳ] N [1] sillar *m*
[2] (*also* **~ work**) sillería *f*

**ashman** [ˈæʃmæn] N (*pl* **ashmen**) (*US*) basurero *m*

**ashore** [əˈʃɔːʳ] ADV en tierra; **to be ~** estar en tierra; **to go/come ~** desembarcar; **to put sb ~** desembarcar a algn, poner a algn en tierra; **to run ~** encallar

**ashpan** [ˈæʃpæn] N cenicero *m*, cajón *m* de la ceniza

**ashram** [ˈæʃrəm] N ashram *m*

**ashtray** [ˈæʃtreɪ] N cenicero *m*

**ashy** [ˈæʃɪ] ADJ lleno de ceniza

**Asia** [ˈeɪʃə] Ⓐ N Asia *f*
Ⓑ CPD ► **Asia Minor** N Asia *f* Menor

**Asian** [ˈeɪʃn] Ⓐ ADJ asiático; **~ flu** gripe *f* asiática
Ⓑ N asiático/a *m/f*

**Asian-American** [ˈeɪʃnəˈmerɪkən]  Ⓐ ADJ

asiático-americano
Ⓑ N asiático-americano/a *m/f*

**Asiatic** [ˌeɪsɪˈætɪk] Ⓐ ADJ asiático
Ⓑ N asiático/a *m/f*

**aside** [əˈsaɪd]

*When **aside** is an element in a phrasal verb, eg **brush aside**, **cast aside**, **put aside**, **stand aside**, look up the verb.*

Ⓐ ADV [1] (= *to one side*) a un lado; **to set** *or* **put sth ~** apartar algo; **to cast ~** desechar, echar a un lado; **to step ~** hacerse a un lado; **joking ~** bromas aparte
[2] **~ from** (= *as well as*) aparte de, además de; (= *except for*) aparte de
Ⓑ N (*Theat*) aparte *m*; **to say sth in an ~** decir algo aparte

**asinine** [ˈæsɪnaɪn] ADJ [1] (*frm*) (= *ass-like*) asnal
[2] (= *stupid*) estúpido

**ask** [ɑːsk]

[A] TRANSITIVE VERB [B] INTRANSITIVE VERB [C] PHRASAL VERBS

Ⓐ TRANSITIVE VERB
[1] [= **inquire**] preguntar; **"how is Frank?" he ~ed** —¿cómo está Frank? —preguntó; **to ~ sb sth** preguntar algo a algn; **I ~ed him his name/the time** le pregunté su nombre/la hora; **to ~ o.s. sth** preguntarse algo; **did you ~ him about the job?** ¿le has preguntado por el trabajo?; (*in more detail*) ¿le has preguntado acerca del trabajo?; **I've been meaning to ~ you about that** llevo tiempo queriendo *or* hace tiempo que quiero preguntarte acerca de eso; **~ her about her plans for Christmas** pregúntale qué planes tiene para la Navidad; **~ me another!** ¡no tengo ni idea!; **don't ~ me!*** ¡yo qué sé!*, ¡qué sé yo! (*esp LAm**); **I ~ you!*** (*despairing*) ¿te lo puedes creer?; **~ him if he has seen her** pregúntale si la ha visto; **if you ~ me, I think she's crazy** para mí que está loca; **and where have you been, may I ~?** ¿y dónde has estado, si se puede saber?; **to ~ (sb) a question** hacer una pregunta (a algn); **I ~ed the teacher what to do next** le pregunté al profesor lo que tenía que hacer después; **~ them what time the party is** pregúntales a qué hora es la fiesta; **who ~ed you?*** ¿quién te ha preguntado a ti?; **~ her why she didn't come** pregúntale por qué no vino
[2] [= **request**] pedir; **to ~ sb a favour** ◊ **~ a favour of sb** pedir un favor a algn; **how much are they ~ing for the car?** ¿cuánto piden por el coche?; **they are ~ing £80,000 for the house** piden 80.000 libras por la casa; **that's ~ing the impossible** eso es pedir lo imposible; **it's not a lot to ~** no es mucho pedir; **that's ~ing a lot** eso es mucho pedir; **what more can you ~?** ¿qué más se puede pedir?; **to ~ sth of sb**: **he did everything ~ed of him** hizo todo lo que se le pidió; **all he ~ed of us was that we tell people about his plight** sólo nos pidió que habláramos a la gente de la difícil situación en que se encontraba; **to ~ that sth be done** pedir que se haga algo; **all I'm ~ing is that you keep an open mind** sólo te pido que *or* lo único que pido es que mantengas una actitud abierta; **to ~ to do sth: I ~ed to see the director** pedí ver al director; **he ~ed to go on the picnic** preguntó si podía ir (con ellos) de picnic; **to ~ sb to do sth** pedir a algn que haga algo; **we had to ~ him to leave** tuvimos que decirle *or* pedirle que se marchara; **that's ~ing too much** eso es pedir demasiado; **I think she's ~ing too much of you** creo que te está exigiendo demasiado; *see also* **permission**
[3] [= **invite**] invitar; **have you been ~ed?** ¿te han invitado?; **to ~ sb to dinner** invitar a algn a cenar

Ⓑ INTRANSITIVE VERB
[1] [= **inquire**] preguntar; **he was too shy to ~** le dio vergüenza preguntar; **~ about our reduced rates for students** pregunta por *or* infórmate sobre nuestros descuentos para estudiantes; **he was ~ing about the Vikings** preguntaba acerca de *or* sobre los vikingos; **I ~ed about the possibility of staying on** pregunté acerca de *or* sobre la posibilidad de quedarme más tiempo, pregunté si era posible que me quedara más tiempo; **he was ~ing about you** estaba preguntando por ti; **"what's the matter?" — "don't ~"** —¿qué pasa? —más te vale no saberlo; **now you're ~ing!*** (= *what a difficult question*) ¡vaya con la preguntita!*; (= *who knows*) ¡quién sabe!; (= *wouldn't we all like to know*) ¡eso quisiera saber yo!*; **I was only ~ing** era sólo una pregunta; **"what has he gone and done now?" — "you may well ~!"** —¿qué es lo que ha hecho ahora? —¡buena pregunta!
[2] [= **make request**] pedir; **if you need anything, just ~** si quieres algo no tienes más que pedirlo; **the ~ing price** el precio que se pide/pedía *etc*; **I offered £5,000 below the ~ing price** les ofrecí 5.000 libras menos de lo que pedían; **it's yours for the ~ing** no tienes más que pedirlo y es tuyo

Ⓒ PHRASAL VERBS

►**ask after** VI + PREP [+ *person*] preguntar por; [+ *sb's health*] preguntar por, interesarse por; **Jane was ~ing after you** Jane (me) preguntaba por ti

►**ask along** VT + ADV invitar; **~ him along if you like** si quieres, dile que venga, invítale si quieres

►**ask around** VI + ADV preguntar por ahí; **~ around to find out which are the best schools** pregunta por ahí y entérate de cuáles son las mejores escuelas

►**ask back** VT + ADV (*for second visit*) volver a invitar; (*on reciprocal visit*) devolver la invitación a; **she ~ed me back to her house after the show** me invitó a su casa después del espectáculo

►**ask for** Ⓐ VI + PREP [1] (= *request*) pedir, solicitar (*more frm*); **he wrote ~ing for help** escribió pidiendo *or* (*more frm*) solicitando ayuda; **to ~ for sth back** pedir que se devuelva algo
[2] (= *look for*) **to ~ for sb** preguntar por algn; **there's someone ~ing for you at reception** hay alguien en recepción que pregunta por ti
[3] (*in idiomatic phrases*) **he is all I could ~ for in a son** tiene todo lo que podría pedirle a un hijo; **he ~ed for it!** ¡él se lo ha buscado!; **you're ~ing for a good smack!** ¡si sigues así, te vas a ganar una buena bofetada!; **it's just ~ing for trouble** eso no es otra cosa que buscarse problemas
Ⓑ VT + PREP **to ~ sb for sth** pedir algo a algn

►**ask in** VT + ADV invitar a entrar, invitar a pasar; **to ~ sb in for a drink** invitar a algn a que pase a tomar algo

►**ask out** VT + ADV invitar a salir; **they never ~ her out** no la invitan nunca a salir (con ellos); **he ~ed her out to dinner** la invitó (a salir) a cenar

►**ask round** VT + ADV invitar (a casa); **they've ~ed us round for drinks** nos han invitado (a su casa) a tomar unas copas

**ASK**

• Translate **ask** by **preguntar** only in contexts where information is being sought:
I'll ask him
***Voy a preguntárselo***
Ask her what she thinks
***Pregúntale qué le parece***
We asked everywhere
***Preguntamos en todas partes***
• Use **pedir** when **ask** means "request" or "demand":
No one asked to see my passport
***Nadie me pidió el pasaporte***
We asked them to be here before five
***Les pedimos que estuviesen*** *or* ***estuvieran aquí antes de las cinco***
He was asked to explain his behaviour
***Le pidieron que explicara su comportamiento***
**! Pedir que** is followed by the subjunctive.
*For further uses and examples, see main entries at **ask**, **ask about** and **ask for** etc.*

**askance** [əˈskɑːns] ADV **to look ~ at sb** mirar a algn con recelo *or* desconfianza; **to look ~ at sth** ver algo con recelo *or* desconfianza

**askew** [əˈskjuː] Ⓐ ADJ ladeado; **the picture is ~** el cuadro está torcido
Ⓑ ADV de lado

**aslant** [əˈslɑːnt] Ⓐ ADV a través, oblicuamente
Ⓑ PREP a través de

**asleep** [əˈsliːp] ADJ [1] (= *not awake*) dormido; **to be ~** estar dormido; **to be fast** *or* **sound ~** estar profundamente dormido; **to fall ~** dormirse, quedarse dormido
[2] (= *numb*) adormecido; **my foot's ~** se me ha (quedado) dormido el pie

**ASLEF** [ˈæzlef] N ABBR (*Brit*) = **Associated Society of Locomotive Engineers and Firemen**

**ASM** N ABBR [1] (*Mil*) = **air-to-surface missile**
[2] (*Theat*) = **assistant stage manager**

**asocial** [eɪˈsəʊʃəl] ADJ [1] (= *solitary*) asocial, insociable
[2] (= *antisocial*) antisocial

**asp**[1] [æsp] N áspid(e) *m*

**asp**[2] [æsp] = **aspen**

**ASP** ABBR = **American Selling Price**

**asparagus** [əsˈpærəgəs] Ⓐ N (= *plant*) espárrago *m*; (= *food*) espárragos *mpl*
Ⓑ CPD ► **asparagus tips** NPL puntas *fpl* de espárrago

**ASPCA** N ABBR (*US*) = **American Society for the Prevention of Cruelty to Animals**

▼ **aspect** [ˈæspekt] N [1] [*of situation*] aspecto *m*; **to study all ~s of a question** estudiar un asunto bajo todos sus aspectos; **seen from this ~** desde este punto de vista
[2] [*of building, room*] **a house with a northerly ~** una casa orientada hacia el norte
[3] (*Gram*) aspecto *m*

**aspen** [ˈæspən] N álamo *m* temblón

**asperity** [æsˈperɪtɪ] N aspereza *f*

**aspersion** [əsˈpɜːʃən] N calumnia *f*; **to cast ~s on sb** difamar *or* calumniar a algn

**asphalt** [ˈæsfælt] Ⓐ N [1] (= *material*) asfalto *m*
[2] (= *surface, ground*) pista *f* asfaltada, recinto *m* asfaltado
Ⓑ VT asfaltar
Ⓒ CPD ► **asphalt jungle** N jungla *f* de asfalto

**asphyxia** [æsˈfɪksɪə] N asfixia *f*

**asphyxiate** [æsˈfɪksɪeɪt] Ⓐ VT asfixiar
Ⓑ VI asfixiarse, morir asfixiado

**asphyxiation** [æsˌfɪksɪˈeɪʃən] N asfixia *f*

**aspic** [ˈæspɪk] N gelatina *f* (*de carne etc*)

➤ LANGUAGE IN USE: aspect 1 26.1, 26.3

**aspidistra** [ˌæspɪˈdɪstrə] N aspidistra *f*

**aspirant** [ˈæspɪrənt] N aspirante *mf*, candidato/a *m/f* (**to** a)

**aspirate** Ⓐ [ˈæspərɪt] ADJ aspirado
Ⓑ [ˈæspərɪt] N aspirada *f*
Ⓒ [ˈæspəreɪt] VT aspirar; **~d H** H *f* aspirada

**aspiration** [ˌæspəˈreɪʃən] N (*also Ling*) aspiración *f*

**aspirational** [ˌæspəˈreɪʃənl] ADJ [*person*] con aspiraciones; [*product*] que viste mucho, que queda muy bien

**aspire** [əsˈpaɪəʳ] VI **to ~ to sth** aspirar a algo; **we can't ~ to that** no aspiramos a tanto, nuestras pretensiones son más modestas; **he ~s to a new car** anhela tener un coche nuevo; **to ~ to do sth** aspirar a hacer algo, ambicionar hacer algo

**aspirin** [ˈæsprɪn] N (*pl* **aspirin, aspirins**) (= *substance, tablet*) aspirina *f*

**aspiring** [əsˈpaɪərɪŋ] ADJ (= *ambitious*) ambicioso; (= *budding*) en potencia, en ciernes; **this is good news for any ~ politician** eso es bueno para cualquier político en potencia *or* en ciernes

**ass[1]** [æs] N 1 (*Zool*) asno *m*, burro *m*
2 (*) (= *fool*) imbécil *mf*; **the man's an ~** es un imbécil; **don't be an ~!** ¡no seas imbécil!; **what an ~ I am!** ¡soy un imbécil!, ¡qué burro soy!*; ✦***IDIOM*** **to make an ~ of o.s.** quedar en ridículo

**ass[2]**** [æs] (*US*) N culo* *m*; **a piece of ~** (= *girl*) un bombón*; **to have a piece of ~** (= *sex*) echar un polvo**; *see also* **bust[2]**, **chew**, **cover B3**, **save[1] A1**

**assail** [əˈseɪl] VT (*frm*) 1 (= *attack*) (*lit*) acometer, atacar; (*fig*) atacar; **he was ~ed by critics** le atacaron los críticos; **a sound ~ed my ear** un ruido penetró (en) mis oídos
2 (= *bombard*) **to ~ sb with questions** asaltar *or* bombardear a algn a preguntas, freír a algn a preguntas*; **they ~ed her with questions** la asaltaron *or* bombardearon a preguntas, la frieron a preguntas*; **he was ~ed by doubts** ◊ **doubts ~ed him** le asaltaban las dudas

**assailant** [əˈseɪlənt] N asaltante *mf*, agresor(a) *m/f*; **she did not recognize her ~s** no reconoció a los que la agredieron; **there were four ~s** eran cuatro los agresores

**Assam** [æˈsæm] N Assam *m*

**assassin** [əˈsæsɪn] N asesino/a *m/f*

**assassinate** [əˈsæsɪneɪt] VT asesinar

**assassination** [əˌsæsɪˈneɪʃən] N asesinato *m*

**assault** [əˈsɔːlt] Ⓐ N 1 (*Mil, fig*) asalto *m*, ataque *m* (**on** a); **to make** *or* **mount an ~ on** asaltar
2 (*Jur*) agresión *f*; **~ and battery** (*Jur*) lesiones *fpl*; *see also* **indecent**
Ⓑ VT 1 (*Mil*) asaltar, atacar
2 (*Jur*) asaltar, agredir; (*sexually*) agredir sexualmente; (= *rape*) violar
Ⓒ CPD ► **assault course** N pista *f* americana ► **assault craft** N barcaza *f* de asalto ► **assault rifle** N fusil *m* de asalto, rifle *m* de asalto ► **assault troops** NPL tropas *fpl* de asalto

**assay** Ⓐ [əˈseɪ] N [*of metal, mineral, etc*] ensayo *m*; [*of gold*] ensayo *m*, aquilatamiento *m*
Ⓑ VT 1 [+ *metal, mineral, etc*] ensayar; [+ *gold*] ensayar, aquilatar; (*fig*) intentar, probar
2 (††) (= *try*) **to ~ to** + INFIN intentar + *infin*
Ⓒ CPD ► **assay mark** N señal *f* de ensayo ► **assay office** N oficina *f* de ensayo

**assemblage** [əˈsemblɪdʒ] N 1 [*of people*] reunión *f*; [*of things*] colección *f*
2 (*Mech*) montaje *m*

**assemble** [əˈsembl] Ⓐ VT 1 (= *bring together*) [+ *people, team, collection*] reunir; [+ *facts, evidence, ideas*] recopilar; (*Parl*) convocar; **the ~d dignitaries** los dignatarios reunidos, la reunión de dignatarios
2 (= *put together*) [+ *device, machine, piece of furniture*] armar, montar
Ⓑ VI reunirse

**assembler** [əˈsembləʳ] N 1 (= *worker*) ensamblador(a) *m/f*, montador(a) *m/f*
2 (*Comput*) ensamblador *m*

**assembly** [əˈsemblɪ] Ⓐ N 1 (= *meeting*) reunión *f*, asamblea *f*; (= *people present*) concurrencia *f*, asistentes *mpl*; **the right of ~** el derecho de reunión
2 (*Pol*) asamblea *f*; **the Assembly** (*US*) la Asamblea
3 (*Brit Scol*) reunión *f* general de todos los alumnos
4 (*Tech*) montaje *m*, ensamblaje *m*
Ⓑ CPD ► **assembly language** N (*Comput*) lenguaje *m* ensamblador ► **assembly line** N cadena *f* de montaje ► **assembly line production** N producción *f* en cadena ► **assembly line worker** N trabajador(a) *m/f* en línea *or* cadena de montaje ► **assembly plant** N planta *f* de montaje, maquiladora *f* (*Mex*) ► **assembly room(s)** N(PL) salón *m* de celebraciones ► **assembly shop** N taller *m* de montaje

**assemblyman** [əˈsemblɪmən] N (*pl* **assemblymen**) (*US*) asambleísta *m*, miembro *m* de una asamblea

**assemblywoman** [əˈsemblɪwʊmən] N (*pl* **assemblywomen**) (*US*) asambleísta *f*, miembro *f* de una asamblea

**assent** [əˈsent] Ⓐ N (= *agreement*) asentimiento *m*, consentimiento *m*; (= *approval*) aprobación *f*; **royal ~** aprobación *f* real; **by common ~** de común acuerdo; **to nod one's ~** asentir con la cabeza
Ⓑ VI asentir (**to** a), consentir (**to** en)

**assert** [əˈsɜːt] VT 1 (= *declare*) afirmar, aseverar; [+ *innocence*] afirmar
2 (= *insist on*) [+ *rights*] hacer valer
3 (= *establish*) [+ *authority*] imponer
4 **to ~ o.s.** imponerse

▼ **assertion** [əˈsɜːʃən] N afirmación *f*, aseveración *f*

**assertive** [əˈsɜːtɪv] ADJ [*manner, tone*] firme y enérgico; [*behaviour*] enérgico; **try to be a bit more ~** intenta ser un poco más firme y enérgico, intenta hacerte valer un poco más; **you were very ~ in that meeting** te mostraste muy firme y enérgico en esa reunión; **slowly she began to become more ~** poco a poco empezó a mostrarse más segura de sí misma *or* empezó a hacerse valer más

**assertively** [əˈsɜːtɪvlɪ] ADV [*speak, reply*] con firmeza, con convicción

**assertiveness** [əˈsɜːtɪvnɪs] Ⓐ N firmeza *f*
Ⓑ CPD ► **assertiveness course** N curso *m* de autoafirmación ► **assertiveness training** N ejercicios *mpl* de reafirmación personal

**assess** [əˈses] VT 1 (= *evaluate*) [+ *damage, property*] valorar, tasar; [+ *situation etc*] valorar; **how do you ~ your chances now?** ¿cómo valora sus posibilidades ahora?
2 (= *calculate*) [+ *value, amount*] calcular (**at** en); [+ *income*] gravar
3 (*Univ, Scol, Ind*) evaluar; **how did you ~ this candidate?** ¿cómo evaluó a este candidato?

**assessable** [əˈsesəbl] ADJ calculable, tasable; **~ income** ingresos *mpl* imponibles; **a theory not readily ~** una teoría difícil de enjuiciar

**assessment** [əˈsesmənt] N 1 (= *evaluation*) [*of damage, property*] valoración *f*, tasación *f*; (= *judgment*) juicio *m*, valoración *f*; **what is your ~ of the situation?** ¿qué juicio *or* valoración le merece la situación?
2 (*Fin, Tax*) **tax ~** cálculo *m* de los ingresos, estimación *f* de la base impositiva
3 (*Univ, Scol, Ind*) (= *appraisal*) evaluación *f*; *see also* **continuous**

**assessor** [əˈsesəʳ] N 1 (*Jur*) perito/a *m/f* asesor(a)
2 (*Insurance*) perito/a *m/f* tasador(a)
3 (*Educ*) examinador(a) *m/f*
4 (*US*) [*of taxes etc*] tasador(a) *m/f*

**asset** [ˈæset] Ⓐ N 1 (= *advantage*) ventaja *f*; **she is a great ~ to the department** es una persona valiosísima en el departamento
2 (*Fin etc*) bien *m*; (= *book-keeping item*) partida *f* del activo; **~s** (*on accounts*) haberes *mpl*, activo *msing*; **personal ~s** bienes *mpl* personales; **real ~s** bienes *mpl* muebles, bienes *mpl* raíces; **~s and liabilities** activo *msing* y pasivo *msing*; **~s in hand** activo *msing* disponible, bienes *mpl* disponibles
Ⓑ CPD ► **asset stripper** N (*Fin*) *especulador que compra empresas en crisis para vender sus bienes* ► **asset stripping** N (*Fin*) *acaparamiento de activos con vistas a su venta y a la liquidación de la empresa*

**asseverate** [əˈsevəreɪt] VT (*frm*) aseverar

**asseveration** [əˌsevəˈreɪʃən] N (*frm*) aseveración *f*

**asshole**** [ˈæshəʊl] (*esp US*) N 1 (*Anat*) culo* *m*
2 (= *person*) gilipollas** *mf inv*

**assiduity** [ˌæsɪˈdjuːɪtɪ] N diligencia *f*

**assiduous** [əˈsɪdjʊəs] ADJ diligente

**assiduously** [əˈsɪdjʊəslɪ] ADV diligentemente

**assign** [əˈsaɪn] Ⓐ VT 1 (= *allot*) [+ *task*] asignar; [+ *room*] destinar; [+ *date*] señalar, fijar (**for** para); **which is the room ~ed to me?** ¿qué habitación se me ha destinado?
2 [+ *person*] destinar; **to ~ sb to sth** destinar a algn a algo; **they ~ed him to the Paris embassy** lo destinaron a la embajada de París
3 (= *attribute*) [+ *literary work, sculpture*] atribuir; [+ *reason*] señalar, indicar
4 (*Jur*) [+ *property*] ceder
Ⓑ N (*Jur*) cesionario/a *m/f*

**assignation** [ˌæsɪgˈneɪʃən] N 1 (= *meeting*) [*of lovers*] cita *f* secreta
2 (= *allocation*) [*of money, person, responsibility*] asignación *f*

**assignee** [ˌæsaɪˈniː] N (*Jur*) = **assign B**

**assignment** [əˈsaɪnmənt] N 1 (= *mission*) misión *f*; (= *task*) tarea *f*; **to be on (an) ~** estar cumpliendo una misión
2 (*Scol, Univ*) trabajo *m*
3 (= *allocation*) asignación *f*

**assignor** [ˌæsaɪˈnɔːʳ] N (*Jur*) cedente *mf*, cesionista *mf*

**assimilate** [əˈsɪmɪleɪt] Ⓐ VT asimilar
Ⓑ VI asimilarse

**assimilation** [əˌsɪmɪˈleɪʃən] N asimilación *f*

**Assisi** [əˈsiːzɪ] N Asís *m*

**assist** [əˈsɪst] Ⓐ VT (= *help*) [+ *person*] ayudar; [+ *development, growth etc*] fomentar, estimular; **to ~ sb to do sth** ayudar a algn a hacer algo; **we ~ed him to his car** le ayudamos a llegar a su coche
Ⓑ VI (= *help*) ayudar; **to ~ in sth** ayudar en algo; **to ~ in doing sth** ayudar a hacer algo
Ⓒ N (*Sport*) asistencia *f*

**assistance** [əˈsɪstəns] N ayuda *f*, auxilio *m*; **to be of ~ to** ◊ **give ~ to** ayudar a, prestar ayuda a; **can I be of any ~?** ¿puedo ayudarle?,

➤ LANGUAGE IN USE: assertion 26.1

¿le puedo servir en algo?; **to come to sb's ~** acudir en ayuda *or* auxilio de algn

**assistant** [ə'sɪstənt] Ⓐ N ayudante *mf*; (= *language assistant*) lector(a) *m/f*
Ⓑ CPD ► **assistant director** N (*Theat*) ayudante *mf* de dirección ► **assistant manager** N subdirector(a) *m/f* ► **assistant master** N (*Brit Scol*†) profesor *m* de instituto ► **assistant mistress** N (*Brit Scol*†) profesora *f* de instituto ► **assistant principal** N (*Scol*) subdirector(a) *m/f* ► **assistant professor** N (*US*) profesor(a) *m/f* agregado/a ► **assistant secretary** N subsecretario/a *m/f*

**assistantship** [ə'sɪstəntʃɪp] N 1 (*Brit*) (*at school*) lectorado *m*
2 (*US*) (*at college*) agregaduría *f*, puesto *m* de profesor agregado

**assisted** [ə'sɪstɪd] ADJ **~ passage** pasaje *m* subvencionado; **~ place** (*Brit Scol*) *plaza de un colegio privado, subvencionada por el gobierno y destinada a alumnos seleccionados que no pueden sufragar las cuotas del mismo*; **~ suicide** suicidio *m* asistido

**assizes** [ə'saɪzɪz] NPL (*Brit Jur*) sesiones *fpl* jurídicas (regionales)

**assn.** ABBR = **association**

**assoc.** ABBR 1 = **association**
2 = **associate(d)**

**associate** Ⓐ [ə'səʊʃɪɪt] ADJ [*company*] asociado
Ⓑ [ə'səʊʃɪɪt] N (= *colleague*) colega *mf*; (*in crime*) cómplice *mf*; (*also* **~ member**) [*of society*] miembro *mf* no numerario/a; [*of professional body*] colegiado/a *m/f*; [*of learned body*] miembro *mf* correspondiente; **Fred Bloggs and Associates** Fred Bloggs y Asociados
Ⓒ [ə'səʊʃɪeɪt] VT 1 (*mentally*) [+ *ideas, things, people*] asociar, relacionar; **to ~ one thing with another** asociar *or* relacionar una cosa con otra; **I always ~ you with Barcelona** siempre te asocio *or* relaciono con Barcelona
2 (= *affiliate, connect*) vincular, asociar; **to be ~d with sth/sb: high blood pressure is ~d with heart disease** se vincula *or* asocia la tensión alta con las enfermedades coronarias; **he was ~d with the communist party** estaba vinculado *or* asociado con el partido comunista; **it is a privilege to be ~d with her** es un privilegio estar relacionado con ella; **I don't wish to be ~d** *or* **to ~ myself with it/him** no quiero tener nada que ver con ello/él
Ⓓ [ə'səʊʃɪeɪt] VI **to ~ with sb** relacionarse con algn, tratar con algn
Ⓔ [ə'səʊʃɪɪt] CPD ► **associate director** N subdirector(a) *m/f*, director(a) *m/f* adjunto/a ► **associate judge** N juez *mf* asesor(a) ► **Associate Justice** N (*US*) juez *mf* asociado/a ► **associate member** N [*of society*] miembro *mf* no numerario/a; [*of professional body*] colegiado/a *m/f*; [*of learned body*] miembro *mf* correspondiente ► **associate producer** N (*TV, Cine*) productor(a) *m/f* asociado/a ► **associate professor** N (*US*) profesor(a) *m/f* adjunto/a ► **associate's degree** N (*US*) licenciatura *f*

**associated** [ə'səʊʃɪeɪtɪd] Ⓐ ADJ 1 (= *connected*) asociado, relacionado; **engineering problems ~ with aircraft design** problemas de ingeniería asociados *or* relacionados con el diseño de aviones
2 (*Comm*) asociado, afiliado
Ⓑ CPD ► **associated company** N compañía *f* asociada, compañía *f* afiliada

**association** [ə,səʊsɪ'eɪʃən] Ⓐ N 1 (= *act, partnership*) asociación *f*; **in ~ with** conjuntamente con; **to form an ~ with** asociarse con
2 (= *organization*) sociedad *f*, asociación *f*
3 (= *connection*) conexión *f*; **~ of ideas** asociación *f* de ideas
4 **associations** (= *memories*) recuerdos *mpl*; **the name has unpleasant ~s** el nombre trae recuerdos desagradables; **the town has historic ~s** la ciudad posee connotaciones históricas
Ⓑ CPD ► **association football** N (*Brit*) fútbol *m*

**associative** [ə'səʊʃɪətɪv] ADJ 1 (*Math*) asociativo
2 (*Comput*) **~ storage** almacenamiento *m* asociativo

**assonance** ['æsənəns] N asonancia *f*

**assonant** ['æsənənt] Ⓐ ADJ asonante
Ⓑ N asonante *f*

**assonate** ['æsəneɪt] VI asonar

**assort** [ə'sɔːt] VI concordar (**with** con), convenir (**with** a); **it ~s ill with his character** no cuadra con su carácter

**assorted** [ə'sɔːtɪd] ADJ surtido; **~ cakes** pasteles surtidos; **he dined with ~ ministers** cenó con diversos ministros

**assortment** [ə'sɔːtmənt] N 1 (*Comm*) surtido *m*
2 (= *mixture*) mezcla *f*; (= *collection*) colección *f*; **there was a strange ~ of guests** había una extraña mezcla de invitados; **Peter was there with an ~ of girlfriends** allí estaba Peter con una colección de amigas; **quite an ~!** ¡aquí hay de todo!

**asst.** ABBR (= **assistant**) ayte.

**assuage** [ə'sweɪdʒ] VT (*liter*) [+ *feelings, anger*] aplacar; [+ *pain*] calmar, aliviar; [+ *passion*] mitigar, suavizar; [+ *desire*] satisfacer; [+ *appetite*] satisfacer, saciar; [+ *person*] apaciguar, sosegar; **he was not easily ~d** no resultaba fácil apaciguarlo *or* sosegarlo

▼ **assume** [ə'sjuːm] VT 1 (= *suppose*) suponer; **we may therefore ~ that ...** así, es de suponer que ...; **let us ~ that ...** pongamos por caso *or* supongamos que ...; **assuming that ...** suponiendo que ..., en el supuesto de que ...; **you are assuming a lot** supones demasiado, eso es mucho suponer; **you resigned, I ~** dimitiste, me imagino
2 (= *take on, take over*) [+ *power, control, responsibility*] asumir; [+ *authority*] (*unjustly*) apropiarse, arrogarse
3 (= *adopt*) [+ *name, attitude, look of surprise*] adoptar; [+ *air*] darse

**assumed** [ə'sjuːmd] ADJ [*name*] falso, fingido; **under an ~ name** bajo *or* con (un) nombre falso

**assumption** [ə'sʌmpʃən] Ⓐ N 1 (= *supposition*) suposición *f*, supuesto *m*; **on the ~ that** suponiendo que, poniendo por caso que; **we cannot make that ~** no podemos dar eso por sentado; **to start from a false ~** partir de una base falsa
2 (= *taking*) [*of power, responsibility*] asunción *f*
3 **the Assumption** (*Rel*) la Asunción
Ⓑ CPD ► **Assumption Day** N Día *m* de la Asunción

**assurance** [ə'ʃʊərəns] Ⓐ N 1 (= *guarantee*) garantía *f*, promesa *f*; **you have my ~ that ...** les aseguro que ...; **I give you my ~ that ...** le puedo asegurar que ...; **I can give you no ~ about that** no les puedo garantizar nada
2 (= *certainty*) certeza *f*, seguridad *f*; **with the ~ that ...** con la seguridad de que ...
3 (= *confidence*) confianza *f*; (= *self-confidence*) seguridad *f*, aplomo *m*; **he spoke with ~** habló con seguridad *or* aplomo
4 (*esp Brit*) (= *insurance*) seguro *m*; *see also* **life**
Ⓑ CPD ► **assurance company** N (*esp Brit*) compañía *f* de seguros

**assure** [ə'ʃʊəʳ] VT 1 (= *ensure*) asegurar, garantizar; **success was ~d** el éxito estaba asegurado; **to ~ o.s. of sth** asegurarse de algo
2 (= *reassure*) asegurar; **I ~d him of my support** le aseguré mi apoyo; **you may rest ~d that ...** ◊ **let me ~ you that ...** tenga la (plena) seguridad de que ...; **it is so, I ~ you** es así, se lo garantizo
3 (*esp Brit Fin*) asegurar; **his life is ~d for £500,000** su vida está asegurada en 500.000 libras

**assured** [ə'ʃʊəd] Ⓐ ADJ 1 (= *self-assured*) confiado, sereno
2 (= *certain*) seguro; **you have an ~ future** tienes un porvenir seguro
Ⓑ N **the ~** (*esp Brit Fin*) (*sing*) el asegurado/la asegurada; (*pl*) los asegurados/las aseguradas

**assuredly** [ə'ʃʊərɪdlɪ] ADV 1 (= *without doubt*) sin duda; **she is ~ the ideal person for the job** sin duda es la persona ideal para el puesto, no hay ninguna duda de que es la persona ideal para el puesto; **most ~** con toda seguridad
2 (= *confidently*) con confianza, sin titubeos

**ass-wipe**** ['æswaɪp] N (*US*) 1 (= *toilet paper*) papel *m* del wáter*
2 (= *person*) mamón/ona** *m/f*

**Assyria** [ə'sɪrɪə] N Asiria *f*

**Assyrian** [ə'sɪrɪən] Ⓐ ADJ asirio
Ⓑ N asirio/a *m/f*

**AST** N ABBR (*US, Canada*) = **Atlantic Standard Time**

**aster** ['æstəʳ] N áster *f*

**asterisk** ['æstərɪsk] Ⓐ N asterisco *m*
Ⓑ VT señalar con un asterisco, poner un asterisco a

**astern** [ə'stɜːn] ADV (*Naut*) a popa; **to fall ~** quedarse atrás; **to go ~** ciar, ir hacia atrás; **to make a boat fast ~** amarrar un barco por la popa; **~ of** detrás de

**asteroid** ['æstərɔɪd] N asteroide *m*

**asthma** ['æsmə] N asma *m or f*

**asthmatic** [æs'mætɪk] Ⓐ ADJ asmático
Ⓑ N asmático/a *m/f*

**astigmatic** [,æstɪg'mætɪk] ADJ astigmático

**astigmatism** [æs'tɪgmətɪzəm] N astigmatismo *m*

**astir** [ə'stɜːʳ] ADJ 1 **to be ~** (= *on the go*) estar activo, estar en movimiento
2 (†) (= *out of bed*) estar levantado; **we were ~ early** nos levantamos temprano; **nobody was ~ at that hour** a tal hora todos estaban todavía en la cama

**ASTM** N ABBR (*US*) = **American Society for Testing Materials**

**ASTMS** N ABBR (*Brit*) = **Association of Scientific, Technical and Managerial Staff**

**astonish** [ə'stɒnɪʃ] VT asombrar, pasmar; **you ~ me!** (*iro*) ¡no me digas!, ¡vaya sorpresa!

**astonished** [ə'stɒnɪʃt] ADJ estupefacto, pasmado; **to be ~** asombrarse (**at** de); **I am ~ that ...** me asombra que ... + *subjun*

**astonishing** [ə'stɒnɪʃɪŋ] ADJ [*achievement, coincidence, news*] asombroso, pasmoso; **I find it ~ that ...** me asombra *or* pasma que ... + *subjun*, me parece increíble que ... + *subjun*

**astonishingly** [ə'stɒnɪʃɪŋlɪ] ADV asombrosamente; **it was ~ easy** asombraba lo fácil que era, era asombrosamente fácil; **an ~ beautiful young woman** una joven de una belleza asombrosa; **she has ~ blue eyes** tiene unos ojos de un azul increíble; **he learned the language ~ quickly** aprendió la lengua con

➤ LANGUAGE IN USE: assume 1 26.1, 26.3

una rapidez asombrosa, fue asombroso lo rápido que aprendió la lengua; **~ (enough), he was right** por increíble que parezca, tenía razón

**astonishment** [əˈstɒnɪʃmənt] N asombro *m*; (*stronger*) estupefacción *f*; **a look of ~** una mirada de asombro; (*stronger*) una mirada de estupefacción; **her ~ at my good fortune** su asombro *or* sorpresa ante mi buena suerte; **to my ~** para mi asombro *or* sorpresa

**astound** [əˈstaʊnd] VT asombrar, pasmar

**astounded** [əˈstaʊndɪd] ADJ pasmado, estupefacto; **I am ~** estoy pasmado

**astounding** [əˈstaʊndɪŋ] ADJ asombroso, pasmoso; **~!** ¡esto es asombroso!; **I find it ~ that ...** me asombra *or* pasma que ... + *subjun*

**astoundingly** [əˈstaʊndɪŋlɪ] ADV asombrosamente; **he has done ~ well** le ha ido asombrosamente bien, es asombroso lo bien que le ha ido; **she has ~ blue eyes** tiene unos ojos de un azul increíble; **~, an American won the Tour de France** por asombroso que parezca, un americano ganó el Tour de France

**astrakhan** [ˌæstrəˈkæn] N astracán *m*

**astral** [ˈæstrəl] Ⓐ ADJ astral
Ⓑ CPD ► **astral projection** N viaje *m* astral

**astray** [əˈstreɪ] ADV [1] (*lit*) **to go ~** (= *get lost*) extraviarse
[2] (*fig*) **to go ~** (= *make a mistake*) equivocarse; (*morally*) ir por mal camino; **to lead sb ~** llevar a algn por mal camino; **I was led ~ by his voice** su voz me despistó

**astride** [əˈstraɪd] Ⓐ ADV a horcajadas
Ⓑ PREP [*horse, fence*] a horcajadas sobre

**astringency** [əsˈtrɪndʒənsɪ] N [1] (*Med*) astringencia *f*
[2] (*fig*) adustez *f*, austeridad *f*

**astringent** [əsˈtrɪndʒənt] Ⓐ ADJ [1] (*Med*) astringente
[2] (*fig*) adusto, austero
Ⓑ N (*Med*) astringente *m*

**astro...** [æstrəʊ] PREFIX astro...

**astrolabe** [ˈæstrəʊleɪb] N astrolabio *m*

**astrologer** [əsˈtrɒlədʒəʳ] N astrólogo/a *m/f*

**astrological** [ˌæstrəˈlɒdʒɪkəl] ADJ astrológico

**astrologist** [əsˈtrɒlədʒɪst] N astrólogo/a *m/f*

**astrology** [əsˈtrɒlədʒɪ] N astrología *f*

**astronaut** [ˈæstrənɔːt] N astronauta *mf*

**astronautic** [ˌæstrəʊˈnɔːtɪk] ADJ = **astronautical**

**astronautical** [ˌæstrəʊˈnɔːtɪkəl] ADJ astronáutico

**astronautics** [ˌæstrəʊˈnɔːtɪks] NSING astronáutica *f*

**astronomer** [əsˈtrɒnəməʳ] N astrónomo/a *m/f*

**astronomic** [ˌæstrəˈnɒmɪk] ADJ = **astronomical**

**astronomical** [ˌæstrəˈnɒmɪkəl] ADJ (*lit, fig*) astronómico

**astronomically** [ˌæstrəˈnɒmɪkəlɪ] ADV [*rise, grow, increase*] astronómicamente, exageradamente; **lobster is ~ expensive** la langosta está a precios astronómicos; **they set ~ high standards for their employees** exigen un nivel exageradamente alto a sus empleados

**astronomy** [əsˈtrɒnəmɪ] N astronomía *f*

**astrophysicist** [ˌæstrəʊˈfɪzɪsɪst] N astrofísico/a *m/f*

**astrophysics** [ˈæstrəʊˈfɪzɪks] NSING astrofísica *f*

**Astroturf®** [ˈæstrəʊtɜːf] N césped *m* artificial

**Asturian** [æˈstʊərɪən] Ⓐ ADJ asturiano
Ⓑ N [1] (= *person*) asturiano/a *m/f*
[2] (*Ling*) asturiano *m*

**Asturias** [æˈstʊərɪæs] N Asturias *f*

**astute** [əsˈtjuːt] ADJ [*person, decision*] astuto, sagaz; [*mind*] astuto; [*choice*] inteligente; **that was very ~ of you** en eso has sido muy listo

**astutely** [əsˈtjuːtlɪ] ADV [*decide*] astutamente, sagazmente; [*choose*] inteligentemente

**astuteness** [əsˈtjuːtnɪs] N astucia *f*, sagacidad *f*

**asunder** [əˈsʌndəʳ] ADV **to tear ~** (*liter*) hacer pedazos

**ASV** N ABBR (*US*) (= **American Standard Version**) *traducción americana de la Biblia*

**Aswan** [æsˈwɑːn] Ⓐ N Asuán *f*
Ⓑ CPD ► **Aswan High Dam** N Presa *f* de Asuán

**asylum** [əˈsaɪləm] Ⓐ N [1] (= *refuge*) asilo *m*; **to seek political ~** pedir asilo político; **to afford** *or* **give ~ to sb** [*place*] servir de asilo a algn; [*person*] dar asilo a algn
[2] (†) (= *mental hospital*) manicomio *m*
Ⓑ CPD ► **asylum seeker** N solicitante *mf* de asilo

**asymmetric** [ˌeɪsɪˈmetrɪk] ADJ = **asymmetrical**

**asymmetrical** [ˌeɪsɪˈmetrɪkəl] Ⓐ ADJ asimétrico
Ⓑ CPD ► **asymmetrical bars** NPL (*Sport*) barras *fpl* asimétricas

**asymmetry** [eɪˈsɪmətrɪ] N asimetría *f*

**asymptomatic** [æˌsɪmptəˈmætɪk] ADJ asintomático

**asynchronous** [æˈsɪŋkrənəs] ADJ asíncrono

**AT** N ABBR (= **automatic translation**) TA *f*

**at** [æt]

> *When **at** is an element in a phrasal verb, eg **look at**, look up the verb.*

PREP [1] (*position*) [1·1] (*specifying rough location*) en; **there weren't many people at the party/lecture** no había mucha gente en la fiesta/conferencia; **at the hairdresser's/supermarket** en la peluquería/el supermercado; **at the office** en la oficina; **at school** en la escuela, en el colegio; **at sea** en el mar; **at table** en la mesa; BUT **at John's** en casa de Juan; **✦IDIOMS where it's at**: **Glasgow's where it's at** en Glasgow es donde está la movida*, en Glasgow es donde está el rollo (*Sp**); **where we're at**: **I'll just run through where we're at** te voy a poner al tanto *or* al corriente de cuál es la situación
[1·2] (*specifying position*) **my room's at the back of the house** mi dormitorio está en la parte de atrás de la casa; **the dress fastens at the back** el vestido se abrocha por detrás; **at the bottom of the stairs** al pie de las escaleras; **to stand at the door** estar de pie *or* (*LAm*) parado en la puerta; **at the edge** en el borde; **my room's at the front of the house** mi dormitorio está en la parte delantera de la casa; **the dress fastens at the front** el vestido se abrocha por delante; **at the top** (*gen*) en lo alto; (*of mountain*) en la cumbre; **to be at the window** estar junto a la ventana; **he came in at the window** entró por la ventana
[1·3] (*esp Internet*) (= *name of @ symbol*) arroba *f*; **"my e-mail address is jones at collins dot uk"** (*jones@collins.uk*) —mi dirección electrónica Internet es jones arroba collins punto uk
[2] (*direction*) (= *towards*) hacia; **the car was coming straight at us** el coche venía directo hacia nosotros; **to look at sth** mirar algo
[3] (*time, age*) a; **at four o'clock** a las cuatro; **at midday** a mediodía; **at 16 he was already a household name** a los 16 años era ya un nombre muy conocido; **at lunchtime** a la hora de la comida, a la hora de almorzar; **at an early age** de pequeño/pequeña; **at Christmas** por *or* en Navidades; **at Easter** en Semana Santa; **at the moment** en este momento; **at that moment the bomb went off** en aquel momento estalló la bomba; **at night** de noche, por la noche; **at a time like this** en un momento como éste; **at my time of life** con los años que tengo
[4] (*rate*) a; **at 50p a kilo** a 50 peniques el kilo; **at 50p each** (a) 50 peniques cada uno; **at a high price** a un precio elevado; **at 4% interest** al 4% de interés; **two at a time** de dos en dos; **to go at 100 km an hour** ir a 100 km por hora
[5] (*activity*) **he's good at games** se le dan bien los deportes; **at it**: **while you're at it*** (= *doing it*) de paso; (= *by the way*) a propósito; **she's at it again*** otra vez con las mismas; **boys at play** muchachos que juegan, los muchachos cuando juegan; **I could tell she'd been at the whisky** se notaba que le había estado dando al whisky*; **at war** en guerra; **to be at work** (= *working*) estar trabajando; (= *in the office*) estar en la oficina
[6] (*manner*) **acting at its best** una actuación de antología; **at peace** en paz; **at a run** corriendo, a la carrera; **at full speed** a toda velocidad
[7] (*cause*) **to awaken at the least sound** despertarse al menor ruido; **at her cries** al escuchar sus gritos; **at my request** a petición mía; **at his suggestion** a sugerencia suya; **I was shocked/surprised at the news** me escandalizó/sorprendió la noticia

**atavism** [ˈætəvɪzəm] N atavismo *m*

**atavistic** [ˌætəˈvɪstɪk] ADJ atávico

**ataxia** [əˈtæksɪə] N ataxia *f*

**ataxic** [əˈtæksɪk] ADJ atáxico

**ATB** N = **all-terrain bike**

**ATC** N ABBR = **Air Training Corps**

**ate** [et, eɪt] PT *of* **eat**

**A-test** [ˈeɪtest] N prueba *f* de bomba atómica

**atheism** [ˈeɪθɪɪzəm] N ateísmo *m*

**atheist** [ˈeɪθɪɪst] N ateo/a *m/f*

**atheistic** [ˌeɪθɪˈɪstɪk] ADJ ateo, ateísta

**Athenian** [əˈθiːnɪən] Ⓐ ADJ ateniense
Ⓑ N ateniense *mf*

**Athens** [ˈæθɪnz] N Atenas *f*

**athirst** [əˈθɜːst] ADJ **to be ~ for** (*liter*) tener sed de

**athlete** [ˈæθliːt] Ⓐ N atleta *mf*
Ⓑ CPD ► **athlete's foot** N (*Med*) pie *m* de atleta

**athletic** [æθˈletɪk] Ⓐ ADJ [1] (*Sport*) [*club, association, event*] de atletismo
[2] (= *sporty*) [*person, body*] atlético; **he was tall, with an ~ build** era alto y atlético
Ⓑ CPD ► **athletic sports** NPL atletismo *msing*

**athletically** [æθˈletɪklɪ] ADV [1] (= *agilely*) [*jump, climb*] con agilidad, ágilmente
[2] (*Sport*) **~, she's outstanding** es una atleta excepcional; **~ talented youngsters** jóvenes con talento para el atletismo

**athleticism** [æθˈletsɪzəm] N atletismo *m*

**athletics** [æθˈletɪks] Ⓐ NSING (*Brit*) atletismo *m*; (*US*) deportes *mpl*
Ⓑ CPD ► **athletics coach** N entrenador(a) *m/f* de atletismo ► **athletics competition** N competición *f* atlética ► **athletics meeting** N competición *f* atlética, prueba *f* atlética ► **athletics track** N pista *f* de atletismo

**at-home** [ətˈhəʊm] N recepción *f* (*en casa particular*)

**athwart** [əˈθwɔːt] Ⓐ ADV de través, al través
Ⓑ PREP a través de

**atishoo** [əˈtɪʃuː] EXCL ¡(h)achís!

**Atlantic** [ətˈlæntɪk] Ⓐ ADJ atlántico
Ⓑ N **the ~ (Ocean)** el (Océano) Atlántico

**Atlanticism** [ət'læntɪsɪzəm] N atlantismo *m*

**Atlanticist** [ət'læntɪsɪst] ADJ, N atlantista *mf*

**Atlantis** [ət'læntɪs] N Atlántida *f*

**atlas** ['ætləs] Ⓐ N [1] (= *world atlas*) atlas *m inv*; (= *road atlas*) guía *f* de carreteras
[2] **Atlas** (*Myth*) Atlas *m*, Atlante *m*
Ⓑ CPD ► **the Atlas Mountains** NPL los Atlas

**ATM** N ABBR (*US*) (= **Automated Teller Machine**) cajero *m* automático; **~ card** tarjeta *f* de cajero automático

**atmosphere** ['ætməsfɪəʳ] N [1] (= *air*) atmósfera *f*
[2] (*fig*) ambiente *m*

**atmospheric** [,ætməs'ferɪk] Ⓐ ADJ [1] (*Met, Phys*) atmosférico
[2] (*fig*) [*music, film, book*] evocador
Ⓑ CPD ► **atmospheric pollution** N contaminación *f* atmosférica ► **atmospheric pressure** N presión *f* atmosférica

**atmospherics** [,ætməs'ferɪks] NPL (*Rad*) interferencias *fpl*

**atoll** ['ætɒl] N atolón *m*

**atom** ['ætəm] Ⓐ N [1] (*Phys*) átomo *m*
[2] (*fig*) pizca *f*; **there is not an ~ of truth in it** eso no tiene ni pizca de verdad; **if you had an ~ of sense** si tuvieras una gota de sentido común; **to smash sth to ~s** hacer algo añicos
Ⓑ CPD ► **atom bomb** N bomba *f* atómica ► **atom smasher** N acelerador *m* de partículas atómicas, rompeátomos *m inv*

**atomic** [ə'tɒmɪk] Ⓐ ADJ atómico
Ⓑ CPD ► **atomic age** N era *f* atómica *or* nuclear ► **atomic bomb** N bomba *f* atómica ► **atomic clock** N reloj *m* atómico ► **atomic energy** N energía *f* atómica *or* nuclear ► **Atomic Energy Authority** (*Brit*), **Atomic Energy Commission** (*US*) N Consejo *m* de Energía Nuclear ► **atomic nucleus** N núcleo *m* atómico ► **atomic number** N número *m* atómico ► **atomic particle** N partícula *f* atómica ► **atomic physics** NSING física *f* atómica ► **atomic pile** N pila *f* atómica ► **atomic power** N (= *nation*) potencia *f* nuclear ► **atomic power station**† N central *f* nuclear ► **atomic structure** N estructura *f* atómica ► **atomic theory** N teoría *f* de los átomos ► **atomic warfare** N guerra *f* atómica ► **atomic warhead** N cabeza *f* atómica ► **atomic weight** N peso *m* atómico

**atomic-powered** [ə'tɒmɪk'paʊəd] ADJ impulsado por energía atómica

**atomize** ['ætəmaɪz] VT atomizar, pulverizar

**atomizer** ['ætəmaɪzəʳ] N atomizador *m*, pulverizador *m*

**atonal** [æ'təʊnl] ADJ atonal

**atone** [ə'təʊn] VI **to ~ for** expiar

**atonement** [ə'təʊnmənt] N expiación *f*; **to make ~ for** enmendar, desagraviar; **Day of Atonement** Día *m* de la Expiación

**atonic** [æ'tɒnɪk] ADJ átono

**atop** [ə'tɒp] Ⓐ ADV encima
Ⓑ PREP (= *on*) encima de, sobre; [*mountain*] en la cumbre de, en la cima de; **he climbed ~ a tank** subió encima de un tanque

**ATP** N ABBR = **Association of Tennis Professionals**

**at-risk** [æt'rɪsk] Ⓐ ADJ [*group*] en peligro
Ⓑ CPD ► **at-risk register** N (*Brit Social Work*) ≈ registro *m* de delitos de violencia familiar *or* doméstica

**atrium** ['eɪtrɪəm] (*pl* **atria** *or* **atriums**) N atrio *m*

**atrocious** [ə'trəʊʃəs] ADJ [1] (= *shocking*) [*crime, treatment*] atroz
[2] (*) (= *very bad*) [*film, food, spelling*] pésimo, espantoso; [*weather*] espantoso

**atrociously** [ə'trəʊʃəslɪ] ADV [1] (= *shockingly*) [*treat*] atrozmente; **he was ~ bad-tempered** tenía un genio atroz
[2] (= *badly*) [*sing, spell, behave*] pésimamente, espantosamente

**atrocity** [ə'trɒsɪtɪ] N atrocidad *f*

**atrophy** ['ætrəfɪ] Ⓐ N (*Med*) atrofia *f*
Ⓑ VI atrofiarse
Ⓒ VT atrofiar

**att.** ABBR [1] (*Comm*) = **attached**
[2] = **attorney**

**attaboy*** ['ætə,bɔɪ] EXCL (*esp US*) ¡bravo!, ¡dale!

**attach** [ə'tætʃ] Ⓐ VT [1] (= *fasten*) sujetar; (= *stick*) pegar; (= *tie*) atar, amarrar (*LAm*); (*with pin etc*) prender; (= *join up*) [+ *trailer etc*] acoplar; (= *put on*) [+ *seal*] poner; **you ~ it to the wall with rings** se sujeta a la pared con argollas; **to ~ o.s. to** [+ *group*] agregarse a, unirse a; **he ~ed himself to us** (*pej*) se pegó a nosotros
[2] (*in letter*) adjuntar; **the document is ~ed** enviamos adjunto el documento; **the ~ed letter** la carta adjunta; **please find ~ed details of …** les adjuntamos detalles de …
[3] (= *attribute*) [+ *importance, value*] dar, atribuir (**to** a)
[4] (= *associate, connect*) **to ~ conditions (to sth)** imponer condiciones (a algo); *see also* **string A4**
[5] (*Jur*) [+ *property*] incautar, embargar
Ⓑ VI [1] **to ~ to** (= *correspond to*) corresponder a, pertenecer a; **certain duties ~ to this post** ciertas responsabilidades corresponden a este puesto; **no blame ~es to you** no tienes culpa alguna
[2] (*Chem*) [*compound, atom*] unirse (**to** a)

**attaché** [ə'tæʃeɪ] Ⓐ N agregado/a *m/f*; *see also* **cultural**
Ⓑ CPD ► **attaché case** N maletín *m*

**attached** [ə'tætʃt] ADJ [1] (= *close*) **they are very ~ (to each other)** se quieren mucho; **to be ~ to** (= *fond of*) [+ *person*] tener cariño a; [+ *theory*] estar apegado a; **to become ~ to sb** (*fig*) encariñarse con algn
[2] **to be ~*** (= *married, spoken for*) no estar libre
[3] (= *associated*) **the salary ~ to the post is …** el sueldo que corresponde al puesto es …; **to be ~ to an embassy** estar agregado a una embajada; **commission ~ to the Ministry of …** comisión que depende del Ministerio de …

**attachment** [ə'tætʃmənt] N [1] (= *accessory*) accesorio *m*, dispositivo *m*
[2] (*Comput*) (= *document*) archivo *m* adjunto
[3] (= *act of attaching*) unión *f*
[4] (*to company, department etc*) adscripción *f* temporal; **to be on ~ (to)** estar adscrito temporalmente (a)
[5] (= *affection*) cariño *m* (**to** por); (= *loyalty*) adhesión *f*
[6] (*Jur*) incautación *f*, embargo *m*

**attack** [ə'tæk] Ⓐ N [1] (*Mil, Sport, fig*) ataque *m* (**on** a, contra, sobre); (= *assault*) atentado *m*, agresión *f*; **an ~ on sb's life** un atentado contra la vida de algn; **an ~ on the security of the state** un atentado contra la seguridad del estado; **to launch an ~** (*Mil, fig*) lanzar un ataque; **to leave o.s. open to ~** dejarse expuesto a un ataque; **to return to the ~** volver al ataque; **surprise ~** ataque por sorpresa; **to be/come under ~** ser atacado; ✦**PROV ~ is the best form of defence** la mejor defensa es en el ataque
[2] (*Med*) (*gen*) ataque *m*; (= *fit*) acceso *m*, crisis *f inv*; **an ~ of pneumonia** una pulmonía; **an ~ of nerves** un ataque de nervios, una crisis nerviosa; *see also* **heart**
Ⓑ VT [1] (*Mil, Sport, Med, fig*) atacar; (= *assault*) agredir; [*bull etc*] embestir; **it ~s the liver** ataca al hígado; **they mercilessly ~ed his Marxist approach** atacaron despiadadamente su enfoque marxista
[2] (= *tackle*) [+ *job, problem*] enfrentarse con; (= *combat*) combatir; **we must ~ poverty** debemos combatir la pobreza
[3] (*Chem*) atacar
Ⓒ VI atacar
Ⓓ CPD ► **attack dog** N perro *m* de presa

**attackable** [ə'tækəbl] ADJ atacable, expuesto al ataque

**attacker** [ə'tækəʳ] N agresor(a) *m/f*, atacante *mf*

**attagirl*** ['ætəgɜːl] EXCL (*esp US*) ¡bravo!, ¡dale!

**attain** [ə'teɪn] Ⓐ VT (= *achieve, reach*) [+ *knowledge*] lograr; [+ *happiness*] lograr, conquistar; [+ *goal, aim*] lograr, conseguir, alcanzar; [+ *age, rank*] llegar a, alcanzar; (= *get hold of*) conseguir
Ⓑ VI (*frm*) **to ~ to** llegar a

**attainable** [ə'teɪnəbl] ADJ alcanzable

**attainder** [ə'teɪndəʳ] N (*Jur*) extinción *f* de los derechos civiles de un individuo

**attainment** [ə'teɪnmənt] Ⓐ N [1] (= *achieving*) [*of knowledge*] logro *m*; [*of happiness*] logro *m*, conquista *f*; [*of independence, freedom*] conquista *f*, consecución *f*; [*of goal, aim*] logro *m*, consecución *f*; **difficult of ~** de difícil consecución, de difícil realización
[2] (= *accomplishment*) logro *m*
[3] **attainments** (= *skill*) talento *msing* (**in** para); (= *knowledge*) conocimientos *mpl* (**in** de)
Ⓑ CPD ► **attainment target** N (*Brit Scol*) nivel *m* básico estipulado

**attempt** [ə'tempt] Ⓐ N [1] (= *try*) intento *m*; **we'll do it or die in the ~** lo haremos o moriremos en el intento; **at the first ~** en el primer intento; **this is my first ~** es la primera vez que lo intento; **after several ~s they gave up** tras varios intentos *or* varias tentativas, se dieron por vencidos; **we had to give up the ~** tuvimos que renunciar a la empresa; **it was a good ~** fue un esfuerzo digno de alabanza; **to make an ~ to do sth** hacer una tentativa de hacer algo, intentar hacer algo; **he made no ~ to help** ni siquiera intentó ayudar; **he made two ~s at it** lo intentó dos veces; **to make an ~ on the record** tratar de batir el récord; **to make an ~ on the summit** tratar de llegar a la cumbre
[2] (= *attack*) atentado *m*; **to make an ~ on sb's life** atentar contra la vida de algn
Ⓑ VT [1] [+ *task*] intentar realizar; [+ *exam question*] intentar responder a; **to ~ a reply** intentar responder, tratar de responder; **to ~ a smile** intentar sonreír; **to ~ suicide** intentar suicidarse
[2] (= *try*) **to ~ to do sth** tratar de *or* intentar *or* (*esp LAm*) procurar hacer algo; **the pilot ~ed to land** el piloto trató de aterrizar

**attempted** [ə'temptɪd] ADJ **~ murder** tentativa *f* de asesinato, intento *m* de asesinato; **~ suicide** intento *m* de suicidio

**attend** [ə'tend] Ⓐ VT [1] (= *be present at*) [+ *meeting, school etc*] asistir a, acudir a; (*regularly*) [+ *school, church*] ir a
[2] (= *wait upon*) [*waiter*] servir, atender; [*servant, helper*] ocuparse de; (*Med*) atender, asistir; (= *accompany*) acompañar; **~ed by six bridesmaids** acompañada por seis damas de honor
[3] (*frm*) (*fig*) **a method ~ed by many risks**

un método que comporta muchos riesgos; **the policy was ~ed by many difficulties** la política tropezó con muchas dificultades

Ⓑ VI [1] (= *be present*) asistir, acudir

[2] (= *pay attention*) prestar atención, poner atención (*LAm*)

►**attend on**† VI + PREP = **attend upon**

►**attend to** VI + PREP [1] (= *pay attention to*) [+ *words, work, lesson, speech*] prestar atención a, poner atención en (*LAm*); [+ *advice*] seguir

[2] (= *deal with*) [+ *task, business*] ocuparse de, atender; (*Comm*) [+ *order*] tramitar; **to ~ to one's work** ocuparse de su trabajo

[3] (= *give help to*) servir a; **to ~ to a customer** atender a un(a) cliente; **are you being ~ed to?** (*in shop*) ¿le atienden?; **I'll ~ to you in a moment** un momentito y estoy con usted

►**attend upon**† VI + PREP [+ *person*] servir; [*servant, helper*] ocuparse de

**attendance** [əˈtendəns] Ⓐ N [1] (= *presence*) asistencia *f* (**at** a); **is my ~ necessary?** ¿debo asistir?, ¿es preciso que asista yo?; **to be in ~** asistir; **to be in ~ on the minister** acompañar al ministro, formar parte del séquito del ministro; *see also* **dance**

[2] (= *those present*) concurrencia *f*; **a large ~** una numerosa concurrencia; **what was the ~ at the meeting?** ¿cuántos asistieron a la reunión?; **we need an ~ of 1,000** hace falta atraer a un público de 1.000 personas

[3] (*Med*) asistencia *f*

Ⓑ CPD ► **attendance centre** N (*Brit Jur*) centro *m* de régimen abierto ► **attendance fee** N honorarios *mpl* por asistencia ► **attendance money** N pago *m* por asistencia ► **attendance officer** N (*Brit Scol*) encargado/a *m/f* del control de asistencia ► **attendance order** N (*Brit Scol*) *orden que exige a los padres la asistencia de sus hijos a la escuela* ► **attendance sheet** N hoja *f* de asistencia

**attendant** [əˈtendənt] Ⓐ N [1] (*in car park, museum*) guarda *mf*, celador(a) *m/f*; (*Theat*) acomodador(a) *m/f*; (*at wedding etc*) acompañante *mf*

[2] (= *servant*) sirviente/a *m/f*; **the prince and his ~s** el príncipe y su séquito

Ⓑ ADJ [1] (*frm*) (= *associated*) relacionado, concomitante; **the ~ circumstances** las circunstancias concomitantes; **the ~ difficulties** las dificultades intrínsecas; **old age and its ~ ills** la vejez y los achaques correspondientes; **the risks ~ on the exploration of the unknown** los riesgos que conlleva la exploración de lo desconocido

[2] (= *accompanying*) de compañía; **the ~ crowd** la gente que asistía; **to be ~ (up)on sb** atender a algn

**attendee** [ˌəˌtenˈdiː] N (*esp US*) asistente *mf*

**attention** [əˈtenʃən] Ⓐ N [1] atención *f*; **(your) ~ please!** ¡atención por favor!; **to attract sb's ~** llamar la atención de algn; **to call** *or* **draw sb's ~ to sth** hacer notar algo a algn; **it has come to my ~ that ...** me he enterado de que ...; **it requires daily ~** hay que atenderlo a diario; **it will have my earliest ~** lo atenderé lo antes posible; **for the ~ of Mr. Jones** a la atención del Sr. Jones; **to pay ~ (to)** prestar atención (a); **he paid no ~** no hizo caso (**to that** de eso); **to pay special ~ to** fijarse de modo especial en, prestar especial atención a; **to turn one's ~ to** pasar a considerar, pasar a estudiar

[2] (*Mil*) **~!** ¡firme(s)!; **to come to ~** ponerse firme(s); **to stand at** *or* **to ~** estar firme(s)

[3] **attentions** [*of would-be suitor, media*] atenciones *fpl*

Ⓑ CPD ► **attention span** N capacidad *f* de concentración

**attention-seeking** [əˈtenʃənˌsiːkɪŋ] ADJ que busca *or* intenta llamar la atención

**attentive** [əˈtentɪv] ADJ [1] (= *alert*) [*audience, pupil*] atento; **he isn't very ~ in class** no está muy atento en la clase; **to be ~ to sth/sb** prestar atención a algo/algn; **you have to be ~ to the customers' needs** tienes que estar pendiente de *or* prestar atención a las necesidades de los clientes

[2] (= *considerate, polite*) atento; **to be ~ to sb** ser atento con algn

**attentively** [əˈtentɪvlɪ] ADV (= *alertly, considerately*) atentamente

**attentiveness** [əˈtentɪvnɪs] N [1] (= *alertness*) atención *f*

[2] (= *consideration*) atención *f*

**attenuate** [əˈtenjʊeɪt] VT atenuar

**attenuating** [əˈtenjʊeɪtɪŋ] ADJ atenuante

**attenuation** [əˌtenjʊˈeɪʃən] N atenuación *f*, disminución *f*

**attest** [əˈtest] Ⓐ VT atestiguar; [+ *signature*] legalizar; **to ~ that ...** atestiguar que ...

Ⓑ VI **to ~ to** dar fe de, dar testimonio de

**attestation** [ætesˈteɪʃən] N (= *evidence*) testimonio *m*, atestación *f*; (= *authentication*) confirmación *f*, autenticación *f*

**attested herd** [əˌtestɪdˈhɜːd] N (*Brit Agr*) ganado *m* certificado

**attic** [ˈætɪk] Ⓐ N desván *m*, altillo *m* (*LAm*), entretecho *m* (*LAm*)

Ⓑ CPD ► **attic room** N desván *m*, altillo *m* (*LAm*), entretecho *m* (*LAm*)

**Attila** [ˈætɪlə] N Atila

**attire** [əˈtaɪəʳ] (*frm*) Ⓐ N traje *m*, vestido *m*; (*hum*) atavío *m*

Ⓑ VT vestir (**in** de); (*hum*) ataviar (**in** de)

**attitude** [ˈætɪtjuːd] Ⓐ N [1] (= *way of behaving*) actitud *f*; **you won't get anywhere with that ~** no vas a conseguir nada con esa actitud; **I don't like your ~** no me gusta tu actitud; **his ~ towards** *or* **to me has changed** su actitud con respecto a mí ha cambiado; **if that's your ~** si te pones en ese plan; **~ of mind** disposición *f* de ánimo

[2] (= *position, posture*) [2·1] (*mental*) postura *f*; **the government's ~ is negative** la postura del gobierno es negativa; **what's your ~ to this?** ¿cuál es tu postura a este respeto?

[2·2] (*physical*) (= *posture*) postura *f*, pose *f*; **to strike** *or* **adopt an ~** adoptar una pose

[3] (*esp US**) (= *spirit*) **women with ~** mujeres *fpl* con carácter, mujeres *f* con personalidad; **don't give me ~, girl!** ¡no te me pongas de morros, guapa!*

Ⓑ CPD ► **attitude problem** N **to have an ~ problem** tener un problema de actitud

**attitudinal** [ˌætɪˈtjuːdɪnəl] ADJ [*change, difference*] de actitud

**attitudinize** [ˌætɪˈtjuːdɪnaɪz] VI tomar posturas afectadas *or* teatrales

**Attn, attn** ABBR = **(for the) attention (of)**

**attorney** [əˈtɜːnɪ] Ⓐ N [1] (*US*) (*also* **~-at-law**) abogado/a *m/f*; *see also* **district**

[2] (= *representative*) apoderado/a *m/f*; **power of ~** procuración *f*, poderes *mpl*

Ⓑ CPD ► **Attorney General** (*pl* **Attorney Generals** *or* **Attorneys General**) N (*US*) ≈ ministro/a *m/f* de justicia, ≈ procurador(a) *m/f* general (*LAm*); (*Brit*) ≈ fiscal *mf* general del Estado

**ATTORNEY**

*En Estados Unidos un* **attorney** *puede defender a sus clientes tanto en las cortes federales como en las estatales. En ocasiones sólo cobran sus honorarios si ganan el caso* (**no win, no fee**)*, lo cual les permite representar a clientes con pocos recursos sin cobrarles, si se trata de casos de gran repercusión social, con la esperanza de obtener beneficios considerables si lo ganan. Ésta es la razón por la que las compensaciones que se piden por daños y perjuicios suelen ser tan altas y llegan tantos casos a los tribunales. También existe la figura del abogado de oficio, que recibe el nombre de* **public defender***.*

⇨ *Ver tb* LAWYERS

**attract** [əˈtrækt] VT [1] [+ *publicity, visitors*] atraer; [+ *interest*] atraer, suscitar; [+ *attention*] llamar

[2] (= *cause to like*) atraer; **to be ~ed to sb** sentirse atraído por algn

[3] (*Phys*) [*magnet*] atraer

**attraction** [əˈtrækʃən] N [1] (*between people, also Phys*) atracción *f*; **sexual ~** atracción *f* sexual; **I felt an instant ~ towards him** inmediatamente me sentí atraída por él

[2] (= *attractive feature*) encanto *m*, atractivo *m*; (= *inducement*) aliciente *m*; **city life has no ~ for me** para mí la vida en la ciudad no tiene ningún encanto *or* atractivo, no me atrae la vida en *or* de la ciudad; **one of the ~s of the quiet life** uno de los encantos *or* atractivos de la vida retirada; **one of the ~s was a free car** uno de los alicientes era un coche gratis; **the ~ of the plan is that ...** el atractivo del plan está en que ..., lo atractivo del plan es que ...; **spring ~s in Madrid** las diversiones de la primavera madrileña; **the main ~ at the party was Cindy** el interés de la fiesta se cifraba en Cindy; **the film has the special ~ of featuring Nicola Kidd** la película tiene la atracción especial de presentar a Nicola Kidd

**attractive** [əˈtræktɪv] ADJ [1] (= *appealing to senses*) [*woman, picture, house, features*] atractivo; [*voice, smile, personality*] atractivo, atrayente; [*name*] bonito; [*sound*] agradable; **to find sb ~** encontrar atractivo a algn; **he was immensely ~ to women** las mujeres lo encontraban muy atractivo, a las mujeres les parecía muy atractivo

[2] (= *interesting*) [*price, salary, offer*] atractivo; [*option, plan, prospect*] atrayente; **the idea was ~ to her** la idea la atraía

[3] (*Phys*) **~ power** fuerza *f* de atracción

**attractively** [əˈtræktɪvlɪ] ADV [1] (= *appealingly*) [*smile, laugh*] de manera atrayente; [*arranged, presented, packaged*] de manera atractiva; [*dressed, furnished*] con buen gusto; **an ~ illustrated guidebook** una guía con bonitas ilustraciones; **an ~ designed garden** un jardín de trazado atractivo

[2] (= *interestingly*) **the books are ~ priced** los libros tienen un precio que resulta atractivo; **it is an ~ simple solution** es una solución que resulta atractiva por su sencillez

**attractiveness** [əˈtræktɪvnɪs] N [*of person, place, voice, price, offer*] lo atractivo

**attributable** [əˈtrɪbjʊtəbl] ADJ **~ to** atribuible a

**attribute** Ⓐ [ˈætrɪbjuːt] N atributo *m*

Ⓑ [əˈtrɪbjuːt] VT (*gen, Literat, Art*) atribuir (**to** a); [+ *blame*] atribuir, achacar (**to** a); **to what would you ~ this?** ¿a qué atribuyes *or* achacas tú esto?

**attribution** [ˌætrɪˈbjuːʃən] N atribución *f*

➤ LANGUAGE IN USE: **attribute B** 17.1

**attributive** [ə'trɪbjʊtɪv] ADJ (*Ling*) atributivo
**attributively** [ə'trɪbjʊtɪvlɪ] ADV como atributo
**attrit** [ə'trɪt] VT, **attrite** [ə'traɪt] VT desgastar, agotar
**attrition** [ə'trɪʃən] N 1 (= *wearing away*) desgaste *m*; **war of ~** guerra *f* de desgaste
2 (*Ind, Univ*) amortización *f* de puestos
**attune** [ə'tju:n] VT **to be ~d to sth** (= *in touch with*) estar sensibilizado a algo; (= *in keeping with*) estar acorde con algo; **she is deeply ~d to the needs of the land** está profundamente sensibilizada a las necesidades del terreno; **a style of campaigning that is completely ~d to the electorate** un estilo de campaña que está totalmente en consonancia con el electorado; **he is so well ~d to her thoughts and moods that ...** está tan compenetrado con sus pensamientos y cambios de humor que ...; **to ~ o.s. to** ◊ **become ~d to** (= *start understanding*) sensibilizarse a; (= *get used to*) adaptarse a, acostumbrarse a
**atty** ABBR (*US*) = **attorney**
**Atty Gen.** ABBR = **Attorney General**
**ATV** N ABBR = **all-terrain vehicle**
**atypical** [,eɪ'tɪpɪkəl] ADJ atípico
**atypically** [,eɪ'tɪpɪklɪ] ADV atípicamente, de manera atípica
**aubergine** ['əʊbəʒi:n] Ⓐ N 1 (*esp Brit Bot*) berenjena *f*
2 (= *colour*) (color *m*) berenjena *f*
Ⓑ ADJ color berenjena *inv*
**auburn** ['ɔ:bən] ADJ [*hair*] color castaño rojizo *inv*
**auction** ['ɔ:kʃən] Ⓐ N 1 [*of goods etc*] subasta *f*, remate *m* (*LAm*); **to put up for ~** subastar, poner en pública subasta; **to sell at ~** vender en pública subasta
2 (*Bridge*) subasta *f*
Ⓑ VT (*also* **~ off**) subastar, rematar (*LAm*)
Ⓒ CPD ► **auction bridge** N bridge-remate *m* ► **auction house** N casa *f* de subastas ► **auction room** N sala *f* de subastas ► **auction sale** N subasta *f*, remate *m* (*LAm*)
**auctioneer** [,ɔ:kʃə'nɪəʳ] N subastador(a) *m/f*, rematador(a) *m/f*
**aud.** ABBR = **audit, auditor**
**audacious** [ɔ:'deɪʃəs] ADJ 1 (= *bold*) audaz, osado
2 (= *impudent*) atrevido, descarado
**audaciously** [ɔ:'deɪʃəslɪ] ADV 1 (= *boldly*) audazmente, con audacia
2 (= *impudently*) con atrevimiento, descaradamente, con descaro
**audacity** [ɔ:'dæsɪtɪ] N 1 (= *boldness*) audacia *f*, osadía *f*
2 (= *impudence*) atrevimiento *m*, descaro *m*; **to have the ~ to do sth** tener el descaro de hacer algo
**audibility** [,ɔ:dɪ'bɪlɪtɪ] N audibilidad *f*
**audible** ['ɔ:dɪbl] ADJ audible; **his voice was scarcely ~** apenas se podía oír su voz, su voz era apenas perceptible; **there was an ~ gasp** se oyó un grito ahogado
**audibly** ['ɔ:dɪblɪ] ADV de forma audible
**audience** ['ɔ:dɪəns] Ⓐ N 1 (= *gathering*) público *m*; (*in theatre etc*) público *m*, auditorio *m*; **there was a big ~** asistió un gran público; **those in the ~** los que formaban/forman *etc* parte del público *or* de la audiencia; **TV ~s** telespectadores *mpl*
2 (= *interview*) audiencia *f* (**with** con); **to have an ~ with** tener audiencia con, ser recibido en audiencia por; **to grant sb an ~** dar audiencia *or* conceder (una) audiencia a algn; **to receive sb in ~** recibir a algn en audiencia
Ⓑ CPD ► **audience appeal** N **it's got ~ appeal** tiene gancho con el público ► **audience chamber** N sala *f* de audiencias ► **audience participation** N participación *f* del público ► **audience rating** N (*TV, Rad*) índice *m* de audiencia ► **audience research** N (*TV, Rad*) sondeo *m* de opiniones
**audio** ['ɔ:dɪəʊ] Ⓐ ADJ de audio
Ⓑ N audio *m*
Ⓒ CPD ► **audio book** N audiolibro *m* ► **audio cassette** N cassette *f*, cinta *f* de audio ► **audio equipment** N equipo *m* de audio ► **audio frequency** N audiofrecuencia *f* ► **audio recording** N grabación *f* en audio ► **audio system** N sistema *m* audio
**audio...** ['ɔ:dɪəʊ] PREFIX audio...
**audiometer** [,ɔ:dɪ'ɒmɪtəʳ] N audiómetro *m*
**audiotronic** [,ɔ:dɪəʊ'trɒnɪk] ADJ audio-electrónico
**audiotyping** ['ɔ:dɪəʊ,taɪpɪŋ] N mecanografía *f* por dictáfono
**audiotypist** ['ɔ:dɪəʊ,taɪpɪst] N mecanógrafo/a *m/f* de dictáfono
**audiovisual** [,ɔ:dɪəʊ'vɪzjʊəl] ADJ audiovisual; **~ aids** medios *mpl* audiovisuales; **~ equipment** equipo *m* audiovisual; **~ method** método *m* audiovisual
**audit** ['ɔ:dɪt] Ⓐ N auditoría *f*, revisión *f* de cuentas
Ⓑ VT 1 (*Fin*) auditar, realizar una auditoría de, revisar
2 (*US*) **to ~ a course** asistir a un curso como oyente
**auditing** ['ɔ:dɪtɪŋ] N **~ of accounts** auditoría *f*, revisión *f* de cuentas
**audition** [ɔ:'dɪʃən] Ⓐ N (*Theat, Cine, TV*) prueba *f*, audición *f*; **to give sb an ~** (*Theat*) hacer una prueba a algn, ofrecer una audición a algn
Ⓑ VI **he ~ed for the part** hizo una prueba *or* audición para el papel
Ⓒ VT hacer una prueba a, hacer una audición a; **he was ~ed for the part** le hicieron una prueba *or* audición para el papel
**auditor** ['ɔ:dɪtəʳ] N 1 (*Comm, Fin*) auditor(a) *m/f*; **~'s report** informe *m* de auditoría
2 (*US Univ*) oyente *mf*, estudiante *mf* libre
**auditorium** [,ɔ:dɪ'tɔ:rɪəm] N (*pl* **auditoriums, auditoria** [,ɔ:dɪ'tɔ:rɪə]) auditorio *m*, sala *f*
**auditory** ['ɔ:dɪtərɪ] ADJ auditivo
**Audubon** ['ɔ:dəbɒn] N **the ~ Society** (*US*) *sociedad para la conservación de la naturaleza*, ≈ ICONA *m*, ≈ ADENA *f*
**AUEW** N ABBR (*Brit*) = **Amalgamated Union of Engineering Workers**
**au fait** [əʊ'feɪ] ADJ **to be ~ with sth** estar al corriente *or* al tanto de algo
**Aug.** ABBR (= **August**) ag.
**Augean Stables** [ɔ:'dʒi:ən'steɪblz] NPL establos *mpl* de Augias
**aught** [ɔ:t] N (†† *or liter*) algo, alguna cosa; (*with negation*) nada; **if there is ~ I can do** si puedo hacer algo, si puedo ayudarles de algún modo; **for ~ I care he can ...** igual me da si él ...; **for ~ I know** que yo sepa
**augment** [ɔ:g'ment] Ⓐ VT aumentar
Ⓑ VI aumentar(se)
**augmentation** [,ɔ:gmen'teɪʃən] N aumento *m*
**augmentative** [ɔ:g'mentətɪv] ADJ aumentativo
**au gratin** [əʊ'grætɛ̃] ADJ (*Culin*) gratinado
**augur** ['ɔ:gəʳ] Ⓐ VT augurar, pronosticar; **it ~s no good** esto no promete nada bueno
Ⓑ VI **it ~s well/ill** es un buen/mal augurio (**for** para)
**augury** ['ɔ:gjʊrɪ] N augurio *m*, presagio *m*; **to take the auguries**†† consultar los augurios
**August** ['ɔ:gəst] N agosto *m*; *see* **July** *for usage*
**august** [ɔ:'gʌst] ADJ (*frm*) augusto
**Augustan** [ɔ:'gʌstən] ADJ de Augusto; **the ~ age** (*Latin Literat*) el siglo de Augusto; (*English Literat*) la época neoclásica (del siglo XVIII)
**Augustine** [ɔ:'gʌstɪn] N Agustín
**Augustinian** [ɔ:gə'stɪnɪən] Ⓐ ADJ agustino
Ⓑ N agustino/a *m/f*
**Augustus** [ɔ:'gʌstəs] N Augusto
**auk** [ɔ:k] N alca *f*; **little ~** mérgulo *m* marino
**auld** [ɔ:ld] ADJ (*Scot*) = **old**; **~ lang syne** tiempos *mpl* antiguos, los buenos tiempos de antaño; **Auld Reekie** Edimburgo *m*

**AULD LANG SYNE**

**Auld Lang Syne** *es el título de una canción tradicional escocesa que se canta en todo el Reino Unido y en EE.UU. al final de algunas fiestas y celebraciones sociales, y en especial para dar la bienvenida al Año Nuevo, a las doce de la noche de fin de año. Con la canción se intenta hacernos recordar los tiempos pasados para que se tengan presentes en esos momentos. Los primeros versos son:* **Should auld acquaintance be forgot, And never brought to mind, We'll tak' a cup o' kindness yet, For the sake of auld lang syne**.
⇨ *Ver tb* HOGMANAY

**aunt** [ɑ:nt] Ⓐ N tía *f*; **my ~ and uncle** mis tíos *mpl*
Ⓑ CPD ► **Aunt Sally** N blanco *m* (*de insultos, críticas etc*)
**auntie***, **aunty*** ['ɑ:ntɪ] N 1 (= *relative*) tía *f*
2 **Auntie** (*Brit hum*) la BBC
**au pair** ['əʊ'pɛəʳ] Ⓐ ADJ **~ girl** au pair *f*
Ⓑ N (*pl* **au pairs**) au pair *mf*
Ⓒ VI **to ~ (for sb)** hacer de au pair (para algn)
**aura** ['ɔ:rə] N (*pl* **auras, aurae** ['ɔ:ri:]) (= *atmosphere*) aura *f*, halo *m*; (*Rel*) aureola *f*; **a mystic ~** un halo místico; **an ~ of doom** un halo fatídico
**aural** ['ɔ:rəl] ADJ del oído; **~ exam** examen *m* de comprensión oral
**aureole** ['ɔ:rɪəʊl] N aureola *f*
**au revoir** [,əʊrə'vwɑ:ʳ] ADV hasta la vista
**auricle** ['ɔ:rɪkl] N aurícula *f*
**aurochs** ['ɔ:rɒks] N uro *m*, aurochs *m*
**aurora borealis** [ɔ:'rɔ:rəbɔ:rɪ'eɪlɪs] N aurora *f* boreal
**auspices** ['ɔ:spɪsɪz] NPL **under the ~ of** bajo los auspicios de
**auspicious** [ɔ:s'pɪʃəs] ADJ (*frm*) [*day, time*] propicio; [*sign*] de buen augurio; [*occasion, moment*] feliz; **it was an ~ start to their election campaign** fue un comienzo lleno de buenos auspicios para su campaña electoral; **to make an ~ start** comenzar felizmente *or* con buenos auspicios
**auspiciously** [ɔ:s'pɪʃəslɪ] ADV con buenos auspicios, propiciamente; **to start ~** comenzar felizmente *or* con buenos auspicios
**Aussie*** ['ɒzɪ] = **Australian**
**austere** [ɒs'ti:əʳ] ADJ [*person, manner, life*] austero, severo
**austerely** [ɒs'tɪəlɪ] ADV austeramente
**austerity** [ɒs'terɪtɪ] N austeridad *f*
**Australasia** [,ɔ:strə'leɪzɪə] N Australasia *f*
**Australasian** [,ɔ:strə'leɪzɪən] Ⓐ ADJ australasia-

no
Ⓑ N australasiano/a *m/f*
**Australia** [ɒs'treɪlɪə] N Australia *f*
**Australian** [ɒs'treɪlɪən] Ⓐ ADJ australiano
Ⓑ N australiano/a *m/f*
Ⓒ CPD ► **Australian Rules Football** N fútbol *m* australiano
**Austria** ['ɒstrɪə] N Austria *f*
**Austrian** ['ɒstrɪən] Ⓐ ADJ austriaco, austríaco
Ⓑ N austriaco/a *m/f*, austríaco/a *m/f*
**Austro-** ['ɒstrəʊ] PREFIX austro-; **~Hungarian** austro-húngaro
**AUT** N ABBR (*Brit*) = **Association of University Teachers**
**autarchy** ['ɔːtɑːkɪ] N autarquía *f*
**authentic** [ɔː'θentɪk] ADJ [1] (= *genuine*) [*document, painting, data*] auténtico; **the ~ taste of Italy** el auténtico sabor de Italia
[2] (= *realistic*) [*scene, atmosphere*] realista
**authentically** [ɔː'θentɪkəlɪ] ADV [1] (= *genuinely*) auténticamente; **~ Chinese dishes** auténticos *or* genuinos platos de China
[2] (= *realistically*) [*furnished, restored*] fielmente
**authenticate** [ɔː'θentɪkeɪt] VT autentificar, autenticar
**authentication** [ɔː,θentɪ'keɪʃn] N autentificación *f*, autenticación *f*
**authenticity** [,ɔːθen'tɪsɪtɪ] N [1] (= *genuineness*) [*of text, painting*] autenticidad *f*
[2] (= *realistic quality*) [*of decor, furniture*] realismo *m*
**author** ['ɔːθəʳ] Ⓐ N [1] (= *writer*) autor(a) *m/f*; **~! ~!** (*Theat*) ¡que salga el autor!; **~'s copy** (*signed by author*) ejemplar *m* autógrafo; (*belonging to author*) ejemplar *m* del autor
[2] (*fig*) [*of plan, trouble etc*] autor(a) *m/f*, creador(a) *m/f*
Ⓑ VT (*esp Brit*) escribir, componer
**authoress** ['ɔːθərɪs] N autora *f*
**authorial** [ɔː'θɔːrɪəl] ADJ del autor
**authoritarian** [,ɔːθɒrɪ'tɛərɪən] Ⓐ ADJ autoritario
Ⓑ N autoritario/a *m/f*
**authoritarianism** [,ɔːθɒrɪ'tɛərɪənɪzəm] N autoritarismo *m*
**authoritative** [ɔː'θɒrɪtətɪv] ADJ [1] (= *reliable*) [*account, book, writer, professor*] de gran autoridad, acreditado; [*source, statement, information, study*] autorizado; [*newspaper*] serio
[2] (= *commanding*) [*person, voice, manner*] autoritario
**authoritatively** [ɔː'θɒrɪtətɪvlɪ] ADV [1] (= *reliably*) [*speak, write*] con autoridad
[2] (= *commandingly*) [*say, nod, behave*] de manera autoritaria, autoritariamente
**authority** [ɔː'θɒrɪtɪ] N [1] (= *power*) autoridad *f*; **those in ~** los que tienen la autoridad; **who is in ~ here?** ¿quién manda aquí?; **to be in ~ over** tener autoridad sobre
[2] (= *authorization*) **to give sb the ~ to do sth** autorizar a algn a hacer algo, autorizar a algn para que haga algo; **to have ~ to do sth** tener autoridad *or* estar autorizado para hacer algo; **on one's own ~** por su propia autoridad; **to do sth without ~** hacer algo sin tener autorización
[3] (= *official body*) autoridad *f*; **the authorities** las autoridades; **the customs authorities** las autoridades aduaneras; **to apply to the proper authorities** dirigirse a la autoridad competente; *see also* **health**, **local**, **regional**
[4] (= *expert*) autoridad *f*; **he's an ~ (on)** es una autoridad (en)
[5] (= *expert opinion*) autoridad *f*; **on the ~ of Plato** con la autoridad de Platón; **I have it on good ~ that ...** sé de buena fuente que ...
[6] (= *authoritativeness*) autoridad *f*; **to speak with ~** hablar con autoridad *or* con conocimiento de causa
▼ **authorization** [,ɔːθəraɪ'zeɪʃən] N autorización *f*
▼ **authorize** ['ɔːθəraɪz] VT (= *empower*) autorizar; (= *approve*) aprobar; **to ~ sb to do sth** autorizar a algn a hacer algo; **to be ~d to do sth** estar autorizado para hacer algo, tener autorización para hacer algo
**authorized** ['ɔːθəraɪzd] ADJ autorizado; **~ agent** agente *mf* oficial; **~ biography** biografía *f* oficial; **~ capital** (*Comm*) capital *m* autorizado, capital *m* escriturado; **~ distributor** distribuidor *m* autorizado; **Authorized Version** Versión *f* Autorizada (de la Biblia)
**authorship** ['ɔːθəʃɪp] N [1] [*of book etc*] autoría *f*; **of unknown ~** de autor desconocido
[2] (= *profession*) profesión *f* de autor
**autism** ['ɔːtɪzəm] N autismo *m*
**autistic** [ɔː'tɪstɪk] ADJ autista
**auto** ['ɔːtəʊ] (*US*) Ⓐ N coche *m*, automóvil *m*, carro *m* (*LAm*)
Ⓑ CPD ► **auto repair** N reparación *f* de automóviles ► **auto worker** N trabajador(a) *m/f* de la industria automovilística *or* del automóvil
**auto...** ['ɔːtəʊ] PREFIX auto...
**autobank** ['ɔːtəʊbæŋk] N cajero *m* automático
**autobiographic** ['ɔːtəʊ,baɪəʊ'græfɪk] ADJ = **autobiographical**
**autobiographical** ['ɔːtəʊ,baɪəʊ'græfɪkəl] ADJ autobiográfico
**autobiography** [,ɔːtəʊbaɪ'ɒgrəfɪ] N autobiografía *f*
**autocade** ['ɔːtəʊkeɪd] N caravana *f* de automóviles
**autochthonous** [ɔː'tɒkθənəs] ADJ autóctono
**autocracy** [ɔː'tɒkrəsɪ] N autocracia *f*
**autocrat** ['ɔːtəʊkræt] N autócrata *mf*
**autocratic** [,ɔːtəʊ'krætɪk] ADJ autocrático
**autocross** ['ɔːtəʊkrɒs] N autocross *m*
**autocue** ['ɔːtəʊkjuː] N (*Brit TV*) autocue *m*, chuleta* *f*
**autocycle** ['ɔːtəʊsaɪkl] N ciclomotor *m*
**auto-da-fe**, **auto-da-fé** ['ɔːtəʊdɑː'feɪ] N (*pl* **autos-da-fe**) auto *m* de fe
**autodidact** ['ɔːtəʊ,daɪdækt] N (*frm*) autodidacta *mf*
**autodrome**† ['ɔːtəʊdrəʊm] N autódromo *m*
**autofocus** ['ɔːtəʊfəʊkəs] N (*Phot*) autofoco *m*, autoenfoque *m*
**autogiro** ['ɔːtəʊ'dʒaɪərəʊ] N autogiro *m*
**autograph** ['ɔːtəgrɑːf] Ⓐ N [1] (= *signature*) autógrafo *m*
[2] (= *manuscript*) autógrafo *m*
Ⓑ VT (= *sign*) firmar; [+ *book, photo*] dedicar
Ⓒ CPD ► **autograph album** N álbum *m* de autógrafos ► **autograph hunter** N cazador(a) *m/f* de autógrafos
**autohypnosis** ['ɔːtəʊhɪp'nəʊsɪs] N autohipnosis *f inv*
**auto-immune** [,ɔːtəʊɪ'mjuːn] ADJ autoinmune
**automat** ['ɔːtəmæt] N [1] (*Brit*) máquina *f* expendedora
[2] (*US*) restaurante *m* de autoservicio
**automata** [ɔː'tɒmətə] NPL *of* **automaton**
**automate** ['ɔːtəmeɪt] VT automatizar
**automated** ['ɔːtə,meɪtɪd] Ⓐ ADJ automatizado
Ⓑ CPD ► **automated teller**, **automated telling machine** N cajero *m* automático
**automatic** [,ɔːtə'mætɪk] Ⓐ ADJ (*Tech, gen*) automático; **disqualification is ~** la descalificación es automática
Ⓑ N (= *pistol*) pistola *f* automática; (= *car*) coche *m* automático; (= *washing machine*) lavadora *f*
Ⓒ CPD ► **automatic data processing** N (*Comput*) proceso *m* automático de datos ► **automatic pilot** N (*Aer*) piloto *m* automático; **to be on ~ pilot** (*fig*) ir como un/una autómata ► **automatic transmission** N (*Aut*) transmisión *f* automática
**automatically** [,ɔːtə'mætɪkəlɪ] ADV automáticamente
**automation** [,ɔːtə'meɪʃən] N automatización *f*
**automatism** [ɔː'tɒmətɪzəm] N automatismo *m*
**automaton** [ɔː'tɒmətən] N (*pl* **automatons, automata**) autómata *m*
**automobile** ['ɔːtəməbiːl] (*US*) Ⓐ N coche *m*, automóvil *m*, carro *m* (*LAm*)
Ⓑ CPD ► **automobile industry** N industria *f* del automóvil
**automotive** [ɔːtə'məʊtɪv] ADJ automotor (*f*: automotora, automotriz)
**autonomous** [ɔː'tɒnəməs] ADJ autónomo
**autonomy** [ɔː'tɒnəmɪ] N autonomía *f*
**autopilot** ['ɔːtəʊpaɪlət] N (*Aer*) piloto *m* automático; **to be on ~** (*fig*) ir como un/una autómata
**autopsy** ['ɔːtɒpsɪ] N autopsia *f*
**auto-reverse** ['ɔːtəʊrɪ'vɜːs] N rebobinado *m* automático, autorreverse *m*
**auto-suggestion** ['ɔːtəʊsə'dʒestʃən] N (auto)sugestión *f*
**auto-teller** ['ɔːtəʊ,teləʳ] N cajero *m* automático
**auto-timer** ['ɔːtəʊ,taɪməʳ] N programador *m* automático
**autumn** ['ɔːtəm] N (*esp Brit*) otoño *m*; **in ~** en otoño; **I like to go walking in (the) ~** me gusta salir a pasear en otoño; **in the ~ of 1998** en el otoño de 1998; **in early/late ~** a principios/a finales del otoño; **an ~ day** un día de otoño
**autumnal** [ɔː'tʌmnəl] ADJ otoñal, de(l) otoño
**Auvergne** [əʊ'vɛən] N Auvernia *f*
**auxiliary** [ɔːg'zɪlɪərɪ] Ⓐ ADJ auxiliar; **~ police** (*US*) cuerpo *m* de policía auxiliar; **~ staff** (*Brit Scol*) profesores *mpl* auxiliares
Ⓑ N [1] (*Med*) ayudante *mf*
[2] (*Mil*) **auxiliaries** tropas *fpl* auxiliares
[3] (*also* **~ verb**) verbo *m* auxiliar
**AV** Ⓐ N ABBR (= **Authorized Version**) *traducción inglesa de la Biblia*
Ⓑ ABBR = **audiovisual**
**Av.** ABBR (= **Avenue**) Av., Avda.
**av.** ABBR (= **average**) prom.
**a.v.**, **a/v** ABBR = **ad valorem**
**avail** [ə'veɪl] (*liter*) Ⓐ N **it is of no ~** es inútil; **to be of little ~** ser de poco provecho; **of what ~ is it to ...?** ¿de qué sirve ... + *infin* ?; **to no ~** en vano
Ⓑ VT valer; **to ~ o.s. of** aprovechar(se de), valerse de
Ⓒ VI **it ~s nothing to** + INFIN de nada sirve + *infin*
**availability** [ə,veɪlə'bɪlɪtɪ] N [1] [*of goods, tickets*] disponibilidad *f*; **the high crime rate is due to the easy ~ of guns** el alto índice de criminalidad se debe a la fácil disponibilidad de armas *or* a lo fácil que es conseguir armas; **..., subject to ~** (*goods*) ..., siempre que haya existencias
[2] [*of person*] **this depends on your ~ for work** esto depende de si estás disponible para trabajar
**available** [ə'veɪləbl] ADJ [1] [*object, service*] [1·1] (*with verb*) **to be ~**: **application forms are ~**

➤ LANGUAGE IN USE: authorization 9.2, 9.5 authorize 9.4, 9.5

**here** las solicitudes se pueden conseguir aquí; **it's ~ in other colours** también viene en otros colores; **this item is not ~ at the moment** no disponemos de *or* no tenemos este artículo en este momento; **television isn't yet ~ here** la televisión aún no ha llegado aquí; **to become ~: new treatments are becoming ~** están apareciendo nuevos tratamientos; **a place has become ~ on the course/flight** ha quedado una plaza libre en el curso/el vuelo; **~ for sth/sb: a car park is ~ for the use of customers** hay un aparcamiento a la disposición de los clientes; **there are three boats ~ for hire** hay tres botes que se pueden alquilar; **to be freely ~** ser fácil de conseguir; **the guide is ~ from all good bookshops** la guía se puede encontrar en todas las buenas librerías; **this service is ~ from all good travel agents** cualquier agencia de viaje de calidad le ofrecerá este servicio; **tickets are ~ from the box office** las entradas están a la venta en taquilla; **to make sth ~ to sb** [+ *resources*] poner algo a la disposición de algn

1·2 (*with noun*) disponible; **according to the ~ information** según la información disponible *or* de que se dispone; **we did what we could in the time ~** hicimos lo que pudimos en el tiempo disponible *or* del que disponíamos; **I have very few days ~ at the moment** en este momento tengo muy pocos días libres; **he tried every ~ means to find her** hizo todo lo posible para encontrarla; **I'd like a seat on the first ~ flight** quiero una plaza en el primer vuelo que haya; **the money ~ for spending** el dinero disponible para gastos; **~ to sb: the information ~ to us** la información de la que disponemos

2 [*person*] 2·1 (= *free, at hand*) libre; **are you ~ next Thursday?** ¿estás libre el jueves que viene?; **I'm ~ on this number** me puedes localizar en este número; **counsellors are ~ to talk to anyone who needs advice** los orientadores están a la disposición de *or* están disponibles para hablar con cualquiera que necesite consejo; **there's no-one ~ to take your call** no hay nadie que pueda atender a su llamada; **the Minister is not ~ for comment** el Ministro no se dispone a hacer comentarios; **to make o.s. ~: he made himself ~ in case anybody had any questions** se puso a disposición de cualquiera que tuviese preguntas

2·2 (= *unattached*) [*man, woman*] soltero y sin compromiso

**avalanche** [ˈævəlɑːnʃ] N avalancha *f*; (*fig*) torrente *m*, avalancha *f*

**avant-garde** [ˈævɑːŋˈgɑːd] Ⓐ ADJ vanguardista, de vanguardia

Ⓑ N vanguardia *f*

**avarice** [ˈævərɪs] N avaricia *f*

**avaricious** [ˌævəˈrɪʃəs] ADJ avaro

**avatar** [ˈævətɑːʳ] N [*of deity*] avatar *m*

**avdp** ABBR = **avoirdupois**

**Ave** ABBR (= **avenue**) Av., Avda.

**avenge** [əˈvendʒ] VT vengar; **to ~ o.s.** vengarse (**on sb** en algn)

**avenger** [əˈvendʒəʳ] N vengador(a) *m/f*

**avenging** [əˈvendʒɪŋ] ADJ vengador

**avenue** [ˈævənjuː] N 1 (= *road*) avenida *f*, paseo *m*

2 (*fig*) vía *f*, camino *m*; **to explore every ~** explorar todas las vías *or* todos los caminos

**aver** [əˈvɜːʳ] VT afirmar, asegurar

**average** [ˈævərɪdʒ] Ⓐ ADJ 1 (*Math, Statistics*) [*age, wage, price, speed*] medio, promedio *inv*

2 (= *normal, typical*) medio; **the ~ American drives 10,000 miles per year** el americano medio hace unas 10.000 millas al año con su coche; **an ~ thirteen-year-old child could understand it** un niño de trece años de inteligencia media podría entenderlo; **that's ~ for a woman of your age** eso es lo normal para una mujer de tu edad; **of ~ ability** de capacidad media; **of ~ height** de estatura mediana *or* media; **the ~ man** el hombre medio; **he's not your ~ footballer*** no es el típico futbolista

3 (= *mediocre*) mediocre; **a very ~ novel** una novela bastante mediocre; **an ~ piece of work** un trabajo de una calidad mediana; **"how was the film?" — "average"** —¿qué tal fue la película? —nada del otro mundo

Ⓑ N media *f*, promedio *m*; **to do an ~ of 150kph** hacer una media *or* un promedio de 150kph; **it takes an ~ of ten weeks for a house sale to be completed** como promedio la venta de una casa se lleva a término en unas diez semanas; **above ~** superior a la media *or* al promedio, por encima de la media *or* del promedio; **below ~** inferior a la media *or* al promedio, por debajo de la media *or* del promedio; **on ~** como promedio, por término medio; **a rough ~** una media aproximada; **to take an ~ of sth** calcular la media *or* el promedio de algo

Ⓒ VT 1 (*also* **~ out**) (= *calculate average of*) calcular la media de, calcular el promedio de

2 (= *reach an average of*) **pay increases are averaging 9.75%** los aumentos de sueldo son, como media *or* promedio, del 9,75%; **we ~ eight hours' work a day** trabajamos por término medio unas ocho horas diarias, trabajamos una media *or* un promedio de unas ocho horas diarias; **the sales ~ 200 copies a week** el promedio de ventas es de unos 200 ejemplares a la semana; **the temperature ~d 13 degrees over the month** la temperatura media *or* promedio fue de unos 13 grados a lo largo del mes, la temperatura alcanzó una media *or* un promedio de unos 13 grados a lo largo del mes; **he ~d 140kph all the way** (*Aut*) hizo un promedio *or* una media de 140kph en todo el recorrido

Ⓓ ADV (*) regular; **she did ~ in the oral exam** el examen oral le fue regular

► **average down** VT + ADV **to ~ sth down** sacar el promedio *or* la media de algo tirando hacia abajo

► **average out** Ⓐ VT + ADV calcular la media de, calcular el promedio de

Ⓑ VI + ADV **it'll ~ out in the end** al final una cosa compensará por la otra; **to ~ out at** salir a un promedio *or* una media de; **it ~s out at 50p a glass** sale a un promedio *or* una media de 50 peniques el vaso; **our working hours ~ out at eight a day** trabajamos un promedio *or* una media de ocho horas al día

► **average up** VT + ADV **to ~ sth up** sacar el promedio *or* la media de algo tirando hacia arriba

**AVERAGE, HALF**

**Position of "medio"**

You should generally put **medio** after the noun when you mean "average" and before the noun when you mean "half":

...the average citizen...

***...el ciudadano medio...***

...the average salary...

***...el salario medio...***

...half a kilo of tomatoes...

***...medio kilo de tomates...***

*For further uses and examples, see main entries at **average** and **half**.*

**averagely** [ˈævərɪdʒlɪ] ADV regular; **she did ~ (well) in the oral exam** el examen oral le fue regular; **he performed very ~ at school** en los estudios le iba bastante regular; **we scored only ~** las puntuaciones que obtuvimos no pasaron de ser regulares

**averse** [əˈvɜːs] ADJ **to be ~ to sth** sentir repugnancia por algo; **to be ~ to doing sth** ser reacio a hacer algo; **he is ~ to getting up early** es reacio a levantarse temprano; **would you be ~ to having the meeting at your house?** ¿estarías dispuesto a celebrar la reunión en tu casa?; **I'm not ~ to an occasional drink** no me opongo a tomar una copa de vez en cuando

**aversion** [əˈvɜːʃən] Ⓐ N 1 (= *dislike*) aversión *f* (**to, for** hacia); **I have an ~ to garlic/cooking** el ajo/la cocina me repugna, tengo aversión por el ajo/la cocina; **I have an ~ to him** me repugna, le tengo aversión; **I took an ~ to it** empezó a repugnarme

2 (= *hated thing*) cosa *f* aborrecida; **it is one of my ~s** es una de las cosas que me repugnan

Ⓑ CPD ► **aversion therapy** N terapia *f* por aversión, terapia *f* aversiva

**avert** [əˈvɜːt] VT 1 (= *turn away*) [+ *eyes, thoughts*] apartar (**from** de); [+ *suspicion*] desviar (**from** de); [+ *possibility*] evitar

2 (= *prevent*) [+ *accident, danger etc*] prevenir

3 (= *parry*) [+ *blows*] desviar

**aviary** [ˈeɪvɪərɪ] N pajarera *f*

**aviation** [ˌeɪvɪˈeɪʃən] Ⓐ N aviación *f*

Ⓑ CPD ► **aviation industry** N industria *f* de la aviación ► **aviation spirit** N gasolina *f* de aviación

**aviator** [ˈeɪvɪeɪtəʳ] N aviador(a) *m/f*

**avid** [ˈævɪd] ADJ [*collector, viewer*] ávido; [*supporter, fan*] ferviente; **an ~ reader** un ávido lector; **to be ~ for sth** estar ávido de algo

**avidity** [əˈvɪdɪtɪ] N avidez *f*

**avidly** [ˈævɪdlɪ] ADV ávidamente, con avidez; **to read ~** leer con avidez

**Avignon** [ˈævɪnjɔ̃] N Aviñón *m*

**avionics** [ˌeɪvɪˈɒnɪks] NSING aviónica *f*

**avocado** [ævəˈkɑːdəʊ] N (*pl* **avocados**) 1 (*also* **~ pear**) aguacate *m*, palta *f* (*Andes, S. Cone*)

2 (= *tree*) aguacate *m*, palto *m* (*LAm*)

**avocation** [ˌævəʊˈkeɪʃən] N (*frm*) (= *minor occupation*) diversión *f*, distracción *f*; (= *employment*) vocación *f*

**avoid** [əˈvɔɪd] VT [+ *obstacle*] evitar, esquivar; [+ *argument, question, subject*] evitar, eludir; [+ *duty*] eludir; [+ *danger*] salvarse de; **are you trying to ~ me?** ¿me estás evitando *or* esquivando?; **I try to ~ him** procuro no tener nada que ver con él; **he ~s all his friends** huye de todos sus amigos; **this way we ~ London** por esta ruta evitamos pasar por Londres; **to ~ sb's eye** esquivar la mirada de algn; **to ~ tax** (*legally*) evitar pagar impuestos; (*illegally*) defraudar al fisco; **to ~ doing sth** evitar hacer algo; **he managed to ~ (hitting) the tree** logró esquivar el árbol; **I'm trying to ~ being seen by Jeremy** estoy intentando evitar que me vea Jeremy, estoy intentando que Jeremy no me vea; ***+IDIOM* it's to be ~ed like the plague** de esto hay que huir como de la peste

**avoidable** [əˈvɔɪdəbl] ADJ evitable

**avoidance** [əˈvɔɪdəns] N **the ~ of fatty foods** el evitar los alimentos grasos; **you can improve your health by the ~ of stress** uno puede mejorar su salud evitando el estrés; *see also* **tax**

**avoirdupois** [ˌævədeˈpɔɪz] N *sistema de pesos usado, aunque cada vez menos, en países de* *habla inglesa (1 libra = 16 onzas = 453,50 gramos)*

**avow** [əˈvaʊ] VT (*frm*) 1 (= *recognize*) reconocer, admitir, confesar; **many men ~ they find blondes insipid and cold** muchos hombres admiten *or* reconocen *or* confiesan que las rubias les parecen frías e insípidas; **he ~ed himself beaten** reconoció *or* admitió que había perdido
2 (= *affirm*) afirmar, declarar

**avowal** [əˈvaʊəl] N (*frm*) 1 (= *recognition*) reconocimiento *m*, admisión *f*, confesión *f*
2 (= *affirmation*) afirmación *f*, declaración *f*

**avowed** [əˈvaʊd] ADJ (*frm*) [*purpose, opponent, supporter*] declarado; **their ~ aim is to disrupt society** su objetivo declarado es causar problemas en la sociedad

**avowedly** [əˈvaʊɪdlɪ] ADV (*frm*) declaradamente, abiertamente

**AVP** N ABBR (*US*) = **assistant vice-president**

**avuncular** [əˈvʌŋkjʊləʳ] ADJ como de tío; **~ advice** consejos *mpl* amistosos

**aw** [ɔː] EXCL ¡ay!

**AWACS** [eɪˈwæks] N ABBR (= **Airborne Warning and Control System**) AWACS *m*

▼ **await** [əˈweɪt] VT 1 (= *wait for*) esperar, aguardar; **we ~ your instructions** esperamos *or* aguardamos sus instrucciones; **we ~ your reply with interest** aguardamos su respuesta con interés
2 (= *be in store for*) esperar, aguardar; **the fate that ~s him** la suerte que le espera; **a surprise ~s him** le espera *or* le aguarda una sorpresa

**awake** [əˈweɪk] (*pt* **awoke** *or* **awaked**; *pp* **awoken** *or* **awaked**) Ⓐ ADJ despierto; **to be ~** estar despierto; **fully ~** totalmente despierto; **I was still only half ~** aún estaba medio dormido; **coffee keeps me ~** (= *keeps me alert*) el café me mantiene despierto; (= *stops me sleeping*) el café me desvela; **the noise kept me ~** el ruido no me dejó dormir; **to lie ~**: **he lay ~ all night, thinking about his new job** no pudo dormir en toda la noche *or* estuvo desvelado toda la noche, pensando en su nuevo trabajo; **I'm not really ~ yet** aún no estoy despierto del todo; **to stay ~** mantenerse despierto, no dormirse; **I found it difficult to stay ~** me costaba mantenerme despierto, me costaba no dormirme; **I'm not going to stay ~ all night worrying about that** no voy a pasarme toda la noche en vela preocupándome por eso; **to be ~ to sth** (*fig*) ser consciente de algo; **wide ~** totalmente despierto
Ⓑ VT 1 (= *wake up*) despertar
2 (= *arouse*) [+ *suspicion, curiosity*] despertar; [+ *hope*] hacer nacer; [+ *memories*] reavivar, resucitar
Ⓒ VI 1 (*liter*) (= *wake up*) despertar; **I awoke from a deep sleep** desperté de un sueño profundo; **when are we going to ~ from this nightmare?** ¿cuándo vamos a despertar de esta pesadilla?; **she awoke to a lovely, sunny day** despertó y el día era precioso, soleado; **he awoke to find himself in hospital** al despertar(se) vio que se hallaba en el hospital
2 (= *become aware*) **to ~ to sth** darse cuenta de algo; **she awoke to the fact that ...** se dio cuenta de que ...; **he finally awoke to his responsibilities** finalmente tomó conciencia de sus responsabilidades

**awaked**† [əˈweɪkt] PT, PP *of* **awake**

**awaken** [əˈweɪkən] Ⓐ VT despertar; **to ~ sb to a danger** alertar a algn de un peligro
Ⓑ VI (*also* **to ~ from sleep**) despertar; **to ~ from one's illusions** desilusionarse, quitarse las ilusiones; **to ~ to a danger** darse cuenta de un peligro

**awakening** [əˈweɪknɪŋ] Ⓐ ADJ (*fig*) naciente
Ⓑ N despertar *m*; **he got a rude ~** tuvo una desagradable sorpresa

**award** [əˈwɔːd] Ⓐ N 1 (= *prize*) premio *m*; (*Mil*) (= *medal*) condecoración *f*
2 (*Jur*) (= *ruling*) fallo *m*, sentencia *f*; (= *sum of money*) (*punitive*) sanción *f*; (= *damages*) concesión *f*; **a record ~ for sexual harassment** una sanción récord por acoso sexual; **they are appealing against the ~ of £350,000 to Violet Bush** van a recurrir contra la concesión de £350.000 a Violet Bush
3 (= *act of awarding*) entrega *f*, concesión *f*; *see also* **pay**
Ⓑ VT 1 [+ *prize, medal*] conceder, otorgar; **the prize is not being ~ed this year** este año el premio se ha declarado desierto
2 (*Jur*) [+ *damages*] adjudicar
3 (*Sport*) **to ~ a penalty (against sb)** pitar *or* señalar (un) penalti (contra algn); **to ~ sb a penalty** conceder un penalti a algn
Ⓒ CPD ► **award(s) ceremony** N ceremonia *f* de entrega de premios ► **award winner** N premiado/a *m/f*, galardonado/a *m/f*

**award-winning** [əˈwɔːd,wɪnɪŋ] ADJ premiado, galardonado

**aware** [əˈwɛəʳ] ADJ 1 (= *cognizant*) **to be ~ that ...** saber que ..., ser consciente de que ...; **I am fully ~ that ...** tengo plena conciencia de que ...; **to be ~ (of)** ser consciente (de); **we are ~ of what is happening** somos conscientes de lo que ocurre; **our employees are ~ of this advertisement** los empleados de la empresa han sido informados de este anuncio; **not that I am ~ (of)** que yo sepa, no; **to become ~ of** enterarse de; **to make sb ~ of sth** hacer que algn se dé cuenta de algo
2 (= *knowledgeable*) **politically ~** con conciencia política; **sexually ~** enterado de lo sexual; **socially ~** sensibilizado con los temas sociales
3 (= *alert*) despierto

**awareness** [əˈwɛənɪs] N conciencia *f*, conocimiento *m*; **sexual ~ in the young** la conciencia sexual *or* los conocimientos sexuales de los jóvenes

**awash** [əˈwɒʃ] ADJ 1 (*with water*) inundado; **the house was ~** la casa estaba inundada; **the deck is ~** la cubierta está a flor de agua
2 (*fig*) **we are ~ with applicants** estamos inundados de solicitudes

**away** [əˈweɪ]

> *When* ***away*** *is an element in a phrasal verb, eg* ***boil away, die away, get away****, look up the verb.*

Ⓐ ADV 1 (= *at or to a distance*) **far ~** ◊ **a long way ~** lejos; **~ in the distance** a lo lejos; **it's ten miles ~ (from here)** está a diez millas (de aquí); **~ from the noise** lejos del ruido; **keep the child ~ from the fire** no dejes que el niño se acerque al fuego; **White won with Peters only two strokes ~** ganó White con Peters a sólo dos golpes de distancia; **~ back in 1066** allá en 1066
2 (= *absent*) **to be ~** estar fuera, estar ausente; **to be ~ (from home)** estar fuera, estar ausente; **she's ~ today** hoy está fuera; **he's ~ for a week** está fuera una semana; **he's ~ in Bognor** está en Bognor; **she was ~ before I could shout** se fue antes de que yo pudiese gritar; **I must ~** (*liter or hum*) tengo que marcharme; **~ with you!*** (= *go away!*) ¡vete!, ¡fuera de aquí!; (*expressing disbelief*) ¡venga ya!, ¡anda ya!; (*joking*) ¡no digas bobadas; **~ with him!** ¡fuera!, ¡que se lo lleven de aquí!
3 (*Sport*) fuera (de casa); **they have won only two games ~** han ganado solamente dos partidos fuera (de casa); **to play ~** (*Sport*) jugar fuera; **Chelsea are ~ to Everton on Saturday** el Chelsea juega fuera, en campo del Everton, el sábado
4 (= *continuously*) sin parar; **to talk ~** no parar de hablar, seguir hablando; **I could hear her talking ~** la oía hablar sin parar; **to work ~** seguir trabajando, trabajar sin parar; **he was working ~ in the garden** estaba dale que te pego en el jardín, estaba trabajando sin parar en el jardín; **he was grumbling ~** no paraba de refunfuñar
Ⓑ ADJ **the ~ team** el equipo de fuera; **~ match** partido *m* fuera de casa; **~ win** victoria *f* fuera de casa

**awe** [ɔː] Ⓐ N (= *fear*) pavor *m*; (= *wonder*) asombro *m*; (= *reverence*) temor *m* reverencial; **to go** *or* **be in ~ of** ◊ **hold in ~** tener temor reverencial a
Ⓑ VT (= *impress*) impresionar; (= *frighten*) atemorizar; **in an ~d voice** con un tono de respeto y temor

**awe-inspiring** [ˈɔːɪn,spaɪərɪŋ] ADJ = **awesome 1**

**awesome** [ˈɔːsəm] ADJ 1 (= *impressive*) [*sight, beauty*] impresionante, imponente; [*achievement*] impresionante
2 (= *huge*) [*task, responsibility*] abrumador
3 (*esp US**) (= *excellent*) formidable

**awe-struck** [ˈɔːstrʌk] ADJ pasmado, atemorizado

▼ **awful** [ˈɔːfəl] Ⓐ ADJ 1 (= *dreadful*) [*weather*] horrible, espantoso; [*clothes, crime*] horroroso, espantoso; [*smell, dilemma*] terrible; **what ~ weather!** ¡qué tiempo más horrible *or* espantoso!; **we met and I thought he was ~** le conocí y me cayó fatal; **you are ~!** (= *wicked*) ¡qué malo eres!, ¡qué mala idea tienes!; **to feel ~** (= *embarrassed, guilty*) sentirse fatal; (= *ill*) encontrarse *or* sentirse fatal; **I felt ~ about what had happened** me sentía fatal por lo que había ocurrido; **I have an ~ feeling something's going to happen** tengo la terrible sospecha de que va a pasar algo; **how ~!** ¡qué horror!; **how ~ for you!** ¡qué mal rato habrás pasado!; **to look ~** tener muy mal aspecto; **you look ~, are you feeling all right?** tienes muy mala cara *or* tienes muy mal aspecto, ¿te encuentras bien?; **for one ~ moment I thought I'd broken it** ¡fue horrible! por un momento pensé que se me había roto; **it smells ~** huele fatal; **prices have gone up something ~*** los precios han subido cosa mala*; **they beat him up something ~*** le dieron una tremenda paliza; **what an ~ thing to happen!** ¡qué cosa tan horrible *or* terrible!; **the ~ thing is that he thought we were joking** lo peor (del caso) es que él pensó que estábamos de broma; **you said some pretty ~ things** hiciste algunos comentarios muy hirientes; **I learned the ~ truth** supe la amarga verdad
2 (= *bad, poor*) **his English is ~** habla inglés fatal
3 (= *awesome*) imponente, tremendo
4 (*) (*as intensifier*) **there were an ~ lot of people** había un montón de gente*; **I've got an ~ lot of work to do** tengo un montón de trabajo*; **it's an ~ nuisance** es una molestia terrible; **he's an ~ bore** es terriblemente pesado; **she's got an ~ cheek!** ¡tiene una cara increíble!*; **it seems an ~ waste** parece un desperdicio terrible
Ⓑ ADV (*esp US**) **ten years is an ~ long time** diez años es un montón de tiempo*; **it's an ~**

➤ LANGUAGE IN USE: await 1 20.7 awful A1 14

**long way to go** está lejísimo; **it's ~ cold outside** fuera hace un frío horroroso*

**awfully*** ['ɔ:flɪ] ADV [1] (*as intensifier*) **he's ~ nice** es majísimo; **it's ~ hard** *or* **difficult** es terriblemente difícil; **she works ~ hard** trabaja durísimo; **it was ~ hot** hacía un calor espantoso; **that's ~ good of you** es muy amable de su parte; **I'm ~ sorry** lo siento muchísimo; **would you mind ~ if we didn't go?** ¿te molestaría mucho que no fuéramos?; **thanks ~!**† ¡muchísimas gracias!
[2] (= *badly*) [*play, sing*] pésimamente, fatal

**awfulness** ['ɔ:fʊlnɪs] N [1] (= *dreadfulness*) lo terrible; **the ~ of the situation kept coming back to him** lo terrible de la situación se le venía insistentemente a la cabeza; **he had to serve 18 years because of the ~ of his crimes** sus crímenes fueron tan horrorosos que tuvo que servir una condena de 18 años
[2] (= *poor quality*) **it gets mentioned, if only for its ~** se habla de eso, aunque sólo sea por lo malo que es

**awhile** [ə'waɪl] (*esp US*) ADV un rato, algún tiempo; **not yet ~** todavía no

**awkward** ['ɔ:kwəd] ADJ [1] (= *inconvenient, difficult*) [*moment, time*] malo; [*shape*] incómodo, poco práctico; [*corner*] peligroso; **have I called at an ~ moment?** ¿he llamado en mal momento?; **this scandal comes at an ~ moment for the government** este escándalo llega en un momento difícil *or* en un mal momento para el gobierno; **to be at an ~ age** estar en una edad difícil; **he's being ~ about it** está poniendo inconvenientes; **he's an ~ customer*** es un tipo difícil*, es un sujeto de cuidado*; **Thursday is ~ for me** el jueves no me viene bien; **to make things ~ for sb** poner las cosas difíciles a algn, crear dificultades a algn; **it would be ~ to postpone my trip again** sería difícil volver a aplazar mi viaje; **it's not far, but it's ~ to get to by public transport** no está lejos, pero es complicado llegar en transporte público; **it's very ~ to carry** es muy difícil de llevar
[2] (= *embarrassing, uncomfortable*) [*silence*] embarazoso; [*problem, question*] delicado, difícil; [*situation*] delicado, violento; [*matter, subject*] delicado; **to feel ~** sentirse incómodo; **he had always felt ~ with Clara** siempre se había sentido incómodo con Clara, nunca se había sentido a gusto con Clara; **I felt ~ about asking her for a rise** me resultaba violento pedirle un aumento de sueldo; **there was an ~ moment when ...** hubo un momento violento *or* embarazoso cuando ...; **to put sb in an ~ position** poner a algn en una situación embarazosa *or* delicada, poner a algn en un compromiso
[3] (= *clumsy*) [*person, gesture, movement*] torpe; [*phrasing*] poco elegante, torpe; **to sleep in an ~ position** dormir en mala posición

**awkwardly** ['ɔ:kwədlɪ] ADV [1] (= *uncomfortably*) [*say, shake hands*] con embarazo; **there was an ~ long silence** hubo un silencio largo y embarazoso; **Sonia patted her shoulder ~** Sonia, violenta *or* incómoda, le dio unas palmaditas en el hombro
[2] (= *clumsily*) [*move, walk, dance*] torpemente, con torpeza; [*translate*] con poca fluidez; **he expresses himself ~** se expresa mal, le cuesta expresarse; **he fell ~** cayó en mala postura; **the keyhole is ~ placed under the handle** el ojo de la cerradura está colocado bajo el picaporte, lo cual resulta incómodo

**awkwardness** ['ɔ:kwədnɪs] N [1] (= *difficult nature*) [*of problem*] lo delicado; [*of situation*] lo delicado, lo violento; [*of person*] falta *f* de colaboración; [*of shape, design*] lo incómodo, lo poco práctico
[2] (= *embarrassment, discomfort*) embarazo *m*
[3] (= *clumsiness*) torpeza *f*

**awl** [ɔ:l] N lezna *f*

**awning** ['ɔ:nɪŋ] N toldo *m*

**awoke** [ə'wəʊk] PT *of* **awake**

**awoken** [ə'wəʊkən] PP *of* **awake**

**AWOL** ['eɪwɒl] ABBR (*Mil*) (= **absent without leave**) ausente sin permiso

**awry** [ə'raɪ] ADV **to be ~** estar de través, estar al sesgo, estar mal puesto; **to go ~** salir mal, fracasar; **with his hat on ~** con el sombrero torcido *or* ladeado

**axe, ax** (*US*) [æks] Ⓐ N (= *tool*) hacha *f*; ✦***IDIOMS*** **when the ~ fell** cuando se descargó el golpe; **to have an ~ to grind** tener un interés creado; **I have no ~ to grind** no tengo ningún interés personal; **to get** *or* **be given the ~** [*employee*] ser despedido; [*project*] ser cancelado
Ⓑ VT [+ *budget*] recortar; [+ *project, service*] cancelar; [+ *jobs*] reducir; [+ *staff*] despedir

**axes** ['æksi:z] NPL *of* **axis**

**axial** ['æksɪəl] ADJ axial

**axiom** ['æksɪəm] N axioma *m*

**axiomatic** [,æksɪəʊ'mætɪk] ADJ axiomático

**axis** ['æksɪs] N (*pl* **axes** ['æksi:z]) [1] (*Geom etc*) eje *m*
[2] (*Anat*) axis *m inv*
[3] **the Axis** (*Hist*) el Eje

**axle** ['æksl] Ⓐ N eje *m*, árbol *m*, flecha *f* (*Mex*)
Ⓑ CPD ► **axle shaft** N palier *m*

**ay** ADV, N = **aye**[1]

**ayatollah** [aɪə'tɒlə] N ayatolá *m*, ayatollah *m*

**aye**[1] [aɪ] Ⓐ ADV (*esp Scot, N. England*) sí; **~, ~ sir!** sí, mi capitán
Ⓑ N sí *m*; **to vote ~** votar sí; **the ~s have it** se ha aprobado la moción; **there were 50 ~s and 3 noes** votaron 50 a favor y 3 en contra

**aye**[2]† [eɪ] ADV **for ever and ~** (*Scot*) por siempre jamás

**AYH** N ABBR (*US*) = **American Youth Hostels**

**Aymara** [,aɪmə'rɑ:] Ⓐ ADJ aimara, aimará
Ⓑ N [1] (= *person*) aimara *mf*, aimará *mf*
[2] (*Ling*) aimara *m*, aimará *m*

**AZ** ABBR (*US*) = **Arizona**

**azalea** [ə'zeɪlɪə] N (*Bot*) azalea *f*

**Azerbaijan** [,æzəbaɪ'dʒɑ:n] N Azerbaiyán *m*

**Azerbaijani** [,æzəbaɪ'dʒɑ:nɪ] Ⓐ ADJ azerbaiyano
Ⓑ N azerbaiyano/a *m/f*

**Azeri** [ə'zɛərɪ] Ⓐ ADJ azerí
Ⓑ N [1] (= *person*) azerí *mf*
[2] (*Ling*) azerí *m*

**Azores** [ə'zɔ:z] NPL Azores *fpl*

**AZT** N ABBR (= **azidothymidine**) AZT *m* (*medicina antisida*)

**Aztec** ['æztek] Ⓐ ADJ azteca
Ⓑ N azteca *mf*

**azure** ['eɪʒə[r]] Ⓐ ADJ celeste, azul celeste *inv*
Ⓑ N [1] (= *colour*) celeste *m*, azul *m* celeste
[2] (*Heraldry*) azur *m*

# B b

**B, b** [biː] Ⓐ N [1] (= *letter*) B *f*, b *f*; **B for Bertie** B de Burgos; **number 7b** (*in house numbers*) número 7b
[2] (*Mus*) **B** si *m*; **B major/minor** si mayor/menor; **B sharp/flat** si sostenido/bemol
[3] (*Scol*) notable *m*
Ⓑ CPD ► **B road** N (*Brit*) ≈ carretera *f* comarcal *or* secundaria

**b.** ABBR (= **born**) n

**BA** [1] N ABBR (*Univ*) (= **Bachelor of Arts**) Lic. en Fil. y Let.; → DEGREE
[2] N ABBR = **British Academy**
[3] N ABBR = **British Association (for the Advancement of Science)**
[4] ABBR (*Geog*) (= **Buenos Aires**) Bs.As.

**BAA** N ABBR = **British Airports Authority**

**baa** [bɑː] Ⓐ N balido *m*
Ⓑ EXCL ¡be!
Ⓒ VI balar

**baa-lamb*** ['bɑːlæm] N corderito *m*, borreguito *m*

**babble** ['bæbl] Ⓐ N [*of baby*] balbuceo *m*; [*of stream*] murmullo *m*; (*) (= *small talk*) cháchara *f*; **a ~ of voices arose** se oyó un murmullo de voces
Ⓑ VI [1] [*person*] (= *talk to excess*) parlotear*; (= *gossip*) chismorrear*, cotillear*
[2] [*baby*] balbucear; [*stream*] murmurar
Ⓒ VT decir balbuceando

►**babble away**, **babble on** VI + ADV hablar sin parar

**babbling** ['bæblɪŋ] Ⓐ ADJ [*person*] hablador; [*baby*] balbuceante; [*stream*] que murmura, músico
Ⓑ N = **babble A**

**babe** [beɪb] Ⓐ N [1] (*liter*, †) criatura *f*
[2] (*esp US**) chica *f*; (*in direct address*) nena* *f*
Ⓑ CPD ► **babe in arms** N niño/a *m/f* de pecho

**babel** ['beɪbəl] N babel *m or f*; **Tower of Babel** Torre *f* de Babel

**baboon** [bə'buːn] N babuino *m*

**Babs** [bæbz] N (*familiar form*) *of* **Barbara**

**baby** ['beɪbɪ] Ⓐ N [1] (= *infant*) bebé *mf*, bebe/a *m/f* (*Arg*), guagua *f* (*Andes*); (= *small child*) nene/a *m/f*, niño/a *m/f*; **she's having a ~ in May** va a tener un niño en mayo; **she's having the ~ in hospital** va a dar a luz en el hospital; **the ~ of the family** el benjamín/la benjamina; **don't be such a ~!** ¡no seas niño/niña!; ✦*IDIOMS* **I was left holding the ~*** me tocó cargar con el muerto; **to throw out the ~ with the bathwater** actuar con exceso de celo, pasarse*
[2] (*US**) (= *girlfriend*) chica* *f*; (*in direct address*) nena* *f*, cariño *m*; (= *boyfriend*) chico* *m*; (*in direct address*) cariño
[3] (*) (*fig*) [3·1] (= *special responsibility*) **the new system was his ~** el nuevo sistema fue obra suya; **that's not my ~** eso no es cosa mía
[3·2] (*esp US*) (= *thing*) **that ~ cost me a fortune** ese chisme me costó una fortuna*
Ⓑ VT mimar, consentir
Ⓒ ADJ [1] (= *for a baby*) de niño; **~ clothes** ropita *f* de niño
[2] (= *young*) **~ hedgehog** cría *f* de erizo; **~ rabbit** conejito *m*
[3] (= *small*) pequeño; **~ car** coche *m* pequeño; **~ sweetcorn** mazorca *f* pequeña
Ⓓ CPD ► **baby batterer** N *persona que maltrata a los niños* ► **baby battering** N maltrato *m* de los niños ► **baby bed** N (*US*) cuna *f* ► **baby bonds** NPL (*US*) bonos *mpl* depreciados ► **baby boom** N boom *m* de natalidad ► **baby boomer** N niño/a *m/f* nacido/a en época de un boom de natalidad (*esp de los años 60*) ► **Baby bouncer®** N columpio *m* para bebés ► **baby boy** N nene *m* ► **baby break** N interrupción *f* de las actividades profesionales por maternidad ► **baby buggy** N cochecito *m* (de bebé) ► **baby carriage** N (*US*) cochecito *m* (de bebé) ► **baby face** N cara *f* de niño ► **baby food(s)** N(PL) comida *f* para bebés, potitos *mpl* (*Sp**) ► **baby girl** N nena *f* ► **baby grand** N (*Mus*) piano *m* de media cola ► **baby minder** N niñera *f* ► **baby seat** N (*Aut*) sillita *f or* asiento *m* de seguridad para bebés ► **baby shower** N (*US*) *fiesta con entrega de regalos a la madre y al recién nacido* ► **baby snatcher** N mujer *f* que roba un bebé ► **baby talk** N habla *f* infantil ► **baby tender** N (*US*) canguro *mf* ► **baby tooth*** N diente *m* de leche ► **baby walker** N andador *m*, tacatá *m* (*Sp**) ► **baby wipe** N toallita *f* húmeda

**baby-doll pyjamas** [ˌbeɪbɪdɒlpɪ'dʒɑːməz] NPL picardía *f* (*camisón corto con pantalones a juego*)

**baby-faced** ['beɪbɪˌfeɪst] ADJ [*person*] con cara aniñada

**Babygro®** ['beɪbɪˌgrəʊ] N (*pl* **Babygros**) pijama *m* de una pieza

**babyhood** ['beɪbɪhʊd] N primera infancia *f*

**babyish** ['beɪbɪɪʃ] ADJ infantil

**Babylon** ['bæbɪlən] N, **Babylonia** [ˌbæbɪ'ləʊnɪə] N Babilonia *f*

**Babylonian** [ˌbæbɪ'ləʊnɪən] Ⓐ ADJ babilónico; [*person*] babilonio
Ⓑ N babilonio/a *m/f*

**baby-sit** ['beɪbɪsɪt] Ⓐ VI cuidar niños, hacer de canguro (*Sp*)
Ⓑ VT cuidar, hacer de canguro a (*Sp*)

**baby-sitter** ['beɪbɪˌsɪtəʳ] N babysitter *mf*, canguro *mf* (*Sp*)

**baby-sitting** ['beɪbɪˌsɪtɪŋ] N **I can't pay for ~** no puedo pagar un/una babysitter *or* un/una canguro; **I hate ~** no me gusta nada hacer de babysitter *or* canguro

**baccalaureate** [ˌbækə'lɔːrɪɪt] N bachillerato *m*

**baccarat** ['bækərɑː] N bacará *m*, bacarrá *m*

**bacchanalia** [ˌbækə'neɪlɪə] NPL bacanales *fpl*; (*fig*) bacanal *f*

**bacchanalian** [ˌbækə'neɪlɪən] ADJ bacanal, báquico

**Bacchic** ['bækɪk] ADJ báquico

**Bacchus** ['bækəs] N Baco

**baccy*** ['bækɪ] N tabaco *m*

**bachelor** ['bætʃələʳ] Ⓐ N [1] (= *unmarried man*) soltero *m*; **confirmed ~** solterón *m*
[2] (*Univ*) **Bachelor of Arts/Science** (= *degree*) licenciatura *f* en Filosofía y Letras/Ciencias; (= *person*) licenciado/a *m/f* en Filosofía y Letras/Ciencias; **~'s degree** licenciatura *f*; → DEGREE
Ⓑ CPD ► **bachelor flat** N piso *m or* (*LAm*) departamento *m* de soltero ► **bachelor girl** N (*US*) soltera *f* ► **bachelor party** N fiesta *f* para solteros

**bachelorhood** ['bætʃələhʊd] N soltería *f*

**bacillary** [bə'sɪlərɪ] ADJ bacilar

**bacillus** [bə'sɪləs] N (*pl* **bacilli** [bə'sɪlaɪ]) bacilo *m*

**back** [bæk]

| | |
|---|---|
| A NOUN | E ADJECTIVE |
| B ADVERB | F COMPOUNDS |
| C TRANSITIVE VERB | G PHRASAL VERBS |
| D INTRANSITIVE VERB | |

*When* **back** *is an element in a phrasal verb, eg* **come back**, **go back**, **put back**, *look up the verb.*

Ⓐ NOUN
[1] [= *part of body*] [1·1] [*of person*] espalda *f*; [*of animal*] lomo *m*; **I've got a bad ~** tengo la espalda mal, tengo un problema de espalda; **to shoot sb in the ~** disparar a algn por la espalda; **he was lying on his ~** estaba tumbado boca arriba; **to carry sth/sb on one's ~** llevar algo/a algn a la espalda; **to have one's ~ to sth/sb** estar de espaldas a algo/algn; **with his ~ to the light** de espaldas a la luz; **sitting ~ to ~** sentados espalda con espalda
[1·2] ✦*IDIOMS* **behind sb's ~** a espaldas de algn; **they laughed at her behind her ~** se rieron de ella a sus espaldas; **she has been seeing David behind my ~** ha estado viendo a David a mis espaldas; **to break the ~ of sth*** (= *do the difficult part*) hacer la peor parte de algo; (= *do the main part*) hacer lo más gordo de algo*, hacer la mayor parte de algo; **to get off sb's ~*** dejar a algn en paz; **to get sb's ~ up*** poner negro a algn*, mosquear a algn‡; **to live off the ~ of sb** vivir a costa de algn; **to be on sb's ~*** estar encima de algn; **my boss is always on my ~** mi jefe siempre está encima mío; **on the ~ of sth** a conse-

➤ LANGUAGE IN USE: back C2 11.2

cuencia de algo; **shares rose on the ~ of two major new deals** las acciones subieron a consecuencia de dos nuevos e importantes tratos; **to put one's ~ into sth** poner mucho esfuerzo *or* empeño en algo; **to put one's ~ into doing sth*** esforzarse a tope por hacer algo*, emplearse a fondo en hacer algo; **to put sb's ~ up*** poner negro a algn*, mosquear a algn*; **to see the ~ of sb**: **I was glad to see the ~ of him** me alegró deshacerme de él; **the moment** *or* **as soon as your ~ is turned ...** en cuanto te descuidas ...; **to have one's ~ to the wall** estar entre la espada y la pared; *see also* **flat A1**, **stab A1**

2 *= reverse side* [*of cheque, envelope*] dorso *m*, revés *m*; [*of hand*] dorso *m*; [*of head*] parte *f* de atrás, parte *f* posterior (*more frm*); [*of dress*] espalda *f*; [*of medal*] reverso *m*; **write your name on the ~** escriba su nombre en el reverso; **the ~ of the neck** la nuca; ✦*IDIOM* **to know sth like the ~ of one's hand**: **I know Naples like the ~ of my hand** conozco Nápoles como la palma de la mano

3 *= rear* [*of room, hall*] fondo *m*; [*of chair*] respaldo *m*; [*of car*] parte *f* trasera, parte *f* de atrás; [*of book*] (= *back cover*) tapa *f* posterior; (= *spine*) lomo *m*; **there was damage to the ~ of the car** la parte trasera *or* de atrás del coche resultó dañada; **at the ~ (of)** [+ *building*] en la parte de atrás (de); [+ *cupboard, hall, stage*] en el fondo (de); **there's a car park at the ~** hay un aparcamiento en la parte de atrás; **be quiet at the ~!** ¡los de atrás guarden silencio!; **they sat at the ~ of the bus** se sentaron en la parte de atrás del autobús, se sentaron al fondo del autobús; **he's at the ~ of all this trouble** él está detrás de todo este lío*; **ambition is at the ~ of it** la ambición es lo que ha causado todo esto*; **this idea had been at the ~ of his mind for several days** esta idea le había estado varios días rondándole la cabeza; **the ship broke its ~** el barco se partió por la mitad; **~ to front** al revés; **you've got your sweater on ~ to front** te has puesto el jersey al revés; **in ~ of the house** (*US*) detrás de la casa; **in the ~ of the car** en la parte trasera del coche; **I'll sit in the ~** yo me sentaré detrás; **the toilet's out the ~** el baño está fuera en la parte de atrás; **they keep the car round the ~** dejan el coche detrás de la casa; *see also* **beyond B**, **mind A1**

4 *Sport* (= *defender*) defensa *mf*; **the team is weak at the ~** la defensa del equipo es débil; **left ~** defensa *mf* izquierdo/a; **right ~** defensa *mf* derecho/a

Ⓑ ADVERB

1 *in space* atrás; **stand ~!** ¡atrás!; **keep (well) ~!** (= *out of danger*) ¡quédate ahí atrás!; **keep ~!** (= *don't come near me*) ¡no te acerques!; **meanwhile, ~ in London/~ at the airport** mientras, en Londres/en el aeropuerto; **he little suspected how worried they were ~ at home** qué poco sospechaba lo preocupados que estaban en casa; **~ and forth** de acá para allá; **to go ~ and forth** [*person*] ir de acá para allá; **there were phone calls ~ and forth** se hicieron un montón de llamadas el uno al otro; **~ from the road** apartado de la carretera

2 *in time* **some months ~** hace unos meses; **~ in the 12th century** allá en el siglo XII; **it all started ~ in 1980** todo empezó ya en 1980, todo empezó allá en 1980 (*liter*); **I saw her ~ in August** la vi el agosto pasado

3 *= returned* **to be ~** volver; **when/what time will you be ~?** ¿cuándo/a qué hora vuelves?, ¿cuándo/a qué hora estarás de vuelta?; **he's not ~ yet** aún no ha vuelto, aún no está de vuelta; **the electricity is ~** ha vuelto la electricidad; **black is ~ (in fashion)** vuelve (a estar de moda) el negro, se vuelve a llevar el negro; **he went to Paris and ~** fue a París y volvió; **30 kilometres there and ~** 30 kilómetros ida y vuelta; **you can go there and ~ in a day** puedes ir y volver en un día; **she's now ~ at work** ya ha vuelto al trabajo; **the kids will be ~ at school tomorrow** los niños vuelven al colegio mañana; **I'll be ~ by 6** estaré de vuelta para las 6; **I'd like it ~** quiero que me lo devuelvan; **full satisfaction or your money ~** si no está totalmente satisfecho, le devolvemos el dinero; **everything is ~ to normal** todo ha vuelto a la normalidad; **I want it ~** quiero que me lo devuelvan; *see also* **hit back**

Ⓒ TRANSITIVE VERB

1 *= reverse* [+ *vehicle*] dar marcha atrás a; **she ~ed the car into the garage** entró el coche en el garaje dando marcha atrás; **he ~ed the car into a wall** dio marcha atrás y chocó con un muro

2 *= support* 2·1 (*also* **~ up**) [+ *plan, person*] apoyar; **they found a witness to ~ his claim** encontraron un testigo que apoyó lo que decía

2·2 (= *finance*) [+ *person, enterprise*] financiar

2·3 (*Mus*) [+ *singer*] acompañar

3 *= bet on* [+ *horse*] apostar por; **I'm ~ing Manchester to win** yo apuesto por que va a ganar el Manchester; **to ~ the wrong horse** (*lit*) apostar por el caballo perdedor; **Russia ~ed the wrong horse in him** (*fig*) Rusia se ha equivocado al apoyar a él; **to ~ a winner** (*lit*) apostar por el ganador; **he is confident that he's ~ing a winner** (*fig*) (*person*) está seguro de que está dando su apoyo a un ganador; (*idea, project*) está seguro de que va a funcionar bien

4 *= attach backing to* [+ *rug, quilt*] forrar

Ⓓ INTRANSITIVE VERB

1 *person* 1·1 (*in car*) dar marcha atrás; **she ~ed into me** dio marcha atrás y chocó conmigo

1·2 (= *step backwards*) echarse hacia atrás, retroceder; **he ~ed into a table** se echó hacia atrás y se dio con una mesa, retrocedió y se dio con una mesa

2 *= change direction* [*wind*] cambiar de dirección (*en sentido contrario a las agujas del reloj*)

Ⓔ ADJECTIVE

1 *= rear* [*leg, pocket, wheel*] de atrás, trasero; **the ~ row** la última fila

2 *= previous, overdue* [*rent, tax, issue*] atrasado

Ⓕ COMPOUNDS ► **back alley** N callejuela *f* (*que recorre la parte de atrás de una hilera de casas*) ► **back boiler** N caldera *f* pequeña (*detrás de una chimenea*) ► **back burner** N quemador *m* de detrás; ✦*IDIOM* **to put sth on the ~ burner** posponer algo, dejar algo para más tarde ► **back catalogue** N (*Mus*) catálogo *m* de grabaciones discográficas ► **back copy** N (*Press*) número *m* atrasado ► **the back country** N (*US*) zona *f* rural (*con muy baja densidad de población*); *see also* **backcountry** ► **back cover** N contraportada *f* ► **back door** N puerta *f* trasera; ✦*IDIOM* **to do sth by** *or* **through the ~ door** hacer algo de forma encubierta ► **back formation** N (*Ling*) derivación *f* regresiva ► **back garden** N (*Brit*) jardín *m* trasero ► **back lot** N (*Cine*) exteriores *mpl* (del estudio); [*of house, hotel, company premises*] solar *m* trasero ► **back marker** N (*Brit Sport*) competidor(a) *m/f* rezagado/a ► **back matter** N [*of book*] apéndices *mpl* ► **back number** N [*of magazine, newspaper*] número *m* atrasado ► **back page** N contraportada *f* ► **back pain** N dolor *m* de espalda, dolor *m* lumbar ► **back passage** N (*Brit euph*) recto *m* ► **back pay** N atrasos *mpl* ► **back rest** N respaldo *m* ► **back road** N carretera *f* comarcal, carretera *f* secundaria ► **back room** N cuarto *m* interior; (*fig*) *lugar donde se hacen investigaciones secretas* ► **back seat** N asiento *m* trasero, asiento *m* de atrás; ✦*IDIOM* **to take a ~ seat** mantenerse en un segundo plano ► **back somersault** N salto *m* mortal hacia atrás ► **back stop** N (*Sport*) *red que se coloca alrededor de una cancha para impedir que se escapen las pelotas* ► **back talk*** N (*US*) = **backchat** ► **back tooth** N muela *f* ► **back view** N **the ~ view of the hotel is very impressive** el hotel visto desde atrás es impresionante, la parte de atrás del hotel es impresionante ► **back vowel** N (*Ling*) vocal *f* posterior

Ⓖ PHRASAL VERBS

►**back away** VI + ADV 1 (*lit*) retroceder (**from** ante)

2 (*fig*) (*from promise, pledge, statement*) echarse atrás, dar marcha atrás (**from** en); **the government have been ~ing away from making such a commitment** el gobierno ha estado tratando de evitar comprometerse a tal cosa

►**back down** VI + ADV echarse atrás, dar marcha atrás; **to ~ down on sth** echarse atrás en algo, dar marcha atrás en algo

►**back off** VI + ADV (= *stop exerting pressure*) echarse atrás, dar marcha atrás (**from** en); (= *withdraw*) retirarse; **~ off!** ¡déjame en paz!, ¡déjame estar!; **she asked him to ~ off and give her some space** le pidió que no le estuviera encima y la dejara respirar; **the government has ~ed off from its decision** el gobierno se ha echado atrás *or* el gobierno ha dado marcha atrás en su decisión

►**back on to** VI + PREP **the house ~s on to the golf course** por atrás la casa da al campo de golf

►**back out** Ⓐ VI + ADV 1 (*lit*) [*vehicle, driver*] salir marcha atrás (**of** de); [*person*] salir hacia atrás (**of** de)

2 (*fig*) [*person*] (*of team*) retirarse (**of** de); (*of deal, duty*) echarse atrás (**of** en); **they are threatening to ~ out of the deal** amenazan con echarse atrás en el trato

Ⓑ VT + ADV [+ *vehicle*] sacar marcha atrás

►**back up** Ⓐ VT + ADV 1 (= *support*) [+ *person*] apoyar, respaldar

2 (= *confirm*) [+ *claim, theory*] respaldar

3 (= *reverse*) [+ *car*] dar marcha atrás a, hacer retroceder

4 (*Comput*) [+ *file*] hacer una copia de seguridad *or* de reserva de

5 (= *delay*) **the traffic was ~ed up for two miles** había una caravana (de tráfico) de dos millas, había retenciones (de tráfico) de dos millas

Ⓑ VI + ADV 1 (*in car*) (= *reverse*) dar marcha atrás

2 (= *queue*) **traffic is ~ing up for miles behind the accident** hay una caravana (de tráfico) de varias millas desde el lugar del accidente, hay retenciones (de tráfico) de varias millas desde el lugar del accidente

**backache** [ˈbækeɪk] N dolor *m* de espalda

**backbench** [ˈbækˈbentʃ] ADJ [*committee, revolt*] de los diputados sin cargo oficial; [*MP*] sin cargo oficial

**backbencher** [ˌbækˈbentʃəʳ] N (*Brit Parl*) *diputado sin cargo oficial en el gobierno o la oposición*

**BACKBENCHER**

*Se conoce como* **backbencher** *al parlamentario británico que no se sienta en los escaños (***benches***) de las primeras filas de la Cámara de los Comunes (***House of Commons***) junto al líder de su partido, por no pertenecer al Gobierno o a su equivalente en la oposición. Al no ser titulares de ningún cargo, les resulta más fácil hablar o votar en contra de la política oficial del partido. Se los conoce también colectivamente como los* **backbenches**.

⇨ *Ver tb* FRONT BENCH

**backbenches** [ˌbæk'bentʃəz] NPL (*Brit Parl*) *escaños de los diputados sin cargo oficial en el gobierno o la oposición*; **the Tory ~** los diputados conservadores sin cargo oficial

**backbite** ['bækbaɪt] Ⓐ VI murmurar
Ⓑ VT [+ *absent person*] hablar mal de

**backbiting** ['bækbaɪtɪŋ] N murmuración *f*

**backboard** ['bækbɔːd] N (*US Sport*) tablero *m*

**backbone** ['bækbəʊn] N 1 (*Anat*) columna *f* vertebral, espina *f* dorsal; **a patriot to the ~** un patriota hasta la médula
2 (*fig*) (= *courage*) agallas *fpl*; (= *strength*) resistencia *f*; **the ~ of the organisation** el pilar de la organización

**back-breaking** ['bækbreɪkɪŋ] ADJ deslomador, matador

**backchat** ['bæktʃæt] N réplicas *fpl* (insolentes)

**backcloth** ['bækklɒθ] N (*Brit Theat, also fig*) telón *m* de fondo

**backcomb** ['bækkəʊm] VT (*Brit*) [+ *hair*] cardar

**back-country** ['bækˌkʌntrɪ] ADJ (= *rural*) rural; **~ jeep expeditions** expediciones *fpl* en jeep al campo

**backdate** ['bæk'deɪt] VT [+ *cheque*] poner fecha anterior a, antedatar; [+ *pay rise*] dar efecto retroactivo a; **a pay rise ~d to April** un aumento salarial con efecto retroactivo desde abril

**backdrop** ['bækdrɒp] N = **backcloth**

**-backed** [bækt] ADJ (*ending in compounds*) 1 **low-backed chair** silla *f* de respaldo bajo
2 **rubber-backed carpet** alfombra *f* con refuerzo de caucho

**backer** ['bækəʳ] N 1 (*Comm*) (= *guarantor*) fiador(a) *m/f*; (= *financier*) promotor(a) *m/f*, patrocinador(a) *m/f*
2 (*Pol*) (= *supporter*) partidario/a *m/f*
3 (= *one who bets*) apostante *mf*

**backfire** ['bæk'faɪəʳ] Ⓐ N (*Aut*) petardeo *m*
Ⓑ VI (*Aut*) petardear; **their plan ~d** (*fig*) les salió el tiro por la culata*

**backgammon** ['bækˌgæmən] N backgammon *m*

**background** ['bækgraʊnd] Ⓐ N 1 [*of picture etc*] fondo *m*; (*fig*) ambiente *m*; **on a red ~** sobre un fondo rojo; **in the ~** al *or* en el fondo; (*fig*) en segundo plano, en la sombra; **to stay in the ~** mantenerse en segundo plano, no buscar publicidad
2 [*of person*] formación *f*, educación *f*; **she comes from a wealthy ~** proviene de una familia acaudalada; **what is his ~?** ¿cuáles son sus antecedentes?
3 [*of situation, event*] antecedentes *mpl*; **the ~ to the crisis** los antecedentes de la crisis; **to fill in the ~ for sb** poner a algn en antecedentes
Ⓑ CPD ► **background music** N música *f* de fondo ► **background noise** N ruido *m* de fondo ► **background reading** N lecturas *fpl* de fondo, lecturas *fpl* preparatorias ► **background studies** NPL estudios *mpl* del ambiente histórico (*en que vivió un autor etc*) ► **background task** N (*Comput*) tarea *f* secundaria

**backhand** ['bækhænd] Ⓐ ADJ [*blow*] de revés; **~ drive/shot/stroke** (*Tennis*) revés *m*; **~ volley** (*Tennis*) volea *f* de revés
Ⓑ N (*Tennis*) revés *m*

**backhanded** ['bæk'hændɪd] ADJ 1 [*blow*] de revés
2 (*fig*) [*compliment*] ambiguo, equívoco

**backhander*** ['bæk'hændəʳ] N (*Brit*) 1 (= *blow*) revés *m*
2 (= *bribe*) soborno *m*, mordida *f* (*CAm, Mex*), coima *f* (*Andes, S. Cone*)

**backing** ['bækɪŋ] Ⓐ N 1 (= *support*) apoyo *m*; (*Comm*) respaldo *m* (financiero)
2 (*Mus*) acompañamiento *m*
3 (= *protective layer*) refuerzo *m*
Ⓑ CPD ► **backing group** N (*Mus*) grupo *m* de acompañamiento ► **backing singer** N (*Mus*) corista *mf* ► **backing store** N (*Comput*) memoria *f* auxiliar ► **backing vocals** NPL (*Mus*) coros *mpl*

**backlash** ['bæklæʃ] N (*fig*) reacción *f* en contra; (*Pol*) reacción *f* violenta; **the male ~** la violenta reacción masculina, el contraataque de los hombres

**backless** ['bæklɪs] ADJ [*dress*] sin espalda, muy escotado por detrás

**back-line player** ['bæklaɪnˌpleɪəʳ] N (*US*) defensa *mf*

**backlist** ['bæklɪst] N fondo *m* editorial

**backlog** ['bæklɒg] N **because of the ~ (of work/orders)** por el trabajo acumulado *or* atrasado/el volumen de pedidos pendientes; **a ~ of cases** un montón de casos atrasados

**backpack** ['bækpæk] Ⓐ N mochila *f*
Ⓑ VI hacer excursionismo de mochila

**backpacker** ['bækˌpækəʳ] N mochilero/a *m/f*

**backpacking** ['bækˌpækɪŋ] N **to go ~** hacer excursionismo de mochila

**back-pedal** ['bæk'pedl] VI (*on bicycle*) pedalear hacia atrás; (*fig*) echarse atrás, dar marcha atrás

**back-pedalling** ['bækˌpedəlɪŋ] N **~ is his speciality** (*fig*) echarse atrás *or* dar marcha atrás es su especialidad

**backplate** ['bækpleɪt] N (*US*) sesos *mpl* de cerdo

**back-room boy** ['bækrʊmˌbɔɪ] N *persona que colabora en un proyecto de investigación sin obtener reconocimiento público*

**backscratching*** ['bækˌskrætʃɪŋ] N (*fig*) compadreo *m*

**back-seat driver** [ˌbæksiːt'draɪvəʳ] N *pasajero que siempre está dando consejos al conductor*

**backshift** ['bækʃɪft] N (*Brit Ind*) turno *m* de tarde

**backside*** ['bæk'saɪd] N trasero* *m*

**backslapping** ['bækˌslæpɪŋ] N espaldarazos *mpl*; **mutual ~** bombo *m* mutuo

**backslash** ['bækslæʃ] N (*Typ*) barra *f* inversa

**backslide** ['bæk'slaɪd] (*pt, pp* **backslid**) VI reincidir, recaer

**backslider** ['bæk'slaɪdəʳ] N reincidente *mf*

**backsliding** ['bæk'slaɪdɪŋ] N reincidencia *f*, recaída *f*

**backspace** ['bækspeɪs] (*Typ*) Ⓐ VI retroceder
Ⓑ N retroceso *m*, tecla *f* de retroceso

**backspin** ['bækspɪn] N (*Tennis, Cricket*) efecto *m* cortado; (*Billiards, Snooker*) efecto *m* bajo, efecto *m* de retroceso; **to give a ball ~** ◊ **put ~ on a ball** (*Tennis, Cricket*) cortar una pelota; (*Billiards, Snooker*) picar una bola

**backstage** ['bæk'steɪdʒ] Ⓐ N (= *off-stage*) bastidores *mpl*, espacio *m* entre bastidores; (= *dressing-rooms*) camarines *mpl*
Ⓑ ADJ entre bastidores
Ⓒ ADV entre bastidores; **to go ~** ir a los camarines

**backstairs** ['bæk'stɛəz] Ⓐ NPL escalera *f* de servicio
Ⓑ CPD [*staff*] de servicio; [*work*] doméstico; (*fig*) [*gossip, plot*] clandestino, subrepticio

**backstitch** ['bækstɪtʃ] Ⓐ N pespunte *m*
Ⓑ VT pespuntar

**backstreet** ['bækstriːt] Ⓐ N **the ~s** (*lit*) las callejuelas; (*quiet*) las calles tranquilas *or* apartadas del centro; (*poor*) las calles de los barrios bajos
Ⓑ CPD [*hotel, shop*] de barrio ► **backstreet abortion** N aborto *m* clandestino ► **backstreet abortionist** N abortista *mf* clandestino/a

**backstroke** ['bækstrəʊk] N espalda *f*; **the 100 metres ~** los 100 metros espalda

**back-to-back** ['bæktə'bæk] Ⓐ ADJ **~ credit** créditos *mpl* contiguos; **~ houses** (*Brit*) casas *fpl* adosadas (*por la parte trasera*)
Ⓑ ADV **to sit ~** sentarse *or* estar sentados espalda con espalda; **they showed two episodes ~** echaron dos capítulos seguidos

**backtrack** ['bæktræk] VI 1 (*on route, journey*) desandar el camino, dar marcha atrás
2 (*fig*) (*in account, explanation*) ir más atrás, retroceder; (= *renege*) (*on promise, decision*) echarse atrás, dar marcha atrás (**on** en)

**backup** ['bækʌp] Ⓐ N 1 (= *support*) apoyo *m*
2 (*US*) [*of traffic*] embotellamiento *m*
3 (*Comput*) (*also* **~ file**) copia *f* de seguridad
Ⓑ CPD [*train, plane*] suplementario; (*Comput*) [*disk, file*] de seguridad ► **backup copy** N (*Comput*) copia *f* de seguridad ► **backup lights** NPL (*US*) luces *fpl* de marcha atrás ► **backup operation** N operación *f* de apoyo ► **backup services** NPL servicios *mpl* auxiliares

**backward** ['bækwəd] Ⓐ ADJ 1 [*motion, glance*] hacia atrás; **~ and forward movement** movimiento *m* de vaivén
2 [*pupil, country*] atrasado
3 (= *reluctant*) tímido; **he wasn't ~ in claiming the money** no se mostró tímido a la hora de reclamar el dinero; **he's not ~ in coming forward** (*iro*) no peca de tímido
Ⓑ ADV 1 [*look*] atrás, hacia atrás; [*move*] hacia atrás; **to walk/fall ~** andar/caer hacia atrás; **to go ~ and forward** ir y venir, ir de acá para allá; **this is a step ~** (*fig*) esto supone un paso atrás; *see also* **bend over**
2 (= *in reverse*) al revés; **to read sth ~** leer algo para atrás; ✦***IDIOM*** **to know sth ~*** saberse algo al dedillo *or* de pe a pa

**backwardation** [ˌbækwə'deɪʃən] N (*St Ex*) retraso *m* en la entrega de acciones; (= *fee*) prima *f* pagada por retraso en la entrega de acciones

**backward-compatible** ['bækwədkəm'pætɪbl] ADJ (*Comput, Tech*) *compatible con el modelo, sistema etc anterior*

**backward-looking** ['bækwədˌlʊkɪŋ] ADJ retrógrado

**backwardness** ['bækwədnɪs] N [*of country*] atraso *m*; [*of person*] (*socially*) timidez *f*; (*mentally*) retraso *m*

**backwards** ['bækwədz] ADV (*esp Brit*) = **backward B**

**backwards-compatible** ['bækwədzkəm'pætɪbl] ADJ = **backward-compatible**

**backwash** ['bækwɒʃ] N [1] (*Naut*) agua *f* de rechazo
[2] (*fig*) reacción *f*, repercusiones *fpl*

**backwater** ['bækwɔːtəʳ] N [1] [*of river*] remanso *m*
[2] (*fig*) lugar *m* atrasado

**backwoods** ['bækwʊdz] Ⓐ NPL región *f* apartada, ≈ Las Batuecas
Ⓑ CPD ► **backwoods community** N comunidad *f* rústica

**backwoodsman** ['bækwʊdzmən] N (*pl* **backwoodsmen**) [1] (*lit*) campesino/a *m/f*; (*pej*) patán *m*
[2] (*fig*) (= *reactionary*) reaccionario/a *m/f*; (*Brit Pol*) *par que asiste con muy poca frecuencia a las sesiones de la Cámara de los Lores*

**backyard** ['bæk'jɑːd] N (*Brit*) patio *m* trasero; (*US*) jardín *m* trasero; **in one's own ~** en su misma puerta, delante de sus narices*; **"not in my ~"** (*slogan*) "no lo quiero en mi patio" (*residuos tóxicos etc*)

**bacon** ['beɪkən] N beicon *m* (*Sp*), tocino *m* (*LAm*), panceta *f* (*Arg*); **~ and eggs** huevos *mpl* con tocino; **✦IDIOMS to bring home the ~*** (= *earn one's living*) ganarse las habichuelas*; **to save sb's ~*** salvar el pellejo a algn*

**bacteria** [bæk'tɪərɪə] NPL bacterias *fpl*

**bacterial** [bæk'tɪərɪəl] ADJ bacteriano, bacterial

**bacteriological** [bæk,tɪərɪə'lɒdʒɪkəl] ADJ bacteriológico

**bacteriologist** [bæk,tɪərɪ'ɒlɒdʒɪst] N bacteriólogo/a *m/f*

**bacteriology** [bæk,tɪərɪ'ɒlədʒɪ] N bacteriología *f*

**bacteriosis** [,bæktɪərɪ'əʊsɪs] N bacteriosis *f*

**bacterium** [bæk'tɪərɪəm] N (*pl* **bacteria**) bacteria *f*

**bad** [bæd] Ⓐ ADJ (*compar* **worse**; *superl* **worst**)
[1] (= *disagreeable*) malo; **I've had a ~ day at work** he tenido un mal día en el trabajo; **to taste ~** saber mal, no saber bueno; **she looked as if she had a ~ smell under her nose** parecía como si algo le oliera mal; **to go from ~ to worse** ir de mal en peor; *see also* **mood² A**, **temper A1**, **time A7**
[2] (= *poor, inferior*) malo; **her English is ~** habla inglés mal; **his handwriting is ~** tiene mala letra; **business is ~** el negocio va mal; **to be ~ at sth** ser malo para algo; **I was ~ at sports** era muy malo para los deportes, los deportes se me daban mal; **he was a ~ driver** era un mal conductor; **that's not a ~ idea** ésa no es una mala idea; **I'm a ~ liar** no sé mentir; **~ light stopped play** se suspendió el partido debido a la falta de luz; **it would make me look ~ in the press** daría una mala imagen de mí en la prensa; **he wasn't ~-looking** no estaba mal; **~ management** mala administración; **this wine's not ~ at all** este vino no está nada mal; **too ~**: **it's too ~ you couldn't get tickets** es una pena *or* una lástima que no hayas podido conseguir entradas; **"that was my drink!" — "too ~!"** —¡ésa era mi bebida! —¡qué le vamos a hacer!; **if you don't like it, (that's) too ~!** si no te gusta, ¡peor para ti!; **the firm has had a ~ year** la empresa ha tenido un mal año
[3] (= *serious, severe*) [*accident, mistake*] grave; [*headache*] fuerte; **she's got a ~ cold** está muy resfriada, tiene un resfriado fuerte; **the traffic was ~ today** hoy había mucho tráfico
[4] (= *unfavourable*) malo; **the plane was diverted due to ~ weather** el avión fue desviado debido al mal tiempo; **you've come at a ~ time** vienes en un mal momento; **things are looking ~ for the government** las cosas se están poniendo feas para el gobierno; **it'll look ~ if we don't go** quedará mal que no vayamos; *see also* **book A1**
[5] (= *harmful*) malo; **he was a ~ influence** era una mala influencia; **to be ~ for sth/sb**: **smoking is ~ for you** *or* **for your health** fumar es malo *or* perjudicial para la salud, fumar perjudica la salud; **soap is ~ for the skin** el jabón no es bueno para la piel
[6] (= *wicked*) [*person, behaviour*] malo; **you ~ boy!** ¡qué niño más malo eres!; **they're a ~ lot*** no son buena gente; **he said a ~ word** ha dicho una palabrota; **it's too ~ of you!** ¿no te da vergüenza?; **it's really too ~ of him!** ¡realmente no tiene vergüenza!; *see also* **language A5**
[7] **to feel ~ about sth** (= *sorry*): **I feel ~ about hurting his feelings** me sabe mal haber herido sus sentimientos; (= *guilty*) **are you trying to make me feel ~?** ¿estás intentando hacer que me sienta culpable?; **don't feel ~ (about it), it's not your fault** no te preocupes, no es culpa tuya
[8] (= *ailing*) **I feel ~** me siento mal; **he has a ~ back** está mal de la espalda; **to be in a ~ way**: **the economy is in a ~ way** la economía va mal; **he looked in a ~ way** tenía mal aspecto
[9] (= *rotten*) [*food*] podrido; [*milk*] cortado; [*tooth*] picado; **to go ~** pasarse, estropearse; *see also* **blood**
[10] (*Fin*) [*cheque*] sin fondos; **a ~ debt** una deuda incobrable *or* de pago dudoso
Ⓑ N lo malo; **parents can have a powerful influence for good or ~** los padres pueden tener mucha influencia para lo bueno y para lo malo; **there's good and ~ in this news** esta noticia tiene su lado bueno y su lado malo; **there is both good and ~ in every human being** hay una parte buena y una parte mala en cada ser humano; **to take the ~ with the good** aceptar tanto lo bueno como lo malo
Ⓒ ADV (*) **he's hurt ~** está malherido; **she took it ~** se lo tomó a mal; **if you want it that ~ you can pay for it yourself** si tanto lo quieres, cómpratelo tú; **to need sth real ~** necesitar algo desesperadamente; **the way she looks at him, you can tell she's got it ~** por la forma en que lo mira, se nota que está colada por él*; **to be in ~ with sb**: **he's in ~ with the law** tiene problemas con la ley

**baddie***, **baddy*** ['bædɪ] N (*Cine, often hum*) malo *m*

**baddish** ['bædɪʃ] ADJ bastante malo, más bien malo

**bade** [bæd] PT *of* **bid**

**badge** [bædʒ] N [1] (= *emblem*) insignia *f*; (*sewn on coat*) distintivo *m*; (*Brit*) (*metal*) chapa *f*; **~ of office** distintivo *m or* insignia *f* de su función
[2] (*fig*) señal *f*

**badger** ['bædʒəʳ] Ⓐ N tejón *m*
Ⓑ VT acosar, atormentar (**for** para obtener); **to ~ sb into doing sth** acosar a algn hasta que haga algo; **stop ~ing me!** ¡deja ya de fastidiarme!

**badinage** ['bædɪnɑːʒ] N chanzas *fpl*, bromas *fpl*

**badlands** ['bædlændz] NPL (*US*) tierras *fpl* malas, *región yerma, esp en los estados de Nebraska y Dakota del Sur*

**BAD**

**"Malo" shortened to "mal"**

• **Malo** must be shortened to **mal** before a masculine singular noun:
He was in a bad mood
***Estaba de mal humor***

**Position of "malo"**

• **Mal/Mala** *etc* precedes the noun in general comments. Here, there is no comparison, implied or explicit, with something better:
I'm afraid I have some bad news for you
***Me temo que traigo malas noticias para usted***
I've had a bad day today
***Hoy he tenido un mal día***
• **Malo/Mala** *etc* follows the noun when there is an implicit or explicit comparison with something good:
...his only bad day in the race...
***...su único día malo en la carrera...***

**Ser/Estar malo**

• Use **malo** with **ser** to describe inherent qualities and characteristics:
Smoking is bad for your health
***Fumar es malo para la salud***
This is a very bad film
***Esta película es malísima***
• Use **malo** with **estar** to describe unpleasant food or else to mean "unwell":
The food was really bad
***La comida estaba malísima***
He's been unwell lately
***Ha estado malo últimamente***

**Estar mal**

• Use **estar** with the adverb **mal** to give a general comment on a situation that seems bad or wrong:
Cheating in your exams is really bad
***Está muy mal que copies en los exámenes***
In the space of an hour I've signed fifty books. Not bad
***En una hora he firmado cincuenta libros. No está mal***
I managed to come second, which wasn't bad
***He conseguido acabar segundo, lo que no estuvo mal***
*For further uses and examples, see main entry.*

**badly** ['bædlɪ] ADV [1] (= *poorly*) mal; **he did ~ in his exams** los exámenes le fueron mal; **things are going ~** las cosas van mal; **we came off ~ in the deal** salimos mal parados del negocio; **~ made/written/designed** mal hecho/escrito/diseñado; **to sleep ~** dormir mal; *see also* **pay B1**
[2] (= *seriously, severely*) gravemente; **he was ~ injured** estaba gravemente herido; **they were ~ beaten** (*in contest*) sufrieron una seria derrota; (*physically*) les dieron una paliza tremenda; **to be ~ mistaken** estar muy equivocado; **it was a gamble that went ~ wrong** se corría un riesgo y salió muy mal; **the building was ~ damaged in the explosion** en la explosión el edificio resultó muy dañado
[3] (= *unfavourably*) **to speak/think ~ of sb** hablar/pensar mal de algn; **to reflect ~ on sb** dejar mal a algn; **"how did he take it?" — "badly"** —¿qué tal se lo tomó? —fatal
[4] (= *wrongly*) **to treat sb ~** tratar mal a algn; **to behave ~** portarse mal
[5] (= *very much*) [*want, need*] **~-needed medical supplies** medicamentos *mpl* que se necesitan desesperadamente; **it ~ needs painting** hace mucha falta pintarlo; **he ~**

**needs help** necesita ayuda a toda costa; **they ~ wanted a child** estaban desesperados por tener un niño; **we ~ need another assistant** nos hace muchísima falta otro ayudante

6 **to be ~ off** (= *poor*) andar *or* estar mal de dinero; **we are ~ off for coal** andamos mal de carbón; **you're not that ~ off, you only have to work 20 hours a week** no estás tan mal, sólo tienes que trabajar 20 horas por semana

**badman** ['bædmæn] (*pl* **badmen**) N (*esp US*) gángster *m*

**bad-mannered** ['bæd'mænəd] ADJ maleducado, grosero

**badminton** ['bædmɪntən] N bádminton *m*

**badmouth*** ['bæd,maʊθ] VT hablar pestes de*

**badness** ['bædnɪs] N 1 (= *wickedness*) maldad *f*
2 (= *poor quality*) mala calidad *f*

**bad-tempered** ['bæd'tempəd] ADJ [*person*] (*temporarily*) de mal humor; (*permanently*) de mal genio, de mal carácter; [*argument*] fuerte; [*tone etc*] áspero, malhumorado

**Bae** N ABBR (= **British Aerospace**) ≈ CASA *f*

**Baffin** ['bæfɪn] N **~ Bay** Bahía *f* de Baffin; **~ Island** Tierra *f* de Baffin

**baffle** ['bæfl] Ⓐ VT 1 (= *perplex*) desconcertar; **at times you ~ me** a veces me desconciertas; **the problem ~s me** el problema me tiene perplejo, no le veo solución alguna al problema; **the police are ~d** la policía está desconcertada *or* perpleja
2 (*frm*) (= *frustrate*) [+ *progress*] impedir; [+ *plan, attempt*] frustrar; **it ~s description** es imposible describirlo
Ⓑ N (*also* **~ board, ~ plate**) deflector *m*; (*Rad*) pantalla *f* acústica

**bafflement** ['bæflmənt] N desconcierto *m*, perplejidad *f*

**baffling** ['bæflɪŋ] ADJ [*action*] incomprensible, desconcertante; [*crime*] misterioso; [*problem*] dificilísimo

**BAFTA** ['bæftə] N ABBR = **British Academy of Film and Television Arts**

**bag** [bæg] Ⓐ N 1 [*of paper, plastic*] bolsa *f*; (= *large sack*) costal *m*; (= *handbag*) bolso *m*, cartera *f* (*LAm*); (= *suitcase*) maleta *f*, valija *f* (*LAm*), veliz *m* (*Mex*); (*carried over shoulder*) zurrón *m*, mochila *f*; **a ~ of sweets/chips** una bolsa de caramelos/patatas fritas; **to pack one's ~s** hacer las maletas; **they threw him out ~ and baggage** lo pusieron de patitas en la calle; **he was like a ~ of bones** estaba como un esqueleto; **it's a mixed ~*** hay un poco de todo; **the whole ~ of tricks*** todo el rollo*; ♦***IDIOMS* to be left holding the ~** (*US**) cargar con el muerto*; **to be in the ~***: **it's in the ~** es cosa segura, está en el bote (*Sp**); **we had the game nearly in the ~** el partido estaba casi ganado, teníamos el partido casi en el bote (*Sp**); **not to be sb's ~** (*US**) **it's not his ~** no es lo suyo
2 (*Hunting*) cacería *f*, piezas *fpl* cobradas; **a good day's ~** una buena cacería
3 **bags** (= *baggage*) equipaje *m*; (*Brit**) (= *trousers*) pantalones *mpl*; **~s under the eyes** ojeras *fpl*
4 **~s of** (*Brit**) (= *lots*) un montón de; **we've ~s of time** tenemos tiempo de sobra
5 (= *woman*) **old ~*** bruja* *f*
Ⓑ VT 1 (*also* **~ up**) [+ *goods, groceries*] meter en una bolsa/en bolsas
2 (*Hunting*) cazar; (= *shoot down*) derribar
3 (*) (= *get possession of*) pillar*, hacerse con; (*Brit*) (= *claim in advance*) reservarse; **I ~s that** eso pa' mí
Ⓒ VI (*also* **~ out**) [*garment*] hacer bolsas
Ⓓ CPD ► **bag lady*** N indigente *f* vagabunda ► **bag snatcher** N ladrón/a *m/f* de bolsos

**bagatelle** [,bægə'tel] N 1 (= *trifle*) bagatela *f*
2 (= *board game*) bagatelle *f*
3 (*Billiards*) billar *m* romano
4 (*Mus*) bagatela *f*

**bagel** ['beɪgl] N (*US*) *especie de bollo en forma de aro*

**bagful** ['bægfʊl] N bolsa *f* (lleno)

**baggage** ['bægɪdʒ] Ⓐ N 1 (= *luggage*) equipaje *m*; (*Mil*) bagaje *m*
2 (*fig*) (*Psych*) bagaje *m*
3 (†*) (= *woman*) bruja* *f*
Ⓑ CPD ► **baggage allowance** N límite *m* de equipaje ► **baggage car** N (*US*) furgón *m* de equipajes ► **baggage check** N talón *m* de equipaje ► **baggage (check)room** N (*US*) consigna *f* ► **baggage handler** N despachador(a) *m/f* de equipaje ► **baggage locker** N consigna *f* automática ► **baggage (re)claim** N recogida *f* de equipaje ► **baggage train** N tren *m* de equipajes

**baggy** ['bægɪ] ADJ (*compar* **baggier**; *superl* **baggiest**) ancho; [*trousers*] (*at the knees*) con bolsas en las rodillas; (= *wide*) abombachado

**Baghdad** [,bæg'dæd] N Bagdad *m*

**bagpiper** ['bægpaɪpəʳ] N gaitero *m*

**bagpipes** ['bægpaɪps] NPL gaita *fsing*

**bag-snatching** ['bæg,snætʃɪŋ] N tirón *m* (de bolsos)

**baguette** [bæ'get] N baguette *f*, barrita *f* de pan

**bah** [bɑ:] EXCL ¡bah!

**Bahamas** [bə'hɑ:məz] NPL **the ~** las Bahamas

**Bahrain** [bɑ:'reɪn] N Bahrein *m*

**Bahraini** [bɑ:'reɪnɪ] Ⓐ ADJ bahreiní
Ⓑ N bahreiní *mf*

**bail[1]** [beɪl] (*Jur*) Ⓐ N (*Jur*) fianza *f*; **on ~** bajo fianza; **he's out on ~** está libre bajo fianza; **to be released on ~** ser puesto en libertad bajo fianza; **to jump ~*** fugarse estando bajo fianza; **to go** *or* **stand ~ for sb** pagar la fianza de algn
Ⓑ VT (*Jur*) (*also* **~ out**) pagar la fianza de
Ⓒ CPD ► **bail bandit*** N (*Brit*) *persona que comete un delito estando en libertad bajo fianza* ► **bail bond** N (*US*) fianza *f*

►**bail out** VT + ADV **to ~ sb out** (*Jur*) pagar la fianza de algn; (*fig*) echar un cable a algn

**bail[2]** [beɪl] N (*Cricket*) palito *m* corto

**bail[3]** [beɪl] VT (*Naut*) achicar

►**bail out** Ⓐ VI + ADV (*Aer*) lanzarse *or* tirarse en paracaídas
Ⓑ VT + ADV (*US*) = **bale out**

**bailiff** ['beɪlɪf] N 1 (*Jur*) alguacil *m*
2 (*on estate*) administrador(a) *m/f*

**bailiwick** ['beɪlɪwɪk] N 1 (*Jur*) alguacilazgo *m*
2 (*esp US*) (*fig*) (= *speciality*) ámbito *m* de actuación

**bain-marie** [bɛ̃mə'ri] N (*pl* **bains-marie**) baño *m* de María

**bairn** [beən] N (*Scot, N Eng*) niño/a *m/f*

**bait** [beɪt] Ⓐ N (*Fishing, Hunting*) cebo *m*; (*fig*) anzuelo *m*, cebo *m*; ♦***IDIOMS* to rise to the ~: he didn't rise to the ~** no picó; **to swallow the ~** (*lit*) picar; (*fig*) morder el anzuelo, caer en la trampa
Ⓑ VT 1 [+ *hook, trap*] cebar
2 (= *torment*) [+ *person, animal*] atormentar

**baize** [beɪz] N paño *m*; **green ~** tapete *m* verde

**bake** [beɪk] Ⓐ VT 1 [+ *food*] cocer (al horno); [+ *bricks etc*] cocer; **to ~ one's own bread** hacer el pan en casa; **~d beans** judías *fpl* en salsa de tomate; **~d potato** patata *f or* (*LAm*) papa *f* al horno
2 (= *harden*) endurecer
Ⓑ VI 1 [*person*] **I love to ~** me gusta hacer pasteles/pan *etc* al horno
2 [*bread, cake*] hacerse en el horno
3 (*fig*) (= *swelter*) **we were baking in the heat** nos asábamos de calor
Ⓒ N (*Brit Culin*) *pastel salado cocinado al horno esp con verduras o pescado*

**bakehouse** ['beɪkhaʊs] N (*pl* **bakehouses** ['beɪkhaʊzɪz]) tahona *f*, panadería *f*

**Bakelite**® ['beɪkəlaɪt] N baquelita *f*

**baker** ['beɪkəʳ] N panadero/a *m/f*; [*of cakes*] pastelero/a *m/f*; **~'s (shop)** (*for bread*) panadería *f*; (*for cakes*) pastelería *f*; **~'s dozen** docena *f* de fraile

**bakery** ['beɪkərɪ] N (*for bread*) panadería *f*; (*for cakes*) pastelería *f*

**bakeware** ['beɪkwɛəʳ] N fuentes *fpl* de horno

**Bakewell tart** [,beɪkwəl'tɑ:t] N *tarta hecha a base de almendras, mermelada y azúcar en polvo*

**baking** ['beɪkɪŋ] Ⓐ N 1 (= *activity*) **she does the ~ on Monday** los lunes hace el pan/los pasteles etc
2 (= *batch*) hornada *f*
Ⓑ ADJ (*) (= *hot*) **it's ~ (hot) in here** esto es un horno; **a ~ hot day** un día de calor asfixiante
Ⓒ CPD ► **baking chocolate** N (*US*) chocolate *m* fondant ► **baking dish** N fuente *f* para el horno ► **baking pan** N = **baking tin** ► **baking powder** N Royal® *m*, levadura *f* en polvo (*Sp*) ► **baking sheet** N = **baking tray** ► **baking soda** N bicarbonato *m* de soda ► **baking tin** N molde *m* (para el horno) ► **baking tray** N bandeja *f* de horno

**baksheesh** ['bækʃi:ʃ] N propina *f*

**bal.** ABBR = **balance**

**balaclava** [,bælə'klɑ:və] N (*also* **~ helmet**) pasamontañas *m inv*

**balalaika** [,bælə'laɪkə] N balalaica *f*

**balance** ['bæləns] Ⓐ N 1 (= *equilibrium*) equilibrio *m*; **a nice ~ of humour and pathos** un sutil equilibrio entre el humor y el patetismo; **the ~ of his mind was disturbed** (*frm*) su mente estaba desequilibrada; **in ~** en equilibrio, equilibrado; **to keep one's ~** mantener el equilibrio; **to lose one's ~** perder el equilibrio; **the ~ of nature** el equilibrio de la naturaleza; **off ~: he's a bit off ~** (*mentally*) está un poco desequilibrado; **to catch sb off ~** pillar a algn desprevenido; **to throw sb off ~** (*lit*) hacer que algn pierda el equilibrio; (*fig*) desconcertar a algn; **on ~** (*fig*) teniendo *or* tomando en cuenta todos los factores, una vez considerados todos los factores (*frm*); **to be out of ~** [*mechanism, wheel*] estar desequilibrado; **~ of power** (*Mil, Comm*) equilibrio *m* de poder; (*Phys*) equilibrio *m* de fuerzas; **to redress the ~** restablecer el equilibrio; **he has no sense of ~** no tiene sentido del equilibrio; **to strike a ~** conseguir *or* establecer un equilibrio
2 (= *scales*) balanza *f*; **to be** *or* **hang in the ~** (*fig*) estar pendiente de un hilo
3 (*Comm*) saldo *m*; **what's my ~?** ¿qué saldo tengo?; **to pay off the ~ of an account** liquidar el saldo de una cuenta; **bank ~** saldo *m*; **~ carried forward** balance *m* a cuenta nueva; **closing ~** saldo *m* de cierre; **credit/debit ~** saldo *m* acreedor/deudor; **~ of payments/trade** balanza *f* de pagos/comercio
4 (= *remainder*) [*of items*] resto *m*; [*of money*] saldo *m*; **~ due** saldo *m* deudor; **~ outstanding** saldo *m* pendiente
5 (*Audio*) balance *m*
Ⓑ VT 1 (= *place in equilibrium*) [+ *weight*] equilibrar; [+ *object*] poner/mantener en equilibrio; (*Aut*) [+ *wheel*] nivelar; **he ~d the glass on top of the books** puso el vaso en equilibrio sobre los libros; **the seal ~d the ball on its nose** la foca mantenía la pelota

en equilibrio sobre su hocico; **he ~d himself on one foot** se mantuvo en equilibrio sobre un pie; **cats use their tails to ~ themselves** los gatos utilizan el rabo para equilibrarse
[2] (= *compare*) comparar, sopesar; (= *make up for*) compensar; **this increase must be ~d against the rate of inflation** hay que sopesar este aumento y la tasa de inflación
[3] (*Comm*) **to ~ an account** hacer el balance de una cuenta; **to ~ the books** hacer balance, hacer cuadrar las cuentas; **to ~ the budget** nivelar el presupuesto; **to ~ the cash** hacer caja
Ⓒ VI [1] (= *keep equilibrium*) mantener el equilibrio, mantenerse en equilibrio
[2] (*Comm*) [*accounts*] cuadrar
Ⓓ CPD ► **balance sheet** N balance *m*, hoja *f* de balance ► **balance weight** N contrapeso *m*

►**balance out** Ⓐ VT + ADV (*fig*) compensar; **the two things ~ each other out** las dos cosas se compensan mutuamente
Ⓑ VI + ADV **the profits and losses ~ out** las ganancias y las pérdidas se compensan

►**balance up** VT + ADV finiquitar, saldar

**balanced** ['bælənst] ADJ [*meal, view, person, budget*] equilibrado; **evenly ~** ◊ **well ~** bien equilibrado; **a ~ diet** una dieta equilibrada

**balancing** ['bælənsɪŋ] Ⓐ N [1] (= *equilibrium*) **~ on a high wire is not easy** mantener el equilibrio en la cuerda floja no es fácil
[2] (*Comm, Fin*) **~ of accounts** balance *m* de cuentas; **~ of the books** balance *m* de los libros
Ⓑ CPD ► **balancing act** N ✦*IDIOM* **to do a ~ act (between)** hacer malabarismos (con)

**balcony** ['bælkənɪ] N balcón *m*; (*interior, Theat*) galería *f*; (*large*) terraza *f*; **first/second ~** (*US Theat*) primer/segundo piso *m*

**bald** [bɔːld] Ⓐ ADJ (*compar* **balder**; *superl* **baldest**) [1] (= *hairless*) [*person, head*] calvo; (= *shaven*) pelado; **~ patch** (*on head*) calva *f*, claro *m*; (*on animal*) calva *f*; **he can't spend much on the barber's, with that ~ head of his** con lo calvo que está no puede gastar mucho en peluquería; **to go ~** quedarse calvo; ✦*IDIOM* **(as) ~ as an egg** *or* **a coot** más calvo que una bola de billar
[2] (= *worn*) [*tyre*] desgastado, gastado; [*lawn*] pelado; **~ patches on the lawn/carpet** calvas *fpl* en el césped/la alfombra
[3] (= *unadorned*) [*statement*] directo, sin rodeos; [*style*] escueto; **these are the ~ facts** estos son los hechos sin más
Ⓑ CPD ► **bald eagle** N águila *f* de cabeza blanca

**balderdash** ['bɔːldədæʃ] N tonterías *fpl*

**bald-headed** ['bɔːld'hedɪd] ADJ calvo; ✦*IDIOM* **to go ~ into*** lanzarse ciegamente a

**balding** ['bɔːldɪŋ] ADJ parcialmente calvo

**baldly** ['bɔːldlɪ] ADV (*fig*) [*state*] sin rodeos

**baldness** ['bɔːldnɪs] N [1] [*of person*] calvicie *f*
[2] [*of tyre*] desgaste *m*
[3] [*of statement*] lo directo; [*of style*] lo escueto

**baldy*** ['bɔːldɪ] N calvo *m*

**bale¹** [beɪl] N [*of cloth*] bala *f*; [*of hay*] fardo *m*, bala *f*

**bale²** [beɪl] *see* **bale out**

►**bale out** VT + ADV (*Naut*) [+ *water*] achicar; [+ *ship*] achicar *or* sacar el agua de

**Bâle** [bɑːl] N Basilea *f*

**Balearic** [ˌbælɪ'ærɪk] ADJ **the ~ Islands** las Islas Baleares

**Balearics** [ˌbælɪ'ærɪks] NPL **the ~** las Baleares

**baleful** ['beɪlfʊl] ADJ [*influence, presence*] funesto, siniestro; [*look, stare*] torvo, hosco; **to give sb a ~ look** dirigir a algn una mirada torva *or* hosca, mirar a algn de forma torva *or* hosca

**balefully** ['beɪlfəlɪ] ADV [*stare, look, say*] siniestramente, con hostilidad

**baler** ['beɪlər] N (*Agr*) empacadora *f*, enfardadora *f*

**balk** [bɔːk] Ⓐ N [1] (*Agr*) caballón *m*
[2] (*Billiards*) cabaña *f*
[3] (= *building timber*) viga *f*
Ⓑ VT (= *thwart*) impedir; (= *miss*) perder, no aprovechar; **we were ~ed of the chance to see it** perdimos la oportunidad de verlo
Ⓒ VI **to ~ (at)** [*horse*] plantarse (ante); (*fig*) [*person*] **some students ~ at carrying out animal experiments** algunos estudiantes se muestran reacios *or* se resisten a llevar a cabo experimentos con animales

**Balkan** ['bɔːlkən] Ⓐ ADJ balcánico
Ⓑ N **the ~s** los Balcanes

**balkanization** ['bɔːlkənaɪ'zeɪʃən] N balcanización *f*

**ball¹** [bɔːl] Ⓐ N [1] (*Tennis, Cricket, Golf etc*) pelota *f*; (*Ftbl*) balón *m*; (= *sphere*) bola *f*; **to play ~ (with sb)** (*lit*) jugar a la pelota (con algn); (*fig*) cooperar (con algn); **to roll (o.s.) up into a ~** hacerse un ovillo; **the ~ is with you** *or* **in your court** (*fig*) te corresponde a ti dar el siguiente paso; **that's the way the ~ bounces** (*US**) así es la vida, así son las cosas; **the whole ~ of wax** (*US**) (*fig*) toda la historia*; ✦*IDIOMS* **to be behind the eight ~** (*US*) estar en apuros; **to be on the ~** estar al tanto, ser muy despabilado; **you have to be on the ~ for this** para esto hay que estar al tanto; **to have a lot on the ~** (*US**) tener mucho talento; **to keep one's eye on the ~** no perder de vista lo principal; **to start/keep the ~ rolling** poner/mantener la cosa en marcha; **to be a ~ of fire**: **he's a real ~ of fire** es muy dinámico; **he's not exactly a ~ of fire** no es que sea muy dinámico que digamos; **to keep several ~s in the air** hacer varias cosas al mismo tiempo; **to pick up** *or* **take the ~ and run with it** tomar el testigo e intentarlo
[2] (*Mil*) bala *f*; **~ and chain** (*lit*) grillete *m* con bola; (*fig*) atadura *f*
[3] [*of wool*] ovillo *m*
[4] (*Anat*) [*of foot*] pulpejo *m*; [*of thumb*] base *f*
[5] (**) (= *testicle*) cojón** *m*, huevo** *m*
[6] **balls** (*Brit***) (= *nonsense*) pavadas* *fpl*, huevadas *fpl* (*Andes, Chile***); (= *courage*) cojones** *mpl*, pelotas** *fpl*; ✦*IDIOM* **to break** *or* **bust sb's ~s** joder la existencia a algn**
Ⓑ VT [1] (*also* **~ up**) [+ *handkerchief etc*] hacer una bola con
[2] (*esp US***) (= *have sex with*) echarse un polvo con**, tirarse**
Ⓒ VI [1] (*also* **~ up**) [*fist etc*] hacerse una bola
[2] (*esp US***) (= *have sex*) echarse un polvo**, follar (*Sp***), chingar (*Mex***)
Ⓓ CPD ► **ball and socket joint** N junta *f* articulada ► **ball bearing** N cojinete *m* de bolas, balero *m* (*Mex*), rulemán *m* (*S. Cone*) ► **ball boy** N (*Tennis*) recogedor *m* de pelotas ► **ball control** N (*Ftbl*) dominio *m* del balón ► **ball game** N (*US*) partido *m* de béisbol; **this is a different ~ game*** (*fig*) esto es otro cantar*, esto es algo muy distinto; **it's a whole new ~ game*** (*fig*) las cosas han cambiado totalmente; → BASEBALL ► **ball girl** N (*Tennis*) recogedora *f* de pelotas ► **ball joint** N junta *f* articulada ► **ball lightning** N (*Met*) relámpago *m* en bola *or* en globo

►**ball up** Ⓐ VT + ADV [1] = **ball B**
[2] (*US***) = **balls up**
Ⓑ VI + ADV = **ball C**

►**balls up**** VT + ADV estropear, joder**

**ball²** [bɔːl] N [1] (= *dance*) baile *m* de etiqueta
[2] (*) (= *good time*) **we had a ~** lo pasamos en grande*

**ballad** ['bæləd] N balada *f*; (*Spanish*) romance *m*, corrido *m* (*Mex*)

**ballade** [bæ'lɑːd] N (*Mus*) balada *f*

**ballast** ['bæləst] Ⓐ N (*Naut*) (*fig*) lastre *m*; (*Rail*) balasto *m*; **in ~** en lastre
Ⓑ VT (*Naut*) lastrar; (*Rail*) balastar

**ballcock** ['bɔːlkɒk] N llave *f* de bola *or* de flotador

**ballerina** [ˌbælə'riːnə] N bailarina *f* (de ballet); **prima ~** primera bailarina *f*

**ballet** ['bæleɪ] Ⓐ N ballet *m*
Ⓑ CPD ► **ballet dancer** N bailarín/ina *m/f* (de ballet) ► **ballet school** N escuela *f* de ballet ► **ballet shoes** NPL zapatillas *fpl* de ballet ► **ballet skirt** N falda *f* de bailarina *or* de ballet

**balletic** [bæ'letɪk] ADJ [*grace, movements*] de bailarina, de ballet

**ballgown** ['bɔːlgaʊn] N traje *m* de fiesta, vestido *m* de gala

**ballistic** [bə'lɪstɪk] Ⓐ ADJ balístico; ✦*IDIOM* **to go ~*** subirse por las paredes*
Ⓑ CPD ► **ballistic missile** N misil *m* balístico

**ballistics** [bə'lɪstɪks] NSING balística *f*

**balloon** [bə'luːn] Ⓐ N globo *m*; (*in cartoons*) bocadillo *m*; **then the ~ went up*** luego se armó la gorda*; ✦*IDIOM* **to go down like a lead ~***: **that went down like a lead ~** eso cayó muy mal, eso cayo fatal*
Ⓑ VI [1] [*injury*] hincharse (como un tomate)
[2] (*also* **to ~ out**) [*sail*] hincharse como un globo; [*skirt*] inflarse

**ballooning** [bə'luːnɪŋ] N **to go ~** montar en globo

**balloonist** [bə'luːnɪst] N ascensionista *mf*, aeronauta *mf*

**ballot** ['bælət] Ⓐ N (= *voting*) votación *f*; (= *paper*) papeleta *f* (de voto); **on the first ~** a la primera votación; **to take a ~ on sth** someter algo a votación; **there will be a ~ for the remaining places** se sortearán las plazas restantes; **to vote by secret ~** votar en secreto
Ⓑ VT **to ~ the members on a strike** someter la huelga a votación entre los miembros
Ⓒ VI [1] (= *vote*) votar
[2] (= *draw lots*) **to ~ for** [+ *tickets*] rifar, sortear; **to ~ for a place** sortear un puesto
Ⓓ CPD ► **ballot box** N urna *f* ► **ballot box stuffing** N (*US*) fraude *m* electoral, pucherazo* *m* ► **ballot paper** N papeleta *f* (de voto)

**balloting** ['bælətɪŋ] N votación *f*

**ballpark** ['bɔːlpɑːk] Ⓐ N (*US*) estadio *m* de béisbol; ✦*IDIOM* **to be in the same ~**: **it's in the same ~** está en la misma categoría; → BASEBALL
Ⓑ CPD ► **ballpark estimate** N cálculo *m* aproximado ► **ballpark figure**, **ballpark number** N cifra *f* aproximada

**ballplayer**, **ball player** ['bɔːlˌpleɪər] N (*US*) (*Baseball*) jugador(a) *m/f* de béisbol; (*Basketball*) baloncestista *mf*; (*Ftbl*) jugador(a) *m/f* de fútbol americano

**ballpoint (pen)** ['bɔːlpɔɪnt('pen)] N bolígrafo *m*, birome *m or f* (*S. Cone*)

**ballroom** ['bɔːlrʊm] Ⓐ N salón *m or* sala *f* de baile
Ⓑ CPD ► **ballroom dancing** N baile *m* de salón

**balls-up**** ['bɔːlzʌp], **ball-up**** ['bɔːlʌp] (*US*)

N cagada** *f*; **he made a ~ of the job** lo jodió todo**

**ballsy*** ['bɔːlzɪ] ADJ de armas tomar*, con agallas*

**bally*** ['bælɪ] ADJ (*Brit*) puñetero*

**ballyhoo*** [ˌbælɪ'huː] N (= *publicity*) bombo* *m*, propaganda *f* estrepitosa

**balm** [bɑːm] N (*also fig*) bálsamo *m*

**balmy** ['bɑːmɪ] ADJ (*compar* **balmier**; *superl* **balmiest**) [1] (*liter*) (= *soothing*) balsámico
[2] (= *mild*) [*breeze, air*] suave, cálido
[3] (*) = **barmy**

**baloney*** (*esp US*) [bə'ləʊnɪ] N tonterías *fpl*, chorradas *fpl* (*Sp**)

**BALPA** ['bælpə] N ABBR (= **British Airline Pilots' Association**) ≈ SEPLA *m*

**balsa** ['bɔːlsə] N (*also* **~ wood**) (madera *f* de) balsa *f*

**balsam** ['bɔːlsəm] N bálsamo *m*

**balti** ['bɔːltɪ] N (*Culin*) *especialidad de comida india con verduras o carne cocinadas en una cazuela de fondo cóncavo*

**Baltic** ['bɔːltɪk] Ⓐ ADJ báltico; **the ~ states** los estados bálticos; **one of the ~ ports** uno de los puertos del mar Báltico
Ⓑ N **the ~ (Sea)** el mar Báltico

**balustrade** [ˌbæləs'treɪd] N balaustrada *f*, barandilla *f*

**bamboo** [bæm'buː] Ⓐ N (= *cane, plant*) bambú *m*
Ⓑ CPD ► **the Bamboo Curtain** N el Telón de Bambú ► **bamboo shoots** NPL brotes *mpl* de bambú

**bamboozle*** [bæm'buːzl] VT enredar, engatusar; **she was ~d into buying it** la enredaron *or* engatusaron para que lo comprara

**ban** [bæn] Ⓐ N prohibición *f* (**on** de); **to be under a ~** estar prohibido; **to put a ~ on sth** prohibir algo; **to lift the ~ on sth** levantar la prohibición de algo
Ⓑ VT [+ *activity, book*] prohibir; [+ *person*] excluir (**from** de); **Ban the Bomb Campaign** Campaña *f* contra la Bomba Atómica; **he was ~ned from the club** le prohibieron la entrada en el club, lo excluyeron del club; **he was ~ned from driving** le retiraron el carnet de conducir; **the bullfighter was ~ned for three months** al torero le prohibieron torear durante tres meses

**banal** [bə'nɑːl] ADJ banal

**banality** [bə'nælɪtɪ] N banalidad *f*

**banana** [bə'nɑːnə] Ⓐ N (= *fruit*) plátano *m*, banana *f* (*LAm*); (= *tree*) platanero *m*, banano *m* (*LAm*)
Ⓑ CPD ► **banana boat** N barco *m* bananero ► **banana republic** N república *f* bananera ► **banana skin** N piel *f* de plátano; (*fig*) problema *m* no previsto ► **banana tree** N platanero *m*, banano *m* (*LAm*)

**bananas*** [bə'nɑːnəz] ADJ chalado*; **to go ~** perder la chaveta* (**over** por)

**band[1]** [bænd] Ⓐ N [1] (= *strip of material*) faja *f*, tira *f*; (= *ribbon*) cinta *f*; (= *edging*) franja *f*; [*of cigar*] vitola *f*, faja *f*; [*of wheel*] fleje *m*; (= *ring*) anillo *m*, sortija *f* (*LAm*); (= *armband*) brazalete *m*; (= *hatband*) cintillo *m*; [*of harness*] correa *f*; (= *stripe*) raya *f*; [*of territory*] faja *f*; *see also* **rubber[1] B**
[2] (*Rad*) (= *waveband*) banda *f*
[3] [*of statistics, tax etc*] banda *f*
Ⓑ VT [+ *tax, property*] dividir en bandas
Ⓒ CPD ► **band saw** N sierra *f* de cinta

**band[2]** [bænd] N [1] (*Mus*) orquesta *f*, conjunto *m*; (*Mil*) (= *brass band*) banda *f*; (= *pop group*) grupo *m*; **then the ~ played** (*US**) (*fig*) y se armó la gorda*
[2] (= *group of people*) cuadrilla *f*, grupo *m*; (*pej*) (= *gang*) pandilla *f*

►**band together** VI + ADV juntarse, asociarse; (*pej*) apandillarse

**bandage** ['bændɪdʒ] Ⓐ N venda *f*
Ⓑ VT (*also* **to ~ up**) vendar; **with a ~d hand** con una mano vendada

**Band-Aid®** ['bændeɪd] N (*esp US*) tirita *f* (*Sp*), curita *f* (*LAm*)

**bandan(n)a** [bæn'dænə] N pañuelo *m*

**B & B** N ABBR (= **bed and breakfast**) *alojamiento y desayuno*; → BED AND BREAKFAST

**bandbox** ['bændbɒks] N sombrerera *f*

**banding** ['bændɪŋ] N (*Brit Scol*) calificaciones *fpl* por letras

**bandit** ['bændɪt] N bandido *m*; *see also* **one-armed**

**banditry** ['bændɪtrɪ] N bandolerismo *m*, bandidismo *m*

**bandleader** ['bændliːdəʳ] N líder *mf* de banda

**bandmaster** ['bændmɑːstəʳ] N director *m* de banda

**bandolier** [ˌbændə'lɪəʳ] N bandolera *f*

**bandsman** ['bændzmən] N (*pl* **bandsmen**) músico *m* (de banda)

**bandstand** ['bændstænd] N quiosco *m* de música

**bandwagon** ['bændˌwægən] N ✦**IDIOM to jump** *or* **climb on the ~** subirse al carro *or* al tren

**bandy[1]** ['bændɪ] VT [+ *jokes, insults*] cambiar, intercambiar; **don't ~ words with me!** ¡no discuta conmigo!

►**bandy about** VT + ADV **the story was bandied about that ...** se rumoreaba que ...; **to ~ sb's name about** circular el nombre de algn

**bandy[2]** ['bændɪ], **bandy-legged** ['bændɪ'legd] ADJ estevado

**bane** [beɪn] N (*liter*) (= *poison*) veneno *m*; (*fig*) plaga *f*, azote *m*; **it's the ~ of my life** me amarga la vida

**baneful** ['beɪnfʊl] ADJ (*liter*) (= *poisonous*) nocivo; (= *destructive*) funesto, fatal

**banefully** ['beɪnfəlɪ] ADV (*liter*) (= *poisonously*) nocivamente; (= *destructively*) funestamente, fatalmente

**bang** [bæŋ] Ⓐ N (= *noise*) [*of explosion*] estallido *m*; [*of door*] portazo *m*; [*of blow*] porrazo *m*, golpe *m*; **the door closed with a ~** la puerta se cerró de golpe; ✦**IDIOMS to go with a ~***: **it went with a ~** fue todo un éxito; **not with a ~ but a whimper** no con un estallido sino con un sollozo; **to get more ~ for the buck** *or* **more ~s for your bucks** (*esp US**) llevarse más por el mismo precio
Ⓑ ADV [1] **to go ~** hacer ¡pum!, estallar; **~ went £10*** adiós 10 libras
[2] (*) justo, exactamente; **~ in the middle** justo en (el) medio; **I ran ~ into a traffic jam** me encontré de repente en un embotellamiento; **it hit him ~ on the ear** le dio justo en la oreja, le dio en toda la oreja*; **~ on!** ¡acertado!; **the answer was ~ on** (*Brit*) la respuesta dio en el blanco; **~ on time** (*Brit*) a la hora justa; **it was ~ on target** (*Brit*) dio justo en el blanco; **~ up to date** totalmente al día; **to keep ~ up to date** mantenerse totalmente al día; **this production is ~ up to date** este montaje está de rabiosa actualidad
Ⓒ VT [1] (= *strike*) golpear; **to ~ the door** dar un portazo; **to ~ one's head (on sth)** dar con la cabeza (contra algo); **he ~ed himself against the wall** se dio contra la pared; **to ~ one's fist on the table** dar un puñetazo en la mesa
[2] (**) (= *have sex with*) echarse un polvo con**, tirarse**
Ⓓ VI (= *explode*) explotar, estallar; (= *slam*) [*door*] cerrarse de golpe; **downstairs a door ~ed** abajo se cerró de golpe una puerta; **to ~ at** *or* **on sth** dar golpes en algo
Ⓔ EXCL ¡pum!; (*of a blow*) ¡zas!

►**bang about, bang around** VI + ADV moverse ruidosamente

►**bang away** VI + ADV [*guns*] disparar estrepitosamente; [*workman*] martillear; **she was ~ing away on the piano** aporreaba el piano

►**bang down** VT + ADV [+ *receiver*] colgar de golpe; **he ~ed it down on the table** lo arrojó violentamente sobre la mesa

►**bang into** VI + PREP (= *collide with*) chocar con, darse contra

►**bang on*** VI + ADV (*Brit*) **to ~ on about sth** dar la tabarra con algo*

►**bang out** VT + ADV [+ *tune*] tocar ruidosamente

►**bang together** VT + ADV [+ *heads*] hacer chocar; **I'll ~ your heads together!** ¡voy a dar un coscorrón a los dos!; **the leaders should have their heads ~ed together** hay que obligar a los jefes a que lleguen a un acuerdo

►**bang up*** VT + ADV (*Brit*) [+ *prisoner*] encerrar (en su celda)

**banger*** ['bæŋəʳ] (*Brit*) N [1] (= *sausage*) salchicha *f*
[2] (= *firework*) petardo *m*
[3] (= *old car*) armatoste* *m*, cacharro* *m*

**Bangkok** [bæŋ'kɒk] N Bangkok *m*

**Bangladesh** [ˌbæŋglə'deʃ] N Bangladesh *m*

**Bangladeshi** [ˌbæŋglə'deʃɪ] Ⓐ ADJ bangladesí
Ⓑ N bangladesí *mf*

**bangle** ['bæŋgl] N brazalete *m*, pulsera *f*

**bangs** [bæŋz] NPL (*US*) (= *fringe*) flequillo *m*

**bang-up*** ['bæŋʌp] ADJ (*US*) tope, guay (*Sp**)

**banish** ['bænɪʃ] VT [+ *person*] expulsar, desterrar; (*fig*) [+ *thought, fear*] desterrar, apartar (**from** de); **to ~ a topic from one's conversation** desterrar un tema de la conversación

**banishment** ['bænɪʃmənt] N destierro *m*

**banisters** ['bænɪstəz] NPL barandilla *f*, pasamanos *m inv*

**banjax*** ['bændʒæks] VT (*esp US*) dar una paliza a

**banjo** ['bændʒəʊ] N (*pl* **banjoes, banjos**) banjo *m*

**bank[1]** [bæŋk] Ⓐ N [1] [*of river etc*] orilla *f*; (= *small hill*) loma *f*; (= *embankment*) terraplén *m*; (= *sandbank*) banco *m*; (= *escarpment*) escarpa *f*; [*of clouds*] grupo *m*; [*of snow*] montículo *m*; [*of switches*] batería *f*, serie *f*; [*of phones*] equipo *m*, batería *f*; [*of oars*] hilera *f*
[2] (*Aer*) inclinación *f* lateral
Ⓑ VT [1] (*also* **~ up**) [+ *earth, sand*] amontonar, apilar; [+ *fire*] alimentar (*con mucha leña o carbón*)
[2] (*Aer*) ladear
Ⓒ VI [1] (*Aer*) ladearse
[2] **to ~ up** [*clouds etc*] acumularse

**bank[2]** [bæŋk] (*Comm, Fin*) Ⓐ N (*Fin*) banco *m*; (*in games*) banca *f*; (*also* **savings ~**) caja *f* de ahorros; **Bank of England** Banco *m* de Inglaterra; **Bank of International Settlements** (*US*) Banco *m* Internacional de Pagos; **Bank of Spain** Banco *m* de España; ✦**IDIOM to break the ~** hacer saltar *or* quebrar la banca
Ⓑ VT [+ *money*] depositar en un/el banco, ingresar
Ⓒ VI **we ~ with Smith** tenemos la cuenta en

el banco Smith
Ⓓ CPD ► **bank acceptance** N letra *f* de cambio ► **bank account** N cuenta *f* bancaria ► **bank balance** N saldo *m*; **this won't be good for my ~ balance** esto no será bueno para mi situación financiera ► **bank bill** N (*Brit*) letra *f* de cambio; (*US*) billete *m* de banco ► **bank book** N libreta *f* (de depósitos); (*in savings bank*) cartilla *f* ► **bank card** N tarjeta *f* bancaria ► **bank charges** NPL (*Brit*) comisión *f* ► **bank clerk** N (*Brit*) empleado/a *m/f* de banco ► **bank credit** N crédito *m* bancario ► **bank deposits** NPL depósitos *mpl* bancarios ► **bank draft** N letra *f* de cambio ► **bank giro** N giro *m* bancario ► **bank holiday** N (*Brit*) fiesta *f*, día *m* festivo, (día *m*) feriado *m* (*LAm*) ► **bank loan** N préstamo *m* bancario ► **bank manager** N director(a) *m/f* de banco ► **bank rate** N tipo *m* de interés bancario ► **bank robber** N ladrón *m* de banco ► **bank run** N (*US*) asedio *m* de un banco ► **bank statement** N estado *m* de cuenta ► **bank transfer** N transferencia *f* bancaria

►**bank on** VI + PREP contar con; **don't ~ on it** sería prudente no contar con eso, no puedes estar tan seguro de eso

**BANK HOLIDAY**

*El término* **bank holiday** *se aplica en el Reino Unido a todo día festivo oficial en el que cierran bancos y comercios, que siempre cae en lunes. Los más destacados coinciden con Navidad, Semana Santa, finales de mayo y finales de agosto. Al contrario que en los países de tradición católica, no se celebran las festividades dedicadas a los santos.*

**bankable** ['bæŋkəbl] ADJ [*idea*] válido, valedero; [*person*] taquillero

**banker** ['bæŋkəʳ] Ⓐ N [1] (*Fin*) banquero/a *m/f*; **to be ~** (*in game*) tener la banca
[2] (*Betting*) apuesta *f* fija
Ⓑ CPD ► **banker's card** N tarjeta *f* bancaria ► **banker's draft** N efecto *m* bancario ► **banker's order** N (*Brit*) orden *f* bancaria ► **banker's reference** N referencia *f* bancaria

**banking**[1] ['bæŋkɪŋ] N [*of earth*] terraplén *m*, rampas *fpl*

**banking**[2] ['bæŋkɪŋ] Ⓐ N (*Comm, Fin*) banca *f*
Ⓑ CPD bancario ► **banking account** N cuenta *f* bancaria ► **banking hours** NPL horas *fpl* bancarias ► **banking house** N casa *f* de banca

**banknote** ['bæŋknəʊt] N billete *m* de banco

**bankroll** ['bæŋkrəʊl] (*esp US*) Ⓐ N recursos *mpl* económicos
Ⓑ VT financiar

**bankrupt** ['bæŋkrʌpt] Ⓐ ADJ [1] (*Jur*) en quiebra; **to be ~** estar en quiebra; **to go ~** ir a la bancarrota, quebrar; **to be declared ~** declararse en quiebra
[2] (*fig*) [2·1] (*) (= *penniless*) sin un duro (*Sp**), sin un peso (*LAm**)
[2·2] (= *deficient*) **spiritually/morally ~** en franca decadencia espiritual/moral; **to be ~ of ideas** estar totalmente falto de ideas
Ⓑ N (*Jur*) quebrado/a *m/f*
Ⓒ VT [1] (*Jur*) llevar a la quiebra
[2] (*) (*fig*) (= *impoverish*) arruinar; **to ~ o.s. buying pictures** arruinarse comprando cuadros
Ⓓ CPD ► **bankrupt's estate** N activo *m* or masa *f* de la quiebra

**bankruptcy** ['bæŋkrəptsɪ] Ⓐ N [1] (*Jur*) quiebra *f*
[2] (*fig*) falta *f* (**of** de); **moral ~** decadencia *f* moral
Ⓑ CPD ► **bankruptcy court** N (*Brit*) tribunal *m* de quiebras ► **bankruptcy proceedings** NPL juicio *m* de insolvencia

**banner** ['bænəʳ] Ⓐ N (= *flag*) bandera *f*; (= *placard*) pancarta *f*
Ⓑ CPD ► **banner headlines** NPL grandes titulares *mpl*

**bannisters** ['bænɪstəz] N = **banisters**

**banns** [bænz] NPL amonestaciones *fpl*; **to put up** *or* **call the ~** correr las amonestaciones

**banquet** ['bæŋkwɪt] Ⓐ N banquete *m*
Ⓑ VI banquetear
Ⓒ VT [+ *person*] dar un banquete en honor de

**banqueting hall** ['bæŋkwɪtɪŋ,hɔːl] N comedor *m* de gala, sala *f* de banquetes

**banquette** [bæŋ'ket] N banqueta *f* alargada

**banshee** ['bæn'ʃiː] N (*Irl*) *hada que anuncia una muerte en la familia*

**bantam** ['bæntəm] N gallina *f* bántam

**bantamweight** ['bæntəmweɪt] N (*Sport*) (= *boxer*) peso *m* gallo; **the ~ champion** el campeón de los pesos gallos

**banter** ['bæntəʳ] Ⓐ N bromas *fpl*, guasa *f*
Ⓑ VI bromear

**bantering** ['bæntərɪŋ] Ⓐ ADJ [*tone*] de chanza
Ⓑ N = **banter A**

**Bantu** [,bæn'tuː] Ⓐ ADJ bantú
Ⓑ N [1] (*pl* **Bantu** *or* **Bantus**) (= *person*) bantú *mf*; **the ~(s)** los bantú, los bantúes
[2] (*Ling*) bantú *m*

**BAOR** N ABBR = **British Army of the Rhine**

**bap** [bæp] N (*Brit*) bollo *m* pequeño de pan

**baptism** ['bæptɪzəm] N (*in general*) bautismo *m*; (= *ceremony*) bautizo *m*; **~ of fire** bautismo *m* de fuego

**baptismal** [bæp'tɪzməl] ADJ bautismal

**Baptist** ['bæptɪst] Ⓐ N baptista *mf*, bautista *mf*; **St John the ~** San Juan Bautista
Ⓑ CPD ► **Baptist church** N Iglesia *f* Bautista

**baptize** [bæp'taɪz] VT bautizar; **he was ~d John** lo bautizaron con el nombre de Juan

**bar**[1] [bɑːʳ] Ⓐ N [1] (= *piece*) [*of wood, metal*] barra *f*; [*of soap*] pastilla *f*; [*of chocolate*] tableta *f*
[2] (= *lever*) palanca *f*; (*on electric fire*) resistencia *f*; [*of window, cage etc*] reja *f*; (*on door*) tranca *f*; **behind ~s** entre rejas; **to put sb behind ~s** encarcelar a algn; **to spend three years behind ~s** pasar tres años entre rejas
[3] (= *hindrance*) obstáculo *m* (**to** para); **it is a ~ to progress** es un obstáculo para el progreso
[4] (= *ban*) prohibición *f* (**on** de)
[5] (= *pub*) bar *m*, cantina *f* (*esp LAm*); (= *counter*) barra *f*, mostrador *m*
[6] (*Jur*) **the Bar** (= *persons*) el colegio de abogados; (= *profession*) la abogacía, la Barra (*Mex*); **the prisoner at the ~** el/la acusado/a; **to be called** *or* (*US*) **admitted to the Bar** recibirse de abogado, ingresar en la abogacía; *see also* **read B4**
[7] (*Brit Mus*) (= *measure, rhythm*) compás *m*
Ⓑ VT [1] (= *obstruct*) [+ *way*] obstruir
[2] (= *prevent*) [+ *progress*] impedir
[3] (= *exclude*) excluir (**from** de); (= *ban*) prohibir; **to be ~red from a club** ser excluido de un club; **to ~ sb from doing sth** prohibir a algn hacer algo
[4] (= *fasten*) [+ *door, window*] atrancar
Ⓒ CPD ► **bar billiards** N (*Brit*) billar *m* americano ► **bar chart** N cuadro *m* de barras ► **bar code** N código *m* de barras ► **bar girl*** N (*US*) camarera *f* de barra ► **bar graph** N (*esp US*) gráfico *m* de barras ► **bar stool** N taburete *m* (de bar)

**bar**[2] [bɑːʳ] PREP salvo, con excepción de; **all ~ two** todos salvo *or* con excepción de dos; **~ none** sin excepción; **it was all over ~ the shouting** (*fig*) en realidad ya estaba concluido el asunto

**barb** [bɑːb] Ⓐ N [1] [*of arrow, hook*] lengüeta *f*; [*of feather*] barba *f*; (*Zool*) púa *f*
[2] (*fig*) dardo *m*
Ⓑ CPD ► **barb wire** N = **barbed wire**

**Barbadian** [bɑː'beɪdɪən] Ⓐ ADJ de Barbados
Ⓑ N nativo/a *m/f* or habitante *mf* de Barbados

**Barbados** [bɑː'beɪdɒs] N Barbados *m*

**barbarian** [bɑː'bɛərɪən] Ⓐ ADJ bárbaro
Ⓑ N bárbaro/a *m/f*

**barbaric** [bɑː'bærɪk] ADJ bárbaro

**barbarism** ['bɑːbərɪzəm] N [1] (= *cruelty*) barbarie *f*
[2] (*Gram*) barbarismo *m*

**barbarity** [bɑː'bærɪtɪ] N barbaridad *f*

**barbarous** ['bɑːbərəs] ADJ bárbaro

**barbarously** ['bɑːbərəslɪ] ADV bárbaramente

**Barbary** ['bɑːbərɪ] Ⓐ N Berbería *f*
Ⓑ CPD ► **Barbary ape** N macaco *m* ► **the Barbary Coast** N la costa berebere

**barbecue** ['bɑːbɪkjuː] Ⓐ N (= *grill*) barbacoa *f*; (= *party*) parrillada *f*, barbacoa *f*, asado *m* (*LAm*)
Ⓑ VT asar a la parrilla
Ⓒ CPD ► **barbecue sauce** N salsa *f* picante

**barbed** [bɑːbd] Ⓐ ADJ [1] [*arrow etc*] armado de lengüetas
[2] (*fig*) [*criticism*] incisivo, mordaz
Ⓑ CPD ► **barbed wire** N alambre *m* de púas *or* de espino; **~-wire fence** cercado *m* de alambrada *or* de alambre de espino *or* (*LAm*) de alambrado

**barbel** ['bɑːbəl] N [1] (*Anat*) barbilla *f*, cococha *f*
[2] (= *fish*) barbo *m*

**barbell** ['bɑːbel] N (*Sport*) haltera *f*, pesas *fpl*

**barber** ['bɑːbəʳ] N peluquero *m*, barbero *m*; **at/to the ~'s (shop)** en/a la peluquería *or* barbería; **The Barber of Seville** El Barbero de Sevilla

**barbershop** ['bɑːbəʃɒp] (*US*) Ⓐ N barbería *f*
Ⓑ CPD ► **barbershop quartet** N *cuarteto vocal armónico de hombres que se especializa en canciones sentimentales de los años 20 y 30*

**barbican** ['bɑːbɪkən] N barbacana *f*

**Barbie doll**® ['bɑːbɪdɒl] N muñeca *f* Barbie®

**barbitone** ['bɑːbɪtəʊn] N barbitúrico *m*

**barbiturate** [bɑː'bɪtjʊrɪt] N barbitúrico *m*

**barbs‡** [bɑːbz] NPL (*Drugs*) barbitúricos *mpl*

**barcarol(l)e** [,bɑːkə'rəʊl] N barcarola *f*

**Barcelona** [,bɑːsə'ləʊnə] N Barcelona *f*

**bard** [bɑːd] N (*liter*) bardo *m*, vate *m*; **the Bard** (= *Shakespeare*) el Vate; **the Bard of Avon** el Cisne del Avon

**bare** [bɛəʳ] Ⓐ ADJ (*compar* **barer**; *superl* **barest**)
[1] (= *uncovered*) [*body, skin, shoulders, person*] desnudo; [*head*] descubierto; [*feet*] descalzo; [*landscape*] pelado; [*tree*] sin hojas; [*ground*] árido, sin vegetación; [*floorboards*] sin alfombrar; (*Elec*) [*wire*] pelado, sin protección; **~ to the waist** desnudo hasta la cintura; **to sleep on ~ boards** dormir en una tabla; **in one's ~ feet** descalzo; **he put his ~ hand in the flame** puso la mano directamente en la llama; **he killed the lion with his ~ hands** mató al león sólo con las manos *or* sin armas; **to lay sth ~** [+ *flaw, mistake*] poner algo de manifiesto; [+ *intentions, plans*] poner algo al descubierto; **to lay ~ one's heart to sb** abrir el corazón a algn; **to lay ~ a secret** revelar un se-

creto; ~ **of sth** desprovisto de algo; ~ **patch** (*on lawn, carpet*) calva *f*
2 (= *empty, unadorned*) [*room*] sin muebles; [*wall*] desnudo; [*statement*] escueto; **the food cupboard was** ~ la despensa estaba vacía; **they only told us the** ~ **facts** se limitaron a contarnos estrictamente los hechos
3 (= *meagre*) [*majority*] escaso; **the** ~ **bones** (*fig*) lo esencial; **to strip sth down to the** ~ **bones** reducir algo a lo esencial; **the** ~ **essentials** *or* **necessities** lo estrictamente indispensable; **to earn a** ~ **living** ganar lo justo para vivir; **the** ~ **minimum** lo justo, lo indispensable
4 (= *mere*) **the match lasted a** ~ **18 minutes** el partido duró apenas 18 minutos; **sales grew at a** ~ **2% a year** las ventas ascendieron apenas a un 2% al año
Ⓑ VT [+ *body*] desnudar; [+ *wire*] pelar; [+ *sword*] desenvainar; **to** ~ **one's head** descubrirse; **to** ~ **one's soul to sb** abrir el corazón a algn; **the dog ~d its teeth** el perro enseñó *or* mostró los dientes

**bareback** ['bɛəbæk] ADV a pelo, sin silla; **to ride** ~ montar a pelo

**bare-bones** ['bɛə'bəʊnz] ADJ (*esp US*) muy limitado

**barefaced** ['bɛəfeɪst] ADJ descarado; **a** ~ **lie** una mentira descarada; **it's** ~ **robbery** es un robo descarado

**barefoot(ed)** ['bɛə'fʊt(ɪd)] Ⓐ ADJ descalzo
Ⓑ ADV descalzo

**bareheaded** ['bɛə'hedɪd] ADJ con la cabeza descubierta

**barelegged** ['bɛə'legɪd] ADJ con las piernas descubiertas

**barely** ['bɛəlɪ] ADV 1 (= *scarcely*) apenas; **he can** ~ **read** apenas puede leer; **he looked around him with** ~ **concealed horror** miró a su alrededor disimulando apenas su horror; **there was** ~ **enough room for all of us** apenas había sitio para todos nosotros; **there was** ~ **anyone there** allí no había casi nadie; **I had** ~ **closed the door when the phone rang** apenas había cerrado la puerta cuando sonó el teléfono
2 (= *scantily*) **a** ~ **furnished room** una habitación escasamente amueblada

**bareness** ['bɛənɪs] N 1 (= *nakedness*) desnudez *f*
2 (= *emptiness*) [*of room*] lo vacío; [*of wall, tree*] desnudez *f*; [*of landscape*] desnudez *f*, lo pelado

**Barents Sea** ['bærənts'siː] N **the** ~ el Mar de Barents

**barf*** [bɑːf] VI (*US*) vomitar, arrojar*

**barfly*** ['bɑːflaɪ] N (*US*) ≈ culo *m* de café*

**bargain** ['bɑːgɪn] Ⓐ N 1 (= *agreement*) trato *m*; (= *transaction*) negocio *m*; (= *advantageous deal*) negocio *m* ventajoso; **it's a ~!** ¡trato hecho!, ¡de acuerdo!; **into the** ~ (*fig*) para colmo; **you drive a hard** ~ sabes regatear; **to make** *or* **strike a** ~ cerrar un trato; **I'll make a** ~ **with you** hagamos un trato
2 (= *cheap thing*) ganga *f*; **~s** (*Comm*) artículos *mpl* de ocasión, oportunidades *fpl*; **it's a real** ~ es una verdadera ganga
Ⓑ VI 1 (= *negotiate*) negociar (**about** sobre; **for** para obtener; **with** con)
2 (= *haggle*) regatear
Ⓒ CPD de ocasión ► **bargain basement**, **bargain counter** N sección *f* de ofertas *or* oportunidades ► **bargain hunter** N cazador(a) *m/f* de ofertas *or* oportunidades; **she's a real** ~ **hunter** siempre va a la caza de ofertas *or* oportunidades ► **bargain hunting** N caza *f* de ofertas *or* oportunidades; **to go** ~ **hunting** ir en busca de gangas; **I enjoy** ~ **hunting** me gusta ir de rebajas ► **bargain offer** N oferta *f* especial ► **bargain price** N precio *m* de ganga ► **bargain sale** N saldo *m*

►**bargain for** VI + PREP **I wasn't ~ing for that** yo no contaba con eso; **he got more than he ~ed for** resultó peor de lo que esperaba

►**bargain on** VI + PREP (= *count on*) contar con

**bargaining** ['bɑːgɪnɪŋ] Ⓐ N (= *negotiation*) negociación *f*; (= *haggling*) regateo *m*
Ⓑ CPD ► **bargaining chip**, **bargaining counter** N baza *f* a jugar, moneda *f* de cambio ► **bargaining power** N poder *m* de negociación ► **bargaining table** N mesa *f* de negociaciones

**barge** [bɑːdʒ] Ⓐ N (*Naut*) barcaza *f*; (*towed*) lancha *f* a remolque, gabarra *f*; (*ceremonial*) falúa *f*
Ⓑ VT (= *push*) empujar; (*Sport*) cargar contra
Ⓒ VI **to** ~ **through a crowd** abrirse paso a empujones entre una multitud; **to** ~ **past sb** apartar a algn de un empujón
Ⓓ CPD ► **barge pole** N bichero *m*; **I wouldn't touch it with a** ~ **pole** (*Brit**) (*fig*) yo no lo querría ni regalado

►**barge about**, **barge around** VI + ADV moverse pesadamente, dar tumbos

►**barge in** VI + ADV 1 (= *enter*) irrumpir
2 (*fig*) (= *interrupt*) meterse; **to** ~ **in on a conversation** entrometerse en una conversación

►**barge into** VI + PREP 1 [+ *person*] chocar contra; [+ *room*] irrumpir en
2 (*fig*) (= *interrupt*) interrumpir

**bargee** [bɑː'dʒiː] N (*Brit*) gabarrero *m*

**bar-hopping** ['bɑːˌhɒpɪŋ] N (*US*) **to go** ~ ir de bar en bar, ir de copeo*

**baritone** ['bærɪtəʊn] Ⓐ N barítono *m*
Ⓑ CPD [*voice*] de barítono

**barium** ['bɛərɪəm] Ⓐ N bario *m*
Ⓑ CPD ► **barium meal** N sulfato *m* de bario

**bark**[1] [bɑːk] Ⓐ N [*of tree*] corteza *f*
Ⓑ VT [+ *tree*] descortezar; [+ *skin*] raer, raspar; **to** ~ **one's shins** desollarse las espinillas

**bark**[2] [bɑːk] Ⓐ N [*of dog*] ladrido *m*; ✦**IDIOM his** ~ **is worse than his bite** perro ladrador, poco mordedor
Ⓑ VI 1 [*dog*] ladrar (**at** a); [*fox*] aullir; ✦**IDIOM to be ~ing up the wrong tree** ir muy descaminado
2 (= *speak sharply*) vociferar (**at** a)
Ⓒ VT (*also* ~ **out**) [+ *order*] escupir, gritar

**bark**[3] [bɑːk] N (*liter, poet*) (= *boat*) barco *m*

**barkeeper** ['bɑːˌkiːpəʳ] N (*US*) tabernero/a *m/f*

**barker** ['bɑːkəʳ] N voceador(a) *m/f*, charlatán/ana *m/f* de feria

**barking** ['bɑːkɪŋ] Ⓐ N [*of dog*] ladrido *m*; [*of fox*] aullido *m*
Ⓑ ADJ (*Brit**) ~ **(mad)** chiflado*, como una regadera*

**barley** ['bɑːlɪ] Ⓐ N cebada *f*
Ⓑ CPD ► **barley sugar** N azúcar *m* cande ► **barley water** N (*esp Brit*) hordiate *m*

**barleyfield** ['bɑːlɪfiːld] N cebadal *m*

**barmaid** ['bɑːmeɪd] N (*esp Brit*) camarera *f*, moza *f* (*LAm*)

**barman** ['bɑːmən] N (*pl* **barmen**) bárman *m*, camarero *m*

**Bar Mitzvah**, **bar mitzvah** [bɑː'mɪtsvə] N Bar Mitzvah *m*

**barmy*** ['bɑːmɪ] ADJ (*compar* **barmier**; *superl* **barmiest**) (*Brit*) chiflado*, chalado*; **you must be ~!** ¿estás loco?

**barn** [bɑːn] Ⓐ N granero *m*; (= *raised barn*) troje *f*; (*US*) (*for horses*) cuadra *f*; (*for cattle*) establo *m*; (*for buses etc*) parque *m*, garaje *m*; **a great** ~ **of a house** una casa enorme, un caserón
Ⓑ CPD ► **barn dance** N baile *m* campesino ► **barn door** N puerta *f* de granero ► **barn owl** N lechuza *f*

**barnacle** ['bɑːnəkl] N percebe *m*

**barney*** ['bɑːnɪ] N (*Brit*) (= *quarrel*) bronca *f*, agarrada* *f*

**barnstorm** ['bɑːnstɔːm] VI (*US*) *hacer una campaña electoral por las zonas rurales*

**barnstorming** ['bɑːnstɔːmɪŋ] ADJ (*Brit*) arrollador, arrasador

**barnyard** ['bɑːnjɑːd] Ⓐ N corral *m*
Ⓑ CPD ► **barnyard fowl(s)** NPL aves *fpl* de corral

**barometer** [bə'rɒmɪtəʳ] N barómetro *m*

**barometric** [ˌbærəʊ'metrɪk] Ⓐ ADJ barométrico
Ⓑ CPD ► **barometric pressure** N presión *f* barométrica

**baron** ['bærən] N 1 (= *member of nobility*) barón *m*; (*fig*) magnate *m*
2 ~ **of beef** solomillo *m*

**baroness** ['bærənɪs] N baronesa *f*

**baronet** ['bærənɪt] N baronet *m*

**baronetcy** ['bærənɪtsɪ] N dignidad *f* del baronet

**baronial** [bə'rəʊnɪəl] ADJ baronial

**barony** ['bærənɪ] N baronía *f*

**baroque** [bə'rɒk] Ⓐ ADJ (*Archit, Art, Mus*) barroco (*also fig*)
Ⓑ N barroco *m*

**barrack** (*esp Brit*) ['bærək] VT abuchear

**barracking** ['bærəkɪŋ] (*esp Brit*) N abucheo *m*

**barrack-room** ['bærəkrʊm] Ⓐ N dormitorio *m* de tropa
Ⓑ CPD cuartelero ► **barrack-room ballad** N canción *f* cuartelera ► **barrack-room lawyer** N protestón/ona *m/f*

**barracks** ['bærəks] NPL 1 (*Mil*) cuartel *msing*; **confined to** ~ arrestado en cuartel
2 (= *house*) caserón *m*; **a great** ~ **of a place** (*Brit*) una casa enorme, un caserón

**barrack-square** ['bærək'skwɛəʳ] N plaza *f* de armas

**barracuda** [ˌbærə'kjuːdə] N (*pl* **barracuda** *or* **barracudas**) barracuda *f*

**barrage** ['bærɑːʒ] Ⓐ N 1 (= *dam*) presa *f*
2 (*Mil*) cortina *f* de fuego; [*of balloons etc*] aluvión *m*
3 (*fig*) **a** ~ **of noise** un estrépito; **a** ~ **of questions** una lluvia de preguntas; **there was a** ~ **of protests** se produjo un aluvión de protestas
Ⓑ VT **to be ~d by sb** (*fig*) verse asediado por algn; **he was ~d by phone calls** se vio desbordado por un aluvión de llamadas
Ⓒ CPD ► **barrage balloon** N globo *m* de barrera

**barred** [bɑːʳd] ADJ [*window etc*] enrejado, con reja

**barrel** ['bærəl] Ⓐ N 1 (*gen*) barril *m*, tonel *m*; [*of oil*] barril *m*; (*for rain*) tina *f*; (*Tech*) tambor *m*; ✦**IDIOMS to have sb over a** ~* tener a algn con el agua al cuello*; **to scrape the (bottom of the)** ~ rebañar las últimas migas
2 [*of gun, pen*] cañón *m*
Ⓑ CPD ► **barrel organ** N organillo *m* ► **barrel vault** N bóveda *f* de cañón

**barrel-chested** ['bærəl'tʃestɪd] ADJ de pecho fuerte y grueso

**barren** ['bærən] ADJ [*soil*] árido; [*plant, woman*] estéril; ~ **of** falto de, desprovisto de

**barrenness** ['bærənnɪs] N [*of soil*] aridez *f*; [*of woman*] esterilidad *f*

**barrette** [bə'ret] N (*US*) pasador *m* (para el pelo)

**barricade** [,bærɪ'keɪd] Ⓐ N barricada *f*
Ⓑ VT cerrar con barricadas; **to ~ o.s. in a house** hacerse fuerte en una casa

**barrier** ['bærɪəʳ] Ⓐ N barrera *f*, valla *f*; (*Rail*) (*in station*) barrera *f*; (= *crash barrier*) valla *f* protectora; (*fig*) barrera *f*, obstáculo *m* (**to** para)
Ⓑ CPD ► **barrier cream** N crema *f* protectora ► **barrier method** N método *m* (de) barrera

**barring** ['bɑːrɪŋ] PREP excepto, salvo; **we shall be there ~ accidents** iremos a menos que suceda algo imprevisto

**barrio** ['bɑːrɪəʊ] N (*esp US*) barrio *m* hispano

**barrister** ['bærɪstəʳ] N (*Brit*) abogado/a *m/f*; → LAWYERS, QC/KC

**bar-room** ['bɑː,rʊm] Ⓐ N (*US*) bar *m*, taberna *f*
Ⓑ CPD ► **bar-room brawl** N pelea *f* de taberna

**barrow**[1] ['bærəʊ] Ⓐ N (= *wheelbarrow*) carretilla *f*; (= *market stall*) carreta *f*
Ⓑ CPD ► **barrow boy** N (*Brit*) vendedor *m* callejero

**barrow**[2] ['bærəʊ] N (*Archeol*) túmulo *m*

**Bart** ABBR (*Brit*) = **Baronet**

**bartender** ['bɑːtendəʳ] N bárman *m*, camarero *m*

**barter** ['bɑːtəʳ] Ⓐ N trueque *m*
Ⓑ VT **to ~ sth (for sth)** trocar *or* cambiar algo (por algo)
Ⓒ VI **to ~ with sb (for sth)** negociar con algn (por algo)

►**barter away** VT + ADV [+ *rights, freedom*] malvender

**Bartholomew** [bɑː'θɒləmjuː] N Bartolomé

**barytone** ['bærɪtəʊn] N viola *f* de bordón

**basal** ['beɪsl] ADJ 1 (*lit, fig*) básico
2 (*Physiol*) basal

**basalt** ['bæsɔːlt] N basalto *m*

**base**[1] [beɪs] Ⓐ N 1 (= *bottom, support*) [*of wall*] base *f*; [*of column*] base *f*, pie *m*; [*of vase, lamp*] pie *m*
2 (= *basis, starting point*) base *f*
3 (*Mil*) base *f*; [*of organization, company*] sede *f*; (= *residence*) lugar *m* de residencia; (= *workplace*) base *f*
4 (*Baseball*) base *f*; ✦***IDIOMS*** **to get to** *or* **reach first ~** (*esp US Baseball*) llegar a la primera base; (*fig*) alcanzar la primera meta; **to touch ~ with sb** (*esp US*) ponerse en contacto con algn; **to touch** *or* **cover all (the) ~s** (*esp US*) abarcarlo todo; **to be off ~** (*US**): **he's way off ~** está totalmente equivocado
5 (*Math*) base *f*
6 (*Drugs**) cocaína *f* (para fumar)
Ⓑ VT 1 (= *post, locate*) **to ~ sb at** [+ *troops*] estacionar a algn en; **we were ~d on Malta** nos estacionaron en Malta; **the job is ~d in London** el trabajo tiene su base en Londres; **where are you ~d now?** ¿dónde estás ahora?
2 (= *found*) [+ *opinion, relationship*] **to ~ sth on** basar *or* fundar algo en; **to be ~d on** basarse *or* fundarse en; **a story ~d on fact** una historia basada en la realidad; **I ~ myself on the following facts** me apoyo en los hechos siguientes
Ⓒ CPD ► **base camp** N campo *m* base ► **base coat** N [*of paint*] primera capa *f* ► **base form** N (*Ling*) base *f* derivativa ► **base jumping** N *salto en paracaídas realizado ilegalmente desde rascacielos, puentes, etc.* ► **base lending rate** N tipo *m* de interés base ► **base period** N período *m* base ► **base rate** N tipo *m* de interés base

**base**[2] [beɪs] (*compar* **baser**; *superl* **basest**) ADJ
1 [*action, motive*] vil, bajo
2 [*metal*] bajo de ley
3 (*US*) = **bass**[1]

**baseball** ['beɪsbɔːl] Ⓐ N (= *sport*) béisbol *m*; (= *ball*) pelota *f* de béisbol
Ⓑ CPD ► **baseball cap** N gorra *f* de béisbol ► **baseball player** N jugador(a) *m/f* de béisbol

**BASEBALL**

*El* **baseball** *es el deporte nacional norteamericano. Dos equipos de nueve jugadores se enfrentan en un campo de cuatro bases que forman un rombo. El bateador (***batter***) intenta dar a la pelota que le ha tirado el lanzador (***pitcher***) y enviarla fuera del alcance de los fildeadores (***fielders***) para después correr alrededor del rombo de base en base y volver a su punto inicial. Existen dos ligas importantes en los Estados Unidos: la* **National League** *y la* **American League***. Los equipos ganadores de estas dos ligas juegan después otra serie de partidos que se denominan* **World Series**.
*Algunos aspectos de este deporte, tales como la camaradería y el espíritu de competición tanto entre equipos como entre miembros de un mismo equipo se usan a menudo en el cine como metáforas del modo de vida americano. Culturalmente el béisbol ha aportado, además de conocidas prendas de vestir como las botas o las gorras de béisbol, ciertas expresiones idiomáticas como* **a ballpark figure** *(una cifra aproximada) o* **a whole new ball game** *(una situación completamente distinta).*

**baseboard** ['beɪsbɔːd] N (*US*) rodapié *m*

**-based** [beɪst] ADJ (*ending in compounds*) **coffee-based** basado en el café; **shore-based** con base en tierra; **sea-/land-based missile** misil *m* situado en una base marítima/terrestre; **to be London-based** [*person, job*] tener su base en Londres; [*organization, company*] tener su sede en Londres

**Basel** ['bɑːzəl] N Basilea *f*

**baseless** ['beɪslɪs] ADJ infundado

**baseline** ['beɪslaɪn] N 1 (*Tennis*) línea *f* de saque *or* de fondo
2 (*Survey*) línea *f* de base
3 (*fig*) (*on scale*) punto *m* de referencia

**basely** ['beɪslɪ] ADV vilmente, de forma despreciable

**baseman** ['beɪsmən] N (*pl* **basemen**) (*Baseball*) hombre *m* de base

**basement** ['beɪsmənt] Ⓐ N sótano *m*
Ⓑ CPD ► **basement flat** (*Brit*), **basement apartment** (*US*) N (apartamento *m or* (*LAm*) departamento *m* de) sótano *m*

**baseness** ['beɪsnɪs] N bajeza *f*, vileza *f*

**bases**[1] ['beɪsiːz] NPL *of* **basis**

**bases**[2] ['beɪsɪz] NPL *of* **base**[1]

**bash*** [bæʃ] Ⓐ N 1 (= *knock*) porrazo* *m*, golpe *m*
2 (*Brit*) (= *attempt*) intento *m*; **I'll have a ~ (at it)** lo intentaré; **go on, have a ~!** ¡venga, inténtalo!
3 (= *party*) fiesta *f*, juerga *f*
Ⓑ VT [+ *table, door*] golpear; [+ *person*] pegar; (*also* **~ about**) dar una paliza a
Ⓒ VI **to ~ away** = **bang away**

►**bash in*** VT + ADV [+ *door*] echar abajo; [+ *hat, car*] abollar; [+ *lid, cover*] forzar a golpes, cargarse a golpes*; **to ~ sb's head in** romper la crisma a algn*

►**bash on*** VI + ADV continuar (a pesar de todo); **~ on!** ¡adelante!

►**bash out*** VT + ADV (= *produce quickly*) sacar cantidad de*, sacar en cantidades industriales*

►**bash up*** VT + ADV [+ *car*] estrellar; (*Brit*) [+ *person*] pegar una paliza a

**bashful** ['bæʃfʊl] ADJ tímido, vergonzoso

**bashfully** ['bæʃfəlɪ] ADV tímidamente

**bashfulness** ['bæʃfʊlnɪs] N timidez *f*

**bashing*** ['bæʃɪŋ] N tunda *f*, paliza *f*; **to give sb a ~** dar una paliza a algn; **the team took a real ~** el equipo recibió una paliza*

**BASIC** ['beɪsɪk] N ABBR (*Comput*) (= **Beginner's All-purpose Symbolic Instruction Code**) BASIC *m*

**basic** ['beɪsɪk] Ⓐ ADJ 1 (= *fundamental*) [*reason, idea, problem*] básico, fundamental; [*knowledge*] básico, elemental; [*skills, vocabulary, needs*] básico; **~ French** francés *m* básico *or* elemental; **a ~ knowledge of Russian** unos conocimientos básicos *or* elementales de ruso; **a ~ right** un derecho fundamental; **~ to sth** básico *or* fundamental para algo
2 (= *forming starting point*) [*salary, working hours*] base; **the ~ rate of income tax** el tipo impositivo *or* de gravamen básico
3 (= *rudimentary*) [*equipment, furniture*] rudimentario; [*cooking*] muy sencillo, muy poco elaborado; **the hotel was extremely ~** el hotel era sumamente sencillo
4 (*Chem*) básico; **~ salt** sal *f* básica; **~ slag** escoria *f* básica
Ⓑ NPL **~s such as bread and milk** alimentos básicos como el pan y la leche; **the ~s** los principios básicos; **to get back to ~s** volver a empezar por los principios básicos; **to get down to (the) ~s** ir a lo importante; **they had forgotten everything and we had to go back to ~s** lo habían olvidado todo y tuvimos que volver a empezar por los principios
Ⓒ CPD ► **basic airman** N (*US*) soldado *m* raso de la fuerzas aéreas ► **basic rate** N (*Fin*) tipo *m* de interés base ► **basic training** N (*Mil*) entrenamiento *m* básico ► **basic wage** N salario *m* base

**basically** ['beɪsɪklɪ] ADV básicamente, fundamentalmente; **~ we agree** básicamente *or* fundamentalmente estamos de acuerdo; **it's ~ the same** es básicamente *or* fundamentalmente lo mismo; **he's ~ lazy** más que nada es perezoso, básicamente *or* fundamentalmente es perezoso; **it's ~ simple** en el fondo es sencillo; **well, ~, all I have to do is …** bueno, básicamente *or* en pocas palabras, todo lo que tengo que hacer es …

**basil** ['bæzl] N albahaca *f*

**basilica** [bə'zɪlɪkə] N basílica *f*

**basilisk** ['bæzɪlɪsk] N basilisco *m*

**basin** ['beɪsn] N 1 (*Culin*) bol *m*, cuenco *m*
2 (= *washbasin*) palangana *f*; (*in bathroom*) lavabo *m*; [*of fountain*] taza *f*
3 (*Geog*) cuenca *f*; [*of port*] dársena *f*

**basis** ['beɪsɪs] Ⓐ N (*pl* **bases**) (= *foundation*) base *f*; **on a daily ~** diariamente, a base diaria; **on the ~ of what you've said** en base a lo que ha dicho
Ⓑ CPD ► **basis point** N (*Fin*) punto *m* base *or* básico

**bask** [bɑːsk] VI **to ~ in the sun** tomar el sol; **to ~ in the heat** disfrutar del calor; **to ~ in sb's favour** disfrutar del favor de algn; *see also* **reflect A2**

**basket** ['bɑːskɪt] Ⓐ N 1 (*big*) cesto *m*; (*two-handled*) canasta *f*; (*two-handled, for earth etc*) espuerta *f*; (= *hamper*) canasta *f*; (= *pannier*)

sera *f*, serón *m*; [*of balloon*] barquilla *f*
2 (*Basketball*) canasta *f*; **to score a ~** encestar, meter una canasta
3 **a ~ of currencies** (*Econ*) una cesta de monedas (nacionales), una canasta de divisas (*LAm*)
Ⓑ CPD ► **basket case*** N (= *person*) chalado/a* *m/f*, majareta *mf* (*Sp**); (= *country, organization*) caso *m* perdido ► **basket chair** N silla *f* de mimbre

**basketball** ['bɑːskɪtbɔːl] Ⓐ N (= *sport*) baloncesto *m*; (= *ball*) balón *m* de baloncesto
Ⓑ CPD ► **basketball player** N jugador(a) *m/f* de baloncesto

**basketry** ['bɑːskɪtrɪ] N = **basketwork**

**basketwork** ['bɑːskɪtwɜːk] N cestería *f*

**Basle** [bɑːl] N Basilea *f*

**basmati rice** [bæz'mætɪ'raɪs] N arroz *m* basmati (*arroz de grano largo con aromatizantes*)

**Basque** [bæsk] Ⓐ ADJ vasco
Ⓑ N 1 (= *person*) vasco/a *m/f*
2 (*Ling*) euskera *m*, vascuence *m*
Ⓒ CPD ► **the Basque Country** N el País Vasco, Euskadi *f* ► **the Basque Provinces** NPL las Vascongadas

**bas-relief** ['bæsrɪ,liːf] N bajorrelieve *m*

**bass**[1] [beɪs] (*Mus*) Ⓐ ADJ bajo
Ⓑ N (= *voice, singer, guitar*) bajo *m*; (= *double bass*) contrabajo *m*
Ⓒ CPD ► **bass baritone** N barítono *m* bajo ► **bass clef** N clave *f* de fa ► **bass drum** N bombo *m* ► **bass flute** N flauta *f* contralto ► **bass guitar** N bajo *m* ► **bass horn** N trompa *f* baja ► **bass strings** NPL instrumentos *mpl* de cuerda bajos ► **bass trombone** N trombón *m* bajo ► **bass tuba** N tuba *f* ► **bass viol** N viola *f* de gamba baja

**bass**[2] [bæs] N (= *fish*) róbalo *m*

**basset** ['bæsɪt] N (*also* **~ hound**) basset *m*

**bassist** ['beɪsɪst] N (*Mus*) bajista *mf*, bajo *m*

**bassoon** [bə'suːn] N bajón *m*, fagot *m*

**bassoonist** [bə'suːnɪst] N fagot *mf*, fagotista *mf*

**basso profundo** [,bæsəʊprə'fʊndəʊ] N bajo *m* profundo

**bastard** ['bɑːstəd] Ⓐ ADJ (= *illegitimate*) bastardo
Ⓑ N 1 (= *illegitimate child*) bastardo/a *m/f*
2 (** *pej*) cabrón/ona** *m/f*, hijo/a *m/f* de puta**, hijo/a *m/f* de la chingada (*Mex***); **you ~!** ¡cabrón!**; **you old ~!** ¡hijoputa!**; **that silly ~** ese idiota*; **this job is a real ~** este trabajo es muy jodido**

**bastardized** ['bɑːstədaɪzd] ADJ [*language*] corrupto

**bastardy** ['bɑːstədɪ] N (*Jur*) bastardía *f*

**baste** [beɪst] VT 1 (*Culin*) pringar
2 (*Sew*) hilvanar
3 (*) (= *beat*) dar una paliza a

**basting** ['beɪstɪŋ] N 1 (*Sew*) hilván *m*
2 (*) (= *beating*) paliza *f*, zurra *f*

**bastion** ['bæstɪən] N (*also fig*) baluarte *m*

**Basutoland** [bə'suːtəʊlænd] N (*formerly*) Basutolandia *f*

**BASW** N ABBR = **British Association of Social Workers**

**bat**[1] [bæt] N (*Zool*) murciélago *m*; **old ~*** (= *old woman*) bruja* *f*; ✦**IDIOMS to be ~s** ◊ **have ~s in the belfry*** estar más loco que una cabra*; **to go like a ~ out of hell*** ir como alma que lleva el diablo, ir a toda hostia (*Sp**)

**bat**[2] [bæt] Ⓐ N 1 (*in ball games*) paleta *f*, pala *f*; (*in cricket, baseball*) bate *m*; ✦**IDIOMS off one's own ~*** por cuenta propia; **right off the ~** (*US**) de repente
2 (*) (= *blow*) golpe *m*
Ⓑ VI (*Sport*) batear; ✦**IDIOM to go (in) to ~ for sb** (= *support*) dar la cara por algn, salir en apoyo de algn
Ⓒ VT (*) (= *hit*) golpear, apalear; **to ~ sth around** (*US**) (= *discuss*) discutir acerca de algo

**bat**[3] [bæt] VT **he didn't ~ an eyelid** (*Brit*) ◊ **he didn't ~ an eye** (*US*) ni pestañeó; **without ~ting an eyelid** (*Brit*) ◊ **without ~ting an eye** (*US*) sin pestañear, sin inmutarse

**batch** [bætʃ] Ⓐ N 1 [*of goods etc*] lote *m*, remesa *f*; [*of papers*] pila *f*; [*of people*] grupo *m*; [*of bread*] hornada *f*
2 (*Comput*) lote *m*
Ⓑ CPD ► **batch file** N (*Comput*) fichero *m* BAT ► **batch mode** N (*Comput*) **in ~ mode** en tratamiento por lotes ► **batch processing** N (*Comput*) tratamiento *m* por lotes ► **batch production** N (*Ind*) producción *f* por lotes

**bated** ['beɪtɪd] ADJ **with ~ breath** sin respirar

**bath** [bɑːθ] Ⓐ N (*pl* **baths** [bɑːðz]) 1 (*esp Brit*) (*also* **~tub**) bañera *f*, tina *f* (*LAm*), bañadera *f* (*S. Cone*)
2 (= *act*) baño *m*; **to have** *or* **take a ~** darse un baño, bañarse; **to give sb a ~** dar un baño a algn, bañar a algn
3 (*Chem, Phot*) baño *m*
4 **baths** (*Brit*) (= *swimming pool*) piscina *f*, alberca *f* (*Mex*), pileta *f* (*S. Cone*)
Ⓑ VT (*Brit*) bañar, dar un baño a
Ⓒ VI (*Brit*) bañarse
Ⓓ CPD ► **bath chair** N silla *f* de ruedas ► **bath cube** N cubo *m* de sales para el baño ► **bath salts** NPL sales *fpl* de baño ► **bath sheet**, **bath towel** N toalla *f* de baño

**bathe** [beɪð] Ⓐ N (*Brit*) (= *swim*) baño *m*; **to go for a ~** ir a bañarse
Ⓑ VT 1 [+ *wound etc*] lavar
2 (*esp US*) bañar; **to ~ the baby** bañar al niño
3 (*fig*) **~d in light** bañado de luz; **~d in tears/sweat** bañado en lágrimas/sudor
Ⓒ VI 1 (*Brit*) (= *swim*) bañarse; **to go bathing** ir a bañarse
2 (*US*) (= *take bath*) bañarse

**bather** ['beɪðə^r] N bañista *mf*

**bathetic** [bə'θetɪk] ADJ que pasa de lo sublime a lo trivial

**bathhouse** ['bɑːθhaʊs] N (*pl* **bathhouses** ['bɑːθhaʊzɪz]) baño *m*

**bathing** ['beɪðɪŋ] Ⓐ N el bañarse; **"no bathing"** "prohibido bañarse"
Ⓑ CPD ► **bathing beauty** N sirena *f* *or* belleza *f* de la playa ► **bathing cap** N (*US*) gorro *m* de baño ► **bathing costume** N (*Brit*) traje *m* de baño, bañador *m*, malla *f* (*S. Cone*) ► **bathing hut** N caseta *f* de playa ► **bathing machine** N (*Hist*) caseta *f* de playa movible ► **bathing suit** (*US*) N = **bathing costume** ► **bathing trunks** NPL bañador *m* (*de hombre*) ► **bathing wrap** N albornoz *m*

**bathmat** ['bɑːθmæt] N alfombra *f* de baño

**bathos** ['beɪθɒs] N paso *m* de lo sublime a lo trivial

**bathrobe** ['bɑːθrəʊb] N albornoz *m*

**bathroom** ['bɑːθrʊm] Ⓐ N cuarto *m* de baño; (*US*) (= *toilet*) servicio *m*, baño *m* (*esp LAm*); **to go to** *or* **use the ~** (*US*) ir al servicio
Ⓑ CPD ► **bathroom cabinet** N armario *m* de aseo ► **bathroom fittings** NPL aparatos *mpl* sanitarios ► **bathroom scales** NPL báscula *f* de baño

**bathtub** ['bɑːθtʌb] N (*esp US*) bañera *f*, tina *f* (*LAm*), bañadera *f* (*S. Cone*)

**bathwater** ['bɑːθwɔːtə^r] N agua *f* del baño

**bathysphere** ['bæθɪsfɪə^r] N batisfera *f*

**batik** [bə'tiːk] N (= *process, cloth*) batik *m*

**batiste** [bæ'tiːst] N batista *f*

**batman** ['bætmən] N (*pl* **batmen**) (*Brit Mil*) ordenanza *m*

**baton** ['bætən] Ⓐ N (*Mus*) batuta *f*; (*Mil*) bastón *m*; [*of policeman*] porra *f*; (*in race*) testigo *m*; ✦**IDIOMS to hand on** *or* **pass the ~ to sb** entregar el testigo a algn; **to pick up the ~** recoger el testigo
Ⓑ CPD ► **baton charge** N carga *f* con bastones ► **baton round** N bala *f* de goma

**batrachian** [bə'treɪkɪən] N batracio *m*

**batsman** ['bætsmən] N (*pl* **batsmen**) (*Cricket*) bateador *m*

**battalion** [bə'tælɪən] N batallón *m*

**batten** ['bætn] Ⓐ N (*Brit Carpentry*) listón *m*; (*Naut*) junquillo *m*, sable *m*
Ⓑ VT [+ *roof, shutters*] sujetar con listones; **to ~ down the hatches** (*also fig*) atrancar las escotillas

►**batten on** VI + PREP explotar, aprovecharse de

**batter**[1] ['bætə^r] N (*Culin*) mezcla *f* para rebozar; **in ~** rebozado

**batter**[2] ['bætə^r] Ⓐ N (*Baseball, Cricket*) bateador(a) *m/f*; → BASEBALL, CRICKET
Ⓑ VT 1 [+ *person*] apalear; [+ *wife, baby*] maltratar; [*boxer*] magullar; [*wind, waves*] azotar; (*Mil*) cañonear, bombardear
2 (*verbally etc*) criticar ásperamente, poner como un trapo*

►**batter (away) at** VI + PREP dar grandes golpes en

►**batter down**, **batter in** VT + ADV [+ *door*] derribar a golpes

**battered** ['bætəd] Ⓐ ADJ (= *bruised*) magullado; [*hat*] estropeado; [*car*] abollado
Ⓑ CPD ► **battered baby** N niño/a *m/f* maltratado/a ► **battered wife** N mujer *f* maltratada

**batterer** ['bætərə^r] N *persona que maltrata físicamente a su mujer o marido e hijos*; **wife-~** marido *m* violento

**battering** ['bætərɪŋ] Ⓐ N (= *blows*) paliza *f*; (*Mil*) bombardeo *m*; **the ~ of the waves** el golpear de las olas; **he got a ~ from the critics** los críticos fueron muy duros con él, los críticos lo pusieron como un trapo*
Ⓑ CPD ► **battering ram** N ariete *m*

**battery** ['bætərɪ] Ⓐ N 1 (*Elec*) (*dry*) pila *f*; (*wet*) batería *f*
2 (*Mil*) batería *f*
3 (= *series*) [*of tests*] serie *f*; [*of lights*] batería *f*, equipo *m*; [*of questions*] descarga *f*, sarta *f*
4 (*Agr*) batería *f*
5 (*Jur*) violencia *f*, agresión *f*
Ⓑ CPD ► **battery charger** N (*Elec*) cargador *m* de baterías ► **battery farm** N (*Brit*) granja *f* (avícola) de cría intensiva ► **battery farming** N (*Brit*) cría *f* (avícola) intensiva ► **battery fire** N (*Mil*) fuego *m* de batería ► **battery hen** N (*Brit*) gallina *f* de criadero ► **battery set** N (*Rad*) radio *f* de pilas, transistor *m*

**battery-operated** [,bætərɪ'ɒpəreɪtɪd] ADJ a pilas

**battle** ['bætl] Ⓐ N 1 (*Mil*) batalla *f*; **to do ~** librar batalla (**with** con); **to fight a ~** luchar; **the ~ was fought in 1346** la batalla se libró en 1346; **to join ~** (*frm*) trabar batalla
2 (*fig*) lucha *f* (**for control of** por el control de; **to control** por controlar); **to do ~ for** luchar por; **a ~ of wills** un duelo de voluntades; **a ~ of wits** un duelo de ingenio; **that's half the ~*** (con eso) ya hay medio camino andado*; **the ~ lines are drawn** (*fig*) todo está listo para la batalla; ✦**IDIOMS to fight a losing ~** luchar por una causa perdida; **to win the ~**

**but lose the war** ganar la batalla pero perder la guerra
Ⓑ VI [1] (*Mil*) **the two armies ~d all day** los dos ejércitos se batieron durante todo el día
[2] (*fig*) luchar (**against** contra; **for** por; **to do** por hacer); **to ~ against the wind** luchar contra el viento; **to ~ for breath** esforzarse por respirar
Ⓒ VT (*esp US*) luchar contra, librar batalla contra
Ⓓ CPD ► **battle array** N **in ~ array** en formación *or* en orden de batalla ► **battle cruiser** N crucero *m* de batalla ► **battle cry** N (*Mil*) grito *m* de combate; (*fig*) lema *m*, consigna *f* ► **battle dress** N traje *m* de campaña ► **battle fatigue** N *trastorno mental postraumático provocado por el combate militar* ► **battle fleet** N flota *f* de guerra ► **battle order** N = **battle array** ► **battle royal** N batalla *f* campal ► **battle zone** N zona *f* de batalla

►**battle on** VI + ADV seguir luchando

►**battle out** VT + ADV **to ~ it out** enfrentarse

**battle-axe**, **battle-ax** (*US*) ['bætlæks] N [1] (= *weapon*) hacha *f* de guerra
[2] (* *pej*) (= *woman*) arpía *f*

**battledore** ['bætldɔːʳ] N raqueta *f* de bádminton; **~ and shuttlecock** *antiguo juego predecesor del bádminton*

**battlefield** ['bætlfiːld] N, **battleground** ['bætlgraʊnd] N campo *m* de batalla

**battle-hardened** ['bætl,hɑːdənd] ADJ endurecido por la lucha

**battlements** ['bætlmənts] NPL almenas *fpl*

**battle-scarred** ['bætl,skɑːd] ADJ (*gen*) marcado por la lucha; (*hum*) deteriorado

**battleship** ['bætlʃɪp] N [1] (*Mil*) acorazado *m*
[2] **~s** (= *game*) los barquitos (*juego*)

**Battn** ABBR (= **battalion**) Bón.

**batty*** ['bætɪ] ADJ (*compar* **battier**; *superl* **battiest**) (*esp Brit*) chiflado*, chalado*

**bauble** ['bɔːbl] N chuchería *f*

**baud** [bɔːd] (*Comput*) Ⓐ N baudio *m*
Ⓑ CPD ► **baud rate** N velocidad *f* (de transmisión) en baudios

**baulk** [bɔːlk] VI *see* **balk**

**bauxite** ['bɔːksaɪt] N bauxita *f*

**Bavaria** [bə'vɛərɪə] N Baviera *f*

**Bavarian** [bə'vɛərɪən] Ⓐ ADJ bávaro
Ⓑ N bávaro/a *m/f*

**bawbee** [bɔː'biː] N (*Scot hum*) medio penique *m*

**bawd**†† [bɔːd] N alcahueta *f*

**bawdiness** ['bɔːdɪnɪs] N lo verde

**bawdy** ['bɔːdɪ] ADJ (*compar* **bawdier**; *superl* **bawdiest**) subido de tono, verde*, colorado (*Mex**)

**bawdyhouse**†† ['bɔːdɪhaʊs] N (*pl* **bawdyhouses** ['bɔːdɪhaʊzɪz]) mancebía *f*

**bawl** [bɔːl] VI [1] (= *cry*) berrear
[2] (= *shout*) chillar; **to ~ at sb** gritar a algn

►**bawl out** VT + ADV [1] vocear, vociferar
[2] (*) (= *scold*) **to ~ sb out** echar una bronca a algn*

**bay¹** [beɪ] N (*Geog*) bahía *f*; (*small*) abra *f*; (*very large*) golfo *m*; **the Bay of Biscay** el Golfo de Vizcaya

**bay²** [beɪ] Ⓐ N [1] (*Archit*) (*between two walls*) crujía *f*; (*also* **~ window**) ventana *f* salediza
[2] (*for parking*) parking *m*, área *f* de aparcamiento *or* (*LAm*) estacionamiento; (*for loading*) área *f* de carga
[3] (*Rail*) nave *f*
Ⓑ CPD ► **bay window** N ventana *f* salediza

**bay³** [beɪ] Ⓐ VI [*dog*] aullar (**at** a); ✦*IDIOMS* **to ~ for blood** (*Brit*) clamar venganza; **to ~ for sb's blood** (*Brit*) pedir la cabeza de algn
Ⓑ N [1] (= *bark*) aullido *m*
[2] **at ~** (*Hunting*) acorralado (*also fig*); **to keep** *or* **hold sth/sb at ~** (*fig*) mantener algo/a algn a raya; **to bring to ~** (*Hunting*) acorralar (*also fig*)

**bay⁴** [beɪ] Ⓐ ADJ [*horse*] bayo
Ⓑ N caballo *m* bayo

**bay⁵** [beɪ] Ⓐ N (*Bot*) laurel *m*
Ⓑ CPD ► **bay leaf** N (hoja *f* de) laurel *m* ► **bay rum** N ron *m* de laurel *or* de malagueta

**bayonet** ['beɪənɪt] Ⓐ N bayoneta *f*; **with fixed ~s** con las bayonetas caladas; **at ~ point** a punta de bayoneta
Ⓑ VT herir/matar con la bayoneta
Ⓒ CPD ► **bayonet bulb** N (*Elec*) bombilla *f or* (*LAm*) foco *m* de bayoneta ► **bayonet charge** N carga *f* a la bayoneta ► **bayonet practice** N ejercicios *mpl* con bayoneta, prácticas *fpl* de bayoneta

**Bayonne** [baɪ'jɒn] N Bayona *f*

**bayou** ['baɪjuː] N (*US*) pantanos *mpl*

**bazaar** [bə'zɑːʳ] N bazar *m*

**bazooka** [bə'zuːkə] N bazuca *f*

**BB** Ⓐ N ABBR (= **Boys' Brigade**) *organización parecida a los Boy Scouts*
Ⓑ CPD ► **BB gun** N (*US*) *carabina de aire comprimido*

**BBA** N ABBR (*US Univ*) = **Bachelor of Business Administration**

**BBB** N ABBR (*US*) = **Better Business Bureau**

**BBC** N ABBR = **British Broadcasting Corporation**; **the ~** la BBC; → OPEN UNIVERSITY

**BBFC** N ABBR = **British Board of Film Classification**

**bbl** ABBR = **barrels**

**BBQ** N ABBR = **barbecue**

**BBS** N ABBR (*Comput*) = **bulletin board system**

**BC** Ⓐ ADV ABBR (= **Before Christ**) a. de C., a.C., A.C.
Ⓑ N ABBR (*Canada*) = **British Columbia**

**BCD** N ABBR (*Comput*) = **binary-coded decimal**

**BCG** N ABBR (= **Bacillus Calmette-Guérin**) BCG *m*

**BCom** [biː'kɒm] N ABBR = **Bachelor of Commerce**

**BD** Ⓐ N ABBR (*Univ*) = **Bachelor of Divinity**
Ⓑ ABBR = **bills discounted**

**bd** ABBR (*Fin*) = **bond**

**B/D** ABBR = **bank draft**

**b/d** ABBR (*Fin*) = **brought down**

**BDS** N ABBR (*Univ*) = **Bachelor of Dental Surgery**

**BE** N ABBR (*Fin*) (= **bill of exchange**) L/C

**be** [biː] (*present* **am, is, are**; *pt* **was, were**; *pp* **been**)

| | |
|---|---|
| [A] INTRANSITIVE VERB | [C] MODAL VERB |
| [B] AUXILIARY VERB | |

Ⓐ INTRANSITIVE VERB
[1] ***linking nouns, noun phrases, pronouns*** ser; **he's a pianist** es pianista; **he wants to be a doctor** quiere ser médico; **Monday's a holiday** el lunes es fiesta; **two and two are four** dos y dos son cuatro; **it's me!** ¡soy yo!; **it was me** fui yo; **who wants to be Hamlet?** ¿quién quiere hacer de *or* ser Hamlet?; **you be the patient and I'll be the doctor** tú eres el enfermo y yo seré el médico; **if I were you ...** yo en tu lugar ..., yo que tú ...*
[2] ***possession*** ser; **she's his sister** es su hermana; **it's mine** es mío
[3] ***characteristics seen as inherent*** ser; **the sky is blue** el cielo es azul; **it's (made of) plastic** es de plástico; **they're English** son ingleses; **he's tall** es alto; **it's round/enormous** es redondo/enorme; **she is boring** es aburrida; **I used to be poor but now I'm rich** antes era pobre pero ahora soy rico; **if I were rich** si fuera rico; **I'm from the south** soy del sur; **the book is in French** el libro es en francés

*Use* **estar** *with past participles used as adjectives describing the results of an action or process:*

**it's broken** está roto; **he's dead** está muerto
[4] ***changeable or temporary state*** estar; **it's dirty** está sucio; **she's bored/ill** está aburrida/enferma; **how are you?** ¿cómo estás?, ¿qué tal estás?; **how are you now?** ¿qué tal te encuentras ahora?; **I'm very well, thanks** estoy muy bien, gracias

*In certain expressions where English uses* **be** + *adjective to describe feelings (***be cold/hot/hungry/thirsty***), Spanish uses* **tener** *with a noun:*

**I'm cold/hot** tengo frío/calor; **my feet are cold** tengo los pies fríos; **I'm hungry/thirsty** tengo hambre/sed; **be good!** ¡pórtate bien!; **you're late** llegas tarde; *see also* **afraid**, **sleepy**, **right**
[5] ***age*** **"how old is she?" — "she's nine"** —¿cuántos años tiene? —tiene nueve años; **she will be two tomorrow** mañana cumple dos años; **when I'm old** cuando sea viejo; **when I was young** cuando era joven
[6] ***= take place*** ser; **the meeting's today** la reunión es hoy; **the service will be at St Ninian's Church** el oficio será en la iglesia de San Ninian
[7] ***= be situated*** estar; **Edinburgh is in Scotland** Edimburgo está en Escocia; **it's on the table** está sobre *or* en la mesa; **where is the Town Hall?** ¿dónde está *or* queda el ayuntamiento?; **it's 5 km to the village** el pueblo está *or* queda a 5 kilómetros; **he won't be here tomorrow** mañana no estará aquí; **we've been here for ages** hace mucho tiempo que estamos aquí, llevamos aquí mucho tiempo, estamos aquí desde hace mucho tiempo; **here you are, (take it)** aquí tienes, (tómalo); **there's the church** ahí está la iglesia
[8] ***impersonal use*** [8·1] (*referring to weather*) hacer; **it's hot/cold** hace calor/frío; **it's too hot** hace demasiado calor; **it's fine** hace buen tiempo; *see also* **windy**, **sunny**, **foggy** *etc*
[8·2] (*referring to time, date etc*) ser; **it's eight o'clock** son las ocho; **it's morning in New York now** en Nueva York ahora es por la mañana; **wake up, it's morning** despierta, es de día; **what's the date (today)?** ¿qué fecha es hoy?; **it's the 3rd of May** es 3 de mayo; **it's Thursday today** hoy es jueves

BUT *note the following alternatives with* **estar**:

**it's the 3rd of May** estamos a 3 de mayo; **it's Thursday today** hoy estamos a jueves
[8·3] (*asking and giving opinion*) ser; **is it certain that ...?** ¿es verdad *or* cierto que ...?; **it is easy to make a mistake** es fácil cometer un fallo; **is it fair that she should be punished while ...?** ¿es justo que se la castigue mientras que ...?; **it is possible that he'll come** es posible que venga, puede (ser) que venga; **it is impossible to study all the time** es imposible estar siempre estudiando; **it is unbelievable that ...** es increíble que ...; *BUT* **it's not clear whether ...** no está claro si ...; **it would be wrong for us to do that** no estaría bien que nosotros hiciésemos eso
[8·4] (*emphatic*) ser; **it's me who does all the work** soy yo quien hace todo el trabajo; **it**

BE

**"Ser" or "estar"?**

**You can use "ser":**

• when defining or identifying by linking two nouns or noun phrases:

Paris is the capital of France

***París es la capital de Francia***

He was the most hated man in the village

***Era el hombre más odiado del pueblo***

• to describe essential or inherent characteristics (e.g. colour, material, nationality, race, shape, size *etc*):

His mother is German

***Su madre es alemana***

She was blonde

***Era rubia***

• with most impersonal expressions not involving past participles:

It is important to be on time

***Es importante llegar a tiempo***

NOTE: **Está claro que** is an exception:

It is obvious you don't understand

***Está claro que no lo entiendes***

• when telling the time or talking about time or age:

It is ten o'clock

***Son las diez***

It's very late. Let's go home

***Es muy tarde. Vamos a casa***

He lived in the country when he was young

***Vivió en el campo cuando era joven***

• to indicate possession or duty:

It's mine

***Es mío***

This is your responsibility

***Este asunto es responsabilidad tuya***

• with events in the sense of "take place":

The 1992 Olympic Games were in Barcelona

***Los Juegos Olímpicos de 1992 fueron en Barcelona***

"Where is the exam?" - "It's in Room 1"

***"¿Dónde es el examen?" - "Es en el Aula Número 1"***

! Compare this usage with that of **estar** *(see below)* to talk about location of places, objects and people.

**You can use "estar":**

• to talk about location of places, objects and people:

"Where is Zaragoza?" - "It's in Spain"

***"¿Dónde está Zaragoza?" - "Está en España"***

Your glasses are on the bedside table

***Tus gafas están en la mesilla de noche***

! But use **ser** with events in the sense of "take place" *(see above)*.

• to talk about changeable state, condition or mood:

The teacher is ill

***La profesora está enferma***

The coffee's cold

***El café está frío***

How happy I am!

***¡Qué contento estoy!***

! **Feliz**, however, which is seen as more permanent than **contento**, is used mainly with **ser**.

• to form progressive tenses:

We're having lunch. Is it ok if I call you later?

***Estamos comiendo. Te llamaré luego, ¿vale?***

**Both "ser" and "estar" can be used with past participles**

• Use **ser** in *passive* constructions:

This play was written by Lorca

***Esta obra fue escrita por Lorca***

He was shot dead (by a terrorist group)

***Fue asesinado a tiros (por un grupo terrorista)***

! The passive is not used as often in Spanish as it is in English.

• Use **estar** with past participles to describe the *results* of a previous action or event:

We threw them away because they were broken

***Los tiramos a la basura porque estaban rotos***

He's dead

***Está muerto***

• Compare the use of **ser** + PAST PARTICIPLE which describes *action* and **estar** + PAST PARTICIPLE which describes *result* in the following:

The window was broken by the firemen

***La ventana fue rota por los bomberos***

The window was broken

***La ventana estaba rota***

It was painted around 1925

***Fue pintado hacia 1925***

The floor is painted a dark colour

***El suelo está pintado de color oscuro***

• **Ser** and **estar** are both used in impersonal expressions with past participles. As above, the use of **ser** implies *action* while the use of **estar** implies *result*:

It is understood that the work was never finished

***Es sabido que el trabajo nunca se llegó a terminar***

It is a proven fact that vaccinations save many lives

***Está demostrado que las vacunas salvan muchas vidas***

**Ser" and "estar" with adjectives**

• Some adjectives can be used with both **ser** and **estar** but the meaning changes completely depending on the verb:

***Es listo***

He's clever

***¿Estás listo?***

Are you ready?

***La química es aburrida***

Chemistry is boring

***Estoy aburrido***

I'm bored

• Other adjectives can also be used with both verbs but the use of **ser** describes a *characteristic* while the use of **estar** implies a *change*:

***Es muy guapo***

He's very handsome

***Estás muy guapa con ese vestido***

You look great in that dress!

***Es delgado***

He's slim

***¡Estás muy delgada!***

You're (looking) very slim

*For further uses and examples, see main entry.*

**was Peter who phoned** fue Peter quien llamó; **why is it that she's so successful?** ¿cómo es que tiene tanto éxito?, ¿por qué tiene tanto éxito?; **it was then that ...** fue entonces cuando ...

9 *= exist* haber; **there is/are** hay; **what is (there) in that room?** ¿qué hay en esa habitación?; **there is nothing more beautiful** no hay nada más bello; **is there anyone at home?** ¿hay alguien en casa?; **there were six road accidents here last year** el año pasado hubo seis accidentes de tráfico aquí; **there must be an explanation** debe de haber una explicación; **there being no alternative solution ...** al no haber *or* no habiendo otra solución ...; **let there be light!** ¡hágase la luz!; *BUT* **there are three of us** somos tres; **there were three of them** eran tres; **after the shop there's the bus station** después de la tienda está la estación de autobuses; → *THERE*

10 *= cost* **how much was it?** ¿cuánto costó?; **the book is £20** el libro vale *or* cuesta 20 libras; **how much is it?** ¿cuánto es?; (*when paying*) ¿qué le debo? (*frm*)

11 *= visit* **has the postman been?** ¿ha venido el cartero?; **he has been and gone** vino y se fue; **I have been to see my aunt** he ido a ver a mi tía; **have you ever been to Glasgow?** ¿has estado en Glasgow alguna vez?; **I've been to China** he estado en China

12 *in noun compounds* futuro; **mother to be** futura madre *or* mamá *f*; **my wife to be** mi futura esposa

13 *in set expressions* **to be or not to be** ser o no ser; **been and*: you've been and done it now!** ¡buena la has hecho!*; **that dog of yours has been and dug up my flowers!** ¡tu perro ha ido y me ha destrozado las flores!; **you're busy enough as it is** estás bastante ocupado ya con lo que tienes, ya tienes suficiente trabajo; **as things are** tal como están las cosas; **be that as it may** sea como fuere; **if it hadn't been for ...: if it hadn't been for you** *or* (*frm*) **had it not been for you, we would have lost** si no hubiera sido por ti *or* de no haber sido por ti, habríamos perdido; **let me be!** ¡déjame en paz!; **if that's what you want to do, then so be it** si eso es lo que quieres hacer, adelante; **what is it to you?*** ¿a ti qué te importa?; **what's it to be?** (*in bar etc*) ¿qué va a ser?, ¿qué vas a tomar?

(B) AUXILIARY VERB

1 *forming passive* ser; **the house was destroyed by an earthquake** la casa fue destruida por un terremoto

*The passive is not used as often in Spanish as in English, active and reflexive constructions often being preferred:*

**the box had been opened** habían abierto la caja; **these cars are produced in Spain** estos coches se fabrican en España; **it is said that ...** dicen que ..., se dice que ...; **he was killed by a terrorist** lo mató un terrorista; **she was killed in a car crash** murió en un accidente de coche, resultó muerta en un accidente de coche (*frm*); **what's to be done?** ¿qué hay que hacer?; **it's a film not to be missed** es una película que no hay que perderse; **we searched everywhere for him, but he was nowhere to be seen** lo buscamos por todas partes pero no lo encontramos en ningún sitio

2 *forming continuous* estar; **it's raining** está lloviendo; **what are you doing?** ¿qué estás haciendo?, ¿qué haces?; **don't distract me when I'm driving** no me distraigas cuando estoy conduciendo; **he's always grumbling** siempre está quejándose; **he was studying until the early hours** estuvo estudiando hasta la madrugada

*Use the present simple to talk about planned future events and the* **ir a** *construction to talk about intention:*

**they're coming tomorrow** vienen mañana; **"it's a pity you aren't coming with us" — "but I am coming!"** —¡qué pena que no vengas con nosotros! —¡sí que voy!; **will you be seeing her tomorrow?** ¿la verás *or* la vas a ver mañana?; **will you be needing more?** ¿vas a necesitar más?; **I shall be seeing him** voy a verlo; **I'll be seeing you** hasta luego, nos vemos (*esp LAm*)

*The imperfect tense can be used for continuous action in the past:*

**he was driving too fast** conducía demasiado rápido; *see also* **for**, **since**

3 *verb substitute* 3·1 **he's older than you are** es mayor que tú; **he isn't as happy as he was** no está tan contento como antes; **"he's going to complain about you" — "oh, is he?"** —va a quejarse de ti —¿ah, sí?; **"I'm worried" — "so am I"** —estoy preocupado —yo también; **"I'm not ready" — "neither am I"** —no estoy listo —yo tampoco; **"you're tired" — "no, I'm not"** —estás cansado —no, ¡qué va!; **"you're not eating enough" — "yes I am"** —no comes lo suficiente —que sí; **"they're getting married" — "oh, are they?"** (*showing surprise*) —se casan —¿ah, sí? *or* —¡no me digas!; **"he isn't very happy" — "oh, isn't he?"** —no está muy contento —¿ah, no?; **"he's always late, isn't he?" — "yes, he is"** —siempre llega tarde, ¿verdad? —(pues) sí; **"is it what you expected?" — "no, it isn't"** —¿es esto lo que esperabas? —(pues) no; **"she's pretty" — "no, she isn't"** —es guapa —¡qué va!

3·2 (*in question tags*) **he's handsome, isn't he?** es guapo, ¿verdad?, es guapo, ¿no?, es guapo, ¿no es cierto?; **it was fun, wasn't it?** fue divertido, ¿verdad?, fue divertido, ¿no?; **she wasn't happy, was she?** no era feliz, ¿verdad?; **so he's back again, is he?** así que ha vuelto, ¿eh?; **you're not ill, are you?** ¿no estarás enfermo?

Ⓒ MODAL VERB *with infinitive construction*

1 *= must, have to* **you're to put on your shoes** tienes que ponerte los zapatos; **he's not to open it** no debe abrirlo, que no lo abra; **I am to do it** he de hacerlo yo, soy yo el que debe hacerlo; **I am not to speak to him** no tengo permiso para hablar con él; **I wasn't to tell you his name** no podía *or* debía decirte su nombre

2 *= should* deber; **he is to be congratulated on his work** debemos felicitarlo por su trabajo; **am I to understand that ...?** ¿debo entender que ...?; **she wrote "My Life", not to be confused with Bernstein's book of the same name** escribió "Mi Vida", que no debe confundirse con la obra de Bernstein que lleva el mismo título; **he was to have come yesterday** tenía que *or* debía haber venido ayer; **he is to be pitied** es digno de lástima

3 *= will* **the talks are to start tomorrow** las conversaciones darán comienzo mañana; **her house is to be sold** su casa se pondrá a la venta; **they are to be married in the summer** se casarán en el verano

4 *= can* **these birds are to be found all over the world** estos pájaros se encuentran por todo el mundo; **little traffic was to be seen** había poco tráfico; **you weren't to know** no tenías por qué saberlo

5 *expressing destiny* **this was to have serious repercussions** esto iba a tener serias repercusiones; **they were never to return** jamás regresaron; **it was not to be** no quiso el destino que así fuera

6 *in conditional sentences* **you must work harder if you are to succeed** debes esforzarte más si quieres triunfar; **if it was** *or* **were to snow ...** si nevase *or* nevara ...; **if I were to leave the job, would you replace me?** si yo dejara el puesto, ¿me sustituirías?

➤ LANGUAGE IN USE: bear[2] A3 7.3

**B/E** N ABBR 1 (*Fin*) (= **bill of exchange**) L/C
2 (*Fin*) = **Bank of England**

**beach** [biːtʃ] Ⓐ N playa *f*
Ⓑ VT [+ *boat*] varar; [+ *whale*] embarrancar, encallar
Ⓒ CPD ► **beach ball** N balón *m* de playa ► **beach buggy** N buggy *m* ► **beach bum*** N playero/a *m/f* (de mucho cuidado)* ► **beach chair** N (*US*) tumbona *f* ► **beach hut** N caseta *f* de playa ► **beach pyjamas** NPL pijama *m* de verano ► **beach umbrella** N sombrilla *f* ► **beach volleyball** N voley-playa *m*, voleibol-playa *m* ► **beach wrap** N batín *m* (de playa)

**beachcomber** [ˈbiːtʃˌkəʊməʳ] N raquero/a *m/f*

**beachhead** [ˈbiːtʃhed] N cabeza *f* de playa

**beachwear** [ˈbiːtʃwɛəʳ] N ropa *f* de playa

**beacon** [ˈbiːkən] Ⓐ N 1 (*in port*) faro *m*; (*on aerodrome*) baliza *f*, aerofaro *m*; (*Rad*) radiofaro *m*; (= *fire*) almenara *f*
2 (= *hill*) hacho *m*
Ⓑ CPD ► **beacon light** N luz *f* de faro

**bead** [biːd] N 1 (*gen*) cuenta *f*; [*of glass*] abalorio *m*; **beads** (= *necklace*) collar *m*; (*Rel*) rosario *m*; **to tell one's ~s** rezar el rosario
2 [*of dew, sweat*] gota *f*
3 [*of gun*] mira *f* globular; **to draw a ~ on** apuntar a

**beaded** [ˈbiːdɪd] ADJ [*dress, cushion*] bordado con cuentas; **his forehead was ~ with sweat** su frente estaba salpicada con gotas de sudor

**beading** [ˈbiːdɪŋ] N 1 (*Archit*) astrágalo *m*, contero *m*
2 (*Carpentry*) moldura *f*
3 (*on garment*) canutillo *m*, adorno *m* de cuentas

**beadle** [ˈbiːdl] N 1 (*Brit Univ*) bedel *m*
2 (*Rel*) pertiguero *m*

**beady** [ˈbiːdɪ] ADJ **~ eyes** ojos *mpl* pequeños y brillantes

**beady-eyed** [ˈbiːdɪˈaɪd] ADJ de ojos pequeños y brillantes

**beagle** [ˈbiːgl] N sabueso *m*, beagle *m*

**beak** [biːk] N 1 [*of bird*] pico *m*; (*) (= *nose*) napia* *f*
2 (*Naut*) rostro *m*; **~ of land** promontorio *m*
3 (*Brit**) (= *judge*) magistrado/a *m/f*

**beaked** [biːkt] ADJ picudo

**beaker** [ˈbiːkəʳ] N vaso *m*; (*Chem*) vaso *m* de precipitación

**be-all** [ˈbiːɔːl] N (*also* **~ and end-all**) único objeto *m*, única cosa *f* que importa; **he is the ~ of her life** él es el único objeto de su vida; **money is not the ~** el dinero no es lo único que importa

**beam** [biːm] Ⓐ N 1 (*Archit*) viga *f*, travesaño *m*; [*of plough*] timón *m*; [*of balance*] astil *m*; (*Mech*) balancín *m*
2 (*Naut*) (= *timber*) bao *m*; (= *width*) manga *f*; *see also* **broad A1**
3 [*of light, laser*] rayo *m*; (*from beacon, lamp*) haz *m* de luz; (*from radio beacon*) haz *m* de radiofaro; **to drive on full** *or* **main ~** conducir con luz de carretera *or* con luces largas; ✦*IDIOMS* **to be on the ~*** seguir el buen camino; **to be (way) off ~** (*Brit**) andar (totalmente) descaminado
4 (= *smile*) sonrisa *f* radiante; **with a ~ of pleasure** con una sonrisa de placer
5 (*Sport*) barra *f* fija
Ⓑ VT 1 (= *transmit*) [+ *signal*] emitir
2 (= *smile*) **she ~ed her thanks at me** me lanzó una mirada de agradecimiento
Ⓒ VI 1 (= *shine*) brillar
2 (= *smile*) sonreír satisfecho; **~ing with pride** radiante de orgullo
Ⓓ CPD ► **beam lights** NPL (*Aut*) luces *fpl* largas

►**beam down** (*Sci Fi*) Ⓐ VT + ADV teletransportar
Ⓑ VI + ADV teletransportarse

►**beam up** (*Sci Fi*) Ⓐ VT + ADV teletransportar
Ⓑ VI + ADV teletransportarse

**beam-ends** [ˌbiːmˈendz] NPL (*Naut*) cabezas *fpl* de los baos (de un buque); **she was on her ~** (*Naut*) el buque escoraba peligrosamente; ✦*IDIOM* **they are on their ~** están en un grave aprieto, no tienen donde caerse muertos

**beaming** [ˈbiːmɪŋ] ADJ sonriente, radiante

**bean** [biːn] Ⓐ N 1 (*gen*) frijol *m*, alubia *f* (*Sp*); (*kidney*) frijol *m*, judía *f* (*Sp*), poroto *m* (*S. Cone*); (*broad, haricot*) haba *f*; (*green*) habichuela *f*, judía *f* verde (*Sp*), ejote *m* (*Mex*), poroto *m* verde (*S. Cone*); (*coffee*) grano *m*; **not a ~!*** ¡nada en absoluto!; **I haven't a ~** (*Brit**) estoy pelado*, no tengo un duro (*Sp**), no tengo un peso (*LAm**); **I didn't make a ~ on the deal*** no saqué ni un céntimo del negocio; ✦*IDIOMS* **to be full of ~s** (*Brit**) estar lleno de vida; **to know how many ~s make five** (*Brit†**) saber cuántas son dos y dos; **he doesn't know ~s about it** (*US**) no sabe ni papa de eso*, no tiene ni zorra idea (*Sp**); **not to amount to a hill** *or* **row of ~s*** no valer nada; *see also* **spill[1] A1**
2 (*as form of address*) **hello, old ~!** (*Brit†**) ¡hola, macho! (*Sp**), ¡hola, viejo! (*LAm**)
3 (*US**) (= *head, brain*) coco* *m*
Ⓑ CPD ► **bean counter*** N (*pej*) *contable o gerente obsesionado por los números* ► **bean curd** N tofu *m*

**beanbag** [ˈbiːnbæg] N (*for throwing*) *saquito que se usa para realizar ejercicios gimnásticos*; (= *chair*) *asiento en forma de bolsa rellena de bolitas de poliestireno*

**beanfeast*** [ˈbiːnfiːst] N, **beano*** [ˈbiːnəʊ] N (*Brit*) (= *party*) fiesta *f*, juerga *f*; (= *meal*) comilona* *f*

**beanpole** [ˈbiːnpəʊl] N emparrado *m*; **he's a real ~*** (*fig*) está como un espárrago*

**beanshoots** [ˈbiːnʃuːts] NPL, **beansprouts** [ˈbiːnspraʊts] NPL (*Culin*) brotes *mpl* de soja

**beanstalk** [ˈbiːnstɔːk] N judía *f*

**bear[1]** [bɛəʳ] Ⓐ N 1 (= *animal*) oso/a *m/f*; (*fig*) (= *man*) grandullón* *m*; **he was a huge ~ of a man** era un hombre grande como un oso; **the Great/Little Bear** la Osa Mayor/Menor; ✦*IDIOMS* **to be like a ~ with a sore head*** estar de un humor de perros*; **to be loaded for ~** (*US**) estar dispuesto para el ataque; *see also* **brown E**, **grizzly**, **polar**
2 (*also* **teddy ~**) osito *m* de peluche
3 (*Fin*) (= *pessimistic trader*) bajista *mf*
Ⓑ CPD ► **bear baiting** N *espectáculo en el que se azuzan a unos perros contra un oso* ► **bear cub** N osezno *m* ► **bear garden** N (*fig*) manicomio *m*, casa *f* de locos ► **bear hug** N fuerte abrazo *m* ► **bear market** N (*Fin*) mercado *m* bajista ► **bear pit** N (*fig*) manicomio *m*, casa *f* de locos

▼**bear[2]** [bɛəʳ] (*pt* **bore**; *pp* **borne**) Ⓐ VT 1 (= *support*) [+ *weight*] aguantar, sostener; *see also* **-bearing**
2 (= *take on*) [+ *cost*] correr con, pagar; [+ *responsibility*] cargar con; (*fig*) [+ *burden*] soportar; **the government ~s some responsibility for this crisis** el gobierno tiene parte de responsabilidad en esta crisis; **he bore no responsibility for what had happened** no era responsable de lo que había pasado; **they**

**~ most of the responsibility for elderly relatives** cargan con la mayor parte de la responsabilidad de atender a familiares ancianos
3 (= *endure*) [+ *pain, suspense*] soportar, aguantar; **I can't ~ the suspense** no puedo soportar *or* aguantar el suspense; **I can't ~ him** no lo puedo ver, no lo soporto *or* aguanto; **the dog can't ~ being shut in** el perro no soporta estar encerrado; **I can't ~ to look** no puedo mirar; **he can't ~ to talk about it** no puede hablar de ello; **he can't ~ to see her suffer** no soporta verla sufrir; *see also* **brunt**
4 (= *bring*) [+ *news, gift*] traer; **a letter ~ing important news** una carta que trae/traía importantes noticias
5 (= *carry*) llevar, portar (*liter*); **protesters ~ing placards** manifestantes *mfpl* llevando *or* portando pancartas; **to ~ arms** (*frm*) portar armas (*frm*); **he bore himself like a soldier** (*posture*) tenía un porte soldadesco; (*behaviour*) se comportó como un verdadero soldado; **there was dignity in the way he bore himself** había dignidad en su porte
6 (= *have, display*) [+ *signature, date, message, title*] llevar; [+ *mark, scar*] conservar; **his ideas bore little relation to reality** sus ideas no tenían mucha relación con la realidad; **she bore no resemblance to the girl I knew 20 years ago** no se parecía en nada a la chica que había conocido 20 años atrás; **the room bore all the signs of a violent struggle** el cuarto conservaba todas las huellas de una riña violenta; **to ~ a grudge** guardar rencor; **she ~s him no ill-will** (*grudge*) no le guarda rencor; (*hostility*) no siente ninguna animadversión hacia él; *see also* **witness A2**, **mind A3**
7 (= *stand up to*) [+ *examination*] resistir; **her story won't ~ scrutiny** su historia no resistirá un análisis; **it doesn't ~ thinking about*** da horror sólo pensarlo; **the film ~s comparison with far more expensive productions** la película puede compararse con producciones mucho más caras
8 (*liter*) (= *produce*) [+ *fruit*] dar; (*frm*) [+ *child*] dar a luz a; (*Fin*) [+ *interest*] devengar; **her hard work bore fruit when she was promoted** sus esfuerzos dieron fruto cuando la ascendieron; **she bore him a daughter** le dio una hija
Ⓑ VI 1 (= *move*) **to ~ (to the) right/left** torcer *or* girar a la derecha/izquierda
2 **to ~ on sth** (= *relate to*) guardar relación con algo, tener que ver con algo; (= *influence*) influir en algo; *see also* **bring 2**
3 (= *afflict*) **his misdeeds bore heavily on his conscience** sus fechorías le pesaban en la conciencia

►**bear away** VT + ADV llevarse; **injured people were borne away in ambulances** se llevaron a los heridos en ambulancias; **the wreckage was borne away by** *or* **on the tide** los restos del naufragio fueron arrastrados por la corriente

►**bear down** VI + ADV 1 (= *come closer*) **to ~ down on sth/sb** echarse encima a algo/algn; **the ferry was ~ing down on us** el ferry se nos echaba encima
2 (= *press down*) presionar; **you have to ~ down hard on the screw** hay que apretar fuerte el tornillo
3 (= *push*) (*in childbirth*) empujar

►**bear in on, bear in upon** VI + ADV + PREP (*frm*) **after half an hour it was borne in (up)on him that no one was listening** después de media hora cayó en la cuenta de que *or* se percató de que nadie le estaba escuchando

►**bear off** VT + ADV = **bear away**

►**bear on** VI + PREP [+ *person*] interesar; [+ *subject*] tener que ver con

►**bear out** VT + ADV confirmar; **the facts seem to ~ out her story** los hechos parecen confirmar su historia; **their prediction was not borne out by events** sus predicciones no se vieron confirmadas por los sucesos; **perhaps you can ~ me out on this, Alan?** Alan, ¿me puedes confirmar que estoy en lo cierto?

►**bear up*** VI + ADV **how are you ~ing up?** ¿qué tal ese ánimo?; **she's ~ing up well under the circumstances** lo está llevando bien dadas las circunstancias; **"how are you?" — "~ing up!"** —¿qué tal? —¡voy aguantando!; **~ up! it's nearly over** ¡ánimo, que ya queda poco!; **the children bore up well during the visit to the museum** los niños aguantaron bien la vista al museo

►**bear with** VI + PREP tener paciencia con; **thank you for ~ing with us during this difficult time** gracias por tener paciencia con nosotros en estos tiempos difíciles; **if I repeat myself, please ~ with me** les ruego que tengan paciencia si me repito; **~ with it, it gets better** ten un poco de paciencia *or* aguanta un poco, ya verás como mejora; **if you'll ~ with me, I'll explain** si esperas un poco, te explico

**bearable** ['bɛərəbl] ADJ soportable

**beard** [bɪəd] Ⓐ N 1 barba *f*; **to have** *or* **wear a ~** llevar barba
2 (*Bot*) arista *f*
Ⓑ VT desafiar

**bearded** ['bɪədɪd] ADJ (*gen*) con barba; (*heavily*) barbudo

**beardless** ['bɪədlɪs] ADJ barbilampiño, lampiño; [*youth*] imberbe

**bearer** ['bɛərəʳ] Ⓐ N 1 (= *bringer*) [*of tradition, culture, idea*] poseedor(a) *m/f*; [*of burden*] porteador(a) *m/f*, portador(a) *m/f*; [*of letter, news*] portador(a) *m/f*; **I hate to be the ~ of bad news** siento traer malas noticias, siento ser portador de malas noticias (*frm*)
2 (= *possessor*) [*of cheque*] portador(a) *m/f*; [*of title*] poseedor(a) *m/f*; [*of credentials, office, passport*] titular *mf*
3 (= *servant*) porteador *m*; (*also* **pall~**) portador(a) *m/f* del féretro; (*also* **stretcher-~**) camillero/a *m/f*; *see also* **flag C**, **standard C**
Ⓑ CPD ► **bearer bond** N título *m* al portador

**bearing** ['bɛərɪŋ] N 1 (= *relevance*) relación *f*; **this has no ~ on the matter** esto no tiene relación *or* no tiene nada que ver con el asunto; **this has a direct ~ on our future** esto influye directamente en nuestro futuro
2 (*in navigation*) rumbo *m*; **to take a ~ (on sth)** tomar una demora (de algo); **to find** *or* **get one's ~s** (*fig*) orientarse; **to lose one's ~s** (*fig*) desorientarse
3 (= *posture*) porte *m*; (= *behaviour*) comportamiento *m*, modales *mpl*
4 (*Mech*) cojinete *m*; *see also* **ball D**
5 (*Heraldry*) blasón *m*; *see also* **armorial**

**-bearing** ['bɛərɪŋ] ADJ (*ending in compounds*) **oil-bearing rock** roca *f* que contiene petróleo; **malaria-bearing mosquitos** mosquitos *mpl* portadores de malaria; **a large fruit-bearing tree** un gran árbol frutal; **non-weight-bearing exercise, such as swimming and cycling** un ejercicio que no implique cargar peso, como la natación o el ciclismo; *see also* **interest-bearing**, **load-bearing**

**bearish** ['bɛərɪʃ] ADJ [*person, attitude*] pesimista; [*market*] (de tendencia) bajista

**bearskin** ['bɛəskɪn] N 1 piel *f* de oso; **a ~ rug** una alfombra de piel de oso
2 (*Mil*) *gorro militar de piel de oso*

**beast** [biːst] N 1 (= *animal*) bestia *f*; **~ of burden** bestia *f* de carga; **the king of the ~s** el rey de los animales; **the Beast** (*Rel*) la Bestia; **the mark of the Beast** (*Rel*) la marca de la Bestia; *see also* **wild D**
2 (*) (= *person*) bestia* *mf*; **that ~ of a policeman** aquel bestia de policía*; **what a ~ he is!** ¡qué bruto *or* bestia es!*; **you ~!** ¡animal!*
3 (*) (= *thing*) **it's a ~ of a day** es un día horrible*; **it's a ~ of a job** es un trabajo de chinos*; **a good thriller is a rare ~ indeed** escasean las buenas novelas/películas de suspense; **this is quite a different ~** esto ya es otra cosa

**beastliness** ['biːstlɪnɪs] N bestialidad *f*

**beastly** ['biːstlɪ] Ⓐ ADJ 1 (†*) (= *horrid*) espantoso; **that was a ~ thing to do** eso sí que fue cruel; **you were ~ to me** te portaste muy mal conmigo; **where's that ~ book?** ¿dónde está el maldito libro ese?
2 (††) (= *animal*) bestial
Ⓑ ADV (*Brit*†*) **it's ~ awkward** es terriblemente difícil; **it's ~ cold** hace un frío de muerte

**beat** [biːt] (*vb: pt* **beat**; *pp* **beaten**) Ⓐ N 1 (= *stroke, blow*) [*of drum*] redoble *m*; [*of heart*] latido *m*; **her heart missed** *or* **skipped a ~** le dio un vuelco el corazón; **he replied without missing a ~** (*fig*) contestó sin alterarse
2 (= *beating*) [*of drums*] redoble *m*; [*of waves, rain*] batir *m*; **the ~ of wings** el batir de alas; *see also* **drum**
3 (*Mus*) (= *rhythm*) compás *m*, ritmo *m*; (= *rhythmic unit*) tiempo *m*; [*of conductor*] **his ~ is not very clear** no marca el compás con mucha claridad
4 (= *route*) [*of policeman*] ronda *f*; **he had spent 20 years on the ~** había hecho la ronda durante 20 años; **we need more officers on the ~** deberíamos tener más agentes haciendo la ronda; **that's rather off my ~** (*fig*) no es lo mío; *see also* **pound A3**
5 (*also* **beatnik**) beatnik *mf*
Ⓑ VT 1 (= *strike, thrash*) [+ *surface*] golpear, dar golpes en; [+ *drum*] tocar; [+ *carpet*] sacudir; [+ *metal*] batir; (*Culin*) [+ *eggs, cream*] batir; (*Hunting*) (*to raise game*) batir; **to ~ sth flat** aplanar algo a golpes; **I had Latin ~en into me at school** en el colegio me enseñaron latín a fuerza de golpes; **he ~ his fists on the table** aporreó la mesa con los puños, dio golpes con los puños en la mesa; **they had to ~ a path through the jungle** tuvieron que abrirse paso a través de la jungla; *see also* **breast**, **path A4.1**, **retreat**, **track A3**
2 (= *beat up*) [+ *person*] pegar; **he was badly ~en** le habían dado una buena paliza; **to ~ sb's brains out*** partir la crisma a algn*, partir la cabeza a algn; **to ~ sb to death** matar a algn a golpes *or* de una paliza
3 (= *flap*) [+ *wings*] batir
4 (*Mus*) **to ~ time** marcar el compás
5 (= *defeat*) [+ *team, adversary*] ganar a; [+ *problem*] superar; **he ~ Smith by five seconds** le ganó a Smith por cinco segundos; **Arsenal ~ Leeds 5-1** el Arsenal ganó 5-1 contra el Leeds, el Arsenal derrotó al Leeds 5-1; **she was easily ~en into third place** fue fácil ganarla haciéndola quedar en el tercer puesto; **she doesn't know when she's ~en** no sabe reconocer que ha perdido; **our prices cannot be ~en** nuestros precios son insuperables *or* imbatibles; **we've got to ~ inflation** tenemos

que superar la inflación; **"how did he escape?" — "(it) ~s me!"*** —¿cómo escapó? —¡no me lo explico! *or* —¡(no tengo) ni idea!; **✦*IDIOM* if you can't ~ them, join them** si no puedes con ellos, únete a ellos; *see also* **hollow C**

6 (= *better*) [+ *record*] batir; **he ~ his own previous best time** batió su propio récord; **it ~s sitting at home doing nothing*** es mejor que estar en casa sin hacer nada; **you can't ~ a nice cup of tea*** no hay nada mejor que una buena taza de té; **coffee ~s tea any day*** el café da cien vueltas al té; **that ~s everything!*** ¡eso es el colmo!; **can you ~ it** *or* **that?*** ¿has visto cosa igual?; **~ it!*** ¡lárgate!*

7 (= *pre-empt*) adelantarse; **if we leave early, we can ~ the rush hour** si salimos temprano, nos evitamos la hora punta; **I'll ~ you to that tree** ¿a que llego antes que tú a aquel árbol?, te echo una carrera hasta aquel árbol; **they determined to be the first to get there but the other team ~ them to it (by 36 hours)** estaban decididos a llegar los primeros pero el otro equipo les ganó *or* se les adelantó (en 36 horas); **I could see she was about to object but I ~ her to it** me di cuenta de que iba a poner objeciones pero me adelanté

Ⓒ VI 1 (= *hit*) **to ~ on** *or* **against** *or* **at sth** [*rain, waves*] azotar algo; [*person*] dar golpes en algo, golpear algo; **the waves ~ against the harbour wall** las olas azotaban el muro del puerto; **someone was ~ing on the door** alguien estaba dando golpes en *or* golpeando *or* aporreando la puerta; **she began ~ing at the flames with a pillow** empezó a apagar las llamas a golpes con una almohada

2 (= *sound rhythmically*) [*heart*] latir; [*drum*] redoblar; [*wings*] batir

3 (*Hunting*) (*to raise game*) batir; **✦*IDIOM* to ~ about the bush** andarse con rodeos; **let's not ~ about the bush** no nos andemos con rodeos; **stop ~ing about the bush!** ¡deja de andarte con rodeos!

Ⓓ ADJ (*) 1 (= *exhausted*) rendido, molido*; *see also* **dead A1**

2 (= *defeated*) **the problem has me ~** me doy por vencido con este problema; **Gerald had him ~ on the practical side of things** Gerald le daba mil vueltas en el aspecto práctico de las cosas

Ⓔ CPD ► **beat box** N caja *f* de ritmos ► **beat generation** N generación *f* beat ► **beat music** N *música rock de las décadas de los cincuenta y sesenta*

►**beat back** VT + ADV 1 (= *fight off*) [+ *attack*] rechazar; **England won 4-1, ~ing back challenges from the U.S. and France** Inglaterra ganó 4-1 frente al reto que suponían EEUU y Francia

2 (= *force back*) hacer retroceder; **they were ~en back by smoke and flames** el humo y las llamas les hicieron retroceder

►**beat down** Ⓐ VT + ADV 1 [+ *door*] derribar a golpes

2 [+ *seller*] **he tried to ~ me down on the price** intentó que le rebajase el precio, intentó que se lo dejase más barato; **I ~ him down to £20** conseguí que me lo rebajara a 20 libras

Ⓑ VI + ADV [*sun*] caer a plomo; [*rain*] caer con fuerza; **the rain was ~ing down outside** fuera la lluvia caía con fuerza

►**beat off** VT + ADV 1 [+ *competition*] **they ~ off competition from other companies to win the contract** derrotaron a otras compañías que competían por conseguir el contrato

2 [+ *attack, challenge*] = **beat back**

►**beat out** VT + ADV 1 [+ *flames*] apagar (a golpes)

2 (*Mus*) [+ *rhythm*] marcar; [+ *tune*] tocar (con mucho ritmo)

3 (*US*) (= *defeat*) [+ *person*] derrotar

4 [+ *dent*] quitar (a golpes)

►**beat up** VT + ADV 1 [+ *person*] dar una paliza a, pegar

2 (*Culin*) batir

►**beat up on** VI + ADV + PREP (*US**) (= *hit*) dar una paliza a, pegar; (= *bully*) intimidar; (= *criticize*) arremeter contra

**beaten** ['bi:tn] Ⓐ PP *of* **beat**

Ⓑ ADJ 1 (= *shaped, compacted*) [*metal, earth*] batido; **✦*IDIOM* off the ~ track** (= *isolated*) apartado, retirado; (= *unfrequented*) fuera de los lugares donde va todo el mundo; **to get off the ~ track** apartarse de los lugares donde va todo el mundo

2 (= *defeated*) [*person*] derrotado; **he was a ~ man** era un hombre derrotado

**beaten-up*** ['bi:tn,ʌp] ADJ [*car*] hecho un cacharro*; [*clothes*] hecho polvo*

**beater** ['bi:təʳ] N 1 (*Culin*) batidora *f*; (*also* **carpet ~**) sacudidor *m*; *see also* **panel, wife, world B**

2 (*Hunting*) ojeador(a) *m/f*, batidor(a) *m/f*

**beatific** [,bi:ə'tɪfɪk] ADJ beatífico; **a ~ smile** una sonrisa beatífica

**beatifically** [,bi:ə'tɪfɪklɪ] ADV beatíficamente

**beatification** [bi:,ætɪfɪ'keɪʃən] N beatificación *f*

**beatify** [bi:'ætɪfaɪ] VT beatificar

**beating** ['bi:tɪŋ] N 1 (= *striking*) [*of drum*] redoble *m*; [*of heart*] latido *m*, pulsación *f*; **the ~ of wings** el batir de alas; **the ~ of the rain/the waves** el batir *or* el azote de la lluvia/las olas

2 (= *punishment*) paliza *f*, golpiza *f* (*LAm*); **to get a ~** recibir una paliza; **to give sb a ~** dar una paliza a algn; **to take a ~: our team took a ~** a nuestro equipo le dieron una paliza*, nuestro equipo recibió una paliza*; **the dollar is taking a ~ on the currency markets** le están dando una paliza al dólar en los mercados de divisas*

3 (= *bettering*) **that score will take some ~** será difícil superar esa puntuación

4 (*Hunting*) batida *f*

**beating-up** [,bi:tɪŋ'ʌp] N paliza *f*

**beatitude** [bi:'ætɪtju:d] N beatitud *f*; **the Beatitudes** las Bienaventuranzas

**beatnik** ['bi:tnɪk] N beatnik *mf*

**Beatrice** ['bɪətrɪs] N Beatriz

**beat-up*** ['bi:tʌp] ADJ hecho polvo*, de perras*

**beau** [bəʊ] Ⓐ N (*pl* **beaus** *or* **beaux** [bəʊz]) (= *fop*) petimetre *m*, dandy *m*; (= *ladies' man*) galán *m*; (= *suitor*) pretendiente *m*; (= *sweetheart*) novio *m*

Ⓑ ADJ **~ ideal** lo bello ideal; (= *person*) tipo *m* ideal

**Beaufort scale** ['bəʊfət,skeɪl] N escala *f* Beaufort

**beaut*** [bju:t] N **it's a ~** es sensacional, es pistonudo (*Sp**)

**beauteous** ['bju:tɪəs] ADJ (*poet*) bello

**beautician** [bju:'tɪʃən] N esteticista *mf*

**beautiful** ['bju:tɪfʊl] ADJ hermoso, bello, lindo (*esp LAm*); **what a ~ house!** ¡qué casa más preciosa!; **the ~ people** la gente guapa

**beautifully** ['bju:tɪflɪ] ADV (= *wonderfully*) maravillosamente; (= *precisely*) perfectamente; **she plays ~** toca a la perfección; **that will do ~** así sirve perfectamenta

**beautify** ['bju:tɪfaɪ] VT embellecer

**beauty** ['bju:tɪ] Ⓐ N 1 (= *quality*) belleza *f*, hermosura *f*; **the ~ of it is that ...** lo mejor de esto es que ...; **that's the ~ of it** eso es lo que tiene de bueno; **✦*PROVS* ~ is in the eye of the beholder** todo es según el cristal con que se mira; **~ is only skin-deep** la belleza no lo es todo, la belleza es algo sólo superficial

2 (= *person, thing*) belleza *f*, preciosidad *f*; **isn't he a little ~?** (= *child*) ¡mira qué rico es el niño!; **she's no ~** no es ninguna belleza; **Beauty and the Beast** la Bella y la Bestia; **it's a ~** es una preciosidad; **that was a ~!** (= *stroke etc*) ¡qué golpe más fino!

3 **beauties** (= *attractions*) maravillas *fpl*; **the beauties of Majorca** las maravillas de Mallorca

Ⓑ CPD ► **beauty competition**, **beauty contest** N concurso *m* de belleza ► **beauty consultant** N esteticista *mf* ► **beauty cream** N crema *f* de belleza ► **beauty editor** N directora *f* de la sección de belleza ► **beauty parlour**, **beauty parlor** (*US*) N salón *m* de belleza ► **beauty product** N producto *m* de belleza ► **beauty queen** N reina *f* de la belleza ► **beauty salon** N salón *m* de belleza ► **beauty sleep** N (*hum*) primer sueño *m*; **I need my ~ sleep** necesito dormir mis horas (para luego estar bien) ► **beauty spot** N (*on face*) lunar *m* postizo; (*in country*) lugar *m* pintoresco

**beaver** ['bi:vəʳ] N 1 castor *m*

2 (*esp US***) coño** *m*

►**beaver away*** VI + ADV trabajar con empeño

**bebop** ['bi:bɒp] N bebop *m*

**becalm** [bɪ'kɑ:m] VT **to be ~ed** estar encalmado

**became** [bɪ'keɪm] PT *of* **become**

▼**because** [bɪ'kɒz] Ⓐ CONJ porque; **I came ~ you asked me to** vine porque me lo pediste; **~ he was ill he couldn't go** no pudo ir por estar enfermo; **just ~ he has two cars he thinks he's somebody** sólo porque tiene dos coches se cree todo un personaje

Ⓑ **~ of** PREP por; **I did it ~ of you** lo hice por ti; **many families break up ~ of a lack of money** muchas familias se deshacen por *or* debido a la falta de dinero

**bechamel** [,beɪʃə'mɛl] N (*also* **~ sauce**) besamel *f*

**beck**[1] [bek] N **✦*IDIOM* to be at the ~ and call of** estar siempre a disposición de

**beck**[2] [bek] N (*N Eng*) arroyo *m*, riachuelo *m*

**beckon** ['bekən] Ⓐ VT 1 (= *signal*) llamar con señas, hacer señas a; **he ~ed me in/over** me hizo señas para que entrara/me acercara

2 (= *attract*) llamar, atraer

Ⓑ VI 1 (= *signal*) **to ~ to sb** llamar a algn con señas, hacer señas a algn

2 (= *be attractive*) [*bright lights, fame*] ejercer su atracción

3 (= *loom*) avecinarse, estar a la vuelta de la esquina

**become** [bɪ'kʌm] (*pt* **became**; *pp* **become**) Ⓐ VI 1 (= *grow to be*) **to ~ famous** hacerse famoso; **to ~ sad** ponerse triste; **to ~ ill** ponerse enfermo, enfermar; **to ~ old** hacerse *or* volverse viejo; **to ~ angry** enfadarse; **to ~ red** ponerse rojo, enrojecerse; **we became very worried** empezamos a inquietarnos muchísimo; **he became blind** (se) quedó ciego; **this is becoming difficult** esto se está poniendo difícil; **to ~ accustomed to sth** acostumbrarse a algo; **it became known that ...** se supo que ..., llegó a saberse que ...; **when he ~s 21** cuando cumpla los 21 años

2 (= *turn into*) convertirse en, transformarse

➤ LANGUAGE IN USE: because A 17.1, 26.3 B 17.1

**BECOME, GO, GET**

**The translation of become/go/get/turn** depends on the context and the type of change involved and how it is regarded. Very often there is more than one possible translation, or even a special verb to translate **get** + ADJECTIVE (e.g. **get angry** - **enfadarse**), but here are some general hints.

**Become** *etc* **+ adjective**

• Use **ponerse** to talk about temporary but normal changes:

I got quite ill
***Me puse muy malo***
He went pale
***Se puso blanco***
You've got very brown
***Te has puesto muy moreno***
He got very angry
***Se puso furioso***

• Use **volverse** to refer to sudden, longer-lasting and unpredictable changes, particularly those affecting the mind:

He has become very impatient in the last few years
***Se ha vuelto muy impaciente estos últimos años***
She went mad
***Se volvió loca***

• Use **quedar(se)** especially when talking about changes that are permanent, involve deterioration and are due to external circumstances. Their onset may or may not be sudden:

He went blind
***(Se) quedó ciego***
Goya went deaf
***Goya (se) quedó sordo***

NOTE: **Quedarse** is also used to talk about pregnancy:

She became pregnant
***(Se) quedó embarazada***

• Use **hacerse** for states resulting from effort or from a gradual, cumulative process:

They became very famous
***Se hicieron muy famosos***
The pain became unbearable
***El dolor se hizo insoportable***

• Use **llegar a ser** to suggest reaching a peak:

The heat became stifling
***El calor llegó a ser agobiante***

**Become** *etc* **+ noun**

• Use **hacerse** for career goals and religious or political persuasions:

He became a lawyer
***Se hizo abogado***
I became a Catholic in 1990
***Me hice católico en 1990***
He became a member of the Green Party
***Se hizo miembro del Partido Verde***

• Use **llegar a** + NOUN and **llegar a ser** + PHRASE for reaching a peak after a period of gradual change. This construction is often used to talk about professional accomplishments:

If you don't make more effort, you'll never get to be a teacher
***Si no te esfuerzas más, no llegarás a profesor***
Castelar became one of the most important politicians of his time
***Castelar llegó a ser uno de los políticos más importantes de su época***
Football became an obsession for him
***El fútbol llegó a ser una obsesión para él***

• Use **convertirse en** for long-lasting changes in character, substance and kind which take place gradually:

Those youngsters went on to become delinquents
***Aquellos jóvenes se convirtieron después en delincuentes***
Over the years I have become a more tolerant person
***Con los años me he convertido en una persona más tolerante***
Water turns into steam
***El agua se convierte en vapor***

• Use **quedar(se)** + ADJECTIVE to talk about changes, particularly when they are permanent, for the worse and due to external circumstances. Their onset may or may not be sudden:

She became a widow
***(Se) quedó viuda***

• To translate **have turned into** *or* **have become** *etc* + NOUN in emphatic phrases particularly about people, you can use **estar hecho un(a)** + NOUN:

Juan has become a really good pianist
***Juan está hecho todo un pianista***

*For further uses and examples, see main entries at* ***become, go, get*** *and* ***turn.***

---

en; **the building has ~ a cinema** el edificio se ha convertido *or* transformado en cine; **the gas ~s liquid** el gas se convierte en líquido
[3] (= *acquire position of*) (*through study*) hacerse; (*by promotion etc*) llegar a ser; **to ~ a doctor** hacerse médico; **to ~ professor** llegar a ser catedrático; **he became king in 1911** subió al trono en 1911; **later this lady became his wife** esta dama llegó a ser su esposa más tarde; **to ~ a father** convertirse en padre
Ⓑ IMPERS VB **what has ~ of him?** ¿qué ha sido de él?; **what will ~ of me?** ¿qué será de mí?; **whatever can have ~ of that book?** ¿dónde estará ese libro?
Ⓒ VT (= *look nice on*) favorecer, sentar bien; **that thought does not ~ you** ese pensamiento es indigno de ti

**becoming**† [bɪˈkʌmɪŋ] ADJ [1] (= *fetching*) [*clothes, hairstyle, hat*] favorecedor, sentador (*LAm*); **that dress is very ~** ese vestido es muy favorecedor, ese vestido te sienta muy bien
[2] (= *suitable*) [*conduct, language*] apropiado; **it is not ~ for young ladies to speak like that** no es apropiado que las señoritas hablen así, no es propio de señoritas hablar así

**becomingly**† [bɪˈkʌmɪŋlɪ] ADV [1] (= *fetchingly*) [*blush, smile*] de forma encantadora; [*dress*] de modo favorecedor
[2] (= *suitably*) apropiadamente

**becquerel** [ˌbekəˈrel] N becquerelio *m*

**BECTU** [ˈbɛktu] N ABBR (*Brit*) = **Broadcasting, Entertainment, Cinematographic and Theatre Union**

**BEd** [biːˈed] N ABBR = **Bachelor of Education**

**bed** [bed] Ⓐ N [1] (= *furniture*) cama *f*; **I was in ~** estaba en la cama; **could you give me a ~ for the night?** ¿me puede hospedar *or* alojar esta noche?; **to get into ~** meterse en la cama; **to get sb into ~** (= *have sex*) llevarse a algn a la cama; **to get into ~ with sb** (*fig*) (= *agree to work together*) aliarse con algn; **to go to ~** acostarse; **to go to ~ with sb** acostarse con algn; **to make the ~** hacer la cama; **to put a child to ~** acostar a un niño; **to put a paper to ~** terminar la redacción de un número; **to stay in ~** (*because ill*) guardar cama; (*because lazy*) quedarse en la cama; **to take to one's ~** irse a la cama; ✦**IDIOMS to get out of ~ (on) the wrong side** (*Brit*) ◊ **get up (on) the wrong side of the ~** (*US*) levantarse con el pie izquierdo; **you've made your ~, now you must lie in** *or* **on it** quien mala cama hace en ella se yace
[2] [*of animal*] lecho *m*
[3] [*of river*] cauce *m*, lecho *m*; [*of sea*] fondo *m*
[4] (= *flower bed*) arriate *m*, parterre *m*; (= *vegetable bed*) arriate *m*; (= *oyster bed*) banco *m*, vivero *m*; ✦**IDIOM his life's no ~ of roses** su vida no es un lecho de rosas
[5] (= *layer*) [*of coal, ore*] estrato *m*, capa *f*; (*in road-building*) capa *f*; (*Archit, Tech*) base *f*; **served on a ~ of lettuce/rice** servido sobre una base de lechuga/arroz
Ⓑ VT [1] (*Archit etc*) fijar, engastar
[2] (†*) [+ *woman*] llevar a la cama, acostarse con
Ⓒ CPD ► **bed and board** N comida *f* y cama, pensión *f* completa ► **bed and breakfast** N pensión *f* (con desayuno) ► **bed bath** N (*Med*) **they gave her a ~ bath** la lavaron en la cama ► **bed jacket** N mañanita *f* ► **bed linen** N ropa *f* de cama ► **bed of nails** N cama *f* de clavos ► **bed rest** N reposo *m* en cama ► **bed settee** N sofá-cama *m*

►**bed down** Ⓐ VI + ADV (= *go to bed*) acostarse
Ⓑ VT + ADV [+ *children*] acostar; [+ *animals*] hacer un lecho para

►**bed out** VT + ADV [+ *plants*] plantar en un macizo

**BED AND BREAKFAST**

*Se llama* **Bed and Breakfast** *a una casa particular de hospedaje tanto en el campo como en la ciudad, que ofrece cama y desayuno a tarifas inferiores a las de un hotel. El servicio se suele anunciar con carteles colocados en las ventanas del establecimiento, en el jardín o en la carretera y en ellos aparece a menudo únicamente el símbolo* **B&B.**

**bedaub** [bɪˈdɔːb] VT embadurnar

**bedbug** [ˈbedbʌg] N chinche *m or f*

**bedclothes** [ˈbedkləʊðz] NPL ropa *fsing* de cama

**bedcover** [ˈbedkʌvəʳ] N = **bedspread**

**bedcovers** [ˈbedkʌvəz] NPL mantas *fpl*, frazadas *fpl* (*LAm*)

**-bedded** [ˈbedɪd] ADJ (*ending in compounds*) **twin-bedded room** habitación *f* doble

**bedding** [ˈbedɪŋ] Ⓐ N ropa *f* de cama; (*for animal*) cama *f*
Ⓑ CPD ► **bedding plant** N planta *f* de parterre

**Bede** [biːd] N Beda; **the Venerable ~** el venerable Beda

**bedeck** [bɪˈdek] VT adornar, engalanar

**bedevil** [bɪˈdevəl] VT **to be ~led by problems** [*project*] estar plagado de problemas; **the team has been ~led by injuries** el equipo ha sufrido muchas lesiones; **an industry ~led by rising costs** una industria aquejada por el aumento de los costes

**bedfellow** [ˈbedfeləʊ] N compañero/a *m/f* de cama; **they are** *or* **make strange ~s** (*fig*) forman una extraña pareja

**bedhead** [ˈbedhed] N testero *m*, cabecera *f*

**bedlam** [ˈbedləm] N [1] (= *uproar*) alboroto *m*; **it was sheer ~** la confusión era total; **~**

**broke out** se armó la de San Quintín*
2 (*Hist*) (= *asylum*) manicomio *m*

**bedmate** ['bedmeɪt] N = **bedfellow**

**Bedouin** ['bedʊɪn] Ⓐ ADJ beduino
Ⓑ N (*pl* **Bedouin** *or* **Bedouins**) beduino/a *m/f*

**bedpan** ['bedpæn] N bacinilla *f* (de cama), cuña *f*

**bedpost** ['bedpəʊst] N columna *f or* pilar *m* de cama

**bedraggled** [bɪ'drægld] ADJ [*person*] desaliñado; [*hair, feathers, fur*] enmarañado; [*flowers*] mustio

**bedridden** ['bedrɪdn] ADJ postrado en la cama

**bedrock** ['bedrɒk] N (*Geol*) lecho *m* de roca; (*fig*) lo fundamental, base *f*; ✦**IDIOM to get down to ~** ir a lo fundamental

**bedroll** ['bedrəʊl] N petate *m*

**bedroom** ['bedrʊm] Ⓐ N dormitorio *m*, habitación *f*, recámara *f* (*CAm, Mex*); **three-~ flat** piso *m or* (*LAm*) departamento *m* de tres dormitorios
Ⓑ CPD ► **bedroom eyes*** NPL ojos *mpl* seductores ► **bedroom farce** N (*Theat*) comedia *f* de alcoba ► **bedroom slippers** NPL pantuflas *fpl*, zapatillas *fpl* (*Sp*) ► **bedroom suburb** N (*US*) ciudad *f* dormitorio ► **bedroom suite** N juego *m* de muebles para dormitorio

**-bedroomed** ['bedrʊmd] ADJ (*ending in compounds*) **a five-bedroomed house** una casa con cinco dormitorios

**Beds** [beds] N ABBR (*Brit*) = **Bedfordshire**

**bedside** ['bedsaɪd] Ⓐ N cabecera *f*; **to wait at the ~ of** esperar a la cabecera de
Ⓑ CPD ► **bedside lamp** N lámpara *f* de noche ► **bedside manner** N **to have a good ~ manner** tener mucho tacto con los enfermos ► **bedside rug** N alfombrilla *f* de cama ► **bedside table** N mesilla *f* de noche

**bedsit*** ['bedsɪt] N, **bedsitter** ['bed'sɪtəʳ] N, **bedsitting room** ['bed'sɪtɪŋrʊm] N (*Brit*) *habitación amueblada, cuyo alquiler incluye cocina y baño comunes*

**bedsocks** ['bedsɒks] NPL calcetines *mpl* de cama

**bedsore** ['bedsɔːʳ] N úlcera *f* de decúbito

**bedspread** ['bedspred] N colcha *f*, cubrecama *m*

**bedstead** ['bedsted] N cuja *f*, armazón *m or f* de cama

**bedstraw** ['bedstrɔː] N (*Bot*) cuajaleche *m*, amor *m* de hortelano

**bedtime** ['bedtaɪm] Ⓐ N hora *f* de acostarse; **it's past your ~** ya deberías estar acostado; **ten o'clock is my usual ~** normalmente me voy a la cama a las diez; **bedtime!** ¡a la cama!
Ⓑ CPD ► **bedtime story** N cuento *m* (*para dormir a un niño*)

**bed-wetting** ['bedwetɪŋ] N incontinencia *f* nocturna, enuresis *f* (*frm*)

**bedworthy*** ['bed,wɜːðɪ] ADJ atractivo

**bee** [biː] Ⓐ N 1 (*Zool*) abeja *f*; ✦**IDIOMS to have a ~ in one's bonnet about sth** tener algo metido entre ceja y ceja; **he thinks he's the ~'s knees*** se cree la mar de listo *or* de elegante* *etc*
2 (*esp US*) círculo *m* social; *see also* **spelling**
Ⓑ CPD ► **bee eater** N (*Orn*) abejaruco *m*

**Beeb*** [biːb] N **the ~** (*Brit*) la BBC

**beech** [biːtʃ] Ⓐ N (= *tree*) haya *f*; (= *wood*) hayedo *m*
Ⓑ CPD ► **beech grove** N hayal *m* ► **beech tree** N haya *f*

**beechmast** ['biːtʃmɑːst] N hayucos *mpl*

**beechnut** ['biːtʃnʌt] N hayuco *m*

**beechwood** ['biːtʃwʊd] N 1 (= *group of trees*) hayedo *m*, hayal *m*
2 (= *material*) (madera *f* de) haya *f*

**beef** [biːf] Ⓐ N 1 (*Culin*) carne *f* de vaca *or* (*LAm*) de res; **roast ~** rosbif *m*, carne *f* asada (*LAm*)
2 (*) (= *brawn*) músculos *mpl*
3 (*esp US**) (= *complaint*) queja *f*
Ⓑ VI (*) (= *complain*) quejarse (**about** de)
Ⓒ CPD ► **beef cattle** N ganado *m* vacuno ► **beef olive** N *picadillo envuelto en una lonja de carne y cocinado en salsa* ► **beef sausage** N salchicha *f* de carne de vaca ► **beef tea** N caldo *m* de carne (*para enfermos*)

►**beef up*** VT + ADV [+ *essay, speech*] reforzar, fortalecer

**beefburger** ['biːf,bɜːgəʳ] N hamburguesa *f*

**beefcake*** ['biːfkeɪk] N (*hum*) cachas* *m inv*

**beefeater** ['biːf,iːtəʳ] N (*Brit*) alabardero *m* de la Torre de Londres

**beefsteak** ['biːfsteɪk] N biftec *m*, bistec *m*, bife *m* (*S. Cone*)

**beefy*** ['biːfɪ] ADJ (*compar* **beefier**; *superl* **beefiest**) (= *brawny*) fornido

**beehive** ['biːhaɪv] N colmena *f*

**beekeeper** ['biːkiːpəʳ] N apicultor(a) *m/f*, colmenero/a *m/f*

**beekeeping** ['biː,kiːpɪŋ] N apicultura *f*

**beeline** ['biːlaɪn] N ✦**IDIOM to make a ~ for sth/sb** ir directo *or* derecho a algo/algn

**Beelzebub** [biː'elzɪbʌb] N Belcebú

**been** [biːn] PP *of* **be**

**beep** [biːp] Ⓐ N (*Brit*) pitido *m*; **please leave a message after the ~** deje un mensaje después de la señal
Ⓑ VI sonar
Ⓒ VT [+ *horn*] tocar

**beeper** ['biːpəʳ] N localizador *m*, busca* *m*

**beer** [bɪəʳ] Ⓐ N cerveza *f*; **draught ~** cerveza *f* de barril; **light/dark ~** cerveza *f* rubia/negra; **we're only here for the ~** (*hum*) venimos en plan de diversión; ✦**IDIOM life isn't all ~ and skittles** (*Brit*) la vida no es un lecho de rosas, la vida no es todo Jauja*; *see also* **small A1**
Ⓑ CPD ► **beer barrel** N barril *m* de cerveza ► **beer belly*** N panza* *f* (*de beber cerveza*) ► **beer bottle** N botella *f* de cerveza ► **beer can** N bote *m or* lata *f* de cerveza ► **beer garden** N terraza *f* de verano, jardín *m* (de un bar) ► **beer glass** N jarra *f* de cerveza ► **beer gut*** N = **beer belly**

**beerfest** ['bɪəfest] N (*US*) festival *m* cervecero

**beermat** ['bɪəmæt] N posavasos *m inv*

**beery** ['bɪərɪ] ADJ [*smell*] a cerveza; [*person*] muy aficionado a la cerveza; [*party*] donde se bebe mucha cerveza; **it was a ~ affair** allí se bebió una barbaridad

**beeswax** ['biːzwæks] N cera *f* de abejas

**beet** [biːt] Ⓐ N 1 (= *crop*) remolacha *f* forrajera
2 (*US*) = **beetroot**
Ⓑ CPD ► **beet sugar** N azúcar *m* de remolacha

**beetle** ['biːtl] N escarabajo *m*

►**beetle off*** VI + ADV (*Brit*) marcharse

**beetle-browed** ['biːtl'braʊd] ADJ cejialto, de cejas muy espesas

**beetroot** ['biːtruːt] N (*Brit*) remolacha *f*, betabel *m* (*Mex*), betarraga *f* (*Chile, Bol*)

**befall** [bɪ'fɔːl] (*pt* **befell**; *pp* **befallen**) (*liter*) Ⓐ VT acontecer a, suceder a
Ⓑ VI acontecer, suceder; **whatever may ~** pase lo que pase

**befallen** [bɪ'fɔːlən] PP *of* **befall**

**befell** [bɪ'fel] PT *of* **befall**

**befit** [bɪ'fɪt] VT (*frm*) corresponder a; **he writes beautifully, as ~s a poet** escribe con gran belleza, como corresponde a un poeta; **it ill ~s him to speak thus** no es la persona más indicada para decir eso; **they offered him a post ~ting his experience** le ofrecieron un puesto acorde a su experiencia

**befitting** [bɪ'fɪtɪŋ] ADJ (*frm*) apropiado

**befog** [bɪ'fɒg] VT (*liter*) (= *confuse*) [+ *issue etc*] entenebrecer; [+ *person*] ofuscar, confundir

**before** [bɪ'fɔːʳ]

*When* **before** *is an element in a phrasal verb, eg* **come before, go before**, *look up the verb.*

Ⓐ PREP 1 (*in time, order, rank*) antes de; **~ Christ** antes de Cristo; **the week ~ last** hace dos semanas; **~ long** (*in future*) antes de poco; (*in past*) poco después; **~ going, would you ...** antes de marcharte, quieres ...; **income ~ tax** renta *f* bruta *or* antes de impuestos; **profits ~ tax** beneficios *mpl* preimpositivos
2 (*in place*) delante de; (= *in the presence of*) ante, delante de, en presencia de; **they were married ~ a judge** se casaron en presencia de un juez
3 (= *facing*) **the question ~ us** (*in meeting*) el asunto que tenemos que discutir; **the problem ~ us is ...** el problema que se nos plantea es ...; **the task ~ us** la tarea que tenemos por delante; **we still have two hours ~ us** tenemos todavía dos horas por delante; **a new life lay ~ him** una vida nueva se abría ante él
4 (= *rather than*) **I should choose this one ~ that** yo escogería éste antes que aquél; **death ~ dishonour!** ¡antes la muerte que el deshonor!
Ⓑ ADV 1 (*time*) antes; **a moment ~** un momento antes; **the day ~** el día anterior; **~, it used to be different** antes, todo era distinto; **on this occasion and the one ~** en esta ocasión y la anterior
2 (*place, order*) delante, adelante; **~ and behind** por delante y por detrás; **that chapter and the one ~** ese capítulo y el anterior
Ⓒ CONJ (*time*) antes de que; (*rather than*) antes que

**beforehand** [bɪ'fɔːhænd] ADV de antemano, con antelación

**befoul** [bɪ'faʊl] VT (*liter*) ensuciar

**befriend** [bɪ'frend] VT entablar amistad con, hacerse amigo de

**befuddle** [bɪ'fʌdl] VT (= *confuse*) atontar, confundir; (= *make tipsy*) atontar

**befuddled** [bɪ'fʌdld] ADJ (= *confused*) aturdido; **~ with drink** atontado por la bebida

**beg** [beg] Ⓐ VT 1 (= *implore*) rogar, suplicar; **I ~ you!** ¡te lo suplico!; **to ~ forgiveness** suplicar *or* implorar perdón; **he ~ged my help** suplicó mi ayuda; **to ~ sb for sth** suplicar algo a algn; **he ~ged me to help him** me suplicó que le ayudara; **I ~ to inform you** (*frm*) tengo el honor de informarle; **I ~ to differ** siento tener que disentir; ✦**IDIOM to ~ the question**: **some definitions of mental illness ~ the question of what constitutes normal behaviour** algunas definiciones de enfermedad mental dan por sentado lo que constituye un comportamiento normal
2 [*beggar*] [+ *food, money*] pedir; **he ~ged a pound** pidió una libra
Ⓑ VI 1 (= *implore*) **to ~ for** [+ *forgiveness, mercy*] implorar
2 [*beggar*] mendigar, pedir limosna; **there's some cake going ~ging*** queda un poco de tarta, ¿no la quiere nadie?

►**beg off*** VI + ADV (*US*) dar una excusa

**BEFORE**

**Time**

**Adverb**

• When **before** is an *adverb*, you can usually translate it using **antes**:
Why didn't you say so before?
***¿Por qué no lo has dicho antes?***
I had spoken to her before
***Había hablado con ella antes***

• But the **before** in **never before** and **ever before** is often not translated:
I've never been to Spain before
***Nunca he estado en España***
I had never been to a police station before
***Nunca había estado (antes) en una comisaría***
It's not true that the working class is earning more money than ever before
***No es cierto que la clase obrera gane más dinero que nunca***

• **The day/night/week** *etc* **before** should usually be translated using **el día/la noche/la semana anterior**:
The night before, he had gone to a rock concert
***La noche anterior había ido a un concierto de rock***

• In more formal contexts, where **before** could be substituted by **previously**, **anteriormente** is another option:
As I said before…
***Como he dicho antes*** *or* ***anteriormente…***

• When **before** is equivalent to **already**, translate using **ya** (**antes**) or, in questions about whether someone has done what they are doing now before, using **¿es la primera vez que…?**:
"How about watching this film?" - "Actually, I've seen it before"
***—¿Vemos esa película? —"Es que ya la he visto"***
I had been to Glasgow a couple of times before
***Ya había estado (antes) en Glasgow un par de veces***
Have you been to Spain before?
***¿Has estado ya en España?*** *or* ***¿Es la primera vez que vienes a España?***

• Translate **PERIOD OF TIME** + **before** using **hacía** + **PERIOD OF TIME**:
They had married nearly 40 years before
***Se habían casado hacía casi 40 años***

**! Hacía** is invariable in this sense.

**Preposition**

• When **before** is a *preposition*, you can usually translate it using **antes de**:
Please ring before seven
***Por favor, llama antes de las siete***
Shall we go for a walk before dinner?
***¿Nos vamos a dar un paseo antes de cenar?***

• But use **antes que** with names of people and personal pronouns when they stand in for a verb:
If you get there before me *or* before I do, wait for me in the bar
***Si llegas antes que yo, espérame en el bar***

• Translate **before** + **-ING** using **antes de** + **INFINITIVE**:
He said goodbye to the children before leaving
***Se despidió de los niños antes de irse***

**Conjunction**

• When **before** is a *conjunction*, you can usually translate it using **antes de que** + **SUBJUNCTIVE**:
I'll ask Peter about it before he goes away on holiday
***Se lo preguntaré a Peter antes de que se vaya de vacaciones***
We reached home before the storm broke
***Llegamos a casa antes de que empezara la tormenta***

• If the subject of both clauses is the same, **antes de** + **INFINITIVE** is usually used rather than **antes de que**:
Give me a ring before you leave the office
***Llámame antes de salir de la oficina***

**NOTE:** This construction is also sometimes used in colloquial Spanish when the subjects are different:
Before you arrived she was very depressed
***Antes de llegar tú, estaba muy deprimida***

*For further uses and examples, see main entry.*

**began** [bɪ'gæn] PT *of* **begin**

**beget** [bɪ'get] (*pt* **begot**, **begat** [bɪ'gæt]; *pp* **begotten**) VT (*frm*) engendrar (*also fig*)

**begetter** [bɪ'getəʳ] N (*frm*) creador(a) *m/f*, instigador(a) *m/f*

**beggar** ['begəʳ] Ⓐ N [1] mendigo/a *m/f*, pordiosero/a *m/f*; ✦***PROV*** **~s can't be choosers** a buen hambre no hay pan duro
[2] (*) (= *fellow*) tío/a* *m/f*; **lucky ~!** ¡qué suerte tiene el tío/la tía!*; **poor little ~!** ¡pobrecito!
Ⓑ VT [1] (= *ruin*) arruinar
[2] (*fig*) (= *exceed*) excederse a; **it ~s description** es imposible describirlo; **it ~s belief** resulta totalmente inverosímil

**beggarly** ['begəlɪ] ADJ miserable

**beggary** ['begərɪ] N (*frm*) mendicidad *f*; **to reduce to ~** reducir a la miseria

**begging** ['begɪŋ] Ⓐ N mendicidad *f*
Ⓑ CPD ► **begging bowl** N platillo *m* para limosnas; **to hold out a ~ bowl** (*fig*) pasar el platillo ► **begging letter** N *carta en la que se pide dinero*

▼ **begin** [bɪ'gɪn] (*pt* **began**; *pp* **begun**) Ⓐ VT [1] (= *start*) empezar, comenzar; **to ~ doing sth** ◊ **~ to do sth** empezar a hacer algo; **it's ~ning to rain** está empezando a llover; **he ~s the day with a glass of orange juice** empieza el día con un zumo de naranja; **I can't ~ to thank you** no encuentro palabras para agradecerle; **it doesn't ~ to compare with …** no puede ni compararse con …; **this skirt began life as an evening dress** esta falda empezó siendo un traje de noche
[2] (= *undertake*) emprender; (= *set in motion*) iniciar; [+ *discussion*] entablar; **I was foolish ever to ~ it** hice mal en emprenderlo
Ⓑ VI [1] (= *start*) empezar, comenzar, iniciarse (*frm*); **the work will ~ tomorrow** el trabajo empezará *or* comenzará mañana; **the teacher began by writing on the board** el profesor empezó escribiendo en la pizarra; **let me ~ by saying …** quiero comenzar diciendo …; **~ning from Monday** a partir del lunes; **to ~ on sth** emprender algo; **to ~ with sth** comenzar por *or* con algo; **to ~ with, I'd like to know …** en primer lugar, quisiera saber …; **to ~ with there were only two of us** al principio sólo éramos dos
[2] (= *originate*) [*river*] nacer; [*rumour, custom*] originarse

**beginner** [bɪ'gɪnəʳ] N principiante *mf*; **it's just ~'s luck** es la suerte del principiante

**beginning** [bɪ'gɪnɪŋ] N [1] [*of speech, book, film etc*] principio *m*, comienzo *m*; **at the ~ of** al principio de; **at the ~ of the century** a principios de siglo; **the ~ of the end** el principio del fin; **right from the ~** desde el principio; **from ~ to end** de principio a fin, desde el principio hasta el final; **in the ~** al principio; **to make a ~** empezar
[2] (= *origin*) origen *m*; **from humble ~s** de orígenes modestos; **Buddhism had its ~s …** el budismo tuvo sus orígenes …; **he had the ~s of a beard** tenía un asomo de barba

**begone**†† [bɪ'gɒn] EXCL (*liter*) ¡fuera de aquí!

**begonia** [bɪ'gəʊnɪə] N begonia *f*

**begot** [bɪ'gɒt] PT *of* **beget**

**begotten** [bɪ'gɒtn] PP *of* **beget**; **God gave His only Begotten Son** Dios entregó a su Unigénito

**begrime** [bɪ'graɪm] VT (*liter*) tiznar, ensuciar

**begrudge** [bɪ'grʌdʒ] VT [1] (= *envy*) **to ~ sb sth** envidiar algo a algn; **I don't ~ him his success** no le envidio su éxito
[2] (= *give reluctantly*) dar de mala gana; **I don't ~ all the money I've spent** no me duele todo el dinero que he gastado

**begrudgingly** [bɪ'grʌdʒɪŋlɪ] ADV de mala gana, a regañadientes

**beguile** [bɪ'gaɪl] VT [1] (= *deceive*) **to ~ sb into doing sth** engatusar a algn para que haga algo
[2] (= *enchant*) seducir, cautivar
[3] (*liter*) (= *pass*) [+ *time*] pasar (*de manera entretenida*)

**beguiling** [bɪ'gaɪlɪŋ] ADJ seductor, persuasivo

**begun** [bɪ'gʌn] PP *of* **begin**

**behalf** [bɪ'hɑːf] N **on** *or* (*US*) **in ~ of** en nombre de, de parte de; **a collection on ~ of orphans** una colecta en beneficio de los huérfanos, una colecta para los huérfanos; **I interceded on his ~** intercedí por él; **don't worry on my ~** no te preocupes por mí

**behave** [bɪ'heɪv] VI [1] [*person*] portarse (**to, towards** con), comportarse; **he ~d like an idiot** se comportó como un idiota; **to ~ (o.s.)** portarse bien; **did the children ~ themselves?** ¿se portaron bien los niños?; **~ (yourself)!** ¡compórtate!, ¡pórtate bien!; **if you ~ (yourself)** si te portas bien, si te comportas debidamente
[2] (*Mech etc*) funcionar

**behaviour**, **behavior** (*US*) [bɪ'heɪvjəʳ] Ⓐ N [1] [*of person*] conducta *f*, comportamiento *m*; **good ~** buena conducta *f*; **to be on one's best ~** comportarse lo mejor posible; **you must be on your best ~** tienes que portarte lo mejor posible
[2] (*Mech etc*) funcionamiento *m*
Ⓑ CPD ► **behaviour pattern** N patrón *m* de conducta

**behavioural**, **behavioral** (*US*) [bɪ'heɪvjərəl] ADJ [*problems, changes*] conductual; [*theory, science*] conductista

**behaviourism**, **behaviorism** (*US*) [bɪ'heɪvjərɪzəm] N conductismo *m*, behaviorismo *m*

**behaviourist**, **behaviorist** (*US*) [bɪ'heɪvjərɪst] Ⓐ ADJ conductista, behaviorista
Ⓑ N conductista *mf*, behaviorista *mf*

**behead** [bɪ'hed] VT decapitar

**beheld** [bɪ'held] PT, PP *of* **behold**

**behemoth** [bɪ'hiːmɒθ] N (*liter*) (= *monster*) gigante *m*

**behest** [bɪ'hest] N (*frm*) **at his ~** a petición suya

**behind** [bɪ'haɪnd]

*When* ***behind*** *is an element in a phrasal verb, eg* ***fall behind, stay behind****, look up the verb.*

Ⓐ PREP [1] (= *to the rear of*) detrás de; **~ the door** detrás de la puerta; **look ~ you!** ¡cuidado atrás!; **with his hands ~ his back** las ma-

➤ LANGUAGE IN USE: **begin B** 26.1

nos en la espalda
2 (= *responsible for*) detrás de; **what's ~ all this?** ¿qué hay detrás de todo esto?
3 (= *less advanced than*) **Hill is nine points ~ Schumacher** Hill tiene nueve puntos menos que Schumacher; **we're well ~ them in technology** nos dejan muy atrás *or* estamos muy a la zaga de ellos en tecnología
4 (= *supporting*) **his family is ~ him** tiene el apoyo de su familia
5 (= *in the past of*) **it's all ~ us now** todo eso ha quedado ya atrás
6 (= *to one's credit*) **she has four novels ~ her** tiene cuatro novelas en el haber
Ⓑ ADV 1 (= *in or at the rear*) detrás, atrás; **to come from ~** venir desde atrás; **to follow close ~** seguir muy de cerca; **to attack sb from ~** atacar a algn por la espalda; **to leave sth ~** olvidar algo
2 (= *behind schedule*) **to be a bit ~** estar algo atrasadillo; **to be ~ with the rent** tener atrasos de alquiler; **to be ~ with one's work** estar atrasado en el trabajo
3 (= *less advanced*) **Pepe won with Paco only two strokes ~** ganó Pepe con Paco a sólo dos golpes de distancia
Ⓒ N (*) trasero *m*

**behindhand** [bɪ'haɪndhænd] ADV atrasado, con retraso

**behold** [bɪ'həʊld] (*pt, pp* **beheld**) VT (*liter*) contemplar; **behold!** ¡mire!; **~ the results!** ¡he aquí los resultados!; *see also* **lo**

**beholden** [bɪ'həʊldən] ADJ (*frm*) **to be ~ to sb** tener obligaciones con algn

**beholder** [bɪ'həʊldəʳ] N espectador(a) *m/f*, observador(a) *m/f*

**behove** [bɪ'həʊv], **behoove** (*US*) [bɪ'huːv] IMPERS VT (*frm*) **it ~s him to** + INFIN le incumbe + *infin*

**beige** [beɪʒ] Ⓐ ADJ (color) beige *inv*
Ⓑ N beige *m*

**Beijing** ['beɪ'dʒɪŋ] N Pekín *m*

**being** ['biːɪŋ] N 1 (= *existence*) existencia *f*; **in ~** existente; **to come** *or* **be brought into ~** nacer
2 (= *creature*) ser *m*; *see also* **human**

**Beirut** [beɪ'ruːt] N Beirut *m*

**bejewelled**, **bejeweled** (*US*) [bɪ'dʒuːəld] ADJ enjoyado

**belabour**, **belabor** (*US*) [bɪ'leɪbəʳ] VT (= *beat*) apalear; (*fig*) (*with insults*) atacar; (*with questions*) asediar (**with** con)

**Belarus** [belə'rʊs] N Bielorrusia *f*

**Belarussian** [,belə'rʌʃən] Ⓐ ADJ bielorruso
Ⓑ N 1 (= *person*) bielorruso/a *m/f*
2 (*Ling*) bielorruso *m*

**belated** [bɪ'leɪtɪd] ADJ tardío, atrasado

**belatedly** [bɪ'leɪtɪdlɪ] ADV con retraso

**belay** [bɪ'leɪ] VT amarrar (*dando vueltas en una cabilla*)

**belch** [beltʃ] Ⓐ N eructo *m*
Ⓑ VI eructar
Ⓒ VT (*also* **~ out**) [+ *smoke, flames*] arrojar, vomitar

**beleaguered** [bɪ'liːgəd] ADJ 1 [*city*] asediado
2 (*fig*) (= *harassed*) atormentado, acosado

**Belfast** ['belfɑːst] N Belfast *m*

**belfry** ['belfrɪ] N campanario *m*

**Belgian** ['beldʒən] Ⓐ ADJ belga
Ⓑ N belga *mf*

**Belgium** ['beldʒəm] N Bélgica *f*

**Belgrade** [bel'greɪd] N Belgrado *m*

**belie** [bɪ'laɪ] VT (= *fail to justify*) [+ *hopes etc*] defraudar; (= *prove false*) [+ *words*] contradecir, desmentir

▼ **belief** [bɪ'liːf] N 1 (= *tenet, doctrine*) creencia *f*; (= *trust*) confianza *f*; (= *opinion*) opinión *f*; **contrary to popular ~ ...** al contrario de lo que muchos creen ...; **a man of strong ~s** un hombre de firmes convicciones; **to the best of my ~** según mi leal saber y entender; **it is my ~ that ...** estoy convencido de que ...; **I did it in the ~ that ...** lo hice creyendo que ...; **it's beyond ~** es increíble (**that** que); **wealthy beyond ~** de una fortuna increíble
2 (*no pl*) (= *faith*) fe *f*; **his ~ in God** su fe en Dios

**believable** [bɪ'liːvəbl] ADJ creíble, verosímil

▼ **believe** [bɪ'liːv] Ⓐ VT 1 (= *think*) creer; **I ~ so** creo que sí; **I ~ not** creo que no; **he is ~d to be abroad** se cree que está en el extranjero
2 [+ *story, evidence, person*] creer; **don't you ~ it!** ¡no te lo creas!; **~ it or not, she bought it** aunque parezca mentira, lo compró; **it was hot, ~ (you) me** hacía calor, ¡y cómo!; **I couldn't ~ my eyes** no podía dar crédito a mis ojos; **do you really ~ the threat?** ¿crees de veras en la amenaza?; **I would never have ~d it of him** jamás le hubiera creído capaz de eso
Ⓑ VI creer; **to ~ in God** creer en Dios; **I don't ~ in corporal punishment** no soy partidario del castigo corporal; **we don't ~ in drugs** no aprobamos el uso de las drogas

**believer** [bɪ'liːvəʳ] N 1 (*Rel*) creyente *mf*, fiel *mf*
2 (= *advocate*) partidario/a *m/f*; **to be a great ~ in ...** ser muy partidario de ...; **I am a ~ in letting things take their course** soy partidario de dejar que las cosas sigan su propio curso

**Belisha beacon**† [bɪ,liʃə'biːkən] N poste *m* luminoso (*de cruce de peatones*)

**belittle** [bɪ'lɪtl] VT (= *demean*) menospreciar; (= *minimize*) quitar importancia a, minimizar

**Belize** [be'liːz] N Belice *m*

**Belizean** [be'liːzɪən] Ⓐ ADJ beliceño
Ⓑ N beliceño/a *m/f*

**bell** [bel] Ⓐ N 1 (= *church bell*) campana *f*; (= *handbell*) campanilla *f*; (= *doorbell, electric bell*) timbre *m*; (*for cow*) cencerro *m*; (*for cat, on toy, dress etc*) cascabel *m*; **two/eight** *etc* **~s** (*Naut*) *las medias horas de cada guardia marítima*; ✦*IDIOMS* **to ring a ~**: **that rings a ~** eso me suena; **it doesn't ring a ~ with me** no me suena; **he was saved by the ~** (*lit*) (*Boxing*) le salvó la campana; (*fig*) se salvó por los pelos*
2 [*of trumpet*] pabellón *m*; [*of flower*] campanilla *f*
3 (*Brit**) (= *phone call*) **I'll give you a ~** te llamaré
Ⓑ CPD ► **bell glass**, **bell jar** N fanal *m*, campana *f* de cristal ► **bell pull** N campanilla *f* ► **bell push** N pulsador *m* de timbre ► **bell rope** N cuerda *f* de campana ► **bells and whistles*** NPL (*esp Comput*) elementos *mpl* accesorios; (*pej*) florituras *fpl* ► **bell tent** N pabellón *m* ► **bell tower** N campanario *m*

**belladonna** [,belə'dɒnə] Ⓐ N (*Bot, Med*) belladona *f*
Ⓑ CPD ► **belladonna lily** N azucena *f* rosa

**bell-bottomed** ['bel'bɒtəmd] ADJ [*trousers*] acampanado

**bell-bottoms** ['bel'bɒtəmz] NPL pantalones *mpl* de campana

**bellboy** ['belbɔɪ] N botones *m inv*

**bellbuoy** ['belbɔɪ] N boya *f* de campana

**belle** [bel] N **the ~ of the ball** la reina del baile

**belles-lettres** ['bel'letr] NPL bellas letras *fpl*

**bellhop** ['belhɒp] N (*US*) botones *m inv*

**bellicose** ['belɪkəʊs] ADJ belicoso

**bellicosity** [,belɪ'kɒsɪtɪ] N belicosidad *f*

**belligerence** [bɪ'lɪdʒərəns] N, **belligerency** [bɪ'lɪdʒərənsɪ] N agresividad *f*

**belligerent** [bɪ'lɪdʒərənt] Ⓐ ADJ beligerante
Ⓑ N parte *f* beligerante

**belligerently** [bɪ'lɪdʒərəntlɪ] ADV agresivamente

**bellow** ['beləʊ] Ⓐ N [*of bull etc*] bramido *m*; [*of person*] rugido *m*
Ⓑ VI [*animal*] bramar; [*person*] rugir
Ⓒ VT (*also* **~ out**) [+ *order, song*] gritar

**bellows** ['beləʊz] NPL fuelle *msing*; **a pair of ~** un fuelle

**bell-ringer** ['bel,rɪŋəʳ] N campanero/a *m/f*; (*as hobby*) campanólogo/a *m/f*

**bell-ringing** ['bel,rɪŋɪŋ] N campanología *f*

**bell-shaped** ['belʃeɪpt] ADJ acampanado

**belly** ['belɪ] Ⓐ N 1 (= *abdomen*) barriga* *f*, guata *f* (*Chile**)
2 [*of vessel*] barriga *f*
Ⓑ VI (*also* **~ out**) [*sail*] hincharse
Ⓒ CPD ► **belly button*** N ombligo *m* ► **belly dance** N danza *f* del vientre ► **belly dancer** N danzarina *f* del vientre ► **belly flop** N panzazo* *m*; **to do a ~ flop** dar(se) un panzazo* ► **belly landing** N (*Aer*) aterrizaje *m* de panza; **to make a ~ landing** aterrizar de panza ► **belly laugh** N carcajada *f* (grosera)

**bellyache*** ['belɪeɪk] Ⓐ N dolor *m* de barriga*
Ⓑ VI (= *complain*) renegar, echar pestes* (**at** de)

**bellyaching*** ['belɪ,eɪkɪŋ] N quejas *fpl* constantes

**bellyful*** ['belɪfʊl] N (*fig*) **I've had a ~ (of)** estoy hasta la coronilla *or* las narices (de)*

**belly-up*** [,belɪ'ʌp] ADV **to go ~** [*company, scheme*] irse al garete*, irse al traste

**belong** [bɪ'lɒŋ] VI 1 (= *be possession*) **to ~ to sb** pertenecer a algn; **who does this ~ to?** ¿a quién pertenece esto?, ¿de quién es esto?; **the house/the book doesn't ~ to you** la casa/el libro no te pertenece; **the land ~s to him** la tierra es de su propiedad, la tierra le pertenece
2 (= *be product*) ser; **the handwriting ~s to a male** la letra es de hombre
3 (= *be member*) **I used to ~ to the Labour Party** estuve afiliado a *or* fui miembro del partido laborista; **do you ~ to a church?** ¿perteneces a alguna iglesia?; **to ~ to a club** ser socio de un club
4 (= *be appropriate*) **we truly ~ together** estamos verdaderamente hechos el uno para el otro; **those ideas ~ in the middle ages** esas ideas son de la edad media; **the future ~s to technology** el futuro está en manos de la tecnología
5 (= *fit in*) **I feel I ~ here** aquí me siento en casa; **he feels the need to ~** siente la necesidad de ser parte de algún grupo; **I don't ~ here** éste no es mi sitio
6 (= *have rightful place*) **it ~s on the shelf** va en el estante; **your toys don't ~ in the living room** el sitio de tus juguetes no es el salón, tus juguetes no deberían estar en el salón; **go back home where you ~** vuelve a casa, que es donde está tu sitio
7 (= *be part*) ser; **that top ~s to this bottle** ese tapón es el de esta botella; **it ~s to the rodent family** pertenece a *or* es de la familia de los roedores; **Henry and I ~ to different generations** Henry y yo pertenecemos a distintas generaciones *or* somos de dos generaciones diferentes

➤ LANGUAGE IN USE: **belief 1** 6.2, 26.1 **believe A1** 26.3

**belongings** [bɪ'lɒŋɪŋz] NPL pertenencias *fpl*; *see also* **personal A2**

**Belorussia** [,bjeləʊ'rʌʃə] N = **Belarus**

**Belorussian** [,beləʊ'rʌʃən] ADJ, N = **Belarussian**

**beloved** [bɪ'lʌvɪd] Ⓐ ADJ querido (**by, of** por); **my dearly ~ brethren ...** mis queridos hermanos ...
Ⓑ N querido/a *m/f*, amado/a *m/f*

**below** [bɪ'ləʊ]

*When **below** is an element in a phrasal verb, eg **go below**, look up the verb.*

Ⓐ PREP [1] (= *under*) debajo de, bajo; **~ the bed** debajo de la cama, bajo la cama; **the room ~ this is my study** la habitación que está debajo de ésta es mi estudio; **her skirt reaches well ~ her knees** la falda le llega muy por debajo de las rodillas; **their readership has dropped to ~ 18,000** el número de lectores que tenían ha descendido por debajo de los 18.000; **to be ~ sb in rank** ser inferior a algn en rango; **~ average** inferior al promedio, inferior a *or* por debajo de la media; **~ freezing (point)** bajo cero; **five degrees ~ zero** cinco grados bajo cero; **~ (the) ground** bajo tierra; **temperatures ~ normal** temperaturas inferiores a las normales; **~ sea level** por debajo del nivel del mar; **~ the surface** por debajo de la superficie, bajo la superficie; **~ zero** = **below freezing (point)**
[2] (*Geog*) (= *downstream of*) más abajo de; **the Thames ~ Oxford** el Támesis más abajo de Oxford
Ⓑ ADV [1] (= *beneath*) abajo; **~, we could see the valley** abajo podíamos ver el valle; **the flat ~** el piso de abajo; **they live two floors ~** viven dos pisos más abajo; **decisions occur at departmental level or ~** las decisiones se toman a nivel de departamento o a un nivel inferior; **her name was written ~** su nombre estaba escrito debajo; **it was five (degrees) ~** hacía cinco grados bajo cero; **down ~** abajo; **far ~** mucho más abajo; **from ~** desde abajo; **here ~** (*lit*) aquí abajo; (= *not in sky*) aquí en la tierra; (= *in this life*) en este mundo; **immediately ~** justamente debajo
[2] (*in document*) **see ~** véase más abajo; **as stated ~** como se indica más abajo
[3] (*Naut*) (*also* **~ deck**) abajo; **to go ~** bajar

**Belshazzar** [bel'ʃæzəʳ] N Baltasar; **~'s Feast** la Cena de Baltasar

**belt** [belt] Ⓐ N [1] (= *garment*) cinturón *m*, fajo *m* (*Mex*); (= *seat belt*) cinturón *m* de seguridad; ✦*IDIOMS* **to tighten one's ~** apretarse el cinturón; **that was below the ~** ese fue un golpe bajo; **he has three novels under his ~** tiene tres novelas en su haber; **it was a ~-and-braces job*** se tomaron todas las precauciones posibles
[2] (*Tech*) (= *conveyor belt etc*) correa *f*, cinta *f*
[3] (*Geog*) (= *zone*) zona *f*; **industrial ~** cinturón *m* industrial
Ⓑ VT (*) (= *thrash*) zurrar (con correa); **he ~ed me one** (= *slap*) me dio una torta*; (= *punch*) me dio un mamporro*
Ⓒ VI (*Brit**) (= *rush*) **he ~ed into the room** entró pitando en la habitación*; **he ~ed down the street** salió pitando por la calle abajo*; **to ~ past** pasar como una bala
Ⓓ CPD ► **belt bag** N riñonera *f*

►**belt along*** VI + ADV ir como una bala

►**belt down*** VT + ADV (*US*) [+ *drink*] cepillarse*

►**belt off*** VI + ADV salir pitando*

►**belt out*** Ⓐ VT + ADV [+ *song*] cantar a pleno pulmón
Ⓑ VI + ADV (*also* **to come ~ing out**) salir disparado

►**belt up** VI + ADV [1] (*Aut*) abrocharse el cinturón
[2] (*Brit**) (= *be quiet*) cerrar el pico*, callarse la boca*; **~ up!** ¡cállate la boca!*

**belter*** ['beltəʳ] N [1] (= *singer*) **she's a ~** qué pulmones tiene; (= *song*) *canción cantada a pleno pulmón*
[2] (= *party*) bombazo* *m*

**beltway** ['beltweɪ] N (*US*) carretera *f* de circunvalación

**bemoan** [bɪ'məʊn] VT lamentar

**bemuse** [bɪ'mju:z] VT aturdir, confundir

**bemused** [bɪ'mju:zd] ADJ aturdido, confuso

**Ben** [ben] N (*familiar form*) *of* **Benjamin**

**ben** [ben] N (*Scot*) (= *mountain*) montaña *f*; (= *room*) cuarto *m* interior

**bench** [bentʃ] N [1] (= *seat, workbench*) banco *m*; (*Sport*) banquillo *m*; (= *court*) tribunal *m*; **the Bench** (*Jur*) la magistratura; **to be on the ~** (*Jur*) ser juez, ser magistrado; (*Sport*) estar en el banquillo
[2] **benches** (*Brit Parl*) **on the Tory/Labour ~es** en los escaños conservadores/laboristas

**benchmark** ['bentʃmɑ:k] Ⓐ N cota *f*
Ⓑ CPD ► **benchmark price** N precio *m* de referencia

**benchwarmer*** ['bentʃ,wɔ:məʳ] N (*US Sport*) calientabanquillos *m*

**bend** [bend] (*vb: pt, pp* **bent**) Ⓐ N [1] (*gen*) curva *f*; (*in pipe etc*) ángulo *m*; (= *corner*) recodo *m*; (*Naut*) gaza *f*; **"dangerous bend"** "curva peligrosa"; ✦*IDIOM* **he's round the ~!** (*Brit**) ¡está chiflado!*; **to go round the ~** volverse loco; **to drive sb round the ~** volver loco a algn*
[2] **the ~s** (*Med*) la enfermedad de descompresión
[3] (*Heraldry*) banda *f*
Ⓑ VT [1] (= *make curved*) [+ *wire*] curvar, doblar; (= *cause to sag*) combar; [+ *arm, knee*] doblar; [+ *sail*] envergar; **on ~ed knee** de rodillas; **to ~ the rules for sb** adaptar las normas a beneficio de algn; **to ~ sb to one's will** doblar a algn a su voluntad; ✦*IDIOM* **to ~ sb's ear*** marear a algn*
[2] (= *incline*) [+ *body, head*] inclinar
[3] (= *direct*) [+ *efforts, steps etc*] dirigir (**to** a); **to ~ one's mind to a problem** aplicarse a un problema; *see also* **bent**
Ⓒ VI [1] [*branch*] doblarse; [*wire*] torcerse; [*arm, knee*] doblarse; [*road, river*] torcer (**to the left** a la izquierda)
[2] [*person*] (= *stoop*) inclinarse, doblarse

►**bend back** VT + ADV doblar hacia atrás

►**bend down** Ⓐ VT + ADV [+ *branch*] doblar; [+ *head*] inclinar
Ⓑ VI + ADV [*person*] agacharse

►**bend over** Ⓐ VT + ADV doblar
Ⓑ VI + ADV [*person*] inclinarse; ✦*IDIOM* **to ~ over backwards (to do sth)** hacer lo imposible (por hacer algo)

**bender** ['bendəʳ] N [1] **to go on a ~*** ir de juerga*, ir de borrachera*
[2] (*) (= *tent*) choza *f*

**beneath** [bɪ'ni:θ] Ⓐ PREP [1] (= *below*) debajo de, bajo
[2] (*fig*) inferior a, por debajo de; **it would be ~ him to do such a thing** hacer tal cosa sería indigno de él; **she married ~ her** se casó con un hombre de clase inferior; **~ contempt** despreciable
Ⓑ ADV abajo, debajo

**Benedict** ['benɪdɪkt] N Benito; (= *pope*) Benedicto

**Benedictine** [,benɪ'dɪktɪn] Ⓐ ADJ benedictino
Ⓑ N benedictino *m*

**benediction** [,benɪ'dɪkʃən] N bendición *f*

**benefaction** [,benɪ'fækʃən] N (*frm*) (= *gift*) beneficio *m*

**benefactor** ['benɪfæktəʳ] N bienhechor(a) *m/f*, benefactor(a) *m/f*

**benefactress** ['benɪfæktrɪs] N bienhechora *f*, benefactora *f*

**benefice** ['benɪfɪs] N beneficio *m*

**beneficence** [bɪ'nefɪsəns] N (*frm*) beneficencia *f*

**beneficent** [bɪ'nefɪsənt] ADJ (*frm*) benéfico

**beneficial** [,benɪ'fɪʃəl] ADJ [1] (= *advantageous*) beneficioso; **~ to the health** beneficioso para la salud; **the change will be ~ to you** el cambio te resultará beneficioso
[2] (*Jur*) **~ owner** verdadero/a propietario/a *m/f*

**beneficially** [,benɪ'fɪʃəlɪ] ADV beneficiosamente

**beneficiary** [,benɪ'fɪʃərɪ] N (*Jur*) beneficiario/a *m/f*; (*Rel*) beneficiado *m*

**benefit** ['benɪfɪt] Ⓐ N [1] (= *advantage*) beneficio *m*, provecho *m*; **to give sb the ~ of the doubt** dar a algn el beneficio de la duda; **for the ~ of one's health** en beneficio de la salud; **I'll try it on for your ~** lo probaré en tu honor; **to have the ~ of** tener la ventaja de; **to be of ~ to sb** beneficiar a algn; **to reap the ~ of** sacar el fruto de; **to be to the ~ of** ser provechoso a; **without ~ of** sin la ayuda de; **to marry without ~ of clergy** casarse por lo civil
[2] (*Admin*) (= *money*) ayuda *f*; (*also* **unemployment ~**) subsidio *m* de desempleo
[3] (*Theat, Sport*) (= *charity performance*) beneficio *m*
Ⓑ VI beneficiar(se), sacar provecho; **to ~ by/from** sacar provecho de
Ⓒ VT beneficiar
Ⓓ CPD ► **benefit association** N (*esp US*) sociedad *f* de beneficencia ► **benefit match** N partido *m* con fines benéficos ► **benefit performance** N función *f* benéfica ► **benefit society** N = **benefit association** ► **benefits package** N paquete *m* de beneficios

**Benelux** ['benɪlʌks] N Benelux *m*; **the ~ countries** los países del Benelux

**benevolence** [bɪ'nevələns] N benevolencia *f*

**benevolent** [bɪ'nevələnt] Ⓐ ADJ [1] (= *kind*) benévolo, benevolente; **a ~ smile** una sonrisa benévola *or* benevolente
[2] (= *charitable*) [*organization, society*] benéfica, de beneficencia
Ⓑ CPD ► **benevolent fund** N fondos *mpl* benéficos

**benevolently** [bɪ'nevələntlɪ] ADV con benevolencia, benévolamente

**BEng** [,bi:'eŋ] N ABBR (*Univ*) = **Bachelor of Engineering**

**Bengal** [beŋ'gɔ:l] Ⓐ ADJ bengalí
Ⓑ N Bengala *f*
Ⓒ CPD ► **Bengal tiger** N tigre *m* de Bengala

**Bengali** [beŋ'gɔ:lɪ] Ⓐ ADJ bengalí
Ⓑ N (= *person*) bengalí *mf*; (*Ling*) bengalí *m*

**Benghazi** [ben'gɑ:zɪ] N Bengasi *m*

**benighted** [bɪ'naɪtɪd] ADJ (*liter*) (*fig*) ignorante

**benign** [bɪ'naɪn] ADJ [1] (= *kind*) [*person, view*] benevolente; [*smile, gesture*] benévolo, benevolente; **a policy of ~ neglect of the economy** una política en que, por su propio interés, se deja que la economía siga su curso sin interferir
[2] (= *favourable*) [*substance, influence*] benéfico; [*conditions*] favorable; [*climate*] benigno
[3] (*Med*) [*tumour, growth*] benigno

**benignant** [bɪ'nɪgnənt] ADJ benigno (*also Med*); (= *healthy*) saludable

**benignly** [bɪ'naɪnlɪ] ADV [1] (= *kindly*) [*smile, say*] benévolamente, con benevolencia
[2] (= *favourably*) con benignidad, benignamente

**Benjamin** ['bendʒəmɪn] N Benjamín

**benny**†⁑ ['benɪ] N (*Drugs*) bencedrina® *f*

**bent** [bent] (A) PT, PP *of* **bend**
(B) ADJ [1] [*wire, pipe*] doblado; (= *twisted*) torcido
[2] (*esp Brit⁑ pej*) (= *dishonest*) pringado (*Sp**), chueco (*LAm**), corrupto
[3] (*Brit⁑ pej*) (= *homosexual*) del otro bando*, invertido
[4] **to be ~ on doing sth** (*fig*) (= *determined*) estar resuelto a *or* empeñado en hacer algo; **to be ~ on a quarrel** estar resuelto a *or* empeñado en provocar una riña; **to be ~ on pleasure** estar resuelto a *or* empeñado en divertirse
(C) N (= *inclination*) inclinación *f*; (= *aptitude*) facilidad *f*; **of an artistic ~** con una inclinación artística, con inclinaciones artísticas; **to follow one's ~** seguir su inclinación; **he has a ~ for annoying people** tiene una facilidad para molestar a la gente

**benumb** [bɪ'nʌm] VT (*with cold*) entumecer; (= *frighten, shock*) paralizar

**benumbed** [bɪ'nʌmd] ADJ (= *cold*) [*person, fingers*] entumecido; (= *frightened, shocked*) paralizado

**Benzedrine**® ['benzɪdri:n] N bencedrina® *f*

**benzene** ['benzi:n] N benceno *m*

**benzine** ['benzi:n] N bencina *f*

**bequeath** [bɪ'kwi:ð] VT legar

**bequest** [bɪ'kwest] N legado *m*

**berate** [bɪ'reɪt] VT regañar

**Berber** ['bɜ:bəʳ] (A) ADJ bereber
(B) N bereber *mf*

**bereave** [bɪ'ri:v] (*pt, pp* **bereft**) VT privar (**of** de)

**bereaved** [bɪ'ri:vd] ADJ afligido; **the ~** los familiares del difunto/de la difunta; **with the thanks of his ~ family** con el agradecimiento de su afligida familia

**bereavement** [bɪ'ri:vmənt] N (= *loss*) pérdida *f*; (= *mourning*) duelo *m*; (= *sorrow*) pesar *m*

**bereft** [bɪ'reft] ADJ (*frm*) **to be ~ of** (= *not have to hand*) estar desprovisto de; (= *not possess*) estar falto de; (= *be robbed*) ser despojado de

**beret** ['bereɪ] N boina *f*; **the Red Berets** (*Mil*) los boinas rojas

**bergamot** ['bɜ:gəmɒt] N bergamota *f*

**beriberi** ['berɪ,berɪ] N beriberi *m*

**Bering Sea** ['berɪŋ'si:] N mar *m* de Bering

**berk⁑** [bɜ:k] N (*Brit*) imbécil* *mf*, gilipollas *mf* (*Sp⁑*), huevón/ona *m/f* (*LAm⁑*)

**berkelium** [bɜ:'ki:lɪəm] N berkelio *m*

**Berks** [bɑ:ks] N ABBR (*Brit*) = **Berkshire**

**Berlin** [bɜ:'lɪn] (A) N Berlín *m*; **East/West ~** Berlín Este/Oeste
(B) CPD berlinés ► **the Berlin Wall** N el Muro de Berlín

**Berliner** [bɜ:'lɪnəʳ] N berlinés/esa *m/f*

**berm** [bɜ:m] N (*US*) arcén *m*

**Bermuda** [bɜ:'mju:də] (A) N las Bermudas
(B) CPD ► **Bermuda shorts** NPL bermudas *fpl* ► **the Bermuda Triangle** N el triángulo de las Bermudas

**Bern** [bɜ:n] N Berna *f*

**Bernard** ['bɜ:nəd] N Bernardo

**Bernese** [bɜ:'ni:z] (A) ADJ bernés
(B) CPD ► **Bernese Alps** NPL, **Bernese Oberland** N Alpes *mpl* Berneses

**berry** ['berɪ] N baya *f*; ✦***IDIOM*** **brown as a ~** morenísimo

**berserk** [bə'sɜ:k] ADJ desquiciado; **to drive sb ~** desquiciar a algn; **to go ~** perder los estribos, ponerse hecho una furia*

**Bert** [bɜ:t] N (*familiar form*) *of* **Albert, Herbert** *etc*

**berth** [bɜ:θ] (A) N [1] (*on ship, train*) (= *cabin*) camarote *m*; (= *bunk*) litera *f*
[2] (*Naut*) (*at wharf*) amarradero *m*; (*in marina etc*) punto *m* de atraque; ✦***IDIOM*** **to give sb a wide ~** evitar el encuentro con algn
(B) VI (*Naut*) atracar
(C) VT (*Naut*) atracar

**beryl** ['berɪl] N berilo *m*

**beryllium** [be'rɪljəm] N berilio *m*

**beseech** [bɪ'si:tʃ] (*pt, pp* **besought**) VT **to ~ sb to do sth** suplicar a algn que haga algo

**beseeching** [bɪ'si:tʃɪŋ] ADJ [*look*] suplicante; [*tone*] suplicante, de súplica

**beseechingly** [bɪ'si:tʃɪŋlɪ] ADV en tono suplicante *or* de súplica; **to look at sb ~** mirar a algn suplicante

**beset** [bɪ'set] (*pt, pp* **beset**) VT [+ *person*] acosar; **he was ~ with** *or* **by fears** le acosaban los temores; **a policy ~ with dangers** una política plagada de peligros; **a path ~ with obstacles** (*fig*) un camino plagado de obstáculos

**besetting** [bɪ'setɪŋ] ADJ [*vice, failing*] grande; **his ~ sin** su gran pecado

**beside** [bɪ'saɪd] PREP [1] (= *at the side of*) al lado de, junto a; (= *near*) cerca de; **to be ~ o.s.** (*with anger*) estar fuera de sí; (*with joy*) estar loco de alegría; **that's ~ the point** eso no tiene nada que ver con el asunto, eso no viene al caso
[2] (= *compared with*) comparado con; **what is that ~ victory?** ¿y eso qué importa comparado con la victoria?
[3] (= *in addition to*) además de, aparte de; (= *apart from*) aparte de

**besides** [bɪ'saɪdz] (A) PREP [1] (= *in addition to*) además de, aparte de; **there were three of us ~ Mary** éramos tres además de *or* aparte de Mary; **there are others ~ ourselves who might be interested** además de nosotros *or* aparte de nosotros hay otros que pueden estar interesados; **~ which he was unwell** aparte de eso estaba malo, además estaba malo
[2] (= *apart from*) aparte de; **no one ~ you has the key** nadie, aparte de ti, tiene la llave; **Thomas was the only blond in the family, ~ the mother** Thomas era el único rubio de la familia, aparte de la madre
(B) ADV [1] (= *in addition*) además; **he wrote a novel and several short stories ~** escribió una novela y además varias narraciones cortas; **and much more ~** y mucho más todavía
[2] (= *anyway*) además; **I didn't want to invite him, and ~, he said he was busy** no quería invitarlo, además dijo que estaba ocupado

**besiege** [bɪ'si:dʒ] VT (*Mil*) (*fig*) asediar; **we were ~d with inquiries** nos inundaron con solicitudes de información; **we are ~d with calls** nos están llamando incesantemente

**besieger** [bɪ'si:dʒəʳ] N sitiador(a) *m/f*

**besmear** [bɪ'smɪəʳ] VT embarrar, embadurnar

**besmirch** [bɪ'smɜ:tʃ] VT manchar, mancillar

**besom** ['bi:zəm] N escoba *f*

**besotted** [bɪ'sɒtɪd] ADJ [1] (= *infatuated*) **he is ~ with her** anda loco por ella; **they are ~ with love** están enamoradísimos
[2] (= *foolish*) atontado, entontecido
[3] **~ with drink** embrutecido por la bebida

**besought** [bɪ'sɔ:t] PT, PP *of* **beseech**

**bespatter** [bɪ'spætəʳ] VT salpicar (**with** de)

**bespeak**† [bɪ'spi:k] (*pt* **bespoke**; *pp* **bespoken** *or* **bespoke**) VT [1] (= *be evidence of*) indicar
[2] (= *order*) [+ *goods*] encargar, reservar

**bespectacled** [bɪ'spektɪkld] ADJ con gafas

**bespoke** [bɪ'spəʊk] (A) PT, PP *of* **bespeak**
(B) ADJ (*Brit*) [*garment*] hecho a la medida; [*tailor*] que confecciona a la medida

**bespoken** [bɪ'spəʊkən] PP *of* **bespeak**

**besprinkle** [bɪ'sprɪŋkl] VT (*with liquid*) salpicar, rociar (**with** de); (*with powder*) espolvorear (**with** de)

**Bess** [bes], **Bessie, Bessy** ['besɪ] N (*familiar forms*) *of* **Elizabeth** Isabelita; **Good Queen ~** (*Brit Hist*) la buena reina Isabel

**best** [best] (A) ADJ SUPERL *of* **good** el/la mejor; **to be ~** ser el/la mejor; **she wore her ~ dress** llevaba su mejor vestido; **the ~ pupil in the class** el/la mejor alumno/a de la clase; **the ~ one of all** el/la mejor de todos; **"~ before 20 June"** "consumir preferentemente antes del 20 de junio"; **to know what is ~ for sb** saber lo que más le conviene a algn; **my ~ friend** mi mejor amigo/a; **may the ~ man win!** ¡que gane el mejor!; **for the ~ part of the year** durante la mayor parte del año; **the ~ thing to do is …** lo mejor que se puede hacer es …
(B) ADV SUPERL *of* **well** mejor; **John came off ~** Juan salió ganando; **as ~ I could** lo mejor que pude; **she did ~ of all in the test** hizo el test mejor que nadie; **you had ~ leave** lo mejor es que te vayas; **I had ~ go** más vale que vaya; **I had ~ see him at once** lo mejor sería verlo en seguida; **you know ~** tú sabes mejor; **when it comes to hotels I know ~** en cuestión de hoteles yo soy el que más sabe; **Mummy knows ~** estas cosas las decide mamá, mamá sabe lo que más conviene
(C) N lo mejor; **he deserves the ~** se merece lo mejor; **all the ~!** (*as farewell*) ¡que tengas suerte!; **all the ~ ◊ my ~** (*US*) (*ending letter*) un abrazo; **all the ~ to Jim!** ¡recuerdos para Jim!; **at ~** en el mejor de los casos; **he wasn't at his ~** no estaba en plena forma; **the garden is at its ~ in June** en junio es cuando el jardín luce más; **at the ~ of times** en las mejores circunstancias; **to do one's ~ (to do sth)** hacer todo lo posible (para *or* por hacer algo); **is that the ~ you can do?** ¿y eso es todo lo que puedes hacer?; **I acted for the ~** lo hice con la mejor intención; **it's all for the ~** todo conduce al bien a la larga; **to be the ~ of friends** ser muy amigos; **to get the ~ of it** salir ganando; **in order to get the ~ out of the car** para obtener el máximo rendimiento del coche; **we have had the ~ of the day** el buen tiempo se acabó por hoy; **let's hope for the ~** esperemos lo mejor; **to look one's ~** tener un aspecto inmejorable; **she's not looking her ~** está algo desmejorada; **to make the ~ of it** sacar el mayor partido posible; **the ~ of it is that …** lo mejor del caso es que …; **to play (the) ~ of three** jugar al mejor de tres; **I try to think the ~ of him** procuro conservar mi buena opinión de él; **to the ~ of my knowledge** que yo sepa; **I'll do it to the ~ of my ability** lo haré lo mejor que pueda; **she can dance with the ~ of them** sabe bailar como la que más; ✦***IDIOMS*** **to get the ~ of the bargain** llevarse la mejor parte, salir ganando; **to have the ~ of both worlds** tenerlo todo; **to make the ~ of a bad job** sacar el mejor partido posible
(D) VT (= *defeat, win over*) vencer
(E) CPD ► **best boy** N (*Cine*) ayudante *mf* (*de*

*rodaje*) ► **best man** N (*at wedding*) padrino *m* de boda

**BEST MAN**

*En una boda tradicional el novio (***bridegroom***) va acompañado del* **best man***, un amigo íntimo o un pariente cercano que tiene la responsabilidad de asegurarse de que todo marche bien en el día de la boda (***wedding day***). No hay pues, madrina. El* **best man** *se encarga, entre otras cosas, de los anillos de boda, de llevar al novio a la iglesia a tiempo y de dar la bienvenida a los invitados. En el banquete de boda (***wedding reception***) lee los telegramas enviados por los que no han podido asistir, presenta los discursos que vayan a dar algunos invitados, da su propio discurso, casi siempre en clave de humor y sobre el novio, y propone un brindis por la pareja de recién casados (***newly-weds***).*

**best-before date** [bestbɪ'fɔːdeɪt] N (*Comm*) fecha *f* de consumo preferente

**bestial** ['bestɪəl] ADJ bestial

**bestiality** [,bestɪ'ælɪtɪ] N (= *behaviour*) bestialidad *f*; (*sexual*) bestialismo *m*

**bestiary** ['bestɪərɪ] N bestiario *m*

**bestir** [bɪ'stɜːʳ] VT (*liter*) **to ~ o.s.** menearse

**bestow** [bɪ'stəʊ] VT [+ *title, honour*] conferir (**on** a); [+ *affections*] ofrecer (**on** a); [+ *compliment*] hacer (**on** a)

**bestowal** [bɪ'stəʊəl] N [*of title, honour*] otorgamiento *m*; [*of money, gifts*] donación *f*; [*of affections*] ofrecimiento *m*

**bestraddle** [bɪ'strædl] VT [+ *horse*] montar a horcajadas, estar a horcajadas sobre

**bestrew** [bɪ'struː] (*pt* **bestrewed**; *pp* **bestrewed** *or* **bestrewn**) VT (*liter*) [+ *things*] desparramar, esparcir; [+ *surface*] sembrar, cubrir (**with** de)

**bestridden** [bɪ'strɪdn] PP *of* **bestride**

**bestride** [bɪ'straɪd] (*pt* **bestrode**; *pp* **bestridden**) VT [+ *horse*] montar a horcajadas; [+ *stream etc*] cruzar de un tranco; (*fig*) dominar

**bestrode** [bɪ'strəʊd] PT *of* **bestride**

**bestseller** ['best'seləʳ] N best-seller *m*, éxito *m* de ventas

**best-selling** ['best'selɪŋ] ADJ **our ~ line** nuestro producto de mayor venta; **for years it was our ~ car** durante años fue el coche que más se vendió

**bet** [bet] (*pt, pp* **bet**) Ⓐ VI [1] (= *place bet*) apostar; **I'm not a ~ting man** no me gusta apostar; **to ~ against sb** apostar que algn va a perder; **to ~ on sth/sb** apostar a *or* por algo/por algn; **I ~ on the wrong horse** aposté por el *or* al caballo que no debía; **they are forbidden to ~ on their own races** tienen prohibido apostar en sus propias carreras

[2] (= *be certain*) **don't ~ on it!** ◊ **I wouldn't ~ on it!** ¡no estés tan seguro!; **(do you) want to ~** *or* **a ~?*** ¿qué te apuestas *or* juegas?; **"are you going?" — "you ~!"*** —¿vas a ir? —¡hombre, claro! *or* (*LAm*) —¡cómo no!; **"I'm so relieved it's all over" — "I'll ~"*** —es un alivio que todo haya pasado —ya me lo imagino

Ⓑ VT [1] (= *stake*) [+ *money*] apostar, jugar; **I ~ £10 on a horse called Premonition** aposté 10 libras a *or* por un caballo llamado Premonition, jugué 10 libras a un caballo llamado Premonition; **he ~ them (that) they would lose** hizo una apuesta con ellos a que perdían; **he ~ them £500 that they would lose** les apostó *or* jugó 500 libras a que perdían

[2] (*) (= *predict*) apostar, jugarse; **I ~ you anything** *or* **any money he won't come** te apuesto *or* me juego lo que quieras a que no viene; **you can ~ she'll be there** puedes tener por seguro que estará allí; **"I ~ I can jump over that stream" — "I ~ you can't!"** —¡a que puedo saltar ese arroyo! —¡a que no!; **"it wasn't easy" — "I ~ it wasn't"** —no fue fácil —ya me imagino que no; **you can ~ your bottom dollar** *or* **your life that ...*** puedes apostarte lo que quieras a que ...; **"did you tell him off?" — "you ~ your life I did!"** —¿le reñiste? —¡ya lo creo!

Ⓒ N [1] (= *stake*) apuesta *f*; **a £5 ~** una apuesta de 5 libras; **I had a ~ on that horse** había apostado por ese caballo; **I've made a ~ with him that he can't do it** le he hecho una apuesta a que no puede hacerlo; **they placed ~s on who could get her to talk** apostaron a ver quién podía hacerla hablar; **place your ~s!** ¡hagan sus apuestas!; **to take ~s** aceptar apuestas; *see also* **hedge**

[2] (= *prediction*) **it's my ~ he's up to no good** apuesto a que está tramando algo; **it's a fair** *or* **good ~ that interest rates will go up** es muy posible que los tipos de interés van a subir; **he's a good ~ for president** es el que más posibilidades tiene de conseguir la presidencia

[3] (*) (= *option*) **it's our best ~** es la mejor opción que tenemos; **your best** *or* **safest ~ is to keep quiet about it** lo mejor que puedes hacer es no decir nada; **these companies are a safe ~ for investors** estas compañías no presentan ningún riesgo para los inversores

**beta** ['biːtə] Ⓐ N beta *f*

Ⓑ CPD ► **beta blocker** N (*Med*) betabloqueador *m*

**betake** [bɪ'teɪk] (*pt* **betook**; *pp* **betaken**) VT (*liter*) **to ~ o.s. to** dirigirse a, trasladarse a

**betaken** [bɪ'teɪkən] PP *of* **betake**

**betel** ['biːtəl] Ⓐ N betel *m*

Ⓑ CPD ► **betel nut** N betel *m*

**bête noire** ['beɪt'nwɑːʳ] N bestia *f* negra, pesadilla *f*

**bethink** [bɪ'θɪŋk] (*pt, pp* **bethought**) VT (*liter*) **to ~ o.s. of** acordarse de

**Bethlehem** ['beθlɪhem] N Belén *m*

**bethought** [bɪ'θɔːt] PT, PP *of* **bethink**

**betide** [bɪ'taɪd] (*liter*) Ⓐ VT acontecer; *see also* **woe**

Ⓑ VI acontecer

**betimes** [bɪ'taɪmz] ADV (*liter*) (= *early*) temprano, al alba; (= *quickly*) rápidamente; (= *in good time*) a tiempo

**betoken** [bɪ'təʊkən] (*liter*) VT presagiar, anunciar

**betook** [bɪ'tʊk] PT *of* **betake**

**betray** [bɪ'treɪ] VT [1] (= *be disloyal to*) [+ *person, country, principles*] traicionar

[2] (= *inform on*) delatar; **to ~ sb to the enemy** entregar a algn al enemigo

[3] (= *reveal*) [+ *secret*] revelar; [+ *ignorance, fear*] delatar, revelar; **his accent ~s him** su acento lo delata; **his accent ~s him as a foreigner** su acento revela su origen extranjero; **his face ~ed a certain surprise** su cara delataba *or* revelaba cierto asombro

**betrayal** [bɪ'treɪəl] N [1] [*of person, country*] traición *f*; **a ~ of trust** un abuso de confianza

[2] [*of secret, plot*] revelación *f*

[3] [*of feelings, intentions*] descubrimiento *m*

**betrayer** [bɪ'treɪəʳ] N traidor(a) *m/f*; **she killed her ~** mató a quien la traicionó

**betroth** [bɪ'trəʊð] VT (*liter*) prometer en matrimonio (**to** a); **to be ~ed** (= *act*) desposarse; (= *state*) estar desposado

**betrothal** [bɪ'trəʊðəl] N (*liter*) desposorios *mpl*

**betrothed** [bɪ'trəʊðd] (*liter, hum*) Ⓐ ADJ prometido

Ⓑ N INV prometido/a *m/f*

**better**[1] ['betəʳ] Ⓐ ADJ COMPAR *of* **good** mejor; **he is ~ than you** es mejor que tú; **he's much ~** (*Med*) está mucho mejor; **that's ~!** ¡eso es!; **it is ~ to** + INFIN más vale + *infin*; **~ and ~** cada vez mejor; **she is ~ at dancing than her sister** se le da mejor bailar a ella que a su hermana; **it couldn't be ~** no podría ser mejor; **these products are ~ for the environment** estos productos son mejores para el medio ambiente; **to get ~** mejorar; (*Med*) mejorar(se), reponerse; **he's no ~ than a thief** no es más que un ladrón; **she's no ~ than she ought to be**† es una mujer que tiene historia; **to go one ~** hacer mejor todavía (**than** que); **it lasted the ~ part of a year** duró la mayor parte del año; **the sooner the ~** cuanto antes mejor; **it would be ~ to go now** sería mejor irse ya; *see also* **half A1, nature A2, day A3**

Ⓑ ADV COMPAR *of* **well** mejor; **all the ~** tanto mejor; **so you're both coming — all the ~!** así es que venís los dos, ¡tanto mejor!; **I feel all the ~ for having confided in someone** me siento mucho mejor después de haberme confiado a alguien; **he was all the ~ for it** le hizo mucho bien; **it would be all the ~ for a drop of paint** no le vendría mal una mano de pintura; **I had ~ go** más vale que me vaya, mejor me vaya (*esp LAm*); **he thinks he knows ~** cree que se lo sabe todo; **at his age he ought to know ~** a la edad que tiene debería tener más juicio; **but he knew ~ than to ...** pero sabía que no se debía ...; **he knows ~ than the experts** sabe más que los expertos; **they are ~ off than we are** están mejor de dinero que nosotros; **you'd be ~ off staying where you are** te convendría más quedarte; **so much the ~** tanto mejor; **write to her or, ~ still, go and see her** escríbele o, mejor aún, vete a verla; **they withdrew, the ~ to resist** se retiraron para poder resistir mejor; **to think ~ of it** cambiar de parecer; *see also* **late A3**

Ⓒ N [1] el/la mejor; **it's a change for the ~** es una mejora; **to get the ~ of** (= *beat*) vencer, quedar por encima de; **for ~ or worse** para bien o mal

[2] **my ~s** mis superiores

Ⓓ VT mejorar; [+ *record, score*] superar; **to ~ o.s.** (*financially*) mejorar su posición; (*culturally, educationally*) superarse

**better**[2] ['betəʳ] N (= *gambler*) apostador(a) *m/f*

**betterment** ['betəmənt] N mejora *f*, mejoramiento *m*

**betting** ['betɪŋ] Ⓐ N **the ~ is that they'll divorce** se da casi por sentado que van a divorciarse; **what's the ~ he won't come back?** ¿qué te apuestas a que no vuelve?; **the latest ~ is ...** las últimas apuestas son ...

Ⓑ CPD ► **betting shop** N (*Brit*) casa *f* de apuestas ► **betting slip** N (*Brit*) boleto *m* de apuestas ► **betting tax** N impuesto *m* sobre las apuestas

**bettor** ['betəʳ] N (*US*) = **better**[2]

**Betty** ['betɪ] N (*familiar form*) *of* **Elizabeth** Isabelita

**between** [bɪ'twiːn] Ⓐ PREP [1] entre; **the shops are shut ~ two and four o'clock** las tiendas cierran de dos a cuatro; **~ now and May** de ahora a mayo; **I sat (in) ~ John and**

► LANGUAGE IN USE: **better**[1] **A** 5.4

**Sue** me senté entre John y Sue; **it's ~ five and six metres long** mide entre cinco y seis metros de largo
2 (= *amongst*) entre; **we shared it ~ us** nos lo repartimos entre los dos; **just ~ you and me** ◊ **just ~ ourselves** entre nosotros; **we only had £5 ~ us** teníamos sólo 5 libras entre todos; **we did it ~ the two of us** lo hicimos entre los dos
Ⓑ ADV (*also* **in ~**) (*time*) mientras tanto; (*place*) en medio, entre medio

**betweentimes** [bɪ'twi:ntaɪmz] ADV, **betweenwhiles** [bɪ'twi:nwaɪlz] ADV mientras, entretanto

**betwixt** [bɪ'twɪkst] Ⓐ ADV **~ and between** entre lo uno y lo otro, entre las dos cosas
Ⓑ PREP (†† *liter*) = **between A**

**bevel** ['bevəl] Ⓐ ADJ biselado
Ⓑ N (= *tool*) (*also* **~ edge**) cartabón *m*, escuadra *f* falsa; (= *surface*) bisel *m*
Ⓒ VT biselar

**bevel-edged** [,bevl'edʒd] ADJ biselado

**beverage** ['bevərɪdʒ] N bebida *f*

**bevvy*** ['bevɪ] N (*Brit*) 1 (= *drink*) trago* *m*; **he's back on the ~** ha vuelto a la bebida
2 (= *drinking session*) **to go out on the ~** ir a emborracharse

**bevy** ['bevɪ] N [*of girls, women*] grupo *m*; [*of birds*] bandada *f*

**bewail** [bɪ'weɪl] VT lamentar

**beware** [bɪ'wɛəʳ] VI **to ~ of sth/sb** tener cuidado con algo/algn; **beware!** ¡cuidado!; **"beware of the dog!"** "¡cuidado con el perro!"; **"beware of pickpockets!"** "¡ojo con los carteristas!"; **"beware of imitations!"** (*Comm*) "desconfíe de las imitaciones"

**bewhiskered** [bɪ'wɪskəd] ADJ bigotudo

**bewilder** [bɪ'wɪldəʳ] VT desconcertar, dejar perplejo

**bewildered** [bɪ'wɪldəd] ADJ [*person*] desconcertado, perplejo; **he gave me a ~ look** me miró perplejo

**bewildering** [bɪ'wɪldərɪŋ] ADJ desconcertante

**bewilderingly** [bɪ'wɪldərɪŋlɪ] ADV de modo desconcertante; **a ~ complicated matter** un asunto de una complejidad increíble

**bewilderment** [bɪ'wɪldəmənt] N perplejidad *f*, desconcierto *m*; **to look around in ~** mirar alrededor perplejo *or* desconcertado

**bewitch** [bɪ'wɪtʃ] VT (= *cast a spell on*) hechizar; (= *seduce*) seducir, cautivar; (= *enchant*) encantar

**bewitching** [bɪ'wɪtʃɪŋ] ADJ cautivador

**bewitchingly** [bɪ'wɪtʃɪŋlɪ] ADV cautivadoramente; **~ beautiful** de una belleza cautivadora

**beyond** [bɪ'jɒnd] Ⓐ PREP 1 (*in space*) (= *further than*) más allá de; (= *on the other side of*) al otro lado de; **you can't go ~ the barrier** no se puede cruzar la barrera; **~ the convent walls** tras los muros del convento; **~ the seas** allende los mares
2 (*in time*) **she won't stay much ~ a month** no se quedará mucho más de un mes; **we can't see ~ 2010** no podemos ver más allá de 2010; **it was ~ the middle of June** era más de mediados de junio; **~ 12 o'clock** pasadas las 12; **it's ~ bedtime** ya se ha pasado la hora de irse a la cama
3 (= *surpassing, exceeding*) **the situation was ~ her control** la situación estaba fuera de su control; **what he has done is ~ my comprehension** lo que ha hecho me resulta incomprensible; **it's ~ me why ...*** no alcanzo a ver por qué ...; **this is getting ~ me** se me está haciendo imposible esto; **it's ~ belief** es increíble; **it's ~ doubt that ...** no cabe duda de que ...; **that's ~ a joke** eso es el colmo; **that job was ~ him** ese trabajo era demasiado para él *or* era superior a sus fuerzas; **his interests extend ~ the fine arts to philosophy** sus intereses se extienden más allá de las bellas artes a la filosofía; **~ repair** irreparable
4 (= *apart from*) aparte de; **I knew nothing ~ a few random facts** no sabía nada, aparte de algunos hechos aislados; **he has no personal staff, ~ a secretary** no tiene personal, aparte de una secretaria
Ⓑ ADV más allá; **next year and ~** el año que viene y después
Ⓒ N **the (great) ~** el más allá; **to live at the back of ~*** vivir en el quinto pino, vivir en el quinto infierno*

**bezique** [bɪ'zi:k] N *juego de cartas que se juega con dos barajas*

**BF*** N ABBR = **bloody fool**

**b/f** ABBR = **brought forward**

**BFPO** N ABBR (*Brit Mil*) = **British Forces Post Office**

**b/fwd** ABBR = **b/f**

**bhp** N ABBR = **brake horsepower**

**Bhutan** [bu:'tɑ:n] N Bután *m*

**bi...** [baɪ] PREFIX bi...

**Biafra** [bɪ'æfrə] N Biafra *f*

**Biafran** [bɪ'æfrən] Ⓐ ADJ de Biafra
Ⓑ N nativo/a *m/f or* habitante *mf* de Biafra

**biannual** [baɪ'ænjʊəl] ADJ semestral

**biannually** ['baɪ'ænjʊəlɪ] ADV semestralmente, dos veces al año

**bias** ['baɪəs] Ⓐ N 1 (= *inclination*) propensión *f*, predisposición *f* (**to, towards** a); **a course with a practical ~** un curso orientado a la práctica; **a right-wing ~** una tendencia derechista
2 (= *prejudice*) prejuicio *m* (**against** contra), parcialidad *f*
3 [*of material*] sesgo *m*, bies *m*; **to cut sth on the ~** cortar algo al sesgo *or* al bies
Ⓑ VT influir en; **to ~ sb for/against sth** predisponer a algn en pro/en contra de algo; **to be ~(s)ed in favour of** estar predispuesto a *or* en favor de; **to be ~(s)ed against** tener prejuicio contra
Ⓒ CPD ► **bias binding** N (*Sew*) bies *m*, ribete *m* al bies

**bias(s)ed** ['baɪəst] ADJ parcial

**biathlon** [baɪ'æθlən] N biatlón *m*

**bib** [bɪb] N (*for child*) babero *m*; (*on dungarees*) peto *m*; ✦*IDIOM* **in one's best ~ and tucker*** acicalado

**Bible** ['baɪbl] Ⓐ N Biblia *f*; **the Holy ~** la Santa Biblia
Ⓑ CPD ► **the Bible Belt** N (*US*) *los estados ultraprotestantes de EEUU* ► **Bible class** N (*for confirmation etc*) ≈ catequesis *f inv* ► **Bible college** N (*US*) colegio *m* evangelista ► **Bible school** N (*US*) escuela *f* de enseñanza de la Biblia ► **Bible story** N historia *f* de la Biblia ► **Bible study** N estudio *m* de la Biblia ► **Bible thumper*** N *creyente muy celoso de la Biblia*

**biblical** ['bɪblɪkəl] ADJ bíblico

**biblio...** ['bɪblɪəʊ] PREFIX biblio...

**bibliographer** [,bɪblɪ'ɒgrəfəʳ] N bibliógrafo/a *m/f*

**bibliographic** [,bɪblɪə'græfɪk] ADJ = **bibliographical**

**bibliographical** [,bɪblɪə'græfɪkəl] ADJ bibliográfico

**bibliography** [,bɪblɪ'ɒgrəfɪ] N bibliografía *f*

**bibliomania** [,bɪblɪəʊ'meɪnɪə] N bibliomanía *f*

**bibliometric** [,bɪblɪəʊ'metrɪk] ADJ bibliométrico

**bibliometry** [,bɪblɪ'ɒmɪtrɪ] N bibliometría *f*

**bibliophile** ['bɪblɪəʊfaɪl] N bibliófilo/a *m/f*

**bibulous** ['bɪbjʊləs] ADJ bebedor, borrachín

**bicameral** [baɪ'kæmərəl] ADJ bicameral

**bicarb*** ['baɪkɑ:b] N = **bicarbonate of soda**

**bicarbonate of soda** [baɪ'kɑ:bənɪtəv'səʊdə] N bicarbonato *m* de soda

**bicentenary** [,baɪsen'ti:nərɪ] Ⓐ N bicentenario *m*
Ⓑ CPD (de) bicentenario ► **bicentenary celebrations** NPL celebraciones *fpl* de(l) bicentenario

**bicentennial** [baɪsen'tenɪəl] N, CPD (*US*) = **bicentenary**

**biceps** ['baɪseps] N bíceps *m inv*

**bicker** ['bɪkəʳ] VI discutir, reñir

**bickering** ['bɪkərɪŋ] N riñas *fpl*, discusiones *fpl*

**bickie*** ['bɪkɪ] N (*Brit*) (*esp baby talk*) galleta *f*

**bicuspid** [baɪ'kʌspɪd] Ⓐ ADJ bicúspide
Ⓑ N bicúspide *m*

**bicycle** ['baɪsɪkl] Ⓐ N bicicleta *f*; **to ride a ~** ir *or* montar en bicicleta
Ⓑ VI ir en bicicleta; **to ~ to Dover** ir en bicicleta a Dover
Ⓒ CPD ► **bicycle chain** N cadena *f* de bicicleta ► **bicycle clip** N pinza *f* para ir en bicicleta ► **bicycle kick** N (*Ftbl*) chilena *f* ► **bicycle lane** N carril *m* para ciclistas ► **bicycle pump** N bomba *f* de bicicleta ► **bicycle rack** N (*on floor, ground*) aparcamiento-bici *m*; (*on car roof*) portabicicletas *m inv* ► **bicycle shed** N cobertizo *m* para bicicletas ► **bicycle touring** N cicloturismo *m* ► **bicycle track** N pista *f* de ciclismo

**bicyclist**† ['baɪsɪklɪst] N ciclista *mf*

**bid** [bɪd] Ⓐ N 1 (*at auction*) oferta *f*, puja *f*; (*Fin*) oferta *f*; **the highest ~** la mejor oferta *or* puja; **to raise one's ~** subir su puja
2 (= *attempt*) tentativa *f*, intento *m*; **in a ~ to** en un intento de; **to make a ~ for freedom/power** hacer un intento para conseguir la libertad/el poder; **to make a ~ to do sth** hacer un intento para hacer algo
3 (*Cards*) marca *f*; **no ~** paso
Ⓑ VT 1 (*pt, pp* **bid**) (*at auction etc*) pujar; **to ~ £10 for** ofrecer 10 libras por
2 (*pt* **bad(e)**; *pp* **bidden**) (†, *also poet*) (= *order*) mandar; **to ~ sb to do sth** mandar a algn hacer algo
3 (*pt* **bad(e)**; *pp* **bidden**) **to ~ sb good morning** dar los buenos días a algn; *see also* **adieu**
Ⓒ VI (*pt, pp* **bid**) 1 (*at auction etc*) **to ~ (for)** pujar (por), hacer una oferta (por); **to ~ against sb** pujar contra algn
2 (= *try*) **to ~ for power/fame** intentar alcanzar el poder/la fama; **to ~ to do sth** intentar hacer algo
3 (*Cards*) marcar, declarar
4 (*liter*) **to ~ fair to** + *INFIN* prometer + *infin*, dar esperanzas de + *infin*
Ⓓ CPD ► **bid price** N precio *m* de oferta

►**bid up** VT + ADV [+ *item*] ofrecer más por; **to ~ up the price (of sth)** ofrecer un precio más alto (por algo)

**biddable** ['bɪdəbl] ADJ 1 [*person*] obediente, sumiso
2 (*Cards*) marcable

**bidden** ['bɪdn] PP *of* **bid**

**bidder** ['bɪdəʳ] N 1 (*at auction, Comm*) postor(a) *m/f*; **the highest ~** el/la mejor postor(a)
2 (*Cards*) declarante *mf*

**bidding** ['bɪdɪŋ] N [1] (*at auction*) ofertas *fpl*, puja *f*; **the ~ opened at £5** la primera puja fue de 5 libras; **there was keen ~ for the picture** hubo una rápida serie de ofertas por el cuadro; **to raise** *or* **up the ~** subir la puja
[2] (*Cards*) declaración *f*; **to open the ~** abrir la declaración
[3] (*frm*) (= *order*) orden *f*, mandato *m*; **they did it at her ~** lo hicieron cumpliendo sus órdenes; **to do sb's ~** cumplir las órdenes *or* el mandato de algn
[4] (*Rel*) (*also* **~ prayers**) oraciones *fpl* de los fieles

**biddy*** ['bɪdɪ] N **old ~** viejecita *f*

**bide** [baɪd] VT **to ~ one's time** esperar la hora propicia

**bidet** ['bi:deɪ] N bidet *m*, bidé *m*

**bidirectional** [baɪdɪ'rekʃənl] ADJ bidireccional

**biennial** [baɪ'enɪəl] Ⓐ ADJ [1] (= *every two years*) bienal
[2] (*Bot*) bianual
Ⓑ N (= *plant*) planta *f* bienal

**biennially** [baɪ'enɪəlɪ] ADV bienalmente, cada dos años

**bier** [bɪəʳ] N andas *fpl* (*para el féretro*)

**biff*** [bɪf] Ⓐ N bofetada *f*
Ⓑ VT dar una bofetada a

**bifocal** ['baɪ'fəʊkəl] Ⓐ ADJ bifocal
Ⓑ N **bifocals** gafas *fpl* bifocales

**bifurcate** ['baɪfəkeɪt] VI bifurcarse

**big** [bɪg] Ⓐ ADJ (*compar* **bigger**; *superl* **biggest**)
[1] (*in size*) [*house, book, city*] grande; **a ~ car** un coche grande; **a ~ stick** un palo grande; **this dress is too ~ for me** este vestido me queda demasiado grande; **how ~ is the wardrobe?** ¿cómo es de grande el armario?; **he was a ~ man** era un hombre corpulento; **a ~ woman** (= *heavily-built*) una mujer grande *or* grandota; (*euph*) (= *fat*) una mujer de grandes dimensiones; **there's a ~ backlog of applications** hay un montón de solicitudes atrasadas; **to take a ~ bite out of sth** dar un buen bocado a algo; **the ~ city** la gran ciudad; **I'm not a ~ eater*** no soy de mucho comer; **to get** *or* **grow ~(ger)** crecer; **he gave me a ~ kiss** me dio un besote *or* un beso fuerte; **he likes using ~ words** le gusta usar palabras difíciles; → GREAT, BIG, LARGE
[2] (= *significant, serious*) [*change, problem*] grande; **the ~gest problem at the moment is unemployment** el mayor problema de hoy día es el desempleo; **the ~ question is, will he accept?** la cuestión es: ¿aceptará?; **it makes a ~ difference** eso cambia mucho las cosas; **you're making a ~ mistake** estás cometiendo un grave error; **a tragedy? that's rather a ~ word** ¿una tragedia? eso es llevar las cosas un poco lejos
[3] (= *important*) [*company, bank*] importante, grande; **he's one of our ~gest customers** es uno de nuestros clientes más importantes, es uno de nuestros mayores clientes; **this is her ~ day** hoy es su gran día, hoy es un día muy importante para ella; **to be ~ in publishing/plastics** ser muy conocido en el mundo editorial/la industria del plástico; **the ~ match** el partido más importante
[4] (*) (*in age*) [*girl, boy*] grande; **my ~ brother/sister** mi hermano/a mayor; **~ boys don't cry** los niños grandes no lloran; **you're a ~ girl now!** ¡ahora ya eres mayorcita!
[5] (*) (*as intensifier*) **he's a ~ cheat/bully/liar** es un tramposo/un abusón/un mentiroso de marca mayor
[6] (*in phrases*) **the ~ eight/ten** (*US Univ*) *las ocho/diez mayores universidades del centro oeste de EE.UU.*; **to have a ~ heart** tener un gran corazón; **what's the ~ hurry?*** ¿a qué viene tanta prisa *or* (*LAm*) apuro?; **what's the ~ idea?*** ¿a qué viene eso?; **to have ~ ideas** hacerse ilusiones; **don't get any ~ ideas** no te hagas muchas ilusiones; **there's ~ money in tourism** se puede ganar mucho dinero con el turismo; **to make** *or* **earn ~ money** ganar mucho dinero; **to have a ~ mouth*** (*fig*) ser un bocazas*; **why don't you keep your ~ mouth shut!*** ¡no seas bocazas!*; **me and my ~ mouth!*** ¡quién me manda decir nada!; **Mr Big*** el número uno; **it was ~ of you to lend them the money** fue muy generoso de tu parte prestarles el dinero; **(that's) ~ of you!*** (*iro*) ¡qué generosidad la tuya! (*iro*); **to be ~ on sth/sb*** ser un fanático de algo/algn; **a ~ one** (*US**) un billete de mil dólares; **we're onto something ~!** ¡hemos dado con algo gordo!; **to do sth/things in a ~ way*** hacer algo/las cosas a lo grande; **I think boxing will take off in a ~ way here*** pienso que el boxeo va a tener una aceptación buenísima aquí; **the ~ wide world** el ancho mundo; ✦***IDIOM*** **he's too ~ for his boots*** tiene muchos humos; **you're getting too ~ for your boots, young lady!*** se te están subiendo mucho los humos, señorita; *see also* **deal**[1] **A2**; → GREAT, BIG, LARGE
Ⓑ ADV (*) **to act ~** fanfarronear; **to go down ~** tener muchísimo éxito, ser un verdadero éxito; **to make it ~** triunfar; **she could have made it ~ as a singer** podría haber triunfado como cantante; **to talk ~** darse mucha importancia, fanfarronear; **to think ~** planear a lo grande, ser ambicioso
Ⓒ CPD ► **the Big Apple** N la Gran Manzana, Nueva York *f*; → CITY NICKNAMES ► **big band** N *orquesta grande que tocaba música de jazz o de baile y que fue muy popular entre los años 30 y 50* ► **the big bang** N (*Astron*) el big bang, la gran explosión; **the ~ bang theory** la teoría del big bang *or* de la gran explosión ► **Big Ben** N (*Brit*) Big Ben *m* ► **Big Brother** N (*Pol*) (*fig*) **Big Brother is watching you** el Gran Hermano te vigila ► **big business** N (*Ind, Comm*) las grandes empresas; **tourism is ~ business in Thailand** el turismo es un gran negocio en Tailandia ► **the big cats** N (*Zool*) los grandes felinos ► **big dipper** N (*at fair*) montaña *f* rusa; **the Big Dipper** (*US Astron*) la Osa Mayor ► **the Big Easy** N Nueva Orleans ► **big end** N (*Aut*) cabeza *f* de biela ► **big fish*** N (*fig*) (= *person*) pez *m* gordo* ► **big game** N caza *f* mayor; **~ game hunter** cazador(a) *m/f* de caza mayor; **~ game hunting** caza *f* mayor ► **the big hand** N (*used to or by children*) (*on clock*) la aguja grande ► **big name*** N figura *f* importante ► **big noise***, **big shot*** N pez *m* gordo* ► **big talk** N fanfarronadas *fpl* ► **the big time*** N el estrellato, el éxito; **to make the ~ time** alcanzar el éxito, triunfar; *see also* **big-time** ► **big toe** N dedo *m* gordo (del pie) ► **big top** N (= *circus*) circo *m*; (= *main tent*) carpa *f* principal ► **big wheel** N (*at fair*) noria *f*; (*) (= *person*) personaje *m*, pez *m* gordo*

**bigamist** ['bɪgəmɪst] N bígamo/a *m/f*

**bigamous** ['bɪgəməs] ADJ bígamo

**bigamy** ['bɪgəmɪ] N bigamia *f*

**big-boned** [,bɪg'bəʊnd] ADJ de huesos grandes, huesudo

**biggie*** ['bɪgɪ] N (= *song, film*) gran éxito *m*; (= *person, company*) uno/a *m/f* de los grandes; **some ~ in drugs** uno de los grandes en lo de las drogas; **the film is this summer's box-office ~** esta película es el gran éxito de taquilla de este verano

**biggish** ['bɪgɪʃ] ADJ bastante grande

**bighead*** ['bɪghed] N creído/a* *m/f*, engreído/a *m/f*

**big-headed*** ['bɪg'hedɪd] ADJ creído*, engreído

**big-hearted** ['bɪg'hɑ:tɪd] ADJ generoso

**bight** [baɪt] N [1] (*Geog*) ensenada *f*, cala *f*; (= *bend*) recodo *m*
[2] [*of rope*] gaza *f*, laza *f*

**bigmouth*** ['bɪgmaʊθ] N (*pl* **bigmouths** ['bɪgmaʊðz]) (= *loudmouth*) bocazas* *mf*; (= *gossipy person*) cotilla* *mf*

**big-mouthed** ['bɪg'maʊθt] ADJ [1] de boca grande
[2] (*) (= *loudmouthed*) bocazas*; (= *gossipy*) cotilla*

**bigot** ['bɪgət] N intolerante *mf*

**bigoted** ['bɪgətɪd] ADJ intolerante

**bigotry** ['bɪgətrɪ] N intolerancia *f*

**big-ticket** ['bɪg,tɪkɪt] ADJ (*US*) **~ item** compra *f* importante

**big-time*** ['bɪg'taɪm] Ⓐ ADJ **~ football/politics** fútbol *m*/política *f* de alto nivel; **a ~ politician/actor** un político/actor de primera línea; **a ~ banker** un banquero de categoría
Ⓑ ADV **he has tasted success ~** ha conocido el éxito con mayúsculas*; **they screwed (things) up ~** metieron la pata bien hondo*; **America lost ~** el equipo americano se llevó una soberana paliza*

**bigwig*** ['bɪgwɪg] N gerifalte *mf*, pez *m* gordo*

**bijou** ['bi:ʒu:] ADJ **"bijou residence for sale"** (*Brit*) "se vende vivienda, verdadera monada"

**bike*** [baɪk] Ⓐ N (= *bicycle*) bici* *f*; (= *motorcycle*) moto *f*; **to ride a ~** (= *bicycle*) ir *or* montar en bici; (= *motorcycle*) ir en moto; **on your ~!** (*Brit**) ¡largo de aquí!*, ¡andando!*
Ⓑ VI ir en bici; **I ~d 10km** hice 10km en bici
Ⓒ CPD ► **bike rack** N (*on floor, ground*) aparcamiento-bici *m*; (*on car roof*) portabicicletas *m inv* ► **bike shed** N cobertizo *m* para bicicletas

**biker*** ['baɪkəʳ] N motociclista *mf*

**bikeway** ['baɪkweɪ] N (= *lane*) carril *m* de bicicletas; (= *track*) pista *f* de ciclismo

**bikini** [bɪ'ki:nɪ] Ⓐ N bikini *m* (*f in Arg*)
Ⓑ CPD ► **bikini bottom(s)** N(PL) parte *f* de abajo del bikini, braga *f* del bikini ► **bikini line** N entrepierna *f* ► **bikini top** N parte *f* de arriba del bikini

**bilabial** [baɪ'leɪbɪəl] Ⓐ ADJ bilabial
Ⓑ N bilabial *f*

**bilateral** [baɪ'lætərəl] ADJ bilateral

**bilaterally** [baɪ'lætərəlɪ] ADV bilateralmente

**bilberry** ['bɪlbərɪ] N arándano *m*

**bile** [baɪl] N [1] (*Med*) bilis *f*
[2] (*fig*) (= *anger*) mal genio *m*, displicencia *f*

**bilge** [bɪldʒ] Ⓐ N [1] (*Naut*) pantoque *m*; (*also* **~ water**) aguas *fpl* de pantoque
[2] (‡) (= *nonsense*) tonterías *fpl*
Ⓑ CPD ► **bilge pump** N (*Naut*) bomba *f* de achique ► **bilge water** N aguas *fpl* de pantoque

**bilharzia** [bɪl'hɑ:zɪə] N, **bilharziasis** [,bɪlhɑ:'zaɪəsɪs] N bilharzia *f*, bilharziosis *f*, bilharciosis *f*

**bilingual** [baɪ'lɪŋgwəl] ADJ bilingüe

**bilingualism** [baɪ'lɪŋgwəlɪzəm] N bilingüismo *m*

**bilious** ['bɪlɪəs] Ⓐ ADJ [1] (= *horrid*) [*colour*] bilioso
[2] (= *sick*) [*person*] bilioso
[3] (= *irritable*) bilioso

4 (*Med*) **to be** *or* **feel ~** sentirse revuelto
Ⓑ CPD ► **bilious attack** N cólico *m* bilioso

**biliousness** ['bɪlɪəsnɪs] N (*Med*) trastornos *mpl* biliares

**bilk*** [bɪlk] VT (*US*) estafar, defraudar; **to ~ sb out of sth** estafar algo a algn

**bill**[1] [bɪl] Ⓐ N 1 (*esp Brit*) (*in restaurant, hotel etc*) cuenta *f*, adición *f* (*S. Cone*); **can we have the ~, please?** ¿nos trae la cuenta, por favor?; **to pay the ~** pagar la cuenta; **put it on my ~, please** póngalo en mi cuenta; ✦**IDIOM to foot the ~ (for sth)** correr con los gastos (de algo), pagar (algo)
2 (*Comm, Fin*) (= *invoice*) factura *f*; **the gas ~** la factura del gas; **wage(s) ~** (*in industry*) gastos *mpl* de nómina *or* salariales; **~s discounted** efectos *mpl* descontados; **~s payable** efectos *mpl* a pagar; **~s receivable** efectos *mpl* a cobrar
3 (*Parl*) proyecto *m* de ley; **the ~ passed the Commons** (*Brit*) el proyecto de ley fue aprobado en la Cámara de los Comunes
4 (*US*) (= *banknote*) billete *m*; **a 5-dollar ~** un billete de 5 dólares
5 (= *notice*) cartel *m*; **"stick no bills"** "prohibido fijar carteles"
6 (*Theat*) programa *m*; **to head** *or* **top the ~** ser la atracción principal, encabezar el reparto; ✦**IDIOM that fills** *or* **fits the ~** eso cumple los requisitos
Ⓑ VT 1 (*Theat*) anunciar, presentar; **he is ~ed to appear next week** figura en el programa de la semana que viene; **it is ~ed as Britain's most interesting museum** lo presentan como el museo más interesante de Gran Bretaña
2 (*Comm*) **to ~ sb for sth** extender *or* pasar a algn la factura de algo; **you've ~ed me for five instead of four** me ha puesto cinco en vez de cuatro en la factura
Ⓒ CPD ► **bill of exchange** N letra *f* de cambio ► **bill of fare** N carta *f*, menú *m* ► **bill of health** N **the doctor gave him a clean ~ of health** el médico le aseguró que estaba perfectamente ► **bill of lading** N conocimiento *m* de embarque ► **bill of rights** N declaración *f* de derechos ► **bill of sale** N escritura *f* de venta

**bill**[2] [bɪl] Ⓐ N 1 [*of bird*] pico *m*
2 [*of anchor*] uña *f*
3 (*Agr*) podadera *f*, podón *m*
4 (*Geog*) promontorio *m*
Ⓑ VI **to ~ and coo** [*birds*] arrullarse; (*fig*) [*lovers*] arrullarse, hacerse arrumacos

**BILL OF RIGHTS**

*El conjunto de las diez enmiendas (**amendments**) originales a la Constitución de los Estados Unidos, en vigor desde 1791, recibe el nombre de **Bill of Rights**. Aquí se enumeran los derechos que tiene todo ciudadano norteamericano y se definen algunos de los poderes de los gobiernos estatales y federal. Se incluyen, por ejemplo, el derecho a la libertad de culto, de asociación y de prensa (**First Amendment**), el derecho a llevar armas (**Second Amendment**) y el derecho a un juicio justo (**Sixth Amendment**). Entre las enmiendas hechas a la Constitución después de 1791 están el derecho a la igualdad de protección legal para todos los ciudadanos (**Fourteenth Amendment**) y el derecho al voto (**Fifteenth Amendment**).*

⇨ AMENDMENT - FIFTH AMENDMENT

**Bill** [bɪl] N 1 (*familiar form*) *of* **William**
2 (*Brit*‡) **the (Old) ~** la poli*, la pasma (*Sp*‡)

**billboard** ['bɪlbɔːd] N cartelera *f*

**billet**[1] ['bɪlɪt] Ⓐ N (*Mil*) alojamiento *m*
Ⓑ VT (*Mil*) **to ~ sb (on sb)** alojar a algn (en casa de algn)

**billet**[2] ['bɪlɪt] N (= *wood*) leño *m*

**billet-doux** ['bɪleɪ'duː] N (*pl* **billets-doux** ['bɪleɪ'duː]) carta *f* amorosa

**billeting** ['bɪlətɪŋ] Ⓐ N acantonamiento *m*
Ⓑ CPD ► **billeting officer** N oficial *mf* de acantonamiento

**billfold** ['bɪlfəʊld] N (*US*) billetero *m*, cartera *f*

**billhook** ['bɪlhʊk] N podadera *f*, podón *m*

**billiard** ['bɪljəd] Ⓐ ADJ de billar
Ⓑ CPD ► **billiard ball** N bola *f* de billar ► **billiard cue** N taco *m* (de billar) ► **billiard hall** N sala *f* de billar, billares *mpl* ► **billiard table** N mesa *f* de billar

**billiards** ['bɪljədz] NSING billar *m*

**billing**[1] ['bɪlɪŋ] N (*Theat*) **to get top ~** ser la atracción principal, encabezar el reparto

**billing**[2] ['bɪlɪŋ] N **~ and cooing** (*fig*) besuqueo *m*, caricias *fpl*

**billion** ['bɪlɪən] N (*pl* **billion** *or* **billions**) (= *thousand million*) mil millones *mpl*; (*Brit*†) (= *million million*) billón *m*; **I've told you a ~ times** te lo he dicho infinidad de veces

**billionaire** [ˌbɪlɪə'nɛəʳ] N billonario/a *m/f*

**billow** ['bɪləʊ] Ⓐ N oleada *f*; **the ~s** (*liter*) las olas, el mar
Ⓑ VI [*smoke*] salir en nubes; [*sail*] ondear

►**billow out** VI + ADV hincharse (*de viento etc*)

**billowy** ['bɪləʊɪ] ADJ [*sea, waves, smoke*] ondulante; [*sail*] ondeante

**billposter** ['bɪlˌpəʊstəʳ], **billsticker** ['bɪlˌstɪkəʳ] N pegador(a) *m/f* de carteles

**Billy** ['bɪlɪ] N (*familiar form*) *of* **William**

**billy** ['bɪlɪ] N (*US*) (*also* **~ club**) porra *f*

**billycan** ['bɪlɪkæn] N cazo *m*

**billy goat** ['bɪlɪgəʊt] N macho *m* cabrío

**billy-o(h)*** ['bɪlɪəʊ], **billy-ho*** ['bɪlɪhəʊ] ADV (*Brit*) **like ~** *or* **billy-ho** a todo tren*, a más no poder; **it's raining like ~** *or* **billy-ho** llueve a más no poder

**BIM** N ABBR = **British Institute of Management**

**bimbo*** ['bɪmbəʊ] N (*pl* **bimbos** *or* **bimboes**) (*pej*) *mujer guapa y tonta*, tía *f* buena sin coco (*Sp**)

**bimonthly** [baɪ'mʌnθlɪ] Ⓐ ADJ (= *every two months*) bimestral; (= *twice monthly*) bimensual, quincenal
Ⓑ ADV (= *every two months*) bimestralmente; (= *twice monthly*) bimensualmente, quincenalmente
Ⓒ N (= *two monthly publication*) revista *f* bimestral; (= *fortnightly publication*) revista *f* bimensual *or* quincenal

**bin** [bɪn] Ⓐ N (*for bread*) panera *f*; (*for coal*) carbonera *f*; (= *rubbish bin, dustbin*) cubo *m* de la basura, tarro *m* de la basura (*LAm*); (= *litter bin*) papelera *f*
Ⓑ VT (*) (= *throw away*) tirar
Ⓒ CPD ► **bin liner** N bolsa *f* de la basura

**binary** ['baɪnərɪ] Ⓐ ADJ binario
Ⓑ CPD ► **binary code** N código *m* binario ► **binary notation** N notación *f* binaria ► **binary number** N número *m* binario ► **binary system** N sistema *m* binario

**bind** [baɪnd] (*pt, pp* **bound**) Ⓐ VT 1 (= *tie together*) atar; (= *tie down, make fast*) sujetar; (*fig*) unir (**to** a); **bound hand and foot** atado de pies y manos
2 (= *encircle*) rodear (**with** de), ceñir (**with** con, de)
3 [+ *wound, arm etc*] vendar; [+ *bandage*] enrollar
4 (*Sew*) [+ *material, hem*] ribetear; (*Agr*) [+ *corn*] agavillar
5 [+ *book*] encuadernar
6 (= *oblige*) **to ~ sb to sth** obligar a algn a cumplir con algo; **to ~ sb to do sth** obligar a algn a hacer algo; **to ~ sb as an apprentice to** poner a algn de aprendiz con; *see also* **bound**[1]
7 (*Culin*) unir, trabar
Ⓑ VI [*cement etc*] cuajarse; [*parts of machine*] trabarse
Ⓒ N (*Brit**) (= *nuisance*) lata* *f*; **it's a ~** es una lata*; **what a ~!** ¡qué lata!*; **to be in a ~** estar en apuros; **the ~ is that ...** el problema es que ...

►**bind on** VT + ADV prender

►**bind over** VT + ADV (*Brit Jur*) obligar a comparecer ante el magistrado; **to ~ sb over for six months** conceder a algn la libertad bajo fianza durante seis meses; **to ~ sb over to keep the peace** exigir a algn legalmente que no reincida

►**bind together** VT + ADV (*lit*) atar; (*fig*) unir

►**bind up** VT + ADV 1 [+ *wound*] vendar
2 **to be bound up in** [+ *work, research etc*] estar absorto en; **to be bound up with** (= *connected to*) estar estrechamente ligado *or* vinculado a

**binder** ['baɪndəʳ] N 1 (= *file*) carpeta *f*
2 (*Agr*) agavilladora *f*
3 [*of book*] encuadernador(a) *m/f*

**bindery** ['baɪndərɪ] N taller *m* de encuadernación

**binding** ['baɪndɪŋ] Ⓐ N 1 [*of book*] encuadernación *f*
2 (*Sew*) ribete *m*
3 (*on skis*) ataduras *fpl*
Ⓑ ADJ 1 [*agreement, contract, decision*] vinculante; [*promise*] que hay que cumplir; **to be ~ on sb** ser obligatorio para algn
2 (*Med*) que estriñe

**bindweed** ['baɪndwiːd] N convólvulo *m*, enredadera *f*

**binge*** [bɪndʒ] Ⓐ N [*of drinking*] borrachera *f*; [*of eating*] comilona* *f*, atracón* *m*; **to go on a ~** ir de juerga; **to go on a spending ~** salir de compras a despilfarrar el dinero
Ⓑ VI (*gen*) correrse un exceso; (*eating*) darse una comilona*, darse un atracón*; **to ~ on chocolate** darse un atracón *or* ponerse hasta arriba de chocolate*

**bingo** ['bɪŋgəʊ] Ⓐ N bingo *m*
Ⓑ EXCL ¡premio!
Ⓒ CPD ► **bingo hall** N bingo *m*

**binnacle** ['bɪnəkl] N bitácora *f*

**binocular** [bɪ'nɒkjuləʳ] ADJ binocular

**binoculars** [bɪ'nɒkjuləz] NPL gemelos *mpl*, prismáticos *mpl*; (*Mil*) anteojo *m* de campaña

**binomial** [baɪ'nəʊmɪəl] Ⓐ ADJ de dos términos
Ⓑ N binomio *m*

**bint**‡ [bɪnt] N (*Brit pej*) tía *f* (*Sp**), tronca‡ *f*, titi‡ *f*

**binuclear** [baɪ'njuːklɪəʳ] ADJ binuclear

**bio...** ['baɪəʊ] PREFIX bio...

**bioactive** ['baɪəʊ'æktɪv] ADJ bioactivo

**biochemical** ['baɪəʊ'kemɪkəl] ADJ bioquímico

**biochemist** ['baɪəʊ'kemɪst] N bioquímico/a *m/f*

**biochemistry** ['baɪəʊ'kemɪstrɪ] N bioquímica *f*

**biodegradable** [ˌbaɪədɪ'greɪdəbl] ADJ biodegradable

**biodegradation** [ˌbaɪəʊˌdegrə'deɪʃən] N biodegradación *f*

**biodegrade** [ˌbaɪədɪ'greɪd] Ⓐ VT biodegradar
Ⓑ VI biodegradarse

**biodiversity** [ˌbaɪədaɪ'vɜːsɪtɪ] N biodiversidad *f*

**biodynamic** [ˈbaɪəʊdaɪˈnæmɪk] ADJ biodinámico

**bioengineering** [ˈbaɪəʊendʒɪˈnɪərɪŋ] N bioingeniería *f*

**biofeedback** [ˌbaɪəʊˈfi:dbæk] N biofeedback *m*

**biofuel** [ˈbaɪəʊfjʊəl] N combustible *m* biológico

**biogas** [ˈbaɪəʊgæs] N biogás *m*

**biogenesis** [ˌbaɪəʊˈdʒenɪsɪs] N biogénesis *f*

**biographee** [baɪˌɒgrəˈfi:] N biografiado/a *m/f*

**biographer** [baɪˈɒgrəfəʳ] N biógrafo/a *m/f*

**biographic** [ˌbaɪəʊˈgræfɪk] ADJ = **biographical**

**biographical** [ˌbaɪəʊˈgræfɪkəl] ADJ biográfico

**biography** [baɪˈɒgrəfɪ] N biografía *f*

**biological** [ˌbaɪəˈlɒdʒɪkəl] Ⓐ ADJ biológico
Ⓑ CPD ► **biological clock** N reloj *m* biológico, reloj *m* interno ► **biological diversity** N = **biodiversity** ► **biological soap powder** N detergente *m* biológico ► **biological warfare** N guerra *f* biológica ► **biological weapons** NPL armas *fpl* biológicas

**biologically** [ˌbaɪəˈlɒdʒɪkəlɪ] ADV [*active, programmed, determined*] biológicamente; [*different*] desde el punto de vista biológico; **~ speaking it provides a source of variation** desde el punto de vista biológico proporciona una fuente de variación

**biologist** [baɪˈɒlədʒɪst] N biólogo/a *m/f*

**biology** [baɪˈɒlədʒɪ] N biología *f*

**biomass** [ˈbaɪəʊˌmæs] N biomasa *f*

**biome** [ˈbaɪəʊm] N biomedio *m*

**biomedical** [ˌbaɪəʊˈmedɪkl] ADJ biomédico

**biometrics** [ˌbaɪəˈmetrɪks] NSING, **biometry** [baɪˈɒmətrɪ] N biometría *f*

**bionic** [baɪˈɒnɪk] ADJ biónico

**bionics** [baɪˈɒnɪks] NSING electrónica *f* biológica

**bio-organic** [ˌbaɪəʊɔ:ˈgænɪk] Ⓐ ADJ bioorgánico
Ⓑ CPD ► **bio-organic chemistry** N química *f* bioorgánica

**biophysical** [ˌbaɪəʊˈfɪzɪkəl] ADJ biofísico

**biophysicist** [ˌbaɪəʊˈfɪzɪsɪst] N biofísico/a *m/f*

**biophysics** [ˌbaɪəʊˈfɪzɪks] NSING biofísica *f*

**biopic*** [ˈbaɪəʊˌpɪk] N (*Cine*) biografía *f* cinematográfica

**biopsy** [ˈbaɪɒpsɪ] N biopsia *f*

**biorhythm** [ˈbaɪəʊrɪðəm] N biorritmo *m*

**bioscopy** [baɪˈɒskəpɪ] N bioscopia *f*

**biosensor** [ˈbaɪəʊˈsensəʳ] N biosensor *m*

**biosphere** [ˈbaɪəˌsfɪəʳ] N biosfera *f*

**biostatistics** [ˈbaɪəʊstəˈtɪstɪks] NPL bioestadística *f*

**biosynthesis** [ˌbaɪəʊˈsɪnθɪsɪs] N biosíntesis *f*

**biosynthetic** [ˌbaɪəʊˌsɪnˈθetɪk] ADJ biosintético

**biotechnological** [ˌbaɪəˌteknəˈlɒdʒɪkəl] ADJ biotecnológico

**biotechnologist** [ˌbaɪəʊtekˈnɒlədʒɪst] N biotecnólogo/a *m/f*

**biotechnology** [ˌbaɪəʊtekˈnɒlədʒɪ] N biotecnología *f*

**biotic** [baɪˈɒtɪk] ADJ biótico

**biotope** [ˈbaɪəˌtəʊp] N biotopo *m*

**biotype** [ˈbaɪəˌtaɪp] N biotipo *m*

**biowarfare** [ˈbaɪəʊˈwɔ:fɛəʳ] N guerra *f* bacteriológica

**bipartisan** [ˌbaɪˈpɑ:tɪzæn] ADJ [*policy etc*] bipartidario

**bipartite** [baɪˈpɑ:taɪt] ADJ (= *consisting of two parts*) [*structure*] bipartido; [*treaty*] bipartito

**biped** [ˈbaɪped] N bípedo *m*

**biplane** [ˈbaɪpleɪn] N biplano *m*

**bipolar** [baɪˈpəʊləʳ] ADJ bipolar

**bipolarize** [baɪˈpəʊləraɪz] VT bipolarizar

**birch** [bɜ:tʃ] Ⓐ N (= *tree, wood*) abedul *m*; (*for whipping*) vara *f*
Ⓑ VT (= *punish*) castigar con la vara
Ⓒ CPD ► **birch tree** N abedul *m*

**birching** [ˈbɜ:tʃɪŋ] N azotamiento *m* (con la vara)

**birchwood** [ˈbɜ:tʃwʊd] N (= *forest*) bosque *m* de abedules; (= *material*) abedul *m*

**bird** [bɜ:d] Ⓐ N 1 (*gen small*) pájaro *m*; (*Zool, Culin*) ave *f*; **~ of ill omen** (*liter*) pájaro *m* de mal agüero; **a little ~ told me*** (*hum*) me lo dijo un pajarito; **the ~ has flown** (*fig*) el pájaro ha volado; ✦*IDIOMS* **they haven't yet told her about the ~s and the bees** todavía no le han explicado las cosas de la vida; **to kill two ~s with one stone** matar dos pájaros de un tiro; **to be strictly for the ~s*** ser cosa de poca monta *or* de tontos; **they're ~s of a feather** son lobos de una camada; ✦*PROVS* **~s of a feather flock together** Dios los cría y ellos se juntan; **a ~ in the hand is worth two in the bush** más vale pájaro en mano que ciento volando; *see also* **early C**
2 (*Brit Theat**) ✦*IDIOMS* **to get the ~** ganarse un abucheo, ser pateado; **to give sb the ~** abuchear a algn, patear a algn
3 (*Brit**) (= *girl*) chica *f*, pollita *f*, niña *f* (*LAm*); (= *girlfriend*) chica *f*, amiguita *f*
4 (*) (= *fellow*) tipo* *m*, tío* *m* (*Sp**); **he's a queer ~** es un bicho raro
5 (‡) (= *imprisonment*) **to do two years ~** pasar dos años a la sombra‡
Ⓑ CPD ► **bird bath** N pila *f* para pájaros ► **bird brain*** N casquivano/a *m/f* ► **bird call** N reclamo *m* ► **bird dog** N (*US*) perro *m* de caza ► **bird fancier** N criador(a) *m/f* de pájaros ► **bird nesting** N **to go ~ nesting** ir a buscar nidos ► **bird of paradise** N ave *f* del paraíso ► **bird of passage** N (*also fig*) ave *f* de paso ► **bird of prey** N ave *f* de rapiña ► **bird sanctuary** N reserva *f* de pájaros ► **bird's nest** N nido *m* de pájaro ► **bird table** N *mesita de jardín para poner comida a los pájaros*

**bird-brained*** [ˈbɜ:dbreɪnd] ADJ casquivano

**birdcage** [ˈbɜ:dkeɪdʒ] N jaula *f* de pájaro; (*large, outdoor*) pajarera *f*

**birdie** [ˈbɜ:dɪ] Ⓐ N 1 (*Golf*) birdie *m*, menos uno *m*
2 (*baby talk*) pajarito *m*; **watch the ~!** (*Phot**) ¡mira el pajarito!
Ⓑ VT (*Golf*) **to ~ a hole** hacer birdie *or* uno bajo par en un hoyo

**bird-like** [ˈbɜ:dlaɪk] ADJ como un pájaro

**birdlime** [ˈbɜ:dlaɪm] N liga *f*

**birdseed** [ˈbɜ:dsi:d] N alpiste *m*

**bird's-eye view** [ˌbɜ:dzaɪˈvju:] N vista *f* de pájaro

**birdshot** [ˈbɜ:dʃɔt] N perdigones *mpl*

**bird-watcher** [ˈbɜ:dwɒtʃəʳ] N observador(a) *m/f* de aves

**bird-watching** [ˈbɜ:dˌwɒtʃɪŋ] N observación *f* de aves; **to go ~** realizar observación de aves

**biretta** [bɪˈretə] N birrete *m*

**Biro**® [ˈbaɪrəʊ] N (*Brit*) bolígrafo *m*, birome *f* (*S. Cone*)

▼**birth** [bɜ:θ] Ⓐ N (*gen*) nacimiento *m*; (*Med*) parto *m*; (*fig*) nacimiento *m*, surgimiento *m*; **at ~** al nacer; **French by ~** francés de nacimiento; **of humble ~** de origen humilde; **place of ~** lugar *m* de nacimiento; **to give ~ to** (*lit*) dar a luz a; (*fig*) dar origen a; **to be in at the ~ of** (*fig*) asistir al nacimiento de; **the ~ of an idea** el origen de una idea
Ⓑ CPD ► **birth certificate** N partida *f* de nacimiento ► **birth control** N control *m* de la natalidad; **method of ~ control** método *m* anticonceptivo ► **birth control pill** N píldora *f* anticonceptiva ► **birth mother** N madre *f* biológica ► **birth pill** N = **birth control pill** ► **birth rate** N tasa *f* or índice *m* de natalidad

**birthdate** [ˈbɜ:θdeɪt] N fecha *f* de nacimiento

▼**birthday** [ˈbɜ:θdeɪ] Ⓐ N [*of person*] cumpleaños *m inv*; [*of event etc*] aniversario *m*; **on my 21st ~** el día en que cumplo/cumplí 21 años; **happy ~!** ¡feliz cumpleaños!
Ⓑ CPD ► **birthday cake** N tarta *f* de cumpleaños ► **birthday card** N tarjeta *f* de cumpleaños ► **birthday party** N fiesta *f* de cumpleaños ► **birthday present** N regalo *m* de cumpleaños ► **birthday suit*** N **in one's ~ suit** (*hum*) en cueros*

**birthing** [ˈbɜ:θɪŋ] ADJ [*pool, centre etc*] de partos, para el parto

**birthmark** [ˈbɜ:θmɑ:k] N antojo *m*, marca *f* de nacimiento

**birthplace** [ˈbɜ:θpleɪs] N lugar *m* de nacimiento

**birthright** [ˈbɜ:θraɪt] N derechos *mpl* de nacimiento; (*fig*) patrimonio *m*, herencia *f*; **it is the ~ of every Englishman** pertenece por derecho natural a todo inglés, es el patrimonio de todo inglés; ✦*IDIOM* **to sell one's ~ for a mess of pottage** vender su primogenitura por un plato de lentejas

**birthstone** [ˈbɜ:θstəʊn] N piedra *f* natalicia

**BIS** N ABBR (*US*) (= **Bank of International Settlements**) BIP *m*

**Biscay** [ˈbɪskeɪ] N Vizcaya *f*

**biscuit** [ˈbɪskɪt] Ⓐ N (*Brit*) galleta *f*; (*US*) magdalena *f*; ✦*IDIOM* **that takes the ~!‡** ¡eso es el colmo!*
Ⓑ CPD ► **biscuit barrel** N galletero *m*

**bisect** [baɪˈsekt] VT bisecar

**bisection** [baɪˈsekʃən] N (*Math*) bisección *f*, división *f* en dos partes; (= *angle*) bisección *f*

**bisector** [baɪˈsektəʳ] N bisector *m*

**bisexual** [ˈbaɪˈseksjʊəl] Ⓐ ADJ bisexual
Ⓑ N bisexual *mf*

**bisexuality** [baɪˌseksjʊˈælɪtɪ] N bisexualidad *f*

**bishop** [ˈbɪʃəp] N 1 (*Rel*) obispo *m*; **yes, Bishop** sí, Ilustrísima
2 (*Chess*) alfil *m*

**bishopric** [ˈbɪʃəprɪk] N obispado *m*

**bismuth** [ˈbɪzməθ] N bismuto *m*

**bison** [ˈbaɪsən] N (*pl* **bison, bisons**) bisonte *m*

**bisque** [bɪsk] N (*Culin*) sopa *f* de mariscos; (*Sport*) ventaja *f*; (*Pottery*) bizcocho *m*, biscuit *m*

**bistable** [baɪˈsteɪbl] ADJ (*Comput*) biestable

**bistro** [ˈbi:strəʊ] N bistro(t) *m*

**bit**[1] [bɪt] Ⓐ N 1 (= *piece*) trozo *m*, pedazo *m*; **~s of paper** trozos *mpl* or pedazos *mpl* de papel; **have you got a ~ of paper I can write on?** ¿tienes un trozo de papel para escribir?; **he washed off every ~ of dirt** se lavó hasta la última mancha de suciedad; **in ~s** (= *broken*) hecho pedazos; (= *dismantled*) desmontado, desarmado; **who owns this ~ of land?** ¿a quién pertenece este trozo *or* pedazo de tierra?; **~s and pieces** (= *items*) cosas *fpl*; (= *possessions*) cosas *fpl*, trastos* *mpl*; [*of fabric*] retales *mpl*, retazos *mpl*; **to ~s: to blow sth to ~s** hacer saltar algo en pedazos, volar algo en pedazos; **to come to ~s** (= *break*) hacerse pedazos; (= *be dismantled*) desmontarse, desarmarse; **to smash sth to ~s** hacer algo añicos *or* pedazos; **to tear sth to ~s** [+ *letter, document*] romper algo en pedazos; **the dogs tear the fox to ~s** los perros destrozan al zorro; **she tore the argument to ~s** hizo peda-

➤ LANGUAGE IN USE: birth A 24.1 birthday A 23.3

zos el argumento; ✦*IDIOMS* **to love sb to ~s*** querer un montón a algn*; **the professor pulled his essay to ~s** el profesor destrozó su trabajo; **he was thrilled to ~s with the present** estaba que no cabía en sí (de alegría) con el regalo, el regalo le hizo muchísima ilusión

[2] **a ~ of** [2·1] (= *some*) un poco de; **with a ~ of luck** con un poco de suerte; **a ~ of advice** un consejo; **I need a ~ of peace and quiet** necesito un poco de paz y tranquilidad; **what you say won't make a ~ of difference** digas lo que digas no va a cambiar nada; **this is a ~ of all right!*** ¡esto está muy bien!, ¡esto no está nada mal!; **he's a ~ of all right*** ése está buenísimo *or* para comérselo*

[2·2] (= *rather*) **he's a ~ of a liar** es bastante *or* un poco mentiroso; **it was a ~ of a shock** fue un golpe bastante duro; **I've got a ~ of a cold** estoy un poco resfriado; **I'm a ~ of a socialist** yo tengo algo de socialista; **quite a ~ of** bastante; **they have quite a ~ of money** tienen bastante dinero; **I've been seeing quite a ~ of her** la he estado viendo bastante

[3] (*adverbial uses*) **a ~** un poco; **a ~ bigger/smaller** un poco más grande/pequeño; **a ~ later** poco después, un poco más tarde; **that sounds a ~ technical** eso suena un poco técnico; **it's a ~ awkward just now** ahora no es buen momento; **~ by ~** poco a poco; **our performance was every ~ as good as theirs** nuestra actuación fue tan buena como la suya en todos los aspectos; **she swept into the room, every ~ the actress** entró majestuosamente en la habitación, muy en su papel de actriz; **he looked every ~ the angelic child** tenía toda la pinta *or* todo el aspecto de un niño angelical; **a good ~** bastante; **it's a good ~ further than we thought** queda bastante más lejos de lo que creíamos; **a good ~ bigger/cheaper** bastante más grande/barato; **would you like a little ~ more?** ¿quieres un poquito más?; **that's a ~ much!** ¡eso pasa de castaño oscuro!; **it's a ~ much expecting you to take the blame** es demasiado esperar que tú asumas la culpa; **not a ~**: **I'm not a ~ surprised** no me sorprende lo más mínimo *or* en absoluto; **"wasn't he embarrassed?" — "not a ~ of it"** —¿y no le daba vergüenza? —qué va* *or* —en absoluto; **quite a ~** bastante; **they're worth quite a ~** valen bastante; **he's quite a ~ older than me** es bastante mayor que yo; **I've had a ~ too much to eat** me he pasado un poco comiendo, he comido un poco más de la cuenta

[4] (= *part*) parte *f*; **he'd just got to the exciting ~** acababa de llegar a la parte emocionante; **to enjoy every ~ of sth** disfrutar algo totalmente

[5] (*Brit**) (= *role*) **she's doing the prima donna ~** está haciendo su papel de diva; **it's important not to overdo the motherly ~** es importante no ser excesivamente maternal; **to do one's ~** aportar su granito de arena; **we must all do our ~ to put an end to starvation in the Third World** para erradicar el hambre en el Tercer Mundo todos debemos aportar nuestro granito de arena; **he did his ~ in the war** durante la guerra cumplió con su deber; **I've done my ~** yo he hecho mi parte *or* lo que me tocaba

[6] (= *moment*) rato *m*, momento *m*; **I'll see you in a ~** te veo dentro de un momento *or* dentro de un ratito; **I waited quite a ~** esperé bastante tiempo *or* un buen rato

[7] (= *coin*) (*Brit*) moneda *f*; (*US*) (= *12½ cents*) doce centavos y medio; **a tuppenny ~** una moneda de dos peniques; **two ~s** (*US*) 25 centavos; **for two ~s I'd throw it all in** por dos duros lo dejaría todo; **he was always throwing in his two ~s about how he'd put the economy to rights** siempre estaba dando su opinión *or* echando su cuarto a espadas sobre cómo arreglaría la economía

[8] (*Comput*) bit *m*

[9] (*Brit‡ pej*) (= *woman*) tía *f* (*Sp**); *see also* **side A6**

Ⓑ CPD ► **bit part** N (*Cine, Theat*) papel *m* de poca importancia, papel *m* pequeño

**bit**[2] [bɪt] N [1] [*of drill*] broca *f*

[2] (*for horse*) freno *m*, bocado *m*; ✦*IDIOMS* **to be champing** *or* **chomping at the ~**: **I expect you're champing** *or* **chomping at the ~** supongo que te devora la impaciencia; **they were champing** *or* **chomping at the ~ to get started** no veían la hora de poner manos a la obra; **to get the ~ between one's teeth**: **once she gets the ~ between her teeth, there's no stopping her** una vez que se pone en marcha no hay quien la pare

**bit**[3] [bɪt] PT *of* **bite**

**bitch** [bɪtʃ] Ⓐ N [1] [*of canines*] hembra *f*; [*of dog*] perra *f*

[2] (‡) (= *woman*) bruja* *f*; **you ~!** ¡(tía) cerda!*, ¡lagarta! (*Sp**)

[3] (‡) **this car is a ~** este coche es una lata*; **it's a ~ of a problem** es un problema que se las trae*; **life's a ~ (and then you die)** esta vida es un asco*, esta vida es una mierda‡

[4] (*esp US‡*) (= *complaint*) queja *f*; **what's your ~?** ¿de qué coño te quejas tú?‡

Ⓑ VI (*) (= *complain*) quejarse (**about** de)

**bitchiness*** [ˈbɪtʃɪnɪs] N mala leche* *f*

**bitchy*** [ˈbɪtʃɪ] ADJ (*compar* **bitchier**; *superl* **bitchiest**) [*person*] malicioso; [*remark*] malintencionado, de mala leche (*Sp**); **to be ~ to sb** ser malicioso con algn; **that was a ~ thing to do** eso fue una puñalada trapera*, eso fue una guarrada (*Sp**)

**bite** [baɪt] (*vb: pt* **bit**; *pp* **bitten**) Ⓐ N [1] (= *act*) mordisco *m*; (= *wound*) [*of dog, snake etc*] mordedura *f*; [*of insect*] picadura *f*; (= *toothmark*) dentellada *f*; **to take a ~ at** morder; **the dog took a ~ at him** el perro intentó morderlo; **to take a ~ out of** [+ *apple etc*] dar un mordisco a; (*esp US*) (*fig*) [+ *savings, budget*] llevarse un pellizco de; ✦*IDIOMS* **he wants another** *or* **a second ~ at the cherry** quiere otra oportunidad, quiere probar otra vez; **to put the ~ on sb** (*US**) hacer cerrar el pico a algn*

[2] (*) [*of food*] bocado *m*; **I've not had a ~ to eat** no he probado bocado; **do you fancy a ~ (to eat)?** ¿te apetece algo (de comer)?; **I'll get a ~ (to eat) on the train** tomaré algo en el tren

[3] (*Fishing*) **are you getting any ~s?** ¿están picando?

[4] (*fig*) (= *sharpness*) mordacidad *f*; [*of food, drink*] fuerza *f*; **a novel with ~** una novela mordaz; **a speech with ~** un discurso mordaz *or* incisivo; **without any ~** sin garra; **there's a ~ in the air** hace un frío cortante

Ⓑ VT [1] [*dog, person*] morder; [*bird, fish, insect*] picar; **it won't ~ (you)!*** ¡no te va a morder!, ¡no muerde!; **to ~ sth in two** partir algo en dos de un mordisco; **to ~ one's nails** comerse *or* morderse las uñas; **what's biting you?*** ¿qué mosca te ha picado?*; **to get bitten*** (= *be cheated*) dejarse timar; **to be bitten with the desire to do sth*** tener el gusanillo de hacer algo*; ✦*IDIOMS* **to ~ the bullet** enfrentarse al toro; **to ~ the dust** (= *die*) morder el polvo; (= *fail*) venirse abajo; **it's the old story of biting the hand that feeds you** ya sabes "cría cuervos (y te sacarán los ojos)"; **to ~ one's lip** *or* **tongue** morderse la lengua; ✦*PROV* **once bitten twice shy** el gato escaldado del agua fría huye

[2] [*acid*] corroer; (*Mech*) asir, trabar

Ⓒ VI [1] [*dog, person*] morder; [*insect, fish*] picar; **to ~ at** tratar de morder

[2] (*fig*) [*cuts, inflation etc*] hacerse sentir; **the strike is beginning to ~** la huelga empieza a hacer mella

►**bite back** Ⓐ VT + ADV [+ *words*] dejar sin decir, tragarse*

Ⓑ VI + ADV **the dog bit back** el perro mordió a su vez

►**bite into** VI + PREP [*person*] meter los dientes en; [*acid*] corroer

►**bite off** VT + ADV arrancar con los dientes; ✦*IDIOMS* **to ~ off more than one can chew** abarcar demasiado; **to ~ sb's head off** echar una bronca a algn*

►**bite on** VI + PREP morder

►**bite through** VI + PREP [+ *string, thread*] cortar con los dientes; [+ *tip, one's tongue*] morderse; **he fell and bit through his tongue** se cayó y se mordió la lengua

**biter** [ˈbaɪtəʳ] N ✦*IDIOM* **the ~ bit** el cazador cazado

**bite-size(d)*** [ˈbaɪtˈsaɪz(d)] ADJ [1] (*lit*) [*food*] cortado a taquitos *or* en dados; **bite-sized pieces of ham** taquitos *mpl* de jamón

[2] (*fig*) [*information*] en cantidades digeribles, en pequeñas dosis

**biting** [ˈbaɪtɪŋ] ADJ [*cold, wind*] cortante; [*criticism etc*] mordaz

**bitten** [ˈbɪtn] PP *of* **bite**

**bitter** [ˈbɪtəʳ] Ⓐ ADJ [1] (*in taste*) [*drink, medicine*] amargo; **it tasted ~** sabía amargo; ✦*IDIOM* **a ~ pill to swallow** un trago amargo

[2] (= *icy*) [*weather, winter*] gélido, glacial; [*wind*] cortante, gélido; **it's ~ today!** hoy hace un frío gélido *or* glacial

[3] (= *fierce*) [*enemy, hatred*] implacable; [*battle*] encarnizado; **a ~ struggle** una lucha enconada

[4] (= *resentful*) [*person*] amargado, resentido; [*protest*] amargo; **to feel ~ about sth** estar amargo *or* resentido por algo

[5] (= *painful*) [*disappointment*] amargo; **to carry on to the ~ end** continuar hasta el final (cueste lo que cueste); **to shed ~ tears** llorar lágrimas amargas

Ⓑ N [1] (*Brit*) (= *beer*) cerveza *f* amarga

[2] **bitters** *licor amargo hecho con extractos de plantas*

Ⓒ CPD ► **bitter aloes** NPL áloes *mpl* amargos ► **bitter lemon** N (= *drink*) refresco *m* de limón ► **bitter orange** N (= *drink*) refresco *m* de naranja

**bitterly** [ˈbɪtəlɪ] ADV [1] (= *icily*) **it's ~ cold** hace un frío gélido *or* glacial; **a ~ cold day** un día gélido *or* glacial

[2] (= *fiercely*) [*oppose*] implacablemente; [*hate*] implacablemente, a muerte; [*fight*] a muerte; [*criticize*] duramente; **a ~ contested match** un partido muy reñido

[3] (= *deeply*) [*regret, resent*] amargamente; [*resentful, jealous, ashamed*] terriblemente; **I was ~ disappointed** sufrí una terrible *or* amarga decepción, quedé terriblemente decepcionado

[4] (= *resentfully*) [*say, reply*] con rencor; [*speak, think*] amargamente, con rencor; [*complain*] amargamente; **she spoke ~ of her experiences** habló amargamente *or* con rencor de sus experiencias

[5] (= *sorrowfully*) [*weep, cry*] amargamente

**bittern** [ˈbɪtɜːn] N avetoro *m* (común)

**bitterness** [ˈbɪtənɪs] N [1] (= *taste*) amargor *m*

[2] (= *iciness*) crudeza *f*

[3] (= *fierceness*) [*of struggle, fight*] lo enconado; [*of hatred*] lo implacable
[4] (= *resentfulness*) amargura *f*, rencor *m*; **I accepted it without ~** lo acepté sin amargura *or* sin rencor; **I have no ~ towards you** no le guardo rencor; **a look of ~** una mirada de amargura
[5] (= *depth*) [*of disappointment*] amargura *f*

**bittersweet** ['bɪtəswi:t] ADJ (*lit, fig*) agridulce

**bitty*** ['bɪtɪ] ADJ [1] (*compar* **bittier**; *superl* **bittiest**) (= *disconnected*) deshilvanado
[2] (*US*) (= *small*) pequeñito

**bitumen** ['bɪtjʊmɪn] N betún *m*

**bituminous** [bɪ'tjuːmɪnəs] ADJ bituminoso

**bivalent** ['baɪ'veɪlənt] ADJ bivalente

**bivalve** ['baɪvælv] Ⓐ ADJ bivalvo
Ⓑ N (molusco *m*) bivalvo *m*

**bivouac** ['bɪvʊæk] (*vb: pt, pp* **bivouacked**) Ⓐ N vivaque *m*
Ⓑ VI vivaquear

**bi-weekly** ['baɪ'wi:klɪ] Ⓐ ADJ [1] (= *fortnightly*) quincenal
[2] (= *twice weekly*) bisemanal
Ⓑ ADV [1] (= *fortnightly*) quincenalmente
[2] (= *twice weekly*) bisemanalmente
Ⓒ N [1] (= *fortnightly*) revista *f* quincenal
[2] (= *twice weekly*) revista *f* bisemanal

**biz*** [bɪz] N ABBR = **business**

**bizarre** [bɪ'zɑ:ʳ] ADJ (= *strange*) extraño, raro; [*dress, appearance etc*] estrafalario

**bk** ABBR [1] (= **book**) l., lib.
[2] (= **bank**) Bco., B.

**bkcy** ABBR = **bankruptcy**

**bkg** ABBR = **banking**

**bkpt** ABBR = **bankrupt**

**BL** N ABBR [1] = **British Library**
[2] = **Bachelor of Law**

**B/L** ABBR = **bill of lading**

**blab*** [blæb] Ⓐ VT (*also* **~ out**) [+ *secret*] soplar*
Ⓑ VI (= *chatter*) chismorrear*, cotillear (*Sp**); (*to police etc*) cantar*

**blabber*** ['blæbəʳ] VI (*also* **~ on**) charlotear, parlar

**blabbermouth*** ['blæbə,maʊθ] N (*pej*) bocazas* *mf*, cotilla *mf* (*Sp**)

**black** [blæk] Ⓐ ADJ (*compar* **blacker**; *superl* **blackest**) [1] (*in colour*) negro; **(accident) ~ spot** (*Aut*) punto *m* negro; **~ and white photo** foto *f* en blanco y negro; **~ and white TV** TV *f* monocromo; **his face was ~ and blue** tenía la cara amoratada; **with a face as ~ as thunder** con cara de pocos amigos; **✦IDIOM to swear ~ and blue** jurar por todo lo más santo (**that** que)
[2] (*of race*) negro; **~ man** negro *m*; **~ woman** negra *f*
[3] (= *dark*) oscuro, tenebroso; **as ~ as pitch** ◊ **as ~ as your hat** oscuro como boca de lobo
[4] (= *dirty*) sucio; (*with smoke*) negro, ennegrecido
[5] (*Brit*) (*trade union parlance*) **to declare a product ~** boicotear un producto
[6] (*fig*) [*day, event*] negro, funesto, aciago; [*outlook*] negro; [*forecast*] pesimista; [*thought*] malévolo; [*rage*] negro; [*look*] ceñudo, de desaprobación; **a ~ day on the roads** una jornada negra en las carreteras; **he is not as ~ as he is painted** no es tan malo como lo pintan; **things look pretty ~** la situación es desconsoladora; **things were looking ~ for him** la situación se le presentaba muy difícil
Ⓑ N [1] (= *colour*) negro *m*, color *m* negro; **a film in ~ and white** un film en blanco y negro; **✦IDIOM in ~ and white**: **I should like it in ~ and white** quisiera tenerlo por escrito; **there it is in ~ and white!** ¡ahí lo tiene en letras de molde!
[2] (= *person*) negro/a *m/f*
[3] (= *mourning*) luto *m*; **to be in ~** ◊ **wear ~** estar de luto
[4] (= *darkness*) oscuridad *f*, noche *f*
[5] **to stay in the ~** estar en números negros
Ⓒ VT [1] ennegrecer; [+ *shoes*] limpiar, lustrar; **to ~ sb's eye** poner a algn el ojo amoratado, poner a algn el ojo a la funerala (*Sp**)
[2] (*Brit*) (*trade union parlance*) boicotear
Ⓓ CPD ► **Black Africa** N el África negra ► **black arts** NPL magia *f* negra ► **black bass** N perca *f* negra, perca *f* truchada ► **black belt** N (*Sport*) cinturón *m* negro ► **black box** N (*Aer*) caja *f* negra ► **black coffee** N café *m* solo, tinto *m* (*Col*); (*large*) café *m* americano ► **black college** N (*US*) *universidad para gente de color* ► **black comedy** N comedia *f* negra ► **Black Country** N *región industrial al noroeste de Birmingham (Inglaterra)* ► **Black Death** N peste *f* negra ► **black economy** N economía *f* negra ► **Black English** N (*US*) *inglés hablado por los negros americanos* ► **black eye** N ojo *m* amoratado, ojo *m* a la funerala (*Sp**) ► **Black Forest** N Selva *f* Negra ► **Black Forest gâteau** N *pastel de chocolate, nata y guindas* ► **black goods** NPL géneros *mpl* sujetos a boicoteo ► **black grouse** N gallo *m* lira ► **black hole** N (*Astron*) agujero *m* negro ► **black humour** N humor *m* negro ► **black ice** N *hielo invisible en la carretera* ► **black line** N raya *f* en negro ► **black magic** N magia *f* negra ► **Black Maria** N (*Brit*) coche *m or* furgón *m* celular ► **black mark** N señal *f* roja; (*fig*) nota *f* adversa, punto *m* negativo ► **black market** N mercado *m* negro, estraperlo *m* (*Sp*) ► **black marketeer** N estraperlista *mf* (*Sp*) ► **Black Moslem** N musulmán *m* negro ► **Black Nationalism** N nacionalismo *m* negro ► **Black Panthers** NPL Panteras *fpl* negras ► **black pepper** N pimienta *f* negra ► **Black Power** N poder *m* negro ► **black pudding** N (*Brit*) morcilla *f*, moronga *f* (*Mex*) ► **Black Rod** N (*Brit Parl*) *dignatario de la Cámara de los Lores encargado de reunir a los Comunes en la apertura del Parlamento* ► **Black Sea** N Mar *m* Negro ► **black sheep (of the family)** N oveja *f* negra ► **Black Studies** N (*US*) *estudios de la cultura negra americana* ► **black tie** N corbata *f* de lazo, corbata *f* de smoking; **"~ tie"** (*on invitation*) "de etiqueta" ► **black tie dinner** N cena *f* de etiqueta ► **Black Watch** N (*Brit Mil*) *regimiento escocés* ► **black widow (spider)** N viuda *f* negra

►**black out** Ⓐ VT + ADV (= *obliterate with ink etc*) suprimir; **to ~ out a house** apagar las luces de una casa, hacer que no sean visibles por fuera las luces de una casa; **the screen was ~ed out by the strike** (*TV*) debido a la huelga no había programas en la pantalla; **the storm ~ed out the city** la tormenta causó un apagón en la ciudad
Ⓑ VI + ADV (= *faint*) desmayarse, perder el conocimiento

**blackball** ['blækbɔ:l] Ⓐ VT (= *vote against*) dar bola negra a, votar en contra de; (= *exclude*) dejar fuera
Ⓑ N (= *ball*) bola *f* negra; (= *vote*) voto *m* en contra

**blackberry** ['blækbərɪ] N (= *fruit*) zarzamora *f*, mora *f*; (= *plant*) zarza *f*

**blackberrying** ['blæk,berɪɪŋ] N **to go ~** ir a coger zarzamoras

**blackbird** ['blækbɜ:d] N mirlo *m*

**blackboard** ['blækbɔ:d] N pizarra *f*, encerado *m*

**blackcap** ['blækkæp] N (*Orn*) cucurra *f* capirotada

**blackcock** ['blækkɒk] N gallo *m* lira

**blackcurrant** [,blæk'kʌrənt] N (= *fruit*) grosella *f* negra; (= *bush*) grosellero *m* negro, casis *f inv*

**blacken** ['blækən] Ⓐ VT [1] ennegrecer; (*by fire*) calcinar; [+ *face*] tiznar de negro
[2] (*fig*) [+ *reputation*] manchar
Ⓑ VI ennegrecerse

**blackguard**† ['blægɑ:d] Ⓐ N canalla* *mf*
Ⓑ VT vilipendiar

**blackguardly**† ['blægɑ:dlɪ] ADJ vil, canallesco

**blackhead** ['blækhed] N espinilla *f*

**black-headed gull** [,blækhedɪd'gʌl] N gaviota *f* de cabeza negra

**black-hearted** [,blæk'hɑ:tɪd] ADJ malvado, perverso

**blacking** ['blækɪŋ] N betún *m*

**blackish** ['blækɪʃ] ADJ negruzco; (*wine parlance*) aguindado

**blackjack** ['blækdʒæk] N (*esp US*) [1] (= *truncheon*) cachiporra *f* con puño flexible
[2] (= *flag*) bandera *f* pirata
[3] (*Cards*) veintiuna *f*

**blackleg** ['blækleg] (*Brit Ind*) Ⓐ N esquirol *mf*
Ⓑ VI ser esquirol, trabajar durante una huelga

**blacklegging** ['blæk,legɪŋ] N (*Brit Ind*) esquirolaje *m*

**blacklist** ['blæklɪst] Ⓐ N lista *f* negra
Ⓑ VT poner en la lista negra

**blackmail** ['blækmeɪl] Ⓐ N chantaje *m*; **it's sheer ~!** ¡es un chantaje!
Ⓑ VT chantajear; **to ~ sb into doing sth** chantajear a algn para que haga algo; **he was ~ed into it** lo hizo obligado por el chantaje

**blackmailer** ['blækmeɪləʳ] N chantajista *mf*

**blackness** ['blæknɪs] N negrura *f*; (= *darkness*) oscuridad *f*, tinieblas *fpl*

**blackout** ['blækaʊt] N [1] (*Elec*) apagón *m*
[2] (*Med*) desmayo *m*
[3] (*of news*) bloqueo *m* informativo, apagón *m* informativo; **there was a media ~ at the request of the police** hubo un bloqueo informativo en los medios de comunicación a petición de la policía

**blackshirt** ['blækʃɜ:t] N (*Pol*) camisa negra *mf*

**blacksmith** ['blæksmɪθ] N herrero/a *m/f*; **~'s (forge)** herrería *f*

**blackthorn** ['blækθɔ:n] N endrino *m*

**blacktop** ['blæktɒp] (*US*) Ⓐ N (= *substance, road*) asfalto *m*
Ⓑ VT asfaltar

**bladder** ['blædəʳ] N (*Anat*) vejiga *f*; [*of football etc*] cámara *f* de aire

**blade** [bleɪd] N [1] (= *cutting edge*) [*of knife, tool*] filo *m*; (= *flat part*) [*of weapon, razor etc*] hoja *f*; [*of skate*] cuchilla *f*
[2] [*of propeller*] paleta *f*; [*of oar*] pala *f*; (*Aut*) [*of wiper*] rasqueta *f*
[3] [*of grass etc*] brizna *f*
[4] (†) (= *gallant*) **(young) ~** galán *m*, joven *m* apuesto

**blaeberry** ['bleɪbərɪ] N arándano *m*

**blag*** [blæg] Ⓐ N (= *robbery*) atraco *m*, robo *m* a mano armada
Ⓑ VT (*Brit*) [+ *ticket*] sacar de gorra*; **to ~ one's way into a club** colarse de gorra en una discoteca*

**blah*** [blɑ:] Ⓐ ADJ (*US*) poco apetitoso
Ⓑ N [1] (= *words*) paja *f*, palabrería *f*; **and there was a lot more ~, ~, ~** y hubo mucho más bla, bla, bla
[2] **the ~s** (*US*) la depre*

**blamable** ['bleɪməbl] ADJ censurable, culpable

**blame** [bleɪm] Ⓐ N culpa *f*; **to bear** *or* **take the ~** asumir la culpa; **to lay** *or* **put the ~ (for sth) on sb** echar a algn la culpa (de algo)
Ⓑ VT [1] (= *hold responsible*) culpar, echar la culpa a; **to ~ sb (for sth)** echar a algn la culpa (de algo), culpar a algn (de algo); **to ~ sth on sb** culpar de algo a algn; **to be to ~ for** tener la culpa de; **I am not to ~** yo no tengo la culpa; **who's to ~?** ¿quién tiene la culpa?; **you have only yourself to ~** la culpa la tienes tú
[2] (= *reproach*) censurar; **and I don't ~ him** y con toda la razón, y lo comprendo perfectamente

**blameless** ['bleɪmlɪs] ADJ (= *innocent*) inocente; (= *irreproachable*) intachable

**blamelessly** ['bleɪmlɪslɪ] ADV (= *innocently*) inocentemente; (= *irreproachably*) intachablemente

**blameworthy** ['bleɪmwɜːðɪ] ADJ [*action*] censurable, reprobable; [*person*] culpable

**blanch** [blɑːntʃ] Ⓐ VI [*person*] palidecer
Ⓑ VT (*Culin*) blanquear; (= *boil*) escaldar; **~ed almonds** almendras *fpl* peladas

**blancmange** [blə'mɒnʒ] N (*Brit*) crema *f* (de vainilla *etc*)

**bland** [blænd] ADJ (*compar* **blander**; *superl* **blandest**) [1] (*pej*) (= *dull*) [*food, taste*] soso, insípido; [*smile, expression*] insulso; [*music, book, film*] soso, anodino; [*statement*] anodino; **it tastes rather ~** tiene un sabor bastante soso
[2] (= *mild*) [*person, action*] suave, afable; [*diet*] blando

**blandish** ['blændɪʃ] VT engatusar, halagar

**blandishments** ['blændɪʃmənts] NPL halagos *mpl*, lisonjas *fpl*

**blandly** ['blændlɪ] ADV (*pej*) [*say, reply*] débilmente; [*smile*] de manera insulsa

**blank** [blæŋk] Ⓐ ADJ [1] [*paper, space etc*] en blanco; [*tape*] virgen, sin grabar; [*wall*] liso, sin adorno; **the screen went ~** se fue la imagen de la pantalla
[2] [*expression etc*] vacío, vago; **a ~ look** una mirada vacía *or* vaga; **a look of ~ amazement** una mirada de profundo asombro; **when I asked him he looked ~** cuando se lo pregunté se quedó mirando con una expresión vaga; **my mind went ~** se me quedó la mente en blanco
[3] (= *unrelieved*) **in a state of ~ despair** en un estado de desesperación total
Ⓑ N [1] (= *void*) vacío *m*; (*in form*) espacio *m* en blanco; **my mind was a complete ~** no pude recordar nada; **✦IDIOM to draw a ~** no llegar a ninguna parte
[2] (*Mil*) cartucho *m* de fogueo; **to fire ~s** usar municiones de fogueo
Ⓒ VT (*Brit**) (= *snub*) dar de lado a
Ⓓ CPD ► **blank cartridge** N cartucho *m* de fogueo ► **blank cheque**, **blank check** (*US*) N cheque *m* en blanco; **to give sb a ~ cheque** dar a algn un cheque en blanco; (*fig*) dar carta blanca a algn (**to** para); ► **blank verse** N verso *m* blanco *or* suelto

►**blank out** VT + ADV [+ *feeling, thought*] desechar

**blanket** ['blæŋkɪt] Ⓐ N manta *f*, frazada *f* (*LAm*), cobija *f* (*LAm*); (*fig*) [*of snow*] manto *m*; [*of smoke, fog*] capa *f*; *see also* **security**, **wet D1**
Ⓑ ADJ [*statement, agreement*] general; [*ban*] global; [*coverage*] exhaustivo; **this insurance policy gives ~ cover** esta póliza de seguro es a todo riesgo
Ⓒ VT (*fig*) cubrir (**in, with** de, con), envolver (**by, in, with** en)
Ⓓ CPD ► **blanket bath** N = **bed bath** ► **blanket stitch** N punto *m* de festón

**blankly** ['blæŋklɪ] ADV **he looked at me ~** me miró sin comprender

**blare** [bleəʳ] Ⓐ N [*of music, siren*] estruendo *m*; [*of trumpet*] trompetazo *m*
Ⓑ VT (*also* **~ out**) [+ *words, order*] vociferar; [+ *music*] tocar muy fuerte
Ⓒ VI (*also* **~ out**) [*music, siren*] sonar a todo volumen, resonar

**blarney*** ['blɑːnɪ] Ⓐ N labia* *f*
Ⓑ VT dar coba a*, engatusar
Ⓒ CPD ► **Blarney Stone** N *piedra del castillo de Blarney, al sudoeste de Irlanda, que se dice que transmite el don de la galantería al que la besa*; **✦IDIOM to kiss the Blarney Stone** aprender a tener labia*

**blasé** ['blɑːzeɪ] ADJ [*attitude*] indiferente; **she's very ~ about the risks involved** le traen sin cuidado los riesgos que el asunto conlleva; **he's won so many Oscars he's become ~ about it** ha ganado tantos óscars que ya está de vuelta de ello *or* le da igual

**blaspheme** [blæs'fiːm] VI (= *swear*) blasfemar

**blasphemer** [blæs'fiːməʳ] N blasfemador(a) *m/f*, blasfemo/a *m/f*

**blasphemous** ['blæsfɪməs] ADJ blasfemo

**blasphemously** ['blæsfɪməslɪ] ADV [*act, argue*] blasfemamente; **to speak/curse ~** blasfemar

**blasphemy** ['blæsfɪmɪ] N blasfemia *f*

**blast** [blɑːst] Ⓐ N [1] [*of air, steam, wind*] ráfaga *f*; [*of sand, water*] chorro *m*; **(at) full ~** (*fig*) a toda marcha
[2] (= *sound*) [*of whistle etc*] toque *m*; [*of bomb*] explosión *f*; **at each ~ of the trumpet** a cada trompetazo
[3] (= *shock wave*) [*of explosion etc*] sacudida *f*, onda *f* expansiva
[4] [*of criticism etc*] tempestad *f*, oleada *f*
[5] (*) (= *fun*) **it was a ~** fue el desmadre*; **we got a real ~ out of the party** nos lo pasamos de miedo en la fiesta*
Ⓑ VT [1] (= *tear apart*) (*with explosives*) volar; (*by lightning*) derribar; (*Mil*) bombardear; **to ~ open** abrir con carga explosiva
[2] (*Bot*) marchitar; (*with blight*) añublar; (*fig*) [+ *hopes, future*] malograr, echar por tierra
[3] (= *shoot*) pegar un tiro a, abrir fuego contra
[4] (= *criticize*) [+ *person*] emprenderla con; [+ *film, novel, report*] poner por los suelos
[5] (*Sport*) [+ *ball*] estrellar
[6] (= *send out*) [+ *air, water*] lanzar
Ⓒ VI (*also* **~ out**) [*music, siren*] sonar a todo volumen, resonar
Ⓓ EXCL (*Brit*‡) ¡maldita sea!*; **~ it!** ¡maldita sea!*
Ⓔ CPD ► **blast furnace** N alto horno *m*

►**blast away** Ⓐ VT + ADV [+ *rocks etc*] volar, quitar con explosivos
Ⓑ VI + ADV [*gun*] seguir disparando; **they were ~ing away at the town** seguían bombardeando el pueblo

►**blast off** VI + ADV [*spacecraft*] despegar

►**blast out** VT + ADV [*DJ*] [+ *music*] poner a todo volumen; [*group*] [+ *tune*] tocar a todo volumen

**blasted** ['blɑːstɪd] ADJ [1] (‡) (= *wretched*) condenado*, maldito*
[2] (*liter*) [*landscape*] inhóspito

**blasting** ['blɑːstɪŋ] N [1] (*Tech*) voladura *f*; **"blasting in progress"** "explosión controlada en curso"
[2] (*) (= *rebuke*) **to give sb a ~ for (having done) sth** echar una bronca *or* abroncar a algn por (haber hecho) algo*

**blast-off** ['blɑːstɒf] N [*of spacecraft*] despegue *m*

**blatant** ['bleɪtənt] ADJ [*injustice, lie*] flagrante; [*bully, coward, thief, liar*] descarado; **he's not only racist, but he's ~ about it** no sólo es un racista sino que además no lo disimula; **he was quite ~ about cheating in the exam** copió en el examen con todo descaro *or* sin ningún disimulo

**blatantly** ['bleɪtəntlɪ] ADV [1] (= *glaringly*) [*untrue, unfair*] descaradamente, obviamente; **its faults are ~ obvious** sus defectos saltan a la vista; **it's ~ obvious that …** es a todas luces evidente que …
[2] (= *flagrantly*) [*ignore, encourage, disregard*] descaradamente, abiertamente; [*sexist, racist*] descaradamente

**blather*** ['blæðəʳ] Ⓐ N disparates *mpl*
Ⓑ VI charlatanear, decir tonterías; **to ~ (on) about sth** enrollarse con algo*, dar la tabarra con algo*

**blaze**[1] [bleɪz] Ⓐ N [1] (= *fire*) (*in hearth*) fuego *m*; (= *flare-up*) llamarada *f*; [*of buildings etc*] incendio *m*; (= *bonfire*) hoguera *f*; (= *glow*) [*of fire, sun etc*] resplandor *m*
[2] (= *display*) derroche *m*; **a ~ of colour** un derroche de color
[3] (= *outburst*) arranque *m*; **in a ~ of anger** en un arranque de cólera; **in a ~ of publicity** en medio de un gran despliegue publicitario
[4] (†‡) **like ~s** hasta más no poder; **what the ~s …?** ¿qué diablos …?*; **go to ~s!** ¡vete a la porra!*
Ⓑ VI [1] [*fire*] arder; [*light*] resplandecer; **the sun was blazing** el sol brillaba implacablemente; **all the lights were blazing** brillaban todas las luces
[2] [*eyes*] centellear; **to ~ with anger** estar muy indignado, echar chispas*
Ⓒ VT **the news was ~d across the front page** la noticia venía en grandes titulares en la primera plana

►**blaze abroad** VT + ADV (*liter*) [+ *news etc*] proclamar a voz en grito

►**blaze away** VI + ADV [*soldiers*] disparar continuamente

►**blaze down** VI + ADV **the sun was blazing down** el sol brillaba implacablemente

►**blaze forth** VI + ADV (*liter*) [*sun*] aparecer súbitamente; (*fig*) [*anger*] estallar

►**blaze out** VI + ADV [*fire*] llamear; [*sun*] resplandecer, relucir; [*light*] relucir; (*fig*) [*anger, hatred*] estallar

►**blaze up** VI + ADV [*fire*] llamear; (*fig*) [*feelings*] estallar

**blaze**[2] [bleɪz] Ⓐ N (*on animal*) mancha *f* blanca; (*on tree*) señal *f*
Ⓑ VT [+ *tree*] marcar; **to ~ a trail** (*also fig*) abrir camino

**blazer** ['bleɪzəʳ] N (= *jacket*) chaqueta *f* de sport, blazer *m*

**blazing** ['bleɪzɪŋ] ADJ [1] [*building etc*] en llamas; [*fire*] llameante; [*sun*] abrasador, ardiente; [*light*] brillante; [*eyes*] centelleante
[2] (*) [*row, anger*] violento

**blazon** ['bleɪzn] Ⓐ N blasón *m*
Ⓑ VT (*fig*) proclamar

**bldg** ABBR = **building**

**bleach** [bliːtʃ] Ⓐ N lejía *f*
Ⓑ VT [+ *clothes*] blanquear; [+ *hair*] aclarar, decolorar
Ⓒ VI blanquearse

**bleached** [bliːtʃt] ADJ [*hair*] decolorado, (teñido de) rubio platino; [*clothes*] descolorido

**bleachers** ['bliːtʃəz] NPL (*US*) gradas *fpl*

**bleaching** ['bliːtʃɪŋ] Ⓐ N decoloración *f*
Ⓑ CPD ► **bleaching agent** N decolorante *m*

► **bleaching powder** N polvos *mpl* de blanqueo

**bleak** [bli:k] Ⓐ ADJ (*compar* **bleaker**; *superl* **bleakest**) [*landscape*] desolado, inhóspito; [*weather*] desapacible, crudo; [*smile, voice*] lúgubre, sombrío; [*future*] sombrío; [*welcome*] poco hospitalario; [*room*] lúgubre; **it was a ~, lonely existence out there** allá la vida era triste y desoladora; **it looks** *or* **things look rather ~ for him** las cosas no se le presentan muy alentadoras
Ⓑ N (= *fish*) breca *f*, albur *m*

**bleakly** ['bli:klɪ] ADV [*look*] desoladamente; [*smile*] lúgubremente, con aire sombrío; [*speak*] con desaliento, en tono sombrío

**bleakness** ['bli:knɪs] N [*of landscape*] desolación *f*; [*of room, furnishings*] lo lúgubre; [*of weather*] crudeza *f*, desapacibilidad *f*; [*of prospects, future*] lo sombrío

**bleary** ['blɪərɪ] ADJ (*compar* **blearier**; *superl* **bleariest**) (*with tears, sleep*) lloroso; (= *tired*) agotado

**bleary-eyed** ['blɪərɪaɪd] ADJ con cara de sueño

**bleat** [bli:t] Ⓐ N 1 [*of sheep, goat*] balido *m*
2 (*) (= *complaint*) queja *f*
Ⓑ VI 1 [*sheep, goat*] balar
2 (*) (= *complain*) quejarse (**about** de), gimotear

**bled** [bled] PT, PP *of* **bleed**

**bleed** [bli:d] (*pt, pp* **bled**) Ⓐ VI 1 (*from cut, wound*) sangrar; [*tree*] exudar; **his nose is ~ing** le sangra la nariz; **to ~ to death** morir desangrado; **my heart ~s for him** (*iro*) ¡qué pena me da!
2 [*colours*] diluirse (**into** en), correrse (**into** en)
Ⓑ VT 1 (*Med*) sangrar
2 [+ *brakes, radiator*] desaguar, sangrar
3 (*) (= *exploit*) desangrar, sacar los cuartos a (*Sp**); ✦*IDIOMS* **to ~ sb dry** *or* **white** chupar la sangre a algn; **to ~ a country dry** *or* **white** explotar despiadadamente un país

**bleeder** ['bli:dəʳ] N 1 (*Med**) hemofílico/a *m/f*
2 (*Brit‡*) tipo/a* *m/f*, tío/a *m/f* (*Sp**); **poor ~!** ¡pobre desgraciado!; **he's a lucky ~!** ¡qué suerte tiene el tío! (*Sp**), ¡qué suertudo es! (*LAm**)

**bleeding** ['bli:dɪŋ] Ⓐ ADJ 1 [*wound etc*] sangrante; (*fig*) [*heart*] dolorido
2 (*Brit‡*) condenado*, puñetero‡
Ⓑ ADV (*Brit‡*) **~ awkward** condenadamente difícil*
Ⓒ N (= *medical procedure*) sangría *f*; (= *blood loss*) desangramiento *m*, hemorragia *f*

**bleeding-heart** [ˌbli:dɪŋ'hɑ:t] ADJ (*fig*) **~ liberal** liberal *mf* de gran corazón

**bleep** [bli:p] Ⓐ N (*Rad, TV*) pitido *m*
Ⓑ VI [*transmitter*] emitir pitidos
Ⓒ VT (*) (*in hospital etc*) llamar por el busca(personas)

**bleeper** ['bli:pəʳ] N (= *pager*) busca* *m inv*, buscapersonas *m inv*

**blemish** ['blemɪʃ] Ⓐ N (*on fruit*) mancha *f*; (*on complexion*) imperfección *f*; (*fig*) (*on reputation*) tacha *f*
Ⓑ VT (= *spoil*) estropear

**blench** [blentʃ] VI (= *flinch*) acobardarse; (= *pale*) palidecer

**blend** [blend] Ⓐ N mezcla *f*
Ⓑ VT [+ *teas, food etc*] mezclar; [+ *colours*] mezclar, combinar
Ⓒ VI (= *harmonize*) armonizar (**with** con); **to ~ in with** armonizarse con; **to ~ into** [*colour*] fundirse con

**blended** ['blendɪd] ADJ mezclado

**blender** ['blendəʳ] N 1 (*Culin*) licuadora *f*
2 (= *person*) catador(a) *m/f*; **tea ~** catador(a) *m/f* de té

**bless** [bles] VT 1 [*God, priest*] bendecir; **God ~ you!** ¡Dios te bendiga!; **God ~ the Pope!** ¡Dios guarde al Papa!; **~ you!** ¡qué cielo eres!; (*after sneezing*) ¡Jesús!; **and Paul, ~ him** *or* **~ his heart, had no idea that ...** y Paul, el pobre, no tenía ni idea de que ...; **to ~ o.s.** santiguarse
2 (*fig*) **they were never ~ed with children** Dios jamás les dio la bendición de los hijos; **she is ~ed with every virtue** la adornan mil virtudes; **I ~ the day I bought it** bendigo el día que lo compré; **well I'm ~ed!** ◊ **God ~ my soul!**†* ¡vaya por Dios!; **I'm ~ed if I know** (*Brit**) no tengo ni idea

**blessed** ['blesɪd] Ⓐ ADJ 1 (*Rel*) (= *holy*) bendito, santo; (= *beatified*) beato; **the Blessed Virgin** la Santísima Virgen; **the Blessed Sacrament** el Santísimo Sacramento; **~ be Thy Name** bendito sea Tu Nombre; **of ~ memory** que Dios lo/la tenga en su gloria
2 (*liter*) (= *joyous*) feliz, maravilloso; **a day of ~ calm** un día de bendita tranquilidad
3 (*Brit‡*) (= *wretched*) santo*, dichoso*; **the whole ~ day** todo el santo día*; **where's that ~ book?** ¿dónde está ese dichoso libro?*; **we didn't find a ~ thing** no encontramos nada de nada*
Ⓑ NPL **the Blessed** los bienaventurados

**blessedness** ['blesɪdnɪs] N (*Rel*) bienaventuranza *f*, santidad *f*; (= *happiness*) dicha *f*, felicidad *f*

**blessing** ['blesɪŋ] N 1 (*Rel*) bendición *f*
2 (= *advantage*) beneficio *m*; **the ~s of electricity** los beneficios de la electricidad; **the ~s of science** los adelantos de la ciencia; ✦*IDIOMS* **it's a ~ in disguise** no hay mal que por bien no venga; **it's a mixed ~** tiene sus pros y sus contras; **to count one's ~s** agradecer lo que se tiene; **you can count your ~s that ...** tienes que estar agradecido de que ...

**blest** [blest] ADJ, PP (*liter*) *of* **bless**

**blether** ['bleðəʳ] (*Scot*) = **blather**

**blew** [blu:] PT *of* **blow²**

**blight** [blaɪt] Ⓐ N 1 (*Bot*) [*of plants, cereals, fruit, trees*] roya *f*
2 (*fig*) plaga *f*; **urban ~** desertización *f* urbana; **to cast a ~ on** *or* **over** arruinar
Ⓑ VT 1 (*Bot*) (= *wither*) marchitar
2 (*fig*) (= *spoil*) arruinar; (= *frustrate*) frustrar; [+ *urban scene*] desertizar

**blighter**†* ['blaɪtəʳ] N (*Brit*) tipo/a* *m/f*, tío/a *m/f* (*Sp**); **you ~!** (*hum*) ¡menudo canalla estás hecho!*, ¡qué cabrito! (*Sp**); **what a lucky ~!** ¡qué suerte tiene el tío! (*Sp**), ¡qué suertudo es! (*LAm**)

**Blighty**†* ['blaɪtɪ] N (*Brit Mil*) Inglaterra *f*

**blimey**‡ ['blaɪmɪ] EXCL (*Brit*) ¡caray!

**blimp** [blɪmp] N 1 (*esp US*) (= *airship*) zepelín *m*, dirigible *m*
2 (*Brit**) (= *person*) reaccionario/a *m/f*, militarista *mf*, patriotero/a *m/f*; **a (Colonel) Blimp** ≈ un carpetovetónico

**blimpish** ['blɪmpɪʃ] ADJ (*Brit*) reaccionario

**blind** [blaɪnd] Ⓐ ADJ 1 (*lit*) (= *sightless*) ciego; **a ~ man** un ciego, un hombre ciego; **to go ~** quedar(se) ciego; **~ in one eye** tuerto; **the accident left him ~** el accidente lo dejó ciego; **to be ~ with tears** estar cegado por las lágrimas; ✦*IDIOMS* **(as) ~ as a bat*** más ciego que un topo; **to turn a ~ eye (to sth)** hacer la vista gorda (con algo); *see also* **colour-blind**
2 (*fig*) (= *unable to see*) ciego; **you've got to be ~ not to see that it's a trick** hay que estar ciego para no darse cuenta de que es un engaño; **I was so in love that I was ~** estaba tan enamorado que no podía ver claro; **to be ~ to sth** no poder ver algo; **he is ~ to her true character** no puede ver su verdadero carácter; **to be ~ to sb's faults** no ver los defectos de algn; **to be ~ to the consequences of one's actions** no ver las consecuencias de las acciones de uno; **I am not ~ to those considerations** no ignoro esas consideraciones; ✦*PROV* **love is ~** el amor es ciego
3 (= *irrational*) [*rage, panic, faith*] ciego; **a ~ guess** una respuesta al azar; **to be ~ with rage** estar cegado por la ira, estar ciego de ira
4 **a ~ bit of sth***: **it won't make a ~ bit of difference** va a dar exactamente lo mismo; **he didn't take a ~ bit of notice** no hizo ni caso; **it isn't a ~ bit of use** no sirve absolutamente para nada
5 (*Aer*) [*landing, flying*] guiándose sólo por los instrumentos
6 (= *without openings*) [*building, wall*] ciego; [*window*] condenado
Ⓑ N 1 **the ~** los ciegos; ✦*IDIOM* **it's a case of the ~ leading the ~** es como un ciego llevando a otro ciego
2 (= *shade*) persiana *f*; **Venetian ~** persiana *f* veneciana
3 (= *pretence*) pretexto *m*, subterfugio *m*; **it's all a ~** no es más que un pretexto *or* subterfugio
Ⓒ ADV (= *fly, land*) guiándose sólo por los instrumentos; **to bake pastry ~** cocer una masa en blanco *or* sin relleno; **to be ~ drunk*** estar más borracho que una cuba*; **he swore ~ that ...** juró y perjuró que ...
Ⓓ VT 1 (= *render sightless*) dejar ciego, cegar; **to be ~ed in an accident** quedar ciego después de un accidente
2 (= *dazzle*) [*sun, light*] deslumbrar, cegar; **to ~ sb with science** deslumbrar a algn con conocimientos
3 (*fig*) cegar; **to be ~ed by anger/hate** estar cegado por la ira/el odio, estar ciego de ira/odio; **her love ~ed her to his faults** su amor no le dejaba ver sus faltas
Ⓔ CPD ► **blind alley** N callejón *m* sin salida
► **blind corner** N curva *f* sin visibilidad
► **blind date** N (= *meeting*) cita *f* a ciegas; **to go on a ~ date with sb** tener una cita a ciegas con algn ► **blind man's buff** N gallina *f* ciega ► **blind spot** N (*Aut*) ángulo *m* muerto; (*Med*) punto *m* ciego; **I have a ~ spot about computers** ◊ **computers are a ~ spot with me** los ordenadores no son mi punto fuerte
► **blind test** N (*Marketing*) prueba *f* a ciegas

**blinder** ['blaɪndəʳ] N 1 **to play a ~ (of a match)** (*Brit**) jugar de maravilla
2 **blinders** (*US*) (= *blinkers*) anteojeras *fpl*

**blindfold** ['blaɪndfəʊld] Ⓐ ADJ con los ojos vendados; [*game of chess*] a la ciega; **I could do it ~** podría hacerlo con los ojos vendados
Ⓑ N venda *f*
Ⓒ VT vendar los ojos a

**blinding** ['blaɪndɪŋ] ADJ [*light, glare*] cegador, deslumbrante; **I've got a ~ headache** tengo un dolor de cabeza que no veo

**blindingly** ['blaɪndɪŋlɪ] ADV **a ~ obvious fact** un hecho de claridad meridiana; **it is ~ obvious that ...** es a todas luces evidente que ...

**blindly** ['blaɪndlɪ] ADV 1 (= *unseeingly*) [*grope, stumble*] a ciegas, a tientas; [*shoot*] a ciegas; **she stared ~ at the wall** se quedó mirando obnubilada a la pared

[2] (= unquestioningly) [follow, accept, obey] ciegamente

**blindness** ['blaɪndnɪs] N ceguera f; **~ to the truth** ceguera frente a la verdad

**blindworm** ['blaɪndwɜːm] N lución m

**blini** ['blɪnɪ] N panqueque m ruso

**blink** [blɪŋk] Ⓐ N [of eyes] parpadeo m; (= gleam) destello m; ✦**IDIOMS in the ~ of an eye** en un abrir y cerrar de ojos; **to be on the ~*** (TV etc) estar averiado
Ⓑ VT [+ eyes] cerrar
Ⓒ VI [eyes] parpadear, pestañear; [light] parpadear

►**blink at** VI + PREP (= ignore) pasar por alto

**blinkered** ['blɪŋkəd] (Brit) ADJ [horse] con anteojeras; (fig) [person] estrecho de miras; [view] miope, estrecho

**blinkers** ['blɪŋkəz] NPL [1] (Brit) [of horse] anteojeras fpl
[2] (Aut) intermitentes mpl, direccionales mpl (Mex)

**blinking*** ['blɪŋkɪŋ] ADJ (Brit) maldito; **you ~ idiot!** ¡imbécil!*

**blip** [blɪp] N [1] = **bleep**
[2] (fig) (= aberration) irregularidad f momentánea; **this is just a ~** es un problema pasajero

**bliss** [blɪs] N [1] (Rel) (= happy state) dicha f; ✦**PROV ignorance is ~** ojos que no ven, corazón que no siente
[2] (*) (fig) éxtasis m, arrobamiento m; **the concert was ~!** ¡el concierto fue una gloria!; **what ~!** ¡qué gustazo!*; **isn't he ~?** ¡qué encanto de hombre!

►**bliss out**‡ VT + ADV (esp US) **to be ~ed out** flipar de gusto‡, estar en la gloria

**blissful** ['blɪsfʊl] ADJ [1] (= happy) dichoso; **in ~ ignorance** feliz en la ignorancia
[2] (*) (= wonderful) maravilloso, estupendo

**blissfully** ['blɪsfəlɪ] ADV [sigh, lounge] con felicidad; **~ happy** sumamente feliz; **~ ignorant** feliz en la ignorancia

**blister** ['blɪstəʳ] Ⓐ N (on skin) ampolla f; (on paintwork) burbuja f
Ⓑ VT ampollar
Ⓒ VI [skin] ampollarse; [paintwork] formar burbujas
Ⓓ CPD ► **blister pack** N envase m en lámina al vacío

**blistering** ['blɪstərɪŋ] ADJ [1] [heat etc] abrasador
[2] [criticism] feroz, devastador
[3] [pace, speed] frenético

**blister-packed** ['blɪstə,pækt] ADJ envasado en lámina al vacío

**blithe** [blaɪð] ADJ (liter) alegre

**blithely** ['blaɪðlɪ] ADV (liter) [continue, ignore] alegremente

**blithering*** ['blɪðərɪŋ] ADJ **~ idiot** imbécil* mf

**BLitt** [,biː'lɪt] N ABBR (Univ) = **Bachelor of Letters**

**blitz** [blɪts] Ⓐ N [1] (Mil) guerra f relámpago; (Aer) bombardeo m aéreo; **the Blitz** (Brit Hist) *el bombardeo alemán de Gran Bretaña en 1940 y 1941*
[2] (*) (fig) campaña f (**on** contra); **I'm going to have a ~ on ironing tomorrow** mañana voy a atacar la plancha*
Ⓑ VT (Mil) bombardear

**blitzed**‡ [blɪtst] ADJ (= drunk) mamado‡, borracho como una cuba*

**blitzkrieg** ['blɪtskriːg] N [1] (Mil) guerra f relámpago
[2] (*) (fig) (= attack) arremetida f

**blizzard** ['blɪzəd] N ventisca f; (fig) [of letters, bills etc] aluvión m, avalancha f

**BLM** N ABBR (US) = **Bureau of Land Management**

**bloated** ['bləʊtɪd] ADJ [1] (= swollen) [stomach] hinchado; [face] hinchado, abotargado; **to feel ~** sentirse hinchado
[2] (fig) [bureaucracy] excesivo; [budget, ego] inflado; **~ with pride** henchido de orgullo

**bloater** ['bləʊtəʳ] N arenque m ahumado

**blob** [blɒb] N (= drop) [of ink etc] gota f; (= lump) [of mud etc] grumo m; (= stain) mancha f

**bloc** [blɒk] N [1] (Pol) bloque m
[2] **en ~** en bloque

**block** [blɒk] Ⓐ N [1] [of stone] bloque m; [of wood] zoquete m, tarugo m; (for paving) adoquín m; (butcher's, executioner's) tajo m; (= toy) (also **building ~**) cubo m; [of brake] zapata f; [of cylinder] bloque m; ✦**IDIOM on the ~** (US*) con dinero contante y sonante*, a tocateja (Sp*); see also **chip**
[2] (= building) bloque m; (esp US) (= group of buildings) manzana f, cuadra f (LAm); **~ of flats** (Brit) bloque m de pisos (Sp), edificio m de departamentos (LAm); **to walk around the ~** dar la vuelta a la manzana; **three ~s from here** (esp US) a tres manzanas de aquí
[3] (= section) [of tickets, stamps] serie f; **~ of seats** grupo m de asientos; **~ of shares** paquete m de acciones
[4] (= blockage) (in pipe) (gen) atasco m; (Med) bloqueo m; **writer's ~** bloqueo m de escritor; **to have a mental ~** tener un bloqueo mental
[5] (Brit Typ) molde m; (= writing pad) bloc m
[6] (Sport) **blocks** (also **starting ~s**) tacos mpl de salida; **to be first/last off the ~s** ser el más rápido/lento en la salida; (fig) ser el más/menos madrugador
[7] (Comput) bloque m
[8] (*) (= head) ✦**IDIOM to knock sb's ~ off*** romper la crisma a algn*
Ⓑ VT [1] (= obstruct) [+ road, gangway] bloquear; [+ traffic, progress] estorbar, impedir; [+ pipe] obstruir; (Parl) [+ bill] bloquear; (Comm) [+ account] bloquear; (Sport) bloquear, parar; **to ~ sb's way** cerrar el paso a algn; **he stopped in the doorway, ~ing her view** se paró en la entrada, tapándole la vista; **am I ~ing your view?** ¿te estoy tapando?; **the road is ~ed in four places** el camino está cortado en cuatro lugares; **"road blocked"** "cerrado (por obras)"; **my nose is ~ed** tengo la nariz taponada
[2] (Comput) agrupar
Ⓒ VI (Sport) bloquear, parar
Ⓓ CPD ► **block and tackle** N (Tech) aparejo m de poleas ► **block booking** N reserva f en bloque ► **block capitals** NPL (letras fpl) mayúsculas fpl; **in ~ capitals** en mayúsculas, en letra or caracteres de imprenta ► **block diagram** N diagrama m de bloques ► **block grant** N subvención f en bloque ► **block letters** NPL = **block capitals** ► **block release** N (Brit Scol) exención f por estudios ► **block vote** N voto m por representación

►**block in** VT + ADV (= sketch roughly) esbozar

►**block off** VT + ADV [+ road etc] cortar; (accidentally) bloquear

►**block out** VT + ADV [1] (= suppress) [+ thought, idea] desechar, apartar de la mente
[2] (= obscure) [+ light] tapar; (= erase) borrar
[3] (= sketch roughly) [+ scheme, design] esbozar

►**block up** VT + ADV [1] (= obstruct) [+ passage] obstruir; [+ pipe] atascar; **my nose is all ~ed up** tengo la nariz taponada
[2] (= fill in) [+ gap] cerrar

**blockade** [blɒ'keɪd] Ⓐ N (Mil, Ind) bloqueo m; **to run a ~** burlar un bloqueo; **under ~** bloqueado
Ⓑ VT [+ traffic] bloquear

**blockage** ['blɒkɪdʒ] N (= obstruction) (Med) obstrucción f; (in pipe) atasco m

**blockbuster*** ['blɒk,bʌstəʳ] N [1] (= film) exitazo* m, gran éxito m de taquilla; (= book) exitazo* m, best-seller m
[2] (Mil) bomba f revientamanzanas

**blockhead*** ['blɒkhed] N (pej) zopenco/a* m/f; **you ~!** ¡imbécil!*

**blockhouse** ['blɒkhaʊs] N (pl **blockhouses** ['blɒkhaʊzɪz]) blocao m

**bloke*** [bləʊk] N (Brit) (= man) tipo* m, tío m (Sp*); (= boyfriend) amigo m

**blokey*** ['bləʊkɪ], **blok(e)ish*** ['bləʊkɪʃ] ADJ (Brit) [man] machote*, tío*; [manners, gestures] hombruno

**blond(e)** [blɒnd] Ⓐ ADJ rubio, güero (CAm, Mex), catire (Carib)
Ⓑ N rubio/a m/f, güero/a m/f (CAm, Mex), catire/a m/f (Carib)
Ⓒ CPD ► **blond(e) bombshell*** N rubia f explosiva*

**blood** [blʌd] Ⓐ N [1] (lit) sangre f; **to be after sb's ~** tenérsela jurada a algn*; **it makes my ~ boil** me saca de quicio*, hace que me hierva la sangre; **it makes my ~ boil to think how ...** me hierve la sangre sólo de pensar que ...; **in cold ~** a sangre fría; **to donate** or **give ~** donar or dar sangre; **to draw ~** (= wound) hacer sangre; (Med) sacar sangre; **to draw first ~** (fig) abrir el marcador, anotarse el primer tanto; **a ~ and guts film** una película sangrienta or violenta; **acting was in his ~** llevaba la profesión de actor en la sangre; **to sweat ~** (= work hard) sudar tinta or sangre*; (= worry) sudar la gota gorda*; **~ and thunder** (= melodrama) melodrama m; ✦**IDIOMS to have sb's ~ on one's hands** tener las manos manchadas con la sangre de algn; **to make one's ~ run cold**: **the look in his eyes made her ~ run cold** su mirada hizo que se le helara la sangre (en las venas); **to get ~ out of a stone** sacar agua de las piedras; **getting her to talk is like trying to get ~ out of a stone** hacer que hable es como sacar agua de las piedras; see also **bay**³, **flesh**
[2] (= family, ancestry) sangre f; **of noble/royal ~** de sangre noble/real; ✦**PROV ~ is thicker than water** la sangre tira; see also **blue D**
[3] (fig) [3·1] (= people) **fresh** or **new** or **young ~** savia f nueva
[3·2] (= feeling) **bad ~** hostilidad f; **there had always been bad ~ between him and his in-laws** siempre había existido hostilidad entre él y la familia de su mujer
Ⓑ CPD ► **blood bank** N banco m de sangre ► **blood blister** N ampolla f de sangre ► **blood brother** N hermano m de sangre ► **blood cell** N glóbulo m ► **blood clot** N coágulo m de sangre ► **blood corpuscle** N glóbulo m sanguíneo ► **blood count** N hemograma m, recuento m sanguíneo or globular ► **blood donor** N donante mf de sangre ► **blood feud** N enemistad f mortal (entre clanes, familias) ► **blood group** N grupo m sanguíneo ► **blood heat** N temperatura f del cuerpo ► **blood money** N dinero m manchado de sangre, *(en pago por asesinato)*; *(as compensation) indemnización que se paga a la familia de alguien que ha sido asesinado* ► **blood orange** N naranja f sanguina ► **blood plasma** N plasma m sanguíneo ► **blood poisoning** N septicemia f, envenenamiento m de la

sangre ► **blood pressure** N tensión *f or* presión *f* arterial, presión *f* sanguínea; **to have high/low ~ pressure** tener la tensión alta/baja, tener hipertensión/hipotensión; **to take sb's ~ pressure** tomar la tensión a algn ► **blood pudding** N morcilla *f* ► **blood relation**, **blood relative** N **she is no ~ relation to him** ella y él no son de la misma sangre, ella y él no son (parientes) cosanguíneos (*frm*) ► **blood relationship** N consanguinidad *f*, lazo *m* de parentesco ► **blood sausage** N (*US*) = **blood pudding** ► **blood sport** N *deporte en el que se matan animales* ► **blood sugar (level)** N nivel *m* de azúcar en la sangre ► **blood supply** N riego *m* sanguíneo ► **blood test** N análisis *m inv* de sangre ► **blood transfusion** N transfusión *f* de sangre ► **blood type** N = **blood group** ► **blood vessel** N vaso *m* sanguíneo

**blood-and-thunder** ['blʌdən'θʌndəʳ] ADJ melodramático

**bloodbath** ['blʌdbɑ:θ] N (*pl* **bloodbaths** ['blʌdbɑ:ðz]) carnicería *f*, baño *m* de sangre

**bloodcurdling** ['blʌd,kɜ:dlɪŋ] ADJ espeluznante

**bloodhound** ['blʌdhaʊnd] N [1] (= *dog*) sabueso *m*
[2] (*) (= *detective*) detective *mf* privado/a

**bloodily** ['blʌdɪlɪ] ADV **the rebellion was ~ put down** reprimieron la rebelión de forma sangrienta; **a man was dying ~ on the floor** un hombre moría en el suelo en un baño de sangre *or* moría desangrado en el suelo

**bloodiness** ['blʌdɪnɪs] N (*lit*) lo sangriento; **the ~ of his deeds** el carácter sangriento de sus actos

**bloodless** ['blʌdlɪs] ADJ [1] (= *pale*) (*gen*) pálido; (*due to blood loss*) exangüe; **her face was ~** su rostro no tenía color, su rostro estaba pálido; (*due to blood loss*) su rostro estaba exangüe; **her lips were ~** sus labios apenas tenían color *or* eran casi blancos; (*due to accident, death*) sus labios estaban exangües
[2] (= *without bloodshed*) [*revolution, coup*] incruento, sin derramamiento de sangre
[3] (= *characterless*) [*film, novel, style*] soso, anodino; [*person*] sin sangre en las venas, con sangre de horchata

**bloodlessly** ['blʌdlɪslɪ] ADV sin derramamiento de sangre

**bloodletting** ['blʌd,letɪŋ] N (*Med*) sangría *f*; (*fig*) carnicería *f*, baño *m* de sangre

**bloodline** ['blʌdlaɪn] N línea *f* de sangre, línea *f* de parentesco por consanguinidad; **the Celtic royal ~ descended through the mother's side** la línea de sangre de la realeza celta venía por parte de la madre

**blood-lust** ['blʌdlʌst] N sed *f* de sangre

**blood-red** ['blʌd'red] ADJ [*fabric, paint, car*] de color rojo sangre, rojo sangre; [*sun, sky, sunset*] de un rojo encendido; [*flower*] encarnado

**bloodshed** ['blʌdʃed] N derramamiento *m* de sangre; **an act of mindless ~** un derramamiento de sangre sin sentido

**bloodshot** ['blʌdʃɒt] ADJ [*eye*] (*from crying, lack of sleep*) rojo, enrojecido; (*from anger*) inyectado en sangre

**bloodstain** ['blʌdsteɪn] N mancha *f* de sangre

**bloodstained** ['blʌdsteɪnd] ADJ manchado de sangre

**bloodstock** ['blʌdstɒk] N caballos *mpl* de pura sangre, purasangres *mpl*

**bloodstone** ['blʌdstəʊn] N restañasangre *m*, sanguinaria *f*

**bloodstream** ['blʌdstri:m] N **the ~** la corriente sanguínea, el flujo sanguíneo

**bloodsucker** ['blʌdsʌkəʳ] N (*Zool, fig*) sanguijuela *f*

**bloodthirstiness** ['blʌd,θɜ:stɪnɪs] N [*of person, animal*] sed *f* de sangre, carácter *m* sanguinario; [*of film, book*] lo sangriento

**bloodthirsty** ['blʌdθɜ:stɪ] ADJ (*compar* **bloodthirstier**; *superl* **bloodthirstiest**) (= *brutal*) sanguinario; (= *gory*) [*film, book*] sangriento

**bloody** ['blʌdɪ] Ⓐ ADJ (*compar* **bloodier**; *superl* **bloodiest**) [1] (*lit*) (= *bloodstained*) [*hands, dress*] ensangrentado, manchado de sangre; (= *cruel*) [*battle*] sangriento, cruento (*frm*); [*steak*] sanguinolento; **her fingers were cracked and ~** sus dedos estaban agrietados y sangraban; **to give sb a ~ nose** romper la nariz a algn
[2] (*Brit*‡) **shut the ~ door!** ¡cierra la puerta, coño!‡‡, ¡me cago en diez, cierra esa puerta!‡; **that ~ dog!** ¡ese puñetero perro!‡; **you ~ idiot!** ¡maldito imbécil!*; **I'm a ~ genius!** ¡la leche, soy un genio!‡, ¡joder, qué genio soy!‡‡; **~ hell!** ¡maldita sea!*, ¡joder!‡‡
Ⓑ ADV (*Brit*‡) **not ~ likely!** ¡ni hablar!, ¡ni de coña!‡; **he can ~ well do it himself!** ¡que lo haga él, leche!‡ *or* coño!‡‡; **that's no ~ good!** ¡me cago en la mar, eso no vale para nada!‡, ¡eso no vale para nada, joder!‡‡; **it's a ~ awful place** es un sitio asqueroso, es un sitio de mierda‡‡; **he runs ~ fast** corre que se las pela*, corre (de) la hostia‡‡
Ⓒ VT **he had bloodied his knee when he fell** se había hecho sangre en la rodilla al caer; **she stared at her bloodied hands** se miró las manos manchadas de sangre; **he was bloodied but unbowed** (*fig*) había sufrido pero no se daba por vencido
Ⓓ CPD ► **Bloody Mary** N bloody mary *m*

**bloody-minded*** ['blʌdɪ'maɪndɪd] ADJ (*Brit*) [1] (= *stubborn*) terco, empecinado; **the ~ conservatism of some groups** el terco conservadurismo de algunos grupos
[2] (= *awkward*) atravesado, difícil; **you're just being ~** son ganas de ser atravesado *or* difícil, son ganas de fastidiar; **he didn't really want a replacement, he was just being ~ about it** no quería realmente un sustituto, lo hacía sólo para fastidiar

**bloody-mindedness*** ['blʌdɪ'maɪndɪdnɪs] (*Brit*) N [1] (= *stubbornness*) terquedad *f*, empecinamiento *m*
[2] (= *awkwardness*) **it's just ~ on his part** son ganas de fastidiar *or* de ser atravesado; **he did it out of sheer ~** lo hizo sólo para fastidiar

**bloom** [blu:m] Ⓐ N [1] (= *flower*) flor *f*; (*on fruit*) vello *m*, pelusa *f*; **in ~** en flor; **in full ~** en plena floración; **in the full ~ of youth** en la flor de la juventud; **to come into ~** florecer
[2] (*fig*) (*on complexion*) rubor *m*
Ⓑ VI [*flower*] abrirse; [*tree*] florecer; (*fig*) [*economy, industry*] prosperar

**bloomer** ['blu:məʳ] N [1] (*) (= *mistake*) planchazo* *m*, metedura *f* de pata*; **to make a ~** llevarse un planchazo*, meter la pata*
[2] **to be a late ~** (*fig*) ser una flor tardía, tardar en desarrollarse

**bloomers** ['blu:məz] NPL bombachos *mpl*, pantaletas *fpl* (*LAm*)

**blooming** ['blu:mɪŋ] Ⓐ ADJ [1] [*tree*] floreciente, en flor
[2] (*fig*) (= *flourishing*) radiante; **to be ~ with health** ◊ **be in ~ health** estar rebosante de *or* rebosar salud
[3] (*Brit**) **the ~ car wouldn't start** el maldito coche no arrancaba*; **get that ~ thing out of the way!** ¡quita eso de ahí, hombre!*
Ⓑ ADV (*Brit**) **I think it's ~ marvellous** a mí me parece genial*; **we had to lift this ~ great box** tuvimos que levantar un pedazo de caja enorme *or* una caja de agárrate y no te menees*

**blooper*** ['blu:pəʳ] N (*esp US*) = **bloomer 1**

**blossom** ['blɒsəm] Ⓐ N (= *collective*) flores *fpl*; (= *single*) flor *f*; **in ~** en flor
Ⓑ VI [*tree*] florecer; (*fig*) florecer, llegar a su apogeo; **it ~ed into love** se transformó en amor

►**blossom out** VI + ADV (*fig*) [*person*] alcanzar su plenitud, florecer

**blot** [blɒt] Ⓐ N [*of ink*] borrón *m*, mancha *f*; (*fig*) (*on reputation etc*) tacha *f*, mancha *f*; **the chimney is a ~ on the landscape** la chimenea afea el paisaje; ♦***IDIOM*** **a ~ on the family escutcheon** una mancha en el honor de la familia
Ⓑ VT [1] (= *spot*) (*with ink*) manchar; (*fig*) [+ *reputation*] desacreditar; ♦***IDIOM*** **to ~ one's copybook** (*Brit*) manchar su reputación
[2] (= *dry*) (*with blotter*) [+ *ink, writing*] secar
Ⓒ VI [*pen*] echar borrones; [*ink*] correrse

►**blot out** VT + ADV [1] (*lit*) [+ *words*] borrar
[2] (*fig*) [*mist, fog*] [+ *view*] tapar, ocultar; [+ *memories*] borrar

►**blot up** VT + ADV [+ *ink*] secar

**blotch** [blɒtʃ] N [*of ink, colour*] mancha *f*; (*on skin*) mancha *f*, erupción *f*

**blotchy** ['blɒtʃɪ] ADJ (*compar* **blotchier**; *superl* **blotchiest**) manchado, lleno de manchas

**blotter** ['blɒtəʳ] N [1] (= *blotting paper*) secante *m*
[2] (*US*) (= *notebook*) registro *m*

**blotting-pad** ['blɒtɪŋ,pæd] N secante *m*

**blotting paper** ['blɒtɪŋ,peɪpəʳ] N papel *m* secante

**blotto**‡ ['blɒtəʊ] ADJ **to be ~** (= *drunk*) estar mamado‡, estar como una cuba*

**blouse** [blaʊz] N [1] (= *woman's garment*) blusa *f*; **he's a big girl's ~*** es un mariquita*
[2] (*US Mil*) guerrera *f*

**blouson** ['blu:zɒn] N cazadora *f*

**blow**[1] [bləʊ] N [1] (= *hit*) golpe *m*; (= *slap*) bofetada *f*; **a ~ with a hammer/fist/elbow** un martillazo/un puñetazo/un codazo; **at one ~** de un solo golpe; **a ~-by-~ account** una narración pormenorizada; **to cushion** *or* **soften the ~** (*lit*) amortiguar el golpe; (*fig*) disminuir los efectos (*de un desastre etc*); **to deal** *or* **strike sb a ~** dar *or* asestar un golpe a algn; **to strike a ~ for freedom** (*fig*) dar un paso más hacia la libertad; **without striking a ~** sin violencia; **to come to ~s** (*lit, fig*) llegar a las manos
[2] (*fig*) (= *setback*) golpe *m*; **it is a cruel ~ for everybody** es un golpe cruel para todos; **the news came as a great ~** la noticia fue un duro golpe; **that's a ~!** ¡qué lástima!; **the affair was a ~ to his pride** la cosa le hirió en el amor propio; **it was the final ~ to our hopes** acabó de echar por tierra nuestras esperanzas

**blow**[2] [bləʊ] (*pt* **blew**; *pp* **blown**) Ⓐ VT [1] (= *move by blowing*) [*wind etc*] [+ *leaves papers*] hacer volar; **the wind blew the ship towards the coast** el viento llevó *or* empujó el barco hacia la costa; **the wind has ~n dust all over it** el viento lo ha cubierto de polvo; **the wind blew the door shut** el viento cerró la puerta de golpe; **to ~ sb a kiss** enviar *or* tirar un beso a algn
[2] [+ *trumpet, whistle*] tocar, sonar; [+ *glass*] soplar; [+ *egg*] vaciar (soplando); **to ~ bubbles** (*soap*) hacer pompas; (*gum*) hacer glo-

bos; **to ~ one's nose** sonarse (la nariz); **to ~ smoke in sb's face** *or* **eyes** (*lit*) echar el humo en la cara *or* los ojos a algn; (*US*) (*fig*) engañar a algn; **to ~ smoke rings** hacer anillos *or* aros de humo; ♦*IDIOMS* **to ~ smoke up sb's ass** (*US***) lamer el culo a algn**, dar coba a algn*; **to ~ one's own trumpet** ◊ **~ one's own horn** (*US*) darse bombo*; **to ~ the whistle on sth/sb** dar la voz de alarma sobre algo/algn

3 (= *burn out, explode*) [+ *fuse*] fundir, quemar; [+ *tyre*] reventar; [+ *safe etc*] volar; **to ~ sth sky-high** volar algo en mil pedazos; **to ~ a theory sky-high** echar por tierra una teoría; **to ~ a matter wide open** destapar un asunto; ♦*IDIOMS* **to ~ the lid off sth** sacar a la luz algo, dejar algo al descubierto; **to ~ sb's mind*** dejar alucinado a algn*; **to ~ one's top** ◊ **~ one's cork** *or* **stack** (*US*) reventar, estallar; **to ~ sth out of the water** echar por tierra algo, dar al traste con algo

4 (= *spoil, ruin*) **to ~ one's chance of doing sth*** echar a perder *or* desperdiciar la oportunidad de hacer algo; **to ~ sb's cover** desenmascarar a algn; **to ~ it*** pifiarla*; **now you've ~n it!*** ¡ahora sí que la has pifiado!*; **to ~ one's lines** (*US Theat**) perder el hilo, olvidar el papel; **to ~ a secret** revelar un secreto; *see also* **gaff**[3]

5 **to ~ money on sth*** malgastar dinero en algo

6 (*esp US***) (= *fellate*) mamársela a**, hacer una mamada a**

7 (*Drugs*) **to ~ grass*** fumar hierba

8 (*) (*in exclamations*) **~ me!** ◊ **~ it!** ◊ **well I'm ~ed!** ¡caramba!; **~ this rain!** ¡dichosa lluvia!*; **I'll be ~ed if ...** que me cuelguen si ...*; **~ the expense!** ¡al cuerno el gasto!*

Ⓑ VI 1 [*wind, whale*] soplar; [*person*] (*from breathlessness*) jadear; **to ~ on one's fingers** soplarse los dedos; **to ~ on one's soup** enfriar la sopa soplando; **it's ~ing a gale** hace muchísimo viento; *see also* **hot B**, **wind**[1] **A1**

2 [*leaves etc*] (*with wind*) volar; **the door blew open/shut** se abrió/cerró la puerta con el viento

3 (= *make sound*) [*trumpet, siren*] sonar; **the referee blew for a foul** el árbitro pitó falta

4 [*fuse etc*] fundirse, quemarse; [*tyre*] reventar

5 (*) (= *leave*) largarse*, pirarla (*Sp**); **I must ~** tengo que largarme*

Ⓒ N 1 [*of breath*] soplo *m*

2 (*Brit**) (= *marijuana*) maría* *f*; (*US*) (= *cocaine*) coca* *f*, perico* *m*

Ⓓ CPD ► **blow drier** N secador *m* de pelo ► **blow job**** N mamada** *f*; **to give sb a ~ job** mamársela *or* chupársela a algn**

►**blow about** Ⓐ VT + ADV [+ *leaves etc*] llevar de acá para allá

Ⓑ VI + ADV [*leaves etc*] moverse de acá para allá por el viento

►**blow away** Ⓐ VI + ADV [*hat*] salir volando, volarse

Ⓑ VT + ADV 1 [*wind*] [+ *leaves, rubbish*] hacer volar

2 (*) (= *kill*) cargarse a*, liquidar*

3 (*) (= *defeat*) machacar*

4 (*) (= *impress*) dejar pasmado*

►**blow down** Ⓐ VT + ADV derribar

Ⓑ VI + ADV venirse abajo

►**blow in** VI + ADV 1 (= *collapse*) venirse abajo

2 (*) (= *enter*) entrar de sopetón*; **look who's ~n in!** ¡mira quién ha caído del cielo!*

►**blow off** Ⓐ VI + ADV 1 [*hat*] salir volando, volarse

2 (*Brit**) tirarse un pedo*

Ⓑ VT + ADV [+ *gas*] dejar escapar; ♦*IDIOM* **to ~ off steam** desfogarse

Ⓒ VT + PREP **to ~ the dust off a table** quitar el polvo de una mesa soplando

►**blow out** Ⓐ VT + ADV 1 (= *extinguish*) [+ *candle*] apagar (con un soplo); **the next day the storm had ~n itself out** al día siguiente la tormenta se había calmado

2 (= *swell out*) [+ *cheeks*] hinchar

3 **to ~ one's brains out*** pegarse un tiro, levantarse *or* volarse la tapa de los sesos*; **to ~ sb's brains out*** pegar un tiro a algn, levantar *or* volar la tapa de los sesos a algn*

Ⓑ VI + ADV 1 [*candle etc*] apagarse

2 [*tyre*] reventar; [*window*] romperse (*con la fuerza del viento etc*)

►**blow over** Ⓐ VT + ADV derribar, tumbar

Ⓑ VI + ADV 1 [*tree etc*] caer

2 [*storm*] pasar

3 (*fig*) [*dispute*] olvidarse

►**blow up** Ⓐ VT + ADV 1 (= *explode*) [+ *bridge etc*] volar

2 (= *inflate*) [+ *tyre etc*] inflar, hinchar (*Sp*)

3 (= *enlarge*) [+ *photo*] ampliar

4 (= *exaggerate*) [+ *event etc*] exagerar; **they blew it up out of all proportion** se exageró una barbaridad sobre eso, se sacó totalmente de quicio

5 (*) (= *reprimand*) **the boss blew the boy up** el jefe puso al chico como un trapo*

Ⓑ VI + ADV 1 [*explosive*] estallar, explotar; [*container*] estallar, reventar; **his allegations could ~ up in his face** con esas acusaciones le podría salir el tiro por la culata*

2 [*storm*] levantarse; **it's ~ing up for rain** con este viento tendremos lluvia

3 (*fig*) 3·1 [*row etc*] estallar; **now something else has ~n up** ahora ha surgido otra cosa

3·2 (*) (*in anger*) salirse de sus casillas*; **to ~ up at sb** perder los estribos con algn

**blow-dry** ['bləʊ,draɪ] Ⓐ N (= *hairstyle*) **I'd like a cut and ~** quisiera un corte y secado a mano

Ⓑ VT [+ *style*] secar a mano

**blower*** ['bləʊəʳ] N (*Brit*) (= *telephone*) teléfono *m*; **who's on the ~?** ¿con quién hablas?; **get on the ~ to them** dales un toque (por teléfono)

**blowfly** ['bləʊflaɪ] N moscarda *f*, mosca *f* azul

**blowgun** ['bləʊgʌn] N (*US*) cerbatana *f*

**blowhard*** ['bləʊhɑ:d] N (*esp US*) fanfarrón/ona *m/f*

**blowhole** ['bləʊhəʊl] N 1 [*of whale*] orificio *m* nasal

2 (*in ice*) brecha *f*, orificio *m* (*para respirar*)

**blowlamp** ['bləʊlæmp] N soplete *m*

**blown** [bləʊn] Ⓐ PP *of* **blow**[2]

Ⓑ ADJ [*flower*] marchito

**blow-out** ['bləʊaʊt] N 1 (*Aut*) (= *burst tyre*) reventón *m*, pinchazo *m*, ponchada *f* (*Mex*)

2 (*Elec*) [*of fuse*] apagón *m*

3 [*of oil well*] explosión *f*

4 (*) (= *big meal*) comilona* *f*, atracón* *m*

**blowpipe** ['bləʊpaɪp] N (= *weapon*) cerbatana *f*

**blowsy** ['blaʊzɪ] ADJ = **blowzy**

**blowtorch** ['bləʊtɔ:tʃ] N soplete *m*

**blow-up** ['bləʊʌp] N 1 (*Phot*) ampliación *f*

2 (*) riña *f*, pelea *f* (**between** entre)

**blowy*** ['bləʊɪ] ADJ [*day*] de mucho viento; **on a ~ day in March** un día de marzo de mucho viento; **it's ~ here** aquí hay mucho viento

**blowzy** ['blaʊzɪ] ADJ (*compar* **blowzier**; *superl* **blowziest**) [*woman*] desaliñado; (= *red in face*) coloradote*

**BLS** N ABBR (*US*) = **Bureau of Labor Statistics**

**BLT** N ABBR = **bacon, lettuce and tomato**; **a ~ sandwich** *un sándwich de bacon, lechuga y tomate*

**blub*** [blʌb] VI (*Brit*) lloriquear

**blubber**[1] ['blʌbəʳ] N [*of whale, seal*] grasa *f*

**blubber**[2]* ['blʌbəʳ] Ⓐ N lloriqueo *m*; **she just wanted to have a good ~** tenía ganas de llorar

Ⓑ VI (= *weep*) lloriquear; **stop ~ing!** ¡deja ya de lloriquear!

Ⓒ VT decir lloriqueando

**blubbery** ['blʌbərɪ] ADJ (= *fat*) fláccido, fofo; **~ lips** labios *mpl* carnosos

**bludgeon** ['blʌdʒən] Ⓐ N cachiporra *f*

Ⓑ VT aporrear; **to ~ sb into doing sth** (*fig*) coaccionar *or* forzar a algn a hacer algo

**blue** [blu:] Ⓐ ADJ (*compar* **bluer**; *superl* **bluest**) 1 azul; [*body, bruise*] amoratado; **~ with cold** amoratado de frío; ♦*IDIOMS* **once in a ~ moon** de Pascuas a Ramos; **you can shout till you're ~ in the face*** puedes gritar hasta hartarte; **to go like a ~ streak** (*US**) ir como un rayo; **to talk like a ~ streak** (*US**) hablar muy deprisa

2 (*) (= *obscene*) verde, colorado (*LAm*); **~ film** película *f* porno

3 (*) (= *sad*) triste, deprimido; **to feel ~** estar deprimido, estar tristón*; **to look ~** tener aspecto triste

4 (*Pol*) conservador

Ⓑ N 1 (= *colour*) azul *m*

2 (*Pol*) conservador(a) *m/f*; *see also* **true-blue**

3 (*Chem*) añil *m*

4 **the ~** (= *sky*) el cielo; (= *sea*) el mar; ♦*IDIOM* **to come out of the ~** [*money, good news*] venir como cosa llovida del cielo, bajar del cielo; [*bad news*] caer como una bomba; **he said out of the ~** dijo de repente, dijo inesperadamente

5 **blues** (*Mus*) blues *m*; (= *feeling*) melancolía *f*, tristeza *f*; **he's got the ~s** está deprimido

6 **Dark/Light Blue** (*Brit Univ*) deportista *mf* representante de Oxford/Cambridge

Ⓒ VT 1 [+ *washing*] añilar, dar azulete a

2 (*Brit**) (= *squander*) despilfarrar

Ⓓ CPD ► **blue baby** N niño/a *m/f* azul, niño/a *m/f* cianótico/a ► **blue beret** N casco *m* azul ► **blue blood** N sangre *f* azul ► **blue book** N (*US Scol*) cuaderno *m* de exámenes ► **blue cheese** N queso *m* de pasta verde ► **blue chips** NPL = **blue-chip securities**; *see* **blue-chip** ► **blue jeans** NPL tejanos *mpl*, vaqueros *mpl* ► **blue pencil** N lápiz *m* negro (en la censura); *see also* **blue-pencil** ► **Blue Peter** N (*Naut*) bandera *f* de salida ► **blue shark** N tiburón *m* azul ► **blue whale** N ballena *f* azul ► **blue whiting** N bacaladilla *f*

**Bluebeard** ['blu:bɪəd] N Barba Azul

**bluebell** ['blu:bel] N campánula *f* azul; (*Scot*) (= *harebell*) campanilla *f*

**blueberry** ['blu:berɪ] N arándano *m*

**bluebird** ['blu:bɜ:d] N pájaro *m* azul, azulejo *m* (de América)

**blue-blooded** ['blu:'blʌdɪd] ADJ de sangre azul

**bluebottle** ['blu:,bɒtl] N moscarda *f*

**blue-chip** ['blu:'tʃɪp] Ⓐ ADJ [*company*] de primera (categoría); [*investment*] asegurado

Ⓑ CPD ► **blue-chip securities** NPL fianzas *fpl* fiables

**blue-collar** ['blu:,kɒləʳ] Ⓐ ADJ [*job*] manual

Ⓑ CPD ► **blue-collar worker** N obrero/a *m/f*, trabajador(a) *m/f* manual

**blue-eyed** ['blu:,aɪd] Ⓐ ADJ de ojos azules

Ⓑ CPD ► **blue-eyed boy** N (*fig*) consentido *m*, niño *m* mimado

**bluegrass** ['blu:grɑ:s] Ⓐ N (*US Bot*) *hierba norteamericana usada como forraje*
Ⓑ CPD ► **bluegrass music** N *música folk de Kentucky*

**bluejacket** ['blu:,dʒækɪt] N marinero *m* (de buque de guerra)

**bluejay** ['blu:dʒeɪ] N (*US*) arrendajo *m* azul

**blueness** ['blu:nɪs] N azul *m*, lo azul

**blue-pencil** ['blu:'pensl] VT tachar con lápiz negro (en la censura); *see also* **blue D**

**blueprint** ['blu:prɪnt] N (= *plan*) proyecto *m*, anteproyecto *m*; (= *drawing*) cianotipo *m*

**blue-sky** ['blu:skaɪ] ADJ (*US*) **~ laws** legislación *f* para regular la emisión y venta de valores

**bluestocking**† ['blu:,stɒkɪŋ] N (= *scholarly woman*) literata *f*, marisabidilla *f*

**bluesy** ['blu:zɪ] ADJ (*Mus*) de blues

**bluetit** ['blu:tɪt] N herrerillo *m* (común)

**blue-water** ['blu:'wɔ:tə^r] ADJ (*Naut*) [*navy, ship*] de altura, pelágico

**bluey*** ['blu:ɪ] ADJ azulado

**bluff**[1] [blʌf] Ⓐ ADJ [1] [*cliff etc*] escarpado
[2] [*person*] franco, directo
Ⓑ N (*Geog*) risco *m*, peñasco *m*

**bluff**[2] [blʌf] Ⓐ N (= *act of bluffing*) farol *m*, bluff *m*; ✦*IDIOM* **to call sb's ~** poner a algn en evidencia
Ⓑ VT (= *deceive by pretending*) engañar, embaucar; **to ~ it out by ...** salvar la situación haciendo creer que ...
Ⓒ VI farolear, tirarse un farol (*Sp**)

**bluffer** ['blʌfə^r] N farolero/a *m/f*

**bluish** ['blu:ɪʃ] ADJ azulado, azulino

**blunder** ['blʌndə^r] Ⓐ N metedura *f* de pata*, plancha *f* (*Sp**); **to make a ~** meter la pata*, tirarse una plancha (*Sp**)
Ⓑ VI [1] (= *err*) cometer un grave error, meter la pata*
[2] (= *move clumsily*) **to ~ about** andar dando tumbos; **to ~ into sth/sb** tropezar con algo/algn; **to ~ into sth** [+ *trap*] caer en algo; (*fig*) caer *or* meterse en algo

**blunderbuss** ['blʌndəbʌs] N trabuco *m*

**blunderer** ['blʌndərə^r] N metepatas* *mf*

**blundering** ['blʌndərɪŋ] Ⓐ ADJ [*person*] torpe, que mete la pata*; [*words, act*] torpe
Ⓑ N torpeza *f*

**blunt** [blʌnt] Ⓐ ADJ [1] (= *not sharp*) [*edge*] desafilado; [*point*] despuntado; **with a ~ instrument** con un instrumento contundente
[2] (= *outspoken*) [*manner, person*] directo, franco; [*statement*] terminante; **I will be ~ with you** voy a hablarte con franqueza; **he was very ~ with me** no se mordió la lengua conmigo
Ⓑ VT [+ *blade, knife*] desafilar; [+ *pencil*] despuntar; (*fig*) debilitar, mitigar

**bluntly** ['blʌntlɪ] ADV [*speak*] francamente, directamente

**bluntness** ['blʌntnɪs] N [1] [*of blade etc*] falta *f* de filo, lo poco afilado
[2] (= *outspokenness*) franqueza *f*

**blur** [blɜ:^r] Ⓐ N (= *shape*) contorno *m* borroso; **everything is a ~ when I take off my glasses** todo se vuelve borroso cuando me quito los lentes; **the memory is just a ~** es un recuerdo muy vago; **my mind was a ~** todo se volvió borroso en mi mente
Ⓑ VT [1] (= *obscure*) [+ *writing*] borrar, hacer borroso; [+ *outline*] desdibujar; [+ *sight*] oscurecer, empañar; **my eyes were ~red with tears** las lágrimas me enturbiaban la vista
[2] (*fig*) [+ *memory*] enturbiar; [+ *judgment*] ofuscar
Ⓒ VI (= *be obscured*) desdibujarse, volverse borroso; **her eyes ~red with tears** las lágrimas le enturbiaban la vista

**blurb** [blɜ:b] N propaganda *f*

**blurred** [blɜ:d] ADJ [1] [*outline etc*] borroso, poco nítido; **a ~ photo** una foto movida *or* desenfocada
[2] (*fig*) [*memory*] borroso; **to be/become ~** estar/volverse borroso; **class distinctions are becoming ~** las diferencias de clase se están difuminando

**blurt** [blɜ:t] VT **to ~ out** [+ *secret*] dejar escapar; [+ *whole story*] contar de buenas a primeras

**blush** [blʌʃ] Ⓐ N [1] (*from embarrassment*) rubor *m*, sonrojo *m*; (= *glow*) tono *m* rosáceo; **the first ~ of dawn** la primera luz del alba; **in the first ~ of youth** en la inocencia de la juventud; **at first ~** a primera vista; **to bring a ~ to sb's face** hacer sonrojar a algn; **to spare** *or* **save his ~es** para que no se ruborice; **spare my ~es!** ¡qué cosas dices!
[2] (*US*) (= *make-up*) colorete *m*
Ⓑ VI ruborizarse, sonrojarse (**at** por; **with** de); **to make sb ~** hacer que algn se ruborice *or* se sonroje; **I ~ for you** siento vergüenza por ti; **I ~ to even think about it** me avergüenzo de sólo pensarlo; **she ~ed to the roots of her hair** se puso colorada como un tomate

**blusher** ['blʌʃə^r] N colorete *m*

**blushing** ['blʌʃɪŋ] ADJ ruboroso; [*bride*] candoroso

**bluster** ['blʌstə^r] Ⓐ N (= *empty threats*) fanfarronadas *fpl*, bravatas *fpl*
Ⓑ VI [*wind*] soplar con fuerza, bramar
Ⓒ VT **to ~ it out** defenderse echando bravatas, baladronear

**blusterer** ['blʌstərə^r] N fanfarrón/ona *m/f*

**blustering** ['blʌstərɪŋ] ADJ [*person*] jactancioso, fanfarrón

**blustery** ['blʌstərɪ] ADJ [*wind*] tempestuoso; [*day*] de mucho viento

**Blu-Tack**® ['blu:tæk] N Blu-Tack® *m*

**Blvd** ABBR (= **boulevard**) Blvr

**BM** N ABBR [1] = **British Museum**
[2] (*Univ*) = **Bachelor of Medicine**

**BMA** N ABBR = **British Medical Association**

**BMC** N ABBR = **British Medical Council**

**BMJ** N ABBR = **British Medical Journal**

**B-movie** ['bi:,mu:vɪ] N (*Cine*) película *f* de la serie B

**BMus** N ABBR (*Univ*) = **Bachelor of Music**

**BMX** Ⓐ N ABBR (= **bicycle motocross**) ciclocross *m*
Ⓑ CPD ► **BMX bike** N bicicleta *f* de ciclocross

**bn** ABBR = **billion**

**BNFL** N ABBR = **British Nuclear Fuels Limited**

**BNP** N ABBR (*Pol*) (= **British National Party**) *partido político de la extrema derecha*

**BO** N ABBR [1] (*euph*) (= **body odour**) olor *m* a sudor
[2] (*US*) = **box office**

**b.o.** ABBR (*Comm*) = **buyer's option**

**B/O** ABBR (*Fin*) = **brought over**

**boa** ['bəʊə] N [1] (= *snake*) (*also* **~ constrictor**) boa *f*
[2] (= *garment*) boa *f* (de plumas)

**Boadicea** [,bəʊədɪ'sɪə] N Boadicea

**boar** [bɔ:^r] N (= *male pig*) cerdo *m*, verraco *m*; **wild ~** jabalí *m*

**board** [bɔ:d] Ⓐ N [1] [*of wood*] tabla *f*, tablón *m*; (= *table*) mesa *f*; (*for chess etc*) tablero *m*; (= *ironing board*) tabla *f* de planchar; (= *notice board*) tablón *m*; (*in bookbinding*) cartón *m*; (*Comput*) placa *f*, tarjeta *f*; **above ~** (= *legitimate*) legítimo; (= *in order*) en regla, legal; **an increase across the ~** un aumento global *or* general; **to go by the ~** (= *go wrong*) ir al traste; (= *be abandoned*) abandonarse; **in ~s** (*book*) en cartoné; ✦*IDIOM* **to sweep the ~** ganar todas las bazas; (*in election*) copar todos los escaños
[2] (= *provision of meals*) comida *f*; **full ~** pensión *f* completa; **half ~** media pensión *f*; **~ and lodging** (*Brit*) casa *f* y comida
[3] (*Naut, Aer*) **on ~** a bordo; **on ~ (the) ship** a bordo del barco; **to go on ~** embarcarse, subir a bordo; ✦*IDIOM* **to take sth on ~** [+ *idea*] adoptar algo, asimilar algo
[4] (= *group of officials*) junta *f*, consejo *m*
[5] (*gas, water etc*) comisión *f*
[6] **the ~s** (*Theat*) las tablas; ✦*IDIOM* **to tread the ~s** (*as profession*) ser actor/actriz; (= *action*) salir a escena
Ⓑ VT [1] [+ *ship, plane*] subir a bordo de, embarcarse en; [+ *enemy ship*] abordar; [+ *bus, train*] subir a
[2] (*also* **~ up**) (= *cover with boards*) entablar
[3] (= *feed, lodge*) hospedar, dar pensión (completa) a
Ⓒ VI **to ~ with** hospedarse en casa de
Ⓓ CPD ► **board game** N juego *m* de tablero ► **board meeting** N reunión *f* de la junta directiva *or* del consejo de administración ► **board of directors** N junta *f* directiva, consejo *m* de administración ► **board of governors** N (*Brit Scol*) consejo *m* (*de un colegio, instituto etc*) ► **board of inquiry** N comisión *f* investigadora ► **Board of Trade** N (*Brit*) (*formerly*) Departamento *m* de Comercio y Exportación; (*US*) Cámara *f* de Comercio

►**board in** VT + ADV = **board up**

►**board out** VT + ADV [+ *person*] buscar alojamiento a; **he is ~ed out with relatives** vive con unos parientes (*pagando la pensión*)

►**board up** VT + ADV [+ *door, window*] entablar

**boarder** ['bɔ:də^r] N (*in house*) huésped(a) *m/f*; (*Brit Scol*) interno/a *m/f*

**boarding** ['bɔ:dɪŋ] Ⓐ N entablado *m*
Ⓑ CPD ► **boarding card** N (*Naut, Aer*) tarjeta *f* de embarque, pase *m* de embarque (*LAm*) ► **boarding house** N pensión *f*, casa *f* de huéspedes, residencial *f* (*S. Cone*) ► **boarding party** N pelotón *m* de abordaje ► **boarding pass** N = **boarding card** ► **boarding school** N internado *m*

**boardroom** ['bɔ:drʊm] N sala *f* de juntas

**boardwalk** ['bɔ:dwɔ:k] N (*US*) paseo *m* marítimo entablado

**boast** [bəʊst] Ⓐ N alarde *m*; **it is his ~ that ...** se jacta de que ...; **to be the ~ of** ser el orgullo de
Ⓑ VT (*frm*) (= *pride o.s. on*) ostentar, jactarse de
Ⓒ VI presumir, alardear; **he ~s about** *or* **of his strength** presume de fuerte; **that's nothing to ~ about** eso no es motivo para vanagloriarse

**boasted** ['bəʊstɪd] ADJ alardeado, cacareado

**boaster** ['bəʊstə^r] N jactancioso/a *m/f*, fanfarrón/ona *m/f*

**boastful** ['bəʊstfʊl] ADJ jactancioso, fanfarrón

**boastfully** ['bəʊstfəlɪ] ADV jactanciosamente, con fanfarronería

**boastfulness** ['bəʊstfʊlnɪs] N jactancia *f*, fanfarronería *f*

**boasting** ['bəʊstɪŋ] N jactancia *f*, fanfarronadas *fpl*

**boat** [bəʊt] Ⓐ N (*gen*) barco *m*; (= *large ship*) buque *m*, navío *m*; (*small*) barca *f*; (= *rowing*

*boat*) barca *f*, bote *m* (de remo); (= *racing eight, ship's boat*) bote *m*; **to go by ~** ir en barco; **to launch** *or* **lower the ~s** botar los botes al agua; **✦IDIOMS to burn one's ~s** quemar las naves; **to miss the ~** perder el tren; **to push the ~ out*** tirar la casa por la ventana*; **to rock the ~** hacer olas; **we're all in the same ~*** estamos todos en la misma situación
Ⓑ CPD ► **boat deck** N cubierta *f* de botes ► **boat hook** N bichero *m* ► **boat people** NPL *refugiados que huyen en barco* ► **boat race** N regata *f*; **the Boat Race** (*Brit*) *carrera anual de remo entre Oxford y Cambridge* ► **boat train** N tren *m* que enlaza con el barco

**boatbuilder** ['bəʊt,bɪldəʳ] N constructor(a) *m/f* de barcos; **~'s (yard)** astillero *m*

**boatbuilding** ['bəʊt,bɪldɪŋ] N construcción *f* de barcos

**boater** ['bəʊtəʳ] N (= *hat*) canotié *m*

**boatful** ['bəʊtfʊl] N (*goods*) cargamento *m*; **the refugees arrived in ~s** llegaron barcos llenos de refugiados

**boathouse** ['bəʊthaʊs] N cobertizo *m* para botes

**boating** ['bəʊtɪŋ] Ⓐ N **to go ~** ir a dar un paseo en barca
Ⓑ CPD ► **boating holiday** N vacaciones *fpl* en barca ► **boating trip** N paseo *m* en barca

**boatload** ['bəʊtləʊd] N barcada *f*

**boatman** ['bəʊtmən] N (*pl* **boatmen**) barquero *m*

**boatswain** ['bəʊsn] N contramaestre *m*

**boatyard** ['bəʊtjɑːd] N astillero *m*

**Bob** [bɒb] N (*familiar form*) *of* **Robert**; **✦IDIOM ~'s your uncle!** (*Brit**) ¡y se acabó!, ¡y listo!

**bob¹** [bɒb] Ⓐ N (= *jerk*) [*of head etc*] sacudida *f*, meneo *m*; (= *curtsy*) reverencia *f*
Ⓑ VI (= *jerk*) [*person*] menearse; [*animal*] moverse, menearse; **to ~ to sb** (= *curtsy*) hacer una reverencia a algn

►**bob about** VI + ADV (*in wind etc*) bailar; (*on water*) balancearse, mecerse

►**bob down** VI + ADV (= *duck*) agacharse

►**bob up** VI + ADV aparecer; (*fig*) (= *appear*) surgir, presentarse; **to ~ up and down** [*cork*] subir y bajar; [*boat*] cabecear; [*person*] levantarse y sentarse repetidas veces

**bob²** [bɒb] Ⓐ N (= *hairstyle*) pelo *m* a lo garçon
Ⓑ VT [+ *hair*] cortar a lo garçon

**bob³*** [bɒb] N (*pl inv*) (*Brit*) (*formerly*) (= *shilling*) chelín *m*; **that must be worth a few ~** eso tiene que valer un buen pico* *or* un dineral; **he's not short of a few ~** está forrado*

**bob⁴** [bɒb] N (= *bobsleigh*) bob *m*, bobsleigh *m*

**bobbin** ['bɒbɪn] N (*Tech*) carrete *m*, bobina *f*; (*Sew*) [*of cotton*] canilla *f*

**bobble** ['bɒbl] Ⓐ N [1] (*Brit*) (*on hat*) borla *f*
[2] (*US**) (= *mistake*) pifia* *f*
Ⓑ VI [*ball etc*] saltar, moverse de un lado para otro
Ⓒ VT (*US**) (= *handle ineptly*) pifiarla con*
Ⓓ CPD ► **bobble hat** N (*Brit*) gorro *m* con borla

**Bobby** ['bɒbɪ] N (*familiar form*) *of* **Robert**

**bobby*** ['bɒbɪ] N (*Brit*) (= *policeman*) poli* *m*

**bobby pin** ['bɒbɪ,pɪn] N (*US*) horquilla *f*, prendedor *m*

**bobbysocks***, **bobbysox*** ['bɒbɪsɒks] NPL (*US*) escarpines *mpl*

**bobbysoxer*** ['bɒbɪsɒksəʳ] N (*US*) tobillera *f*

**bobcat** ['bɒbkæt] N (*US*) lince *m*

**bobsled** ['bɒbsled] N (*US*) bob *m*, bobsleigh *m*

**bobsleigh** ['bɒbsleɪ] N (*Brit*) bob *m*, bobsleigh *m*

**bobtail** ['bɒbteɪl] N (= *tail*) cola *f* corta; (= *animal*) animal *m* de cola corta, animal *m* rabón

**bobtailed** ['bɒbteɪld] ADJ rabicorto

**Boccaccio** [bɒ'kætʃɪəʊ] N Bocacio

**Boche** [bɒʃ] Ⓐ ADJ (*pej*) alemán, tudesco
Ⓑ N (*pej*) boche *m*, alemán *m*; **the ~** los alemanes

**bock beer** ['bɒk,bɪəʳ] N (*US*) cerveza *f* alemana

**bod*** [bɒd] N [1] (*Brit*) (= *person*) tipo/a* *m/f*, tío/a *m/f* (*Sp**)
[2] (= *body*) cuerpo *m*

**bodacious‡** [bəʊ'deɪʃəs] ADJ (*US*) tremendo*, fabuloso*

**bode** [bəʊd] (*liter*) Ⓐ VT presagiar; **it ~s no good** no promete nada bueno
Ⓑ VI **it ~s well/ill** es de buen/mal agüero

**bodega** [bəʊ'deɪgə] N (= *grocery shop*) almacén *m*, tienda *f* de ultramarinos

**bodge*** [bɒdʒ] VT (*Brit*) = **botch**

**bodice** ['bɒdɪs] N [*of dress*] canesú *m*

**bodice-ripping*** ['bɒdɪsrɪpɪŋ] ADJ [*film, novel*] romanticón

**-bodied** ['bɒdɪd] ADJ (*ending in compounds*) de cuerpo …; (*eg*) **small-bodied** de cuerpo pequeño; **full-bodied** [*cry*] fuerte; [*wine*] de mucho cuerpo

**bodily** ['bɒdɪlɪ] Ⓐ ADJ [*scar, injury*] en el cuerpo; [*comfort*] del cuerpo; [*pain*] corporal; [*fluid*] corporal, del cuerpo; **~ functions** funciones *fpl* fisiológicas; **~ needs** necesidades *fpl* corporales; **actual ~ harm** (*Jur*) daños *mpl* físicos, lesiones *fpl* corporales; **grievous ~ harm** (*Jur*) daños *mpl* físicos graves, lesiones *fpl* corporales graves
Ⓑ ADV **to lift sb ~** levantar a algn totalmente; **he hurled himself ~ at the Prince** se lanzó con todo su peso sobre el Príncipe; **the audience moved ~ to the front** el público se abalanzó en masa hacia la parte delantera

**bodkin** ['bɒdkɪn] N [1] (*Sew*) aguja *f* de jareta
[2] (*Typ*) punzón *m*
[3] (††) (= *for hair*) espadilla *f*

**body** ['bɒdɪ] Ⓐ N [1] [*of person, animal*] cuerpo *m*, tronco *m*; **~ and soul** (*as adv*) de todo corazón, con el alma; **to belong to sb ~ and soul** pertenecer a algn en cuerpo y alma; **✦IDIOMS over my dead ~!*** ¡en sueños!, ¡ni pensarlo!; **to keep ~ and soul together** ir tirando; **her salary hardly keeps ~ and soul together** apenas se gana para vivir
[2] (= *corpse*) cadáver *m*
[3] (= *external structure*) armazón *m or f*, casco *m*; (*Aut*) (*also* **~work**) carrocería *f*
[4] (= *core*) [*of argument*] meollo *m*; **the main ~ of his speech** la parte principal *or* el meollo de su discurso
[5] (= *mass, collection*) [*of information, literature*] conjunto *m*, grueso *m*; [*of people*] grupo *m*; [*of water*] masa *f*; **a large ~ of people** un nutrido grupo de personas; **the student ~** [*of school*] el alumnado; [*of university*] el estudiantado; **the ~ politic** (*frm*) el estado; **a fine ~ of men** un buen grupo de hombres; **a large ~ of evidence** un buen conjunto de pruebas; **there is a ~ of opinion that …** hay buen número de gente que opina que …; **in a ~** todos juntos, en masa
[6] (= *organization*) organismo *m*, órgano *m*
[7] [*of wine*] cuerpo *m*; [*of hair*] volumen *m*, cuerpo *m*; **to give one's hair ~** dar volumen *or* cuerpo al cabello
[8] (*Astron, Chem*) cuerpo *m*; *see also* **foreign B, heavenly**
[9] (†*) (= *person*) tipo/a* *m/f*, tío/a *m/f* (*Sp**)
[10] = **body stocking**
Ⓑ CPD ► **body armour, body armor** (*US*) N *equipo de protección corporal* ► **body bag** N bolsa *f* para restos humanos ► **body blow** N (*fig*) golpe *m* duro, revés *m* ► **body clock** N reloj *m* biológico ► **body count** N (*US*) número *m or* balance *m* de las víctimas; **to do a ~ count** [*of those present*] hacer un recuento de la asistencia; [*of dead*] hacer un recuento de los muertos ► **body double** N (*Cine, TV*) doble *mf* ► **body fascism** N discriminación *f* por el (aspecto) físico ► **body fat** N grasa *f* corporal, grasa *f* (del cuerpo) ► **body language** N lenguaje *m* corporal, lenguaje *m* del cuerpo ► **body lotion** N loción *f* corporal ► **body mike*** N micro *m* de solapa* ► **body odour, body odor** (*US*) N olor *m* corporal ► **body repairs** NPL (*Aut*) reparación *f* de la carrocería ► **body repair shop** N = **body shop** ► **body scanner** N escáner *m* ► **body search** N registro *m* de la persona; *see also* **body-search** ► **body shop** N (*Aut*) taller *m* de reparaciones (*de carrocería*) ► **body snatcher** N (*Hist*) ladrón/a *m/f* de cadáveres ► **body stocking** N body *m*, bodi *m* ► **body suit** N = **body stocking** ► **body swerve** N (*Sport*) finta *f*, regate *m* ► **body temperature** N temperatura *f* corporal ► **body warmer** N chaleco *m* acolchado ► **body weight** N peso *m* (del cuerpo)

**bodybuilder** ['bɒdɪ,bɪldəʳ] N culturista *mf*

**bodybuilding** ['bɒdɪ,bɪldɪŋ] Ⓐ N culturismo *m*
Ⓑ CPD ► **bodybuilding exercises** NPL ejercicios *mpl* de musculación

**bodyguard** ['bɒdɪgɑːd] N (= *one person*) guardaespaldas *mf inv*, guarura *mf* (*Mex*); (= *group*) escolta *f*, guardia *f* personal; (*royal*) guardia *f* de corps

**body-search** ['bɒdɪsɜːtʃ] VT registrar (la persona de); *see also* **body**

**bodywork** ['bɒdɪwɜːk] N (*Aut*) carrocería *f*

**Boer** ['bəʊəʳ] Ⓐ ADJ bóer
Ⓑ N bóer *mf*
Ⓒ CPD ► **Boer War** N Guerra *f* Bóer, Guerra *f* del Transvaal

**B. of E.** N ABBR = **Bank of England**

**boffin*** ['bɒfɪn] N (*Brit*) cerebrito* *mf*

**bog** [bɒg] Ⓐ N [1] (= *swamp*) pantano *m*, ciénaga *f*
[2] (*Brit‡*) (= *toilet*) retrete *m*, meadero‡ *m*
Ⓑ CPD ► **bog paper‡** N (*Brit*) papel *m* de wáter ► **bog roll‡** N (*Brit*) rollo *m* de papel de wáter

►**bog down** VT + ADV **to get ~ged down (in)** quedar atascado (en), hundirse (en); (*fig*) empantanarse *or* atrancarse (en)

**bogey** ['bəʊgɪ] Ⓐ N [1] (= *goblin*) duende *m*, trasgo *m*; (= *bugbear*) pesadilla *f*; **that is our ~ team** ese es nuestro equipo pesadilla*
[2] (*Golf*) bogey *m*, más uno *m*
[3] (*Brit‡*) (*in nose*) moco *m*
[4] (*Brit**) (= *policeman*) poli* *m*
[5] (*Rail*) bogie *m*, boga *f*
Ⓑ VT (*Golf*) **to ~ a hole** hacer bogey *or* uno sobre par en un hoyo

**bogeyman** ['bəʊgɪ,mæn] N (*pl* **bogeymen**) coco* *m*

**boggle*** ['bɒgl] Ⓐ VI pasmarse, quedarse patidifuso*; **to ~ (at)** (= *hesitate*) quedarse patidifuso (ante)*; (= *be afraid*) quedarse helado (ante); **don't just stand and ~** no te quedes ahí parado con la boca abierta; **the imagination ~s** se queda uno alucinado*; **the mind ~s!** te quedas helado *or* patidifuso*
Ⓑ VT **it ~s the mind** te deja alucinado*

**boggy** ['bɒgɪ] ADJ (*compar* **boggier**; *superl* **boggiest**) pantanoso

**bogie** ['bəʊgɪ] N = **bogey**

**Bogotá** [ˌbɒgəʊ'tɑː] N Bogotá *m*

**bog-standard*** ['bɒg'stændəd] ADJ (*Brit*) normalito*, común y corriente

**bogtrotter‡** ['bɒgˌtrɒtəʳ] N (*pej*) irlandés/esa *m/f*

**bogus** ['bəʊgəs] ADJ [*claim*] falso, fraudulento; [*interest*] fingido; [*doctor, policeman*] falso

**bogy** ['bəʊgɪ] N = **bogey**

**Bohemia** [bəʊ'hiːmɪə] N Bohemia *f*

**Bohemian** [bəʊ'hiːmɪən] Ⓐ ADJ (*Geog, fig*) bohemio
Ⓑ N (*Geog, fig*) bohemio/a *m/f*

**Bohemianism** [bəʊ'hiːmɪənɪzəm] N bohemia *f*, vida *f* bohemia

**boho*** ['bəʊhəʊ] Ⓐ ADJ bohemio
Ⓑ N bohemio/a *m/f*

**boil¹** [bɔɪl] N (*Med*) divieso *m*, furúnculo *m*, chupón *m* (*Andes*), postema *f* (*Mex*)

**boil²** [bɔɪl] Ⓐ N **to be on the ~** estar hirviendo; (*fig*) [*situation*] estar a punto de estallar; [*person*] estar furioso; **to bring to the ~** ◊ **bring to a ~** (*US*) calentar hasta que hierva, llevar a ebullición; **to come to the ~** ◊ **come to a ~** (*US*) comenzar a hervir; (*fig*) entrar en ebullición; **to go off the ~** dejar de hervir
Ⓑ VT hervir, hacer hervir, calentar hasta que hierva; (*Culin*) [+ *liquid*] hervir; [+ *vegetables, meat*] herventar, cocer; [+ *egg*] pasar por agua
Ⓒ VI 1 hervir; **to ~ dry** quedarse sin caldo/agua
2 (*fig*) **it makes me ~** me hace rabiar; **to ~ with rage** estar furioso; **to ~ with indignation** estar indignado; *see also* **blood**

►**boil away** VI + ADV (= *evaporate completely*) evaporarse, reducirse (por ebullición)

►**boil down** VT + ADV [+ *sauce etc*] reducir por cocción; (*fig*) reducir a forma más sencilla

►**boil down to** VI + ADV reducirse a; **it all ~s down to this** la cosa se reduce a lo siguiente

►**boil over** VI + ADV 1 [*liquid*] irse, rebosar
2 (*fig*) desbordarse

►**boil up** VI + ADV (*lit*) [*milk*] hervir, subir; **anger was ~ing up in him** estaba a punto de estallar de ira; **they are ~ing up for a real row** se están enfureciendo de verdad

**boiled** [bɔɪld] Ⓐ ADJ hervido
Ⓑ CPD ► **boiled egg** N huevo *m* pasado por agua, huevo *m* a la copa (*Andes, S. Cone*) ► **boiled potatoes** NPL patatas *fpl* cocidas al agua ► **boiled shirt** N camisa *f* de pechera ► **boiled sweet** N (*Brit*) caramelo *m* con sabor a frutas

**boiler** ['bɔɪləʳ] Ⓐ N 1 (*for central heating*) caldera *f*; (*in ship, engine*) calderas *fpl*; (*Brit*) (*for washing clothes*) caldero *m*, calefón *m* (*S. Cone*)
2 (*Culin*) gallina *f* vieja
Ⓑ CPD ► **boiler room** N sala *f* de calderas ► **boiler suit** N (*Brit*) mono *m*, overol *m* (*LAm*), mameluco *m* (*S. Cone*)

**boilerhouse** ['bɔɪləhaʊs] N (*pl* **boilerhouses** ['bɔɪləhaʊzɪz]) edificio *m* de la caldera

**boilermaker** ['bɔɪləˌmeɪkəʳ] N calderero/a *m/f*

**boiling** ['bɔɪlɪŋ] Ⓐ ADJ 1 (*gen*) hirviendo
2 (*) (*fig*) 2·1 (= *very hot*) **I'm ~** estoy asado*; **it's ~ in here** aquí hace un calor terrible
2·2 (= *angry*) echando chispas*
Ⓑ ADV (*) **it's ~ hot** (*weather*) hace un calor espantoso; **on a ~ hot day** un día de mucho calor; **I'm ~ hot** estoy asado*
Ⓒ CPD ► **boiling point** N punto *m* de ebullición

**boil-in-the-bag meal** [ˌbɔɪlɪnðəˌbæg'miːl] N *plato precocinado empaquetado en bolsas para cocción*

**boisterous** ['bɔɪstərəs] ADJ 1 (= *unrestrained*) [*person*] bullicioso, escandaloso; [*crowd*] bullicioso, alborotado; [*meeting*] bullicioso, tumultuoso
2 (= *in high spirits*) [*child, game*] bullicioso, alborotado; [*party*] bullicioso, muy animado
3 (= *rough*) [*sea, waves*] embravecido; [*wind*] tempestuoso

**boisterously** ['bɔɪstərəslɪ] ADV [*play*] bulliciosamente, alborotadamente; [*laugh*] escandalosamente

**bold** [bəʊld] Ⓐ ADJ (*compar* **bolder**; *superl* **boldest**) 1 (= *brave*) [*person, attempt, plan*] atrevido, audaz
2 (= *forward*) [*child, remark*] atrevido, descarado; **if I may be** *or* **make so ~** (*frm*) si me permite el atrevimiento (*frm*); **to make ~ with sth** (*frm*) servirse de algo como si fuera suyo; **✦IDIOM (as) ~ as brass** más fresco que una lechuga*
3 (= *striking*) [*colour, clothes, design*] llamativo; [*brush stroke, handwriting, move*] enérgico; [*shape, relief, contrast*] marcado
4 (*Typ*) [*letters*] en negrita
Ⓑ N (*Typ*) negrita *f*
Ⓒ CPD ► **bold type** N negrita *f*

**boldly** ['bəʊldlɪ] ADV 1 (= *bravely*) [*speak, behave*] audazmente; **you must act ~ and confidently** debes actuar con audacia y seguridad en ti mismo; **to ~ go where no man has gone before** atreverse a ir donde ningún otro hombre ha estado antes
2 (= *forwardly*) [*stare, announce, claim*] descaradamente, con atrevimiento
3 (= *strikingly*) [*painted, drawn, written*] con energía; **he signed his name ~ at the bottom** firmó enérgicamente al pie; **a ~ designed airport** un aeropuerto con un diseño atrevido; **a ~ patterned fabric** una tela con un estampado llamativo; **a ~ coloured shirt** una camisa de color llamativo

**boldness** ['bəʊldnɪs] N 1 (= *daring*) audacia *f*
2 (= *forwardness*) atrevimiento *m*, descaro *m*
3 (= *striking quality*) [*of design, colours, clothes*] lo llamativo; [*of lines, strokes*] lo enérgico; [*of contrast*] lo marcado

**bole** [bəʊl] N tronco *m*

**bolero** [bə'lɛərəʊ] N bolero *m*

**boletus** [bəʊ'liːtəs] N (*pl* **boletuses** *or* **boleti** [bəʊ'liːˌtaɪ]) seta *f*

**Bolivia** [bə'lɪvɪə] N Bolivia *f*

**Bolivian** [bə'lɪvɪən] Ⓐ ADJ boliviano
Ⓑ N boliviano/a *m/f*

**boll** [bəʊl] N (*Bot*) cápsula *f*

**bollard** ['bɒləd] N (*Brit*) (*at roadside*) baliza *f*; (*Naut*) noray *m*, bolardo *m*

**bollocking**** ['bɒləkɪŋ] N (*Brit*) **to give sb a ~** echar una bronca a algn*, poner a algn como un trapo*

**bollocks**** ['bɒləks] (*Brit*) Ⓐ NPL cojones** *mpl*
Ⓑ N (= *nonsense*) pavadas* *fpl*, huevadas *fpl* (*Andes, Chile***)

**Bollywood*** ['bɒlɪwʌd] N (*hum*) *la industria cinematográfica de la India*

**Bologna** [bə'ləʊnjə] N Bolonia *f*

**bolognese** [bɒlə'njeɪz] ADJ **~ sauce** salsa *f* boloñesa

**boloney** [bə'ləʊnɪ] N 1 (‡) = **baloney**
2 (*US*) (= *sausage*) *tipo de salchicha*

**Bolshevik** ['bɒlʃəvɪk] Ⓐ ADJ bolchevique
Ⓑ N bolchevique *mf*

**Bolshevism** ['bɒlʃəvɪzəm] N bolchevismo *m*

**Bolshevist** ['bɒlʃəvɪst] Ⓐ ADJ bolchevista
Ⓑ N bolchevista *mf*

**bolshie***, **bolshy*** ['bɒlʃɪ] (*Brit*) Ⓐ N (*Pol*) bolchevique *mf*
Ⓑ ADJ (*Pol*) bolchevique; (*fig*) rebelde, protestón

**bolster** ['bəʊlstəʳ] Ⓐ N (= *pillow*) cabezal *m*, almohadón *m* (*con forma cilíndrica*); (*Tech*) cojín *m*
Ⓑ VT (*fig*) (*also* **~ up**) reforzar; [+ *morale etc*] levantar

**bolt** [bəʊlt] Ⓐ N 1 (*on door, gun*) cerrojo *m*; [*of crossbow*] cuadrillo *m*; [*of lock*] pestillo *m*; (*Tech*) perno *m*, tornillo *m*; **✦IDIOM he's shot his ~** ha quemado su último cartucho
2 [*of cloth*] rollo *m*
3 (= *dash*) salida *f* repentina; (= *flight*) fuga *f*; **to make a ~ for it** echar a correr; **he made a ~ for the door** se lanzó hacia la puerta
4 [*of lightning*] rayo *m*, relámpago *m*; **✦IDIOM it came like a ~ from the blue** cayó como una bomba
Ⓑ ADV **~ upright** rígido, muy erguido; **to sit ~ upright** incorporarse de golpe
Ⓒ VT 1 [+ *door etc*] echar el cerrojo a; (*Tech*) sujetar con tornillos, empernar; **to ~ two things together** unir dos cosas con pernos
2 (*also* **~ down**) [+ *food*] engullir, tragar (*LAm*)
Ⓓ VI 1 (= *escape*) escaparse, huir; [*horse*] desbocarse
2 (= *rush*) echar a correr; **to ~ past** pasar como un rayo
3 (*US Pol*) separarse del partido
Ⓔ CPD ► **bolt hole** N (*Brit*) refugio *m*

►**bolt in** VI + ADV (= *rush in*) entrar precipitadamente

►**bolt on** VT + ADV (*Tech*) asegurar con perno

►**bolt out** Ⓐ VI + ADV (= *rush out*) salir de golpe
Ⓑ VT + ADV (= *lock out*) **to ~ sb out** dejar fuera a algn echando el cerrojo

**bomb** [bɒm] Ⓐ N bomba *f*; **the Bomb** la bomba atómica; **✦IDIOMS to go like a ~** (*Brit**): **it went like a ~** [*party, event*] resultó fenomenal*, fue un éxito; **this car goes like a ~** este coche va como un bólido*; **to cost a ~** (*Brit**) costar un ojo de la cara*; **to make a ~** (*Brit**) ganarse un fortunón*
Ⓑ VT 1 [+ *target*] bombardear
2 (*US**) (= *fail*) suspender
Ⓒ VI (*US**) (= *fail*) fracasar; **the show ~ed** el espectáculo fracasó
Ⓓ CPD ► **bomb alert** N aviso *m* de bomba ► **bomb attack** N atentado *m* con bomba ► **bomb bay** N compartimento *m* de bombas ► **bomb crater** N cráter *m* de bomba ► **bomb disposal** N desactivación *f* *or* neutralización *f* de bombas ► **bomb disposal expert** N artificiero/a *m/f*, experto/a *m/f* en desactivar bombas ► **bomb disposal squad**, **bomb disposal unit** N brigada *f* de bombas ► **bomb factory** N *local clandestino de fabricación de bombas* ► **bomb scare** N amenaza *f* de bomba ► **bomb shelter** N refugio *m* antiaéreo ► **bomb site** N *lugar en el que ha estallado una bomba* ► **bomb warning** N = **bomb alert**

►**bomb along*** VI + ADV ir a toda marcha*, ir a toda hostia(*Sp**); **we were ~ing along at 150** íbamos a 150

►**bomb out** VT + ADV [+ *house*] volar; **the family was ~ed out** (*by terrorists*) a la familia les volaron la casa; (*by planes*) a la familia les bombardearon la casa

**bombard** [bɒm'bɑːd] VT (*Mil*) bombardear

(**with** con); **I was ~ed with questions** me acosaron *or* bombardearon a preguntas

**bombardier** [ˌbɒmbəˈdɪəʳ] N bombardero *m*

**bombardment** [bɒmˈbɑːdmənt] N (*Mil*) bombardeo *m*

**bombast** [ˈbɒmbæst] N (= *pomposity*) ampulosidad *f*, rimbombancia *f*; (= *words*) palabras *fpl* altisonantes, rimbombancia *f*; (= *boasts*) bravatas *fpl*

**bombastic** [bɒmˈbæstɪk] ADJ [*language, manner, style*] ampuloso, rimbombante; [*person*] pomposo

**bombastically** [bɒmˈbæstɪklɪ] ADV rimbombantemente

**Bombay** [bɒmˈbeɪ] Ⓐ N Bombay *m*
Ⓑ CPD ► **Bombay duck** N (*Culin*) *pescado seco utilizado en la elaboración del curry*

**bomber** [ˈbɒməʳ] Ⓐ N 1 (= *aircraft*) bombardero *m*
2 (= *person*) terrorista *mf* que coloca bombas
Ⓑ CPD ► **bomber command** N jefatura *f* de bombardeo ► **bomber jacket** N chaqueta *f or* (*Sp*) cazadora *f* (*tipo aviador*) ► **bomber pilot** N piloto *m* de bombardero

**bombing** [ˈbɒmɪŋ] N bombardeo *m*

**bombproof** [ˈbɒmpruːf] ADJ a prueba de bombas

**bombshell** [ˈbɒmʃel] N 1 (*Mil*) (*formerly*) obús *m*, granada *f*
2 (*fig*) [*of news etc*] bomba *f*; **it fell like a ~** cayó como una bomba
3 (*) (= *attractive woman*) **she was a real ~** era todo un bombón*; *see also* **blond(e)**

**bombsight** [ˈbɒmsaɪt] N mira *f or* visor *m* de bombardeo

**bona fide** [ˈbəʊnəˈfaɪdɪ] ADJ (= *genuine*) auténtico; (= *legal*) legal

**bona fides** [ˈbəʊnəˈfaɪdɪz] N [*of person*] buena fe *f*

**bonanza** [bəˈnænzə] N (*fig*) (*in profits*) bonanza *f*

**bonce*** [bɒns] N (*Brit*) coco* *m*

**bond** [bɒnd] Ⓐ N 1 (= *link*) lazo *m*, vínculo *m*; **a ~ of friendship** un vínculo de amistad; **his word is as good as his ~** es un hombre de palabra, es de fiar; *see also* **marriage B**
2 **bonds** (= *chains etc*) cadenas *fpl*
3 (*Fin*) bono *m*; *see also* **premium C**
4 (*Jur*) (= *bail*) fianza *f*
5 (*Comm*) **in ~** en depósito bajo fianza; **to put goods into ~** depositar mercancías en el almacén aduanero; **to take goods out of ~** retirar mercancías del almacén aduanero
6 (= *adhesion*) unión *f*
7 (*Chem etc*) enlace *m*
Ⓑ VT 1 (*Tech*) [+ *materials*] (*also* **~ together**) unir, pegar
2 (*Psych*) unir
Ⓒ VI 1 (*Tech*) adherirse (**with** a)
2 (*Psych*) establecer lazos *or* vínculos afectivos; **she was having difficulty ~ing with the baby** no conseguía establecer vínculos afectivos con su bebé
Ⓓ CPD ► **bond washing** N (*Fin*) lavado *m* de bonos

**bondage** [ˈbɒndɪdʒ] N 1 (= *enslavement*) esclavitud *f*, cautiverio *m*; **to be in ~ to sth** ser esclavo de algo
2 (= *sexual practice*) bondage *m*

**bonded** [ˈbɒndɪd] Ⓐ ADJ unido, vinculado; (*Comm*) en aduana
Ⓑ CPD ► **bonded goods** NPL mercancías *fpl* en almacén aduanero ► **bonded warehouse** N almacén *m* aduanero *or* de depósito

**bondholder** [ˈbɒndˌhəʊldəʳ] N obligacionista *mf*, titular *mf* de bonos

**bonding** [ˈbɒndɪŋ] N (*Psych*) vinculación *f* afectiva

**bone** [bəʊn] Ⓐ N 1 [*of human, animal etc*] hueso *m*; [*of fish*] espina *f*; **~s** [*of dead*] huesos *mpl*; (*more respectfully*) restos *mpl* mortales; **~ of contention** manzana *f* de la discordia; **chilled** *or* **frozen to the ~** congelado de frío; **to cut costs to the ~** reducir los gastos al mínimo; **I feel it in my ~s** tengo esa corazonada, me da en la nariz (*Sp**); **he won't make old ~s** no llegará a viejo; ♦***IDIOMS*** **close to the ~** [*joke*] subido de tono; **I have a ~ to pick with you** tenemos una cuenta que ajustar; **to make no ~s about doing sth** no vacilar en hacer algo; **he made no ~s about it** no se anduvo con rodeos; **to work one's fingers to the ~** trabajar como un esclavo
2 (= *substance*) hueso *m*
Ⓑ VT [+ *meat*] deshuesar; [+ *fish*] quitar las espinas a
Ⓒ CPD ► **bone china** N porcelana *f* fina ► **bone marrow** N médula *f* ósea

►**bone up*** VI + ADV quemarse las cejas (**on** estudiando), empollar (**on** sobre)

**boned** [bəʊnd] ADJ 1 [*meat*] deshuesado; [*fish*] sin espinas
2 [*corset*] de ballenas

**bone-dry** [ˌbəʊnˈdraɪ] ADJ completamente seco

**bonehead*** [ˈbəʊnhed] N tonto/a *m/f*

**boneheaded*** [ˈbəʊnˈhedɪd] ADJ estúpido

**bone-idle*** [ˌbəʊnˈaɪdl] ADJ gandul, holgazán, flojo (*LAm*)

**boneless** [ˈbəʊnlɪs] ADJ 1 (*Anat*) sin hueso(s), deshuesado
2 (*fig*) sin carácter, débil

**bonemeal** [ˈbəʊnmiːl] N harina *f* de huesos

**boner** [ˈbəʊnəʳ] N 1 (*US**) (= *blunder*) metedura *f* de pata*, plancha *f* (*Sp**); **to pull a ~** meter la pata*, tirarse una plancha (*Sp**)
2 (‡) (= *erection*) erección *f*; **to have a ~** tenerla dura‡

**boneshaker*** [ˈbəʊnˌʃeɪkəʳ] N (*Aut etc*) armatoste* *m*, rácano* *m*; (= *bicycle*) *bicicleta antigua con ruedas sólidas y sin muelles*

**bonfire** [ˈbɒnfaɪəʳ] N (*for celebration*) hoguera *f*; (*for rubbish*) fogata *f*

**bongo** [ˈbɒŋgəʊ] N (*also* **~ drum**) bongó *m*

**bonhomie** [ˈbɒnɒmiː] N afabilidad *f*

**bonk** [bɒŋk] Ⓐ N 1 (*) (= *hit*) golpe *m*; **it went ~*** hizo ¡pum!, se oyó un ruido sordo
2 (*Brit*‡) (= *sex*) **to have a ~** echarse un polvo**, follar (*Sp***)
Ⓑ VI (*Brit*‡) (= *have sex*) echarse un polvo**, follar (*Sp***)
Ⓒ VT 1 (*) (= *hit*) golpear, pegar
2 (*Brit*‡) (= *have sex with*) tirarse a**, echarse un polvo con**

**bonkers*** [ˈbɒŋkəz] ADJ (*esp Brit*) **to be ~** estar chalado*, estar como una cabra*; **to go ~** perder la chaveta*

**bonking‡** [ˈbɒŋkɪŋ] N (*Brit*) (= *sex*) joder** *m*

**bon mot** [ˈbɒnˈməʊ] N agudeza *f*

**Bonn** [bɒn] N Bonn *m*

**bonnet** [ˈbɒnɪt] N 1 (*woman's*) gorra *f*; (*large, showy*) papalina *f*, toca *f*; (*esp Scot*) (*man's*) gorra *f* escocesa; (*baby's*) gorro *m*
2 (*Brit Aut*) capó *m*, cofre *m* (*Mex*)

**bonny** [ˈbɒnɪ] ADJ (*compar* **bonnier**; *superl* **bonniest**) (*esp Scot*) (= *pretty*) [*child*] hermoso, lindo (*esp LAm*); [*dress*] bonito, lindo (*esp LAm*)

**bonsai** [ˈbɒnsaɪ] N bonsai *m*

**bonus** [ˈbəʊnəs] Ⓐ N 1 (*on wages*) prima *f*, bonificación *f*; (*insurance etc*) gratificación *f*; (*to shareholders*) dividendo *m* adicional
2 (*fig*) ventaja *f*
Ⓑ CPD ► **bonus point** N (*in game, quiz*) punto *m* extra ► **bonus scheme** N plan *m* de incentivos ► **bonus shares** NPL acciones *fpl* gratuitas

**bony** [ˈbəʊnɪ] ADJ (*compar* **bonier**; *superl* **boniest**) 1 (= *having bones*) huesudo; [*fish*] espinoso, lleno de espinas
2 (= *like bone*) óseo
3 (= *thin*) [*person*] flaco, delgado

**boo** [buː] Ⓐ N rechifla *f*, abucheo *m*; ♦***IDIOM*** **he wouldn't say ~ to a goose*** es incapaz de matar una mosca
Ⓑ EXCL ¡uh!
Ⓒ VT [+ *actor, referee*] abuchear, silbar; **he was ~ed off the stage** la rechifla le obligó a abandonar el escenario
Ⓓ VI silbar

**boob** [buːb] Ⓐ N 1 (*Brit**) (= *mistake*) metedura *f* de pata*; **to make a ~** meter la pata*
2 (‡) (= *breast*) teta* *f*
Ⓑ VI (*) meter la pata*
Ⓒ CPD ► **boob tube** N (*US*) (= *TV set*) televisor *m*; (= *garment*) camiseta-tubo *f*

**booboo*** [ˈbuːbuː] N (*US*) metedura *f* de pata*

**booby** [ˈbuːbɪ] Ⓐ N 1 (= *fool*) bobo/a *m/f*
2 **boobies‡** tetas* *fpl*
Ⓑ CPD ► **booby hatch‡** N (*US*) (= *mental hospital*) casa *f* de locos ► **booby prize** N premio *m* al último ► **booby trap** N trampa *f*; (*Mil etc*) trampa *f* explosiva, bomba *f* cazabobos

**booby-trap** [ˈbuːbɪtræp] VT poner trampa explosiva a; **the house had been ~ped** habían puesto una trampa explosiva en la casa; **~ped car** coche-bomba *m*; **~ped door** puerta *f* con sorpresa

**boogie*** [ˈbuːgɪ] Ⓐ N (= *dance*) bailoteo* *m*; **to go for a ~** irse de marcha*, darle marcha (al cuerpo)‡
Ⓑ VI bailotear*, dar marcha (al cuerpo)‡

**boogie-woogie** [ˈbuːgɪˌwuːgɪ] N bugui-bugui *m*

**boo-hoo*** [ˌbuːˈhuː] EXCL ¡bua!

**booing** [ˈbuːɪŋ] N abucheo *m*

**book** [bʊk] Ⓐ N 1 (= *publication*) libro *m*; **by the ~** según las reglas; **to play it** *or* **to go by the ~** seguir las reglas; **economics/her life is a closed ~ to me** la economía/su vida es un misterio para mí; **the ~ of Genesis** el libro del Génesis; **the Good Book** la Biblia; **in my ~** (*fig*) tal como yo lo veo, a mi modo de ver; **a ~ on politics** un libro de política; **that's one for the ~** eso es digno de mención; **his mind is an open ~** su mente es un libro abierto; ♦***IDIOMS*** **to bring sb to ~** pedir cuentas a algn; **those who planned the murder were never brought to ~** nunca se les pidió cuentas a los que planearon el asesinato; **to be in sb's good/bad ~s**: **I'm in his bad ~s at the moment** en este momento estoy en su lista negra; **I was trying to get back in her good ~s** estaba intentando volver a congraciarme con ella; **to read sb like a ~**: **I know where he's off to - I can read him like a ~** sé dónde va, a mí no me engaña; **to suit sb's ~**: **it suits his ~ to play the easy-going liberal** le viene bien hacerse el liberal poco exigente, se hace el liberal poco exigente porque le conviene; **to throw the ~ at sb** castigar severamente a algn; *see also* **leaf**, **trick A2**, **turn-up**
2 (*also* **notebook**) libreta *f*, librito *m*; (*also* **exercise ~**) cuaderno *m*
3 (*also* **telephone ~**) guía *f*; **I'm in the ~** estoy en la guía
4 (= *set*) [*of tickets, cheques*] talonario *m*; [*of matches*] estuche *m*; [*of stamps*] librito *m*; [*of*

*samples*] muestrario *m*
[5] **books** [5·1] (*Comm*) **the ~s** las cuentas, la contabilidad; **to keep the ~s** llevar las cuentas *or* los libros *or* la contabilidad; *see also* **cook**
[5·2] (= *register of members*) registro *msing*; **they had less than 30 members on their ~s** tenían menos de 30 miembros en el registro; **to take sb's name off the ~s** borrar a algn del registro; **he was the most expensive player on the ~s** era el jugador más caro que tenían fichado
[6] (*Jur*) (*also* **statute ~**) código *m*; *see also* **statute**
[7] (*Gambling*) **to make a ~ on sth** aceptar apuestas a algo; **to open** *or* **start a ~ on sth** empezar a aceptar apuestas a algo
[8] (*US Mus*) (= *libretto*) libreto *m*
Ⓑ VT [1] (*Brit*) (= *reserve*) [+ *ticket, seat, room, table, flight*] reservar; **we ~ed the hotel rooms in advance** reservamos habitaciones en el hotel por adelantado; **all the restaurants are fully ~ed** todos los restaurantes están llenos; **have you ~ed your holiday yet?** ¿ya has reservado las vacaciones?
[2] (= *arrange*) [+ *appointment, time*] pedir; **I've ~ed an appointment with the dentist** he pedido hora con el dentista; **can we ~ a time to meet soon?** ¿podemos quedar un día de éstos?
[3] (= *engage*) [+ *performer, artiste*] contratar
[4] (*) (= *take name of*) [4·1] [*police*] **he was ~ed for speeding** lo multaron por exceso de velocidad; **they took him to the station and ~ed him for assault** lo llevaron a la comisaría y lo acusaron de agresión
[4·2] (*Sport*) [+ *player*] amonestar
[5] (= *note down*) [+ *order*] anotar
Ⓒ VI (*Brit*) hacer una reserva, reservar; **to ~ into a hotel** hacer una reserva *or* reservar en un hotel
Ⓓ CPD ► **book club** N club *m* del libro, club *m* de lectores ► **book fair** N feria *f* del libro ► **book jacket** N sobrecubierta *f* ► **book learning** N aprendizaje *m* (a través) de los libros, saber *m* libresco (*frm*); **~ learning is only part of school life** el aprendizaje de los libros es sólo una parte de la vida escolar ► **book post** N correo *m* de libros ► **book review** N crítica *f or* reseña *f* de un libro ► **book token** N vale *m* para libros, cheque *m* regalo para libros ► **book value** N valor *m* contable *or* en libros

►**book in** (*Brit*) Ⓐ VI + ADV (= *record arrival*) registrarse; (= *reserve a room*) reservar habitación; **they ~ed in under false names** reservaron habitación bajo un nombre falso
Ⓑ VT + ADV **they're ~ed in at the White Swan** tienen reservada una habitación en el White Swan; **I've ~ed you in with Dr Stuart for four o'clock** te he conseguido hora con el Dr. Stuart para las cuatro; **make sure you're ~ed in for antenatal care** asegúrate de que estás apuntada para la asistencia previa al parto

►**book up** VT + ADV (*esp Brit*) [1] [+ *holiday*] hacer reserva de
[2] **to be ~ed up** [2·1] [*hotel, restaurant, flight*] **we are ~ed up all summer** no tenemos nada libre en todo el verano, lo tenemos todo reservado para todo el verano; **the hotel is ~ed up** el hotel está completo, todas las habitaciones del hotel están reservadas; **all the flights were ~ed up** todos los vuelos estaban completos, no quedaban plazas en ningún vuelo
[2·2] [*performer*] **the orchestra is ~ed up until 2002** la orquesta tiene un programa de actuaciones completo hasta 2002
[2·3] [*person*] **I'm ~ed up for tonight** tengo muchos compromisos para esta noche; **I'm ~ed up all next week** la semana que viene tengo un programa muy apretado

**bookable** [ˈbʊkəbl] ADJ (*Brit*) [1] (= *reservable*) [*seat*] que se puede reservar; **"seats bookable in advance"** "las entradas pueden reservarse con antelación"
[2] (*Sport*) [*offence*] sujeto a tarjeta amarilla

**bookbinder** [ˈbʊk,baɪndəʳ] N encuadernador(a) *m/f*

**bookbinding** [ˈbʊk,baɪndɪŋ] N encuadernación *f*

**bookcase** [ˈbʊkkeɪs] N librería *f*, estantería *f*, librero *m* (*Mex*)

**bookend** [ˈbʊkend] N sujetalibros *m inv*

**bookie*** [ˈbʊkɪ] N = **bookmaker**

▼**booking** [ˈbʊkɪŋ] Ⓐ N [1] [*of hotel, holiday, restaurant*] reserva *f*; [*of performers*] contratación *f*; **to make a ~** hacer una reserva; **telephone ~** reserva *f* por teléfono; *see also* **block D**
[2] (= *engagement*) **the band has a ~ next week** han contratado al grupo para la semana que viene
[3] (*Sport*) [*of player*] **he had nine ~s last year** el año pasado recibió tarjeta amarilla nueve veces
Ⓑ CPD ► **booking clerk** N taquillero/a *m/f* ► **booking conditions** NPL condiciones *fpl* de reserva ► **booking fee** N suplemento *m* por hacer la reserva ► **booking form** N formulario *m* de reserva ► **booking office** N (*Rail*) despacho *m* de billetes *or* (*LAm*) boletos; (*Theat*) taquilla *f*

**BOOKER PRIZE**

**Booker Prize** *es el nombre de un premio literario que se concede anualmente a una obra de ficción en inglés publicada en el Reino Unido, Irlanda o cualquier otro país de la* **Commonwealth**. *El premio, que viene otorgándose desde 1969 y es uno de los más conocidos en el Reino Unido, está financiado por la empresa* **Booker McConnell**. *La entrega de premios, en la que se anuncia el ganador, provoca un considerable interés en los medios de comunicación y se televisa en directo. La decisión de los jueces, normalmente escritores, catedráticos y críticos, suele generar bastante polémica.*

**bookish** [ˈbʊkɪʃ] ADJ [*learning*] basado en libros, libresco (*frm*); [*person*] estudioso; **her dowdy, ~ image** su imagen aburrida, de ratón de biblioteca*

**bookkeeper** [ˈbʊk,kiːpəʳ] N contable *mf*, tenedor(a) *m/f* de libros, contador(a) *m/f* (*LAm*)

**bookkeeping** [ˈbʊk,kiːpɪŋ] N contabilidad *f*, teneduría *f* de libros

**booklet** [ˈbʊklɪt] N folleto *m*

**book-lover** [ˈbʊk,lʌvəʳ] N bibliófilo/a *m/f*, amante *mf* de los libros

**bookmaker** [ˈbʊkmeɪkəʳ] N corredor *m* de apuestas; → GREYHOUND RACING

**bookmaking** [ˈbʊkmeɪkɪŋ] N apuestas *fpl*, correduría *f* de apuestas; **a ~ firm** una casa de apuestas

**bookmark** [ˈbʊkmɑːk] Ⓐ N [1] (*for book*) marcador *m*, señalador *m*
[2] (*Internet*) marcador *m*, favorito *m*
Ⓑ VT (*Internet*) marcar como sitio favorito, agregar a favoritos

**bookmobile** [ˈbʊkməʊ,biːl] N (*US*) biblioteca *f* ambulante, bibliobús *m* (*Sp*)

**bookplate** [ˈbʊkpleɪt] N ex libris *m*

**bookrest** [ˈbʊkrest] N atril *m*

**bookseller** [ˈbʊk,seləʳ] N librero/a *m/f*; **a ~'s** una librería

**bookshelf** [ˈbʊkʃelf] N (*pl* **bookshelves**) estante *m* (para libros); **bookshelves** estantería *fsing*

**bookshop** [ˈbʊkʃɒp] N (*esp Brit*) librería *f*

**bookstall** [ˈbʊkstɔːl] N (*at station*) quiosco *m* (de libros); (*at fair*) puesto *m* de libros

**bookstore** [ˈbʊkstɔːʳ] N (*esp US*) librería *f*

**bookworm** [ˈbʊkwɜːm] N (*fig*) ratón *m* de biblioteca*

**Boolean** [ˈbuːlɪən] Ⓐ ADJ booleano
Ⓑ CPD ► **Boolean algebra** N álgebra *f* de Boole ► **Boolean logic** N lógica *f* booleana

**boom**[1] [buːm] N [1] (*Naut*) botalón *m*, botavara *f*
[2] (*across harbour*) barrera *f*
[3] [*of crane*] aguilón *m*; [*of microphone*] jirafa *f*

**boom**[2] [buːm] Ⓐ N [*of guns*] estruendo *m*, estampido *m*; [*of thunder*] retumbo *m*, trueno *m*
Ⓑ VI [*voice, radio*] (*also* **~ out**) resonar, retumbar; [*sea*] bramar; [*gun*] tronar, retumbar
Ⓒ VT (*also* **~ out**) tronar

**boom**[3] [buːm] Ⓐ N (*in an industry*) auge *m*, boom *m*; (= *period of growth*) expansión *f*; **in ~ conditions** en condiciones de prosperidad repentina
Ⓑ VI [*prices*] estar en alza; [*commodity*] tener mucha demanda; [*industry, town*] gozar de un boom, estar en auge; **business is ~ing** el negocio está en auge
Ⓒ CPD ► **boom economy** N economía *f* de alza ► **boom market** N mercado *m* de alza ► **boom town** N ciudad *f* beneficiaria del auge

**boom-bust** [ˈbuːmˈbʌst], **boom-and-bust** [ˈbuːmənd'bʌst] ADJ (*Econ*) [*economy, market*] con grandes altibajos

**boomerang** [ˈbuːməræŋ] Ⓐ N bumerang *m*
Ⓑ ADJ contraproducente, contrario a lo que se esperaba
Ⓒ VI (*fig*) (= *backfire*) resultar contraproducente, tener el efecto contraproducente al buscado (**on** para); **it ~ed on him** le salió el tiro por la culata*

**booming**[1] [ˈbuːmɪŋ] ADJ [*voice*] resonante, retumbante

**booming**[2] [ˈbuːmɪŋ] ADJ (*Comm etc*) próspero, que goza de un boom, floreciente

**boon** [buːn] Ⓐ N (= *blessing*) gran ayuda *f*; **it would be a ~ if he went** nos ayudaría muchísimo que él fuera; **it would be a ~ to humanity** sería un gran beneficio para la humanidad
Ⓑ CPD ► **boon companion** N compañero/a *m/f* inseparable

**boondocks*** [ˈbuːndɒks] NPL (*US*) **out in the ~** en el quinto pino

**boondoggle*** [ˈbuːndɒgl] VI (*US*) enredar*

**boons*** [buːnz] NPL (*US*) = **boondocks**

**boor** [bʊəʳ] N palurdo/a *m/f*

**boorish** [ˈbʊərɪʃ] ADJ [*manners*] grosero

**boorishly** [ˈbʊərɪʃlɪ] ADV [*behave, speak*] groseramente

**boorishness** [ˈbʊərɪʃnɪs] N grosería *f*

**boost** [buːst] Ⓐ N [1] (= *encouragement*) estímulo *m*, aliento *m*; **to give a ~ to** estimular, alentar
[2] (= *upward thrust*) (*to person*) empuje *m*, empujón *m*; (*to rocket*) impulso *m*, propulsión *f*
Ⓑ VT [1] (= *increase*) [+ *sales, production*] fomentar, incrementar; [+ *confidence, hopes*] estimular; **to ~ sb's morale** levantar la moral a algn

➤ LANGUAGE IN USE: **booking A1** 21.4

[2] (= *promote*) [+ *product*] promover, hacer publicidad de; [+ *person*] dar bombo a
[3] (*Elec*) [+ *voltage*] elevar; [+ *radio signal*] potenciar
[4] (*Space*) propulsar, lanzar

**booster** ['buːstəʳ] Ⓐ N [1] (= *encouragement*) estímulo *m*
[2] (*TV, Rad*) repetidor *m*
[3] (*Elec*) elevador *m* de tensión
[4] (*Space*) (*also* **~ rocket**) cohete *m* secundario
[5] (*Aer*) impulsor *m*, impulsador *m*
[6] (*Mech*) aumentador *m* de presión
[7] (*Med*) dosis *f inv* de refuerzo *or* recuerdo
Ⓑ CPD ► **booster injection** N dosis *f inv* de refuerzo *or* recuerdo, revacunación *f* ► **booster rocket** N cohete *m* secundario ► **booster shot** N = **booster injection** ► **booster station** N (*TV, Rad*) repetidor *m*

**boot¹** [buːt] Ⓐ N [1] bota *f*; (= *ankle boot*) borceguí *m*; ✦**IDIOMS to die with one's ~s on** morir con las botas puestas; **now the ~ is on the other foot** (*Brit*) ahora se ha dado vuelta a la tortilla; **to give sb the ~*** despedir a algn, poner a algn en la calle*; **to get** *or* **be given the ~*** ser despedido; **he was quaking** *or* **shaking** *or* **trembling in his ~s** le temblaban las piernas; **to lick sb's ~s** hacer la pelotilla a algn*; **to put the ~ in** (*Brit**) emplear la violencia; (*fig*) obrar decisivamente; *see also* **big A6**
[2] (*Brit Aut*) maletero *m*, baúl *m* (*S. Cone*), maletera *f* (*Andes, Chile*), cajuela *f* (*Mex*)
[3] (*US Aut*) (*also* **Denver ~**) cepo *m*
Ⓑ VT [1] (*) (= *kick*) dar un puntapié a; **to ~ sb out*** poner a algn de patitas en la calle*
[2] (*Comput*) (*also* **~ up**) cebar, inicializar
Ⓒ VI (*Comput*) (*also* **~ up**) cebar, inicializar
Ⓓ CPD ► **boot boy*** N (*Brit*) camorrista *m* ► **boot camp** N (*in army*) campamento *m* militar; (= *prison*) *prisión civil con régimen militar* ► **boot polish** N betún *m* ► **boot sale** N (*Brit*) (*also* **car ~ sale**) mercadillo *m* (*en el que se exponen las mercancías en el maletero del coche*)

**boot²** [buːt] **to ~** ADV (*liter*) además, por añadidura

**bootblack** ['buːtblæk] N limpiabotas *mf inv*, bolero/a *m/f* (*Mex*), embolador(a) *m/f* (*Col*)

**bootee** [buː'tiː] N (*baby's*) bota *f* de lana; (*woman's*) borceguí *m*

**booth** [buːð] N (*at fair*) puesto *m*; (*in restaurant*) reservado *m*; (*Telec, interpreter's, voting*) cabina *f*

**booting-up** [ˌbuːtɪŋ'ʌp] Ⓐ N (*Comput*) operación *f* de cargo, iniciación *f*
Ⓑ CPD ► **booting-up switch** N tecla *f* de iniciación

**bootlace** ['buːtleɪs] N cordón *m*

**bootleg** ['buːtleg] Ⓐ ADJ (= *illicit*) [*alcohol*] de contrabando; [*tape, edition*] pirata
Ⓑ N (*Mus*) grabación *f* pirata
Ⓒ VI contrabandear con licores
Ⓓ VT [+ *tape, recording*] grabar y vender ilegalmente

**bootlegger** ['buːtˌlegəʳ] N [*of alcohol*] contrabandista *mf*; [*of tapes, recordings*] productor/a *m/f* de copias pirata

**bootlicker*** ['buːtlɪkəʳ] N lameculos‡ *m*

**bootlicking*** ['buːtlɪkɪŋ] Ⓐ ADJ pelotillero*
Ⓑ N pelotilleo* *m*

**bootmaker** ['buːtmeɪkəʳ] N zapatero/a *m/f* que hace botas

**boots** [buːts] NSING (*Brit*) limpiabotas *mf inv* (de un hotel)

**bootstrap** ['buːtstræp] N oreja *f*; ✦**IDIOM to pull oneself up by one's ~s** reponerse gracias a sus propios esfuerzos

**booty** ['buːtɪ] N botín *m*

**booze*** [buːz] Ⓐ N bebida *f*; **to go on the ~** darse a la bebida; **to be off the ~** haber dejado la bebida
Ⓑ VI (= *get drunk*) empinar el codo*; (= *go out drinking*) salir a beber
Ⓒ VT beber

**boozer‡** ['buːzəʳ] N [1] (= *person*) bebedor(a) *m/f*, tomador(a) *m/f* (*LAm*)
[2] (*Brit*) (= *pub*) bar *m*

**booze-up‡** ['buːzˌʌp] N (*Brit*) *reunión social donde se bebe mucho alcohol*

**boozy‡** ['buːzɪ] ADJ [*person*] aficionado a la bebida, borracho; [*party*] donde se bebe bastante; [*song etc*] tabernario

**bop¹*** [bɒp] (*Mus*) Ⓐ N bop *m*
Ⓑ VI menear el esqueleto*

**bop²*** [bɒp] VT (*esp US*) (= *hit*) cascar*

**bo-peep** [bəʊ'piːp] N **to play ~** jugar tapándose la cara y descubriéndola de repente; **Little Bo-peep** *personaje de una poesía infantil, famoso por haber perdido sus ovejas*

**boraces** ['bɔːrəˌsiːz] NPL *of* **borax**

**boracic** [bə'ræsɪk] ADJ bórico

**borage** ['bɒrɪdʒ] N borraja *f*

**borax** ['bɔːræks] N (*pl* **boraxes** *or* **boraces**) bórax *m*

**Bordeaux** [bɔː'dəʊ] N [1] (*Geog*) Burdeos *m*
[2] (= *wine*) burdeos *m*

**bordello** [bɔː'deləʊ] N casa *f* de putas

**border** ['bɔːdəʳ] Ⓐ N [1] (= *edge*) (*as decoration*) borde *m*, margen *m*; (*as boundary*) límite *m*
[2] (= *frontier*) frontera *f*; **the Borders** (*Brit*) *la frontera entre Inglaterra y Escocia*
[3] (*Sew*) orilla *f*, cenefa *f*
[4] (*in garden*) arriate *m*, parterre *m*
Ⓑ VT [1] (= *adjoin*) bordear, lindar con; **it is ~ed on the north by ...** linda al norte con ...
[2] (*Sew*) ribetear, orlar
Ⓒ CPD [*area, ballad*] fronterizo; [*guard*] de la frontera ► **border dispute** N disputa *f* fronteriza ► **border incident** N incidente *m* fronterizo ► **border patrol** N (*US*) patrulla *f* de fronteras ► **border post** N puesto *m* fronterizo ► **border town** N pueblo *m* fronterizo

►**border on, border upon** VI + PREP [1] [+ *area, country*] lindar con, limitar con
[2] (*fig*) (= *come near to being*) rayar en; **with a self-confidence ~ing on arrogance** con una confianza en sí mismo que raya en la arrogancia

**bordering** ['bɔːdərɪŋ] ADJ contiguo

**borderland** ['bɔːdəlænd] N zona *f* fronteriza

**borderline** ['bɔːdəlaɪn] Ⓐ N (*between districts*) límite *m*, línea *f* divisoria; **on the ~** (*between classes*) a medio camino; (*in exam etc*) en el límite
Ⓑ CPD ► **borderline case** N (= *situation, thing, person*) caso *m* dudoso

**bore¹** [bɔːʳ] Ⓐ N [1] (= *tool*) taladro *m*, barrena *f*; (*Geol*) sonda *f*
[2] (*also* **~ hole**) perforación *f*
[3] (= *diameter*) agujero *m*, barreno *m*; [*of gun*] calibre *m*; [*of cylinder*] alesaje *m*; **a 12-~ shotgun** una escopeta del calibre 12
Ⓑ VT [+ *hole, tunnel*] hacer, perforar; **to ~ a hole in** hacer *or* perforar un agujero en; **to ~ one's way through** abrirse camino por; **wood ~d by insects** madera *f* carcomida
Ⓒ VI **to ~ for oil** hacer perforaciones en busca de petróleo

**bore²** [bɔːʳ] Ⓐ N [1] (= *person*) pesado/a *m/f*, pelmazo/a* *m/f*; **what a ~ he is!** ¡qué hombre más pesado!, ¡es más pesado que el plomo!*
[2] (= *event, task*) lata* *f*; **it's such a ~** es una lata*, es un rollo (*Sp**); **what a ~!** ¡qué lata!*, ¡qué rollo! (*Sp**)
Ⓑ VT aburrir; **to be ~d** ◊ **get ~d** aburrirse; **he's ~d to death** *or* **tears** ◊ **he's ~d stiff*** está aburrido como una ostra*, está muerto de aburrimiento; **to be ~d with** estar aburrido *or* harto de

**bore³** [bɔːʳ] PT *of* **bear²**

**bore⁴** [bɔːʳ] N (= *tidal wave*) marea *f*

**boredom** ['bɔːdəm] N aburrimiento *m*

**borehole** ['bɔːhəʊl] N perforación *f*

**Borgia** ['bɔːdʒjə] N Borja *m*

**boric acid** [ˌbɔːrɪk'æsɪd] N ácido *m* bórico

**boring** ['bɔːrɪŋ] ADJ (= *tedious*) aburrido, pesado; **she's so ~** es muy aburrida *or* pesada

**born** [bɔːn] Ⓐ PP *of* **bear** nacido; **to be ~** (*lit*) nacer; (*fig*) [*idea*] surgir, nacer; **I was ~ in 1955** nací en 1955; **a daughter was ~ to them** les nació una hija; **to be ~ again** renacer, volver a nacer; **evil is ~ of idleness** la pereza es madre de todos los vicios; **he wasn't ~ yesterday!*** ¡no se chupa el dedo!*
Ⓑ ADJ [*actor, leader*] nato; **he is a ~ liar** es mentiroso por naturaleza; **a Londoner ~ and bred** londinense de casta y cuna; **in all my ~ days** en mi vida

**-born** [bɔːn] ADJ (*ending in compounds*) **British-born** británico de nacimiento

**born-again** ['bɔːnəˌgen] ADJ renacido, vuelto a nacer

**borne** [bɔːn] PP *of* **bear²**

**-borne** [-bɔːn] ADJ (*ending in compounds*) llevado por, traído por

**Borneo** ['bɔːnɪəʊ] N Borneo *m*

**boron** ['bɔːrɒn] N boro *m*

**borough** ['bʌrə] N municipio *m*; (*in London, New York*) distrito *m*

**borrow** ['bɒrəʊ] VT pedir prestado (**from, of** a), tomar prestado; [+ *idea etc*] adoptar, apropiarse; [+ *word*] tomar (**from** de); **may I ~ your car?** ¿me prestas el coche?; **you can ~ it till I need it** te lo presto hasta que lo necesite

**borrower** ['bɒrəʊəʳ] N [1] [*of money*] prestatario/a *m/f*; ✦**PROV neither a ~ nor a lender be** ni prestes ni pidas prestado
[2] (*in library*) usuario/a *m/f*

**borrowing** ['bɒrəʊɪŋ] Ⓐ N préstamo(s) *m(pl)* (**from** de)
Ⓑ CPD ► **borrowing power(s)** N(PL) capacidad *f* de endeudamiento

**borstal** ['bɔːstl] Ⓐ N (*Brit*) correccional *m* de menores
Ⓑ CPD ► **borstal boy** N joven *m* delincuente (que ha pasado por el correccional)

**borzoi** ['bɔːzɔɪ] N galgo *m* ruso

**Bosch** [bɒʃ] N El Bosco

**bosh*** [bɒʃ] N tonterías *fpl*

**bo's'n** ['bəʊsən] N = **boatswain**

**Bosnia** ['bɒznɪə] N Bosnia *f*

**Bosnia Herzegovina** ['bɒznɪəˌhɜːtsəgə'viːnə] N Bosnia Herzegovina *f*

**Bosnian** ['bɒznɪən] Ⓐ ADJ bosnio
Ⓑ N bosnio/a *m/f*

**bosom** ['bʊzəm] Ⓐ N [*of woman*] seno *m*, pecho *m*; [*of garment*] pechera *f*; **in the ~ of the family** en el seno de la familia; ✦**IDIOM to take sb to one's ~** acoger amorosamente a algn
Ⓑ CPD ► **bosom friend** N amigo/a *m/f* íntimo/a *or* entrañable

**bosomy** ['bʊzəmɪ] ADJ tetuda*, de pecho abultado

**Bosphorus** ['bɒsfərəs] N Bósforo *m*

**boss¹** [bɒs] Ⓐ N (*gen*) jefe/a *m/f*; (= *owner, employer*) patrón/ona *m/f*; (= *manager*) gerente *mf*; (= *foreman*) capataz *m*; [*of gang*] cerebro *m*; (*US Pol*) cacique *m*; **I like to be my own ~** quiero mandar en mis asuntos, quiero controlar mis propias cosas; **I'm the ~ here** aquí mando yo; **OK, you're the ~** vale, tú mandas
Ⓑ VT mangonear*, dar órdenes a
Ⓒ ADJ (*US**) chulo*

►**boss about, boss around** VT + ADV mangonear*, dar órdenes a

**boss²** [bɒs] N (= *bulge*) protuberancia *f*; (= *stud*) clavo *m*, tachón *m*; [*of shield*] ombligo *m*; (*Archit*) llave *f* de bóveda

**BOSS** N ABBR (*in South Africa*) = **Bureau of State Security**

**boss-eyed** [ˌbɒs'aɪd] ADJ bizco

**bossiness** ['bɒsɪnɪs] N carácter *m* mandón, tiranía *f*

**bossy** ['bɒsɪ] ADJ (*compar* **bossier**; *superl* **bossiest**) [*person*] mandón

**Bostonian** [bɒs'təʊnɪən] N bostoniano/a *m/f*

**bosun** ['bəʊsən] N = **boatswain**

**botanic** [bə'tænɪk] ADJ = **botanical**

**botanical** [bə'tænɪkəl] ADJ [*gardens*] botánico

**botanist** ['bɒtənɪst] N botánico/a *m/f*, botanista *mf*

**botanize** ['bɒtənaɪz] VI herborizar

**botany** ['bɒtənɪ] N botánica *f*

**botch*** [bɒtʃ] Ⓐ N (= *crude repair*) chapuza* *f*; **to make a ~ of** = B
Ⓑ VT (*also* **~ up**) hacer una chapuza de*; **to ~ it** estropearlo; **a ~ed job** una chapuza*

**both** [bəʊθ] Ⓐ ADJ ambos/as, los/las dos; **~ (the) boys** los dos *or* ambos chicos
Ⓑ PRON ambos/as *mpl/fpl*, los/las dos *mpl/fpl*; **~ of them** los dos; **~ of us** nosotros dos, los dos; **we ~ went** fuimos los dos; **they were ~ there** ◊ **~ of them were there** estaban allí los dos
Ⓒ ADV a la vez; **she was ~ laughing and crying** reía y lloraba a la vez; **I find it ~ impressive and vulgar** encuentro que es impresionante y vulgar a la vez; **he ~ plays and sings** canta y además toca; **~ you and I saw it** lo vimos tanto tú como yo, lo vimos los dos

**bother** ['bɒðəʳ] Ⓐ N 1 (= *nuisance*) molestia *f*, lata* *f*; **what a ~!** ¡qué lata!*; **it's such a ~ to clean** es una lata limpiarlo*, es muy incómodo limpiarlo
2 (= *problems*) problemas *mpl*; **I found the street without any ~** encontré la calle sin problemas; **do you have much ~ with your car?** ¿tienes muchos problemas con el coche?; **he had a spot of ~ with the police** tuvo un pequeño problema con la policía
3 (= *trouble*) molestia *f*; **it isn't any ~** ◊ **it's no ~** no es ninguna molestia; **I went to the ~ of finding one** me tomé la molestia de buscar uno
4 (*Brit**) (= *violence*) **to go out looking for ~** salir a buscar camorra*
Ⓑ VT 1 (= *worry*) preocupar; (= *annoy*) molestar, fastidiar; **does the noise ~ you?** ¿le molesta el ruido?; **does it ~ you if I smoke?** ¿le molesta que fume?; **his leg ~s him** le duele la pierna; **to ~ o.s. about/with sth** molestarse *or* preocuparse por algo
2 (= *inconvenience*) molestar; (= *pester*) dar la lata a*; **I'm sorry to ~ you** perdona la molestia; **don't ~ me!** ¡no me molestes!, ¡no fastidies!, ¡no me friegues! (*LAm**); **please don't ~ me about it now** le ruego que no me moleste con eso ahora
Ⓒ VI (= *take trouble*) tomarse la molestia (**to do** de hacer); **to ~ about/with** molestarse *or* preocuparse por; **don't ~** no te molestes, no te preocupes; **he didn't even ~ to write** ni siquiera se molestó en escribir
Ⓓ EXCL ¡porras!*

> **BOTH**
>
> **Pronoun and adjective**
>
> • When **both** is a pronoun or adjective you can usually translate it using **los/las dos**:
> We're both climbers, Both of us are climbers
> ***Los dos somos alpinistas***
> I know both of them *or* I know them both
> ***Los conozco a los dos***
> Both (of the) sisters were blind
> ***Las dos hermanas eran ciegas***
>
> • Alternatively, in more formal speech, use **ambos/ambas**:
> We both liked it
> ***Nos gustó a ambos***
> Both (of the) regions are autonomous
> ***Ambas regiones son autónomas***
>
> ! Don't use the article with **ambos**.
>
> **"both ... and"**
>
> • **Both ... and** can be translated in a variety of ways, depending on what is referred to. If it relates to two individuals, you can usually use the invariable **tanto ... como**. Alternatively, you can often use **los/las dos**, though this may involve changing the syntax:
> Both Mary and Peter will be very happy here
> ***Tanto Mary como Peter van a ser muy felices aquí, Mary y Peter van a ser los dos muy felices aquí***
> Both Mike and Clare could see something was wrong
> ***Tanto Mike como Clare veían que algo iba mal***
>
> • When talking about two groups or things use **tanto ... como** or, if **both ... and** is equivalent to "at one and the same time", use **a la vez**:
> The course is directed at both piano and violin teachers
> ***El curso está dirigido a profesores tanto de piano como de violín, El curso está dirigido a la vez a profesores de piano y de violín***
>
> • **Tanto ... como** can also be used with adverbs:
> He was a weak man both physically and mentally
> ***Era un hombre débil, tanto física como mentalmente***
>
> **NOTE:** When adverbs ending in **-mente** are linked together with a conjunction as here, only the last retains the **-mente**.
>
> • When **both ... and** relates to verbs, you can usually use **y además**:
> He both paints and sculpts
> ***Pinta y además hace esculturas***
>
> • Use **a la vez** to comment on descriptions which are both true at the same time:
> The book is both interesting and depressing
> ***El libro es interesante y deprimente a la vez***
>
> *For further uses and examples, see main entry.*

**botheration**†* [ˌbɒðə'reɪʃən] EXCL ¡porras!*

**bothered** ['bɒðəd] ADJ 1 **I can't be ~** me da pereza, no tengo ganas, me da flojera (*LAm*); **I can't be ~ to go** me da pereza ir, no tengo ganas de ir, me da flojera ir (*LAm*)
2 **"shall we stay in or go out?" — "I'm not ~"** —¿salimos o nos quedamos? —me da igual
3 (= *disconcerted*) **to get ~** desconcertarse, ponerse nervioso; *see also* **hot A1**

**bothersome** ['bɒðəsəm] ADJ molesto

**Bothnia** ['bɒθnɪə] N **Gulf of ~** Golfo *m* de Botnia

**Botswana** [bɒ'tswɑːnə] N Botsuana *f*

**bottle** ['bɒtl] Ⓐ N 1 (*gen*) botella *f*; (*empty*) envase *m*; [*of ink, scent*] frasco *m*; (*baby's*) biberón *m*; **✦IDIOM to hit** *or* **take to the ~*** darse a la bebida
2 (*Brit**) (= *courage*) **it takes a lot of ~ to ...** hay que tener muchas agallas para ...*; **to lose one's ~** rajarse*
Ⓑ VT 1 [+ *wine*] embotellar; [+ *fruit*] envasar, enfrascar
2 (*Brit‡*) **he ~d it** se rajó*
Ⓒ CPD ► **bottle bank** N contenedor *m* de vidrio ► **bottle brush** N escobilla *f*, limpiabotellas *m inv*; (*Bot*) callistemon *m* ► **bottle opener** N abrebotellas *m inv*, destapador *m* (*LAm*) ► **bottle party** N *fiesta a la que cada invitado contribuye con una botella*

►**bottle out‡** VI + ADV (*Brit*) rajarse*; **they ~d out of doing it** se rajaron y no lo hicieron*

►**bottle up** VT + ADV [+ *emotion*] reprimir, contener

**bottled** ['bɒtld] ADJ **~ beer** cerveza *f* de botella; **~ gas** gas *m* de bombona; **~ water** agua *f* embotellada

**bottle-fed** ['bɒtlfed] ADJ alimentado con biberón

**bottle-feed** ['bɒtl,fiːd] VT criar con biberón

**bottle-green** ['bɒtl'griːn] Ⓐ ADJ verde botella *adj inv*
Ⓑ N verde *m* botella

**bottleneck** ['bɒtlnek] N (*on road*) embotellamiento *m*, atasco *m*; (*fig*) obstáculo *m*

**bottler** ['bɒtləʳ] N (= *person*) embotellador(a) *m/f*; (= *company*) embotelladora *f*

**bottling** ['bɒtlɪŋ] N embotellado *m*

**bottom** ['bɒtəm] Ⓐ N 1 [*of box, cup, sea, river, garden*] fondo *m*; [*of stairs, page, mountain, tree*] pie *m*; [*of list, class*] último/a *m/f*; [*of foot*] planta *f*; [*of shoe*] suela *f*; [*of chair*] asiento *m*; [*of ship*] quilla *f*, casco *m*; **at the ~ (of)** [+ *page, hill, ladder*] al pie (de); [+ *road*] al fondo (de); **the ~ has fallen out of the market** el mercado se ha venido abajo; **the ~ fell** *or* **dropped out of his world** se le vino el mundo abajo; **to knock the ~ out of** desfondar; **on the ~ (of)** (= *underside*) [+ *box, case etc*] en la parte inferior (de), en el fondo (de); [+ *shoe*] en la suela (de); [+ *sea, lake etc*] en el fondo (de); **to go to the ~** (*Naut*) irse a pique; **to send a ship to the ~** hundir un buque; **to touch ~** (*lit*) tocar fondo; (*fig*) tocar fondo, llegar al punto más bajo; **~s up!*** ¡salud!; *see also* **false A4**
2 (= *buttocks*) trasero *m*
3 (*fig*) (= *deepest part*) **at ~** en el fondo; **he's at the ~ of it** él está detrás de esto; **✦IDIOMS to get to the ~ of sth** llegar al fondo de algo; **from the ~ of my heart** de todo corazón
4 (*also* **~s**) [*of tracksuit, pyjamas*] pantalón *m*, parte *f* de abajo; [*of bikini*] braga *f*, parte *f* de abajo
Ⓑ ADJ (= *lowest*) más bajo; (= *last*) último; *see also* **dollar**
Ⓒ CPD ► **bottom drawer** N ajuar *m* ► **bottom floor** N planta *f* baja ► **bottom gear** N (*Aut*) primera *f* (marcha) ► **bottom half** N parte *f* de abajo, mitad *f* inferior ► **bottom line** N (= *minimum*) mínimo *m* aceptable; (= *essential point*) lo fundamental; **the ~ line is he has to go** a fin de cuentas

tenemos que despedirlo ► **bottom price** N precio *m* más bajo ► **bottom step** N primer peldaño *m* ► **bottom team** N colista *m*

►**bottom out** VI + ADV [*figures etc*] tocar fondo

**bottomless** ['bɒtəmlɪs] ADJ [*pit*] sin fondo, insondable; [*supply*] interminable

**bottommost** ['bɒtəmməʊst] ADJ más bajo, último

**botulism** ['bɒtjʊlɪzəm] N botulismo *m*

**bouclé** ['bu:kleɪ] Ⓐ N lana *f or* ropa *f* rizada Ⓑ ADJ de lana rizada

**boudoir** ['bu:dwa:ʳ] N tocador *m*

**bouffant** ['bu:fɒŋ] ADJ [*hairdo*] crepado

**bougainvillea** [,bu:gən'vɪlɪə] N buganvilla *f*

**bough** [baʊ] N rama *f*

**bought** [bɔ:t] PT, PP *of* **buy**

**bouillon** ['bu:jɔ:ŋ] Ⓐ N caldo *m* Ⓑ CPD ► **bouillon cube** N cubito *m* de caldo

**boulder** ['bəʊldəʳ] N canto *m* rodado

**boulevard** ['bu:ləva:ʳ] N bulevar *m*, zócalo *m* (*Mex*)

**bounce** [baʊns] Ⓐ N [1] [*of ball*] (re)bote *m*; **to catch a ball on the ~** agarrar una pelota de rebote
[2] (= *springiness*) [*of hair, mattress*] elasticidad *f*
[3] (*fig*) (= *energy*) energía *f*, dinamismo *m*; **he's got plenty of ~** tiene mucha energía
Ⓑ VT [1] [+ *ball*] hacer (re)botar; **to ~ a baby on one's knee** hacer el caballito a un niño pequeño; **to ~ radio waves off the moon** hacer rebotar las ondas radiofónicas en la luna; **to ~ one's ideas off sb** exponer las ideas a algn para que dé su opinión
[2] (*) [+ *cheque*] rechazar
[3] (*) (= *eject*) plantar en la calle*, poner de patitas en la calle*
[4] **I will not be ~d into it** no lo voy a hacer bajo presión, no voy a dejar que me presionen para hacerlo
Ⓒ VI [1] [*ball*] (re)botar
[2] (*) [*cheque*] ser rechazado
[3] (= *bound*) dar saltos; **he ~d up out of his chair** se levantó de la silla de un salto; **he ~d in** irrumpió alegremente
[4] (= *be returned*) [*e-mail message*] ser devuelto

►**bounce back** VI + ADV (*fig*) [*person*] recuperarse

**bouncer*** ['baʊnsəʳ] N gorila* *m*

**bouncing** ['baʊnsɪŋ] ADJ **~ baby** niño/a *m/f* sanote

**bouncy** ['baʊnsɪ] Ⓐ ADJ (*compar* **bouncier**; *superl* **bounciest**) [1] [*ball*] con mucho rebote; [*hair*] con mucho cuerpo; [*mattress*] elástico
[2] (*fig*) [*person*] enérgico, dinámico
Ⓑ CPD ► **bouncy castle** N castillo *m* inflable

**bound¹** [baʊnd] Ⓐ N **bounds** (= *limits*) límite *m*; **out of ~s** zona *f* prohibida; **it's out of ~s to civilians** los civiles tienen la entrada prohibida; **to put a place out of ~s** prohibir la entrada a un lugar; **his ambition knows no ~s** su ambición no tiene límites; **to set ~s to one's ambitions** poner límites a sus ambiciones; **to keep sth within ~s** tener algo a raya; **it is within the ~s of possibility** cabe dentro de los límites de lo posible
Ⓑ VT (*gen passive*) limitar, rodear; **a field ~ed by woods** un campo rodeado de bosque; **on one side it is ~ed by the park** por un lado limita *or* linda con el parque

**bound²** [baʊnd] Ⓐ N (= *jump*) salto *m*; **at a ~** ◊ **in one ~** de un salto
Ⓑ VI [*person, animal*] saltar; [*ball*] (re)botar; **to ~ forward** avanzar a saltos; **he ~ed out of bed** se levantó de la cama de un salto; **his heart ~ed with joy** su corazón daba brincos de alegría
Ⓒ VT saltar por encima de

**bound³** [baʊnd] Ⓐ PT, PP *of* **bind**
Ⓑ ADJ [1] (= *tied*) [*prisoner*] atado; **~ hand and foot** atado de pies y manos; **the problems are ~ together** existe una estrecha relación entre los problemas; **they are ~ up in each other** están absortos el uno en el otro; **he's ~ up in his work** está muy absorbido por su trabajo; **to be ~ up with sth** estar estrechamente ligado a algo
[2] (= *sure*) **to be ~ to: we are ~ to win** seguro que ganamos, estamos seguros de ganar; **he's ~ to come** es seguro que vendrá, no puede dejar de venir; **it's ~ to happen** tiene forzosamente que ocurrir; **they'll regret it, I'll be ~** se arrepentirán de ello, estoy seguro
[3] (= *obliged*) obligado; **he's ~ to do it** tiene que hacerlo; **you're not ~ to go** no estás obligado a ir; **I'm ~ to say that ...** me siento obligado a decir que ..., siento el deber de decir que ...; **I feel ~ to tell you that ...** me veo en la necesidad de decirte que ...; **I feel ~ to him by gratitude** la gratitud hace que me sienta en deuda con él; **to be ~ by contract to sb** tener obligaciones contractuales con algn; *see also* **honour**

**bound⁴** [baʊnd] ADJ **where are you ~ (for)?** ¿adónde se dirige usted?; **~ for** [*train, plane*] con destino a; [*ship, person*] con rumbo a; **he's ~ for London** se dirige a Londres; *see also* **homeward**

**-bound** [-baʊnd] ADJ (*ending in compounds*) **to be London-bound** [*person*] ir rumbo a Londres; **a Paris-bound flight/plane** un vuelo/avión con destino a París; **the south-bound carriageway** la calzada dirección sur

**boundary** ['baʊndərɪ] Ⓐ N [1] (= *border*) límite *m*; **to make ~ changes** (*Brit Pol*) hacer cambios en las circunscripciones
[2] (*Cricket*) banda *f*
Ⓑ CPD ► **boundary line** N límite *m*, frontera *f* ► **boundary stone** N mojón *m*

**bounden†** ['baʊndən] ADJ **~ duty** obligación *f* ineludible

**bounder†*** ['baʊndəʳ] N (*Brit*) sinvergüenza *m*, granuja *m*

**boundless** ['baʊndlɪs] ADJ (*fig*) ilimitado, sin límite

**bounteous** ['baʊntɪəs], **bountiful** ['baʊntɪfʊl] ADJ [*crop etc*] abundante; [*person*] generoso, munífico

**bounty** ['baʊntɪ] Ⓐ N [1] (= *generosity*) generosidad *f*, munificencia *f*
[2] (= *reward*) recompensa *f*; (*Mil*) premio *m* de enganche
Ⓑ CPD ► **bounty hunter** N cazarrecompensas *mf inv*

**bouquet** [bʊ'keɪ] N [1] [*of flowers*] ramo *m*, ramillete *m*
[2] [*of wine*] buqué *m*

**Bourbon** ['bʊəbən] (*Hist*) Ⓐ N Borbón *m* Ⓑ ADJ borbónico

**bourbon** ['bʊəbən] Ⓐ N Borbón *m*; (*US*) (*also* **~ whiskey**) whisky *m* americano, bourbon *m* Ⓑ ADJ borbónico

**bourgeois** ['bʊəʒwa:] Ⓐ ADJ burgués Ⓑ N burgués/esa *m/f*

**bourgeoisie** [,bʊəʒwa:'zi:] N burguesía *f*

**bout** [baʊt] N [1] [*of illness*] ataque *m*
[2] (= *period*) [*of work*] tanda *f*; **drinking ~** juerga *f*, farra *f* (*LAm**)
[3] (= *boxing match*) combate *m*, encuentro *m*; (*Fencing*) asalto *m*

**boutique** [bu:'ti:k] N boutique *f*, tienda *f* de ropa

**bovine** ['bəʊvaɪn] ADJ bovino; (*fig*) lerdo, estúpido

**bovver:** ['bɒvəʳ] Ⓐ N (*Brit*) camorra* *f* Ⓑ CPD ► **bovver boots** NPL *botas de suela gruesa usadas por los punkis*

**bow¹** [bəʊ] Ⓐ N [1] (= *weapon, Mus*) arco *m*; **~ and arrow** arco *m* y flechas
[2] (= *knot*) lazo *m*; **to tie a ~** hacer un lazo
Ⓑ CPD ► **bow legs** NPL piernas *fpl* arqueadas ► **bow tie** N pajarita *f* ► **bow window** N mirador *m*, ventana *f* saledIza

**bow²** [baʊ] Ⓐ N (= *greeting*) reverencia *f*; **to make a ~** inclinarse (**to** delante de), hacer una reverencia (**to** a); **to make one's ~** presentarse, debutar; **to take a ~** salir a agradecer los aplausos, salir a saludar
Ⓑ VT [1] (= *lower*) [+ *head*] inclinar, bajar
[2] (= *bend*) [+ *back*] encorvar, doblar; [+ *branches*] inclinar, doblar
[3] **to ~ one's thanks** inclinarse en señal de agradecimiento
Ⓒ VI [1] (*in greeting*) inclinarse (**to** delante de), hacer una reverencia (**to** a); ♦***IDIOM* to ~ and scrape** mostrarse demasiado solícito
[2] (= *bend*) [*branch etc*] arquearse, doblarse; **to ~ beneath** (*fig*) estar agobiado por
[3] (*fig*) (= *yield*) inclinarse *or* ceder (**to** ante); **to ~ to the inevitable** resignarse a lo inevitable

►**bow down** Ⓐ VT + ADV (*lit, fig*) doblegar Ⓑ VI + ADV (*lit, fig*) doblegarse

►**bow out** VI + ADV (*fig*) retirarse, despedirse

**bow³** [baʊ] Ⓐ N (*Naut*) (*also* **~s**) proa *f*; **on the port/starboard ~** a babor/estribor; ♦***IDIOM* a shot across the ~s** un cañonazo de advertencia
Ⓑ CPD ► **bow doors** NPL portón *m* de proa ► **bow wave** N *ola causada por un barco al desplazarse por el agua*

**Bow Bells** [,bəʊ'belz] NPL *famoso campanario de Londres*; **born within the sound of ~** nacido en la zona alrededor de Bow Bells (*definición del puro Cockney londinense*)

**bowdlerization** [,baʊdləraɪ'zeɪʃən] N expurgación *f*

**bowdlerize** ['baʊdləraɪz] VT [+ *book*] expurgar

**bowel** ['baʊəl] Ⓐ N [1] intestino *m*
[2] **bowels** (*Anat*) intestinos *mpl*, vientre *msing*; (*fig*) entrañas *fpl*; **the ~s of the earth/ship** las entrañas de la tierra/del barco; **the ~s of compassion** (*liter*) la compasión
Ⓑ CPD ► **bowel movement** N evacuación *f* (del vientre)

**bower** ['baʊəʳ] N emparrado *m*, enramada *f*

**bowing** ['bəʊɪŋ] N (*Mus*) técnica *f* del arco; (*marked on score*) inicio *m* del golpe de arco; **his ~ was sensitive** su uso del arco era sensible; **to mark the ~** indicar *or* marcar los movimientos del arco

**bowl¹** [bəʊl] N [1] (= *large cup*) tazón *m*, cuenco *m*; (= *dish*) (*for soup*) plato *m* sopero; (*for washing up*) palangana *f*, barreño *m*; (*for salad*) fuente *f*, ensaladera *f*; ♦***IDIOM* life isn't a ~ of cherries for her right now** actualmente su vida no es un camino de rosas *or* no es de color de rosa
[2] (= *amount*) plato *m*
[3] (= *hollow*) [*of lavatory*] taza *f*; [*of spoon*] cuenco *m*; [*of pipe*] cazoleta *f*; [*of fountain*] tazón *m*
[4] (*US*) (= *stadium*) estadio *m*
[5] (*Geog*) cuenca *f*

**bowl²** [bəʊl] Ⓐ N [1] (= *ball*) bola *f*, bocha *f*
[2] **~s** (= *game*) (*Brit*) (*on green*) bochas *fpl*; (=

*tenpin bowling*) bolos *mpl*, boliche *m*
Ⓑ VT (*Cricket*) [+ *ball*] lanzar, arrojar; (*also* ~ **out**) [+ *batsman*] eliminar
Ⓒ VI 1 (*Cricket*) lanzar
2 **to go ~ing** (*Brit*) ir a jugar a las bochas; (*US*) ir a jugar al boliche
3 **we were ~ing down Knightsbridge** (*on foot*) caminábamos por Knightsbridge a toda prisa; (*in vehicle*) íbamos por Knightsbridge a toda velocidad

►**bowl along** VI + ADV (*on foot*) caminar a toda prisa; (*in vehicle*) ir a toda velocidad

►**bowl over** VT + ADV 1 (= *knock down*) tumbar, derribar
2 (*fig*) desconcertar, dejar atónito; **we were quite ~ed over by the news** la noticia nos desconcertó *or* sorprendió bastante; **she ~ed him over** ella lo dejó patidifuso*

**bow-legged** ['bəʊ'legɪd] ADJ [*person*] estevado, que tiene las piernas en arco; [*stance*] con las piernas en arco

**bowler[1]** ['bəʊlə<sup>r</sup>] N 1 (*Cricket, Rounders, etc*) lanzador(a) *m/f*; → CRICKET
2 (*US Sport*) jugador(a) *m/f* de bolos

**bowler[2]** ['bəʊlə<sup>r</sup>] N (*Brit*) (*also* ~ **hat**) bombín *m*, sombrero hongo *m*

**bowline** ['bəʊlɪn] N bolina *f*

**bowling** ['bəʊlɪŋ] Ⓐ N 1 (*also* **tenpin ~**) bolos *mpl*, boliche *m*
2 (*on green*) bochas *fpl*
3 (*Cricket*) lanzamiento *m*
Ⓑ CPD ► **bowling alley** N bolera *f*, boliche *m* ► **bowling green** N campo *m* de bochas ► **bowling match** N (*Brit*) concurso *m* de bochas

**bowman** ['bəʊmən] N (*pl* **bowmen**) (= *archer*) arquero *m*; (*with crossbow*) ballestero *m*

**bowsprit** ['bəʊsprɪt] N bauprés *m*

**bowstring** ['bəʊstrɪŋ] N cuerda *f* de arco

**bow-wow** ['baʊ'waʊ] Ⓐ N (*baby talk*) (= *dog*) guau-guau *m*
Ⓑ EXCL ¡guau!

**box[1]** [bɒks] Ⓐ N 1 (*gen*) caja *f*; (= *large*) cajón *m*; (= *chest etc*) arca *f*, cofre *m*; (*for money etc*) hucha *f*; (*for jewels etc*) estuche *m*; **cardboard ~** caja *f* de cartón; **~ of matches** caja *f* de cerillas; **wine ~** *caja de cartón revestida de plástico por dentro y con una llave en el exterior por la que se vierte el vino*; ✦**IDIOM to be out of one's ~** (*Brit*‡) (*from drugs*) estar volado‡, estar colocado (*Sp**); (*from alcohol*) estar como una cuba*
2 (*in theatre, stadium*) palco *m*
3 **the ~** (*Brit**) (= *television*) la caja boba*, la tele*; **we saw it on the ~*** lo vimos en la tele*
4 (*Brit*) (= *road junction*) parrilla *f*
5 (*on form, to be filled in*) casilla *f*
6 (*Sport*) (= *protection*) protector *m*
7 (*also* **post-office ~**) apartado *m* de correos, casilla *f* de correo (*LAm*)
8 (*Typ*) (*surrounding table, diagram*) recuadro *m*
Ⓑ VT poner en una caja; **a ~ed set of six cups and saucers** un juego de seis tazas y platillos envasado en una caja de cartón; **to ~ the compass** cuartear la aguja
Ⓒ CPD ► **box camera** N cámara *f* de cajón ► **box file** N archivador *m*, archivo *m* ► **box girder** N viga *f* en forma de cajón, vigas *fpl* gemelas ► **box junction** N (*Brit Aut*) cruce *m* con parrilla ► **box kite** N *cometa en forma de cubo, abierto por dos lados* ► **box number** N apartado *m* de correos, casilla *f* de correo (*LAm*) ► **box office** N taquilla *f*, boletería *f* (*LAm*); **to be good ~ office** ser taquillero; *see also* **box-office** ► **box pleat** N (*Sew*) tablón *m* ► **box seat** N (*US Theat*) asiento *m* de palco ► **box spring** N muelle *m*

►**box in** VT + ADV 1 (= *fix wooden surround to*) [+ *bath*] tapar *or* cerrar con madera
2 (= *shut in*) [+ *car*] encajonar; **to get ~ed in** (*Sport*) encontrarse tapado
3 (*fig*) **to ~ sb in** acorralar a algn; **to feel ~ed in** sentirse acorralado

►**box off** VT + ADV compartimentar

►**box up** VT + ADV poner en una caja; (*fig*) constreñir

**box[2]** [bɒks] Ⓐ N (= *blow*) **a ~ on the ear** un cachete *m*
Ⓑ VT (*Sport*) boxear contra; **to ~ sb's ears**† guantear a algn, dar un mamporro a algn*
Ⓒ VI boxear; ✦**IDIOM to ~ clever** (*Brit**) andarse listo, montárselo bien*

**box[3]** [bɒks] N (*Bot*) boj *m*

**boxcar** ['bɒks,kɑː<sup>r</sup>] N (*US*) furgón *m*

**boxer** ['bɒksə<sup>r</sup>] Ⓐ N 1 (*Sport*) boxeador(a) *m/f*
2 (= *dog*) bóxer *mf*
Ⓑ CPD ► **boxer shorts** NPL calzones *mpl*

**boxing** ['bɒksɪŋ] Ⓐ N boxeo *m*, box *m* (*LAm*)
Ⓑ CPD ► **Boxing Day** N (*Brit*) día *m* de San Esteban (*26 de diciembre*) ► **boxing gloves** NPL guantes *mpl* de boxeo ► **boxing match** N combate *m* de boxeo ► **boxing ring** N cuadrilátero *m*, ring *m*

**BOXING DAY**

*El día después de Navidad es* **Boxing Day**, *fiesta en todo el Reino Unido, aunque si el 26 de diciembre cae en domingo el día de descanso se traslada al lunes. El nombre proviene de una costumbre del siglo XIX, cuando en dicho día se daba un aguinaldo o pequeño regalo* (**Christmas box**) *a los comerciantes, carteros etc. En la actualidad es una fecha en la que se celebran importantes encuentros deportivos.*

**box-office** ['bɒksɒfɪs] Ⓐ ADJ taquillero
Ⓑ CPD ► **box-office receipts** NPL ingresos *mpl* de taquilla ► **box-office success** N éxito *m* de taquilla; *see also* **box**

**boxroom** ['bɒksrʊm] N (*Brit*) trastero *m*

**boxwood** ['bɒkswʊd] N boj *m*

**boxy** ['bɒksɪ] ADJ (*pej*) [*building*] amazacotado; [*car*] cuadrado

**boy** [bɔɪ] Ⓐ N 1 (= *small*) niño *m*; (= *young man*) muchacho *m*, chico *m*, joven *m* (*LAm*); (= *son*) hijo *m*; **oh ~!** ¡vaya!; **I have known him from a ~** lo conozco desde chico; ✦**IDIOMS to send a ~ to do a man's job** mandar a un muchacho a hacer un trabajo de hombre; **~s will be ~s** ¡los hombres, ya se sabe, son como niños!; *see also* **old C**
2 (*) (= *fellow*) chico *m*, hijo *m*; **that's the ~!** ◊ **that's my ~!** ¡bravo!; **but my dear ~!** ¡pero hijo!, ¡pero hombre!; **García and his ~s in the national team** García y sus muchachos del equipo nacional; **he's out with the ~s** ha salido con los amigos; **he's one of the ~s now** ahora es un personaje; **the ~s in blue** (*Brit**) la policía; *see also* **job A1**
3 (= *servant*) criado *m*
Ⓑ CPD ► **boy band** N (*Brit Mus*) *grupo de música pop masculino* ► **boy racer*** N (*Brit pej*) loco *m* del volante ► **boy scout** N (muchacho *m or* niño *m*) explorador *m* ► **boy wonder*** N niño *m* prodigio, joven promesa *m*

**boycott** ['bɔɪkɒt] Ⓐ N boicot *m*
Ⓑ VT [+ *firm, country*] boicotear

**boyfriend** ['bɔɪfrend] N amigo *m*; (= *fiancé etc*) novio *m*, pololo *m* (*Chile**)

**boyhood** ['bɔɪhʊd] N niñez *f*; (*as teenager*) adolescencia *f*

**boyish** ['bɔɪɪʃ] ADJ [*appearance, manner*] juvenil; (= *tomboyish*) (*of girl*) de muchacho, de chico; (*of small girl*) de niño

**boy-meets-girl** ['bɔɪmiːts'gɜːl] ADJ **a ~ story/film** una historia/película de amor entre un chico y una chica

**boyo*** ['bɔɪəʊ] N (*Brit*) (*often in direct address*) joven *m*, muchacho *m*

**bozo**‡ ['bəʊzəʊ] N (*esp US*) imbécil* *mf*

**BP** N ABBR 1 = **British Petroleum**
2 (= **blood pressure**) TA

**Bp** ABBR (= **Bishop**) ob., obpo.

**B/P, b/p** ABBR (*Comm*) = **bills payable**

**bpi** ABBR (*Comput*) = **bits per inch**

**BPOE** N ABBR (*US*) (= **Benevolent and Protective Order of Elks**) *organización benéfica*

**bps** ABBR (*Comput*) = **bits per second**

**BR** N ABBR = **British Rail** (*formerly*) *ferrocarriles británicos*, ≈ RENFE *f* (*Sp*)

**Br** ABBR 1 (= **Brother**) H., Hno.
2 = **British**

**B/R** ABBR = **bills receivable**

**bra** [brɑː] N sostén *m*, sujetador *m*, corpiño *m* (*Arg*)

**brace** [breɪs] Ⓐ N 1 (*Constr*) (= *strengthening piece*) abrazadera *f*, refuerzo *m*; (*Archit*) riostra *f*, tirante *m*; (*Naut*) braza *f*; (= *tool*) berbiquí *m*; **~ and bit** berbiquí *m* y barrena *f*
2 (*also* **~s**) (*for teeth*) corrector *msing*, aparato *msing*
3 **braces** (*Brit*) tirantes *mpl*, suspensores *mpl* (*LAm*)
4 (*Mus*) corchete *m*
5 (*Typ*) corchete *m*
6 (*pl inv*) (= *pair*) par *m*
Ⓑ VT (= *strengthen*) [+ *building*] asegurar, reforzar; **to ~ o.s.** prepararse (*para resistir una sacudida etc*); (*fig*) fortalecer su ánimo; **to ~ o.s. for** prepararse para; **to ~ o.s. against** agarrarse a

**bracelet** ['breɪslɪt] N pulsera *f*, brazalete *m*

**bracing** ['breɪsɪŋ] ADJ [*air, activity*] vigorizante

**bracken** ['brækən] N helecho *m*

**bracket** ['brækɪt] Ⓐ N 1 (*gen*) soporte *m*; (= *angle bracket*) escuadra *f*; (*Archit*) ménsula *f*, repisa *f*
2 (*Typ*) (*usu pl*) (*round*) paréntesis *m inv*; (*also* **square ~**) corchete *m*; (*angled*) corchete *m* (agudo); (*curly*) corchete *m*, llave *f*; **in ~s** entre paréntesis; *see also* **angle[1] D, square F**
3 (= *group*) clase *f*, categoría *f*; **he's in the £200,000 a year ~** pertenece a la categoría de los que ganan 200,000 libras al año; **income ~** nivel *m* de ingresos
Ⓑ VT 1 (*Constr*) (= *join by brackets*) asegurar con soportes/escuadras
2 (*Typ*) poner entre paréntesis/corchetes
3 (*fig*) (*also* **~ together**) agrupar, poner juntos; **to ~ sth with sth** agrupar algo con algo

►**bracket off** VT + ADV separar, poner aparte

**brackish** ['brækɪʃ] ADJ [*water*] salobre

**brad** [bræd] N puntilla *f*, clavito *m*

**brae** [breɪ] N (*Scot*) ladera *f* de monte, pendiente *f*

**brag** [bræg] Ⓐ VI jactarse, fanfarronear (**about, of** de; **that** de que)
Ⓑ N (= *boast*) fanfarronada *f*, bravata *f*

**braggart** ['brægət] N fanfarrón/ona *m/f*, jactancioso/a *m/f*

**bragging** ['brægɪŋ] N fanfarronadas *fpl*

**Brahman** ['brɑːmən] N (*pl* **Brahmans**), **Brahmin** ['brɑːmɪn] N (*pl* **Brahmin** *or* **Brahmins**) brahmán/ana *m/f*

**Brahmaputra** [ˌbrɑːmə'puːtrə] N Brahmaputra *m*

**braid** [breɪd] (A) N 1 (*on dress, uniform*) galón *m*; **(gold) ~** galón *m* de oro
2 (*esp US*) [*of hair*] trenza *f*
(B) VT (*esp US*) [+ *hair*] trenzar, hacer trenzas en; [+ *material*] galonear

**Braille** [breɪl] (A) N Braille *m*
(B) CPD ► **Braille library** N biblioteca *f* Braille

**brain** [breɪn] (A) N 1 (*Anat*) cerebro *m*; ✦*IDIOMS* **he's got politics on the ~** tiene la política metida en la cabeza; **to get one's ~ into gear*** poner la mente a carburar*
2 **brains** 2·1 (*Anat, Culin*) sesos *mpl*; ✦*IDIOMS* **to beat sb's ~s out*** romper la crisma a algn*; **to blow one's ~s out*** volarse *or* levantarse la tapa de los sesos*
2·2 (*) (= *intelligence*) inteligencia *f*, cabeza *f*; **he's got ~s** es muy listo, tiene mucha cabeza; **he's the ~s of the family** es el listo de la familia; *see also* **pick B5**, **rack[1] B1**
(B) VT (‡) romper la crisma a*
(C) CPD ► **brain damage** N lesión *f* cerebral *or* medular ► **brain death** N muerte *f* clínica *or* cerebral ► **brain drain** N fuga *f* de cerebros ► **brain scan** N exploración *f* cerebral mediante escáner ► **brain scanner** N escáner *m* cerebral ► **brains trust**, **brain trust** (*US*) N grupo *m* de peritos; (*TV etc*) jurado *m* de expertos ► **brain teaser** N rompecabezas *m inv* ► **brain tumour**, **brain tumor** (*US*) N tumor *m* cerebral

**brainchild** ['breɪntʃaɪld] N parto *m* del ingenio, invento *m*

**brain-damaged** ['breɪnˌdæmɪdʒd] ADJ **he was ~ by meningitis** sufrió lesiones cerebrales por la meningitis; **the child was ~ for life** el niño quedó con lesiones medulares de por vida

**brain-dead** ['breɪnˌded] ADJ 1 (*Med*) clínicamente muerto
2 (*) (= *stupid*) subnormal*, tarado*

**brainless** ['breɪnlɪs] ADJ estúpido, tonto

**brainpower** ['breɪnˌpaʊə[r]] N fuerza *f* intelectual

**brainstorm** ['breɪnstɔːm] (A) N 1 (*Brit*) (*fig*) ataque *m* de locura, frenesí *m*
2 (*US*) = **brainwave**
(B) VI *hacer una puesta en común de ideas y sugerencias*
(C) VT [+ *ideas*] poner en común

**brainstorming** ['breɪnstɔːmɪŋ] (A) N puesta *f* en común, brainstorming *m*
(B) CPD ► **brainstorming session** N reunión *f* para hacer una puesta en común

**brainwash** ['breɪnwɒʃ] VT lavar el cerebro a; **to ~ sb into doing sth** convencer a algn para que haga algo

**brainwashing** ['breɪnˌwɒʃɪŋ] N lavado *m* de cerebro

**brainwave** ['breɪnweɪv] N 1 (*Brit**) idea *f* luminosa*, idea *f* genial*
2 **brainwaves** (*Med*) ondas *fpl* cerebrales

**brainwork** ['breɪnwɜːk] N trabajo *m* intelectual

**brainy*** ['breɪnɪ] ADJ (*compar* **brainier**; *superl* **brainiest**) listo, inteligente

**braise** [breɪz] VT (*Culin*) cocer a fuego lento, estofar

**brake[1]** [breɪk] (A) N (*Aut etc*) freno *m*; **to put the ~s on** (*Aut*) frenar; **to put the ~s on sth** (*fig*) poner freno a algo
(B) VI frenar
(C) VT frenar
(D) CPD ► **brake block** N pastilla *f* de frenos ► **brake drum** N tambor *m* de freno ► **brake fluid** N líquido *m* de frenos ► **brake horsepower** N potencia *f* al freno ► **brake lever** N palanca *f* de freno ► **brake light** N luz *f* de freno ► **brake lining** N forro *m or* guarnición *f* del freno ► **brake pad** N pastilla *f* de frenos ► **brake pedal** N pedal *m* de freno ► **brake shoe** N zapata *f* del freno ► **brake van** N (*Brit Rail*) furgón *m* de cola

**brake[2]** [breɪk] N (= *vehicle*) break *m*; (= *estate car*) rubia *f*

**brake[3]** [breɪk] N (*Bot*) helecho *m*; (= *thicket*) soto *m*

**brakesman** ['breɪksmən] N (*pl* **brakesmen**) encargado *m* del montacargas de la mina

**braking** ['breɪkɪŋ] (A) N (*Aut etc*) frenado *m*
(B) CPD ► **braking distance** N distancia *f* de parada ► **braking power** N potencia *f* de freno

**bramble** ['bræmbl] N zarza *f*

**bran** [bræn] (A) N salvado *m*
(B) CPD ► **bran tub** N (*Brit*) sorteo *m* de regalos

**branch** [brɑːntʃ] (A) N 1 [*of tree*] rama *f*; (*fig*) [*of science*] rama *f*; [*of government, police*] sección *f*; [*of industry*] ramo *m*
2 (*Comm*) [*of company, bank*] sucursal *f*
3 (*in road, railway, pipe*) ramal *m*
4 [*of river*] brazo *m*; (*US*) [*of stream*] arroyo *m*
5 [*of family*] rama *f*
(B) VI [*road etc*] bifurcarse
(C) CPD ► **branch line** N (*Rail*) ramal *m*, línea *f* secundaria ► **branch manager** N director(a) *m/f* de sucursal ► **branch office** N sucursal *f*

► **branch off** VI + ADV **after a few miles, a small road ~es off to the right** después de unas cuantas millas hay una carretera pequeña que sale hacia la derecha; **we ~ed off before reaching Madrid** tomamos un desvío antes de llegar a Madrid; **we ~ed off at Medina** tomamos el desvío de la carretera principal en Medina

► **branch out** VI + ADV (*fig*) extenderse

**brand** [brænd] (A) N 1 (*Comm*) marca *f* (de fábrica)
2 (*Agr*) (= *mark*) marca *f*; (= *iron*) hierro *m* de marcar
3 (= *burning wood*) tizón *m*, tea *f*
(B) VT 1 [+ *cattle*] marcar (con hierro candente)
2 (*fig*) **to ~ sb as** tildar a algn de; **to ~ sth as** calificar algo de; **to be ~ed as a liar** ser tildado de mentiroso; **it is ~ed on my memory** lo tengo grabado en la memoria
3 **~ed goods** (*Comm*) artículos *mpl* de marca
(C) CPD ► **brand awareness** N conciencia *f* de marca ► **brand image** N imagen *f* de marca ► **brand loyalty** N fidelidad *f* a una marca ► **brand name** N nombre *m* de marca

**branding iron** ['brændɪŋˌaɪən] N hierro *m* (de marcar)

**brandish** ['brændɪʃ] VT [+ *weapon*] blandir

**brand-new** ['brænd'njuː] ADJ [*car, motorbike*] salido de fábrica, flamante; [*house, sofa*] completamente nuevo; [*boyfriend, TV series*] nuevo

**brandy** ['brændɪ] (A) N coñac *m*, brandy *m*
(B) CPD ► **brandy butter** N mantequilla *f* al coñac ► **brandy snap** N *barquillo con sabor a jengibre y generalmente relleno de nata*

**brash** [bræʃ] ADJ (*compar* **brasher**; *superl* **brashest**) 1 (= *over-confident*) presuntuoso; (= *rash*) impetuoso
2 (= *crude*) [*colour*] chillón; [*taste*] vulgar

**brashly** ['bræʃlɪ] ADV 1 [*act*] (= *over-confidently*) presuntuosamente; (= *rashly*) impetuosamente
2 (*with adj*) [*intrusive*] descaradamente

**brashness** ['bræʃnɪs] N (= *over-confidence*) presunción *f*; (= *rashness*) impetuosidad *f*

**Brasilia** [brə'zɪljə] N Brasilia *f*

**brass** [brɑːs] (A) N 1 (= *metal*) latón *m*; *see also* **bold**
2 (= *plate*) placa *f* conmemorativa; (*Rel*) plancha *f* sepulcral (de latón); **to clean the ~es** pulir los bronces
3 **the ~** 3·1 (*Mus*) los metales
3·2 (*Mil*) los jefazos; *see also* **top E**
4 (*Brit*‡) (= *money*) pasta* *f*
5 (‡) (= *impudence*) cara* *f*; **he had the ~ to ask me for it** tuvo la cara de pedírmelo*
(B) ADJ (= *made of brass*) (hecho) de latón; ✦*IDIOMS* **not to be worth a ~ farthing** no valer un ardite; **it's cold enough to freeze a ~ monkey** ◊ **it's ~ monkey weather** (*Brit*‡) ¡hace un frío que pela!*; **to get down to ~ tacks*** ir al grano*
(C) CPD ► **brass band** N banda *f* de metal ► **brass hat*** N (*Mil*) jefazo/a* *m/f* ► **brass knuckles** NPL (*US*) nudilleras *fpl* ► **brass neck*** N cara(dura)* *f*, valor *m* ► **brass rubbing** N (= *art, object*) calco *m* de plancha sepulcral (de latón) ► **the brass section** N (*Mus*) los metales

► **brass off*** VT + ADV fastidiar

**brassed off*** ['brɑːst'ɒf] ADJ (*Brit*) **to be ~ with** estar hasta la coronilla *or* las narices de*

**brasserie** ['brɑːsərɪ] N brasserie *f*

**brassica** ['bræsɪkə] N brassica *f*, crucífera *f*

**brassiere** ['bræsɪə[r]] N sostén *m*, sujetador *m*, corpiño *m* (*Arg*)

**brassy** ['brɑːsɪ] ADJ (*compar* **brassier**; *superl* **brassiest**) 1 (= *like brass*) (*in colour*) dorado, de color dorado; (= *cheap*) ordinario
2 (= *harsh*) [*sound*] estridente; (= *metallic*) metálico
3 [*person*] descarado

**brat*** [bræt] (A) N (*pej*) mocoso/a* *m/f*
(B) CPD ► **brat pack** N (*pej*) (= *actors etc*) *generación de jóvenes artistas con éxito*

**bravado** [brə'vɑːdəʊ] N (*pl* **bravados** *or* **bravadoes**) bravatas *fpl*, baladronadas *fpl*; **a piece of ~** una bravata; **out of sheer ~** de puro bravucón

**brave** [breɪv] (A) ADJ (*compar* **braver**; *superl* **bravest**) 1 (= *courageous*) [*person, deed*] valiente, valeroso; **be ~!** ¡sé valiente!; **that was very ~ of you** has demostrado mucho valor al hacer eso; **she went in with a ~ smile** entró sonriendo valientemente; **try to put on a ~ smile** intenta sonreír aunque te cueste; **to make a ~ attempt to do sth** intentar valientemente hacer algo; ✦*IDIOM* **as ~ as a lion** más fiero que un león; *see also* **face**
2 (*liter*) (= *splendid*) magnífico (*liter*); **a Brave New World** un mundo feliz
(B) N 1 **the ~** los valientes; **the ~st of the ~** los más valientes entre los valientes
2 (= *Indian*) guerrero *m*
(C) VT [+ *weather*] afrontar, hacer frente a; [+ *death*] desafiar; **to ~ the storm** (*fig*) capear el temporal; **to ~ sb's anger** afrontar *or* hacer frente a la ira de algn

► **brave out** VT + ADV **to ~ it out** afrontar la situación

**bravely** ['breɪvlɪ] ADV valientemente, con valor; **she smiled ~** sonrió valiente *or* valientemente; **the flag was flying ~** la bandera ondeaba magnífica

**bravery** ['breɪvərɪ] N valentía *f*, valor *m*

**bravo** ['brɑː'vəʊ] EXCL (*pl* **bravoes** *or* **bravos**) ¡bravo!, ¡olé!

**bravura** [brəˈvʊərə] Ⓐ N 1 arrojo *m*, brío *m*
2 (*Mus*) virtuosismo *m*
Ⓑ CPD [*display, performance*] brillante

**brawl** [brɔːl] Ⓐ N pelea *f*, reyerta *f*
Ⓑ VI pelear, pegarse

**brawling** [ˈbrɔːlɪŋ] Ⓐ ADJ pendenciero, alborotador
Ⓑ N peleas *fpl*, alboroto *m*

**brawn** [brɔːn] N 1 (*Brit Culin*) carne *f* en gelatina
2 (= *strength*) fuerza *f* muscular

**brawny** [ˈbrɔːnɪ] ADJ fornido, musculoso

**bray** [breɪ] Ⓐ N [*of ass*] rebuzno *m*; (= *laugh*) carcajada *f*
Ⓑ VI [*ass*] rebuznar; [*trumpet*] sonar con estrépito

**braze** [breɪz] VT soldar

**brazen** [ˈbreɪzn] Ⓐ ADJ 1 (= *shameless*) descarado; **I couldn't do anything so ~ as that** yo nunca podría hacer algo con tanto descaro; **a ~ hussy** una desvergonzada, una descarada
2 (= *made of brass*) de latón
Ⓑ VT **to ~ it out** echar cara (a la situación)

**brazenly** [ˈbreɪznlɪ] ADV descaradamente, con descaro

**brazenness** [ˈbreɪzənnɪs] N descaro *m*

**brazier** [ˈbreɪzɪəʳ] N brasero *m*

**Brazil** [brəˈzɪl] Ⓐ N Brasil *m*
Ⓑ CPD ► **Brazil nut** N nuez *f* del Brasil

**Brazilian** [brəˈzɪlɪən] Ⓐ ADJ brasileño
Ⓑ N brasileño/a *m/f*

**BRCS** N ABBR = **British Red Cross Society**

**breach** [briːtʃ] Ⓐ N 1 (= *violation*) [*of law etc*] violación *f*, infracción *f*; **~ of confidence** *or* **faith** abuso *m* de confianza; **~ of contract** incumplimiento *m* de contrato; **to be in ~ of a rule** incumplir una regla; **~ of the peace** (*Jur*) perturbación *f* del orden público; **~ of privilege** (*Parl*) abuso *m* del privilegio parlamentario; **~ of promise** incumplimiento *m* de la palabra de casamiento; **~ of security** fallo *m* de seguridad
2 (= *gap*) (*in wall, Mil*) brecha *f*; ✦***IDIOMS*** **to fill the ~** ◊ **step into the ~** llenar el vacío
3 (= *estrangement*) ruptura *f*; (*between friends*) (= *act*) rompimiento *m* de relaciones; (= *state*) desavenencia *f*; **to heal the ~** hacer las paces
Ⓑ VT 1 [+ *defences, wall*] abrir brecha en
2 [+ *security*] poner en peligro
Ⓒ VI [*whale*] salir a la superficie

**bread** [bred] Ⓐ N 1 (= *food*) pan *m*; **white/brown/rye/wholemeal ~** pan *m* blanco/moreno/de centeno/integral; **~ and butter** pan *m* con mantequilla; (*) (*fig*) (= *living*) pan de cada día*; **to be on ~ and water** estar a pan y agua; **the ~ and wine** (*Rel*) el pan y el vino; ✦***IDIOMS*** **to break ~ with** sentarse a la mesa con; **to cast one's ~ on the waters** hacer el bien sin mirar a quién; **to earn one's daily ~** ganarse el pan; **to know which side one's ~ is buttered (on)** saber dónde aprieta el zapato; **to take the ~ out of sb's mouth** quitar el pan de la boca de algn; ✦***PROV*** **man cannot live by ~ alone** no sólo de pan vive el hombre; *see also* **bread-and-butter**
2 (‡) (= *money*) pasta* *f*, lana *f* (*LAm**), plata *f* (*LAm**)
Ⓑ CPD ► **bread grains** NPL granos *mpl* panificables ► **bread pudding** N pudín *m* de leche y pan

**bread-and-butter** [ˈbredənˈbʌtəʳ] Ⓐ ADJ (*fig*) [*issues, needs*] básico, primario; [*product*] de más venta; [*customer*] más asiduo
Ⓑ CPD ► **bread-and-butter letter** N carta *f* de agradecimiento (*a una señora en cuya casa el invitado ha pasado varios días*) ► **bread-and-butter pudding** N pudín *m* de pan y mantequilla

**breadbasket** [ˈbred,bɑːskɪt] N 1 (= *container*) cesto *m* para el pan
2 (*fig*) (= *country, area*) granero *m*
3 (‡) (= *stomach*) panza* *f*, tripa *f* (*Sp**)

**breadbin** [ˈbredbɪn] N panera *f*

**breadboard** [ˈbredbɔːd] N (*in kitchen*) tabla *f* para cortar el pan; (*Comput*) circuito *m* experimental

**breadbox** [ˈbredbɒks] N (*US*) = **breadbin**

**breadcrumb** [ˈbredkrʌm] N 1 miga *f*, migaja *f*
2 **breadcrumbs** (*Culin*) pan *m* rallado; **fish in ~s** pescado *m* empanado

**breaded** [ˈbredɪd] ADJ empanado

**breadfruit** [ˈbredfruːt] Ⓐ N (*pl* **breadfruit** *or* **breadfruits**) fruto *m* del árbol del pan
Ⓑ CPD ► **breadfruit tree** N árbol *m* del pan

**breadknife** [ˈbrednaɪf] N (*pl* **breadknives**) cuchillo *m* para cortar pan

**breadline** [ˈbredlaɪn] N (*US*) cola *f* del pan; ✦***IDIOM*** **on the ~** (*Brit*) en la miseria

**breadstick** [ˈbredstɪk] N piquito *m*, palito *m*

**breadth** [bretθ] N 1 (= *width*) anchura *f*, ancho *m*; **to be two metres in ~** tener dos metros de ancho
2 (*fig*) [*of experience, knowledge*] amplitud *f*

**breadthwise** [ˈbretθwaɪz] ADV de lado a lado

**breadwinner** [ˈbred,wɪnəʳ] N sostén *m* de la familia

**break** [breɪk] (*vb: pt* **broke**; *pp* **broken**) Ⓐ N 1 (= *fracture*) rotura *f*; (*in bone*) fractura *f*; (*fig*) (*in relationship*) ruptura *f*; **to make a ~ with** romper con
2 (= *gap*) (*in wall etc*) abertura *f*, brecha *f*; (= *crack*) grieta *f*; (*Typ*) (*on paper etc*) espacio *m*, blanco *m*; (*Elec*) (*in circuit*) corte *m*; **a ~ in the clouds** un claro entre las nubes
3 (= *pause*) (*in conversation*) interrupción *f*, pausa *f*; (*in journey*) descanso *m*, pausa *f*; (= *stop*) parada *f*; (= *holiday*) vacaciones *fpl*; (= *rest*) descanso *m*; (= *tea break*) descanso *m* para tomar el té, once(s) *f(pl)* (*LAm*); (*Brit Scol*) recreo *m*; **a ~ in continuity** una solución de continuidad; **give me a ~!** ¡dame un respiro!; (*impatient*) ¡déjame, anda!; **to have** *or* **take a ~** descansar, tomarse un descanso; **to take a weekend ~** hacer una escapada de fin de semana; **with a ~ in her voice** con la voz entrecortada; **a ~ in the weather** un cambio del tiempo; **without a ~** sin descanso *or* descansar
4 (*) (= *chance*) oportunidad *f*; **to give sb a ~** dar una oportunidad a algn; **lucky ~** golpe *m* de suerte, racha *f* de buena suerte
5 (= *break-out*) fuga *f*; **to make a ~ for it*** tratar de fugarse
6 **at ~ of day** (*liter*) al amanecer
7 (*Tennis*) ruptura *f*; **two ~s of service** dos servicios rotos
8 (*Billiards, Snooker*) tacada *f*, serie *f*
9 (= *vehicle*) break *m*, volanta *f* (*LAm*)
Ⓑ VT 1 (= *smash*) [+ *glass etc*] romper; [+ *branch, stick*] romper, quebrar (*LAm*); [+ *ground*] roturar; [+ *code*] descifrar; [+ *conspiracy*] deshacer; [+ *drugs ring etc*] desarticular; **to ~ one's back** romperse la columna; **I'm not going to ~ my back to finish it today** no me voy a matar para terminarlo hoy; **to ~ sb's heart** romper *or* partir el corazón a algn; **to ~ one's leg** romperse la pierna; **~ a leg!*** (*Theat*) ¡buena suerte!; **to ~ surface** [*submarine, diver*] emerger, salir a la superficie; ✦***IDIOM*** **to ~ the ice** romper el hielo; *see also* **spirit A3**
2 (= *surpass*) [+ *record*] batir, superar
3 (= *fail to observe*) [+ *law, rule*] violar, quebrantar; [+ *appointment*] no acudir a; **he broke his word/promise** faltó a su palabra/promesa; **to ~ a date** faltar a una cita
4 (= *weaken, destroy*) [+ *resistance, spirits*] quebrantar, quebrar (*LAm*); [+ *health*] quebrantar; [+ *strike*] romper, quebrar (*LAm*); [+ *habit*] perder; [+ *horse*] domar, amansar; [+ *bank*] (*in gambling*) quebrar, hacer quebrar; [+ *person*] (*financially*) arruinar; (*morally*) abatir, vencer; **to ~ sb of a habit** quitar una costumbre a algn
5 (= *interrupt*) [+ *silence, spell*] romper; [+ *journey*] interrumpir; [+ *electrical circuit*] cortar, interrumpir
6 (= *soften*) [+ *force*] mitigar, contener; [+ *impact, fall*] amortiguar
7 (= *disclose*) [+ *news*] comunicar (**to** a)
8 (= *leave*) **to ~ camp** levantar el campamento; **to ~ cover** salir al descubierto; **to ~ ranks** romper filas
9 **to ~ sb's serve** *or* **service** (*Tennis*) romper el servicio de algn
10 (*Naut*) [+ *flag*] desplegar
11 (*US**) **can you ~ me a 100-dollar bill?** ¿me puede cambiar un billete de 100 dólares?
Ⓒ VI 1 (= *smash*) [*window, glass*] romperse; (*into pieces*) hacerse pedazos
2 (= *be fractured*) [*chair*] romperse, partirse; [*branch, twig*] romperse, quebrarse (*LAm*); [*limb*] fracturarse; [*boil*] reventar; (*fig*) [*heart*] romperse, partirse
3 (= *cease to function*) [*machine*] estropearse
4 (= *arrive*) [*dawn, day*] apuntar, rayar; [*news*] darse a conocer; [*story*] revelarse; [*storm*] estallar; [*wave*] romper
5 (= *give way*) [*health, spirits*] quebrantarse; [*weather*] cambiar; [*heat wave*] terminar; [*boy's voice*] mudarse; [*singing voice*] cascarse; [*bank*] quebrar
6 (= *pause*) **let's ~ for lunch** vamos a hacer un descanso para comer
7 **to ~ free** (*from chains, ropes etc*) soltarse; (*fig*) liberarse; **to ~ loose** desatarse, escaparse; (*fig*) desencadenarse
8 **to ~ even** cubrir los gastos
9 (*Boxing*) separarse
10 (*Billiards, Snooker*) abrir el juego
11 (*Sport*) [*ball*] torcerse, desviarse
Ⓓ CPD ► **break dancer** N bailarín/ina *m/f* de break ► **break dancing** N break *m* ► **break point** N (*Tennis*) punto *m* de break, punto *m* de ruptura; (*Comput*) punto *m* de interrupción

►**break away** VI + ADV 1 [*piece*] desprenderse, separarse
2 (*Ftbl etc*) escapar, despegarse
3 **to ~ away from** [+ *guard*] evadirse de; [+ *group*] (= *leave*) separarse de; (*from disagreement*) romper con

►**break down** Ⓐ VT + ADV 1 (= *destroy*) [+ *door etc*] echar abajo, derribar; [+ *resistance*] vencer, acabar con; [+ *suspicion*] disipar
2 (= *analyse*) [+ *figures*] analizar, desglosar; [+ *substance*] descomponer
Ⓑ VI + ADV [*machine*] estropearse, malograrse (*Peru*), descomponerse (*LAm*); (*Aut*) averiarse, descomponerse (*LAm*); [*person*] (*under pressure*) derrumbarse; (*from emotion*) romper *or* echarse a llorar; [*health*] quebrantarse; [*talks etc*] fracasar; [*chemicals, waste*] descomponerse .

►**break forth** VI + ADV [*light, water*] surgir; [*storm*] estallar; **to ~ forth into song** ponerse a cantar

►**break in** Ⓐ VT + ADV 1 [+ *door*] forzar, echar abajo
2 (= *train*) [+ *horse*] domar, amansar; [+ *re-*

*cruit*] formar
3 [+ *shoes*] domar, acostumbrarse a
Ⓑ VI + ADV 1 [*burglar*] forzar la entrada
2 (= *interrupt*) (*on conversation*) interrumpir
►**break into** VI + PREP 1 [+ *house*] entrar a robar en, allanar; [+ *safe*] forzar
2 (*Comm etc*) **to ~ into a new market** introducirse en un mercado nuevo; **to ~ into films** introducirse en el mundo cinematográfico
3 (= *begin suddenly*) echar a, romper a; **to ~ into a run** echar *or* empezar a correr; **to ~ into song** ponerse a cantar
►**break off** Ⓐ VT + ADV 1 [+ *piece etc*] partir
2 (= *end*) [+ *engagement, talks*] romper; (*Mil*) [+ *action*] terminar
Ⓑ VI + ADV 1 [*piece of rock, ice, handle*] desprenderse; [*twig, segment of orange*] desgajarse
2 (= *stop*) interrumpirse, pararse
►**break out** Ⓐ VI + ADV 1 [*prisoners*] fugarse, escaparse
2 (= *begin*) [*fire, war, epidemic*] estallar; [*discussion, fighting, argument*] producirse
3 **he broke out in spots** le salieron granos; **he broke out in a sweat** quedó cubierto de sudor
Ⓑ VT + ADV [+ *champagne etc*] descorchar
►**break through** Ⓐ VI + ADV [*sun*] salir; [*water etc*] abrirse paso, abrirse (un) camino; **to ~ through to** [+ *new seam*] [*miners*] llegar a, abrir un camino hasta
Ⓑ VI + PREP [+ *defences, barrier*] atravesar; [+ *crowd*] abrirse paso entre
►**break up** Ⓐ VT + ADV 1 [+ *rocks etc*] hacer pedazos, deshacer; [+ *ship*] desguazar
2 (*fig*) [+ *crowd*] dispersar, disolver; [+ *meeting, organization*] disolver; [+ *gang*] desarticular; [+ *marriage*] deshacer; [+ *estate*] parcelar; [+ *industry*] desconcentrar; [+ *fight*] intervenir en; **~ it up!** ¡basta ya!
3 (*US**) (= *cause to laugh*) hacer reír a carcajadas
Ⓑ VI + ADV 1 [*ship*] hacerse pedazos; [*ice*] deshacerse
2 (*fig*) [*partnership*] deshacerse, disolverse; [*marriage*] deshacerse; [*federation*] desmembrarse; [*group*] disgregarse; [*weather*] cambiar; [*crowd, clouds*] dispersarse; **they broke up after ten years of marriage** se separaron después de diez años de matrimonio
3 (= *divide*) dividirse, desglosarse (**into** en)
4 (*Brit*) [*pupils*] empezar las vacaciones; [*session*] levantarse, terminar; **the school ~s up tomorrow** las clases terminan mañana
5 (*US**) (= *laugh*) reír a carcajadas
►**break with** VI + PREP **to ~ with sth/sb** romper con algo/algn

**breakable** ['breɪkəbl] Ⓐ ADJ (= *brittle*) quebradizo; (= *fragile*) frágil
Ⓑ N **breakables** objetos *mpl* frágiles

**breakage** ['breɪkɪdʒ] N (= *act of breaking*) rotura *f*; (= *thing broken*) destrozo *m*

**breakaway** ['breɪkəweɪ] Ⓐ ADJ [*group etc*] disidente
Ⓑ N (*Sport*) escapada *f*
Ⓒ CPD ► **breakaway state** N (*Pol*) estado *m* independizado

**breakdown** ['breɪkdaʊn] Ⓐ N 1 (= *failure*) [*of system, electricity*] fallo *m*; [*of negotiations, marriage*] fracaso *m*; [*of vehicle, machine*] avería *f*, descompostura *f* (*LAm*)
2 (*fig*) [*of talks*] ruptura *f*
3 (*Med*) colapso *m*, crisis *f inv* nerviosa
4 (= *analysis*) [*of numbers etc*] análisis *m inv*, desglose *m*; (*Chem*) descomposición *f*; (= *report*) informe *m* detallado
Ⓑ CPD ► **breakdown service** N (*Brit Aut*) servicio *m* de asistencia en carretera ► **breakdown truck, breakdown van** N (*Brit Aut*) (camión *m*) grúa *f*

**breaker** ['breɪkəʳ] N (= *wave*) ola *f* grande

**break-even** [ˌbreɪk'iːvən] ADJ **~ chart** gráfica *f* del punto de equilibrio; **~ point** punto *m* de equilibrio

**breakfast** ['brekfəst] Ⓐ N desayuno *m*; **to have ~** desayunar
Ⓑ VI desayunar; **to ~ off** *or* **on eggs** desayunar huevos
Ⓒ CPD ► **breakfast cereal** N cereales *mpl* para el desayuno ► **breakfast cup** N taza *f* de desayuno ► **breakfast room** N habitación *f* del desayuno ► **breakfast time** N hora *f* del desayuno ► **breakfast TV** N tele(visión) *f* matinal

**break-in** ['breɪkˌɪn] N robo *m* (con allanamiento de morada)

**breaking** ['breɪkɪŋ] Ⓐ N 1 rotura *f*, rompimiento *m*
2 **~ and entering** (*Jur*) violación *f* de domicilio, allanamiento *m* de morada
Ⓑ CPD ► **breaking point** N punto *m* de máxima tensión tolerable; (*fig*) [*of person*] límite *m*; **to reach ~-point** llegar al límite

**breaking-up** [ˌbreɪkɪŋ'ʌp] N [*of meeting etc*] disolución *f*, levantamiento *m* (de la sesión); [*of school, college*] fin *m* de las clases, fin *m* de curso

**breakneck** ['breɪknek] ADJ **at ~ speed** a una velocidad vertiginosa

**break-out** ['breɪkaʊt] N fuga *f*, evasión *f*

**breakthrough** ['breɪkθruː] N (*Mil*) avance *m*; (*in research etc*) adelanto *m* muy importante; **to achieve** *or* **make a ~** conseguir *or* hacer un adelanto muy importante

**break-up** ['breɪkʌp] Ⓐ N [*of partnership*] disolución *f*; [*of couple*] separación *f*
Ⓑ CPD ► **break-up value** N (*Comm*) valor *m* en liquidación

**breakwater** ['breɪkˌwɔːtəʳ] N rompeolas *m inv*

**bream** [briːm] N (= *sea bream*) besugo *m*

**breast** [brest] Ⓐ N (= *chest*) pecho *m*; [*of woman*] seno *m*, pecho *m*; (*Culin*) [*of bird*] pechuga *f*; (*fig*) corazón *m*; **to beat one's ~** darse golpes de pecho; ✦***IDIOM*** **to make a clean ~ of** confesar con franqueza; **to make a clean ~ of it** confesarlo todo, descargar la conciencia
Ⓑ VT 1 [+ *waves*] hacer cara a, arrostrar
2 (*Sport*) [+ *finishing tape*] romper
Ⓒ CPD ► **breast cancer** N cáncer *m* de mama ► **breast milk** N leche *f* materna ► **breast pocket** N bolsillo *m* de pecho

**breastbone** ['brestbəʊn] N esternón *m*

**breast-fed** ['brestfed] ADJ criado a pecho

**breast-feed** ['brestfiːd] (*pt, pp* **breast-fed**) VT amamantar, criar a los pechos

**breast-feeding** ['brestˌfiːdɪŋ] N amamantamiento *m*, cría *f* a los pechos

**breastplate** ['brestpleɪt] N peto *m*

**breaststroke** ['breststrəʊk] N braza *f* de pecho; **to swim** *or* **do the ~** nadar a la braza

**breastwork** ['brestwɜːk] N parapeto *m*

**breath** [breθ] Ⓐ N 1 (*lit*) (= *respiration*) aliento *m*; **you could smell the whisky on his ~** estaba claro que el aliento le olía a whisky; **without pausing for ~** sin detenerse ni un momento para recobrar el aliento *or* la respiración; **to have bad ~** tener mal aliento; **he stopped running to catch his ~** dejó de correr para recobrar el aliento *or* la respiración; **the pain made her catch her ~** el dolor hizo que se le cortara la respiración; **to draw ~** (*lit*) respirar; (*liter*) (= *exist*) **he was one of the meanest people who ever drew ~** era una de las personas más mezquinas que jamás ha visto este mundo; **to draw one's first ~** (*liter*) venir al mundo; **to draw one's last ~** (*liter*) exhalar el último suspiro (*liter*); **to get one's ~ back** recobrar el aliento *or* la respiración; **to hold one's ~** (*lit*) contener la respiración; (*fig*) **the whole world is holding its ~** el mundo entero está en vilo; **"he said he would be here" — "well, I wouldn't hold your ~"** —dijo que vendría —sí, pues yo le esperaría sentado*; **to lose one's ~** perder el aliento; **to be/get out of ~** estar/quedar sin aliento; **in the same** *or* **next ~** acto seguido; **she felt hot and short of ~** tenía calor y se ahogaba; **he was short of ~ after the climb** estaba sin aliento después de la escalada; **she has asthma and sometimes gets short of ~** tiene asma y a veces se ahoga *or* le falta el aliento; **she sucked in her ~** tomó aliento, aspiró; **to take a ~** respirar; **he took a deep ~** respiró hondo; **to take one's ~ away** dejar a uno sin habla; **he muttered something under his ~** dijo algo entre dientes *or* en voz baja; **to waste one's ~*** gastar saliva (en balde)*; *see also* **bated, save A4**
2 (*fig*) (= *puff*) soplo *m*; **there wasn't a ~ of wind** no corría ni un soplo de viento; **we must avoid the slightest ~ of scandal** debemos evitar el más mínimo soplo de escándalo; **a ~ of fresh air**: **we went out for a ~ of fresh air** salimos a tomar el (aire) fresco; **she's like a ~ of fresh air** es como un soplo de aire fresco
Ⓑ CPD ► **breath test** N (*Aut*) prueba *f* de alcoholemia; *see also* **breath-test**

**breathable** ['briːðəbl] ADJ [*air*] respirable, que se puede respirar; [*fabric, garment*] transpirable, que deja pasar el aire

**breathalyse**, **breathalyze** (*US*) ['breθəlaɪz] VT someter a la prueba de la alcoholemia *or* del alcohol

**Breathalyser®**, **Breathalyzer** (*US*) ['breθəlaɪzəʳ] Ⓐ N alcoholímetro *m*
Ⓑ CPD ► **Breathalyser test** N prueba *f* de la alcoholemia

**breathe** [briːð] Ⓐ VT 1 [+ *air*] respirar; **to ~ air into a balloon** inflar un globo soplando; **he ~d alcohol all over me** el aliento le apestaba a alcohol; ✦***IDIOMS*** **to ~ new life into sth** infundir nueva vida a algo; **to ~ one's last** (*liter*) (= *die*) exhalar el último suspiro (*liter*)
2 (= *utter*) [+ *prayer*] decir en voz baja; **to ~ a sigh** suspirar, dar un suspiro; **I won't ~ a word** no diré nada *or* palabra
Ⓑ VI 1 [*person, animal*] respirar; [*noisily*] resollar; **now we can ~ again** (*fig*) ahora podemos respirar tranquilos; *see also* **neck A1**
2 [*wine*] respirar
3 [*fabric, garment*] transpirar, dejar pasar el aire
►**breathe in** VT + ADV, VI + ADV aspirar
►**breathe out** Ⓐ VT + ADV exhalar
Ⓑ VI + ADV espirar

**breather*** ['briːðəʳ] N (= *short rest*) respiro *m*, descanso *m*; **to take a ~** tomarse un respiro *or* descanso; **to give sb a ~** dejar que algn se tome un respiro *or* descanso

**breathing** ['briːðɪŋ] Ⓐ N respiración *f*; **heavy ~** resuello *m*
Ⓑ CPD ► **breathing apparatus** N respirador *m* ► **breathing space** N (*fig*) respiro *m* ► **breathing tube** N tubo *m* de respiración

**breathless** ['breθlɪs] ADJ 1 (*from exertion*) [*voice*] entrecortado; **he arrived ~** llegó sin alien-

to, llegó jadeando; **she was ~ from climbing the stairs** subir las escaleras la había dejado sin aliento; **it leaves you ~** corta la respiración; **at a ~ pace** a un ritmo acelerado
**2** (*with excitement*) **a ~ silence** un silencio intenso; **she was ~ with excitement** la emoción la había dejado sin aliento; **we were ~ with anticipation** esperábamos ansiosísimos

**breathlessly** ['breθlɪslɪ] ADV **1** (*lit*) [*say, ask*] entrecortadamente, jadeante; [*walk, climb*] jadeando, con la respiración entrecortada
**2** (*fig*) [*watch, wait*] ansiosamente

**breathlessness** ['breθlɪsnɪs] N falta *f* de aliento, dificultad *f* al respirar

**breathtaking** ['breθ,teɪkɪŋ] ADJ [*sight*] imponente, impresionante; [*speed*] vertiginoso; [*effrontery*] pasmoso; **the view is ~** la vista corta la respiración, la vista es imponente *or* impresionante

**breathtakingly** ['breθ,teɪkɪŋlɪ] ADV **~ beautiful** de una belleza impresionante, tan hermoso que corta la respiración; **~ simple** de una sencillez impresionante *or* pasmosa; **to go ~ fast** ir a una velocidad vertiginosa

**breath-test** ['breθtest] VT someter a la prueba de la alcoholemia *or* del alcohol; *see also* **breath**

**breathy** ['breθɪ] ADJ [*voice*] entrecortado

**bred** [bred] PT, PP *of* **breed**

**-bred** [bred] ADJ (*ending in compounds*) criado, educado; **well-bred** bien educado, formal

**breech** [bri:tʃ] Ⓐ N [*of gun*] recámara *f*
Ⓑ CPD ► **breech birth, breech delivery** N (*Med*) parto *m* de nalgas; **he was a ~ birth** nació de nalgas

**breeches** ['bri:tʃɪz] Ⓐ NPL calzones *mpl*; **riding ~** pantalones *mpl* de montar; ✦***IDIOM*** **to wear the ~** llevar los pantalones *or* calzones
Ⓑ CPD ► **breeches buoy** N (*Naut*) boya *f* pantalón

**breechloader** ['bri:tʃ,ləʊdəʳ] N arma *f* de retrocarga

**breed** [bri:d] (*vb: pt, pp* **bred**) Ⓐ N (*lit*) [*of animal*] raza *f*; [*of plant*] variedad *f*; (*fig*) estirpe *f*
Ⓑ VT **1** [+ *animals*] criar; **town bred** criado en la ciudad; **they are bred for show** se crían para las exposiciones; **we ~ them for hunting** los criamos para la caza
**2** (*fig*) [+ *hate, suspicion*] crear, engendrar
Ⓒ VI [*animals*] reproducirse, procrear; **they ~ like flies** *or* **rabbits** se multiplican como conejos

**breeder** ['bri:dəʳ] N **1** (= *person*) criador(a) *m/f*
**2** (= *animal*) reproductor(a) *m/f*
**3** (*Phys*) (*also* **~ reactor**) reactor *m*

**breeding** ['bri:dɪŋ] Ⓐ N **1** (*Bio*) reproducción *f*
**2** [*of stock*] cría *f*
**3** [*of person*] (*also* **good ~**) educación *f*, crianza *f*; **bad ~** ◊ **ill ~** mala crianza *f*, falta *f* de educación; **he has (good) ~** es una persona educada; **it shows bad ~** muestra una falta de educación
Ⓑ CPD ► **breeding ground** N (*Bio*) lugar *m* de cría; (*fig*) caldo *m* de cultivo (**of, for** de, para); ► **breeding season** N época *f* de reproducción

**breeks** [bri:ks] NPL (*Scot*) pantalones *mpl*

**breeze** [bri:z] Ⓐ N **1** (= *wind*) brisa *f*
**2** **it's a ~*** es coser y cantar*; **to do sth in a ~** (*US**) hacer algo con los ojos cerrados; *see also* **shoot B4**
Ⓑ VI **to ~ in** entrar como si nada; **to ~ through sth*** hacer algo con los ojos cerrados

**breeze-block** ['bri:zblɒk] N (*Brit*) bovedilla *f*

**breezily** ['bri:zɪlɪ] ADV (= *cheerfully*) alegremente; (= *nonchalantly*) despreocupadamente

**breezy** ['bri:zɪ] ADJ (*compar* **breezier**; *superl* **breeziest**) **1** [*day, weather*] de viento; [*spot*] desprotegido del viento; **it's ~** hace viento
**2** [*person's manner*] (= *cheerful*) animado, alegre; (= *nonchalant*) despreocupado

**Bren carrier** ['bren,kærɪəʳ] N = **Bren gun carrier**; *see* **Bren gun**

**Bren gun** ['bren,gʌn] Ⓐ N fusil *m* ametrallador
Ⓑ CPD ► **Bren gun carrier** N vehículo *m* de transporte ligero (con fusil ametrallador)

**brethren** ['breðrɪn] NPL (*irr pl (esp Rel) of* **brother**) hermanos *mpl*

**Breton** ['bretən] Ⓐ ADJ bretón
Ⓑ N **1** (= *person*) bretón/ona *m/f*
**2** (*Ling*) bretón *m*

**breve** [bri:v] N (*Mus, Typ*) breve *f*

**breviary** ['bri:vɪərɪ] N (*Rel*) breviario *m*

**brevity** ['brevɪtɪ] N (= *shortness*) brevedad *f*; (= *conciseness*) concisión *f*; ✦***PROV*** **~ is the soul of wit** lo bueno si breve dos veces bueno

**brew** [bru:] Ⓐ N [*of beer*] variedad *f* (de cerveza); [*of tea, herbs*] infusión *f*
Ⓑ VT **1** [+ *beer*] elaborar; [+ *tea*] hacer, preparar
**2** (*fig*) [+ *scheme, mischief*] tramar
Ⓒ VI **1** [*beer*] elaborarse; [*tea*] hacerse
**2** (*fig*) [*storm*] avecinarse; [*plot*] tramarse; **there's trouble ~ing** algo se está tramando

►**brew up*** VI + ADV (*Brit*) preparar el té

**brewer** ['bru:əʳ] N cervecero/a *m/f*

**brewery** ['bru:ərɪ] N cervecería *f*, fábrica *f* de cerveza

**brew-up** ['bru:ʌp] N **let's have a ~** (*Brit**) vamos a tomar un té

**briar** ['braɪəʳ] N **1** (= *thorny bush*) zarza *f*; (= *wild rose*) escaramujo *m*, rosa *f* silvestre; (= *hawthorn*) espino *m*; (= *heather*) brezo *m*
**2** (= *pipe*) pipa *f* de brezo

**bribable** ['braɪbəbl] ADJ sobornable

**bribe** [braɪb] Ⓐ N soborno *m*, mordida *f* (*CAm, Mex**), coima *f* (*Andes, S. Cone**); **to take a ~** dejarse sobornar (**from** por)
Ⓑ VT sobornar, comprar*; **to ~ sb to do sth** sobornar a algn para que haga algo

**bribery** ['braɪbərɪ] N soborno *m*, mordida *f* (*CAm, Mex**), coima *f* (*Andes, S. Cone**)

**bric-à-brac** ['brɪkəbræk] N (*no pl*) chucherías *fpl*, curiosidades *fpl*

**brick** [brɪk] Ⓐ N **1** (*Constr*) ladrillo *m*, tabique *m* (*Mex*); **~s and mortar** construcción *f*, edificios *mpl*; ✦***IDIOMS*** **to come down on sb like a ton of ~s*** echar una bronca de miedo a algn*; **to drop a ~** (*Brit**) meter la pata*, tirarse una plancha (*Sp**); ✦***PROV*** **you can't make ~s without straw** sin paja no hay ladrillos
**2** (*Brit*) (= *toy*) cubo *m*
**3** [*of ice cream*] bloque *m*
**4** (†*) (= *person*) **he's a ~** es buen chico; **be a ~ and lend it to me** préstamelo como buen amigo
Ⓑ CPD de ladrillo(s) ► **brick kiln** N horno *m* de ladrillos ► **brick wall** N pared *f* de ladrillos; ✦***IDIOM*** **to beat one's head against a ~ wall** esforzarse en balde

►**brick in** VT + ADV [+ *window etc*] tapar con ladrillos *or* (*Mex*) tabiques

►**brick up** VT + ADV [+ *window etc*] tapar con ladrillos *or* (*Mex*) tabiques

**brickbat** ['brɪkbæt] N trozo *m* de ladrillo; (*fig*) crítica *f*

**brick-built** ['brɪk,bɪlt] ADJ construido de ladrillos

**brickie*** ['brɪkɪ] N (*Brit*) albañil *mf*, paleta *mf* (*Sp**)

**bricklayer** ['brɪk,leɪəʳ] N albañil *mf*

**bricklaying** ['brɪk,leɪɪŋ] N albañilería *f*

**brick-red** ['brɪkred] Ⓐ ADJ rojo ladrillo
Ⓑ N rojo *m* ladrillo

**brickwork** ['brɪkwɜ:k] N enladrillado *m*, ladrillos *mpl*

**brickworks** ['brɪkwɜ:ks] N, **brickyard** ['brɪk,jɑ:d] N ladrillar *m*

**bridal** ['braɪdl] Ⓐ ADJ nupcial
Ⓑ CPD ► **bridal suite** N suite *f* nupcial

**bride** [braɪd] N novia *f*; **the ~ and groom** los novios; **~ of Christ** (*Rel*) esposa *f* de Cristo

**bridegroom** ['braɪdgrʊm] N novio *m*; → BEST MAN

**bridesmaid** ['braɪdzmeɪd] N dama *f* de honor

**bridge¹** [brɪdʒ] Ⓐ N **1** (*gen*) puente *m* (*also Mus*); **to build a ~ between two communities** (*fig*) crear un vínculo (de unión) entre dos comunidades; **we must rebuild our ~s** (*fig*) tenemos que restablecer las relaciones; ✦***IDIOMS*** **to burn one's ~s** quemar las naves; **we'll cross that ~ when we come to it** trataremos ese problema en su momento; **don't cross your ~s before you come to them** no adelantes los acontecimientos; **much water has flowed under the ~ since then** mucho ha llovido desde entonces
**2** (*Naut*) puente *m* de mando
**3** [*of nose*] caballete *m*; [*of spectacles*] puente *m*
**4** (*Dentistry*) puente *m*
Ⓑ VT tender un puente sobre; **to ~ a gap** (*fig*) llenar un vacío
Ⓒ CPD ► **bridge building** N construcción *f* de puentes; (*fig*) restablecimiento *m* de relaciones

**bridge²** [brɪdʒ] Ⓐ N (*Cards*) bridge *m*
Ⓑ CPD ► **bridge party** N reunión *f* de bridge ► **bridge player** N jugador(a) *m/f* de bridge ► **bridge roll** N *tipo de bollo pequeño y alargado*

**bridgehead** ['brɪdʒhed] N (*Mil*) cabeza *f* de puente

**Bridget** ['brɪdʒɪt] N Brígida

**bridging loan** ['brɪdʒɪŋ,ləʊn] N (*Brit Fin*) crédito *m* puente

**bridle** ['braɪdl] Ⓐ N [*of horse*] brida *f*, freno *m*
Ⓑ VT [+ *horse*] frenar, detener
Ⓒ VI picarse, ofenderse (**at** por)
Ⓓ CPD ► **bridle path** N camino *m* de herradura

**brief** [bri:f] Ⓐ ADJ (*compar* **briefer**; *superl* **briefest**) **1** (= *short*) [*visit, period, career*] breve, corto; [*glimpse, moment, interval*] breve
**2** (= *concise*) [*speech, description, statement*] breve; **please be ~** sea breve, por favor; **he was ~ and to the point** fue breve y yendo al grano; **in ~** en resumen, en suma
**3** (= *skimpy*) [*panties, bathing costume, shorts*] diminuto, breve
Ⓑ N **1** (*Jur*) escrito *m*; **to hold a ~ for sb** (*fig*) ser partidario de algn, abogar por algn; **I hold no ~ for those who ...** no soy partidario de los que ..., no abogo por los que ...; **I hold no ~ for him** no lo defiendo
**2** (= *instructions, remit*) instrucciones *fpl*; **his ~ is to negotiate a solution to the conflict** sus instrucciones son solucionar el conflicto mediante negociaciones; **it's not part of my ~ to sort out disputes** no entra dentro de mi competencia solventar disputas
**3** **briefs** (*man's*) calzoncillos *mpl*, slip *m*, calzones *mpl* (*LAm*); (*woman's*) bragas *fpl* (*Sp*), calzones *mpl* (*LAm*)

Ⓒ VT [1] (*Jur, Mil*) (= *instruct*) dar instrucciones a; **the pilots were ~ed** dieron instrucciones a los pilotos
[2] (= *inform, prepare*) informar; **we were ~ed on recent developments** nos informaron sobre los acontecimientos recientes

**briefcase** [ˈbriːfkeɪs] N cartera *f*, maletín *m*

**briefer** [ˈbriːfəʳ] N (*esp Mil*) informador(a) *m/f*

**briefing** [ˈbriːfɪŋ] N (= *meeting*) sesión *f* informativa; (*written*) informe *m*

**briefly** [ˈbriːflɪ] ADV [1] (= *for short time*) [*speak, reply, smile, pause*] brevemente; **she visited us ~** nos hizo una breve *or* corta visita; **"good morning," he said, looking up ~** "buenos días," dijo, levantando la vista fugazmente; **I wondered ~ if he were lying** por un momento me pregunté si no estaría mintiendo; **he was ~ detained by the police** la policía lo tuvo detenido durante un corto espacio de tiempo
[2] (= *in brief*) [*tell, reply, describe*] en pocas palabras, en resumen; **the facts, ~, are these** los hechos, en pocas palabras *or* en resumen, son éstos; **~, we still don't know** en resumen *or* en suma, aún no lo sabemos

**briefness** [ˈbriːfnɪs] N brevedad *f*

**brier** [ˈbraɪəʳ] N = **briar**

**brig** [brɪg] N (*Naut*) bergantín *m*

**Brig.** ABBR = **Brigadier**

**brigade** [brɪˈgeɪd] N (*Mil*) brigada *f*; (*fire etc*) cuerpo *m*; **one of the old ~** un veterano

**brigadier** [ˌbrɪgəˈdɪəʳ] Ⓐ N general *mf* de brigada
Ⓑ CPD ► **brigadier general** N general *mf* de brigada

**brigand** [ˈbrɪgənd] N bandido *m*, bandolero *m*

**brigandage** [ˈbrɪgəndɪdʒ] N bandidaje *m*, bandolerismo *m*

**bright** [braɪt] Ⓐ ADJ (*compar* **brighter**; *superl* **brightest**) [1] (= *vivid, shining*) [*light, sun, reflection*] brillante, luminoso; [*star, metal*] brillante; [*surface*] resplandeciente; [*fire*] luminoso; [*uniform, bird, flower*] lleno de colorido; [*eyes*] brillante; [*colour*] fuerte, vivo; **~ red** rojo fuerte; **her eyes were ~ with excitement** sus ojos brillaban de excitación
[2] (= *sunny*) [*day, weather*] radiante, soleado; [*room, house*] luminoso, con mucha luz; **a ~ October day** un radiante *or* soleado día de octubre; **a ~, sunny day** un día de sol radiante; **the outlook is ~er for tomorrow** (*Met*) la previsión meteorológica para mañana es que hará mejor tiempo
[3] (= *cheerful*) [*person*] alegre, animado; [*face, expression, smile*] radiante; [*voice*] lleno de animación; **~ and breezy** radiante y lleno de vida; ✦***IDIOM* to look on the ~ side** ver el lado positivo de las cosas
[4] (= *clever*) [*person*] listo, inteligente; [*idea*] brillante, genial; **was it your ~ idea to let the children do the washing-up?** (*iro*) ¿ha sido tuya la brillante *or* genial idea de dejar que los niños laven los platos?; **whose ~ idea was that?** (*iro*) ¿quién tuvo *or* de quién fue esa brillante idea?; ✦***IDIOM* as ~ as a button** más listo que el hambre
[5] (= *promising*) [*future*] brillante, prometedor; [*outlook, prospects, start*] prometedor; **the future looks ~ (for him)** el futuro se le presenta brillante *or* prometedor; **I can see a ~ future ahead of you** te auguro un futuro brillante; **the outlook is ~er** las perspectivas son más prometedoras
Ⓑ ADV **to get up ~ and early** levantarse tempranito
Ⓒ CPD ► **bright lights** NPL (*US Aut*) luces *fpl* largas; **he was attracted by the ~ lights of the big city** (*fig*) se sentía atraído por las luces de neón de la gran ciudad (*fig*) ► **bright spark*** N (*iro*) listillo/a *m/f*; **you're a ~ spark, aren't you!** ¡te has pasado de listo!

**brighten** [ˈbraɪtn] (*also* **~ up**) Ⓐ VT [1] (= *make lighter*) [+ *room*] dar más luz a, iluminar más; (*TV*) [+ *picture*] dar brillo a
[2] (= *make more cheerful*) [+ *room*] alegrar; [+ *situation*] mejorar
Ⓑ VI [1] [*person*] animarse, alegrarse; [*eyes*] iluminarse, brillar
[2] [*weather*] despejarse; [*prospects*] mejorar

**bright-eyed** [ˈbraɪtˈaɪd] ADJ de ojos vivos

**brightly** [ˈbraɪtlɪ] ADV [1] (= *brilliantly*) [*shine*] intensamente, con intensidad; [*burn*] con intensidad; **~ lit** radiantemente iluminado
[2] (= *vividly*) **~ coloured flowers** flores *fpl* de colores vivos; **~ painted pictures** cuadros *mpl* pintados con llamativos colores; **~ patterned shawls** mantones *mpl* con unos diseños llamativos
[3] (= *cheerily*) [*smile, say, answer*] alegremente

**brightness** [ˈbraɪtnɪs] Ⓐ N [1] [*of light, sun, fire, eyes, metal*] brillo *m*, resplandor *m*; [*of morning, day*] claridad *f*, luminosidad *f*; [*of colour*] viveza *f*
[2] (= *cheerfulness*) alegría *f*, animación *f*
[3] (= *cleverness*) inteligencia *f*
[4] (= *promise*) [*of future, prospects*] lo prometedor
Ⓑ CPD ► **brightness control** N (*TV*) botón *m* de ajuste del brillo

**brill**[1] [brɪl] N (*pl* **brill** *or* **brills**) rodaballo *m* menor

**brill**[2]* [brɪl] Ⓐ ADJ (*Brit*) (= *brilliant*) genial*, fenómeno*
Ⓑ EXCL ¡fantástico!*

**brilliance** [ˈbrɪljəns] N, **brilliancy** [ˈbrɪljənsɪ] N
[1] (= *brightness*) [*of light*] resplandor *m*, brillo *m*; [*of colour*] luminosidad *f*; [*of gemstone*] resplandor *m*, fulgor *m*, brillo *m*
[2] (= *cleverness*) [*of student, scientist*] brillantez *f*, genialidad *f*

**brilliant** [ˈbrɪljənt] Ⓐ ADJ [1] (= *bright*) [*sunshine*] resplandeciente, radiante; [*light*] brillante; [*colour*] brillante, luminoso; [*smile*] radiante; **his teeth were (a) ~ white** tenía los dientes de un blanco reluciente
[2] (= *clever*) [*person, idea, mind*] brillante, genial; [*thesis*] brillante
[3] (= *outstanding*) [*career, future*] brillante; [*success, victory*] rotundo; **the party was a ~ success** la fiesta fue un éxito rotundo *or* total
[4] (*) (= *wonderful*) [*book, film, restaurant*] genial*, buenísimo; **we had a ~ time in Spain** lo pasamos fenomenal *or* genial en España*; **she's ~ with children** se le dan fenomenal los niños*; **she's ~ at making cakes** se le da fenomenal hacer pasteles*; **brilliant!** ¡fantástico!, ¡genial!*
Ⓑ N (= *diamond*) brillante *m*

**brilliantine** [ˈbrɪljəntiːn] N brillantina *f*

**brilliantly** [ˈbrɪljəntlɪ] ADV [1] (= *brightly*) [*shine*] intensamente, con intensidad; **~ lit** *or* **illuminated** radiantemente iluminado; **a ~ sunny morning** una mañana de sol radiante; **~ coloured** de colores vivos *or* brillantes
[2] (= *superbly*) [*play, perform, act*] brillantemente; [*written, executed*] con brillantez; **she played ~** tocó brillantemente, tocó genial*; **the strategy worked ~** la estrategia funcionó a la perfección; **he succeeded ~ in politics** tuvo una brillante carrera política; **a ~ simple idea** una idea brillante y sencilla; **he was ~ successful** tuvo un éxito rotundo *or* total

**Brillo pad**® [ˈbrɪləʊˌpæd] N estropajo *m* de aluminio

**brim** [brɪm] Ⓐ N [*of cup*] borde *m*; [*of hat*] ala *f*
Ⓑ VI (*also* **~ over**) rebosar, desbordarse; **to ~ with** rebosar de

**brimful** [ˈbrɪmˈfʊl] ADJ lleno hasta el borde; **~ of** *or* **with confidence** lleno *or* rebosante de confianza

**brimstone** [ˈbrɪmstəʊn] N azufre *m*

**brindled** [ˈbrɪndld] ADJ manchado, mosqueado

**brine** [braɪn] N (*for preserving*) salmuera *f*; (*liter*) (= *sea*) piélago *m* (*liter*), mar *m or f*

**bring** [brɪŋ] (*pt, pp* **brought**) VT [1] [*person, object*] [+ *news, luck etc*] traer; [+ *person*] llevar, conducir; **~ it over here** tráelo para acá; **~ it closer** acércalo; **to ~ sth to an end** terminar con algo; **to ~ a matter to a conclusion** concluir un asunto, llevar un asunto a su desenlace; **it brought us to the verge of disaster** nos llevó al borde del desastre; **I was not brought into the matter at any stage** no me dieron voz en este asunto en ningún momento; *see also* **book A1**
[2] (= *cause*) traer; **the hot weather ~s storms** el calor trae tormenta; **to ~ influence/pressure to bear (on)** ejercer influencia/presión (sobre); **you ~ nothing but trouble** no haces más que causarme problemas; **it brought tears to her eyes** hizo que se le llenaran los ojos de lágrimas; **this brought him to his feet** esto hizo que se levantara; **he brought it upon himself** se lo buscó él mismo
[3] (*Jur*) [+ *charge*] hacer, formular; [+ *suit*] entablar; **no charges will be brought** no se hará ninguna acusación; **the case was brought before the judge** la causa fue vista por el juez
[4] (= *yield*) [+ *profit etc*] dar, producir; **to ~ a good price** alcanzar un buen precio
[5] (= *induce*) **to ~ sb to do sth** hacer que algn haga algo; **he was brought to see his error** le hicieron ver su error; **it brought me to realize that ...** me hizo comprender que ...; **he couldn't ~ himself to tell her/touch it** no se sentía con el valor suficiente para decírselo/tocarlo

► **bring about** VT + ADV [1] [+ *change*] provocar; [+ *crisis, death, war*] ocasionar, provocar
[2] [+ *boat*] virar, dar la vuelta a

► **bring along** VT + ADV traer consigo, llevar consigo

► **bring away** VT + ADV llevarse

► **bring back** VT + ADV (*lit*) [+ *person, object*] traer de vuelta; [+ *thing borrowed*] devolver; [+ *monarchy etc*] restaurar; (*to life*) devolver la vida a; **she brought a friend back for coffee** trajo una amiga a casa a tomar café; **it ~s back memories** trae recuerdos

► **bring down** VT + ADV [1] (= *lower*) [+ *prices*] bajar
[2] (*Mil, Hunting*) abatir, derribar
[3] (= *topple*) [+ *opponent*] derribar; [+ *government*] derrocar

► **bring forth** VT + ADV [+ *child*] dar a luz a; (*fig*) [+ *protests, criticism*] dar lugar a, suscitar (*frm*)

► **bring forward** VT + ADV [1] [+ *evidence, idea*] presentar; [+ *argument*] exponer; [+ *suggestion*] proponer; [+ *offer*] hacer
[2] (= *advance time of*) [+ *date, meeting*] adelantar
[3] (*Book-keeping*) pasar a otra cuenta; **brought forward** saldo *m* anterior

► **bring in** VT + ADV [1] [+ *person*] hacer entrar, hacer pasar; [+ *object*] traer; [+ *heavy object*] entrar; [+ *meal*] servir; [+ *harvest*] recoger; [+

*suspect*] detener, llevar a la comisaría; **to ~ in the police** pedir la intervención de la policía; **~ him in!** ¡que entre!, ¡que pase!
[2] (= *yield*) [+ *income*] producir, proporcionar; [+ *wages*] sacar
[3] (= *introduce*) [+ *fashion, custom*] introducir; (*Pol*) [+ *bill*] presentar, introducir; **to ~ in a verdict** (*Jur*) pronunciar un veredicto
[4] (= *attract*) atraer; **this should ~ in the masses** esto debería atraer a las masas

►**bring off** VT + ADV [1] [+ *plan*] lograr, conseguir; [+ *success*] obtener; **he didn't ~ it off*** no le salió*
[2] [+ *people from wreck*] rescatar

►**bring on** VT + ADV [1] (= *cause*) [+ *illness, quarrel*] producir, causar
[2] (= *stimulate*) [+ *crops*] hacer crecer *or* madurar; [+ *flowers*] hacer florecer; [+ *growth*] estimular, favorecer
[3] (*Theat, Sport*) [+ *performer*] presentar; [+ *player*] sacar (de la reserva), hacer salir

►**bring out** VT + ADV [1] (= *take out*) sacar; [+ *argument*] sacar a relucir
[2] (= *introduce*) [+ *product, model*] sacar, lanzar al mercado; [+ *book*] publicar, sacar
[3] (= *reveal*) [+ *colour, meaning*] realzar; **to ~ out the best in sb** sacar a la luz lo mejor que hay en algn
[4] (= *develop*) [+ *quality*] sacar a la luz, despertar
[5] (= *give confidence to*) [+ *person*] ayudar a adquirir confianza

►**bring over** VT + ADV [1] [+ *person, object*] ir a buscar
[2] (= *convert*) [+ *person*] convertir, convencer

►**bring round** VT + ADV [1] (= *persuade*) convencer
[2] (= *steer*) [+ *conversation*] llevar, dirigir
[3] [+ *unconscious person*] hacer volver en sí, reanimar

►**bring to** VT + ADV [1] [+ *unconscious person*] hacer volver en sí, reanimar
[2] (*Naut*) pairear, poner al pairo

►**bring together** VT + ADV reunir; [+ *enemies*] reconciliar

►**bring under** VT + ADV (= *subjugate*) someter

►**bring up** VT + ADV [1] (= *carry*) subir; [*person*] hacer subir
[2] (= *rear*) [+ *child*] criar, educar; **a well brought up child** un niño bien educado; **she was badly brought up** la criaron de manera poco satisfactoria; **he was brought up to believe that ...** lo educaron en la creencia de que ...; **where were you brought up?** (*iro*) ¡cómo se ve que no has ido a colegios de pago!
[3] [+ *subject*] sacar a colación, sacar a relucir; (*in meeting*) plantar
[4] (= *vomit*) devolver, vomitar
[5] **to ~ sb up short** parar a algn en seco
[6] **to ~ up the rear** (*Mil*) cerrar la marcha
[7] **to ~ sb up in court** (*Jur*) hacer comparecer a algn ante el magistrado

**bring-and-buy sale** [ˌbrɪŋənd'baɪseɪl] N (*Brit*) *venta de objetos usados con fines benéficos*

**brink** [brɪŋk] N (*lit, fig*) borde *m*; **on the ~ of sth** al borde de algo; **to be on the ~ of doing sth** estar a punto de hacer algo

**brinkmanship** ['brɪŋkmənʃɪp] N política *f* arriesgada

**briny** ['braɪnɪ] Ⓐ ADJ salado, salobre
Ⓑ N **the ~**† (*also hum*) el mar

**briquette** [brɪ'ket] N briqueta *f*

**brisk** [brɪsk] ADJ (*compar* **brisker**; *superl* **briskest**) [*walk*] enérgico; [*person, voice, movement*] enérgico, dinámico; [*manner*] brusco; [*wind, day*] fresco; [*trade*] activo; **at a ~ pace** con paso brioso *or* enérgico; **business is ~** (*in shop etc*) el negocio lleva un buen ritmo; **trading was ~ today** (*St Ex*) hoy hubo mucho movimiento en la bolsa, hoy el mercado estuvo muy dinámico

**brisket** ['brɪskɪt] N carne *f* de pecho (para asar)

**briskly** ['brɪsklɪ] ADV [*speak, say*] enérgicamente; [*walk, trot, march*] con brío, con paso enérgico; **these goods are selling ~** estos artículos se están vendiendo mucho

**briskness** ['brɪsknɪs] N [*of walk, movement*] brío *m*; [*of manner*] brusquedad *f*; [*of trade*] dinamismo *m*

**brisling** ['brɪzlɪŋ] N espadín *m* (noruego)

**bristle** ['brɪsl] Ⓐ N [*of brush, on animal*] cerda *f*; [*of beard*] **~(s)** barba *f* (incipiente)
Ⓑ VI [1] [*hair etc*] erizarse, ponerse de punta; **to ~ with** (*fig*) estar erizado de; **he ~d with anger** se enfureció
[2] (*fig*) [*person*] resentirse (**at** de)
Ⓒ CPD ► **bristle brush** N cepillo *m* de púas

**bristly** ['brɪslɪ] ADJ (*compar* **bristlier**; *superl* **bristliest**) [*beard, hair*] erizado; **to have a ~ chin** tener la barba crecida

**Bristol** ['brɪstəl] N **~ board** cartulina *f*; *see also* **shipshape**

**bristols:** ['brɪstəlz] NPL (*Brit*) (= *breasts*) tetas* *fpl*

**Brit*** [brɪt] N británico/a *m/f*; (*loosely*) inglés/esa *m/f*

**Britain** ['brɪtən] N (*also* **Great ~**) Gran Bretaña *f*; (*loosely*) Inglaterra *f*

> **BRITAIN**
>
> *A veces se usa el término* **England** *para referirse a la totalidad del país, aunque no es un término usado con precisión; sin embargo, mucha gente confunde a menudo los nombres* **Britain, Great Britain, United Kingdom** *y* **British Isles**.
> *Se denomina* **Great Britain** *a la isla que comprende Inglaterra, Escocia y Gales. Desde el punto de vista administrativo, el término también incluye las islas menores cercanas, a excepción de la Isla de Man* (**Isle of Man**) *y las Islas Anglonormandas o Islas del Canal de la Mancha* (**Channel Islands**).
> **United Kingdom (of Great Britain and Northern Ireland),** *o* **UK**, *es la unidad política que comprende Gran Bretaña e Irlanda del Norte.*
> **British Isles** *es el término geográfico que abarca Gran Bretaña, Irlanda, la Isla de Man y las Islas Anglonormandas. En lo político, el término comprende dos estados soberanos: el Reino Unido y la República de Irlanda.*
> *El término* **Britain** *se utiliza fundamentalmente para referirse al Reino Unido, y en algunas ocasiones también a la isla, a Gran Bretaña.*

**Britannia** [brɪ'tænɪə] N Britania *f* (*figura que representa simbólicamente a Gran Bretaña*); → RULE BRITANNIA

**Britannic** [brɪ'tænɪk] ADJ **His/Her ~ Majesty** su Majestad Británica

**britches** ['brɪtʃəz] NPL = **breeches**

**Briticism** ['brɪtɪsɪzəm] N (*US*) modismo *m or* vocablo *m etc* del inglés británico

**British** ['brɪtɪʃ] Ⓐ ADJ (*gen*) británico; (*loosely*) inglés; **the best of ~ (luck)!*** ¡y un cuerno!*
Ⓑ NPL **the ~** los británicos; (*loosely*) los ingleses
Ⓒ CPD ► **British Asian** N britanico/a *m/f* de origen asiático ► **British Council** N (*in other countries*) Consejo *m* Británico ► **the British disease** N (*Ind hum*) *la falta de motivación laboral de los años 60-70 en el Reino Unido* ► **British English** N inglés *m* británico ► **the British Isles** NPL las Islas Británicas ► **British Legion** N *organización de veteranos de las dos guerras mundiales*; → LEGION ► **British Museum** N Museo *m* Británico ► **British Summer Time** N *hora de verano en Gran Bretaña* ► **British Thermal Unit** N unidad *f* térmica británica

> **BRITISH COUNCIL**
>
> *El* **British Council** *se creó en 1935 para fomentar la cultura británica en el extranjero y actualmente tiene delegaciones en más de 100 países. Sus principales cometidos son la organización de actividades culturales, tales como exposiciones y conferencias, con el fin de dar a conocer el arte, la ciencia y la literatura del país, así como la enseñanza del inglés, además de ayudar a aquellos que desean estudiar en el Reino Unido.*

**Britisher** ['brɪtɪʃəʳ] N (*US*) británico/a *m/f*, natural *mf* de Gran Bretaña

**Briton** ['brɪtən] N británico/a *m/f*; (*loosely*) inglés/esa *m/f*

**Brittany** ['brɪtənɪ] N Bretaña *f*

**brittle** ['brɪtl] ADJ (*compar* **brittler**; *superl* **brittlest**) quebradizo

**brittleness** ['brɪtlnɪs] N lo quebradizo

**Bro.** ABBR (= **Brother**) H., Hno.

**broach** [brəʊtʃ] VT [1] [+ *cask*] espitar; [+ *bottle etc*] abrir
[2] [+ *subject*] abordar, sacar a colación; **he didn't ~ the subject** no sacó el tema a colación, no abordó ese tema

**broad** [brɔːd] Ⓐ ADJ (*compar* **broader**; *superl* **broadest**) [1] (= *wide*) [*road*] ancho, amplio; [*shoulders*] ancho; [*forehead*] despejado, amplio; [*smile*] de oreja a oreja, abierto (*liter*); **it is three metres ~** tiene tres metros de ancho; **a ~ expanse of lawn** una amplia extensión de césped; **to be ~ in the shoulder** [*person*] ser ancho de hombros *or* de espaldas; [*garment*] ser ancho de hombros; ✦***IDIOMS*** **to be ~ in the beam*** (*pej*) [*person*] tener un buen trasero*, tener buenas posaderas*; **it's as ~ as it's long*** lo mismo da
[2] (= *general, extensive*) [*outline, objectives, view*] general; **in ~ terms** en términos generales; **the ~ outlines of sth** las líneas generales de algo; **to be in ~ agreement** estar de acuerdo en líneas generales
[3] (= *wide-ranging*) [*education, syllabus*] amplio; [*range, spectrum*] amplio, extenso; [*mind*] abierto; **a ~ spectrum of opinion** un amplio espectro de opiniones; **a film with ~ appeal** una película que atrae a una amplia gama de público; **it has ~er implications** tiene repercusiones en más aspectos; **in its ~est sense** en su sentido más amplio
[4] (= *unsubtle*) [*hint*] claro
[5] (= *strong*) [*accent*] cerrado; **(in) ~ Scots/Yorkshire** (con) un acento escocés/de Yorkshire cerrado
[6] (= *coarse*) **~ humour** humor *m* ordinario *or* basto; **a ~ joke** una broma ordinaria *or* grosera
[7] **in ~ daylight** en plena luz del día
Ⓑ N [1] (*US**) tipa* *f*, tía *f* (*Sp**)
[2] (= *widest part*) **the ~ of the back** la parte más ancha de la espalda; **the (Norfolk) Broads** (*Geog*) *área de estuarios en Norfolk*
Ⓒ CPD ► **broad bean** N (*esp Brit*) haba *f*

gruesa ► **broad jump** N (*US*) salto *m* de longitud

**broad-based** ['brɔ:d'beɪst] ADJ = **broadly-based**

**broad-brimmed** ['brɔ:d'brɪmd] ADJ [*hat*] de ala ancha

**broadcast** ['brɔ:dkɑ:st] (*vb: pt, pp* **broadcast**)
Ⓐ N (*Rad, TV*) emisión *f*, programa *m*
Ⓑ VT [1] (*TV*) [+ *match, event*] transmitir; (*Rad*) emitir, radiar
[2] (*Agr*) sembrar a voleo
[3] (*fig*) [+ *news, rumour*] divulgar, difundir
Ⓒ VI (*TV, Rad*) [*station*] transmitir, emitir; [*person*] hablar por la radio/televisión
Ⓓ ADV [*sow*] a voleo
Ⓔ CPD (*Agr*) [*seed*] sembrado a voleo ► **broadcast journalism** N periodismo *m* de radio y televisión ► **broadcast journalist** N periodista *mf* de radio y televisión ► **broadcast media** NPL medios *mpl* de radiodifusión y teledifusión ► **broadcast news** N noticias *fpl* de radio y televisión ► **broadcast satellite** N satélite *m* de retransmisiones

**broadcaster** ['brɔ:dkɑ:stəʳ] N (*Rad, TV*) locutor(a) *m/f*

**broadcasting** ['brɔ:dkɑ:stɪŋ] Ⓐ N (*TV*) teledifusión *f*, transmisión *f*; (*Rad*) radiodifusión *f*
Ⓑ CPD ► **broadcasting station** N emisora *f*

**broadcloth** ['brɔ:dklɒθ] N velarte *m*

**broaden** ['brɔ:dn] Ⓐ VT [+ *road*] ensanchar; [+ *horizons, outlook*] ampliar; **travel ~s the mind** los viajes son muy educativos
Ⓑ VI (*also* **~ out**) ensancharse

**broadleaved** ['brɔ:d'li:vd] ADJ de hoja ancha

**broadloom** ['brɔ:dlu:m] ADJ **~ carpet** alfombra *f* sin costuras

**broadly** ['brɔ:dlɪ] ADV [1] (= *by and large*) [*agree, accept*] en líneas generales; **~ similar** parecido en líneas generales; **~ speaking** en general, hablando en términos generales; **it is ~ true that …** en líneas generales es verdad que …
[2] (= *widely*) [*smile, grin*] abiertamente, de oreja a oreja
[3] (= *unsubtly*) [*hint*] claramente

**broadly-based** ['brɔ:dlɪ,beɪst] ADJ que cuenta con una base amplia; **a ~ coalition** una coalición que representa gran diversidad de intereses

**broad-minded** ['brɔ:d'maɪndɪd] ADJ tolerante, de miras amplias

**broad-mindedness** ['brɔ:d'maɪndɪdnɪs] N amplitud *f* de criterio, tolerancia *f*

**broadness** ['brɔ:dnɪs] N [1] (*in dimension*) anchura *f*, extensión *f*
[2] [*of accent*] lo cerrado

**broadsheet** ['brɔ:dʃi:t] N periódico *m* de gran formato; → TABLOIDS AND BROADSHEETS

**broad-shouldered** ['brɔ:d'ʃəʊldəd] ADJ ancho de espaldas

**broadside** ['brɔ:dsaɪd] Ⓐ N (*Naut*) (= *side*) costado *m*; (= *shots*) (*also fig*) andanada *f*; **to fire a ~** (*lit, fig*) soltar *or* disparar una andanada; **~ on** (*as adv*) de costado
Ⓑ ADV **to be moored ~ to sth** estar amarrado de costado a algo

**broadsword** ['brɔ:d,sɔ:d] N sable *m*

**Broadway** ['brɔ:d,weɪ] Ⓐ N Broadway *m* (*calle de Nueva York famosa por sus teatros*); → OFF-BROADWAY
Ⓑ CPD [*musical, theatre*] de Broadway

**broadways** ['brɔ:dweɪz] ADV, **broadwise** ['brɔ:dwaɪz] ADV a lo ancho, por lo ancho; **~ on to the waves** de costado a las olas

**brocade** [brəʊ'keɪd] N brocado *m*

**broccoli** ['brɒkəlɪ] N brécol *m*, brócoli *m*

**brochure** ['brəʊʃjʊəʳ] N folleto *m*

**brock** [brɒk] N (*Brit liter*) tejón *m*

**brogue**[1] [brəʊg] N (= *shoe*) zapato *m* grueso de cuero

**brogue**[2] [brəʊg] N (= *accent*) acento *m* regional (*sobre todo irlandés*)

**broil** [brɔɪl] VT (*US Culin*) asar a la parrilla

**broiler** ['brɔɪləʳ] Ⓐ N [1] (= *chicken*) pollo *m* para asar
[2] (*US*) (= *grill*) parrilla *f*, grill *m*
Ⓑ CPD ► **broiler house** N batería *f* de engorde

**broiling** ['brɔɪlɪŋ] ADJ [*sun*] achicharrante; **it's ~ hot** hace un calor achicharrante

**broke** [brəʊk] Ⓐ PT *of* **break**
Ⓑ ADJ [1] (*) (*incorrect usage*) (= *broken*) estropeado; ✦*IDIOM* **if it ain't ~, don't fix it*** no hay que complicar las cosas *or* complicarse la vida sin necesidad
[2] (*) (= *penniless*) pelado*; **I'm ~** estoy pelado*, estoy sin un duro (*Sp**), estoy sin un peso (*LAm**); **to go ~** arruinarse; ✦*IDIOM* **to go for ~** jugarse el todo por el todo; *see also* **flat B1**

**broken** ['brəʊkən] Ⓐ PP *of* **break**
Ⓑ ADJ [1] [*object*] roto, quebrado (*LAm*); [*bone*] roto, fracturado; [*skin*] cortado; **"do not use on ~ skin"** "no aplicar si hay cortes o heridas en la piel"; **he sounds like a ~ record** parece un disco rallado
[2] (= *not working*) [*machine*] estropeado, averiado
[3] (= *uneven*) [*road surface*] accidentado
[4] (= *ruined*) [*health, spirit*] quebrantado; [*heart*] roto, destrozado; **to die of a ~ heart** morir de pena; **~ in health** deshecho, muy decaído; **a ~ man** un hombre deshecho; **a ~ reed** (*fig*) una persona quemada
[5] (= *interrupted*) [*line*] quebrado; [*voice*] entrecortado; [*sleep*] interrumpido; [*cloud*] fragmentario; **he speaks ~ English** chapurrea el inglés; **she had a ~ night** durmió mal, despertándose a cada momento
[6] (= *failed*) [*marriage*] deshecho; **a ~ home** una familia dividida
[7] [*promise*] roto, quebrantado

**broken-down** ['brəʊkən'daʊn] ADJ [*machine, car*] averiado, estropeado, descompuesto (*Mex*); [*house*] destartalado, desvencijado

**broken-hearted** ['brəʊkən'hɑ:tɪd] ADJ con el corazón destrozado *or* partido

**brokenly** ['brəʊkənlɪ] ADV [*say etc*] en tono angustiado, con palabras entrecortadas

**broker** ['brəʊkəʳ] Ⓐ N (*Comm*) agente *mf*; (= *stockbroker*) corredor(a) *m/f* de bolsa, bolsista *mf*
Ⓑ VT [+ *deal, agreement*] negociar

**brokerage** ['brəʊkərɪdʒ] N corretaje *m*

**broking** ['brəʊkɪŋ] N = **brokerage**

**brolly*** ['brɒlɪ] N (*Brit*) paraguas *m inv*

**bromide** ['brəʊmaɪd] N [1] (*Chem, Typ*) bromuro *m*
[2] (*fig*) (= *platitude*) perogrullada *f*

**bromine** ['brəʊmi:n] N bromo *m*

**bronchial** ['brɒŋkɪəl] Ⓐ ADJ bronquial
Ⓑ CPD ► **bronchial asthma** N asma *f* bronquial ► **bronchial tubes** NPL bronquios *mpl*

**bronchitic** [brɒŋ'kɪtɪk] ADJ bronquítico

**bronchitis** [brɒŋ'kaɪtɪs] N bronquitis *f*

**bronchopneumonia** [,brɒŋkəʊnju:'məʊnɪə] N bronconeumonía *f*

**broncho-pulmonary** ['brɒŋkəʊ'pʌlmənərɪ] ADJ broncopulmonar

**bronchus** ['brɒŋkəs] N (*pl* **bronchi** ['brɒŋkaɪ]) bronquio *m*

**bronco** ['brɒŋkəʊ] N (*US*) potro *m* cerril

**broncobuster*** ['brɒŋkəʊ,bʌstəʳ] N (*US*) domador *m* de potros cerriles, domador *m* de caballos

**brontosaurus** [,brɒntə'sɔ:rəs] N (*pl* **brontosauruses** *or* **brontosauri** [,brɒntə'sɔ:raɪ]) brontosauro *m*

**Bronx cheer*** [,brɒŋks'tʃɪəʳ] N (*US*) pedorreta‡ *f*

**bronze** [brɒnz] Ⓐ N [1] (= *metal, sculpture*) bronce *m*
[2] [*of skin*] bronceado *m*
Ⓑ VI [*person*] broncearse
Ⓒ VT [+ *skin*] broncear
Ⓓ ADJ (= *made of bronze*) de bronce; [*colour*] color de bronce
Ⓔ CPD ► **the Bronze Age** N la Edad de Bronce ► **bronze medal** N medalla *f* de bronce ► **bronze medallist** N medallero/a *m/f* de bronce

**bronzed** [brɒnzd] ADJ [*person*] bronceado

**bronzing** ['brɒnzɪŋ] ADJ [*powder, gel*] bronceador

**brooch** [brəʊtʃ] N prendedor *m*, broche *m*; (*ancient*) fíbula *f*

**brood** [bru:d] Ⓐ N (*gen*) cría *f*, camada *f*; [*of chicks*] nidada *f*; [*of insects etc*] generación *f*; (*hum*) [*of children*] prole *f*
Ⓑ VI [1] [*bird*] empollar
[2] (*fig*) [*person*] ponerse melancólico; **to ~ on** *or* **over** dar vueltas a; **you mustn't ~ over it** no debes darle tantas vueltas; **disaster ~ed over the town** se cernía el desastre sobre la ciudad
Ⓒ CPD ► **brood mare** N yegua *f* de cría

**brooding** ['bru:dɪŋ] ADJ [*evil, presence etc*] siniestro, amenazador

**broodings** ['bru:dɪŋs] NPL meditaciones *fpl*

**broody** ['bru:dɪ] ADJ [1] [*hen*] clueca; (*) [*woman*] con ganas de tener hijos
[2] (= *pensive*) triste, melancólico

**brook**[1] [brʊk] N (= *stream*) arroyo *m*

**brook**[2] [brʊk] VT (*frm*) (= *tolerate*) tolerar, admitir; **he ~s no opposition** no admite oposición

**brooklet** ['brʊklɪt] N arroyuelo *m*

**broom** [bru:m, brʊm] Ⓐ N [1] (= *brush*) escoba *f*; **new ~** (*fig*) escoba *f* nueva; ✦*PROV* **a new ~ sweeps clean** escoba nueva barre bien
[2] (*Bot*) retama *f*, hiniesta *f*
Ⓑ CPD ► **broom closet** (*US*), **broom cupboard** (*Brit*) N armario *m* de los artículos de limpieza

**broomstick** ['brʊmstɪk] N palo *m* de escoba

**Bros.** ABBR (= **Brothers**) Hnos

**broth** [brɒθ] N caldo *m*

**brothel** ['brɒθl] N burdel *m*, prostíbulo *m*

**brother** ['brʌðəʳ] Ⓐ N (*gen, Rel*) hermano *m*; (*Trade Union etc*) compañero *m*; **hey, ~!*** ¡oye, colega!*, ¡oye, tío! (*Sp**); **oh, ~!*** ¡vaya hombre!
Ⓑ CPD ► **brother workers** NPL colegas *mpl*

**brotherhood** ['brʌðəhʊd] N [1] fraternidad *f*; **the ~ of man** la fraternidad humana
[2] (= *group*) hermandad *f*

**brother-in-arms** ['brʌðəɪn'ɑ:mz] N (*pl* **brothers-in-arms**) compañero *m* de armas

**brother-in-law** ['brʌðərɪnlɔ:] N (*pl* **brothers-in-law**) cuñado *m*, hermano *m* político

**brotherly** ['brʌðəlɪ] ADJ fraterno, fraternal

**brougham** [bru:m] N break *m*

**brought** [brɔ:t] PT, PP *of* **bring**

**brouhaha*** ['bru:hɑ:hɑ:] N barullo *m*

**brow** [braʊ] N [1] (= *forehead*) frente *f*; (*also* **eyebrow**) ceja *f*; *see also* **knit**
[2] [*of hill*] cumbre *f*, cima *f*; [*of cliff*] borde *m*

**browbeat** ['braʊbi:t] (*pt* **browbeat**; *pp* **browbeaten**) VT intimidar, convencer con amenazas; **to ~ sb into doing sth** intimidar a algn para que haga algo

**brown** [braʊn] Ⓐ ADJ (*compar* **browner**; *superl* **brownest**) [1] (*gen*) marrón, color café (*LAm*); [*hair*] castaño; [*leather*] marrón
[2] (= *tanned*) moreno, bronceado; [*skin*] moreno; **to go ~** ponerse moreno, broncearse; **✦IDIOM as ~ as a berry** muy moreno, bronceadísimo
Ⓑ N marrón *m*, color *m* café (*LAm*); [*of eyes, hair*] castaño *m*
Ⓒ VT [1] [*sun*] [+ *person*] broncear, poner moreno
[2] (*Culin*) dorar
Ⓓ VI [1] [*leaves etc*] volverse de color marrón
[2] [*skin*] ponerse moreno, broncearse
[3] (*Culin*) dorarse
Ⓔ CPD ► **brown ale** N cerveza *f* oscura *or* negra ► **brown bear** N oso *m* pardo ► **brown belt** N (*in judo, karate*) cinturón *m* marrón ► **brown bread** N pan *m* negro, pan *m* moreno (*Sp*) ► **brown egg** N huevo *m* moreno ► **brown goods** NPL (productos *mpl* de) línea *f* marrón, (productos *mpl* de) gama *f* marrón ► **brown owl** N (*Orn*) autillo *m* ► **brown paper** N papel *m* de estraza ► **brown rice** N arroz *m* integral ► **brown sauce** N (*Brit*) *salsa de condimento, con sabor agridulce* ► **brown study** N **✦IDIOM to be in a ~ study**† estar absorto en sus pensamientos, estar en Babia* ► **brown sugar** N azúcar *m* moreno

►**brown off*** VT + ADV (*Brit*) fastidiar

**browned-off*** [,braʊnd'ɒf] ADJ (*Brit*) **I'm ~** estoy harto *or* hasta las narices* (**with** de)

**brownie** ['braʊnɪ] N [1] (= *fairy*) duende *m*
[2] (*also* **Brownie Guide**) niña *f* exploradora; **✦IDIOM to earn** *or* **win Brownie points** (*hum*) apuntarse tantos a favor, hacer méritos
[3] (*US*) (= *cookie*) pastelillo *m* de chocolate y nueces

**browning** ['braʊnɪŋ] N (*Brit Culin*) aditamento *m* colorante

**brownish** ['braʊnɪʃ] ADJ pardusco, que tira a moreno

**brown-nose**‡ ['braʊn,nəʊz] (*US*) Ⓐ N lameculos** *mf inv*
Ⓑ VT lamer el culo a**

**Brownshirt** ['braʊnʃɜ:t] N (*Hist*) *soldado de las SA en la Alemania nazi*

**brownstone** ['braʊnstəʊn] N (*US*) (casa *f* construida con) piedra *f* caliza de color rojizo

**browse** [braʊz] Ⓐ VI [1] (*in shop*) echar una ojeada, curiosear; **to spend an hour browsing in a bookshop** pasar una hora hojeando los libros en una librería
[2] [*animal*] pacer
[3] (*Internet*) curiosear
Ⓑ VT [1] (*also* **~ through**) [+ *book*] hojear; [+ *clothes*] mirar, echar un vistazo a
[2] [*animal*] [+ *grass*] pacer; [+ *trees*] ramonear
Ⓒ N **to have a ~ (around)** echar una ojeada *or* un vistazo

►**browse on** VI + PREP [*animal*] pacer

**browser** ['braʊzəʳ] N [1] (*in shop*) *persona que entra a una tienda a curiosear*
[2] (*Internet*) navegador *m*

**brucellosis** [,bru:sə'ləʊsɪs] N brucelosis *f*

**Bruges** [bru:ʒ] N Brujas *f*

**bruise** [bru:z] Ⓐ N (*on person*) cardenal *m*, moretón *m* (*esp LAm*); (*on fruit*) maca *f*, magulladura *f*
Ⓑ VT [1] [+ *leg etc*] magullar, amoratar (*esp LAm*); [+ *fruit*] magullar, dañar
[2] (*fig*) [+ *feelings*] herir
Ⓒ VI **I ~ easily** me salen cardenales *or* moretones con facilidad

**bruiser*** ['bru:zəʳ] N gorila* *m*

**bruising** ['bru:zɪŋ] ADJ [*experience*] doloroso, penoso; [*match*] durísimo, violento

**bruit**† [bru:t] VT **to ~ about** (*US liter*) rumorear

**Brum*** [brʌm] N (*Brit*) = **Birmingham**

**Brummie*** ['brʌmɪ] N (*Brit*) nativo/a *m/f or* habitante *mf* de Birmingham

**brunch** [brʌntʃ] N desayuno-almuerzo *m*

**brunette** [bru:'net] Ⓐ N morena *f*, morocha *f* (*LAm*), prieta *f* (*Mex*)
Ⓑ ADJ moreno

**brunt** [brʌnt] N **the ~ of the attack** lo más fuerte del ataque; **the ~ of the work** la mayor parte del trabajo; **to bear the ~ of sth** aguantar lo más recio *or* duro de algo

**brush** [brʌʃ] Ⓐ N [1] (*gen*) cepillo *m*; (= *sweeping brush*) cepillo *m*, escobilla *f*; (= *scrubbing brush*) cepillo *m* de cerda; (= *shaving brush, decorator's*) brocha *f*; (= *paint brush*) (*artist's*) pincel *m*; (*Elec*) (= *contact*) escobilla *f*; **shoe ~** cepillo *m* para zapatos
[2] (= *act of brushing*) cepillado *m*; **give your coat a ~** cepíllate el abrigo; **let's give it a ~** vamos a pasar el cepillo
[3] (= *tail*) [*of fox*] rabo *m*, hopo *m*
[4] (= *skirmish*) roce *m*; **to have a ~ with the police** tener un roce con la policía
[5] (= *light touch*) toque *m*
[6] (= *undergrowth*) maleza *f*, broza *f*
Ⓑ VT [1] (= *clean*) [+ *floor*] cepillar; [+ *clothes, hair*] cepillar; **to ~ one's shoes** limpiarse los zapatos; **to ~ one's teeth** lavarse los dientes, cepillarse los dientes
[2] (= *touch lightly*) rozar

►**brush against** VI + PREP rozar (al pasar)

►**brush aside** VT + ADV (*fig*) no hacer caso de, dejar a un lado

►**brush away** VT + ADV (*gen*) quitar (con cepillo *or* la mano *etc*)

►**brush down** VT + ADV cepillar, limpiar; [+ *horse*] almohazar

►**brush off** Ⓐ VT + ADV [1] [+ *mud*] quitar (con cepillo *or* la mano etc)
[2] (*fig*) (= *dismiss*) no hacer caso de
Ⓑ VI + ADV **the mud ~es off easily** el barro sale *or* se quita fácilmente

►**brush past** Ⓐ VIT + ADV rozar al pasar
Ⓑ VI + ADV pasar muy cerca

►**brush up** VT + ADV [1] [+ *crumbs*] recoger
[2] (= *improve, revise*) (*also* **~ up on**) repasar, refrescar

**brushed** [brʌʃᵗ] ADJ [*nylon, denim etc*] afelpado

**brush-off*** ['brʌʃɒf] N **to give sb the ~** mandar a algn a paseo*, zafarse de algn

**brushstroke** ['brʌʃstrəʊk] N pincelada *f*; **in broad ~s** (*fig*) a grandes rasgos

**brush-up** ['brʌʃʌp] N **to have a wash and ~** lavarse y arreglarse

**brushwood** ['brʌʃwʊd] N maleza *f*, monte *m* bajo; (= *faggots*) broza *f*, leña *f* menuda

**brushwork** ['brʌʃwɜ:k] N pincelada *f*, técnica *f* del pincel; **Turner's ~** la pincelada de Turner, la técnica del pincel de Turner

**brusque** [bru:sk] ADJ [*comment, manner etc*] brusco, áspero; [*person*] brusco; **he was very ~ with me** me trató con poca cortesía *or* con aspereza

**brusquely** ['bru:sklɪ] ADV bruscamente, con brusquedad, abruptamente

**brusqueness** ['bru:sknɪs] N brusquedad *f*, aspereza *f*

**Brussels** ['brʌslz] Ⓐ N Bruselas *f*
Ⓑ CPD ► **Brussels sprout** N col *f* de Bruselas

**brutal** ['bru:tl] ADJ [1] (= *savage*) [*person, murder, attack*] brutal; [*tone, remark*] cruel; **the government's ~ treatment of political prisoners** la brutalidad *or* la crueldad con la que el gobierno trata a los prisioneros políticos
[2] (= *stark*) [*honesty, frankness*] descarnada; [*reality*] crudo; [*change*] brutal
[3] (= *harsh*) [*weather, climate*] crudo, riguroso

**brutality** [bru:'tælɪtɪ] N [*of person*] brutalidad *f*; [*of murder*] salvajismo *m*, crueldad *f*; *see also* **police B**

**brutalize** ['bru:təlaɪz] VT brutalizar

**brutally** ['bru:təlɪ] ADV [1] (= *savagely*) [*attack, murder, suppress*] de manera brutal, brutalmente
[2] (= *starkly*) [*say, reply, expose*] crudamente, descarnadamente; **let me be ~ honest/frank with you** voy a serte tremendamente sincero/franco; **the talks had been ~ frank** las conversaciones habían sido francas y crudas; **a ~ competitive world** un mundo despiadadamente competitivo; **the choice is ~ clear** la elección es de una claridad cruel *or* despiadada

**brute** [bru:t] Ⓐ N (= *animal*) bestia *f*; (= *person*) bruto/a *m/f*, bestia *mf*; **you ~!** ¡bestia!, ¡animal!*; **it's a ~ of a problem*** es un problema de los más feos
Ⓑ ADJ [*force, strength*] bruto; [*fact*] crudo; [*emotion*] tosco

**brutish** ['bru:tɪʃ] ADJ bruto

**Brutus** ['bru:təs] N Bruto

**Brylcreem**® ['brɪlkri:m] Ⓐ N gomina *f*, fijador *m* (*de pelo*)
Ⓑ VT engominar, echarse gomina en

**BS** N ABBR [1] (= **British Standard**) *norma de calidad*
[2] (*US Univ*) = **Bachelor of Science**; → DEGREE
[3] (*esp US*‡) = **bullshit**

**bs** N ABBR [1] (*Comm*) = **bill of sale**
[2] (*Comm, Fin*) = **balance sheet**

**BSA** N ABBR (*US*) = **Boy Scouts of America**

**BSB** N ABBR (= **British Sky Broadcasting**) *emisora de televisión por satélite*

**BSC** N ABBR = **Broadcasting Standards Council**

**BSc** N ABBR (*Univ*) = **Bachelor of Science**; → DEGREE

**BSE** N ABBR = **bovine spongiform encephalopathy**

**BSI** N ABBR (*Brit*) (= **British Standards Institution**) *organismo que fija niveles de calidad de los productos*

**BST** N ABBR (*Brit*) = **British Summer Time**

**BT** N ABBR (= **British Telecom**) ≈ Telefónica *f* (*Sp*)

**Bt** ABBR = **Baronet**

**BTA** N ABBR = **British Tourist Authority**

**BTEC** ['bi:tek] N ABBR (*Brit*) = **Business and Technology Education Council** [1] (= *organization*) *institución responsable de los estudios de ciencia y tecnología empresarial*
[2] (= *diploma*) *estudios de ciencia y tecnología empresarial*

**bt fwd** ABBR = **brought forward**

**BTU, btu** N ABBR = **British Thermal Unit**

**bubble** ['bʌbl] Ⓐ N (*in liquid*) burbuja *f*; (*in paint*) ampolla *f*; (= *soap bubble*) pompa *f*; (*in cartoon*) bocadillo *m*, globo *m*; **to blow ~s** (*with soap*) hacer pompas; (*with bubble gum*) hacer globos; **the ~ burst** (*fig*) se deshizo la burbuja
Ⓑ VI [*champagne, bath water*] burbujear; (= *bubble forth*) borbotar

Ⓒ CPD ► **bubble and squeak** N (*Brit Culin*) *carne picada frita con patatas y col* ► **bubble bath** N gel *m* de baño ► **bubble car** N coche-cabina *m*, huevo *m* ► **bubble gum** N chicle *m* (de globo) ► **bubble memory** N memoria *f* de burbuja ► **bubble pack** N envasado *m* en lámina ► **bubble wrap** N envoltorio *m* de plástico con burbujas

►**bubble over** VI + ADV [*boiling liquid*] derramarse; (*fig*) (*with happiness etc*) rebosar (**with** de)

►**bubble up** VI + ADV [*liquid*] burbujear, borbotear

**bubblejet printer** ['bʌbldʒet'prɪntəʳ] N impresora *f* de inyección de burbujas

**bubbly** ['bʌblɪ] Ⓐ ADJ (*compar* **bubblier**; *superl* **bubbliest**) (*lit*) burbujeante, con burbujas; (*) (*fig*) [*person*] lleno de vida, dicharrachero
Ⓑ N (*) (= *champagne*) champaña *f*

**bubonic plague** [bjuːˌbɒnɪk'pleɪg] N peste *f* bubónica

**buccaneer** [ˌbʌkə'nɪəʳ] Ⓐ N (*Hist*) bucanero *m*; (*fig*) emprendedor(a) *m/f*
Ⓑ VI piratear

**buccaneering** [ˌbʌkə'nɪərɪŋ] ADJ (*fig*) aventurero

**Bucharest** [ˌbuːkə'rest] N Bucarest *m*

**buck** [bʌk] Ⓐ N [1] (= *male*) [*of deer*] ciervo *m* (macho); [*of rabbit*] conejo *m* (macho); (= *antelope*) antílope *m*
[2] (*US**) (= *dollar*) dólar *m*; **to make a ~** hacer dinero; **to make a fast** *or* **quick ~** hacer dinero fácil
[3] ✦*IDIOMS* **to pass the ~*** escurrir el bulto*, pasar la pelota*; **to pass the ~ to sb** cargar el muerto a algn*, pasar la pelota a algn*; **the ~ stops here** yo soy el responsable/nosotros somos los responsables
[4] (*in gym*) potro *m*
[5] (*US**) **young ~** joven *m*
[6] (†) (= *dandy*) galán *m*, dandy *m*
Ⓑ ADJ (= *male*) macho
Ⓒ ADV **~ naked** (*US**) en cueros*
Ⓓ VI [1] [*horse*] corcovear
[2] (*US*) (= *move violently*) **she ~ed against her captor** se volvió con fuerza contra su captor; **the revolver ~ed violently upwards** el revólver dio una sacudida hacia arriba; **to ~ against** (*fig*) [+ *rules, authority*] rebelarse contra
[3] **to ~ for sth** (*US**) buscar algo
Ⓔ VT [1] (*esp US*) [+ *rider*] derribar, desarzonar
[2] **to ~ the market** (*Fin*) ir en contra del mercado; **to ~ the system** rebelarse contra el sistema; **to ~ the trend** ir en contra de la tendencia
Ⓕ CPD ► **buck nigger** N (*Hist*) negrazo *m* ► **buck private** N (*US Mil*) soldado *mf* raso ► **buck rabbit** N conejo *m* (macho) ► **buck sergeant** N (*US Mil*) sargento *mf* chusquero ► **buck's fizz** N *sangría hecha con champán u otro vino espumoso y zumo de naranja* ► **buck teeth** NPL dientes *mpl* salientes

►**buck up*** Ⓐ VI + ADV [1] (= *cheer up*) animarse, levantar el ánimo; **~ up!** ¡ánimo!
[2] (= *hurry up*) espabilarse, apurarse (*LAm*); **~ up!** ¡espabílate!, ¡date prisa!
Ⓑ VT + ADV [1] (= *cheer up*) animar, dar ánimos a; **we were very ~ed up by what he said** lo que dijo nos levantó mucho el ánimo
[2] (= *hurry up*) dar prisa a
[3] **you'll have to ~ your ideas up** tendrás que moverte, tendrás que ponerte a trabajar en serio

**bucket** ['bʌkɪt] Ⓐ N cubo *m*, balde *m* (*LAm*); (*child's*) cubito *m*; [*of waterwheel etc*] cangilón *m*; **a ~ of water** un cubo *or* (*LAm*) un balde de agua; ✦*IDIOMS* **to rain ~s*** llover a cántaros; **to weep ~s*** llorar a mares; *see also* **kick B1**
Ⓑ VI [1] (*) (= *hurtle*) ir a toda velocidad, ir a toda pastilla (*Sp**)
[2] **the rain is ~ing down*** ◊ **it's ~ing (down)*** está lloviendo a cántaros
Ⓒ CPD ► **bucket seat** N asiento *m* envolvente ► **bucket shop** N (*Fin*) agencia *f* de bolsa fraudulenta; (*Brit*) (*for air tickets*) agencia *f* de viajes que vende barato

**bucketful** ['bʌkɪtfʊl] N cubo *m* (lleno), balde *m* (lleno) (*LAm*); **by the ~** a cubos; (*fig*) a montones, en grandes cantidades

**buckle** ['bʌkl] Ⓐ N [*of shoe, belt*] hebilla *f*
Ⓑ VT [1] [+ *shoe, belt*] abrochar
[2] (= *warp*) [+ *wheel, girder*] combar, torcer
[3] [+ *knees*] doblar
Ⓒ VI [*wheel, girder*] combarse, torcerse; [*knees*] doblarse

►**buckle down** VI + ADV ponerse a trabajar; **to ~ down to a job** dedicarse en serio a una tarea

►**buckle in** VT + ADV **to ~ a baby in** abrochar el cinturón de un niño

►**buckle on** VT + ADV [+ *armour, sword*] ceñirse

►**buckle to** VI + ADV ponerse a trabajar

►**buckle up** VI + ADV (*US*) ponerse el cinturón de seguridad

**buckra** ['bʌkrə] N (*US pej*) blanco *m*

**buckram** ['bʌkrəm] N bucarán *m*

**Bucks** [bʌks] N ABBR (*Brit*) = **Buckinghamshire**

**bucksaw** ['bʌksɔː] N sierra *f* de arco

**buckshee‡** [bʌk'ʃiː] (*Brit*) Ⓐ ADJ gratuito
Ⓑ ADV gratis

**buckshot** ['bʌkʃɒt] N perdigón *m*, posta *f*

**buckskin** ['bʌkskɪn] N (cuero *m* de) ante *m*

**buckthorn** ['bʌkθɔːn] N espino *m* cerval

**buck-toothed** ['bʌk'tuːθt] ADJ de dientes salientes, dientudo (*LAm**)

**buckwheat** ['bʌkwiːt] N alforfón *m*, trigo *m* sarraceno

**bucolic** [bjuː'kɒlɪk] Ⓐ ADJ bucólico
Ⓑ N **the Bucolics** las Bucólicas

**bud**[1] [bʌd] Ⓐ N [*of flower*] capullo *m*; (*on tree, plant*) brote *m*, yema *f*; **in ~** [*tree*] en brote; *see also* **nip**[1] **B**
Ⓑ VI [*flower, tree*] brotar, echar brotes
Ⓒ VT (*Hort*) injertar de escudete

**bud**[2]* [bʌd] N (*US*) = **buddy**

**Budapest** [ˌbjuːdə'pest] N Budapest *m*

**Buddha** ['bʊdə] N Buda *m*

**Buddhism** ['bʊdɪzəm] N budismo *m*

**Buddhist** ['bʊdɪst] Ⓐ ADJ budista
Ⓑ N budista *mf*

**budding** ['bʌdɪŋ] ADJ (*fig*) [*talent*] en ciernes

**buddleia** ['bʌdlɪə] N budleia *f*

**buddy** ['bʌdɪ] Ⓐ N (*esp US*) amigo *m*, amigote* *m*, compadre *m* (*LAm*), cuate *m* (*Mex**), pata *m* (*Peru**); (*in direct address*) hermano* *m*, macho *m* (*Sp**)
Ⓑ CPD ► **buddy movie** N *película en la que los personajes centrales son un par de amigotes* ► **buddy system*** N **they use the ~ system** emplean el amiguismo, se ayudan mutuamente

**budge** [bʌdʒ] Ⓐ VT (= *move*) mover, hacer que se mueva; **I couldn't ~ him an inch** (*fig*) no lo pude convencer
Ⓑ VI (= *move*) moverse; (*fig*) ceder, rendirse; **he didn't dare to ~** no se atrevía a moverse; **he won't ~ an inch** (*fig*) no cede lo más mínimo

►**budge up** VI + ADV moverse un poco, correrse a un lado

**budgerigar** ['bʌdʒərɪgɑːʳ] N periquito *m*

**budget** ['bʌdʒɪt] Ⓐ N presupuesto *m*; **the Budget** (*Brit Pol*) los Presupuestos Generales del Estado; **my ~ won't stretch** *or* **run to steak** mi presupuesto no me permite comprar bistec
Ⓑ VI planear el presupuesto
Ⓒ VT [+ *sum*] asignar; **the movie is only ~ed at $10m** a la película se le ha asignado un presupuesto de sólo 10 millones de dólares; **~ed costs** costos *mpl* presupuestados
Ⓓ CPD (*Econ*) presupuestario; (= *cut-price*) [*holiday, prices*] económico ► **budget account** N cuenta *f* presupuestaria ► **budget day** N día *m* de la presentación de los Presupuestos Generales del Estado ► **budget deficit** N déficit *m* presupuestario ► **budget plan** N plan *m* presupuestario ► **budget speech** N discurso *m* en el que se presentan los Presupuestos Generales del Estado

►**budget for** VI + PREP hacer un presupuesto para; **we hadn't ~ed for the price increase** no habíamos contado con el aumento de precios

**BUDGET**

*Cuando el Ministro de Economía y Hacienda británico* (**Chancellor of the Exchequer**) *presenta los presupuestos generales del Estado al Parlamento cada noviembre, en el país se refieren a ellos simplemente como* **the Budget**, *el cual suele incluir cambios en los impuestos y en las prestaciones sociales. Su discurso se televisa en su totalidad, para que los ciudadanos se enteren por sí mismos de cómo afectarán los cambios a su declaración de la renta, así como al precio de artículos tales como la gasolina, el alcohol o el tabaco.*

**budgetary** ['bʌdʒɪtrɪ] ADJ [*control, deficit, policy, year*] presupuestario

**budgeting** ['bʌdʒɪtɪŋ] N elaboración *f* de un presupuesto, presupuesto *m*; **with careful ~** con buena administración

**budgie*** ['bʌdʒɪ] N = **budgerigar**

**Buenos Aires** [ˌbwenəs'aɪərɪz] Ⓐ N Buenos Aires *msing*
Ⓑ ADJ bonaerense, porteño (*Arg**)

**buff**[1] [bʌf] Ⓐ ADJ [*colour*] de color de ante
Ⓑ N piel *f* de ante; **in the ~*** en cueros*
Ⓒ VT (*also* **~ up**) lustrar, pulir

**buff**[2]* [bʌf] N aficionado/a *m/f*, entusiasta *mf*; **film ~** cinéfilo/a *m/f*

**buffalo** ['bʌfələʊ] N (*pl* **buffalo** *or* **buffaloes**)
[1] búfalo *m*
[2] (*esp US*) (= *bison*) bisonte *m*

**buffer**[1] ['bʌfəʳ] Ⓐ N (*Brit Rail*) (*on carriage*) tope *m*; (*in station*) parachoques *m inv*, amortiguador *m* (de choques); (*US Aut*) parachoques *m inv*; (*Comput*) memoria *f* intermedia; ✦*IDIOM* **the plan suddenly hit the ~s** el plan frenó de golpe
Ⓑ VT (*fig*) (= *protect*) proteger
Ⓒ CPD ► **buffer state** N estado *m* tapón ► **buffer zone** N zona *f* parachoques

**buffer**[2]* ['bʌfəʳ] N **old ~** (*Brit*) mastuerzo *m*, carca* *m*

**buffering** ['bʌfərɪŋ] N (*Comput*) almacenamiento *m* en memoria intermedia

**buffet**[1] ['bʌfɪt] Ⓐ N (= *blow*) golpe *m*
Ⓑ VT (= *hit*) abofetear; [*sea, wind*] zarandear

**buffet**[2] ['bʊfeɪ] Ⓐ N (*for refreshments*) cantina *f*, cafetería *f*; (= *meal*) buffet *m* (libre), comida *f*

buffet
Ⓑ CPD ► **buffet car** N (*Brit Rail*) coche-restaurante *m* ► **buffet lunch** N almuerzo *m* buffet ► **buffet meal** N buffet *m* (libre), comida *f* buffet ► **buffet supper** N cena *f* buffet

**buffeting** [ˈbʌfɪtɪŋ] N [*of sea etc*] el golpear; **to get a ~ from** sufrir los golpes de

**buffoon** [bəˈfuːn] N bufón *m*, payaso *m*

**buffoonery** [bəˈfuːnərɪ] N bufonadas *fpl*

**bug** [bʌg] Ⓐ N 1 (*Zool*) chinche *mf*; (*esp US**) (= *any insect*) bicho *m*
2 (*) (= *germ*) microbio *m*; (*fig*) (= *obsession*) gusanillo *m*; **flu ~** virus *m inv* de la gripe; **there's a ~ going around** hay un virus que corre por ahí; **I've got the travel ~** me ha picado el gusanillo de los viajes
3 (*) (= *hidden microphone*) micrófono *m* oculto
4 (*esp US**) (= *defect, snag*) traba *f*, pega *f*
5 (*Comput*) virus *m inv*
6 (*US**) (= *small car*) coche *m* compacto
7 (*US**) (= *enthusiast*) aficionado/a *m/f*, entusiasta *mf*
Ⓑ VT 1 (*) [+ *telephone*] intervenir, pinchar*; [+ *room*] poner un micrófono oculto en; [+ *person*] escuchar clandestinamente a, pinchar el teléfono de*; **my phone is ~ged** mi teléfono está pinchado*; **do you think this room is ~ged?** ¿crees que en esta habitación hay un micro oculto?
2 (*) (= *annoy*) fastidiar, molestar; **don't ~ me!** ¡deja de molestar(me) *or* fastidiar!; **what's ~ging you?** ¿qué mosca te ha picado?*
Ⓒ CPD ► **bug hunter*** N entomólogo/a *m/f*

►**bug out**‡ VI + ADV (*US*) largarse*

**bugaboo** [ˈbʌgəbuː] N (*US*) espantajo *m*, coco *m*

**bugbear** [ˈbʌgbɛəʳ] N pesadilla *f*

**bug-eyed*** [ˌbʌgˈaɪd] ADJ **to be ~** mirar con los ojos saltones

**bug-free*** [ˈbʌgˈfriː] ADJ (*Comput*) libre de virus, sin virus

**bugger** [ˈbʌgəʳ] Ⓐ N 1 (*Jur*) sodomita *mf*
2 (*Brit*‡‡) (= *person*) hijo/a *m/f* de puta‡, gilipollas *mf* (*Sp*‡); **he's a lucky ~!** ¡qué suerte tiene el cabrón!‡; **that silly ~** ese cabrón‡, ese gilipollas (*Sp*‡); **some poor ~** algún desgraciado*; **I don't give a ~!** ¡me importa un carajo!‡; **don't play silly ~s!** ¡deja de hacer pendejadas!‡, ¡no des el coñazo! (*Sp*‡)
3 (*Brit*‡‡) (= *nuisance, annoyance*) **it's a ~** es jodidísimo‡‡
Ⓑ EXCL (*Brit*) **~ (it** *or* **me)!**‡‡ ¡mierda!‡‡
Ⓒ VT 1 (*Jur*) cometer sodomía con
2 (*Brit*‡‡) **(well) I'll be ~ed!** ¡no me jodas!‡‡; **lawyers be ~ed!** ¡que se jodan los abogados!‡‡; **I'll be ~ed if I will** paso de hacerlo ¡qué coño!‡‡

►**bugger about**‡‡, **bugger around**‡‡ (*Brit*)
Ⓐ VT + ADV **to ~ sb about** joder a algn‡‡
Ⓑ VI + ADV hacer pendejadas‡, hacer el gilipollas (*Sp*‡)

►**bugger off**‡‡ (*Brit*) VI + ADV largarse*; **~ off!** ¡vete a la mierda!‡‡, ¡vete a tomar por culo! (*Sp*‡‡), ¡chinga tu madre! (*Mex*‡‡)

►**bugger up**‡‡ (*Brit*) VT + ADV **to ~ sth up** joder algo‡‡

**bugger-all**‡‡ [ˈbʌgəˌɔːl] N (*Brit*) nada

**buggery** [ˈbʌgərɪ] N sodomía *f*

**bugging** [ˈbʌgɪŋ] Ⓐ N (*Telec*) intervención *f*
Ⓑ CPD ► **bugging device** N micrófono *m* oculto

**buggy** [ˈbʌgɪ] N 1 (*also* **baby ~**) (*Brit*) (= *pushchair*) sillita *f* de paseo; (*US*) (= *pram*) cochecito *m* (de niño)
2 (*horse-drawn*) calesa *f*
3 (*Golf*) cochecito *m*; *see also* **beach**, **moon**

**bughouse**‡ [ˈbʌghaʊs] N (*pl* **bughouses** [ˈbʌghaʊzɪz]) (*US*) (= *asylum*) casa *f* de locos, manicomio *m*

**bugle** [ˈbjuːgl] N corneta *f*, clarín *m*

**bugler** [ˈbjuːgləʳ] N corneta *mf*

**bug-ridden** [ˈbʌgˌrɪdn] ADJ **this house is ~** esta casa está llena de bichos

**build** [bɪld] (*vb: pt, pp* **built**) Ⓐ N (= *physique*) figura *f*, tipo *m*; **of powerful ~** fornido
Ⓑ VT 1 [+ *house*] construir, hacer; [+ *ship*] construir; [+ *nest*] hacer; [+ *fire*] preparar; **to ~ a mirror into a wall** empotrar un espejo en la pared; **a house built into the hillside** una casa construida en la ladera; **this car wasn't built for speed** este coche no está hecho para correr; **built to last** hecho para durar; *see also* **castle**
2 (*fig*) [+ *empire, organization*] levantar; [+ *relationship*] establecer; [+ *trust, confidence*] cimentar; [+ *self-confidence*] desarrollar; [+ *words, sequence*] formar
Ⓒ VI 1 (*Constr*) edificar, construir
2 (= *increase*) [*pressure, sound, speed*] aumentar; [*excitement*] crecer

►**build in** VT + ADV 1 [+ *cupboard*] empotrar; (*Mech*) incorporar
2 [+ *safeguards*] incluir, incorporar

►**build on** Ⓐ VT + ADV (= *add*) añadir; **to ~ a garage on to a house** añadir un garaje a una casa; **the garage is built on to the house** la casa tiene un garaje anexo
Ⓑ VI + PREP (*fig*) **now we have a base to ~ on** ahora tenemos una base sobre la que podemos construir

►**build up** Ⓐ VT + ADV 1 [+ *area, town etc*] urbanizar; **the area was built up years ago** la zona fue urbanizada hace años
2 (= *establish*) [+ *business, firm*] levantar; [+ *reputation*] labrarse; [+ *impression*] crear; **to ~ up a lead** tomar la delantera; **he had built up a picture in his mind of what she was like** se había formado una imagen mental de cómo era ella
3 (= *increase*) [+ *stocks etc*] acumular; [+ *sales, numbers*] incrementar; **to ~ up one's strength** fortalecerse; **to ~ up one's hopes** hacerse ilusiones; **to ~ up sb's confidence** dar más confianza en sí mismo a algn; **to ~ up one's (self-)confidence** desarrollar la confianza en sí mismo
Ⓑ VI + ADV (= *increase*) [*pressure, sound, speed*] aumentar; (*Fin*) [*interest*] acumularse; [*excitement*] crecer

**builder** [ˈbɪldəʳ] N (= *company*) constructor(a) *m/f*; (= *worker*) albañil *mf*; (= *contractor*) contratista *mf*; (*fig*) fundador(a) *m/f*

**building** [ˈbɪldɪŋ] Ⓐ N 1 (= *house, office etc*) edificio *m*; (*at exhibition*) pabellón *m*
2 (= *activity*) construcción *f*
Ⓑ CPD ► **building block** N (= *toy*) bloque *m* de construcción; (*fig*) elemento *m* esencial, componente *m* básico ► **building contractor** N contratista *mf* de construcciones ► **the building industry** N la industria de la construcción ► **building land** N tierra *f* para construcción, terrenos *mpl* edificables ► **building lot** N solar *m* (para construcción) ► **building materials** NPL material *msing* de construcción ► **building permit** N permiso *m* de obras ► **building plot** N = **building lot** ► **building site** N obra *f* ► **building society** N (*Brit*) sociedad *f* de crédito hipotecario ► **the building trade** N la industria de la construcción ► **building worker** N obrero/a *m/f or* trabajador(a) *m/f* de la construcción ► **building works** NPL obras *fpl* de construcción

**build-up** [ˈbɪldʌp] N 1 [*of pressure, tension, traffic*] aumento *m*; [*of gas*] acumulación *f*, concentración *f*; [*of forces*] concentración *f*
2 (= *publicity*) propaganda *f*; **to give sth/sb a good ~** hacer mucha propaganda a favor de algo/algn

**built** [bɪlt] Ⓐ PT, PP *of* **build**
Ⓑ ADJ **heavily/slightly ~** [*person*] fornido/menudo

**-built** [bɪlt] ADJ (*ending in compounds*) **American-built** de construcción americana; **brick-built** construido de ladrillos

**built-in** [ˈbɪltˈɪn] Ⓐ ADJ [*wardrobe, mirror*] empotrado; (*as integral part of*) incorporado
Ⓑ CPD ► **built-in obsolescence** N caducidad *f* programada *or* controlada

**built-up** [ˈbɪltˈʌp] N **~ area** zona *f* urbanizada

**bulb** [bʌlb] N 1 (*Bot*) bulbo *m*, camote *m* (*Mex*); [*of garlic*] cabeza *f*
2 (*Elec*) bombilla *f*, bombillo *m* (*LAm*), foco *m* (*LAm*)
3 [*of thermometer*] cubeta *f*, ampolleta *f*

**bulbous** [ˈbʌlbəs] ADJ [*shape*] bulboso

**Bulgar** [ˈbʌlgəʳ] N (*Hist*) búlgaro/a *m/f*

**Bulgaria** [bʌlˈgɛərɪə] N Bulgaria *f*

**Bulgarian** [bʌlˈgɛərɪən] Ⓐ ADJ búlgaro
Ⓑ N 1 (= *person*) búlgaro/a *m/f*
2 (*Ling*) búlgaro *m*

**bulge** [bʌldʒ] Ⓐ N 1 (*in surface, of curve*) abombamiento *m*, protuberancia *f*; (*in pocket*) bulto *m*
2 (*in birth rate, sales*) alza *f*, aumento *m*; **the postwar ~ in the birth rate** la explosión demográfica de la posguerra
Ⓑ VI [*pocket etc*] estar abultado; [*eyes*] saltarse; **his pockets ~d with apples** iba con los bolsillos repletos de manzanas; **their eyes ~d at the sight** se les saltaron los ojos al verlo

**bulging** [ˈbʌldʒɪŋ] ADJ [*pocket*] muy lleno; [*suitcase*] que está para reventar; [*eyes*] saltón

**bulimia** [bjuːˈlɪmɪə] N bulimia *f*

**bulimic** [bjuːˈlɪmɪk] Ⓐ ADJ bulímico
Ⓑ N bulímico/a *m/f*

**bulk** [bʌlk] Ⓐ N 1 (= *size*) [*of thing*] bulto *m*; [*of person*] corpulencia *f*, masa *f*; **the enormous ~ of the ship** la enorme mole del buque; **he set his full ~ down in a chair** dejó caer todo el peso de su cuerpo en un sillón
2 (= *main part*) **the ~ of** la mayoría de; **the ~ of the work** la mayor parte del trabajo; **the ~ of the army** el grueso del ejército
3 (*Comm*) **to buy in ~** (= *in large quantities*) comprar al por mayor; **in ~** (= *not pre-packed*) suelto, a granel
Ⓑ VI **to ~ large** tener un puesto importante, ocupar un lugar importante
Ⓒ CPD ► **bulk buying** N compra *f* al por mayor ► **bulk carrier** N (buque *m*) granelero *m* ► **bulk goods** NPL mercancías *fpl* a granel ► **bulk purchase** N compra *f* al por mayor

**bulkhead** [ˈbʌlkhed] N (*Naut*) mamparo *m*

**bulkiness** [ˈbʌlkɪnɪs] N volumen *m*, lo abultado

**bulky** [ˈbʌlkɪ] ADJ (*compar* **bulkier**; *superl* **bulkiest**) [*parcel*] abultado; [*person*] corpulento

**bull**[1] [bʊl] Ⓐ N 1 (*Zool*) toro *m*; (= *male*) [*of elephant, seal*] macho *m*; **♦IDIOMS like a ~ in a china shop** como un elefante en una cristalería; **to take the ~ by the horns** coger *or* (*LAm*) agarrar el toro por los cuernos; *see also* **red A1**
2 (*Fin*) alcista *mf*
3 (‡) (= *nonsense*) sandeces* *fpl*, chorradas *fpl* (*Sp**); **to talk a lot of ~** decir sandeces*, decir chorradas (*Sp**)

4 (*Mil*‡) trabajos *mpl* rutinarios
Ⓑ ADJ (*Zool*) macho
Ⓒ VT (*Fin*) **to ~ the market** hacer subir el mercado comprando acciones especulativamente
Ⓓ CPD ► **bull bars** NPL (*Aut*) defensa *fsing* (delantera *or* frontal) ► **bull calf** N (*Zool*) becerro *m* ► **bull dyke**‡ N (*pej*) camionera* *f* ► **bull market** N (*Fin*) mercado *m* en alza *or* alcista ► **bull neck** N cuello *m* de toro ► **bull terrier** N bulterrier *m*

**bull²** [bʊl] N (*Rel*) bula *f*

**bulldog** ['bʊldɒg] Ⓐ N dogo *m*, buldog *m*
Ⓑ CPD ► **the bulldog breed** N los ingleses (*con su aspecto heroico y porfiado*) ► **bulldog clip** N (*Brit*) pinza *f*

**bulldoze** ['bʊldəʊz] VT 1 (*Constr*) [+ *site*] nivelar (con motoniveladora); [+ *building*] arrasar (con motoniveladora)
2 (*fig*) [+ *opposition*] arrollar; **I was ~d into doing it** me forzaron a hacerlo; **the government ~d the bill through parliament** el gobierno hizo presiones para que se aprobara el proyecto de ley en el parlamento

**bulldozer** ['bʊldəʊzəʳ] N motoniveladora *f*, bulldozer *m*

**bullet** ['bʊlɪt] Ⓐ N bala *f*; **to go by like a ~** pasar como (una) bala *or* un rayo; ✦**IDIOM to bite the ~** enfrentarse al toro
Ⓑ CPD ► **bullet hole** N agujero *m* de bala ► **bullet train** N tren *m* de gran velocidad (*japonés*) ► **bullet wound** N balazo *m*

**bulletin** ['bʊlɪtɪn] Ⓐ N (= *statement*) comunicado *m*, parte *m*; (= *journal*) boletín *m*
Ⓑ CPD ► **bulletin board** N (*US*) tablón *m* de anuncios; (*Comput*) tablero *m* de noticias

**bulletproof** ['bʊlɪtpruːf] Ⓐ ADJ antibalas, a prueba de balas
Ⓑ CPD ► **bulletproof glass** N vidrio *m* antibalas *or* a prueba de balas ► **bulletproof vest** N chaleco *m* antibalas *or* a prueba de balas

**bullfight** ['bʊlfaɪt] N corrida *f* (de toros)

**bullfighter** ['bʊlfaɪtəʳ] N torero/a *m/f*

**bullfighting** ['bʊlfaɪtɪŋ] N toreo *m*, tauromaquia *f*; **I hate ~** odio los toros

**bullfinch** ['bʊlfɪntʃ] N camachuelo *m*

**bullfrog** ['bʊlfrɒg] N rana *f* toro

**bullhorn** ['bʊlhɔːn] N (*US*) megáfono *m*

**bullion** ['bʊljən] N oro *m*/plata *f* en barras *or* en lingotes

**bullish** ['bʊlɪʃ] ADJ optimista; (*Fin*) (de tendencia) alcista

**bull-necked** ['bʊl'nekt] ADJ de cuello de toro

**bullock** ['bʊlək] N buey *m*

**bullring** ['bʊlrɪŋ] N plaza *f* de toros

**bull's-eye** ['bʊlzaɪ] N 1 [*of target*] blanco *m*; **to hit the ~** ◊ **score a ~** (*lit, fig*) dar en el blanco
2 (= *sweet*) caramelo *m* de menta
3 (= *lantern*) linterna *f* sorda
4 (*Naut*) ojo *m* de buey

**bullshit**‡* ['bʊlʃɪt] Ⓐ N (= *nonsense*) sandeces* *fpl*, chorradas *fpl* (*Sp**)
Ⓑ VI decir sandeces*, decir chorradas (*Sp**)
Ⓒ VT **don't ~ me now** no me vengas ahora con sandeces *or* chorradas*

**bullshitter**‡* ['bʊl'ʃɪtəʳ] N fanfarrón/ona *m/f*

**bully¹** ['bʊlɪ] Ⓐ N 1 (= *person*) matón/ona *m/f*, peleón/ona *m/f*
2 (*Brit Hockey*) (*also* **~-off**) saque *m*
Ⓑ VT (*also* **~ around**) intimidar; **to ~ sb into doing sth** intimidar a algn para que haga algo

►**bully off** VI + ADV (*Brit Hockey*) sacar

**bully²*** ['bʊlɪ] Ⓐ ADJ (†) (= *first-rate*) de primera
Ⓑ EXCL **~ for you!** ¡bravo!

**bully³*** ['bʊlɪ] N (*Mil*) (*also* **~ beef**) carne *f* de vaca conservada en lata

**bully-boy*** ['bʊlɪˌbɔɪ] Ⓐ N matón *m*, esbirro *m*
Ⓑ CPD ► **bully-boy tactics** NPL táctica *f* de matón

**bullying** ['bʊlɪɪŋ] Ⓐ ADJ [*person*] matón, valentón; [*attitude*] amedrentador, propio de matón
Ⓑ N intimidación *f*, abuso *m*

**bulrush** ['bʊlrʌʃ] N espadaña *f*

**bulwark** ['bʊlwək] N (*Mil, fig*) baluarte *m*; (*Naut*) borda *f*

**bum¹**‡ [bʌm] Ⓐ N (*Brit Anat*) culo‡ *m*; ✦**IDIOM to put ~s on seats** (*Theat etc*) llenar el teatro *or* cine etc
Ⓑ CPD ► **bum bag** N riñonera *f* ► **bum boy**‡* N (*Brit pej*) maricón‡ *m*

**bum²*** [bʌm] Ⓐ N (*esp US*) (= *idler*) holgazán/ana *m/f*, vago/a *m/f*; (= *tramp*) vagabundo/a *m/f*; (= *scrounger*) gorrón/ona* *m/f*; (*as term of general disapproval*) vago/a *m/f*; ✦**IDIOMS to go** *or* **live on the ~** [*scrounger*] vivir de gorra; [*tramp*] vagabundear; **to give sb the ~'s rush** echar a algn a patadas*
Ⓑ ADJ 1 (= *worthless*) sin ningún valor
2 (*esp US*) (= *false*) falso
Ⓒ VT [+ *money, food*] gorrear*; **he ~med a cigarette off me** me gorreó un pitillo*
Ⓓ CPD ► **bum deal** N **I knew I was getting a ~ deal** sabía que se estaban aprovechando de mí ► **bum rap** N acusación *f* falsa ► **bum steer** N bulo *m*

►**bum around*** VI + ADV holgazanear

**bumble** ['bʌmbl] VI (= *walk unsteadily*) andar de forma vacilante, andar a tropezones; (*fig*) trastabillar

**bumblebee** ['bʌmblbiː] N abejorro *m*

**bumbling** ['bʌmblɪŋ] Ⓐ ADJ (= *inept*) inepto, inútil; (= *muttering*) que habla a tropezones
Ⓑ N divagación *f*

**bumf*** [bʌmf] N 1 (*Brit pej*) (= *papers, information*) papeleo* *m*, papeles *mpl*
2 (= *lavatory paper*) papel *m* higiénico

**bummer**‡ ['bʌməʳ] N (= *nuisance*) latazo* *m*; (= *disaster*) desastre *m*; **what a ~!** ¡vaya desastre!

**bump** [bʌmp] Ⓐ N 1 (= *blow, noise*) choque *m*, topetazo *m*; (= *jolt of vehicle*) sacudida *f*; (*Aer*) rebote *m*; (*in falling*) batacazo *m*; **things that go ~ in the night** cosas que hacen ruidos misteriosos en la noche; ✦**IDIOM to come down to earth with a ~** volver a la realidad de un golpe
2 (= *swelling*) bollo *m*, abolladura *f*; (*on skin*) chichón *m*, hinchazón *f*; (*on road etc*) bache *m*
Ⓑ VT [+ *car*] chocar contra; **to ~ one's head** darse un golpe en la cabeza; **to ~ one's head on a door** dar con la cabeza contra una puerta
Ⓒ VI **to ~ along** (= *move joltingly*) avanzar dando sacudidas; **the economy continues to ~ along the bottom** (*Brit*) la economía continúa arrastrándose por los suelos

►**bump against** VI + PREP chocar contra, topetar, dar contra

►**bump into** VI + PREP 1 [*person, vehicle*] chocar contra, dar con *or* contra
2 (*) (= *meet*) tropezar con, toparse con; **fancy ~ing into you!** ¡qué casualidad encontrarte aquí!

►**bump off*** VT + ADV (= *kill*) cargarse a*

►**bump up*** VT + ADV 1 (= *increase*) [+ *price*] subir, aumentar
2 **he was ~ed up to first-class on his flight home** en el viaje de vuelta lo pusieron en primera clase

►**bump up against** VI + PREP = **bump into 1**

**bumper¹** ['bʌmpəʳ] Ⓐ N (*Brit Aut*) parachoques *m inv*; **traffic is ~ to ~ as far as the airport** hay una caravana que llega hasta el aeropuerto
Ⓑ CPD ► **bumper car** N auto *m* de choque ► **bumper sticker** N pegatina *f* de parachoques

**bumper²** ['bʌmpəʳ] Ⓐ N (= *glass*) copa *f* llena
Ⓑ ADJ [*crop, harvest*] abundante
Ⓒ CPD ► **bumper issue** N edición *f* especial

**bumph*** [bʌmf] N (*Brit*) = **bumf**

**bumpkin** ['bʌmpkɪn] N (*also* **country ~**) (*pej*) pueblerino/a *m/f*, paleto/a *m/f* (*Sp**)

**bump-start** ['bʌmpstɑːt] Ⓐ N **to give a car a ~** empujar un coche para que arranque
Ⓑ VT [+ *car*] empujar para que arranque

**bumptious** ['bʌmpʃəs] ADJ engreído, presuntuoso

**bumpy** ['bʌmpɪ] ADJ (*compar* **bumpier**; *superl* **bumpiest**) [*surface*] desigual; [*road*] lleno de baches; [*journey, flight*] agitado, con mucho traqueteo

**bun** [bʌn] Ⓐ N 1 (*Culin*) bollo *m*, magdalena *f*; (*Brit*) (= *cake*) pastel *m*; ✦**IDIOM to have a ~ in the oven**‡ estar en estado
2 (= *hairstyle*) moño *m*; **to wear one's hair in a ~** recogerse el pelo en un moño
3 **buns** (*US*‡) trasero* *m*
Ⓑ CPD ► **bun fight*** N *merienda servida para mucha gente*

**bunch** [bʌntʃ] Ⓐ N 1 [*of flowers*] ramo *m*; (*small*) ramillete *m*; [*of bananas, grapes*] racimo *m*; [*of keys*] manojo *m*; **to wear one's hair in ~es** (*Brit*) llevar coletas; **the best** *or* **pick of the ~*** (*fig*) el/la mejor de todos
2 (*) (= *set of people*) grupo *m*, pandilla *f*; **they're an odd ~** son gente rara; **they're a ~ of traitors** son una panda de traidores; ✦**IDIOM the best of a bad ~** entre malos, los mejores; *see also* **mixed A1**
3 (*US**) **a ~ of** (= *several, many*) un montón de; **a ~ of times** un montón de veces
4 **thanks a ~!*** (*iro*) ¡hombre, pues te lo agradezco!, ¡gracias mil!
Ⓑ VT [+ *objects*] agrupar, juntar

►**bunch together** Ⓐ VT + ADV agrupar, juntar
Ⓑ VI + ADV [*people*] agruparse, apiñarse

►**bunch up** Ⓐ VT + ADV 1 [+ *dress, skirt*] arremangar
2 **they sat ~ed up on the bench** se apretujaban en el banco
Ⓑ VI + ADV apretujarse

**bundle** ['bʌndl] Ⓐ N 1 [*of clothes, rags*] bulto *m*, fardo *m*, lío *m*; [*of sticks*] haz *m*; [*of papers*] legajo *m*; **~ of joy** (= *baby*) bebé *mf*; **he's a ~ of nerves** es un manojo de nervios; **he's not exactly a ~ of laughs** no es muy divertido que digamos
2 (‡) (= *money*) **to make a ~** ganarse un dineral*, ganarse un pastón (*Sp*‡); **it cost a ~** costó un dineral *or* una millonada*
3 (= *large number*) montón *m*; **to go a ~ on**‡ volverse loco por*
4 (*Comput*) paquete *m*
Ⓑ VT 1 (*also* **~ up**) [+ *clothes*] atar en un bulto
2 (= *put hastily*) guardar sin orden; **the body was ~d into the car** metieron el cadáver en el coche a la carrera
Ⓒ CPD ► **bundled software** N (*Comput*) paquete *m* de software

►**bundle off** VT + ADV [+ *person*] despachar;

**they ~d him off to Australia** lo despacharon a Australia

►**bundle out** VT + ADV **to ~ sb out** echar a algn; **they ~d him out into the street** lo pusieron de patitas en la calle*

►**bundle up** VT + ADV [+ *clothes, belongings*] liar, atar

**bung** [bʌŋ] Ⓐ N [1] [*of cask*] tapón *m*
[2] (*Brit**) (= *bribe*) soborno *m*
Ⓑ VT (*Brit*) [1] (*also* **~ up**) [+ *pipe, hole*] tapar, taponar; **to be ~ed up** [*sink, pipe*] estar atascado, estar obstruido; **my nose is ~ed up*** tengo la nariz tapada
[2] (*) (= *throw*) echar; (= *put*) poner, meter; **~ it over** échalo para acá

►**bung in*** VT + ADV (= *include*) añadir

►**bung out*** VT + ADV tirar, botar

**bungalow** ['bʌŋgələʊ] N chalé *m*, bungalow *m*

**bungee jumping** ['bʌndʒiː'dʒʌmpɪŋ] N bungee *m*, banyi *m*; (*from bridge*) puenting *m*, puentismo *m*; **to go ~** hacer bungee *or* banyi; (*from bridge*) hacer puenting *or* puentismo

**bunghole** ['bʌŋhəʊl] N piquera *f*, boca *f* (de tonel)

**bungle** ['bʌŋgl] Ⓐ N chapuza* *f*
Ⓑ VT [+ *work*] hacer chapuceramente; **to ~ it** hacer una chapuza*, amolarlo (*Mex**); **to ~ an opportunity** desperdiciar una oportunidad

**bungled** ['bʌŋgld] ADJ **a ~ job** una chapuza*; **a ~ operation** una operación mal ejecutada

**bungler** ['bʌŋglə<sup>r</sup>] N chapucero/a *m/f*

**bungling** ['bʌŋglɪŋ] ADJ torpe, desmañado

**bungy jumping** ['bʌndʒiː'dʒʌmpɪŋ] N = **bungee jumping**

**bunion** ['bʌnjən] N (*Med*) juanete *m*

**bunk**[1] [bʌŋk] Ⓐ N (*Naut*) litera *f*, camastro *m*; (*Rail, child's*) litera *f*; (*) (= *bed*) cama *f*
Ⓑ CPD ► **bunk bed** N litera *f*

**bunk**[2]* [bʌŋk] (*Brit*) Ⓐ N **to do a ~** = B
Ⓑ VI largarse*, escaquearse (*Sp**)

►**bunk off*** (*Brit*) Ⓐ VI + ADV (*from school, work*) escaquearse (*Sp**)
Ⓑ VI + PREP **to ~ off school** hacer novillos *or* rabona

**bunk**[3]* [bʌŋk] N (= *nonsense*) bobadas* *fpl*; **~!** ¡bobadas!*; **history is ~** la historia son bobadas*

**bunker** ['bʌŋkə<sup>r</sup>] Ⓐ N [1] (= *coal bunker*) carbonera *f*; (*Naut*) pañol *m* del carbón
[2] (*Mil*) refugio *m* antiaéreo/antinuclear, búnker *m*
[3] (*Golf*) búnker *m*
Ⓑ VT [1] (*Naut*) proveer de carbón
[2] **to be ~ed** (*Golf*) tener la pelota en un búnker; (*fig*) (*) estar en un atolladero

**bunkhouse** ['bʌŋkhaʊs] N (*pl* **bunkhouses** ['bʌŋkhaʊzɪz]) (*US*) casa *f* de dormitorios (para trabajadores de hacienda)

**bunkum*** ['bʌŋkəm] N bobadas* *fpl*

**bunk-up*** [ˌbʌŋk'ʌp] N **to give sb a ~** ayudar a algn a subir

**bunny** ['bʌnɪ] Ⓐ N [1] (*baby talk*) (= *rabbit*) conejito *m*
[2] (*US**) (= *pretty girl*) bombón* *m*, tía *f* buena (*Sp**)
Ⓑ CPD ► **bunny girl** N conejita *f* ► **bunny rabbit** N (*baby talk*) conejito *m*

**Bunsen burner** [ˌbʌnsn'bɜːnə<sup>r</sup>] N mechero *m* Bunsen

**bunting**[1] ['bʌntɪŋ] N (*Orn*) escribano *m*

**bunting**[2] ['bʌntɪŋ] N (= *decoration*) banderitas *fpl*, empavesado *m*; (= *cloth*) lanilla *f*

**buoy** [bɔɪ] (*US*) ['buːɪ] Ⓐ N boya *f*
Ⓑ VT [+ *channel*] aboyar, señalar con boyas

►**buoy up** VT + ADV (*lit*) [+ *person, boat*] mantener a flote; (*fig*) [+ *spirits etc*] levantar; [+ *person*] animar, alentar

**buoyancy** ['bɔɪənsɪ] N [1] (*Phys*) [*of ship, object*] capacidad *f* para flotar, flotabilidad *f*; [*of liquid*] sustentación *f* hidraúlica; (*Aer*) fuerza *f* ascensional
[2] (*fig*) optimismo *m*
[3] (*Fin*) [*of market, prices*] tendencia *f* al alza

**buoyant** ['bɔɪənt] ADJ [1] (*Phys*) [*ship, object*] flotante, boyante (*Tech*); **fresh water is not so ~ as salt water** en el agua dulce no se flota tanto como en la salada
[2] (= *bouncy*) [*mood, person*] optimista; [*step*] ligero
[3] (*Fin*) [*market, prices*] con tendencia al alza

**buoyantly** ['bɔɪəntlɪ] ADV [*walk*] con paso ligero; [*recover, return*] con optimismo

**BUPA** ['buːpə] N ABBR (= **British United Provident Association**) *seguro médico privado*

**buppie***, **buppy*** ['bʌpɪ] N ABBR (= **black upwardly mobile professional**) *yuppie negro*

**bur** [bɜː<sup>r</sup>] N = **burr**

**burble** ['bɜːbl] VI [1] [*baby*] hacer gorgoritos; [*stream*] burbujear
[2] (*pej*) [*person*] (= *talk*) farfullar

**burbot** ['bɜːbət] N lota *f*

**burbs***, **'burbs*** [bɜːbz] NPL (*US*) = **suburbs**

**burden** ['bɜːdn] Ⓐ N [1] (= *load*) carga *f*; (= *weight*) peso *m*
[2] (*fig*) [*of taxes, years*] peso *m*, carga *f*; **the ~ of proof lies with him** él lleva la carga de la prueba; **to be a ~ to sb** ser una carga para algn; **he carries a heavy ~** tiene que cargar con una gran responsabilidad; **to make sb's life a ~** amargar la vida a algn
[3] (*Naut*) arqueo *m*
[4] (= *chief theme*) [*of speech etc*] tema *m* principal
[5] (= *chorus*) [*of song*] estribillo *m*
Ⓑ VT cargar (**with** con); **to be ~ed with** tener que cargar con; **don't ~ me with your troubles** no me vengas con tus problemas

**burdensome** ['bɜːdnsəm] ADJ gravoso, oneroso

**burdock** ['bɜːdɒk] N (*Bot*) bardana *f*

**bureau** ['bjʊərəʊ] Ⓐ N (*pl* **bureaus** *or* **bureaux** ['bjʊərəʊz]) [1] (= *organization*) [1·1] (= *travel/employment agency*) agencia *f*, oficina *f*
[1·2] (*US*) (= *government department*) departamento *m*; *see also* **federal**
[2] (= *piece of furniture*) [2·1] (*Brit*) (= *desk*) buró *m*, escritorio *m*
[2·2] (*US*) (= *chest of drawers*) cómoda *f*
Ⓑ CPD ► **bureau de change** [ˌbjʊərəʊdə'ʃɒndʒ] N caja *f* de cambio ► **Bureau of Indian affairs** N (*US*) Departamento *m* de Asuntos Indios ► **bureau of standards** N (*US*) oficina *f* de pesos y medidas

**BUREAU OF INDIAN AFFAIRS**

*La agencia del gobierno estadounidense denominada* **Bureau of Indian Affairs** *(***Departamento de Asuntos Indios***) se encarga de todos los asuntos relacionados con los indios nativos norteamericanos. Este organismo, fundado en 1824 como parte del Ministerio de Guerra, llevaba en un principio la gestión de las reservas indias. Hoy en día trabaja conjuntamente con los indios para tratar de mejorar su situación, elaborando programas de salud y bienestar social y dando facilidades para la educación y el empleo. Desde la década de los sesenta viene proporcionando también asistencia técnica y formación para que puedan gestionar sus tierras y recursos.*

**bureaucracy** [bjʊə'rɒkrəsɪ] N burocracia *f*; (*pej*) papeleo* *m*, trámites *mpl*

**bureaucrat** ['bjʊərəʊkræt] N burócrata *mf*

**bureaucratic** [ˌbjʊərəʊ'krætɪk] ADJ burocrático

**burg*** [bɜːg] N (*US often hum, pej*) (= *town*) burgo *m*

**burgeon** ['bɜːdʒən] VI (*Bot*) retoñar; (*fig*) empezar a prosperar (rápidamente); [*trade etc*] florecer

**burgeoning** ['bɜːdʒənɪŋ] ADJ [*industry, market*] en vías de expansión, que empieza a prosperar *or* florecer; [*career*] que empieza a prosperar *or* florecer; [*population*] en aumento

**burger** ['bɜːgə<sup>r</sup>] N hamburguesa *f*

**burgess** ['bɜːdʒɪs] N (*Brit*) ciudadano/a *m/f*; (††) (*Parl*) diputado/a *m/f*

**burgh** ['bʌrə] N (*Scot*) villa *f*

**burgher** ['bɜːgə<sup>r</sup>] N (†† *or liter*) (= *bourgeois*) burgués/esa *m/f*; (= *citizen*) ciudadano/a *m/f*

**burglar** ['bɜːglə<sup>r</sup>] Ⓐ N ladrón/ona *m/f*
Ⓑ CPD ► **burglar alarm** N alarma *f* antirrobo

**burglarize** ['bɜːgləraɪz] VT (*US*) robar (de una casa *etc*)

**burglar-proof** ['bɜːgləpruːf] ADJ a prueba de ladrones

**burglary** ['bɜːglərɪ] N robo *m* (*en una casa*); (*Jur*) allanamiento *m* de morada

**burgle** ['bɜːgl] VT (*Brit*) robar (*de una casa etc*)

**Burgundian** [bɜː'gʌndɪən] Ⓐ ADJ borgoñón
Ⓑ N borgoñón/ona *m/f*

**Burgundy** ['bɜːgəndɪ] N [1] (*Geog*) Borgoña *f*
[2] (= *wine*) vino *m* de Borgoña

**burial** ['berɪəl] Ⓐ N entierro *m*; **I like the idea of ~ at sea** me gusta la idea de que mi cadáver sea arrojado al mar
Ⓑ CPD ► **burial ground** N cementerio *m*, camposanto *m*, panteón *m* (*LAm*) ► **burial mound** N túmulo *m* ► **burial place** N lugar *m* de sepultura ► **burial service** N funerales *mpl* ► **burial vault** N panteón *m* familiar, cripta *f*

**Burkina-Faso** [bɜː'kiːnə'fæsəʊ] N Burkina Faso *f*

**burlap** ['bɜːlæp] N (*esp US*) arpillera *f*

**burlesque** [bɜː'lesk] Ⓐ ADJ burlesco
Ⓑ N [1] (= *parody*) parodia *f*
[2] (*US Theat*) revista *f* de estriptise
Ⓒ VT parodiar
Ⓓ CPD ► **burlesque show** N (*US*) revista *f* de estriptise

**burly** ['bɜːlɪ] ADJ (*compar* **burlier**; *superl* **burliest**) fornido, fuerte

**Burma** ['bɜːmə] N Birmania *f*

**Burmese** [bɜː'miːz] Ⓐ ADJ birmano
Ⓑ N birmano/a *m/f*

**burn**[1] [bɜːn] (*vb: pt, pp* **burned**, **burnt**) Ⓐ N [1] (*Med*) quemadura *f*
[2] (*Space*) [*of rocket*] fuego *m*
Ⓑ VT [1] (*gen*) quemar; [+ *house, building*] incendiar; [+ *corpse*] incinerar; [+ *mouth, tongue*] quemar, escaldar; **to ~ a house to the ground** incendiar y arrasar una casa; **to ~ a hole in sth** hacer un agujero en algo quemándolo; **to ~ sth to ashes** reducir algo a cenizas; **to be ~ed alive** ser quemado vivo; **to be ~t to death** morir abrasado; **to ~ one's finger/hand** quemarse el dedo/la mano; **I've ~t myself!** ¡me he quemado!, ¡me quemé! (*LAm*); **I ~t the toast** se me ha quemado la tostada; ***IDIOMS* to ~ one's boats** *or* **bridges** quemar las naves; **to ~ the candle at both ends** hacer de la noche día; **to ~ one's fingers** ◊ **get one's fingers ~ed** pi-

llarse los dedos; **money ~s a hole in his pocket** el dinero le quema las manos
2 [*sun*] [+ *person, skin*] tostar; [+ *plants*] abrasar; **with a face ~ed by the sun** con la cara tostada al sol
3 [+ *fuel*] consumir, usar
Ⓒ VI 1 [*fire, building etc*] arder, quemarse; (= *catch fire*) incendiarse; **to ~ to death** morir abrasado
2 [*skin*] (*in sun*) quemarse, tostarse
3 [*meat, pastry etc*] quemarse
4 [*light, gas*] estar encendido
5 (*fig*) **to ~ with anger/passion** *etc* arder de rabia/pasión *etc*; **to ~ with desire for** desear ardientemente; **to ~ with impatience** consumirse de impaciencia; **to ~ to do sth** desear ardientemente hacer algo

►**burn away** Ⓐ VT + ADV quemar
Ⓑ VI + ADV 1 (= *be consumed*) consumirse
2 (= *go on burning*) seguir ardiendo, arder bien

►**burn down** Ⓐ VT + ADV [+ *building*] incendiar
Ⓑ VI + ADV 1 [*house*] incendiarse
2 [*candle, fire*] apagarse

►**burn off** VT + ADV [+ *paint etc*] quitar con soplete; [+ *weeds*] quemar

►**burn out** Ⓐ VT + ADV 1 (= *destroy*) [+ *building*] reducir a cenizas; (*criminally*) incendiar
2 [+ *person*] incendiar la casa de
3 (*Elec*) fundir, quemar
4 **the fire had ~t itself out** (*in hearth*) el fuego se había apagado; [*forest fire*] el incendio se había extinguido; **he's ~t himself out** (*fig*) está quemado
Ⓑ VI + ADV 1 [*fuse*] fundirse
2 [*candle, fire*] apagarse

►**burn up** Ⓐ VI + ADV 1 [*fire*] echar llamas, arder más
2 [*rocket etc*] desintegrarse
Ⓑ VT + ADV 1 [+ *rubbish etc*] quemar; [+ *crop*] abrasar
2 (= *consume*) [+ *calories, energy*] quemar
3 (*US**) (= *make angry*) sacar de quicio*

**burn²** [bɜːn] N (*Scot*) arroyo *m*, riachuelo *m*

**burner** [ˈbɜːnəʳ] N (*on cooker etc*) quemador *m*; *see also* **back**

**burning** [ˈbɜːnɪŋ] Ⓐ N 1 (= *singeing*) **there's a smell of ~** huele a quemado; **I can smell ~** huelo a quemado
2 (= *setting on fire*) quema *f*; **the ~ (down) of the Embassy during the riots** la quema de la embajada durante los disturbios
Ⓑ ADJ 1 (= *on fire*) [*building, forest*] en llamas; [*coals, flame*] ardiente; [*candle*] encendido; **the ~ bush** (*Bible*) la zarza ardiente, la zarza que ardía sin consumirse
2 (= *hot*) [*sun*] abrasador, ardiente; [*sand*] ardiente; [*desert*] infernal; [*face, skin*] ardiendo; [*thirst, fever*] abrasador; [*sensation*] de ardor, de escozor; **they drank some water to cool their ~ throats** bebieron agua para refrescar sus ardientes gargantas; **with a ~ face** (*through embarrassment, shame*) con la cara ardiendo de vergüenza
3 (= *intense*) [*desire, passion, eyes*] ardiente; [*ambition*] que quema; [*hatred*] violento; [*question, topic*] candente
Ⓒ ADV **~ hot**: **his forehead was ~ hot** su frente estaba ardiendo; **don't touch that, it's ~ hot!** ¡no toques eso! ¡está ardiendo!; **phew, it's ~ hot today!** ¡uf! ¡hoy hace un calor abrasador!

**burnish** [ˈbɜːnɪʃ] VT 1 [+ *metal*] bruñir
2 (*fig*) [+ *image*] mejorar

**burnoose**, **burnous(e)** [bɜːˈnuːz] N albornoz *m*

> **BURNS NIGHT**
>
> *En la noche del 25 de enero,* **Burns Night**, *se celebra el aniversario del nacimiento del poeta escocés Robert Burns (1759-1796). Los escoceses de todo el mundo se reúnen para celebrar su vida y obra haciendo una cena en su honor (***Burns Supper***), en la que, al son de la gaita, se sirve* **haggis** *(asaduras de cordero, avena y especias cocidas en las tripas del animal) con patatas y puré de nabos. Después de la cena se cantan canciones de Burns, se leen sus poemas y se hacen discursos de carácter festivo relacionados con ellos.*

**burnt** [bɜːnt] Ⓐ PT, PP *of* **burn**
Ⓑ ADJ quemado; ***PROV*** **a ~ child dreads the fire** el gato escaldado del agua fría huye; **it has a ~ taste** sabe a quemado
Ⓒ CPD ► **burnt almonds** NPL almendras *fpl* tostadas ► **burnt offering** N (*Rel*) holocausto *m*; **I forgot to turn off the oven and we had a ~ offering for dinner** (*hum*) se me olvidó apagar el horno y tuvimos carbón para cenar ► **burnt orange** N (= *colour*) naranja *m* oscuro ► **burnt sienna** N (= *colour*) siena *f* tostada ► **burnt sugar** N azúcar *m* quemado ► **burnt umber** N (= *colour*) siena *m* tostado

**burnt-out** [ˌbɜːntˈaʊt] ADJ [*person*] quemado

**burp*** [bɜːp] Ⓐ N eructo *m*
Ⓑ VI eructar
Ⓒ VT [+ *baby*] hacer eructar

**burr** [bɜːʳ] N (*Bot*) erizo *m*

**burrow** [ˈbʌrəʊ] Ⓐ N [*of animal*] madriguera *f*; [*of rabbit*] conejera *f*
Ⓑ VT [+ *hole*] cavar; **to ~ one's way** abrirse camino cavando (**into** en)
Ⓒ VI [*animal*] hacer una madriguera; **to ~ into** hacer madrigueras en, horadar; (*fig*) investigar minuciosamente; **he ~ed under the bedclothes** se metió debajo de la ropa de cama

**bursar** [ˈbɜːsəʳ] N (*Univ etc*) tesorero/a *m/f*; [*of school*] administrador(a) *m/f*

**bursary** [ˈbɜːsərɪ] N (*Brit Univ*) beca *f*

**burst** [bɜːst] (*vb: pt, pp* **burst**) Ⓐ N 1 (*in pipe*) reventón *m*
2 [*of shell etc*] estallido *m*, explosión *f*; [*of shots*] ráfaga *f*; **a ~ of activity** un arranque repentino de actividad; **in a ~ of anger** en un arranque de cólera; **a ~ of applause** una salva de aplausos; **a ~ of laughter** una carcajada; **he put on a ~ of speed** aceleró bruscamente
Ⓑ ADJ **a ~ blood vessel** un derrame; **a ~ pipe** una tubería reventada; **a ~ tyre** un neumático reventado, una llanta pinchada (*LAm*)
Ⓒ VT [+ *pipe, balloon, bag, tyre, bubble*] reventar; [+ *banks, dam*] romper; **the river has ~ its banks** el río se ha desbordado; **to ~ open a door** abrir una puerta de golpe
Ⓓ VI [*balloon, tyre, boil, boiler, bubble, pipe*] reventar(se); [*dam*] romperse; [*shell, firework*] explotar, estallar; [*storm*] desatarse, desencadenarse; (*fig*) [*heart*] partirse; **~ing at the seams** lleno a reventar; **I'm ~ing for the loo** (*Brit**) estoy que reviento*, tengo que ir al wáter; **the door ~ open** la puerta se abrió de golpe; **I was ~ing to tell you*** reventaba de ganas de decírtelo; **to be ~ing with pride** no caber dentro de sí de orgullo; **he was ~ing with impatience** reventaba de impaciencia; **London is ~ing with young people** Londres está que bulle de juventud

►**burst forth** VI + ADV [*plants, buds*] brotar; [*water*] salir a chorro; [*sun*] aparecer de repente; [*anger, violence*] estallar

►**burst in** VI + ADV entrar violentamente; **he ~ in on the meeting** irrumpió en la reunión

►**burst into** VI + PREP 1 **to ~ into a room** irrumpir en un cuarto
2 **to ~ into flames** estallar en llamas; **to ~ into song** romper *or* ponerse a cantar; **to ~ into tears** echarse a llorar

►**burst out** VI + ADV 1 **to ~ out of a room** salir repentinamente de un cuarto; **to be ~ing out of a dress*** no caber en un vestido
2 **to ~ out laughing** echarse a reír; **to ~ out singing** romper *or* ponerse a cantar; **"no!" he ~ out** —¡no!, —gritó con pasión

►**burst through** VI + PREP [+ *barrier*] romper (violentamente); **the sun ~ through the clouds** el sol apareció de repente entre las nubes

**bursting** [ˈbɜːstɪŋ] Ⓐ N (*Comput*) separación *f* de hojas
Ⓑ CPD ► **bursting point** N **filled to ~ point** lleno a reventar

**burthen**†† [ˈbɜːðən] = **burden**

**burton*** [ˈbɜːtn] (*Brit*) N **it's gone for a ~** (= *broken etc*) se ha ido al traste*; (= *lost*) se ha perdido; **he's gone for a ~** (*Brit**) [*pilot, driver*] estiró la pata*, la palmó (*Sp**)

**Burundi** [bəˈrʊndɪ] N Burundi *m*

**bury** [ˈberɪ] VT 1 [+ *body, treasure*] enterrar; (*fig*) [+ *memory, matter*] echar tierra sobre; **buried by an avalanche** sepultado por una avalancha; **he wanted to be buried at sea** quería que su cadáver fuera arrojado al mar; **to be buried alive** ser enterrado vivo; ***IDIOMS*** **to ~ the hatchet** ◊ **~ the tomahawk** (*US*) enterrar el hacha de guerra
2 (= *conceal*) **he buried his face in his hands** escondió la cara entre las manos; **it's buried away in the library** está en algún rincón de la biblioteca; **to ~ o.s. in the country** perderse en la campiña; **the bullet buried itself in a tree** la bala se empotró en un árbol
3 (= *engross*) **buried in thought** ensimismado, absorto en sus pensamientos; **she buried herself in her book** se ensimismó en la lectura, se enfrascó en el libro
4 (= *plunge*) [+ *claws, knife*] clavar (**in** en); **to ~ a dagger in sb's heart** clavar un puñal en el corazón de algn
5 (*Sport**) (= *defeat*) aplastar*

**bus** [bʌs] (*pl* **buses,** *(US)* **buses** *or* **busses**) Ⓐ N
1 (= *city bus*) autobús *m*, colectivo *m* (*Ven, Arg*), micro *m* (*Chile, Bol*), camión *m* (*Mex*); (= *coach*) autocar *m*, flota *f* (*Bol, Col*); **to come/go by ~** venir/ir en autobús *etc*; ***IDIOM*** **to miss the ~** perder el tren
2 (*) (= *car*) cacharro* *m*; (= *plane*) avión *m* viejo
3 (*Comput*) bus *m*
Ⓑ VT llevar en autobús; **the children are ~sed to school** los niños van al colegio en autobús
Ⓒ VI 1 (= *go by bus*) ir en autobús *etc*
2 (*US**) (*in cafe*) quitar los platos de la mesa
Ⓓ CPD ► **bus conductor** N cobrador(a) *m/f* ► **bus conductress** N cobradora *f* ► **bus depot** N cochera *f* de autobuses *etc* ► **bus driver** N conductor(a) *m/f* de autobús *etc* ► **bus lane** N (*Brit*) carril *m* de autobuses *etc*, carril-bus *m* ► **bus route** N recorrido *m* del autobús *etc*; **the house is on a ~ route** pasa un autobús por delante de la casa ► **bus service** N servicio *m* de autobuses *etc* ► **bus shelter** N marquesina *f* de autobús ► **bus station** N estación *f* de autobuses *etc* ► **bus stop** N parada *f*, paradero *m* (*LAm*) ► **bus ticket** N billete *m* de autobús; *see also* **bus A1**

**busbar** [ˈbʌzbɑːʳ] N **1** (*Comput*) bus *m*
**2** (*Tech*) barra *f* ómnibus

**busboy** [ˈbʌsbɔɪ] N (*US*) ayudante *m* de camarero

**busby** [ˈbʌzbɪ] N (*Brit*) gorro *m* alto de piel negra

**bush¹** [bʊʃ] Ⓐ N **1** (= *shrub*) arbusto *m*, mata *f*; (= *thicket*) (*also* **~es**) matorral *m*; ✦**IDIOM to beat about the ~** andarse con rodeos *or* por las ramas
**2** (*in Africa, Australia*) **the ~** el monte
Ⓑ CPD ► **bush baby** N (*Zool*) lemúrido *m* ► **bush fire** N incendio *m* de monte ► **bush telegraph*** N (*fig*) teléfono *m* árabe*

**bush²** [bʊʃ] N (*Tech*) cojinete *m*

**bushed** [bʊʃt] ADJ **1** (*) (= *exhausted*) agotado, hecho polvo*; (= *puzzled*) perplejo, pasmado
**2** (*Australia*) perdido en el monte

**bushel** [ˈbʊʃl] N *medida de áridos (Brit = 36,37 litros; US = 35,24 litros)*

**bush-league*** [ˈbʊʃˌliːg] ADJ (*US Baseball*) de calidad mediocre

**bushman** [ˈbʊʃmən] N (*pl* **bushmen**) bosquimano *m*, bosquimán *m*

**bushranger** [ˈbʊʃˌreɪndʒəʳ] N (*Australia*) bandido *m*

**bushwhack** [ˈbʊʃˌwæk] (*US*) Ⓐ VI abrirse camino por el bosque
Ⓑ VT (= *ambush*) tender una emboscada a

**bushwhacker** [ˈbʊʃˌwækəʳ] N (*US*) pionero/a *m/f*, explorador(a) *m/f*

**bushy** [ˈbʊʃɪ] ADJ (*compar* **bushier**; *superl* **bushiest**) [*plant*] parecido a un arbusto; [*ground*] lleno de arbustos; [*hair*] espeso, tupido; [*beard, eyebrows*] poblado

**bushy-tailed** [ˌbʊʃɪˈteɪld] ADJ **bright-eyed and ~** rebosante de energía y entusiasmo

**busily** [ˈbɪzɪlɪ] ADV afanosamente; **he was ~ engaged in painting it** lo estaba pintando afanosamente; **everyone was ~ writing** todos escribían con ahínco

**business** [ˈbɪznɪs] Ⓐ N **1** (= *commerce*) negocios *mpl*, comercio *m*; **~ is good at the moment** el negocio va bien por el momento; **~ is ~** los negocios son los negocios; **~ as usual** (= *general slogan*) aquí no ha pasado nada; (= *notice outside shop*) "seguimos atendiendo al público durante las reformas"; **~ before pleasure** primero es la obligación que la devoción; **to carry on ~ as** tener un negocio de; **to do ~ with** negociar con; **he's in ~** se dedica al comercio; **he's in ~ in London** trabaja en una empresa comercial de Londres; **he's in the selling ~** se dedica al comercio; **now we're in ~*** ya caminamos; **if we can find a car we're in ~*** si encontramos un coche empezamos a rodar; **to go into ~** dedicarse al comercio; **the shop is losing ~** la tienda está perdiendo clientela; **he means ~** habla en serio; **I'm here on ~** estoy (en viaje) de negocios; **to go abroad on ~** ir al extranjero en viaje de negocios; **to go out of ~** quebrar; **to put sb out of ~** hacer que algn quiebre; **to set up in ~ as** montar un negocio de; **to set sb up in ~** montar un negocio a algn; **to get down to ~** ir al grano
**2** (= *firm*) negocio *m*, empresa *f*; **it's a family ~** es una empresa familiar
**3** (= *trade, profession*) oficio *m*, ocupación *f*; **what ~ are you in?** ¿a qué se dedica usted?; **he's got the biggest laugh in the ~** tiene la risa más fuerte que hay por aquí
**4** (= *task, duty, concern*) asunto *m*, responsabilidad *f*; **to send sb about his ~** echar a algn con cajas destempladas; **the ~ before the meeting** (*frm*) los asuntos a tratar; **I have ~ with the minister** tengo asuntos que tratar con el ministro; **what ~ have you to intervene?** ¿con qué derecho interviene usted?; **we're not in ~ to** + INFIN no tenemos por costumbre + *infin*; **we are not in the ~ of subsidizing scroungers** no tenemos por costumbre costearles la vida a los gorrones; **mind your own ~!** ◊ **none of your ~!*** ¡y a ti qué te importa!, ¡no te metas!*; **that's my ~** eso es cosa mía; **it is my ~ to** + INFIN me corresponde + *infin*; **I will make it my ~ to tell him** yo me encargaré de decírselo; **it's no ~ of mine** yo no tengo nada que ver con eso, no es cosa mía; **you had no ~ doing that** no tenías derecho a hacerlo; **they're working away like nobody's ~** están trabajando como locos; **it's none of his ~** no es asunto suyo; **any other ~** (*on agenda*) ruegos *mpl* y preguntas
**5** (*) (= *affair, matter*) asunto *m*, cuestión *f*; **the Suez ~** el asunto de Suez, la cuestión Suez; **it's a nasty ~** es un asunto feo; **finding a flat can be quite a ~** encontrar piso *or* (*LAm*) un departamento puede ser muy difícil; **did you hear about that ~ yesterday?** ¿te contaron algo de lo que pasó ayer?; **I can't stand this ~ of doing nothing** no puedo con este plan de no hacer nada; **what a ~ this is!** ¡vaya lío!
**6** (*Theat*) acción *f*, gag *m*
**7 the dog did its ~*** el perro hizo sus necesidades
**8 he's/it's the ~*** es fantástico
Ⓑ CPD ► **business address** N dirección *f* comercial *or* profesional ► **business administration** N (*as course*) administración *f* de empresas ► **business agent** N agente *mf* de negocios ► **business associate** N socio/a *m/f*, asociado/a *m/f* ► **business card** N tarjeta *f* de visita ► **business centre**, **business center** (*US*) N centro *m* financiero ► **business class** N (*Aer*) clase *f* preferente ► **business college** N escuela *f* de administración de empresas ► **business consultancy** N asesoría *f* empresarial ► **business consultant** N asesor(a) *m/f* de empresas ► **business deal** N trato *m* comercial ► **business district** N zona *f* comercial ► **business end*** N (*fig*) [*of tool, weapon*] punta *f* ► **business expenses** NPL gastos *mpl* (comerciales) ► **business hours** NPL horas *fpl* de oficina ► **business language** N lenguaje *m* comercial ► **business lunch** N comida *f* de negocios ► **business machines** NPL máquinas *fpl* para la empresa ► **business management** N dirección *f* empresarial ► **business manager** N (*Comm, Ind*) director(a) *m/f* comercial, gerente *mf* comercial; (*Theat*) secretario/a *m/f* ► **business park** N parque *m* industrial ► **business people** NPL empresarios *mpl*, gente *f* de negocios ► **business plan** N plan *m* de empresa ► **business practice** N práctica *f* empresarial ► **business premises** NPL local *msing* comercial ► **business school** N = **business college** ► **business sense** N cabeza *f* para los negocios ► **business Spanish** N español *m* comercial ► **(Faculty of) Business Studies** N (Facultad *f* de) Ciencias *fpl* Empresariales ► **business suit** N traje *m* de oficina *or* de calle ► **business trip** N viaje *m* de negocios

**businesslike** [ˈbɪznɪslaɪk] ADJ [*approach, transaction, firm, person, manner*] formal, serio

**businessman** [ˈbɪznɪsmæn] N (*pl* **businessmen**) (*gen*) hombre *m* de negocios; (= *trader*) empresario *m*; *see also* **small D**

**businesswoman** [ˈbɪznɪsˌwʊmən] N (*pl* **businesswomen**) mujer *f* de negocios; (= *trader*) empresaria *f*

**busing** [ˈbʌsɪŋ] N = **bussing**

**busk** [bʌsk] VI (*Brit*) tocar música (en la calle)

**busker** [ˈbʌskəʳ] N (*Brit*) músico/a *m/f* callejero/a

**busload** [ˈbʌsləʊd] N autobús *m* lleno; **they came by the ~** (*fig*) vinieron en masa, vinieron en tropel

**busman** [ˈbʌsmən] N (*pl* **busmen**) conductor *m*/cobrador *m* de autobús; **~'s holiday** (*fig*) *ocupación del ocio parecida a la del trabajo diario*

**bussing** [ˈbʌsɪŋ] N (*US*) transporte *m* escolar

**bust¹** [bʌst] Ⓐ N **1** (*Art*) busto *m*
**2** (= *bosom*) pecho *m*
Ⓑ CPD ► **bust measurement** N talla *f* de pecho

**bust²** [bʌst] Ⓐ ADJ **1** (*) (= *broken*) estropeado, escacharrado (*Sp**)
**2** (*) (= *bankrupt*) **to go ~** [*business*] quebrar, irse a pique*; [*person*] arruinarse
Ⓑ N **1** (*Police*‡) (= *raid*) redada *f*
**2** (*US**) (= *failure*) pifia* *f*
Ⓒ VT **1** (*) (= *break*) destrozar, escacharrar (*Sp**); ✦**IDIOMS to ~ a gut**‡ echar los bofes*; **to ~ one's ass** (*US***) ir de culo‡
**2** (*Police*‡) (= *arrest*) agarrar, trincar (*Sp**); (= *raid*) hacer una redada en; **the police ~ed him for drugs** la policía lo agarró por cuestión de drogas, la policía lo trincó por cuestión de drogas (*Sp**); **the police ~ed the place** la policía hizo una redada en el local
**3** (*esp US**) (= *demote*) [+ *police officer*] degradar
Ⓓ VI (*) romperse, estropearse; **New York or ~!** ¡o Nueva York o nada!

► **bust up*** Ⓐ VT + ADV [+ *marriage, friendship*] romper
Ⓑ VI + ADV [*friends*] reñir, pelearse; **to ~ up with sb** (= *quarrel*) reñir *or* pelearse con algn; (= *break up*) romper con algn

**bustard** [ˈbʌstəd] N avutarda *f*

**buster*** [ˈbʌstəʳ] N (*in direct address*) macho *m* (*Sp**), tío *m* (*Sp**)

**-buster** [ˈbʌstəʳ] N (*ending in compounds*) **sanctions-buster** infractor(a) *m/f* de sanciones; **crime-buster** *persona que esclarece crímenes*

**bustier** [ˈbuːstɪeɪ] N bustier *m*

**bustle¹** [ˈbʌsl] Ⓐ N (= *activity*) ajetreo *m*, bullicio *m*; (= *haste*) prisa *f*
Ⓑ VI (*also* **~ about**) ir y venir; **to ~ in/out** entrar/salir afanosamente; **bustling with activity** rebosante de actividad

**bustle²** [ˈbʌsl] N (*Hist*) [*of dress*] polisón *m*

**bustling** [ˈbʌslɪŋ] ADJ [*streets*] animado, lleno de movimiento; [*crowd*] animado, afanoso

**bust-up*** [ˈbʌstʌp] N (= *quarrel*) riña *f*, bronca* *f*; (= *break-up*) ruptura *f*

**busty*** [ˈbʌstɪ] ADJ tetuda*

**busway** [ˈbʌsweɪ] N (*US*) carril *m* de autobuses, carril-bus *m*

**busy** [ˈbɪzɪ] Ⓐ ADJ (*compar* **busier**; *superl* **busiest**) **1** [*person*] ocupado; **are you ~?** ¿está ocupado?; **he's a ~ man** es un hombre muy ocupado; **to be ~ doing sth** estar ocupado haciendo algo; **she's ~ studying/cooking** está ocupada estudiando/cocinando; **to be ~ at** *or* **on** *or* **with** estar ocupado en *or* con; **he's ~ at his work** está ocupado en su trabajo; **to get ~** empezar a trabajar; (= *hurry*) menearse, darse prisa; **let's get ~** ¡a trabajar!; **to keep ~** mantenerse ocupado; **to keep sb ~** ocupar a algn; ✦**IDIOM as ~ as a bee** ocupadísimo, atareadísimo
**2** [*day, time*] activo, ajetreado; **the busiest**

**season is the autumn** la época de mayor actividad es el otoño
3 [*place, town*] concurrido; [*scene*] animado, lleno de movimiento
4 [*telephone, line*] comunicando, ocupado
Ⓑ VT **to ~ o.s. with/doing sth** ocuparse con/en hacer algo
Ⓒ CPD ► **Busy Lizzie** N (*Bot*) alegría *f* de la casa ► **busy signal** N (*esp US Telec*) señal *f* de comunicando, tono *m* (de) ocupado

**busybody** [ˈbɪzɪbɒdɪ] N entrometido/a *m/f*

**but** [bʌt] Ⓐ CONJ 1 (*contrasting*) pero; **she was poor ~ she was honest** era pobre pero honrada; **I want to go ~ I can't afford it** quiero ir, pero no tengo el dinero; **~ it does move!** ¡pero sí se mueve!
2 (*in direct contradiction*) sino; **he's not Spanish ~ Italian** no es español sino italiano; **he didn't sing ~ he shouted** no cantó sino que gritó
3 (*subordinating*) **we never go out ~ it rains** nunca salimos sin que llueva; **I never go there ~ I think of you** nunca voy allá sin pensar en ti; ✦*PROV* **it never rains ~ it pours** llueve sobre mojado
4 (*as linker*) **~ then he couldn't have known** por otro lado, no podía saber *or* haberlo sabido; **~ then you must be my cousin!** ¡entonces tú debes ser mi primo!
Ⓑ ADV sólo, solamente, no más que; **she's ~ a child** no es más que una niña; **all ~ naked** casi desnudo; **you can ~ try** con intentar no se pierde nada; **if I could ~ speak to him** si solamente pudiese hablar con él; **one cannot ~ admire him** no se puede sino admirarle; **had I ~ known** de haberlo sabido (yo), si lo hubiera sabido
Ⓒ PREP (= *except*) menos, excepto, salvo; **anything ~ that** cualquier cosa menos eso; **everyone ~ him** todos menos él; **~ for you** si no fuera por ti; **the last ~ one** el/la penúltimo/a; **the last ~ three** el tercero antes del último; **there is nothing for it ~ to pay up** no hay más remedio que pagar; **who ~ she could have said something like that?** ¿quién sino ella podría haber dicho semejante cosa?
Ⓓ N pero *m*, objeción *f*; **no ~s about it!** ¡no hay pero que valga!; **come on, no ~s, off to bed with you!** ¡vale ya! no hay pero que valga, ¡a la cama!

**butane** [ˈbjuːteɪn] Ⓐ N butano *m*; (*US*) (*for camping*) camping gas *m*
Ⓑ CPD ► **butane gas** N gas *m* butano

**butch⁑** [bʊtʃ] Ⓐ ADJ [*woman*] marimacho; [*man*] macho
Ⓑ N (= *woman*) marimacho *m or f*; (= *man*) macho *m*

**butcher** [ˈbʊtʃəʳ] Ⓐ N 1 (*gen, also fig*) carnicero/a *m/f*; **~'s (shop)** carnicería *f*; **at the ~'s** en la carnicería
2 (*US*) vendedor(a) *m/f* de dulces
3 ✦*IDIOM* **let's have a ~'s** (*Brit⁑*) déjame verlo; → RHYMING SLANG
Ⓑ VT [+ *animal*] matar; (*fig*) hacer una carnicería con, masacrar

**butchery** [ˈbʊtʃərɪ] N (*lit*) carnicería *f*; (*fig*) matanza *f*, carnicería *f*

**butler** [ˈbʌtləʳ] N mayordomo *m*

**butt¹** [bʌt] N (= *barrel*) tonel *m*; (*for rainwater*) tina *f*, aljibe *m*

**butt²** [bʌt] Ⓐ N 1 (*also* **~-end**) cabo *m*, extremo *m*; [*of gun*] culata *f*; [*of cigar*] colilla *f*
2 (*US**) (= *cigarette*) colilla *f*
3 (*esp US⁑*) (= *bottom*) trasero* *m*, culo⁑ *m*; ✦*IDIOM* **to work one's ~ off** romperse los cuernos*
Ⓑ CPD ► **butt cheeks⁑** NPL (*US*) nalgas *fpl*

**butt³** [bʌt] N 1 (*Archery, Shooting*) (= *target*) blanco *m*; **the ~s** el campo de tiro al blanco
2 (*fig*) blanco *m*; **she's the ~ of his jokes** ella es el blanco de sus bromas

**BUT**

There are three main ways of translating the conjunction **but**: **pero**, **sino** and **sino que**.

**Contrasting**

• To introduce a contrast or a new idea, use **pero**:

Strange but interesting
***Extraño pero interesante***
I thought he would help me but he refused
***Creí que me ayudaría, pero se negó***

• In informal language, **pero** can be used at the start of a comment:

But where are you going to put it?
***Pero ¿dónde lo vas a poner?***

! In formal language, **sin embargo** or **no obstante** may be preferred:

But, in spite of the likely benefits, he still opposed the idea
***Sin embargo** or **No obstante, a pesar de las probables ventajas, todavía se oponía a la idea***

**Correcting a previous negative**

• When **but** or **but rather** introduces a noun phrase, prepositional phrase or verb in the infinitive which corrects a previous negative, translate **but** using **sino**:

Not wine, but vinegar
***No vino, sino vinagre***
They aren't from Seville, but from Bilbao
***No son de Sevilla, sino de Bilbao***
His trip to London was not to investigate the case but to hush it up
***Su viaje a Londres no fue para investigar el caso sino para taparlo***

• When **but** or **but rather** introduces a verb clause (or requires a verb clause in Spanish) which corrects a previous negative, translate using **sino que**:

He's not asking you to do what he says but (rather) to listen to him
***No te pide que hagas lo que él dice, sino que le escuches***

**Not only ... but also**

• When the **but also** part of this construction contains **SUBJECT** + **VERB**, translate using **no sólo** or **no solamente ... sino que también** or **sino que además**:

It will not only cause tension, but it will also damage the economy
***No sólo** or **No solamente provocará tensiones, sino que además** or **sino que también dañará la economía***

• When the **but also** part does not contain **SUBJECT** + **VERB**, translate using **no sólo** or **no solamente ... sino también** or **sino además**:

Not only rich but also powerful
***No sólo** or **No solamente rico sino también** or **sino además poderoso***
We don't only want to negotiate but also to take decisions
***No queremos sólo** or **solamente negociar, sino también tomar decisiones***

*For further uses and examples, see main entry.*

**butt⁴** [bʌt] Ⓐ N (= *push with head*) cabezazo *m*; [*of goat*] topetazo *m*
Ⓑ VT [*goat*] topetar; [*person*] dar un cabezazo a; **to ~ one's head against** dar un cabezazo contra; **to ~ one's way through** abrirse paso a cabezazos
►**butt in** VI + ADV (= *interrupt*) interrumpir; (= *meddle*) meterse
►**butt into** VI + PREP [+ *conversation*] meterse en; [+ *meeting*] interrumpir
►**butt out⁑** VI + ADV (*US*) no entrometerse; **~ out!** ¡no te metas donde no te importa!

**butter** [ˈbʌtəʳ] Ⓐ N mantequilla *f*, manteca *f* (*Arg*); ✦*IDIOM* **~ wouldn't melt in his mouth** es una mosquita muerta*
Ⓑ VT [+ *bread*] untar con mantequilla
Ⓒ CPD ► **butter bean** N *tipo de frijol blanco o judía blanca* ► **butter dish** N mantequera *f* ► **butter icing** N glaseado *m* de mantequilla ► **butter knife** N cuchillo *m* de mantequilla
►**butter up*** VT + ADV (*Brit*) dar jabón a*

**butterball*** [ˈbʌtəbɔːl] N (*US*) gordo/a *m/f*

**buttercup** [ˈbʌtəkʌp] N ranúnculo *m*

**butter-fingered*** [ˈbʌtəˌfɪŋgəd] ADJ torpe

**butterfingers*** [ˈbʌtəˌfɪŋgəz] N manazas* *mf*; **~!** ¡premio!

**butterfly** [ˈbʌtəflaɪ] Ⓐ N 1 (*Zool*) mariposa *f*; ✦*IDIOM* **I've got butterflies (in my stomach)** tengo los nervios en el estómago, estoy nerviosísimo
2 (*Swimming*) mariposa *f*
Ⓑ CPD ► **butterfly effect** N efecto *m* mariposa ► **butterfly knot** N nudo *m* de lazo ► **butterfly mind** N mentalidad *f* frívola ► **butterfly net** N manga *f* de mariposas ► **butterfly nut** N tuerca *f* de mariposa ► **butterfly stroke** N braza *f* de mariposa

**buttermilk** [ˈbʌtəmɪlk] N suero *m* de leche, suero *m* de manteca

**butterscotch** [ˈbʌtəskɒtʃ] N *dulce de azúcar terciado con mantequilla*

**buttery** [ˈbʌtərɪ] N despensa *f*

**buttocks** [ˈbʌtəks] NPL nalgas *fpl*

**button** [ˈbʌtn] Ⓐ N 1 (*on garment, machine*) botón *m*; **on the ~*** [*arrive*] en punto; (= *absolutely exact*) exacto; ✦*IDIOM* **to press** *or* **push the right ~** dar en la tecla
2 (*US*) (= *badge*) insignia *f*
3 **Buttons** (*esp Brit*) (*in hotel*) botones *m inv*
Ⓑ VT (*also* **~ up**) abrochar, abotonar; ✦*IDIOM* **to ~ one's lip*** no decir ni mu*
Ⓒ VI abrocharse; **it ~s in front** se abrocha por delante
Ⓓ CPD ► **button mushroom** N champiñón *m* pequeño

**button-down** [ˈbʌtndaʊn] ADJ [*shirt*] con cuello de botones; [*collar*] de botones

**buttoned-up*** [ˈbʌtndˌʌp] ADJ [*person*] reservado

**buttonhole** [ˈbʌtnhəʊl] Ⓐ N 1 [*of garment*] ojal *m*
2 (*Brit*) (= *flower*) *flor que se lleva en el ojal*
Ⓑ VT (*fig*) enganchar; **I was ~d by Brian** Brian me enganchó y no me dejaba irme

**buttonhook** [ˈbʌtnhʊk] N abotonador *m*

**button-through dress** [ˌbʌtnθruːˈdres] N vestido *m* abrochado por delante

**buttress** [ˈbʌtrɪs] Ⓐ N 1 (*Archit*) contrafuerte *m*
2 (*fig*) apoyo *m*, sostén *m*
Ⓑ VT 1 (*Archit*) apuntalar
2 (*fig*) reforzar, apoyar

**butty*** [ˈbʌtɪ] N (*Brit*) bocadillo *m*

**buxom** [ˈbʌksəm] ADJ con mucho pecho

**buy** [baɪ] (*vb: pt, pp* **bought**) Ⓐ N compra *f*; **a bad ~** una mala compra; **a good ~** una buena compra; **this month's best ~** la mejor oferta del mes

Ⓑ VT [1] (= *purchase*) comprar; **to ~ sth for sb** ◊ **~ sb sth** comprar algo a algn; **he bought me a bracelet** me compró una pulsera; **let me ~ it for you** deja que te lo compre; **to ~ sth from sb** comprar algo a algn; **I bought it from my brother/the shop on the corner** se lo compré a mi hermano/lo compré en la tienda de la esquina; **I can't get anyone to ~ it off me*** no consigo que me lo compre nadie; **you can ~ them cheaper in the supermarket** en el supermercado los venden más baratos; **money couldn't ~ it** no se puede comprar con dinero; **their victory was dearly bought** la victoria les costó cara
[2] (= *bribe*) sobornar, comprar*
[3] (*) (= *believe*) creer, tragar; **he won't ~ that explanation** no se va a tragar esa explicación*; **all right, I'll ~ it** bueno, te creo
[4] **he bought it‡** (= *died*) estiró la pata*, la palmó (*Sp‡*)

►**buy back** VT + ADV volver a comprar

►**buy in** VT + ADV (*Brit*) [+ *food*] proveerse *or* abastecerse de; (*St Ex*) comprar; (*Fin*) comprar (por cuenta del dueño)

►**buy into** VI + PREP [1] [+ *company*] comprar acciones de
[2] (*fig*) (*) [+ *idea*] apoyar

►**buy off*** VT + ADV (= *bribe*) sobornar, comprar*

►**buy out** VT + ADV (*Comm*) [+ *business, partner*] comprar su parte de; **to ~ o.s. out of the army** *pagar una suma de dinero para dejar el ejército antes del periodo acordado*

►**buy up** VT + ADV [+ *property*] acaparar; [+ *stock*] comprar todas las existencias de

**buy-back option** ['baɪbæk,ɒpʃən] N opción *f* de recompra

**buyer** ['baɪəʳ] Ⓐ N comprador(a) *m/f*
Ⓑ CPD ► **buyer's market** N mercado *m* favorable al comprador

**buying** ['baɪɪŋ] Ⓐ N compra *f*
Ⓑ CPD ► **buying power** N poder *m* adquisitivo

**buy-out** ['baɪaʊt] Ⓐ N compra *f* de la totalidad de las acciones; **management ~** compra *f* de acciones por los gerentes; **workers' ~** compra *f* de una empresa por los trabajadores
Ⓑ CPD ► **buy-out clause** N cláusula *f* de rescisión

**buzz** [bʌz] Ⓐ N [1] [*of insect, device*] zumbido *m*; [*of conversation*] rumor *m*
[2] (*) (= *telephone call*) llamada *f* (telefónica), telefonazo* *m*; **to give sb a ~** dar un telefonazo a algn*, dar un toque a algn (*Sp**)
[3] (*) (= *thrill*) **to get a ~ from sth** gozar con algo; **driving fast gives me a ~** conducir a toda velocidad me entusiasma
[4] (*) (= *rumour*) rumor *m*
Ⓑ VT [1] (*) (= *call by buzzer*) llamar por el interfono; (*US Telec*) dar un telefonazo *or* (*Sp*) un toque a*
[2] (*Aer*) [+ *plane, building, ship*] pasar rozando
Ⓒ VI [1] [*insect*] zumbar
[2] [*ears, crowd*] zumbar; **my head is ~ing** me zumba la cabeza
[3] (*fig*) **the school ~ed with the news** todo el colegio comentaba la noticia
Ⓓ CPD (= *trendy*) [*phrase, topic*] de moda ► **buzz bomb** N bomba *f* volante ► **buzz saw** N sierra *f* circular

►**buzz about, buzz around*** VI + ADV [*person*] trajinar

►**buzz off‡** VI + ADV (*esp Brit*) largarse*; **~ off!** ¡largo de aquí!*

**buzzard** ['bʌzəd] N (*Brit*) águila *f* ratonera; (*US*) buitre *m*, gallinazo *m* (*LAm*), zopilote *m* (*CAm, Mex*)

**buzzer** ['bʌzəʳ] N [1] (= *intercom*) portero *m* automático, interfono *m*
[2] (= *factory hooter*) sirena *f*
[3] (*electronic*) (*on cooker, timer etc*) timbre *m*

**buzzing** ['bʌzɪŋ] N zumbido *m*

**buzzword*** ['bʌzwɜːd] N palabra *f* que está de moda, cliché *m*

**b.v.** ABBR = **book value**

**BVM** N ABBR = **Blessed Virgin Mary**

**b/w** ABBR (= **black and white**) b/n

**by** [baɪ]

> [A] PREPOSITION [B] ADVERB
> *When* **by** *is the second element in a phrasal verb, eg* **go by**, **stand by**, *look up the verb. When it is part of a set combination, eg* **by chance**, **by degrees**, **by half**, *look up the other word.*

Ⓐ PREPOSITION

[1] [= *close to*] al lado de, junto a; **the house by the church** la casa que está al lado de *or* junto a la iglesia; **come and sit by me** ven y siéntate a mi lado *or* junto a mí; **I've got it by me** lo tengo a mi lado; **"where's the bank?" — "it's by the post office"** —¿dónde está el banco? —está al lado de *or* junto a la oficina de correos; **the house by the river** la casa que hay junto al río; BUT **a holiday by the sea** unas vacaciones en la costa

[2] [= *via*] por; **he came in by the back door/by the window** entró por la puerta de atrás/por la ventana; **which route did you come by?** ¿por dónde *or* por qué camino *or* por qué ruta viniste?; **I went by Dover** fui por Dover

[3] [= *past*] por delante de; **she walked by me** pasó por delante de mí; **he rushed by me without seeing me** pasó deprisa por delante de mí sin verme; **we drove by the cathedral** pasamos con el coche por delante de la catedral

[4] [= *during*] **by day** de día; **by night** de noche; **by day he's a bank clerk and by night he's a security guard** de día es un empleado de banco y de noche es guarda de seguridad; BUT **a postcard of London by night** una postal nocturna de Londres

[5] [*in expressions of time*] [5·1] (= *not later than*) para; **we must be there by four o'clock** tenemos que estar allí para las cuatro; **can you finish it by tomorrow?** ¿puedes terminarlo para mañana?; **I'll be back by midnight** estaré de vuelta antes de *or* para la medianoche; **applications must be submitted by 21 April** las solicitudes deben presentarse antes del 21 de abril; **by the time I got there it was too late** cuando llegué ya era demasiado tarde; **it'll be ready by the time you get back** estará listo para cuando regreses; **by that time** *or* **by then I knew** para entonces ya lo sabía

[5·2] (*in year, on date, on day*) **by tomorrow/Tuesday, I'll be in France** mañana/el martes ya estaré en Francia; **by yesterday it was clear that ...** ayer ya se veía claro que ...; **by 30 September we had spent £500** a 30 de septiembre habíamos gastado 500 libras; **by 1998 the figure had reached ...** en 1998 la cifra había llegado a ...; **by 2010 the figure will have reached ...** hacia el año 2010 la cifra habrá llegado a ...

[6] [*indicating amount or rate*] **to reduce sth by a third** reducir algo en una tercera parte; **to rent a house by the month** alquilar una casa por meses; **letters were arriving by the sackload** las cartas llegaban a montones; **it seems to be getting bigger by the minute/day** parece que va creciendo minuto a minuto/día a día; **to sell sth by the dozen** vender algo por docenas; **we get paid by the hour** nos pagan por horas; **we sell by the kilo** vendemos por kilos; **we charge by the kilometre** cobramos por kilómetro; **little by little** poco a poco; **one by one** uno tras otro, uno a uno; **two by two** de dos en dos

[7] [*indicating agent, cause*] por; **the thieves were caught by the police** los ladrones fueron capturados por la policía, la policía capturó a los ladrones; BUT **surrounded by enemies** rodeado de enemigos; **a painting by Picasso** un cuadro de Picasso; **who's that song by?** ¿de quién es esa canción?; **he had a daughter by his first wife** tuvo una hija con su primera mujer

[8] [*indicating transport, method, etc*] **by air** [*travel*] en avión; [*send*] por avión, por vía aérea; **by bus/car** en autobús/coche; **to pay by cheque** pagar con cheque; **made by hand** hecho a mano; **by land** por tierra; **by the light of the moon/a candle** a la luz de la luna/de una vela; **by rail** *or* **train** en tren; **by sea** por mar

[9] [*with gerund*] **by working hard** a fuerza de mucho trabajar, trabajando mucho; **he ended by saying that ...** terminó diciendo que ...

[10] [= *according to*] según; **by my watch it's five o'clock** según mi reloj son las cinco; **by my calculations** según mis cálculos; BUT **to call sth by its proper name** llamar algo por su nombre; **it's all right by me** por mí no hay problema *or* está bien; **if that's okay by you** si no tienes inconveniente

[11] [*measuring difference*] **she missed the plane by a few minutes** perdió el avión por unos minutos; **we beat them to Joe's house by five minutes** llegamos a casa de Joe cinco minutos antes que ellos; **broader by a metre** un metro más ancho; **she's lighter than her brother by only a couple of pounds** pesa sólo un par de libras menos que su hermano; **it's too short by a metre** es un metro más corto de lo que tendría que ser; **it missed me by inches** no me dio por un pelo, me pasó rozando

[12] [*in measurements, sums*] **a room 3 metres by 4** una habitación de 3 metros por 4; **to divide by** dividir por *or* entre; **to multiply by** multiplicar por

[13] **by oneself** solo; **he was all by himself** estaba solo; **I did it all by myself** lo hice yo solo; **don't leave the two of them alone by themselves** no los dejes solos

[14] [*with compass point*] **north by northeast** nornordeste; **south by southwest** sudsudoeste, sursuroeste

[15] [*in oaths*] por; **I swear by Almighty God** juro por Dios Todopoderoso; **by heaven*** por Dios

Ⓑ ADVERB

[1] [= *past*] **a train hurtled by** pasó un tren a toda velocidad; **they wouldn't let me by** no me dejaban pasar; **she rushed by without stopping** pasó a toda prisa, sin pararse

[2] [*in set expressions*] **by and by**: **I'll be with you by and by** enseguida estoy contigo; **you'll be sorry by and by** no tardarás en arrepentirte; **by and by we heard voices** al poco rato oímos unas voces; **close** *or* **hard by** muy cerca; **by and large** en general, por lo general; **to put sth by** poner algo a un lado

**bye**[1]* [baɪ] EXCL (= *goodbye*) adiós, hasta luego, chao *or* chau (*esp LAm*); **~ for now!** ¡hasta luego!

**bye**[2] [baɪ] N [1] (*Sport*) bye *m*; **to have a ~** pasar a la segunda eliminatoria por sorteo
[2] **by the ~** por cierto, a propósito

**bye-bye*** [ˌbaɪ'baɪ] EXCL ¡adiós!, ¡hasta luego!, chao *or* chau (*esp LAm*)

**bye-byes** ['baɪˌbaɪz] NPL (*baby talk*) **to go ~** dormirse, quedar dormido; **it's time to go ~** es hora de acostarte

**bye-election** ['baɪɪˌlekʃən] N = **by-election**

**bye-law** ['baɪlɔː] N = **by-law**

**by-election** ['baɪɪˌlekʃən] N elección *f* parcial; → MARGINAL SEAT

**BY-ELECTION**

*Se denomina* **by-election** *en el Reino Unido y otros países de la* **Commonwealth** *a las elecciones convocadas con carácter excepcional cuando un escaño queda desierto por fallecimiento o dimisión de un parlamentario (***Member of Parliament***). Dichas elecciones tienen lugar únicamente en el área electoral representada por el citado parlamentario, su* **constituency**.

**Byelorussia** [ˌbjeləʊ'rʌʃə] N Bielorrusia *f*

**Byelorussian** [ˌbjeləʊ'rʌʃən] Ⓐ ADJ bielorruso
Ⓑ N [1] (= *person*) bielorruso/a *m/f*
[2] (*Ling*) bielorruso *m*

**bygone** ['baɪgɒn] Ⓐ ADJ [*days, times*] pasado
Ⓑ N ♦***IDIOM*** **to let ~s be ~s** olvidar el pasado; **let ~s be ~s** lo pasado, pasado está

**by-law** ['baɪlɔː] N ordenanza *f* municipal

**by-line** ['baɪlaɪn] N (*Press*) pie *m* de autor

**by-name** ['baɪneɪm] N sobrenombre *m*; (= *nickname*) apodo *m*, mote *m*

**BYOB*** ABBR (= **bring your own bottle**) trae botella

**bypass** ['baɪpɑːs] Ⓐ N [1] (= *road*) circunvalación *f*, carretera *f* de circunvalación
[2] (*Elec*) desviación *f*
[3] (*Med*) (operación *f* de) by-pass *m*; **a heart ~** un by-pass de corazón; **to have a humour/charisma ~** (*hum*) no tener ni gota de sentido del humor/carisma
Ⓑ VT [1] [+ *town*] evitar entrar en
[2] (*fig*) [+ *person, difficulty*] evitar
Ⓒ CPD ► **bypass operation** N (operación *f* de) by-pass *m* ► **bypass surgery** N cirugía *f* de by-pass

**by-play** ['baɪpleɪ] N (*Theat*) acción *f* aparte, escena *f* muda

**by-product** ['baɪˌprɒdəkt] N (*Chem etc*) subproducto *m*, derivado *m*; (*fig*) consecuencia *f*, resultado *m*

**byre** ['baɪəʳ] N establo *m*

**by-road** ['baɪrəʊd] N camino *m* vecinal, carretera *f* secundaria

**bystander** ['baɪˌstændəʳ] N (= *spectator*) espectador(a) *m/f*; (= *witness*) testigo *mf*; **an innocent ~** un transeúnte que pasaba/pasa *etc* por allí

**byte** [baɪt] N (*Comput*) byte *m*, octeto *m*

**byway** ['baɪweɪ] N camino *m* poco frecuentado; **the ~s of history** los aspectos poco conocidos de la historia

**byword** ['baɪwɜːd] N [1] sinónimo *m*; **his name is a ~ for success** su nombre es sinónimo de éxito
[2] (= *slogan*) palabra *f* de moda

**by-your-leave** [ˌbaɪjɔː'liːv] N **without so much as a ~** sin siquiera pedir permiso, sin más ni más

**Byzantine** [baɪ'zæntaɪn] Ⓐ ADJ bizantino
Ⓑ N bizantino/a *m/f*

**Byzantium** [baɪ'zæntɪəm] N Bizancio *m*

# C c

**C¹, c¹** [siː] N [1] (= *letter*) C, c *f*; **C for Charlie** C de Carmen
[2] (*Mus*) **C** do *m*; **C major/minor** do mayor/menor; **C sharp/flat** do sostenido/bemol

**C²** ABBR [1] (*Literat*) (= **chapter**) cap, c., c/
[2] (*Geog*) = **Cape**
[3] (= **Celsius, Centigrade**) C
[4] (*Pol*) = **Conservative**

**c²** ABBR [1] (*US Fin*) (= **cent**) c
[2] (= **century**) S.
[3] = **circa** (= *about*) h
[4] (*Math*) = **cubic**
[5] (= **carat**) qts, quil

**c.** ABBR (= **chapter**) cap, c., c/

**C.14** Ⓐ N ABBR (= **carbon 14**) C-14
Ⓑ CPD ► **C.14 dating** N datación *f* por C-14

**CA** N ABBR [1] = **Central America**
[2] = **chartered accountant**
[3] (*US*) = **California**
[4] (*Brit*) (= **Consumers' Association**) ≈ OCU *f* (*Sp*)

**ca.** ABBR (= **circa**) h

**C/A** ABBR [1] (= **current account**) cta. cte, c/c
[2] = **credit account**
[3] = **capital account**

**CAA** N ABBR [1] (*Brit*) (= **Civil Aviation Authority**) ≈ Aviación *f* Civil
[2] (*US*) = **Civil Aeronautics Authority**

**CAB** N ABBR (*Brit*) (= **Citizens' Advice Bureau**) *oficina que facilita información gratuita sobre materias legales*; → CITIZENS' ADVICE BUREAU

**cab** [kæb] Ⓐ N [1] (= *taxi*) taxi *m*, colectivo *m* (*LAm*)
[2] [*of lorry etc*] cabina *f*
[3] (††) (*horse-drawn*) cabriolé *m*, coche *m* de caballos
Ⓑ CPD ► **cab driver** N taxista *mf* ► **cab rank, cab stand** N parada *f* de taxis

**cabal** [kəˈbæl] N (= *clique*) contubernio *m*, camarilla *f*; (= *conspiracy*) conspiración *f*

**cabala** [kəˈbɑːlə] N = **cabbala**

**cabaret** [ˈkæbəreɪ] N cabaret *m*

**cabbage** [ˈkæbɪdʒ] Ⓐ N [1] (*Bot*) col *f*, repollo *m*
[2] (*fig*) (= *person*) vegetal *m*
Ⓑ CPD ► **cabbage white (butterfly)** N mariposa *f* de la col

**cabbala** [kəˈbɑːlə] N cábala *f*

**cabbalistic** [ˌkæbəˈlɪstɪk] ADJ cabalístico

**cabbie*, cabby*** [ˈkæbɪ] N [*of taxi*] taxista *mf*; (††) [*of horse-drawn cab*] cochero *m*

**caber** [keɪbəʳ] N (*Scot*) tronco *m*; *see* **toss B2**; → HIGHLAND GAMES

**cabin** [ˈkæbɪn] Ⓐ N [1] (= *hut*) cabaña *f*
[2] (*Naut*) camarote *m*; [*of lorry, plane*] cabina *f*
Ⓑ CPD ► **cabin boy** N grumete *m* ► **cabin class** N (*Naut*) segunda clase *f* ► **cabin crew** N (*Aer*) tripulación *f* de pilotaje ► **cabin cruiser** N yate *m* de crucero (a motor) ► **cabin trunk** N baúl *m*

**cabinet** [ˈkæbɪnɪt] Ⓐ N [1] (= *cupboard*) armario *m*; (*for display*) vitrina *f*; (*for medicine*) botiquín *m*; (*Rad, TV*) caja *f*
[2] (*Pol*) (*also* **Cabinet**) consejo *m* de ministros, gabinete *m* ministerial
Ⓑ CPD ► **cabinet crisis** N crisis *f inv* del gobierno ► **cabinet meeting** N consejo *m* de ministros ► **Cabinet Minister** N ministro/a *m/f* (del Gabinete)

> **CABINET**
>
> *El Consejo de Ministros británico (***Cabinet***) se compone de unos veinte ministros, escogidos por el Primer Ministro (***Prime Minister***). Su función es la de planificar la legislación importante y defender la política del Gobierno en los debates.*
>
> *En Estados Unidos el* **Cabinet** *tiene meramente carácter consultivo, su función es aconsejar al Presidente. Sus miembros, escogidos por él y nombrados con el consentimiento del Senado (***Senate***), son jefes de departamentos ejecutivos o altos cargos del gobierno, pero no pueden ser miembros del Congreso (***Congress***). Existe otro grupo de asesores del Presidente, que actúan a un nivel menos oficial, que se conoce como* **kitchen cabinet**.

**cabinetmaker** [ˈkæbɪnɪtˌmeɪkəʳ] N ebanista *mf*

**cabinetmaking** [ˈkæbɪnɪtˌmeɪkɪŋ] N ebanistería *f*

**cable** [ˈkeɪbl] Ⓐ N [1] (= *rope, Elec, cablegram*) cable *m*
[2] = **cable television**
Ⓑ VT [1] [+ *news, money*] mandar por cable, cablegrafiar; [+ *person*] mandar un cable a
[2] (*TV*) [+ *city, homes*] instalar la televisión por cable en
Ⓒ CPD ► **cable address** N dirección *f* cablegráfica ► **cable car** N teleférico *m*, funicular *m* ► **cable railway** N (*aerial*) teleférico *m*; (*funicular*) funicular *m* aéreo ► **cable stitch** N punto *m* de trenza ► **cable television** N televisión *f* por cable ► **cable transfer** N (*Fin*) transferencia *f* por cable

**cablecast** [ˈkeɪblˌkɑːst] Ⓐ N emisión *f* de televisión por cable
Ⓑ VT emitir por cable

**cablegram** [ˈkeɪblgræm] N cablegrama *m*

**cableway** [ˈkeɪblweɪ] N teleférico *m*, funicular *m* aéreo

**cabling** [ˈkeɪblɪŋ] N (*Elec*) (= *cables*) red *f* de cables, cableado *m*; (= *process*) cableado *m*

**cabman** [ˈkæbmən] N (*pl* **cabmen**) [1] (= *taxi driver*) taxista *m*
[2] (††) [*of horse-drawn cab*] cochero *m*

**caboodle** [kəˈbuːdl] N **the whole (kit and) ~*** todo el rollo*, toda la pesca*

**caboose** [kəˈbuːs] N (*US*) furgón *m* de cola

**cacao** [kəˈkɑːəʊ] N cacao *m*

**cache** [kæʃ] Ⓐ N [1] (= *stores*) víveres *mpl* escondidos; [*of contraband, arms, explosives*] alijo *m*
[2] (*Comput*) = **cache memory**
Ⓑ VT (= *hide*) esconder, ocultar; (= *hoard*) acumular
Ⓒ CPD ► **cache memory** N (*Comput*) (memoria *f*) cache *m or f*

**cachet** [ˈkæʃeɪ] N caché *m*, cachet *m*

**cack‡** [kæk] N (*Brit*) (*lit, fig*) mierda‡ *f*

**cack-handed*** [ˌkækˈhændɪd] ADJ (*esp Brit*) (= *clumsy*) [*person*] patoso*, desmañado; [*attempt, version*] chapucero*, torpe

**cackle** [ˈkækl] Ⓐ N [*of hen*] cacareo *m*; (= *laugh*) risa *f* aguda; (= *chatter*) parloteo *m*; **cut the ~!*** ¡corta el rollo!*
Ⓑ VI [*hen*] cacarear; [*person*] reírse a carcajada limpia, carcajearse

**CACM** N ABBR (= **Central American Common Market**) MCCA *m*

**cacophonous** [kəˈkɒfənəs] ADJ cacofónico

**cacophony** [kæˈkɒfənɪ] N cacofonía *f*

**cactus** [ˈkæktəs] (*pl* **cactuses, cacti** [ˈkæktaɪ]) N cacto *m*, cactus *m inv*

**CAD** [kæd] N ABBR (= **computer-aided design**) DAO *m*, DAC *m* (*LAm*)

**cad†*** [kæd] N canalla *m*, sinvergüenza *m*; **you ~!** ¡canalla!*

**cadaster, cadastre** [kəˈdæstəʳ] N catastro *m*

**cadaver** [kəˈdeɪvəʳ] N (*esp US*) cadáver *m*

**cadaverous** [kəˈdævərəs] ADJ cadavérico

**CADCAM** [ˈkædˌkæm] N ABBR = **computer-aided design and manufacture**

**caddie, caddy¹** [ˈkædɪ] (*Golf*) Ⓐ N caddie *mf*
Ⓑ VI **to ~ for sb** hacer de caddie a algn

**caddis fly** [ˈkædɪsflaɪ] N frígano *m*

**caddish†*** [ˈkædɪʃ] ADJ desvergonzado, canallesco; **~ trick** canallada *f*

**caddy¹** [ˈkædɪ] N = **caddie**

**caddy²** [ˈkædɪ] N [1] (*also* **tea ~**) cajita *f* para té
[2] (*US*) (= *shopping trolley*) carrito *m* de la compra

**cadence** [ˈkeɪdəns] N (*Mus*) [*of voice*] cadencia *f*; (= *rhythm*) ritmo *m*, cadencia *f*; **the ~s of prose** el ritmo de la prosa

**cadenza** [kəˈdenzə] N cadencia *f*

**cadet** [kəˈdet] Ⓐ N [1] (*Mil etc*) cadete *m*
[2] (= *younger son*) hijo *m* menor
Ⓑ CPD ► **cadet corps** N (*Brit*) (*in school*) cuerpo *m* de alumnos que reciben entrenamiento militar; (*Police*) cuerpo *m* de cadetes

► **cadet school** N escuela *f* en la que se ofrece instrucción militar

**cadge*** [kædʒ] (*Brit*) Ⓐ VT [+ *money, cigarette etc*] gorronear*, sablear*; **could I ~ a lift from you?** ¿me puedes llevar?, ¿me das un aventón? (*Mex*)
Ⓑ VI gorronear*, vivir de gorra*; **you can't ~ off me** no te molestes en pedirme nada

**cadger*** ['kædʒəʳ] N (*Brit*) gorrón/ona* *m/f*, sablista* *mf*

**Cadiz** [kə'dɪz] N Cádiz *m*

**cadmium** ['kædmɪəm] N cadmio *m*

**cadre** ['kædrɪ] N (*Mil etc*) cuadro *m*; (*Pol*) (= *worker, official*) delegado/a *m/f*

**CAE** N ABBR (= **computer-aided engineering**) IAO *f*, IAC *f* (*LAm*)

**caecum**, **cecum** (*US*) ['si:kəm] N (*pl* **caeca** ['si:kə]) (intestino *m*) ciego *m*

**Caesar** ['si:zəʳ] N César

**Caesarean**, **Cesarean** (*US*) [si:'zεərɪən] N (*also* **~ operation** *or* **section**) (operación *f* de) cesárea *f*

**caesium**, **cesium** (*US*) ['si:zɪəm] N cesio *m*

**caesura** [sɪ'zjʊərə] N (*pl* **caesuras** *or* **caesurae** [sɪ'zjʊəri:]) cesura *f*

**CAF**, **c.a.f.** N ABBR (= **cost and freight**) C y F

**café** ['kæfeɪ] Ⓐ N café *m*
Ⓑ CPD ► **café society** N la gente de moda

**cafeteria** [,kæfɪ'tɪərɪə] N (restaurante *m* de) autoservicio *m*; (*in factory, office*) cafetería *f*, comedor *m*

**caff*** [kæf] N (*Brit*) = **café**

**caffein(e)** ['kæfi:n] N cafeína *f*

**caffeine-free** [,kæfi:n'fri:] ADJ [*beverage*] sin cafeína

**caftan** ['kæftæn] N caftán *m*

**cage** [keɪdʒ] Ⓐ N jaula *f*; (*in mine*) jaula *f* de ascensor
Ⓑ VT enjaular; **like a ~d tiger** como una fiera enjaulada
Ⓒ CPD ► **cage(d) bird** N pájaro *m* de jaula

**cagey** ['keɪdʒɪ] (*compar* **cagier**; *superl* **cagiest**) ADJ (= *reserved*) reservado; (= *cautious*) cauteloso; **he was very ~ about it** en eso se anduvo con mucha reserva; **Michael was ~ about his plans after resigning** Michael mantenía celosamente en secreto sus planes tras dimitir

**cagily** ['keɪdʒɪlɪ] ADV [*say*] cautelosamente, con cautela

**caginess** ['keɪdʒɪnɪs] N [*of person, reply*] cautela *f*

**cagoule** [kə'gu:l] N chubasquero *m*; (*without zip*) canguro *m*

**cahoots*** [kə'hu:ts] NPL ♦**IDIOM to be in ~ with sb** estar conchabado con algn*

**CAI** N ABBR (= **computer-aided instruction**) IAO *f*

**caiman** ['keɪmən] N caimán *m*

**Cain** [keɪn] N Caín; ♦**IDIOM to raise ~*** armar la gorda, protestar enérgicamente

**cairn** [keən] N montón *m* de piedras colocadas como señal

**Cairo** ['kaɪərəʊ] N El Cairo

**caisson** ['keɪsən] N (*Mech*) cajón *m* hidráulico; (*Naut*) cajón *m* de suspensión; [*of dry-dock*] puerta *f* de dique; (*Mil*) cajón *m* de municiones

**cajole** [kə'dʒəʊl] VT engatusar, camelar; **to ~ sb into doing sth** engatusar a algn para que haga algo

**cajolery** [kə'dʒəʊlərɪ] N zalamerías *fpl*

**Cajun** ['keɪdʒən] Ⓐ ADJ cajún; **~ cookery** cocina *f* tipo cajún
Ⓑ N 1 (= *person*) cajún *mf*
2 (*Ling*) cajún *m*

➤ LANGUAGE IN USE: call A2, B3, C2 27

**CAJUN**

*A los habitantes del sur de Luisiana que hablan un dialecto francés se les llama* **Cajuns**. *Son los descendientes de los canadienses franceses expulsados de Nueva Escocia por los británicos en 1755, llamada entonces Acadia (***Cajun** *es la forma acortada de* **Acadian**). *El dialecto combina francés arcaico con inglés y español, junto con algunas palabras y frases hechas indias. Tanto su comida picante como su música se conocen hoy en el mundo entero.*

**cake** [keɪk] Ⓐ N 1 (*large*) tarta *f*, pastel *m*, torta *f* (*LAm*); (*small*) pastel *m*, queque *m* (*LAm*); (*sponge, plain*) bizcocho *m*, pan *m* dulce; **the way the national ~ is divided** (*fig*) la forma en que está repartida la tarta *or* está repartido el pastel nacional; ♦**IDIOMS it's a piece of ~*** es pan comido, está tirado*; **to go** *or* **sell like hot ~s*** venderse como rosquillas; **to have one's ~ and eat it**: **he wants to have his ~ and eat it** quiere nadar y guardar la ropa; **that takes the ~!*** ¡es el colmo!
2 (= *bar*) [*of chocolate*] barra *f*; [*of soap*] pastilla *f*
Ⓑ VT **~d with mud** embarrado, cubierto de barro seco
Ⓒ VI [*blood*] coagularse; [*mud*] endurecerse
Ⓓ CPD ► **cake mix** N polvos *mpl* para hacer pasteles ► **cake shop** N pastelería *f* ► **cake tin** N (*for baking*) molde *m* para pastel; (*for storing*) caja *f* de pastel

**caked** [keɪkt] Ⓐ PT, PP *of* **cake**
Ⓑ ADJ *see* **cake B**

**Cal.** ABBR = **California**

**cal.** N ABBR = **calorie**

**calabash** ['kæləbæʃ] N calabaza *f*

**calaboose*** ['kæləbu:s] N (*US*) jaula *f*; (= *prison*) cárcel *f*

**calamine** ['kæləmaɪn] N (*also* **~ lotion**) (loción *f* de) calamina *f*

**calamitous** [kə'læmɪtəs] ADJ calamitoso, desastroso

**calamity** [kə'læmɪtɪ] N calamidad *f*, desastre *m*

**calcareous** [kæl'kεərɪəs] ADJ calcáreo

**calcicole** ['kælsɪ,kəʊl] N calcícola *f*

**calcicolous** [kæl'sɪkələs] ADJ calcícola

**calcification** [,kælsɪfɪ'keɪʃən] N calcificación *f*

**calcifugous** [kæl'sɪfjəgəs] ADJ calcífugo

**calcify** ['kælsɪfaɪ] Ⓐ VT calcificar
Ⓑ VI calcificarse

**calcium** ['kælsɪəm] Ⓐ N calcio *m*
Ⓑ CPD ► **calcium carbonate** N carbonato *m* de calcio ► **calcium chloride** N cloruro *m* de calcio

**calculable** ['kælkjʊləbl] ADJ calculable

**calculate** ['kælkjʊleɪt] Ⓐ VT 1 (= *measure*) [+ *weight, speed, number, distance*] calcular
2 (= *judge*) [+ *effects, consequences, risk*] calcular
3 (= *intend*) **his words were ~d to cause pain** había planeado expresamente sus palabras para hacer daño; **this is ~d to give him a jolt** el propósito de esto es darle una sacudida; **a move ~d to improve his popularity** una operación diseñada *or* pensada para darle mayor popularidad
Ⓑ VI (*Math*) calcular, hacer cálculos

►**calculate on** VI + PREP (= *count on*) contar con

**calculated** ['kælkjʊleɪtɪd] ADJ (= *deliberate*) [*insult, action*] deliberado, intencionado; **(to take) a ~ risk** (correr) un riesgo calculado

**calculating** ['kælkjʊleɪtɪŋ] Ⓐ ADJ (= *scheming*) [*person*] calculador
Ⓑ CPD ► **calculating machine** N calculadora *f*, máquina *f* de calcular

**calculation** [,kælkjʊ'leɪʃən] N (*Math*) (= *estimation*) cálculo *m*; **to make** *or* **do a ~** realizar un cálculo

**calculator** ['kælkjʊleɪtəʳ] N (= *machine*) calculadora *f*

**calculus** ['kælkjʊləs] N (*pl* **calculuses** *or* **calculi** ['kælkjʊlaɪ]) (*Math*) cálculo *m*; **integral/differential ~** cálculo *m* integral/diferencial

**Calcutta** [kæl'kʌtə] N Calcuta *f*

**Caledonia** [,kælə'dəʊnɪə] N Caledonia *f*

**Caledonian** [,kælɪ'dəʊnɪən] Ⓐ ADJ caledoniano
Ⓑ N caledoniano/a *m/f*

**calendar** ['kæləndəʳ] Ⓐ N 1 (= *chart*) calendario *m*
2 (= *year*) calendario *m*; **the Church ~** el calendario eclesiástico; **the university ~** (*Brit*) el calendario universitario; **the most important event in the sporting ~** el acontecimiento más importante del año *or* calendario deportivo
3 (*Jur*) lista *f* (de pleitos)
Ⓑ CPD ► **calendar month** N mes *m* civil ► **calendar year** N año *m* civil

**calf[1]** [kɑ:f] Ⓐ N (*pl* **calves**) 1 (= *young cow*) becerro/a *m/f*, ternero/a *m/f*; (= *young seal, elephant etc*) cría *f*; (= *young whale*) ballenato *m*; **the cow is in** *or* **with ~** la vaca está preñada; ♦**IDIOM to kill the fatted ~** celebrar una fiesta de bienvenida
2 = **calfskin**
Ⓑ CPD ► **calf love** N amor *m* juvenil

**calf[2]** [kɑ:f] N (*pl* **calves**) (*Anat*) pantorrilla *f*, canilla *f* (*esp LAm*)

**calfskin** ['kɑ:fskɪn] N piel *f* de becerro

**caliber** ['kælɪbəʳ] N (*US*) = **calibre**

**calibrate** ['kælɪbreɪt] VT [+ *gun*] calibrar; [+ *scale of measuring instrument*] graduar

**calibrated** ['kælɪbreɪtɪd] ADJ calibrado

**calibration** [,kælɪ'breɪʃən] N [*of gun etc*] calibración *f*; [*of measuring instrument*] graduación *f*

**calibre**, **caliber** (*US*) ['kælɪbəʳ] N 1 [*of rifle*] calibre *m*
2 [*of person*] calibre *m*, talla *f*; **a man of his ~** un hombre de su calibre *or* talla; **then he showed his real ~** luego demostró su verdadero valor *or* su verdadera talla; **the high ~ of the research staff** el alto nivel de los investigadores

**calico** ['kælɪkəʊ] Ⓐ N (*pl* **calicoes** *or* **calicos**) calicó *m*, percal *m*
Ⓑ ADJ [*jacket, shirt etc*] de percal

**Calif.** ABBR = **California**

**California** [,kælɪ'fɔ:nɪə] N California *f*

**Californian** [,kælɪ'fɔ:nɪən] Ⓐ ADJ californiano
Ⓑ N californiano/a *m/f*

**californium** [,kælɪ'fɔ:nɪəm] N californio *m*

**calipers** ['kælɪpəz] NPL (*US*) = **callipers**

**caliph** ['keɪlɪf] N califa *m*

**caliphate** ['keɪlɪfeɪt] N califato *m*

**calisthenics** [,kælɪs'θenɪks] NSING (*US*) = **callisthenics**

**CALL** [kɔ:l] N ABBR = **computer-assisted language learning**

▼**call** [kɔ:l] Ⓐ N 1 (= *cry*) llamada *f*, llamado *m* (*LAm*); (= *shout*) grito *m*; [*of bird*] canto *m*, reclamo *m*; (*imitating bird's cry*) reclamo *m*; (*imitating animal's cry*) chilla *f*; **they came at my ~** acudieron a mi llamada; **please give me a ~ at seven** (*in hotel*) despiérteme a las siete,

por favor; (*at friend's*) llámame a las siete; **within ~** al alcance de la voz
[2] (*Telec*) llamada *f*; **long-distance ~** conferencia *f*; **to make a ~** llamar (por teléfono), hacer una llamada, telefonear (*esp LAm*)
[3] (= *appeal, summons, invitation*) llamamiento *m*, llamado (*LAm*); (*Aer*) (*for flight*) anuncio *m*; (*Theat*) (*to actor*) llamamiento *m*; **a ~ went to the fire brigade** se llamó a los bomberos; **he's had a ~ to the Palace** le han llamado a palacio; **to answer the ~** (*Rel*) acudir al llamamiento; **the boat sent out a ~ for help** el barco emitió una llamada de socorro; **there were ~s for the Minister's resignation** hubo quienes pidieron la dimisión del ministro; **a ~ for a strike** una convocatoria de huelga; **a ~ for congress papers** una convocatoria de ponencias para un congreso; **to be on ~** (= *on duty*) estar de guardia; (= *available*) estar disponible; **money on ~** dinero *m* a la vista; **the minister sent out a ~ to the country to remain calm** el ministro hizo un llamamiento al país para que conservara la calma
[4] (= *lure*) llamada *f*; **the ~ of duty** la llamada del deber; **to answer the ~ of nature** (*euph*) hacer sus necesidades fisiológicas; **the ~ of the sea** la llamada del mar; **the ~ of the unknown** la llamada de lo desconocido
[5] (= *visit*) (*also Med*) visita *f*; **the boat makes a ~ at Vigo** el barco hace escala en Vigo; **to pay a ~ on sb** ir a ver a algn, hacer una visita a algn; **port of ~** puerto *m* de escala
[6] (= *need*) motivo *m*; **you had no ~ to say that** no tenías motivo alguno para decir eso; **there is no ~ for alarm** no tienen por qué asustarse
[7] (= *demand*) demanda *f* (**for** de); **there isn't much ~ for these now** hay poca demanda de éstos ahora
[8] (= *claim*) **to have first ~ on sth** (*resources etc*) tener prioridad en algo; (*when buying it*) tener opción de compra sobre algo; **there are many ~s on my time** hay muchos asuntos que requieren mi atención; **the UN has many ~s on its resources** la ONU reparte sus recursos en muchos frentes
[9] (*Bridge*) marca *f*, voz *f*; **whose ~ is it?** ¿a quién le toca declarar?
[10] ✦*IDIOM* **to have a close ~** escapar por un pelo, salvarse de milagro; **that was a close ~** eso fue cosa de milagro
Ⓑ VT [1] (= *shout out*) [+ *name, person*] llamar, gritar; **did you ~ me?** ¿me llamaste?; **they ~ed me to see it** me llamaron para que lo viese; *see also* **attention A1**, **halt A1**, **name A2**, **shot B4**, **tune A1**
[2] (= *summon*) [+ *doctor, taxi*] llamar; [+ *meeting, election*] convocar; **to be ~ed to the Bar** (*Brit Jur*) licenciarse como abogado, recibirse de abogado (*LAm*); **he felt ~ed to serve God** se sentía llamado a servir al Señor; **to ~ a strike** convocar una huelga; **to ~ sb as a witness** citar a algn como testigo
[3] (*Telec*) llamar (por teléfono); **I'll ~ you tomorrow** te llamo mañana; **London ~ed you this morning** esta mañana le llamaron desde Londres; **don't ~ us, we'll ~ you** no se moleste en llamar, nosotros le llamaremos
[4] (= *announce*) [+ *flight*] anunciar
[5] (= *waken*) despertar, llamar; **please ~ me at eight** me llama *or* despierta a las ocho, por favor
[6] (= *name, describe*) llamar; **to be ~ed** llamarse; **I'm ~ed Peter** me llamo Pedro; **what are you ~ed?** ¿cómo te llamas?; **they ~ each other by their surnames** se llaman por los apellidos; **what are they ~ing him?** ¿qué nombre le van a poner?; **they're ~ing the boy John** al niño le van a llamar Juan; **I ~ed him a liar** lo llamé mentiroso; **are you ~ing me a liar?** ¿me está diciendo que soy un mentiroso?, ¿me está llamando mentiroso?
[7] (= *consider*) **I ~ it an insult** para mí eso es un insulto; **let's ~ it £50** quedamos en 50 libras; **I had nothing I could ~ my own** no tenía más que lo puesto; **what time do you ~ this?** (*iro*) ¿qué hora crees que es?; **~ yourself a friend?** (*iro*) ¿y tú dices que eres un amigo?; ✦*IDIOM* **let's ~ it a day*** ya basta por hoy
[8] [+ *result*] (*of election, race*) hacer público, anunciar; **it's too close to ~** la cosa está muy igualada *or* reñida
[9] (*Bridge*) declarar; **to ~ three spades** declarar tres picas
[10] (*US Sport*) [+ *game*] suspender
Ⓒ VI [1] (= *shout*) [*person*] llamar; (= *cry, sing*) [*bird*] cantar; **did you ~?** ¿me llamaste?; **to ~ to sb** llamar a algn
[2] (*Telec*) **who's ~ing?** ¿de parte de quién?, ¿quién (le) llama?; **London ~ing** (*Rad*) aquí Londres
[3] (= *visit*) pasar (a ver); **please ~ again** (*Comm*) gracias por su visita
Ⓓ CPD ► **call centre** N (*Brit Telec*) servicio *m* de atención telefónica, central *f* telefónica (*para atención al cliente, telemárketing, etc.*) ► **call girl** N prostituta *f* (*que concierta citas por teléfono*) ► **call letters** NPL (*US Telec*) letras *fpl* de identificación, indicativo *m* ► **call loan** N (*Fin*) préstamo *m* cobrable a la vista ► **call money** N (*Fin*) dinero *m* a la vista ► **call number** N (*US*) [*of library book*] número *m* de catalogación ► **call option** N (*St Ex*) opción *f* de compra a precio fijado ► **call sign** N (*Rad*) (señal *f* de) llamada *f* ► **call signal** N (*Telec*) código *m* de llamada

►**call aside** VT + ADV [+ *person*] llamar aparte

►**call at** VI + PREP [+ *house*] visitar, pasar por; [+ *port*] hacer escala en

►**call away** VT + ADV **he was ~ed away** tuvo que salir *or* marcharse, se vio obligado a ausentarse (*frm*) (**from** de); **to be ~ed away on business** tener que ausentarse por razones de trabajo *or* asuntos de negocios

➤ ►**call back** Ⓐ VT + ADV [1] (*Telec*) (= *call again*) volver a llamar a; (= *return call*) devolver la llamada a
[2] (= *recall*) hacer volver
Ⓑ VI + ADV [1] (*Telec*) (= *call again*) volver a llamar; (= *return call*) devolver la llamada; **can you ~ back later? I'm busy just now** ¿puede volver a llamar dentro de un rato? ahora no puedo atenderlo
[2] (= *return*) volver, regresar (*LAm*); **I'll ~ back later** volveré más tarde

►**call down** VT + ADV [1] (*liter*) [+ *blessings*] pedir (**on** para); **to ~ curses down on sb** maldecir a algn, lanzar maldiciones contra algn
[2] (*US**) (= *scold*) echar la bronca a*, poner verde a*

►**call for** VI + PREP [1] (= *summon*) [+ *wine, bill*] pedir; **to ~ for help** pedir auxilio
[2] (= *demand*) [+ *courage, action*] exigir, requerir; **this ~s for firm measures** esto exige *or* requiere unas medidas contundentes; **this ~s for a celebration!** ¡esto hay que celebrarlo!
[3] (= *collect*) [+ *person*] pasar a buscar; [+ *goods*] recoger
[4] (*US*) (= *predict*) pronosticar, prever

►**call forth** VT + ADV sacar; [+ *remark*] inspirar; [+ *protest*] motivar, provocar

►**call in** Ⓐ VT + ADV [1] (= *summon*) hacer entrar; [+ *doctor, expert, police*] llamar a
[2] (*Comm etc*) (= *withdraw*) [+ *faulty goods, currency*] retirar; [+ *book, loan*] pedir la devolución de
Ⓑ VI + ADV venir, pasar; **to ~ in on sb** pasar a ver a algn; **we can ~ in on James on the way home** podemos pasar a ver a James de camino a casa; **~ in any time** ven cuando quieras, pasa por aquí cuando quieras

►**call off** VT + ADV [1] (= *cancel*) [+ *meeting, race*] cancelar, suspender; [+ *deal*] anular; [+ *search*] abandonar, dar por terminado; **the strike was ~ed off** se desconvocó la huelga
[2] [+ *dog*] llamar (*para que no ataque*)

►**call on** VI + PREP [1] (= *visit*) pasar a ver
[2] (*also* **~ upon**) (= *appeal*) **to ~ (up)on sb for help** pedir ayuda a algn, acudir a algn pidiendo ayuda; **to ~ (up)on sb to do sth** (= *appeal*) apelar a algn para que haga algo; (= *demand*) exigir a algn que haga algo; **he ~ed (up)on the nation to be strong** hizo un llamamiento a la nación para que se mostrara fuerte
[3] (*also* **~ upon**) (= *invite to speak*) ceder *or* pasar la palabra a; **I now ~ (up)on Mr Brown to speak** cedo la palabra al Sr. Brown

►**call out** Ⓐ VT + ADV [1] (= *shout out*) [+ *name*] gritar
[2] (= *summon*) [+ *doctor, rescue services*] llamar; [+ *troops*] hacer intervenir; **to ~ workers out on strike** llamar a los obreros a la huelga
Ⓑ VI + ADV (*in pain, for help etc*) gritar

►**call out for** VI + PREP (= *require*) pedir; (= *summon, ask for*) llamar; **to ~ out for help** pedir ayuda; **the situation ~s out for an urgent solution** la situación exige una solución urgente; **to ~ out for sb to do sth** pedir a algn que haga algo

►**call over** VT + ADV llamar

►**call round** VI + ADV pasar por casa; **I'll ~ round in the morning** pasaré por ahí por la mañana; **to ~ round to see sb** ir de visita a casa de algn

►**call together** VT + ADV convocar, reunir

►**call up** VT + ADV [1] (*Mil*) llamar para el servicio militar
[2] (*Telec*) llamar (por teléfono)
[3] [+ *memories*] traer a la memoria

►**call upon** VI + PREP (*frm*) *see* **call on**

**callable** [ˈkɔːləbəl] ADJ (*Fin*) redimible, amortizable

**callback** [ˈkɔːlbæk] N (*Comm*) retirada *f* (*de productos con defecto de origen*)

**callbox** [ˈkɔːlbɒks] N (*Brit*) cabina *f* (telefónica)

**callboy** [ˈkɔːlbɔɪ] N (*Theat*) traspunte *m*; (*in hotel*) botones *m inv*

**called-up capital** [ˌkɔːldʌpˈkæpɪtl] N capital *m* desembolsado

**caller** [ˈkɔːləʳ] N [1] (= *visitor*) visita *f*; **the first ~ at the shop** el primer cliente de la tienda
[2] (*Brit Telec*) persona *f* que llama; **~, please wait** espere por favor

**calligrapher** [kəˈlɪgrəfəʳ] N calígrafo/a *m/f*

**calligraphic** [ˌkælɪˈgræfɪk] ADJ caligráfico

**calligraphy** [kəˈlɪgrəfɪ] N caligrafía *f*

**call-in** [ˈkɔːlɪn] N (*also* **~ program**) (*US*) (programa *m*) coloquio *m* (por teléfono)

**calling** [ˈkɔːlɪŋ] Ⓐ N (= *vocation*) vocación *f*, profesión *f*
Ⓑ CPD ► **calling card** N (*esp US*) tarjeta *f* de visita comercial

**callipers**, **calipers** (*US*) [ˈkælɪpəz] NPL (*Med*) soporte *msing* ortopédico; (*Math*) calibrador *msing*

**callisthenics**, **calisthenics** (*US*) [ˌkælɪsˈθenɪks] NSING calistenia *f*

➤ LANGUAGE IN USE: call back A1, B1 27

**callosity** [kæ'lɒsɪtɪ] N callo *m*, callosidad *f*

**callous** ['kæləs] Ⓐ ADJ [1] [*person, remark*] insensible, cruel; [*treatment, murder, crime, attack*] despiadado, cruel; **his ~ disregard for their safety** su cruel indiferencia ante su seguridad
[2] (*Med*) calloso
Ⓑ N (*Med*) callo *m*

**calloused** ['kæləsd] ADJ [*fingers, hands*] encallecido, calloso

**callously** ['kæləslɪ] ADV despiadadamente, cruelmente

**callousness** ['kæləsnɪs] N insensibilidad *f*, crueldad *f*

**callow** ['kæləʊ] ADJ (= *immature*) [*youth*] imberbe, bisoño

**call-up** ['kɔːlʌp] Ⓐ N [1] (*Mil*) llamada *f* al servicio militar; [*of reserves*] movilización *f*; (= *conscription*) servicio *m* militar obligatorio
[2] (*Sport*) convocatoria *f*; **to get a ~ into a squad** ser convocado para jugar con un equipo
Ⓑ CPD ► **call-up papers** NPL (*Mil*) notificación *fsing* de llamada a filas

**callus** ['kæləs] N (*pl* **calluses**) = **callous**

**callused** ['kæləst] ADJ = **calloused**

**calm** [kɑːm] Ⓐ ADJ (*compar* **calmer**; *superl* **calmest**) [1] (= *unruffled*) [*person, voice, place*] tranquilo; **to grow ~** tranquilizarse, calmarse; **to keep** *or* **remain ~** mantener la calma; **keep ~!** ¡tranquilo(s)!, ¡calma!; **on ~er reflection, she decided that it would be a mistake** tras un periodo de calma y reflexión, decidió que sería un error; **(cool,) ~ and collected** tranquilo y con dominio de sí mismo; **I feel ~er now** ahora estoy más tranquilo *or* calmado
[2] (= *still*) [*sea, lake, water, weather*] en calma; [*day, evening*] sin viento; **the sea was dead ~** el mar estaba en calma chicha
[3] (*Fin*) [*market, trading*] sin incidencias
Ⓑ N calma *f*, tranquilidad *f*; **the ~ before the storm** (*lit, fig*) la calma antes de la tormenta; (*Naut*) **a dead ~** una calma chicha
Ⓒ VT (*also* **~ down**) [+ *person*] calmar, tranquilizar; **to ~ o.s.** calmarse, tranquilizarse; **~ yourself!** ¡cálmate!, ¡tranquilízate!; **to ~ sb's fears** tranquilizar a algn
Ⓓ VI [*sea, wind*] calmarse

►**calm down** Ⓐ VT + ADV = **calm C**
Ⓑ VI + ADV [*person*] tranquilizarse, calmarse; [*wind*] amainar, calmarse; **~ down!** ¡cálmate!, ¡tranquilízate!; (*to excited child*) ¡tranquilízate!

**calming** ['kɑːmɪŋ] ADJ tranquilizante, calmante

**calmly** ['kɑːmlɪ] ADV [*walk*] tranquilamente; [*speak, discuss, reply*] con calma, tranquilamente; [*react, think*] con calma

**calmness** ['kɑːmnɪs] N [*of person, voice*] calma *f*, tranquilidad *f*; [*of weather, sea*] calma *f*

**Calor gas**® ['kæləˌgæs] N (*Brit*) butano *m*

**caloric** [kə'lɒrɪk] Ⓐ ADJ calórico, térmico
Ⓑ CPD ► **caloric energy** N energía *f* calórica *or* térmica

**calorie** ['kælərɪ] N caloría *f*; **she's very ~-conscious** es muy cuidadosa con la línea; **a ~-controlled diet** un régimen de bajo contenido calórico

**calorific** [ˌkælə'rɪfɪk] Ⓐ ADJ calorífico
Ⓑ CPD ► **calorific value** N (*Phys*) valor *m* calorífico

**calque** [kælk] N calco *m* (**on** de)

**calumniate** [kə'lʌmnɪeɪt] VT (*frm*) calumniar

**calumny** ['kæləmnɪ] N (*frm*) calumnia *f*

**Calvados** ['kælvəˌdɒs] N Calvados *m*

**Calvary** ['kælvərɪ] N Calvario *m*

**calve** [kɑːv] VI parir

**calves** [kɑːvz] NPL *of* **calf**[1,2]

**Calvin** ['kælvɪn] N Calvino

**Calvinism** ['kælvɪnɪzəm] N calvinismo *m*

**Calvinist** ['kælvɪnɪst] Ⓐ ADJ calvinista
Ⓑ N calvinista *mf*

**Calvinistic** [ˌkælvɪ'nɪstɪk] ADJ calvinista

**calypso** [kə'lɪpsəʊ] N calipso *m*

**calyx** ['keɪlɪks] N (*pl* **calyxes** *or* **calyces** ['keɪlɪsiːz]) cáliz *m*

**cam**[1] [kæm] N leva *f*

**cam**[2]* [kæm] N ABBR = **camera**

**CAM** [kæm] N ABBR (= **computer-aided manufacture**) FAO *f*

**camaraderie** [ˌkæmə'rɑːdərɪ] N compañerismo *m*

**camber** ['kæmbəʳ] Ⓐ N (*in road*) combadura *f*
Ⓑ VT combar, arquear
Ⓒ VI combarse, arquearse

**Cambodia** [kæm'bəʊdɪə] N Camboya *f*

**Cambodian** [kæm'bəʊdɪən] Ⓐ ADJ camboyano
Ⓑ N camboyano/a *m/f*

**cambric** ['keɪmbrɪk] N batista *f*

**Cambs** ABBR (*Brit*) = **Cambridgeshire**

**camcorder** ['kæmkɔːdəʳ] N videocámara *f*, filmadora *f* (*LAm*)

**came** [keɪm] PT *of* **come**

**camel** ['kæməl] Ⓐ N [1] (= *animal*) camello *m*
[2] (= *colour*) color *m* camello
Ⓑ CPD ► **camel coat** N (*also* **~hair coat**) abrigo *m* de pelo de camello ► **camel hair** N pelo *m* de camello

**camellia** [kə'miːlɪə] N camelia *f*

**cameo** ['kæmɪəʊ] Ⓐ N [1] (= *jewellery*) camafeo *m*
[2] (*Cine*) (*also* **~ role**) papel *m* de estrella invitada
Ⓑ CPD ► **cameo brooch** N camafeo *m*

**camera** ['kæmərə] Ⓐ N [1] (*Phot*) cámara *f*, máquina *f* fotográfica; (*Cine, TV*) cámara *f*; **on ~** delante de la cámara, en cámara; **to be on ~** estar enfocado
[2] (*Jur*) **in ~** a puerta cerrada
Ⓑ CPD ► **camera angle** N ángulo *m* de la cámara ► **camera crew** N equipo *m* de cámara ► **camera-ready copy** N material *m* preparado para la cámara

**cameraman** ['kæmərəmæn] N (*pl* **cameramen**) cámara *mf*, operador(a) *m/f*

**camera-shy** ['kæmərəˌʃaɪ] ADJ **to be ~** cohibirse en presencia de la cámara

**camerawork** ['kæmərəˌwɜːk] N (*Cine*) manejo *m* de la cámara

**Cameroon**, **Cameroun** [ˌkæmə'ruːn] N Camerún *m*

**Cameroonian** [ˌkæmə'ruːnɪən] Ⓐ ADJ camerunés, camerunense
Ⓑ N camerunés/esa *m/f*, camerunense *mf*

**camiknickers** ['kæmɪˌnɪkəz] NPL *especie de body holgado o camisón y braga de una sola pieza*

**camisole** ['kæmɪsəʊl] N camisola *f*

**camomile** ['kæməʊmaɪl] Ⓐ N camomila *f*
Ⓑ CPD ► **camomile tea** N manzanilla *f*

**camouflage** ['kæməflɑːʒ] Ⓐ N camuflaje *m*
Ⓑ VT camuflar

**camp**[1] [kæmp] Ⓐ N [1] (= *collection of tents*) campamento *m*; (= *organized site*) camping *m*; **to make** *or* **pitch ~** poner *or* montar el campamento, acampar; **to break** *or* **strike ~** levantar el campamento
[2] (*Pol etc*) bando *m*, facción *f*; ✦**IDIOM to have a foot in both ~s** tener intereses en ambos bandos
Ⓑ VI [1] (*in tent*) acampar; **to go ~ing** ir de camping
[2] (*) (= *stay*) alojarse temporalmente
Ⓒ CPD ► **camp bed** N cama *f* de campaña, cama *f* plegable, catre *m* (*LAm*) ► **camp chair** N silla *f* plegable ► **camp follower** N (= *sympathizer*) simpatizante *mf*; (*Mil*) (= *prostitute*) prostituta *f*; (= *civilian worker*) trabajador(a) *m/f* civil ► **camp site** N camping *m* ► **camp stool** N taburete *m* plegable ► **camp stove** N hornillo *m* de camping

►**camp out** VI + ADV pasar la noche al aire libre; **to ~ out on the beach** pasar la noche en la playa

**camp**[2] [kæmp] Ⓐ ADJ [1] (= *affected, theatrical*) amanerado, afectado
[2] (= *effeminate*) afeminado; ✦**IDIOM to be as ~ as a row of tents*** tener mucha pluma*, ser mariquita perdido*
Ⓑ N [1] (*Theat*) (*also* **high ~**) amaneramiento *m*
[2] (= *effeminacy*) lo afeminado
Ⓒ VT **to ~ it up*** parodiarse a sí mismo

**campaign** [kæm'peɪn] Ⓐ N (*Mil*) (*fig*) campaña *f*; **election ~** campaña *f* electoral
Ⓑ VI (*Mil*) (*fig*) hacer campaña; **to ~ for/against** hacer campaña a favor de/en contra de
Ⓒ CPD ► **campaign trail** N recorrido *m* electoral ► **campaign worker** N colaborador(a) *m/f* en una campaña política

**campaigner** [kæm'peɪnəʳ] N [1] (*Mil*) **old ~** veterano/a *m/f*
[2] (= *supporter*) defensor(a) *m/f*, partidario/a *m/f*; **a ~ for sth** un partidario *or* defensor de algo; **environmental ~s** defensores del medio ambiente; **a ~ against sth** un luchador contra algo

**campanile** [ˌkæmpə'niːlɪ] N campanario *m*

**campanologist** [ˌkæmpə'nɒlədʒɪst] N campanólogo/a *m/f*

**campanology** [ˌkæmpə'nɒlədʒɪ] N campanología *f*

**camper** ['kæmpəʳ] N [1] (= *person*) campista *mf*; (*in holiday camp*) veraneante *mf*
[2] (*also* **~ van**) caravana *f*, autocaravana *f*

**campfire** ['kæmp'faɪə] N hoguera *f* de campamento; [*of scouts*] reunión *f* alrededor de la hoguera

**campground** ['kæmpgraʊnd] N (*US*) cámping *m*

**camphor** ['kæmfəʳ] N alcanfor *m*

**camphorated** ['kæmfəreɪtɪd] ADJ alcanforado

**camping** ['kæmpɪŋ] Ⓐ N cámping *m*
Ⓑ CPD ► **Camping gas**® N (*Brit*) (= *gas*) gas *m* butano; (*US*) (= *stove*) cámping gas® *m* ► **camping ground** N (terreno *m* de) cámping *m* ► **camping site** N = **camping ground** ► **camping van** N caravana *f*, autocaravana *f*

**campion** ['kæmpɪən] N colleja *f*

**campus** ['kæmpəs] N (*pl* **campuses**) (*Univ*) (= *district*) ciudad *f* universitaria; (= *internal area*) recinto *m* universitario, campus *m inv*

**CAMRA** ['kæmrə] N ABBR (*Brit*) (= **Campaign for Real Ale**) *organización para la defensa y promoción de la cerveza tradicional*

**camshaft** ['kæmʃɑːft] N (*Aut*) árbol *m* de levas

▼**can**[1] [kæn] MODAL AUX VB (*neg* **cannot**, **can't**; *condit, pt* **could**) [1] (= *be able to*) poder; **he ~ do it if he tries hard** puede hacerlo si se esfuerza; **I ~'t** *or* **cannot go any further** no puedo seguir; **I'll tell you all I ~** te diré todo lo que pueda; **he will do all he ~ to help you** hará lo posible por ayudarte; **you ~ but ask** con preguntar no se pierde nada; **they couldn't help it** ellos no tienen la culpa;

➤ LANGUAGE IN USE: **can**[1] **1** 1.1, 4, 9.1, 9.2, 9.3, 9.4, 10.4, 12.3, 15.3, 15.4, 16.3, 16.4

**"have another helping" — "I really couldn't"** —¿otra ración? —no puedo
[2] (= *know how to*) saber; **he ~'t swim** no sabe nadar; **~ you speak Italian?** ¿sabes (hablar) italiano?
[3] (= *may*) poder; **~ I use your telephone?** ¿puedo usar su teléfono?; **~ I have your name?** ¿me dice su nombre?; **could I have a word with you?** ¿podría hablar contigo un momento?; **~'t I come too?** ¿puedo ir también?
[4] (*with verbs of perception: not translated*) **I ~ hear it** lo oigo; **I couldn't see it anywhere** no lo veía en ninguna parte; **I ~'t understand why** no comprendo por qué
[5] (*expressing disbelief, puzzlement*) **that cannot be!** ¡eso no puede ser!, ¡es imposible!; **he ~'t have said that** no puede haber dicho eso; **they ~'t have left already!** ¡no es posible que ya se han ido!; **how could you lie to me!** ¿cómo pudiste mentirme?; **how ~ you say that?** ¿cómo te atreves a decir eso?; **you ~'t be serious!** ¿lo dices en serio?; **it ~'t be true!** ¡no puede ser!; **what ~ he want?** ¿qué querrá?; **where on earth ~ she be?** ¿dónde demonios puede estar?
[6] (*expressing possibility, suggestion etc*) **he could be in the library** puede que esté en la biblioteca; **you could try telephoning his office** ¿por qué no le llamas a su despacho?; **they could have forgotten** puede (ser) que se hayan olvidado; **you could have told me!** ¡podías habérmelo dicho!; **it could have been a wolf** podía ser un lobo; **I reckon you could have got a job last year** creo que podías obtener un trabajo el año pasado
[7] (= *want to*) **I'm so happy I could cry** soy tan feliz que me dan ganas de llorar *or* que me voy a echar a llorar; **I could have cried** me daban ganas de llorar; **I could scream!** ¡es para volverse loco!
[8] (= *be occasionally capable of*) **she ~ be very annoying** a veces te pone negro; **it ~ get very cold here** aquí puede llegar a hacer mucho frío
[9] (*in comparisons*) **I'm doing it as well as I ~** lo hago lo mejor que puedo; **as cheap as ~ be** lo más barato posible; **as big as big ~ be** lo más grande posible; **she was as happy as could be** estaba de lo más feliz
[10] **could do with: I could do with a drink** ¡qué bien me vendría una copa!; **we could do with a bigger house** nos convendría una casa más grande; → ABLE, CAN

**can²** [kæn] Ⓐ N [1] (= *container*) (*for foodstuffs*) bote *m*, lata *f*; (*for oil, water etc*) bidón *m*; **a ~ of beer** una lata de cerveza; ✦*IDIOMS* **a ~ of worms*** un asunto peliagudo; **to open a ~ of worms*** abrir la caja de Pandora; **(to be left) to carry the ~** (*Brit**) pagar el pato
[2] (*esp US*) (= *garbage can*) cubo *m or* (*LAm*) bote *m or* tarro *m* de la basura
[3] (*Cine*) [*of film*] lata *f*; ✦*IDIOM* **it's in the ~*** está en el bote*
[4] (*US‡*) (= *prison*) chirona* *f*
[5] (*US‡*) (= *toilet*) wáter *m*
[6] (*US‡*) (= *buttocks*) culo‡ *m*
Ⓑ VT [1] [+ *food*] enlatar, envasar; ✦*IDIOM* **~ it!** (*US‡*) ¡cállate!
[2] (*US**) (= *dismiss*) [+ *employee*] despedir
Ⓒ CPD ► **can opener** N abrelatas *m inv*

**Canaan** ['keɪnən] N Canaán *m*

**Canaanite** ['keɪnənaɪt] N canaanita *mf*

**Canada** ['kænədə] N Canadá *m*

**Canadian** [kə'neɪdɪən] Ⓐ ADJ canadiense
Ⓑ N canadiense *mf*

**canal** [kə'næl] Ⓐ N [1] (*for barge*) canal *m*
[2] (*Anat*) tubo *m*
Ⓑ CPD ► **canal boat** N barcaza *f* ► **the Canal Zone** N (*US*) (= *Panama*) (*formerly*) la zona del Canal de Panamá

**canalization** [,kænəlaɪ'zeɪʃən] N canalización *f*

**canalize** ['kænəlaɪz] VT canalizar

**canapé** ['kænəpeɪ] N (*Culin*) canapé *m*

**canard** [kæ'nɑːd] N bulo *m*, chisme *m*

**Canaries** [kə'neərɪz] NPL **the ~** las Canarias

**canary** [kə'neərɪ] Ⓐ N canario *m*
Ⓑ CPD ► **the Canary Islands** NPL las Islas Canarias ► **canary seed** N alpiste *m* ► **canary yellow** N amarillo *m* canario

**canary-yellow** [kə,neərɪ'jeləʊ] ADJ (de color) amarillo canario *inv*

**canasta** [kə'næstə] N canasta *f*

**Canberra** ['kænbərə] N Canberra *f*

**cancan** ['kænkæn] N cancán *m*

▼**cancel** ['kænsəl] (*pt, pp* **cancelled**, **canceled** (*US*)) Ⓐ VT [1] [+ *reservation, taxi*] anular, cancelar; [+ *room*] anular la reserva de; [+ *holiday, party, plans*] suspender; [+ *flight, train, performance*] suspender, cancelar; [+ *order, contract*] anular; [+ *permission etc*] retirar; (*Aut*) [+ *indicator*] quitar
[2] (= *mark, frank*) [+ *stamp*] matar; [+ *cheque*] anular
[3] (= *delete*) [+ *name, word*] borrar, suprimir
[4] (*Math*) anular
Ⓑ VI [*tourist etc*] cancelar la reserva/el vuelo *etc*
Ⓒ CPD ► **cancel key** N tecla *f* de anulación

►**cancel out** Ⓐ VT + ADV (*Math*) anular; (*fig*) contrarrestar, compensar; **they ~ each other out** (*Math*) se anulan mutuamente; (*fig*) se contrarrestan, una cosa compensa la otra; **the disadvantages ~ out the benefits** las desventajas anulan los beneficios; **the reduction in noise would be ~led out by the extra traffic** la reducción del ruido se vería neutralizada *or* contrarrestada por el tráfico adicional
Ⓑ VI + ADV (*Math*) anularse

**cancellation** [,kænsə'leɪʃən] Ⓐ N [1] [*of reservation, taxi*] anulación *f*, cancelación *f*; [*of room*] anulación *f* de reserva; [*of holiday, party, plans*] cancelación *f*; [*of flight, train, performance*] suspensión *f*, cancelación *f*; [*of order, contract*] anulación *f*; **"cancellations will not be accepted after …"** (*for travel, hotel*) "no se admiten cancelaciones de reserva después del …"; (*for theatre etc*) "no se admite la devolución de localidades después del …"
[2] (*Post*) (= *mark*) matasellos *m inv*; (= *act*) inutilización *f*
Ⓑ CPD ► **cancellation fee** N tarifa *f* por cancelación

**Cancer** ['kænsəʳ] N [1] (= *sign, constellation, also Geog*) Cáncer *m*; *see also* **tropic**
[2] (= *person*) Cáncer *mf*; **I'm (a) ~** soy Cáncer; *see also* **tropic**

**cancer** ['kænsəʳ] Ⓐ N (*Med*) cáncer *m*
Ⓑ CPD ► **cancer patient** N enfermo/a *m/f* de cáncer ► **cancer research** N investigación *f* del cáncer ► **cancer specialist** N cancerólogo/a *m/f*, oncólogo/a *m/f* ► **cancer stick‡** N (*Brit*) pito* *m*, fumata‡ *m*

**cancer-causing** ['kænsə,kɔːzɪŋ] ADJ cancerígeno

**Cancerian** [kæn'sɪərɪən] N **to be a ~** ser Cáncer

**cancerous** ['kænsərəs] ADJ canceroso; **to become ~** cancerarse

**candelabra** [,kændɪ'lɑːbrə] N (*pl* **candelabra** *or* **candelabras**) candelabro *m*

**C and F** [,siːənd'ef] (*Comm*) ABBR = **Cost and Freight** (*Comm*) C y F

**candid** ['kændɪd] Ⓐ ADJ [*person, interview, remark, statement*] franco, sincero; **to be quite ~ …** hablando con franqueza …; **he is delightfully ~ about his business affairs** es increíblemente franco *or* sincero acerca de sus negocios
Ⓑ CPD ► **candid camera** N cámara *f* indiscreta

**candida** ['kændɪdə] N (*Med*) afta *f*

**candidacy** ['kændɪdəsɪ] N (*esp US*) candidatura *f*

**candidate** ['kændɪdeɪt] N (*for job*) aspirante *mf* (**for** a), solicitante *mf* (**for** de); (*for election, examination*) candidato/a *m/f* (**for** a); (*in competitive examination*) opositor(a) *m/f* (**for a post** a un puesto); **the overweight are prime ~s for heart disease** los obesos son los que presentan más riesgo de padecer enfermedades cardíacas

**candidature** ['kændɪdətʃəʳ] N (*Brit*) candidatura *f*

**candidly** ['kændɪdlɪ] ADV francamente, con franqueza

**candidness** ['kændɪdnɪs] N franqueza *f*

**candied** ['kændɪd] Ⓐ ADJ azucarado
Ⓑ CPD ► **candied fruit** N fruta *f* escarchada ► **candied peel** N piel *f* almibarada

**candle** ['kændl] Ⓐ N vela *f*, candela *f*; (*in church*) cirio *m*; ✦*IDIOMS* **to hold a ~ to sb**: **you can't hold a ~ to him** no le llegas ni a la suela de los zapatos; **it's not worth the ~** no merece *or* vale la pena; *see also* **burn¹ B1**
Ⓑ CPD ► **candle end** N cabo *m* de vela ► **candle grease** N cera *f* derretida ► **candle holder** N = **candlestick**

**candlelight** ['kændllaɪt] N luz *f* de una vela; **by ~** a la luz de las velas

**candlelit** ['kændllɪt] ADJ alumbrado por velas; **a ~ supper for two** una cena para dos con velas

**Candlemas** ['kændlmæs] N Candelaria *f* (*2 febrero*)

**candlepower** ['kændl,paʊəʳ] N bujía *f*

**candlestick** ['kændlstɪk] N (*single*) candelero *m*; (*low, with handle*) palmatoria *f*; (*large, ornamental*) candelabro *m*; (*in church*) cirial *m*

**candlewick** ['kændlwɪk] N [1] (= *cloth*) tela *f* de algodón afelpada, chenille *f*
[2] (= *wick of candle*) pabilo *m*, mecha *f* (de vela)

**can-do*** [,kæn'duː] ADJ (*US*) [*person, organization*] dinámico

**candour, candor** (*US*) ['kændəʳ] N franqueza *f*, sinceridad *f*

**C & W** [,siːən'dʌbljuː] N ABBR = **Country and Western**; *see* **country B**

**candy** ['kændɪ] Ⓐ N [1] (= *sugar candy*) azúcar *m* cande
[2] (*US*) (= *sweets*) golosinas *fpl*, caramelos *mpl*, dulces *mpl*; ✦*IDIOM* **it's like taking ~ from a baby** es coser y cantar
Ⓑ VT [+ *fruit*] escarchar
Ⓒ CPD ► **candy bar** N (*US*) barrita *f* de caramelo; (*chocolate*) chocolatina *f* ► **candy store** N (*US*) confitería *f*, bombonería *f*; ✦*IDIOM* **like a kid in a ~ store** (*esp US*) como el rey/la reina del mambo, como si fuera el amo/ama del mundo

**candyfloss** ['kændɪflɒs] (*Brit*) N algodón *m* de azúcar; (*pej*) (*fig*) morralla *f*

**candy-striped** ['kændɪ,straɪpt] ADJ a rayas de colores

**cane** [keɪn] Ⓐ N [1] (*Bot*) caña *f*; (*for baskets, chairs etc*) mimbre *m*
[2] (= *stick*) (*for walking*) bastón *m*; (*for punish-*

➤ LANGUAGE IN USE: can¹ 2 15.4 4 4, 9.1 5 16.3 cancel A1 21.4

*ment*) vara *f*, palmeta *f*; **to get the ~** (*Scol*) ser castigado con la vara *or* palmeta
Ⓑ VT [+ *pupil*] castigar con la vara *or* palmeta
Ⓒ CPD ► **cane chair** N silla *f* de mimbre ► **cane liquor** N caña *f* ► **cane sugar** N azúcar *m* de caña

**canine** ['kænaın] Ⓐ ADJ canino
Ⓑ N [1] (= *dog*) canino *m*
[2] (*also* **~ tooth**) colmillo *m*, diente *m* canino

**caning** ['keınıŋ] N **to give sb a ~** castigar a algn con la vara *or* palmeta; (*fig*) (*) dar una paliza a algn*

**canister** ['kænıstəʳ] N (*for tea, coffee*) lata *f*, bote *m*; [*of gas*] bombona *f*; (*for film*) lata *f*

**canker** ['kæŋkəʳ] Ⓐ N (*Med*) úlcera *f* en la boca; (*Bot*) cancro *m*; (= *scourge*) cáncer *m*
Ⓑ VT (*Med*) ulcerar
Ⓒ VI (*Med*) ulcerarse

**cankerous** ['kæŋkərəs] ADJ ulceroso

**cannabis** ['kænəbıs] Ⓐ N (*Bot*) cáñamo *m* (índico); (= *drug*) cannabis *m*
Ⓑ CPD ► **cannabis resin** N resina *f* de hachís

**canned** [kænd] Ⓐ PT, PP *of* **can²**
Ⓑ ADJ [1] [*food*] enlatado, en lata; **~ foods** conservas *fpl* alimenticias
[2] (*) (= *recorded*) [*music*] grabado, enlatado; **~ laughter** (*TV, Rad*) risas *fpl* grabadas
[3] (‡) (= *drunk*) mamado, tomado (*LAm*)

**cannelloni** [,kænı'ləʊnı] NPL canelones *mpl*

**cannery** ['kænərı] N fábrica *f* de conservas

**cannibal** ['kænıbəl] Ⓐ ADJ antropófago
Ⓑ N caníbal *mf*, antropófago/a *m/f*

**cannibalism** ['kænıbəlızəm] N canibalismo *m*

**cannibalistic** [,kænıbə'lıstık] ADJ canibalesco

**cannibalization** [,kænıbəlaı'zeıʃən] N [*of machine, product*] canibalización *f*

**cannibalize** ['kænıbəlaız] VT [+ *car etc*] desguazar, desmontar

**canning** ['kænıŋ] Ⓐ N enlatado *m*
Ⓑ CPD ► **canning factory** N fábrica *f* de conservas ► **canning industry** N industria *f* conservera

**cannon** ['kænən] Ⓐ N (*pl* **cannon** *or* **cannons**)
[1] (*Mil*) cañón *m*; (*collectively*) artillería *f*
[2] (*Brit Billiards*) carambola *f*
Ⓑ VI (*Brit Billiards*) hacer carambola
Ⓒ CPD ► **cannon fodder** N carne *f* de cañón ► **cannon shot** N cañonazo *m*, disparo *m* de cañón; (= *ammunition*) bala *f* de cañón; **within ~-shot** a tiro de cañón

►**cannon into** VI + PREP chocar con *or* contra

►**cannon off** VI + PREP rebotar contra

**cannonade** [,kænə'neıd] N cañoneo *m*

**cannonball** ['kænənbɔːl] N bala *f* de cañón

**cannot** ['kænɒt] NEG *of* **can¹**

**canny** ['kænı] ADJ (*compar* **cannier**; *superl* **canniest**) (*esp Scot*) astuto

**canoe** [kə'nuː] Ⓐ N canoa *f*; (*Sport*) piragua *f*
Ⓑ VI ir en canoa

**canoeing** [kə'nuːıŋ] N piragüismo *m*

**canoeist** [kə'nuːıst] N piragüista *mf*

**canon** ['kænən] Ⓐ N [1] (*Rel etc*) (= *decree*) canon *m*; (= *rule, norm*) canon *m*, norma *f*
[2] (= *priest*) canónigo *m*
[3] (*Mus*) canon *m*
[4] (*Literat*) [*of single author*] bibliografía *f* autorizada, catálogo *m* autorizado de obras; (*more broadly*) corpus *m inv*
Ⓑ CPD ► **canon law** N (*Rel*) derecho *m* canónico

**canonical** [kə'nɒnıkəl] ADJ canónico

**canonization** [,kænənaı'zeıʃən] N canonización *f*

**canonize** ['kænənaız] VT canonizar

**canonry** ['kænənrı] N canonjía *f*

**canoodle*** [kə'nuːdl] VI (*esp Brit*) besuquearse*

**canopy** ['kænəpı] N [1] (= *outside shop*) toldo *m*
[2] (*of cockpit*) cubierta *f* exterior de la cabina
[3] (*above bed, throne*) dosel *m*; (*over king, pope, bishop*) palio *m*; (*over altar*) baldaquín *m*; (*over tomb*) doselete *m*; **a ~ of stars** un manto *or* un firmamento de estrellas; **a ~ of leaves** un manto de hojas

**cant¹** [kænt] Ⓐ N (= *slope*) inclinación *f*, sesgo *m*; [*of crystal etc*] bisel *m*
Ⓑ VT inclinar, sesgar
Ⓒ VI inclinarse, ladearse

►**cant over** VI + ADV volcar

**cant²** [kænt] Ⓐ N [1] (= *hypocrisy*) hipocresía(s) *f(pl)*
[2] (= *jargon*) jerga *f*
Ⓑ VI camandulear

**can't** [kɑːnt] NEG *of* **can¹**

**Cantab** [kæn'tæb] ADJ ABBR (*Brit*) = **Cantabrigiensis, of Cambridge**

**Cantabrian** [kæn'tæbrıən] ADJ cantábrico

**cantaloup** ['kæntəluːp] N cantalupo *m*

**cantankerous** [kæn'tæŋkərəs] ADJ cascarrabias *inv*, gruñón

**cantata** [kæn'tɑːtə] N cantata *f*

**canteen** [kæn'tiːn] N [1] (= *restaurant*) cantina *f*, comedor *m*
[2] (= *bottle*) cantimplora *f*
[3] **a ~ of cutlery** un juego de cubiertos

**canter** ['kæntəʳ] Ⓐ N medio galope *m*; **to go for a ~** ir a dar un paseo a caballo; **at a ~** a medio galope; **✦IDIOM to win in** *or* **at a ~** (*Brit*) (*fig*) ganar fácilmente
Ⓑ VI ir a medio galope

**Canterbury** ['kæntəbərı] Ⓐ N Cantórbery *m*
Ⓑ CPD ► **Canterbury Tales** NPL Cuentos *mpl* de Cantórbery

**cantharides** [kæn'θærıdiːz] NPL polvo *m* de cantárida

**canticle** ['kæntıkl] N cántico *m*; **the Canticles** el Cantar de los Cantares

**cantilever** ['kæntıliːvəʳ] Ⓐ N viga *f* voladiza
Ⓑ CPD ► **cantilever bridge** N puente *m* voladizo

**canting** ['kæntıŋ] ADJ hipócrita

**canto** ['kæntəʊ] N canto *m*

**canton** ['kæntɒn] N (*Admin, Pol*) cantón *m*

**cantonal** ['kæntənl] ADJ cantonal

**Cantonese** [,kæntə'niːz] Ⓐ ADJ cantonés
Ⓑ N [1] (= *person*) cantonés/esa *m/f*
[2] (*Ling*) cantonés *m*

**cantonment** [kən'tuːnmənt] N acantonamiento *m*

**Canuck‡** [kə'nʊk] N (*pej*) (= *Canadian, French Canadian*) canuck *mf*

**Canute** [kə'njuːt] N Canuto

**canvas** ['kænvəs] Ⓐ N [1] (= *cloth*) lona *f*; (*Naut*) velas *fpl*, velamen *m*; **under ~** en tienda de campaña, en carpa (*LAm*); (*Naut*) con el velamen desplegado
[2] (*Art*) lienzo *m*
Ⓑ CPD ► **canvas chair** N silla *f* de lona ► **canvas shoes** NPL zapatos *mpl* de lona; (*rope-soled*) alpargatas *fpl*

**canvass** ['kænvəs] Ⓐ VT [1] (*Pol*) [+ *district*] hacer campaña en; [+ *voters*] solicitar el voto de; [+ *votes*] solicitar
[2] (*US*) [+ *votes*] escudriñar
[3] (*Comm*) [+ *district, opinions*] sondear; [+ *orders*] solicitar; [+ *purchaser*] solicitar pedidos de
[4] (= *discuss*) [+ *possibility, question*] discutir, someter a debate
Ⓑ VI [1] (*Pol*) solicitar votos, hacer campaña (**for** a favor de)
[2] (*Comm*) buscar clientes
Ⓒ N [1] (*Pol*) (*for votes*) solicitación *f*; **to make a door-to-door ~** ir solicitando votos de puerta en puerta
[2] (*Comm*) (= *inquiry*) sondeo *m*

**canvasser** ['kænvəsəʳ] N [1] (*Pol*) persona *f* que hace campaña electoral para un partido en una zona concreta
[2] (*Comm*) promotor(a) *m/f*

**canvassing** ['kænvəsıŋ] N solicitación *f* (de votos); **to go out ~** salir a solicitar votos

**canyon** ['kænjən] N cañón *m*

**CAP** N ABBR (*Pol*) (= **Common Agricultural Policy**) PAC *f*

**cap** [kæp] Ⓐ N [1] (= *hat*) gorra *f*; (*soldier's*) gorra *f* militar; (*for swimming*) gorro *m* de baño; (*servant's etc*) cofia *f*; (*Univ*) bonete *m*; **~ and gown** (*Univ*) toga *f* y bonete; **✦IDIOMS to go ~ in hand** ir con el sombrero en la mano; **if the ~ fits, wear it** el que se pica, ajos come; **to set one's ~ at sb†** proponerse conquistar a algn; **to put on one's thinking ~** ponerse a pensar detenidamente; **I must put on my thinking ~** tengo que meditarlo
[2] (*Brit Sport*) **he's got his ~ for England** ◊ **he's an England ~** forma parte de la selección nacional inglesa, juega con la selección nacional inglesa
[3] (= *lid, cover*) [*of bottle*] tapón *m*; (*made of metal*) chapa *f*, tapón *m*; [*of pen*] capuchón *m*
[4] [*of gun*] cápsula *f* (fulminante)
[5] [*of mushroom*] sombrerete *m*, sombrerillo *m*
[6] [*of tooth*] (*artificial*) funda *f*
[7] (*Mech*) casquete *m*; (*Aut*) (= *radiator/petrol cap*) tapón *m*
[8] (= *contraceptive*) diafragma *m*
[9] (= *percussion cap*) cápsula *f* (fulminante)
Ⓑ VT [1] [+ *bottle etc*] tapar; [+ *tooth*] enfundar; [+ *oil-well*] encapuchar, tapar
[2] (= *surpass*) [+ *story, joke*] **see if you can ~ that story** a ver si cuentas un chiste mejor que ése; **I can ~ that** yo sé algo mejor sobre el mismo asunto; **and to ~ it all, he ...** y para colmo, él ...
[3] (= *complete*) coronar, completar
[4] (= *limit*) [+ *expenditure*] restringir; [+ *council etc*] imponer un límite presupuestario a
[5] (*Brit Sport*) [+ *player*] seleccionar (para el equipo nacional), incluir en la selección nacional

**cap.** ABBR (*Typ*) (= **capital (letter)**) may

**capability** [,keıpə'bılıtı] N (= *competence*) competencia *f*; (= *potential ability*) capacidad *f*; **to have the ~ to do sth** ser capaz de hacer algo, tener capacidad para hacer algo; **the ~ for rational thought** la capacidad de raciocinio; **within/beyond one's capabilities** dentro de/más allá de sus posibilidades; **military/nuclear ~** potencial *m* militar/nuclear

**capable** ['keıpəbl] ADJ [1] (= *competent*) competente, capaz; **she's a very ~ speaker** es una oradora muy competente *or* capaz; **she's very ~** es muy competente *or* capaz; **I can leave the matter in your very ~ hands** si te confío a ti el asunto, estará en buenas manos
[2] (= *able to*) capaz; (= *predisposed towards*) susceptible; **sports cars ~ of reaching 150mph** coches deportivos que pueden alcanzar *or* que son capaces de alcanzar las 150 millas por hora; **it's ~ of some improvement** (*frm*) se puede mejorar algo; **such men are ~ of anything** hombres así son capaces de cualquier cosa

**capably** ['keıpəblı] ADV competentemente

**capacious** [kə'peɪʃəs] ADJ [*room*] amplio, espacioso; [*container*] de mucha cabida, grande; [*dress*] ancho, holgado

**capacitance** [kə'pæsɪtəns] N (*Elec*) capacitancia *f*

**capacitor** [kə'pæsɪtəʳ] N (*Elec*) capacitor *m*

**capacity** [kə'pæsɪtɪ] Ⓐ N [1] [*of container etc*] capacidad *f*; (= *seating capacity*) cabida *f*, aforo *m*; (*Aut*) cilindrada *f*; (= *carrying capacity*) capacidad *f* de carga; **what is the ~ of this hall?** ¿cuántos caben en esta sala?; **filled to ~** al completo
[2] (= *position*) calidad *f*; **in my ~ as Chairman** en mi calidad de presidente; **in what ~ were you there?** ¿en calidad de qué estabas allí?; **I've worked for them in various capacities** he trabajado para ellos desempeñando distintas funciones
[3] (= *ability*) capacidad *f*; **her capacities** su capacidad *or* aptitud; **her ~ for research** su capacidad *or* aptitud para la investigación; **to work at full ~** [*machine, factory*] funcionar a pleno rendimiento
Ⓑ CPD ► **capacity audience** N lleno *m*; **there was a ~ audience in the theatre** hubo un lleno en el teatro ► **capacity booking** N reserva *f* total ► **capacity crowd** N = **capacity audience**

**caparison** [kə'pærɪsn] Ⓐ N caparazón *m*, gualdrapa *f*; [*of person*] vestido *m* rico, galas *fpl*; (= *harness etc*) equipo *m*
Ⓑ VT engualdrapar; **gaily ~ed** brillantemente enjaezado; (*fig*) brillantemente vestido

**cape**[1] [keɪp] Ⓐ N (*Geog*) cabo *m*; **the Cape** (= *Cape Province*) la provincia del Cabo; (= *Cape of Good Hope*) el Cabo de Buena Esperanza
Ⓑ CPD ► **Cape Canaveral** N Cabo *m* Cañaveral ► **Cape Cod** N Cape Cod ► **Cape Coloureds** NPL *personas de padres racialmente mixtos (que habitan en la provincia del Cabo)* ► **cape honeysuckle** N madreselva *f* siempreviva, bignonia *f* del Cabo ► **Cape Horn** N Cabo *m* de Hornos ► **Cape of Good Hope** N Cabo *m* de Buena Esperanza ► **Cape Province** N Provincia *f* del Cabo ► **Cape Town** N El Cabo, Ciudad *f* del Cabo ► **Cape Verde Islands** NPL Islas *fpl* de Cabo Verde

**cape**[2] [keɪp] N (= *garment*) capa *f*; (*short*) capotillo *m*, esclavina *f*; [*of policeman, cyclist*] chubasquero *m*; (*Bullfighting*) capote *m*

**caper**[1] ['keɪpəʳ] N (*Culin*) alcaparra *f*

**caper**[2] ['keɪpəʳ] Ⓐ N [1] [*of horse*] cabriola *f*; **to cut ~s** hacer cabriolas
[2] (= *escapade*) travesura *f*; (*) (= *business*) lío *m*, embrollo *m*; **that was quite a ~** eso sí que fue un número*; **I don't bother with taxes and all that ~** no me molesto con impuestos y cosas así; **how did your Spanish ~ go?** ¿qué tal el viajecito por España?
Ⓑ VI [1] [*horse*] hacer cabriolas; [*other animal*] brincar, corcovear; [*child*] juguetear, brincar; **to ~ about** brincar, juguetear
[2] (*) (= *go*) ir, correr; **he went ~ing off to Paris** se marchó a París como si tal cosa

**capercaillie** [ˌkæpə'keɪlɪ] N urogallo *m*

**capful** ['kæpfʊl] N **one ~ to four litres of water** un tapón por cada cuatro litros de agua

**capillarity** [ˌkæpɪ'lærɪtɪ] N capilaridad *f*

**capillary** [kə'pɪlərɪ] Ⓐ ADJ capilar
Ⓑ N capilar *m*

**capital** ['kæpɪtl] Ⓐ ADJ [1] (*Jur*) capital
[2] (= *chief*) capital
[3] (= *essential*) capital, primordial; **of ~ importance** de capital importancia
[4] [*letter*] mayúsculo; **~ Q** Q *f* mayúscula; **he's Conservative with a ~ C** es conservador con mayúscula
[5] (†*) (= *splendid*) magnífico, estupendo; **~!** ¡magnífico!, ¡estupendo!
Ⓑ N [1] (*also* **~ letter**) mayúscula *f*; **~s** (*large*) mayúsculas *fpl*, versales *fpl*; (*small*) versalitas *fpl*; **please write in ~s** escribir en letras de imprenta
[2] (*also* **~ city**) capital *f*
[3] (*Fin*) capital *m*; **to make ~ out of sth** (*fig*) sacar provecho de algo
[4] (*Archit*) capitel *m*
Ⓒ CPD ► **capital account** N cuenta *f* de capital ► **capital allowance** N desgravación *f* sobre bienes de capital ► **capital assets** NPL activo *msing* fijo ► **capital expenditure** N inversión *f* de capital ► **capital gain(s)** N(PL) plusvalía *f* ► **capital gains tax** N impuesto *m* sobre las plusvalías ► **capital goods** NPL bienes *mpl* de equipo ► **capital growth** N aumento *m* del capital ► **capital investment** N inversión *f* de capital ► **capital levy** N impuesto *m* sobre el capital ► **capital offence**, **capital offense** (*US*) N delito *m* capital ► **capital outlay** N desembolso *m* de capital ► **capital punishment** N pena *f* de muerte ► **capital reserves** NPL reservas *fpl* de capital ► **capital sentence** N condena *f* a la pena de muerte ► **capital ship** N acorazado *m* ► **capital spending** N capital *m* adquisitivo ► **capital stock** N (= *capital*) capital *m* social *or* comercial; (= *shares*) acciones *fpl* de capital ► **capital sum** N capital *m* ► **capital transfer tax** N (*Brit*) impuesto *m* sobre plusvalía de cesión

**capital-intensive** [ˌkæpɪtlɪn'tensɪv] ADJ de utilización intensiva de capital

**capitalism** ['kæpɪtəlɪzəm] N capitalismo *m*

**capitalist** ['kæpɪtəlɪst] Ⓐ ADJ capitalista
Ⓑ N capitalista *mf*

**capitalistic** [ˌkæpɪtə'lɪstɪk] ADJ capitalista

**capitalization** [kəˌpɪtəlaɪ'zeɪʃən] N capitalización *f*

**capitalize** [kə'pɪtəlaɪz] Ⓐ VT [1] (*Fin*) (= *provide with capital*) capitalizar
[2] [+ *letter, word*] escribir con mayúscula
Ⓑ VI **to ~ on** sacar provecho de, aprovechar

**capitation** [ˌkæpɪ'teɪʃən] Ⓐ N (= *act*) capitación *f*; (= *tax*) impuesto *m* por cabeza
Ⓑ CPD ► **capitation grant** N subvención *f* por capitación

**Capitol** ['kæpɪtɒl] N (*US*) Capitolio *m*

> **CAPITOL**
>
> *El Capitolio (**Capitol**) es el edificio en el que se reúne el Congreso de los Estados Unidos (**Congress**), situado en la ciudad de Washington. Al estar situado en la colina llamada **Capitol Hill**, también se suele hacer referencia a él con ese nombre en los medios de comunicación.*
> *Por otra parte a menudo se llama **Capitol**, por extensión, al edificio en el que tienen lugar las sesiones parlamentarias de la cámara de representantes de muchos estados.*

**capitulate** [kə'pɪtjʊleɪt] VI (*Mil*) (= *surrender*) rendirse, capitular (**to** ante); (*fig*) claudicar, capitular (**to** ante)

**capitulation** [kəˌpɪtjʊ'leɪʃən] N (*Mil, fig*) capitulación *f*, rendición *f*

**capon** ['keɪpən] N capón *m*

**cappuccino** [ˌkæpə'tʃiːnəʊ] N capuchino *m*

**caprice** [kə'priːs] N capricho *m*, antojo *m*

**capricious** [kə'prɪʃəs] ADJ caprichoso, antojadizo

**capriciously** [kə'prɪʃəslɪ] ADV caprichosamente

**Capricorn** ['kæprɪkɔːn] N [1] (= *sign, constellation, also Geog*) Capricornio *m*; *see also* **tropic**
[2] (= *person*) Capricornio *mf*; **she's (a) ~** es Capricornio

**caps** [kæps] NPL ABBR (*Typ*) (= **capitals, capital letters**) may

**capsicum** ['kæpsɪkəm] N pimiento *m*

**capsize** [kæp'saɪz] Ⓐ VT volcar; (*Naut*) hacer zozobrar, tumbar
Ⓑ VI volcarse, dar una vuelta de campana; (*Naut*) zozobrar

**capstan** ['kæpstən] N cabrestante *m*

**capsule** ['kæpsjuːl] Ⓐ N (*all senses*) cápsula *f*
Ⓑ ADJ [*version, summary*] conciso, sucinto

**Capt.** ABBR (*Mil*) = **Captain**

**captain** ['kæptɪn] Ⓐ N (*Mil, Naut, Sport*) capitán/ana *m/f*; (*Aer*) comandante *mf*; (*US Police*) comisario/a *m/f* de distrito; **~ of industry** magnate *mf* de la industria, gran industrial *mf*
Ⓑ VT [+ *team*] capitanear; **a team ~ed by Grace** un equipo capitaneado por Grace

**captaincy** ['kæptənsɪ] N capitanía *f*

**caption** ['kæpʃən] Ⓐ N (= *heading*) título *m*, titular *m*; (*on photo, cartoon*) leyenda *f*, pie *m*; (*in film*) subtítulo *m*
Ⓑ VT [+ *essay, article*] titular; [+ *photo, cartoon*] poner una leyenda a

**captious** ['kæpʃəs] ADJ (*liter*) criticón, reparón

**captivate** ['kæptɪveɪt] VT encantar, cautivar

**captivating** ['kæptɪveɪtɪŋ] ADJ cautivador, fascinante

**captive** ['kæptɪv] Ⓐ ADJ [*animal, bird, person*] cautivo; **to take sb ~** hacer prisionero a algn; **to hold sb ~** tener *or* mantener prisionero *or* cautivo a algn; **he had a ~ audience** la gente no tenía más remedio que escucharle; **~ market** mercado *m* cautivo
Ⓑ N cautivo/a *m/f*, preso/a *m/f*

**captivity** [kæp'tɪvɪtɪ] N cautiverio *m*, cautividad *f*; **bred in ~** criado en cautividad; **to hold** *or* **keep sb in ~** tener a algn en cautividad *or* en cautiverio

**captor** ['kæptəʳ] N captor(a) *m/f*, apresador(a) *m/f*

**capture** ['kæptʃəʳ] Ⓐ N [1] [*of animal, soldier, escapee*] captura *f*, apresamiento *m*; [*of city etc*] toma *f*, conquista *f*
[2] (*Comput*) captura *f*, recogida *f*
[3] (= *thing caught*) presa *f*
Ⓑ VT [1] [+ *animal*] apresar; [+ *soldier, escapee*] capturar, apresar; [+ *city etc*] tomar, conquistar; (*Comm*) [+ *market*] conquistar, acaparar; [+ *leadership*] apoderarse de
[2] (= *attract*) [+ *attention, interest*] captar; **a film that has ~d the imagination of teenagers** una película que ha cautivado la imaginación de los adolescentes; **this phenomenon has ~d the attention of many scientists** este fenómeno ha llamado la atención de muchos científicos; **the woman who has ~d his heart** la mujer que le ha arrebatado el corazón
[3] (= *convey, evoke*) captar, reflejar; **to ~ sth on film** captar algo con la cámara
[4] [+ *data*] capturar, recoger

**capuchin** ['kæpjʊʃɪn] N [1] (= *cowl*) capucho *m*
[2] (*Zool*) mono *m* capuchino
[3] **Capuchin** (*Rel*) capuchino *m*

**car** [kɑːʳ] Ⓐ N [1] (*Aut*) coche *m*, automóvil *m* (*frm*), carro *m* (*LAm*), auto *m* (*S. Cone*); **by ~** en coche
[2] (*esp US*) [*of train*] vagón *m*, coche *m*
[3] (= *tramcar*) tranvía *m*
[4] [*of cable railway*] coche *m*; [*of lift*] caja *f*; [*of balloon etc*] barquilla *f*

➤ LANGUAGE IN USE: capacity A3 15.4

Ⓑ CPD ► **car accident** N accidente *m* de coche, accidente *m* de tráfico ► **car allowance** N extra *m* por uso de coche propio ► **car bomb** N coche-bomba *m* ► **car boot sale** N (*Brit*) mercadillo *m* (*en el que se exponen las mercancías en el maletero del coche*) ► **car chase** N persecución *f* de coches; **there followed a ~ chase along the motorway** se persiguió luego al coche por la autopista ► **car ferry** N transbordador *m* para coches ► **car hire** N alquiler *m* de coches; **~-hire firm** empresa *f* de alquiler de coches ► **car industry** N industria *f* del automóvil ► **car insurance** N seguro *m* de automóvil ► **car journey** N viaje *m* en coche ► **car licence** N permiso *m* de conducir ► **car number** N (*Brit*) matrícula *f* ► **car park** N aparcamiento *m*, parking *m*, (playa *f* de) estacionamiento *m* (*LAm*) ► **car phone** N teléfono *m* móvil (de coche) ► **car pool** N [*of company*] parque *m* móvil; (= *sharing*) uso *m* compartido de coches ► **car radio** N radio *f* de coche, autorradio *f* ► **car rental** N = **car hire** ► **car sickness** N mareo *m* al ir en coche; **to suffer ~ sickness** marearse (en coche) ► **car wash** N tren *m* or túnel *m* de lavado (de coches) ► **car worker** N trabajador(a) *m/f* de la industria del automóvil

**CAR BOOT SALE**

*En los mercadillos británicos llamados* **car boot sales** *la gente vende todo tipo de objetos usados de los que quiere deshacerse, como ropa, muebles, libros, etc, que exhiben en los maleteros de sus coches. Normalmente tienen lugar en aparcamientos u otros espacios abiertos y los propietarios de los vehículos han de pagar una pequeña tarifa por aparcar. Los mercadillos más importantes atraen también a comerciantes y en ellos se venden tanto artículos usados como nuevos. En otras ocasiones se organizan para recaudar dinero con fines benéficos.*

**Caracas** [kəˈrækəs] N Caracas *m*

**carafe** [kəˈræf] N garrafa *f*

**caramel** [ˈkærəməl] Ⓐ N (= *substance, flavour, sweet*) caramelo *m*
Ⓑ CPD ► **caramel cream, caramel custard** N flan *m*

**caramelize** [ˈkærəməlaɪz] Ⓐ VT caramelizar, acaramelar
Ⓑ VI caramelizarse, acaramelarse

**carapace** [ˈkærəpeɪs] N carapacho *m*

**carat** [ˈkærət] N quilate *m*; **24-~ gold** oro *m* de 24 quilates

**caravan** [ˈkærəvæn] Ⓐ N [1] (*Brit Aut*) remolque *m*, caravana *f*, tráiler *m* (*LAm*); (*gipsies'*) carromato *m*
[2] (*in desert*) caravana *f*
Ⓑ VI **to go ~ning** ir de vacaciones en una caravana
Ⓒ CPD ► **caravan site** N camping *m* para caravanas

**caravanette** [ˌkærəvəˈnet] N (*Brit*) caravana *f* pequeña

**caravanserai, caravansary** [ˌkærəˈvænsərɪ, ˌkærəˈvænsəraɪ] N caravasar *m*

**caravel** [kærəˈvel] N carabela *f*

**caraway** [ˈkærəweɪ] Ⓐ N alcaravea *f*
Ⓑ CPD ► **caraway seeds** NPL carvis *mpl*

**carbide** [ˈkɑːbaɪd] N carburo *m*

**carbine** [ˈkɑːbaɪn] N carabina *f*

**carbohydrate** [ˈkɑːbəʊˈhaɪdreɪt] N (*Chem*) hidrato *m* de carbono; (= *starch in food*) fécula *f*

**carbolic** [kɑːˈbɒlɪk] N (*also* **~ acid**) ácido *m* carbólico *or* fénico; (*also* **~ soap**) jabón *m* con fenol

**carbon** [ˈkɑːbən] Ⓐ N [1] (*Chem*) carbono *m*
[2] (*Elec*) carbón *m*
[3] (= *carbon paper*) papel *m* de calco, papel *m* carbón, papel *m* carbónico (*S. Cone*)
Ⓑ CPD ► **carbon copy** N (*typing*) copia *f* hecha con papel de carbón; (*fig*) vivo retrato *m*; **he's a ~ copy of my uncle** es el vivo retrato de mi tío, es calcado a mi tío ► **carbon dating** N datación *f* utilizando carbono 14 ► **carbon dioxide** N bióxido *m* de carbono ► **carbon fibre** N fibra *f* de carbono ► **carbon monoxide** N monóxido *m* de carbono ► **carbon paper** N papel *m* de calco, papel *m* carbón, papel *m* carbónico (*S. Cone*) ► **carbon ribbon** N cinta *f* mecanográfica de carbón ► **carbon tetrachloride** N tetracloruro *m* de carbono

**carbonaceous** [ˌkɑːbəˈneɪʃəs] ADJ carbonoso

**carbonate** [ˈkɑːbənɪt] N carbonato *m*

**carbonated** [ˈkɑːbəneɪtɪd] ADJ [*water*] con gas; **~ drink** bebida *f* gaseosa

**carbon-date** [ˌkɑːbənˈdeɪt] VT datar mediante la prueba del carbono 14

**carbonic acid** [kɑːˌbɒnɪkˈæsɪd] N ácido *m* carbónico

**carboniferous** [ˌkɑːbəˈnɪfərəs] ADJ carbonífero

**carbonization** [ˌkɑːbənaɪˈzeɪʃən] N carbonización *f*

**carbonize** [ˈkɑːbənaɪz] Ⓐ VT carbonizar
Ⓑ VI carbonizarse

**carbonless paper** [ˈkɑːbənlɪsˈpeɪpəʳ] N papel *m* autocopiativo

**carborundum** [ˌkɑːbəˈrʌndəm] N carborundo *m*

**carboy** [ˈkɑːbɔɪ] N garrafón *m*

**carbuncle** [ˈkɑːbʌŋkl] N [1] (*Med*) carbunc(l)o *m*
[2] (= *ruby*) carbúnculo *m*, carbunco *m*

**carburation** [ˌkɑːbjʊˈreɪʃən] N carburación *f*

**carburettor, carburetor** (*US*) [ˌkɑːbjʊˈretəʳ] N carburador *m*

**carcass, carcase** [ˈkɑːkəs] N [1] [*of animal*] res *f* muerta; (= *body*) cuerpo *m*; (= *dead body*) cadáver *m*; ✦**IDIOM to save one's ~** salvar el pellejo
[2] [*of building, vehicle*] carcasa *f*, armazón *m or f*

**carcinogen** [kɑːˈsɪnədʒen] N carcinógeno *m*

**carcinogenic** [ˌkɑːsɪnəˈdʒenɪk] ADJ cancerígero, carcinógeno

**carcinoma** [ˌkɑːsɪˈnəʊmə] N (*pl* **carcinomas** *or* **carcinomata** [ˌkɑːsɪˈnəʊmətə]) carcinoma *m*

**card**[1] [kɑːd] Ⓐ N [1] (= *greetings card, visiting card etc*) tarjeta *f*; (= *membership card, press card*) carnet *m*, carné *m*
[2] (= *index card*) ficha *f*
[3] (= *playing card*) carta *f*, naipe *m*; **a pack of ~s** una baraja; **to play ~s** jugar a las cartas *or* los naipes; **to lose money at ~s** perder el dinero jugando a las cartas
[4] (*at dance, race*) programa *m*
[5] (= *thin cardboard*) cartulina *f*
[6] (†*) (= *person*) **isn't he a ~?** ¡qué gracia tiene el tío!, ¡qué tipo más salado!
[7] ✦**IDIOMS to ask for one's ~s** (*Brit**) dejar su puesto, renunciar; **to get one's ~s** (*Brit**) ser despedido; **to have a ~ up one's sleeve** guardarse una carta bajo la manga; **to hold all the ~s** tener los triunfos en la mano; **to lay one's ~s on the table** poner las cartas sobre la mesa *or* boca arriba; **it's on** *or* (*US*) **in the ~s** es probable; **it's quite on** *or* (*US*) **in the ~s that ...** es perfectamente posible que ... + *subjun*; **to play** *or* **keep one's ~s close to one's chest** *or* (*US*) **close to the vest** no soltar prenda; **to play one's ~s right** jugar bien sus cartas; *see also* **Christmas, house A1**
Ⓑ VT (*US**) **to ~ sb** verificar los papeles de identidad de algn
Ⓒ CPD ► **card catalogue** N fichero *m*, catálogo *m* de fichas ► **card game** N juego *m* de naipes *or* cartas ► **card index** N fichero *m*; *see also* **card-index** ► **card reader** N lector *m* de fichas ► **card stacker** N depósito *m* de descarga de fichas ► **card table** N mesa *f* de juego ► **card trick** N truco *m* de cartas ► **card vote** N voto *m* por delegación

**card**[2] [kɑːd] (*Tech*) Ⓐ N carda *f*
Ⓑ VT cardar

**cardamom** [ˈkɑːdəməm] N cardamomo *m*

**cardboard** [ˈkɑːdbɔːd] Ⓐ N cartón *m*; (*thin*) cartulina *f*
Ⓑ CPD ► **cardboard box** N caja *f* de cartón ► **cardboard city*** N *área en la que los vagabundos duermen a la intemperie*, ≈ zona *f* de chabolas ► **cardboard cut-out** N figura *f* de cartón

**card-carrying member** [ˌkɑːdˌkærɪɪŋˈmembəʳ] N miembro *mf* con carnet

**cardholder** [ˈkɑːdˌhəʊldəʳ] N [*of political party, organization*] miembro *mf* con carnet; [*of credit card*] titular *mf* (de tarjeta de crédito); [*of library*] socio *mf* (de una biblioteca); [*of restaurant etc*] asiduo/a *m/f*

**cardiac** [ˈkɑːdɪæk] Ⓐ ADJ cardíaco
Ⓑ CPD ► **cardiac arrest** N paro *m* cardíaco

**cardie*** [ˈkɑːdɪ] N ABBR (*Brit*) = **cardigan**

**cardigan** [ˈkɑːdɪgən] N chaqueta *f* de punto, rebeca *f*

**cardinal** [ˈkɑːdɪnl] Ⓐ ADJ cardinal; **a ~ rule** una regla primordial *or* fundamental; **of ~ importance** de capital importancia
Ⓑ N (*Rel*) cardenal *m*
Ⓒ CPD ► **cardinal number** N (*Math*) número *m* cardinal ► **cardinal point** N punto *m* cardinal ► **cardinal sin** N (*Rel*) pecado *m* capital ► **cardinal virtue** N virtud *f* cardinal

**card-index** [ˌkɑːdˈɪndeks] VT fichar, catalogar

**cardio...** [ˈkɑːdɪəʊ] PREFIX cardio...

**cardiogram** [ˈkɑːdɪəʊˌgræm] N cardiograma *m*

**cardiograph** [ˈkɑːdɪəʊˌgræf] N cardiógrafo *m*

**cardiological** [ˌkɑːdɪəˈlɒdʒɪkəl] ADJ cardiológico

**cardiologist** [ˌkɑːdɪˈɒlɪdʒɪst] N cardiólogo/a *m/f*

**cardiology** [ˌkɑːdɪˈɒlədʒɪ] N cardiología *f*

**cardiopulmonary** [ˈkɑːdɪəʊˈpʌlmənərɪ] ADJ cardiopulmonar

**cardiorespiratory** [ˈkɑːdɪəʊˈrespərətɔːrɪ] ADJ cardiorrespiratorio

**cardiovascular** [ˌkɑːdɪəʊˈvæskjʊləʳ] ADJ cardiovascular

**cardphone** [ˈkɑːdˌfəʊn] N (*Brit*) teléfono *m* de tarjeta

**Cards** ABBR (*Brit*) = **Cardiganshire**

**cardsharp** [ˈkɑːdˌʃɑːp] N, **cardsharper** [ˈkɑːdˌʃɑːpəʳ] N fullero/a *m/f*, tahur *m*

**CARE** [kɛəʳ] N ABBR (*US*) (= **Cooperative for American Relief Everywhere**) *sociedad benéfica*

**care** [kɛəʳ] Ⓐ N [1] (= *anxiety*) preocupación *f*, inquietud *f*; **he has many ~s** hay muchas cosas que le preocupan; **full of ~s** lleno de inquietudes; **he hasn't a ~ in the world** no le preocupa nada
[2] (= *carefulness*) cuidado *m*, atención *f*; **have a ~, sir!**† ¡mire usted lo que está diciendo!; **to take ~** tener cuidado; **take ~!** (*as warning*)

¡cuidado!, ¡ten cuidado!; (*as good wishes*) ¡cuídate!; **to take ~ to** + INFIN cuidar de que + *subjun*, asegurarse de que + *subjun*; **to take ~ not to** + INFIN guardarse de + *infin*; **take ~ not to drop it!** ¡cuidado no lo vayas a dejar caer!, ¡procura no soltarlo!; **"with care"** "¡atención!", "¡con cuidado!"; (*on box*) "frágil"; **convicted of driving without due ~ and attention** declarado culpable de conducir sin la debida precaución

3 (= *charge*) cargo *m*, cuidado *m*; (*Med*) asistencia *f*, atención *f* médica; **to be in the ~ of** estar bajo la custodia de; **he is in the ~ of Dr Wood** le asiste *or* atiende el doctor Wood; **the parcel was left in my ~** dejaron el paquete a mi cargo *or* cuidado; **the child has been taken into ~** pusieron al niño en un centro de protección de menores; **Mr López ~ of (*abbr* c/o) Mr. Jones** (*on letter*) Sr. Jones, para (entregar al) Sr. López; **to take ~ of** (= *take charge of*) encargarse de, ocuparse de; (= *look after*) cuidar a; **that takes ~ of that** con eso todo queda arreglado; **that can take ~ of itself** eso se resolverá por sí mismo; **I'll take ~ of him!*** ¡yo me encargo de él!; **she can take ~ of herself** sabe cuidar de sí misma; **I'll take ~ of this** (*bill etc*) esto corre de mi cuenta; **to take good ~ of o.s.** cuidarse mucho

Ⓑ VI (= *be concerned*) preocuparse (**about** por), interesarse (**about** por); **we need more people who ~** necesitamos más gente que se preocupe por los demás, necesitamos más personas que se interesen por el prójimo; **I don't ~** no me importa, me da igual *or* lo mismo; **I don't ~ either way** me da lo mismo; **for all I ~, you can go** por mí, te puedes ir; **that's all he ~s about** es lo único que le interesa; **as if I ~d!** ¿y a mí qué?; **to ~ deeply about** [+ *person*] querer mucho a; [+ *thing*] interesarse mucho por; **who ~s?** ¿qué me importa?, ¿y qué?

Ⓒ VT 1 (= *be concerned*) **I don't ~ what you think** no me importa tu opinión; **what do I ~?** ¿a mí qué me importa?; **I don't ~ twopence** *or* **a fig** *or* **a hoot!** ¡me importa un comino!; **I couldn't ~ less what people say** (*Brit*) me importa un bledo lo que diga la gente; **I couldn't ~ less** ◊ **I could ~ less** (*US*) eso me trae sin cuidado

2 (*frm*) (= *like*) **to ~ to**: **I shouldn't ~ to meet him** no me gustaría conocerle; **if you ~ to** si quieres; **would you ~ to tell me?** ¿quieres decírmelo?; **would you ~ to take a walk?** ¿te apetece dar un paseo?; **would you ~ to come this way?** si no tiene inconveniente en pasar por aquí, por aquí si es tan amable *or* (*LAm*) si gusta

Ⓓ CPD ► **care giver** N (*professional*) cuidador(a) *m/f* (*de atención domiciliaria*); (= *relative, friend*) *persona que cuida de un incapacitado* ► **care label** N (*on garment*) etiqueta *f* de instrucciones de lavado ► **care order** N (*Brit Jur, Social Work*) *orden judicial para la puesta de un niño bajo tutela estatal* ► **care worker** N asistente *mf* social, cuidador(a) *m/f*

►**care for** VI + PREP 1 (= *look after*) [+ *people*] cuidar a; [+ *things*] cuidar de; **well ~d for** (bien) cuidado, bien atendido

2 (= *like*) tener afecto a, sentir cariño por; (*amorously*) sentirse atraído por; **I don't much ~ for him** no me resulta simpático; **she no longer ~s for him** ya no le quiere; **I know he ~s for you a lot** sé que te tiene mucho cariño; **I don't ~ for coffee** no me gusta el café; **I don't ~ for the idea** no me hace gracia la idea; **would you ~ for a drink?** ¿te apetece una copa?

**careen** [kə'riːn] Ⓐ VT carenar
Ⓑ VI inclinarse, escorar

**career** [kə'rɪəʳ] Ⓐ N (= *occupation*) profesión *f*; (= *working life*) carrera *f* profesional; **he made a ~ (for himself) in advertising** se dedicó a la publicidad, desarrolló su carrera profesional en el campo de la publicidad

Ⓑ VI correr a toda velocidad; **to ~ down the street** correr calle abajo; **to ~ into a wall** estrellarse contra un muro

Ⓒ CPD [*diplomat, soldier*] de carrera; [*criminal*] profesional ► **career girl** N mujer *f* de carrera ► **career move** N cambio *m* (en la trayectoria) profesional; **a good/bad ~ move** una buena/mala decisión para la trayectoria profesional ► **career prospects** NPL perspectivas *fpl* profesionales ► **careers advisor** (*Brit*), **careers counselor** (*US*) N (*Scol*) *persona encargada de la guía vocacional de los alumnos* ► **careers guidance** N (*Brit*) guía *f* vocacional ► **careers office** N oficina *f* de guía vocacional ► **careers officer** N consejero/a *m/f* de orientación profesional ► **careers service** N servicio *m* de orientación profesional ► **careers teacher** N (*Brit Scol*) = **careers advisor** ► **career woman** N mujer *f* de carrera

**careerist** [kə'rɪərɪst] N ambicioso/a *m/f*, arribista *mf*

**carefree** ['kɛəfriː] ADJ despreocupado, alegre

**careful** ['kɛəfʊl] ADJ 1 (= *taking care, cautious*) 1·1 cuidadoso, cauteloso; **he's a ~ driver** es un conductor prudente, conduce con prudencia *or* cuidado

1·2 **to be ~** tener cuidado; **(be) ~!** ¡(ten) cuidado!; **she's very ~ about what she eats** pone mucho cuidado en *or* es muy prudente con lo que come; **be ~ of the dog** ten cuidado con el perro; **be ~ that he doesn't hear you** procura que no te oiga, ten cuidado de que no te oiga; **be ~ to shut the door** no te olvides de cerrar la puerta; **he was ~ to point out that ...** se cuidó de señalar que ...; **he was ~ not to offend her** tuvo cuidado de no ofenderle; **be ~ not to drop it** ◊ **be ~ (that) you don't drop it** procura que no se te caiga, ten cuidado de que no se te caiga; **we have to be very ~ not to be seen** tenemos que tener mucho cuidado de que no nos vean; **you can't be too ~** todos las precauciones son pocas; **be ~ what you say to him** (ten) cuidado con lo que le dices; **to be ~ with sth** tener cuidado con algo; **be ~ with the glasses** cuidado con los vasos; **he's very ~ with his money** es muy ahorrador; (*pej*) es muy tacaño

2 (= *painstaking*) [*work*] cuidadoso, esmerado; [*writer*] cuidadoso, meticuloso; [*planning, examination*] meticuloso, cuidadoso; **after ~ consideration of all the relevant facts** después de considerar todos los datos cuidadosamente; **after weeks of ~ preparation** después de semanas de cuidadosos *or* intensos preparativos; **we have made a ~ study of the report** hemos estudiado el informe cuidadosamente *or* detenidamente; **after giving this problem ~ thought, I believe that ...** después de pensar detenidamente sobre este problema, creo que ...

**carefully** ['kɛəfəlɪ] ADV 1 (= *cautiously*) [*drive, step*] con cuidado; [*choose*] con cuidado, cuidadosamente; [*reply*] con cautela; **he chose his words ~** escogió con cuidado *or* cuidadosamente sus palabras; **I have to spend ~** tengo que tener cuidado a la hora de gastar dinero; **she ~ avoided looking at him** tuvo cuidado de no mirarlo; **think ~ before you answer** piénsalo bien antes de contestar; **to go** *or* **tread ~** (*lit, fig*) andar con cuidado

2 (= *painstakingly*) (*gen*) cuidadosamente; [*listen*] atentamente

**carefulness** ['kɛəfəlnɪs] N cuidado *m*

**careless** ['kɛəlɪs] ADJ 1 (= *negligent*) [*person*] descuidado; [*appearance*] descuidado, desaliñado; [*handwriting*] poco cuidado; **~ driving** conducción *f* negligente; **~ driver** conductor(a) *m/f* negligente; **a ~ mistake** una falta de atención, un descuido; **she was producing work that was ~** no ponía cuidado en el trabajo que hacía; **it was ~ of her to do that** no fue muy prudente de *or* por su parte hacer eso; **how ~ of me!** ¡qué descuido!; **his spelling is ~** no pone cuidado en la ortografía; **you shouldn't be so ~ with money** deberías tener más cuidado con el dinero, deberías mirar más el dinero

2 (= *thoughtless*) [*remark, comment*] desconsiderado; **she is ~ of others** no le importan los demás, es desconsiderada con los demás

3 (= *carefree*) [*existence, days*] despreocupado

**carelessly** ['kɛəlɪslɪ] ADV 1 (= *negligently*) [*write, leave, handle*] sin cuidado, sin la debida atención; [*drive*] imprudentemente, con negligencia

2 (= *casually*) [*say, reply*] a la ligera; [*drop, toss*] despreocupadamente

**carelessness** ['kɛəlɪsnɪs] N 1 (= *negligence*) falta *f* de atención, falta *f* de cuidado; **through sheer ~** por simple falta de atención *or* cuidado; **the ~ of his work** la falta de atención *or* cuidado con la que hace su trabajo

2 (= *casualness*) despreocupación *f*

**carer** ['kɛərəʳ] N (*professional*) cuidador(a) *m/f* (*de atención domiciliaria*); (*relative, friend*) *persona que cuida de un incapacitado*

**caress** [kə'res] Ⓐ N caricia *f*
Ⓑ VT acariciar

**caret** ['kærət] N signo *m* de intercalación

**caretaker** ['kɛəˌteɪkəʳ] Ⓐ N 1 (*Brit*) [*of school, flats etc*] portero/a *m/f*, conserje *mf*; (= *watchman*) vigilante *m*

2 (*US*) (= *care giver*) cuidador(a) *m/f* (*de atención domiciliaria*)

Ⓑ CPD ► **caretaker government** N gobierno *m* de transición ► **caretaker manager** N (*Sport*) entrenador(a) *m/f* provisional *or* suplente

**careworn** ['kɛəwɔːn] ADJ [*person*] agobiado; [*face, frown*] preocupado, lleno de ansiedad

**carfare** ['kɑːfɛəʳ] N (*US*) pasaje *m*, precio *m* (del billete)

**cargo** ['kɑːgəʊ] Ⓐ N (*pl* **cargoes** *or* (*esp US*) **cargos**) cargamento *m*, carga *f*
Ⓑ CPD ► **cargo boat** N buque *m* de carga, carguero *m* ► **cargo plane** N avión *m* de carga

**carhop** ['kɑːhɒp] N (*US*) camarero/a *m/f* de un restaurante "drive-in"

**Caribbean** [ˌkærɪ'biːən] ADJ caribe; **the ~ (Sea)** el (Mar) Caribe

**caribou** ['kærɪbuː] N (*pl* **caribous** *or* **caribou**) caribú *m*

**caricature** ['kærɪkətjʊəʳ] Ⓐ N caricatura *f*; (*in newspaper*) dibujo *m* cómico; **it was a ~ of a ceremony** (*fig*) fue una parodia de ceremonia
Ⓑ VT caricaturizar

**caricaturist** [ˌkærɪkə'tjʊərɪst] N caricaturista *mf*

**CARICOM** ['kærɪˌkɒm] N ABBR (= **Caribbean Community and Common Market**) CMCC *f*

**caries** ['kɛərɪiːz] NSING caries *f inv*

**carillon** [kə'rɪljən] N carillón *m*

**caring** ['kɛərɪŋ] Ⓐ ADJ afectuoso, bondadoso; **the ~ professions** las profesiones humanitarias; **the ~ society** la sociedad humanitaria

Ⓑ N (= *care*) cuidado *m*; (= *affection*) afecto *m*, cariño *m*; (= *help*) ayuda *f*, auxilio *m*

**carious** ['kɛərɪəs] ADJ cariado

**car-jacker** ['kɑː,dʒækəʳ] N *ladrón que asalta a sus víctimas en sus propios automóviles*

**carjacking** ['kɑː,dʒækɪŋ] N *asalto generalmente acompañado de robo e intimidación a una persona en su propio automóvil*

**Carlism** ['kɑːlɪzəm] N carlismo *m*

**Carlist** ['kɑːlɪst] Ⓐ ADJ carlista
Ⓑ N carlista *mf*

**Carmelite** ['kɑːməlaɪt] Ⓐ ADJ carmelita
Ⓑ N carmelita *mf*

**carmine** ['kɑːmaɪn] Ⓐ ADJ carmín, de carmín
Ⓑ N carmín *m*

**carnage** ['kɑːnɪdʒ] N matanza *f*, carnicería *f*

**carnal** ['kɑːnl] ADJ (*frm*) carnal; **to have ~ knowledge of** tener conocimiento carnal de

**carnation** [kɑː'neɪʃən] N clavel *m*

**carnival** ['kɑːnɪvəl] Ⓐ N carnaval *m*; (*US*) parque *m* de atracciones
Ⓑ CPD ► **carnival queen** N reina *f* del carnaval *or* de la fiesta

**carnivore** ['kɑːnɪvɔːʳ] N [1] (*Zool*) carnívoro/a *m/f*
[2] (*hum*) (= *non-vegetarian*) carnívoro/a *m/f*, no vegetariano/a *m/f*

**carnivorous** [kɑː'nɪvərəs] ADJ [1] [*animal*] carnívoro
[2] (*hum*) (= *non-vegetarian*) carnívoro, no vegetariano

**carob** ['kærəb] N (= *bean*) algarroba *f*; (= *tree*) algarrobo *m*

**carol** ['kærəl] Ⓐ N (*also* **Christmas ~**) villancico *m*
Ⓑ VI (*liter*) cantar alegremente
Ⓒ CPD ► **carol singer** N *persona que canta villancicos en Navidad*

**Carolingian** [kærə'lɪndʒɪən] ADJ carolingio

**carotene** ['kærətiːn] N caroteno *m*

**carotid** [kə'rɒtɪd] N (*also* **~ artery**) carótida *f*

**carousal** [kə'raʊzəl] N (*liter*) jarana *f*, parranda *f*

**carouse** [kə'raʊz] VI (*liter*) ir de juerga *or* jarana

**carousel** [,kæruː'sel] N [1] (*US*) (= *merry-go-round*) tiovivo *m*, carrusel *m*
[2] (*Phot*) bombo *m* de diapositivas
[3] (*at airport*) cinta *f* de equipajes

**carp¹** [kɑːp] N (*pl* **carp** *or* **carps**) (= *fish*) carpa *f*

**carp²** [kɑːp] VI (= *complain*) quejarse, poner pegas; **to ~ at** criticar

**carpal** ['kɑːpl] Ⓐ ADJ carpiano
Ⓑ N (*also* **~ bone**) carpo *m*
Ⓒ CPD ► **carpal tunnel syndrome** N síndrome *m* del túnel carpiano

**Carpathians** [kɑː'peɪθɪənz] NPL **the ~** los montes Cárpatos

**carpenter** ['kɑːpɪntəʳ] N carpintero/a *m/f*

**carpentry** ['kɑːpɪntrɪ] N carpintería *f*

**carpet** ['kɑːpɪt] Ⓐ N alfombra *f*; (*small*) tapete *m*; (*fitted*) moqueta *f*; **a ~ of leaves** (*fig*) una alfombra de hojas; ✦***IDIOMS*** **to be on the ~*** tener que aguantar un rapapolvo*; **to roll out the red ~ for sb** recibir a algn con todos los honores, ponerle a algn la alfombra roja; **they tried to sweep it under the ~** quisieron echar tierra sobre el asunto, trataron de esconder los trapos sucios
Ⓑ VT [1] [+ *floor*] (*wall to wall*) enmoquetar; (*with individual rugs*) alfombrar (**with** de)
[2] (*) (= *scold*) **to ~ sb** echar un rapapolvo a algn*
Ⓒ CPD ► **carpet bag** N (*US*) maletín *m*, morral *m* ► **carpet bombing** N bombardeo *m* de arrasamiento ► **carpet slippers** NPL zapatillas *fpl* ► **carpet square**, **carpet tile** N loseta *f* ► **carpet sweeper** N escoba *f* mecánica

**carpetbagger** ['kɑːpɪt,bægəʳ] N [1] (*US Pol*) aventurero/a *m/f* político
[2] (*Fin pej*) *oportunista que trata de sacar beneficio de una operación de conversión de una sociedad de crédito hipotecario en entidad bancaria*

**carpet-bomb** ['kɑːpɪt,bɒm] VT arrasar con bombas

**carpeted** ['kɑːpɪtɪd] ADJ [*floor*] alfombrado; **~ with** (*fig*) cubierto de

**carpeting** ['kɑːpɪtɪŋ] N alfombrado *m*, tapizado *m*; (*wall to wall*) moqueta *f*

**carping** ['kɑːpɪŋ] Ⓐ ADJ criticón, reparón
Ⓑ N quejas *fpl* constantes

**carport** ['kɑːpɔːt] N cochera *f*

**carrel**, **carrell** ['kærəl] N (*in library*) (= *desk*) mesa *f* de estudio; (= *room*) sala *f* de estudio

**carriage** ['kærɪdʒ] Ⓐ N [1] (*Brit Rail*) vagón *m*, coche *m*
[2] (*horse-drawn*) coche *m*, carruaje *m*
[3] [*of typewriter*] carro *m*; (= *gun carriage*) cureña *f*
[4] (= *bearing*) [*of person*] porte *m*
[5] (*Comm*) (= *transportation*) transporte *m*, flete *m*; (= *cost*) porte *m*, flete *m*; **~ forward** porte debido; **~ free** franco de porte; **~ inwards/outwards** gastos *mpl* de transporte a cargo del comprador/vendedor; **~ paid** portes pagados
Ⓑ CPD ► **carriage clock** N reloj *m* de mesa ► **carriage drive** N calzada *f* ► **carriage return** N (*on typewriter etc*) tecla *f* de retorno ► **carriage trade** N (*US*) sector *m* de transporte de mercancías

**carriageway** ['kærɪdʒweɪ] N (*Brit Aut*) calzada *f*; *see also* **dual**

**carrier** ['kærɪəʳ] Ⓐ N [1] (*Comm*) (= *person*) transportista *mf*; (= *company*) empresa *f* de transportes
[2] (= *airline*) aerotransportista *m*, aerolínea *f*
[3] (*Med*) [*of disease*] portador(a) *m/f*
[4] (*also* **aircraft ~**) portaaviones *m inv*; (*also* **troop ~**) (*Aer*) avión *m* de transporte de tropas; (*Naut*) (= *troopship*) barco *m* de transporte de tropas
[5] (= *basket etc*) portaequipajes *m inv*; (*on cycle*) cesta *f*
[6] (*Brit*) (*also* **~ bag**) bolsa *f* (de papel *or* plástico)
Ⓑ CPD ► **carrier bag** N bolsa *f* (de papel *or* plástico) ► **carrier pigeon** N paloma *f* mensajera

**carrion** ['kærɪən] Ⓐ N carroña *f*
Ⓑ CPD ► **carrion crow** N corneja *f* negra

**carrot** ['kærət] Ⓐ N zanahoria *f*; ✦***IDIOM*** **to dangle a ~ in front of sb** *or* **offer sb a ~** ofrecer un incentivo a algn
Ⓑ CPD ► **carrot cake** N pastel *m* de zanahoria

**carrot-and-stick** ['kærətənd'stɪk] ADJ **a ~ policy** la política del palo y la zanahoria

**carroty** ['kærətɪ] ADJ [*hair*] pelirrojo

**carrousel** [,kæruː'sel] N (*US*) = **carousel**

**carry** ['kærɪ] Ⓐ VT [1] (= *take*) llevar; **I carried the tray into the kitchen** llevé la bandeja a la cocina; **he carries our lives in his hands** nuestras vidas están en sus manos; **to ~ sth around with one** llevar algo consigo; **I've been ~ing your umbrella around since last week** llevo cargando con tu paraguas desde la semana pasada; **as fast as his legs could ~ him** tan rápido como le permitían sus pernas, a todo correr; **to ~ one's audience with one** (*fig*) ganarse al público; **to ~ sth in one's head** tener algo en mente; **he carries his drink well** aguanta mucho bebiendo
[2] (= *support*) [+ *burden*] sostener; **it's too heavy to ~** pesa mucho para llevarlo encima *or* para cargar con ello
[3] (= *have on one's person*) [+ *money, documents*] llevar (encima); **he always carries a gun** siempre lleva pistola (encima); **are you ~ing any money?** ¿llevas dinero (encima)?
[4] (= *transport*) [+ *goods*] transportar; [+ *passengers, message*] llevar; **the train does not ~ passengers** el tren no lleva pasajeros; **this bus carries 60 passengers** este autobús tiene asientos para 60 personas; **the wind carried the sound to him** el viento llevó el sonido hasta él
[5] (*Comm*) (= *stock*) [+ *goods*] tener, tratar en
[6] (*Med*) [+ *disease*] transmitir, ser portador de
[7] (= *involve*) [+ *consequence*] acarrear; [+ *responsibility*] conllevar; [+ *interpretation*] encerrar, llevar implícito; [+ *meaning*] tener; [+ *authority etc*] revestir; **the offence carries a £50 fine** la infracción será penalizada con una multa de 50 libras; **a crime which carries the death penalty** un delito que lleva aparejada la pena de muerte
[8] (= *have, be provided with*) [+ *guarantee*] tener, llevar; [+ *warning*] llevar
[9] [*newspaper etc*] [+ *story*] traer, imprimir; **both papers carried the story** ambos periódicos traían la noticia; **this journal does not ~ reviews** esta revista no tiene reseñas
[10] (= *extend*) extender, prolongar; **to ~ sth too far** (*fig*) llevar algo demasiado lejos
[11] (*Math*) [+ *figure*] llevarse; (*Fin*) [+ *interest*] llevar
[12] (= *approve*) [+ *motion*] aprobar; [+ *proposition*] hacer aceptar; **the motion was carried** la moción fue aprobada
[13] (= *win*) [+ *election, point*] ganar; (*Parl*) [+ *seat*] ganar; ✦***IDIOMS*** **to ~ the day** triunfar; **to ~ all** *or* **everything before one** arrasar con todo
[14] **to ~ o.s.** portarse; **he carries himself like a soldier** se comporta como un soldado; **she carries herself well** se mueve con garbo
[15] [*pregnant woman*] [+ *child*] estar encinta de
Ⓑ VI [1] [*sound*] oírse; **she has a voice which carries** tiene una voz que se oye bastante lejos
[2] [*pregnant woman*] **she's ~ing**† está embarazada
Ⓒ N [*of ball, shot*] alcance *m*

► **carry along** VT + ADV llevar; [*flood, water*] arrastrar

► **carry away** VT + ADV [1] (*lit*) llevarse
[2] (*fig*) entusiasmar; **to get carried away by sth** entusiasmarse con algo

► **carry back** VT + ADV [1] (*lit*) [+ *object*] traer
[2] (*fig*) **that music carries me back to the 60s** esa música me hace recordar los 60
[3] (*Fin*) cargar (sobre cuentas anteriores)

► **carry down** VT + ADV bajar

► **carry forward** VT + ADV (*Math, Fin*) pasar a la página/columna siguiente; **carried forward** suma y sigue

► **carry off** VT + ADV [1] (*lit*) llevarse
[2] (*fig*) (= *seize, win*) llevarse; [+ *prize*] alzarse con, arramblar con; [+ *election*] ganar; **he carried it off very well** salió muy airoso de la situación
[3] (= *kill*) matar, llevar a la tumba

► **carry on** Ⓐ VT + ADV [1] (= *continue*) [+ *tradition etc*] seguir, continuar
[2] (= *conduct*) [+ *conversation*] mantener; [+ *business, trade*] llevar (adelante)
Ⓑ VI + ADV [1] (= *continue*) continuar, seguir; **if**

**you ~ on like that** si sigues así; **we ~ on somehow** de algún modo vamos tirando; **~ on!** ¡siga!; (*in talking*) ¡prosigue!; **to ~ on doing sth** seguir haciendo algo
[2] (*) (= *make a fuss*) montar un número*, armarla*; **to ~ on about sth** machacar sobre algo; **how he carries on!** ¡no para nunca!, ¡está dale que dale!; **don't ~ on so!** ¡no hagas tanto escándalo!
[3] (*) (= *have an affair*) tener un lío* (**with sb** con algn)
► **carry out** VT + ADV [1] (= *accomplish etc*) [+ *plan*] llevar a cabo; [+ *threat, promise, order*] cumplir; **he never carried out his intention to write to her** tenía intención de escribirla, pero nunca lo hizo
[2] (= *perform, implement*) [+ *idea, search etc*] realizar; [+ *test, experiment*] verificar; [+ *work*] realizar, llevar a cabo; **to ~ out repairs** hacer reparaciones
► **carry over** VT + ADV [1] (= *postpone*) posponer
[2] (= *pass on*) transmitir; **a tradition carried over from one generation to the next** una tradición transmitida de generación en generación
[3] (*Comm*) pasar a cuenta nueva
► **carry through** Ⓐ VT + ADV [1] (= *accomplish*) [+ *task*] llevar a término
[2] (= *sustain*) [+ *person*] sostener
Ⓑ VT + PREP **to ~ sb through a crisis** ayudar a algn a superar una crisis; **we have enough food to ~ us through the winter** tenemos comida suficiente para pasar todo el invierno
► **carry up** VT + ADV subir

**carryall** [ˈkærɪɔːl] N (*US*) = **holdall**

**carry-back** [ˈkærɪbæk] N (*Fin*) traspaso *m* al período anterior

**carrycot** [ˈkærɪkɒt] N (*Brit*) cuna *f* portátil, capazo *m*

**carrying charge** [ˈkærɪɪŋˌtʃɑːdʒ] N (*Comm*) costo *m* de géneros no en venta (*almacenados etc*)

**carrying-on** [ˈkærɪɪŋˈɒn] N [1] [*of work, business etc*] continuación *f*
[2] **carryings-on*** (= *romantic intrigues*) plan *m*, relaciones *fpl* amorosas (ilícitas)

**carry-on*** [ˌkærɪˈɒn] N (= *fuss*) jaleo* *m*, lío* *m*, follón* *m*; **what a ~!** ¡qué jaleo *or* follón!*; **there was a great ~ about the tickets** se armó un tremendo lío a causa de los billetes*; **did you ever see such a ~?** ¿se ha visto un jaleo igual?*

**carry-out** [ˈkærɪˌaʊt] Ⓐ ADJ [*meal etc*] para llevar
Ⓑ N (= *food*) comida *f* para llevar; (*esp Scot*) (= *drink*) bebida *f* para llevar

**carry-over** [ˈkærɪˈəʊvəʳ] N (= *surplus*) remanente *m*, sobrante *m*; (*Comm*) suma *f* anterior (para traspasar), suma *f* que pasa de una página (de cuenta) a la siguiente; (*St Ex*) aplazamiento *m* de pago hasta el próximo día de ajuste de cuentas

**car-sick** [ˈkɑːˌsɪk] ADJ **to be/get ~** marearse (en el coche)

**cart** [kɑːt] Ⓐ N (*horse-drawn*) carro *m*; (*heavy*) carretón *m*; (= *hand cart*) carretilla *f*, carro *m* de mano; (*US*) (*for shopping*) carrito *m*; (*US*) (*motorized*) cochecito *m*; ✦***IDIOM*** **to put the ~ before the horse** empezar la casa por el tejado
Ⓑ VT (*) llevar, acarrear; **I had to ~ his books about all day** tuve que cargar con sus libros todo el día
Ⓒ CPD ► **cart track** N (= *rut*) carril *m*, rodada *f*; (= *road*) camino *m* (para carros)
► **cart away***, **cart off*** VT + ADV llevarse

**cartage** [ˈkɑːtɪdʒ] N acarreo *m*, porte *m*

**carte blanche** [kɑːtˈblɑ̃ːnʃ] N carta *f* blanca; **to give sb ~** dar carta blanca a algn

**cartel** [kɑːˈtel] N (*Comm*) cartel *m*

**carter** [ˈkɑːtəʳ] N carretero *m*

**Cartesian** [kɑːˈtiːzɪən] Ⓐ ADJ cartesiano
Ⓑ N cartesiano/a *m/f*

**Carthage** [ˈkɑːθɪdʒ] N Cartago *f*

**Carthaginian** [ˌkɑːθəˈdʒɪnɪən] Ⓐ ADJ cartaginés
Ⓑ N cartaginés/esa *m/f*

**carthorse** [ˈkɑːthɔːs] N caballo *m* de tiro

**Carthusian** [kɑːˈθjuːzɪən] Ⓐ ADJ cartujo
Ⓑ N cartujo/a *m/f*

**cartilage** [ˈkɑːtɪlɪdʒ] N cartílago *m*

**cartilaginous** [ˌkɑːtɪˈlædʒɪnəs] ADJ cartilaginoso

**cartload** [ˈkɑːtləʊd] N carretada *f* (*also fig*); **by the ~** a carretadas, a montones

**cartographer** [kɑːˈtɒgrəfəʳ] N cartógrafo/a *m/f*

**cartographic** [ˌkɑːtəʊˈgræfɪk] ADJ cartográfico

**cartographical** [ˌkɑːtəʊˈgræfɪkəl] ADJ = **cartographic**

**cartography** [kɑːˈtɒgrəfɪ] N cartografía *f*

**cartomancy** [ˈkɑːtəmænsɪ] N cartomancia *f*

**carton** [ˈkɑːtən] N [*of milk*] envase *m* de cartón, caja *f*; [*of ice-cream, yogurt*] vasito *m*; [*of cigarettes*] cartón *m*

**cartoon** [kɑːˈtuːn] N [1] (*in newspaper etc*) viñeta *f*, chiste *m*; (= *comic strip*) historieta *f*
[2] (*Art*) (= *sketch for fresco etc*) cartón *m*
[3] (*Cine, TV*) dibujos *mpl* animados

**cartoonist** [ˌkɑːˈtuːnɪst] N dibujante *mf*

**cartridge** [ˈkɑːtrɪdʒ] Ⓐ N (*gen, also Comput*) cartucho *m*; (*for pen*) recambio *m*
Ⓑ CPD ► **cartridge belt** N cartuchera *f*, canana *f* ► **cartridge case** N cartucho *m* ► **cartridge paper** N papel *m* de dibujo ► **cartridge player** N lector *m* de cartucho

**cartwheel** [ˈkɑːtwiːl] N [1] (= *wheel*) rueda *f* de carro
[2] (*Gymnastics*) voltereta *f* lateral, rueda *f*; **to do** *or* **turn a ~** dar una voltereta lateral, hacer la rueda

**cartwright** [ˈkɑːtraɪt] N carretero/a *m/f*

**carve** [kɑːv] Ⓐ VT (*Culin*) [+ *meat*] trinchar; [+ *stone, wood*] tallar, esculpir; [+ *name on tree etc*] grabar; **to ~ one's way through the crowd** (*fig*) abrirse camino a la fuerza por entre la multitud
Ⓑ VI (*Culin*) trinchar la carne
► **carve out** VT + ADV [+ *piece of wood*] tallar; [+ *piece of land*] limpiar; [+ *statue, figure*] esculpir; [+ *tool*] tallar; **to ~ out a career for o.s.** abrirse camino
► **carve up** VT + ADV [1] [+ *meat*] trinchar
[2] (*fig*) [+ *country*] repartirse; (*) [+ *person*] coser a puñaladas

**carver** [ˈkɑːvəʳ] N [1] (= *knife*) cuchillo *m* de trinchar, trinchante *m*; **carvers** cubierto *m* de trinchar
[2] (*Culin*) (= *person*) trinchador(a) *m/f*

**carvery** [ˈkɑːvərɪ] N restaurante *m* que se especializa en asados

**carve-up*** [ˈkɑːvˌʌp] N (= *division*) división *f*, repartimiento *m*; (*Pol etc*) arreglo *m*

**carving** [ˈkɑːvɪŋ] Ⓐ N (= *act*) tallado *m*; (= *ornament*) talla *f*, escultura *f*
Ⓑ CPD ► **carving knife** N cuchillo *m* de trinchar, trinchante *m*

**caryatid** [ˌkærɪˈætɪd] N (*pl* **caryatids** *or* **caryatides** [ˌkærɪˈætɪdiːz]) cariátide *f*

**Casablanca** [ˌkæsəˈblæŋkə] N Casablanca *f*

**Casanova** [ˌkæsəˈnəʊvə] N (*fig*) casanova *m*, conquistador *m*

**cascade** [kæsˈkeɪd] Ⓐ N cascada *f*, salto *m* de agua; (*fig*) [*of sparks*] cascada *f*; [*of letters*] aluvión *m*; [*of stones*] lluvia *f*
Ⓑ VI caer en cascada

**cascara** [kæsˈkɑːrə] N (*Pharm*) cáscara *f* sagrada

**case**[1] [keɪs] Ⓐ N [1] (*Brit*) (= *suitcase*) maleta *f*, valija *f* (*S. Cone*), veliz *m* (*Mex*); (= *briefcase*) cartera *f*, maletín *m*, portafolio(s) *m* (*LAm*); (= *packing case*) cajón *m*; [*of drink*] caja *f*; (*for jewellery*) joyero *m*, estuche *m*; (*for camera, guitar, gun etc*) funda *f*; (*for spectacles*) (*soft*) funda *f*; (*hard*) estuche *m*; (*for watch*) caja *f*; (= *display case*) vitrina *f*; [*of window*] marco *m*, bastidor *m*; [*of cartridge*] funda *f*, cápsula *f*
[2] (*Typ*) caja *f*; **lower ~** minúscula *f*; **upper ~** mayúscula *f*
Ⓑ VT [1] (= *encase*) **her leg was ~d in plaster** tenía la pierna escayolada *or* enyesada; **~d in concrete** revestido de hormigón
[2] **to ~ the joint**‡ estudiar el terreno para un robo

**case**[2] [keɪs] Ⓐ N [1] (*gen, Med, instance*) caso *m*; **it's a sad ~** es un caso triste; **it's a hopeless ~** (*Med*) es un caso de desahucio; **a fever ~** un caso de fiebre; **he's working on the train-robbery ~** está investigando el caso del robo del tren; **as the ~ may be** según el caso; **it's a ~ for the police** éste es asunto para la policía, esto es cosa de la policía; **it's a ~ of …** se trata de …; **it's a clear ~ of murder** es un claro caso de homicidio; **a ~ in point** un ejemplo al respecto *or* que hace al caso; **if that is the ~** en ese caso
[2] (*Jur*) (*gen*) caso *m*, proceso *m*; (= *particular dispute*) causa *f*, pleito *m*; (= *argument*) argumento *m*, razón *f*; **the Dreyfus ~** el proceso de Dreyfus; (*more loosely*) el asunto Dreyfus; **there is no ~ to answer** no hay acusación para contestar; **there's a strong ~ for reform** hay buenos fundamentos para exigir una reforma; **there's a ~ for saying that …** puede decirse razonablemente que …; **there is a ~ for that attitude** hay argumentos en favor de esa actitud; **the ~ for the defence** la defensa; **the ~ for the prosecution** la acusación; **to have a good** *or* **strong ~** tener buenos argumentos *or* buenas razones; **to make (out) a ~ for sth** dar razones para algo, presentar argumentos en favor de algo; **to make the ~ for doing nothing** exponer las razones para no hacer nada; **to put** *or* **state one's ~** presentar sus argumentos, exponer su caso; **to rest one's ~** terminar la presentación de su alegato
[3] (*with "in"*) **(just) in ~** por si acaso, por si las moscas*; **in ~ he comes** por si viene, (en) caso de que venga; **in your ~** en tu caso; **in any ~** de todas formas, en cualquier caso, en todo caso; **in most ~s** en la mayoría de los casos; **in no ~** en ningún caso, de ninguna manera; **in ~ of emergency** en caso de emergencia; **as in the ~ of** como en el caso de; **in such a ~** en tal caso; **in that ~** en ese caso
[4] (*Ling*) caso *m*
[5] (*) (= *eccentric person*) **he's a ~** es un tipo raro*, es un caso
[6] (‡) **get off my ~!** ¡déjame ya en paz!; **to be on sb's ~** estar siempre encima de algn; **to get on sb's ~** meterse en la vida de algn
Ⓑ CPD ► **case file** N historial *m* ► **case grammar** N gramática *f* de caso ► **case history** N (*Med*) historial *m* médico *or* clínico; **what is the patient's ~ history?** ¿cuál es el historial del enfermo?; **I'll give you the full ~ history** le contaré la historia con todos los detalles ► **case law** N jurisprudencia *f* ► **case**

**study** N estudio *m* de casos ► **case system** N (*Ling*) sistema *m* de casos

**casebook** ['keɪsbʊk] N diario *m*, registro *m*

**case-hardened** ['keɪs,hɑːdnd] ADJ (*Tech*) cementado; (*fig*) [*person*] insensible, poco compasivo

**caseload** ['keɪsləʊd] N *número de encargos asignados a un(a) profesional*

**casement** ['keɪsmənt] N (*also* **~ window**) ventana *f* de bisagras; (= *frame*) marco *m* de ventana

**casework** ['keɪswɜːk] N (*Sociol*) asistencia *f or* trabajo *m* social individualizado

**caseworker** ['keɪs,wɜːkəʳ] N asistente *mf* social

**cash** [kæʃ] Ⓐ N [1] (= *coins, notes*) (dinero *m* en) efectivo *m*, metálico *m*; **to pay (in) ~** pagar al contado *or* en efectivo; **~ on delivery** envío *m or* entrega *f* contra reembolso; **~ down** al contado; **to pay ~ (down) for sth** pagar algo al contado; **~ in hand** efectivo en caja; *see also* **hard C**
[2] (*) (= *money*) dinero *m*, pasta *f* (*Sp**), plata *f* (*LAm**); **to be short of ~** andar mal de dinero; **I haven't any ~ on me** no llevo dinero encima
Ⓑ VT [+ *cheque*] cobrar, hacer efectivo; **to ~ sb a cheque** cambiarle a algn un cheque
Ⓒ CPD ► **cash account** N cuenta *f* de caja ► **cash advance** N adelanto *m* ► **cash bar** N bar *m* privado (*sin barra libre*) ► **cash box** N caja *f* para el dinero, alcancía *f* ► **cash card** N tarjeta *f* de cajero automático ► **cash cow** N producto *m* muy rentable ► **cash crop** N cultivo *m* comercial ► **cash deficit** N déficit *m* de caja ► **cash desk** N caja *f* ► **cash discount** N descuento *m* por pago al contado ► **cash dispenser** N (*Brit*) cajero *m* automático ► **cash flow** N flujo *m* de caja, movimiento *m* de efectivo; **~-flow problems** problemas *mpl* de cash-flow ► **cash income** N ingresos *mpl* al contado ► **cash offer** N oferta *f* de pago al contado ► **cash order** N orden *f* de pago al contado ► **cash payment** N pago *m* al contado ► **cash price** N precio *m* al contado ► **cash prize** N premio *m* en metálico ► **cash ratio** N coeficiente *m* de caja ► **cash receipts** NPL total *m* cobrado ► **cash reduction** N = **cash discount** ► **cash register** N caja *f* registradora ► **cash reserves** NPL reserva *fsing* en efectivo ► **cash sale** N venta *f* al contado ► **cash squeeze** N restricciones *fpl* económicas ► **cash terms** NPL = **cash payment** ► **cash value** N valor *m* en dinero

►**cash in** VT + ADV [+ *investment, insurance policy*] cobrar

►**cash in on*** VI + PREP **to ~ in on sth** sacar partido *or* provecho de algo

►**cash up** VI + ADV (*Brit*) contar el dinero recaudado

**cash-and-carry** ['kæʃən'kærɪ] Ⓐ N (= *shop*) autoservicio *m* mayorista
Ⓑ ADJ [*goods, business*] de venta al por mayor

**cashback** ['kæʃbæk] N [1] (= *discount*) devolución *f*
[2] (*at supermarket etc*) *retirada de dinero en efectivo de un establecimiento donde se ha pagado con tarjeta; también dinero retirado*

**cashbook** ['kæʃbʊk] N libro *m* de caja

**cashew** [kæ'ʃuː] N (*also* **~ nut**) anacardo *m*

**cashier** [kæ'ʃɪəʳ] Ⓐ N cajero/a *m/f*
Ⓑ VT (*Mil*) separar del servicio, destituir
Ⓒ CPD ► **cashier's check** N (*US*) cheque *m* bancario

**cashless** ['kæʃlɪs] ADJ **the ~ society** la sociedad sin dinero

**cashmere** [kæʃ'mɪəʳ] Ⓐ N cachemir *m*, cachemira *f*
Ⓑ CPD de cachemir, de cachemira

**cashpoint** ['kæʃ,pɔɪnt] N (*Brit*) cajero *m* automático

**casing** ['keɪsɪŋ] N (*Tech*) (*gen*) cubierta *f*; [*of boiler*] revestimiento *m*; [*of cylinder*] camisa *f*; [*of tyre*] llanta *f*; [*of window*] marco *m*

**casino** [kə'siːnəʊ] N casino *m*

**cask** [kɑːsk] N (*for wine*) cuba *f*; (*large*) tonel *m*

**casket** ['kɑːskɪt] N (*for jewels*) estuche *m*, cofre *m*; (*esp US*) (= *coffin*) ataúd *m*

**Caspian Sea** ['kæspɪən,siː] N Mar *m* Caspio

**Cassandra** [kə'sændrə] N Casandra

**cassava** [kə'sɑːvə] N mandioca *f*

**casserole** ['kæsərəʊl] Ⓐ N (= *utensil*) cacerola *f*, cazuela *f*; (= *food*) guiso *m*, cazuela *f*
Ⓑ VT hacer un guiso de

**cassette** [kæ'set] Ⓐ N casette *m*, cassette *m*
Ⓑ CPD ► **cassette deck** N platina *f*, pletina *f* ► **cassette player** N casette *m*, cassette *m* ► **cassette recorder** N casette *m*, cassette *m* ► **cassette tape** N = **cassette**

**cassis** [kæ'siːs] N cassis *m*

**Cassius** ['kæsɪəs] N Casio

**cassock** ['kæsək] N sotana *f*

**cassowary** ['kæsəweərɪ] N casuario *m*

**cast** [kɑːst] (*vb: pt, pp* **cast**) Ⓐ N [1] (= *throw*) [*of net, line*] lanzamiento *m*
[2] (= *mould*) molde *m*; (*Med*) (= *plaster cast*) escayola *f*; [*of worm*] forma *f*; **leg in ~** pierna *f* enyesada *or* escayolada; **~ of features** facciones *fpl*, fisonomía *f*; **~ of mind** temperamento *m*
[3] (*Tech*) (= *metal casting*) pieza *f* fundida
[4] [*of play etc*] reparto *m*; **~ (and credits)** (*Cine, TV*) reparto *m*
[5] (*Med*) (= *squint*) estrabismo *m*; **to have a ~ in one's eye** tener estrabismo en un ojo
Ⓑ VT [1] (= *throw*) echar, lanzar; [+ *net, anchor etc*] echar
[2] (*fig*) [+ *shadow*] proyectar; [+ *light*] arrojar (**on** sobre); [+ *blame, glance, spell*] echar; [+ *horoscope*] hacer; **to ~ doubt upon sth** poner algo en duda; **to ~ one's eyes over sth** echar una mirada a algo; **to ~ lots** echar a suertes; **to ~ one's vote** votar, dar su voto
[3] (= *shed*) [+ *horseshoe*] mudar; **the snake ~ its skin** la culebra mudó la piel
[4] [+ *metal*] fundir; [+ *statue, clay*] moldear, vaciar
[5] (*Theat*) [+ *part, play*] hacer el reparto de; **to ~ an actor in the part of** dar a un actor el papel de; **he was ~ as Macbeth** le dieron el papel de Macbeth; **we shall ~ the play on Tuesday** haremos el reparto de los papeles de la obra el martes
Ⓒ VI (*Fishing*) lanzar, arrojar
Ⓓ CPD ► **cast iron** N hierro *m* fundido *or* colado; *see also* **cast-iron**

►**cast about for, cast around for** VI + PREP [+ *job, answer*] buscar, andar buscando

►**cast aside** VT + ADV (= *reject*) descartar, desechar

►**cast away** VT + ADV [1] (= *throw away*) desechar, tirar
[2] (*Naut*) **to be ~ away** naufragar; **to be ~ away on an island** naufragar y llegar a una isla

►**cast back** VT + ADV **to ~ one's thoughts back to** rememorar

►**cast down** VT + ADV [1] (= *lower*) [+ *eyes*] bajar
[2] (*fig*) desanimar; **to be ~ down** estar deprimido

►**cast in** VT + ADV, VI + ADV **to ~ in (one's lot) with sb** compartir el destino de algn

►**cast off** Ⓐ VT + ADV [1] (*lit*) desechar, abandonar; [+ *burden*] deshacerse de, quitarse de encima; [+ *clothing*] quitarse; [+ *wife*] repudiar; [+ *mistress*] dejar; **the slaves ~ off their chains** los esclavos se deshicieron de sus cadenas
[2] (*Naut*) soltar las amarras de, desamarrar
[3] (*Knitting*) [+ *stitch*] cerrar
Ⓑ VI + ADV [1] (*Naut*) soltar amarras
[2] (*Knitting*) cerrar

►**cast on** VT + ADV, VI + ADV (*Knitting*) montar

►**cast out** VT + ADV (*liter*) expulsar

►**cast up** VT + ADV [1] (*lit*) echar
[2] (*Math, Fin*) [+ *account*] sumar
[3] (*fig*) (= *reproach*) **to ~ sth up to** *or* **at sb** echar en cara algo a algn

**castanets** [,kæstə'nets] NPL castañuelas *fpl*

**castaway** ['kɑːstəweɪ] N náufrago/a *m/f*

**caste** [kɑːst] Ⓐ N casta *f*; **to lose ~** desprestigiarse
Ⓑ ADJ de casta

**castellated** ['kæstəleɪtɪd] ADJ almenado

**caster** ['kɑːstəʳ] Ⓐ N = **castor**
Ⓑ CPD ► **caster sugar** N (*Brit*) azúcar *m* extrafino, azúcar *m* lustre

**castigate** ['kæstɪgeɪt] VT (*frm*) reprobar, censurar

**castigation** [,kæstɪ'geɪʃən] N (*frm*) reprobación *f*, censura *f*

**Castile** [kæs'tiːl] N Castilla *f*

**Castilian** [kæs'tɪlɪən] Ⓐ ADJ castellano
Ⓑ N [1] (= *person*) castellano/a *m/f*
[2] (*Ling*) castellano *m*

**casting** ['kɑːstɪŋ] Ⓐ N [1] (*Tech*) pieza *f* fundida, pieza *f* de fundición
[2] (*Cine, Theat*) reparto *m*
Ⓑ CPD ► **casting couch** N (*Cine hum*) diván *m* del director (del reparto) ► **casting vote** N voto *m* decisivo, voto *m* de calidad

**cast-iron** ['kɑːst,aɪən] ADJ [1] (*lit*) (hecho) de hierro fundido
[2] (*fig*) [*will*] inquebrantable, férreo; [*case*] irrebatible; [*excuse*] frente a la que no se puede decir nada

**castle** ['kɑːsl] Ⓐ N [1] (= *building*) castillo *m*; ***♦IDIOM* to build ~s in the air** *or* (*Brit*) **in Spain** construir castillos en el aire
[2] (*Chess*) torre *f*
Ⓑ VI (*Chess*) enrocar

**castling** ['kɑːslɪŋ] N (*Chess*) enroque *m*

**cast-off** ['kɑːstɒf] Ⓐ ADJ [*clothing etc*] de desecho, en desuso
Ⓑ N (= *garment*) ropa *f* de desecho; **our players are mostly ~s from the first team** la mayoría de nuestros jugadores vienen descartados del primer equipo; **society's ~s** los marginados de la sociedad

**castor** ['kɑːstəʳ] Ⓐ N [1] (*on furniture*) ruedecilla *f*
[2] (= *sifter*) (*for sugar*) azucarero *m*
Ⓑ CPD ► **castor oil** N aceite *m* de ricino ► **castor oil plant** N ricino *m* ► **castor sugar** N = **caster sugar**

**castrate** [kæs'treɪt] VT castrar

**castration** [kæs'treɪʃən] N castración *f*

**castrato** [kæs'trɑːtəʊ] N (*pl* **castrato** *or* **castrati** [kæs'trɑːtɪ]) castrato *m*

**Castroism** ['kæstrəʊɪzəm] N castrismo *m*

**Castroist** ['kæstrəʊɪst] Ⓐ ADJ castrista
Ⓑ N castrista *mf*

**casual** ['kæʒjʊəl] Ⓐ ADJ [1] (= *not planned*) [*walk, stroll*] sin rumbo fijo, al azar; [*meeting, encounter*] fortuito; [*caller*] ocasional; **it was**

**just a ~ conversation between strangers** no era más que una conversación para pasar el rato entre extraños; **to the ~ eye** a simple vista; **he ran a ~ eye down the page** le echó un vistazo a la página; **a ~ glance** una ojeada; **to the ~ observer** para el observador ocasional; **a ~ remark** un comentario hecho a la ligera; **she gave him a ~ wave** lo saludó informalmente con la mano
2 (= *offhand*) [*attitude*] despreocupado, poco serio; [*manner*] informal; [*tone*] informal, poco serio; **he tried to appear/sound ~** intentó parecer/sonar relajado; **he was very ~ about it** no le dio mucha importancia; **to assume a ~ air** hacer como si nada
3 (= *informal*) [*discussion*] informal; [*clothing*] de sport, informal; **~ wear** ropa de sport, ropa informal
4 (= *occasional*) [*drinker, drug user, relationship*] esporádico; **he's just a ~ acquaintance** es un conocido nada más; **~ sex** relaciones *fpl* sexuales promiscuas
5 (= *temporary*) [*labour, work, employment*] eventual; **on a ~ basis** temporalmente, eventualmente; **~ worker** (*in office, factory*) trabajador(a) *m/f* eventual; (*on farm*) trabajador(a) *m/f* temporero/a, jornalero/a *m/f*
Ⓑ N **casuals** (= *shoes*) zapatos *mpl* de sport; (= *clothes*) ropa *f* de sport, ropa *f* informal

**casually** [ˈkæʒjʊəlɪ] ADV 1 (= *offhandedly*) [*walk, lean*] con aire despreocupado, despreocupadamente; [*look, wave*] despreocupadamente; [*mention, say, ask*] de pasada; **I said it quite ~** lo dije sin darle importancia
2 (= *informally*) [*dress*] de manera informal; [*talk*] informalmente; **they were smartly but ~ dressed** iban vestidos de manera informal pero elegante

**casualness** [ˈkæʒjʊəlnɪs] N 1 (= *offhandedness*) despreocupación *f*
2 (= *informality*) informalidad *f*, naturalidad *f*

**casualty** [ˈkæʒjʊəltɪ] Ⓐ N 1 (*Mil*) (*dead*) baja *f*; (*wounded*) herido/a *m/f*; **there were heavy casualties** hubo muchas bajas
2 (*in accident*) (*dead*) víctima *f*; (*wounded*) herido/a *m/f*; **Casualty** (= *hospital department*) Urgencias; **fortunately there were no casualties** por fortuna no hubo víctimas *or* heridos
3 (*fig*) **a ~ of modern society** una víctima de la sociedad moderna
Ⓑ CPD ► **casualty department** N (servicio *m* de) urgencias *fpl* ► **casualty list** N (*Mil*) lista *f* de bajas; (*in accident*) lista *f* de víctimas ► **casualty ward** N sala *f* de urgencias

**casuist** [ˈkæzjʊɪst] N (*frm*) casuista *mf*; (*pej*) sofista *mf*

**casuistry** [ˈkæzjʊɪstrɪ] N (*frm*) casuística *f*; (*pej*) sofismas *mpl*, razonamiento *m* falaz

**CAT** [ˈkæt] Ⓐ N ABBR 1 = **computer-aided teaching**
2 (= **computerized axial tomography**) TAC *m or f*
3 (= **computer-assisted translation**) TAO *f*
4 = **College of Advanced Technology**
Ⓑ CPD ► **CAT scan** N escáner *m* TAC; **to have a ~ scan: I'm going to have a ~ scan** me van a hacer un (escáner) TAC

**cat** [kæt] Ⓐ N 1 (*domestic*) gato/a *m/f*; (= *lion etc*) felino/a *m/f*; ✦**IDIOMS to put** *or* **set the ~ among the pigeons**: **that's put** *or* **set the ~ among the pigeons!** ¡eso ha puesto a los perros en danza!, ¡ya se armó la gorda!*; **something the ~ has brought** *or* **dragged in**: **he looked like something the ~ had brought** *or* **dragged in*** estaba hecho un desastre; **look what the ~ brought** *or* **dragged in!*** (*iro*) (*expressing dislike*) ¡vaya facha *or* pinta que traes!; (*as greeting*) ¡anda, mira quién viene por aquí!; **to let the ~ out of the bag** irse de la lengua; **the ~'s out of the bag** se ha descubierto todo el pastel; **to be like a ~ on hot bricks** *or* **on a hot tin roof** estar sobre ascuas; **to look like the ~ that ate the canary** *or* (*Brit*) **that got the cream** estar más ancho que largo, no caber en sí de satisfacción; **to fight like ~ and dog** llevarse como el perro y el gato; **to play a game of ~ and mouse** *or* **a ~-and-mouse game with sb** jugar al gato y ratón con algn; **not to have a ~ in hell's chance*** no tener la más mínima posibilidad; **to see which way the ~ jumps** esperar a ver de qué lado caen las peras; **the ~'s pyjamas** *or* **whiskers***: **he thinks he's the ~'s pyjamas** *or* **whiskers*** se cree la mar de listo*; **there isn't room to swing a ~** aquí no cabe un alfiler; **(has the) ~ got your tongue?*** ¿te ha comido la lengua el gato?; ✦**PROVS when the ~'s away, the mice will play** cuando el gato no está, bailan los ratones; **~s have nine lives** los gatos tienen siete vidas; *see also* **curiosity**, **fat C**, **rain C**, **skin B1**, **scald**, **swing C1**
2 (*US**) (= *person*) tío/a* *m/f*, tipo/a* *m/f*; **he's a real cool ~** es un tío la mar de chulo*
3 (††) (= *cat-o'-nine-tails*) azote *m*
4 (*) (= *catalytic converter*) catalizador *m*
Ⓑ CPD ► **cat basket** N (*for carrying*) cesto *m* para llevar al gato; (*for sleeping*) cesto *m* del gato ► **cat burglar** N (ladrón/ona *m/f*) balconero/a *m/f* ► **cat's cradle** N (juego *m* de la) cuna *f* ► **cat flap** N gatera *f* ► **cat food** N comida *f* para gatos ► **cat litter** N arena *f* higiénica (para gatos) ► **cat's whisker** N (*Rad*) cable *m* antena

**cataclysm** [ˈkætəklɪzəm] N cataclismo *m*

**cataclysmic** [ˌkætəˈklɪzmɪk] ADJ de cataclismo

**catacombs** [ˈkætəku:mz] NPL catacumbas *fpl*

**catafalque** [ˈkætəfælk] N catafalco *m*

**Catalan** [ˈkætəlæn] Ⓐ ADJ catalán
Ⓑ N 1 (= *person*) catalán/ana *m/f*
2 (*Ling*) catalán *m*

**catalepsy** [ˈkætlepsɪ] N catalepsia *f*

**cataleptic** [ˌkætəˈleptɪk] Ⓐ ADJ cataléptico
Ⓑ N cataléptico/a *m/f*

**catalogue**, **catalog** (*US*) [ˈkætəlɒg] Ⓐ N catálogo *m*; (*also* **card ~**) fichero *m*; (*US*) (= *pamphlet, prospectus*) folleto *m*; **a whole ~ of complaints** (*fig*) toda una serie de quejas
Ⓑ VT catalogar, poner en un catálogo; **it is not catalog(u)ed** no consta en el catálogo

**Catalonia** [ˌkætəˈləʊnɪə] N Cataluña *f*

**Catalonian** [ˌkætəˈləʊnɪən] = **Catalan**

**catalyse**, **catalyze** (*US*) [ˈkætəlaɪz] VT catalizar

**catalysis** [kəˈtælɪsɪs] N (*pl* **catalyses** [kəˈtæləˌsi:z]) catálisis *f*

**catalyst** [ˈkætəlɪst] N (*Chem, fig*) catalizador *m*

**catalytic** [ˌkætəˈlɪtɪk] Ⓐ ADJ catalítico
Ⓑ CPD ► **catalytic converter** N (*Aut*) catalizador *m*

**catamaran** [ˌkætəməˈræn] N catamarán *m*

**catapult** [ˈkætəpʌlt] Ⓐ N 1 (*Brit*) (= *slingshot*) tirador *m*, tirachinas *m inv*
2 (*Aer, Mil*) catapulta *f*
Ⓑ VT 1 (*Aer*) catapultar
2 (*fig*) **he was ~ed to fame** fue catapultado a la fama
Ⓒ VI (*fig*) **his record ~ed to number one** su disco subió catapultado al número uno

**cataract** [ˈkætərækt] N 1 (= *waterfall*) catarata *f*
2 (*Med*) catarata *f*

**catarrh** [kəˈtɑːʳ] N catarro *m*

**catastrophe** [kəˈtæstrəfɪ] N catástrofe *f*

**catastrophic** [ˌkætəˈstrɒfɪk] ADJ catastrófico

**catastrophically** [ˌkætəˈstrɒfɪklɪ] ADV catastróficamente

**catatonic** [ˌkætəˈtɒnɪk] Ⓐ ADJ catatónico
Ⓑ N catatónico/a *m/f*

**catbird** [ˈkætbɜ:d] N ✦**IDIOM to be (sitting) in the ~ seat** (*US**) sentirse seguro

**catcall** [ˈkætkɔ:l] (*Theat etc*) Ⓐ N **catcalls** silbido *msing*
Ⓑ VI silbar

**catch** [kætʃ] (*vb: pt, pp* **caught**) Ⓐ N 1 [*of ball etc*] cogida *f*, parada *f*; [*of trawler*] pesca *f*; [*of single fish*] presa *f*, pesca *f*, captura *f*; **good ~!** (*Sport*) ¡la cogiste! ¡bien hecho!, ¡bien agarrada! (*LAm*); **he's a good ~*** (*as husband etc*) es un buen partido
2 (= *fastener*) cierre *m*; (*Brit*) (*on door*) pestillo *m*; (*Brit*) (*on box, window*) cerradura *f*; (= *small flange*) fiador *m*
3 (= *trick*) trampa *f*; (= *snag*) pega *f*; **where's the ~?** ¿cuál es la trampa?; **there must be a ~ here somewhere** aquí debe de haber trampa; **a question with a ~ to it** una pregunta capciosa *or* de pega; **the ~ is that …** la dificultad es que …
4 **with a ~ in one's voice** con la voz entrecortada
5 (= *game*) catch-can *m*, lucha *f*
Ⓑ VT 1 (= *grasp*) asir; [+ *ball*] coger, agarrar (*LAm*); [+ *fish*] pescar; [+ *thief*] coger, atrapar; **~!** ¡cógelo!, ¡toma!; **to be caught between two alternatives** estar entre la espada y la pared, no saber a qué carta quedarse; **a toaster with a tray to ~ the breadcrumbs** un tostador con una bandeja para recoger las migas; **to ~ sb's attention** *or* **eye** llamar la atención de algn; ✦**IDIOM to be caught like a rat in a trap** estar atrapado como un ratón
2 (= *take by surprise*) pillar *or* coger *or* (*LAm*) tomar de sorpresa; **to ~ sb doing sth** sorprender *or* pillar a algn haciendo algo; **to ~ o.s. doing sth** sorprenderse a sí mismo haciendo algo; **you won't ~ me doing that** yo sería incapaz de hacer eso, nunca me verás haciendo eso; **they caught him in the act** le cogieron *or* pillaron con las manos en la masa; **we never caught them at it** no los sorprendimos nunca in fraganti; **we won't get caught like that again** no volveremos a caer en esta trampa; **he got caught in the rain** la lluvia lo pilló desprevenido; **you've caught me at a bad moment** me has pillado en un mal momento; ✦**IDIOM he was caught off stride** *or* **off balance*** lo cogieron con la guardia baja
3 (= *contact, get hold of*) **I tried to ~ you on the phone** traté de hablar contigo por teléfono; **when can I ~ you next?** ¿cuándo podemos quedar otra vez para esto?; **(I'll) ~ you later!*** ¡nos vemos!
4 [+ *bus, train etc*] coger, tomar (*LAm*); **we only just caught the train** por poco perdimos el tren; **hurry if you want to ~ it** date prisa si quieres llegar a tiempo
5 (= *hear*) oír; (= *understand*) comprender, entender; **I didn't quite ~ what you said** no oí bien lo que dijiste
6 (= *see, hear, visit*) [+ *TV programme, film*] ver; [+ *radio programme*] oír, escuchar; [+ *exhibition, concert*] ir a; **to ~ the post** (= *be in time for*) llegar antes de la recogida del correo
7 (*Med*) [+ *disease*] coger, pillar, contagiarse de; **to ~ (a) cold** resfriarse; **you'll ~ your**

**death (of cold)!*** ¡(te) vas a agarrar un buen resfriado!; ***✦IDIOM* to ~ a cold*** (*in business deal etc*) tener un tropiezo económico

8 (= *capture*) [+ *atmosphere, likeness*] saber captar, plasmar; **the painter has caught her expression** el pintor ha sabido captar su expresión; **to ~ the mood of the times** definir el espíritu de la época

9 (= *trap*) **I caught my fingers in the door** me pillé los dedos en la puerta; **I caught my coat on that nail** mi chaqueta se enganchó en ese clavo

10 (= *hit*) **to ~ sb a blow** pegar un golpe a algn; **the punch caught him on the arm** recibió el puñetazo en el brazo; **I caught my head on that beam** me di con la cabeza en esa viga; **she caught me one on the nose*** me pegó en la nariz

11 (= *receive, come into contact with*) **this room ~es the morning sun** este cuarto recibe el sol de la mañana; **her brooch caught the light** su broche reflejaba la luz; **the light was ~ing her hair** la luz brillaba en su pelo

12 **to ~ one's breath** contener la respiración

13 **to ~ it*** merecerse una regañina (**from** de); **you'll ~ it!*** ¡las vas a pagar!, ¡te va a costar caro!; **he caught it good and proper*** le cayó una buena

Ⓒ VI 1 (= *hook*) engancharse (**on** en); (= *tangle*) enredarse; **her dress caught in the door** se pilló el vestido con la puerta; **her dress caught on a nail** se le enganchó el vestido en un clavo

2 [*fire, wood*] prender, encenderse; (*Culin*) [*rice, vegetables etc*] quemarse

Ⓓ CPD ► **catch cry** N slogan *m*, eslogan *m* ► **catch phrase** N muletilla *f*, frase *f* de moda ► **catch question** N pregunta *f* capciosa, pregunta *f* de pega

►**catch at** VI + PREP [+ *object*] tratar de coger *or* (*LAm*) agarrar; [+ *opportunity*] aprovechar

►**catch on** VI + ADV 1 (= *become popular*) cuajar, tener éxito; **it never really caught on** no logró establecerse de verdad

2 (= *understand*) caer en la cuenta; (= *get the knack*) coger el truco; **to ~ on to** comprender

►**catch out** VT + ADV (*esp Brit*) (*with trick question*) hundir; **to ~ sb out** sorprender *or* pillar a algn; **you won't ~ me out again like that** no me vas a pillar así otra vez; **we were caught out by the rise in the dollar** la subida del dólar nos cogió desprevenidos

►**catch up** Ⓐ VT + ADV 1 **to ~ sb up** (*walking, working etc*) alcanzar a algn

2 (= *enmesh*) **we were caught up in the traffic** nos vimos bloqueados por el tráfico; **a society caught up in change** una sociedad afectada por cambios; **to be caught up in the excitement** participar de la emoción

3 (= *grab*) [+ *weapon, pen etc*] recoger, agarrar

Ⓑ VI + ADV **to ~ up (on *or* with one's work)** ponerse al día (en el trabajo); **to ~ up on one's sleep** recuperar el sueño atrasado; **to ~ up with** [+ *person*] alcanzar; [+ *news etc*] ponerse al corriente de; **the police finally caught up with him in Vienna** al final la policía dio con él *or* lo localizó en Viena; **the truth has finally caught up with him** ya no le queda más remedio que enfrentarse a la verdad

**catch-22** [ˌkætʃˌtwentɪˈtuː] N **a ~22 situation** un callejón sin salida, un círculo vicioso

**catch-all** [ˈkætʃˌɔːl] Ⓐ ADJ [*regulation, clause etc*] general; [*phrase*] para todo

Ⓑ N *algo que sirve para todo*

**catcher** [ˈkætʃəʳ] N (*Baseball*) apañador(a) *m/f*, receptor(a) *m/f*

**catching** [ˈkætʃɪŋ] ADJ 1 (*Med*) contagioso

2 (*fig*) [*enthusiasm, laughter*] contagioso

**catchment** [ˈkætʃmənt] Ⓐ N [*of river*] cuenca *f* hidrográfica

Ⓑ CPD ► **catchment area** N (*Brit*) zona *f* de captación ► **catchment basin** N cuenca *f*

**catchpenny** [ˈkætʃˌpenɪ] ADJ llamativo (y barato), hecho para venderse al instante; **~ solution** solución *f* atractiva (pero poco recomendable)

**catchword** [ˈkætʃwɜːd] N (= *catch phrase*) [*of person*] muletilla *f*; (*Pol*) eslogan *m*; (*Typ*) reclamo *m*

**catchy** [ˈkætʃɪ] ADJ (*compar* **catchier**; *superl* **catchiest**) [*tune, slogan*] pegadizo; [*name, title*] fácil de recordar, con gancho

**catechism** [ˈkætɪkɪzəm] N (= *instruction*) catequesis *f inv*, catequismo *m*; (= *book*) catecismo *m*

**catechist** [ˈkætɪkɪst] N catequista *mf*

**catechize** [ˈkætɪkaɪz] VT catequizar

**categoric** [ˌkætɪˈgɒrɪk] ADJ = **categorical**

**categorical** [ˌkætɪˈgɒrɪkəl] ADJ categórico, terminante; [*refusal*] rotundo

**categorically** [ˌkætɪˈgɒrɪkəlɪ] ADV [*state etc*] de modo terminante; [*refuse*] rotundamente

**categorization** [ˌkætɪgəraɪˈzeɪʃən] N categorización *f*

**categorize** [ˈkætɪgəraɪz] VT clasificar; **to ~ sth as** calificar algo de, clasificar algo como

**category** [ˈkætɪgərɪ] Ⓐ N categoría *f*

Ⓑ CPD ► **Category A prisoner** N (*Brit*) preso/a *m/f* peligroso/a

**cater** [ˈkeɪtəʳ] VI 1 (= *provide food*) proveer de comida (**for** a)

2 (*fig*) **to ~ for** *or* (*US*) **to** atender a, ofrecer (sus) servicios a; **we ~ for group bookings** (*Brit*) nos ocupamos de las reservas de grupos; **to ~ for** *or* (*US*) **to sb's needs** atender las necesidades de algn; **to ~ for** *or* (*US*) **to all tastes** atender a todos los gustos; **this magazine ~s for** *or* (*US*) **to the under-21's** esta revista está dirigida a gente por debajo de los 21 años

**cater-cornered** [ˈkeɪtəˈkɔːnəd] (*US*) Ⓐ ADJ diagonal

Ⓑ ADV diagonalmente

**caterer** [ˈkeɪtərəʳ] N proveedor(a) *m/f* de catering

**catering** [ˈkeɪtərɪŋ] Ⓐ N servicio *m* de comidas; **a career in ~** una carrera en la hostelería; **who did the ~?** ¿quién se encargó del servicio de comidas?

Ⓑ CPD ► **catering company** N empresa *f* de hostelería ► **catering industry**, **catering trade** N hostelería *f*, restauración *f*

**caterpillar** [ˈkætəpɪləʳ] Ⓐ N 1 (*Zool*) oruga *f*

2 (*also* **Caterpillar tractor**®) tractor *m* de oruga

Ⓑ CPD ► **Caterpillar track**® N rodado *m* de oruga

**caterwaul** [ˈkætəwɔːl] VI [*person*] aullar; [*cat*] maullar

**caterwauling** [ˈkætəˌwɔːlɪŋ] N [*of person*] chillidos *mpl*, aullidos *mpl*; [*of cat*] maullidos *mpl*

**catfish** [ˈkætfɪʃ] N (*pl* **catfish** *or* **catfishes**) siluro *m*, bagre *m*

**catgut** [ˈkætgʌt] N cuerda *f* de tripa; (*Med*) catgut *m*

**Cath.** ABBR 1 = **Cathedral**

2 = **Catholic**

**Catharine** [ˈkæθərɪn] N Catalina

**catharsis** [kəˈθɑːsɪs] N (*pl* **catharses**) catarsis *f*

**cathartic** [kəˈθɑːtɪk] Ⓐ ADJ 1 (*Med*) catártico, purgante

2 (*fig*) catártico

Ⓑ N (*Med*) purgante *m*

**cathedral** [kəˈθiːdrəl] Ⓐ N catedral *f*

Ⓑ CPD ► **cathedral church** N iglesia *f* catedral ► **cathedral city** N ciudad *f* episcopal

**Catherine** [ˈkæθərɪn] Ⓐ N Catalina

Ⓑ CPD ► **Catherine wheel** N (= *firework*) girándula *f*

**catheter** [ˈkæθɪtəʳ] N catéter *m*

**catheterize** [ˈkæθɪtəˌraɪz] VT [+ *bladder, person*] entubar

**cathode** [ˈkæθəʊd] Ⓐ N cátodo *m*

Ⓑ CPD ► **cathode ray** N rayo *m* catódico ► **cathode ray tube** N tubo *m* de rayos catódicos

**catholic** [ˈkæθəlɪk] Ⓐ ADJ 1 **(Roman) Catholic** católico; **the Catholic Church** la Iglesia Católica

2 (= *wide-ranging*) [*tastes, interests*] católico

Ⓑ N **Catholic** católico/a *m/f*

**Catholicism** [kəˈθɒlɪsɪzəm] N catolicismo *m*

**cathouse‡** [ˈkæthaʊs] N (*pl* **cathouses** [ˈkæthaʊzɪz]) (*US*) casa *f* de putas

**Cathy** [ˈkæθɪ] N (*familiar form*) *of* **Catharine, Catherine**

**catkin** [ˈkætkɪn] N amento *m*, candelilla *f*

**cat-lick*** [ˈkætlɪk] N mano *f* de gato; **to give o.s. a ~** lavarse a lo gato

**catlike** [ˈkætlaɪk] ADJ felino, gatuno

**catmint** [ˈkætmɪnt] N hierba *f* gatera, nébeda *f*

**catnap*** [ˈkætnæp] Ⓐ N siestecita *f*, sueñecito *m*; **to take a ~** echarse una siestecita *or* un sueñecito

Ⓑ VI echarse una siestecita, echarse un sueñecito

**catnip** [ˈkætnɪp] N (*US*) = **catmint**

**Cato** [ˈkeɪtəʊ] N Catón

**cat-o'-nine-tails** [ˈkætəˈnaɪnteɪlz] N azote *m* (con nueve ramales)

**Cat's-eye**® [ˈkætsˌaɪ] N (*Brit Aut*) catafaro *m*

**cat's-paw** [ˈkætspɔː] N (*fig*) instrumento *m*

**catsuit** [ˈkætsuːt] N traje *m* de gato

**catsup** [ˈkætsəp] N (*US*) catsup *m*, salsa *f* de tomate

**cattery** [ˈkætərɪ] N residencia *f* para gatos

**cattiness** [ˈkætɪnɪs] N malicia *f*, rencor *m*

**cattle** [ˈkætl] Ⓐ NPL ganado *msing*

Ⓑ CPD ► **cattle breeder** N criador(a) *m/f* de ganado ► **cattle breeding** N crianza *f* de ganado ► **cattle crossing** N paso *m* de ganado ► **cattle drive** N (*US*) recogida *f* de ganado ► **cattle egret** N garcilla *f* bueyera ► **cattle grid** N (*Brit*) rejilla *f* de retención (de ganado) ► **cattle market** N mercado *m* ganadero *or* de ganado; (*also fig*) feria *f* de ganado ► **cattle prod** N picana *f* ► **cattle raising** N ganadería *f* ► **cattle ranch** N finca *f* ganadera, estancia *f* (*LAm*) ► **cattle rustler** N (*US*) ladrón *m* de ganado, cuatrero *m* ► **cattle shed** N establo *m* ► **cattle show** N feria *f* de ganado ► **cattle truck** N (*Aut*) camión *m* de ganado; (*Brit Rail*) vagón *m* para ganado

**cattleman** [ˈkætlmæn] N (*pl* **cattlemen**) ganadero *m*

**catty*** [ˈkætɪ] ADJ (*compar* **cattier**; *superl* **cattiest**) [*person, remark*] malicioso

**Catullus** [kəˈtʌləs] N Catulo

**CATV** N ABBR = **community antenna television**

**catwalk** [ˈkætwɔːk] N pasarela *f*

**Caucasian** [kɔːˈkeɪzɪən] Ⓐ ADJ (*by race*) caucásico; (*Geog*) caucasiano

Ⓑ N (*by race*) caucásico/a *m/f*; (*Geog*) caucasiano/a *m/f*

**Caucasus** ['kɔːkəsəs] N Cáucaso *m*

**caucus** ['kɔːkəs] Ⓐ N (*pl* **caucuses**) (*Brit*) camarilla *f* (política), junta *f* secreta; (*US*) (= *meeting*) junta *f* ejecutiva; (= *committee*) comité *m* ejecutivo, comisión *f* ejecutiva
Ⓑ VI reunirse (para tomar decisiones)

**caudal** ['kɔːdl] ADJ caudal

**caught** [kɔːt] PT, PP *of* **catch**

**cauldron** ['kɔːldrən] N caldera *f*, calderón *m*; **a ~ of unrest** (*fig*) una caldera *or* olla a presión

**cauliflower** ['kɒlɪflaʊəʳ] Ⓐ N coliflor *f*
Ⓑ CPD ► **cauliflower cheese** N coliflor *f* con queso ► **cauliflower ear** N oreja *f* deformada por los golpes

**caulk** [kɔːk] VT calafatear

**causal** ['kɔːzəl] ADJ causal

**causality** [kɔː'zælɪtɪ] N causalidad *f*

**causally** ['kɔːzəlɪ] ADV causalmente; **they are ~ related** guardan una relación de causa y efecto

**causation** [kɔː'zeɪʃən] N causalidad *f*

**causative** ['kɔːzətɪv] ADJ causativo

**cause** [kɔːz] Ⓐ N [1] (= *origin*) causa *f*; (= *reason*) motivo *m*, razón *f*; **~ and effect** (relación de) causa y efecto; **with good ~** con razón; **to be the ~ of** ser causa de; **there's no ~ for alarm** no hay por qué inquietarse; **to give ~ for complaint** dar motivo de queja; **you have ~ to be worried** usted tiene motivo para estar preocupado; **to show ~** (*frm*) aducir argumentos convincentes
[2] (= *purpose*) causa *f*; **in the ~ of justice** por la justicia; **to make common ~ with** hacer causa común con; **it's all in a good ~** se está haciendo por una buena causa; **to die in a good ~** morir por una causa noble; **to take up sb's ~** apoyar la campaña de algn; *see also* **lost C**
[3] (*Jur*) causa *f*, pleito *m*
Ⓑ VT causar, provocar; [+ *accident, trouble*] causar; **I don't want to ~ you any inconvenience** no quisiera causarle ninguna molestia; **to ~ sb to do sth** hacer que algn haga algo
Ⓒ CPD ► **cause célèbre** [,kɔːzseɪ'lebr] N pleito *m* or caso *m* célebre

**causeway** ['kɔːzweɪ] N calzada *f* or carretera *f* elevada; (*in sea*) arrecife *m*

**caustic** ['kɔːstɪk] Ⓐ ADJ [1] (*Chem*) cáustico
[2] (*fig*) [*remark etc*] mordaz, sarcástico
Ⓑ CPD ► **caustic soda** N sosa *f* cáustica

**cauterize** ['kɔːtəraɪz] VT cauterizar

**caution** ['kɔːʃən] Ⓐ N [1] (= *care*) cautela *f*, prudencia *f*; **"caution!"** (*Aut*) "¡cuidado!", "¡precaución!"; **proceed with ~** actúe con precaución; ♦**IDIOM to throw ~ to the winds** abandonar la prudencia
[2] (= *warning*) advertencia *f*, aviso *m*; (*Brit Police*) amonestación *f*
[3] **he's a ~**†* (= *amusing*) es un tío divertidísimo; (= *odd*) es un tío muy raro
Ⓑ VT **to ~ sb** (*Brit Police*) amonestar a algn; **to ~ sb against doing sth** advertir a algn que no haga algo

**cautionary** ['kɔːʃənərɪ] ADJ [*tale*] de escarmiento, aleccionador; **to sound a ~ note** recomendar precaución

**cautious** ['kɔːʃəs] ADJ (= *careful*) cuidadoso; (= *wary*) cauteloso, prudente; **to make a ~ statement** hacer una declaración prudente; **to play a ~ game** jugar con mucha prudencia

**cautiously** ['kɔːʃəslɪ] ADV cautelosamente, con cautela; **~ optimistic** moderadamente *or* prudentemente optimista

**cautiousness** ['kɔːʃəsnɪs] N cautela *f*, prudencia *f*

**cavalcade** [,kævəl'keɪd] N cabalgata *f*; (*fig*) desfile *m*

**cavalier** [,kævə'lɪəʳ] Ⓐ N caballero *m*; (††) galán *m*; (*Brit Hist*) *partidario del Rey en la Guerra Civil inglesa (1641-49)*
Ⓑ ADJ (*pej*) (= *offhand*) desdeñoso

**cavalierly** [,kævə'lɪəlɪ] ADV (*pej*) desdeñosamente

**cavalry** ['kævəlrɪ] Ⓐ N caballería *f*
Ⓑ CPD ► **cavalry charge** N carga *f* de caballería ► **cavalry officer** N oficial *m* de caballería ► **cavalry twill** N *tela asargada utilizada para confeccionar pantalones*

**cavalryman** ['kævəlrɪmən] N (*pl* **cavalrymen**) soldado *m* de caballería

**cave¹** [keɪv] Ⓐ N cueva *f*, caverna *f*
Ⓑ CPD ► **cave dweller** N cavernícola *mf*, troglodita *mf* ► **cave painting** N pintura *f* rupestre

►**cave in** VI + ADV [1] [*ceiling*] derrumbarse, desplomarse; [*ground*] hundirse
[2] (*) (*fig*) (= *submit*) ceder, rendirse

**cave²**†* ['keɪvɪ] EXCL (*Brit Scol*) **~!** ¡ojo!, ¡ahí viene!; **to keep ~** estar a la mira

**caveat** ['kævɪæt] N advertencia *f*; (*Jur*) advertencia *f* de suspensión; **to enter a ~** hacer una advertencia

**cave-in** ['keɪvɪn] N [*of roof etc*] derrumbe *m*, derrumbamiento *m*; [*of pavement etc*] socavón *m*

**caveman** ['keɪvmæn] N (*pl* **cavemen**) [1] (*Anthropology*) hombre *m* de las cavernas, cavernícola *m*, troglodita *m*; (*more loosely*) hombre *m* prehistórico
[2] (* *hum*) (*aggressively masculine*) machote* *m*

**caver** ['keɪvəʳ] N espeleólogo/a *m/f*

**cavern** ['kævən] N caverna *f*

**cavernous** ['kævənəs] ADJ [*eyes, cheeks*] hundido; [*pit, darkness*] cavernoso

**cavewoman** ['keɪvwʊmən] N (*pl* **cavewomen**) mujer *f* de las cavernas, cavernícola *f*, troglodita *f*; (*more loosely*) mujer *f* prehistórica

**caviar(e)** ['kævɪɑːʳ] N caviar *m*

**cavil** ['kævɪl] (*pt, pp* **cavilled, caviled** (*US*)) Ⓐ N reparo *m*
Ⓑ VI poner peros *or* reparos (**at** a)

**caving** ['keɪvɪŋ] N espeleología *f*; **to go ~** (*gen*) hacer espeleología; (*on specific occasion*) ir en una expedición espeleológica

**cavity** ['kævɪtɪ] Ⓐ N cavidad *f*; (*in tooth*) caries *f inv*; **nasal cavities** fosas *fpl* nasales
Ⓑ CPD ► **cavity wall** N pared *f* con cámara de aire, doble pared *f* ► **cavity wall insulation** N aislamiento *m* con cámara de aire

**cavort** [kə'vɔːt] VI dar *or* hacer cabriolas, dar brincos; (*fig*) divertirse ruidosamente

**cavy** ['keɪvɪ] N conejillo *m* de Indias, cobaya *m*

**caw** [kɔː] Ⓐ N graznido *m*
Ⓑ VI graznar

**cawing** ['kɔːɪŋ] N graznidos *mpl*, el graznar

**cayenne** ['keɪen] N (*also* **~ pepper**) pimentón *m* picante

**cayman** ['keɪmən] Ⓐ N caimán *m*
Ⓑ CPD ► **the Cayman Islands** NPL las Islas Caimán

**CB** Ⓐ N ABBR [1] (= **Citizens' Band Radio**) BC *f*
[2] (= **Companion (of the Order) of the Bath**) *título honorífico británico*
Ⓑ ABBR (*Mil*) = **confined to barracks**
Ⓒ CPD ► **CB Radio** N radio *f* de BC, BC *f*

**CBC** N ABBR = **Canadian Broadcasting Corporation**

**CBE** N ABBR (= **Commander (of the Order) of the British Empire**) *título honorífico británico*

**CBI** N ABBR (= **Confederation of British Industry**) ≈ CEOE *f*

**CBS** N ABBR (*US*) (= **Columbia Broadcasting System**) *cadena de televisión*

**CC** N ABBR (*Brit*) (*formerly*) (= **County Council**) gobierno *m* de un condado

**cc** ABBR [1] (= **cubic centimetre(s)**) cc, $cm^3$
[2] = **carbon copy, carbon copies**

**CCA** N ABBR (*US*) = **Circuit Court of Appeals**

**CCC** N ABBR (*US*) = **Commodity Credit Corporation**

**CCTV** N ABBR = **closed-circuit television**

**CCU** N ABBR (*US Med*) = **coronary care unit**

**CD** N ABBR [1] (= **compact disc**) CD *m*
[2] (= **Corps Diplomatique**) C.D.
[3] = **Civil Defence (Corps)**
[4] (*US Pol*) = **Congressional District**
[5] (*Pol*) = **Conference on Disarmament**

**CDC** N ABBR (*US*) = **Centers for Disease Control and Prevention**

**CD-I**® ADJ ABBR (= **compact disc interactive**) CD-I *m*

**Cdr.** ABBR (*Brit Naut, Mil*) (= **commander**) Cdte.; **~ R. Thomas** (*on envelope*) Cdte. R. Thomas

**CD-ROM** [,siːdiː'rɒm] Ⓐ N ABBR (= **compact disc read-only memory**) CD-ROM *m*
Ⓑ CPD ► **CD-ROM drive** N unidad *f* de CD-ROM

**CDT** N ABBR (*US*) = **Central Daylight Time**

**CDV**, **CD-video** N ABBR = **compact disc video**

**CE** N ABBR = **Church of England**

**cease** [siːs] Ⓐ VT (= *stop*) cesar, parar; (= *suspend*) suspender; (= *end*) terminar; **to ~ work** suspender el trabajo, terminar de trabajar; **~ fire!** ¡alto el fuego!
Ⓑ VI cesar (**to do, doing** de hacer); **to ~ from doing sth** dejar de hacer algo, cesar de hacer algo

**ceasefire** [,siːs'faɪəʳ] Ⓐ N alto *m* el fuego, cese *m* de hostilidades
Ⓑ CPD ► **ceasefire line** N línea *f* del alto el fuego

**ceaseless** ['siːslɪs] ADJ incesante, continuo

**ceaselessly** ['siːslɪslɪ] ADV incesantemente, sin cesar

**Cecil** ['sesl] N Cecilio

**Cecily** ['sɪsɪlɪ] N Cecilia

**cecum** ['siːkəm] N (*pl* **ceca**) (*US*) = **caecum**

**CED** N ABBR (*US*) = **Committee for Economic Development**

**cedar** ['siːdəʳ] Ⓐ N cedro *m*
Ⓑ ADJ [*wood, table etc*] de cedro

**cede** [siːd] VT [+ *territory*] ceder (**to** a); [+ *argument*] reconocer, admitir

**cedilla** [sɪ'dɪlə] N cedilla *f*

**CEEB** N ABBR (*US*) = **College Entry Examination Board**

**ceilidh** ['keɪlɪ] N *baile con música y danzas tradicionales escocesas o irlandesas*

**ceiling** ['siːlɪŋ] Ⓐ N [1] [*of room*] techo *m*; (*Archit*) cielo *m* raso; *see also* **hit B3**
[2] (*Aer*) techo *m*
[3] (*fig*) (= *upper limit*) límite *m*, tope *m*; **to fix a ~ for** ◊ **put a ~ on** fijar el límite de
Ⓑ CPD ► **ceiling price** N precio *m* tope

**celandine** ['seləndaɪn] N celidonia *f*

**celeb*** [sɪ'leb] N famoso/a *m/f*

**celebrant** ['selɪbrənt] N celebrante *m*

**celebrate** ['selɪbreɪt] Ⓐ VT [1] [+ *birthday, special occasion*] celebrar; (*with a party*) festejar; [+ *anniversary etc*] conmemorar; **what are you celebrating?** ¿qué festejáis?, ¿cuál es el mo-

➤ LANGUAGE IN USE: **cause B** 17.1, 26.3 **celebrate A** 25.2

tivo de esta fiesta?; **we're celebrating his arrival** estamos celebrando su llegada; **he ~d his birthday by scoring two goals** celebró su cumpleaños marcando dos goles
2 [+ *mass*] celebrar, decir; [+ *marriage*] celebrar
Ⓑ VI divertirse, festejar

**celebrated** ['selɪbreɪtɪd] ADJ célebre, famoso

**celebration** [,selɪ'breɪʃən] N 1 (= *act*) celebración *f*, festejo *m*; **in ~ of** para celebrar
2 (= *party*) fiesta *f*, guateque *m*; (= *festivity*) festividad *f*; **we must have a ~** hay que celebrarlo *or* festejarlo, hay que hacer una fiesta; **the jubilee ~s** las conmemoraciones *or* los festejos del aniversario

**celebratory** [,selɪ'breɪtərɪ] ADJ [*event etc*] de celebración; **let's have a ~ dinner** vamos a ofrecer una cena para celebrarlo

**celebrity** [sɪ'lebrɪtɪ] N (= *fame, person*) celebridad *f*

**celeriac** [sə'lerɪæk] N apio-nabo *m*

**celerity** [sɪ'lerɪtɪ] N (*frm*) celeridad *f*

**celery** ['selərɪ] N apio *m*; **head/stick of ~** cabeza *f*/tallo *m* de apio

**celestial** [sɪ'lestɪəl] ADJ (*lit, fig*) celestial

**celibacy** ['selɪbəsɪ] N celibato *m*

**celibate** ['selɪbɪt] Ⓐ ADJ célibe
Ⓑ N célibe *mf*

**cell** [sel] Ⓐ N 1 (*in prison, monastery etc*) celda *f*
2 (*Bio, Pol*) célula *f*
3 (*Elec*) pila *f*
Ⓑ CPD ► **cell biology** N biología *f* celular

**cellar** ['seləʳ] N sótano *m*; (*for wine*) bodega *f*; **to keep a good ~** tener buena bodega

**cellist** ['tʃelɪst] N violoncelista *mf*, violonchelista *mf*

**cellmate** ['selmeɪt] N compañero/a *m/f* de celda

**cello** ['tʃeləʊ] N violoncelo *m*, violonchelo *m*

**Cellophane**® ['seləfeɪn] N celofán *m*

**cellphone** ['sel,fəʊn] N = **cellular telephone**

**cellular** ['seljʊləʳ] Ⓐ ADJ (*Bio*) celular
Ⓑ CPD ► **cellular blanket** N manta *f* con tejido muy suelto ► **cellular telephone** N teléfono *m* celular

**cellulite** ['seljʊlaɪt] N celulitis *f*

**cellulitis** [,selju'laɪtɪs] N celulitis *f*

**celluloid** ['seljʊlɔɪd] Ⓐ N celuloide *m*; **on ~** (*Cine*) en el celuloide, en el cine
Ⓑ ADJ (*Cine*) del celuloide, cinematográfico

**cellulose** ['seljʊləʊs] N celulosa *f*

**Celsius** ['selsɪəs] ADJ celsius, centígrado; **20 degrees ~** 20 grados centígrados

**Celt** [kelt, selt] N celta *mf*

**Celtiberia** [,keltaɪ'bɪərɪ] N Celtiberia *f*

**Celtiberian** [,keltaɪ'bɪərɪən] Ⓐ ADJ celtibérico
Ⓑ N celtíbero/a *m/f*

**Celtic** ['keltɪk, 'seltɪk] Ⓐ ADJ celta, céltico
Ⓑ N (*Ling*) celta *m*

**cembalo** ['tʃembələʊ] N (*pl* **cembalos** *or* **cembali** ['tʃembəlɪ]) clavicordio *m*, clave *m*

**cement** [sə'ment] Ⓐ N cemento *m*; (= *glue*) cola *f*
Ⓑ VT 1 (*Constr*) cementar, cubrir de cemento
2 (*fig*) cimentar
Ⓒ CPD ► **cement mixer** N hormigonera *f*

**cementation** [,siːmen'teɪʃən] N cementación *f*

**cemetery** ['semɪtrɪ] N cementerio *m*

**cenotaph** ['senətɑːf] N cenotafio *m*

**censer** ['sensəʳ] N incensario *m*

**censor** ['sensəʳ] Ⓐ N censor(a) *m/f*
Ⓑ VT censurar

**censorious** [sen'sɔːrɪəs] ADJ (*frm*) hipercrítico

**censorship** ['sensəʃɪp] N censura *f*

**censurable** ['senʃərəbl] ADJ censurable

**censure** ['senʃəʳ] Ⓐ N censura *f*; **vote of ~** voto de censura
Ⓑ VT censurar

**census** ['sensəs] Ⓐ N (*pl* **censuses**) censo *m*; **to take a ~ of** levantar el censo de
Ⓑ CPD ► **census taker** N (*US*) encuestador(a) *m/f* del censo

**cent** [sent] N céntimo *m*, centavo *m* (*LAm*); **I haven't a ~** (*US**) no tengo ni un céntimo *or* (*LAm*) ni un peso

**cent.** ABBR 1 (= **centigrade**) C
2 = **central**
3 (= **century**) s

**centaur** ['sentɔːʳ] N centauro *m*

**centenarian** [,sentɪ'nɛərɪən] Ⓐ ADJ centenario
Ⓑ N centenario/a *m/f*

**centenary** [sen'tiːnərɪ] (*esp Brit*) N centenario *m*; **the ~ celebrations for ...** las festividades para celebrar el centenario de ...

**centennial** [sen'tenɪəl] Ⓐ ADJ centenario
Ⓑ N (*US*) = **centenary**

**center** *etc* ['sentəʳ] (*US*) = **centre** *etc*

**centesimal** [sen'tesɪməl] ADJ centesimal

**centigrade** ['sentɪgreɪd] ADJ centígrado; **30 degrees ~** 30 grados centígrados

**centigram(me)** ['sentɪgræm] N centigramo *m*

**centilitre**, **centiliter** (*US*) ['sentɪ,liːtəʳ] N centilitro *m*

**centime** ['sɑ̃ːntiːm] N céntimo *m*

**centimetre**, **centimeter** (*US*) ['sentɪ,miːtəʳ] N centímetro *m*

**centipede** ['sentɪpiːd] N ciempiés *m inv*

**central** ['sentrəl] Ⓐ ADJ 1 (= *in the middle*) central; **the houses are arranged around a ~ courtyard** las casas están distribuidas alrededor de un patio central
2 (= *near the centre of town*) [*house, office, location*] céntrico; **I'm looking for somewhere more ~** busco algo más céntrico; **his flat is very ~** su piso está muy céntrico; **it's in ~ Paris** está en el centro de París
3 (= *principal*) [*figure, problem, idea, fact*] central, fundamental; [*role*] fundamental; [*aim*] principal; **of ~ importance** de la mayor importancia, primordial; **the issue of Aids is ~ to the plot of the film** el tema del SIDA es fundamental en el argumento de la película; **it is ~ to our policy** es un punto clave de nuestra política
4 (*Admin, Pol*) [*committee, planning, control etc*] central
Ⓑ N (*US*) (= *exchange*) central *f* telefónica
Ⓒ CPD ► **Central African Republic** N República *f* Centroafricana ► **Central America** N Centroamérica *f*, América *f* Central ► **Central Asia** N Asia *f* Central ► **central bank** N banco *m* central ► **central casting** N (*Cine*) departamento *m* de reparto *or* casting; **a Texan farmer straight from** *or* **out of ~ casting** (*fig hum*) un granjero tejano de pura cepa *or* con toda la barba ► **Central Daylight Time** N (*US*) horario *m* de verano de la zona central (de Estados Unidos) ► **Central Europe** N Europa *f* Central ► **central government** N gobierno *m* central ► **central heating** N calefacción *f* central ► **central locking** N (*Aut*) cierre *m* centralizado ► **central nervous system** N sistema *m* nervioso central ► **central processing unit** N (*Comput*) unidad *f* central de proceso ► **central reservation** N (*Brit Aut*) mediana *f* ► **Central Standard Time** N (*US*) horario *m* de la zona central (de Estados Unidos); *see also* **Central American**, **Central Asian**, **Central European**

**Central American** [,sentrələ'merɪkən] Ⓐ N centroamericano/a *m/f*
Ⓑ ADJ centroamericano, de América Central

**Central Asian** [,sentrəl'eɪʃn] ADJ centroasiático, de Asia Central

**Central European** [,sentrəljʊərə'piːən] Ⓐ N centroeuropeo/a *m/f*
Ⓑ ADJ centroeuropeo, de Europa Central
Ⓒ CPD ► **Central European Time** N horario *m* de la zona central europea

**centralism** ['sentrəlɪzəm] N (*Pol*) centralismo *m*

**centralist** ['sentrəlɪst] ADJ centralista

**centrality** [sen'trælɪtɪ] N (*frm*) centralidad *f*

**centralization** [,sentrəlaɪ'zeɪʃən] N centralización *f*

**centralize** ['sentrəlaɪz] VT centralizar

**centralized** ['sentrəlaɪzd] ADJ centralizado

**centrally** ['sentrəlɪ] ADV [*positioned, located*] en el centro, en un sitio céntrico; **~ heated** con calefacción central; **~ planned economy** economía *f* de planificación central; **he lives ~** vive en el centro

**centre**, **center** (*US*) ['sentəʳ] Ⓐ N 1 (= *middle*) centro *m*; [*of chocolate*] relleno *m*; **in the ~** en el centro; **the man at the ~ of the controversy** el hombre sobre el que gira la polémica
2 (= *focus*) centro *m*; **the ~ of attention** el centro de atención; **the ~ of attraction** el centro de atracción; **a ~ of intrigue** un centro de intrigas
3 (= *place for specific activity*) centro *m*; **health ~** centro *m* de salud, centro *m* médico
4 (*Pol*) centro *m*
5 (*Sport*) (= *player, kick*) centro *m*
Ⓑ VT 1 (= *place in centre*) centrar; **to feel ~d** (*mentally*) estar centrado
2 (*Sport*) [+ *ball*] pasar al centro, centrar
3 (= *concentrate*) concentrar (**on** en)
Ⓒ VI **to ~ (a)round/in/on** concentrarse en; [*hopes etc*] cifrarse en
Ⓓ CPD ► **centre court** N (*Tennis*) pista *f* central ► **centre forward** N (*Sport*) (delantero/a *m/f*) centro *mf* ► **centre of gravity** N centro *m* de gravedad ► **centre party** N (*Pol*) partido *m* centrista ► **centre spread** N (*Brit Press*) páginas *fpl* centrales ► **centre stage** N (*Theat*) centro *m* del escenario; **to take ~ stage** adquirir protagonismo, pasar a un primer plano

**centre-back** ['sentə'bæk] N (*Sport*) defensa *mf* centro, escoba *m*

**centreboard**, **centerboard** (*US*) ['sentəbɔːd] N orza *f* de deriva

**-centred**, **-centered** (*US*) ['sentəd] ADJ (*ending in compounds*) centrado en, basado en; **home-centred** centrado en el hogar

**centrefold**, **centerfold** (*US*) ['sentə,fəʊld] N póster *m* central, encarte *m* central

**centre-half** [,sentə'hɑːf] N (*pl* **centre-halves** [,sentə'hɑːvz]) (*Sport*) medio *mf* centro

**centrepiece**, **centerpiece** (*US*) ['sentəpiːs] N centro *m* de mesa; (*fig*) atracción *f* principal

**centrifugal** [sen'trɪfjʊgəl] ADJ centrífugo

**centrifuge** ['sentrɪfjuːʒ] Ⓐ N centrifugadora *f*
Ⓑ VT centrifugar

**centripetal** [sen'trɪpɪtl] ADJ centrípeto

**centrism** ['sentrɪzəm] N centrismo *m*

**centrist** ['sentrɪst] Ⓐ ADJ centrista
Ⓑ N centrista *mf*

**centuries-old** ['sentjʊrɪz,əʊld] ADJ secular

**centurion** [sen'tjʊərɪən] N centurión *m*

**century** ['sentjʊrɪ] N **1** (= *100 years*) siglo *m*; **in the 20th ~** en el siglo veinte
**2** (*Cricket*) cien puntos *mpl*, cien carreras *fpl*

**CEO** N ABBR (*US*) = **Chief Executive Officer**

**ceramic** [sɪ'ræmɪk] ADJ de cerámica

**ceramics** [sɪ'ræmɪks] N (= *art*) cerámica *fsing*; (= *objects*) cerámicas *fpl*

**cereal** ['sɪərɪəl] Ⓐ ADJ cereal
Ⓑ N (= *crop*) cereal *m*; (= *breakfast cereal*) cereales *mpl*

**cerebellum** [,serɪ'beləm] N (*pl* **cerebellums** *or* **cerebella** [,serɪ'belə]) cerebelo *m*

**cerebral** ['serɪbrəl] (*US*) [sə'riːbrəl] Ⓐ ADJ **1** (*Med*) cerebral
**2** (= *intellectual*) cerebral, intelectual
Ⓑ CPD ► **cerebral palsy** N parálisis *f* cerebral

**cerebration** [,serɪ'breɪʃən] N (*frm*) meditación *f*, actividad *f* mental

**cerebrum** ['serəbrəm] N (*pl* **cerebrums** *or* **cerebra** ['serəbrə]) cerebro *m*

**ceremonial** [,serɪ'məʊnɪəl] Ⓐ ADJ [*rite*] ceremonial; [*dress*] de ceremonia, de gala
Ⓑ N ceremonial *m*

**ceremonially** [,serɪ'məʊnɪəlɪ] ADV con ceremonia

**ceremonious** [,serɪ'məʊnɪəs] ADJ ceremonioso

**ceremoniously** [,serɪ'məʊnɪəslɪ] ADV ceremoniosamente

▼ **ceremony** ['serɪmənɪ] N ceremonia *f*; ✦**IDIOM** **to stand on ~** andarse con ceremonias *or* cumplidos; **let's not stand on ~** dejémonos de ceremonias *or* cumplidos

**cerise** [sə'riːz] Ⓐ ADJ (de) color de cereza
Ⓑ N cereza *f*

**CERN** [sɜːn] N ABBR = **Conseil Européen pour la Recherche Nucléaire**

**cert*** [sɜːt] N ABBR (*Brit*) (= **certainty**) **it's a (dead) ~** es cosa segura; **he's a (dead) ~ for the job** sin duda le darán el puesto

**cert.** ABBR **1** = **certificate**
**2** = **certified**

▼ **certain** ['sɜːtən] Ⓐ ADJ **1** (= *convinced*) **to be ~** [*person*] estar seguro; **I'm ~ he's hiding something** estoy seguro de que está ocultando algo; **to be ~ about sth** estar seguro de algo; **to feel ~** estar seguro; **to be ~ of sth** estar seguro de algo; **I am ~ of it** estoy seguro de ello; **you don't sound very ~** no pareces estar muy seguro
**2** (= *sure*) **for ~**: **I can't say for ~** no puedo decirlo con seguridad *or* a ciencia cierta; **we don't know for ~ what caused the accident** no sabemos con seguridad *or* a ciencia cierta lo que causó el accidente; **he's up to something, that's for ~** trama algo, de eso no hay duda *or* eso es seguro; **to make ~ of sth** asegurarse de algo; **you should make ~ of your facts** debes asegurarte de que los datos son ciertos; **to make ~ that** asegurarse de que; **I wanted to make absolutely ~ that this was the right number** quería asegurarme del todo de que este número era el correcto; **I made ~ that he kept his promise** me aseguré de que cumpliese su promesa
**3** (= *definite, guaranteed*) [*defeat, death, winner*] seguro; [*cure*] definitivo; [*fact*] cierto, seguro; **one thing is ~ …** una cosa es segura …; **it is ~ that …** es seguro que …; **it's almost ~ that her husband is dead** es casi seguro que *or* se tiene la casi completa seguridad de que su marido está muerto; **the hospital is facing almost ~ closure** el hospital se enfrenta al cierre casi inevitable; **it is far from ~ that they can win this election** no es ni mucho menos seguro *or* no está nada claro que puedan ganar estas elecciones; **he has been there four times to my ~ knowledge** me consta que *or* sé con certeza que ha estado allí cuatro veces; **in the ~ knowledge that …** con la seguridad *or* certeza de que …; **nothing's ~ in this world** no hay nada seguro en este mundo
**4** + INFIN **be ~ to tell her** no dejes *or* olvides de decírselo; **he is ~ to be there** (es) seguro que estará allí; **there's ~ to be an argument** con seguridad se producirá una discusión; (*less formal*) seguro que habrá una discusión; **there's ~ to be strong opposition to these proposals** está garantizado que estas propuestas se enfrentarán a una fuerte oposición; **the plans are almost ~ to go ahead** los planes se llevarán a cabo casi con toda seguridad
**5** (= *particular*) cierto; **on a ~ day in May** cierto día de mayo; **a ~ Mr/Mrs Smith** un tal Señor/una tal Señora Smith; **of a ~ age** de cierta edad; **in ~ circumstances** en ciertas *or* determinadas circunstancias; **a ~ number of people/years** un cierto número de personas/años; **a ~ person told me that …** cierta persona me dijo que …; **she has a ~ something** tiene algo *or* un no sé qué; **at ~ times of the day/month/year** en ciertos momentos del día/ciertos días del mes/ciertas épocas del año
**6** (= *slight*) [*impatience, bitterness, courage*] cierto; **there's a ~ amount of confusion about the arrangements** existe una cierta confusión *or* un cierto grado de confusión sobre los preparativos; **to a ~ degree** *or* **extent** hasta cierto punto
Ⓑ PRON (*frm*) ciertos/as *mpl/fpl*, algunos/as *mpl/fpl*; **~ of our leaders** ciertos líderes nuestros, algunos de nuestros líderes

▼ **certainly** ['sɜːtənlɪ] ADV **1** (= *undoubtedly*) con toda certeza, sin duda alguna; **if nothing is done there will ~ be an economic crisis** si no se hace nada, con toda certeza *or* sin duda alguna se producirá una crisis económica; **your answer is almost ~ right** casi seguro que *or* casi con seguridad tu respuesta está bien; **it is ~ true that …** desde luego es verdad *or* cierto que …
**2** (= *definitely*) **something should ~ be done about that** decididamente, deberían hacer algo al respecto; **I will ~ get it finished by tomorrow** definitivamente lo termino para mañana; **it's ~ better** desde luego es mucho mejor; **this computer is ~ an improvement on the old one** este ordenador es sin ninguna duda mejor que el antiguo; **it ~ impressed me** ya lo creo que me impresionó; **I shall ~ be there** no faltaré, seguro que estaré; **you ~ did that well** desde luego eso lo hiciste bien; **I would ~ like to try** desde luego (que) me gustaría probar; **such groups most ~ exist** esos grupos existen con toda seguridad
**3** (*in answer to questions, requests*) **"could you give me a lift?" — "certainly!"** —¿me podrías llevar? —¡claro (que sí)! *or* ¡por supuesto! *or* ¡faltaría más!; **~ madam!** ¡con mucho gusto, señora!, ¡por supuesto, señora!; **"wouldn't you agree?" — "oh, ~"** —¿estás de acuerdo? —sí, desde luego; **"had you forgotten?" — "~ not"** —¿se le había olvidado? —por supuesto que no *or* claro que no; **"would you ever eat snake?" — "~ not!"** —¿comerías serpiente? —¡qué va!; **"will you accept his offer?" — "~ not!"** —¿vas a aceptar su oferta? —¡qué va! *or* ¡de ninguna manera!; **"can I go on my own?" — "~ not!"** —¿puedo ir sola? —¡de eso nada! *or* ¡ni hablar!
**4** (= *granted*) **~, she has potential, but …** desde luego tiene posibilidades, pero …, no hay duda de que tiene posibilidades, pero …

**certainty** ['sɜːtəntɪ] N **1** (*no pl*) (= *conviction*) certeza *f*, seguridad *f*; **I can't say with any ~ that this will happen** no puedo decir con ninguna certeza *or* seguridad que esto vaya a suceder
**2** (= *sure fact*) **faced with the ~ of disaster** ante la seguridad *or* lo inevitable del desastre; **we know for a ~ that …** sabemos a ciencia cierta que …; **it's a ~** es cosa segura; **there are no certainties in modern Europe** en la Europa moderna no hay nada seguro, pocas cosas son seguras en la Europa moderna; **there is no ~ that they will be alive** no existe la seguridad *or* la certeza de que vayan a estar vivos

**Cert. Ed.** N ABBR = **Certificate of Education**

**certifiable** [,sɜːtɪ'faɪəbl] ADJ **1** [*fact, claim*] certificable
**2** (*Med*) declarado demente; (*) (= *mad*) loco, demente

**certificate** [sə'tɪfɪkɪt] N certificado *m*; (*Univ etc*) diploma *m*, título *m*; **birth/death/marriage ~** partida *f* de nacimiento/defunción/matrimonio; **~ of airworthiness** certificado de aeronavegabilidad; **~ of deposit** certificado de depósito; **~ of incorporation** escritura *f* de constitución (*de una sociedad anónima*); **~ of origin** certificado de origen; **Certificate of Secondary Education** (*Brit Scol*) (*formerly*) ≈ Título *m* de BUP; **X ~** (*Cine*) (para) mayores de 18 años

**certificated** [sə'tɪfɪkeɪtɪd] ADJ titulado, diplomado

**certification** [,sɜːtɪfɪ'keɪʃən] N certificación *f*

**certified** ['sɜːtɪfaɪd] Ⓐ ADJ **1** [*cheque*] certificado; [*translation*] confirmado, jurado
**2** [*person*] (*in profession*) titulado, diplomado; (= *declared insane*) demente
Ⓑ CPD ► **certified copy** N copia *f* certificada ► **certified mail** N (*US*) correo *m* certificado ► **certified public accountant** N (*US*) contable *mf* diplomado/a

**certify** ['sɜːtɪfaɪ] VT **1** (= *confirm*) certificar; **certified as a true copy** confirmada como copia auténtica; **to ~ that…** declarar que…
**2** (*Med*) **to ~ sb (insane)** certificar que algn no está en posesión de sus facultades mentales; **you ought to be certified!*** (*esp hum*) ¡estás como una cabra!, ¡estás para que te encierren!

**certitude** ['sɜːtɪtjuːd] N certidumbre *f*

**cerumen** [sɪ'ruːmen] N cerumen *m*

**cervical** ['sɜːvɪkəl] Ⓐ ADJ cervical
Ⓑ CPD ► **cervical cancer** N cáncer *m* cervical *or* del cuello del útero ► **cervical smear** N frotis *m* cervical, citología *f*

**cervix** ['sɜːvɪks] N (*pl* **cervixes** *or* **cervices** [sə'vaɪsiːz]) cuello *m* del útero

**Cesarean** [siː'zeərɪən] N (*US*) = **Caesarean**

**cesium** ['siːzɪəm] N (*US*) = **caesium**

**cessation** [se'seɪʃən] N (*frm*) cese *m*, suspensión *f*; **~ of hostilities** cese *m* de hostilidades

**cession** ['seʃən] N cesión *f*

**cesspit** ['sespɪt], **cesspool** ['sespuːl] N pozo *m* negro; (*fig*) sentina *f*

**CET** N ABBR = **Central European Time**

**cetacean** [sɪ'teɪʃɪən] Ⓐ ADJ cetáceo
Ⓑ N cetáceo *m*

**Cetnik** ['tʃetnɪk] ADJ, N chetnik *mf*

**Ceylon** [sɪ'lɒn] N (*Hist*) Ceilán *m*

**Ceylonese** [sɪlɒ'niːz] (*Hist*) Ⓐ ADJ ceilanés
Ⓑ N ceilanés/esa *m/f*

► LANGUAGE IN USE: **ceremony** 25.1 **certain A1** 16.1 **A2** 15.1, 16.1 **A3** 16.1, 26.3 **certainly 1** 15.1

**CF, cf**[1] N ABBR (= **cost and freight**) C y F
**cf**[2] ABBR (= **confer, compare**) cfr., cf.
**C/F, c/f, c/fwd** ABBR = **carried forward**
**CFC** N ABBR (= **chlorofluorocarbon**) CFC *m*
**CFE** Ⓐ N ABBR (*Brit*) = **college of further education**
Ⓑ NPL ABBR = **Conventional Forces in Europe**
**CFO** N ABBR = **chief financial officer**
**CG** N ABBR = **coastguard**
**cg** ABBR (= **centigram(s), centigramme(s)**) cg
**CGA** N ABBR (*Comput*) = **colour graphics adaptor**
**CH** N ABBR (*Brit*) (= **Companion of Honour**) *título honorífico*
**ch** ABBR [1] (*Literat*) (= **chapter**) cap., c., c/
[2] (*Fin*) (= **cheque**) ch.
[3] (*Rel*) = **church**
**Ch.** ABBR (= **chapter**) cap., c., c/
**c.h.** ABBR (= **central heating**) cal.cen.
**cha-cha(-cha)** ['tʃɑːtʃɑː('tʃɑː)] N cha-cha-chá *m*
**Chad** [tʃæd] Ⓐ N Chad *m*; **Lake ~** Lago *m* Chad
Ⓑ ADJ chadiano
**chador** ['tʃʌdəʳ] N chador *m*
**chafe** [tʃeɪf] Ⓐ VT [1] (= *rub against*) [+ *skin etc*] rozar, raspar
[2] (= *warm*) calentar frotando
Ⓑ VI [1] (= *become sore*) irritar; **to ~ against sth** rozar *or* raspar algo
[2] (*fig*) impacientarse *or* irritarse (**at** por)
**chaff** [tʃɑːf] Ⓐ N [1] (= *husks*) cascarilla *f*, ahechaduras *fpl*; (= *animal food*) pienso *m*, forraje *m*; *see also* **wheat**
[2] (*fig*) paja *f*
Ⓑ VT zumbarse de, tomar el pelo a
**chaffinch** ['tʃæfɪntʃ] N pinzón *m* (vulgar)
**chafing dish** ['tʃeɪfɪŋdɪʃ] N calientaplatos *m inv*
**chagrin** ['ʃægrɪn] Ⓐ N (= *anger*) disgusto *m*; (= *disappointment*) desilusión *f*, desazón *f*; **to my ~** con gran disgusto mío
Ⓑ VT mortificar, disgustar
**chain** [tʃeɪn] Ⓐ N [1] (*lit*) cadena *f*; **to pull the ~** [*of lavatory*] tirar de la cadena
[2] **chains** (= *fetters*) cadenas *fpl*, grillos *mpl*; (*Aut*) cadenas *fpl*; **in ~s** encadenado
[3] (*fig*) **~ of mountains** cordillera *f*; **~ of shops** cadena *f* de tiendas; **~ of command** cadena *f* de mando; **~ of events** serie *f* de acontecimientos; **to form a human ~** formar una cadena humana
[4] (= *measure*) *medida de longitud equivalente a 22 yardas o 20,12 metros*
Ⓑ VT encadenar; **he was ~ed to the wall** estaba encadenado a la pared
Ⓒ CPD ► **chain gang** N (*US*) cadena *f* de presidiarios ► **chain letter** N carta *f* que circula en cadena (*con promesa de una ganancia cuantiosa para los que siguen las indicaciones que da*) ► **chain lightning** N relámpagos *mpl* en zigzag ► **chain mail** N cota *f* de malla ► **chain pump** N bomba *f* de cangilones ► **chain reaction** N reacción *f* en cadena ► **chain smoker** N fumador(a) *m/f* empedernido/a ► **chain stitch** N (*Sew*) punto *m* de cadeneta, cadeneta *f* ► **chain store** N tienda *f* que pertenece a una cadena
►**chain up** VT + ADV encadenar
**chain-link fence** [ˌtʃeɪnlɪŋk'fens] N valla *f* de tela metálica
**chainsaw** ['tʃeɪnˌsɔː] N sierra *f* de cadena
**chain-smoke** ['tʃeɪnˌsməʊk] VI fumar un pitillo tras otro
**chair** [tʃɛəʳ] Ⓐ N [1] (*gen*) silla *f*; (= *armchair*) sillón *m*, butaca *f*; (= *wheelchair*) silla *f* (de ruedas); (= *seat*) lugar *m*, asiento *m*; **please take a ~** siéntese *or* tome asiento por favor
[2] (*Univ*) cátedra *f*
[3] [*of meeting*] presidencia *f*; (= *chairman*) presidente *m*; **to be in the ~** ◊ **take the ~** presidir; **to address the ~** dirigirse al presidente
[4] **the ~** (*US*) (= *electric chair*) la silla eléctrica
Ⓑ VT [1] [+ *person*] llevar a hombros; **they ~ed him off the ground** le sacaron del campo a hombros
[2] [+ *meeting*] presidir
**chairback** ['tʃɛəbæk] N respaldo *m*
**chairbound** ['tʃɛəbaʊnd] ADJ en silla de ruedas
**chairlift** ['tʃɛəlɪft] N telesilla *m or f*, teleférico *m*
**chairman** ['tʃɛəmən] N (*pl* **chairmen**) presidente/a *m/f*; **~'s report** informe *m* del presidente
**chairmanship** ['tʃɛəmənʃɪp] N (= *post*) presidencia *f*; (= *art*) arte *m* de presidir reuniones
**chairoplane** ['tʃɛərəʊˌpleɪn] N silla *f* colgante
**chairperson** ['tʃɛəˌpɜːsn] N presidente/a *m/f*
**chairwarmer*** ['tʃɛəˌwɔːməʳ] N (*US*) calientasillas *mf inv*
**chairwoman** ['tʃɛəˌwʊmən] N (*pl* **chairwomen**) presidenta *f*
**chaise longue** ['ʃeɪz'lɔ̃ːŋ] N (*pl* **chaise-longues**) tumbona *f*
**chakra** ['tʃækrə] N chakra *m*
**chalet** ['ʃæleɪ] N chalet *m*, chalé *m*
**chalice** ['tʃælɪs] N (*Rel*) cáliz *m*; *see also* **poison B2**
**chalk** [tʃɔːk] Ⓐ N (*Geol*) creta *f*; (*for writing*) tiza *f*, gis *m* (*Mex*); **a (piece of) ~** una tiza *f*, un gis *m* (*Mex*); ✦*IDIOMS* **by a long ~** (*Brit**) de lejos; **not by a long ~** (*Brit**) ni con mucho, ni mucho menos; **to be as different as ~ and cheese** ser como el día y la noche
Ⓑ VT [+ *message*] escribir con tiza; [+ *luggage*] marcar con tiza
►**chalk up** VT + ADV (*lit*) apuntar; (*fig*) [+ *success, victory*] apuntarse
**chalkboard** ['tʃɔːkbɔːd] N (*US*) pizarra *f*
**chalkface** ['tʃɔːkfeɪs] N **the teacher at the ~** el maestro en su clase, el profesor delante de la pizarra; **those at the ~** los que enseñan
**chalkpit** ['tʃɔːkpɪt] N cantera *f* de creta
**chalktalk*** ['tʃɔːktɔːk] N (*US*) charla *f* ilustrada en la pizarra
**chalky** ['tʃɔːkɪ] ADJ (*compar* **chalkier**; *superl* **chalkiest**) (*Geol*) cretáceo
**challenge** ['tʃælɪndʒ] Ⓐ N [1] (*to game, fight etc*) desafío *m*, reto *m*; [*of sentry*] alto *m*; **to issue a ~ to sb** desafiar a algn; **to rise to the ~** ponerse a la altura de las circunstancias; **to take up a ~** aceptar un desafío
[2] (= *bid*) (*for leadership etc*) intento *m* (**for** por); **Vigo's ~ for the league leadership** la tentativa que hace el Vigo para hacerse con el liderato de la liga
[3] (*fig*) desafío *m*, reto *m*; **this task is a great ~** esta tarea representa un gran desafío; **the ~ of the 21st century** el reto del siglo XXI; **the ~ of new ideas** el reto de las nuevas ideas
[4] (*Jur*) recusación *f*
Ⓑ VT [1] (*to duel*) desafiar, retar; [*sentry*] dar el alto a
[2] [+ *speaker*] hablar en contra de; **to ~ sb to do sth** desafiar *or* retar a algn a que haga algo
[3] (= *dispute*) [+ *fact, point*] poner en duda; **I ~ that conclusion** dudo que esa conclusión sea acertada
[4] (*Jur*) recusar
**challenger** ['tʃælɪndʒəʳ] N desafiador(a) *m/f*; (= *competitor*) aspirante *mf*; (= *opponent*) contrincante *mf*
**challenging** ['tʃælɪndʒɪŋ] ADJ [1] (= *provocative*) [*remark, look, tone*] desafiante
[2] (= *stimulating*) [*book*] estimulante, provocador; (= *demanding*) [*job, task*] que supone un desafío *or* un reto
**challengingly** ['tʃælɪndʒɪŋlɪ] ADV [1] (= *defiantly*) [*say*] en tono desafiante; [*act*] con una actitud desafiante, provocadoramente
[2] (= *demandingly*) [*difficult*] de forma que supone un desafío *or* un reto
**chamber** ['tʃeɪmbəʳ] Ⓐ N [1] [*of parliament*] cámara *f*; (†) (= *esp bedroom*) aposento† *m*; **chambers** [*of judge*] despacho *m*; [*of barrister*] bufete *m*; **the Upper/Lower Chamber** (*Pol*) la Cámara Alta/Baja; **~ of commerce** cámara de comercio
[2] [*of gun*] recámara *f*
Ⓑ CPD ► **chamber concert** N concierto *m* de cámara ► **chamber music** N música *f* de cámara ► **chamber orchestra** N orquesta *f* de cámara ► **chamber pot** N orinal *m*
**chamberlain** ['tʃeɪmbəlɪn] N chambelán *m*, gentilhombre *m* de cámara
**chambermaid** ['tʃeɪmbəmeɪd] N (*in hotel*) camarera *f*
**chambray** ['tʃæmbreɪ] N (*US*) = **cambric**
**chameleon** [kə'miːlɪən] N camaleón *m*
**chamfer** ['tʃæmfəʳ] Ⓐ N chaflán *m*, bisel *m*
Ⓑ VT chaflanar, biselar
**chammy** ['ʃæmɪ] N gamuza *f*
**chamois** N [1] ['ʃæmwɑː] (*Zool*) gamuza *f*
[2] ['ʃæmɪ] (*also* **~ leather**) gamuza *f*
**chamomile** ['kæməʊmaɪl] N = **camomile**
**champ**[1] [tʃæmp] VI **to ~ at** morder, mordiscar; [+ *bit*] tascar, morder; ✦*IDIOM* **to be ~ing at the bit (to do sth)** estar impaciente (por hacer algo)
**champ**[2]* [tʃæmp] N = **champion**
**Champagne** [ʃæm'peɪn] N Champaña *f*
**champagne** [ʃæm'peɪn] Ⓐ N champán *m*, champaña *m or f*
Ⓑ CPD ► **champagne breakfast** N desayuno *m* con champán ► **champagne glass** N copa *f* de champán
**champers*** ['ʃæmpəz] N (*hum*) champán *m*
**champion** ['tʃæmpɪən] Ⓐ N campeón/ona *m/f*; [*of cause*] defensor(a) *m/f*, paladín *m*; **boxing ~** campeón de boxeo; **world ~** campeón mundial
Ⓑ ADJ [1] (= *award-winning*) campeón; **a ~ athlete** un campeón de atletismo
[2] (*) magnífico, estupendo; **~!** ¡magnífico!, ¡estupendo!
Ⓒ VT defender, abogar por
**championship** ['tʃæmpɪənʃɪp] N [1] (= *contest*) campeonato *m*
[2] [*of cause*] defensa *f*
**chance** [tʃɑːns] Ⓐ N [1] (= *fate*) azar *m*; (= *coincidence*) casualidad *f*; **by ~** por casualidad; **we met by ~ in Paris** nos encontramos por casualidad en París; **do you have a room available, by any ~?** ¿no tendrá por casualidad una habitación libre?, ¿por casualidad tiene una habitación libre?; **to leave nothing to ~** no dejar nada al azar *or* a la casualidad, no dejar ningún cabo suelto *or* por atar; **to trust sth to ~** dejar algo al azar; *see also* **game**[1] **A1.1**
[2] (= *opportunity*) oportunidad *f*, ocasión *f*; **~ would be a fine thing!*** ¡ojalá!, ¡ya quisiera yo!; **you'll never get another ~ like this** nunca se te presentará otra oportunidad *or* ocasión como ésta; **all those eligible will**

➤ LANGUAGE IN USE: chance A3 15.2, 16.2

**get a ~ to vote** todas las personas que cumplan los requisitos podrán votar; **to give sb a ~: he didn't give me a ~ to say anything** no me dio (la) oportunidad de decir nada; **give me a ~, I've only just got here!** ¡espera un ratito, acabo de llegar!; **he never had a ~ in life** nunca tuvo suerte en la vida; **given half a ~ he'd eat the lot*** si se le dejara, se lo comería todo; **you always wanted to ride a horse, and here's your ~** siempre quisiste montar a caballo, ahora tienes la oportunidad; **to jump** *or* **leap at the ~** aprovechar la oportunidad *or* ocasión, no dejar escapar la oportunidad *or* ocasión; **it's the ~ of a lifetime** es la oportunidad de mi/tu/su *etc* vida; **to have an eye on** *or* **to the main ~*** (*pej*) estar a la que salta*; **to miss one's ~** perder la *or* su oportunidad; **she's gone out, now's your ~!** ha salido, ¡ésta es tu oportunidad!; **they decided to give me a second ~** decidieron darme una segunda oportunidad

3 (= *possibility*) posibilidad *f*; **his ~s of survival are slim** tiene escasas posibilidades de sobrevivir, sus posibilidades de sobrevivir son escasas; **the ~s are that ...** lo más probable es que ...; **it has a one in 11,000 ~ (of winning)** tiene una posibilidad entre 11.000 (de ganar); **to have a good ~ of success** tener bastantes posibilidades de éxito; **to be in with a ~** (*Brit**) tener muchas posibilidades; **I had very little ~ of winning** tenía muy pocas posibilidades de ganar; **he has no ~ of winning** no tiene ninguna posibilidad de ganar, no tiene posibilidad alguna de ganar; **no ~!*** (*refusing*) ¡ni hablar!*; (*dismissing a possibility*) ¡qué va!*; **there is a slight ~ she may still be there** puede que exista una pequeña posibilidad de que todavía esté allí; **they don't stand a ~ (of winning)** no tienen ninguna posibilidad *or* posibilidad alguna (de ganar); **he never stood a ~, the truck went straight into him** no pudo hacer nada, el camión se fue derecho a él; *see also* **fat A5**

4 (= *risk*) riesgo *m*; **I'll take that ~** correré ese riesgo, me arriesgaré; **I'm not taking any ~s** no quiero arriesgarme; **you shouldn't take any ~s where your health is concerned** no deberías correr riesgos *or* arriesgarte cuando se trata de tu salud; **we decided to take a ~ on the weather** decidimos arriesgarnos con el tiempo

Ⓑ VT 1 (= *run the risk of*) [+ *rejection, fine*] arriesgarse a; **to ~ doing sth** arriesgarse a hacer algo; **to ~ it*** jugársela, arriesgarse; **✦IDIOM to ~ one's arm** *or* **one's luck** probar suerte

2 (*frm*) (= *happen*) **to ~ to do sth** hacer algo por casualidad; **she ~d to look up at that moment** en ese momento dio la casualidad de que levantó la vista *or* levantó la vista por casualidad; **I ~d to catch sight of her as she passed** la vi por casualidad cuando pasaba

Ⓒ CPD ► **chance meeting** N encuentro *m* fortuito *or* casual ► **chance remark** N comentario *m* casual

►**chance on, chance upon** VI + PREP [+ *object*] tropezar(se) con, encontrar por casualidad; [+ *person*] tropezar(se) con, encontrarse por casualidad con

**chancel** [ˈtʃɑːnsəl] N coro *m* y presbiterio

**chancellery** [ˈtʃɑːnsərɪ] N cancillería *f*

**chancellor** [ˈtʃɑːnsələʳ] N (*Pol*) canciller *mf*; (*Univ*) rector(a) *m/f* honorario/a; **Chancellor of the Exchequer** Ministro/a *m/f or* (*LAm*) Secretario/a *m/f* de Economía y Hacienda; **Lord Chancellor** *jefe de la administración de la justicia en Inglaterra y Gales, y presidente de la Cámara de los Lores*

**chancer*** [ˈtʃænsəʳ] N (*Brit*) trepa* *mf*

**chancery** [ˈtʃɑːnsərɪ] N 1 (*Brit Jur*) (*also* **Chancery Division**) *sala del High Court que se ocupa de causas de derecho privado*; **ward in ~** *pupilo/a bajo la protección del tribunal*

2 (*US*) = **chancellery**

3 (*US Jur*) (*also* **Court of Chancery**) tribunal *m* de equidad

**chancre** [ˈʃæŋkəʳ] N chancro *m*

**chancy*** [ˈtʃɑːnsɪ] ADJ (*compar* **chancier**; *superl* **chanciest**) arriesgado

**chandelier** [ˌʃændəˈlɪəʳ] N araña *f* (de luces)

**chandler** [ˈtʃɑːndləʳ] N velero *m*

**change** [tʃeɪndʒ] Ⓐ N 1 (*gen*) cambio *m*; (= *transformation*) transformación *f*; (= *alteration*) modificación *f*; (= *variation*) variación *f*; [*of skin*] muda *f*; **the day out made a refreshing ~** el día fuera de casa nos dio un buen cambio de aire; **to resist ~** resistirse a las innovaciones; **~ of address** cambio de domicilio; **to have a ~ of air** cambiar de aires; **the ~ of air has done me good** el cambio de aires me ha sentado bien; **a ~ for the better** un cambio para bien; **a ~ of clothes** ropa para cambiarse; (= *underclothes*) una muda; **just for a ~** para variar; **~ of heart** cambio de idea; **he's had a ~ of heart** ha cambiado de idea; **~ of horses** relevo *m* de los tiros; **a ~ in policy** un cambio de política; **the ~ of life** (*Med*) la menopausia; **~ of ownership** cambio de dueño; **~ of scene** cambio de aires; **a ~ for the worse** un cambio para mal; **✦IDIOM to get no ~ out of sb** no conseguir sacar nada a algn; **✦PROV a ~ is as good as a rest** un cambio de aires da fuerzas para seguir; *see also* **ring² B1**

2 (= *small coins*) cambio *m*, suelto *m*, sencillo *m*, feria *f* (*Mex**); (*for a larger coin*) cambio *m*; (= *money returned*) vuelta *f*, vuelto *m* (*LAm*); **can you give me ~ for one pound?** ¿tiene cambio de una libra?, ¿puede cambiarme una moneda de una libra?; **keep the ~** quédese con la vuelta; **you won't get much ~ out of a pound if you buy sugar** con una libra no te va a sobrar mucho si compras azúcar

Ⓑ VT 1 (*by substitution*) [+ *address, name etc*] cambiar; [+ *clothes, colour*] cambiar de; **to ~ trains/buses/planes (at)** hacer transbordo (en), cambiar de tren/autobús/avión (en); **to ~ gear** (*Aut*) cambiar de marcha; **to get ~d** cambiarse; **to ~ hands** cambiar de mano *or* de dueño; **he wants to ~ his job** quiere cambiar de trabajo; **to ~ one's mind** cambiar de opinión *or* idea; **to ~ places** cambiar de sitio; **I'm going to ~ my shoes** voy a cambiarme de zapatos; **let's ~ the subject** cambiemos de tema

2 (= *exchange*) (*in shop*) cambiar (**for** por); **can I ~ this dress for a larger size?** ¿puedo cambiar este vestido por otro de una talla mayor?

3 (= *alter*) [+ *person*] cambiar; (*fig*) evolucionar; (= *transform*) transformar (**into** en); **I find him much ~d** le veo muy cambiado; **the prince was ~d into a frog** el príncipe se transformó en rana

4 [+ *money*] cambiar; **to ~ pounds into dollars** cambiar libras en dólares; **can you ~ this note for me?** ¿me hace el favor de cambiar este billete?

5 (= *put fresh nappy on*) [+ *baby*] cambiar (el pañal de)

Ⓒ VI 1 (= *alter*) cambiar; **you've ~d!** ¡cómo has cambiado!, ¡pareces otro!; **you haven't ~d a bit!** ¡no has cambiado en lo más mínimo!

2 (= *be transformed*) transformarse (**into** en)

3 (= *change clothes*) cambiarse, mudarse; **she ~d into an old skirt** se cambió y se puso una falda vieja

4 (= *change trains*) hacer transbordo, cambiar de tren; (= *change buses*) hacer transbordo, cambiar de autobús; **all ~!** ¡fin de trayecto!

Ⓓ CPD ► **change machine** N máquina *f* de cambio ► **change purse** N (*US*) monedero *m*

►**change around** Ⓐ VT + ADV (= *rearrange*) cambiar de posición

Ⓑ VI + ADV cambiar

►**change down** VI + ADV (*Brit Aut*) cambiar a una velocidad inferior

►**change over** Ⓐ VI + ADV (*from sth to sth*) cambiar (**to** a); [*players etc*] cambiar(se)

Ⓑ VT + ADV cambiar

►**change round** *see* **change around**

►**change up** VI + ADV (*Brit Aut*) cambiar a una velocidad superior

**changeability** [ˌtʃeɪndʒəˈbɪlɪtɪ] N [*of situation, weather*] variabilidad *f*, lo cambiante; [*of person*] volubilidad *f*, lo cambiante

**changeable** [ˈtʃeɪndʒəbl] ADJ [*situation, weather*] variable; [*person*] voluble, inconstante

**changeless** [ˈtʃeɪndʒlɪs] ADJ inmutable

**changeling** [ˈtʃeɪndʒlɪŋ] N *niño sustituido por otro*

**changeover** [ˈtʃeɪndʒˌəʊvəʳ] N cambio *m*

**changing** [ˈtʃeɪndʒɪŋ] Ⓐ ADJ cambiante; **a ~ world** un mundo en perpetua evolución

Ⓑ N **the ~ of the Guard** el cambio *or* relevo de la Guardia

Ⓒ CPD ► **changing room** N (*Brit*) vestuario *m*

**channel** [ˈtʃænl] Ⓐ N (= *watercourse, TV channel*) canal *m*; (= *strait*) estrecho *m*; (= *deepest part of river*) cauce *m*; (*fig*) [*of communication*] vía *f*; **irrigation ~** acequia *f*, canal *m* de riego; **green/red ~** (*Customs*) pasillo *m* verde/rojo; **to go through the usual ~s** seguir las vías normales; **the (English) Channel** el Canal (de la Mancha); **~ of distribution** vía *f or* canal *m* de distribución

Ⓑ VT (= *hollow out*) [+ *course*] acanalar; (= *direct*) [+ *river*] encauzar; (*fig*) [+ *interest, energies*] encauzar, dirigir (**into** a)

Ⓒ CPD ► **the Channel Islands** NPL las Islas Anglonormandas *or* del Canal de la Mancha ► **the Channel Tunnel** N el túnel del Canal de la Mancha

►**channel off** VT + ADV (*lit, fig*) [+ *water, energy, resources*] canalizar

**channel-hop** [ˈtʃænlhɒp] VI (*Brit TV*) hacer zapping

**channel-hopping** [ˈtʃænlˈhɒpɪŋ] N (*Brit TV*) zapping *m*

**channel-surf** [ˈtʃænlˌsɜːf] (*US*) = **channel-hop**

**channel-surfing** [ˈtʃænlˌsɜːfɪŋ] (*US*) = **channel-hopping**

**chant** [tʃɑːnt] Ⓐ N (*Mus, Rel*) canto *m*; [*of crowd*] grito *m*, consigna *f*; (*fig*) (*monotonous*) sonsonete *m*; **plain ~** (*Rel*) canto llano

Ⓑ VT (*Mus, Rel*) cantar; [+ *slogan*] gritar (rítmicamente), corear; (*fig*) salmodiar, recitar en tono monótono

Ⓒ VI (*Mus, Rel*) cantar; (*at demonstration etc*) gritar (rítmicamente)

**chantey** [ˈʃæntɪ] N (*US*) saloma *f*

**chaos** [ˈkeɪɒs] Ⓐ N caos *m*; **to be in ~** [*house*] estar en completo desorden; [*country*] estar en el caos; *see* **organized**

Ⓑ CPD ► **chaos theory** N teoría *f* del caos

**chaotic** [keɪˈɒtɪk] ADJ caótico

**chap**[1] [tʃæp] Ⓐ N (*on lip*) grieta *f*
Ⓑ VT agrietar
Ⓒ VI agrietarse

**chap**[2]* [tʃæp] N (= *man*) tío* *m*, tipo* *m*; **a ~ I know** un tío que conozco; **he's a nice ~** es buen chico, es buena persona; **he's very deaf, poor ~** es muy sordo, el pobre; **how are you, old ~?** ¿qué tal, amigo *or* (*S. Cone*) viejo?; **be a good ~ and say nothing** sé buen chico y no digas nada; **poor little ~** pobrecito *m*

**chap**[3] [tʃæp] N (*Anat*) mandíbula *f*; (= *cheek*) mejilla *f*

**chap.** ABBR (= **chapter**) cap., c., c/

**chapat(t)i** [tʃə'pætɪ, tʃə'pɑːtɪ] N (*pl* **chapat(t)i** *or* **chapat(t)is** *or* **chapat(t)ies**) chapatti *m* (*en la cocina india, pan de forma achatada, sin levadura*)

**chapel** ['tʃæpəl] N [1] (= *part of church*) capilla *f*; (= *nonconformist church*) templo *m*
[2] (*as adj*) **it doesn't matter whether they're church or ~** no importa si son protestantes de la Iglesia Anglicana o de fuera de ella
[3] [*of union*] división *f* sindical

**chaperon(e)** ['ʃæpərəʊn] Ⓐ N acompañante *f* (de señoritas), carabina *mf* (*Sp**)
Ⓑ VT acompañar a, hacer de carabina a (*Sp**)

**chaplain** ['tʃæplɪn] N capellán *m*; **~ general** (*Mil*) vicario *m* general castrense

**chaplaincy** ['tʃæplənsɪ] N capellanía *f*

**chaplet** ['tʃæplɪt] N guirnalda *f*, corona *f* de flores; (= *necklace*) collar *m*; (*Rel*) rosario *m*

**chapped** [tʃæpt] ADJ [*skin*] agrietado

**chappy*** ['tʃæpɪ] N = **chap**[2]

**chaps** [tʃæps] NPL (*US*) zahones *mpl*, chaparreras *fpl*

**chapter** ['tʃæptə^r] Ⓐ N [1] [*of book*] capítulo *m*; ✦**IDIOM ~ and verse** con pelos y señales, con todo lujo de detalles; **he can quote you ~ and verse** él te lo puede citar textualmente
[2] (*Rel*) cabildo *m*
[3] (= *branch of society, organization*) sección *f*
[4] (*fig*) (= *period*) **a ~ of accidents** una serie de desgracias
Ⓑ CPD ► **chapter house** N sala *f* capitular

**char**[1] [tʃɑː^r] Ⓐ VT (= *burn black*) carbonizar
Ⓑ VI carbonizarse

**char**[2] [tʃɑː^r] Ⓐ N (= *charwoman*) = **charlady**
Ⓑ VI limpiar, trabajar como asistenta

**char**[3]‡ [tʃɑː^r] N (*Brit*) té *m*

**charabanc**† ['ʃærəbæŋ] N (*Brit*) autobús *m*, autocar *m* (*Sp*)

**character** ['kærɪktə^r] Ⓐ N [1] (= *nature*) [*of thing*] carácter *m*, naturaleza *f*; [*of person*] carácter *m*, personalidad *f*; **a man of good ~** un hombre de buena reputación; **to bear a good ~** tener buena reputación; **that is more in ~ for him** eso es más típico de él; **his sudden concern for me was completely out of ~ (for him)** su inesperado interés por mí no era nada típico de él
[2] (*in novel, play*) (= *person*) personaje *m*; (= *role*) papel *m*; **chief ~** protagonista *mf*
[3] (= *energy, determination*) carácter *m*; **a man of ~** un hombre de carácter; **he lacks ~** le falta carácter
[4] (*) (= *person*) tipo/a* *m/f*, individuo/a *m/f*; **he's a very odd ~** es un tipo muy raro*; **he's quite a ~** es todo un personaje
[5] (*Comput, Typ, Bio*) carácter *m*
Ⓑ CPD ► **character actor** N actor *m* de carácter ► **character actress** N actriz *f* de carácter ► **character assassination** N difamación *f* ► **character code** N (*Comput*) código *m* de caracteres ► **character part** N (*Theat*) papel *m* de carácter ► **character reference** N informe *m*, referencia *f* ► **character set** N (*Typ*) juego *m* de caracteres ► **character sketch** N esbozo *m* de carácter ► **character space** N (*Typ*) espacio *m* (de carácter)

**characterful** ['kærɪktəfʊl] ADJ [*wine, singer*] con (mucho) carácter

**characteristic** [ˌkærɪktə'rɪstɪk] Ⓐ ADJ característico (**of** de)
Ⓑ N característica *f*

**characteristically** [ˌkærɪktə'rɪstɪkəlɪ] ADV característicamente, de modo característico; **he was in ~ jovial mood** como es típico de él, estaba de muy buen talante

**characterization** [ˌkærɪktəraɪ'zeɪʃən] N (*in novel*) caracterización *f*

**characterize** ['kærɪktəraɪz] VT (= *be characteristic of*) caracterizar; (= *describe*) calificar (**as** de)

**characterless** ['kærɪktəlɪs] ADJ sin carácter

**charade** [ʃə'rɑːd] N (*frm, pej*) payasada *f*, farsa *f*; **charades** (= *game*) charada *f*

**charcoal** ['tʃɑːkəʊl] Ⓐ N carbón *m* vegetal; (*Art*) carboncillo *m*
Ⓑ CPD ► **charcoal drawing** N dibujo *m* al carbón *or* al carboncillo

**charcoal-burner** ['tʃɑːkəʊlˌbɜːnə^r] N carbonero *m*

**charcoal-grey** [ˌtʃɑːkəʊl'greɪ] ADJ gris marengo *inv*

**charge** [tʃɑːdʒ]

| | |
|---|---|
| [A] NOUN | [C] INTRANSITIVE VERB |
| [B] TRANSITIVE VERB | [D] COMPOUNDS |

Ⓐ NOUN
[1] [= *accusation*] (*Jur*) cargo *m*, acusación *f*; (*fig*) acusación *f*; **the ~s were dropped** retiraron los cargos *or* la acusación; **what is the ~?** ¿de qué se me acusa?; **the ~ was murder** lo acusaron de asesinato; **to lay o.s. open to the ~ of ...** exponerse a que le acusen de ...; **to bring a ~ against sb** formular *or* presentar cargos contra algn; **he will appear in court on a ~ of murder** *or* **murder ~** comparecerá ante el tribunal acusado de asesinato; **he was arrested on a ~ of murder** *or* **murder ~** lo detuvieron bajo acusación de asesinato; *see also* **press B9**
[2] [*Mil*] **to put sb on a ~** arrestar a algn
[3] [= *fee*] precio *m*; (*professional*) honorarios *mpl*; (*Telec*) **charges** tarifa *fsing*; **~ for admission** precio *m* de entrada; **is there a ~?** ¿hay que pagar (algo)?; **is there a ~ for delivery?** ¿se paga el envío?; **there's no ~** es gratis; **"no charge for admission"** "entrada gratis", "entrada gratuita"; **extra ~** recargo *m*, suplemento *m*; **free of ~** gratis; **interest ~s** cargos *mpl* en concepto de interés; **to make a ~ for (doing) sth** cobrar por (hacer) algo; **for a small ~, we can supply ...** por una pequeña cantidad, podemos proporcionarle ...; *see also* **prescription B**, **reverse C3**, **service C**
[4] [*US* = *charge account*] **cash or ~?** ¿al contado o a crédito?
[5] [= *responsibility*] **I've been given ~ of this class** han puesto a esta clase a mi cargo; **to have ~ of sb/sth** hacerse cargo de algn/algo; **the patients under her ~** los pacientes a su cargo
◆ **in charge**: **the person in ~** el/la encargado/a; **who is in ~ here?** ¿quién es el encargado aquí?; **look, I'm in ~ here!** ¡oye, aquí mando yo!
◆ **in charge of**: **to be in ~ of** [+ *department, operation*] estar al frente *or* al cargo de; **he's in ~ of the shop when I'm out** se encarga de la tienda cuando yo no estoy; **it is illegal for anyone under 16 to be left in ~ of young children** es ilegal dejar a niños pequeños a cargo *or* al cuidado de alguien menor de 16 años
◆ **to put sb in charge of** [+ *department, operation*] poner a algn al frente *or* al cargo de; [+ *ship, plane*] poner a algn al mando de; **to put sb in ~ of doing sth** encargar a algn que haga algo
◆ **to take charge** (*of firm, project*) hacerse cargo (**of** de); **he took ~ of the situation at once** se hizo cargo de la situación inmediatamente; **will you take ~ of the situation while I'm away?** ¿te puedes hacer cargo de la situación mientras no esté yo?
[6] [= *person*] **the teacher and her ~s** la maestra y los alumnos a su cargo; **the nurse and her ~s** la enfermera y los enfermos a su cargo
[7] [*electrical*] carga *f*; **there is no ~ left in the battery** la batería está descargada; ✦**IDIOM to get a ~ out of sth**: **I got a big ~ out of working with the Philharmonic Orchestra** disfruté muchísimo trabajando con la Orquesta Filarmónica
[8] [= *explosive*] carga *f*
[9] [= *attack*] (*by people, army*) carga *f*, ataque *m*; (*by bull*) embestida *f*; *see also* **sound B1**
[10] [= *financial burden*] carga *f*; **to be a ~ on ...** ser una carga para ...
[11] [*Heraldry*] blasón *m*
Ⓑ TRANSITIVE VERB
[1] [*Jur, fig*] (= *accuse*) acusar (**with** de); **he was ~d with stealing a car** lo acusaron del robo de un coche; **to find sb guilty/not guilty as ~d** declarar a algn culpable/inocente de los delitos que se le imputan; **he ~d the minister with lying about the economy** acusó al ministro de mentir acerca de la economía; **to ~ that** (*US*) alegar que
[2] [= *ask for*] [+ *price*] cobrar; **what did they ~ you for it?** ¿cuánto te cobraron?; **what are they charging for the work?** ¿cuánto cobran *or* piden por el trabajo?; **to ~ 3% commission** cobrar un 3% de comisión
[3] [= *record as debt*] **to ~ sth (up) to sb** ◊ **~ sth (up) to sb's account** cargar algo en la cuenta de algn; **~ it (up) to my card** cárguelo a mi tarjeta
[4] [= *attack*] [*person, army*] cargar contra, atacar; [*bull etc*] embestir
[5] [*Elec*] (*also* **~ up**) [+ *battery*] cargar
[6] [= *order*] **to ~ sb to do sth** ordenar a algn hacer *or* que haga algo; **to ~ sb with a mission** confiar una misión a algn; **I am ~d with the task of modernizing the company** me han encargado la tarea de modernizar la empresa
[7] (*US: in library*) **to ~ a book** [*reader*] rellenar la ficha del préstamo; [*librarian*] registrar un libro como prestado
Ⓒ INTRANSITIVE VERB
[1] [= *ask for a fee*] cobrar; **they'll mend it but they'll ~!** lo arreglarán, pero ¡te va a salir caro!
[2] [= *attack*] [*person, army*] atacar; [*bull*] embestir; **~!** ¡a la carga!; **he ~d into the room** irrumpió en la habitación
[3] [*Elec*] (*also* **~ up**) [*battery*] cargarse; **leave the battery to ~ (up) for a couple of hours** deja que la batería se cargue durante un par de horas
Ⓓ COMPOUNDS ► **charge account** N (*US*) cuenta *f* de crédito ► **charge card** N (*Brit Comm*) tarjeta *f* (de) cliente; (*US*) (= *credit card*) tarjeta *f* de crédito

**chargeable** ['tʃɑːdʒəbl] ADJ [1] (*Jur*) [*offence*] imputable; **to be ~ with** [*person*] ser susceptible de ser acusado de
[2] **to be ~ to** [+ *person*] correr a cargo de; [+ *account*] cargarse a

**charge-cap** ['tʃɑːdʒkæp] VT (*Brit*) [+ *local authority*] fijar un tope a los impuestos de

**charged** [tʃɑːdʒd] ADJ (*Elec*) cargado, con carga

**chargé d'affaires** ['ʃɑːʒeɪdæ'fɛəʳ] (*pl* **chargés d'affaires**) N encargado *m* de negocios

**chargehand** ['tʃɑːdʒhænd] N (*Brit*) capataz *m*

**charger** ['tʃɑːdʒəʳ] N (*Elec*) cargador *m*; (= *warhorse*) corcel *m*, caballo *m* de guerra

**char-grilled** [,tʃɑːʳ'grɪld] ADJ a la brasa

**charily** ['tʃɛərɪlɪ] ADV (= *warily*) cautelosamente; (= *sparingly*) parcamente, con parquedad

**chariot** ['tʃærɪət] N carro *m* (*romano, de guerra etc*)

**charioteer** [,tʃærɪə'tɪəʳ] N auriga *m*

**charisma** [kæ'rɪzmə] N carisma *m*

**charismatic** [,kærɪz'mætɪk] ADJ carismático

**charitable** ['tʃærɪtəbl] ADJ [1] (= *helping needy*) [*organization, society, institution, donation*] benéfico; **~ trust** fundación *f* benéfica; **to have ~ status** tener categoría de organización benéfica; **~ work** obras *fpl* benéficas, obras *fpl* de beneficiencia
[2] (= *kindly*) [*person, deed, gesture*] benévolo, caritativo; [*remark, view*] comprensivo; **to be ~ to sb** mostrarse benévolo con algn; **to take a ~ view of sth** tener una visión comprensiva de algo, adoptar un punto de vista comprensivo sobre algo

**charitably** ['tʃærɪtəblɪ] ADV [*say, act*] caritativamente, con benevolencia

**charity** ['tʃærɪtɪ] Ⓐ N [1] (= *goodwill*) caridad *f*; **out of ~** por caridad; **✦PROV ~ begins at home** la caridad bien entendida empieza por uno mismo
[2] (= *financial relief*) obras *fpl* benéficas; (= *alms*) limosnas *fpl*; **all proceeds go to ~** todo lo recaudado se destinará a obras benéficas; **he gave the money to ~** donó el dinero a una organización benéfica; **to live on ~** vivir de la caridad; **to raffle sth for ~** rifar algo para fines benéficos
[3] (= *organization*) organización *f* benéfica
[4] (= *act*) **it would be a ~ if ...** sería una obra de caridad si ...
Ⓑ CPD ► **charity appeal** N cuestación *f* para obras benéficas ► **charity shop** N (*Brit*) *tienda de artículos de segunda mano que dedica su recaudación a causas benéficas*

**charlady** ['tʃɑːleɪdɪ] N (*Brit*) mujer *f* de la limpieza, asistenta *f*

**charlatan** ['ʃɑːlətən] N charlatán/tana *m/f*

**Charlemagne** ['ʃɑːləmeɪn] N Carlomagno

**Charles** [tʃɑːlz] N Carlos

**charleston** ['tʃɑːlstən] N charlestón *m*

**charley horse*** ['tʃɑːlɪhɔːs] N (*US*) calambre *m*

**Charlie*** ['tʃɑːlɪ] N [1] (*Brit†*) (= *fool*) imbécil *m*; **I felt a right ~!** ¡me sentí como un idiota!; **he must have looked a right ~!** ¡debía parecer un verdadero imbécil!*
[2] (*familiar form*) *of* **Charles** Carlitos; **~ Chaplin** Charlot

**Charlotte** ['ʃɑːlət] N Carlota

**charm** [tʃɑːm] Ⓐ N [1] (= *attractiveness*) encanto *m*, atractivo *m*; (= *pleasantness*) simpatía *f*; **he has great ~** es verdaderamente encantador, tiene un fuerte atractivo; **to turn on the ~** ponerse fino; **to fall victim to sb's ~s** sucumbir a los encantos de algn
[2] (= *magic spell*) hechizo *m*; (*recited*) ensalmo *m*; **it worked like a ~** funcionó a las mil maravillas
[3] (= *object*) dije *m*, amuleto *m*
Ⓑ VT [1] (= *delight*) encantar; **we were ~ed by Granada** nos encantó Granada
[2] (= *entice with charm*) **to ~ one's way out of a situation** utilizar su encanto para salir de un apuro; **✦IDIOM he could ~ the birds out of the trees** con su encanto es capaz de conseguir todo lo que se propone
[3] (= *bewitch*) encantar, hechizar; **~ed circle** círculo *m* privilegiado; **✦IDIOM to lead a ~ed life** tener suerte en todo
Ⓒ CPD ► **charm bracelet** N pulsera *f* amuleto *or* de dijes ► **charm offensive** N ofensiva *f* amistosa; **to launch a ~ offensive** lanzar una ofensiva amistosa ► **charm school*** N = **finishing school**

►**charm away** VT + ADV hacer desaparecer como por magia, llevarse misteriosamente

**charmer** ['tʃɑːməʳ] N persona *f* encantadora

**charming** ['tʃɑːmɪŋ] ADJ [*place*] encantador; [*person*] encantador, simpático; **how ~ of you!** ¡qué detalle!; **~!** (*iro*) ¡qué simpático! (*iro*)

**charmingly** ['tʃɑːmɪŋlɪ] ADV de modo encantador; **a ~ simple dress** un vestido sencillo pero muy mono; **as you so ~ put it** (*iro*) como tú tan finamente has indicado (*iro*)

**charmless** ['tʃɑːmlɪs] ADJ [*place*] sin encanto, poco atractivo; [*person*] sin atractivo, sin chispa*

**charnel-house** ['tʃɑːnlhaʊs] N (*pl* **charnel-houses** ['tʃɑːnlhaʊzɪz]) osario *m*

**charred** [tʃɑːd] ADJ carbonizado

**chart** [tʃɑːt] Ⓐ N [1] (= *table*) tabla *f*, cuadro *m*; (= *graph*) gráfica *f*, gráfico *m*; (*Met*) mapa *m*; (*Naut*) (= *map*) carta *f* (de navegación); **weather ~** mapa meteorológico
[2] (*Mus*) **the ~s*** la lista de éxitos; **to be in the ~s** [*record, pop group*] estar en la lista de éxitos
Ⓑ VT (= *plot*) [+ *course*] trazar; (= *record on graph*) [+ *sales, growth, etc*] hacer una gráfica de, representar gráficamente; (= *follow*) [+ *progress*] reflejar; **the book ~s the rise and fall of the empire** el libro describe la grandeza y decadencia del imperio; **the diagram ~s the company's progress** el diagrama muestra *or* refleja el progreso de la compañía
Ⓒ CPD ► **chart topper*** N éxito *m* discográfico

**charter** ['tʃɑːtəʳ] Ⓐ N [1] (= *authorization*) carta *f*; [*of city*] fuero *m*; [*of organization*] estatutos *mpl*; [*of company*] escritura *f* de constitución; **royal ~** cédula *f* real
[2] (= *hire*) (*Naut*) alquiler *m*; (*Aer*) fletamento *m*; **this boat is available for ~** este barco se alquila
Ⓑ VT [1] [+ *organization*] aprobar los estatutos de; [+ *company*] aprobar la escritura de constitución de
[2] [+ *bus*] alquilar; [+ *ship, plane*] fletar
Ⓒ CPD ► **charter flight** N vuelo *m* chárter ► **charter plane** N avión *m* chárter

**chartered** ['tʃɑːtəd] ADJ [*surveyor*] colegiado; [*librarian*] diplomado (*con un mínimo de dos años de experiencia*); [*company*] legalmente constituido; **~ accountant** (*Brit, Canada*) censor(a) *m/f* jurado/a de cuentas, contador(a) *m/f* público/a (*LAm*)

**charterer** ['tʃɑːtərəʳ] N fletador(a) *m/f*

**Chartism** ['tʃɑːtɪzəm] N (*Hist*) cartismo *m*

**Chartist** ['tʃɑːtɪst] N **the ~s** (*Hist*) los cartistas

**charwoman** ['tʃɑː,wʊmən] N (*pl* **charwomen**) mujer *f* de la limpieza, asistenta *f*

**chary** ['tʃɛərɪ] ADJ (*compar* **charier**; *superl* **chariest**) [1] (= *wary*) cauteloso; **he's ~ of getting involved** evita inmiscuirse
[2] (= *sparing*) **she's ~ in her praise** no se prodiga en alabanzas

**chase**[1] [tʃeɪs] Ⓐ N persecución *f*; **the ~** (= *hunting*) la caza; **a car ~** una persecución de coches; **to give ~ to** dar caza a, perseguir; **to join in the ~ for sth** unirse a los que buscan algo
Ⓑ VT (= *pursue*) perseguir; **he's started chasing girls*** ya anda detrás de las chicas; **to ~ sb for money** reclamar dinero a algn
Ⓒ VI correr; **I've been chasing all over the place looking for you** te he estado buscando por todas partes; **to ~ after sb** (= *pursue*) correr tras algn; (= *seek out*) ir *or* andar a la caza de algn

►**chase away, chase off** VT + ADV ahuyentar

►**chase down** VT + ADV [1] (= *track down*) localizar
[2] (*US*) (= *catch*) recabar, tratar de localizar

►**chase out** VT + ADV echar fuera

►**chase up** VT + ADV [+ *information*] recabar, tratar de localizar; [+ *person*] buscar; [+ *matter*] investigar; **I'll ~ him up about it** se lo voy a recordar; **I'll ~ it up for you** investigaré lo que está pasando con lo tuyo; **to ~ up debts** reclamar el cobro de las deudas

**chase**[2] [tʃeɪs] VT [+ *metal*] grabar, adornar grabando, cincelar

**chaser** ['tʃeɪsəʳ] N *bebida tomada inmediatamente después de otra distinta, p.ej., una copita de licor después de una cerveza*

**chasm** ['kæzəm] N (*Geol*) sima *f*; (*fig*) abismo *m*

**chassis** ['ʃæsɪ] N (*pl* **chassis**) [1] (*Aut*) chasis *m inv*
[2] (*Aer*) tren *m* de aterrizaje

**chaste** [tʃeɪst] ADJ casto

**chastely** ['tʃeɪstlɪ] ADV castamente

**chasten** ['tʃeɪsn] VT castigar, escarmentar

**chastened** ['tʃeɪsnd] Ⓐ PT, PP *of* **chasten**
Ⓑ ADJ (*by experience*) escarmentado; [*tone*] sumiso; **they seemed much ~** parecían haberse arrepentido

**chasteness** ['tʃeɪstnɪs] N castidad *f*

**chastening** ['tʃeɪsnɪŋ] ADJ [*experience*] aleccionador

**chastise** [tʃæs'taɪz] VT (= *scold*) regañar; (= *punish*) castigar

**chastisement** ['tʃæstɪzmənt] N castigo *m*

**chastity** ['tʃæstɪtɪ] N castidad *f*

**chasuble** ['tʃæzjʊbl] N casulla *f*

**chat** [tʃæt] Ⓐ N charla *f*, plática *f* (*CAm*); **to have a ~ with** (*gen*) charlar con, platicar con (*CAm*); (= *discuss*) hablar con; **I'll have a ~ with him about it** hablaré con él de *or* sobre ello
Ⓑ VI charlar, platicar (*CAm*) (**with, to** con)
Ⓒ CPD ► **chat room** N (*Internet*) canal *m* de charla, grupo *m* de discusión, chat *m* ► **chat show** N programa *m* de entrevistas ► **chat show host** N presentador *m* de programa de entrevistas ► **chat show hostess** N presentadora *f* de programa de entrevistas

►**chat up*** VT + ADV (*Brit*) (= *try to pick up*) tratar de ligar*; [+ *influential person*] dar jabón a*

**chatline** ['tʃætlaɪn] N *servicio telefónico que permite a los que llaman conversar unos con otros sobre distintos temas*

**chattels** ['tʃætlz] NPL bienes *mpl* muebles; (*loosely*) cosas *fpl*, enseres *mpl*; *see also* **goods**

**chatter** ['tʃætəʳ] Ⓐ N (*gen*) charla *f*; (*excessive*) cháchara *f*, cotorreo *m*; [*of birds, monkeys*] parloteo *m*

Ⓑ VI [*person*] (*gen*) charlar; (*excessively*) estar de cháchara, cotorrear; [*birds, monkeys*] parlotear; **her teeth were ~ing** le castañeteaban los dientes; **she does ~ so** es muy habladora; **stop ~ing!** ¡silencio!

**chatterbox*** ['tʃætəbɒks], **chatterer** ['tʃætərəʳ] N charlatán/ana* *m/f*, parlanchín/ina* *m/f*, platicón/ona *m/f* (*Mex**)

**chattering** ['tʃætərɪŋ] Ⓐ N [*of person*] parloteo *m*; (*excessive*) charloteo *m*; [*of birds, monkeys*] parloteo *m*; [*of teeth*] castañeteo *m*

Ⓑ CPD ► **the chattering classes*** NPL (*Brit pej*) los intelectualoides*

**chatty** ['tʃætɪ] ADJ (*compar* **chattier**; *superl* **chattiest**) [*person*] hablador; [*letter*] afectuoso y lleno de noticias; [*style*] informal

**chat-up line** ['tʃætʌp,laɪn] N **a good ~** una buena frase para entrarle a algn*

**chauffeur** ['ʃəʊfəʳ] Ⓐ N chófer *mf*, chofer *mf* (*LAm*)

Ⓑ VT llevar en coche (**to the station** a la estación); **I had to ~ him all over town** (*iro*) tuve que hacer de chófer y llevarle de una punta a otra de la ciudad

Ⓒ VI hacer de chófer (**for** para)

**chauffeur-driven** ['ʃəʊfə,drɪvən] ADJ **~ car** coche *m* con chófer *or* (*LAm*) chofer

**chauvinism** ['ʃəʊvɪnɪzəm] N (= *male chauvinism*) machismo *m*; (= *nationalism*) chovinismo *m*, patriotería *f*

**chauvinist** ['ʃəʊvɪnɪst] Ⓐ N (= *male chauvinist*) machista *m*; (= *nationalist*) chovinista *mf*, patriotero/a *m/f*

Ⓑ ADJ (= *male chauvinist*) machista; (= *nationalist*) chovinista, patriotero; **(male) ~ pig*** (*pej*) machista asqueroso (*pej*)

**chauvinistic** [,ʃəʊvɪ'nɪstɪk] ADJ = **chauvinist B**

**CHE** ABBR = **Campaign for Homosexual Equality**

**ChE** ABBR (*esp US*) [1] = **Chemical Engineer**

[2] = **Chief Engineer**

**cheap** [tʃiːp] Ⓐ ADJ (*compar* **cheaper**; *superl* **cheapest**) [1] (= *inexpensive*) [*goods, labour, shop, ticket*] barato; [*imports*] a bajo precio; [*loan, credit*] a bajo interés; **it's ten pence ~er** es diez peniques más barato; **it's ~er to buy than to rent** sale más económico *or* barato comprar que alquilar; **gas cookers are ~er to run** las cocinas de gas salen *or* resultan más económicas; **these cars are very ~ to produce** la fabricación de estos coches sale muy barata; **~ labour** mano *f* de obra barata; **~ money** dinero *m* barato; **dresses at ridiculously ~ prices** vestidos a unos precios regalados; **it's ~ at the price*** está bien de precio, es barato para lo que es; **that's ~ at half the price!*** ¡es más que regalado!; **~ rate** tarifa *f* reducida; **✦IDIOM ~ and cheerful** bueno, bonito y barato; *see also* **dirt-cheap**

[2] (= *poor-quality*) [*product*] barato, corriente; **beware of ~ imitations!** ¡esté al tanto de imitaciones baratas!; **~ and nasty** ordinario, chabacano

[3] (= *vulgar, mean*) [*joke*] ordinario, chabacano; [*behaviour, tactics*] rastrero; [*remark, question*] de mal gusto; [*opportunism, sensationalism*] barato; [*promises*] fácil; **a ~ laugh** la risa fácil; **~ thrills** placeres *mpl* baratos; **a ~ trick** una mala pasada

[4] (= *not deserving respect*) bajo, indigno; **to feel ~** sentirse humillado; **they hold life ~ there** allí la vida no vale nada; **to look ~** parecer ordinario, tener un aspecto ordinario; **to make o.s. ~** rebajarse, humillarse

Ⓑ ADV [*buy, sell*] barato; **it's going ~** se vende barato; **quality doesn't come ~** la calidad hay que pagarla

Ⓒ N **on the ~*** (*pej*) [*decorate, travel*] en plan barato*; **to do sth on the ~** hacer algo en plan barato*; **to buy** *or* **get sth on the ~** comprar algo por poco dinero *or* a bajo precio

Ⓓ CPD ► **cheap shot** N golpe *m* bajo

**cheapen** ['tʃiːpən] Ⓐ VT (= *make cheaper*) [+ *cost*] abaratar; (*fig*) (= *debase*) [+ *sb's name, work*] degradar; **to ~ o.s.** hacer cosas indignas, rebajarse

Ⓑ VI abaratarse

**cheapie*** ['tʃiːpɪ] Ⓐ ADJ de barato*

Ⓑ N (= *ticket, meal etc*) ganga *f*

**cheap-jack** ['tʃiːpdʒæk] Ⓐ ADJ [*product*] de bajísima calidad, malísimo; [*furniture*] muy mal hecho; [*person*] chapucero

Ⓑ N (= *person*) chapucero/a *m/f*, baratillero *m*

**cheaply** ['tʃiːplɪ] ADV [*buy, sell*] barato, a bajo precio; [*produce goods*] a bajo precio; [*live, eat, decorate, furnish*] con poco dinero; **two can live as ~ as one** dos pueden vivir por el mismo dinero que uno

**cheapness** ['tʃiːpnɪs] N [1] (= *low cost*) lo barato, baratura *f*

[2] (= *poor quality*) lo corriente, ordinariez *f*

**cheapo*** ['tʃiːpəʊ] ADJ baratejo

**cheapshot*** ['tʃiːpʃɒt] VT **to ~ sb** (*US*) hablar mal de algn

**cheapskate*** ['tʃiːpskeɪt] N tacaño/a *m/f*, roñoso/a* *m/f*

**cheat** [tʃiːt] Ⓐ N [1] (= *person*) tramposo/a *m/f*; (*at cards*) tramposo/a *m/f*, fullero/a *m/f*

[2] (= *fraud*) estafa *f*, fraude *m*; (= *trick*) trampa *f*; **it was a ~** fue una estafa *or* un timo, hubo trampa

Ⓑ VT (= *swindle*) estafar, timar; (= *trick*) engañar; **to ~ sb out of sth** estafar algo a algn; **to feel ~ed** sentirse defraudado

Ⓒ VI hacer trampa(s); (*in exam*) copiar

►**cheat on** VI + PREP (*esp US*) [+ *person*] engañar

**cheater** ['tʃiːtəʳ] N (*esp US*) (= *person*) = **cheat A1**

**cheating** ['tʃiːtɪŋ] N trampa *f*; (*at cards*) trampas *fpl*, fullerías *fpl*; **that's ~** eso es trampa; **no ~!** ¡sin hacer trampas!

**Chechen** ['tʃetʃən] Ⓐ ADJ checheno

Ⓑ N (*pl* **Chechen** *or* **Chechens**) checheno/a *m/f*

**Chechnya** [tʃɪtʃ'njɑː] N Chechenia *f*

**check** [tʃek] Ⓐ N [1] (= *inspection*) control *m*, inspección *f*, chequeo *m*; (*Mech*) revisión *f*; (*Med*) chequeo *m*; **he has regular ~s on his blood pressure** le controlan la tensión con regularidad; **security ~** control *m* de seguridad; **to keep a ~ on sth/sb** controlar algo/a algn, vigilar algo/a algn; **to run** *or* **make a ~ on sth** comprobar *or* revisar algo; **to run** *or* **make a ~ on sb** hacer averiguaciones *or* indagaciones sobre algn

[2] (= *restraint*) **~s and balances** (*US Pol*) *mecanismo de equilibrio de poderes*; **to act as a ~ on sth** poner freno a algo, servir de freno a algo; **to hold** *or* **keep sth in ~** tener algo controlado *or* bajo control; **population growth must be held in ~** hay que tener *or* mantener el crecimiento demográfico bajo control; **she kept her temper in ~** controlaba *or* contenía su genio; **to hold** *or* **keep sb in ~** controlar a algn, mantener a algn a raya

[3] (*Chess*) jaque *m*; **~!** ¡jaque!; **to be in ~** estar (en) jaque; **to put sb in ~** dar *or* hacer jaque a algn

[4] (= *square*) cuadro *m*; (= *fabric*) tela *f* a cuadros, tela *f* de cuadros; **a red and white ~ dress** un vestido rojo y blanco a *or* de cuadros

[5] (*US*) (= *bill*) cuenta *f*

[6] (*US*) = **cheque**

[7] (*US*) (= *tick*) marca *f*, señal *f*; **~!** ¡vale!*

[8] (*US*) (= *tag, ticket*) resguardo *m*

Ⓑ VT [1] (= *examine*) [+ *ticket, passport*] controlar, revisar; [+ *merchandise, premises*] inspeccionar, controlar; [+ *tyres, oil*] revisar, comprobar; [+ *temperature, pressure*] controlar; **he ~ed his watch every hour** miraba el reloj cada hora; **he stopped to ~ his map** se detuvo para leer *or* mirar el mapa; **~ each item for flaws** compruebe todos los artículos para ver que no tengan defectos; **~ the phone book for local suppliers** mire en la guía telefónica para encontrar proveedores en su zona

[2] (= *confirm, verify*) [+ *facts, figures*] comprobar; **please ~ the number and dial again** por favor, compruebe que el número es el correcto y vuelva a marcar; **~ the seasoning** pruébelo para ver que esté sazonado a su gusto; **~ that he's gone before you do it** asegúrate de que *or* comprueba que se ha ido antes de hacerlo; **to ~ sth against sth** comparar *or* cotejar algo con algo

[3] (✱) (= *look at*) (*also* **~ out**) mirar; **wow, ~ that car!** ¡hala! ¡mira *or* fíjate qué coche!

[4] (= *hold back*) [+ *attack, advance, progress*] detener, frenar; **to ~ the spread of AIDS** detener *or* frenar la propagación del SIDA; **to ~ o.s.** contenerse, refrenarse

[5] (*US*) (= *tick*) marcar, señalar

[6] (*US*) [+ *luggage*] (*at airport*) facturar, chequear (*LAm*); (*at station*) dejar en consigna; [+ *clothes, property*] (*in cloakroom*) dejar (en el guardarropa)

[7] (*Chess*) [+ *king*] dar jaque a

Ⓒ VI [1] (= *confirm*) comprobar, chequear (*esp LAm*); **I'm not sure he's here, I'll just ~** no estoy seguro de que esté aquí, iré a comprobar(lo) *or* iré a mirar; **I'll need to ~ with the manager** lo tendré que consultar con el encargado

[2] (= *examine*) **to ~ for sth**: **they ~ed for broken bones** lo examinaron para ver si tenía algún hueso roto; **~ periodically for wear and tear** compruebe periódicamente el deterioro; **he ~ed on her several times during the night** fue a verla varias veces durante la noche para asegurarse de que estaba bien

[3] (= *hesitate*) pararse en seco, pararse de repente

[4] (*US*) (= *agree*) concordar (**with** con)

►**check in** Ⓐ VI + ADV [1] (= *register*) (*at airport*) facturar *or* (*LAm*) chequear (el equipaje); (*at hotel*) registrarse; (*at clinic, hospital*) ingresar

[2] (*US*) (= *communicate*) **he ~s in with us by phone every week** se pone en contacto con nosotros *or* nos llama por teléfono todas las semanas

Ⓑ VT + ADV [+ *luggage*] facturar, chequear (*LAm*); [+ *person*] (*at hotel*) registrar; (*at airport*) facturar el equipaje de; **go to that desk and someone will ~ you in** vaya a ese mostrador y allí le facturarán el equipaje

►**check off** VT + ADV **to ~ items off on a list** comprobar puntos en una lista

►**check on** VI + ADV [+ *information, time etc*] verificar; **to ~ on sb** investigar a algn

►**check out** Ⓐ VI + ADV [1] (*of hotel*) (pagar y) marcharse (**of** de)

[2] (*US*) (= *agree*) cuadrar; **their credentials ~ out** sus credenciales cuadran; **his alibi ~s out** su coartada concuerda (con los hechos)

Ⓑ VT + ADV [1] (= *investigate*) **the police had to ~ out the call** la policía tuvo que investigar la llamada

[2] (= *confirm*) [+ *facts, statement*] comprobar, verificar

3 (*) (= *look at*) mirar; **~ out the girl in the pink shirt!** ¡mira a esa chica con la camisa rosa!
4 [+ *purchases*] [*customer*] pagar; [*cashier*] pasar por la caja

► **check over** VT + ADV revisar, escudriñar

► **check up** VT + ADV **can you ~ up what time the film starts?** ¿puedes confirmar *or* mirar a qué hora empieza la película?; **they never ~ up to see how much it costs** nunca comprueban *or* miran cuánto cuesta

► **check up on** VI + PREP 1 (= *confirm*) [+ *story*] comprobar, verificar; **he phoned me to ~ up on some facts** me llamó para comprobar *or* verificar cierta información
2 (= *investigate*) **we've ~ed up on you and it seems you are telling the truth** hemos hecho indagaciones *or* averiguaciones sobre usted y parece que nos está diciendo la verdad; **I'm sure he knew I was ~ing up on him** estoy seguro de que sabía que lo estaba espiando *or* vigilando

**CHECKS AND BALANCES**

*El sistema de* **checks and balances** *es uno de los principios de gobierno de Estados Unidos, cuyo objetivo es prevenir abusos de poder por parte de uno de los tres poderes del Estado. Para garantizar la libertad dentro del marco constitucional, los padres de la Constitución estadounidense crearon un sistema por el que tanto el poder del Presidente, como el del Congreso, el de los Tribunales o el de los gobiernos de cada estado puede ser sometido a debate o, si fuera necesario, controlado por el resto de los poderes.*

**checkbook** ['tʃekbʊk] N (*US*) = **chequebook**

**checked** [tʃekt] ADJ = **chequered 1**

**checker** ['tʃekəʳ] N 1 (= *examiner*) verificador(a) *m/f*
2 (*US*) (*in supermarket*) cajero/a *m/f*; (*in cloakroom*) encargado/a *m/f* de guardarropa

**checkerboard** ['tʃekəbɔːd] N (*US*) tablero *m* de damas

**checkered** ['tʃekəd] ADJ (*US*) = **chequered**

**checkers** ['tʃekəz] NPL (*US*) damas *fpl*

**check-in** ['tʃekɪn] N (*also* **~ desk**) (*at airport*) mostrador *m* de facturación; **your ~ time is an hour before departure** la facturación es una hora antes de la salida

**checking** ['tʃekɪŋ] Ⓐ N control *m*, comprobación *f*
Ⓑ CPD ► **checking account** N (*US*) cuenta *f* corriente

**checking-in** [ˌtʃekɪŋ'ɪn] N (*Aer*) facturación *f*

**checklist** ['tʃeklɪst] N lista *f* de control (*con la que se coteja algo*)

**checkmate** ['tʃek'meɪt] Ⓐ N (*in chess*) mate *m*, jaque *m* mate; (*fig*) callejón *m* sin salida; **~!** ¡jaque mate!
Ⓑ VT 1 (*in chess*) dar mate a
2 (*fig*) poner en un callejón sin salida a; **to be ~d** estar en un callejón sin salida

**checkout** ['tʃekaʊt] Ⓐ N (*in supermarket*) (*also* **~ counter**) caja *f*; (*in hotel*) = **checkout time**
Ⓑ CPD ► **checkout girl** N cajera *f* (de supermercado) ► **checkout time** N hora *f* a la que hay que dejar libre la habitación

**checkpoint** ['tʃekpɔɪnt] N (punto *m* de) control *m*, retén *m* (*LAm*)

**checkroom** ['tʃekrʊm] N (*US*) guardarropa *m*; (*Rail*) consigna *f*; (*euph*) lavabo *m*

**checkup** ['tʃekʌp] N (*Med*) (*at doctor's*) reconocimiento *m* general, chequeo *m*; (*at dentist's*) revisión *f*; (*Aut*) [*of vehicle*] revisión *f*

**cheddar** ['tʃedəʳ] N (*also* **~ cheese**) queso *m* cheddar

**cheek** [tʃiːk] Ⓐ N 1 (*Anat*) mejilla *f*, carrillo *m*; (= *buttock*) nalga *f*; **they were dancing ~ to ~** bailaban muy apretados; **✦IDIOMS ~ by jowl (with)** codo a *or* con codo (con); **to turn the other ~** poner la otra mejilla
2 (*) (= *impudence*) descaro *m*, cara* *f*, frescura *f*; **what a ~! ◊ of all the ~!** ¡qué cara!*, ¡qué caradura!*, ¡qué frescura!; **to have the ~ to do sth** tener la cara de hacer algo
Ⓑ VT (*) portarse como un fresco con*

**cheekbone** ['tʃiːkbəʊn] N pómulo *m*

**cheekily*** ['tʃiːkɪlɪ] ADV descaradamente, con frescura

**cheekiness*** ['tʃiːkɪnɪs] N descaro *m*, frescura *f*

**cheeky** ['tʃiːkɪ] ADJ (*compar* **cheekier**; *superl* **cheekiest**) [*person*] descarado, fresco; [*question*] indiscreto, descarado; [*grin*] malicioso; **don't be ~!** ¡no seas descarado!

**cheep** [tʃiːp] Ⓐ N [*of bird*] pío *m*
Ⓑ VI piar

**cheer** [tʃɪəʳ] Ⓐ N 1 (= *applause*) ovación *f*, aclamación *f*; (= *hurrah*) vítor *m*, viva *m*; **a ~ went up from the crowd** la multitud prorrumpió en ovaciones *or* vítores; **there were loud ~s at this** esto fue muy aplaudido; **three ~s for the president!** ¡viva el presidente!, ¡tres hurras por el presidente!
2 (= *comfort*) consuelo *m*; **the inflation figures offer little ~ to the government** el nivel de inflación brinda poco consuelo al gobierno
3 (= *state of mind*) **be of good ~** (*liter*) ¡ánimo!
Ⓑ EXCL **~s!** (= *toast*) ¡salud!; (*Brit**) (= *thank you*) ¡gracias!; (= *goodbye*) ¡hasta luego!
Ⓒ VT 1 (= *applaud*) [+ *winner etc*] aclamar, vitorear
2 (*also* **~ up**) (= *gladden*) alegrar, animar; **I was much ~ed by the news** me alegró mucho la noticia
Ⓓ VI (= *shout*) dar vivas, dar vítores

► **cheer on** VT + ADV animar (*con aplausos or gritos*)

► **cheer up** Ⓐ VI + ADV animarse, alegrarse; **~ up!** ¡anímate!, ¡ánimo!
Ⓑ VT + ADV alegrar, animar; [+ *person*] levantar el ánimo a

**cheerful** ['tʃɪəfʊl] ADJ [*person, expression, voice, atmosphere*] alegre, jovial; [*occasion*] feliz; [*place*] alegre, animado; [*colour*] alegre, vivo; [*fire*] acogedor; [*news, prospect, outlook*] alentador; **to be ~ about sth** alegrarse de *or* por algo; **she felt she had nothing to be ~ about** sintió que no tenía nada por lo que alegrarse; **she was very ~ about moving into her new flat** la idea de mudarse al nuevo piso la alegraba mucho; **to feel ~ ◊ be in a ~ mood** estar de buen humor; *see also* **cheap A1**

**cheerfully** ['tʃɪəfəlɪ] ADV 1 (= *cheerily*) [*smile, say, greet*] alegremente, jovialmente; **the nursery is ~ painted** la guardería está pintada con colores alegres
2 (= *blithely*) alegremente, tranquilamente; **he ~ ignored the doctor's advice** ignoró alegremente *or* tranquilamente los consejos del médico
3 (= *gladly*) **I could ~ strangle him** con mucho gusto lo estrangularía; **she ~ agreed to try using his method** aceptó de buena gana probar su método

**cheerfulness** ['tʃɪəfʊlnɪs] N [*of person, smile*] alegría *f*, jovialidad *f*; [*of place*] alegría *f*, animación *f*

**cheerily** ['tʃɪərɪlɪ] ADV alegremente, jovialmente

**cheering** ['tʃɪərɪŋ] Ⓐ ADJ [*news*] bueno, esperanzador; [*prospect*] alentador
Ⓑ N ovaciones *fpl*, vítores *mpl*

**cheerio*** ['tʃɪərɪ'əʊ] EXCL (*Brit*) ¡hasta luego!, ¡chau! (*LAm*)

**cheerleader** ['tʃɪəˌliːdəʳ] N (*esp US*) animador(a) *m/f*

**cheerless** ['tʃɪəlɪs] ADJ triste, sombrío

**cheery** ['tʃɪərɪ] ADJ (*compar* **cheerier**; *superl* **cheeriest**) [*person*] alegre, jovial; [*room, atmosphere*] acogedor; [*voice*] risueño, alegre; [*letter*] alegre

**cheese** [tʃiːz] Ⓐ N 1 (= *dairy product*) queso *m*; **say ~!** (*Phot*) ¡a ver, una sonrisa!; **hard ~!*** ¡mala pata!
2 (*) (= *person*) **big ~** pez *m* gordo
Ⓑ VT (*Brit**) **I'm ~d off with this** estoy hasta las narices de esto*
Ⓒ CPD ► **cheese dish** N tabla *f* de quesos ► **cheese sauce** N salsa *f* de queso, ≈ salsa *f* Mornay

**cheeseboard** ['tʃiːzbɔːd] N tabla *f* de quesos

**cheeseburger** ['tʃiːzˌbɜːgəʳ] N hamburguesa *f* con queso

**cheesecake** ['tʃiːzkeɪk] N tarta *f or* (*LAm*) pay *m* de queso; (*) (*fig*) *fotos, dibujos etc de chicas atractivas en traje o actitud incitante*

**cheesecloth** ['tʃiːzklɒθ] N estopilla *f*

**cheeseparing** ['tʃiːzˌpɛərɪŋ] Ⓐ ADJ tacaño
Ⓑ N economías *fpl* pequeñas

**cheesy** ['tʃiːzɪ] ADJ 1 [*taste, smell*] a queso; [*socks, feet*] maloliente
2 (*) horrible, sin valor
3 [*grin*] de hiena

**cheetah** ['tʃiːtə] N guepardo *m*

**chef** [ʃef] N cocinero/a *m/f* jefe/a, chef *m*

**chef-d'oeuvre** [ʃe'dɜːvrə] N (*pl* **chefs-d'oeuvre** [ʃe'dɜːvrə]) obra *f* maestra

**Chekhov** ['tʃekɒf] N Chejov

**chemical** ['kemɪkəl] Ⓐ ADJ químico
Ⓑ N sustancia *f* química, producto *m* químico
Ⓒ CPD ► **chemical engineer** N ingeniero/a *m/f* químico/a ► **chemical engineering** N ingeniería *f* química ► **chemical warfare** N guerra *f* química ► **chemical weapon** N arma *f* química

**chemically** ['kemɪkəlɪ] ADV químicamente; [*do, carry out*] por medios químicos

**chemise** [ʃə'miːz] N blusa *f* camisera

**chemist** ['kemɪst] N (= *scientist*) químico/a *m/f*; (*Brit*) (= *pharmacist*) farmacéutico/a *m/f*; **~'s (shop)** farmacia *f*; **all-night ~'s** farmacia de turno *or* de guardia

**chemistry** ['kemɪstrɪ] Ⓐ N química *f*; **the ~ between them is right** (*fig*) están muy compenetrados
Ⓑ CPD ► **chemistry laboratory** N laboratorio *m* de química ► **chemistry set** N juego *m* de química

**chemotherapy** ['kiːməʊ'θerəpɪ] N quimioterapia *f*

**chenille** [ʃə'niːl] N felpilla *f*

▼ **cheque, check** (*US*) [tʃek] Ⓐ N (*Brit*) cheque *m*, talón *m* (bancario) (*Sp*); **a ~ for £20** un cheque por *or* de 20 libras; **to make out** *or* **write a ~ (for £100/to Rodríguez)** extender un cheque (de 100 libras/a favor de Rodríguez); **to pay by ~** pagar con cheque; **bad ~** cheque *m* sin fondos *or* sin provisión
Ⓑ CPD ► **cheque card** N (*also* **~ guarantee card**) tarjeta *f* de identificación bancaria

➤ LANGUAGE IN USE: cheque A 20.6

**chequebook**, **checkbook** (*US*) ['tʃekbʊk] N talonario *m* de cheques, chequera *f* (*LAm*); **~ journalism** periodismo *m* a golpe de talonario

**chequered**, **checkered** (*US*) ['tʃekəd] ADJ 1 (= *checked*) [*tablecloth, shirt, pattern*] a cuadros, de cuadros
2 (= *varied*) **a ~ career** una carrera accidentada *or* llena de altibajos

**chequers** ['tʃekəz] N damas *fpl*

**cherish** ['tʃerɪʃ] VT [+ *person*] querer, apreciar; [+ *hope*] abrigar, acariciar; [+ *memory*] conservar

**cherished** ['tʃerɪʃt] ADJ [*memory*] precioso, entrañable; [*possession*] preciado; [*privilege*] apreciado; **it's a long-~ dream of mine to go to Florence** ir a Florencia es un sueño que llevo albergando desde hace tiempo

**cheroot** [ʃə'ru:t] N puro *m* (cortado en los dos extremos)

**cherry** ['tʃerɪ] Ⓐ N (= *fruit*) cereza *f*; (= *tree, wood*) cerezo *m*
Ⓑ CPD [*pie, jam*] de cereza ► **cherry brandy** N aguardiente *m* de cerezas ► **cherry orchard** N cerezal *m* ► **cherry red** N rojo *m* cereza ► **cherry tree** N cerezo *m*

**cherry-pick** ['tʃerɪpɪk] VT (*fig*) escoger cuidadosamente, seleccionar cuidadosamente

**cherry-red** [ˌtʃerɪ'red] ADJ (de) color rojo cereza

**cherub** ['tʃerəb] N (*pl* **cherubs**) 1 querubín *m*, angelito *m*
2 (*Rel*) (*pl* **cherubim** ['tʃerəbɪm]) querubín *m*

**cherubic** [tʃe'ru:bɪk] ADJ querúbico

**chervil** ['tʃɜ:vɪl] N perifollo *m*

**Ches** ABBR (*Brit*) = **Cheshire**

**Cheshire cat** ['tʃeʃə'kæt] N ✦*IDIOM* **to grin like a ~** sonreír de oreja a oreja

**chess** [tʃes] Ⓐ N ajedrez *m*
Ⓑ CPD ► **chess player** N jugador(a) *m/f* de ajedrez, ajedrecista *mf* ► **chess set** N (juego *m* de) ajedrez *m* ► **chess tournament** N torneo *m* de ajedrez

**chessboard** ['tʃesbɔ:d] N tablero *m* de ajedrez

**chessman** ['tʃesmæn] N (*pl* **chessmen**) pieza *f* de ajedrez

**chest** [tʃest] Ⓐ N 1 (*Anat*) pecho *m*; **to have ~ trouble** tener problemas respiratorios, padecer de los bronquios; **to have a cold on the ~** tener el pecho resfriado; ✦*IDIOM* **to get sth off one's ~*** desahogarse
2 (= *box*) cofre *m*, arca *f*; **~ of drawers** cómoda *f*
Ⓑ CPD [*pain*] de pecho ► **chest cold** N resfriado *m* de pecho ► **chest expander** N tensor *m*, extensor *m* ► **chest freezer** N congelador *m* de arcón ► **chest infection** N infección *f* de las vías respiratorias ► **chest measurement**, **chest size** N anchura *f* de pecho; [*of clothes*] talla *f* (*de chaqueta etc*) ► **chest specialist** N especialista *mf* de las vías respiratorias ► **chest X-ray** N radiografía *f* torácica

**chesterfield** ['tʃestəfi:ld] N (*esp US*) sofá *m*

**chestnut** ['tʃesnʌt] Ⓐ N 1 (= *fruit*) castaña *f*; (= *tree, colour*) castaño *m*
2 (= *horse*) caballo *m* castaño
3 (*) (= *story*) historia *f*; **not that old ~!** ¡ya estamos con la misma historia de siempre!
Ⓑ ADJ (*also* **~ brown**) [*hair*] (de color) castaño *inv*
Ⓒ CPD ► **chestnut tree** N castaño *m*

**chesty*** ['tʃestɪ] ADJ (*compar* **chestier**; *superl* **chestiest**) (*Brit*) [*cough*] de pecho; [*person*] que tiene el pecho cargado *or* congestionado; **you sound a bit ~** por la voz parece que tienes el pecho cargado *or* congestionado

**Chetnik** ['tʃetnɪk] Ⓐ ADJ chetnik
Ⓑ N chetnik *mf*

**cheval glass** [ʃə'vælglɑ:s] N psique *f*

**chevron** ['ʃevrən] N (*Mil*) galón *m*; (*Heraldry*) cheurón *m*

**chew** [tʃu:] Ⓐ N 1 (= *action*) **to give sth a ~** masticar algo
2 (*Brit*) (= *sweet*) caramelo *m* masticable; (= *dog treat*) golosina *f* para perros
Ⓑ VT [+ *food etc*] mascar, masticar; **the goats had ~ed off all the flower heads** las cabras se habían comido todas las flores; ✦*IDIOMS* **to ~ sb's ass** (*US***) poner verde a algn*; **to ~ the fat*** *or* **rag*** estar de palique*, dar a la lengua*, charlar
Ⓒ VI **to ~ on** [+ *problem*] rumiar, dar vueltas a

►**chew out** VT + ADV (*US*) = **chew up 1**

►**chew over** VT + ADV (= *consider*) rumiar, considerar; (= *reflect on*) dar vueltas a

►**chew up** VT + ADV 1 [+ *food*] masticar bien
2 (= *damage*) estropear; **this cassette player is ~ing up all my tapes** este casete está estropeando todas mis cintas
3 (*) (= *scold*) echar una bronca a

**chewing gum** ['tʃu:ɪŋgʌm] N chicle *m*, goma *f* de mascar

**chewy** ['tʃu:ɪ] ADJ (*compar* **chewier**; *superl* **chewiest**) difícil de masticar; [*meat*] fibroso, correoso; [*sweet*] masticable

**chiaroscuro** [kɪˌɑ:rəs'kʊərəʊ] N claroscuro *m*

**chic** [ʃi:k] Ⓐ ADJ elegante
Ⓑ N chic *m*, elegancia *f*

**chicanery** [ʃɪ'keɪnərɪ] N embustes *mpl*, sofismas *mpl*; **a piece of ~** una triquiñuela

**Chicano** [tʃɪ'kɑ:nəʊ] Ⓐ ADJ chicano
Ⓑ N chicano/a *m/f*

**chichi** ['ʃi:ʃi:] ADJ afectado, cursi*

**chick** [tʃɪk] N 1 (= *baby bird*) pajarito *m*; (= *baby hen*) pollito *m*, polluelo *m*
2 (*) (= *woman*) chica *f*, chavala *f* (*Sp*)

**chickadee** ['tʃɪkədi:] N carbonero *m*

**chicken** ['tʃɪkɪn] Ⓐ N (= *hen*) gallina *f*; (= *cock*) pollo *m*; (*as food*) pollo; (*) (= *coward*) gallina *mf*; **roast ~** pollo asado; ✦*IDIOMS* **to be ~*** dejarse intimidar, acobardarse; **to play ~*** jugar a quién es más valiente; **it's a ~ and egg situation** es aquello de la gallina y el huevo; **the ~s are coming home to roost** ahora se ven las consecuencias; ✦*PROV* **don't count your ~s before they're hatched** no hagas las cuentas de la lechera; *see also* **spring D**
Ⓑ CPD ► **chicken farmer** N avicultor(a) *m/f* ► **chicken farming** N avicultura *f* ► **chicken feed** N (*lit*) pienso *m* para gallinas; **it's ~ feed to him** para él es una bagatela ► **chicken liver** N hígado *m* de pollo ► **chicken run** N corral *m* ► **chicken wire** N tela *f* metálica, alambrada *f*

►**chicken out*** VI + ADV rajarse; **to ~ out of sth/doing sth: he ~ed out of the audition** se rajó y no se presentó a la prueba; **he ~ed out of asking her to dinner** se rajó y no la invitó a cenar, no se atrevió a invitarla a cenar

**chicken-hearted** ['tʃɪkɪnˌhɑ:tɪd] ADJ cobarde, gallina

**chickenpox** ['tʃɪkɪnpɒks] N varicela *f*

**chickpea** ['tʃɪkpi:] N garbanzo *m*

**chickweed** ['tʃɪkwi:d] N pamplina *f*

**chicory** ['tʃɪkərɪ] N (*in coffee*) achicoria *f*; (*as salad*) escarola *f*

**chide** [tʃaɪd] (*pt* **chid**; *pp* **chidden**, **chid**) VT (*liter*) reprender

**chief** [tʃi:f] Ⓐ ADJ (= *principal*) [*reason etc*] principal, mayor; (*in rank*) jefe, de más categoría
Ⓑ N [*of organization*] jefe/a *m/f*; [*of tribe*] jefe/a *m/f*, cacique *m*; (*) (= *boss*) jefe/a *m/f*, patrón(ona) *m/f*; **yes, ~!** ¡sí, jefe!; **Chief of Staff** (*Mil*) Jefe del Estado Mayor; **... in ~** ... en jefe
Ⓒ CPD ► **chief constable** N (*Brit*) jefe/a *m/f* de policía ► **chief executive** N (*Brit*) (*local government*) director(a) *m/f*; [*of company*] (*also* **~ executive officer**) director(a) *m/f* general ► **chief inspector** N (*Brit Police*) inspector(a) *m/f* jefe ► **chief justice** N (*US*) presidente/a *m/f* del Tribunal Supremo ► **chief superintendent** N (*Brit Police*) comisario/a *m/f* jefe/a

**chiefly** ['tʃi:flɪ] ADV principalmente, sobre todo

**chieftain** ['tʃi:ftən] N jefe/a *m/f*, cacique *m* (*LAm*)

**chiffchaff** ['tʃɪftʃæf] N mosquitero *m* común

**chiffon** ['ʃɪfɒn] Ⓐ N gasa *f*
Ⓑ CPD de gasa

**chignon** ['ʃi:njɔ̃:ŋ] N moño *m*

**chihuahua** [tʃɪ'wɑ:wɑ:] N chihuahua *m*

**chilblain** ['tʃɪlbleɪn] N sabañón *m*

**child** [tʃaɪld] Ⓐ N (*pl* **children**) niño/a *m/f*; (= *son/daughter*) hijo/a *m/f*; (*Jur*) (= *non-adult*) menor *mf*; **I have known him since he was a ~** lo conozco desde niño; **to be with ~**† estar encinta; **to get sb with ~**† dejar a algn encinta; **it's ~'s play** es un juego de niños
Ⓑ CPD ► **child abuse** N (*with violence*) malos tratos *mpl* a niños; (*sexual*) abuso *m* sexual de niños ► **child abuser** N (*with violence*) *persona que maltrata a un niño*; (*sexual*) *persona que abusa sexualmente de un niño* ► **child benefit** N subsidio *m* familiar (por hijos) ► **child guidance** N psicopedagogía *f* ► **child guidance centre** N centro *m* psicopedagógico ► **child labour**, **child labor** (*US*) N trabajo *m* de menores ► **child lock** N (*on door*) cerradura *f* de seguridad para niños ► **child prodigy** N niño/a *m/f* prodigio ► **children's home** N centro *m* de acogida de menores ► **children's literature** N literatura *f* infantil ► **child welfare** N protección *f* a *or* de la infancia

**CHILDREN IN NEED**

*La organización benéfica* **Children in Need** *(Niños Necesitados), fundada por la* **BBC** *en 1972, recauda dinero en beneficio de los niños necesitados en el Reino Unido y en el extranjero. Se la conoce sobre todo por los* **telethons** *(telemaratones) que organiza anualmente: los programas de TV en los que se invita a los televidentes a llamar para hacer donativos y a organizar sus propias campañas de ayuda para niños enfermos, minusválidos, pobres, etc.*

**childbearing** ['tʃaɪldˌbeərɪŋ] Ⓐ N (= *act*) parto *m*; (*as statistic*) natalidad *f*
Ⓑ ADJ **~ women** las mujeres fecundas, las mujeres que producen hijos; **women of ~ age** las mujeres en edad de tener hijos

**childbed** ['tʃaɪldbed] N parturición *f*

**childbirth** ['tʃaɪldbɜ:θ] N parto *m*, alumbramiento *m* (*frm*); **to die in ~** morir de parto

**childcare** ['tʃaɪldkɛəʳ] Ⓐ N cuidado *m* de los niños
Ⓑ CPD ► **childcare facilities** NPL guarderías *fpl*

**childhood** ['tʃaɪldhʊd] N niñez *f*, infancia *f*; **from ~** desde niño; ✦*IDIOM* **to be in one's second ~** estar en su segunda infancia; *see also* **sweetheart**

**childish** ['tʃaɪldɪʃ] ADJ 1 (*slightly pej*) infantil, pueril; **don't be ~!** ¡no seas niño!
2 [*disease*] infantil, de la infancia; **~ ailment** enfermedad *f* infantil *or* de la infancia

**childishly** ['tʃaɪldɪʃlɪ] ADV de modo infantil *or* pueril, como un niño; **she behaved ~** se portó como una niña

**childishness** ['tʃaɪldɪʃnɪs] N infantilismo *m*, puerilidad *f*

**childless** ['tʃaɪldlɪs] ADJ sin hijos

**childlike** ['tʃaɪldlaɪk] ADJ de niño; **with a ~ faith** con una confianza ingenua

**childminder** ['tʃaɪld,maɪndə^r] N (*Brit*) niñera *f*

**childminding** ['tʃaɪld,maɪndɪŋ] N (*Brit*) cuidado *m* de niños

**childproof** ['tʃaɪld,pru:f] ADJ a prueba de niños; **child-proof (door) lock** cerradura *f* de seguridad para niños

**children** ['tʃɪldrən] NPL *of* **child**

**child-resistant** ['tʃaɪld,rɪzɪstənt] ADJ = **childproof**

**Chile** ['tʃɪlɪ] N Chile *m*

**Chilean** ['tʃɪlɪən] Ⓐ ADJ chileno
Ⓑ N chileno/a *m/f*

**chili** ['tʃɪlɪ] N (*pl* **chilies**) (*also* **chilli pepper**) chile *m*, ají *m* (*S. Cone*), guindilla *f* (*Sp*); **~ con carne** chile con carne; **~ powder** chile en polvo; **~ sauce** salsa *f* de ají

**chill** [tʃɪl] Ⓐ N (= *coldness*) frío *m*; (*Med*) resfriado *m*; (= *mild fever*) escalofrío *m*; **there's a ~ in the air** hace fresco; **to catch a ~** (*Med*) resfriarse; **to cast a ~ over** enfriar el ambiente de; **to take the ~ off** [+ *room*] calentar un poco, templar; [+ *wine*] templar
Ⓑ ADJ [*wind*] frío
Ⓒ VT [+ *wine*] enfriar; [+ *food*] refrigerar; **serve ~ed** sírvase bien frío; **to ~ sb's blood** (*fig*) helarle la sangre en las venas a algn; **to be ~ed to the bone** estar helado hasta los huesos

►**chill out*** VI + ADV (*esp US*) tranquilizarse, relajarse; **~ out, man!** ¡tranqui tronco!*

**chiller** ['tʃɪlə^r] N (= *film*) película *f* de terror

**chilliness** ['tʃɪlɪnɪs] N frío *m*; (*fig*) frialdad *f*

**chilling** ['tʃɪlɪŋ] ADJ (*fig*) escalofriante

**chillness** ['tʃɪlnɪs] N = **chilliness**

**chill-out*** ['tʃɪlaʊt] ADJ [*music*] relajante

**chilly** ['tʃɪlɪ] ADJ (*compar* **chillier**; *superl* **chilliest**)
[1] (= *cold*) [*weather, water, day, room*] frío; **to be** *or* **feel ~** [*person*] tener frío; **I feel a bit ~** tengo un poco de frío; **it's ~ today** hace fresquito hoy
[2] (= *unfriendly*) frío

**chime** [tʃaɪm] Ⓐ N (= *sound*) [*of church bells*] repique *m*; [*of clock*] campanada *f*; (= *set*) juego *m* de campanas, carillón *m*; **a ~ of bells** un carillón
Ⓑ VT [+ *bell*] tocar
Ⓒ VI repicar, sonar; **the clock ~d six** el reloj dio las seis

►**chime in*** VI + ADV (= *butt in*) meter baza; (= *say*) decir; **to ~ in with** (*in conversation*) meter baza hablando de; (= *harmonize*) estar en armonía con

**chimera** [kaɪ'mɪərə] N quimera *f*

**chimerical** [kaɪ'merɪkəl] ADJ quimérico

**chiming** ['tʃaɪmɪŋ] Ⓐ ADJ **~ clock** reloj *m* de carillón
Ⓑ N [*of church bells*] repiqueteo *m*; [*of clock*] campanadas *fpl*

**chimney** ['tʃɪmnɪ] Ⓐ N [1] [*of building*] chimenea *f*
[2] [*of lamp*] tubo *m*
[3] (*Mountaineering*) olla *f*, chimenea *f*
Ⓑ CPD ► **chimney breast** N (*Brit*) campana *f* de chimenea ► **chimney corner** N rincón *m* de la chimenea ► **chimney pot** N cañón *m* de chimenea ► **chimney stack** N fuste *m* de chimenea ► **chimney sweep** N deshollinador(a) *m/f*

**chimneypiece** ['tʃɪmnɪ,pi:s] N (*Brit*) repisa *f* de chimenea

**chimp*** [tʃɪmp] N = **chimpanzee**

**chimpanzee** [,tʃɪmpæn'zi:] N chimpancé *m*

**chin** [tʃɪn] Ⓐ N barbilla *f*, mentón *m*; **double ~** papada *f*; **✦IDIOMS to keep one's ~ up*** no desanimarse; **(keep your) ~ up!** ¡no te desanimes!, ¡ánimo!; **to take it on the ~*** encajar el golpe; (*fig*) (= *put up with*) soportarlo
Ⓑ VT (*Brit**) (= *punch*) dar una hostia a*; (= *reprimand*) echar un rapapolvo a*
Ⓒ VI (*US**) charlar; *see also* **chuck[1]**

**china[1]** ['tʃaɪnə] Ⓐ N (= *crockery*) loza *f*, vajilla *f*; (= *fine china*) porcelana *f*
Ⓑ CPD [*cup, plate etc*] de porcelana ► **china cabinet** N vitrina *f* de la porcelana ► **china clay** N caolín *m* ► **china doll** N muñeca *f* de porcelana

**china[2]**†* ['tʃaɪnə] N amigo *m*, compinche *m*; **here you are, my old ~** toma, macho*

**China** ['tʃaɪnə] Ⓐ N China *f*
Ⓑ CPD ► **China Sea** N Mar *m* de China ► **China tea** N té *m* de China

**Chinaman**† ['tʃaɪnəmən] N (*pl* **Chinamen**) (*pej in US*) chino *m*

**Chinatown** ['tʃaɪnətaʊn] N barrio *m* chino

**chinaware** ['tʃaɪnəwɛə^r] N porcelana *f*

**chinch (bug)** ['tʃɪntʃ(bʌg)] N (*US*) chinche *m or f* de los cereales

**chinchilla** [tʃɪn'tʃɪlə] N chinchilla *f*

**chin-chin**†* [,tʃɪn'tʃɪn] EXCL ¡chin-chin!

**Chinese** [,tʃaɪ'ni:z] Ⓐ ADJ chino; **a ~ man** un chino; **a ~ woman** una china
Ⓑ N [1] (= *person*) chino/a *m/f*; **the ~** (= *people*) los chinos
[2] (*Ling*) chino *m*
Ⓒ CPD ► **Chinese chequers** NPL damas *fpl* chinas ► **Chinese lantern** N farolillo *m* chino ► **Chinese leaves** NPL col *fsing* china

**chink[1]** [tʃɪŋk] N (= *slit*) (*in wall*) grieta *f*, hendidura *f*; (*in door*) resquicio *m*; **a ~ of light** un hilo de luz; **✦IDIOM it's the ~ in his armour** es su punto débil *or* su talón de Aquiles

**chink[2]** [tʃɪŋk] Ⓐ N (= *sound*) sonido *m* metálico, tintineo *m*
Ⓑ VT [+ *metal*] hacer sonar; [+ *glass*] hacer tintinear
Ⓒ VI [*metal*] sonar; [*glass*] tintinear

**Chink**‡ [tʃɪŋk] N (*offensive*) chino/a *m/f*

**chinless** ['tʃɪnlɪs] ADJ (*fig*) (= *spineless*) apocado

**chinos** ['tʃi:nəʊz] NPL chinos *mpl* (*pantalones de algodón a veces con pinzas*)

**chintz** [tʃɪnts] N cretona *f*

**chintzy** ['tʃɪntsɪ] ADJ [1] [*style*] coqueto
[2] (*US*) (= *poor-quality*) basto, ordinario

**chin-ups** ['tʃɪnʌps] NPL **to do ~** hacer flexiones (de brazos) (*en barra o espalderas*)

**chinwag*** ['tʃɪnwæg] N **to have a ~** charlar, darle al palique

**chip** [tʃɪp] Ⓐ N [1] (= *piece*) pedacito *m*; (= *splinter*) [*of glass, wood*] astilla *f*; (= *stone*) lasca *f*; **✦IDIOMS he's a ~ off the old block** de tal palo tal astilla; **to have a ~ on one's shoulder** ser un resentido
[2] (*Culin*) **chips** (*Brit*) (= *French fries*) patatas *fpl* fritas, papas *fpl* fritas (*esp LAm*); (*US*) (= *crisps*) patatas *fpl* (fritas) de bolsa, chips *mpl*
[3] (= *break, mark*) mella *f*; (*on rim of vessel*) desportilladura *f*
[4] (*Gambling*) ficha *f*; **✦IDIOMS he's had his ~s*** se le acabó la suerte; **to hand** *or* **cash in one's ~s*** palmarla*; **when the ~s are down** cuando llega el momento de la verdad
[5] (*Comput*) chip *m*
[6] (*Golf*) (= *chip shot*) chip *m*
Ⓑ VT [+ *cup, plate*] desconchar, desportillar; [+ *furniture*] desportillar; [+ *surface*] picar; [+ *paint, varnish*] desconchar, desprender
Ⓒ VI [*pottery*] desconcharse, desportillarse; [*paint, varnish*] desconcharse
Ⓓ CPD ► **chip shop*** N pescadería *f* (*donde se vende principalmente pescado rebozado y patatas fritas*)

►**chip away** Ⓐ VT + ADV [+ *paint, varnish*] desconchar
Ⓑ VI + ADV [*paint, varnish*] desconcharse; **to ~ away at** [+ *lands*] ir usurpando; [+ *authority*] ir minando *or* debilitando; **they ~ped away at her resistance** fueron debilitando su resistencia

►**chip in*** VI + ADV [1] (= *contribute*) contribuir (**with** con); (= *share costs*) compartir los gastos
[2] (= *interrupt*) interrumpir (**with** diciendo)

►**chip off** Ⓐ VI + ADV [*paint etc*] desconcharse, desprenderse (en escamas)
Ⓑ VT + ADV [+ *paint etc*] desconchar, desprender

**chip-based** ['tʃɪp,beɪst] ADJ **~ technology** tecnología *f* a base de microchips

**chipboard** ['tʃɪpbɔ:d] N madera *f* aglomerada, aglomerado *m*

**chipmunk** ['tʃɪpmʌŋk] N ardilla *f* listada

**chipolata** [,tʃɪpə'lɑ:tə] N (*Brit*) salchicha *f* fina

**chipper*** ['tʃɪpə^r] ADJ alegre, contento

**chippings** ['tʃɪpɪŋz] NPL gravilla *fsing*; **"loose chippings"** "gravilla suelta"

**chippy*** ['tʃɪpɪ] N [1] (*US*) tía* *f*, fulana* *f*
[2] (*Brit*) *tienda que vende pescado frito con patatas fritas*

**chiromancer** ['kaɪərəmænsə^r] N quiromántico/a *m/f*, quiromante *mf*

**chiropodist** [kɪ'rɒpədɪst] N (*Brit*) podólogo/a *m/f*, pedicuro/a *m/f*

**chiropody** [kɪ'rɒpədɪ] N (*Brit*) podología *f*, pedicura *f*

**chiropractic** [,kaɪərəʊ'præktɪk] Ⓐ ADJ quiropráctico
Ⓑ N quiropráctica *f*

**chiropractor** ['kaɪrəʊ,præktə^r] N quiropráctico *m*

**chirp** [tʃɜ:p] Ⓐ N [*of birds*] pío *m*, gorjeo *m*; [*of crickets*] chirrido *m*, canto *m*
Ⓑ VI [*birds*] piar, gorjear; [*crickets*] chirriar, cantar

**chirpy*** ['tʃɜ:pɪ] ADJ (*compar* **chirpier**; *superl* **chirpiest**) alegre, animado

**chirrup** ['tʃɪrəp] N, VI *see* **chirp**

**chisel** ['tʃɪzl] (*vb: pt, pp* **chiselled** (*Brit*) *or* **chiseled** (*US*)) Ⓐ N (*for wood*) formón *m*, escoplo *m*; (*for stone*) cincel *m*
Ⓑ VT [1] (*also* **~ out**) [+ *wood*] tallar; [+ *stone*] cincelar; (= *carve*) tallar, labrar; **~led features** (*fig*) facciones *fpl* marcadas
[2] (*) (= *swindle*) timar, estafar

**chiseller**, **chiseler** (*US*) ['tʃɪzlə^r] N gorrón *m*

**chit[1]** [tʃɪt] N (= *note*) vale *m*

**chit[2]** [tʃɪt] N **a ~ of a girl** una muchachita no muy crecida

**chitchat** ['tʃɪttʃæt] N (= *gossip*) chismes *mpl*, habladurías *fpl*; (= *chatter*) **"what did you talk about?" - "oh, nothing in particular, just ~"** —¿de qué hablasteis? —de nada en particular, sólo estuvimos dándole al palique

**chitlings** ['tʃɪtlɪŋz] NPL, **chitlins** ['tʃɪtlɪnz] NPL, **chitterlings** ['tʃɪtəlɪŋz] NPL menudos *mpl* de cerdo (comestibles)

**chitty** ['tʃɪtɪ] N = **chit[1]**

**chiv**‡ [tʃɪv] N chori‡ *m*, navaja *f*

**chivalresque** [ʃɪvəl'resk] ADJ, **chivalric** [ʃɪ'vælrɪk] ADJ caballeresco

**chivalrous** ['ʃɪvəlrəs] ADJ caballeroso

**chivalrously** ['ʃɪvəlrəslɪ] ADV caballerosamente

**chivalry** ['ʃɪvəlrɪ] N (= *courteousness*) caballerosidad *f*; (*in medieval times*) caballería *f*

**chives** [tʃaɪvz] NPL cebollinos *mpl*

**chivvy*** ['tʃɪvɪ] VT (*Brit*) perseguir, acosar; **to ~ sb into doing sth** no dejar en paz a algn hasta que hace algo

►**chivvy up*** VT + ADV [+ *person*] espabilar

**chloral** ['klɔːrəl] N cloral *m*

**chlorate** ['klɔːreɪt] N clorato *m*

**chloric** ['klɔːrɪk] Ⓐ ADJ clórico
Ⓑ CPD ► **chloric acid** N ácido *m* clórico

**chloride** ['klɔːraɪd] Ⓐ N cloruro *m*
Ⓑ CPD ► **chloride of lime** N cloruro *m* de cal

**chlorinate** ['klɒrɪneɪt] VT clorar, tratar con cloro

**chlorinated** ['klɒrɪneɪtɪd] ADJ **~ water** agua *f* clorinada

**chlorination** [,klɔːrɪ'neɪʃən] N cloración *f*, tratamiento *m* con cloro

**chlorine** ['klɔːriːn] Ⓐ N cloro *m*
Ⓑ CPD ► **chlorine monoxide** N monóxido *m* de cloro ► **chlorine nitrate** N nitrato *m* de cloro

**chlorofluorocarbon** [,klɔːrə,flʊərə'kɑːbən] N clorofluorocarbono *m*

**chloroform** ['klɒrəfɔːm] Ⓐ N cloroformo *m*
Ⓑ VT cloroformizar, cloroformar (*LAm*)

**chlorophyll** ['klɒrəfɪl] N clorofila *f*

**choc*** [tʃɒk] N = **chocolate**

**chocaholic*** [,tʃɒkə'hɒlɪk] N adicto/a *m/f* al chocolate

**choc-ice** ['tʃɒkaɪs] N (*Brit*) helado *m* cubierto de chocolate

**chock** [tʃɒk] Ⓐ N (= *wedge*) calzo *m*, cuña *f*
Ⓑ VT calzar, poner un calzo *or* una cuña a

**chock-a-block*** ['tʃɒkə'blɒk] ADJ de bote en bote, hasta los topes; **~ of** *or* **with** atestado de, totalmente lleno de

**chocker**‡ ['tʃɒkəʳ] ADJ **to be ~** estar harto (**with** de)

**chock-full*** ['tʃɒk'fʊl] ADJ atestado, lleno a rebosar

**chocolate** ['tʃɒklɪt] Ⓐ N chocolate *m*; (= *individual sweet*) bombón *m*; **hot** *or* **drinking ~** chocolate caliente; **a box of ~s** una caja de bombones *or* chocolatinas
Ⓑ CPD [*biscuit, cake, egg*] de chocolate; [*colour*] (*also* **~ brown**) (de color) chocolate ► **chocolate biscuit** N galleta *f* de chocolate ► **chocolate éclair** N relámpago *m* de chocolate

**chocolate-box** ['tʃɒklɪt,bɒks] ADJ [*look, picture*] de postal de Navidad

**choice** [tʃɔɪs] Ⓐ ADJ [1] (= *selected*) selecto, escogido; (= *high quality*) de primera calidad
[2] (*hum*) [*example, remark*] apropiado, oportuno; [*language*] fino
Ⓑ N [1] (= *act of choosing*) elección *f*, selección *f*; (= *right to choose*) opción *f*; **it's your ~** ◊ **the ~ is yours** usted elige; **for ~** preferentemente; **it was not a free ~** no pude elegir libremente; **I did it from ~** lo hice de buena gana; **he did it but not from ~** lo hizo pero de mala gana; **to make one's ~** elegir; **the house of my ~** mi casa predilecta; **the prince married the girl of his ~** el príncipe se casó con la joven que había elegido; **to take one's ~** elegir; **take your ~!** ¡elija usted!, ¡escoja usted!
[2] (= *thing chosen*) preferencia *f*, elección *f*; **this book would be my ~** este libro es el que yo escogería
[3] (= *variety*) surtido *m*; **we have a wide ~** (*Comm*) tenemos un gran surtido; **you have a wide ~** tienes muchas posibilidades
[4] (= *option*) opción *f*, alternativa *f*; **he gave me two ~s** me dio a elegir entre dos opciones; **to have no ~** no tener alternativa, no tener opción; **he had no ~ but to go** no tuvo más remedio que ir

**choir** ['kwaɪəʳ] Ⓐ N [1] (*Mus*) coro *m*, coral *f*
[2] (*Archit*) coro *m*
Ⓑ CPD ► **choir school** N *escuela primaria para niños cantores* ► **choir stall** N silla *f* de coro; *see also* **practice A4**

**choirboy** ['kwaɪəbɔɪ] N niño *m* de coro

**choirmaster** ['kwaɪə,mɑːstəʳ] N director *m* de coro, maestro *m* de coros

**choke** [tʃəʊk] Ⓐ N (*Aut*) (e)stárter *m*, chok(e) *m* (*LAm*); (*Mech*) obturador *m*, cierre *m*
Ⓑ VT [1] [+ *person*] ahogar, asfixiar; (*with hands*) estrangular; **in a voice ~d with emotion** con una voz ahogada *or* sofocada por la emoción
[2] [+ *pipe etc*] atascar, obstruir; **a canal ~d with weeds** un canal atascado por las hierbas; **a street ~d with traffic** una calle congestionada por el tráfico
Ⓒ VI [*person*] ahogarse, asfixiarse; **to ~ to death** morir asfixiado; **to ~ on a fishbone** atragantarse con una espina; **to ~ with laughter** morirse de risa

►**choke back** VT + ADV [+ *tears*] tragarse; [+ *feelings*] ahogar

►**choke down** VT + ADV [+ *rage, sobs*] ahogar

►**choke off** VT + ADV (*fig*) [+ *supply, suggestions etc*] cortar; [+ *discussion*] cortar por lo sano; [+ *person*] cortar

►**choke up** Ⓐ VT + ADV [+ *pipe, drain*] obstruir
Ⓑ VI + ADV [1] [*pipe, drain*] atascarse
[2] [*person*] quedarse sin habla

**choked** [tʃəʊkt] ADJ [1] (= *strangled*) **a ~ cry** un grito ahogado *or* entrecortado; **in a ~ voice** con voz entrecortada; **~ with emotion** ahogado por la emoción
[2] (*Brit**) (= *angry, upset*) disgustado; **I still feel ~ about him leaving** aún me dura el disgusto de que se fuera

**choker** ['tʃəʊkəʳ] N [1] (= *necklace*) gargantilla *f*; (*hum*) cuello *m* alto
[2] (*Mech*) obturador *m*
[3] (*) (= *disappointment*) fastidio *m*
[4] (*esp US**) (= *person*) agobiado/a* *m/f*

**choking** ['tʃəʊkɪŋ] Ⓐ ADJ asfixiador, asfixiante
Ⓑ N ahogo *m*, asfixia *f*

**choky**‡ ['tʃəʊkɪ] N (= *prison*) trena‡ *f*; (= *cell*) unidad *f* de aislamiento

**cholera** ['kɒlərə] N cólera *m*

**choleric** ['kɒlərɪk] ADJ colérico

**cholesterol** [kə'lestərɒl] N colesterol *m*

**chomp*** [tʃɒmp] Ⓐ VT mascar
Ⓑ VI mascar; *see also* **bit²**

**Chomskyan** ['tʃɒmskɪən] ADJ de Chomsky, chomskiano

**choo-choo*** ['tʃuːtʃuː] N (*Brit child language*) chu-chu *m*, tren *m*

**choose** [tʃuːz] (*pt* **chose**; *pp* **chosen**) Ⓐ VT [1] (*gen*) elegir, escoger; (= *select*) [+ *team*] seleccionar; [+ *candidate*] elegir; **he was chosen (as) leader** fue elegido líder; **there is nothing to ~ between them** vale tanto el uno como el otro, no veo la diferencia entre ellos
[2] (= *opt*) **to ~ to do sth** optar por hacer algo; **if I don't ~ to** si no quiero
Ⓑ VI elegir, escoger; **to ~ between** elegir entre; **there are several to ~ from** hay varios entre los que elegir; **as/when I ~** como/cuando me parezca*, como/cuando me dé la gana (*Sp**)

**choosey, choosy** ['tʃuːzɪ] ADJ (*gen*) exigente; (*about food*) delicado; (= *touchy*) quisquilloso; **he's a bit ~ about it** en esto es algo difícil de contentar; **I'm ~ about who I go out with** yo no salgo con un cualquiera; **in his position he can't be ~** su posición no le permite darse el lujo de escoger

**chop¹** [tʃɒp] Ⓐ N [1] (= *blow*) golpe *m* cortante; (= *cut*) tajo *m*
[2] (*Culin*) chuleta *f*
[3] (*Brit**) (*fig*) **to get the ~** [*project*] ser rechazado *or* desechado; [*person*] (= *be sacked*) ser despedido; **to give sb the ~** despedir a algn; **he's for the ~** le van a despedir; **this programme is for the ~** este programa se va a suprimir
Ⓑ VT [1] [+ *wood*] cortar, talar; [+ *meat, vegetables*] picar; **to ~ one's way through** abrirse camino a con un machete
[2] (*Brit**) [+ *person*] despedir
[3] (*Sport*) [+ *ball*] cortar

►**chop at** VI + PREP tratar de tajar

►**chop down** VT + ADV [+ *tree*] talar

►**chop off** VT + ADV [1] (*lit*) cortar de un tajo; **they ~ped off his head** le cortaron la cabeza
[2] (*fig*) recortar, reducir

►**chop up** VT + ADV desmenuzar; [+ *meat*] picar

**chop²** [tʃɒp] VI (*Brit**) **to ~ and change** cambiar constantemente de opinión

**chopper** ['tʃɒpəʳ] N [1] (= *axe*) hacha *f*; [*of butcher*] tajadera *f*, cuchilla *f*
[2] (*) (= *helicopter*) helicóptero *m*; (*Brit*) (= *bicycle*) *bicicleta de manillar alto y asiento alargado*; (*US*) (= *motorbike*) *motocicleta de manillar alto y asiento alargado*

**chopping** ['tʃɒpɪŋ] CPD ► **chopping block, chopping board** N tajo *m*, tabla *f* de cortar ► **chopping knife** N tajadera *f*, cuchilla *f*

**choppy** ['tʃɒpɪ] ADJ (*compar* **choppier**; *superl* **choppiest**) [*sea, weather*] picado, agitado

**chops*** [tʃɒps] NPL (*Anat*) boca *fsing*, labios *mpl*; **to lick one's ~** relamerse, chuparse los dedos

**chopsticks** ['tʃɒpstɪks] NPL palillos *mpl*

**chop suey** [,tʃɒp'suɪ] N chop suey *m*

**choral** ['kɔːrəl] Ⓐ ADJ coral
Ⓑ CPD ► **choral society** N orfeón *m*

**chorale** [kɔ'rɑːl] N coral *m*

**chord** [kɔːd] N [1] (*Mus*) acorde *m*; ✦**IDIOMS** **to strike a ~** sonarle (algo a uno); **we must strike a common ~** tenemos que encontrar un punto en común; **this struck a responsive ~ with everyone** esto produjo una reacción positiva en todos; **to touch the right ~** despertar emociones
[2] (*Math, Anat*) cuerda *f*

**chore** [tʃɔːʳ] N faena *f*, tarea *f*; (*pej*) tarea *f* rutinaria; **to do the (household) ~s** hacer los quehaceres domésticos

**choreograph** ['kɒrɪə,græf] VT coreografiar

**choreographer** [,kɒrɪ'ɒgrəfəʳ] N coreógrafo/a *m/f*

**choreographic** [,kɒrɪəʊ'græfɪk] ADJ coreográfico

**choreography** [,kɒrɪ'ɒgrəfɪ] N coreografía *f*

**chorister** ['kɒrɪstəʳ] N corista *mf*; (*US*) director(a) *m/f* de un coro

**chortle** ['tʃɔːtl] Ⓐ N risa *f* alegre

Ⓑ VI reírse alegremente; **to ~ over sth** reírse satisfecho por algo

**chorus** ['kɔːrəs] Ⓐ N (*pl* **choruses**) 1 [*of singers, play*] coro *m*; (*in musical*) conjunto *m*; **in ~** a coro; **to sing in ~** cantar a coro
2 (= *refrain*) estribillo *m*; **to join in the ~** unirse en el estribillo
3 (*fig*) **a ~ of praise greeted the book** el libro fue recibido por un coro de aprobación *or* alabanzas; **a ~ of shouts greeted this** esto fue recibido por un coro de exclamaciones
Ⓑ VT (= *speak in unison*) decir a coro; (= *answer*) contestar a coro
Ⓒ CPD ► **chorus girl** N corista *f* ► **chorus line** N línea *f* de coro

**chose** [tʃəʊz] PT *of* **choose**

**chosen** ['tʃəʊzn] Ⓐ PP *of* **choose**
Ⓑ ADJ preferido, predilecto; **the ~ few** la minoría privilegiada; **the Chosen (People)** el pueblo elegido; **their ~ representative** el representante que han elegido
Ⓒ N **one of the ~** uno de los elegidos

**chough** [tʃʌf] N chova *f* (piquirroja)

**choux pastry** ['ʃuː'peɪstrɪ] N masa *f* de profiteroles

**chow¹** [tʃaʊ] N (= *dog*) chow-chow *m*, perro *m* chino

**chow²**⁑ [tʃaʊ] N (*esp US*) (= *food*) comida *f*

**chowder** ['tʃaʊdəʳ] N (*esp US*) sopa *f* de pescado

**chow mein** [tʃaʊ'meɪn] N *plato de la cocina china de tallarines rehogados con carne o verduras*

**Chris** [krɪs] N (*familiar form*) *of* **Christopher**

**Christ** [kraɪst] Ⓐ N Cristo *m*
Ⓑ EXCL **~!**⁑ ¡hostia(s)!*, ¡carajo! (*LAm*)

**christen** ['krɪsn] VT 1 (*Rel*) bautizar
2 (= *name*) bautizar con el nombre de; **they ~ed him Jack after his uncle** le pusieron Jack como su tío
3 (*) (= *use for first time*) estrenar

**Christendom** ['krɪsndəm] N cristiandad *f*

▼**christening** ['krɪsnɪŋ] Ⓐ N bautizo *m*, bautismo *m*
Ⓑ CPD ► **christening gown**, **christening robe** N faldón *m* de bautizo

**Christian** ['krɪstɪən] Ⓐ ADJ cristiano
Ⓑ N cristiano/a *m/f*
Ⓒ CPD ► **Christian Democrat** N (*Pol*) democratacristiano/a *m/f*, democristiano/a *m/f* ► **Christian Democrat(ic) Party** N (*Pol*) partido *m* democratacristiano, partido *m* democristiano ► **Christian name** N nombre *m* de pila ► **Christian Science** N Ciencia *f* Cristiana ► **Christian Scientist** N Científico/a *m/f* Cristiano

**Christianity** [ˌkrɪstɪ'ænɪtɪ] N cristianismo *m*

**Christianize** ['krɪstɪənaɪz] VT cristianizar

**Christlike** ['kraɪstlaɪk] ADJ como Cristo

▼**Christmas** ['krɪsməs] Ⓐ N Navidad *f*; (= *season*) Navidades *fpl*; **at ~** en Navidad, por Navidades; **happy** *or* **merry ~!** ¡Feliz Navidad!, ¡Felices Pascuas!; *see also* **father C**
Ⓑ CPD [*decorations, festivities*] de Navidad, navideño/a ► **Christmas box** N (*Brit*) aguinaldo *m* ► **Christmas cake** N pastel *m* de Navidad, tarta *f* de Navidad ► **Christmas card** N crismas *m inv*, tarjeta *f* de Navidad ► **Christmas carol** N villancico *m* ► **Christmas club** N club *m* de ahorros (*que los reparte por Navidades*) ► **Christmas Day** N día *m* de Navidad ► **Christmas dinner** N comida *f* de Navidad ► **Christmas Eve** N Nochebuena *f* ► **Christmas Island** N Isla *f* Christmas ► **Christmas party** N fiesta *f* de Navidad ► **Christmas present** N regalo *m* de Navidad ► **Christmas pudding** N (*esp Brit*) pudin *m* de Navidad ► **Christmas rose** N eléboro *m* negro ► **Christmas stocking** N ≈ zapatos *mpl* de Reyes ► **Christmas time** N Navidades *fpl*, Pascua *f* de Navidad ► **Christmas tree** N árbol *m* de Navidad

**CHRISTMAS DINNER**

*La comida de Navidad (***Christmas dinner***) que se celebra en familia el día 25, es un momento central de las celebraciones navideñas. En ella se suele comer pavo relleno asado (***roast turkey with stuffing***) acompañado de coles de Bruselas y patatas asadas. En el Reino Unido el postre tradicional es* **Christmas pudding***, un pastel hecho a base de frutas secas, especias y brandy al que se le añade* **brandy butter***, una mezcla de mantequilla, azúcar y brandy.*

**Christmassy*** ['krɪsməsɪ] ADJ navideño, propio de Navidad

**Christopher** ['krɪstəfəʳ] N Cristóbal

**chromatic** [krə'mætɪk] ADJ (*Mus, Tech*) cromático

**chromatogram** [krəʊ'mætəˌgræm] N cromatograma *m*

**chromatography** [ˌkrəʊmə'tɒgrəfɪ] N cromatografía *f*

**chrome** [krəʊm] Ⓐ N cromo *m*
Ⓑ CPD ► **chrome steel** N acero *m* al cromo, acerocromo *m* ► **chrome yellow** N amarillo *m* de cromo

**chromium** ['krəʊmɪəm] Ⓐ N cromo *m*
Ⓑ CPD ► **chromium plating** N cromado *m*

**chromium-plated** ['krəʊmɪəm,pleɪtɪd] ADJ cromado

**chromosomal** [ˌkrəʊmə'səʊməl] ADJ cromosomático, cromosómico

**chromosome** ['krəʊməsəʊm] N cromosoma *m*

**chronic** ['krɒnɪk] ADJ 1 [*invalid, disease*] crónico
2 (= *inveterate*) [*smoker*] empedernido; [*liar*] incorregible
3 (*Brit**) [*weather, person*] horrible, malísimo; **I had toothache something ~** me dolían las muelas horriblemente

**chronically** ['krɒnɪkəlɪ] ADV **to be ~ sick** sufrir una enfermedad crónica; **beer is ~ scarce** hay una escasez permanente de cerveza

**chronicle** ['krɒnɪkl] Ⓐ N crónica *f*; **Chronicles** (*Bible*) Crónicas *fpl*
Ⓑ VT (= *recount*) hacer una crónica de

**chronicler** ['krɒnɪkləʳ] N cronista *mf*

**chronological** [ˌkrɒnə'lɒdʒɪkəl] ADJ cronológico; **in ~ order** en orden cronológico

**chronologically** [ˌkrɒnə'lɒdʒɪkəlɪ] ADV por orden cronológico

**chronology** [krə'nɒlədʒɪ] N cronología *f*

**chronometer** [krə'nɒmɪtəʳ] N cronómetro *m*

**chrysalis** ['krɪsəlɪs] N (*pl* **chrysalises** ['krɪsəlɪsɪz]) (*Bio*) crisálida *f*

**chrysanth*** [krɪ'sænθ] N (*Brit*) = **chrysanthemum**

**chrysanthemum** [krɪ'sænθəməm] N crisantemo *m*

**chub** [tʃʌb] N (*pl* **chub** *or* **chubs**) cacho *m*

**chubby** ['tʃʌbɪ] ADJ (*compar* **chubbier**; *superl* **chubbiest**) [*baby, hands*] rechoncho, regordete; [*face, cheeks*] mofletudo

**chuck¹** [tʃʌk] Ⓐ N 1 (*) (= *throw*) tiro *m*, echada *f*
2 (*) **to get the ~** (*from job*) ser despedido; **to give sb the ~** (*from relationship*) dar la patada a algn*, plantar a algn*
3 **a ~ under the chin** una palmada cariñosa en la barbilla
Ⓑ VT 1 (*) (= *throw*) tirar, echar
2 (*) (= *throw away*) (*also* **~ away**) tirar, botar (*LAm*); [+ *money*] tirar; [+ *chance*] desperdiciar
3 (*) (= *give up*) (*also* **~ up, ~ in**) [+ *job*] dejar, plantar*; [+ *boyfriend, girlfriend*] dar la patada a*, plantar*; **so I had to ~ it** así que tuve que dejarlo; **~ it!** ¡basta ya!, ¡déjalo!
4 **to ~ sb under the chin** dar una palmada cariñosa bajo la barbilla a algn

►**chuck away*** VT + ADV [+ *old clothes, books*] tirar, botar (*LAm*); [+ *money*] despilfarrar; [+ *chance*] desperdiciar

►**chuck in*** VT + ADV abandonar, renunciar a; **I'm thinking of ~ing it in** estoy pensando en mandarlo a paseo

►**chuck out*** VT + ADV [+ *rubbish*] tirar, botar (*LAm*); [+ *person*] echar (fuera); [+ *employee*] despedir, dar el pasaporte a*

►**chuck up** Ⓐ VT + ADV (*) abandonar, renunciar a
Ⓑ VI + ADV (*US*⁑) (= *vomit*) arrojar*

**chuck²** [tʃʌk] Ⓐ N 1 (*also* **~ steak**) bistec *m* de pobre
2 (*US*⁑) (= *food*) manduca* *f*; → DUDE RANCH
Ⓑ CPD ► **chuck wagon** N carromato *m* de provisiones

**chuck³** [tʃʌk] = **chock**

**chuck⁴** [tʃʌk] N (*Tech*) portabrocas *m inv*

**chucker-out*** ['tʃʌkər'aʊt] N (*Brit*) gorila *m* (*en la entrada de un local*)

**chuckle** ['tʃʌkl] Ⓐ N risita *f*, risa *f* sofocada; **we had a good ~ over that** nos reímos bastante con eso
Ⓑ VI reírse entre dientes, soltar una risita; **to ~ at** *or* **over** reírse con

**chuddar** ['tʃʌdəʳ] N chador *m*

**chuffed*** [tʃʌft] ADJ (*Brit*) (= *pleased*) satisfecho, contento; **he was pretty ~ about it** estaba la mar de contento por eso

**chug** [tʃʌg] VI [*steam engine*] resoplar; [*motor*] traquetear; **the train ~ged past** pasó el tren resoplando

►**chug along** VI + ADV [*car, train*] ir despacio resoplando; (*fig*) ir tirando

**chukka**, **chukker** ['tʃʌkəʳ] N (*Polo*) tiempo *m* de un partido de polo

**chum*** [tʃʌm] N amiguete* *m*, colega *mf*, cuate *mf* (*Mex**), pata *mf* (*Peru**); (= *child*) amiguito/a *m/f*; (*in direct address*) amigo; **to be great ~s** ser íntimos amigos; **to be ~s with sb** ser amigo de algn

►**chum up*** VI + ADV hacerse amigos; **to ~ up with sb** hacerse amigo de algn

**chummy*** ['tʃʌmɪ] ADJ muy amigo; **they're very ~** son muy amigos; **he's very ~ with the boss** es muy amigo del jefe; **he got ~ with the boss** se hizo amigo del jefe

**chump** [tʃʌmp] Ⓐ N 1 (*) (= *idiot*) tonto/a *m/f*; **you ~!** ¡imbécil!
2 (⁑) (= *head*) cabeza *f*; ♦*IDIOM* **to be off one's ~** estar chiflado
Ⓑ CPD ► **chump chop** N (*Brit*) *chuleta gruesa con hueso*

**chunk** [tʃʌŋk] N [*of bread, cheese etc*] pedazo *m*, trozo *m*; (*) [*of land, time, money*] cantidad *f* considerable

**chunky** ['tʃʌŋkɪ] ADJ (*compar* **chunkier**; *superl* **chunkiest**) [*person*] fornido; [*furniture, mug*] achaparrado; [*knitwear*] grueso, de lana gorda

**Chunnel** ['tʃʌnl] N (*hum*) túnel *m* bajo el Canal de la Mancha

**chunter*** ['tʃʌntəʳ] VI (*Brit*) (*also* **~ on**) (= *mutter*) murmurar; (= *complain*) gruñir, refunfuñar*

➤ LANGUAGE IN USE: christening A 25.2 Christmas A 23.2

**church** [tʃɜːtʃ] Ⓐ N [1] (= *building*) (*gen*) iglesia *f*; (*Protestant*) templo *m*
[2] (= *service*) (*Catholic*) misa *f*; (*Protestant*) oficio *m*; **to go to ~** (*Catholic*) ir a misa; (*Protestant*) ir al oficio; **after ~** después de la misa *or* del oficio
[3] (= *institution*) **the Church** la Iglesia; **Church and State** Iglesia y Estado; **to enter the Church** hacerse cura *or (Protestant)* pastor
Ⓑ CPD [*doctrine*] de la Iglesia ► **Church Fathers** NPL Padres *mpl* de la Iglesia ► **church hall** N sacristía *f* ► **church music** N música *f* sacra *or* religiosa ► **Church of England** N Iglesia *f* Anglicana ► **Church of Scotland** N Iglesia *f* Presbiteriana Escocesa ► **church school** N colegio *m* religioso ► **church service** N oficio *m*, servicio *m* religioso ► **church wedding** N boda *f* eclesiástica, boda *f* por la iglesia; **they want a ~ wedding** quieren casarse por la iglesia

**CHURCHES OF ENGLAND/SCOTLAND**

*La Iglesia Anglicana (***Church of England***) es la iglesia oficial de Inglaterra. Tiene su origen en la ruptura de Enrique VIII con la Iglesia católica en el siglo XVI. En ella se unen aspectos de la tradición católica y de la protestante. Su dirigente oficial es el monarca y su jefe espiritual el Arzobispo de Canterbury. Al clero se le permite contraer matrimonio y, desde 1992, las mujeres pueden ejercer el sacerdocio, cambio al que se opuso radicalmente la corriente conservadora.*
*La Iglesia Presbiteriana Escocesa (***Church of Scotland***) es la iglesia nacional de Escocia, pero no depende de ninguna autoridad civil. Sigue la doctrina calvinista y se rige según las normas presbiterianas, lo que significa que está gobernada a nivel local, por* **ministers** *y dirigentes laicos (***elders***). Tanto hombres como mujeres pueden ejercer el sacerdocio. Hay una reunión anual (***General Assembly***) en la que se discuten asuntos nacionales, presidida por un* **Moderator***, que es elegido anualmente.*
⇨ *Ver tb* ARCHBISHOP

**churchgoer** [ˈtʃɜːtʃˌgəʊəʳ] N fiel *mf*
**churchman** [ˈtʃɜːtʃmən] N (*pl* **churchmen**) [1] (= *priest*) sacerdote *m*, eclesiástico *m*
[2] (= *member*) fiel *m* practicante
**churchwarden** [ˈtʃɜːtʃˈwɔːdn] N capillero *m*
**churchwoman** [ˈtʃɜːtʃˌwʊmən] N (*pl* **churchwomen**) fiel *f* practicante
**churchy*** [ˈtʃɜːtʃɪ] ADJ (*pej*) (= *pious*) beato; (= *churchgoing*) que va mucho a la iglesia, que toma muy en serio las cosas de la iglesia
**churchyard** [ˈtʃɜːtʃjɑːd] N cementerio *m*, campo *m* santo
**churl** [tʃɜːl] N (= *person*) patán *m*
**churlish** [ˈtʃɜːlɪʃ] ADJ (= *rude*) grosero, maleducado; (= *unfriendly*) poco amistoso, arisco; (= *mean*) mezquino; **it would be ~ not to thank him** sería muy grosero *or* maleducado no darle las gracias
**churlishly** [ˈtʃɜːlɪʃlɪ] ADV (= *rudely*) groseramente, sin educación
**churlishness** [ˈtʃɜːlɪʃnɪs] N (= *rudeness*) grosería *f*, mala educación *f*; (= *unfriendliness*) conducta *f* poco amistosa; (= *meanness*) mezquindad *f*
**churn** [tʃɜːn] Ⓐ N (*for butter*) mantequera *f*; (*Brit*) (*for milk*) lechera *f*
Ⓑ VT [1] [+ *butter*] batir *or* hacer en una mantequera
[2] (*fig*) (*also* **~ up**) [+ *sea, mud*] revolver, agitar
Ⓒ VI [*sea*] revolverse, agitarse; **her stomach was ~ing** se le revolvía el estómago
► **churn out** VT + ADV (*pej*) [+ *books, goods*] producir en serie, producir en masa
**chute** [ʃuːt] N [1] (*for rubbish*) vertedero *m*
[2] (*Brit*) (*in playground, swimming pool*) tobogán *m*
[3] (*) (= *parachute*) paracaídas *m inv*
**chutney** [ˈtʃʌtnɪ] N salsa *f* picante (de frutas y especias)
**chutzpa(h)*** [ˈxʊtspə] N (*esp US*) cara *f* dura
**CI** ABBR = **Channel Islands**
**C.I.** N ABBR = **Consular Invoice**
**CIA** N ABBR (*US*) (= **Central Intelligence Agency**) CIA *f*
**ciao*** [tʃaʊ] EXCL ¡chao!
**cicada** [sɪˈkɑːdə] N (*pl* **cicadas** *or* **cicadae** [sɪˈkɑːdiː]) cigarra *f*
**Cicero** [ˈsɪsərəʊ] N Cicerón
**Ciceronian** [ˌsɪsəˈrəʊnɪən] ADJ ciceroniano
**CID** N ABBR (*Brit*) = **Criminal Investigation Department**; **~ man/woman** ◊ **~ officer** policía *mf or* oficial *mf* del Departamento de Investigación Criminal
**cider** [ˈsaɪdəʳ] Ⓐ N sidra *f*
Ⓑ CPD ► **cider apple** N manzana *f* de sidra ► **cider press** N lagar *m* para hacer sidra ► **cider vinegar** N vinagre *m* de sidra
**CIF**, **c.i.f.** N ABBR (= **cost, insurance, freight**) c.s.f.
**cig*** [sɪg] N (*Brit*) = **cigarette**
**cigar** [sɪˈgɑːʳ] Ⓐ N puro *m*, cigarro *m*
Ⓑ CPD ► **cigar case** N cigarrera *f* ► **cigar holder** N boquilla *f* de puro ► **cigar lighter** N (*Aut*) encendedor *m* de puro
**cigarette** [ˌsɪgəˈret] Ⓐ N cigarrillo *m*, cigarro *m*; **he had a ~** (se) fumó un cigarrillo *or* cigarro
Ⓑ CPD ► **cigarette ash** N ceniza *f* de cigarrillo ► **cigarette card** N cromo *m* (coleccionable) ► **cigarette case** N pitillera *f*, cigarrera *f* (*LAm*) ► **cigarette end** N colilla *f* ► **cigarette holder** N boquilla *f* ► **cigarette lighter** N encendedor *m*, mechero *m* ► **cigarette machine** N máquina *f* de tabaco ► **cigarette paper** N papel *m* de fumar
**cigar-shaped** [sɪˈgɑːʃeɪpt] ADJ en forma de puro
**ciggy*** [ˈsɪgɪ] N (*Brit*) = **cigarette**
**CIM** N ABBR (*Comput*) = **computer-integrated manufacturing**
**C.-in-C.** N ABBR = **Commander-in-Chief**
**cinch*** [sɪntʃ] N **it's a ~** (= *easy thing*) está tirado, es pan comido; (= *sure thing*) es cosa segura
**cinchona** [sɪŋˈkəʊnə] Ⓐ N quino *m*
Ⓑ CPD ► **cinchona bark** N quina *f*
**cinder** [ˈsɪndəʳ] Ⓐ N [1] (= *ember*) carbonilla *f*; ✦***IDIOM*** **to be burned to a ~** [*food etc*] quedar carbonizado
[2] **cinders** (= *ashes*) cenizas *fpl*
Ⓑ CPD ► **cinder block** N (*US*) ladrillo *m* de cenizas ► **cinder track** N (*Sport*) pista *f* de ceniza
**Cinderella** [ˌsɪndəˈrelə] N Cenicienta *f*; **it's the ~ of the arts** es la hermana pobre de las artes
**cine** [ˈsɪnɪ] CPD (*Brit*) ► **cine camera** N cámara *f* cinematográfica ► **cine film** N película *f* de cine ► **cine projector** N proyector *m* de películas
**cinéaste** [ˈsɪnɪæst] N cinéfilo/a *m/f*
**cinema** [ˈsɪnəmə] (*esp Brit*) Ⓐ N cine *m*; **the silent/talking ~** el cine mudo/sonoro
Ⓑ CPD ► **cinema complex** N cine *m* multisalas
**cinema-going** [ˈsɪnəməˌgəʊɪŋ] (*esp Brit*) Ⓐ N **~ is very popular among the young** el ir al cine es muy popular entre los jóvenes
Ⓑ ADJ **the ~ public** el público aficionado al cine
**Cinemascope®** [ˈsɪnəməskəʊp] N Cinemascope® *m*
**cinematic** [ˌsɪnɪˈmætɪk] ADJ cinemático
**cinematograph** [ˌsɪnɪˈmætəgrɑːf] N (*Brit*) cinematógrafo *m*
**cinematographer** [ˌsɪnəməˈtɒgrəfəʳ] N cinematógrafo/a *m/f*
**cinematography** [ˌsɪnəməˈtɒgrəfɪ] N cinematografía *f*
**cinerary** [ˈsɪnərərɪ] ADJ cinerario
**cinnabar** [ˈsɪnəbɑːʳ] N cinabrio *m*
**cinnamon** [ˈsɪnəmən] N canela *f*
**cipher** [ˈsaɪfəʳ] Ⓐ N [1] (= *0, zero*) cero *m*; (= *any number, initials*) cifra *f*; (= *Arabic numeral*) cifra *f*, número *m*
[2] (= *secret writing*) cifra *f*, código *m*; **in ~** cifrado, en clave
[3] (= *monogram*) monograma *m*
[4] (*fig*) (= *person*) **he's a mere ~** es un cero a la izquierda
Ⓑ VT [1] [+ *code, calculations, communications*] cifrar
[2] (*Math*) calcular
**circa** [ˈsɜːkə] PREP hacia; **~ 1500** hacia (el año) 1500
**circadian** [səˈkeɪdɪən] ADJ circadiano; **~ cycle** ciclo *m* circadiano
**circle** [ˈsɜːkl] Ⓐ N [1] (*gen*) círculo *m*; **to stand in a ~** formar un corro; ✦***IDIOMS*** **to come full ~** volver al punto de partida; **to go round in ~s*** dar vueltas sobre lo mismo, no avanzar; **it had us running round in ~s*** nos tuvo dando vueltas sin orden ni concierto; *see also* **vicious**
[2] (= *set of people*) círculo *m*, grupo *m*; **John and his ~** Juan y sus amigos, Juan y su peña; **in certain ~s** en ciertos medios; **in business ~s** en el mundo de los negocios; **the family ~** el círculo familiar; **to move in fashionable ~s** frecuentar los ambientes que están de moda; **an inner ~ of ministers** un grupo de ministros que ostentan mayor poder; **she moves in wealthy ~s** frecuenta la buena sociedad
[3] (*Brit Theat*) anfiteatro *m*
Ⓑ VT [1] (= *surround*) cercar, rodear; (= *move round*) girar alrededor de, dar vueltas alrededor de; **the lion ~d its prey** el león se movió alrededor de la presa; **the cosmonaut ~d the earth** el cosmonauta dio la vuelta a la tierra; **the aircraft ~d the town twice** el avión dio dos vueltas sobre la ciudad
[2] (= *draw round*) poner un círculo alrededor de, rodear con un círculo
Ⓒ VI dar vueltas
**circlet** [ˈsɜːklɪt] N (*worn on head*) diadema *f*; (*worn on finger*) anillo *m*; (*worn on arm*) aro *m*, brazalete *m*
**circuit** [ˈsɜːkɪt] Ⓐ N [1] (= *route*) circuito *m*; (= *course*) recorrido *m*; (= *long way round*) rodeo *m*; (= *lap by runner*) vuelta *f*
[2] (*Brit Jur*) distrito *m*
[3] (*Cine*) cadena *f*
[4] (*esp Brit*) (= *sports track*) pista *f*
[5] (*Aut, Elec*) circuito *m*; *see also* **short-circuit**
Ⓑ CPD ► **circuit board** N (*Elec*) tarjeta *f* de

circuitos ► **circuit breaker** N (*Elec*) cortacircuitos *m inv* ► **circuit court** N (*US Jur*) tribunal *m* superior ► **circuit switching network** N (*Elec*) red *f* de conmutación de circuito ► **circuit training** N (*Sport*) circuito *m* de entrenamiento

**circuitous** [sɜːˈkjuːɪtəs] ADJ [*route*] tortuoso, sinuoso; [*method*] tortuoso, solapado

**circuitry** [ˈsɜːkɪtrɪ] N circuitería *f*, sistema *m* de circuitos

**circular** [ˈsɜːkjʊləʳ] Ⓐ ADJ circular, redondo; **~ motion** movimiento *m* circular; **~ tour** circuito *m*
Ⓑ N (*in firm*) circular *f*; (= *advertisement*) panfleto *m*
Ⓒ CPD ► **circular saw** N sierra *f* circular

**circularity** [ˌsɜːkjʊˈlærɪtɪ] N circularidad *f*

**circularize** [ˈsɜːkjʊləraɪz] VT enviar circulares a

**circulate** [ˈsɜːkjʊleɪt] Ⓐ VI (*gen*) circular
Ⓑ VT (*gen*) poner en circulación; [+ *letter, papers etc*] hacer circular; [+ *news*] hacer circular

**circulating** [ˈsɜːkjʊleɪtɪŋ] Ⓐ ADJ circulante
Ⓑ CPD ► **circulating assets** NPL activo *msing* circulante ► **circulating capital** N capital *m* circulante ► **circulating library** N (*US*) biblioteca *f* circulante ► **circulating medium** N (*Fin*) medios *mpl* monetarios

**circulation** [ˌsɜːkjʊˈleɪʃən] N 1 (*gen*) circulación *f*; **to withdraw sth from ~** retirar algo de la circulación; **to put into ~** poner en circulación; **he's back in ~*** se está dejando ver otra vez
2 (= *number of papers printed*) tirada *f*
3 (*Med*) **she has poor ~** tiene mala circulación

**circulatory** [ˌsɜːkjʊˈleɪtərɪ] ADJ circulatorio

**circum...** [ˈsɜːkəm] PREFIX circun..., circum...

**circumcise** [ˈsɜːkəmsaɪz] VT circuncidar

**circumcision** [ˌsɜːkəmˈsɪʒən] N circuncisión *f*

**circumference** [səˈkʌmfərəns] N circunferencia *f*

**circumflex** [ˈsɜːkəmfleks] Ⓐ N circunflejo *m*
Ⓑ CPD ► **circumflex accent** N acento *m* circunflejo

**circumlocution** [ˌsɜːkəmləˈkjuːʃən] N circunloquio *m*, rodeo *m*

**circumnavigate** [ˌsɜːkəmˈnævɪgeɪt] VT circunnavegar

**circumnavigation** [ˈsɜːkəmˌnævɪˈgeɪʃən] N circunnavegación *f*

**circumscribe** [ˈsɜːkəmskraɪb] VT (*lit*) circunscribir; (*fig*) (= *limit*) limitar, restringir

**circumspect** [ˈsɜːkəmspekt] ADJ circunspecto, prudente

**circumspection** [ˌsɜːkəmˈspekʃən] N circunspección *f*, prudencia *f*

**circumspectly** [ˈsɜːkəmspektlɪ] ADV prudentemente

**circumstance** [ˈsɜːkəmstəns] (*usu pl*) N 1 circunstancia *f*; **in** *or* **under the ~s** en *or* dadas las circunstancias; **under no ~s** de ninguna manera, bajo ningún concepto; **owing to ~s beyond our control** debido a circunstancias ajenas a nuestra voluntad; **~s alter cases** las circunstancias cambian los casos; **were it not for the ~ that ...** si no se diera la circunstancia de que ...; **a victim of ~** una víctima de las circunstancias; *see also* **pomp**
2 (= *economic situation*) **to be in easy/poor ~s** estar en buena/mala situación económica; **what are your ~s?** ¿cuál es su situación económica?; **if the family ~s allow it** si lo permite la situación económica de la familia

**circumstantial** [ˌsɜːkəmˈstænʃəl] ADJ [*report, statement*] detallado; **~ evidence** (*Jur*) pruebas *fpl* circunstanciales

**circumstantiate** [ˌsɜːkəmˈstænʃɪeɪt] VT probar refiriendo más detalles, corroborar, confirmar

**circumvent** [ˌsɜːkəmˈvent] VT [+ *law, rule*] burlar; [+ *difficulty, obstacle*] salvar, evitar

**circumvention** [ˌsɜːkəmˈvenʃən] N acción *f* de burlar *or* salvar; **the ~ of this obstacle will not be easy** no va a ser fácil salvar este obstáculo

**circus** [ˈsɜːkəs] N (*pl* **circuses**) 1 (= *entertainment*) circo *m*
2 (*in place names*) plaza *f*, glorieta *f*

**cirrhosis** [sɪˈrəʊsɪs] N cirrosis *f*

**cirrocumulus** [ˌsɪrəʊˈkjuːmjʊləs] N (*pl* **cirrocumuli** [ˌsɪrəʊˈkjuːmjʊlaɪ]) cirrocúmulo *m*

**cirrostratus** [ˌsɪrəʊˈstrɑːtəs] N (*pl* **cirrostrati** [ˌsɪrəʊˈstrɑːtaɪ]) cirrostrato *m*

**cirrus** [ˈsɪrəs] N (*pl* **cirri** [ˈsɪraɪ]) cirro *m*

**CIS** N ABBR (= **Commonwealth of Independent States**) CEI *f*

**cissy*** [ˈsɪsɪ] N mariquita* *m*

**Cistercian** [sɪsˈtɜːʃən] Ⓐ ADJ cisterciense; **~ Order** Orden *f* del Císter
Ⓑ N cisterciense *m*

**cistern** [ˈsɪstən] N [*of WC*] cisterna *f*; (= *tank*) depósito *m*; (*for hot water*) termo *m*; (*for rainwater*) aljibe *m*, cisterna *f*

**citadel** [ˈsɪtədl] N ciudadela *f*; (*in Spain, freq*) alcázar *m*; (*fig*) reducto *m*

**citation** [saɪˈteɪʃən] Ⓐ N cita *f*; (*US Jur*) citación *f*; (*Mil*) mención *f*, citación *f*
Ⓑ CPD ► **citation index** N índice *m* de citación

**cite** [saɪt] VT 1 (= *quote*) citar
2 (*Jur*) **he was ~d to appear in court** lo citaron para que se compareciera ante el tribunal
3 (*Mil*) mencionar, citar

**citizen** [ˈsɪtɪzn] Ⓐ N [*of state*] ciudadano/a *m/f*, súbdito/a *m/f*; [*of city*] habitante *mf*, vecino/a *m/f*
Ⓑ CPD ► **Citizens' Advice Bureau** N (*Brit*) *organización voluntaria británica que asesora legal o financieramente* ► **citizen's arrest** N *arresto realizado por un ciudadano ordinario* ► **Citizens' Band** N (*Rad*) banda *f* ciudadana

**CITIZENS' ADVICE BUREAU**

*Las oficinas de información al ciudadano,* **Citizens' Advice Bureaux** *o* **CABs**, *se crearon en 1939 para asesorar al pueblo británico sobre las normas que había que cumplir en tiempos de guerra. Después pasaron a ser un servicio de asesoramiento general al público, ofreciendo información gratuita y ayuda en problemas de carácter diverso. Actualmente se encargan de aconsejar en lo concerniente a la vivienda, problemas económicos, prestaciones y servicios sociales y derechos del consumidor. Existen unas 900 oficinas por todo el país, financiadas con dinero público y en las que trabajan normalmente voluntarios dirigidos por una persona que cobra por su trabajo.*

**citizenry** [ˈsɪtɪznrɪ] N ciudadanos *mpl*, ciudadanía *f*

**citizenship** [ˈsɪtɪznʃɪp] N ciudadanía *f*

**citrate** [ˈsɪtreɪt] N citrato *m*

**citric** [ˈsɪtrɪk] ADJ **~ acid** ácido *m* cítrico

**citron** [ˈsɪtrən] N (= *fruit*) cidra *f*; (= *tree*) cidro *m*

**citrus** [ˈsɪtrəs] Ⓐ N (*pl* **citruses**) cidro *m*
Ⓑ CPD ► **citrus fruits** NPL cítricos *mpl*, agrios *mpl*

**city** [ˈsɪtɪ] Ⓐ N ciudad *f*; **the City** (*Brit Fin*) *el centro financiero de Londres*
Ⓑ CPD municipal, de la ciudad ► **city centre, city center** (*US*) N centro *m* de la ciudad ► **city council** N concejo *m* municipal, ayuntamiento *m* ► **city desk** N (*Brit Press*) sección *f* de noticias financieras (de un periódico); (*US Press*) sección *f* de noticias de la ciudad (de un periódico) ► **city dweller** N habitante *mf* de una ciudad ► **city editor** N redactor(a) *m/f* encargado/a de las noticias financieras ► **city fathers** NPL concejales *mpl* ► **city hall** N palacio *m* municipal; (*US*) ayuntamiento *m* ► **city limits** NPL perímetro *msing* urbano ► **city manager** N administrador(a) *m/f* municipal ► **city news** N (*Brit*) noticias *fpl* financieras; (*US*) noticias *fpl* de la ciudad ► **city page** N (*Fin*) sección *f* de información financiera ► **city plan** N (*US*) plano *m* de la ciudad ► **city planner** N (*US*) urbanista *mf* ► **city planning** N (*US*) urbanismo *m* ► **city slicker*** N (*pej*) capitalino/a* *m/f* ► **City Technology College** N (*Brit*) ≈ Centro *m* de formación profesional

**CITY NICKNAMES**

*Las ciudades estadounidenses a menudo tienen apodos por los que se las conoce informalmente. Por ejemplo, a Nueva York se la llama* **Big Apple**, *ya que* **apple** *en argot significa gran ciudad. Chicago es* **Windy City** *debido a los fuertes vientos que vienen del lago Michigan. A Nueva Orleans la llaman* **Big Easy**, *por la tranquilidad con la que se lo toman todo sus habitantes. Detroit tiene el apelativo de* **Motown**, *que es un compuesto de* **Motor** *y* **Town**, *por las fábricas de coches que hay en ella.*
*A otras ciudades estadounidenses se las conoce por sus iniciales, como por ejemplo, Los Angeles,* **LA** *y Dallas,* **Big D** *o por una parte de su nombre como* **Vegas**, *en lugar de* **Las Vegas** *o* **Corpus** *por* **Corpus Christi**, *en Texas.*
*También hay veces en las que se usa una versión acortada del nombre, como ocurre en el caso de San Francisco y Philadelphia, a las que se llama* **Frisco** *y* **Philly** *respectivamente.*

**cityscape** [ˈsɪtɪskeɪp] N paisaje *m* urbano

**city-state** [ˈsɪtɪˌsteɪt] N ciudad-estado *f*

**civet** [ˈsɪvɪt] N algalia *f*

**civic** [ˈsɪvɪk] Ⓐ ADJ [*rights, duty*] cívico; [*authorities*] municipal
Ⓑ CPD ► **civic centre** N (*Brit*) conjunto *m* de edificios municipales; *see also* **pride A1**

**civics** [ˈsɪvɪks] NPL cívica *fsing*; (*as course*) educación *fsing* cívica

**civies*** [ˈsɪvɪz] NPL (*US*) = **civvies**

**civil** [ˈsɪvl] Ⓐ ADJ 1 (= *societal*) [*strife, conflict*] civil; [*unrest*] social
2 (= *not military*) [*aviation, ship*] civil
3 (= *not religious*) [*ceremony, service, marriage*] civil
4 (*Jur*) (= *not criminal*) [*case, action, proceedings, charge*] civil; [*penalty*] por infracción de la ley; [*court*] de lo Civil
5 (= *polite*) [*person*] cortés, atento; [*behaviour*] cortés; **to be ~ to sb** ser cortés *or* atento con algn; **that's very ~ of you** es usted muy amable; *see also* **tongue**
Ⓑ CPD ► **Civil Aviation Authority** N Aviación *f* Civil ► **civil defence, civil defense** (*US*) N defensa *f* civil ► **civil disobedience** N

➤ LANGUAGE IN USE: circumstance 1 14

desobediencia *f* civil ► **civil engineer** N ingeniero/a *m/f* civil, ingeniero/a *m/f* de caminos (canales y puertos) (*Sp*) ► **civil engineering** N ingeniería *f* civil, ingeniería *f* de caminos (canales y puertos) (*Sp*) ► **civil law** N derecho *m* civil ► **civil liberties** N libertades *fpl* civiles ► **civil list** N (*Brit*) *presupuesto de la casa real aprobado por el parlamento* ► **civil marriage** N matrimonio *m* civil ► **civil rights** N derechos *mpl* civiles; **~ rights leader** defensor(a) *m/f* de los derechos civiles ► **civil rights movement** N movimiento *m* pro derechos civiles ► **civil servant** N funcionario/a *m/f* (del Estado) ► **Civil Service** N administración *f* pública ► **civil status** N estado *m* civil ► **civil war** N guerra *f* civil; **the American Civil War** la guerra de Secesión ► **civil wedding** N boda *f* civil

**civilian** [sɪ'vɪlɪən] Ⓐ ADJ (= *non-military*) civil; **in ~ clothes** vestido/a de paisano *or* civil; **there were no ~ casualties** no hubo bajas entre la población civil
Ⓑ N civil *mf*

**civility** [sɪ'vɪlɪtɪ] N [1] (= *politeness*) cortesía *f*, amabilidad *f*
[2] (*usu pl*) (= *polite remark*) cortesía *f*, cumplido *m*

**civilization** [ˌsɪvɪlaɪ'zeɪʃən] N civilización *f*

**civilize** ['sɪvɪlaɪz] VT civilizar

**civilized** ['sɪvɪlaɪzd] ADJ [1] (= *socially advanced*) [*society, country, world, people*] civilizado; **to become ~** civilizarse
[2] (= *refined, decent*) [*person, manner*] educado; [*behaviour, conversation, company*] civilizado; [*meal, place, tastes*] refinado; [*time of day*] decente; **he never phones at a ~ hour** nunca llama a una hora decente; **how ~! real champagne!** ¡qué refinado *or* cuánto refinamiento! ¡champán de verdad!; **I know we disagree, but we could at least be ~ about it** sé que no estamos de acuerdo, pero vamos a ser civilizados por lo menos

**civilizing** ['sɪvɪlaɪzɪŋ] ADJ **she has had a ~ influence on him** bajo su influencia se ha vuelto más civilizado *or* refinado

**civilly** ['sɪvɪlɪ] ADV cortésmente, atentamente

**civism** ['sɪvɪzəm] N civismo *m*

**civvies*** ['sɪvɪz] NPL traje *msing* civil; **in ~** vestido/a de paisano *or* civil

**civvy*** ['sɪvɪ] ADJ **~ street** (*Brit*) la vida civil

**CJD** N ABBR (= **Creutzfeldt-Jakob disease**) *enfermedad de Creutzfeldt-Jakob*

**CKD** ADJ ABBR = **completely knocked down**; *see* **knock down**

**cl** ABBR (= **centilitre(s)**) cl

**clack** [klæk] VI (= *chatter*) charlar, chismear; **this will make the tongues ~** esto será tema para los chismosos

**clad** [klæd] ADJ vestido (**in** de)

**cladding** [klædɪŋ] N (*Tech*) revestimiento *m*

**claim** [kleɪm] Ⓐ N [1] (= *demand*) (*for rights, wages*) reivindicación *f*, demanda *f*; (*for damages, on insurance*) reclamación *f*; (*for expenses, benefit*) solicitud *f*; (*Jur*) demanda *f*; **pay** *or* **wage ~** reivindicación *f* salarial; **to file a ~** (*Jur*) presentar *or* interponer una demanda; **she lost her ~ for damages** el tribunal rechazó su demanda de daños y perjuicios; **to make a ~** (*on insurance*) reclamar; **we made a ~ on our insurance** reclamamos al seguro; **have you made a ~ since last year?** (*for benefit*) ¿ha solicitado alguna ayuda estatal desde el año pasado?; **there are many ~s on my time** tengo una agenda muy apretada; **to put in a ~ (for sth)** (*for expenses*) presentar una solicitud (de algo); (*on insurance*) reclamar (algo)
[2] (= *right*) (*to property, title*) derecho *m*; **he renounced his ~ to the throne** renunció a su derecho al trono; **they will not give up their ~ to the territory** no renunciarán a su reivindicación del territorio; **the town's main ~ to fame is its pub** este pueblo se destaca más que nada por el bar; **to lay ~ to sth** (*lit*) reclamar algo; (*fig*) atribuirse algo; **he cannot lay ~ to much originality** no puede atribuirse mucha originalidad, no puede presumir de original; *see also* **stake B2.1**, **prior A1**
[3] (= *assertion*) afirmación *f*; **he rejected ~s that he had had affairs with six women** desmintió las afirmaciones de que había tenido seis amantes; **I make no ~ to be infallible** no pretendo ser infalible
Ⓑ VT [1] (= *demand as due*) [+ *rights*] reivindicar; [+ *lost property*] reclamar; [+ *allowance, benefit*] (= *apply for*) solicitar; (= *receive*) cobrar; **if you wish to ~ expenses you must provide receipts** si desea que se le reembolsen los gastos debe presentar los recibos; **25% of people who are entitled to ~ State benefits do not do so** el 25% de las personas que tienen derecho a cobrar ayuda del Estado no lo hace; **to ~ damages from sb** demandar a algn por daños y perjuicios; **he ~ed damages for negligence on the part of the hospital** exigió que el hospital le compensara por haber cometido negligencia, demandó al hospital por negligencia
[2] (= *state title to*) [+ *territory*] reivindicar; [+ *victory*] atribuirse; [+ *prize*] llevarse; [+ *throne*] reclamar; **neither side can ~ victory in this war** ninguno de los dos bandos puede atribuirse la victoria en esta guerra; **Graf ~ed a fourth Wimbledon title** Graf se llevó su cuarto título de Wimbledon; **~ your prize by ringing the competition hotline** llévese el premio llamando a la línea directa del concurso; **he was too modest to ~ the credit** era demasiado modesto como para atribuirse el mérito; **so far no one has ~ed responsibility for the bomb** hasta ahora nadie ha reivindicado la colocación de de la bomba
[3] (= *assert*) **he ~s a 70% success rate** afirma *or* alega que resuelve satisfactoriamente un 70% de los casos; **to ~ that** afirmar que; **they ~ the police opened fire without warning** afirman que la policía abrió fuego sin previo aviso; **I do not ~ that everyone can do this** no estoy diciendo que todo el mundo pueda hacer esto; **he ~s to have seen her** afirma haberla visto; **these products ~ to be environmentally safe** se afirma que estos productos no dañan el medio ambiente
[4] (= *require*) [+ *attention*] requerir, exigir; **something else ~ed her attention** otra cosa requirió *or* exigió su atención
[5] (= *take*) [+ *life*] cobrarse; **the accident ~ed four lives** el accidente se cobró cuatro vidas
Ⓒ VI (= *make demand*) presentar reclamación; **make sure you ~ within a month of the accident** asegúrese de presentar reclamación antes de un mes desde la fecha del accidente; **to ~ for sth** reclamar (los gastos de) algo; **I ~ed for damage to the carpet after the flood** reclamé los gastos del deterioro de la alfombra tras la inundación
Ⓓ CPD ► **claim form** N (*for benefit*) (impreso *m* de) solicitud *f*; (*for expenses*) impreso *m* de reembolso

**claimant** ['kleɪmənt] N (*in court*) demandante *mf*; (*Brit*) [*of benefit*] solicitante *mf*; (*to throne*) pretendiente *mf*

**clairvoyance** [kleə'vɔɪəns] N clarividencia *f*

**clairvoyant(e)** [kleə'vɔɪənt] Ⓐ ADJ clarividente, vidente
Ⓑ N clarividente *mf*, vidente *mf*

**clam** [klæm] Ⓐ N [1] (*Zool*) almeja *f*
[2] (*US**) (= *dollar*) dólar *m*
Ⓑ CPD ► **clam chowder** N (*US*) sopa *f* de almejas

►**clam up*** VI + ADV cerrar el pico*, no decir ni pío

**clambake** ['klæmbeɪk] N (*US Culin*) merienda *f* en la playa *or* en el campo (*en la que se cocinan y comen almejas*); (*) (= *party*) fiesta *f*

**clamber** ['klæmbəʳ] Ⓐ N subida *f*
Ⓑ VI trepar, subir gateando (**over** sobre; **up** a)

**clammy** ['klæmɪ] ADJ (*compar* **clammier**; *superl* **clammiest**) (= *damp*) frío y húmedo; (= *sticky*) pegajoso

**clamor** ['klæməʳ] N (*US*) = **clamour**

**clamorous** ['klæmərəs] ADJ clamoroso, vociferante, ruidoso

**clamour**, **clamor** (*US*) ['klæməʳ] Ⓐ N clamor *m*
Ⓑ VI clamorear, vociferar; **to ~ for sth** clamar algo, pedir algo a voces

**clamp** [klæmp] Ⓐ N [1] (= *brace*) abrazadera *f*; (*Aut*) (*on parked car*) cepo *m*; (= *laboratory clamp*) grapa *f*; (*on bench*) cárcel *f*
[2] (*Agr*) ensilado *m*, montón *m*
Ⓑ VT [1] (= *secure*) (*with brace*) afianzar *or* sujetar con abrazadera; (*in laboratory*) afianzar *or* sujetar con grapa; (*on bench*) afianzar *or* sujetar con cárcel; **he ~ed it in his hand** lo agarró con la mano; **he ~ed his hand down on it** lo sujetó firmemente con la mano
[2] [+ *car*] poner un cepo en

►**clamp down** VI + ADV **to ~ down (on)** [+ *tax evasion, crime etc*] poner frenos (a), tomar fuertes medidas (contra)

**clampdown** ['klæmpdaʊn] N restricción *f* (**on** de), prohibición *f* (**on** en)

**clan** [klæn] N (*also fig*) clan *m*

**clandestine** [klæn'destɪn] ADJ clandestino

**clandestinely** [klæn'destɪnlɪ] ADV clandestinamente

**clang** [klæŋ] Ⓐ N ruido *m* metálico fuerte
Ⓑ VI sonar mucho, hacer estruendo; **the gate ~ed shut** la puerta se cerró ruidosamente
Ⓒ VT hacer sonar

**clanger*** ['klæŋəʳ] N (*Brit*) plancha *f* (*Sp**), metedura *f or* (*LAm*) metida *f* de pata*; ✦**IDIOM to drop a ~** meter la pata*, tirarse una plancha (*Sp**)

**clangor** ['klæŋgəʳ] N (*US*) = **clangour**

**clangorous** ['klæŋgərəs] ADJ estrepitoso, estruendoso

**clangour**, **clangor** (*US*) ['klæŋgəʳ] N estruendo *m*

**clank** [klæŋk] Ⓐ N sonido *m* metálico seco
Ⓑ VI sonar; **the train went ~ing past** el tren pasó con gran estruendo
Ⓒ VT hacer sonar

**clannish** ['klænɪʃ] ADJ exclusivista, con fuerte sentimiento de tribu

**clansman** ['klænzmən] N (*pl* **clansmen**) miembro *m* del clan

**clanswoman** ['klænzˌwʊmən] N (*pl* **clanswomen**) miembro *f* del clan

**clap**[1] [klæp] Ⓐ N [1] (*on shoulder, of the hands*) palmada *f*; **a ~ of thunder** un trueno
[2] (= *applause*) aplauso *m*; **to get a ~** recibir un aplauso; **to give sb a ~** dar un aplauso a algn
Ⓑ VT [1] (= *applaud*) [+ *person, play, announce-*

*ment*] aplaudir; **to ~ one's hands** dar palmadas, batir las palmas; **to ~ sb on the back** dar a algn una palmada en la espalda
2 (= *place*) poner; **he ~ped his hat on** se encasquetó el sombrero; **to ~ a hand over sb's mouth** tapar la boca a algn con la mano; **to ~ eyes on** clavar la vista en; **to ~ sth shut** cerrar algo de golpe; **they ~ped him in prison*** lo metieron en la cárcel
Ⓒ VI aplaudir

**clap²‡** [klæp] N **the ~** (= *disease*) gonorrea *f*

**clapboard** ['klæpbɔːd] N (*US*) chilla *f*, tablilla *f*

**clapped-out*** [,klæpt'aʊt] ADJ (*Brit*) [*car, bus etc*] desvencijado; [*person*] para el arrastre

**clapper** ['klæpəʳ] N [*of bell*] badajo *m*; (*Cine*) claqueta *f*; ✦*IDIOM* **to run like the ~s** (*Brit**) correr como loco

**clapperboard** ['klæpə,bɔːd] N (*Cine*) claqueta *f*

**clapping** ['klæpɪŋ] N (= *applause*) aplausos *mpl*; (= *sound of hands*) palmoteo *m*

**claptrap*** ['klæptræp] N (*pej*) burradas *fpl*, disparates *mpl*

**claque** [klæk] N claque *f*

**claret** ['klærət] N 1 (= *wine*) vino *m* de Burdeos
2 (= *colour*) burdeos *m*

**clarification** [,klærɪfɪ'keɪʃən] N aclaración *f*

**clarify** ['klærɪfaɪ] VT 1 [+ *statement etc*] aclarar, clarificar
2 [+ *liquid, butter*] clarificar

**clarinet** [,klærɪ'net] N clarinete *m*

**clarinettist** [,klærɪ'netɪst] N clarinetista *mf*

**clarion** ['klærɪən] Ⓐ N (toque *m* de) trompeta *f*
Ⓑ CPD ► **clarion call** N llamada *f* fuerte y sonora

**clarity** ['klærɪtɪ] N 1 [*of statement etc*] claridad *f*
2 [*of image, sound*] claridad *f*, nitidez *f*
3 [*of water, glass*] claridad *f*, transparencia *f*; [*of air*] pureza *f*

**clash** [klæʃ] Ⓐ N 1 (= *noise*) estruendo *m*, fragor *m*; [*of cymbals*] ruido *m* metálico
2 [*of armies, personalities*] choque *m*; (= *conflict*) choque *m*, conflicto *m*; (= *confrontation*) enfrentamiento *m*; [*of interests, opinions*] conflicto *m*; [*of dates, programmes*] coincidencia *f*; [*of colours*] desentono *m*; **a ~ with the police** un choque *or* un enfrentamiento con la policía; **a ~ of wills** un conflicto de voluntades
Ⓑ VT [+ *cymbals, swords*] golpear
Ⓒ VI 1 [*personalities, interests*] oponerse, chocar; [*colours*] desentonar; [*dates, events*] coincidir
2 (= *disagree*) estar en desacuerdo; (= *argue*) pelear; (*Mil*) encontrarse, enfrentarse (**with** con)

**clasp** [klɑːsp] Ⓐ N 1 [*of brooch, necklace*] cierre *m*; [*of belt etc*] broche *m*; [*of book*] broche *m*, manecilla *f*
2 **with a ~ of the hand** con un apretón de manos
Ⓑ VT 1 (= *fasten*) abrochar
2 (= *take hold of*) agarrar; (= *hold hands*) apretar; **to ~ one's hands (together)** juntar las manos; **to ~ sb's hands** apretar las manos a algn, estrechar las manos de algn
3 (= *embrace*) abrazar; **to ~ sb to one's bosom** estrechar a algn contra el pecho
Ⓒ CPD ► **clasp knife** N navaja *f*

**class** [klɑːs] Ⓐ N 1 (*gen, Scol, Bio, Sociol*) clase *f*; **the ~ of 82** la promoción del 82; **ruling/middle/working ~** clase *f* dirigente/media/obrera; **first ~** primera clase *f*; **lower ~es** clase *fsing* baja; **upper ~** clase *f* alta
2 (= *category*) categoría *f*; **~ of degree** (*Brit Univ*) *tipo de título universitario según la nota con que se ha obtenido*; **a good ~ (of) novel** una novela de buena calidad; **it's just not in the same ~** no se puede comparar; **in a ~ of one's own** sin par *or* igual; **it's in a ~ by itself** no tiene par *or* igual, es único en su género
3 (= *style*) **to have ~** tener clase
Ⓑ VT clasificar; **to ~ sb as sth** clasificar a algn de algo
Ⓒ ADJ (= *classy*) [*player, actor*] de primera clase
Ⓓ CPD ► **class distinction** N (*Sociol*) diferencia *f* de clase ► **class list** N (*Scol*) lista *f* de clase; (*Univ*) lista *f* de estudiantes aprobados para la licenciatura ► **class society** N (*Pol*) sociedad *f* formada por clases ► **class struggle** N (*Sociol*) lucha *f* de clases ► **class system** N sistema *m* de clases sociales ► **class teacher** N (*Brit*) tutor(a) *m/f* ► **class war(fare)** N = **class struggle**

**class-conscious** ['klɑːs'kɒnʃəs] ADJ con conciencia de clase

**class-consciousness** ['klɑːs'kɒnʃəsnɪs] N conciencia *f* de clase

**classic** ['klæsɪk] Ⓐ ADJ 1 (= *timeless, traditional*) clásico; **she was dressed in a ~ black suit** vestía un clásico traje de chaqueta negro
2 (*) (= *wonderful, memorable*) memorable; (= *hilarious*) genial*; **it was ~** fue genial*; **the film "Casablanca" produced some ~ lines** la película "Casablanca" nos dejó varias frases memorables; **the president came out with a ~ line** el presidente salió con una frase de las que hacen época
Ⓑ N 1 (= *book, play*) clásico *m*; **it is a ~ of its kind** es un clásico en su género
2 **classics** (*Univ*) clásicas *fpl*
3 (*) (= *hilarious remark or event*) **that was a ~!** ¡fue genial!*
Ⓒ CPD ► **classic car** N coche *m* antiguo (*de coleccionista*)

**classical** ['klæsɪkəl] ADJ [*ballet, style, Greece, Latin*] clásico; [*musician, recording*] de música clásica; **~ music** música *f* clásica; **~ scholar** académico/a *m/f* especializado/a en lenguas clásicas; **~ times** la época clásica

**classically** ['klæsɪkəlɪ] ADV [*educated, trained*] en la tradición clásica; **a ~ trained pianist** un pianista formado en la tradición clásica *or* con una formación clásica; **she is ~ beautiful** es de una belleza clásica; **the ~ undesirable son-in-law** el típico yerno indeseable

**classicism** ['klæsɪsɪzəm] N clasicismo *m*

**classicist** ['klæsɪsɪst] N clasicista *mf*

**classifiable** ['klæsɪfaɪəbl] ADJ clasificable

**classification** [,klæsɪfɪ'keɪʃən] N clasificación *f*

**classified** ['klæsɪfaɪd] Ⓐ ADJ (= *secret*) [*document etc*] confidencial, secreto; **~ information** información *f* confidencial, información *f* secreta
Ⓑ N 1 (*Press*) **late night ~** últimas noticias con los resultados del fútbol
2 **classifieds** (*also* **~ advertisements**) anuncios *mpl* por palabras
Ⓒ CPD ► **classified advertisement** N anuncio *m* por palabras ► **classified results** NPL (*Brit Sport*) clasificación *fsing* ► **classified section** N (*Press*) sección *f* de anuncios por palabras

**classify** ['klæsɪfaɪ] VT 1 (= *sort*) clasificar (**in, into** en); **to ~ sth under the letter B** clasificar algo bajo la letra B
2 (= *restrict access to*) [+ *information*] clasificar como secreto

**classism** ['klɑːsɪzəm] N clasismo *m*

**classist** ['klɑːsɪst] ADJ clasista

**classless** ['klɑːslɪs] ADJ [*society*] sin clases

**classmate** ['klɑːsmeɪt] N (*Brit*) compañero/a *m/f* de clase, condiscípulo/a *m/f*

**classroom** ['klɑːsrʊm] N aula *f*, clase *f*

**classy*** ['klɑːsɪ] ADJ (*compar* **classier**; *superl* **classiest**) elegante, de buen tono

**clatter** ['klætəʳ] Ⓐ N (= *loud noise*) estruendo *m*; [*of plates*] estrépito *m*; [*of hooves*] trápala *f*; [*of train*] triquitraque *m*; (= *hammering*) martilleo *m*
Ⓑ VI [*metal object etc*] hacer estrépito, hacer estruendo; [*hooves*] trapalear; **to ~ in/out** entrar/salir estrepitosamente; **to come ~ing down** caer ruidosamente; **to ~ down the stairs** bajar ruidosamente la escalera

**Claudius** ['klɔːdɪəs] N Claudio

**clause** [klɔːz] N (*Ling*) oración *f*; (*in contract, law*) cláusula *f*; (*in will*) disposición *f*

**claustrophobia** [,klɔːstrə'fəʊbɪə] N claustrofobia *f*

**claustrophobic** [,klɔːstrə'fəʊbɪk] Ⓐ ADJ claustrofóbico
Ⓑ N *persona que padece de claustrofobia*

**clavichord** ['klævɪkɔːd] N clavicordio *m*

**clavicle** ['klævɪkl] N clavícula *f*

**claw** [klɔː] Ⓐ N 1 (*Zool*) [*of cat, bird etc*] garra *f*; [*of lobster*] pinza *f*
2 (*Tech*) garfio *m*, gancho *m*
3 **claws*** (= *fingers*) dedos *mpl*, mano *fsing*; **to get one's ~s into sb** (= *attack*) atacar con rencor a algn; (= *dominate*) dominar a algn; **to get one's ~s on** agarrarse de *or* a; **get your ~s off that!** ¡fuera las manos!; **to show one's ~s** sacar las uñas
Ⓑ VT 1 (= *scratch*) arañar; (= *tear*) desgarrar; **to ~ sth to shreds** desgarrar algo completamente, hacer algo trizas
2 **to ~ one's way somewhere** abrirse camino a toda costa; **to ~ one's way to the top** (*fig*) abrirse paso hasta la cima a toda costa
Ⓒ CPD ► **claw hammer** N martillo *m* de orejas

►**claw at** VI + PREP (= *scratch*) arañar; (= *tear*) desgarrar

►**claw back** VT + ADV (*fig*) volver a tomar, tomar otra vez para sí

**clawback** ['klɔːbæk] N (*Econ*) *desgravación fiscal obtenida por devolución de impuestos*

**clay** [kleɪ] Ⓐ N arcilla *f*, barro *m*
Ⓑ CPD ► **clay court** N (*Tennis*) pista *f* de tierra batida ► **clay pigeon** N plato *m* de barro; (*US*) (*fig*) (= *victim*) víctima *f* ► **clay pigeon shooting** N tiro *m* al plato, tiro *m* al pichón ► **clay pipe** N pipa *f* de cerámica ► **clay pit** N pozo *m* de arcilla

**clayey** ['kleɪɪ] ADJ arcilloso

**clean** [kliːn] Ⓐ ADJ (*compar* **cleaner**; *superl* **cleanest**) 1 (= *not dirty*) [*clothes, sheets, floor, face*] limpio; [*air, water*] limpio, puro; **he washed the floor ~** fregó el suelo; **the rain washed the streets ~** la lluvia limpió las calles; **to come ~** (*lit*) quedar limpio; (*fig*) (*) confesarlo todo; **to come ~ about sth*** confesar algo; **to have ~ hands** (*lit, fig*) tener las manos limpias; **to wipe sth ~** limpiar algo; ✦*IDIOMS* **to make a ~ breast of it** confesarlo todo; **to make a ~ sweep** (= *complete change*) hacer tabla rasa; (= *win everything*) arrasar; **to make a ~ sweep of sth** (*of prizes, awards*) arrasar con algo; **to make a ~ sweep of the votes** acaparar todos los votos, barrer; **as ~ as a whistle** *or* **new pin*** limpio como los chorros del oro, limpio como la patena
2 (= *fresh*) [*smell*] a limpio; [*taste*] refrescante
3 (= *new, unused*) [*sheet of paper, page*] en blanco, en limpio; **to make a ~ copy** hacer una copia en limpio

4 (= *not indecent*) [*joke*] inocente; [*film, life*] decente; **keep it ~!** ¡no seas indecente!; **~ living** vida *f* sana
5 (= *smooth, even*) [*movement*] fluido; [*shot*] certero; [*cut*] limpio; [*sound*] nítido, claro; [*features, outline*] nítido, bien definido; **a ~ break** (*Med*) una fractura limpia; **a ~ break with the totalitarian past** una ruptura radical con el pasado totalitario; **to make a ~ break** cortar por lo sano; **I need (to make) a ~ break with the past** necesito romper con el pasado totalmente
6 (= *fair*) [*fight, game, match*] limpio; [*player*] que juega limpio
7 (= *untarnished*) [*image, reputation*] bueno, impecable; **they gave him a ~ bill of health** le declararon en perfecto estado de salud; **a ~ driving licence** un carnet de conducir sin infracciones; **to have a ~ record** (*gen*) tener un historial limpio; (*no criminal record*) no tener antecedentes penales; **we have a ~ safety record** nuestro historial de seguridad está limpio *or* no registra incidentes
8 (= *environmentally friendly*) [*machine, substance, energy*] no contaminante
9 (*Nuclear Physics*) (= *uncontaminated*) [*area, person, object*] no contaminado
10 (= *ritually pure*) [*animal*] puro
11 (= *trouble-free*) [*operation, job, getaway*] sin problemas
12 (*) (= *innocent*) **they can't touch me, I'm ~** no me pueden hacer nada, tengo las manos limpias*
13 (*) (= *not in possession of drugs, weapon, stolen property*) **he's ~** no lleva nada encima; **his room was ~** no encontraron nada en su habitación
Ⓑ ADV 1 (*) (= *completely*) **he ~ forgot** lo olvidó por completo; **he got ~ away** se escapó sin dejar rastro; **it went ~ through the window** pasó limpiamente por la ventana; **I'm ~ out of them** no me queda ni uno; **he jumped ~ over the fence** saltó la valla limpiamente
2 (= *fairly*) **to fight/play ~** luchar/jugar limpio
Ⓒ N limpieza *f*, aseo *m* (*LAm*); (= *wash*) lavado *m*; **the windows could do with a ~** no estaría de más limpiar las ventanas; **to give sth a ~** limpiar algo; **to give sth a quick ~** dar una pasada (rápida) a algo; **to give sth a good ~** limpiar algo bien
Ⓓ VT [+ *room, carpet, windows, shoes*] limpiar; [+ *vegetables, clothes*] lavar; [+ *car*] lavar, limpiar; [+ *blackboard*] borrar; [+ *wound, cut*] desinfectar; **to ~ one's teeth** lavarse los dientes
Ⓔ VI 1 (*around the house*) limpiar; **her mother cooked and ~ed all day** su madre se pasaba el día cocinando y limpiando
2 (= *be cleaned*) **that floor ~s easily** este suelo es muy fácil de limpiar
Ⓕ CPD ► **clean sweep** N **to make a ~ sweep of sth** (*esp Sport*) arrasar con algo, barrer con algo
►**clean down** VT + ADV limpiar
►**clean off** VT + ADV [+ *dirt, rust*] limpiar
►**clean out** VT + ADV 1 [+ *room, cupboard*] vaciar; **to ~ out a box** limpiar (el interior de) una caja
2 (*) (*fig*) (= *leave penniless*) dejar limpio/a*, dejar pelado/a*; (*in robbery*) limpiar*; **the burglars came back to ~ me out again** los ladrones volvieron para limpiarme (la casa) de nuevo; **we were ~ed out** nos dejaron sin blanca
►**clean up** Ⓐ VT + ADV 1 [+ *room, mess*] limpiar, asear; **to ~ o.s. up** lavarse, ponerse decente
2 (*fig*) [+ *city, television etc*] limpiar, quitar lo indecente de; [+ *act, play*] suprimir los pasajes indecentes de
Ⓑ VI + ADV 1 (= *tidy*) limpiar; **to ~ up after a party** limpiar después de una fiesta; **to ~ up after sb** limpiar lo que ha dejado *or* ensuciado otro
2 (*) (= *make profit*) hacer mucho dinero (**on** con); **he ~ed up on that deal** hizo mucho dinero con ese negocio

**clean-break divorce** [ˌkliːnˌbreɪkdɪ'vɔːs] N *divorcio en el que se renuncia a la pensión alimenticia por un bien que se puede capitalizar*

**clean-cut** ['kliːn'kʌt] ADJ 1 (= *clearly outlined*) claro, bien definido; [*outline*] nítido
2 [*person*] de buen parecer; (= *smart*) de aspecto elegante

**cleaner** ['kliːnəʳ] N 1 (= *man*) encargado *m* de la limpieza; (= *woman*) encargada *f* de la limpieza, asistenta *f*; **~'s (shop)** tintorería *f*, lavandería *f*; ✦**IDIOM to take sb to the ~'s: we'll take them to the ~'s*** les dejaremos sin blanca*, les dejaremos limpios*; *see also* **vacuum**
2 (= *substance*) producto *m* de limpieza

**cleaning** ['kliːnɪŋ] Ⓐ N limpieza *f*, limpia *f* (*LAm*); **to do the ~** hacer la limpieza
Ⓑ CPD ► **cleaning fluid** N líquido *m* de limpieza ► **cleaning lady**, **cleaning woman** N señora *f* de la limpieza

**clean-limbed** [ˌkliːn'lɪmd] ADJ bien proporcionado

**cleanliness** ['klenlɪnɪs] N limpieza *f*; **the importance of personal ~** la importancia del aseo *or* de la higiene personal; ✦**PROV ~ is next to godliness** la limpieza lo es todo

**clean-living** [ˌkliːn'lɪvɪŋ] ADJ de vida sana

**cleanly[1]** ['kliːnlɪ] ADV 1 (= *without polluting*) [*burn, operate*] de forma limpia, sin contaminar
2 (= *neatly*) [*cut, break*] limpiamente; [*hit, catch*] con habilidad, con destreza
3 (= *fairly*) [*play, fight*] limpiamente

**cleanly[2]** ['klenlɪ] ADJ [*person, animal*] limpio, aseado

**cleanness** ['kliːnnɪs] N 1 [*of clothes, sheets etc*] limpieza *f*; [*of air, water*] pureza *f*
2 (= *smoothness*) [*of cut, fracture*] limpieza *f*; [*of outline, features*] nitidez *f*; [*of movement*] fluidez *f*
3 (= *fairness*) [*of fight, game*] limpieza *f*

**clean-out** ['kliːnaʊt] N limpieza *f*

**cleanse** [klenz] VT [+ *skin*] limpiar (**of** de); (*fig*) [+ *soul etc*] purificar

**cleanser** ['klenzəʳ] N (= *detergent*) detergente *m*; (= *disinfectant*) desinfectante *m*; (= *cosmetic*) leche *f* or crema *f* limpiadora

**clean-shaven** ['kliːn'ʃeɪvn] ADJ (= *beardless*) sin barba ni bigote, totalmente afeitado; (= *smooth-faced*) lampiño

**cleansing** ['klenzɪŋ] Ⓐ ADJ (*for complexion*) limpiador; (*fig*) purificador
Ⓑ N limpieza *f*
Ⓒ CPD ► **cleansing cream** N crema *f* desmaquilladora ► **cleansing department** N departamento *m* de limpieza ► **cleansing lotion** N loción *f* limpiadora

**clean-up** ['kliːnʌp] N limpia *f*, limpieza *f*

**clear** [klɪəʳ] Ⓐ ADJ (*compar* **clearer**; *superl* **clearest**) 1 (= *unambiguous*) [*meaning, explanation*] claro; **a ~ case of murder** un caso claro de homicidio; **now let's get this ~ ...** vamos a dejar esto claro ...; **to make it ~ that ...** dejar claro *or* bien sentado que ...; **to make o.s. ~** explicarse claramente; **do I make myself ~?** ¿me explico bien?; **he's a ~ thinker** tiene la mente lúcida *or* despejada
2 (= *obvious*) [*motive, consequence*] claro, evidente; **it is (absolutely) ~ to me that ...** no me cabe (la menor) duda de que ...; **it became ~ that ...** empezó a verse claro que ...; **it's not ~ whether ...** no está claro sí ...; ✦**IDIOMS as ~ as crystal** más claro que el agua; **as ~ as day** más claro que el sol; **as ~ as mud*** nada claro
3 (= *certain*) [*understanding, proof*] seguro, cierto; **he was perfectly ~ that he did not intend to go** dijo claramente *or* tajantemente que no pensaba ir; **are we ~ that we want this?** ¿estamos seguros de que queremos esto?; **I'm not very ~ about this** no tengo una idea muy clara de esto; **I'm not ~ whether ...** no tengo claro sí ...
4 (= *transparent*) [*water, glass*] claro, transparente; **a ~ soup** una sopa clara
5 [*sky, weather*] despejado; [*air*] puro; **on a ~ day** en un día despejado
6 (= *bright*) [*light, colour*] claro; **~ blue eyes** ojos azul claro; *see also* **light[1] A1**
7 [*photograph, outline*] claro, preciso; [*complexion*] terso; **to have a ~ head** tener la cabeza despejada
8 (= *distinct*) [*sound, impression, voice*] claro; ✦**IDIOM as ~ as a bell**: **I could hear his voice as ~ as a bell** oía su voz como si estuviera a mi lado, oía su voz con toda claridad
9 (= *unobstructed*) [*road, space*] libre, despejado; **all ~!** ¡vía libre!, ¡adelante!; **to get a ~ look at sb/sth** poder ver algn/algo bien; **to be ~ of sth** (= *free of*) estar libre de algo; (= *away from*) estar lejos de algo; **we had a ~ view** teníamos una buena vista, se veía bien
10 (= *untroubled*) [*conscience*] limpio, tranquilo
11 (*after deductions*) **a ~ profit** una ganancia neta; **£3 ~ profit** una ganancia neta de 3 libras
12 **a ~ majority** una mayoría absoluta; **to win by a ~ margin** ganar por un amplio margen; **a ~ winner** un ganador absoluto
13 (= *complete*) **three ~ days** tres días enteros
14 (= *without commitments*) [*day, afternoon*] libre; [*diary*] despejado
Ⓑ ADV 1 *see* **loud 2**
2 (= *completely*) **he jumped ~ across the river** atravesó el río limpiamente de un salto; **you could hear it ~ across the valley** se oía claramente desde el otro lado del valle
3 (= *free*) **to get ~ away** escaparse sin dejar rastro alguno; **to get ~ of** (= *get rid of*) deshacerse de; **when we get ~ of London** (= *away from*) cuando estemos fuera de Londres; **to keep ~ of sb/sth**: **keep ~ of the wall** no te acerques a la pared; **I decided to keep ~ of him** decidí evitarle; **keep ~ of my daughter!** ¡no te acerques a mi hija!, ¡mantente alejado de mi hija!; **to stand ~ of sth** mantenerse apartado de algo; **stand ~ of the doors!** ¡apártense de las puertas!
4 (*Brit Sport*) (= *ahead*) **to be seven metres/seconds/points ~ of sb** estar siete metros/segundos/puntos por delante de algn; *see also* **steer[1]**
5 (= *net*) **he'll get £250 ~** sacará 250 libras netas
6 (*esp US*) **~ to sth** (= *as far as*) hasta algo; **they went ~ to Mexico** llegaron hasta Méjico
Ⓒ N 1 **to be in the ~** (= *out of debt*) estar libre de deudas; (= *free of suspicion*) quedar fuera de toda sospecha; (= *free of danger*) estar fuera de peligro
2 **message in ~** mensaje *m* no cifrado
Ⓓ VT 1 (= *remove obstacles etc from*) [+ *place,*

➤ LANGUAGE IN USE: **clear A2** 15.1, 16.1, 26.3

*surface*] despejar; [+ *road, railway track*] dejar libre, despejar; [+ *site*] desmontar; [+ *woodland*] despejar, desbrozar; [+ *court, hall*] desocupar, desalojar (de público *etc*); [+ *pipe*] desatascar; [+ *postbox*] recoger las cartas de; **to ~ one's conscience** descargar la conciencia; **to ~ one's head** despejar la cabeza; **to ~ sth of sth** despejar algo de algo; **to ~ a space for sth/sb** hacer sitio para algo/algn; **to ~ the table** recoger *or* quitar la mesa; **to ~ one's throat** carraspear, aclararse la voz; **to ~ the way for sth** (*fig*) dejar el camino libre para algo; **✦*IDIOM* to ~ the air** (= *clarify things*) aclarar las cosas; (= *ease tensions*) relajar el ambiente
2 [+ *liquid*] aclarar, clarificar; (*Med*) [+ *blood*] purificar
3 (*Sport*) [+ *ball*] despejar
4 (= *get over*) [+ *fence etc*] salvar, saltar por encima de; (= *get past*) [+ *rocks etc*] pasar sin tocar; **the plane just ~ed the roof** el avión no tocó el tejado por poco, el avión pasó casi rozando el tejado; **to ~ two metres** [*jumper*] saltar dos metros; **this part has to ~ that by at least one centimetre** entre esta pieza y aquélla tiene que haber un espacio de un centímetro al menos
5 (= *declare innocent etc*) [+ *person*] absolver, probar la inocencia de; **he was ~ed of murder** fue absuelto de asesinato; **to ~ o.s. of a charge** probar su inocencia de una acusación
6 (= *authorize*) **you will have to be ~ed by Security** será preciso que le acredite la Seguridad; **the plan will have to be ~ed with the director** el plan tendrá que ser aprobado por el director
7 **to ~ a cheque** (= *accept*) aceptar *or* dar el visto bueno a un cheque; (= *double check*) compensar un cheque
8 (*Comm etc*) [+ *debt*] liquidar, saldar; [+ *profit*] sacar (una ganancia de); [+ *goods etc*] liquidar; **he ~ed £50 on the deal** sacó 50 libras del negocio; **he ~s £250 a week** se saca 250 libras a la semana; **we have just about ~ed our costs** nos ha llegado justo para cubrir los gastos; **"half-price to clear"** "liquidación a mitad de precio"
9 (*Comput*) despejar
Ⓔ VI 1 (= *improve*) [*weather*] (*also* **~ up**) despejarse; [*sky*] despejarse; [*fog*] disiparse
2 [*liquid*] aclararse, clarificarse
3 [*cheque*] ser compensado
4 (*Sport*) despejar
Ⓕ CPD ► **clear round** N (*Showjumping*) ronda *f* sin penalizaciones

►**clear away** Ⓐ VT + ADV [+ *things, clothes etc*] quitar (de en medio); [+ *dishes*] retirar
Ⓑ VI + ADV 1 (= *clear the table*) quitar los platos, quitar la mesa
2 [*mist*] disiparse

►**clear off** Ⓐ VT + ADV [+ *debt*] liquidar, saldar
Ⓑ VI + ADV (*) (= *leave*) largarse*, mandarse mudar (*LAm*); **~ off!** ¡lárgate!*, ¡fuera de aquí!

►**clear out** Ⓐ VT + ADV [+ *room*] ordenar y tirar los trastos de; [+ *cupboard*] vaciar; [+ *objects*] quitar; **he ~ed everyone out of the room** hizo salir a todo el mundo de la habitación; **he ~ed everything out of the room** despejó la habitación de cosas
Ⓑ VI + ADV = **clear off B**

►**clear up** Ⓐ VT + ADV 1 (= *resolve*) [+ *matter, difficulty*] aclarar; [+ *mystery, crime*] resolver, esclarecer; [+ *doubt*] resolver, aclarar, disipar
2 (= *tidy*) [+ *room, books, toys*] ordenar
Ⓑ VI + ADV 1 [*weather*] despejarse
2 [*illness*] curarse
3 (= *tidy up*) ponerlo todo en orden, ordenar

**clearance** [ˈklɪərəns] Ⓐ N 1 (= *act of clearing*) [*of road etc*] despeje *m*; [*of land*] desmonte *m*, roza *f*
2 (= *height, width etc*) margen *m* (*de altura, anchura etc*)
3 (= *authorization*) (*by customs*) despacho *m* de aduana; (*by security*) acreditación *f*; (*Fin*) compensación *f*; **~ for take-off** (*Aer*) pista libre para despegar
4 (*Ftbl*) despeje *m*
Ⓑ CPD ► **clearance sale** N liquidación *f*, realización *f* (*LAm*)

**clear-cut** [ˈklɪəˈkʌt] ADJ [*decision, victory*] claro; [*statement*] sin ambages

**clear-eyed** [ˌklɪərˈaɪd] ADJ de ojos claros; (*fig*) clarividente

**clear-headed** [ˈklɪəˈhedɪd] ADJ lúcido, de mente despejada

**clear-headedness** [ˈklɪəˈhedɪdnɪs] N lucidez *f*

**clearing** [ˈklɪərɪŋ] Ⓐ N 1 (*in wood*) claro *m*
2 (*Fin*) liquidación *f*
Ⓑ CPD ► **clearing account** N (*Fin*) cuenta *f* de compensación ► **clearing bank** N (*Brit Fin*) banco *m* central ► **clearing house** N (*Fin*) cámara *f* de compensación

**clearly** [ˈklɪəlɪ] ADV 1 (= *unambiguously*) [*define, state, forbid*] claramente
2 (= *rationally*) [*think*] con claridad
3 (= *distinctly*) [*see, speak, hear*] claramente, con claridad; **~ visible** claramente visible; **~ marked** marcado claramente
4 (= *obviously*) evidentemente, obviamente; **~, the police cannot break the law in order to enforce it** evidentemente *or* obviamente la policía no puede ir contra la ley para aplicarla; **a very pleasant man, educated and ~ intelligent** un hombre muy agradable, educado y obviamente inteligente; **he was ~ not convinced** estaba claro *or* era evidente que no estaba convencido; **the owner of the house was ~ not expecting us** estaba claro *or* era evidente que el dueño de la casa no nos esperaba

**clearness** [ˈklɪənɪs] N claridad *f*

**clear-out** [ˈklɪəraʊt] N **to have a good ~** limpiarlo todo, despejarlo todo

**clear-sighted** [ˈklɪəˈsaɪtɪd] ADJ clarividente, perspicaz

**clear-sightedness** [ˈklɪəˈsaɪtɪdnɪs] N clarividencia *f*, perspicacia *f*

**clear-up rate** [ˈklɪəˈrʌpreɪt] N (*Police*) *ratio de casos resueltos por número de denuncias*

**clearway** [ˈklɪəweɪ] N (*Brit*) carretera *f* en la que está prohibido parar

**cleat** [kliːt] N abrazadera *f*, listón *m*, fiador *m*

**cleavage** [ˈkliːvɪdʒ] N 1 (= *division, split*) escisión *f*, división *f*
2 [*of woman*] escote *m*

**cleave**[1] [kliːv] (*pt* **clove**, **cleft**; *pp* **cloven**, **cleft**) VT (= *split*) partir; [+ *water*] surcar

**cleave**[2] [kliːv] VI **to ~ to** adherirse a, no separarse de; **to ~ together** ser inseparables

**cleaver** [ˈkliːvəʳ] N cuchilla *f* de carnicero

**clef** [klef] N (*Mus*) clave *f*

**cleft** [kleft] Ⓐ PT, PP *of* **cleave**[1]
Ⓑ ADJ **~ chin** barbilla *f* partida; **✦*IDIOM* to be in a ~ stick** estar entre la espada y la pared
Ⓒ N (*in rock*) grieta *f*, hendidura *f*; (*in chin*) partición *f*
Ⓓ CPD ► **cleft palate** N (*Med*) fisura *f* del paladar

**cleg** [kleg] N tábano *m*

**clematis** [ˈklemətɪs] N clemátide *f*

**clemency** [ˈklemənsɪ] N clemencia *f*

**Clement** [ˈklemənt] N Clemente

**clement** [ˈklemənt] ADJ clemente, benigno

**clementine** [ˈkleməntaɪn] N clementina *f*

**clench** [klentʃ] VT [+ *teeth*] apretar; [+ *fist*] cerrar; **to ~ sth in one's hands** apretar algo en las manos; **the ~ed fist** el puño cerrado

**Cleopatra** [ˌkliːəˈpætrə] N Cleopatra

**clerestory** [ˈklɪəˌstɔːrɪ] N triforio *m*

**clergy** [ˈklɜːdʒɪ] NPL clero *m*

**clergyman** [ˈklɜːdʒɪmən] N (*pl* **clergymen**) clérigo *m*; (*Anglican*) pastor *m* anglicano; (*Protestant*) pastor *m* protestante

**clergywoman** [ˈklɜːdʒɪˌwʊmən] N (*pl* **clergywomen**) (*Anglican*) pastora *f* anglicana; (*Protestant*) pastora *f* protestante

**cleric** [ˈklerɪk] N eclesiástico *m*, clérigo *m*

**clerical** [ˈklerɪkəl] ADJ 1 (*Comm*) [*job*] de oficina; **~ error** error *m* de copia; **~ grades** (*Civil Service etc*) oficinistas *mpl*; **~ staff** personal *m* de oficina; **~ work** trabajo *m* de oficina; **~ worker** oficinista *mf*
2 (*Rel*) clerical; **~ collar** alzacuello(s) *m*

**clericalism** [ˈklerɪkəˌlɪzəm] N clericalismo *m*

**clerihew** [ˈklerɪhjuː] N *estrofa inglesa de cuatro versos, de carácter festivo*

**clerk** [klɑːk, (*US*) klɜːk] Ⓐ N 1 (*Comm*) oficinista *mf*, empleado/a *m/f*; (*in civil service*) funcionario/a *m/f*; (*in bank*) empleado/a *m/f*; (*in hotel*) recepcionista *mf*; (*Jur*) escribano *m*; *see also* **town B**
2 (*US*) (= *shop assistant*) dependiente/a *m/f*, vendedor(a) *m/f*
3 (*Rel††*) clérigo *m*
Ⓑ VI (*US*) trabajar como dependiente
Ⓒ CPD ► **clerk of works** N (*Brit Constr*) maestro/a *m/f* de obras

**clerkship** [ˈklɑːkʃɪp, (*US*) ˈklɜːkʃɪp] N empleo *m* de oficinista; (*Jur*) escribanía *f*

**clever** [ˈklevəʳ] ADJ (*compar* **cleverer**; *superl* **cleverest**) 1 (= *intelligent*) [*person*] inteligente, listo; **~ girl!** ¡qué chica más lista!; **that was ~ of you** ¡qué listo eres!; **that wasn't very ~, was it?*** eso ha sido una metedura de pata ¿no te parece?*
2 (= *skilful*) [*craftsman, sportsman*] hábil, habilidoso; [*piece of work, action*] hábil, ingenioso; **he is very ~ with his hands** es muy mañoso, es muy hábil *or* hábilidoso con las manos; **she is very ~ with cars** entiende de coches, tiene mano para los coches; **to be ~ at sth** tener aptitud para algo
3 (= *ingenious*) [*book, idea, design*] ingenioso
4 (*often pej*) (= *smart, astute*) [*politician, lawyer, criminal*] astuto, listo; [*move, approach, plan*] astuto, ingenioso; [*trick, hoax, technique, advertising*] ingenioso; **he was too ~ for us** fue más listo que nosotros; **he did some ~ book-keeping** hizo la contabilidad con bastante maña; **don't get ~ (with me)!*** ¡no te hagas el listo (conmigo)!; **to be too ~ by half*** pasarse de listo; **✦*IDIOMS* ~ Dick** (*Brit**) ◊ **~ clogs** (*Brit**) sabelotodo *mf inv*, listorro/a* *m/f*; *see also* **half 1**

**clever-clever*** [ˈklevəˌklevəʳ] ADJ sabihondo; **he's very ~** es un siete ciencias

**cleverly** [ˈklevəlɪ] ADV 1 (= *intelligently*) [*deduce, work out*] de forma inteligente, con inteligencia; **she ~ worked out the answer** supo averiguar la respuesta de forma inteligente *or* con inteligencia
2 (= *skilfully*) hábilmente, ingeniosamente; **the photographer ~ framed the shot with trees** el fotógrafo encuadró hábilmente *or* ingeniosamente la fotografía entre árboles; **~ constructed** ingeniosamente construido; **it is ~ designed** tiene un diseño ingenioso

[3] (*often pej*) (= *astutely*) [*avoid, plan, disguise*] astutamente, con maña

**cleverness** ['klevənɪs] N [1] (= *intelligence*) inteligencia *f*
[2] (= *skill*) habilidad *f*
[3] (= *ingenuity*) ingenio *m*
[4] (= *astuteness*) [*of person*] astucia *f*, maña *f*; [*of trick, technique, plan*] lo ingenioso

**clew** [klu:] N (*US*) = **clue**

**cliché** ['kli:ʃeɪ] N cliché *m*, tópico *m*

**cliched**, **clichéd** ['kli:ʃeɪd] ADJ [*image, view, argument*] manido, muy visto; [*song*] de siempre

**click** [klɪk] Ⓐ N [*of camera etc*] golpecito *m* seco, clic *m*; [*of heels*] taconeo *m*; [*of tongue*] chasquido *m*; [*of gun*] piñoneo *m*; [*of typewriter etc*] tecleo *m*
Ⓑ VT [+ *tongue*] chasquear; (*Comput*) hacer click en; **to ~ one's heels** dar un taconazo
Ⓒ VI [1] [*camera etc*] hacer clic; [*gun*] piñonear; [*typewriter etc*] teclear; **the door ~ed shut** la puerta se cerró con un golpecito seco
[2] (*) (= *be understood*) quedar claro/a; **it didn't ~ with me until ...** no caí en la cuenta hasta (que) ...; **suddenly it all ~ed (into place)** de pronto, todo encajaba (en su sitio)
[3] (*) (= *be a success*) [*product, invention*] ser un éxito; [*two people*] congeniar, gustarse inmediatamente; **to ~ with sb** congeniar *or* conectar con algn
[4] (*Comput*) hacer click; **to ~ on an icon** hacer click en un símbolo gráfico

**clicking** ['klɪkɪŋ] N chasquido *m*

**client** ['klaɪənt] Ⓐ N cliente/a *m/f*; **my ~** (*in court*) mi defendido
Ⓑ CPD ► **client state** N (*Pol*) estado *m* satélite, estado *m* cliente

**clientele** [,kli:ɑ̃:n'tel] N clientela *f*

**cliff** [klɪf] Ⓐ N (= *sea cliff*) acantilado *m*; [*of mountain etc*] risco *m*, precipicio *m*
Ⓑ CPD ► **cliff dweller*** N (*US*) (*fig*) *persona que habita en un bloque*

**cliffhanger** ['klɪf,hæŋəʳ] N (= *film*) película *f* melodramática, película *f* de suspense; **the match was a real ~** el partido fue un suspense hasta el último momento

**cliff-hanging** ['klɪf,hæŋɪŋ] ADJ muy emocionante (por su final dudoso y apasionante), que tiene a todos pendientes de su resultado; [*drama*] de suspense

**clifftop** ['klɪftɒp] Ⓐ N lo alto de un acantilado; **I have a beautiful house on a ~** tengo una casa hermosa encima de un acantilado
Ⓑ ADJ en *or* por lo alto de un acantilado; **a ~ walk** un paseo por el acantilado

**climacteric** [klaɪ'mæktərɪk] Ⓐ ADJ climactérico
Ⓑ N período *m* climactérico

**climactic** [klaɪ'mæktɪk] ADJ culminante

**climate** ['klaɪmɪt] N clima *m*; (*fig*) ambiente *m*; **the ~ of opinion** (*fig*) la opinión general

**climatic** [klaɪ'mætɪk] ADJ climático; **~ change** cambio *m* climático

**climatological** [,klaɪmətə'lɒdʒɪkəl] ADJ climatológico

**climatologist** [,klaɪmə'tɒlədʒɪst] N climatólogo/a *m/f*

**climatology** [,klaɪmə'tɒlədʒɪ] N climatología *f*

**climax** ['klaɪmæks] Ⓐ N [1] (= *high point*) punto *m* culminante, apogeo *m*; [*of play etc*] clímax *m inv*; **to reach a ~** llegar a su punto álgido, alcanzar una cima de intensidad
[2] (= *sexual climax*) orgasmo *m*
Ⓑ VI [1] (= *reach high point*) llegar a un *or* su clímax
[2] (= *achieve orgasm*) tener un orgasmo

**climb** [klaɪm] Ⓐ N (*gen*) subida *f*, ascenso *m*; [*of mountain*] escalada *f*; (*fig*) ascenso *m*; **it was a stiff ~** la subida fue penosa
Ⓑ VT (*also* **~ up**) [+ *tree, ladder etc*] trepar, subir a; [+ *staircase*] subir (por); [+ *mountain*] escalar; [+ *cliff*] trepar por; [+ *wall*] trepar (a); **to ~ a rope** trepar por una cuerda
Ⓒ VI [1] [*person, plant*] trepar, subir; **to ~ along a ledge** subir por un saliente; **to ~ over a wall** franquear *or* saltar una tapia; **to ~ to power** (*fig*) subir al poder
[2] [*road*] ascender; [*plane*] elevarse, remontar el vuelo; [*price, sun*] subir; **the path ~s higher yet** la senda llega aún más arriba

►**climb down** Ⓐ VI + PREP [+ *tree etc*] bajar; **to ~ down a cliff** bajar por un precipicio
Ⓑ VI + ADV [1] [*person*] (*from tree etc*) bajar
[2] (*fig*) rendirse; (= *retract statement etc*) desdecirse, retractarse

►**climb into** VI + PREP **to ~ into an aircraft** subir a un avión; **to ~ into a tree** trepar a un árbol

►**climb out** VI + ADV salir trepando

►**climb out of** VI + PREP salir trepando de

►**climb up** Ⓐ VI + PREP **to ~ up a rope** trepar por una cuerda; **to ~ up a cliff** trepar por un precipicio
Ⓑ VI + ADV subir, trepar

**climbdown** ['klaɪmdaʊn] N vuelta *f* atrás, retroceso *m*

**climber** ['klaɪməʳ] N [1] (= *mountaineer*) montañista *mf*, alpinista *mf*, andinista *mf* (*LAm*)
[2] (*Bot*) trepadora *f*, enredadera *f*
[3] (*fig*) (*also* **social ~**) arribista *mf*, trepador(a) *m/f*

**climbing** ['klaɪmɪŋ] Ⓐ N (= *rock climbing*) montañismo *m*, alpinismo *m*, andinismo *m* (*LAm*); **to go ~** hacer montañismo *or* alpinismo, ir de escalada
Ⓑ CPD ► **climbing frame** N *estructura metálica en la cual los niños juegan trepando* ► **climbing irons** NPL garfios *mpl*

**clime** [klaɪm] N (*liter*) (= *climate*) clima *m*; (= *country*) región *f*; **in warmer/sunnier ~s** en tierras *or* regiones más cálidas/soleadas; **he went off to foreign ~s** se marchó a tierras extranjeras

**clinch** [klɪntʃ] Ⓐ N [1] (*Boxing*) clinch *m*
[2] (*) (= *embrace*) abrazo *m*; **in a ~** abrazados, agarrados (*LAm*); **to go into a ~** abrazarse, agarrarse (*LAm*)
Ⓑ VT [1] (= *secure*) afianzar; [+ *nail*] remachar, roblar
[2] (= *settle decisively*) [+ *deal*] cerrar, firmar; [+ *argument*] remachar, terminar; [+ *agreement*] cerrar; **to ~ matters** para acabar de remacharlo; **that ~es it** está decidido, ni una palabra más

**clincher*** ['klɪntʃəʳ] N **that was the ~** eso fue el punto clave, eso fue el argumento irrebatible

**clinching** ['klɪntʃɪŋ] ADJ [*argument*] decisivo, irrebatible

**cling** [klɪŋ] (*pt, pp* **clung**) VI [1] (= *hold on*) (*to person*) pegarse (**to** a); (*affectionately*) agarrarse, aferrarse (**to** a); (*to rope*) agarrarse (**to** a, de); (*to belief, opinion*) aferrarse, seguir fiel (**to** a); **they clung to one another** no se desprendían de su abrazo
[2] (= *stick*) [*clothes*] (*to skin*) pegarse (**to** a); **a dress that ~s to the figure** un vestido que se pega al cuerpo; **the smell clung to her clothes** la ropa se quedó impregnada del olor
[3] (= *stay close*) (*to friend, mother etc*) no separarse (**to** de); **to ~ together** (*fig*) no separarse (ni un momento)

**Clingfilm**® ['klɪŋfɪlm] N film *m* adherente (para envolver alimentos)

**clinging** ['klɪŋɪŋ] ADJ [1] (*pej*) (= *overdependent*) [*person*] pegajoso; **~ vine** (*US*) (*fig*) lapa* *mf*
[2] [*dress*] ceñido
[3] [*odour*] tenaz

**clingwrap** ['klɪŋræp] N = **Clingfilm**

**clingy*** ['klɪŋɪ] ADJ [1] [*person*] pegajoso
[2] [*clothes*] ceñido

**clinic** ['klɪnɪk] N (*in NHS hospital*) consultorio *m*; (= *private hospital*) clínica *f*; (*for guidance*) consultorio *m*

**clinical** ['klɪnɪkəl] Ⓐ ADJ [1] (*Med*) clínico
[2] (= *unemotional, cool*) frío
Ⓑ CPD ► **clinical depression** N depresión *f* clínica ► **clinical psychologist** N psicólogo/a *m/f* clínico/a ► **clinical psychology** N psicología *f* clínica ► **clinical thermometer** N termómetro *m* clínico ► **clinical trials** NPL ensayos *mpl* clínicos

**clinically** ['klɪnɪkəlɪ] ADV [1] (*Med*) clínicamente; **~ dead** clínicamente muerto
[2] (= *coldly*) fríamente

**clinician** [klɪ'nɪʃən] N médico/a *m/f* de clínica

**clink**[1] [klɪŋk] Ⓐ N [*of coins*] tintín *m*, tintineo *m*; [*of glasses*] choque *m*
Ⓑ VT hacer sonar, hacer tintinear; **to ~ glasses with sb** entrechocar la copa con algn
Ⓒ VI [*coins*] tintinear

**clink**[2]‡ [klɪŋk] N (= *jail*) trena‡ *f*

**clinker** ['klɪŋkəʳ] N [1] (= *burnt out coal*) escoria *f* de hulla
[2] (= *paving material*) ladrillo *m* duro
[3] (*US*‡) (= *gaffe*) metedura *f* de pata; (= *failed film, play*) birria* *f*

**clinker-built** ['klɪŋkə,bɪlt] ADJ (*Naut*) de tingladillo

**clip**[1] [klɪp] Ⓐ N [1] (= *cut*) tijeretazo *m*, tijeretada *f*; (= *shearing*) esquila *f*, esquileo *m*; (= *wool*) cantidad *f* de lana esquilada
[2] (*Cine*) secuencia *f*; **some ~s from Kevin Costner's latest film** unas secuencias de la última película de Kevin Costner
[3] (= *blow*) golpe *m*, cachete *m*; **at a (fast) ~** (*US*) a toda pastilla
Ⓑ VT [1] (= *cut*) cortar; (= *cut to shorten*) acortar; [+ *hedge*] podar; [+ *ticket*] picar; (*also* **~ off**) [+ *wool*] trasquilar, esquilar; [+ *hair*] recortar; (*also* **~ out**) [+ *article from newspaper*] recortar; [+ *words*] comerse, abreviar; ♦***IDIOM*** **to ~ sb's wings** cortar las alas a algn
[2] (= *hit*) golpear, dar un cachete a
Ⓒ CPD ► **clip joint*** N (*US*) bar *m* (muy caro)

►**clip off** VT + ADV cortar, quitar cortando

►**clip out** VT + ADV recortar

**clip**[2] [klɪp] Ⓐ N (= *clamp*) grapa *f*; (= *paper clip*) sujetapapeles *m inv*, clip *m*, grampa *f* (*S. Cone*); [*of pen*] sujetador *m*; (= *hair clip*) horquilla *f*, clip *m*; (= *brooch*) alfiler *m*, clip *m*, abrochador *m* (*LAm*); [*of cyclist*] pinza *f*
Ⓑ VT sujetar

►**clip on** Ⓐ VT + ADV [+ *brooch*] prender, sujetar; [+ *document*] sujetar con un clip
Ⓑ VI + ADV **it ~s on here** se fija aquí (con clip)

►**clip together** VT + ADV unir

**clipboard** ['klɪp,bɔ:d] N tablilla *f* con sujetapapeles, carpeta *f* sujetapapeles

**clip-clop** ['klɪp'klɒp] N *ruido de los cascos del caballo*

**clip-on** ['klɪpɒn] ADJ [*badge*] para prender, con prendedor; [*earrings*] de pinza

**clipped** [klɪpt] ADJ [*accent*] entrecortado; [*style*] sucinto; [*hair*] corto

**clipper** ['klɪpəʳ] N (*Naut*) clíper *m*

**clippers** ['klɪpəz] NPL (*for hair*) maquinilla *fsing* (para el pelo); (*for nails*) cortaúñas *msing inv*; (*for hedge*) tijeras *fpl* de podar

**clippie**†* ['klɪpɪ] N (*Brit*) cobradora *f* (de autobús)

**clipping** ['klɪpɪŋ] N (*from newspaper*) recorte *m*

**clique** [kli:k] N camarilla *f*

**cliquey** ['kli:kɪ] ADJ exclusivista

**cliquish** ['kli:kɪʃ] ADJ = **cliquey**

**cliquishness** ['kli:kɪʃnɪs] N exclusivismo *m*

**cliquy** ['kli:kɪ] ADJ = **cliquey**

**clitoral** ['klɪtərəl] ADJ del clítoris

**clitoridectomy** [,klɪtərɪ'dektəmɪ] N clitoridectomía *f*

**clitoris** ['klɪtərɪs] N clítoris *m*

**Cllr** ABBR = **Councillor**

**cloak** [kləʊk] Ⓐ N capa *f*, manto *m*; **under the ~ of darkness** (*fig*) al amparo de la oscuridad
Ⓑ VT (= *cover*) cubrir (**in, with** de); (*fig*) encubrir, disimular; **a ~ed figure** una silueta envuelta *or* embozada en una capa

**cloak-and-dagger** ['kləʊkən'dægəʳ] ADJ [*activity*] clandestino; [*play*] de capa y espada; [*story*] de agentes secretos

**cloakroom** ['kləʊkrʊm] N 1 (*for coats*) guardarropa *m*, ropero *m*
2 (*Brit euph*) (= *toilet*) lavabo *m*, servicios *mpl*, baño *m* (*LAm*)

**clobber**‡ ['klɒbəʳ] Ⓐ N 1 (= *clothes*) ropa *f*, traje *m*
2 (*Brit*) (= *gear*) bártulos* *mpl*, trastos *mpl* (*Sp**)
Ⓑ VT 1 (= *defeat*) cascar*
2 (= *beat up*) dar una paliza a

**cloche** [klɒʃ] N campana *f* de cristal

**clock** [klɒk] Ⓐ N 1 (= *timepiece*) (*gen*) reloj *m*; [*of taxi*] taxímetro *m*; (= *speedometer*) velocímetro *m*; (= *milometer*) cuentakilómetros *m inv*; **you can't put the ~ back** (= *return to past*) no puedes volver al pasado; (= *stop progress*) no se puede detener el progreso; **to keep one's eyes on** *or* **watch the ~** mirar mucho el reloj (ansiando abandonar el trabajo); **to work against the ~** trabajar contra reloj; **alarm ~** despertador *m*; **around the ~** *see* **round the clock**; **grandfather ~** reloj *m* de pie, reloj *m* de caja; **30,000 miles on the ~** (*Aut*) 30.000 millas en el cuentakilómetros; **it's only got 60 miles on the ~** este coche ha hecho solamente 60 millas; **round the ~** las veinticuatro horas del día; **the garage is open round the ~** el garaje está abierto las veinticuatro horas del día; **we have surveillance round the ~** tenemos vigilancia de veinticuatro horas, tenemos vigilancia permanente; **to sleep round the ~** dormir un día entero
2 (‡) (= *face*) jeta *f*
Ⓑ VT 1 (= *time, measure*) [+ *runner, time*] cronometrar; **we ~ed 80mph** alcanzamos una velocidad de 80 millas por hora
2 (*Brit**) (= *hit*) **he ~ed him one** le dio un bofetón*
Ⓒ CPD ► **clock radio** N radio-despertador *m* ► **clock repairer** N relojero/a *m/f* ► **clock tower** N torre *f* de reloj ► **clock watcher** N *persona que mira mucho el reloj ansiando abandonar el trabajo*

►**clock in** VI + ADV (= *mark card*) fichar, picar; (= *start work*) entrar a trabajar

►**clock off** VI + ADV (= *mark card*) fichar *or* picar la salida; (= *leave work*) salir del trabajo

►**clock on** VI + ADV = **clock in**

►**clock out** VI + ADV = **clock off**

►**clock up** VT + ADV (*Aut*) hacer; **he ~ed up 250 miles** (*Aut*) hizo 250 millas

**clockface** ['klɒkfeɪs] N esfera *f* de reloj

**clockmaker** ['klɒk,meɪkəʳ] N relojero/a *m/f*

**clockwise** ['klɒkwaɪz] ADJ, ADV en el sentido de las agujas del reloj

**clockwork** ['klɒkwɜ:k] Ⓐ N **to go like ~** funcionar como un reloj
Ⓑ CPD [*toy*] de cuerda ► **clockwork train** N tren *m* de cuerda

**clod** [klɒd] N 1 [*of earth*] terrón *m*
2 (= *person*) patán *m*, zoquete *mf*; **you ~!** ¡bestia!

**clodhopper** ['klɒd,hɒpəʳ] N patán *m*

**clodhopping** ['klɒdhɒpɪŋ] ADJ [*person*] torpón, desgarbado; [*boots*] basto, pesado

**clog** [klɒg] Ⓐ N zueco *m*, chanclo *m*
Ⓑ VT (*also* **~ up**) [+ *pipe, drain, machine, mechanism*] atascar
Ⓒ VI (*also* **~ up**) atascarse

**cloister** ['klɔɪstəʳ] N claustro *m*; **cloisters** soportales *mpl*

**cloistered** ['klɔɪstəd] ADJ **to lead a ~ life** llevar una vida de ermitaño

**clonal** ['kləʊnəl] ADJ clónico

**clone** [kləʊn] Ⓐ N clon *m*; (*Comput*) clónico *m*
Ⓑ VT clonar

**cloning** ['kləʊnɪŋ] N clonación *f*, clonaje *m*

**clonk** [klɒŋk] Ⓐ N (= *sound*) ruido *m* hueco
Ⓑ VI (= *make sound*) hacer un ruido hueco

**close**[1] [kləʊs] Ⓐ ADV (*compar* **closer**; *superl* **closest**) cerca; **the shops are very ~** las tiendas están muy cerca; **the hotel is ~ to the station** el hotel está cerca de la estación; **she was ~ to tears** estaba a punto de llorar; **according to sources ~ to the police** según fuentes allegadas a la policía; **~ by** muy cerca; **come ~r** acércate más; **to come ~ to** acercarse a; **we came very ~ to losing the match** estuvimos a punto de perder el partido, faltó poco para que perdiéramos el partido; **that comes ~ to an insult** eso es casi un insulto; **the runners finished very ~** los corredores llegaron casi al mismo tiempo; **to fit ~** ajustarse al cuerpo; **to follow ~ behind** seguir muy de cerca; **to hold sb ~** abrazar fuertemente a algn; **to keep ~ to the wall** ir arrimado a la pared; **he must be ~ on 50** debe andar cerca de los 50; **it's ~ on six o'clock** son casi las seis; **stay ~ to me** no te alejes *or* separes de mí; **~ together** juntos, cerca uno del otro; **to look at sth ~ up** mirar algo de cerca
Ⓑ ADJ 1 (= *near*) [*place*] cercano, próximo; [*contact*] directo; [*connection*] estrecho, íntimo; **~ combat** lucha *f* cuerpo a cuerpo; **at ~ quarters** de cerca; **to come a ~ second to sb/sth** disputarle la primera posición a algn/algo; **he was the ~st thing to a real worker among us** entre nosotros él tenía más visos de ser un obrero auténtico, de nosotros él era el que tenía más visos de ser un obrero; ✦***IDIOM*** **it was a ~ shave*** se salvaron por un pelo *or* de milagro
2 (= *intimate*) [*relative*] cercano; [*friend*] íntimo; **we have only invited ~ relations** sólo hemos invitado a parientes cercanos; **she's a ~ friend of mine** es una amiga íntima mía; **I'm very ~ to my sister** estoy muy unida a mi hermana; **they're very ~ (to each other)** están muy unidos; **a ~ circle of friends** un estrecho círculo de amigos
3 (= *almost equal*) [*result, election, fight*] muy reñido; [*scores*] casi iguales; **it was a very ~ contest** fue una competición muy reñida; **to bear a ~ resemblance to** tener mucho parecido con
4 (= *exact, detailed*) [*examination, study*] detallado; [*investigation, questioning*] minucioso; [*surveillance, control*] estricto; [*translation*] fiel, exacto; **to pay ~ attention to sb/sth** prestar mucha atención a algn/algo; **to keep a ~ watch on sb** mantener a algn bajo estricta vigilancia
5 (= *not spread out*) [*handwriting, print*] compacto; [*texture, weave*] compacto, tupido; [*formation*] cerrado
6 (= *stuffy*) [*atmosphere, room*] sofocante, cargado; [*weather*] pesado, bochornoso; **it's ~ this afternoon** hace bochorno esta tarde
7 (= *secretive*) reservado; (= *mean*) tacaño
8 (*Ling*) [*vowel*] cerrado
Ⓒ N recinto *m*
Ⓓ CPD ► **close company** N (*Brit Fin*) sociedad *f* exclusiva, compañía *f* propietaria ► **close corporation** N (*US*) = **close company** ► **close season** N (*Hunting, Fishing*) veda *f*; (*Ftbl*) temporada *f* de descanso (*de la liga de fútbol*)

**close**[2] [kləʊz] Ⓐ N (= *end*) final *m*, conclusión *f*; **at the ~** al final; **at the ~ of day** a la caída de la tarde; **at the ~ of the year** al final del año; **to bring sth to a ~** terminar algo, concluir algo; **to draw to a ~** tocar a su fin, estar terminando
Ⓑ VI 1 (= *shut*) [*shop*] cerrar; [*door, window*] cerrarse; **the doors ~ automatically** las puertas se cierran automáticamente; **the shops ~ at five thirty** las tiendas cierran a las cinco y media; **this window does not ~ properly** esta ventana no cierra bien; **his eyes ~d** se le cerraron los ojos
2 (= *end*) terminar, terminarse, concluir; (*Fin*) **shares ~d at 120p** al cierre las acciones estaban a 120 peniques
Ⓒ VT 1 (= *shut*) cerrar; [+ *hole*] tapar; **please ~ the door** cierra la puerta, por favor; **"road closed"** "cerrado el paso"; **to ~ one's eyes** cerrar los ojos; **to ~ one's eyes to sth** (= *ignore*) hacer la vista gorda a algo; **to ~ the gap between two things** llenar el hueco entre dos cosas; **~ your mouth when you're eating!** ¡no abras la boca comiendo!; **to ~ ranks** cerrar filas
2 (= *end*) [+ *discussion, meeting*] cerrar, poner fin a; [+ *ceremony*] clausurar, dar término a; [+ *bank account*] liquidar; [+ *account*] (*Comm*) saldar; [+ *bargain, deal*] cerrar

►**close down** Ⓐ VI + ADV [*business*] (*gen*) cerrarse definitivamente; (*by order*) clausurarse; (*TV, Rad*) cerrar (la emisión)
Ⓑ VT + ADV (*gen*) cerrar definitivamente; (*by legal order*) clausurar

►**close in** Ⓐ VI + ADV [*hunters*] acercarse rodeando, rodear; [*night*] caer; [*darkness, fog*] cerrarse; **the days are closing in** los días son cada vez más cortos; **night was closing in** caía ya la noche
Ⓑ VT + ADV [+ *area*] cercar, rodear

►**close in on** VI + ADV + PREP **to ~ in on sb** rodear a algn, cercar a algn

►**close off** VT + ADV [+ *road*] cerrar al tráfico, cerrar al público; [+ *supply*] cortar; [+ *access*] bloquear

►**close on** VI + PREP 1 (= *get nearer to*) acercarse a
2 (*US*) = **close in on**

►**close out** VT + ADV (*US Fin*) liquidar

►**close round** VI + PREP **the crowd ~d round him** la multitud se agolpó en torno suyo; **the clouds ~d round the peak** las nubes envolvieron la cumbre; **the waters ~d round it** lo envolvieron las aguas

►**close up** Ⓐ VI + ADV [*flower*] cerrarse del todo; [*people in queue*] arrimarse; [*ranks*] apretarse; [*wound*] cicatrizarse; **~ up, please** arrímense, por favor
Ⓑ VT + ADV [+ *building*] cerrar (del todo); [+ *pipe, opening*] tapar, obstruir; [+ *wound*] cerrar

►**close with** VI + PREP (= *begin to fight*) enzarzarse con

**close-cropped** ['kləʊs'krɒpt] ADJ (cortado) al rape, rapado

**closed** [kləʊzd] Ⓐ ADJ (*gen*) cerrado; [*hearing, meeting*] a puerta cerrada; **her eyes were ~** tenía los ojos cerrados; **sociology is a ~ book to me** la sociología es un misterio para mí; **the case is ~** (*Jur*) el caso está cerrado; **behind ~ doors** (*fig*) a puerta cerrada; **to have a ~ mind** ser de miras estrechas, ser de mente cerrada; **it's ~ on Sundays** los domingos está cerrado, cierra los domingos; **the road is ~ to traffic** la carretera está cerrada al tráfico; **the door was ~ to us** (*fig*) para nosotros las puertas estaban cerradas
Ⓑ CPD ► **closed primary** N (*US Pol*) *elección primaria reservada a los miembros de un partido* ► **closed season** N (*Hunting, Fishing*) veda *f*; (*Ftbl, Rugby*) temporada *f* de descanso (*de la liga de fútbol*) ► **closed session** N (*Jur*) sesión *f* a puerta cerrada; **in ~ session** en sesión a puerta cerrada ► **closed shop** N (*Ind*) *empresa con todo el personal afiliado obligatoriamente a un solo sindicato*

**closed-circuit** ['kləʊzd,sɜːkɪt] CPD ► **closed-circuit television** N televisión *f* circuito cerrado

**closed-door** ['kləʊzd,dɔːʳ] ADJ (*US*) [*meeting, session*] a puerta cerrada

**close-down** ['kləʊzdaʊn] N cierre *m*

**close-fisted** ['kləʊs'fɪstɪd] ADJ tacaño

**close-fitting** ['kləʊs'fɪtɪŋ] ADJ ceñido, ajustado

**close-grained** [,kləʊs'greɪnd] ADJ [*wood*] tupido

**close-harmony** [,kləʊs,hɑːmənɪ] CPD ► **close-harmony singing** N canto *m* en estrecha armonía

**close-knit** ['kləʊsnɪt] ADJ [*family*] muy unido

**closely** ['kləʊslɪ] ADV [1] (= *carefully*) [*look, examine*] atentamente, de cerca; **to watch ~** fijarse, prestar mucha atención; **to listen ~** escuchar con atención, escuchar atentamente; **a ~ guarded secret** un secreto celosamente guardado
[2] (= *nearly*) **to resemble sth/sb ~** parecerse mucho a algo/algn; **~ related/connected** estrechamente relacionado/unido; **~ contested** muy reñido; **~ packed** [*case*] repleto; **this will be a ~ fought race** será una carrera muy reñida

**closeness** ['kləʊsnɪs] N [1] (= *nearness*) proximidad *f*; [*of resemblance*] parecido *m*; [*of translation*] fidelidad *f*
[2] [*of friendship*] intimidad *f*
[3] [*of weather, atmosphere*] pesadez *f*, bochorno *m*; [*of room*] mala ventilación *f*
[4] [*of election*] lo muy reñido
[5] (= *secretiveness*) reserva *f*; (= *meanness*) tacañería *f*

**close-run** [,kləʊs'rʌn] ADJ **~ race** carrera *f* muy reñida

**close-set** ['kləʊs,set] ADJ [*eyes*] muy juntos

**closet** ['klɒzɪt] Ⓐ N [1] (= *toilet*) wáter *m*, lavabo *m*
[2] (*US*) (= *cupboard*) armario *m*, placar(d) *m* (*LAm*); (*for clothes*) ropero *m*; **to come out of the ~** (*fig*) anunciarse públicamente
Ⓑ VT **to be ~ed with sb** estar encerrado con algn
Ⓒ CPD [*fascist, racist*] secreto/a, no declarado/a ► **closet gay** N gay *m* no declarado

**close-up** ['kləʊsʌp] Ⓐ N primer plano *m*; **in ~** en primer plano
Ⓑ CPD ► **close-up lens** N teleobjetivo *m*

**closing** ['kləʊzɪŋ] Ⓐ ADJ último, final; **~ speech** discurso *m* de clausura; **in the ~ stages** en las últimas etapas; **when is ~ time?** ¿a qué hora cierran?; **his ~ words were ...** sus palabras finales fueron ...
Ⓑ CPD ► **closing date** N fecha *f* tope, fecha *f* límite ► **closing down** N cierre *m* ► **closing down sale** N liquidación *f* por cierre ► **closing entry** N (*in account*) asiento *m* de cierre ► **closing price** N (*St Ex*) cotización *f* de cierre ► **closing time** N (*Brit*) hora *f* de cerrar

**closure** ['kləʊʒəʳ] N [1] (= *close-down*) cierre *m*
[2] (= *end*) fin *m*, conclusión *f*
[3] (*Parl*) clausura *f*

**clot** [klɒt] Ⓐ N [1] (*Med*) embolia *f*; [*of blood*] coágulo *m*; **~ on the brain** embolia *f* cerebral
[2] (*) (= *fool*) papanatas *mf inv*, tonto/a *m/f* del bote; **you ~!** ¡bobo!
Ⓑ VI (*Med*) coagularse

**cloth** [klɒθ] Ⓐ N [1] (= *material*) paño *m*, tela *f*; **bound in ~** encuadernado en tela
[2] (*for cleaning*) trapo *m*
[3] (= *tablecloth*) mantel *m*; **to lay the ~** poner la mesa
[4] (*Rel*) **the ~** el clero; **a man of the ~** un clérigo
Ⓑ CPD ► **cloth cap** N (*Brit*) gorra *f* de paño

**clothbound** ['klɒθ,baʊnd] ADJ **~ book** libro *m* encuadernado en tela

**clothe** [kləʊð] VT [1] [+ *family*] vestir (**in, with** de)
[2] (*fig*) cubrir, revestir (**in, with** de)

**cloth-eared** ['klɒθɪəd] ADJ sordo como una tapia

**clothed** [kləʊðd] ADJ vestido

**clothes** [kləʊðz] Ⓐ NPL ropa *fsing*, vestidos *mpl*; **to put one's ~ on** vestirse, ponerse la ropa; **to take one's ~ off** quitarse la ropa, desvestirse
Ⓑ CPD ► **clothes basket** N canasta *f* de la ropa sucia ► **clothes brush** N cepillo *m* de la ropa ► **clothes drier**, **clothes dryer** N secadora *f* ► **clothes hanger** N percha *f*, gancho *m* (*LAm*) ► **clothes horse** N tendedero *m* plegable; (*US**) (= *model*) modelo *mf*; **she's a ~ horse** (*US**) está obsesionada con los trapos* ► **clothes line** N cuerda *f* para (tender) la ropa ► **clothes moth** N polilla *f* ► **clothes peg**, **clothes pin** (*US*) N pinza *f* de la ropa ► **clothes rack** N tendedero *m* ► **clothes rope** N = **clothes line** ► **clothes shop** N tienda *f* (de ropa)

**clothespole** ['kləʊðzpəʊl], **clothesprop** ['kləʊðzprɒp] N palo *m* de tendedero

**clothier** ['kləʊðɪəʳ] N ropero *m*; (= *tailor*) sastre *m*; **~'s (shop)** pañería *f*, ropería *f*; (= *tailor's*) sastrería *f*

**clothing** ['kləʊðɪŋ] Ⓐ N ropa *f*, vestimenta *f*; **article of ~** prenda *f* de vestir
Ⓑ CPD ► **clothing allowance** N extra *m* para ropa de trabajo ► **clothing industry** N industria *f* textil ► **the clothing trade** N la industria de la confección

**clotted cream** [,klɒtɪd'kriːm] N (*Culin*) nata *f* cuajada

**clotting agent** ['klɒtɪŋ,eɪdʒənt] N agente *m* coagulante

**cloture** ['kləʊtʃəʳ] Ⓐ N (*US Pol*) clausura *f*
Ⓑ CPD ► **cloture rule** N control del tiempo de intervención (*en un debate*)

**cloud** [klaʊd] Ⓐ N nube *f* (*also fig*); **a ~ of dust/smoke/gas/insects** una nube de polvo/humo/gases/insectos; **✦IDIOMS to be under a ~** (= *under suspicion*) estar bajo sospecha; (= *resented*) estar desacreditado; **to have one's head in the ~s** estar en las nubes; **to be on ~ nine** estar en el séptimo cielo; **every ~ has a silver lining** no hay mal que por bien no venga
Ⓑ VT [1] (= *make cloudy*) [+ *vision*] nublar; [+ *liquid*] enturbiar; [+ *mirror*] empañar
[2] (*fig*) (= *confuse*) aturdir; **to ~ the issue** complicar el asunto
Ⓒ VI (*also* **to ~ over**) nublarse (*also fig*)

►**cloud over** VI + ADV nublarse

**cloudberry** ['klaʊdbərɪ] N (*US*) camemoro *m*

**cloudburst** ['klaʊdbɜːst] N chaparrón *m*

**cloud-cuckoo-land** [,klaʊd'kʊkuː,lænd], **cloudland** ['klaʊdlænd] (*US*) N **to be in ~** estar en babia, estar con la cabeza en el aire (*LAm*)

**cloudiness** ['klaʊdɪnɪs] N [1] (*Met*) lo nublado, lo nuboso
[2] (= *murkiness*) lo turbio

**cloudless** ['klaʊdlɪs] ADJ sin nubes, despejado

**cloudy** ['klaʊdɪ] ADJ (*compar* **cloudier**; *superl* **cloudiest**) [1] (*Met*) [*sky*] nublado, cubierto de nubes; [*day, weather*] nublado; **it's ~ today** hoy está nublado
[2] (= *murky*) [*liquid*] turbio
[3] (= *unclear*) [*policy, ideas, memory*] confuso
[4] (= *misty*) [*eyes, glass*] empañado

**clout**[1] [klaʊt] Ⓐ N [1] (= *blow*) tortazo *m*
[2] (= *influence, power*) influencia *f*, peso *m*, palanca *f* (*LAm*)
Ⓑ VT dar un tortazo a

**clout**[2] [klaʊt] N **✦PROV ne'er cast a ~ till May be out** hasta el cuarenta de mayo no te quites el sayo

**clove**[1] [kləʊv] N [1] (= *spice*) clavo *m*
[2] **~ of garlic** diente *m* de ajo

**clove**[2] [kləʊv] Ⓐ PT *of* **cleave**[1]
Ⓑ CPD ► **clove hitch** N ballestrinque *m*

**cloven** ['kləʊvn] PP *of* **cleave**[1]

**cloven-footed** [,kləʊvn'fʊtɪd] ADJ [*animal*] de pezuña hendida; [*devil*] con pezuña

**cloven hoof** [,kləʊvn'huːf] N pata *f* hendida

**clover** ['kləʊvəʳ] N trébol *m*; **✦IDIOM to be in ~*** vivir a cuerpo de rey

**cloverleaf** ['kləʊvəliːf] N (*pl* **cloverleaves**) [1] (*Bot*) hoja *f* de trébol
[2] (*Aut*) cruce *m* en trébol

**clown** [klaʊn] Ⓐ N [1] (*in circus*) payaso/a *m/f*, clown *mf*; **to make a ~ of o.s.** hacer el ridículo
[2] (*) patán *m*, zoquete *mf*
Ⓑ VI (*also* **~ about** *or* **around**) hacer el payaso; **stop ~ing!** ¡déjate de tonterías!

**clowning** ['klaʊnɪŋ] N payasadas *fpl*

**clownish** ['klaʊnɪʃ] ADJ [*person*] cómico; [*behaviour*] de payaso; [*sense of humour*] de payaso, tonto

**cloy** [klɔɪ] VI empalagar

**cloying** ['klɔɪɪŋ] ADJ empalagoso

**cloyingly** ['klɔɪɪŋlɪ] ADV empalagosamente; **~ sweet** tan dulce que empalaga, empalagosamente dulce

**cloze test** ['kləʊz,test] N *test consistente en rellenar los espacios en blanco de un texto*

**CLU** N ABBR (*US*) = **Chartered Life Underwriter**

**club** [klʌb] Ⓐ N [1] (= *stick*) porra *f*, cachiporra *f*
[2] (= *golf club*) palo *m*

3 **clubs** (*Cards*) (*in Spanish pack*) bastos *mpl*; (*in conventional pack*) tréboles *mpl*
4 (= *association*) club *m*; (= *gaming club*) casino *m*; (= *building*) centro *m*, club *m*; **a golf ~** un club de golf; **the youth ~** el club juvenil; **join the ~!** (*fig*) ¡ya somos dos!; **to be in the ~** (*hum*) estar en estado; **he put her in the ~** él la dejó en estado
5 (= *disco*) discoteca *f*
Ⓑ VT [+ *person*] aporrear, dar porrazos a; **to ~ sb to death** matar a algn a porrazos
Ⓒ VI **to ~ together** (*esp Brit*) (= *join forces*) unir fuerzas; **we all ~bed together to buy him a present** le compramos un regalo entre todos
Ⓓ CPD ► **club car** N (*US Rail*) coche *m* club ► **club class** N clase *f* club ► **club foot** N pie *m* zopo ► **club member** N socio/a *m/f* del club ► **club sandwich** N *bocadillo vegetal con pollo y beicon* ► **club steak** N (*US*) bistec *m* culer

**clubbable*** ['klʌbəbl] ADJ sociable

**clubber** ['klʌbəʳ] N discotequero/a *m/f*

**clubbing*** ['klʌbɪŋ] N (*Brit*) ir de discotecas; **to go ~** ir de discotecas

**club-footed** ['klʌb,fʊtɪd] ADJ con el pie zopo

**clubhouse** ['klʌbhaʊs] N (*pl* **clubhouses**) sede *f* de un club

**clubland** ['klʌblænd] N (*esp Brit*) *zona de las discotecas de moda*

**clubroom** ['klʌbrʊm] N salón *m*, sala *f* de reuniones

**cluck** [klʌk] Ⓐ N 1 [*of hen*] cloqueo *m*
2 (*with tongue*) chasquido *m* (de la lengua)
Ⓑ VI 1 [*hen*] cloquear
2 [*person*] chasquear con la lengua

►**cluck over** VI + PREP **she ~ed over the children** con los niños estaba como la gallina con sus polluelos

**clue, clew** (*US*) [klu:] Ⓐ N (*in guessing game*) pista *f*; (*in a crime*) pista *f*, indicio *m*; [*of crossword*] indicación *f*; **an important ~** una pista importante; **I haven't a ~*** no tengo ni idea; **can you give me a ~?** ¿me das una pista?
Ⓑ VT **to ~ sb up*** informar a algn

**clued up*** [,klu:d'ʌp] ADJ **~ (on)** al tanto (de), al corriente (de)

**clueless*** ['klu:lɪs] ADJ despistado, que no tiene ni idea

**clump¹** [klʌmp] N [*of trees, shrubs*] grupo *m*; [*of flowers, grass*] mata *f*; [*of earth*] terrón *m*

**clump²** [klʌmp] Ⓐ N [*of feet*] pisada *f* fuerte
Ⓑ VI **to ~ about** caminar dando pisadas fuertes

**clumpy** ['klʌmpɪ] ADJ (*compar* **clumpier**; *superl* **clumpiest**) [*shoes*] grandón, grandote

**clumsily** ['klʌmzɪlɪ] ADV 1 (= *awkwardly*) [*walk, express, apologize*] con torpeza, torpemente
2 (= *roughly*) [*produced*] toscamente, chapuceramente

**clumsiness** ['klʌmzɪnɪs] N (= *awkwardness*) torpeza *f*; (= *tactlessness*) falta *f* de tacto

**clumsy** ['klʌmzɪ] ADJ (*compar* **clumsier**; *superl* **clumsiest**) 1 (= *awkward*) [*person, action*] torpe, patoso; [*movement*] torpe, desgarbado; [*remark, apology*] torpe, poco delicado; [*tool*] pesado, difícil de manejar
2 (= *crudely made*) [*painting, forgery*] tosco, chapucero

**clung** [klʌŋ] PT, PP *of* **cling**

**Cluniac** ['klu:nɪæk] Ⓐ ADJ cluniacense
Ⓑ N cluniacense *m*

**clunk** [klʌŋk] Ⓐ N 1 (= *sound*) sonido *m* metálico sordo
2 (*US**) cabeza *mf* hueca
Ⓑ VI (= *make sound*) sonar a hueco

**clunker*** ['klʌŋkəʳ] N (*US*) cacharro* *m*

**clunky** ['klʌŋkɪ] ADJ (*compar* **clunkier**; *superl* **clunkiest**) macizo

**cluster** ['klʌstəʳ] Ⓐ N [*of trees, houses, people, stars*] grupo *m*; [*of flowers*] macizo *m*; [*of plants*] mata *f*; [*of fruit*] racimo *m*
Ⓑ VI [*people, things*] agruparse, apiñarse; [*plants*] arracimarse; **to ~ round sb/sth** apiñarse en torno a algn/algo
Ⓒ CPD ► **cluster bomb** N bomba *f* de dispersión, bomba *f* de racimo

**clutch¹** [klʌtʃ] Ⓐ N 1 (*Aut*) embrague *m*, cloche *m* (*LAm*); (= *pedal*) (pedal *m* del) embrague *m* or cloche *m*; **to let the ~ in** embragar; **to let the ~ out** desembragar
2 (= *grasp*) **to make a ~ at sth** tratar de agarrar algo; **to fall into sb's ~es** caer en las garras de algn; **to get sth out of sb's ~es** hacer que algn ceda la posesión or se desprenda de algo
3 (*US**) (= *crisis*) crisis *f inv*
Ⓑ VT (= *catch hold of*) asir, agarrar (*esp LAm*); (= *hold tightly*) apretar, agarrar; **she ~ed my arm and begged me not to go** se me agarró al brazo y me suplicó que no me marchara
Ⓒ VI **to ~ at** tratar de agarrar; (*fig*) aferrarse a; **he ~ed at my hand** trató de agarrarme la mano; **to ~ at a hope** aferrarse a una esperanza; ✦*IDIOM* **to ~ at straws** aferrarse a cualquier esperanza

**clutch²** [klʌtʃ] N [*of eggs*] nidada *f*

**clutter** ['klʌtəʳ] Ⓐ N desorden *m*, confusión *f*; **in a ~** en desorden, en un montón
Ⓑ VT atestar; **to ~ up a room** amontonar cosas en un cuarto; **to be ~ed up with sth** estar atestado de algo

**CM** ABBR (*US*) = **North Mariana Islands**

**cm** ABBR (= **centimetre(s)**) cm

**Cmdr** ABBR (*Mil*) (= **Commander**) Cdte

**CNAA** N ABBR (*Brit*) (= **Council for National Academic Awards**) *organismo no universitario que otorga diplomas*

**CND** N ABBR = **Campaign for Nuclear Disarmament**

**CNN** N ABBR (*US*) (= **Cable News Network**) *agencia de noticias*

**CO** N ABBR 1 (*Mil*) = **Commanding Officer**
2 (*Brit Admin*) (= **Commonwealth Office**) *Ministerio de Relaciones con la Commonwealth*
3 = **conscientious objector**
4 (*US*) = **Colorado**

**co-** [kəʊ] PREFIX co-

**Co.** ABBR 1 [keʊ] (*Comm*) (= **company**) Cía., S.A.; **Joe and ~*** Joe y compañía
2 = **county**

**c/o** ABBR 1 (= **care of**) c/d, a/c
2 (*Comm*) = **cash order**

**coach** [kəʊtʃ] Ⓐ N 1 (*esp Brit*) (= *bus*) autobús *m*, autocar *m* (*Sp*), coche *m* de línea, pullman *m* (*LAm*), camión *m* (*Mex*), micro *m* (*Arg*); (*Brit Rail*) coche *m*, vagón *m*, pullman *m* (*Mex*); (*horse-drawn*) diligencia *f*; (*ceremonial*) carroza *f*
2 (*Sport*) (= *trainer*) entrenador(a) *m/f*; **the Spanish ~** el entrenador del equipo español
3 (= *tutor*) profesor(a) *m/f* particular
Ⓑ VT [+ *team*] entrenar, preparar; [+ *student*] enseñar, preparar; **to ~ sb in French** enseñar francés a algn; **to ~ sb in a part** preparar a algn para un papel
Ⓒ CPD ► **coach building** N (*Brit*) construcción *f* de carrocerías ► **coach driver** N (*Brit*) conductor(a) *m/f* de autobús, conductor(a) *m/f* de autocar (*Sp*) ► **coach operator** N compañía *f* de autobuses, compañía *f* de autocares (*Sp*) ► **coach station** N estación *f* de autobuses ► **coach tour** N (*Brit*) gira *f* en autocar, viaje *m* en autocar ► **coach trip** N (*Brit*) excursión *f* en autobús, excursión *f* en autocar (*Sp*)

**coachbuilder** ['kəʊtʃ,bɪldəʳ] N (*Brit Aut*) carrocero *m*

**coaching** ['kəʊtʃɪŋ] N 1 (*Sport*) (= *training*) entrenamiento *m*
2 (*esp US*) (= *tuition*) enseñanza *f* particular

**coachload** ['kəʊtʃləʊd] N (*Brit*) autobús *m* (lleno), autocar *m* (lleno) (*Sp*); **they came by the ~** vinieron en masa

**coachman** ['kəʊtʃmən] N (*pl* **coachmen**) cochero *m*

**coachwork** ['kəʊtʃwɜ:k] N (*Brit*) carrocería *f*

**coagulant** [kəʊ'ægjʊlənt] N coagulante *m*

**coagulate** [kəʊ'ægjʊleɪt] Ⓐ VT coagular
Ⓑ VI coagularse

**coagulation** [kəʊ,ægjʊ'leɪʃən] N coagulación *f*

**coal** [kəʊl] Ⓐ N carbón *m*; (*soft*) hulla *f*; ✦*IDIOMS* **to carry ~s to Newcastle** llevar leña al monte or agua al mar; **to haul sb over the ~s** echarle una bronca a algn; **to heap ~s of fire on sb's head** avergonzar a algn devolviéndole bien por mal
Ⓑ VI (*Naut*) tomar carbón
Ⓒ CPD ► **coal bunker** N carbonera *f* ► **coal cellar** N carbonera *f* ► **coal dust** N polvillo *m* de carbón, carbonilla *f* ► **coal fire** N chimenea *f* de carbón ► **coal gas** N gas *m* de hulla ► **coal hod** N cubo *m* de carbón ► **coal industry** N industria *f* del carbón ► **coal measures** NPL depósitos *mpl* de carbón ► **coal merchant** N carbonero *m* ► **coal mine** N mina *f* de carbón ► **coal miner** N minero/a *m/f* del carbón ► **coal mining** N minería *f* del carbón ► **coal oil** N (*US*) parafina *f* ► **coal pit** N mina *f* de carbón, pozo *m* de carbón ► **coal scuttle** N cubo *m* para carbón ► **coal shed** N carbonera *f* ► **coal strike** N huelga *f* de mineros ► **coal tar** N alquitrán *m* mineral ► **coal tit** N carbonero *m* garrapinos ► **coal yard** N patio *m* del carbón

**coal-black** ['kəʊl'blæk] ADJ negro como el carbón

**coal-burning** ['kəʊl,bɜ:nɪŋ] ADJ que quema carbón

**coalesce** [,kəʊə'les] VI (= *merge, blend*) fundirse; (= *join together*) unirse, incorporarse

**coalescence** [,kəʊə'lesəns] N (= *merging*) fusión *f*; (= *joining together*) unión *f*, incorporación *f*

**coalface** ['kəʊlfeɪs] N frente *m* donde empieza la veta de carbón

**coalfield** ['kəʊlfi:ld] N yacimiento *m* de carbón, cuenca *f* minera

**coal-fired** [,kəʊl'faɪəd] ADJ que quema carbón

**coalition** [,kəʊə'lɪʃən] Ⓐ N (*Pol*) coalición *f*
Ⓑ CPD ► **coalition government** N gobierno *m* de coalición

**coalman** ['kəʊlmən] N (*pl* **coalmen**) carbonero *m*

**coarse** [kɔ:s] Ⓐ ADJ (*compar* **coarser**; *superl* **coarsest**) 1 (= *rough*) [*texture*] basto, áspero; [*sand*] grueso; [*skin*] áspero
2 (= *badly made*) burdo, tosco
3 (= *vulgar*) [*character, laugh, remark*] ordinario, tosco; [*joke*] verde
Ⓑ CPD ► **coarse fishing** N pesca *f* de agua dulce (*excluyendo salmón y trucha*)

**coarse-grained** ['kɔ:sgreɪnd] ADJ de grano grueso; (*fig*) tosco, basto

**coarsely** ['kɔːslɪ] ADV [1] (= *crudely*) [*made*] toscamente
[2] (= *vulgarly*) [*laugh, say*] groseramente

**coarsen** ['kɔːsn] Ⓐ VT [+ *person*] embrutecer; [+ *skin*] curtir
Ⓑ VI [*person*] embrutecerse; [*skin*] curtirse

**coarseness** ['kɔːsnɪs] N [1] (= *roughness*) [*of texture*] aspereza *f*; [*of fabrication*] tosquedad *f*
[2] (= *lack of refinement*) falta *f* de finura, falta *f* de elegancia
[3] (= *vulgarity*) [*of person, remark*] ordinariez *f*, tosquedad *f*; [*of joke*] lo verde

**coast** [kəʊst] Ⓐ N (= *shore*) costa *f*; (= *coastline*) litoral *m*; **it's on the west ~ of Scotland** está en la costa oeste de Escocia; ✦**IDIOM the ~ is clear** (= *there is no one about*) no hay moros en la costa; (= *the danger is over*) pasó el peligro
Ⓑ VI (*also* **~ along**) (*Aut*) ir en punto muerto; (*on sledge, cycle*) deslizarse cuesta abajo; (*fig*) avanzar sin esfuerzo

**coastal** ['kəʊstəl] ADJ costero; **~ defences** defensas *fpl* costeras; **~ traffic** (*Naut*) cabotaje *m*

**coaster** ['kəʊstəʳ] N [1] (*Naut*) buque *m* costero, barco *m* de cabotaje; (*US*) trineo *m*
[2] (= *small mat for drinks*) posavasos *m inv*

**coastguard** ['kəʊstgɑːd] Ⓐ N (= *person*) guardacostas *mf inv*; (= *organization*) servicio *m* de guardacostas
Ⓑ CPD ► **coastguard station** N puesto *m* de guardacostas ► **coastguard vessel** N guardacostas *m*

**coastline** ['kəʊstlaɪn] N litoral *m*

**coast-to-coast** ['kəʊstə'kəʊst] (*US*) Ⓐ ADJ de costa a costa
Ⓑ ADV de costa a costa

**coat** [kəʊt] Ⓐ N [1] (= *winter/long coat*) abrigo *m*; (= *jacket*) chaqueta *f* (*Sp*), americana *f*, saco *m* (*LAm*); (*chemist's*) bata *f*; ✦**IDIOM to cut one's ~ according to one's cloth** adaptarse a las circunstancias
[2] (*animal's*) (= *hide*) pelo *m*, pelaje *m*; (= *wool*) lana *f*
[3] (= *layer*) capa *f*; **a ~ of paint** una mano de pintura
[4] **~ of arms** escudo *m* (de armas)
Ⓑ VT cubrir, revestir (**with** de); (*with a liquid*) bañar (**with** en); **to ~ sth with paint** dar una mano de pintura a algo
Ⓒ CPD ► **coat hanger** N percha *f*, gancho *m* (*LAm*)

**coated** ['kəʊtɪd] ADJ [*tongue*] saburral

**coating** ['kəʊtɪŋ] N capa *f*, baño *m*; [*of paint*] mano *f*

**coatstand** ['kəʊtstænd] N perchero *m*

**coattails** ['kəʊtteɪlz] NPL faldón *msing*; ✦**IDIOM to ride on sb's ~** salir adelante gracias al favor de algn, lograr el éxito a la sombra de algn

**co-author** ['kəʊ,ɔːθəʳ] Ⓐ N coautor(a) *m/f*
Ⓑ VT (*US*) escribir conjuntamente

**coax** [kəʊks] VT **to ~ sth out of sb** sonsacar algo a algn (engatusándolo); **to ~ sb into/out of doing sth** engatusar a algn para que haga/no haga algo; **to ~ sb along** mimar a algn

**coaxial** [,kəʊ'æksɪəl] ADJ coaxial; **~ cable** (*Comput*) cable *m* coaxial

**coaxing** ['kəʊksɪŋ] Ⓐ ADJ mimoso
Ⓑ N mimos *mpl*, halagos *mpl*

**coaxingly** ['kəʊksɪŋlɪ] ADV mimosamente

**cob** [kɒb] N [1] (= *swan*) cisne *m* macho
[2] (= *horse*) jaca *f* fuerte
[3] (= *loaf*) pan *m* redondo
[4] (= *nut*) avellana *f*
[5] (= *maize*) mazorca *f*

**cobalt** ['kəʊbɒlt] Ⓐ N cobalto *m*
Ⓑ CPD ► **cobalt blue** N azul *m* cobalto ► **cobalt bomb** N bomba *f* de cobalto

**cobber*** ['kɒbəʳ] N (*Australia*) amigo *m*, compañero *m*; (*in direct address*) amigo

**cobble** ['kɒbl] Ⓐ N = **cobblestone**
Ⓑ VT [1] (*also* **~ up**) [+ *shoes*] remendar
[2] [+ *street*] empedrar, adoquinar

►**cobble together** VT + ADV (*pej*) hacer apresuradamente

**cobbled** ['kɒbld] ADJ **~ street** calle *f* empedrada, calle *f* adoquinada

**cobbler** ['kɒbləʳ] N zapatero/a *m/f* (remendón/ona)

**cobblers** ['kɒbləz] NPL (*Brit*) [1] (*Anat*‡) cojones‡ *mpl*
[2] (‡) (*fig*) chorradas* *fpl*

**cobblestone** ['kɒblstəʊn] N adoquín *m*

**COBOL** ['ʧθkəʊbɒl] N (*Comput*) COBOL *m*

**cobra** ['kəʊbrə] N cobra *f*

**cobweb** ['kɒbweb] N telaraña *f*; **to blow away the ~s** (*fig*) despejar la mente

**cobwebbed** ['kɒbwebd] ADJ cubierto de telarañas, lleno de telarañas

**coca** ['kəʊkə] N coca *f*

**cocaine** [kə'keɪn] Ⓐ N cocaína *f*
Ⓑ CPD ► **cocaine addict** N cocainómano/a *m/f* ► **cocaine addiction** N adicción *f* a la cocaína

**coccyx** ['kɒksɪks] N (*pl* **coccyges** [kɒk'saɪdʒiːz]) cóccix *m inv*

**cochineal** ['kɒtʃiniːl] N cochinilla *f*

**cochlea** ['kɒklɪə] N (*pl* **cochleae** ['kɒklɪiː]) cóclea *f*, caracol *m* óseo

**cock** [kɒk] Ⓐ N [1] (*esp Brit*) (= *rooster*) gallo *m*; (= *other male bird*) macho *m*; **old ~!*** ¡amigo!, ¡viejo!; ✦**IDIOM ~ of the walk** gallito *m* del lugar
[2] (= *tap*) (*also* **stopcock**) llave *f* de paso
[3] (‡) (= *penis*) polla‡ *f*
[4] [*of gun*] martillo *m*; **to go off at half ~** (*fig*) [*plan*] ponerse en práctica sin la debida preparación
Ⓑ VT [1] [+ *gun*] amartillar; [+ *head*] ladear; **to ~ one's eye at** mirar con intención a, guiñar el ojo a; ✦**IDIOM to ~ a snook at sb/sth** (*Brit*) (*fig*) burlarse de algn/algo
[2] (*also* **~ up**) [+ *ears*] aguzar; **to keep one's ears ~ed** mantenerse alerta, aguzar el oído *or* la oreja
Ⓒ CPD ► **cock sparrow** N gorrión *m* macho ► **cock teaser**‡ N calientapollas‡ *f inv*

►**cock up**‡ VT + ADV **to ~ sth up** (*Brit*) joder algo‡

**cockade** [kɒ'keɪd] N escarapela *f*

**cock-a-doodle-doo** ['kɒkəduːdl'duː] EXCL ¡quiquiriquí!

**cock-a-hoop** ['kɒkə'huːp] ADJ contentísimo

**cockamamie***, **cockamamy*** [,kɒkə'meɪmɪ] ADJ (*US*) que no tiene ni pies ni cabeza*

**cock-and-bull** ['kɒkən'bʊl] ADJ **~ story** cuento *m* chino

**cockatoo** [,kɒkə'tuː] N cacatúa *f*

**cockchafer** ['kɒk,tʃeɪfəʳ] N abejorro *m*

**cockcrow** ['kɒkkrəʊ] N **at ~** al amanecer

**cocked** [kɒkt] ADJ **~ hat** sombrero *m* de tres picos; ✦**IDIOM to knock sth into a ~ hat** ser muy superior a algo

**cocker** ['kɒkəʳ] N (*also* **~ spaniel**) cocker *m*

**cockerel** ['kɒkrəl] N gallito *m*, gallo *m* joven

**cockeyed** ['kɒkaɪd] ADJ [1] (= *crooked*) torcido, chueco (*LAm*)
[2] (= *absurd*) disparatado

**cockfight** ['kɒkfaɪt] N pelea *f* de gallos

**cockfighting** ['kɒk,faɪtɪŋ] N la pelea de gallos, peleas *fpl* de gallos

**cockiness*** ['kɒkɪnɪs] N engreimiento *m*

**cockle** ['kɒkl] N (*Zool*) berberecho *m*; ✦**IDIOM to warm the ~s of sb's heart** llenar a algn de ternura

**cockleshell** ['kɒklʃel] N [1] (= *shell*) concha *f* de berberecho
[2] (= *boat*) cascarón *m* de nuez

**cockney** ['kɒknɪ] Ⓐ N [1] (= *person*) *persona nacida en el este de Londres y especialmente de clase obrera*
[2] (= *dialect*) dialecto *m* de esa zona
Ⓑ ADJ *del este de Londres y especialmente de clase obrera*; → RHYMING SLANG

**COCKNEY**

*Se llama* **cockneys** *a las personas de la zona este de Londres conocida como* **East End***, un barrio tradicionalmente obrero, aunque según la tradición un* **cockney** *auténtico ha de haber nacido dentro del área en la que se oye el repique de las campanas de la iglesia de* **Mary-Le-Bow***, en la* **City** *londinense. Este término también hace referencia al dialecto que se habla en esta parte de Londres, aunque a veces también se aplica a cualquier acento de la clase trabajadora londinense. El actor Michael Caine es un* **cockney** *famoso.*
⇨ *Ver tb* RHYMING SLANG

**cockpit** ['kɒkpɪt] N [1] (*Aer*) cabina *f*
[2] (*for cockfight*) reñidero *m*

**cockroach** ['kɒkrəʊtʃ] N cucaracha *f*

**cockscomb** ['kɒkskəʊm] N cresta *f* de gallo

**cocksucker**‡ ['kɒk,sʌkəʳ] N cabrón‡ *m*, mamón‡ *m*

**cocksure** ['kɒk'ʃʊəʳ] ADJ creído, engreído

**cocktail** ['kɒkteɪl] Ⓐ N (= *drink*) combinado *m*, cóctel *m*; **fruit ~** macedonia *f* de frutas; **prawn ~** cóctel *m* de gambas
Ⓑ CPD ► **cocktail bar** N (*in hotel*) bar *m* (*de cócteles*), coctelería *f* ► **cocktail cabinet** N mueble-bar *m* ► **cocktail dress** N vestido *m* de fiesta ► **cocktail lounge** N salón *m* de fiestas ► **cocktail onion** N cebolla *f* perla ► **cocktail party** N cóctel *m* ► **cocktail sausage** N salchichita *f* de aperitivo ► **cocktail shaker** N coctelera *f*

**cockup**‡ ['kɒkʌp] N (*Brit*) **what a ~!** ¡qué lío!, ¡qué desmadre!; **to make a ~ of sth** fastidiar algo, joder algo‡; **there's been a ~ over my passport** me han armado un follón con el pasaporte*

**cocky*** ['kɒkɪ] ADJ (*compar* **cockier**; *superl* **cockiest**) (*pej*) creído

**cocoa** ['kəʊkəʊ] Ⓐ N cacao *m*; (= *drink*) chocolate *m*; **a cup of ~** una taza de chocolate
Ⓑ CPD ► **cocoa bean** N grano *m* de cacao ► **cocoa butter** N mantequilla *f* de cacao ► **cocoa powder** N cacao *m* en polvo

**coconut** ['kəʊkənʌt] Ⓐ N [1] (= *nut*) coco *m*
[2] (= *tree*) cocotero *m*
Ⓑ CPD ► **coconut matting** N estera *f* de fibra de coco ► **coconut oil** N aceite *m* de coco ► **coconut palm** N cocotero *m* ► **coconut shy** N tiro *m* al coco ► **coconut tree** N cocotero *m*

**cocoon** [kə'kuːn] Ⓐ N capullo *m*
Ⓑ VT envolver

**COD** ABBR [1] (*Brit*) (= **cash on delivery**) C.A.E.
[2] (*US*) (= **collect on delivery**) C.A.E.

**cod** [kɒd] N (*pl* **cod** *or* **cods**) bacalao *m*

**coda** ['kəʊdə] N coda *f*

**coddle** ['kɒdl] VT [1] (*also* **mollycoddle**) consentir, mimar
[2] (*Culin*) **~d eggs** *huevos cocidos a fuego lento*

**code** [kəʊd] (A) N [1] (= *cipher*) clave *f*, cifra *f*; **in ~** en clave, cifrado; **it's written in ~** está cifrado *or* escrito en clave
[2] (*Telec*) prefijo *m*, código *m*; (*Comput*) código *m*; **what is the ~ for London?** ¿cuál es el prefijo *or* código de Londres?; **postal ~** código *m* postal, distrito *m* postal
[3] [*of laws*] código *m*; **~ of behaviour** código *m* de conducta; **~ of practice** código *m* profesional; *see also* **highway B**
(B) VT [+ *message*] poner en clave, cifrar
(C) CPD ► **code book** N libro *m* de códigos ► **code dating** N fechación *f* en código ► **code letter** N letra *f* de código ► **code name** N alias *m inv*, nombre *m* en clave; (*Pol*) nombre *m* de guerra; *see also* **code-name** ► **code number** N (*Tax*) ≈ número *m* de identificación fiscal ► **code word** N palabra *f* en clave

**coded** ['kəʊdɪd] ADJ en cifra, en clave (*also fig*)

**codeine** ['kəʊdiːn] N (*Pharm*) codeína *f*

**code-name** ['kəʊdneɪm] VT dar nombre en clave a; **the operation was ~d Albert** la operación tuvo el nombre en clave de Albert

**codex** ['kəʊdeks] N (*pl* **codices**) códice *m*

**codfish** ['kɒdfɪʃ] N (*pl* **codfish** *or* **codfishes**) bacalao *m*

**codger*** ['kɒdʒəʳ] N (*also* **old ~**) sujeto *m*, vejete *m*

**codices** ['kɒdɪˌsiːz] NPL *of* **codex**

**codicil** ['kɒdɪsɪl] N codicilo *m*

**codify** ['kəʊdɪfaɪ] VT codificar

**coding** ['kəʊdɪŋ] (A) N codificación *f*
(B) CPD ► **coding sheet** N hoja *f* de programación

**cod-liver oil** ['kɒdlɪvəʳ'ɔɪl] N aceite *m* de hígado de bacalao

**codpiece** ['kɒdpiːs] N (*Hist*) bragueta *f*

**co-driver** ['kəʊdraɪvəʳ] N (*Aut*) copiloto *mf*

**codswallop‡** ['kɒdzwɒləp] N (*Brit*) chorradas* *fpl*

**coed*** ['kəʊ'ed] (A) ADJ mixto
(B) N [1] (*US*) (= *female student*) alumna *f* de un colegio mixto
[2] (*Brit*) (= *school*) colegio *m* mixto
(C) ADJ, ABBR = **coeducational**

**co-edition** ['kəʊɪˌdɪʃən] N edición *f* conjunta

**coeducation** ['kəʊˌedjʊ'keɪʃən] N enseñanza *f* mixta

**coeducational** ['kəʊˌedjʊ'keɪʃənl] ADJ mixto

**coefficient** [ˌkəʊɪ'fɪʃənt] N coeficiente *m*

**coelacanth** ['siːləkænθ] N celacanto *m*

**coerce** [kəʊ'ɜːs] VT obligar, coaccionar; **to ~ sb into doing sth** obligar a algn a hacer algo, coaccionar a algn para que haga algo

**coercion** [kəʊ'ɜːʃən] N coacción *f*; **under ~** obligado a ello, a la fuerza

**coercive** [kəʊ'ɜːsɪv] ADJ coactivo, coercitivo

**coeval** [kəʊ'iːvəl] (A) ADJ coetáneo (**with** de), contemporáneo (**with** de)
(B) N coetáneo/a *m/f*, contemporáneo/a *m/f*

**coexist** ['kəʊɪg'zɪst] VI coexistir (**with** con)

**coexistence** ['kəʊɪg'zɪstəns] N coexistencia *f*

**coexistent** ['kəʊɪg'zɪstənt] ADJ coexistente

**co-extensive** [ˌkəʊɪk'stensɪv] ADJ de la misma extensión (**with** que)

**C of C** N ABBR = **Chamber of Commerce**

**C of E** [ˌsiːəv'iː] N ABBR (= **Church of England**) Iglesia *f* anglicana; **to be ~*** ser anglicano

**coffee** ['kɒfɪ] (A) N café *m*; **a cup of ~** una taza de café, un café; **white ~** (*milky*) café *m* con leche; (*with dash of milk*) café *m* cortado; **black ~** café *m* solo, tinto *m* (*Col*); (*large*) café *m* americano; **two white ~s, please** dos cafés con leche, por favor
(B) CPD ► **coffee bar** N café *m*, cafetería *f* ► **coffee bean** N grano *m* de café ► **coffee break** N descanso *m* (para tomar café) ► **coffee cake** N (*Brit*) pastel *m* de café ► **coffee cup** N taza *f* para café, tacita *f*, pocillo *m* (*LAm*) ► **coffee filter** N filtro *m* de café ► **coffee grounds** NPL poso *msing* de café ► **coffee house** N café *m* ► **coffee machine** N (*small*) máquina *f* de café, cafetera *f*; (= *vending machine*) máquina *f* expendedora de café ► **coffee maker** N máquina *f* de hacer café, cafetera *f* ► **coffee mill** N molinillo *m* de café ► **coffee morning** N tertulia *f* formada para tomar el café por la mañana ► **coffee percolator** N = **coffee maker** ► **coffee plantation** N cafetal *m* ► **coffee service**, **coffee set** N servicio *m* de café ► **coffee shop** N café *m* ► **coffee spoon** N cucharilla *f* de café ► **coffee table** N mesita *f* para servir el café ► **coffee whitener** N leche *f* en polvo

**coffee-coloured**, **coffee-colored** (*US*) ['kɒfɪˌkʌləd] ADJ (de) color café

**coffeepot** ['kɒfɪpɒt] N cafetera *f*

**coffee-table book** ['kɒfɪteɪblˌbʊk] N libro *m* de gran formato (*bello e impresionante*)

**coffer** ['kɒfəʳ] N [1] (= *chest*) cofre *m*, arca *f*; **coffers** (*fig*) tesoro *msing*, fondos *mpl*
[2] (*Archit*) (= *sunken panel*) artesón *m*
[3] = **cofferdam**

**cofferdam** ['kɒfədæm] N ataguía *f*

**coffin** ['kɒfɪn] N ataúd *m*

**C of I** [ˌsiːəv'aɪ] N ABBR = **Church of Ireland**

**co-founder** [ˌkəʊ'faʊndəʳ] N cofundador(a) *m/f*

**C of S** [ˌsiːəv'es] N ABBR [1] (*Rel*) = **Church of Scotland**
[2] (*Mil*) = **Chief of Staff**

**cog** [kɒg] N diente *m* (de rueda dentada); **✦IDIOM just a ~ in the wheel** una pieza del mecanismo, nada más

**cogency** ['kəʊdʒənsɪ] N convicción *f*, contundencia *f*

**cogent** ['kəʊdʒənt] ADJ convincente, contundente

**cogently** ['kəʊdʒəntlɪ] ADV de modo convincente, de forma contundente

**cogitate** ['kɒdʒɪteɪt] VI meditar, reflexionar

**cogitation** [ˌkɒdʒɪ'teɪʃən] N meditación *f*, reflexión *f*

**cognac** ['kɒnjæk] N coñac *m*

**cognate** ['kɒgneɪt] (A) ADJ cognado (**with** con), afín
(B) N cognado *m*

**cognition** [kɒg'nɪʃən] N cognición *f*

**cognitive** ['kɒgnɪtɪv] ADJ cognitivo, cognoscitivo; **~ modelling** modelización *f* cognoscitiva

**cognizance** ['kɒgnɪzəns] N conocimiento *m*; **to be within one's ~** ser de la competencia de uno; **to take ~ of** tener en cuenta

**cognizant** ['kɒgnɪzənt] ADJ **to be ~ of** saber, estar enterado de

**cognomen** [kɒg'nəʊmen] N (*frm*) (*pl* **cognomens** *or* **cognomina**) (= *surname*) apellido *m*; (= *nickname*) apodo *m*

**cognoscenti** [ˌkɒnəʊ'ʃentɪ] NPL expertos *mpl*, peritos *mpl*

**cogwheel** ['kɒgwiːl] N rueda *f* dentada

**cohabit** [kəʊ'hæbɪt] VI cohabitar (**with sb** con algn)

**cohabitation** [ˌkəʊhæbɪ'teɪʃən] N cohabitación *f*

**cohere** [kəʊ'hɪəʳ] VI adherirse, pegarse; [*ideas*] formar un conjunto sólido, ser consecuentes

**coherence** [kəʊ'hɪərəns] N coherencia *f*

**coherent** [kəʊ'hɪərənt] ADJ [*person, theory, argument, behaviour*] coherente, congruente; [*account, speech*] coherente; **incapable of ~ speech** incapaz de hablar coherentemente

**coherently** [kəʊ'hɪərəntlɪ] ADV [*think, speak, argue, act*] coherentemente, de manera coherente, con coherencia; [*behave*] coherentemente, de manera coherente

**cohesion** [kəʊ'hiːʒən] N cohesión *f*

**cohesive** [kəʊ'hiːsɪv] ADJ (*fig*) cohesivo, unido

**cohesiveness** [kəʊ'hiːsɪvnɪs] N cohesión *f*

**cohort** ['kəʊhɔːt] N cohorte *f*

**COHSE** ['kəʊzɪ] N ABBR (*Brit*) (*formerly*) = **Confederation of Health Service Employees**

**COI** N ABBR (*Brit*) = **Central Office of Information**

**coif** [kɔɪf] N cofia *f*

**coiffed** ['kwɑːft] ADJ (*frm*) peinado

**coiffeur** [kwɒ'fɜːʳ] N peluquero *m*

**coiffure** [kwɒ'fjʊəʳ] N peinado *m*

**coiffured** [kwɒ'fjʊəd] ADJ (*frm*) peinado

**coil** [kɔɪl] (A) N [1] (= *roll*) rollo *m*; (= *single loop*) vuelta *f*; [*of hair*] rizo *m*; [*of snake*] anillo *m*; [*of smoke*] espiral *f*
[2] (*Aut, Elec*) bobina *f*, carrete *m*
[3] (= *contraceptive*) espiral *f*, DIU *m*
(B) VT arrollar, enrollar; **to ~ sth up** enrollar algo; **to ~ sth round sth** enrollar algo alrededor de algo
(C) VI [1] [*snake*] enroscarse; **to ~ up (into a ball)** hacerse un ovillo; **to ~ round sth** enroscarse alrededor de algo
[2] [*smoke*] subir en espiral

**coiled** [kɔɪld] ADJ arrollado, enrollado

**coin** [kɔɪn] (A) N moneda *f*; **a 20p ~** una moneda de 20 peniques; **to toss a ~** echar una moneda al aire, jugárselo a cara o cruz; **to pay sb back in his own ~** pagar a algn en *or* con la misma moneda
(B) VT [+ *money*] acuñar; (*fig*) [+ *word*] inventar, acuñar; **he must be ~ing money*** debe de estar haciéndose de oro; **to ~ a phrase** (*hum*) para decirlo así, si me permite la frase

**coinage** ['kɔɪnɪdʒ] N (= *system*) moneda *f*, sistema *m* monetario; (= *act*) acuñación *f*; (*fig*) [*of word*] invención *f*

**coinbox** ['kɔɪnbɒks] N (*Telec*) depósito *m* de monedas

**coincide** [ˌkəʊɪn'saɪd] VI [1] (= *happen at same time*) coincidir; **to ~ with** coincidir con
[2] (= *agree*) estar de acuerdo; **to ~ with** estar de acuerdo con

**coincidence** [kəʊ'ɪnsɪdəns] N coincidencia *f*, casualidad *f*; **what a ~!** ¡qué coincidencia!, ¡qué casualidad!

**coincident** [kəʊ'ɪnsɪdənt] ADJ [1] (= *simultaneous*) [*events*] coincidente; **~ with her marriage …** al mismo tiempo que su boda …
[2] (= *identical*) [*ideas, opinions*] coincidente; **to be ~ with** coincidir con

**coincidental** [kəʊˌɪnsɪ'dentl] ADJ [1] (= *by chance*) fortuito, casual
[2] (= *simultaneous*) coincidente

**coincidentally** [ˌkəʊɪnsɪ'dentəlɪ] ADV por casualidad, casualmente; **not ~, we arrived at the same time** no es una casualidad que llegáramos al mismo tiempo

**coin-op*** ['kɔɪnˌɒp] N ABBR (= **coin-operated laundry**) *lavandería que funciona con monedas*

**coin-operated** ['kɔɪn'ɒpəreɪtɪd] ADJ [*machine, laundry*] que funciona con monedas

**coinsurance** [ˌkəʊɪnˈʃʊərəns] N coaseguro *m*, seguro *m* copartícipe

**coinsurer** [ˌkəʊɪnˈʃʊərəʳ] N coasegurador(a) *m/f*

**coital** [ˈkɔɪtəl] ADJ (*frm*) coital; *see also* **post-coital**

**coitus** [ˈkɔɪtəs] N coito *m*; **~ interruptus** coitus *m* interruptus

**Coke®** [kəʊk] N Coca-Cola® *f*

**coke** [kəʊk] N 1 (= *fuel*) coque *m*
2 (*) (= *cocaine*) coca *f*

**Col** ABBR 1 (*Mil*) (= **Colonel**) Cnel., Cor.; **~. T. Richard** (*on envelope*) Cnel. T. Richard, Cor. T. Richard
2 (*US*) = **Colorado**

**col.** ABBR 1 (= **column**) col, col.[a]
2 = **colour**

**COLA** [ˈkəʊlə] N ABBR (*US Fin*) = **cost-of-living adjustment**

**colander** [ˈkʌləndəʳ] N colador *m*, escurridor *m*

**cold** [kəʊld] Ⓐ ADJ (*compar* **colder**; *superl* **coldest**) 1 (= *lacking heat*) frío; **a ~ buffet** un buffet frío; **to be ~** [*person*] tener frío; [*thing*] estar frío; **I'm ~** tengo frío; **my hands are ~** tengo las manos frías; **it was ~** ◊ **the weather was ~** hacía frío; **the house was ~** la casa estaba fría, en la casa hacía frío; **to get ~** [*food, coffee*] enfriarse; **your dinner's getting ~** se te está enfriando la cena; **the nights are getting ~er** está haciendo más frío por las noches; **I'm getting ~** me está entrando frío; **no, no, you're getting ~er** (*in game*) no, no, cada vez más frío; **to go ~**: **your coffee's going ~** se te está enfriando el café; **I went ~ at the very thought** sólo de pensarlo me entraron escalofríos; **the trail went ~ in Athens** las huellas desaparecieron en Atenas; ✦***IDIOM*** **to pour** *or* **throw ~ water on** *or* **over sth** poner pegas *or* trabas a algo; *see also* **comfort A1**, **foot A1**
2 (= *hostile*) [*look, voice, person*] frío; **to get** *or* **receive a ~ reception** [*person*] tener un recibimiento frío; [*proposal*] tener una acogida fría; **to give sb a ~ reception** recibir a algn con frialdad; **to give sth a ~ reception** acoger algo con frialdad; **the proposal was given a ~ reception by the banks** los bancos acogieron la propuesta con frialdad; **to be ~ to** *or* **with sb** mostrarse frío con algn
3 (*) (= *indifferent*) ✦***IDIOM*** **to leave sb ~** dejar frío a algn; **his music leaves me ~** su música me deja frío
4 (= *dispassionate*) **he approached everything with ~ logic** lo enfocaba todo con fría lógica; **the ~ facts** la cruda realidad; *see also* **blood A1**, **light¹ A1**
5 [*colour, light*] frío
6 **from ~** en frío; **I can't sing it from ~** no puedo cantarlo en frío
7 (= *unconscious*) *see also* **out A15**
Ⓑ N 1 (= *cold weather*) frío *m*; **her hands were blue with ~** tenía las manos moradas del frío; **come in out of the ~!** ¡entra, que hace frío!; **to feel the ~** ser friolento *or* (*Sp*) friolero; ✦***IDIOM*** **to leave sb out in the ~** (*fig*) dejar a algn al margen, dar a algn a un lado; **she felt left out in the ~** sintió que la habían dejado al margen *or* dado de lado
2 (*Med*) resfriado *m*, catarro *m*, constipado *m*, resfrío *m* (*LAm*); **I've got a ~** estoy resfriado *or* acatarrado *or* constipado; **to catch a ~** resfriarse, constiparse; **to have a chest ~** tener el pecho congestionado *or* cargado; **you'll catch your death of ~*** vas a pillar un resfriado de muerte; **to get a ~** resfriarse, constiparse; **to give sb a/one's ~** contagiar *or* pegar un/el resfriado a algn; **to have a head ~** estar resfriado *or* constipado
Ⓒ ADV 1 (= *abruptly*) **she turned him down ~** lo rechazó rotundamente; **he stopped ~ in his tracks** se paró en seco
2 (= *without preparation*) **he played his part ~** representó su papel en frío *or* sin haberse preparado de antemano; **to come to sth ~** llegar a algo frío *or* sin preparación
Ⓓ CPD ► **cold calling** N venta *f* en frío ► **cold cream** N crema *f* hidratante ► **cold cuts** NPL (*US*) = **cold meats** ► **cold fish** N (*fig*) persona *f* seca ► **cold frame** N vivero *m* para plantas ► **cold front** N (*Met*) frente *m* frío ► **cold meats** NPL fiambres *fpl*, embutidos *mpl* ► **cold snap** N ola *f* de frío ► **cold sore** N herpes *m inv* labial, pupa* *f* ► **cold start** N (*Aut*) arranque *m* en frío ► **cold storage** N conservación *f* en cámaras frigoríficas; **to put sth into ~ storage** [+ *food*] refrigerar algo; (*) (*fig*) [+ *project*] aparcar algo* ► **cold store** N cámara *f* frigorífica ► **cold sweat** N sudor *m* frío; **he broke into a ~ sweat** le entró un sudor frío ► **cold turkey*** N mono* *m*, síndrome *m* de abstinencia; **to go ~ turkey** dejar la droga en seco; **he quit smoking ~ turkey** dejó de fumar a base de aguantarse el mono* ► **cold war** N guerra *f* fría

**cold-blooded** [ˈkəʊldˈblʌdɪd] ADJ (*Zool*) de sangre fría; (*fig*) desalmado, despiadado

**cold-bloodedly** [ˈkəʊldˈblʌdɪdlɪ] ADV a sangre fría

**cold-hearted** [ˈkəʊldˈhɑːtɪd] ADJ insensible, cruel

**coldly** [ˈkəʊldlɪ] ADV (*fig*) fríamente, con frialdad

**coldness** [ˈkəʊldnɪs] N 1 (*lit*) (= *lack of heat*) frío *m*
2 (*fig*) (= *hostility*) frialdad *f*

**cold-shoulder** [ˈkəʊldˈʃəʊldəʳ] VT (*rebuff*) volver la espalda a

**coleslaw** [ˈkəʊlslɔː] N *ensalada de col, zanahoria, cebolla y mayonesa*

**coley** [ˈkəʊlɪ] N abadejo *m*

**colic** [ˈkɒlɪk] N (*esp of horses, children*) cólico *m*

**colicky** [ˈkɒlɪkɪ] ADJ [*baby*] que padece de cólicos; [*pain*] de cólico; **to be ~** tener un cólico

**Coliseum** [ˌkɒlɪˈsiːəm] N Coliseo *m*

**colitis** [kɒˈlaɪtɪs] N colitis *f*

**collaborate** [kəˈlæbəreɪt] VI (*also Pol*) colaborar; **to ~ on sth/in doing sth** colaborar en algo; **to ~ with sb** colaborar con algn

**collaboration** [kəˌlæbəˈreɪʃən] N colaboración *f*; (*Pol*) colaboracionismo *m*; **in ~** en colaboración (**with** con)

**collaborationist** [kəˈlæbəˈreɪʃənɪst] ADJ colaboracionista

**collaborative** [kəˈlæbərətɪv] ADJ **by a ~ effort** por un esfuerzo común, ayudándose unos a otros; **it's a ~ work** es un trabajo de colaboración

**collaboratively** [kəˈlæbərətɪvlɪ] ADV en colaboración

**collaborator** [kəˈlæbəreɪtəʳ] N colaborador(a) *m/f*; (*Pol*) colaboracionista *mf*

**collage** [kɒˈlɑːʒ] N collage *m*

**collagen** [ˈkɒlədʒən] N colágeno *m*

**collapse** [kəˈlæps] Ⓐ N (*Med*) colapso *m*; [*of building, roof, floor*] hundimiento *m*, desplome *m*; [*of government*] caída *f*; [*of plans, scheme*] fracaso *m*; (*financial*) ruina *f*; [*of civilization, society*] ocaso *m*; (*Comm*) [*of business*] quiebra *f*; [*of prices*] hundimiento *m*, caída *f*
Ⓑ VI 1 [*person*] (*Med*) sufrir un colapso; (*with laughter*) morirse (de risa); [*building, roof, floor*] hundirse, desplomarse; [*civilization, society*] desaparecer, extinguirse; [*government*] caer; [*scheme*] fracasar; [*business*] quebrar; [*prices*] hundirse, bajar repentinamente; **the bridge ~d during the storm** el puente se vino abajo durante la tormenta; **the deal ~d** el negocio fracasó; **the company ~d** la compañía quebró *or* se hundió
2 (= *fold down*) plegarse, doblarse

**collapsible** [kəˈlæpsəbl] ADJ plegable

**collar** [ˈkɒləʳ] Ⓐ N 1 [*of coat, shirt*] cuello *m*; ✦***IDIOM*** **to get hot under the ~** sulfurarse
2 (= *necklace*) collar *m*
3 (*for dog*) collar *m*
4 (*Med*) collarín *m*
5 (*Tech*) (*on pipe etc*) collar *m*
Ⓑ VT (*) [+ *person*] abordar, acorralar; [+ *object*] (= *get for o.s.*) apropiarse
Ⓒ N ► **collar button** N (*US*) = **collarstud** ► **collar size** N medida *f* del cuello

**collarbone** [ˈkɒləbəʊn] N clavícula *f*

**collarstud** [ˈkɒləstʌd] N (*Brit*) botón *m* de camisa

**collate** [kɒˈleɪt] VT cotejar

**collateral** [kɒˈlætərəl] Ⓐ N 1 (*Fin*) garantía *f* subsidiaria
2 (= *person*) colateral *mf*
Ⓑ CPD ► **collateral loan** N préstamo *m* colateral ► **collateral security** N garantía *f* colateral

**collation** [kəˈleɪʃən] N 1 [*of texts*] cotejo *m*
2 (= *meal*) colación *f*

**colleague** [ˈkɒliːg] N colega *mf*

**collect** [kəˈlekt] Ⓐ VT 1 (= *assemble*) reunir, juntar; [+ *facts, documents*] recopilar, reunir; (= *collect in*) recoger; **the teacher ~ed the exercise books** el maestro recogió los cuadernos; **to ~ o.s.** *or* **one's thoughts** (*fig*) reponerse, recobrar el dominio de uno mismo
2 (*as hobby*) [+ *stamps, valuables*] coleccionar
3 (= *call for, pick up*) [+ *person*] recoger, pasar por (*LAm*); [+ *post, rubbish*] recoger; [+ *books*] coger, recoger; [+ *subscriptions, rent*] cobrar; [+ *taxes*] recaudar; [+ *ticket*] recoger; **I'll ~ you at eight** vengo a recogerte a las ocho; **their mother ~s them from school** su madre los recoge del colegio, su madre los pasa a buscar por el colegio; **I'll go and ~ the mail** voy por el correo
4 (= *gather*) [+ *dust, water*] acumular, retener
Ⓑ VI 1 (= *gather*) [*people*] reunirse, congregarse; [*water*] estancarse; [*dust*] acumularse
2 (= *collect money*) hacer una colecta; **I'm ~ing for UNICEF** estoy haciendo una colecta para la UNICEF; **to ~ for charity** recaudar *or* recolectar fondos con fines benéficos
3 (= *pick up*) **~ on delivery** (*US*) contra reembolso
Ⓒ ADV **to call ~** (*US Telec*) llamar a cobro revertido
Ⓓ CPD ► **collect call** N (*US*) llamada *f* a cobro revertido

**collectable** [kəˈlektəbl] N coleccionable *m*

**collected** [kəˈlektɪd] ADJ 1 (= *cool*) sosegado, tranquilo
2 (= *compiled*) **the ~ works of Shakespeare** las obras completas de Shakespeare

**collectible** [kəˈlektəbl] N coleccionable *m*

**collecting** [kəˈlektɪŋ] Ⓐ N coleccionismo *m*, el coleccionar
Ⓑ CPD ► **collecting box**, **collecting tin** N bote *m* de cuestación, lata *f* petitoria

**collection** [kəˈlekʃən] Ⓐ N 1 (= *act of collecting*) [*of post, rubbish*] recogida *f*; [*of taxes*] recaudación *f*; **to await ~** estar listo para ser recogido
2 (= *things collected*) [*of pictures, stamps*] co-

lección *f*; (*pej*) montón *m*; **my CD ~** mi colección de CDs

3 (= *money*) colecta *f*; **a ~ for charity** una colecta para obras benéficas; **to make a ~ for** hacer una colecta a beneficio de

4 (= *group of people*) grupo *m*

Ⓑ CPD ► **collection charges** NPL (*Fin, Comm*) gastos *mpl* de recogida ► **collection plate** N cepillo *m*, platillo *m*

**collective** [kəˈlektɪv] Ⓐ N 1 (= *co-operative*) colectivo *m*

2 (*also* **~ noun**) (*Ling*) colectivo *m*

Ⓑ ADJ colectivo

Ⓒ CPD ► **collective bargaining** N negociación *f* del convenio colectivo ► **collective farm** N granja *f* colectiva ► **collective noun** N sustantivo *m* colectivo, nombre *m* colectivo ► **collective ownership** N propiedad *f* colectiva ► **collective security** N seguridad *f* colectiva ► **collective unconscious** N subconsciente *m* colectivo

**collectively** [kəˈlektɪvlɪ] ADV colectivamente

**collectivism** [kəˈlektɪvɪzəm] N colectivismo *m*

**collectivist** [kəˈlektɪvɪst] ADJ colectivista

**collectivization** [kəˌlektɪvaɪˈzeɪʃən] N colectivización *f*

**collectivize** [kəˈlektɪvaɪz] VT colectivizar

**collector** [kəˈlektəʳ] N [*of taxes*] recaudador(a) *m/f*; [*of stamps*] coleccionista *mf*; **~'s item** *or* **piece** pieza *f* de coleccionista; *see also* **ticket C**

**colleen** [ˈkɒliːn] N (*Irl*) muchacha *f*

**college** [ˈkɒlɪdʒ] N (= *part of university*) colegio *m* universitario, escuela *f* universitaria; (*US*) [*of university*] ≈ facultad *f*; [*of agriculture, technology*] escuela *f*; [*of music*] conservatorio *m*; (= *body*) colegio *m*; **College of Advanced Technology** (*Brit*) politécnico *m*; **College of Further Education** Escuela de Formación Profesional; **to go to ~** seguir estudios superiores

**COLLEGE**

*En el Reino Unido* **college** *es un término que designa a cualquier institución de estudios no primarios. Puede hacer referencia a centros que otorgan un título de licenciado en materias específicas, como arte o música, o a centros de formación profesional. Además algunas universidades como Oxford y Cambridge se componen de* **colleges** *en los que los estudiantes tienen también alojamiento.*

*En la universidad estadounidense, un* **college** *es normalmente una división administrativa, semejante a una facultad, como por ejemplo* **College of Arts and Science** *o* **College of Medicine**. *En ellos se pueden estudiar carreras de cuatro años tras las que se obtiene el título de* **bachelor's degree**. *Los cursos de postgrado se imparten en* **graduate schools**. *Por otra parte, en los centros denominados* **junior colleges** *o* **community colleges** *se otorga un diploma llamado* **associate degree** *después de dos años de estudio y también se imparten clases de formación profesional a gente que está ya trabajando.*

⇨ *Ver tb* DEGREE

**collegiate** [kəˈliːdʒɪɪt] ADJ 1 (*Rel*) colegial, colegiado; **~ church** iglesia *f* colegial

2 (*Univ*) que tiene colegios, organizado a base de colegios

**collide** [kəˈlaɪd] VI **to ~ (with)** (*lit, fig*) chocar (con), colisionar (con)

**collie** [ˈkɒlɪ] N perro *m* pastor escocés, collie *m*

**collier** [ˈkɒlɪəʳ] N 1 (= *miner*) minero *m* (de carbón)

2 (= *ship*) barco *m* carbonero

**colliery** [ˈkɒlɪərɪ] N (*Brit*) mina *f* de carbón

**collision** [kəˈlɪʒən] Ⓐ N choque *m*, colisión *f*; **to come into ~ with** chocar con, colisionar con

Ⓑ CPD ► **collision course** N **to be on a ~ course** (*fig*) ir camino del enfrentamiento

**collocate** [ˈkɒləkət] (*Ling*) Ⓐ N colocador *m*

Ⓑ VI [ˈkɒləkeɪt] **to ~ with** colocarse con

**collocation** [ˌkɒləˈkeɪʃən] N colocación *f*

**colloquia** [kəˈləʊkwɪə] NPL *of* **colloquium**

**colloquial** [kəˈləʊkwɪəl] ADJ coloquial, familiar

**colloquialism** [kəˈləʊkwɪəlɪzəm] N (= *word*) palabra *f* familiar; (= *expression*) expresión *f* familiar; (= *style*) estilo *m* familiar

**colloquially** [kəˈləʊkwɪəlɪ] ADV coloquialmente

**colloquium** [kəˈləʊkwɪəm] N (*pl* **colloquiums** *or* **colloquia**) coloquio *m*

**colloquy** [ˈkɒləkwɪ] N coloquio *m*

**collude** [kəˈluːd] VI confabularse (**with** con)

**collusion** [kəˈluːʒən] N confabulación *f*, connivencia *f*; **to be in ~ with** confabular *or* conspirar con

**collusive** [kəˈluːsɪv] ADJ (*frm*) [*behaviour*] colusivo, connivente

**collywobbles*** [ˈkɒlɪˌwɒblz] N (*fig*) nerviosismo *m*, ataque *m* de nervios

**Colo.** ABBR (*US*) = **Colorado**

**Cologne** [kəˈləʊn] N Colonia *f*

**cologne** [kəˈləʊn] N (*also* **eau de ~**) agua *f* de colonia, colonia *f*

**Colombia** [kəˈlɒmbɪə] N Colombia *f*

**Colombian** [kəˈlɒmbɪən] Ⓐ ADJ colombiano

Ⓑ N colombiano/a *m/f*

**colon**[1] [ˈkəʊlən] N (*pl* **colons** *or* **cola**) (*Anat*) colon *m*

**colon**[2] [ˈkəʊlən] N (*pl* **colons**) (*Typ*) dos puntos *mpl*

**colonel** [ˈkɜːnl] N coronel *m*

**colonial** [kəˈləʊnɪəl] Ⓐ ADJ colonial; **the ~ power** el poder colonizador

Ⓑ N colono *m*

**colonialism** [kəˈləʊnɪəlɪzəm] N colonialismo *m*

**colonialist** [kəˈləʊnɪəlɪst] N colonialista *mf*

**colonic** [kəʊˈlɒnɪk] Ⓐ ADJ de colon

Ⓑ CPD ► **colonic irrigation** N lavado *m* de colon

**colonist** [ˈkɒlənɪst] N (= *pioneer*) colonizador(a) *m/f*; (= *inhabitant*) colono *m*

**colonization** [ˌkɒlənaɪˈzeɪʃən] N colonización *f*

**colonize** [ˈkɒlənaɪz] VT colonizar

**colonnade** [ˌkɒləˈneɪd] N columnata *f*, galería *f*

**colony** [ˈkɒlənɪ] N (*pl* **colonies**) colonia *f*

**colophon** [ˈkɒləfən] N colofón *m*, pie *m* de imprenta

**color** *etc* [ˈkʌləʳ] N, VT, VI (*US*) = **colour** *etc*

**Colorado beetle** [ˌkɒləˌrɑːdəʊˈbiːtl] N escarabajo *m* de la patata, dorífora *f*

**colorant** [ˈkʌlərənt] N (*US*) = **colourant**

**coloration** [ˌkʌləˈreɪʃən] N colorido *m*, colores *mpl*, coloración *f*

**coloratura** [ˌkɒlərəˈtʊərə] N 1 (= *passage*) coloratura *f*

2 (= *singer*) soprano *f* de coloratura

**colorcast** [ˈkʌləkɑːst] (*US*) Ⓐ N programa *m* de TV en color

Ⓑ VT transmitir en color

**colossal** [kəˈlɒsl] ADJ colosal, descomunal

**colossally** [kəˈlɒsəlɪ] ADV colosalmente, descomunalmente

**colossus** [kəˈlɒsəs] N (*pl* **colossi** *or* **colossuses**) coloso *m*

**colostomy** [kəˈlɒstəmɪ] N colostomía *f*

**colostrum** [kəˈlɒstrəm] N colostro *m*, calostro *m*

**colour, color** (*US*) [ˈkʌləʳ] Ⓐ N 1 (= *shade*) color *m*; **what ~ is it?** ¿de qué color es?; **they come in different ~s** los hay de varios colores; **to change ~** cambiar *or* mudar de color; **it was green in ~** era de color verde; **as time goes by my memories take on a different ~** (*fig*) con el paso de los años mis recuerdos van tomando otro color; ✦*IDIOM* **let's see the ~ of your money!** (*hum*) ¡a ver la pasta!*

2 (= *colourfulness*) color *m*; **splashes of ~** salpicones *fpl or* notas *fpl* de color; **what this room needs is a touch of ~** lo que este cuarto necesita es un toque de color; **in ~** (*TV, Cine*) en color

3 (= *dye, paint, pigment*) color *m*; **the latest lip and eye ~s** los últimos colores para labios y ojos

4 (= *complexion*) color *m*; **the ~ drained from his face** palideció, se le fue el color de la cara; **the ~ rose to her face** se le subieron los colores; **to put the ~ back in sb's cheeks** devolverle el color *or* los colores a algn; ✦*IDIOM* **to be off ~** estar indispuesto

5 (= *race*) color *m*; **people of ~** (*US*) personas *fpl* de color

6 **colours** [*of country, team*] colores *mpl*; (= *flag*) bandera *f*; (*Mil*) estandarte *m*; **the Hungarian national ~s** los colores húngaros; (= *flag*) la bandera húngara; **to salute the ~s** saludar a la bandera; **the battalion's ~s** el estandarte del batallón; **he was wearing the team's ~s** vestía los colores del equipo; ✦*IDIOMS* **with flying ~s**: **she passed her exams with flying ~s** aprobó los exámenes con unas notas excelentes; **he has come out of all the tests with flying ~s** ha salido airoso de todas las pruebas; **to nail one's ~s to the mast**: **he nailed his ~s to the mast** hizo constar sus opiniones; **to show one's true ~s** ◊ **show o.s. in one's true ~s** demostrar cómo se es de verdad; *see also* **flying A**

7 (= *authenticity, vividness*) color *m*, colorido *m*; **an article full of local ~** un artículo lleno de colorido local

8 (= *pretext*) **under the ~ of ...** bajo la apariencia de ...

9 (*Mus*) (*also* **tone ~**) timbre *m*

Ⓑ VT 1 (= *apply colour to*) [+ *picture*] (*with paint*) pintar; (*with crayons*) colorear

2 (= *dye, tint*) teñir; **to ~ one's hair** teñirse *or* tintarse el pelo

3 (= *influence*) influir en; **his politics are ~ed by his upbringing** sus opiniones políticas están influenciadas por su educación; **you must not allow it to ~ your judgement** no debes permitir que influya en tu juicio

Ⓒ VI 1 (= *blush*) ponerse colorado, sonrojarse

2 (= *change colour*) tomar color; **fry the onion until it begins to ~** fría la cebolla hasta que empiece a coger color

3 (*with crayons*) [*child*] colorear

Ⓓ CPD [*film, photograph, slide*] en *or* (*LAm*) a color ► **colour bar** N barrera *f* racial ► **colour blindness** N daltonismo *m* ► **colour filter** N (*Phot*) filtro *m* de color ► **colour guard** N (*Mil*) portaestandarte *mf* ► **colour line** N barrera *f* de color ► **colour match** N coordinación *f* de colores ► **colour prejudice** N prejuicio *m* racial ► **colour scheme** N combinación *f* de colores ► **colour sergeant** N (*Mil*) sargento *mf* portaestandarte ► **colour supplement** N (*Journalism*) suplemento *m* a color ► **colour television** N televisión *f* en color, televisión *f* a color (*LAm*)

►**colour in** VT + ADV (*with crayons*) colorear; (*with paint*) pintar

**colourant**, **colorant** (*US*) ['kʌlərənt] N colorante *m*

**colour-blind**, **color-blind** (*US*) ['kʌləblaɪnd] ADJ daltónico

**colour-coded**, **color-coded** (*US*) ['kʌlə'kəʊdɪd] ADJ con código de colores

**coloured**, **colored** (*US*) ['kʌləd] Ⓐ ADJ [1] [*pencils, glass, chalk, beads*] de colores; **brightly ~ silks** sedas *fpl* de colores vivos
[2] (= *biased*) parcial; **a highly ~ tale** una historia de lo más parcial
[3] (†) (= *black*) [*person*] de color
Ⓑ N [1] (†) (= *black*) persona *f* de color
[2] (*in South Africa*) *persona de padres racialmente mixtos*
[3] **coloureds** (= *clothes*) ropa *fsing* de color

**-coloured**, **-colored** (*US*) [,kʌləd] ADJ (*ending in compounds*) **rust-coloured** de color de herrumbre, color herrumbre; **gold-coloured** (de color) dorado; **straw-coloured** (de) color paja; **coffee-coloured** (de) color café

**colourfast**, **colorfast** (*US*) ['kʌləfɑːst] ADJ no desteñible

**colourful**, **colorful** (*US*) ['kʌləfəl] ADJ [1] (= *bright*) [*display, image*] lleno de color, lleno de colorido; [*procession*] lleno de colorido; [*clothes, design, pattern*] de colores vivos; **a bunch of ~ flowers** un ramo de flores de vistosos colores
[2] (= *picturesque*) [*figure, character, story, history*] pintoresco; [*description, account, style*] colorista; [*scene*] vivo, animado; **her ~ past** (*euph*) su movidito pasado*
[3] (*euph*) (= *vulgar*) [*language*] subido de tono

**colourfully**, **colorfully** (*US*) ['kʌləfʊlɪ] ADV [1] (= *brightly*) [*decorated, painted*] con colores muy vivos; [*dressed*] de forma muy vistosa
[2] (= *in picturesque terms*) [*describe*] con mucho colorido; **he swore ~** utilizó expresiones muy subidas de tono

**colouring**, **coloring** (*US*) ['kʌlərɪŋ] Ⓐ N (*gen*) colorido *m*; (= *substance*) colorante *m*; (= *complexion*) tez *f*; **"no artificial colouring"** "sin colores artificiales"; **food ~** colorante *m*; **high ~** sonrojamiento *m*
Ⓑ CPD ► **colouring book** N libro *m* (con dibujos) para colorear

**colourist**, **colorist** (*US*) ['kʌlərɪst] N [1] (= *artist*) colorista *mf*
[2] (= *hairdresser*) *peluquero especializado en tintes*

**colourless**, **colorless** (*US*) ['kʌləlɪs] ADJ sin color, incoloro; (*fig*) (= *dull*) [*person*] soso; **a ~ liquid** un líquido transparente

**colourway** ['kʌləweɪ] N (*Brit*) combinación *f* de colores

**colt** [kəʊlt] N potro *m*

**coltish** ['kəʊltɪʃ] ADJ juguetón, retozón

**coltsfoot** ['kəʊltsfʊt] N (*pl* **coltsfoots**) uña *f* de caballo, fárfara *f*

**Columbia** [kə'lʌmbɪə] N **(District of) ~** (*US*) Distrito *m* de Columbia

**Columbine** ['kɒləmbaɪn] N Columbina

**columbine** ['kɒləmbaɪn] N aguileña *f*

**Columbus** [kə'lʌmbəs] Ⓐ N Colón
Ⓑ CPD ► **Columbus Day** N Día *m* de la Raza

**column** ['kɒləm] Ⓐ N (*gen*) columna *f*; (*in newspaper*) columna *f*, sección *f*; **fifth ~** quinta columna *f*; **spinal ~** (*Anat*) columna *f* vertebral
Ⓑ CPD ► **column inch** N **they gave the news only two ~ inches** dieron sólo dos pulgadas de columna a la noticia

**columnist** ['kɒləmnɪst] N columnista *mf*, articulista *mf*

**colza** ['kɒlzə] N colza *f*

**coma** ['kəʊmə] N coma *m*; **to be in a ~** estar en (estado de) coma

**comatose** ['kəʊmətəʊs] ADJ comatoso

**comb** [kəʊm] Ⓐ N [1] (*for hair*) peine *m*; (*ornamental*) peineta *f*; (*for horse*) almohaza *f*; **to run a ~ through one's hair** peinarse, pasarse un peine
[2] [*of fowl*] cresta *f*
[3] (= *honeycomb*) panal *m*
[4] (*Tech*) carda *f*
Ⓑ VT [1] [+ *hair*] peinar; **to ~ one's hair** peinarse
[2] (= *search*) [+ *countryside*] registrar a fondo, peinar; **we've been ~ing the town for you** te hemos buscado por toda la ciudad
[3] (*Tech*) [+ *wool*] cardar

►**comb out** VT + ADV [+ *hair*] desenmarañar; **they ~ed out the useless members of the staff** se deshicieron de los miembros del personal inútiles

**combat** ['kɒmbæt] Ⓐ N combate *m*
Ⓑ VT (*fig*) combatir, luchar contra
Ⓒ CPD ► **combat duty** N servicio *m* de frente ► **combat jacket** N guerrera *f* ► **combat troops** NPL tropas *fpl* de combate ► **combat zone** N zona *f* de combate

**combatant** ['kɒmbətənt] N combatiente *mf*

**combative** ['kɒmbətɪv] ADJ combativo

**combe** [kuːm] N = **coomb**

**combination** [,kɒmbɪ'neɪʃən] Ⓐ N [1] (*gen*) combinación *f*; (= *mixture*) mezcla *f*; **a ~ of circumstances** un conjunto *or* una combinación de circunstancias
[2] [*of safe*] combinación *f*
[3] **combinations** (= *undergarment*) combinación *f*
Ⓑ CPD ► **combination lock** N cerradura *f* de combinación

**combinatory** [,kɒmbɪ'neɪtərɪ] ADJ combinacional

**combine** [kəm'baɪn] Ⓐ VT **to ~ (with)** combinar (con); **the film ~s humour with suspense** la película combina el humor con el suspense; **to ~ business with pleasure** combinar los negocios con el placer; **expertise ~d with charm** la pericia combinada con la simpatía; **he ~s all the qualities of a leader** reúne todas las cualidades de un líder; **it's difficult to ~ a career with a family** es difícil compaginar la profesión con la vida familiar; **a ~d effort** un esfuerzo conjunto; **a ~d operation** (*Mil*) una operación conjunta
Ⓑ [kəm'baɪn] VI [1] (= *join together*) combinarse, unirse; **to ~ with** aunarse con; **to ~ against sth/sb** unirse en contra de algo/algn
[2] (*Chem*) **to ~ (with)** combinarse (con), mezclarse (con)
Ⓒ ['kɒmbaɪn] N [1] (*Comm*) asociación *f*
[2] (*also* **~ harvester**) cosechadora *f*
Ⓓ ['kɒmbaɪn] CPD ► **combine harvester** N cosechadora *f*

**combings** ['kəʊmɪŋz] NPL peinaduras *fpl*

**combo*** ['kɒmbəʊ] N (*pl* **combos**) [1] (*Mus*) grupo *m*, conjunto *m*
[2] (= *clothes*) conjunto *m*

**combs*** [kɒmz] NPL combinación *f*

**combustible** [kəm'bʌstɪbl] Ⓐ ADJ combustible
Ⓑ N combustible *m*

**combustion** [kəm'bʌstʃən] Ⓐ N combustión *f*; *see also* **internal**
Ⓑ CPD ► **combustion chamber** N cámara *f* de combustión

**come** [kʌm] (*pt* **came**; *pp* **come**) Ⓐ VI [1] (*gen*) venir; (= *arrive*) llegar; **we have ~ to help you** hemos venido a ayudarte; **when did he ~?** ¿cuándo llegó?; **they came late** llegaron tarde; **the letter came this morning** la carta llegó esta mañana; **(I'm) coming!** ¡voy!, ¡ya voy!; **he came running/dashing** *etc* **in** entró corriendo/volando *etc*; **the day/time will ~ when ...** ya llegará el día/la hora (en) que ...; **it will be two years ~ March** en marzo hará dos años; **a week ~ Monday** ocho días a partir del lunes; **we'll ~ after you** te seguiremos; **~ and see us soon** ven a vernos pronto; **it may ~ as a surprise to you ...** puede que te asombre *or* (*LAm*) extrañe ...; **it came as a shock to her** le afectó mucho; **to ~ for sth/sb** venir por *or* (*LAm*) pasar por algo/algn; **to ~ from** (= *stem from*) [*word, custom*] venir de, proceder de, provenir de; (= *originate from*) [*person*] ser de; **she has just ~ from London** acaba de venir *or* (*LAm*) regresar de Londres; **I ~ from Wigan** soy de Wigan; **where do you ~ from?** ¿de dónde eres?; **this necklace ~s from Spain** este collar es de España; **I don't know where you're coming from** (*US**) no alcanzo a comprender la base de tu argumento; **to ~ and go** ir y venir; **people were coming and going all day** la gente iba y venía todo el día; **the pain ~s and goes** el dolor va y viene; **the picture ~s and goes** (*TV*) un momento tenemos imagen y al siguiente no; **~ home** ven a casa; **it never came into my mind** no pasó siquiera por mi mente; **we came to a village** llegamos a un pueblo; **to ~ to a decision** llegar a una decisión; **the water only came to her waist** el agua le llegaba sólo hasta la cintura; **it came to me that there was a better way to do it** se me ocurrió que había otra forma mejor de hacerlo; **when it ~s to choosing, I prefer wine** si tengo que elegir, prefiero vino; **when it ~s to mathematics ...** en cuanto a *or* en lo que se refiere a las matemáticas ...; **when your turn ~s** cuando llegue tu turno; **they have ~ a long way** (*lit*) han venido desde muy lejos; (*fig*) han llegado muy lejos; **~ with me** ven conmigo
[2] (= *have its place*) venir; **May ~s before June** mayo viene antes de junio; **it ~s on the next page** viene en la pagina siguiente; **work ~s before pleasure** primero el trabajo, luego la diversión; **the adjective ~s before the noun** el adjetivo precede al sustantivo; **he came third** llego en tercer lugar
[3] (= *happen*) pasar, ocurrir; **recovery came slowly** la recuperación fue lenta; **how does this chair ~ to be broken?** ¿cómo es que esta silla está rota?; **how ~?*** ¿cómo es eso?, ¿cómo así?, ¿por qué?; **how ~ you don't know?*** ¿cómo es que no lo sabes?; **no good will ~ of it** de eso no saldrá nada bueno; **nothing came of it** todo quedó en nada; **that's what ~s of being careless** eso es lo que pasa *or* ocurre por la falta de cuidado; **no harm will ~ to him** no le pasará nada; **~ what may** pase lo que pase
[4] (= *be, become*) **I have ~ to like her** ha llegado a caerme bien; **I came to think it was all my fault** llegué a la conclusión de que era culpa mía; **now I ~ to think of it** ahora que lo pienso, pensándolo bien; **it came to pass that ...** (*liter*) aconteció que ...; **those shoes ~ in two colours** esos zapatos vienen en dos colores; **the button has ~ loose** el botón se

ha soltado; **it ~s naturally to him** lo hace sin esfuerzo, no le cuesta nada hacerlo; **it'll all ~ right in the end** al final, todo se arreglará; **my dreams came true** mis sueños se hicieron realidad

5 (‡) (= *have orgasm*) correrse (*Sp*‡), acabar (*LAm*‡)

6 (*in phrases*) **~ again?*** ¿cómo (dice)?; **he's as good as they ~** es bueno como él solo; **he's as stupid as they ~** es tonto de remate; **I like my tea just as it ~s** me gusta el té hecho de cualquier modo; **they don't ~ any better than that** mejores no los hay; **to ~ between two people** (= *interfere*) meterse *or* entrometerse entre dos personas; (= *separate*) separar a dos personas; **nothing can ~ between us** no hay nada que sea capaz de separarnos; **cars like that don't ~ cheap** los coches así no son baratos; **come, come!** ¡vamos!; **the new ruling ~s into force next year** la nueva ley entra en vigor el año que viene; **I don't know whether I'm coming or going** no sé lo que me hago; **he had it coming to him*** se lo tenía bien merecido; **if it ~s to it** llegado el caso; **oh, ~ now!** ¡vamos!; **I could see it coming** lo veía venir; **~ to that ...** si vamos a eso ...; **in (the) years to ~** en los años venideros

Ⓑ VT **don't ~ that game with me!*** ¡no me vengas con esos cuentos!; **that's coming it a bit strong** eso me parece algo exagerado, no es para tanto

►**come about** VI + ADV suceder, ocurrir; **how did this ~ about?** ¿cómo ha sido esto?

►**come across** Ⓐ VI + ADV 1 (= *make an impression*) **to ~ across well/badly** causar buena/mala impresión; **she ~s across as a nice girl** da la impresión de ser una chica simpática; **it didn't ~ across like that** no lo entendimos en ese sentido, no es ésa la impresión que nos produjo

2 (*US*) (= *keep one's word*) cumplir la palabra

Ⓑ VI + PREP (= *find*) dar con, topar con, encontrarse con; **I came across a dress that I hadn't worn for years** di con *or* me encontré un vestido que hacía años que no me ponía

►**come across with** VI + PREP [+ *money*] apoquinar*; **to ~ across with the information** soltar prenda

►**come along** VI + ADV 1 **~ along!** (*in friendly tone*) ¡vamos!, ¡venga!, ¡ándale! (*esp Mex*), ¡ándele! (*Mex*); (*impatiently*) ¡date prisa!, ¡apúrate! (*LAm*)

2 (= *accompany*) acompañar; **are you coming along?** ¿vienes?, ¿nos acompañas?; **you'll have to ~ along with me to the station** usted tendrá que acompañarme a la comisaría

3 (= *progress*) ir; **how is the book coming along?** ¿qué tal va el libro?; **it's coming along nicely** va bien

4 (= *arrive*) [*chance*] presentarse; **then who should ~ along but Alex** entonces se presentó nada más ni nada menos que Alex

►**come apart** VI + ADV deshacerse, caer en pedazos

►**come around** VI + ADV = **come round**

►**come at** VI + PREP 1 [+ *solution*] llegar a

2 (= *attack*) atacar, precipitarse sobre

►**come away** VI + ADV 1 (= *leave*) marcharse, salir; **~ away from there!** ¡sal *or* quítate de ahí!

2 (= *become detached*) separarse, desprenderse

►**come back** VI + ADV 1 (= *return*) volver, regresar (*LAm*); **my brother is coming back tomorrow** mi hermano vuelve mañana; **would you like to ~ back for a cup of tea?** ¿quieres volver a casa a tomar un té?; **to ~ back to what we were discussing ...** volviendo a lo anterior ...; **it all ~s back to money** todo viene a ser cuestión de dinero

2 (*) (= *reply*) **can I ~ back to you on that one?** ¿te importa si dejamos ese punto para mas tarde?; **when accused, he came back with a counter-accusation** cuando le acusaron, respondió con una contraacusación

3 (= *return to mind*) **it's all coming back to me** ahora sí me acuerdo

►**come before** VI + PREP (*Jur*) [*person*] comparecer ante; **his case came before the courts** su caso llegó a los tribunales

►**come by** Ⓐ VI + PREP (= *obtain*) conseguir, adquirir; **how did she ~ by that name?** ¿cómo adquirió ese nombre?

Ⓑ VI + ADV 1 (= *pass*) pasar; **could I ~ by please?** ¿me permite?, ¿se puede?

2 (= *visit*) visitar, entrar a ver; **next time you ~ by** la próxima vez que vengas por aquí

►**come down** Ⓐ VI + PREP bajar; **to ~ down the stairs** bajar las escaleras

Ⓑ VI + ADV 1 (= *descend*) [*person, prices, temperature*] bajar (**from** de; **to** a); [*rain*] caer; [*plane*] (= *land*) aterrizar; (= *crash*) estrellarse; **to ~ down in the world** venir a menos; **to ~ down hard on sb** ser duro con algn; **she came down on them like a ton of bricks** se les echó encima; **to ~ down against a policy** declararse en contra de una política; **so it ~s down to this** así que se reduce a esto; **if it ~s down to it, we'll have to move** si es necesario habrá que mudarse; **to ~ down on sb's side** tomar partido por algn; **if it ~s down heads** [*coin*] si sale cara

2 (= *be transmitted*) [*heirloom*] pasar; [*tradition*] ser transmitido

3 [*building*] (= *be demolished*) ser derribado/a; (= *fall down*) derrumbarse

►**come down with** VI + PREP 1 (= *become ill from*) caer enfermo de, enfermar de; **to ~ down with flu** caer enfermo *or* enfermar de gripe

2 (*) (= *pay out*) apoquinar

►**come forward** VI + ADV 1 (= *advance*) avanzar

2 (= *volunteer*) ofrecerse, presentarse; **to ~ forward with a suggestion** ofrecer una sugerencia

3 (= *respond*) responder

►**come in** VI + ADV [*person*] entrar; [*train, person in race*] llegar; [*tide*] crecer; **~ in!** ¡pase!, ¡entre!, ¡siga! (*LAm*); **the Tories came in at the last election** en las últimas elecciones, ganaron los conservadores; **where do I ~ in?** y yo ¿qué hago?, y yo ¿qué pinto?; **they have no money coming in** no tienen ingresos *or* (*LAm*) entradas; **he has £500 coming in each week** tiene ingresos *or* (*LAm*) entradas de 500 libras por semana; **he came in last** (*in race*) llegó el último; **it will ~ in handy** vendrá bien; **to ~ in for criticism/praise** ser objeto de críticas/elogios; **to ~ in on a deal** tomar parte en un negocio

►**come into** VI + PREP 1 (= *inherit*) [+ *legacy*] heredar; **he came into a fortune** heredó una fortuna, le correspondió una fortuna

2 (= *be involved in*) tener que ver con, ser parte de; **melons don't ~ into it** los melones no tienen que ver, los melones no hacen al caso

►**come of** VI + PREP **to ~ of a good family** ser de buena familia; *see also* **age A2**

►**come off** Ⓐ VI + ADV 1 [*button*] caerse; [*stain*] quitarse; **does this lid ~ off?** ¿se puede quitar esta tapa?

2 (= *take place, come to pass*) tener lugar, realizarse

3 (= *succeed*) tener éxito, dar resultados; **to ~ off well/badly** (= *turn out*) salir bien/mal

4 (= *acquit o.s.*) portarse; **to ~ off best** salir mejor parado, salir ganando

5 (*Theat*) **the play came off in January** la obra dejó de figurar en la cartelera en enero

Ⓑ VI + PREP 1 (= *separate from*) **she came off her bike** se cayó de la bicicleta; **the car came off the road** el coche se salió de la carretera; **the label came off the bottle** la etiqueta se desprendió de la botella; **~ off it!*** ¡vamos, anda!, ¡venga ya!; **I told him to ~ off it** le dije que dejase de hacer el tonto

2 (= *give up*) dejar; **it's time you came off the pill** es hora de dejar la píldora

►**come on** Ⓐ VI + ADV 1 **~ on!** (*expressing encouragement*) ¡vamos!, ¡venga!, ¡ándale! (*esp Mex*), ¡ándele! (*Mex*); (*urging haste*) ¡date prisa!, ¡apúrate! (*LAm*); (*expressing disbelief*) ¡venga ya!

2 (= *progress*) ir; [*plant*] crecer, desarrollarse; **how is the book coming on?** ¿qué tal va el libro?; **it's coming on nicely** va bien

3 (= *start*) empezar; **winter is coming on now** ya está empezando el invierno; **I feel a cold coming on** me está entrando un catarro; *see also* **come on to**

4 (*Theat*) salir a escena

5 [*light*] encenderse

6 (*US*) (*fig*) **he came on sincere** fingía ser sincero

Ⓑ VI + PREP = **come upon**

►**come on to** VI + PREP 1 (= *start discussing*) [+ *question, topic, issue*] pasar a; **I'll ~ on to that in a moment** ◊ **I'm coming on to that next** de eso hablaré en seguida

2 (*esp US**) (*sexually*) tirar los tejos a*, insinuarse a

►**come out** VI + ADV 1 (= *emerge*) [*person, object, sun, magazine*] salir (**of** de); [*qualities*] mostrarse; [*news*] divulgarse, difundirse; [*scandal*] descubrirse, salir a la luz; [*film*] estrenarse; **we came out of the cinema at ten** salimos del cine a las diez; **her book ~s out in May** su libro sale en mayo; **the idea came out of an experiment** la idea surgió a raíz de un experimento; **he came out of it with credit** salió con honor; *see also* **closet**

2 (= *open*) [*flower*] abrirse, florecer

3 (*into the open*) [*debutante*] ser presentada en sociedad, ponerse de largo; [*homosexual*] declararse; **to ~ out on strike** declararse en huelga; (*fig*) **to ~ out for/against sth** declararse en pro/en contra de algo

4 [*stain*] (= *be removed*) quitarse; [*dye*] (= *run*) desteñirse; **I don't think this stain will ~ out** no creo que esta mancha se vaya a quitar

5 (= *become covered with*) **he came out in a rash** le salió un sarpullido; **he came out in spots** le salieron granos; **I came out in a sweat** empecé a sudar, me cubrí de sudor

6 (*in conversation*) **to ~ out with a remark** salir con un comentario; **you never know what he's going to ~ out with next!*** ¡nunca se sabe por dónde va a salir!

7 (= *turn out*) salir; **it all came out right** todo salió bien; **none of my photos came out** no salió ninguna de mis fotos; **you always ~ out well in photos** siempre sales bien en las fotos; **it ~s out at £5 a head** sale a 5 libras por cabeza

►**come over** Ⓐ VI + ADV 1 (*lit*) venir, venirse; **they came over to England for a holiday** se vinieron a Inglaterra de vacaciones; **you'll soon ~ over to my way of thinking** (*fig*) ya me darás la razón

[2] (*) (= *feel suddenly*) ponerse; **she came over quite ill** se puso bastante mala; **he came over all shy** de repente le dió vergüenza; **I came over all dizzy** me mareé
[3] (= *give impression*) **how did he ~ over?** ¿qué impresión produjo?; **to ~ over well/badly** causar buena/mala impresión; **her speech came over very well** su discurso causó buena impresión; **to ~ over as** dar la impresión de ser, dar una imagen de
Ⓑ VI + PREP **I don't know what's ~ over him!** ¡no sé lo que le pasa!; **a feeling of weariness came over her** le invadió una sensación de cansancio; **a change came over him** se operó en él un cambio

►**come round** VI + ADV [1] (= *visit*) **~ round whenever you like** pasa por la casa cuando quieras; **he is coming round to see us tonight** viene a vernos *or* pasará a vernos esta noche
[2] (= *occur regularly*) llegar; **I shall be glad when payday ~s round** ya estoy esperando el día de pago
[3] (= *make detour*) dar un rodeo, desviarse; **I had to ~ round by the Post Office to post a letter** tuve que desviarme hasta Correos para echar una carta
[4] (= *change one's mind*) dejarse convencer; **she'll soon ~ round to my way of thinking** no tardará en darme la razón; **he came round to our view** adoptó nuestra opinión
[5] (= *throw off bad mood*) tranquilizarse, calmarse; (= *cheer up*) animarse; **leave him alone, he'll soon ~ round** déjalo en paz, ya se calmará
[6] (= *regain consciousness, esp after anaesthetic*) volver en sí; **he came round after about ten minutes** volvió en sí después de unos diez minutos

►**come through** Ⓐ VI + ADV [1] (= *survive*) sobrevivir; (= *recover*) recuperarse; **he's badly injured, but he'll ~ through all right** está malherido, pero se recuperará *or* se pondrá bien
[2] [*telephone call*] llegar; **the call came through from France at 10p.m.** a las 10 de la noche lograron comunicar desde Francia
Ⓑ VI + PREP [1] (= *survive*) [+ *war, danger*] sobrevivir; (*uninjured*) salir ileso/a de; [+ *illness*] recuperarse de
[2] (= *pass*) [+ *test*] superar

►**come through with** VI + PREP (*US*) = **come up with**

►**come to** Ⓐ VI + PREP [*amount*] ascender a, sumar; **how much does it ~ to?** ¿cuánto es en total?, ¿a cuánto asciende?; **it ~s to £15 altogether** en total son 15 libras; **so it ~s to this** así que viene a ser esto; **what are we coming to?** ¿adónde va a parar todo esto?
Ⓑ VI + ADV (= *regain consciousness, esp after accidental knock-out*) recobrar el conocimiento; **he came to in hospital** recobró el conocimiento en el hospital

►**come together** VI + ADV (= *assemble*) reunirse, juntarse; **great qualities ~ together in his work** en su obra se dan cita grandes cualidades; **it's all coming together now** [*project, plan*] parece que ya empieza a tomar forma

►**come under** VI + PREP **it ~s under the heading of vandalism** se puede clasificar de vandalismo; **he came under the teacher's influence** cayó bajo la influencia del profesor; **to ~ under attack** sufrir un ataque, verse atacado

►**come up** Ⓐ VI + ADV [1] (= *ascend*) [*person*] subir; [*sun*] salir; [*plant*] aparecer; **~ up here!** ¡sube aquí!; **he has ~ up in the world** ha subido mucho en la escala social
[2] (= *crop up*) [*difficulty*] surgir; [*matters for discussion*] plantearse, mencionarse; **something's ~ up so I'll be late home** ha surgido algo, así es que llegaré tarde a casa; **to ~ up for sale** ponerse a la venta
[3] (*Jur*) [*accused*] (= *appear in court*) comparecer; [*lawsuit*] (= *be heard*) oírse, presentarse; **to ~ up before the judge** comparecer ante el juez; **his case ~s up tomorrow** su proceso se verá mañana
[4] (*Univ*) matricularse; **he came up to Oxford last year** (*Brit*) se matriculó en la universidad de Oxford el año pasado
Ⓑ VI + PREP subir; **to ~ up the stairs** subir las escaleras

►**come up against** VI + PREP [+ *problem*] tropezar con; [+ *enemy*] tener que habérselas con; **she came up against complete opposition to her proposals** tropezó con una oposición total ante sus propuestas

►**come upon** VI + PREP (= *find*) [+ *object, person*] topar(se) con, encontrar

►**come up to** VI + PREP [1] (= *reach*) llegar hasta; **the water came up to my waist** el agua me llegaba hasta la cintura
[2] (= *approach*) acercarse a; **she came up to me and kissed me** se me acercó y me besó
[3] (*fig*) estar a la altura de, satisfacer; **it didn't ~ up to our expectations** no estuvo a la altura de lo que esperábamos; **the goods didn't ~ up to the required standard** la mercancía no satisfacía el nivel de calidad requerido; *see also* **scratch A3**

►**come up with** VI + PREP [1] (= *suggest, propose*) [+ *idea, plan*] proponer, sugerir; [+ *suggestion*] hacer; [+ *solution*] ofrecer, sugerir
[2] (= *find*) [+ *money*] encontrar; **eventually he came up with the money** por fin encontró el dinero

> **COME, GO**
>
> Although **come** and **venir** usually imply motion towards the speaker while **go** and **ir** imply motion away from them, there are some differences between the two languages. In English we sometimes describe movement as if from the other person's perspective. In Spanish, this is not the case.
>
> • For example when someone calls you:
> I'm coming
> ***Ya voy***
>
> • Making arrangements over the phone or in a letter:
> I'll come and pick you up at four
> ***Iré a recogerte a las cuatro***
> Can I come too?
> ***¿Puedo ir yo también?***
> Shall I come with you?
> ***¿Voy contigo?***
>
> • So, use **ir** rather than **venir** when going towards someone else or when joining them to go on somewhere else.
>
> • Compare:
> Are you coming with us? (*viewed from the speaker's perspective*)
> ***¿(Te) vienes con nosotros?***
>
> *For further uses and examples, see main entries at* ***come*** *and* ***go****.*

**comeback** ['kʌmbæk] N [1] (= *reaction*) (*usually adverse*) reacción *f*
[2] (*US*) (= *response*) réplica *f*; (*witty*) respuesta *f* aguda
[3] (= *return*) **to make a ~** (*Theat*) volver a las tablas; (*Cine*) volver a los platós; **he is making a ~ to professional football** está listo para volver al fútbol profesional; **butter has made a ~ in the British diet** la mantequilla ha recobrado su importancia en la dieta británica
[4] (= *redress*) **to have no ~** no poder pedir cuentas, no poder reclamar

**Comecon** ['kɒmɪkɒn] N ABBR (*formerly*) (= **Council for Mutual Economic Aid**) COMECON *m*

**comedian** [kə'mi:dɪən] N humorista *mf*, cómico/a *m/f*

**comedic** [kə'mi:dɪk] ADJ (*frm*) [*moment, performance*] cómico

**comedienne** [kə,mi:dɪ'en] N humorista *f*, cómica *f*

**comedown** ['kʌmdaʊn] N (= *humiliation*) humillación *f*; **the house is a bit of a ~ from the mansion she is used to** la casa representa un cierto bajón de nivel en comparación con la mansión a la que ha estado acostumbrada

**comedy** ['kɒmɪdɪ] Ⓐ N (*gen*) comedia *f*; (= *humour of situation*) comicidad *f*; **~ of manners** comedia *f* de costumbres
Ⓑ CPD ► **comedy show** N (*TV*) programa *m* de humor

**come-hither** ['kʌm'hɪðə^r] ADJ [*look*] insinuante, provocativo

**comeliness** ['kʌmlɪnɪs] N (*liter*) gracia *f*, encanto *m*, donaire† *m*

**comely** ['kʌmlɪ] ADJ (*compar* **comelier**; *superl* **comeliest**) (*liter*) lindo

**come-on*** ['kʌm,ɒn] N [1] (= *enticement*) insinuación *f*, invitación *f*; **to give sb the ~** insinuársele a algn
[2] (*Comm*) truco *m*, señuelo *m*

**comer** ['kʌmə^r] N **the first ~** el primero/la primera en llegar; **he has defended his title against all ~s** ha defendido su título contra todos los contendientes

**comestible** [kə'mestɪbl] ADJ (*frm*) comestible

**comestibles** [kə'mestɪblz] NPL (*frm*) comestibles *mpl*

**comet** ['kɒmɪt] N cometa *m*

**comeuppance** [,kʌm'ʌpəns] N ✦***IDIOM*** **to get one's ~** llevarse su merecido

**COMEX** ['kɒmeks] N ABBR (*US*) = **Commodities Exchange**

**comfort** ['kʌmfət] Ⓐ N [1] (= *solace*) consuelo *m*; **you're a great ~ to me** eres un gran consuelo para mí; **if it's any ~ to you** si te sirve de consuelo; **that's cold** *or* **small ~** eso no me consuela nada; **the exam is too close for ~** el examen está demasiado cerca para que me sienta tranquilo; **to give ~ to the enemy** dar aliento al enemigo; **to take ~ from sth** consolarse con algo; **I take ~ in** *or* **from the fact/knowledge that ...** me consuelo sabiendo que ...
[2] (= *well-being*) confort *m*, comodidad *f*; (= *facility*) comodidad *f*; **to live in ~** vivir cómodamente; **with every modern ~** con todo confort, con toda comodidad; **he likes his home ~s** le gusta rodearse de las comodidades del hogar
Ⓑ VT (= *give solace*) consolar, confortar
Ⓒ CPD ► **comfort food** N *comida como terapia contra la depresión* ► **comfort station** N (*US*) servicios *mpl*, aseos *mpl*, baño *m* (*LAm*) ► **comfort zone** N [*of activity, job*] terreno *m* conocido

**comfortable** ['kʌmfətəbl] ADJ [1] (*physically*) [*chair, shoes, position*] cómodo; [*room, house, hotel*] confortable, cómodo; [*temperature*] agradable; **are you ~, sitting there?** ¿estás cómodo sentado ahí?; **you don't look very ~** no pareces estar muy cómodo; **I'm not ~ in**

**these shoes** no estoy *or* voy cómodo con estos zapatos; **to make o.s. ~** ponerse cómodo
[2] (*mentally, emotionally*) cómodo, a gusto; **I'm not ~** *or* **I don't feel ~ at formal dinners** no me siento cómodo *or* a gusto en las cenas formales; **she wasn't ~ about giving him the keys** no se sentía a gusto dejándole las llaves; **to feel ~ with sb/sth** sentirse cómodo *or* a gusto con algn/algo; **he came closer to the truth than was ~** se acercó de manera inquietante a la verdad
[3] (*financially*) [*income*] bueno, suficiente; [*life, lifestyle*] holgado; **he's ~** está en buena posición económica
[4] (= *easy*) [*lead, majority, margin*] amplio, holgado; **a ~ job** un buen empleo, un empleo cómodo y bien pagado; **he was elected with a ~ majority** fue elegido por una amplia mayoría, fue elegido por una mayoría holgada; **to have a ~ win over sb** vencer a algn fácilmente
[5] (*Med*) estable; **he was described as ~ in hospital last night** anoche el hospital describió su condición como estable

**comfortably** [ˈkʌmfətəblɪ] ADV [1] (*physically*) [*sit, rest, lie*] cómodamente; [*sleep*] confortablemente; **sitting ~** cómodamente sentado; **~ furnished** amueblado confortablemente; **these shoes fit ~** voy muy cómodo con estos zapatos; **we are settled ~ in our new home** ya nos hemos acomodado en la casa nueva
[2] (*financially*) [*live*] holgadamente, con desahogo; **to be ~ off** vivir holgadamente *or* con desahogo, disfrutar de una posición acomodada *or* desahogada (*frm*)
[3] (= *easily*) [*manage*] sin problemas; [*win, defeat*] fácilmente, sin problemas; [*afford*] sin problemas, cómodamente; **the desk fits ~ into this corner** el escritorio cabe holgadamente *or* de sobra en esta esquina

**comforter** [ˈkʌmfətəʳ] N [1] (*baby's*) chupete *m*, chupón *m* (*LAm*)
[2] (*US*) (= *blanket*) edredón *m*
[3] (= *scarf*) bufanda *f*

**comforting** [ˈkʌmfətɪŋ] ADJ consolador, (re)confortante; [*words*] de consuelo

**comfortless** [ˈkʌmfətlɪs] ADJ incómodo, sin comodidad

**comfrey** [ˈkʌmfrɪ] N consuelda *f*

**comfy*** [ˈkʌmfɪ] ADJ (*compar* **comfier**; *superl* **comfiest**) [*chair, room*] cómodo; [*bed*] cómodo y calentito; **I'm nice and ~ here** estoy súper a gusto *or* súper cómoda aquí*

**comic** [ˈkɒmɪk] Ⓐ ADJ cómico; (= *amusing*) gracioso, divertido
Ⓑ N [1] (= *person*) cómico/a *m/f*
[2] (*esp Brit*) (= *paper*) cómic *m*; (*children's*) revista *f* de historietas, tebeo *m* (*Sp*)
[3] **comics** (*US*) = **comic strip**
Ⓒ CPD ► **comic book** N (*esp US*) libro *m* de cómics ► **comic opera** N ópera *f* bufa *or* cómica ► **comic relief** N toque *m* humorístico *or* cómico (*en una obra dramática*) ► **comic strip** N historieta *f*, tira *f* cómica ► **comic verse** N poesía *f* humorística *or* cómica

**comical** [ˈkɒmɪkəl] ADJ cómico, gracioso

**comically** [ˈkɒmɪkəlɪ] ADV de manera cómica, graciosamente

**coming** [ˈkʌmɪŋ] Ⓐ ADJ [1] (= *approaching*) [*weeks, months, years*] próximo, venidero (*frm*); **in the ~ weeks** en las próximas semanas, en las semanas venideras (*frm*); **the ~ year** el año que viene, el próximo año; **this ~ Friday** el viernes que viene, el próximo viernes; **the ~ election** las próximas elecciones; **~ generations** las generaciones venideras (*frm*)
[2] (= *promising*) [*politician, actor*] prometedor; **it's the ~ thing*** es lo que se va a poner de moda, es lo que se va a llevar
Ⓑ N llegada *f*; **the ~ of spring** la llegada de la primavera; **the ~ of Christ** el advenimiento de Cristo; **~ of age** (llegada *f* a la) mayoría *f* de edad; **the ~s and goings of the guests** las idas y venidas de los invitados; **there was too much ~ and going** había demasiado ir y venir de gente; *see also* **second[1] E**

**COMIC RELIEF**

**Comic Relief** *es una campaña con fines benéficos organizada por actores y humoristas para recaudar dinero y paliar así la pobreza, especialmente en África. La cadena de televisión* **BBC** *le dedica cada dos años una noche entera y en el programa actores, humoristas y famosos hacen números cómicos, informando a la vez sobre proyectos para luchar contra la pobreza e invitando al público a que llame y haga donativos. Como muestra de apoyo mucha gente lleva narices rojas de plástico* (**red noses**) *o las ponen en la parte frontal del coche.*

**coming-out** [ˈkʌmɪŋˈaʊt] N presentación *f* en sociedad

**Comintern** [ˈkɒmɪntɜːn] N ABBR (*Pol*) (= **Communist International**) Comintern *f*

**comm.** ABBR [1] = **commerce**
[2] = **commercial**
[3] = **committee**

**comma** [ˈkɒmə] N coma *f*; *see also* **inverted**

**command** [kəˈmɑːnd] Ⓐ N [1] (= *order*) (*esp Mil*) orden *f*; (*Comput*) orden *f*, comando *m*; **he gave the ~ (to attack/retreat)** dio la orden (de atacar/retirarse); **his ~s were obeyed at once** sus órdenes se cumplieron de inmediato; **at** *or* **by the ~ of sb** por orden de algn; **by royal ~** por real orden
[2] (= *control*) [*of army, ship*] mando *m*; **to be at sb's ~** [*resources, money, troops*] estar a la disposición de algn; [*men*] estar a las órdenes de algn, estar bajo el mando de algn; **to have at one's ~** [+ *resources, money, troops*] disponer de, tener a su disposición; [+ *men*] tener a sus órdenes, estar al mando de; **to have ~ of sth** estar al mando de algo; **to be in ~ (of sth)** estar al mando (de algo); **who is in ~ here?** ¿quién manda aquí?; **to be in ~ of one's faculties** estar en posesión de sus facultades; **to be in ~ of the situation** ser dueño de la situación; **to take ~ of sth** asumir el mando de algo; **under the ~ of** bajo el mando de
[3] (= *mastery*) dominio *m*; **his ~ of English** su dominio del inglés; **to have a good ~ of English** dominar el inglés; **~ of the seas** dominio de los mares
[4] (= *authority*) (*Mil, Naut*) mando *m*, jefatura *f*; **second in ~** segundo *m*; (*Naut*) segundo *m* de a bordo; *see also* **high D**
Ⓑ VT [1] (= *order*) **to ~ sb to do sth** mandar *or* ordenar a algn que haga algo; **to ~ sth to be done** mandar *or* ordenar que se haga algo
[2] (= *be in control of*) [+ *soldiers, army*] mandar, estar al mando de; [+ *ship*] comandar
[3] (= *have at one's disposal*) [+ *resources, money, services*] disponer de, contar con
[4] (= *deserve and get*) [+ *attention*] ganarse; [+ *respect*] imponer; [+ *sympathy*] merecerse, hacerse acreedor de; [+ *price*] venderse a, venderse por; [+ *fee*] exigir
[5] (= *overlook*) [+ *area*] dominar; [+ *view*] tener, disfrutar de
Ⓒ CPD ► **command key** N (*Comput*) tecla *f* de comando ► **command language** N (*Computer*) lenguaje *m* de comandos ► **command line** N (*Comput*) orden *f*, comando *m* ► **command module** N (*on a space rocket*) módulo *m* de mando ► **command performance** N gala *f* (a petición) real ► **command post** N puesto *m* de mando

**commandant** [ˌkɒmənˈdænt] N comandante *mf*

**commandeer** [ˌkɒmənˈdɪəʳ] VT [1] (= *requisition*) [+ *building, stores, ship etc*] requisar, expropiar; [+ *men*] reclutar a la fuerza
[2] (*) tomar, apropiarse (de)

**commander** [kəˈmɑːndəʳ] N (*Mil*) comandante *mf*; (*Hist*) [*of chivalric order*] comendador *m*; (*Naut*) capitán *m* de fragata

**commander-in-chief** [kəˈmɑːndərɪnˈtʃiːf] N (*pl* **commanders in chief**) jefe/a *m/f* supremo/a, comandante/a *m/f* en jefe

**commanding** [kəˈmɑːndɪŋ] Ⓐ ADJ [*appearance*] imponente; [*tone of voice*] autoritario, imperioso; [*lead*] abrumador; [*position*] dominante
Ⓑ CPD ► **commanding officer** N (*Mil*) comandante *mf*

**commandingly** [kəˈmɑːndɪŋlɪ] ADV [*speak*] de forma autoritaria, imperiosamente

**commandment** [kəˈmɑːndmənt] N (*Bible*) mandamiento *m*; **the Ten Commandments** los diez mandamientos

**commando** [kəˈmɑːndəʊ] N (*pl* **commandos** *or* **commandoes**) (= *man, group*) comando *m*

**commemorate** [kəˈmeməreɪt] VT conmemorar

**commemoration** [kəˌmeməˈreɪʃən] Ⓐ N conmemoración *f*; **in ~ of** en conmemoración de
Ⓑ CPD [*service, ceremony*] de conmemoración

**commemorative** [kəˈmemərətɪv] Ⓐ ADJ conmemorativo
Ⓑ N (*US*) (= *stamp*) sello *m* conmemorativo; (= *coin*) moneda *f* conmemorativa

**commence** [kəˈmens] (*frm*) Ⓐ VT comenzar; **to ~ doing** *or* **to do sth** comenzar a hacer algo; **to ~ proceedings (against sb)** (*Jur*) entablar demanda (a algn)
Ⓑ VI comenzar

**commencement** [kəˈmensmənt] N [1] (*frm*) (= *start*) comienzo *m*, principio *m*
[2] (*US Univ*) (ceremonia *f* de) graduación *f*, (ceremonia *f* de) entrega *f* de diplomas

**commend** [kəˈmend] VT [1] (= *praise*) elogiar; **to ~ sb for** *or* **on sth** elogiar a algn por algo; **to ~ sb for his action** elogiar la acción de algn; **her entry was highly ~ed** (*in competition*) su participación recibió una mención elogiosa *or* especial
[2] (= *recommend*) recomendar; **I ~ him to you** se lo recomiendo; **it has little to ~ it** poco se puede decir en su favor; **the plan does not ~ itself to me** el proyecto no me resulta aceptable
[3] (= *entrust*) encomendar (**to** a); **to ~ sb's/one's soul to God** encomendar el alma de algn/su alma a Dios
[4] († *frm*) **~ me to Mr White** (= *give respects*) presente mis respetos al Sr. White (*frm*)

**commendable** [kəˈmendəbl] ADJ encomiable, loable

**commendably** [kəˈmendəblɪ] ADV **it was ~ short** tuvo el mérito de ser breve; **you have been ~ prompt** le felicito por la prontitud

**commendation** [ˌkɒmenˈdeɪʃən] N [1] (= *praise*) elogio *m*, encomio *m*; (*Mil*) distinción *f*
[2] (= *recommendation*) recomendación *f*

**commensurable** [kəˈmenʃərəbl] ADJ conmensurable, comparable (**with** con)

**commensurate** [kəˈmenʃərɪt] ADJ **~ with** en proporción a, que corresponde a; **"salary**

**commensurate with experience"** "sueldo según experiencia"

▼**comment** [ˈkɒment] Ⓐ N (= *remark*) (*written or spoken*) comentario *m*, observación *f*; (= *gossip*) comentarios *mpl*; **no ~** sin comentarios; **to make a ~** hacer un comentario *or* una observación; **she made the ~ that ...** observó que ...; **he made no ~** no hizo ningún comentario; **to cause ~** (= *cause gossip*) provocar comentarios
Ⓑ VI hacer observaciones *or* comentarios, comentar; **to ~ on** [+ *text*] comentar, hacer un comentario de; [+ *subject*] hacer observaciones *or* comentarios acerca de; (*to the press*) hacer declaraciones sobre
Ⓒ VT (*in conversation*) observar; **to ~ that ...** observar que ...

**commentary** [ˈkɒməntərɪ] Ⓐ N (*gen*) comentario *m*; (*Rad, TV*) (*on sporting event*) crónica *f*; (*on text*) comentario *m* (de texto)
Ⓑ CPD ► **commentary box** N cabina *f* de prensa

**commentate** [ˈkɒmənteɪt] (*Rad, TV*) Ⓐ VT hacer la crónica de
Ⓑ VI hacer la crónica, comentar

**commentator** [ˈkɒmənteɪtəʳ] N (*Rad, TV*) comentarista *mf*

**commerce** [ˈkɒmɜːs] N comercio *m*; **Chamber of Commerce** Cámara *f* de Comercio

**commercial** [kəˈmɜːʃəl] Ⓐ ADJ comercial
Ⓑ N (*TV*) (= *advert*) anuncio *m*, spot *m* publicitario
Ⓒ CPD ► **commercial art** N arte *m* publicitario ► **commercial artist** N dibujante *mf* publicitario/a ► **commercial bank** N banco *m* comercial, banco *m* mercantil ► **commercial break** N (*TV*) espacio *m* publicitario, pausa *f* publicitaria ► **commercial centre** N centro *m* comercial ► **commercial college** N escuela *f* de secretariado ► **commercial law** N derecho *m* mercantil ► **commercial paper** N (*esp US*) efectos *mpl* negociables, papel *m* comercial ► **commercial property** N propiedad *f* comercial ► **commercial radio** N radio *f* comercial ► **commercial television** N televisión *f* privada ► **commercial traveller, commercial traveler** (*US*) N viajante *mf* (de comercio) ► **commercial value** N valor *m* comercial; **"no commercial value"** "sin valor comercial" ► **commercial vehicle** N vehículo *m* comercial

**commercialism** [kəˈmɜːʃəlɪzəm] N (*often pej*) comercialismo *m* (*pej*), mercantilismo *m* (*pej*)

**commercialization** [kə,mɜːʃəlaɪˈzeɪʃən] N comercialización *f*

**commercialize** [kəˈmɜːʃəlaɪz] VT comercializar

**commercially** [kəˈmɜːʃəlɪ] ADV [*viable, competitive, produced*] comercialmente; **it is not ~ available** no puede adquirirse en el mercado

**commie*** [ˈkɒmɪ] Ⓐ ADJ rojo
Ⓑ N rojo/a *m/f*

**commiserate** [kəˈmɪzəreɪt] VI **friends called to ~ when they found out I hadn't got the job** cuando me rechazaron para el trabajo mis amigos me llamaron para decirme lo mucho que lo sentían; **"I know how you feel," he ~d** —sé cómo te sientes —le dijo a modo de consuelo

**commiseration** [kə,mɪzəˈreɪʃən] N conmiseración *f*; **my ~s to the runner-up** lo siento mucho por el que ha llegado segundo

**commissar** [ˈkɒmɪsɑːʳ] N comisario/a *m/f*

**commissariat** [,kɒmɪˈsɛərɪət] N comisaría *f*

**commissary** [ˈkɒmɪsərɪ] N [1] comisario/a *m/f* político/a
[2] (*US*) (= *shop*) economato *m*

**commission** [kəˈmɪʃən] Ⓐ N [1] (= *committee*) comisión *f*; **~ of inquiry** comisión *f* investigadora
[2] (= *order for work, esp of artist*) comisión *f*
[3] (*for salesman*) comisión *f*; **to sell things on ~** *or* **on a ~ basis** vender cosas a comisión; **I get 10% ~** me dan el 10 por ciento de comisión
[4] (*Mil*) (= *position*) graduación *f* de oficial; (= *warrant*) nombramiento *m*
[5] (= *use, service*) servicio *m*; **to put into ~** poner en servicio; **to be out of ~** estar fuera de servicio; **to put out of ~** inutilizar; **to take out of ~** retirar del servicio
[6] [*of crime*] perpetración *f*
Ⓑ VT [1] [+ *artist etc*] hacer un encargo a; [+ *picture*] encargar, comisionar (*esp LAm*); [+ *article*] encargar; **to ~ sb to do sth** encargar a algn que haga algo
[2] (*Mil*) [+ *officer*] nombrar; [+ *ship*] poner en servicio; **~ed officer** oficial *mf*
Ⓒ CPD ► **commission agent** N comisionista *mf*

**commissionaire** [kə,mɪʃəˈnɛəʳ] N (*Brit, Canada*) portero *m*, conserje *m*

**commissioner** [kəˈmɪʃənəʳ] N (= *official*) comisario/a *m/f*; (= *member of commission*) comisionado/a *m/f*; **~ for oaths** (*Brit*) notario/a *m/f* público/a; **~ of police** inspector(a) *m/f* jefe de policía

**commissioning editor** [kəˈmɪʃənɪŋˈedɪtəʳ] N jefe(a) *m/f* de sección, responsable *mf* de departamento

**commit** [kəˈmɪt] Ⓐ VT [1] [+ *crime, sin, error*] cometer; **to ~ suicide** suicidarse; *see also* **perjury**
[2] (= *consign*) [+ *resources*] asignar, destinar; [+ *troops*] enviar; (*Parl*) [+ *bill*] remitir a una comisión; **to ~ sb** (*to mental hospital*) internar a algn; **to ~ sth to sb's charge** confiar algo a algn; **to ~ sth to the flames** arrojar algo al fuego; **to ~ sth to memory** aprender algo de memoria; **to ~ sth to paper** poner algo por escrito; **to ~ sb to prison** encarcelar a algn; **to ~ sb for trial** remitir a algn al tribunal; **to ~ sth to writing** poner algo por escrito
[3] (= *pledge*) comprometer; **accepting this offer does not ~ you to anything** aceptar esta oferta no le compromete a nada; **I am ~ted to help him** me he comprometido a ayudarle; **he is ~ted to change** está dedicado a buscar una forma de cambiar; **we are deeply ~ted to this policy** creemos firmemente en esta política
[4] **to ~ o.s. (to)** comprometerse (a); **I can't ~ myself** no puedo comprometerme; **without ~ting myself** sin compromiso por mi parte
Ⓑ VI **to ~ to sb/sth** comprometerse con algn/a algo

**commitment** [kəˈmɪtmənt] N [1] (= *obligation*) obligación *f*; **he has heavy teaching ~s** tiene muchas obligaciones como profesor; **family ~s** obligaciones familiares
[2] (= *pledge*) **to give a ~ to do sth** comprometerse a hacer algo; **she would give no ~** no quiso comprometerse
[3] (= *devotion*) entrega *f*, devoción *f*

**committal** [kəˈmɪtl] N [1] (*Jur*) **~ for trial** (auto *m* de) procesamiento *m*; **~ to prison** encarcelamiento *m*, (auto *m* de) prisión *f*
[2] (*to mental asylum*) reclusión *f*
[3] (= *burial*) entierro *m*

**committed** [kəˈmɪtɪd] ADJ comprometido; **a ~ writer** un escritor comprometido

**committee** [kəˈmɪtɪ] Ⓐ N comité *m*, comisión *f*; **to be** *or* **sit on a ~** ser miembro de un comité; **~ of inquiry** (*Parl*) comisión *f* investigadora; *see also* **executive C, management B**
Ⓑ CPD ► **committee meeting** N reunión *f* del comité ► **committee member** N miembro *mf* del comité ► **committee stage** N (*Parl*) *fase en la que un proyecto de ley está siendo estudiado por un comité*

**commode** [kəˈməʊd] N (*with chamber pot*) silla *f* con orinal; (= *chest of drawers*) cómoda *f*

**commodious** [kəˈməʊdɪəs] ADJ grande, espacioso

**commodity** [kəˈmɒdɪtɪ] Ⓐ N artículo *m* (de consumo *or* de comercio), producto *m*, mercancía *f*, mercadería *f* (*LAm*); (*Fin, St Ex*) materia *f* prima
Ⓑ CPD ► **commodity exchange** N bolsa *f* de artículos de consumo ► **commodity markets** NPL mercados *mpl* de materias primas ► **commodity trade** N comercio *m* de materias primas

**commodore** [ˈkɒmədɔːʳ] N comodoro *m*

**common** [ˈkɒmən] Ⓐ ADJ [1] (= *usual, ordinary*) [*event, experience, name, species*] común, corriente; [*misconception, mistake*] común, frecuente; **this butterfly is ~ in Spain** esta mariposa es común *or* corriente en España; **it is ~ for these animals to die young** es corriente *or* frecuente que estos animales mueran jóvenes; **it is a ~ belief that ...** es una creencia extendida *or* generalizada que ...; **~ belief has it that ...** según la opinión generalizada ...; **it's (just) ~ courtesy** es una cortesía elemental; **the ~ man** el hombre de la calle, el hombre medio; **it's a ~ occurrence** es corriente que suceda; **in ~ parlance** en lenguaje corriente; **the ~ people** la gente corriente; **it is ~ practice in the USA** es una práctica común en EE.UU.; **pigeons are a ~ sight in London** es corriente *or* frecuente ver palomas en Londres; **the ~ soldier** el soldado raso; **to have the ~ touch** saber tratar con la gente corriente; **in ~ use** de uso corriente; **✦IDIOM ~ or garden** (*esp Brit**) común y corriente, normal y corriente
[2] (= *shared*) [*cause, aim, language*] común; **to work for a ~ aim** cooperar para un mismo fin *or* para un objetivo común; **by ~ agreement** *or* **consent** de común acuerdo; **for the ~ good** para el bien común, para el bien de todos; **~ ground** (*fig*) puntos *mpl* en común, puntos *mpl* de confluencia *or* acuerdo; **they discussed several issues of ~ interest** hablaron de varios asuntos de interés común *or* de interés mutuo; **it is ~ knowledge that ...** es del dominio público que ...; **the desire for freedom is ~ to all people** todo el mundo comparte el deseo de la libertad
[3] (*pej*) (= *vulgar*) [*person, behaviour, speech*] ordinario, basto; **✦IDIOM as ~ as muck*** de lo más ordinario, más basto que la lija (del cuatro)
[4] (*Zool, Bot*) común; **the ~ house fly** la mosca común
Ⓑ N [1] (= *land*) campo *m* comunal, ejido *m*
[2] (*Brit Pol*) **the Commons** (la Cámera de) los Comunes; *see also* **House A3**
[3] **in ~: we have a lot in ~ (with other people)** tenemos mucho en común (con otra gente); **we have nothing in ~** no tenemos nada en común; **in ~ with many other companies, we advertise in the local press** al igual que otras muchas empresas, nos anunciamos en la prensa local
Ⓒ CPD ► **the Common Agricultural Policy** N la Política Agrícola Común ► **common cold** N resfriado *m* común ► **common core**

➤ LANGUAGE IN USE: comment A 26.1, 26.2

N (*Scol*) (*also* **~-core syllabus**) asignaturas *fpl* comunes ▸ **common currency** N **to become/be ~ currency** [*idea, belief*] convertirse en/ser moneda corriente ▸ **common denominator** N (*Math*) común denominador *m*; **lowest ~ denominator** mínimo común denominador *m* ▸ **Common Entrance** N (*Brit Scol*) *examen de acceso a un colegio de enseñanza privada* ▸ **common factor** N (*Math*) factor *m* común ▸ **common land** N propiedad *f* comunal ▸ **common law** N (*Jur*) (*established by custom*) derecho *m* consuetudinario; (*based on precedent*) jurisprudencia *f*; *see also* **common-law** ▸ **the Common Market** N el Mercado Común ▸ **common noun** N nombre *m* común ▸ **common ownership** N (= *joint ownership*) copropiedad *f*; (*Pol*) (= *collective ownership*) propiedad *f* colectiva ▸ **the Book of Common Prayer** N la liturgia de la Iglesia Anglicana ▸ **common room** N (*esp Brit*) (*for students*) sala *f* de estudiantes; (*for teachers*) sala *f* de profesores ▸ **common salt** N sal *f* común ▸ **common sense** N sentido *m* común; *see also* **commonsense** ▸ **common stock** N (*US St Ex*) acciones *fpl* ordinarias ▸ **common time** N (*Mus*) cuatro *m* por cuatro ▸ **common wall** N pared *f* medianera

**COMMON LAW**

*Se llama* **common law** *o* **case law** *(derecho consuetudinario o jurisprudencia), al conjunto de leyes basadas en el fallo de los tribunales, a diferencia de las leyes establecidas por escrito en el Parlamento. El derecho consuetudinario inglés se desarrolló después de la conquista normanda, cuando los jueces basaban sus decisiones en la tradición o en el precedente judicial. La jurisprudencia sigue usándose como base del sistema legal anglosajón, aunque va perdiendo vigencia por el desarrollo del derecho escrito.*

⇨ *Ver tb* ACT OF PARLIAMENT, CONSTITUTION

**commonality** [ˌkɒməˈnælɪtɪ], **commonalty** [ˈkɒmənəltɪ] N [1] (*frm*) (= *things in common*) cosas *fpl* en común; **there is a ~ of interests between them** tienen muchos intereses en común
[2] **the ~** (= *ordinary people*) el común de la gente, la plebe

**commoner** [ˈkɒmənəʳ] N [1] (= *not noble*) plebeyo/a *m/f*
[2] (*at Oxford Univ etc*) estudiante *mf* que no tiene beca del colegio

**common-law** [ˈkɒmənˌlɔː] ADJ [*marriage*] consensual; [*spouse*] en unión consensual

**commonly** [ˈkɒmənlɪ] ADV [1] (= *usually, frequently*) [*called*] comúnmente; [*prescribed*] frecuentemente; **more ~ known as ...** más comúnmente conocido como ...; **anorexia is more ~ found among women** la anorexia es más común *or* corriente entre las mujeres; **an orchid which is not ~ found in this country** una orquídea que no es corriente encontrar *or* que no se encuentra frecuentemente en este país; **it is ~ the case that ...** es corriente que ..., frecuentemente se da el caso de que ...; **acupuncture is ~ used in China** la acupuntura es una práctica muy común en China
[2] (= *generally*) **the ~ held view** la opinión extendida *or* generalizada; **it is ~ accepted as the best in the world** es aceptado por todos como el mejor del mundo; **it is ~ believed that ...** es una creencia extendida *or* generalizada que ...; **the disease is ~ thought to be caused by a virus** es una creencia extendida *or* generalizada que esta enfermedad está causada por un virus
[3] (= *vulgarly*) [*behave, speak, dress*] ordinariamente, vulgarmente

**commonness** [ˈkɒmənnɪs] N [1] (= *frequency*) frecuencia *f*
[2] (= *vulgarity*) ordinariez *f*

**commonplace** [ˈkɒmənpleɪs] Ⓐ ADJ (= *normal*) común, normal, corriente; (*pej*) vulgar, ordinario; **it is ~ to see this sort of thing** es frecuente *or* corriente ver este tipo de cosas
Ⓑ N (= *event*) cosa *f* común y corriente; (= *statement*) tópico *m*, lugar *m* común

**Commons** [ˈkɔmənz] NPL (*Pol*) = **common B2**

**commonsense** [ˈkɒmənˌsens] ADJ racional, lógico; **the ~ thing to do is ...** lo lógico es ...

**Commonwealth** [ˈkɒmənwelθ] N **the ~** la Comunidad Británica de Naciones; (*Brit Hist*) la república de Cromwell; **the ~ of Independent States** la Comunidad de Estados Independientes; **the ~ of Kentucky** el estado de Kentucky; **the ~ of Puerto Rico** el estado de Puerto Rico

**COMMONWEALTH**

*La* **Commonwealth** *(Comunidad Británica de Naciones) es una asociación de estados soberanos, la mayoría de los cuales eran colonias británicas en el pasado, establecida para fomentar el comercio y los lazos de amistad entre ellos. Actualmente se compone de más de cincuenta estados miembros, entre los cuales se encuentran el Reino Unido, Australia, Canadá, la India, Jamaica, Kenia, Nueva Zelanda, Nigeria, Pakistán y Sudáfrica. Los países miembros reconocen al soberano británico como* **Head of the Commonwealth** *y se reúnen anualmente para debatir asuntos políticos y económicos. Además, cada cuatro años uno de los países miembros es el anfitrión de la competición deportiva conocida como* **Commonwealth Games**.

**commotion** [kəˈməʊʃən] N (= *noise*) alboroto *m*; (= *activity*) jaleo *m*, tumulto *m*, confusión *f*; (*civil*) disturbio *m*; **to cause a ~** provocar *or* causar un alboroto; **to make a ~** (= *noise*) armar un alboroto; (= *fuss*) armar un lío*; **there was a ~ in the crowd** se armó un lío entre los espectadores; **what a ~!** ¡qué alboroto!

**communal** [ˈkɒmjuːnl] ADJ [*property, ownership*] comunal; [*living room, dining room, facilities*] común; [*activities*] comunitario

**communally** [ˈkɒmjuːnəlɪ] ADV [*live, eat*] en comunidad; **to act ~** obrar como comunidad; **the property is held ~** la propiedad pertenece a la comunidad

**commune** [ˈkɒmjuːn] Ⓐ N (= *group*) comuna *f*
Ⓑ [kəˈmjuːn] VI [1] (*Rel*) (*esp US*) comulgar
[2] **to ~ with** estar en contacto con; **to ~ with nature/one's soul** estar en contacto con la naturaleza/su alma

**communicable** [kəˈmjuːnɪkəbl] ADJ (*gen*) comunicable; [*disease*] transmisible

**communicant** [kəˈmjuːnɪkənt] N (*Rel*) comulgante *mf*

**communicate** [kəˈmjuːnɪkeɪt] Ⓐ VT **to ~ sth (to sb)** [+ *thoughts, information*] comunicar algo (a algn); (*frm*) [+ *disease*] transmitir algo (a algn)
Ⓑ VI (= *speak*) comunicarse (**with** con); **we ~ by letter/telephone** mantenemos correspondencia/estamos en contacto telefónico; **they just can't ~** no se entienden en absoluto

**communicating** [kəˈmjuːnɪkeɪtɪŋ] ADJ **~ rooms** habitaciones *fpl* que se comunican

**communication** [kəˌmjuːnɪˈkeɪʃən] Ⓐ N [1] (= *verbal or written contact*) contacto *m*; (= *exchange of information*) comunicación *f*; **to be in/get into ~ with** (*frm*) estar/ponerse en contacto con; **there has been a breakdown of** *or* **in ~ between the police and the community** el diálogo entre la policía y la comunidad ha sufrido un deterioro
[2] (= *message*) mensaje *m*, comunicación *f*
[3] **communications** comunicaciones *fpl*; **good/poor ~s** buenas/malas comunicaciones
Ⓑ CPD ▸ **communication cord** N (*Rail*) timbre *m* *or* palanca *f* de alarma ▸ **communication problem** N (*personal*) problema *m* de expresión; (*within organization*) problema *m* de comunicación ▸ **communication skills** NPL habilidad *f* *or* aptitud *f* para comunicarse ▸ **communications network** N red *f* de comunicaciones ▸ **communications satellite** N satélite *m* de comunicaciones ▸ **communications software** N paquete *m* de comunicaciones

**communicative** [kəˈmjuːnɪkətɪv] ADJ comunicativo

**communicator** [kəˈmjuːnɪkeɪtəʳ] N (= *person*) comunicador(a) *m/f*; **to be a good/bad ~** saber/no saber comunicarse

**communion** [kəˈmjuːnɪən] Ⓐ N (*Rel*) comunión *f*; **to take** *or* **receive ~** comulgar
Ⓑ CPD ▸ **communion rail** N comulgatorio *m* ▸ **communion service** N comunión *f* ▸ **communion table** N mesa *f* de comunión

**communiqué** [kəˈmjuːnɪkeɪ] N comunicado *m*

**communism** [ˈkɒmjʊnɪzəm] N comunismo *m*

**communist** [ˈkɒmjʊnɪst] Ⓐ ADJ comunista
Ⓑ N comunista *mf*
Ⓒ CPD ▸ **Communist party** N partido *m* comunista

**community** [kəˈmjuːnɪtɪ] Ⓐ N [1] (= *people at large*) comunidad *f*, sociedad *f*; (= *people locally*) comunidad *f*; **the local ~** el vecindario
[2] (*cultural etc*) comunidad *f*, colectividad *f*; **the black ~** la población negra; **the artistic ~** el mundillo artístico; **the English ~ in Rome** la colectividad *or* colonia inglesa de Roma
[3] **the Community** (= *EEC*) la Comunidad
Ⓑ CPD ▸ **community care** N (*Brit*) política *f* de integración social de enfermos y ancianos ▸ **community centre** N centro *m* social ▸ **community charge** N (*Brit Admin*) (*formerly*) (contribución *f* de) capitación *f* ▸ **community chest** N (*US*) fondo *m* para beneficencia social ▸ **community college** N (*US*) *establecimiento docente de educación terciaria donde se realizan cursos de dos años* ▸ **community health centre** N centro *m* médico comunitario ▸ **Community law** N derecho *m* comunitario ▸ **community life** N vida *f* comunitaria ▸ **community policing** N *política policial de acercamiento a la comunidad* ▸ **Community policy** N (*EC*) política *f* comunitaria ▸ **community politics** N política *f* local ▸ **Community regulations** NPL normas *fpl* comunitarias ▸ **community service** N trabajo *m* comunitario (*prestado en lugar de cumplir una pena de prisión*) ▸ **community singing** N canto *m* colectivo ▸ **community spirit** N sentimiento *m* de comunidad, civismo *m* ▸ **community worker** N asistente *mf* social

**communize** [ˈkɒmjuːnaɪz] VT comunizar

**commutable** [kəˈmjuːtəbl] ADJ (*gen, Jur*) conmutable

**commutation** [,kɒmjʊ'teɪʃən] Ⓐ N (*gen, Fin*) conmutación *f*; (*US Rail etc*) uso *m* de un billete de abono
Ⓑ CPD ► **commutation ticket** N (*US*) billete *m* de abono

**commute** [kə'mjuːt] Ⓐ VI viajar diariamente (de la casa al trabajo); **I live in Brighton but I ~ to London** vivo en Brighton pero voy todos los días a trabajar a Londres; **she ~s between Oxford and London** para ir al trabajo viaja *or* se desplaza diariamente de Oxford a Londres
Ⓑ VT [+ *payment*] conmutar (**for/into** por/en); [+ *sentence*] conmutar (**to** por)
Ⓒ N viaje *m* diario al trabajo

**commuter** [kə'mjuːtəʳ] Ⓐ N *persona que viaja cada día de su casa a su trabajo*
Ⓑ CPD ► **the commuter belt** N zona *f* de los barrios exteriores ► **commuter services** NPL servicios *mpl* de cercanías ► **commuter train** N tren *m* de cercanías

**commuting** [kə'mjuːtɪŋ] N **~ is very stressful** el viajar para ir al trabajo provoca mucho estrés

**compact¹** Ⓐ [kəm'pækt] ADJ (= *small*) compacto; (= *dense*) apretado, sólido; [*style*] breve, conciso
Ⓑ [kəm'pækt] VT [+ *snow, earth*] comprimir (**into** en); (= *condense*) [+ *text, activities*] condensar
Ⓒ [kəm'pækt] VI [*snow*] comprimirse
Ⓓ ['kɒmpækt] N 1 (*also* **powder ~**) polvera *f*
2 (*US Aut*) (*also* **~ car**) utilitario *m*
Ⓔ ['kɒmpækt] CPD ► **compact car** N (*US*) utilitario *m* ► **compact disc** N disco *m* compacto, compact *m* ► **compact disc player** N lector *m* de discos compactos

**compact²** ['kɒmpækt] N (= *agreement*) pacto *m*, convenio *m*

**compactly** [kəm'pæktlɪ] ADV (= *in a neat way*) de modo compacto; (= *tightly*) apretadamente, sólidamente; (= *concisely*) brevemente, concisamente

**compactness** [kəm'pæktnɪs] N [*of house, room*] compacidad *f*; [*of style*] concisión *f*

**companion** [kəm'pænjən] Ⓐ N 1 (= *accompanying person*) compañero/a *m/f*; (*lady's*) señora *f* de compañía; **travelling ~** compañero/a *m/f* de viaje
2 (= *book*) guía *f*, manual *m*
3 (= *one of pair of objects*) compañero *m*, pareja *f*
4 (*Naut*) lumbrera *f*; (= *companionway*) escalerilla *f* (que conduce a los camarotes)
Ⓑ CPD ► **companion volume** N tomo *m* complementario

**companionable** [kəm'pænjənəbl] ADJ [*person*] sociable, amigable; **they sat in ~ silence** estaban sentados en amigable silencio

**companionably** [kəm'pænjənəblɪ] ADV amigablemente

**companionship** [kəm'pænjənʃɪp] N (= *company*) compañía *f*; (= *friendship, friendliness*) compañerismo *m*

**companionway** [kəm'pænjənweɪ] N (*Naut*) escalerilla *f* (que conduce a los camarotes)

**company** ['kʌmpənɪ] Ⓐ N 1 (= *companionship*) compañía *f*; **it's ~ for her** le hace compañía; **he's good/poor ~** es/no es muy agradable estar con él; **to keep sb ~** hacer compañía a algn, acompañar a algn; ✦**PROV two's ~(, three's a crowd)** dos es compañía, tres es multitud
2 (= *group, friends*) **to keep bad ~** andar en malas compañías; **to get into bad ~** tener malas compañías; **to be in good ~** (*fig*) estar bien acompañado; **to join ~ with** reunirse con; **to part ~** separarse (**with** de); (*fig*) (= *come apart, unstuck*) desprenderse, soltarse (**with** de); **present ~ excepted** mejorando lo presente, salvando a los presentes; ✦**PROV a man is known by the ~ he keeps** dime con quién andas y te diré quién eres
3 (*no pl*) (= *guests*) visita *f*, invitados *mpl*; **we have ~** tenemos visita *or* invitados; **are you expecting ~?** ¿esperas visita?
4 (*Comm*) (= *firm*) compañía *f*, empresa *f*; (= *association*) sociedad *f*; **Smith and Company** Smith y Compañía; **he's a ~ man** se desvive por la empresa; **in ~ time** en horas de trabajo; *see also* **limited**
5 (*Mil*) compañía *f*, unidad *f*; **ship's ~** tripulación *f*
6 (*Theat*) compañía *f* (de teatro)
Ⓑ CPD ► **company car** N coche *m* de la empresa ► **company commander** N capitán *m* de compañía ► **company director** N director(a) *m/f* de empresa ► **company law** N derecho *m* de compañías ► **company lawyer** N (*Brit Jur*) abogado *mf* empresarial; (*working within company*) abogado *mf* de la compañía ► **company policy** N política *f* de la empresa ► **company secretary** N administrador(a) *m/f* de empresa ► **company union** N (*US*) sindicato *m* de empresa

**comparability** [kɒmpərə'bɪlɪtɪ] N comparabilidad *f*

**comparable** ['kɒmpərəbl] ADJ comparable; **~ to** *or* **with** comparable a *or* con; **a ~ case** un caso análogo; **they are not ~** no se los puede comparar

**comparably** ['kɒmpərəblɪ] ADV **salaries in line with ~ qualified professions** sueldos a la par con los de las profesiones similares

**comparative** [kəm'pærətɪv] Ⓐ ADJ 1 (= *relative*) relativo; **before becoming famous she had lived in ~ obscurity** había vivido en relativa oscuridad antes de hacerse famosa
2 [*study*] comparativo, comparado
3 (*Gram*) comparativo
Ⓑ N (*Gram*) comparativo *m*
Ⓒ CPD ► **comparative literature** N literatura *f* comparada

▼**comparatively** [kəm'pærətɪvlɪ] ADV (= *relatively*) relativamente; [*consider, view*] desde un punto de vista relativo; **the books can be studied ~** se puede hacer un estudio comparado de los libros

▼**compare** [kəm'pɛəʳ] Ⓐ VT 1 (*gen*) comparar; (= *put side by side*) [+ *texts*] cotejar; **to ~ sth/sb with** *or* **to sth/sb** comparar algo/a algn con *or* a algo/algn; **Oxford is small ~d with London** Oxford es pequeño en comparación a *or* comparado con Londres; **as ~d with** comparado con; ✦**IDIOM to ~ notes with sb** cambiar impresiones con algn
2 (*Gram*) formar los grados de comparación de
Ⓑ VI **she can't ~ with you** no se la puede comparar contigo; **it doesn't ~ with yours** no se lo puede comparar al tuyo, no tiene comparación con el tuyo; **how do they ~?** ¿cuáles son sus cualidades respectivas?; **how do they ~ for speed?** ¿cuál tiene mayor velocidad?; **how do the prices ~?** ¿qué tal son los precios en comparación?; **it ~s favourably with the other** no pierde por comparación con el otro, supera al otro; **it ~s poorly with the other** es inferior al otro
Ⓒ N **beyond ~** (*poet*) incomparable, sin comparación, sin par

▼**comparison** [kəm'pærɪsn] N 1 (*between things, people*) comparación *f*; **there's no ~ (between them)** no hay comparación (entre ellos), no se puede comparar (el uno con el otro); **in** *or* **by ~ (with)** en comparación (con); **this one is large in ~** éste es grande en comparación; **to draw a ~** establecer una comparación; **it will bear** *or* **stand ~ with the best** se puede comparar con los mejores
2 (*Gram*) comparación *f*

**compartment** [kəm'pɑːtmənt] N compartimiento *m*; (*Brit Rail*) compartimiento *m*

**compartmentalization** [,kɒmpɑːt,mentəlaɪ'zeɪʃən] N compartimentación *f*

**compartmentalize** [,kɒmpɑː'mentəlaɪz] VT dividir en categorías; (*pej*) aislar en compartimientos estancos, compartimentar

**compass** ['kʌmpəs] Ⓐ N 1 (*Naut etc*) brújula *f*
2 (*Math*) (*usu pl*) compás *m*; **a pair of ~es** un compás
3 (*frm*) (= *range*) alcance *m*; (= *area*) ámbito *m*; **beyond my ~** fuera de mi alcance; **within the ~ of the plan** dentro de lo abarcado por el plan
Ⓑ VT (*frm*) (= *cover, take in*) abarcar; (*liter*) (= *surround*) rodear
Ⓒ CPD ► **compass card** N (*Naut*) rosa *f* de los vientos ► **compass course** N ruta *f* magnética ► **compass rose** N = **compass card**

**compassion** [kəm'pæʃən] N compasión *f*; **to have ~ for sth/for** *or* **on sb** tener compasión por *or* de algo/algn, compadecerse de algo/algn; **to feel ~ for sb** sentir compasión por *or* de algn; **to move sb to ~** mover a algn a la compasión

**compassionate** [kəm'pæʃənɪt] Ⓐ ADJ [*person*] compasivo; **on ~ grounds** por compasión
Ⓑ CPD ► **compassionate leave** N permiso *m* por motivos familiares

**compassionately** [kəm'pæʃənɪtlɪ] ADV compasivamente, con compasión

**compatibility** [kəm,pætə'bɪlɪtɪ] N compatibilidad *f*

**compatible** [kəm'pætɪbl] Ⓐ ADJ compatible; **we weren't really ~** la verdad es que no éramos compatibles; **to be ~ with sth/sb** ser compatible con algo/algn; **an IBM-~ computer** un ordenador compatible con IBM
Ⓑ N (*Comput*) compatible *m*; **an IBM-~** un compatible con IBM

**compatriot** [kəm'pætrɪət] N compatriota *mf*

**compel** [kəm'pel] VT 1 (= *oblige*) obligar; **to ~ sb to do sth** obligar a algn a hacer algo, compeler a algn a hacer algo (*frm*); **I feel ~led to say that ...** me veo obligado a decir que ...
2 (= *command*) [+ *respect, obedience*] imponer; [+ *admiration*] ganarse

**compelling** [kəm'pelɪŋ] ADJ 1 (= *convincing*) [*argument, evidence*] convincente; [*curiosity*] irresistible; **I went there for ~ reasons** fui porque tenía razones de peso; **to make a ~ case for sth** exponer unos argumentos convincentes a favor de algo
2 (= *riveting*) [*account, film, book*] fascinante, apasionante; **his new novel makes ~ reading** su nueva novela es fascinante *or* apasionante

**compellingly** [kəm'pelɪŋlɪ] ADV [*write, tell*] de manera convincente, de modo convincente; [*attractive*] irresistiblemente; [*persuasive*] terriblemente

**compendious** [kəm'pendɪəs] ADJ compendioso

**compendium** [kəm'pendɪəm] N (*pl* **compendiums** *or* **compendia** [kəm'pendɪə]) compendio *m*; **~ of games** juegos *mpl* reunidos

**compensate** ['kɒmpənseɪt] Ⓐ VT 1 compensar; (*for loss, damage*) indemnizar, resarcir; **to**

➤ LANGUAGE IN USE: comparatively 5.1 compare A1 5.1 comparison 1 5.1, 5.5, 26.3

**~ sb for sth** compensar a algn por algo; (*for loss, damage*) indemnizar a algn por algo, resarcir a algn de algo
2 (= *reward*) recompensar
Ⓑ VI **to ~ for sth** compensar algo

**compensation** [ˌkɒmpənˈseɪʃən] Ⓐ N (= *award etc*) compensación *f*; (*for loss, damage*) indemnización *f*, resarcimiento *m*; (= *reward*) recompensa *f*; **they got £2,000 ~** recibieron 2.000 libras de indemnización; **in ~ (for)** en compensación (por)
Ⓑ CPD ► **compensation fund** N fondo *m* de compensación

**compensatory** [ˌkɒmpənˈseɪtərɪ] Ⓐ ADJ compensatorio
Ⓑ CPD ► **compensatory damages** NPL indemnización *fsing* por daños y perjuicios ► **compensatory finance** N financiación *f* compensatoria

**compere, compère** [ˈkɒmpɛəʳ] Ⓐ N presentador(a) *m/f*, animador(a) *m/f*
Ⓑ VT [+ *show*] presentar
Ⓒ VI actuar de presentador

**compete** [kəmˈpiːt] VI (*as rivals*) competir (**against, with** con; **for** por); (= *take part*) tomar parte (**in** en), presentarse (**in** a); (*Comm*) competir, hacer la competencia; **there are 50 students competing for six places** hay 50 estudiantes compitiendo por seis puestos; **there are many firms competing for a share in the market** hay muchas empresas compitiendo por una participación en el mercado; **his poetry can't ~ with Eliot's** no se puede comparar su poesía con la de Eliot; **I can't ~ with that racket*** no puedo hablar por encima de esa bulla*

**competence** [ˈkɒmpɪtəns], **competency** [ˈkɒmpɪtənsɪ] N 1 (= *ability*) competencia *f*, capacidad *f*; **her ~ as a nurse** su competencia *or* capacidad como enfermera; **he has achieved a certain level of ~ in reading** ha conseguido un cierto nivel de competencia en la lectura
2 (= *jurisdiction*) competencia *f*; **that is not within my ~** eso está fuera de mi competencia, eso no me compete

**competent** [ˈkɒmpɪtənt] ADJ 1 (= *proficient*) [*person, pilot, nurse*] competente, capaz; **to be ~ at sth** ser competente en algo; **students must be ~ in five basic subjects** los estudiantes tienen que ser competentes en *or* dominar cinco asignaturas fundamentales; **to feel ~ to do sth** sentirse capacitado para hacer algo
2 (= *satisfactory*) [*work, performance*] aceptable; **his work is ~, but not very original** su trabajo es aceptable pero no muy original; **a ~ knowledge of the language** un conocimiento *or* dominio suficiente del idioma; **he did a very ~ job** hizo su trabajo muy bien; **a highly ~ piece of work** un trabajo muy bien hecho
3 (*Jur*) [*court*] competente; [*witness*] hábil

**competently** [ˈkɒmpɪtəntlɪ] ADV [*handle, perform, play*] competentemente, de forma muy competente

**competing** [kəmˈpiːtɪŋ] ADJ [*product, bid, offer*] rival; [*interests*] conflictivo; **there are ~ claims on my time** hay muchas cosas que requieren mi tiempo

**competition** [ˌkɒmpɪˈtɪʃən] N 1 (= *competing*) competencia *f*, rivalidad *f*; **in ~ with** en competencia con; **there was keen ~ for the prize** se disputó reñidamente el premio
2 (*Comm*) competencia *f*; **unfair ~** competencia desleal
3 (= *contest*) concurso *m*; (*eg for Civil Service posts*) oposición *f*; (*Sport*) competición *f*; **to go in for a ~** ◊ **enter a ~** inscribirse en *or* presentarse a un concurso; **60 places to be filled by ~** 60 vacantes a cubrir por oposición

**competitive** [kəmˈpetɪtɪv] ADJ [*person*] competitivo; [*spirit*] competitivo, de competencia; [*exam, selection*] por concurso *or* oposiciones; (*Comm*) competitivo; **we must make ourselves more ~** tenemos que hacernos más competitivos; **we must improve our ~ position** tenemos que mejorar nuestras posibilidades de competir; **the technology has given them a ~ advantage** la tecnología les ha dado una ventaja competitiva; **~ sports** deportes *mpl* competitivos; *see also* **edge A5**

**competitively** [kəmˈpetɪtɪvlɪ] ADV [*think, behave*] con espíritu competidor; [*swim, run, play etc*] a nivel de competición; **~ priced** a precio competitivo; **their products are ~ priced** sus productos tienen precios competitivos

**competitiveness** [kəmˈpetɪtɪvnɪs] N [*of person*] espíritu *m* competitivo, espíritu *m* de competencia; [*of prices*] competitividad *f*

**competitor** [kəmˈpetɪtəʳ] N (= *rival*) competidor(a) *m/f*, rival *mf*; (*in contest*) concursante *mf*; (*Sport*) competidor(a) *m/f*, participante *mf*; (*eg for Civil Service post*) opositor(a) *m/f*; (*Comm*) competidor(a) *m/f*; **our ~s beat us to it** se nos adelantó la competencia

**compilation** [ˌkɒmpɪˈleɪʃən] Ⓐ N (= *act*) [*of list, catalogue*] compilación *f*; [*of information*] recopilación *f*; (= *document*) compilación *f*
Ⓑ CPD ► **compilation album** N (*Mus*) álbum *m* recopilatorio

**compile** [kəmˈpaɪl] VT [+ *list, catalogue*] compilar (*also Comput*); [+ *information*] recopilar

**compiler** [kəmˈpaɪləʳ] N [*of catalogue, list, dictionary*] compilador(a) *m/f* (*also Comput*); [*of information*] recopilador(a) *m/f*

**complacency** [kəmˈpleɪsənsɪ] N, **complacence** [kəmˈpleɪsns] N autosuficiencia *f*, satisfacción *f* de sí mismo *or* consigo

**complacent** [kəmˈpleɪsənt] ADJ [*person*] (demasiado) pagado de sí mismo; **a ~ look** una expresión de autosatisfacción; **we can't afford to be ~** no podemos permitirnos el lujo de confiarnos, no podemos dormirnos en los laureles

**complacently** [kəmˈpleɪsəntlɪ] ADV de modo satisfecho; **he looked at me ~** me miró con expresión de autosatisfacción

**complain** [kəmˈpleɪn] VI 1 (= *grumble*) quejarse (**about, of** de; **to** a); **to ~ that** quejarse de que; **they ~ed to the neighbours** se quejaron a los vecinos; **I can't ~** yo no me quejo
2 (= *make a formal complaint*) reclamar (**about** por; **to** ante); **we're going to ~ to the manager** vamos a reclamar al director; **you should ~ to the police** tendrías que denunciarlo a la policía
3 (*Med*) **to ~ of** quejarse de

**complainant** [kəmˈpleɪnənt] N (*Jur*) demandante *mf*, querellante *mf*

**complaint** [kəmˈpleɪnt] Ⓐ N 1 (= *statement of dissatisfaction*) queja *f*; (*to manager of shop etc*) reclamación *f*; (*to police*) denuncia *f*; **I had no ~s about the service** no tenía ninguna queja del servicio; **to have cause for ~** tener motivo de queja; **to make** *or* **lodge a ~** reclamar, formular una queja
2 (= *cause of dissatisfaction*) motivo *m* de queja
3 (*Med*) (= *illness*) mal *m*, dolencia *f*
Ⓑ CPD ► **complaints book** N libro *m* de reclamaciones ► **complaints department** N sección *f* de reclamaciones ► **complaints procedure** N procedimiento *m* para presentar reclamaciones

**complaisance** [kəmˈpleɪzəns] N (*liter*) complacencia *f*, sumisión *f*

**complaisant** [kəmˈpleɪzənt] ADJ (*gen*) servicial, cortés; [*wife, husband*] consentido, sumiso

**-complected** [kəmˈplektɪd] ADJ (*ending in compounds*) (*US*) = **-complexioned**

**complement** Ⓐ [ˈkɒmplɪmənt] N 1 (*gen*) complemento *m*; **to be a ~ to** complementar a; **this wine is the perfect ~ to smoked salmon** este vino complementa perfectamente al salmón ahumado
2 [*of staff*] (*esp on ship*) dotación *f*, personal *m*; **the orchestra did not have its full ~ of brass** la orquesta no contaba con su sección de metales completa
Ⓑ [ˈkɒmplɪment] VT complementar

**complementary** [ˌkɒmplɪˈmentərɪ] ADJ complementario; **the skirt and jacket are ~** la falda y la chaqueta son del mismo traje

**complete** [kəmˈpliːt] Ⓐ ADJ 1 (= *whole*) entero; **a ~ office block was burnt to the ground** un bloque de oficinas entero quedó reducido a cenizas
2 (= *finished*) terminado; **the work of restoring the farmhouse is ~** la restauración de la granja está terminada
3 (= *total*) [*control, lack*] total, absoluto; [*change*] total; [*surprise*] auténtico; **in ~ agreement** totalmente de acuerdo, en completo acuerdo; **in ~ contrast to sth/sb** todo lo contrario que algo/algn; **it's a ~ disaster** es un completo desastre, es un desastre total; **the man's a ~ idiot** es un auténtico idiota; **it is a ~ mistake to think that …** es totalmente erróneo pensar que …; **he is the ~ opposite of me** no nos parecemos en nada; **to my ~ satisfaction** para mi completa *or* total satisfacción
4 (= *full*) [*list, set, group*] completo; **the Complete Works of Shakespeare** las Obras Completas de Shakespeare; **at last her happiness was ~** por fin, su dicha era completa; **no garden is ~ without a bed of rose bushes** ningún jardín puede considerarse completo si no tiene un arriate de rosales
5 (= *all-round*) [*novelist, footballer*] completo, perfecto; **he is the ~ film-maker** es el director de cine completo *or* perfecto
6 **~ with:a mansion ~ with swimming pool** una mansión con piscina y todo; **he arrived ~ with equipment** llegó con todo su equipo; **the diary comes ~ with a ballpoint pen** la agenda viene con bolígrafo incluido; **it comes ~ with instructions** viene con sus correspondientes instrucciones
Ⓑ VT 1 (= *make up*) [+ *set, collection, team*] completar; [+ *misfortune, happiness*] colmar; **a grey silk tie ~d the outfit** una corbata de seda gris completaba el conjunto
2 (= *finish*) [+ *work*] terminar, acabar; [+ *contract*] cumplir, llevar a cabo; **the course takes three years to ~** se tarda tres años en hacer el curso; **to ~ a prison sentence** cumplir una pena de cárcel
3 (= *fill in*) [+ *form, questionnaire*] rellenar; **~ the application form** rellene la solicitud

**completely** [kəmˈpliːtlɪ] ADV completamente, totalmente; **something ~ different** algo completamente *or* totalmente diferente; **~ and utterly ridiculous** total y absolutamente ridículo; **almost ~** casi completamente, casi por completo; **I'm sorry, I ~ forgot** lo siento, me olvidé completamente *or* totalmente *or* por completo; **she's not ~ recovered yet** aún no está completamente *or* totalmente *or* del todo recuperada

**completeness** [kəm'pliːtnɪs] N [*of report, study, information*] lo completo; **at varying stages of ~** en diferentes fases de finalización

**completion** [kəm'pliːʃən] Ⓐ N finalización *f*, terminación *f*, conclusión *f*; **to be nearing ~** estar a punto de finalizarse *or* terminarse *or* concluirse, estar llegando a su finalización *or* conclusión; **on ~ of contract** cuando se cumpla el contrato
Ⓑ CPD ► **completion date** N (*Jur*) (*for work*) fecha *f* de cumplimiento; (*in house-buying*) fecha de entrega (de llaves)

**complex** ['kɒmpleks] Ⓐ ADJ (= *difficult*) complejo, complicado; (= *consisting of different parts*) complejo; (*Ling*) compuesto
Ⓑ N [1] (*Psych*) complejo *m*; **inferiority/Oedipus ~** complejo *m* de inferioridad/Edipo; **he's got a ~ about his nose** está acomplejado por su nariz, su nariz lo acompleja
[2] [*of buildings*] complejo *m*; **sports ~** complejo *m* deportivo; **housing ~** colonia *f* de viviendas, urbanización *f*; **shopping ~** complejo *m* comercial

**complexion** [kəm'plekʃən] N tez *f*, cutis *m*; (*in terms of colour*) tez *f*, piel *f*; (*fig*) cariz *m*, aspecto *m*; **that puts a different ~ on it** eso le da otro cariz *or* aspecto

**-complexioned** [kəm'plekʃnd] ADJ (*ending in compounds*) de piel ...; **dark-complexioned** de piel morena; **light-complexioned** de piel blanca

**complexity** [kəm'pleksɪtɪ] N complejidad *f*, lo complejo

**compliance** [kəm'plaɪəns] N (*with rules etc*) conformidad *f*; (= *submissiveness*) sumisión *f* (**with** a); **in ~ with** conforme a, en conformidad con

**compliant** [kəm'plaɪənt] ADJ sumiso

**complicate** ['kɒmplɪkeɪt] VT complicar

**complicated** ['kɒmplɪkeɪtɪd] ADJ complicado; **to become ~** ◊ **get ~** complicarse

**complication** [,kɒmplɪ'keɪʃən] N complicación *f*; **it seems there are ~s** parece que han surgido complicaciones *or* dificultades

**complicity** [kəm'plɪsɪtɪ] N complicidad *f* (**in** en)

**compliment** Ⓐ ['kɒmplɪmənt] N [1] (= *respect*) cumplido *m*; (= *flirtation*) piropo *m*; (= *flattery*) halago *m*; **what a nice ~!** ¡qué detalle!; **that was meant as a ~** lo dije con buena intención; **to pay sb a ~** (*respectful*) hacer cumplidos a algn; (*amorous*) echar piropos a algn; (= *flatter*) halagar a algn; **to return the ~** devolver el cumplido; **I take it as a ~ that ...** me halaga (el) que ...
[2] **compliments** (= *greetings*) saludos *mpl*; **my ~s to the chef** mi enhorabuena al cocinero; **the ~s of the season** felicidades *fpl*; **to send one's ~s to sb** enviar saludos a algn; **"with ~s"** "con un atento saludo"; **with the ~s of the management** obsequio de la casa; **with the ~s of Mr Pearce** con un atento saludo del Sr. Pearce, de parte del Sr. Pearce; **with the author's ~s** homenaje *m or* obsequio *m* del autor
Ⓑ ['kɒmplɪment] VT **to ~ sb on sth/on doing sth** felicitar a algn por algo/por conseguir algo; **they ~ed me on my Spanish** me felicitaron por mi español
Ⓒ ['kɒmplɪmənt] CPD ► **compliment(s) slip** N nota *f* de saludo, saluda *m* (*Admin*)

**complimentary** [,kɒmplɪ'mentərɪ] ADJ [1] [*remark etc*] elogioso; **he was very ~ about the play** habló de la obra en términos muy favorables
[2] (= *free*) [*copy of book etc*] de obsequio; **~ ticket** invitación *f*

**complin**, **compline** ['kɒmplɪn] N completas *fpl*

**comply** [kəm'plaɪ] VI **to ~ with** [+ *rules*] cumplir; [+ *laws*] acatar; [+ *orders*] obedecer; [+ *wishes, request*] acceder a

**component** [kəm'pəʊnənt] Ⓐ ADJ componente; **its ~ parts** (*of structure, device*) las piezas que lo integran; (*of organization, concept*) las partes que lo integran
Ⓑ N (= *part*) componente *m*; (*Tech*) pieza *f*
Ⓒ CPD ► **components factory** N fábrica *f* de componentes, maquiladora *f* (*LAm*)

**comport** [kəm'pɔːt] (*frm*) Ⓐ VI **to ~ with** concordar con
Ⓑ VT **to ~ o.s.** comportarse

**comportment** [kəm'pɔːtmənt] N (*frm*) comportamiento *m*

**compose** [kəm'pəʊz] VT [1] [+ *music*] componer; [+ *poetry, letter*] escribir; **to be ~d of** constar de, componerse de
[2] **to ~ o.s.** calmarse, serenarse

**composed** [kəm'pəʊzd] ADJ tranquilo, sereno

**composedly** [kəm'pəʊzɪdlɪ] ADV tranquilamente, serenamente

**composer** [kəm'pəʊzəʳ] N compositor(a) *m/f*

**composite** ['kɒmpəzɪt] Ⓐ ADJ compuesto
Ⓑ CPD ► **composite motion** N moción *f* compuesta

**composition** [,kɒmpə'zɪʃən] N [1] (*Mus*) (= *act of composing, thing composed*) composición *f*; (*Literat*) redacción *f*
[2] (*Art*) (= *make-up*) composición *f*

**compositional** [,kɒmpə'zɪʃənl] ADJ [*skill, style*] de composición

**compositor** [kəm'pɒzɪtəʳ] N cajista *mf*

**compos mentis** ['kɒmpɒs'mentɪs] ADJ **to be ~** estar en su sano *or* entero juicio; (*Jur*) estar en pleno uso de sus facultades mentales; **he normally takes a good hour to become ~** generalmente no es persona *or* no se espabila hasta que no pasa más de una hora

**compost** ['kɒmpɒst] Ⓐ N compost *m*, fertilizante *m* orgánico
Ⓑ CPD ► **compost heap** N montón *m* de desechos para formar el compost

**composting** ['kɒmpɒstɪŋ] N compostación *f*

**composure** [kəm'pəʊʒəʳ] N calma *f*, serenidad *f*; **to recover** *or* **regain one's ~** recobrar la calma

**compote** ['kɒmpəʊt] N compota *f*

**compound** ['kɒmpaʊnd] Ⓐ N [1] (*Chem*) compuesto *m*
[2] (= *word*) palabra *f* compuesta
[3] (= *enclosed area*) recinto *m* (cercado)
Ⓑ ['kɒmpaʊnd] ADJ [1] (*Chem*) compuesto
[2] [*number, sentence, tense*] compuesto
[3] [*fracture*] múltiple
Ⓒ [kəm'paʊnd] VT (*fig*) [+ *problem, difficulty*] agravar; **to ~ a felony** aceptar dinero para no entablar juicio
Ⓓ [kəm'paʊnd] VI (*Jur etc*) **to ~ with** capitular con
Ⓔ ['kɒmpaʊnd] CPD ► **compound interest** N interés *m* compuesto

**compounding** ['kɒmpaʊndɪŋ] N composición *f*

**comprehend** [,kɒmprɪ'hend] Ⓐ VT [1] (= *understand*) comprender, entender
[2] (= *include*) comprender, abarcar
Ⓑ VI comprender

**comprehensible** [,kɒmprɪ'hensəbl] ADJ comprensible

**comprehensibly** [,kɒmprɪ'hensəblɪ] ADV comprensiblemente, de modo comprensible

**comprehension** [,kɒmprɪ'henʃən] Ⓐ N [1] (= *understanding*) comprensión *f*; **it is beyond ~** es incomprensible
[2] (*Scol*) (= *exercise*) prueba *f* de comprensión
Ⓑ CPD ► **comprehension test** N test *m* de comprensión

**comprehensive** [,kɒmprɪ'hensɪv] Ⓐ ADJ [1] (= *complete*) [*list, guide, range*] completo; [*report, description, study*] exhaustivo; [*account, view*] de conjunto, integral; [*knowledge*] extenso; [*training*] completo, exhaustivo; [*victory, defeat*] aplastante
[2] (*Brit Scol*) **~ education** *sistema de enseñanza secundaria que abarca a alumnos de todos los niveles de aptitud*; **~ school** instituto *m* (de segunda enseñanza)
[3] (*Insurance*) (*also* **fully ~**) [*insurance, policy, cover*] a todo riesgo
Ⓑ N (*also* **~ school**) instituto *m* (de segunda enseñanza)

**COMPREHENSIVE SCHOOLS**

*La mayoría de las escuelas de educación secundaria en el Reino Unido se conocen como* **comprehensive schools** *y ofrecen una gran variedad de asignaturas para cubrir las necesidades educativas de alumnos con diferentes aptitudes. Fueron creadas en los años sesenta en un intento de fomentar la igualdad de oportunidades y acabar con la división tradicional entre los centros selectivos de enseñanzas teóricas (***grammar schools***) y otros de enseñanza básicamente profesional (***secondary modern schools***).*

⇨ *Ver tb* GRAMMAR SCHOOL, EDUCATION

**comprehensively** [,kɒmprɪ'hensɪvlɪ] ADV (= *thoroughly*) de forma exhaustiva; **the book is ~ illustrated** el libro está ampliamente ilustrado; **they were ~ beaten by the Italian champions** sufrieron una derrota aplastante frente a *or* ante los campeones italianos

**compress** Ⓐ [kəm'pres] VT (*gen*) comprimir; [+ *text etc*] condensar
Ⓑ ['kɒmpres] N (*Med*) compresa *f*

**compressed** [kəm'prest] Ⓐ ADJ comprimido
Ⓑ CPD ► **compressed air** N aire *m* comprimido ► **compressed charge** N (*US*) precio *m* inclusivo

**compression** [kəm'preʃən] N compresión *f*

**compressor** [kəm'presəʳ] Ⓐ N compresor *m*
Ⓑ CPD ► **compressor unit** N unidad *f* de compresión

**comprise** [kəm'praɪz] VT (= *include*) comprender; (= *be made up of*) constar de, consistir en

**compromise** ['kɒmprəmaɪz] Ⓐ N [1] (= *agreement*) arreglo *m*, solución *f* intermedia; **to reach a ~ (over sth)** llegar a un arreglo (sobre algo)
[2] (= *giving in*) transigencia *f*; **there can be no ~ with treason** no transigimos con la traición
Ⓑ VI [1] (= *reach an agreement*) llegar a un arreglo; **so we ~d on seven** así que, ni para uno ni para otro, convinimos en siete
[2] (= *give in*) transigir, transar (*LAm*); **to ~ with sb over sth** transigir con algn sobre algo; **to agree to ~ (with sb)** avenirse a transigir (con algn); **in the end I agreed to ~** terminé dando mi brazo a torcer

Ⓒ VT [1] (= *endangering safety of*) poner en peligro
[2] (= *bring under suspicion*) [+ *reputation, person*] comprometer; **to ~ o.s.** comprometerse
Ⓓ CPD [*decision, solution*] intermedio

**compromising** ['kɒmprəmaɪzɪŋ] ADJ [*situation*] comprometedor; [*mind, spirit*] acomodaticio

**comptometer** [kɒmp'tɒmɪtəʳ] N máquina *f* de calcular

**comptroller** [kən'trəʊləʳ] N interventor(a) *m/f*

**compulsion** [kəm'pʌlʃən] N [1] (= *urge*) compulsión *f*
[2] (= *force*) **under ~** a la fuerza, bajo coacción; **you are under no ~** no tienes ninguna obligación

**compulsive** [kəm'pʌlsɪv] ADJ compulsivo; *see also* **viewing**

**compulsively** [kəm'pʌlsɪvlɪ] ADV compulsivamente

**compulsorily** [kəm'pʌlsərɪlɪ] ADV por fuerza, forzosamente

**compulsory** [kəm'pʌlsərɪ] Ⓐ ADJ obligatorio
Ⓑ CPD ► **compulsory liquidation** N liquidación *f* obligatoria ► **compulsory purchase** N expropiación *f* ► **compulsory purchase order** N orden *f* de expropiación ► **compulsory redundancy** N despido *m* forzoso

**compunction** [kəm'pʌŋkʃən] N escrúpulo *m*; **without ~** sin escrúpulo

**computation** [,kɒmpjʊ'teɪʃən] N [1] (*gen*) (*often pl*) cómputo *m*, cálculo *m*
[2] (*Comput*) computación *f*

**computational** [,kɑmpjʊ'teɪʃənl] Ⓐ ADJ computacional
Ⓑ CPD ► **computational linguistics** N lingüística *f* computacional

**compute** [kəm'pjuːt] VT computar, calcular

**computer** [kəm'pjuːtəʳ] Ⓐ N ordenador *m* (*Sp*), computador *m* (*LAm*), computadora *f* (*LAm*); **we do it by ~ now** ahora lo hacemos con el ordenador; **the records have all been put on ~** todos los registros han entrado en (el) ordenador; **she's in ~s** se dedica a la informática, trabaja en algo de informática
Ⓑ CPD ► **computer animation** N animación *f* por ordenador ► **computer crime** N delitos *mpl* informáticos ► **computer dating service** N agencia *f* matrimonial por ordenador ► **computer expert** N experto/a *m/f* en ordenadores ► **computer game** N vídeojuego *m* ► **computer graphics** NPL gráficas *fpl* por ordenador ► **computer language** N lenguaje *m* de ordenador ► **computer literacy** N competencia *f* en la informática ► **computer model** N modelo *m* informático ► **computer operator** N operador(a) *m/f* de ordenador ► **computer peripheral** N periférico *m* ► **computer printout** N impresión *f* (de ordenador) ► **computer program** N programa *m* de ordenador ► **computer programmer** N programador(a) *m/f* de ordenadores ► **computer programming** N programación *f* de ordenadores ► **computer science** N informática *f* ► **computer scientist** N informático/a *m/f* ► **computer simulation** N simulación *f* por ordenador ► **computer skills** NPL conocimientos *mpl* de informática ► **computer studies** NPL = **computer science** ► **computer typesetting** N composición *f* por ordenador ► **computer user** N usuario/a *m/f* de ordenador

**computer-aided** [kəm'pjuːtər'eɪdɪd], **computer-assisted** [kəm'pjuːtərə'sɪstɪd] ADJ asistido por ordenador *or* (*LAm*) computador *or* computadora

**computer-controlled** [kəm'pjuːtəkən'trəʊld] ADJ controlado por ordenador *or* (*LAm*) computador *or* computadora

**computerese** [kəm,pjuːtə'riːz] N jerga *f* informática

**computer-generated** [kəm,pjuːtə'dʒenəreɪtɪd] ADJ [*graphics, images*] realizado *or* creado por ordenador *or* (*LAm*) computador *or* computadora

**computerization** [kəm,pjuːtəraɪ'zeɪʃən] N computerización *f*, computarización *f*

**computerize** [kəm'pjuːtəraɪz] VT [+ *company, hospital, system, accounts*] informatizar; [+ *data, information, records*] computerizar, computarizar, informatizar; **we're ~d now** ya nos hemos informatizado

**computer-literate** [kəm,pjuːtə'lɪtərɪt] ADJ **to be computer literate** saber cómo utilizar un ordenador

**computer-operated** [kəm,pjuːtər'ɒpəreɪtɪd] ADJ operado por ordenador *or* (*LAm*) computador *or* computadora, computerizado

**computing** [kəm'pjuːtɪŋ] Ⓐ N informática *f*
Ⓑ CPD ► **computing problem** N problema *m* de cómputo ► **computing task** N tarea *f* de computar

**comrade** ['kɒmrɪd] N compañero/a *m/f*, camarada *mf*; (*Pol*) camarada *mf*

**comrade-in-arms** ['kɒmrɪdɪn'ɑːmz] N compañero *m* de armas

**comradely** ['kɒmreɪdlɪ] ADJ de camarada; **I gave him some ~ advice** le di unos consejos de camarada; **we did it in a ~ spirit** lo hicimos como camaradas

**comradeship** ['kɒmrɪdʃɪp] N compañerismo *m*, camaradería *f*

**Comsat®** ['kɒmsæt] N ABBR (*US*) (= **communications satellite**) COMSAT® *m*

**con¹*** [kɒn] Ⓐ VT estafar, timar; **I've been ~ned!** ¡me han estafado!; **to ~ sb into doing sth** engañar a algn para que haga algo
Ⓑ N estafa *f*, timo *m*; **it was all a big ~** no fue más que una estafa
Ⓒ CPD ► **con artist, con man** N estafador(a) *m/f*, timador(a) *m/f* ► **con trick** N = **confidence trick**

**con²** [kɒn] N (= *disadvantage*) contra *m*; **the pros and ~s** los pros y los contras

**con³††** [kɒn] VT (*also* **to ~ over**) estudiar, repasar

**con⁴‡** [kɒn] N (= *prisoner*) preso/a *m/f*

**Con.** ABBR (*Brit*) [1] = **Conservative**
[2] = **constable**

**conc.** ABBR = **concessions**; **admission £5 (~ £4)** entrada: 5 libras (tarifa reducida: 4 libras) (*para jubilados, parados, estudiantes, etc*)

**concatenate** [kɒn'kætɪ,neɪt] VT (*frm*) concatenar

**concatenation** [kɒn,kætɪ'neɪʃən] N (*frm*) concatenación *f*

**concave** ['kɒn'keɪv] ADJ cóncavo

**concavity** [kɒn'kævɪtɪ] N concavidad *f*

**conceal** [kən'siːl] VT [+ *object, news*] ocultar; [+ *emotions, thoughts*] disimular; (*Jur*) encubrir; **~ed lighting** luces *fpl* indirectas; **~ed turning** (*Aut*) cruce *m* poco visible

**concealment** [kən'siːlmənt] N [*of object*] ocultación *f*; [*of emotion*] disimulación *f*; (*Jur*) encubrimiento *m*; **place of ~** escondrijo *m*

**concede** [kən'siːd] Ⓐ VT [+ *point, argument*] reconocer, conceder; [+ *game, territory*] ceder; **to ~ that** admitir que; **to ~ defeat** darse por vencido
Ⓑ VI ceder, darse por vencido

**conceit** [kən'siːt] N [1] (= *pride*) vanidad *f*, presunción *f*, engreimiento *m*
[2] (*Literat*) concepto *m*

**conceited** [kən'siːtɪd] ADJ vanidoso, engreído; **to be ~ about** envanecerse con *or* de *or* por

**conceitedly** [kən'siːtɪdlɪ] ADV con vanidad *or* engreimiento

**conceivable** [kən'siːvəbl] ADJ imaginable, concebible

**conceivably** [kən'siːvəblɪ] ADV **you may ~ be right** es posible que tenga razón; **it cannot ~ be true** no es posible que sea verdad; **more than one could ~ need** más de lo que se podría imaginar como necesidad

**conceive** [kən'siːv] Ⓐ VT [1] [+ *child*] concebir
[2] (= *imagine*) concebir; **to ~ a dislike for sth/sb** cobrar antipatía a algo/algn
Ⓑ VI [1] (= *become pregnant*) concebir
[2] (= *think*) **to ~ of sth** imaginar algo; **to ~ of doing sth** imaginarse haciendo algo; **I cannot ~ of anything worse** no me puedo imaginar nada peor; **I cannot ~ why** no entiendo porqué

**concelebrant** [kən'selɪ,brənt] N (*frm*) concelebrante *m*

**concelebrate** [kən'selɪbreɪt] VT (*frm*) [+ *mass*] concelebrar

**concentrate** ['kɒnsəntreɪt] Ⓐ VT [1] [+ *efforts, thoughts*] concentrar; **to ~ one's efforts on sth/on doing sth** centrar *or* concentrar los esfuerzos en algo/en hacer algo; **he ~d his mind on the task ahead** se concentró *or* se centró en la tarea que tenía por delante
[2] (= *group together*) [+ *troops etc*] concentrar, reunir; **heavy industry is ~d in the north of the country** la industria pesada se concentra en el norte del país
Ⓑ VI [1] (= *pay attention*) concentrarse; **I couldn't ~** no me podía concentrar; **~!** ¡concéntrate!; **to ~ on sth** concentrarse en algo; **I was concentrating on my homework** me estaba concentrando en los deberes
[2] (= *focus on*) **to ~ on sth** centrarse en algo; **the talks are expected to ~ on practical issues** se espera que las conversaciones se centren en *or* giren en torno a cuestiones prácticas; **to ~ on doing sth** concentrarse *or* centrarse en hacer algo
[3] (= *come together*) [*troops, crowd*] concentrarse, reunirse
Ⓒ N (*Chem*) concentrado *m*

**concentrated** ['kɒnsən,treɪtʃd] ADJ concentrado

**concentration** [,kɒnsən'treɪʃən] Ⓐ N concentración *f*
Ⓑ CPD ► **concentration camp** N campo *m* de concentración

**concentric** [kən'sentrɪk] ADJ concéntrico

**concept** ['kɒnsept] Ⓐ N concepto *m*; **have you any ~ of how hard it is?** ¿tienes idea de lo difícil que es?
Ⓑ CPD ► **concept album** N (*Mus*) volumen *m* monográfico

**conception** [kən'sepʃən] N [1] [*of child, idea*] concepción *f*; *see also* **immaculate**
[2] (= *idea*) concepto *m*; **a bold ~** un concepto grandioso; **he has not the remotest ~ of ...** no tiene ni la menor idea de ...

**conceptual** [kən'septjʊəl] Ⓐ ADJ conceptual
Ⓑ CPD ► **conceptual art** N arte *m* conceptual

**conceptualization** [kən,septjʊəlaɪ'zeɪʃən] N conceptualización *f*

**conceptualize** [kən'septjʊəlaɪz] VT conceptualizar

➤ LANGUAGE IN USE: **compulsory** A 10.1, 10.3

**conceptually** [kən'septjʊəlɪ] ADV conceptualmente, como concepto; **~, the idea made sense** como concepto, la idea podía funcionar

**concern** [kən'sɜːn] Ⓐ N [1] (= *business*) asunto *m*; **it's no ~ of yours** no es asunto tuyo; **technical aspects were the ~ of the army** de los aspectos técnicos se encargaba el ejército, los aspectos técnicos eran asunto del ejército; **if they want to go ahead, that's their ~** si quieren seguir adelante, es asunto suyo; **what ~ is it of yours?** ¿qué tiene que ver contigo?
[2] (= *anxiety*) preocupación *f*; **his health is giving cause for ~** su salud está dando motivo de preocupación; **to express ~ about sth** expresar preocupación por algo; **it is a matter for ~ that ...** es motivo de preocupación el (hecho de) que ...; **with an expression** *or* **a look of ~** con cara preocupada *or* de preocupación; **there is ~ that ...** preocupa que ...
[3] (= *interest, regard*) interés *m*; **my main ~ is the welfare of my children** mi interés principal *or* lo que más me preocupa es el bienestar de mis hijos; **it's of no ~ to me** me tiene sin cuidado, a mí no me importa; **out of ~ for her feelings, I didn't say anything** no dije nada por no herir sus sentimientos; **out of ~ for the public's safety** por la seguridad pública
[4] (= *firm*) negocio *m*, empresa *f*; **a family ~** un negocio familiar; **a going ~** un negocio próspero, una empresa próspera; **the farm is not a going ~** la granja no es un buen negocio
Ⓑ VT [1] (= *affect*) afectar, concernir; **it ~s me directly** me afecta *or* concierne directamente; **it doesn't ~ you at all** no te afecta *or* concierne para nada
[2] (= *interest, involve*) **please contact the department ~ed** póngase en contacto con la sección correspondiente; **it is best for all ~ed** es lo mejor para todas las partes interesadas; **as far as I am ~ed** por *or* en lo que a mí se refiere, por *or* en lo que a mí respecta; **she can go to hell as far as I'm ~ed** por mí se puede ir a la porra*, por *or* en lo que a mí respecta se puede ir a la porra*; **I was just another student as far as he was ~ed** para él yo no era más que otra estudiante; **to ~ o.s. with sth**: **I didn't ~ myself with politics** no me metí en política; **don't ~ yourself with things you can do nothing about** no te preocupes por cosas que están fuera de tu alcance; **those ~ed** los interesados; **to whom it may ~** (*frm*) a quien corresponda; **to be ~ed with sth**: **essential reading for anyone ~ed with children** lecturas fundamentales para cualquiera al que le interesen los niños; **they are mainly ~ed with maximizing profits** su interés principal es maximizar los beneficios
[3] (= *be about*) **my question ~s money** mi pregunta hace referencia al dinero; **chapter two is ~ed with the civil war** el capítulo dos trata de la guerra civil
[4] (= *worry*) preocupar; **it ~s me that ...** me preocupa el hecho de que ...

**concerned** [kən'sɜːnd] ADJ [1] (= *worried*) preocupado; **to be ~ about sth/sb** estar preocupado por algo/algn; **I'm not nagging, I'm ~ about you** no es que quiera darte la lata, estoy preocupado por ti *or* me preocupas; **to be ~ at** *or* **by sth** estar preocupado por algo; **doctors are ~ at his slow recovery** los médicos están preocupados por *or* a los médicos les preocupa la lentitud con la que se está recuperando; **to be ~ for sth/sb** estar preocupado por algo/algn; **he was ~ for his son's happiness** le preocupaba la felicidad de su hijo; **he sounded very ~** parecía estar muy preocupado; **he was ~ that he might have hurt her** le preocupaba que pudiera haberle hecho daño
[2] **to be ~ to do sth** poner mucho interés en hacer algo; **Britain was ~ to avoid war** Gran Bretaña puso mucho interés en evitar la guerra; *see also* **concern B2**

**concerning** [kən'sɜːnɪŋ] PREP [1] (= *with regard to*) con respecto a, con relación a, en lo que se refiere a (*frm*); **~ your last remark, ...** con respecto *or* relación a su último comentario, ..., en lo que se refiere a su último comentario, ...
[2] (= *about*) sobre, acerca de; **theories ~ evolution** teorías sobre *or* acerca de la evolución; **something ~ his mother** algo que tenía que ver con su madre, algo relacionado con su madre

**concert** Ⓐ ['kɒnsət] N concierto *m*; **to give a ~** dar un concierto; **in ~** (*Mus*) en concierto; **in ~ with** (*Mus*) en concierto con; (*fig*) (= *in agreement with*) de común acuerdo con
Ⓑ [kən'sɜːt] VT concertar
Ⓒ ['kɒnsət] CPD ► **concert grand** N piano *m* de cola ► **concert hall** N sala *f* de conciertos ► **concert party** N (*Theat*) grupo *m* de artistas de revista; (*Fin*) *conjunto de inversores que se pone de acuerdo en secreto para adquirir la mayoría de las acciones de una empresa* ► **concert performer** N concertista *mf* ► **concert pianist** N pianista *mf* de concierto ► **concert pitch** N diapasón *m* normal; **at ~ pitch** (*fig*) en plena forma, en un momento excelente ► **concert ticket** N entrada *f* de concierto ► **concert tour** N gira *f* de conciertos

**concerted** [kən'sɜːtɪd] ADJ [*campaign, attack*] coordinado, organizado; [*attempt*] coordinado, concertado; **to make a ~ effort (to do sth)** aunar *or* coordinar los esfuerzos (por hacer algo)

**concertgoer** ['kɒnsət,gəʊəʳ] N aficionado/a *m/f* a los conciertos; **we are regular ~s** vamos con regularidad a los conciertos

**concertina** [,kɒnsə'tiːnə] Ⓐ N concertina *f*
Ⓑ VI **the vehicles ~ed into each other** los vehículos quedaron hechos un acordeón
Ⓒ CPD ► **concertina crash** N (*Aut*) choque *m* *or* colisión *f* en cadena

**concertmaster** ['kɒnsət,mɑːstəʳ] N (*US*) primer violín *m*

**concerto** [kən'tʃɛətəʊ] N (*pl* **concertos, concerti** [kən'tʃɛətiː]) concierto *m*

**concession** [kən'seʃən] N [1] (= *reduction*) concesión *f*; (*on tax*) desgravación *f*, exención *f*; **price ~** reducción *f*
[2] (= *franchise*) concesión *f*; (= *exploration rights*) (*for oil*) derechos *mpl* de exploración

**concessionaire** [kən,seʃə'nɛəʳ] N (*esp US*) concesionario/a *m/f*

**concessionary** [kən'seʃənərɪ] Ⓐ ADJ [*ticket, fare*] reducido
Ⓑ N concesionario/a *m/f*

**conch** [kɒntʃ] N (*pl* **conchs** *or* **conches**) [1] (= *shell*) caracola *f*
[2] (*Archit*) cóclea *f*

**concierge** [,kɔ̃ːnsɪ'ɛəʒ] N conserje *m*

**conciliate** [kən'sɪlɪeɪt] VT conciliar

**conciliation** [kən,sɪlɪ'eɪʃən] Ⓐ N conciliación *f*
Ⓑ CPD ► **conciliation service** N servicio *m* de conciliación

**conciliator** [kən'sɪlɪeɪtəʳ] N conciliador(a) *m/f*; (*Ind*) árbitro *mf*

**conciliatory** [kən'sɪlɪətərɪ] ADJ conciliador

**concise** [kən'saɪs] ADJ conciso

**concisely** [kən'saɪslɪ] ADV concisamente, con concisión

**conciseness** [kən'saɪsnɪs] N, **concision** [kən'sɪʒən] N concisión *f*

**conclave** ['kɒnkleɪv] N cónclave *m*

**conclude** [kən'kluːd] Ⓐ VT [1] (= *end*) acabar, concluir; **"to be ~d"** [*serial*] "terminará en el próximo episodio"
[2] (= *finalize*) [+ *treaty*] concertar, pactar; [+ *agreement*] llegar a, concertar; [+ *deal*] cerrar
[3] (= *infer*) concluir; **it was ~d that ...** se concluyó que ...; **what are we to ~ from that?** ¿que conclusión se saca de eso?; **from your expression I ~ that you are angry** por tu expresión deduzco que estás enfadado
[4] (*US*) (= *decide*) decidir (**to do sth** hacer algo)
Ⓑ VI (= *end*) terminar, concluir; **he ~d by saying** terminó diciendo; **the judge ~d in his favour** el juez decidió a su favor; **to ~ I must say ...** para concluir *or* terminar, debo decir ...

**concluding** [kən'kluːdɪŋ] ADJ final

**conclusion** [kən'kluːʒən] N [1] (= *end*) conclusión *f*, término *m*; **to reach a happy ~** llegar a feliz término; **in ~** para concluir *or* terminar, en conclusión; **to bring sth to a ~** concluir algo
[2] (= *signing*) [*of treaty, agreement, deal*] firmar *m*
[3] (= *inference*) conclusión *f*; **to come to the ~ that** llegar a la conclusión de que; **draw your own ~s** extraiga usted las conclusiones oportunas; **to jump to ~s** sacar conclusiones precipitadas; *see also* **foregone**

**conclusive** [kən'kluːsɪv] ADJ [*answer, victory*] concluyente, decisivo; [*proof*] concluyente

**conclusively** [kən'kluːsɪvlɪ] ADV concluyentemente

**concoct** [kən'kɒkt] VT [+ *food, drink*] confeccionar; [+ *lie, story*] inventar; [+ *plot*] tramar, fraguar

**concoction** [kən'kɒkʃən] N [1] (= *food*) mezcla *f*, mejunje *m*; (= *drink*) brebaje *m*
[2] (= *act*) [*of food, drink*] confección *f*; [*of story*] invención *f*

**concomitant** [kən'kɒmɪtənt] (*frm*) Ⓐ ADJ concomitante
Ⓑ N hecho *m* concomitante

**concord** ['kɒŋkɔːd] N [1] (= *harmony*) concordia *f*
[2] (= *treaty*) acuerdo *m*
[3] (*Mus, Gram*) concordancia *f*

**concordance** [kən'kɔːdəns] N [1] (= *agreement*) concordancia *f*
[2] (= *index, book*) concordancias *fpl*

**concordant** [kən'kɔːdənt] ADJ concordante

**concordat** [kɒn'kɔːdæt] N concordato *m*

**Concorde** ['kɒŋkɔːd] N Concorde *m*; **to fly by ~** volar en Concorde

**concourse** ['kɒŋkɔːs] N [1] [*of people*] concurrencia *f*; [*of rivers*] confluencia *f*
[2] (*in building, station*) explanada *f*

**concrete** ['kɒnkriːt] Ⓐ ADJ [1] (= *not abstract*) concreto
[2] (*Constr*) de hormigón *or* (*LAm*) concreto
Ⓑ N hormigón *m*
Ⓒ VT **to ~ a path** cubrir un sendero de hormigón
Ⓓ CPD ► **concrete jungle** N jungla *f* de asfalto ► **concrete mixer** N hormigonera *f* ► **concrete noun** N nombre *m* concreto

**concretion** [kən'kriːʃən] N concreción *f*

➤ LANGUAGE IN USE: concern B2 26.2 concerned 1 26.1 conclude B 26.1, 26.2 conclusion 1, 3 26.1

**concretize** ['kɒnkrɪtaɪz] VT concretar

**concubine** ['kɒŋkjʊbaɪn] N concubina *f*

**concupiscence** [kən'kju:pɪsəns] N (*frm*) concupiscencia *f*

**concupiscent** [kən'kju:pɪsənt] ADJ (*frm*) concupiscente

**concur** [kən'kɜ:ʳ] VI [1] (= *agree*) estar de acuerdo (**with** con)
[2] (= *happen at the same time*) concurrir

**concurrence** [kən'kʌrəns] N [1] (*frm*) (= *consent*) conformidad *f*
[2] (= *coincidence*) concurrencia *f*

**concurrent** [kən'kʌrənt] Ⓐ ADJ concurrente; **~ with** concurrente con
Ⓑ CPD ► **concurrent processing** N procesamiento *m* concurrente

**concurrently** [kən'kʌrəntlɪ] ADV al mismo tiempo, simultáneamente

**concuss** [kən'kʌs] VT (*Med*) producir una conmoción cerebral a

**concussed** [kən'kʌst] ADJ **to be ~** sufrir una conmoción cerebral

**concussion** [kən'kʌʃən] N (*Med*) conmoción *f* cerebral

**condemn** [kən'dem] VT (= *sentence, censure*) condenar; [+ *building*] declarar en ruina; [+ *food*] declarar insalubre; **to ~ sb to death** condenar a algn a muerte; **the ~ed cell** la celda de los condenados a muerte; **the ~ed man** el reo de muerte; **such conduct is to be ~ed** tal conducta es censurable

**condemnation** [,kɒndem'neɪʃən] N (= *sentencing*) condena *f*; (= *censure*) censura *f*

**condemnatory** [,kɒndem'neɪtərɪ] ADJ condenatorio

**condensation** [,kɒnden'seɪʃən] N [1] (= *vapour*) vaho *m*
[2] (= *summary*) resumen *m*

**condense** [kən'dens] Ⓐ VT [1] [+ *vapour*] condensar; **~d milk** leche *f* condensada
[2] [+ *text*] abreviar, resumir
Ⓑ VI condensarse

**condenser** [kən'densəʳ] N condensador *m*

**condescend** [,kɒndɪ'send] VI **to ~ to sb** tratar a algn con condescendencia; **to ~ to do sth** dignarse (a) hacer algo, condescender a hacer algo

**condescending** [,kɒndɪ'sendɪŋ] ADJ [*attitude, tone, smile*] condescendiente; **in a ~ way** de manera condescendiente; **he's very ~** tiene una actitud muy condescendiente, se cree muy superior; **they were so ~** su actitud fue tan condescendiente; **to be ~ to** *or* **towards sb** tratar a algn con condescendencia

**condescendingly** [,kɒndɪ'sendɪŋlɪ] ADV con condescendencia; **to treat people ~** tratar a la gente con condescendencia; **he ~ agreed to do it** accedió hacerlo como si de un favor se tratara

**condescension** [,kɒndɪ'senʃən] N condescendencia *f*

**condiment** ['kɒndɪmənt] N condimento *m*

**condition** [kən'dɪʃən] Ⓐ N [1] (= *state*) condición *f*, estado *m*; **in good ~** en buenas condiciones, en buen estado; **to keep o.s. in ~** mantenerse en forma; **living ~s** condiciones de vida; **to be in no ~ to do sth** no estar en condiciones de hacer algo; **to be out of ~** no estar en forma; **physical ~** estado físico; **physical ~s** condiciones físicas; **in poor ~** en malas condiciones; **weather ~s** estado del tiempo; **working ~s** condiciones de trabajo
[2] (= *stipulation*) condición *f*; **on ~ that** a condición de que; **on no ~** bajo ningún concepto; **I'll do it on one ~** lo haré, con una condición; **on this ~** con esta condición; **~s of sale** condiciones de venta
[3] (= *circumstance*) circunstancia *f*; **under existing ~s** en las circunstancias actuales
[4] (= *disease*) enfermedad *f*, padecimiento *m*; **he has a heart ~** tiene una afección cardíaca
[5] (*social*) clase *f*; **of humble ~** de clase humilde
Ⓑ VT [1] (= *make healthy*) [+ *hair*] condicionar
[2] (= *determine*) determinar; **to be ~ed by** depender de
[3] (*Psych*) (= *train*) condicionar

**conditional** [kən'dɪʃənl] Ⓐ ADJ condicional; **~ offer** oferta *f* condicional; **~ tense/clause** tiempo *m*/oración *f* condicional; **to be ~ upon** depender de
Ⓑ N condicional *m*

**conditionally** [kən'dɪʃnəlɪ] ADV condicionalmente, con reservas

**conditioned** [kən'dɪʃənd] Ⓐ ADJ condicionado
Ⓑ CPD ► **conditioned reflex** N reflejo *m* condicionado

**conditioner** [kən'dɪʃənəʳ] N (*for hair*) suavizante *m*, acondicionador *m* (*LAm*), enjuague *m* (*LAm*); (*for skin*) crema *f* suavizante; (= *fabric conditioner*) suavizante *m*

**conditioning** [kən'dɪʃənɪŋ] Ⓐ ADJ **~ shampoo** champú *m* acondicionador
Ⓑ N (*social*) condicionamiento *m*; *see also* **air B**

**condo*** ['kɒndəʊ] N (*US*) = **condominium**

**condole** [kən'dəʊl] VI (*frm*) **to ~ with sb** condolerse de algn

**condolence** [kən'dəʊləns] N (*usu pl*) pésame *m*; **to send one's ~s** dar el pésame; **please accept my ~s** le acompaño en el sentimiento

**condom** ['kɒndəm] N condón *m*, preservativo *m*

**condominium** [,kɒndə'mɪnɪəm] N (*pl* **condominiums**) [1] (*US*) (= *building*) bloque *m* de pisos, condominio *m* (*LAm*) (*en copropiedad de los que lo habitan*); (= *apartment*) piso *m* or apartamento *m* (en propiedad), condominio *m* (*LAm*)
[2] (*Pol*) condominio *m*

**condone** [kən'dəʊn] VT consentir, tolerar

**condor** ['kɒndɔ:ʳ] N cóndor *m*

**conduce** [kən'dju:s] VI **to ~ to** conducir a

**conducive** [kən'dju:sɪv] ADJ **~ to** conducente a

**conduct** Ⓐ ['kɒndʌkt] N (= *behaviour*) comportamiento *m*, conducta *f*; [*of business etc*] dirección *f*, manejo *m*
Ⓑ [kən'dʌkt] VT [1] (= *guide*) llevar, conducir; **~ed tour** visita *f* con guía; **we were ~ed to the interview room** nos llevaron *or* condujeron a la sala de entrevistas; **we were ~ed round by Lord Rice** Lord Rice actuó de guía
[2] [+ *heat, electricity*] conducir
[3] [+ *campaign*] dirigir, llevar; [+ *legal case*] presentar; (*Mus*) dirigir; **I don't like the way they ~ business** no me gusta la forma en que llevan los negocios, no me gusta la forma de hacer negocios que tienen; **to ~ a correspondence with sb** estar en correspondencia con algn, cartearse con algn
[4] (= *behave*) **to ~ o.s.** comportarse
Ⓒ [kən'dʌkt] VI (*Mus*) dirigir
Ⓓ ['kɒndʌkt] CPD ► **conduct report** N (*Scol*) informe *m* de conducta

**conduction** [kən'dʌkʃən] N (*Elec*) conducción *f*

**conductive** [kən'dʌktɪv] ADJ conductivo

**conductivity** [,kɒndʌk'tɪvɪtɪ] N conductividad *f*

**conductor** [kən'dʌktəʳ] N [1] (*Mus*) director(a) *m/f*; (*on bus*) cobrador(a) *m/f*; (*US Rail*) revisor(a) *m/f*
[2] (*Phys*) [*of heat, electricity*] conductor *m*; (*also* **lightning ~**) pararrayos *m inv*

**conductress** [kən'dʌktrɪs] N cobradora *f*

**conduit** ['kɒndɪt] N conducto *m*

**cone** [kəʊn] N [1] (*Math*) cono *m*; **traffic ~** cono *m* señalizador
[2] (*Bot*) piña *f*
[3] (*also* **ice cream ~**) cucurucho *m*

►**cone off** VT + ADV [+ *road*] cerrar *or* cortar con conos

**coney** ['kəʊnɪ] N (*US*) conejo *m*

**confab*** ['kɒnfæb] N = **confabulation**

**confabulate** [kən'fæbjʊleɪt] VI conferenciar

**confabulation** [kən,fæbjʊ'leɪʃən] N conferencia *f*

**confection** [kən'fekʃən] N [1] (*Culin*) dulce *m*, confite *m*
[2] (= *thing produced*) creación *f*
[3] (= *manufacture*) confección *f*, hechura *f*

**confectioner** [kən'fekʃənəʳ] N confitero/a *m/f*; **~'s (shop)** confitería *f*, dulcería *f* (*LAm*); **~'s sugar** (*US*) azúcar *m* glas(eado)

**confectionery** [kən'fekʃənərɪ] N (= *sweets*) dulces *mpl*, golosinas *fpl*; (*Brit*) (= *cakes*) pasteles *mpl*

**confederacy** [kən'fedərəsɪ] N (= *alliance*) confederación *f*; (= *plot*) complot *m*; **the Confederacy** (*US*) los Estados Confederados

**confederate** Ⓐ [kən'fedərɪt] ADJ confederado
Ⓑ [kən'fedərɪt] N [1] (*pej*) (= *accomplice*) cómplice *mf*
[2] (*US Hist*) confederado/a *m/f*
Ⓒ [kən'fedəreɪt] VT confederar
Ⓓ [kən'fedəreɪt] VI confederarse

**confederation** [kən,fedə'reɪʃən] N confederación *f*

**confer** [kən'fɜ:ʳ] Ⓐ VT **to ~ sth on sb** [+ *honour*] conceder *or* otorgar algo a algn; [+ *title*] conferir *or* conceder algo a algn
Ⓑ VI conferenciar, estar en consultas; **to ~ with sb** consultar con algn

**conferee** [,kɒnfɜ:'ri:] N (*US*) congresista *mf*

**conference** ['kɒnfərəns] Ⓐ N (= *discussion, meeting*) reunión *f*, conferencia *f*; (= *assembly*) asamblea *f*, congreso *m*; (*party political, academic*) congreso *m*; **to be in ~** estar en una reunión; *see also* **press D**, **video**
Ⓑ CPD ► **conference call** N conferencia *f* ► **conference centre** N (= *town*) ciudad *f* de congresos; (= *building*) palacio *m* de congresos; (*in institution*) centro *m* de conferencias ► **conference hall** N sala *f* de conferencias *or* congresos ► **conference member** N congresista *mf* ► **conference room** N sala *f* de conferencias ► **conference system** N sistema *m* de conferencias ► **conference table** N mesa *f* negociadora

**conferencing** ['kɒnfərənsɪŋ] Ⓐ N (*Comput*) conferencia *f*; *see also* **video**
Ⓑ CPD ► **conferencing system** N sistema *m* de conferencias

**conferment** [kən'fɜ:mənt], **conferral** [kən'fɜ:rəl] N [*of honour*] otorgamiento *m*, concesión *f* (**on** a); [*of title*] concesión *f* (**on** a)

**confess** [kən'fes] Ⓐ VT [1] [+ *crime, sin*] confesar; [+ *guilt, error*] confesar, reconocer; **to ~ that …** confesar que …; **to ~ one's guilt** confesar *or* reconocer ser culpable; **to ~ o.s. guilty of** [+ *sin, crime*] confesarse culpable de; **I ~ myself totally ignorant** me confieso totalmente ignorante en eso
[2] (*Rel*) **to ~ sb** confesar a algn
Ⓑ VI [1] (= *admit*) confesar; **he ~ed to the murder** se confesó culpable del asesinato, confesó haber cometido el asesinato; **to ~ to**

**doing sth** confesarse culpable de haber hecho algo; **I must ~, I like your car** debo reconocer que me gusta tu coche; **to ~ to a liking for sth** reconocerse aficionado a algo
2 (*Rel*) confesarse

**confessed** [kən'fest] ADJ declarado

**confession** [kən'feʃən] N 1 (= *act, document*) confesión *f*; **to make a ~** confesar, hacer una confesión; **to make a full ~** confesarlo todo, confesar de plano.
2 (*Rel*) **to go to ~** confesarse; **to hear sb's ~** confesar a algn; **~ of faith** profesión *f* de fe

**confessional** [kən'feʃənl] N confesionario *m*

**confessor** [kən'fesəʳ] N (*Rel*) (= *priest*) confesor *m*; (= *adviser*) director *m* espiritual

**confetti** [kən'feti:] N confeti *m*

**confidant** [,kɒnfɪ'dænt] N confidente *m*

**confidante** [,kɒnfɪ'dænt] N confidenta *f*

**confide** [kən'faɪd] Ⓐ VT (= *tell*) [+ *secret*] confiar; **he ~d to me that …** me confió que …, me dijo en confianza que …; **to ~ sth to sb** confiar algo a algn, contar algo en confianza a algn
Ⓑ VI 1 (= *trust*) **to ~ in sb** confiarse a algn, hacer confidencias a algn; **please ~ in me** puedes fiarte de mí
2 (= *tell secrets*) **to ~ in sb** confiarse a algn; **to ~ in** *or* **to sb that …** confiar a algn que …, confesar a algn en secreto que …

▼**confidence** ['kɒnfɪdəns] Ⓐ N 1 (= *trust*) confianza *f*; **to gain sb's ~** ganarse la confianza de algn; **to have (every) ~ in sb** tener (entera) confianza en algn; **to have (every) ~ that** estar seguro de que; **to inspire ~** inspirar confianza; **a motion of no ~** moción *f* de censura; **to put one's ~ in sth/sb** confiar en algo/algn
2 (*also* **self-~**) confianza *f* (en sí mismo), seguridad *f* (en sí mismo); **to gain ~** ganar confianza *or* seguridad (en sí mismo); **he lacks ~** le falta confianza *or* seguridad (en sí mismo)
3 (= *secrecy*) confianza *f*; **in ~** en confianza; **to tell sb (about) sth in strict ~** decir algo a algn en la más estricta confianza; **"write in ~ to Michelle Davis"** "escriba a Michelle Davis: discreción garantizada"; **to take sb into one's ~** confiarse a algn
4 (= *revelation*) confidencia *f*; **they exchanged ~s** se hicieron confidencias
Ⓑ CPD ► **confidence man** N timador *m*, estafador *m* ► **confidence trick**, **confidence game** (*esp US*) N timo *m*, estafa *f* ► **confidence trickster** N timador/a *m/f*, estafador/a *m/f*

**confident** ['kɒnfɪdənt] ADJ [*person*] seguro, seguro de sí mismo; [*prediction*] hecho con seguridad, hecho con confianza; [*performance, smile, reply, manner*] lleno de seguridad, lleno de confianza; **to be ~ that** estar seguro de que; **to be ~ of doing sth** confiar en hacer algo; **he is ~ of success** confía en obtener el éxito; **to feel** *or* **be ~ about sth** tener confianza en algo; **the prime minister is in ~ mood** el primer ministro está lleno de confianza

**confidential** [,kɒnfɪ'denʃəl] ADJ [*information, remark*] confidencial, secreto; [*secretary, tone of voice*] de confianza; **"confidential"** (*on letter etc*) "confidencial"

**confidentiality** [,kɒnfɪ,denʃɪ'ælɪtɪ] N confidencialidad *f*

**confidentially** [,kɒnfɪ'dənʃəlɪ] ADV confidencialmente, en confianza

**confidently** ['kɒnfɪdəntlɪ] ADV [*predict, promise*] con seguridad, con confianza; [*smile, stride, enter*] con seguridad; [*speak, reply*] con un tono de seguridad *or* confianza; **"sure," he said ~** —claro —dijo lleno de confianza; **we ~ expect that …** creemos con toda confianza que …

**confiding** [kən'faɪdɪŋ] ADJ **in a ~ tone** en tono de confianza; **he is too ~** es demasiado confiado

**confidingly** [kən'faɪdɪŋlɪ] ADV como disponiéndose a hacer una confidencia

**configuration** [kən,fɪgjʊ'reɪʃən] N (*gen, Comput*) configuración *f*

**configure** [kən'fɪgəʳ] VT (*Comput*) configurar

**confine** [kən'faɪn] VT 1 (= *imprison*) encerrar (**in, to** en); **to be ~d to bed** tener que guardar cama; **to be ~d to one's room** no poder dejar su cuarto
2 (= *limit*) limitar; **to ~ o.s. to doing sth** limitarse a hacer algo; **please ~ yourself to the facts** por favor, limítese a los hechos; **the damage is ~d to this part** el daño afecta sólo a esta parte; **this bird is ~d to Spain** esta ave existe únicamente en España
3 (*Med*†) **to be ~d** [*woman*] estar de parto

**confined** [kən'faɪnd] ADJ reducido; **a ~ space** un espacio reducido

**confinement** [kən'faɪnmənt] N 1 (= *imprisonment*) prisión *f*, reclusión *f*; **to be in solitary ~** estar incomunicado, estar en pelota‡; **~ to barracks** arresto *m* en cuartel
2 (*Med*†) parto *m*

**confines** ['kɒnfaɪnz] NPL confines *mpl*, límites *mpl*

▼**confirm** [kən'fɜ:m] VT 1 (= *prove*) confirmar
2 (*Rel*) confirmar

**confirmation** [,kɒnfə'meɪʃən] N 1 (= *proof*) confirmación *f*
2 (*Rel*) confirmación *f*

**confirmed** [kən'fɜ:md] ADJ [*bachelor, alcoholic*] empedernido; [*atheist*] inveterado, redomado

**confiscate** ['kɒnfɪskeɪt] VT confiscar, incautarse de

**confiscation** [,kɒnfɪs'keɪʃən] N confiscación *f*, incautación *f*

**conflagration** [,kɒnflə'greɪʃən] N conflagración *f*, incendio *m*

**conflate** [kən'fleɪt] VT combinar

**conflation** [kən'fleɪʃən] N combinación *f*

**conflict** Ⓐ ['kɒnflɪkt] N conflicto *m*; **to be in ~ with sth/sb** estar en conflicto con algo/algn; **the theories are in ~** las teorías están en conflicto *or* se contradicen; **to come into ~ with** entrar en conflicto con; **~ of interests** conflicto *m* de intereses, incompatibilidad *f* (de intereses); **~ of evidence** contradicción *f* de testimonios
Ⓑ [kən'flɪkt] VI [*ideas, evidence, statements etc*] estar reñido (**with** con); [*interests*] estar en conflicto (**with** con); **that ~s with what he told me** eso contradice lo que me dijo

**conflicting** [kən'flɪktɪŋ] ADJ [*reports, evidence*] contradictorio; [*interests*] opuesto

**confluence** ['kɒnflʊəns] N confluencia *f*

**conform** [kən'fɔ:m] VI (= *comply*) (*to laws*) someterse (**to** a); (*to standards*) ajustarse (**to** a); [*people*] (*socially*) adaptarse, amoldarse; **he will ~ to the agreement** se ajustará al acuerdo

**conformation** [,kɒnfə'meɪʃən] N conformación *f*, estructura *f*

**conformism** [kən'fɔ:mɪzəm] N conformismo *m*

**conformist** [kən'fɔ:mɪst] Ⓐ ADJ conformista
Ⓑ N conformista *mf*

**conformity** [kən'fɔ:mɪtɪ] N conformidad *f*; **in ~ with** conforme a *or* con

**confound** [kən'faʊnd] VT (= *confuse*) confundir; (= *amaze*) pasmar, desconcertar; **~ it!**† ¡demonio!; **~ him!**† ¡maldito sea!*

**confounded** [kən'faʊndɪd] ADJ condenado*, maldito*††

**confront** [kən'frʌnt] VT (= *face squarely*) hacer frente a; (= *face defiantly*) enfrentarse con; **to ~ sb with sth** confrontar a algn con algo; **to ~ sb with the facts** exponer delante de algn los hechos; **the problems which ~ us** los problemas con los que nos enfrentamos; **we were ~ed by the river** estábamos delante el río

**confrontation** [,kɒnfrən'teɪʃən] N enfrentamiento *m*, confrontación *f*

**confrontational** [,kɒnfrən'teɪʃənəl] ADJ [*approach, attitude, style*] confrontacional, agresivo

**Confucian** [kən'fju:ʃən] Ⓐ ADJ de Confucio
Ⓑ N confuciano/a *m/f*

**Confucianism** [kən'fju:ʃənɪzəm] N confucianismo *m*, confucionismo *m*

**Confucius** [kən'fju:ʃəs] N Confucio

**confuse** [kən'fju:z] VT 1 (= *perplex*) confundir, desconcertar; **you're just confusing me** no haces más que confundirme, lo único que haces es confundirme más
2 (= *mix up*) confundir; **to ~ the issue** complicar el asunto; **to ~ A and B** confundir A con B

**confused** [kən'fju:zd] ADJ 1 [*situation etc*] confuso
2 (= *perplexed*) confuso, confundido, desconcertado; **to be ~** estar confuso *or* confundido; **to get ~** (= *muddled up*) hacerse un lío; (= *perplexed*) confundirse, desconcertarse; **his mind is ~** tiene la cabeza trastornada

**confusedly** [kən'fju:zɪdlɪ] ADV confusamente

**confusing** [kən'fju:zɪŋ] ADJ [*instructions, message*] confuso; **it's a very ~ situation** la situación es muy confusa; **the traffic signs are ~** las señales de tráfico están poco claras; **it's all very ~** es muy difícil de entender

**confusingly** [kən'fju:zɪŋlɪ] ADV [*written, explained*] de manera confusa; **~, two of them had the same name** para mayor confusión, dos de ellos tenían el mismo nombre

**confusion** [kən'fju:ʒən] N 1 (= *disorder*) desorden *m*; **to be in ~** estar en desorden; **to retire in ~** retirarse en desorden
2 (= *perplexity*) confusión *f*, desorientación *f*; **people were in a state of ~** la gente estaba desorientada
3 (= *commotion*) confusión *f*; **in all the ~ I forgot it** lo olvidé en medio de tanta confusión; **I heard a ~ of voices** oí unas voces confusas
4 (= *embarrassment*) **to be covered in ~** estar avergonzado

**confute** [kən'fju:t] VT refutar

**conga** ['kɒŋgə] N 1 (= *dance*) conga *f*
2 (*also* **~ drum**) congas *fpl*

**congeal** [kən'dʒi:l] Ⓐ VT coagular, cuajar
Ⓑ VI coagularse, cuajarse

**congenial** [kən'dʒi:nɪəl] ADJ (*frm*) [*atmosphere, environment, place*] agradable; [*person, company*] simpático, agradable; **to find sb ~** tener simpatía a algn; **the land proved ~ to farming** la tierra resultó ser buena para la agricultura; **he found few people ~ to him** conoció a pocas personas con las que congeniara

**congenital** [kən'dʒenɪtl] ADJ congénito

**congenitally** [kən'dʒenɪtlɪ] ADV congénitamente

**conger** ['kɒŋgər] N (*also* **~ eel**) congrio *m*

► LANGUAGE IN USE: confidence A3 19.4 confirm 1 19.5, 20.3, 20.5, 21.4

**congested** [kən'dʒestɪd] ADJ **1** [*street, building etc*] atestado de gente; **to get ~ with** llenarse de, atestarse de; **it's getting very ~ in here** esto se está llenando demasiado
**2** (*Med*) congestionado

**congestion** [kən'dʒestʃən] N **1** [*of traffic*] congestión *f*; [*of people*] aglomeración *f*
**2** (*Med*) congestión *f*

**congestive** [kən'dʒestɪv] ADJ (*Med*) congestivo; **~ heart failure** insuficiencia *f* cardíaca congestiva

**conglomerate** Ⓐ [kən'glɒmərɪt] N (*Comm*) conglomerado *m*
Ⓑ [kən'glɒməreɪt] VT conglomerar, aglomerar
Ⓒ [kən'glɒməreɪt] VI conglomerarse, aglomerarse

**conglomeration** [kən,glɒmə'reɪʃən] N conglomeración *f*

**Congo** ['kɒŋgəʊ] N **the ~** el Congo; **Republic of the ~** República *f* del Congo

**Congolese** [,kɒŋgəʊ'li:z] Ⓐ ADJ congoleño
Ⓑ N congoleño/a *m/f*

**congrats*** [kən'græts] EXCL (*esp Brit*) ¡enhorabuena!, ¡felicidades!

**congratulate** [kən'grætjuleɪt] VT felicitar; **to ~ sb (on sth/on doing sth)** felicitar a algn (por algo/por hacer algo); **my friends ~d me on passing my test** mis amigos me felicitaron por aprobar el examen

▼**congratulations** [kən,grætjʊ'leɪʃənz] NPL felicitaciones *fpl* (**on** por); **~!** ¡enhorabuena!, ¡felicidades!; **~ on your new job!** ¡enhorabuena *or* felicidades por tu nuevo trabajo!

**congratulatory** [kən'grætjʊlətərɪ] ADJ de felicitación

**congregate** ['kɒŋgrɪgeɪt] VI reunirse, congregarse

**congregation** [,kɒŋgrɪ'geɪʃən] N **1** (*Rel*) fieles *mpl*, feligreses *mpl*
**2** (= *assembly*) reunión *f*

**congregational** [,kɒŋgrɪ'geɪʃənl] ADJ congregacionalista

**congregationalist** [,kɒŋgrɪ'geɪʃənəlɪst] N congregacionalista *mf*

**congress** ['kɒŋgres] Ⓐ N (= *meeting*) congreso *m*; **Congress** (*Pol*) el Congreso
Ⓑ CPD ► **congress member** N miembro *mf* del congreso, congresista *mf*; → CABINET, CAPITOL

**CONGRESS**

*En el Congreso de Estados Unidos (***Congress***) se elaboran y aprueban las leyes federales. Consta de dos cámaras: la Cámara de Representantes (***House of Representatives***), cuyos 435 miembros son elegidos cada dos años por voto popular directo y en número proporcional a los habitantes de cada estado, y el Senado (***Senate***), con 100 senadores (***senators***), 2 por estado, de los que un tercio se elige cada dos años y el resto cada seis.*

**congressional** [kɒŋ'greʃənl] ADJ del congreso

**congressman** ['kɒŋgresmən] N (*pl* **congressmen**) (*US*) diputado *m*, miembro *m* del Congreso

**congresswoman** ['kɒŋgres,wʊmən] N (*pl* **congresswomen**) (*US*) diputada *f*, miembro *f* del Congreso

**congruence** ['kɒŋgrʊəns] N, **congruency** ['kɒŋgrʊənsɪ] N congruencia *f*

**congruent** ['kɒŋgrʊənt] ADJ congruente

**congruity** [kɒŋ'gru:ɪtɪ] N congruencia *f* (**with** con)

**congruous** ['kɒŋgrʊəs] ADJ congruo (**with** con)

**conic** ['kɒnɪk] Ⓐ ADJ cónico
Ⓑ CPD ► **conic section** N sección *f* cónica

**conical** ['kɒnɪkəl] ADJ cónico

**conifer** ['kɒnɪfəʳ] N conífera *f*

**coniferous** [kə'nɪfərəs] ADJ conífero

**conjectural** [kən'dʒektʃərəl] ADJ conjetural

**conjecture** [kən'dʒektʃəʳ] Ⓐ N **it's only ~** son conjeturas, nada más
Ⓑ VT conjeturar
Ⓒ VI conjeturar

**conjoin** [kən'dʒɔɪn] (*frm*) Ⓐ VT aunar, unir
Ⓑ VI aunarse, unirse

**conjoint** [kɒn'dʒɔɪnt] ADJ (*frm*) conjunto

**conjointly** ['kɒn'dʒɔɪntlɪ] ADV (*frm*) conjuntamente

**conjugal** ['kɒndʒʊgəl] ADJ [*rights, bliss*] conyugal; **~ duties** deberes *mpl* conyugales, débito *msing* conyugal (*Jur*); **~ visit** vis a vis* *m*, visita *f* del cónyuge

**conjugate** ['kɒndʒʊgeɪt] (*Ling*) Ⓐ VT conjugar
Ⓑ VI conjugarse

**conjugation** [,kɒndʒʊ'geɪʃən] N (*Ling*) conjugación *f*

**conjunct** [kən'dʒʌŋkt] ADJ (*Astron*) en conjunción

**conjunction** [kən'dʒʌŋkʃən] N **1** (*Ling*) conjunción *f*
**2** **in ~ with** junto con, juntamente con

**conjunctive** [kən'dʒʌŋktɪv] ADJ conjuntivo

**conjunctivitis** [kən,dʒʌŋktɪ'vaɪtɪs] N conjuntivitis *f*

**conjuncture** [kən'dʒʌŋktʃəʳ] N coyuntura *f*

**conjure**[1] ['kʌndʒəʳ] VI hacer juegos de manos; **he ~s with handkerchiefs** hace trucos con pañuelos; **a name to ~ with** un personaje importante, una figura destacada

►**conjure away** VT + ADV conjurar, hacer desaparecer

►**conjure up** VT + ADV **1** [*conjurer*] [+ *rabbit etc*] hacer aparecer
**2** (*fig*) [+ *memories, visions*] evocar; [+ *meal*] preparar en un abrir y cerrar de ojos

**conjure**[2] [kən'dʒʊəʳ] VT (*liter*) suplicar; **to ~ sb to do sth** suplicar a algn que haga algo

**conjurer**, **conjuror** ['kʌndʒərəʳ] N ilusionista *mf*, prestidigitador(a) *m/f*

**conjuring** ['kʌndʒərɪŋ] Ⓐ N ilusionismo *m*, prestidigitación *f*
Ⓑ CPD ► **conjuring trick** N juego *m* de manos

**conjuror** ['kʌndʒərəʳ] N = **conjurer**

**conk*** [kɒŋk] N **1** (*Brit*) (= *nose*) narigón* *m*
**2** (= *blow*) golpe *m*
**3** (*US*) (= *head*) coco* *m*, cholla *f* (*Mex**)

►**conk out*** VI + ADV **1** (= *break down*) averiarse, fastidiarse*, descomponerse (*LAm*)
**2** (= *die*) estirar la pata*; (= *fall asleep*) dormir como un tronco*

**conker*** ['kɒŋkəʳ] N (*Brit*) castaña *f* de Indias; **conkers** (= *game*) juego *m* de las castañas

**Conn** ABBR (*US*) = **Connecticut**

**connect** [kə'nekt] Ⓐ VT **1** (= *join*) conectar; [+ *road, railway, airline*] unir; [+ *pipes, drains*] empalmar (**to** a); **to ~ sth (up) to the mains** (*Elec*) conectar algo a la red eléctrica
**2** (= *install*) [+ *cooker, telephone*] conectar
**3** (*Telec*) [+ *caller*] poner, comunicar (*LAm*) (**with** con); **please ~ me with Mr Lyons** póngame con el Sr. Lyons, por favor; **"I am trying to ~ you"** "estoy intentando ponerle al habla"
**4** (= *associate*) vincular, asociar; **to ~ sth/sb (with)** vincular *or* asociar algo/a algn (con); **I never ~ed you with that** nunca te vinculé *or* asocié con eso, nunca creí que tuvieras nada que ver con eso
Ⓑ VI [*trains, planes*] enlazar (**with** con); [*road, pipes, electricity*] empalmar (**with** con)

**connected** [kə'nektɪd] Ⓐ ADJ **1** (= *related*) [*concepts, events*] relacionado; **to be ~ (to** *or* **with)** estar relacionado (con); **what firm are you ~ with?** ¿con qué empresa estás conectado *or* relacionado?; **are these matters ~?** ¿tienen alguna relación entre sí estas cuestiones?; **to be well ~** estar bien relacionado
**2** (*Bot, Jur*) conexo
**3** (*fig*) [*argument etc*] conexo
Ⓑ CPD ► **connected speech** N discurso *m* conexo

**connecting** [kə'nektɪŋ] Ⓐ ADJ [*rooms etc*] comunicado; **bedroom with ~ bathroom** habitación comunicada con el baño
Ⓑ CPD ► **connecting flight** N vuelo *m* de enlace ► **connecting rod** N biela *f*

**connection** [kə'nekʃən] N **1** (*Rail etc*) enlace *m*; (*Elec, Tech*) conexión *f*, empalme *m*; (*Telec*) línea *f*, comunicación *f*; **we missed our ~** perdimos el enlace; **to make a ~** hacer enlace, empalmar; **our ~s with the town are poor** son malas nuestras comunicaciones con la ciudad; **there's a loose ~** (*Elec*) hay un hilo suelto; **we've got a bad ~** (*Telec*) no se oye bien
**2** (= *relationship*) relación *f* (**between** entre; **with** con); **in ~ with** en relación a, con respecto a; **there's no ~ between the two events** no hay ninguna relación *or* conexión entre los dos sucesos; **in this ~** a este respecto; **"no ~ with any other firm"** "ésta es una firma independiente"
**3** **connections** (= *relatives*) parientes *mpl*; (= *business connections*) relaciones *fpl*, contactos *mpl*; **we have ~s everywhere** tenemos relaciones con todas partes; **you have to have ~s** hay que tener buenas relaciones

**connective** [kə'nektɪv] Ⓐ ADJ conjuntivo
Ⓑ N conjunción *f*
Ⓒ CPD ► **connective tissue** N tejido *m* conjuntivo

**connectivity** [,kɒnek'tɪvɪtɪ] N conectividad *f*

**connector** [kə'nektəʳ] N (*Elec*) conector *m*

**connexion** [kə'nekʃən] N = **connection**

**conning tower** ['kɒnɪŋ,taʊəʳ] N [*of submarine*] torre *f* de mando

**connivance** [kə'naɪvəns] N **1** (= *tacit consent*) consentimiento *m* (**at** en), connivencia *f* (*frm*) (**at** en); **with the ~ of** con el consentimiento *or* (*frm*) la connivencia de
**2** (= *conspiracy*) connivencia *f* (*frm*), complicidad *f*

**connive** [kə'naɪv] VI **1** (= *condone*) hacer la vista gorda (**at** a)
**2** (= *conspire*) confabularse; **to ~ with sb to do sth** confabularse con algn para hacer algo

**conniving** [kə'naɪvɪŋ] ADJ intrigante, mañoso

**connoisseur** [,kɒnə'sɜ:ʳ] N conocedor(a) *m/f*, entendido/a *m/f*; **an art ~** un entendido en arte; **a wine ~** un entendido en vinos, un enólogo

**connotation** [,kɒnəʊ'teɪʃən] N connotación *f*

**connotative** ['kɒnə,teɪtɪv] ADJ connotativo

**connote** [kɒ'nəʊt] VT connotar

**connubial** [kə'nju:bɪəl] ADJ conyugal, connubial

**conquer** ['kɒŋkəʳ] Ⓐ VT [+ *territory, nation etc*] conquistar; [+ *fear, enemy*] vencer
Ⓑ VI triunfar

**conquering** ['kɒŋkərɪŋ] ADJ vencedor, victorioso

➤ LANGUAGE IN USE: **congratulations** 23.6, 24.1, 24.2

**conqueror** ['kɒŋkərəʳ] N conquistador(a) *m/f*

**conquest** ['kɒŋkwest] N conquista *f*

**conquistador** [kɒn'kwɪstədɔːʳ] N conquistador *m*

**Cons.** ABBR (*Brit*) = **Conservative**

**consanguinity** [,kɒnsæŋ'gwɪnɪtɪ] N consanguinidad *f*

**conscience** ['kɒnʃəns] Ⓐ N conciencia *f*; **in all ~** en conciencia; **bad ~** mala conciencia; **to have a clear ~** tener la conciencia tranquila *or* limpia; **I have a clear ~ about it** tengo la conciencia tranquila *or* limpia al respecto; **with a clear ~** con la conciencia tranquila *or* limpia; **I have a guilty ~ (about it)** me remuerde la conciencia (por ello); **I could not in ~ say that** en conciencia no podría decir eso; **the ~ of the nation** la voz de la conciencia del país; **to have sth on one's ~** tener algo pesando sobre la conciencia, tener cargo *or* remordimiento de conciencia por algo; **I have it on my ~** me está remordiendo la conciencia por ello; **social ~** conciencia *f* social; **a doctor with a social ~** un médico socialmente concienciado *or* con conciencia social
Ⓑ CPD ► **conscience money** N *dinero que se paga para descargar la conciencia* ► **conscience raising** N = **consciousness raising**

**conscience-stricken** ['kɒnʃəns,strɪkən] ADJ lleno de remordimientos

**conscientious** [,kɒnʃɪ'enʃəs] Ⓐ ADJ concienzudo
Ⓑ CPD ► **conscientious objector** N objetor(a) *m/f* de conciencia

**conscientiously** [,kɒnʃɪ'enʃəslɪ] ADV concienzudamente

**conscientiousness** [,kɒnʃɪ'enʃəsnɪs] N diligencia *f*, escrupulosidad *f*

**conscious** ['kɒnʃəs] Ⓐ ADJ 1 (= *aware*) **to be ~ of sth/of doing sth** ser consciente de algo/de hacer algo; **to be ~ that** tener (plena) conciencia de que; **to become ~ of sth** darse cuenta de algo; **to become ~ that** darse cuenta de que; **she became ~ of him looking at her** se dio cuenta de que él la miraba; **environmentally ~** consciente de los problemas medioambientales; **politically ~** con conciencia política
2 (= *deliberate*) [*decision*] deliberado; [*prejudice*] consciente; [*error, irony, insult*] intencional, deliberado; **they made a ~ choice** *or* **decision not to have children** decidieron deliberadamente no tener hijos; **he made a ~ effort to look as though he was enjoying himself** se esforzó deliberadamente por aparentar que se estaba divirtiendo
3 (*Med*) consciente; **to be ~** estar consciente, tener conocimiento; **to be fully ~** estar totalmente consciente; **to become ~** recobrar el reconocimiento, volver en sí
4 (*Psych*) [*memory, thought*] consciente; **the ~ mind** la conciencia; **to remain below the level of ~ awareness** quedarse en el subconsciente; **on a ~ level** conscientemente
Ⓑ N (*Psych*) **the ~** la conciencia; **at a level below the ~** por debajo de los niveles de conciencia

**-conscious** [-,kɒnʃəs] ADJ (*ending in compounds*) **security-conscious** consciente de los problemas relativos a la seguridad

**consciously** ['kɒnʃəslɪ] ADV 1 (= *deliberately*) conscientemente, deliberadamente
2 (= *with full awareness*) [*remember, think*] conscientemente; **to be ~ aware of sth** ser plenamente consciente de algo

**consciousness** ['kɒnʃəsnɪs] Ⓐ N 1 (= *awareness*) conciencia *f*, consciencia *f* (**of** de); **to raise sb's ~ of sth** concienciar a algn sobre algo (*Sp*), concientizar a algn sobre algo (*LAm*)
2 (*Med*) conocimiento *m*; **to lose ~** perder el conocimiento; **to regain ~** recobrar el conocimiento, volver en sí
Ⓑ CPD ► **consciousness raising** N concienciación *f* (*Sp*), concientización *f* (*LAm*)

**conscript** Ⓐ ['kɒnskrɪpt] N recluta *mf*, conscripto/a *m/f* (*LAm*)
Ⓑ [kən'skrɪpt] VT (*Mil*) reclutar, llamar a filas

**conscripted** [kən'skrɪptɪd] ADJ [*labourer etc*] reclutado a la fuerza, forzado; **~ troops** reclutas *mpl*, conscriptos *mpl* (*LAm*)

**conscription** [kən'skrɪpʃən] N servicio *m* militar obligatorio, conscripción *f* (*LAm*)

**consecrate** ['kɒnsɪkreɪt] VT consagrar

**consecration** [,kɒnsɪ'kreɪʃən] N consagración *f*

**consecutive** [kən'sekjʊtɪv] ADJ 1 (= *successive*) consecutivo; **on three ~ days** tres días consecutivos *or* seguidos
2 (*Ling*) consecutivo

**consecutively** [kən'sekjʊtɪvlɪ] ADV consecutivamente

**consensual** [kən'sensjʊəl] ADJ [*approach, decision etc*] consensuado; [*sex*] consentido

**consensus** [kən'sensəs] N consenso *m*; **the ~ of opinion** el consenso general

**consent** [kən'sent] Ⓐ N consentimiento *m*; **with the ~ of** con el consentimiento de; **without his ~** sin su consentimiento; **by common ~** de *or* por común acuerdo; **by mutual ~** de *or* por mutuo acuerdo; **the age of ~** la edad en la que es válido el consentimiento en las relaciones sexuales
Ⓑ VI **to ~ (to sth/to do sth)** consentir (en algo/en hacer algo)

**consenting** [kən'sentɪŋ] ADJ **~ party** parte *f* que da su consentimiento; **between ~ adults** entre personas de edad para consentir

**consequence** ['kɒnsɪkwəns] N 1 (= *result*) consecuencia *f*; **to take the ~s** aceptar las consecuencias; **in ~** por consiguiente, por lo tanto; **in ~ of (which)** como consecuencia de (lo cual)
2 (= *importance*) importancia *f*, trascendencia *f*; **it is of no ~** no tiene importancia, es de poca trascendencia

**consequent** ['kɒnsɪkwənt] ADJ consiguiente

**consequential** [,kɒnsɪ'kwenʃəl] ADJ 1 (= *resulting*) consiguiente, resultante; **the moves ~ upon this decision** las medidas consiguientes a *or* resultantes de esta decisión
2 (= *important*) importante

**consequently** ['kɒnsɪkwəntlɪ] ADV por consiguiente, por lo tanto

**conservancy** [kən'sɜːvənsɪ] N conservación *f*

**conservation** [,kɒnsə'veɪʃən] Ⓐ N conservación *f*, protección *f*; **energy ~** la conservación de la energía
Ⓑ CPD ► **conservation area** N zona *f* declarada de patrimonio histórico-artístico; (= *nature reserve*) zona *f* protegida; *see also* **nature B**

**conservationism** [,kɒnsə'veɪʃənɪzəm] N conservacionismo *m*

**conservationist** [,kɒnsə'veɪʃənɪst] N conservacionista *mf*, ecologista *mf*

**conservatism** [kən'sɜːvətɪzəm] N conservadurismo *m*

**Conservative** [kən'sɜːvətɪv] (*Brit*) Ⓐ ADJ (*Pol*) conservador; **~ Party** Partido *m* Conservador
Ⓑ N (*Pol*) conservador(a) *m/f*; **to vote ~** votar a favor del partido Conservador

**conservative** [kən'sɜːvətɪv] ADJ 1 (= *conventional*) [*person, suit, colour, ideas*] conservador
2 (= *cautious*) [*attitude, approach, guess*] prudente, cauteloso; **a ~ estimate** un cálculo prudente *or* cauteloso

**conservatively** [kən'sɜːvətɪvlɪ] ADV (= *conventionally*) **he dresses very ~** es muy conservador en su forma de vestir, viste de forma muy conservadora; **~ minded people** gente con ideas muy conservadoras

**conservatoire** [kən'sɜːvətwɑːʳ] N conservatorio *m*

**conservatory** [kən'sɜːvətrɪ] N invernadero *m*

**conserve** [kən'sɜːv] Ⓐ VT [+ *natural resources, environment, historic buildings*] conservar, preservar; [+ *moisture*] conservar; [+ *energy, water*] ahorrar, conservar; **to ~ one's energies** ahorrar (las) energías
Ⓑ N conserva *f*

**consider** [kən'sɪdəʳ] VT 1 (= *think about*) [+ *problem, possibility*] considerar, pensar en; **~ how much you owe him** piensa en *or* considera lo que le debes; **to ~ doing sth: have you ever ~ed going by train?** ¿has pensado alguna vez (en) ir en tren?, ¿has considerado alguna vez ir en tren?; **we ~ed cancelling our holiday** pensamos en cancelar nuestras vacaciones; **would you ~ buying it?** ¿te interesa comprarlo?; **I'm ~ing resigning** estoy pensando en dimitir, estoy considerando la posibilidad de dimitir; **he is being ~ed for the post** lo están considerando para el puesto; **we are ~ing the matter** estamos estudiando el asunto; **it is my ~ed opinion that ...** después de haberlo pensado *or* considerado detenidamente, creo que ...; **to ~ one's position** (*euph*) (= *consider resigning*) pensar en dimitir, estudiar la conveniencia de dimitir; **he refused even to ~ it** se negó a pensarlo *or* considerarlo siquiera; **I wouldn't ~ it for a moment** yo ni me lo plantearía siquiera
2 (= *take into account*) tomar *or* tener en cuenta; **when one ~s that ...** cuando uno toma o tiene en cuenta que ...; **you must ~ other people's feelings** hay que tomar *or* tener en cuenta los sentimientos de los demás; **all things ~ed** pensándolo bien
3 (= *be of the opinion*) considerar; **I ~ that ...** considero que ...
4 (= *regard as*) considerar; **I ~ it an honour** lo considero un honor; **I ~ the matter closed** para mí el tema está cerrado; **to ~ o.s.: I ~ myself happy** me considero feliz; **to ~ sb to be intelligent** considerar a algn inteligente; **he is ~ed to be the best** se le considera el mejor; **he ~s it a waste of time** lo considera una pérdida de tiempo; **~ yourself lucky!** ¡date por satisfecho!; **~ yourself dismissed** considérese despedido

**considerable** [kən'sɪdərəbl] ADJ considerable; **a ~ number of applicants** un número considerable de solicitudes; **a ~ sum of money** una suma considerable de dinero; **they achieved a ~ degree of success** tuvieron un éxito considerable; **we had ~ difficulty** tuvimos bastante dificultad; **I'd been living in England for a** *or* **some ~ time** llevaba bastante tiempo viviendo en Inglaterra; **to a** *or* **some ~ extent** en gran parte; **the building suffered ~ damage** el edificio sufrió daños de consideración

**considerably** [kən'sɪdərəblɪ] ADV bastante, considerablemente

**considerate** [kən'sɪdərɪt] ADJ [*person, action*] atento, considerado; **to be ~ towards** ser atento con; **it's most ~ of you** es muy amable de su parte

➤ LANGUAGE IN USE: consequence 1 2.3 consider 1 8.4, 26.1

**considerately** [kən'sɪdərɪtlɪ] ADV con consideración

**consideration** [kən,sɪdə'reɪʃən] N [1] (= *thought, reflection*) consideración *f*; **after due ~** tras (darle) la debida consideración; **without due ~** sin (darle) la debida consideración; **we are giving the matter our ~** estamos estudiando *or* considerando la cuestión; **in ~ of** en consideración a; **to take sth into ~** tener *or* tomar algo en cuenta *or* consideración; **taking everything into ~** teniendo en cuenta todo; **after some ~, he decided to …** tras considerarlo, decidió …; **the issue is under ~** la cuestión se está estudiando
[2] (= *thoughtfulness*) consideración *f*; **as a mark of my ~** en señal de respeto; **out of ~ for sb/sb's feelings** por consideración a algn/los sentimientos de algn; **to show ~ for sb/sb's feelings** respetar a algn/los sentimientos de algn
[3] (= *factor*) **his age is an important ~** su edad es un factor importante; **that is a ~** eso debe tomarse en cuenta; **money is the main ~** el dinero es la consideración principal; **it's of no ~** no tiene importancia
[4] (= *payment*) retribución *f*; **for a ~** por una gratificación

**considering** [kən'sɪdərɪŋ] Ⓐ PREP teniendo en cuenta, en vista de; **~ the circumstances** teniendo en cuenta las circunstancias
Ⓑ CONJ (*also* **~ that**) en vista de que, teniendo en cuenta que; **~ (that) it was my fault** teniendo en cuenta que la culpa fue mía
Ⓒ ADV después de todo, a fin de cuentas; **I got a good mark, ~** después de todo *or* a fin de cuentas, saqué buena nota

**consign** [kən'saɪn] VT [1] (*Comm*) (= *send*) enviar, consignar
[2] (*frm*) (= *commit, entrust*) confiar; **to ~ to oblivion** sepultar en el olvido

**consignee** [,kɒnsaɪ'niː] N consignatario/a *m/f*

**consigner** [kən'saɪnəʳ] N = **consignor**

**consignment** [kən'saɪnmənt] Ⓐ N envío *m*, remesa *f*; **goods on ~** mercancías *fpl* en consignación
Ⓑ CPD ► **consignment note** N talón *m* de expedición

**consignor** [kən'saɪnəʳ] N remitente *mf*

**consist** [kən'sɪst] VI **to ~ of** constar de, consistir en; **to ~ in sth/in doing sth** consistir en algo/en hacer algo

**consistency** [kən'sɪstənsɪ] N [1] (= *constancy*) [*of person, action, behaviour*] coherencia *f*, uniformidad *f*; [*of results*] lo regular; **the manager was impressed by the ~ of her work** el jefe quedó impresionado por la calidad que caracterizaba todo su trabajo
[2] (= *cohesion*) [*of argument*] coherencia *f*, lógica *f*; **their statements lack ~** sus declaraciones no concuerdan
[3] (= *density*) [*of paste, mixture*] consistencia *f*

**consistent** [kən'sɪstənt] ADJ [1] (= *constant*) [*person, action, behaviour*] consecuente, coherente; [*results*] uniforme; [*work, performance*] de calidad constante
[2] (= *cohesive*) [*argument*] coherente, lógico; **he made various statements which were not ~** realizó varias declaraciones que no concordaban; **his actions are not ~ with his beliefs** sus actos no son consecuentes con sus ideas; **that is not ~ with what you told me** eso no encaja *or* no concuerda con lo que me dijiste

**consistently** [kən'sɪstəntlɪ] ADV [1] (= *regularly*) [*refuse, deny, oppose, support*] sistemáticamente; [*work, perform*] con un nivel de calidad constante; **the quality of this product has been ~ high over the last few years** el nivel de calidad de este producto se ha mantenido durante los últimos años; **the rate of inflation has been ~ low** el nivel de inflación se ha mantenido bajo; **she has had ~ good marks** en general sus notas han sido buenas; **he ~ achieved marks of over 90%** sus notas estaban habitualmente por encima del 90%
[2] (= *logically*) [*argue, behave*] consecuentemente; **to act ~** obrar con consecuencia

**consolation** [,kɒnsə'leɪʃən] Ⓐ N consuelo *m*; **that's one ~** esto es un consuelo, por lo menos; **if it's any ~ to you** si te consuela de algún modo; **it is some ~ to know that …** me reconforta saber que …
Ⓑ CPD ► **consolation prize** N premio *m* de consolación

**consolatory** [kən'sɒlətərɪ] ADJ consolador

**console¹** [kən'səʊl] VT consolar; **to ~ sb for sth** consolar a algn por algo

**console²** ['kɒnsəʊl] N (= *control panel*) consola *f*

**consolidate** [kən'sɒlɪdeɪt] Ⓐ VT [1] (= *strengthen*) [+ *position, influence*] consolidar
[2] (= *combine*) concentrar, fusionar
Ⓑ VI [1] (= *strengthen*) consolidarse
[2] (= *combine*) concentrarse, fusionarse

**consolidated** [kən'sɒlɪdeɪtɪd] ADJ consolidado; **~ accounts** cuentas *fpl* consolidadas; **~ balance sheet** hoja *f* de balance consolidado; **~ fund** fondo *m* consolidado

**consolidation** [kən,sɒlɪ'deɪʃən] N [1] (= *strengthening*) consolidación *f*
[2] (= *combining*) concentración *f*, fusión *f*

**consoling** [kən'səʊlɪŋ] ADJ consolador, reconfortante

**consols** ['kɒnsɒlz] NPL (*Brit Fin*) fondos *mpl* consolidados

**consommé** ['kən,sɒmeɪ] N consomé *m*, caldo *m*

**consonance** ['kɒnsənəns] N consonancia *f*

**consonant** ['kɒnsənənt] Ⓐ N consonante *f*
Ⓑ ADJ **~ with** de acuerdo *or* en consonancia con

**consonantal** [,kɒnsə'næntl] ADJ consonántico

**consort** ['kɒnsɔːt] Ⓐ N consorte *mf*; **prince ~** príncipe *m* consorte
Ⓑ [kən'sɔːt] VI **to ~ with sb** (*often pej*) asociarse con algn

**consortium** [kən'sɔːtɪəm] N (*pl* **consortia** [kən'sɔːtɪə]) consorcio *m*

**conspectus** [kən'spektəs] N vista *f* general

**conspicuous** [kən'spɪkjʊəs] Ⓐ ADJ [1] (= *attracting attention*) [*clothes*] llamativo; [*person, behaviour*] que llama la atención; [*notice, attempt*] visible; **to be ~ by one's/its absence** brillar por su ausencia; **I felt ~ in that ridiculous outfit** vestido de aquella manera tan ridícula tenía la impresión de que todo el mundo me miraba *or* tenía la impresión de ser el objeto de atención; **I left the keys in a ~ place** dejé las llaves en un lugar bien visible; **to make o.s. ~** llamar la atención
[2] (= *noticeable*) [*bravery*] destacado, manifiesto; [*difference*] manifiesto, notorio; **he was ~ for his courage** destacaba por su valor; **a ~ lack of sth** una carencia manifiesta de algo; **the film was a ~ failure/success** la película fue un fracaso/éxito rotundo
Ⓑ CPD ► **conspicuous consumption** N (*Econ*) consumo *m* ostentoso

**conspicuously** [kən'spɪkjʊəslɪ] ADV [1] (= *so as to attract attention*) [*behave, act*] de modo que llama la atención; [*dressed*] de forma muy llamativa
[2] (= *noticeably*) [*worried, uncomfortable, embarrassed*] visiblemente; **to be ~ absent** brillar por su ausencia; **he has remained ~ silent on the issue** de forma ostensible, ha guardado silencio respecto al asunto; **she had been ~ successful** obtuvo un éxito rotundo; **they have ~ failed to solve the problem** es muy evidente que no han conseguido resolver el problema

**conspiracy** [kən'spɪrəsɪ] Ⓐ N (= *plotting*) conspiración *f*, conjuración *f*; (= *plot*) complot *m*, conjura *f*
Ⓑ CPD ► **conspiracy theory** N teoría *f* de la conspiración

**conspirator** [kən'spɪrətəʳ] N conspirador(a) *m/f*

**conspiratorial** [kən,spɪrə'tɔːrɪəl] ADJ de conspirador

**conspiratorially** [kən,spɪrə'tɔːrɪəlɪ] ADV [*behave*] con complicidad

**conspire** [kən'spaɪəʳ] VI [1] [*people*] conspirar; **to ~ with sb against sth/sb** conspirar con algn contra algo/algn; **to ~ to do sth** conspirar para hacer algo
[2] [*events*] **to ~ against/to do sth** conjurarse *or* conspirar contra/para hacer algo

**constable** ['kʌnstəbl] N (*Brit*) (*also* **police ~**) agente *mf* de policía, policía *mf*; (*as form of address*) señor(a) policía

**constabulary** [kən'stæbjʊlərɪ] N policía *f*

**Constance** ['kɒnstəns] N Constanza

**constancy** ['kɒnstənsɪ] N [1] (= *regularity*) [*of temperature etc*] constancia *f*
[2] (= *faithfulness*) fidelidad *f*

**constant** ['kɒnstənt] Ⓐ ADJ [1] (= *unchanging*) [*temperature, velocity*] constante; **to remain ~** permanecer constante
[2] (= *continual*) [*quarrels, interruptions, complaints*] constante, continuo; **to be in ~ use** usarse continuamente; **to be in ~ pain** sufrir dolor continuamente
[3] (= *faithful*) [*friend, companion*] leal, fiel
Ⓑ N (*Math, Phys*) constante *f*

**Constantine** ['kɒnstəntaɪn] N Constantine

**Constantinople** [,kɒnstæntɪ'nəʊpl] N Constantinopla *f*

**constantly** ['kɒnstəntlɪ] ADV (= *continuously*) constantemente, continuamente; **to be ~ changing** estar cambiando constantemente *or* continuamente; **she's ~ complaining** se está quejando constantemente *or* continuamente; **"gates constantly in use"** "vado permanente"

**constellation** [,kɒnstə'leɪʃən] N constelación *f*

**consternation** [,kɒnstə'neɪʃən] N consternación *f*; **in ~** consternado; **there was general ~** hubo una consternación general

**constipate** ['kɒnstɪpeɪt] VT estreñir

**constipated** ['kɒnstɪpeɪtɪd] ADJ estreñido; **to be ~** estar estreñido

**constipation** [,kɒnstɪ'peɪʃən] N estreñimiento *m*

**constituency** [kən'stɪtjʊənsɪ] Ⓐ N (= *district*) distrito *m* electoral, circunscripción *f* electoral; (= *people*) electorado *m*
Ⓑ CPD ► **constituency party** N partido *m* local

**constituent** [kən'stɪtjʊənt] Ⓐ N [1] (= *component*) constitutivo *m*, componente *m*
[2] (*Pol*) (= *voter*) elector(a) *m/f*
Ⓑ ADJ [*part*] constitutivo, integrante
Ⓒ CPD ► **constituent assembly** N cortes *fpl* constituyentes

**constitute** ['kɒnstɪtjuːt] VT [1] (= *amount to*) significar, constituir; (= *make up*) constituir, componer

2 (*frm*) (= *appoint, set up*) constituir; **to ~ o.s. a judge** constituirse en juez

**constitution** [ˌkɒnstɪ'tjuːʃən] N 1 (*Pol*) constitución *f*
2 (= *health*) constitución *f*

**CONSTITUTION**

*El Reino Unido no tiene una constitución escrita. La Constitución británica está compuesta por el derecho legislado en el Parlamento (**statute law**) y por el derecho consuetudinario (**common law**), además de aquellas normas y prácticas necesarias para el funcionamiento del gobierno. Las leyes constitucionales pueden ser modificadas o derogadas por el Parlamento como cualquier otra ley.*

⇨ *Ver tb* ACT OF PARLIAMENT, COMMON LAW

**constitutional** [ˌkɒnstɪ'tjuːʃənl] Ⓐ ADJ constitucional
Ⓑ N paseo *m*
Ⓒ CPD ► **constitutional monarchy** N monarquía *f* constitucional ► **constitutional reform** N reforma *f* constitucional ► **constitutional law** N derecho *m* político

**constitutionality** [ˌkɒnstɪtjuːsə'nælɪtɪ] (*frm*) N constitucionalidad *f*

**constitutionally** [ˌkɒnstɪ'tjuːʃənəlɪ] ADV según la constitución

**constrain** [kən'streɪn] VT (= *oblige*) obligar; **to ~ sb to do sth** obligar a algn a hacer algo; **to feel/be ~ed to do sth** sentirse/verse obligado a hacer algo

**constrained** [kən'streɪnd] ADJ [*atmosphere*] constrictivo; [*voice, manner, smile*] constreñido

**constraint** [kən'streɪnt] N 1 (= *compulsion*) coacción *f*, fuerza *f*; **under ~** obligado (a ello)
2 (= *limit*) restricción *f*; **budgetary ~s** restricciones presupuestarias
3 (= *restraint*) reserva *f*, cohibición *f*; **to feel a certain ~** sentirse algo cohibido

**constrict** [kən'strɪkt] VT [+ *muscle*] oprimir; [+ *vein*] estrangular; [+ *movements*] restringir

**constricted** [kən'strɪktɪd] ADJ [*space*] limitado, reducido; [*freedom, movement*] restringido; (*Phon*) constrictivo; **to feel ~** (*by clothes etc*) sentirse constreñido; **I feel ~ by these regulations** me siento constreñido por estas reglas

**constricting** [kən'strɪktɪŋ] ADJ [*dress, ideology*] estrecho

**constriction** [kən'strɪkʃən] N [*of vein*] estrangulamiento *m*

**constrictive** [kən'strɪktɪv] ADJ = **constricting**

**constrictor** [kən'strɪktəʳ] N constrictor *f*

**construct** Ⓐ [kən'strʌkt] VT construir
Ⓑ ['kɒnstrʌkt] N construcción *f*

**construction** [kən'strʌkʃən] Ⓐ N 1 (= *act, structure, building*) construcción *f*; **under ~** ◊ **in course of ~** en construcción
2 (*fig*) (= *interpretation*) interpretación *f*; **to put a wrong ~ on sth** interpretar algo mal; **it depends what ~ one places on his words** depende de cómo se interpreten sus palabras
3 (*Ling*) construcción *f*
Ⓑ CPD ► **construction company** N compañía *f* constructora ► **construction engineer** N ingeniero/a *m/f* de la construcción ► **construction industry** N industria *f* de la construcción

**constructional** [kən'strʌkʃənl] ADJ estructural; **~ toy** juguete *m* con que se construyen modelos

**constructive** [kən'strʌktɪv] ADJ constructivo

➤ LANGUAGE IN USE: contact B 21.2

**constructively** [kən'strʌktɪvlɪ] ADV constructivamente

**constructivism** [kən'strʌktɪvɪzəm] N constructivismo *m*

**constructivist** [kən'strʌktɪvɪst] Ⓐ ADJ constructivista
Ⓑ N constructivista *mf*

**constructor** [kən'strʌktəʳ] N constructor *m*

**construe** [kən'struː] VT interpretar

**consul** ['kɒnsəl] N (= *diplomatic official*) cónsul *mf*; **~ general** cónsul *mf* general

**consular** ['kɒnsjʊləʳ] ADJ consular

**consulate** ['kɒnsjʊlɪt] N consulado *m*

**consulship** ['kɒnsəlʃɪp] N consulado *m*

**consult** [kən'sʌlt] Ⓐ VT 1 [+ *book, person, doctor*] consultar
2 (*frm*) (= *show consideration for*) [+ *one's interests*] tener en cuenta
Ⓑ VI consultar; **to ~ together** reunirse para hacer consultas; **people should ~ more** la gente debería consultar más entre sí; **to ~ with** (*US*) consultar con, aconsejarse con

**consultancy** [kən'sʌltənsɪ] Ⓐ N (*Comm*) consultoría *f*; (*Med*) puesto *m* de especialista
Ⓑ CPD ► **consultancy fees** NPL (*Comm*) derechos *mpl* de asesoría; (*Med*) derechos *mpl* de consulta

**consultant** [kən'sʌltənt] Ⓐ N 1 (*gen*) consultor(a) *m/f*, asesor(a) *m/f*; **to act as ~ to** asesorar
2 (*Brit Med*) especialista *mf*
Ⓑ CPD ► **consultant engineer** N ingeniero *mf* consejero ► **consultant paediatrician** N especialista *mf* en pediatría ► **consultant physician** N médico *mf* especialista ► **consultant psychiatrist** N psiquiatra *mf* especialista

**consultation** [ˌkɒnsəl'teɪʃən] N (= *act*) consulta *f*; (= *meeting*) negociaciones *fpl*; **in ~ with** tras consultar a

**consultative** [kən'sʌltətɪv] ADJ consultivo; **~ document** documento *m* consultivo; **I was there in a ~ capacity** yo estuve en calidad de asesor

**consulting** [kən'sʌltɪŋ] ADJ **~ hours** (*Brit Med*) horas *fpl* de consulta; **~ room** (*Brit Med*) consultorio *m*, consulta *f*

**consumable** [kən'sjuːməbl] ADJ (*Econ etc*) consumible; **~ goods** bienes *mpl* consumibles, artículos *mpl* de consumo

**consumables** [kən'sjuːməblz] NPL bienes *mpl* consumibles, artículos *mpl* de consumo

**consume** [kən'sjuːm] VT 1 (= *eat*) consumir, comerse; (= *drink*) consumir, beber
2 (= *use*) [+ *resources, fuel*] consumir; [+ *space, time etc*] ocupar
3 (= *destroy*) (*by fire*) consumir; **the house was ~d by fire** la casa fue consumida *or* arrasada por las llamas; **to be ~d with envy/grief** estar muerto de envidia/pena

**consumer** [kən'sjuːməʳ] Ⓐ N consumidor(a) *m/f*; **the ~** el consumidor
Ⓑ CPD ► **consumer behaviour, consumer behavior** (*US*) N comportamiento *m* del consumidor ► **consumer choice** N libertad *f* del consumidor para elegir ► **consumer credit** N crédito *m* al consumidor ► **consumer demand** N demanda *f* de consumo ► **consumer durables** NPL bienes *mpl* (de consumo) duraderos ► **consumer goods** NPL bienes *mpl* de consumo ► **consumer price index** N índice *m* de precios al consumo ► **consumer product** N producto *m* al consumidor ► **consumer protection** N protección *f* del consumidor ► **consumer research** N estudios *mpl* de mercado ► **consumer resistance** N resistencia *f* por parte del consumidor ► **consumer rights** NPL derechos *mpl* del consumidor ► **the consumer society** N la sociedad de consumo ► **consumer survey** N encuesta *f* sobre consumo; *see also* **product A1**

**consumerism** [kən'sjuːmərɪzəm] N consumismo *m*

**consuming** [kən'sjuːmɪŋ] ADJ arrollador, apasionado; [*passion*] dominante, avasallador

**consummate** Ⓐ [kən'sʌmɪt] ADJ consumado; [*skill*] sumo
Ⓑ ['kɒnsʌmeɪt] VT consumar

**consummation** [ˌkɒnsʌ'meɪʃən] N consumación *f*

**consumption** [kən'sʌmpʃən] N 1 [*of food, fuel etc*] (= *act, amount*) consumo *m*; **not fit for human ~** [*food*] no apto para el consumo humano
2 (†) (= *tuberculosis*) tisis *f*

**consumptive** [kən'sʌmptɪv] (*Med*) Ⓐ ADJ tísico
Ⓑ N tísico/a *m/f*

**cont.** ABBR (= **continued**) sigue

**contact** ['kɒntækt] Ⓐ N 1 (= *connection*) contacto *m*; **to come into ~ with** tocar; (*violently*) chocar con
2 (= *communication*) comunicación *f*; **to be in ~ with sth/sb** estar en contacto con algo/algn; **to get into ~ with** ponerse en contacto con; **to lose ~ (with sb)** perder el contacto (con algn); **to make ~ (with sb)** ponerse en contacto (con algn); **I seem to make no ~ with him** me resulta imposible comunicar con él; *see also* **radio D**
3 (*Elec*) contacto *m*; **to make/break a ~** (*in circuit*) hacer/interrumpir el contacto
4 (= *personal connection*) relación *f*; (*pej*) enchufe *m*, cuña *f* (*LAm*), hueso *m* (*Mex**), muñeca *f* (*S. Cone**); (= *intermediary*) contacto *m*; **he has a lot of ~s** tiene muchas relaciones; **business ~s** relaciones *fpl* comerciales; **he rang up one of his business ~s** llamó a uno de sus colegas comerciales; **you have to have a ~ in the business** hay que tener un buen enchufe en el negocio; **he's got good ~s** tiene buenas relaciones
5 = **contact lens**
Ⓑ VT (*gen*) contactar con, ponerse en contacto con; (*by telephone etc*) comunicar con; **where can we ~ you?** ¿cómo podemos ponernos en contacto contigo?, ¿dónde podemos encontrarte?
Ⓒ CPD ► **contact adhesive** N adhesivo *m* de contacto ► **contact breaker** N (*Elec*) interruptor *m* ► **contact lens** N lente *f* de contacto, lentilla *f* ► **contact man** N intermediario *m* ► **contact print** N contact *m*

**contagion** [kən'teɪdʒən] N contagio *m*

**contagious** [kən'teɪdʒəs] ADJ contagioso

**contain** [kən'teɪn] VT (*all senses*) contener; **to ~ o.s.** contenerse

**container** [kən'teɪnəʳ] Ⓐ N 1 (= *box, jug etc*) recipiente *m*; (= *package, bottle*) envase *m*
2 (*Comm*) (*for transport*) contenedor *m*, contáiner *m*
Ⓑ CPD ► **container depot** N terminal *f* para portacontenedores ► **container lorry** N portacontenedores *m inv* ► **container port** N puerto *m* para contenedores ► **container ship** N portacontenedores *m inv*, buque *m* contenedor ► **container terminal** N terminal *f* para portacontenedores ► **container train** N portacontenedores *m inv* ► **container transport** N transporte *m* en contenedores

**containerization** [kənˌteɪnəraɪ'zeɪʃən] N transporte *m* en contenedores

**containerize** [kən'teɪnəraɪz] VT (*Comm*) [+ *goods*] transportar en contenedores, contenerizar

**containment** [kən'teɪnmənt] N (*Pol*) contención *f*

**contaminant** [kən'tæmɪnənt] N contaminante *m*

**contaminate** [kən'tæmɪneɪt] VT [1] (*lit*) contaminar; **to be ~d by** contaminarse con *or* de
[2] (*fig*) corromper, contaminar

**contamination** [kən,tæmɪ'neɪʃən] N contaminación *f*

**contango** [kən'tæŋgəʊ] N (*St Ex*) *aplazamiento de pago hasta el próximo día de ajuste de cuentas*

**contd., cont'd** ABBR (= **continued**) sigue

**contemplate** ['kɒntempleɪt] VT [1] (= *gaze at*) contemplar; **I ~ the future with misgiving** el futuro lo veo dudoso
[2] (= *consider*) contemplar; (= *reflect upon*) considerar; **we ~d a holiday in Spain** nos planteamos unas vacaciones en España; **he ~d suicide** pensó en suicidarse; **to ~ doing sth** pensar en hacer algo; **when do you ~ doing it?** ¿cuándo se propone hacerlo?
[3] (= *expect*) contar con

**contemplation** [,kɒntem'pleɪʃən] N contemplación *f*, meditación *f*

**contemplative** [kən'templətɪv] ADJ contemplativo

**contemplatively** [kən'templətɪvlɪ] ADV pensativamente

**contemporaneous** [kən,tempə'reɪnɪəs] ADJ contemporáneo

**contemporaneously** [kən,tempə'reɪnɪəslɪ] ADV contemporáneamente

**contemporary** [kən'tempərərɪ] Ⓐ ADJ contemporáneo; **~ with** contemporáneo de
Ⓑ N contemporáneo/a *m/f*

**contempt** [kən'tempt] N desprecio *m*, desdén *m*; **to hold sth/sb in ~** despreciar algo/a algn; **it's beneath ~** es más que despreciable; **to bring into ~** desprestigiar, envilecer; **to hold in ~** despreciar; (*Jur*) declarar en rebeldía; **~ of court** (*Jur*) desacato *m* (a los tribunales)

**contemptible** [kən'temptəbl] ADJ despreciable, desdeñable

**contemptuous** [kən'temptjʊəs] ADJ [*person*] desdeñoso (**of** con); [*manner*] despreciativo, desdeñoso; [*gesture*] despectivo; **to be ~ of** desdeñar, menospreciar

**contemptuously** [kən'temptjʊəslɪ] ADV desdeñosamente, con desprecio

**contend** [kən'tend] Ⓐ VT **to ~ that** afirmar que, sostener que
Ⓑ VI **to ~ (with sb) for sth** competir (con algn) por algo; **we have many problems to ~ with** se nos plantean muchos problemas; **you'll have me to ~ with** tendrás que vértelas conmigo; **he has a lot to ~ with** tiene que enfrentarse a muchos problemas

**contender** [kən'tendəʳ] N (= *rival*) competidor(a) *m/f*; (*Sport etc*) contendiente *mf*

**contending** [kən'tendɪŋ] ADJ rival, opuesto

**content¹** [kən'tent] Ⓐ ADJ [1] (= *happy*) contento (**with** con); **to be ~** estar contento; **he is ~ to watch** se conforma *or* se contenta con mirar
[2] (= *satisfied*) satisfecho (**with** con)
Ⓑ N (= *happiness*) contento *m*; (= *satisfaction*) satisfacción *f*; **to one's heart's ~** hasta hartarse, a más no poder; **you can complain to your heart's ~** protesta cuanto quieras
Ⓒ VT (= *make happy*) contentar; (= *satisfy*) satisfacer; **to ~ o.s. with sth/with doing sth** contentarse *or* darse por contento con algo/con hacer algo

**content²** ['kɒntent] N [1] **contents** [*of box, packet etc*] contenido *msing*; [*of book*] índice *msing* (de materias)
[2] (= *subject matter, amount*) contenido *m*

**contented** [kən'tentɪd] ADJ satisfecho, contento

**contentedly** [kən'tentɪdlɪ] ADV con satisfacción, contentamente

**contentedness** [kən'tentɪdnɪs] N contento *m*, satisfacción *f*

**contention** [kən'tenʃən] N [1] (= *strife*) discusión *f*; (= *dissent*) disensión *f*; **teams in ~** equipos rivales
[2] (= *point*) opinión *f*, argumento *m*; **it is our ~ that ...** pretendemos que ..., sostenemos que ...

**contentious** [kən'tenʃəs] ADJ [1] (= *controversial*) [*issue, view, proposal*] conflictivo, muy discutido
[2] (= *argumentative*) [*person*] que le gusta discutir

**contentment** [kən'tentmənt] N contento *m*, satisfacción *f*

**contest** Ⓐ ['kɒntest] N (= *struggle*) contienda *f*, lucha *f*; (*Boxing, Wrestling*) combate *m*; (= *competition, quiz*) concurso *m*; (*Sport*) competición *f*; **beauty ~** concurso *m* de belleza; **a fishing ~** una competición de pesca
Ⓑ [kən'test] VT [+ *argument, will etc*] impugnar, rebatir; [+ *election, seat*] presentarse como candidato/a a; [+ *legal suit*] defender; **I ~ your right to do that** pongo en tela de juicio que usted tenga el derecho de hacer eso; **the seat was not ~ed** no hubo disputa por el escaño, en las elecciones se presentó un solo candidato
Ⓒ [kən'test] VI **to ~ against** contender con; **they are ~ing for a big prize** se disputan un premio importante

**contestant** [kən'testənt] N (*in competition*) concursante *mf*; (*Sport etc*) contrincante *mf*, contendiente *mf*

**context** ['kɒntekst] N contexto *m*; **in/out of ~** en/fuera de contexto; **we must see this in ~** tenemos que ver esto en su contexto; **to put sth in ~** poner algo en su contexto; **it was taken out of ~** fue sacado de su contexto

**contextual** [kən'tekstjʊəl] ADJ contextual

**contextualize** [kən'tekstjʊəlaɪz] VT contextualizar

**contiguity** [,kɒntɪ'gjuːɪtɪ] N contigüidad *f*

**contiguous** [kən'tɪgjʊəs] ADJ contiguo (**to** a)

**continence** ['kɒntɪnəns] N continencia *f*

**continent¹** ['kɒntɪnənt] ADJ continente

**continent²** ['kɒntɪnənt] N [1] (*Geog*) continente *m*
[2] (*Brit*) **the Continent** el continente europeo, Europa *f* (continental); **on the Continent** en Europa (continental)

**continental** [,kɒntɪ'nentl] Ⓐ ADJ [1] (*Geog*) continental
[2] (*Brit*) (= *European*) continental, europeo
Ⓑ N (*Brit*) europeo/a *m/f* (continental)
Ⓒ CPD ► **continental breakfast** N desayuno *m* estilo europeo ► **continental drift** N deriva *f* continental ► **continental quilt** N edredón *m* ► **continental shelf** N plataforma *f* continental

**contingency** [kən'tɪndʒənsɪ] Ⓐ N eventualidad *f*, contingencia *f*; **to provide for every ~** tener en cuenta cualquier eventualidad *or* contingencia; **should the ~ arise** en caso de presentarse la eventualidad; **£50 for contingencies** 50 libras en caso de que surja una eventualidad *or* para gastos imprevistos
Ⓑ CPD ► **contingency funds** NPL fondos *mpl* para imprevistos ► **contingency planning** N planificación *f* para una eventual emergencia ► **contingency plans** NPL medidas *fpl* para casos de emergencia

**contingent** [kən'tɪndʒənt] Ⓐ ADJ **to be ~ upon** depender de
Ⓑ N [1] (*Mil*) contingente *m*
[2] (= *group*) representación *f*

**continual** [kən'tɪnjʊəl] ADJ (= *continuous*) continuo; (= *persistent*) constante

**continually** [kən'tɪnjʊəlɪ] ADV continuamente, constantemente

**continuance** [kən'tɪnjʊəns] N continuación *f*

**continuation** [kən,tɪnjʊ'eɪʃən] N [1] (= *maintenance*) prosecución *f*; (= *resumption*) reanudación *f*
[2] (= *sth continued*) prolongación *f*; (= *story, episode*) continuación *f*

**continue** [kən'tɪnjuː] Ⓐ VT [1] (= *carry on*) [+ *policy, tradition*] seguir
[2] (= *resume*) [+ *story etc*] reanudar, continuar; **~d on page ten** sigue en la página diez; **to be ~d** continuará
Ⓑ VI [1] (= *carry on*) continuar; **"and so," he ~d** —y de este modo —continuó; **to ~ doing** *or* **to do sth** continuar *or* seguir haciendo algo; **she ~d talking to her friend** continuó *or* siguió hablando con su amiga; **to ~ on one's way** seguir su camino; **to ~ with sth** seguir con algo
[2] (= *remain*) seguir; **to ~ in office** seguir en su puesto; **to ~ in a place** seguir en un sitio
[3] (= *extend*) prolongarse, seguir; **the road ~s for two miles** la carretera se prolonga *or* sigue dos millas más; **the forest ~s to the sea** el bosque se prolonga *or* sigue hasta el mar

**continuing** [kən'tɪnjʊɪŋ] Ⓐ ADJ [*argument*] irresoluto; [*correspondence*] continuado
Ⓑ CPD ► **continuing education** N *cursos de enseñanza para adultos*

**continuity** [,kɒntɪ'njuːɪtɪ] Ⓐ N continuidad *f*
Ⓑ CPD ► **continuity man/girl** N (*Cine*) secretario/a *m/f* de rodaje

**continuo** [kən'tɪnjʊəʊ] N continuo *m*

**continuous** [kən'tɪnjʊəs] Ⓐ ADJ continuo
Ⓑ CPD ► **continuous assessment** N evaluación *f* continua ► **continuous (feed) paper** N papel *m* continuo ► **continuous inventory** N inventario *m* continuo ► **continuous performance** N (*in cinema*) sesión *f* continua ► **continuous stationery** N papel *m* continuo

**continuously** [kən'tɪnjʊəslɪ] ADV continuamente

**continuum** [kən'tɪnjʊəm] N (*pl* **continuums** *or* **continua**) continuo *m*

**contort** [kən'tɔːt] VT retorcer

**contortion** [kən'tɔːʃən] N (= *act*) retorcimiento *m*; (= *movement*) contorsión *f*

**contortionist** [kən'tɔːʃənɪst] N contorsionista *mf*

**contour** ['kɒntʊəʳ] Ⓐ N contorno *m*
Ⓑ CPD ► **contour flying** N vuelo *m* rasante ► **contour line** N curva *f* de nivel ► **contour map** N plano *m* acotado

**contoured** ['kɒntʊəd] ADJ [*surface, seat*] contorneado

**contra...** ['kɒntrə] PREFIX contra...

**contraband** ['kɒntrəbænd] Ⓐ N contrabando *m*
Ⓑ CPD de contrabando

**contrabass** [,kɒntrə'beɪs] N contrabajo *m*

**contrabassoon** [ˌkɒntrəbəˈsuːn] N contrafagot *m*

**contraception** [ˌkɒntrəˈsepʃən] N contracepción *f*, anticoncepción *f*

**contraceptive** [ˌkɒntrəˈseptɪv] Ⓐ ADJ anticonceptivo
Ⓑ N anticonceptivo *m*, contraceptivo *m*
Ⓒ CPD ► **contraceptive pill** N píldora *f* anticonceptiva

**contract** Ⓐ [ˈkɒntrækt] N 1 (= *document*) contrato *m*; ~ **of employment** *or* **service** contrato *m* de trabajo; **breach of** ~ incumplimiento *m* de contrato; **by** ~ por contrato; **to enter into a** ~ **(with sb) (to do sth/for sth)** firmar un contrato (con algn) (para hacer algo/de algo); **to place a** ~ **with** dar un contrato a; **to sign a** ~ firmar un contrato; **to put work out to** ~ sacar una obra a contrato; **to be under** ~ **to do sth** hacer algo bajo contrato; **they are under** ~ **to X** tienen contrato con X, tienen obligaciones contractuales con X
2 (*fig*) **there's a** ~ **out for him** le han puesto precio
Ⓑ [kənˈtrækt] VT 1 (= *acquire*) [+ *disease, debt*] contraer; [+ *habit*] tomar, adquirir
2 (= *enter into*) [+ *alliance*] entablar, establecer; [+ *marriage*] contraer
3 (*Ling*) (= *shorten*) contraer
Ⓒ [kənˈtrækt] VI 1 (= *become smaller*) [*metal*] contraerse, encogerse
2 [*muscles, face*] contraerse
3 (*Ling*) [*word, phrase*] contraerse
4 (*Comm*) **to** ~ **(with sb) to do sth** comprometerse por contrato (con algn) a hacer algo; **to** ~ **for** contratar
Ⓓ [ˈkɒntrækt] CPD ► **contract bridge** N bridge *m* de contrato ► **contract date** N fecha *f* contratada, fecha *f* de contrato ► **contract killer** N asesino *m* a sueldo ► **contract killing** N asesinato *m* pagado ► **contract price** N precio *m* contractual, precio *m* contratado ► **contract work** N trabajo *m* bajo contrato

► **contract in** VI + ADV tomar parte (**to** en)

► **contract out** Ⓐ VT + ADV **this work is ~ed out** este trabajo se hace fuera de la empresa con un contrato aparte
Ⓑ VI + ADV (*Brit*) optar por no tomar parte (**of** en)

**contracting** [kənˈtræktɪŋ] ADJ ~ **party** contratante *mf*

**contraction** [kənˈtrækʃən] N contracción *f*

**contractor** [kənˈtræktəʳ] N contratista *mf*

**contractual** [kənˈtræktʃʊəl] Ⓐ ADJ [*duty, obligation*] contractual
Ⓑ CPD ► **contractual liability** N responsabilidad *f* contractual

**contractually** [kənˈtræktʃʊəlɪ] ADV contractualmente; **a** ~ **binding agreement** un acuerdo vinculante por contrato; **we are** ~ **bound to finish it** estamos obligados a terminarlo por contrato

▼**contradict** [ˌkɒntrəˈdɪkt] VT (= *be contrary to*) contradecir; (= *declare to be wrong*) desmentir; (= *argue*) replicar, discutir; **don't** ~ **me!** ¡no me repliques!

**contradiction** [ˌkɒntrəˈdɪkʃən] N contradicción *f*; **to be a** ~ **in terms** ser contradictorio

**contradictory** [ˌkɒntrəˈdɪktərɪ] ADJ contradictorio

**contradistinction** [ˌkɒntrədɪsˈtɪŋkʃən] N **in** ~ **to** a diferencia de

**contraflow** [ˈkɒntrəfləʊ] N (*Brit Aut*) (*also* ~ **system**) sistema *m* de contracorriente

**contraindication** [ˌkɒntrəˌɪndɪˈkeɪʃən] N contraindicación *f*

**contralto** [kənˈtræltəʊ] Ⓐ N (*pl* **contraltos** *or* **contralti** [kənˈtræltɪ]) (= *person*) contralto *f*
Ⓑ CPD [*voice*] de contralto

**contraption*** [kənˈtræpʃən] N (= *gadget*) artilugio *m*, aparato *m*; (= *vehicle*) armatoste *m*

**contrapuntal** [ˌkɒntrəˈpʌntl] ADJ de contrapunto

**contrarian** [kənˈtrɛərɪən] (*frm*) Ⓐ ADJ inconformista
Ⓑ N *persona que deliberadamente lleva la contraria*; **he is by nature a** ~ por naturaleza le gusta llevar la contraria

**contrarily** [kənˈtrɛərɪlɪ] ADV (= *perversely*) tercamente

**contrariness** [kənˈtrɛərɪnɪs] N (= *perverseness*) terquedad *f*

**contrariwise** [kənˈtrɛərɪwaɪz] ADV (= *on the contrary*) al contrario; (= *on the other hand*) por otra parte; (= *in opposite direction*) en sentido contrario; (= *the other way round*) a la inversa

**contrary** [ˈkɒntrərɪ] Ⓐ ADJ 1 [*direction*] contrario; [*opinions*] opuesto; ~ **to** en contra de, contrario a; ~ **to what we thought** en contra de lo que pensábamos
2 [kənˈtrɛərɪ] (= *perverse*) terco
Ⓑ N contrario *m*; **on the** ~ al contrario, todo lo contrario; **quite the** ~ muy al contrario; **he holds the** ~ él sostiene lo contrario; **the** ~ **seems to be true** parece que es al revés; **I know nothing to the** ~ yo no sé nada en sentido contrario; **unless we hear to the** ~ a no ser que nos digan lo contrario

▼**contrast** Ⓐ [ˈkɒntrɑːst] N (*gen*) contraste *m*; **in** ~ **to** *or* **with** a diferencia de, en contraste con; **to form a** ~ **to** *or* **with** contrastar con
Ⓑ [kənˈtrɑːst] VT **to** ~ **with** comparar con, contrastar con
Ⓒ [kənˈtrɑːst] VI **to** ~ **with** contrastar con, hacer contraste con

**contrasting** [kənˈtrɑːstɪŋ] ADJ [*opinion*] opuesto; [*colour*] que hace contraste

**contrastive** [kənˈtrɑːstɪv] ADJ (*Ling*) contrastivo

**contravene** [ˌkɒntrəˈviːn] VT (= *infringe*) [+ *law*] contravenir; (= *go against*) ir en contra de; (= *dispute*) oponerse a

**contravention** [ˌkɒntrəˈvenʃən] N contravención *f*

**contretemps** [ˈkɔ̃ntrətɑ̃ːŋ] N (*pl* **contretemps**) contratiempo *m*, revés *m*

**contribute** [kənˈtrɪbjuːt] Ⓐ VT [+ *money, ideas*] contribuir, aportar (*esp LAm*); [+ *facts, information etc*] aportar; [+ *help*] prestar; [+ *article to a newspaper*] escribir; **she ~d £10 to the collection** contribuyó con 10 libras a la colecta
Ⓑ VI (*to charity, collection*) contribuir (**to** a); (*to newspaper*) colaborar (**to** en); (*to discussion*) intervenir (**to** en); (= *help in bringing sth about*) contribuir; **everyone ~d to the success of the play** todos contribuyeron al éxito de la obra; **it all ~d to the muddle** todo sirvió para aumentar la confusión

**contribution** [ˌkɒntrɪˈbjuːʃən] N (= *money*) contribución *f*, aporte *m* (*esp LAm*); (*to journal*) artículo *m*, colaboración *f*; (*to discussion*) intervención *f*, aportación *f*; [*of information etc*] aportación *f*; (*to pension fund*) cuota *f*, cotización *f*

**contributor** [kənˈtrɪbjʊtəʳ] N [*of money*] persona *f* que contribuye; [*of taxes*] contribuyente *mf*; (*to journal*) colaborador(a) *m/f*

**contributory** [kənˈtrɪbjʊtərɪ] ADJ [*cause, factor*] que contribuye, contribuyente; ~ **pension scheme** plan *m* cotizable de jubilación

**contrite** [ˈkɒntraɪt] ADJ arrepentido; (*Rel*) contrito

**contritely** [ˈkɒntraɪtlɪ] ADV [*say etc*] en tono arrepentido

**contrition** [kənˈtrɪʃən] N arrepentimiento *m*; (*Rel*) contrición *f*

**contrivance** [kənˈtraɪvəns] N (= *machine, device*) artilugio *m*, aparato *m*; (= *invention*) invención *f*, invento *m*; (= *stratagem*) estratagema *f*

**contrive** [kənˈtraɪv] Ⓐ VT [+ *plan, scheme*] inventar, idear; **to** ~ **a means of doing sth** inventar una manera de hacer algo
Ⓑ VI **to** ~ **to do** (= *manage, arrange*) lograr hacer; (= *try*) procurar hacer

**contrived** [kənˈtraɪvd] ADJ artificial

**control** [kənˈtrəʊl] Ⓐ N 1 (= *command*) control *m* (**over** sobre); **troops regained** ~ **of the capital** las tropas recuperaron el control de la capital; **he is giving up** ~ **of the company** va a ceder el control de la empresa; **to gain** ~ **of** [+ *company, territory*] hacerse con el control de; **they have no** ~ **over their pupils** no pueden controlar a sus alumnos; **to be in** ~ **(of sth)**: **who is in** ~**?** ¿quién manda?; **they are in complete** ~ **of the situation** tienen la situación totalmente controlada *or* dominada; **people feel more in** ~ **of their lives** la gente se siente más dueña de su vida, la gente siente que tiene mayor control de su vida; **his party has lost** ~ **of the Senate** su partido perdió el control del Senado; **to take** ~ **of a company** hacerse con el control de una empresa; **it was time to take** ~ **of her life again** era hora de volver a tomar las riendas de su vida; **under British** ~ bajo dominio *or* control británico; **to be under private** ~ estar en manos de particulares
2 (= *power to restrain*) control *m*; **due to circumstances beyond our** ~ debido a circunstancias ajenas a nuestra voluntad; **to lose** ~ **(of o.s.)** perder el control *or* dominio de uno mismo; **he lost** ~ **of the car** perdió el control del coche; **to be out of** ~ estar fuera de control; **the children were getting out of** ~ los niños se estaban descontrolando; **the car went out of** ~ el coche quedó fuera de control; **everything is under** ~ todo está bajo control; **I brought my temper under** ~ dominé *or* controlé el genio; **to bring** *or* **get a fire under** ~ conseguir dominar *or* controlar un incendio; **to keep sth/sb under** ~ mantener algo/a algn bajo control
3 (= *restraint*) restricción *f*; **they want greater ~s on arms sales** quieren mayores restricciones en la venta de armamento; **arms** ~ control *m* de armamentos; **birth** ~ control *m* de la natalidad; **price/wage** ~ reglamentación *f* or control *m* de precios/salarios
4 (*Tech*) 4·1 **controls** mandos *mpl*; **to be at the ~s** estar a (cargo de) los mandos; **to take over the ~s** hacerse cargo de los mandos
4·2 (= *knob, switch*) botón *m*; **volume** ~ botón *m* del volumen
5 (*in experiment*) testigo *m*
6 (= *checkpoint*) control *m*; **an agreement to abolish border ~s** un acuerdo para eliminar los controles en las fronteras; **passport** ~ control *m* de pasaportes
7 (*Sport*) (= *mastery*) dominio *m*; **his ball** ~ **is very good** su dominio del balón es muy bueno, domina bien el balón
Ⓑ VT 1 (= *command*) [+ *country, territory, business, organization*] controlar
2 (= *restrain*) [+ *crowd, child, animal, disease*] controlar; [+ *fire, emotions, temper*] controlar, dominar; **to** ~ **the spread of malaria** conte-

➤ LANGUAGE IN USE: contradict 12.1 contrast A 26.3

ner la propagación de la malaria; **to ~ o.s.** controlarse, dominarse; **~ yourself!** ¡contrólese!, ¡domínese!
[3] (= *regulate*) [+ *activity, prices, wages, expenditure*] controlar, regular; [+ *traffic*] dirigir; **legislation to ~ immigration** legislación para controlar *or* regular la inmigración; **he was trying to ~ the conversation** estaba intentando llevar las riendas de la conversación
[4] (= *operate*) [+ *machine, vehicle*] manejar, controlar; [+ *horse*] controlar, dominar
Ⓒ CPD ► **control column** N palanca *f* de mando ► **control freak*** N **he's a total ~ freak** tiene la manía de controlarlo todo ► **control group** N (*in experiment*) grupo *m* testigo ► **control key** N (*Comput*) tecla *f* de control ► **control knob** N (*Rad, TV*) botón *m* de mando ► **control panel** N tablero *m* de control ► **control room** N (*Mil, Naut*) sala *f* de mandos; (*Rad, TV*) sala *f* de control ► **control tower** N (*Aer*) torre *f* de control

**controllable** [kən'trəʊləbl] ADJ controlable

**controlled** [kən'trəʊld] ADJ [1] (= *restrained*) [*emotion*] contenido; **she was very ~** tenía gran dominio de sí misma; **she spoke in a ~ voice** al hablar, su voz no reveló lo que sentía
[2] (= *regulated*) controlado; **~ economy** economía *f* dirigida; **~ explosion** explosión *f* controlada
[3] (= *restricted*) [*drug, substance*] *que se dispensa únicamente con receta médica*

**-controlled** [kən'trəʊld] ADJ (*ending in compounds*) **a Labour-controlled council** un ayuntamiento laborista *or* gobernado por los laboristas; **a government-controlled organization** una organización bajo control gubernamental; **computer-controlled equipment** equipamiento computerizado

**controller** [kən'trəʊləʳ] N (*Comm*) interventor(a) *m/f*; (*Aer*) controlador(a) *m/f*; **air-traffic ~** controlador(a) *m/f* aéreo/a

**controlling** [kən'trəʊlɪŋ] ADJ [1] [*factor*] determinante
[2] (*Fin*) **a ~ interest** una participación mayoritaria

▼ **controversial** [,kɒntrə'vɜːʃəl] ADJ controvertido, polémico; **euthanasia is a ~ subject** la eutanasia es un tema controvertido *or* polémico

**controversially** [,kɒntrə'vɜːʃəlɪ] ADV de forma controvertida, de forma polémica

**controversy** [kɒn'trɒvəsɪ] N controversia *f*, polémica *f*; (= *debate*) polémica *f*; **there was a lot of ~ about it** hubo mucha controversia *or* polémica en torno a eso; **to cause ~** ocasionar controversia *or* polémica

**controvert** ['kɒntrəvɜːt] VT contradecir

**contumacious** [,kɒntjʊ'meɪʃəs] ADJ (*frm*) contumaz

**contumaciously** [,kɒntjʊ'meɪʃəslɪ] ADV (*frm*) contumazmente

**contumacy** ['kɒntjʊməsɪ] N (*frm*) contumacia *f*

**contumely** ['kɒntjʊmɪlɪ] N (*frm*) contumelia *f*

**contusion** [kən'tjuːʒən] N (*Med*) contusión *f*

**conundrum** [kə'nʌndrəm] N (= *riddle*) acertijo *m*, adivinanza *f*; (= *problem*) enigma *m*

**conurbation** [,kɒnɜː'beɪʃən] N (*Brit*) conurbación *f*

**convalesce** [,kɒnvə'les] VI convalecer

**convalescence** [,kɒnvə'lesəns] N convalecencia *f*

**convalescent** [,kɒnvə'lesənt] Ⓐ ADJ convaleciente
Ⓑ N convaleciente *mf*
Ⓒ CPD ► **convalescent home** N clínica *f* de reposo

**convection** [kən'vekʃən] N convección *f*

**convector** [kən'vektəʳ] N (*also* **~ heater, convection heater**) calentador *m* de convección

**convene** [kən'viːn] Ⓐ VT convocar
Ⓑ VI reunirse

**convener** [kən'viːnəʳ] N (*esp Brit*) coordinador(a) *m/f* sindical

**convenience** [kən'viːnɪəns] Ⓐ N [1] (= *comfort*) comodidad *f*; (= *advantage*) ventaja *f*, provecho *m*; **at your earliest ~** tan pronto como le sea posible; **you can do it at your own ~** puede hacerlo cuando le venga mejor *or* (*LAm*) le convenga; **for your ~ an envelope is enclosed** para facilitar su contestación adjuntamos un sobre; **it is a great ~ to be so close** resulta muy práctico estar tan cerca
[2] (= *amenity*) comodidad *f*, confort *m*; *see* **public C, modern**
Ⓑ CPD ► **convenience foods** NPL comidas *fpl* fáciles de preparar; (= *ready-cooked meals*) platos *mpl* preparados

**convenient** [kən'viːnɪənt] ADJ [1] (= *suitable*) conveniente; [*tool, device*] práctico, útil; [*size*] idóneo, cómodo; **if it is ~ to you** si le viene bien; **when it is ~ for you** cuando le venga bien; **would tomorrow be ~?** ¿le viene bien mañana?; **is it ~ to call tomorrow?** ¿le viene bien llamar mañana?; **it is ~ to live here** resulta práctico vivir aquí; **her death was certainly ~ for him** (*iro*) es cierto que su muerte fue oportuna para él; **at a ~ moment** en un momento oportuno; **we looked for a ~ place to stop** buscamos un sitio apropiado para parar; **it's not a ~ time for me** a esa hora no me viene bien
[2] (= *near*) [*place*] bien situado, accesible; **the house is ~ for the shops** la casa está muy cerca de las tiendas; **the hotel is ~ for the airport** el hotel está bien situado con respecto al aeropuerto; **he put it on a ~ chair** lo puso en una silla que estaba a mano

**conveniently** [kən'viːnɪəntlɪ] ADV (= *handily*) convenientemente; (= *suitably*) [*time*] oportunamente; **the house is ~ situated** la casa está en un sitio muy práctico; **it fell ~ close** cayó muy cerca; **when you ~ can do so** cuando puedas hacerlo sin que te cause molestia; **he very ~ forgot to write it down** (*iro*) muy oportunamente *or* mira por donde, se olvidó de apuntarlo (*iro*)

**convenor** [kən'viːnəʳ] N = **convener**

**convent** ['kɒnvənt] Ⓐ N convento *m*
Ⓑ CPD ► **convent school** N colegio *m* de monjas

**convention** [kən'venʃən] N [1] (= *custom*) convención *f*; **you must follow ~** hay que seguir los convencionalismos
[2] (= *meeting*) asamblea *f*, congreso *m*
[3] (= *agreement*) convenio *m*, convención *f*

**conventional** [kən'venʃənl] ADJ [*behaviour, tastes, weapons, method*] convencional; [*person*] tradicional, convencional; [*belief, values*] tradicional; [*style, clothes*] clásico, tradicional; **~ medicine** la medicina tradicional *or* convencional; **she was not beautiful in the ~ sense of the word** no era una belleza en el sentido generalmente aceptado de la palabra; **~ wisdom** (*frm*) la opinión convencional

**conventionalism** [kən'venʃənəlɪzəm] N convencionalismo *m*

**conventionally** [kən'venʃənəlɪ] ADV [*dress, behave*] de manera convencional; [*produced, grown*] de manera tradicional; **~ educated students** estudiantes educados de manera convencional *or* tradicional; **~ beautiful women** mujeres con una belleza convencional *or* clásica

**conventioneer** [kən,venʃə'nɪəʳ] N (*esp US*) asistente *mf* a un congreso, congresista *mf*

**converge** [kən'vɜːdʒ] VI converger, convergir; **the crowd ~d on the square** la muchedumbre se dirigió a la plaza

**convergence** [kən'vɜːdʒəns] N convergencia *f*

**convergent** [kən'vɜːdʒənt], **converging** [kən'vɜːdʒɪŋ] ADJ convergente

**conversant** [kən'vɜːsənt] ADJ **~ with** versado en, familiarizado con; **to become ~ with** familiarizarse con

**conversation** [,kɒnvə'seɪʃən] Ⓐ N conversación *f*, plática *f* (*LAm*); **we had a long ~** tuvimos una larga conversación; **to have a ~ with sb** conversar *or* (*LAm*) platicar con algn; **what was your ~ about?** ¿de qué hablabas?; **I said it just to make ~** lo dije sólo por decir algo
Ⓑ CPD ► **conversation mode** N (*Comput*) modo *m* de conversación ► **conversation piece** N **it was a ~ piece** fue tema de conversación ► **conversation stopper*** N **that was a ~ stopper*** eso nos *etc* dejó a todos sin saber qué decir

**conversational** [,kɒnvə'seɪʃənl] Ⓐ ADJ [*style, tone*] familiar; **her ~ skills were somewhat lacking** no era muy buena conversadora; **he has the ~ skills of a two-year-old** habla como un niño de dos anos
Ⓑ CPD ► **conversational mode** N (*Comput*) modo *m* de conversación

**conversationalist** [,kɒnvə'seɪʃnəlɪst] N conversador(a) *m/f*; **to be a good ~** brillar en la conversación; **he's not much of a ~** no es muy buen conversador

**conversationally** [,kɒnvə'seɪʃnəlɪ] ADV en tono familiar

**converse**[1] [kən'vɜːs] VI **to ~ (with sb) (about sth)** conversar *or* (*LAm*) platicar (con algn) (sobre algo); **to ~ by signs** hablar por señas

**converse**[2] ['kɒnvɜːs] Ⓐ N (*Math, Logic*) proposición *f* recíproca; (*gen*) inversa *f*; **but the ~ is true** pero la verdad es al revés
Ⓑ ADJ contrario, opuesto; (*Logic*) recíproco

**conversely** [kɒn'vɜːslɪ] ADV a la inversa

**conversion** [kən'vɜːʃən] Ⓐ N [1] (*gen, Rel*) conversión *f* (**into** en; **to** a)
[2] (= *house conversion*) reforma *f*, remodelación *f*
[3] (*Rugby, US Football*) transformación *f*
[4] (*Jur*) apropiación *f* ilícita
Ⓑ CPD ► **conversion kit** N equipo *m* de conversión ► **conversion (loan) stock** N obligaciones *fpl* convertibles ► **conversion table** N tabla *f* de equivalencias

**convert** ['kɒnvɜːt] Ⓐ N converso/a *m/f*; **to become a ~** convertirse, hacerse converso
Ⓑ [kən'vɜːt] VT [1] [+ *appliance*] adaptar; [+ *house*] reformar, convertir (**into** en); (*Fin*) [+ *currency*] convertir (**to, into** en); (*Rel*) convertir (**to** a); (*fig*) convencer (**to** a); **to ~ sth into** convertir algo en, transformar algo en
[2] (*Rugby, US Football*) transformar
[3] (*Jur*) apropiarse ilícitamente (**to one's own use** para uso propio)
Ⓒ [kən'vɜːt] VI convertirse (**to** a)

**converter** [kən'vɜːtəʳ] N (*Elec*) convertidor *m*

**convertibility** [kən,vɜːtə'bɪlɪtɪ] N convertibilidad *f*

**convertible** [kən'vɜːtəbl] Ⓐ ADJ [*currency*] convertible; [*car*] descapotable; [*settee*] transformable
Ⓑ N (= *car*) descapotable *m*
Ⓒ CPD ► **convertible debenture** N obliga-

➤ LANGUAGE IN USE: **controversial** 26.3

ción *f* convertible ► **convertible loan stock** N obligaciones *fpl* convertibles

**convertor** [kən'vɜːtəʳ] = **converter**

**convex** ['kɒn'veks] ADJ convexo

**convexity** [kɒn'veksɪtɪ] N convexidad *f*

**convey** [kən'veɪ] VT [1] [+ *goods, oil*] transportar, llevar; [+ *sound, smell*] llevar; [+ *current*] transmitir; (*slightly frm*) [+ *person*] conducir, acompañar (*LAm*)
[2] [+ *thanks, congratulations*] comunicar; [+ *meaning, ideas*] expresar; **to ~ to sb that ...** comunicar a algn que ...; **the name ~s nothing to me** el nombre no me dice nada; **what does this music ~ to you?** ¿qué es lo que te evoca esta música?
[3] (*Jur*) traspasar, transferir

**conveyance** [kən'veɪəns] N [1] (= *act*) (*no pl*) transporte *m*, transmisión *f*; (*Jur*) [*of property*] traspaso *m*
[2] (*frm*) (= *vehicle*) vehículo *m*, medio *m* de transporte; **public ~** vehículo *m* de servicio público
[3] (*Jur*) (= *deed*) escritura *f* de traspaso

**conveyancer** [kən'veɪənsəʳ] N (*Brit Jur*) *persona que formaliza el traspaso de la propiedad de inmuebles*, ≈ notario/a *m/f*

**conveyancing** [kən'veɪənsɪŋ] N (*Brit Jur*) preparación *f* de escrituras de traspaso

**conveyor** [kən'veɪəʳ] (A) N portador *m*, transportador *m*; (= *belt*) = **conveyor belt**
(B) CPD ► **conveyor belt** N cinta *f* transportadora

**convict** ['kɒnvɪkt] (A) N (= *prisoner*) presidiario/a *m/f*
(B) [kən'vɪkt] VT declarar culpable (**of** de), condenar; **a ~ed murderer** un asesino convicto y confeso; **he was ~ed of drunken driving** fue condenado por conducir en estado de embriaguez
(C) [kən'vɪkt] VI [*jury*] condenar
(D) ['kɒnvɪkt] CPD ► **convict settlement** N colonia *f* de presidiarios

**conviction** [kən'vɪkʃən] N [1] (*Jur*) condena *f*; **there were 12 ~s for theft** hubo 12 condenas por robo; **to have no previous ~s** no tener antecedentes penales
[2] (= *belief*) convicción *f*, creencia *f*; **it is my ~ that ...** creo firmemente que ...
[3] (= *persuasion, persuasiveness*) **he said with ~** dijo con convicción; **without much ~** no muy convencido; **to carry ~** ser convincente; **open to ~** dispuesto a dejarse convencer

**convince** [kən'vɪns] VT convencer; **to ~ sb (of sth/that)** convencer a algn (de algo/de que); **I am not ~d** no estoy convencido, no me convence

**convinced** [kən'vɪnst] ADJ [*Christian etc*] convencido

**convincing** [kən'vɪnsɪŋ] ADJ convincente

**convincingly** [kən'vɪnsɪŋlɪ] ADV de forma convincente

**convivial** [kən'vɪvɪəl] ADJ [*person, company*] sociable, agradable; [*evening, atmosphere*] alegre, agradable

**conviviality** [kən,vɪvɪ'ælɪtɪ] N alegría *f* y buen humor; **there was an atmosphere of ~** había un ambiente de alegría y buen humor

**convocation** [,kɒnvə'keɪʃən] N (*frm*) (= *act*) convocación *f*; (= *meeting*) asamblea *f*

**convoke** [kən'vəʊk] VT convocar

**convoluted** ['kɒnvə,luːtɪd] ADJ [*shape*] enrollado, enroscado; [*argument*] enrevesado

**convolution** [,kɒnvə'luːʃən] N circunvolución *f*

**convolvulus** [kən'vɒlvjʊləs] N (*pl* **convolvuluses** *or* **convolvuli** [kən'vɒlvjʊlaɪ]) enredadera *f*

**convoy** ['kɒnvɔɪ] (A) N (= *procession*) convoy *m*; (= *escort*) escolta *f*; **in/under ~** en convoy
(B) VT convoyar, escoltar

**convulse** [kən'vʌls] VT [1] (*often pass*) [*earthquake etc*] sacudir; (*fig*) [*war, riot*] convulsionar, conmocionar
[2] (*fig*) **to be ~d with laughter** desternillarse de risa; **to be ~d with anger** estar ciego de ira; **to be ~d with pain** retorcerse de dolor

**convulsion** [kən'vʌlʃən] N [1] (= *fit, seizure*) convulsión *f*; **to have ~s** tener convulsiones
[2] (*fig*) conmoción *f*; **they were in ~s*** [*of laughter*] se desternillaban de risa

**convulsive** [kən'vʌlsɪv] ADJ [*movement*] convulsivo; [*laughter*] incontenible

**convulsively** [kən'vʌlsɪvlɪ] ADV [*shake, jerk*] convulsivamente

**cony** ['kəʊnɪ] N (*US*) conejo *m*

**coo¹** [kuː] VI [*dove*] arrullar; [*baby*] hacer gorgoritos

**coo²*** [kuː] EXCL (*Brit*) ¡toma!, ¡vaya!

**co-occur** [,kəʊə'kɜːʳ] VI coocurrir

**co-occurrence** [,kəʊə'kʌrəns] N coocurrencia *f*

**cooing** ['kuːɪŋ] N arrullos *mpl*

**cook** [kʊk] (A) N cocinero/a *m/f*; ♦**PROV too many ~s spoil the broth** demasiadas cocineras estropean el caldo
(B) VT [1] (*Culin*) [+ *rice, vegetables*] cocinar, guisar; (= *boil*) cocer; (= *grill*) asar (a la parrilla); (= *fry*) freír; **to ~ a meal** preparar *or* hacer una comida; ♦**IDIOM to ~ sb's goose*** hacer la pascua a algn
[2] (*) (= *falsify*) [+ *accounts*] falsificar; ♦**IDIOM to ~ the books** amañar las cuentas
(C) VI [1] [*food*] cocinarse, cocer; **what's ~ing?*** (*fig*) ¿qué se guisa?, ¿qué pasa?
[2] [*person*] cocinar, guisar (*esp LAm*); **can you ~?** ¿sabes cocinar?

► **cook up** VT + ADV [1] (*Culin*) preparar
[2] (*) [+ *excuse, story*] inventar; [+ *plan*] tramar

**cookbook** ['kʊkbʊk] N = **cookery book**

**cooked** [kʊkt] (A) ADJ [*breakfast*] caliente
(B) CPD ► **cooked meats** NPL fiambres *fpl*

**cooker** ['kʊkəʳ] N [1] (*Brit*) (= *stove*) cocina *f*, horno *m* (*esp LAm*); (*US*) olla *f* para cocinar; **gas/electric ~** cocina *f* de gas/eléctrica
[2] (= *cooking apple*) manzana *f* para cocer

**cookery** ['kʊkərɪ] (A) N cocina *f*; **French ~** la cocina francesa; **I'm no good at ~** yo no sé nada de cocina
(B) CPD ► **cookery book** N (*Brit*) libro *m* de cocina ► **cookery course** N curso *m* de cocina

**cookhouse** ['kʊkhaʊs] N (*pl* **cookhouses** ['kʊkhaʊzɪz]) cocina *f*; (*Mil*) cocina *f* móvil de campaña

**cookie** ['kʊkɪ] N [1] (*esp US*) (= *biscuit*) galleta *f*; **that's the way the ~ crumbles*** así es la vida
[2] (*) (= *person*) tipo/a* *m/f*, tío/a* *m/f*; **she's a smart ~** es una chica lista; **a tough ~** un tío duro*

**cooking** ['kʊkɪŋ] (A) N [1] (= *art*) cocina *f*; **typical Galician ~** la típica cocina gallega; **her ~ is a delight** sus platos son una delicia
[2] (= *process*) cocción *f*
(B) CPD [*utensils, salt*] de cocina; [*chocolate*] de hacer ► **cooking apple** N manzana *f* para cocer ► **cooking foil** N papel *m* de aluminio ► **cooking salt** N sal *f* de cocina ► **cooking time** N tiempo *m* de cocción

**cookout** ['kʊkaʊt] N (*US*) barbacoa *f*, comida *f* hecha al aire libre

**cookware** ['kʊkweəʳ] N batería *f* de cocina

**cool** [kuːl] (A) ADJ (*compar* **cooler**; *superl* **coolest**) [1] (= *not hot*) [*air, room, skin, drink*] fresco; **it was a ~ day** el día estaba fresco; **it's getting** *or* **turning ~er** está empezando a refrescar; **it's nice and ~ in here** aquí dentro hace fresquito *or* se está fresquito; **"keep in a cool place"** "guardar en un lugar fresco"; **it helps you to keep ~** [*food, drink*] refresca; [*clothing, fan*] ayuda a mantenerse fresco
[2] (= *light, comfortable*) [*dress, fabric*] fresco
[3] (= *pale*) [*colour, shade, blue*] fresco
[4] (= *calm*) [*person, manner, action, tone*] sereno; **his ~ handling of the situation** el aplomo con el que *or* la sangre fría con la que manejó la situación; **~, calm and collected** tranquilo y con dominio de sí mismo; **to keep** *or* **stay ~** no perder la calma; **keep ~!** ¡tranquilo!; **to keep a ~ head** no perder la calma; **to play it ~*** tomárselo con calma, hacer como si nada
[5] (*pej*) (= *audacious*) [*behaviour*] fresco, descarado; **did you see the ~ way he asked me to do it?** ¿viste la frescura con la que me pidió que lo hiciese?; **as ~ as you please** más fresco que una lechuga*; **he's a ~ customer*** es un fresco, es un caradura; **we paid a ~ £200,000 for that house*** pagamos la friolera de 200.000 libras por esa casa; ♦**IDIOM to be as ~ as a cucumber*** estar más fresco que una lechuga*
[6] (= *distant, unenthusiastic*) [*person, response*] frío; **a ~ welcome** *or* **reception** un recibimiento frío; **relations were ~ but polite** la relación era fría *or* distante pero correcta; **to be ~ towards** *or* **with sb** mostrarse frío con algn, tratar a algn con frialdad
[7] (*) (= *trendy, stylish*) [*object, person*] guay (*Sp**); **hey, (that's really) ~!** ¡ala, qué guay!*, ¡ala, cómo mola! (*Sp**); **it's ~ to say you like computers** queda muy bien decir que te gustan los ordenadores
[8] (*) (= *acceptable*) **don't worry, it's ~** tranqui, no pasa nada*; **he's ~** es un tipo legal (*Sp**)
(B) N [1] (= *low temperature*) frescor *m*; **in the ~ of the evening** en el frescor de la tarde; **to keep sth in the ~** guardar algo en un lugar fresco
[2] (= *calm*) **to keep/lose one's ~*** no perder/perder la calma
(C) VT [1] [+ *brow, room*] refrescar; [+ *engine*] refrigerar; [+ *hot food or drink*] dejar enfriar; [+ *wine, soft drink*] poner a enfriar; ♦**IDIOM to ~ one's heels** esperar impaciente
[2] (= *dampen*) [+ *emotions, feelings*] enfriar; **~ it!*** ¡tranquilo!
(D) VI [1] (*also* **to ~ down**) [*air, liquid*] enfriarse; [*weather*] refrescar; **the air ~s in the evenings here** aquí refresca al atardecer; **the room had ~ed considerably** la habitación estaba mucho más fresca, ahora hacía bastante más fresco en la habitación
[2] (= *abate*) [*feeling, emotion*] enfriarse; **her passion for Richard had begun to ~** su pasión por Richard había empezado a enfriarse; **by Monday tempers had ~ed** el lunes los ánimos se habían calmado
(E) CPD ► **cool box** N nevera *f* portátil

► **cool down** (A) VT + ADV [1] (= *make colder*) enfriar
[2] (= *make calmer*) **to ~ sb down** calmar a algn
(B) VI + ADV [1] (= *become colder*) [*object*] enfriarse; [*person*] refrescarse, tener menos calor

➤ LANGUAGE IN USE: convince 6.2, 15.1, 16.1, 26.2

2 (= *become calmer*) [*person, situation*] calmarse; **~ down!** ¡cálmese!

►**cool off** VI + ADV (= *become less angry*) calmarse; (= *lose enthusiasm*) perder (el) interés, enfriarse; (= *become less affectionate*) distanciarse, enfriarse

**coolant** ['ku:lənt] N (*Tech*) (líquido *m*) refrigerante *m*

**cooler** ['ku:ləʳ] N 1 (= *cool box*) nevera *f* portátil
2 (✱) (= *prison*) chirona* *f*, trena* *f*

**cool-headed** ['ku:l,hedɪd] ADJ sereno, imperturbable

**coolie** ['ku:lɪ] N cooli *m*, culi *m*

**cooling** ['ku:lɪŋ] Ⓐ ADJ refrescante
Ⓑ CPD ► **cooling tower** N (*at power station*) torre *f* de refrigeración ► **cooling fan** N ventilador *m*

**cooling-off period** [,ku:lɪŋ'ɒf,pɪərɪəd] N (*Ind*) plazo *m* de negociación; (*Comm*) plazo *m* de prueba

**coolly** ['ku:lɪ] ADV 1 (= *calmly*) [*react, behave*] con serenidad, con sangre fría; **he reacted ~ in the midst of the crisis** mostró mucha sangre fría en medio de la crisis; **he very ~ put out his hand and picked up the snake** con una serenidad *or* con una sangre fría increíble alargó la mano y cogió la serpiente
2 (= *unemotionally*) [*say, reply*] con tranquilidad, con sangre fría; **she ~ denied everything** negó todo con una sangre fría increíble
3 (*pej*) (= *audaciously*) descaradamente, con mucha frescura
4 (= *unenthusiastically*) fríamente, con frialdad

**coolness** ['ku:lnɪs] N 1 (= *coldness*) [*of water, air, weather*] frescor *m*
2 (= *calmness*) tranquilidad *f*, serenidad *f*; (*in battle, crisis*) sangre *f* fría
3 (*pej*) (= *audacity*) frescura *f*, descaro *m*
4 (= *lack of enthusiasm*) [*of welcome, person*] frialdad *f*; **her ~ towards him** su frialdad con él

**coomb** [ku:m] N garganta *f*, desfiladero *m*

**coon** [ku:n] N 1 (*Zool*) = **raccoon**
2 (✱ *offensive*) (= *Negro*) negro/a *m/f* (*pej*)

**coop** [ku:p] N gallinero *m*

►**coop up** VT + ADV encerrar

**co-op*** ['kəʊ,ɒp] N 1 (= *shop*) = **cooperative**
2 (*US*) = **cooperative apartment**
3 (*US Univ*) = **cooperative**

**cooper** ['ku:pəʳ] N tonelero/a *m/f*

**cooperage** ['ku:pərɪdʒ] N tonelería *f*

**cooperate** [kəʊ'ɒpəreɪt] VI cooperar, colaborar; **to ~ with sb (in sth/to do sth)** cooperar con algn (en algo/para hacer algo)

**cooperation** [kəʊ,ɒpə'reɪʃən] N cooperación *f*, colaboración *f*

**cooperative** [kəʊ'ɒpərətɪv] Ⓐ ADJ 1 [*attitude*] colaborador, cooperador; [*person*] servicial, dispuesto a ayudar
2 [*farm etc*] cooperativo
Ⓑ N cooperativa *f*
Ⓒ CPD ► **cooperative society** N (*Brit*) cooperativa *f*

**cooperatively** [kəʊ'ɒpərətɪvlɪ] ADV (= *jointly*) en cooperación, en colaboración, conjuntamente; (= *obligingly*) servicialmente

**co-opt** [kəʊ'ɒpt] VT **to ~ sb (onto sth)** nombrar (como miembro) a algn (para algo)

**co-option** [kəʊ'ɒpʃən] N cooptación *f*

**coordinate** Ⓐ [kəʊ'ɔ:dnɪt] N 1 (*usu pl*) (*on map*) coordenada *f*
2 **coordinates** (= *clothes*) coordinados *mpl*
Ⓑ [kəʊ'ɔ:dɪneɪt] VT [+ *movements, work*] coordinar; [+ *efforts*] aunar

**coordinating** [kəʊ'ɔ:dɪneɪtɪŋ] ADJ [*committee, body, centre*] coordinador; [*fabric, wallpaper, skirt, shoes*] haciendo juego, a juego (*Sp*)

**coordination** [kəʊ,ɔ:dɪ'neɪʃən] N coordinación *f*

**coordinator** [kəʊ'ɔ:dɪneɪtəʳ] N coordinador(a) *m/f*

**coot** [ku:t] N 1 (*Orn*) focha *f* (común), fúlica *f*
2 (*) (= *fool*) bobo/a *m/f*

**co-owner** [,kəʊ'əʊnəʳ] N copropietario/a *m/f*

**co-ownership** [,kəʊ'əʊnəʃɪp] N copropiedad *f*

**cop*** [kɒp] Ⓐ N 1 (= *policeman*) poli *m* (*Sp**), cana *m* (*S. Cone**); **the ~s** la pasma (*Sp*✱), la cana (*S. Cone*✱); **~s and robbers** (= *game*) policías y ladrones
2 (*Brit*) **it's not much ~** no es gran cosa; **it's a fair ~!** ¡está bien!
Ⓑ VT 1 (*Brit*) (= *catch*) [+ *person*] pescar, pillar; [+ *beating, fine*] ganarse; **he ~ped six months** se cargó seis meses; **you'll ~ it!** ¡te la vas a ganar!; **I ~ped it from the headmaster** el director me puso como un trapo; **~ this!** ¡hay que ver esto!; **~ hold of this** coge (*Sp*) *or* toma esto
2 (*US Jur*) **to ~ a plea** *declararse culpable de un delito menor para obtener una sentencia más leve*
3 (*US*) [+ *drugs*] comprar
Ⓒ CPD ► **cop shop**✱ N (*Brit*) comisaría *f*

►**cop off with*** VI + PREP (*Brit*) liarse con*, ligar con*, enrollarse con (*Sp**)

►**cop out*** VI + ADV escabullirse, rajarse

**co-partner** ['kəʊ'pɑ:tnəʳ] N consocio *mf*, copartícipe *mf*

**co-partnership** ['kəʊ'pɑ:tnəʃɪp] N asociación *f*, cogestión *f*, coparticipación *f*

**cope**[1] [kəʊp] VI 1 arreglárselas; **he's coping pretty well** se las está arreglando bastante bien; **we shall be able to ~ better next year** podremos arreglarnos mejor el año que viene; **can you ~?** ¿tú puedes con esto?; **how are you coping?** ¿cómo lo llevas?*; **he can't ~ any more** ya no puede más
2 **to ~ with** [+ *task, person*] poder con; [+ *situation*] enfrentarse con; [+ *difficulties, problems*] (= *tackle*) hacer frente a, abordar; (= *solve*) solucionar

**cope**[2] [kəʊp] N (*Rel*) capa *f* pluvial

**Copenhagen** [,kəʊpn'heɪgən] N Copenhague *m*

**Copernicus** [kə'pɜ:nɪkəs] N Copérnico

**copestone** ['kəʊpstəʊn] N (piedra *f* de) albardilla *f*

**copier** ['kɒpɪəʳ] N (= *photocopier*) fotocopiadora *f*

**co-pilot** ['kəʊ'paɪlət] N copiloto *mf*

**coping** ['kəʊpɪŋ] Ⓐ N (*Constr*) albardilla *f*, mojinete *m*
Ⓑ CPD ► **coping stone** N = **copestone**

**copious** ['kəʊpɪəs] ADJ copioso, abundante

**copiously** ['kəʊpɪəslɪ] ADV copiosamente, en abundancia

**cop-out*** ['kɒpaʊt] N evasión *f* de responsabilidad

**copper** ['kɒpəʳ] Ⓐ N 1 (= *material*) cobre *m*
2 (= *utensil*) caldera *f* de lavar
3 (*Brit**) (= *coin*) perra *f* (chica), centavo *m* (*LAm*); (= *penny*) penique *m*; **it costs a few ~s** vale unos peniques
4 (*Brit*) *see* **cop A1**
Ⓑ ADJ 1 (= *made of copper*) de cobre
2 (= *colour*) cobrizo
Ⓒ CPD ► **copper beech** N haya *f* roja *or* de sangre ► **copper sulphate** N sulfato *m* de cobre

**copper-bottomed** [,kɒpə'bɒtəmd] ADJ con fondo de cobre; (*fig*) totalmente fiable, de máxima seguridad

**copper-coloured**, **copper-colored** (*US*) ['kɒpə,kʌləd] ADJ cobrizo

**copperhead** ['kɒpəhed] N víbora *f* cobriza

**copperplate** ['kɒpəpleɪt] N (*also* **~ writing**) letra *f* caligrafiada, caligrafía *f*

**coppersmith** ['kɒpəsmɪθ] N cobrero/a *m/f*

**coppery** ['kɒpərɪ] ADJ cobreño; [*colour*] cobrizo

**coppice** ['kɒpɪs] N soto *m*, bosquecillo *m*

**copra** ['kɒprə] N copra *f*

**co-presidency** [kəʊ'prezɪdənsɪ] N copresidencia *f*

**co-president** [kəʊ'prezɪdənt] N copresidente/a *m/f*

**co-processor** [,kəʊ'prəʊsesəʳ] N coprocesador *m*; **graphics ~** coprocesador *m* de gráficos

**co-produce** [,kəʊprə'dju:s] VT coproducir

**co-production** [,kəʊprə'dʌkʃən] N coproducción *f*

**copse** [kɒps] N soto *m*, bosquecillo *m*

**Copt** [kɒpt] N copto/a *m/f*

**'copter***, **copter*** ['kɒptəʳ] N ABBR (= **helicopter**) helicóptero *m*

**Coptic** ['kɒptɪk] Ⓐ ADJ copto
Ⓑ CPD ► **the Coptic Church** N la Iglesia Copta

**copula** ['kɒpjʊlə] N (*pl* **copulas** *or* **copulae** ['kɒpjʊli:]) cópula *f*

**copulate** ['kɒpjʊleɪt] VI copular

**copulation** [,kɒpjʊ'leɪʃən] N cópula *f*

**copulative** ['kɒpjʊlətɪv] ADJ copulativo

**copy** ['kɒpɪ] Ⓐ N 1 (*gen*) (= *duplicate*) copia *f*; [*of photograph*] copia *f*; [*of painting*] copia *f*, imitación *f*; (= *carbon copy*) copia *f* (en papel carbón); **rough ~** borrador *m*; **fair ~** copia en limpio; **to make a ~ of** hacer *or* sacar una copia de
2 [*of book, newspaper*] ejemplar *m*; [*of magazine*] número *m*
3 (= *no pl*) (*Press*) (= *written material*) original *m*, manuscrito *m*; **there's plenty of ~ here** tenemos aquí un material abundante; **a murder is always good ~** un asesinato es siempre un buen tema; **to make good ~** ser una noticia de interés
Ⓑ VT 1 (= *imitate*) copiar, imitar; (*Scol*) (= *cheat*) copiar
2 (= *make copy of*) (*gen*) sacar una copia de; (*in writing, Comput*) copiar; (*with carbon*) sacar una copia/copias al carbón; (= *photocopy*) fotocopiar; **to ~ from** copiar de
3 (= *send a copy to*) enviar una copia (**to** a)
4 (*Rad, Telec*) recibir
Ⓒ CPD ► **copy boy** N (*Press*) chico *m* de los recados de la redacción ► **copy editor** N editor(a) *m/f*, corrector(a) *m/f* de manuscritos ► **copy machine** N fotocopiadora *f* ► **copy typist** N mecanógrafo/a *m/f*

►**copy down** VT + ADV anotar, tomar nota de

►**copy out** VT + ADV copiar

**copybook** ['kɒpɪbʊk] Ⓐ N cuaderno *m* de escritura; ✦*IDIOM* **to blot one's ~** manchar su reputación
Ⓑ CPD perfecto; **the pilot made a ~ landing** el piloto hizo un aterrizaje de libro

**copycat*** ['kɒpɪkæt] Ⓐ N imitador(a) *m/f*
Ⓑ CPD ► **copycat crime** N crimen *m* que trata de emular a otros

**copy-edit** ['kɒpɪ'edɪt] VT editar y corregir

**copying** ['kɒpiɪŋ] Ⓐ N [1] (= *imitation*) **children learn by ~** los niños aprenden por imitación
[2] (*Scol*) (= *cheating*) **~ will be severely punished** el que sea descubierto copiando recibirá un severo castigo
Ⓑ CPD ► **copying ink** N (*for machine use*) tinta *f* de copiar ► **copying machine** N copiadora *f*

**copyist** ['kɒpiɪst] N copista *mf*

**copyreader** ['kɒpɪ,riːdəʳ] N corrector(a) *m/f*

**copyright** ['kɒpɪraɪt] Ⓐ ADJ protegido por los derechos de(l) autor
Ⓑ N derechos *mpl* de autor, propriedad *f* literaria; **the book is still in ~** siguen vigentes los derechos del autor de este libro; **it will be out of ~ in 2020** los derechos de(l) autor terminarán en 2020; **"~ reserved"** "es propiedad", "copyright"
Ⓒ VT registrar como propiedad literaria

**copywriter** ['kɒpɪ,raɪtəʳ] N escritor(a) *m/f* de material publicitario

**coquetry** ['kɒkɪtrɪ] N coquetería *f*

**coquette** [kə'ket] N coqueta *f*

**coquettish** [kə'ketɪʃ] ADJ coqueta

**coquettishly** [kə'ketɪʃlɪ] ADV coquetamente, con coquetería

**cor‡** [kɔːʳ] EXCL (*Brit*) ¡caramba!; **~ blimey!** ¡Dios mío!*

**coracle** ['kɒrəkl] N barquilla *f* de cuero

**coral** ['kɒrəl] Ⓐ N coral *m*
Ⓑ CPD de coral, coralino ► **coral island** N isla *f* coralina ► **coral necklace** N collar *m* de coral ► **coral reef** N arrecife *m* de coral ► **Coral Sea** N Mar *m* del Coral

**cor anglais** ['kɔːr'ɔ̃ŋgleɪ] N (*pl* **cors anglais**) corno *m* inglés

**corbel** ['kɔːbəl] N ménsula *f*, repisa *f*

**cord** [kɔːd] Ⓐ N [1] (= *thick string*) cuerda *f*; (*for pyjamas, curtains, of window*) cordón *m*; (*Elec*) cable *m*
[2] (*also* **umbilical ~**) cordón *m* umbilical; **✦IDIOM to cut** *or* **sever the ~** soltar amarras; *see also* **spinal**, **vocal**
[3] (= *material*) pana *f*; **cords** (= *trousers*) pantalones *mpl* de pana
Ⓑ VT atar con cuerdas

**cordage** ['kɔːdɪdʒ] N cordaje *m*, cordería *f*

**cordial** ['kɔːdɪəl] Ⓐ ADJ cordial, afectuoso
Ⓑ N (*Brit*) (= *drink*) cordial *m*; (= *liqueur*) licor *m*

**cordiality** [,kɔːdɪ'ælɪtɪ] N cordialidad *f*

**cordially** ['kɔːdɪəlɪ] ADV cordialmente, afectuosamente; **I ~ detest him** le odio cordialmente

**cordite** ['kɔːdaɪt] N cordita *f*

**cordless** ['kɔːdlɪs] Ⓐ ADJ [*iron, kettle, tool*] sin cable
Ⓑ CPD ► **cordless telephone** N teléfono *m* inalámbrico *or* sin hilos

**cordon** ['kɔːdn] Ⓐ N cordón *m*
Ⓑ VT (*also* **to ~ off**) acordonar
Ⓒ CPD ► **cordon sanitaire** N (*Pol*) cordón *m* sanitario

**cordon bleu** [,kɔːdɔ̃n'blɜː] Ⓐ N cordón *m* azul; (*Culin*) cocinero/a *m/f* de primera clase
Ⓑ CPD de primera clase

**Cordova** ['kɔːdəvə] N Córdoba *f*

**Cordovan** ['kɔːdəvən] Ⓐ ADJ cordobés
Ⓑ N cordobés/esa *m/f*; (= *leather*) cordobán *m*

**corduroy** ['kɔːdərɔɪ] Ⓐ N pana *f*; **corduroys** pantalones *mpl* de pana
Ⓑ CPD ► **corduroy road** N (*US*) camino *m* de troncos

**CORE** [kɔːʳ] N ABBR (*US*) = **Congress of Racial Equality**

**core** [kɔːʳ] Ⓐ N [1] [*of fruit*] corazón *m*; [*of earth*] centro *m*, núcleo *m*; [*of cable, nuclear reactor*] núcleo *m*
[2] (*fig*) [*of problem etc*] esencia *f*, meollo *m*; [*of group etc*] centro *m*; **English to the ~** inglés hasta los tuétanos; **rotten to the ~** corrompido hasta la médula; **shocked to the ~** profundamente afectado; **a hard ~ of resistance** un núcleo *or* foco arraigado de resistencia; **the hard ~ of unemployment** los parados que tienen pocas posibilidades de salir de esa situación
Ⓑ VT [+ *fruit*] deshuesar
Ⓒ CPD ► **core curriculum** N (*Scol*) asignaturas *fpl* comunes ► **core memory** N (*Comput*) memoria *f* de núcleos ► **core subject** N (*Scol, Univ*) asignatura *f* común ► **core time** N período *m* nuclear

**co-religionist** ['kəʊrɪ'lɪdʒənɪst] N correligionario/a *m/f*

**corer** ['kɔːrəʳ] N (*Culin*) despepitadora *f*

**co-respondent** ['kəʊrɪs'pɒndənt] N (*Jur*) codemandado/a *m/f*

**Corfu** [kɔː'fuː] N Corfú *m*

**corgi** ['kɔːgɪ] N perro/a *m/f* galés/esa

**coriander** [,kɒrɪ'ændəʳ] N culantro *m*, cilantro *m*

**Corinth** ['kɒrɪnθ] N Corinto *m*

**Corinthian** [kə'rɪnθɪən] ADJ corintio

**cork** [kɔːk] Ⓐ N [1] (= *substance*) corcho *m*
[2] (= *stopper*) corcho *m*, tapón *m*
Ⓑ VT [+ *bottle*] (*also* **~ up**) tapar con corcho, taponar
Ⓒ CPD de corcho ► **cork oak**, **cork tree** N alcornoque *m*

**corkage** ['kɔːkɪdʒ] N *precio que se cobra en un restaurante por abrir una botella traída de fuera*

**corked** [kɔːkt] ADJ [*wine*] con sabor a corcho

**corker***† ['kɔːkəʳ] N [1] (= *lie*) bola* *f*; (= *story*) historia *f* absurda
[2] (*Sport*) (= *shot, stroke*) golpe *m* de primera; (= *good player*) crac* *m*; (= *attractive girl*) tía *f* buena*; **that's a ~!** ¡es cutre!*

**corkscrew** ['kɔːkskruː] Ⓐ N sacacorchos *m inv*
Ⓑ ADJ en espiral
Ⓒ VI subir en espiral

**corm** [kɔːm] N (*Bot*) bulbo *m*

**cormorant** ['kɔːmərənt] N cormorán *m* (grande)

**corn¹** [kɔːn] Ⓐ N [1] (*Brit*) (= *wheat*) trigo *m*; (*gen term*) cereales *mpl*; (*US*) (= *maize*) maíz *m*; (= *individual grains*) granos *mpl*
[2] (*) (= *sentimentality*) sentimentalismo *m*, sensiblería *f*
Ⓑ CPD ► **corn bread** N (*US*) pan *m* de maíz ► **corn on the cob** N mazorca *f* de maíz, choclo *m* (*Andes, S. Cone*), elote *m* (*Mex*) ► **corn exchange** N bolsa *f* de granos ► **corn meal** N (*US*) harina *f* de maíz ► **corn oil** N aceite *m* de maíz ► **corn poppy** N amapola *f*

**corn²** [kɔːn] Ⓐ N (*Med*) callo *m*; **✦IDIOM to tread on sb's ~s** (*Brit*) herir las sensibilidades de algn
Ⓑ CPD ► **corn plaster** N emplasto *m* *or* parche *m* para callos

**Corn** ABBR (*Brit*) = **Cornwall**

**cornball*** ['kɔːnbɔːl] N (*US*) paleto/a‡ *m/f*

**corncob** ['kɔːnkɒb] N (*esp US*) mazorca *f* de maíz

**corncrake** ['kɔːnkreɪk] N guión *m* de codornices

**cornea** ['kɔːnɪə] N (*pl* **corneas** *or* **corneae** ['kɔːnɪiː]) córnea *f*

**corneal** ['kɔːnɪəl] ADJ corneal

**corned beef** [,kɔːnd'biːf] N carne *f* de vaca en conserva

**cornelian** [kɔː'niːlɪən] N cornalina *f*

**corner** ['kɔːnəʳ] Ⓐ N [1] (= *angle*) [*of object*] (*outer*) ángulo *m*, esquina *f*; (*inner*) rincón *m*; [*of mouth*] comisura *f*; [*of eye*] rabillo *m*; (= *bend in road*) curva *f*, recodo *m*; (*where two roads meet*) esquina *f*; **in the ~ of the room** en un rincón de la habitación; **the ~ of a table/page** la esquina de una mesa/página; **it's just around the ~** está a la vuelta de la esquina; **prosperity is just around the ~** la prosperidad está a la vuelta de la esquina; **to cut a ~** (*Aut*) tomar una curva muy cerrada; **out of the ~ of one's eye** con el rabillo del ojo; **to go round the ~** doblar la esquina; **to turn the ~** doblar la esquina; (*fig*) salir del apuro; **a two-~ed fight** una pelea entre dos; **✦IDIOMS to be in a (tight) ~** estar en un aprieto; **to cut ~s** atajar; (= *save money, effort etc*) ahorrar dinero/trabajo *etc*; **to drive sb into a ~** poner a algn entre la espada y la pared, acorralar a algn; **to paint o.s. into a ~** verse acorralado
[2] (*fig*) (= *cranny, place*) **a picturesque ~ of Soria** un rincón pintoresco de Soria; **in every ~** por todos los rincones; **every ~ of Europe** todos los rincones de Europa; **the four ~s of the world** las cinco partes del mundo; **in odd ~s** en cualquier rincón
[3] (*Ftbl*) (*also* **~ kick**) córner *m*, saque *m* de esquina
[4] (*Comm*) monopolio *m*; **he made a ~ in peanuts** se hizo con el monopolio de los cacahuetes, acaparó el mercado de los cacahuetes
Ⓑ VT [1] [+ *animal, fugitive*] acorralar, arrinconar; (*fig*) [+ *person*] (= *catch to speak to*) abordar, detener
[2] (*Comm*) [+ *market*] acaparar
Ⓒ VI (*Aut*) tomar las curvas
Ⓓ CPD ► **corner cupboard** N rinconera *f*, esquinera *f* ► **corner flag** N (*Ftbl*) banderola *f* de esquina ► **corner house** N casa *f* que hace esquina ► **corner kick** N (*Ftbl*) córner *m*, saque *m* de esquina ► **corner seat** N asiento *m* del rincón, rinconera *f* ► **corner shop**, **corner store** (*US*) N tienda *f* de la esquina, tienda *f* pequeña del barrio ► **corner table** N mesa *f* rinconera

**cornering** ['kɔːnərɪŋ] N **the new suspension allows much safer ~** (*Aut*) la nueva suspensión proporciona un mayor agarre en las curvas

**cornerstone** ['kɔːnəstəʊn] N (*lit, fig*) piedra *f* angular

**cornet** ['kɔːnɪt] N [1] (*Mus*) corneta *f*
[2] (*Brit*) (= *ice cream*) cucurucho *m*

**cornfield** ['kɔːnfiːld] N [*of wheat*] trigal *m*, campo *m* de trigo; (*US*) [*of maize*] maizal *m*, milpa *f*

**cornflakes** ['kɔːnfleɪks] NPL copos *mpl* de maíz, cornflakes *mpl*; (*loosely*) cereales *mpl*

**cornflour** ['kɔːnflaʊəʳ] N (*Brit*) harina *f* de maíz, maicena *f*

**cornflower** ['kɔːnflaʊəʳ] Ⓐ N aciano *m*
Ⓑ ADJ (*also* **~ blue**) azul aciano *inv*

**cornice** ['kɔːnɪs] N (*Archit*) cornisa *f*

**corniche** ['kɔːniːʃ, kɔː'niːʃ] N (*also* **~ road**) corniche *f*

**Cornish** ['kɔːnɪʃ] Ⓐ ADJ de Cornualles
Ⓑ N (*Ling*) córnico *m*

Ⓒ CPD ► **Cornish pasty** N empanada *f* de Cornualles (*con cebolla, patata y carne*)

**cornstarch** ['kɔːnstɑːtʃ] N (*US*) = **cornflour**

**cornucopia** [,kɔːnjʊ'kəʊpɪə] N cuerno *m* de la abundancia

**Cornwall** ['kɔːnwəl] N Cornualles *m*

**corny*** ['kɔːnɪ] ADJ (*compar* **cornier**; *superl* **corniest**) [*joke, story*] trillado, muy visto; [*film, play*] sensiblero, sentimental

**corolla** [kə'rɒlə] N corola *f*

**corollary** [kə'rɒlərɪ] N corolario *m*

**corona** [kə'rəʊnə] N (*pl* **coronas** *or* **coronae** [kə'rəʊniː]) (*Anat, Astron*) corona *f*; (*Elec*) descarga *f* de corona; (*Archit*) corona *f*, alero *m*

**coronary** ['kɒrənərɪ] Ⓐ ADJ coronario
Ⓑ N (*also* ~ **thrombosis**) infarto *m*, trombosis *f* coronaria

**coronation** [,kɒrə'neɪʃən] N coronación *f*

**coroner** ['kɒrənə^r] N juez *mf* de instrucción

**coronet** ['kɒrənɪt] N corona *f* (de marqués *etc*); (= *diadem*) diadema *f*

**Corp** ABBR 1 (*Comm, Fin*) (= **Corporation**) S.A.
2 (*Pol*) = **Corporation**
3 (*Mil*) = **Corporal**

**corpora** ['kɔːpərə] NPL *of* **corpus**

**corporal** ['kɔːpərəl] Ⓐ ADJ corporal
Ⓑ N (*Mil*) cabo *m*
Ⓒ CPD ► **corporal punishment** N castigo *m* corporal

**corporate** ['kɔːpərɪt] Ⓐ ADJ (= *joint*) [*ownership, responsibility*] corporativo, colectivo; [*action, effort*] combinado; (= *of company, firm*) [*image, planning, identity, growth*] corporativo
Ⓑ CPD ► **corporate body** N corporación *f* ► **corporate car** N (*US*) coche *m* de la empresa ► **corporate name** N nombre *m* social ► **corporate strategy** N estrategia *f* de la empresa

**corporately** ['kɔːpərɪtlɪ] ADV corporativamente, como corporación

**corporation** [,kɔːpə'reɪʃən] Ⓐ N 1 (*Comm*) corporación *f*; (*US*) (= *limited company*) sociedad *f* anónima
2 [*of city*] ayuntamiento *m*
3 (*Brit**) (= *paunch*) panza* *f*
Ⓑ CPD corporativo ► **corporation tax** N (*Brit*) impuesto *m* sobre sociedades

**corporatism** ['kɔːpərətɪzəm] N corporacionismo *m*

**corporatist** ['kɔːpərətɪst] ADJ [*theory, tendencies*] corporativista

**corporeal** [kɔː'pɔːrɪəl] ADJ corpóreo

**corps** [kɔː^r] Ⓐ N (*pl* **corps** [kɔːz]) (*Mil*) cuerpo *m* (de ejército); *see also* **diplomatic**, **press D**
Ⓑ CPD ► **corps de ballet** N cuerpo *m* de baile

**corpse** [kɔːps] N cadáver *m*

**corpulence** ['kɔːpjʊləns] N corpulencia *f*

**corpulent** ['kɔːpjʊlənt] ADJ corpulento

**corpus** ['kɔːpəs] Ⓐ N (*pl* **corpuses** *or* **corpora**) cuerpo *m*
Ⓑ CPD ► **corpus delicti** N cuerpo *m* del delito ► **Corpus Christi** N Corpus *m*

**corpuscle** ['kɔːpʌsl] N [*of blood*] glóbulo *m*, corpúsculo *m*

**corral** [kə'rɑːl] (*US*) Ⓐ N corral *m*
Ⓑ VT acorralar

**correct** [kə'rekt] Ⓐ ADJ 1 (= *accurate*) correcto; **(that's) ~!** ¡correcto!, ¡exacto!; **is this spelling ~?** ¿está bien escrito esto?; **your suspicions are ~** está en lo cierto con sus sospechas; **"correct fare only"** (*in buses etc*) "importe exacto"; **to be ~** [*person*] tener razón, estar en lo cierto; **am I ~ in saying that ...?** ¿me equivoco al decir que ...?, ¿estoy en lo cierto al decir que ...?; **he was normally ~ in his calculations** normalmente sus cálculos eran exactos; **he was ~ to blame the government** estuvo en lo cierto cuando culpó al gobierno; **the president was ~ to reject the offer** el presidente hizo bien al rechazar la oferta; **it is ~ to say that ...** es acertado decir que ...; **have you got the ~ time?** ¿tiene la hora exacta?
2 (= *appropriate*) adecuado; **the ~ weight for your height and build** el peso adecuado dadas su altura y constitución; **in the ~ place** en su sitio
3 (= *proper*) [*person, behaviour, manners*] correcto; [*dress*] apropiado; **it's the ~ thing to do** es lo correcto
Ⓑ VT 1 (= *put right*) [+ *mistake, habit, exam, eyesight*] corregir; [+ *person*] corregir, rectificar; [+ *imbalance*] eliminar; [+ *clock*] poner en hora; **"I don't mean tomorrow," she ~ed herself** —no, no mañana —se corrigió; **~ me if I'm wrong** dime si tengo razón o no; **~ me if I'm wrong, but ...** a lo mejor me equivoco, pero ...; **I stand ~ed** reconozco mi error
2 (*frm*) (= *punish*) castigar; (= *admonish*) reprender

**correcting fluid** [kə,rektɪŋ'fluːɪd] N corrector *m*

**correction** [kə'rekʃən] N 1 (*gen*) corrección *f*, rectificación *f*; (*on page*) tachadura *f*; **I am open to ~ but ...** corregidme si me equivoco, pero ...
2 (*esp US*) (= *punishment*) corrección *f*; **a house of ~†** un correccional, un reformatorio

**correctional** [kə'rekʃənəl] (*US*) Ⓐ ADJ penitenciario
Ⓑ CPD ► **correctional facility** N centro *m* penitenciario ► **correctional officer** N funcionario/a *m/f* de prisiones

**corrective** [kə'rektɪv] Ⓐ ADJ correctivo
Ⓑ N correctivo *m*
Ⓒ CPD ► **corrective glasses** NPL gafas *fpl* correctoras ► **corrective surgery** N cirugía *f* correctiva

**correctly** [kə'rektlɪ] ADV 1 (= *accurately, in right way*) [*answer, pronounce, predict*] correctamente; **if I remember ~** si mal no recuerdo; **if I understand you ~** si le he entendido bien
2 (= *respectably, decently*) [*behave, proceed*] correctamente
3 (= *appropriately*) **she refused, quite ~, to give in to his demands** se negó, con toda la razón, a ceder a sus exigencias; **when an accident happens, quite ~, questions are asked** como debe ser, cuando ocurre un accidente se hacen indagaciones

**correctness** [kə'rektnɪs] N 1 (= *accuracy*) [*of answer, amount, term, calculation*] exactitud *f*
2 (= *appropriateness*) [*of method, approach*] lo apropiado, lo adecuado
3 (= *decency*) [*of person, behaviour, dress*] corrección *f*

**correlate** ['kɒrɪleɪt] Ⓐ VT establecer una correlación entre, correlacionar; **to ~ sth with sth** poner algo en correlación con algo
Ⓑ VI tener correlación; **to ~ with** estar en correlación con

**correlation** [,kɒrɪ'leɪʃən] N correlación *f*

**correlative** [kɒ'relətɪv] Ⓐ ADJ correlativo
Ⓑ N correlativo *m*

**correspond** [,kɒrɪs'pɒnd] VI 1 (= *be in accordance*) corresponder (**with** con); (= *be equivalent*) equivaler (**to** a)
2 (*by letter*) escribirse, mantener correspondencia (**with** con)

**correspondence** [,kɒrɪs'pɒndəns] Ⓐ N 1 (= *agreement*) correspondencia *f*, conexión *f* (**between** entre)
2 (= *letter-writing*) correspondencia *f*; **to be in ~ with sb** mantener correspondencia con algn
3 (= *letters*) correspondencia *f*
Ⓑ CPD ► **correspondence college** N centro *m* de enseñanza por correspondencia ► **correspondence column** N (*Press*) (sección *f* de) cartas *fpl* al director ► **correspondence course** N curso *m* por correspondencia

**correspondent** [,kɒrɪs'pɒndənt] N (*Press*) corresponsal *mf*; (= *letter-writer*) corresponsal *mf*; **I'm a hopeless ~** soy muy mala para escribir cartas

**corresponding** [,kɒrɪs'pɒndɪŋ] ADJ correspondiente

**correspondingly** [,kɒrɪs'pɒndɪŋlɪ] ADV (= *as a result*) por consecuencia; (= *proportionately*) proporcionalmente, en la misma medida

**corridor** ['kɒrɪdɔː^r] N pasillo *m*, corredor *m*; **the ~s of power** los pasillos del poder

**corroborate** [kə'rɒbəreɪt] VT corroborar, confirmar

**corroboration** [kə,rɒbə'reɪʃən] N corroboración *f*, confirmación *f*

**corroborative** [kə'rɒbərətɪv] ADJ corroborativo, confirmatorio

**corrode** [kə'rəʊd] Ⓐ VT (*lit, fig*) corroer
Ⓑ VI corroerse

**corroded** [kə'rəʊdɪd] ADJ corroído

**corrosion** [kə'rəʊʒən] N corrosión *f*

**corrosive** [kə'rəʊzɪv] ADJ corrosivo; (*fig*) destructivo

**corrugated** ['kɒrəgeɪtɪd] Ⓐ ADJ ondulado
Ⓑ CPD ► **corrugated cardboard** N cartón *m* ondulado ► **corrugated iron** N hierro *m* ondulado, calamina *f* (*LAm*) ► **corrugated paper** N papel *m* ondulado

**corrupt** [kə'rʌpt] Ⓐ ADJ 1 (= *depraved*) pervertido, depravado
2 (= *dishonest*) corrompido, venal
3 (*Comput*) [*text, file*] corrompido
Ⓑ VT 1 (= *deprave*) pervertir, corromper
2 (= *bribe*) sobornar
3 [+ *language*] corromper; (*Comput*) [+ *text, file*] corromper
Ⓒ CPD ► **corrupt practices** NPL (= *dishonesty, bribery*) corrupción *fsing*

**corruptible** [kə'rʌptəbl] ADJ corruptible

**corruption** [kə'rʌpʃən] N 1 (= *depravity*) perversión *f*, corrupción *f*
2 (= *dishonesty*) corrupción *f*, venalidad *f*
3 [*of language*] corrupción *f*; (*Comput*) [*of text, file*] corrupción *f*

**corsage** [kɔː'sɑːʒ] N (= *flowers*) ramillete *m*; (= *bodice*) cuerpo *m*

**corsair** ['kɔːsɛə^r] N corsario *m*

**cors anglais** ['kɔːz'ɔ̃ŋgleɪ] NPL *of* **cor anglais**

**corset** ['kɔːsɪt] N faja *f*; (*old style*) corsé *m*

**corseted** ['kɔːsɪtɪd] ADJ encorsetado

**Corsica** ['kɔːsɪkə] N Córcega *f*

**Corsican** ['kɔːsɪkən] Ⓐ ADJ corso
Ⓑ N corso/a *m/f*

**cortège** [kɔː'teɪʒ] N (= *procession*) cortejo *m*, comitiva *f*; (= *retinue*) séquito *m*; (= *funeral cortège*) cortejo *m* fúnebre

**cortex** ['kɔːteks] N (*pl* **cortices** ['kɔːtɪsiːz]) (*Anat, Bot*) córtex *m*, corteza *f*

**corticoids** ['kɔːtɪkɔɪdz] NPL, **corticosteroids**

['kɔːtɪkəʊ'stɪərɔɪdz] NPL corticoides *mpl*, corticoesteroides *mpl*

**cortisone** ['kɔːtɪzəʊn] N cortisona *f*

**Corunna** [kə'rʌnə] N La Coruña

**coruscating** ['kɒrəskeɪtɪŋ] ADJ [*humour*] chispeante

**corvette** [kɔː'vet] N corbeta *f*

**cos**[1] [kɒs] N (*Brit*) (*also* ~ **lettuce**) lechuga *f* romana

**cos**[2] [kɒs] ABBR = **cosine**

**cos**[3]*, **'cos*** [kɒz] CONJ = **because**

**COS**, **c.o.s.** ABBR (*Comm*) = **cash on shipment**

**cosh** [kɒʃ] (*Brit*) Ⓐ N porra *f*, cachiporra *f*
Ⓑ VT aporrear

**cosignatory** ['kəʊ'sɪgnətərɪ] N cosignatario/a *m/f*

**cosily** ['kəʊzɪlɪ] ADV (= *warmly, comfortably*) cómodamente, agradablemente; [*chat*] íntimamente

**cosine** ['kəʊsaɪn] N coseno *m*

**cosiness** ['kəʊzɪnɪs] N [*of room*] lo acogedor; (= *intimacy*) intimidad *f*

**COSLA** ['kɒzlə] N ABBR (*Scot*) = **Convention of Scottish Local Authorities**

**cosmetic** [kɒz'metɪk] Ⓐ ADJ cosmético; **the changes are merely ~** (*fig*) los cambios son puramente cosméticos
Ⓑ N (*often pl*) cosmético *m*
Ⓒ CPD ► **cosmetic preparation** N cosmético *m* ► **cosmetic surgery** N cirugía *f* estética

**cosmetician** [kɒzmɪ'tɪʃən] N cosmetólogo/a *m/f*

**cosmic** ['kɒzmɪk] Ⓐ ADJ cósmico
Ⓑ CPD ► **cosmic rays** NPL rayos *mpl* cósmicos

**cosmogony** [kɒz'mɒgənɪ] N cosmogonía *f*

**cosmographer** [kɒz'mɒgrəfəʳ] N cosmógrafo/a *m/f*

**cosmography** [kɒz'mɒgrəfɪ] N cosmografía *f*

**cosmology** [kɒz'mɒlədʒɪ] N cosmología *f*

**cosmonaut** ['kɒzmənɔːt] N cosmonauta *mf*

**cosmopolitan** [,kɒzmə'pɒlɪtən] Ⓐ ADJ cosmopolita
Ⓑ N cosmopolita *mf*

**cosmos** ['kɒzmɒs] N cosmos *m*

**co-sponsor** ['kəʊ'spɒnsəʳ] N (*esp Advertising*) copatrocinador(a) *m/f*

**Cossack** ['kɒsæk] Ⓐ ADJ cosaco *m*
Ⓑ N cosaco/a *m/f*

**cosset** ['kɒsɪt] VT mimar, consentir

**cossie*** ['kɒzɪ] N (*Brit*) bañador *m*

**cost** [kɒst] Ⓐ N [1] (= *expense*) (*often pl*) coste *m*, costo *m* (*esp LAm*); (= *amount paid, price*) precio *m*; **at ~** (*Comm*) a (precio de) coste; **at all ~s, at any ~, whatever the ~** (*fig*) cueste lo que cueste, a toda costa; **she cared for her elderly mother at great ~ to her own freedom** cuidó de su madre anciana pagando un precio muy alto a costa de su propia libertad; **these are solutions that can be implemented at little ~** estas son soluciones que pueden ponerse en práctica y que son poco costosas; **at the ~ of his life/health** a costa de su vida/salud; **to bear the ~ of** (*lit*) pagar *or* correr con los gastos de; (*fig*) sufrir las consecuencias de; **to count the ~ of sth/of doing sth** pensar en los riesgos de algo/de hacer algo; **without counting the ~** sin pensar en los riesgos; **to my ~** a mis expensas
[2] **costs** [2·1] (*Jur*) costas *fpl*; **he was ordered to pay ~s** se le condenó a pagar las costas
[2·2] (= *expenses*) gastos *mpl*
Ⓑ VT [1] (*pt, pp* **cost**) costar, valer; **it ~ £2** costó 2 libras; **how much does it ~?** ¿cuánto cuesta?, ¿cuánto vale?, ¿a cuánto está?; **what will it ~ to have it repaired?** ¿cuánto va a costar repararlo?; **it ~ him a lot of money** le costó mucho dinero; **it'll ~ you*** te va a salir caro; **it ~ him his life/job** le costó la vida/el trabajo; **it ~ me a great deal of time/effort** me robó mucho tiempo/me costó mucho esfuerzo; **it ~s nothing to be polite** no cuesta nada ser educado; **whatever it ~s, ~ what it may** (*also fig*) cueste lo que cueste; ✦**IDIOM to ~ the earth**: **it ~s the earth*** cuesta un riñón, cuesta un ojo de la cara
[2] (*pt, pp* **costed**) (*Comm*) [+ *articles for sale*] calcular el coste de; [+ *job*] calcular el presupuesto de; **the job was ~ed at £5000** se calculó que el coste del trabajo ascendería a 5.000 libras; **it has not been properly ~ed** no se ha calculado detalladamente el coste
Ⓒ CPD ► **cost accountant** N contable *mf* de costes *or* (*esp LAm*) costos ► **cost accounting** N contabilidad *f* de costes *or* (*esp LAm*) costos ► **cost analysis** N análisis *m inv* de costes *or* (*esp LAm*) costos ► **cost centre** N centro *m* (de determinación) de costes *or* (*esp LAm*) costos ► **cost control** N control *m* de costes *or* (*esp LAm*) costos ► **cost of living** N coste *m or* (*esp LAm*) costo *m* de la vida; **~-of-living allowance** subsidio *m* por coste; **~-of-living bonus** plus *m* de carestía de vida, prima *f* por coste de la vida; **~-of-living increase** incremento *m* según el coste de la vida; **~-of-living index** índice *m* del coste *or* (*LAm*) de (la) vida ► **cost price** N (*Brit*) precio *m* de coste *or* (*LAm*) costo; **at ~ price** a precio de coste

►**cost out** VT + ADV presupuestar

**co-star** ['kəʊstɑːʳ] Ⓐ N coprotagonista *mf*, coestrella *mf*
Ⓑ VI **to ~ with sb** figurar con algn como protagonista
Ⓒ VT **the film ~s A and B** la película presenta como protagonistas a A y B *or* está coprotagonizada por A y B

**Costa Rica** ['kɒstə'riːkə] N Costa Rica *f*

**Costa Rican** ['kɒstə'riːkən] Ⓐ ADJ costarricense
Ⓑ N costarricense *mf*

**cost-benefit analysis** [,kɒst,benəfɪtə'næləsɪs] N análisis *m* coste-beneficio *or* (*LAm*) costo-beneficio

**cost-conscious** ['kɒst,kɒnʃəs] ADJ consciente de (los) costes *or* (*LAm*) costos

**cost-cutting** ['kɒst,kʌtɪŋ] N recorte *m* de costes *or* (*LAm*) costos

**cost-effective** [,kɒstɪ'fektɪv] ADJ rentable

**cost-effectiveness** [,kɒstɪ'fektɪvnɪs] N rentabilidad *f*, relación *f* coste-rendimiento *or* (*LAm*) costo-rendimiento

**coster** ['kɒstəʳ], **costermonger** ['kɒstə,mʌŋgəʳ] N (*Brit*) vendedor *m* ambulante

**costing** ['kɒstɪŋ] N cálculo *m* del coste

**costive** ['kɒstɪv] ADJ estreñido

**costliness** ['kɒstlɪnɪs] N (= *expensiveness*) alto precio *m*, lo caro; (= *great value*) suntuosidad *f*

**costly** ['kɒstlɪ] ADJ (*compar* **costlier**; *superl* **costliest**) (= *expensive*) (*lit, fig*) costoso; (= *valuable*) suntuoso

**cost-plus** [,kɒst'plʌs] N (*Comm*) precio *m* de coste más beneficio; **on a ~ basis** a base de precio de coste más beneficio

**costume** ['kɒstjuːm] Ⓐ N [1] [*of country*] traje *m*; (= *fancy dress*) disfraz *m*; (= *lady's suit*) traje *m* sastre; (= *bathing costume*) bañador *m*, traje *m* de baño
[2] **costumes** (*Theat*) vestuario *msing*
Ⓑ CPD ► **costume ball** N baile *m* de disfraces ► **costume designer** N (*Cine, TV*) diseñador(a) *m/f* de vestuario ► **costume drama** N obra *f* dramática de época ► **costume jewellery** (*Brit*), **costume jewelry** (*US*) N bisutería *f*, joyas *fpl* de fantasía ► **costume party** N (*US*) = **costume ball** ► **costume piece**, **costume play** N = **costume drama**

**costumier** [kɒs'tjuːmɪəʳ], **costumer** (*esp US*) [kɒs'tjuːməʳ] N sastre *m* de teatro

**cosy**, **cozy** (*US*) ['kəʊzɪ] Ⓐ ADJ (*compar* **cosier**; *superl* **cosiest**) [1] (= *warm*) [*room, atmosphere*] acogedor; [*clothes*] de abrigo, caliente
[2] (= *friendly*) [*chat*] íntimo, personal
[3] (*pej*) (= *convenient*) [*arrangement, relationship*] de lo más cómodo; (= *easy, comfortable*) [*life*] holgado
Ⓑ N (*for teapot, egg*) *cubierta que se utiliza para mantener el té de una tetera, los huevos etc calientes*

►**cosy up***, **cozy up*** (*US*) VI + ADV **to ~ up to sb** (*US*) (*fig*) tratar de quedar bien con algn

**cot** [kɒt] Ⓐ N (*Brit*) (*for baby*) cuna *f*; (*US*) (= *folding bed*) cama *f* plegable, catre *m*
Ⓑ CPD ► **cot death** N (*Brit*) muerte *f* en la cuna

**coterie** ['kəʊtərɪ] N grupo *m*; (= *clique*) peña *f*, camarilla *f*

**coterminous** [kəʊ'tɜːmɪnəs] (*frm*) ADJ (*Geog*) colindante (**with** con); [*concepts, ideas*] coincidente (**with** con); **to be ~ with** (*Geog*) colindar con; [*concepts, ideas*] coincidir con

**Cotswolds** ['kɒtswəʊldz] NPL *región montañosa de relieve suave del suroeste de Inglaterra*

**cottage** ['kɒtɪdʒ] Ⓐ N (= *country house*) casita *f* de campo, quinta *f* (*LAm*); (= *humble dwelling*) choza *f*, barraca *f*; (*US*) vivienda *f* campestre, quinta *f*
Ⓑ CPD ► **cottage cheese** N requesón *m* ► **cottage hospital** N (*Brit*) hospital *m* rural ► **cottage industry** N industria *f* artesanal *or* casera ► **cottage loaf** N (*Brit*) pan *m* casero ► **cottage pie** N (*Brit*) *pastel de carne cubierta de puré de patatas*

**cottager** ['kɒtɪdʒəʳ] N (*Brit*) aldeano/a *m/f*; (*US*) veraneante *mf* (en una casita de campo)

**cotter** ['kɒtəʳ] N chaveta *f*

**cotton** ['kɒtn] Ⓐ N (= *cloth*) algodón *m*; (= *plant, industry etc*) algodonero *m*; (*Brit*) (= *thread*) hilo *m* (de algodón); (*US*) = **cotton wool**
Ⓑ CPD [*shirt, dress*] de algodón ► **cotton belt** N (*US Geog*) zona *f* algodonera ► **cotton bud** N bastoncillo *m* de algodón ► **cotton candy** N (*US*) algodón *m* (azucarado) ► **the cotton industry** N la industria algodonera ► **cotton mill** N fábrica *f* de algodón ► **cotton reel** N carrete *m* de hilo, bobina *f* de hilo ► **cotton swab** N (*US*) = **cotton bud** ► **cotton waste** N borra *f* de algodón ► **cotton wool** N (*Brit*) algodón *m* hidrófilo

►**cotton on*** VI + ADV (*Brit*) **to ~ on (to sth)** caer en la cuenta (de algo)

**cottongrass** ['kɒtngrɑːs] N algodonosa *f*, algodoncillo *m* (silvestre)

**cotton-picking*** ['kɒtn,pɪkɪŋ] ADJ (*US*) condenado*

**cottonseed oil** ['kɒtnsiːd,ɔɪl] N aceite *m* de algodón

**cottontail** ['kɒtnteɪl] N (*US*) conejo *m* (de cola blanca)

**cottonwood** ['kɒtnwʊd] N (*US*) álamo *m* de Virginia

**cotyledon** [,kɒtɪ'liːdən] N cotiledón *m*

**couch** [kaʊtʃ] Ⓐ N sofá *m*; (*Med*) (*in doctor's surgery*) camilla *f*; (*psychiatrist's*) diván *m*; ✦**IDIOM to be on the ~** (*esp US*) ir al psicoa-

nalista
Ⓑ VT expresar; **~ed in jargon** redactado en jerigonza
Ⓒ CPD ► **couch grass** N hierba *f* rastrera ► **couch potato*** N teleadicto/a *m/f*, *persona que se apalanca en el sofá*

**couchette** [ku:'ʃet] N (*on train, ferry*) litera *f*

**cougar** ['ku:gəʳ] N puma *m*

**cough** [kɒf] Ⓐ N tos *f*; **to have a bad ~** tener mucha tos
Ⓑ VI [1] toser
[2] (‡) (= *confess*) cantar*
Ⓒ CPD ► **cough drop** N pastilla *f* para la tos ► **cough mixture** N jarabe *m* para la tos ► **cough sweet** NPL caramelo *m* para la tos ► **cough syrup** N = **cough mixture**

►**cough up** Ⓐ VT + ADV [1] [+ *blood, phlegm*] escupir, arrojar; (*Med*) expectorar
[2] (*fig*) (*) [+ *money*] soltar
Ⓑ VI + ADV (*fig*) (*) soltar la pasta*

**coughing** ['kɒfɪŋ] N toser *m*, toses *fpl*; **fit of ~** acceso *m* de tos; **you couldn't hear the symphony for ~** el público tosía tanto que apenas se oía la sinfonía

**could** [kʊd] PT, COND *of* **can**[1]; → ABLE, CAN

**couldn't** ['kʊdnt] = **could not**; *see* **can**[1]

**could've** ['kʊdəv] = **could have**; *see* **can**[1]

**coulomb** ['ku:lɒm] N culombio *m*

**council** ['kaʊnsl] Ⓐ N [1] (= *committee*) consejo *m*, junta *f*; (*Rel*) concilio *m*; *see also* **security B**
[2] (*in local government*) concejo *m* municipal; **city/town ~** ayuntamiento *m*; **you should write to the ~ about it** deberías escribir al ayuntamiento acerca de eso; **the ~ should move the rubbish** les corresponde a los servicios municipales recoger la basura
[3] (= *meeting*) reunión *f*, sesión *f*; **~ of war** consejo *m* de guerra
Ⓑ CPD ► **Council of Europe** N Consejo *m* de Europa ► **council flat** N (*Brit*) piso *m* or (*LAm*) departamento *m* de protección oficial ► **council house** N (*Brit*) casa *f* de protección oficial ► **council housing** N (*Brit*) viviendas *fpl* de protección oficial ► **council (housing) estate** N (*Brit*) urbanización *f* or barrio *m* de viviendas de protección oficial ► **council meeting** N pleno *m* municipal ► **Council of Ministers** N Consejo *m* de Ministros (*de la Unión Europea*) ► **council tax** N (*Brit*) *impuesto municipal* ► **council tenant** N (*Brit*) inquilino/a *m/f* (de una vivienda de protección oficial)

**councillor**, **councilor** (*US*) ['kaʊnsɪləʳ] N concejal(a) *m/f*

**councilman** ['kaʊnsɪlmən] N (*pl* **councilmen**) (*US*) concejal *m*

**councilwoman** ['kaʊnsl,wʊmən] N (*pl* **councilwomen**) (*US*) concejala *f*

**counsel** ['kaʊnsəl] Ⓐ N [1] (*frm, liter*) (= *advice*) consejo *m*; **to hold/take ~ (with sb) about sth** consultar or pedir consejo (a algn) sobre algo; **to keep one's own ~** guardar silencio; **a ~ of perfection** un ideal imposible
[2] (*Jur*) (*pl inv*) abogado/a *m/f*; **~ for the defence** (*Brit*) abogado/a defensor; **~ for the prosecution** (*Brit*) fiscal *mf*; **Queen's** or **King's Counsel** (*Brit*) abogado/a del Estado
Ⓑ VT [+ *person*] (*frm*) aconsejar; (*Med etc*) orientar; [+ *prudence etc*] recomendar; **to ~ sb to do sth** aconsejar a algn que haga algo

**counselling**, **counseling** (*US*) ['kaʊnsəlɪŋ] Ⓐ N (*gen*) (= *advice*) asesoramiento *m*; (*Psych*) asistencia *f* sociopsicológica; (*Brit Scol*) ayuda *f* psicopedagógica
Ⓑ CPD ► **counselling service** N servicio *m* de orientación; (*Univ*) servicio *m* de orientación universitaria

**counsellor**, **counselor** (*US*) ['kaʊnsələʳ] N [1] (*Psych*) consejero/a *m/f*; (= *adviser*) asesor(a) *m/f*
[2] (*US Scol*) consejero/a *m/f*, asesor(a) *m/f*
[3] (*Irl, US Jur*) (*also* **~-at-law**) abogado/a *m/f*

**count**[1] [kaʊnt] Ⓐ N [1] (= *act of counting*) recuento *m*; [*of votes*] escrutinio *m*, recuento *m*; (*Boxing*) cuenta *f*; **to keep/lose ~ (of sth)** llevar/perder la cuenta (de algo); **at the last ~** en el último recuento; **to make** or **do a ~ of sth** hacer un recuento de algo; **to be out for the ~** estar fuera de combate
[2] (= *total*) recuento *m*; **the final ~** (*in election*) el último recuento; **hold the stretch for a ~ of ten, then relax** estírese y cuente hasta diez, luego relájese; *see also* **pollen**, **sperm**
[3] (*Jur*) cargo *m*; **he was found guilty on all ~s** fue declarado culpable de todos los cargos; **he was indicted on two ~s of murder** le fueron imputados dos cargos por asesinato
[4] (= *point*) **you're wrong on both ~s** estás equivocado en los dos aspectos; **I think she deserves recognition on two ~s** creo que merece reconocimiento por dos motivos
Ⓑ VT [1] (= *add up, check*) contar; **she was ~ing the days until he came home** contaba los días que faltaban para su vuelta; **to ~ the cost of (doing) sth** (*lit*) reparar en el coste de (hacer) algo; (*fig*) reparar en las consecuencias de (hacer) algo; *see also* **chicken**, **blessing**, **cost A1**
[2] (= *include*) contar; **not ~ing the children** sin contar a los niños; **ten ~ing him** diez con él, diez contándolo a él
[3] (= *consider*) considerar; **I ~ you among my friends** te cuento entre mis amigos, te considero amigo mío; **I ~ myself lucky** me considero feliz; **~ yourself lucky!** ¡date por satisfecho!
Ⓒ VI [1] (= *add up, recite numbers*) contar; **can you ~?** ¿sabes contar?; **~ing from the left** contando de izquierda a derecha; **~ing from today/last Sunday** a partir de hoy/contando desde el domingo pasado; **to ~ (up) to ten** contar hasta diez
[2] (= *be considered, be valid*) valer, contar; **that doesn't ~** eso no vale, eso no cuenta; **every second ~s** cada segundo cuenta or es importante; **it will ~ against him** irá en su contra; **to ~ as: two children ~ as one adult** dos niños cuentan como un adulto; **a conservatory ~s as an extension** un jardín de invierno cuenta como una ampliación de la casa; **ability ~s for little here** aquí la capacidad que se tenga sirve de muy poco
Ⓓ CPD ► **count noun** N (*Gram*) sustantivo *m* contable

►**count down** VI + ADV **~ down from ten to one** cuenta hacia atrás del diez al uno; **children tend to ~ down to Christmas** los niños suelen contar los días que quedan para Navidad

►**count in*** VT + ADV incluir; **~ me in!** ¡yo me apunto!, ¡cuenta conmigo!; **to ~ sb in on sth** contar con algn para algo

►**count on** VI + PREP [1] (= *rely on*) contar con; **we're ~ing on him** contamos con él; **I wouldn't ~ on it!** ¡no contaría con ello!; **he's ~ing on winning** cuenta con ganar; **he can be ~ed on to ruin everything** puedes contar con que él estropeará todo; **I can always ~ on you to cheer me up** siempre puedo contar contigo para que me levantes el ánimo
[2] (= *expect*) contar con; **I hadn't ~ed on this** no había contado con esto

►**count out** VT + ADV [1] (= *count*) [+ *money*] ir contando; [+ *small objects*] contar (uno por uno)
[2] (= *exclude*) [+ *possibility*] descartar; **we can't ~ out the possibility that they'll attack** no podemos descartar la posibilidad de que ataquen
[3] (*) **if that's what I have to do, you can ~ me out** si eso es lo que tengo que hacer, no cuentes conmigo; **(you can) ~ me out of this!** ¡no cuentes conmigo para esto!, ¡déjame fuera de esto!
[4] (*Boxing*) **the referee ~ed him out** el árbitro terminó la cuenta antes de que se levantara; **to be ~ed out** ser declarado fuera de combate

►**count toward(s)** VI + PREP contar para; **this work ~s towards your final degree** este trabajo cuenta para la nota final de la licenciatura; **the time he has already spent in prison will ~ towards his sentence** el tiempo que ya ha pasado en la cárcel se descontará de su condena

►**count up** VT + ADV contar

►**count upon** VI + PREP = **count on**

**count**[2] [kaʊnt] N (= *nobleman*) conde *m*

**countable** ['kaʊntəbl] ADJ contable; **~ noun** (*Ling*) nombre *m* contable

**countdown** ['kaʊntdaʊn] N cuenta *f* atrás, cuenta *f* regresiva (*LAm*)

**countenance** ['kaʊntɪnəns] (*frm*) Ⓐ N [1] (*liter*) (= *face*) semblante *m*, rostro *m*; **to keep one's ~** contener la risa, no perder la serenidad; **to lose ~** desconcertarse; **to be out of ~** estar desconcertado; **to put sb out of ~** desconcertar a algn
[2] (*frm*) (*no pl*) (= *approval*) consentimiento *m*; **to give** or **lend ~ to** [+ *news*] acreditar
Ⓑ VT (*frm*) (= *permit*) **to ~ sth** consentir or permitir algo; **to ~ sb doing sth** permitir a algn que haga algo

**counter**[1] ['kaʊntəʳ] Ⓐ N [1] [*of shop*] mostrador *m*; [*of canteen*] barra *f*; (= *position in post office, bank*) ventanilla *f*; **you can buy it over the ~** (*Med*) esto se compra sin receta médica; **✦IDIOM to buy under the ~** comprar de estraperlo or bajo mano; *see also* **over-the-counter**
[2] (*in game*) ficha *f*
[3] (*Tech*) contador *m*
Ⓑ CPD ► **counter staff** N personal *m* de ventas

**counter**[2] ['kaʊntəʳ] Ⓐ ADV **~ to** contrario a, en contra de; **to run ~ to** ir en sentido contrario a, ser contrario a
Ⓑ VT [+ *blow*] responder a, parar; [+ *attack*] contestar a, hacer frente a; **to ~ sth with sth/by doing sth** contestar a algo con algo/haciendo algo
Ⓒ VI **to ~ with** contestar or responder con

**counter...** ['kaʊntəʳ] PREFIX contra...

**counteract** [,kaʊntə'rækt] VT contrarrestar

**counter-argument** ['kaʊntər,ɑ:gjʊmənt] N contraargumento *m*, argumento *m* en contrario

**counter-attack** ['kaʊntərə,tæk] Ⓐ N contraataque *m*
Ⓑ VT, VI contraatacar

**counter-attraction** ['kaʊntərə,trækʃən] N atracción *f* rival

**counterbalance** ['kaʊntə,bæləns] Ⓐ N contrapeso *m*; (*fig*) compensación *f*
Ⓑ VT contrapesar; (*fig*) compensar

**counterbid** ['kaʊntəbɪd] Ⓐ N contraoferta *f*; **to make/launch a ~** hacer/presentar una

➤ LANGUAGE IN USE: count on 1 11.3

contraoferta
Ⓑ VT, VI contraofertar

**counterblast** ['kaʊntəblɑːst] N respuesta *f* vigorosa (**to** a)

**counterblow** ['kaʊntəbləʊ] N contragolpe *m*

**countercharge** ['kaʊntətʃɑːdʒ] N contraacusación *f*

**countercheck** ['kaʊntətʃek] Ⓐ N segunda comprobación *f*
Ⓑ VT comprobar por segunda vez

**counterclaim** ['kaʊntəkleɪm] N (*Jur*) contrademanda *f*

**counterclockwise** ['kaʊntə'klɒkwaɪz] ADV (*US*) en sentido contrario al de las agujas del reloj

**counter-culture** ['kaʊntə,kʌltʃəʳ] N contracultura *f*

**counter-espionage** ['kaʊntər'espɪənɑːʒ] N contraespionaje *m*

**counterexample** ['kaʊntərɪg,zɑːmpl] N contraejemplo *m*

**counterfeit** ['kaʊntəfiːt] Ⓐ ADJ (= *false*) falsificado
Ⓑ N falsificación *f*; (= *coin*) moneda *f* falsa; (= *note*) billete *m* falso
Ⓒ VT falsificar

**counterfoil** ['kaʊntəfɔɪl] N (*Brit*) matriz *f* (*Sp*), talón *m* (*LAm*)

**counter-gambit** ['kaʊntəgæmbɪt] N táctica *f* contraataque

**counter-indication** ['kaʊntər,ɪndɪ'keɪʃən] N contraindicación *f*

**counter-insurgency** ['kaʊntərɪn'sɜːdʒənsɪ] N medidas *fpl* antiinsurrectivas

**counter-insurgent** ['kaʊntərɪn'sɜːdʒənt] N contrainsurgente *mf*

**counterintelligence** ['kaʊntərɪn,telɪdʒəns] N = **counter-espionage**

**countermand** ['kaʊntəmɑːnd] VT revocar, cancelar

**counter-measure** ['kaʊntəmeʒəʳ] N contramedida *f*

**counter-move** ['kaʊntəmuːv] N contrajugada *f*; (*fig*) contraataque *m*; (= *manoeuvre*) contramaniobra *f*

**counter-offensive** ['kaʊntərə'fensɪv] N contraofensiva *f*

**counter-order** ['kaʊntər,ɔːdəʳ] N contraorden *f*

**counterpane** ['kaʊntəpeɪn] N colcha *f*, cubrecama *m*

**counterpart** ['kaʊntəpɑːt] N (= *equivalent*) equivalente *m*; (= *person*) homólogo/a *m/f*

**counterpoint** ['kaʊntəpɔɪnt] Ⓐ N (*Mus, fig*) contrapunto *m*
Ⓑ VT (*fig*) poner el contrapunto a

**counterpoise** ['kaʊntəpɔɪz] Ⓐ N contrapeso *m*
Ⓑ VT contrapesar

**counter-productive** [,kaʊntəprə'dʌktɪv] ADJ contraproducente

**counter-proposal** ['kaʊntəprə,pəʊzəl] N contrapropuesta *f*

**counterpunch** ['kaʊntəpʌntʃ] N contragolpe *m*

**Counter-Reformation** ['kaʊntə,refə'meɪʃən] N Contrarreforma *f*

**counter-revolution** ['kaʊntərevə'luːʃən] N contrarrevolución *f*

**counter-revolutionary** ['kaʊntərevə'luːʃənrɪ]
Ⓐ ADJ contrarrevolucionario
Ⓑ N contrarrevolucionario/a *m/f*

**countersign** ['kaʊntəsaɪn] Ⓐ N (*Mil*) contraseña *f*
Ⓑ VT refrendar

**countersink** ['kaʊntəsɪŋk] (*pt* **countersank** ['kaʊntəsæŋk], *pp* **countersunk** ['kaʊntəsʌŋk]) VT [+ *hole*] avellanar; [+ *screw*] encastrar

**counter-stroke** ['kaʊntəstrəʊk] N contragolpe *m*

**countersunk** ['kaʊntəsʌŋk] ADJ [*screw*] encastrado

**countertenor** ['kaʊntə,tenəʳ] Ⓐ N contratenor *m*
Ⓑ CPD [*voice*] de contratenor

**countervailing** ['kaʊntə,veɪlɪŋ] Ⓐ ADJ compensatorio
Ⓑ CPD ► **countervailing duties** NPL aranceles *mpl* compensatorios

**counterweigh** [,kaʊntə'weɪ] VT contrapesar

**counterweight** ['kaʊntəweɪt] Ⓐ N (*lit, fig*) contrapeso *m*
Ⓑ VT (*lit*) contrabalancear; (*fig*) contrarrestar, contrabalancear

**countess** ['kaʊntɪs] N condesa *f*

**counting** ['kaʊntɪŋ] N cálculo *m*

**countless** ['kaʊntlɪs] ADJ incontable, innumerable; **on ~ occasions** infinidad *f* de veces

**countrified** ['kʌntrɪfaɪd] ADJ rústico

**country** ['kʌntrɪ] Ⓐ N [1] (= *nation*) país *m*; (= *people*) pueblo *m*; **to go to the ~** (*Brit Pol*) convocar a elecciones generales
[2] (= *fatherland*) patria *f*; **to die for one's ~** morir por la patria; **love of ~** amor a la patria
[3] (*no pl*) (= *countryside*) campo *m*; **we had to leave the road and go across ~** tuvimos que dejar la carretera e ir a través del campo; **in the ~** en el campo; **to live off the ~** vivir de lo que produce la tierra
[4] (*no pl*) (= *terrain, land*) terreno *m*, tierra *f*; **this is good fishing ~** ésta es buena tierra para la pesca; **unknown ~** (*also fig*) terreno desconocido; **mountainous ~** región *f* montañosa; **there is some lovely ~ further south** más al sur el paisaje es muy bonito
Ⓑ CPD ► **country and western (music)** N música *f* country, música *f* ranchera (*Mex*) ► **country bumpkin** N (*pej*) patán *m*, paleto/a *m/f* ► **country club** N club *m* campestre ► **country cottage** N casita *f* (en el campo) ► **country cousin** N (*fig*) pueblerino/a *m/f* ► **country dance** N baile *m* regional ► **country dancing** N danza *f* folklórica ► **country dweller** N persona *f* que vive en el campo ► **country folk** NPL gente *f* del campo ► **country gentleman** N hacendado *m* ► **country house** N casa *f* de campo, quinta *f*; (= *farm*) finca *f* (*esp LAm*), rancho *m* (*Mex*) ► **country life** N vida *f* campestre *or* del campo ► **country mile*** N ✦*IDIOM* **to miss sth by a ~ mile** (*US*) quedarse a una legua de algo ► **country music** N = **country and western (music)** ► **country park** N parque *m* ► **country people** NPL = **country folk** ► **country road** N camino *m* vecinal ► **country seat** N casa *f* solariega, hacienda *f* (*LAm*)

**country-born** [,kʌntrɪ'bɔːn] ADJ nacido en el campo

**country-bred** [,kʌntrɪ'bred] ADJ criado en el campo

**countryman** ['kʌntrɪmən] N (*pl* **countrymen**) [1] (= *rural dweller*) hombre *m* del campo, campesino *m*
[2] (= *fellow-countryman*) compatriota *mf*

**countryside** ['kʌntrɪsaɪd] N campo *m*

**countrywide** [,kʌntrɪ'waɪd] ADJ nacional

**countrywoman** ['kʌntrɪ,wʊmən] N (*pl* **countrywomen**) [1] (= *rural dweller*) campesina *f*
[2] (= *fellow-countrywoman*) compatriota *f*

**county** ['kaʊntɪ] Ⓐ N (*Brit*) condado *m*; (*US*) (= *subdivision of state*) comarca *f*, provincia *f*
Ⓑ CPD ► **county boundary** N límite *m* comarcal *or* provincial ► **county clerk's office** N (*US*) registro *m* civil ► **county council**, **county commission** (*US*) N ≈ diputación *f* provincial ► **county court** N (*Brit*) juzgado *m* de primera instancia ► **county cricket** N (*Brit*) *partidos de cricket entre los condados* ► **county family** N (*Brit*) familia *f* aristocrática rural ► **county recorder's office** N (*US*) ≈ registro *m* de la propiedad ► **county road** N (*US*) ≈ carretera *f* secundaria ► **county seat** N (*US*) = **county town** ► **county town** N (*Brit*) capital *f* de condado

**coup** [kuː] Ⓐ N [1] (*Pol*) (*also* **~ d'état**) golpe *m* (de estado)
[2] (= *triumph*) éxito *m*; **to bring off a ~** obtener un éxito inesperado
Ⓑ CPD ► **coup de grace** N golpe *m* de gracia ► **coup de théâtre** N golpe *m* de efecto

**coupé** ['kuːpeɪ] N (*Aut*) cupé *m*

**couple** ['kʌpl] Ⓐ N [1] (= *pair*) par *m*; **a ~ of** un par de
[2] (= *partners*) pareja *f*; (= *married couple*) matrimonio *m*; **young ~** matrimonio *m* joven
[3] (= *two or three*) **just a ~ of minutes** dos minutos nada más; **I know a ~ of lads who can do the job** conozco a un par de chicos que pueden hacer el trabajo; **we had a ~ in a bar*** tomamos un par de copas en un bar
Ⓑ VT [1] [+ *names etc*] unir, juntar; [+ *ideas*] asociar; **to ~ sth with sth** unir algo a algo, juntar algo con algo
[2] (*Tech*) **to ~ (on *or* up)** acoplar (a), enganchar (a)
Ⓒ VI (*Zool*) copularse

**coupledom** ['kʌpldəm] N convivencia *f* en pareja

**coupler** ['kʌpləʳ] N (*Comput*) acoplador *m*; (*US Rail*) enganche *m*; *see also* **acoustic**

**couplet** ['kʌplɪt] N pareado *m*

**coupling** ['kʌplɪŋ] N [1] (*Tech*) acoplamiento *m*; (*Aut, Rail*) enganche *m*
[2] (*sexual*) cópula *f*

**coupon** ['kuːpɒn] N (= *voucher in newspaper, advertisement*) cupón *m*; (*for price reduction or gifts*) vale *m*; (= *football pools coupon*) boleto *m* (de quiniela)

**courage** ['kʌrɪdʒ] N valor *m*, valentía *f*; **~!** ¡ánimo!; **I haven't the ~ to refuse** no tengo valor para negarme; **to have the ~ of one's convictions** obrar de acuerdo con su conciencia; **to pluck up one's ~** ◊ **take one's ~ in both hands** armarse de valor; **to take ~ from** cobrar ánimos *or* sacar fuerzas de

**courageous** [kə'reɪdʒəs] ADJ valiente, valeroso

**courageously** [kə'reɪdʒəslɪ] ADV valientemente

**courgette** [kʊə'ʒet] N (*Brit*) calabacín *m*, calabacita *f*

**courier** ['kʊrɪəʳ] N (= *messenger*) mensajero/a *m/f*; (= *tourist guide*) guía *mf* de turismo

**course** [kɔːs] Ⓐ N [1] (= *route, direction*) [*of ship, plane*] rumbo *m*; [*of river*] curso *m*; [*of planet*] órbita *f*; **on a southerly ~** con rumbo sur; **to change ~** (*lit*) cambiar de rumbo; **the government has changed ~ on Europe** el gobierno ha dado un nuevo rumbo *or* giro a su política con respecto a Europa; **to be/go off ~** (*lit, fig*) haberse desviado/desviarse de su rumbo; **the plane was 300 miles off ~** el avión se había desviado 300 millas de su rumbo; **the boat was blown off ~** el viento desvió al barco de su rumbo; **we are on ~ for victory** vamos bien encaminados para la victoria; **to plot a ~ (for Jamaica)** trazar el

➤ LANGUAGE IN USE: course A4 9.2, 11.1, 11.2, 11.3, 15.1

rumbo (para ir a Jamaica); **to set (a) ~ for** (*Naut*) poner rumbo a; *see also* **collision**
[2] (= *line of action*) **I'd advise you not to follow that ~** te aconsejaría que no escogieras ese camino; **the best ~ would be to ...** lo mejor sería ...; **we have to decide on the best ~ of action** tenemos que decidir cuáles son las mejores medidas a tomar; **it's the only ~ left open to him** es la única opción que le queda
[3] (= *process*) curso *m*; **it changed the ~ of history/of her life** cambió el curso de la historia/de su vida; **in the normal** *or* **ordinary ~ of events** normalmente; **in the ~ of**: **in the ~ of my work** en el cumplimiento de mi trabajo; **in the ~ of conversation** en el curso *or* transcurso de la conversación; **in** *or* **during the ~ of the next few days** en el curso de los próximos días; **in** *or* **during the ~ of the journey** durante el viaje; **to let things take** *or* **run their ~** dejar que las cosas sigan su curso; *see also* **due A3**, **event 1**, **matter A5**
[4] **of ~** claro, desde luego, por supuesto, cómo no (*esp LAm*), sí pues (*S. Cone*); **of ~! I should have known** ¡pero si está claro! me lo tenía que haber imaginado; **"can I have a drink?" — "of ~ you can"** —¿puedo tomar algo de beber? —claro *or* desde luego *or* por supuesto que sí; **I've read about her in the papers, of ~** por supuesto, la conozco de los periódicos; **of ~, I may be wrong** claro que puedo estar confundido; **of ~ not!** (*answering*) ¡claro que no!, ¡por supuesto que no!; **"can I go?" — "of ~ not** *or* **of ~ you can't"** —¿puedo ir? —claro que no *or* ni hablar *or* por supuesto que no
[5] (*Scol, Univ*) curso *m*; **to go on a ~** ir a hacer un curso; **a ~ in business administration** un curso de administración de empresas; **short ~** cursillo *m*; **~ of study** (*gen*) estudios *mpl*; (*Univ*) carrera *f*, estudios *mpl*; **to take** *or* **do a ~ in** *or* **on sth** hacer un curso de algo
[6] (*Med*) (= *regimen*) **she was put on a ~ of steroids** le recetaron esteroides, le pusieron un tratamiento a base de esteroides; **a ~ of treatment** un tratamiento
[7] (*Sport*) (= *distance*) recorrido *m*; (= *surface*) pista *f*; (= *racecourse*) hipódromo *m*; **golf ~** campo *m or* (*S. Cone*) cancha *f* (de golf); **✦IDIOM to stay the ~** no cejar, aguantar hasta el final; *see also* **obstacle**
[8] (*Culin*) plato *m*; **main ~** plato *m* principal; **a three-~ meal** una comida de tres platos
[9] (*Naut*) (= *sail*) vela *f* mayor
[10] (*Constr*) (= *layer*) [*of bricks*] hilada *f*
Ⓑ VI [*water, air*] correr; [*tears*] rodar; [*sweat*] caer; (*fig*) [*emotion*] invadir; **it sent the blood coursing through his veins** hacía que la sangre corriera por sus venas; **rage/relief ~d through him** le invadió la ira/una sensación de alivio
Ⓒ VT (*Hunting*†) cazar
Ⓓ CPD ► **course work** N trabajos *mpl* (para clase)

**coursing** ['kɔːsɪŋ] N caza *f* con perros

**court** [kɔːt] Ⓐ N [1] (*Jur*) tribunal *m*, juzgado *m*, corte *f* (*esp LAm*); (= *officers and/or public*) tribunal *m*; **he was brought before the ~ on a charge of theft** fue procesado por robo; **in open ~** en pleno tribunal; **to rule sth out of ~** no admitir algo; **to settle (a case) out of ~** llegar a un acuerdo las partes (sin ir a juicio); **to take sb to ~ (over sth)** llevar a algn a los tribunales *or* ante el tribunal (por algo); *see also* **crown C**, **high D**, **magistrate**, **out-of-court**, **supreme**
[2] (*Tennis*) pista *f*, cancha *f*; **hard/grass ~** pista *f or* cancha *f* dura/de hierba
[3] (*royal*) (= *palace*) palacio *m*; (= *people*) corte *f*; **at ~** en la corte; **to hold ~** (*fig*) dar audiencia, recibir en audiencia
[4] (*Archit*) patio *m*
[5] **to pay ~ to**† hacer la corte a
Ⓑ VT [1] [+ *woman*] pretender *or* cortejar a
[2] (*fig*) (= *seek*) [+ *favour*] intentar conseguir; [+ *death, disaster*] buscar, exponerse a; **to ~ favour with sb** intentar congraciarse con algn
Ⓒ VI (†) ser novios; **are you ~ing?** ¿tienes novio?; **they've been ~ing for three years** llevan tres años de relaciones; **a ~ing couple** una pareja de novios
Ⓓ CPD ► **court action** N **she was threatened with ~ action** la amenazaron con llevarla a juicio, la amenazaron con presentar una demanda judicial contra ella ► **court of appeal** N tribunal *m* de apelación ► **court card** N (*esp Brit*) figura *f* ► **court circular** N noticiario *m* de la corte ► **court of inquiry** N comisión *f* de investigación ► **court of justice**, **court of law** N tribunal *m* de justicia ► **court order** N mandato *m* judicial ► **Court of Session** N (*Scot*) Tribunal *m* Supremo de Escocia ► **court shoe** N (*Brit*) escarpín *m*

**Courtelle**® [kɔː'tel] N Courtelle® *f*

**courteous** ['kɜːtɪəs] ADJ cortés, atento

**courteously** ['kɜːtɪəslɪ] ADV cortésmente

**courtesan** [ˌkɔːtɪ'zæn] N cortesana *f*

**courtesy** ['kɜːtɪsɪ] Ⓐ N (= *politeness*) cortesía *f*; (= *polite act*) atención *f*, gentileza *f*; **by ~ of** (por) cortesía de; **to exchange courtesies** intercambiar cumplidos de etiqueta; **will you do me the ~ of ...?** si fuera tan amable de ..., haga el favor de ...; **you might have had the ~ to tell me** podrías haber tenido la gentileza de decírmelo; **I'll do it out of ~** lo haré por cortesía
Ⓑ CPD ► **courtesy bus** N autobús *m* de cortesía ► **courtesy call** N visita *f* de cumplido ► **courtesy car** N coche *m* de cortesía ► **courtesy card** N (*US*) tarjeta *f* (de visita) ► **courtesy coach** N (*Brit*) autocar *m or* autobús *m* de cortesía ► **courtesy light** N (*Aut*) luz *f* interna ► **courtesy title** N título *m* de cortesía ► **courtesy visit** N = **courtesy call**

**courthouse** ['kɔːthaʊs] N (*pl* **courthouses** ['kɔːthaʊzɪz]) (*esp US Jur*) palacio *m* de justicia

**courtier** ['kɔːtɪəʳ] N cortesano/a *m/f*

**courtly** ['kɔːtlɪ] Ⓐ ADJ cortés, elegante, fino
Ⓑ CPD ► **courtly love** N amor *m* cortés

**court-martial** ['kɔːt'mɑːʃəl] Ⓐ N (*pl* **courts-martial, court-martials**) consejo *m* de guerra, tribunal *m* militar
Ⓑ VT juzgar en consejo de guerra

**courtroom** ['kɔːtrʊm] N sala *f* de justicia, sala *f* de tribunal

**courtship** ['kɔːtʃɪp] N (= *act*) cortejo *m*; (= *period*) noviazgo *m*

**courtyard** ['kɔːtjɑːd] N patio *m*

**cousin** ['kʌzn] N primo/a *m/f*; **first ~** primo/a *m/f* carnal; **second ~** primo/a *m/f* segundo/a

**couth** [kuːθ] N (*US*) buenos modales *mpl*

**couture** [kuː'tjʊəʳ] N alta costura *f*

**couturier** [kuː'tʊərɪˌeɪ] N modisto *m*

**cove**[1] [kəʊv] N (*Geog*) cala *f*, ensenada *f*; (*US*) (= *valley*) valle *m*

**cove**[2]* [kəʊv] N (*Brit*†) (= *fellow*) tío* *m*

**coven** ['kʌvən] N aquelarre *m*

**covenant** ['kʌvɪnənt] Ⓐ N [1] (*legal*) pacto *m*, convenio *m*; (*also* **tax ~**) (*Brit*) *sistema de contribuciones caritativas con beneficios fiscales para el beneficiario*; *see also* **deed**
[2] **Covenant** (*Bible*) Alianza *f*
Ⓑ VT pactar, concertar; **to ~ £20 a year to a charity** concertar el pago de 20 libras anuales a una sociedad benéfica
Ⓒ VI **to ~ with sb for sth** pactar algo con algn

**covenanter** ['kʌvɪnəntəʳ] N (*Scot Hist*) firmante *mf* de un pacto

**Coventry** ['kɒvəntrɪ] N **✦IDIOM to send sb to ~** (*Brit*) hacer el vacío a algn

**cover** ['kʌvəʳ] Ⓐ N [1] (*gen*) [*of dish, saucepan*] tapa *f*, tapadera *f*; [*of furniture, typewriter*] funda *f*; [*of lens*] tapa *f*; (*for book*) forro *m*; (*for merchandise, on vehicle*) cubierta *f*
[2] (= *bedspread*) cubrecama *m*, colcha *f*; (*often pl*) (= *blanket*) manta *f*, frazada *f* (*LAm*), cobija *f* (*LAm*)
[3] [*of magazine*] portada *f*; [*of book*] cubierta *f*, tapa *f*; **to read a book from ~ to ~** leer un libro de cabo a rabo
[4] (*Comm*) (= *envelope*) sobre *m*; **under separate ~** por separado; *see also* **first-day cover**
[5] (*no pl*) (= *shelter*) cobijo *m*, refugio *m*; (*for hiding*) escondite *m*; (= *covering fire*) cobertura *f*; **to break ~** salir al descubierto; **to run for ~** correr a cobijarse; (*fig*) ponerse a buen recaudo; **to take ~ (from)** (*Mil*) ponerse a cubierto (de); (= *shelter*) protegerse *or* resguardarse (de); **under ~** a cubierto; (= *indoors*) bajo techo; **under ~ of darkness** al amparo de la oscuridad
[6] (*no pl*) (*Fin, Insurance*) cobertura *f*; **without ~** (*Fin*) sin cobertura; **full/fire ~** (*Insurance*) cobertura total/contra incendios
[7] (*in espionage etc*) tapadera *f*; **to blow sb's ~*** (*accidentally*) poner a algn al descubierto; (*intentionally*) desenmascarar a algn
[8] (*frm*) (*at table*) cubierto *m*
[9] (*Mus*) = **cover version**
Ⓑ VT [1] **to ~ sth (with)** [+ *surface, wall*] cubrir algo (con *or* de); [+ *saucepan, hole, eyes, face*] tapar algo (con); [+ *book*] forrar algo (con); [+ *chair*] tapizar algo (con); **to ~ one's face with one's hands** taparse la cara con las manos; **to be ~ed in** *or* **with snow/dust/chocolate** estar cubierto de nieve/polvo/chocolate; **~ed with confusion/shame** lleno de confusión/muerto de vergüenza; **✦IDIOM to ~ o.s. with glory/disgrace** cubrirse de gloria/hundirse en la miseria
[2] (= *hide*) [+ *feelings, facts, mistakes*] ocultar; [+ *noise*] ahogar; **to ~ (up) one's tracks** (*lit, fig*) borrar las huellas
[3] (= *protect*) (*Mil, Sport*) cubrir; **to keep sb ~ed** cubrir a algn; **I've got you ~ed!** ¡te tengo a tiro!, ¡te estoy apuntando!; **the soldiers ~ed our retreat** los soldados nos cubrieron la retirada; **he only said that to ~ himself** lo dijo sólo para cubrirse; **✦IDIOMS to ~ one's back*** ◊ **~ one's ass**** cubrirse las espaldas
[4] (*Insurance*) cubrir; **what does your travel insurance ~ you for?** ¿qué (cosas) cubre tu seguro de viaje?; **the house is ~ed against fire** la casa está asegurada contra incendios
[5] (= *be sufficient for*) [+ *cost, expenses*] cubrir, sufragar; **to ~ a loss** cubrir una pérdida; **£10 will ~ everything** con 10 libras será suficiente
[6] (= *take in, include*) incluir; **goods ~ed by this invoice** los artículos incluídos en esta factura; **such factories will not be ~ed by this report** tales fábricas no se verán incluídas en este informe; **we must ~ all possibilities** debemos tener en cuenta todas las posibilidades
[7] (= *deal with*) [+ *problem, area*] abarcar; [+ *points in discussion*] tratar, discutir; **his speech ~ed most of the points raised** su discurso

abarcó la mayoría de los puntos planteados; **his work ~s many different fields** su trabajo abarca muchas especialidades distintas; **no law ~s a situation like this** ninguna ley contempla una situación semejante

8 [+ *distance*] recorrer, cubrir; **we ~ed eight miles in one hour** recorrimos ocho millas en una hora; **to ~ a lot of ground** (*in travel, work*) recorrer mucho trecho; (= *deal with many subjects*) abarcar muchos temas

9 (*Press*) (= *report on*) cubrir; **all the newspapers ~ed the story** todos los periódicos cubrieron el caso; **he was sent to ~ the riots** lo enviaron para que hiciera un reportaje de los disturbios

10 (*Mus*) **to ~ a song** hacer una versión de una canción

11 (= *inseminate*) [+ *animal*] cubrir

Ⓒ VI **to ~ for sb** (*at work etc*) suplir a algn; (= *protect*) encubrir a algn

Ⓓ CPD ► **cover charge** N (*in restaurant*) (precio *m* del) cubierto *m* ► **cover girl** N modelo *f* de portada ► **cover letter** N (*US*) carta *f* de explicación ► **cover note** N (*Brit Insurance*) ≈ seguro *m* provisional ► **cover price** N precio *m* de venta al público ► **cover story** N (*Press*) tema *m* de portada; (*in espionage etc*) tapadera *f* ► **cover version** N (*Mus*) versión *f*

►**cover in** VT + ADV cubrir; (= *put roof on*) poner un techo a, techar

►**cover over** VT + ADV [+ *surface, object, hole*] cubrir, tapar; [+ *problem*] tapar, esconder

►**cover up** Ⓐ VT + ADV 1 [+ *child, object*] cubrir completamente, tapar

2 (*fig*) (= *hide*) [+ *facts*] ocultar; [+ *emotions*] disimular

Ⓑ VI + ADV 1 (*with clothes*) abrigarse, taparse

2 (*fig*) **to ~ up for sb** encubrir a algn

**coverage** [ˈkʌvərɪdʒ] N 1 (*Press*) reportaje *m*; **to give full ~ to an event** (= *report widely*) dar amplia difusión a un suceso; (= *report in depth*) informar a fondo sobre un suceso

2 (*Insurance*) cobertura *f*

**coveralls** [ˈkʌvərɔːlz] NPL (*US*) (= *overalls*) mono *msing*

**covered wagon** [ˌkʌvədˈwægən] N carreta *f* entoldada

**covering** [ˈkʌvərɪŋ] Ⓐ N 1 (= *wrapping*) cubierta *f*, envoltura *f*; (= *dress etc*) abrigo *m*

2 (= *layer*) **a ~ of snow/dust/icing** una capa de nieve/polvo/azúcar glaseado

Ⓑ CPD ► **covering letter** N (*Brit*) carta *f* de explicación

**coverlet** [ˈkʌvəlɪt] N sobrecama *m*, colcha *f*, cobertor *m*

**covert** [ˈkʌvət] Ⓐ ADJ (*gen*) secreto, encubierto; [*glance*] furtivo, disimulado

Ⓑ N soto *m*, matorral *m*

Ⓒ CPD ► **covert attack** N ataque *m* por sorpresa

**covertly** [ˈkʌvətlɪ] ADV [*observe*] encubiertamente

**cover-up** [ˈkʌvərʌp] N encubrimiento *m*; **there's been a ~** están tratando de encubrir el asunto

**covet** [ˈkʌvɪt] VT codiciar

**covetous** [ˈkʌvɪtəs] ADJ [*person*] codicioso; [*glance*] ávido

**covetousness** [ˈkʌvɪtəsnɪs] N codicia *f*

**covey** [ˈkʌvɪ] N 1 (*Orn*) nidada *f* (*de perdices*)

2 (*fig*) grupo *m*

**cow¹** [kaʊ] Ⓐ N 1 (*Zool*) vaca *f*; (= *female of other species*) hembra *f*; ✦**IDIOM till the ~s come home** hasta que las ranas críen pelo

2 (‡ *pej*) (= *woman*) estúpida *f*, bruja *f*

Ⓑ CPD ► **cow house** N establo *m* ► **cow parsley** N perejil *m* de monte ► **cow town*** N (*US*) pueblucho *m* de mala muerte

**cow²** [kaʊ] VT [+ *person*] intimidar, acobardar; **a ~ed look** una mirada temerosa

**coward** [ˈkaʊəd] N cobarde *mf*

**cowardice** [ˈkaʊədɪs], **cowardliness** [ˈkaʊədlɪnɪs] N cobardía *f*

**cowardly** [ˈkaʊədlɪ] ADJ cobarde

**cowbell** [ˈkaʊbel] N cencerro *m*

**cowboy** [ˈkaʊbɔɪ] Ⓐ N 1 vaquero *m*, gaucho *m* (*Arg*); (*Cine etc*) cowboy *m*; **~s and Indians** (= *game*) indios *mpl* y americanos

2 (*Brit* pej*) chorizo/a *m/f* (*Sp*); **he's a real ~** es un auténtico chorizo; **the ~s of the building trade** los piratas de la construcción

Ⓑ CPD ► **cowboy boots** NPL botas *fpl* camperas ► **cowboy hat** N sombrero *m* de cowboy

**cowcatcher** [ˈkaʊˌkætʃəʳ] N rastrillo *m* delantero, quitapiedras *m inv*

**cower** [ˈkaʊəʳ] VI encogerse (de miedo); **the servants were ~ing in a corner** los criados se habían refugiado medrosos en un rincón

**cowgirl** [ˈkaʊgɜːl] N vaquera *f*

**cowherd** [ˈkaʊhɜːd] N pastor(a) *m/f* de ganado, vaquero/a *m/f*

**cowhide** [ˈkaʊhaɪd] N cuero *m*

**cowl** [kaʊl] N (= *hood*) capucha *f*; (= *garment*) cogulla *f*; [*of chimney*] sombrerete *m*

**cowlick** [ˈkaʊlɪk] N (*US*) chavito *m*, mechón *m*

**cowling** [ˈkaʊlɪŋ] N cubierta *f*

**cowman** [ˈkaʊmən] N (*pl* **cowmen**) vaquero *m*; (= *owner*) ganadero *m*

**co-worker** [ˈkəʊˈwɜːkəʳ] N colaborador(a) *m/f*

**cowpat** [ˈkaʊpæt] N mierda *f* de vaca, boñiga *f*

**cowpoke*** [ˈkaʊpəʊk] N (*US*) vaquero *m*

**cowpox** [ˈkaʊpɒks] N vacuna *f*

**cowrie** [ˈkaʊrɪ] N cauri *m*

**cowshed** [ˈkaʊʃed] N establo *m*

**cowslip** [ˈkaʊslɪp] N (*Bot*) primavera *f*, prímula *f*

**cox** [kɒks] Ⓐ N timonel *mf*

Ⓑ VT gobernar

Ⓒ VI hacer *or* actuar de timonel

**coxcomb** [ˈkɒkskəʊm] N cresta *f* de gallo

**coxless pairs** [ˌkɒkslɪsˈpɛəz] N dos *m* sin timonel

**coxswain** [ˈkɒksn] N timonel *mf*

**Coy** ABBR (*Mil*) = **company**

**coy** [kɔɪ] ADJ (*compar* **coyer**; *superl* **coyest**) 1 (= *demure*) [*person, smile*] tímido; (*pej*) (= *coquettish*) coqueta, coquetón

2 (= *evasive*) esquivo, reticente

**coyly** [ˈkɔɪlɪ] ADV 1 (= *demurely*) tímidamente; (*pej*) (= *coquettishly*) con coquetería

2 (= *evasively*) con evasivas

**coyness** [ˈkɔɪnɪs] N 1 (= *demureness*) timidez *f*; (*pej*) (= *coquettishness*) coquetería *f*

2 (= *evasiveness*) evasivas *fpl*, reticencias *fpl*

**coyote** [kɔɪˈəʊtɪ] N coyote *m*

**coypu** [ˈkɔɪpuː] N (*pl* **coypus** *or* **coypu**) coipo *m*

**coz*** [kɒz] = **cousin**

**'coz‡** [kɒz] = **because**

**coziness** [ˈkəʊzɪnɪs] N (*US*) = **cosiness**

**cozy** [ˈkəʊzɪ] ADJ (*US*) = **cosy**

**cozzie*** [ˈkɒzɪ] N (*Brit, Australia*) = **cossie**

**CP** N ABBR 1 (*Pol*) (= **Communist Party**) PC *m*

2 (*Comm*) (= **carriage paid**) pp

3 = **Cape Province**

**cp** ABBR (= **compare**) comp

**C/P**, **c/p** ABBR (= **carriage paid**) pp

**CPA** N ABBR 1 (*US Fin*) = **Certified Public Accountant**

2 = **critical path analysis**

**CPI** N ABBR (*US*) (= **Consumer Price Index**) IPC *m*

**cpi** ABBR (*Comput*) = **characters per inch**

**Cpl** N ABBR (*Mil*) = **Corporal**

**CP/M** N ABBR (= **Control Program for Microprocessors**) CP/M *m*

**CPO** N ABBR 1 (*Naut*) = **Chief Petty Officer**

2 = **Crime Prevention Officer**

**CPR** N ABBR = **cardiopulmonary resuscitation**

**cps** ABBR (*Comput*) 1 (= **characters per second**) cps

2 = **cycles per second**

**CPSA** N ABBR (*Brit*) (= **Civil and Public Services Association**) *sindicato de funcionarios*

**CPU** N ABBR (*Comput*) (= **central processing unit**) UPC *f*, UCP *f*

**CPVE** N ABBR (*Brit*) = **Certificate of Prevocational Education**

**Cr** ABBR 1 (*Comm*) (= **credit**) H.

2 (*Comm*) (= **creditor**) acr.

3 (*Pol*) = **councillor**

**crab** [kræb] Ⓐ N 1 (*Zool*) cangrejo *m*, jaiba *f* (*LAm*); **the Crab** (*Astron*) (la constelación de) Cáncer; ✦**IDIOM to catch a ~** (*Rowing*) fallar con el remo, dar una calada

2 **crabs** (*Med*) ladillas *fpl*

Ⓑ VI **to ~ (about)** (*US**) quejarse (acerca de)

Ⓒ CPD ► **crab apple** N (= *fruit*) manzana *f* silvestre; (= *tree*) manzano *m* silvestre ► **crab grass** N garranchuelo *m* ► **crab louse** N ladilla *f*

**crabbed** [ˈkræbd] ADJ 1 [*writing*] apretado, indescifrable

2 [*mood*] malhumorado, hosco

**crabby*** [ˈkræbɪ] ADJ malhumorado, hosco

**crabmeat** [ˈkræbmiːt] N carne *f* de cangrejo

**crabwise** [ˈkræbˌwaɪz] Ⓐ ADJ [*movement*] como de cangrejo, lateral

Ⓑ ADV [*move*] como cangrejo, lateralmente

**crack** [kræk] Ⓐ N 1 (= *fracture*) (*in plate, glass*) raja *f*; (*in wall, ceiling, ice*) grieta *f*; (*in skin*) grieta *f*; (*fig*) (*in system, relationship*) grieta *f*; ✦**IDIOM to paper over the ~s** (*fig*) disimular las grietas

2 (= *slight opening*) rendija *f*; **I opened the door a ~** abrí un poquito la puerta

3 (= *noise*) [*of twigs*] crujido *m*; [*of whip*] chasquido *m*; [*of rifle*] estampido *m*, estallido *m*; [*of thunder*] estampido *m*, estruendo *m*; ✦**IDIOMS to get a fair ~ of the whip** tener la oportunidad de demostrar lo que vale; **to give sb a fair ~ of the whip** dar la oportunidad a algn de demostrar lo que vale

4 (= *blow*) golpe *m*; **he got a nasty ~ on the head** se llevó un buen golpe en la cabeza

5 (*) (= *attempt*) intento *m*; **to have** *or* **take a ~ at sth** intentar algo; **he was anxious to have the first ~ at it** estaba deseoso de ser el primero en intentarlo

6 (*) (= *joke, insult*) comentario *m* burlón; **he made a silly ~ about our new car** hizo un chiste tonto sobre nuestro coche nuevo

7 (= *drug*) crack *m*

8 **at the ~ of dawn** al romper el alba; **I'm not getting up at the ~ of dawn!*** ¡no me voy a levantar con el canto del gallo!*

9 (*) (= *fun*) **it's good ~** es muy divertido

Ⓑ ADJ [*team, sportsperson, troops*] de primera; **he's a ~ shot** es un tirador de primera

Ⓒ VT 1 (= *break*) [+ *glass, pottery*] rajar; [+ *wood, ground, wall*] agrietar, resquebrajar; [+ *ice*] resquebrajar; [+ *skin*] agrietar; (*fig*) (*) [+ *person*] derrotar; **to ~ sb's resolve** hacerle perder la determinación a algn

2 (= *break open*) [+ *nut*] cascar; [+ *egg*] cascar, romper; [+ *safe*] forzar; (*fig*) (*) [+ *market*]

entrar en, introducirse en; [+ *drugs/spy ring*] desarticular; **to ~ (open) a bottle*** abrir una botella; *see also* **nut A2**

3 (= *hit*) golpear; **he fell and ~ed his head on the pavement** se cayó y se golpeó la cabeza con la acera

4 (= *cause to sound*) [+ *whip*] chasquear, restallar; [+ *finger joints*] hacer crujir; **✦IDIOM to ~ the whip** apretarle a algn las clavijas

5 (*) (= *tell*) [+ *joke*] contar; **to ~ jokes** bromear, contar chistes

6 (= *solve*) [+ *problem, case*] resolver; [+ *code*] descifrar; **the police think they've ~ed it** la policía cree haberlo resuelto

7 **to ~ a smile** sonreír

Ⓓ VI 1 (= *break*) [*glass, pottery*] rajarse; [*wall, wood, ground*] agrietarse, resquebrajarse; [*ice*] resquebrajarse; [*skin*] agrietarse

2 [*voice*] (*with emotion*) quebrarse

3 (= *yield, break down*) [*person*] desmoronarse; **I thought his nerve would ~** creía que iba a perder el valor; **to ~ under the strain** [*person*] desmoronarse bajo la presión, sufrir una crisis nerviosa a cause de la presión; [*relationship*] desmoronarse; [*alliance*] desmoronarse *or* quebrantarse bajo la presión

4 (= *make noise*) [*thunder*] retumbar; [*whip*] chasquear; [*dry wood, joints*] crujir

5 **to get ~ing*** poner manos a la obra; **you'd better get ~ing** más te vale poner manos a la obra; **I promised to get ~ing on** *or* **with the decorating** le prometí que empezaría a pintar inmediatamente

Ⓔ CPD ► **crack cocaine** N crack *m* ► **crack house** N (*Drugs*) *lugar donde se vende crack or cocaína dura*

►**crack down** VI + ADV **to ~ down (on sth/sb)** tomar medidas enérgicas *or* duras (contra algo/algn)

►**crack up*** Ⓐ VI + ADV 1 (= *break down*) [*person*] desmoronarse, sufrir una crisis nerviosa; [*relationship*] desmoronarse; [*alliance*] desmoronarse, quebrantarse

2 (= *laugh*) troncharse de risa*

Ⓑ VT + ADV **the film's not all it's ~ed up to be** la película no es tan buena como se dice; **he's not all he's ~ed up to be** no es tan maravilloso como lo pintan*

**crackajack*** ['krækədʒæk] N, ADJ (*US*) = **crackerjack**

**crack-brained*** ['krækbreɪnd] ADJ loco

**crackdown** ['krækdaʊn] N campaña *f* (**on** contra), medidas *fpl* enérgicas (**on** contra)

**cracked** [krækt] ADJ 1 [*cup, plate*] rajado; [*wall*] agrietado; [*lips*] cortado, agrietado; [*skin*] agrietado; **the bone's not really broken, only ~** el hueso no está rota en realidad, sólo tiene una fisura pequeña

2 [*voice*] cascado

3 (*) (= *mad*) chiflado*, tarado*

**cracker** ['krækəʳ] N 1 (= *firework*) buscapiés *m inv*

2 (*also* **Christmas ~**) sorpresa *f* (navideña)

3 (= *biscuit*) galleta *f* salada, cráckar *m*

4 (*Brit**) **a ~ of a game** un partido fenomenal*

**crackerjack*** ['krækədʒæk] Ⓐ N (= *person*) as* *m*; (= *thing*) bomba* *f*

Ⓑ ADJ bomba*, súper*

**crackers*** ['krækəz] ADJ (*Brit*) lelo, chiflado*

**crackhead*** ['kræk,hed] N adicto/a *m/f* al crack

**cracking** ['krækɪŋ] Ⓐ N 1 (*Chem*) [*of petroleum*] craqueo *m*

2 (= *cracks*) grietas *fpl*, agrietamiento *m*

Ⓑ ADJ (*Brit**) 1 (= *very fast*) **at a ~ speed** *or* **pace** a toda pastilla*

2 (= *excellent*) de órdago*

Ⓒ ADV (*Brit**) **this book is a ~ good read** este libro es superameno

**crackle** ['krækl] Ⓐ N (*usu no pl*) (= *noise*) [*of twigs burning*] crepitación *f*, chisporroteo *m*; [*of frying*] chisporroteo *m*; [*of dry leaves*] crujido *m*; [*of shots*] traqueteo *m*; (*on telephone*) interferencia *f*

Ⓑ VI [*burning twigs*] crepitar, chisporrotear; [*bacon*] chisporrotear; [*dry leaves*] crujir; [*shots*] traquetear; [*phone line*] tener interferencias

**crackling** ['kræklɪŋ] N 1 (= *no pl*) (*Culin*) chicharrones *mpl*

2 (= *sound*) chisporroteo *m*; (*on radio, telephone*) interferencias *fpl*

**crackly** ['krækəlɪ] ADJ [*phone line, noise*] chirriante, chisporroteante

**crackpot*** ['krækpɒt] Ⓐ ADJ tonto

Ⓑ N chiflado/a* *m/f*, excéntrico/a *m/f*

**crack-up** ['krækʌp] N (*Med*) crisis *f inv* nerviosa, colapso *m* nervioso; (*Fin etc*) quiebra *f*

**cradle** ['kreɪdl] Ⓐ N 1 (= *cot, birthplace etc*) cuna *f*; **✦IDIOMS from the ~ to the grave** desde que nació, nacen *etc* hasta que murió, mueren *etc*; **to rob the ~*** casarse con una persona mucho más joven

2 [*of telephone*] soporte *m*, horquilla *f*

3 (*Constr*) andamio *m* volante

Ⓑ VT [+ *child*] mecer, acunar; [+ *object*] abrazar; **to ~ a child in one's arms** mecer un niño en los brazos

Ⓒ CPD ► **cradle snatcher*** N **she's a ~ snatcher** siempre va detrás de los jovencitos

**cradlesong** ['kreɪdlsɒŋ] N canción *f* de cuna

**craft** [krɑːft] Ⓐ N 1 (= *trade*) oficio *m*

2 (= *no pl*) (= *skill*) destreza *f*, habilidad *f*

3 (= *handicraft*) artesanía *f*; **arts and ~s** artesanías *fpl*

4 (*pej*) (= *cunning*) astucia *f*, maña *f*

5 (= *boat*) (*pl inv*) barco *m*, embarcación *f*

Ⓑ VT hacer (a mano); **~ed products** productos *mpl* de artesanía

Ⓒ CPD ► **craft fair** N feria *f* de artesanía ► **craft union** N sindicato *m* de obreros especializados ► **craft work** N artesanía *f*

**craftily** ['krɑːftɪlɪ] ADV astutamente

**craftiness** ['krɑːftɪnɪs] N astucia *f*

**craftsman** ['krɑːftsmən] N (*pl* **craftsmen**) artesano *m*

**craftsmanship** ['krɑːftsmənʃɪp] N (*no pl*) (= *skill*) destreza *f*, habilidad *f*; (= *workmanship*) trabajo *m*

**craftsperson** ['krɑːfts,pɜːsn] N (*pl* **craftspeople**) artesano/a *m/f*

**craftswoman** ['krɑːfts,wʊmən] N (*pl* **craftswomen**) artesana *f*

**crafty** ['krɑːftɪ] ADJ (*compar* **craftier**; *superl* **craftiest**) 1 [*person*] astuto, vivo; [*action*] hábil

2 [*gadget etc*] ingenioso

**crag** [kræg] N peñasco *m*, risco *m*

**craggy** ['krægɪ] ADJ (*compar* **craggier**; *superl* **craggiest**) [*rock*] rocoso, escarpado; [*features*] hosco, arrugado

**cram** [kræm] Ⓐ VT 1 (= *stuff*) meter (**into** en); **we can't ~ any more in** es imposible meter más; **to ~ food into one's mouth** llenarse la boca de comida; **to ~ things into a case** ir metiendo cosas en una maleta hasta que ya no cabe más nada; **she ~med her hat down over her eyes** se enfundó el sombrero hasta los ojos

2 (= *fill*) llenar a reventar (**with** de); **the hall is ~med** la sala está de bote en bote; **the room was ~med with furniture** la habitación estaba atestada de muebles; **his head is ~med with strange ideas** tiene la cabeza llena de ideas raras; **to ~ o.s. with food** atiborrarse de comida, darse un atracón*

3 (*Scol*) [+ *subject*] empollar, aprender apresuradamente; [+ *pupil*] preparar apresuradamente para un examen

Ⓑ VI 1 [*people*] apelotonarse (**into** en); **can I ~ in here?** ¿hay un hueco para mí aquí?; **seven of us ~med into the Mini** los siete logramos encajarnos en el Mini

2 [*pupil*] (*for exam*) empollar

**cram-full** ['kræm'fʊl] ADJ atestado (**of** de), de bote en bote

**crammer** ['kræməʳ] N (*Scol*) (= *pupil*) empollón/ona *m/f*; (= *teacher*) profesor(a) *m/f* (*que prepara rapidísimamente a sus alumnos para los exámenes*)

**cramp¹** [kræmp] Ⓐ N (*Med*) calambre *m*; **writer's ~** calambre *m* en las manos (por escribir mucho)

Ⓑ VT (= *restrict*) [+ *development*] poner obstáculos a, poner trabas a; **✦IDIOM to ~ sb's style** cortar las alas a algn

**cramp²** [kræmp] N (*Tech*) grapa *f*; (*Archit*) pieza *f* de unión, abrazadera *f*

**cramped** [kræmpt] ADJ [*position*] encogido, incómodo; [*room etc*] estrecho; [*writing*] menudo, apretado; **to live in ~ conditions** vivir en la estrechez; **they were all ~ together** estaban apiñados; **we are very ~ for space** apenas hay espacio para moverse

**crampon** ['kræmpən] N garfio *m*; (*Mountaineering*) crampón *m*

**cramponning** ['kræmpənɪŋ] N (*Mountaineering*) uso *m* de crampones

**cranberry** ['krænbərɪ] Ⓐ N arándano *m*

Ⓑ CPD ► **cranberry sauce** N salsa *f* de arándanos

**crane** [kreɪn] Ⓐ N 1 (*Orn*) grulla *f*

2 (*Tech*) grúa *f*

Ⓑ VT 1 **to ~ one's neck** estirar el cuello

2 (*also* **to ~ up**) levantar con grúa

Ⓒ VI (*also* **~ forward**) inclinarse estirando el cuello; **to ~ to see sth** estirar el cuello para ver algo

Ⓓ CPD ► **crane driver, crane operator** N operador(a) *m/f* de grúa

**cranefly** ['kreɪnflaɪ] N típula *f*

**cranial** ['kreɪnɪəl] ADJ craneal

**cranium** ['kreɪnɪəm] N (*pl* **craniums** *or* **crania** ['kreɪnɪə]) cráneo *m*

**crank¹** [kræŋk] Ⓐ N (*Tech*) manivela *f*, manubrio *m*

Ⓑ VT (*also* **~ up**) [+ *engine*] hacer arrancar con la manivela

►**crank out*** VT + ADV producir penosamente

►**crank up*** VT + ADV 1 [+ *hearing aid*] subir; [+ *music*] poner más fuerte; **to ~ up the volume** subir el volumen

2 (= *intensify*) [+ *campaign, bombing*] intensificar

**crank²*** [kræŋk] N (= *eccentric person*) excéntrico/a *m/f*; (*US*) (= *bad-tempered person*) ogro* *m*, cascarrabias* *mf inv*

**crankcase** ['kræŋkkeɪs] N cárter *m*

**crankshaft** ['kræŋkʃɑːft] N cigüeñal *m*

**cranky*** ['kræŋkɪ] ADJ (*compar* **crankier**; *superl* **crankiest**) (= *strange*) [*idea, person*] excéntrico; (*US*) (= *bad-tempered*) malhumorado, enojón (*LAm*)

**cranny** ['krænɪ] N grieta *f*

**crap**‡ [kræp] Ⓐ N 1 (= *faeces*) mierda‡ *f*

2 (= *nonsense*) estupideces *fpl*, macanas* *fpl*, gilipolleces *fpl* (*Sp*‡), huevadas *fpl* (*Chile, Andes*‡), boludeces *fpl* (*S. Cone*‡); **that's ~** eso

son gilipolleces‡, eso es una chorrada*; **to talk ~** decir gilipolleces‡, decir chorradas*
3 (= *unwanted items*) porquería *f*
Ⓑ ADJ [*joke, job*] pésimo; **the film was ~** la película era una mierda‡; **to be ~** ser una mierda‡; **I'm ~ at football** yo jugando al fútbol soy una mierda‡ *or* soy malísimo
Ⓒ VI cagar‡

►**crap out**‡ VI + ADV (*US*) 1 (= *back down*) rajarse*
2 (= *fail*) fracasar

**crape** [kreɪp] N = **crepe**

**crappy**‡ ['kræpɪ] ADJ chungo*

**craps** [kræps] NSING (*US*) (= *game*) dados *mpl*; **to shoot ~** jugar a los dados

**crapulous** ['kræpjʊləs] ADJ (*frm*) crapuloso, ebrio

**crash** [kræʃ] Ⓐ N 1 (= *noise*) estrépito *m*; (= *thunder*) estruendo *m*; (= *explosion*) estallido *m*
2 (= *accident*) (*Aut*) choque *m*; (*Aer*) accidente *m*; **to have a ~** (*Aut*) tener un accidente de coche, chocar con el coche; **to be in a car/plane ~** tener un accidente de coche/aviación
3 (*Fin*) [*of stock exchange*] crac *m*; [*of business*] (= *failure*) quiebra *f*; **the 1929 ~** la crisis económica de 1929
Ⓑ VT 1 (= *smash*) [+ *car, aircraft etc*] estrellar (**into** contra); **he ~ed his head against the wall** se estrelló la cabeza contra la pared
2 (*) (= *gatecrash*) **to ~ a party** colarse en una fiesta*
Ⓒ VI 1 (= *fall noisily*) caer con estrépito; (= *move noisily*) moverse de manera ruidosa; **to come ~ing down** caer con gran estrépito
2 (= *have accident*) tener un accidente; (*Aer*) estrellarse, caer a tierra; (= *collide*) [*two vehicles*] chocar; **to ~ into/through** chocar *or* estrellarse contra
3 (*Fin*) [*business*] quebrar; [*stock exchange*] sufrir una crisis; **when the stock market ~ed** cuando la bolsa se derrumbó
4 (*Comput*) bloquearse, colgarse (*Sp*)
5 (‡) (= *sleep*) dormir, pasar la noche
Ⓓ ADV **he went ~ into a tree** dio de lleno contra un árbol
Ⓔ EXCL ¡zas!, ¡pum!
Ⓕ CPD [*diet etc*] intensivo, acelerado ► **crash barrier** N (*Brit Aut*) quitamiedos *m inv*; (*at stadium etc*) valla *f* protectora ► **crash course** N curso *m* intensivo *or* acelerado ► **crash dive** N [*of submarine*] inmersión *f* de emergencia ► **crash helmet** N casco *m* protector ► **crash landing** N aterrizaje *m* forzoso *or* de emergencia ► **crash pad**‡ N guarida *f*, lugar *m* donde dormir ► **crash programme** (*Brit*), **crash program** (*US*) N programa *m* de urgencia

►**crash out**‡ Ⓐ VT + ADV **to be ~ed out** estar hecho polvo*
Ⓑ VI + ADV (= *collapse*) caer redondo; (= *sleep*) dormirse

**crashing** ['kræʃɪŋ] ADJ (†) **a ~ bore** una paliza*, un muermo*

**crashingly** ['kræʃɪŋlɪ] ADV (†) [*dull, boring*] tremendamente

**crash-land** ['kræʃlænd] Ⓐ VT [+ *aircraft*] poner forzosamente en tierra
Ⓑ VI aterrizar forzosamente

**crass** [kræs] ADJ (*pej*) (= *extreme*) [*stupidity*] extremo; [*mistake*] craso; (= *coarse*) [*person, behaviour*] grosero, maleducado; [*performance*] malo, desastroso

**crassly** ['kræslɪ] ADV estúpidamente, tontamente

**crassness** ['kræsnɪs] N estupidez *f*

**crate** [kreɪt] Ⓐ N 1 cajón *m* de embalaje, jaula *f*
2 (*) (= *car etc*) armatoste *m*, cacharro* *m*
Ⓑ VT (*also* **~ up**) embalar (en cajones)

**crater** ['kreɪtəʳ] N cráter *m*

**cravat(e)** [krə'væt] N pañuelo *m*

**crave** [kreɪv] VT 1 (*also* **~ for**) [+ *food*] tener antojo de; [+ *affection, attention*] reclamar
2 (= *beg*) [+ *pardon*] suplicar; [+ *permission*] implorar, rogar

**craven** ['kreɪvən] ADJ (*liter*) cobarde

**cravenly** ['kreɪvənlɪ] ADV (*liter*) cobardemente

**cravenness** ['kreɪvənnɪs] N (*liter*) cobardía *f*

**craving** ['kreɪvɪŋ] N (*for food etc*) antojo *m*; (*for affection, attention*) anhelo *m*, ansias *fpl*; **to get a ~ for sth** encapricharse por algo

**craw** [krɔː] N ✦**IDIOM to stick in one's ~***: **it really sticks in my ~ that she thinks ...** no trago con que ella piense que ...

**crawfish** ['krɔːfɪʃ] N (*pl* **crawfish** *or* **crawfishes**) (*US*) = **crayfish**

**crawl** [krɔːl] Ⓐ N 1 (= *slow pace*) [*of traffic*] **the traffic went at a ~** la circulación avanzaba a paso de tortuga; **the ~ to the coast** la cola de coches hasta la costa
2 (*Swimming*) crol *m*; **to do the ~** nadar a crol
Ⓑ VI 1 (= *drag o.s.*) arrastrarse; [*child*] andar a gatas, gatear; **to ~ in/out** meterse/salirse a gatas; **the fly ~ed up the window** la mosca subió despacito por el cristal
2 (= *move slowly*) [*traffic*] avanzar lentamente, formar caravana; [*time*] alargarse interminablemente; **the cars were ~ing along** los coches avanzaban a paso de tortuga
3 (*) (= *suck up*) **to ~ to sb** dar coba a algn*, hacer la pelota a algn*
4 **to be ~ing with vermin** estar plagado *or* cuajado de bichos; *see also* **flesh**
Ⓒ CPD ► **crawl space** N (*US*) (*between floors*) *espacio entre plantas para tuberías o cables*

**crawler** ['krɔːləʳ] Ⓐ N (*Mech*) tractor *m* de oruga
Ⓑ CPD ► **crawler lane** N (*Brit Aut*) carril *m* (de autopista) para vehículos lentos

**crayfish** ['kreɪfɪʃ] N (*pl* **crayfish** *or* **crayfishes**) (*freshwater*) cangrejo *m or* (*LAm*) jaiba *f* de río; (*saltwater*) cigala *f*

**crayon** ['kreɪən] Ⓐ N (*Art*) pastel *m*, lápiz *m* de tiza; (*child's*) lápiz *m* de color
Ⓑ VT dibujar al pastel

**craze** [kreɪz] N (= *fashion*) moda *f* (**for** de); (= *fad*) manía *f* (**for** por); **it's the latest ~** es la última moda, es el último grito

**crazed** [kreɪzd] ADJ 1 [*look, person*] loco, demente
2 [*pottery, glaze*] agrietado, cuarteado

**crazily** ['kreɪzɪlɪ] ADV 1 (= *madly*) [*shout, argue, laugh*] como (un) loco
2 (= *crookedly*) [*tilt, lean*] de modo peligroso, peligrosamente

**craziness** ['kreɪzɪnɪs] N (= *madness*) [*of person*] locura *f*; [*of behaviour, idea*] insensatez *f*

**crazy** ['kreɪzɪ] Ⓐ ADJ (*compar* **crazier**; *superl* **craziest**) 1 (= *mad*) loco, chiflado*; **you were ~ to do it** fue una locura hacerlo; **you would be ~ to do that** tendrías que estar loco para hacer eso; **it would be ~ for him to give up his job** sería una locura que dejase el trabajo; **to drive sb ~** (= *drive mad*) volver loco a algn; (= *infuriate*) sacar de quicio a algn; **it's enough to drive you ~** es para volverse loco; **to go ~** (= *mad*) volverse loco; (= *excited*) ponerse como loco; (= *angry*) ponerse como un energúmeno; **it was a ~ idea** fue una locura *or* un disparate, era una idea descabellada *or* disparatada; **everyone shouted like ~** todos gritaban como locos; **they were selling like ~** se estaban vendiendo como rosquillas *or* como pan caliente*; **it sounds ~** parece una locura; **~ talk** disparates *mpl*, tonterías *fpl*; **I've done some ~ things in my time** he hecho algunas locuras en mi vida; **~ with grief/anxiety** loco de pena/preocupación; **it's a ~ world** el mundo está loco, es un mundo de locos
2 (*) (= *keen*) **he's football ~** es un fanático del fútbol; **to be ~ about sb** estar loco por algn; **they're ~ about football** el fútbol les vuelve locos; **I'm not ~ about it** no es que me vuelva loco, no me entusiasma
3 **to lean at a ~ angle** inclinarse de modo peligroso
Ⓑ N (*US**) loco/a *m/f*
Ⓒ CPD ► **crazy bone** N (*US*) hueso *m* del codo ► **crazy house*** N (*US*) casa *f* de locos*, manicomio *m* ► **crazy paving** N pavimento *m* de baldosas irregulares ► **crazy quilt** N (*US*) edredón *m* de retazos

**CRC** N ABBR 1 (*US*) = **Civil Rights Commission**
2 = **Camera-Ready Copy**

**CRE** N ABBR (*Brit*) = **Commission for Racial Equality**

**creak** [kriːk] Ⓐ N [*of wood, shoe etc*] crujido *m*; [*of hinge etc*] chirrido *m*, rechinamiento *m*
Ⓑ VI crujir; (= *squeak*) chirriar, rechinar

**creaky** ['kriːkɪ] ADJ rechinador; (*fig*) poco sólido

**cream** [kriːm] Ⓐ N 1 (*on milk*) nata *f*, crema *f* (*LAm*); **~ of tartar** crémor *m* tártaro; **~ of tomato soup** sopa *f* de crema de tomate; **~ of wheat** (*US*) sémola *f*; *see also* **double F**, **single C**, **whipped**
2 (*fig*) flor *f* y nata, crema *f*; **the ~ of society** la flor y nata de la sociedad; **the ~ of the crop** lo mejor de lo mejor
3 (= *lotion*) (*for face, shoes etc*) crema *f*, pomada *f*; **shoe ~** betún *m*; **face ~** crema *f* para la cara
Ⓑ ADJ 1 (= *cream-coloured*) color crema *inv*
2 (= *made with cream*) de nata *or* (*LAm*) crema
Ⓒ VT 1 [+ *milk*] desnatar, descremar (*LAm*); [+ *butter*] batir
2 (*also* **~ together**) (= *mix*) batir; **~ed potatoes** puré *msing* de patatas *or* (*LAm*) papas
3 (*US*‡) [+ *enemy, opposing team*] arrollar, aplastar
4 **to ~ one's pants**‡ correrse sin querer‡
Ⓓ CPD ► **cream cake** N pastel *m* de nata *or* (*LAm*) crema ► **cream cheese** N queso *m* crema ► **cream cracker** N galleta *f* de soda ► **cream puff** N petisú *m*, pastel *m* de nata *or* (*LAm*) crema ► **cream soda** N gaseosa *f* de vainilla ► **cream tea** N (*Brit*) *merienda en cafetería que suele constar de té, bollos, mermelada y nata*

►**cream off*** VT + ADV [+ *best talents, part of profits*] separar lo mejor de

**creamery** ['kriːmərɪ] N 1 (*on farm*) lechería *f*; (= *butter factory*) fábrica *f* de productos lácteos
2 (= *small shop*) lechería *f*

**creaminess** ['kriːmɪnɪs] N cremosidad *f*

**creamy** ['kriːmɪ] ADJ (*compar* **creamier**; *superl* **creamiest**) [*taste, texture*] cremoso; [*colour*] color crema *inv*

**crease** [kriːs] Ⓐ N 1 (= *fold*) raya *f*; (= *wrinkle*) arruga *f*
2 (*Cricket*) línea *f* de bateo
Ⓑ VT [+ *paper*] doblar; (*esp several times*) plegar; [+ *clothes*] arrugar; **to ~ one's trousers** (= *press crease in*) hacer la raya a los pantalones
Ⓒ VI arrugarse

►**crease up*** (*Brit*) Ⓐ VT + ADV **he was ~d up (with laughter)** se tronchaba (de risa)

Ⓑ VI + ADV **he ~d up (with laughter)** se tronchaba (de risa)

**creaseless** ['kri:slɪs], **crease-resistant** ['kri:srɪ,zɪstənt] ADJ inarrugable

**create** [kri:'eɪt] Ⓐ VT [1] (*gen, Comput*) crear; [+ *character*] inventar; [+ *rôle*] encarnar; [+ *fashion*] desarrollar; [+ *fuss, noise*] armar; [+ *problem*] causar, crear; **to ~ an impression** impresionar, causar buena impresión
[2] (= *appoint*) nombrar; **he was ~d a peer by the Queen** fue nombrado par por la reina
Ⓑ VI (*Brit**) (= *make a fuss*) montar un número*, armar un lío*

**creation** [kri:'eɪʃən] N [1] creación *f*; **the Creation** (*Rel*) la Creación
[2] (= *dress etc*) modelo *m*

**creationism** [kri:'eɪʃənɪzəm] N creacionismo *m*

**creationist** [kri:'eɪʃənɪst] N creacionista *mf*

**creative** [kri:'eɪtɪv] Ⓐ ADJ [*person, talent, energy, solution*] creativo; **the ~ use of language** el uso creativo del lenguaje; **~ thinking** creatividad *f*
Ⓑ CPD ► **creative accounting** N contabilidad *f* embellecida ► **creative writing** N escritura *f* creativa

**creatively** [kri:'eɪtɪvlɪ] ADV con creatividad

**creativity** [,kri:eɪ'tɪvɪtɪ] N creatividad *f*

**creator** [krɪ'eɪtəʳ] N creador(a) *m/f*; **the Creator** (*Rel*) el Creador

**creature** ['kri:tʃəʳ] Ⓐ N [1] (*gen*) criatura *f*; (= *animal*) animal *m*; (= *insect etc*) bicho *m*
[2] (= *person*) **pay no attention to that ~** no hagas caso de esa individua; **poor ~!** ¡pobrecito!; **wretched ~!** ¡desgraciado!; **~ of habit** esclavo/a *m/f* de la costumbre
[3] (*pej*) (= *dependent person*) títere *m*
Ⓑ CPD ► **creature comforts** NPL comodidades *fpl* (materiales)

**crèche** [kreɪʃ] N (*Brit*) guardería *f*

**cred*** [kred] N = **street cred**

**credence** ['kri:dəns] N **to give ~ to** dar crédito a

**credentials** [krɪ'denʃəlz] NPL (= *identifying papers*) credenciales *fpl*; (= *letters of reference*) referencias *fpl*; [*of diplomat*] cartas *fpl* credenciales; **what are his ~ for the post?** ¿qué méritos alega para el puesto?

**credibility** [,kredə'bɪlɪtɪ] Ⓐ N (*no pl*) credibilidad *f*
Ⓑ CPD ► **credibility gap** N falta *f* de credibilidad ► **credibility rating** N índice *m* de credibilidad

**credible** ['kredɪbl] ADJ (*gen*) creíble, digno de crédito; [*person*] plausible; [*witness*] de integridad

**credibly** ['kredɪblɪ] ADV creíblemente, verosímilmente

**credit** ['kredɪt] Ⓐ N [1] (*Fin*) [1·1] (*in account*) (= *positive balance*) **his account is in ~** su cuenta tiene saldo positivo *or* está en números negros; **as long as you stay in ~** *or* **keep your account in ~** mientras pueda mantener un saldo positivo; **you have £10 to your ~** tiene 10 libras en el haber, tiene un saldo a favor de 10 libras; *see also* **letter A2**
[1·2] (*for purchases*) crédito *m*; **they were refused ~** se les denegó un crédito; **is his ~ good?** ¿se le puede dar crédito sin riesgo?; **to give sb ~** conceder un crédito a algn; **interest-free ~** crédito *m* sin intereses; **to buy sth on ~** comprar algo a crédito *or* a plazos; **"no credit given"** "no se fía"; **"credit terms available"** "se vende a plazos", "facilidades de pago"
[1·3] (*Accounting*) saldo *m* acreedor, saldo *m* positivo; **on the ~ side** (*lit*) en el haber; (*fig*) entre los aspectos positivos
[2] (= *honour*) honor *m*; **he's a ~ to his family** es un orgullo para su familia, honra a su familia; **it does you ~** dice mucho a tu favor, te honra; **with a skill that would have done ~ to an expert** con una habilidad que hubiera sido el orgullo de un experto; **to his ~, I must point out that ...** debo decir en su favor que ...
[3] (= *recognition*) mérito *m*; **they deserve ~ for not giving up** merecen que se les reconozca el mérito de no haberse rendido; **~ where it's** *or* **~'s due** a cada uno según sus méritos; **to get the ~ (for sth)** llevarse el mérito (de algo); **I did the work and he got all the ~** yo hice el trabajo y él se llevó todo el mérito; **to give sb ~ for (doing) sth** reconocer a algn el mérito de (haber hecho) algo; **to take the ~ for (doing) sth** llevarse el mérito de (haber hecho) algo; **it would be wrong for us to take all the ~** no estaría bien que nos llevásemos todo el mérito
[4] (= *credence*) **he's a lot better than people give him ~ for** es bastante mejor que lo que la gente cree; **I gave you ~ for more sense** te creía más sensato; **I have to give some ~ to his story** tengo que reconocer que su historia tiene algo de verdad
[5] **credits** (*Cine, TV*) (= *titles*) títulos *mpl* de crédito, créditos *mpl*; (= *achievements*) logros *mpl*; **she has a long list of stage ~s** cuenta con una larga lista de éxitos *or* logros en escena
[6] (*esp US Univ*) (= *award*) crédito *m*, unidad *f* de valor académico
Ⓑ VT [1] (= *believe*) creer; **it's hard to ~ that such things went on** es difícil de creer que pasaran cosas semejantes; **would you ~ it!** ¡parece mentira!
[2] (= *attribute*) **I ~ed him with more sense** le creía más sensato; **~ me with SOME sense!** ¡no me tomes por idiota!; **he is ~ed with the discovery** se le atribuye a él el descubrimiento; **you don't ~ her with a mind of her own** no te das cuenta de que ella sabe lo que quiere
[3] (*Comm*) [+ *money, interest*] abonar, ingresar; **the money was ~ed to his account** el dinero se abonó *or* se ingresó en su cuenta; **we ~ you with the interest monthly** le abonamos *or* ingresamos el interés mensualmente
Ⓒ CPD ► **credit account** N cuenta *f* de crédito ► **credit agency** N agencia *f* de créditos ► **credit balance** N saldo *m* acreedor, saldo *m* positivo ► **credit card** N tarjeta *f* de crédito ► **credit entry** N anotación *f* en el haber ► **credit facilities** NPL facilidades *fpl* de crédito ► **credit limit** N límite *m* de crédito ► **credit line** N línea *f* de crédito ► **credit note** N nota *f* de crédito ► **credit rating** N clasificación *f* crediticia; (*fig*) credibilidad *f*; **the government's ~ rating has plummeted** la credibilidad del gobierno ha caído en picado ► **credit reference** N informe *m* de crédito ► **credit squeeze** N restricciones *fpl* de crédito ► **credit union** N cooperativa *f* de crédito

**creditable** ['kredɪtəbl] ADJ loable, encomiable

**creditably** ['kredɪtəblɪ] ADV de modo loable

**creditor** ['kredɪtəʳ] N acreedor(a) *m/f*

**creditworthiness** ['kredɪt,wɜ:ðɪnɪs] N solvencia *f*

**creditworthy** ['kredɪt,wɜ:ðɪ] ADJ solvente

**credo** ['kreɪdəʊ] N credo *m*

**credulity** [krɪ'dju:lɪtɪ] N credulidad *f*

**credulous** ['kredjʊləs] ADJ crédulo

**credulously** ['kredjʊləslɪ] ADV con credulidad

**creed** [kri:d] N (= *religion*) credo *m*, religión *f*; (= *system of beliefs*) credo *m*; **the Creed** (*Rel*) el Credo

**creek** [kri:k] N (*Brit*) (= *inlet*) cala *f*, ensenada *f*; (*US*) (= *stream*) riachuelo *m*; ✦**IDIOM up the ~ (without a paddle)*** (= *in difficulties*) en un lío *or* (*LAm*) aprieto

**creel** [kri:l] N nasa *f*, cesta *f* (de pescador)

**creep** [kri:p] (*pt, pp* **crept**) Ⓐ VI [1] [*animal*] deslizarse, arrastrarse; [*plant*] trepar
[2] [*person*] (*stealthily*) ir cautelosamente; (*slowly*) ir muy despacio; **to ~ in/out/up/down** entrar/salir/subir/bajar sigilosamente; **to ~ about on tiptoe** andar a *or* de puntillas; **to ~ along** [*traffic*] avanzar a paso de tortuga; **to ~ up on sb** acercarse sigilosamente a algn
[3] (*fig*) **it made my flesh ~** me puso la carne de gallina; **doubts began to ~ in** las dudas empezaron a aparecer; **an error crept in** se deslizó un error; **he felt old age ~ing up on him** sintió como la vida le ganaba años; **fear crept over him** le invadió el terror
Ⓑ N [1] (*) (= *person*) **what a ~!** ¡qué lamecuлos es!*; **he's a ~** (= *weird*) ¡qué tipo más raro!, ¡qué bicho!
[2] **it gives me the ~s*** me da miedo, me da escalofríos

**creeper** ['kri:pəʳ] N [1] (*Bot*) enredadera *f*
[2] **creepers** (*US*) (= *rompers*) (*for baby*) pelele *m*

**creeping** ['kri:pɪŋ] Ⓐ ADJ (*Med etc*) progresivo; [*barrage*] móvil
Ⓑ CPD ► **creeping inflation** N inflación *f* progresiva

**creepy*** ['kri:pɪ] ADJ (*compar* **creepier**; *superl* **creepiest**) horripilante, escalofriante

**creepy-crawly*** ['kri:pɪ'krɔ:lɪ] N (*Brit*) bicho *m*

**cremate** [krɪ'meɪt] VT incinerar

**cremation** [krɪ'meɪʃən] N cremación *f*, incineración *f*

**crematorium** [,kremə'tɔ:rɪəm] N (*pl* **crematoriums** *or* **crematoria** [,kremə'tɔ:rɪə]), **crematory** (*US*) ['kremə,tɔ:rɪ] crematorio *m*

**crème caramel** [,kremkærə'mel] N flan *m*

**crème de la crème** ['kremdəlɑ:'krem] N **the ~** la crème de la crème, la flor y nata

**crème de menthe** ['kremdəmɒnθ] N licor *m* de crema de menta

**crenellated** ['krenɪleɪtɪd] ADJ almenado

**crenellations** [,krenɪ'leɪʃənz] NPL almenas *fpl*

**Creole** ['kri:əʊl] Ⓐ ADJ criollo
Ⓑ N [1] (= *person*) criollo/a *m/f*
[2] (*Ling*) lengua *f* criolla

**creosote** ['krɪəsəʊt] Ⓐ N creosota *f*, chapote *m* (*Mex*)
Ⓑ VT echar creosota a

**crepe, crêpe** [kreɪp] Ⓐ N [1] (= *fabric*) crespón *m*
[2] (*also* **~ rubber**) crepé *m*; **~-soled shoes** zapatos *mpl* de suela de crepé
[3] (= *pancake*) crepa *f*
Ⓑ CPD ► **crepe bandage** N venda *f* de crespón ► **crepe de Chine** N crep(é) *m* de China ► **crepe paper** N papel *m* crepé ► **crepe sole** N (*on shoes*) suela *f* de crepé

**crept** [krept] PT, PP *of* **creep**

**crepuscular** [krɪ'pʌskjʊləʳ] ADJ (*liter*) crepuscular

**crescendo** [krɪ'ʃendəʊ] N (*pl* **crescendos** *or* **crescendi** [krɪ'ʃendɪ]) (*Mus*) (*fig*) crescendo *m*

**crescent** ['kresnt] Ⓐ ADJ creciente
Ⓑ N (= *shape*) medialuna *f*; (= *street*) *calle en*

*forma de semicírculo*
Ⓒ CPD ► **crescent moon** N luna *f* creciente

**cress** [kres] N berro *m*

**crest** [krest] Ⓐ N [*of bird, wave*] cresta *f*; [*of turkey*] moco *m*; [*of hill*] cima *f*, cumbre *f*; (*on helmet*) penacho *m*; (*Heraldry*) blasón *m*; ✦*IDIOM* **to be on the ~ of a wave** estar en la cresta de la ola
Ⓑ VT [+ *hill*] coronar, alcanzar la cima de
Ⓒ VI (*US*) llegar al máximo, alcanzar su punto más alto; **the flood ~ed at two metres** las aguas llegaron a dos metros sobre su nivel normal

**crested** ['krestɪd] ADJ [*bird etc*] crestado, con cresta; [*notepaper*] con escudo

**crestfallen** ['krest,fɔːlən] ADJ cariacontecido

**cretaceous** [krɪ'teɪʃəs] ADJ cretáceo

**Cretan** ['kriːtən] Ⓐ ADJ cretense
Ⓑ N cretense *mf*

**Crete** [kriːt] N Creta *f*

**cretin*** ['kretɪn] N (*Med*) cretino/a *m/f*; (*pej*) cretino/a *m/f*, imbécil *mf*

**cretinous** ['kretɪnəs] ADJ cretino; (* *pej*) imbécil

**cretonne** [kre'tɒn] N cretona *f*

**crevasse** [krɪ'væs] N grieta *f*

**crevice** ['krevɪs] N grieta *f*, hendedura *f*

**crew**[1] [kruː] Ⓐ N [1] (*Aer, Naut*) tripulación *f*; (*Navy*) dotación *f*; (*excluding officers*) marineros *mpl* rasos; **three ~ were drowned** perecieron ahogados tres tripulantes
[2] (*Cine, Rowing, gen*) (= *team*) equipo *m*
[3] (= *gang*) pandilla *f*, banda *f*; **they looked a sorry ~** daba lástima verlos
Ⓑ VI **to ~ for sb** hacer de tripulación para algn
Ⓒ VT tripular
Ⓓ CPD ► **crew cut** N pelado *m* al rape

**crew**[2] [kruː] PT *of* **crow**

**crewman** ['kruːmən] N (*pl* **crewmen**) [1] (*Naut*) tripulante *mf*
[2] (*TV etc*) miembro *mf* del equipo (*de cámara etc*)

**crew-neck** ['kruːnek] N cuello *m* de barco; (*also* **~ sweater**) suéter *m* con cuello de barco

**crib** [krɪb] Ⓐ N [1] (*Brit*) (*for infant*) pesebre *m*; (*US*) (*for toddler*) cuna *f*; (*Rel*) Belén *m*; (= *manger*) cuadra *f*; **portable ~** (*US*) cuna *f* portátil
[2] (*Scol**) (= *illicit copy*) plagio *m*; (*in exam*) chuleta* *f*; (= *translation*) traducción *f*
Ⓑ VT (*Scol**) plagiar, tomar (**from** de)
Ⓒ VI (*Scol**) usar una chuleta*
Ⓓ CPD ► **crib death** N (*US*) muerte *f* en la cuna

**cribbage** ['krɪbɪdʒ] N *juego de cartas que se juega utilizando un tablero de puntuación*

**crick** [krɪk] Ⓐ N **to have a ~ in one's neck/back** tener tortícolis/lumbago
Ⓑ VT **to ~ one's neck** tener tortícolis; **to ~ one's back** tener un ataque de lumbago

**cricket**[1] ['krɪkɪt] N (*Zool*) grillo *m*

**cricket**[2] ['krɪkɪt] Ⓐ N (= *sport*) críquet *m*, crícket *m*; **that's not ~** (*fig*) es una jugada sucia
Ⓑ CPD ► **cricket ball** N pelota *f* de críquet ► **cricket bat** N bate *m* de críquet ► **cricket match** N partido *m* de críquet ► **cricket pavilion** N caseta *f* de críquet ► **cricket pitch** N terreno *m* de juego de críquet

**cricketer** ['krɪkɪtə<sup>r</sup>] N criquetero/a *m/f*, jugador(a) *m/f* de críquet

**cricketing** ['krɪkɪtɪŋ] ADJ de cricket; **his brief ~ career** su corta trayectoria como jugador de cricket

**crier** ['kraɪə<sup>r</sup>] N *see* **town B**

**crikey*** ['kraɪkɪ] EXCL (*Brit*) ¡caramba!

**CRICKET**

*El críquet se practica en todo el Reino Unido y los países de la* **Commonwealth***, aunque se considera un juego típicamente inglés. Se juega sobre todo en verano al aire libre, sobre hierba y se puede reconocer inmediatamente porque todos los jugadores van vestidos de blanco. Tiene unas reglas un tanto complejas: hay dos equipos de 11 jugadores. En el primer equipo todos los jugadores batean por turnos, mientras que en el otro equipo hay un boleador (***bowler***) y diez fildeadores (***fielders***) en puntos estratégicos del campo. El boleador lanza la pelota al bateador (***batsman***). Éste intenta a su vez lanzarla lo más lejos posible y así tener tiempo para correr de un poste (***wicket***) a otro y conseguir puntos, llamados por ello (***runs***). Los fildeadores del equipo contrario intentan atrapar la pelota lanzada por el bateador para evitar que consiga más puntos. Si atrapan la pelota en el aire o si dan en el* **wicket** *con ella, el bateador es eliminado. Cuando todos los bateadores del primer equipo han sido eliminados, se cambian los papeles. Un partido puede durar varios días seguidos.*
*Como ocurre con el béisbol en Estados Unidos, algunas expresiones de críquet han pasado a la lengua cotidiana, entre otras,* **a sticky wicket** *(una situación difícil).*

**crime** [kraɪm] Ⓐ N [1] (= *offence*) delito *m*; (*very serious*) crimen *m*; **to commit a ~** cometer un delito; **the scene of the ~** el lugar del delito; **a ~ against humanity** un crimen contra la humanidad; **it's not a ~!** (*fig*) ¡no es para tanto!; **it's a ~ to let that food go to waste** es un crimen echar a perder esa comida
[2] (= *activity*) delincuencia *f*; **~ is rising** la delincuencia va en aumento; ✦*PROV* **~ doesn't pay** el crimen no compensa
Ⓑ CPD ► **crime of passion** N crimen *m* pasional ► **crime prevention** N prevención *f* del crimen ► **crime rate** N índice *m* de criminalidad ► **Crime Squad** N ≈ Brigada *f* de Investigación Criminal (*Sp*) ► **crime statistics** NPL estadísticas *fpl* del crimen ► **crime wave** N ola *f* de crímenes *or* delitos ► **crime writer** N autor(a) *m/f* de novelas policíacas

**Crimea** [kraɪ'mɪə] N Crimea *f*

**Crimean War** [kraɪ'mɪən'wɔː<sup>r</sup>] N Guerra *f* de Crimea

**criminal** ['krɪmɪnl] Ⓐ N criminal *mf*
Ⓑ ADJ [1] (*Jur*) [*act, activity, behaviour*] delictivo; [*investigation, organization*] criminal; [*trial, case*] penal; **he had done nothing ~** no había cometido ningún delito; **to bring ~ charges against sb** formular *or* presentar cargos en contra de algn, entablar un proceso penal contra algn
[2] (= *shameful*) **it would be ~ to throw them away** sería un crimen tirarlos; **it was a ~ waste of resources** era un crimen desperdiciar recursos así
Ⓒ CPD ► **criminal assault** N intento *m* de violación ► **criminal code** N código *m* penal ► **criminal court** N juzgado *m* de lo penal ► **criminal damage** N delito *m* de daños ► **criminal intent** N intención *f* dolosa ► **Criminal Investigation Department** N (*Brit*) ≈ Brigada *f* de Investigación Criminal (*Sp*) ► **the criminal justice system** N el sistema penal ► **criminal law** N derecho *m* penal ► **criminal lawyer** N penalista *mf*, abogado/a *m/f* criminalista ► **criminal negligence** N negligencia *f* criminal ► **criminal record** N antecedentes *mpl* penales; **to have a ~ record** tener antecedentes penales

**criminality** [,krɪmɪ'nælɪtɪ] N criminalidad *f*

**criminalization** [,krɪmɪnəlaɪ'zeɪʃən] N criminalización *f*

**criminalize** ['krɪmɪnəlaɪz] VT criminalizar

**criminally** ['krɪmɪnəlɪ] ADV [1] (*Jur*) **they are ~ liable** se les puede imputar delito; **the hospital staff had been ~ negligent** el personal del hospital había cometido delito por negligencia; **they are ~ responsible from the age of 16** son responsables desde el punto de vista penal a partir de los 16 años; **the ~ insane** los delincuentes psicóticos
[2] (= *shamefully*) vergonzosamente; **the pay was ~ poor** el sueldo era tan bajo que daba vergüenza, el sueldo era vergonzosamente bajo

**criminologist** [,krɪmɪ'nɒlədʒɪst] N criminalista *mf*

**criminology** [,krɪmɪ'nɒlədʒɪ] N criminología *f*

**crimp** [krɪmp] VT [+ *hair*] rizar, encrespar

**crimped** [krɪmpt] ADJ rizado, con rizos, encrespado

**Crimplene®** ['krɪmpliːn] N ≈ crepé *m* de poliéster

**crimson** ['krɪmzn] Ⓐ ADJ carmesí
Ⓑ N carmesí *m*

**cringe** [krɪndʒ] VI [1] (= *shrink back*) encogerse (**at** ante); **to ~ with fear** encogerse de miedo; **to ~ with embarrassment** morirse de vergüenza; **it makes me ~** me da horror
[2] (= *fawn*) acobardarse, agacharse (**before** ante)

**cringing** ['krɪndʒɪŋ] ADJ servil, rastrero

**crinkle** ['krɪŋkl] Ⓐ N arruga *f*
Ⓑ VT arrugar
Ⓒ VI arrugarse

**crinkle-cut** ['krɪnkl,cʌt] ADJ [*chips, crisps*] ondulado

**crinkly** ['krɪŋklɪ] ADJ (*compar* **crinklier**; *superl* **crinkliest**) [*hair*] (= *very curly*) rizado, crespo; [*paper etc*] (= *having wrinkles, creases*) arrugado; [*leaves etc*] crespado

**crinoline** ['krɪnəliːn] N miriñaque *m*, crinolina *f*

**cripes*** [kraɪps] EXCL ¡caramba!*

**cripple** ['krɪpl] Ⓐ N (*lame*) cojo/a *m/f*, lisiado/a *m/f*; (*disabled*) minusválido/a *m/f*; (*maimed*) mutilado/a *m/f*; **he's an emotional ~** tiene serios traumas
Ⓑ VT [1] (*physically*) lisiar, mutilar
[2] (*fig*) [+ *ship, plane*] inutilizar; [+ *production, exports*] paralizar

**crippled** ['krɪpld] Ⓐ ADJ [1] (= *maimed*) tullido, lisiado; (= *disabled*) minusválido; **he is ~ with arthritis** está paralizado por la artritis
[2] (*fig*) [*plane, vehicle*] averiado; [*factory*] (*after bomb etc*) paralizado
Ⓑ NPL **the ~** (= *maimed*) los tullidos; (= *disabled*) los minusválidos

**crippling** ['krɪplɪŋ] ADJ [*disease*] que conduce a la parálisis; [*blow, defect*] muy grave, muy severo; [*taxes, debts*] abrumador, agobiante

**crisis** ['kraɪsɪs] Ⓐ N (*pl* **crises** ['kraɪsiːz]) crisis *f inv*; (*Med*) punto *m* crítico; **to come to a ~** entrar en crisis; **we've got a ~ on our hands** estamos enfrentándonos a una crisis
Ⓑ CPD ► **crisis centre** (*Brit*), **crisis center** (*US*) N (*for disaster*) ≈ centro *m* coordinador de rescate; (*for personal help*) ≈ teléfono *m* de la esperanza; (*for battered women*) centro *m* de ayuda (*a las mujeres maltratadas*) ► **crisis management** N gestión *f* de crisis

**crisp** [krɪsp] Ⓐ ADJ (*compar* **crisper**; *superl* **crispest**) [1] (= *fresh, crunchy*) [*lettuce, salad*] fresco; [*apple, snow, bacon, leaves*] crujiente; [*paper*] limpio; [*banknote*] nuevecito; [*linen*] almidonado
[2] (= *cold, clear*) [*air*] vivificante, vigorizante; [*day, morning*] frío y despejado; **the weather was clear and ~** el día estaba frío y despejado
[3] (= *sharp*) [*voice, sound*] bien definido, nítido; [*image*] nítido
[4] (= *tight*) [*curl*] apretado
[5] (= *brisk, curt*) [*tone, reply*] seco, tajante; [*statement, phrase*] escueto; **a ~ prose style** una prosa escueta
Ⓑ N (*Brit*) (*also* **potato ~**) patata *f* frita (*de bolsa*), papa *f* (frita) (*de bolsa*) (*LAm*); ✦**IDIOM burnt to a ~** [*toast etc*] chamuscado; [*person*] (= *sunburnt*) achicharrado

**crispbread** ['krɪspbred] N pan *m* tostado (escandinavo)

**crisper** ['krɪspəʳ] N (*in fridge*) cajón *m* de las verduras (*del frigorífico*)

**crisply** ['krɪsplɪ] ADV [*pressed, ironed*] cuidadosamente; [*say, reply*] secamente; [*speak, write*] de manera concisa, de manera sucinta; **~ fried onion rings** crujientes aros de cebolla fritos

**crispness** ['krɪspnɪs] N [1] (= *crunchiness*) [*of lettuce, salad*] frescura *f*; [*of apple, snow, bacon*] lo crujiente; [*of linen*] lo almidonado
[2] (= *coldness, clarity*) [*of air*] lo vivificante, lo vigorizante; [*of weather*] lo frío y despejado
[3] (= *sharpness*) [*of voice, sound, image*] nitidez *f*
[4] (= *briskness*) [*of tone, reply*] sequedad *f*

**crispy** ['krɪspɪ] ADJ [*food*] crujiente

**criss-cross** ['krɪskrɒs] Ⓐ ADJ entrecruzado
Ⓑ N **a ~ of paths** veredas *fpl* entrecruzadas
Ⓒ VI entrecruzarse

**criss-crossed** ['krɪskrɒst] ADJ entrelazado; **~ by** surcado de

**crit*** [krɪt] N [*of play, book etc*] crítica *f*

**criterion** [kraɪ'tɪərɪən] N (*pl* **criterions** *or* **criteria** [kraɪ'tɪərɪə]) criterio *m*

**critic** ['krɪtɪk] N (= *reviewer*) crítico/a *m/f*; (= *faultfinder*) criticón/ona *m/f*

**critical** ['krɪtɪkəl] Ⓐ ADJ [1] (= *important*) [*factor, element*] crítico; [*issue*] apremiante; [*problem*] muy serio; **it is ~ to understand what is happening** es de vital importancia entender lo que está ocurriendo; **of ~ importance** de vital importancia; **how you finance a business is ~ to its success** el éxito de un negocio depende de forma crucial de cómo se financie
[2] (= *decisive*) [*moment, stage*] crítico; **it was a ~ time for the nation** fue un período crítico para la nación; **at a ~ juncture** en una coyuntura crítica
[3] (= *perilous, serious*) [*situation, state*] crítico
[4] (*Med*) [*patient, condition, illness*] grave; **to be on the ~ list** estar en la lista de enfermos graves; **to be off the ~ list** estar fuera de peligro
[5] (= *fault-finding*) [*attitude, remark, report*] crítico; **he's too ~** siempre está criticando, critica demasiado; **to watch sb with a ~ eye** observar a algn con ojo crítico; **to be ~ of sth/sb** criticar algo/a algn
[6] (= *analytical*) [*person, reader, analysis*] crítico
[7] (*Cine, Literat, Mus, Theat*) crítico; **the film met with ~ acclaim** la película fue aplaudida por la crítica; **to be a ~ success** [*book, play etc*] ser un éxito de crítica
[8] (*Phys, Nuclear Physics*) [*temperature, pressure*] crítico; **to go ~** empezar una reacción en cadena
Ⓑ CPD ► **critical angle** N (*Aer, Opt*) ángulo *m* crítico ► **critical edition** N edición *f* crítica ► **critical essays** NPL ensayos *mpl* de crítica ► **critical mass** N masa *f* crítica ► **critical path analysis** N análisis *m inv* del camino crítico

**critically** ['krɪtɪkəlɪ] ADV [1] (= *crucially*) **~ important** crucial
[2] (*Med*) [*ill, injured*] gravemente, de gravedad
[3] (= *seriously*) **we are running ~ low on food supplies** nuestras provisiones de alimentos están quedando reducidas a unos niveles críticos
[4] (= *disparagingly*) [*speak, say*] con desaprobación, en tono de crítica
[5] (= *analytically*) [*study, examine, watch*] con ojo crítico, críticamente
[6] (*Cine, Lit, Mus, Theat*) **the band's ~ acclaimed new album** el nuevo disco del grupo, aclamado por la crítica; **his first two books were ~ acclaimed** sus dos primeros libros tuvieron muy buena acogida por parte de la crítica

**criticism** ['krɪtɪsɪzəm] N crítica *f* (*also Literat, Cine etc*)

**criticize** ['krɪtɪsaɪz] VT, VI (= *review, find fault*) criticar; **I don't wish to ~, but ...** no quisiera criticar, pero ...

**critique** [krɪ'tiːk] Ⓐ N crítica *f*
Ⓑ VT evaluar; **to ~ sb's work/performance** evaluar el trabajo/la actuación de algn

**croak** [krəʊk] Ⓐ N [*of raven*] graznido *m*; [*of frog*] croar *m*, canto *m*; [*of person*] gruñido *m*
Ⓑ VI [1] [*raven*] graznar; [*frog*] croar, cantar; [*person*] carraspear
[2] (*) (= *die*) estirar la pata*, espicharla*
Ⓒ VT (= *say*) decir con voz ronca

**croaky** ['krəʊkɪ] ADJ [*voice*] ronco

**Croat** ['krəʊæt] N croata *mf*

**Croatia** [krəʊ'eɪʃə] N Croacia *f*

**Croatian** [krəʊ'eɪʃən] Ⓐ ADJ croata
Ⓑ N croata *mf*

**crochet** ['krəʊʃeɪ] Ⓐ N ganchillo *m*, croché *m*
Ⓑ VT hacer en croché, hacer de ganchillo
Ⓒ VI hacer ganchillo *or* croché
Ⓓ CPD ► **crochet hook** N aguja *f* de ganchillo

**crock** [krɒk] Ⓐ N [1] (= *earthenware pot*) vasija *f* de barro; ✦**IDIOM it's a ~ of shit** (*esp US***) es una sandez*, es una gilipollez (*Sp***), es una pendejada (*Andes, Mex**), es una huevada (*Andes, S. Cone**)
[2] (*) (= *person*) (*also* **old ~**) carcamal* *m*, vejete/a* *m/f*; (= *car etc*) cacharro* *m*
Ⓑ VT lisiar, incapacitar

**crockery** ['krɒkərɪ] N (*Brit*) loza *f*, vajilla *f*

**crocodile** ['krɒkədaɪl] Ⓐ N cocodrilo *m*; **to walk in a ~** andar en doble fila
Ⓑ CPD ► **crocodile tears** NPL (*fig*) lágrimas *fpl* de cocodrilo

**crocus** ['krəʊkəs] N (*pl* **crocuses**) azafrán *m*

**Croesus** ['kriːsəs] N Creso

**croft** [krɒft] N (*Scot*) (= *small farm*) granja *f* pequeña

**crofter** ['krɒftəʳ] N (*Scot*) arrendatario/a *m/f* de una granja pequeña

**crofting** ['krɒftɪŋ] (*Scot*) Ⓐ N minifundismo *m*, agricultura *f* en pequeña escala
Ⓑ CPD [*community*] de granjas pequeñas

**croissant** [krwɑːsɑ̃ːŋ] N croissant *m*, cruasán *m*, medialuna *f* (*esp LAm*)

**crone** [krəʊn] N bruja *f*, vieja *f*

**crony*** ['krəʊnɪ] N (*pej*) (= *friend*) compinche* *mf*, amigote/a* *mf*

**cronyism** ['krəʊnɪɪzəm] N amiguismo *m*

**crook** [krʊk] Ⓐ N [1] (*shepherd's*) cayado *m*; (*bishop's*) báculo *m*; (= *hook*) gancho *m*; *see also* **hook A1**
[2] **the ~ of one's arm** el pliegue del codo
[3] (*) (= *thief*) ladrón/ona *m/f*; (= *villain*) maleante *mf*
[4] (= *curve*) codo *m*, recodo *m*
Ⓑ VT (*fig*) [+ *finger*] doblar; **to ~ one's arm** empinar el codo
Ⓒ ADJ (*Australia**) (= *ill*) mal

**crooked** ['krʊkɪd] ADJ [1] (= *not straight*) torcido, chueco (*LAm*); (= *bent over*) encorvado, doblado; [*path*] sinuoso, tortuoso; [*smile*] torcido
[2] (*) (= *dishonest*) [*deal*] sucio; [*means*] nada honrado; [*person*] nada honrado, criminal

**crookedly** ['krʊkɪdlɪ] ADV [*smile*] con un rictus, torciendo la boca

**crookedness** ['krʊkɪdnɪs] N [1] (*lit*) sinuosidad *f*
[2] (*fig*) criminalidad *f*

**croon** [kruːn] VT, VI canturrear, cantar en voz baja

**crooner** ['kruːnəʳ] N cantante *mf* melódico/a

**crooning** ['kruːnɪŋ] N canturreo *m*, tarareo *m*

**crop** [krɒp] Ⓐ N [1] (= *species grown*) cultivo *m*; (= *produce*) [*of fruit, vegetables*] cosecha *f*; [*of cereals*] cereal *m*; (*fig*) montón *m*
[2] (*Orn*) buche *m*
[3] [*of whip*] mango *m*; (= *riding crop*) fusta *f*, látigo *m* de montar
Ⓑ VT (= *cut*) [+ *hair*] cortar al rape; [*animal*] [+ *grass*] pacer
Ⓒ CPD ► **crop circle** N *círculo misterioso en los sembrados* ► **crop dusting** N = **crop spraying** ► **crop rotation** N rotación *f* de cultivos ► **crop sprayer** N (= *device*) fumigadora *f* (de cultivos), sulfatadora *f*; (= *plane*) avión *m* fumigador ► **crop spraying** N fumigación *f* aérea, aerofumigación *f* (de cultivos)

► **crop out** VI + ADV (*Geol*) aflorar

► **crop up** VI + ADV [1] (*Geol*) aflorar
[2] (*fig*) (= *arise*) surgir, presentarse; **something must have ~ped up** habrán tenido algún problema, habrá pasado *or* surgido algo; **the subject ~ped up during the conversation** el tema surgió durante la conversación

**cropper*** ['krɒpəʳ] N [1] ✦**IDIOM to come a ~** (= *fall*) darse un batacazo*, cazar la liebre*; (= *fail*) [*person*] llevarse una buena plancha *or* un buen planchazo*; [*project*] irse al garete*
[2] (*Agr*) agricultor(a) *m/f*; *see also* **sharecropper**

**croquet** ['krəʊkeɪ] N (= *game*) croquet *m*

**croquette** [krəʊ'ket] N (*Culin*) croqueta *f*

**crosier** ['krəʊʒəʳ] N báculo *m* (pastoral)

**cross** [krɒs] Ⓐ N [1] (= *sign, decoration*) cruz *f*; **to sign with a ~** marcar con una cruz; **to make the sign of the ~** hacer la señal de la cruz (**over** sobre), santiguarse; **the Cross** (*Rel*) la Cruz; ✦**IDIOM to bear a/one's ~**: **we each have our ~ to bear** cada quien carga su cruz; **it's one of the ~es we women have to bear** es una de las cruces que tenemos las mujeres
[2] (*Bio, Zool*) cruce *m*, cruzamiento *m*; (*fig*) mezcla *f*; **it's a ~ between a horse and a donkey** es un cruce *or* cruzamiento de caballo y burro; **the game is a ~ between squash and tennis** el juego es una mezcla de squash y tenis, el juego está a medio camino entre el squash y el tenis
[3] (= *bias*) **cut on the ~** cortado al bies *or* al sesgo
[4] (*Ftbl*) centro *m*, pase *m* cruzado
Ⓑ ADJ [1] (= *angry*) enfadado, enojado (*LAm*);

(= *vexed*) molesto; **to be/get ~ with sb (about sth)** enfadarse *or* (*LAm*) enojarse con algn (por algo); **it makes me ~ when that happens** me da mucha rabia que pase eso; **don't be/get ~ with me** no te enfades *or* (*LAm*) enojes conmigo; **they haven't had a ~ word in ten years** no han cruzado palabra en diez años, llevan diez años sin cruzar palabra
[2] (= *diagonal etc*) transversal, oblicuo
Ⓒ VT [1] (= *go across*) [*person*] [+ *road, room*] cruzar; [+ *bridge*] cruzar, pasar; [+ *ditch*] cruzar, salvar; [+ *river, sea, desert*] cruzar, atravesar; [+ *threshold*] cruzar, traspasar; **this road ~es the motorway** esta carretera atraviesa la autopista; **the bridge ~es the river here** el puente atraviesa el río por aquí; **it ~ed my mind that ...** se me ocurrió que ...; **they have clearly ~ed the boundary into terrorism** está claro que han traspasado la frontera que separa del terrorismo; **the word never ~ed his lips** jamás pronunció esa palabra; **a smile ~ed her lips** una sonrisa se dibujó en sus labios, esbozó una sonrisa; **we'll ~ that bridge when we come to it** (*fig*) no anticipemos problemas
[2] (= *draw line across*) [+ *cheque*] cruzar; **~ed cheque** (*Brit*) cheque *m* cruzado; **to ~ o.s.** santiguarse; **~ my heart!** (*in promise*) ¡te lo juro!; **to ~ a "t"** poner el rabito a la "t"
[3] (= *place crosswise*) [+ *arms, legs*] cruzar; **keep your fingers ~ed for me** ¡deséame suerte!; **I got a ~ed line** (*Telec*) había (un) cruce de líneas; **they got their lines ~ed** (*fig*) hubo un malentendido entre ellos; ✦***IDIOMS*** **to ~ sb's palm with silver** dar una moneda de plata a algn; **to ~ swords with sb** cruzar la espada con algn; *see also* **wire A1**
[4] (= *thwart*) [+ *person*] contrariar, ir contra; [+ *plan*] desbaratar; **to be ~ed in love** sufrir un fracaso sentimental
[5] [+ *animals, plants*] cruzar
Ⓓ VI [1] (= *go to other side*) cruzar, ir al otro lado; **he ~ed from one side of the room to the other to speak to me** cruzó *or* atravesó la sala para hablar conmigo, fue hasta el otro lado de la sala para hablar conmigo; **to ~ from Newhaven to Dieppe** pasar *or* cruzar de Newhaven a Dieppe
[2] (= *intersect*) [*roads etc*] cruzarse; *see also* **path A4.1**
[3] (= *meet and pass*) [*letters, people*] cruzarse
►**cross off** VT + ADV tachar
►**cross out** VT + ADV borrar; **"~ out what does not apply"** "táchese lo que no proceda"
►**cross over** Ⓐ VI + ADV (= *cross the road*) cruzar; (*fig*) (= *change sides*) cambiar de chaqueta, ser un/una tránsfuga
Ⓑ VI + PREP [+ *road*] cruzar; [+ *bridge*] cruzar, pasar

**crossbar** ['krɒsbɑːʳ] N [*of bicycle*] barra *f*; [*of goalpost*] travesaño *m*, larguero *m*

**crossbeam** ['krɒsbiːm] N viga *f* transversal

**cross-bencher** ['krɒs'bentʃəʳ] N diputado/a *m/f* independiente

**crossbill** ['krɒsbɪl] N piquituerto *m* común

**crossbones** ['krɒsbəʊnz] NPL tibias *fpl* cruzadas; *see* **skull**

**cross-border** ['krɒs'bɔːdəʳ] Ⓐ ADJ [*conflict*] fronterizo; [*trade*] internacional, transfronterizo; [*raid*] a través de la frontera, fronterizo
Ⓑ CPD ► **cross-border security** N seguridad *f* en la frontera

**crossbow** ['krɒsbəʊ] N ballesta *f*

**crossbred** ['krɒsbred] ADJ cruzado, híbrido

**crossbreed** ['krɒsbriːd] Ⓐ N cruce *m*, híbrido *m*
Ⓑ VT (*pt* **crossbred**) cruzar

**cross-Channel** ['krɒs,tʃænl] ADJ **~ services** servicios *mpl* a través del Canal de la Mancha; **~ ferry** transbordador *m* que cruza el Canal de la Mancha

**cross-check** ['krɒstʃek] Ⓐ N comprobación *f* adicional, verificación *f*
Ⓑ VT comprobar una vez más *or* por otro sistema, verificar

**cross-compiler** ['krɒskəm'paɪləʳ] N compilador *m* cruzado

**cross-country** ['krɒs'kʌntrɪ] Ⓐ ADJ [*route, walk*] a campo traviesa
Ⓑ CPD ► **cross-country race** N cross *m inv*, campo *m* a través ► **cross-country running** N cross *m* ► **cross-country skiing** N esquí *m* de fondo

**cross-cultural** ['krɒs'kʌltʃərəl] ADJ transcultural

**cross-current** ['krɒs'kʌrənt] N contracorriente *f*

**cross-disciplinary** [,krɒs'dɪsɪplɪnərɪ] ADJ multidisciplinario

**cross-dress** ['krɒsdres] VI travestirse

**cross-dresser** ['krɒsdresəʳ] N travesti *mf*, travestido/a *m/f*

**cross-dressing** [,krɒs'dresɪŋ] N travestismo *m*

**cross-examination** ['krɒsɪg,zæmɪ'neɪʃən] N (*Jur*) repreguntas *fpl*; (*fig*) interrogatorio *m*

**cross-examine** ['krɒsɪg'zæmɪn] VT (*Jur*) repreguntar; (*fig*) interrogar (severamente)

**cross-eyed** ['krɒsaɪd] ADJ bizco

**cross-fertilize** ['krɒs'fɜːtɪlaɪz] VT fecundar por fertilización cruzada

**crossfire** ['krɒsfaɪəʳ] N fuego *m* cruzado; **we were caught in the ~** quedamos atrapados en medio del tiroteo *or* en el fuego cruzado; (*fig*) nos veíamos atacados por ambos lados

**cross-grained** ['krɒsgreɪnd] ADJ de fibras cruzadas

**cross-hatching** ['krɔːs,hætʃɪŋ] N sombreado *m* con rayas

**crossing** ['krɒsɪŋ] Ⓐ N [1] (*esp by sea*) travesía *f*
[2] (= *road junction*) cruce *m*; (= *pedestrian crossing*) paso *m* de peatones; (= *level crossing*) paso *m* a nivel; **cross at the ~** crucen en el paso de peatones
Ⓑ CPD ► **crossing guard** N (*US*) *persona encargada de ayudar a los niños a cruzar la calle* ► **crossing point** N paso *m*; (*at border*) paso *m* fronterizo

**cross-legged** ['krɒs'legd] ADV **to sit ~ on the floor** sentarse en el suelo con las piernas cruzadas

**crossly** ['krɒslɪ] ADV con enfado *or* (*LAm*) enojo; **"what do you mean!" he said ~** —¿qué quieres decir con eso? —dijo enfadado *or* (*LAm*) enojado

**crossover** ['krɒsəʊvəʳ] N [1] (*Aut etc*) paso *m*
[2] (*Mus*) fusión *f*

**cross-party** ['krɒs'pɑːtɪ] ADJ **~ support** apoyo *m* multilateral

**crosspatch*** ['krɒspætʃ] N gruñón/ona *m/f*, cascarrabias *mf*

**crosspiece** ['krɒspiːs] N travesaño *m*

**cross-ply** ['krɒsplaɪ] ADJ (*Aut*) [*tyre*] a carcasa diagonal

**cross-pollination** ['krɒs,pɒlɪ'neɪʃən] N polinización *f* cruzada

**cross-purposes** ['krɒs'pɜːpəsɪz] NPL **I think we're at ~** me temo que hemos tenido un malentendido; **we were talking at ~** hablábamos de cosas distintas

**cross-question** ['krɒs'kwestʃən] VT (*Jur*) repreguntar; (*fig*) interrogar

**cross-questioning** ['krɒs'kwestʃənɪŋ] N (*Jur*) repreguntas *fpl*; (*fig*) interrogación *f*

**cross-refer** [,krɒsrɪ'fɜːʳ] VT remitir (**to** a)

**cross-reference** ['krɒs'refərəns] Ⓐ N remisión *f*
Ⓑ VT poner referencia cruzada a; **to ~ A to Q** hacer una remisión de A a Q, poner en A una nota que remite al usuario a Q

**crossroads** ['krɒsrəʊdz] NSING cruce *m*, encrucijada *f*; **to be at a ~** (*fig*) estar en una encrucijada

**cross-section** ['krɒs'sekʃən] N (*Bio etc*) corte *m or* sección *f* transversal; [*of population*] muestra *f* (representativa)

**cross-stitch** ['krɒsstɪtʃ] Ⓐ N punto *m* de cruz
Ⓑ VT coser en punto de cruz

**crosstalk** ['krɒstɔːk] Ⓐ N (*Brit*) réplicas *fpl* agudas
Ⓑ CPD ► **crosstalk act** N (*Theat*) diálogo *m* ágil salpicado de humor

**cross-tie** ['krɒs,taɪ] N (*US*) durmiente *m*, traviesa *f*

**cross-vote** [,krɒs'vəʊt] VI votar en contra del partido

**crosswalk** ['krɒs,wɔːk] N (*US*) paso *m* de peatones

**crosswind** ['krɒswɪnd] N viento *m* de costado

**crosswise** ['krɒswaɪz] ADV transversalmente

**crossword** ['krɒswɜːd] N **~ (puzzle)** crucigrama *m*

**crotch** [krɒtʃ] N [1] (*also* **crutch**) (*Anat*) [*of garment*] entrepierna *f*
[2] [*of tree*] horquilla *f*

**crotchet** ['krɒtʃɪt] N (*Brit Mus*) negra *f*

**crotchety** ['krɒtʃɪtɪ] ADJ arisco, malhumorado

**crouch** [kraʊtʃ] VI (*also* **~ down**) [*person*] agacharse, ponerse en cuclillas; [*animal*] agazaparse

**croup¹** [kruːp] N (*Med*) crup *m*

**croup²** [kruːp] N [*of horse*] grupa *f*

**croupier** ['kruːpɪeɪ] N crupier *mf*

**crouton, croûton** ['kruːtɒn] N cuscurro *m*, picatoste *m*

**crow** [krəʊ] Ⓐ N [1] (= *bird*) cuervo *m*; **as the ~ flies** en línea recta, a vuelo de pájaro; **stone the ~s!*** ¡caray!*
[2] (= *noise*) [*of cock*] cacareo *m*; [*of baby, person*] grito *m*; **a ~ of delight** un gorjeo de placer
Ⓑ VI [1] (*pt* **crowed**, **crew**) [*cock*] cacarear, cantar
[2] (*pt* **crowed**) [*child*] gorjear; (*fig*) jactarse, pavonearse; **to ~ over** *or* **about sth** jactarse de algo, felicitarse por algo; **it's nothing to ~ about** no hay motivo para sentirse satisfecho

**crowbar** ['krəʊbɑːʳ] N palanca *f*

**crowd** [kraʊd] Ⓐ N [1] (= *mass of people*) multitud *f*, muchedumbre *f*; **he disappeared into the ~** desapareció entre la multitud *or* la muchedumbre *or* el gentío; **she lost him in the ~** lo perdió de vista entre la multitud *or* la muchedumbre *or* el gentío; **~s of people** una multitud de gente; **there was quite a ~** había bastante gente; **they always go round in a ~** siempre salen en grupo; **accidents always draw a ~** los accidentes siempre atraen a un gentío; **she's the sort of person who stands out in a ~** es la típica persona que (se) destaca en un grupo de gente
[2] (= *spectators*) público *m*, espectadores *mpl*; **a ~ of 10,000 watched the parade** 10.000 espectadores presenciaron el desfile; **the away/home ~** (*Ftbl*) los seguidores del equipo

visitante/de casa; **the match drew a big ~** el partido atrajo mucho público; **he certainly draws the ~s** [*performer*] no cabe duda de que atrae mucho público
3 (*) (= *social group*) gente *f*; **I don't like that ~ at all** esa gente no me gusta nada; **she got in with a nice ~ at work** se juntó con (una) gente maja en el trabajo; **all the old ~ have come out for the occasion** la antigua pandilla ha salido para celebrar la ocasión
4 (= *common people*) **the ~**: **she's just one of the ~** es del montón; **to follow the ~** (*fig*) dejarse llevar por los demás *or* por la corriente; **he likes to stand out from the ~** le gusta distinguirse de los demás
Ⓑ VT 1 (= *fill*) [+ *place*] atestar, llenar; **demonstrators ~ed the streets** los manifestantes atestaron *or* llenaron las calles; **new buildings ~ the narrow lanes of the old town** los nuevos edificios se apiñan en los estrechos callejones del casco viejo; **the thoughts that ~ed her mind** los pensamientos que le inundaban la mente
2 (= *squeeze, force*) apiñar; **they ~ed the prisoners into trucks** apiñaron a los prisioneros en unos camiones
3 (= *press against*) empujar; **they ~ed me against the wall** me empujaron contra la pared
4 (*fig*) (= *harass*) agobiar; **I do things at my own pace, so don't ~ me** deja de agobiarme, me gusta trabajar a mi ritmo
Ⓒ VI (= *gather together*) apiñarse; **they ~ed at the window to see him** se apiñaron en la ventana para verlo; **to ~ in** entrar en tropel; **memories ~ed in on me** me inundó una ola de recuerdos; **dense vegetation ~ed in on both sides of the road** la vegetación crecía espesa a ambos lados de la carretera; **I feel as if everything's ~ing in on me** me siento desbordado por todo; **we all ~ed into her little flat** todos nos metimos en su pisito, abarrotándolo de gente; **thousands of people have ~ed into the capital** miles de personas han llegado en tropel a la capital; **to ~ around** *or* **round sth/sb** apiñarse alrededor de algo/algn
Ⓓ CPD ► **crowd control** N control *m* de masas ► **crowd scene** N (*Cine, Theat*) escena *f* masiva *or* multitudinaria

►**crowd out** VT + ADV 1 (= *not let in*) desplazar; **exotic plants move in, ~ing native species out** las plantas exóticas se trasladan, desplazando a las especies autóctonas
2 (= *fill*) [*people*] atestar; **the bar was ~ed out** el bar estaba atestado (de gente)

**crowded** ['kraʊdɪd] ADJ [*room*] (*with people*) atestado (de gente), abarrotado (de gente); [*meeting, event*] muy concurrido; [*day*] lleno de actividad; **it's very ~ here** esto está atestado *or* abarrotado (de gente); **she has a very ~ schedule** tiene una agenda muy apretada; **~ urban areas** zonas *fpl* urbanas muy pobladas; **they live in ~ conditions** viven hacinados; **every room is ~ with furniture** todas las habitaciones están abarrotadas de muebles; **the bar gets very ~ after nine o'clock** el bar se llena de gente a partir de las nueve; **the houses are ~ together** las casas están apiñadas

**crowd-puller** ['kraʊd,pʊləʳ] N gran atracción *f*; **the show is bound to be a ~** no cabe duda de que este espectáculo atraerá mucho público

**crowfoot** ['krəʊfʊt] N (*pl* **crowfoots**) ranúnculo *m*

**crowing** ['krəʊɪŋ] N [*of cock*] canto *m*, cacareo *m*; [*of child*] gorjeo *m*; (*fig*) cacareo *m*

**crown** [kraʊn] Ⓐ N 1 (= *headdress, monarchy*) corona *f*
2 (*Jur*) **the Crown** el Estado
3 (*Sport*) (= *championship title*) campeonato *m*, título *m*
4 (= *top*) [*of hat*] copa *f*; [*of head*] coronilla *f*; [*of hill*] cumbre *f*, cima *f*; [*of tooth*] corona *f*; **the ~ of the road** el centro de la calzada
Ⓑ VT 1 [+ *king etc*] coronar; **he was ~ed king** fue coronado rey; **all the ~ed heads of Europe** todos los monarcas europeos
2 (*usu pass*) (= *cap, round off*) coronar, rematar; **and to ~ it all it began to snow** y para colmo (de desgracias) *or* para remate empezó a nevar; **I wouldn't exactly say our efforts were ~ed with success** (*iro*) yo no me atrevería a decir que nuestros esfuerzos se vieron coronados por el éxito
3 [+ *tooth*] poner una corona en
4 (*Draughts*) [+ *piece*] coronar
5 (*) (= *hit*) golpear en la cabeza; **I'll ~ you if you do that again!** ¡como lo vuelves a hacer te rompo la crisma!*
Ⓒ CPD ► **crown colony** N (*Brit*) colonia *f* ► **crown court** N (*Brit Jur*) ≈ Audiencia *f* provincial ► **crown jewels** NPL joyas *fpl* de la corona ► **crown lands** NPL propiedad *f* de la corona ► **crown prince** N príncipe *m* heredero ► **crown princess** N princesa *f* heredera

**crowning** ['kraʊnɪŋ] Ⓐ ADJ [*achievement*] supremo, máximo; **the house's ~ glory is its garden** el máximo *or* mayor atractivo de la casa es el jardín
Ⓑ N (= *ceremony*) coronación *f*

**crow's-feet** ['krəʊz'fi:t] NPL (= *wrinkles*) patas *fpl* de gallo

**crow's-nest** ['krəʊznest] N (*Naut*) cofa *f* de vigía

**CRT** N ABBR (= **cathode ray tube**) TRC *m*

**crucial** ['kru:ʃəl] ADJ decisivo, crucial; **the next few weeks will be ~ for this government** las próximas semanas van a ser decisivas *or* cruciales para este gobierno; **their cooperation is ~ to the success of the project** su colaboración resulta crucial para el éxito del proyecto; **to play a ~ role in sth** desempeñar un papel decisivo *or* crucial en algo

**crucially** ['kru:ʃəlɪ] ADV **to be ~ important** ser de crucial importancia; **their future is ~ dependent** *or* **depends ~ on this decision** su futuro depende de forma crucial de esta decisión; **~, he failed to secure the backing of the banks** lo verdaderamente crucial fue que no logró asegurarse el respaldo de los bancos

**crucible** ['kru:sɪbl] N crisol *m* (*also fig*)

**crucifix** ['kru:sɪfɪks] N crucifijo *m*

**crucifixion** [,kru:sɪ'fɪkʃən] N crucifixión *f*

**cruciform** ['kru:sɪfɔ:m] ADJ cruciforme

**crucify** ['kru:sɪfaɪ] VT 1 (*lit*) crucificar
2 (*fig*) **he'll ~ me when he finds out!** ¡cuando se entere me mata!; **the newspapers are ~ing him** los periódicos se están ensañando con él

**crud*** [krʌd] N (*esp US*) porquería *f*

**cruddy*** ['krʌdɪ] ADJ asqueroso

**crude** [kru:d] Ⓐ ADJ (*compar* **cruder**; *superl* **crudest**) 1 (= *unprocessed*) [*oil*] crudo; [*steel, materials*] bruto; [*sugar*] sin refinar
2 (= *primitive*) [*device, bomb, method, hut*] rudimentario; [*table, door*] tosco, basto; [*drawing, piece of work*] tosco, burdo; **to make a ~ attempt at doing sth** hacer un burdo intento de hacer algo
3 (= *coarse*) [*person, behaviour, language, joke*] grosero, ordinario
Ⓑ N (*also* **~ oil**) crudo *m*

**crudely** ['kru:dlɪ] ADV 1 (= *primitively*) [*carved, constructed, drawn*] toscamente, burdamente
2 (= *coarsely*) [*speak, behave, joke, gesture*] groseramente, ordinariamente; **to put it ~** hablando en plata*

**crudeness** ['kru:dnɪs], **crudity** ['kru:dɪtɪ] N 1 (= *primitiveness*) [*of device, bomb, weapon, method, hut*] lo rudimentario; [*of table, drawing, piece of work*] tosquedad *f*
2 (= *coarseness*) [*of language, person, behaviour, joke*] grosería *f*, ordinariez *f*

**crudités** ['kru:dɪ'teɪ] NPL crudités *mpl*

**cruel** ['krʊəl] ADJ (*compar* **crueller**; *superl* **cruellest**) cruel; **they were very ~ to her** fueron muy crueles con ella; **it's a ~ fact** es un hecho brutal; ✦***PROV*** **you have to be ~ to be kind** quien bien te quiere te hará llorar

**cruelly** ['krʊəlɪ] ADV cruelmente

**cruelty** ['krʊəltɪ] N crueldad *f* (**to** con, hacia); **society for the prevention of ~ to animals** sociedad *f* protectora de los animales

**cruet** ['kru:ɪt] N (= *oil and vinegar*) vinagrera *f*, alcuza *f* (*Bol, Chile*); (= *stand*) vinagreras *fpl*, alcuzas *fpl* (*Bol, Chile*)

**cruise** [kru:z] Ⓐ N crucero *m*; **to go on a ~** hacer un crucero
Ⓑ VI 1 [*ship, fleet*] navegar; [*holidaymaker*] hacer un crucero; [*plane*] volar; **the car was cruising (along) at 80km/h** el coche marchaba plácidamente a una velocidad de 80km/h; **we are cruising at an altitude of 33,000 ft** estamos volando a una altura (de crucero) de 33.000 pies; **cruising speed** velocidad *f* de crucero; **cruising altitude** altura *f or* altitud *f* de crucero
2 (*fig*) **to ~ to victory** vencer fácilmente
3 (*) (= *pick up men/women*) ir de ligue*, ir a ligar*
Ⓒ VT [*ship*] [+ *waters, seas*] surcar; [*vehicle*] [+ *streets*] circular por; **there were plenty of taxis cruising the streets** había muchos taxis circulando por la calle
Ⓓ CPD ► **cruise control** N control *m* de crucero ► **cruise missile** N misil *m* de crucero

►**cruise around** VI + ADV (*US*) pasear en coche

**cruiser** ['kru:zəʳ] N (*Naut*) crucero *m*

**cruiserweight** ['kru:zəweɪt] N (*Boxing*) peso *m* semipesado

**cruller** ['krʌləʳ] N (*US*) buñuelo *m*

**crumb** [krʌm] N 1 [*of bread, cake etc*] miga *f*
2 (*fig*) (= *small piece*) migaja *f*; **a ~ of comfort** algo de consuelo; **~s of knowledge/information** fragmentos *mpl* de conocimiento/información; ✦***IDIOM*** **to live off** *or* **on the ~s from sb's table** vivir de las migajas de algn

**crumble** ['krʌmbl] Ⓐ VT [+ *bread*] desmigar, desmigajar; [+ *earth, cheese etc*] desmenuzar
Ⓑ VI 1 [*bread*] desmigarse, desmigajarse; [*earth, cheese etc*] desmenuzarse; [*building, plaster etc*] desmoronarse
2 (*fig*) [*hopes, power, self-confidence*] desmoronarse, venirse abajo; [*coalition*] venirse abajo, derrumbarse

**crumbly** ['krʌmblɪ] ADJ [*earth*] quebradizo; [*cheese*] que se desmenuza con facilidad; (*Culin*) [*mixture*] quebradizo; (*US*) [*pastry*] sobado

**crummy*** ['krʌmɪ] ADJ 1 (= *bad*) miserable; [*hotel*] de mala muerte*; **you can keep your ~ job** puede usted quedarse su empleo de pacotilla
2 (= *unwell*) fatal*; **I'm feeling ~** me siento fatal*

**crumpet** ['krʌmpɪt] N 1 (*esp Brit Culin*) ≈ bollo *m* blando para tostar

[2] (*Brit*‡) (= *girl*) jai‡ *f*, tía* *f*; (= *girls*) las jais‡, las tías*; **a bit of ~** (*Brit*‡) una jai‡, una tía*

**crumple** ['krʌmpl] Ⓐ VT (*also* **~ up**) [+ *paper*] estrujar; [+ *clothes*] arrugar
Ⓑ VI [*material*] arrugarse; [*person*] (= *fall*) desplomarse; (= *lose one's nerve*) desmoronarse, venirse abajo; **she ~d to the floor** se desplomó; **he just ~d and lost all his confidence** se desmoronó *or* se vino abajo y perdió toda la confianza; **his face ~d and he started to cry** se le descompuso el rostro y se echó a llorar
Ⓒ CPD ► **crumple zone** N (*Aut*) zona *f* de deformación absorbente

**crunch** [krʌntʃ] Ⓐ N crujido *m*; (*fig*) crisis *f*, punto *m* decisivo; ✦*IDIOMS* **when it comes to the ~** cuando llega el momento de la verdad; **if it comes to the ~** si llega el momento
Ⓑ VT (*with teeth*) mascar, ronzar; [+ *ground etc*] hacer crujir; (*fig*) [+ *numbers*] devorar; **to ~ an apple/a biscuit** mascar *or* ronzar una manzana/una galleta
Ⓒ VI [*gravel, snow, glass*] crujir; **the tyres ~ed on the gravel** la grava crujía bajo el peso de los neumáticos, los neumáticos hacían crujir la grava
Ⓓ CPD [*meeting, match*] decisivo, crucial

**crunchy** ['krʌntʃɪ] ADJ (*compar* **crunchier**; *superl* **crunchiest**) crujiente

**crupper** ['krʌpəʳ] N [*of horse*] anca *f*, grupa *f*; (= *part of harness*) baticola *f*

**crusade** [kru:'seɪd] Ⓐ N cruzada *f*; (*fig*) campaña *f*, cruzada *f*
Ⓑ VI (*fig*) **to ~ for/against sth** hacer una campaña en pro de/en contra de algo

**crusader** [kru:'seɪdəʳ] N cruzado *m*; (*fig*) paladín *m*, campeón/ona *m/f*

**crush** [krʌʃ] Ⓐ N [1] (= *crowd*) aglomeración *f*, multitud *f*; [*of cars*] masa *f*; **there was an awful ~** hubo la mar de gente; **there's always a ~ in the tube** el metro va siempre atestado de gente; **I lost my handbag in the ~** perdí el bolso en la aglomeración; **they died in the ~** murieron aplastados
[2] (*) (= *infatuation*) enamoramiento *m*; **to have a ~ on sb** estar enamorado de algn, perder la chaveta por algn*
[3] (*Brit*) **orange ~** naranjada *f*
Ⓑ VT [1] (= *squash*) aplastar, apachurrar (*Andes, CAm*); (= *crumple*) [+ *paper*] estrujar; [+ *clothes*] arrugar; (= *grind, break up*) [+ *stones*] triturar, moler; [+ *grapes*] exprimir, prensar; [+ *garlic*] machacar; [+ *ice*] picar; [+ *scrap metal*] comprimir; **to ~ sth into a case** meter algo a la fuerza en una maleta; **to ~ sth to a pulp** hacer papilla algo
[2] (*fig*) [+ *enemy, opposition, resistance*] doblegar, aplastar; [+ *argument*] aplastar, abrumar; [+ *hopes*] defraudar
Ⓒ VI [*clothes*] arrugarse; **can we all ~ in?** ¿habrá sitio para todos?
Ⓓ CPD ► **crush barrier** N barrera *f* de seguridad

**crusher** ['krʌʃəʳ] N (*for paper, stone, food*) trituradora *f*; **garlic ~** triturador *m* de ajos

**crushing** ['krʌʃɪŋ] ADJ [*defeat, blow, reply*] aplastante; [*grief, etc*] abrumador; [*argument*] decisivo; [*burden*] agobiador

**crushingly** ['krʌʃɪŋlɪ] ADV [*dull, familiar*] terriblemente

**crush-resistant** [ˌkrʌʃrɪ'zɪstənt] ADJ inarrugable

**crust** [krʌst] Ⓐ N [*of bread etc*] corteza *f*; (= *dry bread*) mendrugo *m*; [*of pie*] pasta *f*; (*Med*) (*on wound, sore*) costra *f*; [*of wine*] depósito *m*, poso *m*; (= *layer*) capa *f*; (*Geol*) corteza *f*; **there were only a few ~s to eat** para comer sólo había unos pocos mendrugos; **a thin ~ of ice** una fina capa de hielo; **the earth's ~** la corteza terrestre; *see also* **earn A, upper C**
Ⓑ VT **frost ~ed the windscreen** el parabrisas tenía una capa de hielo; **boots ~ed with mud** botas con barro incrustado

**crustacean** [krʌs'teɪʃɪən] N crustáceo *m*

**crusty** ['krʌstɪ] ADJ (*compar* **crustier**; *superl* **crustiest**) [1] [*bread*] crujiente; [*loaf*] de corteza dura
[2] (*) [*person*] arisco, malhumorado

**crutch** [krʌtʃ] N [1] (*Med*) muleta *f*; (*fig*) (= *support*) apoyo *m*
[2] = **crotch 1**

**crux** [krʌks] N (*pl* **cruxes** *or* **cruces** ['kru:si:z]) **the ~ of the matter** lo esencial *or* el meollo *or* el quid del asunto

**cry** [kraɪ] Ⓐ N [1] (= *call, shout*) grito *m*; (= *howl*) [*of animal*] aullido *m*; [*of street vendor*] pregón *m*; **to give a ~ of surprise** dar un grito de sorpresa; **"jobs, not bombs" was their ~** su grito de guerra fue —trabajo sí, bombas no; **a ~ for help** (*lit*) un grito de socorro *or* auxilio; (*fig*) una llamada de socorro *or* auxilio; **the hounds were in full ~** los perros seguían de cerca la presa; **the crowd was in full ~ after him** la multitud lo perseguía con gritos; **the newspapers are in full ~ over the scandal** la prensa ha puesto el grito en el cielo por el escándalo; *see also* **far B**
[2] (= *watchword*) lema *m*, slogan *m*
[3] (= *weep*) llanto *m*; **to have a ~** llorar; **she had a good ~** lloró largamente
Ⓑ VI [1] (= *call out, shout*) gritar, llamar (en voz alta); **they are ~ing for his resignation** piden a gritos que dimita; **he cried (out) with pain** dio un grito de dolor; **to ~ for help/mercy** pedir socorro/clemencia a voces
[2] (= *weep*) llorar; **he was ~ing for his mother** lloraba por su madre; **I cried for joy** lloraba de alegría; **she was ~ing with rage** lloraba de rabia; **I laughed till I cried** terminé llorando de la risa; **I'll give him something to ~ about!*** le voy a dar de qué llorar; **to ~ over sth** llorar por algo; ✦*PROV* **it's no good ~ing over spilt milk** a lo hecho, pecho; *see also* **shoulder A1**
Ⓒ VT [1] (*also* **to ~ out**) (= *call*) gritar; [+ *warning*] lanzar a gritos; [+ *wares*] pregonar
[2] **to ~ o.s. to sleep** llorar hasta dormirse

►**cry down** VT + ADV despreciar, desacreditar

►**cry off** VI + ADV (= *withdraw*) retirarse; (*) (= *back out*) rajarse

►**cry out** Ⓐ VI + ADV (= *call out, shout*) lanzar un grito, echar un grito; **to ~ out against** protestar contra, poner el grito en el cielo por; **the system is ~ing out for reform** (*fig*) el sistema pide la reforma a gritos *or* necesita urgentemente reformarse; **this car is ~ing out to be resprayed** este coche está pidiendo a gritos una mano de pintura; **for ~ing out loud!*** ¡por Dios!
Ⓑ VT + ADV [1] (= *call*) gritar; [+ *warning*] lanzar a gritos
[2] **to ~ one's eyes** *or* **heart out** llorar a lágrima viva *or* a moco tendido

**crybaby** ['kraɪˌbeɪbɪ] N llorón/ona *m/f*

**crying** ['kraɪɪŋ] Ⓐ ADJ [*child*] que llora; (= *whining*) llorón; (*) [*need*] urgente; **it's a ~ shame*** (= *pity*) es una verdadera lástima; (= *outrage*) es una auténtica vergüenza
Ⓑ N (= *weeping*) llanto *m*; (= *sobbing*) lloriqueo *m*

**cryogenics** [ˌkraɪə'dʒenɪks] N criogenia *f*

**cryonics** [kraɪ'ɒnɪks] N criogenética *f*

**cryosurgery** [ˌkraɪəʊ'sɜ:dʒərɪ] N criocirugía *f*

**crypt** [krɪpt] N cripta *f*

**cryptic** ['krɪptɪk] ADJ [*message, clue*] críptico; [*comment*] enigmático, críptico; (= *coded*) en clave

**cryptically** ['krɪptɪkəlɪ] ADV enigmáticamente, de forma críptica

**crypto-** ['krɪptəʊ] PREFIX cripto-

**crypto-communist** ['krɪptəʊ'kɒmjʊnɪst] N criptocomunista *mf*

**cryptogram** ['krɪptəʊgræm] N criptograma *m*

**cryptographer** [krɪp'tɒgrəfəʳ] N criptógrafo/a *m/f*

**cryptographic(al)** [ˌkrɪptə'græfɪk(əl)] ADJ criptográfico

**cryptography** [krɪp'tɒgrəfɪ] N criptografía *f*

**crystal** ['krɪstl] Ⓐ N cristal *m*; **quartz/rock ~** cristal de roca
Ⓑ ADJ (= *clear*) [*water, lake*] cristalino
Ⓒ CPD [*glass, vase*] de cristal ► **crystal ball** N bola *f* de cristal ► **crystal set** N (*Rad*) receptor *m* de cristal

**crystal-clear** ['krɪstl'klɪəʳ] ADJ (*lit*) [*water*] cristalino; (= *obvious*) evidente, más claro que el agua

**crystal-gazing** ['krɪstlˌgeɪzɪŋ] N (*fig*) adivinación *f* (*del futuro en la bola de cristal*)

**crystalline** ['krɪstəlaɪn] ADJ cristalino

**crystallize** ['krɪstəlaɪz] Ⓐ VT (*Chem*) cristalizar; [+ *fruit*] escarchar; (*fig*) cristalizar, resolver; **~d fruits** frutas *fpl* escarchadas
Ⓑ VI (*Chem*) cristalizarse; (*fig*) concretarse, cristalizarse

**crystallographer** [ˌkrɪstə'lɒgrəfəʳ] N cristalógrafo/a *m/f*

**crystallography** [ˌkrɪstə'lɒgrəfɪ] N cristalografía *f*

**CSA** N ABBR [1] (*Brit*) = **Child Support Agency**
[2] (*US*) = **Confederate States of America**

**CSC** N ABBR (*Brit*) (= **Civil Service Commission**) *comisión de reclutamiento de funcionarios*

**CSE** N ABBR (*Brit Scol*) (= **Certificate of Secondary Education**) ≈ BUP *m* (*Sp*)

**CSEU** N ABBR (*Brit*) = **Confederation of Shipbuilding and Engineering Unions**

**CS gas** [ˌsi:ˌes'gæs] N (*Brit*) gas *m* lacrimógeno

**CST** N ABBR (*US*) = **Central Standard Time**

**CSU** N ABBR (*Brit*) = **Civil Service Union**

**CT** ABBR [1] (*Fin*) = **cable transfer**
[2] (*US*) = **Connecticut**

**ct** ABBR [1] (= **carat**) qts., quil.
[2] = **cent**

**Ct.** ABBR (*US*) = **Connecticut**

**CTC** N ABBR = **City Technology College**

**CTT** N ABBR (*Brit*) = **Capital Transfer Tax**

**cu.** ABBR = **cubic**

**cub** [kʌb] Ⓐ N [1] (= *animal*) cachorro *m*; **wolf/lion ~** cachorro *m* de lobo/león
[2] (*also* **~ scout**) lobato *m*, niño *m* explorador
[3] (*Brit*†) (= *youngster*) jovenzuelo *m*
Ⓑ CPD ► **cub reporter** N periodista *mf* novato/a

**Cuba** ['kju:bə] N Cuba *f*

**Cuban** ['kju:bən] Ⓐ ADJ cubano
Ⓑ N cubano/a *m/f*

**cubbyhole** ['kʌbɪhəʊl] N (= *small room*) cuchitril *m*; (= *cupboard*) armario *m* pequeño; (= *pigeonhole*) casilla *f*

**cube** [kju:b] Ⓐ N [1] (= *solid*) cubo *m*; [*of sugar*] terrón *m*; [*of ice*] cubito *m*; [*of cheese*] dado *m*, cubito *m*
[2] (= *number*) **the ~ of four** cuatro (elevado) al cubo

Ⓑ VT (*Math*) cubicar, elevar al cubo
Ⓒ CPD ► **cube root** N (*Math*) raíz *f* cúbica

**cubic** ['kju:bɪk] Ⓐ ADJ cúbico
Ⓑ CPD ► **cubic capacity** N capacidad *f* cúbica ► **cubic foot** N pie *m* cúbico ► **cubic measure** N medida *f* cúbica ► **cubic metre** N metro *m* cúbico

**cubicle** ['kju:bɪkəl] N (*in hospital, dormitory*) cubículo *m*; (*in swimming baths*) caseta *f*

**cubism** ['kju:bɪzəm] N cubismo *m*

**cubist** ['kju:bɪst] Ⓐ ADJ cubista
Ⓑ N cubista *mf*

**cubit** ['kju:bət] N codo *m*

**cuckold** ['kʌkəld] Ⓐ N cornudo *m*
Ⓑ VT poner los cuernos a

**cuckoo** ['kʊku:] Ⓐ N cuco *m*, cuclillo *m*
Ⓑ ADJ (*) loco, lelo*
Ⓒ CPD ► **cuckoo clock** N reloj *m* de cuco, cucú *m*

**cuckoopint** [,kʊku:'paɪnt] N aro *m*

**cucumber** ['kju:kʌmbəʳ] N pepino *m*; *see also* **cool A5**

**cud** [kʌd] N **to chew the ~** [*animal*] rumiar; (= *think over*) reflexionar, dar vueltas a las cosas

**cuddle** ['kʌdl] Ⓐ N abrazo *m*
Ⓑ VT abrazar, apapachar (*Mex**)
Ⓒ VI [*two persons*] abrazarse, estar abrazados; **to ~ down** [*child in bed*] acurrucarse (en la cama); **to ~ up to sb** arrimarse a algn

**cuddly** ['kʌdlɪ] ADJ (*compar* **cuddlier**; *superl* **cuddliest**) [*person*] rico, tierno; [*animal*] cariñoso; [*toy*] de peluche

**cudgel** ['kʌdʒəl] Ⓐ N porra *f*; ✦***IDIOM*** **to take up the ~s for sth/sb** salir a la defensa de algo/algn
Ⓑ VT aporrear

**cue** [kju:] Ⓐ N 1 (*Billiards*) taco *m*
2 (*Theat*) (*verbal, by signal*) pie *m*, entrada *f*; (*Mus*) (*by signal*) entrada *f*; **to give sb his ~** (*Theat*) dar el pie *or* la entrada a algn; (*Mus*) dar a algn su entrada; **that gave me my ~** (*fig*) eso me sirvió de indicación; **to come in on ~** entrar en el momento justo; **then, right on ~ for the photographers, she threw him a kiss** entonces, en el momento justo para los fotógrafos, ella le lanzó un beso; ✦***IDIOM*** **to take one's ~ from sb** seguir el ejemplo de algn
Ⓑ CPD ► **cue ball** N (*Billiards*) bola *f* jugadora; (*Snooker*) bola *f* blanca ► **cue card** N letrero *m* (*apuntando lo que se ha de decir*) ► **cue word** N palabra *f* clave

►**cue in** VT + ADV (*Rad, TV, Mus*) dar la entrada a; (*Theat*) dar el pie a, dar la entrada a; **to ~ sb in on sth** (*US**) poner a algn al tanto *or* al corriente de algo

**cuff**[1] [kʌf] Ⓐ N bofetada *f*
Ⓑ VT abofetear

**cuff**[2] [kʌf] N [*of sleeve*] puño *m*; (*US*) [*of trousers*] vuelta *f*; **cuffs*** (= *handcuffs*) esposas *fpl*; ✦***IDIOM*** **off the ~** (*as adv*) de improviso; (*as adj*) improvisado; *see also* **off-the-cuff**

**cufflinks** ['kʌflɪŋks] NPL gemelos *mpl*, mancuernas *fpl* (*CAm, Mex*)

**cu.ft.** ABBR = **cubic foot, cubic feet**

**cu.in.** ABBR = **cubic inch(es)**

**cuisine** [kwɪ'zi:n] N cocina *f*

**cul-de-sac** ['kʌldə'sæk] (*pl* **culs-de-sac, cul-de-sacs**) N (*lit*) calle *f* sin salida, calle *f* cortada; (*fig*) callejón *m* sin salida

**culinary** ['kʌlɪnərɪ] ADJ culinario

**cull** [kʌl] Ⓐ VT (= *select*) [+ *fruit*] entresacar; [+ *flowers*] coger; (= *kill selectively*) [+ *deer, seals*] matar selectivamente
Ⓑ N [*of deer, seals*] matanza *f* selectiva; **seal ~** matanza *f* selectiva de focas

**culminate** ['kʌlmɪneɪt] VI **to ~ in** culminar en

**culminating** ['kʌlmɪneɪtɪŋ] ADJ culminante

**culmination** [,kʌlmɪ'neɪʃən] N culminación *f*, punto *m* culminante; **it is the ~ of a great deal of effort** es la culminación de grandes esfuerzos

**culottes** [kjʊ:'lɒts] NPL falda *fsing* pantalón

**culpability** [,kʌlpə'bɪlɪtɪ] N (*frm*) culpabilidad *f*

**culpable** ['kʌlpəbl] Ⓐ ADJ (*frm*) culpable
Ⓑ CPD ► **culpable homicide** N homicidio *m* sin premeditación

**culprit** ['kʌlprɪt] N culpable *mf*; (*Jur*) acusado/a *m/f*

**cult** [kʌlt] Ⓐ N culto *m* (**of** a); **to make a ~ of sth** rendir culto a algo
Ⓑ CPD ► **cult figure** N ídolo *m*

**cultivable** ['kʌltɪvəbl] ADJ cultivable

**cultivar** ['kʌltɪvɑ:ʳ] N (*Bot*) variedad *f* cultivada

**cultivate** ['kʌltɪveɪt] VT 1 [+ *crop, land, friendships*] cultivar
2 (*fig*) [+ *habit*] cultivar

**cultivated** ['kʌltɪveɪtɪd] Ⓐ ADJ (*fig*) [*person*] cultivado, culto; [*tastes, voice*] refinado
Ⓑ CPD ► **cultivated land** N tierras *fpl* cultivadas

**cultivation** [,kʌltɪ'veɪʃən] N 1 (*Agr*) cultivo *m*
2 (*fig*) [*of habit, qualities*] cultivo *m*

**cultivator** ['kʌltɪveitəʳ] N 1 (= *person*) cultivador(a) *m/f*
2 (= *machine*) cultivadora *f*

**cultural** ['kʌltʃərəl] Ⓐ ADJ cultural
Ⓑ CPD ► **cultural attaché** N agregado/a *m/f* cultural

**culturally** ['kʌltʃərəlɪ] ADV [*diverse*] culturalmente, desde el punto de vista cultural; **to be ~ aware/sensitive** estar pendiente de/ sensibilizado con la cultura; **~, they have much in common with their neighbours** culturalmente hablando, tienen mucho en común con sus vecinos

**culture** ['kʌltʃəʳ] Ⓐ N 1 (= *the arts*) cultura *f*; (= *civilization*) civilización *f*, cultura *f*
2 (= *education, refinement*) cultura *f*; **she has no ~** carece de cultura, es una inculta
3 (*Agr*) (= *breeding*) cría *f*; [*of plants, etc*] cultivo *m*
Ⓑ VT [+ *tissue etc*] cultivar
Ⓒ CPD ► **culture clash** N choque *m* de culturas, choque *m* cultural ► **culture fluid** N caldo *m* de cultivo ► **culture gap** N vacío *m* cultural ► **culture medium** N caldo *m* de cultivo ► **culture shock** N choque *m* cultural ► **culture vulture*** N (*hum*) cultureta* *mf*

**cultured** ['kʌltʃəd] Ⓐ ADJ [*person*] culto, cultivado; [*tastes, voice*] refinado
Ⓑ CPD ► **cultured pearl** N perla *f* cultivada

**culvert** ['kʌlvət] N alcantarilla *f* (debajo de una carretera)

**cum** [kʌm] PREP con; **it's a sort of kitchen-~-library** es algo así como cocina y biblioteca combinadas; **I was butler-~-gardener to Lady Jane** yo fui mayordomo y jardinero a la vez en el servicio de Lady Jane

**cu. m.** ABBR (= **cubic metre(s), cubic meter(s)**) $m^3$

**Cumb** ABBR (= **Cumberland**) *antigua provincia del noroeste de Inglaterra*

**cumbersome** ['kʌmbəsəm], **cumbrous** ['kʌmbrəs] ADJ (= *bulky*) voluminoso, de mucho bulto; (= *awkward*) incómodo; **he was muffled in thick and ~ clothing** las abultadas ropas de abrigo casi le tapaban la cara; **the machine was slow and ~ to use** la máquina resultaba lenta y aparatosa *or* lenta e incómoda (de manejar); **~ administrative procedures** procedimientos *mpl* administrativos engorrosos

**cumin** ['kʌmɪn] N comino *m*

**cum laude** [kʊm'laʊdeɪ] ADJ (*Univ*) cum laude

**cummerbund** ['kʌməbʌnd] N faja *f*

**cumulative** ['kju:mjʊlətɪv] ADJ cumulativo

**cumulonimbus** [,kju:mjʊləʊ'nɪmbəs] N (*pl* **cumulonimbi** [,kju:mjʊləʊ'nɪmbaɪ]) cumulonimbo *m*

**cumulus** ['kju:mələs] N (*pl* **cumuli** ['kju:mjʊlaɪ]) cúmulo *m*

**cuneiform** ['kju:nɪfɔ:m] ADJ cuneiforme

**cunnilingus** [,kʌnɪ'lɪŋgəs] N cunnilingus *m*

**cunning** ['kʌnɪŋ] Ⓐ ADJ 1 (*pej*) (= *sly*) taimado, vivo (*LAm*)
2 (= *clever*) [*person*] astuto, ingenioso; [*plan, scheme, device*] ingenioso
3 (*US**) (= *cute*) mono, precioso
Ⓑ N (= *slyness*) astucia *f*; (= *cleverness*) ingenio *m*

**cunningly** ['kʌnɪŋlɪ] ADV 1 (= *slyly*) astutamente
2 (= *cleverly*) [*contrived, designed*] astutamente, sutilmente; [*disguised*] astutamente

**cunt**** [kʌnt] N 1 (= *genitals*) coño** *m*, concha *f* (*Andes, S. Cone***)
2 (= *person*) hijo/a *m/f* de puta**

**CUP** N ABBR = **Cambridge University Press**

**cup** [kʌp] Ⓐ N (*for tea, etc*) taza *f*; (= *amount*) (*also* **~ful**) taza *f*; (*Sport etc*) (= *prize*) copa *f*; (*Rel*) (= *chalice*) cáliz *m*; [*of brassiere*] copa *f*; **a ~ of tea** una taza de té, un té; **coffee ~** tacita *f*, pocillo *m* (*LAm*); **how's your ~?** ¿quieres más té/café *etc*?; **his ~ of sorrow was full** le agobiaba el dolor; ✦***IDIOMS*** **to be in one's ~s** estar borracho; **to be sb's ~ of tea***: **it's not everyone's ~ of tea*** no es del gusto de todos; **he's not my ~ of tea*** no es de mi agrado, no es santo de mi devoción; **football isn't my ~ of tea*** a mí el fútbol no me va; *see also* **paper C**
Ⓑ VT **to ~ one's hands** (*for shouting*) formar bocina con las manos; (*for drinking*) ahuecar las manos; **to ~ one's hands round sth** rodear algo con las manos
Ⓒ CPD ► **cup final** N (*Ftbl*) final *m* de copa ► **cup tie** N (*Ftbl*) partido *m* de copa

**cup-bearer** ['kʌp,bɛərəʳ] N copero *m*

**cupboard** ['kʌbəd] Ⓐ N (*free-standing*) armario *m*; (*built-in*) armario *m*, closet/clóset *m* (*LAm*), placar(d) *m* (*S. Cone*)
Ⓑ CPD ► **cupboard love** N (*Brit*) amor *m* interesado

**cupcake** ['kʌpkeɪk] N pastelito *m*

**cupful** ['kʌpfʊl] N taza *f*; **two ~s of milk** dos tazas de leche

**Cupid** ['kju:pɪd] N Cupido *m*

**cupidity** [kju:'pɪdɪtɪ] N (*frm*) codicia *f*

**cupola** ['kju:pələ] N cúpula *f*

**cuppa*** ['kʌpə] N (*Brit*) taza *f* de té

**cur** [kɜ:ʳ] N perro *m* de mala raza; (= *person*) canalla *m*

**curable** ['kjʊərəbl] ADJ curable

**curaçao** ['kjʊərəsəʊ] N curaçao *m*

**curacy** ['kjʊərəsɪ] N (*as parish priest*) curato *m*; (*as assistant*) coadjutoría *f*

**curare** [kjʊə'rɑ:rɪ] N curare *m*

**curate** ['kjʊərɪt] N (= *parish priest*) cura *m*; (= *assistant*) coadjutor *m*; ✦***IDIOM*** **to be like the ~'s egg**: **it's like the ~'s egg** (*Brit*) tiene su lado bueno y su lado malo

**curative** ['kjʊərətɪv] ADJ curativo

**curator** [kjʊəˈreɪtəʳ] N [*of museum*] director(a) *m/f*; [*of museum department*] conservador(a) *m/f*

**curatorial** [ˌkjʊərəˈtɔːrɪəl] ADJ **the museum's ~ staff** el equipo de conservadores del museo; **~ expertise** conocimientos *mpl* de conservación

**curb** [kɜːb] Ⓐ N 1 (*fig*) freno *m*; **to put a ~ on sth** poner freno a algo, refrenar algo
2 (*US*) = **kerb**
Ⓑ VT (*fig*) [+ *temper, impatience etc*] dominar, refrenar; [+ *spending*] restringir; [+ *inflation*] poner freno a, frenar

**curbstone** [ˈkɜːbstəʊn] N (*US*) = **kerbstone**

**curd** [kɜːd] Ⓐ N (*usu pl*) cuajada *f*
Ⓑ CPD ► **curd cheese** N requesón *m*; *see also* **bean B, lemon C**

**curdle** [ˈkɜːdl] Ⓐ VT (= *form curds in*) cuajar; (= *separate*) [+ *milk, sauce*] cortar; **it was enough to ~ the blood** fue para helar la sangre a uno
Ⓑ VI (= *form curds*) cuajarse; (= *separate*) [*milk, sauce*] cortarse

**cure** [kjʊəʳ] Ⓐ N (= *remedy*) remedio *m*; (= *course of treatment*) cura *f*; (= *process of recovery*) curación *f*; **there is no known ~** no existe curación; **to be beyond ~** [*person*] padecer una enfermedad incurable; [*situation, injustice*] ser irremediable; **to take a ~** (*for illness*) tomar un remedio
Ⓑ VT 1 (*Med*) [+ *disease, patient*] curar; (*fig*) [+ *poverty, injustice, evil*] remediar; **to ~ sb of a habit** quitar a algn un vicio; ✦*PROV* **what can't be ~d must be endured** hay cosas que no queda más remedio que aguantar
2 (= *preserve*) (*in salt*) salar; (*by smoking*) curar; (*by drying*) secar; [+ *animal hide*] curtir

**cure-all** [ˈkjʊərɔːl] N panacea *f*, curalotodo *m*

**curettage** [ˌkjʊəˈretɪdʒ] N legrado *m*, raspado *m*

**curfew** [ˈkɜːfjuː] N toque *m* de queda

**curie** [ˈkjʊərɪ] N curie *m*

**curing** [ˈkjʊərɪŋ] N curación *f*; *see also* **cure**

**curio** [ˈkjʊərɪəʊ] N curiosidad *f*

**curiosity** [ˌkjʊərɪˈɒsɪtɪ] Ⓐ N 1 (= *inquisitiveness*) curiosidad *f* (**about** por, acerca de); **out of ~** por curiosidad; ✦*PROV* **~ killed the cat** la curiosidad mata al hombre
2 (= *rare thing*) curiosidad *f*
Ⓑ CPD ► **curiosity shop** N tienda *f* de curiosidades ► **curiosity value** N **its only attraction is its ~ value** su único interés es el valor que tiene como rareza

**curious** [ˈkjʊərɪəs] ADJ 1 (= *inquisitive*) curioso; **I'd be ~ to know** tengo curiosidad por saberlo; **she was ~ about her sister's new boyfriend** sentía curiosidad por conocer al nuevo novio de su hermana; **"do you want to know for any special reason?" — "no, I'm just ~"** —¿quieres saberlo por alguna razón especial? —no, sólo por curiosidad
2 (= *strange*) curioso; **it's ~ that she didn't say why** es curioso que no dijese por qué; **it's ~ how we keep meeting each other** es curioso que siempre nos estemos encontrando

**curiously** [ˈkjʊərɪəslɪ] ADV 1 (= *inquisitively*) [*ask, look*] con curiosidad
2 (= *oddly*) [*silent, reticent*] curiosamente; **~, he didn't object** curiosamente, no puso objeciones; **~ shaped** con una forma curiosa; **~ enough, it's true** curiosamente *or* aunque parezca extraño, es cierto

**curl** [kɜːl] Ⓐ N [*of hair*] rizo *m*; (= *ringlet*) bucle *m*, sortija *f*; [*of smoke etc*] espiral *m*, voluta *f*
Ⓑ VT [+ *hair*] rizar; [+ *paper*] arrollar; **she ~ed her lip in scorn** hizo una mueca de desprecio
Ⓒ VI [*hair*] rizarse; [*paper*] arrollarse; [*leaf*] abarquillarse; [*waves*] encresparse
►**curl up** VI + ADV [*paper, stale bread*] arrollarse; [*leaf*] abarquillarse; [*cat, dog*] hacerse una pelota; [*person*] hacerse un ovillo, acurrucarse; **she lay ~ed up on the bed** estaba acurrucada encima de la cama; **to ~ up into a ball** hacerse un ovillo; **to ~ up with a book** acurrucarse con un libro; **to ~ up with embarrassment/laughter*** morirse de vergüenza/risa

**curler** [ˈkɜːləʳ] N (*for hair*) rulo *m*, bigudí *m*, rulero *m* (*S. Cone*)

**curlew** [ˈkɜːluː] N zarapito *m*

**curlicue** [ˈkɜːlɪkjuː] N floritura *f*, floreo *m*

**curling** [ˈkɜːlɪŋ] Ⓐ N (*Sport*) curling *m*
Ⓑ CPD ► **curling iron(s)** N(PL), **curling tongs** NPL (*for hair*) tenacillas *fpl* de rizar

**curl-paper** [ˈkɜːlˌpeɪpəʳ] N papillote *m*

**curly** [ˈkɜːlɪ] ADJ (*compar* **curlier**; *superl* **curliest**) [*hair, eyelashes, lettuce*] rizado; [*writing*] de trazo ondulado, lleno de florituras

**curly-haired** [ˌkɜːlɪˈhɛəd], **curly-headed** [kɜːlɪˈhedɪd] ADJ de pelo rizado

**curmudgeon**† [kɜːˈmʌdʒən] N cascarrabias *mf inv*

**curmudgeonly**† [kɜːˈmʌdʒənlɪ] ADJ [*person*] arisco, cascarrabias; [*attitude*] de viejo cascarrabias

**currant** [ˈkʌrənt] Ⓐ N (= *dried grape*) pasa *f* de Corinto; (= *bush*) grosellero *m*; (= *fruit*) grosella *f*
Ⓑ CPD ► **currant bun** N bollo *m* con pasas, pan *m* de pasas (*LAm*)

**currency** [ˈkʌrənsɪ] Ⓐ N 1 (= *monetary system, money*) moneda *f*; **foreign ~** moneda *f* extranjera, divisas *fpl*; *see also* **paper C**
2 (*fig*) aceptación *f*; **his theory had wide ~ in America** su teoría tuvo amplia aceptación en América; **these things are the ~ of everyday life** estas cosas son el pan nuestro de cada día; **to gain ~** [*views, ideas*] darse a conocer, difundirse; **it was his writing that gave the term ~** el término se dio a conocer gracias a sus escritos
Ⓑ CPD ► **currency market** N mercado *m* monetario, mercado *m* de divisas ► **currency note** N pagaré *m* fiscal, pagaré *m* de tesorería ► **currency restrictions** NPL restricciones *fpl* monetarias ► **currency snake** N serpiente *f* monetaria ► **currency unit** N unidad *f* monetaria

**current** [ˈkʌrənt] Ⓐ ADJ [*fashion, tendency*] actual; [*price, word*] corriente; [*year, month, week*] presente, en curso; **the ~ month/year** el presente mes/año, el mes/año en curso; **the ~ issue of the magazine** el último número de la revista; **her ~ boyfriend** su novio de ahora; **to be in ~ use** estar en uso corriente; **a word in ~ use** una palabra de uso corriente; **the ~ opinion is that ...** actualmente se cree que ...; **this idea/method is still quite ~** esta idea/este método se usa bastante todavía
Ⓑ N (*all senses*) corriente *f*; **direct/alternating ~** corriente *f* directa/alterna; ✦*IDIOMS* **to go against the ~** ir contra la corriente; **to go with the ~** dejarse llevar por la corriente
Ⓒ CPD ► **current account** N (*Brit*) cuenta *f* corriente ► **current affairs** NPL temas *mpl* de actualidad ► **current assets** NPL activo *msing* corriente ► **current events** N = **current affairs** ► **current liabilities** NPL pasivo *msing* corriente

**currently** [ˈkʌrəntlɪ] ADV actualmente, en la actualidad

**curriculum** [kəˈrɪkjʊləm] Ⓐ N (*pl* **curriculums** *or* **curricula** [kəˈrɪkjʊlə]) [*of school*] plan *m* de estudios; [*of college/university course*] programa *m* de estudios
Ⓑ CPD ► **curriculum vitae** N (*esp Brit*) curriculum *m* (vitae), historial *m* (profesional)

**curried** [ˈkʌrɪd] ADJ al curry

**curry**[1] [ˈkʌrɪ] Ⓐ N curry *m*
Ⓑ VT preparar con curry
Ⓒ CPD ► **curry powder** N curry *m* en polvo

**curry**[2] [ˈkʌrɪ] VT [+ *horse*] almohazar

**currycomb** [ˈkʌrɪkəʊm] N almohaza *f*

**curse** [kɜːs] Ⓐ N 1 (= *malediction, spell*) maldición *f*; **to put a ~ on sb** maldecir a algn; **a ~ on it!** ¡maldito sea!
2 (= *bane*) maldición *f*, azote *m*; **drought is the ~ of Spain** la sequía es el azote de España; **it's been the ~ of my life** me ha amargado la vida, ha sido mi cruz; **the ~ of it is that ...** lo peor (del caso) es que ...
3 (= *oath*) palabrota *f*; **to utter a ~** blasfemar; **~s!*** ¡maldito sea!, ¡maldición!
4 (*) (= *menstruation*) **the ~** la regla, el período
Ⓑ VT [+ *luck, stupidity*] maldecir; [+ *person*] echar pestes de; **~ it!** ¡maldito sea!; **I ~ the day I met him** maldita sea la hora en que lo conocí; **to be ~d with** padecer, tener que soportar; **he seemed to be ~d with bad luck** parecía que la mala suerte le perseguía; **to ~ o.s.** maldecirse (**for being a fool** por tonto)
Ⓒ VI blasfemar, echar pestes, soltar palabrotas; **to ~ and swear** echar sapos y culebras

**cursed** [ˈkɜːsɪd] ADJ maldito

**cursive** [ˈkɜːsɪv] ADJ cursivo

**cursor** [ˈkɜːsəʳ] Ⓐ N (*Comput*) cursor *m*
Ⓑ CPD ► **cursor key** N tecla *f* del cursor

**cursorily** [ˈkɜːsərɪlɪ] ADV [*glance*] brevemente, de forma somera; [*read*] por encima, de forma somera

**cursory** [ˈkɜːsərɪ] ADJ [*examination, inspection*] somero, superficial; [*nod*] brusco; **at a ~ glance** a primera vista; **to give sth a ~ glance** mirar algo brevemente *or* de forma somera

**curt** [kɜːt] ADJ [*person, tone*] seco, corto; [*nod*] brusco

**curtail** [kɜːˈteɪl] VT (= *restrict*) restringir; (= *cut short*) acortar, abreviar; (= *reduce*) [+ *expenditure*] reducir

**curtailment** [kɜːˈteɪlmənt] N (= *restriction*) restricción *f*; (= *shortening*) acortamiento *m*; [*of expenditure*] reducción *f*

**curtain** [ˈkɜːtn] Ⓐ N 1 (*gen, Mil*) cortina *f*; (= *lace, small etc*) visillo *m*; (*Theat*) telón *m*; **to draw the ~s** (*together*) correr las cortinas; (*apart*) abrir las cortinas; **a ~ of fire** (*Mil*) una cortina de fuego; **when the final ~ came down** cuando el telón bajó por última vez; **it'll be ~s for you!*** será el acabóse para ti; ✦*IDIOMS* **to raise the ~ on sth** dar el pistoletazo de salida a algo; **to bring the ~ down on sth** poner punto final a algo; *see also* **safety B**
2 (*fig*) [*of secrecy*] halo *m*; [*of mist*] manto *m*
Ⓑ VT proveer de cortinas
Ⓒ CPD ► **curtain call** N (*Theat*) llamada *f* a escena ► **curtain hook** N colgadero *m* de cortina ► **curtain pole** N = **curtain rod** ► **curtain rail** N riel *m* (de las cortinas) ► **curtain ring** N anilla *f* (de las cortinas) ► **curtain rod** N barra *f* (de las cortinas) ► **curtain wall** N [*of house, building*] muro *mpl* de cerramiento; [*of castle*] (= *low wall outside*)

contramuralla *f*, falsabraga *f*; (*between bastions or towers*) lienzo *m*, muralla *f*

►**curtain off** VT + ADV [+ *separate room*] separar con cortina; [+ *bed, area*] encerrar con cortina

**curtained** ['kɜːtənd] ADJ [*door etc*] con cortina(s)

**curtain-raiser** ['kɜːtnˌreɪzəʳ] N pieza *f* preliminar

**curtly** ['kɜːtlɪ] ADV [*say, reply*] bruscamente, secamente; [*nod*] bruscamente

**curtness** ['kɜːtnɪs] N brusquedad *f*

**curtsey**, **curtsy** ['kɜːtsɪ] Ⓐ N reverencia *f*; **to drop** *or* **make a curts(e)y** hacer una reverencia

Ⓑ VI hacer una reverencia (**to** a)

**curvaceous*** [kɜː'veɪʃəs] ADJ [*woman*] de buen cuerpo, curvilíneo

**curvature** ['kɜːvətʃəʳ] N [1] (*Math*) curvatura *f*

[2] **~ of the spine** (*Med*) escoliosis *f inv*, desviación *f* de columna

**curve** [kɜːv] Ⓐ N (*gen*) curva *f*

Ⓑ VT [+ *spine, back*] encorvar, doblar

Ⓒ VI [*road, line, etc*] torcerse, hacer curva; [*surface*] combarse; **the walls ~ inward/outward** las paredes están combadas hacia dentro/fuera; **the road ~s round the mountain** la carretera va haciendo curvas *or* dando vueltas alrededor de la montaña; **the boomerang ~d through the air** el bumerán describió *or* hizo una curva en el aire; **a wide, curving staircase** una amplia escalera en curva

**curved** [kɜːvd] ADJ curvo, encorvado

**curvy** ['kɜːvɪ] ADJ [*line*] curvo; [*road etc*] serpentino, con muchas curvas; [*figure, woman*] curvilíneo

**cushion** ['kʊʃən] Ⓐ N (*gen*) cojín *m*; [*of chair, for knees etc*] almohadilla *f*; [*of air, moss*] colchón *m*; (= *edge of billiard table*) banda *f*

Ⓑ VT [+ *blow, fall*] amortiguar; **to ~ sb against sth** proteger a algn de algo

Ⓒ CPD ► **cushion cover** N funda *f* de cojín

**cushy*** ['kʊʃɪ] ADJ **a ~ job** un chollo*, un hueso (*Mex**); **to have a ~ life** *or* **time** tener la vida arreglada

**cusp** [kʌsp] N (*Bot, Astron*) cúspide *f*; [*of tooth*] corona *f*; [*of moon*] cuerno *m*

**cuspidor** ['kʌspɪdɔːʳ] N (*US*) escupidera *f*, salivadera *f* (*S. Cone*)

**cuss*** [kʌs] Ⓐ N (*US*) tipo* *m*, tío* *m*

Ⓑ VT, VI = **curse C**

**cussed*** ['kʌsɪd] ADJ [1] terco, cabezón

[2] = **cursed**

**cussedness*** ['kʌsɪdnɪs] N terquedad *f*; **out of sheer ~*** de puro terco

**custard** ['kʌstəd] Ⓐ N ≈ natillas *fpl* (*utilizada como acompañante en algunos postres*); (*also* **egg ~**) flan *m*

Ⓑ CPD ► **custard apple** N (*Bot*) chirimoya *f* ► **custard cream** N (= *biscuit*) galleta *f* de crema ► **custard pie** N pastel *m* de natillas; (= *missile*) torta *f* de crema ► **custard powder** N polvos *mpl* para (hacer) natillas ► **custard tart** N pastel *m* de crema

**custodial** [kʌs'təʊdɪəl] ADJ [1] **~ sentence** condena *f* de prisión

[2] **~ staff** (*in museum etc*) personal *m* de vigilancia

**custodian** [kʌs'təʊdɪən] N (*gen*) custodio/a *m/f*, guardián/ana *m/f*; [*of museum etc*] conservador(a) *m/f*

**custody** ['kʌstədɪ] N (*Jur*) [*of children*] custodia *f*; (= *police custody*) detención *f*; **the mother has ~ of the children** la madre tiene la custodia de los hijos; **to be in ~** estar detenido; **to take sb into ~** detener a algn; **in safe ~** bajo custodia, en buenas manos, bajo segura custodia; **in the ~ of** al cargo *or* cuidado de, bajo la custodia de

**custom** ['kʌstəm] Ⓐ N [1] (= *habit, usual behaviour*) costumbre *f*; **social ~s** costumbres *fpl* sociales; **it is her ~ to go for a walk each evening** tiene la costumbre de *or* tiene por costumbre dar un paseo cada tarde, acostumbra *or* suele dar un paseo cada tarde

[2] (*Comm*) clientela *f*; (= *total sales*) caja *f*, ventas *fpl*; **to attract ~** atraer clientela; **to get sb's ~** ganar la clientela de algn; **we've not had much ~ today** hoy hemos tenido pocos clientes; **the shop has lost a lot of ~** la tienda ha perdido muchos clientes; *see also* **customs**

Ⓑ CPD (*esp US*) *see* **custom-built**, **custom-made**

**customarily** ['kʌstəmərɪlɪ] ADV por regla general, normalmente

**customary** ['kʌstəmərɪ] ADJ [*place, time*] acostumbrado, de costumbre, habitual; [*wit, good humour etc*] acostumbrado, habitual; [*practice*] normal, habitual; **it's ~ to** + INFIN es la costumbre + *infin*

**custom-built** ['kʌstəmˌbɪlt] ADJ hecho de encargo

**customer** ['kʌstəməʳ] Ⓐ N [1] cliente *mf*

[2] (*Brit**) tipo/a* *m/f*, tío/a* *m/f*; **he's an awkward ~** es un tipo *or* un tío difícil*; **ugly ~** antipático/a

Ⓑ CPD ► **customer profile** N perfil *m* del cliente ► **customer service** N servicio *m* de atención al cliente ► **customer service department** N departamento *m* de atención al cliente ► **customer services** NPL (= *counter*) mostrador *m* de información y atención al cliente

**customize** ['kʌstəmaɪz] VT [+ *car*] adaptar al gusto del cliente, adaptar por encargo del cliente; [+ *product*] personalizar; **~d software** software *m* a medida del usuario

**custom-made** ['kʌstəm'meɪd] ADJ [*furniture, clothing*] a medida, hecho a medida; [*car*] hecho de encargo

**customs** ['kʌstəmz] Ⓐ NPL aduana *fsing*; (*also* **~ duty**) derechos *mpl* de aduana; **to go through (the) ~** pasar por la aduana; **Customs and Excise** (*Brit*) Aduanas *fpl* y Arbitrios

Ⓑ CPD ► **customs clearance** N despacho *m* aduanero ► **customs declaration** N declaración *f* aduanera ► **customs house** N aduana *f* ► **customs inspection** N inspección *f* de aduanas ► **customs inspector** N inspector(a) *m/f* de aduanas, aduanero/a *m/f* ► **customs invoice** N factura *f* de aduana ► **customs officer** N oficial *mf* de aduanas, vista *mf* (de aduanas), aduanero/a *m/f* ► **customs post** N puesto *m* aduanero ► **Customs Service** N (*US*) aduana *f*, servicio *m* aduanero

**cut** [kʌt] (*vb: pt, pp* **cut**) Ⓐ N [1] (*in skin*) corte *m*, cortadura *f*; (= *wound*) herida *f*; (*Med*) (= *incision*) corte *m*, incisión *f*; (= *slash*) tajo *m*; (*with knife*) cuchillada *f*; (*with whip*) latigazo *m*; (*Cards*) corte *m*; **he's got a ~ on his forehead** tiene un corte en la frente; **he had a ~ on his chin from shaving** se había hecho un corte *or* se había cortado en la barbilla al afeitarse; **he was treated for minor ~s and bruises** recibió asistencia médica por heridas y hematomas; **there's a ~ in his jacket** lleva una raja en la chaqueta; ♦***IDIOMS* to be a ~ above sb**: **he's a ~ above the others** está por encima de los demás; **the ~ and thrust of politics** la esgrima política; **the unkindest ~ of all** el golpe más duro

[2] (= *reduction*) (*in wages, prices, production*) rebaja *f*, reducción *f*; (*in expenditure, budget*) corte *m*, recorte *m*; (*in tax, interest rates*) bajada *f*, rebaja *f*; (*in staff, workforce*) reducción *f*, recorte *f*; (= *deletion*) corte *m*; (= *deleted part*) trozo *m* suprimido; (*Elec*) apagón *m*, corte *m*; **public spending ~s** cortes *mpl* presupuestarios; **wage ~s** rebajas *fpl* de sueldo; **to take a ~ in salary** aceptar una reducción de sueldo; **they made some ~s in the text** hicieron algunos cortes en el texto, suprimieron algunas cosas del texto

[3] [*of clothes etc*] corte *m*; [*of hair*] corte *m*, peinado *m*

[4] [*of meat*] (= *part of animal*) corte *m* (de carne); (= *piece*) trozo *m*; (= *slice*) tajada *f*

[5] (*) (= *share*) parte *f*, tajada *f*; **the salesman gets a ~ of 5%** el vendedor recibe su parte de 5%

[6] (= *woodcut*) grabado *m*; (*US*) foto *f*, diagrama *m*, dibujo *m*

[7] **~ and paste** (*Comput*) cortar y pegar

[8] *see* **short E**

Ⓑ VT [1] [+ *meat, bread, cards*] cortar; **to ~ one's finger** cortarse el dedo; **to ~ sb free** (*from wreckage*) liberar a algn; (*when tied up*) desatar *or* soltar a algn; **to ~ sth in half** cortar algo por la mitad; **to ~ sth open** [+ *fruit, vegetable, body, package*] abrir algo; **I ~ my hand open on a tin** me corté la mano en una lata; **he ~ his head open** se abrió la cabeza; **to ~ sth (in)to pieces** cortar algo en pedazos; **to ~ an army to pieces** aniquilar un ejército; **to ~ sth to size** cortar algo a la medida; **to ~ sb's throat** degollar a algn; **he is ~ting his own throat** (*fig*) labra su propia ruina; **to ~ sth in two** cortar *or* partir algo en dos; ♦***IDIOM* you could ~ the atmosphere with a knife** se mascaba *or* respiraba la tensión en el ambiente; *see also* **fine[1] B2**, **ice A1**, **loss A2**, **tooth A1**

[2] (= *shape*) [+ *stone, glass, jewel*] tallar; [+ *key, hole*] hacer; [+ *channel*] abrir, excavar; [+ *engraving, record*] grabar; **to ~ one's way through** abrirse camino por; *see also* **coat A1**

[3] (= *clip, trim*) [+ *hedge, grass*] cortar; [+ *corn, hay*] segar; **to get one's hair ~** cortarse el pelo

[4] (= *reduce*) [+ *wages, prices, production*] reducir, rebajar (**by 5%** en un 5 por cien); [+ *expenditure*] reducir, recortar; [+ *taxes, interest rates*] bajar, rebajar; [+ *staff, workforce*] reducir, recortar; [+ *speech, text*] acortar, hacer cortes en; [+ *film*] cortar, hacer cortes en; (= *delete*) [+ *passage*] suprimir, cortar; (= *interrupt*) interrumpir, cortar; **she ~ two seconds off the record** mejoró *or* rebajó la plusmarca en dos segundos; **we ~ the journey time by half** reducimos el tiempo de viaje a la mitad; **to ~ sth/sb short** interrumpir algo/a algn; *see also* **corner A1**

[5] (*fig*) (= *hurt*) herir; ♦***IDIOM* to ~ sb to the quick**: **it ~ me to the quick** me tocó en lo vivo

[6] (= *intersect with*) [*road*] cruzar, atravesar; (*Math*) [*line*] cortar

[7] (*esp US**) **to ~ classes** hacer novillos*, ausentarse de clase; **to ~ sb dead** negar el saludo *or* (*LAm*) cortar a algn

[8] (= *turn off*) [+ *engine*] parar; (= *stop*) [+ *electricity supply*] cortar, interrumpir; **~ all this soft-soaping and tell me what you want*** deja ya de darme coba y dime qué quieres*

[9] (= *adulterate*) [+ *cocaine etc*] cortar

[10] (= *succeed*) **he couldn't ~ it as a singer** como cantante no daba la talla

Ⓒ VI [1] [*person, knife*] cortar; [*material*] cortarse; **paper ~s easily** el papel se corta fácil-

mente; **she ~ into the melon** cortó el melón; **will that cake ~ into six?** ¿se puede dividir el pastel en seis?; ✦***IDIOMS*** **to ~ loose (from sth)** deshacerse (de algo); **it ~s both ways** tiene doble filo
2 (*Math etc*) [*lines*] cortarse
3 (= *hurry*) **I must ~ along now** tengo que marcharme ya; ✦***IDIOMS*** **to ~ and run*** largarse*, escaparse; **to ~ to the chase** (*esp US**) ir al grano, dejar de marear la perdiz*
4 (*Cine, TV*) (= *change scene*) cortar y pasar; **they ~ from the palace to the castle scene** cortan y pasan del palacio a la escena del castillo; **cut!** ¡corten!
5 (*Cards*) cortar
Ⓓ ADJ [*flowers*] cortado; [*glass*] tallado; **~ price** a precio reducido, rebajado, de rebaja

►**cut across** VT + PREP 1 atajar por; **to ~ across a field** atajar por un campo; **to ~ across country** atajar por el campo
2 (*fig*) **this ~s across the usual categories** esto rebasa las categorías establecidas

►**cut along** VI + ADV irse de prisa

►**cut away** VT + ADV [+ *unwanted part*] cortar, eliminar

►**cut back** Ⓐ VT + ADV 1 (= *prune*) [+ *plant*] podar
2 (= *reduce*) [+ *production, expenditure, staff*] reducir, recortar; **to ~ sth back by 50%** reducir algo en un 50 por ciento
Ⓑ VI + ADV 1 (= *make savings*) economizar; **to ~ back on sth** = **cut down B**
2 (*Cine*) (= *flash back*) volver (**to** a)

►**cut down** Ⓐ VT + ADV 1 [+ *tree*] cortar, talar; [+ *enemy*] matar; [+ *clothes*] acortar
2 (= *reduce*) [+ *consumption*] reducir; [+ *expenditure*] reducir, recortar; [+ *text*] acortar, abreviar; ✦***IDIOM*** **to ~ sb down to size** bajar los humos a algn
Ⓑ VI + ADV **you're drinking too much, you really should ~ down** bebes demasiado, deberías moderarte; **to ~ down on** [+ *fatty food*] reducir el consumo de; [+ *expenditure*] moderar, reducir; [+ *public services*] recortar, reducir; **I'm ~ting down on coffee and cigarettes** estoy intentando tomar menos café y fumar menos

►**cut in** Ⓐ VI + ADV (*in conversation*) interrumpir; (*Aut*) meterse delante; **to ~ in on a conversation** interrumpir una conversación
Ⓑ VT + ADV (*) **to ~ sb in (on sth)** incluir a algn (en algo)

►**cut into** VI + PREP **to ~ into one's holidays** interrumpir sus vacaciones; **we shall have to ~ into our savings** tendremos que usar una parte de los ahorros

►**cut off** VT + ADV 1 (*with scissors, knife*) cortar; (= *amputate*) amputar, quitar; **they ~ off his head** le cortaron la cabeza; ✦***IDIOM*** **to ~ off one's nose to spite one's face*** tirar piedras contra su propio tejado
2 (= *disconnect*) [+ *telephone, gas*] cortar, desconectar; **we've been ~ off** (*Telec*) nos han cortado la comunicación
3 (= *interrupt*) **to ~ sb off in the middle of a sentence** cortar *or* interrumpir a algn en mitad de una frase, no dejar terminar a algn; **to ~ off sb's supplies** cortar *or* interrumpir el suministro a algn
4 (= *isolate*) aislar; **I feel very ~ off, living out here in the country** me siento muy aislado, viviendo aquí en el campo; **~ off by floods** aislado por las inundaciones; **we were ~ off by the snow** quedamos bloqueados por la nieve; **the village was ~ off for several days by the snow** la aldea quedó aislada *or* incomunicada por la nieve durante varios días; **to ~ o.s. off from sth/sb** aislarse de algo/algn; **to ~ off the enemy's retreat** cortar la retirada al enemigo; ✦***IDIOM*** **to ~ sb off without a penny** desheredar completamente a algn

►**cut out** Ⓐ VT + ADV 1 [+ *article, picture*] recortar; [+ *dress, skirt etc*] cortar; [+ *diseased part*] extirpar; ✦***IDIOMS*** **to be ~ out for sth/to do sth** estar hecho para ser algo/hacer algo; **he's not ~ out to be a poet** no tiene madera de poeta; **you'll have your work ~ out for you** te va a costar trabajo; **he had his work ~ out to finish it** tuvo que trabajar duro para terminarlo
2 (= *exclude*) [+ *unnecessary details*] eliminar, suprimir; [+ *light*] tapar; [+ *intermediary, middleman*] saltarse a, eliminar; **he ~ his nephew out of his will** borró de su testamento la mención del sobrino; **you can ~ that out for a start!*** ¡para empezar deja de hacer eso!; **~ out the singing!*** ¡basta ya de cantar!; **~ it out!*** ¡basta ya!
3 (= *give up*) [+ *fatty food*] dejar de comer; **to ~ out alcohol/cigarettes** dejar de beber/fumar
4 (= *delete*) suprimir
Ⓑ VI + ADV [*car engine*] pararse; (*Elec*) cortarse, interrumpirse

►**cut through** VI + PREP 1 (*lit*) [+ *bone, cable*] atravesar, traspasar; [+ *jungle, undergrowth*] abrirse camino a través de
2 (= *take short cut via*) atajar por, cortar por; **to ~ through the lane** atajar *or* cortar por el callejón
3 (= *circumvent*) saltarse, sortear; **we have to find a way to ~ through all this red tape** hay que encontrar la manera de saltarse *or* sortear todo este papeleo

►**cut up** Ⓐ VT + ADV 1 [+ *food, paper, wood*] cortar en pedazos; [+ *meat*] picar; (= *wound*) herir, acuchillar
2 (*) **to be ~ up about sth** (= *hurt*) estar muy afectado por algo; (= *annoyed*) estar muy molesto por algo; **he was very ~ up by the death of his son** estaba muy afectado por la muerte de su hijo
Ⓑ VI + ADV ✦***IDIOM*** **to ~ up rough*** ponerse agresivo

**cut-and-dried** [ˌkʌtənˈdraɪd], **cut-and-dry** [ˌkʌtənˈdraɪ] ADJ [*answer*] concreto; [*situation, issue*] definido, claro; **this situation is not as ~ as it may seem** la situación no está tan definida *or* clara como podría parecer

**cutaneous** [kjuːˈteɪnɪəs] ADJ cutáneo

**cutback** [ˈkʌtbæk] N 1 (*in expenditure, staff, production*) recorte *m*, reducción *f*; **to make ~s (in sth)** hacer *or* realizar recortes (en algo)
2 (*Cine*) (= *flashback*) flashback *m*

**cute** [kjuːt] ADJ 1 (= *sweet*) [*face, animal, baby*] lindo, precioso, mono*, rico*; [*person*] guapo; **isn't he ~!** (= *baby*) ¡qué lindo es!, ¡qué mono *or* rico es!*; (= *pet*) ¡qué lindo es!, ¡qué mono *or* rico es!*, ¡es una monada *or* monería!*; (= *man*) ¡es guapísimo!
2 (*esp US*) (= *clever*) listo, vivo (*LAm*); (= *affecting prettiness etc*) presumido

**cutesy*** [ˈkjuːtsɪ] ADJ (*pej*) [*person, painting, clothes*] cursi

**cut-glass** [ˈkʌtˈglɑːs] ADJ de vidrio tallado

**cuticle** [ˈkjuːtɪkl] N cutícula *f*

**cutie*** [ˈkjuːtɪ] N (*US*) monada* *f*, ricura* *f*

**cutie pie*** [ˈkjuːtɪpaɪ] N (*US*) = **cutie**

**cutlass** [ˈkʌtləs] N alfanje *m*

**cutler** [ˈkʌtləʳ] N cuchillero *m*

**cutlery** [ˈkʌtlərɪ] N (*Brit*) cubiertos *mpl*, cubertería *f*; *see also* **canteen**

**cutlet** [ˈkʌtlɪt] N chuleta *f*; **a veal ~** una chuleta de ternera

**cutoff** [ˈkʌtɒf] Ⓐ N 1 (*also* **~ point**) (= *limit*) límite *m*
2 (*Mech*) (*in pipe or duct*) cierre *m*, corte *m*; (*Elec*) valor *m* límite, corte *m*
3 (*US*) atajo *m*
4 **cutoffs*** tejanos *mpl* cortados, vaqueros *mpl* cortados
Ⓑ ADJ [*jeans*] cortado
Ⓔ CPD ► **cutoff date** N fecha *f* tope, fecha *f* límite ► **cutoff voltage** N tensión *f* de corte ► **cutoff switch** N conmutador *m* de corte, limitador *m* de potencia

**cut-out** [ˈkʌtaʊt] N 1 (= *paper, cardboard figure*) recorte *m*, figura *f* recortada; (*child's*) (*for cutting out*) recortable *m*, diseño *m* para recortar
2 (*Elec*) (= *switch*) cortacircuitos *m inv*, automático *m*; (*Mech*) válvula *f* de escape

**cut-price** [ˈkʌtpraɪs] ADJ [*goods*] a precio reducido, rebajado, de ocasión; [*shop*] de saldos

**cut-rate** [ˌkʌtˈreɪt] ADJ = **cut-price**

**cutter** [ˈkʌtəʳ] N 1 (= *tool*) cortadora *f*; (*for paper, cardboard*) cutter *m*; **wire ~s** cizalla *fsing*, cortaalambres *m*
2 (= *person*) cortador(a) *m/f*
3 (= *boat*) cúter *m*; (*US*) (= *coastguard*) patrullero *m*, guardacostas *m*

**cut-throat** [ˈkʌtθrəʊt] Ⓐ N (= *murderer*) asesino/a *m/f*
Ⓑ ADJ (= *fierce*) [*competition*] feroz, encarnizado
Ⓒ CPD ► **cut-throat razor** N navaja *f* (de afeitar)

**cutting** [ˈkʌtɪŋ] Ⓐ N 1 [*of plant*] esqueje *m*
2 (*from newspaper*) recorte *m*; (*Cine*) montaje *m*
3 (*for road, railway*) desmonte *m*, zanja *f*
Ⓑ ADJ (= *sharp*) [*edge, wind etc*] cortante; (*fig*) [*remark*] mordaz
Ⓒ CPD ► **cutting board** N plancha *f* para cortar ► **cutting edge** N filo *m*; (*fig*) vanguardia *f* ► **cutting room** N (*Cine*) sala *f* de montaje

**cuttlefish** [ˈkʌtlfɪʃ] N (*pl* **cuttlefish** *or* **cuttlefishes**) jibia *f*, sepia *f*

**cut-up*** [ˌkʌtˈʌp] ADJ (*US*) gracioso

**CV** N ABBR (= **curriculum vitae**) C.V. *m*

**CW** N ABBR 1 = **chemical weapons**
2 = **chemical warfare**

**CWO, cwo** ABBR 1 (*Comm*) = **cash with order**
2 = **chief warrant officer**

**CWS** N ABBR = **Cooperative Wholesale Society**

**cwt** ABBR = **hundredweight(s)**

**cyanide** [ˈsaɪənaɪd] N cianuro *m*; **~ of potassium** cianuro *m* potásico

**cyanose** [ˈsaɪənəʊz] N cianosis *f*

**cybercafé** [ˈsaɪbəˌkæfeɪ] N cibercafé *m*

**cybernetic** [ˌsaɪbəˈnetɪk] ADJ cibernético

**cybernetics** [ˌsaɪbəˈnetɪks] NSING cibernética *f*

**cyberpunk** [ˈsaɪbəpʌŋk] N (*Literat*) ciberpunk *m*

**cybersex** [ˈsaɪbəseks] N cibersexo *m*

**cyberspace** [ˈsaɪbəspeɪs] N ciberespacio *m*

**cyborg** [ˈsaɪbɔːg] N ciborg *m*, organismo *m* cibernético

**cyclamate** [ˈsɪkləmeɪt] N ciclamato *m*

**cyclamen** [ˈsɪkləmən] N ciclamen *m*

**cycle** [ˈsaɪkl] Ⓐ N 1 (= *bicycle*) bicicleta *f*; **racing ~** bicicleta *f* de carreras
2 [*of seasons, poems etc*] ciclo *m*; **life ~** ciclo *m* vital; **menstrual ~** ciclo *m* menstrual; **a 10-second ~** un ciclo de 10 segundos

Ⓑ VI (= *travel*) ir en bicicleta; **we ~d to the coast** fuimos en bicicleta a la costa; **I ~ to school** voy al colegio en bicicleta; **can you ~?** ¿sabes montar en bicicleta?
Ⓒ CPD ► **cycle clip** N pinza *f* para ir en bicicleta ► **cycle lane** N (*Brit*) carril *m* de bicicleta, carril *m* bici ► **cycle path** N carril *m* de bicicleta ► **cycle race** N carrera *f* ciclista ► **cycle rack** N soporte *m* para bicicletas; (*on car roof*) baca *f* para transportar bicicletas ► **cycle ride** N paseo *m* en bicicleta; **to go for a ~ ride** ir a dar un paseo en bicicleta ► **cycle shed** N cobertizo *m* para bicicletas ► **cycle track** N (*in countryside*) ruta *f* para ciclistas, senda *f* para ciclistas; (*Sport*) pista *f* de ciclismo, velódromo *m*

**cycler** ['saɪkləʳ] N (*US*) ciclista *mf*

**cycleway** ['saɪklweɪ] N ruta *f* para ciclistas

**cyclic(al)** ['saɪklɪk(əl)] ADJ cíclico

**cycling** ['saɪklɪŋ] Ⓐ N ciclismo *m*; **to go ~** ir *or* montar en bicicleta, hacer ciclismo; **the roads round here are ideal for ~** las carreteras de por aquí son ideales para ir *or* montar en bicicleta
Ⓑ CPD ► **cycling holiday** N vacaciones *fpl* en bicicleta ► **cycling shorts** NPL culotes *mpl*, culotte(s) *m(pl)*

**cyclist** ['saɪklɪst] N ciclista *mf*

**cyclone** ['saɪkləʊn] N ciclón *m*

**Cyclops** ['saɪklɒps] N (*pl* **Cyclopses** *or* **Cyclopes** [saɪ'kləʊpiːz]) cíclope *m*

**cyclostyle** ['saɪkləʊstaɪl] Ⓐ N ciclostil(o) *m*
Ⓑ VT reproducir en ciclostil(o)

**cyclostyled** ['saɪkləʊstaɪld] ADJ en ciclostil(o)

**cyclotron** ['saɪklətrɒn] N ciclotrón *m*

**cygnet** ['sɪgnɪt] N pollo *m* de cisne

**cylinder** ['sɪlɪndəʳ] Ⓐ N [1] (= *shape*) cilindro *m*
[2] (*Tech*) cilindro *m*; **a 6-~ engine** un motor de 6 cilindros; **✦IDIOM to fire on all ~s** emplearse a fondo, dar el do de pecho
Ⓑ CPD ► **cylinder block** N bloque *m* de cilindros ► **cylinder capacity** N cilindrada *f* ► **cylinder head** N culata *f* de cilindro ► **cylinder head gasket** N junta *f* de culata

**cylindrical** [sɪ'lɪndrɪkəl] ADJ cilíndrico

**cymbal** ['sɪmbəl] N (*freq pl*) címbalo *m*, platillo *m*

**cynic** ['sɪnɪk] N cínico/a *m/f*

**cynical** ['sɪnɪkəl] ADJ cínico

**cynically** ['sɪnɪklɪ] ADV cínicamente, con cinismo

**cynicism** ['sɪnɪsɪzəm] N cinismo *m*

**cynosure** ['saɪnəʃʊəʳ] N **~ of every eye** blanco *m* de todas las miradas

**CYO** N ABBR (*US*) = **Catholic Youth Organization**

**cypher** ['saɪfəʳ] = **cipher**

**cypress** ['saɪprɪs] N ciprés *m*

**Cypriot** ['sɪprɪət] Ⓐ ADJ chipriota
Ⓑ N chipriota *mf*

**Cyprus** ['saɪprəs] N Chipre *f*

**Cyrillic** [sɪ'rɪlɪk] Ⓐ ADJ cirílico
Ⓑ N cirílico *m*

**cyst** [sɪst] N quiste *m*

**cystic** ['sɪstɪk] Ⓐ ADJ cístico
Ⓑ CPD ► **cystic fibrosis** N fibrosis *f* cística

**cystitis** [sɪs'taɪtɪs] N cistitis *f*

**cytological** [ˌsaɪtə'lɒdʒɪkəl] ADJ citológico

**cytology** [saɪ'tɒlədʒɪ] N citología *f*

**cytoplasm** ['saɪtəʊplæzm] N citoplasma *m*

**cytotoxic** [ˌsaɪtəʊ'tɒksɪk] ADJ citotóxico

**CZ** ABBR (*US Geog*) = **Canal Zone**

**czar** [zɑːʳ] N zar *m*

**czarina** [zɑː'riːnə] N zarina *f*

**czarism** ['zɑːrɪzəm] N zarismo *m*

**czarist** ['zɑːrɪst] ADJ, N zarista *mf*

**Czech** [tʃek] Ⓐ ADJ checo; **the ~ Republic** la República Checa
Ⓑ N [1] (= *person*) checo/a *m/f*
[2] (*Ling*) checo *m*

**Czechoslovak** ['tʃekəʊ'sləʊvæk] (*Hist*) Ⓐ ADJ checoslovaco
Ⓑ N checoslovaco/a *m/f*

**Czechoslovakia** ['tʃekəʊslə'vækɪə] N (*Hist*) Checoslovaquia *f*

**Czechoslovakian** ['tʃekəʊslə'vækɪən] (*Hist*) Ⓐ ADJ checoslovaco
Ⓑ N checoslovaco/a *m/f*

# D d

**D¹, d¹** [diː] N [1] (= *letter*) D, d *f*; **D for David** D de Dolores
[2] (*Mus*) **D** re *m*; **D major/minor** re mayor/menor; **D sharp/flat** re sostenido/bemol

**D²** Ⓐ N (*Scol*) (= *mark around 50%*) aprobado *m*, suficiente *m*
Ⓑ ABBR (*US Pol*) = **Democrat(ic)**

**d²** ABBR [1] (= **date**) fha.
[2] (= **daughter**) hija *f*
[3] (= **died**) m.
[4] (*Rail etc*) = **depart(s)**
[5] (*Brit*†) = **penny**

**DA** N ABBR (*US Jur*) = **District Attorney**

**D/A** ABBR = **deposit account**

**dab¹** [dæb] Ⓐ N [1] (= *light stroke*) toque *m*; (= *blow*) golpecito *m*
[2] (= *small amount*) pizca *f*; [*of paint*] ligero brochazo *m*; [*of liquid*] gota *f*
[3] **dabs** (*esp Brit*‡) huellas *fpl* digitales
Ⓑ VT (= *touch lightly*) tocar ligeramente; (*with cream, butter*) untar ligeramente; (*with paint, water*) dar unos toques a; **to ~ a stain off** quitar una mancha humedeciéndola; **to ~ on** untar ligeramente

►**dab at** VI + PREP **to ~ at one's mouth/eyes** limpiarse la boca/los ojos (*dándose toquecitos*)

**dab²** [dæb] N (= *fish*) lenguado *m*

**dab³*** [dæb] Ⓐ ADJ ✦***IDIOM* to be a ~ hand at (doing) sth** (*Brit*) ser un hacha para (hacer) algo
Ⓑ ADV **~ in the middle** (*US*) en el mismo centro

**dabble** [ˈdæbl] Ⓐ VT salpicar, mojar; **to ~ one's hands/feet in water** chapotear con las manos/los pies en el agua
Ⓑ VI (*fig*) **to ~ in sth** hacer algo/interesarse por algo superficialmente; **to ~ in politics** ser politiquero, politiquear; **to ~ in shares** jugar a la bolsa; **I only ~ in it** para mí es un pasatiempo nada más

**dabbler** [ˈdæbləʳ] N (*pej*) aficionado/a *m/f* (**in** a), diletante *mf*; **he's just a ~** es un simple aficionado, para él es un pasatiempo nada más

**dabchick** [ˈdæbtʃɪk] N somorgujo *m* menor

**Dacca** [ˈdækə] N Dacca *f*

**dace** [deɪs] N (*pl* **dace** *or* **daces**) albur *m*

**dacha** [ˈdætʃə] N dacha *f*

**dachshund** [ˈdækshʊnd] N perro *m* salchicha

**Dacron®** [ˈdækrɒn] N (*US*) Dacrón® *m*

**dactyl** [ˈdæktɪl] N dáctilo *m*

**dactylic** [dækˈtɪlɪk] ADJ dactílico

**dad*** [dæd] N papá *m*

**Dada** [ˈdɑːdɑː] Ⓐ N dada *m*, dadaísmo *m*
Ⓑ ADJ dadaísta

**dadaism** [ˈdɑːdɑːɪzəm] N dadaísmo *m*

**dadaist** [ˈdɑːdɑːɪst] Ⓐ ADJ dadaísta
Ⓑ N dadaísta *mf*

**daddy*** [ˈdædɪ] N = **dad**

**daddy-long-legs** [ˈdædɪˈlɒŋlegz] N (*Brit*) típula *f*

**dado** [ˈdeɪdəʊ] N (*pl* **dadoes** *or* **dados**) [*of wall*] friso *m*; (*Archit*) [*of pedestal*] dado *m*

**daemon** [ˈdiːmən] N demonio *m*

**daff*** [dæf] N ABBR (*Brit*) = **daffodil**

**daffodil** [ˈdæfədɪl] N narciso *m*

**daffy*** [ˈdæfɪ] ADJ chiflado*

**daft*** [dɑːft] ADJ (*compar* **dafter**; *superl* **daftest**)
[1] (= *silly*) [*person*] tonto, bobo, tarado (*S. Cone**); [*idea, action, question*] tonto; **don't be ~** no seas tonto *or* bobo; **he's not as ~ as he looks** no es tan tonto como parece; **if you're ~ enough to pay £600** si eres tan bobo como para pagar 600 libras; **the ~ things some people do!** ¡hay que ver las estupideces que hace la gente!; ✦***IDIOMS* to be ~ in the head*** estar mal de la cabeza*, estar tocado del ala*; **to be as ~ as a brush*** ser más tonto que Abundio*
[2] (= *crazy*) **to be ~ about sb** estar loco por algn; **he's ~ about football** le apasiona el fútbol, el fútbol le vuelve loco

**dagger** [ˈdægəʳ] N [1] (= *knife*) daga *f*, puñal *m*; ✦***IDIOMS* to be at ~s drawn (with sb)** estar a matar (con algn); **to look ~s at sb** fulminar a algn con la mirada
[2] (*Typ*) cruz *f*, obelisco *m*

**dago**‡ [ˈdeɪgəʊ] N (*pl* **dagos** *or* **dagoes**) (*pej*) *término ofensivo aplicado a españoles, portugueses e italianos*

**daguerrotype** [dəˈgɛrəʊˌtaɪp] N daguerrotipo *m*

**dahlia** [ˈdeɪlɪə] N dalia *f*

**Dáil** [dɔɪl] N (*also* **~ Éireann**) *Cámara baja del Parlamento de la República de Irlanda*

**daily** [ˈdeɪlɪ] Ⓐ ADJ [1] (= *occurring each day*) diario; **there are ~ flights from Manchester to Munich** hay vuelos diarios de Manchester a Munich, hay vuelos de Manchester a Munich diariamente; **on a ~ basis** (= *every day*) diariamente; **they are paid on a ~ basis** (= *by the day*) les pagan por días *or* por día trabajado; (= *every day*) les pagan cada día; **our ~ bread** el pan nuestro de cada día; **~ newspaper** diario *m*, periódico *m*; **incidents of this kind are a ~ occurrence** este tipo de incidentes ocurre diariamente *or* a diario
[2] (= *normal, everyday*) cotidiano; **the ~ grind** la rutina diaria; **the ~ life of a primary school teacher** la vida cotidiana de un profesor de primaria; **we went about our ~ lives as if nothing had happened** continuamos con nuestra vida normal como si nada hubiera pasado; **the ~ round** la rutina diaria
Ⓑ ADV diariamente, a diario; **incidents of this kind happen ~** este tipo de incidentes ocurre diariamente *or* a diario; **the ticket office is open ~** la taquilla abre diariamente *or* todos los días; **twice ~** dos veces al día
Ⓒ N [1] (= *newspaper*) diario *m*, periódico *m*
[2] (*esp Brit**) **~ (help** *or* **woman)** asistenta *f*, chacha* *f*

**daintily** [ˈdeɪntɪlɪ] ADV [*walk*] elegantemente, con pasos delicados; [*eat*] (= *delicately*) con delicadeza, delicadamente; (= *affectedly*) remilgadamente, melindrosamente; **the fish was ~ served** se sirvió el pescado exquisitamente presentado; **a plate of ~ cut sandwiches** un plato de sandwiches delicadamente cortados

**daintiness** [ˈdeɪntɪnɪs] N [*of person, hands, vase*] finura *f*, delicadeza *f*; [*of steps*] elegancia *f*, delicadeza *f*; [*of figure*] gracia *f*, delicadeza *f*

**dainty** [ˈdeɪntɪ] Ⓐ ADJ (*compar* **daintier**; *superl* **daintiest**) [1] (= *delicate*) [*person, hands, vase*] fino, delicado; [*steps*] elegante, delicado; [*figure*] delicado; [*food, clothes*] exquisito, refinado; **a ~ morsel** un bocado exquisito
[2] (= *fastidious*) delicado, melindroso
Ⓑ N bocado *m* exquisito; **dainties** exquisiteces *fpl*

**daiquiri** [ˈdaɪkɪrɪ] N daiquiri *m*, daiquirí *m*

**dairy** [ˈdɛərɪ] Ⓐ N (= *shop*) lechería *f*; (*on farm*) vaquería *f*
Ⓑ CPD [*products*] lácteo ► **dairy butter** N mantequilla *f* casera ► **dairy cattle, dairy cows** NPL vacas *fpl* lecheras ► **dairy farm** N granja *f* de productos lácteos ► **dairy farmer** N ganadero/a *m/f* de vacuno de leche ► **dairy farming** N industria *f* láctera, industria *f* lactaria ► **dairy herd** N ganado *m* lechero ► **dairy ice cream** N helado *m* de nata ► **dairy produce** N productos *mpl* lácteos

**dairymaid** [ˈdɛərɪmeɪd] N lechera *f*

**dairyman** [ˈdɛərɪmən] N (*pl* **dairymen**) lechero *m*

**dais** [ˈdeɪɪs] N estrado *m*

**daisy** [ˈdeɪzɪ] Ⓐ N margarita *f*; ✦***IDIOM* to be pushing up the daisies*** criar malvas*
Ⓑ CPD ► **daisy chain** N (*lit*) guirnalda *f* de margaritas; (*fig*) serie *f*

**daisywheel** [ˈdeɪzɪˌwiːl] Ⓐ N margarita *f*
Ⓑ CPD ► **daisywheel printer** N impresora *f* de margarita

**Dakar** [ˈdækəʳ] N Dakar *m*

**Dalai Lama** [ˈdælaɪˈlɑːmə] N Dalai Lama *m*

**dale** [deɪl] N valle *m*; **the (Yorkshire) Dales** los valles de Yorkshire

**dalliance** [ˈdælɪəns] N [1] (*liter*) (*amorous*) coqueteo *m*, flirteo *m*
[2] (*esp hum*) (*with hobby, politics etc*) escarceos *mpl*

**dally** ['dælɪ] VI [1] (= *dawdle*) tardar; **to ~ over sth** perder el tiempo con algo; *see also* **dilly-dally**
[2] (= *amuse o.s.*) divertirse; **to ~ with** [+ *lover*] coquetear con, tener escarceos amorosos con; [+ *idea*] entretenerse con

**Dalmatia** [dæl'meɪʃə] N Dalmacia *f*

**Dalmatian** [dæl'meɪʃən] Ⓐ N (= *person*) dálmata *mf*
Ⓑ ADJ dálmata

**dalmatian** [dæl'meɪʃən] N (= *dog*) perro *m* dálmata

**daltonism** ['dɔ:ltənɪzəm] N daltonismo *m*

**dam¹** [dæm] Ⓐ N (= *wall*) dique *m*, presa *f*; (= *reservoir*) presa *f*, embalse *m*
Ⓑ VT (*also* **~ up**) poner un dique a, represar; (*fig*) reprimir, contener
► **dam up** VT + ADV = **dam B**

**dam²‡** [dæm] ADJ = **damn D, damned A2**

**dam³** [dæm] N (*Zool*) madre *f*

**damage** ['dæmɪdʒ] Ⓐ N [1] (*gen*) daño *m*; (*visible, eg on car*) desperfectos *mpl*; (*to building, area*) daños *pl*; **to do** *or* **cause ~ to** [+ *building*] causar daños a; [+ *machine*] causar desperfectos en; **the bomb did a lot of ~** la bomba causó muchos daños; **not much ~ was caused to the car** el coche no sufrió grandes desperfectos
[2] (*fig*) (*to chances, reputation etc*) perjuicio *m*, daño *m*; **to do** *or* **cause ~ to sth/sb** causar perjuicio a algo/algn, perjudicar algo/a algn; **the ~ is done** el daño ya está hecho; ✦*IDIOM* **what's the ~?*** (= *cost*) ¿cuánto va a ser?, ¿qué se debe?
[3] **damages** (*Jur*) daños *mpl* y perjuicios; *see also* **recover A2**
Ⓑ VT (= *harm*) dañar; [+ *machine*] averiar, causar desperfectos en; [+ *health, chances, reputation*] perjudicar; **to be ~d in a collision** sufrir daños en un choque
Ⓒ CPD ► **damage limitation exercise** N campaña *f* para minimizar los daños

**damaging** ['dæmɪdʒɪŋ] ADJ (*gen*) dañino; (*fig*) perjudicial (**to** para)

**damascene** ['dæməsi:n] Ⓐ ADJ damasquinado, damasquino
Ⓑ VT damasquinar

**Damascus** [də'mɑ:skəs] N Damasco *m*

**damask** ['dæməsk] Ⓐ ADJ [*cloth*] adamascado; [*steel*] damasquinado
Ⓑ N (= *cloth*) damasco *m*; (= *steel*) acero *m* damasquinado
Ⓒ VT [+ *cloth*] adamascar; [+ *steel*] damasquinar
Ⓓ CPD ► **damask rose** N rosa *f* de Damasco

**dame** [deɪm] N [1] **Dame** (*Brit*) (= *title*) *título aristocrático para mujeres equivalente a "sir"*
[2] (*esp Brit*†) dama *f*, señora *f*; (*Brit Theat*) *personaje de mujer anciana en las pantomimas británicas interpretado por un actor*; → PANTOMIME
[3] (*US*†*) (= *woman*) tía* *f*, gachí *f* (*Sp*‡)

**damfool‡** ['dæm'fu:l] ADJ = **damn-fool**

**dammit‡** ['dæmɪt] EXCL ¡maldita sea!*; ✦*IDIOM* **as near as ~** (*Brit*) casi, por un pelo

**damn** [dæm] Ⓐ VT [1] (*Rel*) (= *condemn*) condenar; **the effort was ~ed from the start** desde el principio el intento estaba condenado a fracasar; **the critics ~ed the book** los críticos pusieron *or* tiraron el libro por los suelos; **I'll see him ~ed first** antes lo veré colgado; ✦*IDIOM* **to ~ sth/sb with faint praise** despachar algo/a algn con tímidos elogios
[2] (= *swear at*) maldecir
[3] (‡) (*in exclamations*) **~ it!** ¡maldita sea!*; **him/you!** ¡maldito sea/seas!*; **~ this car!** ¡al diablo con este coche!; **well I'll be ~ed!** ¡caramba!*, ¡vaya!*; **I'll be ~ed if I will!** ¡ni en broma!, ¡ni pensarlo!, ¡ni de coña! (*Sp*‡)
Ⓑ EXCL (‡) ¡maldita sea!*, ¡caray!*, ¡me cago en la leche! (*Sp*‡), ¡carajo! (*LAm*‡‡)
Ⓒ N (‡) **I don't give a ~** me importa un pito *or* bledo*, me importa un carajo‡‡; **it's not worth a ~** no vale un pimiento*, no vale un carajo‡‡
Ⓓ ADJ (‡) maldito*, condenado*, fregado (*LAm**); **~ Yankee** (*US*) sucio/a yanqui *mf*
Ⓔ ADV (‡) **it's ~ hot/cold!** ¡vaya calor/frío que hace!, ¡hace un calor/frío del demonio!*; **he's ~ clever!** ¡mira que es listo!, ¡es más listo que el hambre!*; **he ~ near killed me** por poco me mata, casi me mata; **"did you tell him so?" — "~ right, I did!"** —¿eso le dijiste? —¡pues claro! *or* ¡ya lo creo!; **I should ~ well think so!** ¡hombre, eso espero!

**damnable**†* ['dæmnəbl] ADJ detestable

**damnably**†* ['dæmnəblɪ] ADV terriblemente

**damn-all‡** ['dæm'ɔ:l] Ⓐ ADJ **it's ~ use** no sirve para nada en absoluto
Ⓑ N **he does ~** no da (ni) golpe*; **I know ~ about it** (*Brit*) no tengo ni pajolera idea del tema*

**damnation** [dæm'neɪʃən] Ⓐ N (*Rel*) perdición *f*
Ⓑ EXCL (*) ¡maldición!

**damned** [dæmd] Ⓐ ADJ [1] [*soul*] condenado, maldito
[2] (‡) maldito*, condenado*, fregado (*LAm**); **that ~ book** ese maldito libro; **it's a ~ shame** es una verdadera lástima *or* pena
Ⓑ ADV (‡) muy, extraordinariamente; **it's ~ awkward** es terriblemente difícil; **it's ~ hot!** ¡vaya calor/frío que hace!, ¡hace un calor del demonio!*
Ⓒ N **the ~** las almas en pena

**damnedest*** ['dæmdɪst] N **to do one's ~ to succeed** hacer lo imposible para tener éxito

**damn-fool‡** ['dæmfu:l] ADJ estúpido, tonto; **some ~ driver** algún imbécil de conductor; **that's a ~ thing to say!** ¡qué estupidez *or* tontería!

**damning** ['dæmɪŋ] ADJ [*evidence*] irrefutable

**Damocles** ['dæməkli:z] N Damocles

**damp** [dæmp] Ⓐ ADJ (*compar* **damper**; *superl* **dampest**) [*house, air, skin, grass*] húmedo; **wipe with a ~ cloth** límpielo con un trapo húmedo; **~ conditions are the worst enemy of old manuscripts** la humedad es el peor enemigo de los manuscritos; **it smells ~ in here** aquí huele a humedad *or* a húmedo; **a ~ patch** una mancha de humedad; ✦*IDIOM* **to be a ~ squib**: **the concert was a bit of a ~ squib** el concierto fue decepcionante, nos llevamos un chasco con el concierto
Ⓑ N (*also* **~ness**) humedad *f*; *see also* **rising D**
Ⓒ VT [1] (= *moisten*) humedecer
[2] = **dampen 2**
[3] (= *deaden*) [+ *sounds*] amortiguar; [+ *vibration*] mitigar
Ⓓ CPD ► **damp course** N aislante *m* hidrófugo
► **damp down** VT + ADV [+ *fire*] sofocar

**dampen** ['dæmpən] VT [1] (= *moisten*) humedecer
[2] (*fig*) [+ *hopes*] frustrar; [+ *enthusiasm, zeal*] enfriar; **his words ~ed her hopes** sus palabras frustraron sus esperanzas, sus palabras le hicieron perder las esperanzas; **I don't want to ~ your enthusiasm, but ...** no quiero enfriar tu entusiasmo, pero ..., no quiero hacer que pierdas tu entusiasmo, pero ...; **to ~ sb's spirits** desanimar *or* desalentar a algn; **to ~ sb's ardour** apagar el ardor de algn

**dampener** ['dæmpənəʳ] N ✦*IDIOM* **to put a ~ on** = **to put a damper on**

**damper** ['dæmpəʳ] N (*Mus*) sordina *f*, apagador *m*; [*of fire*] regulador *m* de tiro; (*Tech*) amortiguador *m*; ✦*IDIOM* **to put a ~ on** [*sad news*] [+ *celebration, party*] poner una nota de tristeza a; **to put a ~ on things*** aguar la fiesta

**dampish** ['dæmpɪʃ] ADJ algo húmedo

**damply** ['dæmplɪ] ADV [1] (= *wetly*) **his T-shirt clung ~ to him** la camiseta mojada se le ceñía al cuerpo; **her hair clung ~ to her cheeks** el pelo mojado se le pegaba a las mejillas
[2] (*fig*) (= *unenthusiastically*) sin ganas, sin (mucho) entusiasmo

**dampness** ['dæmpnɪs] N humedad *f*

**damp-proof** ['dæmppru:f] Ⓐ ADJ hidrófugo, a prueba de humedad
Ⓑ VT aislar contra la humedad
Ⓒ CPD ► **damp-proof course** N = **damp course**

**damsel**† ['dæmzəl] N damisela *f*, doncella *f*; **a ~ in distress** (*hum*) una dama en apuros

**damson** ['dæmzən] N (= *fruit*) ciruela *f* damascena; (= *tree*) ciruelo *m* damasceno

**Dan** [dæn] N (*familiar form*) *of* **Daniel**

**dan** [dæn] N (*Sport*) dan *m*

**dance** [dɑ:ns] Ⓐ N [1] (= *act*) baile *m*; (= *art of dancing*) danza *f*, baile *m*; **~ of death** danza *f* de la muerte; ✦*IDIOM* **to lead sb a (merry) ~** (*Brit*) traer loco a algn
[2] (= *event*) baile *m*
Ⓑ VT bailar; ✦*IDIOM* **to ~ attendance on sb** desvivirse por algn
Ⓒ VI bailar; (*artistically*) bailar, danzar; (*fig*) (= *skip*) saltar, brincar; **shall we ~?** ¿quieres bailar?; **to ~ about** (*with pain, joy etc*) saltar; **to ~ for joy** saltar *or* brincar de alegría; ✦*IDIOM* **to ~ to sb's tune** bailar al son que algn toca
Ⓓ CPD ► **dance band** N orquesta *f* de baile ► **dance class** N clase *f* de baile ► **dance floor** N pista *f* de baile ► **dance hall** N salón *m* de baile, sala *f* de fiestas ► **dance music** N música *f* de baile

**dancer** ['dɑ:nsəʳ] N (*gen*) bailarín/ina *m/f*; (*flamenco*) bailaor(a) *m/f*

**dancing** ['dɑ:nsɪŋ] Ⓐ N baile *m*
Ⓑ CPD ► **dancing girl** N bailarina *f* ► **dancing partner** N pareja *f* de baile ► **dancing shoes** NPL (*gen*) zapatos *mpl* de baile; (*for ballet*) zapatillas *fpl* de ballet

**D and C** N ABBR = **dilation and curettage**

**dandelion** ['dændɪlaɪən] N diente *m* de león

**dander** ['dændəʳ] N ✦*IDIOM* **to get sb's ~ up**† sacar a algn de sus casillas

**dandified** ['dændɪfaɪd] ADJ guapo, acicalado

**dandle** ['dændl] VT hacer saltar sobre las rodillas

**dandruff** ['dændrəf] Ⓐ N caspa *f*
Ⓑ CPD ► **dandruff shampoo** N champú *m* anticaspa

**dandy** ['dændɪ] Ⓐ N (*pej*) (= *man*) dandi *m*, petimetre *m*
Ⓑ ADJ (*esp US**) excelente, chachi (*Sp**), macanudo (*LAm**); **fine and ~** perfecto

**Dane** [deɪn] N danés/esa *m/f*

**dang*** [dæŋ] EXCL (*euph*) = **damn B**

**danger** ['deɪndʒəʳ] Ⓐ N peligro *m*; **to be in ~** estar en peligro, correr peligro; **to be in ~ of falling** correr el peligro *or* riesgo de caer; **there is a ~ of** hay peligro *or* riesgo de; **there was no ~ that he would be discovered** no había peligro de que lo descubrieran; **(to be) out of ~** (*gen, Med*) (estar) fuera de peligro; **to be a ~ to sth/sb/o.s.** ser un peligro para

algo/para algn/para sí mismo; **"danger men at work"** "¡atención *or* ¡peligro obras!"; **"danger keep out"** "¡peligro de muerte! prohibido el acceso"
Ⓑ CPD ► **danger area** N = **danger zone** ► **danger list** N (*Med*) **to be on the ~ list** estar grave ► **danger money** N plus *m* de peligrosidad ► **danger point** N punto *m* crítico ► **danger signal** N señal *f* de peligro ► **danger zone** N área *f or* zona *f* de peligro

**dangerous** [ˈdeɪndʒrəs] ADJ [*animal, disease, person, place*] peligroso; [*strategy, decision, operation*] peligroso, arriesgado; [*driver*] peligroso, temerario; [*substance, drug*] peligroso, nocivo; **he was jailed for ~ driving** lo metieron en la cárcel por conducir con imprudencia temeraria; **it is ~ to play on railway lines** es peligroso jugar en las vías del tren

**dangerously** [ˈdeɪndʒrəslɪ] ADV peligrosamente, de forma peligrosa; **he was driving ~ close to the car in front** conducía tan pegado al coche de delante que era peligroso; **I came ~ close to hitting him** faltó muy poco para que le pegara; **he didn't die, but he came ~ close to it** no murió, pero estuvo a punto *or* le faltó poco; **to drive ~** conducir de forma temeraria; (*Jur*) conducir con imprudencia temeraria; **~ high** peligrosamente alto; **to be ~ ill** estar gravemente enfermo; **to live ~** (= *take risks*) llevar una vida arriesgada, vivir al límite; **go on, live ~, have another glass of wine!** (*hum*) venga, un día es un día, ¡tómate otra copa de vino!; **~ low** peligrosamente bajo

**dangle** [ˈdæŋgl] Ⓐ VT 1 [+ *arm, leg*] colgar; [+ *object on string etc*] dejar colgado
2 (*fig*) [+ *tempting offer*] **to ~ sth in front of** *or* **before sb** tentar a algn con algo
Ⓑ VI colgar, pender; **to keep sb dangling** (*fig*) tener a algn pendiente

**Daniel** [ˈdænjəl] N Daniel

**Danish** [ˈdeɪnɪʃ] Ⓐ N 1 (*Ling*) danés *m*
2 **the ~** los daneses
3 (*esp US*) = **Danish pastry**
Ⓑ ADJ danés, dinamarqués
Ⓒ CPD ► **Danish blue (cheese)** N queso *m* azul danés ► **Danish pastry** N *bollo de masa de hojaldre con pasas, manzana o crema*

**dank** [dæŋk] ADJ (*compar* **danker**; *superl* **dankest**) húmedo y oscuro

**Dante** [ˈdæntɪ] N Dante

**Danube** [ˈdænjuːb] N Danubio *m*

**Daphne** [ˈdæfnɪ] N Dafne

**dapper** [ˈdæpəʳ] ADJ (= *smart*) [*man, appearance*] pulcro

**dapple** [ˈdæpl] VT motear a colores

**dappled** [ˈdæpld] ADJ moteado; [*horse*] rodado

**DAR** N ABBR (*US*) (= **Daughters of the American Revolution**) *una organización de mujeres descendientes de combatientes de la Guerra de la Independencia americana*

**DAR**

*La organización* **Daughters of the American Revolution** *o* **DAR**, *fundada en 1890, está formada por mujeres que descienden de familias que lucharon para defender las colonias contra los británicos durante la Guerra de la Independencia americana (1775-1783). Sus miembros han trabajado mucho para fomentar el patriotismo y preservar los lugares históricos.*
*Políticamente, es una organización muy conservadora que incluso se ha opuesto a la existencia de las Naciones Unidas.*

**Darby and Joan** [ˈdɑːbɪənˈdʒəʊn] Ⓐ NPL *el matrimonio ideal, de ancianos que siguen viviendo en la mayor felicidad*
Ⓑ CPD ► **Darby and Joan club** N (*Brit*) club *m* para personas de la tercera edad

**Dardanelles** [ˌdɑːdəˈnelz] NPL Dardanelos *mpl*

**dare** [dɛəʳ] Ⓐ N (= *challenge*) reto *m*, desafío *m*; **I did it for a ~** me retaron, por eso lo hice
Ⓑ VT 1 (= *challenge*) desafiar, retar; **to ~ sb to do sth** desafiar *or* retar a algn a hacer algo; **I ~ you!** ¡a que no te atreves!
2 (= *be so bold*) atreverse; **to ~ (to) do sth** atreverse a hacer algo; **I ~n't** no me atrevo; **I ~n't tell him** no me atrevo a decírselo; **how ~ you!** ¡cómo te atreves!, ¡qué cara!; **don't** *or* **just you ~!*** ¡ni se te ocurra!
3 **I ~ say** (= *in my opinion*) en mi opinión; (= *possibly*) puede ser, tal vez; **I ~ say that ...** no me sorprendería que + *subjun*; **I ~ say you're tired** supongo que estás cansado; **~ I say it** me atrevería a decir
4 (*liter*) [+ *sb's anger*] hacer frente a

**daredevil** [ˈdɛəˌdevl] Ⓐ ADJ temerario
Ⓑ N temerario/a *m/f*, atrevido/a *m/f*

**daren't** [ˈdɛənt] = **dare not**

**Dar-es-Salaam** [ˌdɑːressəˈlɑːm] N Dar-es-Salaam *m*

**daring** [ˈdɛərɪŋ] Ⓐ ADJ 1 (= *bold*) [*plan, escape*] arriesgado; [*person*] atrevido, audaz
2 (= *provocative*) [*film, clothes*] atrevido
Ⓑ N audacia *f*, atrevimiento *m*

**daringly** [ˈdɛərɪŋlɪ] ADV atrevidamente, osadamente

**Darius** [dəˈraɪəs] N Darío

**dark** [dɑːk] Ⓐ ADJ (*compar* **darker**; *superl* **darkest**) 1 (= *not illuminated*) oscuro; **a ~ night** una noche cerrada; **the room/house was ~** (= *poky*) era una habitación/casa oscura; (= *badly-lit*) la habitación/casa estaba oscura; (= *lights not on*) la habitación/casa estaba a oscuras; **it was already ~ outside** ya había oscurecido, ya era de noche; **to get ~** oscurecerse, ponerse oscuro; (*at night-time*) oscurecer, hacerse de noche; **it gets ~ early in winter** en invierno oscurece pronto, en invierno se hace de noche pronto; **the ~ side of the moon** la cara oculta de la luna
2 (*in colour*) [*colour, clothes*] oscuro; [*complexion, hair*] moreno, prieto (*Mex*); [*cloud*] gris; **~ blue/red** *etc* azul/rojo *etc* oscuro; **he is tall and ~** es alto y moreno, es alto y prieto (*Mex*)
3 (= *sad, gloomy*) [*day, period*] aciago; [*mood, thoughts*] sombrío; **these are ~ days for the steel industry** son días aciagos para la industria del acero
4 (= *obscure, mysterious*) oscuro; **the ~ recesses of the human mind** los oscuros recovecos de la mente humana; **~est Africa** lo más recóndito de África; **a ~ corner of the world** un rincón recóndito del mundo; **to keep sth ~*** no decir ni pío de algo*; **keep it ~!*** ¡de esto ni una palabra a nadie!; ♦**IDIOM he's a ~ horse** es una incógnita, es un enigma
5 (= *sinister*) [*secret, plan, threat*] siniestro; **who performed the ~ deed?** ¿quién llevó a cabo el vil acto?; **I got some ~ looks from Janet** Janet me lanzaba miradas asesinas
Ⓑ N **after ~** después del anochecer; **until ~** hasta el anochecer; **I want to leave before ~** quiero salir antes de que anochezca, quiero salir antes del anochecer; **the ~** la oscuridad; **he is afraid of the ~** le tiene miedo a la oscuridad; **why are you sitting in the ~?** ¿por qué estás sentado en lo oscuro?; ♦**IDIOMS to be in the ~ about sth*** no saber nada sobre algo; **I'm still in the ~ (about it)*** aún no sé nada (de eso); **to keep/leave sb in the ~ about sth*** mantener/dejar a algn desinformado de algo, ocultar algo a algn; *see* **shot B5**
Ⓒ CPD ► **the Dark Ages** NPL la Alta Edad Media; **we're still living in the ~ ages** (*fig*) todavía vivimos en la Edad Media ► **dark chocolate** N chocolate *m* amargo, chocolate *m* negro ► **dark glasses** NPL gafas *fpl* oscuras ► **dark matter** N (*Astron*) materia *f* oscura

**darken** [ˈdɑːkən] Ⓐ VT [+ *sky*] oscurecer; [+ *colour*] hacer más oscuro; **a ~ed room** un cuarto oscuro; ♦**IDIOM to ~ sb's door**: **never ~ my door again!** ¡no vuelvas nunca por aquí!
Ⓑ VI [*room, landscape*] oscurecerse; [*sky*] (*at nightfall*) oscurecerse; (= *cloud over*) nublarse; [*colour*] ponerse más oscuro; (*fig*) [*face, future*] ensombrecerse

**darkey‡** [ˈdɑːkɪ] N = **darkie**

**dark-eyed** [ˌdɑːkˈaɪd] ADJ de ojos oscuros

**darkie†‡** [ˈdɑːkɪ] N (*Brit pej*) negro/a *m/f*

**darkish** [ˈdɑːkɪʃ] ADJ [*colour*] algo oscuro, tirando a oscuro; [*hair, complexion*] algo moreno, tirando a moreno

**darkly** [ˈdɑːklɪ] ADV (= *mysteriously*) enigmáticamente; (= *threateningly*) de manera amenazante; **the newspapers hinted ~ at conspiracies** los periódicos hacían enigmáticas referencias a conspiraciones; **"we'll see," he said ~** —ya veremos —dijo en tono amenazante; **~ comic** lleno de humor negro; **the freckles stood out ~ against her pale skin** las pecas resaltaban oscuras en su blanca piel; **a ~ handsome man** un atractivo hombre moreno

**darkness** [ˈdɑːknɪs] N 1 (= *blackness*) [*of complexion, hair, sky*] oscuridad *f*; **in the ~ of the night** en la oscuridad *or* lo oscuro de la noche; **the house was in ~** la casa estaba a oscuras; **~ fell, and we returned home** cayó la noche y volvimos a casa
2 (= *evil*) el mal; **the forces of ~** las fuerzas del mal; **the powers of ~** los poderes del mal

**darkroom** [ˈdɑːkrʊm] N (*Phot*) cuarto *m* oscuro

**dark-skinned** [ˌdɑːkˈskɪnd] ADJ moreno, morocho (*LAm*)

**darky‡** [ˈdɑːkɪ] N = **darkie**

**darling** [ˈdɑːlɪŋ] Ⓐ N 1 (*gen*) cariño *m*, querido/a *m/f*; **yes, ~** sí, cariño *or* querida; **come here, ~** (*to child*) ven aquí, cielo; **be a ~ and ...*** sé bueno y ...; **she's a little ~** (*child*) es un encanto
2 (= *favourite*) preferido/a *m/f*; **the ~ of the muses** el preferido de las musas
Ⓑ ADJ 1 (= *beloved*) querido
2 (*) (= *lovely*) [*house, dress*] mono; **what a ~ dress/house!** ¡qué vestido más mono/casa más mona!, ¡qué monada de vestido/casa!

**darn**[1] [dɑːn] Ⓐ N (*Sew*) zurcido *m*, zurcidura *f*
Ⓑ VT [+ *socks, cloth*] zurcir

**darn**[2]* [dɑːn] (*esp US*) Ⓐ EXCL **~ (it)!** ¡caray!*
Ⓑ ADJ = **darned A**
Ⓒ ADV = **darned B**

**darned*** [dɑːnd] (*esp US*) Ⓐ ADJ condenado, maldito; **I'll be ~!** ¡mecachis!*
Ⓑ ADV **free to do as you ~ well please** libre de hacer lo que te dé la real gana*; **we start working pretty ~ early** empezamos a trabajar tela de pronto*

**darning** [ˈdɑːnɪŋ] Ⓐ N (= *action*) zurcido *m*; (= *items to be darned*) cosas *f* por zurcir
Ⓑ CPD ► **darning needle** N aguja *f* de zurcir ► **darning wool** N hilo *m* de zurcir

**dart** [dɑːt] Ⓐ N 1 (= *movement*) movimiento *m* rápido; **to make a ~ for** precipitarse hacia
2 (*Sport*) dardo *m*, rehilete *m*; **~s** (= *game*) dardos *mpl*; **to play ~s** jugar a los dardos

[3] (= *weapon*) dardo *m*, flecha *f*
[4] (*Sew*) pinza *f*
Ⓑ VT [+ *look*] lanzar
Ⓒ VI **to ~ in/out** entrar/salir como una flecha; **to ~ at** *or* **for sth** lanzarse *or* precipitarse hacia algo
►**dart away, dart off** VI + ADV salir como una flecha

**dartboard** ['dɑːtbɔːd] N diana *f*

**Darwinian** [dɑː'wɪnɪən] Ⓐ ADJ darwiniano
Ⓑ N darwinista *mf*

**Darwinism** ['dɑːwɪnɪzəm] N darwinismo *m*

**Darwinist** ['dɑːwɪnɪst] Ⓐ ADJ darwinista
Ⓑ N darwinista *mf*

**dash** [dæʃ] Ⓐ N [1] (= *small quantity*) [*of liquid*] gota *f*, chorrito *m*; [*of salt, pepper*] pizca *f*; [*of colour*] toque *m*; **with a ~ of soda** con una gota *or* un chorrito de sifón
[2] (= *punctuation mark*) (*also Morse*) raya *f*
[3] (= *rush*) carrera *f*; **there was a mad ~ for the exit** todos se precipitaron hacia la salida; **to make a ~ at** *or* **towards** precipitarse hacia; **we had to make a ~ for it** tuvimos que salir corriendo
[4] (*US Sport*) **the 100-meter ~** los 100 metros lisos
[5] (= *flair, style*) brío *m*; ✦***IDIOM*** **to cut a ~** destacar
[6] (*Aut*) = **dashboard**
Ⓑ VT [1] (= *throw*) **to ~ sth to the ground** tirar *or* arrojar algo al suelo; **to ~ sth to pieces** hacer añicos algo, estrellar algo; **to ~ one's head against sth** dar con la cabeza contra algo
[2] (*fig*) [+ *hopes*] frustrar, defraudar; **to ~ sb's spirits** desanimar a algn
Ⓒ VI [1] (= *smash*) estrellarse; **the waves are ~ing against the rock** las olas rompen contra la roca
[2] (= *rush*) ir de prisa, precipitarse; **to ~ away/back** salir/volver corriendo; **to ~ in/out** entrar/salir disparado; **to ~ past** pasar como un rayo; **to ~ up** [*person*] llegar corriendo; [*car*] llegar a toda velocidad; **I must ~*** me voy corriendo
Ⓓ EXCL **~ it (all)!**†* ¡demontre!*, ¡porras!*
►**dash off** Ⓐ VT + ADV [+ *letter, drawing*] hacer a la carrera
Ⓑ VI + ADV salir corriendo, marcharse apresuradamente

**dashboard** ['dæʃbɔːd] N (*Aut*) salpicadero *m*

**dashed**†* [dæʃt] ADJ (*euph*) = **damned A2**

**dashing** ['dæʃɪŋ] ADJ [*man*] gallardo, apuesto

**dashingly** ['dæʃɪŋlɪ] ADV [*behave*] gallardamente, arrojadamente; [*dress*] garbosamente

**dastardly** ['dæstədlɪ] ADJ ruin, vil

**DAT** N ABBR = **digital audio tape**

**data** ['deɪtə] Ⓐ NPL (*with sing or pl vb*) datos *mpl*
Ⓑ CPD ► **data bank** N banco *m* de datos ► **data capture** N grabación *f* de datos ► **data collection** N recogida *f* de datos, recopilación *f* de datos ► **data dictionary**, **data directory** N guía *f* de datos ► **data entry** N entrada *f* de datos ► **data file** N archivo *m* de datos ► **data link** N medio *m* de transmisión de datos ► **data management** N gestión *f* de datos ► **data preparation** N preparación *f* de datos ► **data processing** N (= *action*) procesamiento *m* de datos, proceso *m* de datos; (= *science*) informática *f* ► **data processor** N procesador *m* de datos ► **data protection** N protección *f* de datos ► **data transmission** N transmisión *f* de datos, telemática *f*

**database** ['deɪtəbeɪs] Ⓐ N base *f* de datos
Ⓑ CPD ► **database manager** N (= *software*) gestor *m* de base de datos

**datable** ['deɪtəbl] ADJ datable, fechable (**to** en)

**Datapost®** ['deɪtəpəʊst] N (*Brit*) **by ~** por correo urgente

**date**[1] [deɪt] Ⓐ N [1] (= *year, day of month*) fecha *f*; **what's the ~ today?** ◊ **what ~ is it today?** ¿qué fecha es hoy?; **~ of birth** fecha *f* de nacimiento; **closing ~** fecha *f* tope; **at an early ~** (*in the future*) en fecha próxima, dentro de poco; **at some future ~** en alguna fecha futura; **~ of issue** fecha *f* de emisión; **at a later ~** en una fecha posterior; **opening ~** fecha *f* de apertura; **to ~** hasta la fecha; *see also* **out-of-date, up-to-date**
[2] (= *appointment*) cita *f*, compromiso *m*; (*with girlfriend, boyfriend*) cita *f*; **to have a ~ with sb** tener una cita con algn; **have you got a ~ tonight?** ¿tienes algún compromiso para esta noche?; **to make a ~ with sb** citarse *or* quedar con algn; **they made a ~ for eight o'clock** se citaron para las ocho, quedaron a las ocho
[3] (= *person one is dating*) pareja *f*, acompañante *mf*; **who's your ~ for tonight?** ¿con quién sales esta noche?
[4] (= *concert etc*) actuación *f*
Ⓑ VT [1] (= *put date on*) [+ *letter*] fechar, poner fecha a
[2] (= *establish age of*) [+ *object*] fechar, datar
[3] (= *show age of*) [+ *person*] **you remember the Tremeloes? that really ~s you!** ¿recuerdas a los Tremeloes? ¡eso demuestra lo viejo que eres!
[4] (= *go out with*) [+ *girl etc*] salir con, pololear con (*Chile*)
Ⓒ VI [1] (= *show age*) pasar de moda
[2] **to ~ back to** [+ *time*] remontarse a; **to ~ from** datar de
[3] (= *go out with sb*) **is she dating?** ¿sale con chicos?; **they've been dating for three months** llevan saliendo juntos tres meses
Ⓓ CPD ► **date rape** N violación *f* durante una cita amorosa ► **date stamp** N (*on library book, fresh food*) sello *m* de fecha; (= *postmark*) matasellos *m inv*; *see also* **date-stamp**

**date**[2] [deɪt] N (*Bot*) (= *fruit*) dátil *m*; (*also* **~ palm**) palmera *f* datilera

**dated** ['deɪtɪd] ADJ [*clothes, ideas*] pasado de moda, anticuado

**dateline** ['deɪtlaɪn] N [1] (*Geog*) línea *f* de cambio de fecha
[2] (*in newspaper*) **~ Beirut** fechado en Beirut

**date-stamp** ['deɪtstæmp] VT estampar la fecha en; *see also* **date**

**dating** ['deɪtɪŋ] Ⓐ N (*Archeol*) datación *f*
Ⓑ CPD ► **dating agency** N agencia *f* de contactos ► **dating service** N servicio *m* de contactos

**dative** ['deɪtɪv] Ⓐ ADJ dativo
Ⓑ N (*also* **~ case**) dativo *m*

**datum** ['deɪtəm] N (*pl* **data**) dato *m*; *see also* **data**

**daub** [dɔːb] Ⓐ N (= *smear*) mancha *f*; (= *bad painting*) pintarrajo *m*
Ⓑ VT (= *smear*) embadurnar; **to ~ a wall with paint** ◊ **~ paint onto a wall** embadurnar una pared de pintura
Ⓒ VI pintarrajear

**dauber** ['dɔːbəʳ], **daubster** ['dɔːbstəʳ] N pintor(a) *m/f* de brocha gorda, mal(a) pintor(a) *m/f*

**daughter** ['dɔːtəʳ] N hija *f*; → DAR

**daughterboard** ['dɔːtə,bɔːd] N (*Comput*) placa *f* hija

**daughter-in-law** ['dɔːtərɪnlɔː] N (*pl* **daughters-in-law**) nuera *f*, hija *f* política

**daunt** [dɔːnt] VT (= *inhibit*) amedrentar; (= *dishearten*) desmoralizar, desalentar; **nothing ~ed** sin dejarse amedrentar, sin inmutarse

**daunting** ['dɔːntɪŋ] ADJ (= *inhibiting*) abrumador, amedrentador; (= *disheartening*) desalentador, desmoralizante; **a ~ task** una tarea abrumadora, una gigantesca tarea

**dauntless** ['dɔːntlɪs] ADJ [*person*] intrépido; [*courage*] tenaz

**dauntlessly** ['dɔːntlɪslɪ] ADV **to carry on ~** continuar sin amilanarse, continuar impávido

**dauphin** ['dɔːfɪn] N (*Hist*) delfín *m*

**Dave** [deɪv] N (*familiar form*) *of* **David**

**davenport** ['dævnpɔːt] N (*US*) sofá *m* cama; (*Brit*) (= *desk*) escritorio *m* pequeño

**David** ['deɪvɪd] N David

**davit** ['dævɪt] N pescante *m*

**Davy Jones** ['deɪvɪ'dʒəʊnz] N **~' locker** (*Naut*) el fondo del mar (*tumba de los marineros ahogados*)

**dawdle** ['dɔːdl] Ⓐ VI (*in walking*) andar muy despacio; (*over food, work*) entretenerse, demorarse
Ⓑ VT **to ~ away** malgastar

**dawdler** ['dɔːdləʳ] N (= *idler*) holgazán/ana *m/f*, ocioso/a *m/f*; (= *slowcoach*) rezagado/a *m/f*

**dawdling** ['dɔːdlɪŋ] Ⓐ ADJ (= *lagging behind*) rezagado
Ⓑ N pérdida *f* de tiempo

**dawn** [dɔːn] Ⓐ N [1] (= *daybreak*) amanecer *m*; **at ~** al amanecer; **to get up with the ~** levantarse al amanecer; **from ~ to dusk** de sol a sol
[2] (*liter*) (= *beginning*) albores *mpl*; **the ~ of the radio age** los albores de la era de la radio
Ⓑ VI [*day*] amanecer; **a new epoch has ~ed** ha nacido una época nueva
Ⓒ CPD ► **dawn chorus** N (*Brit*) canto *m* de los pájaros al amanecer ► **dawn raid** N (*Police*) *redada efectuada en la madrugada*; (*Fin*) *compra inesperada de acciones de una empresa como paso previo a una OPA*
►**dawn (up)on** VI + PREP **it suddenly ~ed on him that …** se dio cuenta *or* cayó en la cuenta de repente de que …

**dawning** ['dɔːnɪŋ] Ⓐ ADJ [*hope etc*] naciente
Ⓑ N (= *beginning*) albores *mpl*; **the ~ of the space age** los albores de la era espacial; **the first ~ of hope** el primer atisbo *or* rayo de esperanza

**day** [deɪ] Ⓐ N [1] (= *24 hours*) día *m*; **what ~ is it today?** ¿qué día es hoy?; **he works eight hours a ~** trabaja ocho horas al día; **twice a ~** dos veces al día; **the ~ after** el día siguiente; **the ~ after tomorrow** pasado mañana; **~ after ~** día tras día; **two ~s ago** hace dos días; **any ~** un día cualquiera; **any ~ now** cualquier día de éstos; **any old ~*** el mejor día; **the ~ before** el día anterior; **the ~ before yesterday** anteayer; **the ~ before his birthday** la víspera de su cumpleaños; **two ~s before Christmas** dos días antes de Navidad; **~ by ~** de un día para otro, de día a día (*LAm*); **every ~** cada día, todos los días; **one fine ~** el día menos pensado; **on the following ~** al día siguiente; **for ~s on end** durante días; **from ~ to ~** de día en día; **from one ~ to the next** de un día a otro; **to live from ~ to ~** *or* **from one ~ to the next** vivir al día; **~ in ~ out** un día sí y otro también; **you don't look a ~ older** no pasan por ti los días, no pareces un día más viejo; **on the ~ everything will be all right** para el día en cuestión todo estará en orden; **one ~** un día; **the other ~** el otro día; **every other ~** un día sí y otro no; **some ~** un día; **(on) that ~** aquel día; **that ~ when we …** aquel día en que nosotros …; **one of these ~s** un día de éstos; **this ~ next week** ◊ **this ~ week** (*Brit*) (de) hoy en ocho días; **50 years ago to the ~** (hoy) hace exactamente 50 años; ✦**IDIOMS he's fifty if he's a ~*** debe tener cincuenta años mínimo; **to carry** *or* **win the ~** ganar la victoria; **to give sb his ~ in court** dar a algn la oportunidad de explicarse; **to make sb's ~**: **it made my ~ to see him smile** me hizo feliz verlo sonreír; **that'll be the ~, when he offers to pay!*** ¡él nos invitará cuando las ranas críen pelo!; *see also* **black A6**

[2] (= *daylight hours, working hours*) jornada *f*; **to work an eight-hour ~** trabajar una jornada de ocho horas; **it's a fine ~** hace buen tiempo hoy; **to work all ~** trabajar todo el día; **a ~ at the seaside** un día de playa; **to travel by ~** ◊ **travel during the ~** viajar de día; **paid by the ~** pagado por día; **good ~!** ¡buenos días!; **to work ~ and night** trabajar día y noche; **a ~ off** un día libre; **to take a ~ off** darse un día libre, no presentarse en el trabajo; **on a fine/wet ~** un día bonito/lluvioso; **one summer's ~** un día de verano; **~ of reckoning** (*fig*) día *m* de ajustar cuentas; **to work ~s** trabajar de día; ✦**IDIOMS it's all in a ~'s work** son gajes del oficio; **to call it a ~*** (*for good*) darse por vencido, abandonar; (*for today*) dejarlo por hoy; **let's call it a ~** terminemos ya

[3] (= *period*) **during the early/final ~s of the strike** durante los primeros/últimos días de la huelga; **it has seen better ~s** ya no vale lo que antes; **until my dying ~** hasta la muerte; **it's early ~s yet** todavía es pronto; **the happiest ~s of your life** los mejores días de su vida; **in those ~s** en aquellos tiempos; **in ~s to come** en días venideros; **in this ~ and age** ◊ **in the present ~** hoy en día; **in my ~** en mis tiempos; **in Queen Victoria's ~** en la época de la reina Victoria; **he was famous in his ~** fue famoso en sus tiempos; **in the good old ~s** en los viejos tiempos; **these ~s** hoy en día; **those were the ~s, when …** esa fue la buena época, cuando …; **to this ~** hasta el día de hoy; **in his younger ~s** en su juventud; ✦**IDIOM to have had one's ~**: **he's had his ~** pasó de moda, está acabado; *see also* **dog A1, time A1, A5**

Ⓑ CPD ► **day bed** N (*US*) meridiana *f* ► **day boarder** N (*Brit Scol*) alumno/a *m/f* de media pensión ► **day boy** N (*Brit Scol*) externo *m* ► **day centre** N (*Brit*) centro *m* de día ► **day girl** N (*Brit Scol*) externa *f* ► **day job** N trabajo *m* habitual, ocupación *f* habitual; ✦**IDIOM don't give up the ~ job!** (*hum*) ¡sigue en lo tuyo! ► **Day of Judgement** N día *m* del Juicio Final ► **day labourer, day laborer** (*US*) N jornalero *m* ► **day nurse** N enfermero/a *m/f* de día ► **day nursery** N guardería *f* ► **day release course** N (*Brit Comm, Ind*) curso *m* de un día a la semana (para trabajadores) ► **day return (ticket)** N (*Brit*) billete *m* de ida y vuelta en el día ► **day school** N colegio *m* sin internado ► **day shift** N (*in factory etc*) turno *m* de día ► **day trip** N excursión *f* (de un día); **to go on a ~ trip to London** ir un día de excursión *or* (*LAm*) de paseo a Londres ► **day tripper** N excursionista *mf*

**daybook** ['deɪbʊk] N (*Brit*) diario *m* de entradas y salidas, libro *m* de entradas y salidas; (*US*) agenda *f*

**daybreak** ['deɪbreɪk] N amanecer *m*; **at ~** al amanecer

**daycare** ['deɪkɛəʳ] Ⓐ N servicio *m* de guardería

Ⓑ CPD ► **daycare centre, daycare center** (*US*) N guardería *f* ► **daycare services** NPL (*Brit*) servicios *mpl* de guardería

**daydream** ['deɪdri:m] Ⓐ N ensueño *m*, ilusión *f*

Ⓑ VI soñar despierto

**Day-glo®** ['deɪgləʊ] ADJ [*colours etc*] fosforescente, fosforito*

**daylight** ['deɪlaɪt] Ⓐ N luz *f* (del día); **at ~** (= *dawn*) al amanecer; **in the ~** ◊ **by ~** de día; **in broad ~** a plena luz del día, en pleno día; ✦**IDIOMS to see ~**: **I am beginning to see ~** (= *understand*) empiezo a ver las cosas claras; (= *approach the end of a job*) ya vislumbro el final; **to beat** *or* **knock the (living) ~s out of sb*** dar una tremenda paliza a algn; **to scare the (living) ~s out of sb*** dar un susto de muerte a algn; **it's ~ robbery!** (*Brit*) ¡es un robo *or* una estafa!

Ⓑ CPD ► **daylight attack** N ataque *m* diurno ► **daylight hours** NPL horas *fpl* de luz

**daylight-saving time** [ˌdeɪlaɪt'seɪvɪŋˌtaɪm] N (*US*) horario *m* de verano

**daylong** ['deɪˌlɒŋ] Ⓐ ADJ que dura todo el día

Ⓑ ADV todo el día

**day-old** ['deɪ'əʊld] ADJ [*chick*] de un día

**dayroom** ['deɪrʊm] N (*in hospital etc*) *sala de estar para los internos*

**daytime** ['deɪtaɪm] Ⓐ N día *m*; **in the ~** de día

Ⓑ ADJ de día; **please give a ~ telephone number** por favor dé un teléfono de contacto durante el día

Ⓒ CPD ► **daytime TV** N programación *f* de televisión matinal *or* matutina, televisión *f* matinal *or* matutina

**day-to-day** ['deɪtə'deɪ] ADJ cotidiano, diario; **the ~ running of the centre** la gestión cotidiana *or* diaria del centro; **on a ~ basis** día por día, de día a día (*LAm*)

**daze** [deɪz] Ⓐ N aturdimiento *m*; **to be in a ~** estar aturdido

Ⓑ VT [1] [*drug, blow*] atontar, aturdir; (= *confuse*) aturdir

[2] (*fig*) [*news*] aturdir, atolondrar

**dazed** [deɪzd] ADJ (= *confused*) aturdido

**dazzle** ['dæzl] Ⓐ N deslumbramiento *m*

Ⓑ VT deslumbrar; **he was ~d by the bright light** lo deslumbró el resplandor de la luz; **she was ~d by his knowledge of the world** (se) quedó deslumbrada por su conocimiento del mundo

**dazzling** ['dæzlɪŋ] ADJ (*lit, fig*) deslumbrante

**dazzlingly** ['dæzlɪŋlɪ] ADV [*shine*] deslumbradoramente; **~ beautiful** de una belleza deslumbrante

**DB** ABBR = **database**

**dB** ABBR (= **decibel**) dB

**DBMS** N ABBR = **database management system**

**DBS** N ABBR [1] = **direct broadcasting by satellite**

[2] = **direct broadcasting satellite**

**DC** N ABBR [1] (*Elec*) (= **direct current**) C.C.

[2] (*US*) = **District of Columbia**

**DCC®** N ABBR = **digital compact cassette**

**DCF** N ABBR = **discounted cash-flow**

**DCI** N ABBR (*Brit*) = **Detective Chief Inspector**

**DD** N ABBR [1] (*Univ*) = **Doctor of Divinity**

[2] (*Comm, Fin*) = **direct debit**

[3] (*US Mil*) = **dishonorable discharge**

**dd** ABBR (*Comm*) [1] = **delivered**

[2] = **dated**

[3] = **demand draft**

**D/D** ABBR = **direct debit**

**DC - DISTRICT OF COLUMBIA**

***District of Columbia** es el distrito donde se encuentra el gobierno de Estados Unidos. No forma parte de ningún estado, sino que es un distrito autónomo que comprende únicamente la capital del país, Washington. Se halla en el este de los Estados Unidos y tiene un área de unos 180 kilómetros cuadrados, donados por los estados de Maryland y Virginia. Normalmente se hace referencia a este distrito mediante sus siglas, **DC**, y se usa después del nombre de la capital: **Washington DC**.*

**D-day** ['di:deɪ] N (*Hist*) el día D, el día de la invasión aliada de Normandía (*6 junio 1944*); (*fig*) día *m* D

**DDS** N ABBR (*US*) [1] (*Univ*) = **Doctor of Dental Science**

[2] (*Univ*) = **Doctor of Dental Surgery**

**DDT** N ABBR (= **dichlorodiphenyltrichloroethane**) DDT *m*

**DE** Ⓐ ABBR (*US*) = **Delaware**

Ⓑ N ABBR (*Brit*) = **Department of Employment**

**de…** [di:] PREFIX de…

**DEA** N ABBR (*US*) (= **Drug Enforcement Administration**) *departamento para la lucha contra la droga*

**deacon** ['di:kən] N diácono *m*

**deaconess** ['di:kənes] N diaconisa *f*

**deactivate** [di:'æktɪveɪt] VT desactivar

**dead** [ded] Ⓐ ADJ [1] [*person, animal, plant*] muerto, difunto (*frm*); [*leaf*] marchito, seco; **~ man** muerto *m*; **the ~ king** el difunto rey; **to be ~** estar muerto; **he's been ~ for two years** hace dos años que murió; **~ or alive** vivo o muerto; **to be ~ on arrival** (*in hospital*) ingresar cadáver; **~ and buried** (*lit, fig*) muerto y bien muerto; **to drop (down) ~** caer muerto; **drop ~!*** ¡vete al cuerno!*; **to fall down ~** caer muerto; ✦**IDIOMS over my ~ body!*** ¡ni muerto!, ¡ni de chiste!; **as ~ as a dodo** *or* **a doornail** *or* **mutton** más muerto que mi abuela; **~ duck**: **he's a ~ duck** está quemado; **that issue is a ~ duck** esa cuestión ya no tiene interés; **to be ~ on one's feet** estar hecho migas *or* polvo*; **~ from the neck up*** bruto, imbécil, zoquete*; **to flog a ~ horse** ◊ **beat a ~ horse** (*US*) machacar en hierro frío; **you're ~ meat!*** ¡te vas a enterar!, ¡vas a ver lo que es bueno!; **I wouldn't be seen ~ there** ni muerto ni vivo me verán allí; **to be ~ in the water** [*economy, talks etc*] haberse ido al garete; [*politician, sportsperson etc*] estar acabado; **he/she was ~ to the world** (= *asleep*) estaba dormido/a como un tronco; ✦**PROV ~ men tell no tales** los muertos no hablan

[2] (*) (= *finished with*) **is that glass/drink ~?** ¿ha terminado su vaso?, ¿puedo levantar su vaso?

[3] (= *inactive*) [*volcano, fire*] apagado; [*cigarette, match*] gastado; [*battery*] agotado; [*telephone line*] cortado, desconectado; [*wire*] sin corriente; [*language, love, town, party*] muerto; [*custom*] anticuado; (*Sport*) [*ball*] parado, fuera de juego; **the line has gone ~** (*Telec*) la línea está cortada *or* muerta

[4] (= *numb*) **my fingers have gone ~** (*gen*) se me han dormido los dedos; (*with cold*) se me han entumecido los dedos; **he is ~ to all pity** es incapaz de sentir compasión

[5] (= *complete*) [*silence, calm*] total, completo; (= *exact*) [*centre*] justo; **a ~ cert*** una cosa segura; **to fall into a ~ faint** desmayarse totalmente; **a ~ loss*** (= *person*) un inútil; (= *thing*)

una birria; **a ~ ringer for*** el doble de, la viva imagen de; **to come to a ~ stop** pararse en seco
Ⓑ ADV [1] (= *completely, exactly*) **he stopped ~** se paró en seco; **"dead slow"** (*Aut*) "reducir la marcha"; (*Naut*) "muy despacio"; **to be ~ against sth** estar totalmente opuesto a algo; **~ ahead** todo seguido, todo derecho; **~ between the eyes** justo entre los ojos; **~ level** completamente plano; **to be ~ set on doing sth** estar decidido a hacer algo; **to be ~ set against sth** estar totalmente opuesto a algo; **~ straight** todo seguido, todo derecho; **~ on target** justo en el blanco; **~ on time** a la hora exacta
[2] (*Brit**) (= *very*) **to be ~ beat** estar hecho polvo*; **~ broke** sin un duro; **~ certain** completamente seguro; **~ drunk** borracho perdido; **~ easy** facilón, chupado‡; **~ tired** muerto (de cansancio)
[3] **✦IDIOM to cut sb ~*** hacer el vacío a algn
Ⓒ N [1] **the ~** los muertos *mpl*; **to come back** *or* **rise from the ~** resucitar
[2] **at ~ of night** ◊ **in the ~ of night** a altas horas de la noche; **in the ~ of winter** en pleno invierno
Ⓓ CPD ► **dead end** N (*lit, fig*) callejón *m* sin salida; **to come to a ~ end** (*fig*) llegar a un punto muerto; *see also* **dead-end** ► **dead hand** N (*fig*) [*of state, bureaucracy*] peso *m* muerto ► **dead heat** N (*Sport*) empate *m*; *see also* **dead-heat** ► **dead letter** N letra *f* muerta ► **dead march** N marcha *f* fúnebre ► **dead matter** N materia *f* inanimada ► **dead reckoning** N estima *f* ► **Dead Sea** N Mar *m* Muerto; **the Dead Sea Scrolls** los manuscritos del Mar Muerto ► **the dead season** N (*Tourism*) la temporada baja ► **dead weight** N peso *m* muerto; [*of vehicle*] tara *f*; (*fig*) lastre *m*, carga *f* inútil

**dead-and-alive** [ˈdedənəˈlaɪv] ADJ aburrido, monótono

**deadbeat*** [ˈdedbiːt] N (*US*) haragán/ana *m/f*

**deadbolt** [ˈdedbəʊlt] N cerrojo *m* de seguridad

**deaden** [ˈdedn] VT [+ *noise, shock*] amortiguar; [+ *feeling*] embotar; [+ *pain*] aliviar, calmar

**dead-end** [ˈdedˈend] ADJ [*street*] sin salida; [*job*] sin porvenir; **~ kids** (*US*) chicos *mpl* de la calle; *see also* **dead D**

**deadening** [ˈdednɪŋ] ADJ [*boredom*] de mala muerte

**dead-heat** [ˈdedˈhiːt] VI (*Sport*) empatar (**with** con); *see also* **dead D**

**deadline** [ˈdedlaɪn] N (*Press, Comm*) fecha *f* tope; **to meet a ~** respetar un plazo; **we cannot meet the government's ~** no podemos terminarlo *etc* en el plazo señalado por el gobierno

**deadliness** [ˈdedlɪnɪs] N [1] [*of poison*] letalidad *f*; [*of aim*] certeza *f*
[2] (= *boredom*) tedio *m*

**deadlock** [ˈdedlɒk] Ⓐ N punto *m* muerto; **to reach ~** llegar a un punto muerto, quedar estancado; **the ~ is complete** no se ve salida alguna
Ⓑ VT **to be ~ed** estar en un punto muerto

**deadly** [ˈdedlɪ] Ⓐ ADJ (*compar* **deadlier**; *superl* **deadliest**) [1] (= *lethal*) [*poison, disease, combination*] mortal; [*weapon, attack*] mortífero; **he has a ~ aim with a rifle** tiene una puntería infalible con el rifle; **to use ~ force (against sb)** (*Police, Mil*) abrir fuego (contra algn)
[2] (= *devastating*) **with ~ accuracy** (*Sport etc*) con precisión mortífera; (*Mil etc*) con precisión letal *or* mortal; **he was in ~ earnest** iba muy en serio; **to be ~ enemies** ser enemigos mortales, ser enemigos a muerte; **she argued with ~ logic** argumentaba con una lógica aplastante; **she levelled a ~ look at Nick** le lanzó una mirada asesina a Nick; **there was ~ silence** se hizo un silencio sepulcral; *see also* **seven A**
[3] (*) (= *very boring*) aburridísimo
Ⓑ ADV **it was ~ cold** hacía un frío de muerte; **the trip was ~ dull** el viaje fue un aburrimiento de muerte, el viaje fue aburridísimo; **she was ~ pale** estaba pálida como un cadáver, tenía una palidez cadavérica (*liter*); **she thought he was joking but he was ~ serious** ella pensaba que bromeaba, pero lo decía completamente en serio
Ⓒ CPD ► **deadly nightshade** N belladona *f*

**deadness** [ˈdednɪs] N inercia *f*, falta *f* de vida

**dead-nettle** [ˈdedˌnetl] N ortiga *f* muerta

**deadpan** [ˈdedˌpæn] ADJ [*face, humour*] inexpresivo

**deadstock** [ˌdedˈstɒk] N aperos *mpl*

**deadwood** [ˈdedˌwʊd] N (= *person*) persona *f* inútil; (= *people*) gente *f* inútil; (= *things*) cosas *fpl* inútiles; **to get rid of the ~** (*in organization*) eliminar al personal inútil

**deaf** [def] Ⓐ ADJ (*compar* **deafer**; *superl* **deafest**) [1] (= *unable to hear*) sordo; **~ in one ear** sordo de un oído; **✦IDIOM to be as ~ as a (door)post** estar más sordo que una tapia
[2] (= *unwilling to hear*) **~ to all appeals** sordo a todos los ruegos; **✦IDIOMS to turn a ~ ear to sth** hacer oídos sordos *or* no prestar oídos a algo; **the plea fell on ~ ears** el ruego cayó en saco roto
Ⓑ NPL **the deaf** los sordos *mpl*
Ⓒ CPD ► **deaf aid** N audífono *m*, sonotone® *m*

**deaf-and-dumb** [ˈdefənˈdʌm] ADJ [*person, alphabet*] sordomudo

**deafen** [ˈdefn] VT ensordecer

**deafening** [ˈdefnɪŋ] ADJ ensordecedor

**deaf-mute** [ˈdefˈmjuːt] N sordomudo/a *m/f*

**deafness** [ˈdefnɪs] N sordera *f*

▼ **deal**[1] [diːl] (*vb: pt, pp* **dealt**) Ⓐ N [1] (= *agreement*) acuerdo *m*, trato *m*; **a new ~ for the miners** un nuevo acuerdo salarial para los mineros; **we're looking for a better ~** buscamos un arreglo más equitativo; **it's a ~!*** ¡trato hecho!; **to do** *or* **make a ~ with sb** hacer un trato con algn, llegar a un acuerdo con algn; **the New Deal** (*US Pol*) *la nueva política económica de los EE.UU. aplicada por Roosevelt entre 1933 y 1940*; **pay ~** acuerdo *m* salarial; **✦IDIOM it's a done ~** (*esp US*) es cosa hecha *or* segura, está atado y bien atado
[2] (= *transaction*) trato *m*, transacción *f*; **the company lost thousands of pounds on the ~** la empresa perdió miles de libras con ese trato *or* en esa transacción; **arms ~** venta *f* de armas; **big ~!** (*iro*) ¡vaya cosa!; **he only asked me out for a drink, what's the big ~?** sólo me invitó a tomar algo por ahí, ¿qué tiene eso de raro?; **this sort of thing happens every day, it's no big ~** estas cosas pasan todos los días, no es nada del otro mundo; **business ~** (*between companies, countries*) acuerdo *m or* trato *m* comercial; (*by individual*) negocio *m*; **to make a big ~ (out) of sth*** dar mucha *or* demasiada importancia a algo; **I tried not to make a big ~ out of it but I was really annoyed** intenté no darle mucha *or* demasiada importancia pero estaba muy enfadado; **don't make such a big ~ out of it!** ¡no hagas una montaña de un grano de arena!
[3] (= *treatment*) trato *m*; **a bad/fair/good ~** un trato malo/justo/bueno; **homeowners are getting a bad ~ from this government** los propietarios de viviendas están saliendo malparados con este gobierno; **working women are not getting a fair ~** las mujeres que trabajan no están recibiendo un trato justo; *see also* **raw A7**, **square B6**
[4] (= *bargain*) ganga *f*; **they are offering good ~s on flights to Australia** tienen viajes a Australia a muy buen precio
[5] (= *amount*) **he had a ~ of work to do**† tenía mucho trabajo que hacer; **a good ~** ◊ **a great ~** mucho; **a good** *or* **great ~ of money** una gran cantidad de dinero, mucho dinero; **it can save you a good ~ of time** te puede ahorrar mucho tiempo; **there's a good ~ of truth in what you say** hay mucho de verdad en lo que dices; **she's a good ~ cleverer than her brother** es mucho *or* bastante más inteligente que su hermano; **she knew a great ~ about him** sabía muchas cosas sobre él; **"does he get out much?" — "not a great ~"** —¿sale mucho? —no mucho *or* demasiado; **it means a great ~ to me** significa mucho para mí; **he thinks a great ~ of his father** admira mucho a su padre; **the new law will not make a great ~ of difference to the homeless** la nueva ley apenas va a afectar a la gente sin hogar
[6] (*Cards*) (= *distribution*) reparto *m*; **whose ~ is it?** ¿a quién le toca dar *or* repartir?
Ⓑ VT [1] [+ *blow*] asestar, dar; **to ~ a blow to sth/sb** (*fig*) ser un golpe para algo/algn; **the news dealt a severe blow to their hopes/the economy** la noticia fue un duro golpe para sus esperanzas/la economía
[2] (*Cards*) dar, repartir; **I was dealt a very bad hand** (*at cards*) me dieron una mano malísima; (*fig*) (= *had bad luck*) tuve muy mala suerte
Ⓒ VI (*Cards*) dar, repartir

► **deal in** VI + PREP [1] (*Comm*) [+ *goods*] comerciar con, negociar con; [+ *antiques, used cars*] dedicarse a la compraventa de; [+ *drugs*] traficar con; (*Fin, St Ex*) [+ *stocks, shares, currency*] operar con; **he was suspected of ~ing in smuggled tobacco** se sospechaba que se dedicaba al contrabando de tabaco; **we're ~ing in facts here, not theories** aquí estamos tratando con hechos, nada de teoría
[2] (*Cards*) [+ *person*] **~ me in on the next hand** a mí me das (cartas) en la siguiente ronda

► **deal out** VT + ADV [+ *playing cards, plates*] repartir; [+ *punishment*] imponer; **you have to make the best of what life ~s out to you** tienes que sacar el máximo provecho de lo que te toca en la vida; **the injustice dealt out to her family** la injusticia que se había cometido con su familia

► **deal with** VI + PREP [1] (= *have dealings with*) tratar con; **you're ~ing with professionals here** ahora estás tratando con profesionales; **they ~ a lot with the Far East** hacen mucho negocio *or* comercian mucho con el Extremo Oriente; **we don't ~ with hostage takers** no negociamos con secuestradores
[2] (= *handle, cope with*) [+ *problem, task*] ocuparse de, encargarse de; [+ *difficult person*] manejar, tratar; (= *attend to*) [+ *customer, order, application, complaint*] atender; [+ *person*] manejar, tratar; **he ~s with all the paperwork** él se ocupa *or* se encarga de todo el papeleo; **don't worry, I'm ~ing with it** no te preocupes, ya me ocupo *or* encargo de ello; **my boss will ~ with you from now on** a partir de ahora mi jefe será quien le atienda; **she knows how to ~ with difficult customers** sabe (cómo) manejar *or* tratar a los clientes difíci-

➤ LANGUAGE IN USE: deal[1] A1 13

les; **she's not easy to ~ with** tiene un carácter difícil; **the way that banks ~ with complaints** la forma en que los bancos atienden las quejas; **I'll ~ with your questions afterwards** contestaré (a) sus preguntas después; **we teach people how to ~ with stress** enseñamos a la gente a lidiar con el estrés

3 (= *sort out, solve*) [+ *problem*] solucionar, resolver; [+ *emotion*] superar; **have you dealt with that paperwork yet?** ¿has resuelto todo el papeleo ya?, ¿has terminado ya todo el papeleo?; **don't worry, I've dealt with it** no te preocupes, ya lo he *or* tengo solucionado; **I'll see that the problem is dealt with** yo me ocuparé de que se solucione *or* se resuelva el problema; **he couldn't ~ with his jealousy** no podía superar los celos que sentía; **I'll ~ with you later!** (= *rebuke, punish*) ¡luego me encargaré de ti!; **anyone who disobeys will be severely dealt with** cualquiera que desobedezca será tratado con mucha severidad

4 (= *be about*) [*book, film*] tratar de

**deal²** [di:l] Ⓐ N 1 (= *wood*) (*pine*) madera *f* de pino; (*fir*) madera *f* de abeto

2 (= *plank*) tablón *m*; (= *beam*) viga *f*

Ⓑ ADJ **a ~ table** una mesa de pino

**dealer** [ˈdi:ləʳ] N 1 (*Comm*) comerciante *mf* (**in** de); (*in cattle, horses*) tratante *mf* (**in** de); (= *retailer*) (*gen*) distribuidor(a) *m/f*, proveedor(a) *m/f*; (*in cars*) concesionario/a *m/f*; **your local Honda ~** su concesionario Honda más próximo; **he's a ~ in stolen goods** es comerciante de mercancías robadas; **a major London currency ~** un importante agente de cambio londinense; **he's a property/second-hand car ~** se dedica a la compraventa de propiedades/coches de segunda mano; *see also* **antique C**, **arm² D**, **drug C**, **scrap C**

2 (*Cards*) repartidor(a) *m/f* de cartas; **the ~ gave him a nine** el que repartía le dio un nueve

**dealership** [ˈdi:ləʃɪp] N (*US*) representación *f*, concesión *f*

**dealing** [ˈdi:lɪŋ] N 1 (*Comm*) **we have a reputation for honest ~** tenemos fama de ser honrados en nuestros negocios

2 (*St Ex*) transacciones *fpl* (bursátiles); **a computerized ~ system** un sistema informatizado de transacciones (bursátiles); **~ was sluggish today** hoy ha habido muy poco movimiento *or* muy poca actividad (bursátil); **when ~ started the price soared** cuando se abrió el mercado (bursátil) la cotización se disparó

3 (*in drugs, arms*) tráfico *m* (**in** de); *see also* **insider B**, **wheeling**

4 (*also* **~ out**) (*gen, Cards*) reparto *m*

**dealings** [ˈdi:lɪŋz] NPL 1 (= *relationship*) trato *msing*, relaciones *fpl*; **our aim is to be honest in our ~ with our customers** nuestro objetivo es la honradez en nuestro trato con los clientes; **he was not very successful in his ~ with women** no le iba muy bien en sus relaciones con las mujeres; **have you had any ~ with them?** ¿ha tratado con ellos alguna vez?

2 (*Comm, Fin*) negocios *mpl*; **we have a lot of ~ with her company** hacemos mucho(s) negocio(s) con su empresa; **his business ~ suffered as a result of the restrictions** sus negocios se vieron afectados por las restricciones; **he was accused of illegal share ~** lo acusaron de operar ilegalmente en la Bolsa

**dealt** [delt] PT, PP *of* **deal¹**

**dean** [di:n] N (*Rel*) deán *m*; (*Univ*) decano *m*; **Dean's list** (*US Univ*) lista de honor académica *f*

➤ LANGUAGE IN USE: death A1 24.5

**DEAN'S LIST**

*Se llama* **Dean's List** *a la relación honorífica de alumnos que se hace en muchas universidades estadounidenses al final de cada año académico o al final de la carrera. En algunas universidades para figurar en ella se ha de haber obtenido A o B en todas las asignaturas, aunque normalmente la lista se basa en la nota media, conocida como* **grade-point average**. *Los estudiantes que han recibido la máxima puntuación, A, en todo, aparecen a veces en otra lista, llamada* **scholars' list** *o* **president's list**. *En algunas escuelas también publican listas similares, conocidas como* **honor roll**.

**dear** [dɪəʳ] Ⓐ ADJ (*compar* **dearer**; *superl* **dearest**) 1 (= *loved*) querido; **she's a very ~ friend of mine** es una amiga mía muy querida; **my ~est friend** mi amigo más querido, mi amigo del alma

2 (= *lovable*) **he's a ~ boy, but rather impetuous** es un chico muy majo, pero un poco impulsivo; **what a ~ little boy!** ¡este niño es un encanto!; **what a ~ little necklace that is!*** ¡qué bonita que es esa gargantilla!

3 (= *precious*) **it's my ~est wish** es mi mayor deseo; **to hold sth ~** apreciar algo; **the values and beliefs which our society holds ~** los valores y las creencias que nuestra sociedad aprecia; **I had to leave everything I held most ~** tuve que dejar atrás todas las cosas que más quería; **his family life was very ~ to him** su familia era muy importante para él; **your country is very ~ to me** tengo su país en mucha estima; **it is a subject ~ to her heart** es uno de sus temas preferidos; *see also* **life A2**

4 (*in letter writing*) **Dear Daddy** Querido papá; **Dear Peter** Estimado Peter; (*to closer friend*) Querido Peter; **Dear Mr/Mrs Smith** Estimado Sr./Estimada Sra. Smith; (*more formally*) Distinguido Sr./Distinguida Sra. Smith; **Dear Mr and Mrs Smith** Estimados señores (de) Smith; **Dear Madam** Estimada Señora, Muy señora mía, De mi/nuestra consideración (*esp LAm*); **Dear Sir(s)** Estimado(s) Señor(es), Muy señor(es) mío(s), De mi/nuestra consideración (*esp LAm*); **Dear Sir or Madam** Estimado Señor(a)

5 (*form of address*) querido; **my ~ fellow, I won't hear of it**† amigo mío *or* mi querido amigo, ni se le ocurra; **my ~ girl, nothing could be further from the truth** querida, estás muy equivocada

6 (= *expensive*) [*product, shop, price*] caro; **~ money** (*Fin*) dinero *m* caro

Ⓑ EXCL **~, ~, have you hurt your knee?** ¡ay, mi niño! ¿te has hecho daño en la rodilla?; **~ me, it's nearly one o'clock!** ¡madre mía, es casi la una!; **oh ~, we're going to be late** vaya hombre *or* vaya por Dios, vamos a llegar tarde; **~, oh ~, look at the mess you're in!** ay, Dios mío *or* qué horror, ¡mira qué desastre vienes hecho!

Ⓒ N (*) (*as form of address*) cariño *m*; **come along, ~** ven, cariño; **would you be a ~ and pass me my book?** anda, sé bueno y pásame el libro; **(you) poor ~!** ¡pobrecito!; **he's such a ~** es un cielo, es un encanto

Ⓓ ADV [*sell, buy, pay*] caro; **it cost me ~** (*fig*) me costó caro

**dearie*** [ˈdɪərɪ] N (*esp Brit*) (= *form of address*) cariño *m*; (*as excl*) **~ me!** ¡madre mía!

**dearly** [ˈdɪəlɪ] ADV 1 (= *very much*) mucho, de verdad; **I loved him ~** lo quería mucho *or* de verdad; **I should ~ love to go** me encantaría ir; **his ~ beloved wife** su amada esposa; **~ beloved, we are gathered here today ...** queridos *or* amados hermanos, estamos aquí reunidos hoy ...; **the ~ departed** (*frm*) el queridísimo difunto/la queridísima difunta

2 (= *at great cost*) caro; **victory for the Russians was ~ bought** los rusos pagaron un precio muy alto por la victoria; **to cost sb ~** costar caro a algn; **it cost him ~** le costó caro; **to pay ~ for sth** pagar algo caro; **he paid ~ for his mistake** pagó caro su error

**dearness** [ˈdɪənɪs] N (= *expensiveness*) alto precio *m*, lo caro

**dearth** [dɜ:θ] N [*of food, resources, money*] escasez *f*; [*of ideas*] carencia *f*

**death** [deθ] Ⓐ N 1 muerte *f*, fallecimiento *m*; **to be in at the ~** (*Hunting*) ver el final de la caza; **it will be the ~ of him** (*lit*) será su perdición; **you'll be the ~ of me** (*fig*) vas a acabar conmigo; **till ~ us do part** hasta que la muerte nos separe; **this is ~ to our hopes** esto acaba con nuestras esperanzas; **it was ~ to the company** arruinó la empresa; **~ to traitors!** ¡muerte a los traidores!; **a fight to the ~** una lucha a muerte; **to fight to the ~** luchar a muerte; **✦IDIOMS to catch one's ~ (of cold)** coger un catarro de muerte; **to be at ~'s door** estar a las puertas de la muerte; **to hold on like grim ~** estar firmemente agarrado; (*fig*) resistir con la mayor firmeza; **to look like ~ warmed up** *or* (*US*) **warmed over*** estar muy demacrado, estar hecho una pena

2 **to ~: to be bored to ~*** estar muerto de aburrimiento; **it frightens me to ~** me da un miedo espantoso; **to put sb to ~** dar muerte a algn; **to sentence sb to ~** condenar a algn a muerte; **I'm sick to ~ of it*** estoy hasta la coronilla de ello; **he's working himself to ~** trabaja tanto que va a acabar con su vida; **he works his men to ~** a sus hombres los mata a trabajar; **it worries me to ~** me preocupa muchísimo

Ⓑ CPD ► **death benefit** N (*Insurance*) indemnización *f* por fallecimiento ► **death blow** N golpe *m* mortal ► **death camp** N campo *m* de exterminio ► **death cell** N celda *f* de los condenados a muerte ► **death certificate** N partida *f* de defunción ► **death duties** NPL (*Brit*) impuesto *m* de sucesiones ► **death house** N (*US*) pabellón *m* de los condenados a muerte ► **death knell** N toque *m* de difuntos, doble *m*; **it sounded the ~ knell of the empire** (*fig*) anunció el fin del imperio, presagió la caída del imperio ► **death march** N marcha *f* fúnebre ► **death mask** N mascarilla *f* ► **death penalty** N pena *f* de muerte ► **death rate** N tasa *f* de mortalidad, mortalidad *f* ► **death rattle** N estertor *m* ► **death ray** N rayo *m* mortal ► **death roll** N número *m* de víctimas, lista *f* de víctimas ► **death row** N (*US*) celdas *fpl* de los condenados a muerte, corredor *m* de la muerte ► **death sentence** N pena *f* de muerte ► **death squad** N escuadrón *m* de la muerte ► **death threat** N amenaza *f* de muerte ► **death throes** NPL agonía *fsing* ► **death toll** N número *m* de víctimas ► **death warrant** N orden *f* de ejecución; **✦IDIOM to sign one's own ~ warrant** firmar su sentencia de muerte ► **death wish** N ganas *fpl* de morir

**deathbed** [ˈdeθbed] Ⓐ N lecho *m* de muerte; **on one's ~** en su lecho de muerte

Ⓑ CPD ► **deathbed confession** N confesión *f* en el lecho de muerte ► **deathbed conversion** N conversión *f* in artículo mortis ► **deathbed repentance** N arrepentimiento *m* de última hora

**death-dealing** ['deθdi:lɪŋ] ADJ (*liter*) [*blow, missile*] mortífero, letal

**deathless** ['deθlɪs] ADJ inmortal

**deathlike** ['deθlaɪk] ADJ como de muerto, cadavérico

**deathly** ['deθlɪ] Ⓐ ADJ (*compar* **deathlier**; *superl* **deathliest**) [*appearance, pallor*] cadavérico; [*silence*] sepulcral
Ⓑ ADV **~ pale** pálido como un muerto

**death's-head** ['deθshed] Ⓐ N calavera *f*
Ⓑ CPD ► **death's-head moth** N mariposa *f* de la muerte

**deathtrap** ['deθtræp] N (= *place*) lugar *m* peligroso; (= *vehicle*) vehículo *m* peligroso; **this car's a ~** este coche es un peligro *or* una trampa mortal

**deathwatch beetle** [,deθwɒtʃ'bi:tl] N reloj *m* de la muerte (*tipo de carcoma*)

**deb*** [deb] N = **debutante**

**debacle, débâcle** [deɪ'bɑ:kl] N debacle *f*, desastre *m*; (*Mil*) derrota *f*

**debag** ['di:'bæg] VT (*Brit hum*) quitar (violentamente) los pantalones a

**debar** [dɪ'bɑ:ʳ] VT excluir; **to ~ sb from sth** excluir a algn de algo; **to ~ sb from doing sth** prohibir a algn hacer algo

**debark** [dɪ'bɑ:k] VI (*US*) desembarcar

**debarkation** [di:bɑ:'keɪʃən] N (*US*) desembarco *m*

**debase** [dɪ'beɪs] VT [1] (= *degrade*) [+ *language*] corromper; [+ *person, culture, tradition*] degradar; **to ~ o.s. (by doing sth)** degradarse (haciendo algo)
[2] (= *devalue*) [+ *currency*] devaluar

**debasement** [dɪ'beɪsmənt] N [1] [*of language*] corrupción *f*; [*of person, culture, tradition*] degradación *f*
[2] [*of currency*] devaluación *f*

▼ **debatable** [dɪ'beɪtəbl] ADJ discutible

**debate** [dɪ'beɪt] Ⓐ VT [+ *topic, question, idea*] debatir, discutir
Ⓑ VI discutir, debatir; **to ~ with sb (about** *or* **on** *or* **upon sth)** discutir con algn (sobre algo); **to ~ with o.s. (about** *or* **on** *or* **upon sth)** vacilar (sobre algo); **we ~d whether to go or not** dudamos *or* nos planteamos si ir o no
Ⓒ N debate *m*, discusión *f*; **after much ~** después de mucho discutir; **that is open to ~** ése es un tema discutido

**debater** [dɪ'beɪtəʳ] N polemista *mf*; **he was a brilliant ~** brillaba en los debates

**debating** [dɪ'beɪtɪŋ] Ⓐ N **~ is a difficult skill to learn** el saber debatir es una habilidad difícil de adquirir
Ⓑ CPD ► **debating society** N círculo *m* de debates

**debauch** [dɪ'bɔ:tʃ] VT [+ *person, morals, taste*] depravar, corromper; [+ *woman*] seducir

**debauched** [dɪ'bɔ:tʃt] ADJ depravado, libertino

**debaucher** [dɪ'bɔ:tʃəʳ] N [*of person, taste, morals*] corruptor *m*; [*of woman*] seductor *m*

**debauchery** [dɪ'bɔ:tʃərɪ] N libertinaje *m*, depravación *f*

**debenture** [dɪ'bentʃəʳ] Ⓐ N (*Fin*) bono *m*, obligación *f*
Ⓑ CPD ► **debenture bond** N obligación *f* ► **debenture capital** N capital *m* en obligaciones ► **debenture holder** N obligacionista *mf* ► **debenture stock** N obligaciones *fpl*

**debilitate** [dɪ'bɪlɪteɪt] VT debilitar

**debilitating** [dɪ'bɪlɪteɪtɪŋ] ADJ debilitante, que debilita

**debility** [dɪ'bɪlɪtɪ] N debilidad *f*

**debit** ['debɪt] Ⓐ N (*in the books of a business*) pasivo *m*; (*in a bank account*) debe *m*, débito *m*; (= *individual sum taken*) cargo *m*
Ⓑ VT **to ~ an account with a sum** cargar una suma en cuenta; **to ~ sb with a sum** cargar una suma en la cuenta de algn; **to ~ an account directly** domiciliar una cuenta; *see also* **direct D**
Ⓒ CPD ► **debit balance** N saldo *m* deudor ► **debit card** N tarjeta *f* de débito ► **debit entry** N débito *m* ► **debit note** N nota *f* de cargo ► **debit side** N debe *m*; (*fig*) desventaja *f*; **on the ~ side** (*lit*) en el debe; (*fig*) entre las desventajas

**debonair** [,debə'neəʳ] ADJ (= *elegant*) gallardo; (= *courteous*) cortés; (= *cheerful*) alegre

**debone** [di:'bəʊn] VT [+ *meat*] deshuesar; [+ *fish*] quitar las espinas a

**Deborah** ['debərə] N Débora

**debouch** [dɪ'baʊtʃ] VI (*frm*) **to ~ into** [*river*] desembocar en

**Debrett** [də'bret] N *libro de referencia de la aristocracia del Reino Unido*; (*loosely*) anuario *m* de la nobleza

**debrief** [,di:'bri:f] VT hacer dar parte

**debriefing** [,di:'bri:fɪŋ] N informe *m* sobre una operación *etc*

**debris** ['debri:] N [*of building, construction*] escombros *mpl*; [*of aeroplane*] restos *mpl*; (*Geol*) rocalla *f*

**debt** [det] Ⓐ N [1] (= *money owed*) deuda *f*; **bad ~** deuda incobrable; **foreign ~** (*Pol*) deuda *f* externa *or* exterior; **a ~ of honour** una deuda de honor; **to be in ~ (to sb)** tener deudas *or* estar endeudado (con algn); **I am five pounds in ~** debo cinco libras (**to** a); **to get into ~** ◊ **run into ~** ◊ **run up ~s** contraer deudas; **to be out of ~** tener las deudas saldadas
[2] (*fig*) **a ~ of gratitude** una deuda de agradecimiento; **to be in sb's ~** estar en deuda con algn
Ⓑ CPD ► **debt collection** N cobro *m* de morosos ► **debt collector** N cobrador(a) *m/f* de morosos ► **debt ratio** N tasa *f* de endeudamiento ► **debt relief** N alivio *m* de deuda ► **debt service, debt servicing** N (*US*) amortización *f* de la deuda

**debtor** ['detəʳ] Ⓐ N deudor(a) *m/f*
Ⓑ CPD ► **debtor nation** N nación *f* deudora

**debt-ridden** ['det,rɪdn] ADJ agobiado por las deudas

**debug** [,di:'bʌg] VT [1] (*Tech*) resolver los problemas de, suprimir las pegas de; (*Comput*) depurar, quitar los fallos a
[2] (= *remove mikes from*) quitar los micrófonos ocultos de

**debugger** [,di:'bʌgəʳ] N (*Comput*) programa *m* de depuración

**debugging** [,di:'bʌgɪŋ] N (*Comput*) depuración *f*

**debunk** ['di:'bʌŋk] VT [+ *theory, claim, person, institution*] desacreditar

**debut, début** ['deɪbu:] Ⓐ N (*Theat*) (= *first appearance*) debut *m*, presentación *f*; (*fig*) primer acto *m*; **to make one's ~** (*Theat*) debutar, hacer su presentación; (*in society*) presentarse en sociedad, ponerse de largo
Ⓑ VI [*artist, actor*] debutar; [*film, play*] estrenarse
Ⓒ CPD ► **debut album** N (*Mus*) álbum *m* de debut, álbum *m* de presentación

**debutante, débutante** ['debju:tɑ̃:nt] N joven *f* que se presenta en sociedad, debutante *f*

**Dec.** ABBR (= **December**) dic., dic.ᵉ, D.

**dec.** ABBR = **deceased**

**decade** ['dekeɪd] N década *f*, decenio *m*

**decadence** ['dekədəns] N decadencia *f*

**decadent** ['dekədənt] ADJ [*habits, person*] decadente

**de-caff*** ['di:kæf] N ABBR = **decaffeinated coffee**

**decaffeinated** [,di:'kæfɪneɪtɪd] Ⓐ ADJ [*beverage, tea*] sin cafeína
Ⓑ CPD ► **decaffeinated coffee** N café *m* descafeinado, descafeinado *m*

**decagram(me)** ['dekəgræm] N decagramo *m*

**decal** [dɪ'kæl] N (*US*) calcomanía *f*

**decalcification** ['di:,kælsɪfɪ'keɪʃən] N descalcificación *f*

**decalcify** [,di:'kælsɪfaɪ] VT descalcificar

**decalitre, decaliter** (*US*) ['dekə,li:təʳ] N decalitro *m*

**Decalogue** ['dekəlɒg] N **the ~** el Decálogo

**decametre, decameter** (*US*) ['dekə,mi:təʳ] N decámetro *m*

**decamp** [dɪ'kæmp] VI [1] (*Mil*) levantar el campamento
[2] (*) (= *make off*) escaparse; (= *move*) irse (**to** a)

**decant** [dɪ'kænt] VT [+ *wine etc*] decantar

**decanter** [dɪ'kæntəʳ] N licorera *f*

**decapitate** [dɪ'kæpɪteɪt] VT decapitar

**decapitation** [dɪ,kæpɪ'teɪʃən] N decapitación *f*, degollación *f*

**decarbonization** ['di:,kɑ:bənaɪ'zeɪʃən] N (*Aut*) descarburación *f*; [*of steel*] descarbonación *f*

**decarbonize** [di:'kɑ:bənaɪz] VT (*Aut*) descarburar

**decasyllable** ['dekəsɪləbl] N decasílabo *m*

**decathlete** [dɪ'kæθli:t] N decatlonista *mf*, decatleta *mf*

**decathlon** [dɪ'kæθlən] N decatlón *m*

**decay** [dɪ'keɪ] Ⓐ N [1] [*of vegetation, food*] putrefacción *f*, descomposición *f*; [*of teeth*] caries *f*; [*of building*] desmoronamiento *m*, ruina *f*
[2] (*fig*) [*of civilization*] decadencia *f*; [*of faculties*] deterioro *m*
Ⓑ VI [1] (= *rot*) [*leaves, food*] pudrirse, descomponerse; [*teeth*] cariarse; [*building*] desmoronarse
[2] (*fig*) [*civilization*] decaer, estar en decadencia; [*faculties*] deteriorarse
Ⓒ VT [+ *vegetation, food*] pudrir, descomponer; [+ *teeth*] cariar

**decayed** [dɪ'keɪd] ADJ [1] [*wood, food*] podrido; [*tooth*] cariado
[2] (*fig*) [*family*] venido a menos

**decaying** [dɪ'keɪɪŋ] ADJ [1] [*food*] podrido, en estado de descomposición; [*vegetation*] podrido; [*flesh*] en estado de descomposición, en descomposición; [*tooth*] cariado; [*building*] muy deteriorado, ruinoso; [*stone*] que se descompone
[2] (*fig*) [*civilization*] decadente, en decadencia

**decease** [dɪ'si:s] (*frm*) Ⓐ N fallecimiento *m*, defunción *f*
Ⓑ VI fallecer

**deceased** [dɪ'si:st] Ⓐ ADJ (*Jur, Police*) difunto
Ⓑ N **the ~** el/la difunto/a

**deceit** [dɪ'si:t] N (= *misleading*) engaño *m*; (= *fraud*) fraude *m*; (= *deceitfulness*) falsedad *f*; **he was involved in a web of lies and ~** estaba metido en una maraña de mentiras y engaños; **they won the voters over by ~** con-

➤ LANGUAGE IN USE: debatable 12.2

quistaron a los votantes engañándolos *or* mediante engaños

**deceitful** [dɪ'siːtfʊl] ADJ [*person*] falso; [*child*] mentiroso; [*statement, behaviour*] engañoso

**deceitfully** [dɪ'siːtfəlɪ] ADV engañosamente

**deceitfulness** [dɪ'siːtfʊlnɪs] N falsedad *f*

**deceive** [dɪ'siːv] VT engañar; **she ~d me into thinking that ...** me engañó, haciéndome pensar que ...; **don't be ~d by appearances** no te dejes engañar por las apariencias; **let nobody be ~d by this** que nadie se llame a engaño por esto; **he thought his eyes were deceiving him** no creía lo que veían sus ojos; **if my memory does not ~ me** si mal no recuerdo; **to ~ o.s.** engañarse

**deceiver** [dɪ'siːvəʳ] N impostor(a) *m/f*, embustero/a *m/f*; [*of women*] seductor *m*

**decelerate** [diː'seləreɪt] VI (*Aut*) desacelerar, decelerar; (*fig*) frenarse, ralentizarse

**deceleration** ['diː,selə'reɪʃən] N desaceleración *f*, deceleración *f*, disminución *f* de velocidad

**December** [dɪ'sembəʳ] N diciembre *m*; *see* **July** *for usage*

**decency** ['diːsənsɪ] N [1] (= *propriety*) decencia *f*, decoro *m*; **to have a sense of ~** tener sentido del decoro; **offence against ~** atentado *m* contra el pudor
[2] (= *politeness*) educación *f*; **it is no more than common ~ to let him know** hay que avisarle, aunque sólo sea por una cuestión de educación
[3] (= *kindness*) bondad *f*, amabilidad *f*; **he had the ~ to phone me** tuvo la amabilidad de llamarme
[4] **decencies** buenas costumbres *fpl*

**decent** ['diːsənt] ADJ [1] (= *respectable*) [*person, house*] decente; (= *proper*) [*clothes, behaviour, language*] decoroso, decente; **are you ~?** (*hum*) ¿estás visible?
[2] (= *kind*) amable; **he was very ~ to me** fue muy amable conmigo, se portó muy bien conmigo; **he's a ~ sort** es buena persona
[3] (= *passable*) [*salary, meal*] adecuado, decente; **a ~ sum** una cantidad considerable

**decenter** [diː'sentəʳ] VT (*US*) = **decentre**

**decently** ['diːsəntlɪ] ADV [1] (= *respectably*) decentemente, decorosamente
[2] (= *kindly*) amablemente, con amabilidad; **he very ~ offered it to me** muy amablemente me lo ofreció

**decentralization** [diː,sentrəlaɪ'zeɪʃən] N descentralización *f*

**decentralize** [diː'sentrəlaɪz] VT descentralizar

**decentre**, **decenter** (*US*) [diː'sentəʳ] VT descentrar

**deception** [dɪ'sepʃən] N engaño *m*

**deceptive** [dɪ'septɪv] ADJ engañoso

**deceptively** [dɪ'septɪvlɪ] ADV **the village looks ~ near** el pueblo parece engañosamente cerca; **he was ~ obedient** no era tan sumiso como parecía

**deceptiveness** [dɪ'septɪvnɪs] N carácter *m* engañoso

**decibel** ['desɪbel] N decibelio *m*

**decide** [dɪ'saɪd] Ⓐ VT (*gen*) decidir; **to ~ where to go/what to do** decidir adónde ir/qué hacer; **to ~ to do sth** decidir hacer algo; **it was ~d that** se decidió que; **that ~d me** eso me convenció
Ⓑ VI decidir, decidirse; **to ~ against sth** decidirse en contra de algo; **to ~ against doing sth** decidirse en contra de hacer algo, decidir no hacer algo; **to ~ for** *or* **in favour of sb** decidirse por algn, decidir a favor de algn; **to ~ in favour of sth** decidirse por algo; **to ~ in favour of doing sth** determinar *or* resolver hacer algo; **the judge ~d in his favour** el juez decidió *or* resolvió a su favor
► **decide on** VI + PREP **to ~ on sth** decidirse por algo; **to ~ on doing sth** decidir hacer algo

**decided** [dɪ'saɪdɪd] ADJ [1] (= *distinct*) [*difference, improvement*] indudable, marcado
[2] (= *categorical*) [*person, tone, manner*] resuelto, decidido; [*opinion*] firme, categórico

**decidedly** [dɪ'saɪdɪdlɪ] ADV [1] (= *without doubt*) indudablemente, sin duda; (= *very, markedly*) decididamente; **it is ~ difficult** indudablemente es difícil
[2] (= *resolutely*) con resolución, con decisión

**decider** [dɪ'saɪdəʳ] N (*Brit Sport*) (= *game*) partido *m* decisivo; (= *replay*) partido *m* de desempate, desempate *m*; (= *point, goal*) gol *m etc* decisivo

**deciding** [dɪ'saɪdɪŋ] ADJ decisivo, determinante; **the ~ factor** el factor decisivo *or* determinante; **the ~ goal/point** el gol/punto decisivo; **the ~ vote** el voto decisivo

**deciduous** [dɪ'sɪdjʊəs] ADJ [*tree*] de hoja caduca

**decile** ['desɪl] N decil *m*

**decilitre**, **deciliter** (*US*) ['desɪ,liːtəʳ] N decilitro *m*

**decimal** ['desɪməl] Ⓐ ADJ decimal; **to three ~ places** con tres decimales
Ⓑ N decimal *m*
Ⓒ CPD ► **decimal currency** N moneda *f* decimal ► **decimal fraction** N fracción *f* decimal ► **decimal point** N coma *f* decimal, coma *f* de decimales ► **decimal system** N sistema *m* métrico decimal

**decimalization** [,desɪməlaɪ'zeɪʃən] N conversión *f* al sistema decimal, decimalización *f*

**decimalize** ['desɪməlaɪz] VT convertir al sistema decimal

**decimate** ['desɪmeɪt] VT (*lit, fig*) diezmar

**decimation** [,desɪ'meɪʃən] N (*lit, fig*) aniquilación *f*

**decimetre**, **decimeter** (*US*) ['desɪ,miːtəʳ] N decímetro *m*

**decipher** [dɪ'saɪfəʳ] VT (*lit, fig*) descifrar

**decipherable** [dɪ'saɪfərəbl] ADJ descifrable

**decision** [dɪ'sɪʒən] Ⓐ N [1] (*after consideration*) decisión *f*, determinación *f*; (*Jur*) fallo *m*; **to come to** *or* **reach a ~** llegar a una decisión; **to make** *or* **take a ~** tomar *or* adoptar una decisión
[2] (= *resoluteness*) resolución *f*, decisión *f*
Ⓑ CPD ► **decision table** N (*Comput*) tabla *f* de decisiones

**decision-maker** [dɪ'sɪʒən,meɪkəʳ] N persona *f* que toma decisiones

**decision-making** [dɪ'sɪʒən,meɪkɪŋ] Ⓐ N toma *f* de decisiones; **he's good at ~** es bueno tomando decisiones
Ⓑ CPD ► **decision-making process** N proceso *m* decisorio ► **decision-making unit** N unidad *f* de adopción de decisiones

**decisive** [dɪ'saɪsɪv] ADJ [1] (= *conclusive*) [*victory, factor, influence*] decisivo, determinante
[2] (= *resolute*) [*manner, reply*] decidido, tajante; [*person*] decidido, resuelto

**decisively** [dɪ'saɪsɪvlɪ] ADV [1] (= *conclusively*) **to be ~ beaten** ser derrotado de modo decisivo
[2] (= *resolutely*) con decisión, con resolución

**decisiveness** [dɪ'saɪsɪvnɪs] N [*of manner, reply*] carácter *m* tajante; [*of person*] firmeza *f*, decisión *f*

**deck** [dek] Ⓐ N [1] (*Naut*) cubierta *f*; **to go up on ~** subir a la cubierta; **below ~** bajo cubierta; ✦**IDIOMS to clear the ~s** despejar el terreno; **to hit the ~*** caer al suelo
[2] [*of bus*] piso *m*; **top** *or* **upper ~** piso *m* de arriba; **bottom** *or* **lower ~** piso *m* de abajo
[3] (*esp US*) [*of cards*] baraja *f*
[4] (*also* **record ~**) tocadiscos *m inv*; (*also* **cassette ~**) pletina *f*
[5] (*US Drugs**) saquito *m* de heroína
Ⓑ VT [1] (*also* **~ out**) [+ *room*] adornar, engalanar (**with** con); [+ *person*] ataviar, engalanar (**with** con); **all ~ed out** [*room*] adornado, todo engalanado; [*person*] de punta en blanco
[2] (‡) (= *knock down*) derribar de un golpe
Ⓒ CPD ► **deck cabin** N cabina *f* de cubierta ► **deck cargo** N carga *f* de cubierta

**deckchair** ['dek,tʃeəʳ] N tumbona *f*, perezosa *f* (*LAm*)

**-decker** ['dekəʳ] N (*ending in compounds*) **single-decker** (= *bus*) autobús *m* de un piso; **three-decker** (*Naut*) barco *m* de tres cubiertas; *see also* **double-decker**

**deckhand** ['dekhænd] N marinero *m* de cubierta

**deckhouse** ['dekhaʊs] N (*pl* **deckhouses** ['dek,haʊzɪz]) camareta *f* alta

**declaim** [dɪ'kleɪm] Ⓐ VI declamar
Ⓑ VT declamar

**declamation** [,deklə'meɪʃən] N declamación *f*

**declamatory** [dɪ'klæmətərɪ] ADJ declamatorio

**declaration** [,deklə'reɪʃən] Ⓐ N (*written*) declaración *f*; **~ of war/love** declaración de guerra/amor
Ⓑ CPD ► **the Declaration of Independence** N (*US Hist*) la Declaración de Independencia (*de Estados Unidos*)

**declare** [dɪ'kleəʳ] Ⓐ VT [1] [+ *intentions, love*] declarar; [+ *dividend, result*] anunciar; **she ~d that she knew nothing about it** declaró *or* manifestó que no sabía nada al respecto; **to ~ war (on** *or* **against sb)** declarar la guerra (a algn); **to ~ o.s.** declararse; **to ~ o.s. against/in favour of sth** pronunciarse *or* declararse en contra de/a favor de algo; **he ~d himself beaten** se dio por vencido; **to ~ o.s. surprised** confesar su sorpresa
[2] (*Fin*) [+ *income*] declarar; **to ~ sth to the customs** declarar algo en la aduana; **have you anything to ~?** ¿tiene usted algo que declarar?
[3] (*Bridge*) declarar
Ⓑ VI [1] (= *pronounce*) **to ~ for** ◊ **~ in favour of** pronunciarse a favor de
[2] (*in exclamation*) **well, I ~!**† ¡vaya por Dios!
[3] (*Bridge*) declarar

**declared** [dɪ'kleəd] ADJ declarado, abierto

**declarer** [dɪ'kleərəʳ] N (*Bridge*) declarante *mf*

**déclassé** [deɪ'klæseɪ] ADJ desprestigiado, empobrecido

**declassify** [diː'klæsɪfaɪ] VT [+ *information*] levantar el secreto oficial que pesa sobre

**declension** [dɪ'klenʃən] N (*Ling*) declinación *f*

**declinable** [dɪ'klaɪnəbl] ADJ declinable

▼**decline** [dɪ'klaɪn] Ⓐ N [1] (= *decrease*) (*in numbers, sales*) descenso *m*, disminución *f* (**in** de); (*in support, interest*) disminución *f*; **to be on the ~** ir disminuyendo
[2] (= *deterioration*) decadencia *f*, declive *m*, deterioro *m*; (*in standards*) descenso *m*, declive *m*; (*Med*) debilitamiento *m*; **the ~ of the Roman Empire** la decadencia del Imperio Romano; **to fall into ~** [*industry, town*] entrar en decadencia, entrar en declive; **to go into a ~** (*Med*) ir debilitándose
Ⓑ VT [1] (= *refuse*) rehusar, rechazar, declinar (*frm*); **to ~ to do sth** rehusar hacer algo, declinar hacer algo (*frm*)

➤ LANGUAGE IN USE: decline C2 19.5

2 (*Ling*) declinar
Ⓒ VI 1 (= *decrease*) [*power, influence*] disminuir; (= *deteriorate*) decaer; (*in health*) debilitarse, decaer; **to ~ in importance** ir perdiendo importancia
2 (= *refuse*) negarse, rehusar
3 (*Ling*) declinarse

**declining** [dɪˈklaɪnɪŋ] ADJ [*industry*] en decadencia; **~ interest** pérdida *f* de interés; **in my ~ years** en mis últimos años

**declivity** [dɪˈklɪvɪtɪ] N declive *m*

**declutch** [ˈdiːˈklʌtʃ] VI desembragar; **to double ~** hacer un doble desembrague (*hacer una reducción de marcha soltando antes el embrague al pasar por punto muerto*)

**decoction** [dɪˈkɒkʃən] N decocción *f*

**decode** [ˈdiːˈkəʊd] VT descifrar; (*Ling, TV*) descodificar

**decoder** [diːˈkəʊdəʳ] N (*Comput, TV*) descodificador *m*

**decoding** [diːˈkəʊdɪŋ] N (*Comput*) descodificación *f*

**decoke** (*Brit Aut*) Ⓐ [ˈdiːkəʊk] N descarburación *f*
Ⓑ [diːˈkəʊk] VT descarburar

**decollate** [ˌdiːkəˈleɪt] VT separar, alzar

**décolletage** [deɪˈkɒlətɑːʒ] N escote *m*

**décolleté(e)** [deɪˈkɒlteɪ] ADJ [*dress*] escotado; [*woman*] en traje escotado

**decolonization** [diːˌkɒlənaɪˈzeɪʃən] N descolonización *f*

**decolonize** [diːˈkɒlənaɪz] VT descolonizar

**decommission** [ˌdiːkəˈmɪʃən] VT [+ *nuclear power station*] desmantelar; [+ *warship, aircraft, weapon*] desguazar, desmantelar

**decommissioning** [ˌdiːkəˈmɪʃənɪŋ] N [*of nuclear power station*] desmantelamiento *m*; [*of warship, aircraft, weapon*] desguace *m*, desmantelamiento *m*

**decompartmentalization** [ˌdiːkɒmpɑːtˌmentəlaɪˈzeɪʃən] N descompartimentación *f*

**decompartmentalize** [ˌdiːkɒmpɑːtˈmentəlaɪz] VT descompartimentar

**decompose** [ˌdiːkəmˈpəʊz] Ⓐ VT (= *rot*) descomponer, pudrir
Ⓑ VI descomponerse, pudrirse

**decomposition** [ˌdiːkɒmpəˈzɪʃən] N descomposición *f*, putrefacción *f*

**decompress** [ˌdiːkəmˈpres] VT descomprimir

**decompression** [ˌdiːkəmˈpreʃən] Ⓐ N descompresión *f*
Ⓑ CPD ► **decompression chamber** N cámara *f* de descompresión ► **decompression sickness** N aeroembolismo *m*, embolia *f* gaseosa

**decongestant** [ˌdiːkənˈdʒestənt] N anticongestivo *m*, descongestionante *m*

**decongestion** [ˌdiːkənˈdʒestʃən] N descongestión *f*

**deconstruct** [ˌdiːkənˈstrʌkt] VT deconstruir

**deconstruction** [ˌdiːkənˈstrʌkʃən] N deconstrucción *f*

**decontaminate** [ˌdiːkənˈtæmɪneɪt] VT descontaminar

**decontamination** [ˈdiːkənˌtæmɪˈneɪʃən] N descontaminación *f*

**decontextualize** [diːkənˈtekstjʊəlaɪz] VT descontextualizar

**decontrol** [ˌdiːkənˈtrəʊl] Ⓐ N liberalización *f*
Ⓑ VT (*esp US*) [+ *prices, trade*] liberalizar

**décor** [ˈdeɪkɔːʳ] N (*of house, room etc*) decoración *f*; (*Theat*) decorado *m*

**decorate** [ˈdekəreɪt] VT 1 (= *adorn*) decorar, adornar (**with** de)
2 (= *paint*) [+ *room, house*] pintar; (= *paper*) empapelar
3 (= *honour*) condecorar

**decorating** [ˈdekəreɪtɪŋ] N **I got someone in to do the ~** traje a una persona para que pintara/empapelara la casa; **interior ~** decoración *f* de interiores, interiorismo *m*

**decoration** [ˌdekəˈreɪʃən] N 1 (= *act*) decoración *f*
2 (= *ornament*) adorno *m*
3 (= *medal*) condecoración *f*

**decorative** [ˈdekərətɪv] Ⓐ ADJ (*in function*) de adorno, decorativo; (= *pleasant*) hermoso, elegante
Ⓑ CPD ► **decorative arts** NPL artes *fpl* decorativas

**decorator** [ˈdekəreɪtəʳ] N (= *painter and decorator*) pintor *m* empapelador; (= *interior decorator*) interiorista *mf*, decorador(a) *m/f*

**decorous** [ˈdekərəs] ADJ [*behaviour, appearance*] decoroso

**decorously** [ˈdekərəslɪ] ADV decorosamente

**decorum** [dɪˈkɔːrəm] N decoro *m*

**decouple** [diːˈkʌpl] VT (*frm*) escindir (*frm*), desconectar

**decoy** Ⓐ [ˈdiːkɔɪ] N (= *bird*) (*artificial*) señuelo *m*, reclamo *m*; (*live*) cimbel *m*, señuelo *m*, reclamo *m*; (*fig*) (= *bait*) cebo *m*, señuelo *m*
Ⓑ [dɪˈkɔɪ] VT atraer (con señuelo)
Ⓒ [ˈdiːkɔɪ] CPD ► **decoy duck** N pato *m* de reclamo

**decrease** Ⓐ [ˈdiːkriːs] N (*gen*) disminución *f*, reducción *f*; (*in wages*) descenso *m*, bajada *f*; (*in prices*) bajada *f*, disminución *f*; **a ~ in speed/strength** una reducción de velocidad/fuerza; **a ~ of 50%** una reducción del 50%; **to be on the ~** ir disminuyendo
Ⓑ [diːˈkriːs] VT [+ *quantity, pressure, dose, speed*] disminuir, reducir; [+ *wages*] bajar, reducir
Ⓒ [diːˈkriːs] VI 1 [*power, strength, popularity, temperature, pressure*] disminuir; [*enthusiasm, interest*] disminuir, decaer; **to ~ by 10%** bajar *or* disminuir un 10%
2 (*Knitting*) menguar

**decreasing** [diːˈkriːsɪŋ] ADJ decreciente

**decreasingly** [diːˈkriːsɪŋlɪ] ADV decrecientemente

**decree** [dɪˈkriː] Ⓐ N decreto *m*; **to issue a ~** promulgar un decreto; **~ absolute/nisi** (= *divorce*) sentencia *f* definitiva/condicional de divorcio
Ⓑ VT (*gen*) decretar

**decrepit** [dɪˈkrepɪt] ADJ [*person*] decrépito; [*building*] deteriorado, en mal estado

**decrepitude** [dɪˈkrepɪtjuːd] N [*of person*] decrepitud *f*; [*of building*] deterioro *m*, mal estado *m*

**decriminalization** [ˌdiːˈkrɪmɪnəlaɪˈzeɪʃən] N despenalización *f*

**decriminalize** [diːˈkrɪmɪnəlaɪz] VT despenalizar

**decry** [dɪˈkraɪ] VT (= *strongly criticize*) criticar, censurar; (= *belittle*) menospreciar

**dedicate** [ˈdedɪkeɪt] VT 1 [+ *book*] dedicar (**to** a); [+ *church, monument*] dedicar, consagrar (**to** a); **to ~ one's life to sth/to doing sth** dedicar *or* consagrar su vida a algo/a hacer algo; **to ~ o.s. to sth/to doing sth** dedicarse *or* consagrarse a algo/a hacer algo
2 (*US*) (= *inaugurate*) [+ *official building*] inaugurar oficialmente

**dedicated** [ˈdedɪkeɪtɪd] ADJ 1 [*person*] totalmente entregado; **a very ~ teacher** un maestro totalmente entregado a su trabajo; **~ followers of classical music** devotos seguidores de la música clásica
2 (*Comput*) especializado, dedicado; **~ word processor** procesador *m* de textos especializado *or* dedicado

**dedication** [ˌdedɪˈkeɪʃən] N 1 (= *act*) dedicación *f*, consagración *f*
2 (= *quality*) dedicación *f*, entrega *f*, devoción *f*
3 (*in book*) dedicatoria *f*

**deduce** [dɪˈdjuːs] VT deducir; **to ~ sth from sth** deducir algo de algo; **what do you ~ from that?** ¿qué conclusión sacas de eso?; **to ~ (from sth) that ...** deducir (de algo) que ...; **as can be ~d from** según se deduce *or* se desprende de

**deducible** [dɪˈdjuːsɪbl] ADJ deducible (**from** de)

**deduct** [dɪˈdʌkt] VT restar, descontar (**from** de); [+ *tax*] deducir (**from** de)

**deductible** [dɪˈdʌktəbl] ADJ deducible, descontable; (*for tax purposes*) desgravable, deducible

**deduction** [dɪˈdʌkʃən] N 1 (= *inference*) deducción *f*, conclusión *f*; **what are your ~s?** ¿cuáles son sus conclusiones?
2 (= *act of deducting*) deducción *f*; (= *amount deducted*) descuento *m*; **tax ~s** desgravaciones *fpl* fiscales, deducciones *fpl* fiscales

**deductive** [dɪˈdʌktɪv] ADJ deductivo

**deed** [diːd] Ⓐ N 1 (= *act*) acto *m*, acción *f*; (= *result*) hecho *m*; **brave ~** hazaña *f*; **good ~** buena acción *f*
2 (*Jur*) escritura *f*; **~ of covenant** *documento contractual mediante el que una persona se compromete a donar cantidades regulares de dinero a una entidad benéfica*; **~ of partnership** contrato *m* de sociedad; **~ of transfer** escritura *f* de traspaso
Ⓑ VT (*US Jur*) [+ *property*] transferir por acto notarial
Ⓒ CPD ► **deed poll** N *escritura mediante la cual una persona se cambia el apellido oficialmente*; **to change one's name by ~ poll** cambiarse el apellido oficialmente

**deejay*** [ˈdiːdʒeɪ] N pinchadiscos* *mf inv*

**deem** [diːm] VT (*frm*) juzgar, considerar; **she ~s it wise to ...** considera prudente ...; **he was ~ed to have consented** se juzgó que había dado su consentimiento

**deep** [diːp] Ⓐ ADJ (*compar* **deeper**; *superl* **deepest**) 1 (= *extending far down*) [*hole*] profundo, hondo; [*cut, wound, water*] profundo; [*pan, bowl, container*] hondo; **the water is two metres ~** el agua tiene una profundidad de dos metros; **they tramped through ~ snow** avanzaban con dificultad por una espesa capa de nieve; **the ~ end** (*of swimming pool*) lo hondo, la parte honda; **to be ~ in snow/water** estar hundido en la nieve/el agua; **he was waist-~/thigh-~ in water** el agua le llegaba a la cintura/al muslo; **the van was axle-~ in mud** la furgoneta estaba metida en barro hasta el eje; **the snow lay ~** había una espesa capa de nieve; **a ~ *or* ~-pile carpet** una alfombra de pelo largo; **✦IDIOMS to go off (at) the ~ end*** enfadarse, ponerse de morros*; **I was thrown in (at) the ~ end*** me echaron *or* arrojaron a los leones*; **to be in ~ water** estar hasta el cuello (de problemas)
2 (= *extending far back*) [*shelf, cupboard*] hondo; [*border, hem*] ancho; **a cupboard a metre ~** un armario de un metro de fondo; **a plot 30 metres ~** un terreno de 30 metros de fondo; **the spectators were standing six ~** los espectadores estaban de pie de seis en fondo
3 (= *immersed*) **to be ~ in debt** estar cargado de deudas; **to be ~ in thought/in a book** estar sumido *or* absorto en sus pensamientos/en la lectura
4 (= *low-pitched*) [*voice*] grave, profundo; [*note, sound*] grave

5 (= *intense*) [*emotion, relaxation, concern*] profundo; [*recession*] grave; [*sigh*] profundo, hondo; **to take a ~ breath** respirar profundamente *or* hondo *or* a pleno pulmón; **the play made a ~ impression on me** la obra me impresionó profundamente; **to be in ~ mourning** estar de luto riguroso; **she fell into a ~ sleep** se quedó profundamente dormida; **they expressed their ~ sorrow at her loss** le expresaron su profundo pesar por la pérdida que había sufrido; **to be in ~ trouble** estar en grandes apuros
6 [*colour*] intenso, subido; [*tan*] intenso
7 (= *profound*) **it's too ~ for me** no lo entiendo, no alcanzo a entenderlo; **they're adventure stories, they're not intended to be ~** son historias de aventuras, sin intención de ir más allá
8 (= *unfathomable*) [*secret, mystery*] bien guardado; **he's a ~ one*** es un misterio
Ⓑ ADV 1 (= *far down*) **don't go in too ~ if you can't swim** no te metas muy hondo si no sabes nadar; **he thrust his hand ~ into his pocket** metió la mano hasta el fondo del bolsillo; **the company is sliding even ~er into the red** la empresa está cada vez más cargada de deudas; **~ down he's a bit of a softie** en el fondo es un poco blandengue; **to go ~: his anger clearly went ~** la ira le había calado muy hondo; **I was in far too ~ to pull out now** ahora estaba demasiado metido para echarme atrás; **to run ~: the roots of racial prejudice run ~** los prejuicios raciales están profundamente arraigados; *see also* **dig C2, still A1**
2 (= *a long way inside*) **~ in the forest** en lo hondo *or* profundo del bosque; **he gazed ~ into her eyes** la miró profundamente a los ojos; **~ in one's heart** en lo más profundo del corazón; **~ in the heart of the countryside** en medio del campo; **they worked ~ into the night** trabajaron hasta muy entrada la noche
Ⓒ N (*liter*) 1 (= *sea*) **the ~** el piélago *m*; **creatures of the ~** criaturas *fpl* de las profundidades
2 (= *depths*) **in the ~ of winter** en pleno invierno
Ⓓ CPD ► **deep breathing** N gimnasia *f* respiratoria, ejercicios *mpl* respiratorios ► **deep freeze** N (*domestic*) congelador *m*; *see also* **deep-freeze** ► **deep fryer** N freidora *f* ► **the Deep South** N (*US*) los estados del sureste de EE.UU. ► **deep space** N espacio *m* interplanetario ► **deep structure** N (*Ling*) estructura *f* profunda

**deep-chested** ['di:p'tʃestɪd] ADJ ancho de pecho

**deepen** ['di:pən] Ⓐ VT [+ *hole*] hacer más profundo; [+ *voice*] hacer más grave, ahuecar; [+ *colour*] intensificar; [+ *understanding*] aumentar; [+ *love, friendship*] hacer más profundo *or* intenso, ahondar; [+ *crisis*] agudizar, acentuar
Ⓑ VI [*water*] hacerse más profundo *or* hondo; [*voice*] hacerse más grave *or* profundo; [*frown*] acentuarse; [*colour, emotion*] intensificarse; [*night*] avanzar, cerrarse; [*darkness*] hacerse más profundo; [*mystery, suspicion*] aumentar; [*understanding, love, friendship*] hacerse más profundo *or* intenso; [*crisis*] agudizarse, acentuarse; **the colour in her face ~ed** se puso aún más colorada

**deepening** ['di:pənɪŋ] ADJ [*darkness, gloom, conflict, division*] cada vez más profundo; [*unease*] cada vez mayor; [*friendship*] cada vez más profundo *or* intenso; [*crisis*] que se agudiza, que se acentúa

**deep-felt** ['di:p'felt] ADJ profundo; **a ~ need** una profunda necesidad

**deep-freeze** ['di:p'fri:z] VT (*at home*) congelar; (*in factory*) ultracongelar; *see also* **deep**

**deep-freezing** [ˌdi:p'fri:zɪŋ] N (*at home*) congelación *f*; (*in factory*) ultracongelación *f*

**deep-frozen** [ˌdi:p'frəʊzn] ADJ ultracongelado

**deep-fry** ['di:p'fraɪ] VT freír en aceite abundante

**deep-laid** ['di:p'leɪd] ADJ [*plan*] bien preparado

**deeply** ['di:plɪ] ADV 1 [*dig*] en profundidad; [*drink*] a grandes tragos; [*breathe, sigh*] profundamente, hondo; [*sleep, regret*] profundamente; [*think*] a fondo; **to blush ~** enrojecer violentamente; **to go ~ into sth** entrar de lleno en algo; **a ~ held conviction** una convicción profunda; **they looked ~ into each other's eyes** se miraron profundamente a los ojos; **to love sb ~** querer profundamente a algn; **to regret sth ~** lamentar algo profundamente
2 (= *profoundly, intensely*) [*worrying, sceptical, disappointed, shocked*] sumamente; [*concerned, troubled, grateful, religious*] profundamente; [*offensive, unhappy, depressed*] terriblemente; **to be ~ in debt** estar lleno de deudas, estar cargado de deudas; **it remains a ~ divided nation** sigue siendo una nación muy dividida; **I was ~ embarrassed by his question** su pregunta me hizo sentirme muy violenta; **~ embedded dirt** suciedad profundamente incrustado; **I was ~ hurt by her remarks** sus comentarios me hirieron en lo más hondo *or* profundo, sus comentarios me dolieron mucho; **we are ~ indebted to you** le debemos muchísimo; **to be ~ in love** estar profundamente enamorado; **she appeared to be ~ moved** parecía estar muy *or* profundamente conmovida; **we were ~ saddened by his death** su muerte nos entristeció profundamente; **~ tanned** con un bronceado intenso

**deep-rooted** ['di:p'ru:tɪd] ADJ (*Bot, fig*) profundamente arraigado

**deep-sea** ['di:p'si:] Ⓐ ADJ [*creature, plant*] abisal, de alta mar; [*fisherman*] de altura
Ⓑ CPD ► **deep-sea diver** N buzo *m* ► **deep-sea diving** N buceo *m* de altura ► **deep-sea fishing** N pesca *f* de gran altura

**deep-seated** ['di:p'si:tɪd] ADJ profundamente arraigado

**deep-set** ['di:p'set] ADJ [*eyes*] hundido

**deep-six*** [ˌdi:p'sɪks] VT (*US*) (= *throw out*) tirar; (= *kill*) cargarse*

**deer** [dɪəʳ] N (*pl* **deer** *or* **deers**) ciervo *m*, venado *m* (*esp LAm*); (= *red deer*) ciervo *m* común; (= *roe deer*) corzo *m*; (= *fallow deer*) gamo *m*

**deerhound** ['dɪəhaʊnd] N galgo *m* (para cazar venados), galgo *m* escocés (de pelo lanoso)

**deerskin** ['dɪəskɪn] N piel *f* de ciervo, gamuza *f*

**deerstalker** ['dɪəˌstɔ:kəʳ] N 1 (= *person*) cazador *m* de ciervos al acecho
2 (= *hat*) gorro *m* de cazador

**deerstalking** ['dɪəˌstɔ:kɪŋ] N caza *f* de venado

**de-escalate** [ˌdi:'eskəleɪt] VT [+ *tension*] reducir; [+ *crisis, conflict*] desacelerar, frenar la escalada de; [+ *war*] frenar la escalada de

**de-escalation** [di:ˌeskə'leɪʃən] N (*Mil, Pol*) freno *m* a la escalada

**deface** [dɪ'feɪs] VT [+ *wall, monument*] llenar de pintadas; [+ *work of art, poster, book*] pintarrajear

**de facto** [deɪ'fæktəʊ] ADJ, ADV de facto, de hecho

**defalcation** [ˌdi:fæl'keɪʃən] N desfalco *m*

**defamation** [ˌdefə'meɪʃən] N difamación *f*

**defamatory** [dɪ'fæmətərɪ] ADJ [*article, statement*] difamatorio

**defame** [dɪ'feɪm] VT difamar, calumniar

**default** [dɪ'fɔ:lt] Ⓐ N 1 (*on contract*) incumplimiento *m* (**on** de); (*on payment*) impago *m* (**on** de); **to be in ~** estar en mora; **judgment by ~** juicio *m* en rebeldía; **he won by ~** ganó por incomparecencia de su adversario; **we must not let it go by ~** no debemos dejarlo escapar por descuido *or* sin hacer nada; **in ~ of** a falta de
2 (*Comput*) valor *m* por defecto
Ⓑ VI 1 (= *not pay*) no pagar, faltar al pago; **to ~ on one's payments** no pagar los plazos
2 (*Sport*) (= *not appear*) no presentarse, no comparecer
3 (*Comput*) **it always ~s to the C drive** siempre va a la unidad de disco C por defecto
Ⓒ CPD ► **default option** N (*Comput*) opción *f* por defecto

**defaulter** [dɪ'fɔ:ltəʳ] N 1 (*Comm, Fin*) (*on payments*) moroso/a *m/f*
2 (*Mil*) rebelde *mf*

**defaulting** [dɪ'fɔ:ltɪŋ] ADJ 1 (*St Ex*) moroso
2 (*Jur*) en rebeldía

**defeat** [dɪ'fi:t] Ⓐ N [*of army, team*] derrota *f*; [*of ambition, plan*] fracaso *m*; [*of bill, amendment*] rechazo *m*; **eventually he admitted ~** al final se dio por vencido
Ⓑ VT [+ *army, team, opponent*] vencer, derrotar; [+ *plan, ambition*] hacer fracasar, frustrar; [+ *hopes*] frustrar, defraudar; (*Pol*) [+ *party*] derrotar; [+ *bill, amendment*] rechazar; (*fig*) vencer; **this will ~ its own ends** esto será contraproducente; **the problem ~s me** el problema me supera; **it ~ed all our efforts** burló todos nuestros esfuerzos

**defeated** [dɪ'fi:tɪd] ADJ [*army, team, player*] derrotado; **he left the room a ~ man** cuando abandonó la sala era un hombre derrotado

**defeatism** [dɪ'fi:tɪzəm] N derrotismo *m*

**defeatist** [dɪ'fi:tɪst] Ⓐ ADJ derrotista
Ⓑ N derrotista *mf*

**defecate** ['defəkeɪt] VI defecar

**defecation** [ˌdefə'keɪʃən] N defecación *f*

**defect** Ⓐ ['di:fekt] N (*gen*) defecto *m*; (*mental*) deficiencia *f*; **moral ~** defecto *m* moral; *see also* **speech B**
Ⓑ [dɪ'fekt] VI (*Pol*) desertar (**from** de; **to** a); **he ~ed to the USA** desertó de su país para irse a los EE.UU.

**defection** [dɪ'fekʃən] N (*Pol*) (*to different country*) deserción *f*; (*to different party*) cambio *m* de filas, defección *f* (*frm*)

**defective** [dɪ'fektɪv] Ⓐ ADJ defectuoso; **~ verb** (*Ling*) verbo *m* defectivo; **to be ~ in sth** [*person*] ser deficiente en algo
Ⓑ N 1 (= *person*) persona *f* anormal; **mental ~** deficiente *mf* mental
2 (*Gram*) defectivo *m*

**defector** [dɪ'fektəʳ] N (*to different country*) desertor(a) *m/f*; (*to different party*) tránsfuga *mf*

**defence, defense** (*US*) [dɪ'fens] Ⓐ N (*all senses*) defensa *f*; **as a ~ against** como defensa contra; **the body's ~s against disease** las defensas del organismo contra la enfermedad; **the case for the ~** el argumento de la defensa; **counsel for the ~** abogado/a *m/f* defensor(a); **Department of Defense** (*US*) = **Ministry of Defence**; **in his ~** en su defensa; **what have you to say in your own ~?** ¿qué tiene usted que decir *or* alegar en defensa propia?; **in ~ of sth** en defensa de algo; **to come out in ~ of** salir en defensa de; **Minister of Defence** (*Brit*) Ministro *m* de Defensa; **Ministry of Defence** (*Brit*) Ministerio *m* de

Defensa; **Secretary (of State) for Defence** (*Brit*) ◊ **Secretary of Defense** (*US*) Ministro *m* de Defensa; **witness for the ~** testigo *mf* de cargo, testigo *mf* de la defensa
Ⓑ CPD [*policy, strategy, costs*] de defensa ► **defence counsel** N abogado/a *m/f* defensor(a) ► **defence forces** NPL fuerzas *fpl* defensivas ► **defence mechanism** N mecanismo *m* de defensa ► **defence spending** N gastos *mpl* de defensa

**defenceless**, **defenseless** (*US*) [dɪˈfenslɪs] ADJ indefenso

**defencelessness**, **defenselessness** (*US*) [dɪˈfenslɪsnɪs] N indefensión *f*

**defend** [dɪˈfend] Ⓐ VT (*all senses*) defender (**against** contra; **from** de); **to ~ o.s.** defenderse
Ⓑ VI (*Sport*) jugar de defensa

**defendant** [dɪˈfendənt] N (*Jur*) (*civil*) demandado/a *m/f*; (*criminal*) acusado/a *m/f*

**defender** [dɪˈfendəʳ] N (*gen*) defensor(a) *m/f*; (*Sport*) defensa *mf*

**defending** [dɪˈfendɪŋ] ADJ **~ champion** (*Sport*) campeón *m* vigente; **~ counsel** (*Jur*) abogado/a *m/f* defensor(a)

**defense** [dɪˈfens] N (*US*) = **defence**

**defenseless** [dɪˈfenslɪs] ADJ (*US*) = **defenceless**

**defenselessness** [dɪˈfenslɪsnɪs] N (*US*) = **defencelessness**

**defensible** [dɪˈfensɪbl] ADJ defendible; [*action*] justificable

**defensive** [dɪˈfensɪv] Ⓐ ADJ [*attitude, measures, play*] defensivo
Ⓑ N defensiva *f*; **to be/go on the ~** estar/ponerse a la defensiva
Ⓒ CPD ► **defensive works** NPL fortificaciones *fpl*

**defensively** [dɪˈfensɪvlɪ] ADV [*say*] en tono defensivo; (*Sport*) [*play*] de defensa

**defensiveness** [dɪˈfensɪvnɪs] N (= *tone*) tono *m* defensivo; (= *attitude*) actitud *f* defensiva

**defer**[1] [dɪˈfɜːʳ] VT **1** (= *postpone*) [+ *meeting, business*] posponer, diferir; [+ *payment*] aplazar, diferir, postergar (*LAm*)
**2** (*Mil*) [+ *conscript*] dar una prórroga a; **his military service was ~red** le concedieron una prórroga militar

**defer**[2] [dɪˈfɜːʳ] VI (= *submit*) **to ~ to sth** deferir a algo (*frm*); **in this I ~ to you** a este respecto defiero a su opinión (*frm*), a este respecto me adhiero a su opinión; **to ~ to sb's (greater) knowledge** deferir a los (mayores) conocimientos de algn (*frm*)

**deference** [ˈdefərəns] N deferencia *f*, respeto *m*; **out of** *or* **in ~ to sb/sb's age** por deferencia *or* respeto a algn/la edad de algn

**deferential** [ˌdefəˈrenʃəl] ADJ deferente, respetuoso

**deferentially** [ˌdefəˈrenʃəlɪ] ADV deferentemente, respetuosamente

**deferment** [dɪˈfɜːmənt], **deferral** [dɪˈfɜːrəl] N (= *postponement*) aplazamiento *m*; (*Mil*) prórroga *f*

**deferred** [dɪˈfɜːd] CPD ► **deferred annuity** N anualidad *f* diferida ► **deferred credit** N crédito *m* diferido ► **deferred liabilities** NPL pasivo *msing* diferido ► **deferred payment** N pago *m* a plazos

**defiance** [dɪˈfaɪəns] N (= *attitude*) desafío *m*; (= *resistance*) resistencia *f* terca; **a gesture/an act of ~** un gesto/acto desafiante; **in ~ of the law** desafiando a la ley

**defiant** [dɪˈfaɪənt] ADJ (= *insolent*) [*person*] atrevido, insolente; (= *challenging*) [*tone, stare*] desafiante, retador

**defiantly** [dɪˈfaɪəntlɪ] ADV [*act*] atrevidamente, insolentemente; [*say, answer*] en tono desafiante *or* retador, en son de reto

**defibrillator** [dɪˈfaɪbrɪˌleɪtəʳ] N desfibrilador *m*

**deficiency** [dɪˈfɪʃənsɪ] Ⓐ N **1** (*gen*) deficiencia *f*; (= *lack*) falta *f*; (*Med*) (= *weakness*) debilidad *f*; **vitamin ~** avitaminosis *f*, déficit *m* vitamínico
**2** (*in system, plan, character etc*) defecto *m*
**3** (*Fin*) déficit *m*
Ⓑ CPD ► **deficiency disease** N mal *m* carencial

**deficient** [dɪˈfɪʃənt] ADJ (*gen*) deficiente; (*in quantity*) insuficiente; (= *incomplete*) incompleto; (= *defective*) defectuoso; **to be ~ in sth** estar falto de algo; **his diet is ~ in vitamin C** su dieta está falta de vitamina C; **mentally ~** deficiente mental

**deficit** [ˈdefɪsɪt] Ⓐ N (*esp Fin*) déficit *m*; **the balance of payments is in ~** la balanza de pagos es deficitaria
Ⓑ CPD ► **deficit financing** N financiación *f* mediante déficit ► **deficit spending** N gasto *m* deficitario

**defile**[1] [ˈdiːfaɪl] N desfiladero *m*

**defile**[2] [dɪˈfaɪl] VT [+ *honour*] manchar; [+ *flag*] ultrajar; [+ *sacred thing, memory*] profanar; [+ *language*] corromper; [+ *woman*] deshonrar

**defilement** [dɪˈfaɪlmənt] N [*of person, community*] corrupción *f*; [*of sacred thing, memory*] profanación *f*; [*of language*] corrupción *f*; [*of woman*] deshonra *f*

**definable** [dɪˈfaɪnəbl] ADJ definible

**define** [dɪˈfaɪn] VT **1** (= *give definition for*) definir; (= *characterize*) caracterizar; (= *delimit*) determinar, delimitar; (= *outline*) destacar; **she doesn't ~ herself as a feminist** no se define como feminista; **how would you ~ yourself politically?** ¿cómo se definiría políticamente?
**2** (*Comput*) definir

**definite** [ˈdefɪnɪt] ADJ **1** (= *fixed*) [*time, offer, plan*] definitivo; [*decision, agreement*] final; **I don't have any ~ plans** no tengo ningún plan definitivo; **are you ready to make a ~ order?** ¿puede mandarnos ya un pedido en firme?; **it is ~ that he will retire** ya es seguro *or* definitivo que se jubilará; **14 September is ~ for the trip** el 14 de septiembre es la fecha definitiva para el viaje; **nothing ~** nada definitivo; **I don't intend to go, and that's ~** no pienso ir, y no voy a cambiar de idea; **is that ~?** ¿es seguro?
**2** (= *clear*) [*improvement, advantage*] indudable; [*feeling, impression*] inequívoco; [*increase*] claro; **he had a ~ advantage** tuvo una ventaja indudable; **it's a ~ possibility** es una posibilidad clara; **there is a ~ possibility that we will get the contract** está claro que existe la posibilidad de que consigamos el contrato, es muy posible que consigamos el contrato
**3** (= *sure*) **are you ~ about that?** ¿estás seguro de eso?; **to know sth for ~** saber algo con seguridad; **I don't know** *or* **can't say for ~ yet** no lo sé seguro todavía, no puedo asegurarlo todavía
**4** (= *emphatic*) [*manner, tone*] firme, terminante; [*views, opinions*] firme; **he was very ~ about it** lo dijo de forma categórica; **he was very ~ about wanting to resign** dijo categóricamente que quería dimitir
**5** (*Ling*) **~ article** artículo *m* definido; **past ~ (tense)** (tiempo *m*) pretérito *m*

**definitely** [ˈdefɪnɪtlɪ] ADV **1** (= *definitively*) [*agree, arrange, decide*] definitivamente; **I haven't ~ decided on law school** todavía no he decidido hacer derecho definitivamente; **the date has not yet been ~ decided** aún no se ha decidido una fecha definitiva; **they have not said ~ whether they will attend** no han dicho de forma definitiva que vayan a asistir
**2** (= *certainly*) **something should ~ be done about that** decididamente, deberían hacer algo al respecto; **yes, we ~ do need a car** sí, está clarísimo que necesitamos un coche, sí, decididamente se necesitamos un coche; **he is ~ leaving** es seguro que se va, definitivamente se va; **they are ~ not for sale** definitivamente no están a la venta; **I'll ~ go** seguro que iré; **she ~ said two o'clock** estoy seguro de que dijo a las dos en punto; **she said ~ two o'clock** dijo que seguro que a los dos en punto; **I will ~ get it finished by tomorrow** definitivamente lo termino para mañana, seguro que lo termino para mañana; **it's ~ better** es sin duda mejor; **"are you going to Greece this summer?" — "yes, ~"** —¿te vas a Grecia este verano? —sí, seguro; **"do you think she'll pass?" — "definitely"** —¿crees que aprobará? —seguro *or* sin duda; **"will you accept his offer?" — "~ not!"** —¿vas a aceptar su oferta? —¡de ninguna manera!; **"can I go on my own?" — "~ not!"** —¿puedo ir solo? —¡ni hablar!
**3** (= *emphatically*) [*say, deny*] terminantemente, categóricamente; [*state*] firmemente

**definition** [ˌdefɪˈnɪʃən] N **1** [*of word, concept*] definición *f*; [*of powers, boundaries, duties*] delimitación *f*; **by ~** por definición
**2** (*Phot*) nitidez *f*, definición *f*

**definitive** [dɪˈfɪnɪtɪv] ADJ definitivo; **it is the ~ work on Mahler** es la obra más autorizada sobre Mahler

**definitively** [dɪˈfɪnɪtɪvlɪ] ADV de manera definitiva, definitivamente

**deflate** [diːˈfleɪt] Ⓐ VT **1** [+ *tyre*] desinflar, deshinchar; [+ *economy*] reducir la inflación de, deflactar
**2** (= *humble*) [+ *pompous person*] bajar los humos a
**3** (= *depress*) desanimar, desalentar; **at this news he felt very ~d** con esta noticia se desanimó por completo
Ⓑ VI [*tyre*] desinflarse, deshincharse; [*economy*] sufrir deflación

**deflation** [diːˈfleɪʃən] N [*of tyre etc*] desinflamiento *m*; (*Econ*) deflación *f*

**deflationary** [diːˈfleɪʃənərɪ] ADJ (*Econ*) deflacionario

**deflationist** [diːˈfleɪʃənɪst] ADJ deflacionista

**deflator** [diːˈfleɪtəʳ] N medida *f* deflacionista

**deflect** [dɪˈflekt] Ⓐ VT [+ *ball, bullet*] desviar; (*fig*) [+ *person*] desviar (**from** de)
Ⓑ VI [*ball, bullet*] desviarse

**deflection** [dɪˈflekʃən] N desvío *m*, desviación *f*

**deflector** [dɪˈflektəʳ] N deflector *m*

**defloration** [ˌdiːflɔːˈreɪʃən] N desfloración *f*

**deflower** [diːˈflaʊəʳ] VT desflorar

**defog** [diːˈfɒg] VT desempañar

**defogger** [diːˈfɒgəʳ] N (*US*) luneta *f* térmica, dispositivo *m* antivaho

**defoliant** [diːˈfəʊlɪənt] N defoliante *m*

**defoliate** [diːˈfəʊlɪeɪt] VT defoliar

**defoliation** [ˌdiːfəʊlɪˈeɪʃən] N defoliación *f*

**deforest** [diːˈfɒrɪst] VT deforestar, despoblar de árboles

**deforestation** [diːˌfɒrəˈsteɪʃən] N deforestación *f*, despoblación *f* forestal

**deform** [dɪˈfɔːm] VT deformar

**deformation** [ˌdi:fɔ:ˈmeɪʃən] N deformación *f*

**deformed** [dɪˈfɔ:md] ADJ [*person, limb, body*] deforme; [*structure*] deformado

**deformity** [dɪˈfɔ:mɪtɪ] N deformidad *f*

**defraud** [dɪˈfrɔ:d] VT (*frm*) [+ *person, authorities*] estafar, defraudar; **to ~ sb of sth** estafar algo a algn; **he ~ed the firm of £1,000** le estafó 1.000 libras a la compañía

**defrauder** [dɪˈfrɔ:dəʳ] N defraudador(a) *m/f*

**defray** [dɪˈfreɪ] VT (*frm*) sufragar, costear; **to ~ sb's expenses** sufragar *or* costear los gastos de algn

**defrayal** [dɪˈfreɪəl], **defrayment** [dɪˈfreɪmənt] N pago *m*

**defreeze** [di:ˈfri:z] VT descongelar

**defrock** [di:ˈfrɒk] VT apartar del sacerdocio

**defrost** [di:ˈfrɒst] VT [+ *refrigerator*] descongelar, deshelar; [+ *frozen food*] descongelar

**defroster** [di:ˈfrɒstəʳ] N (*US*) descongelador *m*; (*Aut*) spray *m* antihielo

**deft** [deft] ADJ (*compar* **defter**; *superl* **deftest**) diestro, hábil

**deftly** [ˈdeftlɪ] ADV diestramente, con destreza, hábilmente

**deftness** [ˈdeftnɪs] N destreza *f*, habilidad *f*

**defunct** [dɪˈfʌŋkt] ADJ (*frm*) 1 [*company, organization*] desaparecido, extinto; [*idea*] caduco; [*scheme*] paralizado, suspendido
2 (= *deceased*) difunto

**defuse** [di:ˈfju:z] VT [+ *bomb*] desactivar; (*fig*) [+ *tension*] calmar, apaciguar; [+ *situation*] reducir la tensión de

**defy** [dɪˈfaɪ] VT 1 (= *challenge*) [+ *person*] desafiar, retar; **I ~ you to do it** te desafío a hacerlo
2 (= *refuse to obey*) [+ *person*] desobedecer, enfrentarse a; [+ *order*] contravenir
3 (= *fly in the face of*) **it defies definition** se escapa a toda definición; **it defies description** resulta imposible describirlo, es indescriptible; **to ~ gravity** desafiar la ley de la gravedad; **people defied the bad weather to get away for Easter** a pesar del mal tiempo, la gente salió de vacaciones durante la Semana Santa; **to ~ death** (= *face without fear*) desafiar a la muerte; (= *narrowly escape*) escapar de una muerte segura

**degeneracy** [dɪˈdʒenərəsɪ] N degeneración *f*, depravación *f*

**degenerate** Ⓐ [dɪˈdʒenərɪt] ADJ degenerado
Ⓑ [dɪˈdʒenərɪt] N degenerado/a *m/f*
Ⓒ [dɪˈdʒenəreɪt] VI degenerar (**into** en); **the debate ~d into a shouting match** el debate degeneró en una discusión a voz en grito

**degeneration** [dɪˌdʒenəˈreɪʃən] N degeneración *f*

**degenerative** [dɪˈdʒenərətɪv] ADJ [*disease*] degenerativo

**deglamourize** [di:ˈglæməˌraɪz] VT quitar el atractivo de

**degradable** [dɪˈgreɪdəbl] ADJ degradable

**degradation** [ˌdegrəˈdeɪʃən] N degradación *f*

**degrade** [dɪˈgreɪd] Ⓐ VT 1 (*gen*) degradar; **to ~ o.s.** degradarse
2 (*Chem, Phys*) (= *break down*) degradar
3 (*Mil*) [+ *weaponry etc*] mermar, diezmar
Ⓑ VI 1 (*gen*) degradarse
2 (*Chem, Phys*) (= *break down*) degradarse

**degrading** [dɪˈgreɪdɪŋ] ADJ degradante

▼**degree** [dɪˈgri:] Ⓐ N 1 (*gen, Geog, Math*) grado *m*; **ten ~s below freezing** diez grados bajo cero
2 (= *extent*) punto *m*, grado *m*; **to such a ~ that ...** hasta tal punto que ...; **a high ~ of uncertainty** un alto grado de incertidumbre; **with varying ~s of success** con mayor o menor éxito; **they have some** *or* **a certain ~ of freedom** tienen cierto grado de libertad; **to some** *or* **a certain ~** hasta cierto punto; **to the highest ~** en sumo grado; **he is superstitious to a ~** (*esp Brit*) es sumamente supersticioso
3 (= *stage in scale*) grado *m*; **by ~s** poco a poco, gradualmente, por etapas; **first/second/third ~ burns** quemaduras *fpl* de primer/segundo/tercer grado; **first ~ murder** ◊ **murder in the first ~** homicidio *m* en primer grado; **second ~ murder** ◊ **murder in the second ~** homicidio *m* en segundo grado; ✦***IDIOM*** **to give sb the third ~** interrogar a algn brutalmente, sacudir a algn*
4 (*Univ*) título *m*; **first ~** licenciatura *f*; **higher ~** doctorado *m*; **honorary ~** doctorado *m* "honoris causa"; **she's got a ~ in English** es licenciada en filología inglesa; **to get a ~** sacar un título; **to take a ~ in** (= *study*) hacer la carrera de; (= *graduate*) licenciarse en
5 (= *social standing*) rango *m*, condición *f* social
Ⓑ CPD ► **degree course** N (*Brit Univ*) licenciatura *f*; **to do a ~ course** hacer una licenciatura

➤ LANGUAGE IN USE: **degree** A4 19.2

**DEGREE**

*Al título universitario equivalente a la licenciatura se le conoce como* **Bachelor's degree**, *que se obtiene generalmente tras tres años de estudios. Las titulaciones más frecuentes son las de Letras:* **Bachelor of Arts** *o* **BA** *y Ciencias:* **Bachelor of Science** *o* **BSc** *en el Reino Unido,* **BS** *en Estados Unidos.*
*En el Reino Unido, la mayoría de los estudiantes reciben un* **honours degree**, *cuyas calificaciones, en orden descendente son:* **first** *(1) la nota más alta, seguida de* **upper second** *(2-1),* **lower second** *(2-2) y* **third** *(3). En algunas ocasiones se puede obtener un* **ordinary degree**, *por ejemplo en el caso de que no se aprueben los exámenes para obtener el título pero los examinadores consideren que a lo largo de la carrera se han tenido unos resultados mínimos satisfactorios.*
*En Estados Unidos los estudiantes no reciben calificaciones en sus titulaciones de fin de carrera, pero sí existe la matrícula de honor (***honours***), que puede ser, de menor a mayor importancia:* **cum laude**, **magna cum laude** *y* **summa cum laude**.
**Master's degree** *es normalmente un título que se recibe tras estudios de postgrado, en los que se combinan horas lectivas o investigación con una tesina final, conocida como* **dissertation**. *Las titulaciones más frecuentes son las de* **Master of Arts** *o* **MA**, **Master of Science** *o* **MSc** *y* **Master of Business Administration** *o* **MBA**. *El título se concede con la única calificación de apto. En algunas universidades, como las escocesas, el título de* **master's degree** *no es de postgrado, sino que corresponde a la licenciatura.*
*El título universitario más alto es el de doctorado,* **doctorate** *o* **doctor's degree**, *abreviado normalmente como* **PhD** *o* **DPhil**.

**dehumanization** [di:ˌhju:mənaɪˈzeɪʃən] N deshumanización *f*

**dehumanize** [di:ˈhju:mənaɪz] VT deshumanizar

**dehumanizing** [di:ˈhju:mənaɪzɪŋ] ADJ deshumanizante

**dehumidifier** [ˌdi:hju:ˈmɪdɪfaɪəʳ] N deshumidificador *m*

**dehumidify** [ˌdi:hju:ˈmɪdɪfaɪ] VT (*US*) deshumedecer

**dehydrate** [di:ˈhaɪdreɪt] VT deshidratar

**dehydrated** [ˌdi:haɪˈdreɪtɪd] ADJ (*Med, Tech*) deshidratado; [*vegetables*] seco; [*milk, eggs*] en polvo

**dehydration** [ˌdi:haɪˈdreɪʃən] N deshidratación *f*

**de-ice** [di:ˈaɪs] VT descongelar

**de-icer** [ˈdi:ˈaɪsəʳ] N (*Aer*) descongelador *m*; (*Aut*) descongelante *m*

**de-icing** [di:ˈaɪsɪŋ] N descongelación *f*

**deictic** [ˈdaɪktɪk] N deíctico *m*

**deification** [ˌdi:ɪfɪˈkeɪʃən] N deificación *f*

**deify** [ˈdi:ɪfaɪ] VT deificar

**deign** [deɪn] VT **to ~ to do sth** dignarse hacer algo

**deism** [ˈdi:ɪzəm] N deísmo *m*

**deist** [ˈdi:ɪst] N deísta *mf*

**deity** [ˈdi:ɪtɪ] N deidad *f*; **the Deity** Dios *m*

**deixis** [ˈdaɪksɪs] N deixis *f*

**déjà vu** [deɪʒɑ:ˈvu:] N déjà vu *m*

**dejected** [dɪˈdʒektɪd] ADJ [*person, look*] desanimado, abatido

**dejectedly** [dɪˈdʒektɪdlɪ] ADV [*sit, gaze*] con desánimo, desalentado; [*say*] con tono de abatimiento

**dejection** [dɪˈdʒekʃən] N (= *emotion*) desánimo *m*, abatimiento *m*

**de jure** [ˌdeɪˈdʒʊərɪ] ADJ, ADV de iure

**dekko*** [ˈdekəʊ] N (*Brit*) vistazo *m*; **let's have a ~*** déjame verlo

**Del.** ABBR (*US*) = **Delaware**

**del.** ABBR = **delete**

**delay** [dɪˈleɪ] Ⓐ N (= *hold-up*) retraso *m*, demora *f* (*esp LAm*); (= *act of delaying*) retraso *m*, dilación *f*; (*to traffic*) retención *f*, atasco *m*; (*to train*) retraso *m*; **the tests have caused some ~** las pruebas han ocasionado algún retraso; **there will be ~s to traffic** habrá retenciones *or* atascos en las carreteras; **"delays possible until Dec 2000"** "posibles retenciones hasta Diciembre de 2000"; **without ~** sin demora; **these measures should be implemented without further ~** estas medidas deben ponerse en práctica sin más demora
Ⓑ VT (= *hold up*) [+ *person*] retrasar, entretener; [+ *train*] retrasar; [+ *start, opening*] retrasar, demorar (*LAm*); (= *postpone*) aplazar, demorar (*LAm*); (= *obstruct*) impedir; **the train was ~ed for two hours** el tren se retrasó dos horas; **we decided to ~ our departure** decidimos retrasar la salida; **what ~ed you?** ¿por qué has tardado tanto?; **to ~ doing sth: we ~ed going out until Jane arrived** retrasamos la salida hasta que llegara Jane; **the illness could have been treated if you hadn't ~ed going to the doctor** se hubiera podido tratar la enfermedad si no hubieras tardado tanto en ir al médico; **~ed broadcast** (*US*) transmisión *f* en diferido; **~ed effect** efecto *m* retardado
Ⓒ VI tardar, demorarse (*LAm*); **don't ~!** (*in doing sth*) ¡no pierdas tiempo!; (*on the way*) ¡no te entretengas!, ¡no tardes!, ¡no te demores! (*LAm*)

**delayed-action** [dɪˈleɪdˈækʃən] ADJ de acción retardada; **~ bomb** bomba *f* de acción retardada

**delayering** [di:ˈleɪərɪŋ] N (*Admin*) reducción *f* de niveles jerárquicos

**delaying** [dɪˈleɪɪŋ] Ⓐ ADJ [*action*] dilatorio
Ⓑ CPD ► **delaying tactics** NPL tácticas *fpl* dilatorias

**delectable** [dɪˈlektəbl] ADJ delicioso

**delectation** [ˌdiːlekˈteɪʃən] N deleite *m*, delectación *f* (*frm*)

**delegate** Ⓐ [ˈdelɪgɪt] N delegado/a *m/f* (**to** en)
Ⓑ [ˈdelɪgeɪt] VT [+ *task, power*] delegar (**to** en); [+ *person*] delegar (**to do sth** para hacer algo); **I was ~d to do it** me delegaron para hacerlo; **that task cannot be ~d** ese cometido no se puede delegar en otro

**delegation** [ˌdelɪˈgeɪʃən] N (= *act, group*) delegación *f*

**delete** [dɪˈliːt] Ⓐ VT tachar, suprimir (**from** de); (*Comput*) borrar, suprimir; **"delete where inapplicable"** "táchese lo que no proceda"
Ⓑ CPD ► **delete key** N tecla *f* de borrado, tecla *f* de supresión

**deleterious** [ˌdelɪˈtɪərɪəs] ADJ (*frm*) nocivo, perjudicial (**to** para)

**deletion** [dɪˈliːʃən] N supresión *f*, tachadura *f*; (*Comput*) borrado *m*, supresión *f*

**delft** [delft] N porcelana *f* de Delft

**Delhi** [ˈdelɪ] N Delhi *m*

**deli*** [ˈdelɪ] N = **delicatessen**

**deliberate** Ⓐ [dɪˈlɪbərɪt] ADJ [1] (= *intentional*) deliberado, premeditado
[2] (= *cautious*) prudente
[3] (= *unhurried*) pausado, lento
Ⓑ [dɪˈlɪbəreɪt] VT (= *think about*) [+ *issue, question*] reflexionar sobre, deliberar sobre; (= *discuss*) deliberar sobre, discutir; **I ~d what to do** estuve pensando qué debería hacer; **I ~d whether to do it** estuve pensando *or* deliberando si hacerlo o no
Ⓒ [dɪˈlɪbəreɪt] VI (= *think*) reflexionar, meditar (**on** sobre); (= *discuss*) deliberar (**on** sobre)

**deliberately** [dɪˈlɪbərɪtlɪ] ADV [1] (= *intentionally*) a propósito, deliberadamente; (*with adj*) [*rude, misleading*] deliberadamente
[2] (= *cautiously*) prudentemente; (= *slowly*) lentamente, pausadamente

**deliberation** [dɪˌlɪbəˈreɪʃən] N [1] (= *consideration*) deliberación *f*, reflexión *f*; (= *discussion*) (*usu pl*) deliberación *f*, discusión *f*; **after due ~** después de pensarlo bien
[2] (= *slowness*) pausa *f*, lentitud *f*; (= *caution*) prudencia *f*

**deliberative** [dɪˈlɪbərətɪv] ADJ deliberativo

**delicacy** [ˈdelɪkəsɪ] N [1] (= *fineness, subtlety*) [*of flavour, workmanship, instrument*] delicadeza *f*
[2] (= *fragility*) [*of china, person, balance*] fragilidad *f*
[3] (= *sensitivity, awkwardness*) [*of situation, problem*] lo delicado; **a matter of some ~** un asunto algo delicado
[4] (= *tact*) [*of person, inquiry*] delicadeza *f*
[5] (= *special food*) exquisitez *f*, manjar *m* exquisito

**delicate** [ˈdelɪkɪt] ADJ [1] (= *fine, subtle*) [*features, fabric, workmanship, instrument*] delicado; [*flavour, fragrance, food*] exquisito; [*touch*] suave
[2] (= *fragile*) [*china, balance, ecosystem*] frágil; [*person, health, skin, liver*] delicado; **I'm feeling rather ~ this morning** (*hum*) estoy un tanto delicado esta mañana (*hum*)
[3] (= *sensitive, awkward*) [*situation, problem, task, negotiations*] delicado, difícil

**delicately** [ˈdelɪkɪtlɪ] ADV [1] [*say, act*] con delicadeza, delicadamente; **~ worded** expresado con delicadeza; **... as you so ~ put it** (*iro*) ... como tú tan delicadamente *or* con tanta delicadeza has expresado
[2] [*flavoured, scented, carved*] exquisitamente; **this may upset the ~ balanced ecosystem** esto puede alterar el frágil equilibrio del ecosistema

**delicatessen** [ˌdelɪkəˈtesn] N (= *shop*) charcutería *f*, rotisería *f* (*S. Cone*)

**delicious** [dɪˈlɪʃəs] ADJ [*food, taste, smell*] delicioso, exquisito, riquísimo; [*sensation*] delicioso

**deliciously** [dɪˈlɪʃəslɪ] ADV deliciosamente, exquisitamente

**delight** [dɪˈlaɪt] Ⓐ N [1] (= *feeling of joy*) deleite *m*, placer *m*; (= *jubilation*) regocijo *m*; **much to her ~, they lost** perdieron, con gran regocijo de su parte; **to take ~ in sth** disfrutar con algo, deleitarse con algo; **to take ~ in doing sth** disfrutar haciendo algo, deleitarse en hacer algo
[2] (= *pleasurable thing*) encanto *m*; **one of the ~s of Majorca** uno de los encantos de Mallorca; **the book is sheer ~** el libro es una verdadera delicia *or* maravilla; **she is a ~ to teach** (*said of schoolgirl*) es un placer ser su maestra; **a ~ to the eye** un placer para la vista
Ⓑ VT [+ *person*] encantar, deleitar
Ⓒ VI **to ~ in sth** disfrutar con algo, deleitarse con algo; **to ~ in doing sth** disfrutar haciendo algo, deleitarse en hacer algo

▼ **delighted** [dɪˈlaɪtɪd] ADJ **delighted!** ¡encantado!; **I'd be ~** con (mucho) gusto; **to be ~ at** *or* **with sth** estar encantado con algo; **we are ~ with it** estamos encantados con ello; **(I'm) ~ to meet you** (estoy) encantado de conocerlo, mucho gusto de conocerlo; **I was ~ to hear the news** me alegró mucho recibir la noticia; **we shall be ~ to come** estaremos encantados de ir

**delightedly** [dɪˈlaɪtɪdlɪ] ADV con alegría; **she smiled ~** sonrió encantada, sonrió contentísima

**delightful** [dɪˈlaɪtfʊl] ADJ [*person*] encantador; [*outfit*] precioso; [*food, breeze*] delicioso

**delightfully** [dɪˈlaɪtfəlɪ] ADV (*after vb*) [*play, dance, etc*] maravillosamente; **the water was ~ cool** el agua estaba tan fresquita que daba gusto

**Delilah** [dɪˈlaɪlə] N Dalila

**delimit** [diːˈlɪmɪt] VT delimitar

**delimitation** [ˌdiːlɪmɪˈteɪʃən] N delimitación *f*

**delineate** [dɪˈlɪnɪeɪt] VT [1] (= *draw*) [+ *outline*] delinear, trazar
[2] (= *describe*) [+ *character*] describir, pintar; [+ *plans*] trazar
[3] (= *delimit*) definir

**delineation** [dɪˌlɪnɪˈeɪʃən] N delineación *f*

**delinquency** [dɪˈlɪŋkwənsɪ] N delincuencia *f*; *see also* **juvenile A**

**delinquent** [dɪˈlɪŋkwənt] Ⓐ ADJ delincuente
Ⓑ N delincuente *mf*; *see also* **juvenile A**

**delirious** [dɪˈlɪrɪəs] ADJ [1] (*Med*) delirante; **to be ~** delirar, desvariar
[2] (*fig*) (*with happiness etc*) loco; **to be ~ with joy** estar loco de alegría

**deliriously** [dɪˈlɪrɪəslɪ] ADV [*rant, rave*] con desvarío, como un loco; **to be ~ happy** estar loco de alegría; **to be ~ in love** estar locamente enamorado

**delirium** [dɪˈlɪrɪəm] Ⓐ N (*pl* **delirium** *or* **deliria** [dɪˈlɪrɪə]) (*Med, fig*) delirio *m*
Ⓑ CPD ► **delirium tremens** N delírium *m* tremens

**delist** [diːˈlɪst] (*St Ex*) Ⓐ VT *quitar de la lista de compañías o títulos admitidos a cotización oficial*
Ⓑ VI *dejar de formar parte de la lista de compañías que cotizan en Bolsa*

**deliver** [dɪˈlɪvəʳ] Ⓐ VT [1] (= *hand over*) [+ *goods*] entregar (**to** a); [+ *mail*] repartir; [+ *message*] llevar, comunicar; **he ~ed me home safely** me acompañó hasta casa, me dejó en casa; **he ~ed the goods*** (*fig*) cumplió *or* hizo lo que se esperaba de él
[2] (†) (= *save*) librar (**from** de); **~ us from evil** líbranos del mal
[3] (= *give*) [+ *speech, verdict*] pronunciar; [+ *lecture*] dar; **to ~ an ultimatum** dar un ultimátum
[4] (= *throw*) [+ *blow, punch*] asestar, dar; [+ *ball, missile*] lanzar
[5] (= *surrender, hand over*) (*also* **~ up, ~ over**) entregar (**to** a); **to ~ a town (up** *or* **over) into the hands of the enemy** entregar una ciudad al enemigo; **to ~ o.s. up** entregarse (**to** a)
[6] (*Med*) [+ *baby*] asistir en el parto de; **Doctor Hamilton ~ed the twins** el Doctor Hamilton asistió en el parto de los gemelos; **she was ~ed of a child**† (*frm*) dio a luz (a) un niño
[7] **to ~ o.s. of** (*frm*) [+ *speech*] pronunciar; [+ *opinion*] expresar; [+ *remark*] hacer (con solemnidad)
Ⓑ VI [1] (*Comm*) **"we deliver"** "(servicio de) entrega a domicilio"
[2] (*) cumplir lo prometido; **the match promised great things but didn't ~** el partido prometía mucho, pero no estuvo a la altura de lo que se esperaba

**deliverance** [dɪˈlɪvərəns] N (*poet*) liberación *f* (**from** de)

**deliverer** [dɪˈlɪvərəʳ] N (= *saviour*) libertador(a) *m/f*, salvador(a) *m/f*

▼ **delivery** [dɪˈlɪvərɪ] Ⓐ N [1] [*of goods*] entrega *f*; [*of mail*] reparto *m*; **allow 28 days for ~** la entrega se realizará en un plazo de 28 días; **the balance is payable on ~** el saldo pendiente se hará efectivo a la entrega; **to take ~ of** recibir; **General Delivery** (*US*) Lista *f* de Correos
[2] [*of speaker*] presentación *f* oral, forma *f* de hablar en público
[3] (*Med*) parto *m*, alumbramiento *m* (*frm*)
[4] (= *saving*) liberación *f* (**from** de)
Ⓑ CPD [*date, order, time*] de entrega
► **delivery boy** N recadero *m*, mensajero *m*
► **delivery charge** N gastos *mpl* de envío
► **delivery man** N repartidor *m* ► **delivery note** N nota *f* de entrega, albarán *m* (de entrega) ► **delivery room** N (*Med*) sala *f* de partos
► **delivery service** N servicio *m* de entrega a domicilio ► **delivery truck** (*US*), **delivery van** (*Brit*) N furgoneta *f* de reparto, camioneta *f* de reparto

**dell** [del] N vallecito *m*

**delouse** [diːˈlaʊs] VT despiojar, espulgar

**Delphi** [ˈdelfaɪ] N Delfos *m*

**Delphic** [ˈdelfɪk] ADJ délfico

**delphinium** [delˈfɪnɪəm] N (*pl* **delphiniums** *or* **delphinia** [delˈfɪnɪə]) espuela *f* de caballero

**delta** [ˈdeltə] N [1] (*Geog*) delta *m*
[2] (= *letter*) delta *f*

**delta-winged** [ˈdeltəˈwɪŋgd] ADJ con alas en delta

**deltoid** [ˈdeltɔɪd] Ⓐ ADJ deltoideo
Ⓑ N deltoides *m*

**delude** [dɪˈluːd] VT engañar; **to ~ sb into thinking (that) ...** hacer creer a algn (que) ...; **to ~ o.s.** engañarse; **to ~ o.s. into thinking (that) ...** engañarse pensando (que) ...

**deluded** [dɪˈluːdɪd] ADJ iluso, engañado

**deluge** [ˈdeljuːdʒ] Ⓐ N [*of rain*] diluvio *m*; [*of floodwater*] inundación *f*; **the Deluge** (*Rel*) el Diluvio; **a ~ of protests** una avalancha de protestas

➤ LANGUAGE IN USE: **delighted** 7.2, 11.3, 13, 24.1, 24.2 **delivery A1** 20.1, 20.3, 20.4

Ⓑ VT (*fig*) inundar (**with** de); **he was ~d with gifts** se vio inundado de regalos, le llovieron los regalos; **he was ~d with questions** lo acribillaron a preguntas, le llovieron las preguntas; **we are ~d with work** tenemos trabajo hasta encima de las cabezas, estamos hasta las cejas de trabajo

**delusion** [dɪ'luːʒən] N (= *false impression*) engaño *m*, error *m*; (= *hope*) ilusión *f*; (*Psych*) delirio *m*; **~s of grandeur** delirios *mpl* de grandeza; **to labour under a ~** abrigar una falsa ilusión; **she's labouring under the ~ that she's going to get the job** abriga la falsa ilusión de que va a conseguir el puesto, se engaña pensando que va a conseguir el puesto

**delusive** [dɪ'luːsɪv], **delusory** [dɪ'luːsərɪ] ADJ engañoso, ilusorio

**de luxe** [dɪ'lʌks] ADJ de lujo

**delve** [delv] VI **to ~ into** [+ *pocket, cupboard*] hurgar en, rebuscar en; [+ *subject*] profundizar en, ahondar en; [+ *past*] hurgar en; **we must ~ deeper** tenemos que profundizar *or* ahondar todavía más

**Dem.** (*US Pol*) Ⓐ N ABBR = **Democrat**
Ⓑ ADJ ABBR = **Democratic**

**demagnetize** [diː'mægnɪtaɪz] VT desimantar

**demagogic** [ˌdemə'gɒgɪk] ADJ demagógico

**demagogue**, **demagog** (*US sometimes*) ['deməgɒg] N demagogo/a *m/f*

**demagoguery** [demə'gɒgərɪ] N demagogia *f*

**demagogy** ['deməgɒgɪ] N demagogia *f*

**de-man** [ˌdiː'mæn] VT (*Brit*) (= *reduce manpower in*) reducir el personal en

**demand** [dɪ'mɑːnd] Ⓐ N **1** (= *request*) petición *f*, solicitud *f* (**for** de); **his ~ for compensation was rejected** rechazaron su petición *or* solicitud de indemnización; **on ~** a libre disposición de todos, a petición; **abortion on ~** aborto *m* libre; **by popular ~** a petición del público
**2** (= *urgent claim*) exigencia *f*; (*for payment*) aviso *m*, reclamación *f*; (*Pol, Ind*) reivindicación *f*; **the ~s of duty** las exigencias del deber; **final ~** (*for payment of bill*) último aviso *m*; **there are many ~s on my time** tengo muchas ocupaciones; **it makes great ~s on our resources** pone a prueba nuestros recursos; **her children make great ~s on her time** sus hijos absorben gran parte de su tiempo
**3** (*Comm*) demanda *f* (**for** de); **~ for coal is down** ha bajado la demanda de carbón; **there is a ~ for** existe demanda de; **to be in great ~** ◊ **be much in ~** tener mucha demanda; (*fig*) [*person*] estar muy solicitado, ser muy popular
Ⓑ VT **1** (= *insist on*) exigir; (= *claim*) reclamar; **I ~ed to know why** insistí en que me explicaran por qué; **he ~ed to see my passport** insistió en *or* exigió ver mi pasaporte; **to ~ that** insistir en que; **"who are you?" he ~ed** —¿quién es usted? —preguntó; **to ~ sth (from** *or* **of sb)** exigir algo (a algn); **I ~ an explanation** exijo una explicación; **I ~ my rights** reclamo mis derechos
**2** (= *require*) exigir, requerir; **the job ~s care** el trabajo exige *or* requiere cuidado
Ⓒ CPD ► **demand bill** N letra *f* a la vista ► **demand curve** N curva *f* de la demanda ► **demand draft** N letra *f* a la vista ► **demand management** N control *m* de la demanda ► **demand note** N pagaré *m* a la vista

**demanding** [dɪ'mɑːndɪŋ] ADJ [*person*] exigente; [*work*] (= *tiring*) agotador; [*part, role*] difícil; **it's a very ~ job** es un trabajo que exige mucho; **a ~ child** un niño que requiere mucha atención

**de-manning** [ˌdiː'mænɪŋ] N (*Brit Ind*) reducción *f* de personal, despidos *mpl*

**demarcate** ['diːmɑːkeɪt] VT demarcar

**demarcation** [ˌdiːmɑː'keɪʃən] Ⓐ N demarcación *f*
Ⓑ CPD ► **demarcation dispute** N conflicto *m* de competencias laborales ► **demarcation line** N línea *f* de demarcación

**démarche** ['deɪmɑːʃ] N gestión *f*, diligencia *f*

**dematerialize** [ˌdɪmə'tiːərɪəlaɪz] VI desmaterializarse

**demean** [dɪ'miːn] VT degradar; **to ~ o.s.** rebajarse, degradarse

**demeaning** [dɪ'miːnɪŋ] ADJ degradante

**demeanour**, **demeanor** (*US*) [dɪ'miːnəʳ] N conducta *f*, comportamiento *m*; (= *bearing*) porte *m*

**demented** [dɪ'mentɪd] ADJ demente; (*fig*) loco

**dementedly** [dɪ'mentɪdlɪ] ADV (*fig*) como un loco

**dementia** [dɪ'menʃɪə] N demencia *f*; **senile ~** demencia *f* senil

**demerara** [ˌdemə'rɛərə] N (*also* **~ sugar**) azúcar *m* moreno

**demerge** [ˌdiː'mɜːdʒ] VT (*Brit*) [+ *company*] dividir, fragmentar, separar

**demerger** [ˌdiː'mɜːdʒəʳ] N (*Brit*) división *f*, fragmentación *f*, separación *f*

**demerit** [diː'merɪt] N (*usu pl*) demérito *m*, desmerecimiento *m*

**demesne** [dɪ'meɪn] N (*Jur*) heredad *f*; [*of manor, country house*] tierras *fpl* solariegas

**demi...** ['demɪ] PREFIX semi…, medio…

**demigod** ['demɪgɒd] N semidiós *m*

**demijohn** ['demɪdʒɒn] N damajuana *f*

**demilitarization** ['diːˌmɪlɪtəraɪ'zeɪʃən] N desmilitarización *f*

**demilitarize** ['diː'mɪlɪtəraɪz] VT desmilitarizar; **~d zone** zona *f* desmilitarizada

**demimonde** [ˌdemɪ'mɒnd] N mujeres *fpl* mundanas

**demise** [dɪ'maɪz] N (*frm*) (= *death*) fallecimiento *m*; (*fig*) [*of institution etc*] desaparición *f*

**demisemiquaver** ['demɪsemɪˌkweɪvəʳ] N (*Brit*) fusa *f*

**demist** [diː'mɪst] VT (*Aut*) desempañar

**demister** [diː'mɪstəʳ] N (*Aut*) luneta *f* térmica, dispositivo *m* antivaho

**demisting** [diː'mɪstɪŋ] N eliminación *f* del vaho

**demitasse** ['demɪtæs] N [*of coffee*] taza *f* pequeña, tacita *f* (de café)

**demi-vegetarian** [ˌdemɪvedʒɪ'tɛərɪən] N semi-vegetariano/a *m/f*

**demo*** ['deməʊ] = **demonstration** Ⓐ N **1** (*Brit Pol*) manifestación *f*, mani* *f*
**2** (*Comm*) [*of machine, product*] demostración *f*
**3** = **demo tape**
Ⓑ CPD ► **demo disk** N (*Mus*) disco *m* de demostración; (*Comput*) disquete *m* de demostración ► **demo tape** N (*Mus*) cinta *f* de demostración

**demob*** ['diː'mɒb] (*Brit*) Ⓐ N = **demobilization**
Ⓑ VT = **demobilize**

**demobilization** ['diːˌməʊbɪlaɪ'zeɪʃən] N desmovilización *f*

**demobilize** [diː'məʊbɪlaɪz] VT desmovilizar

**democracy** [dɪ'mɒkrəsɪ] N democracia *f*

**democrat** ['deməkræt] N demócrata *mf*; **Christian Democrat** democratacristiano/a *m/f*, democristiano/a *m/f*; **Social Democrat** socialdemócrata *mf*

**democratic** [ˌdemə'krætɪk] ADJ **1** [*country, society, government, election*] democrático
**2** (*US Pol*) **Democratic** [*candidate, nomination, convention*] demócrata; **the Democratic Party** el Partido Demócrata; **the Democratic Congress** el congreso demócrata; **the Democratic Republic of …** la República Democrática de …; *see also* **liberal C**, **social C**
**3** (= *egalitarian*) [*style, ethos, boss, atmosphere*] democrático

**democratically** [ˌdemə'krætɪklɪ] ADV democráticamente

**democratization** [dɪˌmɒkrətaɪ'zeɪʃən] N democratización *f*

**democratize** [dɪ'mɒkrətaɪz] VT democratizar

**démodé** [deɪ'mɒdeɪ] ADJ pasado de moda

**demographer** [dɪ'mɒgrəfəʳ] N demógrafo/a *m/f*

**demographic** [ˌdemə'græfɪk] ADJ demográfico

**demographics** [ˌdemə'græfɪks] NPL estadísticas *fpl* demográficas, perfil *msing* demográfico

**demography** [dɪ'mɒgrəfɪ] N demografía *f*

**demolish** [dɪ'mɒlɪʃ] VT [+ *building*] demoler, derribar, echar abajo; (*fig*) [+ *argument*] echar por tierra; [+ *opposition*] arrasar; (*hum*) [+ *cake*] zamparse*

**demolisher** [dɪ'mɒlɪʃəʳ] N (*lit, fig*) demoledor(a) *m/f*

**demolition** [ˌdemə'lɪʃən] Ⓐ N demolición *f*, derribo *m*
Ⓑ CPD ► **demolition squad** N equipo *m* de demolición ► **demolition zone** N zona *f* de demolición

**demon** ['diːmən] Ⓐ N demonio *m*; **he's a ~ for work*** es una fiera para el trabajo
Ⓑ ADJ **1** **the ~ drink** el demonio de la bebida
**2** (*) **he's a ~ squash-player** es un as del squash*, jugando al squash es fabuloso*

**demonetization** [diːˌmʌnɪtaɪ'zeɪʃən] N desmonetización *f*

**demonetize** [diː'mʌnɪtaɪz] VT desmonetizar

**demoniac** [dɪ'məʊnɪæk] Ⓐ ADJ = **demoniacal**
Ⓑ N demoníaco/a *m/f*, demoniaco/a *m/f*

**demoniacal** [ˌdiːmə'naɪəkəl] ADJ demoníaco, demoniaco, diabólico

**demonic** [dɪ'mɒnɪk] ADJ **1** (*lit*) [*forces, possession, influence*] demoníaco
**2** (*fig*) = **demoniacal**

**demonize** ['diːmənaɪz] VT demonizar

**demonology** [ˌdiːmə'nɒlədʒɪ] N demonología *f*

**demonstrable** ['demənstrəbl] ADJ demostrable

**demonstrably** ['demənstrəblɪ] ADV manifiestamente; **a ~ false statement** una afirmación manifiestamente falsa

**demonstrate** ['demənstreɪt] Ⓐ VT **1** (= *prove*) [+ *theory*] demostrar, probar; **you have to ~ that you are reliable** tienes que demostrar que se puede confiar en ti
**2** (= *explain*) [+ *method, product*] hacer una demostración de
**3** (= *display*) [+ *emotions*] manifestar, expresar; [+ *talent, ability*] demostrar
Ⓑ VI (*Pol*) manifestarse (**against** en contra de; **in support of** en apoyo de; **in favour of** a favor de)

**demonstration** [ˌdemən'streɪʃən] Ⓐ N **1** (= *illustration*) demostración *f*
**2** (= *manifestation*) muestra *f*, demostración *f*
**3** (*Pol*) manifestación *f*; **to hold a ~** hacer una manifestación
Ⓑ CPD ► **demonstration model** N modelo *m* de muestra

**demonstrative** [dɪˈmɒnstrətɪv] Ⓐ ADJ 1 [*person*] expresivo; **not very ~** más bien reservado
2 **to be ~ of sth** (= *illustrative*) demostrar algo
3 (*Gram*) demostrativo
Ⓑ N demostrativo *m*

**demonstratively** [dɪˈmɒnstrətɪvlɪ] ADV efusivamente, calurosamente

**demonstrator** [ˈdemənstreɪtəʳ] N (*Pol*) manifestante *mf*; (*Univ etc*) ayudante *mf*, auxiliar *mf*; (*in shop*) demostrador(a) *m/f*

**demoralization** [dɪˌmɒrəlaɪˈzeɪʃən] N desmoralización *f*

**demoralize** [dɪˈmɒrəlaɪz] VT desmoralizar

**demoralizing** [dɪˈmɒrəlaɪzɪŋ] ADJ desmoralizador

**Demosthenes** [dɪˈmɒsθəniːz] N Demóstenes

**demote** [dɪˈməʊt] VT (*gen*) rebajar de categoría; (*Mil*) degradar

**demotic** [dɪˈmɒtɪk] ADJ demótico

**demotion** [dɪˈməʊʃən] N (*gen*) descenso *m* de categoría; (*Mil*) degradación *f*

**demur** [dɪˈmɜːʳ] Ⓐ VI (*frm*) objetar, poner reparos (**at** a)
Ⓑ N **without ~** sin poner reparos, sin objeción

**demure** [dɪˈmjʊəʳ] ADJ [*person*] (= *modest*) recatado; (= *coy*) tímido y algo coqueto; [*clothing, appearance*] recatado; **in a ~ little voice** en tono dulce y algo coqueta

**demurely** [dɪˈmjʊəlɪ] ADV (= *modestly*) recatadamente; (= *coyly*) con coqueta timidez

**demureness** [dɪˈmjʊənɪs] N recato *m*

**demurrage** [dɪˈmʌrɪdʒ] N (*Naut*) estadía *f*; (*Comm*) sobrestadía *f*

**demurrer** [dɪˈmʌrəʳ] N (*Jur*) ≈ excepción *f* perentoria

**demutualize** [diːˈmjuːtjʊəlaɪz] VI (*Fin*) dejar de ser una mutualidad

**demystification** [diːˌmɪstɪfɪˈkeɪʃən] N desmitificación *f*

**demystify** [diːˈmɪstɪfaɪ] VT desmitificar

**demythification** [diːˌmɪθɪfɪˈkeɪʃən] N desmitificación *f*

**demythify** [diːˈmɪθɪˌfaɪ] VT desmitificar

**demythologize** [ˌdiːmɪˈθɒlədʒaɪz] VT desmitificar

**den** [den] N 1 (*wild animal's*) guarida *f*; [*of fox*] madriguera *f*; **a ~ of iniquity** *or* **vice** un antro de vicio y perversión; **a ~ of thieves** una guarida de ladrones
2 (*US*) (= *private room*) estudio *m*, gabinete *m*

**denationalization** [ˈdiːˌnæʃnəlaɪˈzeɪʃən] N desnacionalización *f*

**denationalize** [diːˈnæʃnəlaɪz] VT desnacionalizar

**denatured** [diːˈneɪtʃəd] Ⓐ ADJ [*food*] desnaturalizado
Ⓑ CPD ► **denatured alcohol** N (*US*) alcohol *m* desnaturalizado

**dendrochronology** [ˌdendrəʊkrəˈnɒlədʒɪ] N dendrocronología *f*

**dengue** [ˈdeŋgɪ] N dengue *m*

**denial** [dɪˈnaɪəl] N 1 [*of accusation, guilt*] negación *f*; **he shook his head in ~** negó con la cabeza; **he met the accusation with a flat ~** negó *or* desmintió rotundamente la acusación; **the government issued an official ~** el gobierno lo desmintió oficialmente, el gobierno emitió un desmentido oficial
2 (= *refusal*) [*of request*] denegación *f*; (= *rejection*) rechazo *m*; [*of report, statement*] desmentido *m*, mentís *m inv*; **a ~ of justice** una denegación de justicia
3 (= *self-denial*) abnegación *f*; **to be in ~ about sth** no querer reconocer algo

**denier** [ˈdenɪəʳ] N 1 (= *weight*) denier *m*; **25 ~ stockings** medias *fpl* de 25 denier
2 (= *coin*) denario *m*

**denigrate** [ˈdenɪgreɪt] VT denigrar

**denigration** [ˌdenɪˈgreɪʃən] N denigración *f*

**denigratory** [ˌdenɪˈgreɪtərɪ] ADJ denigratorio

**denim** [ˈdenɪm] Ⓐ N tela *f* vaquera; **denims** vaqueros *mpl*, bluyín *msing* (*esp LAm*)
Ⓑ CPD ► **denim jacket** N chaqueta *f* vaquera, cazadora *f* vaquera, saco *m* de vaquero (*LAm*)

**denizen** [ˈdenɪzn] N (*liter*) morador(a) *m/f*, habitante *mf*; **the ~s of the deep** los moradores de las profundidades del mar (*liter*)

**Denmark** [ˈdenmɑːk] N Dinamarca *f*

**denominate** [dɪˈnɒmɪneɪt] VT denominar

**denomination** [dɪˌnɒmɪˈneɪʃən] N 1 (= *class*) clase *f*, categoría *f*
2 (*Rel*) confesión *f*
3 [*of coin*] valor *m*; [*of measure, weight*] unidad *f*
4 (= *name*) denominación *f*

**denominational** [dɪˌnɒmɪˈneɪʃənl] ADJ (*Rel*) confesional; (*US*) [*school*] confesional, religioso

**denominator** [dɪˈnɒmɪneɪtəʳ] N (*Math*) denominador *m*; *see also* **common C**

**denotation** [ˌdiːnəʊˈteɪʃən] N 1 (*gen*) denotación *f* (*also Ling, Philos*); (= *meaning*) sentido *m*
2 (= *symbol*) símbolo *m*, señal *f*

**denotative** [dɪˈnəʊtətɪv] ADJ (*Ling*) denotativo

**denote** [dɪˈnəʊt] VT denotar, indicar; [*word*] significar; (*Ling, Philos*) denotar

**denouement, dénouement** [deɪˈnuːmɒn] N desenlace *m*

**denounce** [dɪˈnaʊns] VT (= *accuse publicly*) censurar, denunciar; (*to police etc*) denunciar; [+ *treaty*] denunciar, abrogar

**denouncement** [dɪˈnaʊnsmənt] N = **denunciation**

**denouncer** [dɪˈnaʊnsəʳ] N denunciante *mf*

**dense** [dens] ADJ (*compar* **denser**; *superl* **densest**) 1 (= *thick*) [*forest, vegetation, fog*] denso, espeso; [*crowd*] nutrido; [*population*] denso
2 [*Phys*] [*liquid, substance*] denso
3 (*) [*person*] corto de entendederas*, duro de mollera*

**densely** [ˈdenslɪ] ADV densamente; **~ packed pages** páginas repletas de información; **~ populated** densamente poblado

**denseness** [ˈdensnɪs] N 1 (= *stupidity*) estupidez *f*
2 = **density**

**density** [ˈdensɪtɪ] N 1 (= *thickness*) [*of forest, vegetation, fog*] densidad *f*, lo espeso; [*of population*] densidad *f*
2 (*Phys*) [*of material, substance*] densidad *f*; **single/double ~ disk** disco *m* de densidad sencilla/de doble densidad

**dent** [dent] Ⓐ N (*in metal*) abolladura *f*; (*in wood*) muesca *f*, marca *f*; **to make a ~ in sth** [+ *metal*] abollar algo; [+ *wood*] hacer una muesca *or* marca en algo; **it's made a ~ in my savings*** se ha comido una buena parte de mis ahorros*
Ⓑ VT 1 [+ *car, hat etc*] abollar
2 (*fig*) [+ *enthusiasm, confidence*] hacer mella en; **his reputation was somewhat ~ed** su reputación quedó un tanto en entredicho; **his pride was somewhat ~ed** su orgullo resultó un tanto herido

**dental** [ˈdentl] Ⓐ ADJ dental
Ⓑ N (*Ling*) dental *f*
Ⓒ CPD ► **dental appointment** N cita *f* con el dentista ► **dental floss** N seda *f* dental, hilo *m* dental ► **dental hygienist** N higienista *mf* dental ► **dental nurse** N auxiliar *mf* en odontología, enfermero/a *m/f* dental ► **dental science** N odontología *f* ► **dental surgeon** N odontólogo/a *m/f*, dentista *mf* ► **dental technician** N protésico/a *m/f* dental

**dented** [ˈdentɪd] ADJ abollado, con abolladuras

**dentifrice** [ˈdentɪfrɪs] N (*frm*) dentífrico *m*

**dentine** [ˈdentiːn] N dentina *f*, esmalte *m* dental

**dentist** [ˈdentɪst] N dentista *mf*, odontólogo/a *m/f*; **at the ~'s** en el dentista; **~'s chair** silla *f* del dentista; **~'s surgery** ◊ **~'s office** (*US*) clínica *f* dental, consultorio *m* dental

**dentistry** [ˈdentɪstrɪ] N odontología *f*, dentistería *f* (*CAm*)

**dentition** [denˈtɪʃən] N dentición *f*

**denture** [ˈdentʃəʳ] N dentadura *f*; **dentures** dentadura *f* postiza

**denuclearize** [diːˈnjuːklɪəraɪz] VT desnuclearizar; **a ~d zone** una zona desnuclearizada

**denude** [dɪˈnjuːd] VT 1 (*Geol, Geog*) denudar
2 (= *strip*) despojar (**of** de)

**denuded** [dɪˈnjuːdɪd] ADJ [*terrain*] denudado; **~ of** despojado de

**denunciation** [dɪˌnʌnsɪˈeɪʃən] N (*gen*) denuncia *f*

**denunciator** [dɪˈnʌnsɪeɪtəʳ] N denunciante *mf*

**Denver boot** [ˌdenvəˈbuːt], **Denver clamp** [ˌdenvəˈklæmp] N (*US*) cepo *m*

▼ **deny** [dɪˈnaɪ] VT 1 [+ *charge*] negar, rechazar; [+ *report*] desmentir; [+ *possibility, truth of statement*] negar; **to ~ having done sth** negar haber hecho algo; **to ~ that …** negar que …; **he denies that he said it** ◊ **he denies having said it** niega haberlo dicho; **I don't ~ it** no lo niego; **she denied everything** lo negó todo; **there's no ~ing it** no se puede negar, es innegable
2 (= *refuse*) [+ *request*] denegar; **to ~ sb sth** negar algo a algn, privar a algn de algo; **to ~ o.s. sth** privarse de algo; **he was not going to be denied his revenge** nada iba a impedir su venganza
3 (= *renounce*) [+ *faith*] renegar de

**deodorant** [diːˈəʊdərənt] N desodorante *m*

**deodorize** [diːˈəʊdəraɪz] VT desodorizar

**deontology** [ˌdiːɒnˈtɒlədʒɪ] N deontología *f*

**deoxidize** [diːˈɒksɪdaɪz] VT desoxidar

**deoxygenate** [ˌdiːˈɒksɪdʒəneɪt] VT deoxigenar

**deoxyribonucleic acid** [diːˌɒksɪˌraɪbəʊnjuːˌkleɪɪkˈæsɪd] N ácido *m* desoxirribonucleico

**dep.** ABBR = **departs, departure** (*on timetables*) salida

**depart** [dɪˈpɑːt] Ⓐ VI [*person*] partir, irse, marcharse (**from** de); [*train etc*] salir (**at** a; **for** para; **from** de); **to ~ from** [+ *custom, truth etc*] apartarse de, desviarse de; **the train is about to ~** el tren está a punto de salir
Ⓑ VT **to ~ this life** *or* **this world** (*liter or hum*) dejar este mundo

**departed** [dɪˈpɑːtɪd] Ⓐ ADJ 1 (= *bygone*) [*days etc*] pasado
2 (*liter, euph*) (= *dead*) difunto
Ⓑ NPL **the ~** (*sing*) el difunto, la difunta; (*pl*) los difuntos, las difuntas

**department** [dɪˈpɑːtmənt] Ⓐ N 1 (*gen*) departamento *m*; (*in shop*) sección *f*; (*Admin*) sección *f*, oficina *f*; **the toy ~** la sección de juguetes; **the English ~** el departamento de inglés
2 [*of government*] ministerio *m*, secretaría *f*

➤ LANGUAGE IN USE: deny 1 26.3

(*Mex*); **Department of Employment** (*Brit*) Ministerio *m or* (*Mex*) Secretaría *f* de Trabajo; **Department of State** (*US*) Ministerio *m or* (*Mex*) Secretaría *f* de Asuntos Exteriores
[3] (*) [*of activity*] **gardening is my wife's ~** del jardín se encarga mi mujer; **men? I don't have any problems in that ~** ¿los hombres? no tengo ningún problema en ese campo
Ⓑ CPD ► **department store** N (grandes) almacenes *mpl*, tienda *f* por departamento (*Carib*)

**departmental** [ˌdiːpɑːtˈmentl] Ⓐ ADJ departamental
Ⓑ CPD ► **departmental head** N jefe *m* de departamento/sección ► **departmental policy** N política *f* del departamento

**departmentalization** [ˌdiːpɑːtˌmentəlaɪˈzeɪʃən] N división *f* en departamentos, compartimentación *f*

**departmentalize** [ˌdiːpɑːtˈmentəˌlaɪz] VT dividir en departamentos, compartimentar

**departure** [dɪˈpɑːtʃəʳ] Ⓐ N [1] [*of person*] partida *f*, marcha *f* (**from** de); [*of train, plane*] salida *f* (**from** de); **the ~ of this flight has been delayed** se ha retrasado la salida de este vuelo; **his sudden ~ worried us** su marcha repentina nos dejó preocupados; **"Departures"** (*Aer, Rail*) "Salidas"; **point of ~** punto *m* de partida; **to take one's ~** (*frm*) marcharse
[2] (*fig*) (*from custom, principle*) desviación *f* (**from** de); **this is a ~ from the norm** esto se aparta de la norma; **this is a ~ from the truth** esto no representa la verdad
[3] (= *trend, course*) **a new ~** un rumbo nuevo, una novedad
Ⓑ CPD ► **departure board** N (*Aer, Rail*) tablón *m* de salidas, panel *m* de salidas ► **departure gate** N (*Aer*) puerta *f* de embarque ► **departure language** N (*Ling*) lengua *f* de origen ► **departure lounge** N (*Aer*) sala *f* de embarque ► **departure time** N hora *f* de salida

**depend** [dɪˈpend] VI [1] (= *rely*) **to ~ (up)on** contar con; **you can ~ on me!** ¡cuenta conmigo!; **can we ~ on you to do it?** ¿podemos contar contigo para hacerlo?, ¿podemos confiar en que tú lo hagas?; **you can ~ on it!** ¡tenlo por seguro!; **you can ~ on him to be late** ten por seguro que llegará tarde
[2] (= *be dependent*) **to ~ (up)on** depender de; **he ~s on her for everything** depende de ella para todo; **he has to ~ on his pen** tiene que vivir de su pluma
[3] (= *be influenced by*) **to ~ on** depender de; **your success ~s on how hard you work** tu éxito depende del trabajo que hagas; **it (all) ~s on the weather** (todo) depende del tiempo; **it (all) ~s what you mean** depende de lo que quieras decir; **that ~s** eso depende; **~ing on the weather, we can go tomorrow** según el tiempo que haga, podemos ir mañana

**dependability** [dɪˌpendəˈbɪlɪtɪ] N [*of person*] seriedad *f*, formalidad *f*; [*of machine*] fiabilidad *f*

**dependable** [dɪˈpendəbl] ADJ [*person*] serio, formal, cumplidor; [*machine*] fiable

**dependance** [dɪˈpendəns] N = **dependence**

**dependant** [dɪˈpendənt] N *persona a cargo de algn*; **I have no ~s** no tengo cargas familiares; **how many ~s does he have?** ¿cuántas personas tiene a su cargo?

**dependence** [dɪˈpendəns] N dependencia *f* (**on** de); **she wants to be cured of her ~ on tranquillizers** quiere curarse de su dependencia de los tranquilizantes; **his ~ on her for financial support** su dependencia económica de ella; **~ on drugs** ◊ **drug ~** drogodependencia *f* (*frm*)

**dependency** [dɪˈpendənsɪ] N [1] (*Pol*) (= *territory*) posesión *f*, dominio *m*
[2] (= *dependence*) dependencia *f*; **~ culture** cultura *f* de dependencia

**dependent** [dɪˈpendənt] Ⓐ ADJ [1] (= *reliant*) **he has no ~ relatives** no tiene cargas familiares, no tiene familiares a su cargo; **to be ~ on** *or* **upon sth/sb** depender de algo/algn; **to be financially ~ on sb** depender económicamente de algn; **to be ~ on drugs** ser drogodependiente (*frm*); **to become ~ on** *or* **upon sth/sb** llegar a depender de algo/algn; **he had become ~ on her for affection** había llegado a depender de ella afectivamente
[2] (*Ling*) [*clause*] subordinado
[3] (= *conditional*) **to be ~ on** *or* **upon sth** depender de algo; **tourism is ~ on (the) climate** el turismo depende del clima
Ⓑ N (*esp US*) = **dependant**

**depersonalize** [diːˈpɜːsənəlaɪz] VT despersonalizar

**depict** [dɪˈpɪkt] VT (*in picture*) representar, pintar; (*in words*) describir

**depiction** [dɪˈpɪkʃən] N (*in picture*) representación *f*; (*in writing*) descripción *f*

**depilatory** [dɪˈpɪlətərɪ] Ⓐ ADJ depilatorio
Ⓑ N (*also* **~ cream**) depilatorio *m*, crema *f* depilatoria

**deplane** [diːˈpleɪn] VI (*US*) bajar del avión, desembarcar

**deplenish** [dɪˈplenɪʃ] VT *see* **deplete**

**deplete** [dɪˈpliːt] VT (= *reduce*) mermar; (= *exhaust totally*) agotar; **stocks have been ~d by overfishing** la fauna marina se ha visto mermada debido a una actividad pesquera desmesurada; **substances that ~ the ozone layer** sustancias que destruyen la capa de ozono; **Lee's exhausted and ~d army** el ejército cansado y diezmado de Lee; **that holiday rather ~d our savings** esas vacaciones mermaron *or* redujeron bastante nuestros ahorros

**depletion** [dɪˈpliːʃən] N (= *reduction*) reducción *f*, merma *f*; (= *exhaustion*) agotamiento *m*; **the ~ of the ozone layer** la rarefacción *or* destrucción de la capa de ozono

▼ **deplorable** [dɪˈplɔːrəbl] ADJ [1] (= *sad*) lamentable; **it would be ~ if** sería lamentable que + *subjun*
[2] (= *disgraceful*) deplorable; **it is ~ that** es deplorable que + *subjun*

**deplorably** [dɪˈplɔːrəblɪ] ADV (= *sadly*) lamentablemente; (= *disgracefully*) deplorablemente; **in ~ bad taste** de un mal gusto lamentable

**deplore** [dɪˈplɔːʳ] VT (= *regret*) lamentar; (= *censure*) deplorar; **it is to be ~d** (= *unfortunate*) es lamentable; (= *disgraceful*) es deplorable

**deploy** [dɪˈplɔɪ] Ⓐ VT [1] (*Mil*) desplegar
[2] (*fig*) [+ *resources*] utilizar
Ⓑ VI (*Mil*) desplegarse

**deployment** [dɪˈplɔɪmənt] N [1] (*Mil*) despliegue *m*
[2] (*fig*) [*of resources*] utilización *f*

**depolarization** [diːˌpəʊləraɪˈzeɪʃən] N despolarización *f*

**depolarize** [diːˈpəʊləˌraɪz] VT despolarizar

**depoliticize** [ˌdiːpəˈlɪtɪsaɪz] VT despolitizar

**depopulate** [diːˈpɒpjʊleɪt] VT despoblar

**depopulation** [ˈdiːˌpɒpjʊˈleɪʃən] N [*of region*] despoblación *f*

**deport** [dɪˈpɔːt] VT [1] (= *expel*) deportar
[2] (= *behave*) **to ~ o.s.**† comportarse

**deportation** [ˌdiːpɔːˈteɪʃən] Ⓐ N deportación *f*
Ⓑ CPD ► **deportation order** N orden *f* de deportación

**deportee** [ˌdiːpɔːˈtiː] N deportado/a *m/f*

**deportment** [dɪˈpɔːtmənt] N (= *behaviour*) conducta *f*, comportamiento *m*; (= *carriage*) porte *m*

**depose** [dɪˈpəʊz] Ⓐ VT [+ *ruler*] deponer, destituir
Ⓑ VI (*Jur*) declarar, deponer

**deposit** [dɪˈpɒzɪt] Ⓐ N [1] (*in bank*) depósito *m*; **to have £50 on ~** tener 50 libras en cuenta de ahorros
[2] (*Comm*) (= *part payment*) (*on hire purchase, car*) depósito *m*, enganche *m* (*Mex*); (*on house*) desembolso *m* inicial, entrada *f* (*Sp*); (= *returnable security*) señal *f*, fianza *f*; **to put down a ~ of £50** dejar un depósito de 50 libras; **he paid a £2,000 ~ on the house** hizo un desembolso inicial de 2.000 libras para la casa, dio una entrada de 2.000 libras para la casa (*Sp*); **to lose one's ~** (*Brit Pol*) perder el depósito
[3] (*Chem*) poso *m*, sedimento *m*
[4] (*Geol*) [*of gas*] depósito *m*; [*of mineral*] yacimiento *m*
Ⓑ VT [1] (= *put down*) depositar; (= *leave*) [+ *luggage*] consignar, dejar (en consigna); [+ *eggs*] poner; [+ *object*] depositar (**with** en), dejar (**with** con)
[2] (*in bank*) [+ *money*] depositar, ingresar (**in** en); **I want to ~ £10 in my account** quiero ingresar 10 libras en mi cuenta; **to ~ £2,000 on a house** hacer un desembolso inicial *or* (*Sp*) dar una entrada de 2.000 libras para una casa
[3] (*Geol, Chem*) depositar
Ⓒ CPD ► **deposit account** N cuenta *f* de ahorros ► **deposit slip** N hoja *f* de ingreso

**depositary** [dɪˈpɒzɪtərɪ] N [1] (= *person*) depositario/a *m/f*
[2] = **depository**

**deposition** [ˌdiːpəˈzɪʃən] N [1] [*of ruler*] deposición *f*, destitución *f*
[2] (*Jur*) declaración *f*, deposición *f*

**depositor** [dɪˈpɒzɪtəʳ] N (*Fin*) depositante *mf*, impositor(a) *m/f*

**depository** [dɪˈpɒzɪtərɪ] Ⓐ N (= *storage place*) almacén *m*; (*fig*) (= *person*) depositario/a *m/f*
Ⓑ CPD ► **depository library** N (*US*) biblioteca *f* de depósito

**depot** [ˈdepəʊ] Ⓐ N (= *storehouse*) almacén *m*, depósito *m*; (*for vehicles*) parque *m*, cochera *f*; (= *bus station*) terminal *f*; (*US Rail*) estación *f*; (*Mil*) depósito *m*
Ⓑ CPD ► **depot ship** N buque *m* nodriza

**depravation** [ˌdeprəˈveɪʃən] N = **depravity**

**deprave** [dɪˈpreɪv] VT depravar

**depraved** [dɪˈpreɪvd] ADJ depravado

**depravity** [dɪˈprævɪtɪ] N depravación *f*

**deprecate** [ˈdeprɪkeɪt] VT (*frm*) (= *censure*) desaprobar, lamentar; (= *disparage*) menospreciar

**deprecating** [ˈdeprɪkeɪtɪŋ] ADJ [*tone*] de desaprobación; [*smile*] de desprecio

**deprecatingly** [ˈdeprɪkeɪtɪŋlɪ] ADV (= *disapprovingly*) con desaprobación; (= *disparagingly*) con desprecio

**deprecatory** [ˈdeprɪkətərɪ] ADJ [*attitude, gesture*] de desaprobación; [*smile*] de disculpa

**depreciate** [dɪˈpriːʃɪeɪt] Ⓐ VI [*currency, shares*] depreciarse
Ⓑ VT [1] (*Fin*) [+ *value*] depreciar; [+ *assets*] depreciar, amortizar
[2] (= *belittle*) menospreciar, desdeñar

**depreciation** [dɪˌpriːʃɪˈeɪʃən] Ⓐ N [*of value*] depreciación *f*; [*of assets*] depreciación *f*, amortización *f*

➤ LANGUAGE IN USE: deplorable 2 14

Ⓑ CPD ► **depreciation account** N cuenta *f* de amortización ► **depreciation allowance** N reservas *fpl* para depreciaciones

**depredations** [ˌdeprɪˈdeɪʃənz] NPL estragos *mpl*, expolios *mpl*; **the ~ of time** los estragos del tiempo

**depress** [dɪˈpres] VT [1] [+ *person*] (= *make miserable*) deprimir, abatir; (= *discourage*) desalentar; (*Psych*) tener un efecto depresivo sobre; (*Med*) [+ *immune system*] deprimir
[2] (*Fin*) [+ *trade, price*] reducir
[3] (*frm*) (= *press down*) [+ *button, accelerator*] apretar; [+ *lever*] bajar

**depressant** [dɪˈpresnt] Ⓐ ADJ (*Med*) depresivo
Ⓑ N (*Med*) depresivo *m*

**depressed** [dɪˈprest] ADJ [1] [*person*] deprimido, abatido; **to feel ~ (about sth)** estar deprimido *or* abatido (por algo); **to get ~ (about sth)** deprimirse (por algo)
[2] (*Fin*) [*market, economy, industry*] deprimido; **the government has tried to reduce unemployment in ~ areas** el gobierno ha intentado reducir el desempleo de las zonas deprimidas; **share prices were ~ following the announcement** los precios de las acciones habían caído tras el anuncio
[3] (*Med frm*) [*bone*] hundido; [*immune system*] disminuido; **a ~ fracture** una fractura por aplastamiento

**depressing** [dɪˈpresɪŋ] ADJ deprimente; **what a ~ thought!** ¡qué idea tan deprimente!

**depressingly** [dɪˈpresɪŋlɪ] ADV [*say, reply*] tristemente; **Dad had become ~ weak** era deprimente ver lo débil que se había quedado papá; **it all sounded ~ familiar** me sonaba todo tanto que era deprimente; **it was a ~ familiar story** era una historia tan sabida *or* oída que resultaba deprimente

**depression** [dɪˈpreʃən] N [1] (= *dejection*) depresión *f*, abatimiento *m*
[2] (*Met*) depresión *f*
[3] (*Econ*) depresión *f*, crisis *f inv* (económica); **the Depression** la Depresión
[4] (= *hollow*) (*in surface*) depresión *f*; (*in ground, road*) bache *m*, hoyo *m*

**depressive** [dɪˈpresɪv] Ⓐ ADJ depresivo
Ⓑ N depresivo/a *m/f*

**depressurization** [dɪˌpreʃəraɪˈzeɪʃən] N despresurización *f*

**depressurize** [diːˈpreʃəˌraɪz] VT despresurizar

**deprivation** [ˌdeprɪˈveɪʃən] N (*Psych*) (= *act*) privación *f*; (= *state*) necesidad *f*; **he lived a life of ~** vivía en la necesidad, vivió una vida llena de privaciones; **the ~s of the past thirty years** las privaciones de los últimos treinta años; **sleep ~** falta *f* de sueño; **social ~** marginación *f* social

**deprive** [dɪˈpraɪv] VT **to ~ sb of sth** privar a algn de algo; **to ~ o.s. of sth** privarse de algo; **they had been ~d of their freedom** les habían privado de su libertad; **they were ~d of affection as children** de niños no recibieron el suficiente afecto; **he was ~d of sleep/food for seven days** no le dejaron dormir/no le dieron de comer durante siete días; **the brain was ~d of oxygen** el cerebro no recibía su aporte de oxígeno; **"would you like some chocolate?" — "no thanks, I don't want to ~ you"** (*hum*) —¿quieres chocolate? —no, gracias, para ti

**deprived** [dɪˈpraɪvd] ADJ [*child, family*] necesitado, desventajado; [*area, district*] marginado; **she had a ~ childhood** tuvo una niñez llena de privaciones; **emotionally ~ children** niños con carencias afectivas; **to feel ~** sentirse en desventaja

**deprogramme, deprogram** (*US*) [diːˈprəʊgræm] VT desprogramar

**Dept, dept.** ABBR (= **department**) Dep., Dpto.

**depth** [depθ] Ⓐ N [1] [*of water, hole, shelf*] profundidad *f*; [*of room, building*] fondo *m*; [*of hem*] ancho *m*; [*of colour, feelings*] intensidad *f*; [*of voice*] gravedad *f*, profundidad *f*; **at a ~ of three metres** a tres metros de profundidad; **~ of field** (*Phot*) profundidad *f* de campo; **the trench was two metres in ~** la zanja tenía dos metros de profundidad; **to study a subject in ~** estudiar un tema a fondo *or* en profundidad; **it shows a great ~ of knowledge of the subject** muestra un conocimiento muy profundo de la materia; **to get out of one's ~** (*lit*) perder pie; (*fig*) meterse en honduras, salirse de su terreno; **to be out of one's ~** (*lit*) no tocar fondo, no hacer pie; (*fig*) **I'm out of my ~ with physics** no entiendo nada de física; **he felt out of his ~ with these people** se sentía perdido entre esta gente; **it is deplorable that anyone should sink to such ~s** es deplorable que uno pueda caer tan bajo
[2] **the ~s: in the ~s of the sea** en las profundidades del mar, en el fondo del mar; **to be in the ~s of despair** estar hundido en la deseperación; **in the ~s of winter** en lo más crudo del invierno; *see also* **plumb D2**
Ⓑ CPD ► **depth charge** N carga *f* de profundidad

**deputation** [ˌdepjʊˈteɪʃən] N (= *group*) delegación *f*

**depute** [dɪˈpjuːt] VT [+ *job, authority*] delegar; **to ~ sth to sb** delegar algo en algn; **to ~ sb to do sth** delegar a algn para que haga algo

**deputize** [ˈdepjʊtaɪz] VI **to ~ for sb** desempeñar las funciones de algn, sustituir a algn

**deputy** [ˈdepjʊtɪ] Ⓐ N suplente *mf*, sustituto/a *m/f*; (*Pol*) diputado/a *m/f*; (= *agent*) representante *mf*
Ⓑ CPD ► **deputy chairman** N vicepresidente/a *m/f* ► **deputy director** N director(a) *m/f* adjunto/a, subdirector(a) *m/f* ► **deputy head** N (= *deputy manager*) subdirector(a) *m/f*; (= *deputy head teacher*) subdirector(a) *m/f*, ≈ jefe/a *m/f* de estudios ► **deputy manager** N subdirector(a) *m/f* ► **deputy minister** N viceministro/a *m/f*

**derail** [dɪˈreɪl] Ⓐ VT hacer descarrilar
Ⓑ VI descarrilar

**derailment** [dɪˈreɪlmənt] N descarrilamiento *m*

**derange** [dɪˈreɪndʒ] VT [1] (= *upset*) [+ *plans*] desarreglar, descomponer
[2] (*mentally*) [+ *person*] volver loco, desquiciar

**deranged** [dɪˈreɪndʒd] ADJ [*person*] loco, desquiciado; [*mind*] perturbado; **to be (mentally) ~** estar desquiciado, ser un perturbado mental

**derangement** [dɪˈreɪndʒmənt] N [1] (= *disturbance*) desarreglo *m*
[2] (*Med*) trastorno *m* mental

**derby**[1] [ˈdɑːbɪ, (*US*) ˈdɜːbɪ] N [1] (*Sport*) **local ~** derbi *m*
[2] **the Derby** (*Brit Horse racing*) el Derby (*importante carrera de caballos en Inglaterra*)

**derby**[2] [ˈdɜːbɪ] N (*US*) (*also* **~ hat**) sombrero *m* hongo, bombín *m*

**Derbys** ABBR (*Brit*) = **Derbyshire**

**deregulate** [diːˈregjʊleɪt] VT desregular

**deregulation** [diːˌregjʊˈleɪʃən] N desregulación *f*

**derelict** [ˈderɪlɪkt] Ⓐ ADJ (= *abandoned*) abandonado; (= *ruined*) en ruinas
Ⓑ N (= *person*) indigente *mf*; (= *ship*) derrelicto *m*; (= *building*) edificio *m* abandonado

**dereliction** [ˌderɪˈlɪkʃən] N [*of property*] abandono *m*; **~ of duty** negligencia *f*

**deride** [dɪˈraɪd] VT ridiculizar, mofarse de

**de rigueur** [dərɪˈgɜːʳ] ADV de rigor

**derision** [dɪˈrɪʒən] N mofa *f*, burla *f*, irrisión *f*; **this was greeted with hoots of ~** esto fue recibido con gran mofa *or* sonoras burlas, esto provocó gran irrisión

**derisive** [dɪˈraɪsɪv] ADJ [*laughter*] burlón

**derisively** [dɪˈraɪsɪvlɪ] ADV burlonamente

**derisory** [dɪˈraɪsərɪ] ADJ [1] [*amount*] irrisorio
[2] = **derisive**

**derivation** [ˌderɪˈveɪʃən] N [*of word*] derivación *f*

**derivative** [dɪˈrɪvətɪv] Ⓐ ADJ (*Chem, Ling*) derivado; (= *unoriginal*) [*literary work, style*] poco original
Ⓑ N (*Chem, Ling*) derivado *m*

**derive** [dɪˈraɪv] Ⓐ VT [+ *comfort, pleasure*] encontrar (**from** en); [+ *profit*] sacar, obtener (**from** de); **it ~s its name** *or* **its name is ~d from the Latin word "linum"** su nombre viene *or* procede del latín "linum"; **~d demand** demanda *f* indirecta
Ⓑ VI **to ~ from** [*word, name*] proceder de, venir de; [*view, notion*] basarse en; [*problem, power, fortune*] provenir de

**dermatitis** [ˌdɜːməˈtaɪtɪs] N dermatitis *f inv*

**dermatologist** [ˌdɜːməˈtɒlədʒɪst] N dermatólogo/a *m/f*

**dermatology** [ˌdɜːməˈtɒlədʒɪ] N dermatología *f*

**dermis** [ˈdɜːmɪs] N dermis *f*

**derogate** [ˈderəgeɪt] VI **to ~ from** (= *detract from*) quitar mérito *or* valor a; (= *reduce*) [+ *authority*] menoscabar; (= *deviate from*) desviarse de

**derogation** [ˌderəˈgeɪʃən] N [*of authority*] menoscabo *m* (**from** de); (= *deviation*) desviación *f*, descarrío *m* (*liter*) (**from** de)

**derogatory** [dɪˈrɒgətərɪ] ADJ despectivo; **he was very ~ about her singing** hizo comentarios muy despectivos de su forma de cantar

**derrick** [ˈderɪk] N (*in port*) grúa *f*; (*above oil well*) torre *f* de perforación, derrick *m*

**derring-do** [ˈderɪŋˈduː] N (*liter*) **tales of ~** relatos *mpl* épicos; **deeds of ~** gestas *fpl*, hazañas *fpl*

**derringer** [ˈderɪndʒəʳ] N *pistola de cañón corto y calibre ancho*

**derv** [dɜːv] N (*Brit*) gasoil *m*

**dervish** [ˈdɜːvɪʃ] N derviche *mf*; (*fig*) salvaje *mf*

**DES** N ABBR (*Brit*) (*formerly*) = **Department of Education and Science**

**desalinate** [diːˈsælɪneɪt] VT desalinar

**desalination** [diːˌsælɪˈneɪʃən] Ⓐ N desalinación *f*
Ⓑ CPD ► **desalination plant** N planta *f* desalinizadora

**descale** [diːˈskeɪl] VT desincrustar; **descaling agent/product** agente *m*/producto *m* desincrustante

**descant** [ˈdeskænt] N (*Mus*) contrapunto *m*

**descend** [dɪˈsend] Ⓐ VT [1] (*frm*) (= *go down*) [+ *stairs*] descender, bajar
[2] (= *originate*) **to be ~ed from sb** descender de algn
Ⓑ VI [1] (*frm*) (= *go down*) descender, bajar (**from** de); *see also* **descending**
[2] (= *invade, take over*) **to ~ (up)on** [*fog, silence*] caer sobre; [*army, reporters*] invadir; (*hum*) [*visitors*] invadir; **we've got the whole family ~ing on us this weekend** nos va a invadir toda la familia este fin de semana
[3] (= *sink*) **I'd never ~ to that level** nunca me rebajaría a ese nivel; **to ~ to doing sth**

rebajarse a hacer algo

[4] (= *be inherited*) [*property, custom*] pasar (**to** a)

[5] (= *originate*) **to ~ from** [+ *ancestors*] descender de; **his family ~s from William the Conqueror** su familia desciende de Guillermo el Conquistador

**descendant** [dɪ'sendənt] N descendiente *mf*; **to leave no ~s** no dejar descendencia

**descending** [dɪ'sendɪŋ] ADJ descendente; **in ~ order of importance** por orden decreciente *or* descendente de importancia

**descent** [dɪ'sent] N [1] (= *going down*) descenso *m*, bajada *f*; (= *slope*) cuesta *f*, pendiente *f*; (= *fall*) descenso *m* (**in** de)

[2] (= *raid*) ataque *m* (**on** sobre), incursión *f* (**on** en)

[3] (= *ancestry*) ascendencia *f* (**from** de); **of Italian ~** de ascendencia italiana; **line of ~** linaje *m*; **he claimed ~ from Peter the Great** afirmaba descender de Pedro el Grande

**descramble** ['di:'skræmbl] VT (*TV*) descodificar

**descrambler** ['di:'skræmblə^r] N (*TV*) descodificador *m*

**describe** [dɪs'kraɪb] VT [1] [+ *scene, person*] describir; **~ him for us** descríbenoslo; **the feeling is impossible to ~** la sensación es indescriptible; **she ~s herself as an executive** se define como una ejecutiva; **I wouldn't ~ her as a feminist** no la calificaría de *or* describiría como feminista

[2] (*Geom*) [+ *circle*] describir

**description** [dɪs'krɪpʃən] N [1] (*of person, scene, object*) descripción *f*; **do you know anyone of this ~?** ¿sabe de alguien que responda a esta descripción?; **beyond ~** indescriptible; *see also* **answer B2**

[2] (= *sort*) **he carried a gun of some ~** llevaba un arma de algún tipo; **of every ~** de toda clase

**descriptive** [dɪs'krɪptɪv] ADJ descriptivo

**descriptivism** [dɪs'krɪptɪvɪzəm] N descriptivismo *m*

**descriptivist** [dɪs'krɪptɪvɪst] N descriptivista *mf*

**descry** [dɪs'kraɪ] VT (*liter*) divisar

**Desdemona** [,dezdɪ'məʊnə] N Desdémona

**desecrate** ['desɪkreɪt] VT profanar

**desecration** [,desɪ'kreɪʃən] N profanación *f*

**deseed** [,di:'si:d] VT [+ *fruit*] despepitar

**desegregate** [di:'segrəgeɪt] VT abolir la segregación de

**desegregation** ['di:,segrə'geɪʃən] N abolición *f* de la segregación

**deselect** [,di:sɪ'lekt] VT no renovar la candidatura de, no reelegir

**deselection** [di:sɪ'lekʃən] N no renovación *f* de la candidatura, rechazo *m* de la reelección

**desensitize** [di:'sensɪtaɪz] VT insensibilizar; (*Phot*) hacer insensible a la luz

**desert**[1] ['dezət] Ⓐ N desierto *m*

Ⓑ CPD [*climate, region*] desértico; [*tribe, people*] del desierto ► **desert boots** NPL botines *mpl* de ante ► **desert island** N isla *f* desierta ► **desert rat** N (*Mil*) rata *f* del desierto

**desert**[2] [dɪ'zɜ:t] Ⓐ VT (*Mil, Jur etc*) desertar de; [+ *person*] abandonar; **his courage ~ed him** su valor le abandonó *or* se esfumó

Ⓑ VI (*Mil*) desertar (**from** de; **to** a)

**deserted** [dɪ'zɜ:tɪd] ADJ [*place, street*] desierto; [*husband, wife*] abandonado

**deserter** [dɪ'zɜ:tə^r] N (*Mil*) desertor(a) *m/f*; (*Pol*) tránsfuga *mf*

**desertification** [,dezə:tɪfɪ'keɪʃən] N desertización *f*

**desertify** [de'zə:tɪfaɪ] VT desertizar

**desertion** [dɪ'zɜ:ʃən] N (*Mil*) deserción *f*; [*of spouse*] abandono *m*

**deserts** [dɪ'zɜ:ts] NPL ✦***IDIOMS*** **to get one's just ~** llevarse su merecido; **to give sb his/her just ~** dar a algn su merecido

**deserve** [dɪ'zɜ:v] Ⓐ VT merecer; **to ~ to do sth** merecer hacer algo; **he ~s to win** merece ganar; **he got what he ~d** se llevó su merecido; **it's an area of France that ~s further exploration** es una región de Francia digna de ser explorada más a fondo

Ⓑ VI **to ~ well of** merecer ser bien tratado por; **I thought I ~d better than that** opinaba que me tenían que haber tratado mejor

**deservedly** [dɪ'zɜ:vɪdlɪ] ADV con razón, merecidamente; **and ~ so** y con razón

**deserving** [dɪ'zɜ:vɪŋ] ADJ [*cause*] meritorio; **to be ~ of** merecer, ser digno de

**deshabille** [,dezə'bi:l] N desabillé *m*

**desiccant** ['desɪkənt] N secante *m*

**desiccate** ['desɪkeɪt] VT desecar

**desiccated** ['desɪkeɪtɪd] Ⓐ ADJ [1] (= *dried*) seco

[2] (*fig*) [*person*] marchito, mustio

Ⓑ CPD ► **desiccated coconut** N coco rallado y seco

**desiccation** [,desɪ'keɪʃən] N desecación *f*

**desideratum** [dɪ,zɪdə'rɑ:təm] N (*pl* **desiderata** [dɪ,zɪdə'rɑ:tə]) desiderátum *m*

**design** [dɪ'zaɪn] Ⓐ N [1] [*of building*] (= *plan, drawing*) proyecto *m*, diseño *m*; (= *ground plan*) distribución *f*; (= *preliminary sketch*) boceto *m*; (= *pattern*) motivo *m*; [*of cloth, wallpaper etc*] dibujo *m*; (= *style*) estilo *m*, líneas *fpl*; (= *art of design*) diseño *m*; **industrial ~** diseño *m* industrial

[2] (= *intention*) intención *f*, propósito *m*; (= *plan*) plan *m*, proyecto *m*; **by ~** a propósito, adrede; **whether by accident or ~, he managed it** lo consiguió, ya sea por casualidad o a propósito; **grand ~** plan *m* general; (*Mil*) estrategia *f* general; **to have ~s on sth/sb** tener las miras puestas en algo/algn

Ⓑ VT [1] [+ *building etc*] diseñar, proyectar; [+ *dress, hat*] diseñar; [+ *course*] estructurar; **a well ~ed house** una casa bien diseñada; **a well ~ed programme** un programa bien concebido; **we will ~ an exercise plan specially for you** elaboraremos un programa de ejercicios especial para usted

[2] (= *intend*) **to be ~ed for sth/sb: a course ~ed for foreign students** un curso concebido *or* pensado para los estudiantes extranjeros; **a product ~ed for sensitive skin** un producto creado para pieles delicadas; **it was not ~ed for that** [*tool*] no fue diseñado para eso; **to be ~ed to do sth: clothes that are ~ed to appeal to young people** ropa que está diseñada para atraer a la juventud; **the strike was ~ed to cause maximum disruption** la huelga se planeó para causar el mayor trastorno posible

Ⓒ CPD ► **design department** N departamento *m* de diseño, departamento *m* de proyectos ► **design engineer** N ingeniero/a *m/f* diseñador(a) ► **design fault** N fallo *m* de diseño ► **design studio** N estudio *m* de diseño

**designate** Ⓐ ['dezɪgneɪt] VT (= *name*) denominar; (= *appoint*) nombrar, designar; (= *indicate*) señalar, indicar; **to ~ sb to do sth** nombrar *or* designar a algn para hacer algo; **I was ~d as their representative** me nombraron *or* designaron representante de su grupo; **some of the rooms were ~d as offices** destinaron algunas de las habitaciones a oficinas; **the woodland has been ~d (as) a bird sanctuary** el bosque ha sido declarado reserva ornitológica

Ⓑ ['dezɪgnɪt] ADJ designado, nombrado

**designation** [,dezɪg'neɪʃən] N (= *title*) denominación *f*; (= *appointment*) nombramiento *m*, designación *f*

**designedly** [dɪ'zaɪnɪdlɪ] ADV de propósito

**designer** [dɪ'zaɪnə^r] Ⓐ N [*of machines etc*] diseñador(a) *m/f*; (= *fashion designer*) diseñador(a) *m/f* de moda, modisto/a *m/f*; (*in theatre*) escenógrafo/a *m/f*; (*TV*) diseñador(a) *m/f*

Ⓑ CPD ► **designer clothes** NPL ropa *fsing* de diseño ► **designer drug** N droga *f* de diseño, droga *f* de laboratorio ► **designer jeans** NPL vaqueros *mpl* de marca ► **designer label** N marca *f* de moda ► **designer stubble** N barba *f* de tres días (*según la moda*)

**designing** [dɪ'zaɪnɪŋ] Ⓐ ADJ intrigante

Ⓑ N diseño *m*, el diseñar

**desirability** [dɪ,zaɪərə'bɪlɪtɪ] N [*of plan*] conveniencia *f*; [*of person*] atractivo *m*; **the ~ of the plan is not in question** nadie pone en duda la conveniencia del proyecto

**desirable** [dɪ'zaɪərəbl] ADJ [*woman*] deseable, atractiva; [*offer*] atrayente; [*property*] deseable; [*action*] conveniente, deseable; **"experience desirable but not essential"** "la experiencia se valorará pero no es imprescindible"; **I don't think it ~ to tell him** *or* **that we tell him** no creo que sea conveniente decírselo

**desirably** [dɪ'zaɪərəblɪ] ADV **~ located** con una situación ideal

**desire** [dɪ'zaɪə^r] Ⓐ N deseo *m* (**for** de; **to do sth** de hacer algo); **I have no ~ to see him** no tengo el más mínimo deseo de verlo

Ⓑ VT [1] (= *want*) [+ *wealth, success*] desear; **to ~ to do sth** desear hacer algo; **it leaves much to be ~d** deja mucho que desear

[2] (*sexually*) [+ *person*] desear

[3] (= *request*) **to ~ that …** rogar que …; **to ~ sb to do sth** rogar a algn que haga algo

**desirous** [dɪ'zaɪərəs] ADJ (*frm*) deseoso (**of** de); **to be ~ of** desear; **to be ~ that** desear que + *subjun*; **to be ~ to do sth** desear hacer algo

**desist** [dɪ'zɪst] VI **to ~ from sth** desistir de algo; **to ~ from doing sth** dejar *or* desistir de hacer algo; **we begged him to ~** le rogamos que desistiera *or* que lo dejara

**desk** [desk] Ⓐ N [1] (*in office, study etc*) escritorio *m*, mesa *f* de trabajo; (*Scol*) pupitre *m*; (= *bureau*) escritorio *m*

[2] (= *section*) [*of ministry, newspaper*] sección *f*

[3] (*Brit*) (*in airport, hospital*) mostrador *m*; (*in shop, restaurant*) (*for payment*) caja *f*; (*in hotel*) recepción *f*

Ⓑ CPD ► **desk clerk** N (*US*) recepcionista *mf* ► **desk diary** N agenda *f* de escritorio ► **desk job** N trabajo *m* de oficina ► **desk lamp** N lámpara *f* de escritorio ► **desk pad** N bloc *m* de notas ► **desk study** N estudio *m* sobre el papel

**desk-bound** ['deskbaʊnd] ADJ sedentario

**desktop** ['desktɒp] Ⓐ ADJ [*computer*] de sobremesa, de escritorio

Ⓑ CPD ► **desktop publishing** N autoedición *f*

**desolate** Ⓐ ['desəlɪt] ADJ [*place*] desolado, desierto; [*outlook, future*] desolador; [*person*] (= *griefstricken*) desolado, afligido; (= *friendless*) solitario

Ⓑ ['desəleɪt] VT [+ *place*] asolar, arrasar; [+ *person*] desolar, afligir; **we were utterly ~d** quedamos profundamente desolados *or* afligidos

**desolately** ['desəlɪtlɪ] ADV [*say*] tristemente

**desolation** [,desə'leɪʃən] N [1] (= *deserted state*) [*of landscape*] desolación *f*

2 (= *grief*) [*of person*] desolación *f*, desconsuelo *m*
3 (= *act*) asolamiento *m*, arrasamiento *m*

**despair** [dɪs'pɛəʳ] Ⓐ N 1 (= *emotion*) desesperación *f*; **to be in ~** estar desesperado
2 (= *person*) **he is the ~ of his parents** trae locos a sus padres
Ⓑ VI perder la esperanza, desesperarse; **to ~ of sth** perder la esperanza de algo; **we ~ed of ever seeing her again** perdimos la esperanza de volver a verla; **don't ~!** ¡ánimo!, ¡anímate!

**despairing** [dɪs'pɛərɪŋ] ADJ [*look, sigh*] de desesperación; [*parent, sufferer*] desesperado

**despairingly** [dɪs'pɛərɪŋlɪ] ADV desesperadamente

**despatch** [dɪs'pætʃ] = **dispatch**

**desperado** [ˌdespə'rɑːdəʊ] N (*pl* **desperado(e)s**) bandido *m*

**desperate** ['despərɪt] ADJ 1 [*person, act, attempt, situation*] desesperado; **to feel ~** estar desesperado; **to be ~ for sth** necesitar algo urgentemente; **I'm ~ (for the lavatory)!*** me muero de ganas de ir al lavabo; **to get** *or* **grow ~** desesperarse; **to resort to ~ measures** recurrir a medidas desesperadas, recurrir a fruto de la de desesperación; **you're going out with her? you must be ~!** (*hum*) ¿sales con ésa? ¡muy desesperado debes estar!; **to be in ~ need of sth** necesitar algo urgentemente; **the company's ~ financial position** la crítica posición económica de la empresa; **to do something ~** cometer un acto desesperado, cometer una locura, hacer algo a la desesperada; **to be ~ to do sth: I was ~ to see her** estaba desesperada por verla, quería verla a toda costa, me moría por verla; **she was ~ to find a new job** estaba desesperada por encontrar otro trabajo; **both countries are ~ to avoid war** ambos países quieren evitar la guerra a toda costa
2 (*) (= *very bad*) [*book, film, meal*] atroz, pésimo; **the play was pretty ~** la obra era atroz *or* pésima

**desperately** ['despərɪtlɪ] ADV 1 (= *urgently, frantically*) [*say, look*] desesperadamente, con desesperación; [*try, struggle, look for*] desesperadamente; [*fight*] encarnizadamente; [*need, require*] urgentemente, desesperadamente; **to hope ~ for sth** desear algo con todas sus fuerzas; **to be ~ in love** estar locamente *or* perdidamente enamorado; **to be ~ in need of sth** necesitar algo urgentemente; **I ~ wanted to become a film director** quería ser director de cine más que nada en el mundo *or* con todo el alma
2 (= *horribly*) [*lonely, thin, shy, poor*] terriblemente; **we're not ~ busy at the moment** no estamos lo que se dice terriblemente ocupados en este momento; **it's ~ cold** hace un frío terrible; **to try ~ hard to do sth** esforzarse mucho por hacer algo; **I'm ~ hungry** me muero de hambre; **~ ill** muy grave, gravemente enfermo; **I'm not ~ keen on the idea*** la idea no me vuelve loco; **to be ~ short of sth** andar escasísimo de algo; **he's ~ unhappy** es terriblemente desdichado; **my parents were ~ worried** mis padres estaban preocupadísimos
3 (*) (= *very much, very*) **"do you want to have children?" — "not ~"*** —¿quieres tener hijos? —no estoy desesperado por tenerlos; **it's not ~ important/urgent** no es terriblemente importante/urgente; **I'm not ~ keen** no es que me entusiasme; **"hungry?" — "not ~"** —¿tienes hambre? —puedo aguantar

**desperation** [ˌdespə'reɪʃən] N desesperación *f*; **she drove him to ~** le llevó al borde de la desesperación, le hizo caer en la desesperación; **in (sheer) ~** ◊ **out of (sheer) ~** a la desesperada, de pura desesperación

**despicable** [dɪs'pɪkəbl] ADJ vil, despreciable

**despicably** [dɪs'pɪkəblɪ] ADV despreciablemente; [*behave*] de manera despreciable

**despise** [dɪs'paɪz] VT despreciar

**despite** [dɪs'paɪt] PREP a pesar de, pese a

**despoil** [dɪs'pɔɪl] VT despojar (**of** de)

**despondency** [dɪs'pɒndənsɪ] N, **despondence** [dɪs'pɒndəns] N abatimiento *m*, desaliento *m*, pesimismo *m*

**despondent** [dɪs'pɒndənt] ADJ (= *dejected*) abatido, desanimado; (= *disheartened*) descorazonado; [*letter etc*] de tono triste, pesimista; **he was very ~ about our chances** habló en términos pesimistas de nuestras posibilidades; **he was too ~ to smile** le faltaron ánimos para sonreír

**despondently** [dɪs'pɒndəntlɪ] ADV **he sighed ~** suspiró desanimado

**despot** ['despɒt] N déspota *mf*

**despotic** [des'pɒtɪk] ADJ déspota

**despotically** [des'pɒtɪkəlɪ] ADV despóticamente

**despotism** ['despətɪzəm] N despotismo *m*

**des. res.*** ['dez'rez] N = **desirable residence**

**dessert** [dɪ'zɜːt] Ⓐ N postre *m*; **what's for ~?** ¿qué hay de postre?
Ⓑ CPD ► **dessert apple** N manzana *f* para repostería ► **dessert plate** N plato *m* de postre ► **dessert wine** N vino *m* dulce (*para el postre*)

**dessertspoon** [dɪ'zɜːtspuːn] N cuchara *f* de postre

**destabilization** [diːˌsteɪbɪlaɪ'zeɪʃən] N desestabilización *f*

**destabilize** [diː'steɪbɪlaɪz] VT desestabilizar

**destination** [ˌdestɪ'neɪʃən] N destino *m*

**destine** ['destɪn] VT destinar (**for, to** para)

**destined** ['destɪnd] ADJ 1 (= *intended*) **~ for** destinado a
2 (= *fated*) **to be ~ to do sth** estar destinado a hacer algo; **it was ~ to fail** estaba destinado *or* condenado a fracasar; **she was ~ for greater things** estaba destinada *or* predestinada a llegar lejos; **it was ~ to happen this way** tenía que ocurrir así; **we were ~ never to meet again** el destino no quiso que nos volviéramos a encontrar
3 (= *travelling*) **~ for London** con destino a Londres

**destiny** ['destɪnɪ] N (= *fate*) destino *m*

**destitute** ['destɪtjuːt] ADJ 1 (= *poverty-stricken*) indigente; **to be (utterly) ~** estar en la (más absoluta) miseria
2 (= *lacking*) **~ of** desprovisto de

**destitution** [ˌdestɪ'tjuːʃən] N indigencia *f*, miseria *f*

**destroy** [dɪs'trɔɪ] VT (*gen*) destruir, destrozar; (= *kill*) matar; [+ *pet*] sacrificar; [+ *vermin*] exterminar; (*fig*) [+ *relationship, hopes etc*] destrozar, acabar con; **the factory was ~ed by a fire** la fábrica quedó destrozada *or* fue arrasada por un incendio

**destroyer** [dɪs'trɔɪəʳ] N (*Naut*) destructor *m*

**destruct** [dɪ'strʌkt] Ⓐ VT destruir
Ⓑ VI destruirse; *see also* **self-destruct**
Ⓒ CPD ► **destruct button** N botón *m* de destrucción ► **destruct mechanism** N mecanismo *m* de destrucción

**destructible** [dɪs'trʌktəbl] ADJ destructible

**destruction** [dɪs'trʌkʃən] N 1 (*gen*) destrucción *f*; (*fig*) [*of reputation*] destrucción *f*; [*of person*] ruina *f*, perdición *f*; **to test a machine to ~** someter una máquina a pruebas límite; *see also* **scene A2**
2 (= *ruins, damage*) destrozos *mpl*

**destructive** [dɪs'trʌktɪv] ADJ [*weapon, person, behaviour, influence, emotion*] destructivo; [*effect*] destructor; [*child*] destrozón; [*criticism, comment*] destructivo, negativo; [*relationship*] destructivo, dañino; **the ~ power of nuclear weapons** el poder destructivo *or* destructor de las armas nucleares; **to be ~ of** *or* **to sth: products that are ~ of** *or* **to the environment** productos que destruyen el medio ambiente

**destructively** [dɪs'trʌktɪvlɪ] ADV destructivamente, de modo destructivo; **the storm struck violently and ~** la tormenta se abatió violenta y destructiva

**destructiveness** [dɪ'strʌktɪvnɪs] N [*of fire, war, weapon*] capacidad *f* destructora; [*of child*] tendencia *f* destructiva; [*of criticism, attitude, behaviour*] carácter *m* destructivo

**destructor** [dɪs'trʌktəʳ] N (*Brit*) (*also* **refuse ~**) incinerador *m* de basuras, quemador *m* de basuras

**desuetude** [dɪ'sjʊɪtjuːd] N (*frm*) desuso *m*; **to fall into ~** caer en desuso

**desulphurization** [ˌdiːsʌlfəraɪ'zeɪʃən] N desulfurización *f*

**desultory** ['desəltərɪ] (*frm*) ADJ [*way of working etc*] poco metódico; [*applause*] poco entusiasta; [*gunfire*] intermitente, esporádico; **they made ~ conversation** entablaron sin ganas una conversación

**det.** ABBR 1 = **detached**
2 = **detective**

**detach** [dɪ'tætʃ] VT (= *separate*) separar (**from** de); (= *unstick*) despegar; (*Mil*) destacar; **to ~ o.s. from a group** separarse de un grupo; **to ~ o.s. from a situation** distanciarse de una situación

**detachable** [dɪ'tætʃəbl] ADJ [*collar, lining*] postizo, separable; [*parts*] desmontable, extraíble

**detached** [dɪ'tætʃt] Ⓐ ADJ 1 (= *separate*) separado, suelto; (*from friends, family*) distanciado; **to become ~ (from)** [*part, fragment*] desprenderse (de); **she had become ~ from reality** había perdido contacto con la realidad; **they live ~ from everything** viven desligados de todo
2 (= *impartial*) [*opinion*] objetivo, imparcial; (= *unemotional*) [*manner*] indiferente; **to take a ~ view of** considerar objetivamente
Ⓑ CPD ► **detached house** N casa *f* independiente, chalet *m* individual ► **detached retina** N desprendimiento *m* de la retina

**detachment** [dɪ'tætʃmənt] N 1 (= *separation*) separación *f*, desprendimiento *m*
2 (= *impartiality*) objetividad *f*, imparcialidad *f*; (= *indifference*) indiferencia *f*; **an air of ~** un aire de indiferencia
3 (*Mil*) destacamento *m*

▼ **detail** ['diːteɪl] Ⓐ N 1 (*gen*) detalle *m*; **there are still one or two ~s to sort out** hay todavía un par de detalles *or* cosas que concretar; **to go into ~(s)** entrar en detalles, pormenorizar; **down to the last ~** hasta el más mínimo detalle; **for further ~s contact J. Sims** para más información póngase en contacto con J. Sims
2 (*taken collectively*) detalles *mpl*; **the wonderful ~ of the painting** la maravillosa minuciosidad del cuadro; **attention to ~** minuciosidad *f*; **in ~** en detalle, detalladamente
3 (*Mil*) destacamento *m*

➤ LANGUAGE IN USE: detail A1 19.1, 20.1 A2 26.1, 26.2

Ⓑ VT [1] [+ *facts, story*] detallar
[2] (*Mil*) destacar (**to do sth** para hacer algo)

**detailed** ['di:teɪld] ADJ [*information, report, description*] detallado, pormenorizado; [*plan, map, instructions, knowledge, picture*] detallado; [*examination, investigation*] minucioso, detenido; [*history*] pormenorizado

**detain** [dɪ'teɪn] VT [1] (= *arrest*) detener, arrestar
[2] (= *keep waiting*) retener; **I was ~ed at the office** me entretuve *or* demoré en la oficina; **I was ~ed by fog** me retrasé por la niebla; **don't let me ~ you** no quiero entretenerla

**detainee** [,di:teɪ'ni:] N detenido/a *m/f*

**detect** [dɪ'tekt] VT (= *discover*) descubrir; (= *notice*) percibir, detectar; [+ *crime*] descubrir; [+ *criminal*] identificar; (*Tech*) (*by radar etc*) detectar

**detectable** [dɪ'tektəbl] ADJ perceptible, detectable

**detection** [dɪ'tekʃən] N (= *discovery*) descubrimiento *m*; (= *perception*) percepción *f*; (*by detective*) investigación *f*; (*Tech*) detección *f*; **to escape ~** [*criminal*] no ser descubierto; [*mistake*] pasar desapercibido

**detective** [dɪ'tektɪv] Ⓐ N detective *mf*; **private ~** detective *mf* privado/a
Ⓑ CPD ► **detective chief inspector** N (*Brit*) ≈ comisario *m* ► **detective chief superintendent** N (*Brit*) ≈ comisario/a *m/f* jefe ► **detective constable** N (*Brit*) ≈ agente *mf* (de policía) ► **detective inspector** N (*Brit*) ≈ inspector(a) *m/f* (de policía) ► **detective sergeant** N (*Brit*) ≈ oficial *mf* de policía ► **detective story** N novela *f* policíaca ► **detective superintendent** N (*Brit*) ≈ comisario/a *m/f* (de policía) ► **detective work** N (*fig*) trabajo *m* detectivesco, trabajo *m* de investigación

**detector** [dɪ'tektəʳ] Ⓐ N (= *gadget*) detector *m*
Ⓑ CPD ► **detector van** N (*Brit*) camioneta *f* de detección (*de televisores sin licencia*)

**détente** ['deɪtɑ̃:nt] N distensión *f*

**detention** [dɪ'tenʃən] Ⓐ N [*of criminal, spy*] detención *f*, arresto *m*; [*of schoolchild*] castigo *m*; **to get a ~** quedarse castigado después de clase
Ⓑ CPD ► **detention centre**, **detention center** (*US*) N centro *m* de detención ► **detention home** N (*US*) centro *m* de rehabilitación

**deter** [dɪ'tɜ:ʳ] VT (= *discourage*) desalentar; (= *dissuade*) disuadir; (= *prevent*) impedir; **to ~ sb from doing sth** (= *dissuade*) disuadir a algn de hacer algo; (= *prevent*) impedir a algn hacer algo, impedir a algn que haga algo; **I was ~red by the cost** el precio me hizo abandonar la idea; **a weapon which ~s nobody** un arma que no asusta a nadie, un arma sin poder disuasorio; **don't let the weather ~ you** no desistas por el mal tiempo

**detergent** [dɪ'tɜ:dʒənt] Ⓐ ADJ detergente
Ⓑ N detergente *m*

**deteriorate** [dɪ'tɪərɪəreɪt] VI [*work, situation, weather, condition*] empeorar; [*health*] empeorar, deteriorarse; [*materials, building, relationship*] deteriorarse; **he was worried about her deteriorating health** le preocupaba que cada vez estuviera peor de salud; **the meeting ~d into a free-for-all** la reunión degeneró en una pelea

**deterioration** [dɪ,tɪərɪə'reɪʃən] N [*of work, situation, condition*] empeoramiento *m* (**in, of** de); [*of health*] deterioro *m*, empeoramiento *m* (**in, of** de); [*of materials, building, relationship*] deterioro *m* (**in, of** de)

**determinable** [dɪ'tɜ:mɪnəbl] ADJ determinable

> ➤ LANGUAGE IN USE: **determined** 8.2

**determinant** [dɪ'tɜ:mɪnənt] Ⓐ ADJ determinante
Ⓑ N determinante *m*

**determinate** [dɪ'tɜ:mɪnɪt] ADJ (*frm*) (= *fixed*) determinado; (*Jur*) [*sentence*] definitivo

**determination** [dɪ,tɜ:mɪ'neɪʃən] N [1] (= *resolve*) determinación *f*, resolución *f*, decisión *f*; **he set off with great ~** partió muy resuelto; **in his ~ to do it** por su determinación *or* decisión a hacerlo
[2] (= *ascertaining*) [*of cause, position*] determinación *f*

**determinative** [dɪ'tɜ:mɪnətɪv] Ⓐ ADJ determinativo
Ⓑ N determinativo *m*

**determine** [dɪ'tɜ:mɪn] VT [1] (= *ascertain, define*) [+ *cause, meaning*] determinar; [+ *price, date*] fijar, determinar; [+ *scope, limits, boundary*] definir, determinar; **to ~ what is to be done** determinar *or* decidir lo que hay que hacer; **to ~ whether sth is true** determinar si algo es verdad
[2] (= *be the deciding factor in*) [+ *fate, character*] determinar; **demand ~s supply** la demanda determina la oferta; **to be ~d by** depender de
[3] (= *make determined*) **to ~ sb to do sth** hacer que algn se decida a hacer algo; **this ~d him to go** esto hizo que se decidiera a ir
[4] (= *resolve*) **to ~ to do sth** decidir hacer algo, determinar hacer algo
►**determine on** VI + PREP [+ *course of action*] optar por, decidirse por

▼**determined** [dɪ'tɜ:mɪnd] ADJ [*person*] decidido, resuelto; [*effort*] resuelto, enérgico; **he walked in with a ~ look on his face** entró con aire resuelto; **her refusal made me even more ~** su negativa sólo sirvió para que me decidiese aún más; **to be ~ that ...** estar decidido a que + *subjun*; **she is ~ that her children should go to college** está decidida a que sus hijos vayan a la universidad; **to be ~ to do sth** estar decidido *or* resuelto a hacer algo; **she's ~ to pass the exam** está decidida *or* resuelta a aprobar el examen; **his enemies are ~ to ruin him** sus enemigos se han empeñado en arruinarle, sus enemigos quieren arruinarle a toda costa; **to make a ~ attempt** *or* **effort to do sth** poner todo su empeño en hacer algo

**determinedly** [dɪ'tɜ:mɪndlɪ] ADV [*say*] resueltamente; [*persevere*] con determinación; **he walked in ~** entró con aire resuelto *or* decidido; **he was ~ optimistic** estaba resuelto a ver el lado bueno

**determiner** [dɪ'tɜ:mɪnəʳ] N determinante *m*

**determining** [dɪ'tɜ:mɪnɪŋ] ADJ **~ factor** factor *m* determinante

**determinism** [dɪ'tɜ:mɪnɪzəm] N determinismo *m*

**determinist** [dɪ'tɜ:mɪnɪst] Ⓐ ADJ determinista
Ⓑ N determinista *mf*

**deterministic** [dɪ,tɜ:mɪ'nɪstɪk] ADJ determinista

**deterrence** [dɪ'terəns] N disuasión *f*

**deterrent** [dɪ'terənt] Ⓐ N (*also Mil*) elemento *m* disuasivo, elemento *m* disuasorio; **to act as a ~** servir de elemento disuasivo; **nuclear ~** fuerza *f* nuclear disuasiva; **these penalties are no ~ to criminals** estos castigos no disuaden a los criminales
Ⓑ ADJ disuasivo, disuasorio

**detest** [dɪ'test] VT detestar, aborrecer; **to ~ doing sth** detestar *or* odiar hacer algo

**detestable** [dɪ'testəbl] ADJ detestable, aborrecible

**detestation** [,di:tes'teɪʃən] (*frm*) N detestación *f*, odio *m*, aborrecimiento *m*; **to hold in ~** detestar, odiar, aborrecer

**dethrone** [di:'θrəʊn] VT destronar

**dethronement** [di:'θrəʊnmənt] N destronamiento *m*

**detonate** ['detəneɪt] Ⓐ VT hacer detonar
Ⓑ VI detonar, estallar

**detonation** [,detə'neɪʃən] N detonación *f*

**detonator** ['detəneɪtəʳ] N detonador *m*

**detour** ['di:tʊəʳ] Ⓐ N rodeo *m*, vuelta *f*; (*Aut*) desvío *m*; **to make a ~** desviarse, dar un rodeo
Ⓑ VT (*US*) desviar
Ⓒ VI (*US*) desviarse, dar un rodeo

**detox*** ['di:'tɒks] Ⓐ N = **detoxication, detoxification**
Ⓑ VT = **detoxicate, detoxify**

**detoxicate** [di:'tɒksɪkeɪt] VT = **detoxify**

**detoxication** [di:,tɒksɪ'keɪʃən], **detoxification** [di:,tɒksɪfɪ'keɪʃən] Ⓐ N desintoxicación *f*
Ⓑ CPD ► **detoxification centre**, **detoxification center** (*US*) N centro *m* de desintoxicación ► **detoxification programme**, **detoxification program** (*US*) N programa *f* de desintoxicación

**detoxify** [di:'tɒksɪfaɪ] VT [+ *alcoholic*] desintoxicar; [+ *chemical*] eliminar la toxicidad de

**detract** [dɪ'trækt] VI **to ~ from** [+ *value*] quitar mérito *or* valor a; [+ *reputation*] empañar

**detraction** [dɪ'trækʃən] N detracción *f*

**detractor** [dɪ'træktəʳ] N detractor(a) *m/f*

**detrain** [di:'treɪn] VI bajarse del tren

**detriment** ['detrɪmənt] N detrimento *m*, perjuicio *m*; **to the ~ of** en detrimento *or* perjuicio de; **without ~ to** sin (causar) detrimento *or* perjuicio a

**detrimental** [,detrɪ'mentl] ADJ perjudicial (**to** para)

**detritus** [dɪ'traɪtəs] N (*frm*) detrito(s) *m(pl)*, detritus *m*

**de trop** [də'trəʊ] (*frm*) ADV **to be ~** estar de más, sobrar

**deuce¹** [dju:s] N (*Tennis*) cuarenta iguales *mpl*, deuce *m*

**deuce²**† [dju:s] N **a ~ of a row** un tremendo jaleo; **a ~ of a mess** una terrible confusión; **the ~ it is!** ¡qué demonio!; **what/where the ~ ...?** ¿qué/dónde demonios ...?; **to play the ~ with** estropear, echar a perder

**deuced** [dju:st] Ⓐ ADJ maldito
Ⓑ ADV diabólicamente, terriblemente

**deuterium** [dju:'tɪərɪəm] Ⓐ N deuterio *m*
Ⓑ CPD ► **deuterium oxide** N óxido *m* deutérico

**Deuteronomy** [,dju:tə'rɒnəmɪ] N Deuteronomio *m*

**deutschmark** ['dɔɪtʃmɑ:k] N marco *m* alemán

**devaluate** [di:'væljʊeɪt] VT = **devalue**

**devaluation** [,dɪvæljʊ'eɪʃən] N (*Fin*) devaluación *f*; [*of person*] subvaloración *f*

**devalue** ['di:'vælju:] VT (*Fin*) devaluar; [+ *person*] subvalorar, subestimar

**devastate** ['devəsteɪt] VT (= *destroy*) [+ *place*] devastar, asolar; (*fig*) [+ *opponent, opposition*] aplastar, arrollar; (= *overwhelm*) [+ *person*] dejar desolado, dejar destrozado; **we were simply ~d** estábamos verdaderamente desolados *or* destrozados

**devastating** ['devəsteɪtɪŋ] ADJ [1] (= *destructive*) [*flood, storm, consequence*] devastador; [*attack*] demoledor; **nuclear war would be ~ for Europe** una guerra nuclear tendría un efecto devastador sobre Europa
[2] (= *crushing*) [*blow, loss*] tremendo; [*argu-*

*ment, opposition, logic, defeat*] aplastante; [*news*] terrible; [*criticism, report*] demoledor; [*wit*] apabullante; **the ~ news that she had cancer** la terrible noticia de que tenía cáncer; **the news is ~** la noticia es un golpe tremendo *or* durísimo; **a strike would be ~ to the economy** una huelga sería un golpe tremendo para la economía
3 (= *stunning*) [*beauty, woman, charm*] irresistible

**devastatingly** [ˈdevəsteɪtɪŋlɪ] ADV [*beautiful*] irresistiblemente; [*effective, successful, funny*] tremendamente; **a ~ attractive woman** una mujer de un atractivo irresistible; **a ~ simple solution** una solución terriblemente simple; **these missiles are ~ accurate** estos misiles tienen una precisión devastadora; **she demolished his arguments briefly and ~** destruyó sus argumentos de forma lacónica y aplastante

**devastation** [ˌdevəˈsteɪʃən] N 1 (= *act*) devastación *f*
2 (= *state*) devastación *f*, destrozos *mpl*

**develop** [dɪˈveləp] Ⓐ VT 1 (= *make bigger, stronger etc*) [+ *mind, body*] desarrollar; (*fig*) [+ *argument, idea*] desarrollar; **I ~ed his original idea** yo desarrollé su idea original
2 (= *generate*) [+ *plan*] elaborar; [+ *process*] perfeccionar
3 (= *acquire*) [+ *interest, taste, habit*] adquirir; [+ *disease*] contraer; [+ *tendency*] coger, desarrollar; [+ *engine trouble*] empezar a tener; **she ~ed a liking for whisky** le cogió el gusto al whisky
4 (= *build on*) [+ *region*] desarrollar, fomentar; [+ *land*] urbanizar; [+ *site*] ampliar; **this land is to be ~ed** se va a construir en *or* urbanizar este terreno
5 (= *exploit*) [+ *resources, mine etc*] explotar
6 (*Phot*) revelar; **to get a film ~ed** revelar un carrete
Ⓑ VI 1 (= *change, mature*) desarrollarse; **girls ~ faster than boys** las chicas se desarrollan más rápido que los chicos; **to ~ into** convertirse *or* transformarse en; **the argument ~ed into a fight** la discusión se convirtió en una pelea
2 (= *progress*) [*country*] desarrollarse; **how is the book ~ing?** ¿qué tal va el libro?
3 (= *come into being*) aparecer; [*symptoms*] aparecer, mostrarse; **a crack was ~ing in the wall** se estaba abriendo una grieta en la pared
4 (= *come about*) [*idea, plan, problem*] surgir; **it later ~ed that ...** más tarde quedó claro que ...

**developed** [dɪˈveləpt] ADJ [*country, world*] desarrollado; [*sense of humour, justice etc*] profundo

**developer** [dɪˈveləpəʳ] N 1 (*also* **property ~**) promotor(a) *m/f* inmobiliario/a
2 (*Physiol*) **I was a late ~** maduré tarde
3 (*Phot*) revelador *m*

**developing** [dɪˈveləpɪŋ] Ⓐ ADJ [*country*] en (vías de) desarrollo; [*crisis, storm*] que se avecina
Ⓑ N (*Phot*) revelado *m*
Ⓒ CPD ► **developing bath** N baño *m* de revelado

**development** [dɪˈveləpmənt] Ⓐ N 1 (*gen*) desarrollo *m*; (= *unfolding*) evolución *f*
2 (= *change in situation*) novedad *f*, cambio *m*; (= *event*) acontecimiento *m*; **there are no new ~s to report** no se registra ninguna novedad *or* ningún cambio; **what is the latest ~?** ¿hay alguna novedad?; **awaiting ~s** en espera de novedades
3 [*of resources*] explotación *f*; [*of land*] urbanización *f*
4 (= *area of new housing*) urbanización *f*
Ⓑ CPD ► **development agency** N agencia *f* de desarrollo ► **development area** N ≈ zona *f* de urgente reindustrialización, ≈ polo *m* de desarrollo ► **development bank** N banco *m* de desarrollo ► **development company** N [*of property*] promotora *f* inmobiliaria; [*of resources*] compañía *f* de explotación ► **development corporation** N [*of new town*] corporación *f* de desarrollo, corporación *f* de promoción ► **development officer** N director(a) *m/f* de promoción ► **development plan** N plan *m* de desarrollo

**developmental** [dɪˌveləpˈmentl] Ⓐ ADJ [*process*] de desarrollo; [*abnormality*] del desarrollo
Ⓑ CPD ► **developmental psychologist** N psicólogo/a *m/f* del desarrollo ► **developmental psychology** N psicología *f* del desarrollo

**deviance** [ˈdiːvɪəns], **deviancy** [ˈdiːvɪənsɪ] N (*gen*) (*also Psych*) desviación *f*

**deviant** [ˈdiːvɪənt] Ⓐ ADJ (*gen*) (*also Psych, Ling*) desviado
Ⓑ N *persona de conducta desviada*

**deviate** [ˈdiːvɪeɪt] VI desviarse (**from** de)

**deviation** [ˌdiːvɪˈeɪʃən] N desviación *f* (**from** de)

**deviationism** [ˌdiːvɪˈeɪʃənɪzəm] N desviacionismo *m*

**deviationist** [ˌdiːvɪˈeɪʃənɪst] Ⓐ ADJ desviacionista
Ⓑ N desviacionista *mf*

**device** [dɪˈvaɪs] N 1 (= *gadget*) aparato *m*; (= *mechanism*) mecanismo *m*, dispositivo *m*; (= *explosive*) artefacto *m*; **nuclear ~** ingenio *m* nuclear
2 (= *scheme*) estratagema *f*, recurso *m*; **to leave sb to his own ~s** dejar a algn hacer lo que le dé la gana; (*to solve problem*) dejar que algn se las arregle solo
3 (= *emblem*) emblema *m*; (= *motto*) lema *m*

**devil** [ˈdevl] Ⓐ N 1 (= *evil spirit*) demonio *m*, diablo *m*; **the Devil** el Diablo; **go to the ~!‡** ¡vete al diablo!‡, ¡vete a la porra! (*Sp**); **the ~ take it!†** ¡que se lo lleve el diablo!; **~s on horseback** *ciruelas pasas envueltas en beicon servidas sobre pan tostado*; ✦ ***IDIOMS*** **to be between the ~ and the deep blue sea** estar entre la espada y la pared; **(to) give the ~ his due** ser justo hasta con el diablo; **to play the ~ with** arruinar, estropear; **to play (the) ~'s advocate** hacer de abogado del diablo; **to raise the ~** armar la gorda; **speak** *or* **talk of the ~!*** hablando del rey de Roma (por la puerta asoma); ✦ ***PROVS*** **better the ~ you know** vale más lo malo conocido que lo bueno por conocer; **the ~ finds work for idle hands** cuando el diablo no tiene que hacer con el rabo mata moscas; *see also* **luck**
2 (*) (= *person*) demonio *m*; **poor ~** pobre diablo, pobrecito/a *m/f*; **go on, be a ~!** ¡anda, atrévete *or* lánzate!; **you little ~!** ¡qué diablillo *or* malo eres!
3 (*) (*as intensifier*) **the ~ it is!** ¡qué demonio!; **a ~ of a noise** un ruido de todos los demonios; **it was the ~ of a job to do!** ¡menudo trabajo que (me) costó!; **we had the ~ of a job** *or* **the ~'s own job to find it** nos costó horrores encontrarlo; **I'm in the ~ of a mess** estoy en un lío tremendo; **to work/run like the ~** trabajar/correr como un descosido; **how/what/why/who the ~ ...?** ¿cómo/qué/por qué/quién demonios ...?; **there will be the ~ to pay** esto va a costar caro
4 (*Jur*) aprendiz *m* (de abogado); (*Typ*) aprendiz *m* de imprenta
Ⓑ VT 1 [+ *meat*] asar con mucho picante
2 (*US**) fastidiar
Ⓒ VI **to ~ for** (*Jur*) trabajar de aprendiz para

**devilfish** [ˈdevlfɪʃ] N (*pl* **devilfish** *or* **devilfishes**) raya *f*, manta *f*

**devilish** [ˈdevlɪʃ] Ⓐ ADJ (= *wicked*) diabólico; (= *mischievous*) travieso
Ⓑ ADV (†) (= *devilishly*) la mar de, sumamente; **~ cunning** la mar de ingenioso

**devilishly** [ˈdevlɪʃlɪ] ADV [*behave*] endemoniadamente; **~ clever** la mar de listo, sumamente listo

**devil-may-care** [ˈdevlmeɪˈkɛəʳ] ADJ despreocupado; (= *rash*) temerario, arriesgado

**devilment** [ˈdevlmənt] N = **devilry**

**devilry** [ˈdevlrɪ] N (= *wickedness*) maldad *f*, crueldad *f*; (= *mischief*) diablura *f*, travesura *f*, pillería *f*

**devious** [ˈdiːvɪəs] ADJ 1 (= *twisting, winding*) [*path*] tortuoso, sinuoso; [*argument*] intrincado, enrevesado
2 (= *crafty*) [*means*] dudoso, artero; [*person*] taimado

**deviously** [ˈdiːvɪəslɪ] ADV [*act, behave*] taimadamente

**deviousness** [ˈdiːvɪəsnɪs] N 1 (= *twistiness*) tortuosidad *f*
2 (= *craftiness*) [*of person*] artería *f*

**devise** [dɪˈvaɪz] VT (= *conceive*) [+ *strategy*] concebir, idear; [+ *gadget*] inventar; [+ *plan*] elaborar; [+ *solution*] encontrar; **to ~ a way to kill sb** tramar la muerte de algn

**deviser** [dɪˈvaɪzəʳ] N [*of scheme, plan*] inventor(a) *m/f*

**devitalize** [diːˈvaɪtəlaɪz] VT privar de vitalidad

**devoid** [dɪˈvɔɪd] ADJ **~ of** desprovisto de

**devolution** [ˌdiːvəˈluːʃən] N delegación *f* (de poderes); (*Pol*) traspaso *m* de competencias; (*Brit Pol*) descentralización *f*; **most Welsh people want ~** la mayoría de los galeses quieren la autonomía

**devolve** [dɪˈvɒlv] Ⓐ VT [+ *power*] delegar; [+ *government*] descentralizar
Ⓑ VI recaer (**on, upon** sobre); **it ~d on me to tell him** me tocó a mí decírselo

**Devonian** [deˈvəʊnɪən] ADJ (*Geol*) devónico

**devote** [dɪˈvəʊt] VT **to ~ sth to sth** dedicar algo a algo; **he ~d three chapters to Japanese politics** dedicó tres capítulos a la política japonesa; **she ~d four years to studying history** dedicó cuatro años a estudiar historia; **she ~d her life to finding a cure for the disease** dedicó *or* consagró su vida a encontrar una cura para la enfermedad; **they do not ~ enough attention to their children** no dedican la suficiente atención a sus hijos; **we will ~ 30% of the money to research** asignaremos *or* destinaremos el 30% del dinero a la investigación; **to ~ o.s. to sth** dedicarse a algo

**devoted** [dɪˈvəʊtɪd] ADJ [*wife, husband, mother, son, etc*] abnegado; [*couple, family*] unido; [*friend*] leal, fiel; [*follower, admirer*] ferviente; **a ~ Manchester United fan** una forofa del Manchester United; **a ~ Beatles fan** una devota fan de los Beatles; **years of ~ service** años de dedicación y servicio; **to be ~ to sb** adorar a algn, sentir devoción por algn; **they are ~ to one another** se adoran, sienten devoción el uno por el otro; **to be ~ to sth** estar dedicado a algo; **this chapter is ~ to politics** este capítulo está dedicado a la política; **organizations ~ to helping children** organizaciones de ayuda a la infancia; **the institute is ~ to discovering young artists** el instituto se dedica al descubrimiento de jóvenes artistas

**devotedly** [dɪˈvəʊtɪdlɪ] ADV [*care for, love, follow*] con devoción; [*loyal*] fervientemente

**devotee** [ˌdevəʊˈtiː] N 1 (*Rel*) devoto/a *m/f*
2 (= *enthusiast*) partidario/a *m/f* (**of** de)

**devotion** [dɪˈvəʊʃən] N 1 (*to spouse, relative, football team, pop star*) (*also Rel*) devoción *f* (**to** por); (*to friend*) lealtad *f* (**to** a); (*to studies, duty, work, cause*) dedicación *f* (**to** a)
2 **devotions** (*Rel*) oraciones *fpl*; **to be at one's ~s** estar rezando

**devotional** [dɪˈvəʊʃənl] ADJ piadoso, devoto

**devour** [dɪˈvaʊəʳ] VT [+ *food*] devorar; **to be ~ed with jealousy** morirse de envidia; **to be ~ed with curiosity** verse devorado *or* corroído por la curiosidad

**devouring** [dɪˈvaʊərɪŋ] ADJ (*fig*) [*passion*] devorador; [*curiosity*] acuciante

**devout** [dɪˈvaʊt] ADJ 1 (*Rel*) [*Christian, Muslim, Methodist, etc*] devoto; **they're very ~** son muy devotos *or* piadosos; **she's a ~ Catholic** es muy católica
2 (= *fervent*) [*Communist*] convencido; [*supporter*] ferviente; [*thanks, prayer*] sincero; **it was his ~ wish that his son should become a lawyer** deseaba de todo corazón que su hijo se hiciese abogado

**devoutly** [dɪˈvaʊtlɪ] ADV [*pray*] con devoción; [*hope, wish*] de todo corazón; [*believe*] fervientemente; **~ religious** muy religioso

**dew** [djuː] N rocío *m*

**dewdrop** [ˈdjuːdrɒp] N gota *f* de rocío

**dewlap** [ˈdjuːlæp] N papada *f*

**dewpond** [ˈdjuːpɒnd] N charca *f* formada por el rocío

**dewy** [ˈdjuːɪ] ADJ (*compar* **dewier**; *superl* **dewiest**) [*grass*] cubierto de rocío; [*eyes*] húmedo

**dewy-eyed** [ˈdjuːɪˈaɪd] ADJ (= *innocent*) ingenuo

**dexterity** [deksˈterɪtɪ] N (*physical, mental*) destreza *f*, habilidad *f*

**dexterous** ADJ, **dextrous** [ˈdekstrəs] ADJ diestro, hábil; **by the ~ use of** por el diestro uso de

**dexterously, dextrously** [ˈdekstrəslɪ] ADV [*pass, snatch etc*] con destreza; [*avoid*] diestramente, hábilmente

**dextrose** [ˈdekstrəʊs] N dextrosa *f*

**DfEE** N ABBR (*Brit*) = **Department for Education and Employment**

**DG** Ⓐ N ABBR (= **Director General**) D.G. *mf*
Ⓑ ABBR (= **Deo gratias**) a.D.g.

**dg** ABBR (= **decigram, decigrams**) dg

**DH** N ABBR (*Brit*) = **Department of Health**

**DHSS** N ABBR (*Brit*) (*formerly*) = **Department of Health and Social Security**

**DI** N ABBR 1 = **Donor Insemination**
2 (*Brit Police*) = **Detective Inspector**

**Di** [daɪ] N (*familiar form*) *of* **Diana**

**di...** [daɪ] PREFIX di...

**diabetes** [ˌdaɪəˈbiːtiːz] NSING diabetes *f inv*

**diabetic** [ˌdaɪəˈbetɪk] Ⓐ ADJ [*patient*] diabético; [*chocolate*] para diabéticos
Ⓑ N diabético/a *m/f*

**diabolic** [ˌdaɪəˈbɒlɪk] ADJ 1 [*forces, powers*] diabólico
2 = **diabolical 1**

**diabolical** [ˌdaɪəˈbɒlɪkəl] ADJ 1 (= *devilish*) [*laughter, plan, plot*] diabólico
2 (*) (= *very bad*) horrendo; **it's a ~ liberty!** ¡es un descaro intolerable!

**diabolically** [ˌdaɪəˈbɒlɪkəlɪ] ADV 1 (= *devilishly*) [*behave, laugh*] diabólicamente; **~ difficult** endemoniadamente difícil; **it was ~ hot** hacía un calor de infierno
2 (*) (= *very badly*) [*play, sing etc*] pésimamente, fatal*

**diachronic** [ˌdaɪəˈkrɒnɪk] ADJ diacrónico

**diacritic** [ˌdaɪəˈkrɪtɪk] Ⓐ ADJ diacrítico
Ⓑ N signo *m* diacrítico

**diacritical** [ˌdaɪəˈkrɪtɪkəl] ADJ diacrítico

**diadem** [ˈdaɪədem] N diadema *f*

**diaeresis, dieresis** (*US*) [daɪˈerɪsɪs] N (*pl* **diaereses** [daɪˈerɪsiːz]) diéresis *f inv*

**diagnose** [ˈdaɪəgnəʊz] VT (*Med, fig*) diagnosticar; **she was ~d with cancer** le diagnosticaron (un) cáncer

**diagnosis** [ˌdaɪəgˈnəʊsɪs] N (*pl* **diagnoses** [ˌdaɪəgˈnəʊsiːz]) (= *opinion, conclusion*) diagnóstico *m* (*also Med*)

**diagnostic** [ˌdaɪəgˈnɒstɪk] ADJ diagnóstico

**diagnostics** [ˌdaɪəgˈnɒstɪks] NSING diagnóstica *f*, diagnosis *f*

**diagonal** [daɪˈægənl] Ⓐ ADJ diagonal
Ⓑ N diagonal *f*

**diagonally** [daɪˈægənəlɪ] ADV [*cut, fold*] diagonalmente, en diagonal; **to go ~ across** cruzar diagonalmente; **~ opposite** diagonalmente opuesto

**diagram** [ˈdaɪəgræm] N (= *plan*) esquema *m*; (= *chart*) gráfica *f*; (*Math*) diagrama *m*

**diagrammatic** [ˌdaɪəgrəˈmætɪk] ADJ esquemático

▼**dial** [ˈdaɪəl] Ⓐ N 1 [*of clock*] esfera *f*, carátula *f* (*Mex*); [*of instrument*] esfera *f*, cuadrante *m*; [*of radio*] dial *m*; (*Aut*) (*on dashboard*) cuadrante *m*; (= *tuner*) selector *m*; [*of telephone*] disco *m*
2 (*) (= *face*) jeta* *f*, cara *f*
Ⓑ VT (*Telec*) marcar, discar (*LAm*); **to ~ a wrong number** equivocarse de número (al marcar); **can I ~ Bombay direct?** ¿puedo llamar a Bombay directamente?, ¿hay discado directo a Bombay? (*LAm*); **to ~ 999** ◊ **~ 911** (*US*) llamar al teléfono de emergencia
Ⓒ VI (*Telec*) marcar, discar (*LAm*)
Ⓓ CPD ► **dial code** N (*US*) prefijo *m* ► **dial tone** N (*US*) señal *f* de marcar, tono *m* de marcar

**dial.** ABBR = **dialect**

**dialect** [ˈdaɪəlekt] Ⓐ N dialecto *m*
Ⓑ CPD ► **dialect atlas** N atlas *m inv* lingüístico ► **dialect survey** N estudio *m* dialectológico ► **dialect word** N dialectalismo *m*

**dialectal** [ˌdaɪəˈlektl] ADJ dialectal

**dialectic** [ˌdaɪəˈlektɪk] Ⓐ N dialéctica *f*
Ⓑ ADJ dialéctico

**dialectical** [ˌdaɪəˈlektɪkəl] Ⓐ ADJ dialéctico
Ⓑ CPD ► **dialectical materialism** N materialismo *m* dialéctico

**dialectics** [ˌdaɪəˈlektɪks] N dialéctica *f*

**dialectology** [ˌdaɪəlekˈtɒlədʒɪ] N dialectología *f*

**dialling, dialing** (*US*) [ˈdaɪəlɪŋ] Ⓐ N marcación *f*, discado *m* (*LAm*)
Ⓑ CPD ► **dialling code** N (*Brit*) prefijo *m* ► **dialling tone** N (*Brit*) señal *f* de marcar, tono *m* de marcar

**dialogue, dialog** (*US*) [ˈdaɪəlɒg] Ⓐ N diálogo *m*
Ⓑ VI dialogar

**dial-up service** [ˈdaɪəlˌʌpˈsɜːvɪs] N servicio *m* de enlace entre cuadrantes

**dialysis** [daɪˈælɪsɪs] N (*pl* **dialyses** [daɪˈælɪˌsiːz]) (*Med*) diálisis *f inv*

**diamanté** [diːəˈmɑːnteɪ] Ⓐ N strass *m*
Ⓑ CPD de strass

**diameter** [daɪˈæmɪtəʳ] N diámetro *m*; **it is one metre in ~** tiene un diámetro de un metro, tiene un metro de diámetro

**diametric** [ˌdaɪəˈmetrɪk] ADJ = **diametrical**

**diametrical** [ˌdaɪəˈmetrɪkəl] ADJ diametral

**diametrically** [ˌdaɪəˈmetrɪkəlɪ] ADV **~ opposed** diametralmente opuesto (**to** a)

**diamond** [ˈdaɪəmənd] Ⓐ N 1 (= *mineral*) diamante *m*; (= *jewel*) brillante *m*, diamante *m*; ✦***IDIOM*** **~ cut ~** tal para cual
2 (= *shape*) rombo *m*
3 (*Cards*) (= *standard pack*) diamante *m*; (*Spanish cards*) oro *m*; **diamonds** (= *suit*) diamantes *mpl*; (*in Spanish pack*) oros *mpl*; **the Queen of ~s** la dama *or* reina de diamantes
4 (*Baseball*) campo *m* de béisbol
Ⓑ CPD ► **diamond jubilee** N sexagésimo aniversario *m* ► **diamond merchant** N comerciante *mf* en diamantes ► **diamond mine** N mina *f* de diamantes ► **diamond necklace** N collar *m* de diamantes ► **diamond ring** N anillo *m* de diamantes, sortija *f* de diamantes ► **diamond wedding (anniversary)** N bodas *fpl* de diamante

**diamond-cutter** [ˈdaɪəmənd,kʌtəʳ] N diamantista *mf*

**diamond-shaped** [ˈdaɪəmənd,ʃeɪpt] ADJ de forma de rombo, en forma de rombo

**diamorphine** [ˌdaɪəˈmɔːfiːn] N diamorfina *f*

**Diana** [daɪˈænə] N Diana

**diapason** [ˌdaɪəˈpeɪzən] N diapasón *m*

**diaper** [ˈdaɪəpəʳ] (*US*) Ⓐ N pañal *m*
Ⓑ CPD ► **diaper pin** N imperdible *m*, seguro *m* (*LAm*)

**diaphanous** [daɪˈæfənəs] ADJ diáfano

**diaphragm** [ˈdaɪəfræm] N 1 (*Anat*) diafragma *m*
2 (= *contraceptive*) diafragma *m*

**diarist** [ˈdaɪərɪst] N diarista *mf*

**diarrhoea, diarrhea** (*US*) [ˌdaɪəˈriːə] N diarrea *f*; *see also* **verbal**

**diary** [ˈdaɪərɪ] N (= *journal*) diario *m*; (*for engagements*) agenda *f*; **I keep a ~** estoy escribiendo un diario; *see* **desk B**

**diaspora** [daɪˈæspərə] N diáspora *f*

**diastole** [daɪˈæstəlɪ] N diástole *f*

**diastolic** [ˌdaɪəˈstɒlɪk] ADJ **~ pressure** presión *f* diastólica

**diatonic** [ˌdaɪəˈtɒnɪk] Ⓐ ADJ diatónico
Ⓑ CPD ► **diatonic scale** N escala *f* diatónica

**diatribe** [ˈdaɪətraɪb] N diatriba *f* (**against** contra)

**dibber** [ˈdɪbəʳ] N (*Brit*) plantador *m*

**dibble** [ˈdɪbl] Ⓐ N plantador *m*
Ⓑ VT (*also* **to ~ in**) plantar con plantador

**dibs** [dɪbz] N 1 (*Brit*†*) (= *money*) parné* *m*; (= *game of jacks*) taba(s) *f(pl)*
2 (*US**) **~ on the cookies!** ¡las galletas pa' mí!; **I want ~ on this one if we get him alive** si sigue vivo cuando lo cojamos pido ser el primero en darle una buena paliza

**dice** [daɪs] Ⓐ N dado *m*; (*as pl*) dados *mpl*; (= *shapes*) cubitos *mpl*; **no ~!** (*US**) ¡ni hablar!, ¡nada de eso!; *see also* **load B3**
Ⓑ VT [+ *vegetables*] cortar en cubitos; **~d vegetables** menestra *f* de verduras
Ⓒ VI jugar a los dados; **to ~ with death** jugar con la muerte

**dicey*** [ˈdaɪsɪ] ADJ (*compar* **dicier**; *superl* **diciest**) (*Brit*) (= *uncertain*) incierto, dudoso; (= *hazardous*) peligroso, arriesgado

**dichotomy** [dɪˈkɒtəmɪ] N dicotomía *f*

**Dick** [dɪk] N (*familiar form*) *of* **Richard**

**dick** [dɪk] N 1 (*US**) sabueso *mf*
2 (**) polla *f* (*Sp***), verga** *f*

➤ LANGUAGE IN USE: **dial B** 27

**dickens** ['dɪkɪnz] (*euph*) = **devil A 3**

**Dickensian** [dɪ'kenzɪən] ADJ dickensiano

**dicker** ['dɪkəʳ] VI [1] vacilar, titubear
[2] (*US Comm*) regatear, cambalachear

**dickey*** ['dɪkɪ] Ⓐ N [1] (= *shirt front*) pechera *f* postiza
[2] (*Brit*) (*also* **~ bow**) pajarita *f* (*Sp*), corbata *f* de moño (*LAm*)
[3] (*Brit*) (*also* **~ seat**) spider *m*
Ⓑ CPD ► **dickey bird** N (*baby talk*) pajarito *m*; ✦**IDIOM I won't say a ~ bird*** no diré ni pío*

**dickhead**** ['dɪkhed] N imbécil* *mf*, gilipollas** *mf inv*

**dicky*** ['dɪkɪ] ADJ (*compar* **dickier**; *superl* **dickiest**) [1] = **dickey**
[2] **to have a ~ heart** (*Brit*) tener el corazón fastidiado

**dicta** ['dɪktə] NPL *of* **dictum**

**Dictaphone**® ['dɪktəfəʊn] N dictáfono® *m*

**dictate** Ⓐ [dɪk'teɪt] VT [1] (*to secretary*) [+ *letter*] dictar
[2] (= *order*) mandar; [+ *terms, conditions*] imponer; **he decided to act as circumstances ~d** decidió actuar según (mandasen) las circunstancias
Ⓑ [dɪk'teɪt] VI dictar; **to ~ to one's secretary** dictar a su secretaria
Ⓒ ['dɪkteɪt] N mandato *m*; **dictates** dictados *mpl*; **the ~s of conscience/reason** los dictados de la conciencia/razón
►**dictate to** VI + PREP [+ *person*] dar órdenes a; **I won't be ~d to** a mi nadie me da órdenes

**dictation** [dɪk'teɪʃən] N (*to secretary, schoolchild etc*) dictado *m*; **to take (a) ~** escribir al dictado; **at ~ speed** a velocidad de dictado

**dictator** [dɪk'teɪtəʳ] N dictador(a) *m/f*

**dictatorial** [,dɪktə'tɔːrɪəl] ADJ [*manner etc*] dictatorial

**dictatorially** [dɪktə'tɔːrɪəlɪ] ADV dictatorialmente

**dictatorship** [dɪk'teɪtəʃɪp] N dictadura *f*

**diction** ['dɪkʃən] N (= *pronunciation*) dicción *f*; (*Literat*) lengua *f*, lenguaje *m*

**dictionary** ['dɪkʃənrɪ] N diccionario *m*

**dictum** ['dɪktəm] N (*pl* **dictums** *or* **dicta** ['dɪktə]) sentencia *f*, aforismo *m*; (*Jur*) dictamen *m*

**did** [dɪd] PT *of* **do**

**didactic** [daɪ'dæktɪk] ADJ (= *educational*) didáctico; (= *moralistic*) [*tone*] moralizador

**didactically** [dɪ'dæktɪkəlɪ] ADV didácticamente

**diddle*** ['dɪdl] VT estafar, timar; **to ~ sb out of sth** estafar algo a algn

**didn't** ['dɪdənt] = **did not**

**Dido** [daɪdəʊ] N Dido

**die¹** [daɪ] (*pres part* **dying**) VI [1] [*person, animal, plant*] morir (**of, from** de); **her father was dying** su padre se moría *or* se estaba muriendo *or* estaba moribundo; **to ~ a natural death** morir de muerte natural; **to ~ a violent death** tener una muerte violenta; **he ~d a hero** murió convertido en un héroe; **to ~ for one's country** morir por la patria; **the secret ~d with her** se llevó el secreto a la tumba; **I nearly ~d!*** (*laughing*) ¡me moría de la risa!; (*with embarrassment*) ¡me moría de vergüenza!; (*with fear*) ¡casi me muero del susto!; ✦**IDIOMS to ~ like flies** morir como chinches, caer como moscas; **a dress/house to ~ for*** un vestido/una casa para caerse de espaldas*, un vestido/una casa de ensueño; ✦**PROVS never say ~*** no hay que darse por vencido; **old habits ~ hard** genio y figura hasta la sepultura
[2] (*fig*) [*friendship, interest*] morir, desaparecer; [*light*] extinguirse; [*engine*] pararse, apagarse; **the day was dying fast** (*liter*) la luz del día iba apagándose rápidamente
[3] **to be dying to do sth** morirse de ganas de hacer algo; **I'm dying for a cigarette** me muero de ganas de fumar un cigarrillo
►**die away** VI + ADV [*voice, sound*] irse apagando
►**die back** VI + ADV (*Bot*) secarse
►**die down** VI + ADV [*fire*] apagarse; [*wind, storm*] remitir, amainar; [*battle*] hacerse menos violento; [*shelling*] disminuir; [*discontent, excitement, protests*] calmarse, apaciguarse
►**die off** VI + ADV [*plants, animals*] morirse, desaparecer
►**die out** VI + ADV [*custom*] desaparecer, caer en desuso; [*family, race, species*] extinguirse; [*fire*] apagarse, extinguirse; [*showers*] desaparecer

**die²** [daɪ] N [1] (*pl* **dice** [daɪs]) dado *m*; ✦**IDIOM the ~ is cast** la suerte está echada
[2] (*pl* **dies**) (= *stamp*) troquel *m*, cuño *m*; (= *mould*) matriz *f*, molde *m*; *see also* **straight A3**

**die-casting** ['daɪ'kɑːstɪŋ] N fundición *f* a troquel

**diectic** [daɪ'ektɪk] N diéctico *m*

**diehard** ['daɪhɑːd] Ⓐ ADJ acérrimo
Ⓑ N intransigente *mf*

**dieldrin** ['diːldrɪn] N dieldrina *f*

**dielectric** [,daɪə'lektrɪk] Ⓐ ADJ dieléctrico
Ⓑ N dieléctrico *m*

**dieresis** [daɪ'erɪsɪs] N (*pl* **diereses** [daɪ'erɪsiːz]) (*US*) = **diaeresis**

**diesel** ['diːzəl] Ⓐ N [1] (= *car, train*) vehículo *m* diesel
[2] (= *fuel*) gasóleo *m*, gasoil *m*
Ⓑ CPD ► **diesel engine** N motor *m* diesel ► **diesel fuel**, **diesel oil** N gasóleo *m*, gasoil *m* ► **diesel train** N tren *m* diesel

**diesel-electric** ['diːzəlɪ'lektrɪk] ADJ dieseleléctrico

**die-sinker** ['daɪ,sɪŋkəʳ] N grabador *m* de troqueles

**die-stamp** ['daɪ,stæmp] VT grabar

**diet¹** ['daɪət] Ⓐ N [1] (= *customary food*) dieta *f*, alimentación *f*
[2] (= *slimming diet*) régimen *m*, dieta *f*; **to be/go on a ~** estar/ponerse a régimen *or* dieta; **to put sb on a ~** poner a algn a régimen *or* dieta
Ⓑ VI estar a régimen
Ⓒ CPD [*soft drink*] light *inv*

**diet²** ['daɪət] N (*Pol*) dieta *f*

**dietary** ['daɪətərɪ] Ⓐ ADJ [*supplement*] dietético; [*needs, habits*] alimenticio
Ⓑ CPD ► **dietary fibre** N fibra *f* dietética

**dieter** ['daɪətəʳ] N persona *f* que está a régimen *or* dieta

**dietetic** [,daɪɪ'tetɪk] ADJ [*research*] dietético; (*US*) [*meal, food, drink*] de régimen

**dietetics** [,daɪə'tetɪks] N dietética *f*

**dietician** [,daɪɪ'tɪʃən] N médico/a *m/f* especialista en dietética, dietista *mf*

**differ** ['dɪfəʳ] VI [1] (= *be unlike*) ser distinto, diferenciarse, diferir (*frm*) (**from** de)
[2] (= *disagree*) [*people*] no estar de acuerdo, discrepar; [*texts, versions*] discrepar; **to ~ with sb (on** *or* **over** *or* **about sth)** no estar de acuerdo con algn (en algo), discrepar de algn (en algo); **I beg to ~** siento tener que disentir *or* discrepar, lamento estar en desacuerdo *or* no estar de acuerdo; *see also* **agree B2**

▼**difference** ['dɪfrəns] N [1] (= *dissimilarity*) diferencia *f* (**between** entre); **I see no ~ between them** no veo diferencia alguna entre ellos; **a car with a ~** un coche diferente *or* especial; **that makes all the ~** eso cambia totalmente la cosa; **it makes no ~** da igual, da lo mismo; **it makes no ~ to me** me da igual *or* lo mismo; **it will make no ~ to us** nos dará igual *or* lo mismo, no nos afectará en lo más mínimo; **what ~ does it make?** ¿qué más da?; **it makes a lot of ~** importa mucho; *see also* **split C2**
[2] (*between numbers, amounts*) diferencia *f*; **I'll pay the ~** yo pagaré la diferencia
[3] (= *change*) **the ~ in her is amazing!** ¡cuánto ha cambiado!
[4] (*euph*) (= *quarrel*) riña *f*; **a ~ of opinion** un desacuerdo; *see also* **put aside**, **settle**

▼**different** ['dɪfrənt] ADJ [1] (= *not alike*) diferente, distinto; **the two brothers couldn't be more ~ from each other** los dos hermanos no podían ser más diferentes *or* distintos el uno del otro; **that's ~ to** *or* **from what I was told** eso es diferente de *or* a lo que me contaron, eso es distinto de *or* a lo que me contaron; **that's quite a ~ matter** eso es harina de otro costal; *see also* **chalk**
[2] (= *changed*) **I feel a ~ person** me siento otro
[3] (= *various*) varios, distintos; **~ people noticed it** varias *or* distintas personas lo vieron
[4] (*iro*) (= *distinctive*) distinto, original; **"what do you think of my new hairstyle?" — "well ... it's certainly ~"** —¿qué te parece mi nuevo peinado? —pues ... desde luego es algo distinto *or* original

**differential** [,dɪfə'renʃəl] Ⓐ ADJ [*rate*] diferencial
Ⓑ N [1] (*esp Brit Econ*) diferencial *m*; *see also* **wage**
[2] (*Math*) diferencial *f*
Ⓒ CPD ► **differential calculus** N cálculo *m* diferencial ► **differential equation** N ecuación *f* diferencial

**differentiate** [,dɪfə'renʃɪeɪt] Ⓐ VT [1] (*gen*) diferenciar, distinguir (**from** de); **to ~ A from B** (= *tell the difference*) distinguir A de B; (= *make the difference*) diferenciar A de B
[2] (*Math*) diferenciar
Ⓑ VI [1] (*gen*) distinguir (**between** entre)
[2] (*Bio*) diferenciarse

**differentiation** [,dɪfərenʃɪ'eɪʃən] N diferenciación *f*

**differently** ['dɪfrəntlɪ] ADV de modo distinto; **she wanted to do things ~** quería hacer las cosas de otro modo *or* de modo distinto

**difficult** ['dɪfɪkəlt] ADJ [1] (= *hard*) [*task, book, question*] difícil; [*writer*] complicado, complejo; **there's nothing ~ about it** no es nada difícil; **it is ~ to describe the feeling** es difícil describir la sensación; **these dogs are ~ to control** estos perros son difíciles de controlar; **many youngsters find it ~ to get work** a muchos jóvenes les resulta difícil encontrar trabajo; **it was ~ for him to leave her** le resultó difícil dejarla; **she is determined to make life ~ for him** está decidida a hacerle la vida imposible; **to put sb in a ~ position** poner a algn en una posición comprometida; **she is determined to make things ~ for him** está decidida a hacerle la vida imposible; **this is a ~ time for us** son tiempos difíciles para nosotros; → EASY, DIFFICULT, IMPOSSIBLE
[2] (= *awkward*) [*person, child, character*] difícil; **why are you always trying to be ~?** ¿por qué siempre estás intentando crear problemas?

**difficulty** ['dɪfɪkəltɪ] N [1] (= *hardness*) dificultad *f*; **to have ~ (in) doing sth** tener dificultades para hacer algo, resultarle difícil a algn

➤ LANGUAGE IN USE: difference 1 5.3, 26.3 different 1 5.3

hacer algo; **he has ~ (in) walking** tiene dificultades para andar, le resulta difícil andar; **I had no ~ finding the house** no tuve problemas para encontrar la casa, no me resultó difícil encontrar la casa; **with ~** con dificultad; **with great ~** con gran dificultad; **with the greatest ~** a duras penas

[2] (= *problem*) problema *m*, dificultad *f*; **to get into ~** *or* **difficulties** [*person*] (*gen*) meterse en problemas *or* apuros; (*while swimming*) empezar a tener problemas; [*ship*] empezar a peligrar; **to have difficulties with sth** tener problemas con algo; **to be in difficulties** *or* **~** estar teniendo problemas; **they are in financial difficulties** tienen problemas económicos, están pasando dificultades económicas; **to make difficulties for sb** crear problemas a algn; *see also* **learning, run into**

**diffidence** ['dɪfɪdəns] N inseguridad *f*, falta *f* de confianza en sí mismo

**diffident** ['dɪfɪdənt] ADJ inseguro, cohibido

**diffidently** ['dɪfɪdəntlɪ] ADV tímidamente, de forma insegura

**diffract** [dɪ'frækt] Ⓐ VT difractar
Ⓑ VI difractarse

**diffraction** [dɪ'frækʃən] N difracción *f*

**diffuse** Ⓐ [dɪ'fjuːs] ADJ (= *spread out*) [*light*] difuso; (= *long-winded*) [*style, writer*] difuso, prolijo
Ⓑ [dɪ'fjuːz] VT [+ *light*] difundir; [+ *heat*] difundir, esparcir; [+ *information, ideas*] difundir
Ⓒ [dɪ'fjuːz] VI [*heat, gas*] difundirse, esparcirse

**diffused** [dɪ'fjuːzd] ADJ difuso

**diffuseness** [dɪ'fjuːsnɪs] N [*of style, writer*] prolijidad *f*

**diffusion** [dɪ'fjuːʒən] N [*of light, heat, information, ideas*] difusión *f*

**dig** [dɪg] (*vb: pt, pp* **dug**) Ⓐ N [1] (*Archeol*) excavación *f*
[2] (= *prod*) (*gen*) empujón *m*; (*with elbow*) codazo *m*
[3] (*) (= *taunt*) indirecta *f*, pulla *f*; **to have a ~ at sb** lanzar una indirecta *or* una pulla a algn
Ⓑ VT [1] [+ *hole*] [*person*] cavar, excavar; [*machine*] excavar; [*animal*] cavar, escarbar; ✦*IDIOM* **to ~ one's own grave** cavar su propia tumba
[2] (= *break up*) [+ *ground*] remover
[3] (= *cultivate*) [+ *garden*] cultivar, cavar en
[4] (= *add*) [+ *fertilizer, compost*] meter (**into** en), añadir (**into** a)
[5] (= *extract*) [+ *coal*] extraer, sacar
[6] (= *thrust*) **to ~ sth into sth** clavar algo en algo, hundir algo en algo
[7] (= *prod*) empujar; (*with elbow*) dar un codazo a; **to ~ sb in the ribs** dar a algn un codazo en las costillas
[8] (*esp US*†*) (= *enjoy*) **I don't ~ jazz** no me gusta el jazz, el jazz no me dice nada; **I really ~ that** eso me chifla*; **~ this!** ¡mira esto!
Ⓒ VI [1] [*person*] (*gen*) cavar; (*Archeol, Tech*) excavar; [*dog, pig*] escarbar; **to ~ for gold** excavar en busca de oro
[2] (= *search*) ahondar; **to ~ deeper into a subject** ahondar *or* profundizar en un tema; **he dug into his pockets for a coin** hurgó en los bolsillos para buscar una moneda; ✦*IDIOM* **to ~ deep into one's pocket** rascarse el bolsillo

►**dig in** Ⓐ VI + ADV [1] (*) (= *eat*) meter mano a la comida; **~ in!** ¡a comer!
[2] (*also* **~ o.s. in**) (*Mil*) atrincherarse; (*fig*) (*in negotiations, argument*) atrincherarse en su postura
Ⓑ VT + ADV [1] (= *add*) [+ *fertilizer, compost*] añadir al suelo
[2] (= *thrust*) [+ *nails, claws, knife*] clavar, hundir; ✦*IDIOM* **to ~ in one's heels** mantenerse en sus trece, empecinarse
[3] (*Mil*) **his troops are now well dug in** sus tropas se hallan ahora bien atrincheradas

►**dig into** VI + PREP [1] (= *use up*) [*reserves*] consumir, usar; **I had to ~ into my savings to pay for it** tuve que recurrir a *or* echar mano de mis ahorros para pagarlo
[2] (= *investigate*) [+ *sb's past*] remover, hurgar en
[3] (*) (= *start*) [+ *food*] hincar el diente a, atacar; **to ~ into a meal** hincar el diente a una comida

►**dig out** VT + ADV [1] [+ *buried object*] (*gen*) desenterrar, sacar; (*from rubble*) sacar (de entre los escombros)
[2] (= *extract*) [+ *thorn in flesh*] extraer, quitar
[3] (= *search out*) buscar

►**dig over** VT + ADV [+ *earth*] remover; [+ *garden*] remover la tierra de

►**dig up** VT + ADV [1] [+ *potatoes*] sacar; [+ *weeds*] arrancar; [+ *plant*] desarraigar; [+ *flowerbed*] cavar en, remover la tierra de; [+ *roadway*] levantar; [+ *grave*] abrir; [+ *treasure, body, artifacts*] desenterrar
[2] [+ *information*] desenterrar, sacar a la luz; *see also* **dirt, past**

**digest** Ⓐ [daɪ'dʒest] VT [1] [+ *food*] digerir; **easy to ~** fácil de digerir
[2] (= *assimilate*) [+ *information, news*] asimilar, digerir
[3] (= *summarize*) resumir
Ⓑ [daɪ'dʒest] VI digerir
Ⓒ ['daɪdʒest] N [1] (= *summary*) resumen *m*
[2] (= *journal*) boletín *m*
[3] (*Jur*) digesto *m*, recopilación *f* de leyes

**digestible** [dɪ'dʒestəbl] ADJ [1] [*food*] digerible; **easily ~** fácil de digerir
[2] (= *understandable*) [*information*] asimilable, fácil de digerir; **he presents the information in an easily ~ form** presenta la información de un modo fácil de digerir *or* fácilmente asimilable

**digestion** [dɪ'dʒestʃən] N digestión *f*

**digestive** [dɪ'dʒestɪv] Ⓐ ADJ digestivo
Ⓑ N (*also* **~ biscuit**) galleta *f* dulce integral, bizcocho *m* (*LAm*)
Ⓒ CPD ► **digestive juices** NPL jugos *mpl* digestivos, jugos *mpl* gástricos ► **digestive system** N aparato *m* digestivo ► **digestive tract** N tubo *m* digestivo

**digger** ['dɪgəʳ] N [1] (= *machine*) excavadora *f*; (= *person*) (*Archeol*) excavador(a) *m/f*
[2] (*) (= *Australian*) australiano/a *m/f*; *see also* **ditch**

**digging** ['dɪgɪŋ] N [1] (*with spade, of hole*) **Helen always did the ~** Helen era la que siempre cavaba
[2] (*Min*) excavación *f*
[3] **diggings** (*Min, Archeol*) excavaciones *fpl*

**digit** ['dɪdʒɪt] N [1] (*Math*) dígito *m*, cifra *f*
[2] (= *finger, toe*) dedo *m*

**digital** ['dɪdʒɪtəl] Ⓐ ADJ [*watch, display, recording*] digital
Ⓑ CPD ► **digital television** N televisión *f* digital

**digitalis** [ˌdɪdʒɪ'teɪlɪs] N digital *f*

**digitally** ['dɪdʒɪtlɪ] ADV [*scan, record, store*] digitalmente; **~ remastered** [*sound recording*] reprocesado digitalmente

**digitize** ['dɪdʒɪtaɪz] VT digitalizar

**digitizer** ['dɪdʒɪtaɪzəʳ] N digitalizador *m*

**diglossia** [daɪ'glɒsɪə] N diglosia *f*

**dignified** ['dɪgnɪfaɪd] ADJ [*person*] de aspecto solemne, de aspecto digno; [*manner, air*] solemne, digno; [*bearing*] solemne, majestuoso; [*silence*] decoroso; **it's not ~ to do that** no es elegante hacer eso

**dignify** ['dɪgnɪfaɪ] VT [1] (= *exalt*) dignificar
[2] (= *lend credence to*) (*gen*) honrar, otorgar reconocimiento a; (*with title*) dar un título altisonante a; **I see no point in ~ing this speculation with a comment** me parece que estas especulaciones no son siquiera dignas de comentario

**dignitary** ['dɪgnɪtərɪ] N dignatario/a *m/f*

**dignity** ['dɪgnɪtɪ] N [1] (= *self-esteem*) dignidad *f*; **that would be beneath my ~** no me rebajaría a eso; ✦*IDIOM* **to stand on one's ~** ponerse en su lugar
[2] (= *solemnity*) [*of occasion*] solemnidad *f*
[3] (= *respectability*) [*of work, labour*] dignidad *f*, honorabilidad *f*

**digress** [daɪ'gres] VI hacer una digresión; (*pej*) divagar; **to ~ from the subject** apartarse del tema; **but I ~** (*often hum*) pero me estoy apartando del tema

**digression** [daɪ'greʃən] N digresión *f*

**digressive** [daɪ'gresɪv] ADJ que se aparta del tema principal

**digs*** [dɪgz] NPL (*Brit*) alojamiento *msing*; **to be in ~** estar alojado, vivir en una pensión, estar de patrona*†

**dike** [daɪk] N = **dyke**

**diktat** [dɪk'tɑːt] N dictado *m*, imposición *f*

**dilapidated** [dɪ'læpɪdeɪtɪd] ADJ [*building*] desmoronado, ruinoso; [*vehicle*] desvencijado

**dilapidation** [dɪˌlæpɪ'deɪʃən] N [*of building*] estado *m* ruinoso

**dilate** [daɪ'leɪt] Ⓐ VI [1] [*veins, pupils, cervix*] dilatarse
[2] (*frm*) (= *expatiate*) **to ~ (up)on sth** explayarse sobre algo
Ⓑ VT dilatar; **her pupils were ~d** tenía las pupilas dilatadas

**dilation** [daɪ'leɪʃən] N dilatación *f*; **~ and curettage** (*Med*) raspado *m*, legrado *m*

**dilatoriness** ['dɪlətərɪnɪs] N (*frm*) tardanza *f*, demora *f*

**dilatory** ['dɪlətərɪ] ADJ (*frm*) [*person*] lento, tardo; [*tactics*] dilatorio; **to be ~ in replying** tardar mucho en contestar

**dildo** ['dɪldəʊ] N consolador *m*

**dilemma** [daɪ'lemə] N dilema *m*; **to be in a ~** estar en *or* tener un dilema; *see also* **horn**

**dilettante** [ˌdɪlɪ'tæntɪ] N (*pl* **dilettantes** *or* **dilettanti** [ˌdɪlɪ'tæntɪ]) diletante *mf*

**dilettantism** [ˌdɪlə'tæntɪzəm] N diletantismo *m*

**diligence** ['dɪlɪdʒəns] N diligencia *f*

**diligent** ['dɪlɪdʒənt] ADJ [*person*] diligente; [*work, search*] concienzudo

**diligently** ['dɪlɪdʒəntlɪ] ADV diligentemente

**dill** [dɪl] Ⓐ N eneldo *m*
Ⓑ CPD ► **dill pickle** N (*US*) pepinillos *mpl* en vinagre al eneldo

**dilly*** ['dɪlɪ] N (*US*) **she's a ~** (= *girl*) está muy bien*; **it's a ~** (= *problem*) es un rompecabezas

**dilly-dally*** ['dɪlɪdælɪ] VI [1] (= *loiter*) entretenerse, demorarse
[2] (= *hesitate*) andarse con titubeos

**dilly-dallying** ['dɪlɪdælɪɪŋ] N [1] (= *loitering*) pérdida *f* de tiempo
[2] (= *hesitation*) vacilación *f*, titubeo *m*

**dilute** [daɪ'luːt] Ⓐ VT [1] [+ *fruit juice, flavour*] diluir; **"~ to taste"** (*in instructions*) "diluya a su gusto"
[2] (*fig*) [+ *power*] debilitar; [+ *effect*] reducir
Ⓑ ADJ diluido

**dilution** [daɪ'luːʃən] N [1] [*of substance, flavour*] disolución *f*, dilución *f* (*frm*)
[2] (*fig*) [*of power*] debilitamiento *m*; [*of effectiveness*] reducción *f*

**dim** [dɪm] Ⓐ ADJ (*compar* **dimmer**; *superl* **dimmest**) [1] (= *not bright*) [*light*] débil, tenue; [*room*] oscuro, poco iluminado; **she read the letter by the ~ light of a torch** leyó la carta con la ayuda de la débil *or* tenue luz de una linterna; **even in the ~ light the furniture looked dirty** incluso con la poca luz que había los muebles parecían sucios; **her eyes were ~ with tears** sus ojos estaban nublados por las lágrimas; **to grow ~** [*light*] atenuarse, ir atenuándose; [*room*] oscurecer, ir oscureciendo; **his eyes had grown ~ with age** (*liter*) su vista se había ido debilitando con la edad
[2] (= *indistinct*) [*figure, shape, outline*] borroso; [*memory*] borroso, vago; **in the ~ and distant past** en un pasado muy remoto
[3] (= *gloomy*) [*prospects*] poco prometedor; **to take a ~ view of sth*** ver algo con malos ojos
[4] (*) (= *unintelligent*) corto, lerdo*; **he's a bit ~** es un poco corto, no tiene muchas luces
Ⓑ VT [1] (= *make less bright*) [+ *light*] bajar, atenuar; [+ *room*] oscurecer; [+ *colours*] apagar; [+ *metals*] deslucir, deslustrar; [+ *eyesight*] debilitar; **to ~ the lights** (*in room, theatre*) bajar *or* atenuar la luz; **to ~ one's (head)lights** poner las luces cortas *or* de cruce, poner las luces bajas (*LAm*); **she looked at him through eyes ~med by tears** lo miró con los ojos nublados por las lágrimas
[2] (= *dampen, diminish*) [+ *hopes*] hacer perder, empañar (*liter*); [+ *senses*] debilitar; **the passing years had not ~med her beauty** el paso de los años no había marchitado su belleza; **to ~ sb's spirits** desanimar a algn, desalentar a algn
[3] (= *fade*) [+ *outline, memory*] borrar
Ⓒ VI [1] (= *become less bright*) [*light*] atenuarse, ir atenuándose; [*metal*] deslucirse, ir desluciéndose; [*colour*] apagarse, ir apagándose; [*eyesight*] debilitarse, ir debilitándose
[2] (= *diminish*) [*hopes*] ir perdiéndose, ir empañándose (*liter*); [*beauty*] marchitarse, ir marchitándose
[3] (= *fade*) [*outline, memory*] hacerse borroso

**dime** [daɪm] (*US*) Ⓐ N (*Canada, US*) *moneda de diez centavos*; **they're a ~ a dozen** son muy baratos; (*fig*) los hay a montones*
Ⓑ CPD ► **dime novel** N novelucha *f* ► **dime store** N ≈ todo a cien *m* (*Sp*) (*tienda que vende mercadería barata*)

**dimension** [dɪ'menʃən] N [1] (*Phys, Math*) dimensión *f*
[2] **dimensions** (= *size, scope*) dimensiones *fpl*; **they did not realize the ~s of the problem** no se daban cuenta de las dimensiones *or* de la envergadura *or* del alcance del problema
[3] (= *aspect*) dimensión *f*; **the human ~ of the tragedy** la dimensión humana de la tragedia

**-dimensional** [daɪ'menʃənl] ADJ (*ending in compounds*) *see* **three-dimensional**, **two-dimensional**

**diminish** [dɪ'mɪnɪʃ] Ⓐ VT (*gen*) disminuir; [+ *numbers, speed, strength*] disminuir, reducir
Ⓑ VI (*gen*) disminuir

**diminished** [dɪ'mɪnɪʃt] Ⓐ ADJ [*value*] reducido; [*ability*] limitado; (*Mus*) [*interval*] disminuido; **a ~ staff** una plantilla reducida
Ⓑ CPD ► **diminished responsibility** N (*Jur*) responsabilidad *f* disminuida

**diminishing** [dɪ'mɪnɪʃɪŋ] ADJ [*number*] decreciente, cada vez menor; [*value, resources, funds*] cada vez menor, cada vez más reducido; [*strength*] cada vez menor; **the law of ~ returns** la ley de rendimiento decreciente

**diminuendo** [dɪˌmɪnjʊ'endəʊ] Ⓐ N (*Mus*) diminuendo *m*
Ⓑ VI hacer un diminuendo

**diminution** [ˌdɪmɪ'njuːʃən] N (*frm*) disminución *f*

**diminutive** [dɪ'mɪnjʊtɪv] Ⓐ ADJ [1] (= *very small*) diminuto
[2] (*Ling*) diminutivo
Ⓑ N (*Ling*) diminutivo *m*

**dimly** ['dɪmlɪ] ADV [1] [*shine, glow*] débilmente, tenuemente; **~ lit** poco iluminado, iluminado con una luz tenue
[2] (= *vaguely*) [*remember, recollect*] vagamente; **I ~ remember ...** recuerdo vagamente ...; **I was ~ aware that ...** era vagamente consciente de que ...; **you could ~ make out the shape** apenas se entreveía la forma

**dimmer** ['dɪmə^r] Ⓐ N [1] (*on light switch*) regulador *m* de intensidad de luz
[2] (*US Aut*) interruptor *m* de las luces cortas *or* de cruce, interruptor *m* de las luces bajas (*LAm*)
Ⓑ CPD ► **dimmer switch** N regulador *m* de intensidad de luz

**dimming** ['dɪmɪŋ] N [*of light*] oscurecimiento *m*; [*of reputation*] empañamiento *m*

**dimness** ['dɪmnɪs] N [1] [*of light*] lo tenue; [*of room*] penumbra *f*, la poca luz; [*of eyesight*] debilidad *f*
[2] [*of figure, shape, outline*] lo borroso; [*of memory*] vaguedad *f*
[3] [*of prospects*] lo poco prometedor
[4] (*) (= *stupidity*) cortedad *f*, torpeza *f*

**dimple** ['dɪmpl] Ⓐ N [1] (*in chin, cheek*) hoyuelo *m*
[2] (= *small depression*) hoyito *m*
Ⓑ VT [+ *hand, arm, thigh*] hacer hoyitos en; [+ *water*] rizar
Ⓒ VI [*water*] rizarse; **her cheeks ~d, she had a lovely smile** le salían hoyuelos en las mejillas, tenía una sonrisa preciosa

**dimpled** ['dɪmpld] ADJ [*cheek, chin*] con hoyuelo; [*hand, arm, thigh*] con hoyitos

**dimwit*** ['dɪmwɪt] N lerdo/a* *m/f*

**dim-witted*** ['dɪm'wɪtɪd] ADJ lerdo*, corto de alcances

**DIN** [dɪn] N ABBR = **Deutsche Industrie Normen**

**din** [dɪn] Ⓐ N [*of traffic, roadworks*] estruendo *m*, estrépito *m*; [*of voices, music*] alboroto *m*, bulla* *f*
Ⓑ VT **to ~ sth into sb** inculcar algo a algn; **I had it ~ned into me as a child** me lo inculcaron desde niño
Ⓒ VI **his words still ~ned in my head** el eco de sus palabras aún resonaba en mi cabeza

**dinar** ['diːnɑː] N dinar *m*

**din-dins*** ['dɪndɪns] NPL (*baby talk*) (= *mid-day meal*) comidita *f*; (= *evening meal*) cenita *f*

**dine** [daɪn] Ⓐ VI (*frm*) cenar; **to ~ on** *or* **off sth** cenar algo
Ⓑ VT *see* **wine**

►**dine in** VI + ADV cenar en casa

►**dine out** VI + ADV cenar fuera; **this was a story he could ~ out for months on** (*fig*) a esta historia le podía sacar muchísimo partido

**diner** ['daɪnə^r] N [1] (= *person*) comensal *mf*
[2] (*Rail*) coche *m* comedor, vagón *m* restaurante, buffet *m* (*Peru*)
[3] (*US*) (= *eating place*) casa *f* de comidas, lonchería *f* (*LAm*); (= *transport café*) cafetería *f* de carretera

**dinero*** [dɪ'nɛərəʊ] N (*US*) guita* *f*, pasta *f* (*Sp**), plata *f* (*LAm**), lana *f* (*LAm**)

**dinette** [dɪ'net] Ⓐ N pequeño comedorcito *m*; **kitchen-~** cocina-comedor *f*
Ⓑ CPD ► **dinette set** N (*US*) vajilla *f* de diario

**ding-a-ling** [ˌdɪŋə'lɪŋ] N [1] [*of bell, telephone*] tilín *m*
[2] (*US‡*) bobo/a* *m/f*

**dingbat‡** ['dɪŋbæt] N gilipollas‡ *m*

**ding-dong*** ['dɪŋ'dɒŋ] Ⓐ N [1] (= *sound*) **~!** ¡din dan!, ¡din don!
[2] (= *argument*) agarrada* *f*, bronca *f*
Ⓑ ADJ **a ~ battle** una batalla campal

**dinghy** ['dɪŋgɪ] N (= *rubber dinghy*) lancha *f* neumática; (= *sailing dinghy*) bote *m*

**dinginess** ['dɪndʒɪnɪs] N (= *shabbiness*) [*of furniture, decor*] lo deslucido, falta *f* de lustre; (= *gloominess*) [*of town, house, room*] lo sombrío, lobreguez *f*; (= *dirtiness*) suciedad *f*

**dingo** ['dɪŋgəʊ] N (*pl* **dingoes**) dingo *m*

**dingy** ['dɪndʒɪ] ADJ (*compar* **dingier**; *superl* **dingiest**) (= *shabby*) [*furniture, decor*] deslustrado, deslucido; (= *gloomy*) [*town, house, room*] sombrío, lóbrego; (= *dirty*) sucio

**dining** ['daɪnɪŋ] CPD ► **dining car** N coche *m* comedor, vagón *m* restaurante ► **dining hall** N comedor *m*, refectorio *m* ► **dining room** N comedor *m* ► **dining table** N mesa *f* de comedor

**dink‡** [dɪŋk] N (*US*) tontorrón(ona)‡ *m/f*

**dinkie*** ['dɪŋkɪ] N ABBR (= **double** *or* **dual income no kids**) *pareja sin hijos con dos sueldos*

**dinky*** ['dɪŋkɪ] ADJ (*Brit*) (*compar* **dinky**; *superl* **dinkiest**) (= *small*) pequeñito; (= *nice*) mono, precioso

**dinner** ['dɪnə^r] Ⓐ N (= *evening meal*) cena *f*; (= *lunch*) almuerzo *m*, comida *f*, lonche *m* (*Mex*); (= *banquet*) cena *f* de gala; **to have ~** (*in the evening*) cenar; (*at midday*) almorzar, comer; **can you come to ~?** ¿puedes venir a cenar?; **we're having people to ~** tenemos invitados para *or* a cenar; **to go out to ~** salir a cenar (fuera); **we sat down to ~ at 10.30** nos sentamos a cenar a las 10.30
Ⓑ CPD ► **dinner bell** N campana *f* de la cena ► **dinner dance** N cena *f* seguida de baile ► **dinner duty** N (*Scol*) supervisión *f* de comedor ► **dinner jacket** N esmoquin *m*, smoking *m* ► **dinner knife** N cuchillo *m* grande ► **dinner lady** N *empleada que da el servicio de comidas en las escuelas* ► **dinner party** N cena *f* (*con invitados*) ► **dinner plate** N plato *m* llano ► **dinner roll** N panecillo *m* ► **dinner service** N vajilla *f* ► **dinner table** N mesa *f* de comedor ► **dinner time** N hora *f* de cenar/comer ► **dinner trolley**, **dinner wagon** N carrito *m* de la comida; *see also* **school C**

**dinosaur** ['daɪnəsɔː^r] N [1] (= *reptile*) dinosaurio *m*
[2] (= *old-fashioned person*) carcamal* *mf*; (= *old-fashioned organization*) reliquia *f* del pasado

**dint**[1] [dɪnt] N **by ~ of** a fuerza de

**dint**[2] [dɪnt] = **dent**

**diocesan** [daɪ'ɒsɪsən] ADJ diocesano

**diocese** ['daɪəsɪs] N diócesis *f inv*

**diode** ['daɪəʊd] N diodo *m*

**Dionysian** [ˌdaɪə'nɪzɪən] ADJ dionisiaco

**Dionysius** [ˌdaɪə'nɪsɪəs] N Dionisio

**diorama** [daɪə'rɑːmə] N diorama *m*

**dioxide** [daɪ'ɒksaɪd] N dióxido *m*; *see also* **carbon B**, **sulphur B**

**dioxin** [daɪ'ɒksɪn] N dioxina *f*

➤ LANGUAGE IN USE: **dinner A** 25.2, 25.3

**DIP** [dɪp] N ABBR (*Comput*) = **Dual-In-Line Package**

**dip** [dɪp] Ⓐ N [1] (= *swim*) baño *m*, chapuzón *m*, zambullida *f* (*LAm*); **to go for a ~** ir a darse un baño *or* un chapuzón
[2] (= *slope*) declive *m*, pendiente *f*; (= *hollow*) hondonada *f*, depresión *f*
[3] (*Geol*) [*of rock strata, fault*] inclinación *f*; **angle of ~** buzamiento *m*, angulo *m* de inclinación; **magnetic ~** inclinación *f* (magnética)
[4] (*Culin*) salsa *f* (*para mojar*)
[5] (*Agr*) (*for sheep, poultry*) baño *m* de desinfección; *see* **lucky B**
Ⓑ VT [1] (= *thrust*) (*into liquid*) sumergir, bañar (**in, into** en); [+ *pen*] mojar (**in, into** en); [+ *hand*] (*into bag*) meter (**in, into** en); [+ *ladle, scoop*] meter (**in, into** en); [+ *sheep*] bañar con desinfectante
[2] (= *lower*) [+ *flag*] bajar, saludar con; (*Aer*) [+ *wings*] saludar con; **to ~ one's (head)lights** (*Brit*) poner las luces cortas *or* de cruce, poner las luces bajas (*LAm*); **~ped headlights** luces *fpl* cortas *or* de cruce, luces *fpl* bajas (*LAm*)
Ⓒ VI [1] (= *slope down*) [*road*] bajar en pendiente; [*land*] formar una hondonada
[2] (= *move down*) [*bird, plane*] bajar en picado; [*temperature*] bajar; [*sun*] esconderse; **the sun ~ped below the hill** el sol se escondió tras la colina
[3] (= *draw on*) **to ~ into one's savings** (*fig*) echar mano de los ahorros
[4] (= *read superficially*) **to ~ into a book** hojear un libro
Ⓓ CPD ► **dip switch** N (*Aut*) interruptor *m* de las luces cortas *or* de cruce, interruptor *m* de las luces bajas (*LAm*)

**Dip.** ABBR = **Diploma**

**Dip Ed** [dɪp'ɛd] N ABBR (*Brit Univ*) (= **Diploma in Education**) *título de magisterio*

**diphtheria** [dɪf'θɪərɪə] N difteria *f*

**diphthong** ['dɪfθɒŋ] N diptongo *m*

**diphthongize** ['dɪfθɒŋaɪz] Ⓐ VT diptongar
Ⓑ VI diptongarse

**diploma** [dɪ'pləʊmə] N diploma *m*

**diplomacy** [dɪ'pləʊməsɪ] N [1] (*Pol*) diplomacia *f*
[2] (= *tact*) diplomacia *f*

**diplomat** ['dɪpləmæt] N diplomático/a *m/f*

**diplomatic** [ˌdɪplə'mætɪk] Ⓐ ADJ [1] (*Pol*) diplomático
[2] (= *tactful*) diplomático
Ⓑ CPD ► **diplomatic bag** N valija *f* diplomática ► **diplomatic corps** N cuerpo *m* diplomático ► **diplomatic immunity** N inmunidad *f* diplomática ► **diplomatic pouch** N (*US*) = **diplomatic bag** ► **diplomatic relations** NPL **to break off ~ relations** romper las relaciones diplomáticas ► **diplomatic service** N servicio *m* diplomático

**diplomatically** [ˌdɪplə'mætɪkəlɪ] ADV [*say, act*] diplomáticamente; [*isolated*] desde el punto de vista diplomático

**diplomatist** [dɪ'pləʊmətɪst] N diplomático/a *m/f*

**dipole** ['daɪˌpəʊl] N [1] (*Elec*) dipolo *m*
[2] (*TV, Rad*) (*also* **~ aerial**) antena *f* dipolar, dipolar *f*

**dipper**[1] ['dɪpəʳ] N (*Orn*) mirlo *m* acuático

**dipper**[2] ['dɪpəʳ] N **big ~** (*at fair*) montaña *f* rusa; **the Big Dipper** (*US Astron*) la Osa Mayor

**dipper**[3] ['dɪpəʳ] N (*Culin*) cazo *m*, cucharón *m*

**dipping** ['dɪpɪŋ] N (*Agr*) baño *m* de desinfección

**dippy*** ['dɪpɪ] ADJ chiflado*

**dipso*** ['dɪpsəʊ] N = **dipsomaniac**

► LANGUAGE IN USE: directory 27

**dipsomania** [ˌdɪpsəʊ'meɪnɪə] N dipsomanía *f*

**dipsomaniac** [ˌdɪpsəʊ'meɪnɪæk] N dipsomaníaco/a *m/f*, dipsómano/a *m/f*

**dipstick** ['dɪpstɪk] N [1] (*Aut*) varilla *f* del aceite, cala *f*
[2] (**) (= *fool*) capullo *m* (*Sp***), gilipollas *mf inv* (*Sp***)

**diptych** ['dɪptɪk] N díptico *m*

**dir.** ABBR (= **director**) Dir., Dtor(a).

**dire** [daɪəʳ] ADJ (*superl* **direst**) [1] (= *terrible*) [*event, consequences, results*] nefasto, funesto; [*situation*] desesperado; [*warning, prediction*] alarmante; [*poverty*] extremo; **to be in ~ need of sth** necesitar algo desesperadamente; **to be in ~ straits** estar en un serio aprieto *or* apuro
[2] (*) (= *awful*) [*film, book*] pésimo, malísimo

**direct** [daɪ'rekt] Ⓐ ADJ [1] (= *without detour*) [*route, train, flight*] directo
[2] (= *immediate*) [*cause, result*] directo; [*contact, control, responsibility, descendant*] directo; **"keep away from ~ heat"** "no exponer directamente al calor"; **to make a ~ hit** dar en el blanco; **he's the ~ opposite** es exactamente el contrario
[3] (= *straightforward, not evasive*) [*answer, refusal*] claro, inequívoco; [*manner, character*] abierto, franco
Ⓑ ADV [1] (= *straight*) [*go, fly, pay*] directamente; **we fly ~ to Santiago** volamos directo *or* directamente a Santiago
[2] (= *frankly*) con franqueza, sin rodeos
Ⓒ VT [1] (= *aim*) [+ *remark, gaze, attention*] dirigir (**at, to** a)
[2] (= *give directions to*) **can you ~ me to the station?** ¿me puede indicar cómo llegar a la estación?
[3] (= *control*) [+ *traffic, play, film*] dirigir
[4] (= *instruct*) **to ~ sb to do sth** mandar a algn hacer algo; **to ~ that …** mandar que …
Ⓓ CPD ► **direct access** N (*Comput*) acceso *m* directo ► **direct action** N acción *f* directa ► **direct advertising** N publicidad *f* directa ► **direct cost** N costo *m* directo ► **direct current** N (*Elec*) corriente *f* continua ► **direct debit** N pago *m* a la orden ► **direct debiting** N domiciliación *f* (de pagos) ► **direct dialling** N servicio *m* (telefónico) automático, discado *m* directo (*LAm*) ► **direct free kick** N golpe *m* libre directo ► **direct grant school** N (*Brit*†) escuela *f* subvencionada ► **direct mail** N publicidad *f* por correo, correspondencia *f* directa ► **direct mail shot** N (*Brit*) campaña *f* publicitaria por correo, mailing *m* ► **direct marketing** N márketing *m* directo ► **direct object** N (*Gram*) complemento *m* directo ► **direct rule** N gobierno *m* directo ► **direct selling** N ventas *fpl* directas ► **direct speech** N (*Ling*) estilo *m* directo ► **direct tax** N impuesto *m* directo ► **direct taxation** N tributación *f* directa

**direction** [dɪ'rekʃən] Ⓐ N [1] (= *course*) dirección *f*; **in the ~ of** hacia, en dirección a; **sense of ~** sentido *m* de la orientación; **in the opposite ~** en sentido contrario; **in all ~s** por todos lados; **they ran off in different ~s** salieron corriendo cada uno por su lado
[2] (*fig*) (= *purpose*) orientación *f*; (= *control*) mando *m*; [*of play, film*] dirección *f*
[3] **directions** (= *instructions*) (*for use*) instrucciones *fpl*; (*to a place*) señas *fpl*; **~s for use** modo *m* de empleo, instrucciones *fpl* de uso
Ⓑ CPD ► **direction finder** N radiogoniómetro *m* ► **direction indicator** N (*Aut*) intermitente *m*

**directional** [dɪ'rekʃənl] ADJ direccional; **~ aerial** antena *f* dirigida; **~ light** (*Aut*) intermitente *m*

**directionless** [dɪ'rekʃənlɪs] ADJ [*activity*] sin dirección, que no conduce a ninguna parte; **to be/feel ~** andar/sentirse sin rumbo ni dirección

**directive** [dɪ'rektɪv] N directiva *f*

**directly** [dɪ'rektlɪ] Ⓐ ADV [1] (= *exactly*) justo; **~ above/below sth/sb** justo encima de/debajo de algo/algn; **~ opposite sth/sb** justo enfrente de algo/algn; **the sun was ~ overhead** el sol caía de pleno
[2] (= *straight*) [*go, fly, look, pay*] directamente; **my salary is paid ~ into my account** me ingresan el sueldo directamente en mi cuenta; **he was looking ~ at me when he said it** me estaba mirando directamente a la cara cuando lo dijo
[3] (= *personally*) [*affect*] directamente; **this decision doesn't affect us ~** esta decisión no nos afecta directamente; **I hold you ~ responsible for this!** ¡te considero el responsable directo de esto!
[4] (= *immediately*) inmediatamente; **~ after/before sth** inmediatamente después de/antes de algo; **the two murders are not ~ related** *or* **linked** los dos asesinatos no están directamente relacionados; **to be ~ descended from sb** descender directamente de algn, descender de algn por línea directa
[5] (= *shortly*) enseguida, de inmediato; **she will be here ~** vendrá enseguida *or* de inmediato
[6] (= *frankly*) [*speak, explain*] con franqueza
Ⓑ CONJ (*esp Brit*) (= *as soon as*) en cuanto; **~ he heard the door close he picked up the telephone** en cuanto oyó cerrarse la puerta cogió el teléfono; **~ you hear it, …** en cuanto lo oigas, …

**directness** [daɪ'rektnɪs] N [*of person, speech, reply*] franqueza *f*

**director** [dɪ'rektəʳ] N [*of company*] directivo/a *m/f*; (*on board of directors*) miembro *mf* del consejo de administración, consejero/a *m/f*; [*of institution, department*] (*also Theat, Cine, Rad, TV*) director(a) *m/f*; **~'s cut** (*Cine*) versión *f* íntegra; **~ general** director(a) *m/f* general; **Director of Public Prosecutions** (*Brit*) ≈ Fiscal *mf* General del Estado; *see also* **board D**, **executive C**, **funeral B**, **managing**, **music B**

**directorate** [daɪ'rektərɪt] N [1] (= *post*) dirección *f*, cargo *m* de director
[2] (= *body*) junta *f* directiva, consejo *m* de administración

**directorial** [daɪrek'tɔːrɪəl] ADJ [*talent, experience*] como director; [*career, work*] de director; **to make one's ~ debut** debutar como director

**directorship** [dɪ'rektəʃɪp] N (= *post*) dirección *f*, cargo *m* de director; (= *term as director*) gerencia *f*, periodo *m* de gestión

**directory** [dɪ'rektərɪ] Ⓐ N (*also* **telephone ~**) guía *f* (telefónica); (= *street directory*) callejero *m*, guía *f* de calles; (= *trade directory*) directorio *m* de comercio; (*Comput*) directorio *m*
Ⓑ CPD ► **directory assistance** N (*US*) información *f* (telefónica) ► **directory enquiries** N (*Brit*) = **directory assistance**

**dirge** [dɜːdʒ] N canto *m* fúnebre, endecha *f*

**dirigible** ['dɪrɪdʒəbl] Ⓐ ADJ dirigible
Ⓑ N dirigible *m*

**dirk** [dɜːk] N (*Scot*) puñal *m*

**dirndl** ['dɜːndl] N falda *f* acampanada

**dirt** [dɜːt] Ⓐ N [1] (= *unclean matter*) suciedad *f*; (= *piece of dirt*) suciedad *f*, mugre *f*; **to treat**

**sb like ~*** tratar a algn como si fuese basura, tratar a patadas a algn; **✦IDIOM to dig up ~ on sb** sacar los trapos sucios de algn

2 (= *earth*) tierra *f*; (= *mud*) barro *m*, lodo *m*

3 (*) (= *obscenity*) porquerías *fpl*, cochinadas* *fpl*; **this book is nothing but ~** este libro está lleno de porquerías *or* cochinadas*

Ⓑ CPD ► **dirt farmer*** N (*US*) pequeño granjero *m* (sin obreros) ► **dirt road** N (*US*) camino *m* de tierra ► **dirt track** N (*Sport*) pista *f* de ceniza; (= *road*) camino *m* de tierra

**dirt-cheap*** ['dɜːt'tʃiːp] ADJ tirado de precio*, baratísimo, regalado

**dirtily** ['dɜːtɪlɪ] ADV 1 (= *not cleanly*) [*eat, drink*] sin modales; **they live ~** viven rodeados de suciedad

2 (= *indecently*) [*laugh, smile*] lascivamente

3 (= *unfairly*) [*act, behave*] de una forma traicionera; **to play ~** [*footballer*] jugar sucio; **to fight ~** [*boxer*] no luchar limpiamente

**dirtiness** ['dɜːtɪnɪs] N suciedad *f*

**dirty** ['dɜːtɪ] Ⓐ ADJ (*compar* **dirtier**; *superl* **dirtiest**) 1 (= *unclean*) [*hands, clothes, dishes*] sucio; **your hands are ~** tienes las manos sucias; **to get (o.s.) ~** ensuciarse; **to get sth ~** ensuciar algo; **to get one's hands ~** ensuciarse *or* mancharse las manos; **his ~ habits get on my nerves** tiene unas costumbres asquerosas que me sacan de quicio; **cleaning the cooker is a ~ job** limpiar la cocina es un trabajo muy sucio; **there was a ~ mark on his shirt** tenía una mancha en la camisa; **✦IDIOM to wash one's ~ linen in public** sacar los trapos sucios a relucir; *see also* **nappy A**

2 (= *dull*) [*grey, white*] sucio; **the sky was a ~ grey** el cielo tenía un color gris sucio

3 (= *nasty*) [*weather*] horrible, feo; [*night*] horrible

4 (= *indecent*) [*story, joke*] verde, colorado (*Mex*); [*book*] cochino*, de guarrerías (*Sp**); [*magazine, film*] porno*; [*laugh*] lascivo; **to have a ~ mind** tener una mente pervertida, tener una mente guarra (*Sp**); **~ old man** viejo *m* verde; **~ weekend** (*Brit* hum*) fin *m* de semana de lujuria (*hum*); **to go on a ~ weekend (with sb)** ir a pasar un fin de semana de lujuria (con algn); **~ word** palabrota *f*, lisura *f* (*Andes, S. Cone*); **communism has become almost a ~ word** "comunismo" se ha convertido casi en una palabrota

5 (*) (= *underhand*) sucio; **~ business** negocio *m* sucio; **~ money** dinero *m* sucio; **~ play** (*Sport*) juego *m* sucio; **there are some ~ players in the team** algunos de los miembros del equipo juegan sucio; **~ pool** (*US*‡) juego *m* sucio; **a ~ trick** una mala pasada, una jugarreta*; **to play a ~ trick on sb** jugar una mala pasada a algn, hacer una jugarreta a algn*; **~ tricks** chanchullos *mpl*; **~ tricks department** *sección de actividades secretas para desacreditar al contrario*; **~ war** guerra *f* sucia; **to do sb's ~ work: he always gets other people to do his ~ work** siempre consigue que los demás le hagan el trabajo sucio

6 (*) (= *despicable*) asqueroso*, de mierda**; **you're a ~ liar‡** eres un cerdo mentiroso‡, eres un mentiroso de mierda**; **you ~ rat!‡** ¡canalla!‡, ¡cerdo!‡

7 (*) (= *angry*) **to give sb a ~ look** echar una mirada asesina a algn*

Ⓑ ADV 1 (*Sport*) (= *unfairly*) **to fight ~** [*boxer*] no luchar limpiamente; **to play ~** [*footballer*] jugar sucio

2 (= *indecently*) **to talk ~** decir cochinadas*, decir guarrerías (*Sp**)

3 (‡) **~ great: a ~ great dog/lorry/hole** un perrazo/camionazo/agujerazo*; **his ~ great hands** sus manazas*, sus manotas*

Ⓒ VT ensuciar; **don't ~ your clothes** no te ensucies la ropa

Ⓓ N **to do the ~ on sb** (*Brit**) jugar una mala pasada a algn, hacer una jugarreta a algn*

**dirty-minded** [,dɜːtɪ'maɪndɪd] ADJ con la mente sucia

**disability** [,dɪsə'bɪlɪtɪ] Ⓐ N 1 (= *state*) invalidez *f*, discapacidad *f*, minusvalía *f*; (= *injury, illness, condition*) discapacidad *f*, minusvalía *f*; **people with a ~** los discapacitados, los minusválidos

2 (*fig*) desventaja *f*

Ⓑ CPD ► **disability allowance** N (*permanent*) subsidio *m* por incapacidad laboral permanente; (*temporary*) subsidio *m* por incapacidad laboral transitoria ► **disability pension** N pensión *f* de invalidez

**disable** [dɪs'eɪbl] VT 1 (= *cripple*) [+ *person*] dejar inválido

2 (= *make unfit for use*) [+ *tank, gun, device*] inutilizar

3 (= *disqualify*) incapacitar, inhabilitar (**for** para)

**disabled** [dɪs'eɪbld] Ⓐ ADJ [*person*] minusválido, discapacitado

Ⓑ NPL **the ~** los discapacitados, los minusválidos

**disablement** [dɪs'eɪblmənt] N 1 (= *state*) invalidez *f*, discapacidad *f*, minusvalía *f*

2 [*of tank, gun, device*] inutilización *f*

**disabuse** [,dɪsə'bjuːz] VT desengañar (**of** de); **I was rapidly ~d of this notion** pronto me desengañé de esta idea, pronto salí del error

**disadvantage** [,dɪsəd'vɑːntɪdʒ] Ⓐ N desventaja *f*, inconveniente *m*; **to sb's ~** perjudicial para algn; **to the ~ of** en perjuicio *or* detrimento de; **to be at a ~** estar en desventaja, estar en una situación desventajosa; **this put him at a ~** esto lo dejó en situación desventajosa

Ⓑ VT perjudicar

**disadvantaged** [,dɪsəd'vɑːntɪdʒd] Ⓐ ADJ [*person*] perjudicado; **she comes from a ~ background** proviene de un entorno desfavorecido

Ⓑ NPL **the ~** los desfavorecidos, los marginados

**disadvantageous** [,dɪsædvɑːn'teɪdʒəs] ADJ (= *unfavourable*) [*circumstances*] desventajoso

**disaffected** [,dɪsə'fektɪd] ADJ desafecto (**towards** hacia)

**disaffection** [,dɪsə'fekʃən] N descontento *m*, desafección *f*

**disaffiliate** [,dɪsə'fɪlɪeɪt] VI desafiliarse (**from** de)

▼ **disagree** [,dɪsə'griː] VI 1 (= *have different opinion*) no estar de acuerdo, estar en desacuerdo; **to ~ with sb (on** *or* **about sth)** no estar de acuerdo *or* estar en desacuerdo con algn (sobre algo); **I ~ with you** no estoy de acuerdo contigo, no comparto tu opinión

2 (= *not approve*) **I ~ with bullfighting** yo no apruebo los toros, no me gustan los toros

3 (= *quarrel*) reñir, discutir (**with** con)

4 (= *not coincide*) [*accounts, versions*] diferir, no cuadrar (**with** con); **their findings ~** sus conclusiones difieren

5 (= *make unwell*) **to ~ with sb** [*climate, food*] sentar mal a algn; **onions ~ with me** las cebollas me sientan mal

**disagreeable** [,dɪsə'griːəbl] ADJ 1 (= *unpleasant*) [*experience, task*] desagradable; **she was very ~ to us** nos trató con bastante aspereza

2 (= *bad-tempered*) [*person*] desagradable, antipático; [*tone of voice*] malhumorado, áspero; **he's rather ~ in the mornings** por la mañana suele estar de bastante mal humor

**disagreeableness** [,dɪsə'griːəblnɪs] N [*of task, experience*] desagrado *m*; [*of person*] antipatía *f*

**disagreeably** [,dɪsə'griːəblɪ] ADV [*say*] con aspereza, de mala manera; **a ~ pungent taste** un sabor agrio de lo más desagradable

▼ **disagreement** [,dɪsə'griːmənt] N 1 (*with opinion*) desacuerdo *m*, disconformidad *f*; **the talks ended in ~** no se alcanzó un acuerdo *or* no hubo acuerdo en las conversaciones

2 (= *quarrel*) riña *f*, discusión *f*

3 (*between accounts, versions*) discrepancia *f* (**with** con)

**disallow** ['dɪsə'laʊ] VT 1 [+ *claim*] rechazar

2 (*Ftbl*) [+ *goal*] anular

3 (*Jur*) [+ *evidence*] desestimar, rechazar; [+ *conviction*] anular, invalidar

**disambiguate** [,dɪsæm'bɪgjʊeɪt] VT [+ *term, phrase*] desambiguar

**disambiguation** [,dɪsæmbɪgjʊ'eɪʃən] N desambiguación *f*

**disappear** [,dɪsə'pɪəʳ] Ⓐ VI desaparecer; **he ~ed from sight** *or* **view** desapareció de la vista; **to make sth ~** hacer desaparecer algo

Ⓑ VT (*) hacer desaparecer

**disappearance** [,dɪsə'pɪərəns] N desaparición *f*

**disappeared** [,dɪsə'pɪəd] NPL (*Pol*) **the ~** los desaparecidos

**disappoint** [,dɪsə'pɔɪnt] Ⓐ VT [+ *person*] defraudar, decepcionar, desilusionar; [+ *hopes, ambitions*] defraudar; **her daughter ~ed her** su hija la defraudó *or* decepcionó; **the course ~ed her** el curso la defraudó *or* decepcionó *or* desilusionó; **she has been ~ed in love** el amor la ha defraudado *or* decepcionado

Ⓑ VI decepcionar

▼ **disappointed** [,dɪsə'pɔɪntɪd] ADJ [*person*] decepcionado, desilusionado; [*hopes*] frustrado; **she'll be terribly ~ when she hears the news** se llevará una gran decepción *or* una desilusión muy grande cuando se entere de la noticia; **she's ~ about** *or* **at having to give up her career** siente mucho tener que dejar su carrera; **to be ~ by sth** estar decepcionado por algo; **I'm ~ in you** me has defraudado, me has decepcionado; **she gave me a ~ look** me miró decepcionada, me dirigió una mirada de decepción; **I was ~ that my mother was not there** me sentí defraudada porque mi madre no estaba allí, me decepcionó (el) que mi madre no estuviera allí; **to be ~ to see/learn sth** quedar decepcionado *or* defraudado al ver/enterarse de algo; **we were ~ not to see her** sentimos mucho no verla; **to be ~ with sth** estar decepcionado con algo; **they are ~ with the result** están decepcionados con el resultado, el resultado los ha decepcionado; **if you see him on stage you won't be ~** si lo ves actuar no te defraudará *or* decepcionará

**disappointing** [,dɪsə'pɔɪntɪŋ] ADJ decepcionante; **it's ~ that nobody wants to help** es decepcionante que nadie quiera ayudar; **the film/hotel was very ~** la película/el hotel fue una decepción; **how ~!** ¡qué decepción!, ¡qué desilusión!

**disappointingly** [,dɪsə'pɔɪntɪŋlɪ] ADV [*react, lose*] de manera decepcionante; **the boat performed ~ in the race** el barco tuvo una actuación decepcionante en la regata; **progress is ~ slow** el progreso es tan lento que resulta decepcionante; **~, nothing happened** lamentablemente, no pasó nada, lo decepcionante fue que no pasó nada

➤ LANGUAGE IN USE: **disagree 1** 12.1 **disagreement 1** 12.1 **disappointed** 14

**disappointment** [ˌdɪsəˈpɔɪntmənt] N **1** (= *feeling*) decepción *f*, desilusión *f*; **to our ~** para nuestra decepción, para nuestra gran desilusión; **reserve your place now to avoid ~** haga ahora su reserva para no llevarse una desilusión
**2** (= *cause of regret*) **he is a big ~ to us** nos ha decepcionado muchísimo; **the holiday was such a ~!** ¡las vacaciones fueron una decepción tan grande!, ¡las vacaciones fueron tan decepcionantes!; **~s in love** desengaños *mpl* amorosos

**disapproval** [ˌdɪsəˈpruːvəl] N desaprobación *f*; **she pursed her lips in ~** frunció los labios en un gesto de desaprobación

**disapprove** [ˌdɪsəˈpruːv] VI **to ~ of sth** estar en contra de algo, desaprobar algo; **to ~ of sb** mirar mal a algn, no mirar con buenos ojos a algn; **her father ~d of me** su padre me miraba mal *or* no me miraba con buenos ojos; **I think he ~s of me** creo que no me mira con buenos ojos, creo que me tiene poca simpatía; **he ~s of gambling** está en contra del juego, desaprueba la práctica del juego; **I strongly ~** yo estoy firmemente en contra; **I wanted to go but father ~d** yo quería ir pero papá no quiso permitirlo; **your mother would ~** tu madre estaría en contra *or* lo desaprobaría

**disapproving** [ˌdɪsəˈpruːvɪŋ] ADJ [*look, glance*] de desaprobación

**disapprovingly** [ˌdɪsəˈpruːvɪŋlɪ] ADV [*look, frown*] con desaprobación; **he shook his head ~** hizo un gesto de desaprobación con la cabeza

**disarm** [dɪsˈɑːm] Ⓐ VT **1** (*Mil*) [+ *troops, attacker*] desarmar
**2** (= *deactivate*) [+ *bomb*] desactivar
**3** (= *conciliate*) [+ *opponent*] desarmar
**4** (= *render ineffective*) [+ *criticism*] echar por tierra, desbaratar; [+ *opposition*] desbaratar
Ⓑ VI (*Mil*) desarmarse

**disarmament** [dɪsˈɑːməmənt] N desarme *m*; **nuclear ~** desarme *m* nuclear

**disarmer** [dɪsˈɑːməʳ] N partidario/a *m/f* del desarme

**disarming** [dɪsˈɑːmɪŋ] ADJ [*smile*] que desarma, encantador; [*modesty*] que desarma; [*frankness*] apabullante

**disarmingly** [dɪsˈɑːmɪŋlɪ] ADV [*smile*] encantadoramente; [*frank*] apabullantemente; **he was ~ modest** era tan modesto que (te) desarmaba

**disarrange** [ˌdɪsəˈreɪndʒ] VT desarreglar, descomponer

**disarranged** [ˌdɪsəˈreɪndʒd] ADJ [*bed*] deshecho; [*hair*] despeinado; [*clothes*] desarreglado

**disarray** [ˌdɪsəˈreɪ] N (*frm*) [*of house, flat*] desorden *m*; [*of clothes*] desaliño *m*; [*of institution, economy, government*] desorganización *f*; **to be in ~** [*house, flat*] estar totalmente desordenado; [*clothes*] estar muy desarreglado *or* desaliñado; [*thoughts*] estar en desorden; [*institution, economy, government*] estar sumido en el caos, estar totalmente desorganizado; **the troops fled in ~** las tropas huyeron a la desbandada; **this threw our plans into ~** esto dio al traste con nuestros planes

**disassemble** [ˌdɪsəˈsembl] Ⓐ VT desmontar, desarmar
Ⓑ VI desmontarse, desarmarse

**disassociate** [ˌdɪsəˈsəʊʃɪˌeɪt] = **dissociate**

**disaster** [dɪˈzɑːstəʳ] Ⓐ N **1** (= *catastrophe*) desastre *m*; *see also* **court B2**, **strike B2**
**2** (= *inept person*) desastre *m*
Ⓑ CPD ► **disaster area** N zona *f* catastrófica, zona *f* de desastre; **he's a walking ~ area** (*hum*) es un puro desastre ► **disaster fund** N fondo *m* de ayuda para casos de desastre

**disastrous** [dɪˈzɑːstrəs] ADJ **1** (= *catastrophic*) [*decision, reforms*] desastroso, catastrófico; [*earthquake, flood*] catastrófico; **that would be ~!** ¡eso sería una catástrofe!; **with ~ consequences** con consecuencias desastrosas *or* nefastas
**2** (*) (= *unsuccessful*) [*marriage, cake, novel*] desastroso; **his first movie was ~** su primera película fue desastrosa *or* un desastre

**disastrously** [dɪˈzɑːstrəslɪ] ADV **1** (= *catastrophically*) desastrosamente; **the race started ~ for Smith** la carrera tuvo un comienzo desastroso para Smith; **to go ~ wrong** salir terriblemente mal
**2** (*) (= *atrociously*) pésimamente; **we performed ~** actuamos pésimamente, tuvimos una actuación horrorosa

**disavow** [ˌdɪsəˈvaʊ] VT **1** (= *reject*) [+ *one's principles, religion*] abdicar de, abjurar de; [+ *one's past*] renegar de
**2** (= *deny*) **they ~ed any knowledge of his activities** negaban tener conocimiento de sus actividades

**disavowal** [ˌdɪsəˈvaʊəl] N **1** (= *rejection*) abdicación *f*
**2** (= *denial*) desmentido *m*

**disband** [dɪsˈbænd] Ⓐ VT [+ *army*] licenciar; [+ *organization*] disolver
Ⓑ VI disolverse

**disbar** [dɪsˈbɑːʳ] VT [+ *barrister*] inhabilitar para el ejercicio de la abogacía, prohibir ejercer; **he was ~red** le prohibieron ejercer la abogacía

**disbarment** [dɪsˈbɑːmənt] N inhabilitación *f* (*para el ejercicio de la abogacía*)

**disbelief** [ˌdɪsbəˈliːf] N incredulidad *f*; **in ~** con incredulidad

**disbelieve** [ˌdɪsbəˈliːv] Ⓐ VT [+ *person*] no creer a; [+ *story*] no creer
Ⓑ VI (*esp Rel*) no creer (**in** en)

**disbeliever** [ˌdɪsbəˈliːvəʳ] N incrédulo/a *m/f*; (*Rel*) descreído/a *m/f*

**disbelieving** [ˌdɪsbɪˈliːvɪŋ] ADJ incrédulo

**disburden** [dɪsˈbɜːdn] (*frm*) VT descargar; **to ~ o.s. of** descargarse de

**disburse** [dɪsˈbɜːs] VT (*frm*) desembolsar

**disbursement** [dɪsˈbɜːsmənt] N (*frm*) desembolso *m*

**disc**, **disk** (*US*) [dɪsk] Ⓐ N (*gen, Anat*) disco *m*; (= *identity disc*) chapa *f*; (*Comput*) = **disk**; *see also* **slip C4**
Ⓑ CPD ► **disc brakes** NPL (*Aut*) frenos *mpl* de disco ► **disc jockey** N discjockey *mf*, pinchadiscos* *mf inv*

**disc.** ABBR (*Comm*) = **discount**

**discard** Ⓐ [dɪsˈkɑːd] VT [+ *unwanted thing*] deshacerse de; [+ *idea, plan*] desechar, descartar; [+ *clothing*] desembarazarse de; [+ *habit*] renunciar a; (*Cards*) descartarse de; [+ *person*] desembarazarse de
Ⓑ [dɪsˈkɑːd] VI (*Cards*) descartarse
Ⓒ [ˈdɪskɑːd] N (*Cards*) descarte *m*; (= *unwanted thing*) desecho *m*

**discern** [dɪˈsɜːn] VT **1** (= *see*) distinguir
**2** (= *taste, smell*) distinguir, apreciar
**3** (= *detect*) [+ *problem, mistake*] localizar; [+ *sb's intentions*] discernir; **two major trends may be ~ed** se pueden distinguir dos tendencias fundamentales

**discernible** [dɪˈsɜːnəbl] ADJ **1** (= *perceptible*) [*difference*] perceptible, apreciable; [*effect*] apreciable; **for no ~ reason** sin un motivo aparente
**2** (= *visible*) distinguible

**discernibly** [dɪˈsɜːnəblɪ] ADV [*affected*] visiblemente; [*different*] sensiblemente, notablemente

**discerning** [dɪˈsɜːnɪŋ] ADJ [*person*] entendido; [*eye*] experto; **~ taste** muy buen gusto *m*

**discernment** [dɪˈsɜːnmənt] N (= *good judgment*) discernimiento *m*; (= *good taste*) buen gusto *m*

**discharge** Ⓐ [ˈdɪstʃɑːdʒ] N **1** [*of cargo*] descarga *f*; [*of gun*] descarga *f*, disparo *m*
**2** (= *release*) [*of patient*] alta *f*; [*of prisoner*] liberación *f*, puesta *f* en libertad; [*of bankrupt*] rehabilitación *f*; **he got his ~** (*Mil*) lo licenciaron
**3** (= *dismissal*) [*of worker*] despido *m*; (*Mil*) baja *f*
**4** (= *emission*) (*Elec*) descarga *f*; [*of liquid, waste*] vertido *m*; [*of gas, chemicals*] emisión *f*; (*Med*) (*from wound*) secreción *f*, supuración *f*; (*from vagina*) flujo *m* vaginal
**5** (= *completion*) [*of duty*] ejercicio *m*, cumplimiento *m*
Ⓑ [dɪsˈtʃɑːdʒ] VT **1** (= *unload*) [+ *ship, cargo*] descargar
**2** (= *fire*) [+ *gun*] descargar, disparar; [+ *shot*] hacer; [+ *arrow*] disparar
**3** (= *release*) [+ *patient*] dar de alta, dar el alta a; [+ *prisoner*] liberar, poner en libertad; [+ *bankrupt*] rehabilitar; **they ~d him from hospital on Monday** le dieron de *or* el alta el lunes
**4** (= *dismiss*) [+ *employee*] despedir; [+ *soldier*] dar de baja del ejército
**5** (= *emit*) [+ *liquid, waste*] verter; [+ *gas, chemicals*] emitir; (*Med*) [+ *pus*] segregar, supurar
**6** (= *settle*) [+ *debt*] saldar
**7** (= *complete*) [+ *task, duty*] cumplir
Ⓒ [dɪsˈtʃɑːdʒ] VI [*river*] desembocar (**into** en); [*battery*] decargarse; [*wound, sore*] supurar

**disci** [ˈdɪskaɪ] NPL *of* **discus**

**disciple** [dɪˈsaɪpl] N (*Rel*) discípulo/a *m/f*; (*fig*) discípulo/a *m/f*, seguidor(a) *m/f*

**disciplinarian** [ˌdɪsɪplɪˈnɛərɪən] N **he was a strict ~** imponía una férrea disciplina (en el cumplimiento de las normas)

**disciplinary** [ˈdɪsɪplɪnərɪ] ADJ [*committee, hearing*] disciplinario; **~ action** *or* **measure** medida *f* disciplinaria; **~ procedures** procedimiento *m* disciplinario

**discipline** [ˈdɪsɪplɪn] Ⓐ N **1** (= *obedience*) disciplina *f*; (= *punishment*) castigo *m*; (= *self-control*) autodisciplina *f*; **to keep** *or* **maintain ~** mantener la disciplina
**2** (= *field of study*) disciplina *f*
Ⓑ VT **1** (= *punish*) [+ *pupil, soldier*] castigar; [+ *employee*] sancionar
**2** (= *control*) [+ *child*] disciplinar; [+ *one's mind*] adiestrar; **to ~ o.s. (to do sth)** disciplinarse (para hacer algo)

**disciplined** [ˈdɪsɪplɪnd] ADJ [*person, approach*] disciplinado

**disclaim** [dɪsˈkleɪm] VT [+ *statement*] desmentir, negar; [+ *responsibility*] negar; (*Jur*) renunciar a; **he ~ed all knowledge of it** dijo que no sabía nada en absoluto de ello

**disclaimer** [dɪsˈkleɪməʳ] N (*Jur*) [*of a right*] renuncia *f*; (= *denial*) (*to newspaper etc*) desmentido *m*; **to issue a ~** declarar descargo *or* limitación de responsabilidad

**disclose** [dɪsˈkləʊz] VT revelar

**disclosure** [dɪsˈkləʊʒəʳ] N revelación *f*

**disco** [ˈdɪskəʊ] Ⓐ ABBR (= **discotheque**) disco *f*, discoteca *f*
Ⓑ CPD ► **disco dancing** N baile *m* de música disco ► **disco music** N música *f* disco

**discography** [dɪsˈkɒgrəfɪ] N discografía *f*

**discolour**, **discolor** (*US*) [dɪsˈkʌləʳ] Ⓐ VT (= *fade*) de(s)colorar; (= *stain*) manchar
Ⓑ VI (= *lose colour*) de(s)colorarse; (= *run*) desteñir

**discolouration**, **discoloration** (*US*) [dɪsˌkʌləˈreɪʃən] N (= *fading*) de(s)coloramiento *m*; (= *staining*) mancha *f*

**discoloured**, **discolored** (*US*) [dɪsˈkʌləd] ADJ (= *faded*) de(s)colorado; (= *stained*) manchado

**discombobulate** [ˌdɪskəmˈbɒbjʊˌleɪt] VT (*esp US*) [+ *person, plans*] dislocar

**discomfit** [dɪsˈkʌmfɪt] VT desconcertar

**discomfiture** [dɪsˈkʌmfɪtʃəʳ] N (*frm*) desconcierto *m*, turbación *f*

**discomfort** [dɪsˈkʌmfət] N (= *lack of comfort*) incomodidad *f*; (= *uneasiness*) incomodidad *f*, turbación *f*; (*physical*) molestia *f*, malestar *m*; **the injury gave him some ~** la herida le causaba molestia

**discomposure** [ˌdɪskəmˈpəʊʒəʳ] N (*frm*) desconcierto *m*, confusión *f*

**disconcert** [ˌdɪskənˈsɜːt] VT desconcertar

**disconcerting** [ˌdɪskənˈsɜːtɪŋ] ADJ desconcertante

**disconcertingly** [ˌdɪskənˈsɜːtɪŋlɪ] ADV de modo desconcertante; **he spoke in a ~ frank way** desconcertó a todos hablando con tanta franqueza

**disconnect** [ˌdɪskəˈnekt] VT [1] (*gen*) desconectar
[2] (*Telec*) **I've been ~ed** (*for non-payment*) me han cortado el teléfono *or* la línea (por no pagar); (*in mid-conversation*) se ha cortado

**disconnected** [ˌdɪskəˈnektɪd] ADJ (*fig*) inconexo

**disconnection** [ˌdɪskəˈnekʃən] N desconexión *f*, corte *m* (*de línea/suministro*)

**disconsolate** [dɪsˈkɒnsəlɪt] ADJ desconsolado

**disconsolately** [dɪsˈkɒnsəlɪtlɪ] ADV desconsoladamente

**discontent** [ˌdɪskənˈtent] N descontento *m*, malestar *m*

**discontented** [ˌdɪskənˈtentɪd] ADJ descontento (**with, about** con)

**discontentment** [ˌdɪskənˈtentmənt] N descontento *m*

**discontinuance** [ˌdɪskɒnˈtɪnjʊəns] N = **discontinuation**

**discontinuation** [ˌdɪskənˌtɪnjʊˈeɪʃən] N (*frm*) [*of practice*] abandono *m*; [*of production*] suspensión *f*, interrupción *f*

**discontinue** [ˌdɪskənˈtɪnjuː] VT [+ *production, payment*] suspender; [+ *practice*] abandonar; (*Comm*) [+ *product*] dejar de fabricar; (*Med*) [+ *treatment*] interrumpir, suspender; **"discontinued"** (*Comm*) "fin de serie"

**discontinuity** [ˌdɪskɒntɪˈnjuːɪtɪ] N (= *lack of continuity*) discontinuidad *f*; (= *interruption*) interrupción *f*

**discontinuous** [ˌdɪskənˈtɪnjʊəs] ADJ (= *interrupted*) interrumpido; (*Math*) [*curve*] discontinuo

**discord** [ˈdɪskɔːd] N [1] (= *quarrelling*) discordia *f*; **to sow ~ among** sembrar la discordia entre, sembrar cizaña entre
[2] (*Mus*) disonancia *f*

**discordant** [dɪsˈkɔːdənt] ADJ [*ideas, opinions*] discorde, opuesto; [*sound*] disonante

**discotheque** [ˈdɪskəʊtek] N discoteca *f*

▼ **discount** Ⓐ [ˈdɪskaʊnt] N (*gen*) descuento *m*, rebaja *f*; **to give a 10% ~** dar un descuento del 10%; **to sell (sth) at a ~** vender (algo) con descuento *or* a precio reducido
Ⓑ [dɪsˈkaʊnt] VT [1] (= *lower price of*) [+ *merchandise*] descontar, rebajar; **~ed cash flow** cashflow *m* actualizado
[2] (= *disregard*) [+ *report, rumour*] descartar
Ⓒ [ˈdɪskaʊnt] CPD ► **discount house** N (*US*) tienda *f* de rebajas ► **discount price** N **they are available at ~ prices** se venden con descuento ► **discount rate** N tasa *f* de descuento ► **discount store** N (*US*) economato *m*

**discourage** [dɪsˈkʌrɪdʒ] VT [1] (= *dishearten*) desanimar, desalentar; **to get** *or* **become ~d** desanimarse, desalentarse
[2] (= *deter*) [+ *offer, advances*] rechazar; [+ *tendency, relationship*] oponerse a; **smoking is ~d** se recomienda no fumar
[3] (= *dissuade*) **to ~ sb from doing sth** disuadir a algn de hacer algo; **I don't want to ~ you, but ...** no pretendo disuadirte *or* desanimarte, pero ...

**discouragement** [dɪsˈkʌrɪdʒmənt] N [1] (= *depression*) desánimo *m*, desaliento *m*
[2] (= *dissuasion*) disuasión *f*
[3] (= *deterrent*) impedimento *m*; **it's a real ~ to progress** es un verdadero impedimento para el progreso

**discouraging** [dɪsˈkʌrɪdʒɪŋ] ADJ desalentador; **he was ~ about it** habló de ello en tono pesimista

**discourse** Ⓐ [ˈdɪskɔːs] N [1] (= *talk*) conversación *f*, plática *f* (*LAm*)
[2] (= *essay*) tratado *m*
[3] (*Ling*) discurso *m*
Ⓑ [dɪsˈkɔːs] VI **to ~ (up)on sth** disertar sobre algo
Ⓒ [ˈdɪskɔːs] CPD ► **discourse analysis** N análisis *m inv* del discurso

**discourteous** [dɪsˈkɜːtɪəs] ADJ descortés

**discourteously** [dɪsˈkɜːtɪəslɪ] ADV descortésmente

**discourtesy** [dɪsˈkɜːtɪsɪ] N descortesía *f*

**discover** [dɪsˈkʌvəʳ] VT [1] [+ *new country, species, talent*] descubrir; [+ *object*] (*after search*) encontrar, hallar
[2] (= *notice*) [+ *loss, mistake*] darse cuenta de; **I ~ed that I'd left it at home** me di cuenta de que lo había dejado en casa

**discoverer** [dɪsˈkʌvərəʳ] N descubridor(a) *m/f*

**discovery** [dɪsˈkʌvərɪ] N [1] (= *finding*) [*of new country, drug, talent*] descubrimiento *m*
[2] (= *thing or person found*) descubrimiento *m*

**discredit** [dɪsˈkredɪt] Ⓐ N (= *dishonour*) descrédito *m*, deshonor *m*; **it was to the general's ~ that ...** fue un descrédito para el general que ...; **to bring ~ (up)on sth/sb** desacreditar algo/a algn, suponer un descrédito para algo/algn
Ⓑ VT [1] (= *prove untrue*) [+ *theory*] rebatir, refutar; **that theory is now ~ed** esa teoría ya ha sido rebatida *or* refutada
[2] (= *cast doubt upon*) poner en duda; **all his evidence is thus ~ed** por lo tanto se pone en duda todo su testimonio
[3] (= *sully reputation of*) [+ *family*] deshonrar, desacreditar; [+ *organization, profession*] desacreditar

**discreditable** [dɪsˈkredɪtəbl] ADJ deshonroso, vergonzoso

**discreet** [dɪsˈkriːt] ADJ [*person, inquiry, decor, uniform*] discreto; **at a ~ distance** a una distancia prudencial

**discreetly** [dɪsˈkriːtlɪ] ADV [*speak, behave, leave, dress*] discretamente, con discreción

**discrepancy** [dɪsˈkrepənsɪ] N discrepancia *f* (**between** entre)

**discrete** [dɪsˈkriːt] ADJ [*stages, phases, events*] específico, separado

**discretion** [dɪsˈkreʃən] N [1] (= *tact*) discreción *f*; ✦**PROV ~ is the better part of valour** una retirada a tiempo es una victoria
[2] (= *judgment*) criterio *m*, juicio *m*; **use your own ~** usa tu propio criterio *or* juicio; **I will leave it to your ~** te lo dejaré a tu criterio *or* juicio; **at the ~ of the judge** a discreción *or* a criterio del juez; **the age of ~** (la edad de) la madurez

**discretionary** [dɪsˈkreʃənərɪ] ADJ discrecional

**discriminate** [dɪsˈkrɪmɪneɪt] Ⓐ VI [1] (= *distinguish*) distinguir (**between** entre)
[2] (= *show prejudice*) **to ~ against sb** discriminar a algn; **to ~ in favour of sb** hacer discriminaciones en favor de algn
[3] (= *show good judgment*) tener buen criterio
Ⓑ VT distinguir (**from** de)

**discriminating** [dɪsˈkrɪmɪneɪtɪŋ] ADJ [*person*] entendido; [*taste*] refinado

**discrimination** [dɪsˌkrɪmɪˈneɪʃən] N [1] (= *prejudice*) discriminación *f* (**against** de, contra; **in favour of** a favor de); **racial/sexual ~** discriminación *f* racial/sexual
[2] (= *good judgment*) buen criterio *m*, discernimiento *m*

**discriminatory** [dɪsˈkrɪmɪnətərɪ] ADJ [*duty etc*] discriminatorio

**discursive** [dɪsˈkɜːsɪv] ADJ divagador, prolijo; (*Ling, Philos*) discursivo

**discus** [ˈdɪskəs] N (*pl* **discuses** *or* **disci**) (*Sport*) [1] (= *object*) disco *m*; **to throw the ~** lanzar el disco
[2] (= *event*) **she won a gold medal in the ~** ganó la medalla de oro en la prueba de disco

▼ **discuss** [dɪsˈkʌs] VT [1] (= *talk about*) [+ *topic*] hablar de, discutir; [+ *person*] hablar de; [+ *problem, essay*] cambiar opiniones sobre, discutir
[2] (*in exam question*) [+ *statement*] tratar, analizar

**discussant** [dɪsˈkʌsənt] N (*US*) miembro *mf* de la mesa (de la sección de un congreso)

**discussion** [dɪsˈkʌʃən] Ⓐ N discusión *f*; **we had a long ~ about it** hablamos largo y tendido de ello, tuvimos una larga discusión sobre ello; **to come up for ~** someterse a discusión; **it is under ~** se está discutiendo
Ⓑ CPD ► **discussion document** N proposición *f* (para el debate) ► **discussion group** N coloquio *m* ► **discussion paper** N = **discussion document**

**disdain** [dɪsˈdeɪn] Ⓐ N desdén *m*, desprecio *m*
Ⓑ VT **to ~ sth** desdeñar *or* despreciar algo; **to ~ to do sth** no dignarse (a) hacer algo

**disdainful** [dɪsˈdeɪnfʊl] ADJ [*look, expression, attitude*] desdeñoso, de desdén; **to be ~ of sth** desdeñar *or* despreciar algo, mostrar desdén *or* desprecio hacia algo; **to be ~ towards** *or* **of sb** desdeñar *or* despreciar a algn, mostrar desdén *or* desprecio hacia algn

**disdainfully** [dɪsˈdeɪnfəlɪ] ADV desdeñosamente, con desdén

**disease** [dɪˈziːz] N enfermedad *f*; (*fig*) mal *m*, enfermedad *f*

**diseased** [dɪˈziːzd] ADJ [*person, animal, plant*] enfermo; [*tissue*] dañado, afectado; [*mind*] enfermo, morboso

**disembark** [ˌdɪsɪmˈbɑːk] VT, VI desembarcar

**disembarkation** [ˌdɪsembɑːˈkeɪʃən] N [*of goods*] desembarque *m*; [*of persons*] desembarco *m*

**disembodied** [ˌdɪsɪmˈbɒdɪd] ADJ incorpóreo

**disembowel** [ˌdɪsɪmˈbaʊəl] VT desentrañar, destripar

**disempower** [ˌdɪsɪmˈpaʊəʳ] VT restar autoridad a, despojar de sus derechos a

➤ LANGUAGE IN USE: discount A 20.1 discuss 1 26.1

**disenchanted** [ˌdɪsɪnˈtʃɑːntɪd] ADJ desencantado, desilusionado; **to be ~ with sth/sb** estar desencantado *or* desilusionado con algo/algn; **to become ~ with sth/sb** quedar desencantado *or* desilusionado con algo/algn

**disenchantment** [ˌdɪsɪnˈtʃɑːntmənt] N desencanto *m*, desilusión *f*

**disenfranchise** [ˌdɪsɪnˈfræntʃaɪz] VT privar del derecho de voto

**disengage** [ˌdɪsɪnˈgeɪdʒ] Ⓐ VT 1 (= *free*) soltar; **she gently ~d her hand (from his)** soltó su mano (de la de él) con suavidad
2 (*Mil*) [+ *troops*] retirar
3 (*Mech*) desacoplar, desconectar; **to ~ the clutch** desembragar, soltar el embrague
Ⓑ VI 1 (*Mil*) retirarse
2 (*Fencing*) separarse

**disengaged** [ˌdɪsɪnˈgeɪdʒd] ADJ libre, desocupado

**disengagement** [ˌdɪsɪnˈgeɪdʒmənt] N 1 (*Mil*) retirada *f*
2 (*Mech*) desacoplamiento *m*, desconexión *f*

**disentangle** [ˌdɪsɪnˈtæŋgl] VT 1 [+ *string, hair*] desenredar, desenmarañar (**from** de); **to ~ o.s. from** (*fig*) desenredarse de
2 (*fig*) [+ *problem, mystery*] desentrañar, esclarecer

**disequilibrium** [ˌdɪsiːkwɪˈlɪbrɪəm] N desequilibrio *m*

**disestablish** [ˌdɪsɪsˈtæblɪʃ] VT [*church*] separar del Estado

**disestablishment** [ˌdɪsɪsˈtæblɪʃmənt] N [*of church*] separación *f* del Estado

**disfavour**, **disfavor** (*US*) [dɪsˈfeɪvəʳ] N 1 (= *disapproval*) desaprobación *f*; **to fall into ~** [*custom, practice*] caer en desuso; [*person*] caer en desgracia; **to look with ~ on sth** ver algo con malos ojos, desaprobar algo
2 (= *disservice*) **to do sb a ~** ◊ **do a ~ to sb** hacer un flaco favor a algn, no hacer ningún favor a algn

**disfigure** [dɪsˈfɪgəʳ] VT [+ *face, body*] desfigurar; [+ *area*] afear

**disfigured** [dɪsˈfɪgəd] ADJ desfigurado

**disfigurement** [dɪsˈfɪgəmənt] N [*of face, body*] desfiguración *f*; [*of area*] afeamiento *m*

**disfranchise** [ˈdɪsˈfræntʃaɪz] VT = **disenfranchise**

**disgorge** [dɪsˈgɔːdʒ] VT 1 [+ *food*] [*person, animal*] vomitar, arrojar; [*bird*] desembuchar
2 [+ *contents, passengers*] **the coaches were disgorging hordes of tourists** de los autocares manaban hordas de turistas; **the ship ~d its cargo of oil into the sea** el barco derramó su cargamento de petróleo en el mar

**disgrace** [dɪsˈgreɪs] Ⓐ N 1 (= *state of shame*) deshonra *f*, ignominia *f*; **there is no ~ in being poor** no es ninguna deshonra ser pobre; **to be in ~** [*adult*] estar totalmente desacreditado, haber caído en desgracia; [*pet, child*] estar castigado; **she was sent home in ~** la mandaron a casa castigada; **to bring ~ on** deshonrar
2 (= *shameful thing*) vergüenza *f*; **it's a ~** es una vergüenza; **you're a ~!** ¡lo tuyo es una vergüenza!; **to be a ~ to the school/family** ser una deshonra para la escuela/la familia
3 (= *downfall*) caída *f*
Ⓑ VT [+ *family, country*] deshonrar; **he ~d himself** se deshonró; **he was ~d and banished** lo destituyeron de su cargo y lo desterraron

**disgraceful** [dɪsˈgreɪsfʊl] ADJ vergonzoso; [*behaviour*] escandaloso; **disgraceful!** ¡qué vergüenza!

**disgracefully** [dɪsˈgreɪsfəlɪ] ADV vergonzosamente; [*behave*] escandalosamente

**disgruntled** [dɪsˈgrʌntld] ADJ (= *unhappy*) [*employee, staff, customer*] descontento; (= *bad-tempered*) contrariado, malhumorado

**disguise** [dɪsˈgaɪz] Ⓐ N disfraz *m*; **to be in ~** estar disfrazado
Ⓑ VT [+ *person*] disfrazar (**as** de); [+ *voice*] simular, cambiar; [+ *feelings*] ocultar, disimular; [+ *bad points, error*] ocultar; **to ~ o.s. as** disfrazarse de; **she ~d herself as a man** se disfrazó de hombre

**disgust** [dɪsˈgʌst] Ⓐ N 1 (= *revulsion*) repugnancia *f*, asco *m*; **it fills me with ~** me da asco
2 (= *anger*) indignación *f*; **she left in ~** se marchó indignada
Ⓑ VT dar asco a, repugnar; **the thought ~s me** la idea me repugna; **you ~ me** me das asco

**disgusted** [dɪsˈgʌstɪd] ADJ [*viewer, reader, customer*] indignado; [*tone, voice*] de indignación; **I am ~ at the way we were treated** estoy indignado por la manera en que nos trataron; **he was ~ by his failure** estaba muy enojado consigo mismo por su fracaso; **I am ~ with you** estoy indignado contigo

**disgustedly** [dɪsˈgʌstɪdlɪ] ADV (= *with revulsion*) con asco; (= *angrily*) con indignación; **... he said ~** ... dijo indignado

**disgusting** [dɪsˈgʌstɪŋ] ADJ 1 (= *revolting*) [*habit, taste, smell, food, place*] asqueroso, repugnante; [*person*] repugnante; **you're ~** me das asco, eres repugnante; **the kitchen is in a ~ mess** la cocina está que da asco, la cocina está asquerosa; **how ~!** ¡qué asco!; **it looks ~** tiene una pinta asquerosa; **it smells ~** tiene un olor asqueroso *or* repugnante, huele que da asco; **it tastes ~** tiene un sabor asqueroso *or* repugnante
2 (= *obscene*) [*book, film, photo*] repugnante, asqueroso; [*language*] indecente, cochino*
3 (= *disgraceful*) [*attitude, behaviour, manners*] vergonzoso; **she returned the book in a ~ condition** devolvió el libro en un estado vergonzoso
4 (*) (= *terrible*) [*weather*] asqueroso, de perros*

**disgustingly** [dɪsˈgʌstɪŋlɪ] ADV asquerosamente; **it was ~ dirty** estaba asquerosamente sucio, estaba tan sucio que daba asco; **they are ~ rich** son tan ricos que da asco

**dish** [dɪʃ] Ⓐ N 1 (= *plate*) plato *m*; (= *serving dish*) fuente *f*; (= *food*) plato *m*, platillo *m* (*Mex*); **to wash** *or* **do the ~es** fregar los platos; **a typical Spanish ~** un plato típico español
2 (*TV*) antena *f* parabólica; (*Astron*) reflector *m*
3 (*) (= *girl, boy*) bombón* *m*
Ⓑ VT [+ *hopes, chances*] desbaratar
Ⓒ CPD ► **dish aerial** (*Brit*), **dish antenna** (*US*) N antena *f* parabólica ► **dish soap** N (*US*) lavavajillas *m inv*

►**dish out** VT + ADV [+ *food*] servir; [+ *money*] repartir; [+ *advice*] dar, impartir; [+ *punishment*] infligir, impartir; [+ *criticism*] hacer

►**dish up** Ⓐ VT + ADV 1 (= *serve*) [+ *food*] servir
2 (= *present*) ofrecer; **he ~ed up the same old arguments** repitió los argumentos de siempre
Ⓑ VI + ADV servir

**dishabille** [ˌdɪsæˈbiːl] N desnudez *f*

**disharmony** [ˈdɪsˈhɑːmənɪ] N discordia *f*; (*Mus*) disonancia *f*

**dishcloth** [ˈdɪʃklɒθ] N (*pl* **dishcloths** [ˈdɪʃklɒðz]) (*for washing*) bayeta *f*; (*for drying*) paño *m* (de cocina), trapo *m*

**dishearten** [dɪsˈhɑːtn] VT desalentar, desanimar; **don't be ~ed!** ¡ánimo!, ¡no te desanimes!

**disheartening** [dɪsˈhɑːtnɪŋ] ADJ desalentador

**dishevelled**, **disheveled** (*US*) [dɪˈʃevəld] ADJ [*hair*] despeinado; [*clothes*] desarreglado, desaliñado

**dishmop** [ˈdɪʃmɒp] N fregona *f* para lavar los platos

**dishonest** [dɪsˈɒnɪst] ADJ [*person*] poco honrado, deshonesto; [*means, plan*] fraudulento, deshonesto

**dishonestly** [dɪsˈɒnɪstlɪ] ADV fraudulentamente, deshonestamente; **to act ~** obrar con poca honradez *or* de forma poco honrada

**dishonesty** [dɪsˈɒnɪstɪ] N [*of person*] falta *f* de honradez, deshonestidad *f*; [*of declaration*] falsedad *f*; [*of means*] carácter *m* fraudulento, fraudulencia *f*

**dishonour**, **dishonor** (*US*) [dɪsˈɒnəʳ] Ⓐ N deshonra *f*, deshonor *m*; **to bring** *or* **cast ~ on sth/sb** traer la deshonra a algo/a algn, deshonrar algo/a algn
Ⓑ VT [+ *country, family*] deshonrar; [+ *cheque*] devolver, rechazar; [+ *debt*] dejar sin pagar, incumplir el pago de; [+ *promise*] faltar a, no cumplir

**dishonourable**, **dishonorable** (*US*) [dɪsˈɒnərəbl] ADJ deshonroso; **~ discharge** (*US Mil*) baja *f* por conducta deshonrosa

**dishonourably**, **dishonorably** (*US*) [dɪsˈɒnərəblɪ] ADV deshonrosamente; **to be ~ discharged** ser dado de baja con deshonor *or* por conducta deshonrosa

**dishrack** [ˈdɪʃræk] N escurreplatos *m inv*, escurridor *m*

**dishrag** [ˈdɪʃræg] N trapo *m* para fregar los platos, bayeta *f*

**dishtowel** [ˈdɪʃtaʊəl] N (*US*) paño *m* de cocina, trapo *m*

**dishware** [ˈdɪʃweəʳ] N (*US*) loza *f*, vajilla *f*

**dishwasher** [ˈdɪʃˌwɒʃəʳ] N (= *machine*) lavaplatos *m inv*, lavavajillas *m inv*; (= *person*) (*in restaurant*) friegaplatos *mf inv*, lavaplatos *mf inv*

**dishwater** [ˈdɪʃwɔːtəʳ] N agua *f* de lavar platos; (*fig*) agua *f* sucia

**dishy*** [ˈdɪʃɪ] ADJ (*Brit*) guapísimo; **he's/she's really ~** está buenísimo/buenísima

**disillusion** [ˌdɪsɪˈluːʒən] Ⓐ N desilusión *f*; (*more intense*) desencanto *m*
Ⓑ VT desilusionar; (*more intensely*) desencantar

**disillusioned** [ˌdɪsɪˈluːʒənd] ADJ desilusionado; (*more intense*) desencantado; **to be/become ~ with sth/sb** estar/quedar desilusionado con algo/algn; (*more intensely*) estar/quedar desencantado con algo/algn

**disillusionment** [ˌdɪsɪˈluːʒənmənt] N desilusión *f*; (*more intense*) desencanto *m*

**disincentive** [ˌdɪsɪnˈsentɪv] N factor *m* desmotivador (**to** para)

**disinclination** [ˌdɪsɪnklɪˈneɪʃən] N (*frm*) poca disposición *f* (**for** a; **to do sth** a hacer algo); **one of his characteristics was an extreme ~ to part with money** una de sus características era su extremado apego al dinero; **they showed a marked ~ to compromise** se mostraron manifiestamente reacios a comprometerse

**disinclined** [ˈdɪsɪnˈklaɪnd] ADJ (*frm*) **to be ~ to do sth** estar poco dispuesto a hacer algo, ser reacio a hacer algo; **I feel very ~ to go** no tengo ningunas ganas de ir

**disinfect** [ˌdɪsɪnˈfekt] VT desinfectar

**disinfectant** [ˌdɪsɪnˈfektənt] N desinfectante *m*

**disinfection** [ˌdɪsɪnˈfekʃən] N desinfección *f*

**disinflation** [ˌdɪsɪnˈfleɪʃən] N reducción *f* de la inflación

**disinflationary** [ˌdɪsɪnˈfleɪʃənərɪ] ADJ desinflacionista

**disinformation** [ˌdɪsɪnfəˈmeɪʃən] N desinformación *f*

**disingenuous** [ˌdɪsɪnˈdʒenjʊəs] ADJ falso, poco sincero

**disingenuousness** [ˌdɪsɪnˈdʒenjʊəsnɪs] N falsedad *f*, falta *f* de sinceridad

**disinherit** [ˈdɪsɪnˈherɪt] VT desheredar

**disintegrate** [dɪsˈɪntɪgreɪt] Ⓐ VI **1** (*lit*) [*rock*] desintegrarse; [*piece of machinery, furniture, toy*] destrozarse
**2** (*fig*) [*country, family, organization, rock*] desintegrarse
Ⓑ VT [+ *rock*] desintegrar

**disintegration** [dɪsˌɪntɪˈgreɪʃən] N desintegración *f*

**disinter** [ˈdɪsɪnˈtɜːʳ] VT [+ *corpse*] desenterrar, exhumar; [+ *idea, law*] desenterrar

**disinterest** [dɪsˈɪntrəst] N **1** (= *indifference*) desinterés *m*, apatía *f*
**2** (= *impartiality*) imparcialidad *f*

**disinterested** [dɪsˈɪntrɪstɪd] ADJ **1** (= *impartial*) desinteresado, imparcial
**2** (= *uninterested*) indiferente

**disinterestedly** [dɪsˈɪntrɪstɪdlɪ] ADV **1** (= *impartially*) de manera desinteresada, desinteresadamente
**2** (= *uninterestedly*) con indiferencia

**disinterestedness** [dɪsˈɪntrɪstɪdnɪs] N **1** (= *impartiality*) imparcialidad *f*
**2** (= *indifference*) desinterés *m*

**disinterment** [ˌdɪsɪnˈtɜːmənt] N exhumación *f*, desenterramiento *m*

**disinvest** [ˌdɪsɪnˈvest] VI desinvertir (**from** de)

**disinvestment** [ˌdɪsɪnˈvestmənt] N desinversión *f*

**disjointed** [dɪsˈdʒɔɪntɪd] ADJ [*words, sentences, arguments*] inconexo, deslavazado

**disjointedly** [dɪsˈdʒɔɪntɪdlɪ] ADV de forma incoherente, de forma inconexa

**disjunctive** [dɪsˈdʒʌŋktɪv] ADJ disyuntivo

**disk** [dɪsk] Ⓐ N **1** (*esp US*) = **disc**
**2** (*Comput*) disco *m*; **single-/double-sided ~** disco *m* de una cara/dos caras
Ⓑ CPD ► **disk drive** N unidad *f* de disco
► **disk operating system** N sistema *m* operativo de disco

**diskette** [dɪsˈket] N disquete *m*, diskette *m*

**diskless** [ˈdɪsklɪs] ADJ sin disco(s)

▼ **dislike** [dɪsˈlaɪk] Ⓐ N **1** (= *antipathy*) aversión *f*, antipatía *f* (**of** a, hacia); **to take a ~ to sb** coger *or* (*LAm*) tomar antipatía a algn
**2** (= *thing disliked*) **likes and ~s** aficiones *fpl* y fobias *or* manías, cosas *fpl* que gustan y cosas que no
Ⓑ VT [+ *person*] tener antipatía a; (*more intensely*) tener aversión a; **I ~ her intensely** le tengo mucha antipatía *or* auténtica aversión; **it's not that I ~ him** no es que me caiga mal, no es que yo le tenga antipatía; **I ~ pop music/flying** no me gusta la música pop/ir en avión

**dislocate** [ˈdɪsləʊkeɪt] VT **1** (= *put out of joint*) [+ *bone*] dislocarse; **he ~d his shoulder** se dislocó el hombro
**2** (= *disrupt*) [+ *traffic*] trastornar; [+ *plans*] trastocar
**3** (= *displace*) [+ *person*] desplazar

**dislocation** [ˌdɪsləʊˈkeɪʃən] N **1** (*Med*) dislocación *f*
**2** (= *disruption*) [*of traffic*] trastorno *m*; [*of plans*] trastocamiento *m*
**3** (= *displacement*) desplazamiento *m*

**dislodge** [dɪsˈlɒdʒ] VT **1** (= *remove*) [+ *stone, obstruction*] sacar; [+ *enemy*] desalojar (**from** de); [+ *party, ruler*] desbancar
**2** (= *cause to fall*) hacer caer

**disloyal** [ˈdɪsˈlɔɪəl] ADJ desleal (**to** con)

**disloyalty** [ˈdɪsˈlɔɪəltɪ] N deslealtad *f* (**to** con)

**dismal** [ˈdɪzməl] ADJ **1** (= *gloomy, depressing*) [*weather*] deprimente; [*place*] sombrío, deprimente; [*day, tone, thought*] sombrío; [*person*] taciturno, de carácter sombrío; **to be in a ~ mood** estar *or* sentirse abatido
**2** (= *poor*) [*performance, condition*] pésimo; [*future*] desalentador, poco prometedor; **my prospects of getting a job are ~/pretty ~** mis posibilidades de conseguir un trabajo son ínfimas/bastante escasas; **a ~ failure** un rotundo fracaso

**dismally** [ˈdɪzməlɪ] ADV **1** (= *sadly*) [*say, reply*] en tono sombrío
**2** (= *poorly*) **to perform ~** [*actor*] actuar pésimamente; [*athlete*] tener una actuación pésima; **to fail ~** fracasar estrepitosamente
**3** (*as intensifier*) **the play was ~ bad** la obra fue pésima

**dismantle** [dɪsˈmæntl] VT [+ *machine*] desmontar, desarmar; [+ *fort, ship*] desmantelar; [+ *system, organization*] desmantelar

**dismast** [dɪsˈmɑːst] VT desarbolar

**dismay** [dɪsˈmeɪ] Ⓐ N consternación *f*; **there was general ~** todos estaban consternados; **in ~** consternado; **(much) to my ~** para (gran) consternación mía; **to fill sb with ~** consternar a algn
Ⓑ VT consternar; **I am ~ed to hear that ...** me da pena *or* me produce consternación enterarme de que ...; **don't look so ~ed!** ¡no te aflijas!

**dismember** [dɪsˈmembəʳ] VT desmembrar

**dismemberment** [dɪsˈmembəmənt] N desmembramiento *m*, desmembración *f*

**dismiss** [dɪsˈmɪs] Ⓐ VT **1** (*from job*) [+ *worker*] despedir; [+ *official*] destituir; **to be ~ed from the service** (*Mil*) ser dado de baja, ser separado del servicio
**2** (= *send away*) (*gen*) despachar; [+ *troops*] dar permiso (para irse); **class ~ed!** (*Scol*) eso es todo por hoy
**3** (= *reject, disregard*) [+ *thought*] rechazar, apartar de sí; [+ *request*] rechazar; [+ *possibility*] descartar, desechar; [+ *problem*] hacer caso omiso de; **with that he ~ed the matter** con eso dio por concluido el asunto
**4** (*Jur*) [+ *court case*] anular; [+ *appeal*] desestimar, rechazar; **the case was ~ed** el tribunal absolvió al acusado
**5** (= *beat*) [+ *opponent*] vencer
Ⓑ VI (*Mil*) romper filas; **dismiss!** ¡rompan filas!

**dismissal** [dɪsˈmɪsəl] N **1** (*from job*) [*of worker*] despido *m*; [*of official*] destitución *f*
**2** [*of suggestion, idea*] rechazo *m*
**3** (*Jur*) desestimación *f*

**dismissive** [dɪsˈmɪsɪv] ADJ (= *disdainful*) [*gesture, wave, attitude*] despectivo, desdeñoso; **he said in a ~ tone** dijo como quien no quería tomar la cosa en serio; **he was very ~ about it** parecía no tomar la cosa en serio; **he is very ~ of her capabilities** siempre está infravalorando *or* subestimando sus capacidades

**dismissively** [dɪsˈmɪsɪvlɪ] ADV **1** (= *disdainfully*) [*speak, wave*] despectivamente, con desdén
**2** (*sending sb away*) **"that's all," he said ~** —eso es todo —se limitó a decir él

**dismount** [dɪsˈmaʊnt] Ⓐ VI desmontar; **she ~ed from her horse** desmontó (del caballo), se apeó *or* se bajó del caballo
Ⓑ VT [+ *rider*] desmontar

**Disneyland** [ˈdɪznɪˌlænd] N Disneylandia *f*

**disobedience** [ˌdɪsəˈbiːdɪəns] N desobediencia *f*

**disobedient** [ˌdɪsəˈbiːdɪənt] ADJ desobediente

**disobey** [ˈdɪsəˈbeɪ] Ⓐ VT [+ *person, rule*] desobedecer
Ⓑ VI desobedecer

**disobliging** [ˈdɪsəˈblaɪdʒɪŋ] ADJ poco servicial

**disorder** [dɪsˈɔːdəʳ] Ⓐ N **1** (= *confusion, untidiness*) desorden *m*; **to be in ~** estar en desorden; **to retreat in ~** retirarse a la desbandada
**2** (*Pol*) (= *rioting*) disturbios *mpl*
**3** (*Med*) dolencia *f*, trastorno *m*; **mental ~** trastorno *m* mental
Ⓑ VT **1** (= *make untidy*) desordenar
**2** (*Med*) [+ *mind*] trastornar

**disordered** [dɪsˈɔːdəd] ADJ **1** [*room, thoughts*] desordenado
**2** (*Med*) [*mind*] trastornado

**disorderly** [dɪsˈɔːdəlɪ] ADJ **1** (= *untidy, disorganized*) [*room, queue*] desordenado; [*person, mind*] poco metódico; **the ~ flight of the refugees** la caótica huída de los refugiados
**2** (= *unruly*) [*behaviour*] indisciplinado, turbulento; [*crowd*] indisciplinado, alborotado; [*hooligan*] desmandado; [*meeting*] turbulento; **to become ~** [*meeting, person*] alborotarse; **~ conduct** (*Jur*) alteración *f* del orden público; **~ house** (*euph*) (= *brothel*) burdel *m*, prostíbulo *m*; (= *gambling den*) casa *f* de juego; **to keep a ~ house** (= *brothel*) regentar un burdel *or* prostíbulo; (= *gambling den*) regentar una casa de juego; *see also* **drunk B**

**disorganization** [dɪsˌɔːgənaɪˈzeɪʃən] N desorganización *f*

**disorganize** [dɪsˈɔːgənaɪz] VT (*gen*) desorganizar; [+ *communications*] interrumpir

**disorganized** [dɪsˈɔːgənaɪzd] ADJ desorganizado

**disorient** [dɪsˈɔːrɪənt] VT = **disorientate**

**disorientate** [dɪsˈɔːrɪənteɪt] VT desorientar

**disown** [dɪsˈəʊn] VT **1** (= *repudiate*) [+ *son, daughter, husband, wife*] desconocer, repudiar
**2** (= *deny*) [+ *responsibility*] negar; [+ *belief*] renegar de

**disparage** [dɪsˈpærɪdʒ] VT [+ *person, achievements*] menospreciar, despreciar

**disparagement** [dɪsˈpærɪdʒmənt] N menosprecio *m*

**disparaging** [dɪsˈpærɪdʒɪŋ] ADJ [*remark*] despectivo; **to be ~ about sth/sb** menospreciar algo/a algn

**disparagingly** [dɪsˈpærɪdʒɪŋlɪ] ADV **to speak ~ of** hablar en términos despreciativos de

**disparate** [ˈdɪspərɪt] ADJ dispar

**disparity** [dɪsˈpærɪtɪ] N (= *inequality, dissimilarity*) disparidad *f*

**dispassionate** [dɪsˈpæʃnɪt] ADJ (= *unbiased*) [*appraisal, observer*] imparcial; (= *unemotional*) [*voice, tone*] desapasionado

**dispassionately** [dɪsˈpæʃnɪtlɪ] ADV de modo desapasionado, sin apasionamientos

▼ **dispatch** [dɪsˈpætʃ] Ⓐ N **1** (= *sending*) [*of person*] envío *m*; [*of goods*] envío *m*, expedición *f*
**2** (= *report*) (*in press*) reportaje *m*, informe *m*; (= *message*) despacho *m*; (*Mil*) parte *m*, comunicado *m*; **to be mentioned in ~es** (*Mil*)

► LANGUAGE IN USE: **dislike** A1 7.3 **dispatch** B1 20.4, 20.5

recibir menciones de elogio (*por su valor en combate*)
3 (= *promptness*) (*frm*) celeridad *f*, prontitud *f*
Ⓑ VT 1 (= *send*) [+ *letter, goods*] enviar, expedir; [+ *messenger, troops*] enviar
2 (= *deal with*) [+ *business*] despachar
3 (= *carry out*) [+ *duty*] ejercer, realizar
4 (*hum*) (= *eat*) [+ *food*] despachar
5 (= *kill*) despachar
Ⓒ CPD ► **dispatch box** N (*Brit*) cartera *f* ► **dispatch case** N portafolios *m inv* ► **dispatch department** N departamento *m* de envíos ► **dispatch documents** NPL documentos *mpl* de envío ► **dispatch note** N nota *f* de envío, nota *f* de expedición ► **dispatch rider** N (= *motorcyclist*) mensajero/a *m/f* (*con moto*); (= *horseman*) correo *m*; (*Mil*) correo *m*

**dispatcher** [dɪs'pætʃəʳ] N transportista *m*

**dispel** [dɪs'pel] VT [+ *fog, smell, doubts, fear, worry*] disipar

**dispensable** [dɪs'pensəbl] ADJ prescindible

**dispensary** [dɪs'pensərɪ] N (*gen*) dispensario *m*; (*in hospital*) farmacia *f*

**dispensation** [ˌdɪspen'seɪʃən] N 1 (= *exemption*) exención *f*
2 (= *distribution*) [*of drugs*] dispensación *f*
3 (= *implementation*) [*of justice*] administración *f*
4 (*Rel*) dispensa *f*; **~ of Providence** designio *m* divino
5 (= *ruling*) decreto *m*

**dispense** [dɪs'pens] VT 1 (= *distribute*) [+ *food, money*] repartir; [+ *advice*] ofrecer; [+ *drug, prescription*] despachar; **this machine ~s coffee** esta máquina expende café
2 (= *implement*) [+ *justice*] administrar
3 (= *exempt*) **to ~ sb from sth** dispensar *or* eximir a algn de algo

►**dispense with** VI + PREP 1 (= *do without*) prescindir de
2 (= *get rid of*) deshacerse de

**dispenser** [dɪs'pensəʳ] N 1 (= *person*) farmacéutico/a *m/f*
2 (= *container*) (*for soap*) dosificador *m*; (= *machine*) distribuidor *m* automático, máquina *f* expendedora; **cash ~** (*Brit*) cajero *m* automático

**dispensing chemist** [dɪs'pensɪŋ'kemɪst] N (= *shop*) farmacia *f*; (= *person*) farmacéutico/a *m/f*

**dispersal** [dɪs'pɜːsəl] N (= *scattering*) [*of army, crowd*] dispersión *f*; [*of light*] descomposición *f*

**dispersant** [dɪs'pɜːsənt] N (*Chem*) dispersante *m*

**disperse** [dɪs'pɜːs] Ⓐ VT (= *scatter*) [+ *crowd*] dispersar; [+ *news*] propagar; [+ *light*] descomponer
Ⓑ VI [*crowd, army, troops*] dispersarse; [*mist*] disiparse

**dispersion** [dɪs'pɜːʃən] N = **dispersal**

**dispirit** [dɪs'pɪrɪt] VT desanimar, desalentar

**dispirited** [dɪs'pɪrɪtɪd] ADJ desanimado, desalentado

**dispiritedly** [dɪs'pɪrɪtɪdlɪ] ADV con desánimo, con desaliento

**dispiriting** [dɪs'pɪrɪtɪŋ] ADJ desalentador

**displace** [dɪs'pleɪs] VT 1 (*Phys*) [+ *liquid, mass*] desplazar
2 (= *replace*) reemplazar
3 (= *remove from office*) destituir
4 (= *force to leave home*) desplazar

**displaced** [dɪs'pleɪst] ADJ **~ person** desplazado/a *m/f*

➤ LANGUAGE IN USE: **disposal 4** 3

**displacement** [dɪs'pleɪsmənt] N 1 (*Phys*) [*of liquid, mass*] desplazamiento *m*
2 (= *replacement*) reemplazo *m*
3 (= *removal*) eliminación *f*; (= *dismissal*) destitución *f*
4 (= *forced relocation*) desplazamiento *m*
5 (*Psych*) [*of energy*] sublimación *f*

**display** [dɪs'pleɪ] Ⓐ N 1 (= *act of displaying*) [*of merchandise*] exposición *f*; (*in gallery, museum*) exposición *f*, exhibición *f*; [*of emotion, interest*] manifestación *f*, demostración *f*; [*of force*] despliegue *m*; **to be on ~** estar expuesto
2 (= *array*) [*of merchandise*] muestrario *m*, surtido *m*; (*in gallery, museum*) exposición *f*; **window ~** (*in shop*) escaparate *m*
3 (= *show*) (*Mil*) exhibición *f*, demostración *f*; **a firework(s) ~** fuegos *mpl* artificiales
4 (= *ostentation*) **the party made a ~ of unity** el partido se esforzó en dar una imagen de unidad
5 (*Comput*) (= *act*) visualización *f*
Ⓑ VT 1 (= *put on view*) [+ *goods, painting, exhibit*] exponer, exhibir; [+ *notice, results*] exponer, hacer público
2 (= *show*) [+ *emotion, ignorance*] mostrar, manifestar; [+ *courage*] demostrar, hacer gala de
3 (= *show ostentatiously*) [+ *one's knowledge*] alardear de, hacer alarde de
4 (*Comput*) desplegar, visualizar
Ⓒ CPD ► **display advertising** N (*Press*) pancartas *fpl* publicitarias, publicidad *f* gráfica ► **display case** N vitrina *f* ► **display screen**, **display unit** N (*Comput*) monitor *m* ► **display window** N escaparate *m*

**displease** [dɪs'pliːz] VT (= *be disagreeable to*) desagradar; (= *annoy*) disgustar

**displeased** [dɪs'pliːzd] ADJ **to be ~ at sth/sb** estar disgustado con algo/algn

**displeasing** [dɪs'pliːzɪŋ] ADJ desagradable

**displeasure** [dɪs'pleʒəʳ] N desagrado *m*, disgusto *m*

**disport** [dɪs'pɔːt] VT **to ~ o.s.** divertirse

**disposable** [dɪs'pəʊzəbl] Ⓐ ADJ 1 (= *not reusable*) [*nappy*] desechable, de usar y tirar; **~ goods** productos *mpl* desechables *or* no reutilizables
2 (= *available*) disponible; **~ assets** activos *mpl* disponibles; **~ income** renta *f* disponible
Ⓑ N (= *nappy*) pañal *m* desechable, pañal *m* de usar y tirar

▼**disposal** [dɪs'pəʊzəl] N 1 (= *sale, transfer*) [*of goods*] venta *f*; [*of property*] traspaso *m*; [*of rights*] enajenación *f*
2 [*of waste*] **refuse ~** eliminación *f* de basuras; *see also* **bomb D**
3 (= *distribution*) [*of ornaments, furniture*] disposición *f*, colocación *f*; [*of troops*] despliegue *m*
4 (= *availability for use*) disposición *f*; **to put sth at sb's ~** poner algo a disposición de algn; **to have sth at one's ~** tener algo a su disposición, disponer de algo; **it's/I'm at your ~** está/estoy a tu disposición

**dispose** [dɪs'pəʊz] VT 1 (= *arrange*) [+ *furniture, ornaments*] disponer, colocar; [+ *troops*] desplegar
2 (*frm*) (= *incline*) predisponer; **her behaviour did not ~ me to help her** su comportamiento no me predisponía a ayudarla, su comportamiento no hacía que me sintiese inclinado a ayudarla
3 (= *decide*) disponer, decidir

►**dispose of** VI + PREP 1 (= *get rid of*) [+ *evidence, body*] deshacerse de; [+ *rubbish*] tirar, botar (*LAm*)
2 (= *sell, transfer*) [+ *goods*] vender; [+ *property*] traspasar; [+ *rights*] enajenar, ceder
3 (= *deal with*) [+ *matter, problem*] resolver; [+ *business*] despachar
4 (= *disprove*) [+ *argument*] echar por tierra
5 (= *have at one's command*) disponer de
6 (*hum*) (= *eat*) [+ *food*] comerse, despachar
7 (= *kill*) matar, despachar

**disposed** [dɪs'pəʊzd] ADJ (*frm*) **to be ~ to do sth** estar dispuesto a hacer algo; **to be favourably ~ towards sth/sb** tener una disposición favorable hacia algo/algn; *see also* **ill-disposed**, **well-disposed**

**disposition** [ˌdɪspə'zɪʃən] N 1 (= *temperament*) carácter *m*, temperamento *m*
2 (= *placing*) [*of ornaments, furniture*] disposición *f*, colocación *f*; [*of troops*] despliegue *m*
3 (= *inclination*) predisposición *f* (**to** a); **I have no ~ to help him** no estoy dispuesto a ayudarle
4 **dispositions** preparativos *mpl*; **to make one's ~s** hacer preparativos

**dispossess** ['dɪspə'zes] VT [+ *tenant*] desahuciar; **to ~ sb of** desposeer *or* despojar a algn de

**disproportion** [ˌdɪsprə'pɔːʃən] N desproporción *f*

**disproportionate** [ˌdɪsprə'pɔːʃnɪt] ADJ desproporcionado (**to** en relación con)

**disproportionately** [ˌdɪsprə'pɔːʃnɪtlɪ] ADV desproporcionadamente

**disprove** [dɪs'pruːv] VT [+ *theory, argument*] refutar, rebatir; [+ *claim, allegation*] desmentir

**disputable** [dɪs'pjuːtəbl] ADJ discutible

**disputation** [ˌdɪspjuː'teɪʃən] N debate *m*

**disputatious** [ˌdɪspjuː'teɪʃəs] ADJ discutidor, disputador

**dispute** [dɪs'pjuːt] Ⓐ N (= *quarrel*) disputa *f*, discusión *f*; (= *debate*) discusión *f*; (= *controversy*) polémica *f*, controversia *f*; (= *industrial dispute*) conflicto *m*; (*Jur*) contencioso *m*; **it is beyond ~ that …** es indudable que …; **in** *or* **under ~** [*territory*] en litigio
Ⓑ VT 1 (= *gainsay*) [+ *statement, claim*] poner en duda; **I ~ that** lo dudo; **I do not ~ the fact that …** no niego *or* no discuto que …
2 (= *fight for*) **to ~ possession of a house with sb** tener un contencioso con algn sobre la posesión de una casa; **the final will be ~d between Agassi and Sampras** Agassi y Sampras se disputarán la final
Ⓒ VI (= *argue*) discutir (**about, over** sobre)

**disputed** [dɪs'pjuːtɪd] ADJ [*decision*] discutido; [*territory*] en litigio; **a ~ matter** un asunto contencioso, un asunto en litigio

**disqualification** [dɪsˌkwɒlɪfɪ'keɪʃən] N 1 (= *act, effect*) inhabilitación *f*; (*Sport*) descalificación *f*
2 (= *thing that disqualifies*) impedimento *m*

**disqualify** [dɪs'kwɒlɪfaɪ] VT **to ~ sb (from)** (= *disable*) inhabilitar *or* incapacitar a algn (para); (*Sport*) descalificar a algn (para); **to ~ sb from driving** retirar el permiso de conducir a algn

**disquiet** [dɪs'kwaɪət] Ⓐ N preocupación *f*, inquietud *f*
Ⓑ VT inquietar

**disquieting** [dɪs'kwaɪətɪŋ] ADJ inquietante

**disquietude** [dɪs'kwaɪɪtjuːd] N (*frm*) inquietud *f*, intranquilidad *f*

**disquisition** [ˌdɪskwɪ'zɪʃən] N disquisición *f*

**disregard** ['dɪsrɪ'gɑːd] Ⓐ N (= *indifference*) (*for feelings, money, danger*) indiferencia *f* (**for** por, hacia); (= *non-observance*) [*of law, rules*] desacato *m* (**of** a, de); **with complete ~ for** sin atender en lo más mínimo a; **with complete**

~ **for his own safety** haciendo caso omiso de su propia seguridad
Ⓑ VT [+ *remark, feelings*] hacer caso omiso de; [+ *authority, duty*] desatender

**disrepair** [ˈdɪsrɪˈpeəʳ] N **in a state of ~** en mal estado; **to fall into ~** [*house*] desmoronarse; [*machinery etc*] deteriorarse

**disreputable** [dɪsˈrepjʊtəbl] ADJ [*person, place*] de mala fama; [*clothing*] desaliñado

**disreputably** [dɪsˈrepjʊtəblɪ] ADV vergonzosamente

**disrepute** [ˈdɪsrɪˈpjuːt] N **to bring into ~** desprestigiar; **to fall into ~** desprestigiarse

**disrespect** [ˈdɪsrɪsˈpekt] N falta *f* de respeto; **I meant no ~** no quería ofenderle

**disrespectful** [ˌdɪsrɪsˈpektfʊl] ADJ irrespetuoso; **to be ~ to** *or* **towards sb** faltar al respeto a algn

**disrespectfully** [ˌdɪsrɪsˈpektfəlɪ] ADV irrespetuosamente; **... he said ~** ... dijo de forma irrespetuosa

**disrobe** [ˈdɪsˈrəʊb] (*frm*) Ⓐ VT desnudar, desvestir
Ⓑ VI desnudarse

**disrupt** [dɪsˈrʌpt] VT [+ *meeting, communications etc*] interrumpir; [+ *plans*] alterar, trastocar

**disruption** [dɪsˈrʌpʃən] N [*of meeting, communications*] interrupción *f*; [*of plans*] alteración *f*

**disruptive** [dɪsˈrʌptɪv] ADJ perjudicial

**dissatisfaction** [ˈdɪsˌsætɪsˈfækʃən] N insatisfacción *f* (**with** con)

**dissatisfied** [ˈdɪsˈsætɪsfaɪd] ADJ descontento, insatisfecho (**with** con); **everyone was ~ with the result** el resultado dejó descontento *or* insatisfecho a todo el mundo

**dissect** [dɪˈsekt] VT [+ *animal*] disecar; (*fig*) analizar minuciosamente

**dissection** [dɪˈsekʃən] N [*of animal*] disección *f*; (*fig*) análisis *m inv* minucioso

**dissemble** [dɪˈsembl] Ⓐ VT ocultar, disimular
Ⓑ VI disimular

**disseminate** [dɪˈsemɪneɪt] VT [+ *information*] divulgar, difundir

**dissemination** [dɪˌsemɪˈneɪʃən] N diseminación *f*, difusión *f*

**dissension** [dɪˈsenʃən] N disensión *f*, desacuerdo *m*

**dissent** [dɪˈsent] Ⓐ N disentimiento *m*, disconformidad *f*; (*Rel, Pol*) disidencia *f*
Ⓑ VI disentir (**from** de), estar disconforme (**from** con); (*Rel*) disidir

**dissenter** [dɪˈsentəʳ] N (*Pol, Rel*) disidente *mf*

**dissentient** [dɪˈsenʃɪənt] (*frm*) Ⓐ ADJ = **dissenting**
Ⓑ N disidente *mf*

**dissenting** [dɪˈsentɪŋ] ADJ [*voice*] discrepante; **there was one ~ voice** hubo una voz discrepante *or* en contra; **a long ~ tradition** una larga tradición de disidencia

**dissertation** [ˌdɪsəˈteɪʃən] N disertación *f*; (*US Univ*) tesis *f inv*; (*Brit Univ*) tesina *f*

**disservice** [ˈdɪsˈsɜːvɪs] N perjuicio *m*; **to do sb a ~** perjudicar a algn

**dissidence** [ˈdɪsɪdəns] N disidencia *f*

**dissident** [ˈdɪsɪdənt] Ⓐ ADJ disidente
Ⓑ N disidente *mf*

**dissimilar** [ˈdɪˈsɪmɪləʳ] ADJ distinto, diferente (**to** de)

**dissimilarity** [ˌdɪsɪmɪˈlærɪtɪ] N desemejanza *f* (**between** entre)

**dissimulate** [dɪˈsɪmjʊleɪt] VT disimular

**dissimulation** [dɪˌsɪmjʊˈleɪʃən] N disimulación *f*

**dissipate** [ˈdɪsɪpeɪt] Ⓐ VT [1] (= *dispel*) [+ *fear, doubt etc*] disipar
[2] (= *waste*) [+ *efforts, fortune*] derrochar
Ⓑ VI disiparse

**dissipated** [ˈdɪsɪpeɪtɪd] ADJ [*person*] disipado, licencioso; [*behaviour, life*] disoluto

**dissipation** [ˌdɪsɪˈpeɪʃən] N [1] (= *act of dispelling*) disipación *f*; (= *waste*) derroche *m*, desperdicio *m*
[2] (= *debauchery*) disipación *f*, libertinaje *m*

**dissociate** [dɪˈsəʊʃɪeɪt] VT disociar (**from** de); **to ~ o.s. from sth/sb** disociarse *or* desligarse de algo/algn

**dissociation** [dɪˌsəʊsɪˈeɪʃən] N disociación *f*

**dissoluble** [dɪˈsɒljʊbl] ADJ disoluble

**dissolute** [ˈdɪsəluːt] ADJ disoluto

**dissolution** [ˌdɪsəˈluːʃən] N (*gen, Pol*) disolución *f*

**dissolvable** [dɪˈzɒlvəbl] ADJ soluble

**dissolve** [dɪˈzɒlv] Ⓐ VT (*gen, Comm*) disolver
Ⓑ VI (*gen*) disolverse; **it ~s in water** se disuelve en agua; **the crowd ~d** la muchedumbre se dispersó; **she ~d into tears** se deshizo en lágrimas

**dissonance** [ˈdɪsənəns] N disonancia *f*

**dissonant** [ˈdɪsənənt] ADJ disonante

**dissuade** [dɪˈsweɪd] VT disuadir (**from** de); **to ~ sb from doing sth** disuadir a algn de hacer algo

**dissuasion** [dɪˈsweɪʒən] N disuasión *f*

**dissuasive** [dɪˈsweɪsɪv] ADJ (*gen*) [*voice, person*] disuasivo; [*powers*] disuasorio

**dist.** ABBR [1] (= **distance**) dist
[2] (= **district**) dist

**distaff** [ˈdɪstɑːf] Ⓐ N rueca *f*
Ⓑ CPD ► **the distaff side** N la rama femenina; **on the ~ side** por parte de madre

**distance** [ˈdɪstəns] Ⓐ N [1] (*in space*) distancia *f*; **what ~ is it from here to London?** ¿qué distancia hay de aquí a Londres?; **we followed them at a ~** les seguimos a distancia; **at a ~ of two metres** a dos metros de distancia; **I can't see her face at this ~** a esta distancia no puedo ver su cara; **within easy ~ (of sth)** a poca distancia (de algo), no muy lejos (de algo); **the hotel is a fair ~ from the airport** el hotel está bastante lejos del aeropuerto; **from a ~** desde lejos; **from a ~ you look like your mother** desde lejos te pareces a tu madre; **he had no choice but to admire her from a ~** no podía hacer otra cosa más que admirarla desde lejos; **to go the ~** (*Sport*) llegar hasta el final; **a lot of people start the course with enthusiasm but are unable to go the ~** muchos empiezan el curso con entusiasmo pero son incapaces de completarlo; **it's a good ~ (from here)** está muy *or* bastante lejos (de aquí); **to be within hearing ~** estar al alcance de la voz; **in the ~** a lo lejos; **in the near ~** a poca distancia; **in the middle ~** en segundo término; **in the far ~** muy a lo lejos, en la lejanía; **to keep one's ~** (*lit*) mantenerse a distancia; (*fig*) guardar las distancias; **keep your ~!** ¡mantén la distancia!; **to keep sb at a ~** (*fig*) guardar las distancias con algn; **he can't walk long ~s yet** aún no puede andar largas distancias; **it's no ~** está cerquísimo, está a nada de aquí; **it's only a short ~ away** está a poca distancia, está bastante cerca; **stopping ~** (*Aut*) distancia *f* de parada; **to be within striking ~ of sth** estar muy cerca de algo, estar a un paso *or* dos pasos de algo; **it is within walking ~** se puede ir andando; *see also* **long-distance**
[2] (*in time*) **at a ~ of 400 years** después de 400 años; **at this ~ in time** después de tanto tiempo
Ⓑ VT **to ~ o.s.** (*from problems, situations etc*) distanciarse (**from sth** de algo)
Ⓒ CPD ► **distance learning** N enseñanza *f* a distancia, enseñanza *f* por correspondencia ► **distance race** N carrera *f* de larga distancia ► **distance runner** N corredor(a) *m/f* de fondo

**distant** [ˈdɪstənt] ADJ [1] (*in space*) [*country, land*] distante, lejano; [*star, galaxy*] lejano, remoto; [*sound*] lejano; **the nearest hospital was 200km ~** el hospital más cercano se hallaba a 200km (de distancia); **the school is 2km ~ from the church** la escuela está a 2km (de distancia) de la iglesia; **as Neptune is so ~ from the sun** como Neptuno está tan lejos del sol; **in a ~ part of the country** en una remota región del país; **we could hear ~ thunder** se oían truenos lejanos *or* en la distancia; **we had a ~ view of the sea** veíamos el mar a lo lejos
[2] (*in time*) [*future, past, ancestor*] lejano; **in the ~ future** en un lejano futuro; **in the not too** *or* **very ~ future** en un futuro no demasiado *or* no muy lejano; **last summer's drought is a ~ memory** la sequía del verano pasado es ya un recuerdo lejano; **in the ~ past** en un lejano pasado, en un pasado remoto; **at some ~ point in the future** en algún momento del futuro lejano; **a ~ prospect** una remota posibilidad
[3] (= *not closely related*) [*relative, cousin*] lejano; [*connection*] remoto
[4] (= *aloof*) [*person, manner, voice*] distante; **he is courteous but ~** es cortés pero distante; **to become ~** volverse distante; **she became increasingly ~ towards him** se distanció cada vez más de él
[5] (= *removed*) **all this seems so ~ from the Spain of today** todo esto parece muy alejado de la realidad española de hoy, todo esto parece no tener nada que ver con la España de hoy; **Steve gradually became more ~ from reality** poco a poco, Steve se iba alejando cada vez más de la realidad; **he has become somewhat ~ from the day-to-day operations of the department** se ha distanciado un tanto de las operaciones diarias del departamento
[6] (= *distracted*) [*person, look*] ausente; **there was a ~ look in her eyes** tenía la mirada ausente *or* ida

**distantly** [ˈdɪstəntlɪ] ADV [1] (= *not closely*) [*resemble*] ligeramente; **to be ~ related to sb** ser pariente lejano de algn; **we are ~ related** somos parientes lejanos
[2] (= *far away*) **Rose heard a buzzer sound ~** Rose oyó el sonido de un timbre a lo lejos *or* en la distancia; **he looked down at the pigeons flying ~ below** miró hacia abajo a las palomas que volaban muy por debajo de él
[3] (= *in a detached manner*) [*greet, say*] con frialdad, fríamente
[4] (= *distractedly*) [*smile, nod*] distraídamente

**distaste** [ˈdɪsˈteɪst] N aversión *f* (**for** por, a); **she looked at his grubby clothes with ~** miró su ropa mugrienta con expresión de repugnancia

**distasteful** [dɪsˈteɪstfʊl] ADJ desagradable; [*task*] ingrato; **it is ~ to me to have to do this** no me resulta nada grato tener que hacer esto

**Dist. Atty.** ABBR (*US*) = **District Attorney**

**distemper**[1] [dɪsˈtempəʳ] Ⓐ N (= *paint*) temple *m*
Ⓑ VT pintar al temple

**distemper²** [dɪs'tempəʳ] N (*Vet*) moquillo *m*; (*fig*) mal *m*

**distend** [dɪs'tend] Ⓐ VT dilatar, hinchar
Ⓑ VI dilatarse, hincharse

**distension** [dɪs'tenʃən] N distensión *f*, dilatación *f*, hinchazón *f*

**distich** ['dɪstɪk] N dístico *m*

**distil**, **distill** (*US*) [dɪs'tɪl] VT destilar; **~led water** agua *f* destilada

**distillation** [ˌdɪstɪ'leɪʃən] N destilación *f*

**distiller** [dɪs'tɪləʳ] N destilador *m*

**distillery** [dɪs'tɪlərɪ] N destilería *f*

**distinct** [dɪs'tɪŋkt] ADJ [1] (= *different*) [*types, species, groups*] diferente, distinto; **the book is divided into two ~ parts** el libro está dividido en dos partes bien diferenciadas; **~ from** diferente a, distinto a; **engineering and technology are disciplines quite ~ from one another** la ingeniería y la tecnología son disciplinas muy diferentes *or* distintas; **as ~ from** a diferencia de
[2] (= *clear, definite*) [*shape, memory*] claro, definido; [*image, sound*] claro, nítido; [*increase, rise, fall*] marcado; [*advantage, disadvantage*] claro, obvio; [*possibility, improvement*] claro; [*lack*] evidente; [*flavour*] inconfundible; **we noticed a ~ change in her attitude** notamos un claro cambio en su actitud; **he had the ~ feeling that they were laughing at him** tuvo la clara sensación de que se estaban riendo de él; **I got the ~ impression that ...** tuve la clara impresión de que ...; **there is a ~ possibility that ...** existe una clara posibilidad de que ... + *subjun*; **there are ~ signs of progress** existen señales evidentes *or* inconfundibles de progreso

**distinction** [dɪs'tɪŋkʃən] N [1] (= *difference*) distinción *f*; **to draw a ~ between** hacer una distinción entre
[2] (= *eminence*) distinción *f*; **a man of ~** un hombre distinguido; **a writer of ~** un escritor destacado; **to gain** *or* **win ~** distinguirse (**as** como); **you have the ~ of being the first** a usted le corresponde el honor de ser el primero
[3] (*Univ, Scol*) sobresaliente *m*; **he got a ~ in English** le dieron un sobresaliente en inglés

**distinctive** [dɪs'tɪŋktɪv] ADJ [*sound, colour*] característico; [*flavour, smell, voice*] inconfundible, característico; [*plumage, fur*] distintivo, característico; [*style*] característico, particular; [*clothing, decor*] peculiar, particular; **one of the ~ features of Elizabethan architecture** uno de los rasgos característicos de la arquitectura isabelina; **stone walls are a ~ feature of the countryside** los muros de piedra son característicos del campo; **what was most ~ about him was his extreme nervousness** lo que más le caracterizaba era su extremo nerviosismo

**distinctively** [dɪs'tɪŋktɪvlɪ] ADV [*dressed*] de forma muy peculiar, de forma muy particular; [*furnished*] de una forma muy particular, de una forma muy personal; **the decor has a ~ masculine feel to it** la decoración tiene un aire claramente *or* ostensiblemente masculino; **~ patterned** con un diseño muy particular

**distinctiveness** [dɪs'tɪŋktɪvnɪs] N peculiaridad *f*

**distinctly** [dɪs'tɪŋktlɪ] ADV [1] (= *clearly*) [*see, hear, remember*] claramente, perfectamente; [*promise*] definitivamente; [*prefer*] claramente; **I ~ remember locking the door** recuerdo claramente *or* perfectamente haber cerrado la puerta; **he speaks very ~** habla con mucha claridad
[2] (= *very*) [*odd*] verdaderamente; [*uncomfortable, nervous*] realmente; [*better*] marcadamente; **his was a ~ unhappy childhood** su infancia fue verdaderamente desdichada; **she was ~ unhappy about the new arrangements** estaba realmente *or* muy descontenta con los nuevos planes; **it was ~ cold outside** fuera hacía verdadero *or* mucho frío; **it is ~ awkward** es realmente difícil; **he is ~ lacking in imagination** carece totalmente de imaginación; **his work has a ~ modern flavour** su trabajo tiene un inconfundible sabor a moderno; **it is ~ possible that ...** bien podría ser que ... + *subjun*

**distinguish** [dɪs'tɪŋgwɪʃ] Ⓐ VT [1] (= *differentiate*) distinguir; **they are so alike, it's hard to ~ them** son tan parecidos que es difícil distinguirlos; **he is unable to ~ brown from green** *or* **brown and green** no es capaz de distinguir el marrón del verde *or* el marrón y el verde
[2] (= *make different*) distinguir (**from** de); **it is his professionalism that ~es him from his rivals** su profesionalismo es lo que le distingue de sus rivales; **to ~ o.s.** destacarse (**as** como); **he ~ed himself during his career in the army** se destacó durante su carrera en el ejército; **you've really ~ed yourself!** (*iro*) ¡te has lucido! (*iro*)
[3] (= *characterize*) caracterizar; **her work is ~ed by its excellent presentation** su trabajo se caracteriza por una excelente presentación
[4] (= *discern*) [+ *landmark*] distinguir, vislumbrar; [+ *voice*] distinguir; [+ *change*] distinguir, reconocer
Ⓑ VI distinguir (**between** entre); **I can't ~ between the two of them** no puedo distinguir entre los dos

**distinguishable** [dɪs'tɪŋgwɪʃəbl] ADJ [1] (= *possible to differentiate*) distinguible; **the two types are easily ~** los dos tipos son fácilmente distinguibles, los dos tipos se distinguen fácilmente; **~ groups such as the disabled** grupos que se pueden diferenciar, como los minusválidos; **this vintage port is ~ by its deep red colour** este oporto añejo se caracteriza por su color rojo oscuro; **the copy is barely ~ from the original** la copia apenas puede distinguirse del original; **she is barely ~ from her younger sister** casi no se la puede distinguir de su hermana menor
[2] (= *discernible*) **to be clearly ~** [*landmark, shape*] distinguirse claramente *or* fácilmente; **no words were ~** no se distinguía ninguna palabra con claridad

**distinguished** [dɪs'tɪŋgwɪʃt] Ⓐ ADJ [*guest, appearance, career*] distinguido; [*professor, scholar, writer*] distinguido, eminente; **he retired after 25 years of ~ service** se retiró tras 25 años de distinguido servicio; **to look ~** tener un aspecto distinguido
Ⓑ CPD ► **distinguished service professor** N (*US Univ*) *profesor de universidad Americana que ocupa una cátedra de prestigio*

**distinguishing** [dɪs'tɪŋgwɪʃɪŋ] ADJ distintivo; **~ features** (*of landscape, sb's work*) rasgos *mpl* característicos, característicos *fpl*; (*of animal*) rasgos *mpl* distintivos; **~ mark** marca *f* distintiva

**distort** [dɪs'tɔːt] VT [+ *shape etc*] deformar; [+ *sound, image*] distorsionar; (*fig*) [+ *judgment*] distorsionar; [+ *truth*] tergiversar; **a ~ed impression** una impresión distorsionada

**distorted** [dɪs'tɔːtɪd] ADJ (*lit, fig*) distorsionado; **he gave us a ~ version of the events** nos dio una versión distorsionada de los hechos

**distortion** [dɪs'tɔːʃən] N [*of shape*] deformación *f*; [*of sound, image*] distorsión *f*; (*fig*) distorsión *f*; [*of truth*] tergiversación *f*

**distr.** ABBR [1] = **distribution**
[2] = **distributor**

**distract** [dɪs'trækt] VT [+ *person*] **to ~ sb (from sth)** distraer a algn (de algo); **to ~ sb's attention (from sth)** desviar la atención de algn (de algo); **she is easily ~ed** se distrae fácilmente

**distracted** [dɪs'træktɪd] ADJ [1] (= *preoccupied*) distraído
[2] (†) (= *mad*) loco; **like one ~** como un loco; **to be ~ with anxiety** estar loco de inquietud

**distractedly** [dɪs'træktɪdlɪ] ADV [1] (= *absently*) [*speak, behave*] distraídamente
[2] (= *madly*) locamente, como un loco

**distracting** [dɪs'træktɪŋ] ADJ que distrae la atención, molesto

**distraction** [dɪs'trækʃən] N [1] (= *interruption*) distracción *f*
[2] (= *entertainment*) diversión *f*
[3] (= *distress, anxiety*) aturdimiento *m*; **to drive sb to ~** volver loco a algn

**distrain** [dɪs'treɪn] VI (*Jur*) **to ~ upon** secuestrar, embargar

**distraint** [dɪs'treɪnt] N (*Jur*) secuestro *m*, embargo *m*

**distrait** [dɪs'treɪ] ADJ (*liter*) distraído

**distraught** [dɪs'trɔːt] ADJ afligido, alterado (*LAm*); **in a ~ voice** con una voz embargada por la emoción

**distress** [dɪs'tres] Ⓐ N [1] (= *pain*) dolor *m*; (= *mental anguish*) angustia *f*, aflicción *f*; (*Med*) (*after exertion*) agotamiento *m*, fatiga *f*; **to be in great ~** estar sufriendo mucho
[2] (= *danger*) peligro *m*; **to be in ~** [*ship etc*] estar en peligro
[3] (= *poverty*) miseria *f*; **to be in financial ~** pasar apuros económicos
Ⓑ VT (*physically*) doler; (*mentally*) angustiar, afligir; (*Med*) agotar, fatigar; **I am very ~ed at the news** estoy muy afligido por la noticia; **I am ~ed to hear that ...** lamento profundamente enterarme de que ...
Ⓒ CPD ► **distress rocket** N cohete *m* de señales ► **distress signal** N señal *f* de socorro

**distressed** [dɪs'trest] ADJ [1] (= *upset*) afligido, angustiado
[2] (†) (= *poverty-stricken*) **in ~ circumstances** en penuria económica, en dificultades económicas

**distressful** [dɪs'tresfʊl] ADJ = **distressing**

**distressing** [dɪs'tresɪŋ] ADJ [*situation, experience*] angustioso, doloroso; [*poverty, inadequacy*] acuciante

**distressingly** [dɪs'tresɪŋlɪ] ADV dolorosamente, penosamente; **a ~ bad picture** un cuadro tan malo que daba pena

**distribute** [dɪs'trɪbjuːt] VT (= *deal out, spread out*) repartir; (*Comm*) [+ *goods*] distribuir

**distribution** [ˌdɪstrɪ'bjuːʃən] Ⓐ N [*of wealth, population etc*] distribución *f*; (= *handing out*) reparto *m*; (*Comm*) [*of goods*] distribución *f*; (*Ling*) distribución *f*
Ⓑ CPD ► **distribution cost** N gastos *mpl* de distribución ► **distribution network** N red *f* de distribución ► **distribution rights** NPL derechos *mpl* de distribución

**distributional** [ˌdɪstrɪ'bjuːʃənəl] ADJ distribucional

**distributive** [dɪs'trɪbjʊtɪv] Ⓐ ADJ distributivo
Ⓑ N (*Ling*) adjetivo *m* distributivo
Ⓒ CPD ► **distributive trade** N comercio *m* de distribución

**distributor** [dɪsˈtrɪbjʊtəʳ] N [1] (= *person handing out*) repartidor(a) *m/f*, distribuidor(a) *m/f*
[2] (*Comm*) (= *firm*) compañía *f* distribuidora, distribuidora *f*; (*Cine*) distribuidora *f*
[3] (*Elec, Mech*) distribuidor *m*; (*Aut*) distribuidor *m* (del encendido), delco® *m* (*Sp*)

**distributorship** [dɪsˈtrɪbjʊtəʃɪp] N (*Comm*) (= *company*) compañía *f* distribuidora, distribuidora *f*; (= *right to supply*) distribución *f*

**district** [ˈdɪstrɪkt] (A) N [*of country*] región *f*, zona *f*; [*of town*] distrito *m*, barrio *m*; (= *administrative area*) (*gen*) (*Pol*) distrito *m*; **postal ~** distrito *m* postal
(B) CPD ▸ **district attorney** N (*US*) fiscal *mf* (de distrito) ▸ **district commissioner** N (*Brit*) jefe/a *m/f* de policía de distrito ▸ **district council** N (*Brit*) municipio *m* ▸ **district court** N (*US*) tribunal *m* de distrito ▸ **district manager** N representante *mf* regional ▸ **district nurse** N (*Brit*) *enfermero/a de la Seguridad Social encargado/a de una zona determinada*

**distrust** [dɪsˈtrʌst] (A) N desconfianza *f* (**of** en), recelo *m* (**of** de)
(B) VT desconfiar de, recelar de

**distrustful** [dɪsˈtrʌstfʊl] ADJ desconfiado, receloso

**disturb** [dɪsˈtɜːb] VT [1] (= *bother*) [+ *person, animal*] molestar; **"please do not disturb"** "se ruega no molestar"; **sorry to ~ you** perdona la molestia; **try not to ~ Joseph, he's asleep** intenta no despertar a Joseph, está durmiendo
[2] (= *interrupt*) [+ *order, balance*] alterar; [+ *meeting, sleep*] interrumpir; [+ *silence*] romper; **a car alarm ~ed her sleep** una alarma de coche interrumpió su sueño *or* la despertó; **to ~ the peace** (*Jur*) alterar el orden público; **they ~ed a burglar breaking into their house** sorprendieron a un ladrón que estaba intentando entrar en su casa; **her constant questions ~ed his concentration** sus constantes preguntas le impedían concentrarse
[3] (= *worry*) preocupar; (= *upset*) afectar; **the news ~ed him greatly** la noticia le preocupó enormemente; **the photos of the war victims ~ed her** las fotos de las víctimas de guerra la afectaron
[4] (= *disarrange*) [+ *papers*] desordenar; [+ *water, sediment*] agitar; **somebody had been in her room and ~ed her things** alguien había estado en su cuarto y había revuelto sus cosas; **the police asked if anything had been ~ed** la policía preguntó si había algo fuera de su sitio

**disturbance** [dɪsˈtɜːbəns] N [1] (= *act, state*) perturbación *f*; **~ of the peace** (*Jur*) alteración *f* del orden público
[2] (*social, political*) disturbio *m*; (*in house, street*) alboroto *m*; [*of mind*] trastorno *m*; (= *fight*) altercado *m*, bronca *f* (*LAm*); **to cause a ~** armar alboroto; **there was a ~ in the crowd** hubo un altercado entre algunos de los espectadores; **the ~s in the north** los disturbios en el norte
[3] (= *nuisance*) molestia *f*
[4] (= *interruption*) interrupción *f* (**to** de)

**disturbed** [dɪsˈtɜːbd] ADJ [1] (= *worried*) preocupado, angustiado; (= *upset*) afectado; **I was ~ to hear that ...** me afectó mucho el enterarme de que ...; **he was ~ that ...** le preocupaba que ... + *subjun*, le inquietaba que ... + *subjun*
[2] (*Psych*) [2·1] (= *unhappy*) [*childhood, adolescence*] problemático; **children from ~ backgrounds** niños que proceden de hogares con problemas
[2·2] (= *unbalanced*) [*person, mind*] trastornado; [*behaviour*] desequilibrado; **she is very ~** está muy trastornada, tiene muchos problemas mentales; **to be emotionally/mentally ~** tener trastornos afectivos/mentales
[3] (= *interrupted*) [*sleep*] interrumpido; **to have a ~ night** dormir mal

**disturbing** [dɪsˈtɜːbɪŋ] ADJ [*influence, thought*] perturbador; [*event*] inquietante, preocupante; **it is ~ that ...** es inquietante que ...

**disturbingly** [dɪsˈtɜːbɪŋlɪ] ADV de manera inquietante; **a ~ large number** un número tan grande que resulta inquietante; **the bomb fell ~ close** la bomba cayó tan cerca que causó inquietud

**disunited** [ˈdɪsjʊˈnaɪtɪd] ADJ desunido

**disunity** [ˌdɪsˈjuːnɪtɪ] N desunión *f*

**disuse** [ˈdɪsˈjuːs] N desuso *m*; **to fall into ~** caer en desuso

**disused** [ˈdɪsˈjuːzd] ADJ abandonado

**disyllabic** [ˌdɪsɪˈlæbɪk] ADJ disílabo

**ditch** [dɪtʃ] (A) N (*gen*) zanja *f*; (*at roadside*) cuneta *f*; (= *irrigation channel*) acequia *f*; (*as defence*) foso *m*
(B) VT (*) (= *get rid of*) [+ *car*] deshacerse de; [+ *person*] dejar plantado*; **to ~ a plane** hacer un amaraje forzoso

**ditching** [ˈdɪtʃɪŋ] N [1] (= *digging ditches*) abertura *f* de zanjas; **hedging and ~** mantenimiento *m* de setos y zanjas
[2] (*Aer*) amaraje *m*

**ditchwater** [ˈdɪtʃˌwɔːtəʳ] N ✦**IDIOM to be as dull as ~*** ser muy soso, no tener gracia ninguna

**dither** [ˈdɪðəʳ] (A) N **to be in a ~** ◊ **be all of a ~** (= *be nervous*) estar muy nervioso; (= *hesitate*) no saber qué hacer, vacilar
(B) VI (= *be nervous*) estar nervioso; (= *hesitate*) no saber qué hacer, vacilar; **to ~ over a decision** vacilar al tomar una decisión

**ditherer** [ˈdɪðərəʳ] N (*esp Brit*) indeciso/a *m/f*; **don't be such a ~!** ¡no seas tan indeciso!

**dithery** [ˈdɪðərɪ] ADJ (= *nervous*) nervioso; (= *hesitant*) indeciso, vacilante; (*from old age*) chocho

**ditto** [ˈdɪtəʊ] (A) N ídem, lo mismo; **"I'd like coffee" — "~ (for me)"** —yo quiero café —yo lo mismo *or* y yo; **"~," said Graham** —yo también —dijo Graham
(B) CPD ▸ **ditto marks**, NPL **ditto sign** N comillas *fpl*

**ditty** [ˈdɪtɪ] N cancioncilla *f*

**diuretic** [ˌdaɪjʊəˈretɪk] (A) ADJ diurético
(B) N diurético *m*

**diurnal** [daɪˈɜːnl] ADJ diurno

**diva** [ˈdiːvə] N (*pl* **divas** *or* **dive** [ˈdiːvɪ]) diva *f*

**divan** [dɪˈvæn] N diván *m*; (*Brit*) (*also* **~ bed**) cama *f* turca

**dive** [daɪv] (A) N [1] (*into water*) salto *m* de cabeza (al agua), zambullida *f*, clavado *m* (*CAm, Mex*); (*by professional diver, of submarine*) inmersión *f*
[2] (*Aer*) picado *m*, picada *f* (*LAm*)
[3] (= *leap*) **to make a ~ for sth** lanzarse *or* abalanzarse sobre algo
[4] (*Ftbl*) estirada *f*; **to take a ~** (*Ftbl*) tirarse a la piscina (*dejarse caer deliberadamente con la intención de conseguir un tiro libre o un penalty*)
[5] (*fig*) (= *fall*) **his reputation has taken a ~*** su reputación ha caído en picado
[6] (*pej*, *) (= *club etc*) garito *m*
(B) VI [1] [*swimmer*] tirarse, zambullirse, dar un clavado (*CAm, Mex*), clavarse (*CAm, Mex*); (*artistically*) saltar; (*underwater*) bucear; [*submarine*] sumergirse; **the kids were diving for coins** los niños se tiraban al agua para recoger monedas; **to ~ for pearls** buscar perlas; **to ~ into the water** tirarse al agua, zambullirse
[2] (*Aer*) bajar en picado
[3] (= *leap*) **the goalkeeper ~d for the ball** el portero se lanzó a parar el balón; **to ~ for cover** precipitarse en busca de cobijo; **he ~d for the exit** se precipitó hacia la salida; **he ~d into the crowd** se metió entre la muchedumbre; **to ~ into one's pocket** meter la mano en el bolsillo; **to ~ into a bar** entrar a toda prisa en un bar; **I ~d into the shop for a paper** pasé corriendo por la tienda a por un periódico, me metí corriendo a la tienda a por un periódico
[4] (= *fall*) [*prices etc*] bajar de golpe, caer en picado *or* (*LAm*) picada

**dive-bomb** [ˈdaɪvbɒm] VT [+ *town etc*] bombardear en picado

**dive-bomber** [ˈdaɪvˌbɒməʳ] N bombardero *m* en picado

**dive-bombing** [ˈdaɪvˌbɒmɪŋ] N bombardeo *m* en picado

**diver** [ˈdaɪvəʳ] N [1] (= *swimmer*) saltador(a) *m/f*, clavadista *mf* (*LAm*); (= *deep-sea diver*) submarinista *mf*, buzo *m*; (*sub-aqua*) escafandrista *mf*
[2] (*Orn*) colimbo *m*

**diverge** [daɪˈvɜːdʒ] VI [*roads*] bifurcarse; (*fig*) [*opinions*] divergir (**from** de)

**divergence** [daɪˈvɜːdʒəns] N divergencia *f*

**divergent** [daɪˈvɜːdʒənt] ADJ divergente

**divers** [ˈdaɪvɜːz] ADJ (*liter*) diversos, varios

**diverse** [daɪˈvɜːs] ADJ (= *varied*) diverso, variado

**diversification** [daɪˌvɜːsɪfɪˈkeɪʃən] N diversificación *f*

**diversify** [daɪˈvɜːsɪfaɪ] (A) VT (*gen*) (*also Comm*) diversificar
(B) VI (*Comm*) diversificarse, ampliar el campo de acción

**diversion** [daɪˈvɜːʃən] N [1] (*Brit*) [*of traffic*] desviación *f*, desvío *m*; **"Diversion"** (*road sign*) "Desvío"
[2] (= *distraction*) **to create a ~** (*gen*) distraer; (*Mil*) producir una diversión
[3] (= *pastime*) diversión *f*

**diversionary** [daɪˈvɜːʃnərɪ] ADJ de diversión

**diversity** [daɪˈvɜːsɪtɪ] N [*of opinions etc*] diversidad *f*

**divert** [daɪˈvɜːt] VT [1] [+ *traffic, train etc*] desviar; [+ *conversation*] cambiar
[2] (= *amuse*) divertir, entretener

**diverting** [daɪˈvɜːtɪŋ] ADJ divertido

**divest**[1] [daɪˈvest] VT **to ~ sb of sth** despojar a algn de algo; **to ~ o.s. of one's rights** renunciar a sus derechos; **he ~ed himself of his coat** (*frm*) se despojó de su abrigo (*frm*)

**divest**[2] [daɪˈvest] VT, VI (*US Fin*) desinvertir

**divestment** [daɪˈvestmənt] N (*US Fin*) desinversión *f*

**divide** [dɪˈvaɪd] (A) VT [1] (= *separate*) separar; **the Pyrenees ~ France from Spain** los Pirineos separan Francia de España
[2] (*also* **~ up**) (= *split*) [+ *money, work, kingdom*] dividir, repartir (**among, between** entre); [+ *sweets*] repartir (**among, between** entre); [+ *apple, orange, cake*] partir, dividir (**among, between** entre; **into** en); **they ~d it among themselves** se lo repartieron entre sí; **when he died his property was ~d between his daughters** cuando murió su propiedad se repartió *or* se dividió entre sus hijas; **she tried to ~ her time fairly between the children** intentaba repartir su tiempo de forma equitativa entre los niños; **the house has been ~d into flats** la casa se ha dividido en

apartamentos; **~ the dough into four pieces** dividir la masa en cuatro trozos
[3] (*Math*) dividir; **48 ~d by 8 is 6** 48 dividido entre *or* por 8 es 6; **~ 6 into 36** divide 36 entre *or* por 6; **you can't ~ 7 into 50** 50 no es divisible entre *or* por 7
[4] (= *cause disagreement among*) [+ *friends, political parties*] dividir
[5] (*Pol*) (*Brit*) **to ~ the House** hacer que la Cámara proceda a la votación
Ⓑ VI [1] (= *separate*) [*road, river*] bifurcarse
[2] (*also* **~ up**) (= *split*) [*cells, people*] dividirse; **we ~d into groups for the first activity** nos dividimos en grupos para la primera actividad; **~ and rule** divide y vencerás
[3] (*Math*) dividir
[4] (*Brit Pol*) votar; **the House ~d** la Cámara procedió a la votación
Ⓒ N [1] (*US Geog*) línea *f* divisoria de aguas, divisoria *f* de aguas
[2] (*fig*) (= *gap*) división *f*; **there is a clear ~ between the upper and lower classes** hay una clara división entre las clases superiores y las inferiores

►**divide off** Ⓐ VT + ADV dividir, separar
Ⓑ VI + ADV dividirse

►**divide out** VT + ADV [+ *sweets, biscuits*] repartir (**between, among** entre)

►**divide up** Ⓐ VT + ADV [+ *money, work, kingdom*] dividir, repartir (**between, among** entre); [+ *sweets*] repartir (**between, among** entre); [+ *apple, orange, cake*] partir, dividir (**between, among** entre; **into** en)
Ⓑ VI + ADV [*people*] dividirse; **we ~d up to look for the missing child** nos dividimos para buscar al niño que se había perdido; **~ up into pairs** dividíos en parejas

**divided** [dɪˈvaɪdɪd] Ⓐ ADJ [1] (= *disunited*) [*nation, government, society*] dividido; **public opinion was ~** la opinión pública estaba dividida; **to have ~ loyalties** sufrir un conflicto de lealtades; **to be ~ on** *or* **over sth** [*people*] tener opiniones divididas sobre algo; **opinions are ~ on** *or* **over that** las opiniones respecto a eso están muy divididas
[2] (*Bot*) seccionado
Ⓑ CPD ► **divided highway** N (*US*) autovía *f* ► **divided skirt** N (*US*) falda *f* pantalón

**dividend** [ˈdɪvɪdend] Ⓐ N [1] (*Fin*) dividendo *m*
[2] (*fig*) beneficio *m*; **this should pay handsome ~s** esto ha de proporcionar grandes beneficios
Ⓑ CPD ► **dividend cover** N cobertura *f* de dividendo ► **dividend warrant** N cédula *f* de dividendo

**dividers** [dɪˈvaɪdəz] NPL compás *msing* de puntas

**dividing** [dɪˈvaɪdɪŋ] Ⓐ ADJ [*wall, fence*] divisorio
Ⓑ CPD ► **dividing line** N línea *f* divisoria

**divination** [ˌdɪvɪˈneɪʃən] N adivinación *f*

**divine**[1] [dɪˈvaɪn] Ⓐ ADJ (*Rel*) divino; (*fig*) sublime; (*) divino, maravilloso
Ⓑ N teólogo *m*
Ⓒ CPD ► **divine right** N derecho *m* divino ► **divine service** N culto *m*, oficio *m* divino

**divine**[2] [dɪˈvaɪn] VT adivinar

**divinely** [dɪˈvaɪnlɪ] ADV (*Rel*) divinamente; (*fig*) sublimemente; (*) divinamente, maravillosamente

**diviner** [dɪˈvaɪnəʳ] N adivinador(a) *m/f*; (= *water diviner*) zahorí *mf*

**diving** [ˈdaɪvɪŋ] Ⓐ N (*professional*) submarinismo *m*, buceo *m*; (*sporting*) salto *m* de trampolín, clavado *m* (*CAm, Mex*); (*from side of pool*) salto *m*, zambullida *f*
Ⓑ CPD ► **diving bell** N campana *f* de buzo ► **diving board** N trampolín *m* ► **diving suit** N escafandra *f*, traje *m* de buceo

**divining rod** [dɪˈvaɪnɪŋrɒd] N varilla *f* de zahorí

**divinity** [dɪˈvɪnɪtɪ] N [1] (= *deity, quality*) divinidad *f*
[2] (*as study*) teología *f*

**divisible** [dɪˈvɪzəbl] ADJ divisible

**division** [dɪˈvɪʒən] Ⓐ N [1] (*gen, Math*) división *f*; (= *sharing*) reparto *m*, distribución *f*; **~ of labour** división *f* del trabajo
[2] (*Comm*) (= *department*) sección *f*
[3] (*Mil, Brit Police*) división *f*
[4] (= *partition*) separación *f*, división *f*; (= *line*) línea *f* divisoria; (*Ftbl etc*) división *f*
[5] (= *conflict, discord*) discordia *f*; **there is a ~ of opinion about this** las opiniones respecto a esto están divididas
[6] (*Brit Parl*) votación *f*; **to call a ~** exigir una votación; **approved without a ~** aprobado por unanimidad
Ⓑ CPD ► **division sign** N (*Math*) signo *m* de división

**divisional** [dɪˈvɪʒənl] ADJ de división

**divisive** [dɪˈvaɪsɪv] ADJ divisivo, causante de divisiones

**divisiveness** [dɪˈvaɪsɪvnɪs] N **the ~ of this decision** las disensiones causadas/que serán causadas por esta decisión

**divisor** [dɪˈvaɪzəʳ] N divisor *m*

**divorce** [dɪˈvɔːs] Ⓐ N [1] (*Jur*) divorcio *m*; **to get a ~** divorciarse (**from** de)
[2] (*fig*) separación *f* (**from** de)
Ⓑ VT [1] (*Jur*) divorciarse de; **to get ~d** divorciarse
[2] (*fig*) separar; **to ~ sth from sth** separar algo de algo
Ⓒ VI divorciarse
Ⓓ CPD ► **divorce court** N tribunal *m* de pleitos matrimoniales ► **divorce proceedings** NPL pleito *msing* de divorcio ► **divorce rate** N tasa *f* de divorcio

**divorcé** [dəˈvɔːseɪ] N divorciado *m*

**divorced** [dɪˈvɔːst] ADJ divorciado

**divorcee** [dɪˌvɔːˈsiː] N divorciado/a *m/f*

**divot** [ˈdɪvɪt] N (= *piece of turf*) (*gen*) terrón *m*; (*Golf*) chuleta *f*

**divulge** [daɪˈvʌldʒ] VT divulgar, revelar

**divvy**[1]* [ˈdɪvɪ] Ⓐ N, ABBR (*Brit*) = **dividend**
Ⓑ VT (*also* **to ~ up**) repartir

**divvy**[2]* [ˈdɪvɪ] N (*Brit*) (= *fool*) tontaina* *mf*

**Dixie** [ˈdɪksɪ] N *el sur de los Estados Unidos*

**dixie** [ˈdɪksɪ] N (*Brit Mil*) (*also* **~ can**) olla *f*, marmita *f*

**DIXIE**

*Dixie* o *Dixieland* *es el sobrenombre con el que se conoce de forma global a los estados sureños de EE.UU., en especial a los once estados que formaron los Estados Confederados de América durante la Guerra Civil: Alabama, Arkansas, Georgia, Florida, Louisiana, Mississippi, Carolina del Norte, Carolina del Sur, Tennessee, Texas y Virginia. También se usa como un adjetivo para describir características de los estados sureños y de sus habitantes, así como el jazz que surgió en ellos. Se supone que el nombre* **Dixie** *proviene de Louisiana, donde los billetes de diez dólares llevaban impreso en el anverso la palabra francesa* **dix**. *Para otros la palabra proviene de la línea simbólica Mason-Dixon, que separa el norte del sur.*

⇨ *Ver tb* MASON-DIXON LINE

**DIY** ABBR (= **do-it-yourself**) bricolaje *m*

**dizzily** [ˈdɪzɪlɪ] ADV [1] (= *giddily*) [*walk, sway*] con una sensación de mareo; **her head began to spin ~** la cabeza empezó a darle vueltas y vueltas
[2] (*fig*) [*rise, fall*] vertiginosamente
[3] (*) (= *in a scatterbrained way*) de manera atolondrada; **she has been behaving rather ~ lately** ha estado bastante atolondrada últimamente
[4] (*in a silly way*) con aire alelado; **she smiled ~** sonrió alelada

**dizziness** [ˈdɪzɪnɪs] N (*gen*) mareo *m*; (*caused by height*) vértigo *m*; **to have an attack of ~** tener *or* sufrir un mareo

**dizzy** Ⓐ [ˈdɪzɪ] ADJ [1] (= *giddy*) [*person*] mareado; **to feel ~** (*because ill, drunk etc*) estar mareado, marearse; **if I look down I feel ~** si miro hacia abajo me da vértigo; **changes in altitude make you ~** los cambios de altitud causan mareo *or* hacen que te mareas; **you're making me ~** me estás mareando; **this drug may make you ~** este medicamento puede provocarle mareos; **it makes one ~ to think of it** marea sólo de pensarlo; **she had a ~ spell** tuvo *or* le dio un mareo; **to be ~ with success** estar borracho de éxito
[2] (*fig*) [*pace, speed*] vertiginoso; **she rose to the ~ heights of director's secretary** ascendió ni más ni menos que al puesto de secretaria del director
[3] (*) (= *scatterbrained*) atolondrado
Ⓑ VT (= *confuse*) aturdir; **they had been dizzied by the pace of technological change** el ritmo del cambio tecnológico les había aturdido

**DJ** Ⓐ N ABBR (= **disc-jockey**) pinchadiscos *mf*
Ⓑ ABBR (= **dinner-jacket**) smoking *m*

**Djakarta** [dʒəˈkɑːtə] N Yakarta *f*

**djellabah** [ˈdʒeləbə] N chilaba *f*

**DJIA** N ABBR (*US St Ex*) = **Dow Jones Industrial Average**

**Djibouti** [dʒɪˈbuːtɪ] N Yibuti *m*

**dl** ABBR (= **decilitre(s)**) dl

**DLit(t)** [ˌdiːˈlɪt] N ABBR [1] = **Doctor of Letters**
[2] = **Doctor of Literature**

**DLO** N ABBR (= **dead-letter office**) *oficina de Correos que se encarga de las cartas que no llegan a su destino*

**DM** ABBR (= **Deutschmark**) DM

**dm** ABBR (= **decimetre(s)**) dm

**D-mark** [ˈdiːmɑːk] N ABBR (= **Deutschmark**) DM *m*

**DMU** N ABBR = **decision-making unit**

**DMus** ABBR = **Doctor of Music**

**DMZ** N ABBR = **demilitarized zone**

**DNA** Ⓐ N ABBR (= **deoxyribonucleic acid**) ADN *m*
Ⓑ CPD ► **DNA fingerprinting**, **DNA profiling** N identificación *f* mediante el análisis del ADN ► **DNA testing** N pruebas *fpl* del ADN

**DNB** N ABBR = **Dictionary of National Biography**

**DNF** ABBR (*Athletics*) = **did not finish**

**DNS** ABBR (*Athletics*) = **did not start**

**do**[1] [duː] (*3rd pers sing present* **does**; *pt* **did**; *pp* **done**)

| | |
|---|---|
| [A] TRANSITIVE VERB | [D] NOUN |
| [B] INTRANSITIVE VERB | [E] PHRASAL VERBS |
| [C] AUXILIARY VERB | |

Ⓐ TRANSITIVE VERB
[1] hacer; **what are you doing tonight?** ¿qué haces esta noche?; **I would never do a thing like that** yo nunca haría una cosa así;

**what's this doing on my chair?** ¿qué hace esto en mi silla?; **I've got nothing to do** no tengo nada que hacer; **he does nothing but complain** no hace más que quejarse; **what's to be done?** ¿qué se puede hacer?; **what's the weather doing?** ¿qué tal tiempo hace?; **to do sth again** volver a hacer algo, hacer algo de nuevo; **it will have to be done again** habrá que volver a hacerlo, habrá que hacerlo de nuevo; **what's he ever done for me?** ¿qué ha hecho él por mí?; **what can I do for you?** ¿en qué puedo servirle?, ¿qué se le ofrece? (*LAm*); **could you do something for me?** ¿me podrías hacer un favor?; **what are we going to do for money?** ¿de dónde vamos a sacar dinero?; **that dress doesn't do a lot for you*** este vestido no te queda muy bien; **the new measures will do a lot for small businesses** las nuevas medidas serán de gran ayuda para las pequeñas empresas; **after the accident she couldn't do much for herself** después del accidente casi no podía valerse por sí misma; **if you do anything to him I'll kill you** si le haces algo te mato; **what's he done to his hair?** ¿qué se ha hecho en el pelo?; **I could see what the stress was doing to him** era evidente cómo le estaba afectando el estrés; **what have you done with my slippers?** ¿dónde has puesto mis zapatillas?; **what am I going to do with you?** ¿qué voy a hacer contigo?; **what are you doing with yourself these days?** ¿qué haces ahora?; **what am I going to do with myself for the rest of the day?** ¿qué puedo hacer el resto del día?; **she didn't know what to do with herself once the children had left home** se encontró un poco perdida cuando sus hijos se fueron de casa; *see also* **living B1**

2 *= carry out* [+ *work, essay*] hacer; **the work is being done by a local builder** un albañil de la zona está haciendo el trabajo; **I've got a few jobs that need doing around the house** tengo algunas cosas que hacer en la casa; **she was doing the crossword** estaba haciendo el crucigrama; **to do the washing** hacer la colada

*Some* **do** *+ noun combinations require a more specific Spanish verb:*

**Edmund does all the accounts** Edmund se encarga de *or* lleva la contabilidad; **to do the cooking** cocinar; **he did a drawing/portrait of her** la dibujó/retrató, hizo un dibujo/retrato de ella; **to do one's duty (by sb)** cumplir con su deber (con algn); **to do the ironing** planchar; **we did a lot of talking** hablamos mucho

3 *= clean* **to do the dishes** lavar los platos; **to do the silver** limpiar la plata; **to do one's teeth** lavarse los dientes

4 *= arrange, prepare* [+ *vegetables*] preparar; [+ *room*] hacer, arreglar; **this room needs doing** hay que hacer *or* arreglar esta habitación; **to do the flowers** arreglar las flores; **to do one's nails** hacerse *or* arreglarse las uñas; *see also* **hair A1**

5 *= spend* pasar; **he did six years (in jail)** pasó seis años en la cárcel; **he did two years as ambassador in Lagos** estuvo dos años como embajador en Lagos; **I did five years as a policeman** fui policía durante cinco años; **they have to do two years military service** tienen que hacer dos años de servicio militar

6 *= finish* **I've only done three pages** sólo he hecho tres páginas; **now you've (gone and) done it!*** ¡ahora sí que la has hecho buena!*; **that's done it!* we're stuck now** ¡la hemos fastidiado!* ahora no podemos salir de aquí; **that does it!* that's the last time I lend him my car** ¡es el colmo! *or* ¡hasta aquí hemos llegado!, es la última vez que le dejo el coche; **have you done moaning?*** ¿has acabado de quejarte?; *see also* **good B2, C2**

7 *= offer, make available* **they do a summer course in painting** dan un curso de verano de pintura; **we only do one make of gloves** sólo tenemos una marca de guantes; **they do an estate version of this car** fabrican un modelo familiar de este coche; **we do evening meals if ordered in advance** servimos cenas si se encargan con antelación; **I can do you a discount on this model** le puedo hacer un descuento en este modelo

8 *= study* [+ *university course, option*] hacer, estudiar; **I want to do Physics at university** quiero hacer *or* estudiar física en la universidad; **to do Italian** hacer *or* estudiar italiano; **we're doing Orwell this term** estamos estudiando a Orwell este trimestre

9 *Theat* [+ *play*] representar, poner; [+ *part*] hacer; **he did King Lear in a BBC production** hizo (el papel) de King Lear en una producción de la BBC

10 *= mimic* [+ *person*] imitar; **he does his maths master to perfection** imita a su profesor de matemáticas a la perfección; **she was doing the worried mother bit**‡ hacía el numerito de la típica madre preocupada*

11 *Aut, Rail etc* (= *travel at*) [+ *speed*] ir a; (= *cover*) [+ *distance*] cubrir; **the car can do 100 miles per hour** el coche puede ir a 100 millas por hora; **the car was doing 100 miles per hour** el coche iba a 100 millas por hora; **we've done 200km already** ya hemos hecho 200km; **we did London to Edinburgh in 8 hours** fuimos de Londres a Edimburgo en 8 horas

12 *= attend to* **the barber said he'd do me next** el barbero dijo que después me tocaría a mí; **they do you very well in this hotel** en este hotel te dan muy buen servicio; *see also* **proud 1**

13 ** = visit* [+ *city, museum*] visitar, recorrer; [+ *country*] visitar, viajar por; **we did six countries in an 8-week tour** visitamos seis países durante un viaje de 8 semanas

14 ** = be suitable, sufficient for* **will a kilo do you?** ¿le va bien un kilo?; **that'll do me nicely** (= *be suitable*) eso me vendrá muy bien; (= *suffice*) con eso me basta

15 ** = cheat* estafar, timar; (= *rob*) robar; **I've been done!** ¡me han estafado *or* timado!

16 ** = prosecute* procesar; (= *fine*) multar; **she was done for shoplifting** la procesaron por robar en una tienda; **he was done for speeding** le multaron por exceso de velocidad

17 ** = beat up* dar una paliza a; **I'll do you if I get hold of you!** ¡te voy a dar una paliza como te pille!

**B** INTRANSITIVE VERB

1 *= act* hacer; **do as I do** haz como yo; **you would do better to accept** sería aconsejable que aceptaras; **he did right** hizo lo correcto; **do as you think best** haga lo que mejor le parezca; **do as you are told!** ¡haz lo que te digo!; **she was up and doing at 6 o'clock** a las 6 de la mañana ya estaba levantada y trajinando; **you would do well to take his advice** harías bien en seguir su consejo; **you could do a lot worse than marry her** casarte con ella no es lo peor que podrías hacer; *see also* **well A1**

2 *= get on* **he did badly in the exam** le fue mal en el examen; **the team hasn't done badly this season** al equipo no le ha ido mal esta temporada; **you didn't do so badly** no lo has hecho del todo mal; **you can do better than that** (*essay, drawing*) puedes hacerlo mejor; (*iro*) (= *find better excuse*) ¡y qué más!; **how is your father doing?** ¿cómo está tu padre?, ¿cómo le va a tu padre?; **how are you doing?*** ¿qué tal?, ¿cómo te va?; **how did you do in the audition?** ¿qué tal *or* cómo te fue en la audición?; **he's doing well at school** le va bien en el colegio; **her son's doing well for himself** a su hijo le van muy bien las cosas; **his business is doing well** los negocios le van bien; **the patient is doing well** el paciente está respondiendo bien; **the roses are doing well this year** las rosas han florecido muy bien este año

◆ **how do you do?** (*greeting*) ¿cómo está usted?, gusto en conocerlo (*LAm*); (*as answer*) ¡mucho gusto!, ¡encantado!

3 *= be suitable* **it doesn't do to upset her** cuidado con ofenderla; **will this one do?** ¿te parece bien éste?; **this room will do** esta habitación ya me va bien; **will it do if I come back at eight?** ¿va bien si vuelvo a las ocho?; **will tomorrow do?** ¿iría bien mañana?; **it's not exactly what I wanted, but it will** *or* **it'll do** no es exactamente lo que quería pero servirá; **this coat will do as a blanket** este abrigo servirá de manta; **that will have to do** tendremos que conformarnos con eso; **that won't do, you'll have to do it again** así no está bien, tendrás que volver a hacerlo; **you can't go on your own, that would never do!** no podemos consentir que vayas sola, ¡eso no puede ser!; *see also* **make A4**

4 *= be sufficient* bastar; **three bottles of wine should do** bastará con tres botellas de vino; **will £20 do?** ¿bastarán 20 libras?, ¿tendrás bastante con 20 libras?; **that'll do** con eso basta; **that will do!** ¡basta ya!; **that will do for the moment** de momento ya está bien

5 *= happen* **there's not much doing in this town** no hay mucha animación en esta ciudad; **"could you lend me £50?" — "nothing doing!"** —¿me podrías prestar 50 libras? —¡de ninguna manera! *or* —¡ni hablar!

6 ** = finish* (*in past tenses only*) terminar, acabar; **have you done?** ¿ya has terminado *or* acabado?; **don't take it away, I've not done yet** no te lo lleves, ¡aún no he terminado *or* acabado!; **I haven't done telling you** ¡no he terminado de contarte!; **I've done with travelling** ya no voy a viajar más, he renunciado a los viajes; **I've done with all that nonsense** ya no tengo nada que ver *or* ya he terminado con todas esas tonterías; **have you done with that book?** ¿has terminado con este libro?

7 ** = clean* hacer la limpieza (en casa); **I've got a lady who does for me** tengo una señora que me viene a hacer la limpieza en la casa

**C** AUXILIARY VERB

*There is no equivalent in Spanish to the use of* **do** *in questions, negative statements and negative commands.*

1 *in questions* **do you understand?** ¿comprendes?, ¿entiendes?; **where does he live?** ¿dónde vive?; **didn't you like it?** ¿no te gustó?; **why didn't you come?** ¿por qué no viniste?

2 *negation* **I don't understand** no entiendo *or* comprendo; **don't let's argue** no discutamos; **don't worry!** ¡no te preocupes!; **don't you tell me what to do!** ¡no me digas lo que tengo que hacer!; **she did not go** no fue

3 *for emphasis* **DO tell me!** ¡dímelo, por favor!; **DO sit down** siéntese, por favor, tome

asiento, por favor (*frm*); **she DOES look lovely in that dress** está preciosa con este vestido; **I DO hope so** así lo espero; **I DO wish I could come with you** ¡ojalá pudiera ir contigo!; **but I DO like it!** ¡sí que me gusta!, ¡por supuesto que me gusta!; **so you DO know him!** ¡así que sí lo conoces!; **but I DID do it** pero sí que lo hice

4 *with inversion* **rarely does it happen that …** rara vez ocurre que …; **not once did they offer to pay** no se ofrecieron a pagar ni una sola vez

5 *verb substitute* 5·1 **you speak better than I do** tú hablas mejor que yo; **"did you fix the car?" — "I did"** —¿arreglaste el coche? —sí; **"I love it" — "so do I"** —me encanta —a mí también; **I don't like sport and neither does he** no me gusta el deporte ni a él tampoco; **you didn't see him but I did** tú no lo viste pero yo sí; **I told him he'd fail and he did** le dije que iba a suspender y suspendió; **he went for a walk as he often did** fue a dar un paseo como solía hacer; **she always says she'll come but she never does** siempre dice que vendrá pero nunca viene; **"he borrowed the car" — "oh he did, did he?"** —pidió el coche prestado —¿ah sí? ¡no me digas!; **I like this colour, don't you?** me gusta este color, ¿a ti no?; **"do you speak English?" — "yes, I do/no I don't"** —¿habla usted inglés? —sí, hablo inglés/no, no hablo inglés; **"may I come in?" — "(please) do!"** —¿se puede pasar? —¡pasa (por favor)!; **"who made this mess?" — "I did"** —¿quién lo ha desordenado todo? —fui yo; **"shall I ring her again?" — "no, don't!"** —¿la llamo otra vez? —¡no, no la llames!

5·2 (*in question tags*) **he lives here, doesn't he?** vive aquí, ¿verdad? *or* ¿no es cierto? *or* ¿no?; **I don't know him, do I?** no lo conozco, ¿verdad?; **it doesn't matter, does it?** no importa, ¿no?; **she said that, did she?** ¿eso es lo que dijo?

Ⓓ NOUN

1 *Brit* = party* fiesta *f*; (= *formal gathering*) reunión *f*; **they had a big do for their twenty-fifth anniversary** dieron una gran fiesta por su vigésimo quinto aniversario

2 *in phrases* **the do's and don'ts of buying a house** lo que debe y lo que no debe hacerse al comprar una casa; **he gave us a series of dos and don'ts** nos explicó lo que podíamos y lo que no podíamos hacer; **fair dos!*** (= *be fair*) ¡hay que ser justo!, ¡seamos justos!; (= *fair shares*) ¡a partes iguales!; **it's a poor do when …** es una vergüenza cuando …

Ⓔ PHRASAL VERBS

►**do away with** VI + PREP 1 (= *get rid of*) [+ *controls*] suprimir, eliminar; [+ *nuclear weapons*] eliminar, acabar con; [+ *injustice, exploitation, system*] acabar con; [+ *capital punishment*] abolir; **it does away with the need for a middleman** con esto ya no hace falta el intermediario, con esto uno se ahorra el intermediario

2 (*) (= *kill*) matar, liquidar*; **to do away with o.s.** matarse, suicidarse

►**do by** VI + PREP **to do well/badly by sb** portarse bien/mal con algn, tratar bien/mal a algn; **he did well by his mother** se portó bien con su madre; **employees felt hard done by** los empleados se sintieron injustamente tratados; ✦*PROV* **do as you would be done by** trata como quieres ser tratado; *see also* **hard B2**

►**do down** VT + ADV (*Brit*) 1 (= *denigrate*) menospreciar; **to do o.s. down** subestimarse

2 (= *cheat*) timar, estafar; (= *play false*) hacer una mala pasada a

►**do for*** VI + PREP 1 (= *kill*) acabar con, matar; **smoking will do for him in the end** el tabaco acabará con él, el tabaco lo acabará matando; **I thought we were done for** pensaba que nos íbamos a matar; **one false move and he was done for** un movimiento en falso y era hombre muerto

2 (= *finish off*) **as a politician he's done for** como político está acabado; **they've seen him, he's done for!** lo han visto, ¡está perdido!; **if I can't talk to my own wife about these things, I'm done for** si ni siquiera puedo hablar con mi mujer de estas cosas, estoy acabado*; **I'm done for** (= *exhausted*) estoy rendido *or* molido*

►**do in*** VT + ADV 1 (= *kill*) liquidar*, cargarse*

2 (= *exhaust*) reventar*, hacer polvo*; **he's absolutely done in** está totalmente reventado*, está hecho polvo*

3 (= *ruin*) [+ *back*] hacerse daño en, fastidiar (*Sp**); [+ *engine*] cargarse (*Sp**), arruinar (*LAm*); **he'll do the engine in, driving the way he does** se cargará el motor conduciendo de esa manera (*Sp**)

►**do out** VT + ADV 1 (*Brit*) [+ *room*] (= *clean*) limpiar a fondo

2 [+ *room*] (= *paint*) pintar; (= *wallpaper*) empapelar; (= *furnish*) decorar; **a room done out in Mexican style** una habitación decorada al estilo mejicano

3 **to do sb out of sth***: **he has done me out of thousands of pounds** me quedé sin miles de libras por su culpa; **he did her out of a job** le quitó el trabajo, se quedó sin el trabajo por su culpa; **they did me out of my big chance** me pisaron mi gran oportunidad*

►**do over** VT + ADV 1 (*US**) (= *repeat*) volver a hacer, hacer de nuevo

2 (= *redecorate*) volver a pintar/empapelar; (= *refurnish*) volver a decorar

3 (*Brit**) (= *beat up*) dar una paliza a*

►**do up** VT + ADV 1 (= *fasten*) [+ *shoes, shoelaces*] atar; [+ *dress*] (*gen*) abrochar; (*with zip*) cerrar *or* subir la cremallera de; [+ *buttons, coat, necklace*] abrochar; [+ *tie*] hacer el nudo de; [+ *zip*] cerrar, subir

2 (= *wrap up*) [+ *parcel*] envolver; **have you done up that parcel yet?** ¿has envuelto ya ese paquete?

3 (= *renovate*) [+ *house*] reformar, hacer reformas en

4 (= *dress up*) **she was all done up in her best clothes** iba de punta en blanco*; **Mark was done up in a beret and cravat*** Mark iba luciendo una boina y un fular

►**do with** VI + PREP 1 (= *need*) **I could do with some help/a beer** no me vendría mal un poco de ayuda/una cerveza; **we could have done with you there** nos hiciste mucha falta; **you could do with a bath** te vendría bien un baño

2 (= *have connection with*) **it is to do with**: **"what did you want to see her about?" — "it's to do with her application"** —¿de qué querías hablarle? —es respecto a su solicitud; **it's nothing to do with me** no tiene nada que ver conmigo; **to have to do with** tener que ver con; **that has nothing to do with you!** ¡eso no tiene nada que ver contigo!; **what has that got to do with it?** ¿eso qué tiene que ver?; **that has nothing to do with it!** ¡eso no tiene nada que ver!; **I won't have anything to do with it/him** no quiero tener nada que ver con este asunto/con él, no quiero saber nada de este asunto/de él

3 (*) **I can't be doing with pop music** tengo mejores cosas que hacer que escuchar música pop; **I can't be doing with his finicky eating habits** no soporto sus manías a la hora de comer

►**do without** VI + PREP **I can't do without my computer** yo no puedo pasar sin el ordenador; **"I haven't brought my gym kit" — "you'll have to do without then!"** —no he traído mi equipo de gimnasia —pues vas a tener que apañártelas sin él; **you can't do without money** no se puede vivir sin dinero; **I can do without your advice** no necesito tus consejos; **I could do without them poking their noses in*** no necesito que vengan ellos metiendo las narices en lo que no les importa*; **this bus strike is something I could do without*** esta huelga de autobuses es lo último que me faltaba

**do²** [dəʊ] N (*Mus*) do *m*

**do.** ABBR (= **ditto**) lo mismo, ídem, íd.

**DOA** ADJ ABBR (= **dead on arrival**) ingresó cadáver

**d.o.b.** N ABBR = **date of birth**

**Doberman** [ˈdəʊbəmən] N (*also* **~ pinscher**) dóberman *m*

**doc** [dɒk] Ⓐ N (*esp US**) = **doctor**

Ⓑ ABBR (= **document**) doc.

**docile** [ˈdəʊsaɪl] ADJ dócil, sumiso

**docility** [dəʊˈsɪlɪtɪ] N docilidad *f*

**dock¹** [dɒk] N (*Bot*) acedera *f*, ramaza *f*

**dock²** [dɒk] VT 1 [+ *animal's tail*] cortar, cercenar (*frm*)

2 (*Brit*) **to ~ sb's pay** descontar dinero del sueldo a algn; **I've been ~ed £1** me han descontado una libra

**dock³** [dɒk] Ⓐ N 1 (*Naut*) dársena *f*, muelle *m*; (*with gates*) dique *m*; **to be in ~** (*Brit**) [*ship*] estar en puerto; [*car*] estar en el taller

2 **docks** muelles *mpl*, puerto *m*

Ⓑ VT [+ *ship*] atracar; [+ *spacecraft*] acoplar

Ⓒ VI 1 (*Naut*) atracar; (*loosely*) llegar; **the ship has ~ed** el barco ha atracado; **we ~ed at five** llegamos a las cinco, entramos en el puerto a las cinco; **when we ~ed at Vigo** cuando llegamos a Vigo

2 [*spacecraft*] acoplarse (**with** a)

Ⓓ CPD ► **dock dues** NPL derechos *mpl* de atraque *or* de dársena ► **dock labourer**, **dock laborer** (*US*) N = **dock worker** ► **dock walloper*** N (*US*) = **dock worker** ► **dock warrant** N resguardo *m* de muelle, conocimiento *m* de almacén ► **dock worker** N trabajador *m* portuario

**dock⁴** [dɒk] N (*Brit*) (*in court*) banquillo *m* de los acusados

**docker** [ˈdɒkəʳ] N (*Brit*) estibador *m*

**docket** [ˈdɒkɪt] N 1 (= *label*) etiqueta *f*, marbete *m*; (*esp Brit*) (= *certificate*) resguardo *m*, certificado *m*; (= *bill*) factura *f*

2 (*US Jur*) lista *f* de casos pendientes

**docking** [ˈdɒkɪŋ] Ⓐ N [*of spacecraft*] atraque *m*, acoplamiento *m*

Ⓑ CPD ► **docking manoeuvre**, **docking maneuver** (*US*) N maniobra *f* de atraque

**dockland(s)** [ˈdɒklænd(z)] N(PL) (*Brit*) zona *f* del puerto, zona *f* portuaria

**dockyard** [ˈdɒkjɑːd] N astillero *m*

**doctor** [ˈdɒktəʳ] Ⓐ N 1 (*Med*) médico/a *m/f*; **to go to the ~'s** ir al médico; **Doctor Brown** el doctor Brown; **to be under the ~*** estar bajo tratamiento médico; ✦*IDIOM* **it was just what the ~ ordered*** fue mano de santo

2 (*Univ*) doctor(a) *m/f* (**of** en); → DEGREE
Ⓑ VT 1 (= *tamper with*) [+ *food, drink*] adulterar; [+ *document*] manipular
2 (= *treat*) [+ *cold*] tratar, curar; **to ~ o.s.** automedicarse
3 (*) (= *castrate*) [+ *cat, dog etc*] castrar
Ⓒ CPD ► **doctor's degree** N doctorado *m* ► **doctor's excuse** (*US*), **doctor's line** (*Brit*), **doctor's note** (*Brit*) N baja *f* (médica)
► **doctor up** VT + ADV [+ *machine etc*] remendar, arreglar de cualquier modo

**doctoral** [ˈdɒktərəl] Ⓐ ADJ doctoral
Ⓑ CPD ► **doctoral dissertation** N (*US*) = **doctoral thesis** ► **doctoral thesis** N (*Brit*) tesis *f inv* doctoral

**doctorate** [ˈdɒktərɪt] N doctorado *m*; → DEGREE

**doctrinaire** [ˌdɒktrɪˈnɛəʳ] Ⓐ ADJ doctrinario
Ⓑ N doctrinario/a *m/f*

**doctrinal** [dɒkˈtraɪnl] ADJ doctrinal

**doctrine** [ˈdɒktrɪn] N doctrina *f*

**docudrama** [ˈdɒkjʊˌdrɑːmə] N docudrama *m*

**document** Ⓐ [ˈdɒkjʊmənt] N documento *m*
Ⓑ [ˈdɒkjʊment] VT documentar
Ⓒ [ˈdɒkjʊmənt] CPD ► **document case**, **document holder** N portadocumentos *m inv* ► **document reader** N (*Comput*) lector *m* de documentos

**documentary** [ˌdɒkjʊˈmentərɪ] Ⓐ ADJ documental; (*Comm, Fin*) documentario
Ⓑ N (*Cine, TV*) documental *m*
Ⓒ CPD ► **documentary bill of exchange** N letra *f* de cambio documentaria ► **documentary evidence** N pruebas *fpl* documentales ► **documentary (letter of) credit** N crédito *m* documentario

**documentation** [ˌdɒkjʊmenˈteɪʃən] N documentación *f*

**docu-soap** [ˈdɒkjʊsəʊp] N (*TV*) *documental sobre la vida cotidiana de un grupo de personas*

**DOD** N ABBR (*US*) = **Department of Defense**

**dodder** [ˈdɒdəʳ] VI (*walking*) renquear; [*hand*] temblequear

**dodderer** [ˈdɒdərəʳ] N chocho *m*

**doddering** [ˈdɒdərɪŋ], **doddery** [ˈdɒdərɪ] ADJ renqueante, chocho (*pej*)

**doddle*** [ˈdɒdl] N **it's a ~** (*Brit*) es pan comido*, está chupado

**Dodecanese** [ˌdəʊdɪkəˈniːz] NPL **the ~** el Dodecaneso

**dodecaphonic** [ˌdəʊdekəˈfɒnɪk] ADJ dodecafónico

**dodge** [dɒdʒ] Ⓐ N 1 (= *movement*) regate *m*; (*Boxing etc*) finta *f*
2 (*Brit**) (= *trick*) truco *m*
Ⓑ VT (= *elude*) [+ *blow, ball*] esquivar; [+ *pursuer*] dar esquinazo a; [+ *acquaintance, problem*] evitar; [+ *tax*] evadir; [+ *responsibility, duty, job*] eludir; **to ~ the issue** eludir el tema
Ⓒ VI escabullirse; (*Boxing*) hacer una finta; **to ~ out of the way** echarse a un lado; **to ~ behind a tree** ocultarse tras un árbol; **to ~ round a corner** escabullirse detrás de una esquina
► **dodge about** VI + ADV ir de aquí para allá

**dodgem** [ˈdɒdʒəm] N (*Brit*) (*also* **~ car**) coche *m* de choque; **the ~s** los coches de choque

**dodger** [ˈdɒdʒəʳ] N (= *trickster*) tunante/a *m/f*, gandul *mf*

**dodgy*** [ˈdɒdʒɪ] ADJ (*Brit*) (*compar* **dodgier**; *superl* **dodgiest**) 1 (= *dishonest*) [*person*] de poco fiar, poco fiable; [*business, deal, district*] oscuro, chungo (*Sp‡*); [*practice*] dudoso; **there's something ~ about him** hay algo en él que me da mala espina*; **the whole business seemed a bit ~** todo el asunto parecía un poco oscuro
2 (= *unreliable, uncertain*) [*plan*] arriesgado; [*weather*] inestable; **the clutch is a bit ~** el embrague no anda muy bien, el embrague está un poco chungo (*Sp‡*); **he's in a ~ situation financially** su situación económica es un poco peliaguda; **the sausages looked ~** las salchichas tenían una pinta sospechosa; **to have a ~ back** tener la espalda fastidiada, estar fastidiado de la espalda; **to have a ~ heart** estar fastidiado del corazón

**dodo** [ˈdəʊdəʊ] N (*pl* **dodos** *or* **dodoes**) 1 (*Zool*) dodó *m*; *see also* **dead A1**
2 (*US**) (= *fool*) bobo/a *m/f*

**DOE** N ABBR 1 (*Brit*) = **Department of the Environment**
2 (*US*) = **Department of Energy**

**doe** [dəʊ] N (*pl* **does** *or* **doe**) (= *deer*) cierva *f*, gama *f*; (= *rabbit*) coneja *f*; (= *hare*) liebre *f*

**doer** [ˈduːəʳ] N 1 (= *author of deed*) hacedor(a) *m/f*
2 (= *active person*) persona *f* enérgica, persona *f* dinámica

**does** [dʌz] 3RD PERS SING *of* **do**

**doeskin** [ˈdəʊskɪn] N ante *m*, piel *f* de ante

**doesn't** [ˈdʌznt] = **does not**

**doff** [dɒf] VT (*frm*) quitarse; **to ~ one's hat** quitarse el sombrero

**dog** [dɒg] Ⓐ N 1 (*Zool*) perro/a *m/f*; ✦*IDIOMS* **~ eat ~: it's ~ eat ~ in this place** aquí se despedazan unos a otros; **to go to the ~s*** [*person*] echarse a perder; [*nation, country*] ir a la ruina; **~'s breakfast*** revoltijo *m*; **to have a ~'s chance: he hasn't a ~'s chance** no tiene la más remota posibilidad; **it's a ~'s life** es una vida de perros; **to be dressed up like a ~'s dinner*** ir hecho un adefesio; **to be a ~ in the manger** [*person*] ser como el perro del hortelano; **to put on the ~** (*US**) vestirse de punta en blanco; **to be top ~** ser el gallo del lugar, triunfar; **the ~'s bollocks** (*Brit***) la hostia**; ✦*PROVS* **every ~ has its day** a cada cerdo le llega su San Martín; **let sleeping ~s lie** más vale no meneallo
2 (= *male*) (*fox*) macho *m*
3 (*) (*term of abuse*) canalla *m*, bribón *m*; **you ~!** ¡canalla!; (*hum*) ¡tunante!
4 (‡) (= *unattractive girl*) callo *m* (malayo)*
5 (*) (= *person*) **dirty ~** tío *m* guarro*, tipo *m* asqueroso*; **you lucky ~!** ¡qué suerte tienes!; **he's a lucky ~** es un tío suertudo; ✦*IDIOM* **there's life in the old ~ yet** (al abuelo) aún le queda cuerda para rato
6 **the ~s** (*Brit**) (= *greyhounds*) las carreras de galgos; → GREYHOUND RACING
7 (*Brit‡*) (= *telephone*) teléfono *m*
Ⓑ VT (= *follow closely*) seguir (de cerca); **he ~s my footsteps** me sigue los pasos; **he was ~ged by ill luck** le perseguía la mala suerte
Ⓒ CPD ► **dog basket** N cesto *m* del perro ► **dog biscuit** N galleta *f* de perro ► **dog breeder** N criador(a) *m/f* de perros ► **dog collar** N collar *m* de perro; (*Rel hum*) gola *f*, alzacuello(s) *m inv* ► **dog days** NPL canícula *f* ► **dog fancier** N (= *connoisseur*) entendido/a *m/f* en perros; (= *breeder*) criador(a) *m/f* de perros ► **dog food** N comida *f* para perros ► **dog fox** N zorro *m* macho ► **dog guard** N (*Aut*) reja *f* separadora ► **dog handler** N (*Police*) adiestrador(a) *m/f* de perros ► **dog Latin** N latín *m* macarrónico ► **dog licence** N permiso *m* para perros ► **dog paddle** N braza *f* de perro (*forma de nadar*); *see also* **dog-paddle** ► **dog rose** N escaramujo *m*, rosal *m* silvestre ► **dog show** N exposición *f* canina ► **Dog Star** N Sirio *m* ► **dog tag** N (*US Mil*) placa *f* de identificación ► **dog track** N (*Sport*) canódromo *m*

**dogcart** [ˈdɒgkɑːt] N dócar *m*

**doge** [dəʊdʒ] N dux *m*

**dog-eared** [ˈdɒgɪəd] ADJ sobado, muy manoseado

**dog-end*** [ˈdɒgend] N colilla *f*, toba* *f*

**dogfight** [ˈdɒgfaɪt] N (*Aer*) combate *m* aéreo (reñido y confuso); (*) (= *squabble*) trifulca *f*, refriega *f*

**dogfish** [ˈdɒgfɪʃ] N (*pl* **dogfish** *or* **dogfishes**) perro *m* marino, cazón *m*

**dogged** [ˈdɒgɪd] ADJ (= *obstinate*) porfiado, terco; (= *tenacious*) tenaz

**doggedly** [ˈdɒgɪdlɪ] ADV tenazmente

**doggedness** [ˈdɒgɪdnɪs] N tenacidad *f*

**doggerel** [ˈdɒgərəl] N coplas *fpl* de ciego, malos versos *mpl*

**doggie** [ˈdɒgɪ] N = **doggy**

**doggo*** [ˈdɒgəʊ] ADV (*Brit*) **to lie ~** quedarse escondido

**doggone*** [ˌdɒgˈgɒn] (*US*) Ⓐ EXCL ¡maldita sea!
Ⓑ ADJ condenado, maldito

**doggy*** [ˈdɒgɪ] Ⓐ N (*baby talk*) perrito *m*; **to have sex ~ fashion** hacer el amor al estilo perrito
Ⓑ CPD ► **doggy bag** N bolsita *f* con los restos de la comida (*en restaurante*) ► **doggy paddle** N braza *f* de perro; *see also* **doggy-paddle**

**doggy-paddle** [ˈdɒgɪˌpædl] VI nadar como los perros; *see also* **doggy**

**doghouse** [ˈdɒghaʊs] N (*pl* **doghouses** [ˈdɒghaʊzɪz]) (*US*) caseta *f* del perro; ✦*IDIOM* **to be in the ~*** [*person*] estar castigado

**dogleg** [ˈdɒgleg] N (*in road etc*) codo *m*, ángulo *m* abrupto

**doglike** [ˈdɒglaɪk] ADJ de perro

**dogma** [ˈdɒgmə] N (*pl* **dogmas** *or* **dogmata** [ˈdɒgmətə]) dogma *m*

**dogmatic** [dɒgˈmætɪk] ADJ dogmático

**dogmatically** [dɒgˈmætɪkəlɪ] ADV dogmáticamente

**dogmatism** [ˈdɒgmətɪzəm] N dogmatismo *m*

**dogmatist** [ˈdɒgmətɪst] N dogmático/a *m/f*

**dogmatize** [ˈdɒgmətaɪz] VI dogmatizar

**do-gooder*** [ˈduːˈgʊdəʳ] N (*pej*) hacedor(a) *m/f* de buenas obras

**dog-paddle** [ˈdɒgˌpædl] VI nadar como los perros; *see also* **dog C**

**dogsbody*** [ˈdɒgzbɒdɪ] N (*Brit*) burro *m* de carga; **to be the general ~** ser el burro de carga de todo el mundo

**dog-tired*** [ˈdɒgˈtaɪəd] ADJ rendido*, hecho polvo*

**dogtrot** [ˈdɒgtrɒt] N trote *m* lento

**dogwatch** [ˈdɒgwɒtʃ] N (*Naut*) guardia *f* de cuartillo

**doily** [ˈdɔɪlɪ] N (*under cake*) blonda *f*; (*under ornament*) pañito *m* de adorno

**doing** [ˈduːɪŋ] N 1 **this is your ~** esto es cosa tuya; **it was none of my ~** yo no he tenido nada que ver; **it will take a lot of** *or* **some ~** va a ser muy difícil hacerlo, costará mucho hacerlo; **that takes some ~!** ¡eso no es nada fácil!; *see also* **nothing A**
2 **doings** (= *activities*) actividades *fpl*; (= *actions*) acciones *fpl*; (= *happenings*) sucesos *mpl*; **he recounted the day's ~s** hizo recuento de las actividades del día

**doings‡** [ˈduːɪŋz] NSING (*Brit*) (= *thing*) chisme

*m*; **that ~ with two knobs** aquel chisme con dos botones

**do-it-yourself** ['du:ɪtjə'self] Ⓐ N bricolaje *m*
Ⓑ CPD ► **do-it-yourself enthusiast**, **do-it-yourself expert** N aficionado/a *m/f* al bricolaje ► **do-it-yourself kit** N modelo *m* para armar ► **do-it-yourself shop** N tienda *f* de bricolaje

**do-it-yourselfer*** [ˌdu:ɪtjə'selfəʳ] N aficionado/a *m/f* al bricolaje, bricolero/a *m/f*

**Dolby**® ['dɒlbɪ] N Dolby® *m*

**doldrums** ['dɒldrəmz] NPL (*Naut*) zona *f* de las calmas ecuatoriales; ✦**IDIOM to be in the ~** [*person*] estar abatido; [*business*] estar estancado; (*St Ex*) estar en calma

**dole*** [dəʊl] (*Brit*) Ⓐ N subsidio *m* de paro, paro *m*; **to be on the ~** estar parado, cobrar el paro
Ⓑ CPD ► **dole queue** N cola *f* del paro

►**dole out** VT + ADV repartir, distribuir

**doleful** ['dəʊlfʊl] ADJ triste

**dolefully** ['dəʊlfəlɪ] ADV tristemente

**doll** [dɒl] Ⓐ N 1 (= *toy*) muñeca *f*
2 (*esp US**) (= *girl*) muñeca *f*, preciosidad *f*; **you're a ~ to help me** eres un ángel, gracias por ayudarme
Ⓑ CPD ► **doll's house** N casa *f* de muñecas

►**doll up*** VT + ADV emperifollar, emperejilar; **to ~ o.s. up** emperifollarse, emperejilarse

**dollar** ['dɒləʳ] Ⓐ N dólar *m*; ✦**IDIOMS you can bet your bottom ~ that ...** puedes apostarte lo que quieras a que ...; **it's ~s to doughnuts that ...** (*US**) es tan cierto como hay Dios que ...*
Ⓑ CPD ► **dollar area** N zona *f* del dólar ► **dollar bill** N billete *m* de un dólar ► **dollar diplomacy** N (*US Pol*) diplomacia *f* a golpe de dólar ► **dollar rate** N cambio *m* del dólar ► **dollar sign** N signo *m* del dólar

**dollop** ['dɒləp] N [*of jam, ketchup etc*] pegote *m*

**Dolly** ['dɒlɪ] N (*familiar form*) *of* **Dorothy**

**dolly** ['dɒlɪ] Ⓐ N 1 (* *baby talk*) (= *doll*) muñequita *f*
2 (*) (= *girl*) chica *f*, jovencita *f*
3 (*Cine, TV*) travelín *m*, plataforma *f* rodante
4 (*US*) carretilla *f*
Ⓑ CPD ► **dolly bird**‡ N (*Brit*) niña *f* mona*

**dolomite** ['dɒləmaɪt] N dolomía *f*, dolomita *f*

**Dolomites** ['dɒləmaɪts] NPL **the ~** las Dolomitas, los Alpes Dolomíticos

**dolphin** ['dɒlfɪn] N delfín *m*

**dolphinarium** [ˌdɒlfɪ'nɛərɪəm] N delfinario *m*

**dolt*** [dəʊlt] N imbécil *mf*; **you ~!** ¡imbécil!

**domain** [dəʊ'meɪn] N 1 (= *lands etc*) dominio *m*, propiedad *f*
2 (*fig*) campo *m*, competencia *f*; **the matter is now in the public ~** el asunto es ya del dominio público

**dome** [dəʊm] N (*on building etc*) cúpula *f*; (*Geog*) colina *f* redonda

**domed** [dəʊmd] ADJ [*roof*] abovedado; [*forehead*] en forma de huevo

**Domesday Book** ['du:mzdeɪˌbʊk] N **the ~** el Domesday Book (*libro del registro catastral realizado en Inglaterra en 1086*)

**domestic** [də'mestɪk] Ⓐ ADJ 1 (= *household*) [*activities, duty, life, animal*] doméstico; [*fuel*] de uso doméstico; [*harmony, quarrel*] familiar; [*violence*] en el hogar; **for ~ use** para uso doméstico; **she does ~ work for a living** trabaja como empleada del hogar *or* empleada doméstica; **a scene of ~ bliss** una escena de felicidad familiar *or* doméstica
2 (= *home-loving*) casero, hogareño
3 (*Econ, Pol*) (= *internal*) [*flight, industry, news, economy, politics*] nacional; [*market, consumption, policy*] nacional, interior; [*affairs, problems*] nacional, interno
Ⓑ N doméstico/a *m/f*, empleado/a *m/f* doméstico/a
Ⓒ CPD ► **domestic appliance** N aparato *m* doméstico, aparato *m* de uso doméstico ► **domestic help** N empleado/a *m/f* del hogar, empleado/a *m/f* doméstico/a ► **domestic science** N (*esp Brit Scol*) economía *f* doméstica, hogar *m* (*Sp*) ► **domestic science teacher** N (*esp Brit Scol*) profesor(a) *m/f* de economía doméstica, profesor(a) *m/f* de hogar (*Sp*) ► **domestic servant** N sirviente/a *m/f*, doméstico/a *m/f* ► **domestic service** N servicio *m* doméstico; **to be in ~ service** trabajar en el servicio doméstico ► **domestic staff** N (*in hospital, institution*) personal *m* de servicio; (*in private household*) servicio *m* doméstico ► **domestic worker** N empleado/a *m/f* doméstico/a

**domestically** [də'mestɪkəlɪ] ADV 1 (= *nationally*) nacionalmente; **~ and internationally** nacional e internacionalmente; **a ~ produced article** un artículo producido en el país; **~ produced goods** productos *mpl* nacionales
2 (= *in the home*) **he's not very ~ inclined** (= *not homely*) no es lo que se dice una persona muy casera; (= *not keen on housework*) no le van mucho las tareas de la casa

**domesticate** [də'mestɪkeɪt] VT [+ *wild animal*] domesticar

**domesticated** [də'mestɪkeɪtɪd] ADJ [*animal*] domesticado; [*person*] casero, hogareño

**domestication** [dəʊˌmestɪ'keɪʃən] N domesticación *f*

**domesticity** [ˌdəʊmes'tɪsɪtɪ] N domesticidad *f*

**domicile** ['dɒmɪsaɪl] (*frm*) Ⓐ N (*also* **place of ~**) domicilio *m*
Ⓑ VT **to be ~d in** tener domicilio en

**domiciliary** [ˌdɒmɪ'sɪlɪərɪ] ADJ domiciliario

**dominance** ['dɒmɪnəns] N 1 (= *supremacy*) [*of person*] dominio *m* (**over** sobre); [*of class, nation*] dominio *m*, dominación *f* (**over** sobre)
2 (= *predominance*) predominio *m*
3 (*Bio, Ecol*) [*of gene, species, male*] dominancia *f*

**dominant** ['dɒmɪnənt] Ⓐ ADJ 1 (= *supremely powerful*) [*person, factor, role*] dominante; **Britain was once ~ in the world market** Gran Bretaña fue en su día una nación dominante en el mercado mundial
2 (= *predominant*) [*feature, theme*] predominante
3 (*Bio, Ecol*) [*gene, species, male*] dominante
4 (*Mus*) dominante; **~ seventh** séptima *f* dominante
Ⓑ N (*Mus*) dominante *f*

**dominate** ['dɒmɪneɪt] VT, VI dominar

**dominating** ['dɒmɪneɪtɪŋ] ADJ dominante, dominador

**domination** [ˌdɒmɪ'neɪʃən] N (= *act of dominating*) dominación *f*; (= *control*) dominio *m*

**dominatrix** [ˌdɒmɪ'neɪtrɪks] N (*pl* **dominatrices** [ˌdɒmɪnə'traɪsi:z]) ama *f* (*prostituta especializada en servicios sadomasoquistas*)

**domineer** [ˌdɒmɪ'nɪəʳ] VI dominar, tiranizar (**over** a)

**domineering** [ˌdɒmɪ'nɪərɪŋ] ADJ dominante, autoritario

**Dominic** ['dɒmɪnɪk] N Domingo

**Dominica** [ˌdɒmɪ'ni:kə] N Dominica *f*

**Dominican** [də'mɪnɪkən] Ⓐ ADJ dominicano
Ⓑ N 1 (*Pol*) dominicano/a *m/f*
2 (*Rel*) dominico *m*, dominicano *m*
Ⓒ CPD ► **Dominican Republic** N República *f* Dominicana

**dominion** [də'mɪnɪən] N 1 (= *control*) dominio *m*; **to hold** *or* **have ~ over sb** ejercer dominio sobre algn
2 (*Brit Pol*) dominio *m*

**domino** ['dɒmɪnəʊ] Ⓐ N (*pl* **dominoes**) 1 (= *piece in game*) ficha *f* de dominó; **~es** (= *game*) dominó *msing*; **to play ~es** jugar al dominó, jugar dominó (*LAm*)
2 (= *dress*) dominó *m*
Ⓑ CPD ► **domino effect** N (*Pol*) reacción *f* en cadena ► **domino theory** N (*Pol*) teoría *f* de la reacción en cadena

**Domitian** [də'mɪʃɪən] N Domiciano

**don**[1] [dɒn] N 1 (*Brit Univ*) catedrático/a *m/f*
2 (*US*) **a Mafia ~** un capo de la Mafia

**don**[2] [dɒn] VT (*liter*) [+ *garment*] ponerse, ataviarse con

**donate** [dəʊ'neɪt] VT donar; **to ~ blood** donar sangre

**donation** [dəʊ'neɪʃən] N 1 (= *act*) donación *f*
2 (= *gift*) donativo *m*, donación *f*; **to make a ~ to a fund** hacer un donativo *or* una donación a un fondo

**done** [dʌn] Ⓐ PP *of* **do**[1]
Ⓑ ADJ 1 (= *finished*) terminado, acabado; **the job's ~** el trabajo está terminado *or* acabado; **it's as good as ~** eso está hecho; **to get ~ with sth** terminar *or* acabar de hacer algo; **why don't you tell him and have ~ with it?** ¿por qué no se lo dices y acabas de una vez?; ✦**PROV what's ~ cannot be undone** a lo hecho, pecho; *see also* **over C**, **say A3**
2 (= *accepted*) **it's just not ~!** ¡eso no se hace!; **it's not ~ to voice your opinions here** aquí está mal visto que uno exprese sus opiniones; **it's not ~ to put your elbows on the table** poner los codos en la mesa es de mala educación
3 (*in exclamations*) **done!** (= *agreed*) ¡trato hecho!; **well ~!** ¡muy bien!, ¡bravo!
4 (*Culin*) **the vegetables are ~** la verdura está cocida *or* hecha; **how do you like your steak ~?** ¿cómo te gusta el filete?; **I like my steak well ~** me gusta el filete muy hecho
5 (= *exhausted*) agotado, hecho polvo*; *see also* **do for 2**, **do in 2**

**dong**** [dɒŋ] N verga** *f*, polla *f* (*Sp***)

**Don Juan** [dɒn'hwɑ:n] N (*fig*) Don Juan *m*

**donkey** ['dɒŋkɪ] Ⓐ N burro *m*; **female ~** burra *f*; ✦**IDIOM for ~'s years** (*Brit**) durante un porrón de *or* muchísimos años; **I haven't seen him for ~'s years** (*Brit**) hace siglos que no lo veo; *see also* **hind**[1]
Ⓑ CPD ► **donkey derby** N (*Brit*) carrera *f* de burros ► **donkey jacket** N (*Brit*) chaqueta *f* de lanilla de trabajo ► **donkey engine** N pequeña máquina *f* de vapor, motor *m* auxiliar ► **donkey work*** N (*Brit*) trabajo *m* pesado

**donnish** ['dɒnɪʃ] ADJ [*life, discussion etc*] de erudito, de profesor; (*in appearance*) de aspecto erudito; (*pej*) profesoril, pedantesco

**donor** ['dəʊnəʳ] Ⓐ N donante *mf*
Ⓑ CPD ► **donor card** N carnet *m* de donante ► **donor organ** N órgano *m* donado

**Don Quixote** [dɒn'kwɪksət] N Don Quijote

**don't** [dəʊnt] Ⓐ = **do not**
Ⓑ N *see* **do**[1] **D2**
Ⓒ CPD ► **the don't knows** NPL los que no saben

**donut** ['dəʊnʌt] N (*esp US*) = **doughnut**

**doodah*** ['du:dɑ:], **doodad*** (*US*) ['du:dæd] N (*Brit*) (= *thing*) chisme *m*

**doodle** ['du:dl] Ⓐ N dibujito *m*, garabato *m* Ⓑ VI hacer dibujitos, hacer garabatos

**doodlebug** ['du:dlbʌg] N (*Brit*) bomba *f* volante

**doohickey*** [,du:'hɪkɪ] N (*US*) trasto *m*

**doolally‡** [,du:'lælɪ] ADJ tarumba*

**doom** [du:m] Ⓐ N (= *terrible fate*) destino *m* funesto; (= *death*) muerte *f*; (*Rel*) juicio *m* final; **a sense of ~** una sensación de desastre; **it's all ~ and gloom here** aquí reina el catastrofismo
Ⓑ VT (= *destine*) condenar (**to** a); **~ed to failure** condenado al fracaso; **to be ~ed to die** estar condenado a morir; **the ~ed ship** el buque siniestrado

**doom-laden** ['du:m,leɪdn] ADJ [*warning, prophecy*] aciago

**doomsday** ['du:mzdeɪ] Ⓐ N día *m* del juicio final; **till ~** (*fig*) hasta el día del juicio final
Ⓑ CPD ► **the doomsday scenario** N la peor de las perspectivas, la perspectiva más catastrófica

**doomwatcher** ['du:m,wɒtʃəʳ] N cataclismista *mf*, catastrofista *mf*

**doomwatching** ['du:m,wɒtʃɪŋ] N cataclismismo *m*, catastrofismo *m*

**Doona**® ['du:nə] N (*Australia*) edredón *m*

**door** [dɔ:ʳ] Ⓐ N [1] (= *hinged object*) [*of room, vehicle*] puerta *f*; **to answer the ~** (ir a) abrir la puerta; **she answered the ~ as soon as I knocked** llamé a la puerta y vino a abrir al momento; **"performance starts at 8pm, doors open at 7"** "la actuación empieza a las 8, pero las puertas se abrirán a las 7"; **to shut** *or* **slam the ~ in sb's face** cerrar la puerta a algn en las narices*, dar a algn con la puerta en las narices*; ✦***IDIOMS*** **to lay the blame for sth at sb's ~** echar la culpa de algo a algn; **the blame is always laid at the ~ of the government** siempre se le echa la culpa al gobierno; **I'm not sure his death can be laid at the doctor's ~** no estoy seguro de que se le pueda achacar su muerte al médico, no estoy seguro de que se pueda echar la culpa *or* culpar al médico de su muerte; **to close the ~ on sth** (= *make impossible*) cerrar la puerta a algo; (= *bring to an end*) poner punto final a algo; **behind closed ~s** a puerta cerrada; **to open the ~ to sth** abrir la(s) puerta(s) a algo; **meeting him opened the ~ to success for me** el encuentro con él me abrió la(s) puerta(s) al éxito; **this could open the ~ to a flood of claims for compensation** esto podría dar pie a una avalancha de reclamaciones de indemnización; ✦***PROV*** **as one ~ shuts, another opens** cuando una puerta se cierra, otra se abre; *see also* **darken A**, **knock C1**, **sliding**, **slam B1**
[2] (= *entrance*) puerta *f*; **he stopped at the ~ of his office** se detuvo a *or* en la puerta de su oficina; **to pay at the ~** (*Cine, Theat*) pagar a la entrada *or* al entrar; **to be on the ~** [*of nightclub*] hacer de portero, estar en la puerta; (*Theat*) hacer de acomodador(a) *m/f*; **"tickets £5 in advance, £6 on the door"** "la entrada cuesta 5 libras por adelantado, 6 en la puerta"; **to see** *or* **show sb to the ~** acompañar a algn a la puerta; **to show sb the ~** (*euph*) decir a algn dónde está la puerta
[3] (= *building*) puerta *f*; **she lived a few ~s down from me** ella vivía unas cuantas puertas más abajo (de mí); **three ~s down the street** tres puertas más abajo; **(from) ~ to ~** de puerta en puerta; **it took seven hours to get there, ~ to ~** de puerta a puerta tardamos siete horas; **next ~** (= *in the next house*) en la casa de al lado; (= *in the next room*) en la habitación de al lado; **out of ~s** al aire libre; *see also* **foot A1**
Ⓑ CPD ► **door chain** N cadena *f* (de seguridad) de la puerta ► **door handle** N (*gen*) picaporte *m*; [*of car*] manija *f* ► **door jamb** N jamba *f* de la puerta ► **door key** N llave *f* (de la puerta) ► **door knocker** N aldaba *f*, llamador *m*

**doorbell** ['dɔ:bel] N timbre *m*

**do-or-die** ['du:ə'daɪ] ADJ [*effort*] extraordinario; **it's ~** es todo o nada

**doorframe** ['dɔ:freɪm] N marco *m* de la puerta

**doorkeeper** ['dɔ:,ki:pəʳ] N portero/a *m/f*, conserje *mf*

**doorknob** ['dɔ:nɒb] N pomo *m* de la puerta, manilla *f* (*LAm*)

**doorman** ['dɔ:mən] N (*pl* **doormen**) [*of hotel, block of flats*] portero/a *m/f*, conserje *mf*

**doormat** ['dɔ:mæt] N felpudo *m*, estera *f*; ✦***IDIOM*** **to treat sb like a ~**: **he treats her like a ~** le trata como a un esclava, la pisotea

**doornail** ['dɔ:neɪl] N *see* **dead A1**

**doorpost** ['dɔ:pəʊst] N jamba *f* de puerta

**doorstep** ['dɔ:step] Ⓐ N (= *threshold*) umbral *m*; (= *step*) peldaño *m* de la puerta; **on our ~** en la puerta de casa; **we don't want an airport on our ~** no queremos un aeropuerto aquí tan cerca
Ⓑ VT (*Brit**) *ir los periodistas a la casa de una persona para hacerle fotos o una entrevista, a menudo en contra de su voluntad*

**doorstop** ['dɔ:stɒp] N tope *m*

**door-to-door** ['dɔ:tədɔ:ʳ] Ⓐ ADJ [*selling*] a domicilio
Ⓑ CPD ► **door-to-door salesman** N vendedor *m* a domicilio

**doorway** ['dɔ:weɪ] N [*of house*] entrada *f*, puerta *f*; [*of block of flats, building*] portal *m*; (*fig*) puertas *fpl*, sendero *m*

**dope** [dəʊp] Ⓐ N [1] (*) (= *drugs*) drogas *fpl*; (= *cannabis*) chocolate* *m*, mota *f* (*LAm*); (*Sport*) estimulante *m*; **to do ~** (*esp US*) drogarse
[2] (*) (= *information*) información *f*, informes *mpl*; **to give sb the ~** informar a algn; **what's the ~ on him?** ¿qué es lo que se sabe de él?
[3] (*) (= *stupid person*) idiota *mf*, imbécil *mf*; **you ~!** ¡bobo!
[4] (= *varnish*) barniz *m*
Ⓑ VT [+ *horse, person*] drogar; [+ *food, drink*] adulterar con drogas
Ⓒ CPD ► **dope fiend*** N drogata* *mf* ► **dope peddler***, **dope pusher*** N camello* *m* ► **dope sheet*** N (*US Horse racing*) periódico *m* de carreras de caballos ► **dope test** N prueba *f* antidoping, control *m* antidoping

►**dope up*** VT + ADV **to be ~d up on** *or* **with Valium** ir ciego a Valium*

**dopehead*** ['dəʊphed] N porrero/a* *m/f*

**dopey*** ['dəʊpɪ] ADJ (*compar* **dopier**; *superl* **dopiest**) (= *drugged*) drogado, colocado*; (= *fuddled*) atontado; (= *stupid*) corto*

**doping** ['dəʊpɪŋ] N (*Sport*) dopaje *m*, doping *m*

**Doppler effect** ['dɒplərɪ,fekt] N (*Astron*) efecto *m* Doppler

**dopy** ['dəʊpɪ] = **dopey**

**Dordogne** [dɔr'dɒɲ] N (= *region*) Dordoña *f*; (= *river*) Dordoña *m*

**Doric** ['dɒrɪk] ADJ (*Archit*) dórico

**dork‡** [dɔ:k] N (*esp US*) zumbado/a *m/f*

**dorm*** [dɔ:m] N = **dormitory**

**dormancy** ['dɔ:mənsɪ] N [*of volcano*] inactividad *f*; [*of virus*] estado *m* latente; [*of plant*] reposo *m* (vegetativo)

**dormant** ['dɔ:mənt] ADJ [*volcano*] inactivo; (*Bio, Bot*) durmiente; [*energy*] latente; **to lie ~** (*lit*) estar inactivo; (*fig*) quedar por realizarse

**dormer** ['dɔ:məʳ] N (*also* **~ window**) buhardilla *f*, lucerna *f*

**dormice** ['dɔ:maɪs] NPL *of* **dormouse**

**dormitory** ['dɔ:mɪtrɪ] Ⓐ N [1] (= *bedroom*) dormitorio *m*
[2] (*US*) (= *hall of residence*) residencia *f*
Ⓑ CPD ► **dormitory suburb** N (*Brit*) barrio *m* dormitorio ► **dormitory town** N (*Brit*) ciudad *f* dormitorio

**Dormobile**® ['dɔ:məbi:l] N (*Brit*) combi *f*

**dormouse** ['dɔ:maʊs] N (*pl* **dormice**) lirón *m*

**Dorothy** ['dɒrəθɪ] N Dorotea

**Dors** ABBR (*Brit*) = **Dorset**

**dorsal** ['dɔ:sl] Ⓐ ADJ dorsal
Ⓑ CPD ► **dorsal fin** N aleta *f* dorsal

**dory[1]** ['dɔ:rɪ] N (= *fish*) gallo *m*, pez *m* de San Pedro

**dory[2]** ['dɔ:rɪ] N (= *boat*) arenera *f*

**DOS** [dɒs] N ABBR = **disk operating system**

**dosage** ['dəʊsɪdʒ] N [*of medicine*] dosificación *f*; (*in instructions for use of medication*) posología *f*; (= *amount*) dosis *f inv*

**dose** [dəʊs] Ⓐ N [1] [*of medicine*] dosis *f inv*; ✦***IDIOM*** **like a ~ of salts***: **it went through her like a ~ of salts*** le hizo hacer de vientre en menos que canta un gallo*
[2] (*fig*) (= *amount*) dosis *f inv*; **in small ~s** en pequeñas dosis *or* cantidades
[3] (*) [*of flu*] ataque *m*
Ⓑ VT [1] (*also* **~ up**) medicar (**with** con); **to ~ o.s. (up)** medicarse (**with** con)
[2] [+ *wine*] adulterar

**dosh‡** [dɒʃ] N (*Brit*) guita* *f*, pasta *f* (*Sp**), plata *f* (*LAm**), lana *f* (*LAm**)

**doss*** [dɒs] (*Brit*) Ⓐ N [1] (= *bed*) camastro *m*; (= *sleep*) sueño *m*
[2] (= *easy task*) **he thought the course would be a ~** pensó que el curso sería pan comido*
Ⓑ VI [1] (*also* **~ down**) (= *sleep*) echarse a dormir
[2] (= *laze*) **to ~ around** gandulear, no hacer nada

**dosser*** ['dɒsəʳ] N (*Brit*) vagabundo/a *m/f*, pobre *mf*

**dosshouse*** ['dɒshaʊs] N (*pl* **dosshouses** ['dɒshaʊzɪz]) (*Brit*) pensión *f* de mala muerte

**dossier** ['dɒsɪeɪ] N (*gen*) informe *m*, dossier *m*; (*Admin*) expediente *m* (**on** sobre)

**DOT** N ABBR (*US*) = **Department of Transportation**

**Dot** [dɒt] N (*familiar form*) *of* **Dorothy**

**dot** [dɒt] Ⓐ N punto *m*; **~s and dashes** (*Morse*) puntos y rayas; **~, ~, ~** (*Typ*) puntos suspensivos; **at seven o'clock on the ~** a las siete en punto; **to pay on the ~** pagar puntualmente; ✦***IDIOM*** **since the year ~** (*Brit*) desde los tiempos de Maricastaña
Ⓑ VT [1] [+ *letter*] poner el punto sobre; ✦***IDIOM*** **to ~ the i's and cross the t's** poner los puntos sobre las íes; *see also* **dotted line**
[2] (= *scatter*) esparcir, desparramar; **they are ~ted about the country** están esparcidos por todo el país; **~ted with flowers** salpicado de flores
[3] (= *speckle*) puntear, motear, salpicar de puntos
[4] (*) (= *hit*) **to ~ sb a blow** pegar *or* arrear* un golpe a algn; **he ~ted him one** le pegó *or* arreó* (un porrazo)
Ⓒ CPD ► **dot command** N (*Comput*) instruc-

ción *f* (precedida) de punto ► **dot prompt** N (*Comput*) indicación *f* de punto

**dotage** ['dəʊtɪdʒ] N chochez *f*; **to be in one's ~** chochear, estar chocho

**dote** [dəʊt] VI **to ~ on** adorar (a), chochear (por)

**doting** ['dəʊtɪŋ] ADJ 1 (= *loving*) **her ~ parents** sus padres, que la adoran
2 (= *senile*) chocho

**dot-matrix printer** [,dɒt,meɪtrɪks'prɪntəʳ] N impresora *f* matricial de agujas

**dotted line** [,dɒtɪd'laɪn] N línea *f* de puntos; **"tear along the ~"** "cortar por la línea de puntos"; ♦*IDIOM* **to sign on the ~** firmar

**dotty*** ['dɒtɪ] ADJ (*compar* **dottier**; *superl* **dottiest**) (*Brit*) [*person*] chiflado*; [*idea, scheme*] estrafalario, disparatado; **you must be ~!** ¿estás loco o qué?; **it's driving me ~** esto me trae loco

**double** ['dʌbl] Ⓐ ADJ 1 (= *twice*) doble; **it is ~ what it was** es el doble de lo que era; **my income is ~ that of my neighbour** gano dos veces más que mi vecino, gano el doble que mi vecino; **he's ~ your age** te dobla la edad; **he's ~ the age of his sister** le dobla en edad a su hermana; **~ the size** el doble de grande; **~ the amount of money** el doble de dinero; **twins: ~ the trouble, and ~ the fun!** mellizos: el doble de problemas ¡y el doble de diversión!
2 (= *extra-big*) doble; **a ~ dose of cough mixture** una dosis doble de jarabe para la tos; **a ~ helping of ice cream** una porción doble de helado; **a ~ whisky** un whisky doble
3 (= *two, dual*) **it is spelt with a ~ "m"** se escribe con dos emes; **~ five two six (5526)** (*Telec*) cinco, cinco, dos, seis, cincuenta y cinco, veintiséis; **a box with a ~ bottom** una caja con doble fondo; **to lead a ~ life** llevar una doble vida; **it serves a ~ purpose** sirve un doble propósito; **throw a ~ six to commence play** para empezar el juego tiene que sacar un seis doble al tirar los dados; **the egg had a ~ yolk** el huevo tenía dos yemas; *see also* **figure A4**
Ⓑ ADV 1 (= *twice as much*) [*cost, pay*] el doble; **he earns ~ what I earn** gana el doble que yo; **you should have bought ~ that amount** deberías haber comprado el doble; **if you land on a pink square it counts ~** si caes en una casilla rosa vale el doble *or* vale por dos; **to see ~** ver doble
2 (= *in half*) por la mitad; **the blanket had been folded ~** habían doblado la manta por la mitad; **to be bent ~** (*with age*) estar encorvado; **to be bent ~ with pain** retorcerse de dolor
Ⓒ N 1 (= *drink*) doble *m*
2 (= *double room*) habitación *f* doble
3 (*Cine*) (= *stand-in*) doble *mf*
4 (= *lookalike*) doble *mf*
5 (*in games*) doble *m*; **throw a ~ to start** para empezar tienes que sacar un doble; **~ or quits** ◊ **~ or nothing** doble o nada
6 **doubles** (*Tennis, Badminton*) dobles *mpl*; **to play ~s** jugar dobles; **a game of mixed/ladies' ~s** un partido de dobles mixtos/femininos
7 (*Sport*) (= *double victory*) **the ~** el doblete
8 **at the ~*** (= *very quickly*) a la carrera, corriendo; **they ate their food at the ~** comieron a la carrera, comieron corriendo; **get into bed, at the ~!** ¡a la cama corriendo!
9 **on the ~*** (= *immediately*) ya mismo; **we'd better go on the ~** mejor vamos ya mismo
Ⓓ VT 1 (= *increase twofold*) [+ *money, quantity, profits*] doblar, duplicar; [+ *price, salary*] doblar; [+ *efforts*] redoblar; **think of a number and ~ it** piensa en un número y multiplícalo por dos *or* duplícalo; **he ~d my offer** ofreció el doble que yo; **he has already ~d his birth weight** ya pesa el doble de lo que pesaba al nacer
2 (*also* **~ over**) (= *fold*) [+ *paper, blanket*] doblar
3 (*Theat*) **he ~s the parts of courtier and hangman** hace dos papeles, el de cortesano y el de verdugo; **he's doubling the part of Kennedy for Steve Newman** es el doble de Steve Newman en el papel de Kennedy
4 (*in card games*) doblar; **to ~ one's stake** doblar la apuesta; **I'll ~ you!** ¡te doblo la apuesta!
5 (= *circumnavigate*) [+ *headland*] doblar
Ⓔ VI 1 (= *become twice as great*) [*quantity*] doblarse, duplicarse; **these figures have ~d since last year** estas cifras se han duplicado desde el año pasado
2 (= *have two functions*) **to ~ as sth** hacer las veces de algo; **the sofa ~s as a spare bed** el sofá hace las veces de cama para los invitados
3 (*Theat*) **to ~ for sb** doblar a algn; **he ~d as Hamlet's father** también hizo el papel del padre de Hamlet
4 (= *change direction suddenly*) girar sobre sí mismo
5 (*Bridge*) doblar
Ⓕ CPD ► **double agent** N doble agente *mf* ► **double bar** N (*Mus*) barra *f* doble ► **double bass** N contrabajo *m* ► **double bassoon** N contrafagot *m* ► **double bed** N cama *f* de matrimonio ► **double bend** N (*Aut*) curva *f* en S ► **double bill** N (*Cine*) programa *m* doble ► **double bind** N dilema *m* sin solución, callejón *m* sin salida* ► **double bluff** N **perhaps, he thought, it's a kind of ~ bluff** quizás, pensó, intenta hacerme creer que está mintiendo pero en realidad dice la verdad ► **double boiler** N (*US*) cazos *mpl* para hervir al baño María ► **double booking** N (= *booking for two*) reserva *f* para dos; (= *over-booking*) doble reserva *f* ► **double chin** N papada *f* ► **double cream** N (*Brit*) crema *f* doble, nata *f* (para montar) (*Sp*), doble crema *f* (*Mex*) ► **double dealer** N traidor(a) *m/f* ► **double density disk** N (*Comput*) disco *m* de doble densidad ► **double doors** NPL puerta *fsing* de dos hojas ► **double Dutch*** N (*Brit*) chino* *m*; **it's ~ Dutch to me** para mí es chino*; **to talk ~ Dutch*** hablar en chino* ► **double eagle** N doble eagle *m* ► **double entry** N partida *f* doble ► **double entry book-keeping** N contabilidad *f* por partida doble ► **double exposure** N (*Phot*) doble exposición *f* ► **double fault** N (*Tennis*) falta *f* doble; *see also* **double-fault** ► **double feature** N (*Cine*) sesión *f* doble, programa *m* doble ► **double first** N (*Univ*) *título universitario británico con nota de sobresaliente en dos especialidades* ► **double flat** N (*Mus*) doble bemol *m* ► **double glazing** N doble acristalamiento *m*, doble ventana *f* ► **double helix** N (*Chem*) hélice *f* doble ► **double indemnity** N (*US Insurance*) doble indemnización *f* ► **double indemnity coverage** N (*US*) seguro *m* de doble indemnización ► **double jeopardy** N (*US Jur*) procesamiento *m* por segunda vez ► **double knitting** N lana *f* de doble hebra ► **double knot** N nudo *m* doble ► **double lock** N cerradura *f* doble; *see also* **double-lock** ► **double marking** N doble corrección *f* ► **double meaning** N doble sentido *m* ► **double negative** N (*Gram*) doble negación *f* (*construcción gramatical, incorrecta en inglés, en la que se utilizan dos formas negativas*) ► **double pay** N paga *f* doble; **everybody gets ~ pay on Sundays** todo el mundo recibe paga doble los domingos ► **double pneumonia** N pulmonía *f* doble ► **double room** N habitación *f* doble ► **double saucepan** N (*Brit*) cazos *mpl* para hervir al baño María ► **double sharp** N (*Mus*) doble sostenido *m* ► **double spacing** N **in ~ spacing** a doble espacio ► **double standard** N **to have ~ standards** ◊ **have a ~ standard** aplicar una regla para unos y otra para otros ► **double star** N estrella *f* binaria ► **double stopping** N doble cuerda *f* ► **double take** N **to do a ~ take** (= *look twice*) tener que mirar dos veces; **when I told him the news, he did a ~ take** cuando le di la noticia no daba crédito a sus oídos *or* no se lo creía ► **double talk** N lenguaje *m* con doble sentido ► **double time** N (*Ind, Comm*) tarifa *f* doble; **we earn ~ time on Sundays** los domingos nos pagan el doble; (*Mil*) **in ~ time** a paso ligero ► **double track** N vía *f* doble ► **double vision** N doble visión *f*, diplopía *f* ► **double whammy*** N palo *m* doble* ► **double windows** NPL ventanas *fpl* dobles ► **double yellow lines** NPL (*Aut*) *línea doble amarilla de prohibido aparcar*, ≈ línea *fsing* amarilla continua

►**double back** Ⓐ VI + ADV [*person*] volver sobre sus pasos; **to ~ back on itself** [*road*] volver sobre sí mismo
Ⓑ VT + ADV [+ *blanket*] doblar

►**double over** VT + ADV doblar

►**double up** Ⓐ VT + ADV **to be ~d up with laughter** troncharse de risa; **to be ~d up with pain** doblarse de dolor
Ⓑ VI + ADV 1 (= *bend over*) doblarse; **he ~d up with laughter** se partió de la risa
2 (= *share bedroom*) compartir (una habitación)

**double-acting** [,dʌbl'æktɪŋ] ADJ de doble acción

**double-barrelled** ['dʌbl,bærəld] ADJ 1 [*gun*] de dos cañones
2 (*Brit*) [*surname*] compuesto

**double-blind** ['dʌbl,blaɪnd] ADJ **~ experiment** *experimento en el que ni el analizador ni el sujeto conoce las características*; **~ method** *método según el cual ni el analizador ni el sujeto conoce las características del producto*

**double-book** [,dʌbl'bʊk] VT **I was ~ed** (*in diary of engagements*) tenía dos compromisos para la misma hora; **we found the room had been ~ed** encontramos que habían reservado la habitación para dos parejas distintas

**double-breasted** ['dʌbl'brestɪd] ADJ cruzado, con botonadura doble

**double-check** ['dʌbl'tʃek] Ⓐ VT volver a comprobar, comprobar de nuevo; **to ~ that ...** volver a comprobar que ..., asegurarse bien de que ...
Ⓑ VI volver a comprobar, asegurarse bien; **to ~ with sb** confirmarlo con algn
Ⓒ N doble comprobación *f*, revisión *f*

**double-click** ['dʌbl,klɪk] (*Comput*) Ⓐ VI hacer doble click
Ⓑ VT hacer doble click en

**double-cross*** ['dʌbl'krɒs] Ⓐ N engaño *m*, trampa *f*, traición *f*
Ⓑ VT traicionar, engañar

**double-date** [,dʌbl'deɪt] Ⓐ VT engañar con otro/otra
Ⓑ VI salir dos parejas

**double-dealing** ['dʌbl'di:lɪŋ] N trato *m* doble, juego *m* doble, duplicidad *f*

**double-decker** ['dʌbl'dekəʳ] Ⓐ N (*also* **~ bus**) autobús *m* de dos pisos

Ⓑ CPD ► **double-decker sandwich** N sandwich *m* club

**double-declutch** [ˌdʌbldiːˈklʌtʃ] VI (*Aut*) hacer un doble desembragaje

**double-digit** [ˌdʌblˈdɪdʒɪt] ADJ de dos dígitos

**double-edged** [ˈdʌblˈedʒd] ADJ [*remark*] con segundas; ✦**IDIOM it's a ~ sword** es un arma de doble filo

**double entendre** [ˈduːblɑ̃ːnˈtɑ̃ːndr] N equívoco *m*, frase *f* ambigua

**double-faced** [ˌdʌblˈfeɪst] ADJ [*material*] reversible; (*pej*) [*person*] de dos caras

**double-fault** [ˌdʌblˈfɔːlt] VI (*Tennis*) cometer doble falta; *see also* **double fault**

**double-figure** [ˌdʌblˈfɪgəʳ] ADJ = **double-digit**

**double-glaze** [ˌdʌblˈgleɪz] VT **to ~ a window** termoaislar una ventana

**double-glazed** [ˌdʌblˈgleɪzd] ADJ con doble acristalamiento

**double-header** [ˈdʌblˌhedəʳ] N (*esp US Sport*) *dos encuentros consecutivos entre los mismos o diferentes equipos*

**double-jointed** [ˈdʌblˈdʒɔɪntɪd] ADJ con articulaciones muy flexibles

**double-lock** [ˌdʌblˈlɒk] VT cerrar con dos vueltas; *see also* **double lock**

**double-page spread** [ˌdʌblpeɪdʒˈspred] N doble página *f*

**double-park** [ˌdʌblˈpɑːk] VI (*Aut*) aparcar en doble fila, estacionar en doble fila

**double-parking** [ˌdʌblˈpɑːkɪŋ] N (*Aut*) aparcamiento *m* en doble fila, estacionamiento *m* en doble fila

**double-quick** [ˌdʌblˈkwɪk] Ⓐ ADV rapidísimamente, en un santiamén; (*Mil*) a paso ligero
Ⓑ ADJ **in ~ time** rapidísimamente, en un santiamén

**double-sided disk** [ˌdʌblˌsaɪdɪdˈdɪsk] N disco *m* de dos caras

**double-space** [ˌdʌblˈspeɪs] VT escribir a doble espacio

**double-spaced** [ˈdʌblˈspeɪst] ADV a doble espacio

**doublespeak** [ˈdʌblˈspiːk] N (*pej*) doble lenguaje *m*

**doublet** [ˈdʌblɪt] N [1] (††) (= *garment*) jubón *m*
[2] (*Ling*) doblete *m*

**doublethink** [ˈdʌblθɪŋk] N razonamiento *m* contradictorio; **a piece of ~** una contradicción en sí misma

**doubleton** [ˈdʌbltən] N dubletón *m*

**doubling** [ˈdʌblɪŋ] N [*of number*] multiplicación *f* por dos; [*of letter*] duplicación *f*

**doubly** [ˈdʌblɪ] ADV [1] (= *twice as*) [*important, difficult, dangerous*] doblemente; **we are ~ determined to win this time** esta vez estamos doblemente *or* mucho más empeñados en ganar; **you'll have to be ~ careful from now on** a partir de ahora tienes que tener el doble de cuidado; **since then she has been ~ careful to lock the door** desde entonces se cuida todavía más de cerrar la puerta con llave; **he has to work ~ hard to make up for lost time** tiene que trabajar el doble para recuperar el tiempo perdido; **to make ~ sure** asegurarse muy bien
[2] (= *in two ways*) por partida doble; **Fran was ~ mistaken** Fran estaba equivocada por partida doble; **it's a delicious dessert, ~ so when you use cream instead of milk** es un postre riquísimo, y el doble de rico si usas nata en vez de leche

▼**doubt** [daʊt] Ⓐ N (= *uncertainty, qualm*) duda *f*; **there is some ~ about it** sobre esto existen dudas; **beyond ~** fuera de duda; **beyond all reasonable ~** más allá de toda duda; **to cast ~ on** poner en duda; **to clear up sb's ~s** sacar a algn de dudas; **to have one's ~s about sth** tener sus dudas acerca de algo; **to be in ~** [*person*] tener dudas, dudar; [*sb's honesty etc*] ser dudoso; **she was in ~ whether to ...** dudaba si ...; **the matter is still in some ~** el caso sigue siendo dudoso; **if** *or* **when in ~** en caso de duda; **no ~!** ¡sin duda!; **no ~ he will come** seguro que viene; **there is no ~ of that** de eso no cabe duda; **there is no ~ that** es indudable que, no cabe duda de que; **I have no ~ that it is true** no me cabe duda de que es verdad; **let there be no ~ about it** que nadie dude de esto; **the marks left no ~ about how he died** las señales no dejaban lugar a dudas sobre cómo murió; **to throw ~ on** poner en duda; **without (a) ~** sin duda (alguna); *see also* **plant B2**
Ⓑ VT [1] [+ *truth of statement etc*] dudar; **I ~ it very much** lo dudo mucho; **I never ~ed you** nunca tuve dudas acerca de ti; **to ~ sb's loyalty** dudar de la lealtad de algn
[2] (= *be uncertain*) **to ~ whether** *or* **if** dudar si; **I don't ~ that he will come** no dudo que vaya a venir
Ⓒ VI dudar; **~ing Thomas** (*fig*) incrédulo/a *m/f*, escéptico/a *m/f*

**doubter** [ˈdaʊtəʳ] N escéptico/a *m/f*

▼**doubtful** [ˈdaʊtfʊl] ADJ [1] (= *uncertain*) [*result, success, future*] incierto, dudoso
[2] (= *unconvinced*) [*expression*] de duda; **"all right then," he said in a ~ tone** —bueno, vale —dijo con un tono de duda en la voz; **Jeremy nodded his head, but he still looked ~** Jeremy asintió pero no parecía aún convencido; **I'm a bit ~** no estoy convencido del todo; **to be ~ that** dudar que + *subjun*; **he was ~ that he would be able to lift it** dudaba que pudiera levantarlo; **I am ~ whether we should accept the offer** dudo si deberíamos aceptar la oferta o no; **to be ~ about sth** tener dudas sobre algo
[3] (= *unlikely*) dudoso; **a reconciliation between the two sides seems ~** una reconciliación entre las dos partes parece dudosa; **it is ~ that they will reach an agreement** es dudoso *or* poco probable que lleguen a un acuerdo; **it is ~ that there will be any survivors** se duda *or* es poco probable que haya sobrevivientes; **for a moment it seemed ~ that he would move at all** por un momento pareció que no se iba a mover en absoluto; **it is ~ whether** es poco probable que + *subjun*; **~ starter** (*Sport*) participante *mf* dudoso
[4] (= *questionable*) [*taste, reputation, quality, value*] dudoso; **in ~ taste** de dudoso gusto; **the weather looks a bit ~** el tiempo no parece muy estable

**doubtfully** [ˈdaʊtfəlɪ] ADV [1] (= *unconvincedly*) sin estar convencido; **Ralph looked at him ~** Ralph lo miró muy poco convencido; **"I suppose not," he said ~** —supongo que no —dijo él poco convencido *or* sin demasiado convencimiento
[2] (= *questionably*) dudosamente; **the painting is ~ ascribed to Picasso** el cuadro se ha atribuído dudosamente a Picasso

**doubtfulness** [ˈdaʊtfʊlnɪs] N [1] (= *uncertainty*) incertidumbre *f*, dudas *fpl*; (= *hesitation*) vacilación *f*, duda *f*; **there is some ~ as to whether he did indeed live there** existe cierta incertidumbre *or* existen algunas dudas sobre si realmente vivió ahí
[2] (= *questionable quality*) carácter *m* dudoso

▼**doubtless** [ˈdaʊtlɪs] ADV sin duda, seguramente

**douceur** [duːˈsɜːʳ] N (*frm*) (= *gift, tip etc*) gratificación *f*

**douche** [duːʃ] Ⓐ N ducha *f*; (*Med*) jeringa *f*
Ⓑ VT duchar
Ⓒ VI ducharse

**dough** [dəʊ] N [1] (*Culin*) masa *f*, pasta *f*
[2] (‡) (= *money*) guita* *f*, pasta *f* (*Sp**), plata *f* (*LAm**), lana *f* (*LAm**)

**doughboy*** [ˈdəʊbɔɪ] N (*US*) soldado *m* de infantería; (*Hist*) *soldado de la Primera Guerra Mundial*

**doughnut** [ˈdəʊnʌt] N dónut® *m*, dona *f* (*LAm*)

**doughty** [ˈdaʊtɪ] ADJ (*compar* **doughtier**; *superl* **doughtiest**) [*person*] valiente, esforzado; [*deed*] hazañoso

**doughy** [ˈdəʊɪ] ADJ pastoso

**dour** [ˈdʊəʳ] ADJ (= *grim*) adusto, arisco; **a ~ Scot** un escocés adusto *or* arisco; **a ~ struggle** una batalla muy reñida

**Douro** [ˈdʊərəʊ] N Duero *m*

**douse** [daʊs] VT (*with water*) mojar (**with** con); [+ *flames, light*] apagar

**dove**[1] [dʌv] N (*Orn*) paloma *f*; (*Pol*) (= *person opposed to war*) pacifista *mf*

**dove**[2] [dəʊv] (*US*) PT *of* **dive**

**dovecote** [ˈdʌvkɒt] N palomar *m*

**dove-grey** [ˌdʌvˈgreɪ] ADJ gris paloma

**Dover** [ˈdəʊvəʳ] Ⓐ N Dover *m*
Ⓑ CPD ► **Dover sole** N lenguado *m*

**dovetail** [ˈdʌvteɪl] Ⓐ N (*also* **~ joint**) cola *f* de milano
Ⓑ VT [1] (*Carpentry*) ensamblar a cola de milano
[2] (*fig*) (= *fit*) encajar; (= *link*) enlazar
Ⓒ VI (*fig*) encajar, enlazar; **to ~ with** encajar perfectamente con

**dovish** [ˈdʌvɪʃ] ADJ (*Pol*) blando

**dowager** [ˈdaʊədʒəʳ] Ⓐ N viuda *f* de un noble
Ⓑ CPD ► **dowager duchess** N duquesa *f* viuda

**dowdiness** [ˈdaʊdɪnɪs] N falta *f* de elegancia

**dowdy** [ˈdaʊdɪ] ADJ (*compar* **dowdier**; *superl* **dowdiest**) [*person*] anticuado, trasnochado; [*clothes*] trasnochado, pasado de moda

**dowel** [ˈdaʊəl] N clavija *f*

**Dow Jones average** [ˌdaʊdʒəʊnzˈævərɪdʒ], **Dow Jones index** [ˌdaʊdʒəʊnzˈɪndeks] N (*US Fin*) índice *m* Dow-Jones

**down**[1] [daʊn]

> *When* **down** *is an element in a phrasal verb, eg* **back down, glance down, play down**, *look up the verb.*

Ⓐ ADV [1] (*physical movement*) abajo, hacia abajo; (= *to the ground*) a tierra; **there was snow all the way ~ to London** estuvo nevando todo el camino hasta Londres; **to fall ~** caerse; **I ran all the way ~** bajé toda la distancia corriendo
[2] (*static position*) abajo; (= *on the ground*) por tierra, en tierra; **to be ~** (*Aer*) haber aterrizado, estar en tierra; [*person*] haber caído, estar en tierra; **I'll be ~ in a minute** ahora bajo; **he isn't ~ yet** (*eg for breakfast*) todavía no ha bajado; **the blinds are ~** estan bajadas las persianas; **the sun is ~** el sol se ha puesto; **~ below** allá abajo; **~ by the river** abajo en la ribera; **~ here** aquí (abajo); **~ on the shore** abajo en la playa; **~ there** allí (abajo)
[3] (*Geog*) **he came ~ from Glasgow to London** ha bajado *or* venido de Glasgow a Londres; **to be ~ from college** haber terminado el curso universitario; **he lives ~ South** vive en el sur; **~ under** (*Brit**) en Australia o en Nueva Zelanda; **to go ~ under** (*Brit**) (= *to Australia*) ir a Australia; (= *to New Zealand*) ir a

➤ LANGUAGE IN USE: **doubt A** 15.1, 16.1, 26.3 **B2** 16.1, 16.2 **doubtful 1** 16.2 **doubtless** 26.3

Nueva Zelanda
[4] (*in writing*) **write this ~** apunta esto; **you're ~ for the next race** estás inscrito para la próxima carrera; **you're ~ for Tuesday** te hemos apuntado para el martes
[5] (*in volume, degree, status*) **the tyres are ~** los neumáticos están desinflados; **his temperature is ~** le ha bajado la temperatura; **the price of meat is ~** ha bajado el precio de la carne; **England are two goals ~** Inglaterra está perdiendo por dos tantos; **I'm £20 ~** he perdido 20 libras; **I'm ~ to my last cigarette** me queda un cigarrillo nada más
[6] (*indicating a series or succession*) **from the year 1600 ~ to the present day** desde el año 1600 hasta el presente; **from the biggest ~ to the smallest** desde el más grande hasta el más pequeño
[7] (= *ill*) **I've been ~ with flu** he estado con gripe
[8] **~ to: it's ~ to him** (= *due to, up to*) le toca a él, le incumbe a él; **it's all ~ to us now** ahora nosotros somos los únicos responsables
[9] (*as deposit*) **to pay £50 ~** pagar un depósito de 50 libras, hacer un desembolso inicial de 50 libras
[10] (*in exclamations*) **down!** ¡abajo!; (*to dog*) ¡quieto!; **~ with traitors!** ¡abajo los traidores!
[11] (= *completed etc*) **one ~, five to go** uno en el bote y quedan cinco
[12] (*esp US*) **to be ~ on sb** tener manía *or* inquina a algn*
Ⓑ PREP [1] (*indicating movement*) **he went ~ the hill** fue cuesta abajo; **to go ~ the road** ir calle abajo; **he's gone ~ the pub*** se ha ido al bar; **looking ~ this road, you can see ...** mirando carretera abajo, se ve ...; **he ran his finger ~ the list** pasó el dedo por la lista; **the rain was running ~ the trunk** la lluvia corría por el tronco
[2] (= *at a lower point on*) **he lives ~ the street (from us)** vive en esta calle, más abajo de nosotros; **~ the ages** a través de los siglos; **face ~** boca abajo; **~ river** río abajo (**from** de)
Ⓒ ADJ [1] (= *depressed*) deprimido
[2] (= *not functioning*) **the computer is ~** el ordenador no funciona; **the power lines are ~** los cables de alta tensión están cortados; **the telephone lines are ~** las líneas de teléfono están cortadas
[3] (*Brit*) [*train, line*] de bajada
Ⓓ VT (*) [1] [+ *food*] devorar; [+ *drink*] beberse (de un trago), tragarse; **he ~ed a pint of beer** tragó una pinta de cerveza
[2] [+ *opponent*] tirar al suelo, echar al suelo; [+ *plane*] derribar, abatir; ✦***IDIOM* to ~ tools** (*Brit*) declararse en huelga
Ⓔ N **to have a ~ on sb** (*Brit**) tenerle manía *or* inquina a algn*
Ⓕ CPD ► **down bow** N (*Mus*) descenso *m* de arco ► **down cycle** N (*Econ*) ciclo *m* de caída ► **down payment** N (*Fin*) (= *initial payment*) entrada *f*; (= *deposit*) desembolso *m* inicial

**down²** [daʊn] N (*on bird*) plumón *m*, flojel *m*; (*on face*) bozo *m*; (*on body*) vello *m*; (*on fruit*) pelusa *f*; (*Bot*) vilano *m*

**down³** [daʊn] N (*Geog*) colina *f*; **the Downs** (*Brit*) las Downs (*colinas del sur de Inglaterra*)

**down-and-out** [ˈdaʊnən,aʊt] Ⓐ N (= *tramp*) indigente *mf*, vagabundo/a *m/f*
Ⓑ ADJ **to be ~** no tener donde caerse muerto, estar sin un cuarto

**down-at-heel** [ˈdaʊnətˈhiːl] ADJ [*person, appearance*] desastrado; [*bar, café*] de mala muerte; [*shoes*] gastado

**downbeat** [ˈdaʊn,biːt] Ⓐ ADJ (= *gloomy*) pesimista, deprimido; (= *unemphatic*) [*tone, statement*] moderado
Ⓑ N (*Mus*) compás *m* acentuado

**downcast** [ˈdaʊnkɑːst] ADJ (= *sad*) abatido; [*eyes*] bajo, alicaído

**downer*** [ˈdaʊnəʳ] N [1] (= *tranquilizer*) tranquilizante *m*
[2] (= *depressing experience*) experiencia *f* deprimente

**downfall** [ˈdaʊnfɔːl] N [1] (= *collapse*) caída *f*
[2] (= *ruin*) perdición *f*, ruina *f*; **it will be his ~** será su perdición

**downgrade** [ˈdaʊngreɪd] Ⓐ N **to be on the ~** ir cuesta abajo, estar en plena decadencia
Ⓑ [daʊnˈgreɪd] VT [+ *job, hotel*] bajar de categoría; **he's been ~d to assistant manager** le han bajado a ayudante de dirección

**downhearted** [ˈdaʊnˈhɑːtɪd] ADJ descorazonado; **don't be ~** no te dejes desanimar

**downhill** [ˈdaʊnˈhɪl] Ⓐ ADV cuesta abajo; **to go ~** [*road*] bajar; [*car*] ir cuesta abajo; (*fig*) [*person*] ir cuesta abajo; [*industry*] estar en declive, estar de capa caída; [*company*] ir de mal en peor
Ⓑ ADJ en pendiente; [*skiing*] de descenso; **it was ~ all the way after that** (*fig*) (= *got easier*) a partir de entonces la cosa fue más fácil; (= *got worse*) a partir de entonces la cosa fue de mal en peor

**down-home*** [,daʊnˈhəʊm] ADJ (*US*) (= *from the South*) del sur; (= *narrow-minded*) cerrado de miras

**Downing Street** [ˈdaʊnɪŋ,striːt] N Downing Street (*calle de Londres en que están las residencias oficiales del ministro de Hacienda y del primer ministro británicos*)

> **DOWNING STREET**
>
> **Downing Street** *es la calle de Londres, cerrada al público, donde se encuentran las residencias oficiales del Primer Ministro (***Prime Minister***) y del Ministro de Economía y Hacienda (***Chancellor of the Exchequer***), normalmente en los Nos 10 y 11 respectivamente. Los términos* **Downing Street**, **Number Ten**, *o* **Ten Downing Street** *se usan a menudo en los medios de comunicación para referirse al Primer Ministro o al Gobierno.*

**down-in-the-mouth** [ˈdaʊnɪnðəˈmaʊθ] ADJ decaído, deprimido

**download** [,daʊnˈləʊd] VT (*Comput*) descargar

**downloading** [,daʊnˈləʊdɪŋ] N (*Comput*) descarga *f*

**downmarket** [,daʊnˈmɑːkɪt] Ⓐ ADJ [*product*] para el sector popular del mercado
Ⓑ ADV **to go ~** buscar clientela en el sector popular

**downpipe** [ˈdaʊn,paɪp] N (*Brit*) canal *f* bajante, bajante *f or m*

**downplay** [ˈdaʊnˈpleɪ] VT quitar importancia a, restar importancia a

**downpour** [ˈdaʊnpɔːʳ] N aguacero *m*, chaparrón *m*, chubasco *m* (*LAm*)

**downright** [ˈdaʊnraɪt] Ⓐ ADJ [*nonsense, lie*] patente, manifiesto; [*refusal*] categórico
Ⓑ ADV [*rude, angry*] realmente

**downside** [ˈdaʊnsaɪd] N (*fig*) pega *f*, desventaja *f*, lo malo (**of** de)

**downsize** [,daʊnˈsaɪz] Ⓐ VT hacer recortes de personal en, hacer recortes de plantilla en (*Sp*)
Ⓑ VI reducir (el) personal, reducir (la) plantilla (*Sp*)

**Down's Syndrome** [ˈdaʊnz,sɪndrəʊm] N síndrome *m* de Down; **a ~ child** un niño con síndrome de Down

**downstairs** [ˈdaʊnˈstɛəz] Ⓐ ADJ (= *on the ground floor*) de la planta baja; (= *on the floor underneath*) del piso de abajo; **a ~ window** una ventana de la planta baja
Ⓑ ADV en la planta baja, abajo; **to fall ~** caer por las escaleras; **to come/go ~** bajar la escalera
Ⓒ N **the ~** [*of building*] la planta baja

**downstate** [ˈdaʊn,steɪt] (*US*) Ⓐ N campo *m*, sur *m* del estado
Ⓑ ADJ del campo, del sur del estado
Ⓒ ADV [*be*] en el campo, en el sur; [*go*] al campo, hacia el sur

**downstream** [ˈdaʊnˈstriːm] ADV río abajo (**from** de); **to go ~** ir río abajo; **to swim ~** nadar con la corriente; **a town ~ from Soria** una ciudad pasando Soria río abajo; **about 5km ~ from Zamora** a unos 5km de Zamora río abajo

**downstroke** [ˈdaʊnstrəʊk] N [1] (*with pen*) pierna *f*; (*by child when learning*) palote *m*
[2] (*Mech*) carrera *f* descendente

**downswept** [ˈdaʊnswept] ADJ [*wings*] con caída posterior

**downswing** [ˈdaʊnswɪŋ] N (*fig*) recesión *f*, caída *f*

**downtime** [ˈdaʊn,taɪm] N tiempo *m* de inactividad, tiempo *m* muerto

**down-to-earth** [ˈdaʊntʊˈɜːθ] ADJ (= *natural*) [*person*] natural, llano; (= *practical*) [*person, policy, outlook*] práctico, realista

**downtown** [ˈdaʊnˈtaʊn] (*US*) Ⓐ ADV al centro
Ⓑ ADJ **~ San Francisco** el centro de San Francisco

**downtrend** [ˈdaʊn,trend] N (*Econ*) tendencia *f* a la baja; **in** *or* **on a ~** en baja

**downtrodden** [ˈdaʊn,trɒdn] ADJ [*person*] oprimido, pisoteado

**downturn** [ˈdaʊntɜːn] N (*in economy*) deterioro *m*; (*in sales, production*) disminución *f*

**downward** [ˈdaʊnwəd] Ⓐ ADJ [*curve, movement*] descendente; [*slope*] hacia abajo; [*tendency*] a la baja
Ⓑ ADV [*go, look*] hacia abajo; **from the President ~** todos, incluso el Presidente

**downwards** [ˈdaʊnwədz] ADV (*esp Brit*) = **downward**

**downwind** [ˈdaʊn,wɪnd] ADV a favor del viento

**downy** [ˈdaʊnɪ] ADJ velloso; (= *and soft*) blando, suave

**dowry** [ˈdaʊrɪ] N dote *f*

**dowse** [daʊz] VT = **douse**

**dowser** [ˈdaʊzəʳ] N zahorí *mf*

**doyen** [ˈdɔɪən] N decano *m*

**doyenne** [ˈdɔɪen] N decana *f*

**doz.** ABBR (= **dozen**) doc.

**doze** [dəʊz] Ⓐ N sueñecito *m*, siestecita *f*; **to have a ~** (*after meal*) echar una siestecita
Ⓑ VI dormitar
►**doze off** VI + ADV dormirse

**dozen** [ˈdʌzn] N docena *f*; **80p a ~** 80 peniques la docena; **a ~ eggs** una docena de huevos; **they arrived in their ~s** *or* **by the ~** llegaban docenas de ellos; **~s of times/people** cantidad *f* de veces/gente

**dozy** [ˈdəʊzɪ] ADJ (*compar* **dozier**; *superl* **doziest**) [1] (= *sleepy*) amodorrado, soñoliento
[2] (*Brit**) (= *stupid*) corto*, lerdo*

**DP** N ABBR = **data processing**

**DPh**, **DPhil** [,diːˈfɪl] N ABBR = **Doctor of Philosophy**; → DEGREE

**d.p.i.** ABBR (= **dots per inch**) p.p.p.

**DPM** N ABBR = **Diploma in Psychological Medicine**

**DPP** N ABBR (*Brit Jur*) = **Director of Public Prosecutions**

**DPT** N ABBR (= **diphtheria, pertussis, tetanus**) vacuna *f* trivalente

**dpt** ABBR (= **department**) dto

**DPW** N ABBR (*US*) = **Department of Public Works**

**DQ** ABBR (*Athletics*) = **Disqualified**

**Dr** ABBR 1 (*Med*) (= **Doctor**) Dr(a)
2 (*Fin*) = **debtor**
3 (= *street*) = **Drive**

**dr** ABBR 1 = **debtor**
2 = **dram**
3 = **drachma**

**drab** [dræb] Ⓐ ADJ (*compar* **drabber**; *superl* **drabbest**) [*colour*] apagado; [*life*] monótono, gris
Ⓑ N 1 (= *fabric*) *tela de color marrón o gris apagado*
2 *see* **dribs**

**drabness** ['dræbnɪs] N [*of life*] monotonía *f*; [*of clothes, colours*] lo soso

**drachm** [dræm] N 1 (*Pharm*) (= *measure*) dracma *f*
2 = **drachma**

**drachma** ['drækmə] N (*pl* **drachmas** *or* **drachmae** ['drækmiː]) dracma *m (sometimes f)*

**draconian** [drə'kəunɪən] ADJ draconiano, severo, riguroso

**Dracula** ['drækjʊlə] N Drácula *m*

**draft** [drɑːft] Ⓐ N 1 (= *outline*) (*in writing*) borrador *m*; (= *drawing*) boceto *m*
2 (*Mil*) (= *detachment*) destacamento *m*; (= *reinforcements*) refuerzos *mpl*; **the ~** (*US Mil*) (= *conscription*) la llamada a filas, el servicio militar
3 (*Comm*) (*also* **banker's ~**) letra *f* de cambio, giro *m*
4 (*Comput*) borrador *m*
5 (*US*) = **draught**
Ⓑ VT 1 (*also* **~ out**) [+ *document*] (= *write*) redactar; [+ *first attempt*] hacer un borrador de; [+ *scheme*] elaborar, trazar
2 (*Mil*) (*for specific duty*) destacar; (= *send*) mandar (**to** a); (*US Mil*) (= *conscript*) reclutar, llamar al servicio militar; (*fig*) forzar, obligar
Ⓒ CPD ► **draft agreement** N proyecto *m* de (un) acuerdo ► **draft bill** N anteproyecto *m* de ley ► **draft board** N (*US Mil*) junta *f* de reclutamiento ► **draft card** N (*US Mil*) cartilla *f* militar ► **draft dodger** N (*US Mil*) prófugo *m* ► **draft excluder** N (*US*) burlete *m* ► **draft law** N = **draft bill** ► **draft horse** (*US*) N caballo *m* de tiro ► **draft letter** N borrador *m* de carta; (*more formal*) proyecto *m* de carta ► **draft version** N versión *f* preliminar

**draftee** [drɑːf'tiː] N (*US Mil*) recluta *mf*

**draftiness** ['drɑːftɪnɪs] N (*US*) = **draughtiness**

**draft-proof** ['drɑːftpruːf] ADJ (*US*) = **draught-proof**

**draft-proofing** ['drɑːft,pruːfɪŋ] N (*US*) = **draught-proofing**

**draftsman** ['drɑːftsmən] N (*US*) = **draughtsman**

**draftsmanship** ['drɑːftsmənʃɪp] N (*US*) = **draughtsmanship**

**draftswoman** ['drɑːfts,wʊmən] N (*US*) = **draughtswoman**

**drafty** ['drɑːftɪ] ADJ (*US*) = **draughty**

**drag** [dræg] Ⓐ N 1 (= *restraint*) **the satellite acts like a ~ on the shuttle** el satélite hace más lento el avance del transbordador espacial; **the region is a ~ on the country's financial resources** (*fig*) la región supone una sangría *or* un desaguadero para los recursos económicos del país; **these conservative institutions were seen as a ~ on progress** (*fig*) estas instituciones conservadoras eran consideradas un obstáculo *or* estorbo para el progreso
2 (*Aer*) (= *resistance*) resistencia *f* aerodinámica
3 (*) (= *boring thing*) lata* *f*, rollo *m* (*Sp**); **what a ~!** ¡qué lata!*, ¡qué rollo! (*Sp**); **she's a real ~!** ¡qué tía más pesada!*
4 (*) (*on cigarette*) chupada *f*, calada *f* (*Sp*); **he took a long ~ on his cigarette** le dio una chupada *or* (*Sp*) calada larga al cigarro
5 (= *women's clothes*) **he was wearing ~** iba vestido de mujer, iba travestido; **a man in ~** un hombre vestido de mujer, un hombre travestido
6 **the main ~** (*US**) la avenida principal
7 (= *dragnet*) red *f* barredera; (= *dredge*) draga *f*
8 (*US**) (= *influence*) enchufe* *m*
Ⓑ VT 1 (= *pull*) arrastrar; **he ~ged his chair towards the table** arrastró su silla hacia la mesa; **they ~ged the man out of the car** sacaron al hombre del coche a rastras; **she managed to ~ herself clear of the wreckage** consiguió salir a duras penas del coche siniestrado; ✦**IDIOM to ~ sb's (good) name through the mud** *or* **dirt** arrastrar el buen nombre de algn por el lodo
2 (= *trail*) [+ *injured limb, coat*] arrastrar; **I don't want to ~ the children round the supermarket** no quiero ir tirando de los niños por el supermercado; **to ~ one's feet** (*lit*) arrastrar los pies; **to ~ one's feet** *or* **heels** (*fig*) dar largas (al asunto); **the government has been ~ging its feet** *or* **heels on this issue** el gobierno ha estado dando largas a este asunto
3 (= *force*) **the government didn't want to ~ the nation into a war** el gobierno no quería arrastrar al país a una guerra; **I have to ~ myself into the office in the mornings** por las mañanas me cuesta muchísimo (trabajo) ir a la oficina; **I don't want to get ~ged into your argument** no quiero que me mezcléis en vuestra discusión; **we had to ~ the truth out of him** tuvimos que sacarle la verdad a la fuerza
4 (= *dredge, search*) [+ *sea bed, river*] dragar
Ⓒ VI 1 (= *go very slowly*) [*time*] pasar muy lentamente; [*film, play*] hacerse pesado; **the minutes ~ged by** los minutos pasaban muy lentamente *or* se alargaban sin fin
2 (= *trail*) [*skirt, coat*] arrastrar; **her skirt was ~ging on the floor** la falda le iba arrastrando por el suelo, iba arrastrando la falda por el suelo
3 (= *not keep pace*) rezagarse
4 (= *dredge, search*) **to ~ for sth** dragar en busca de algo
Ⓓ CPD ► **drag artist** N transformista *m*, travesti *m* ► **drag car** N coche *m* trucado ► **drag hunt** N *deporte en el que los perros salen a la caza de un objeto perfumado en lugar de un animal* ► **drag (para)chute** N paracaídas *m inv* de frenado ► **drag queen*** N drag-queen* *f*, reinona* *f*, travesti *m* ► **drag race** N (*US Aut*) *carrera de coches trucados de salida parada* ► **drag show** N espectáculo *m* de drag-queens*, espectáculo *m* de reinonas*, espectáculo *m* de travestismo

►**drag about** VT + ADV arrastrar de un lado a otro

►**drag along** VT + ADV [+ *person*] arrastrar

►**drag away** VT + ADV 1 (*lit*) [+ *person*] llevar a la fuerza
2 (*fig*) **I'm sorry to ~ you away from your meal** siento interrumpirte la comida, siento hacerte levantar de la mesa; **you can never ~ him away from the television** no hay forma de apartarlo del televisor, no hay forma de despegarlo del televisor*; **if you can ~ yourself away from the luxury of the hotel** si puedes desprenderte del lujo del hotel

►**drag down** VT + ADV **you may have made a terrible mistake but you're not going to ~ me down with you** habrás cometido un grave error pero no voy a cargar con las consecuencias yo también; **he could ~ down the entire party in this election** podría hacer fracasar a todo el partido en estas elecciones; **I'm not going to be ~ged down to your level** no me vas a arrastrar a tu mismo nivel

►**drag in** VT + ADV [+ *subject*] sacar a relucir; *see also* **cat A1**

►**drag on** VI + ADV [*meeting, conversation*] alargarse; [*film, play*] hacerse pesadísimo; [*speech*] hacerse interminable; **the case could ~ on for months** el caso podría alargarse durante meses

►**drag out** VT + ADV [+ *process*] alargar

►**drag up** VT + ADV 1 [+ *subject*] **do you have to ~ that up again?** ¿otra vez tienes que sacar a relucir eso?; **this ~ged up painful memories for her** esto despertó en ella recuerdos dolorosos
2 (*Brit**) (= *bring up*) [+ *person*] **where were you ~ged up?** ¿dónde te han enseñado eso?, ¿dónde has aprendido esos modales?

**draglift** ['dræglɪft] N (*Ski*) arrastre *m*, remonte *m*

**dragnet** ['drægnet] N 1 (= *net*) red *f* de arrastre, red *f* barredera
2 (*fig*) (*by police*) operación *f* policial de captura, emboscada *f*
3 (*US Pol*) dragadora *f*

**dragon** ['drægən] N 1 (*Myth*) dragón *m*
2 (*) (= *woman*) bruja *f*

**dragonfly** ['drægənflaɪ] N libélula *f*, caballito *m* del diablo

**dragoon** [drə'guːn] Ⓐ N (*Mil*) dragón *m*
Ⓑ VT **to ~ sb into (doing) sth** obligar *or* forzar a algn a (hacer) algo

**dragster** ['drægstəʳ] N coche *m* trucado

**drain** [dreɪn] Ⓐ N 1 (= *outlet*) (*in house*) desagüe *m*; (*in street*) boca *f* de alcantarilla, sumidero *m*; (*Agr*) zanja *f* de drenaje; **the ~s** (= *sewage system*) el alcantarillado *msing*; ✦**IDIOMS to throw one's money down the ~*** tirar el dinero (por la ventana); **to go down the ~*** perderse, echarse a perder; *see also* **laugh B**
2 (*fig*) (= *source of loss*) **to be a ~ on** [+ *energies, resources*] consumir, agotar; **they are a great ~ on our reserves** ellos se llevan gran parte de nuestras reservas; **it has been a great ~ on her** la ha agotado
Ⓑ VT 1 (*Agr*) [+ *land, marshes, lake*] drenar, desecar; [+ *vegetables, last drops*] escurrir; [+ *glass, radiator etc*] vaciar; (*Med*) [+ *wound etc*] drenar
2 (*fig*) agotar, consumir; **to feel ~ed (of energy)** sentirse agotado *or* sin fuerzas; **the country is being ~ed of wealth** al país lo están empobreciendo
Ⓒ VI [*washed dishes, vegetables*] escurrir; [*liquid*] desaguar; [*stream*] desembocar (**into** en)

►**drain away** Ⓐ VT + ADV [+ *liquid*] (*from vegetables etc*) escurrir; (*Med, Mech*) drenar
Ⓑ VI + ADV [*liquid*] irse; [*strength*] agotarse

►**drain off** Ⓐ VT + ADV [+ *liquid*] (*from vegetables etc*) escurrir; (*Med, Mech*) drenar
Ⓑ VI + ADV [*liquid*] irse

**drainage** ['dreɪnɪdʒ] Ⓐ N [1] [*of land*] (*naturally*) desagüe *m*; (*artificially*) drenaje *m*; [*of lake*] desecación *f*
[2] (= *sewage system*) alcantarillado *m*
Ⓑ CPD ► **drainage area, drainage basin** N (*Geol*) cuenca *f* hidrográfica ► **drainage channel** N zanja *f* de drenaje ► **drainage tube** N (*Med*) tubo *m* de drenaje

**drainboard** ['dreɪnbɔ:d] N (*US*) = **draining board**

**drainer** ['dreɪnəʳ] N escurridor *m*

**draining board** ['dreɪnɪŋ,bɔ:d] N escurridero *m*

**drainpipe** ['dreɪnpaɪp] Ⓐ N tubo *m* de desagüe, cañería *f*
Ⓑ CPD ► **drainpipe trousers** NPL (*Brit*) pantalones *mpl* de pitillo

**Drake** [dreɪk] N Draque

**drake** [dreɪk] N pato *m* (macho)

**Dralon**® ['dreɪlɒn] N Dralón® *m*

**DRAM, D-RAM** ['di:ræm] ABBR (*Comput*) = **dynamic random access memory**

**dram** [dræm] N (*Brit*) [*of drink*] trago *m*; (*Pharm*) dracma *f*

**drama** ['drɑ:mə] Ⓐ N [1] (= *dramatic art*) teatro *m*; (= *play*) obra *f* dramática, drama *m*
[2] (*fig*) (= *event*) drama *m*; (= *excitement*) dramatismo *m*
Ⓑ CPD ► **drama critic** N crítico/a *m/f* de teatro ► **drama queen*** N (*pej*) peliculero/a *m/f*; **you're such a ~ queen** eres demasiado peliculero ► **drama school** N escuela *f* de arte dramático ► **drama student** N estudiante *mf* de arte dramático

**dramatic** [drə'mætɪk] ADJ [1] (= *marked*) [*increase, rise, decline*] espectacular; [*change*] radical, drástico; [*improvement*] espectacular, impresionante; [*effect*] espectacular, dramático
[2] (= *exciting*) [*entrance*] espectacular, teatral; [*escape*] espectacular; [*decor*] de gran efecto, efectista; **she lifted the lid with a ~ gesture** levantó la tapa con gesto teatral
[3] (*Theat*) [*works, film*] dramático, teatral; **~ art** arte *m* dramático; **the ~ arts** las artes dramáticas

**dramatically** [drə'mætɪkəlɪ] ADV [1] (= *markedly*) [*change*] radicalmente; [*increase, improve, rise, fall*] espectacularmente; **this plan is ~ different** este plan es radicalmente diferente; **the results were ~ better** los resultados fueron notablemente mejores
[2] (= *theatrically*) [*pause, sigh*] de forma teatral, con mucho teatro
[3] (*Theat*) desde el punto de vista dramático; **~, it was very effective** desde el punto de vista dramático funcionó muy bien

**dramatics** [drə'mætɪks] Ⓐ NSING (*Theat*) arte *m* dramático, teatro *m*; **amateur ~** teatro *m* amateur, teatro *m* de aficionados
Ⓑ NPL (= *histrionics*) dramatismo *msing*; **George's ~ were beginning to irritate me** el dramatismo de George me estaba empezando a irritar

**dramatis personae** ['dræmətɪspɜ:'səʊnaɪ] N personajes *mpl* (*del drama etc*)

**dramatist** ['dræmətɪst] N dramaturgo/a *m/f*

**dramatization** [,dræmətaɪ'zeɪʃən] N dramatización *f*

**dramatize** ['dræmətaɪz] VT [1] [+ *events etc*] dramatizar; (*Cine, TV*) (= *adapt*) [+ *novel*] adaptar a la televisión/al cine
[2] (= *exaggerate*) dramatizar, exagerar

**Drambuie**® [dræm'bju:ɪ] N Drambuie® *m*

**drank** [dræŋk] PT of **drink**

**drape** [dreɪp] Ⓐ VT [+ *object*] cubrir (**with** con, de); **~ this round your shoulders** ponte esto sobre los hombros; **he ~d a towel about himself** se cubrió con una toalla; **he ~d an arm about my shoulders** me rodeó los hombros con el brazo
Ⓑ **drapes** NPL (*US*) cortinas *fpl*

**draper** ['dreɪpəʳ] N pañero/a *m/f*

**drapery** ['dreɪpərɪ] N [1] (= *draper's shop*) pañería *f*, mercería *f* (*LAm*)
[2] (= *cloth for hanging*) colgaduras *fpl*; (*as merchandise*) pañería *f*, mercería *f* (*LAm*)

**drastic** ['dræstɪk] ADJ [*measures, change, reduction*] drástico; [*effect*] notorio; **to take ~ action** tomar medidas drásticas

**drastically** ['dræstɪkəlɪ] ADV drásticamente; **to be ~ reduced** sufrir una reducción drástica; **he ~ revised his ideas** cambió radicalmente *or* drásticamente de ideas; **it/things went ~ wrong** salió/las cosas salieron muy mal

**drat*** [dræt] EXCL **~!** ◊ **~ it!** ¡maldita sea!*, ¡mecachis!*

**dratted*** ['drætɪd] ADJ maldito*

**draught, draft** (*US*) [drɑ:ft] Ⓐ N [1] [*of air*] corriente *f* de aire; (*for fire*) tiro *m*; **there's a ~ from the window** entra corriente por la ventana; **✦IDIOM to feel the ~** pasar apuros (económicos)
[2] (= *drink*) trago *m*; **he took a long ~ of cider** se echó un buen trago de sidra; **at one ~** de un trago; **on ~** de barril
[3] (*Med*) dosis *f inv*
[4] (*Naut*) calado *m*
Ⓑ CPD ► **draught beer** N cerveza *f* de barril ► **draught excluder** N burlete *m* ► **draught horse** N caballo *m* de tiro

**draughtboard** ['drɑ:ftbɔ:d] N (*Brit*) tablero *m* de damas

**draughtiness, draftiness** (*US*) ['drɑ:ftɪnɪs] N corriente *f* de aire

**draught-proof, draft-proof** (*US*) ['drɑ:ftpru:f] ADJ a prueba de corrientes de aire

**draught-proofing, draft-proofing** (*US*) ['drɑ:ft,pru:fɪŋ] N burlete *m*

**draughts** [drɑ:fts] N (*Brit*) juego *m* de damas; **to play ~** jugar a las damas

**draughtsman, draftsman** (*US*) ['drɑ:ftsmən] N (*pl* **draughtsmen**) [1] (*in drawing office*) delineante *mf*, dibujante *mf*
[2] (*Brit*) (*in game*) dama *f*, pieza *f*

**draughtsmanship, draftsmanship** (*US*) ['drɑ:ftsmənʃɪp] N (= *skill*) arte *m* del delineante; (= *quality*) habilidad *f* para el dibujo

**draughtswoman, draftswoman** (*US*) ['drɑ:fts,wʊmən] N (*pl* **draughtswomen**) dibujante *f*

**draughty, drafty** (*US*) ['drɑ:ftɪ] ADJ (*compar* **draughtier**; *superl* **draughtiest**) [*room*] con mucha corriente; [*street corner*] de mucho viento

**draw** [drɔ:] (*vb: pt* **drew**; *pp* **drawn**) Ⓐ N [1] (= *lottery*) lotería *f*; (= *picking of ticket*) sorteo *m*; **the ~ takes place on Saturday** el sorteo es el sábado; **it's the luck of the ~** es la suerte
[2] (= *equal score*) empate *m*; (*Chess*) tablas *fpl*; **the match ended in a ~** el partido terminó en empate
[3] (= *attraction*) atracción *f*
[4] **to beat sb to the ~** (*lit*) desenfundar más rápido que algn; (*fig*) adelantarse a algn; **to be quick on the ~** (*lit*) ser rápido en sacar la pistola; (*fig*) ser muy avispado
[5] [*of chimney*] tiro *m*
Ⓑ VT [1] (= *pull*) [+ *bolt, curtains*] (*to close*) correr; (*to open*) descorrer; [+ *caravan, trailer*] tirar, jalar (*LAm*); **she drew him to one side** lo llevó a un lado; **she drew him towards her** lo atrajo hacia sí; **we drew him into the plan** le persuadimos para que participara en el proyecto; **to ~ a bow** tensar un arco; **he drew his finger along the table** pasó el dedo por la superficie de la mesa; **to ~ one's hand over one's eyes** pasarse la mano por los ojos; **he drew his hat over his eyes** se caló el sombrero hasta los ojos
[2] (= *extract*) [+ *gun, sword, confession, tooth*] sacar; [+ *cheque*] girar; [+ *salary*] cobrar; [+ *number, prize*] sacarse; [+ *trumps*] arrastrar; (*Culin*) [+ *fowl*] destripar; (*Med*) [+ *boil*] hacer reventar; **to ~ a bath** preparar el baño; **to ~ blood** sacar sangre; **to ~ (a) breath** respirar; **to ~ a card** robar una carta; **to ~ comfort from sth** hallar consuelo en algo; **to ~ inspiration from sth** encontrar inspiración en algo; **to ~ lots** echar suertes; **to ~ a smile from sb** arrancar una sonrisa a algn; *see also* **breath A1**
[3] (= *attract*) [+ *attention, crowd, customer*] atraer; **their shouts drew him to the place** llegó al lugar atraído por sus gritos; **to feel ~n to sb** simpatizar con algn; **he refuses to be ~n** se niega a hablar de ello, se guarda de hacer comentario alguno
[4] (= *cause*) [+ *laughter*] causar, provocar; [+ *applause*] despertar, motivar; [+ *criticism*] provocar; **it drew no reply** no hubo contestación a esto
[5] (= *sketch*) [+ *scene, person*] dibujar; [+ *plan, line, circle, map*] trazar; (*fig*) [+ *situation*] explicar; [+ *character*] trazar; **to ~ a picture** hacer un dibujo; **to ~ a picture of sb** hacer un retrato de algn; **✦IDIOM to ~ the line at sth: I ~ the line at (doing) that** a (hacer) eso no llego
[6] (= *formulate*) [+ *conclusion*] sacar (**from** de); **to ~ a comparison between A and B** comparar A con B; **to ~ a distinction** distinguir (**between** entre)
[7] (*Sport, Games*) **to ~ a match/game** (*gen*) empatar un partido; (*Chess*) entablar
[8] (*Naut*) **the boat ~s two metres** el barco tiene un calado de dos metros
[9] (*Tech*) [+ *wire*] estirar
Ⓒ VI [1] (= *move*) **he drew ahead of the other runners** se adelantó a los demás corredores; **to ~ to an end** llegar a su fin; **the train drew into the station** el tren entró en la estación; **the two horses drew level** los dos caballos se igualaron; **to ~ near** acercarse; **the car drew over to the kerb** el coche se acercó a la acera; **he drew to one side** se apartó; **to ~ towards** acercarse a
[2] (*Cards*) **to ~ for trumps** echar triunfos
[3] [*chimney etc*] tirar
[4] (= *infuse*) [*tea*] reposar
[5] (= *be equal*) [*two teams, players*] empatar; (*Chess*) entablar; **we drew two all** empatamos a dos; **the teams drew for second place** los equipos empataron en segundo lugar
[6] (= *sketch*) dibujar

►**draw ahead** VI + ADV adelantarse (**of** a)

►**draw aside** Ⓐ VT + ADV [+ *covering*] apartar; [+ *curtain*] descorrer; [+ *person*] apartar, llevar a un lado
Ⓑ VI + ADV ir aparte, apartarse

►**draw away** Ⓐ VT + ADV apartar, llevar aparte
Ⓑ VI + ADV alejarse, apartarse; (*in race*) dejar atrás a los otros; **to ~ away from the kerb** apartarse *or* alejarse de la acera; **he drew away from her** se alejó *or* apartó de ella

►**draw back** Ⓐ VT + ADV [+ *object, hand*] retirar; [+ *curtains*] descorrer
Ⓑ VI + ADV (= *move back*) echarse atrás (**from**

de); **to ~ back from doing sth** no atreverse a hacer algo

►**draw down** VT + ADV [1] (= *pull down*) [+ *blind*] bajar
[2] (*fig*) [+ *blame, ridicule*] atraer

►**draw forth** VT + ADV [+ *comment etc*] motivar, provocar, dar lugar a

►**draw in** Ⓐ VI + ADV [1] [*car*] (= *stop*) detenerse, pararse (*LAm*); [*train*] (= *enter station*) entrar en la estación
[2] (*Brit*) **the days are ~ing in** los días se van acortando, los días se van haciendo más cortos
Ⓑ VT + ADV [1] [+ *breath, air*] aspirar
[2] (= *pull back in*) [+ *claws*] retraer
[3] (= *attract*) [+ *crowds*] atraer

►**draw off** VT + ADV [1] [+ *gloves*] quitarse
[2] [+ *liquid*] vaciar, trasegar
[3] [+ *pursuers*] apartar, desviar

►**draw on** Ⓐ VI + ADV [*night*] acercarse
Ⓑ VI + PREP [+ *source*] inspirarse en; [+ *text*] poner a contribución; [+ *resources*] usar, hacer uso de, explotar; [+ *experience*] recurrir a, servirse de; [+ *bank account*] retirar dinero de; **he drew on his own experience to write the book** recurrió a *or* se sirvió de su propia experiencia para escribir el libro
Ⓒ VT + ADV [1] [+ *gloves*] ponerse
[2] **to ~ sb on** engatusar a algn

►**draw out** Ⓐ VT + ADV [1] (= *take out*) [+ *handkerchief, money from bank*] sacar; **to ~ sb out (of his shell)** (*fig*) hacer que algn salga de sí mismo
[2] (= *prolong*) [+ *meeting etc*] alargar
[3] (= *lengthen*) [+ *wire*] estirar
Ⓑ VI + ADV [1] [*train etc*] arrancar
[2] [*days*] hacerse más largos

►**draw together** Ⓐ VT + ADV reunir, juntar
Ⓑ VI + ADV reunirse, juntarse; (*fig*) hacerse más unidos

►**draw up** Ⓐ VT + ADV [1] (= *formulate*) [+ *will, contract*] redactar; [+ *report etc*] redactar, preparar; [+ *plan*] elaborar, trazar
[2] (= *move*) [+ *chair*] acercar; [+ *troops*] ordenar, disponer; **to ~ o.s. up (to one's full height)** enderezarse, erguirse
[3] (= *raise*) levantar, alzar; (*from well*) [+ *water*] sacar
Ⓑ VI + ADV [*car etc*] detenerse, parar

►**draw upon** VI + PREP *see* **draw on B**

**drawback** ['drɔːbæk] N inconveniente *m*, desventaja *f*

**drawbridge** ['drɔːbrɪdʒ] N puente *m* levadizo

**drawee** [drɔː'iː] N girado/a *m/f*, librado/a *m/f*

**drawer**[1] [drɔːʳ] N (*in desk etc*) cajón *m*; *see also* **top E**

**drawer**[2] ['drɔːəʳ] N (*Comm*) girador(a) *m/f*, librador(a) *m/f*

**drawers**† [drɔːz] NPL (*man's*) calzoncillos *mpl*; (*woman's*) bragas *fpl*

**drawing** ['drɔːɪŋ] Ⓐ N [1] (= *picture*) dibujo *m*
[2] (= *activity*) **I'm no good at ~** no sirvo para el dibujo, no se me da bien el dibujo
Ⓑ CPD ► **drawing account** N cuenta *f* de anticipos, fondo *m* para gastos ► **drawing board** N mesa *f* de dibujo; ✦*IDIOM* **back to the ~ board!** ¡a comenzar de nuevo! ► **drawing office** N oficina *f* de delineación ► **drawing paper** N papel *m* de dibujo ► **drawing pen** N tiralíneas *m inv* ► **drawing pin** N chincheta *f* (*Sp*), chinche *m or f* (*LAm*) ► **drawing power** N [*of speaker, entertainer*] poder *m* de convocatoria, tirón* *m* ► **drawing rights** N derechos *mpl* de giro ► **drawing room** N salón *m*, sala *f*

**drawl** [drɔːl] Ⓐ N voz *f* cansina; **a Southern ~** un acento del sur
Ⓑ VT decir alargando las palabras
Ⓒ VI hablar alargando las palabras

**drawn** [drɔːn] Ⓐ PP *of* **draw**
Ⓑ ADJ [1] (= *haggard*) (*with tiredness*) demacrado, ojeroso; (*with pain*) macilento
[2] (= *with no winner*) [*game*] empatado
[3] (= *prolonged*) **long ~ out** larguísimo, prolongado
[4] (= *unsheathed*) **with ~ sword** con la espada en la mano
Ⓒ CPD ► **drawn butter** N (*US*) mantequilla *f* derretida

**drawstring** ['drɔːstrɪŋ] N cordón *m*

**dray** [dreɪ] N carro *m* pesado

**dread** [dred] Ⓐ N terror *m*, pavor *m*; **to fill sb with ~** infundir terror a algn; **he lives in ~ of being caught** vive aterrorizado por la idea de que lo cojan *or* (*LAm*) agarren
Ⓑ VT tener pavor a; **I ~ going to the dentist** me da pavor ir al dentista; **I ~ what may happen when he comes** me horroriza lo que pueda pasar cuando venga; **I ~ to think of it*** ¡sólo pensarlo me da horror!
Ⓒ ADJ espantoso

**dreadful** ['dredfʊl] ADJ [*crime, sight, suffering*] espantoso; [*news, accident, experience*] espantoso, terrible; [*disease, person, noise*] terrible; [*night, moment, place*] horrible; [*book, film*] pésimo; [*weather, conditions*] pésimo, fatal (*Sp**); [*situation, mistake*] horroroso, terrible; **how ~!** ¡qué horror!; **he is a ~ coward** es un cobarde asqueroso; **a ~ business** un asunto horroroso; **I feel ~!** (= *ill*) ¡me encuentro muy mal!, ¡me encuentro fatal! (*Sp**); (= *ashamed*) ¡qué vergüenza me da!, ¡qué pena me da! (*LAm*), me da muchísima vergüenza *or* (*LAm*) pena; **I feel ~ about forgetting his birthday** me siento fatal por haber olvidado su cumpleaños*; **to look ~** (= *ill*) tener mala cara*; (= *unattractive*) [*person*] estar horrible, tener una pinta horrorosa*; [*thing*] quedar horroroso; **I look ~ in this hat** estoy horrible con este sombrero, tengo una pinta horrorosa con este sombrero*; **that brown wallpaper looks ~** ese papel pintado marrón queda horroroso

**dreadfully*** ['dredfəlɪ] ADV [1] (= *very*) [*boring*] mortalmente; [*late, difficult*] increíblemente, muy; **I'm ~ sorry** lo siento muchísimo; **I felt something was ~ wrong** sentía que había pasado algo horrible
[2] (= *very much*) [*suffer*] muchísimo, lo indecible; [*hurt*] a rabiar; **I miss Janet ~** echo muchísimo de menos a Janet
[3] (= *badly*) [*behave, treat, sing*] muy mal, espantosamente, fatal (*Sp**)

**dreadlocks** ['dredlɒks] NPL *rizos de estilo rastafari*

**dreadnought** ['drednɔːt] N (*Hist*) acorazado *m*

▼**dream** [driːm] (*vb: pt, pp* **dreamed, dreamt**) Ⓐ N [1] (*while asleep*) sueño *m*; **a bad ~** una pesadilla; **I had a ~ that my father had died** soñé que mi padre se había muerto; **to have a ~ about sth/sb** soñar con algo/algn; **to see sth in a ~** ver algo en sueños; **sweet ~s!** ¡que sueñes con los angelitos!; *see also* **wet D**
[2] (= *daydream*) sueño *m*, ensueño *m*; **she goes about in a ~** siempre está en las nubes
[3] (= *fantasy, ideal*) sueño *m*; **my (fondest) ~ is to ...** el sueño de mi vida es ..., mi mayor ilusión es ...; **the house/man/woman of my ~s** mi casa/hombre/mujer ideal, la casa/el hombre/la mujer de mis sueños; **the museum was an archaeologist's ~** para un arqueólogo, el museo era un sueño; **he thinks he's every girl's ~** se cree que es el tipo ideal para cualquier chica; **the American Dream** el sueño americano; **it was like a ~ come true** fue como un sueño hecho realidad; **a ~ holiday in Jamaica** unas vacaciones de ensueño en Jamaica; **in your ~s!*** ¡ni en sueños!*; **she succeeded beyond her wildest ~s** consiguió más éxito del que jamás había soñado; **never in my wildest ~s did I expect to win** ni en mis sueños más dorados hubiera podido imaginar que ganaría; **he lives in a ~ world** vive en un mundo de fantasía *or* de ensueño; **in a ~ world no one would be poor** en un mundo ideal, nadie sería pobre; *see also* **pipe D**
[4] (*) (= *marvel*) **"how was the holiday?" — "it was a ~!"** —¿qué tal las vacaciones? —¡de ensueño!; **it worked like a ~** funcionó de maravilla *or* a las mil maravillas; **that car goes like a ~** ese coche funciona de maravilla
Ⓑ VT [1] (*while asleep*) soñar; **I ~ed that I was being chased** soñé que me perseguían; **I ~ed a strange ~** tuve un sueño extraño
[2] (= *imagine*) soñar, imaginarse; **you must have ~ed it** lo habrás soñado, te lo habrás imaginado; **I never ~ed that she would accept** jamás soñé con que aceptaría, jamás me imaginé que aceptaría
[3] (*as ambition*) **I ~ that my son will find a good job** mi sueño es que mi hijo encuentre un buen trabajo
Ⓒ VI [1] (*while asleep*) soñar (**of, about** con)
[2] (= *daydream*) estar en las nubes; **I'm sorry, I was ~ing** disculpa, estaba en las nubes *or* pensando en las musarañas
[3] (= *fantasize*) soñar; **she ~ed of having her own business** soñaba con llegar a tener su propio negocio; **they have a lifestyle most of us only ~ of** *or* **about** llevan un tren de vida que para la mayoría de nosotros no pasa de ser un sueño; **~ on!*** ¡ni en sueños!*
[4] (= *imagine*) soñar, imaginarse; (*in neg context*) imaginarse; **there were more than I'd ever ~ed of** había más de lo que jamás hubiera podido soñar *or* imaginar; **who would ever ~ of a disaster like this?** ¿quién hubiera podido imaginarse una catástrofe así?
[5] (= *consider*) **"will you ask them?" — "I wouldn't ~ of it!"** —¿les preguntarás? —¡ni pensarlo! *or* ¡ni en sueños!*; **I wouldn't ~ of going!** ¿ir? ¡ni pensarlo! *or* ¡ni en sueños!*; **I wouldn't ~ of doing such a thing** jamás se me ocurriría hacer tal cosa
Ⓓ CPD ► **dream house** N casa *f* de ensueño; **my ~ house** la casa de mis sueños ► **dream ticket** N (*Pol*) candidatos *mpl* ideales

►**dream away** VT + ADV **to ~ away the day** pasar el día soñando

►**dream up** VT + ADV [+ *plan*] trazar, idear; **only you could ~ up such a stupid idea** sólo a ti se te podría ocurrir una idea tan tonta

**dreamboat*** ['driːmbəʊt] N bombón* *m*

**dreamer** ['driːməʳ] N (= *impractical person*) soñador(a) *m/f*; **he's a bit of a ~** (= *idealistic*) es un soñador; (= *absent-minded*) es un despistado

**dreamily** ['driːmɪlɪ] ADV como si estuviera soñando

**dreamland** ['driːmlænd] N reino *m* del ensueño, país *m* de los sueños; (= *utopia*) utopía *f*

**dreamless** ['driːmlɪs] ADJ sin sueños

**dreamlike** ['driːmlaɪk] ADJ de ensueño, como de sueño

**dreamt** [dremt] PT, PP *of* **dream**

**dreamy** ['driːmɪ] ADJ (*compar* **dreamier**; *superl* **dreamiest**) [*character, person*] soñador; [*smile, tone*] distraído; [*music*] de ensueño, suave

➤ LANGUAGE IN USE: **dream A3** 8.3

**dreariness** ['drɪərɪnɪs] N [*of landscape, weather*] lo inhóspito; [*of routine, job*] monotonía *f*, lo aburrido

**dreary** ['drɪərɪ] ADJ (*compar* **drearier**; *superl* **dreariest**) [*landscape, weather*] gris, inhóspito; [*life, work*] monótono, aburrido; [*book, speech*] pesado

**dredge**[1] [dredʒ] Ⓐ N (*Mech*) draga *f*
Ⓑ VT [+ *river, canal*] dragar

►**dredge up** VT + ADV sacar con draga; (*fig*) [+ *unpleasant facts*] sacar a la luz

**dredge**[2] [dredʒ] N (*Culin*) espolvoreador *m*

**dredger**[1] ['dredʒə^r] N (= *ship*) draga *f*

**dredger**[2] ['dredʒə^r] N (*Culin*) espolvoreador *m*

**dredging**[1] ['dredʒɪŋ] N dragado *m*, obras *fpl* de dragado

**dredging**[2] ['dredʒɪŋ] N (*Culin*) espolvoreado *m*

**dregs** [dregz] NPL 1 [*of tea, coffee etc*] posos *mpl*, heces *fpl*; **to drain a glass to the ~** apurar un vaso (hasta las heces)
2 (*fig*) **the ~ of society** la escoria de la sociedad

**drench** [drentʃ] Ⓐ VT empapar (**with** de); **to get ~ed** empaparse; **he was ~ed to the skin** estaba empapado *or* calado hasta los huesos
Ⓑ N (*Vet*) poción *f*

**drenching** ['drentʃɪŋ] Ⓐ ADJ [*rain*] torrencial
Ⓑ N **to get a ~** empaparse

**Dresden** ['drezdən] Ⓐ N Dresde *m*
Ⓑ CPD ► **Dresden china** N loza *f* de Dresde

**dress** [dres] Ⓐ N 1 (= *frock*) vestido *m*
2 (= *clothing*) ropa *f*; **he's usually smart in his ~** suele vestir con elegancia; **a Maori in Western ~** un maorí vestido a la forma occidental; **they were wearing traditional Nepalese ~** vestían el traje tradicional *or* típico de Nepal; **formal ~ will be required** el traje de etiqueta es de rigor; *see also* **evening B**
Ⓑ VT 1 (= *put clothes on*) vestir; **she ~ed the baby in clean clothes** le puso ropita limpia al niño; **he hasn't learned how to ~ himself yet** todavía no ha aprendido a vestirse; *see also* **dressed**
2 (*Culin*) [+ *salad*] aliñar, aderezar; [+ *meat, fish*] preparar y condimentar
3 (= *decorate, arrange*) [+ *hair*] peinar, arreglar; [+ *shop window*] decorar; [+ *Christmas tree*] adornar, decorar
4 (*Med*) [+ *wound*] vendar
5 (*Agr*) [+ *land*] abonar
6 (*Mil*) [+ *troops*] alinear
7 [+ *stone, metal*] dar el acabado a; [+ *skins*] curtir
Ⓒ VI 1 (= *put on clothes*) vestirse; **he ~ed quickly and left** se vistió deprisa y se marchó
2 (= *wear specified clothes*) vestir; **she ~es very well** viste muy bien, va muy bien vestida; **she always used to ~ in jeans/black** solía ir siempre vestida con vaqueros/de negro; **to ~ to the left/right** colgar hacia la izquierda/derecha
3 (= *wear formal clothes*) **to ~ for dinner** [*man*] ponerse smoking para cenar; [*woman*] ponerse traje de noche para cenar; **they always ~ for dinner** siempre (se) ponen elegantes para cenar
4 (*Mil*) alinearse; **right ~!** ¡vista a la derecha!
Ⓓ CPD ► **dress circle** N anfiteatro *m*, (piso *m*) principal *m* ► **dress coat** N frac *m* ► **dress code** N *regulaciones en materia de indumentaria o uniforme* ► **dress designer** N modisto/a *m/f* ► **dress length** N (= *material*) corte *m* de vestido ► **dress parade** N (*US Mil*) desfile *m* de gala ► **dress rehearsal** N ensayo *m* general ► **dress sense** N gusto *m* para vestir; **he has no ~ sense** no tiene gusto para vestir; **he has immaculate ~ sense** tiene un gusto impecable para vestir ► **dress shirt** N camisa *f* de frac, camisa *f* de etiqueta ► **dress suit** N traje *m* de etiqueta ► **dress uniform** N (*Mil*) uniforme *m* de gala

►**dress down** Ⓐ VI + ADV vestirse informalmente
Ⓑ VT + ADV (*) (= *rebuke*) reprender

►**dress up** Ⓐ VI + ADV (*in smart clothes*) ponerse elegante; (*formally*) vestirse de etiqueta; (*in fancy dress*) disfrazarse
Ⓑ VT + ADV 1 (*in smart clothes*) poner elegante; (*in fancy dress*) disfrazar; **you're all ~ed up, are you going somewhere?** vas muy elegante, ¿es que vas a algún sitio?; **to ~ sb up as sth** disfrazar *or* vestir a algn de algo; *see also* **nine B**
2 (= *improve appearance of*) [+ *facts, events*] disfrazar; **it was a pile of scrap metal ~ed up as art** era un montón de chatarra disfrazado de arte; **they ~ed the setback up as a triumph** hicieron creer que el revés había sido en realidad un triunfo

**dressage** ['dresɑːʒ] N *método de adiestramiento de caballos para que realicen movimientos controlados*

**dressed** [drest] Ⓐ ADJ vestido; **to be casually ~** ir (vestido) informal *or* de sport; **to be smartly ~** ir (vestido) elegante; **~ as a man/woman** vestido de hombre/mujer; **to be ~ for tennis/the country** ir vestido para jugar al tenis/para ir al campo; **fully ~** completamente vestido; **to get ~** vestirse; **~ in black** vestido de negro; **to be ~ in a skirt/trousers** llevar falda/pantalones; ✦*IDIOM* **to be ~ to kill*** ir despampanante*; *see also* **dress, dress up, well-dressed**
Ⓑ CPD ► **dressed crab** N cangrejo *m* preparado

**dresser** ['dresə^r] N 1 (= *furniture*) (*in kitchen*) aparador *m*; (= *dressing table*) tocador *m*
2 (*Theat*) ayudante *mf* de camerino
3 (= *person*) **he's an elegant ~** se viste elegantemente

**dressing** ['dresɪŋ] Ⓐ N 1 (= *act*) **allow time for ~** déjese tiempo suficiente para vestirse
2 (*Med*) (= *bandage*) vendaje *m*
3 (*Culin*) (= *salad dressing*) aliño *m*
4 (*Agr*) (= *fertilizer*) abono *m*, fertilizante *m*
Ⓑ CPD ► **dressing case** N neceser *m* ► **dressing gown** N bata *f* ► **dressing room** N (*Theat*) camerino *m*; (*Sport*) vestuario *m* ► **dressing station** N (*Mil*) puesto *m* de socorro ► **dressing table** N tocador *m*

**dressing-down** ['dresɪŋ'daʊn] N **to give sb a ~*** echar un rapapolvo a algn*

**dressmaker** ['dresmeɪkə^r] N modista *f*, costurera *f*

**dressmaking** ['dresmeɪkɪŋ] N costura *f*, corte *m* y confección

**dressy*** ['dresɪ] ADJ (*compar* **dressier**; *superl* **dressiest**) [*person*] de mucho vestir; [*clothing*] elegante

**drew** [druː] PT *of* **draw**

**dribble** ['drɪbl] Ⓐ N 1 [*of saliva*] babeo *m*; [*of water*] gotitas *fpl*; **the water came out in a ~** (*thin stream*) salía un hilillo de agua; (*dripping*) el agua goteaba; **a ~ of water** (= *thin stream*) un hilillo de agua; (= *drops*) gotas de agua
2 (*Ftbl*) control *m* del balón; (*past opponents*) regate *m*, dribling *m*
Ⓑ VT 1 [+ *liquid*] **he ~d his milk all down his chin** le chorreaba la leche por la barbilla
2 (*Ftbl*) regatear, driblar
Ⓒ VI 1 [*baby*] babear; [*liquid*] gotear
2 (*Ftbl*) controlar el balón; **to ~ past sb** regatear *or* driblar a algn

**dribbler** ['drɪblə^r] N (*Sport*) driblador *m*

**driblet** ['drɪblɪt] N adarme *m*; **in ~s** por adarmes

**dribs** [drɪbz] NPL ✦*IDIOM* **in ~ and drabs** poco a poco, con cuentagotas; **the money came in in ~ and drabs** el dinero fue llegando poco a poco *or* con cuentagotas; **the guests arrived in ~ and drabs** los invitados fueron llegando poco a poco

**dried** [draɪd] Ⓐ PT, PP *of* **dry**
Ⓑ ADJ [*flowers, mushrooms, lentils*] seco; [*milk*] en polvo
Ⓒ CPD ► **dried fruit(s)** N frutas *fpl* pasas

**dried-out** [ˌdraɪd'aʊt] ADJ [*alcoholic*] seco

**dried-up** [ˌdraɪd'ʌp] ADJ [*river-bed, stream, oasis*] seco

**drier** ['draɪə^r] N = **dryer**

**drift** [drɪft] Ⓐ N 1 (= *deviation from course*) deriva *f*; (= *movement*) movimiento *m*; (= *change of direction*) cambio *m* (de dirección); **the ~ to the city** el movimiento migratorio hacia la ciudad; **the ~ from the land** el éxodo rural, la despoblación del campo; **the ~ of events** la marcha de los acontecimientos
2 (= *meaning*) [*of questions*] significado *m*; **to catch sb's ~** seguir *or* entender a algn; **I don't get your ~** no te entiendo
3 (= *mass*) [*of snow*] ventisquero *m*; [*of sand*] montón *m*; [*of clouds, leaves*] banco *m*; (*Geol*) morrena *f*; **continental ~** deriva *f* continental
Ⓑ VI 1 (*in wind, current*) dejarse llevar, ir a la deriva; (= *be off course*) [*boat*] ir a la deriva; [*person*] vagar, ir a la deriva; **to ~ downstream** dejarse llevar río abajo; **he ~ed into marriage** se casó sin pensárselo; **to let things ~** dejar las cosas como están; **to ~ from job to job** cambiar a menudo de trabajo sin propósito fijo
2 [*snow, sand*] amontonarse
Ⓒ VT (= *carry*) impeler, llevar; (= *pile up*) amontonar
Ⓓ CPD ► **drift ice** N hielo *m* flotante ► **drift net** N traína *f*

►**drift apart** VI + ADV irse separando poco a poco

►**drift away** VI + ADV dejarse llevar por la corriente

►**drift off** VI + ADV (= *doze off*) dormirse, quedarse dormido

**drifter** ['drɪftə^r] N 1 (*Naut*) trainera *f*
2 (= *person*) vago/a *m/f*, vagabundo/a *m/f*

**drifting** ['drɪftɪŋ] N nieve *f* acumulada (*después de una tormenta*)

**driftwood** ['drɪftwʊd] N madera *f* de deriva

**drill**[1] [drɪl] Ⓐ N 1 (*for wood, metal*) taladradora *f*, taladro *m*; (= *bit*) broca *f*; (*Min*) (*for oil etc*) barrena *f*, perforadora *f*; (= *dentist's drill*) fresa *f*; (= *pneumatic drill*) martillo *m* neumático
2 (*Agr*) (= *furrow*) surco *m*; (= *machine*) sembradora *f*
Ⓑ VT [+ *wood, road*] taladrar, perforar; [+ *tooth*] agujerear; [+ *oil well*] perforar; (*Agr*) sembrar con sembradora; **he ~ed a hole in the wall** hizo *or* taladró un agujero en la pared
Ⓒ VI perforar (**for** en busca de)

**drill**[2] [drɪl] Ⓐ N (= *exercises*) (*Mil*) instrucción *f*; (*Scol*) ejercicios *mpl*; **fire ~** simulacro *m* de incendio; **you all know the ~*** todos sabéis lo que hay que hacer; **what's the ~?*** ¿qué es lo que tenemos que hacer?
Ⓑ VT [+ *soldiers*] ejercitar; **to ~ pupils in grammar** hacer ejercicios de gramática con

los alumnos; **to ~ good manners into a child** enseñar buenos modales a un niño; **I had it ~ed into me as a boy** me lo inculcaron de niño

Ⓒ VI (*Mil*) hacer instrucción

**drill³** [drɪl] N (= *fabric*) dril *m*

**drilling¹** ['drɪlɪŋ] Ⓐ N (*for oil etc*) perforación *f*

Ⓑ CPD ► **drilling platform** N plataforma *f* de perforación ► **drilling rig** N torre *f* de perforación

**drilling²** ['drɪlɪŋ] N (*Mil*) instrucción *f*

**drily** ['draɪlɪ] ADV 1 (= *with dry humour*) **... he said ~** ... dijo con un humor cargado de ironía

2 (= *unemotionally*) secamente, con sequedad

3 **he coughed ~** emitió una tos seca

**drink** [drɪŋk] (*vb: pt* **drank**; *pp* **drunk**) Ⓐ N 1 (= *liquid to drink*) bebida *f*; **there's food and ~ in the kitchen** hay comida y bebidas en la cocina, hay cosas de comer y de beber en la cocina; **have you got ~s for the children?** ¿habéis traído algo para que beban los niños?; **I need a ~ of water** necesito un poco de agua; **cold ~s** (*non-alcoholic*) refrescos *mpl*; **to give sb a ~** darle algo de beber a algn; **can I have a ~?** ¿me podrías dar algo de beber *or* (*LAm*) tomar?; **hot ~s will be available** se servirá café y té; **I felt better after a hot ~** me sentía mejor después de beber algo caliente; *see also* **meat A1**, **soft B**

2 (= *glass of alcohol*) copa *f*, trago *m*; **to go (out) for a ~** salir a tomar algo, salir a tomar una copa; **they've asked us round for ~s** nos han invitado a su casa a tomar algo *or* a tomar unas copas; **to have a ~** tomar algo; **we had a ~ or two** tomamos unas copas *or* unos tragos; *see also* **drive B7**

3 (= *alcoholic liquor*) alcohol *m*, bebida *f*; **he's given up ~** ha dejado de beber, ha dejado el alcohol *or* la bebida; **he has a ~ problem** tiene problemas con el alcohol *or* la bebida; **to take to ~** darse a la bebida; *see also* **worse A**

4 **the ~*** (= *the water*) (*gen*) el agua; (= *sea*) el mar

Ⓑ VT beber, tomar (*esp LAm*); **would you like something to ~?** ¿quieres tomar algo?; **in the end he drank himself to death** al final la bebida lo llevó a la tumba; **this coffee isn't fit to ~** este café no se puede beber; **to ~ sb's health** brindar por la salud de algn; **we drank ourselves into a stupor** bebimos hasta perder el sentido; **to ~ sb under the table*** darle cien vueltas a algn bebiendo; **to ~ a toast to sth/sb** brindar por algo/algn

Ⓒ VI 1 (= *imbibe liquid*) beber; **to ~ from the bottle** beber de la botella; **to ~ out of paper cups** beber en vasos de plástico

2 (= *imbibe alcohol*) beber, tomar (*LAm*); **he doesn't ~** no bebe (alcohol), no toma (alcohol) (*esp LAm*); **don't ~ and drive** si bebes, no conduzcas; **he ~s like a fish** bebe como una esponja; **to ~ to sth/sb** brindar por algo/algn

►**drink down** VT + ADV beber de un trago

►**drink in** VT + ADV 1 (*fig*) [+ *fresh air*] respirar; [+ *story, sight, atmosphere*] empaparse de; [+ *words*] estar pendiente de; **he stood, ~ing in the view** se quedó parado, empapándose de la vista; **she sat there ~ing in his words** estaba ahí sentada, pendiente de sus palabras; **the children were ~ing it all in** a los niños no les escapaba nada

2 [*plant, soil*] absorber

►**drink up** Ⓐ VT + ADV [+ *one's drink*] terminar de beber, terminar de tomar (*LAm*); [+ *all drink available*] beberse, tomarse (*LAm*)

Ⓑ VI + ADV **~ up now, please!** ¡terminen sus bebidas!

**drinkable** ['drɪŋkəbl] ADJ (= *not poisonous*) potable; (= *palatable*) aceptable, que se deja beber; **quite ~** nada malo

**drink-driving** ['drɪŋk'draɪvɪŋ] Ⓐ N el conducir en estado de embriaguez, el manejar en estado de embriaguez (*LAm*); **he was arrested for ~** lo arrestaron por conducir en estado de embriaguez (*frm*), lo arrestaron por conducir borracho; **there are strict laws on ~** hay leyes muy estrictas en lo que respecta a conducir en estado de embriaguez

Ⓑ CPD ► **drink-driving campaign** N campaña *f* contra el alcohol en carretera ► **drink-driving offence** N delito *m* de conducir en estado de embriaguez; **~ offences must be severely dealt with** conducir en estado de embriaguez debe ser severamente castigado; **he was guilty of several ~ offences** le habían detenido varias veces por conducir en estado de embriaguez

**drinker** ['drɪŋkəʳ] N bebedor(a) *m/f*; **he was a heavy ~** era un bebedor empedernido

**drinking** ['drɪŋkɪŋ] Ⓐ N 1 [*of any liquid*] **my sore throat made ~ painful** al tener la garganta irritada me dolía mucho al beber

2 [*of alcohol*] **his ~ caused his marriage to break up** la bebida fue la causa de la ruptura de su matrimonio; **she had to put up with his ~** tuvo que aguantar sus borracheras; **heavy ~ can cause weight problems** beber mucho puede ocasionar problemas de peso; **I'm not a ~ person** no soy bebedor, no bebo mucho

Ⓑ CPD ► **drinking bout** N juerga *f*, farra *f* (*LAm**) ► **drinking chocolate** N chocolate *m* (*bebida*) ► **drinking companion** N compañero/a *m/f* de copas ► **drinking fountain** N fuente *f* (de agua potable) ► **drinking session** N juerga *f*, farra *f* (*LAm**) ► **drinking song** N canción *f* de taberna ► **drinking trough** N abrevadero *m*, camellón *m* ► **drinking water** N agua *f* potable

**drinking-up time** ['drɪŋkɪŋʌp] N *tiempo permitido para terminar las bebidas en el pub antes de cerrar*

**drip** [drɪp] Ⓐ N 1 (= *droplet*) gota *f*

2 (= *dripping sound*) goteo *m*; **the ~, ~, ~ of the tap was beginning to irritate her** el constante goteo del grifo estaba empezando a irritarla; **she could hear the constant ~ of the rain outside** oía el constante gotear de la lluvia fuera

3 (*) (= *spineless person*) soso/a *m/f*

4 (*Med*) gotero *m*, gota a gota *m inv*; **she is on a ~** tiene puesto un gotero *or* gota a gota

Ⓑ VT **the children came in ~ping water all over the floor** los niños entraron chorreando agua por todo el suelo; **try not to ~ sauce onto the table cloth** procura que la salsa no gotee en el mantel; **you're ~ping paint all over the place** estás chorreando pintura por todas partes, lo estás poniendo todo perdido de pintura; **her knee was ~ping blood** su rodilla estaba chorreando sangre

Ⓒ VI [*tap, faucet*] gotear; **oil was ~ping from under the car** el coche perdía aceite; **the rain was ~ping down the wall** las gotas de lluvia se deslizaban por la pared; **sweat was ~ping from his brow** le caían gotas de sudor de la frente; **blood ~ped from her finger** le caían gotas de sangre del dedo; **I washed my jumper and left it to ~** lavé el jersey y lo dejé escurrir; *see also* **dripping**

**drip-dry** ['drɪp'draɪ] ADJ inarrugable

**drip-feed** ['drɪp,fiːd] Ⓐ N alimentación *f* gota a gota, gota a gota *m inv*; **to be on a ~** recibir alimentación gota a gota

Ⓑ VT (*pt, pp* **drip-fed**) alimentar gota a gota

**dripmat** ['drɪpmæt] N posavasos *m inv*

**dripping** ['drɪpɪŋ] Ⓐ N (*Culin*) pringue *m or f*

Ⓑ ADJ 1 (= *soaking*) [*washing, coat*] que chorrea, que gotea; [*person, hair*] empapado; **to be ~ wet*** estar empapado *or* chorreando; **~ with blood** chorreando sangre; **to be ~ with sweat** estar sudando a chorros, estar chorreando de sudor; **his voice was ~ with sarcasm** su voz rezumaba sarcasmo; **women ~ with diamonds and furs** mujeres cargadas de diamantes y pieles

2 [*tap, gutter*] que gotea

**drippy*** ['drɪpɪ] ADJ [*person, idea, book*] ñoño

**drivability** [,draɪvə'bɪlɪtɪ] N manejabilidad *f*, capacidad *f* de maniobras

**drive** [draɪv] (*vb: pt* **drove**; *pp* **driven**) Ⓐ N 1 (= *journey, outing*) **it's a long ~** se tarda mucho en coche; **it's only a short ~ from here** desde aquí se tarda poco en coche; **one hour's ~ from London** a una hora en coche de Londres; **it's a 50 mile ~** está a una distancia de 50 millas; **to go for a ~** ir a dar una vuelta *or* un paseo en coche; *see also* **test D**

2 (= *private road*) (*in front of garage*) entrada *f*; (*to large house*) camino *m* (de acceso), avenida *f*; **his car was parked in the ~** su coche estaba aparcado en la entrada

3 (*Tennis*) golpe *m* directo, drive *m*; (*Golf*) drive *m*

4 (= *energy, motivation*) empuje *m*, dinamismo *m*; **to have ~** tener empuje *or* dinamismo; **to lack ~** no tener empuje *or* dinamismo

5 (*Psych*) (= *impulse*) impulso *m*, instinto *m*; **sex ~** libido *f*, líbido *f*, apetito *m* sexual; **to have a high/low sex ~** tener la libido *or* líbido alta/baja, tener mucho/poco apetito sexual

6 (= *campaign, effort*) campaña *f*; **a recruitment ~** una campaña de reclutamiento; **a sales ~** una promoción de ventas; **the ~ towards industrialization** el camino hacia la industrialización

7 (*Tech*) (= *power transmission system*) transmisión *f*, propulsión *f*; (*Aut*) **four-wheel ~** tracción *f* en las cuatro ruedas; **a four-wheel ~ jeep** un jeep con tracción en las cuatro ruedas; **front-wheel/rear-wheel ~** tracción *f* delantera/trasera; **a left-hand/right-hand ~ car** un coche con el volante a la izquierda/derecha

8 (= *gear position in automatic car*) marcha *f*; **to put the car in ~** poner el coche en marcha

9 (*Comput*) (*also* **disk ~**) unidad *f* de disco; **CD-ROM ~** unidad *f* de CD-ROM

10 (= *tournament*) **whist ~** certamen *m* de whist

11 (*Mil*) (= *attack*) ofensiva *f*

Ⓑ VT 1 (= *operate*) [+ *car, bus, train*] conducir, manejar (*LAm*); [+ *racing car, speedboat*] pilotar; **he ~s a taxi** es taxista; **she ~s a Mercedes** tiene un Mercedes

2 (= *carry*) [+ *passenger*] llevar (en coche); **I'll ~ you home** te llevo a tu casa; **he drove me to the station** me llevó a la estación

3 (= *power*) [+ *machine, vehicle*] hacer funcionar

4 (= *cause to move*) **they ~ the cattle to new pastures** conducen el ganado a otros pastos; **the wind drove the rain into our eyes** el viento hacía que la lluvia nos azotaba en los ojos; **a strong wind was driving the clouds across the sky** un viento fuerte arrastraba las nubes por el cielo; **the gale drove the ship off course** el temporal hizo que el barco perdiera su rumbo; **troops drove the demonstrators off the streets**

las tropas obligaron a los manifestantes a abandonar las calles

5 (= *push, hammer*) [+ *nail, stake*] clavar (**into** en); **to ~ a post into the ground** clavar *or* hincar un poste en el suelo; **she drove her fist straight into his face** le dio con el puño justo en la cara; *see also* **home B2**

6 (= *excavate*) [+ *tunnel*] abrir, construir; [+ *hole*] perforar; [+ *furrow*] hacer

7 (= *force*) **I was ~n to it** me vi forzado a ello; **competition has ~n prices down** la competencia ha hecho que bajen los precios; **hunger eventually drove him out of the house** finalmente el hambre lo empujó a salir de la casa; **high prices are driving local people out of the area** el que los precios sean tan altos está haciendo que la gente se vaya a vivir a otras zonas; **the recession drove them into bankruptcy** la recesión los llevó a la bancarrota; **to ~ sb to despair** llevar a algn a la desesperación; **to ~ sb to drink**: **his worries drove him to drink** sus problemas le llevaron a la bebida; **it's enough to ~ you to drink** (*hum*) te crispa los nervios; **to ~ sb mad** volver loco a algn; *see also* **bargain A1**, **home B2**

8 (= *impel, motivate*) empujar, mover; **he was ~n by greed/ambition** lo empujaba *or* movía la avaricia/ambición; **to ~ sb to do sth** ◊ **~ sb into doing sth** empujar *or* llevar a algn a hacer algo; **depression drove him to attempt suicide** la depresión le empujó *or* llevó a intentar suicidarse; **what drove you to write this book?** ¿qué le empujó *or* llevó a escribir este libro?

9 (= *overwork*) **to ~ sb hard** hacer trabajar mucho a algn; **she is driving herself too hard** se está exigiendo demasiado

10 (*Sport*) [+ *ball*] mandar

Ⓒ VI 1 (= *operate vehicle*) conducir, manejar (*LAm*); **can you ~?** ¿sabes conducir *or* (*LAm*) manejar?; **to ~ on the left** circular por la izquierda

2 (= *go*) **he drove alone** hizo el viaje en coche solo; **we've ~n 50 miles in the last hour** hemos recorrido 80km (con el coche) en la última hora; **next time we'll ~ there** la próxima vez iremos en coche; **he ~s around in an expensive car** va por ahí en un coche de esos caros; **to ~ at 50km an hour** ir (en un coche) a 50km por hora; **we'll ~ down in the car this weekend** este fin de semana bajaremos en coche; **he drove into a wall** chocó con un muro; **to ~ to London** ir a Londres en coche

3 (= *handle*) conducirse, manejarse (*LAm*); **the new Ford ~s really well** el nuevo Ford se conduce *or* (*LAm*) se maneja muy bien

4 (= *beat*) **heavy rain drove against the window** la fuerte lluvia azotaba el cristal

Ⓓ CPD ► **drive shaft** N (*Aut*) árbol *m* motor

►**drive along** Ⓐ VT + ADV [*wind, current*] empujar

Ⓑ VI + ADV [*vehicle*] circular; [*person*] conducir

►**drive at*** VI + PREP (*fig*) (= *intend, mean*) insinuar, dar a entender; **what are you driving at?** ¿qué (es lo que) estás insinuando *or* dando a entender?

►**drive away** Ⓐ VT + ADV 1 (= *chase away*) [+ *person*] ahuyentar; [+ *cares*] alejar, quitarse de encima; **the smoke drove the mosquitos away** el humo ahuyentó a los mosquitos; **in the end his jealousy drove her away** al final sus celos la ahuyentaron

2 (*in vehicle*) llevarse (en coche)

Ⓑ VI + ADV = **drive off B**

►**drive back** Ⓐ VT + ADV 1 (= *force to retreat*) [+ *person, army*] hacer retroceder

2 (*in vehicle*) llevar de vuelta (en coche)

Ⓑ VI + ADV volver (en coche)

►**drive off** Ⓐ VT + ADV (= *force to retreat*) [+ *enemy*] ahuyentar; (= *force to leave*) expulsar, echar

Ⓑ VI + ADV irse, marcharse (en coche); [*vehicle*] partir

►**drive on** Ⓐ VI + ADV [*person, vehicle*] (*after accident*) no parar; (*after stopping*) seguir adelante; **~ on!** ¡siga!

Ⓑ VT + ADV (= *incite, encourage*) empujar, mover; **it was the desire to win that drove her on** era su deseo de ganar lo que la empujaba *or* movía (a seguir)

►**drive on to** VI + PREP [+ *ferry*] embarcar en

►**drive out** VT + ADV (= *force to leave*) **invading tribes drove them out** las tribus invasoras los expulsaron de sus tierras; **the smell drove me out** el olor me obligó a salir; **it is said to ~ out evil spirits** se dice que ahuyenta a los espíritus malignos

►**drive over** Ⓐ VT + ADV (= *convey*) llevar en coche

Ⓑ VI + PREP (= *crush*) aplastar

Ⓒ VI + ADV (= *come*) venir en coche; (= *go*) ir en coche; **we drove over in two hours** vinimos en dos horas; **we drove over to see them** fuimos a verlos (en coche)

►**drive up** Ⓐ VT + ADV [+ *price*] hacer subir

Ⓑ VI + ADV [*person*] acercarse (en coche); [*vehicle*] pararse; **the car drove up in front of the police station** el coche se paró delante de la comisaría; **he drove up in a limousine** se acercó en una limusina

**driveability** [ˌdraɪvəˈbɪlɪtɪ] N = **drivability**

**drive-by** [ˈdraɪvbaɪ] N (*also* **~ shooting**) tiroteo *m* desde el coche

**drive-in** [ˈdraɪvɪn] (*esp US*) Ⓐ N (= *restaurant*) *restaurante donde se sirve al cliente en su automóvil*; (= *cinema*) autocine *m*

Ⓑ ADJ [*bank etc*] *dispuesto para el uso del automovilista en su coche*; **~ cinema** autocine *m*; **a ~ movie** una película de autocine

**DRIVE-IN**

*En Estados Unidos el término* **drive-in** *hace referencia a todos aquellos establecimientos, como cines, restaurantes o bancos, especialmente construidos para que el cliente pueda hacer uso de sus servicios sin tener que abandonar el vehículo que conduce. El primero de estos establecimientos se abrió en 1933. El término también se usa como adjetivo, como por ejemplo en* **a drive-in movie**. *A veces se usa la forma* **drive-through** *o* **drive-thru**, *que se aplica especialmente a las hamburgueserías, bancos y otros establecimientos en los que las transacciones son muy breves y no hay necesidad de aparcar el vehículo.*

**drivel*** [ˈdrɪvl] Ⓐ N (= *nonsense*) tonterías *fpl*, chorradas* *fpl*, babosadas *fpl* (*LAm**)

Ⓑ VI decir tonterías, decir chorradas*, decir babosadas (*LAm**)

**driven** [ˈdrɪvn] PP *of* **drive**

**-driven** [ˈdrɪvn] ADJ (*ending in compounds*) que funciona con, accionado por; **electricity-driven** que funciona con electricidad, accionado por electricidad; **steam-driven** impulsado por vapor, a vapor

**driver** [ˈdraɪvəʳ] Ⓐ N 1 [*of car, bus*] conductor(a) *m/f*, chofer *mf* (*LAm*); [*of taxi*] taxista *mf*; [*of lorry*] camionero/a *m/f*; [*of carriage*] cochero *m*; (*Brit*) [*of train*] maquinista *mf*; **he's a bus ~** es conductor de autobús; **she's an excellent ~** conduce muy bien

2 (*Golf*) driver *m*

Ⓑ CPD ► **driver's license** N (*US*) permiso *m* de conducir *or* (*LAm*) manejar, carnet *m* de conducir *or* (*LAm*) manejar ► **driver's seat** N = **driving seat**

**drive-through**, **drive-thru** [ˈdraɪvθruː] N (*US*) = **drive-in**

**drive-up window** [draɪvʌpˈwɪndəʊ] N (*US*) taquilla *f* para automovilistas

**driveway** [ˈdraɪvweɪ] N entrada *f*

**drive-yourself service** [ˌdraɪvjɔːˈself,sɜːvɪs] N servicio *m* de alquiler sin chófer

**driving** [ˈdraɪvɪŋ] Ⓐ N (*Aut*) **his ~ was a bit erratic** su forma de conducir *or* (*LAm*) manejar era bastante imprevisible; **we share the ~** nos turnamos al volante; **why don't you let me do the ~?** ¿por qué no me dejas conducir *or* (*LAm*) manejar a mí?; *see also* **drunken 1**, **reckless**

Ⓑ ADJ [*force*] impulsor; [*rain*] torrencial; [*wind*] azotador; **she is the ~ force behind the organization** ella es la (fuerza) impulsora de la organización

Ⓒ CPD ► **driving belt** N correa *f* de transmisión ► **driving instructor** N profesor(a) *m/f* de autoescuela ► **driving lesson** N clase *f* de conducir *or* (*LAm*) manejar ► **driving licence** N (*Brit*) permiso *m* de conducir *or* (*LAm*) manejar, carnet *m* de conducir *or* (*LAm*) manejar; **provisional/full ~ license** permiso *m* de conducir provisional/definitivo, carnet *m* de conducir provisional/definitivo ► **driving mirror** N retrovisor *m*, espejo *m* retrovisor ► **driving range** N *zona de un campo de golf para practicar tiros de salida* ► **driving school** N autoescuela *f* ► **driving seat** N asiento *m* del conductor; ✦***IDIOM*** **to be in the ~ seat** estar al mando; **he's in the ~ seat now** ahora él es quien manda ► **driving test** N examen *m* de conducir *or* (*LAm*) manejar ► **driving wheel** N (*Tech*) rueda *f* motriz

**DRIVING LICENCE/DRIVER'S LICENSE**

*En el Reino Unido se puede obtener el permiso de conducir desde los 17 años. Aunque la mayoría de la gente aprende a conducir en una autoescuela, también se puede solicitar un permiso provisional* (**provisional (driving) licence**) *mientras se está aprendiendo, el cual permite llevar un coche siempre y cuando el conductor novato vaya acompañado por otra persona con al menos tres años de carnet. Este carnet provisional no lleva la fotografía del conductor y no es obligatorio llevarlo encima cuando se conduce, aunque la policía puede pedir que se presente el documento en comisaría. Una vez obtenido el carnet definitivo* (**full driving licence**), *no hace falta renovarlo hasta los setenta años.*

*La edad para obtener el permiso de conducir en Estados Unidos varía, según el estado, entre 15 y 21 años. Sin embargo, los jóvenes pueden obtener un permiso* **junior**, *para conducir en determinadas circunstancias, por ejemplo, para ir a clase. Este carnet se ha de llevar siempre encima y es un documento válido para acreditar la identidad o la edad, que tiene que renovarse a los 4 ó 6 años. Sólo tiene validez estatal, por lo que si alguien se traslada a otro estado debe sacar otro carnet, para lo cual debe hacer otro examen escrito.*

*En ambos países son los conductores que no han aprobado aún el examen de conducir quienes llevan la L, llamada* **L-plate** *(de* **learner**).

**drizzle** ['drɪzl] Ⓐ N llovizna *f*, garúa *f* (*LAm*)
Ⓑ VI lloviznar

**drizzly** ['drɪzlɪ] ADJ lloviznoso

**droll** [drəʊl] ADJ gracioso, divertido

**dromedary** ['drɒmɪdərɪ] N dromedario *m*

**drone** [drəʊn] Ⓐ N [1] (= *male bee*) zángano *m*
[2] (= *noise*) [*of bees, engine*] zumbido *m*; [*of voice*] tono *m* monótono
[3] (= *sponger*) parásito/a *m/f*
Ⓑ VI [*bee, engine, aircraft*] zumbar; [*voice, person*] (*also* **~ on**) hablar monótonamente; **he ~d on and on** hablaba y hablaba en tono monótono

**drool** [dru:l] VI (= *slobber*) babear; **she ~ed over the kittens/her grandchildren** (*fig*) se le caía la baba con los gatitos/sus nietos

**droop** [dru:p] Ⓐ VI [*head*] inclinarse; [*shoulders*] encorvarse; [*flower*] marchitarse; **his spirits ~ed** quedó abatido *or* desanimado
Ⓑ VT inclinar, dejar caer (**over** por)

**drooping** ['dru:pɪŋ] ADJ [*flower*] marchito; [*ears, head*] gacho; [*movement*] lánguido, desmayado

**droopy** ['dru:pɪ] ADJ [1] [*moustache, tail, breasts*] colgón
[2] (*hum*) (= *tired*) mustio

**drop** [drɒp] Ⓐ N [1] [*of liquid*] gota *f*; **"would you like some milk?" — "just a ~"** —¿quieres leche? —una gota nada más; **in three weeks we didn't have a ~ of rain** no cayó ni una gota en tres semanas; **would you like a ~ of soup?** ¿quieres un poco de sopa?; **there's just a ~ left** queda sólo una gota; **he's had a ~ too much*** ha bebido más de la cuenta; **I haven't touched a ~** no he probado una sola gota; **✦IDIOM a ~ in the ocean** una gota de agua en el mar
[2] **drops** (*Med*) gotas *fpl*
[3] (= *sweet*) pastilla *f*
[4] (= *fall*) (*in price*) bajada *f*, caída *f*; (*in demand*) disminución *f*, reducción *f*; **a ~ of 10%** una bajada del 10 por ciento; **to take a ~ in salary** aceptar un salario más bajo; **a ~ in temperature** una bajada de las temperaturas; **✦IDIOM at the ~ of a hat** con cualquier pretexto
[5] (= *steep incline*) pendiente *f*; (= *fall*) caída *f*; **a ~ of ten metres** una caída de diez metros
[6] (*by parachute*) [*of supplies, arms etc*] lanzamiento *m*
[7] (*for secret mail*) escondrijo *m* (*para correo secreto*)
[8] **✦IDIOM to have the ~ on sb** (*US**) llevar la delantera a algn, tener ventaja sobre algn
[9] (*Theat*) telón *m* de boca
Ⓑ VT [1] (= *let fall*) [1·1] (*deliberately*) [+ *object*] dejar caer; (= *release, let go of*) soltar; [+ *bomb, parachutist*] lanzar; [+ *anchor*] echar; [+ *liquid*] echar gota a gota; **the cat ~ped the mouse at my feet** el gato soltó al ratón junto a mis pies; **don't ~ your coat onto the floor, hang it up** no sueltes el abrigo en el suelo, cuélgalo; **to ~ a letter in the postbox** echar una carta al buzón; **~ it!*** (*gun*) ¡suéltalo!
[1·2] (*accidentally*) **I ~ped the glass** se me cayó el vaso; **I've ~ped a stitch** (*Knitting*) se me escapó un punto
[2] (= *lower*) [+ *eyes, voice, price, hem*] bajar
[3] (= *set down*) (*from car*) [+ *object, person*] dejar; (*from boat*) [+ *cargo, passengers*] descargar; **could you ~ me at the station?** ¿me puedes dejar en la estación?
[4] (= *utter casually*) [+ *remark, name, clue*] soltar; **to ~ (sb) a hint about sth** echar (a algn) una indirecta sobre algo; **to ~ a word in sb's ear** decir algo a algn en confianza
[5] (= *send casually*) [+ *postcard, note*] echar; **to ~ sb a line** mandar unas líneas a algn
[6] (= *omit*) (*from text*) suprimir; **to ~ one's h's** *or* **aitches** no pronunciar las haches; **I've been ~ped from the team** me han sacado del equipo
[7] (= *abandon*) [+ *conversation, correspondence*] dejar; [+ *candidate*] rechazar; [+ *boyfriend*] dejar, plantar; [+ *friend*] romper con; [+ *charges*] retirar; [+ *claim, plan*] renunciar a, abandonar; **we had to ~ what we were doing** tuvimos que dejar lo que estábamos haciendo; **they ~ped him like a hot brick** lo abandonaron como a perro sarnoso; **I'm going to ~ chemistry** no voy a dar más química; **to ~ everything** soltarlo todo; **~ it!*** (*subject*) ¡ya está bien!; **let's ~ the subject** cambiemos de tema
[8] (= *lose*) [+ *game*] perder
[9] (*Drugs*) **to ~ acid**‡ tomar ácido
Ⓒ VI [1] (= *fall*) [*object, person*] caer(se); **to ~ with exhaustion** caer rendido; **~ dead!*** ¡vete al cuerno!*; **I'm fit to ~*** estoy que no me tengo; **he let it ~ that ...** reveló que ...; **so we let the matter ~** así que dejamos el asunto
[2] (= *decrease*) [*wind*] calmarse, amainar; [*temperature, price, voice*] bajar; [*numbers, crowd, demand*] disminuir; **the temperature will ~ tonight** la temperatura bajará esta noche
Ⓓ CPD ► **drop goal** N (*Rugby*) drop *m* ► **drop handlebars** NPL manillar *msing* de (bicicleta de) carreras ► **drop kick** N puntapié *m* de botepronto ► **drop shot** N dejada *f* ► **drop zone** N (*Aer*) zona *f* de salto

►**drop across*** VI + ADV **we ~ped across to see him** nos dejamos caer por su casa*; **he ~ped across to see us** se dejó caer por casa*

►**drop away** VI + ADV [*attendance etc*] disminuir

►**drop back** VI + ADV quedarse atrás

►**drop behind** VI + ADV (*in race, competition*) quedarse atrás; (*in work etc*) rezagarse

►**drop by** VI + ADV = **drop in**

►**drop down** VI + ADV caerse; (= *crouch*) agacharse; **we ~ped down to the coast** bajamos hacia la costa

►**drop in*** VI + ADV (= *visit*) pasar por casa *etc*, dejarse caer por casa *etc*; **do ~ in any time** ven a vernos cuando quieras; **to ~ in on** pasar por casa de; **they ~ped in on us yesterday** pasaron por casa ayer, nos visitaron de improviso ayer

►**drop off** Ⓐ VI + ADV [1] (= *fall asleep*) dormirse
[2] (= *decline*) [*sales, interest*] disminuir
[3] [*part*] desprenderse, soltarse
Ⓑ VT + ADV (*from car*) [+ *person, thing*] dejar; **could you ~ me off at the station?** ¿me puedes dejar en la estación?

►**drop out** VI + ADV [*contents etc*] derramarse, salirse; (*fig*) (*from competition*) retirarse; **to ~ out of society/university** abandonar la sociedad/la universidad; **to ~ out of a team** salirse de un equipo; **to ~ out of a race** abandonar una carrera; **he ~ped out of my life** desapareció de mi vida

►**drop round** Ⓐ VT + ADV **I'll ~ it round to you** pasaré por casa para dártelo
Ⓑ VI + ADV = **drop in**

**drop-dead**‡ ['drɒpded] ADJ **a ~ cute boy** un chico que te mueres* *or* te cagas‡; **a ~ gorgeous girl** una chica guapa hasta no poder más; **a ~ gorgeous song** una canción chulísima *or* que te mueres*

**drop-leaf table** [drɒpli:f'teɪbl] N mesa *f* de ala(s) abatible(s)

**droplet** ['drɒplɪt] N gotita *f*

**drop-off** ['drɒpɒf] N disminución *f*

**dropout** ['drɒpaʊt] N [1] (*from society*) marginado/a *m/f*; (*from university*) *estudiante que abandona la universidad antes de graduarse*
[2] (*Rugby*) puntapié *m* de saque

**dropper** ['drɒpəʳ] N (*Med etc*) cuentagotas *m inv*

**dropping-out** [,drɒpɪŋ'aʊt] N automarginación *f*; (*Univ*) abandono *m* de los estudios

**droppings** ['drɒpɪŋz] NPL [*of bird, animal*] excrementos *mpl*, cacas* *fpl*

**dropsical** ['drɒpsɪkəl] ADJ hidrópico

**dropsy** ['drɒpsɪ] N hidropesía *f*

**dross** [drɒs] N (*fig*) escoria *f*

**drought** [draʊt] N sequía *f*

**drove** [drəʊv] Ⓐ PT of **drive**
Ⓑ N [*of cattle*] manada *f*; **~s of people** una multitud de gente; **they came in ~s** acudieron en tropel

**drover** ['drəʊvəʳ] N boyero *m*, pastor *m*

**drown** [draʊn] Ⓐ VT [1] [+ *people, animals*] ahogar; [+ *land*] inundar; **to ~ o.s.** ahogarse; **a boy was ~ed here yesterday** un chico se ahogó ayer aquí; **✦IDIOM like a ~ed rat** calado hasta los huesos
[2] (*also* **~ out**) [+ *sound*] ahogar; **his cries were ~ed by the noise of the waves** sus gritos se perdieron en el estruendo de las olas; *see also* **sorrow A**
Ⓑ VI ahogarse, perecer ahogado; **a boy ~ed here yesterday** un chico se ahogó *or* pereció ahogado ayer aquí

**drowning** ['draʊnɪŋ] N ahogo *m*

►**drown out** VT + ADV [+ *voice, sound, words*] ahogar

**drowse** [draʊz] VI dormitar; **to ~ off** adormilarse

**drowsily** ['draʊzɪlɪ] ADV **"what?" she asked ~** —¿qué? —preguntó soñolienta *or* medio dormida

**drowsiness** ['draʊzɪnɪs] N (= *sleepiness*) somnolencia *f*; (= *sluggishness*) modorra *f*, sopor *m*; **these tablets may cause ~** estas pastillas pueden producir somnolencia

**drowsy** ['draʊzɪ] ADJ (*compar* **drowsier**; *superl* **drowsiest**) [1] (= *sleepy*) [*person*] adormilado, soñoliento, somnoliento (*frm*); [*smile, look, voice*] soñoliento, somnoliento (*frm*); **"who?" he asked in a ~ voice** —¿quién? —preguntó con voz soñoliento *or* con voz de sueño; **to be** *or* **feel ~** [*person*] tener sueño *or* modorra, estar soñoliento *or* adormilado; (*because of medication*) tener somnolencia; **to become** *or* **grow ~** quedarse adormilado; **she grew ~ and was put to bed** se quedaba adormilada y la acostaron, se estaba quedando dormida y la acostaron; **I became pleasantly ~** me empezó a entrar un sueñecito agradable; **these tablets will make you ~** estas pastillas le producirán somnolencia
[2] (= *soporific*) [*afternoon, atmosphere*] soporífero; [*countryside*] apacible

**drub** [drʌb] VT (= *thrash*) apalear, vapulear; (*fig*) (= *defeat*) dar una paliza a*, cascar*

**drubbing** ['drʌbɪŋ] N (= *thrashing*) paliza *f*; (*fig*) (= *defeat*) paliza* *f*

**drudge** [drʌdʒ] Ⓐ N (= *person*) esclavo/a *m/f*; (= *job*) trabajo *m* pesado
Ⓑ VI trabajar como un esclavo

**drudgery** ['drʌdʒərɪ] N trabajo *m* pesado; **to take the ~ out of work** hacer el trabajo menos pesado

**drug** [drʌg] Ⓐ N (*Med*) medicamento *m*, fármaco *m*; (= *addictive substance*) droga *f*; (= *illegal substance*) droga *f*, narcótico *m*; **to take ~s** drogarse; **he's on ~s** se droga; **hard/soft ~s** drogas *fpl* duras/blandas; **✦IDIOM to be a ~ on the market** ser invendible
Ⓑ VT [+ *person*] drogar; [+ *wine etc*] echar una droga en; **to be in a ~ged sleep** dormir bajo los efectos de una droga; **to ~ o.s.** drogarse
Ⓒ CPD ► **drug abuse** N toxicomanía *f* ► **drug abuser** N toxicómano/a *m/f* ► **drug addict** N drogadicto/a *m/f* ► **drug addiction** N drogadicción *f*, toxicomanía *f* ► **drug baron** N capo *m* ► **drug check** N prueba *f* de la droga, control *m* antidoping ► **drug dealer** N traficante *mf* de drogas ► **drug dependency** N drogodependencia *f* ► **drug habit** N adicción *f* (a las drogas) ► **drug peddler**, **drug pusher** N traficante *mf* de drogas, camello* *mf* ► **drug raid** (*US*) N redada *f* antidroga ► **drug ring** (*US*) N red *f* de narcotráfico ► **drug runner**, **drug smuggler** N narcotraficante *mf* ► **drug squad** N brigada *f* antidrogas, brigada *f* de estupefacientes ► **drugs raid** N redada *f* antidroga ► **drugs ring** N red *f* de narcotráfico ► **drug taker** N = **drug user** ► **drug traffic** N narcotráfico *m*, tráfico *m* de drogas ► **drug trafficker** N traficante *mf* de drogas, narcotraficante *mf* ► **drug trafficking** N narcotráfico *m*, tráfico *m* de drogas ► **drug user** N consumidor(a) *m/f* de drogas, drogadicto/a *m/f*

**druggist** ['drʌgɪst] N (*US*) farmacéutico/a *m/f*

**druggy**⁑ ['drʌgɪ], **drugster**⁑ ['drʌgstəʳ] N drogata⁑ *mf*, drogota⁑ *mf*

**drug-related** ['drʌgrɪ,leɪtɪd] ADJ relacionado con la droga; **~ crime** drogodelincuencia *f*

**drugstore** ['drʌgstɔːʳ] N (*US*) *tienda de comestibles, periódicos y medicamentos*

**drug-taking** ['drʌg,teɪkɪŋ] N consumo *m* de drogas

**druid** ['druːɪd] N druida *m*

**drum** [drʌm] Ⓐ N [1] (*Mus*) tambor *m*; **to play (the) ~s** tocar la batería; **✦IDIOM to beat** *or* **bang the ~ for sth/sb** dar bombo a algo/algn, anunciar algo/a algn a bombo y platillo
[2] (= *container*) (*for oil*) bidón *m*; (*Tech*) (= *cylinder, machine part*) tambor *m*
[3] (*Anat*) (*also* **eardrum**) tímpano *m*
Ⓑ VT **to ~ one's fingers on the table** tamborilear con los dedos sobre la mesa; **to ~ sth into sb** (*fig*) meter algo a algn en la cabeza por la fuerza; **I had it ~med into me as a child** de niño me hicieron comprender eso a la fuerza *or* a fuerza de repetírmelo
Ⓒ VI (*Mus*) tocar el tambor *etc*; (= *tap*) (*with fingers*) tamborilear; **the noise was ~ming in my ears** el ruido me estaba taladrando los oídos; **his words ~med in my mind** el eco de sus palabras resonaba en mi cabeza
Ⓓ CPD ► **drum brake** N (*Aut*) freno *m* de tambor ► **drum machine** N caja *f* de ritmos ► **drum major** N (*Brit*) tambor *m* mayor ► **drum majorette** N (*esp US*) bastonera *f*

►**drum out** VT + ADV **to ~ sb out** expulsar a algn

►**drum up** VT + ADV [+ *enthusiasm*] despertar; [+ *support*] movilizar; [+ *trade*] fomentar

**drumbeat** ['drʌm,biːt] N redoble *m*

**drumhead** ['drʌmhed] Ⓐ N parche *m* de tambor
Ⓑ CPD ► **drumhead court-martial** N consejo *m* de guerra sumarísimo

**drumkit** ['drʌmkɪt] N batería *f*

**drummer** ['drʌməʳ] N (*in military band etc*) tambor *m*; (*in jazz/pop group*) batería *mf*

**drumming** ['drʌmɪŋ] N tamborileo *m*

**drumroll** ['drʌm,rəʊl] N redoble *m*

**drumstick** ['drʌmstɪk] N [1] (*Mus*) baqueta *f*, palillo *m* de tambor
[2] (= *chicken leg*) muslo *m*

**drunk** [drʌŋk] Ⓐ PP *of* **drink**
Ⓑ ADJ [1] (*compar* **drunker**; *superl* **drunkest**) borracho, tomado (*LAm*); **~ and disorderly behaviour** (*Jur*) embriaguez *f* y alteración *f* del orden público; **he was arrested for being ~ and disorderly** lo detuvieron por embriaguez y alteración del orden público; **to get ~** emborracharse; **to get sb ~** emborrachar a algn; **to be ~ on whisky** estar borracho de whisky; **to get ~ on wine** emborracharse de vino; **✦IDIOM to be as ~ as a lord** *or* **a skunk*** estar borracho como una cuba*
[2] (*fig*) ebrio; **to be ~ on** *or* **with success** estar ebrio de éxito
Ⓒ N borracho/a *m/f*
Ⓓ CPD ► **drunk driver** N conductor(a) *m/f* en estado de embriaguez ► **drunk driving** N (*esp US*) = **drink-driving**

**drunkard** ['drʌŋkəd] N borracho/a *m/f*

**drunken** ['drʌŋkən] ADJ [1] (= *intoxicated*) [*person*] borracho; [*brawl, orgy*] de borrachos; [*night, evening*] de borrachera; [*violence*] provocado por el alcohol; [*voice*] de borracho, de cazallero; **a ~ old man** un viejo borracho; **her ~ husband** el borracho de su marido; **~ driving** conducir *or* (*LAm*) manejar en estado de embriaguez; **a ~ party** una juerga; **in a ~ rage** en un ataque de furia provocado por el alcohol; **in a ~ state** borracho; **in a ~ stupor** flotando en los vapores del alcohol
[2] (*fig*) (= *crooked*) **at a ~ angle** torcido

**drunkenly** ['drʌŋkənlɪ] ADV [*walk*] tambaleándose (borracho), haciendo eses*; [*speak, say, sing*] con voz de borracho; **the two men were arguing ~** los dos hombres discutían borrachos; **he staggered ~ out of the pub** salió del bar tambaleándose borracho *or* haciendo eses*

**drunkenness** ['drʌŋkənnɪs] N (= *state*) borrachera *f*, embriaguez *f* (*more frm*); (= *habit, problem*) alcoholismo *m*

**drupe** [druːp] N drupa *f*

**druthers*** ['drʌðəz] N (*US*) **if I had my ~*** si por mí fuera

**dry** [draɪ] Ⓐ ADJ (*compar* **drier**; *superl* **driest**) [1] (= *not moist*) [*clothes, paint, leaves, weather*] seco; [*climate*] árido, seco; **it was warm and ~ yesterday afternoon** ayer hizo una tarde cálida y seca; **wait till the glue is ~** espere a que la cola se seque; **he rubbed himself ~ with a towel** se secó frotándose con una toalla; **her throat/mouth was ~** ◊ **she had a ~ throat/mouth** tenía la garganta/boca seca; **his mouth was ~ with fear** tenía la boca seca de miedo; **her eyes were ~** (= *without tears*) no había lágrimas en sus ojos; **there wasn't a ~ eye in the house** no había nadie que no estuviera llorando; **for ~ skin/hair** para piel seca/pelo seco; **"keep in a dry place"** "mantener en un lugar seco"; **~ bread** (*without butter*) pan *m* sin mantequilla; (*stale*) pan *m* seco; **a ~ cough** una tos seca; **to get ~** secarse; **on ~ land** en tierra firme; **to run ~** [*river, well*] secarse; [*inspiration*] agotarse; **to wipe sth ~** secar algo (con un trapo); **✦IDIOM as ~ as a bone** más seco que una pasa
[2] (*) (= *thirsty*) **to be** *or* **feel ~** tener sed, estar seco*
[3] (*) (= *prohibiting alcohol*) [*country, state*] seco; **due to a storm, the island was ~ for a week** a causa de una tormenta, durante una semana no hubo ni una gota de alcohol en la isla
[4] (= *wry*) [*humour, wit*] mordaz; [*laugh*] sardónico; **he has a very ~ sense of humour** tiene un sentido del humor muy mordaz *or* cargado de ironía
[5] (= *harsh*) **it broke with a ~ snapping sound** se rompió con un ruido seco
[6] (= *uninteresting*) [*lecture, subject, book*] árido; [*voice*] seco; **✦IDIOM as ~ as dust** terriblemente árido
[7] (= *not sweet*) [*wine, sherry, cider*] seco; [*champagne*] brut, seco; **a ~ white wine** un vino blanco seco
[8] (= *not producing milk*) **the old cow went ~** la vaca vieja se quedó sin leche
Ⓑ N **the ~** (*Brit*) lo seco; **such cars grip the road well, even in the ~** estos coches se agarran bien al firme, incluso en seco; **come on into the ~** métete aquí que no llueve
Ⓒ VT secar; **to ~ one's hands/eyes** secarse las manos/las lágrimas; **to ~ the dishes** secar los platos; **to ~ o.s.** secarse
Ⓓ VI [1] (= *become dry*) secarse; **leave it to ~** déjalo que se seque; **would you rather wash or ~?** ¿prefieres lavar o secar?
[2] (*esp Brit Theat*) quedarse en blanco
Ⓔ CPD ► **dry cell** N pila *f* seca ► **dry cleaner's** N tintorería *f*, tinte *m* (*Sp*) ► **dry cleaning** N limpieza *f* en seco ► **dry dock** N dique *m* seco ► **dry fly** N (*Fishing*) mosca *f* seca ► **dry ginger** N ginebra *f* seca ► **dry goods** NPL (*US*) artículos *mpl* de confección ► **dry goods store** N (*US*) mercería *f* ► **dry ice** N nieve *f* carbónica ► **dry measure** N medida *f* para áridos ► **dry rot** N *putrefacción seca de la madera causado por un hongo* ► **dry run** N (*fig*) ensayo *m* ► **the dry season** N la estación seca ► **dry shampoo** N champú *m* seco ► **dry shave** N **to have a ~ shave** afeitarse en seco ► **dry ski slope** N pista *f* artificial de esquí ► **dry stone wall** N muro *m* seco

►**dry off** Ⓐ VI + ADV [*clothes etc*] secarse
Ⓑ VT + ADV secar

►**dry out** Ⓐ VI + ADV [1] (*lit*) (= *dry*) secarse
[2] (*) (*fig*) [*alcoholic*] seguir una cura de desintoxicación de alcohol
Ⓑ VT + ADV [1] (*lit*) (= *dry*) [+ *clothes, ground, food, skin*] secar
[2] (*) (*fig*) [+ *alcoholic*] curar del alcoholismo

►**dry up** VI + ADV [1] [*river, well*] secarse; [*moisture*] evaporarse, desaparecer; [*source of supply*] agotarse
[2] (= *dry the dishes*) secar los platos
[3] (*) (= *fall silent*) [*speaker*] callarse; **~ up!** ¡cierra el pico!*

**dry-as-dust** ['draɪəz'dʌst] ADJ terriblemente árido

**dry-clean** ['draɪ'kliːn] VT limpiar en seco, lavar en seco; **"~ only"** (*on label*) "limpiar *or* lavar en seco"

**dryer** ['draɪəʳ] N (*for hair*) secador *m*; (*for clothes*) (= *machine*) secadora *f*; (= *rack*) tendedero *m*

**dry-eyed** ['draɪ'aɪd] ADJ sin lágrimas

**drying** ['draɪɪŋ] Ⓐ ADJ [*wind*] seco
Ⓑ CPD ► **drying cupboard** N armario *m* de tender ► **drying room** N habitación *f* de tender

**drying-up** ['draɪɪŋ'ʌp] N [*of river, well*] desecación *f*; [*of skin*] deshidratación *f*; **to do the ~** secar los platos

**dryly** ['draɪlɪ] ADV = **drily**

**dryness** ['draɪnɪs] N [1] [*of hair, skin, climate*] sequedad *f*
[2] [*of wit, humour*] mordacidad *f*
[3] [*of wine, sherry, cider, champagne*] lo seco
[4] [*of lecture, subject, book*] aridez *f*

**dry-shod** ['draɪ'ʃɒd] ADV a pie enjuto

**DS** N ABBR (*Brit Police*) = **Detective Sergeant**

**D/s** ABBR (= **days after sight**) a ... días vista

**DSC** (*Brit*) N ABBR (= **Distinguished Service Cross**) ≈ cruz *f* al mérito militar

**DSc** N ABBR (*Univ*) = **Doctor of Science**

**DSM** (*Brit*) N ABBR (= **Distinguished Service Medal**) ≈ medalla *f* al mérito militar

**DSO** (*Brit*) N ABBR = **Distinguished Service Order**

**DSS** N ABBR (*Brit*) = **Department of Social Security**

**DST** N ABBR (*US*) = **Daylight Saving Time**

**DT** N ABBR (*Comput*) = **data transmission**

**DTI** N ABBR (*Brit Admin*) = **Department of Trade and Industry**

**DTP** N ABBR = **desktop publishing**

**DTs*** NPL ABBR = **delirium tremens**

**dual** ['djʊəl] Ⓐ ADJ doble
Ⓑ CPD ► **dual carriageway** N (*Brit*) autovía *f*, carretera *f* de doble calzada ► **dual control** N doble mando *m* ► **dual nationality** N doble nacionalidad *f* ► **dual ownership** N condominio *m* ► **dual personality** N doble personalidad *f*

**dualism** ['djʊəlɪzəm] N dualismo *m*

**dualist** ['djʊəlɪst] Ⓐ ADJ dualista
Ⓑ N dualista *mf*

**duality** [djʊ'ælɪtɪ] N dualidad *f*

**dual-purpose** ['djʊəl'pɜːpəs] ADJ de doble uso

**dub** [dʌb] VT 1 (*Cine*) doblar; **the film was ~bed into Spanish** la película estaba doblada al español
2 (= *nickname*) apodar; **they ~bed him "Shorty"** lo apodaron "Shorty"
3 [+ *knight*] armar caballero a

**Dubai** [duː'baɪ] N Dubai *m*

**dubbin** ['dʌbɪn] N adobo *m* impermeable, cera *f*

**dubbing** ['dʌbɪŋ] Ⓐ N (*Cine*) doblaje *m*
Ⓑ CPD ► **dubbing mixer** N mezclador(a) *m/f* de sonido

**dubiety** [djuː'baɪətɪ] N incertidumbre *f*

**dubious** ['djuːbɪəs] ADJ 1 (= *questionable*) [*reputation, claim, privilege, taste*] dudoso; [*person, character, motives*] sospechoso; [*company, offer*] poco fiable; [*business deal, practice*] sospechoso, turbio; [*idea, measure*] discutible; [*compliment*] equívoco; **to have the ~ honour/pleasure of doing sth** tener el dudoso honor/placer de hacer algo; **that paté looks a bit ~*** ese paté tiene una pinta un poco sospechosa; **of ~ benefit** de beneficios dudosos; **of ~ origin** de origen dudoso; **of ~ quality** de dudosa calidad
2 (= *unsure*) [*look, smile*] indeciso; **to be ~** tener dudas *or* reservas; **I was ~ at first, but he convinced me** al principio tenía mis dudas *or* reservas, pero él me convenció; **I'm very ~ about it** tengo grandes dudas *or* reservas sobre ello; **I am ~ that** *or* **whether the new law will achieve anything** tengo mis dudas *or* reservas sobre si la nueva ley va a lograr algo; **he looked ~** parecía tener dudas *or* reservas, parecía dudar; **he sounded ~** parecía tener dudas *or* reservas, parecía dudar

**dubiously** ['djuːbɪəslɪ] ADV [*look at, smile*] con recelo, con desconfianza; [*say*] con desconfianza; **a concerto ~ attributed to Albinoni** un concierto atribuido sin verdadera fundamento a Albinoni

**Dublin** ['dʌblɪn] Ⓐ N Dublín *m*
Ⓑ CPD ► **Dublin Bay prawn** N cigala *f*

**Dubliner** ['dʌblɪnəʳ] N dublinés/esa *m/f*

**ducal** ['djuːkəl] ADJ ducal

**ducat** ['dʌkɪt] N ducado *m* (*moneda*)

**duchess** ['dʌtʃɪs] N duquesa *f*

**duchy** ['dʌtʃɪ] N ducado *m* (*territorio*)

**duck**[1] [dʌk] Ⓐ N (*pl* **ducks** *or* **duck**) 1 (*Orn*) pato *m*; (*female*) pata *f*; **wild ~** pato *m* salvaje; ✦***IDIOMS* to be a dead ~**: **he's a dead ~** está quemado; **that issue is a dead ~** esa cuestión ya no tiene interés; **to play ~s and drakes** hacer saltar una piedra plana sobre el agua; **to play ~s and drakes with** despilfarrar; **to take to sth like a ~ to water** sentirse como pez en el agua en *or* con algo, encontrarse en seguida en su elemento con algo; *see also* **lame D**, **water A1**
2 (*Cricket*) cero *m*; **to make a ~** ◊ **be out for a ~** (*Brit*) ser eliminado a cero
3 (= *movement*) (*under water*) zambullida *f*; (*to escape, avoid*) agachada *f*; (*Boxing*) finta *f*, esquiva *f*
4 (*) (*as form of address*) **yes, ~(s)** (*Brit*) sí, cariño
Ⓑ VT 1 (= *plunge in water*) [+ *person, head*] zambullir
2 (= *lower*) **to ~ one's head** agachar la cabeza
3 (= *avoid*) [+ *problem, question*] eludir, esquivar
Ⓒ VI (*also* **~ down**) agacharse, agachar la cabeza; (*in fight*) esquivar el golpe; (*under water*) sumergirse
Ⓓ CPD ► **duck soup*** N (*US*) (*fig*) **it's just ~ soup** es pan comido, es coser y cantar

►**duck out of*** VI + PREP escabullirse de

**duck**[2] [dʌk] N (*US*) dril *m*

**duckbill** ['dʌkbɪl], **duck-billed platypus** ['dʌkbɪld'plætɪpəs] N ornitorrinco *m*

**duckboard** ['dʌkbɔːd] N pasadera *f*

**duckie*** ['dʌkɪ] N (*Brit*) = **ducky**

**ducking** ['dʌkɪŋ] N zambullida *f*; **to give sb a ~** meter la cabeza en el agua a algn

**ducking-and-diving*** [ˌdʌkɪŋən'daɪvɪŋ] N **he did a lot of ~ in London's drug-world** estuvo metido en muchos trapicheos en el mundo de la droga de Londres*; **~ is all part of political life** los políticos saben siempre cómo escaquearse*

**duckling** ['dʌklɪŋ] N patito *m*

**duckpond** ['dʌkpɒnd] N estanque *m* de patos

**duckweed** ['dʌkwiːd] N lenteja *f* de agua

**ducky*** ['dʌkɪ] Ⓐ N **~!** ¡cariño!
Ⓑ ADJ (*US*) muy mono

**duct** [dʌkt] N 1 (*for ventilation, liquid*) conducto *m*
2 (*Anat*) conducto *m*, canal *m*

**ductile** ['dʌktaɪl] ADJ (*Tech*) [*metal*] dúctil

**ductless** ['dʌktlɪs] Ⓐ ADJ endocrino
Ⓑ CPD ► **ductless gland** N glándula *f* endocrina

**dud*** [dʌd] Ⓐ ADJ 1 (= *useless*) [*cheque*] sin fondos; [*merchandise*] invendible; (= *not working*) [*machine etc*] estropeado; [*shell, bomb*] que no estalla
2 (= *false*) [*coin, note*] falso
Ⓑ N (= *thing*) filfa *f*; (= *person*) desastre *m*, inútil *mf*; (= *coin*) moneda *f* falsa; (= *shell*) obús *m* que no estalla

**dude*** [djuːd] (*US*) Ⓐ N (= *guy*) tío* *m*, tipo* *m*; (= *dandy*) petimetre *m*
Ⓑ CPD ► **dude ranch** N rancho *m* para turistas

**DUDE RANCH**

*Se llama* **dude ranch** *a un rancho del oeste de Estados Unidos que se abre a los turistas para ofrecerles el sabor de la vida del oeste al aire libre. Puede ser un rancho que funciona como tal en la realidad o uno que recrea la atmósfera tradicional de los vaqueros. Los turistas pueden montar a caballo, ayudar en las tareas del rancho o probar la comida hecha en el carromato (***chuck-wagon***) alrededor de la hoguera.* **Dude** *es una palabra que pertenece al argot americano, usada para referirse a una persona de ciudad muy bien vestida o a alguien del este.*

**dudgeon** ['dʌdʒən] N **in high ~** muy enojado, enfurecido

**duds*** [dʌdz] NPL (= *clothes*) prendas *fpl* de vestir, trapos* *mpl*

**due** [djuː] Ⓐ ADJ 1 (= *expected*) **when is the plane ~ (in)?** ¿a qué hora llega el avión?; **the train is ~ (in)** *or* **~ to arrive at eight** el tren llega a las ocho, el tren tiene su hora de llegada a las ocho; **the train was ~ (in) ten minutes ago** el tren tenía que haber llegado hace diez minutos; **the results are ~ (in) today** está previsto que los resultados salgan hoy; **the magazine/film/record is ~ out in December** la revista/la película/el disco sale en diciembre; **I'm ~ in Chicago tomorrow** mañana me esperan en Chicago; **he is ~ back tomorrow** estará de vuelta mañana, está previsto que vuelva mañana; **when is it ~ to happen?** ¿para cuándo se prevé?; **it is ~ to be demolished** tienen que demolerlo; **when is the baby ~?** ¿cuándo se espera que nazca el niño?
2 (= *owing*) [*sum, money*] pagadero, pendiente; **it's ~ on the 30th** el plazo vence el día 30; **he's ~ a salary raise** (*US*) le corresponde un aumento de sueldo; **I am ~ six days' leave** se me deben seis días de vacaciones; **when is the rent ~?** ¿cuándo se paga el alquiler?, ¿cuándo hay que pagar el alquiler?; **I feel I'm about ~ a holiday!** ¡me parece que necesito unas vacaciones!; **to fall ~** (*Fin*) vencer; **he is ~ for a rise/promotion** le corresponde un aumento de sueldo/un ascenso; **I have £50 ~ to me** me deben 50 libras; **our thanks are ~ to him** le estamos muy agradecidos; **they must be treated with the respect ~ to their rank/age** deben ser tratados con el respeto que su rango/edad merece
3 (= *appropriate*) [*care, attention*] debido; **to drive without ~ care and attention** (*Jur*) conducir *or* (*LAm*) manejar sin el cuidado y la atención debidos; **after ~ consideration** después de la debida consideración; **we'll let you know in ~ course** le avisaremos a su debido tiempo; **he has never received ~ credit for his achievements** nunca ha recibido el crédito que merece por sus logros; **~ process (of law)** (*Jur*) (el buen hacer de) la justicia; **with (all) ~ respect (to Mrs Harrison)** con el debido respeto (hacia la señora Harrison)
4 **~ to** (= *caused by*) debido a; **~ to repairs, the garage will be closed next Saturday** esta gasolinera estará cerrada por obras el próximo sábado; **his death was ~ to natural causes** su muerte se debió a causas naturales; **what's it ~ to?** ¿a qué se debe?; **it is ~ to you that he is alive today** gracias a ti está todavía vivo
Ⓑ ADV **~ west of** justo hacia el oeste de; **to face ~ north** [*person*] mirar justo hacia el norte; [*building*] estar orientado completamente hacia el norte; **to go ~ north** ir derecho hacia el norte
Ⓒ N 1 (= *due credit*) **to give him his ~, he did try hard** para ser justo, se esforzó mucho
2 **dues** (= *club, union fees*) cuota *fsing*; (= *taxes*) derechos *mpl*; **harbour/port ~s** dere-

➤ LANGUAGE IN USE: due A2 20.6, 20.7 A4 17.1

chos *mpl* de puerto; ✦*IDIOM* **to pay one's ~s** cumplir con su deber
Ⓓ CPD ► **due date** N (*Fin*) [*of loan, debt*] fecha *f* de vencimiento; **when is your ~ date?** (*for birth*) ¿cuándo cumples?; **she is five days past her ~ date** cumplió hace cinco días, salió de cuentas hace cinco días (*Sp*)

**duel** ['djʊəl] Ⓐ N duelo *m*; **to fight a ~** batirse en duelo
Ⓑ VI batirse en duelo

**duellist, duelist** (*US*) ['djʊəlɪst] N duelista *m*

**duet** [djuː'et] N (= *players, composition*) dúo *m*; **to sing/play a ~** cantar/tocar a dúo

**duff[1]*** [dʌf] (*Brit*) ADJ (= *useless*) inútil; (= *poor quality*) de tres al cuarto

**duff[2]*** [dʌf] VT **to ~ sb up** dar una paliza a algn

**duff[3]** [dʌf] N (*Culin*) budín *m*, pudín *m*

**duff[4]**‡ [dʌf] N culo‡ *m*; **he just sits on his ~ all day** pasa el día sin hacer nada; **get off your ~!** ¡no te quedes ahí sentado y haz algo!

**duffel-bag** ['dʌfəlbæg] N bolsa *f* de lona; (*Mil*) talego *m* (*para efectos de uso personal*)

**duffel-coat** ['dʌfəlkəʊt] N trenca *f*

**duffer*** ['dʌfəʳ] N zoquete* *m*

**duffle-bag** ['dʌfəlbæg] N = **duffel-bag**

**duffle-coat** ['dʌfəlkəʊt] N = **duffel-coat**

**dug[1]** [dʌg] PT, PP *of* **dig**

**dug[2]** [dʌg] N (*Zool*) teta *f*, ubre *f*

**dugout** ['dʌgaʊt] N [1] (*Ftbl*) caseta *f*
[2] (*Mil*) refugio *m* subterráneo

**duke** [djuːk] N duque *m*

**dukedom** ['djuːkdəm] N ducado *m* (*título*)

**dukes**‡ [djuːks] NPL puños *mpl*

**dulcet** ['dʌlsɪt] ADJ dulce, suave

**dulcimer** ['dʌlsɪməʳ] N dulcémele *m*

**dull** [dʌl] Ⓐ ADJ (*compar* **duller**; *superl* **dullest**)
[1] (= *boring*) [*person, speech, book, evening, job*] aburrido, pesado; [*place*] aburrido, soso; [*style, food*] soso; **deadly ~** terriblemente aburrido, aburridísimo; **there's never a ~ moment here in the office** aquí en la oficina no nos aburrimos nunca; ✦*IDIOM* **as ~ as ditch-water** terriblemente aburrido
[2] (= *not bright*) [*colour, metal, glow*] apagado; [*eyes*] apagado, sin brillo; [*hair, skin, complexion*] sin brillo; [*weather*] nublado; [*sky, day*] gris; **his eyes were ~ and lifeless** sus ojos estaban apagados y sin vida; **~, lifeless hair** pelo sin brillo, sin vida; **it will be ~ at first** (*Met*) al principio estará nublado
[3] (= *not sharp*) [*pain, feeling, sound*] sordo; **it fell with a ~ thud** *or* **thump** cayó con un golpe sordo
[4] (= *lethargic, withdrawn*) [*person, mood*] deprimido, desanimado
[5] (= *slow-witted*) [*person, mind*] torpe; [*pupil*] lento; **his senses** *or* **faculties are growing ~** está perdiendo facultades; **to be ~ of hearing** ser duro de oído
[6] (= *blunt*) [*blade, knife*] romo
[7] (*Comm*) [*trade, business, market*] flojo
Ⓑ VT [+ *senses, blade*] embotar; [+ *emotions*] enfriar; [+ *pain*] aliviar; [+ *sound*] amortiguar; [+ *mind, memory*] entorpecer; [+ *colour*] apagar; [+ *mirror, metal*] deslustrar, quitar el brillo de; [+ *sensitivity*] embrutecer; [+ *grief*] atenuar; **the explosion ~ed her hearing** la explosión la dejó dura de oído
Ⓒ VI [*light*] amortiguarse; [*colour*] apagarse, perder intensidad; [*metal*] deslustrarse, perder brillo; [*memory*] entorpecerse; [*senses*] embotarse; **his eyes ~ed** sus ojos perdieron brillo

**dullard** ['dʌləd] N zoquete* *m*

**dullness** ['dʌlnɪs] N [1] (= *lack of interest*) [*of book, lecture, person, evening*] lo aburrido, pesadez *f*
[2] (= *lack of brightness*) [*of colour, metal, mirror*] falta *f* de brillo, lo opaco; [*of landscape*] monotonía *f*; [*of room*] lo lúgubre; [*of sound, pain*] lo sordo
[3] (= *slow-wittedness*) [*of person*] torpeza *f*; **~ of hearing** dureza *f* de oído

**dullsville*** ['dʌlzvɪl] N (*US*) **it's ~ here*** esto es un muermo*

**dully** ['dʌllɪ] ADV [1] (= *boringly*) [*speak, write*] de manera aburrida
[2] (= *dimly*) [*glow, gleam, shine*] pálidamente, débilmente
[3] (= *without enthusiasm*) [*say, reply*] sin entusiasmo; [*think*] de forma confusa; **he looked ~ about the room** sus ojos recorrieron la habitación sin entusiasmo
[4] (= *with a muffled sound*) sordamente, con ruido sordo
[5] (= *with a dull pain*) **his arm throbbed ~** tenía un dolor sordo en el brazo

**duly** ['djuːlɪ] ADV [1] (= *as expected*) [*arrive, land*] como estaba previsto; **he ~ arrived at three** llegó a las tres, como estaba previsto; **I was ~ grateful for his assistance** como cabe esperar, le agradecí su asistencia; **the visitors were ~ impressed** los visitantes quedaron muy impresionados, como era de esperar
[2] (= *properly*) [*elect, sign*] debidamente; **the point was ~ noted in the minutes** se tomó debida nota de ese punto

**dumb** [dʌm] ADJ (*compar* **dumber**; *superl* **dumbest**) [1] (*Med*) mudo; (*with surprise etc*) sin habla; **a ~ person** un mudo; **to become ~** quedar mudo; **she's deaf and ~** es sordomuda; **~ animals** animales *mpl* indefensos; **the ~ millions** los millones que no tienen voz; **to be struck ~** (*fig*) quedarse sin habla
[2] (*) (= *stupid*) tonto, bobo; **to act ~** hacerse el tonto; **don't be so ~!** ¡no seas tonto *or* bobo!; **that was a really ~ thing I did!** ¡lo que hice fue una verdadera tontería *or* bobada!; **he says some ~ things** ¡dice cada tontería *or* bobada!; **~ blonde** rubia *f* descerebrada *or* sin seso; ✦*IDIOM* **as ~ as an ox** más bruto que un arado

►**dumb down** VT + ADV embrutecer, empobrecer intelectualmente

**dumb-ass**‡ ['dʌmæs] (*US*) Ⓐ ADJ burro
Ⓑ N burro/a *m/f*

**dumbbell** ['dʌmbel] N [1] (*in gymnastics*) pesa *f*
[2] (*) (= *fool*) bobo/a *m/f*

**dumbcluck*** ['dʌmklʌk] N borde* *mf*

**dumbfound** [dʌm'faʊnd] VT dejar mudo; **we were ~ed** nos quedamos mudos de asombro

**dumbness** ['dʌmnɪs] N [1] (*Med*) mudez *f*
[2] (*) (= *stupidity*) estupidez *f*

**dumbo*** ['dʌmbəʊ] N tonto/a *m/f*

**dumbstruck** ['dʌmstrʌk] ADJ **we were ~** nos quedamos mudos de asombro

**dumbwaiter** ['dʌm'weɪtəʳ] N (= *lift*) montaplatos *m inv*; (*Brit*) (*at table*) bandeja *f* giratoria

**dum-dum bullet** [ˌdʌmdʌm'bʊlɪt] N bala *f* dum-dum

**dummy** ['dʌmɪ] Ⓐ ADJ (= *not real*) [*gun*] de juguete; [*ammunition*] de fogueo; [*container*] vacío
Ⓑ N [1] (*for clothes*) maniquí *m*
[2] (*for baby*) chupete *m*
[3] (*Comm*) (= *sham object*) envase *m* vacío
[4] (*Ftbl*) finta *f*
[5] (*Bridge*) muerto *m*
[6] (*) (= *idiot*) tonto/a *m/f*
Ⓒ CPD ► **dummy assault, dummy attack** N simulacro *m* de ataque ► **dummy company** N empresa *f* fantasma ► **dummy number** N (*Press*) número *m* cero ► **dummy run** N (*Brit*) ensayo *m*, prueba *f*

**dump** [dʌmp] Ⓐ N [1] (= *place for refuse*) vertedero *m*, basurero *m*, basural *m* (*LAm*), tiradero(s) *m(pl)* (*Mex*); (= *pile of rubbish*) montón *m* de basura; **a rubbish ~** un vertedero, un basurero
[2] (*Mil*) depósito *m*
[3] (* *pej*) (= *town*) poblacho *m*; (= *hotel etc*) cuchitril *m*; **it's a real ~!** ¡es una auténtica pocilga!
[4] (*Comput*) vuelco *m* de memoria, volcado *m* de memoria
[5] ✦*IDIOM* **to be (down) in the ~s*** tener murria, estar deprimido
[6] **to have a ~** (*Brit*‡) (= *defecate*) jiñar‡, cagar‡*
Ⓑ VT [1] [+ *rubbish, waste etc*] verter, descargar
[2] (*) (= *put down*) [+ *parcel*] dejar, soltar; [+ *passenger*] dejar, plantar*; [+ *sand, load*] descargar, verter; **to ~ sth down*** poner algo (con mucho ruido); **can I ~ this here?*** ¿puedo dejar esto aquí?
[3] (*) (= *get rid of*) [+ *person*] deshacerse de, librarse de; [+ *girlfriend, boyfriend*] plantar*
[4] (= *reject*) rechazar
[5] (= *throw away*) [+ *thing*] tirar
[6] (*Comm*) [+ *goods*] inundar el mercado de
[7] (*Comput*) volcar
Ⓒ VI (*Brit*‡) (= *defecate*) jiñar‡, cagar‡*

**dumper** ['dʌmpəʳ] N (*also* **~ truck**) volquete *m*

**dumping** ['dʌmpɪŋ] Ⓐ N [1] [*of rubbish, waste*] vertido *m*; **"no dumping"** "prohibido verter basuras"
[2] (*Comm*) dúmping *m*
Ⓑ CPD ► **dumping ground** N vertedero *m*

**dumpling** ['dʌmplɪŋ] N *bola de masa hervida para servir con guiso*

**Dumpster®** ['dʌmpstəʳ] N (*US*) contenedor *m* de escombros *or* deshechos

**dumptruck** ['dʌmptrʌk] N (*US*) volquete *m*

**dumpy** ['dʌmpɪ] ADJ regordete

**dun[1]** [dʌn] ADJ pardo

**dun[2]** [dʌn] VT **to ~ sb** apremiar a algn para que pague lo que debe; (*fig*) dar la lata a algn*

**dunce** [dʌns] N (*Scol*) zopenco/a *m/f*

**dunderhead** ['dʌndəhed] N zoquete* *m*

**Dundonian** [dʌn'dəʊnɪən] Ⓐ N habitante *mf* de Dundee, nativo/a *m/f* de Dundee
Ⓑ ADJ de Dundee

**dune** [djuːn] Ⓐ N duna *f*
Ⓑ CPD ► **dune buggy** N buggy *m* (*vehículo para terrenos arenosos*)

**dung** [dʌŋ] Ⓐ N [*of horse, camel etc*] excrementos *mpl*; (*as manure*) estiércol *m*
Ⓑ CPD ► **dung beetle** N escarabajo *m* pelotero

**dungarees** [ˌdʌŋgə'riːz] NPL (*for work*) mono *msing*, overol *m* (*LAm*); (*casual wear*) pantalón *msing* de peto

**dungeon** ['dʌndʒən] N calabozo *m*, mazmorra *f*

**dunghill** ['dʌŋhɪl] N estercolero *m*

**dunk** [dʌŋk] VT [1] [+ *biscuit, cake etc*] mojar
[2] (*Basketball*) machacar

**Dunkirk** [dʌn'kɜːk] N Dunquerque *m*

**dunno**‡ [də'nəʊ] = **(I) don't know** no sé, ni flores*

**dunnock** ['dʌnək] N acentor *m* (común)

**dunny*** ['dʌnɪ] N (*Australia*) retrete *m*, wáter *m*

**duo** ['djuːəʊ] N (*pl* **duos** *or* **dui** ['djuːiː]) (*Mus, Theat*) dúo *m*

**duodecimal** [ˌdjuːəʊ'desɪməl] ADJ duodecimal

**duodenal** [ˌdjuːəʊˈdiːnl] Ⓐ ADJ duodenal
Ⓑ CPD ► **duodenal ulcer** N úlcera *f* de duodeno

**duodenum** [ˌdjuːəʊˈdiːnəm] N (*pl* **duodenums** *or* **duodena** [ˌdjuːəʊˈdiːnə]) duodeno *m*

**duopoly** [djʊˈɒpəlɪ] N duopolio *m*

**dupe** [djuːp] Ⓐ N inocentón/ona *m/f*; **to be the ~ of** ser víctima de
Ⓑ VT (= *trick*) engañar, embaucar; (= *swindle*) timar; **to ~ sb (into doing sth)** engañar *or* embaucar a algn (para que haga algo)

**duple** [ˈdjuːpl] Ⓐ ADJ (= *double*) (*gen*) doble
Ⓑ CPD ► **duple time** N (*Mus*) tiempo *m* doble

**duplex** [ˈdjuːpleks] (*US*) N (*also* **~ house**) *casa para dos familias formada por dos viviendas adosadas*; (*also* **~ apartment**) dúplex *m inv*

**duplicate** Ⓐ [ˈdjuːplɪkeɪt] VT [1] (= *copy*) [+ *document, letter*] duplicar; (*on machine*) copiar
[2] (= *repeat*) [+ *action*] repetir
Ⓑ [ˈdjuːplɪkɪt] N (= *copy of letter etc*) duplicado *m*, copia *f*; **in ~** por duplicado
Ⓒ [ˈdjuːplɪkɪt] ADJ [*copy*] duplicado
Ⓓ [ˈdjuːplɪkɪt] CPD ► **duplicate key** N duplicado *m* de una llave

**duplicating machine** [ˈdjuːplɪkeɪtɪŋməˈʃiːn] N multicopista *f*

**duplication** [ˌdjuːplɪˈkeɪʃən] N (= *copying*) duplicación *f*; (= *repetition*) repetición *f* innecesaria

**duplicator** [ˈdjuːplɪkeɪtə^r] N multicopista *f*

**duplicitous** [djuːˈplɪsɪtəs] ADJ (*frm*) tramposo

**duplicity** [djuːˈplɪsɪtɪ] N (*frm*) doblez *f*, duplicidad *f*

**Dur** ABBR (*Brit*) = **Durham**

**durability** [ˌdjʊərəˈbɪlɪtɪ] N durabilidad *f*, lo duradero

**durable** [ˈdjʊərəbl] Ⓐ ADJ duradero; **~ goods** (*US*) bienes *mpl* (de consumo) duraderos *or* no perecederos
Ⓑ **durables** NPL bienes *mpl* (de consumo) duraderos *or* no perecederos; *see also* **consumer B**

**duration** [djʊəˈreɪʃən] N duración *f*; **courses are of two years' ~** los cursos tienen una duración de dos años; **for the ~ of the war** mientras dure la guerra

**Dürer** [ˈdjʊərə^r] N Durero

**duress** [djʊəˈres] N **under ~** bajo presión

**Durex®** [ˈdjʊəreks] N preservativo *m*

**during** [ˈdjʊərɪŋ] PREP [1] (= *throughout*) durante
[2] (= *in the course of*) durante

**durst††** [dɜːst] PT *of* **dare**

**dusk** [dʌsk] N [1] (= *nightfall*) anochecer *m*, atardecer *m*; **at ~** al anochecer *or* atardecer
[2] (= *gloom*) oscuridad *f*; **in the gathering ~** en la creciente oscuridad

**dusky** [ˈdʌskɪ] ADJ [*pink, blue*] oscuro; [*complexion*] moreno

**dust** [dʌst] Ⓐ N [1] (*in house, on ground*) polvo *m*; **there was thick ~** ◊ **the ~ lay thick** había una gruesa capa de polvo; **to raise a cloud of ~** levantar una nube de polvo; **to raise a lot of ~** (*lit*) levantar mucho polvo; (*fig*) (= *cause a scandal*) levantar una polvareda; **✦*IDIOMS* to kick up** *or* **raise a ~*** armar un escándalo; **if you ask for a volunteer, you won't see her for ~!*** ¡en cuanto pides un voluntario pone los pies en polvorosa!; **when the ~ has settled** cuando haya pasado la tempestad; **to throw ~ in sb's eyes** engañar a algn; *see also* **ash² A**; *see* **bite B1**; *see also* **dry A6**, **gather A1**
[2] (*) (= *act of dusting*) **to give sth a ~** quitar el polvo a algo; **she gave the ornaments a quick ~** le quitó un poco el polvo a los adornos
Ⓑ VT [1] [+ *furniture*] quitar el polvo a *or* de; [+ *room*] limpiar el polvo a *or* de; **✦*IDIOM* it's done and ~ed** (*Brit*) todo ha terminado; **the deal is done and ~ed** el trato está cerrado
[2] (*with flour, icing sugar*) espolvorear; **to ~ o.s. with talc** ponerse talco; *see also* **dust down, dust off**
Ⓒ VI (= *clean up*) limpiar el polvo
Ⓓ CPD ► **dust bowl** N (*Geog*) *terreno erosionado por el viento* ► **dust cloth** N (*US*) trapo *m* del polvo ► **dust cover** N [*of book*] sobrecubierta *f*; (*for furniture*) guardapolvo *m* ► **dust devil** N remolino *m* de polvo ► **dust jacket** N sobrecubierta *f* ► **dust sheet** N (*Brit*) guardapolvo *m*, funda *f* ► **dust storm** N vendaval *m* de polvo, tormenta *f* de polvo

►**dust down** VT + ADV [1] (*lit*) [+ *furniture, shelf*] quitar el polvo a *or* de, desempolvar; **he stood and ~ed down his suit** se levantó y se sacudió el polvo del traje
[2] (*fig*) desempolvar; **they ~ed down a project that had been shelved years ago** desempolvaron un proyecto que había sido aparcado hacía años; **to ~ o.s. down** sobreponerse; **he ~ed himself down and started again** se sobrepuso y volvió a empezar

►**dust off** VT + ADV = **dust down**

►**dust out** VT + ADV [+ *box, cupboard*] quitar el polvo a *or* de

**dustbag** [ˈdʌstbæg] N bolsa *f* de aspiradora

**dustbin** [ˈdʌstbɪn] (*Brit*) Ⓐ N cubo *m* de la basura
Ⓑ CPD ► **dustbin liner** N bolsa *f* de basura

**dustcart** [ˈdʌstkɑːt] N camión *m* de la basura

**dustcloud** [ˈdʌstklaʊd] N polvareda *f*

**duster** [ˈdʌstə^r] N [1] (= *cloth for dusting*) trapo *m*; (*for blackboard*) borrador *m*; **feather ~** plumero *m*
[2] (*US*) (= *housecoat*) guardapolvo *m*

**dustheap** [ˈdʌsthiːp] N basurero *m*

**dusting** [ˈdʌstɪŋ] Ⓐ N [1] (= *cleaning*) limpieza *f*
[2] (*) (= *beating*) paliza *f*
[3] (*Culin*) (= *sprinkling*) espolvoreado *m*
Ⓑ CPD ► **dusting powder** N polvos *mpl* secantes

**dustman** [ˈdʌstmən] N (*pl* **dustmen**) (*Brit*) basurero *m*

**dustpan** [ˈdʌstpæn] N cogedor *m*

**dust-proof** [ˈdʌstpruːf] ADJ a prueba de polvo

**dust-up*** [ˈdʌstʌp] N (*Brit*) pelea *f*, bronca *f*; **to have a ~ with** pelearse con, tener una bronca con

**dusty** [ˈdʌstɪ] ADJ (*compar* **dustier**; *superl* **dustiest**) [1] (= *covered in dust*) [*town, ground, track, atmosphere*] polvoriento; [*furniture, book, car*] cubierto de polvo; **to get ~** [*table, book*] cubrirse de polvo; [*room, house*] llenarse de polvo
[2] (= *greyish*) grisáceo; **~ blue** azul *m* grisáceo; **~ pink** rosa *m* grisáceo, rosa *m* viejo
[3] (*Brit**) **a ~ answer** *or* **reply** una respuesta evasiva; **"how are you?" — "not so ~** *or* **not too ~, thanks"** —¿cómo estás? —no mal del todo, gracias

**Dutch** [dʌtʃ] Ⓐ ADJ holandés; **she's ~** es holandesa; **✦*IDIOMS* to be in ~ with sb** (*US**) estar en la lista negra de algn; **to talk to sb like a ~ uncle** decirle cuatro verdades a algn
Ⓑ N [1] (*Ling*) neerlandés *m*, holandés *m*
[2] **the ~** (= *people*) los holandeses
Ⓒ ADV **✦*IDIOM* to go ~*** [*two people*] pagar a medias; [*more than two*] pagar a escote
Ⓓ CPD ► **Dutch auction** N subasta *f* a la baja ► **Dutch barn** N *granero abierto a los lados con el tejado curvo* ► **Dutch cap** N diafragma *m* ► **Dutch courage** N *envalentonamiento del que ha bebido* ► **Dutch elm disease** N enfermedad *f* del olmo, grafiosis *f* ► **Dutch oven** N olla *f* ► **Dutch school** N (*Art*) escuela *f* holandesa ► **Dutch treat** N *comida etc en la que cada uno paga lo suyo*

**Dutchman** [ˈdʌtʃmən] N (*pl* **Dutchmen**) holandés *m*; **it's him or I'm a ~*** que me maten si no es él

**Dutchwoman** [ˈdʌtʃˌwʊmən] N (*pl* **Dutchwomen**) holandesa *f*

**dutiable** [ˈdjuːtɪəbl] ADJ sujeto a derechos de aduana

**dutiful** [ˈdjuːtɪfʊl] ADJ [*child*] obediente; [*husband*] sumiso; [*employee*] cumplido

**dutifully** [ˈdjuːtɪfəlɪ] ADV obedientemente, sumisamente

▼**duty** [ˈdjuːtɪ] Ⓐ N [1] (*moral, legal*) deber *m*, obligación *f*; **it is my ~ to inform you that …** es mi deber *or* obligación informarles de que …; **I feel it to be my ~** creo que es mi deber; **it was his ~ to tell the police** su deber era decírselo a la policía; **I am ~ bound to say that …** es mi deber decir que …; **to do one's ~ (by sb)** cumplir con su deber (hacia algn, para con algn); **to fail in one's ~** faltar a su deber; **to make it one's ~ to do sth** encargarse de hacer algo; **it is no part of my ~ to do this** no me corresponde a mí hacer esto; **out of a sense of ~** por sentido del deber
[2] (= *task, responsibility*) función *f*, responsabilidad *f*; **my duties consist of …** mis funciones *or* responsabilidades son …; **to do ~ as** servir de; **to do ~ for** servir en lugar de; **to neglect one's duties** faltar a sus responsabilidades; **to be off ~** (*gen*) estar libre; **an off ~ policeman** un policía fuera de servicio; **to be on ~** (*Med*) [*doctor, nurse, sentry*] estar de guardia; [*policeman*] estar de servicio; (*Admin, Scol*) estar de turno; **to go on ~** entrar de servicio; **to take up one's duties** entrar en funciones
[3] (*Fin*) (= *tax*) derechos *mpl*; **to pay ~ on sth** pagar derechos por algo
Ⓑ CPD ► **duty call** N visita *f* de cumplido ► **duty officer** N (*Mil*) oficial *mf* de servicio ► **duty roster, duty rota** N lista *f* de turnos

**duty-free** [ˈdjuːtɪˈfriː] Ⓐ ADJ [*goods, perfume*] libre de impuestos, exento de derechos de aduana
Ⓑ CPD ► **duty-free shop** N tienda *f* "duty free"

**duty-paid** [ˌdjuːtɪˈpeɪd] ADJ con aranceles pagados

**duvet** [ˈduːveɪ] (*Brit*) Ⓐ N edredón *m* (nórdico)
Ⓑ CPD ► **duvet cover** N funda *f* de edredón (nórdico)

**DV** ADV ABBR = **Deo volente** (= *God willing*) D. m.

**DVD** N ABBR (= **digital versatile** *or* **video disc**) DVD *m*, disco *m* de vídeo digital, disco digital polivalente; **~ player** lector *m* (de) DVD; **~-Rom** DVD-Rom *m*

**DVLA** N ABBR (*Brit*) (= **Driver and Vehicle Licensing Agency**) *organismo encargado de la expedición de permisos de conducir y matriculación de vehículos*, ≈ DGT *f* (*Sp*)

**DVLC** N ABBR (*Brit*) (= **Driver and Vehicle Licensing Centre**) *centro de donde se expiden los permisos de conducir y matriculación de vehículos*, ≈ DGT *f* (*Sp*)

**DVM** N ABBR (*US Univ*) = **Doctor of Veterinary Medicine**

➤ LANGUAGE IN USE: **duty A1** 10.1

**dwarf** [dwɔːf] Ⓐ ADJ (*gen*) enano
Ⓑ N (*pl* **dwarfs** *or* **dwarves** [dwɔːvz]) enano/a *m/f*
Ⓒ VT (= *dominate*) [+ *building, person*] empequeñecer, hacer que parezca pequeño; [+ *achievement*] eclipsar
Ⓓ CPD ► **dwarf bean** N judía *f* enana, fríjol *m*

**dweeb**∗ [dwiːb] N (*esp US*) memo/a* *m/f*

**dwell** [dwel] (*pt, pp* **dwelt**) VI (*poet*) morar, vivir
►**dwell on**, **dwell upon** VI + PREP [1] (= *think about*) dar vueltas a, pensar obsesivamente en; (= *talk about*) insistir en (hablar de); **don't let's ~ upon it** no hay que insistir
[2] (= *emphasize*) hacer hincapié en; (= *lengthen*) [+ *note, syllable*] alargar, poner énfasis en

**dweller** ['dweləʳ] N morador(a) *m/f*, habitante *mf*

**dwelling** ['dwelɪŋ] Ⓐ N (*frm, poet*) morada *f*, vivienda *f*
Ⓑ CPD ► **dwelling house** N (*frm*) casa *f* particular

**dwelt** [dwelt] PT, PP *of* **dwell**

**dwindle** ['dwɪndl] VI reducirse, menguar; **to ~ to** quedar reducido a; **to ~ away** [*money, sound*] disminuir, menguar; **his life was dwindling away** se consumía poco a poco

**dwindling** ['dwɪndlɪŋ] Ⓐ ADJ (*gen*) menguante
Ⓑ N disminución *f*

**dye** [daɪ] Ⓐ N tinte *m*; **hair ~** tinte *m* para el pelo
Ⓑ VT [+ *fabric, hair*] teñir; **to ~ sth red** teñir algo de rojo; **to ~ one's hair blond** teñirse el pelo de rubio

**dyed-in-the-wool** ['daɪdɪnðə'wʊl] ADJ (*fig*) testarudo

**dyeing** ['daɪɪŋ] N tinte *m*, tintura *f*

**dyer** ['daɪəʳ] N tintorero/a *m/f*; **~'s** tintorería *f*

**dyestuff** ['daɪstʌf] N tinte *m*, colorante *m*

**dyeworks** ['daɪwɜːks] NPL tintorería *fsing*

**dying** ['daɪɪŋ] Ⓐ PRESENT PARTICIPLE *of* **die**
Ⓑ ADJ [*man*] moribundo, agonizante; [*moments*] final; [*custom, race*] en vías de extinción; **his ~ words were …** sus últimas palabras fueron …
Ⓒ NPL **the ~** los moribundos

**dyke** [daɪk] N [1] (= *barrier*) dique *m*; (= *channel*) canal *m*, acequia *f*; (= *causeway*) calzada *f*; (= *embankment*) terraplén *m*
[2] (∗∗ *offensive*) (= *lesbian*) tortillera∗∗ *f*

**dynamic** [daɪ'næmɪk] Ⓐ ADJ (*Phys, fig*) dinámico
Ⓑ N dinámica *f*

**dynamically** [daɪ'næmɪkəlɪ] ADV dinámicamente

**dynamics** [daɪ'næmɪks] NSING dinámica *f*

**dynamism** ['daɪnəmɪzəm] N dinamismo *m*

**dynamite** ['daɪnəmaɪt] Ⓐ N [1] (= *explosive*) dinamita *f*
[2] (*fig*) (*) **he's ~!** ¡es estupendo!; **the story is ~** (*Press*) la noticia es una bomba *or* pura dinamita
Ⓑ VT [+ *bridge etc*] dinamitar, volar con dinamita

**dynamo** ['daɪnəməʊ] N dínamo *f*, dinamo *f*, dínamo *m* (*LAm*), dinamo *m* (*LAm*)

**dynastic** [daɪ'næstɪk] ADJ dinástico

**dynasty** ['dɪnəstɪ] N dinastía *f*

**d'you** [djuː] ABBR = **do you**

**dysentery** ['dɪsntrɪ] N disentería *f*

**dysfunction** [dɪs'fʌŋkʃən] N disfunción *f*

**dysfunctional** [dɪs'fʌŋkʃənəl] ADJ disfuncional

**dyslexia** [dɪs'leksɪə] N dislexia *f*

**dyslexic** [dɪs'leksɪk] Ⓐ ADJ disléxico
Ⓑ N disléxico/a *m/f*

**dysmenorrhoea**, **dysmenorrhea** (*US*) [ˌdɪsmenə'rɪə] N dismenorrea *f*

**dyspepsia** [dɪs'pepsɪə] N dispepsia *f*

**dyspeptic** [dɪs'peptɪk] ADJ dispéptico

**dysphasia** [dɪs'feɪzɪə] N disfasia *f*

**dystrophy** ['dɪstrəfɪ] N distrofia *f*; **muscular ~** distrofia *f* muscular

# E e

**E[1], e** [iː] Ⓐ N [1] (= *letter*) E, e *f*; **E for Edward** E de Enrique
[2] (*Mus*) **E** mi *m*; **E major/minor** mi mayor/menor; **E sharp/flat** mi sostenido/bemol
[3] (*Brit*) = **elbow**; **to give sb the big E*** [+ *lover*] dejar plantado *or* plantar a algn*; [+ *employee*] echar a algn a la calle*, despedir a algn
Ⓑ CPD ► **E number** N número *m* E

**E[2]** ABBR [1] (= **east**) E
[2] (*Drugs**) (= **ecstasy**) éxtasis *m*

**e-** [iː] PREFIX electrónico

**EA** ABBR (*US*) = **educational age**

**ea** ABBR (= **each**) c/u

**each** [iːtʃ] Ⓐ ADJ cada; **~ day** cada día; **~ house has its own garden** todas las casas tienen jardín; **~ one of them** cada uno (de ellos); **~ and every one of them** todos y cada uno de ellos
Ⓑ PRON [1] cada uno; **~ of us** cada uno de nosotros, cada quien (*LAm*); **he gave ~ of us £10** nos dio 10 libras a cada uno; **a little of ~** un poco de cada
[2] **~ other: they looked at ~ other** se miraron (uno a otro); **they help ~ other** se ayudan mútuamente *or* entre ellos; **people must help ~ other** hay que ayudarse (uno a otro); **they love ~ other** se quieren; **we write to ~ other** nos escribimos; **they don't know ~ other** no se conocen; **they were sorry for ~ other** se compadecían entre ellos; **their houses are next to ~ other** sus casas están una al lado de la otra *or* (*LAm*) juntas
Ⓒ ADV **we gave them one apple ~** les dimos una manzana por persona; **they cost £5 ~** costaron 5 libras cada uno

**eager** [ˈiːgəʳ] ADJ [1] [*person*] (= *enthusiastic*) entusiasta, entusiasmado; (= *impatient*) impaciente, ansioso; (= *hopeful*) ilusionado; **don't be so ~!** ¡ten paciencia!; **to be ~ to do sth: we were ~ to leave** estábamos impacientes *or* ansiosos por marcharnos; **he is ~ to find a new job** está impaciente *or* ansioso por encontrar otro trabajo; **the children are ~ to go camping** los niños están deseando ir de acampada; **to be ~ to help** estar deseoso de ayudar; **to be ~ to learn** tener muchas ganas *or* muchos deseos de aprender; **to be ~ to please** desear complacer; **to be ~ to succeed** estar ansioso por triunfar; **to be ~ for** [+ *affection, knowledge, power*] tener ansias de; [+ *vengeance*] tener sed de; **to be ~ for change** ansiar *or* desear mucho un cambio; **to be ~ for sb to do sth** estar ansioso porque algn haga algo, estar deseando que algn haga algo; **he was ~ for me to meet his family** estaba ansioso porque conociera a su familia, estaba deseando que conociera a su familia; **to be ~ for sth to happen** ansiar que algo pase, desear ardientemente que algo pase; **✦IDIOM to be an ~ beaver*** ser muy diligente
[2] [*desire*] vivo, ardiente

**eagerly** [ˈiːgəlɪ] ADV (= *enthusiastically*) [*say, accept*] con entusiasmo; (= *impatiently*) [*await, anticipate*] con impaciencia, ansiosamente; (= *hopefully*) con ilusión; (= *avidly*) [*read, listen*] con avidez

**eagerness** [ˈiːgənɪs] N (= *enthusiasm*) entusiasmo *m*; (= *impatience*) impaciencia *f*; (= *hopefulness*) ilusión *f*; **~ to do sth: ~ to succeed** ansias *fpl* de éxito; **~ to learn/leave** ganas *fpl* de aprender/marcharse, ansias *fpl* de aprender/marcharse; **~ to help/please** deseo *m* de ayudar/agradar; **in his ~ to get there first** en su ansia por llegar el primero

**EAGGF** N ABBR (= **European Agricultural Guidance and Guarantee Fund**) FEOGA *m*

**eagle** [ˈiːgl] N águila *f*; **with (an) ~ eye** con ojos de lince

**eagle-eyed** [ˈiːglˈaɪd] ADJ [*person*] **to be ~** tener ojos de lince

**eaglet** [ˈiːglɪt] N aguilucho *m*

**E & OE** [ˌiːəndˈəʊiː] ABBR (= **errors and omissions excepted**) s.e.u.o.

**ear[1]** [ɪəʳ] Ⓐ N [1] (*Anat*) (= *outer part*) oreja *f*; (= *rest of organ*) oído *m*; **she has small ~s** tiene las orejas pequeñas; **he could not believe his ~s** no daba crédito a sus oídos; **he was grinning from ~ to ~** la mueca le llegaba de oreja a oreja; **he whispered in her ~** le susurró al oído; **inner/middle/outer ~** oído *m* interno/medio/externo; **to prick up one's ~s** [*person*] aguzar el oído; [*animal*] empinar las orejas; **he was looking for a sympathetic ~** buscaba a alguien que le escuchara; **a word in your ~** una palabra en confianza; **✦IDIOMS to be all ~s** ser todo oídos; **to bend sb's ~*** machacar la cabeza a algn*; **I bet his ~s were burning** apuesto a que le zumbaban *or* pitaban los oídos; **to close one's ~s to sth** hacer caso omiso de algo; **they closed their ~s to everything that was being said** hicieron caso omiso de todo lo que se dijo; **to fall** *or* **crash down around** *or* **about one's ~s** venirse abajo; **the house is falling down around my ~s** la casa se está viniendo abajo; **it brought their world crashing down around their ~s** hizo que el mundo se les viniera abajo; **to fall on deaf ~s** caer en oídos sordos; **it goes in one ~ and out the other** por un oído le/me entra y por otro le/me sale; **to have/keep one's ~(s) to the ground** estar con la oreja pegada*, estar al tanto; **to have sb's ~** tener enchufe con algn*; **to lend an ~ (to sth)** prestar atención (a algo); **they're always willing to lend an ~ and offer advice** siempre están dispuestos a escuchar y dar consejos; **to listen with half an ~** escuchar a medias; **to be out on one's ~*** verse en la calle (sin trabajo)*; **if you don't work harder, you'll be out on your ~** como no arrimes más el hombro te verás en la calle*; **to pin back one's ~s*** escuchar bien; **to shut one's ~s to sth** = **to close one's ears to sth**; **to give sb a thick ~*** dar una torta *or* un tortazo a algn*; **to be up to one's ~s (in sth)*** (*in work, papers*) estar hasta arriba (de algo); (*in difficulties, debt, scandal*) estar hasta el cuello (de algo); **to have money/houses coming out of one's ~s** tener dinero/casas para dar y tomar; **I had football/pizza coming out of my ~s** el fútbol/la pizza me salía por las orejas, estaba harto de fútbol/pizza; **to be wet behind the ~s*** estar verde*; *see also* **cauliflower, deaf, flea, pig, box[2]**
[2] (= *sense of hearing*) oído *m*; **her voice was very pleasing to the ~** tenía una voz muy agradable al oído; **to play sth by ~** (*lit*) tocar algo de oído; **we don't know what to expect, we'll just have to play it by ~** (*fig*) no sabemos a qué atenernos, tendremos que improvisar sobre la marcha; **she has an ~ for languages** tiene oído para los idiomas; **she has a good ~ (for music)** tiene buen oído (para la música)
Ⓑ CPD ► **ear lobe** N lóbulo *m* de la oreja ► **ear, nose and throat department** N sección *f* de otorrinolaringología ► **ear, nose and throat specialist** N otorrinolaringólogo/a *m/f* ► **ear trumpet** N trompetilla *f* acústica ► **ear wax** N cerumen *m*, cera *f* de los oídos

**ear[2]** [ɪəʳ] N [*of cereal*] espiga *f*

**earache** [ˈɪəreɪk] N dolor *m* de oídos; **to have ~** tener dolor de oídos

**eardrops** [ˈɪədrɒps] NPL (*Med*) gotas *fpl* para el oído

**eardrum** [ˈɪədrʌm] N tímpano *m*

**earflap** [ˈɪəflæp] N orejera *f*

**earful*** [ˈɪəfʊl] N [1] **I got an ~ of Wagner** me llenaron los oídos de Wagner; **she gave me an ~ of her complaints** me soltó el rollo de sus quejas*; **get an ~ of this** (*Brit*) escucha esto
[2] (= *telling-off*) **to give sb an ~** echar la *or* una bronca a algn*, regañar a algn

**earhole*** [ˈɪəhəʊl] N agujero *m* de la oreja

**earl** [ɜːl] N conde *m*

**earldom** [ˈɜːldəm] N condado *m*

**early** [ˈɜːlɪ] (*compar* **earlier**; *superl* **earliest**) Ⓐ ADJ [1] (= *before appointed time*) **to be ~** llegar temprano *or* pronto; **you're ~!** ¡llegas temprano *or* pronto!; **you're five minutes ~** llegas con cinco minutos de adelanto; **I was half an hour ~ for the meeting** llegué a la reunión con media hora de adelanto, llegué a la reunión media hora antes de que empezase
[2] (= *before usual time*) [*death, menopause*] pre-

maturo, temprano; **Easter is ~ this year** la Semana Santa cae pronto este año; **~ frosts** heladas *fpl* prematuras *or* tempranas; **to have an ~ lunch** almorzar temprano, comer temprano; **she was pressurized into an ~ marriage** la presionaron para que se casase muy joven; **to have an ~ night** acostarse temprano; **~ retirement** jubilación *f* anticipada; **it was an ~ summer** el verano se había adelantado, el verano había llegado pronto

3 (= *soon*) pronto; **it's too ~ to say** es demasiado pronto para saber; **it will happen in March at the earliest** ocurrirá en marzo como muy pronto; **at your earliest convenience** (*Comm*) con la mayor brevedad posible

4 (= *towards beginning*) 4·1 (*of morning*) **we need two seats on an ~ flight** necesitamos dos plazas en un vuelo que salga por la mañana temprano *or* un vuelo a primera hora de la mañana; **to get up at an ~ hour** levantarse temprano, levantarse de madrugada; **to keep ~ hours** acostarse y levantarse temprano; **we arrived home in the ~ hours (of the morning)** llegamos a casa de madrugada; **we worked until the ~ hours of the morning** trabajamos hasta altas horas de la madrugada; **it was ~ in the morning** era muy de mañana, era muy temprano; **in the ~ morning** a primeras horas de la mañana; **we went for an ~ morning drive** nos fuimos a dar un paseo en coche por la mañana temprano; **to be an ~ riser** ser madrugador; **to get off to** *or* **make an ~ start** salir temprano

4·2 [*period, process*] **the ~ days/months/years of sth** los primeros días/meses/años de algo; **in the ~ 60s/70s** a principios de los 60/70; **she's in her ~ forties/seventies** tiene poco más de cuarenta/setenta años, tiene cuarenta/setenta y pocos (años); **she became famous in her ~ thirties** se hizo famosa a los treinta y pocos; **there were two ~ goals** se marcaron dos goles al inicio del partido; **in ~ January/March** a principios de enero/marzo; **it's still ~** (*in process*) es pronto todavía; **the ~ afternoon** a primera hora de la tarde; **at an ~ age** a una edad temprana; **from an ~ age** desde pequeño, desde una edad temprana (*frm*); **his ~ career/childhood** los primeros años de su carrera/infancia; **an ~ diagnosis** un diagnóstico precoz; **it was ~ evening** era media tarde; **we'll arrive there in the ~ evening** llegaremos a media tarde; **her ~ life** los primeros años de su vida; **in the ~ spring** a principios de la primavera; **it flowers from ~ spring to ~ autumn** florece desde principios de la primavera a principios del otoño; **the disease is hard to detect in its ~ stages** es difícil detectar la enfermedad en sus fases iniciales; **at an earlier stage of the project** en una etapa anterior del proyecto; **he's in his ~ teens** tendrá unos trece o catorce años; **he began painting in his ~ teens** empezó a pintar a los trece o catorce años; **his ~ youth** su primera juventud; ✦**IDIOM it's ~ days yet**: **we may have to modify the plans, but it's ~ days yet** (*esp Brit*) quizás tengamos que modificar los planes, pero aún es pronto para saberlo

5 (= *first*) [*man, Church*] primitivo; [*settlers, pioneers, Christians*] primer; **the ~ Victorians** los primeros victorianos; **an ~ Victorian table** una mesa de principios de la era victoriana; **Shakespeare's ~ work** las primeras obras de Shakespeare

6 (*Hort*) [*fruit, vegetable, crop*] temprano

Ⓑ ADV 1 (= *ahead of time*) [*arrive, leave, get up, go to bed*] temprano, pronto; **he arrived ten minutes ~** llegó diez minutos antes de la hora, llegó con diez minutos de anticipación; **he took his summer holiday ~** se tomó las vacaciones de verano pronto; **to book ~** reservar con anticipación; **I don't want to get there too ~** no quiero llegar demasiado pronto; ✦**PROV ~ to bed, ~ to rise (makes a man healthy, wealthy and wise)** a quien madruga, Dios le ayuda; *see also* **bright B**

2 (= *soon*) pronto; **the earliest I can do it is Tuesday** lo más pronto que lo podré hacer será el martes; **a month earlier** un mes antes; **as ~ as possible** lo más pronto posible, cuanto antes; **as ~ as 1978** ya en 1978

3 (= *towards beginning of sth*) 3·1 (*in morning*) temprano; **you get up too ~** te levantas demasiado temprano, madrugas demasiado

3·2 (*in period, process*) **~ in sth**: **~ in the afternoon** a primera hora de la tarde; **~ in the book** en las primeras páginas del libro; **~ in the war** a principios de la guerra; **~ in the week** a principios de semana; **~ in the year** a principios de año; **~ in 1915** a principios de 1915; **~ in his life** en su juventud; **Red Ribbon fell ~ in the race** Red Ribbon tuvo una caída al principio de la carrera; **~ last century** a principios del siglo pasado; **~ next year** a principios del año que viene; **~ on in his career** en los primeros años de su carrera; **earlier on** anteriormente, antes; **~ this month** a principios de (este) mes; **~ today** a primera hora de hoy

Ⓒ CPD ► **early bird*** N madrugador(a) *m/f*; ✦**PROV it's the ~ bird that catches the worm** al que madruga Dios le ayuda ► **early closing** N (*also* **~-closing day**) (*Brit*) *día en que muchas tiendas sólo abren por la mañana*; **~ closing is on Mondays** el lunes muchas tiendas sólo abren por la mañana ► **the Early Middle Ages** NPL la Alta Edad Media ► **early warning system** N sistema *m* de alarma *or* alerta precoz; **pain acts as the body's ~ warning system** el dolor actúa como un sistema de alarma precoz

**earmark** [ˈɪəmɑːk] VT destinar (**for** a)

**earmuff** [ˈɪəmʌf] N orejera *f*

**earn** [ɜːn] Ⓐ VT [+ *money, wages etc*] ganar; (*Comm*) [+ *interest*] devengar; [+ *praise*] ganarse; **she ~s £5 an hour** gana 5 libras a la hora; **to ~ one's living** ganarse la vida; **~ed income** ingresos *mpl* devengados, renta *f* salarial *or* del trabajo; **it ~ed him the nickname of Crazy Harry** le valió el apodo de Crazy Harry; ✦**IDIOM to ~ a** *or* **one's crust*** ganarse el pan, ganarse los garbanzos

Ⓑ VI **to be ~ing** estar trabajando

**earner** [ˈɜːnəʳ] N asalariado/a *m/f*; **there are three ~s in the family** en la familia hay tres personas asalariadas *or* que ganan un sueldo; **the shop is a nice little ~** (*Brit**) la tienda es rentable *or* una buena fuente de ingresos

**earnest**[1] [ˈɜːnɪst] Ⓐ ADJ (= *serious*) [*person, character etc*] serio, formal; (= *sincere*) sincero; (= *eager*) [*wish, request*] vivo, ferviente; **it is my ~ wish that** deseo fervientemente que + *subjun*

Ⓑ N **in ~** en serio; **are you in ~?** ¿lo dices en serio?

**earnest**[2] [ˈɜːnɪst] N prenda *f*, señal *f*; **~ money** fianza *f*

**earnestly** [ˈɜːnɪstlɪ] ADV [*speak*] en serio; [*work*] afanosamente, con empeño; [*pray*] fervorosamente, fervientemente; **I ~ entreat you** (*frm or liter*) se lo suplico de todo corazón

**earnestness** [ˈɜːnɪstnɪs] N (= *seriousness*) seriedad *f*, formalidad *f*; (= *sincerity*) sinceridad *f*

**earning** [ˈɜːnɪŋ] Ⓐ N **earnings** (= *wages*) sueldo *msing*, salario *msing*; (= *income*) ingresos *mpl*; (= *profits*) ganancias *fpl*, beneficios *mpl*; **average ~s rose two percent last year** los ingresos medios aumentaron un dos por ciento el año pasado

Ⓑ CPD ► **earning potential** N potencial *m* de rentabilidad ► **earning power** N poder *m* adquisitivo ► **earnings related benefit** N prestación *f* calculada según los ingresos

**earphones** [ˈɪəfəʊnz] NPL (*Telec etc*) auriculares *mpl*

**earpiece** [ˈɪəpiːs] N (*Telec*) auricular *m*

**ear-piercing** [ˈɪəˌpɪəsɪŋ] ADJ penetrante, que taladra el oído

**earplugs** [ˈɪəplʌgz] NPL tapones *mpl* para los oídos

**earring** [ˈɪərɪŋ] N (= *long*) pendiente *m*, arete *m* (*LAm*); (= *round*) arete *m*, zarcillo *m*; (= *stud*) pendiente *m* (en forma de bolita)

**earshot** [ˈɪəʃɒt] N **to be within ~** estar al alcance del oído; **to be out of ~** estar fuera del alcance del oído

**ear-splitting** [ˈɪəˌsplɪtɪŋ] ADJ que rompe el tímpano, que taladra el oído, ensordecedor

**earth** [ɜːθ] Ⓐ N 1 (= *the world*) **(the) Earth** la Tierra; **here on ~** en este mundo; **she looks like nothing on ~*** está hecha un desastre; **it tasted like nothing on ~*** (= *good*) sabía de maravilla*; (= *bad*) sabía a rayos*; **nothing on ~ would make me do it** no lo haría por nada del mundo; **nothing on ~ will stop me now** no lo dejo ahora por nada del mundo; **what/where/who on ~ ...?*** ¿qué/dónde/quién demonios *or* diablos ...?; **what on ~ are you doing here?** ¿qué demonios *or* diablos haces aquí?; **why on ~ do it now?** ¿por qué demonios *or* diablos vamos a hacerlo ahora?; ✦**IDIOMS to come down to ~** volver a la realidad; **it must have cost the ~!*** ¡te habrá costado un ojo de la cara!; **to promise the ~** prometer el oro y el moro; *see also* **planet**

2 (= *ground*) tierra *f*, suelo *m*; (= *soil*) tierra *f*; **to fall to ~** caer al suelo

3 [*of fox*] madriguera *f*, guarida *f*; **to go to ~** [*fox*] meterse en su madriguera; [*person*] esconderse, refugiarse; **to run to ~** [+ *animal*] cazar *or* atrapar en su guarida; [+ *person*] perseguir y encontrar

4 (*Elec*) toma *f* de tierra, tierra *f*

Ⓑ VT (*Elec*) [+ *apparatus*] conectar a tierra

Ⓒ CPD ► **earth cable, earth lead** N cable *m* de toma de tierra ► **earth mother** N (*Myth*) la madre tierra; (*) (= *woman*) venus *f* ► **earth sciences** NPL *ciencias concernientes a la Tierra*; (= *geology*) geología *f*

►**earth up** VT + ADV (*Agr*) [+ *plant*] acollar

**earthbound** [ˈɜːθbaʊnd] ADJ (= *moving towards earth*) en dirección a la Tierra; (= *stuck on earth*) terrestre; (= *unimaginative*) prosaico

**earthen** [ˈɜːθən] ADJ de tierra; [*pot*] de barro

**earthenware** [ˈɜːθənwɛəʳ] Ⓐ N loza *f* (de barro)

Ⓑ CPD de barro

**earthling** [ˈɜːθlɪŋ] N terrícola *mf*

**earthly** [ˈɜːθlɪ] Ⓐ ADJ 1 (= *terrestrial*) terrenal; (= *worldly*) mundano; **~ paradise** paraíso *m* terrenal

2 (*) (= *possible*) **there is no ~ reason to think ...** no existe razón alguna para pensar ...; **it's of no ~ use** no sirve para nada

Ⓑ N (*Brit**) **he hasn't an ~** no tiene posibilidad alguna, no tiene ninguna esperanza

**earthquake** [ˈɜːθkweɪk] N terremoto *m*

**earthscape** [ˈɜːθskeɪp] N *vista de la tierra desde una nave espacial*

**earth-shaking** [ˈɜːθˌʃeɪkɪŋ] ADJ, **earth-shattering** [ˈɜːθˌʃætərɪŋ] ADJ trascendental

**earthward** [ˈɜːθwəd] ADV hacia la tierra

**earthwards** ['ɜːθwədz] ADV (*esp Brit*) = **earthward**

**earthwork** ['ɜːθwɜːk] N terraplén *m*

**earthworm** ['ɜːθwɜːm] N lombriz *f*

**earthy** ['ɜːθɪ] ADJ [1] (= *like earth*) [*colour*] terroso; **an ~ taste** un sabor a tierra
[2] (= *uncomplicated*) [*character*] sencillo
[3] (= *vulgar*) [*humour*] grosero

**earwig** ['ɪəwɪg] N tijereta *f*

**ease** [iːz] Ⓐ N [1] (= *effortlessness*) facilidad *f*; **the ~ with which he found work** la facilidad con la que encontró trabajo; **for ~ of reference** para facilitar la referencia; **the camera's ~ of use** la facilidad de uso de la cámara; **with ~** con facilidad
[2] (= *relaxed state*) **his ~ with money** su soltura *or* ligereza con el dinero; **people immediately feel at ~ with her** la gente inmediatamente se siente a gusto *or* cómoda con ella; **he was completely at ~ with himself** se encontraba completamente a gusto consigo mismo; **I would feel more at ~ if I knew where she was** me sentiría más tranquilo si supiera dónde está; **to put sb at his/her ~** hacer que algn se relaje, tranquilizar a algn; **to put** *or* **set sb's mind at ~** tranquilizar a algn; **if it will put your mind at ~ I'll tell you** si te tranquiliza te lo digo; **his ~ of manner** su naturalidad; **to take one's ~** descansar; *see also* **ill A2**
[3] (= *comfort*) comodidad *f*; **a life of ~** una vida cómoda *or* desahogada; **to live a life of ~** vivir cómodamente
[4] (*Mil*) **stand at ~!** ◊ **stand easy!** (*Mil*) ¡descansen!; **at ~, Sergeant** descanse, Sargento
Ⓑ VT [1] (= *relieve, lessen*) [+ *pain, suffering*] aliviar; [+ *pressure, tension*] aliviar, relajar; [+ *burden*] aligerar; [+ *impact, effect*] mitigar, paliar; [+ *sanctions, restrictions*] relajar; **these measures will ~ the burden on small businesses** estas medidas aligerarán la carga de las pequeñas empresas; **she gave them money to ~ her conscience** les dio dinero para quedarse con la conciencia tranquila; **it will ~ her mind to know the baby's all right** le tranquilizará saber que el bebé está bien; **aid to help ~ the plight of refugees** ayuda para paliar la difícil situación de los refugiados; **attempts to ~ traffic congestion** intentos de descongestionar el tráfico; **this will help to ~ the workload** esto ayudará para hacer menos pesado el trabajo
[2] (= *facilitate*) [+ *transition, task*] facilitar
[3] (= *loosen*) aflojar
[4] (= *move carefully*) **he ~d the car into the parking space** aparcó el coche en el aparcamiento con cuidado; **she ~d her foot off the clutch** soltó el pie del embrague con cuidado; **he ~d himself into the chair** se sentó con cuidado en la silla
Ⓒ VI [1] (= *diminish*) [*pain*] ceder, disminuir; [*tension*] disminuir; [*wind, rain*] amainar; [*interest rates*] bajar
[2] (= *improve*) [*situation*] calmarse

►**ease off** Ⓐ VI + ADV [1] (= *diminish*) [*pain*] ceder, disminuir; [*rain*] amainar; [*pressure*] disminuir; **the snow had ~d off** había dejado de nevar con tanta fuerza
[2] (= *take things more easily*) tomarse las cosas con más tranquilidad
[3] (= *work less hard*) aflojar el ritmo (de trabajo)
Ⓑ VT + ADV [1] (= *remove*) [+ *lid*] quitar; [+ *shoes, boots*] quitarse
[2] (= *stop pressing on*) [+ *accelerator, clutch*] soltar

►**ease up** VI + ADV [1] (= *take things more easily*) tomarse las cosas con más tranquilidad; **if you don't ~ up, you'll make yourself ill** como no te tomes las cosas con más tranquilidad te vas a poner malo
[2] (= *work less intensively*) bajar el ritmo (de trabajo); **we can't afford to ~ up yet** no podemos relajarnos *or* bajar el ritmo todavía
[3] (= *relax*) relajarse; **~ up a bit!** ¡relájate un poco!
[4] (= *slow down*) [*runner*] aflojar el paso, aminorar la marcha; [*driver, car*] reducir *or* disminuir la velocidad, aminorar la marcha
[5] **to ~ up on** [+ *restrictions, sanctions*] relajar, aflojar; **you'd better ~ up on the chocolate** más vale que dejes de comer tanto chocolate; **~ up on him, he's only a child** no seas tan estricto con él, es sólo un niño

**easel** ['iːzl] N caballete *m*

**easily** ['iːzɪlɪ] ADV [1] (= *without difficulty*) [*win, climb, break, tire, cry*] fácilmente, con facilidad; **he makes friends ~** hace amigos fácilmente *or* con facilidad; **he talked ~ about himself** habló sobre sí mismo de forma relajada; **don't give up so ~** no te rindas tan fácilmente; **she's ~ pleased/upset** es fácil complacerla/disgustarla, se contenta/disgusta fácilmente; **the park is ~ accessible by car** el parque tiene fácil acceso con coche; **don't worry, it's ~ done** (*replying to apology*) no te preocupes, le puede pasar a cualquiera; **there were ~ 500 at the meeting** había fácilmente 500 en la reunión; **it holds four litres ~** caben cuatro litros largos, caben cuatro litros fácilmente; **that will cost you £50 ~** eso te costará fácilmente *or* por lo menos 50 libras; **as ~ as (if)** con la misma facilidad que (si)
[2] (= *very possibly*) perfectamente, fácilmente; **he may ~ change his mind** puede perfectamente *or* fácilmente cambiar de opinión, fácilmente cambia de opinión (*LAm*); **it could very ~ happen again** podría perfectamente *or* fácilmente ocurrir de nuevo; **this could ~ be his last race** bien podría ser ésta su última carrera
[3] (= *by far*) con mucho; **he was ~ the best candidate** era con mucho el mejor candidato; **there was ~ enough to go round** había más que suficiente para todos

**easiness** ['iːzɪnɪs] N [*of task, exam question*] lo fácil; [*of laughter, voice, tone*] naturalidad *f*; [*of manner*] soltura *f*, naturalidad *f*

**east** [iːst] Ⓐ N este *m*, oriente *m*; **the East** (= *Orient*) el Oriente; (*Pol*) el Este; **in the ~ of the country** al este *or* en el este del país; **the wind is in the** *or* **from the ~** el viento viene del este; **to the ~ of** al este de
Ⓑ ADJ [*side*] este, del este, oriental; **an ~ wind** un viento del este; **the ~ coast** la costa este, la costa oriental
Ⓒ ADV (= *eastward*) hacia el este; (= *in the east*) al este, en el este; **we were travelling ~** viajábamos hacia el este; **~ of the border** al este de la frontera; **it's ~ of London** está al este de Londres
Ⓓ CPD ► **East Africa** N África *f* Oriental ► **East Berlin** N Berlín *m* Este ► **the East End** N [*of London*] *zona del Este de Londres* ► **East Germany** N Alemania *f* Oriental ► **the East Indies** NPL las Indias Orientales ► **the East Side** N [*of New York*] *zona del Este de Nueva York*

**eastbound** ['iːstbaʊnd] ADJ [*traffic*] en dirección este; [*carriageway*] de dirección este, en dirección este

**Eastender** [ˌiːst'endəʳ] N nativo/a *m/f or* habitante *mf* del este de Londres

**Easter** ['iːstəʳ] Ⓐ N Pascua *f* (de Resurrección), Semana *f* Santa; **at ~** por Pascua, en Semana Santa; **the ~ holidays** las vacaciones de Semana Santa
Ⓑ CPD ► **Easter bonnet** N sombrero *m* de primavera ► **Easter Day** N Domingo *m* de Resurrección ► **Easter egg** N huevo *m* de Pascua ► **Easter Island** N Isla *f* de Pascua ► **Easter Monday** N lunes *m inv* de Pascua de Resurrección ► **Easter parade** N procesión *f* de Semana Santa ► **Easter Sunday** N Domingo *m* de Resurrección ► **Easter week** N Semana *f* Santa

**easterly** ['iːstəlɪ] Ⓐ ADJ [*wind*] del este; **we were headed in an ~ direction** íbamos hacia el este *or* rumbo al este *or* en dirección este; **the most ~ point in Wales** el punto más oriental *or* más al este de Gales
Ⓑ N viento *m* del este

**eastern** ['iːstən] Ⓐ ADJ del este, oriental; **the ~ part of the island** la parte oriental *or* la parte este de la isla; **the ~ coast** la costa este *or* oriental; **in ~ Spain** en el este *or* al este de España; **~ religions** religiones orientales
Ⓑ CPD ► **the Eastern bloc** N (*Pol Hist*) el bloque del Este ► **Eastern Europe** N Europa *f* del Este, Europa *f* Oriental

**easterner** ['iːstənəʳ] N (*esp US*) habitante *mf* del este

**easternmost** ['iːstənməʊst] ADJ más oriental, más al este; **the ~ point of Spain** el punto más oriental *or* más al este de España

**Eastertide** ['iːstətaɪd] N (*liter*) = **Easter**

**east-facing** ['iːstˌfeɪsɪŋ] ADJ con cara al este, orientado hacia el este; **~ slope** vertiente *f* este

**East German** [ˌiːst'dʒɜːmən] Ⓐ N (= *person*) alemán/ana *m/f* oriental
Ⓑ ADJ germanooriental

**east-northeast** [ˌiːstnɔːθ'iːst] Ⓐ N estenor(d)este *m*
Ⓑ ADJ estenor(d)este
Ⓒ ADV (= *toward east-northeast*) hacia el estenor(d)este; [*situated*] al estenor(d)este

**east-southeast** [ˌiːstsaʊθ'iːst] Ⓐ N estesudeste *m*, estesureste *m*
Ⓑ ADJ estesudeste, estesureste
Ⓒ ADV (= *toward east-southeast*) hacia el estesudeste *or* estesureste; (*situated*) al estesudeste *or* estesureste, en el estesudeste *or* estesureste

**eastward** ['iːstwəd] Ⓐ ADJ [*movement, migration*] hacia el este, en dirección este
Ⓑ ADV hacia el este, en dirección este

**eastwards** ['iːstwədz] ADV (*esp Brit*) = **eastward B**

**easy** ['iːzɪ] Ⓐ ADJ (*compar* **easier**; *superl* **easiest**)
[1] (= *not difficult*) [*task, job, decision, victory*] fácil; **it is ~ to see that …** es fácil ver que …; **he's ~ to work with** es fácil trabajar con él; **he's ~ to get on with** es muy fácil llevarse bien con él; **fluorescent jackets are ~ to see at night** las chaquetas fluorescentes son fáciles de ver por la noche; **there are no ~ answers** no hay respuestas fáciles; **to be far from ~** no ser nada fácil; **he came in an ~ first** llegó el primero sin problemas; **that's ~ for you to say** para ti es fácil decirlo; **to have it ~** tenerlo fácil; **the ~ life** la vida fácil; **~ listening** (= *music*) música *f* fácil de escuchar; **they made it very ~ for us** nos lo pusieron muy fácil; **"Russian made ~"** "ruso sin esfuerzo"; **to be no ~ matter** no ser cosa fácil; **it's an ~ mistake to make** es un error que se comete fácilmente; **~ money** dinero *m* fácil; **to be none too ~** no ser nada fácil; **to be ~ on the eye/ear** ser *or* resultar agradable a la vista/al oído; **eat something that's ~ on**

**the stomach** come algo que sea fácil de digerir; **to go for** *or* **take the ~ option** optar por lo más fácil; **that's the ~ part** eso es lo fácil; **~ pickings** botín *m* fácil; **~ prey** presa *f* fácil; **to be within ~ reach of sth** estar muy cerca de algo; **to make ~ reading** ser fácil de leer; **to have an ~ ride** (*fig*) tener las cosas fáciles; **that's easier said than done!** ¡eso se dice pronto!, es fácil decirlo, pero hacerlo ...; **I'd love to tell her to get lost but that's easier said than done** me encantaría mandarla al cuerno pero no es tan fácil de hacer; **in** *or* **by ~ stages** por etapas fáciles de superar; **to be no ~ task** = **to be no easy matter**; **to buy sth on ~ terms** (*Comm*) comprar algo con facilidades de pago; **to have an ~ time** no tener problemas; **to take the ~ way out** (*fig*) optar por el camino más fácil; **✦IDIOMS it's as ~ as ABC** *or* **falling off a log** *or* **pie** es facilísimo; **to be on ~ street** estar forrado

2 (= *relaxed*) [*life*] cómodo, relajado; [*manners*] relajado, natural; [*disposition, conversation, conscience*] tranquilo; [*smile*] fácil; [*voice, tone, style*] natural; [*pace*] lento, pausado; [*movement*] suelto, relajado; **I'm ~*** (= *not particular*) me es igual *or* me da igual; **to feel ~ (in one's mind)** sentirse tranquilo; **I don't feel ~ about leaving the children with that woman** no me siento tranquilo dejando a los niños con esa mujer; **we relaxed into ~ laughter** nos relajamos y empezamos a reírnos con naturalidad; **he has** *or* **enjoys an ~ relationship with his stepchildren** tiene una relación muy buena *or* se lleva muy bien con los hijos de su mujer; **you can rest ~** puedes estar tranquilo; **to be on ~ terms with sb** estar en confianza con algn

3 (*pej*) (= *promiscuous*) [*woman*] fácil; **a woman of ~ virtue**† (*euph*) una mujer ligera de cascos; *see also* **lay C3**

Ⓑ ADV **we can all breathe ~ now** ahora todos podemos respirar tranquilos; **taking orders doesn't come ~ to him** no le resulta fácil obedecer órdenes; **~ come, ~ go** tal y como viene se va; **~ does it!** ¡despacio!, ¡cuidado!, ¡con calma!; **go ~ with the sugar** no te pases con el azúcar; **go ~ on him** no seas muy duro con él; **to take things ~** ◊ **take it ~** (= *rest*) descansar; (= *go slowly*) tomárselo con calma; **take it ~!*** (= *don't worry*) ¡cálmete!, ¡no te pongas nervioso!; (= *don't rush*) ¡despacio!, ¡no corras!; *see also* **stand C1**

Ⓒ CPD ► **easy chair** N butaca *f*, sillón *m* (*Sp*)

**easy-care** ['iːzɪkɛəʳ] ADJ (*Brit*) *que no necesita cuidados especiales*

**easy-going** ['iːzɪ'gəʊɪŋ] ADJ [*person*] acomodadizo; [*attitude*] de trato fácil, relajado; **she's very ~ and gets on well with everybody** es una persona de trato fácil y se lleva bien con todos

**easy-peasy*** [ˌiːzɪ'piːzɪ] ADJ (*Brit child language*) tirado*, chupado‡

**eat** [iːt] (*pt* **ate**; *pp* **eaten**) Ⓐ VT comer; **there's nothing to ~** no hay nada de *or* que comer; **would you like something to ~?** ¿quieres comer algo?; **he won't ~ you*** no te va a morder; **what's ~ing you?*** ¿qué mosca te ha picado?; **to ~ one's fill** hartarse; **to ~ one's lunch** comer, almorzar; **to ~ one's way through the menu** pedir todos los platos de la carta; **✦IDIOMS he's ~ing us out of house and home*** come por ocho; **to ~ one's words** tragarse las palabras

Ⓑ VI comer; **he ~s like a horse** come más que una lima nueva; **he always ~s well** siempre tiene buen apetito; **✦IDIOM I've got him ~ing out of my hand** lo tengo dominado

►**eat away** VT + ADV (= *wear away*) desgastar; (= *corrode*) corroer; [*mice etc*] roer

►**eat away at** VI + PREP 1 [*waves, sea*] desgastar; [*acid, rust*] corroer; [*rot, damp*] comerse; [*mice etc*] roer; [*insect pest*] comerse, devorar

2 (*fig*) devorar

►**eat in** VI + ADV comer en casa

►**eat into** VI + PREP (= *wear away*) desgastar; [+ *metal*] [*acid*] corroer; [+ *savings*] mermar; [+ *leisure time*] reducir

►**eat out** Ⓐ VI + ADV comer fuera

Ⓑ VT + ADV **to ~ one's heart out** consumirse; **I've written a novel: Marcel Proust, ~ your heart out!*** he escrito una novela: ¡chúpate esa, Marcel Proust!*

►**eat up** Ⓐ VT + ADV [+ *meal, food*] comerse; **it ~s up electricity** consume mucha electricidad; **to ~ up the miles** tragar los kilómetros; **to be ~en up with envy** consumirse de envidia

Ⓑ VI + ADV **~ up!** ¡venga, come!, ¡apúrate! (*LAm*)

**EASY, DIFFICULT, IMPOSSIBLE**

• **Fácil**, **difícil** and **imposible** are followed directly by the infinitive when they qualify the action itself:

Solving the problem is easy *or* It's easy to solve the problem

***Es fácil resolver el problema***

It is sometimes difficult/impossible to control oneself

***En ocasiones es difícil/imposible controlarse***

• When the adjective qualifies a noun or pronoun rather than the verb, **de** is inserted before the infinitive:

The problem is easy to solve

***El problema es fácil de resolver***

That's difficult *or* hard to believe

***Eso es difícil de creer***

Semtex is impossible to detect

***El Semtex es imposible de detectar***

**!** Remember in this case to make the adjective agree with the noun or pronoun it describes:

Some of his works are difficult to classify

***Algunas de sus obras son difíciles de encasillar***

*For further uses and examples, see main entry.*

**eatable** ['iːtəbl] ADJ (= *fit to eat*) comible, pasable; (= *edible*) comestible

**eatables*** ['iːtəblz] NPL comestibles *mpl*

**eaten** ['iːtn] PP *of* **eat**

**eater** ['iːtəʳ] N 1 (= *person*) **to be a big ~** tener siempre buen apetito, ser comilón; **I'm not a big ~** yo como bastante poco

2 (= *apple*) manzana *f* de mesa

**eatery*** ['iːtərɪ] N (*US*) restaurante *m*

**eating** ['iːtɪŋ] Ⓐ N 1 (= *act*) el comer

2 **to be good ~** ser sabroso

Ⓑ CPD ► **eating apple** N manzana *f* de mesa ► **eating disorder** N desorden *m* alimenticio ► **eating olives** NPL aceitunas *fpl* de boca

**eating-house** ['iːtɪŋhaʊs] N (*pl* **eating-houses** ['iːtɪŋhaʊzɪz]) restaurante *m*

**eats*** [iːts] NPL comida *fsing*, comestibles *mpl*; **let's get some ~** vamos a comer algo

**eau de Cologne** ['əʊdəkə'ləʊn] N (agua *f* de) colonia *f*

**eaves** [iːvz] NPL alero *msing*

**eavesdrop** ['iːvzdrɒp] VI escuchar a escondidas; **to ~ on a conversation** escuchar una conversación a escondidas

**eavesdropper** ['iːvzˌdrɒpəʳ] N fisgón(ona) *m/f* (*que escucha conversaciones a escondidas*)

**ebb** [eb] Ⓐ N [*of tide*] reflujo *m*; **the ~ and flow** [*of tide*] el flujo y reflujo; (*fig*) los altibajos; **✦IDIOM to be at a low ~** [*person, spirits*] estar decaído; [*business*] estar de capa caída; **at a low ~ in his fortunes** en un bache de su vida

Ⓑ VI bajar, menguar; (*fig*) decaer; **to ~ and flow** [*tide*] fluir y refluir; **life is ~ing from him** le están abandonando sus últimas fuerzas

Ⓒ CPD ► **ebb tide** N marea *f* baja, bajamar *f*

►**ebb away** VI + ADV (*fig*) menguar, disminuir

**ebonite** ['ebənaɪt] N ebonita *f*

**ebony** ['ebənɪ] Ⓐ N ébano *m*

Ⓑ CPD de ébano

**EBRD** N ABBR (= **European Bank for Reconstruction and Development**) BERD *m*

**EBU** N ABBR (= **European Broadcasting Union**) UER *f*

**ebullience** [ɪ'bʌlɪəns] N entusiasmo *m*, animación *f*

**ebullient** [ɪ'bʌlɪənt] ADJ entusiasta, animado

**EC** Ⓐ N ABBR (= **European Community**) CE *f*

Ⓑ CPD [*directive, membership, states etc*] de la CE

**eccentric** [ɪk'sentrɪk] Ⓐ ADJ 1 (= *unconventional*) excéntrico

2 (*Geom*) excéntrico

Ⓑ N excéntrico/a *m/f*; **she was a bit of an ~** era un poco excéntrica

**eccentrically** [ɪk'sentrɪkəlɪ] ADV [*behave, dress*] de manera excéntrica

**eccentricity** [ˌeksən'trɪsɪtɪ] N excentricidad *f*

**Ecclesiastes** [ɪˌkliːzɪ'æstiːz] N (*Bible*) **the Book of ~** el Libro de Eclesiastés

**ecclesiastic** [ɪˌkliːzɪ'æstɪk] N eclesiástico *m*

**ecclesiastical** [ɪˌkliːzɪ'æstɪkəl] ADJ eclesiástico

**ECG** N ABBR (= **electrocardiogram, electrocardiograph**) ECG *m*

**ECGD** N ABBR (= **Export Credits Guarantee Department**) *servicio de garantía financiera a la exportación*

**echelon** ['eʃəlɒn] N (= *level*) nivel *m*; (= *degree*) grado *m*; (*Mil*) escalón *m*; **the upper ~s of the corporation** los cuadros directivos de la compañía

**echo** ['ekəʊ] Ⓐ N (*pl* **echoes**) (*gen, fig*) eco *m*

Ⓑ VT [+ *sound*] repetir; [+ *opinion etc*] hacerse eco de

Ⓒ VI [*sound*] resonar, hacer eco; [*place*] resonar; **his footsteps ~ed in the street** se oía el eco de sus pasos *or* sus pasos resonaban en la calle; **the valley ~ed with shouts** resonaban los gritos por el valle

Ⓓ CPD ► **echo chamber** N (*Rad, TV*) cámara *f* de resonancia ► **echo sounder** N sonda *f* acústica

**echolocation** [ˌekəʊləʊ'keɪʃən] N ecolocación *f*

**ECJ** N ABBR = **European Court of Justice**

**ECLA** N ABBR (= **Economic Commission for Latin America**) CEPAL *f*

**éclair** ['eɪklɛəʳ] N *pastelito relleno de nata y cubierto de chocolate*

**eclampsia** [ɪ'klæmpsɪə] N eclampsia *f*

**éclat** ['eɪklɑː] N brillo *m*; (= *success*) éxito *m* brillante; **with great ~** brillantemente

**eclectic** [ɪ'klektɪk] Ⓐ ADJ ecléctico

Ⓑ N ecléctico/a *m/f*

**eclecticism** [ɪ'klektɪsɪzəm] N eclecticismo *m*

**eclipse** [ɪ'klɪps] Ⓐ N eclipse *m*; **partial/total ~** eclipse *m* parcial/total

Ⓑ VT (*lit, fig*) eclipsar

**eclogue** ['eklɒg] N égloga *f*

**eclosion** [ɪ'kləʊʒən] N eclosión *f*

**ECM** N ABBR 1 = **electronic counter-measure** 2 (*US*) (= **European Common Market**) MCE *m*

**eco...** [iːkə] PREFIX eco...

**ecobalance** [ˈiːkəʊˌbæləns] N equilibrio *m* ecológico

**ecoclimatic** [ˌiːkəʊklaɪˈmætɪk] ADJ ecoclimático

**eco-friendly** [ˈiːkəʊˈfrendlɪ] ADJ amigo de la ecología, ecológicamente puro

**eco-labelling**, **eco-labeling** (*US*) [ˌiːkəʊˈleɪbəlɪŋ] N ecoetiquetado *m*

**E-coli** [ˌiːˈkəʊlaɪ] N (*Med*) E. coli *m*

**ecological** [ˌiːkəʊˈlɒdʒɪkəl] ADJ ecológico

**ecologically** [ˌiːkəʊˈlɒdʒɪkəlɪ] ADV ecológicamente; **an ~ sound scheme** un plan ecológicamente razonable, un plan razonable desde el punto de vista ecológico; **~, the new fishing regulations are a good move** desde el punto de vista ecológico, la nueva normativa sobre la pesca es una buena medida

**ecologist** [ɪˈkɒlədʒɪst] N (= *scientist*) ecólogo/a *m/f*; (= *conservationist*) ecologista *mf*

**ecology** [ɪˈkɒlədʒɪ] Ⓐ N ecología *f*
Ⓑ CPD ► **ecology movement** N movimiento *m* ecologista

**econometric** [ɪˌkɒnəˈmetrɪk] ADJ econométrico

**econometrician** [ɪˌkɒnəməˈtrɪʃən] N econometrista *mf*

**econometrics** [ɪˌkɒnəˈmetrɪks] NSING econometría *f*

**econometrist** [ɪˌkɒnəˈmetrɪst] N econometrista *mf*

**economic** [ˌiːkəˈnɒmɪk] Ⓐ ADJ 1 (= *financial*) [*problems, development, geography*] económico
2 (= *profitable*) [*business, price*] rentable
Ⓑ CPD ► **economic aid** N ayuda *f* económica ► **economic forecast** N previsiones *fpl* económicas ► **economic growth** N crecimiento *m* económico ► **economic sanctions** NPL sanciones *fpl* económicas

**economical** [ˌiːkəˈnɒmɪkəl] ADJ [*person, method, car*] económico; **it's more ~ to have a diesel-engined car** resulta más económico tener un coche de gasoil; **my car is very ~ to run** mi coche me sale muy económico; **to be ~ with the truth** no decir toda la verdad, no ser muy pródigo con la verdad

**economically** [ˌiːkəˈnɒmɪkəlɪ] ADV 1 (= *financially*) económicamente; **~ depressed areas** áreas *fpl* económicamente deprimidas; **an ~ powerful country** un país de gran poder económico; **~ speaking** respecto a la economía, económicamente hablando; **~, the plan makes good sense** desde el punto de vista económico, el plan tiene sentido
2 (= *cheaply*) [*use, live*] de manera económica; **this machine could be more ~ operated** esta máquina se podría operar a un costo más bajo; **to be ~ priced** tener un precio módico *or* muy económico
3 (= *concisely*) [*write, describe*] con economía de palabras

**economics** [ˌiːkəˈnɒmɪks] Ⓐ NSING (= *science*) economía *f*; **he's doing ~ at university** estudia económicas en la universidad; *see also* **home D**
Ⓑ NPL (= *financial aspects*) aspectos *mpl* económicos; **the ~ of the situation** los aspectos económicos de la situación; **the ~ of the third world countries** la economía de los países tercermundistas

**economist** [ɪˈkɒnəmɪst] N economista *mf*

**economize** [ɪˈkɒnəmaɪz] Ⓐ VI economizar; **to ~ on sth** economizar en algo
Ⓑ VT economizar, ahorrar

**economy** [ɪˈkɒnəmɪ] Ⓐ N 1 (= *thrift*) economía *f*; (= *a saving*) ahorro *m*; **~ of scale** economía *f* de escala; **to make economies** economizar, ahorrar
2 (= *system*) economía *f*
Ⓑ CPD ► **economy class** N clase *f* económica *or* turista ► **economy drive** N **to have an ~ drive** economizar, ahorrar ► **economy pack** N (*Comm*) envase *m* familiar ► **economy size** N tamaño *m* familiar

**ecosensitive** [ˈiːkəʊˈsensɪtɪv] ADJ ecosensible

**ecosphere** [ˈiːkəʊˌsfɪəʳ] N ecosfera *f*

**ecosystem** [ˈiːkəʊˌsɪstɪm] N ecosistema *m*

**eco-tourism** [ˌiːkəʊˈtʊərɪzəm] N ecoturismo *m*, turismo *m* verde *or* ecológico

**ecotype** [ˈiːkəˌtaɪp] N ecotipo *m*

**eco-warrior*** [ˈiːkəʊˌwɒrɪəʳ] N activista *mf* del ecologismo, ecologista *mf* militante

**ECS** N ABBR (*Comput*) = **extended character set**

**ECSC** N ABBR (*formerly*) (= **European Coal and Steel Community**) CECA *f*

**ecstasy** [ˈekstəsɪ] N 1 (*Rel, fig*) éxtasis *m inv*; **to go into ecstasies over sth** extasiarse ante algo; **to be in ~** estar en éxtasis; **to be in ecstasies** estar en éxtasis
2 (*Drugs**) éxtasis *m inv*

**ecstatic** [eksˈtætɪk] ADJ (*Rel*) extático; (*fig*) contentísimo, eufórico

**ecstatically** [eksˈtætɪkəlɪ] ADV (*Rel*) en estado de éxtasis; (*fig*) con gran euforia

**ECT** N ABBR = **electroconvulsive therapy**; *see* **electroconvulsive therapy**

**ectomorph** [ˈektəʊˌmɔːf] N ectomorfo *m*

**ectopic pregnancy** [ekˌtɒpɪkˈpregnənsɪ] N embarazo *m* ectópico

**ectoplasm** [ˈektəʊplæzəm] N ectoplasma *m*

**ECU** [ˈeɪkjuː] N ABBR (= **European Currency Unit**) ECU *m*, UCE *f*

**Ecuador** [ˌekwəˈdɔːʳ] N Ecuador *m*

**Ecuadoran** [ˌekwəˈdɔːrən], **Ecuadorian** [ˌekwəˈdɔːrɪən] Ⓐ ADJ ecuatoriano
Ⓑ N ecuatoriano/a *m/f*

**ecumenical** [ˌiːkjʊˈmenɪkəl] Ⓐ ADJ ecuménico
Ⓑ CPD ► **ecumenical council** N consejo *m* ecuménico ► **ecumenical movement** N movimiento *m* ecuménico

**ecumenicism** [ˌiːkjʊˈmenɪsɪzəm], **ecumenism** [iːˈkjuːmənɪzəm] N ecumenismo *m*

**eczema** [ˈeksɪmə] N eczema *m*, eccema *m*; **she's got ~** tiene eczema

**Ed** [ed] N (*familiar form*) *of* **Edward**

**ed** ABBR 1 (= **edition**) ed
2 (= **editor**) ed
3 (= **edited by**) en edición de

**Edam** [ˈiːdæm] N (*also* **~ cheese**) queso *m* de Edam, queso *m* de bola

**EDC** N ABBR = **European Defence Community**

**Eddie** [ˈedɪ] N (*familiar form*) *of* **Edward**

**eddy** [ˈedɪ] Ⓐ N remolino *m*
Ⓑ VI [*water*] hacer remolinos, arremolinarse

**edelweiss** [ˈeɪdlvaɪs] N edelweiss *m*

**edema** [ɪˈdiːmə] N (*esp US*) = **oedema**

**Eden** [ˈiːdn] N Edén *m*

**edentate** [ɪˈdenteɪt] Ⓐ ADJ desdentado
Ⓑ N desdentado/a *m/f*

**EDF** N ABBR (= **European Development Fund**) FED *m*

**edge** [edʒ] Ⓐ N 1 (= *border, rim*) [*of cliff, wood, chair, bed*] borde *m*; [*of town*] afueras *fpl*; [*of lake, river*] orilla *f*; [*of cube, brick*] arista *f*; [*of paper*] borde *m*, margen *m*; [*of coin*] canto *m*; **the fabric was fraying <u>at</u> the ~s** la tela se estaba deshilachando por los bordes; **she was standing at the water's ~** estaba de pie en la orilla del agua; **the trees at the ~ of the road** los árboles que bordean la carretera; **he sat down <u>on</u> the ~ of the bed** se sentó al borde la cama; **a house on the ~ of town** una casa a las afueras de la ciudad; **someone pushed him <u>over</u> the ~ of the cliff** alguien lo empujó por el borde del precipicio; **♦*IDIOMS* to live close to the ~** vivir al límite; **to be on ~** tener los nervios de punta; **my nerves are on ~ today** hoy tengo los nervios de punta, hoy estoy de los nervios; **to set sb's teeth on ~** [*sound, voice*] dar dentera a algn; [*person*] poner los pelos de punta a algn; **to drive/push sb over the ~** llevar a algn al límite; **to be on the ~ of one's seat** estar en suspense *or* vilo *or* ascuas
2 (= *brink*) borde *m*; **he was <u>on</u> the ~ of a breakthrough** estaba al borde de un gran adelanto
3 (= *sharp side*) [*of blade*] filo *m*; **to <u>put</u> an ~ on sth** afilar algo; **army life will smooth the <u>rough</u> ~s off him** la vida militar le calmará; *see also* **cutting B**, **leading B**
4 (= *sharpness*) **there was an ~ to her voice** había un tono de crispación en su voz; **his performance lacked ~** a su interpretación le faltaba mordacidad; **the wind had a sharp ~** hacía un viento cortante; **to <u>take</u> the ~ <u>off</u> sth**: **talking to her took the ~ off my grief** hablar con ella mitigó mi dolor; **that took the ~ off my appetite** con eso maté el hambre *or* engañé el estómago
5 (= *advantage*) ventaja *f*; **their technology gave them the <u>competitive</u> ~** su tecnología les dio una posición de ventaja con respecto a la competencia; **to <u>have</u> the** *or* **an ~ on** *or* **over sb** llevar la delantera a algn, llevar ventaja a algn
Ⓑ VT 1 (= *provide border for*) [+ *garment*] ribetear; [+ *path*] bordear; **a top ~d <u>with</u> lace** un top ribeteado con encaje; **a mahogany tray ~d with brass** una bandeja de caoba con el borde de bronce; **narrow green leaves ~d with red** hojas verdes delgadas con los bordes rojos
2 (= *move carefully*) **he ~d the car <u>into</u> the traffic** sacó el coche con cuidado y se unió al resto del tráfico; **she ~d her way <u>through</u> the crowd** se abrió paso poco a poco entre la multitud; **the song ~d its way <u>up</u> the charts** la canción fue poco a poco subiendo puestos en las listas de éxitos
3 (= *sharpen*) **her voice was ~d with panic** había un tono de pánico en su voz
Ⓒ VI (= *move slowly*) **she ~d <u>away</u> from him** poco a poco se alejó de él; **he ~d <u>closer</u> to the telephone** se acercó lentamente al teléfono; **to ~ <u>forward</u>** avanzar poco a poco; **Labour have ~d <u>into</u> the lead** el partido laborista ha conseguido tomar la delantera por muy poco; **to ~ <u>past</u>** pasar con dificultad

►**edge out** Ⓐ VT + ADV (= *defeat*) [+ *rival, opposing team*] derrotar por muy poco; **Germany and France have ~d out the British team** Alemania y Francia han derrotado a Gran Bretaña por muy poco; **they were ~d out of the number one slot** les arrebataron el primer puesto por muy poco
Ⓑ VI + ADV **the car ~d out into the traffic** el coche salió con cuidado y se unió al resto del tráfico

►**edge up** VI + ADV 1 [*shares, currency, price*] subir poco a poco
2 **to ~ up to sb** acercarse con cautela a algn

**edgeways** [ˈedʒweɪz], **edgewise** [ˈedʒwaɪz]

ADV de lado, de canto; **I couldn't get a word in ~*** no pude meter baza*

**edgily** ['edʒɪlɪ] ADV [*say*] con tono crispado

**edginess** ['edʒɪnɪs] N crispación *f*

**edging** ['edʒɪŋ] N borde *m*; [*of ribbon, silk*] ribete *m*

**edgy** ['edʒɪ] ADJ crispado

**edibility** [,edɪ'bɪlətɪ] N comestibilidad *f*

**edible** ['edɪbl] ADJ comestible

**edict** ['i:dɪkt] N (*Hist*) edicto *m*; (*Jur*) decreto *m*, auto *m*; (*Pol*) decreto *m*; (*by mayor*) bando *m*, edicto *m*

**edification** [,edɪfɪ'keɪʃən] N enseñanza *f*

**edifice** ['edɪfɪs] N (*frm*) edificio *m* (imponente)

**edify** ['edɪfaɪ] VT edificar

**edifying** ['edɪfaɪɪŋ] ADJ edificante

**Edinburgh** ['edɪnbərə] N Edimburgo *m*

**EDINBURGH FESTIVAL**

*El Festival de Edimburgo, el mayor festival de este tipo del mundo, se celebra cada año en agosto durante tres semanas, en las que el festival está presente en toda la ciudad. Además del programa oficial del festival, que ofrece actuaciones de artistas de categoría internacional, también hay una enorme cantidad de actividades artísticas de todo tipo, desde lo más tradicional hasta lo más extravagante, teatro, danza, música, artistas callejeros etc., a lo que se llama* **Fringe Festival**, *pues comenzó siendo un festival alternativo al oficial. Al mismo tiempo, se celebra un festival de jazz, otro de cine y una exhibición militar llamada* **Military Tattoo**, *que tiene lugar en el Castillo de Edimburgo.*

**edit** ['edɪt] Ⓐ VT (= *be in charge of*) [+ *newspaper, magazine, etc*] dirigir; (= *prepare for printing*) corregir, revisar; (= *cut*) cortar, reducir; (*Cine, TV*) montar; (*Rad*) editar; (*Comput*) editar; **~ed by** [*newspaper*] bajo la dirección de; [*text, book*] edición de, editado por
Ⓑ N corrección *f*
Ⓒ CPD ► **edit key** N tecla *f* de edición

►**edit out** VT + ADV eliminar, suprimir

**editing** ['edɪtɪŋ] N (= *management*) [*of magazine*] redacción *f*; [*of newspaper, dictionary*] dirección *f*; (= *preparation for printing*) [*of article, series of texts, tape*] edición *f*; [*of film*] montaje *m*, edición *f*; [*of video*] edición *f*; (*Comput*) edición *f*

**edition** [ɪ'dɪʃən] N (*gen*) edición *f*; (= *number printed*) tirada *f*, impresión *f*

**editor** ['edɪtəʳ] N [*of newspaper, magazine*] director(a) *m/f*; (= *publisher's editor*) redactor(a) *m/f*; (*Cine, TV*) montador(a) *m/f*, editor(a) *m/f*; (*Rad*) editor(a) *m/f*; **~'s note** nota *f* de la redacción; **the sports ~** el/la redactor(a) de la sección de deportes

**editorial** [,edɪ'tɔ:rɪəl] Ⓐ ADJ [*decision, control, page, policy*] editorial; [*board, meeting, assistant*] de redacción; **~ experience** experiencia *f* en edición de textos; **~ staff** redacción *f*
Ⓑ N (= *article*) editorial *m*, artículo *m* de fondo

**editorialist** [,edɪ'tɔ:rɪəlɪst] N (*US*) editorialista *mf*

**editorialize** [,edɪ'tɔ:rɪəlaɪz] VI editorializar

**editorially** [,edɪ'tɔ:rɪəlɪ] ADV desde el punto de vista editorial

**editor-in-chief** ['edɪtərɪn'tʃi:f] N jefe/a *m/f* de redacción

**editorship** ['edɪtəʃɪp] N dirección *f*

**Edmund** ['edmənd] N Edmundo

**EDP** N ABBR (= **electronic data processing**) PED *m*

**EDT** N ABBR (*US*) = **Eastern Daylight Time**

**educability** [,edjʊkə'bɪlɪtɪ] N educabilidad *f*

**educable** ['edjʊkəbl] ADJ educable

**educate** ['edjʊkeɪt] VT (= *teach*) enseñar; (= *train*) educar, formar; (= *provide instruction in*) instruir; **where were you ~d?** ¿dónde cursó sus estudios?; **he is being privately ~d** cursa estudios en un colegio privado

**educated** ['edjʊkeɪtɪd] ADJ [*person, voice*] culto; **an ~ guess** una suposición bien fundamentada

**education** [,edjʊ'keɪʃən] Ⓐ N educación *f*, formación *f*; (= *teaching*) enseñanza *f*; (= *knowledge, culture*) cultura *f*; (= *studies*) estudios *mpl*; (= *training*) formación *f*; (*Univ*) (= *subject*) pedagogía *f*; **Ministry of Education** Ministerio *m or* (*LAm*) Secretaría *f* de Educación; **primary/secondary ~** enseñanza *f* primaria/secundaria, primera/segunda enseñanza *f*; **higher ~** educación *f* superior, enseñanza *f* superior; **physical/political ~** educación *f* física/política; **literary/professional ~** formación *f* literaria/profesional; **there should be more investment in ~** debería invertirse más dinero en educación; **she works in ~** trabaja en la enseñanza; **I never had much ~** pasé poco tiempo en la escuela; **they paid for his ~** le pagaron los estudios
Ⓑ CPD ► **education authority** N (*Brit*) ≈ delegación *f* de educación, ≈ consejería *f* de educación (*Sp*) ► **education department** N (*Brit*) [*of local authority*] ≈ departamento *m* de educación; (= *ministry*) Ministerio *m* de Educación

**educational** [,edjʊ'keɪʃənl] Ⓐ ADJ 1 (= *instructive*) [*film, book, toy, visit*] educativo, instructivo; [*role*] docente; [*function*] docente, educativo; [*event, experience*] educativo
2 (= *relating to education*) [*system*] educativo, de enseñanza; [*needs, opportunities, supplies, material*] educativo; [*establishment, institution*] docente, de enseñanza; [*achievement, qualification*] académico; [*standards*] de educación; [*policy*] educacional, relativo a la educación; [*methods*] educativo, de educación; [*theory*] pedagógico; **falling ~ standards** estándares *mpl* de educación cada vez más bajos
Ⓑ CPD ► **educational adviser** N (*Brit Scol, Admin*) consejero/a *m/f* de enseñanza ► **educational psychologist** N psicopedagogo/a *m/f* ► **educational psychology** N psicopedagogía *f* ► **educational technology** N tecnología *f* educativa ► **educational television** N televisión *f* educativa

**educationalist** [,edjʊ'keɪʃnəlɪst] N (*esp Brit*) pedagogo/a *m/f*

**educationally** [,edjʊ'keɪʃnəlɪ] ADV [*stimulate, encourage*] desde el punto de vista educativo; **~, the school is very good** desde el punto de vista educativo, el colegio es muy bueno; **~ backward adults** adultos *mpl* con carencias educativas; **~ deprived children** niños *mpl* privados de educación; **~ sound principles** principios *mpl* con una base pedagógica sólida; **~ subnormal** con dificultades de aprendizaje

**educationist** [,edjʊ'keɪʃnɪst] N (*esp Brit*) = **educationalist**

**educative** ['edjʊkətɪv] ADJ educativo

**educator** ['edjʊkeɪtəʳ] N educador(a) *m/f*

**educe** [ɪ'dju:s] VT educir, sacar

**edutainment** [,edjʊ'teɪnmənt] N (*esp US*) *juego de ordenador ameno y educativo al mismo tiempo*

**Edward** ['edwəd] N Eduardo; **~ the Confessor** Eduardo el Confesor

**Edwardian** [ed'wɔ:dɪən] Ⓐ ADJ eduardiano
Ⓑ N eduardiano/a *m/f*

**EE** ABBR = **electrical engineer**

**EEC** N ABBR (= **European Economic Community**) CEE *f*

**EEG** N ABBR = **electroencephalogram**

**eel** [i:l] N anguila *f*

**e'en** [i:n] (*poet*) = **even**

**EENT** ABBR (*US Med*) = **eye, ear, nose and throat**

**EEOC** N ABBR (*US*) (= **Equal Employment Opportunity Commission**) *comisión que investiga la discriminación racial o sexual en el empleo*

**e'er** [ɛəʳ] (*poet*) = **ever**

**eerie** ['ɪərɪ] ADJ [*sound, experience*] sobrecogedor, espeluznante; [*silence*] estremecedor, inquietante, sobrecogedor

**eerily** ['ɪərɪlɪ] ADV [*deserted*] misteriosamente; [*similar, familiar*] sorprendentemente; **the whole town was ~ quiet** el pueblo entero estaba sumido en un silencio inquietante; **his footsteps echoed ~ along the High Street** sus pasos resonaron de manera sobrecogedora por la calle Mayor

**EET** N ABBR = **Eastern European Time**

**eff‡** [ef] VI **he was ~ing all over the place** soltaba palabrotas por todas partes; **he told her to ~ off** la mandó a la mierda‡; ✦**IDIOM to ~ and blind** soltar palabrotas*

**efface** [ɪ'feɪs] VT borrar; **to ~ o.s.** no hacerse notar, lograr pasar inadvertido

**effect** [ɪ'fekt] Ⓐ N 1 (*gen*) efecto *m*; (= *result*) resultado *m*, consecuencia *f*; **to feel the ~(s) of** sentir los efectos de; **to such good ~ that ...** con tan buenos resultados que ...; **to have an ~ on sb** hacer efecto a algn; **to have an ~ on sth** afectar (a) algo; **it will have the ~ of preventing ...** tendrá como consecuencia impedir ...; **to have the desired ~** producir el efecto deseado; **to have no ~** ◊ **be of no ~** no surtir efecto; **in ~** (= *in fact*) en realidad; (= *practically*) de hecho; **to be in ~** (*Jur*) estar vigente, tener vigencia; **to come into ~** (*Jur*) entrar en vigor; **to put into ~** [+ *rule*] poner en vigor; [+ *plan*] poner en práctica; **to take ~** [*drug*] surtir efecto; **to no ~** inútilmente, sin resultado; **with ~ from April** (*esp Brit*) a partir de abril; **an increase with immediate ~** un aumento efectivo a partir de hoy
2 (= *sense*) [*of words etc*] sentido *m*; **a circular to this ~ will be issued next week** la próxima semana se hará pública una circular en este sentido; **an announcement to the ~ that ...** un aviso informando de que ...; **his letter is to the ~ that ...** en su carta manifiesta que ...; **to the same ~** en el mismo sentido; **or words to that ~** o algo por el estilo
3 (= *impression*) efecto *m*, impresión *f*; **a pleasing ~** una impresión agradable; **to create an ~** impresionar; **he said it for ~** lo dijo sólo para impresionar; **special ~s** (*Cine, TV*) efectos *mpl* especiales
4 **effects** (= *property*) efectos *mpl*; **personal ~s** efectos *mpl* personales
Ⓑ VT (*frm*) (= *bring about*) [+ *sale, purchase, payment, reform, reduction*] efectuar; [+ *cure, improvement, transformation*] lograr; **to ~ change** lograr *or* efectuar un cambio; **to ~ a saving** hacer un ahorro

**effective** [ɪ'fektɪv] Ⓐ ADJ 1 (= *efficient, useful*) [*treatment, method, deterrent, system*] efectivo, eficaz; [*remark, argument*] eficaz; **the method is simple, but ~** el método es simple pero

efectivo *or* eficaz; **to be ~ against sth** [*drug*] ser eficaz contra algo; **~ capacity** (*Tech*) capacidad *f* útil; **to be ~ in doing sth** ser eficaz para hacer algo; **~ life** (*Pharm*) vida *f* útil; **~ power** (*Tech*) potencia *f* real; **~ ways of reducing pollution** formas *fpl* efectivas *or* eficaces de reducir la polución
[2] (= *striking*) [*display, outfit, decoration*] impresionante, logrado; [*combination*] logrado; **to look ~** causar efecto; **blinds can look very ~** las persianas pueden causar muy buen efecto *or* mucho efecto
[3] (= *operative*) **to become ~** entrar en vigor, hacerse efectivo (**from, on** a partir de); **~ date** fecha *f* de vigencia, fecha *f* efectiva; **it will be ~ from April 1** entrará en vigor *or* será efectivo a partir del 1 de abril
[4] (= *actual*) [*aid, contribution, leader*] real; [*control, increase*] efectivo; [*income*] en efectivo
[5] (*Econ, Fin*) [*demand, interest rate*] efectivo
Ⓑ **effectives** NPL (*Mil*) efectivos *mpl*

**effectively** [ɪ'fektɪvlɪ] ADV [1] (= *efficiently*) [*treat, teach, work*] eficazmente, de manera eficaz; [*function*] de manera eficaz; **it's very difficult to treat this disease ~** es muy difícil tratar esta enfermedad eficazmente *or* de manera eficaz
[2] (= *strikingly*) [*displayed, decorated, combined*] de manera impresionante, con mucho efecto
[3] (= *in effect*) realmente, de hecho; **the contest was ~ won in the first five minutes** realmente *or* de hecho, el concurso estaba ganado en los primeros cinco minutos

**effectiveness** [ɪ'fektɪvnɪs] N [1] (= *efficiency*) [*of method, system*] eficacia *f*, eficiencia *f*; [*of treatment, deterrent, argument*] eficacia *f*
[2] (= *striking quality*) efecto *m*

**effectual** [ɪ'fektjʊəl] ADJ eficaz

**effectually** [ɪ'fektjʊəlɪ] ADV (*frm*) eficazmente, con eficacia

**effectuate** [ɪ'fektjʊeɪt] VT (*frm*) efectuar, lograr

**effeminacy** [ɪ'femɪnəsɪ] N afeminación *f*, afeminamiento *m*

**effeminate** [ɪ'femɪnɪt] ADJ afeminado

**effervesce** [,efə'ves] VI [1] (*lit*) [*liquid*] estar en efervescencia; **to begin to ~** entrar en efervescencia
[2] (*fig*) [*person*] rebosar vitalidad

**effervescence** [,efə'vesns] N efervescencia *f*

**effervescent** [,efə'vesnt] ADJ [1] (*lit*) efervescente
[2] (*fig*) [*person*] rebosante de vitalidad

**effete** [ɪ'fi:t] ADJ agotado, cansado

**effeteness** [ɪ'fi:tnɪs] N cansancio *m*

**efficacious** [,efɪ'keɪʃəs] ADJ (*frm*) [*remedy, method*] eficaz, efectivo (**against** contra); **to be ~ in the treatment of sth** ser eficaz para *or* efectivo en el tratamiento de algo

**efficacy** ['efɪkəsɪ] N (*frm*) eficacia *f*

**efficiency** [ɪ'fɪʃənsɪ] N [1] [*of person, manager*] eficiencia *f*; [*of method, remedy, product, army*] eficacia *f*
[2] (*Mech, Phys*) [*of machine*] rendimiento *m*

**efficient** [ɪ'fɪʃənt] ADJ [1] [*person, manager*] eficaz, eficiente; [*method, remedy, product, system*] eficaz; [*service, company, organization, army*] eficiente; **to be ~ at doing sth** ser eficiente a la hora de hacer algo
[2] (*esp Mech, Phys*) [*machine*] de buen rendimiento

**efficiently** [ɪ'fɪʃəntlɪ] ADV [1] (= *competently, well*) eficientemente, de manera eficiente; **she works ~** trabaja eficientemente *or* de manera eficiente; **she dealt with my application very ~** tramitó mi solicitud de manera muy eficiente; **our muscles need oxygen to work ~** los músculos necesitan oxígeno para trabajar con eficacia; **the new machine works ~** la máquina nueva da un buen rendimiento
[2] (= *effectively*) de manera eficaz; **use "Cleano" to banish stains ~** utilice "Cleano" para acabar con las manchas de manera eficaz

**effigy** ['efɪdʒɪ] N efigie *f*

**effing*** ['efɪŋ] ADJ (*Brit euph*) = **fucking**

**effloresce** [,eflə'res] VI (*Chem*) eflorescer

**efflorescence** [,eflə'resns] N [1] (*Chem, Med*) eflorescencia *f*; (*Bot*) floración *f*
[2] (*fig*) (*liter*) florecimiento *m*, prosperidad *f*

**efflorescent** [,eflɔ:'resnt] ADJ eflorescente

**effluent** ['eflʊənt] N aguas *fpl* residuales

**effluvium** [e'flu:vɪəm] N (*pl* **effluviums** *or* **effluvia** [e'flu:vɪə]) efluvio *m*, emanación *f*, tufo *m*

**effort** ['efət] N [1] (= *hard work*) esfuerzo *m*; **all his ~ was directed to ...** todos sus esfuerzos iban dirigidos a ...; **it was an ~ to get up** ◊ **getting up was an ~** levantarse resultaba un esfuerzo; **put a bit of ~ into it!** ¡esfuérzate un poco!, ¡pon un poco más de esfuerzo!; **to spare no ~ to do sth** no regatear esfuerzos para hacer algo; **without ~** sin ningún esfuerzo; **it's not worth the ~** no merece la pena; **it's well worth the ~** merece la pena
[2] (= *attempt*) intento *m*, tentativa *f*; **it's not bad for a first ~** no está mal para ser su primer intento *or* la primera vez que lo intenta; **a good ~** un feliz intento; **in an ~ to solve the problem/be polite** en un esfuerzo por resolver el problema/ser amable; **his latest ~** (*hum*) su último intento; **what did you think of his latest ~?** ¿qué te pareció su última obra?; **to make an ~ to do sth** esforzarse en hacer algo, hacer un esfuerzo por hacer algo; **he made no ~ to be polite** no hizo ningún esfuerzo por ser amable; **please make every ~ to come** haz un esfuerzo por venir; **thank you for making the ~ to be here** gracias por tomarse la molestia de venir; **it was a pretty poor ~** fue un intento bastante flojo; **the war ~** *los esfuerzos realizados por la población civil durante una guerra*

**effortless** ['efətlɪs] ADJ [*success, victory*] fácil; [*charm, superiority, grace*] natural; **she danced across the room with light, ~ movements** cruzó la habitación bailando con movimientos ligeros, hechos sin esfuerzo; **with ~ ease** sin ningún esfuerzo; **to make sth seem ~** hacer que algo parezca muy fácil; **an author renowned for his ~ style** un autor famoso por su estilo fluido

**effortlessly** ['efətlɪslɪ] ADV [*win, succeed*] fácilmente; [*move, lift*] sin ningún esfuerzo

**effrontery** [ɪ'frʌntərɪ] N descaro *m*; **he had the ~ to say that ...** tuvo el descaro de decir que ...

**effusion** [ɪ'fju:ʒən] N efusión *f*

**effusive** [ɪ'fju:sɪv] ADJ [*person, welcome, letter*] efusivo; **we were embarrassed by his ~ apologies** la efusividad con la que se disculpó nos hizo sentirnos violentos

**effusively** [ɪ'fju:sɪvlɪ] ADV efusivamente, con efusión

**effusiveness** [ɪ'fju:sɪvnɪs] N efusividad *f*

**E-fit** ['i:fɪt] N fotorrobot *f* digital, retrato *m* robot digital

**EFL** N ABBR = **English as a Foreign Language**; → TEFL/EFL, TESL/ESL, ELT, TESOL/ESOL

**EFT** N ABBR = **electronic funds transfer**

**eft** [eft] N tritón *m*

**EFTA** ['eftə] N ABBR (= **European Free Trade Association**) AELC *f*

**EFTPOS** N ABBR = **electronic funds transfer at point of sale**

**EFTS** N ABBR = **electronic funds transfer system**

**e.g.** ADV, ABBR = **exempli gratia** (= *for example*) p.ej.

**EGA** N ABBR = **enhanced graphics adaptor**

**egalitarian** [ɪ,gælɪ'tɛərɪən] ADJ igualitario

**egalitarianism** [ɪ,gælɪ'tɛərɪənɪzəm] N igualitarismo *m*

**egg** [eg] Ⓐ N [1] huevo *m*, blanquillo *m* (*Mex*); (= *cell*) óvulo *m*; **fried/scrambled/soft-boiled/hard-boiled ~** huevo *m* frito/revuelto/pasado por agua/duro; **boiled ~** huevo *m* pasado por agua, huevo *m* a la copa (*Andes, S. Cone*); ✦**IDIOMS to have ~ on one's face*** quedar en ridículo; **as sure as ~s are** *or* **is ~s** como que dos y dos son cuatro, sin ningún género de dudas; ✦**PROV don't put all your ~s in one basket** no te lo juegues todo a una carta
[2] (*) (= *person*) **bad ~** sinvergüenza *mf*; **she's a good ~** es una buena persona
Ⓑ CPD ► **egg beater** N batidor *m* de huevos; (*US**) helicóptero *m* ► **egg cup** N huevera *f* ► **egg custard** N natillas *fpl* ► **egg flip** N ponche *m* (de huevo) ► **egg roll** N (= *sandwich*) panecito *m* de huevo duro; (= *paté*) *paté a base de huevo con carne de cerdo y legumbres* ► **egg timer** N reloj *m* de arena (*para cocer huevos*) ► **egg whisk** N batidor *m* de huevos ► **egg white** N clara *f* de huevo ► **egg yolk** N yema *f* de huevo

►**egg on** VT + ADV (= *urge*) incitar; **to ~ sb on to do sth** incitar a algn a hacer algo

**egg-and-spoon race** ['egən,spu:n,reɪs] N juego *m* del huevo con la cuchara

**egghead*** ['eghed] N (*pej*) (= *intellectual*) lumbrera *f*, intelectual *mf*

**eggnog** ['eg'nɒg] N yema *f* mejida, ponche *m* de huevo

**eggplant** ['egplɑ:nt] N (*esp US*) berenjena *f*

**egg-shaped** ['egʃeɪpt] ADJ en forma de huevo

**eggshell** ['egʃel] N cáscara *f* de huevo

**egis** ['i:dʒəs] (*US*) = **aegis**

**eglantine** ['egləntaɪn] N eglantina *f*

**EGM** N ABBR = **extraordinary general meeting**

**ego** ['i:gəʊ] Ⓐ N [1] (*Psych*) **the ~** el ego, el yo
[2] (= *pride*) orgullo *m*; **to boost one's ~** alimentar el ego
Ⓑ CPD ► **ego trip*** N **to be on an ~ trip** creerse el centro del universo *or* el ombligo del mundo

**egocentric** [,egəʊ'sentrɪk] ADJ egocéntrico

**egocentrical** [,egəʊ'sentrɪkəl] ADJ = **egocentric**

**egoism** ['egəʊɪzəm] N egoísmo *m*

**egoist** ['egəʊɪst] N egoísta *mf*

**egoistical** [,egəʊ'ɪstɪkəl] ADJ egoísta

**egomania** [,i:gəʊ'meɪnɪə] N egocentrismo *m* exagerado

**egomaniac** [,egəʊ'meɪnɪæk] N ególatra *mf*

**egotism** ['egəʊtɪzəm] N egolatría *f*, egocentrismo *m*

**egotist** ['egəʊtɪst] N ególatra *mf*, egocéntrico(a) *m/f*

**egotistic** [,egəʊ'tɪstɪk] ADJ egotista

**egotistical** [,egəʊ'tɪstɪkəl] ADJ = **egotistic**

**egregious** [ɪ'gri:dʒəs] ADJ atroz, enorme; [*liar etc*] notorio

**egress** ['i:gres] N (*frm*) salida *f*

**egret** ['i:gret] N garceta *f*

**Egypt** ['i:dʒɪpt] N Egipto *m*

**Egyptian** [ɪ'dʒɪpʃən] Ⓐ ADJ egipcio
Ⓑ N egipcio/a *m/f*

**Egyptologist** [,i:dʒɪp'tɒlədʒɪst] N egiptólogo/a *m/f*

**Egyptology** [,i:dʒɪp'tɒlədʒɪ] N egiptología *f*

**eh** [eɪ] EXCL (= *please repeat*) ¿cómo?, ¿qué?; (*inviting assent*) ¿no?, ¿verdad?, ¿no es así?

**EIB** N ABBR (= **European Investment Bank**) BEI *m*

**eider** ['aɪdəʳ] N = **eider duck**

**eiderdown** ['aɪdədaʊn] N edredón *m*

**eider duck** ['aɪdə'dʌk] N eider *m*, pato *m* de flojel

**eidetic** [aɪ'detɪk] ADJ [*memory, vision*] eidético

**Eiffel Tower** [,aɪfəl'taʊəʳ] N torre *f* Eiffel

**eight** [eɪt] Ⓐ ADJ ocho; **she's ~** tiene ocho años
Ⓑ N ocho *m*; ✦*IDIOM* **he's had one over the ~*** lleva una copa de más; *see* **five** *for usage*

**eighteen** ['eɪ'ti:n] Ⓐ ADJ dieciocho; **she's ~** tiene dieciocho años
Ⓑ N dieciocho; *see* **five** *for usage*

**eighteenth** ['eɪ'ti:nθ] Ⓐ ADJ decimoctavo; **on her ~ birthday** cuando cumple/cumplió los dieciocho años
Ⓑ N decimoctavo/a *m/f*; (= *fraction*) decimoctava parte *f*, dieciochoavo *m*; *see* **fifth** *for usage*

**eighth** [eɪtθ] Ⓐ ADJ octavo; **the ~ floor** el octavo piso; **the ~ of August** el ocho de agosto; **~ note** (*US Mus*) corchea *f*
Ⓑ N octavo/a *m/f*; (= *fraction*) octava parte *f*, octavo *m*; *see* **fifth** *for usage*

**eightieth** ['eɪtɪɪθ] Ⓐ ADJ octogésimo; **the ~ anniversary** el ochenta aniversario
Ⓑ N octogésimo/a *m/f*; (= *fraction*) octogésima parte *f*, octogésimo *m*; *see* **fifth** *for usage*

**eighty** ['eɪtɪ] Ⓐ ADJ ochenta; **she's ~** tiene ochenta años
Ⓑ N ochenta *m*; **the eighties** los años ochenta; **to be in one's eighties** tener más de ochenta años; *see* **five** *for usage*

**Eire** ['ɛərə] N Eire *m*, República *f* de Irlanda

**EIS** N ABBR (= **Educational Institute of Scotland**) *sindicato de profesores*

**Eisteddfod** [aɪs'teðvɒd] N *festival galés en el que se celebran concursos de música y poesía*

**EISTEDDFOD**

*En Gales un* **eisteddfod** *es un concurso de poesía, canto, música y danza, en el que las canciones, los poemas y los relatos son mayormente en galés. Cada año tienen lugar muchos de estos* **eisteddfodau** *por todo Gales y el nivel de competición suele ser muy alto en los concursos más importantes. En Llangollen, al noreste de Gales, se celebra anualmente un concurso internacional en el que hay participantes de todo el mundo, pero el concurso principal, el* **National Eisteddfod** *se celebra en un lugar diferente cada año.*

▼**either** ['aɪðəʳ] Ⓐ ADJ 1 (= *one or other*) (*positive*) cualquiera de los dos; (*negative*) ninguno de los dos; **~ day would suit me** cualquiera de los dos días me viene bien; **I don't like ~ book** no me gusta ninguno de los dos libros; **you can do it ~ way** puedes hacerlo de este modo o del otro
2 (= *each*) cada; **in ~ hand** en cada mano; **on ~ side of the road** a ambos lados de la carretera
Ⓑ PRON (*positive*) cualquiera de los dos; (*negative*) ninguno de los dos; **"which bus will you take?" — "either"** —¿qué autobús vas a coger? —cualquiera de los dos; **give it to ~ of them** dáselo a cualquiera de los dos; **~ of us** cualquiera de nosotros; **I don't want ~ of them** no quiero ninguno de los dos; **I don't like ~ of them** no me gusta ninguno de los dos
Ⓒ CONJ **either ... or** o ... o; **~ come in or stay out** o entra o quédate fuera; **I have never been to ~ Paris or Rome** no he estado nunca ni en París ni en Roma; **you can have ~ ice cream or yoghurt** puedes tomar o helado o yogur
Ⓓ ADV tampoco; **he can't sing ~** tampoco sabe cantar; **no, I haven't ~** no, yo tampoco; **I don't like milk and I don't like eggs ~** no me gusta la leche y tampoco me gustan los huevos

➤ LANGUAGE IN USE: **either** C 26.2

**ejaculate** [ɪ'dʒækjʊleɪt] Ⓐ VT 1 (= *cry out*) exclamar
2 [+ *semen*] eyacular
Ⓑ VI (*Physiol*) eyacular

**ejaculation** [ɪ,dʒækjʊ'leɪʃən] N 1 (= *cry*) exclamación *f*
2 (*Physiol*) eyaculación *f*

**ejaculatory** [ɪ'dʒækjʊlətərɪ] ADJ (*Physiol*) eyaculador

**eject** [ɪ'dʒekt] Ⓐ VT (*Aer, Tech*) [+ *bomb, flames*] expulsar; [+ *cartridge*] expulsar, eyectar; [+ *troublemaker*] echar; [+ *tenant*] desahuciar
Ⓑ VI [*pilot*] eyectarse

**ejection** [ɪ'dʒekʃən] N expulsión *f*; [*of tenant*] desahucio *m*; [*of pilot*] eyección *f*

**ejector** [ɪ'dʒektəʳ] Ⓐ N (*Tech*) expulsor *m*
Ⓑ CPD ► **ejector seat** N (*Aer*) asiento *m* eyectable

**eke** [i:k] VT **to ~ out** [+ *food, supplies*] escatimar; [+ *money, income*] hacer que alcance; **to ~ out a living** ganarse la vida a duras penas

**EKG** N ABBR (*US*) = **ECG**

**el*** [el] N ABBR (*US*) = **elevated railroad**

**elaborate** [ɪ'læbərɪt] Ⓐ ADJ [*design, hairstyle, costume, ceremony*] muy elaborado; [*plan*] detallado, muy elaborado; [*architecture*] con mucha ornamentación; [*furniture*] con muchos adornos, muy recargado; [*equipment, network, preparations*] complicado; [*meal*] muy complicado de hacer; [*excuse*] rebuscado; **an ~ hoax** un elaborado engaño
Ⓑ [ɪ'læbəreɪt] VT 1 (= *develop*) [+ *plan, theory*] elaborar, desarrollar
2 (= *explain*) [+ *idea, point*] explicar en detalle, desarrollar
Ⓒ [ɪ'læbəreɪt] VI **he refused to ~** se negó a dar más detalles; **would you care to ~?** ¿le importaría explicarlo de forma más detallada?; **he ~d on it** lo explicó con más detalles

**elaborately** [ɪ'læbərɪtlɪ] ADV 1 (= *ornately*) [*decorated, carved, dressed*] de forma muy elaborada; [*describe*] de forma muy detallada, de forma muy minuciosa; [*bow*] con mucha afectación
2 (= *carefully*) [*planned*] cuidadosamente, minuciosamente

**elaboration** [ɪ'læbə'reɪʃən] N elaboración *f*

**élan** [eɪ'lɑ:n, eɪ'læn] N (*liter*) elán *m*

**elapse** [ɪ'læps] VI pasar, transcurrir

**elastic** [ɪ'læstɪk] Ⓐ ADJ elástico; (*fig*) flexible
Ⓑ N (*in garment*) elástico *m*, jebe *m* (*S. Cone*)
Ⓒ CPD ► **elastic band** N (*esp Brit*) gomita *f*, goma *f* elástica

**elasticated** [ɪ'læstɪkeɪtɪd] ADJ (*Brit*) [*waist, waistband*] con elástico

**elasticity** [,i:læs'tɪsɪtɪ] N elasticidad *f*; (*fig*) flexibilidad *f*

**Elastoplast®** [ɪ'læstə,plɑ:st] N esparadrapo *m*

**elate** [ɪ'leɪt] VT regocijar

**elated** [ɪ'leɪtɪd] ADJ (= *excited*) entusiasmado; (= *happy*) eufórico, alborozado

**elation** [ɪ'leɪʃən] N (= *excitement*) entusiasmo *m*; (= *happiness*) euforia *f*, alborozo *m*, júbilo *m*

**Elba** ['elbə] N Elba *f*

**elbow** ['elbəʊ] Ⓐ N (*Anat*) codo *m*; (*in road*) recodo *m*; **at one's ~** al alcance de la mano; **out at the ~(s)** raído, descosido; ✦*IDIOM* **he doesn't know his arse** *or* **ass from his ~**** confunde el culo con las témporas**
Ⓑ VT **to ~ sb aside** apartar a algn a codazos; **to ~ one's way through the crowd** abrirse paso a codazos por la muchedumbre
Ⓒ CPD ► **elbow grease*** N **it's a matter of ~ grease** es una cuestión de esfuerzo; **use a bit of ~ grease!** ¡dale con más fuerza!; **it will take a bit of ~ grease to shift this** va a costar trabajo mover esto ► **elbow joint** N articulación *f* del codo ► **elbow room** N (= *space*) espacio *m* para moverse; (= *leeway*) margen *m* de maniobra

**elbow-rest** ['elbəʊ,rest] N [*of chair*] brazo *m*

**elder**[1] ['eldəʳ] Ⓐ ADJ [*brother etc*] mayor; **my ~ sister** mi hermana mayor; **~ statesman** viejo estadista *m*; (*fig*) persona *f* respetada; **Pliny the Elder** Plinio el Viejo
Ⓑ N (= *senior*) mayor *m*; [*of tribe*] anciano *m*; (*in certain Protestant churches*) *persona laica que ejerce funciones educativas, pastorales y/o administrativas*; **my ~s** mis mayores; **don't criticize your ~s and betters** no critiques a tus mayores; → CHURCHES OF ENGLAND/SCOTLAND

**elder**[2] ['eldəʳ] N (*Bot*) saúco *m*

**elderberry** ['eldə,berɪ] Ⓐ N baya *f* del saúco
Ⓑ CPD ► **elderberry wine** N vino *m* de saúco

**elderly** ['eldəlɪ] Ⓐ ADJ mayor, de edad; **an ~ gentleman** un señor mayor, un caballero de edad avanzada; **an ~ man** un anciano; **to be getting ~** ir para viejo
Ⓑ NPL **the ~** las personas mayores, los ancianos

**eldest** ['eldɪst] ADJ [*child*] mayor; **my ~ sister** mi hermana mayor; **he's the ~** él es el mayor; **the ~ of the four** el mayor de los cuatro

**Eleanor** ['elɪnəʳ] N Leonor

**elec** ABBR 1 = **electric**
2 = **electricity**

**elect** [ɪ'lekt] Ⓐ VT 1 (*Pol etc*) elegir (**to** para); **he was ~ed chairman** fue elegido presidente
2 (= *choose*) elegir; **he ~ed to remain** eligió quedarse
Ⓑ ADJ (*after noun*) electo; **the president ~** el/la presidente/a electo/a
Ⓒ N **the ~** los elegidos, los predestinados

**elected** [ɪ'lektɪd] ADJ elegido; **~ government** gobierno *m* elegido

**election** [ɪ'lekʃən] Ⓐ N (*gen*) elección *f*; **general ~** elecciones *fpl* or comicios *mpl* generales; **to call/hold an ~** convocar elecciones
Ⓑ CPD ► **election agent** N secretario/a *m/f* electoral ► **election campaign** N campaña *f* electoral ► **election day** N día *m* de las elecciones ► **election expenses** NPL gastos *mpl* de la campaña electoral ► **the election machine** N el aparato electoral

**electioneer** [ɪ,lekʃə'nɪəʳ] VI hacer campaña (electoral); (*pej*) hacer electoralismo

**electioneering** [ɪ,lekʃə'nɪərɪŋ] N campaña *f* electoral; (*pej*) electoralismo *m*

**elective** [ɪ'lektɪv] Ⓐ ADJ 1 (*Univ*) [*course*] optativo, opcional; [*assembly*] electivo
2 [*surgery*] optativo
Ⓑ N (*US Scol*) asignatura *f* optativa, optativa *f*

**elector** [ɪ'lektəʳ] N elector(a) *m/f*

**electoral** [ɪ'lektərəl] Ⓐ ADJ electoral
Ⓑ CPD ► **electoral college** N colegio *m* electoral ► **electoral register, electoral roll** N registro *m* electoral, censo *m* electoral (*Sp*) ► **electoral vote** N (*US Pol*) voto *m* electoral

**ELECTORAL COLLEGE**

*Los norteamericanos no votan directamente a su Presidente o a su vicepresidente, sino que votan a unos compromisarios (**electors**) que a su vez se comprometen a votar a determinados candidatos. Estos compromisarios conforman el **electoral college**, tal y como se contempla en la Constitución. El número de votos que tiene un estado para elegir al Presidente es igual al de senadores y diputados. Cada partido político elige a un grupo de compromisarios y en el día de las elecciones presidenciales el pueblo vota al grupo que apoya al candidato de su elección. Como el grupo que gana usa todos los votos del estado para votar a su candidato, podría ocurrir, en teoría, que un candidato ganara el voto popular pero no las elecciones, si le han apoyado colegios electorales con un número pequeño de votos.*

**electorally** [ɪ'lektərəlɪ] ADV [*popular, damaging, disastrous*] desde el punto de vista electoral; [*compete, succeed*] (*gen*) electoralmente; (*in specific election*) en las elecciones

**electorate** [ɪ'lektərɪt] N electorado *m*

**electric** [ɪ'lektrɪk] Ⓐ ADJ [*appliance, current, motor*] eléctrico; **the atmosphere was ~** (*fig*) el ambiente era electrizante, el ambiente estaba cargado de electricidad
Ⓑ CPD [*blanket, cooker, fire, guitar, mixer, organ*] eléctrico ► **electric bill** N (*US*) factura *f* or (*Sp*) recibo *m* de la electricidad ► **electric blue** N azul *m* eléctrico ► **electric chair** N silla *f* eléctrica; **to go to the ~ chair** acabar en la silla eléctrica ► **electric charge** N carga *f* eléctrica ► **electric eel** N anguila *f* eléctrica ► **electric eye** N célula *f* fotoeléctrica ► **electric fence** N valla *f* electrificada, cercado *m* electrificado ► **electric field** N campo *m* eléctrico ► **electric kettle** N hervidora *f* de agua eléctrica ► **electric light** N luz *f* eléctrica ► **electric ray** N (*Zool*) torpedo *m* ► **electric shock** N (*from wire, socket*) descarga *f* eléctrica; (*from static electricity*) calambre *m*; **I got an ~ shock from the tap** el grifo me dio calambre ► **electric shock treatment** N tratamiento *m* por electrochoque ► **electric storm** N tormenta *f* eléctrica ► **electric window(s)** N(PL) (*Aut*) elevalunas *m inv* eléctrico

**electrical** [ɪ'lektrɪkəl] Ⓐ ADJ [*equipment, appliance, component, system*] eléctrico; **an ~ fault** un fallo (en el sistema) eléctrico; **household ~ goods** electrodomésticos *mpl*
Ⓑ CPD ► **electrical engineer** N (= *electrician*) técnico/a *m/f* electricista; (*with university degree*) ingeniero/a *m/f* electrotécnico/a ► **electrical engineering** N electrotecnia *f*; (*at university*) ingeniería *f* eléctrica ► **electrical failure** N fallo *m* eléctrico ► **electrical fitter** N técnico/a *m/f* electricista ► **electrical fittings** NPL accesorios *mpl* eléctricos ► **electrical storm** N tormenta *f* eléctrica ► **electrical tape** N cinta *f* aislante ► **electrical wiring** N instalación *f* eléctrica

**electrically** [ɪ'lektrɪkəlɪ] ADV **~ charged** cargado de electricidad; **to be ~ controlled** controlarse eléctricamente; **to be ~ driven/powered** funcionar eléctricamente; **to be ~ operated** manejarse eléctricamente *or* por medio de la electricidad, funcionar eléctricamente

**electric-blue** [ɪ,lektrɪk'bluː] ADJ (de color) azul eléctrico

**electrician** [ɪlek'trɪʃən] N electricista *mf*

**electricity** [ɪlek'trɪsɪtɪ] Ⓐ N electricidad *f*; **to switch on/off the ~** encender/apagar la electricidad *or* la luz
Ⓑ CPD ► **electricity bill** N (*Brit*) factura *f* or (*Sp*) recibo *m* de la electricidad ► **electricity board** N (*Brit*) compañía *f* eléctrica, compañía *f* de luz (*LAm*) ► **electricity dispute** N conflicto *m* del sector eléctrico

**electrics*** [ɪ'lektrɪks] NPL **the ~** (*Brit*) [*of car, appliance*] el sistema eléctrico; [*of building*] la instalación eléctrica

**electrification** [ɪ'lektrɪfɪ'keɪʃən] N electrificación *f*

**electrify** [ɪ'lektrɪfaɪ] VT **1** (= *charge with electricity*) [+ *railway system*] electrificar; **electrified fence** valla *f* electrificada, cercado *m* eléctrico
**2** (*fig*) electrizar

**electrifying** [ɪ'lektrɪfaɪɪŋ] ADJ [*performance*] electrizante

**electro...** [ɪ,lektrəʊ] PREFIX electro...

**electrocardiogram** [ɪ,lektrəʊ'kɑːdɪəgræm] N electrocardiograma *m*

**electrocardiograph** [ɪ,lektrəʊ'kɑːdɪəgræf] N electrocardiógrafo *m*

**electrochemical** [ɪ,lektrəʊ'kemɪkəl] ADJ electroquímico

**electrochemistry** [ɪ,lektrəʊ'kemɪstrɪ] N electroquímica *f*

**electroconvulsive therapy** [ɪ,lektrəʊkən-vʌlsɪv''θerəpɪ] N electroterapia *f*; *see* **ECT**

**electrocute** [ɪ'lektrəʊkjuːt] VT electrocutar

**electrocution** [ɪ,lektrəʊ'kjuːʃən] N electrocución *f*

**electrode** [ɪ'lektrəʊd] N electrodo *m*

**electrodialysis** [ɪ,lektrəʊdaɪ'æləsɪs] N electrodiálisis *f*

**electrodynamic** [ɪ,lektrəʊdaɪ'næmɪk] ADJ electrodinámico

**electrodynamics** [ɪ'lektrəʊdaɪ'næmɪks] NSING electrodinámica *f*

**electroencephalogram** [ɪ,lektrəʊen-'sefələ,græm] N electroencefalograma *m*

**electroencephalograph** [ɪ'lektrəʊɪn-'sefələgrɑːf] N electroencefalógrafo *m*

**electrolyse** [ɪ'lektrəʊ,laɪz] VT electrolizar

**electrolysis** [ɪlek'trɒlɪsɪs] N electrólisis *f inv*

**electrolyte** [ɪ'lektrəʊ,laɪt] N electrolito *m*

**electromagnet** [ɪ'lektrəʊ'mægnɪt] N electroimán *m*

**electromagnetic** [ɪ'lektrəʊmæg'netɪk] ADJ electromagnético

**electromagnetism** [ɪ,lektrəʊ'mægnɪtɪzəm] N electromagnetismo *m*

**electromechanical** [ɪ,lektrəʊmɪ'kænɪkəl] ADJ electromecánico

**electromechanics** [ɪ,lektrəʊmɪ'kænɪks] NSING electromecánica *f*

**electrometallurgy** [ɪ,lektrəʊmɪ'tælədʒɪ] N electrometalurgia *f*

**electrometer** [ɪlek'trɒmɪtə^r] N electrómetro *m*

**electromotive** [ɪ,lektrəʊ'məʊtɪv] ADJ electromotor

**electron** [ɪ'lektrɒn] Ⓐ N electrón *m*
Ⓑ CPD ► **electron camera** N cámara *f* electrónica ► **electron gun** N cañón *m* de electrones ► **electron microscope** N microscopio *m* electrónico

**electronic** [ɪlek'trɒnɪk] Ⓐ ADJ [*equipment, circuit, information, signal*] electrónico; **the ~ age** la edad de la electrónica
Ⓑ CPD ► **electronic banking** N banca *f* informatizada ► **electronic data processing** N procesamiento *m* electrónico de datos ► **electronic engineer** N ingeniero/a *m/f* electrónico/a ► **electronic engineering** N ingeniería *f* electrónica ► **electronic funds transfer** N transferencia *f* electrónica de fondos ► **electronic mail** N correo *m* electrónico ► **electronic mailbox** N buzón *m* electrónico ► **electronic music** N música *f* electrónica ► **electronic news gathering** N recogida *f* electrónica de noticias ► **electronic point of sale** N punto *m* de venta electrónico ► **electronic publishing** N edición *f* electrónica ► **electronic shopping** N compra *f* computerizada ► **electronic surveillance** N vigilancia *f* electrónica ► **electronic tagging** N etiquetado *m* electrónico

**electronically** [ɪlek'trɒnɪklɪ] ADV electrónicamente

**electronics** [ɪlek'trɒnɪks] Ⓐ NSING (= *science*) electrónica *f*
Ⓑ NPL [*of machine*] componentes *mpl* electrónicos
Ⓒ CPD ► **electronics engineer** N ingeniero/a *m/f* electrónico/a ► **electronics industry** N industria *f* electrónica ► **electronics manufacturer** N fabricante *mf* de productos electrónicos

**electrophysiological** [ɪ,lektrəʊ,fɪzɪə'lɒdʒɪkəl] ADJ electrofisiológico

**electrophysiology** [ɪ,lektrəʊ,fɪzɪ'ɒlədʒɪ] N electrofisiología *f*

**electroplate** [ɪ'lektrəʊpleɪt] VT galvanizar, electrochapar

**electroplated** [ɪ'lektrəʊpleɪtɪd] ADJ galvanizado, electrochapado

**electroplating** [ɪ'lektrəʊpleɪtɪŋ] N (= *process*) galvanoplastia *f*

**electroshock therapy** [ɪ,lektrəʊʃɒk'θerəpɪ] N electroterapia *f*

**electroshock treatment** [ɪ,lektrəʊʃɒk'triːtmənt] N electrochoque *m*

**electrostatic** [ɪ,lektrəʊ'stætɪk] ADJ electrostático

**electrostatics** [ɪ,lektrəʊ'stætɪks] NSING electrostática *f*

**electrosurgery** [ɪ,lektrəʊ'sɜːdʒərɪ] N electrocirugía *f*

**electrosurgical** [ɪ,lektrəʊ'sɜːdʒɪkəl] ADJ electroquirúrgico

**electrotechnological** [ɪ,lektrəʊ,teknə'lɒdʒɪkəl] ADJ electrotecnológico

**electrotechnology** [ɪ,lektrəʊtek'nɒlədʒɪ] N electrotecnología *f*

**electrotherapeutic** [ɪ,lektrəʊ,θerə'pjuːtɪk] ADJ electroterapéutico

**electrotherapeutics** [ɪ,lektrəʊ,θerə'pjuːtɪks] N electroterapia *f*

**electrotherapist** [ɪ,lektrəʊ'θerəpɪst] N electroterapeuta *mf*

**electrotherapy** [ɪ,lektrəʊ'θerəpɪ] N electroterapia *f*

**electrotype** [ɪ'lektrəʊ,taɪp] Ⓐ N electrotipo *m*
Ⓑ VT electrotipar

**elegance** ['elɪgəns] N elegancia *f*

**elegant** ['elɪgənt] ADJ **1** (= *stylish*) [*person, clothes, movement*] elegante; **she looked very ~** estaba muy elegante
**2** (= *polished*) [*writer, style, writing*] elegante

**elegantly** ['elɪgəntlɪ] ADV **1** [*move, dance, dress, furnish*] con elegancia, elegantemente;

**an ~ simple room** una habitación de una elegancia sencilla; **an ~ simple idea** una idea simple e inteligente
2 [*written, described*] con elegancia

**elegiac** [ˌelɪˈdʒaɪək] ADJ elegíaco

**elegy** [ˈelɪdʒɪ] N elegía *f*

**element** [ˈelɪmənt] N 1 (*gen, Chem*) elemento *m*; (*Elec*) resistencia *f*; (= *factor*) factor *m*; **an ~ of surprise** un elemento de sorpresa; **an ~ of truth** una parte de verdad; **it's the personal ~ that counts** es el factor personal el que cuenta; ✦*IDIOMS* **to be in one's ~** estar en su elemento, estar como pez en el agua; **to be out of one's ~** estar fuera de su elemento
2 **elements** 2·1 (= *rudiments*) elementos *mpl*, nociones *fpl* básicas; **the ~s of mathematics** las nociones básicas de las matemáticas
2·2 (= *weather*) **open to the ~s** a la intemperie; **to brave the ~s** arrostrar la tempestad; (= *go out*) salir a la intemperie

**elemental** [ˌelɪˈmentl] ADJ elemental

**elementary** [ˌelɪˈmentərɪ] Ⓐ ADJ 1 (= *basic*) [*idea, precautions, rules*] elemental, básico; **~ politeness requires that ...** la cortesía más elemental requiere que ...; **~, my dear Watson!** ¡elemental, querido Watson!
2 (= *introductory*) [*maths, level, exercises*] elemental, básico; **~ reading and writing skills** habilidades *fpl* de lectura y escritura básicas
Ⓑ CPD ► **elementary education** N (*US*) enseñanza *f* primaria ► **elementary particle** N partícula *f* elemental ► **elementary school** N (*US*) escuela *f* de enseñanza primaria ► **elementary student** N (*US*) alumno/a *m/f* de (la escuela) primaria ► **elementary teacher** N (*US*) maestro/a *m/f* de (enseñanza) primaria

**elephant** [ˈelɪfənt] N (*pl* **elephants** *or* **elephant**) elefante *m*; *see also* **white C**

**elephantiasis** [ˌelɪfənˈtaɪəsɪs] N elefantiasis *f inv*

**elephantine** [ˌelɪˈfæntaɪn] ADJ (*fig*) elefantino

**elevate** [ˈelɪveɪt] VT 1 (*lit*) (= *raise*) elevar
2 (*in rank*) ascender (**to** a); (*Rel*) alzar; (*fig*) elevar

**elevated** [ˈelɪveɪtɪd] Ⓐ ADJ (*lit*) elevado; (*fig*) elevado, sublime
Ⓑ CPD ► **elevated railway** (*US*), **elevated railroad** (*US*) N ferrocarril *m* urbano elevado

**elevating** [ˈelɪveɪtɪŋ] ADJ [*reading*] enriquecedor

**elevation** [ˌelɪˈveɪʃən] N 1 (*lit*) (= *act*) elevación *f*
2 (*in rank*) ascenso *m*; (*fig*) elevación *f*
3 [*of style*] sublimidad *f*
4 (= *hill*) elevación *f*; (= *height*) (*esp above sea level*) altitud *f*
5 (*Archit*) alzado *m*

**elevator** [ˈelɪveɪtəʳ] Ⓐ N 1 (*US*) (= *lift*) ascensor *m*, elevador *m* (*Mex*)
2 (= *hoist for goods*) montacargas *m inv*
3 (*Aer*) timón *m* de profundidad
4 (*Agr*) elevador *m* de granos
5 (*US*) (*also* **~ shoe**) zapato *m* de tacón alto
Ⓑ CPD ► **elevator car** N (*US*) caja *f or* cabina *f* de ascensor ► **elevator shaft** N (*US*) hueco *m* del ascensor

**eleven** [ɪˈlevn] Ⓐ ADJ once
Ⓑ N once *m*; (*Sport*) once *m*, alineación *f*; **the ~ plus** (*Brit Scol*) (*formerly*) *examen selectivo realizado por niños mayores de 11 años*; *see* **five** *for usage*

**elevenses*** [ɪˈlevnzɪz] NPL (*Brit*) tentempié *m* de las once, onces *fpl* (*LAm*); **to have ~** tomar un tentempié a las once, tomar las onces (*LAm*)

**eleventh** [ɪˈlevnθ] Ⓐ ADJ undécimo; ✦*IDIOM* **at the ~ hour** a última hora
Ⓑ N undécimo/a *m/f*; (= *fraction*) undécima parte *f*, onceavo *m*; *see* **fifth** *for usage*

**elf** [elf] N (*pl* **elves**) duende *m*, elfo *m*; (*Nordic Myth*) elfo *m*

**elfin** [ˈelfɪn] ADJ de duende(s), mágico; (*Nordic Myth*) de elfo(s)

**Elgin Marbles** [ˈelgɪnˈmɑːblz] NPL **the ~** los mármoles del Partenón

**elicit** [ɪˈlɪsɪt] VT [+ *interest*] suscitar; [+ *reaction*] provocar; **to ~ sth (from sb)** [+ *reply, support, information*] obtener algo (de algn); **my comment ~ed no response from him** no respondió a mi comentario

**elide** [ɪˈlaɪd] Ⓐ VT [*vowel, syllable*] elidir
Ⓑ VI [*vowel, syllable*] elidirse

**eligibility** [ˌelɪdʒəˈbɪlɪtɪ] N elegibilidad *f*

**eligible** [ˈelɪdʒəbl] ADJ elegible; (= *desirable*) deseable, atractivo; **to be ~ for** (= *suitable*) cumplir los requisitos para; (= *entitled*) tener derecho a; **an ~ young man** un buen partido; **he's the most ~ bachelor in town** es el soltero más cotizado de la ciudad

**Elijah** [ɪˈlaɪdʒə] N Elías

**eliminate** [ɪˈlɪmɪneɪt] VT (*gen*) eliminar; [+ *suspect, possibility*] descartar; [+ *bad language, mistakes, details*] suprimir, eliminar

**elimination** [ɪˌlɪmɪˈneɪʃən] Ⓐ N (= *suppression*) supresión *f*, eliminación *f*; (= *being eliminated*) eliminación *f*; **by process of ~** por eliminación
Ⓑ CPD ► **elimination round** N eliminatoria *f*

**eliminator** [ɪˈlɪmɪneɪtəʳ] N (*Boxing*) combate *m* eliminatorio

**Elishah** [ɪˈlaɪʃə] N Elíseo

**elision** [ɪˈlɪʒən] N elisión *f*

**elite, élite** [eɪˈliːt] Ⓐ N élite *f*
Ⓑ CPD [*group, unit, force*] de élite; [*school, university*] de élite, exclusivo

**elitism** [ɪˈliːtɪzəm] N elitismo *m*

**elitist** [ɪˈliːtɪst] Ⓐ ADJ elitista
Ⓑ N elitista *mf*

**elixir** [ɪˈlɪksəʳ] N elixir *m*

**Elizabeth** [ɪˈlɪzəbəθ] N Isabel

**Elizabethan** [ɪˌlɪzəˈbiːθən] Ⓐ ADJ isabelino
Ⓑ N isabelino/a *m/f*

**elk** [elk] N (*pl* **elk** *or* **elks**) (*Zool*) alce *m*

**ellipse** [ɪˈlɪps] N elipse *f*

**ellipsis** [ɪˈlɪpsɪs] N (*pl* **ellipses** [ɪˈlɪpsiːz]) (= *omission*) elipsis *f inv*; (= *dots*) puntos *mpl* suspensivos

**elliptic** [ɪˈlɪptɪk] ADJ = **elliptical**

**elliptical** [ɪˈlɪptɪkəl] ADJ elíptico

**elliptically** [ɪˈlɪptɪkəlɪ] ADV de manera elíptica

**elm** [elm] N (*also* **~ tree**) olmo *m*

**elocution** [ˌeləˈkjuːʃən] N elocución *f*

**elocutionist** [ˌeləˈkjuːʃənɪst] N profesor(a) *m/f* de elocución, recitador(a) *m/f*

**elongate** [ˈiːlɒŋgeɪt] VT [+ *material, object*] alargar, extender

**elongated** [ˈiːlɒŋgeɪtɪd] ADJ alargado

**elongation** [ˌiːlɒŋˈgeɪʃən] N (= *act*) alargamiento *m*; (= *part elongated*) extensión *f*

**elope** [ɪˈləʊp] VI [*two persons*] fugarse para casarse; **to ~ with sb** [*one person*] fugarse con algn

**elopement** [ɪˈləʊpmənt] N fuga *f*

**eloquence** [ˈeləkwəns] N elocuencia *f*

**eloquent** [ˈeləkwənt] ADJ [*person, speech*] elocuente; [*gesture, look, silence*] revelador, elocuente; **his lawyer made an ~ plea for leniency** su abogado solicitó con elocuencia que el juez fuese indulgente; **to be ~ proof of sth** ser una prueba fehaciente de algo; *see also* **wax**²

**eloquently** [ˈeləkwəntlɪ] ADV [*speak, express*] con elocuencia, elocuentemente; [*write, demonstrate*] elocuentemente; [*nod, smile*] de manera elocuente

**El Salvador** [elˈsælvədɔːʳ] N El Salvador

**else** [els] ADV 1 (*after pron*) **all ~** todo lo demás; **anybody ~** cualquier otro; **anybody ~ would do it** cualquier otro lo haría; **I don't know anyone ~ here** aquí no conozco a nadie más; **anything ~**: **anything ~ is impossible** cualquier otra cosa es imposible; **have you anything ~ to tell me?** ¿tienes algo más que decirme?; **anything ~, sir?** (*in shop*) ¿algo más, señor?; **anywhere ~** en cualquier otro sitio; **everyone ~** todos los demás; **everything ~** todo lo demás; **nobody ~** nadie más; **nobody ~ knows** no lo sabe nadie más; **nothing ~** nada más; **there was nothing ~ I could do** no había otro remedio; **nothing ~, thank you** (*in shop*) nada más, gracias, es todo, gracias; **nowhere ~** en ningún otro sitio; **somebody ~** otra persona; **somebody ~'s coat** el abrigo de otro; **there's somebody ~, isn't there?** hay alguien más, ¿verdad?; **something ~** otra cosa; (*) (= *wonderful*) estupendo; **somewhere ~** en otro sitio, en otra parte
2 (*after interrog*) **how ~?** ¿de qué otra manera?; **what ~ ...?** ¿qué más ...?; **where ~ ...?** ¿en qué otro sitio ...?, ¿dónde más ...? (*LAm*); **where ~ can he have gone?** ¿a qué otro sitio habrá podido ir?; **who ~ ...?** ¿quién si no ...?, ¿quién más ...?; **who ~ could do it as well as you?** ¿quién si no *or* quién más podría hacerlo tan bien como usted?
3 (*adv of quantity*) **there is little ~ to be done** poco se puede hacer aparte de eso; **he said that, and much ~** dijo eso y mucho más
4 (= *otherwise*) **or ~** si no; **red or ~ black** rojo o bien negro; **or ~ I'll do it** si no, lo hago yo; **keep quiet or ~ go away** cállate o vete; **do as I say, or ~!*** (*expressing threat*) ¡haz lo que te digo o si no verás!
5 (*standing alone*) **how could I have done it ~?** ¿de qué otro modo hubiera podido hacerlo?

**elsewhere** [ˈelsˈwɛəʳ] ADV [*be*] en otra parte, en otro sitio; [*go, send*] a otra parte, a otro sitio; **the document must be ~** el documento debe estar en otra parte *or* en otro sitio; **her thoughts were ~** tenía la cabeza en otra parte; **conditions are worse ~ in the country** las condiciones son peores en otros lugares *or* en otras partes del país; **we had to look ~ for entertainment** tuvimos que buscar diversión en otra parte

**ELT** N ABBR = **English Language Teaching**; *see* **English C** → TEFL/EFL, TESL/ESL, ELT, TESOL/ESOL

**elucidate** [ɪˈluːsɪdeɪt] VT aclarar, elucidar

**elucidation** [ɪˌluːsɪˈdeɪʃən] N aclaración *f*, elucidación *f*

**elude** [ɪˈluːd] VT [+ *pursuer*] burlar; [+ *capture, arrest*] eludir, escapar a; [+ *grasp, blow*] esquivar, zafarse de; [+ *question*] eludir; [+ *obligation*] eludir, zafarse de; **the answer has so far ~d us** hasta ahora no hemos dado con la respuesta; **his name ~s me** ahora no recuerdo su nombre; **success has ~d him** el éxito le ha eludido *or* le ha sido esquivo

**elusive** [ɪˈluːsɪv] ADJ [*prey, enemy*] esquivo, escurridizo; [*thoughts, word*] inaprensible; [*success*] esquivo, difícil de conseguir; **he is very ~** no es fácil encontrarlo

**elusively** [ɪ'lu:sɪvlɪ] ADV **to behave ~** comportarse de manera esquiva; **... he said ~** ... dijo, esquivo, ... dijo, mostrándose esquivo

**elusiveness** [ɪ'lu:sɪvnɪs] N carácter *m* esquivo

**elusory** [ɪ'lu:sərɪ] = **elusive**

**elver** ['elvəʳ] N angula *f*

**elves** [elvz] NPL *of* **elf**

**Elysium** [ɪ'lɪzɪəm] N Elíseo *m*

**EM** N ABBR (*US*) 1 = **Engineer of Mines**
2 = **enlisted man**

**emaciated** [ɪ'meɪsɪeɪtɪd] ADJ demacrado; **to become ~** demacrarse

**emaciation** [ɪ,meɪsɪ'eɪʃən] N demacración *f*

**e-mail**, **email** ['i:meɪl] Ⓐ N correo *m* electrónico, email *m*, emilio *m* (*hum*)
Ⓑ VT **to ~ sb** mandar un email *or* un correo electrónico a algn; **to ~ sth to sb** ◊ **~ sb sth** mandar algo a algn por Internet, mandar algo a algn en un email *or* en un correo electrónico
Ⓒ CPD ► **e-mail address** N dirección *f* electrónica; **"my ~ address is jones at collins dot uk"** (*jones@collins.uk*) —mi dirección electrónica es jones arroba collins punto uk

**emanate** ['eməneɪt] VI **to ~ from** [*idea, proposal*] surgir de; [*light, smell*] emanar de, proceder de

**emanation** [,emə'neɪʃən] N emanación *f*

**emancipate** [ɪ'mænsɪpeɪt] VT [+ *women, slaves*] emancipar; (*fig*) liberar

**emancipated** [ɪ'mænsɪpeɪtɪd] ADJ [*women, slaves*] emancipado; (*fig*) libre

**emancipation** [ɪ,mænsɪ'peɪʃən] N [*of women, slaves*] emancipación *f*; (*fig*) liberación *f*

**emasculate** [ɪ'mæskjʊleɪt] VT castrar, emascular (*frm*); (*fig*) mutilar, estropear

**emasculated** [ɪ'mæskjʊleɪtɪd] ADJ castrado, emasculado; (*fig*) [*text, film*] mutilado; [*style*] empobrecido

**embalm** [ɪm'bɑ:m] VT embalsamar

**embalmer** [ɪm'bɑ:məʳ] N embalsamador(a) *m/f*

**embalming** [ɪm'bɑ:mɪŋ] Ⓐ N embalsamamiento *m*
Ⓑ CPD ► **embalming fluid** N líquido *m* embalsamador

**embankment** [ɪm'bæŋkmənt] N [*of path, railway*] terraplén *m*; [*of canal, river*] dique *m*

**embargo** [ɪm'bɑ:gəʊ] Ⓐ N (*pl* **embargoes**) (*Comm, Naut*) embargo *m*; (= *prohibition*) prohibición *f* (**on** de); **there is an ~ on arms** está prohibido comerciar con armas, hay un embargo del comercio de armas; **there is an ~ on that subject** está prohibido discutir ese asunto; **to lift an ~** levantar un embargo *or* una prohibición; **to put an ~ on sth** establecer un embargo sobre algo, embargar algo; (*fig*) (= *prohibit*) prohibir algo; **to be under (an) ~** estar embargado
Ⓑ VT prohibir; (*Jur*) embargar

**embark** [ɪm'bɑ:k] Ⓐ VT embarcar
Ⓑ VI (*Naut, Aer*) embarcarse (**for** con rumbo a; **on** en); **to ~ on** [+ *journey*] emprender; [+ *business venture, explanation, discussion*] lanzarse a, embarcarse en

**embarkation** [,embɑ:'keɪʃən] Ⓐ N [*of goods*] embarque *m*; [*of people*] embarco *m*
Ⓑ CPD ► **embarkation card** N tarjeta *f* de embarque

**embarrass** [ɪm'bærəs] VT hacer pasar vergüenza a, avergonzar, apenar (*LAm*); **you seem to enjoy ~ing me** parece que disfrutas haciéndome pasar vergüenza *or* avergonzándome; **I was ~ed by the question** la pregunta me avergonzó, la pregunta hizo sentirme violenta; **his decision could ~ the government** su decisión podría poner al gobierno en una situación embarazosa *or* comprometida

**embarrassed** [ɪm'bærəst] ADJ [*silence*] violento, incómodo; [*laugh*] nervioso; **to be ~: I was so ~!** ¡me dio tanta vergüenza!, ¡me sentí tan violento!; **many people are ~ about discussing their age** a mucha gente le da vergüenza hablar de su edad; **it's nothing to be ~ about** no hay por qué avergonzarse; **I feel ~ when I have to speak in public** me da vergüenza cuando tengo que hablar en público, me da corte cuando tengo que hablar en público (*Sp**); **to be financially ~** estar *or* andar mal de dinero, tener dificultades económicas; **he sang so badly I was** *or* **felt ~ for him** cantó tan mal que sentí vergüenza ajena; **she was ~ to be seen with him** le daba vergüenza que la vieran con él, le daba corte que la vieran con él (*Sp**)

**embarrassing** [ɪm'bærəsɪŋ] ADJ [*experience, situation*] embarazoso, violento; [*question, mistake*] embarazoso; [*performance*] penoso; **that was an ~ moment for me** pasé muchísima vergüenza, fue un momento muy embarazoso; **he finds it ~ to talk about himself** le da vergüenza hablar de sí mismo, le resulta violento hablar de sí mismo, le da corte hablar de sí mismo (*Sp**); **he has put the government in an ~ position** (= *awkward*) ha puesto al gobierno en una situación embarazosa *or* comprometida; **he tries to dance like a teenager - it's ~ to watch** intenta bailar como un quinceañero - da vergüenza ajena verlo

**embarrassingly** [ɪm'bærəsɪŋlɪ] ADV [*fail, flop*] de manera vergonzosa, bochornosamente; **there were ~ few people** era vergonzoso la poca gente que había; **her acting was ~ bad** actuó de pena*

**embarrassment** [ɪm'bærəsmənt] N 1 (= *state*) vergüenza *f*, pena *f* (*LAm*); **I am in a state of some ~** mi situación es algo delicada; **financial ~** dificultades *fpl* económicas; **to have an ~ of riches** tener mucho donde elegir
2 (= *cause*) molestia *f*, vergüenza *f*; **you are an ~ to us** eres un estorbo para nosotros

**embassy** ['embəsɪ] N embajada *f*; **the British Embassy in Rome** la embajada británica en Roma; **the Spanish Embassy** la embajada de España

**embattled** [ɪm'bætld] ADJ [*army*] en orden de batalla; [*city*] sitiado

**embed** [ɪm'bed] VT [+ *weapon, teeth*] clavar, hincar (**in** en); [+ *jewel*] engastar, incrustar; (*Ling*) incrustar; **it is ~ded in my memory** lo tengo clavado en la memoria; **to ~ itself in** empotrarse en

**embedding** [ɪm'bedɪŋ] N (*gen, Ling*) incrustación *f*

**embellish** [ɪm'belɪʃ] VT (= *decorate*) embellecer (**with** con); (*fig*) [+ *story, truth*] adornar (**with** con)

**embellishment** [ɪm'belɪʃmənt] N embellecimiento *m*; (*fig*) adorno *m*

**ember** ['embəʳ] N brasa *f*, ascua *f*; **the dying ~s** el rescoldo

**embezzle** [ɪm'bezl] VT [+ *funds, money*] malversar, desfalcar

**embezzlement** [ɪm'bezlmənt] N malversación *f* (de fondos), desfalco *m*

**embezzler** [ɪm'bezləʳ] N malversador(a) *m/f*, desfalcador(a) *m/f*

**embitter** [ɪm'bɪtəʳ] VT [+ *person*] amargar; [+ *relationship, dispute*] envenenar

**embittered** [ɪm'bɪtəd] ADJ resentido, amargado; **to be very ~** estar muy amargado, estar muy resentido (**about** por; **against** contra)

**embittering** [ɪm'bɪtərɪŋ] ADJ [*experience*] amargo

**embitterment** [ɪm'bɪtəmənt] N amargura *f*

**emblazon** [ɪm'bleɪzən] VT engalanar *or* esmaltar con colores brillantes; (*fig*) escribir *or* adornar de modo llamativo

**emblem** ['embləm] N emblema *m*

**emblematic** [,emblɪ'mætɪk] ADJ emblemático

**embodiment** [ɪm'bɒdɪmənt] N encarnación *f*; **to be the very ~ of virtue** ser la encarnación de la virtud, ser la virtud en persona

**embody** [ɪm'bɒdɪ] VT 1 [+ *spirit, quality*] encarnar; [+ *idea, thought, theory*] expresar, plasmar (**in** en)
2 (= *include*) incorporar (**in** en)

**embolden** [ɪm'bəʊldən] VT **to ~ sb to do sth** animar a algn a hacer algo, envalentonar a algn para que haga algo

**embolism** ['embəlɪzəm] N (*Med*) embolia *f*

**emboss** [ɪm'bɒs] VT [+ *metal, leather*] repujar; [+ *paper*] gofrar, estampar (en relieve); **~ed with the royal arms** con el escudo real en relieve

**embossed** [ɪm'bɒst] ADJ [*writing paper*] con membretes en relieve; [*metal, velvet, leather*] repujado, labrado; [*wallpaper*] labrado

**embouchure** [,ɒmbʊ'ʃʊəʳ] N (*Mus*) boquilla *f*

**embrace** [ɪm'breɪs] Ⓐ N abrazo *m*
Ⓑ VT 1 [+ *person*] abrazar
2 [+ *offer*] aceptar; [+ *opportunity*] aprovechar; [+ *course of action*] adoptar; [+ *doctrine, party*] adherirse a; [+ *religion*] abrazar; [+ *cause, profession*] dedicarse a
3 (= *include*) abarcar
Ⓒ VI abrazarse

**embrasure** [ɪm'breɪʒəʳ] N (*Archit*) alféizar *m*; (*Mil*) tronera *f*, aspillera *f*

**embrocation** [,embrəʊ'keɪʃən] N embrocación *f*, linimento *m*

**embroider** [ɪm'brɔɪdəʳ] Ⓐ VT 1 (= *sew*) bordar
2 (*fig*) (= *embellish*) [+ *truth, facts, story*] adornar
Ⓑ VI bordar

**embroidered** [ɪm'brɔɪdəd] ADJ 1 [*silk, linen, tablecloth*] bordado; **~ in silk** bordado en seda
2 (*fig*) [*story, version*] adornado

**embroidery** [ɪm'brɔɪdərɪ] Ⓐ N bordado *m*; **I do ~ in the afternoon** bordo por las tardes
Ⓑ CPD ► **embroidery frame** N bastidor *m*, tambor *m* de bordar ► **embroidery silk** N hilo *m* de bordar ► **embroidery thread** N = **embroidery silk**

**embroil** [ɪm'brɔɪl] VT enredar; **to ~ sb in sth** enredar a algn en algo; **to ~ o.s. in sth** ◊ **get ~ed in sth** enredarse en algo; **to ~ sb with** indisponer a algn con; **to ~ A with B** mezclar a A con B

**embroilment** [ɪm'brɔɪlmənt] N embrollo *m*

**embryo** ['embrɪəʊ] Ⓐ N embrión *m*; (*fig*) germen *m*, embrión *m*; **in ~** en embrión
Ⓑ CPD [*research*] embrionario

**embryologist** [,embrɪ'ɒledʒɪst] N embriólogo/a *m/f*

**embryology** [,embrɪ'ɒlədʒɪ] N embriología *f*

**embryonic** [,embrɪ'ɒnɪk] ADJ embrionario

**emcee** ['em'si:] (*US*) Ⓐ N presentador(a) *m/f*
Ⓑ VT presentar; **to ~ a show** presentar un espectáculo

**EMCF** N ABBR (= **European Monetary Cooperation Fund**) FECOM *m*

**em dash** ['emdæʃ] N (*Typ*) raya *f*

**emend** [ɪ'mend] VT enmendar

**emendation** [ˌiːmenˈdeɪʃən] N enmienda *f*

**emerald** [ˈemərəld] Ⓐ N (= *stone*) esmeralda *f*; (= *colour*) verde *m* esmeralda
Ⓑ ADJ (*also* **~ green**) verde esmeralda
Ⓒ CPD [*necklace, bracelet, ring*] de esmeraldas ► **the Emerald Isle** N la verde Irlanda

**emerge** [ɪˈmɜːdʒ] VI salir (**from** de); [*truth*] saberse, resplandecer; [*facts, problems*] surgir, presentarse; [*theory, new nation*] surgir; **it ~s that** resulta que; **what has ~d from this inquiry?** ¿qué se saca de esta investigación?

**emergence** [ɪˈmɜːdʒəns] N aparición *f*

**emergency** [ɪˈmɜːdʒənsɪ] Ⓐ N [1] (*gen*) emergencia *f*; **quick! this is an ~!** ¡rápido! ¡es una emergencia!; **prepared for any ~** preparado para cualquier emergencia, prevenido contra toda eventualidad (*frm*); **she is good in an ~** es buena en casos de emergencia; **in case of ~, please call …** en caso de emergencia, por favor llamen al …; **there is a national ~** existe una crisis nacional; **to declare a state of ~** declarar el estado de excepción
[2] (*Med*) urgencia *f*; **she was admitted for ~ surgery** fue admitida para ser sometida a una operación de urgencia; *see also* **accident B**
Ⓑ CPD [*meeting, measures, talks, airstrip*] de emergencia ► **emergency brake** N (*esp US*) freno *m* de mano ► **emergency call** N llamada *f* de urgencia ► **emergency case** N caso *m* de emergencia ► **emergency centre** N centro *m* de emergencia ► **emergency exit** N salida *f* de emergencia ► **emergency fund** N fondos *mpl* de reserva ► **emergency landing** N (*Aer*) aterrizaje *m* forzoso ► **emergency lane** N (*US*) arcén *m* ► **emergency operation** N (*Med*) operación *f* de urgencia ► **emergency powers** NPL poderes *mpl* extraordinarios ► **emergency ration** N ración *f* de reserva ► **emergency room** N (*US Med*) sala *f* de urgencias ► **emergency services** NPL (= *police, fire brigade, ambulance*) servicios *mpl* de urgencia, servicios *mpl* de emergencia ► **emergency stop** N (*Aut*) parada *f* de emergencia ► **emergency supply** N provisión *f* de reserva ► **emergency ward** N sala *f* de urgencias

**emergent** [ɪˈmɜːdʒənt] ADJ [*countries*] emergente

**emerging** [ɪˈmɜːdʒɪŋ] ADJ = **emergent**

**emeritus** [iːˈmerɪtəs] ADJ emérito

**emery** [ˈemərɪ] Ⓐ N esmeril *m*
Ⓑ CPD ► **emery board** N lima *f* de uñas ► **emery cloth** N tela *f* de esmeril ► **emery paper** N papel *m* de esmeril

**emetic** [ɪˈmetɪk] Ⓐ ADJ emético, vomitivo
Ⓑ N emético *m*, vomitivo *m*

**emigrant** [ˈemɪgrənt] Ⓐ ADJ emigrante
Ⓑ N emigrante *mf*

**emigrate** [ˈemɪgreɪt] VI emigrar

**emigration** [ˌemɪˈgreɪʃən] N emigración *f*

**émigré(e)** [ˈemɪgreɪ] N emigrado/a *m/f*

**Emily** [ˈemɪlɪ] N Emilia

**eminence** [ˈemɪnəns] N [1] (= *fame*) prestigio *m*, renombre *m*; **to gain** *or* **win ~** alcanzar prestigio (**as** como)
[2] (*frm*) (= *hill*) promontorio *m*, prominencia *f*
[3] (*Rel*) (= *title of cardinal*) eminencia *f*; **His/Your Eminence** Su/Vuestra Eminencia

**eminent** [ˈemɪnənt] ADJ [1] (= *distinguished*) [*doctor, scientist*] eminente, ilustre; **she is ~ in the field of avionics** es una eminencia en el campo de la aviónica
[2] (*frm*) (= *great*) [*charm, fairness, good sense*] extraordinario; **she was chosen for her ~ suitability for the job** la eligieron por ser sumamente idónea para el puesto

**eminently** [ˈemɪnəntlɪ] ADV [*suitable, qualified, respectable*] sumamente; **his earliest work is ~ forgettable** sus primeras obras no tienen nada de memorables

**emir** [eˈmɪəʳ] N emir *m*

**emirate** [eˈmɪərɪt] N emirato *m*

**emissary** [ˈemɪsərɪ] N emisario/a *m/f*

**emission** [ɪˈmɪʃən] Ⓐ N [1] [*of light, smell*] emisión *f*; (*Anat*) [*of semen*] expulsión *f*
[2] **emissions** (= *fumes*) emisiones *fpl*
Ⓑ CPD ► **emission controls** NPL controles *mpl* de emisiones

**emit** [ɪˈmɪt] VT [+ *sparks*] echar; [+ *light, signals*] emitir; [+ *smoke, heat, smell*] despedir; [+ *cry*] dar; [+ *sound*] producir

**emitter** [ɪˈmɪtəʳ] N (*Electronics*) emisor *m*

**Emmanuel** [ɪˈmænjʊəl] N Manuel

**Emmy** [ˈemɪ] N (*pl* **Emmys** *or* **Emmies**) (*US TV*) Emmy *m*

**emollient** [ɪˈmɒlɪənt] Ⓐ ADJ emoliente
Ⓑ N emoliente *m*

**emolument** [ɪˈmɒljʊmənt] N (*often pl*) (*frm*) (= *salary*) emolumentos *mpl*; (= *fees*) honorarios *mpl*

**emote*** [ɪˈməʊt] VI actuar de una manera muy emocionada

**emotion** [ɪˈməʊʃən] N [1] (= *passion*) emoción *f*; **her voice trembled with ~** su voz temblaba de emoción; **he never shows any ~** nunca deja ver ninguna emoción; **the split between reason and ~** la división entre la razón y los sentimientos, el conflicto entre los dictados de la mente y del corazón
[2] (= *sensation*) (*eg happiness, love, fear, anger*) sentimiento *m*; **he struggled to control his ~s** luchaba para controlar sus sentimientos

**emotional** [ɪˈməʊʃənl] Ⓐ ADJ [1] (= *concerning the emotions*) [*well-being, problem, tension, development*] emocional; [*abuse, need, relationship*] afectivo; [*support, disorder*] emocional, afectivo; **on an ~ level** a nivel emocional; **to be on an ~ roller coaster** sufrir altibajos emocionales; **to be an ~ wreck** estar destrozado emocionalmente
[2] (= *emotive, moving*) [*scene, farewell, welcome, subject*] emotivo; [*experience, situation, appeal, speech*] emotivo, conmovedor
[3] (= *excitable*) [*outburst*] impulsivo; [*response*] emotivo; **Latins are very ~ people** los latinos son muy expresivos con sus sentimientos; **to become** *or* **get ~** reaccionar de una forma emocional; **there's no need to get all ~!** ¡no te pongas así!
[4] (= *sentimental*) [*person, behaviour*] sentimental, emotivo; [*decision*] impulsivo; **I got very ~ when the time came to say goodbye** a la hora de despedirnos me puse muy sentimental; **to become** *or* **get ~** emocionarse; **he became** *or* **got very ~ at the farewell party** se emocionó mucho en la fiesta de despedida
Ⓑ CPD ► **emotional baggage** N (*fig*) bagaje *m* emocional ► **emotional blackmail** N chantaje *m* emocional

**emotionalism** [ɪˈməʊʃnəlɪzəm] N emoción *f*, emotividad *f*; (*pej*) sentimentalismo *m*

**emotionally** [ɪˈməʊʃnəlɪ] ADV [1] (= *mentally*) [*mature, unstable*] emocionalmente; **~ I was a wreck** emocionalmente *or* desde el punto de vista emocional estaba destrozado; **to remain ~ detached** no involucrarse emocionalmente; **to be ~ drained** estar agotado emocionalmente; *see also* **deprived**
[2] (= *with emotion*) [*speak, appeal*] emotivamente, de forma conmovedora; [*respond*] emotivamente; **an ~ charged atmosphere** una atmósfera cargada de emotividad; **an ~ worded article** un artículo redactado con mucha emotividad
[3] (= *sentimentally*) **they became ~ involved** entablaron una relación sentimental

**emotionless** [ɪˈməʊʃənlɪs] ADJ sin emoción

**emotive** [ɪˈməʊtɪv] ADJ emotivo

**empanel** [ɪmˈpænl] VT [+ *jury*] seleccionar; **to ~ sb for a jury** inscribir a algn para jurado

**empathetic** [ˌempəˈθetɪk] ADJ = **empathic**

**empathetically** [ˌempəˈθetɪkəlɪ] ADV = **empathically**

**empathic** [ˌempəˈθetɪk] ADJ comprensivo, empático

**empathically** [ˌempəˈθetɪkəlɪ] ADV con comprensión, con empatía

**empathize** [ˈempəθaɪz] VI identificarse (**with** con)

**empathy** [ˈempəθɪ] N identificación *f*, empatía *f*; **to feel ~ with sb** identificarse con algn

**emperor** [ˈempərəʳ] Ⓐ N emperador *m*
Ⓑ CPD ► **emperor penguin** N pingüino *m* emperador *or* real

**emphasis** [ˈemfəsɪs] N (*pl* **emphases** [ˈemfəsiːz]) [1] (*in word*) acento *m*; (*in sentence*) énfasis *m inv*; **the ~ is on the first syllable** el acento (re)cae en la primera sílaba; **to put ~ on a word** enfatizar una palabra
[2] (*fig*) énfasis *m inv*; **there has been a change of ~** ya no se hace hincapié en lo mismo; **he said it twice, for ~** lo dijo dos veces, para enfatizar *or* para recalcar; **the ~ is on sport** se da más énfasis al deporte; **this year the ~ is on femininity** este año se resalta la feminidad; **to place** *or* **put** *or* **lay ~ on sth** hacer hincapié en algo, poner énfasis en algo; **too much ~ is placed on research** se pone demasiado énfasis en la investigación, se hace demasiado hincapié en la investigación; **to put special ~ on sth** poner especial énfasis en algo; **to speak with ~** hablar con énfasis

**emphasize** [ˈemfəsaɪz] VT [1] [+ *word, syllable*] enfatizar; [+ *fact, point*] hacer hincapié en, enfatizar, subrayar, recalcar; **I must ~ that …** debo insistir en que …
[2] (*Ling*) acentuar
[3] [*garment*] (= *accentuate*) hacer resaltar

**emphatic** [ɪmˈfætɪk] ADJ [1] (= *forceful*) [*statement, declaration, response*] categórico, contundente; [*denial, refusal*] categórico, rotundo; [*tone, gesture*] enérgico, enfático; [*condemnation*] categórico, enérgico; **Wendy was ~, "you must do it," she said** Wendy fue categórica, -debes hacerlo, dijo; **she's ~ that business is improving** mantiene firmemente que el negocio está mejorando; **they were quite ~ that they were not going** dijeron categóricamente que no iban; **Pat was ~ about how valuable the course was** Pat hizo hincapié en lo valioso que era el curso; **they were ~ in denying their involvement** negaron categóricamente su participación; **an ~ no** un no rotundo; **an ~ yes** un sí contundente
[2] (= *decisive*) [*victory, win*] rotundo; [*success*] arrollador; [*defeat*] aplastante; [*winner, result*] contundente

**emphatically** [ɪmˈfætɪkəlɪ] ADV [1] (= *forcefully*) [*say, reply, reject*] categóricamente, enérgicamente; [*deny, refuse*] rotundamente, categóricamente; **he shook his head ~** dijo que no con la cabeza de manera rotunda; **most ~** [*say, reply*] de la forma más contundente;

➤ LANGUAGE IN USE: emphasize 1 26.1

[*deny, refuse*] de la forma más rotunda
[2] (= *definitely*) decididamente, sin lugar a dudas

**emphysema** [emfɪ'siːmə] N enfisema *m*

**Empire** ['empaɪəʳ] ADJ [*costume, furniture*] estilo Imperio

**empire** ['empaɪəʳ] (A) N imperio *m*
(B) CPD ► **the Empire State** N (*US*) el estado de Nueva York

**empire-builder** ['empaɪə,bɪldəʳ] N (*fig*) constructor(a) *m/f* de imperios

**empire-building** ['empaɪə,bɪldɪŋ] N (*fig*) construcción *f* de imperios

**empiric** [em'pɪrɪk] ADJ = **empirical**

**empirical** [em'pɪrɪkəl] ADJ [*method*] empírico

**empirically** [em'pɪrɪkəlɪ] ADV empíricamente

**empiricism** [em'pɪrɪsɪzəm] N empirismo *m*

**empiricist** [em'pɪrɪsɪst] N empírico/a *m/f*

**emplacement** [ɪm'pleɪsmənt] N (*Mil*) emplazamiento *m*

**emplane** [ɪm'pleɪn] VI (*US*) subir al avión, embarcar (en avión)

**employ** [ɪm'plɔɪ] (A) VT [+ *person*] emplear, dar empleo a; [+ *object, method*] emplear, usar; [+ *time*] ocupar; **the factory ~s 600 people** la fábrica da empleo a 600 trabajadores; **thousands of people are ~ed in tourism** miles de personas trabajan en el sector del turismo
(B) N **to be in the ~ of sb** (*frm*) (*as company employee*) ser empleado de algn; (*as servant*) estar al servicio de algn

**employable** [ɪm'plɔɪəbl] ADJ [*person*] con capacidad para trabajar; [*skill*] útil, utilizable

**employee** [,emplɔɪ'iː] (A) N empleado/a *m/f*
(B) CPD ► **employee rights** NPL derechos *mpl* de los trabajadores

**employer** [ɪm'plɔɪəʳ] N (= *business person*) empresario/a *m/f*; (= *boss*) patrón/ona *m/f*; **the ~s' federation** ◊ **the ~s' organization** la patronal; **the ~'s interests** los intereses empresariales; **my ~** mi jefe

**employment** [ɪm'plɔɪmənt] (A) N empleo *m*, trabajo *m*; **to be in ~** tener empleo *or* trabajo; **to find ~** encontrar empleo *or* trabajo; **to give ~ to** emplear a, dar trabajo a; **to look for ~** buscar empleo *or* trabajo; **conditions of ~** condiciones *fpl* de empleo; **full ~** pleno empleo *m*; **a high level of ~** un alto nivel de empleo; **her ~ prospects are poor** tiene pocas posibilidades de colocarse; **Secretary (of State) for** *or* **Minister of Employment** (*Brit*) ◊ **Secretary for Employment** (*US*) Ministro *m* de Trabajo; **Department of Employment** (*Brit*) Ministerio *m* de Trabajo
(B) CPD ► **employment agency** N agencia *f* de colocación ► **employment exchange** N (*Brit*) oficina *f* de empleo ► **employment office** N (*US*) = **employment exchange** ► **employment statistics** NPL estadística *f* del empleo, cifras *fpl* del paro

**emporium** [em'pɔːrɪəm] N (*pl* **emporiums** *or* **emporia** [em'pɔːrɪə]) almacenes *mpl*, emporio *m* (*LAm*)

**empower** [ɪm'paʊəʳ] VT [1] (= *authorize*) **to ~ sb to do sth** autorizar a algn para hacer algo
[2] [+ *women, workers, minorities*] atribuir poderes a

**empowerment** [ɪm'paʊəmənt] N [*of women, workers, minorities*] atribución *f* de poder

**empress** ['emprɪs] N emperatriz *f*

**emptiness** ['emptɪnɪs] N [1] (= *bareness, barrenness*) desolación *f*, vacío *m*; **the ~ of the desert** la desolación *or* el vacío del desierto
[2] (= *void*) vacío *m*; **the ~ he felt inside** el vacío que sentía en su interior; **the ~ of his life** el vacío *or* (*frm*) la vacuidad de su vida

**empty** ['emptɪ] (A) ADJ (*compar* **emptier**; *superl* **emptiest**) [1] (= *containing nothing, nobody*) [*box, bottle, glass, street, room, hands*] vacío; [*seat, chair*] (*in bus, restaurant*) libre, desocupado; (*in living room*) vacío; [*place*] desierto; [*landscape*] desierto, desolado; [*gun*] descargado; [*post, job*] vacante; **the flat next door is ~** (= *unoccupied*) el piso de al lado está desocupado; **to be ~ of sth**: **the parks are ~ of children** en los parques no hay niños; **his face was ~ of all expression** su rostro no expresaba ninguna emoción; **she was staring into ~ space** miraba al infinito; **there was an ~ space at the table** había un sitio vacío *or* sin ocupar en la mesa; **on an ~ stomach** en ayunas, con el estómago vacío; **✦PROV ~ vessels make the most noise** mucho ruido y pocas nueces
[2] (= *meaningless*) [*threat, promise, dream*] vano; [*words, rhetoric*] hueco, vacío; [*exercise*] inútil; [*life*] sin sentido, vacío; **it's an ~ gesture** es un gesto vacío; **she felt trapped in an ~ marriage** se sentía atrapada en una relación matrimonial vacía; **his promises were just so much ~ talk** sus promesas no eran más que palabras huecas *or* vanas; **my life is ~ without you** mi vida no tiene sentido sin tí
[3] (= *numb*) [*person*] vacío; [*feeling*] de vacío; **when I heard the news I felt ~** cuando me enteré de la noticia me sentí vacío
(B) N [1] (*usu pl*) (= *empty bottle*) envase *m* (vacío), casco *m* (vacío); (= *empty glass*) vaso *m* (vacío)
[2] (*Aut*) **the car was running on ~** el coche estaba con el depósito vacío; **I was running on ~** (*fig*) no me quedaba energía
(C) VT [+ *container, tank, glass, plate*] vaciar; **television has emptied the cinemas** la televisión ha dejado los cines vacíos; **I emptied the dirty water down the drain** tiré el agua sucia por el sumidero; **she emptied the ashtray into the bin** vació el cenicero en el cubo de la basura; **we emptied the cupboards of junk** vaciamos los armarios de trastos; **he emptied the gun of bullets** descargó la pistola; **I tried to ~ my mind of distractions** intenté vaciar la mente de distracciones; **I emptied the contents of the bag onto the bed** vacié la bolsa en la cama; **to ~ out one's pockets** vaciarse los bolsillos; **he emptied the water out of his boots** se sacó el agua de las botas
(D) VI [1] (= *become empty*) [*room, building, theatre, bath*] vaciarse; [*street*] quedarse desierto, vaciarse; [*train, coach, plane*] quedarse vacío, vaciarse; **the auditorium quickly emptied of students** los estudiantes desalojaron el auditorio rápidamente
[2] (= *flow*) **to ~ into sth** [*river*] desembocar en algo

**empty-handed** ['emptɪ'hændɪd] ADJ **to arrive/leave/return ~** llegar/marcharse/volver con las manos vacías

**empty-headed** ['emptɪ'hedɪd] ADJ casquivano

**Empyrean** [ɛmpɪ'riːən] N **the ~** (*liter*) el empíreo

**em rule** ['emruːl] N (*Typ*) raya *f*

**EMS** N ABBR (= **European Monetary System**) SME *m*

**EMT** N ABBR = **emergency medical technician**

**EMU** N ABBR (= **economic and monetary union**) UME *f*, UEM *f*

**emu** ['iːmjuː] N emú *m*

**emulate** ['emjʊleɪt] VT emular (*also Comput*)

**emulation** [,emjʊ'leɪʃən] N emulación *f* (*also Comput*)

**emulator** ['emjʊ,leɪtəʳ] N (*Comput*) emulador *m*

**emulsifier** [ɪ'mʌlsɪ,faɪəʳ] N agente *m* emulsionador, emulsionante *m*

**emulsify** [ɪ'mʌlsɪfaɪ] VT emulsionar

**emulsion** [ɪ'mʌlʃən] N (= *liquid*) emulsión *f*; (*also* **~ paint**) pintura *f* emulsión

**EN** N ABBR (*Brit*) (= **Enrolled Nurse**) ≈ ATS *mf*

**enable** [ɪ'neɪbl] VT [1] (= *make able*) **to ~ sb to do sth** permitir a algn hacer algo
[2] (= *make possible*) posibilitar; **the new system will ~ better communication between doctor and patient** el nuevo sistema posibilitará *or* hará posible una mejor comunicación entre el médico y el paciente

**enact** [ɪ'nækt] VT [1] (*Jur*) decretar (**that** que); [+ *law*] promulgar
[2] (= *perform*) [+ *play, scene, part*] representar

**enactment** [ɪ'næktmənt] N [1] [*of law*] promulgación *f*
[2] [*of play, scene, part*] representación *f*

**enamel** [ɪ'næməl] (A) N (*gen, of teeth*) esmalte *m*
(B) VT esmaltar
(C) CPD ► **enamel jewellery** N alhajas *fpl* de esmalte ► **enamel paint** N (pintura *f* al) esmalte *m* ► **enamel saucepan** N cacerola *f* esmaltada

**enamelled**, **enameled** (*US*) [ɪ'næməld] ADJ esmaltado

**enamelling**, **enameling** (*US*) [ɪ'næməlɪŋ] N esmaltado *m*

**enamelware** [ɪ'næməlwɛəʳ] N utensilios *mpl* de hierro esmaltado

**enamour**, **enamor** (*US*) [ɪ'næməʳ] VT **to be ~ed of** (*liter, hum*) [+ *person*] estar enamorado de; [+ *thing*] estar entusiasmado con

**encamp** [ɪn'kæmp] VI acamparse

**encampment** [ɪn'kæmpmənt] N campamento *m*

**encapsulate** [ɪn'kæpsjʊleɪt] VT [1] (= *enclose*) encerrar
[2] (*fig*) (= *summarize*) resumir
[3] (*Pharm*) encapsular

**encase** [ɪn'keɪs] VT encerrar; (*Tech*) revestir; **to be ~d in** estar revestido de

**encash** [ɪn'kæʃ] VT cobrar, hacer efectivo

**encashment** [ɪn'kæʃmənt] N cobro *m*

**encephalic** [ensɪ'fælɪk] ADJ encefálico

**encephalitis** [,ensefə'laɪtɪs] N encefalitis *f*

**encephalogram** [ɪn'sefələgræm] N encefalograma *m*

**enchain** [ɪn'tʃeɪn] VT (*frm*) encadenar

**enchant** [ɪn'tʃɑːnt] VT (*often passive*) encantar; (= *use magic on*) encantar, hechizar; **we were ~ed with the place** el sitio nos encantó

**enchanter** [ɪn'tʃɑːntəʳ] N hechicero/a *m/f*

**enchanting** [ɪn'tʃɑːntɪŋ] ADJ encantador

**enchantingly** [ɪn'tʃɑːntɪŋlɪ] ADV de manera encantadora, deliciosamente

**enchantment** [ɪn'tʃɑːntmənt] N (= *act*) encantamiento *m*; (= *delight*) encanto *m*; (= *charm, spell*) encantamiento *m*, hechizo *m*; **it lent ~ to the scene** le daba encanto a la escena

**enchantress** [ɪn'tʃɑːntrɪs] N hechicera *f*

**enchilada** [,entʃɪ'lædə] N enchilada *f*; **big ~** (*US**) peso *m* pesado

**encircle** [ɪn'sɜːkl] VT rodear (**with** de); (*Mil*) sitiar; [+ *waist, shoulders*] ceñir; **it is ~d by a wall** está rodeado de una tapia

**encirclement** [ɪn'sɜːklmənt] N (*Mil*) envolvimiento *m*

**encircling** [ɪn'sɜːklɪŋ] ADJ [*movement*] envolvente

**enc(l).** ABBR (= **enclosure(s), enclosed**) adj.

**enclave** ['enkleɪv] N enclave *m*

**enclitic** [ɪn'klɪtɪk] ADJ enclítico

**enclose** [ɪn'kləʊz] VT 1 [+ *land, garden*] cercar, vallar; **to ~ with** cercar *or* vallar con
2 (= *put in a receptacle*) meter, encerrar
3 (= *include*) encerrar
4 (*with letter*) remitir adjunto, adjuntar; **I ~ a cheque** (remito) adjunto un cheque

**enclosed** [ɪn'kləʊzd] ADJ 1 (*with letter*) adjunto; **please find ~** le enviamos adjunto *or* anexo; **the ~ letter** la carta adjunta
2 [*garden, land*] cercado, vallado

**enclosure** [ɪn'kləʊʒəʳ] N 1 (= *act*) cercamiento *m*
2 (= *place*) recinto *m*; (*at racecourse*) reservado *m*
3 (*in letter*) anexo *m*

**encode** [ɪn'kəʊd] VT 1 (= *encrypt*) codificar, cifrar
2 (*Ling*) cifrar

**encoder** [ɪn'kəʊdəʳ] N (*Comput*) codificador *m*

**encoding** [ɪn'kəʊdɪŋ] N (*Comput, Ling*) codificación *f*

**encomium** [ɪn'kəʊmɪəm] N (*pl* **encomiums** *or* **encomia** [ɪn'kəʊmɪə]) elogio *m*, encomio *m*

**encompass** [ɪn'kʌmpəs] VT 1 (= *surround*) cercar, rodear (**with** de)
2 (= *include*) abarcar
3 (= *bring about*) lograr, efectuar

**encore** [ɒŋ'kɔːʳ] Ⓐ EXCL ¡otra!
Ⓑ N bis *m*; **to call for an ~** pedir un bis; **to give an ~** hacer un bis, repetir a petición del público; **to sing a song as an ~** cantar como bis una canción
Ⓒ VT [+ *song*] pedir un bis de; [+ *person*] pedir un bis *or* otra a

**encounter** [ɪn'kaʊntəʳ] Ⓐ N (= *meeting, fight*) encuentro *m*
Ⓑ VT [+ *person*] encontrar, encontrarse con; [+ *difficulty, danger, enemy*] tropezar con
Ⓒ CPD ► **encounter group** N grupo *m* de encuentro

**encourage** [ɪn'kʌrɪdʒ] VT [+ *person*] animar, alentar; [+ *industry, growth*] estimular, fomentar; **to ~ sb to do sth** animar a algn a hacer algo; **the discovery ~d him in his belief that she was still alive** el hallazgo reafirmó su creencia de que aún seguía viva

**encouragement** [ɪn'kʌrɪdʒmənt] N (= *act*) estímulo *m*; [*of industry*] fomento *m*; (= *support*) aliento *m*, ánimo(s) *m(pl)*; **to give ~ to** dar ánimos a, animar; **to give ~ to the enemy** dar aliento al enemigo

**encouraging** [ɪn'kʌrɪdʒɪŋ] ADJ [*smile*] alentador; [*news, prospect*] alentador, halagüeño; [*words*] de aliento; **it is not an ~ prospect** es una perspectiva poco halagüeña; **he was always very ~** siempre me daba ánimos

**encouragingly** [ɪn'kʌrɪdʒɪŋlɪ] ADV [*speak, say*] en tono alentador; [*smile, nod*] de modo alentador; **the theatre was ~ full** el teatro estaba lleno, lo cual resultaba alentador; **~, inflation is slowing down** resulta alentador que la inflación se vaya ralentizando

**encroach** [ɪn'krəʊtʃ] VI avanzar; **to ~ (up)on** [+ *time*] quitar; [+ *rights*] usurpar; [+ *land*] (*of neighbour*) invadir, traspasar los límites de; [+ *land*] (*by sea*) hurtar, invadir; [+ *someone's subject*] invadir

**encroachment** [ɪn'krəʊtʃmənt] N usurpación *f* (**on** de); **this new ~ on our liberty** esta nueva usurpación de nuestra libertad

**encrust** [ɪn'krʌst] VT incrustar (**with** de)

**encrustation** [,ɪnkrʌs'teɪʃn] N incrustación *f*

**encrusted** [ɪn'krʌstɪd] ADJ **~ with** incrustado de

**encrypt** [ɪn'krɪpt] VT codificar

**encryption** [ɪn'krɪpʃən] N codificación *f*

**encumber** [ɪn'kʌmbəʳ] VT [+ *person, movement*] estorbar; (*with debts*) cargar; [+ *place*] llenar (**with** de); **to be ~ed with** tener que cargar con; [+ *debts*] estar cargado de

**encumbrance** [ɪn'kʌmbrəns] N estorbo *m*; (*Fin, Jur*) carga *f*, gravamen *m*; **without ~** (*frm*) sin familia

**encyclical** [en'sɪklɪkəl] N encíclica *f*

**encyclopaedia**, **encyclopedia** [en,saɪkləʊ'piːdɪə] N enciclopedia *f*

**encyclopaedic**, **encyclopedic** [en,saɪkləʊ'piːdɪk] ADJ enciclopédico

**encyclopaedist**, **encyclopedist** [en,saɪkləʊ'piːdɪst] N enciclopedista *mf*

**end** [end] Ⓐ N 1 [*of street*] final *m*; [*of line, table*] extremo *m*; [*of rope, stick*] punta *f*; [*of estate*] límite *m*; (*Sport*) lado *m*; [*of town*] parte *f*, zona *f*; **at the ~ of** [+ *street, corridor*] al final de; [+ *rope, cable*] en la punta de; **to change ~s** (*Sport*) cambiar de lado; **the ~s of the earth** (*fig*) el ultimo rincón del mundo; **to go to the ~s of the earth** ir hasta el fin del mundo; **from one ~ to the other** de un extremo a otro; **the ~ of the line** (*fig*) el término, el acabóse; **to stand sth on ~** poner algo de punta; **his hair stood on ~** se le puso el pelo de punta; **the ~ of the road** (*fig*) el término, el acabóse; **from ~ to ~** de punta a punta; **to place ~ to ~** poner uno tras otro; **to read a book to the very ~** leer un libro hasta el mismo final; **to start at the wrong ~** empezar por el fin; ✦**IDIOMS to keep one's ~ up*** (*in undertaking*) hacer su parte; (*) (*in argument*) defenderse bien; **to tie up the loose ~s** atar cabos; **to make ~s meet** hacer llegar *or* alcanzar el dinero; **to get hold of the wrong ~ of the stick** tomar el rábano por las hojas; **to be at the ~ of one's tether** no poder más, no aguantar más; *see also* **deep A1**, **shallow A1**
2 [*of time, process, journey, resources*] fin *m*, final *m*; [*of story*] fin *m*, conclusión *f*; **the ~ of the empire** el fin del imperio; **at the ~ of three months** al cabo de tres meses; **at the ~ of the century** a fines del siglo; **towards the ~ of** [+ *book, film*] hacia el final de; [+ *century*] hacia fines de; [+ *month*] hacia fin de; **that was the ~ of him** así terminó él; **that's the ~ of the matter** asunto concluido; **that was the ~ of that!** ¡y se acabo!; **that was the ~ of our car*** así se acabó el coche; **we'll never hear the ~ of it*** esto va a ser cuento de nunca acabar; **there's no ~ to it*** esto no se acaba nunca; **we see no ~ to it** no entrevemos posibilidad alguna de que termine; **to be at an ~** [*meeting, interview*] haber concluido; **to be at the ~ of** [+ *strength, patience*] estar al límite de; **we're at the ~ of our supplies** se nos están agotando las provisiones; **we are almost at the ~ of our holidays** se nos están acabando las vacaciones; **to be at the ~ of one's resources** haber agotado los recursos; **to come to a bad ~** acabar mal; **to the bitter ~** hasta el último suspiro; **to bring to an ~** [+ *work, speech, relationship*] dar por terminado; **to come to an ~** llegar a su fin, terminarse; **to draw to an ~** llegar a su fin, terminarse; **I am getting to the ~ of my patience** estoy llegando al límite de mi paciencia; **in the ~** al fin; **to make an ~ of** acabar con, poner fin a; **I enjoyed it no ~*** me gustó muchísimo; **to think no ~ of sb** tener un muy alto concepto de algn; **no ~ of*** la mar de*; **it caused no ~ of trouble** causó la mar de problemas; **no ~ of an expert** sumamente experto, más experto que nadie; **three days on ~** tres días seguidos; **for days on ~** día tras día, durante una infinidad de días; **for hours on ~** hora tras hora; **to put an ~ to** [+ *argument, relationship, sb's tricks*] poner fin a, acabar con; **that's the ~!*** ¡eso es el colmo!; **he's the ~!*** ¡es el colmo!; **that movie is the ~!** (*US**) esa película es el no va más; **without ~** interminable; **the ~ of the world** el fin del mundo; **it's not the ~ of the world*** el mundo no se va a acabar por eso; ✦**IDIOM at the ~ of the day** al fin y al cabo, a fin de cuentas
3 (= *death*) (*liter or hum*) muerte *f*; **to meet one's ~** encontrar la muerte
4 (= *remnant*) [*of loaf, candle, meat*] resto *m*, cabo *m*; **the ~ of a roll** [*of cloth, carpet*] el retal de un rollo; *see also* **cigarette B**
5 (= *aim*) fin *m*, propósito *m*; **an ~ in itself** un fin en sí; **the ~ justifies the means** el fin justifica los medios; **to achieve one's ~** alcanzar su objetivo; **to no ~** en vano; **to the ~ that ...** a fin de que + *subjun*; **to this ~** ◊ **with this ~ in view** con este propósito; **with what ~?** ¿para qué?
Ⓑ VT [+ *argument*] terminar, poner fin a; [+ *book*] concluir; [+ *speech*] concluir, terminar; [+ *relationship*] terminar; [+ *abuse, speculation*] acabar con; **that was the meal to ~ all meals!*** ¡eso fue el no va más en comidas!; **to ~ one's days** vivir sus últimos días; **to ~ it all*** suicidarse; **to ~ one's life** suicidarse
Ⓒ VI [*lesson, work, war, meeting*] terminar, acabar; (*more frm*) concluir; [*road*] terminar(se); [*period of time, programme, film, story*] terminar; **to ~ by saying** terminar diciendo; **to ~ in** terminar en; **to ~ with** terminar con
Ⓓ CPD ► **end game** N (*Chess*) fase *f* final ► **the end house** N la última casa ► **end line** N (*Basketball*) línea *f* de fondo ► **end note** N nota *f* final ► **end product** N (*Ind*) producto *m* final; (*fig*) consecuencia *f* ► **end result** N resultado *m* ► **end user** N usuario/a *m/f* final

►**end off** VT + ADV poner fin a

►**end up** VI + ADV terminar (**in** en); [*road, path*] llevar, conducir (**in** a)

**end-all** ['endɔːl] N *see* **be-all**

**endanger** [ɪn'deɪndʒəʳ] VT [+ *life, health, position*] poner en peligro; **an ~ed species** (*of animal*) una especie en peligro de extinción

**endear** [ɪn'dɪəʳ] VT **to ~ sb to** [+ *others*] ganar para algn la simpatía de; **this did not ~ him to the public** esto no le granjeó las simpatías de la gente; **to ~ o.s. to sb** ganarse la simpatía de algn

**endearing** [ɪn'dɪərɪŋ] ADJ [*person, smile*] entrañable, simpático; [*characteristic, quality*] atractivo, atrayente; [*personality, habit*] encantador; **she has a very ~ manner** tiene una manera de ser encantadora

**endearingly** [ɪn'dɪərɪŋlɪ] ADV [*say, smile*] de manera encantadora; **he is ~ shy/eccentric** es encantadoramente tímida/eccentric

**endearment** [ɪn'dɪəmənt] N cariño *m*; **term of ~** palabra *f* de cariño

**endeavour**, **endeavor** (*US*) [ɪn'devəʳ] Ⓐ N (= *attempt*) intento *m*, tentativa *f*; (= *effort*) esfuerzo *m*; **in spite of my best ~s** a pesar de todos mis esfuerzos; **to make/use every ~ to do sth** procurar por todos los medios hacer algo
Ⓑ VI **to ~ to do sth** procurar hacer algo, esforzarse por hacer algo

**endemic** [en'demɪk] ADJ endémico

► LANGUAGE IN USE: **enclose 4** 20.2, 20.3, 20.6

**ending** ['endɪŋ] N [1] (= *end*) fin *m*, final *m*; [*of book, story, play*] final *m*, desenlace *m*; **the tale has a happy ~** el cuento tiene un final *or* desenlace feliz
[2] (*Ling*) terminación *f*

**endive** ['endaɪv] N endibia *f*

**endless** ['endlɪs] ADJ [1] (= *interminable*) [*road, queue, summer, speech*] interminable; [*variety, patience, desert*] infinito; [*supply*] inacabable, inagotable; **the list is ~** la lista es interminable; **this job is ~** este trabajo no se acaba nunca; **an ~ round of meetings** una ronda interminable de reuniones
[2] (= *countless*) continuo; **I'm tired of his ~ questions/complaining** estoy cansada de sus continuas preguntas/quejas; **he asked me ~ questions** me hizo un sinfín de preguntas; **the possibilities are ~** las posibilidades son infinitas
[3] (*Tech*) [*screw, belt*] sin fin *adj inv*

**endlessly** ['endlɪslɪ] ADV [*repeat*] una y otra vez, hasta la saciedad; [*discuss*] hasta la saciedad; [*argue*] continuamente; [*talk*] sin parar; [*recycle*] una y otra vez; **she talks ~ about her job** no para de hablar de su trabajo; **the desert stretched ~ before her** el desierto se extendía interminable ante ella; **he could see his life stretching out ~ before him** veía su vida extendiéndose interminablemente ante sus ojos; **she is ~ patient** tiene una paciencia infinita

**endocardium** [endəʊ'kɑːdɪəm] N (*pl* **endocardia** [endəʊ'kɑːdɪə]) endocardio *m*

**endocarp** ['endəkɑːp] N endocarpio *m*

**endocrine** ['endəʊkraɪn] (A) ADJ endocrino
(B) N glándula *f* endocrina
(C) CPD ► **endocrine gland** N glándula *f* endocrina ► **endocrine system** N sistema *m* endocrino

**endocrinologist** [ˌendəʊkraɪ'nɒlədʒɪst] N endocrinólogo/a *m/f*

**endodontics** [ˌendəʊ'dɒntɪks] NSING endodoncia *f*

**endogenous** [ˌen'dɒdʒɪnəs] ADJ endógeno

**endomorph** ['endəʊmɔːf] N endomorfo/a *m/f*

**endorphin** [ˌen'dɔːfɪn] N endorfina *f*

**endorse** [ɪn'dɔːs] VT [1] (= *sign*) [+ *cheque, document*] endosar
[2] (= *approve*) [+ *opinion, claim, plan*] aprobar; (= *support*) [+ *decision*] respaldar
[3] (*Brit Aut*) **to ~ a licence** anotar los detalles de una sanción en el permiso de conducir

**endorsee** [ɪnˌdɔː'siː] N endosatario/a *m/f*

**endorsement** [ɪn'dɔːsmənt] N [1] (= *signature*) endoso *m*
[2] (= *approval*) aprobación *f*; (= *support*) respaldo *m*
[3] (*Brit Aut*) (*on licence*) nota *f* de sanción

**endorser** [ɪn'dɔːsəʳ] N endosante *mf*

**endoscope** ['endəʊˌskəʊp] N endoscopio *m*

**endoscopy** [ˌen'dɒskəpɪ] N endoscopia *f*

**endow** [ɪn'daʊ] VT [1] (= *found*) [+ *prize, professorship*] fundar, crear; (= *donate*) dotar, hacer una donación a
[2] (*fig*) **to be ~ed with** estar dotado de

**endowment** [ɪn'daʊmənt] (A) N [1] (= *act*) dotación *f*; (= *creation*) fundación *f*, creación *f*; (= *amount*) donación *f*
[2] (*fig*) dote *f*
(B) CPD ► **endowment assurance** N seguro *m* mixto, seguro *m* de vida-ahorro ► **endowment insurance** N = **endowment assurance** ► **endowment mortgage** N (*Brit*) hipoteca *f* avalada por una dote ► **endowment policy** N (*Brit*) póliza *f* dotal

**endpaper** ['endpeɪpəʳ] N guarda *f*

**endue** [ɪn'djuː] VT dotar (**with** de)

**endurable** [ɪn'djʊərəbl] ADJ aguantable, soportable

**endurance** [ɪn'djʊərəns] (A) N resistencia *f*; **to come to the end of one's ~** no poder más, llegar a sus límites; **past** *or* **beyond ~** inaguantable, insoportable; **to be tried beyond ~** ser puesto a prueba; **it tested his powers of ~** puso a prueba su resistencia
(B) CPD ► **endurance race** N carrera *f* de resistencia ► **endurance test** N prueba *f* de resistencia

**endure** [ɪn'djʊəʳ] (A) VT (= *suffer*) [+ *pain, heat*] resistir, aguantar; (= *tolerate*) aguantar, soportar; **she can't ~ being laughed at** no soporta que se rían de ella; **I can't ~ being corrected** no aguanto que me corrijan; **to ~ doing sth** aguantar hacer algo; **I can't ~ him** no lo puedo ver, no lo aguanto *or* soporto; **I can't ~ it a moment longer** no lo aguanto un momento más
(B) VI (= *last*) durar; (= *not give in*) aguantar, resistir

**enduring** [ɪn'djʊərɪŋ] ADJ duradero, perdurable; **an ~ friendship** una amistad duradera; **an ~ affection/memory** un cariño/un recuerdo duradero

**endways** ['endweɪz] ADV (= *end to end*) de punta; (= *with end facing*) de lado, de canto

**ENE** ABBR (= **east-northeast**) ENE

**ENEA** N ABBR = **European Nuclear Energy Authority**

**enema** ['enɪmə] N (*pl* **enemas** *or* **enemata** ['enɪmətə]) enema *m*

**enemy** ['enɪmɪ] (A) N (= *person*) enemigo/a *m/f*; (*Mil*) enemigo *m*; **the ~ within** el enemigo en casa; **to go over to the ~** pasarse al enemigo; **to make an ~ of sb** enemistarse con algn; ✦***IDIOM*** **he is his own worst ~** su peor enemigo es él mismo
(B) CPD [*territory, forces, aircraft*] enemigo ► **enemy alien** N extranjero/a *m/f* enemigo/a

**enemy-occupied** [ˌenəmɪ'ɒkjʊpaɪd] ADJ [*territory*] ocupado por el enemigo

**energetic** [ˌenə'dʒetɪk] ADJ [*person*] activo, lleno de energía; [*activity, sport*] que requiere mucha energía, duro; [*walk*] duro; [*campaign*] activo; [*performance*] lleno de energía; [*protest, efforts*] vigoroso; [*denial, refusal*] enérgico; **I've had a very ~ day** he tenido un día muy activo; **to feel ~** sentirse lleno de energía; **I'm not feeling very ~ today** hoy no me siento con muchas energías

**energetically** [ˌenə'dʒetɪkəlɪ] ADV [*play, run*] con energía; [*work, deny*] enérgicamente; [*campaign*] activamente, vigorosamente

**energize** ['enədʒaɪz] VT activar, dar energía a

**energizing** ['enədʒaɪzɪŋ] ADJ [*food*] energético, que da energías

**energy** ['enədʒɪ] (A) N (*gen*) energía *f*; (= *strength*) vigor *m*; **electrical/atomic/solar ~** energía *f* eléctrica/atómica/solar; **Secretary (of State) for Energy** Secretario/a *m/f* (de Estado) de Energía; **Minister of Energy** Ministro/a *m/f* de Energía
(B) CPD ► **energy conservation** N conservación *f* de la energía ► **energy crisis** N crisis *f inv* energética ► **energy food** N comida *f* energética *or* que da energías ► **energy level** N nivel *m* energético ► **energy needs** NPL necesidades *fpl* energéticas ► **energy policy** N política *f* de energía ► **energy resources** NPL recursos *mpl* energéticos ► **energy saving** N ahorro *m* de energía

**energy-giving** ['enədʒɪˌgɪvɪŋ] ADJ [*food etc*] energético, que da energías

**energy-intensive** [ˌenədʒɪɪn'tensɪv] ADJ [*industry*] consumidor de gran cantidad de energía

**energy-saving** ['enədʒɪˌseɪvɪŋ] ADJ [*device, system*] que ahorra energía; [*policy*] para ahorrar energía

**enervate** ['enɜːveɪt] VT enervar, debilitar

**enervating** ['enɜːveɪtɪŋ] ADJ enervador

**enfeeble** [ɪn'fiːbl] VT debilitar

**enfeeblement** [ɪn'fiːblmənt] N debilitación *f*

**enfilade** [ˌenfɪ'leɪd] VT enfilar

**enfold** [ɪn'fəʊld] VT envolver; **to ~ sb in one's arms** abrazar a algn, estrechar a algn entre los brazos

**enforce** [ɪn'fɔːs] VT [1] (= *make effective*) [+ *law*] hacer cumplir; [+ *argument*] imponer; [+ *claim*] hacer valer; [+ *rights*] hacer respetar; [+ *demand*] insistir en; [+ *sentence*] ejecutar
[2] (= *compel*) [+ *obedience, attendance*] imponer (**on** a)

**enforceable** [ɪn'fɔːsəbl] ADJ [*law, rule*] ejecutable, que se puede hacer cumplir

**enforced** [ɪn'fɔːst] ADJ [*idleness, exile, silence*] forzoso, forzado

**enforcement** [ɪn'fɔːsmənt] N [*of law*] aplicación *f*; [*of sentence*] ejecución *f*; **law ~ agency** organismo *m* de seguridad del Estado

**enfranchise** [ɪn'fræntʃaɪz] VT (*Pol*) conceder el derecho de voto a; (= *free*) emancipar; [+ *slave*] liberar

**enfranchisement** [ɪn'fræntʃɪzmənt] N emancipación *f* (**of** de); (*Pol*) concesión *f* del derecho de votar (**of** a)

**ENG** N ABBR = **electronic news gathering**

**Eng** ABBR [1] = **England**
[2] = **English**

**engage** [ɪn'geɪdʒ] (A) VT [1] (= *hire*) [+ *servant, lawyer, worker*] contratar
[2] (= *attract*) [+ *attention*] llamar, captar
[3] (= *occupy*) [+ *attention, interest*] ocupar; **to ~ sb in conversation** entablar conversación con algn; **to ~ the enemy in battle** entablar batalla *or* combate con el enemigo
[4] (*Mech*) [+ *cog*] engranar con; [+ *coupling*] acoplar; [+ *gear*] meter; **to ~ the clutch** embragar
(B) VI [1] **to ~ in** [+ *discussion*] entablar; [+ *politics*] meterse en; [+ *sport*] tomar parte en
[2] (= *initiate battle*) entablar batalla, entablar combate
[3] (*Mech*) engranar (**with** con)

**engagé** [ɑ̃ːŋgæ'ʒeɪ] ADJ [*writer, artist*] comprometido

▼ **engaged** [ɪn'geɪdʒd] (A) ADJ [1] **to be ~** (= *busy*) [*seat, person*] estar ocupado; (*Brit*) [*toilet*] estar ocupado; **to be ~ in** estar ocupado en, dedicarse a; **what are you ~ in?** ¿a qué se dedica Vd?
[2] (*Brit Telec*) **to be ~** estar comunicando *or* (*LAm*) ocupado
[3] **to be ~ (to be married)** estar prometido; [*2 persons*] estar prometidos, ser novios; **they've been ~ for two years** llevan dos años de relaciones formales; **to get ~** prometerse (**to** con); **the ~ couple** los novios
(B) CPD ► **engaged signal, engaged tone** N señal *f* de comunicando *or* (*LAm*) ocupado

▼ **engagement** [ɪn'geɪdʒmənt] (A) N [1] (*to marry*) compromiso *m*; (= *period of engagement*) noviazgo *m*; **they announced their ~ yesterday** anunciaron su compromiso ayer; **the ~ lasted ten months** el noviazgo duró diez meses; **the ~ is announced of Miss A to Mr B** la Srta. A y el Sr. B han anunciado su compromiso (matrimonial)

➤ LANGUAGE IN USE: engaged A3 24.2 engagement A1 24.2 A2 25.2

[2] (= *appointment*) compromiso *m*, cita *f*; **I have a previous ~** ya tengo un compromiso
[3] (= *undertaking*) compromiso *m*; **to enter into an ~ to do sth** comprometerse a hacer algo
[4] (*Mil*) (= *battle*) batalla *f*, combate *m*
[5] (= *contract*) contrato *m*; **a long ~ at a theatre** un contrato largo con un teatro
Ⓑ CPD ► **engagement book** N dietario *m*; (*at work*) agenda *f* de trabajo ► **engagement diary** N = **engagement book** ► **engagement party** N fiesta *f* de compromiso ► **engagement ring** N anillo *m* de compromiso *or* de pedida

**engaging** [ɪn'geɪdʒɪŋ] ADJ atractivo; [*enthusiasm etc*] contagioso

**engagingly** [ɪn'geɪdʒɪŋlɪ] ADV [*smile, write*] de manera atractiva, con encanto; **he was ~ honest about the reasons for his action** se ganó nuestra simpatía con su honestidad al explicar los motivos de su acto

**engender** [ɪn'dʒendəʳ] VT engendrar; (*fig*) engendrar, suscitar

**engine** ['endʒɪn] Ⓐ N [1] (= *motor*) (*in car, ship, plane*) motor *m*
[2] (*Rail*) locomotora *f*, máquina *f*; **facing the ~** de frente a la máquina; **with your back to the ~** de espaldas a la máquina
Ⓑ CPD ► **engine block** N (*Aut*) bloque *m* del motor ► **engine driver** N (*Brit*) [*of train*] maquinista *mf* ► **engine failure** N avería *f* del motor ► **engine room** N (*Naut*) sala *f* de máquinas ► **engine shed** N (*Brit Rail*) cochera *f* de tren ► **engine trouble** N = **engine failure**

**-engined** ['endʒɪnd] ADJ (*ending in compounds*) **four-engined** de cuatro motores, cuatrimotor; **petrol-engined** con motor de gasolina

**engineer** [ˌendʒɪ'nɪəʳ] Ⓐ N ingeniero/a *m/f*; (*for repairs*) técnico/a *m/f*; (*US Rail*) maquinista *mf*; **ship's ~** ingeniero/a *m/f* naval; **electrical/TV ~** técnico/a *m/f* electricista/de televisión; **the Royal Engineers** (*Mil*) el Cuerpo de Ingenieros
Ⓑ VT (= *contrive*) [+ *plan*] maquinar; [+ *meeting*] organizar

**engineering** [ˌendʒɪ'nɪərɪŋ] Ⓐ N ingeniería *f*
Ⓑ CPD ► **engineering factory** N fábrica *f* de maquinaria ► **engineering industry** N industria *f* de ingeniería ► **engineering works** N taller *m* de ingeniería

**England** ['ɪŋglənd] N Inglaterra *f*

**English** ['ɪŋglɪʃ] Ⓐ ADJ inglés
Ⓑ N (*Ling*) inglés *m*; **Old ~** inglés *m* antiguo; **King's/Queen's ~** inglés *m* correcto; **in plain ~** en el habla corriente, ≈ en cristiano*; **~ as a Foreign Language** inglés para extranjeros; **~ as a Second Language** inglés como segunda lengua; **the ~** (= *people*) los ingleses
Ⓒ CPD ► **English breakfast** N desayuno *m* inglés *or* a la inglesa ► **the English Channel** N el Canal de la Mancha ► **English Heritage** N ≈ Patrimonio *m* Histórico-Artístico ► **English Language Teaching** N enseñanza *f* del inglés ► **English speaker** N anglohablante *mf*

**ENGLISH**

*En el Reino Unido, se llama* **Received Pronunciation** *o* **RP** *a un tipo de acento no asociado a ninguna región en concreto (si bien tuvo su origen en el inglés hablado en el sur de Inglaterra) que hoy en día usan especialmente las personas educadas en colegios privados, las clases dirigentes y los locutores en los informativos nacionales de la BBC. En los medios de comunicación se acepta ya el uso de acentos regionales siempre y cuando se use la norma lingüística, es decir, utilicen un inglés gramaticalmente correcto, el llamado* **Standard English**. *La pronunciación* **RP** *suele también tomarse como norma en la enseñanza del inglés británico como lengua extranjera. Todavía goza de cierto prestigio, aunque la gran mayoría de la población habla con el acento de su región, que puede ser más o menos marcado según su educación o clase social.*
*El inglés americano difiere del inglés británico principalmente en la pronunciación, aunque también hay diferencias ortográficas y léxicas. Tiene también una pronunciación estándar, conocida por el nombre de* **Network Standard**, *que es la que se usa en los medios de comunicación, así como diversas variedades regionales. A diferencia del Reino Unido, la asociación de acento y clase social no es muy evidente.*

➤ LANGUAGE IN USE: enjoy 1 7.2

**Englishman** ['ɪŋglɪʃmən] N (*pl* **Englishmen**) inglés *m*

**English-speaking** ['ɪŋglɪʃˌspiːkɪŋ] ADJ de habla inglesa, anglohablante

**Englishwoman** ['ɪŋglɪʃˌwʊmən] N (*pl* **Englishwomen**) inglesa *f*

**Eng Lit** ['ɪŋ'lɪt] N ABBR = **English Literature**

**engorged** [ɪn'gɔːdʒd] ADJ dilatado, hinchado; **to become ~** dilatarse, hincharse

**engrave** [ɪn'greɪv] VT (*Art, Typ*) grabar; (*fig*) grabar, imprimir

**engraver** [ɪn'greɪvəʳ] N (= *person*) grabador(a) *m/f*

**engraving** [ɪn'greɪvɪŋ] N (= *picture*) grabado *m*

**engross** [ɪn'grəʊs] VT [1] [+ *attention, person*] absorber
[2] (*Jur*) copiar

**engrossed** [ɪn'grəʊst] ADJ absorto; **to be ~ in work/reading/one's thoughts** estar absorto en el trabajo/la lectura/los pensamientos; **to become ~ in** [+ *activity*] dedicarse por completo a

**engrossing** [ɪn'grəʊsɪŋ] ADJ absorbente

**engulf** [ɪn'gʌlf] VT (= *swallow up*) tragar; (= *immerse*) sumergir, hundir; **to be ~ed by** (*lit*) quedar sumergido bajo; **she felt ~ed by her grief** se sentía abrumada *or* hundida por el desconsuelo

**enhance** [ɪn'hɑːns] VT [+ *beauty, attraction*] realzar, dar realce a; [+ *position, reputation, chances*] mejorar; [+ *value, powers*] aumentar

**enhancement** [ɪn'hɑːnsmənt] N [*of beauty, attraction*] realce *m*, intensificación *f*; [*of reputation*] mejora *f*; [*of value, powers*] aumento *m*, incremento *m*

**enigma** [ɪ'nɪgmə] N enigma *m*

**enigmatic** [ˌenɪg'mætɪk] ADJ enigmático

**enigmatically** [ˌenɪg'mætɪkəlɪ] ADV enigmáticamente

**enjambement** [ɪn'dʒæmmənt] N encabalgamiento *m*

**enjoin** [ɪn'dʒɔɪn] VT (*frm*) [+ *obedience, silence, discretion*] imponer, exigir; **to ~ sth on sb** imponer algo a algn; **to ~ sb to sth/to do sth** exigir a algn algo/hacer algo; **to ~ sb from doing sth** (*US*) prohibir a algn hacer algo

▼ **enjoy** [ɪn'dʒɔɪ] VT [1] (= *take pleasure in*) [+ *meal, wine, occasion*] disfrutar de, disfrutar; **to ~ sth/doing sth: I ~ reading** me gusta leer; **did you ~ the game?** ¿te gustó el partido?; **I hope you ~ your holiday** que lo pases muy bien en las vacaciones; **to ~ life** disfrutar de la vida; **~ your meal!** ¡que aproveche!; **to ~ o.s.** pasarlo bien, divertirse; **we really ~ed ourselves** lo pasamos en grande, nos divertimos mucho; **he ~ed himself in London/on holiday** (se) lo pasó bien en Londres/las vacaciones; **~ yourself!** ¡que lo pases bien!, ¡que te diviertas!
[2] (= *have benefit of*) [+ *good health, income, respect*] disfrutar de, gozar de; [+ *advantage*] poseer

**enjoyable** [ɪn'dʒɔɪəbl] ADJ (= *pleasant*) agradable; (= *amusing*) divertido

**enjoyment** [ɪn'dʒɔɪmənt] N [1] (= *pleasure*) placer *m*; **he listened with real ~** escuchó con verdadero placer; **to find ~ in sth/in doing sth** disfrutar *or* gozar de algo/haciendo algo
[2] (= *possession*) [*of good health etc*] posesión *f*, disfrute *m*

**enlarge** [ɪn'lɑːdʒ] Ⓐ VT (*Phot*) ampliar; (*Med*) dilatar; [+ *house, business, circle of friends*] ampliar, extender
Ⓑ VI [1] extenderse, aumentarse
[2] **to ~ (up)on** (= *explain*) entrar en detalles sobre

**enlarged** [ɪn'lɑːdʒd] ADJ [*edition*] aumentado; (*Med*) [*organ, gland*] dilatado

**enlargement** [ɪn'lɑːdʒmənt] N (= *act*) aumento *m*; (*Phot*) ampliación *f*

**enlarger** [ɪn'lɑːdʒəʳ] N (*Phot*) ampliadora *f*

**enlighten** [ɪn'laɪtn] VT (= *inform*) informar, instruir; (*Rel frm*) iluminar; **can you ~ me?** ¿puedes explicármelo *or* aclarármelo?; **to ~ sb about** *or* **on sth** (= *inform*) poner a algn al corriente de algo; (= *clarify*) aclarar algo a algn

**enlightened** [ɪn'laɪtnd] ADJ [*person, society, policy, attitude*] progresista; **an ~ despot** un déspota ilustrado; **in this ~ age** *or* **in these ~ times** (*esp iro*) en esta época de tantos adelantos *or* progresos

**enlightening** [ɪn'laɪtnɪŋ] ADJ informativo; [*experience etc*] instructivo

**enlightenment** [ɪn'laɪtnmənt] N [1] (= *clarification*) **we need some ~ on this point** necesitamos una aclaración sobre este punto
[2] (= *tolerance*) progresismo *m*; **sexual ~** progresismo *m* sexual; **the (Age of) Enlightenment** el Siglo de las Luces
[3] (*Rel*) iluminación *f*; **spiritual ~** iluminación *f* espiritual

**enlist** [ɪn'lɪst] Ⓐ VT [1] (*Mil*) reclutar, alistar; **~ed man** (*US Mil*) soldado *m* raso
[2] [+ *support etc*] conseguir
Ⓑ VI (*Mil*) alistarse (**in** en)

**enlistment** [ɪn'lɪstmənt] N alistamiento *m*

**enliven** [ɪn'laɪvn] VT (= *stimulate*) animar; (= *make lively*) avivar, animar

**en masse** [ɑ̃ːŋ'mæs] ADV en masa, masivamente

**enmesh** [ɪn'meʃ] VT (*lit*) coger en una red; **to get ~ed in** enredarse en

**enmity** ['enmɪtɪ] N (= *hatred*) enemistad *f*

**ennoble** [ɪ'nəʊbl] VT ennoblecer

**ennui** [ɑ̃ː'nwiː] N tedio *m*, hastío *m*

**enology** *etc* [iː'nɒlədʒɪ] N (*US*) = **oenology** *etc*

**enormity** [ɪ'nɔːmɪtɪ] N [*of task*] enormidad *f*; [*of crime, action*] gravedad *f*

**enormous** [ɪ'nɔːməs] ADJ [1] (*in physical size*) [*building, object*] enorme, inmenso; [*person, animal*] enorme; **an ~ great thing*** una cosa grandísima
[2] (*fig*) [*patience, relief*] enorme; [*effort, variety*] enorme, inmenso; [*problems, difficulties*] enorme, muy grande; [*profits, losses*] enorme, cuantioso; [*appetite*] voraz; **he was on our side, and that made an ~ difference** él estaba de nuestra parte y eso supuso una enorme diferencia; **an ~ amount/number of sth** una

cantidad enorme de algo; **the country's industrial success has been bought at an ~ cost to the environment** el medio ambiente ha pagado un precio muy alto por el éxito industrial del país; **it gives me ~ pleasure to welcome Ed Lilly** es para mí un inmenso placer dar la bienvenida a Ed Lilly; **I get ~ pleasure from reading** la lectura es una enorme fuente de placer para mí

**enormously** [ɪ'nɔːməslɪ] ADV [*improve, vary, help*] enormemente; [*enjoy*] muchísimo, enormemente; [*like*] muchísimo; [*important, difficult, popular*] tremendamente; [*relieved*] inmensamente, enormemente; **it's ~ expensive** es tremendamente *or* enormemente caro, es carísimo; **he runs an ~ successful business** dirige un negocio muy próspero; **he launched an ~ successful stage career** inició una carrera teatral de enorme éxito

**enough** [ɪ'nʌf] Ⓐ ADJ suficiente, bastante; **we have ~ apples** tenemos suficientes *or* bastantes manzanas; **I've got ~ problems of my own** ya tengo suficientes *or* bastantes problemas con los míos; **I haven't ~ room** no tengo suficiente *or* bastante espacio, no tengo espacio suficiente; **did you get ~ sleep?** ¿has dormido bastante *or* lo suficiente?; **they didn't have ~ money to pay the rent** no tenían suficiente dinero (como) para pagar el alquiler; **more than ~ money/time** dinero/tiempo más que suficiente, dinero/tiempo de sobra; **to be proof ~ that ...** (*frm*) ser prueba suficiente de que ..., probar a las claras que ...

Ⓑ ADV **1** (*WITH VB*) [*suffer, help, talk*] bastante, lo suficiente; **I can't thank you ~** no puedo agradecértelo bastante *or* lo suficiente; **he opened the door just ~ to see out** abrió la puerta lo suficiente *or* lo bastante *or* lo justo (como) para poder mirar fuera

**2** (*WITH ADJ*) (lo) suficientemente, lo bastante; **it's not big ~** no es (lo) suficientemente grande, no es lo bastante grande; **he's old ~ to go alone** es (lo) suficientemente mayor *or* es lo bastante mayor (como) para ir solo; **that's a good ~ excuse** ésa es una buena excusa; **I'm sorry, that's not good ~** lo siento, pero eso no basta; **she seems happy ~** parece bien contenta; **she was fool ~** *or* **stupid ~ to listen to him** fue tan estúpida que le hizo caso; **he was kind ~ to lend me the money** tuvo la bondad *or* amabilidad de prestarme el dinero; **it's hard ~ to cope with two children, let alone with five** ya es difícil defenderse con dos niños, cuanto peor con cinco; *see also* **fair A1**, **sure B4**

**3** (*WITH ADV*) **he can't do it fast ~** no lo puede hacer lo bastante *or* lo suficientemente rápido, no lo puede hacer con la suficiente rapidez; **when he saw her coming he couldn't get away fast ~** cuando la vio venir desapareció todo lo rápido que pudo; **he hadn't prepared the report carefully ~** no había preparado el informe con la debida atención; **curiously** *or* **oddly** *or* **strangely ~** por extraño *or* raro que parezca; **you know well ~ that ...** sabes muy bien *or* de sobra que ...; **they seem to be settling down well ~** parece que se están adaptando bastante bien; **he writes well ~, I suppose** no escribe mal, supongo; *see also* **funnily**

Ⓒ PRON bastante, suficiente; **there are ~ for everyone** hay bastantes *or* suficientes para todos; **will £15 be ~?** ¿habrá bastante *or* suficiente con 15 libras?, ¿bastarán 15 libras?, ¿serán suficientes 15 libras?; **that's ~, thanks** con eso basta *or* ya es suficiente, gracias; **that's ~!** ¡basta ya!, ¡ya está bien!; **as if that weren't ~** por si eso fuera poco; **have you had ~ to eat?** ¿has comido bastante *or* lo suficiente?; **you don't eat ~** no comes bastante *or* lo suficiente; **we don't get paid ~** no nos pagan bastante *or* lo suficiente; **I have ~ to do without taking on more work** tengo ya bastante que hacer (como) para aceptar más trabajo; **we earn ~ to live on** ganamos lo bastante *or* lo suficiente (como) para vivir; **it's ~ to drive you mad*** es (como) para volverse loco; **enough's enough!** ¡basta ya!, ¡ya está bien!; **it is ~ for us to know that ...** nos basta con saber que ...; **we've got more than ~** tenemos más que suficiente(s) *or* más que de sobra; **he has had more than ~ to drink** ha bebido más de la cuenta; **I've had ~ of his silly behaviour** ya estoy harto de sus tonterías; **you can never have ~ of this scenery** nunca se cansa uno de este paisaje; **I think you have said ~** creo que ya has dicho bastante *or* suficiente; ✦**PROV enough is as good as a feast** rogar a Dios por santos mas no por tantos

**enquire** *etc* [ɪn'kwaɪəʳ] *see* **inquire** *etc*

**enrage** [ɪn'reɪdʒ] VT enfurecer, hacer rabiar

**enrapture** [ɪn'ræptʃəʳ] VT embelesar, extasiar

**enrich** [ɪn'rɪtʃ] VT **1** (= *improve*) **1·1** [+ *sb's life, society, language*] enriquecer; **it was an ~ing experience** fue una experiencia enriquecedora

**1·2** [+ *food*] enriquecer; [+ *soil*] fertilizar, abonar

**1·3** (*Phys*) [+ *uranium*] enriquecer

**2** (= *make wealthy*) enriquecer

**enriched** [ɪn'rɪtʃt] ADJ [*food, uranium*] enriquecido; **bread ~ with folic acid** pan *m* enriquecido con ácido fólico

**enrichment** [ɪn'rɪtʃmənt] N **1** (= *improvement*) **1·1** [*of sb's life, society, of language*] enriquecimiento *m*

**1·2** [*of soil*] fertilización *f*

**1·3** (*Phys*) [*of uranium*] enriquecimiento *m*

**2** (*financial*) enriquecimiento *m*

**enrol**, **enroll** (*US*) [ɪn'rəʊl] Ⓐ VT [+ *member*] inscribir; [+ *student*] matricular; (*Mil*) alistar

Ⓑ VI (*on a course*) matricularse, inscribirse; (*in a club*) inscribirse, hacerse socio

**enrolment**, **enrollment** (*US*) [ɪn'rəʊlmənt] N **1** [*of member*] inscripción *f*; [*of student*] matrícula *f*, inscripción *f*

**2** (= *numbers*) matrícula *f*

**en route** [ɑ̃ːn'ruːt] ADV **to be ~ for** *or* **to** ir camino de *or* a; **to be ~ from** venir de camino de; **it was stolen ~** se lo robaron durante el viaje

**ensconce** [ɪn'skɒns] VT **to ~ o.s.** instalarse cómodamente, acomodarse; **to be ~d in** estar cómodamente instalado en

**ensemble** [ɑ̃ːnsɑ̃ːmbl] N **1** (= *whole*) conjunto *m*; (= *general effect*) impresión *f* de conjunto

**2** (= *dress*) conjunto *m*

**3** (*Mus*) conjunto *m* (musical)

**enshrine** [ɪn'ʃraɪn] VT (*fig*) encerrar, englobar; **to be ~d in law** ser consagrado por la ley

**enshroud** [ɪn'ʃraʊd] VT (*liter*) (*lit*) envolver, cubrir; **the case remains ~ed in mystery** el caso permanece envuelto en misterio

**ensign** ['ensaɪn] N **1** (= *flag*) enseña *f*, pabellón *m*; *see also* **red C**, **white C**

**2** (*US Naut*) (= *rank*) alférez *mf*

**enslave** [ɪn'sleɪv] VT esclavizar

**enslavement** [ɪn'sleɪvmənt] N esclavitud *f*; (= *action*) esclavización *f*

**ensnare** [ɪn'snɛəʳ] VT (*lit, fig*) atrapar, coger en una trampa

**ensue** [ɪn'sjuː] VI (= *follow*) seguir(se); (= *result*) resultar (**from** de)

**ENOUGH**

**Agreement**

- When used as an *adjective* or *pronoun*, **bastante**, like **suficiente**, agrees with the noun it describes or refers to:

  Are there enough potatoes?
  ***¿Hay bastantes patatas?***
  Eggs? Yes, there are enough
  ***¿Huevos? Sí, hay bastantes***

- Don't add an "s" to the *adverb* **bastante** (*i.e.* when it modifies an adjective or verb other than **ser**, **parecer** *etc*):

  They're not poor enough to get money from the State
  ***No son lo bastante pobres (como) para recibir dinero del Estado***
  We've studied these photographs enough
  ***Ya hemos estudiado bastante estas fotografías***

**After verbs - adverbial Use**

- When a purpose is implied or stated, translate using **lo suficiente** or, especially in affirmative phrases, **lo bastante**:

  We know enough to be able to say that these techniques are safe
  ***Sabemos lo suficiente*** or ***lo bastante (como) para afirmar que estas técnicas son seguras***

- When no purpose is implied or stated, translate using either **bastante** or **lo suficiente**:

  He says he hasn't had enough to eat
  ***Dice que no ha comido bastante*** or ***no ha comido lo suficiente***
  We shall never be able to thank you enough
  ***Nunca se lo podremos agradecer bastante*** or ***lo suficiente***

**After adjectives and adverbs**

- Translate using **lo** + **bastante** + ADJECTIVE/ADVERB or **(lo) suficientemente** + ADJECTIVE/ADVERB:

  He isn't good enough to take part in the Olympics
  ***No es lo bastante*** or ***(lo) suficientemente bueno (como) para participar en las Olimpiadas***
  She couldn't run fast enough to catch him
  ***No pudo correr lo bastante*** or ***(lo) suficientemente rápido (como) para atraparlo*** ◇ ***No pudo correr lo bastante*** or ***lo suficiente (como) para atraparlo***

**To be enough**

- **To be enough** can often be translated using **bastar**:

  That's enough!
  ***¡Basta ya!***
  That's enough to feed an army!
  ***Con eso basta para dar de comer a un regimiento***

NOTE: As **bastar** is an impersonal verb, it often takes an indirect object:

  Promises are no longer enough for him
  ***Ya no le bastan las promesas***
  That's enough for him
  ***Con eso le basta***

*For further uses and examples, see main entry.*

**ensuing** [ɪn'sjuːɪŋ] ADJ (= *subsequent*) subsiguiente; (= *resulting*) consiguiente

**en suite** [ɑ̃'swiːt] ADJ **with bathroom ~** ◊ **with an ~ bathroom** con baño adjunto

▼ **ensure** [ɪn'ʃʊəʳ] VT asegurar (**that** que)

**ENT** ABBR (*Med*) = **ear, nose and throat**

➤ LANGUAGE IN USE: **ensure** 20.3

**entail** [ɪn'teɪl] Ⓐ VT 1 (= *necessitate*) suponer, implicar; [+ *hardship, suffering*] acarrear, traer consigo; **it ~s a lot of work** supone *or* implica mucho trabajo; **it ~ed buying a new car** supuso comprar un coche nuevo; **what does the job ~?** ¿en qué consiste el trabajo?
2 (*Jur*) vincular
Ⓑ N (*Jur*) vínculo *m*

**entangle** [ɪn'tæŋgl] VT 1 [+ *thread etc*] enredar, enmarañar
2 (*fig*) **to become ~d in sth** verse envuelto en algo, enredarse en algo; **to get ~d with sb** liarse con algn*

**entanglement** [ɪn'tæŋglmənt] N 1 (= *being entangled*) enredo *m*; (*fig*) lío* *m*
2 (= *love affair*) lío *m* amoroso*
3 (*Mil*) alambrada *f*

**entente** [ɑ̃:n'tɑ̃:nt] N (*Pol*) entente *f*

**enter** ['entəʳ] Ⓐ VT 1 (= *go into, come into*) [+ *room, country, tunnel*] entrar en; [+ *bus, train*] subir a; **the phrase has already ~ed the language** la frase ya ha entrado en el idioma; **where the River Wyre ~s the Thames** donde el río Wyre confluye con el Támesis; **the ship ~ed harbour** el barco entró en el puerto; **the thought never ~ed my head** jamás se me ocurrió, jamás se me pasó por la cabeza; **to ~ hospital** (*frm*) ingresar en el hospital
2 (= *penetrate*) [+ *market*] introducirse en; (*sexually*) penetrar
3 (= *join*) [+ *army, navy*] alistarse en, enrolarse en; [+ *college, school*] entrar en; [+ *company, organization*] incorporarse a, entrar a formar parte de; [+ *profession*] ingresar en, entrar en; [+ *discussion, conversation*] unirse a, intervenir en; [+ *war*] entrar en; **he ~ed the church** se hizo sacerdote; **he decided to ~ a monastery** decidió hacerse monje; **he ~ed politics at a young age** se metió en la política cuando era joven
4 (= *go in for*) [+ *live competition, exam*] presentarse a; [+ *race, postal competition*] participar en, tomar parte en
5 (= *enrol*) [+ *pupil*] (*for school*) matricular, inscribir; (*for examination*) presentar; **how many students are you ~ing this year?** ¿a cuántos alumnos presentas este año?; **to ~ sth/sb for sth: he ~ed his son for Eton** matriculó *or* inscribió a su hijo en Eton; **to ~ a horse for a race** inscribir a un caballo para una carrera; **she had intended to ~ the piece of work for a competition** su intención había sido presentar el trabajo a un concurso
6 (= *write down*) [+ *name*] escribir, apuntar; [+ *claim, request*] presentar, formular; (*Fin*) [+ *amount, transaction*] registrar, anotar; (*Comm*) [+ *order*] registrar, anotar; **~ your answers in the boxes provided** escriba las respuestas en las casillas
7 (= *begin*) entrar en; **as the war ~s its second month** al entrar la guerra en su segundo mes; **the crisis is ~ing a new phase** la crisis está entrando en una nueva fase
8 (*Comput*) [+ *data*] introducir
9 (*Jur*) **to ~ an appeal** presentar un recurso de apelación; **to ~ a plea of guilty/not guilty** declararse culpable/no culpable
Ⓑ VI 1 (= *come in, go in*) entrar; **~!** (*frm*) ¡adelante!, ¡pase!
2 (*Theat*) entrar en escena; **~, stage left** entra en escena por la izquierda del escenario; **~ Macbeth** entra en escena Macbeth
3 **to ~ for** [+ *live competition*] (= *put name down for*) inscribirse en; (= *take part in*) presentarse a; [+ *race, postal competition*] (= *put name down for*) inscribirse en; (= *take part in*) participar en; **are you going to ~ for the exam?** ¿te vas a presentar al examen?

►**enter into** VI + PREP 1 (= *engage in*) [+ *agreement*] llegar a; [+ *contract*] firmar; [+ *relationship, argument*] iniciar; [+ *explanation, details*] entrar en; [+ *conversation, correspondence, negotiations*] entablar; **to ~ into the spirit of things** ambientarse; *see also* **partnership A2**
2 (= *affect*) [+ *plans, calculations*] influir en; **do their wishes ~ into your plans at all?** ¿sus deseos influyen para algo en tus planes?; **money doesn't ~ into it** el dinero no tiene nada que ver

►**enter on**, **enter upon** VI + PREP [+ *career*] emprender; [+ *period, term of office*] empezar; (*Comm, Fin*) [+ *transaction, investment*] realizar

►**enter up** VT + ADV [+ *facts, information*] escribir, anotar; [+ *diary, ledger*] poner al día

**enteric** [en'terɪk] Ⓐ ADJ entérico
Ⓑ CPD ► **enteric fever** N fiebre *f* entérica

**enteritis** [,entə'raɪtɪs] N enteritis *f inv*

**enterprise** ['entəpraɪz] Ⓐ N 1 (= *firm, undertaking*) empresa *f*
2 (= *initiative*) iniciativa *f*; **free ~** la libre empresa; **private ~** la empresa privada
Ⓑ CPD ► **the enterprise culture** N la cultura empresarial ► **enterprise zone** N *zona declarada de especial interés para el fomento de actividades empresariales*

**enterprising** ['entəpraɪzɪŋ] ADJ [*person, spirit*] emprendedor; [*company, idea, scheme*] innovador; **that was ~ of her!** ¡qué emprendedora!

**enterprisingly** ['entəpraɪzɪŋlɪ] ADV con mucha iniciativa

**entertain** [,entə'teɪn] Ⓐ VT 1 (= *amuse*) [+ *audience*] divertir, entretener
2 (= *offer hospitality to*) [+ *guest*] recibir; **to ~ sb to dinner** (*frm*) invitar a algn a cenar
3 (= *consider*) [+ *idea, hope*] abrigar; [+ *proposal*] tomar en consideración; [+ *doubts*] albergar; **I wouldn't ~ it for a moment** jamás se me ocurriría tal cosa
Ⓑ VI 1 (= *amuse*) [*book, film, performer*] entretener
2 (= *have visitors*) recibir visitas; **they ~ a good deal** reciben muchos invitados

**entertainer** [,entə'teɪnəʳ] N artista *mf*

**entertaining** [,entə'teɪnɪŋ] Ⓐ ADJ [*person*] divertido; [*film, book, account, evening*] entretenido, ameno
Ⓑ N **I like ~** me gusta tener invitados; **she does a lot of ~** invita a gente a menudo, recibe a menudo (*frm*)

**entertainingly** [,entə'teɪnɪŋlɪ] ADV [*say, talk*] de manera divertida, de modo ameno; **an ~ irreverent book** un libro irreverente y divertido

**entertainment** [,entə'teɪnmənt] Ⓐ N 1 (= *amusement*) [*of guests*] entretenimiento *m*; [*of audience*] diversión *f*; **for your ~** para divertiros
2 (= *show*) espectáculo *m*; (= *musical entertainment*) concierto *m*; **to put on an ~** organizar un espectáculo; **the world of ~** el mundo del espectáculo
Ⓑ CPD ► **entertainment allowance** N gastos *mpl* de representación ► **entertainment expenses** NPL = **entertainment allowance** ► **entertainment guide** N guía *f* del ocio ► **entertainment tax** N impuesto *m* de espectáculos ► **the entertainment world** N el mundo del espectáculo

**enthral**, **enthrall** (*US*) [ɪn'θrɔ:l] VT (*gen passive*) cautivar, embelesar; **we listened ~led** escuchamos embelesados

**enthralling** [ɪn'θrɔ:lɪŋ] ADJ cautivador, embelesador

**enthrone** [ɪn'θrəʊn] VT (*lit*) entronizar; (*fig*) [+ *idea*] consagrar

**enthronement** [ɪn'θrəʊnmənt] N (*lit*) entronización *f*; (*fig*) consagración *f*

**enthuse** [ɪn'θu:z] VI **to ~ over** *or* **about sth/sb** entusiasmarse con algo/algn

**enthusiasm** [ɪn'θu:zɪæzəm] N 1 (= *excitement*) entusiasmo *m* (**for** por); **without ~** sin entusiasmo; **the news aroused little ~ in the White House** la noticia despertó poco entusiasmo en la Casa Blanca; **the idea filled her with ~** la idea la entusiasmó; **to show ~ for sth** mostrarse entusiasmado por algo; *see also* **work up A1**
2 (= *interest, hobby*) interés *m*; **photography is one of her many ~s** la fotografía es uno de sus muchos intereses

**enthusiast** [ɪn'θu:zɪæst] N entusiasta *mf*; **he is a jazz/bridge ~** es un entusiasta del jazz/bridge; **a Vivaldi ~** un enamorado *or* entusiasta de Vivaldi

**enthusiastic** [ɪn,θu:zɪ'æstɪk] ADJ [*skier, supporter, crowd, applause*] entusiasta; **to be ~ about** [+ *photography, chess, art*] ser un entusiasta de; [+ *idea, suggestion*] estar entusiasmado con; **to be ~ about doing sth** estar entusiasmado por hacer algo; **to become ~ about sth** entusiasmarse con algo; **she was less than ~ about the idea** no le entusiasmaba nada la idea; **I tried to sound ~** intenté parecer entusiasmado

**enthusiastically** [ɪn,θu:zɪ'æstɪkəlɪ] ADV [*greet, support, speak*] con entusiasmo; **he shouted ~** gritó entusiasmado

**entice** [ɪn'taɪs] VT (= *tempt*) atraer, tentar; (= *seduce*) seducir; **to ~ sb away from sb** convencer a algn de que deje a algn; **to ~ sb into a room** engatusar a algn para que entre en una habitación; **to ~ sb into doing sth** *or* **to do sth** tentar a algn a hacer algo; **to ~ sb with food/an offer** tentar a algn con comida/una oferta

**enticement** [ɪn'taɪsmənt] N 1 (= *attraction*) tentación *f*, atracción *f*
2 (= *seduction*) seducción *f*
3 (= *bait*) atractivo *m*

**enticing** [ɪn'taɪsɪŋ] ADJ tentador, atractivo

**enticingly** [ɪn'taɪsɪŋlɪ] ADV atractivamente, de manera atractiva

**entire** [ɪn'taɪəʳ] ADJ 1 (= *whole*) entero; **the ~ world** el mundo entero, todo el mundo; **she cleaned the ~ house** limpió toda la casa, limpió la casa entera; **he didn't speak throughout the ~ evening** no habló en toda la tarde; **his ~ earnings for a year** la totalidad de sus ingresos anuales; **he has my ~ confidence** tiene toda mi confianza
2 (= *complete*) completo; **an ~ dinner service** una vajilla completa

**entirely** [ɪn'taɪəlɪ] ADV 1 (= *completely*) [*satisfied, convinced*] completamente, enteramente; [*different*] totalmente, completamente; [*possible*] totalmente; **that's another matter ~** eso es otra cosa, eso es una cosa completamente distinta; **I don't ~ agree** no estoy totalmente de acuerdo; **that is not ~ true** eso no es del todo *or* no es enteramente cierto
2 (= *exclusively*) enteramente, exclusivamente; **it's ~ up to you** depende de ti exclusivamente, depende enteramente de ti; **it was his fault ~** fue totalmente *or* enteramente culpa suya; **the concert was devoted ~ to Mozart** el concierto estuvo enteramente *or* exclusivamente dedicado a Mozart, el concierto estuvo dedicado a Mozart en su totalidad; **to**

**be made ~ of wood** estar hecho totalmente de madera

**entirety** [ɪn'taɪərətɪ] N **in its ~** en su totalidad, íntegramente

**entitle** [ɪn'taɪtl] VT [1] [+ *book etc*] titular; **the book is ~d ...** el libro se titula ...
[2] (= *give right*) dar derecho a; **to ~ sb to sth/to do sth** dar derecho a algn a algo/a hacer algo; **to be ~d to sth/to do sth** tener derecho a algo/a hacer algo; **you are quite ~d to do as you wish** tienes todo el derecho a hacer lo que quieras; **I think I am ~d to some respect** creo que se me debe cierto respeto

**entitlement** [ɪn'taɪtlmənt] N derecho *m*; **holiday ~** derecho *m* a vacaciones

**entity** ['entɪtɪ] N entidad *f*; **legal ~** persona *f* jurídica

**entomb** [ɪn'tu:m] VT (*liter*) sepultar

**entombment** [ɪn'tu:mmənt] N (*liter*) sepultura *f*

**entomological** [,entəmə'lɒdʒɪkəl] ADJ entomológico

**entomologist** [,entə'mɒlədʒɪst] N entomólogo/a *m/f*

**entomology** [,entə'mɒlədʒɪ] N entomología *f*

**entourage** [,ɒntʊ'rɑ:ʒ] N séquito *m*

**entr'acte** ['ɒntrækt] N intermedio *m*, entreacto *m*

**entrails** ['entreɪlz] NPL entrañas *fpl*; (*US*) asadura *f*, menudos *mpl*

**entrain** [ɪn'treɪn] VI (*esp Mil*) tomar el tren (**for** a)

**entrance**[1] ['entrəns] Ⓐ N [1] (= *way in*) entrada *f*; **front/back ~** entrada *f* principal/trasera
[2] (= *act*) entrada *f* (**into** en); (*into profession etc*) ingreso *m*; (*Theat*) entrada *f* en escena; **to make one's ~** hacer su entrada; (*Theat*) entrar en escena
[3] (= *right to enter*) (derecho *m* de) entrada *f*; **to gain ~ to** [+ *a place*] conseguir entrar en *or* acceder a; [+ *a profession etc*] conseguir ingresar en
Ⓑ CPD ► **entrance card** N pase *m* ► **entrance exam(ination)** N (*to school*) examen *m* de ingreso ► **entrance fee** N (*to a show*) (precio *m* de) entrada *f*; (*to a club, society etc*) cuota *f* de ingreso ► **entrance hall** N vestíbulo *m*, antesala *f* ► **entrance qualifications** NPL = **entrance requirements** ► **entrance ramp** N (*US Aut*) rampa *f* de acceso ► **entrance requirements** NPL requisitos *mpl* de ingreso

**entrance**[2] [ɪn'trɑ:ns] VT [1] (= *bewitch*) encantar, hechizar
[2] (*gen passive*) (= *captivate*) **we listened ~d** escuchamos extasiados *or* embelesados

**entrancing** [ɪn'trɑ:nsɪŋ] ADJ [*film, music*] fascinante; **she looked ~** estaba cautivadora

**entrancingly** [ɪn'trɑ:nsɪŋlɪ] ADV [*play, dance, sing*] maravillosamente; **she is ~ beautiful** tiene una belleza cautivadora; **it's ~ simple** es tan sencillo que resulta fascinante

**entrant** ['entrənt] N (*in race, competition*) participante *mf*, concurrente *mf*; (*in exam*) candidato/a *m/f*; (*to profession*) principiante *mf*

**entrap** [ɪn'træp] VT coger en una trampa; (*fig*) entrampar

**entrapment** [ɪn'træpmənt] N (*Jur*) *acción por la que agentes de la ley incitan a algn a cometer un delito para poder arrestarlo*; **he complained of ~** se quejó de que le habían hecho caer en una trampa

**entreat** [ɪn'tri:t] VT rogar, suplicar; **to ~ sb to do sth** suplicar a algn que haga algo

**entreating** [ɪn'tri:tɪŋ] Ⓐ ADJ suplicante
Ⓑ N súplicas *fpl*, imploraciones *fpl*

**entreatingly** [ɪn'tri:tɪŋlɪ] ADV [*look, ask*] de modo suplicante

**entreaty** [ɪn'tri:tɪ] N súplica *f*, ruego *m*; **they ignored our entreaties** hicieron caso omiso de nuestras súplicas *or* nuestros ruegos; **a look of ~** una mirada suplicante

**entrée** ['ɒntreɪ] N [1] (= *entrance*) entrada *f*
[2] (*Culin*) plato *m* fuerte *or* principal

**entrench** [ɪn'trentʃ] VT [1] (= *consolidate*) consolidar, afianzar; **to ~ o.s.** consolidarse, afianzarse; **to ~ o.s. in a position/an idea** atrincherarse en una posición/idea
[2] (*Mil*) atrincherar; **to ~ o.s.** atrincherarse

**entrenched** [ɪn'trentʃt] ADJ [1] (*pej*) (= *established*) [*idea, belief, attitude*] arraigado; [*position, power*] afianzado; **deeply ~** [*idea, belief, attitude*] profundamente arraigado; [*position, power*] firmemente afianzado; **to be ~ in the belief/view that ...** mantener obcecadamente la creencia/opinión de que ...; **he's too ~ in the past** está demasiado anclado en el pasado
[2] (*Mil*) atrincherado

**entrenchment** [ɪn'trentʃmənt] N [1] (*Mil*) trinchera *f*
[2] (= *establishment*) [*of rights, standards*] afianzamiento *m*

**entrepôt** ['ɒntrəpəʊ] N (= *town*) centro *m* comercial, centro *m* de distribución; (= *warehouse*) almacén *m*, depósito *m*

**entrepreneur** [,ɒntrəprə'nɜ:ʳ] N (*Comm*) empresario/a *m/f*; (*Fin*) capitalista *mf*

**entrepreneurial** [,ɒntrəprə'nɜ:rɪəl] ADJ empresarial

**entrepreneurship** [,ɒntrəprə'nɜ:ʃɪp] N espíritu *m* empresarial *or* emprendedor; **to promote ~** promover la iniciativa empresarial

**entropy** ['entrəpɪ] N entropía *f*

**entrust** [ɪn'trʌst] VT **to ~ sth to sb** ◊ **~ sb with sth** confiar algo a algn

**entry** ['entrɪ] Ⓐ N [1] (= *entrance*) [1·1] (= *act of entering*) (*into organization*) entrada *f* (**into** en); (*into profession*) ingreso *m* (**into** en); (= *access*) acceso *m* (**into** a); **Britain's ~ into the EC** la entrada de Gran Bretaña en la CE; **she was denied ~ into the country** le negaron acceso al país; **~ into the hall had been forbidden** se había prohibido el acceso a la sala; **"no entry"** "prohibida la entrada"; (*Aut*) "prohibido el paso"; **he gained ~ to the house by breaking a window** consiguió entrar en la casa rompiendo una ventana; **they opposed France's ~ into the war** se opusieron a que Francia entrara en la guerra; **to make one's ~** hacer su entrada; **point of ~** (*into country*) punto *m* de entrada; **port of ~** puerto *m* de entrada
[1·2] (= *doorway, hall*) entrada *f*
[2] (= *sth recorded*) (*in diary*) anotación *f*, apunte *m*; (*in account*) entrada *f*, partida *f*, rubro *m* (*LAm*); (*in record, ship's log*) entrada *f*, apunte *m*; (*in reference book*) entrada *f*
[3] (*in competition*) (= *total of competitors*) participantes *mpl*; (= *person*) participante *mf*; **the first correct ~ pulled from our postbag on January 24** la primera carta con la respuesta correcta que se saque de nuestra saca de correo el día 24 de enero; **entries must be submitted by March 29** las cartas/los cuentos/los diseños *etc* deben llegar antes del 29 de marzo; **the winning ~ in a writing competition** la obra ganadora de un concurso de redacción
Ⓑ CPD ► **entry fee** N cuota *f* de inscripción ► **entry form** N formulario *m* de inscripción, impreso *m* de inscripción ► **entry permit** N permiso *m* de entrada ► **entry phone** N portero *m* automático ► **entry qualifications, entry requirements** NPL requisitos *mpl* de entrada ► **entry word** N (*US*) (*in reference book*) entrada *f*

**entry-level** ['entrɪlevl] ADJ [1] (= *starting*) [*salary, position*] inicial
[2] (*Comput*) básico

**entwine** [ɪn'twaɪn] VT (= *plait*) entrelazar; (= *twist around*) enroscar

**enumerate** [ɪ'nju:məreɪt] VT (= *list*) enumerar

**enumeration** [ɪ,nju:mə'reɪʃən] N enumeración *f*

**enunciate** [ɪ'nʌnsɪeɪt] VT [+ *word, sound*] pronunciar, articular; [+ *theory, idea*] enunciar

**enunciation** [ɪ,nʌnsɪ'eɪʃən] N [*of word, sound*] pronunciación *f*, articulación *f*; [*of theory, idea*] enunciación *f*

**enuresis** [,enjʊə'ri:sɪs] N enuresis *f*

**enuretic** [,enjʊ'retɪk] ADJ enurético

**envelop** [ɪn'veləp] VT (*lit, fig*) envolver (**in** en)

**envelope** ['envələʊp] N [*of letter*] sobre *m*; (*fig*) (= *wrapping*) funda *f*

**enveloping** [ɪn'veləpɪŋ] ADJ [*movement*] envolvente

**envelopment** [ɪn'veləpmənt] N envolvimiento *m*

**envenom** [ɪn'venəm] VT envenenar

**enviable** ['envɪəbl] ADJ envidiable

**envious** ['envɪəs] ADJ [*person*] envidioso; [*glance, look, tone*] de envidia; **to be ~ that** tener envidia de que + *subjun*, tener envidia porque; **she's ~ that you have what she doesn't** tiene envidia de que tú tengas *or* porque tú tienes lo que ella no tiene; **it makes me ~** me da envidia; **to be ~ of sth/sb** tener envidia de algo/algn, envidiar algo/a algn; **I am ~ of your good luck** envidio tu suerte

**enviously** ['envɪəslɪ] ADV con envidia

**environment** [ɪn'vaɪərənmənt] N [1] (= *surroundings*) (*gen*) entorno *m*, ambiente *m*; (*Zool, Bot*) entorno *m*, medio *m*; **a safe working ~** un entorno *or* un ambiente de trabajo seguro; **a working-class ~** un entorno *or* ambiente de clase trabajadora; **to observe animals in their natural ~** observar a los animales en su entorno *or* medio natural; **the ~** (*Ecol*) el medio ambiente; **measures to protect the ~** medidas *fpl* para proteger el medio ambiente; **Department of the Environment** (*Brit*) Ministerio *m* del Medio Ambiente
[2] (*Comput*) entorno *m*

**environmental** [ɪn,vaɪərən'mentl] Ⓐ ADJ [1] (= *ecological*) [*pollution, policy, issues*] medioambiental; [*problems, disaster, damage*] ecológico, medioambiental; [*group, movement*] ecologista; [*impact*] ambiental; **it will have disastrous ~ effects** tendrá efectos desastrosos en el medio ambiente
[2] (= *situational*) **the ~ factors in mental illness** la influencia de los factores del medio ambiente en las enfermedades mentales
Ⓑ CPD ► **environmental health** N salud *f* ambiental ► **Environmental Health Department** N (*Brit*) Departamento *m* de Sanidad y Medio Ambiente ► **environmental health officer** N (*Brit*) funcionario/a *m/f* del Departamento de Sanidad y Medio Ambiente ► **environmental health regulation** N normativa *f* de sanidad y medio ambiente ► **Environmental Health Service** N Servicio *m* de Sanidad y Medio Ambiente ► **En-**

**vironmental Protection Agency** N (*US*) Organización *f* de Protección del Medio Ambiente ► **environmental studies** NPL (= *subject*) ecología *fsing*; (= *research*) estudios *mpl* medioambientales

**environmentalism** [ɪn,vaɪrən'mentəlɪzəm] N ambientalismo *m*

**environmentalist** [ɪn,vaɪrən'mentəlɪst] Ⓐ ADJ ambiental, ecologista
Ⓑ N ecologista *mf*

**environmentally** [ɪn,vaɪərən'mentlɪ] ADV [1] (= *ecologically*) **we're more ~ aware now** ahora somos más conscientes del medio ambiente; **their policies are ~ sound** las medidas que adoptan son correctos desde el punto de vista medioambiental; **their products are ~ friendly** sus productos son ecológicos, sus productos no dañan el medio ambiente; **~ sensitive areas** zonas *fpl* de riesgo medioambiental
[2] (= *in the environment*) **an ~ acquired** *or* **induced disease** una enfermedad que se adquiere a través del medio ambiente

**environment-friendly** [ɪn'vaɪrənment'frendlɪ] ADJ ecológico, que no daña el medio ambiente

**environs** [ɪn'vaɪərənz] N alrededores *mpl*, inmediaciones *fpl*

**envisage** [ɪn'vɪzɪdʒ] VT [1] (= *expect*) prever; **it is ~d that ...** se prevé que ...; **an increase is ~d next year** está previsto un aumento para el año que viene
[2] (= *imagine*) imaginarse; **it is hard to ~ such a situation** es difícil imaginarse tal situación

**envision** [ɪn'vɪʒən] VT (*US*) = **envisage**

**envoy** ['envɔɪ] N (= *messenger*) mensajero/a *m/f*; (= *diplomat*) enviado/a *m/f*; **special ~** enviado/a *m/f* especial

**envy** ['envɪ] Ⓐ N envidia *f*; **a look of ~** una mirada de envidia; **filled with ~** lleno de envidia; **to do sth out of ~** hacer algo por envidia; **it was the ~ of everyone** era la envidia de todos; **✦IDIOM to be green with ~** morirse de envidia
Ⓑ VT envidiar, tener envidia de; **she envies her sister** envidia a su hermana, tiene envidia de su hermana, le tiene envidia a su hermana; **I don't ~ you!** ¡no te envidio!, ¡no te tengo ninguna envidia!; **to ~ sb sth** envidiar algo a algn; **she envied him his confidence** le envidiaba la seguridad que tenía en sí mismo

**enzyme** ['enzaɪm] N enzima *f*

**EOC** N ABBR (*Brit*) (= **Equal Opportunities Commission**) ≈ PIO *m* (*Sp*)

**Eocene** ['i:əʊsi:n] ADJ (*Geol*) eoceno

**eolithic** [,i:əʊ'lɪθɪk] ADJ eolítico

**eon** ['i:ən, 'i:ɒn] N (*US*) = **aeon**

**EP** N ABBR (= **extended play**) maxi-single *m*

**EPA** N ABBR (*US*) = **Environmental Protection Agency**

**epaulette** ['epɔ:let] N charretera *f*

**epee**, **epée** ['epeɪ] N espada *f* de esgrima

**ephedrine** ['efɪdrɪn] N efedrina *f*

**ephemera** [ɪ'femərə] NPL (*pl* **ephemeras** *or* **ephemerae** [ɪ'femə,ri:]) (= *transitory items*) cosas *fpl* efímeras; (= *collectables*) objetos *mpl* coleccionables (*sin valor*)

**ephemeral** [ɪ'femərəl] ADJ efímero

**Ephesians** [ɪ'fi:ʒjənz] NPL efesios *mpl*

**epic** ['epɪk] Ⓐ ADJ épico; (*fig*) (*) excepcional, épico
Ⓑ N epopeya *f*; (= *film*) película *f* épica

**epicene** ['epɪsi:n] ADJ epiceno

**epicentre**, **epicenter** (*US*) ['epɪsentəʳ] N epicentro *m*

**epicure** ['epɪkjʊəʳ] N gastrónomo/a *m/f*

**epicurean** [,epɪkjʊ'ri:ən] Ⓐ ADJ epicúreo
Ⓑ N epicúreo *m*

**epicureanism** [,epɪkjʊə'rɪənɪzəm] N epicureísmo *m*

**epidemic** [,epɪ'demɪk] Ⓐ ADJ epidémico
Ⓑ N epidemia *f*; (*fig*) ola *f*

**epidermis** [,epɪ'dɜ:mɪs] N epidermis *f*

**epidural** [,epɪ'djʊərəl] Ⓐ ADJ epidural
Ⓑ N (*also* **~ anaesthetic**) (anestesia *f*) epidural *f*

**epiglottis** [,epɪ'glɒtɪs] N (*pl* **epiglottises** *or* **epiglottides** [,epɪ'glɒtɪ,di:z]) epiglotis *f inv*

**epigram** ['epɪgræm] N epigrama *m*

**epigrammatic** [,epɪgrə'mætɪk] ADJ epigramático

**epigrammatical** [,epɪgrə'mætɪkəl] ADJ = **epigrammatic**

**epigraph** ['epɪgrɑ:f] N epígrafe *m*

**epigraphy** [ɪ'pɪgrəfɪ] N epigrafía *f*

**epilepsy** ['epɪlepsɪ] N epilepsia *f*

**epileptic** [,epɪ'leptɪk] Ⓐ ADJ epiléptico
Ⓑ N epiléptico/a *m/f*
Ⓒ CPD ► **epileptic fit** N ataque *m* de epilepsia, acceso *m* epiléptico

**epilogue** ['epɪlɒg] N epílogo *m*

**Epiphany** [ɪ'pɪfənɪ] N Epifanía *f*

**episcopacy** [ɪ'pɪskəpəsɪ] N episcopado *m*

**episcopal** [ɪ'pɪskəpəl] ADJ episcopal

**episcopalian** [ɪ,pɪskə'peɪlɪən] Ⓐ ADJ episcopalista
Ⓑ N **Episcopalian** episcopalista *mf*

**episcopate** [ɪ'pɪskəʊpət] N episcopado *m*

**episode** ['epɪsəʊd] N (= *event*) acontecimiento *m*; (*TV*, *Rad*) capítulo *m*, episodio *m*; (*Press*) entrega *f*; (*Med*) ataque *m*

**episodic** [,epɪ'sɒdɪk] ADJ episódico

**epistemological** [ɪ,pɪstɪmə'lɒdʒɪkəl] ADJ epistemológico

**epistemology** [ɪ,pɪstə'mɒlədʒɪ] N epistemología *f*

**epistle** [ɪ'pɪsl] N (*hum*) (= *letter*) epístola *f*; **Epistle** (*Rel*) Epístola *f*

**epistolary** [ɪ'pɪstələrɪ] ADJ epistolar

**epitaph** ['epɪtɑ:f] N epitafio *m*

**epithet** ['epɪθet] N epíteto *m*

**epitome** [ɪ'pɪtəmɪ] N representación *f*, paradigma *m*; **to be the ~ of virtue** ser la virtud en persona *or* personificada

**epitomize** [ɪ'pɪtəmaɪz] VT personificar, resumir; **he ~d resistance to the enemy** él era el paradigma de la resistencia al enemigo; **she ~s today's career woman** es el prototipo de la mujer de carrera moderna

**EPNS** N ABBR = **electroplated nickel silver**

**epoch** ['i:pɒk] N época *f*; **to mark an ~** hacer época, marcar un hito

**epochal** ['epəkəl] ADJ (*frm*) = **epoch-making**

**epoch-making** ['i:pɒk,meɪkɪŋ] ADJ que hace época

**eponymous** [ɪ'pɒnɪməs] ADJ epónimo

**EPOS** ['i:pɒs] N ABBR (= **electronic point of sale**) *sistema computerizado en tiendas para registrar el precio de las compras*

**epoxy resin** [ɪ'pɒksɪ'rezɪn] N resina *f* epoxídica

**EPROM** ['i:prɒm] N ABBR (*Comput*) = **erasable programmable read only memory**

**Epsom salts** ['epsɒm,sɔ:lts] NPL epsomita *fsing*

**EPU** N ABBR (= **European Payments Union**) UEP *f*

**EPW** N ABBR (*US*) = **enemy prisoner of war**

**equable** ['ekwəbl] ADJ [*climate etc*] estable; [*person*] ecuánime; [*tone*] tranquilo, afable

**equably** ['ekwəblɪ] ADV sosegadamente, con ecuanimidad

**equal** ['i:kwəl] Ⓐ ADJ [1] (= *identical in size, value*) [*number, amount*] igual; **the cake was divided into twelve ~ parts** el pastel estaba dividida en doce partes iguales; **to be of ~ importance/value** tener igual importancia/el mismo valor; **with ~ ease/indifference** con igual *or* la misma facilidad/indiferencia; **to come ~ first/second** (*in competition*) compartir el primer/segundo puesto; (*in race*) llegar ambos en primer/segundo lugar; **to be ~ in sth**: **they are ~ in strength** son igual de fuertes, tienen la misma fuerza; **they are ~ in size** son del mismo tamaño, son iguales de tamaño; **they are ~ in value** tienen el mismo valor, tienen igual valor; **on ~ terms** de igual a igual; **all** *or* **other things being ~** si no intervienen otros factores; **an amount ~ to half your salary** una cantidad equivalente a la mitad de tu sueldo; **to be ~ to sth** (= *equivalent*) equivaler a algo; **his silence was ~ to an admission of guilt** su silencio equivalía a una admisión de culpabilidad; **a metre is ~ to 39 inches** un metro equivale a 39 pulgadas; **she is ~ to her mother in intelligence** es tan inteligente como su madre, es igual de inteligente que su madre; **✦PROV we are all ~ before** *or* **in the eyes of God** todos somos iguales a los ojos de Dios; *see also* **footing**
[2] (= *capable*) **to be/feel ~ to sth**: **I'm confident that he is ~ to the task** tengo la seguridad de que está capacitado para desempeñar la tarea; **she did not feel ~ to going out** no se sentía con fuerzas *or* ánimo para salir; **she was ~ to the situation** estaba a la altura de la situación
Ⓑ N [1] (= *person*) igual *mf*; **she is his ~** ella es su igual; **she has no ~** no hay nadie que se la iguale; **they are intellectual ~s** intelectualmente están a la par; **to treat sb as an ~** tratar a algn de igual a igual
[2] (= *thing*) **to have no ~** ◊ **be without ~** no tener igual; **the film has no ~ in cinema history** la película no tiene igual en la historia del cine; **a talent without ~** un talento sin igual *or* sin par
Ⓒ VT [1] (*Math*) ser igual a; **let x ~ y** si x es igual a y, suponiendo que x sea igual a y; **two plus two ~s four** dos y dos son cuatro
[2] [+ *record, rival, quality*] igualar; **there is nothing to ~ it** no hay nada que se le iguale, no hay nada que lo iguale; **prices not to be ~led** precios sin competencia
Ⓓ CPD ► **equal opportunities** NPL igualdad *fsing* de oportunidades ► **Equal Opportunities Commission** N (*Brit*) Comisión *f* para la Igualdad de Oportunidades ► **equal opportunities** *or* **opportunity employer** N empresa *f* no discriminatorio ► **equal pay** N igual salario *m*; **~ pay for ~ work** igual salario *or* el mismo salario para el mismo trabajo ► **equal rights** NPL igualdad *fsing* de derechos ► **equals sign**, **equal sign** N (*Math*) signo *m* de igual ► **equal time** N (*US Rad, TV*) derecho *m* de respuesta

**equality** [ɪ'kwɒlɪtɪ] N igualdad *f*; **~ of opportunity** igualdad *f* de oportunidades

**equalization** [,i:kwəlaɪ'zeɪʃən] Ⓐ N igualización *f*; (*Fin*) compensación *f*
Ⓑ CPD ► **equalization account** N cuenta *f* de compensación ► **equalization fund** N fondo *m* de compensación

**equalize** ['i:kwəlaɪz] Ⓐ VT igualar
Ⓑ VI (*Brit Sport*) empatar

**equalizer** ['i:kwəlaɪzəʳ] N [1] (*Brit Sport*) tanto *m* del empate
[2] (*US**) (= *pistol*) pipa* *f*, pistola *f*

**equally** ['iːkwəlɪ] ADV 1 (= *evenly*) [*divide, share*] equitativamente, por igual; **the fence posts should be ~ spaced** el espacio entre los postes de la valla debería ser igual
2 (= *in the same way*) por igual; **all foreigners should be treated ~** todos los extranjeros deberían ser tratados por igual *or* con igualdad; **this rule applies ~ to everyone** esta regla se aplica a todos por igual; **this applies ~ to men and to women** esto se aplica tanto a los hombres como a las mujeres
3 (= *just as*) [*important, difficult, responsible*] igualmente, igual de; [*well*] igual de; **her mother was ~ disappointed** su madre estaba igualmente decepcionada *or* igual de decepcionada; **she gave the task to her ~ capable assistant** le encargó la tarea a su asistente, que estaba igualmente capacitado *or* que estaba igual de capacitado; **his second novel was ~ successful** su segunda novela tuvo el mismo éxito; **she is ~ as intelligent as her sister** es igual de inteligente que su hermana, es tan inteligente como su hermana
4 (= *by the same token*) al mismo tiempo; **she cannot marry him, but ~ she cannot live alone** no se puede casar con él, pero, al mismo tiempo, no puede vivir sola; **~, you must remember ...** asimismo *or* al mismo tiempo, hay que recordar ...

**equanimity** [,ekwə'nɪmɪtɪ] N ecuanimidad *f*

**equate** [ɪ'kweɪt] Ⓐ VT 1 (= *compare*) equiparar (**to, with** con); (= *link*) identificar (**to, with** con)
2 (*Math*) poner en ecuación
Ⓑ VI **to ~ to** equivaler a

**equation** [ɪ'kweɪʒən] N 1 (*Math*) ecuación *f*; **to enter (into) the ~** (*fig*) entrar en juego; **fairness did not seem to enter into the ~** la justicia no parecía entrar en juego
2 (= *linking*) **the ~ of sth with sth** la identificación de algo con algo

**equator** [ɪ'kweɪtəʳ] N ecuador *m*

**equatorial** [,ekwə'tɔːrɪəl] Ⓐ ADJ ecuatorial
Ⓑ CPD ► **Equatorial Guinea** N Guinea *f* Ecuatorial

**equerry** ['ekwərɪ] N caballerizo *m* del rey

**equestrian** [ɪ'kwestrɪən] Ⓐ ADJ ecuestre
Ⓑ N caballista *mf*, jinete *mf*

**equestrianism** [ɪ'kwestrɪənɪsm] N equitación *f*

**equi...** ['iːkwɪ] PREFIX equi...

**equidistant** ['iːkwɪ'dɪstənt] ADJ equidistante

**equilateral** ['iːkwɪ'lætərəl] ADJ equilátero

**equilibrium** [,iːkwɪ'lɪbrɪəm] N (*pl* **equilibriums** *or* **equilibria** [,iːkwɪ'lɪbrɪə]) equilibrio *m*; **to maintain/lose one's ~** (*also fig*) mantener/perder el equilibrio

**equine** ['ekwaɪn] ADJ equino

**equinoctial** [,iːkwɪ'nɒkʃəl] ADJ equinoccial

**equinox** ['iːkwɪnɒks] N equinoccio *m*

**equip** [ɪ'kwɪp] VT [+ *office, workshop*] equipar (**with** con); [+ *person*] proveer (**with** de); **to be ~ped with** [*person*] estar provisto de; [*machine etc*] estar equipado con, estar dotado de; **he is well ~ped for the job** está bien preparado para el trabajo; **to be well ~ped to** (+ *INFIN*) estar bien preparado para + *infin*

**equipment** [ɪ'kwɪpmənt] N (*gen*) equipo *m*; (= *tools, utensils etc*) herramientas *fpl*; (*mental*) aptitud *f*, dotes *fpl*

**equipoise** ['iːkwɪpɔɪz] N (*frm*) estabilidad *f*

**equitable** ['ekwɪtəbl] ADJ (*frm*) equitativo

**equitably** ['ekwɪtəblɪ] ADV (*frm*) equitativamente, de forma equitativa

**equity** ['ekwɪtɪ] N 1 (= *fairness*) equidad *f*; (*Jur*) derecho *m* de equidad, derecho *m* natural
2 (*Fin*) [*of debtor*] valor *m* líquido; (*also* **~ capital**) neto *m* patrimonial, patrimonio *m* neto
3 **equities** (*St Ex*) acciones *fpl* ordinarias
4 **Equity** (*Brit Theat*) *sindicato de actores*

**equivalence** [ɪ'kwɪvələns] N equivalencia *f*

**equivalent** [ɪ'kwɪvələnt] Ⓐ ADJ equivalente (**to** a; **in** en); **to be ~ to** equivaler a
Ⓑ N equivalente *m*

**equivocal** [ɪ'kwɪvəkəl] ADJ [*statement, behaviour*] equívoco

**equivocally** [ɪ'kwɪvəklɪ] ADV de manera equívoca *or* ambigua

**equivocate** [ɪ'kwɪvəkeɪt] VI ser evasivo

**equivocation** [ɪ,kwɪvə'keɪʃən] N evasivas *fpl*

**ER** ABBR 1 (= **Elizabeth Regina**) *la reina Isabel*
2 (*US Med*) = **emergency room**

**er*** [ɜː] EXCL (*in hesitation*) esto (*Sp*), este (*LAm*)

**ERA** N ABBR 1 (*US Pol*) = **Equal Rights Amendment**
2 (*Brit*) = **Education Reform Act**

**era** ['ɪərə] N era *f*; **to mark an ~** hacer época

**eradicate** [ɪ'rædɪkeɪt] VT [+ *disease, crime, superstition, injustice*] erradicar; [+ *poverty, discrimination*] acabar con, erradicar; [+ *weeds*] desarraigar, arrancar

**eradication** [ɪ,rædɪ'keɪʃən] N erradicación *f*

**erase** [ɪ'reɪz] Ⓐ VT 1 (*gen, Comput*) borrar
2 (*US‡*) (= *kill*) liquidar*
Ⓑ CPD ► **erase head** N cabezal *m* borrador

**eraser** [ɪ'reɪzəʳ] N (*esp US*) (= *rubber*) goma *f* de borrar

**Erasmism** [ɪ'ræzmɪzəm] N erasmismo *m*

**Erasmist** [ɪ'ræzmɪst] Ⓐ ADJ erasmista
Ⓑ N erasmista *mf*

**Erasmus** [ɪ'ræzməs] N Erasmo

**erasure** [ɪ'reɪʒəʳ] N borradura *f*, raspadura *f*; (*Comput*) borrado *m*

**ERDF** N ABBR (= **European Regional Development Fund**) FEDER *m*

**ere** [ɛəʳ] (*poet*) Ⓐ PREP antes de; **~ long** dentro de poco
Ⓑ CONJ antes de que

**erect** [ɪ'rekt] Ⓐ ADJ [*person, head, posture*] erguido, derecho; [*plant, stem*] vertical, recto; [*tail, ears*] tieso, parado (*LAm*); (*Physiol*) [*penis*] erecto
Ⓑ ADV **to walk ~** caminar derecho *or* erguido; **to hold o.s.** *or* **stand ~** mantenerse derecho *or* erguido
Ⓒ VT [+ *monument, statue, temple*] erigir (*frm*); [+ *mast, wall, building, barricade*] levantar; [+ *tent, scaffolding*] montar

**erectile** [ɪ'rektaɪl] ADJ eréctil

**erection** [ɪ'rekʃən] N 1 (= *act*) erección *f*, construcción *f*; (= *assembly*) montaje *m*
2 (= *building*) construcción *f*
3 (*Anat*) [*of penis*] erección *f*

**erectly** [ɪ'rektlɪ] ADV erguidamente

**erector set** [ɪ'rektəset] N (*US*) juego *m* de construcciones

**erg** [ɜːg] N ergio *m*, erg *m*

**ergative** ['ɜːgətɪv] ADJ (*Ling*) ergativo

**ergo** ['ɜːgəʊ] CONJ (*frm or hum*) ergo

**ergonomic** [,ɜːgəʊ'nɒmɪk] ADJ ergonómico

**ergonomically** [,ɜːgəʊ'nɒmɪklɪ] ADV atendiendo a principios ergonómicos

**ergonomics** [,ɜːgəʊ'nɒmɪks] NSING ergonomía *f*

**ergonomist** [ɜː'gɒnəmɪst] N ergonomista *mf*, ergónomo/a *m/f*

**ergot** ['ɜːgət] N cornezuelo *m* (del centeno)

**ergotism** ['ɜːgətɪzəm] N ergotismo *m*

**Eric** ['erɪk] N Erico

**Erie** ['ɪərɪ] N **Lake ~** el Lago Erie

**Erin** ['ɪərɪn] N Erín *m* (*nombre antiguo y sentimental de Irlanda*)

**ERISA** [ə'rɪsə] N ABBR (*US*) (= **Employee Retirement Income Security Act**) *ley que regula pensiones de jubilados*

**Eritrea** [,erə'treɪə] N Eritrea *f*

**Eritrean** [erɪ'treɪən] Ⓐ ADJ eritreo
Ⓑ N (= *person*) eritreo/a *m/f*

**ERM** N ABBR (= **Exchange Rate Mechanism**) mecanismo *m* de cambios

**ermine** ['ɜːmɪn] N (*pl* **ermines** *or* **ermine**) armiño *m*

**Ernest** ['ɜːnɪst] N Ernesto

**ERNIE** ['ɜːnɪ] N ABBR (*Brit*) (= **Electronic Random Number Indicator Equipment**) *ordenador utilizado para sortear los bonos del Estado premiados*

**erode** [ɪ'rəʊd] Ⓐ VT 1 (*lit*) (*Geol*) erosionar; [*acid*] corroer
2 (*fig*) [+ *confidence, power, authority*] mermar; [+ *support, rights*] reducir; **inflation has ~d the value of their savings** la inflación ha mermado el valor de sus ahorros
Ⓑ VI 1 (*Geol*) erosionarse
2 (*fig*) [*confidence*] mermarse; [*support*] disminuir; **support for his party is eroding** el apoyo a su partido está disminuyendo

**erogenous** [ɪ'rɒdʒənəs] Ⓐ ADJ erógeno
Ⓑ CPD ► **erogenous zone** N zona *f* erógena

**Eros** ['ɪərɒs] N Eros

**erosion** [ɪ'rəʊʒən] N 1 (*Geol*) erosión *f*; [*of metal*] corrosión *f*
2 (*fig*) desgaste *m*

**erosive** [ɪ'rəʊzɪv] ADJ erosivo, erosionante

**erotic** [ɪ'rɒtɪk] ADJ erótico

**erotica** [ɪ'rɒtɪkə] NPL literatura *f* erótica

**eroticism** [ɪ'rɒtɪsɪzəm] N erotismo *m*

**eroticize** [ɪ'rɒtɪsaɪz] VT erotizar

**erotomania** [ɪ,rɒtəʊ'meɪnɪə] N erotomanía *f*

**err** [ɜːʳ] VI (= *be mistaken*) equivocarse; (= *sin*) pecar; **to ~ on the side of mercy/caution** *etc* pecar de piadoso/cauteloso *etc*; ♦ ***PROV* to ~ is human** errar es de humanos, quien tiene boca se equivoca

**errand** ['erənd] Ⓐ N recado *m*, mandado *m* (*esp LAm*); **to run ~s** hacer recados; **~ of mercy** tentativa *f* de salvamento
Ⓑ CPD ► **errand boy** N recadero *m*, mandadero *m* (*esp LAm*)

**errant** ['erənt] ADJ (*frm*) errante; *see also* **knight C**

**errata** [e'rɑːtə] NPL *of* **erratum**

**erratic** [ɪ'rætɪk] ADJ [*person*] (*by temperament*) imprevisible, voluble; (*in performance*) irregular; [*behaviour, mood*] imprevisible, variable; [*movement, pattern, pulse, breathing*] irregular; [*results, progress, performance*] desigual, poco uniforme; **police officers noticed his ~ driving** los policías notaron que conducía de modo irregular; **I work ~ hours** tengo un horario de trabajo irregular

**erratically** [ɪ'rætɪkəlɪ] ADV [*behave*] de forma imprevisible; [*work, drive, play*] de modo irregular; [*breathe*] de forma irregular, irregularmente; **his heart was beating ~** su corazón latía irregularmente *or* de forma irregular

**erratum** [e'rɑːtəm] N (*pl* **errata**) errata *f*

**erroneous** [ɪ'rəʊnɪəs] ADJ erróneo

**erroneously** [ɪ'rəʊnɪəslɪ] ADV erróneamente

**error** ['erəʳ] Ⓐ N error *m*, equivocación *f*; **~s and omissions excepted** salvo error u omisión; **by ~** por error, por equivocación; **to be in ~** estar equivocado; **human ~** error *m* hu-

► LANGUAGE IN USE: equally 2 26.1 equivalent A 5.2 error A 20.7

mano; **spelling ~** falta *f* de ortografía; **typing ~** error *m* de mecanografía; **✦IDIOM to see the ~ of one's ways** reconocer su error
Ⓑ CPD ► **error message** N (*Comput*) mensaje *m* de error

**ersatz** ['ɛəzæts] Ⓐ ADJ sucedáneo
Ⓑ N sucedáneo *m*

**erstwhile** ['ɜːstwaɪl] ADJ (*liter*) antiguo

**erudite** ['erʊdaɪt] ADJ erudito

**eruditely** ['erʊdaɪtlɪ] ADV eruditamente

**erudition** [ˌerʊ'dɪʃən] N erudición *f*

**erupt** [ɪ'rʌpt] VI 1 [*volcano*] (= *begin to erupt*) entrar en erupción; (= *go on erupting*) estar en erupción
2 (*fig*) [*spots*] hacer erupción; [*war, fighting, anger*] estallar; **he ~ed into the room** irrumpió en el cuarto

**eruption** [ɪ'rʌpʃən] N 1 [*of volcano, spots*] erupción *f*
2 (*fig*) [*of war, fighting, anger*] estallido *m*

**erysipelas** [ˌerɪ'sɪpɪləs] N erisipela *f*

**erythrocyte** [ɪ'rɪθrəʊˌsaɪt] N eritrocito *m*

**ES** N ABBR = **expert system**

**ESA** N ABBR (= **European Space Agency**) AEE *f*

**Esau** ['iːsɔː] N Esaú

**escalate** ['eskəleɪt] Ⓐ VI 1 [*costs, prices*] subir vertiginosamente; **production costs have ~d** los costes de producción han subido vertiginosamente; **escalating costs** costes *mpl* que van en continuo aumento; **the cost of the project has ~d to £8.7 million** el coste del proyecto ha subido vertiginosamente a 8,7 millones de libras
2 [*violence, tension, conflict*] intensificarse; **the violence could ~ into a war** la violencia podría intensificarse hasta llegar a una guerra
Ⓑ VT [+ *conflict*] intensificar; [+ *demands*] aumentar

**escalation** [ˌeskə'leɪʃən] N [*of costs, prices*] aumento *m* (vertiginoso), escalada *f*; [*of tension, conflict*] intensificación *f*; [*of violence*] intensificación *f*, escalada *f*; **the threat of nuclear ~ remains** sigue en pie la amenaza de una intensificación del conflicto nuclear

**escalator** ['eskəleɪtəʳ] Ⓐ N escalera *f* mecánica
Ⓑ CPD ► **escalator clause** N (*Comm*) cláusula *f* de revisión *or* actualización

**escalope** ['eskəlɒp] N (*Brit*) escalope *m*, filete *m*

**escapade** [ˌeskə'peɪd] N (= *adventure*) aventura *f*; (= *misdeed*) travesura *f*

**escape** [ɪs'keɪp] Ⓐ N 1 (*from detention*) fuga *f*; (*from country*) huida *f*; **there is no ~ from this prison** no hay forma de escapar *or* fugarse de esta cárcel; **to make one's ~** escapar(se)
2 (*from injury, harm*) **there was no ~ from the noise** no había forma de escapar al ruido; **she saw prostitution as her only means of ~ from poverty** vió la prostitución como el único medio de escapar a la pobreza; **to have a lucky** *or* **narrow ~** (*lit, fig*) salvarse por los pelos; **he had a lucky** *or* **narrow ~** (*from death*) tuvo suerte de escapar *or* salir con vida, se salvó por los pelos
3 (*from real world*) evasión *f*; **for me television is an ~** a mí la televisión me sirve de evasión
4 [*of water, gas*] fuga *f*, escape *m*
Ⓑ VT 1 (= *avoid*) [+ *pursuer*] escapar de, librarse de; [+ *punishment, death*] librarse de; [+ *consequences*] evitar; **they managed to ~ capture/detection** consiguieron evitar que les capturaran/detectaran; **they jumped out of the window to ~ the fire** saltaron por la ventana para escapar del fuego; **they were lucky to ~ injury** tuvieron mucha suerte de salir ilesos; **there was no way I could ~ meeting him** no había manera de poder evitar verme con él; **they left the country to ~ the press** se fueron del país para escapar de la prensa; **he just ~d being run over** por poco lo atropellan
2 (= *elude*) **his name ~s me** no logro acordarme de su nombre; **nothing ~s her** no se le escapa nada; **it had ~d his notice** *or* **attention that ...** se le había escapado que ...
3 (*esp liter*) (= *issue from*) **a cry ~d his lips** dejó escapar un grito
Ⓒ VI 1 (= *get away*) (*gen*) escaparse; [*prisoner*] fugarse, escapar(se); **to ~ from** [+ *prison*] escapar(se) de, fugarse de; [+ *cage*] escaparse de; [+ *danger, harm*] huir de; [+ *reality*] evadirse de; **he kept me talking and I couldn't ~ from him** hacía que siguiera hablando y no podía escaparme de él; **he wanted to ~ from the world for a while** quería evadirse del mundo durante un tiempo; **in winter I think of escaping to the sun** en invierno pienso en escaparme a un sitio con sol; **he ~d to a neutral country** huyó a un país neutral; **she ~d unhurt** salió ilesa; **he ~d with a few bruises** sólo sufrió algunas magulladuras; **he was lucky to ~ with his life** tuvo suerte de salir con vida
2 (= *leak*) [*liquid, gas*] salirse
3 (= *issue*) **a moan ~d from her lips** dejó escapar un gemido; **tendrils of hair were escaping from under her hat** algunos mechones de pelo le salían por debajo del sombrero
Ⓓ CPD ► **escape artist** N escapista *mf* ► **escape attempt** N intento *m* de fuga ► **escape clause** N (*in agreement*) cláusula *f* de excepción ► **escape hatch** N (*in plane, space rocket*) escotilla *f* de salvamento ► **escape key** N (*Comput*) tecla *f* de escape ► **escape pipe** N tubo *m* de desagüe ► **escape plan** N plan *m* de fuga ► **escape route** N ruta *f* de escape ► **escape valve** N válvula *f* de escape ► **escape velocity** N (*Aer*) velocidad *f* de escape

**escaped** [ɪs'keɪpt] ADJ [*prisoner*] fugado; [*animal*] escapado

**escapee** [ɪskeɪ'piː] N (*from prison*) fugitivo/a *m/f*, prófugo/a *m/f*

**escapement** [ɪs'keɪpmənt] N [*of watch*] escape *m*

**escapism** [ɪs'keɪpɪzəm] N escapismo *m*, evasión *f*

**escapist** [ɪs'keɪpɪst] Ⓐ ADJ escapista; **~ literature** literatura *f* de evasión
Ⓑ N escapista *mf*

**escapologist** [ˌeskəˈpɒlədʒɪst] N escapista *mf*

**escarpment** [ɪs'kɑːpmənt] N escarpa *f*

**eschatological** [ˌeskətə'lɒdʒɪkəl] ADJ (*Rel*) escatológico

**eschatology** [ˌeskə'tɒlədʒɪ] N (*Rel*) escatología *f*

**eschew** [ɪs'tʃuː] VT evitar, renunciar a

**escort** ['eskɔːt] Ⓐ N 1 (= *group*) séquito *m*, acompañamiento *m*; (*lady's*) acompañante *m*
2 (= *girl from agency*) señorita *f* de compañía
3 (*Mil, Naut*) escolta *f*; **to travel under ~** viajar con escolta; **a police ~** una escolta policial
Ⓑ [ɪs'kɔːt] VT 1 acompañar; **to ~ sb home** acompañar a algn a su casa; **to ~ sb in** acompañar a algn al entrar
2 (*Mil, Naut*) escoltar
Ⓒ ['eskɔːt] CPD ► **escort agency** N agencia *m* de servicios de compañía ► **escort duty** N servicio *m* de escolta ► **escort vessel** N buque *m* escolta

**escrow** ['eskrəʊ] Ⓐ N depósito *m* en fideicomiso; **in ~** en depósito
Ⓑ CPD ► **escrow account** N (*Fin*) cuenta *f* de plica

**escudo** [ɛs'kuːdəʊ] N (*pl* **escudos**) escudo *m*

**escutcheon** [ɪs'kʌtʃən] N escudo *m* de armas, blasón *m*; (*fig*) honor *m*

**ESE** ABBR (= **east-southeast**) ESE

**ESF** N ABBR (= **European Social Fund**) FSE *m*

**Eskimo** ['eskɪməʊ] Ⓐ ADJ esquimal
Ⓑ N (*pl* **Eskimos, Eskimo**) 1 (= *person*) esquimal *mf*
2 (*Ling*) esquimal *m*

**ESL** N ABBR = **English as a Second Language**; → TEFL/EFL, TESL/ESL, ELT, TESOL/ESOL

**ESN** ADJ ABBR = **educationally subnormal**

**ESOL** N ABBR = **English for Speakers of Other Languages**; → TEFL/EFL, TESL/ESL, ELT, TESOL/ESOL

**esophagus** [ɪ'sɒfəgəs] N (*pl* **esophaguses** *or* **esophagi** [ɪ'sɒfəˌdʒaɪ]) (*US*) = **oesophagus**

**esoteric** [ˌesəʊ'terɪk] ADJ esotérico

**ESP** N ABBR 1 (= **extrasensory perception**) percepción *f* extrasensorial
2 = **English for Special Purposes**

**esp.** ABBR = **especially**

**espadrille** [ˌespə'drɪl] N alpargata *f*

**espalier** [ɪ'spæljəʳ] N espaldar *m*

**esparto** [e'spɑːtəʊ] N esparto *m*

**especial** [ɪs'peʃəl] ADJ (*frm*) especial, particular

**especially** [ɪs'peʃəlɪ] ADV 1 (= *particularly*) especialmente; **~ in summer/when it rains** especialmente *or* sobre todo en verano/cuando llueve; **why me, ~?** ¿por qué yo precisamente?
2 (= *expressly*) especialmente; **I came ~ to see you** vine especialmente para verte; **to do sth ~ for sb/sth** hacer algo especialmente para algn/algo
3 (= *more than usually*) [*important, difficult, sensitive*] especialmente, particularmente; **she did ~ well in her French exam** el examen de francés le fue especialmente *or* particularmente bien; **"is she pretty?" — "not ~"** —¿es guapa? —no especialmente

**Esperantist** [ˌespə'ræntɪst] N esperantista *mf*

**Esperanto** [ˌespə'ræntəʊ] N esperanto *m*

**espionage** [ˌespɪə'nɑːʒ] N espionaje *m*; **industrial ~** espionaje *m* industrial

**esplanade** [ˌesplə'neɪd] N paseo *m* marítimo; (*Mil*) explanada *f*

**espousal** [ɪ'spaʊzl] N (*frm*) adherencia *f* (**of** a), adopción *f* (**of** de)

**espouse** [ɪs'paʊz] VT (*frm*) [+ *cause*] adherirse a; [+ *plan*] adoptar

**espresso** [es'presəʊ] Ⓐ N café *m* exprés
Ⓑ CPD ► **espresso bar** N café *m*, cafetería *f* (*donde se sirve café exprés*)

**esprit de corps** ['espriːdə'kɔːʳ] N espíritu *m* de cuerpo

**espy** [ɪs'paɪ] VT (*liter*) divisar

**Esq.** ABBR (*Brit frm*) (= **esquire**) Don, D

**esquire** [ɪs'kwaɪəʳ] N (*Brit*) (*on envelope*) Señor don; **Colin Smith Esquire** Sr. D. Colin Smith

**essay** Ⓐ ['eseɪ] N (*Literat*) ensayo *m*; (*Scol, Univ*) trabajo *m*
Ⓑ [e'seɪ] VT (*frm*) probar, ensayar; [+ *task*] intentar; **to ~ to** (+ *INFIN*) intentar + *infin*

**essayist** ['eseɪɪst] N (*Literat*) ensayista *mf*

**essence** ['esəns] N 1 esencia *f*; **the ~ of the matter is ...** lo esencial del asunto es ...; **in ~** en lo esencial; **time is of the ~** el tiempo

➤ LANGUAGE IN USE: essay A 26.1

es primordial
[2] (= *extract*) esencia *f*, extracto *m*

▼**essential** [ɪ'senʃəl] Ⓐ ADJ [1] (= *necessary*) esencial, imprescindible; **it is ~ that** es esencial que, es imprescindible que; **it is ~ to** (+ *INFIN*) es esencial *or* imprescindible + *infin*; **it is absolutely ~ to remain calm** es absolutamente esencial *or* es imprescindible mantener la calma; **in this job accuracy is ~** para este trabajo la exactitud es esencial *or* imprescindible *or* es un imperativo; **a list of ~ reading** una lista de lecturas esenciales; **~ services** servicios *mpl* básicos
[2] (= *fundamental*) [*quality, fact, difference, element*] fundamental, esencial; **play is an ~ part of a child's development** el juego es una parte fundamental *or* esencial en el desarrollo del niño; **man's ~ goodness** la bondad esencial *or* fundamental del ser humano
Ⓑ N [1] (= *necessary thing*) **in my job a car is an ~** en mi trabajo, un coche es una necesidad; **the ~s of everyday life** las necesidades básicas de la vida diaria; **we have all the ~s** tenemos todo lo necesario; **we picked up a few ~s for the trip** tomamos algunas cosas esenciales para el viaje; **accuracy is one of the ~s** la exactitud es uno de los elementos esenciales *or* fundamentales; **we can only take the bare ~s with us** sólo podemos llevarnos lo imprescindible
[2] **essentials** (= *fundamentals*) **the ~s of German grammar** los rudimentos de la gramática alemana; **in all ~s** fundamentalmente
Ⓒ CPD ► **essential oil** N aceite *m* esencial

**essentially** [ɪ'senʃəlɪ] ADV [1] (= *at bottom*) básicamente; **~, it is a story of ordinary people** básicamente, es una historia de gente normal; **she was ~ a generous person** era básicamente *or* en esencia una persona generosa
[2] (= *on the whole*) en lo esencial, en lo fundamental; **~, we agree** estamos de acuerdo en lo esencial *or* fundamental; **his theory is ~ correct** su teoría es correcta en lo esencial, fundamentalmente *or* en lo fundamental su teoría es correcta

**EST** N ABBR [1] (*US*) = **Eastern Standard Time**
[2] = **electric shock treatment**

**est.** ABBR [1] = **estimate(d)**
[2] = **established**; **~ 1888** se fundó en 1888

▼**establish** [ɪs'tæblɪʃ] VT [1] (= *set up*) [+ *business, state, committee*] establecer, fundar; [+ *custom, rule, peace, order*] establecer; [+ *precedent*] establecer, sentar; [+ *relations*] establecer, entablar; [+ *power, authority*] afirmar; [+ *reputation*] ganarse; **to ~ sb in a business** poner un negocio a algn; **the book ~ed him as a writer** el libro lo consagró como escritor; **to ~ o.s.** establecerse, consolidarse; **to ~ itself** establecerse, consolidarse
[2] (= *prove*) [+ *fact, rights*] comprobar, demostrar; [+ *identity*] verificar; [+ *sb's innocence*] probar, demostrar; **we have ~ed that …** hemos comprobado que …
[3] (= *find out, discover*) averiguar; [+ *date*] determinar

**established** [ɪs'tæblɪʃt] ADJ [*person, business*] establecido, consolidado; [*custom*] establecido, arraigado; [*fact*] probado; [*church*] oficial, del Estado; [*staff*] fijo, en plantilla; **a well-~ business** un negocio establecido *or* consolidado

**establishment** [ɪs'tæblɪʃmənt] N [1] (= *setting-up*) establecimiento *m*; (= *creation*) creación *f*
[2] (= *proof*) [*of innocence, guilt*] determinación *f*
[3] (= *business, house*) establecimiento *m*; **a teaching/nursing ~** un centro de enseñanza/de reposo; **they have a smaller ~ nowadays** ahora mantienen una casa más modesta, tienen menos servicio ahora
[4] (*Admin, Mil, Naut*) (= *personnel*) personal *m*; **to be on the ~** estar en plantilla
[5] **the Establishment** la clase dirigente; **the literary/musical Establishment** las altas esferas del mundo literario/musical; *see also* **anti-Establishment**

> **ESTABLISHMENT**
>
> *En el Reino Unido el término* **Establishment** *hace referencia a la clase dirigente, es decir, al Gobierno, los altos cargos de la Administración pública, la Iglesia, las Fuerzas Armadas y a otras personas en puestos de influencia. Por lo general, se piensa que esta clase dirigente apoya el status quo tanto a nivel político como cultural o social.*
>
> *En Estados Unidos, el* **Establishment** *se asocia sobre todo con Washington, donde se encuentra el gobierno federal, y en concreto con aquellos que estudiaron en universidades del noreste, especialmente* **Yale** *y* **Harvard**.
>
> ⇨ *Ver tb* IVY LEAGUE

**estate** [ɪs'teɪt] Ⓐ N [1] (= *land*) finca *f*, hacienda *f*; (= *country estate*) finca *f*, hacienda *f* (*LAm*), estancia *f* (*S. Cone*); (= *housing estate*) urbanización *f*; (= *industrial estate*) polígono *m* industrial
[2] (= *property*) propiedad *f*; (= *assets*) patrimonio *m*; [*of deceased*] herencia *f*; **she left a large ~** dejó una gran herencia; **personal ~** patrimonio *m* personal; *see also* **real D**
[3] (*Pol*) estado *m*; *see also* **fourth C**, **third D**
[4] (*Brit*) = **estate car**
Ⓑ CPD ► **estate agency** N (*esp Brit*) agencia *f* inmobiliaria ► **estate agent** N (*esp Brit*) agente *mf* inmobiliario/a ► **estate car** N (*Brit*) ranchera *f*, coche *m* familiar, rural *f* (*S. Cone*), camioneta *f* (*LAm*) ► **estate duty** N (*Brit*) impuesto *m* de sucesiones

**esteem** [ɪs'tiːm] Ⓐ VT (*frm*) [1] [+ *person*] estimar, apreciar; **my ~ed colleague** mi estimado colega
[2] (= *consider*) considerar, estimar; **I would ~ it an honour** lo consideraría un honor
Ⓑ N estima *f*, aprecio *m*; **to hold sb in high ~** tener a algn en gran estima; **he lowered himself in my ~** bajó en mi estima; **he went up in my ~** ganó valor a mis ojos

**ester** ['estəʳ] N (*Chem*) éster *m*

**Esther** ['estəʳ] N Ester

**esthete** ['iːsθiːt] N (*US*) = **aesthete**

**esthetic** [iːs'θetɪk] ADJ (*US*) = **aesthetic**

**esthetical** [iːs'θetɪkəl] ADJ (*US*) = **aesthetic**

**esthetically** [iːs'θetɪkəlɪ] ADV (*US*) = **aesthetically**

**estheticism** [iːs'θetɪsɪzəm] N (*US*) = **aestheticism**

**esthetics** [iːs'θetɪks] N (*US*) = **aesthetics**

**Esthonia** [es'təʊnɪə] N = **Estonia**

**Esthonian** [es'təʊnɪən] ADJ, N = **Estonian**

**estimable** ['estɪməbl] ADJ estimable

**estimate** ['estɪmɪt] Ⓐ N [1] (= *judgment*) estimación *f*, cálculo *m*; (= *approximate assessment*) (*for work etc*) presupuesto *m*; **to form an ~ of sth/sb** formarse una opinión de algo/algn; **to give sb an ~ of** [+ *cost etc*] presentar a algn un presupuesto de; **rough ~** cálculo *m* aproximativo; **at a rough ~** aproximadamente
[2] **Estimates** (*Parl*) presupuestos *mpl* generales del Estado
Ⓑ ['estɪmeɪt] VT (= *judge*) calcular aproximadamente; (= *assess*) juzgar, estimar; **to ~ that** calcular que; **to ~ the cost at …** calcular el precio en …
Ⓒ ['estɪmeɪt] VI **to ~ for** [+ *building work etc*] hacer un presupuesto de

**estimation** [ˌestɪ'meɪʃən] N [1] (= *judgment*) juicio *m*, opinión *f*; **according to** *or* **in my ~** a mi juicio, en mi opinión; **what is your ~ of him?** ¿qué concepto tienes de él?
[2] (= *esteem*) estima *f*, aprecio *m*

**estimator** ['estɪmeɪtəʳ] N tasador(a) *m/f*

**Estonia** [e'stəʊnɪə] N Estonia *f*

**Estonian** [e'stəʊnɪən] Ⓐ ADJ estonio
Ⓑ N [1] (= *person*) estonio/a *m/f*
[2] (*Ling*) estonio *m*

**estrange** [ɪs'treɪndʒ] VT enajenar, distanciar (**from** de)

**estranged** ['ɪstreɪndʒd] ADJ separado; **his ~ wife** su mujer que vive separada de él; **to become ~** separarse

**estrangement** [ɪs'treɪndʒmənt] N distanciamiento *m*

**estrogen** ['iːstrəʊdʒən] N (*US*) = **oestrogen**

**estrous** ['estrəs] N (*US*) = **oestrous**

**estrus** ['estrəs] N (*US*) = **oestrus**

**estuary** ['estjʊərɪ] Ⓐ N estuario *m*, ría *f*
Ⓑ CPD ► **Estuary English** N (*Brit*) *variedad de inglés que se ha puesto de moda entre los jóvenes de zonas adyacentes al estuario del Támesis, en el SE de Inglaterra*

**ET** N ABBR (*US*) = **Eastern Time**

**ETA** N ABBR = **estimated time of arrival**

**et al** [et'æl] ABBR (= **et alii, and others**) y col., y otros

**etc** ABBR (= **et cetera**) etc

**etcetera** [ɪt'setrə] Ⓐ ADV etcétera
Ⓑ **etceteras** NPL extras *mpl*, adornos *mpl*

**etch** [etʃ] VT grabar al aguafuerte; (*fig*) grabar; **it is ~ed on my memory forever** lo tengo grabado para siempre en mi memoria

**etching** ['etʃɪŋ] N (= *process*) grabado *m* al aguafuerte; (= *print made from plate*) aguafuerte *m or f*; **he invited her in to see his ~s** (*hum*) la invitó a entrar a ver su colección de sellos

**ETD** N ABBR = **estimated time of departure**

**eternal** [ɪ'tɜːnl] Ⓐ ADJ [1] (= *everlasting*) [*life, bliss*] eterno
[2] (*pej*) (= *incessant*) constante; **in the background was that ~ hum** se oía aquel constante zumbido de fondo; **can't you stop this ~ quarrelling?** ¿no podéis dejar de pelearos constantemente?
Ⓑ CPD ► **the eternal triangle** N el triángulo amoroso

**eternally** [ɪ'tɜːnəlɪ] ADV [1] (= *everlastingly*) [*exist, live*] eternamente; [*damned, joined*] para siempre, eternamente
[2] (*fig*) (= *perpetually*) [*grateful, optimistic, young*] eternamente; [*quarrel, criticize*] constantemente; **why do you have to be ~ quarrelling?** ¿por qué os tenéis que estar constantemente *or* siempre peleando?; **he's ~ complaining** se pasa la vida quejándose

**eternity** [ɪ'tɜːnɪtɪ] Ⓐ N eternidad *f*; **it seemed like an ~** pareció una eternidad *or* un siglo
Ⓑ CPD ► **eternity ring** N anillo *m* de brillantes

**ETF** N ABBR = **electronic transfer of funds**

**ethane** ['iːθeɪn] N etano *m*

**ethanol** ['eθənɒl] N etanol *m*

**ether** ['iːθəʳ] N (*Chem*) éter *m*

**ethereal** [ɪ'θɪərɪəl] ADJ (*fig*) etéreo

**ethic** ['eθɪk] N ética *f*; *see also* **work D**

➤ LANGUAGE IN USE: **essential A1** 10.1 **establish 2** 26.1

**ethical** ['eθɪkəl] ADJ ético; (= *honourable*) honrado

**ethically** ['eθɪklɪ] ADV [*behave*] éticamente, con ética; [*sound, unacceptable*] desde el punto de vista ético

**ethics** ['eθɪks] Ⓐ NSING (= *subject*) ética *fsing* Ⓑ NPL (= *honourableness*) moralidad *f*

**Ethiopia** [ˌi:θɪ'əʊpɪə] N Etiopía *f*

**Ethiopian** [ˌi:θɪ'əʊpɪən] Ⓐ ADJ etíope Ⓑ N etíope *mf*

**ethnic** ['eθnɪk] Ⓐ ADJ [1] (= *racial*) [*origin, community*] étnico; [*conflict, tension*] racial [2] (= *non-Western*) [*music*] étnico; [*food, jewellery*] exótico Ⓑ N (*esp US*) (= *person*) *miembro de una minoría étnica*; **white ~** *miembro de una minoría étnica de raza blanca* Ⓒ CPD ► **ethnic cleansing** N limpieza *f* étnica ► **ethnic group** N etnia *f*, grupo *m* étnico ► **ethnic minority** N minoría *f* étnica

**ethnically** ['eθnɪklɪ] ADV [*pure, homogeneous, distinct*] étnicamente; **it is one of the most ~ diverse areas of the world** es una de las zonas de más diversidad étnica del mundo; **an ~ mixed region** una región con una gran mezcla de razas *or* de etnias; **~ related violence** violencia *f* de origen racial; **~ cleansed areas** zonas *fpl* en las que ha tenido lugar una limpieza étnica; **~, it's not a stable country** desde el punto de vista étnico, no es un país estable

**ethnicity** [eθ'nɪsɪtɪ] N etnicidad *f*

**ethnocentric** [ˌeθnəʊ'sentrɪk] ADJ etnocéntrico

**ethnocentrism** [ˌeθnəʊ'sentrɪzəm] N etnocentrismo *m*

**ethnographer** [eθ'nɒgrəfəʳ] N etnógrafo/a *m/f*

**ethnographic** [ˌeθnəʊ'græfɪk] ADJ etnográfico

**ethnography** [eθ'nɒgrəfɪ] N etnografía *f*

**ethnolinguistics** [ˌeθnəʊlɪŋ'gwɪstɪks] N etnolingüística *f*

**ethnological** [ˌeθnəʊ'lɒdʒɪkl] ADJ etnológico

**ethnologist** [eθ'nɒlədʒɪst] N etnólogo/a *m/f*

**ethnology** [eθ'nɒlədʒɪ] N etnología *f*

**ethnomusicology** [ˌeθnəʊmju:zɪ'kɒlədʒɪ] N etnomusicología *f*

**ethos** ['i:θɒs] N [*of culture, group*] espíritu *m*, escala *f* de valores

**ethyl** ['i:θaɪl] N etilo *m*

**ethylene** ['eθɪli:n] N etileno *m*

**etiolated** ['i:tɪəleɪtɪd] ADJ [1] (*Bot*) decolorado, reblanquecido [2] (*fig*) (*frm*) desmayado, lánguido

**etiology** [ˌi:tɪ'ɒlədʒɪ] N etiología *f*

**etiquette** ['etɪket] N etiqueta *f*, protocolo *m*; **court ~** (*royal*) ceremonial *m* de la corte; (*Jur*) protocolo *m* de la corte; **legal ~** ética *f* legal; **professional ~** ética *f* profesional; **~ demands that ...** la etiqueta *or* el protocolo exige que ...; **it is not good ~** no está bien visto

**Eton crop** ['i:tn'krɒp] N corte *m* a lo garçon

**Etruscan** [ɪ'trʌskən] Ⓐ ADJ etrusco Ⓑ N [1] (= *person*) etrusco/a *m/f* [2] (*Ling*) etrusco *m*

**et seq.** ABBR (= **et sequentia**) y sigs

**ETU** N ABBR (*Brit*) (= **Electrical Trades Union**) *sindicato de electricistas*

**ETV** N ABBR (*US*) = **Educational Television**

**etymological** [ˌetɪmə'lɒdʒɪkəl] ADJ etimológico

**etymologically** [ˌetɪmə'lɒdʒɪkəlɪ] ADV etimológicamente

**etymologist** [ˌetɪ'mɒlədʒɪst] N etimólogo/a *m/f*, etimologista *mf*

**etymology** [ˌetɪ'mɒlədʒɪ] N etimología *f*

**etymon** ['etɪmɒn] N (*pl* **etymons, etyma** ['etɪmə]) étimo *m*

**EU** N ABBR (= **European Union**) UE *f*

**eucalyptus** [ˌju:kə'lɪptəs] N (*pl* **eucalyptuses** *or* **eucalypti** [ˌju:kə'lɪptaɪ]) (= *tree*) eucalipto *m*; (= *oil*) esencia *f* de eucalipto

**Eucharist** ['ju:kərɪst] N Eucaristía *f*

**Eucharistic** [ju:kə'rɪstɪk] ADJ de la Eucaristía, eucarístico

**Euclid** ['ju:klɪd] N Euclides

**Euclidean** [ju:'klɪdɪən] ADJ euclidiano

**Eugene** [ju:'ʒeɪn] N Eugenio

**eugenic** [ju:'dʒenɪk] ADJ eugenésico

**eugenics** [ju:'dʒenɪks] NSING eugenesia *f*

**eulogistic** [ˌju:lədʒɪstɪk] ADJ elogioso, ensalzador

**eulogize** ['ju:lədʒaɪz] VT elogiar, encomiar

**eulogy** ['ju:lədʒɪ] N elogio *m*, encomio *m*

**eunuch** ['ju:nək] N eunuco *m*

**euphemism** ['ju:fɪmɪzəm] N eufemismo *m*; **a ~ for ...** un eufemismo de ...

**euphemistic** [ˌju:fɪ'mɪstɪk] ADJ eufemístico

**euphonic** [ju:'fɒnɪk] ADJ eufónico

**euphonious** [ju:'fəʊnɪəs] ADJ = **euphonic**

**euphonium** [ju:'fəʊnɪəm] N bombardino *m*

**euphony** ['ju:fənɪ] N eufonía *f*

**euphoria** [ju:'fɔ:rɪə] N euforia *f*

**euphoric** [ju:'fɒrɪk] ADJ [*person, atmosphere, laughter*] eufórico

**Euphrates** [ju:'freɪti:z] N Eufrates *m*

**Eurasia** [jʊə'reɪʃə] N Eurasia *f*

**Eurasian** [jʊə'reɪʃn] Ⓐ ADJ eurasiático Ⓑ N eurasiático/a *m/f*

**Euratom** [jʊər'ætəm] N ABBR = **European Atomic Energy Commission**

**eureka** [jʊə'ri:kə] EXCL ¡eureka!

**eurhythmics** [ju:'rɪðmɪks] NSING euritmia *f*

**Euripides** [jʊ'rɪpɪdi:z] N Eurípides

**euro** ['jʊərəʊ] N euro *m*

**Euro..., euro...** ['jʊərəʊ] PREFIX euro...

**Eurobonds** ['jʊərəʊbɒndz] NPL eurobonos *mpl*

**Eurocentric** ['jʊərəʊsentrɪk] ADJ eurocentrista, centrado en Europa

**Eurocentrism** ['jʊərəʊˌsentrɪzəm] N eurocentrismo *m*

**Eurocheque** ['jʊərəʊtʃek] Ⓐ N eurocheque *m* Ⓑ CPD ► **Eurocheque card** N tarjeta *f* de eurocheque

**Eurocommunism** ['jʊərəʊˌkɒmjʊnɪzəm] N eurocomunismo *m*

**Eurocommunist** ['jʊərəʊˌkɒmjʊnɪst] Ⓐ ADJ eurocomunista Ⓑ N eurocomunista *mf*

**Eurocrat** ['jʊərəʊkræt] N (*hum, pej*) eurócrata *mf* (*burócrata de la UE*)

**Eurocredit** ['jʊərəʊˌkredɪt] N Eurocrédito *m*

**Eurocurrency** ['jʊərəʊˌkʌrənsɪ] N eurodivisa *f*

**Eurodollar** ['jʊərəʊˌdɒləʳ] N eurodólar *m*

**Euroland** ['jʊərəʊlænd] N zona *f* (del) euro, territorio *m* (del) euro

**Euromarket** ['jʊərəʊˌmɑ:kɪt], **Euromart** ['jʊərəʊˌmɑ:t] N euromercado *m*, Mercado *m* Común

**Euro-MP** ['jʊərəʊˌemˌpi:] N ABBR (= **Member of the European Parliament**) eurodiputado/a *m/f*

**Europe** ['jʊərəp] N Europa *f*; **to go into** *or* **join ~** (*Brit Pol*) entrar en la Unión Europea

**European** [ˌjʊərə'pi:ən] Ⓐ ADJ europeo Ⓑ N europeo/a *m/f* Ⓒ CPD ► **European Commission** N Comisión *f* Europea ► **European Court of Justice** N Tribunal *m* de Justicia Europeo ► **European Currency Unit** N Unidad *f* de Cuenta Europea, ECU *m* ► **European Economic Community** N Comunidad *f* Económica Europea ► **European Monetary System** N Sistema *m* Monetario Europeo ► **European Parliament** N Parlamento *m* Europeo ► **European plan** N (*US*) habitación *f* (de hotel) con servicios (pero sin comidas) ► **European Union** N Unión *f* Europea

**europeanization** [ˌjʊərəˌpɪənaɪ'zeɪʃən] N europeización *f*

**europeanize** [ˌjʊərə'pɪənaɪz] VT europeizar

**Europhile** ['jʊərəʊfaɪl] Ⓐ N europeísta *mf* Ⓑ ADJ europeísta

**Europhobe** ['jʊərəʊfəʊb] N eurófobo/a *m/f*

**Euro-sceptic** ['jʊərəʊskeptɪk], **Eurosceptic** N euroescéptico/a *m/f*

**Euro-size** ['jʊərəʊˌsaɪz] N **~ 1** (*Comm*) talla *f* europea 1

**Eurospeak** ['jʊərəʊspi:k] N (*hum*) jerga *f* burocrática de la UE

**Eurostar®** ['jʊərəʊˌstɑ:ʳ] N Eurostar® *m*

**Eurotunnel** ['jʊərəʊˌtʌnl] N Eurotúnel *m*

**Eurovision** ['jʊərəvɪʒən] Ⓐ N Eurovisión *f* Ⓑ CPD ► **Eurovision Song Contest** N Festival *m* de Eurovisión

**Eurydice** [jʊ'rɪdɪsi:] N Eurídice

**Eustachian tube** [ju:ˌsteɪʃən'tju:b] N trompa *f* de Eustaquio

**euthanasia** [ˌju:θə'neɪzɪə] N eutanasia *f*

**evacuate** [ɪ'vækjʊeɪt] Ⓐ VT [1] [+ *people*] evacuar; **he was ~d to a hospital in Haifa** lo evacuaron a un hospital de Haifa [2] [+ *building, area*] evacuar [3] (*frm*) [+ *bowels*] evacuar Ⓑ VI [1] [*people, troops*] **civilians were given the order to ~** les dieron órdenes a los civiles de que evacuaran la zona; **the British decided to ~** los británicos decidieron abandonar el lugar [2] (*frm*) [*bowels*] evacuar

**evacuation** [ɪˌvækjʊ'eɪʃən] N [1] [*of people*] evacuación *f* [2] [*of building, area*] evacuación *f* [3] (*frm*) [*of bowels*] evacuación *f*

**evacuee** [ɪˌvækjʊ'i:] N evacuado/a *m/f*

**evade** [ɪ'veɪd] VT [+ *capture, pursuers*] eludir; [+ *punishment, blow*] evitar; [+ *question, issue, responsibility, obligation*] eludir, evadir; [+ *military service*] eludir, zafarse de; [+ *taxation, customs duty*] evadir, sustraerse a; [+ *sb's gaze*] esquivar

**evaluate** [ɪ'væljʊeɪt] VT [1] (= *assess value of*) valorar, calcular el valor de [2] (= *judge*) evaluar; **to ~ evidence** evaluar las pruebas

**evaluation** [ɪˌvæljʊ'eɪʃən] N [1] [*of value*] valoración *f*, cálculo *m* [2] [*of evidence etc*] evaluación *f*

**evaluative** [ɪ'væljʊətɪv] ADJ evaluativo

**evanescent** [ˌi:və'nesnt] ADJ (*liter*) evanescente, fugaz, efímero

**evangelical** [ˌi:væn'dʒelɪkəl] Ⓐ ADJ (*Rel*) evangélico Ⓑ N evangélico/a *m/f*

**evangelism** [ɪ'vændʒəˌlɪzəm] N evangelismo *m*

**evangelist** [ɪ'vændʒəlɪst] N [1] (= *writer*) (*also* **Evangelist**) Evangelista *m*; **St John the Evangelist** San Juan Evangelista [2] (= *preacher*) evangelizador(a) *m/f*

**evangelize** [ɪ'vændʒəlaɪz] Ⓐ VT evangelizar Ⓑ VI predicar el Evangelio

**evaporate** [ɪ'væpəreɪt] Ⓐ VT [+ *liquid*] evaporar

Ⓑ VI [*liquid*] evaporarse; (*fig*) [*hopes, fears, anger*] desvanecerse

**evaporated milk** [ɪ,væpəreɪtɪd'mɪlk] N leche *f* evaporada

**evaporation** [ɪ,væpə'reɪʃən] N evaporación *f*

**evasion** [ɪ'veɪʒən] N evasión *f*; (= *evasive answer etc*) evasiva *f*; *see also* **tax C**

**evasive** [ɪ'veɪzɪv] ADJ [*answer, person*] evasivo; **to be ~ (about sth)** mostrarse evasivo (acerca de algo); **to take ~ action** (*Mil*) adoptar tácticas evasivas

**evasively** [ɪ'veɪzɪvlɪ] ADV evasivamente; **"it was no problem," I said ~** —no hubo problema —dije evasivamente; **he answered ~** contestó con evasivas; **"I can't remember the exact details," she answered ~** —no recuerdo los detalles exactos —contestó evasivamente *or* de forma evasiva

**evasiveness** [ɪ'veɪzɪvnɪs] N esquivez *f*; **voters are fed up with the party's ~ on economic matters** los votantes están hartos de la esquivez del partido en cuestiones económicas

**eve**[1] [i:v] N víspera *f*; **on the ~ of** (*lit*) en la víspera de; (*fig*) en vísperas de

**eve**[2] [i:v] N (*liter*) (= *evening*) tarde *f*

**Eve** [i:v] N Eva

▼ **even** ['i:vən] Ⓐ ADJ [1] (= *smooth, flat*) [*surface, ground*] plano; **the floorboards are not very ~** las tablas del suelo no están muy niveladas; **to make sth ~** nivelar algo, allanar algo

[2] (= *uniform*) [*speed, temperature, progress*] constante; [*breathing*] regular; [*distribution, colour, work*] uniforme; **he has ~ features** tiene facciones regulares; *see also* **keel**

[3] (= *equal*) [*quantities, distances*] igual; [*distribution*] equitativo; **divide the dough into 12 ~ pieces** divida la masa en 12 piezas iguales; **a more ~ distribution of wealth** una distribución más equitativa de la riqueza; **to break ~** llegar a cubrir los gastos; **he has an ~ chance of winning the election** (*Brit*) tiene las mismas posibilidades de ganar las elecciones que de perderlas, tiene un cincuenta por ciento de posibilidades de ganar las elecciones; **to get ~ with sb** ajustar cuentas con algn; **I'll get ~ with you for that!** ¡me las pagarás por eso!*; **that makes us ~** (*in game*) así quedamos empatados; (*regarding money*) así quedamos en paz *or* (*LAm*) a mano; **they are an ~ match** (*in sports, games*) los dos son igual de buenos; (*fig*) no le tiene nada que envidiar el uno al otro; **I'll give you ~ money that Arsenal will win** (*Brit*) para mí que Arsenal tiene las mismas posibilidades de ganar que de perder; **the odds are about ~** (*Brit*) las posibilidades son más o menos iguales; **our score is ~** estamos igualados *or* empatados; **to be ~ with sb** (*in game*) estar igualado con algn; (*regarding money*) estar en paz *or* (*LAm*) a mano con algn; ✦*IDIOM* **to give sb an ~ break** (*esp US*) dar a algn su *or* una oportunidad; *see also* **even-handed, even-stevens**

[4] (= *calm*) **he has an ~ temper** no se altera fácilmente; **to say sth with an ~ voice** decir algo sin alterar la voz; **to keep one's voice ~** no alterar la voz; *see also* **even-tempered**

[5] (= *not odd*) [*number*] par

Ⓑ ADV [1] hasta, incluso; **I have ~ forgotten his name** hasta *or* incluso he olvidado su nombre; **~ on Sundays** hasta *or* incluso los domingos; **~ the priest was there** hasta *or* incluso el cura estaba allí; **pick them all, ~ the little ones** recógelos todos incluso los pequeños; **~ I know that!** ¡eso lo sé hasta yo!; **and he ~ sings** e incluso canta; **if you ~ tried a bit harder** si tan sólo te esforzaras un poco más

[2] (*with compar adj or adv*) aún, todavía; **~ faster** aún *or* todavía más rápido; **~ better** aún *or* todavía mejor; **~ more easily** aún *or* todavía más fácilmente; **~ less money** aún *or* todavía menos dinero

[3] (*with negative*) **not ~ …** ni siquiera …; **he can't ~ read** ni siquiera sabe leer; **he didn't ~ kiss me** ni me besó siquiera; **don't ~ think about it!** ¡ni lo pienses!; **without ~ reading it** sin leerlo siquiera

[4] (*in phrases*) **~ as**: **~ as he spoke the door opened** en ese mismo momento se abrió la puerta; **~ as a child I used to drink cider** incluso de niño solía beber sidra; **~ as he had wished it** (*frm*) exactamente como él lo había deseado; **~ if** aunque + *subjun*, incluso si + *subjun*; **~ if you tried** aunque lo intentaras, incluso si lo intentaras, así lo procuraras (*LAm*); **not … ~ if** ◊ **not ~ if**: **he won't talk to you ~ if you do go there** no hablará contigo aunque vayas allí; **I wouldn't do it ~ if you paid me a fortune** no lo haría aunque me pagaras una fortuna; **I couldn't be prouder, not ~ if you were my own son** no me sentiría más orgulloso, aunque fuera mi propio hijo; **~ now** todavía; **~ now, you could still change your mind** todavía estás a tiempo de cambiar de idea; **~ so** aun así; **~ so he was disappointed** aun así, quedó decepcionado; **yes but ~ so …** sí, pero aun así …; **~ then** aun así; **and ~ then she wasn't happy** y aún así no estaba contenta; **~ though** aunque; **he didn't listen, ~ though he knew I was right** no me hizo caso, aunque sabía que tenía razón; **~ when** incluso cuando; **~ when I was young I never had any ambition** incluso cuando era joven no tenía ninguna ambición; **he never gets depressed, ~ when things go badly** nunca se deprime, incluso *or* ni siquiera cuando las cosas andan mal; **not ~ when** ni siquiera cuando; **we were never in love, not ~ when we got married** nunca estuvimos enamorados, ni siquiera cuando nos casamos

Ⓒ VT [1] (= *smooth, flatten*) [+ *surface, ground*] nivelar, allanar

[2] (= *equalize*) igualar; **to ~ the score** (*lit*) igualar el marcador; **he was determined to ~ the score** (= *get revenge*) estaba decidido *or* empeñado a desquitarse

Ⓓ **evens** NPL (*esp Brit*) **the bookmakers are offering ~s** los corredores de apuestas ofrecen el doble de la cantidad aportada

►**even out** Ⓐ VT + ADV [1] (= *smooth*) [+ *surface*] allanar, nivelar

[2] (= *equalize*) [+ *number, score*] igualar; **to ~ things out** (= *bring greater equality*) nivelar la situación *or* las cosas

[3] (= *regularize*) [+ *expenses, work, exports*] nivelar; **to ~ out the peaks and troughs** nivelar los altibajos

Ⓑ VI + ADV [1] (= *become equal*) nivelarse, quedar compensado

[2] (= *become more regular*) **the work will ~ out** el trabajo irá siendo más regular

►**even up** Ⓐ VT + ADV (*lit, fig*) igualar, poner parejos; **to ~ things up** nivelar la situación *or* las cosas

Ⓑ VI + ADV **to ~ up with sb** ajustar cuentas con algn

**even-handed** ['i:vən'hændɪd] ADJ [*person*] imparcial; [*distribution*] equitativo

**even-handedly** ['i:vən'hændɪdlɪ] ADV [*behave*] imparcialmente; [*distribute*] equitativamente

**evening** ['i:vnɪŋ] Ⓐ N (*before dark*) tarde *f*; (*after dark*) noche *f*; **in the ~** por la tarde/noche; **this ~** esta tarde/noche; **tomorrow/yesterday ~** mañana/ayer por la tarde/noche; **on Sunday ~** el domingo por la tarde/noche; **~ was coming on** estaba atardeciendo/anocheciendo; **she spends her ~s knitting** pasa las tardes haciendo punto; **good ~!** (*early*) ¡buenas tardes!; (*after sunset*) ¡buenas noches!

Ⓑ CPD ► **evening class** N clase *f* nocturna ► **evening dress** N (*woman's*) traje *m* de noche; (*man's*) traje *m* de etiqueta; **in ~ dress** (*man, woman*) vestido/a de etiqueta ► **evening fixture** N (*Sport*) partido *m* por la noche ► **evening institute** N escuela *f* nocturna ► **evening match** N = **evening fixture** ► **evening paper** N periódico *m* de la tarde, vespertino *m* ► **evening performance** N (*Theat*) función *f* de noche ► **evening prayers** NPL = **evening service** ► **evening service** N (*Rel*) vísperas *fpl*, misa *f* vespertina ► **evening star** N estrella *f* de Venus

**evenly** ['i:vənlɪ] ADV [1] (= *uniformly*) [*breathe, flow*] con regularidad, regularmente; [*mix*] uniformemente; **the cake should rise ~** el pastel debe subir de manera uniforme *or* todo por igual; **distribute the sugar ~ over the fruit** distribuye el azúcar por igual sobre la fruta; **the rise in unemployment was ~ spread across the country** el aumento del desempleo afectaba de forma regular a todo el país; **space the curtain rings ~** coloque los aros de las cortinas a la misma distancia unos de otros

[2] (= *equally*) [*distribute, share*] por igual; (*more frm*) equitativamente, parejo (*LAm*); **the wealth is ~ distributed** la riqueza está dividida equitativamente *or* por igual; **to divide/split sth ~** dividir algo a partes iguales; **public opinion is fairly ~ divided** la opinión pública está dividida en partes bastante iguales; **they are ~ matched** están muy igualados

[3] (= *calmly*) [*say, reply, ask*] sin alterarse, serenamente; [*look at*] serenamente

**evenness** ['i:vənnɪs] N [1] (= *smoothness*) [*of ground, surface*] lo liso, lo nivelado

[2] (= *uniformity*) [*of speed, temperature, progress*] lo constante; [*of breathing, features*] regularidad *f*; [*of distribution, colours*] uniformidad *f*

[3] (= *calmness*) **~ of temper** serenidad *f*, ecuanimidad *f*; **the ~ of his voice did not betray the anger he felt inside** el tono sosegado de su voz no revelaba la ira que sentía dentro

**evensong** ['i:vənsɒŋ] N vísperas *fpl*, misa *f* vespertina

**even-stevens*** [,i:vən'sti:vənz] ADV **to be ~ with sb** estar en paz con algn; (*in competition*) ir parejo con algn; **they're pretty well ~** están más o menos igualados

**event** [ɪ'vent] N [1] (= *happening*) acontecimiento *m*; **this is quite an ~!** ¡esto es todo un acontecimiento!; **in** *or* **during the course of ~s** en el curso de los acontecimientos; **in the normal course of ~s** normalmente, por lo común; **current ~s** temas *mpl* de actualidad; **to be expecting a happy ~** estar en estado de buena esperanza; ✦*IDIOM* **to be wise after the ~** mostrar sabiduría cuando ya no hay remedio

[2] (= *case*) **at all ~s** ◊ **in any ~** pase lo que pase, en todo caso; **in either ~** en cualquiera de los dos casos; **in the ~ …** (*Brit*) resultó que …; **in the ~ of …** en caso de …; **in the ~ of his dying** en caso de que muriese; **in the ~ that …** en caso de que + *subjun*; **in that ~** en ese caso

[3] (*in a programme*) número *m*; (= *ceremony*) acto *m*; **coming ~s** atracciones *fpl* venideras;

➤ LANGUAGE IN USE: even B4 26.3

**programme of ~s** (*civic*) programa *m* de actos; (= *shows*) programa *m* de atracciones
4 (*Sport*) prueba *f*; *see also* **field D**, **track A4, D**

**even-tempered** ['i:vən'tempəd] ADJ ecuánime, apacible

**eventer** [ɪ'ventəʳ] N (*Horse riding*) *jinete participante en el concurso completo*

**eventful** [ɪ'ventfʊl] ADJ [*journey, match*] lleno de incidentes; [*life*] azaroso

**eventide home** ['i:vəntaɪd,həʊm] N hogar *m* de ancianos

**eventing** [ɪ'ventɪŋ] N concursos *mpl* hípicos (de tres días)

**eventual** [ɪ'ventʃʊəl] ADJ final

**eventuality** [ɪ,ventʃʊ'ælɪtɪ] N eventualidad *f*; **in that ~** ante esa eventualidad; **in the ~ of** ante la eventualidad de; **to be ready for any ~** estar preparado para cualquier eventualidad

**eventually** [ɪ'ventʃʊəlɪ] ADV 1 (= *finally*) finalmente, al final; **he ~ agreed that she was right** finalmente *or* al final admitió que ella tenía razón; **he ~ became Prime Minister** finalmente *or* con el tiempo llegó a ser primer ministro
2 (= *at some future time*) con el tiempo; **I'll get round to it ~** lo haré con el tiempo

**eventuate** [ɪ'ventjʊeɪt] VI **to ~ in** (*US*) resultar en

**ever** ['evəʳ] ADV 1 (= *always*) siempre; **~ after** desde entonces; **they lived happily ~ after** vivieron felices; **as ~** como siempre; (*ending letter*) un abrazo …; **for ~** (= *always*) siempre; **for ~ and ~** ◊ **for ~ and a day** por siempre jamás; (= *until end of time*) para siempre; **~ ready** siempre dispuesto; **~ since** (*as adv*) desde entonces; (*as conj*) desde que; **yours ~** (*ending letter*) un abrazo …
2 (= *at any time*) **all she ~ does is make jam** se pasa la vida haciendo mermelada; **if you ~ go there** si vas allí alguna vez; **nothing ~ happens** nunca pasa nada; **we haven't ~ tried it** nunca lo hemos probado; **did you ~ find it?** ¿lo encontraste por fin?; **did you ~ meet him?** ¿llegaste a conocerlo?; **have you ~ been there?** ¿has estado allí alguna vez?; **better than ~** mejor que nunca; **hardly ~** casi nunca; **seldom, if ~** rara vez o nunca; **now, if ~, is the time** *or* **moment to …** ahora o nunca es el momento de …; **he's a liar if ~ there was one** él sí que es un mentiroso; **a nice man, if ~ I saw one** hombre simpático donde los haya *or* si los hay; **more than ~** más que nunca; **more beautiful than ~** más hermoso que nunca; ✦*IDIOM* **did you ~?*** ¡habráse visto!
3 (*used as intensifier*) **is it ~ big!** (*US**) ¡qué grande es!, ¡si vieras lo grande que es!; **as if I ~ would!** ¿me crees capaz de hacer algo semejante?; **as soon as ~ you can** lo antes *or* lo más pronto posible; **before ~ you were born** antes de que nacieras; **never ~** (nunca) jamás; **~ so** (*esp Brit**) muy; **it's ~ so cold** hace un frío terrible; **we're ~ so grateful** estamos muy agradecidos; **~ so many things** tantísimas cosas, la mar de cosas; **~ so much** mucho, muchísimo; **he's ~ so nice** es simpatiquísimo; **why ~ did you do it?** ¿por qué demonios lo hiciste?; **why ~ not?** ¿y por qué no?
4 (*after superl*) **it's the best ~** jamás ha habido mejor; **the coldest night ~** la noche más fría que nunca hemos tenido

**ever-changing** [evə'tʃeɪndʒɪŋ] ADJ siempre variable, infinitamente mudable

**Everest** ['evərɪst] N (*also* **Mount ~**) (monte *m*) Everest *m*

**Everglades** ['evəgleɪdz] NPL **the ~** (*US*) los Everglades, *región pantanosa subtropical de Florida, al sur del Lago Okeechobee*

**evergreen** ['evəgri:n] Ⓐ ADJ 1 [*tree, shrub*] de hoja perenne
2 [*memory*] imperecedero; [*song*] clásico, de toda la vida
Ⓑ N (= *tree*) árbol *m* de hoja perenne; (= *plant*) planta *f* de hoja perenne
Ⓒ CPD ► **evergreen oak** N encina *f*

**ever-growing** ['evə'grəʊɪŋ] ADJ = **ever-increasing**

**ever-increasing** [,evərɪn'kri:sɪŋ] ADJ [*number, size*] cada vez mayor, creciente; [*population, threat, need*] creciente

**everlasting** [,evə'lɑ:stɪŋ] ADJ (= *eternal*) [*gratitude, shame, regret*] eterno; [*fame*] imperecedero; **~ life** la vida eterna; **to her ~ regret, she refused the offer** para su eterno arrepentimiento, rechazó la oferta

**everlastingly** [,evə'lɑ:stɪŋlɪ] ADV [*grateful*] eternamente; [*patient*] infinitamente

**evermore** ['evə'mɔ:ʳ] ADV eternamente; **for ~** por siempre jamás, para siempre jamás

**every** ['evrɪ] ADJ 1 (= *each*) cada *inv*; **~ day** cada día; **~ three days** ◊ **~ third day** cada tres días; **~ few days** cada dos o tres días; **~ bit of the cake** la torta entera; **~ bit as clever as …** tan *or* (*LAm*) igual de listo como …; **I have to account for ~ last penny** tengo que dar cuentas de cada penique que gasto; **I enjoyed ~ minute of the party** disfruté cada minuto de la fiesta; **~ now and then** ◊ **~ now and again** de vez en cuando; **~ other** *or* **second month** un mes sí y otro no, cada dos meses; **~ other person has a car** de cada dos personas una tiene coche; **he'd eaten ~ single chocolate** se había comido todos los bombones, se había comido hasta el último bombón; **~ single time** cada vez sin excepción; **~ so often** cada cierto tiempo, de vez en cuando; **he brings me a present ~ time he comes** cada vez que viene me trae un regalo; **this recipe gives you perfect results ~ time** esta receta siempre le dará resultados perfectos; ✦*IDIOMS* **(it's) ~ man for himself** ¡sálvese quien pueda!; **~ man Jack of them voted against** todos y cada uno de ellos votaron en contra; ✦*PROV* **~ little helps** un grano no hace granero pero ayuda al compañero, todo es ayuda
2 (= *all*) **he was following my ~ move** me vigilaba constantemente; **not ~ child is as fortunate as you** no todos los niños son tan afortunados como tú; **~ one of them passed the exam** todos ellos aprobaron el examen; **he criticized her at ~ opportunity** no dejaba escapar oportunidad alguna para criticarla; **he spends ~ penny he earns** gasta hasta el último centavo que gana; **in ~ way** en todos los aspectos; **his ~ wish** todos sus deseos; **I mean ~ word I say** lo digo muy en serio
3 (= *any*) todo; **~ parent will have experienced this at one time or another** todo padre se habrá encontrado con esto en algún momento
4 (= *all possible*) **I gave you ~ assistance** te ayudé en todo lo que podía; **she had ~ chance** se le dieron todas las posibilidades; **I have ~ confidence in him** tengo entera *or* plena confianza en él; **~ effort is being made to trace him** se está haciendo todo lo posible para localizarlo; **I have ~ reason to think that …** tengo razones sobradas para pensar que …; **we wish you ~ success** te deseamos todo el éxito posible

**everybody** ['evrɪbɒdɪ] PRON todos/as, todo el mundo; **~ else** todos los demás

**everyday** ['evrɪdeɪ] ADJ [*occurrence, experience*] cotidiano; [*expression*] corriente; [*use*] diario, cotidiano; [*shoes, clothes*] de uso diario; **for ~ (use)** de diario; **in ~ use** de uso corriente; **~ clothes** ropa *f* de diario

**everyman** ['evrɪmæn] N hombre *m* cualquiera, hombre *m* de la calle

**everyone** ['evrɪwʌn] PRON = **everybody**

**everyplace** ['evrɪpleɪs] ADV (*US*) = **everywhere**

**everything** ['evrɪθɪŋ] PRON todo; **~ is ready** todo está dispuesto; **~ nice had been sold** se había vendido todo lo bonito; **he sold ~** lo vendió todo; **~ you say is true** es verdad todo lo que dices; **time is ~** el tiempo lo es todo; **money isn't ~** el dinero no lo es todo; **he did ~ possible** hizo todo lo posible; **I've argued with him and ~, but he won't listen** he razonado y todo eso con él, pero no quiere escuchar

**everywhere** ['evrɪwɛəʳ] ADV [*go*] a todas partes; [*be*] en todas partes; **I looked ~** busqué en todas partes; **~ in Spain** en todas partes de España; **~ you go you'll find the same** en todas partes encontrarás lo mismo

**everywoman** ['evrɪ,wʊmən] N mujer *f* cualquiera

**evict** [ɪ'vɪkt] VT [+ *tenant*] desahuciar, desalojar

**eviction** [ɪ'vɪkʃən] Ⓐ N desahucio *m*, desalojo *m*
Ⓑ CPD ► **eviction notice** N aviso *m* de desalojo ► **eviction order** N orden *f* de desalojo

**evidence** ['evɪdəns] Ⓐ N 1 (= *proof*) pruebas *fpl*; **~ of/that …** pruebas de/de que …; **circumstantial ~** pruebas *fpl* circunstanciales; **there is no ~ against him** no hay pruebas contra él; **to hold sth in ~** esgrimir algo como prueba; **what ~ is there for this belief?** ¿qué pruebas corroboran esta creencia?
2 (= *sign*) indicio *m*, señal *f*; **to show ~ of** dar muestras de
3 (= *testimony*) testimonio *m*; **to call sb in ~** llamar a algn como testigo; **to give ~** prestar declaración, deponer (*more frm*); **to turn King's** *or* **Queen's** *or* (*US*) **State's ~** delatar a un cómplice
4 **to be in ~** (= *noticeable*) estar bien visible
Ⓑ VT 1 (= *make evident*) manifestar; [+ *emotion*] dar muestras de
2 (= *prove*) probar, demostrar; **as is ~d by the fact that …** según lo demuestra el hecho de que …

**evident** ['evɪdənt] ADJ evidente, manifiesto; **his distress was ~** era evidente *or* manifiesta su aflicción; **it is ~ from the way he talks …** resulta evidente por su forma de hablar …; **it is ~ from his speech that …** su discurso deja patente que …; **as is ~ from her novel** como queda bien claro en su novela; **to be ~ in** manifestarse en; **it is ~ that …** queda patente *or* manifiesto que …; **as is all too ~** como queda bien patente

**evidently** ['evɪdəntlɪ] ADV 1 (= *clearly*) evidentemente; **the two men ~ knew each other** evidentemente, los dos hombres se conocían, era evidente que los dos hombres se conocían; **he was ~ very angry** era evidente que estaba muy enfadado
2 (= *apparently*) aparentemente, por lo visto; **"was it suicide?" — "~ not"** —¿fue un suicidio? —por lo visto, no *or* —parece que no

**evil** ['i:vl] Ⓐ ADJ 1 (= *wicked*) [*person, deed, thought*] malvado; [*reputation*] de malvado; [*spirit*] maligno, maléfico; [*influence*] maléfico, funesto; [*place, plan*] diabólico; [*hour, times*] funesto; [*effect*] nocivo; **to put the ~ eye on**

**sb** ◊ **give sb the ~ eye** echar el mal de ojo a algn; **an ~ spell** un maleficio; **~ tongues may say that ...** las malas lenguas dirán que ...; **he had his ~ way with her** se aprovechó de ella, se la llevó al huerto (*hum*); **the ~ weed** (= *tobacco*) el vicio (*hum*)
2 (= *nasty*) [*smell, taste*] horrible; **to put off the ~ day** posponer el día funesto; **to have an ~ temper** tener un genio endiablado
Ⓑ N 1 (= *wickedness*) mal *m*; **the conflict between good and ~** el conflicto entre el bien y el mal; **there wasn't a trace of ~ in her** no había ni un rastro del maldad en ella; **the forces of ~** las fuerzas del mal; **to speak ~ of sb** hablar mal de algn
2 (= *harmful thing*) mal *m*; **the lesser of two ~s** el menor de dos males; **a necessary ~** un mal necesario; **social ~s** males *mpl* sociales

**evildoer** [ˈiːvlduːəʳ] N malhechor(a) *m/f*

**evilly** [ˈiːvɪlɪ] ADV [*behave, plot*] malvadamente; [*laugh, smile*] diabólicamente, malvadamente

**evil-minded** [ˈiːvlˈmaɪndɪd] ADJ (= *suspicious*) malpensado; (= *nasty*) malintencionado

**evil-smelling** [ˈiːvlˈsmelɪŋ] ADJ fétido, maloliente, hediondo

**evil-tempered** [ˈiːvlˈtempəd] ADJ de muy mal genio *or* carácter

**evince** [ɪˈvɪns] VT mostrar, dar señales de

**eviscerate** [ɪˈvɪsəreɪt] VT destripar

**evocation** [ˌevəˈkeɪʃən] N evocación *f*

**evocative** [ɪˈvɒkətɪv] ADJ evocador (**of** de)

**evocatively** [ɪˈvɒkətɪvlɪ] ADV de manera evocadora

**evoke** [ɪˈvəʊk] VT [+ *memories*] evocar; [+ *admiration*] suscitar, provocar

**evolution** [ˌiːvəˈluːʃən] N 1 (= *development*) desarrollo *m*
2 (*Bio*) evolución *f*

**evolutionary** [ˌiːvəˈluːʃnərɪ] ADJ evolutivo

**evolve** [ɪˈvɒlv] Ⓐ VT 1 [+ *system, theory, plan*] desarrollar
2 [+ *gas, heat*] desprender
Ⓑ VI 1 [*species*] evolucionar
2 [*system, plan, science*] desarrollarse

**ewe** [juː] N oveja *f*

**ewer** [ˈjuːəʳ] N aguamanil *m*

**ex** [eks] Ⓐ PREP (= *out of*) **ex dividend** sin dividendo; **the price ex works** el precio de *or* en fábrica, el precio franco fábrica; *see also* **ex officio**
Ⓑ N (*) **my ex** (= *husband*) mi ex (marido); (= *wife*) mi ex (mujer); (= *boyfriend, girlfriend*) mi ex (novio/a)

**ex-** [eks] PREFIX (= *former*) ex; **the ~ambassador to Moscow** el ex embajador en Moscú; **the ~leader of** el antiguo jefe de; **~minister** exministro/a *m/f*; **~president** ex-presidente/a *m/f*; *see also* **ex-husband, ex-serviceman** *etc*

**exacerbate** [eksˈæsəbeɪt] VT [+ *pain, disease*] exacerbar; [+ *relations, situation*] empeorar

**exact** [ɪgˈzækt] Ⓐ ADJ 1 (= *precise*) [*number, copy, translation*] exacto; [*meaning, instructions, time, amount, date, location*] exacto, preciso; [*cause, nature*] preciso; **his ~ words were ...** lo que dijo, textualmente, era ...; **to be ~, there were three of us** para ser exactos, éramos tres, en concreto, éramos tres; **can you be more ~?** precise, por favor; **to be an ~ likeness of sth/sb** ser exactamente igual a algo/algn; **until this ~ moment** hasta este preciso momento; **to be the ~ opposite (of)** ser exactamente *or* justo lo contrario (de); **the ~ same place/house** (*US*) exactamente el mismo sitio/la misma casa
2 (= *meticulous*) [*description, analysis, scientist, work, study*] preciso, meticuloso; [*instrument*] preciso
Ⓑ VT [+ *money, payment, obedience, allegiance*] (= *demand*) exigir; (= *obtain*) obtener (**from** de); [+ *promise*] conseguir, arrancar; [+ *taxes*] recaudar; **to ~ revenge** vengarse
Ⓒ CPD ► **exact science** N ciencia *f* exacta; **history is not an ~ science** la historia no es una ciencia exacta ► **the exact sciences** NPL las ciencias exactas

**exacting** [ɪgˈzæktɪŋ] ADJ [*task, activity, profession*] duro; [*boss, person*] exigente; [*conditions*] severo, riguroso

**exaction** [ɪgˈzækʃən] N exacción *f*

**exactitude** [ɪgˈzæktɪtjuːd] N exactitud *f*

▼ **exactly** [ɪgˈzæktlɪ] ADV [*know, resemble*] exactamente; [*calculate, measure, describe*] exactamente, con precisión; **at ~ five o'clock** a las cinco en punto; **what did you tell him ~?** ◊ **what ~ did you tell him?** ¿qué le dijiste exactamente?; **that's ~ what I was thinking** eso es exactamente lo que yo estaba pensando; **he's ~ like his father** es exactamente igual que su padre, es clavado a su padre*; **nobody knows who ~ will be in charge** nadie sabe con exactitud quién será el encargado; **I wanted to get everything ~ right** quería hacerlo todo a la perfección; **"do you mean that we are stuck here?" — "exactly!"** —¿quieres decir que no nos podemos mover de aquí? —¡exacto! *or* —¡efectivamente!; **he wasn't ~ pleased** (*iro*) no estaba precisamente contento, no estaba muy contento, que digamos; **it's not ~ interesting** (*iro*) no es lo que se dice interesante; **"is she sick?" — "not ~"** —¿está enferma? —no exactamente

**exactness** [ɪgˈzæktnɪs] N [*of words, translation, copy*] exactitud *f*; [*of measurement, description, instructions*] precisión *f*

**exaggerate** [ɪgˈzædʒəreɪt] Ⓐ VT exagerar
Ⓑ VI exagerar

**exaggerated** [ɪgˈzædʒəreɪtɪd] ADJ exagerado

**exaggeratedly** [ɪgˈzædʒəreɪtɪdlɪ] ADV exageradamente

**exaggeration** [ɪgˈzædʒəreɪʃən] N exageración *f*

**exalt** [ɪgˈzɔːlt] VT (= *elevate*) exaltar, elevar; (= *praise*) ensalzar

**exaltation** [ˌegzɔːlˈteɪʃən] N exaltación *f*, elevación *f*; (= *praise*) ensalzamiento *m*

**exalted** [ɪgˈzɔːltɪd] ADJ (= *high*) [*position*] elevado; [*person*] eminente; (= *elated*) excitado

**exam*** [ɪgˈzæm] N = **examination**

**examination** [ɪgˌzæmɪˈneɪʃən] N 1 (*Scol, Univ*) (= *test*) examen *m*; **our chemistry ~** nuestro examen de química; **to take** *or* **sit an ~** presentarse a un examen; **to take an ~ in** examinarse de; **oral ~** examen *m* oral
2 (= *inspection*) [*of premises*] inspección *f*; [*of luggage*] registro *m*; [*of account*] revisión *f*, inspección *f*; [*of witness, suspect*] interrogatorio *m*; **on ~** al examinarlo/examinarlos *etc*
3 (= *inquiry*) investigación *f*, estudio *m* (**into** de); **the matter is under ~** el asunto está siendo investigado *or* estudiado
4 (*Med*) reconocimiento *m*

▼ **examine** [ɪgˈzæmɪn] VT 1 [+ *student, candidate*] examinar; **I was ~d in maths** me examinaron de matemáticas
2 (= *inspect*) [+ *premises*] inspeccionar; [+ *luggage*] registrar; [+ *witness, suspect, accused*] interrogar
3 (= *investigate*) estudiar, investigar; **we are examining the question** estamos estudiando *or* investigando la cuestión
4 (*Med*) [+ *patient*] examinar, hacer un reconocimiento médico a; [+ *part of body*] examinar

**examinee** [ɪgˌzæmɪˈniː] N examinando/a *m/f*

**examiner** [ɪgˈzæmɪnəʳ] N examinador(a) *m/f*

▼ **example** [ɪgˈzɑːmpl] N (*gen*) ejemplo *m*; (= *copy, specimen*) ejemplar *m*; **for ~** por ejemplo; **to quote sth/sb as an ~** citar algo/a algn como ejemplo; **to follow sb's ~** seguir el ejemplo de algn; **to set a good/bad ~** dar buen/mal ejemplo; **to make an ~ of sb/ punish sb as an ~** dar a algn un castigo ejemplar

**exasperate** [ɪgˈzɑːspəreɪt] VT exasperar, sacar de quicio

**exasperated** [ɪgˈzɑːspəreɪtɪd] ADJ exasperado; **to be ~ at** *or* **with sth/sb** estar exasperado con algo/algn; **we were ~ with Joe/the situation** Joe/la situación nos tenía exasperados, estábamos exasperados con Joe/la situación; **to become** *or* **get** *or* **grow ~** exasperarse

**exasperating** [ɪgˈzɑːspəreɪtɪŋ] ADJ [*person, situation, problem*] exasperante; **you're so ~!** ¡sacas de quicio a cualquiera!; **it's so ~!** ¡es exasperante!, es para volverse loco*

**exasperatingly** [ɪgˈzɑːspəreɪtɪŋlɪ] ADV **the train was ~ slow** el tren era tan lento que me (*or* lo, etc) exasperaba; **she's ~ stupid** es tan estúpida que le saca a uno de quicio, es de una estupidez exasperante

**exasperation** [ɪgˌzɑːspəˈreɪʃən] N exasperación *f*; **"hurry!" he cried in ~** —¡date prisa! —gritó exasperado *or* con exasperación

**ex cathedra** [ekskəˈθiːdrə] ADJ, ADV ex cátedra

**excavate** [ˈekskəveɪt] VT excavar

**excavation** [ˌekskəˈveɪʃən] N excavación *f*

**excavator** [ˈekskəveɪtəʳ] N (= *machine*) excavadora *f*; (= *person*) excavador(a) *m/f*

**exceed** [ɪkˈsiːd] VT [+ *estimate*] exceder (**by** en); [+ *number*] pasar de, exceder de; [+ *limit, bounds, speed limit*] sobrepasar, rebasar; [+ *rights*] ir más allá de, abusar de; [+ *powers, instructions*] excederse en; [+ *expectations, fears*] superar; **a fine not ~ing £50** una multa que no pase de 50 libras

**exceedingly** [ɪkˈsiːdɪŋlɪ] ADV sumamente, extremadamente

**excel** [ɪkˈsel] Ⓐ VT superar; **to ~ o.s.** (*often iro*) lucirse, pasarse (*LAm*)
Ⓑ VI **to ~ at** *or* **in** sobresalir en, destacar en; **to ~ as** destacarse como

**excellence** [ˈeksələns] N excelencia *f*

**Excellency** [ˈeksələnsɪ] N Excelencia *f*; **His ~** su Excelencia *f*; **yes, Your ~** sí, Excelencia

▼ **excellent** [ˈeksələnt] ADJ excelente

**excellently** [ˈeksələntlɪ] ADV excelentemente, muy bien; **to do sth ~** hacer algo muy bien

**excelsior** [ekˈselsɪɔːʳ] N (*US*) virutas *fpl* de embalaje

**except** [ɪkˈsept] Ⓐ PREP **~ (for)** excepto, salvo, menos; **~ that/if/when/where** *etc* salvo que/si/cuando/donde *etc*; **there is nothing we can do ~ wait** no nos queda otra (cosa) que esperar
Ⓑ VT excluir, exceptuar (**from** de); **present company ~ed** con excepción de los presentes

**excepting** [ɪkˈseptɪŋ] PREP excepto, salvo; **always ~ the possibility that ...** excluyendo la posibilidad de que ...; **not ~ ...** incluso ..., inclusive ...

**exception** [ɪkˈsepʃən] N excepción *f*; **to make an ~** hacer una excepción; **to take ~ to sth** ofenderse por algo; **with the ~ of** a excepción de; **without ~** sin excepción; **the ~**

➤ LANGUAGE IN USE: **exactly** 11.1 **examine 3** 26.1, 26.2 **example** 26.2 **excellent** 13

**proves the rule** la excepción confirma la regla

**exceptionable** [ɪk'sepʃənəbl] ADJ [*conduct*] censurable, objetable; [*proposal*] impugnable, refutable

**exceptional** [ɪk'sepʃənl] Ⓐ ADJ [*courage, ability, circumstances*] excepcional; [*achievement, performance*] extraordinario, excepcional; **your wife was a most ~ woman** su esposa era una mujer de lo más excepcional
Ⓑ CPD ► **exceptional child** N (*US Scol*) (= *gifted*) niño/a *m/f* superdotado/a; (= *handicapped*) niño/a *m/f* que requiere una atención diferenciada

**exceptionally** [ɪk'sepʃənəlɪ] ADV [*difficult, valuable, intelligent, high*] excepcionalmente, extraordinariamente; [*good, large, easy, rare*] extraordinariamente; **an ~ talented player** un jugador de un talento excepcional *or* extraordinario; **~, in times of emergency we can ...** de forma excepcional, en casos de urgencia podemos ...

**excerpt** ['eksɜːpt] N extracto *m*

**excess** [ɪk'ses] Ⓐ N [1] (= *surplus*) exceso *m*; **an ~ of** [+ *precautions, enthusiasm, details*] un exceso de; **a sum in ~ of £100,000** una cifra superior a las 100.000 libras; **the painting is expected to fetch in ~ of £100,000** se espera que el cuadro se venda por una cifra superior a las 100.000 libras; **I don't smoke or drink to ~** no fumo ni bebo en exceso; **to carry sth to ~** llevar algo al extremo
[2] (= *overindulgence*) excesos *mpl*; **she was sick of her life of ~** estaba harta de su vida de excesos; **the ~es of the regime** los excesos del régimen; (*more serious*) las atrocidades del régimen
[3] (*Brit Insurance*) franquicia *f*
Ⓑ ADJ [1] (= *surplus*) **always remove ~ fat from pork** quítele siempre el exceso de grasa a la carne de cerdo; **she lost the ~ weight she had gained on holiday** perdió los kilos de más que había engordado durante las vacaciones; **she burns off ~ energy by cycling** quema el exceso de energía montando en bicicleta
[2] (= *additional*) [*profit, charge*] extraordinario
Ⓒ CPD ► **excess baggage** N exceso *m* de equipaje ► **excess demand** N exceso *m* de demanda ► **excess fare** N suplemento *m* ► **excess luggage** N = **excess baggage** ► **excess profits tax** N impuesto *m* sobre los beneficios extraordinarios ► **excess supply** N exceso *m* de oferta ► **excess weight** N exceso *m* de peso

**excessive** [ɪk'sesɪv] ADJ [*amount, use, consumption, heat*] excesivo; [*demands, interest, ambition*] excesivo, desmesurado; [*price*] excesivo, abusivo; **the use of ~ force by the police** el uso excesivo de la fuerza por parte de la policía; **the accident was caused by the driver's ~ speed** el exceso de velocidad con que iba el conductor causó el accidente; **the dangers of ~ drinking** los peligros de beber en exceso; **£10? that's a bit ~** ¿10 libras? eso es un poco exagerado, ¿10 libras? eso es pasarse*

**excessively** [ɪk'sesɪvlɪ] ADV [*eat, smoke, worry, spend*] demasiado, en exceso; [*ambitious, optimistic, proud, cautious*] excesivamente; **prices are ~ high** los precios son excesivamente *or* demasiado altos

**exchange** [ɪks'tʃeɪndʒ] Ⓐ N [1] (= *act*) [*of prisoners, publications, stamps*] intercambio *m*, canje *m*; [*of ideas, information, contracts*] intercambio *m*; **in ~ for** a cambio de; **~ of gunfire** tiroteo *m*; **~ of views** cambio *m* de impresiones; **~ of words** diálogo *m*
[2] (= *barter*) trueque *m*
[3] (*Fin*) [*of currency*] cambio *m*; **foreign ~** (= *money*) divisas *fpl*, moneda *f* extranjera
[4] (= *building*) (*for trade in corn, cotton*) lonja *f*; (= *stock exchange*) bolsa *f*; **(telephone) ~** (*public*) central *f* telefónica; (*private*) centralita *f*, conmutador *m* (*LAm*)
Ⓑ VT [1] (*gen*) cambiar (**for** por); [+ *prisoners, publications, stamps*] canjear (**for** por; **with** con); [+ *greetings, shots*] cambiar; [+ *courtesies*] hacerse; [+ *blows*] darse; **we ~d glances** nos miramos el uno al otro, cruzamos una mirada
[2] (= *barter*) trocar
Ⓒ CPD ► **exchange control** N control *m* de cambios ► **exchange rate** N tipo *m* de cambio ► **Exchange Rate Mechanism** N mecanismo *m* de paridades *or* de cambio del Sistema Monetario Europeo ► **exchange restrictions** NPL restricciones *fpl* monetarias ► **exchange value** N contravalor *m* ► **exchange visit** N visita *f* de intercambio

**exchangeable** [ɪks'tʃeɪndʒəbl] ADJ cambiable; [*prisoners, publications, stamps*] canjeable

**exchequer** [ɪks'tʃekəʳ] N (= *government department*) hacienda *f*, tesoro *m*; (= *treasury funds*) fisco *m*, fondos *mpl*; **the Exchequer** (*Brit Pol*) la Hacienda, el Fisco

**excisable** [ek'saɪzəbl] ADJ tasable

**excise**[1] ['eksaɪz] N (*also* **~ duty**) impuestos *mpl* indirectos; (*Brit*) (= *department*) **the Customs and Excise** la Aduana

**excise**[2] [ek'saɪz] VT [1] (*Med*) (= *remove*) extirpar
[2] (= *delete*) suprimir, eliminar

**excision** [ek'sɪʒən] N (*Med*) extirpación *f*; (= *deletion*) supresión *f*, eliminación *f*

**excitability** [ɪk'saɪtə'bɪlɪtɪ] N [*of person*] excitabilidad *f*; [*of mood, temperament*] nerviosismo *m*

**excitable** [ɪk'saɪtəbl] ADJ [*person, creature*] excitable; [*mood, temperament*] nervioso

**excite** [ɪk'saɪt] VT [1] (= *make excited*) entusiasmar; **what ~s me about the idea is ...** lo que me entusiasma *or* me parece excitante de la idea es ...; **don't ~ yourself, Grandpa** no te excites *or* agites, abuelo
[2] (= *arouse*) [+ *curiosity, admiration, envy*] provocar, suscitar; [+ *enthusiasm, interest*] despertar, suscitar; [+ *anger, passion*] provocar; [+ *imagination*] estimular; [+ *desire*] incitar, despertar
[3] (*sexually*) excitar
[4] (*Phys*) [+ *atom, particle*] excitar
[5] (*Med*) [+ *nerve, heart*] excitar

**excited** [ɪk'saɪtɪd] ADJ [1] (= *exhilarated*) [*adult*] entusiasmado; [*child*] excitado, alborotado; [*voice, chatter*] excitado; [*cry, shout*] de excitación; **I'm very ~ about the new house** la nueva casa me hace mucha ilusión, estoy muy ilusionado *or* entusiasmado con la nueva casa; **to get ~ (about sth)** entusiasmarse (con algo); **the children are getting ~ about the trip** los niños están cada vez más ilusionados *or* más entusiasmados con la idea del viaje; **don't get ~, I only said she MIGHT come** ¡tranquilízate!, solo dije que *puede* que venga; **it's nothing to get ~ about** no es para tanto
[2] (= *agitated*) [*person, animal*] agitado, nervioso; [*crowd*] alborotado; [*state*] de agitación, de nerviosismo; [*voice*] nervioso, excitado; **to get ~** [*person*] excitarse, ponerse nervioso; [*crowd*] alborotarse; [*discussion*] acalorarse; **don't get ~! I'm not suggesting that ...** ¡no te excites! *or* ¡no te pongas nervioso! *or* ¡no te acalores! no estoy sugiriendo que ...
[3] (*sexually*) excitado; **to get ~** excitarse
[4] (*Phys*) [*atom, molecule*] excitado

**excitedly** [ɪk'saɪtɪdlɪ] ADV [*wave, shout*] con excitación; **they were talking ~** hablaban muy excitados

**excitement** [ɪk'saɪtmənt] N [1] (= *exhilaration*) emoción *f*, excitación *f*; **why all the ~?** ◊ **what's all the ~ about?** ¿a qué se debe tanta excitación?; **she's looking for a bit of ~ in her life** está buscando algo de emoción en su vida; **in her ~, she forgot to close the door** con la emoción, se olvidó de cerrar la puerta; **the book has caused great ~ in literary circles** el libro ha causado mucha conmoción en círculos literarios
[2] (= *agitation*) agitación *f*, alboroto *m*
[3] (*sexual*) excitación *f*

**exciting** [ɪk'saɪtɪŋ] ADJ [1] (= *exhilarating*) [*experience, day, game*] emocionante; [*idea, possibility, discovery*] apasionante; [*person*] fascinante; [*book, play, film*] emocionante, apasionante; **it was not an ~ prospect** no era una perspectiva muy fascinante; **how ~!** ¡qué ilusión!
[2] (*sexually*) excitante

**excitingly** [ɪk'saɪtɪŋlɪ] ADV [*describe, write*] de manera emocionante; **it was an ~ close finish** la llegada fue muy reñida y emocionante

**exclaim** [ɪks'kleɪm] Ⓐ VT exclamar
Ⓑ VI **to ~ at sth** exclamar ante algo

**exclamation** [ˌekskləˈmeɪʃən] Ⓐ N exclamación *f*
Ⓑ CPD ► **exclamation mark, exclamation point** (*US*) N (*Ling*) signo *m* de admiración

**exclamatory** [eks'klæmətərɪ] ADJ exclamativo

**exclude** [ɪks'kluːd] VT [1] (= *keep out*) excluir
[2] (= *discount*) [+ *mistakes*] exceptuar; [+ *possibility of error*] evitar
[3] (*Scol*) [+ *pupil*] expulsar

**excluding** [ɪks'kluːdɪŋ] PREP excepto, menos; **everything ~ the piano** todo excepto *or* menos el piano

**exclusion** [ɪks'kluːʒən] Ⓐ N exclusión *f*; **to the ~ of** con exclusión de
Ⓑ CPD ► **exclusion clause** N cláusula *f* de exclusión ► **(total) exclusion zone** N zona *f* de exclusión (total)

**exclusionary** [ɪks'kluːʒənrɪ] ADJ (*frm*) exclusivista; **the club had ~ policies** el club practicaba una política exclusivista

**exclusive** [ɪks'kluːsɪv] Ⓐ ADJ [1] (= *for nobody else*) [*information, use, interview, pictures*] exclusivo; **an ~ report/story** (*Press*) un reportaje en exclusiva; **to have (the) ~ rights to sth** tener la exclusiva *or* los derechos exclusivos para algo; **many of their designs are ~ to our store** muchos de sus diseños son exclusivos nuestros
[2] (= *select*) [*area, club, resort, restaurant*] selecto, exclusivo; **we attended an ~ gathering of theatre people** asistimos a una selecta reunión de gente del teatro
[3] (= *undivided*) [*interest, attention*] exclusivo
[4] (= *not inclusive*) **from 1st to 15th ~** del 1 al 15 exclusive; **~ of sth** sin incluir algo, excluyendo algo; **~ of postage and packing** gastos *mpl* de envío y empaquetado exclusivos, sin incluir gastos de envío y empaquetado; **~ of taxes** impuestos *mpl* excluidos, excluyendo los impuestos; *see also* **mutually**
Ⓑ N (*Press*) (= *story*) exclusiva *f*, reportaje *m* en exclusiva

**exclusively** [ɪks'kluːsɪvlɪ] ADV exclusivamente; **this is not ~ the fault of the government** esto no es culpa del gobierno exclusivamente; **available ~ from ...** de venta exclusiva en ...

**exclusiveness** [ɪks'klu:sɪvnɪs] N exclusividad *f*

**exclusivity** [ɪksklu:'sɪvətɪ] N exclusividad *f*

**excommunicate** [ˌekskə'mju:nɪkeɪt] VT excomulgar

**excommunication** ['ekskəˌmju:nɪ'keɪʃən] N excomunión *f*

**ex-con*** [ˌeks'kɒn] N ex presidiario/a *m/f*

**excoriate** [ɪks'kɔ:rɪeɪt] VT (*frm*) [+ *person, organization, idea*] vilipendiar

**excrement** ['ekskrɪmənt] N excremento *m*

**excrescence** [ɪks'kresns] N excrecencia *f*

**excreta** [eks'kri:tə] NPL excremento *msing*

**excrete** [eks'kri:t] VT (*frm*) excretar

**excretion** [eks'kri:ʃən] N (= *act*) excreción *f*; (= *substance*) excremento *m*

**excretory** [eks'kri:tərɪ] ADJ excretorio

**excruciating** [ɪks'kru:ʃɪeɪtɪŋ] ADJ **1** [*pain, suffering, noise*] atroz, insoportable
**2** (*) (= *very bad*) [*film, speech, party*] horroroso

**excruciatingly** [ɪks'kru:ʃɪeɪtɪŋlɪ] ADV [*hurt, suffer*] terriblemente; **it was ~ funny** era para morirse de risa; **it was ~ painful** dolía terriblemente

**exculpate** ['ekskʌlpeɪt] VT exculpar

**excursion** [ɪks'kɜ:ʃən] Ⓐ N (= *journey*) excursión *f*; (*fig*) digresión *f*
Ⓑ CPD ► **excursion ticket** N billete *m* de excursión ► **excursion train** N tren *m* de recreo

**excursionist** [ɪk'skɜ:ʃənɪst] N excursionista *mf*

**excursus** [ek'skɜ:sɪz] N excursus *m inv*

**excusable** [ɪks'kju:zəbl] ADJ perdonable, disculpable

▼ **excuse** Ⓐ [ɪks'kju:s] N (= *justification*) excusa *f*, disculpa *f*; (= *pretext*) pretexto *m*; **there's no ~ for this** esto no admite disculpa; **it's only an ~** es un pretexto nada más; **on the ~ that ...** con el pretexto de que ...; **to make ~s for sb** presentar disculpas por algn; **he's only making ~s** está buscando pretextos; **he made his ~s and left** presentó sus excusas y se marchó; **he gives poverty as his ~** alega su pobreza; **what's your ~ this time?** ¿qué excusa *or* disculpa me das esta vez?
Ⓑ [ɪks'kju:z] VT **1** (= *forgive*) disculpar, perdonar; **to ~ sb sth** perdonar algo a algn; **~ me!** (*asking a favour*) por favor, perdón; (*interrupting sb*) perdóneme; (*when passing*) perdón, con permiso; (= *sorry*) ¡perdón!; (*on leaving table*) ¡con permiso!; **~ me?** (*US*) ¿perdone?, ¿mande? (*Mex*); **now, if you will ~ me ...** con permiso ...; **if you will ~ me I must go** con permiso de ustedes tengo que marcharme; **may I be ~d for a moment?** ¿puedo salir un momento?
**2** (= *justify*) justificar; **that does not ~ his conduct** eso no justifica su conducta; **to ~ o.s. (for sth/for doing sth)** pedir disculpas (por algo/por haber hecho algo)
**3** (= *exempt*) **to ~ sb (from sth/from doing sth)** dispensar *or* eximir a algn (de algo/de hacer algo); **to ~ o.s. (from sth/from doing sth)** dispensarse (de algo/de hacer algo); **after ten minutes he ~d himself** después de diez minutos pidió permiso y se fue; **to ask to be ~d** pedir permiso; **I must ask to be ~d this time** esta vez les ruego que me dispensen *or* disculpen

**ex-directory** [ˌeksdɪ'rektərɪ] (*Brit*) ADJ **the number is ~** el número no figura en la guía; **they are ~** su número no figura en la guía; **he had to go ~** tuvo que pedir que su número no figurara en la guía

**execrable** ['eksɪkrəbl] ADJ (*frm*) execrable (*frm*), abominable (*frm*)

**execrably** ['eksɪkrəblɪ] ADV (*frm*) execrablemente (*frm*)

**execrate** ['eksɪkreɪt] VT (*frm*) execrar (*frm*), abominar (de) (*frm*)

**execration** [ˌeksɪ'kreɪʃən] N (*frm*) execración *f* (*frm*), abominación *f* (*frm*)

**executable** ['eksɪkju:təbl] Ⓐ ADJ ejecutable
Ⓑ CPD ► **executable file** N (*Comput*) fichero *m* ejecutable

**executant** [ɪg'zekjʊtənt] N ejecutante *mf*

▼ **execute** ['eksɪkju:t] VT **1** (= *put to death*) (*gen*) ejecutar; (*by firing squad*) fusilar
**2** (= *carry out, perform*) [+ *plan*] llevar a cabo, ejecutar; [+ *work of art*] realizar; [+ *order*] ejecutar, cumplir; [+ *scheme, task, duty*] desempeñar; [+ *will*] ejecutar; [+ *document*] otorgar; (*Comput*) ejecutar

**execution** [ˌeksɪ'kju:ʃən] N **1** (= *putting to death*) (*gen*) ejecución *f*; (*by firing squad*) fusilamiento *m*
**2** (= *carrying out*) [*of plan*] ejecución *f*; [*of act, crime*] comisión *f*; **in the ~ of one's duty** en el cumplimiento de sus deberes

**executioner** [ˌeksɪ'kju:ʃnə^r] N verdugo *m*

**executive** [ɪg'zekjʊtɪv] Ⓐ ADJ **1** (= *managerial*) [*powers, role*] ejecutivo; [*position, duties, decision*] directivo, de nivel ejecutivo; [*pay, salaries*] de los ejecutivos; [*offices, suite*] (= *for executives*) para ejecutivos; (= *used by executives*) de los ejecutivos; [*car*] de ejecutivo
**2** (*esp Brit**) (= *up-market*) [*briefcase, chair, toy*] de ejecutivo
Ⓑ N **1** (= *person*) ejecutivo/a *m/f*; **a sales ~** un(a) ejecutivo/a de ventas; *see also* **chief C**
**2** (= *group*) [*of company*] comité *m* ejecutivo; [*of trade union, party*] ejecutiva *f*; **to be on the ~** [*of company*] pertenecer al comité ejecutivo; [*of trade union, party*] pertenecer a la ejecutiva
**3** (= *part of government*) poder *m* ejecutivo, ejecutivo *m*
Ⓒ CPD ► **executive board** N (*Admin, Ind*) junta *f* directiva ► **executive chairman** N presidente/a *m/f* ejecutivo/a ► **executive committee** N (*Admin, Ind*) comité *m* ejecutivo ► **executive director** N (*Brit*) director(a) *m/f* ejecutivo/a ► **executive officer** N (*US Mil, Naut*) segundo/a comandante *m/f* ► **executive president** N presidente/a *m/f* ejecutivo/a ► **executive privilege** N (*US Pol*) inmunidad *f* del poder ejecutivo ► **executive producer** N (*Cine, Theat, TV*) productor(a) *m/f* ejecutivo/a ► **executive secretary** N secretario/a *m/f* de dirección

**EXECUTIVE PRIVILEGE**

*Se conoce como* **executive privilege** *el derecho que tiene el Presidente de Estados Unidos a no revelar cierta información al Congreso o a la judicatura en lo que se refiere a las actividades de su oficina. Suelen alegarse normalmente motivos de seguridad nacional o la necesidad de no desvelar ciertas conversaciones privadas del gobierno, pero no puede pedirse por razones personales. Varios presidentes han pedido durante su mandato que se les concediera este derecho de forma absoluta, pero los tribunales se lo han denegado. Durante el escándalo Watergate, el presidente Richard Nixon intentó acogerse a este derecho para no revelar ciertas grabaciones de conversaciones telefónicas de la Comisión de Investigación del Senado, pero le fue denegado por el Tribunal Supremo.*

**executor** [ɪg'zekjʊtə^r] N [*of will*] albacea *mf*, testamentario/a *m/f*

**executrix** [ɪg'zekjʊtrɪks] N (*pl* **executrixes** *or* **executrices** [ɪgˌzekjʊ'traɪsi:z]) albacea *f*, testamentaria *f*

**exegesis** [ˌeksɪ'dʒi:sɪs] N (*pl* **exegeses** [ˌeksɪ'dʒi:si:z]) exégesis *f*

**exemplar** ['ɪgzemplɑ:] (*frm*) N **1** (= *example*) ejemplar *m*
**2** (= *model*) ejemplo *m*

**exemplary** [ɪg'zemplərɪ] ADJ ejemplar

**exemplification** [ɪgˌzemplɪfɪ'keɪʃən] N ejemplificación *f*

**exemplify** [ɪg'zemplɪfaɪ] VT (= *illustrate*) ejemplificar, ilustrar; (= *be an example of*) demostrar; **as exemplified by his refusal to cooperate** según lo demuestra su negativa de cooperar

**exempt** [ɪg'zem*p*t] Ⓐ ADJ exento (**from** de); **to be ~ from paying** estar exento de pagar; **~ from tax** libre de impuestos
Ⓑ VT **to ~ sth/sb (from sth/from doing sth)** eximir algo/a algn (de algo/de hacer algo), dispensar algo/a algn (de algo/de hacer algo)

**exemption** [ɪg'zem*p*ʃən] Ⓐ N exención *f* (**from** de); **tax ~** exención *f* de impuestos, exención *f* tributaria
Ⓑ CPD ► **exemption certificate** N certificado *m* de exención

**exercise** ['eksəsaɪz] Ⓐ N **1** (*physical, also Scol*) ejercicio *m*; **to do (physical) ~s** hacer gimnasia; **to take ~** hacer ejercicio
**2** (= *carrying out*) ejercicio *m*; **in the ~ of my duties** en el ejercicio de mi cargo
**3** (*Mil*) (= *manoeuvres*) maniobras *fpl*
**4** **exercises** (*Sport*) ejercicios *mpl*; (*US*) (= *ceremony*) ceremonia *fsing*
Ⓑ VT **1** (= *use*) [+ *authority, right, influence*] ejercer; [+ *patience, tact*] emplear, hacer uso de; **to ~ care** tener cuidado, proceder con cautela; **to ~ restraint** contenerse, mostrarse comedido
**2** (= *preoccupy*) [+ *mind*] preocupar
**3** (*physically*) [+ *muscle, limb*] ejercitar; [+ *horse, team*] entrenar; [+ *dog*] sacar a pasear
Ⓒ VI hacer ejercicio
Ⓓ CPD ► **exercise bicycle** N bicicleta *f* estática ► **exercise bike** N = **exercise bicycle** ► **exercise book** N cuaderno *m* de ejercicios

**exercycle** ['eksəsaɪkl] = **exercise bicycle**

**exert** [ɪg'zɜ:t] VT [+ *strength, force*] emplear; [+ *influence, authority*] ejercer; **to ~ o.s.** (*physically*) esforzarse (**to do sth** por hacer algo); (= *overdo things*) esforzarse *or* trabajar demasiado; **don't ~ yourself!** (*iro*) ¡no te vayas a quebrar *or* herniar! (*iro*); **he doesn't ~ himself at all** no hace el más mínimo esfuerzo

**exertion** [ɪg'zɜ:ʃən] N esfuerzo *m*; (= *overdoing things*) esfuerzo *m* excesivo, trabajo *m* excesivo

**exeunt** ['eksɪʌnt] VI (*Theat*) salen, se van

**exfoliant** [eks'fəʊlɪənt] N exfoliante *m*

**exfoliate** [eks'fəʊlɪeɪt] Ⓐ VT exfoliar
Ⓑ VI exfoliarse

**exfoliation** [eksˌfəʊlɪ'eɪʃən] N exfoliación *f*

**ex gratia** [ˌeks'greɪʃə] ADJ [*payment*] ex-gratia, graciable

**exhalation** [ˌeks*h*ə'leɪʃən] N exhalación *f*

**exhale** [eks'heɪl] Ⓐ VT [+ *air, fumes*] despedir
Ⓑ VI espirar

**exhaust** [ɪg'zɔ:st] Ⓐ N (= *fumes*) gases *mpl* de escape; (*Aut*) escape *m*; (*also* **~ pipe**) tubo *m* de escape *m*
Ⓑ VT (*all senses*) agotar; **to be ~ed** estar agotado; **to ~ o.s.** agotarse
Ⓒ CPD ► **exhaust fumes**, **exhaust gases**

➤ LANGUAGE IN USE: excuse B1 18.1 execute 2 20.3

NPL gases *mpl* de escape ► **exhaust system** N sistema *m* de escape

**exhaustible** [ɪɡ'zɔːstəbl] ADJ [*resource*] que se puede agotar, limitado

**exhausting** [ɪɡ'zɔːstɪŋ] ADJ agotador

**exhaustion** [ɪɡ'zɔːstʃən] N (= *fatigue*) agotamiento *m*; (= *nervous exhaustion*) postración *f* nerviosa

**exhaustive** [ɪɡ'zɔːstɪv] ADJ exhaustivo

**exhaustively** [ɪɡ'zɔːstɪvlɪ] ADV de modo exhaustivo, exhaustivamente

**exhaustiveness** [ɪɡ'zɔːstɪvnɪs] N exhaustividad *f*

**exhibit** [ɪɡ'zɪbɪt] Ⓐ N (= *painting, object*) (*in museum, art gallery*) objeto *m* expuesto; (*Jur*) prueba *f* instrumental, documento *m*; **to be on ~** estar expuesto
Ⓑ VT [+ *painting, object*] exponer; [+ *film*] exhibir, presentar; [+ *signs of emotion*] mostrar, manifestar; [+ *courage, skill, ingenuity*] demostrar
Ⓒ VI [*painter, sculptor*] exponer (sus obras)

**exhibition** [,eksɪ'bɪʃən] Ⓐ N [1] (= *act, instance*) manifestación *f*; (= *public show*) exposición *f*; **to be on ~** estar expuesto; **to make an ~ of o.s.** quedar en ridículo; **an ~ of bad temper** una demostración de mal genio
[2] (*Brit Univ*) beca *f*
Ⓑ CPD ► **exhibition game** N partido *m* de exhibición ► **exhibition match** N = **exhibition game**

**exhibitionism** [,eksɪ'bɪʃənɪzəm] N exhibicionismo *m*

**exhibitionist** [,eksɪ'bɪʃənɪst] Ⓐ ADJ exhibicionista
Ⓑ N exhibicionista *mf*

**exhibitor** [ɪɡ'zɪbɪtəʳ] N expositor(a) *m/f*

**exhilarate** [ɪɡ'zɪləreɪt] VT alegrar, entusiasmar; **to feel ~d** sentirse muy entusiasmado *or* alegre

**exhilarating** [ɪɡ'zɪləreɪtɪŋ] ADJ estimulante, vigorizador

**exhilaration** [ɪɡ,zɪlə'reɪʃən] N (= *elation*) alegría *f*, regocijo *m*; (= *excitement*) excitación *f*; **the ~ of speed** lo emocionante de la velocidad

**exhort** [ɪɡ'zɔːt] VT **to ~ sb (to sth/to do sth)** exhortar a algn (a algo/a hacer algo)

**exhortation** [,eɡzɔː'teɪʃən] N exhortación *f*

**exhumation** [,eks*h*juː'meɪʃən] N exhumación *f*

**exhume** [eks'hjuːm] VT exhumar, desenterrar

**ex-husband** [,eks'hʌzbənd] N ex marido *m*

**exigence** ['eksɪdʒəns] N = **exigency**

**exigency** [ɪɡ'zɪdʒənsɪ] N (= *need*) exigencia *f*; (= *emergency*) caso *m* de urgencia

**exigent** ['eksɪdʒənt] ADJ exigente; (= *urgent*) urgente

**exiguous** [eɡ'zɪɡjʊəs] ADJ exiguo

**exile** ['eksaɪl] Ⓐ N [1] (= *state*) exilio *m*, destierro *m*; **he spent many years in ~** vivió muchos años en el exilio, vivió muchos años exiliado; **government in ~** gobierno *m* en el exilio; **to send sb into ~** desterrar a algn, mandar a algn al exilio
[2] (= *person*) exiliado/a *m/f*, desterrado/a *m/f*
Ⓑ VT desterrar, exiliar

**exiled** ['eksaɪld] ADJ exiliado

**exist** [ɪɡ'zɪst] VI [1] (= *live*) vivir; (= *survive*) subsistir; **I just ~ed from one visit to the next** de una visita a la otra me limitaba a sobrevivir; **to ~ on very little money** vivir *or* subsistir con muy poco dinero; **you can't ~ on packet soup!** no puedes vivir sólo a base de sopa de sobre
[2] (= *occur, be in existence*) existir; **it only ~s in her imagination** sólo existe en su imaginación; **there ~s a possibility that** *or* **the possibility ~s that she is still alive** existe la posibilidad de que siga con vida; **I want to live, not just ~** quiero vivir, no simplemente existir; **to cease to ~** dejar de existir; **to continue to ~** [*situation, conditions, doubt*] persistir; [*institution, person*] (*after death*) seguir existiendo

**existence** [ɪɡ'zɪstəns] N existencia *f*; (= *way of life*) vida *f*; **to be in ~** existir; **to come into ~** nacer; **the only one in ~** el único existente

**existent** [ɪɡ'zɪstənt] ADJ existente, actual

**existential** [,eɡzɪs'tenʃəl] ADJ existencial

**existentialism** [,eɡzɪs'tenʃəlɪzəm] N existencialismo *m*

**existentialist** [,eɡzɪs'tenʃəlɪst] Ⓐ ADJ existencialista
Ⓑ N existencialista *mf*

**existing** [ɪɡ'zɪstɪŋ] ADJ [*customers, products, facilities*] existente; [*law, arrangements, system*] actual, existente; **under ~ circumstances** en las circunstancias actuales *or* existentes

**exit** ['eksɪt] Ⓐ N (= *place, act*) salida *f*; (*esp Theat*) mutis *m inv*; **"no exit"** "prohibida la salida"; **to make one's ~** salir, marcharse
Ⓑ VI (*Theat*) hacer mutis; (*Comput*) salir; **~ Hamlet** váse Hamlet
Ⓒ VT (*Comput*) salir de; **if we have to ~ the plane** (*US*) si tenemos que abandonar el avión, si tenemos que salir del avión
Ⓓ CPD ► **exit permit** N permiso *m* de salida ► **exit poll** N (*Pol*) *encuesta de votantes a la salida del colegio electoral* ► **exit ramp** N (*US*) vía *f* de acceso ► **exit visa** N visa *f or* visado *m* de salida

**ex nihilo** [,eks'nɪhɪləʊ] ADV ex nihilo

**exodus** ['eksədəs] N (*gen, Rel*) éxodo *m*; **there was a general ~** hubo un éxodo general

**ex officio** [,eksə'fɪʃɪəʊ] Ⓐ ADV [*act*] ex officio, oficialmente
Ⓑ ADJ [*member*] nato, ex officio

**exonerate** [ɪɡ'zɒnəreɪt] VT **to ~ sb (from)** [+ *obligations, blame*] exonerar a algn (de)

**exoneration** [ɪɡ,zɒnə'reɪʃən] N exculpación *f*

**exorbitance** [ɪɡ'zɔːbɪtəns] N exorbitancia *f*

**exorbitant** [ɪɡ'zɔːbɪtənt] ADJ [*rent, price, fee*] exorbitante, abusivo; [*demands*] desorbitado, desmesurado

**exorbitantly** [ɪɡ'zɔːbɪtəntlɪ] ADV exorbitantemente; **it was ~ expensive** era exorbitantemente caro; **to pay sb/charge sb ~** pagar/cobrar a algn una cantidad exorbitante *or* abusiva; **some bosses are paid ~** a algunos jefes se les paga unos salarios exorbitantes; **~ priced shoes** zapatos *mpl* a precios exorbitantes *or* abusivos

**exorcise** ['eksɔːsaɪz] VT [+ *person, evil spirit*] exorcizar

**exorcism** ['eksɔːsɪzəm] N exorcismo *m*

**exorcist** ['eksɔːsɪst] N exorcista *mf*

**exotic** [ɪɡ'zɒtɪk] Ⓐ ADJ [*flower, bird, fruit, food, place*] exótico; [*holiday*] en un lugar exótico
Ⓑ N (*Bot*) planta *f* exótica

**exotica** [ɪɡ'zɒtɪkə] NPL objetos *mpl* exóticos

**exotically** [ɪɡ'zɒtɪklɪ] ADV [*named, dressed, designed*] exóticamente, de forma exótica

**exoticism** [ɪɡ'zɒtɪsɪzəm] N exotismo *m*

**expand** [ɪks'pænd] Ⓐ VT [1] [+ *market, operations, business*] ampliar; [+ *metal*] dilatar; [+ *number*] aumentar; [+ *chest*] expandir; [+ *wings*] abrir, desplegar; [+ *influence, knowledge*] aumentar, ampliar
[2] (= *develop*) [+ *statement, notes*] ampliar
[3] (= *broaden*) [+ *experience, mind*] ampliar, extender; [+ *horizons*] ampliar, ensanchar
Ⓑ VI [1] [*gas, metal, lungs*] dilatarse; [*market, operations, business*] ampliarse; **to ~ (up)on** [+ *notes, story*] ampliar, desarrollar
[2] [*person*] (= *relax*) distenderse

**expanded** [ɪks'pændɪd] Ⓐ ADJ (*Metal, Tech*) dilatado
Ⓑ CPD ► **expanded polystyrene** N poliestireno *m* dilatado

**expander** [ɪks'pændəʳ] N = **chest expander**

**expanding** [ɪks'pændɪŋ] ADJ [*metal*] dilatable; [*bracelet*] expandible; [*market, industry, profession*] en expansión; **the ~ universe** el universo en expansión; **~ file** carpeta *f* de acordeón; **a job with ~ opportunities** un empleo con perspectivas de futuro; **a rapidly ~ industry** una industria en rápida expansión

**expanse** [ɪks'pæns] N extensión *f*; [*of wings*] envergadura *f*

**expansion** [ɪks'pænʃən] Ⓐ N [*of metal*] dilatación *f*; [*of town, economy, territory*] desarrollo *m*; [*of subject, idea, trade, market*] ampliación *f*, desarrollo *m*; [*of production, knowledge*] aumento *m*, extensión *f*; [*of number*] aumento *m*; (*Math*) desarrollo *m*
Ⓑ CPD ► **expansion board** N (*Comput*) placa *f* de expansión ► **expansion bottle** N (*Aut*) depósito *m* del agua ► **expansion bus** N (*Comput*) bus *m* de expansión ► **expansion card** N (*Comput*) tarjeta *f* de expansión ► **expansion slot** N (*Comput*) ranura *f* para tarjetas de expansión ► **expansion tank** N (*Aut*) depósito *m* del agua

**expansionism** [ɪks'pænʃənɪzəm] N expansionismo *m*

**expansionist** [ɪks'pænʃənɪst] ADJ expansionista

**expansive** [ɪks'pænsɪv] ADJ [1] (= *affable*) comunicativo, sociable, expansivo (*liter*); **he was becoming more ~ as he relaxed** se volvía más comunicativo *or* sociable a medida que se relajaba; **he was in an ~ mood** estaba muy comunicativo *or* sociable
[2] (= *broad*) [*area, room*] extenso; [*view*] extenso, amplio; **with an ~ gesture he indicated the wonderful view** abrió los brazos señalando la fantástica vista
[3] (= *expanding*) [*economy, phase*] expansivo
[4] (*Phys*) expansivo

**expansively** [ɪks'pænsɪvlɪ] ADV [1] (= *affably*) [*welcome, say, smile*] calurosamente
[2] (= *in detail*) [*relate, write*] extensamente; **he talked ~ of his travels** habló extensamente sobre sus viajes, se explayó sobre sus viajes

**expansiveness** [ɪk'spænsɪvnɪs] N [*of person*] carácter *m* sociable

**expat** [eks'pæt] (*) N = **expatriate**

**expatiate** [eks'peɪʃɪeɪt] VI **to ~ on sth** hablar extensamente sobre algo

**expatriate** [eks'pætrɪɪt] Ⓐ N expatriado/a *m/f*
Ⓑ ADJ expatriado
Ⓒ VT desterrar; **to ~ o.s.** expatriarse

**expect** [ɪks'pekt] Ⓐ VT [1] (= *anticipate, hope for, wait for*) esperar; **I did not know what to ~** yo no sabía qué esperar; **it's not what I ~ed** no es lo que yo esperaba; **you know what to ~** ya sabes a qué atenerte; **we'll ~ you for supper** te esperamos a cenar; **is he ~ing you?** ¿tiene usted cita con él?; **it's easier than I ~ed** es más fácil de lo que esperaba; **to ~ to do sth** esperar hacer algo; **they ~ to arrive tomorrow** esperan llegar mañana; **I ~ him to arrive soon** creo que llegará pronto; **it is ~ed that …** se espera que + *subjun*, se prevé que; **we ~ great things of him** tenemos depositadas grandes esperanzas en él; **I ~ed as much** ◊ **just what I ~ed** ya me lo imaginaba *or* figuraba; **that was (only) to be**

**~ed** eso era de esperar; **as was to be ~ed** ◊ **as might have been ~ed** ◊ **as one might ~** como era de esperar; **when least ~ed** el día menos pensado; **~ me when you see me*** no cuentes conmigo
[2] (= *suppose*) imaginarse, suponer; **I ~ so** supongo que sí, a lo mejor; **yes, I ~ it is** así tenía que ser; **I ~ it was John** me imagino que fue John; **I ~ she's there by now** me imagino que ya habrá llegado; **I ~ he'll be late** seguro que llega tarde
[3] (= *require*) **to ~ sth (of/from sb)** esperar algo (de algn); **I think you're ~ing too much of me** creo que esperas demasiado de mí; **to ~ sb to do sth** esperar que algn haga algo; **I ~ you to be punctual** cuento con que serás puntual; **how can you ~ me to sympathize?** ¿y me pides compasión?; **you can't ~ too much from him** no debes esperar demasiado de él; **she can't be ~ed to know that** no se puede esperar *or* pretender que sepa eso; **what do you ~ me to do about it?** ¿qué pretendes que haga yo?; **it is hardly to be ~ed that ...** apenas cabe esperar que + *subjun*
Ⓑ VI **she's ~ing** está encinta, está en estado

**expectancy** [ɪks'pektənsɪ] N (= *state*) expectación *f*; (= *hope, chance*) expectativa *f* (**of** de); **there was a buzz of ~ in the air** había un clima de expectación en el ambiente; **life ~** esperanza *f* de vida

**expectant** [ɪks'pektənt] ADJ [*person, crowd*] expectante; [*look*] de esperanza; **~ mother** mujer *f* encinta, futura madre *f*

**expectantly** [ɪks'pektəntlɪ] ADV con expectación

**expectation** [,ekspek'teɪʃən] N [1] (= *state*) expectación *f*; **in ~ of** en espera de, previendo
[2] (= *hope*) expectativa *f*, esperanza *f*; **against** *or* **contrary to all ~(s)** en contra de todos los pronósticos *or* todas las expectativas; **it didn't live up to our ~s** no estuvo a la altura de lo que esperábamos; **the holiday didn't come up to my ~s** las vacaciones no resultaron tan buenas como me esperaba; **the response exceeded all our ~s** la respuesta sobrepasó todas nuestras expectativas; **to fall below one's ~s** no llegar a lo que se esperaba

**expectorant** [eks'pektərənt] Ⓐ N expectorante *m*
Ⓑ ADJ expectorante

**expectorate** [eks'pektəreɪt] VT expectorar

**expedience** [ɪks'piːdɪəns], **expediency** [ɪks'piːdɪənsɪ] N conveniencia *f*, oportunidad *f*; (*pej*) oportunismo *m*

**expedient** [ɪks'piːdɪənt] Ⓐ ADJ (= *convenient, politic*) oportuno, conveniente
Ⓑ N recurso *m*

**expedite** ['ekspɪdaɪt] VT (= *speed up*) [+ *business, deal*] acelerar; [+ *official matter, legal matter*] dar curso a; [+ *process, preparations*] facilitar; [+ *task*] despachar (con prontitud); **to ~ matters** acelerar las cosas

**expedition** [,ekspɪ'dɪʃən] N expedición *f*; **to go on a fishing/hunting ~** ir de pesca/caza, hacer una expedición de pesca/caza; **to go on a shopping ~** ir de compras *or* de tiendas

**expeditionary** [,ekspɪ'dɪʃənrɪ] ADJ expedicionario; **~ force** cuerpo *m* expedicionario

**expeditious** [,ekspɪ'dɪʃəs] ADJ rápido, pronto

**expeditiously** [,ekspɪ'dɪʃəslɪ] ADV con toda prontitud

**expel** [ɪks'pel] VT [+ *air*] (*from container*) arrojar, expeler; [+ *person*] expulsar; **to get ~led** (*from school*) ser expulsado

**expend** [ɪks'pend] VT [+ *money*] gastar; [+ *time, effort, energy*] dedicar (**on** a); [+ *resources*] consumir, agotar; [+ *ammunition*] usar

**expendability** [ɪks,pendə'bɪlətɪ] N prescindibilidad *f*

**expendable** [ɪks'pendəbl] Ⓐ ADJ [*equipment*] fungible; [*person, luxury*] prescindible
Ⓑ NPL **expendables** equipo *m* *or* material *m* fungible

**expenditure** [ɪks'pendɪtʃə^r] N [*of money*] gasto *m*, desembolso *m*; [*of time, effort*] gasto *m*, empleo *m*; (= *money spent*) gastos *mpl*; **I resent the ~ of time and effort on trivialities** me molesta el empleo de *or* me molesta emplear tiempo y esfuerzo en cosas triviales; *see also* **capital C**, **public C**

**expense** [ɪks'pens] Ⓐ N (= *cost*) gasto *m*, costo *m*; **expenses** gastos *mpl*; **travelling/repair ~s** gastos *mpl* de viaje/reparación; **with all ~s paid** con todos los gastos pagados; **at great ~** gastándose muchísimo dinero; **at my ~** a cuenta mía; **they thought they would have a joke at my ~** querían reírse a costa mía; **at the ~ of** (*fig*) a costa de; **you needn't go to the ~ of buying a new one** no es preciso que te gastes dinero en comprar uno nuevo; **they went to great ~ to send her to a private school** se metieron en muchos gastos para mandarla a un colegio privado; **to meet the ~ of** hacer frente a *or* correr con los gastos de; **he apologized for putting us to so much ~** se disculpó por habernos ocasionado tantos gastos; **regardless of ~** sin escatimar gastos; **to be a great ~ to sb** suponer a algn un gasto importante; *see also* **business B**
Ⓑ CPD ► **expense account** N cuenta *f* de gastos de representación

**expensive** [ɪks'pensɪv] ADJ [*goods, shop, hobby*] caro; **it is very ~ to live in London** resulta muy caro vivir en Londres; **learning to drive is an ~ business** aprender a conducir sale caro *or* resulta muy costoso; **he has ~ tastes** tiene gustos caros; **she has an ~ lifestyle** lleva un tren de vida caro; **it was an ~ mistake** el error nos ha salido caro

**expensively** [ɪks'pensɪvlɪ] ADV **he loves to eat ~** le gusta la comida cara; **she was ~ dressed** vestía con ropa cara; **they had been ~ educated** habían recibido una educación cara; **we can do that fairly easily and not too ~** podemos hacer eso fácilmente y sin gastar mucho *or* y sin que nos cueste mucho; **the room was ~ furnished** la habitación estaba amueblada por todo lo alto

**expensiveness** [ɪks'pensɪvnɪs] N lo caro

▼ **experience** [ɪks'pɪərɪəns] Ⓐ N [1] (= *knowledge*) experiencia *f*; **to learn by ~** aprender por la experiencia; **I know from bitter/personal ~** lo sé por mi amarga experiencia/por experiencia propia; **he has no ~ of grief/being out of work** no conoce la tristeza/el desempleo
[2] (= *skill, practice*) práctica *f*, experiencia *f*; **he has plenty of ~** tiene mucha práctica; **have you any previous ~?** ¿tiene usted experiencia previa?; **practical ~** experiencia *f* práctica; **teaching ~** experiencia *f* docente; **a driver with ten years' ~** un conductor con diez años de experiencia; *see also* **work D**
[3] (= *event*) experiencia *f*, aventura *f*; **to have a pleasant/frightening ~** tener una experiencia agradable/aterradora; **it was quite an ~** fue toda una experiencia
Ⓑ VT (= *feel*) [+ *emotion, sensation*] experimentar; (= *suffer*) [+ *defeat, loss, hardship*] sufrir; [+ *difficulty*] tener, tropezar con; **he ~s some difficulty/pain in walking** tiene dificultades/dolor al andar; **he ~d a loss of hearing after the accident** después del accidente, sufrió una pérdida del oído

**experienced** [ɪks'pɪərɪənst] ADJ [*teacher, nurse*] con experiencia; **"experienced drivers required"** "se necesitan conductores con experiencia"; **we need someone more ~** necesitamos a alguien con más experiencia; **she is not ~ enough** no tiene la suficiente experiencia; **to be ~ (in sth/in doing sth)** tener experiencia (en algo/en hacer algo); **to the ~ eye/ear** para el ojo/oído experto; **with an ~ eye** con ojo experto; **to be sexually ~** tener experiencia sexual

**experiential** [ɪks,pɪərɪ'enʃəl] ADJ (*Philos*) experiencial

**experiment** [ɪks'perɪmənt] Ⓐ N (*gen*) experimento *m*; **to perform** *or* **carry out an ~** realizar un experimento; **as an ~** ◊ **by way of ~** como experimento
Ⓑ VI (*gen*) experimentar; (*scientifically*) experimentar, hacer experimentos; **he ~ed on fellow students** experimentó *or* hizo experimentos con sus compañeros; **youngsters who ~ with drugs** jóvenes *mpl* que experimentan con drogas; **~ with different methods to find the best one for you** experimenta *or* prueba con distintos métodos para encontrar el que te va mejor

**experimental** [eks,perɪ'mentl] ADJ [*science, method, music*] experimental; [*theatre, novel*] vanguardista; [*cinema*] de arte y ensayo; **to be at** *or* **in the ~ stage** estar en la fase experimental; **he gave an ~ tug at the door handle** hizo el experimento de tirar del picaporte

**experimentally** [eks,perɪ'mentəlɪ] ADV [*study, test, introduce*] experimentalmente, de forma experimental; [*try out*] como experimento; **he lifted the cases ~ to see how heavy they were** hizo el experimento de levantar las maletas para ver lo que pesaban

**experimentation** [eks,perɪmen'teɪʃən] N experimentación *f*

**experimenter** [ɪks'perɪmentə^r] N investigador(a) *m/f*

**expert** ['ekspɜːt] Ⓐ ADJ [*craftsman, surgeon*] experto, especialista; (*Jur*) [*evidence, witness*] pericial; **we'll need an ~ opinion** necesitaremos la opinión de un experto *or* especialista; **he ran an ~ eye over the photographs** echó un vistazo a las fotografías con ojo experto; **to be ~ at (doing) sth** ser experto en (hacer) algo; **~ system** (*Comput*) sistema *m* experto; **~ valuation** tasación *f* pericial
Ⓑ N experto/a *m/f*; **to be an ~ at (doing) sth** ser un experto en (hacer) algo; **he's an ~ on computers** es un experto en ordenadores; **I'm no ~ on the subject** no soy un experto en la materia; **he's a computer ~** es especialista en ordenadores; **to examine sth with the eye of an ~** examinar algo con ojo experto

**expertise** [,ekspə'tiːz] N (= *experience*) experiencia *f*; (= *knowledge*) conocimientos *mpl*; (= *skills*) pericia *f*

**expertly** ['ekspɜːtlɪ] ADV con habilidad, con pericia (*more frm*); **she drove ~ through the traffic** condujo con habilidad *or* con pericia entre el tráfico; **he handled the controls ~** manejaba expertamente los mandos, manejaba los mandos con la habilidad de un experto

**expertness** ['ekspɜːtnɪs] N pericia *f*

**expiate** ['ekspɪeɪt] VT expiar

**expiation** [,ekspɪ'eɪʃən] N expiación *f*

**expiatory** ['ekspɪətərɪ] ADJ expiatorio

➤ LANGUAGE IN USE: experience A2 19.2

**expiration** [ˌekspaɪəˈreɪʃən] N 1 = **expiry**
2 [*of breath*] espiración *f*

**expire** [ɪksˈpaɪəʳ] VI 1 (= *end*) [*time, period*] terminar, finalizar; [*ticket, passport*] caducar, vencer; [*lease, contract*] vencer, expirar; **my passport has ~d** mi pasaporte ha caducado *or* vencido
2 (*frm*) (= *die*) expirar
3 (= *breathe out*) espirar

**expiry** [ɪksˈpaɪərɪ] Ⓐ N [*of time, period*] terminación *f*, finalización *f*; [*of visa, passport*] vencimiento *m*, caducidad *f*; [*of lease, contract*] vencimiento *m*, expiración *f*
Ⓑ CPD ► **expiry date** N [*of visa, contract*] fecha *f* de vencimiento; [*of medicine, food item*] fecha *f* de caducidad

**explain** Ⓐ [ɪksˈpleɪn] VT (= *make clear*) [+ *meaning, problem*] explicar; [+ *plan*] explicar, exponer; [+ *mystery*] explicar, aclarar; (= *account for*) [+ *conduct*] explicar, justificar; **I ~ed it to him** se lo expliqué; **that ~s it** eso lo explica, con eso queda todo aclarado; **to ~ o.s.** (*clearly*) explicarse; (*morally*) justificarse, defenderse; **kindly ~ yourself!** ¡explíquese Vd!
Ⓑ VI **will you call him and ~?** ¿le llamas tú y se lo explicas?; **I tried to ~, but ...** intenté explicárselo, pero ...

►**explain away** VT + ADV dar explicaciones (convincentes) de, justificar; (= *excuse*) disculpar; **try and ~ that away!** ¡a ver cómo justificas eso!

**explainable** [ɪksˈpleɪnəbl] ADJ explicable

**explanation** [ˌekspləˈneɪʃən] N (= *act, statement*) explicación *f*; [*of plan*] explicación *f*, exposición *f*; [*of problem, mystery*] aclaración *f*; (= *excuse*) disculpa *f*; **what is the ~ of this?** ¿cómo se explica esto?; **there must be some ~** tiene que haber alguna explicación; **to offer** *or* **give an ~** dar explicaciones; **they gave no ~ for the delay** no dieron ninguna explicación por el retraso

**explanatory** [ɪksˈplænətərɪ] ADJ explicativo; [*note*] aclaratorio

**expletive** [eksˈpliːtɪv] Ⓐ N (*Gram*) palabra *f* expletiva; (= *oath*) palabrota *f*, improperio *m*
Ⓑ ADJ (*Gram*) expletivo

**explicable** [eksˈplɪkəbl] ADJ explicable

**explicate** [ˈeksplɪkeɪt] VT (*frm*) explicar; [+ *poem, painting*] comentar

**explicit** [ɪksˈplɪsɪt] ADJ [*instructions, reference, intention*] explícito, claro; [*description, picture*] gráfico; [*statement, denial*] categórico; **the ~ nature of the photographs** el carácter gráfico de las fotos; **to describe sth in ~ detail** describir algo gráficamente; **he was ~ about his intentions** fue explícito *or* claro acerca de sus intenciones; **he was ~ on this point** fue muy claro sobre esto; **sexually ~** con claro contenido sexual

**explicitly** [ɪksˈplɪsɪtlɪ] ADV [*state, mention, acknowledge*] explícitamente, de forma explícita; [*forbid, reject, deny*] categóricamente; [*racist, political*] explícitamente, claramente; **~ sexual photographs** fotografías *fpl* con claro contenido sexual

**explicitness** [ɪkˈsplɪsɪtnɪs] N [*of instructions, reference*] carácter *m* explícito, lo explícito; [*of description, picture*] lo gráfico; [*of statement*] lo categórico

**explode** [ɪksˈpləʊd] Ⓐ VI estallar, explotar, hacer explosión; (*fig*) reventar, estallar; **to ~ with laughter** estallar en carcajadas; **to ~ with anger** tener un arrebato de ira; **to ~ with jealousy** tener un ataque de celos
Ⓑ VT 1 hacer estallar, hacer explotar, explosionar
2 (= *refute*) [+ *rumour*] desmentir; [+ *myth, theory*] echar por tierra

**exploit** [ˈeksplɔɪt] Ⓐ N hazaña *f*, proeza *f*
Ⓑ [ɪksˈplɔɪt] VT [+ *resources*] explotar, aprovechar; (*pej*) [+ *person, situation*] explotar

**exploitable** [eksˈplɔɪtəbl] ADJ explotable

**exploitation** [ˌeksplɔɪˈteɪʃən] N explotación *f*

**exploitative** [eksˈplɔɪtətɪv] ADJ explotador

**exploiter** [eksˈplɔɪtəʳ] N explotador(a) *m/f*

**exploration** [ˌeksplɔːˈreɪʃən] N (*gen, Med*) exploración *f*; [*of subject*] análisis *m inv*, estudio *m*

**exploratory** [eksˈplɒrətərɪ] ADJ [*surgery, research, study*] exploratorio; [*discussions*] preliminares, de tanteo; [*drilling*] de sondeo

**explore** [ɪksˈplɔːʳ] Ⓐ VT 1 [+ *country*] explorar; (*Med*) examinar
2 (*fig*) [+ *problems, subject*] investigar; [+ *opinion*] sondear; **to ~ every possibility** considerar todas las posibilidades; **to ~ every avenue** estudiar todas las vías posibles
Ⓑ VI explorar

**explorer** [ɪksˈplɔːrəʳ] N explorador(a) *m/f*

**explosion** [ɪksˈpləʊʒən] N 1 (*gen*) explosión *f*; (= *noise*) explosión *f*, estallido *m*
2 (*fig*) (= *outburst*) [*of anger*] arranque *m*, arrebato *m*; [*of laughter*] estallido *m*; [*of feeling, emotion*] arrebato *m*; **there has been an ~ of interest in her books** el interés por sus libros ha experimentado un auge repentino; **population ~** explosión *f* demográfica; **price ~** aumento *m* general de precios

**explosive** [ɪksˈpləʊzɪv] Ⓐ ADJ 1 (*lit*) [*gas, mixture, force*] explosivo; **an ~ device** un artefacto explosivo
2 (*fig*) [*combination, growth*] explosivo; [*situation, issue*] explosivo, candente; **he has an ~ temper** tiene un temperamento explosivo
Ⓑ N explosivo *m*
Ⓒ CPD ► **explosives expert** N artificiero/a *m/f*

**explosively** [ɪksˈpləʊsɪvlɪ] ADV 1 (*lit*) **sodium reacts ~ with water** el sodio reacciona con el agua produciendo una explosión, el sodio explota en contacto con el agua
2 (*fig*) 2·1 (= *angrily*) **"shut up!" — she said ~** —¡cállate! —explotó
2·2 (= *by leaps and bounds*) **the number of customers has grown ~** el número de clientes ha crecido vertiginosamente

**explosiveness** [ɪkˈspləʊzɪvnɪs] N carácter *m* explosivo

**expo** [ˈekspəʊ] N ABBR (= **exposition**) expo *f*

**exponent** [eksˈpəʊnənt] N [*of idea*] exponente *mf*; [*of cause*] partidario/a *m/f*; (= *interpreter*) intérprete *mf*; (*Gram, Math*) exponente *m*

**exponential** [ˌekspəʊˈnenʃəl] ADJ exponencial

**exponentially** [ˌekspəʊˈnenʃəlɪ] ADV de manera exponencial

**export** [ˈekspɔːt] Ⓐ N (= *act*) exportación *f*; (= *commodity*) artículo *m* de exportación; *see also* **invisible**
Ⓑ [eksˈpɔːt] VT exportar
Ⓒ [ˈekspɔːt] CPD [*market, goods, permit, licence*] de exportación ► **export credit** N crédito *m* a la exportación ► **export drive** N campaña *f* de exportación ► **export duty** N derechos *mpl* de exportación ► **export earnings** N ganancias *fpl* por exportación ► **export sales** NPL ventas *fpl* de exportación ► **export trade** N comercio *m* de exportación

**exportable** [eksˈpɔːtəbl] ADJ exportable

**exportation** [ˌekspɔːˈteɪʃən] N exportación *f*

**exporter** [eksˈpɔːtəʳ] N exportador(a) *m/f*

**exporting** [ekˈspɔːtɪŋ] Ⓐ ADJ exportador
Ⓑ CPD ► **exporting company** N empresa *f* exportadora ► **exporting country** N país *m* exportador

**expose** [ɪksˈpəʊz] VT (= *uncover*) dejar al descubierto; (= *leave unprotected*) exponer; (= *display*) exponer, presentar; (*Phot*) exponer; (*fig*) (= *reveal*) [+ *plot, crime*] poner al descubierto; [+ *criminal, imposter*] desenmascarar; [+ *weakness, one's ignorance*] revelar, poner en evidencia; **to be ~d to view** estar a la vista de todos; **to ~ one's head to the sun** exponer la cabeza al sol; **to ~ sb/o.s. to ridicule** poner a algn/ponerse en ridículo; **to ~ o.s. to** [+ *risk, danger*] exponerse a; **to ~ o.s.** (*sexually*) hacer exhibicionismo

**exposé** [ekˈspəʊzeɪ] N exposición *f*, revelación *f*

**exposed** [ɪksˈpəʊzd] ADJ 1 (= *unsheltered*) [*hillside, site, garden*] desprotegido, expuesto; **the house is in an ~ position** la casa está en un lugar desprotegido *or* expuesto; **~ to the wind** desprotegido del viento, expuesto al viento
2 (= *vulnerable*) desprotegido, expuesto; **this leaves the party in an ~ position** esto deja al partido en una posición desprotegida *or* expuesta; **~ to enemy fire** expuesto al fuego enemigo
3 (= *uncovered*) [*pipe, brickwork, skin*] al descubierto; [*nerve*] al descubierto, expuesto; [*wire*] al aire; **use on all ~ parts of the body** aplíquese en las zonas del cuerpo que estén al descubierto
4 (*Phot*) [*film*] (*in normal process*) expuesto; (= *ruined*) velado

**exposition** [ˌekspəˈzɪʃən] N 1 [*of facts, theories*] exposición *f*; **to give an ~ of sth** hacer una exposición de algo
2 (= *exhibition*) exposición *f*

**expostulate** [ɪksˈpɒstjʊleɪt] Ⓐ VI protestar, reconvenir; **to ~ with sb about sth** discutir con algn por algo
Ⓑ VT protestar

**expostulation** [ɪksˌpɒstjʊˈleɪʃən] N protesta *f*

**exposure** [ɪksˈpəʊʒəʳ] Ⓐ N 1 (= *contact, laying open*) (*to weather, heat, cold, light*) exposición *f*; **this strategy reduces your ~ to risk** (*Fin*) esta estrategia reduce el riesgo al que está expuesto; **to die of ~** morir de frío, morir por estar a la intemperie
2 (= *disclosure*) [*of plot*] denuncia *f*; [*of imposter, criminal*] desenmascaramiento *m*; **to threaten sb with ~** amenazar con desenmascarar *or* descubrir a algn
3 (= *public exposure*) publicidad *f*; **he's getting a lot of ~** está recibiendo mucha publicidad; *see also* **indecent**
4 (= *outlook*) orientación *f*; **a house with a southerly ~** una casa orientada hacia el sur
5 (*Phot*) (*gen*) exposición; (= *aperture*) abertura *f* de diafragma; (= *speed*) velocidad *f* de obturación; (= *photo*) foto *f*, fotografía *f*
Ⓑ CPD ► **exposure meter** N (*Phot*) fotómetro *m*, exposímetro *m*

**expound** [ɪksˈpaʊnd] Ⓐ VT [+ *theory, one's views*] exponer, explicar
Ⓑ VI **to ~ on sth** exponer algo en profundidad

**ex-president** [ˌeksˈprezɪdənt] N ex presidente/a *m/f*

**express** [ɪksˈpres] Ⓐ VT 1 (*verbally, non-verbally*) expresar; **her eyes ~ed annoyance** sus ojos expresaban irritación; **they ~ed interest in ...** expresaron su interés en ...; **he ~ed his surprise at the result** expresó su sorpresa ante el resultado; **I'd like to ~ my thanks to everyone for ...** quiero expresar

➤ LANGUAGE IN USE: **explain** 26.3

mi agradecimiento a todos por ...; **she had ~ed a wish to meet them** había manifestado su deseo en conocerles; **to ~ o.s.** expresarse; **to ~ o.s. in** *or* **through** [+ *art, music etc*] expresarse a través de
2 (= *send*) [+ *letter, parcel*] enviar por correo urgente *or* exprés
3 (*Math*) (= *represent*) expresar; **here it is ~ed as a percentage** aquí está expresado en forma de porcentaje
4 (*frm*) (= *squeeze out*) [+ *juice*] exprimir (**from** de); [+ *milk*] sacarse
Ⓑ ADJ 1 (*frm*) (= *specific*) [*purpose, intention*] expreso; **to give sb ~ instructions to do sth** dar instrucciones expresas a algn para que se haga algo; **~ warranty** garantía *f* escrita
2 (= *fast*) [*letter, delivery, mail*] urgente, exprés; [*laundry, photography service*] rápido; **to send sth by ~ delivery** *or* **mail** enviar algo por correo urgente *or* exprés, enviar algo exprés
Ⓒ ADV **to send** *or* **post sth ~** enviar algo por correo urgente *or* exprés; **to travel ~** viajar en un tren rápido *or* expreso
Ⓓ N (= *train*) expreso *m*, rápido *m*
Ⓔ CPD ► **express train** N expreso *m*, rápido *m*

**expression** [ɪks'preʃən] N (*gen, facial*) expresión *f*; (= *feeling*) expresión *f*; (= *token*) señal *f*; (*Ling*) frase *f*, expresión *f*; **she had a puzzled ~ on her face** había una expresión de perplejidad en su rostro; **as an ~ of gratitude** en señal de agradecimiento *or* gratitud; **if you'll pardon the ~** con perdón de la expresión

**expressionism** [eks'preʃənɪzəm] N expresionismo *m*

**expressionist** [eks'preʃənɪst] Ⓐ ADJ expresionista
Ⓑ N expresionista *mf*

**expressionless** [ɪks'preʃənlɪs] ADJ sin expresión, inexpresivo

**expressive** [ɪks'presɪv] ADJ [*person, face, language*] expresivo; [*ability*] de expresión; **to be ~ of sth** (*frm*) expresar algo; **his gesture was ~ of anger** su gesto expresaba rabia

**expressively** [ɪks'presɪvlɪ] ADV de forma expresiva, expresivamente

**expressiveness** [ɪks'presɪvnɪs] N expresividad *f*

**expressly** [ɪks'preslɪ] ADV 1 (= *explicitly*) [*state, inform, deny, forbid*] explícitamente, claramente; [*instruct*] expresamente
2 (= *specially*) expresamente, especialmente

**expresso** [ɪk'spresəʊ] N = **espresso**

**expressway** [ɪks'preswei] N (*US*) autopista *f*

**expropriate** [eks'prəʊprɪeɪt] VT expropiar

**expropriation** [eks,prəʊprɪ'eɪʃən] N expropiación *f*

**expulsion** [ɪks'pʌlʃən] Ⓐ N expulsión *f*; **in doing this she was risking ~** (*from school*) haciendo esto se arriesgaba a que la expulsaran
Ⓑ CPD ► **expulsion order** N orden *f* de expulsión

**expunge** [ɪks'pʌndʒ] VT suprimir

**expurgate** ['ekspɜːgeɪt] VT expurgar

**exquisite** [eks'kwɪzɪt] ADJ 1 [*craftmanship, food, manners*] exquisito; [*object, ornament*] (= *beautiful*) de una belleza exquisita; (= *tasteful*) de un gusto exquisito; **a woman of ~ beauty** una mujer de una belleza exquisita; **he has ~ taste** tiene un gusto exquisito; **in ~ detail** con una atención exquisita a los detalles
2 (= *keen*) [*pleasure, irony*] exquisito; [*joy, pain*] muy intenso

**exquisitely** [eks'kwɪzɪtlɪ] ADV 1 (= *tastefully*) [*embroidered, decorated, dressed*] con un gusto exquisito; (= *skilfully*) [*made, carved*] de forma exquisita; **an ~ carved figure of an angel** una figura de un ángel tallada de forma exquisita; **her dress was ~ detailed** su vestido tenía unos detalles exquisitos
2 (*as intensifier*) **~ beautiful/delicate** de una belleza/delicadeza exquisita; **~ painful** sumamente doloroso

**ex-service** [,eks'sɜːvɪs] ADJ (*Brit Mil*) retirado del servicio activo

**ex-serviceman** ['eks'sɜːvɪsmən] N (*pl* **ex-servicemen**) militar *m* retirado, ex militar *m*

**ex-servicewoman** [,eks'sɜːvɪs,wʊmən] N (*pl* **ex-servicewomen**) militar *f* retirada, ex militar *f*

**ex-smoker** ['eks'sməʊkəʳ] N (*US*) persona *f* que ha dejado de fumar

**ext** ABBR 1 (*Telec*) (= **extension**) Ext
2 (= **exterior**) Ext

**extant** [eks'tænt] ADJ existente

**extemporaneous** [ɪks,tempə'reɪnɪəs], **extemporary** [ɪks'tempərərɪ] ADJ improvisado

**extempore** [eks'tempərɪ] Ⓐ ADV de improviso
Ⓑ ADJ improvisado

**extemporize** [ɪks'tempəraɪz] VI improvisar

**extend** [ɪks'tend] Ⓐ VT 1 (= *stretch out*) [+ *hand, arm*] extender; (*to sb*) tender, alargar
2 (= *offer*) [+ *one's friendship, help, hospitality*] ofrecer; [+ *one's thanks, congratulations, condolences, welcome*] dar; [+ *invitation*] enviar; [+ *credit*] extender, otorgar
3 (= *prolong*) [+ *road, line, visit*] prolongar
4 (= *enlarge*) [+ *building*] ampliar; [+ *knowledge, research*] ampliar, profundizar en; [+ *powers, business*] ampliar, aumentar; [+ *frontiers*] extender; [+ *vocabulary*] enriquecer, aumentar
5 (= *push to the limit*) [+ *athlete*] pedir el máximo esfuerzo a; **that child is not sufficiently ~ed** a ese niño no se le exige el rendimiento que es capaz de dar; **the staff is fully ~ed** el personal trabaja a pleno rendimiento; **to ~ o.s.** trabajar al máximum, esforzarse
Ⓑ VI 1 [*land, wall*] **to ~ to** *or* **as far as** extenderse a *or* hasta, llegar hasta; **the farm ~s over 40,000 hectares** la finca abarca unas 40.000 hectáreas
2 (*fig*) **to ~ to** abarcar, incluir; **does that ~ to me?** ¿eso me incluye a mí?
3 [*meeting*] **to ~ to** *or* **into** prolongarse hasta; **to ~ for** prolongarse por espacio de, prolongarse durante

**extendable** [ɪk'stendɪbl] ADJ extensible

**extended** [ɪk'stendɪd] Ⓐ ADJ (= *stretched out*) extendido; (= *prolonged*) [*stay*] prolongado; **to grant sb ~ credit** conceder a algn un crédito ilimitado; **he has been granted ~ leave** se le ha concedido una prórroga del permiso
Ⓑ CPD ► **extended family** N familia *f* extendida ► **extended forecast** N (*US*) pronóstico *m* a largo plazo ► **extended memory** N (*Comput*) memoria *f* extendida ► **extended play** N EP *m*, maxi-single *m*

**extended-play** [ɪk,stendɪd'pleɪ] ADJ [*record*] EP *inv*, de duración ampliada; **~ single** maxi-single *m*

**extensible** [ɪks'tensɪbl] ADJ extensible

**extension** [ɪks'tenʃən] Ⓐ N (= *act, part added*) extensión *f*; [*of powers*] ampliación *f*; [*of building*] ampliación *f*; [*of road, stay, visit*] prolongación *f*; [*of term, contract, credit*] prórroga *f*; (*Telec*) extensión, interno *m* (*S. Cone*), anexo *m* (*S. Cone*); **~ three one three seven, please** con la extensión tres uno tres siete, por favor; **by ~** por extensión
Ⓑ CPD ► **extension cable** N = **extension lead** ► **extension courses** NPL *cursos externos organizados por una universidad* ► **extension ladder** N escalera *f* extensible ► **extension lead** N (*Elec*) alargador *m*, alargadera *f*

**extensive** [ɪks'tensɪv] ADJ 1 (= *covering large area*) [*grounds, estate, area*] extenso; [*network, tour*] extenso, amplio; [*surgery*] de envergadura; [*burns*] de consideración
2 (= *comprehensive*) [*collection, list*] extenso; [*range, reforms, interests*] amplio; [*enquiry, tests, research*] exhaustivo; [*knowledge*] vasto, amplio; **it got ~ coverage in the British papers** obtuvo una amplia cobertura en la prensa británica
3 (= *considerable*) [*damage, investments*] considerable, importante; [*experience*] amplio, vasto; [*repairs*] de consideración; [*powers*] amplio; **many buildings suffered ~ damage in the blast** la explosión causó daños considerables *or* importantes en muchos edificios; **to make ~ use of sth** usar *or* utilizar algo mucho; **the machine developed a fault after ~ use** la máquina falló después de usarse mucho

**extensively** [ɪks'tensɪvlɪ] ADV 1 (= *on a large scale*) [*work, travel*] mucho; [*write, speak*] ampliamente, mucho; [*damage*] considerablemente; [*restore, modify*] considerablemente, en gran parte; **he travelled ~ in Mexico** viajó mucho por México; **the story was covered ~ in the papers** la historia tuvo una amplia cobertura en la prensa; **these grapes are grown ~ in Bordeaux** estas uvas se cultivan extensamente en Burdeos
2 (= *in detail*) [*discuss, write*] mucho; [*study, research, revise*] exhaustivamente, a fondo; **I have quoted ~ from the article** he utilizado muchas citas del artículo

**extent** [ɪks'tent] N 1 (*in space*) [*of land, road*] extensión *f*
2 (= *scope*) [*of knowledge, damage, activities*] alcance *m*; [*of power*] límite *m*; **the ~ of the problem** el alcance *or* la envergadura del problema; **we did not know the ~ of his injuries until later** no tuvimos conocimiento del alcance de sus lesiones hasta más tarde
3 (= *degree*) [*of commitment, loss*] grado *m*; **to what ~?** ¿hasta qué punto?; **to a certain** *or* **to some ~** hasta cierto punto; **to a large ~** en gran parte *or* medida; **to a small ~** en menor grado; **to such an ~ that** hasta tal punto que; **to the ~ of** (= *as far as*) hasta el punto de; (*in money*) por la cantidad de; **to that ~, she is right** en ese sentido, ella tiene razón

**extenuate** [eks'tenjʊeɪt] VT atenuar, mitigar, disminuir (la gravedad de)

**extenuating** [eks'tenjʊeɪtɪŋ] ADJ **~ circumstances** circunstancias *fpl* atenuantes

**exterior** [eks'tɪərɪəʳ] Ⓐ ADJ [*wall, door, surface*] exterior
Ⓑ N exterior *m*; (= *outward appearance*) apariencia *f*, aspecto *m* exterior; **on the ~** (*lit, fig*) por fuera

**exteriorize** [eks'tɪərɪəraɪz] VT exteriorizar

**exterminate** [eks'tɜːmɪneɪt] VT exterminar

**extermination** [eks,tɜːmɪ'neɪʃən] N [*of people*] exterminio *m*; [*of pests*] exterminación *f*

**exterminator** [eks'tɜːmɪneɪtəʳ] N (*US*) exterminador *m* de plagas

**extern** ['ekstɜːn] N (*US Med*) externo/a *m/f*

**external** [eks'tɜːnl] Ⓐ ADJ 1 (= *outer*) [*wall, surface*] externo, exterior; [*appearance, injury, gills, skeleton*] externo; **"for external use only"** (*Med*) "de uso tópico *or* externo"
2 (= *outside*) [*world, influences, factor*] externo

► LANGUAGE IN USE: extend A2 24.5

3 (= *foreign*) [*affairs, relations*] exterior
Ⓑ N **externals** las apariencias *fpl*; **to judge by ~s** juzgar por las apariencias
Ⓒ CPD ► **external account** N cuenta *f* con el exterior ► **external audit** N auditoría *f* externa ► **external debt** N deuda *f* externa, deuda *f* exterior ► **external degree** N (*Brit Univ*) licenciatura *f* por libre ► **external examination** N examen *m* externo ► **external examiner** N examinador(a) *m/f* externo/a ► **external student** N (*Brit Univ*) alumno/a *m/f* externo/a, alumno/a *m/f* libre ► **external trade** N comercio *m* exterior

**externalize** [ɪks'tɜːnəlaɪz] VT [+ *ideas, feelings*] exteriorizar

**externally** [eks'tɜːnəlɪ] ADV 1 (= *on the outside, outwardly*) por fuera, exteriormente; **~, it looks like a car** por fuera *or* exteriormente parece un coche; **~, he seemed calm** por fuera *or* exteriormente parecía tranquilo
2 (*Med*) [*apply, use*] tópicamente, externamente; **"to be used externally"** "de uso tópico *or* externo"; **to examine a patient ~** hacer un reconocimiento externo de un paciente
3 (*by outsiders*) **the proofreading is done ~** la corrección de pruebas se hace con personal de fuera; **~ imposed conditions** condiciones impuestas desde el exterior

**extinct** [ɪks'tɪŋkt] ADJ [*volcano*] extinto, apagado; [*animal, race*] extinto, desaparecido; **to become ~** extinguirse, desaparecer; **dinosaurs are ~** los dinosaurios se extinguieron

**extinction** [ɪks'tɪŋkʃən] N extinción *f*

**extinguish** [ɪks'tɪŋgwɪʃ] VT [+ *fire*] extinguir, apagar; [+ *light, cigarette*] apagar; (*fig*) [+ *hope, faith*] destruir; (= *suppress*) [+ *title*] suprimir

**extinguisher** [ɪks'tɪŋgwɪʃəʳ] N 1 (*for fire*) extintor *m*, extinguidor *m* (*LAm*)
2 (*for candle*) apagador *m*, apagavelas *m inv*

**extirpate** ['ekstɜːpeɪt] VT extirpar

**extirpation** [,ekstə'peɪʃən] N extirpación *f*

**extn** ABBR (*Telec*) (= **extension**) Ext

**extol, extoll** (*US*) [ɪks'tɒl] VT [+ *merits, virtues*] ensalzar, alabar; [+ *person*] alabar, elogiar

**extort** [ɪks'tɔːt] VT [+ *promise, confession*] obtener por la fuerza, arrancar; **to ~ money from sb** extorsionar a algn; (*less frm*) arrancar dinero a algn con amenazas

**extortion** [ɪks'tɔːʃən] N extorsión *f*, exacción *f*; (*by public figure*) concusión *f*

**extortionate** [ɪks'tɔːʃənɪt] ADJ [*price*] abusivo, exorbitante; [*demand*] excesivo, desmesurado

**extortioner** [ɪks'tɔːʃənəʳ], **extortionist** [ɪks'tɔːʃənɪst] N extorsionador(a) *m/f*; (= *official*) concusionario *m*

**extra** ['ekstrə] Ⓐ ADJ 1 (= *reserve*) de más, de sobra; **take an ~ pair of shoes** lleva un par de zapatos de más *or* de sobra; **take some ~ money just to be on the safe side** coge dinero de más *or* de sobra para más seguridad
2 (= *additional*) más *inv*, adicional (*more frm*); **he gave me an ~ blanket** me dio una manta más; **we need two ~ chairs** necesitamos dos sillas más; **they laid on some ~ trains** pusieron algunos trenes adicionales *or* más; **I've set an ~ place at the table** he puesto otro cubierto en la mesa, he puesto un cubierto más en la mesa; **to earn an ~ £20 a week** ganar 20 libras más a la semana; **to go to ~ expense** gastar de más; **to work ~ hours** trabajar horas extra; **the ~ money will come in handy** el dinero extra vendrá bien; **~ pay** sobresueldo *m*; **five tons ~ to requirements** un excedente de cinco toneladas
3 (= *special, added*) excepcional; **you must make an ~ effort** tienes que hacer un esfuerzo excepcional *or* extra; **for ~ whiteness** para una mayor blancura, para conseguir una blancura excepcional; **for ~ safety** para mayor seguridad; **take ~ care!** ¡ten muchísimo cuidado!
4 (= *over, spare*) de más, de sobra; **an ~ chromosome** un cromosoma de más *or* de sobra; **these copies are ~** estas copias sobran
5 (= *not included in price*) **wine is ~** el vino es aparte *or* no está incluido; **postage and packing ~** los gastos de envío son aparte, gastos de envío no incluidos; **~ charge** recargo *m*, suplemento *m*; **they delivered it at no ~ charge** lo enviaron sin recargo
Ⓑ ADV 1 (= *more*) más; **it is better to pay a little ~ for better quality** es mejor pagar un poco más y ganar en calidad; **you have to pay ~ for a single room** hay que pagar más por una habitación individual, hay un recargo por habitación individual; **wine costs ~** el vino es aparte *or* no está incluido; **send 95p ~ for postage and packing** manda 95 peniques de más para los gastos de envío
2 (= *especially*) extraordinariamente, super*; **to sing ~ loud** cantar extraordinariamente fuerte, cantar super fuerte*; **he did ~ well in the written exam** el examen escrito le salió extraordinariamente bien, el examen escrito le salió super bien*; **he was ~ polite/nice to her** fue super educado/amable con ella*, fue re(te) educado/amable con ella (*esp LAm**); **to be ~ careful** tener un cuidado excepcional; **~ fine** [*nib*] extrafino; **to work ~ hard** trabajar super duro*; **~ large** [*size*] muy grande; **~ special** muy especial, super especial*; **to take ~ special care over sth** tomar extremadas precauciones en algo; **~ strong** [*bag, glue, mint*] extra fuerte; [*coffee*] super cargado; [*nylon*] reforzado
Ⓒ N 1 (= *luxury, addition*) extra *m*; **(optional) ~s** (*Aut*) extras *mpl*
2 (= *charge*) extra *m*; **there are no hidden ~s** no hay extras escondidos
3 (*Cine*) extra *mf*
4 (*Press*) número *m* extraordinario; **"~, ~! read all about it!"** "¡extra, extra! ¡últimas noticias!"
5 (*US*) (= *gasoline*) súper *f*
6 (*US*) (= *spare part*) repuesto *m*
Ⓓ CPD ► **extra time** N (*Ftbl*) prórroga *f*

**extra...** ['ekstrə] PREFIX extra...

**extract** ['ekstrækt] Ⓐ N (*from book, film*) extracto *m*, fragmento *m*; (*Pharm*) extracto *m*; (*Culin*) [*of beef, yeast*] extracto *m*, concentrado *m*; **~s from "Don Quijote"** (*as book*) selecciones *fpl* del "Quijote"
Ⓑ [ɪks'trækt] VT 1 (= *take out*) [+ *cork, tooth*] sacar; [+ *bullet*] (*from wound*) extraer; [+ *mineral*] extraer, obtener; [+ *juice*] exprimir
2 (= *obtain*) [+ *information, money*] obtener, sacar; [+ *confession*] sacar, arrancar
3 (= *select*) (*from book etc*) seleccionar
4 (*Math*) extraer

**extraction** [ɪks'trækʃən] N (*gen*) extracción *f*; **of Spanish ~** de extracción española

**extractor** [ɪks'træktəʳ] Ⓐ N extractor *m*
Ⓑ CPD ► **extractor fan** N (*Brit*) extractor *m* de humos

**extracurricular** [,ekstrəkə'rɪkjuləʳ] ADJ (*Scol*) [*activities*] extraescolar

**extraditable** ['ekstrədaɪtəbl] ADJ sujeto a extradición

**extradite** ['ekstrədaɪt] VT extraditar; **to ~ sb (from/to)** extraditar a algn (de/a)

**extradition** [,ekstrə'dɪʃən] Ⓐ N extradición *f*
Ⓑ CPD ► **extradition agreement** N acuerdo *m* de extradición ► **extradition warrant** N orden *f* de extradición

**extramarital** [,ekstre'mærɪtəl] ADJ [*affair, sex*] extramarital, fuera del matrimonio

**extramural** ['ekstrə'mjʊərəl] ADJ [*course*] externo, de extensión; (*Univ*) [*activities*] extracurricular; **Department of Extramural Studies** (*Brit Univ*) Departamento *m* de Cursos de Extensión

**extraneous** [eks'treɪnɪəs] ADJ [*influence*] extraño, externo; [*issue*] irrelevante, superfluo; **~ to** ajeno a

**extraordinaire** [eks,trɔːdɪ'nɛəʳ] ADJ (*after n*) sin igual; **he's a film-maker ~** es un cineasta como no hay otro igual

**extraordinarily** [ɪks'trɔːdnrɪlɪ] ADV 1 (= *exceptionally*) [*difficult, beautiful, kind*] extraordinariamente
2 (= *strangely*) **~, nobody was killed in the explosion** lo increíble es que nadie muriese en la explosión

**extraordinary** [ɪks'trɔːdnrɪ] ADJ 1 (= *exceptional*) [*courage, career, skill, person*] extraordinario; **there's nothing ~ about that** eso no tiene nada de extraordinario *or* increíble
2 (= *strange*) [*tale, adventure, action*] increíble, insólito; **it's an ~ building** es un edificio increíble; **I find it ~ that he hasn't replied** me parece increíble que no haya contestado; **how ~!** (= *strange*) ¡qué raro!, ¡qué extraño!; (= *incredible*) ¡es increíble!
3 (*frm*) (= *additional, special*) [*meeting, measure, powers*] extraordinario; **~ general meeting** junta *f* general extraordinaria; **~ meeting of shareholders** junta *f* extraordinaria de accionistas; **~ reserve** (*Fin*) reserva *f* extraordinaria

**extrapolate** [ɪks'træpəleɪt] Ⓐ VT extrapolar; **to ~ sth from sth** extrapolar algo a partir de algo
Ⓑ VI hacer una extrapolación; **to ~ (from sth)** hacer una extrapolación (a partir de algo)

**extrapolation** [ɪks,træpə'leɪʃən] N extrapolación *f*

**extrasensory** ['ekstrə'sensərɪ] Ⓐ ADJ extrasensorial
Ⓑ CPD ► **extrasensory perception** N percepción *f* extrasensorial

**extraterrestrial** [,ekstrətə'restrɪəl] ADJ extraterrestre

**extraterritorial** ['ekstrə,terɪ'tɔːrɪəl] ADJ extraterritorial

**extravagance** [ɪks'trævəgəns] N 1 (= *wastefulness*) derroche *m*, despilfarro *m*
2 (= *indulgence*) extravagancia *f*; **buying a yacht is just an ~** comprar un yate es una extravagancia; **I know it's an ~, but I love lobster** ya sé que es una extravagancia, pero me encanta la langosta; **caviare! I'm not used to such ~** ¡caviar! no estoy acostumbrada a estos lujos
3 (*fig*) [*of praise*] lo excesivo; [*of claim, opinion*] lo extraordinario; [*of behaviour, gesture*] lo extravagante

**extravagant** [ɪks'trævəgənt] ADJ 1 (= *wasteful, lavish*) [*person*] derrochador, despilfarrador; [*taste*] caro; [*lifestyle*] de muchos lujos; [*gift*] caro; [*price*] exorbitante, desorbitado; **I'd love to go but isn't it a bit ~?** me encantaría ir pero ¿no te parece un poco caro?, me encantaría ir pero ¿no te parece una extravagancia?; **it was very ~ of him to buy this ring** se ha pasado comprando este anillo; **to be ~ with electricity/one's money** derrochar electricidad/el dinero
2 (= *exaggerated*) [*praise*] excesivo; [*claim,*

*opinion*] extraordinario; [*behaviour, person, design*] extravagante; [*gesture*] exagerado; **to be ~ in one's praise of sth/sb** excederse elogiando a algo/algn
3 (= *odd*) raro, extravagante; **you have the most ~ ideas** se te ocurren unas ideas de lo más extravagantes *or* raras

**extravagantly** [ɪks'trævəgəntlɪ] ADV 1 (= *wastefully, lavishly*) [*spend*] profusamente, con gran despilfarro; [*live, decorate*] por todo lo alto, con todo lujo; **to use sth ~** derrochar algo; **the room was ~ furnished** la habitación estaba amueblada por todo lo alto *or* con mucho lujo
2 (= *exaggeratedly*) [*praise, thank*] excesivamente, exageradamente; [*dress, behave*] de forma extravagante

**extravaganza** [eks,trævə'gænzə] N (= *show*) gran espectáculo *m*; (= *film*) película *f* espectacular; (= *building*) espectáculo *m* arquitectónico

**extravehicular** [,ekstrəvɪ'hɪkjʊləʳ] ADJ fuera de la nave

**extreme** [ɪks'tri:m] Ⓐ ADJ 1 (= *very great*) [*heat, danger, poverty, discomfort*] extremo; [*care, caution*] sumo, extremo; [*sorrow, anger*] profundo, enorme; **a matter of ~ importance** una cuestión de suma importancia; **in ~ old age** en *or* a una edad muy avanzada
2 (= *exceptional*) [*case, circumstances*] extremo
3 (= *radical*) [*views, opinion*] extremista; [*behaviour*] extremado; [*method, action, measure*] extremo; **the ~ left/right** (*Pol*) la extrema izquierda/derecha; **to be ~ in one's opinions** tener opiniones extremistas; **there's no need to be so ~** no es necesario llegar a esos extremos
4 (= *furthest*) [*point,*] extremo; **the ~ opposite** el extremo opuesto; **winds from the ~ north** vientos de la región más septentrional; **the room at the ~ end of the corridor** la habitación al final del todo del pasillo
Ⓑ N extremo *m*; **she's a woman of ~s** es una mujer de extremos; **to be driven to ~s** verse obligado a tomar medidas extremas; **to go to ~s** tomar medidas extremas; **to go to any ~** llegar a cualquier extremo; **to go from one ~ to the other** pasar de un extremo al otro; **to take** *or* **carry sth to ~s** llevar algo al extremo; **~s of temperature** las temperaturas extremas; **in the ~** (*frm*) en extremo, en sumo grado
Ⓒ CPD ► **extreme sports** NPL deportes *mpl* de aventura, deportes *mpl* extremos ► **extreme unction** N (*Rel*) extremaunción *f*

**extremely** [ɪks'tri:mlɪ] ADV sumamente, extremadamente; **it is ~ difficult** es dificilísimo, es sumamente difícil, es extremadamente difícil; **he did ~ well in the exam** el examen le salió sumamente bien; **we are ~ glad** nos alegramos muchísimo; **it's ~ unlikely that you'll win** es muy poco probable que ganes

**extremism** [ɪks'tri:mɪzəm] N extremismo *m*

**extremist** [ɪks'tri:mɪst] Ⓐ ADJ extremista
Ⓑ N extremista *mf*

**extremity** [ɪks'tremɪtɪ] N 1 (= *end*) (*usu pl*) extremo *m*, punta *f*
2 (*fig*) [*of despair etc*] extremo *m*; **in his ~, he went to her for help** ante la necesidad, acudió a ella en busca de ayuda
3 **extremities** (*Anat*) extremidades *fpl*

**extricate** ['ekstrɪkeɪt] VT (= *disentangle*) desenredar; (= *free*) [+ *victim*] rescatar, sacar; **to ~ o.s. from** [+ *difficulty, situation*] lograr salir de; **he ~d himself from her grip** logró soltarse de la mano de ella

**extrication** [,ekstrɪ'keɪʃən] N (*frm*) (*lit*) [*of trapped person, object*] extracción *f*; (*fig*) (*from situation*) salida *f*

**extrinsic** [eks'trɪnsɪk] ADJ extrínseco

**extrovert** ['ekstrəʊvɜ:rt] Ⓐ ADJ extrovertido
Ⓑ N extrovertido/a *m/f*

**extroverted** ['ekstrəvɜ:tɪd] ADJ (*esp US*) = **extrovert A**

**extrude** [eks'tru:d] VT extrudir

**extrusion** [eks'tru:ʒən] N extrusión *f*

**exuberance** [ɪg'zu:bərəns] N 1 [*of person*] (= *euphoria*) euforia *f*; (= *enthusiasm*) entusiasmo *m*; **youthful ~** el entusiasmo (excesivo) de la juventud
2 [*of style, painting*] exuberancia *f*; [*of film, music*] vitalidad *f*
3 (*Bot*) (= *vigour*) [*of growth, foliage*] exuberancia *f*

**exuberant** [ɪg'zu:bərənt] ADJ 1 [*person*] (= *euphoric*) eufórico; (= *enthusiastic*) entusiasta; **he felt ~** estaba eufórico
2 [*style, colour, painting*] exuberante; [*film, music, show*] lleno de vitalidad
3 (*Bot*) (= *vigorous*) [*growth, foliage*] exuberante

**exuberantly** [ɪg'zu:bərəntlɪ] ADV 1 (= *euphorically*) [*laugh, shout*] eufóricamente
2 (*Bot*) (= *vigorously*) [*grow*] de forma exuberante

**exude** [ɪg'zju:d] Ⓐ VT 1 [+ *liquid*] rezumar, exudar; [+ *odour*] desprender
2 (*fig*) [+ *optimism, confidence, enthusiasm*] rebosar; [+ *sympathy, hostility*] rezumar
Ⓑ VI rezumar, exudar

**exult** [ɪg'zʌlt] VI **to ~ in** *or* **at** *or* **over** regocijarse por

**exultant** [ɪg'zʌltənt] ADJ [*person, shout, expression*] exultante, jubiloso

**exultantly** [ɪg'zʌltəntlɪ] ADV jubilosamente

**exultation** [,egzʌl'teɪʃən] N exultación *f*, júbilo *m*

**ex-wife** [,eks'waɪf] N (*pl* **ex-wives**) ex mujer *f*

**ex-works** [,eks'wɜ:ks] ADJ (*Brit*) [*price*] franco fábrica, de fábrica, en fábrica

**eye** [aɪ] Ⓐ N 1 (*gen*) ojo *m*; **to have good ~s** tener buena vista; **to rub one's ~s** restregarse los ojos; **I couldn't believe my (own) ~s** no daba crédito a lo que veían mis ojos; **black ~** ojo *m* morado *or* amoratado; **I gave him a black ~** le puse un ojo morado; **she had a black ~** tenía *or* llevaba un ojo morado; **to catch sb's ~** llamar la atención de algn; **he accidentally caught her ~ and looked away** su mirada se cruzó por casualidad con la de ella y apartó la vista; **it was the biggest one I'd ever clapped ~s on** era el más grande que jamás me había echado a la cara; **to cry one's ~s out** llorar a moco tendido *or* a lágrima viva; **there wasn't a dry ~ in the house** no había ojos sin lágrimas en todo el teatro; **to have an ~** *or* **a keen ~ for a bargain** tener mucha vista *or* buen ojo para las gangas; **we need someone with an ~ for detail** nos hace falta alguien que sea meticuloso; **he's got his ~ on you** (= *monitoring*) no te quita ojo, no te pierde de vista; (= *attracted to*) te tiene echado el ojo; **I've got my ~ on that sofa in the sale** le tengo echado el ojo a ese sofá que vimos en las rebajas; **she had ~s only for me** sólo tenía ojos para mí, no tenía ojos más que para mí; **it hits you in the ~** salta a la vista; **in the ~s of** a los ojos de; **in the ~s of the law** a los ojos de la ley; **to keep an ~ on sth/sb** (= *watch*) vigilar algo/a algn, echar una mirada a algo/algn; (= *look after*) cuidar algo/a algn; **keep your ~s on the road!** ¡no quites los ojos de la carretera!; **I'm keeping an ~ on things while the boss is away** yo estoy al cargo del negocio mientras el jefe está fuera; **at ~ level** a la altura de los ojos; **to look sb (straight) in the ~** mirar a algn (directamente) a los ojos; **with the naked ~** a simple vista; **he couldn't keep his ~s off the girl** se le fueron los ojos tras la chica; **to keep an ~ out** *or* **one's ~s open for sth/sb** estar pendiente de algo/algn; **keep an ~ out for the postman** estáte atento *or* pendiente a ver si ves al cartero; **keep an ~ out for snakes** cuidado por si hay culebras; **keep your ~s open for bag-snatchers!** ¡mucho ojo, no te vayan a dar el tirón!; **I haven't seen any recently but I'll keep my ~s open** últimamente no he visto ninguno pero estaré al tanto; **I could hardly keep my ~s open** se me cerraban los ojos; **I saw it with my own ~s** lo vi con mis propios ojos; **to be in the public ~** estar a la luz pública; **~s right/left/front!** ¡vista a la derecha/izquierda/al frente!; **to run one's ~ over sth** (*from curiosity*) recorrer algo con la vista; (*checking*) echar un vistazo a algo; **as far as the ~ can see** hasta donde alcanza la vista; **it's five years since I last set** *or* **laid ~s on him** hace cinco años que no lo veo; **the sun is in my ~s** me da el sol en los ojos; **he didn't take his ~s off her for one second** no le quitó los ojos de encima ni por un segundo; **with an ~ to sth/to doing sth** con vistas *or* miras a algo/a hacer algo; **with an ~ to the future** cara al futuro; **use your ~s!*** ¡abre los ojos!; **it happened before my very ~s** ocurrió delante de mis propios ojos; **the grass grows before your very ~s** crece la hierba a ojos vistas; **under the watchful ~ of** bajo la atenta mirada de; **to look at sth with** *or* **through the ~s of an expert** ver algo con ojos de experto; ✦***IDIOMS*** **he was all ~s** era todo *or* (*LAm*) puros ojos; **to have ~s in the back of one's head** tener ojos en la nuca; **he must have ~s in the back of his head!** ¡no se le escapa una!; **I haven't got ~s in the back of my head** (*iro*) ¿te crees que tengo ojos en la nuca o qué?; **to give sb the (glad) ~*** tirar los tejos a algn con miraditas*; **there's more to this than meets the ~** esto tiene más enjundia de lo que parece, esto tiene su miga; **the decision was one in the ~ for the president*** la decisión supuso un auténtico varapalo para el presidente; **to open sb's ~s to sth** abrir los ojos de algn a algo; **to keep one's ~s peeled** estar alerta; **to do sth with one's ~s (wide) open** hacer algo con los ojos abiertos; **to make (sheep's) ~s at sb*** lanzar miraditas insinuantes a algn, hacer ojitos a algn*; **to shut one's ~s to** [+ *truth, evidence, dangers*] cerrar los ojos a; [+ *sb's shortcomings*] hacer la vista gorda a; **I don't see ~ to ~ with him** no estoy de acuerdo con él; **in the twinkling of an ~** en un abrir y cerrar de ojos; **to be up to one's ~s** (*in work etc*) estar hasta aquí *or* agobiado de trabajo; ✦***PROV*** **an ~ for an ~ (and a tooth for a tooth)** ojo por ojo (y diente por diente); *see also* **blind A**, **feast B**, **mind A1**, **sight**
2 [*of potato*] yema *f*
3 [*of storm*] ojo *m*
4 (*Sew*) [*of needle*] ojo *m*; [*of hook and eye*] hembra *f* de corchete
Ⓑ VT mirar detenidamente, observar; **she ~d him sullenly/with suspicion** lo miró detenidamente con gesto hosco/con recelo; **she ~d the package curiously** observó (detenidamente) el paquete con curiosidad; **I didn't like the way they ~d me up and down** no me gustaba la forma que tenían de mirarme de

arriba abajo; **an expensive leather jacket I had ~d for some time** una cazadora de cuero muy cara a la que hacía tiempo (que) le había echado el ojo

Ⓒ CPD ► **eye contact** N contacto *m* ocular ► **eye doctor** N (*US*) oculista *mf* ► **eye dropper** N cuentagotas *m inv* ► **eye drops** NPL gotas *fpl* para los ojos ► **eye patch** N parche *m* ► **eye pencil** N lápiz *m* de ojos ► **eye shadow** N sombra *f* de ojos ► **eye socket** N cuenca *f* del ojo ► **eye test** N test *m* visual *or* de visión

►**eye up** VT + ADV **he ~d up his fellow passengers** estudió detenidamente *or* pasó revista a sus compañeros de viaje; **he was ~ing the girl up** se comía a la joven con los ojos; *see also* **talent A3**

**eyeball** ['aɪbɔːl] Ⓐ N globo *m* ocular; **to be ~ to ~** (= *in confrontation*) enfrentarse cara a cara; ✦*IDIOM* **to be up to one's ~s in debt** estar hasta arriba de deudas; **to be drugged up to the ~s: they've got him drugged up to the ~s*** lo tienen medicado a tope

Ⓑ VT (*US*) clavar la mirada en

**eyebath** ['aɪbɑːθ] N [1] (= *small bowl*) lavaojos *m inv*

[2] (= *action*) baño *m* ocular *or* de ojos

**eyebrow** ['aɪbraʊ] Ⓐ N ceja *f*; **to raise one's ~s** arquear las cejas; **he looked at her with raised ~s** la miró asombrado *or* sorprendido; **he never raised an ~ at it** no se sorprendió en lo más mínimo, ni se inmutó; **there were a lot of raised ~s when she was appointed** mucha gente se sorprendió cuando la nombraron a ella

Ⓑ CPD ► **eyebrow pencil** N lápiz *m* de cejas ► **eyebrow tweezers** NPL pinzas *fpl* para las cejas

**eye-catcher** ['aɪ,kætʃəʳ] N *cosa que llama la atención*

**eye-catching** ['aɪ,kætʃɪŋ] ADJ llamativo, vistoso

**eyecup** ['aɪ,kʌp] N = **eyebath 1**

**-eyed** [aɪd] ADJ (*ending in compounds*) de ojos; **green-eyed** de ojos verdes; **one-eyed** tuerto

**eyeful** ['aɪfʊl] N **he got an ~ of mud** el lodo le dio de lleno en el ojo; **get an ~ of this!*** ¡echa un vistazo a esto!, ¡mira esto!; **she's quite an ~!*** ¡está buenísima!*

**eyeglass** ['aɪglɑːs] N lente *m or f*; (*worn in the eye*) monóculo *m*; **eyeglasses** (*esp US*) gafas *fpl* (*Sp*), lentes *mpl or fpl* (*LAm*)

**eyelash** ['aɪlæʃ] N pestaña *f*; *see also* **false A4**

**eyelet** ['aɪlɪt] N ojete *m*

**eyelid** ['aɪlɪd] N párpado *m*; *see also* **bat**[3]

**eyeliner** ['aɪ,laɪnəʳ] N lápiz *m* de ojos, delineador *m* de ojos

**eye-opener*** ['aɪ,əʊpnəʳ] N [1] revelación *f*, sorpresa *f* grande; **it was a real ~ to** *or* **for me** fue una verdadera revelación para mí

[2] (*US*) copa *f* para despertarse

**eyepiece** ['aɪpiːs] N ocular *m*

**eyeshade** ['aɪʃeɪd] N visera *f*

**eyesight** ['aɪsaɪt] N vista *f*; **to have good/poor ~** tener buena/mala vista

**eyesore** ['aɪsɔːʳ] N monstruosidad *f*

**eyestrain** ['aɪstreɪn] N vista *f* cansada, fatiga *f* visual; **inadequate lighting can cause ~** una iluminación insuficiente puede cansar la vista *or* producir fatiga visual

**eyetooth** ['aɪtuːθ] N (*pl* **eyeteeth**) colmillo *m*; ✦*IDIOM* **I'd give my eyeteeth for a car like that/to see it*** daría cualquier cosa por un coche como ese/por verlo

**eyewash** ['aɪwɒʃ] N (*Med*) colirio *m*; **it's a lot of ~!** ¡es puro cuento!

**eyewitness** ['aɪ,wɪtnɪs] N testigo *mf* presencial *or* ocular

**eyrie** ['aɪərɪ] N aguilera *f*

**Ezekiel** [ɪ'ziːkɪəl] N Ezequiel

**e-zine** ['iːziːn] N (*Internet*) revista *f* electrónica, revista *f* digital

# F f

**F**[1], **f**[1] [ef] N 1 (= *letter*) F, f *f*; **F for Frederick** F de Francia
2 (*Mus*) **F** fa *m*; **F major/minor** fa mayor/menor; **F sharp/flat** fa sostenido/bemol

**F**[2] ABBR 1 = **Fahrenheit**
2 (*Rel*) (= **Father**) P., P.[e]

**f**[2] ABBR 1 (*Math*) = **foot, feet**
2 (= **following**) sig., sgte.
3 (*Bio*) (= **female**) hembra *f*

**FA** N ABBR 1 (*Brit Sport*) (= **Football Association**) ≈ AFE *f*; **FA Cup** Copa *f* de la FA
2 (‡) = **Fanny Adams**

**fa** [fɑː] N (*Mus*) fa *m*

**FAA** N ABBR (*US*) = **Federal Aviation Administration**

**fab*** [fæb] ADJ (*Brit*) fabuloso, bárbaro*, macanudo (*S. Cone**), chévere (*Col, Ven**)

**Fabian** ['feɪbɪən] Ⓐ ADJ fabianista
Ⓑ N fabianista *mf*
Ⓒ CPD ► **Fabian Society** N Sociedad *f* Fabiana

**fable** ['feɪbl] N fábula *f*

**fabled** ['feɪbld] ADJ legendario, fabuloso

**fabric** ['fæbrɪk] Ⓐ N 1 (= *cloth*) tela *f*, tejido *m*; (*gen*) (= *textiles*) tejidos *mpl*
2 (*Archit*) estructura *f*; **the upkeep of the ~** el mantenimiento (estructural) de los edificios
3 (*fig*) **the ~ of society** el tejido social, la estructura de la sociedad; **the ~ of Church and State** los fundamentos de la Iglesia y del Estado
Ⓑ CPD ► **fabric conditioner**, **fabric softener** N suavizante *m* ► **fabric ribbon** N (*for typewriter*) cinta *f* de tela

**fabricate** ['fæbrɪkeɪt] VT 1 (= *manufacture*) [+ *goods etc*] fabricar
2 (*fig*) inventar; [+ *document, evidence*] falsificar

**fabrication** [,fæbrɪ'keɪʃən] N 1 (= *manufacture*) fabricación *f*
2 (*fig*) invención *f*; [*of document, evidence*] falsificación *f*; **the whole thing is a ~** todo es pura invención *or* un cuento

**fabulous** ['fæbjʊləs] ADJ 1 (*) (= *incredible*) increíble; (= *wonderful*) fabuloso, estupendo
2 (*liter*) (= *mythical*) [*beast, monster*] fabuloso, de fábula

**fabulously** ['fæbjʊləslɪ] ADV fabulosamente; **~ rich** fabulosamente rico; **it was ~ successful** tuvo un éxito fabuloso

**façade** [fə'sɑːd] N (*Archit*) fachada *f*; (*fig*) apariencia *f*

**face** [feɪs] Ⓐ N 1 (= *part of body*) cara *f*, rostro *m*; **the wind was blowing in our ~s** el viento soplaba de cara; **the bomb blew up in his ~** la bomba estalló delante suyo; **it all blew up in his ~*** (*fig*) le salió el tiro por la culata*; **I could never look him in the ~ again** no tendría valor para mirarle a la cara de nuevo; **to say sth to sb's ~** decirle algo a la cara a algn; **I told him to his ~** se lo dije a la cara; **to bring sb face to face with sb** confrontar algn con algn; **to bring two people face to face** poner a dos personas cara a cara, confrontar a dos personas; **to come face to face with** [+ *person*] encontrarse cara a cara con; [+ *problem, danger*] enfrentarse con; **~ up** boca arriba; ✦***IDIOMS*** **to put a brave** *or* (*US*) **good ~ on it** poner al mal tiempo buena cara; **get out of my ~!‡** ¡déjame en paz!*; **to lose ~** quedar mal, desprestigiarse; **to be off one's ~** (*Brit‡*) estar como una cuba*; **to put one's ~ on*** maquillarse, pintarse; **to save ~** salvar las apariencias, quedar bien; **to set one's ~ against sth** oponerse resueltamente a algo; **to show one's ~** dejarse ver; **shut your ~!‡** ¡cállate la boca!*, ¡calla la boca!*; *see also* **blue A1**, **egg A1**, **laugh B**, **plain A1**, **pretty A1**, **slap A**, **stuff B1**
2 (= *expression*) cara *f*, expresión *f*; **a happy ~** una cara alegre *or* de Pascua; **his ~ fell** puso cara larga; **a long ~** una cara larga; **to make** *or* **pull ~s (at sb)** hacer muecas (a algn); **to pull a (wry) ~** poner mala cara; *see also* **straight A1**
3 (= *person*) cara *f*; **there were plenty of familiar ~s at the party** había muchas caras conocidas en la fiesta; **we need some new** *or* **fresh ~s on the team** el equipo necesita sangre nueva
4 (= *surface*) superficie *f*; [*of dial, watch*] esfera *f*; [*of sundial*] cuadrante *m*; [*of mountain, cliff, coin, playing card*] cara *f*; [*of building*] fachada *f*, frente *m*; ✦***IDIOM*** **it's vanished off the ~ of the earth** ha desaparecido de la faz de la tierra
5 (= *aspect*) **the unacceptable ~ of capitalism** los aspectos inadmisibles del capitalismo; **the changing ~ of modern politics** la cambiante fisonomía de la política actual
6 (= *effrontery*) descaro *m*, cara *f*, caradura *f*; **to have the ~ to do sth** tener el descaro de hacer algo
7 (= *typeface*) tipo *m* de imprenta
8 (*in set expressions*) **~ down(ward)** [*person, card*] boca abajo; **in the ~ of** [+ *enemy*] frente a; [+ *threats, danger*] ante; [+ *difficulty*] en vista de, ante; **on the ~ of it** a primera vista, a juzgar por las apariencias; **~ up(ward)** [*person, card*] boca arriba; ✦***IDIOM*** **to fly in the ~ of reason** oponerse abiertamente a la razón
Ⓑ VT 1 (= *be facing*) [+ *person, object*] estar de cara a; (= *be opposite*) estar enfrente de; **~ the wall!** ¡ponte de cara a la pared!; **turn it to ~ the fire** gíralo para que esté de cara al fuego; **to sit facing the engine** estar sentado de frente a la locomotora; **they sat facing each other** se sentaron uno frente al *or* enfrente del otro; ✦***IDIOM*** **to ~ both ways** dar una de cal y otra de arena
2 [*room, building*] 2·1 (= *overlook*) dar a, tener vista a; **my room ~s the sea** mi cuarto da al mar
2·2 (= *be opposite to*) [+ *building*] estar enfrente de; **the flat ~s the Town Hall** el piso está enfrente del Ayuntamiento
3 (= *confront*) [+ *enemy, danger, problem, situation*] enfrentarse a; [+ *consequences*] hacer frente a, afrontar; **many people are facing redundancy** muchas personas se ven enfrentadas al desempleo; **I can't ~ him** (*ashamed*) no podría mirarle a los ojos; **we are ~d with serious problems** se nos plantean graves problemas; **he ~s a fine of £200 if convicted** le espera una multa de £200 si lo declaran culpable; **he was ~d with a class who refused to cooperate** se encontraba ante una clase que se negaba a cooperar; **~d with the prospect of living on his own, he …** ante la perspectiva de vivir solo, …; **to ~ facts** aceptar los hechos *or* la realidad; **to ~ the fact that …** reconocer que …; **we will ~ him with the facts** le expondremos los hechos *or* la realidad; **let's ~ it!** ¡seamos realistas!, ¡reconozcámoslo!; ✦***IDIOM*** **to ~ the music** afrontar las consecuencias
4 (= *bear, stand*) **I can't ~ breakfast this morning** hoy no podría desayunar nada; **I can't ~ this alone** no me veo capaz de enfrentar esto solo; **I can't ~ changing jobs again** no me veo capaz de volver a cambiar de trabajo
5 (= *clad*) revestir; **a wall ~d with concrete** una pared revestida de hormigón
6 (*Sewing*) (*on inside*) forrar; (*on outside*) recubrir; **the hood is ~d with silk** la capucha está forrada de seda
Ⓒ VI 1 [*person, animal*] (= *look*) mirar hacia; (= *turn*) volverse hacia; **~ this way!** ¡vuélvete hacia aquí!; **right ~!** (*US Mil*) ¡derecha!; **about ~!** (*US Mil*) ¡media vuelta!
2 [*building*] **which way does the house ~?** ¿en qué dirección está orientada la casa?; **it ~s east/towards the east** da al este/mira hacia el este
Ⓓ CPD ► **face card** N (*US*) figura *f* ► **face cloth** N = **face flannel** ► **face cream** N crema *f* para la cara ► **face flannel** N (*Brit*) toallita *f*; (= *glove*) manopla *f* (*para lavarse la cara*) ► **face mask** N mascarilla *f*; (*Cosmetics*) = **face pack** ► **face pack** N mascarilla *f* facial ► **face paint** N *pintura ornamental para la cara* ► **face powder** N polvos *mpl* para la cara ► **face value** N [*of coin, stamp*] valor *m* nominal; ✦***IDIOM*** **to take sb at ~ value** juzgar a algn por las apariencias; **I took his statement at (its) ~ value** tomé lo que dijo en sentido literal

►**face down** VT + ADV (*esp US*) amilanar

►**face on to** VI + PREP dar a, mirar hacia

►**face out** VT + ADV **to ~ it out** afrontar las consecuencias; **to ~ out a crisis** hacer frente a una crisis

►**face up to** VI + PREP [+ *difficulty*] afrontar, hacer frente a; **to ~ up to the fact that ...** reconocer *or* admitir (el hecho de) que ...; **she ~d up to it bravely** hizo frente a la situación con valentía

**-faced** [feɪst] ADJ (*ending in compounds*) de cara ...; (*eg*) **brown-faced** de cara morena; **long-faced** de cara larga

**faceless** ['feɪslɪs] ADJ sin rostro; (= *anonymous*) anónimo

**facelift** ['feɪslɪft] N [1] (*Med*) lifting *m*, estiramiento *m* (facial); **to have a ~** hacerse un lifting

[2] (*fig*) reforma *f* (superficial), modernización *f* (ligera); **to give a ~ to** [+ *building*] remozar, mejorar de aspecto; **the building has had a ~** han remozado el edificio

**face-off** ['feɪsɒf] N confrontación *f*

**facer*** ['feɪsəʳ] N (*Brit*) problema *m* desconcertante; **that's a ~!** ¡vaya problemazo!*

**face-saver** ['feɪsˌseɪvəʳ] N maniobra *f* para salvar las apariencias

**face-saving** ['feɪsˌseɪvɪŋ] (A) ADJ para salvar las apariencias

(B) N **~ is important** importa salvar las apariencias; **this is a piece of blatant ~** esto es una maniobra descarada para salvar las apariencias

**facet** ['fæsɪt] N (= *feature*) faceta *f*, aspecto *m*; [*of gem*] lado *m*, faceta *f*

**facetious** [fə'siːʃəs] ADJ [*person*] ocurrente, ingenioso; [*remark*] jocoso, gracioso; **don't be ~** deja de decir frivolidades

**facetiously** [fə'siːʃəslɪ] ADV chistosamente; **he said ~** dijo con mucha guasa

**facetiousness** [fə'siːʃəsnɪs] N guasa *f*, jocosidad *f*

**face-to-face** [ˌfeɪstə'feɪs] (A) ADJ **a ~ argument** un enfrentamiento *or* una discusión cara a cara

(B) ADV *see* **face**

**facia** ['feɪʃɪə] = **fascia**

**facial** ['feɪʃəl] (A) ADJ de la cara, facial

(B) N tratamiento *m* facial

**facially** ['feɪʃəlɪ] ADV (= *from a facial point of view*) de cara; (= *with the face*) [*express*] con la expresión (de la cara); **to be ~ disfigured** tener la cara desfigurada

**facile** ['fæsaɪl] ADJ [*remark, expression*] superficial; [*writer*] vulgar; [*victory*] fácil

**facilitate** [fə'sɪlɪteɪt] VT (= *make easier*) facilitar; (= *assist progress of*) favorecer

**facilitator** [fə'sɪlɪteɪtəʳ] N facilitador(a) *m/f*

**facility** [fə'sɪlɪtɪ] N [1] (= *equipment, place*) instalación *f*; **the hotel's facilities are open to non-residents** las instalaciones del hotel están abiertas a los no residentes; **the flat has no cooking facilities** el piso no está equipado para cocinar; **recreational facilities** instalaciones *fpl* recreativas; **sports facilities** instalaciones *fpl* deportivas

[2] (= *service, provision*) servicio *m*; **the main ~ is the library** el servicio principal es la biblioteca; **the company offers day-care facilities for children** la empresa ofrece un servicio de guardería para los niños; **toilet facilities** servicios *mpl*, aseos *mpl*; **transport facilities** servicios *mpl* de transporte

[3] (*Fin*) **credit facilities** facilidades *fpl* (de pago), crédito *m*; **overdraft ~** crédito *m* al descubierto

[4] (= *function*) función *f*; **the oven has an automatic timing ~** el horno dispone de una función de reloj automático; **the watch has a stopwatch ~** el reloj también posee la función de cronómetro; **there's a ~ for storing data** dispone de un servicio de almacenamiento de datos

[5] (= *centre*) centro *m*; **a state ~ for women prisoners** un centro penitenciario estatal para mujeres; **a medical ~** un centro médico, un punto de asistencia médica; **a nuclear ~** un complejo nuclear

[6] (= *talent, ease*) facilidad *f*; **he had a ~ for languages** tenía facilidad para los idiomas, se le daban bien los idiomas; **he writes with great ~** escribe con gran facilidad

[7] (= *ability*) habilidad *f*, facultad *f*; (= *capacity*) capacidad *f*; **humans have lost the ~ to use their sense of smell** los humanos han perdido la habilidad *or* la facultad de utilizar el olfato; **the new model has the ~ to reproduce speech** el nuevo modelo tiene la capacidad de *or* es capaz de reproducir el habla

**facing** ['feɪsɪŋ] (A) PREP de cara a, frente a

(B) ADJ opuesto, de enfrente; **the houses ~** las casas de enfrente; **on the ~ page** en la página opuesta *or* de enfrente

(C) N (*Archit*) paramento *m*, revestimiento *m*; (*Sew*) guarnición *f*; **facings** (*Sew*) vueltas *fpl*

**-facing** ['feɪsɪŋ] ADJ (*ending in compounds*) **south-facing** con orientación sur, orientado hacia el sur

**facsimile** [fæk'sɪmɪlɪ] (A) ADJ facsímil

(B) N facsímile *m*, facsímil *m*

(C) CPD ► **facsimile machine** N máquina *f or* aparato *m* de fax ► **facsimile transmission** N (transmisión *f* por) fax *m*

⋎ **fact** [fækt] (A) N [1] (= *detail, circumstance*) hecho *m*; **the ~ that ...** el hecho de que ...; **the ~ that she knew is not the point** el hecho de que ella lo supiera no viene al caso; **he still loved her in spite of the ~ that she had left him** aunque le había dejado él aún la quería; **my family accepts the ~ that I'm a vegetarian** mi familia acepta que sea vegetariano; **their priority is to establish the ~s of the case** su prioridad es esclarecer los hechos *or* lo que ocurrió realmente; **hard ~s** hechos *mpl* innegables; **to stick to the ~s** atenerse a los hechos

[2] (= *piece of information*) dato *m*; **~s and figures** datos *mpl*; **the ~s of life** los detalles de la reproducción; **get your ~s right before you start accusing people** infórmate bien antes de empezar a acusar a la gente; **he accused her of getting her ~s wrong** la acusó de no contar con la información correcta

[3] (= *reality*) realidad *f*; **the ~ remains that ...** la realidad sigue siendo que ...; **the ~ (of the matter) is that ...** la verdad *or* el hecho es que ...; **I accept what he says as ~** acepto lo que dice como cierto; **a story founded on ~** una historia basada en hechos verídicos *or* reales; **it has no basis in ~** carece de base (real); **it's a ~ that ...** es un hecho que ...; **to face (the) ~s** enfrentarse a la realidad *or* los hechos; **he can't tell ~ from fiction** no es capaz de distinguir la realidad de la ficción; **to know for a ~ that ...** saber a ciencia cierta que ...; **in ~** de hecho; **it sounds simple, but in ~ it's very difficult** parece sencillo, pero de hecho *or* en realidad es muy difícil; **I don't like it, as a matter of ~ I'm totally against it** no me gusta, de hecho estoy totalmente en contra; **"don't tell me you like it?" — "as a matter of ~ I do"** —no me digas que te gusta —pues sí, la verdad es que sí; **they're very alike, in point of ~ you can't tell the difference** son muy parecidos, de hecho no puedes distinguirlos; **is that a ~!** (*iro*) ¡no me digas!; **he's a dull writer, and that's a ~** es un escritor aburrido, eso no hay quien lo discuta; *see also* **face B3**

[4] (*Jur*) (= *event*) **before/after the ~** antes/después de los hechos; *see also* **accessory**

(B) CPD ► **fact sheet** N hoja *f* informativa, informe *m*

**fact-finding** ['fæktˌfaɪndɪŋ] ADJ **on a ~ tour/mission** en viaje/misión de reconocimiento; **a ~ committee** una comisión de investigación

**faction** ['fækʃən] N facción *f*

**factional** ['fækʃənl] ADJ [*fighting, violence*] entre distintas facciones

**factionalism** ['fækʃənəlɪzm] N enfrentamientos *mpl* entre distintas facciones

**factionalize** ['fækʃənlaɪz] (A) VT fragmentar, dividir en facciones

(B) VI dividirse en facciones

**factious** ['fækʃəs] ADJ faccioso

**factitious** [fæk'tɪʃəs] ADJ facticio

**factitive** ['fæktɪtɪv] ADJ factitivo, causativo

⋎ **factor** ['fæktəʳ] (A) N [1] (= *consideration*) factor *m*; **safety ~** factor *m* de seguridad; **the human ~** el factor humano

[2] (*Math*) factor *m*; **highest common ~** máximo común divisor *m*; **to increase by a ~ of five** aumentar cinco veces, multiplicarse por cinco

[3] (*Comm*) agente *mf* comisionado/a

(B) VI (*Comm*) comprar deudas

►**factor in** VT + ADV **to ~ sth in** incluir algo como factor a tener en cuenta

►**factor into** VT + PREP **~ it into your decision-making** tenlo en cuenta a la hora de tomar una decisión

**factorial** [fæk'tɔːrɪəl] (A) ADJ factorial

(B) N factorial *m or f*

**factoring** ['fæktərɪŋ] N factorización *f*

**factory** ['fæktərɪ] (A) N fábrica *f*

(B) CPD ► **factory farm** N granja *f* de cría intensiva ► **factory farming** N cría *f* intensiva ► **factory floor** N fábrica *f*; **workers on the ~ floor** trabajadores *mpl* de fábrica; **~ floor opinion** opinión *f* de los obreros ► **factory inspector** N inspector(a) *m/f* de trabajo ► **factory ship** N buque *m* factoría ► **factory work** N trabajo *m* de fábrica ► **factory worker** N obrero/a *m/f* industrial

**factotum** [fæk'təʊtəm] N factótum *mf*

**factual** ['fæktjʊəl] ADJ [*report, description*] objetivo, basado en datos objetivos; [*error*] de hecho

**factually** ['fæktjʊəlɪ] ADV objetivamente; **~ speaking, I would say ...** limitándome a los hechos, diría que ...

**faculty** ['fækəltɪ] N [1] (= *power of body, mind*) facultad *f*; **to have** *or* **be in possession of all one's faculties** estar en pleno uso de sus facultades

[2] (= *ability*) aptitud *f*, facilidad *f*; **to have a ~ for sth/doing sth** tener aptitud *or* facilidad para algo/hacer algo

[3] (*Univ*) facultad *f*; (*esp US Univ*) (= *teaching staff*) profesorado *m* (de facultad *or* universidad)

**fad** [fæd] N (= *fashion*) moda *f*; **a passing ~** una moda pasajera; **it's just a ~** es la novedad nada más, es una moda pasajera; **the ~ for Italian clothes** la moda de la ropa italiana; **he has his ~s** tiene sus caprichos

**faddish** ['fædɪʃ] ADJ pasajero, poco duradero

**faddy** ['fædɪ] ADJ (*Brit*) [*person*] que tiene sus

➤ LANGUAGE IN USE: fact A3 26.1, 26.3 factor A1 26.1, 26.2

manías, difícil de contentar; [*distaste, desire*] idiosincrático

**fade** [feɪd] Ⓐ VI [1] (= *lose colour, intensity*) [*fabric*] desteñirse, perder color; [*colour*] perder intensidad; **"guaranteed not to ~"** "no destiñe"; **the black had ~d to grey** el negro se había vuelto gris; **my tan soon ~d** el moreno se me quitó pronto; **the light was fading rapidly** estaba oscureciendo rápidamente, la luz se iba rápidamente; **in the fading light he failed to see her** no la vio en la penumbra
[2] (= *melt away*) [*sound*] desvanecerse; [*signal*] debilitarse; [*voice, music*] apagarse; (*Cine, TV*) [*image*] fundirse; **the sound of the engine ~d into the distance** el ruido del motor se desvanecía *or* se perdía en la distancia; **her voice ~d to a whisper** su voz se apagó hasta convertirse en un susurro; **the music ~d** la música se fue apagando; **the laughter ~s and we hear birds singing** las risas se apagan *or* se desvanecen y se oye el canto de unos pájaros; **the image ~d** la imagen se fundió, hubo un fundido; **~s to music, production credits** fundido a música y títulos de créditos
[3] (= *deteriorate, decline*) [*flower, beauty*] marchitarse; [*organization, culture*] decaer; [*strength*] debilitarse; [*person*] consumirse; **he was unconscious and fading fast** estaba inconsciente y se consumía por momentos; **the team ~d in the second half** el equipo perdió fuerza en el segundo tiempo
[4] (= *begin to disappear*) [*hopes, memories, smile*] desvanecerse; [*appeal*] pasarse; [*scar*] borrarse; **he saw his chances fading** veía como se iban agotando sus posibilidades; **once he became used to it the novelty began to ~** cuando se acostumbró a ello dejó pronto de ser una novedad; **he's the sort of person who always ~s into the background** es el tipo de persona que siempre se queda en un segundo plano; **to ~ from sight** *or* **view** perderse de vista
[5] (*Aut*) [*engine*] perder potencia
[6] (*Sport*) [*ball*] desviarse; **to ~ to the left/right** desviarse a la izquierda/derecha
Ⓑ VT [1] (= *discolour*) [+ *fabric*] desteñir, hacer perder el color a; [+ *colour*] desteñir; [+ *flower*] marchitar
[2] (*Cine, TV*) fundir
Ⓒ N (*Cine*) fundido *m*; **~ to music, closing credits** fundido a música y títulos de créditos finales; **~ to black** fundido en negro

►**fade away** VI + ADV [*sound, music*] apagarse; [*emotion*] irse apagando; [*sick person*] consumirse; **her voice ~d away** su voz se fue apagando; **the applause ~d away** los aplausos se fueron apagando; **we'd watched her fading away in front of our eyes** la veíamos consumirse delante de nuestros propios ojos; **you'll ~ away if you don't eat more** te vas a quedar en los huesos como no comas más

►**fade in** (*Cine, TV*) Ⓐ VT + ADV [+ *image*] meter con un fundido; [+ *sound*] meter poco a poco
Ⓑ VI + ADV [*image*] entrar en fundido (**to** con); [*sound*] entrar (**over** sobre); **a hymn ~s in over the voices** se oye un himno que entra sobre las voces; **we'll ~ in on a view of the island, at dawn** entramos con un fundido de la isla al amanecer

►**fade out** Ⓐ VT + ADV (*Cine, TV*) [+ *image*] cerrar en fundido, fundir; [+ *sound*] apagar lentamente, bajar el volumen de
Ⓑ VI + ADV [1] (*Cine, TV*) [*image*] fundirse (**to** en); [*sound*] apagarse, dejar de oírse
[2] (*fig*) **he ~d out of public life when he became ill** al enfermar desapareció de la vida pública

►**fade up** VT + ADV = **fade in A**

**faded** ['feɪdɪd] ADJ [*garment*] descolorido, desteñido; [*colour*] apagado, desvaído; [*photograph*] desvaído; [*plant, glory*] marchito

**fade-in** ['feɪdɪn] N (*Cine, TV*) (entrada *f* en) fundido *m*

**fade-out** ['feɪdaʊt] N (*Cine, TV*) fundido *m* (en negro), (cierre *m* en) fundido *m*

**faecal**, **fecal** (*US*) ['fiːkəl] ADJ fecal

**faeces**, **feces** (*US*) ['fiːsiːz] NPL (*frm*) excrementos *mpl*, heces *fpl* (*frm*)

**Faeroes** ['feərəʊz], **Faeroe Islands** ['feərəʊ,aɪləndz] = **Faroes**

**faff*** [fæf] VI (*Brit*) **to ~ about** *or* **around** perder el tiempo, ocuparse en bagatelas; **stop ~ing about** *or* **around!** ¡déjate de tonterías!

**fag** [fæg] Ⓐ N [1] (*Brit**) (= *cigarette*) pitillo* *m*, cigarro *m*
[2] (*esp US‡ pej*) (= *homosexual*) marica* *m*
[3] (*Brit†**) (= *effort, job*) lata* *f*; **what a ~!** ¡qué lata!; **it's just too much of a ~** la verdad, es mucho trabajo
[4] (*Brit Scol*) *alumno joven que trabaja para otro mayor*
Ⓑ VT (*) (*also* **~ out**) (= *exhaust*) dejar rendido; **to be ~ged (out)** estar rendido
Ⓒ VI **to ~ for sb** (*Brit Scol*) trabajar para algn
Ⓓ CPD ► **fag end*** N [*of cigarette*] colilla *f*; (*fig*) (= *remainder*) final *m* ► **fag hag‡** N *mujer a la que le gusta la compañía de hombres homosexuales*

**faggot**[1], **fagot** (*US*) ['fægət] N [1] (*for fire*) haz *m* de leña
[2] (*Brit Culin*) albóndiga *f*

**faggot**[2]**‡** ['fægət] N (*esp US pej*) (= *homosexual*) marica* *m*

**fah** [fɑː] N (*Mus*) fa *m*

**Fahrenheit** ['færənhaɪt] Ⓐ N Fahrenheit *m* (*termómetro, grados etc*)
Ⓑ CPD ► **Fahrenheit thermometer** N termómetro *m* de (grados) Fahrenheit

**FAI** N ABBR = **Football Association of Ireland**

**fail** [feɪl] Ⓐ VI [1] (= *not succeed*) [*candidate in examination*] suspender; [*plan*] fracasar, no dar resultado; [*show, play*] fracasar; [*business*] quebrar; [*remedy*] fallar, no surtir efecto; [*hopes*] frustrarse, malograrse; **to ~ by five votes** perder por cinco votos; **to ~ in one's duty** faltar a su deber, no cumplir con su obligación
[2] [*light*] irse, apagarse; [*crops*] perderse; [*health, sight, voice*] debilitarse; [*strength*] acabarse; [*engine, brakes, mechanism*] fallar, averiarse; [*water supply*] acabarse; [*power supply*] cortarse, fallar; **the light was ~ing** iba anocheciendo
Ⓑ VT [1] [+ *exam, subject*] suspender; [+ *candidate*] suspender (a); **a ~ed painter** un pintor fracasado
[2] (= *let down*) [+ *person*] fallar (a); [*memory, strength*] fallar; **don't ~ me!** ¡no me falles!, ¡no faltes!; **his strength ~ed him** le fallaron las fuerzas; **his heart ~ed him** se encontró sin ánimo; **his courage ~ed him** le faltó valor; **words ~ me!** ¡no encuentro palabras!
[3] (= *not succeed*) **to ~ to be elected** no lograr ser elegido; **to ~ to win a prize** no obtener un premio
[4] (= *omit, neglect*) **to ~ to do sth** no hacer algo, dejar de hacer algo; **don't ~ to visit her** no deje de visitarla
[5] (= *be unable*) **I ~ to see why/what** *etc* no veo *or* alcanzo a ver por qué/qué *etc*
Ⓒ N [1] **without ~** sin falta
[2] (*Univ*) suspenso *m* (**in** en)

**failing** ['feɪlɪŋ] Ⓐ PREP a falta de; **~ that, ...** de no ser posible, ...
Ⓑ N (= *flaw*) falta *f*, defecto *m*; **the plan has numerous ~s** el plan tiene muchos defectos; **it's his only ~** es su único punto débil
Ⓒ ADJ **he was in ~ health** su salud era cada vez más débil; **I had to stop work because of ~ eyesight** tuve que dejar de trabajar porque me fallaba la vista; **we reached the top in ~ light** anochecía cuando llegamos a la cumbre; **a ~ marriage** un matrimonio que anda mal

**fail-safe** ['feɪlseɪf] ADJ [*device*] de seguridad, a prueba de fallos; [*method*] infalible

**failure** ['feɪljəʳ] Ⓐ N [1] (= *lack of success*) fracaso *m*; (*in exam*) suspenso *m*; [*of crops*] pérdida *f*; [*of supplies*] corte *m*, interrupción *f*; [*of hopes*] frustración *f*, malogro *m*; **to end in ~** acabar mal, malograrse (*LAm*); **it was a complete ~** fue un fracaso total; **the crop was a total ~** la cosecha se perdió por completo; *see also* **power C**
[2] (*Tech*) fallo *m*, avería *f*; (*Med*) crisis *f inv*, ataque *m*; (*Fin*) quiebra *f*; *see also* **heart**
[3] (= *person*) fracasado/a *m/f*
[4] (= *neglect*) falta *f*; **his ~ to come** su ausencia, el que no viniera; **~ to pay** incumplimiento *m* en el pago, impago *m*
Ⓑ CPD ► **failure rate** N (*in exams*) porcentaje *m* de suspensos; [*of machine*] porcentaje *m* de averías

**fain††** [feɪn] ADV (*used only with "would"*) de buena gana

**faint** [feɪnt] Ⓐ ADJ (*compar* **fainter**; *superl* **faintest**) [1] (= *light, weak*) [*breeze*] débil, ligero; [*outline*] borroso, indistinto; [*trace, mark, line*] tenue; [*colour*] pálido; [*light*] tenue; [*sound*] apagado, débil; [*smell*] tenue, casi imperceptible; [*taste, resemblance*] ligero; [*voice, breathing*] débil; [*hope*] remoto; [*smile*] leve; [*idea, memory*] vago; [*heart*] medroso; **I haven't the ~est idea*** no tengo ni la más remota idea
[2] (*Med*) **to feel ~** marearse, tener vahídos; **she was ~ with hunger** estaba que se desmayaba de hambre
Ⓑ N (*Med*) desmayo *m*, desvanecimiento *m*; **to be in a ~** estar desmayado *or* sin conocimiento; **to fall down in a ~** desmayarse
Ⓒ VI (*Med*) (*also* **~ away**) desmayarse, perder el conocimiento (**from** de); **he was ~ing with tiredness** estaba que se caía de cansancio

**fainthearted** ['feɪnt'hɑːtɪd] ADJ pusilánime, apocado, medroso; **this film is not for the ~** es una película muy fuerte

**faintheartedness** [,feɪnt'hɑːtɪdnɪs] N pusilanimidad *f*

**fainting fit** ['feɪntɪŋ,fɪt] N, **fainting spell** ['feɪntɪŋ,spel] N síncope *m*, desvanecimiento *m*

**faintly** ['feɪntlɪ] ADV [1] (= *lightly, weakly*) [*call, say*] débilmente; [*breathe, shine*] débilmente, ligeramente; [*write, mark, scratch*] levemente, débilmente
[2] (= *slightly*) [*disappointed*] ligeramente; **this is ~ reminiscent of ...** esto me recuerda vagamente a ...

**faintness** ['feɪntnɪs] N [1] (= *weakness*) [*of light*] tenuidad *f*; [*of outline*] lo indistinto; [*of voice, breathing*] debilidad *f*
[2] (*Med*) desmayo *m*, desfallecimiento *m*

**fair**[1] [feəʳ] Ⓐ ADJ (*compar* **fairer**; *superl* **fairest**) [1] (= *just*) [*person, treatment, wage, exchange*] justo; [*decision, report, hearing*] imparcial; [*comment*] razonable, válido; [*sample*] representativo; [*price*] justo, razonable; [*deal*] justo, equitativo; [*fight, election*] limpio; [*competition*] leal; **that's ~ comment** ésa es una observación razonable *or* válida; **it's not ~!** ¡no es justo!, ¡no hay derecho!; **it's not ~ to expect you to wash up** no es justo pretender que friegues; **it's ~ to say that ...** es cierto que ..., lo cierto es que ...; **be ~, darling, it's not their fault** sé justo *or* razonable, cariño, no es culpa suya; **to be ~ ...** (= *truth to tell*) a decir verdad ..., en honor a la verdad ...; (= *not to be unjust*) para ser justo ...; **~ enough!** ¡vale!, ¡muy bien!; **fair's fair, it's my turn now** vale ya *or* ya basta, ahora me toca a mí; **~ game** (*fig*) blanco *m* legítimo; **it's not ~ on the old** es injusto *or* no es justo para (con) los ancianos; **it's only ~ that ...** lo más justo sería que ...; **as is only ~** como es justo; **~ play** (*in game*) juego *m* limpio; **sense of ~ play** (*fig*) sentido *m* de la justicia; **she's had more than her ~ share of problems in life** ha pasado mucho *or* lo suyo en la vida; **they are not paying their ~ share** no están pagando la cantidad que les corresponde *or* que les toca; **to be ~ to sb** ser justo con algn; **that's not true, you're not being ~ to him** eso no es verdad, no estás siendo justo con él; **~ trade** comercio *m* equitativo; ✦***IDIOM*** **by ~ means or foul** por las buenas o por las malas; ✦***PROV*** **all's ~ in love and war** todo vale en el amor y la guerra

**2** (= *reasonable, average*) [*work*] pasable, regular; **she has a ~ chance** tiene bastantes posibilidades; **you've got to give him a ~ chance** le tienes que dar una oportunidad con todas las de la ley; **I have a ~ idea of what to expect** sé más o menos qué esperar; **~ to middling** regular; **"how are you?" — "~ to middling"** —¿qué tal estás? —regular; **he's been given ~ warning** no puede decir que no se le ha avisado

**3** (= *quite large*) [*sum, speed*] considerable; **a ~ amount of** bastante; **this happens in a ~ number of cases** esto sucede en bastantes casos; **we've still got a ~ way to go** aún nos queda un buen trecho que recorrer

**4** (= *pale, light-coloured*) [*hair, person*] rubio, güero (*Mex*); [*complexion, skin*] blanco, güero (*Mex*)

**5** (= *fine, good*) [*weather*] bueno; **if it's ~ tomorrow** si hace buen tiempo mañana; **~ copy** copia *f* en limpio; **to make a ~ copy of sth** hacer una copia en limpio de algo, pasar algo en limpio; **his legal career seemed set ~** su carrera como abogado parecía tener el éxito asegurado; ✦***IDIOM*** **in ~ weather or foul** (*referring to present, future*) haga bueno o malo; (*referring to past*) hiciera bueno o malo

**6** (*liter*) (= *beautiful*) bello, hermoso; **this ~ city of ours** esta bella ciudad nuestra; **the ~ sex** el bello sexo

Ⓑ ADV **1** **to play ~** jugar limpio; **to win ~ and square** ganar con todas las de la ley; **it hit the target ~ and square** dio justo en el centro del blanco

**2** (†*) (= *positively*) verdaderamente; **we were ~ terrified** estábamos verdaderamente asustados; **it ~ took my breath away** te/os juro que me dejó sin habla*

**fair²** [fɛəʳ] N **1** (= *market*) feria *f*; **antiques/craft ~** feria *f* de antigüedades/artesanía; **book ~** feria *f* del libro; *see also* **trade D**

**2** (*Brit*) (= *funfair*) parque *m* de atracciones

**STATE FAIR**

*En todos los estados de EE.UU. se celebra una feria en otoño llamada* **state fair** *a la que acude gran cantidad de gente de todo el estado. Estas ferias son generalmente agrícolas y en ellas se celebran concursos de animales y productos del campo, de gastronomía y de artesanía. También se organizan juegos y se instalan stands en los que fabricantes y comerciantes hacen demostraciones de sus productos. La feria más grande de todo el país es la Feria de Texas, que se celebra cada octubre en Dallas.*

**fairground** [ˈfɛəgraʊnd] N parque *m* de atracciones

**fair-haired** [ˈfɛəˈhɛəd] ADJ, **fair-headed** [ˈfɛəˈhedɪd] ADJ [*person*] rubio, güero (*Mex*)

**fairly** [ˈfɛəlɪ] ADV **1** (= *justly*) justamente, con justicia; (= *impartially*) con imparcialidad; (= *equally*) equitativamente; **our workers are treated ~** tratamos justamente *or* con justicia a nuestros trabajadores; **he always enforced rules ~** siempre aplicó las reglas con imparcialidad; **the blame must be placed ~ and squarely on the shoulders of the government** todo el peso de la culpa debe recaer de lleno sobre el gobierno

**2** (= *according to the rules*) [*play*] limpiamente, limpio

**3** (= *quite*) bastante; **I'm ~ sure** estoy bastante *or* casi segura; **~ good** bastante bueno

**4** (*) (*as intensifier*) verdaderamente; **the literature ~ bulges with illustrations of this** el material publicado está verdaderamente repleto de ilustraciones de esto; **he ~ ran out of the room** poco menos que salió corriendo del cuarto

**fair-minded** [ˈfɛəˈmaɪndɪd] ADJ imparcial

**fair-mindedness** [ˌfɛəˈmaɪndɪdnɪs] N imparcialidad *f*

**fairness** [ˈfɛənɪs] N **1** (= *justice*) justicia *f*; (= *impartiality*) imparcialidad *f*; **in all ~** (= *truth to tell*) a decir verdad, en honor a la verdad; (= *to be fair*) para ser justo; **in all ~, he had to admit that she had a point** para ser justo con ella, tenía que reconocer que llevaba algo de razón; **in (all) ~ to him** para ser justo con él

**2** (= *paleness*) [*of hair, person*] lo rubio; [*of complexion, skin*] blancura *f*

**3** (*liter*) (= *beauty*) belleza *f*, hermosura *f*

**FAIRNESS DOCTRINE**

*La* **Fairness Doctrine** *(Doctrina de la Imparcialidad) es un principio llevado a la práctica en Estados Unidos por la* **Federal Communications Commission** *o* **FCC** *por el que, cuando se trata de noticias importantes de carácter local o nacional, la radio y la televisión deben ofrecer los distintos puntos de vista de forma equilibrada. Este principio, establecido por la* **FCC** *en 1949 con el apoyo del Congreso, no tiene carácter de ley y cuenta entre sus atribuciones con el control equitativo del tiempo en los espacios electorales dedicados a cada uno de los líderes políticos en campaña. También se utilizó en 1967 en la lucha antitabaco, cuando la* **FCC** *estableció que los fabricantes debían dejar claro en sus anuncios los peligros del tabaco, aunque hoy día la* **Fairness Doctrine** *ya ha dejado prácticamente de tener influencia en publicidad.*

⇨ *Ver tb* FCC

**fair-sized** [ˈfɛəsaɪzd] ADJ bastante grande

**fair-skinned** [ˌfɛəˈskɪnd] ADJ de tez blanca

**fairway** [ˈfɛəweɪ] N **1** (*Golf*) calle *f*

**2** (*Naut*) canalizo *m*

**fair-weather friend** [ˌfɛəweðəˈfrend] N amigo/a *m/f* en la prosperidad *or* del buen viento

**fairy** [ˈfɛərɪ] Ⓐ N **1** (= *creature*) hada *f*

**2** (‡ *pej*) (= *homosexual*) maricón‡ *m*, marica* *m*

Ⓑ CPD ► **fairy cycle** N bicicleta *f* de niño ► **fairy footsteps** NPL pasos *mpl* ligeros ► **fairy godmother** N hada *f* madrina ► **fairy lights** NPL bombillas *fpl* de colorines ► **fairy queen** N reina *f* de las hadas ► **fairy story, fairy tale** N cuento *m* de hadas; (*fig*) (= *lie*) cuento *m*, patraña *f*

**fairyland** [ˈfɛərɪlænd] N país *m* de las hadas; (*fig*) país *m* de ensueño; **he's living in ~*** vive en la luna

**fairytale** [ˈfɛərɪteɪl] Ⓐ ADJ [*castle, world*] fantástico, de ensueño

Ⓑ CPD ► **fairytale romance** N (*fig*) amor *m* de cuento de hadas

**fait accompli** [ˌfeɪtəˈkɒmplɪ] N hecho *m* consumado

**faith** [feɪθ] Ⓐ N **1** (*Rel*) fe *f*; (= *doctrine*) creencia *f*, doctrina *f*; (= *sect, confession*) religión *f*; **what ~ does he belong to?** ¿qué religión tiene?

**2** (= *trust*) fe *f*, confianza *f*; **to have ~ in sth/sb** tener fe *or* confianza en algo/algn, fiarse de algo/algn; **to put one's ~ in sth/sb** confiar en algo/algn; **to break ~** faltar a la palabra (**with** dada a); **to keep ~** cumplir la palabra (**with** dada a); **in (all) good ~** de buena fe; **in bad ~** de mala fe

Ⓑ CPD ► **faith healer** N curandero/a *m/f* ► **faith healing** N curación *f* por fe

**faithful** [ˈfeɪθfʊl] Ⓐ ADJ **1** (*also Rel*) fiel (**to** a); [*friend, servant, spouse*] leal

**2** (= *trustworthy*) digno de confianza; [*account*] detallado; [*translation*] fiel

Ⓑ NPL **the ~** (*Rel*) los fieles

**faithfully** [ˈfeɪθfəlɪ] ADV [*serve*] fielmente, lealmente; [*describe, translate*] fielmente, con exactitud; **Yours ~** (*Brit*) (*in letter*) le saluda atentamente

**faithfulness** [ˈfeɪθfʊlnɪs] N fidelidad *f*

**faithless** [ˈfeɪθlɪs] ADJ desleal, infiel

**faithlessness** [ˈfeɪθlɪsnɪs] N infidelidad *f*, deslealtad *f*, perfidia *f*

**fake** [feɪk] Ⓐ N (= *thing, picture*) falsificación *f*; (= *person*) impostor(a) *m/f*, embustero/a *m/f*; (*as term of abuse*) farsante *mf*

Ⓑ ADJ falso

Ⓒ VT **1** [+ *accounts*] falsificar; **to ~ an illness** fingirse enfermo

**2** (*US*) (= *improvise*) improvisar

Ⓓ VI fingir, simular

**fakir** [ˈfɑːkɪəʳ] N faquir *m*

**falcon** [ˈfɔːlkən] N halcón *m*

**falconer** [ˈfɔːlkənəʳ] N halconero/a *m/f*

**falconry** [ˈfɔːlkənrɪ] N halconería *f*, cetrería *f*

**Falklander** [ˈfɔːlkləndəʳ], **Falkland Islander** [ˌfɔːlklǝndˈaɪləndəʳ] N habitante *mf* de las Islas Malvinas, malvinense *mf*

**Falkland Islands** [ˈfɔːklənd,aɪləndz], **Falklands** [ˈfɔːkləndz] NPL (Islas *fpl*) Malvinas *fpl*

**fall** [fɔːl] (*vb: pt* **fell**; *pp* **fallen**) Ⓐ N **1** (= *tumble*) caída *f*; **he had a bad ~** sufrió una mala caída; **the Fall** (*Rel*) la Caída; ✦***IDIOM*** **to be heading** *or* **riding for a ~** presumir demasiado

**2** [*of building, bridge etc*] derrumbamiento *m*; [*of rocks*] desprendimiento *m*; [*of earth*] corrimiento *m*; **a ~ of snow** una nevada

**3** (= *decrease*) disminución *f*; (*in prices, temperature, demand*) descenso *m* (**in** de); (*Fin*) baja *f*

[4] (= *downfall*) caída *f*, ocaso *m*; (= *defeat*) derrota *f*; [*of city*] rendición *f*, caída *f*; (*from favour, power etc*) alejamiento *m*
[5] (= *slope*) [*of ground*] declive *m*, desnivel *m*
[6] **falls** (= *waterfall*) salto *msing* de agua, cascada *fsing*, catarata *fsing*; **Niagara Falls** las cataratas del Niágara
[7] (*US*) (= *autumn*) otoño *m*
Ⓑ VI [1] (= *fall down*) [*person, object*] caerse; **to ~ into the river** caerse al río; **to ~ on one's feet** caer de pie; (*fig*) salir bien parado; **to ~ to** *or* **on one's knees** arrodillarse, caer de rodillas; **✦IDIOMS to ~ on one's ass** (*US*‡) hacer el ridi*; **to ~ flat** [*joke*] no hacer gracia; [*party*] fracasar; *see also* **flat A6**
[2] (= *drop*) [*leaves, bomb, rain, snow, night*] caer; [*rocks*] desprenderse; **he fell into bed exhausted** se desplomó en la cama, exhausto; **they left as darkness fell** partieron al caer la noche; **to let sth ~** dejar caer algo; **to let ~ that ...** soltar que ...; **night was ~ing** anochecía, se hacía de noche; **it all began to ~ into place** (*fig*) todo empezó a encajar; **to ~ short of sb's expectations** defraudar las esperanzas de algn; **to ~ short of perfection** no llegar a la perfección; **the arrow fell short of the target** la flecha no alcanzó la diana; **to ~ into temptation** sucumbir a la tentación; **to ~ among thieves** (*esp Bible*) ir a parar entre ladrones
[3] [*person*] (*morally etc*) caer; **to ~ from grace** (*Rel*) perder la gracia; (*fig*) caer en desgracia
[4] (= *slope*) [*ground*] descender, caer en declive
[5] (= *hang*) [*hair, drapery*] caer
[6] (= *decrease*) disminuir; [*price, level, temperature etc*] bajar, descender; [*wind*] amainar; **at a time of ~ing interest rates** en un período cuando bajan los tipos de interés; **he fell in my estimation** perdió mucho a mis ojos
[7] (= *be defeated*) [*government*] caer, ser derrotado; [*city*] rendirse, ser tomado
[8] (*liter*) (= *die*) [*soldier*] caer, morir
[9] (= *become*) **to ~ asleep** quedarse dormido, dormirse; **to ~ to bits** (*Brit*) = **to fall to pieces**; **to ~ due** vencer; **to ~ heir to sth** heredar algo; **to ~ ill** caer enfermo, enfermarse; **to ~ in love (with sth/sb)** enamorarse (de algo/algn); **to ~ open** abrirse; **to ~ to pieces** hacerse pedazos; **to ~ silent** callarse
Ⓒ CPD ► **fall guy*** N (= *easy victim*) víctima *f* (de un truco); (= *scapegoat*) cabeza *f* de turco

►**fall about*** VI + ADV (*Brit*) (*also* **~ about laughing**) morirse *or* partirse de risa

►**fall apart** VI + ADV [*object*] caerse a pedazos, deshacerse; [*empire*] desmoronarse; [*scheme, marriage*] fracasar

►**fall away** VI + ADV [1] (= *slope steeply*) [*ground*] descender abruptamente (**to** hacia)
[2] (= *crumble*) [*plaster*] desconcharse; [*cliff*] desmoronarse; [*stage of rocket, part*] desprenderse
[3] (= *diminish*) [*numbers etc*] bajar, disminuir; [*enthusiasm*] enfriarse; [*trade, interest*] decaer; (*in quality*) empeorar

►**fall back** VI + ADV [1] (= *retreat*) retroceder; (*Mil*) replegarse
[2] **it fell back into the sea** volvió a caer al mar
[3] [*price etc*] bajar
[4] (*fig*) **to ~ back on sth** [+ *remedy etc*] recurrir a algo; **something to ~ back on** algo a lo que recurrir

►**fall backwards** VI + ADV caer hacia atrás

►**fall behind** VI + ADV (*in race etc*) quedarse atrás, rezagarse; (*fig*) (*with work, payments*) retrasarse

►**fall down** Ⓐ VI + ADV [1] [*person*] caerse (al suelo); [*building*] hundirse, derrumbarse; **to ~ down and worship sb** arrodillarse en adoración a algn
[2] (*fig*) (= *fail*) fracasar, fallar; **that is where you fell down** ahí es donde fallaste; **to ~ down on the job** no estar a la altura del trabajo, hacerlo mal
Ⓑ VI + PREP **to ~ down the stairs** caer rodando por la escalera

►**fall for*** VI + PREP [1] (= *feel attracted to*) [+ *person*] enamorarse de; [+ *object, place*] quedarse encantado con; [+ *idea*] interesarse por
[2] (= *be deceived by*) [+ *trick*] dejarse engañar por, tragarse*; **he fell for it** picó*, se lo tragó*

►**fall in** VI + ADV [1] [*person*] caerse (dentro); [*roof, walls*] desplomarse
[2] (*Mil*) formar filas; **~ in!** ¡en filas!

►**fall into** VI + PREP [1] (= *be divided*) **it ~s into four parts** se divide en cuatro partes; **it ~s into this category** está incluido en esta categoría; **his poems ~ into three categories** sus poemas se dividen en tres categorías; *see also* **fall B1**
[2] (*fig*) **to ~ into error/bad habits/bad ways** incurrir en error/adquirir malos hábitos/coger *or* tomar un mal camino; **to ~ into conversation with sb** entablar conversación con algn

►**fall in with** VI + PREP [1] (= *meet*) [+ *person*] encontrarse *or* juntarse con
[2] (= *agree to*) [+ *plan, proposal etc*] aceptar, quedar de acuerdo con; [+ *opinion*] adherirse a

►**fall off** Ⓐ VI + ADV [1] (*gen*) caerse; [*part*] desprenderse
[2] (= *diminish*) (*in amount, numbers*) disminuir; [*interest*] decaer; [*enthusiasm*] enfriarse; [*quality*] empeorar
Ⓑ VI + PREP (*gen*) caerse de; [*part*] desprenderse de

►**fall on, fall upon** VI + PREP [1] [*accent, stress*] recaer en
[2] [*tax etc*] incidir en
[3] (*Mil*) caer sobre
[4] **to ~ on one's food** lanzarse sobre la comida, lanzarse a comer; **people were ~ing on each other in delight** todos se abrazaban de puro contentos
[5] [*birthday, Christmas etc*] caer en
[6] (= *find*) tropezar con, dar con; **to ~ on a way of doing sth** dar por casualidad con la forma de hacer algo
[7] (= *alight on*) **my gaze fell on certain details** me fijé en ciertos detalles
[8] (= *be one's duty*) = **fall to A2**

►**fall out** VI + ADV [1] [*person, object*] caerse (**of** de)
[2] (*Mil*) romper filas
[3] (*fig*) (= *quarrel*) **to ~ out (with sb) (over sth)** enfadarse *or* (*LAm*) enojarse (con algn) (por algo)
[4] (= *happen*) **it fell out that** resultó que; **events fell out (just) as we had hoped** todo salió como habíamos deseado

►**fall over** Ⓐ VI + ADV [*person, object*] caer, caerse
Ⓑ VI + PREP [1] [+ *object*] tropezar con
[2] (*fig*) (*) **he was ~ing over himself** *or* **over backwards to be polite** se desvivía en atenciones; **they were ~ing over each other to get it** se pegaban por conseguirlo

►**fall through** VI + ADV [*plans etc*] fracasar

►**fall to** Ⓐ VI + PREP [1] (= *begin*) **to ~ to doing sth** empezar or ponerse a hacer algo; **he fell to wondering if/to thinking (about) ...** empezó a preguntarse si/a pensar (en) ...
[2] (= *be one's duty*) corresponder a, tocar a; **it ~s to me to say ...** me corresponde a mí decir ...; **the responsibility ~s to you** la responsabilidad es tuya *or* recae en ti
Ⓑ VI + ADV (= *begin working*) ponerse a trabajar; (= *begin eating*) empezar a comer; **~ to!** ¡a ello!, ¡vamos!

►**fall upon** VI + PREP *see* **fall on**

**fallacious** [fə'leɪʃəs] ADJ (= *incorrect*) erróneo; (= *misleading*) engañoso, falaz

**fallacy** ['fæləsɪ] N (= *false belief*) falacia *f*; (= *false reasoning*) sofisma *m*, argucia *f*

**fallback** ['fɔːlbæk] ADJ **~ position** segunda línea *f* de defensa; (*fig*) posición *f* de repliegue

**fallen** ['fɔːlən] Ⓐ PP *of* **fall**
Ⓑ ADJ [1] (*lit*) caído
[2] (*morally*) [*woman*] perdido; [*angel*] caído
Ⓒ NPL **the ~** (*Mil*) los caídos

**fallibility** [,fælɪ'bɪlɪtɪ] N falibilidad *f*

**fallible** ['fæləbl] ADJ falible

**falling** ['fɔːlɪŋ] Ⓐ ADJ que cae; (*Comm*) en baja
Ⓑ CPD ► **falling star** N estrella *f* fugaz

**falling-off** ['fɔːlɪŋ'ɒf] N (*in numbers etc*) disminución *f*; (*in standards*) empeoramiento *m*

**falling-out*** ['fɔːlɪŋ'aʊt] N (= *quarrel*) altercado *m*, pelea *f*; **to have a ~** pelear

**Fallopian tube** [fə,ləʊpɪən'tjuːb] N trompa *f* de Falopio

**fallout** ['fɔːlaʊt] Ⓐ N [1] [*of radioactivity*] lluvia *f* radiactiva
[2] (*fig*) consecuencias *fpl*, repercusiones *fpl*
Ⓑ CPD ► **fallout shelter** N refugio *m* atómico *or* nuclear

**fallow** ['fæləʊ] Ⓐ ADJ (*Agr*) en barbecho; (*fig*) [*period*] improductivo; **to lie ~** (*Agr*) estar en barbecho; (*fig*) quedar sin utilizar, no ser utilizado
Ⓑ N (*Agr*) barbecho *m*
Ⓒ CPD ► **fallow deer** N gamo *m*

**false** [fɔːls] Ⓐ ADJ [1] (= *untruthful*) [*statement, accusation*] falso; (= *mistaken*) [*idea, assumption, accusation*] equivocado; **to give a ~ impression** dar una impresión falsa; **~ move** movimiento *m* en falso; **one ~ move and you're dead** un movimiento en falso y te mato; **~ note** nota *f* falsa; **a ~ sense of security** una falsa sensación de seguridad; **~ step** paso *m* en falso; *see also* **lull, true A1**
[2] (= *deceitful*) **under ~ pretences** con engaños, con insidias; **to extort money under ~ pretences** obtener dinero con engaños *or* insidias; **you came here under ~ pretences** viniste aquí con engaños; **to bear ~ witness** (*esp Bible*) levantar falso testimonio
[3] (= *inappropriate, insincere*) **that was ~ economy** fue un mal ahorro; **to give sb ~ hope(s)** dar falsas esperanzas a algn; **to raise ~ hopes** crear falsas esperanzas; **~ modesty** falsa modestia *f*; **~ pride** falso orgullo *m*; **his words rang ~** sus palabras sonaban a falso; **~ smile** sonrisa *f* forzada
[4] (= *artificial*) [*hair, eyelashes*] postizo; **a suitcase with a ~ bottom** una maleta con doble fondo; **he registered in** *or* **under a ~ name** se registró bajo un nombre falso
[5] (†) (= *disloyal*) [*friend*] desleal, pérfido; (= *unfaithful*) [*lover*] infiel
Ⓑ CPD ► **false alarm** N falsa alarma *f* ► **false arrest** N detención *f* ilegal ► **false ceiling** N cielo *m* raso, falso techo *m* ► **false dawn** N (*fig*) espejismo *m* ► **false friend** N (*Ling*) falso amigo *m* ► **false imprisonment** N (*by police*) detención *f* ilegal; (*by criminal*) retención *f* ilegal ► **false start** N (*Sport*) salida *f* nula; (*fig*) comienzo *m* fallido ► **false teeth**

NPL dentadura *fsing* postiza, dientes *mpl* postizos ► **false tooth** N diente *m* postizo

**falsehood** ['fɔːlshʊd] N (= *falsity*) falsedad *f*; (= *lie*) mentira *f*

**falsely** ['fɔːlslɪ] ADV [1] (= *untruthfully*) falsamente; (= *mistakenly*) equivocadamente; **she had ~ claimed that …** había asegurado falsamente que …; **he was ~ accused of stealing** (= *untruthfully*) se le acusó falsamente de robo; (= *mistakenly*) se le acusó equivocadamente de robo; **they sometimes test ~ positive** algunas veces dan resultados positivos falsos; **she had been ~ diagnosed with cancer** se equivocaron cuando le diagnosticaron cáncer
[2] (= *insincerely*) fingidamente; **he was being ~ enthusiastic about the idea** se mostró fingidamente entusiasmado con la idea; **she sounded ~ cheerful** parecía fingir la alegría, su alegría sonaba falsa

**falseness** ['fɔːlsnɪs] N [1] (= *incorrectness*) [*of argument, claim*] falsedad *f*; [*of assumption*] lo equivocado
[2] (= *insincerity*) falsedad *f*
[3] (†) (= *disloyalty*) [*of friend*] deslealtad *f*, perfidia *f*; [*of lover*] infidelidad *f*

**falsetto** [fɔːl'setəʊ] Ⓐ N falsete *m*
Ⓑ ADJ [*voice*] con falsete
Ⓒ ADV [*sing*] con falsete

**falsies*** ['fɔːlsɪz] NPL rellenos *mpl*

**falsification** [ˌfɔːlsɪfɪ'keɪʃən] N falsificación *f*

**falsify** ['fɔːlsɪfaɪ] VT [+ *document*] falsificar; [+ *evidence*] falsificar, falsear; [+ *accounts, figures*] falsear

**falsity** ['fɔːlsɪtɪ] N falsedad *f*

**falter** ['fɔːltəʳ] Ⓐ VI (= *waver*) [*person*] vacilar, titubear; [*voice*] entrecortarse, quebrarse; [*steps*] vacilar; [*courage*] fallar, faltar; **without ~ing** sin vacilar
Ⓑ VT decir titubeando

**faltering** ['fɔːltərɪŋ] ADJ [*voice*] entrecortado, quebrado; [*step*] vacilante

**falteringly** ['fɔːltərɪŋlɪ] ADV [*say*] con voz entrecortada, con la voz quebrada

**fame** [feɪm] N fama *f*; **Margaret Mitchell, of "Gone with the Wind" ~** Margaret Mitchell, famosa por su novela "Lo que el viento se llevó"; **~ and fortune** fama *f* y fortuna *f*

**famed** [feɪmd] ADJ famoso, afamado

**familial** [fə'mɪlɪəl] ADJ (*frm*) (= *relating to families*) familiar; (= *typical of families*) de familia

**familiar** [fə'mɪlɪəʳ] ADJ [1] (= *well-known*) [*face, person, place*] conocido, familiar; **his voice sounds ~** me suena (familiar) su voz; **it doesn't sound ~** no me suena; **to be on ~ ground** (*fig*) estar en su elemento, dominar la materia
[2] (= *common*) [*experience, complaint, event*] corriente, común; **it's a ~ feeling** es un sentimiento común
[3] (= *well-acquainted*) **to be ~ with** estar familiarizado con, conocer; **to make o.s. ~ with** familiarizarse con
[4] (= *intimate*) [*tone of voice etc*] íntimo, de confianza; [*language etc*] familiar; (*pej*) (= *over-intimate*) fresco, que se toma demasiadas confianzas; **to be on ~ terms with sb** tener confianza con algn; **he got too ~** se tomó demasiadas confianzas

**familiarity** [fəˌmɪlɪ'ærɪtɪ] N [1] [*of sight, event etc*] familiaridad *f*
[2] (= *knowledge, acquaintance*) conocimiento *m* (**with** de); ✦**PROV ~ breeds contempt** donde hay confianza hay asco
[3] (= *intimacy*) [*of tone etc*] familiaridad *f*, confianza *f*; (*pej*) frescura *f*, exceso *m* de familiaridad
[4] **familiarities** familiaridades *fpl*, confianzas *fpl*

**familiarize** [fə'mɪlɪəraɪz] VT familiarizar (**with** con); **to ~ o.s. with** familiarizarse con

**familiarly** [fə'mɪlɪəlɪ] ADV con demasiada confianza

**family** ['fæmɪlɪ] Ⓐ N (= *close relatives, group of animals*) familia *f*; **she's one of the ~** es como de la familia; **do you have any ~?** (= *relatives*) ¿tiene usted parientes?; (= *children*) ¿tiene usted hijos?; **to run in the ~** ser cosa de familia; ✦**IDIOM to be in the ~ way**†* estar en estado de buena esperanza; **to get** *or* **put a girl in the ~ way**†* dejar encinta a una joven
Ⓑ CPD [*jewels*] de la familia; [*dinner, resemblance*] de familia; [*Bible*] familiar ► **family allowance** N (*Brit*) (*formerly*) ≈ ayuda *f* familiar ► **family business** N negocio *m* familiar ► **family butcher** N carnicero *m* doméstico ► **family credit** N (*Brit*) ≈ ayuda *f* familiar ► **Family Division** N (*Brit Jur*) *sala del High Court que entiende de derecho de familia* ► **family doctor** N médico/a *m/f* de cabecera ► **family friend** N amigo/a *m/f* de la familia ► **family hotel** N hotel *m* familiar ► **family income** N ingresos *mpl* familiares ► **family life** N vida *f* doméstica ► **family man** N (= *having family*) padre *m* de familia; (= *home-loving*) hombre *m* casero *or* de su casa ► **family name** N apellido *m* ► **family pet** N animal *m* doméstico ► **family planning** N planificación *f* familiar ► **family planning clinic** N centro *m* de planificación familiar ► **family practice** N (*US Med*) (= *work*) medicina *f* general; (= *place*) consulta *f* ► **family therapy** N terapia *f* familiar ► **family tree** N árbol *m* genealógico

**family-size(d)** ['fæmɪlɪsaɪz(d)] ADJ [*packet*] (tamaño) familiar

**famine** ['fæmɪn] Ⓐ N (= *hunger*) hambruna *f*; (= *shortage*) escasez *f*
Ⓑ CPD ► **famine relief** N ayuda *f* contra el hambre

**famished*** ['fæmɪʃt] ADJ famélico; (*fig*) muerto de hambre

**famous** ['feɪməs] ADJ famoso, célebre (**for** por); (*hum*) dichoso; **~ last words!*** (*hum*) ¡para qué habré dicho nada!, ¡me hubiera callado mejor! (*LAm*)

**famously** ['feɪməslɪ] ADV [1] **as Wilde ~ remarked** como bien señalara Wilde; **there have been hurricanes in England, most ~ in 1987** ha habido huracanes en Inglaterra, el más famoso ocurrido en 1987
[2] (†*) (= *very well*) **to get on ~** llevarse a las mil maravillas

**fan**[1] [fæn] Ⓐ N abanico *m*; (*Agr*) aventador *m*; (= *machine*) ventilador *m*; **electric ~** ventilador *m* eléctrico; ✦**IDIOM when the shit hits the ~**** cuando se arme la gorda*
Ⓑ VT [+ *face, person*] abanicar; (*mechanically*) ventilar; (*Agr*) aventar; [+ *flames*] atizar, avivar; (*fig*) avivar, excitar; **to ~ o.s.** abanicarse, darse aire
Ⓒ CPD ► **fan belt** N (*in motor*) correa *f* del ventilador ► **fan heater** N (*Brit*) calentador *m* de aire, estufa *f* eléctrica (de aire caliente) ► **fan vaulting** N (*Archit*) bóveda *f* de abanico

►**fan out** Ⓐ VT + ADV [+ *cards etc*] ordenar en abanico
Ⓑ VI + ADV (*Mil etc*) desplegarse en abanico, avanzar en abanico

**fan**[2] [fæn] Ⓐ N (*gen*) aficionado/a *m/f*; (*Sport*) hincha *mf*, forofo/a *m/f* (*Sp*), adicto/a *m/f* (*LAm*); [*of pop star, etc*] fan *mf*, admirador(a) *m/f*; **the ~s** la afición; **I am not one of his ~s** no soy de sus admiradores, yo no soy de los que lo admiran
Ⓑ CPD ► **fan club** N club *m* de admiradores; (*Mus*) club *m* de fans ► **fan mail** N correspondencia *f* de los admiradores

**fanatic** [fə'nætɪk] Ⓐ ADJ fanático
Ⓑ N fanático/a *m/f*

**fanatical** [fə'nætɪkəl] ADJ fanático

**fanatically** [fə'nætɪklɪ] ADV fanáticamente; **they were ~ loyal to their Emperor** su lealtad hacia el emperador llegaba al fanatismo

**fanaticism** [fə'nætɪsɪzəm] N fanatismo *m*

**fanciable*** ['fænsɪəbl] ADJ (*Brit*) guapo, bueno*

**fancied** ['fænsɪd] ADJ [1] (= *imaginary*) imaginario, ficticio
[2] (*Sport*) [*horse, runner*] favorito

**fancier** ['fænsɪəʳ] N *see* **pigeon**

**fanciful** ['fænsɪfʊl] ADJ [*drawings*] fantástico; [*ideas, story, account*] descabalado, rocambolesco; [*person*] imaginativo, fantasioso; [*temperament*] caprichoso; [*imagination*] vivo, rico

▼**fancy** ['fænsɪ] Ⓐ N [1] (= *liking*) **to catch** *or* **take sb's ~** atraer a algn; **they stole anything that took their ~** robaban cualquier cosa que les gustaba *or* atraía; **I eat whatever takes my ~** como lo que me apetece; **to take a ~ to** [+ *person*] (*amorously*) quedarse prendado de, prendarse de; [+ *thing*] encapricharse con; **he had taken a ~ to one of the secretaries** se había quedado prendado *or* se había prendado de una de las secretarias; **he seems to have taken a ~ to you** parece que le gustas
[2] (= *whim*) capricho *m*, antojo *m*; **a passing ~** un capricho pasajero; **when the ~ takes him** cuando se le antoja; **as the ~ takes her** según su capricho; *see also* **tickle**
[3] (= *imagination*) fantasía *f*, imaginación *f*; **in the realm of ~** en el mundo de la fantasía; *see also* **flight**[1]
[4] (= *vague idea*) **I have a ~ that he'll be late** tengo *or* me da la sensación de que llegará tarde
Ⓑ ADJ (*compar* **fancier**; *superl* **fanciest**) [1] (= *elaborate*) muy elaborado; **I like good, plain food, nothing ~** me gusta la buena comida, sencilla, nada muy elaborado *or* nada demasiado historiado; **she uses all these ~ words I don't understand** usa todas esas palabrejas que yo no entiendo; **~ footwork** (*in football, dancing*) filigranas *fpl*, florituras *fpl* (*con los pies*); (*fig*) gran habilidad *f*
[2] (= *elegant*) [*restaurant*] de lujo, muy chic; [*house, car*] lujoso; [*clothes*] elegante, chic
[3] (= *exaggerated*) [*price*] desorbitado; [*idea*] estrambótico
Ⓒ VT [1] (= *imagine*) imaginarse, figurarse; **~ that!*** ¡fíjate!, ¡imagínate!; **~ meeting you here!** ¡qué casualidad encontrarte aquí!; **~ him winning!** ¡qué raro que ganara él!; **~ letting him get away with it!** ¡mira que dejarle salirse con la suya!, ¡mira que dejar que se saliese con la suya!; **~ throwing that away, there's nothing wrong with it** ¡a quién se le ocurre tirar eso! está en perfectas condiciones; **he fancied he saw a glint of amusement in her face** le pareció ver una chispa de diversión en su rostro; **I rather ~ he's gone out** me da la impresión *or* se me hace que ha salido, se me antoja que ha salido (*liter*); **he fancies he knows it all** se cree un pozo de sabiduría
[2] (= *like, want*) [2·1] (*at particular moment*) **what do you ~?** ¿qué quieres tomar?, ¿qué te apetece?; **do you ~ an Indian meal?** ¿te apetece *or* (*LAm*) se te antoja una comida india?

➤ LANGUAGE IN USE: fancy C2 1.1

2·2 (*in general*) **I've always fancied living there** siempre me hubiese gustado vivir allí; **I don't ~ the idea** no me gusta la idea; **he fancies himself*** es un creído *or* un presumido; **he fancies himself as a bit of an actor*** se piensa que es un actor; **he fancies himself as a footballer*** se las da de futbolista; **he fancies himself as the next prime minister*** se cree que va a ser el próximo primer ministro
3 (*esp Brit**) (= *be attracted to*) **I could tell he fancied me** notaba que le gustaba mucho, notaba que se sentía atraído por mí
4 (= *rate*) **I don't ~ his chances of winning** no creo que tenga muchas posibilidades de ganar; **which horse do you ~ for the Grand National?** ¿qué caballo es tu favorito para el Grand National?; **I ~ England to win** yo creo que ganará Inglaterra
Ⓓ CPD ► **fancy dress** N disfraz *m*; **are you going in ~ dress?** ¿vas a ir disfrazado *or* con disfraz?; **they were wearing ~ dress** iban disfrazados ► **fancy dress ball** N baile *m* de disfraces ► **fancy dress party** N fiesta *f* de disfraces ► **fancy goods** NPL (*Comm*) artículos *mpl* de regalo ► **fancy man†*** N (*pej*) **her ~ man** su amante, su amiguito* ► **fancy woman†*** N (*pej*) **his ~ woman** su querida, su amiguita*

**fancy-free** ['fænsɪ'fri:] ADJ sin compromiso; *see also* **footloose**

**fandango** [fæn'dæŋgəʊ] N (*pl* **fandangos**) fandango *m*

**fanfare** ['fænfɛəʳ] N fanfarria *f*

**fanfold paper** ['fænfəʊld,peɪpəʳ] N papel *m* plegado en abanico *or* acordeón

**fang** [fæŋ] N colmillo *m*

**fanlight** ['fænlaɪt] N montante *m* de abanico

**Fanny** ['fænɪ] N 1 (*familiar form*) *of* **Frances**
2 **sweet ~ Adams** (*Brit**) nada de nada, na' de na'*

**fanny** ['fænɪ] N 1 (*Brit***) (= *vagina*) coño** *m*, concha *f* (*LAm***)
2 (*US**) (= *buttocks*) culo* *m*

**fan-shaped** ['fæn,ʃeɪpt] ADJ de *or* en abanico

**fantabulous*** [fæn'tæbjʊləs] ADJ superguay*

**fantasia** [fæn'teɪzɪə] N (*Literat, Mus*) fantasía *f*

**fantasist** ['fæntəzɪst] N fantaseador(a) *m/f*

**fantasize** ['fæntəsaɪz] VI fantasear, hacerse ilusiones

**fantastic** [fæn'tæstɪk] ADJ 1 (*) (= *fabulous, terrific*) [*person, achievement, opportunity, news*] fantástico, estupendo, regio (*LAm**), macanudo (*S. Cone**), chévere (*Col, Ven**); **it's ~ to see you again!** ¡qué alegría verte de nuevo!; **you look ~!** (= *healthy*) ¡qué buen aspecto tienes!; (= *attractive*) ¡qué guapo estás!
2 (*) (= *huge*) [*amount, profit, speed*] increíble
3 (= *exotic*) [*creature, world*] fantástico; [*shapes, images*] extraño
4 (= *improbable*) [*story, idea*] fantástico

**fantastical** [fæn'tæstɪkl] ADJ (*liter*) fabuloso, fantástico

**fantastically** [fæn'tæstɪkəlɪ] ADV 1 (= *extraordinarily*) [*expensive, complicated*] increíblemente; **~ learned** enormemente erudito
2 (= *imaginatively*) [*wrought, coloured*] maravillosamente

**fantasy** ['fæntəzɪ] N 1 (= *imagination*) fantasía *f*; **to live in a ~ world** *or* **in ~ land** vivir en un mundo de ensueño
2 (= *fanciful idea, wish*) fantasía *f*, sueño *m*

**fanzine** ['fænzi:n] N fanzine *m*

**FAO** N ABBR (= **Food and Agriculture Organization**) OAA *f*, FAO *f*

**FAQ** Ⓐ ABBR (*Comm*) = **free alongside quay**
Ⓑ N ABBR (*Comput*) = **Frequently Asked Question(s)**; **~ (file)** fichero *m* de preguntas frecuentes

**faq** ABBR = **of fair average quality**

**far** [fɑ:ʳ] (*compar* **farther**, **further**; *superl* **farthest**, **furthest**) Ⓐ ADV 1 (*distance*) (*lit, fig*) lejos, a lo lejos; **is it ~ (away)?** ¿está lejos?; **is it ~ to London?** ¿hay mucho hasta Londres?; **it's not ~ (from here)** no está lejos (de aquí); **~ away** *or* **off** lejos; **~ away** *or* **off in the distance** a lo lejos; **not ~ away** *or* **off** no muy lejos; **~ away from one's family** lejos de la familia; **~ beyond** mucho más allá de; **how ~ is it to the river?** ¿qué distancia *or* cuánto hay de aquí al río?; **how ~ have you got with your work/plans?** ¿hasta dónde has llegado en tu trabajo/tus planes?; **to walk ~ into the hills** penetrar profundamente en los montes; **~ into the night** hasta altas horas de la noche; **from ~ and near** de todas partes; **Christmas is not ~ off** la Navidad no está lejos; **he's not ~ off 70** tiene casi 70 años, frisa en los 70 años; **she was not ~ off tears** estaba al borde de las lágrimas; **~ out at sea** en alta mar; **our calculations are ~ out** nuestros cálculos yerran *or* se equivocan por mucho; **so ~** (*in distance*) tan lejos; (*in time*) hasta ahora; **so ~ this year** en lo que va del año; **so ~ so good** por *or* hasta ahora, bien; **in so ~ as …** en la medida en que …, en cuanto …; **so** *or* **thus ~ and no further** hasta aquí, pero ni un paso más; **a bridge too ~** un puente de más; **the plans are too ~ advanced** los proyectos están demasiado adelantados; **~ and wide** por todas partes; **he wasn't ~ wrong** *or* **off** *or* **out** casi acertaba, casi estaba en lo justo
2 **as ~ as** hasta; **as ~ as the eye can see** hasta donde alcanza la vista; **to go as ~ as Milan** ir hasta Milán; **to come from as ~ away as Milan** venir de sitios tan lejanos como Milán; **she climbed as ~ as the rest of the team** escaló tanto como el resto del grupo; **as ~ back as I can remember** hasta donde me alcanza la memoria; **as ~ back as 1945** ya en 1945; **as ~ as possible** en lo posible; **the theory is good as ~ as it goes** la teoría es buena dentro de sus límites; **I will help you as ~ as I can** te ayudaré en lo que pueda; **as** *or* **so ~ as I know** que yo sepa; **as** *or* **so ~ as I am concerned** por lo que a mí se refiere *or* respecta; **I would go as** *or* **so ~ as to say that …** me atrevería a decir que …
3 **~ from** [+ *place*] lejos de; **~ from approving it, I …** lejos de aprobarlo, yo …; **~ from it!** ¡todo lo contrario!, ¡ni mucho menos!; **he is ~ from well** no está nada bien; **~ be it from me to interfere, but …** no quiero entrometerme, pero …; **~ from easy** nada fácil
4 **to go ~**: **how ~ are you going?** ¿hasta dónde vas?; **he'll go ~** (*fig*) llegará lejos; **it doesn't go ~ enough** (*fig*) no va bastante lejos, no tiene todo el alcance que quisiéramos; **he's gone too ~ this time** (*fig*) esta vez se ha pasado; **he's gone too ~ to back out now** (*fig*) ha ido demasiado lejos para echarse atrás *or* retirarse ahora; **it won't go ~** [*money, food*] no alcanzará mucho; **for a white wine you won't go ~ wrong with this** si buscas un vino blanco éste ofrece bastante garantía; **✦IDIOM he was ~ gone*** (= *ill*) estaba muy acabado; (= *drunk*) estaba muy borracho
5 (= *very much*) mucho; **~ better** mucho mejor; **it is ~ better not to go** más vale no ir; **it's ~ and away the best** ◊ **it's by ~ the best** es con mucho el mejor; **she's the prettier by ~** es con mucho la más guapa; **this car is ~ faster (than)** este coche es mucho más rápido (que); **~ superior to** muy superior a
Ⓑ ADJ **the ~ east** *etc* **of the country** el extremo este *etc* del país; **the ~ left/right** (*Pol*) la extrema izquierda/derecha; **at the ~ end of** en el otro extremo de, al fondo de; **on the ~ side of** en el lado opuesto de; **✦IDIOM it's a ~ cry from** tiene poco que ver con
Ⓒ CPD ► **the Far East** N el Extremo *or* Lejano Oriente ► **the Far North** N el Polo Norte

**farad** ['færəd] N faradio *m*

**faraway** ['fɑ:rəweɪ] ADJ 1 [*place*] remoto, lejano
2 (*fig*) [*voice*] distraído; [*look*] ausente, perdido

**farce** [fɑ:s] N 1 (*Theat*) farsa *f*
2 (*fig*) absurdo *m*; **this is a ~** esto es absurdo; **what a ~ this is!** ¡qué follón!; **the trial was a ~** el proceso fue una farsa

**farcical** ['fɑ:sɪkəl] ADJ absurdo, ridículo

**far-distant** ['fɑ:'dɪstənt] ADJ lejano, remoto

**fare** [fɛəʳ] Ⓐ N 1 (= *cost*) precio *m*, tarifa *f*; (= *ticket*) billete *m*, boleto *m* (*LAm*); (*Naut*) pasaje *m*; **"~s please!"** (*on bus*) "¡billetes por favor!"
2 (= *passenger in taxi*) pasajero/a *m/f*
3 (*frm*) (= *food*) comida *f*; *see also* **bill**[1]
Ⓑ VI **they ~d badly/well** lo pasaron mal/bien, les fue mal/bien; **how did you ~?** ¿qué tal te fue?; **to ~ alike** correr la misma suerte
Ⓒ CPD ► **fare stage**, **fare zone** (*US*) N (*on bus*) zona *f* de tarifa fija

**Far Eastern** ['fɑ:r'i:stən] ADJ del Extremo Oriente

**farewell** [fɛə'wel] Ⓐ N adiós *m*; (= *ceremony*) despedida *f*; **to bid ~ (to sb)** despedirse (de algn); **to say one's ~s** despedirse; **you can say ~ to your wallet** (*fig*) te puedes ir despidiendo de tu cartera
Ⓑ EXCL (*liter*) ¡adiós!
Ⓒ CPD ► **farewell dinner** N cena *f* de despedida ► **farewell party** N fiesta *f* de despedida

**far-fetched** ['fɑ:'fetʃt] ADJ [*story, explanation*] inverosímil, poco probable; [*idea, scheme*] descabellado

**far-flung** ['fɑ:flʌŋ] ADJ extenso

**farinaceous** [,færɪ'neɪʃəs] ADJ farináceo

**farm** [fɑ:m] Ⓐ N granja *f*, chacra *f* (*LAm*); (= *large*) hacienda *f*, finca *f*, estancia *f* (*LAm*), rancho *m* (*Mex*); [*of mink, oysters etc*] criadero *m*; (= *buildings*) alquería *f*, casa *f* de labranza, quinta *f*, ranchería *f* (*Mex*); *see also* **dairy**
Ⓑ VT cultivar, labrar; **he ~s 300 acres** cultiva 300 acres
Ⓒ VI (*as profession*) ser granjero; **he ~s in Devon** tiene una granja en Devon
Ⓓ CPD agrícola ► **farm labourer**, **farm laborer** (*US*) N jornalero/a *m/f* (del campo), obrero/a *m/f* agrícola ► **farm produce** N productos *mpl* agrícolas ► **farm tractor** N tractor *m* ► **farm worker** N = **farm labourer**

► **farm out*** VT + ADV [+ *work*] mandar hacer fuera (**to sb** a algn); (*hum*) [+ *children*] dejar (**on** a *or* con)

**farmer** ['fɑ:məʳ] N agricultor(a) *m/f*, granjero/a *m/f*, chacarero/a *m/f* (*LAm*); [*of large farm*] hacendado/a *m/f*, estanciero/a *m/f* (*LAm*), ranchero/a *m/f* (*Mex*)

**farmhand** ['fɑ:mhænd] N obrero/a *m/f* agrícola, jornalero/a *m/f* (del campo)

**farmhouse** ['fɑ:mhaʊs] N (*pl* **farmhouses** ['fɑ:mhaʊzɪz]) alquería *f*, casa *f* de labranza, caserío *m* (*Sp*), casa *f* grande (*LAm*), casa *f* de hacienda (*LAm*)

**farming** ['fɑ:mɪŋ] Ⓐ N (*gen*) agricultura *f*; [*of land*] cultivo *m*; [*of animals*] cría *f*; **good ~**

➤ LANGUAGE IN USE: far A2 26.2

**practice** técnicas *fpl* agrícolas reconocidas
Ⓑ CPD agrícola ► **the farming community** N los agricultores ► **farming methods** NPL métodos *mpl* de cultivo

**farmland** ['fɑːmlænd] N tierras *fpl* de labranza *or* cultivo

**farmstead** ['fɑːmsted] N alquería *f*, casa *f* de labranza

**farmyard** ['fɑːmjɑːd] N corral *m*

**Faroe Islands** ['fɛərəʊ,aɪləndz], **Faroes** ['fɛərəʊz] NPL Islas *fpl* Feroe

**far-off** ['fɑːr'ɒf] ADJ lejano, remoto

**far-out*** [,fɑːr'aʊt] ADJ [1] (= *odd*) raro, extraño; (= *zany*) estrafalario
[2] (= *modern*) muy moderno, de vanguardia
[3] (= *superb*) guay*, fenomenal*

**farrago** [fə'rɑːgəʊ] N (*pl* **farragos** *or* **farragoes**) fárrago *m*

**far-reaching** ['fɑː'riːtʃɪŋ] ADJ [*effect*] transcendental, de gran alcance

**farrier** ['færɪəʳ] N (*esp Brit*) herrador(a) *m/f*

**farrow** ['færəʊ] Ⓐ N lechigada *f* de puercos
Ⓑ VT parir
Ⓒ VI parir (la cerda)

**far-seeing** ['fɑː'siːɪŋ] ADJ clarividente, previsor

**far-sighted** ['fɑː'saɪtɪd] ADJ [1] (*US Med*) hipermétrope
[2] (*fig*) [*person*] clarividente; [*plan, decision, measure*] con visión de futuro

**far-sightedly** ['fɑː'saɪtɪdlɪ] ADV de modo clarividente, con visión de futuro

**far-sightedness** ['fɑː'saɪtɪdnɪs] N [1] (*US Med*) hipermetropía *f*, presbicia *f*
[2] (*fig*) clarividencia *f*, visión *f* de futuro

**fart**‡ [fɑːt] Ⓐ N [1] pedo‡ *m*
[2] **he's a boring old ~** es un tío pesadísimo*, es un pelmazo*
Ⓑ VI tirarse *or* echarse un pedo‡

►**fart about**‡, **fart around**‡ VI + ADV *see* **mess about B**

**farther** ['fɑːðəʳ] Ⓐ ADV = **further**
Ⓑ ADJ COMPAR *of* **far**; **she was sitting at the ~ end of the bar** estaba sentada al otro extremo de la barra; **on the ~ side of the lake** al otro lado del lago, en la otra orilla del lago

**farthest** ['fɑːðɪst] SUPERL *of* **far** *see* **furthest**

**farthing** ['fɑːðɪŋ] N cuarto *m* de penique

**FAS** ABBR = **free alongside ship**

**fascia** ['feɪʃə] (*Brit*) N (*pl* **fasciae** ['feɪʃiiː]) (*on building*) faja *f*; (*Aut*) tablero *m*

**fascicle** ['fæsɪkl] N, **fascicule** ['fæsɪkjuːl] N fascículo *m*

**fascinate** ['fæsɪneɪt] VT fascinar; **it ~s me how/why …** me maravilla cómo/por qué …

**fascinated** ['fæsɪneɪtɪd] ADJ fascinado; **to be ~ with sth** estar fascinado por algo

**fascinating** ['fæsɪneɪtɪŋ] ADJ fascinante

**fascination** [,fæsɪ'neɪʃən] N fascinación *f*; **his ~ with the cinema** su fascinación por el cine

**fascism** ['fæʃɪzəm] N fascismo *m*

**fascist** ['fæʃɪst] Ⓐ ADJ fascista
Ⓑ N fascista *mf*

**fashion** ['fæʃən] Ⓐ N [1] (= *manner*) manera *f*, modo *m*; **after a ~** así así, más o menos; **I play after a ~** toco algo; **after the ~ of** a la manera de; **in his usual ~** a su manera *or* modo; **in one's own ~** a su propio modo; **in the Greek ~** a la griega, al estilo griego; **it is not my ~ to pretend** (*frm*) yo no acostumbro fingir
[2] (= *vogue*) (*in clothing, speech etc*) moda *f*; **it's all the ~ now** ahora está muy de moda; **it's no longer the ~** ya no está de moda; **it's the ~ to say that …** es un tópico decir que …; **to be in/out of ~** estar de moda/pasado de moda; **to come into/go out of ~** ponerse de/pasar de moda; **to set a ~ for sth** imponer la moda de algo; **the latest ~** la última moda; **the new Spring ~s** la nueva moda de primavera; **women's/men's ~s** moda para la mujer/el hombre
[3] (= *good taste*) buen gusto *m*; **what ~ demands** lo que impone el buen gusto; **a man of ~** un hombre elegante
Ⓑ VT (= *shape*) formar; (= *make*) fabricar; (= *mould*) moldear; (= *design*) diseñar
Ⓒ CPD ► **fashion designer** N modisto/a *m/f*, diseñador(a) *m/f* de modas ► **fashion editor** N director(a) *m/f* de revista de modas ► **fashion house** N casa *f* de modas ► **fashion magazine** N revista *f* de modas ► **fashion model** N modelo *mf* ► **fashion page** N sección *f* de modas ► **fashion parade** N desfile *m* *or* pase *m* de modelos ► **fashion plate** N figurín *m* de moda ► **fashion show** N = **fashion parade** ► **fashion victim*** N esclavo/a *m/f* de la moda

**fashionable** ['fæʃnəbl] ADJ [1] [*dress etc*] de moda, moderno, a la moda; [*place, restaurant*] de moda; **~ people** gente *f* elegante, gente *f* guapa*; **in ~ society** en la buena sociedad; **it is ~ to do …** está de moda hacer …
[2] (= *popular*) [*writer, subject for discussion*] de moda, popular; **he is hardly a ~ painter now** es un pintor que no está ahora muy de moda

**fashionably** ['fæʃnəblɪ] ADV **to be ~ dressed** ir vestido a la moda

**fashion-conscious** ['fæʃən,kɒnʃəs] ADJ pendiente de la moda

**fast**[1] [fɑːst] Ⓐ ADJ (*compar* **faster**; *superl* **fastest**) [1] (= *speedy*) rápido; (*Phot*) [*film*] de alta sensibilidad; **he's a ~ worker** es un trabajador (muy) rápido; **he's a ~ talker*** es un pretencioso; **he was too ~ for me** corrió más que yo; (*fig*) se me adelantó; **~ and furious** vertiginoso; ✦***IDIOM* to pull a ~ one on sb*** jugar una mala pasada a algn
[2] [*clock*] adelantado; **my watch is five minutes ~** mi reloj está *or* va cinco minutos adelantado
[3] (*Sport*) [*pitch*] seco y firme; [*court*] rápido
[4] (= *dissipated*) [*person*] lanzado, fresco; [*life*] disoluto, disipado
[5] (= *firm*) fijo, firme; **to make sth ~** sujetar algo; **to make a rope ~** atar bien una cuerda; **to make a boat ~** amarrar una barca; **~ friends** íntimos amigos
[6] [*colour, dye*] que no destiñe
Ⓑ ADV [1] (= *quickly*) rápidamente, deprisa; **as ~ as I can** lo más rápido posible; **he ran off as ~ as his legs would carry him** se fue corriendo a toda velocidad; **how ~ can you type?** ¿a qué velocidad escribes a máquina?; **don't speak so ~** habla más despacio; **~er!** ¡más (rápido)!; **not so ~!*** (*interrupting*) ¡un momento!; **he'll do it ~ enough if you offer him money** se dará más prisa si le ofreces dinero; **the rain was falling ~** llovía mucho; **as ~ as I finished them he wrapped them up** a medida que yo los terminaba él los envolvía; ✦***IDIOM* to play ~ and loose with** jugar con
[2] (= *firmly*) firmemente; **~ asleep** profundamente dormido; **to hold ~** agarrarse bien; (*fig*) mantenerse firme; **to stand ~** mantenerse firme; **tie it ~** átalo bien; **it's stuck ~** está bien pegado; [*door*] está atrancado *or* atascado; **to be stuck ~ in the mud** quedar atascado en el lodo; **to be stuck ~ in a doorway** haberse quedado atascado en una puerta
Ⓒ CPD ► **fast food** N comida *f* rápida, platos *mpl* preparados ► **fast food restaurant** N establecimiento *m* *or* restaurante *m* de comida rápida; (*selling hamburgers*) hamburguesería *f* ► **fast track** N (*fig*) vía *f* rápida; **to be on the ~ track to sth** ir por la vía rápida hacia algo ► **fast train** N tren *m* rápido, ≈ Intercity *m* (*Sp*), ≈ Talgo *m* (*Sp*); *see also* **lane**, **fast-track**

**fast**[2] [fɑːst] Ⓐ N ayuno *m*; **to break one's ~** (*frm*) interrumpir el ayuno
Ⓑ VI ayunar
Ⓒ CPD ► **fast day** N día *m* de ayuno

**fasten** ['fɑːsn] Ⓐ VT [1] (= *secure*) [+ *belt, dress, seat belt*] abrochar; [+ *door, box, window*] cerrar; (*with rope*) atar; (*with paste*) pegar; (*with bolt*) echar el cerrojo a; **to ~ two things together** pegar/sujetar dos cosas
[2] (= *attach*) sujetar; (*fig*) atribuir; **to ~ the blame/responsibility (for sth) on sb** echar la culpa/atribuir la responsabilidad (de algo) a algn; **they're trying to ~ the crime on me** tratan de achacarme *or* atribuirme el crimen a mí
Ⓑ VI [*door, box*] cerrarse; [*dress*] abrocharse; **it ~s in front** se abrocha por delante

►**fasten down** VT + ADV [+ *envelope, blind etc*] cerrar

►**fasten on** Ⓐ VT + ADV (= *tie*) atar
Ⓑ VT + PREP *see* **fasten (up)on**
Ⓒ VI + PREP *see* **fasten (up)on**

►**fasten on to** VI + PREP agarrarse de, pegarse a; (*fig*) fijarse en; **he ~ed on to me at once** se fijó en mí en seguida; (*as companion*) se me pegó en seguida; **to ~ on to a pretext** echar mano *or* valerse de un pretexto

►**fasten up** Ⓐ VT + ADV [+ *clothing*] abrochar
Ⓑ VI + ADV **it ~s up in front** se abrocha por delante

►**fasten (up)on** Ⓐ VT + PREP [+ *gaze*] fijar en
Ⓑ VI + PREP [+ *excuse*] valerse de; **to ~ (up)on the idea of doing sth** aferrarse a la idea de hacer algo

**fastener** ['fɑːsnəʳ] N [*of necklace, bag, box*] cierre *m*; (*on dress*) corchete *m*; (*for papers*) grapa *f*; (= *zip fastener*) cremallera *f*

**fastening** ['fɑːsnɪŋ] N = **fastener**

**fast forward** ['fɑːst'fɔːwəd] Ⓐ N (*also* **~ button**) botón *m* de avance rápido
Ⓑ VT pasar para delante, adelantar
Ⓒ VI avanzar rápidamente

**fastidious** [fæs'tɪdɪəs] ADJ [*person*] (*about cleanliness etc*) escrupuloso; (= *touchy*) quisquilloso; [*taste*] fino

**fastidiously** [fæs'tɪdɪəslɪ] ADV [*examine, clean, check*] meticulosamente, quisquillosamente

**fastidiousness** [fæs'tɪdɪəsnɪs] N meticulosidad *f*, exigencia *f*

**fast-moving** [,fɑːst'muːvɪŋ] ADJ rápido, veloz; [*target*] que cambia rápidamente de posición; [*goods*] de venta rápida, que se venden rápidamente; [*plot*] muy movido, lleno de acciones, que se desarrolla rápidamente

**fastness** ['fɑːstnɪs] N (= *stronghold*) fortaleza *f*; [*of mountain etc*] lo más intrincado; **in their Cuban mountain ~** en las espesuras serranas de Cuba

**fast-track** ['fɑːsttræk] ADJ rápido, por la vía rápida

**fat** [fæt] Ⓐ ADJ (*compar* **fatter**; *superl* **fattest**) [1] (= *plump*) [*person*] gordo; [*face, cheeks, limbs*] relleno, gordo; **to get ~** engordar; **he grew ~ on the proceeds** *or* **profits** (*fig*) se enriqueció con los beneficios; ✦***IDIOM* it's not over till the ~ lady sings*** mientras hay vida, hay esperanza, hasta el rabo todo es toro*
[2] (= *fatty*) [*meat, pork*] graso; **~ bacon** tocino *m* graso, tocino *m* con mucha grasa

3 (= *thick*) [*book*] grueso
4 (= *substantial*) [*profit*] grande, pingüe; [*salary*] muy elevado, muy alto; **a ~ cheque** un cheque muy cuantioso; **the ~ years** los años de las vacas gordas
5 (*) (= *minimal*) **~ chance!** ¡ni soñarlo!; **a ~ lot he knows about it!** ¡qué sabrá él!; **a ~ lot of good that is!** ¡eso no sirve de nada!, y eso ¿de qué sirve?
Ⓑ N (*on person, in food*) grasa *f*; (*for cooking*) manteca *f*; **he needs to get rid of that excess ~** necesita eliminar toda esa grasa que le sobra; **a short, middle-aged man, tending to ~** un hombre bajito, de mediana edad, más bien gordo; **animal/vegetable ~s** grasas *fpl* animales/vegetales; **beef/chicken ~** grasa *f* de vaca *or* (*Sp*) ternera/de pollo; **fry in deep ~** freír en aceite abundante; **double cream is 48 per cent ~** la nata para montar tiene un 48 por ciento de materia grasa; ✦*IDIOMS* **now the ~'s in the fire** se va a armar la gorda*; **to live off the ~ of the land** vivir a cuerpo de rey; *see also* **body B**
Ⓒ CPD ► **fat cat*** N pez *m* gordo* ► **fat content** N contenido *m* de materia grasa; **it has a very high ~ content** tiene un contenido muy alto de materia grasa ► **fat farm*** N (*US*) clínica *f* de adelgazamiento

**fatal** [ˈfeɪtl] Ⓐ ADJ 1 (= *causing death*) [*accident, injury*] mortal
2 (= *disastrous*) [*mistake*] fatal; [*consequences*] funesto (**to** para); **it's ~ to mention that** es peligrosísimo mencionar eso
3 (= *fateful*) fatídico
Ⓑ CPD ► **fatal accident enquiry** N (*Scot*) *investigación sobre las causas de un accidente mortal*

**fatalism** [ˈfeɪtəlɪzəm] N fatalismo *m*

**fatalist** [ˈfeɪtəlɪst] N fatalista *mf*

**fatalistic** [ˌfeɪtəˈlɪstɪk] ADJ fatalista

**fatality** [fəˈtælɪtɪ] N 1 (= *death*) muerte *f*
2 (= *victim*) muerto/a *m/f*, víctima *f*; **luckily there were no fatalities** por fortuna no hubo víctimas

**fatally** [ˈfeɪtəlɪ] ADV mortalmente; **~ wounded** herido mortalmente *or* de muerte

**fat-cat*** [ˈfætkæt] ADJ **a ~ industrialist** un opulento industrial

**fate** [feɪt] N 1 (= *destiny*) destino *m*; **what ~ has in store for us** lo que nos guarda *or* depara el destino; **~ decided otherwise** el destino no lo quiso así
2 (= *person's lot*) suerte *f*; **to leave sb to his ~** abandonar a algn a su suerte; **this sealed his ~** esto acabó de perderle; **to meet one's ~** (= *die*) encontrar la muerte; **Italy could suffer the same ~ as India** Italia podría correr la misma suerte que la India, a Italia le podría pasar lo mismo que a la India; **that's a ~ worse than death** no hay cosa peor
3 **the Fates** (*Myth*) las Parcas

**fated** [ˈfeɪtɪd] ADJ (= *governed by fate*) [*person, project, friendship etc*] predestinado; (= *doomed*) condenado; **to be ~ to do sth** estar predestinado a hacer algo; **it was ~ that ...** era inevitable que ...

**fateful** [ˈfeɪtfʊl] ADJ [*day, event*] fatídico; [*words*] profético

**fat-free** [ˈfætfriː] ADJ [*diet, food*] sin grasa

**fathead*** [ˈfæthed] N imbécil *mf*; **you ~!** ¡imbécil!

**fat-headed*** [ˈfætˌhedɪd] ADJ imbécil

**father** [ˈfɑːðəʳ] Ⓐ N 1 (*gen*) padre *m*; **to talk to sb like a ~** hablar a algn en tono paternal; **to be passed on** *or* **handed down from ~ to son** pasar de padre a hijo; **my ~ and mother** mis padres; ✦*IDIOM* **a ~ and mother of a row*** una bronca fenomenal* *or* de padre y muy señor mío*; ✦*PROV* **like ~ like son** de tal palo, tal astilla
2 **Our Father** (*Rel*) Padre Nuestro; **to say three Our Fathers** rezar tres padrenuestros
3 **Father Brown** (*Rel*) (el) padre Brown
4 (*fig*) (= *founder*) padre *m*; **the ~ of English poetry** el padre de la poesía inglesa; **the Fathers of the Church** los Santos Padres de la Iglesia; *see also* **city B**
Ⓑ VT [+ *child*] engendrar; (*fig*) inventar, producir
Ⓒ CPD ► **Father Christmas** N (*Brit*) Papá *m* Noel ► **father confessor** N (*Rel*) confesor *m*, padre *m or* director *m* espiritual ► **Father's Day** N Día *m* del Padre ► **father figure** N figura *f* paterna ► **(Old) Father Time** N el Tiempo

**fatherhood** [ˈfɑːðəhʊd] N paternidad *f*

**father-in-law** [ˈfɑːðərɪnlɔː] N (*pl* **fathers-in-law**) suegro *m*

**fatherland** [ˈfɑːðəlænd] N patria *f*

**fatherless** [ˈfɑːðəlɪs] ADJ huérfano de padre

**fatherly** [ˈfɑːðəlɪ] ADJ [*person*] paternal; [*advice, behaviour*] paterno

**fathom** [ˈfæðəm] Ⓐ N braza *f*; **water five ~s deep** agua de una profundidad de cinco brazas
Ⓑ VT 1 (*Naut*) sond(e)ar
2 (*fig*) (*also* **~ out**) descifrar, llegar a entender; [+ *mystery*] desentrañar; **I can't ~ why** no me explico por qué; **I can't ~ him/it out at all** no le/lo entiendo en absoluto

**fathomless** [ˈfæðəmlɪs] ADJ insondable

**fatigue** [fəˈtiːg] Ⓐ N 1 (= *weariness*) cansancio *m*, fatiga *f*; *see also* **battle D**
2 (*Tech*) fatiga *f*; *see also* **metal**
3 (*Mil*) faena *f*, fajina *f*; **fatigues** traje *msing* de faena
Ⓑ VT fatigar, cansar
Ⓒ CPD ► **fatigue dress** N = **fatigues** ► **fatigue duty** N (*Mil*) servicio *m* de fajina ► **fatigue party** N (*Mil*) destacamento *m* de fajina

**fatigued** [fəˈtiːgd] ADJ fatigado

**fatiguing** [fəˈtiːgɪŋ] ADJ fatigoso

**fatless** [ˈfætlɪs] ADJ [*food*] sin grasa

**fatness** [ˈfætnɪs] N [*of person*] gordura *f*; [*of meat*] grasa *f*; [*of book*] grosor *m*

**fatso*** [ˈfætsəʊ] N (*pl* **fatsos** *or* **fatsoes**) (*pej*) gordo/a *m/f*

**fatstock** [ˈfætstɒk] N (*Agr*) animales *mpl* de engorde

**fatten** [ˈfætn] Ⓐ VT (*also* **~ up**) [+ *animal*] cebar, engordar
Ⓑ VI engordar

**fattening** [ˈfætnɪŋ] Ⓐ ADJ [*food*] que hace engordar; **chocolate is ~** el chocolate engorda
Ⓑ N (*Agr*) engorde *m*

**fatty** [ˈfætɪ] Ⓐ ADJ 1 [*food*] graso
2 (*Anat*) [*tissue*] adiposo
Ⓑ N (* *pej*) gordo/a *m/f*; **~!** ¡gordo!
Ⓒ CPD ► **fatty acid** N ácido *m* graso

**fatuity** [fəˈtjuːɪtɪ] N necedad *f*, fatuidad *f*

**fatuous** [ˈfætjʊəs] ADJ [*remark*] necio, fatuo; [*smile*] tonto

**fatuously** [ˈfætjʊəslɪ] ADV neciamente

**fatuousness** [ˈfætjʊəsnɪs] N necedad *f*, fatuidad *f*

**fatwa** [ˈfætwə] N fatwa *f*

**faucet** [ˈfɔːsɪt] N (*US*) (= *tap*) grifo *m*, llave *f*, canilla *f* (*LAm*)

▼ **fault** [fɔːlt] Ⓐ N 1 (= *defect*) (*in character*) defecto *m*; (*in manufacture*) defecto *m*, falla *f* (*LAm*); (*in supply, machine*) avería *f*; **with all his ~s** con todos sus defectos; **her ~ is excessive shyness** peca de tímida; **generous to a ~** excesivamente generoso; **to find ~** poner reparos; **to find ~ with sth/sb** criticar algo/a algn
2 (= *blame, responsibility*) culpa *f*; **it's all your ~** tú tienes toda la culpa; **it's not my ~** no es culpa mía; **you were at ~ in not telling us** hiciste mal en no decírnoslo; **your memory is at ~** no te acuerdas bien; **you were not at ~** no por culpa suya; **through no ~ of his own** sin falta alguna de su parte; **whose ~ is it (if ...)?** ¿quién tiene la culpa (si ...)?
3 (*Tennis*) falta *f*
4 (*Geol*) falla *f*
Ⓑ VT criticar; **it cannot be ~ed** es intachable; **you cannot ~ him on spelling** su ortografía es impecable

**fault-finder** [ˈfɔːltˌfaɪndəʳ] N criticón/ona *m/f*

**fault-finding** [ˈfɔːltˌfaɪndɪŋ] Ⓐ ADJ criticón, reparón
Ⓑ N manía *f* de criticar

**faultless** [ˈfɔːltlɪs] ADJ [*person, behaviour*] intachable, impecable; [*appearance, clothing, logic*] impecable; [*work, performance*] perfecto; **Hans's English was ~** Hans hablaba un inglés perfecto

**faultlessly** [ˈfɔːltlɪslɪ] ADV [*dress*] impecablemente; [*perform, recite*] perfectamente

**faulty** [ˈfɔːltɪ] ADJ (*compar* **faultier**; *superl* **faultiest**) 1 [*machine etc*] defectuoso
2 (= *imperfect*) [*reasoning, argument etc*] imperfecto

**faun** [fɔːn] N fauno *m*

**fauna** [ˈfɔːnə] N (*pl* **faunas** *or* **faunae**) fauna *f*

**Faust** [faʊst] N Fausto

**Faustian** [ˈfaʊstɪən] ADJ de Fausto

**faux pas** [ˈfəʊˈpɑː] N metedura *f or* (*LAm*) metida *f* de pata*

**fava bean** [ˈfɑːvəbiːn] N (*US*) haba *f*

▼ **favour**, **favor** (*US*) [ˈfeɪvəʳ] Ⓐ N 1 (= *kindness*) favor *m*; **I don't expect any ~s in return** no espero que me devuelvas/devuelvan *etc* el favor; **he did it as a ~ (to me)** (me) lo hizo como un favor; **to ask a ~ of sb** pedir un favor a algn; **to do sb a ~** hacer un favor a algn; **do me the ~ of closing the door** ¿me hace el favor de cerrar la puerta?; **do me a ~!*** (*iro*) ¡haz el favor! (*iro*); **do me a ~ and clear off*** ¡haz el favor de largarte!*; **do yourself a ~ and get a haircut** si te cortas el pelo te harás un favor; **those suits you wear do you no ~s** esos trajes que te pones no te favorecen nada
2 (= *approval*) **to curry ~ with sb** tratar de ganar el favor de algn; **to fall from ~** [*person*] caer en desgracia; [*product, style*] perder aceptación; **to find ~ with sb** [*person*] ganarse la aceptación de algn; [*suggestion, product, style*] tener buena acogida por parte de algn, ser bien acogido por algn; **to gain ~ with sb** ganarse la aceptación de algn; **to be in ~ with sb** [*person*] gozar del favor de algn; [*product, style*] gozar de la aceptación de algn; **to lose ~** perder aceptación; **he's currently out of ~ with the prime minister** actualmente no goza del favor del primer ministro; **British companies are clearly out of ~** se ve claramente que las compañías británicas no tienen aceptación; **to fall out of ~** [*person*] caer en desgracia; [*product, style*] perder aceptación; **to win sb's ~** ganarse la aceptación de algn; **his proposals were not looked upon with ~** sus propuestas no fueron consideradas favorablemente

➤ LANGUAGE IN USE: **fault A2** 18.3 **favour A1** 4 **A3** 6.3, 26.3

3 (= *support, advantage*) favor *m*; **to be in ~ of (doing) sth** estar a favor de (hacer) algo, ser partidario de (hacer) algo; **he is in ~ of the death penalty** está a favor de *or* es partidario de la pena de muerte; **I am in ~ of selling the house** soy partidario de *or* estoy a favor de vender la casa; **the result of the vote was 111 in ~ and 25 against** el resultado de la votación fue 111 votos a favor y 25 en contra; **the traffic lights are in our ~** los semáforos están a favor nuestro; **it's in our ~ to act now** nos beneficia actuar ahora; **a cheque made out in ~ of** un cheque extendido a nombre de; **the court found in their ~** el tribunal falló a *or* en su favor; **"balance in your favour"** "saldo *m* a su favor"; **that's a point in his ~** es un punto a su favor
4 (= *favouritism*) favoritismo *m*; **to show ~ to sb** favorecer a algn, tratar a algn con favoritismo
5 **your ~ of the 5th inst**† (*Comm*) su atenta del 5 del corriente
6 (*Hist*) (= *token*) prenda *f*, favor† *m*
7 **favours** (*euph*) (*sexual*) favores *mpl*
Ⓑ VT 1 (= *support*) [+ *idea, scheme, view*] estar a favor de, ser partidario de; **he ~s higher taxes** está a favor de *or* es partidario de impuestos más elevados
2 (= *be beneficial to*) favorecer; **the scholarship programme ~s boys** el programa de becas favorece a los chicos; **circumstances that ~ this scheme** circunstancias *fpl* que favorecen este plan, circunstancias *fpl* propicias para este plan
3 (= *prefer, like*) preferir; **they ~ British-made cars** prefieren los coches de fabricación británica
4 (= *treat with favouritism*) tratar con favoritismo
5 (*frm*) (= *honour*) **to ~ sb with sth** honrar a algn con algo; **he eventually ~ed us with a visit** (*hum*) por fin nos honró con su visita, por fin se dignó a visitarnos
6 (= *resemble*) parecerse a, salir a; **he ~s his father** se parece a su padre, sale a su padre
7 (= *protect*) [+ *injured limb*] tener cuidado con
8 (*Sport*) **he is ~ed to win** es el favorito para ganar

**favourable, favorable** (*US*) [ˈfeɪvərəbl] ADJ [*report*] favorable (**to** para); [*conditions, weather*] propicio, favorable; **to show sb in a ~ light** dar una buena imagen de algn

**favourably, favorably** (*US*) [ˈfeɪvərəblɪ] ADV favorablemente

**favoured, favored** (*US*) [ˈfeɪvəd] ADJ [*person, object*] favorito, preferido; **Biarritz was their ~ resort** Biarritz era su lugar de vacaciones favorito *or* preferido; **the ~ method is ...** el método preferido es ...; **one of the ~ few** uno de los pocos afortunados; **most ~ nation treatment** trato *m* de nación más favorecida

▼ **favourite, favorite** (*US*) [ˈfeɪvərɪt] Ⓐ ADJ favorito, preferido
Ⓑ N 1 (= *object*) favorito/a *m/f*; (= *person*) preferido/a *m/f*, favorito/a *m/f*; (*spoilt*) consentido/a *m/f*; (*at court*) valido *m*, privado *m*; (= *mistress*) querida *f*; **he sang some old ~s** cantó algunas de las viejas y conocidas canciones
2 (*in race, contest, election*) favorito/a *m/f*; **Liverpool are ~s to win** el Liverpool es el gran favorito
Ⓒ CPD ► **favourite son** N (*US Pol*) hijo *m* predilecto

**favouritism, favoritism** (*US*) [ˈfeɪvərɪtɪzəm] N favoritismo *m*

**fawn**[1] [fɔːn] Ⓐ N 1 (*Zool*) cervato *m*
2 (= *colour*) pardo *m* claro
Ⓑ ADJ de color pardo claro

**fawn**[2] [fɔːn] VI **to ~ (up)on sb** [*animal*] hacer carantoñas a algn; (*fig*) [*person*] adular *or* lisonjear a algn

**fawning** [ˈfɔːnɪŋ] ADJ adulador, servil

**fax** [fæks] Ⓐ N (= *document*) fax *m*; (= *machine*) fax *m*, telefax *m*
Ⓑ VT mandar por fax
Ⓒ CPD ► **fax message** N fax *m* ► **fax number** N número *m* de (tele)fax

**faze*** [feɪz] VT (= *disturb*) perturbar, desconcertar

**fazed*** [feɪzd] ADJ pasmado, anonadado

**FBA** N ABBR = **Fellow of the British Academy**

**FBI** N ABBR (*US*) (= **Federal Bureau of Investigation**) ≈ BIC *f*

**FC** N ABBR (= **football club**) C. F. *m*

**FCA** N ABBR 1 = **Fellow of the Institute of Chartered Accountants**
2 (*US*) = **Farm Credit Administration**

**FCC** N ABBR (*US*) = **Federal Communications Commission**; → FAIRNESS DOCTRINE

> **FCC**
>
> *La* **Federal Communications Commission** *o* **FCC** *es un organismo gubernamental independiente que regula y supervisa las transmisiones de radio, televisión y comunicación por cable y satélite en Estados Unidos. Entre las funciones más importantes de la* **FCC** *están la de conceder la licencia de emisión a las cadenas de radio y televisión privadas, así como la de asignarles sus frecuencias de transmisión. Además, tiene una gran influencia en la programación de las cadenas de televisión, entre las que ha introducido, por ejemplo, un espacio de dos horas para toda la familia por las noches, un límite a la cantidad de programas nacionales que pueden ser transmitidos por una cadena local y una* **Fairness Doctrine** *o doctrina de imparcialidad para los asuntos más polémicos. La comisión se compone de cinco miembros nombrados por el Presidente de EE.UU., y es responsable de sus actividades ante el Congreso.*
>
> ⇨ *Ver tb* FAIRNESS DOCTRINE

**FCO** N ABBR (*Brit*) (= **Foreign and Commonwealth Office**) ≈ Min. de AA.EE.

**FD** Ⓐ N ABBR (*US*) = **Fire Department**
Ⓑ ABBR 1 (*Brit*) (= **Fidei Defensor**) Defensor *m* de la Fe
2 (*Comm*) = **free delivered at dock**

**FDA** N ABBR (*US*) (= **Food and Drug Administration**) *organismo que fija niveles de calidad de los productos alimentarios y farmacéuticos*

> **FDA**
>
> *El* **FDA** *o* **Food and Drug Administration** *es el organismo de atención al consumidor más antiguo de Estados Unidos. Su función es la de analizar los alimentos, aditivos alimentarios, medicinas y cosméticos para asegurarse de que son aptos para el consumo. El* **FDA** *es muy conocido en el extranjero por su papel en el análisis de los nuevos productos, de su efectividad y de sus posibles efectos nocivos, así como en el control de su consumo una vez han sido puestos a la venta.*

**FDD** N ABBR (*Comput*) = **floppy disk drive**

**FDIC** N ABBR (*US*) = **Federal Deposit Insurance Corporation**

**FDR** ABBR = **Franklin Delano Roosevelt**

**FE** ABBR = **Further Education**

**fealty** [ˈfiːəltɪ] N (*Hist*) lealtad *f* (feudal)

▼ **fear** [fɪəʳ] Ⓐ N 1 (= *terror*) miedo *m*; **he has overcome his ~ of dogs** ha superado su miedo a los perros; **to be in ~ of** *or* **for one's life** temer por su propia vida; **workers at the plant frequently went in ~ of their lives** a menudo los trabajadores de la fábrica temían por su vida; **to live in ~ of sth/sb** vivir atemorizado por algo/algn; **she lives in ~ of being found out** vive atemorizada de que la descubran; **to have no ~** no tener ningún miedo; **have no ~!**†† (= *don't be afraid*) ¡pierde cuidado!; **~ of heights** miedo *m* a las alturas; **~ of flying** miedo *m* a volar; **in ~ and trembling** temblando de miedo; **she was trembling with ~** estaba temblando de miedo; **without ~ or favour** con imparcialidad, imparcialmente; ✦**IDIOM to put the ~ of God into sb** meter el miedo en el cuerpo a algn
2 (= *worry*) temor *m*; **his worst ~s were confirmed** sus mayores temores se vieron confirmados; **there are ~s that ...** se teme que + *subjun*; **there are ~s that he may be dead** se teme que esté muerto; **there were ~s that he would raise taxes** se temía que subiera los impuestos; **I didn't go in for ~ of disturbing them** no entré por temor *or* miedo a molestarles; **she never goes out for ~ that it will happen again** nunca sale por temor *or* miedo a que suceda de nuevo; **there are grave ~s for their safety** se teme enormemente por su seguridad; **have no ~!** (*freq hum*) (= *don't worry*) ¡no se preocupe!; **you need have no ~ on that score** no tenga miedo en ese sentido
3 (= *chance*) posibilidad *f*; (= *danger*) peligro *m*; **there's not much ~ of his coming** no hay muchas posibilidades de que venga; **there's no ~ of that!** ¡no hay peligro de eso!; **no ~!*** ¡ni hablar!
Ⓑ VT 1 (= *be afraid of*) temer, tener miedo a; **I do not ~ death** no temo a la muerte, no tengo miedo a la muerte; **he was ~ed and hated by his subjects** sus súbditos le temían y odiaban; **to ~ that** temer que + *subjun*; **we ~ed that he would escape** temíamos que se escapara; **they began to ~ that he was dangerous** empezaron a temer que fuera peligroso; **two people are missing and ~ed dead** hay dos personas desaparecidas y se teme que hayan muerto; **to ~ the worst** temer(se) lo peor
2 (= *think regretfully*) temerse; **to ~ that** temerse que; **I ~ that he won't come** me temo que no vendrá; **I ~ that you are right** me temo que tiene razón; **I ~ you may be right** me temo que tenga razón; **I ~ so/not** me temo que sí/no
3 (= *respect*) [+ *God*] temer
Ⓒ VI temer; **to ~ for sth/sb** temer por algo/algn; **she ~ed for her life** temía por su vida; **I ~ for him** temo por él, tengo miedo por él; **never ~** no hay cuidado*

**fearful** [ˈfɪəfʊl] ADJ 1 (= *frightened*) temeroso (**of** de); **to be ~ that** tener miedo de que + *subjun*
2 (= *frightening*) espantoso
3 (†*) (= *awful*) horrible

**fearfully** [ˈfɪəfəlɪ] ADV 1 (= *timidly*) [*cower etc*] con miedo; [*say*] tímidamente
2 (†*) (= *very*) terriblemente

**fearfulness** [ˈfɪəfʊlnɪs] N (= *fear*) medrosidad *f*; (= *shyness*) timidez *f*

**fearless** ['fɪəlɪs] ADJ (= *courageous*) valiente; (= *daring*) audaz; (= *adventurous*) intrépido; **he was a ~ opponent of slavery** era un valiente opositor de la esclavitud; **a ~ warrior** un valiente *or* audaz *or* intrépido guerrero; **she is completely ~** no le tiene miedo a nada; **he entered, ~ of what he might find there** entró, sin temor a lo que podría encontrarse allí

**fearlessly** ['fɪəlɪslɪ] ADV (= *courageously*) valientemente; (= *adventurously*) intrépidamente; **he's ~ outspoken** no tiene miedo a la hora de expresar su opinión

**fearlessness** ['fɪəlɪsnɪs] N (= *courage*) valor *m*, valentía *f*; (= *daring*) audacia *f*; (= *spirit of adventure*) intrepidez *f*

**fearsome** ['fɪəsəm] ADJ [*opponent, reputation, weapon*] temible; [*sight*] espantoso; [*competition*] encarnizado; **he has a ~ serve** tiene un saque temible *or* tremendo

**fearsomely** ['fɪəsəmlɪ] ADV tremendamente

**feasibility** [,fiːzə'bɪlɪtɪ] Ⓐ N viabilidad *f*; **to doubt the ~ of a scheme** poner en duda la viabilidad de un proyecto, dudar si un proyecto es factible
Ⓑ CPD ► **feasibility analysis** N análisis *m inv* de viabilidad ► **feasibility study** N estudio *m* de viabilidad

**feasible** ['fiːzəbl] ADJ **1** (= *practicable*) [*plan, suggestion*] factible, viable; **to make sth ~** posibilitar algo
**2** (= *likely*) [*story, theory*] posible, plausible

**feasibly** ['fiːzəblɪ] ADV de forma factible

**feast** [fiːst] Ⓐ N **1** (= *meal*) banquete *m*; (*) (= *big meal*) comilona* *f*, tragadera *f* (*Mex**); ✦*IDIOM* **it's ~ or famine** cuando mucho, cuando nada
**2** (*Rel*) fiesta *f*
**3** (*fig*) (= *treat*) **the film promises a ~ of special effects** la película promete ser un derroche de efectos especiales
Ⓑ VT († *or liter*) [+ *guest*] agasajar; **to ~ one's eyes on sth/sb** regalarse la vista con algo/algn
Ⓒ VI darse un banquete; **to ~ on sth** darse un banquete con algo
Ⓓ CPD ► **feast day** N (*Rel*) fiesta *f*, día *m* festivo

**feat** [fiːt] N hazaña *f*, proeza *f*

**feather** ['feðəʳ] Ⓐ N pluma *f*; ✦*IDIOMS* **in fine ~**† de excelente humor; **that is a ~ in his cap** es un tanto que se apunta; **you could have knocked me down with a ~*** me quedé de piedra; **as light as a ~** (tan) ligero como una pluma; *see also* **light A1**, **white C**
Ⓑ VT **1** emplumar; ✦*IDIOM* **to ~ one's nest** hacer su agosto
**2** (*Rowing*) [+ *oar*] volver horizontal
Ⓒ CPD [*mattress, pillow*] de plumas ► **feather bed** N colchón *m* de pluma(s) ► **feather duster** N plumero *m*

**featherbed** ['feðə'bed] VT, VI (*Ind*) *estar expuesto a o imponer "featherbedding"*

**featherbedding** ['feðə,bedɪŋ] N (*Ind*) *la práctica de disminuir la producción, duplicar el trabajo o el número de trabajadores al objeto de evitar despidos o crear más puestos de trabajo*

**featherbrain** ['feðəbreɪn] N cabeza *f* de chorlito*

**featherbrained** ['feðəbreɪnd] ADJ [*idea*] disparatado, descabellado; **to be ~** [*person*] ser un/una cabeza de chorlito*

**feathered** ['feðəd] ADJ [*bird*] plumado, con plumas; **our ~ friends** (*hum*) nuestros amigos plumados, nuestros amigos las aves

**feathering** ['feðərɪŋ] N plumaje *m*

**featherweight** ['feðəweɪt] Ⓐ N (*Boxing*) peso *m* pluma
Ⓑ CPD ► **featherweight champion** N campeón/ona *m/f* de peso pluma ► **featherweight title** N título *m* de peso pluma

**feathery** ['feðərɪ] ADJ [*texture*] plumoso; (= *light*) ligero como pluma

**feature** ['fiːtʃəʳ] Ⓐ N **1** [*of face*] rasgo *m*; **~s** rasgos *mpl*, facciones *fpl*
**2** [*of countryside, building*] característica *f*
**3** (*Comm, Tech*) elemento *m*, rasgo *m*
**4** (*Theat*) número *m*; (*Cine*) película *f*
**5** (*Press*) artículo *m* de fondo; **a regular ~** una crónica regular
**6** (*Ling*) (*also* **distinctive ~**) rasgo *m* distintivo
Ⓑ VT **1** [+ *actor, news*] presentar; [+ *event*] ocuparse de, enfocar; (*in paper etc*) presentar; **a film featuring Garbo as ...** una película que presenta a la Garbo en el papel de ...
**2** (= *be equipped with*) [*machine*] estar provisto de, ofrecer
Ⓒ VI **1** (*gen*) **it ~d prominently in ...** tuvo un papel destacado en ...
**2** (*Cine*) figurar, aparecer (**in** en)
Ⓓ CPD ► **feature article** N artículo *m* de fondo ► **feature film** N (película *f* de) largometraje *m* ► **feature writer** N articulista *mf*, cronista *mf*

**feature-length** ['fiːtʃəleŋ(k)θ] ADJ [*documentary, drama*] especial; **~ film** (película *f* de) largometraje *m*

**featureless** ['fiːtʃəlɪs] ADJ monótono, anodino

**Feb.** ABBR (= **February**) feb.

**febrile** ['fiːbraɪl] ADJ febril

**February** ['februərɪ] N febrero *m*; *see* **July** *for usage*

**fecal** ['fiːkəl] ADJ (*US*) = **faecal**

**feces** ['fiːsiːz] NPL (*US*) = **faeces**

**feckless** ['feklɪs] ADJ (= *weak*) débil, incapaz; (= *irresponsible*) irresponsable

**fecund** ['fiːkənd] ADJ fecundo

**fecundity** [fɪ'kʌndɪtɪ] N fecundidad *f*

**Fed** [fed] Ⓐ N ABBR **1** (*US**) (= **federal officer**) federal* *mf*
**2** (*US Banking*) = **Federal Reserve Board**
Ⓑ ABBR (*esp US*) = **federal, federated, federation**

**fed** [fed] PT, PP *of* **feed**

**federal** ['fedərəl] Ⓐ ADJ federal
Ⓑ N (*US Hist*) federal *mf*
Ⓒ CPD ► **Federal Bureau** N (*US*) Departamento *m* de Estado ► **Federal Bureau of Investigation** N (*US*) FBI *m*, ≈ Brigada *f* de Investigación Criminal ► **federal officer** N (*US*) federal *mf* ► **Federal Republic of Germany** N República *f* Federal de Alemania ► **Federal Reserve Bank** N (*US*) banco *m* de la Reserva Federal ► **Federal Reserve Board** N (*US*) junta *f* de gobierno de la Reserva Federal ► **Federal Reserve System** N (*US*) Reserva *f* Federal (*banco central de los EE. UU.*) ► **federal tax** N impuesto *m* federal; → FCC

**federalism** ['fedərəlɪzəm] N federalismo *m*

**federalist** ['fedərəlɪst] Ⓐ ADJ federalista
Ⓑ N federalista *mf*

**federalize** ['fedərəlaɪz] VT federar, federalizar

**federate** ['fedəreɪt] Ⓐ VT federar
Ⓑ VI federarse

**federation** [,fedə'reɪʃən] N (= *group, system*) federación *f*

**fedora** [fə'dɔːrə] N sombrero *m* flexible, sombrero *m* tirolés

**fed up*** [,fed'ʌp] ADJ harto; **to be ~ (with sth/sb)** estar harto (de algo/algn); **to be ~ with doing sth** estar harto de hacer algo

**fee** [fiː] N (= *professional*) honorarios *mpl*, emolumentos *mpl*; (*Comm*) pago *m*; (*for doctor's visit*) precio *m* de visita; **admission ~** precio *m* de entrada; **entrance/membership ~** cuota *f*; **course/tuition/school ~s** matrícula *fsing*; **what's your ~?** ¿cuánto cobra Vd?; **for a small ~** por una pequeña *or* módica cantidad; *see also* **transfer D**

**feeble** ['fiːbl] ADJ (*compar* **feebler**; *superl* **feeblest**) **1** (= *weak*) [*person, cry, protest*] débil; [*smile, laugh*] lánguido, débil; [*light*] tenue
**2** (= *ineffective*) [*effort, attempt, resistance*] débil; [*excuse, argument*] poco convincente, flojo; [*joke*] soso

**feeble-minded** ['fiːbl'maɪndɪd] ADJ [*person*] bobo, zonzo (*LAm*)

**feeble-mindedness** [,fiːbl'maɪndɪdnɪs] N (*Med*) debilidad *f* mental

**feebleness** ['fiːblnɪs] N **1** (= *weakness*) [*of person*] debilidad *f*
**2** (= *ineffectiveness*) [*of argument*] lo poco convincente, lo flojo

**feebly** ['fiːblɪ] ADV **1** (= *weakly*) [*move, struggle*] débilmente; [*smile, laugh*] lánguidamente, débilmente; [*shine*] tenuemente
**2** (= *ineffectually*) [*protest*] sin fuerzas

**feed** [fiːd] (*vb: pt, pp* **fed**) Ⓐ VT **1** (*lit*) **1·1** (= *give meal to*) [+ *person, animal*] dar de comer a; [+ *baby*] (= *bottle-feed*) dar el biberón a; (= *breastfeed*) dar de mamar a, dar el pecho a; [+ *plant*] alimentar; **they fed us well at the hotel** nos dieron de comer bien en el hotel; **have you fed the horses?** ¿has dado de comer a los caballos?; **"(please) do not feed the animals"** "prohibido dar de comer a los animales"; **you've made enough food to ~ an army** has hecho comida para un regimiento; **he has just started ~ing himself** acaba de empezar a comer solo
**1·2** (= *provide food for*) dar de comer (a), alimentar; **now there was another mouth to ~** ahora había que dar de comer a una boca más, ahora había una boca más que alimentar; **~ing a family can be expensive** dar de comer a *or* alimentar a una familia puede resultar caro; **it is enough to ~ the population for several months** es suficiente para alimentar a la población durante varios meses
**1·3** **to ~ sb sth** ◊ **~ sth to sb** dar algo (de comer) a algn; **you shouldn't ~ him that** no deberías darle eso; **he fed her ice cream with a spoon** ◊ **he fed ice cream to her with a spoon** le dio helado con una cuchara; **he was ~ing bread to the ducks** les estaba echando pan a los patos; **what do you ~ your dog on?** ¿qué le das (de comer) a tu perro?; **they have been fed a diet of cartoons and computer games** los han tenido a base de dibujos animados y juegos de ordenador
**2** (= *supply*) suministrar; **gas fed through pipelines** gas suministrado a través de tuberías; **the blood vessels that ~ blood to the brain** los vasos sanguíneos que suministran sangre al cerebro; **two rivers ~ this reservoir** dos ríos vierten sus aguas en este embalse; **he stole money to ~ his drug habit** robaba dinero para costear su drogadicción; **to ~ the (parking) meter** echar *or* meter monedas en el parquímetro
**3** (= *tell*) **to ~ sb sth** ◊ **~ sth to sb: they fed us details of troop movements in the area** nos facilitaron detalles de movimientos de tropas en la zona; **he was being fed false**

➤ LANGUAGE IN USE: **feasible 1** 12.2

**information** le estaban pasando información falsa; **he was surrounded by people who fed him lies** estaba rodeado de gente que le llenaba la cabeza de mentiras; **✦IDIOM to ~ sb a line*** contar *or* soltar una bola a algn*
4 (= *insert*) **to ~ sth into sth** meter *or* introducir algo en algo; **I fed a sheet of paper into the typewriter** metí *or* puse una hoja de papel en la máquina de escribir; **to ~ data into a computer** meter *or* introducir datos en un ordenador
5 (= *fuel*) [+ *fire, emotion, feeling*] alimentar; [+ *imagination*] estimular; **these rumours fed his fears** estos rumores alimentaron sus miedos; **to ~ the flames** (*lit, fig*) echar leña al fuego
6 (*Sport*) [+ *ball*] pasar
Ⓑ VI 1 (= *take food*) (*gen*) comer; (*at breast*) mamar; **to ~ on sth** (*lit*) alimentarse de algo, comer algo; (*fig*) alimentarse de algo; **the press ~s on intrigue** la prensa se alimenta de las intrigas
2 (= *lead*) **a river that ~s into the Baltic Sea** un río que desemboca en el mar Báltico; **this road ~s into the motorway** esta carretera va a parar a la autopista; **the money spent by consumers ~s back into industry** el dinero que gastan los consumidores revierte en la industria
Ⓒ N 1 (= *food*) (*for animal*) forraje *m*, pienso *m*; **the six o'clock ~** (*for baby*) (= *breast or bottle feed*) la toma de las seis; (= *baby food*) la papilla de las seis; (= *ordinary food*) la comida de las seis; **it's time for his ~** le toca comer; **to be off one's ~** no tener apetito, estar desganado; *see also* **chicken**
2 (*) (= *meal*) **a good ~** una buena comida
3 (*Tech, Comput*) alimentador *m*; (= *tube*) tubo *m* de alimentación
4 (*Theat**) (= *straight man*) *personaje serio en una pareja cómica*; (= *line*) material *m* (*de un sketch cómico*)
Ⓓ CPD ► **feed bag** N morral *m* ► **feed merchant** N vendedor(a) *m/f* de forraje *or* pienso ► **feed pipe** N tubo *m* de alimentación
►**feed back** VT + ADV [+ *information, results*] proporcionar, facilitar
►**feed in** VT + ADV 1 (= *insert*) [+ *coins, paper*] meter, introducir
2 (*Comput*) [+ *data*] meter, introducir
►**feed up** VT + ADV [+ *person*] engordar; [+ *animal*] cebar, engordar

**feedback** [ˈfiːdbæk] N 1 (*from person*) reacción *f*; **we're not getting much ~** no nos tienen demasiado informados de cómo vamos
2 (*from loudspeaker*) realimentación *f*, feedback *m*

**feeder** [ˈfiːdəʳ] Ⓐ N 1 (*Mech*) alimentador *m*, tubo *m* de alimentación
2 (*Aut, Rail*) ramal *m*
3 (*Geog*) afluente *m*
4 (*Brit*) (= *bib*) babero *m*
5 (= *device*) (*for birds etc*) comedero *m*
Ⓑ CPD ► **feeder (primary) school** N (*Brit*) *escuela primaria que envía alumnos a un determinado colegio de enseñanza secundaria* ► **feeder service** N (*US*) servicio *m* secundario (de transportes)

**feeding** [ˈfiːdɪŋ] Ⓐ N (= *act*) alimentación *f*; (= *meals*) comida *f*
Ⓑ CPD ► **feeding bottle** N (*esp Brit*) biberón *m* ► **feeding frenzy** N **the birds engage in a ~ frenzy** los pájaros inician un frenético festín; **she was caught in a media ~ frenzy** se vio convertida en el centro de una atención febril por parte de los medios de comunicación ► **feeding ground** N (*lit*) fuente *f* de alimentación; (*fig*) mina *f* de oro; **the factory will soon be a ~ ground for lawyers** la fábrica será pronto una mina de oro para los abogados ► **feeding time** N (*at zoo*) hora *f* de comer; (*baby's*) (= *time for breast feed*) hora *f* del pecho; (= *time for bottle feed*) hora *f* del biberón

**feedstuffs** [ˈfiːdstʌfs] NPL piensos *mpl*

**feel** [fiːl] (*vb: pt, pp* **felt**) Ⓐ VT 1 (= *touch*) tocar, palpar; [+ *pulse*] tomar; **I'm still ~ing my way** (*fig*) todavía me estoy familiarizando con la situación/el trabajo *etc*; **to ~ one's way (towards)** (*lit*) ir a tientas (hacia); **we're ~ing our way towards an agreement** estamos tanteando el terreno para llegar a un acuerdo
2 (= *be aware of*) [+ *blow, pain, heat*] sentir; [+ *responsibility*] ser consciente de; **she felt a hand on her shoulder** sintió una mano en el hombro; **I felt something move** sentí que algo se movía; **I felt it getting hot** sentí que se iba calentando; **I do ~ the importance of this** soy plenamente consciente de la importancia de ello
3 (= *experience*) [+ *pity, anger, grief*] sentir; **the consequences will be felt next year** las consecuencias se harán sentir el año próximo; **they are beginning to ~ the effects of the trade sanctions** están empezando a sentir *or* notar los efectos de las sanciones económicas; **I ~ no interest in it** no me interesa en absoluto, no siento ningún interés por ello; **I felt myself blush** noté que me estaba sonrojando; **I felt myself being swept up in the tide of excitement** noté que me estaba dejando llevar por la oleada de entusiasmo; **I felt a great sense of relief** sentí un gran alivio
4 (= *be affected by, suffer from*) ser sensible a; **he doesn't ~ the cold** no es sensible al frío; **don't you ~ the heat?** ¿no te molesta el calor?; **he ~s the loss of his father very deeply** está muy afectado por la muerte de su padre
5 (= *think, believe*) **what do you ~ about it?** ¿qué te parece a ti?; **I ~ that you ought to do it** creo que deberías hacerlo; **I ~ strongly that we should accept their offer** me parece muy importante que aceptemos su oferta; **he felt it necessary to point out that ...** creyó *or* le pareció necesario señalar que ...
Ⓑ VI 1 (*physically*) sentirse, encontrarse; **how do you ~ now?** ¿qué tal *or* cómo te sientes *or* te encuentras ahora?; **I ~ much better** me siento *or* me encuentro mucho mejor; **you'll ~ all the better for a rest** te sentirás mucho mejor después de descansar; **to ~ cold/hungry/sleepy** tener frío/hambre/sueño; **I felt (as if I was going to) faint** sentí como si fuera a desmayarme; **she's not ~ing quite herself** no se encuentra del todo bien; **to ~ ill** sentirse mal; **to ~ old** sentirse viejo; **do you ~ sick?** ¿estás mareado?; **I ~ quite tired** me siento bastante cansado; **I don't ~ up to a walk just now*** ahora mismo no me encuentro con fuerzas para dar un paseo
2 (*mentally*) **how does it ~ to go hungry?** ¿cómo se siente uno pasando hambre?; **how do you ~ about him/about the idea?** ¿qué te parece él/la idea?; **how do you ~ about going for a walk?** ¿te apetece *or* (*LAm*) se te antoja dar un paseo?; **I ~ as if there is nothing we can do** tengo la sensación de que no hay nada que hacer, me da la impresión de que no podemos hacer nada; **he ~s bad about leaving his wife alone** siente haber dejado sola a su mujer; **I ~ very cross** estoy muy enfadado *or* (*LAm*) enojado; **I ~ for you!** (= *sympathize*) ¡lo siento por ti!, ¡te compadezco!; **we ~ for you in your loss** le acompañamos en el sentimiento; **since you ~ so strongly about it ...** ya que te parece tan importante ...; **I ~ sure that** estoy seguro de que
3 **to ~ like** 3·1 (= *resemble*) **it ~s like silk** parece seda al tocarlo; **what does it ~ like to do that?** ¿qué se siente al hacer eso?; **it felt like being drunk** parecía como si estuviera uno borracho
3·2 (= *give impression, have impression*) **it ~s like (it might) rain** parece que va a llover; **I felt (like) a fool** me sentí (un) estúpido; **I felt like a new man/woman** me sentí como un hombre nuevo/una mujer nueva
3·3 (= *want*) **I ~ like an apple** me apetece una manzana; **do you ~ like a walk?** ¿quieres dar un paseo?, ¿te apetece dar un paseo?; **I go out whenever I ~ like it** salgo cuando me apetece *or* cuando quiero; **I don't ~ like it** no me apetece, no tengo ganas; **I don't ~ like going out now** no tengo ganas de salir ahora
4 (= *give impression*) **it ~s colder out here** se siente más frío aquí fuera; **the house ~s damp** la casa parece húmeda; **to ~ hard/cold/damp** *etc* (*to the touch*) ser duro/frío/húmedo *etc* al tacto
5 (*also* **~ around**) (= *grope*) tantear, ir a tientas; **to ~ around in the dark** ir a tientas *or* tantear en la oscuridad; **he was ~ing around in the dark for the door** iba tanteando en la oscuridad para encontrar la puerta; **she felt in her pocket for her keys** rebuscó en el bolsillo para encontrar las llaves
Ⓒ N 1 (= *sensation*) sensación *f*; **the ~ of them against his palm** la sensación que producían al tocarlas; **she liked the ~ of the breeze on her face** le gustaba sentir la brisa en la cara; **I don't like the ~ of wool against my skin** no me gusta el contacto de la lana contra la piel; **the fabric has a papery ~** la tela tiene una textura como de papel; **to know sth by the ~ of it** reconocer algo por el tacto
2 (= *sense of touch*) tacto *m*; **to be rough to the ~** ser áspero al tacto
3 (= *act*) **let me have a ~!** ¡déjame que lo toque!
4 (*fig*) (= *impression, atmosphere*) ambiente *m*, aspecto *m*; **the room has a cosy ~** la habitación tiene un ambiente acogedor; **to get the ~ of** (*fig*) [+ *new job, place*] ambientarse a, familiarizarse con; [+ *new car, machine*] familiarizarse con; **repeat this a few times to get the ~ of it** repítelo unas cuantas veces hasta que te acostumbres *or* te cojas el tino; **to get a ~ for** (= *get impression*) hacerse una idea de; **to have a ~ for languages/music** tener talento para los idiomas/la música
►**feel out*** VT + ADV (*fig*) [+ *person*] tantear
►**feel up*** VT + ADV **to ~ sb up** meter mano a algn*

**feeler** [ˈfiːləʳ] N 1 (*Zool*) [*of insect, snail*] antena *f*
2 (*fig*) sondeo *m*; **✦IDIOM to put out ~s** hacer un sondeo

**feelgood** [ˈfiːlgʊd] ADJ **the ~ factor** la sensación de bienestar; **a ~ movie** una película que te hace sentir bien

**feeling** [ˈfiːlɪŋ] N 1 (*physical*) sensación *f*; **a cold ~** una sensación de frío; **to have no ~ in one's arm** ◊ **have lost all ~ in one's arm** no sentir un brazo
2 (= *emotion*) sentimiento *m*; **bad** *or* **ill ~** rencor *m*, hostilidad *f*; **to speak/sing with ~** hablar/cantar con sentimiento; **she showed no ~ for him** se mostró totalmente indiferente con él
3 **feelings** sentimientos *mpl*; **to appeal to**

➤ LANGUAGE IN USE: feeling 4 6.2

**sb's finer ~s** apelar a los sentimientos nobles de algn; **no hard ~s!** ¡todo olvidado!; **to have ~s for sb** querer a algn; **to hurt sb's ~s** herir los sentimientos de algn, ofender a algn; **you can imagine my ~s!** ¡ya te puedes imaginar cómo me sentía!; **~s ran high about it** causó mucha controversia; **to relieve one's ~s** desahogarse; **to spare sb's ~s** no herir los sentimientos de algn; *see also* **fine A3**
4 (= *impression*) impresión *f*, sensación *f*; **a ~ of security/isolation** una sensación de seguridad/aislamiento; **I have a (funny) ~ that ...** tengo la (extraña) sensación de que ...; **I get the ~ that ...** me da la impresión de que ...
5 (= *opinion*) opinión *f*; **there was a general ~ that ...** la opinión general era que ...; **our ~s do not matter** nuestras opiniones no valen para nada; **what are your ~s about the matter?** ¿qué opinas tú del asunto?; **my ~ is that ...** creo que ...
6 (= *sensitivity*) sensibilidad *f*; **a man of ~** un hombre sensible
7 (= *aptitude*) **to have a ~ for music** tener talento para la música; **he has no ~ for music** no sabe apreciar la música

**feelingly** ['fiːlɪŋlɪ] ADV con honda emoción

**fee-paying** ['fiːˌpeɪɪŋ] Ⓐ ADJ [*pupil*] que paga pensión
Ⓑ CPD ► **fee-paying school** N colegio *m* de pago

**feet** [fiːt] NPL *of* **foot**

**FEFC** N ABBR (*Brit*) (= **Further Education Funding Council**) *organismo de financiación de la formación profesional*

**feign** [feɪn] VT [+ *surprise, indifference*] fingir; **to ~ madness/sleep/death** fingirse loco/dormido/muerto; **to ~ not to know** fingir no saber

**feigned** [feɪnd] ADJ fingido

**feint** [feɪnt] Ⓐ N (*Boxing, Fencing*) finta *f*
Ⓑ VI fintar

**feisty*** ['faɪstɪ] ADJ (*esp US*) (= *lively*) animado; (= *quarrelsome*) pendenciero

**feldspar** ['feldspɑːr] N feldespato *m*

**felicitate** [fɪ'lɪsɪteɪt] VT (*frm*) felicitar, congratular

**felicitations** [fɪlɪsɪ'teɪʃənz] NPL (*frm*) felicitaciones *fpl*

**felicitous** [fɪ'lɪsɪtəs] ADJ (*frm*) feliz, oportuno

**felicity** [fɪ'lɪsɪtɪ] N (*frm*) felicidad *f*; (= *aptness*) [*of words*] acierto *m*

**feline** ['fiːlaɪn] Ⓐ ADJ felino
Ⓑ N felino *m*

**fell[1]** [fel] PT *of* **fall**

**fell[2]** [fel] VT (*with a blow*) derribar; [+ *tree*] talar, cortar; [+ *cattle*] acogotar

**fell[3]** [fel] ADJ **with one ~ blow** con un golpe feroz; **at one ~ swoop** de un solo golpe

**fell[4]** [fel] N (*Brit*) (= *moorland*) páramo *m*, brezal *m*; (= *hill*) (*usu pl*) colina *f* rocosa

**fell[5]** [fel] N (= *hide, pelt*) piel *f*

**fella*** ['felə, 'felər] N tipo* *m*, tío *m* (*Sp**)

**fellate** [fe'leɪt] VT (*frm*) hacer una felación a

**fellatio** [fɪ'leɪʃɪəʊ] N, **fellation** [fɪ'leɪʃən] N felación *f*

**feller*** ['felər] N tipo* *m*, tío *m* (*Sp**)

**fellow** ['feləʊ] Ⓐ N 1 (= *chap*) hombre *m*, tipo* *m*, tío* *m*; **can't a ~ get any peace!** ¡es mucho pedir que le dejen a uno en paz!; **my dear ~!** ¡hombre!; **well, this journalist ~** bueno, el tal periodista; **those journalist ~s** los periodistas esos; **nice ~** buen chico *m*, buena persona *f*; **he's an odd ~** es un tipo raro; **old ~** viejo *m*; **look here, old ~** mira, amigo; **poor ~!** ¡pobrecito!; **young ~** chico *m*; **I say, young ~** oiga, joven
2 (= *comrade*) compañero *m*
3 [*of association, society etc*] socio/a *m/f*
4 (*Brit Univ etc*) *miembro de la junta de gobierno de un colegio universitario*
5 (*frm*) (= *other half*) pareja *f*; (= *equal*) igual *mf*; **it has no ~** no tiene par
Ⓑ CPD ► **fellow being** N = **fellow creature** ► **fellow citizen** N conciudadano/a *m/f* ► **fellow countryman/-woman** N compatriota *mf*; **"my ~ countrymen, ..."** (*in speech*) —queridos compatriotas, ... ► **fellow creature** N prójimo *m* ► **fellow feeling** N compañerismo *m* ► **fellow member** N consocio/a *m/f* ► **fellow men** NPL prójimos *mpl*, semejantes *mpl* ► **fellow passenger** N compañero/a *m/f* de viaje ► **fellow student** N compañero/a *m/f* de clase *or* curso ► **fellow sufferer** N *persona que tiene la misma enfermedad que algn*; (*fig*) compañero/a *m/f* en la desgracia ► **fellow traveller, fellow traveler** (*US*) N (*lit*) = **fellow passenger** (*Pol*) (*with communists*) simpatizante *mf* ► **fellow worker** N compañero/a *m/f* de trabajo, colega *mf*

**fellowship** ['feləʊʃɪp] N 1 (= *companionship*) compañerismo *m*
2 (= *club, society*) asociación *f*
3 (*Brit Univ*) (= *paid research post*) puesto *m* de becario (de investigación); (*US Univ*) (= *grant*) beca *f* de investigación

**felon** ['felən] N (*Jur*) criminal *mf*, delincuente *mf* (de mayor cuantía)

**felonious** [fɪ'ləʊnɪəs] ADJ (*Jur*) criminal, delincuente

**felony** ['felənɪ] N (*Jur*) crimen *m*, delito *m* grave

**felspar** ['felspɑːr] N feldespato *m*

**felt[1]** [felt] PT, PP *of* **feel**

**felt[2]** [felt] Ⓐ N fieltro *m*
Ⓑ CPD ► **felt hat** N sombrero *m* de fieltro

**felt-tip** ['felttɪp] N (*also* **~ pen**) rotulador *m*

**fem.** ABBR 1 = **female**
2 = **feminine**

**female** ['fiːmeɪl] Ⓐ ADJ 1 [*animal, plant*] hembra; **the ~ hippopotamus** el hipopótamo hembra
2 [*population*] femenino; [*vote*] de las mujeres; [*slave, subject*] del sexo femenino; **a ~ friend** una amiga; **~ labour** trabajo *m* femenino *or* de mujeres; **the ~ sex** el sexo femenino; **a ~ student** una estudiante; **~ suffrage** derecho *m* de las mujeres a votar; **a ~ voice** una voz de mujer
Ⓑ N 1 (= *animal*) hembra *f*
2 (*pej*) (= *woman*) chica *f*
Ⓒ CPD ► **female condom** N condón *m* femenino ► **female impersonator** N (*Theat*) *actor que representa a una mujer*

**Femidom**® ['femɪdɒm] N Femidón® *m*

**feminine** ['femɪnɪn] Ⓐ ADJ femenino; **~ form** (*Ling*) forma *f* femenina
Ⓑ N (*Ling*) femenino *m*; **in the ~** en femenino

**femininity** [ˌfemɪ'nɪnɪtɪ] N feminidad *f*

**feminism** ['femɪnɪzəm] N feminismo *m*

**feminist** ['femɪnɪst] Ⓐ ADJ feminista
Ⓑ N feminista *mf*

**feminize** ['femɪnaɪz] VT (*frm*) feminizar

**femme** [fæm, fem] Ⓐ N (‡) *la que hace de "chica" en una relación lesbiana*
Ⓑ ADJ (‡) (*in lesbian relationship*) femenina
Ⓒ CPD ► **femme fatale** N mujer *f* fatal

**femoral** ['femərəl] ADJ femoral

**femur** ['fiːmər] N (*pl* **femurs** *or* **femora** ['femərə]) fémur *m*

**fen** [fen] N (*Brit*) (*often pl*) zona *f* pantanosa, pantano *m*; **the Fens** (*Brit*) *las tierras bajas de Norfolk*

**fence** [fens] Ⓐ N 1 (*gen*) valla *f*, cerca *f*; (= *wire fence*) alambrada *f*; (*Racing*) valla *f*; ✦**IDIOMS to mend one's ~s** (= *restore relations*) mejorar las relaciones; (= *restore reputation*) restablecer la reputación; **to sit on the ~** no comprometerse, mirar los toros desde la barrera
2 (*) (= *receiver of stolen goods*) perista *mf*
Ⓑ VT 1 [+ *land*] vallar, cercar; **~d area** zona *f* cercada *or* vallada
2 [+ *machinery etc*] cubrir, proteger
Ⓒ VI 1 (*Sport*) practicar esgrima
2 (*fig*) defenderse con evasivas

►**fence in** VT + ADV [+ *animals, fig*] encerrar; [+ *land*] vallar, cercar

►**fence off** VT + ADV separar con una valla *or* cerca

**fencer** ['fensər] N (*Sport*) esgrimista *mf*, esgrimidor(a) *m/f*

**fencing** ['fensɪŋ] Ⓐ N 1 (*Sport*) esgrima *f*
2 (= *material*) vallado *m*, cercado *m*
Ⓑ CPD ► **fencing master** N maestro *m* de esgrima ► **fencing match** N encuentro *m* de esgrima

**fend** [fend] VI **to ~ for o.s.** defenderse solo, arreglárselas por cuenta propia

►**fend off** VT + ADV [+ *attack*] repeler, rechazar; [+ *assailant*] repeler; [+ *blow*] desviar, esquivar; [+ *awkward question*] soslayar, eludir

**fender** ['fendər] N (*round fire*) guardafuego *m*; (*US Aut*) guardabarros *m inv*, guardafango *m* (*LAm*), salpicadera *f* (*Mex*), tapabarro *m* (*Peru*); (*US Rail*) trompa *f*; (*Naut*) defensa *f*

**fenestration** [ˌfenɪs'treɪʃən] N (*Tech*) ventanaje *m*

**feng shui** [ˌfeŋ'ʃuːɪ] N feng shui *m*

**fenland** ['fenlənd] N (*Brit*) terreno *m* pantanoso, marisma *f*

**fennel** ['fenl] N hinojo *m*

**FEPC** N ABBR (*US*) = **Fair Employment Practices Committee**

**feral** ['fɪərəl] ADJ (*frm*) silvestre, salvaje

**FERC** N ABBR (*US*) = **Federal Energy Regulatory Commission**

**Ferdinand** ['fɜːdɪnænd] N Fernando

**ferment** ['fɜːment] Ⓐ N 1 (= *leaven*) fermento *m*; (= *process*) fermentación *f*
2 (*fig*) (= *excitement*) agitación *f*, conmoción *f*; **in a (state of) ~** en un estado de agitación, conmocionado
Ⓑ [fə'ment] VT (*lit*) hacer fermentar; (*fig*) fomentar
Ⓒ [fə'ment] VI (*lit*) fermentar

**fermentation** [ˌfɜːmen'teɪʃən] N fermentación *f*

**fermium** ['fɜːmɪəm] N fermio *m*

**fern** [fɜːn] N helecho *m*

**ferocious** [fə'rəʊʃəs] ADJ 1 (= *savage*) [*animal*] fiero, feroz; [*attack*] feroz
2 (= *intense*) [*storm, wind*] violento; [*fire*] voraz; [*battle*] feroz, encarnizado; [*energy*] tremendo; [*heat*] atroz

**ferociously** [fə'rəʊʃəslɪ] ADV [*bark, glare*] ferozmente, con ferocidad; [*fight, attack*] ferozmente; **the sun was ~ hot** hacía un calor atroz, el calor era implacable; **he worked ~ hard** trabajaba durísimo

**ferociousness** [fə'rəʊʃəsnɪs] N = **ferocity**

**ferocity** [fə'rɒsɪtɪ] N 1 (= *savagery*) [*of person, animal, attack, battle*] ferocidad *f*
2 (= *intensity*) [*of storm, wind, fire*] furia *f*; [*of feelings*] intensidad *f*; [*of criticism*] dureza *f*

**ferret** ['ferɪt] Ⓐ N hurón *m*
Ⓑ VI cazar con hurones
►**ferret about, ferret around** VI + ADV hurgar (**in** en)
►**ferret out** VT + ADV [+ *person*] dar con; [+ *secret, truth*] desentrañar

**ferric** ['ferɪk] ADJ férrico

**Ferris wheel** ['ferɪswi:l] N (*US*) noria *f*

**ferrite** ['feraɪt] N ferrito *m*, ferrita *f*

**ferro-** ['ferəʊ] PREFIX ferro-

**ferro-alloy** ['ferəʊ'ælɔɪ] N ferroaleación *f*

**ferrous** ['ferəs] ADJ ferroso

**ferrule** ['feru:l] N regatón *m*, contera *f*

**ferry** ['ferɪ] Ⓐ N (*also* **~boat**) barca *f* (de pasaje); (*large*) (*for cars etc*) transbordador *m*, ferry *m*
Ⓑ VT **to ~ sth/sb across** *or* **over** llevar algo/a algn a la otra orilla; **to ~ people to and fro** (*fig*) (*in car etc*) llevar *or* transportar a la gente de un lado para otro

**ferryboat** ['ferɪbəʊt] N = **ferry**

**ferryman** ['ferɪmən] N (*pl* **ferrymen**) barquero *m*

**fertile** ['fɜ:taɪl] ADJ 1 (*Agr*) [*land, valley, soil*] fértil
2 (*Bio*) [*woman, animal, phase*] fértil; [*egg*] fértil, fecundo
3 (*fig*) (= *productive*) fértil; (= *creative*) [*imagination, mind*] fecundo, fértil; **this was her most ~ period of writing** como escritora, ésta fue su época más fértil; **this situation provides a ~ breeding ground for racists** esta situación es un caldo de cultivo para el racismo

**fertility** [fə'tɪlɪtɪ] Ⓐ N [*of land, woman, animal*] fertilidad *f*
Ⓑ CPD ► **fertility drug** N medicamento *m* para el tratamiento de la infertilidad ► **fertility rite** N rito *m* de fertilidad ► **fertility treatment** N tratamiento *m* contra la esterilidad

**fertilization** [,fɜ:tɪlaɪ'zeɪʃən] N fecundación *f*, fertilización *f*

**fertilize** ['fɜ:tɪlaɪz] VT 1 [+ *egg*] fecundar
2 (*Agr*) [+ *land, soil*] abonar, fertilizar

**fertilizer** ['fɜ:tɪlaɪzəʳ] N (*for soil, land*) abono *m* (artificial), fertilizante *m*

**fervent** ['fɜ:vənt] ADJ [*prayer*] ferviente; [*desire*] ardiente; [*belief*] firme; [*supporter*] acérrimo, ferviente; [*denial*] enfático; **he is a ~ believer in neoliberalism** es un acérrimo *or* ferviente partidario del neoliberalismo; **it is my ~ hope that ...** espero fervientemente que ...

**fervently** ['fɜ:vəntlɪ] ADV [*pray*] con fervor, fervientemente; [*believe*] firmemente; [*hope, desire*] fervientemente, ardientemente; [*deny*] enfáticamente, con vehemencia; [*support*] con fervor, fervorosamente; **he is ~ patriotic** es un patriota acérrimo *or* ferviente; **he was ~ opposed to the war** se oponía enérgicamente a la guerra

**fervid** ['fɜ:vɪd] ADJ (*frm*) = **fervent**

**fervour, fervor** (*US*) ['fɜ:vəʳ] N fervor *m*

**fest*** [fest] N **film ~** festival *m* de cine; **gore ~** orgía *f* de sangre

**fester** ['festəʳ] VI (*Med*) [*wound, sore*] enconarse; (*fig*) [*anger, resentment*] enconarse

**festival** ['festɪvəl] N (*Rel etc*) fiesta *f*; (*Mus etc*) festival *m*

**festive** ['festɪv] ADJ (*gen*) festivo; (= *happy*) alegre; **in (a) ~ mood** muy alegre; **the ~ season** las Navidades

**festivity** [fes'tɪvɪtɪ] N 1 (= *celebration*) fiesta *f*, festividad *f*; (= *joy*) regocijo *m*
2 **festivities** festejos *mpl*, fiestas *fpl*

**festoon** [fes'tu:n] Ⓐ N guirnalda *f*, festón *m*; (*Sew*) festón *m*
Ⓑ VT adornar, engalanar (**with** de); **to be ~ed with** estar adornado *or* engalanado de

**FET** N ABBR (*US*) = **Federal Excise Tax**

**feta** ['fetə] N (*also* **~ cheese**) feta *m*

**fetal** ['fi:tl] ADJ (*US*) = **foetal**

**fetch** [fetʃ] Ⓐ VT 1 (= *go and get, bring*) [+ *object*] traer; [+ *person*] ir a buscar a; **can you ~ my coat?** ¿me trae el abrigo?; **I'll go and ~ it for you** te lo voy a buscar; **~ (it)!** (*to dog*) ¡busca!; **they're ~ing the doctor** han ido (a) por el médico; **please ~ the doctor** llama al médico; **they ~ed him all that way** le hicieron venir desde tan lejos; **to ~ sb back from Spain** hacer que algn vuelva de España
2 (= *sell for*) venderse por; **how much did it ~?** ¿por cuánto se vendió?
3 [+ *blow, sigh*] dar
Ⓑ VI **to ~ and carry** ir de acá para allá, trajinar; **to ~ and carry for sb** ser el sirviente de algn
►**fetch in** VT + ADV [+ *object*] meter; [+ *person*] hacer entrar
►**fetch out** VT + ADV sacar
►**fetch up*** Ⓐ VI + ADV (= *reappear, end up*) [*person, object*] ir a parar (**in** a)
Ⓑ VT + ADV (*Brit*) (= *vomit*) vomitar, arrojar

**fetching** ['fetʃɪŋ] ADJ (= *attractive*) atractivo

**fête** [feɪt] Ⓐ N 1 (= *party*) fiesta *f*; **to be en ~** estar de fiesta
2 (*for charity*) feria *f* benéfica
Ⓑ VT (= *honour*) ensalzar; (= *have a celebration for*) festejar

**fetid** ['fetɪd] ADJ fétido

**fetish** ['fetɪʃ] N (= *object of cult, sexual*) fetiche *m*; (*fig*) (= *obsession*) obsesión *f*

**fetishism** ['fetɪʃɪzəm] N fetichismo *m*

**fetishist** ['fetɪʃɪst] N fetichista *mf*

**fetlock** ['fetlɒk] N 1 (*Zool*) (= *joint*) espolón *m*
2 (= *hair*) cernejas *fpl*

**fetter** ['fetəʳ] VT [+ *person*] encadenar, poner grilletes a; [+ *horse*] trabar; (*fig*) poner trabas a

**fetters** ['fetəz] NPL grilletes *mpl*; (*fig*) trabas *fpl*

**fettle** ['fetl] N **in fine ~** (= *condition*) en buenas condiciones; (= *mood*) de muy buen humor

**fettuccine** [,fetə'tʃi:nɪ] N fettuchini *mpl*

**fetus** ['fi:təs] N (*US*) = **foetus**

**feud** [fju:d] Ⓐ N enemistad *f* heredada; **a family ~** una disputa familiar
Ⓑ VI pelearse; **to ~ with sb** pelearse con algn

**feudal** ['fju:dl] Ⓐ ADJ feudal
Ⓑ CPD ► **feudal system** N feudalismo *m*

**feudalism** ['fju:dəlɪzəm] N feudalismo *m*

**fever** ['fi:vəʳ] Ⓐ N 1 (= *disease, high temperature*) fiebre *f*, calentura *f* (*LAm*); **he has a ~** tiene fiebre; **a bout of ~** un ataque de fiebre; **a slight/high ~** un poco de/mucha fiebre
2 (*fig*) **the gambling ~** la fiebre del juego; **a ~ of excitement/impatience** una emoción/impaciencia febril; **she's in a ~ about the party** la fiesta la tiene muy alterada
Ⓑ CPD ► **fever pitch** N **it reached ~ pitch** se puso al rojo vivo

**fevered** ['fi:vəd] ADJ = **feverish**

**feverish** ['fi:vərɪʃ] ADJ 1 (*Med*) febril, calenturiento; **to be ~** tener fiebre
2 (*fig*) febril

**feverishly** ['fi:vərɪʃlɪ] ADV febrilmente

**feverishness** ['fi:vərɪʃnɪs] N (*Med, fig*) febrilidad *f*

**few** [fju:] ADJ, PRON (*compar* **fewer**; *superl* **fewest**) 1 (= *not many*) pocos/as; **~ books** pocos libros; **~ of them** pocos (de ellos); **only a ~** sólo unos pocos; **only a ~ of them came** sólo vinieron unos pocos; **there are very ~ of us** ◊ **we are very ~** somos muy pocos; **~ (people) managed to do it** muy pocos consiguieron hacerlo; **the ~ who ...** los pocos que ...; **she is one of the ~ (people) who ...** ella es una de los pocos que ...; **such men are ~** hay pocos hombres así; **as ~ as three of them** nada más que tres; **every ~ weeks** cada dos o tres semanas; **with ~ exceptions** con pocas excepciones; **they are ~ and far between** son contados; **the lucky ~** unos pocos *or* unos cuantos afortunados; **in** *or* **over the next ~ days** en *or* durante los próximos días, en estos días (*LAm*); **in** *or* **over the past ~ days** en *or* durante los últimos días; **the last** *or* **remaining ~ minutes** el poco tiempo que queda/quedaba; **too ~** demasiado pocos; **there were three too ~** faltaban tres
2 (= *some, several*) **a ~** algunos; **a good ~** ◊ **quite a ~** bastantes; **a good ~** *or* **quite a ~ (people) came** vinieron bastantes, vino bastante gente; **he'd had a ~ (drinks)*** llevaba ya una copa de más; **a ~ more** algunos más; **(in) a ~ more days** dentro de unos pocos días; **a ~ of them** algunos de ellos; **quite a ~** *see* **a good few**

**fewer** ['fju:əʳ] ADJ, PRON, COMPAR *of* **few** menos; **~ than ten** menos de diez; **no ~ than ...** no menos de ...; **they have ~ than I** tienen menos que yo; **the ~ the better** cuantos menos mejor; → LESS THAN, FEWER THAN

**fewest** ['fju:ɪst] ADJ, PRON, SUPERL *of* **few** los/las menos

**fewness** ['fju:nɪs] N corto número *m*

**fey** [feɪ] ADJ vidente

**fez** [fez] N (*pl* **fezzes**) fez *m*

**ff** ABBR (= **and the following**) sigs., sgtes.

**FFA** N ABBR (*US*) = **Future Farmers of America**

**FFV** ABBR (= **First Families of Virginia**) *descendientes de los primeros colonos de Virginia*

**FH** N ABBR = **fire hydrant**

**FHA** N ABBR (*US*) = **Federal Housing Association**

**FHSA** N ABBR (*Brit*) = **Family Health Services Authority**

**fiancé** [fɪ'ɑ̃:nseɪ] N novio *m*, prometido *m*

**fiancée** [fɪ'ɑ̃:nseɪ] N novia *f*, prometida *f*

**fiasco** [fɪ'æskəʊ] N (*pl* **fiascos, fiascoes**) fiasco *m*, desastre *m*

**fiat** ['faɪæt] N fíat *m*, autorización *f*

**fib*** [fɪb] Ⓐ N mentirijilla *f*; **to tell a ~** decir una mentirijilla
Ⓑ VI decir mentirijillas

**fibber*** ['fɪbəʳ] N mentirosillo/a *m/f*

**fibre, fiber** (*US*) ['faɪbəʳ] Ⓐ N 1 (= *thread*) fibra *f*, hilo *m*; (= *fabric*) fibra *f*
2 (*fig*) nervio *m*, carácter *m*
3 (*in diet*) fibra *f*
Ⓑ CPD ► **fibre optics, fiber optics** (*US*) NSING transmisión *f* por fibra óptica

**fibreboard, fiberboard** (*US*) ['faɪbəbɔ:d] N fibra *f* vulcanizada

**fibreglass, fiberglass** (*US*) ['faɪbəglɑ:s] Ⓐ N fibra *f* de vidrio
Ⓑ CPD de fibra de vidrio

**fibre-optic, fiber-optic** (*US*) [,faɪbər'ɒptɪk] Ⓐ ADJ de fibra óptica
Ⓑ CPD ► **fibre-optic cable** N cable *m* de fibra óptica

**fibre-tip** ['faɪbətɪp] N (*also* **~ pen**) (*Brit*) rotulador *m* de punta de fibra

**fibroid** ['faɪbrɔɪd] N fibroma *m*

**fibrositis** [,faɪbrə'saɪtɪs] N fibrositis *f inv*

**fibrous** ['faɪbrəs] ADJ fibroso

**fibula** ['fɪbjʊlə] N (*pl* **fibulas** *or* **fibulae** ['fɪbjʊli:]) peroné *m*

**FIC** N ABBR (*US*) = **Federal Information Center**

**FICA** N ABBR (*US*) = **Federal Insurance Contributions Act**

**fickle** ['fɪkl] ADJ inconstante, veleidoso, voluble

**fickleness** ['fɪklnɪs] N inconstancia *f*, veleidad *f*, volubilidad *f*

**fiction** ['fɪkʃən] N [1] (*Literat*) literatura *f* de ficción, narrativa *f*; **a work of ~** una obra de ficción
[2] (= *untruth*) ficción *f*, invención *f*

**fictional** ['fɪkʃənl] ADJ ficticio

**fictionalize** ['fɪkʃənəlaɪz] VT novelar

**fictionalized** ['fɪkʃənəlaɪzd] ADJ novelado

**fictitious** [fɪk'tɪʃəs] ADJ [1] = **fictional**
[2] (= *false*) falso

**Fid. Def.** ABBR = **Fidei Defensor** (= *Defender of the Faith*) Defensor *m* de la Fe

**fiddle** ['fɪdl] Ⓐ N [1] (= *violin*) violín *m*; ✦**IDIOMS to play second ~** desempeñar un papel secundario; **to play second ~ to sb** estar a la sombra de algn; **he's fed up with playing second ~ to his older brother** está harto de estar a la sombra de su hermano mayor
[2] (*esp Brit**) (= *cheat*) trampa *f*, supercheria *f*; **it's a ~** aquí hay trampa; **tax ~** evasión *f* fiscal; **to work a ~** hacer trampa; **to be on the ~** dedicarse a hacer chanchullos*
Ⓑ VI [1] (*Mus*) tocar el violín; ✦**IDIOM to ~ while Rome burns** perder el tiempo con nimiedades e ignorar el verdadero problema
[2] (= *fidget*) enredar; **do stop fiddling!** ¡deja ya de enredar!; **to ~ (about** *or* **around) with sth** enredar *or* juguetear con algo; **someone has been fiddling (about** *or* **around) with it** alguien lo ha estropeado, alguien ha estado enredando con él
[3] (*esp Brit**) (= *cheat*) hacer trampas
Ⓒ VT (*esp Brit**) [+ *accounts, results, expenses claim etc*] manipular; **to ~ one's income tax** defraudar impuestos

►**fiddle about***, **fiddle around*** VI + ADV perder el tiempo

**fiddler** ['fɪdlə<sup>r</sup>] N [1] (*Mus*) violinista *mf*
[2] (*esp Brit**) (= *cheat*) tramposo/a *m/f*

**fiddlesticks*** ['fɪdlstɪks] EXCL ¡tonterías!

**fiddling** ['fɪdlɪŋ] Ⓐ ADJ trivial, insignificante
Ⓑ N (*) (= *cheating*) chanchullos* *mpl*

**fiddly** ['fɪdlɪ] ADJ (*compar* **fiddlier**; *superl* **fiddliest**) [*job*] complicado, difícil; [*object*] difícil de manejar

**FIDE** N ABBR (= **Fédération Internationale des Échecs**) FIDE *f*

**fidelity** [fɪ'delɪtɪ] N (= *faithfulness*) fidelidad *f*; (= *closeness to original*) exactitud *f*, fidelidad *f*

**fidget** ['fɪdʒɪt] Ⓐ N [1] (= *person*) persona *f* inquieta, azogado/a *m/f*
[2] **to have the ~s** no parar quieto, ser un azogue
Ⓑ VI (*also* **~ about, ~ around**) no parar de moverse; **to ~ with sth** juguetear con algo; **don't ~!** ◊ **stop ~ing!** ¡estáte quieto!

**fidgety** ['fɪdʒɪtɪ] ADJ nervioso, inquieto; **to be ~** no parar quieto

**fiduciary** [fɪ'dju:ʃɪərɪ] Ⓐ ADJ fiduciario
Ⓑ N fiduciario/a *m/f*

**fie**†† [faɪ] EXCL **~ on him!** ¡al diablo con él!

**fief** [fi:f] N feudo *m*

**fiefdom** ['fi:fdəm] N feudo *m*

**field** [fi:ld] Ⓐ N [1] (*Agr*) campo *m*; (= *meadow*) prado *m*; (*Geol*) yacimiento *m*
[2] (*Sport*) campo *m*, terreno *m* de juego, cancha *f* (*LAm*); (= *participants*) participantes *mpl*; (*for post*) opositores *mpl*, candidatos *mpl*; **is there a strong ~?** ¿se ha presentado gente buena?; **to lead the ~** (*Sport, Comm*) llevar la delantera; **to take the ~** (*Sport*) salir al campo, saltar al terreno de juego; ✦**IDIOM to play the ~*** alternar con cualquiera
[3] (= *sphere of activity*) campo *m*, esfera *f*; **~ of activity** esfera *f* de actividades, campo *m* de acción; **my particular ~** mi especialidad; **it's not my ~** no es mi campo *or* especialidad, no es lo mío; **what's your ~?** ¿qué especialidad tiene Vd?; **in the ~ of painting** en el campo *or* mundo de la pintura; **to be the first in the ~** ser líder en su campo
[4] (= *real environment*) **a year's trial in the ~** un año de prueba en el mercado; **to study sth in the ~** estudiar algo sobre el terreno
[5] (*Comput*) campo *m*
[6] (*Mil*) campo *m*; **~ of battle** campo *m* de batalla; **to die in the ~** morir en combate
[7] (*Elec etc*) campo *m*; **~ of vision** campo *m* visual
[8] (*Heraldry*) campo *m*
Ⓑ VI (*Baseball, Cricket*) fildear
Ⓒ VT (*Sport*) [+ *team*] alinear; (*Baseball, Cricket*) [+ *ball*] recoger, fildear; (*fig*) [+ *question*] sortear
Ⓓ CPD ► **field day** N (*Mil*) día *m* de maniobras; ✦**IDIOM to have a ~ day** sacar el máximo provecho ► **field event** N concurso *m* (atlético) de salto/lanzamiento ► **field glasses** NPL (= *binoculars*) gemelos *mpl* ► **field gun** N cañón *m* de campaña ► **field hand** N (*US*) jornalero/a *m/f* ► **field hospital** N hospital *m* de campaña ► **field kitchen** N cocina *f* de campaña ► **field marshal** N (*Brit*) mariscal *m* de campo, ≈ capitán *m* general del ejército ► **field officer** N oficial *mf* superior ► **field sports** NPL *la caza y la pesca* ► **field study** N estudio *m* de campo ► **field test, field trial** N (*Comm*) prueba *f* de mercado ► **field trip** N viaje *m or* excursión *f* de estudios ► **field work** N (*Sociol etc*) trabajo *m* de campo ► **field worker** N investigador(a) *m/f* de campo; *see also* **field-test**

**fielder** ['fi:ldə<sup>r</sup>] N (*Baseball, Cricket*) fildeador(a) *m*; → CRICKET, BASEBALL

**fieldfare** ['fi:ldfɛə<sup>r</sup>] N zorzal *m* real

**fieldmouse** ['fi:ldmaʊs] N (*pl* **fieldmice**) ratón *m* de campo

**fieldsman** ['fi:ldzmən] N (*pl* **fieldsmen**) = **fielder**

**field-test** VT ['fi:ld,test] (*Comm*) probar en el mercado

**fiend** [fi:nd] N [1] (= *devil*) demonio *m*, diablo *m*
[2] (*) (= *person*) malvado/a *m/f*
[3] (*) (= *addict*) **drugs ~** drogadicto/a *m/f*; **sex ~** maníaco *m* sexual

**fiendish** ['fi:ndɪʃ] ADJ (= *fierce*) feroz; (= *mildly wicked*) muy travieso; (= *clever and wicked*) diabólico; (*) (= *difficult and unpleasant*) dificilísimo

**fiendishly** ['fi:ndɪʃlɪ] ADV terriblemente; **~ difficult** terriblemente difícil; **~ expensive** carísimo

**fierce** [fɪəs] ADJ (*compar* **fiercer**; *superl* **fiercest**)
[1] (= *ferocious*) [*animal*] feroz, fiero; [*gesture, expression*] feroz; [*temper*] temible; **the prime minister came under ~ attack from the opposition** la oposición atacó ferozmente al primer ministro; **she gave me a ~ look** me lanzó una mirada furibunda
[2] (= *intense*) [*competition, argument*] encarnizado; [*storm, wind, opposition, resistance*] violento; [*opponent*] empedernido, acérrimo; [*pride, loyalty*] impasionado; [*heat*] intenso; **~ fighting broke out in the capital** se produjeron enfrentamientos encarnizados en la capital; **the fire was so ~ that it took several hours to put it out** el fuego era tan intenso que se tardaron varias horas en apagarlo

**fiercely** ['fɪəslɪ] ADV [1] (= *ferociously*) [*look, scowl*] ferozmente, con ferocidad; [*attack*] ferozmente
[2] (= *intensely*) [*independent, competitive, loyal*] tremendamente; [*oppose, resist*] ferozmente; [*fight, compete*] encarnizadamente; **she is a ~ independent woman** es una mujer tremendamente independiente; **it was a ~ contested match** fue un partido extremadamente reñido; **they are ~ protective of their privacy** protegen su intimidad con uñas y dientes; **the building was burning ~** el edificio ardía en llamas; **the storm raged ~ outside** fuera, el temporal rugía con fuerza

**fierceness** ['fɪəsnɪs] N [1] (= *ferocity*) [*of animal, person*] ferocidad *f*
[2] (= *intensity*) [*of heat, sun, passion*] intensidad *f*; [*of storm*] furia *f*

**fiery** ['faɪərɪ] ADJ (*compar* **fierier**; *superl* **fieriest**)
[1] [*heat, sun*] abrasador
[2] (*fig*) [*sky, sunset, red*] encendido; [*taste*] picante; [*temperament, speech*] acalorado; [*horse*] fogoso; [*liquor*] fuerte

**fiesta** [fɪ'estə] N fiesta *f*

**FIFA** ['fi:fə] N ABBR (= **Fédération Internationale de Football Association**) FIFA *f*

**fife** [faɪf] N pífano *m*

**FIFO** ['faɪfəʊ] ABBR (= **first in, first out**) primero en entrar, primero en salir

**fifteen** [fɪf'ti:n] Ⓐ ADJ quince; **about ~ people** unas quince personas
Ⓑ N quince *m*; (*Rugby*) quince *m*, equipo *m*; *see* **five** *for usage*

**fifteenth** [fɪf'ti:nθ] Ⓐ ADJ decimoquinto
Ⓑ N (*in series*) decimoquinto/a *m/f*; (= *fraction*) quinceavo *m*, quinceava parte *f*; *see* **fifth** *for usage*

**fifth** [fɪfθ] Ⓐ ADJ quinto; **he came ~ in the competition** ocupó el quinto lugar *or* terminó quinto en la competición; **in the ~ century** (*in writing*) en el siglo V; (*speaking*) en el siglo quinto *or* cinco; **Henry the Fifth** (*in writing*) Enrique V; (*speaking*) Enrique Quinto; **the ~ of July** ◊ **July the ~** el cinco de Julio; **~ form** (*Brit Scol*) quinto *m*, quinto curso
Ⓑ N [1] (*in series*) quinto/a *m/f*; **I was the ~ to arrive** yo fui el quinto en llegar; **I wrote to him on the ~** le escribí el día cinco; *see also* **amendment**
[2] (= *fraction*) quinto *m*, quinta parte *f*
[3] (*Mus*) quinta *f*
Ⓒ CPD ► **fifth column** N (*Pol*) quinta columna *f* ► **fifth columnist** N (*Pol*) quintacolumnista *mf*

**fiftieth** ['fɪftɪɪθ] Ⓐ ADJ quincuagésimo; **the ~ anniversary** el cincuenta aniversario
Ⓑ N (*in series*) quincuagésimo/a *m/f*; (= *fraction*) quincuagésimo *m*, quincuagésima parte *f*

**fifty** ['fɪftɪ] Ⓐ ADJ cincuenta; **about ~ people/cars** alrededor de cincuenta personas/coches; **he'll be ~ (years old) this year** cumple *or* va a cumplir cincuenta este año
Ⓑ N cincuenta *m*; **the fifties** (= *1950s*) los años cincuenta; **to be in one's fifties** andar por los cincuenta; **the temperature was in the fifties** hacía más de cincuenta grados; **to do ~ (miles per hour)** (*Aut*) ir a cincuenta (millas por hora)

**fifty-fifty** ['fɪftɪ'fɪftɪ] Ⓐ ADJ **we have a ~ chance of success** tenemos un cincuenta por ciento de posibilidades de éxito; **it's a ~**

**deal** es un negocio a medias; **we'll do it on a ~ basis** lo haremos a medias
Ⓑ ADV **to go ~ with sb** ir a medias con algn

**fiftyish** ['fɪftɪɪʃ] ADJ de unos cincuenta años

**fig** [fɪg] Ⓐ N [1] (*Bot*) higo *m*; (*early*) breva *f*; (*also* **~ tree**) higuera *f*
[2] **I don't give a ~ for JB!**†* ¡me importa un comino JB!
Ⓑ CPD ► **fig leaf** N hoja *f* de higuera; (*fig*) (*Art*) hoja *f* de parra

**fig.** ABBR = **figure**; **A7**

**fight** [faɪt] (*vb: pt, pp* **fought**) Ⓐ N [1] (*between individuals*) [1·1] (*physical, verbal*) pelea *f* (**over** por); **to have a ~ with sb** pelearse con algn, tener una pelea con algn; **to look for a ~** (*physical*) buscar pelea; (*verbal*) querer pelearse; **I'm not looking for a ~ over this issue** no quiero pelearme por este asunto; *see also* **pick B1**, **pick B1**
[1·2] (*Boxing*) combate *m*, pelea *f*
[2] (*Mil*) (*between armies*) lucha *f*, contienda *f*
[3] (= *struggle, campaign*) lucha *f* (**for** por; **against** contra); **the ~ for justice/against inflation** la lucha por la justicia/contra la inflación; **he won't give up without a ~** no se rendirá sin luchar antes; **if he tries to sack me he'll have a ~ on his hands** si intenta despedirme le va a costar lo suyo
[4] (= *fighting spirit*) ánimo *m* de lucha; **there was no ~ left in him** ya no le quedaba ánimo de lucha, ya no tenía ánimo para luchar; **we still had a lot of ~ in us** todavía nos quedaba mucho ánimo para luchar; **to show (some) ~** mostrarse dispuesto a pelear
[5] (= *resistance*) **police believe the victim put up a ~** la policía cree que la víctima opuso resistencia; **they beat us but we put up a good ~** nos vencieron pero nos defendimos bien
Ⓑ VT [1] (*Mil*) [+ *enemy*] luchar contra, combatir contra; (*Boxing*) [+ *opponent*] pelear contra, luchar contra; **to ~ a battle** (*Mil*) librar una batalla; (*fig*) luchar; **I've had to ~ quite a battle to get as far as this** he tenido que luchar mucho para llegar hasta aquí; **I don't ask you to ~ my battles for me** no te pido que libres mis batallas; **to ~ a duel** batirse en duelo; **to ~ sb for sth**: **he fought the council for the right to build on his land** se enfrentó al ayuntamiento por el derecho a edificar en sus tierras; **I'd like to ~ him for the title** me gustaría luchar *or* pelear contra él por el título; **to ~ one's way through a crowd** abrirse paso a la fuerza entre una multitud
[2] (= *combat*) [+ *fire*] combatir; [+ *poverty, inflation, crime*] combatir, luchar contra; [+ *proposal*] oponerse a; **I've made up my mind so don't try and ~ me on it** lo he decidido, así que no intentes oponerte; **I had to ~ the urge to giggle** tuve que esforzarme para no reír, tuve que contener las ganas de reír
[3] (= *try to win*) [+ *campaign*] tomar parte en; [+ *election*] presentarse a; **he says he'll ~ the case all the way to the Supreme Court** dice que si es necesario llevará el caso hasta el Tribunal Supremo; **he fought his case in various courts for ten years** defendió su causa en varios tribunales durante diez años; **he's decided to ~ the seat for a third time** (*Pol*) ha decidido presentarse por tercera vez como candidato para el escaño
Ⓒ VI [1] (= *do battle*) [*troops, countries*] luchar, combatir (**against** contra); [*person, animal*] pelear; (*Boxing*) luchar, pelear; **did you ~ in the war?** ¿luchó usted en la guerra?, ¿tomó usted parte en la guerra?; **the boys were ~ing in the street** los chicos estaban peleándose en la calle; **they'll ~ to the death** lucharán a muerte; **I fought for my country** luché por mi país; **the dogs were ~ing over a bone** los perros estaban peleando por un hueso
[2] (= *quarrel*) discutir, pelear(se) (**with** con); **they usually ~ about** *or* **over who pays the bills** suelen discutir *or* pelear(se) por quién paga las facturas
[3] (= *struggle*) luchar (**for** por; **against** contra); **to ~ against disease/crime** luchar contra la enfermedad/el crimen; **she was ~ing against sleep** luchaba contra el sueño; **to ~ for sth/sb** luchar por algo/algn; **he was ~ing for his life** estaba luchando por su vida; **he was ~ing for breath** le faltaba la respiración, respiraba con enorme dificultad; ✦**IDIOMS to go down ~ing** seguir luchando hasta el fin; **to ~ shy of** rehuir, evitar

►**fight back** Ⓐ VI + ADV (= *resist*) (*in fight, argument*) defenderse; (*Sport*) contraatacar; **they fought back from 2-0 down to win 3-2** contraatacaron, pasando de perder por 2-0 a ganar por 3-2
Ⓑ VT + ADV [+ *tears*] contener; [+ *anger, feeling*] contener, reprimir; [+ *despair*] dominar; **I fought back the urge to slap him** reprimí *or* contuve las ganas de darle una bofetada; **I fought back the urge to laugh** contuve las ganas de reír

►**fight down** VT + ADV [+ *anger, feeling*] contener, reprimir; [+ *anxiety*] dominar, reprimir; **she fought down the impulse to run** reprimió el impulso de correr

►**fight off** VT + ADV [1] (= *repel*) [+ *attack, attacker*] repeler, rechazar; **they successfully fought off a takeover bid** consiguieron defenderse contra una oferta de adquisición
[2] (= *resist*) [+ *disease, infection*] combatir; **he was ~ing off sleep** se esforzaba para combatir el sueño; **I had to ~ off an impulse to scream** tuve que reprimir el impulso de gritar

►**fight on** VI + ADV seguir luchando

►**fight out** VT + ADV [1] (*with fists*) resolver a golpes; **they decided to ~ it out in the street** decidieron resolverlo a golpes en la calle
[2] (*fig*) (= *resolve*) resolver; **we'll have to ~ it out in court** tendremos que resolverlo en los tribunales
[3] (= *compete*) **they'll be ~ing it out for the top prize** competirán por el primer premio

**fightback** ['faɪtbæk] N (*Brit*) contraataque *m*

**fighter** ['faɪtəʳ] Ⓐ N [1] combatiente *mf*; (*Boxing*) boxeador(a) *m/f*, púgil *m*; (= *warrior*) guerrero/a *m/f*, soldado *mf*; (*fig*) luchador(a) *m/f*; **a bonny ~** un valiente guerrero
[2] (= *airplane*) avión *m* de combate, caza *m*
Ⓑ CPD ► **fighter bomber** N cazabombardero *m* ► **fighter command** N jefatura *f* de cazas ► **fighter pilot** N piloto *mf* de caza

**fighting** ['faɪtɪŋ] Ⓐ N (*between troops, armies*) enfrentamientos *mpl*; (*between individuals*) (*lit, fig*) peleas *fpl*; **he hates ~** odia las peleas; *see also* **street B**
Ⓑ ADJ **we still have a ~ chance of beating them** aún tenemos una buena posibilidad de vencerlos; **this treatment at least gives her a ~ chance** este tratamiento le da al menos una posibilidad
Ⓒ ADV **to be ~ fit** estar en plena forma
Ⓓ CPD ► **fighting bull** N toro *m* de lidia ► **fighting cock** N gallo *m* de pelea ► **fighting dog** N perro *m* de pelea ► **fighting force** N fuerza *f* de combate ► **fighting line** N frente *m* de combate ► **fighting man** N guerrero *m*, soldado *m* ► **fighting spirit** N espíritu *m* de lucha, combatividad *f* ► **fighting strength** N número *m* de soldados (listos para el combate) ► **fighting talk** N **the Prime Minister's ~ talk at the Rome summit** las declaraciones de tono beligerante que hizo el Primer Ministro en la cumbre de Roma; **this is typical ~ talk from the defending champion** ésta es una típica bravuconada del actual campeón

**figment** ['fɪgmənt] N **a ~ of the imagination** un producto de la imaginación

**figurative** ['fɪgərətɪv] ADJ [1] [*meaning*] figurado; [*expression*] metafórico
[2] (*Art*) figurativo

**figuratively** ['fɪgərətɪvlɪ] ADV figuradamente, en sentido figurado; **he was speaking ~** hablaba en sentido figurado; **you should understand this ~** hay que entender esto en sentido figurado

**figure** ['fɪgəʳ] Ⓐ N [1] (= *shape, silhouette*) figura *f*; **a ~ in a blue dress** una figura vestida de azul
[2] (= *bodily proportions*) tipo *m*, figura *f*; **she's got a nice ~** tiene buen tipo *or* una buena figura; **he's a fine ~ of a man** es un hombre con un tipo imponente; **clothes for the fuller ~** tallas *fpl* grandes; **to keep/lose one's ~** guardar/perder la línea *or* el tipo; **to watch one's ~** cuidar la línea *or* el tipo
[3] (= *person*) figura *f*; **a key ~ in twentieth century music** una figura clave en la música del siglo veinte; **a ~ of authority** una figura de autoridad; **he cut a dashing ~ in his new uniform** se veía muy elegante con su nuevo uniforme; **today she cuts a lonely ~** hoy aparece como una figura solitaria; **father ~** figura *f* paterna; **these days he's become a ~ of fun** últimamente se ha convertido en el hazmerreír de todos; **mother ~** figura *f* materna; **public ~** personaje *m* público
[4] (= *numeral*) cifra *f*; **how did you arrive at these ~s?** ¿cómo has llegado a estas cifras?; **he was the only player to reach double ~s** era el único jugador que marcó más de diez tantos; **we want inflation brought down to single ~s** queremos que la inflación baje a menos del diez por cien
[5] **figures** (= *statistics*) estadísticas *fpl*, datos *mpl*; (= *calculations*) cálculos *mpl*; **the latest ~s show that ...** las últimas estadísticas *or* los últimos datos muestran que ...; **he's always been good at ~s** siempre se le han dado bien los números, siempre se le ha dado bien la aritmética
[6] (= *amount*) [*of money*] cifra *f*, suma *f*; (= *number*) [*of items*] cifra *f*, número *m*; **what sort of ~ did you have in mind?** ¿qué cifra *or* suma tenías en mente?; **I wouldn't like to put a ~ on it** no quisiera dar una cifra; **some estimates put the ~ as high as 20,000 dead** algunos cálculos dan una cifra *or* un número de hasta 20.000 muertos
[7] (= *diagram*) figura *f*
[8] (*Art*) figura *f*
[9] (*Geom, Dance, Skating*) figura *f*; **a ~ of eight** ◊ **a ~ eight** (*US*) un ocho
[10] (*Ling*) **~ of speech** figura *f* retórica
Ⓑ VI [1] (= *appear*) figurar (**as** como; **among** entre); **his name doesn't ~ on the list** su nombre no figura en la lista; **this issue ~d prominently in the talks** este tema ocupó un papel prominente en las negociaciones
[2] (*esp US**) (= *make sense*) **it doesn't ~** no tiene sentido, no encaja; **that ~s!** ¡lógico!, ¡obvio!
Ⓒ VT (*esp US*) (= *think*) imaginarse, figurarse; (= *estimate*) calcular; **I ~ they'll come** me imagino *or* me figuro que vendrán; **I ~d**

**there'd be about 20** calculé que habría unos 20; **she ~d that they had both learned from the experience** pensaba *or* creía que los dos habían aprendido de la experiencia
Ⓓ CPD ► **figure skating** N patinaje *m* artístico

►**figure in*** VT + ADV (*US*) contar

►**figure on*** VI + PREP (*esp US*) contar con; **he hadn't ~d on the problems that would arise** no había contado con los problemas que surgirían; **the meeting was longer than I'd ~d on** la reunión fue más larga de lo que yo esperaba; **I wasn't figuring on going** no contaba con ir; **are you figuring on going?** ¿piensas ir?

►**figure out*** VT + ADV [1] (= *understand*) [+ *person*] entender; [+ *writing*] entender, descifrar; **I just can't ~ it out!** ¡no me lo explico!, ¡no lo entiendo!
[2] (= *work out*) [+ *sum*] calcular; [+ *problem*] resolver; **can you ~ out how to do this?** ¿entiendes cómo se hace esto?; **I couldn't ~ out the answer** no pude encontrar la respuesta *or* solución; **they had it all ~d out** lo tenían todo calculado

►**figure up** VT + ADV (*US*) calcular

**-figure** ['fɪgəʳ] ADJ (*ending in compounds*) **a four-figure sum** una suma superior a mil (libras *etc*); **a seven-figure sum** un número de siete cifras

**figure-conscious** ['fɪgə,kɒnʃəs] ADJ **to be ~** cuidar la línea *or* el tipo

**figurehead** ['fɪgəhed] N (*on ship*) mascarón *m* de proa; (*fig*) testaferro *m*

**figure-hugging** ['fɪgə,hʌgɪŋ] ADJ ajustado, ceñido al cuerpo

**figure-skate** ['fɪgə,skeɪt] VI hacer patinaje artístico (sobre hielo)

**figurine** [fɪgə'riːn] N figurilla *f*, estatuilla *f*

**Fiji** ['fiːdʒiː] N (*also* **the ~ Islands**) las Islas Fiji

**Fijian** [fɪ'dʒiːən] Ⓐ ADJ de (las Islas) Fiji
Ⓑ N (= *person*) nativo/a *m/f* de (las Islas) Fiji, habitante *mf* de (las Islas) Fiji

**filament** ['fɪləmənt] N (*Elec*) filamento *m*

**filbert** ['fɪlbət] N avellana *f*

**filch*** [fɪltʃ] VT (= *steal*) birlar*, mangar*

**file¹** [faɪl] Ⓐ N (= *tool*) lima *f*; (*for nails*) lima *f* (de uñas)
Ⓑ VT (*also* **~ down, ~ away**) limar

**file²** [faɪl] Ⓐ N [1] (= *folder*) carpeta *f*; (= *dossier*) archivo *m*, carpeta *f*, expediente *m*; (*eg loose-leaf file*) archivador *m*, clasificador *m*; (= *bundle of papers*) legajo *m*; (= *filing system*) fichero *m*; **the ~s** los archivos; **the Lucan ~** el expediente Lucan; **police ~s** archivos policiales; **to close the ~ on sth** dar carpetazo a algo; **to have sth on ~** tener algo archivado; **to have a ~ on sb** tener fichado a algn
[2] (*Comput*) fichero *m*, archivo *m*; **to open/close a ~** abrir/cerrar un fichero *or* archivo
Ⓑ VT [1] (*also* **~ away**) [+ *notes, information, work*] archivar; (*under heading*) clasificar
[2] (= *submit*) [+ *claim, application, complaint*] presentar; **to ~ a petition for divorce** entablar pleito de divorcio; **to ~ a suit against sb** (*Jur*) entablar pleito *or* presentar una demanda contra algn
Ⓒ CPD ► **file clerk** N (*US*) archivero/a *m/f* ► **file name** N (*Comput*) nombre *m* de fichero, nombre *m* de archivo ► **file server** N (*Jur*) portador(a) *m/f* de notificaciones judiciales

►**file for** VI + PREP (*Jur*) **to ~ for divorce** entablar pleito de divorcio; **to ~ for bankruptcy** presentar una declaración de quiebra; **to ~ for custody (of children)** reclamar la custodia (de los hijos)

**file³** [faɪl] Ⓐ N (= *row*) fila *f*, hilera *f*; **in single ~** en fila india
Ⓑ VI **to ~ in/out** entrar/salir en fila; **to ~ past** desfilar; **they ~d past the general** desfilaron ante el general

**filial** ['fɪlɪəl] ADJ filial

**filiation** [,fɪlɪ'eɪʃən] N filiación *f*

**filibuster** ['fɪlɪbʌstəʳ] (*esp US Pol*) Ⓐ N (= *person*) (*also* **~er**) obstruccionista *mf*; (= *act*) discurso *m* obstruccionista
Ⓑ VI dar un discurso obstruccionista

**filibustering** ['fɪlɪ,bʌstərɪŋ] N (*Pol*) maniobras *fpl* obstruccionistas, filibusterismo *m*

**filigree** ['fɪlɪgriː] Ⓐ N (*in metal*) filigrana *f*
Ⓑ ADJ de filigrana

**filing** ['faɪlɪŋ] Ⓐ N [1] [*of documents*] clasificación *f*; **to do the ~** archivar documentos
[2] [*of claim etc*] formulación *f*, presentación *f*
Ⓑ CPD ► **filing cabinet** N fichero *m*, archivador *m* ► **filing clerk** N (*esp Brit*) archivero/a *m/f*

**filings** ['faɪlɪŋz] NPL limaduras *fpl*

**Filipino** [fɪlɪ'piːnəʊ] Ⓐ ADJ filipino
Ⓑ N [1] (= *person*) filipino/a *m/f*
[2] (*Ling*) tagalo *m*

**fill** [fɪl] Ⓐ VT [1] (= *make full*) [+ *container*] llenar (**with** de); **~ a saucepan with water** llenar un cazo de agua; **I am ~ed with admiration for her achievements** sus logros me llenan de admiración; **he was ~ed with remorse** estaba lleno de remordimiento; **he was ~ed with despair** estaba desesperado; **the wind ~ed the sails** el viento henchía las velas
[2] (= *occupy*) [+ *space*] llenar (**with** de); [+ *time*] ocupar; **his plays always ~ the theatres** sus obras siempre llenan los teatros; **airlines can always ~ seats in the summer** las compañías aéreas siempre logran ocupar las plazas en verano; **rooms ~ed with furniture** habitaciones *fpl* llenas de muebles; **shouts ~ed the air** resonaron unos gritos en el aire; **the house was ~ed with the smell of burning** el olor a quemado invadía la casa; **she needs a routine to ~ her day** le hace falta una rutina que le llene el día; **the text ~s 231 pages** el texto ocupa 231 páginas
[3] (= *plug*) [+ *cavity, hole*] rellenar, tapar (**with** con), llenar (**with** de); [+ *tooth*] empastar, emplomar (*S. Cone*) (**with** con); (*fig*) [+ *gap, vacuum*] llenar; **she ~ed a gap in his life** ella llenó un hueco en su vida
[4] (= *fulfill*) [+ *need*] cubrir, satisfacer; [+ *requirement*] llenar, satisfacer; [+ *role*] cumplir, desempeñar; *see also* **bill¹**
[5] (= *supply*) [+ *order*] despachar
[6] (= *appoint sb to*) [+ *vacancy*] cubrir; [+ *post*] ocupar; **the position is already ~ed** la vacante ya está cubierta; **she was chosen to ~ the post of Education Secretary** la eligieron para ocupar el puesto de Ministra de Educación
Ⓑ VI [1] llenarse (**with** de); **the room ~ed with smoke** la habitación se llenó de humo; **her eyes ~ed with tears** los ojos se le llenaron de lágrimas
[2] [*sails*] henchirse
Ⓒ N [1] (= *sufficiency*) **to eat/drink one's ~ (of sth)** comer/beber (algo) hasta saciarse, hartarse de comer/beber (algo); **to have had one's ~ of sth** (*fig*) haberse hartado de algo, estar harto de algo
[2] (= *gravel, stones*) relleno *m*

►**fill in** Ⓐ VT + ADV [1] [+ *hole, gap, outline*] rellenar
[2] (= *occupy*) [+ *time*] ocupar, pasar; **I had an hour to ~ in before my train** tenía que ocupar *or* pasar una hora de alguna forma hasta que llegase mi tren; **"what are you doing here?" — "just ~ing in time"** —¿qué haces aquí? —pasar el tiempo
[3] (= *complete*) [+ *form*] rellenar, llenar; [+ *details*] completar; (= *write*) [+ *one's name*] escribir, poner; **~ in the blanks in the following sentences** rellenar los espacios vacíos en las siguientes frases
[4] (= *inform*) **to ~ sb in (on sth)** poner a algn al corriente (de algo); **Jackie will ~ you in on the rest of the office procedures** Jackie te pondrá al corriente de cómo funciona todo lo demás en la oficina
Ⓑ VI + ADV **to ~ in for sb** suplir a algn, sustituir a algn; **can you find someone to ~ in at such short notice?** ¿puedes encontrar a alguien con tan poco tiempo que haga de suplente?

►**fill out** Ⓐ VT + ADV [1] (= *complete*) [+ *form, application*] rellenar, llenar; [+ *details*] completar; (= *write*) [+ *one's name*] escribir, poner
[2] (= *occupy all of*) [+ *garment*] llenar
[3] (= *make more substantial*) [+ *essay, information*] rellenar
Ⓑ VI + ADV [*person*] engordar; [*face*] rellenarse, redondearse; [*sail*] henchirse

►**fill up** Ⓐ VI + ADV [1] (= *become full*) [*room, hall*] llenarse
[2] (*Aut*) (*with petrol*) echar gasolina; (*with diesel*) echar diesel
[3] (= *eat*) **he doesn't eat proper meals, he ~s up on snacks** no come como es debido, se llena el estómago picando
Ⓑ VT + ADV [+ *container, suitcase*] llenar (**with** de); **~ it** *or* **her up!*** (*Aut*) ¡llena el tanque!; **I can't drink too much before a meal, it ~s me up** no puedo beber mucho antes de una comida, me llena; **to ~ o.s. up with sth** llenarse (el estómago) de algo; **I do it to ~ up the time** lo hago para pasar el tiempo

**filler** ['fɪləʳ] Ⓐ N [1] (*for cracks in wood, plaster*) masilla *f*; (*in foodstuffs*) relleno *m*; (*Press*) relleno *m*
[2] (= *device*) [*of bottle, tank*] rellenador *m*; (= *funnel*) embudo *m*
Ⓑ CPD ► **filler cap** N tapa *f* del depósito de gasolina

**fillet** ['fɪlɪt] Ⓐ N [*of meat, fish*] filete *m*
Ⓑ VT [+ *meat, fish*] cortar en filetes

**fill-in** ['fɪlɪn] N sustituto *m*, suplente *mf*

**filling** ['fɪlɪŋ] Ⓐ N [1] [*of tooth*] empaste *m*, emplomadura *f* (*S. Cone*)
[2] (*Culin*) relleno *m*
Ⓑ ADJ [*food, dish*] que llena mucho; **this dish is very ~** este plato llena mucho
Ⓒ CPD ► **filling station** N = **petrol station**

**fillip** ['fɪlɪp] N estímulo *m*; **to give a ~ to** estimular

**filly** ['fɪlɪ] N potra *f*

**film** [fɪlm] Ⓐ N (= *thin skin*) película *f*; [*of dust*] capa *f*; [*of smoke etc*] velo *m*; (*Cine, Phot*) (= *negatives*) película *f*; (= *roll of film*) carrete *m*, rollo *m*; (*at cinema*) película *f*, film *m*, filme *m*; (*full-length*) largometraje *m*; (*short*) corto(metraje) *m*; **the ~s** el cine; **silent ~** película *f* muda; **to make a ~ of** [+ *book*] llevar al cine, hacer una película de; [+ *event*] filmar
Ⓑ VT [+ *book*] llevar al cine, hacer una película de; [+ *event*] filmar; [+ *scene*] rodar
Ⓒ VI rodar, filmar
Ⓓ CPD [*camera, festival*] cinematográfico, de cine ► **film buff** N cinéfilo/a *m/f* ► **film crew** N equipo *m* cinematográfico ► **film fan** N aficionado/a *m/f* al cine ► **film library** N cine-

mateca *f* ► **film première** N estreno *m* oficial, premier *f* ► **film producer** N productor(a) *m/f* (cinematográfico) ► **film rights** NPL derechos *mpl* cinematográficos ► **film script** N guión *m* ► **film set** N plató *m* ► **film star** N estrella *f* de cine ► **film strip** N película *f* de diapositivas ► **film studio** N estudio *m* de cine ► **film test** N prueba *f* cinematográfica

►**film over** VI + ADV [*eyes*] empañarse

**filmic** [ˈfɪlmɪk] ADJ fílmico

**filming** [ˈfɪlmɪŋ] N rodaje *m*, filmación *f*

**film-maker** [ˈfɪlmmeɪkəʳ] N cineasta *mf*

**film-making** [ˈfɪlmmeɪkɪŋ] N cinematografía *f*

**filmography** [fɪlˈmɒgrəfɪ] N filmografía *f*

**filmsetting** [ˈfɪlmsetɪŋ] N fotocomposición *f*

**filmy** [ˈfɪlmɪ] ADJ [*fabric, material*] vaporoso

**Filofax**® [ˈfaɪləʊˌfæks] N agenda *f* de anillas

**filter** [ˈfɪltəʳ] Ⓐ N [1] (*gen, Phot*) filtro *m*
[2] (*Brit Aut*) semáforo *m* de flecha de desvío
Ⓑ VT [+ *liquid, air*] filtrar
Ⓒ VI [*liquid, light*] filtrarse; **to ~ to the left** (*Aut*) tomar el carril izquierdo
Ⓓ CPD ► **filter coffee** N (= *powder*) café *m* para filtrar; (= *cup of coffee*) café *m* hecho con cafetera de filtro ► **filter lane** N (*Aut*) carril *m* de giro ► **filter light** N semáforo *m* de flecha de desvío ► **filter paper** N papel *m* de filtro

►**filter back** VI + ADV [*news, rumour*] llegar; [*people*] volver poco a poco

►**filter in** VI + ADV [*light*] filtrarse; [*news, rumour*] llegar; [*people*] entrar (poco a poco)

►**filter out** Ⓐ VT + ADV [+ *impurities*] quitar filtrando
Ⓑ VI + ADV [*news*] trascender, llegar a saberse

►**filter through** VI + ADV = **filter in**

**filter-tipped** [ˈfɪltəˌtɪpt] ADJ [*cigarette*] con filtro *or* boquilla

**filth** [fɪlθ] N [1] (*lit*) (= *dirt*) suciedad *f*, mugre *f*; (= *excrement*) heces *fpl*
[2] (*fig*) [2·1] (= *people*) basura *f*; **those people are nothing but ~** esa gente no es más que basura
[2·2] (= *bad language*) groserías *fpl*, obscenidades *fpl*; **I've never read such ~** jamás he leído groserías *or* obscenidades semejantes
[3] (*‡*) (= *police*) **the ~** la policía, la pasma (*Sp‡*), la bofia (*Sp‡*), la cana (*S. Cone‡*)

**filthiness** [ˈfɪlθɪnɪs] N [1] (*lit*) (= *dirtiness*) suciedad *f*, mugre *f*
[2] (*fig*) [*of behaviour*] lo grosero, lo obsceno; (= *bad language*) groserías *fpl*, obscenidades *fpl*; (= *obscenity*) obscenidad *f*

**filthy** [ˈfɪlθɪ] Ⓐ ADJ (*compar* **filthier**; *superl* **filthiest**) [1] (*lit*) (= *dirty*) [*hands, room, house*] asqueroso; [*bathtub*] mugriento, mugroso (*LAm*); [*clothes*] muy sucio; [*water*] inmundo
[2] (= *indecent*) [*language, behaviour*] grosero, obsceno; [*joke*] verde; [*sense of humour*] obsceno
[3] (= *despicable*) asqueroso; **she called him a ~ murderer** lo llamó un asesino asqueroso
[4] (*) [*weather*] asqueroso*, de perros*; [*temper*] de perros*, de mil diablos*; **she was in a ~ temper** estaba con un humor de perros *or* de mil diablos*
Ⓑ ADV **the children came home ~ dirty** los niños llegaron a casa sucísimos, los niños llegaron a casa hechos un asco*; **they're ~ rich*** están podridos de dinero*, son unos ricachos*

**filtration** [fɪlˈtreɪʃən] N filtración *f*

**fin** [fɪn] N (*all senses*) aleta *f*

**fin.** ABBR = **finance**

**final** [ˈfaɪnl] Ⓐ ADJ [1] (= *last*) (*in series*) último; [*stage*] final, último; (*Univ*) [*exam*] de fin de carrera; **in the ~ stages of her illness** en la fase final *or* en la última fase de su enfermedad; **I'd like to say one ~ word ...** por último me gustaría añadir lo siguiente ...; **~ demand** último aviso *m* de pago; **~ dividend** dividendo *m* complementario; **~ edition** (*Journalism*) última edición *f*; *see also* **analysis**
[2] (= *conclusive*) [*approval*] definitivo; [*result*] final; **the judge's decision is ~** la decisión del juez es inapelable; **and that's ~!** ¡y punto!, ¡y no se hable más!
[3] (= *ultimate*) [*destination*] final
Ⓑ N [1] (*Sport*) final *f*; **she went on to reach the ~** siguió hasta llegar a la final
[2] **finals** (*Univ*) exámenes *mpl* de fin de carrera

**finale** [fɪˈnɑːlɪ] N (*Mus*) final *m*; (*Theat*) escena *f* final; **the grand ~** el gran final, la gran escena final; (*fig*) el final apoteósico *or* triunfal

**finalist** [ˈfaɪnəlɪst] N (*Sport*) finalista *mf*

**finality** [faɪˈnælɪtɪ] N (= *conclusiveness*) [*of death*] lo irreversible; [*of decision*] carácter *m* definitivo; **he said with ~** dijo de modo terminante

**finalization** [ˌfaɪnəlaɪˈzeɪʃən] N ultimación *f*, conclusión *f*

**finalize** [ˈfaɪnəlaɪz] VT [+ *preparations, arrangements*] concluir; [+ *agreement, plans, contract*] ultimar; [+ *report, text*] completar; [+ *date*] fijar, acordar; **to ~ a decision** tomar una decisión final

▼**finally** [ˈfaɪnəlɪ] ADV [1] (= *lastly*) por último, finalmente; **~, I would like to say ...** por último *or* finalmente, me gustaría añadir ...
[2] (= *eventually, at last*) por fin; **she ~ decided to accept** por fin decidió aceptar
[3] (= *once and for all*) de manera definitiva; **they decided to separate, ~ and irrevocably** decidieron separarse de manera definitiva e irrevocable

**finance** [faɪˈnæns] Ⓐ N (*gen*) finanzas *fpl*, asuntos *mpl* financieros; (= *funds*) (*also* **~s**) fondos *mpl*; **(the state of) the country's ~s** la situación económica del país; **Minister of Finance** Ministro/a *m/f* de Economía y Hacienda
Ⓑ VT [+ *project*] financiar; **he stole to ~ his drug habit** robaba para costearse su adicción a las drogas
Ⓒ CPD [*company*] financiero; [*page, section*] de economía, de negocios ► **finance director** N director(a) *m/f* financiero/a

**financial** [faɪˈnænʃəl] Ⓐ ADJ [*services, aid, backing, affairs, security*] financiero; [*policy, resources, problems*] económico; [*page, section*] de economía, de negocios
Ⓑ CPD ► **financial adviser** N asesor(a) *m/f* financiero/a ► **financial institution** N entidad *f* financiera ► **financial management** N gestión *f* financiera ► **financial statement** N estado *m* financiero, balance *m* ► **Financial Times Index** N índice *m* bursátil del Financial Times ► **financial year** N [*of company*] ejercicio *m* (financiero); [*of government*] año *m* fiscal

**financially** [faɪˈnænʃəlɪ] ADV [*independent, sound*] económicamente; **the scheme was ~ successful** el plan tuvo éxito desde el punto de vista económico; **this is not ~ possible** esto no es posible por razones financieras; **~, he would be much better off** desde el punto de vista económico *or* económicamente, saldría ganando

**financier** [faɪˈnænsɪəʳ] N financiero/a *m/f*

**financing** [faɪˈnænsɪŋ] N financiación *f*

**finch** [fɪntʃ] N pinzón *m*

**find** [faɪnd] (*vb: pt, pp* **found**) Ⓐ VT [1] (*after losing*) encontrar; **did you ~ your purse?** ¿encontraste tu monedero?; **I looked but I couldn't ~ it** lo busqué pero no pude encontrarlo; **you distracted me, now I can't ~ my place again** me has distraído y ahora no sé por dónde iba; *see also* **foot**, **tongue A1**
[2] (= *locate*) encontrar; **the plant is found all over Europe** la planta se encuentra *or* existe en toda Europa; **did you ~ the man?** ¿encontraste *or* localizaste al hombre?; **the book is nowhere to be found** el libro no se encuentra por ninguna parte; **to ~ one's way**: **can you ~ your (own) way to the station?** ¿sabes llegar a la estación sin ayuda?, ¿puedes encontrar la estación solo?; **this found its way into my drawer** esto vino a parar a mi cajón; **to ~ one's way around** orientarse; **to ~ one's way around a new city** orientarse en una ciudad nueva; **it took me a while to ~ my way around their kitchen** me llevó un rato familiarizarme con su cocina
[3] (= *chance upon*) encontrar; **I found a pound coin in the street** me encontré una moneda de una libra en la calle
Ⓑ N hallazgo *m*; **your new assistant is a real ~** tu nueva ayudante es todo un hallazgo; **that was a lucky ~!** ¡qué buen hallazgo!; **archaeological ~s** hallazgos *mpl* arqueológicos; **to make a ~** realizar un descubrimiento

►**find out** Ⓐ VT + ADV [1] (= *check out*) averiguar; **~ out everything you can about him** averigua todo lo que puedas sobre él; **she phoned to ~ out when the bus left** llamó por teléfono para averiguar cuándo *or* enterarse de cuándo salía el autobús
[2] (= *discover*) descubrir; **they never found out how he escaped** nunca descubrieron cómo se había escapado; **I found out what he was really like** descubrí su verdadera personalidad, me di cuenta de cómo era realmente; **~ out more by writing to ...** infórmese escribiendo a ...; **I found out that she had been lying** descubrí *or* me enteré que había estado mintiendo; **I found out from his teacher that he hadn't been to school** me enteré a través de su profesor de que había faltado al colegio
[3] (= *expose*) **to ~ sb out** descubrir a algn; ✦**PROV (you can) be sure your sins will ~ you out** puedes estar seguro de que tarde o temprano tus mismas acciones te delatarán
[4] (= *realize*) darse cuenta de, descubrir; **they'll be sorry when they ~ out their mistake** se van a arrepentir cuando se den cuenta de su error
Ⓑ VI + ADV [1] (= *become aware*) enterarse; **they'll soon ~ out** pronto se enterarán; **to ~ out about sth** enterarse de algo, descubrir algo; **she was afraid her husband would ~ out about their relationship** le daba miedo que su marido se enterase de *or* descubriese su relación
[2] (= *enquire*) **to ~ out about sth** informarse acerca de algo; **why don't you ~ out about training courses?** ¿por qué no te informas sobre cursos de capacitación?

**finder** [ˈfaɪndəʳ] N descubridor(a) *m/f*; ✦**IDIOM ~s keepers (losers weepers)** quien se lo encuentra se lo queda

**finding** [ˈfaɪndɪŋ] N [1] (= *discovery*) descubrimiento *m*
[2] (= *conclusion*) resultado *m*
[3] (*Jur*) fallo *m*; **to make a ~** fallar
[4] **findings** (= *conclusions*) conclusiones *fpl*; (= *results*) resultados *mpl*

▼**fine**[1] [faɪn] Ⓐ ADJ (*compar* **finer**; *superl* **finest**) [1] (= *delicate, thin*) [*thread, hair*] fino, delgado; [*rain, point, nib*] fino; [*line*] delgado, tenue; (= *small*) [*particle*] minúsculo; **~-nibbed pen** bolígrafo *m* de punta fina; *see also* **print**

➤ LANGUAGE IN USE: **finally 1** 26.1, 26.2 **fine[1] A5** 11.2, 11.3, 13

2 (= *good*) [*performance, example*] excelente; (= *imposing*) [*house, building*] magnífico; (= *beautiful*) [*object*] hermoso; **she's a very ~ musician** es una música verdaderamente excelente; **we use only the ~st ingredients** sólo usamos ingredientes de primerísima calidad; **he's a ~-looking boy** es un muchacho bien parecido; **✦*IDIOM* he's got it down to a ~ art** lo hace a la perfección; *see also* **chance A2**

3 (= *subtle*) [*distinction*] sutil; **she has a ~ eye for a bargain** tiene mucho ojo *or* muy buen olfato para las gangas; **there's a ~ line between love and hate** la línea que separa el amor del odio es muy tenue, del amor al odio sólo hay un paso; **not to put too ~ a point on it** hablando en plata; **the ~r points of the argument** los puntos más sutiles del argumento

4 (= *refined*) [*taste, manners*] refinado; **he has no ~r feelings whatsoever** no tiene nada de sensibilidad; *see also* **feeling 3**

5 (= *acceptable*) bien; **"is this ok?" — "yes, it's ~"** —¿vale así? —sí, está bien; **~!** ¡de acuerdo!, ¡vale!, ¡cómo no! (*esp LAm*); **that's ~ by me** por mí bien, de acuerdo; **"would you like some more?" — "no, I'm ~, thanks"** —¿quieres un poco más? —no, gracias, con esto me basta; **✦*IDIOM* ~ and dandy**: **everything may look ~ and dandy to you** puede que tú todo lo veas de color de rosa

6 (= *quite well*) muy bien; **he's ~, thanks** está muy bien, gracias

7 (*of weather*) bueno; **if the weather is ~** si hace buen tiempo; **it's a ~ day today** hoy hace buen tiempo; **the weather kept ~ for the match** duró el buen tiempo hasta el partido; **one ~ day, we were out walking** un día que hacia buen tiempo habíamos salido de paseo

8 (*iro*) menudo; **a ~ friend you are!** ¡valiente amigo estás hecho! (*iro*), ¡menudo amigo eres tú! (*iro*); **you're a ~ one to talk!** ¡mira quién habla!; **a ~ thing!** ¡hasta dónde hemos llegado!

9 (= *pure*) [*metal*] puro, fino

Ⓑ ADV 1 (= *well*) bien; **"how did you get on at the dentist's?" — "~"** —¿qué tal te ha ido en el dentista? —bien; **you're doing ~** lo estás haciendo bien; **mother and baby are doing ~** la madre y el bebé están bien; **to feel ~** [*person*] encontrarse bien; **these shoes feel ~** estos zapatos son cómodos; **five o'clock suits me ~** a las cinco me viene bien

2 (= *finely*) **to chop sth up ~** picar algo en trozos menudos, picar algo muy fino; **✦*IDIOM* to cut it ~** (*of time*) ir con el tiempo justo; (*of money*) calcular muy justo; **we'll be cutting it pretty ~ if we leave at ten** vamos a ir con el tiempo muy justo si salimos a las diez

Ⓒ CPD ► **fine art**, N **the fine arts** NPL las Bellas Artes ► **fine wines** NPL vinos *mpl* selectos

**fine[2]** [faɪn] Ⓐ N multa *f*; **to get a ~ (for sth/doing sth)** ser multado (por algo/hacer algo); **I got a ~ for ...** me pusieron una multa por ...

Ⓑ VT **to ~ sb (for sth/doing sth)** multar a algn (por algo/hacer algo)

**fine-drawn** ['faɪn'drɔːn] ADJ [*wire*] muy delgado; [*distinction*] sutil

**fine-grained** ['faɪn'greɪnd] ADJ de grano fino

**finely** ['faɪnlɪ] ADV 1 (= *splendidly, well*) [*dressed, written*] con elegancia

2 (= *delicately*) [*carved, woven*] delicadamente; **a ~ detailed embroidery** un bordado trabajado con mucho detalle; **this could upset the whole ~ balanced process** esto podría trastornar el precario equilibrio del proceso

3 (= *very small*) [*chopped*] en trozos muy menudos, muy fino; [*sliced*] en rodajas finas, en lonchas finas

4 (= *with precision*) [*tuned, judged*] con precisión

**fineness** ['faɪnnɪs] N 1 (= *thinness*) [*of thread, hair*] lo fino, lo delgado

2 (= *excellent quality*) excelente calidad *f*

3 (= *delicacy*) exquisitez *f*, lo delicado; **observe the ~ of detail in the painting** observe la exquisitez de los detalles en el cuadro

4 (= *precision*) precisión *f*

5 (= *purity*) [*of metal*] pureza *f*

**finery** ['faɪnərɪ] N galas *fpl*; **spring in all its ~** (*liter*) la primavera con todo su esplendor

**fine-spun** ['faɪnspʌn] ADJ [*yarn*] fino; (*fig*) [*hair*] fino, sedoso

**finesse** [fɪ'nes] Ⓐ N 1 (*in judgement*) finura *f*, delicadeza *f*; (*in action*) diplomacia *f*, sutileza *f*; (= *cunning*) astucia *f*

2 (*Cards*) impasse *m*

Ⓑ VT hacer el impasse a

**fine-tooth comb** [ˌfaɪn,tuːθ'kəʊm] N peine *m* de púas finas; **✦*IDIOM* to go over** *or* **through sth with a ~** revisar *or* examinar algo a fondo

**fine-tune** [ˌfaɪn'tjuːn] VT 1 [+ *engine*] poner a punto

2 (*fig*) [+ *plans, strategy*] afinar, matizar; [+ *economy*] ajustar; [+ *text*] dar los últimos retoques a

**fine-tuning** [ˌfaɪn'tjuːnɪŋ] N 1 [*of engine*] puesta *f* a punto

2 (*fig*) [*of plans, strategy*] matización *f*; [*of economy*] ajuste *m*; [*of text*] últimos retoques *mpl*

**finger** ['fɪŋgəʳ] Ⓐ N 1 (*Anat*) dedo *m*; **I can count on the ~s of one hand the number of times you've taken me out** con los dedos de la mano se pueden contar las veces que me has sacado; **to cross one's ~s** ◊ **keep one's ~s crossed**: **I'll keep my ~s crossed for you** cruzo los dedos (por tí), ojalá tengas suerte; **~s crossed!** (*for someone*) ¡(que tengas) suerte!, ¡buena suerte!; (*for yourself*) ¡deséame suerte!; **index ~** (dedo *m*) índice *m*; **they never laid a ~ on her** no le pusieron la mano encima; **he didn't lift a ~ to help us** no movió un dedo para ayudarnos; **she never lifts a ~ around the house** nunca mueve un dedo para ayudar en la casa; **little ~** (dedo *m*) meñique *m*; **middle ~** (dedo *m*) corazón *m or* medio *m*; **ring ~** (dedo *m*) anular *m*; **to snap one's ~s** chasquear los dedos; **she only has to snap her ~s and he comes running** no tiene más que chasquear los dedos y él viene corriendo; **✦*IDIOMS* to burn one's ~s** ◊ **get one's ~s burnt** pillarse los dedos; **to get** *or* **pull one's ~ out*** espabilarse; **to have a ~ in every pie** estar metido en todo; **to point the ~ at sb** acusar a algn, señalar a algn; **evidence points the ~ of suspicion at his wife** las pruebas señalan a su mujer como sospechosa; **to put one's ~ on sth**: **there's something wrong, but I can't put my ~ on it** hay algo que está mal, pero no sé exactamente qué; **there was nothing you could put your ~ on** no había nada concreto; **to slip through one's ~s** escapársele de las manos; **to be all ~s and thumbs** ser un/una manazas, ser muy desmañado/a; **he's got her twisted round his little ~** hace con ella lo que quiere; **to put two ~s up at sb** ◊ **give sb the two ~s*** ≈ hacer un corte de mangas a algn*; **to work one's ~s to the bone** dejarse la piel trabajando*; *see also* **pulse, twist B1**

2 [*of glove*] dedo *m*

3 (= *shape*) franja *f*; **a ~ of smoke** una franja de humo; **a ~ of land projecting into the sea** una lengua de tierra adentrándose en el mar

4 (= *measure*) [*of drink*] dedo *m*

Ⓑ VT 1 (= *touch*) toquetear

2 (*Brit**) (= *betray, inform on*) delatar

3 (*Mus*) [+ *piano*] teclear; [+ *guitar*] rasguear; [+ *music score*] marcar la digitación de

Ⓒ CPD ► **finger bowl** N lavafrutas *m inv* ► **finger buffet** N buffet *m* de canapés ► **finger food** N (*for babies*) *comida que los bebés pueden agarrar y comer con las manos*; (*US*) canapés *mpl* ► **finger paint** N pintura *f* para pintar con los dedos

**fingerboard** ['fɪŋgəbɔːd] N (*on piano*) teclado *m*; (*on stringed instrument*) diapasón *m*

**fingering** ['fɪŋgərɪŋ] N (*Mus*) digitación *f*

**fingermark** ['fɪŋgəmɑːk] N huella *f*

**fingernail** ['fɪŋgəneɪl] N uña *f*

**finger-paint** ['fɪŋgəpeɪnt] VI pintar con los dedos

**fingerprint** ['fɪŋgəprɪnt] Ⓐ N huella *f* digital *or* dactilar

Ⓑ VT [+ *person*] tomar las huellas digitales *or* dactilares a; (*Med*) identificar genéticamente

**fingerstall** ['fɪŋgəstɔːl] N dedil *m*

**fingertip** ['fɪŋgətɪp] N punta *f or* yema *f* del dedo; **to have sth at one's ~s** tener algo a mano; (= *know sth*) saber(se) algo al dedillo

**finicky** ['fɪnɪkɪ] ADJ 1 [*person*] melindroso (**about** con); **she's a ~ eater** ◊ **she is ~ about her food** es muy melindrosa con la comida

2 [*job*] complicado

**finish** ['fɪnɪʃ] Ⓐ N 1 (= *end*) final *m*; **to be in at the ~** presenciar el final; **a fight to the ~** una lucha a muerte; **to fight to the ~** luchar a muerte; **from start to ~** de principio a fin

2 (*Sport*) [*of race*] final *m*; **it's going to be a close ~** va a ser un final reñido; **the replays showed a close ~** la repetición mostraba que habían cruzado la meta casi a la vez

3 (= *appearance*) acabado *m*; **a table with an oak ~** una mesa con un acabado en roble; **gloss(y) ~** acabado *m* brillo; **matt ~** acabado *m* mate; **a surface with a rough/smooth ~** una superficie sin pulir/pulida

4 (= *refinement*) refinamiento *m*; **she's a beautiful model, but she lacks ~** es una modelo bella, pero le falta refinamiento

Ⓑ VT 1 (= *complete*) terminar, acabar; **I've nearly ~ed the ironing** casi he terminado *or* acabado de planchar; **what time do you ~ work?** ¿a qué hora terminas el trabajo?; **I'll be ~ing my course next year** termino *or* acabo el curso el año que viene; **to ~ doing sth** terminar *or* acabar de hacer algo; **as soon as he ~ed eating, he excused himself** en cuanto terminó *or* acabó de comer, se excusó

2 (= *use up, consume*) [+ *food, resources*] terminar, acabar; **~ your soup** termínate la sopa, acábate la sopa; **if you ~ the milk, let me know** si terminas (toda) la leche, dímelo

3 (= *round off*) rematar; **~ the dish with a sprinkling of parsley** remate el plato espolvoreándolo con perejil; **we ~ed the afternoon with tea at the Ritz** rematamos la tarde tomando té en el Ritz

4 (*) (= *defeat, destroy*) acabar con; **that last kilometre nearly ~ed me** el kilómetro final casi acabó conmigo

5 (= *apply surface to*) **~ the wood with wax or varnish** dele un acabado final a la madera con cera o barniz

Ⓒ VI 1 (= *come to an end*) terminar, acabar; **the party was ~ing** la fiesta se estaba termi-

nando *or* acabando; **have you quite ~ed?** ¿has acabado ya?; (= *can I speak now?*) ¿puedo hablar ya?; **she ~ed by saying that …** terminó *or* acabó diciendo que …; **I've ~ed with the paper** he acabado el periódico, he terminado con el periódico; **come back, I haven't ~ed with you yet!** ¡vuelve, que todavía no he terminado *or* acabado contigo!
[2] (*Sport*) (= *end race*) terminar, acabar; **she ~ed first/last** terminó *or* acabó en primer lugar/en último lugar
[3] (= *end association*) romper, terminar (**with** con); **she's ~ed with him** ha roto *or* terminado con él
[4] (*Fin*) **our shares ~ed at $70** al cierre de la Bolsa, nuestras acciones se cotizaban a 70 dólares
(D) CPD ► **finish line** N (*US*) = **finishing line**

►**finish off** (A) VT + ADV [1] (= *conclude*) terminar
[2] (= *use up, consume*) terminar(se), acabar(se); **he ~ed off the bottle in one swallow** se terminó *or* se acabó la botella de un trago
[3] (= *exhaust*) dejar destrozado, dejar hecho polvo*
[4] (= *kill*) [+ *victim*] acabar con, liquidar*; [+ *wounded person/animal*] rematar; (= *defeat*) [+ *opponent*] derrotar, vencer
(B) VI + ADV (= *end*) terminar, concluir (*frm*); **I'd like to ~ off by proposing a toast** quisiera terminar *or* (*frm*) concluir proponiendo un brindis; **let's ~ off now** terminemos ahora

►**finish up** (A) VT + ADV (= *use up, consume*) [+ *food, leftovers*] terminarse, acabarse; **~ up your drinks now please** termínense lo que estén bebiendo ahora, por favor
(B) VI + ADV (= *end up*) terminar, acabar; **he ~ed up in Paris** terminó *or* acabó en París; **he'll probably ~ up in jail** probablemente termine *or* acabe en la cárcel

**finished** [ˈfɪnɪʃt] ADJ [1] (= *concluded*) terminado; **it's not ~ yet** aún no está terminado *or* acabado; **when will you be ~?** ¿(para) cuándo vas a terminar?; **a half-~ meal** una comida a medio terminar; **he sent off the ~ manuscript/version** envió el manuscrito terminado/la versión final; **he's ~ with politics** ha renunciado a la política; **I'm not ~ with you yet** aún no he terminado *or* acabado contigo
[2] (= *completed*) acabado; **the ~ product** el producto acabado *or* final
[3] (= *polished*) [*performance, production*] pulido
[4] (*) (= *tired*) rendido, hecho polvo*; (= *destroyed*) acabado; **their marriage is ~** su matrimonio está acabado; **as a film star she's ~** como estrella está acabada
[5] (= *surfaced*) **walnut-~ kitchen accessories** accesorios *mpl* de cocina con un acabado de nogal; **a building ~ in smoked glass** un edificio acabado con cristales ahumados

**finisher** [ˈfɪnɪʃəʳ] N (*esp Brit Ftbl*) rematador(a) *m/f*; (*Cycling, Running*) *persona que llega a la meta*

**finishing** [ˈfɪnɪʃɪŋ] (A) N [1] [*of product*] acabado *m*
[2] (*esp Brit Ftbl*) capacidad *f* de remate
(B) CPD ► **finishing line** N (*Sport*) línea *f* de meta, meta *f* ► **finishing school** N *escuela privada para señoritas donde se les enseña a comportarse en la alta sociedad* ► **finishing touch** N toque *m* final; **to put the ~ touches to sth** dar los últimos toques a algo

**finite** [ˈfaɪnaɪt] (A) ADJ [1] (= *limited*) (*of distance*) finito; [*resources*] limitado; **is the universe ~?** ¿el universo es finito?; **to make the best use of ~ resources** hacer el mejor uso posible de recursos limitados; **we have only a ~ amount of money to invest** sólo disponemos de una cantidad limitada de dinero para invertir
[2] (*Ling*) [*mood, verb*] conjugado
(B) CPD ► **finite verb** N verbo *m* conjugado

**fink*** [fɪŋk] N (*US*) (= *informer*) soplón/ona* *m/f*; (= *strikebreaker*) rompehuelgas *mf inv*, esquirol *m*

►**fink out*** VI + ADV (*US*) acobardarse

**Finland** [ˈfɪnlənd] N Finlandia *f*

**Finn** [fɪn] N finlandés/esa *m/f*

**Finnish** [ˈfɪnɪʃ] (A) ADJ finlandés
(B) N (*Ling*) finlandés *m*

**Finno-Ugrian** [ˈfɪnəʊˈuːgrɪən], **Finno-Ugric** [ˈfɪnəʊˈuːgrɪk] (A) ADJ fino-húngaro
(B) N (*Ling*) fino-húngaro *m*

**fiord** [fjɔːd] N = **fjord**

**fir** [fɜːʳ] (A) N (*also* **~ tree**) abeto *m*
(B) CPD ► **fir cone** N piña *f*

**fire** [faɪəʳ] (A) N [1] (= *flames*) fuego *m*; **much of the town was destroyed by ~** el fuego causó la destrucción de gran parte de la ciudad; **~ and brimstone** el fuego eterno; **a ~ and brimstone speech** un discurso lleno de referencias apocalípticas; **to catch ~** [*curtains, furniture*] prender fuego; [*house*] incendiarse; [*engine, car*] empezar a arder; **the aircraft caught ~ soon after take off** poco después de despegar se inició un incendio en el avión; **~ damaged goods** mercancías *fpl* dañadas por el fuego; **to be on ~** (*lit*) estar ardiendo; (*fig*) (*with passion, pain*) arder; **to set ~ to sth** ◊ **set sth on ~** prender fuego a algo; **to set o.s. on ~** prenderse fuego; ✦***IDIOMS*** **to fight ~ with ~** pagar con la misma moneda; **to play with ~** jugar con fuego; **to set the world on ~** comerse el mundo; **to go** *or* **come through ~ and water (to do sth)** pasar lo indecible (por hacer algo); *see also* **smoke A1**
[2] (*in grate*) fuego *m*, lumbre *f*; **to lay** *or* **make up a ~** preparar el fuego *or* la lumbre; **to light a ~** encender un fuego *or* una lumbre
[3] (= *bonfire*) hoguera *f*, fogata *f*; **to make a ~** hacer una hoguera *or* una fogata
[4] (= *fireplace*) lumbre *f*, chimenea *f*; **come and sit by the ~** ven y siéntate a la lumbre *or* a lado de la chimenea
[5] (*accidental*) incendio *m*; **87 people died in the ~** 87 personas murieron en el incendio; **to be insured against ~** estar asegurado contra incendios; **bush ~** incendio *m* de monte; **forest ~** incendio *m* forestal
[6] (= *heater*) estufa *f*; **electric/gas ~** estufa *f* eléctrica/de gas
[7] (*Mil*) fuego *m*; **to draw sb's ~** distraer a algn (*disparando a algo que no es el objetivo real*); **to draw ~** (*fig*) provocar críticas; **the proposed tax has already drawn ~ from the opposition** el impuesto propuesto ya ha provocado las críticas de la oposición; **to exchange ~ (with sb)** tirotearse (con algn); **an exchange of ~** un tiroteo; **to hold (one's) ~** (*lit*) no disparar; (*fig*) esperar; **hold your ~!** (*when already firing*) ¡alto al fuego!; **to open ~ (on sth/sb)** abrir fuego (sobre algo/algn); **to return (sb's) ~** responder a los disparos (de algn); [*troops*] responder al fuego enemigo; **to be/come under ~** (*lit*) estar/caer bajo fuego enemigo; (*fig*) ser atacado; **the President's plan came under ~ from the opposition** el plan del presidente fue atacado por la oposición; ✦***IDIOM*** **to hang ~**: **banks and building societies were hanging ~ on interest rates** los bancos y las sociedades de préstamos hipotecarios dejaron en suspenso los tipos de interés; **several projects were hanging ~ in his absence** varios proyectos quedaron interrumpidos en su ausencia; *see also* **line A11**
[8] (= *passion*) ardor *m*; ✦***IDIOM*** **to have ~ in one's belly*** ser muy ardoroso *or* apasionado
(B) VT [1] (= *shoot*) [+ *gun*] disparar; [+ *missile, arrow*] disparar, lanzar; [+ *rocket*] lanzar; [+ *shot*] efectuar; **to ~ a gun at sb** disparar contra algn; **he ~d a question at her** le lanzó una pregunta; **he continued to ~ (off) questions at her** continuó acosándola con preguntas; **to ~ a salute** tirar una salva
[2] (= *operate*) **gas/oil ~d central heating** calefacción *f* central a *or* de gas/de petróleo
[3] (= *set fire to*) [+ *property, building*] incendiar, prender fuego a
[4] (*) (= *dismiss*) echar (a la calle), despedir; **you're ~d!** ¡queda usted despedido!
[5] (*in kiln*) [+ *pottery*] cocer
[6] (= *stimulate*) [+ *imagination*] estimular; **~d with enthusiasm/determination, the crowd …** impulsados por el entusiasmo/por la determinación, la multitud …; **she ~s others with energy** llena a los demás de energía
(C) VI [1] (*Mil*) disparar (**at** a, contra; **on** sobre); **riot police ~d on the crowd** la policía antidisturbios disparó sobre la multitud; **ready, aim, ~!** ¡atención, apunten, fuego!
[2] (*Aut*) [*engine*] encenderse, prender (*LAm*)
[3] (*) (= *dismiss*) *see* **hire B**
(D) CPD ► **fire alarm** N alarma *f* contra *or* de incendios ► **fire brigade**, **fire department** (*US*) N cuerpo *m* de bomberos; **we called the ~ brigade** llamamos a los bomberos ► **fire chief** N (*US*) jefe/a *m/f* de bomberos ► **fire curtain** N telón *m* contra incendios ► **fire department** N (*US*) = **fire brigade** ► **fire dog** N morillo *m* ► **fire door** N puerta *f* contra incendios ► **fire drill** N simulacro *m* de incendio ► **fire engine** N coche *m* de bomberos ► **fire escape** N escalera *f* de incendios ► **fire exit** N salida *f* de incendios ► **fire extinguisher** N extintor *m* ► **fire hazard** N **the spilt oil was a ~ hazard** el aceite derramado podía haber provocado un incendio ► **fire hydrant** N boca *f* de incendios ► **fire insurance** N seguro *m* contra incendios ► **fire irons** NPL utensilios *mpl* para la chimenea ► **fire prevention** N prevención *f* de incendios ► **fire regulations** NPL normas *fpl* para la prevención de incendios ► **fire retardant** N ignirretardante *m* ► **fire risk** N = **fire hazard** ► **fire screen** N pantalla *f* de chimenea ► **fire service** N = **fire brigade** ► **fire station** N estación *f or* (*Sp*) parque *m* de bomberos ► **fire tender, fire truck** N (*US*) coche *m* de bomberos ► **fire tower** N (*US*) torre *f* de vigilancia contra incendios ► **fire trap** N *edificio muy peligroso en caso de incendio* ► **fire warden** N (*US*) *persona encargada de la lucha contra incendios*

►**fire away*** VI + ADV **"may I ask you something?" — "sure, ~ away!"** —¿puedo preguntarle algo? —¡adelante! *or* (*LAm*) —¡siga nomás!

►**fire off** VT + ADV *see* **fire B1**

►**fire up** VT + ADV (*fig*) enardecer; **to be/get ~d up about sth** estar enardecido/enardecerse por algo

**firearm** [ˈfaɪərɑːm] N arma *f* de fuego

**fireball** [ˈfaɪəbɔːl] N bola *f* de fuego

**Firebird** [ˈfaɪəbɜːd] N **the ~** (*Mus*) el Pájaro de fuego

**firebomb** [ˈfaɪəbɒm] (A) N bomba *f* incendiaria

Ⓑ VT colocar una bomba incendiaria en; (*Aer*) bombardear con bombas incendiarias

**firebrand** ['faɪəbrænd] N 1 tea *f*
2 (*fig*) agitador(a) *m/f*, revoltoso/a *m/f*

**firebreak** ['faɪəbreɪk] N cortafuego *m*

**firebrick** ['faɪəbrɪk] N ladrillo *m* refractario

**firebug** ['faɪəbʌg] N (*US*) incendiario/a *m/f*, pirómano/a *m/f*

**fireclay** ['faɪəkleɪ] N (*Brit*) arcilla *f* refractaria

**firecracker** ['faɪə,krækəʳ] N petardo *m*

**firedamp** ['faɪədæmp] N grisú *m*

**fire-eater** ['faɪər,iːtəʳ] N (*lit*) tragafuegos *mf inv*; (*fig*) pendenciero/a *m/f*

**firefight** ['faɪə,faɪt] N (*Mil*) (*journalese*) tiroteo *m*

**firefighter** ['faɪə,faɪtəʳ] N bombero/a *m/f*

**firefighting** ['faɪə,faɪtɪŋ] Ⓐ N lucha *f* por apagar incendios
Ⓑ CPD ► **firefighting equipment** N equipo *m* contra incendios

**firefly** ['faɪəflaɪ] N luciérnaga *f*

**fireguard** ['faɪəgɑːd] N pantalla *f* de chimenea

**firehouse** ['faɪəhaʊs] N (*pl* **firehouses** ['faɪəhaʊzɪz]) (*US*) estación *f* or (*Sp*) parque *m* de bomberos

**firelight** ['faɪəlaɪt] N luz *f* de la lumbre *or* del hogar; **by ~** a la luz de la lumbre *or* del hogar

**firelighter** ['faɪə,laɪtəʳ] N pastilla *f* enciendefuegos, *barra de material inflamable que se utiliza para encender fuego en una chimenea*

**fireman** ['faɪəmən] N (*pl* **firemen**) [*of fire service*] bombero/a *m/f*; (*Rail*) fogonero/a *m/f*; **~'s lift** *manera de llevar a una persona sobre un solo hombro*

**fireplace** ['faɪəpleɪs] N chimenea *f*, hogar *m*

**fireplug** ['faɪəplʌg] N (*US*) = **fire hydrant**

**firepower** ['faɪə,paʊəʳ] N (*Mil*) potencia *f* de fuego

**fireproof** ['faɪəpruːf] Ⓐ ADJ [*material*] incombustible, ignífugo; [*suit, clothing*] ignífugo, a prueba de fuego; [*safe*] a prueba de fuego; [*dish*] refractario
Ⓑ VT cubrir con material ignífugo

**fire-raiser** ['faɪə,reɪzəʳ] N (*Brit*) incendiario/a *m/f*, pirómano/a *m/f*

**fire-raising** ['faɪə,reɪzɪŋ] N (*Brit*) (delito *m* de) incendiar *m*, piromanía *f*

**fire-resistant** ['faɪərɪ,zɪstənt] ADJ ignífugo

**fire-retardant** ['faɪərɪ,tɑːdənt] ADJ resistente al fuego

**fireside** ['faɪəsaɪd] Ⓐ N **by the ~** junto a la chimenea, al amor de la lumbre
Ⓑ CPD hogareño, familiar ► **fireside chair** N sillón *m* cerca de la lumbre ► **fireside chat** N charla *f* íntima

**firewater*** ['faɪə,wɔːtəʳ] N (*US*) aguardiente *m*

**firewood** ['faɪəwʊd] N leña *f*

**firework** ['faɪəwɜːk] Ⓐ N artilugio *m* pirotécnico (*frm*); **a stray ~ fell onto the roof** un cohete perdido cayó en el techo; **fireworks** fuegos *mpl* artificiales; **there'll be ~s at the meeting*** (*fig*) en la reunión se va a armar la gorda*
Ⓑ CPD ► **firework display** N fuegos *mpl* artificiales

**firing** ['faɪərɪŋ] Ⓐ N 1 (= *bullets*) disparos *mpl*; (= *exchange of fire*) tiroteo *m*
2 (*Aut*) encendido *m*
3 [*of bricks, pottery*] cocción *f*
4 (*esp US**) despido *m*
Ⓑ CPD ► **firing hammer** N = **firing pin** ► **firing line** N línea *f* de fuego; ✦**IDIOM to be in the ~ line** (*Mil, fig*) estar en la línea de fuego ► **firing pin** N martillo *m*, percutor *m* ► **firing squad** N pelotón *m* (de fusilamiento)

**firm¹** [fɜːm] Ⓐ ADJ (*compar* **firmer**; *superl* **firmest**) 1 (= *solid*) [*base*] firme, sólido; [*mattress, stomach, thighs*] duro; (= *secure*) [*hold*] firme, seguro; **these legends have a ~ basis in fact** estas leyendas están sólidamente basadas en hechos reales; **to be on ~ ground** (*fig*) pisar terreno firme; **as ~ as a rock** (tan) firme como una roca
2 (= *staunch*) [*belief, support*] firme; [*friends*] íntimo; [*friendship*] sólido; **she's a ~ believer in justice/discipline** cree firmemente en la justicia/la disciplina
3 (= *resolute, decisive*) [*decision, measures*] firme; [*voice*] seguro, firme; [*steps*] decidido, resuelto; **he was very ~ about it** se mostró muy firme *or* decidido; **we are taking a ~ stand on this issue** mantenemos una postura firme con respecto a esta cuestión
4 (= *severe*) estricto, firme; **to be ~ with sb** ser estricto *or* firme con algn; **a ~ hand**: **this horse needs a ~ hand** a este caballo hay que tratarlo con firmeza; **this child needs a ~ hand** este niño necesita mano dura; **he governed the country with a ~ hand** dirigió el país con mano dura
5 (= *definite*) [*offer, order*] en firme; [*evidence*] concluyente, contundente; **they won't go ahead without a ~ commitment from us** no van a seguir adelante hasta que no les demos una garantía en firme; **they are ~ favourites to win the trophy** son los grandes favoritos para llevarse el trofeo; **chocolate is a ~ favourite with children** el chocolate siempre tiene el éxito asegurado con los niños
6 (= *set*) firme; **beat the egg whites until ~** bata las claras a punto de nieve
7 (*Fin*) (= *not subject to change*) [*price*] estable
Ⓑ ADV **to stand ~** mantenerse firme

►**firm up** Ⓐ VT + ADV 1 (= *reinforce*) [+ *structure*] fortalecer, reforzar; [+ *thighs, muscles*] endurecer
2 (= *make more specific*) [+ *proposal, deal*] concretar
3 (*Culin*) [+ *mixture*] dar consistencia a
4 (*Fin*) [+ *prices*] consolidar
Ⓑ VI + ADV (*Culin*) [*mixture*] hacerse consistente

**firm²** [fɜːm] N firma *f*, empresa *f*; **a ~ of accountants** una firma *or* empresa de contabilidad; **she joined a law ~** se incorporó a un bufete de abogados

**firmament** ['fɜːməmənt] N firmamento *m*

**firmly** ['fɜːmlɪ] ADV 1 (= *unwaveringly*) [*fixed, entrenched*] firmemente; **she had her eye ~ fixed on the dog** tenía la mirada fija en el perro
2 (= *staunchly*) [*believe*] firmemente, con firmeza; **the crowd was ~ behind him** tenía todo el apoyo del público, el público le apoyaba firmemente; **they remain ~ opposed/committed to the plan** se mantienen firmes en su oposición/entrega al proyecto
3 (= *decisively, severely*) [*speak, say*] con firmeza

**firmness** ['fɜːmnɪs] N 1 (= *hardness*) [*of mattress, muscles, thighs*] dureza *f*
2 (= *tightness*) [*of grip*] fuerza *f*
3 (= *determination*) firmeza *f*; **~ of character/purpose** firmeza *f* de carácter/propósito
4 (= *severity*) firmeza *f*, mano *f* dura

**first** [fɜːst] Ⓐ ADJ primero; (*before m sing n*) primer; **I was ~!** ¡yo iba *or* estaba primero!; **during the ~ three months of pregnancy** durante los primeros tres meses de embarazo; **he felt a bit lonely for the ~ few days** los primeros días se sentía un poco solo; **the ~ three correct answers win a prize** las tres primeras respuestas correctas se llevan un premio; **~-past-the-post system** (*Parl*) *sistema de votación por mayoría relativa*; **at ~** al principio; **on the ~ floor** (*Brit*) en el primer piso; (*US*) en la planta baja; **at ~ hand** directamente; **from ~ to last** de principio a fin; **in the ~ place** en primer lugar; **to win ~ place** (*in competition*) conseguir el primer puesto, ganar; **to win ~ prize** ganar el primer premio; **~ strike weapon** arma *f* de primer golpe; **the ~ time** la primera vez; *see also* **instance A2**, **thing A2**
Ⓑ ADV 1 (*in place, priority*) primero; **~ one, then another** primero uno, después otro; **we arrived ~** fuimos los primeros en llegar, llegamos los primeros; **ladies ~** las señoras primero; **women and children ~!** ¡primero las mujeres y los niños!; **~ of all** ante todo, antes que nada; **to come ~** (*in race*) ganar, llegar el primero; (= *have priority*) estar primero, tener prioridad; **the customer/your homework must come ~** primero está el cliente/están los deberes, el cliente tiene prioridad/los deberes tienen prioridad; **~ and foremost** ante todo, antes que nada; **to get in ~** (*in conversation, process*) adelantarse; **you go ~!** ¡tú primero!, ¡pasa tú!; **head ~** de cabeza; **you have to put your children's needs ~** primero están las necesidades de tus hijos; ✦**IDIOM ~ come, ~ served** el que llega primero tiene prioridad; **free tickets, on a ~-come-~-served basis** entradas gratis, por riguroso orden de llegada
2 (*in time*) (= *before anything else*) primero, antes de nada; **~, I need a drink** primero *or* antes de nada *or* antes que nada, necesito una copa; **~, I don't like it, second, I haven't got the money** lo primero: no me gusta, lo segundo: no dispongo del dinero; **~ and last** (= *above all*) por encima de todo; **~ off*** primero de todo, antes de nada
3 (= *for the first time*) por primera vez; **the word was ~ used in 1835** la palabra se usó por primera vez en 1835; **I ~ met him in Paris** lo conocí en París
4 (= *rather*) primero, antes; **let him in this house? I'd kill him ~!** ¿dejarle pisar esta casa? ¡primero *or* antes lo mato!; **I'd die ~!** ¡antes me muero!
Ⓒ PRON **the ~ of January** el primero de enero, el uno de enero; **it's the ~ I've heard of it** ahora me entero, no lo sabía; **Charles the First** Carlos Primero; **he came in an easy ~** llegó el primero con ventaja; **from the (very) ~** desde el principio; **to be the ~ to do sth** ser el primero en hacer algo; **they were the ~ to arrive** fueron los primeros en llegar, llegaron los primeros
Ⓓ N 1 (*Aut*) primera *f*; **in ~** en primera
2 (*Brit Univ*) ≈ sobresaliente *m*; **he got a ~ in French** ≈ se graduó en francés con sobresaliente; → DEGREE
Ⓔ CPD ► **first aid** N primeros auxilios *mpl*; **~-aid box** = **first-aid kit**; **~-aid course** curso *m* de primeros auxilios; **~-aid kit** botiquín *m* de urgencia; **~-aid post** ◊ **~-aid station** (*US*) puesto *m* de socorro ► **first base** N (*Baseball*) primera base *f*; ✦**IDIOM not to get to ~ base** (*US**) quedar en agua de borrajas ► **first degree** N licenciatura *f* ► **first edition** N primera edición *f*; [*of early or rare book*] edición *f* príncipe ► **first form** *or* **year** N (*Scol*) *primer curso de secundaria*; **~-year student** (*Univ*) estudiante *mf* de primer año (*de carrera universitaria*) ► **first gear** N (*Aut*) primera *f* ► **first lady** N (*US*) primera dama *f*; **the ~ lady of jazz** la primera dama del jazz ► **first language** N (= *mother tongue*) lengua *f* materna; [*of country*] lengua *f* principal ► **first lieuten-**

➤ LANGUAGE IN USE: **first** B 26.1, 26.2, 26.3 C 26.1

**ant** N (*US Aer*) teniente *mf*; (*Brit Naut*) teniente *mf* de navío ► **first light** N amanecer *m*, alba *f*; **at ~ light** al amanecer, al alba ► **first mate** N primer oficial *m*, primera oficial *f* ► **first name** N nombre *m* (de pila); **to be on ~ name terms with sb** tutear a algn ► **first night** N (*Theat*) estreno *m* ► **first offender** N (*Jur*) delincuente *mf* sin antecedentes penales ► **first officer** N primer oficial *m*, primera oficial *f* ► **first performance** N (*Theat, Mus*) estreno *m* ► **first person** N (*Ling*) primera persona *f* ► **first school** N (*Brit*) *escuela para niños entre cinco y nueve años* ► **first violin** N primer violín *m*, primera violín *f*; *see also* **cousin**

**first-born** ['fɜːstbɔːn] Ⓐ N primogénito/a *m/f*
Ⓑ ADJ primogénito; **the ~ son** el hijo primogénito

**first-class** ['fɜːstklɑːs] Ⓐ ADJ [1] [*passenger, accommodation*] de primera clase; [*travel, compartment, train*] de primera (clase); [*stamp*] *referido a un sello de correos, que asegura mayor rapidez en la entrega*
[2] (= *very good*) [*education, performance*] de primera (calidad)
Ⓑ CPD ► **first-class compartment** N (*Rail*) compartimento *m* de primera ► **first-class honours degree** N (*Univ*) licenciatura *f* con matrícula de honor; *see also* **honour A7** ► **first-class mail**, **first-class post** N *servicio de correos que asegura mayor rapidez en la entrega* ► **first-class ticket** N (*Rail*) billete *m* or (*LAm*) boleto *m* de primera clase
Ⓒ ADV **to travel ~** viajar en primera; **to send a letter ~** *enviar una carta por el sistema de correos que asegura una entrega rápida*

**first-day cover** [ˌfɜːstdeɪ'kʌvəʳ] N (*Post*) sobre *m* de primer día

**first-degree burns** [ˌfɜːstdɪgriː'bɜːnz] NPL quemaduras *fpl* de primer grado

**first-degree murder** [ˌfɜːstdɪgriː'mɜːdəʳ] N (*US*) asesinato *m* premeditado

**first-ever** ['fɜːstˌevəʳ] ADJ primerísimo

**first-footing** [ˌfɜːst'fʊtɪŋ] N (*Scot*) **to go ~** *ser el primero en visitar a amigos y familiares tras las doce en Nochevieja*; → HOGMANAY

**first-generation** ['fɜːstˌdʒenə'reɪʃən] ADJ de primera generación; **he's a ~ American** es americano de primera generación

**first-hand** ['fɜːst'hænd] Ⓐ ADJ [*information, account*] de primera mano; [*experience, knowledge*] de primera mano
Ⓑ ADV directamente

**firstly** ['fɜːstlɪ] ADV [1] (= *before anything else*) antes que nada, en primer lugar, primero; **~, we must stop the bleeding** antes que nada *or* en primer lugar *or* primero tenemos que cortar la hemorragia
[2] (= *on the first occasion*) primero; **we went there ~ as tourists, then bought a house there** fuimos allí primero como turistas, luego nos compramos una casa
[3] (= *in the first place*) en primer lugar; **~, it's too small and secondly it's too expensive** en primer lugar, es demasiado pequeño y en segundo lugar, es demasiado caro

**first-named** [ˌfɜːst'neɪmd] ADJ **the ~** el primero, la primera

**first-nighter** ['fɜːst'naɪtəʳ] N estrenista *mf*

**first-rate** ['fɜːst'reɪt] ADJ de primera categoría *or* clase; **she is ~ at her work** su trabajo es de primera clase; **~!** ¡magnífico!

**first-time** ['fɜːst'taɪm] ADJ **~ buyer** *persona que compra su primera vivienda*

**first-timer** [ˌfɜːst'taɪməʳ] N novato/a *m/f*, principiante *mf*

➤ LANGUAGE IN USE: firstly 3 26.2

**firth** [fɜːθ] N (*Scot*) estuario *m*, ría *f*

**FIS** N ABBR (*Brit*) (= **Family Income Supplement**) *ayuda estatal familiar*

**FISA** N ABBR = **Fédération Internationale de l'Automobile**

**fiscal** ['fɪskəl] Ⓐ ADJ [*policy, system, incentive*] fiscal
Ⓑ N (*Scot Jur*) fiscal *mf*
Ⓒ CPD ► **fiscal year** N año *m* fiscal

**fish** [fɪʃ] Ⓐ N (*pl* **fish** *or* **fishes**) [1] (*alive*) pez *m*; (*as food*) pescado *m*; **~ and chips** pescado *m* frito con patatas fritas; **~ and chip shop** *tienda de comida rápida principalmente de pescado frito y patatas fritas*; ✦*IDIOMS* **neither ~ nor fowl** ni chicha ni limoná; **I've got other ~ to fry*** tengo cosas más importantes que hacer; **there are other ~ in the sea** hay otros peces en el mar; **to be like a ~ out of water** estar como pez fuera del agua
[2] (*) (= *person*) tipo/a* *m/f*, tío/a *m/f* (*Sp**); **odd ~** bicho *m* raro*; **big ~** pez *m* gordo; ✦*IDIOM* **he's a (bit of a) cold ~*** es un tipo frío*
Ⓑ VI pescar; [*trawler*] faenar; **he goes ~ing at weekends** sale a pescar los fines de semana; **I'm going ~ing** voy de pesca; **to go salmon ~ing** ir a pescar salmón; **to ~ for** [+ *trout, salmon etc*] pescar; [+ *compliments, information*] andar a la caza de; **to ~ (around) in one's pocket for sth** buscarse algo en el bolsillo; ✦*IDIOM* **to ~ in troubled waters** pescar en río revuelto
Ⓒ VT [+ *river, pond*] pescar en; [+ *trout, salmon etc*] pescar
Ⓓ CPD ► **fish course** N (plato *m* de) pescado *m* ► **fish factory** N fábrica *f* de pescado ► **fish farm** N piscifactoría *f*, criadero *m* de peces ► **fish farmer** N piscicultor(a) *m/f* ► **fish farming** N piscicultura *f*, cría *f* de peces ► **fish finger** N (*Brit*) palito *m* de pescado empanado ► **fish glue** N cola *f* de pescado ► **fish knife** N cuchillo *m* de pescado ► **fish manure** N abono *m* de pescado ► **fish market** N lonja *f* de pescado (*Sp*) ► **fish meal** N harina *f* de pescado ► **fish seller** N (*US*) = **fishmonger** ► **fish shop** N pescadería *f* ► **fish slice** N pala *f* para el pescado ► **fish soup** N sopa *f* de pescado ► **fish stick** N (*US*) croqueta *f* de pescado ► **fish store** N (*US*) pescadería *f* ► **fish tank** N acuario *m*

►**fish out** VT + ADV (*from water, from box*) sacar; **they ~ed him out of the water** lo sacaron del agua; **she ~ed a handkerchief out of her handbag** sacó un pañuelo del bolso

►**fish up** VT + ADV sacar

**fishbone** ['fɪʃbəʊn] N espina *f*, raspa *f*

**fishbowl** ['fɪʃbəʊl] N pecera *f*

**fishcake** ['fɪʃkeɪk] N croqueta *f* de pescado

**fisherman** ['fɪʃəmən] N (*pl* **fishermen**) pescador *m*

**fishery** ['fɪʃərɪ] Ⓐ N (= *area*) caladero *m*, pesquería *f*; (= *industry*) pesca *f*, industria *f* pesquera; *see also* **agriculture**
Ⓑ CPD ► **fishery policy** N política *f* pesquera ► **fishery protection** N protección *f* pesquera

**fish-eye** ['fɪʃaɪ] Ⓐ N (*in door*) mirilla *f*
Ⓑ CPD ► **fish-eye lens** N (*Phot*) objetivo *m* de ojo de pez

**fishhook** ['fɪʃhʊk] N anzuelo *m*

**fishing** ['fɪʃɪŋ] Ⓐ N pesca *f*; **to go on a ~ expedition** ir de pesca
Ⓑ CPD ► **fishing boat** N barco *m* pesquero *or* de pesca ► **fishing fleet** N flota *f* pesquera ► **fishing grounds** NPL caladeros *mpl*, pesquerías *fpl* ► **fishing industry** N industria *f* pesquera ► **fishing licence**, **fishing permit** N licencia *f* de pesca ► **fishing line** N sedal *m* ► **fishing net** N red *f* de pesca ► **fishing port** N puerto *m* pesquero ► **fishing rod** N caña *f* de pescar ► **fishing tackle** N equipo *m* de pesca

**fishmonger** ['fɪʃmʌŋgəʳ] N (*Brit*) pescadero/a *m/f*; **~'s (shop)** pescadería *f*

**fishnet** ['fɪʃnet] Ⓐ N [1] (*US, Canada*) red *f* de pesca
[2] (= *material*) red *f*
Ⓑ CPD ► **fishnet stockings** NPL medias *fpl* de red *or* malla ► **fishnet tights** NPL leotardo *m* de red

**fishpaste** ['fɪʃpeɪst] N pasta *f* de pescado

**fishplate** ['fɪʃpleɪt] N (*Rail*) eclisa *f*

**fishpond** ['fɪʃpɒnd] N estanque *m* (de peces)

**fishwife** ['fɪʃwaɪf] N (*pl* **fishwives** ['fɪʃwaɪvz]) pescadera *f*; (*pej*) verdulera *f*

**fishy** ['fɪʃɪ] ADJ (*compar* **fishier**; *superl* **fishiest**)
[1] [*smell, taste*] a pescado
[2] (*) (= *suspect*) sospechoso; **there's something ~ about him** hay algo en él que resulta sospechoso; **it sounds ~ to me** me huele a chamusquina (*Sp**); **there's something ~ going on here** aquí hay gato encerrado, me huele a chamusquina (*Sp**)

**fissile** ['fɪsaɪl] ADJ físil

**fission** ['fɪʃən] N (*Phys*) fisión *f*; (*Bio*) escisión *f*; **atomic/nuclear ~** fisión *f* atómica/nuclear

**fissionable** ['fɪʃnəbl] ADJ fisionable

**fissure** ['fɪʃəʳ] N hendidura *f*, grieta *f*; (*Anat, Geol, Metal*) fisura *f*

**fissured** ['fɪʃəd] ADJ agrietado

**fist** [fɪst] Ⓐ N puño *m*; **he banged his ~ on the table** dio un puñetazo en la mesa; **to shake one's ~ at sb** amenazar con el puño a algn; ✦*IDIOM* **to make a poor ~ of sth** hacer algo mal; *see also* **clench**
Ⓑ CPD ► **fist fight** N pelea *f* a puñetazos

**fistful** ['fɪstfʊl] N puñado *m*

**fisticuffs** ['fɪstɪkʌfs] NPL puñetazos *mpl*

**fistula** ['fɪstjʊlə] N (*pl* **fistulas** *or* **fistulae**) fístula *f*

**fit**[1] [fɪt] ADJ (*compar* **fitter**; *superl* **fittest**) [1] (= *suitable*) adecuado; **he is not ~ company for my daughter** no es compañía adecuada para mi hija; **~ for sth**: **~ for human consumption/habitation** comestible/habitable; **he's not ~ for the job** no sirve para el puesto, no es apto para el puesto; **a meal ~ for a king** una comida digna de reyes; **~ for nothing** inútil; **to be ~ to do sth**: **he's not ~ to teach** no sirve para profesor; **you're not ~ to be seen** no estás presentable, no estás para que te vea la gente; **the meat was not ~ to eat** *or* **to be eaten** (= *unhealthy*) la carne no estaba en buenas condiciones; (= *bad-tasting*) la carne era incomible, la carne no se podía comer; **you're not ~ to drive** no estás en condiciones de conducir
[2] (= *healthy*) (*Med*) sano; (*Sport*) en forma; **to be ~ for duty** (*Mil*) ser apto para el servicio; **to be ~ for work** (*after illness*) estar en condiciones de trabajar; **to get ~** (*Med*) reponerse; (*Sport*) ponerse en forma; **to keep ~** mantenerse en forma; **to pass sb ~** (*after illness, injury*) dar a algn el alta; **she's not yet ~ to travel** todavía no está en condiciones de viajar; ✦*IDIOM* **to be (as) ~ as a fiddle** estar rebosante de salud
[3] (*) (= *ready*) **I'm ~ to drop** estoy que me caigo*; **he was laughing ~ to bust** *or* **burst** se tronchaba *or* desternillaba de risa
[4] (= *right*) **to see/think ~ to do sth**: **you must do as you think ~** debes hacer lo que

estimes conveniente *or* lo que creas apropiado; **she didn't see ~ to mention it** no creyó apropiado mencionarlo

**fit**[2] [fɪt] Ⓐ VT [1] (= *be right size*) [*clothes*] quedar bien a; [*key*] entrar en, encajar en; **it ~s me like a glove** me queda como un guante; **he can't find shirts to ~ him** no encuentra camisas que le queden *or* vengan bien; **the key doesn't ~ the lock** la llave no entra *or* encaja en la cerradura
[2] (= *measure*) tomar las medidas a; **I went to get ~ted for a suit** fui a que me tomaran las medidas para un traje; **to ~ a dress (on sb)** probar un vestido (a algn)
[3] (= *match*) [+ *facts*] corresponderse con; [+ *description*] encajar con; [+ *need*] adecuarse a; **your story doesn't ~ the facts** tu historia no se corresponde con los hechos; **she doesn't ~ the feminine stereotype** no encaja con el estereotipo femenino; **the punishment should ~ the crime** el castigo debe adecuarse al delito; *see also* **bill A6**
[4] (= *put*) **he ~ted the shelf to the wall** fijó el estante a la pared; **to ~ sth into place** hacer encajar algo; **I finally began to ~ the pieces together** (*fig*) finalmente empecé a encajar todas las piezas
[5] (= *install*) [+ *windows*] instalar, poner; [+ *carpet*] poner; [+ *kitchen, bathroom, domestic appliance*] instalar; **they're having a new kitchen ~ted** les van a instalar una cocina nueva
[6] (= *supply*) equipar de; **to be ~ted with sth** estar equipado con algo; **a car ~ted with a catalytic converter** un coche equipado con un conversor catalítico; **all our coaches are ~ted with seat belts** todos nuestros autobuses están equipados con cinturones de seguridad; **he has been ~ted with a new hearing aid** le han puesto un audífono nuevo
[7] (*frm*) (= *make suitable*) **to ~ sb for sth/to do sth** capacitar a algn para algo/para hacer algo; **her experience ~s her for the job** su experiencia la capacita para el trabajo
Ⓑ VI [1] [*clothes, shoes*] **the dress doesn't ~ very well** el vestido no le queda muy bien; *see also* **cap**
[2] (= *go in/on*) **this key doesn't ~** esta llave no encaja *or* entra; **will the cupboard ~ into the corner?** ¿cabrá el armario en el rincón?; **it ~s in/on here** se encaja aquí; **the lid won't ~ on this saucepan** la tapa no encaja en esta cazuela
[3] (= *match*) [*facts, description*] concordar, corresponderse; **it doesn't ~ with what he said to me** no concuerda *or* no se corresponde con lo que me dijo a mí; **it all ~s now!** ¡todo encaja ahora!; *see also* **fit in A1**
[4] (*) (= *belong*) encajar; **his face doesn't ~** él no encaja aquí
Ⓒ N **the lycra in the fabric ensures a good ~** la licra de la tela hace que se ajuste perfectamente; **that suit is not a very good ~** ese traje no te queda bien; **when it comes to shoes, a good ~ is essential** en lo que se refiere a los zapatos, es esencial que se ajusten bien *or* que sean el número correcto; **it was a perfect ~** le quedaba perfectamente; **it's rather a tight ~** me está un poco justo *or* apretado; **she put the key into the lock - it was a tight ~** metió la llave en la cerradura - entraba muy justo

►**fit in** Ⓐ VI + ADV [1] (= *correspond*) [*fact, statement*] concordar, cuadrar (**with** con); **that ~s in with what he told me** eso concuerda *or* cuadra *or* se corresponde con lo que me dijo él
[2] (= *adapt*) **to ~ in with sb's plans** amoldarse *or* adaptarse a los planes de algn; **I'll ~ in with whatever dates you've agreed on** me amoldaré *or* me adaptaré a las fechas que hayáis acordado; **she was trying to arrange her work to ~ in with her home life** intentaba organizar el trabajo de forma que se adaptara a su vida doméstica
[3] (= *belong*) [*person*] **he left because he didn't ~ in** se marchó porque no congeniaba con los demás *or* no encajaba; **she was great with the children and ~ted in beautifully** con los niños era genial, y se adaptó perfectamente
[4] (= *go in*) (*into cupboard, car, corner*) caber; (*into jigsaw puzzle*) encajar; **will we all ~ in?** ¿cabremos todos?
Ⓑ VT + ADV [1] (= *make room for*) **can you ~ another book/passenger in?** ¿te cabe otro libro/pasajero más?; **you could ~ an illustration in here** aquí podrías poner una ilustración, aquí tienes sitio para poner una ilustración
[2] (= *make time for*) **I could ~ you in next Friday** podría hacerte un hueco el próximo viernes; **I ~ted in a trip to Ávila** logré incluir una excursión a Ávila; **we could ~ in a round of golf before lunch** nos da tiempo a hacer un recorrido de golf antes de comer; **we rushed around trying to ~ everything in** corrimos como locos intentando abarcarlo todo

►**fit out** VT + ADV [+ *ship, expedition*] equipar; [+ *warship*] armar; **to ~ sb out with sth** proveer a algn de algo, equipar a algn con algo; **we need to get you ~ted out with a new wardrobe** tenemos que equiparte con un nuevo vestuario; **the tailor will ~ you out with a new suit for the wedding** el sastre te hará un traje nuevo para la boda

►**fit up** VT + ADV [1] (= *install*) instalar
[2] (*Brit*) (= *equip, supply*) equipar; **to ~ sth/sb up with sth** proveer algo/a algn de algo, equipar algo/a algn con algo
[3] (*) (= *frame*) **I've been ~ted up!** ¡han hecho que aparezca como el culpable!

**fit**[3] [fɪt] N [1] (*Med*) ataque *m*; **epileptic ~** ataque *m* epiléptico; **fainting ~** desmayo *m*; **she had a ~ last night** anoche tuvo un ataque
[2] (= *outburst*) **a ~ of anger** un arranque *or* un arrebato *or* (*frm*) un acceso de cólera; **a ~ of coughing** un ataque *or* (*frm*) un acceso de tos; **a ~ of enthusiasm** un arranque de entusiasmo; **I had a ~ of (the) giggles** me dio un ataque de risa; **to have a ~*** ponerse histérico*; **he'd have a ~ if he knew** le daría un síncope si se enterara*, se pondría histérico si se enterara*; **to be in ~s*** partirse de risa*; **she was so funny, she used to have us all in ~s** era tan graciosa, que nos tenía a todos muertos de risa*; **she had a laughing ~** le dio un ataque de risa; **she was in ~s of laughter** se partía de risa*; **he shot her in a ~ of jealous rage** disparó sobre ella en un arranque *or* arrebato de celos y furia; **by *or* in ~s and starts** a tropezones, a trompicones*; **to throw a ~*** ponerse histérico*; **she'll throw a ~ if she finds out** le dará un síncope si se entera*, se pondrá histérica si se entera*; **a ~ of weeping** una llorera; *see also* **pique**

**fitful** ['fɪtfʊl] ADJ [*breeze, showers, gunfire*] intermitente; [*breathing, progress*] irregular; **she fell into a ~ sleep** se durmió pero no descansó bien; **I passed a ~ night** dormí muy mal

**fitfully** ['fɪtfəlɪ] ADV [*work*] de manera irregular; [*sleep*] muy mal; **he dozed ~** echó alguna que otra cabezada; **the candle burned ~** la llama de la vela parpadeaba

**fitment** ['fɪtmənt] N [1] (*Brit*) mueble *m*
[2] (= *accessory*) [*of machine*] aparejo *m*
[3] = **fitting B2**

**fitness** ['fɪtnɪs] Ⓐ N [1] (= *suitability*) (*gen, for post*) aptitud *f*, capacidad *f* (**for** para); **she doubted his ~ to drive** dudaba que se encontrase en condiciones de conducir
[2] (= *state of health*) estado *m* físico; (= *good health*) buena forma *f*; **to be at the peak of ~** estar en condiciones óptimas, estar en plena forma
Ⓑ CPD ► **fitness fanatic** N fanático/a *m/f* del mantenimiento físico ► **fitness programme, fitness program** (*US*) N programa *m* de mantenimiento físico ► **fitness test** N prueba *f* de estado físico ► **fitness training** N entrenamiento *m*

**fitted** ['fɪtɪd] ADJ [1] (= *made to measure*) [*jacket, shirt*] entallado; [*sheet*] de cuatro picos; **~ carpet** alfombra *f* de pared a pared, moqueta *f* (*Sp*)
[2] (= *integral*) [*cupboards*] empotrado; **~ bathroom** cuarto *m* de baño con todos los elementos; **~ kitchen** cocina *f* con armarios empotrados, cocina *f* integral
[3] (= *suited*) **to be ~ to do sth** estar capacitado para hacer algo, reunir las cualidades necesarias para hacer algo; **he is well ~ to be king** reune todas las cualidades necesarias para ser rey; **she wasn't ~ for the role of motherhood** no estaba capacitada para desempeñar la labor de madre

**fitter** ['fɪtə[r]] N [1] (*in garage*) mecánico/a *m/f*; *see also* **electrical, gas**
[2] [*of garment*] probador(a) *m/f*

**fitting** ['fɪtɪŋ] Ⓐ ADJ [1] (= *appropriate*) [*end*] adecuado, apropiado; [*tribute*] digno; **it is ~ that ...** es apropiado que ...; **it seemed ~ to ...** (+ INFIN) parecía apropiado *or* oportuno ... + *infin*
[2] (= *worthy*) digno; **that's not ~ for an officer** eso no es digno de un oficial
Ⓑ N [1] (= *trying on*) [*of dress*] prueba *f*; (= *size*) [*of shoe*] número *m*, tamaño *m*
[2] **fittings** [*of house*] accesorios *mpl*; [*of shop*] mobiliario *msing*; **bathroom ~s** accesorios *mpl* de baño; **electrical/gas ~s** instalaciones *fpl* eléctricas/de gas; *see also* **fixture A1, light E**
Ⓒ CPD ► **fitting room** N (*in shop*) probador *m*

**fittingly** ['fɪtɪŋlɪ] ADV [1] (= *appropriately*) [*named*] apropiadamente; [*dressed*] convenientemente, adecuadamente; **the ~ named Dark Valley** el apropiadamente denominado Valle Oscuro; **her work is most ~ described as minimalist** la calificación más adecuada de su trabajo es la de minimalista; **the speech was ~ solemn** el discurso fue solemne, como correspondía
[2] (= *worthily*) dignamente

**five** [faɪv] Ⓐ ADJ cinco; **she is ~ (years old)** tiene cinco años (de edad); **they live at number ~** viven en el número cinco; **there are ~ of us** somos cinco; **all ~ of them came** vinieron los cinco; **it costs ~ pounds** cuesta *or* vale cinco libras; **~ and a quarter/half** cinco y cuarto/medio; **~-day week** semana *f* inglesa; **it's ~ (o'clock)** son las cinco
Ⓑ N cinco *m*; **to divide sth into ~** dividir algo en cinco; **they are sold in ~s** se venden de cinco en cinco
Ⓒ CPD ► **five spot*** N (*US*) billete *m* de cinco dólares

**five-and-ten-cent store** [ˌfaɪvən'tensent-ˌstɔː[r]] N, **five-and-dime** [ˌfaɪvən'daɪm] N,

**five-and-ten** [ˌfaɪvən'ten] N (*US*) almacén *m* de baratillo

**five-a-side** ['faɪvəˌsaɪd] ADJ [*team*] de futbito; **~ football** (*outdoors*) futbito *m*; (*indoors*) fútbol *m* sala

**five-fold** ['faɪvˌfəʊld] Ⓐ ADJ quíntuplo
Ⓑ ADV cinco veces

**five-o'-clock shadow** ['faɪvəklɒk'ʃædəʊ] N barba *f* crecida

**fiver*** ['faɪvəʳ] N (= *banknote*) (*Brit*) billete *m* de cinco libras; (*US*) billete de cinco dólares; (= *amount*) (*Brit*) cinco libras *fpl*; (*US*) cinco dólares *mpl*

**five-star** ['faɪvstɑːʳ] ADJ [*hotel*] de cinco estrellas; [*restaurant*] de cinco tenedores

**five-year** ['faɪv'jɪəʳ] Ⓐ ADJ [*period, term of office*] de cinco años
Ⓑ CPD ► **five-year plan** N plan *m* quinquenal

**fix** [fɪks] Ⓐ VT [1] (= *position*) fijar, asegurar; **to ~ sth in place** fijar *or* asegurar algo en su sitio; **to ~ a stake in the ground** clavar *or* fijar una estaca en el suelo
[2] (= *attach*) [2·1] (*with nails*) clavar; (*with string*) atar, amarrar; (*with glue*) pegar; **to ~ sth to sth**: **~ the mirror to the wall** fije el espejo a la pared; **I ~ed the hose to the tap** ajusté la manguera al grifo; **the phone is ~ed to the wall** el teléfono está colgado de la pared; **the chairs and desks are ~ed to the floor** las sillas y mesas están sujetas *or* atornilladas al suelo; **they ~ed the two pieces of bone together with a metal plate** unieron los dos trozos de hueso con una placa de metal
[2·2] [+ *bayonet*] calar; **with ~ed bayonets** con bayonetas caladas
[3] (*fig*) (= *set firmly*) **to ~ sth in one's memory/mind** grabar algo en la memoria/la mente; **the image of her was now firmly ~ed in his mind** su imagen estaba ahora firmemente grabada en su mente
[4] (= *lay*) **to ~ the blame on sb** echar la culpa a algn
[5] (= *arrange, settle*) [+ *date, time*] fijar; [+ *meeting*] fijar, convenir; **we must ~ a date to have lunch** tenemos que fijar un día para quedar a comer; **nothing's been ~ed yet** todavía no se ha decidido *or* acordado nada; **I've ~ed it for you to meet her** lo he arreglado para que la conozcas; **how are you ~ed for this evening?** ¿tienes planes para esta noche?; **how are we ~ed for money?** ¿qué tal andamos de dinero?; **how are we ~ed for time?** ¿cómo vamos de tiempo?
[6] (= *set*) [6·1] (*honestly*) [+ *price, rate*] fijar
[6·2] (= *rig*) [+ *fight, race, election*] amañar; [+ *price*] fijar; **they're in a dispute over price ~ing** tienen una disputa por la fijación de los precios
[7] (= *rivet*) [+ *eyes, gaze*] fijar, clavar; [+ *attention*] fijar; **she ~ed her eyes on him** le clavó los ojos, fijó la mirada en él; **he ~ed his gaze on the horizon** miró fijamente al horizonte; **she ~ed him with an angry glare** lo miró fijamente con indignación; **she had ~ed all her hopes on passing the exam** tenía todas sus esperanzas puestas en aprobar el examen
[8] (= *repair*) [+ *car, appliance*] arreglar, reparar; **to get** *or* **have sth ~ed** arreglar *or* reparar algo; **I've got to get my car ~ed this week** tengo que arreglar *or* reparar el coche esta semana, tengo que llevar el coche a arreglar *or* reparar esta semana; **I should have my teeth ~ed** tendría que arreglarme los dientes
[9] (= *solve*) [+ *problem*] solucionar
[10] (*) (= *deal with*) encargarse de*; (= *kill*) cargarse a*; **I'll soon ~ him!** ¡ya me encargo yo de él!*, ¡ya le ajustaré las cuentas!*
[11] (= *prepare*) [+ *meal, drink*] preparar; **I ~ed myself a coffee** me preparé un café
[12] (*esp US*) (= *tidy up*) [+ *hair, makeup*] arreglar; **to ~ one's hair** arreglarse el pelo
[13] (= *make permanent*) [+ *film, colour, dye*] fijar
[14] (*) (= *neuter*) [+ *animal*] operar
Ⓑ VI (*US*) [1] (= *intend*) tener inteción de; **I'm ~ing to go to graduate school** tengo intención de *or* tengo pensado hacer estudios de postgraduado
[2] (= *arrange*) **we had already ~ed to go to the theatre** ya habíamos quedado para ir al teatro
Ⓒ N [1] (*) (= *predicament*) apuro *m*, aprieto *m*; **to be in/get into a ~** estar/meterse en un apuro *or* un aprieto
[2] (*) [*of drug*] (*gen*) dosis *f inv*; (*when injected*) pinchazo* *m*, chute *m* (*Sp**); **to give o.s. a ~** pincharse*, chutarse (*Sp**); **she needs her daily ~ of publicity** necesita su dosis diaria de publicidad
[3] (*Aer, Naut*) posición *f*; **to get a ~ on sth** (*lit*) establecer la posición de algo, localizar algo; **it's been hard to get a ~ on what's going on** (*fig*) ha sido difícil entender lo que pasa
[4] (*) (= *set-up*) tongo* *m*; **the fight/result was a ~** hubo tongo en la pelea/el resultado*
[5] (*) (= *solution*) arreglo *m*, apaño* *m*; **there is no quick-~ solution to this problem** no existe un arreglo *or* apaño* rápido para este problema

► **fix on** Ⓐ VT + ADV [+ *top, lid*] colocar
Ⓑ VI + PREP (= *decide on*) [+ *date, time*] fijar; **they haven't ~ed on a name yet** no se han decidido por un nombre todavía

► **fix up** Ⓐ VT + ADV [1] (= *arrange*) [+ *date*] fijar; [+ *meeting*] fijar, convenir; **I ~ed up an appointment to see her** concerté una cita para verla; **to ~ sth up with sb** quedar con algn en algo, convenir algo con algn
[2] (= *repair*) arreglar; **he buys properties to ~ them up** compra casas para arreglarlas
[3] (= *set up, install*) instalar, poner; **he ~ed up the lighting in my flat** instaló la iluminación de mi piso, puso las luces de mi piso
[4] (= *put in order*) arreglar; **I'll have to ~ the place up a bit before they arrive** tendré que arreglar un poco la casa antes de que lleguen
[5] (= *provide*) **to ~ sb up with sth**: **~ sb up with a job** encontrar *or* conseguir un trabajo para algn; **I can ~ you up with a place to stay** puedo conseguirte un sitio para alojarte
[6] (*) (= *find partner for*) **they're always trying to ~ me up with friends of theirs** siempre están intentando encontrarme un novio entre sus amigos
Ⓑ VI + ADV **to ~ up with sb** arreglarlo con algn; **to ~ up with sb to** (+ INFIN) convenir con algn en + *infin*

**fixate** [fɪk'seɪt] Ⓐ VT [+ *point*] fijar la atención en
Ⓑ VI **to ~ on sth/sb** obsesionarse con algo/algn

**fixated** [fɪk'seɪtɪd] ADJ **to be ~ on sth/sb** estar obsesionado con algo/algn, tener una fijación con algo/algn; **to become** *or* **get ~ on** *or* **with sth/sb** obsesionarse con algo/algn; **mother-~** con fijación materna *or* en la madre

**fixation** [fɪk'seɪʃən] N (*Psych*) (*fig*) obsesión *f*, fijación *f*; **mother ~** fijación *f* materna *or* en la madre

**fixative** ['fɪksətɪv] N fijador *m*

**fixed** [fɪkst] Ⓐ ADJ [1] (= *permanent, invariable*) [*amount, number, rate*] fijo; **of no ~ abode** *or* **address** (*Jur*) sin domicilio fijo
[2] (= *prearranged*) establecido; **at a ~ time** a una hora establecida; **there's no ~ agenda** no hay un orden del día fijo
[3] (= *immovable*) [*smile*] inamovible; [*stare*] fijo; **she kept a ~ smile on her face** mantuvo una sonrisa inamovible; **to keep one's eyes ~ on sth** mantener la mirada fija en algo
[4] (= *inflexible*) [*opinion*] firme, rígido; **he has very ~ ideas** es de ideas fijas
Ⓑ CPD ► **fixed assets** NPL activo *msing* fijo ► **fixed charge** N cargo *m* fijo ► **fixed costs** NPL costos *mpl* fijos ► **fixed price** N precio *m* fijo

**fixed-interest** ['fɪkstˌɪntrɪst] ADJ a interés fijo

**fixedly** ['fɪksɪdlɪ] ADV fijamente

**fixed-price** ['fɪkstpraɪs] Ⓐ ADJ [*contract*] a precio fijo
Ⓑ CPD ► **fixed-price menu** N menú *m* del día

**fixed-rate** ['fɪkstˌreɪt] ADJ (*Fin*) a tipo fijo

**fixed-wing aircraft** [ˌfɪkstwɪŋ'ɛəkrɑːft] N avión *m* de ala fija

**fixer*** ['fɪksəʳ] N (= *person*) apañador(ora)* *m/f*, amañador(a) *m/f*; (*Phot*) fijador *m*

**fixings** ['fɪksɪŋz] NPL (*US Culin*) guarniciones *fpl*

**Fixit*** ['fɪksɪt] N **Mr ~** Señor *m* Arreglalotodo*

**fixture** ['fɪkstʃəʳ] Ⓐ N [1] [*of house etc*] **fixtures** instalaciones *fpl* fijas; **the house was sold with ~s and fittings** la casa se vendió totalmente equipada
[2] (*Sport*) encuentro *m*
[3] (= *permanent feature*) elemento *m* fijo; (= *date*) fecha *f* fija; **he's become a permanent ~ in this house** (*hum*) es como si fuera parte del mobiliario de la casa
Ⓑ CPD ► **fixture list** N lista *f* de encuentros

**fizz** [fɪz] Ⓐ N [1] (= *fizziness*) efervescencia *f*, gas *m*
[2] (= *fizzing noise*) silbido *m*, ruido *m* sibilante
[3] (*) champán *m*; (*US*) (= *soft drink*) gaseosa *f*
[4] (*fig*) chispa *f*; **the ~ had gone out of their relationship** a su relación no le quedaba chispa
Ⓑ VI [*drink*] burbujear; (= *make fizzing noise*) hacer un ruido sibilante, silbar

**fizzle** ['fɪzl] VI silbar, hacer un ruido sibilante

► **fizzle out** VI + ADV [*fire, firework*] apagarse; [*enthusiasm, interest*] morirse; [*plan*] quedar en agua de borrajas *or* en nada

**fizzy** ['fɪzɪ] (*esp Brit*) ADJ (*compar* **fizzier**; *superl* **fizziest**) [*drink*] gaseoso, con gas

**fjord** [fjɔːd] N fiordo *m*

**FL** ABBR (*US*) = **Florida**

**Fla.** ABBR (*US*) = **Florida**

**flab*** [flæb] N gordura *f*

**flabbergasted** ['flæbəgɑːstɪd] ADJ pasmado, atónito; **I was ~ by the news** la noticia me dejó pasmado *or* atónito

**flabbiness** ['flæbɪnɪs] N [1] (= *chubbiness*) gordura *f*
[2] (*fig*) [*of speech, argument*] flojedad *f*, debilidad *f*

**flabby** ['flæbɪ] ADJ (*compar* **flabbier**; *superl* **flabbiest**) (= *soft*) fofo; (= *fat*) gordo; (*fig*) flojo, soso

**flaccid** ['flæksɪd] ADJ fláccido

**flaccidity** [flæk'sɪdɪtɪ] N flaccidez *f*

**flag**[1] [flæg] Ⓐ N [*of country*] bandera *f*; (*Naut*) pabellón *m*; (*for charity*) banderita *f*; (*small, as souvenir, also Sport*) banderín *m*; **~ of convenience** pabellón *m* de conveniencia; **~ of**

**truce** bandera *f* blanca; **to raise/lower the ~** izar/arriar la bandera; ♦*IDIOMS* **to keep the ~ flying** mantener alto el pabellón; **to show the ~** hacer acto de presencia; **to wrap o.s.** *or* **drape o.s. in the ~** (*esp US*) escudarse en el patriotismo
Ⓑ VT (= *mark*) [+ *path*] señalar con banderitas; [+ *item, reference*] señalar, marcar; (*also* **~ down**) [+ *taxi*] (hacer) parar
Ⓒ CPD ► **flag bearer** N (*lit, fig*) abanderado/a *m/f* ► **flag day** N *día de colecta de una organización benéfica* ► **Flag Day** N (*US*) día *m* de la Bandera (*14 junio*) ► **flag officer** N (*Naut*) oficial *mf* superior de la marina ► **flag stop** N (*US*) parada *f* discrecional

►**flag down** VT + ADV [+ *taxi*] (hacer) parar; **to ~ sb down** hacer señales a algn para que se detenga

**flag²** [flæg] VI [*strength, person*] flaquear; [*enthusiasm*] enfriarse, decaer; [*conversation*] decaer

**flag³** [flæg] N (*also* **~stone**) losa *f*

**flag⁴** [flæg] N (*Bot*) falso ácoro *m*, lirio *m*

**flagellate** [ˈflædʒəleɪt] VT flagelar

**flagellation** [ˌflædʒəˈleɪʃən] N flagelación *f*

**flageolet** [ˌflædʒəˈlet] N flageolet *m*, *flauta dulce de seis u ocho agujeros*

**flagging** [ˈflægɪŋ] ADJ [*strength*] que flaquea; [*enthusiasm, interest*] que se enfría; [*popularity, conversation*] que decae; **he soon revived their ~ spirits** les levantó el ánimo rápidamente

**flagon** [ˈflægən] N (*approx*) jarro *m*; (*as measure*) *botella de unos dos litros*

**flagpole** [ˈflægpəʊl] N asta *f* de bandera

**flagrant** [ˈfleɪgrənt] ADJ [*violation, breach, injustice*] flagrante; **in ~ defiance of the rules** en un acto de flagrante rebeldía contra las normas; **with ~ disregard for safety/the law** con total desacato a las normas de seguridad/a la ley

**flagrantly** [ˈfleɪgrəntlɪ] ADV flagrantemente

**flagship** [ˈflægʃɪp] N 1 (*Naut*) buque *m* insignia, buque *m* almirante
2 (*fig*) punta *f* de lanza; **the newspaper is the ~ of his media empire** el periódico es la punta de lanza de su imperio mediático

**flagstaff** [ˈflægstɑːf] N asta *f* de bandera

**flagstone** [ˈflægstəʊn] N losa *f*

**flag-waving** [ˈflægˌweɪvɪŋ] N (*fig*) patriotismo *m* de banderita

**flail** [fleɪl] Ⓐ N (*Agr*) mayal *m*
Ⓑ VT 1 (*Agr*) desgranar
2 (= *beat*) golpear, azotar
3 (= *agitate*) [+ *arms, legs*] agitar
Ⓒ VI **to ~ (about)** [*arms, legs*] agitarse; [*person*] revolverse; **I tried to grab his ~ing arms** intenté agarrarle los brazos que no paraba de agitar

**flair** [flɛəʳ] N (= *gift*) don *m*; (= *instinct*) instinto *m*; (= *style*) elegancia *f*, estilo *m*; **to have a ~ for languages** tener don de lenguas, tener facilidad para los idiomas; **she had a natural ~ for getting on with people** tenía mano izquierda con la gente *or* don de gentes

**flak** [flæk] Ⓐ N 1 fuego *m* antiaéreo
2 (*) (= *criticism*) críticas *fpl*; **to get a lot of ~** ser muy criticado
Ⓑ CPD ► **flak jacket** N chaleco *m* antibalas

**flake** [fleɪk] Ⓐ N [*of paint*] desconchón *m*; [*of skin, soap*] escama *f*; [*of snow*] copo *m*
Ⓑ VI (*also* **~ off, ~ away**) [*paint*] descascarillarse, desconcharse; [*skin*] pelarse
Ⓒ VT [+ *cooked fish*] desmenuzar

►**flake out*** VI + ADV (*Brit*) (= *faint*) desplomarse; (= *fall asleep*) caer rendido; **I ~d out on the bed** caí rendido en la cama; **to be ~d out*** estar rendido

**flaky** [ˈfleɪkɪ] Ⓐ ADJ (*compar* **flakier**; *superl* **flakiest**) 1 [*paintwork*] desconchado; [*skin*] escamoso
2 (*) [*idea*] descabellado; [*person*] raro
Ⓑ CPD ► **flaky pastry** N (*Culin*) hojaldre *m*

**flambé** [ˈflɑːmbeɪ] Ⓐ ADJ flam(b)eado
Ⓑ VT flam(b)ear

**flamboyance** [flæmˈbɔɪəns] N [*of person, behaviour*] extravagancia *f*; [*of clothes, colour*] vistosidad *f*, lo llamativo

**flamboyant** [flæmˈbɔɪənt] ADJ [*person, behaviour, style*] extravagante; [*clothes, colour*] vistoso, llamativo; **he's a ~ dresser** viste con mucha extravagancia

**flame** [fleɪm] Ⓐ N 1 llama *f*; **to be in ~s** arder *or* estar en llamas; **to burst into ~s** [*car, plane*] estallar en llamas; **to commit sth to the ~s** echar algo al fuego; **to fan the ~s** avivar el fuego; **he watched the house go up in ~s** miraba cómo la casa era pasto de las llamas
2 (*) (= *lover*) **old ~*** antiguo amor *m*
Ⓑ VI 1 (*also* **~ up**) [*fire*] llamear; [*passion*] encenderse; [*person*] acalorarse
2 [*eyes*] brillar; [*sky*] llamear, enrojecerse; **her cheeks ~d with embarrassment** se puso colorada de vergüenza
Ⓒ VT (*Internet*) insultar a través de la Red, abuchear en la Red
Ⓓ CPD ► **flame retardant** N = **fire retardant**

**flame-coloured, flame-colored** (*US*) [ˈfleɪmˌkʌləd] ADJ de un amarillo intenso

**flamenco** [fləˈmeŋkəʊ] Ⓐ N flamenco *m*
Ⓑ CPD [*music*] flamenco; [*dancer*] de flamenco

**flameproof** [ˈfleɪmpruːf] ADJ ignífugo, a prueba de fuego

**flame-retardant** [ˈfleɪmrɪˌtɑːdənt] ADJ = **fire-retardant**

**flamethrower** [ˈfleɪmˌθrəʊəʳ] N lanzallamas *m inv*

**flaming** [ˈfleɪmɪŋ] ADJ 1 [*torch*] llameante; [*vehicle*] en llamas
2 [*red, orange*] encendido; **she had ~ red hair** tenía el pelo de un rojo encendido
3 (*Brit**) (= *furious*) **we had a ~ row** tuvimos una acalorada discusión
4 (‡) condenado*, maldito*

**flamingo** [fləˈmɪŋgəʊ] N (*pl* **flamingos** *or* **flamingoes**) flamenco *m*

**flammable** [ˈflæməbl] ADJ inflamable

**flan** [flæn] N tarta *f*

**Flanders** [ˈflɑːndəz] N Flandes *m*

**flange** [flændʒ] N (*Tech*) (*on wheel*) pestaña *f*; (*on pipe*) reborde *m*

**flanged** [flændʒd] ADJ [*wheel*] con pestaña; [*coupling*] rebordeado

**flank** [flæŋk] Ⓐ N [*of person*] costado *m*; [*of animal*] ijar *m*, ijada *f*; (*Mil*) flanco *m*; [*of hill*] ladera *f*, falda *f*
Ⓑ CPD ► **flank attack** N ataque *m* de flanco
Ⓒ VT (= *stand at side of*) [+ *entrance, statue etc*] flanquear (*also Mil*); **it is ~ed by hills** está flanqueado por colinas; **he was ~ed by two policemen** iba escoltado por dos policías

**flannel** [ˈflænl] Ⓐ N 1 (= *face flannel*) manopla *f*; (= *fabric*) franela *f*; **flannels** (= *trousers*) pantalones *mpl* de franela
2 (*Brit**) (= *waffle*) palabrería *f*, paja* *f*
Ⓑ ADJ de franela
Ⓒ VI (*Brit**) (= *waffle*) meter paja*

**flannelette** [ˌflænəˈlet] N franela *f* de algodón

**flap** [flæp] Ⓐ N 1 [*of pocket, envelope*] solapa *f*; [*of table*] hoja *f* (plegable); [*of counter*] trampa *f*; [*of skin*] colgajo *m*; (*Aer*) alerón *m*
2 (= *act*) [*of wing*] aletazo *m*; (= *sound*) (ruido *m* del) aleteo *m*
3 (*Brit**) (= *crisis*) crisis *f inv*; (= *row*) lío* *m*; **there's a big ~ on** se ha armado un buen lío*; **to get into a ~*** ponerse nervioso
Ⓑ VT [*bird*] [+ *wings*] batir; (= *shake*) [+ *sheets, newspaper*] sacudir; [+ *arms*] agitar
Ⓒ VI 1 [*wings*] aletear; [*sails*] agitarse; [*flag*] ondear, agitarse
2 (*) (= *panic*) ponerse nervioso; **don't ~!** ¡con calma!

**flapdoodle*** [ˈflæpˌduːdl] N chorrada* *f*

**flapjack** [ˈflæpdʒæk] N (*US*) (= *pancake*) torta *f*, panqueque *m* (*LAm*); (*Brit*) *torta de avena*

**flapper*** [ˈflæpəʳ] N (*Hist*) joven *f* a la moda (*de los 1920*)

**flare** [flɛəʳ] Ⓐ N 1 (= *blaze*) llamarada *f*; (= *signal*) bengala *f* (*also Mil, for target*); (*on runway*) baliza *f*; **solar ~** erupción *f* solar
2 (*Sew*) vuelo *m*
3 **flares** (= *trousers*) pantalones *mpl* de campana
Ⓑ VI 1 [*match, torch*] llamear; [*light*] brillar
2 (= *widen*) [*skirt*] hacer vuelo; [*trousers, nostrils*] ensancharse
3 [*riots*] estallar
4 [*tempers*] caldearse, encenderse

►**flare up** VI + ADV 1 [*fire*] llamear
2 (*fig*) [*person*] estallar, ponerse furioso (**at** con); [*riots*] estallar; [*epidemic*] declararse
3 [*wound*] resentirse, volver a dar problemas; [*rash*] recrudecerse

**flared** [flɛəd] ADJ [*skirt*] de mucho vuelo, acampanado; [*trousers*] acampanado; [*nostrils*] ensanchado

**flarepath** [ˈflɛəpɑːθ] N pista *f* iluminada con balizas

**flare-up** [ˈflɛərˈʌp] N [*of anger*] arranque *m*; (= *quarrel*) riña *f*; [*of violence*] estallido *m*; [*of illness, acne*] recrudecimiento *m*

**flash** [flæʃ] Ⓐ N 1 [*of light*] destello *m*; [*of gun*] fogonazo *m*; [*of jewel*] centelleo *m*, destellos *mpl*; **he saw a ~ of green vanishing round the next bend** vio un destello verde que desaparecía en la siguiente curva; **the ~ of expensive jewellery** el centelleo de alhajas costosas; **a ~ of lightning** un relámpago
2 (= *burst*) **a ~ of anger** un arranque *or* un arrebato de cólera; **a ~ of inspiration** una ráfaga *or* un momento de inspiración; **a ~ of wit** un ramalazo de ingenio; ♦*IDIOM* **a ~ in the pan** algo pasajero, flor de un día; **the affair was nothing more than a ~ in the pan** el asunto no fue más que algo pasajero *or* flor de un día; **their win was no ~ in the pan** su victoria no se debió a un golpe de suerte, no ganaron por chiripa*
3 (= *instant*) instante *m*; **in a ~** en un abrir y cerrar de ojos, en un instante; **it all happened in a ~** todo sucedió en un abrir y cerrar de ojos *or* en un instante; **it came to him in a ~** de repente lo vio todo claro; **I'll be back in a ~** vuelvo en un instante; **quick as a ~** como un relámpago *or* un rayo
4 (= *news flash*) noticia *f* de última hora
5 (*Phot*) flash *m*
6 (= *marking*) (*on animal*) mancha *f*
7 (*Brit Mil*) (= *insignia*) distintivo *m*
8 (*US*) (= *torch*) linterna *f*
Ⓑ VT 1 (= *direct*) [+ *look*] lanzar; [+ *smile*] dirigir; **he ~ed me a look of surprise** me lanzó una mirada de sorpresa; **she ~ed him a grateful smile** le dirigió una breve sonrisa de agradecimiento
2 (= *shine*) **he ~ed his torch into the boat** enfocó el barco con la linterna; **she ~ed the**

**light in my eyes** me enfocó con la luz en los ojos; **to ~ one's (head)lights** (*Aut*) hacer señales con las luces
3 (= *send quickly*) [+ *news, information*] transmitir rápidamente; **the pictures were ~ed around the world** las imágenes circularon rápidamente por todo el mundo
4 (= *display briefly*) mostrar; **the screen ~es a message** aparece brevemente un mensaje en la pantalla, la pantalla muestra brevemente un mensaje; **I ~ed my card at the security guard** le enseñé *or* mostré brevemente mi tarjeta al guardia de seguridad
5 (= *flaunt*) hacer alarde de, fardar de*; **they're rich but they don't ~ their money around** son ricos pero no van fardando de dinero por ahí*, son ricos pero no hacen alarde de su riqueza
Ⓒ VI 1 (= *shine*) [*light, eyes, teeth*] brillar; [*jewels*] brillar, lanzar destellos; **a light was ~ing on the horizon** brillaba una luz en el horizonte; **cameras ~ed as she stepped from the car** las cámaras disparaban los flashes cuando ella salía del coche; **a police car raced past, lights ~ing** pasó un coche de policía a toda velocidad, con las luces lanzando destellos; **his brake lights ~ed** las luces de freno se iluminaron de repente; **a ~ing neon sign** un anuncio de neón intermitente; **lightning was ~ing all around** relampagueaba por todas partes; **headaches accompanied by ~ing lights** dolores *mpl* de cabeza acompañados de destellos de luz en la visión; **her eyes ~ed with anger** se le encendieron los ojos
2 (*Aut*) **I ~ed to let him out** le hice señales con las luces para que pasara
3 (= *move quickly*) **a thought ~ed through my mind** una idea me cruzó la mente como un relámpago; **his whole life ~ed before his eyes** volvió a revivir toda su vida en unos instantes; **a message ~ed up on the screen** apareció brevemente un mensaje en la pantalla; **to ~ by** *or* **past** [*vehicle, person*] pasar a toda velocidad, pasar como un rayo; [*time*] pasar volando; **the landscape ~ed by in a blur** el paisaje iba pasando con velocidad, fundiéndose en una imagen borrosa
4 (*Cine*) **to ~ back to** retroceder a; **to ~ forward to** adelantarse hasta
5 (*) (= *expose o.s.*) exhibirse
Ⓓ ADJ (*) (= *showy*) [*car, clothes*] llamativo, fardón*; **a ~ restaurant** un restaurante ostentoso, un restaurante de esos impresionantes*
Ⓔ CPD ► **flash bulb** N bombilla *f* de flash ► **flash card** N tarjeta *f* ► **flash fire** N fuego *m* repentino ► **flash flood** N riada *f* ► **flash gun** N (*Phot*) disparador *m* de flash ► **flash photography** N fotografía *f* con flash

**flashback** ['flæʃbæk] N (*Cine*) escena *f* retrospectiva, flashback *m*

**flashcube** ['flæʃkju:b] N (*Phot*) cubo *m* de flash

**flasher*** ['flæʃəʳ] N 1 (= *man*) exhibicionista *m*
2 (*Brit Aut*) intermitente *m*

**flash-freeze** [flæʃ'fri:z] VT someter a un proceso de congelación muy rápido

**flashily** ['flæʃɪlɪ] ADV **to dress ~** vestirse de manera llamativa

**flashing** ['flæʃɪŋ] N 1 (*on roof*) tapajuntas *m inv*
2 (*) (= *exposing o.s.*) exhibicionismo *m*

**flashlight** ['flæʃlaɪt] N (*US*) (= *torch*) linterna *f*

**flashpoint** ['flæʃpɔɪnt] N 1 punto *m* de inflamación
2 (*fig*) punto *m* crítico; **it could prove the ~ for war** podría aún dar lugar al estallido de la guerra

**flashy** ['flæʃɪ] ADJ (*compar* **flashier**; *superl* **flashiest**) [*jewellery, clothes, car*] llamativo, ostentoso; [*colour*] chillón; [*person*] llamativo

**flask** [flɑ:sk] N (*for brandy*) petaca *f*; (= *vacuum flask*) termo *m*; (*Chem*) matraz *m*, redoma *f*

**flat¹** [flæt] Ⓐ ADJ (*compar* **flatter**; *superl* **flattest**) 1 (= *level*) [*surface, roof*] plano; [*countryside*] llano; **he was lying ~ on the floor** estaba tumbado en el suelo; **he laid his hands ~ on the table** puso las manos extendidas sobre la mesa; **keep your feet ~ on the floor** mantén los pies bien pegados al suelo; **the sea was calm and ~** el mar estaba en calma y no había olas; **lie ~ on your back** túmbate de espaldas en el suelo; **he was ~ on his back for a month after the accident** tuvo que guardar cama durante un mes después del accidente; **to fall ~ on one's face** (*lit*) caer(se) de bruces; **the government's campaign fell ~ on its face** la campaña del gobierno resultó un fracaso; ✦*IDIOM* **~ as a pancake*** liso como la palma de la mano; *see also* **spin**
2 (= *smooth, even*) [*road, surface*] liso, llano; **to smooth sth ~** [+ *paper, tablecloth*] alisar algo
3 (= *shallow*) [*dish*] llano; [*box*] plano
4 [*foot, shoe*] plano; [*nose*] chato; **to have ~ feet** tener los pies planos
5 (= *deflated*) [*tyre, ball*] pinchado, desinflado; **we got a ~ tyre** se nos pinchó una rueda, se nos ponchó una llanta (*Mex*); **I had a ~ tyre** tenía una rueda pinchada *or* desinflada, tenía un pinchazo, tenía una ponchada (*Mex*)
6 (= *dull, lifeless*) [*voice, colour*] apagado; [*taste, style*] soso; [*light*] sin contraste; [*drink*] sin burbujas *or* gas; [*battery*] descargado; **the atmosphere at the party was a bit ~** el ambiente de la fiesta estaba un poco apagado; **I've got a ~ battery** se me ha descargado la batería; **I'm feeling rather ~** estoy un poco deprimido; **she meant it as a joke, but it fell ~** lo dijo de broma, pero nadie le vio la gracia; **the champagne has gone ~** al champán se le ha ido la fuerza *or* se le han ido las burbujas
7 (= *inactive*) [*trade, business*] flojo; **sales have been ~ this summer** las ventas han estado flojas este verano, no ha habido mucho movimiento de ventas este verano
8 (= *outright*) [*refusal, denial*] rotundo, terminante; **his suggestion met with a ~ refusal** su sugerencia recibió una negativa rotunda *or* terminante; **he says he's not going and that's ~*** dice que no va y sanseacabó
9 (*Mus*) 9·1 [*voice, instrument*] desafinado; **she/her singing was ~** desafinaba cantando
9·2 (*of key*) bemol; **E ~ major** mi bemol mayor
10 (= *fixed*) [*rate, fee, charge*] fijo
11 (*Horse racing*) **~ jockey** jinete *mf* de carreras sin obstáculos; **the ~ season** la temporada de carreras de caballos sin obstáculos
12 (= *not shiny*) (*of painted surface*) mate, sin brillo
Ⓑ ADV 1 (= *absolutely*) **to be ~ broke*** estar pelado*, estar sin un duro (*Sp**), estar sin un peso (*LAm**)
2 (= *outright*) [*refuse*] rotundamente, terminantemente; **I told her ~ that she couldn't have it** le dije terminantemente que no se lo podía quedar; **to turn sth down ~** rechazar algo rotundamente *or* de plano
3 (= *exactly*) **he did it in ten minutes ~** lo hizo en diez minutos justos *or* exactos
4 (*esp Brit*) **~ out: ~ out, the car can do 140mph** cuando pones el coche a toda máquina, llega a las 140 millas por hora; **to go ~ out** ir a toda máquina; **to go ~ out for sth** intentar conseguir algo por todos los medios; **she went ~ out for the title** intentó por todos los medios conseguir el título; **to work ~ out (to do sth)** trabajar a toda máquina (para hacer algo)
5 (*Mus*) **to play/sing ~** tocar/cantar demasiado bajo, desafinar
Ⓒ N 1 [*of hand*] palma *f*; [*of sword*] cara *f* de la hoja
2 (*Mus*) bemol *m*
3 (*Aut*) pinchazo *m*, ponchada *f* (*Mex*); **we got a ~** se nos pinchó una rueda, se nos ponchó una llanta (*Mex*); **I had a ~** tenía una rueda pinchada *or* desinflada, tenía un pinchazo, tenía una ponchada (*Mex*)
4 **flats** (*Geog*) (= *marshland*) marismas *fpl*; (= *sand*) bancos *mpl* de arena; **mud ~s** marismas *fpl*; **salt ~s** salinas *fpl*
5 (*Theat*) bastidor *m*
6 (*Horse racing*) **the ~** las carreras de caballos sin obstáculos
Ⓓ CPD ► **flat cap** N *gorra de lana con visera* ► **flat racing** N carreras *fpl* de caballos sin obstáculos ► **flat screen** N (*TV, Comput*) pantalla *f* plana

**flat²** [flæt] N (*Brit*) apartamento *m*, piso *m* (*Sp*), departamento *m* (*LAm*)

**flat-bottomed** ['flæt'bɒtəmd] ADJ [*boat*] de fondo plano

**flat-chested** ['flæt'tʃestɪd] ADJ de pecho plano

**flatfish** ['flætfɪʃ] N (*pl* **flatfish** *or* **flatfishes**) pez *m* plano; (*Tech*) (pez *m*) pleuronectiforme *m* (*p.ej. platija, lenguado*)

**flat-footed** ['flæt'fʊtɪd] ADJ 1 de pies planos; **to be ~** tener los pies planos
2 (*) (*fig*) (= *clumsy*) patoso (*Sp**)

**flatiron** ['flæt,aɪən] N plancha *f*

**flatlet** ['flætlɪt] N (*Brit*) apartamento *m* *or* (*Sp*) piso *m* *or* (*LAm*) departamento *m* pequeño

**flatly** ['flætlɪ] ADV 1 (= *without emotion*) [*read, recite*] monótonamente; [*say, reply*] de manera inexpresiva
2 (= *categorically, completely*) [*refuse, deny*] terminantemente, rotundamente; [*contradict*] de plano; **we are ~ opposed to it** nos oponemos terminantemente *or* rotundamente a ello

**flatmate** ['flætmeɪt] N compañero/a *m/f* de apartamento, compañero/a *m/f* de piso (*Sp*), compañero/a *m/f* de departamento (*LAm*)

**flatness** ['flætnɪs] N 1 [*of land*] llanura *f*, lo llano; [*of surface*] lisura *f*
2 [*of drink*] lo poco gaseoso
3 (*fig*) [*of atmosphere, relationship, voice*] monotonía *f*; **her voice had a weary ~** su voz tenía una monotonía cansina

**flatten** ['flætn] Ⓐ VT 1 (= *compress, squash*) [+ *road, grass*] allanar, aplanar; [+ *hair, paper, map*] alisar; **~ the dough with a rolling pin** aplanar *or* extender la masa con un rodillo; **I ~ed myself against the wall** me pegué a la pared
2 (= *level out*) [+ *surface*] nivelar
3 (= *knock down*) [+ *building, city*] arrasar; [+ *person*] tumbar; **he could ~ me with one blow** podría tumbarme de un solo golpe
4 (*fig*) (= *defeat, subdue*) desanimar, desalentar; **she felt ~ed** se sintió desalentada
Ⓑ VI 1 (= *lie flat*) **the dog's ears ~ed** el perro bajó las orejas
2 (= *become flat*) [*road, countryside*] nivelarse, allanarse

►**flatten out** Ⓐ VI + ADV 1 (= *become flat*) [*road, countryside*] nivelarse, allanarse
2 (= *increase less rapidly*) **sales have ~ed out** el ritmo de las ventas ha decrecido

Ⓑ VT + ADV [+ *road*] allanar, aplanar; [+ *paper, map*] extender, alisar

**flatter** ['flætəʳ] VT [1] (= *praise, compliment*) [1·1] (*sincerely*) halagar; **you ~ me!** ¡me halagas!; **to say that she is tactless is to ~ her** (*iro*) decir que no tiene tacto es como echarle un piropo
[1·2] (*insincerely*) adular, lisonjear; **he only said it to ~ you** te lo dijo sólo para adularte
[2] (= *gratify*) halagar; **I was very ~ed to be asked** me halagó que me lo pidieran; **to feel ~ed** sentirse halagado
[3] (= *show to advantage*) favorecer; **that colour ~s you** ese color te favorece; **it's a dress that will ~ any figure** es un vestido que favorece a cualquiera
[4] **to ~ o.s.** [4·1] (= *pride o.s.*) **to ~ o.s. on sth/that** enorgullecerse de algo/de que
[4·2] (= *deceive o.s.*) **don't ~ yourself, I didn't come all this way just to see you** no te hagas ilusiones, no he venido hasta aquí sólo para verte a ti; **you ~ yourself! what makes you think he fancies you?** ¡no seas engreída! ¿qué te hace pensar que le gustas?

**flatterer** ['flætərəʳ] N adulador(a) *m/f*

**flattering** ['flætərɪŋ] ADJ [1] (= *complimentary*) [*remark, words*] halagador; **the play had very ~ reviews** la obra recibió críticas muy halagadoras *or* halagüeñas; **he was very ~ about you** habló muy bien de ti; **that's not very ~ to him!** ¡vaya imagen que pintas de él! (*iro*)
[2] (= *gratifying*) **it was ~ to be told how indispensable he was** le halagó que le dijeran lo indispensable que era; **he found the interest in him ~** se sentía halagado por la atención que le prestaban
[3] (= *fawning*) adulador; **she was surrounded by ~ admirers** estaba rodeada de admiradores que la adulaban
[4] [*photo, clothes*] favorecedor; **that dress isn't ~ at all on you** ese vestido no te favorece nada

**flatteringly** ['flætərɪŋlɪ] ADV [*speak*] de forma halagadora; **he was ~ attentive** era tan atento que resultaba halagador

**flattery** ['flætərɪ] N halagos *mpl*, lisonjas *fpl*; **it wasn't just ~, I meant what I said** no eran simplemente halagos *or* lisonjas, lo decía en serio; **~ will get you nowhere!** (*iro*) ¡con halagos *or* lisonjas no vas a conseguir nada!; **~ will get you everywhere!** (*iro*) ¡con halagos *or* lisonjas se consigue todo!; *see also* **imitation**

**flatulence** ['flætjʊləns] N flatulencia *f*

**flatulent** ['flætjʊlənt] ADJ flatulento

**flatware** ['flætwεəʳ] N (*US*) (= *cutlery*) cubertería *f*

**flatworm** ['flætwɜːm] N platelminto *m*

**flaunt** [flɔːnt] VT (*pej*) [+ *wealth, knowledge*] alardear de, hacer alarde de; **to ~ o.s.** pavonearse

**flautist** ['flɔːtɪst] N (*esp Brit*) flautista *mf*

**flavin** ['fleɪvɪn] N flavina *f*

**flavour, flavor** (*US*) ['fleɪvəʳ] Ⓐ N (*gen*) sabor *m*, gusto *m* (**of** a); (= *flavouring*) condimento *m*; (*fig*) sabor *m*, aire *m*; **with a banana ~** con sabor *or* gusto a plátano; **steaming the vegetables retains the maximum ~** cocinando las verduras al vapor se conserva su sabor al máximo; **the decor has a Victorian ~** la decoración tiene un sabor *or* aire victoriano
Ⓑ VT (*Culin*) condimentar, sazonar (**with** con); **the pudding is ~ed with liqueur** el postre tiene licor

**flavouring, flavoring** (*US*) ['fleɪvərɪŋ] N condimento *m*; **artificial ~** aromatizante *m* artificial; **vanilla ~** esencia *f* de vainilla

**flavourless, flavorless** (*US*) ['fleɪvəlɪs] ADJ insípido, soso

**flaw** [flɔː] N (= *defect*) (*in character, system*) defecto *m*, fallo *m*; (*in material, beauty, diamond*) desperfecto *m*, tara *f*; (*in reasoning*) error *m*, fallo *m*; (= *crack*) grieta *f*

**flawed** [flɔːd] ADJ [*system, goods*] defectuoso; [*theory*] erróneo; **the agreement is fatally ~** el acuerdo presenta fallos que lo condenan al fracaso

**flawless** ['flɔːlɪs] ADJ [*diamond, skin*] perfecto, sin defectos; [*beauty*] inmaculado; [*plan*] perfecto; [*conduct*] intachable, impecable; **she spoke in ~ English** habló en un inglés perfecto

**flax** [flæks] Ⓐ N (*Bot*) lino *m*
Ⓑ CPD ► **flax seed** N linaza *f*

**flaxen** ['flæksən] ADJ (*poet*) [*hair*] muy rubio

**flay** [fleɪ] VT [1] (= *skin*) desollar; **he'll ~ me alive if I'm late*** si llego tarde, me despelleja vivo
[2] (= *criticize*) [+ *person*] despellejar; [+ *book, film*] hacer trizas
[3] (= *defeat*) dar una paliza a*

**flea** [fliː] Ⓐ N pulga *f*; ✦**IDIOM to send sb away with a ~ in his ear*** despachar a algn con cajas destempladas
Ⓑ CPD ► **flea collar** N collar *m* antipulgas *or* antiparasitario ► **flea market** N mercadillo *m*, rastro *m* (*Sp*)

**fleabag*** ['fliːbæg] N (*Brit*) (= *person*) guarro/a *m/f*; (*US*) (= *hotel*) hotelucho *m* de mala muerte*

**fleabite** ['fliːbaɪt] N picadura *f* de pulga; (*fig*) nada *f*, nimiedad *f*

**flea-bitten*** ['fliːbɪtn] ADJ (*lit*) [*dog*] pulgoso; (*fig*) miserable

**fleapit*** ['fliːpɪt] N cine *m* de mala muerte

**fleck** [flek] Ⓐ N [*of mud, paint, dust*] mota *f*; [*of spit, foam*] salpicadura *f*; [*of colour*] mota *f*; **his eyes are green with ~s of gold** tiene los ojos verdes con motas doradas
Ⓑ VT salpicar (**with** de); **black ~ed with white** negro moteado de blanco *or* con motas blancas

**fled** [fled] PT, PP *of* **flee**

**fledged** [fledʒd] ADJ plumado

**fledg(e)ling** ['fledʒlɪŋ] Ⓐ N (= *young bird*) pajarito *m*; (*fig*) novato/a *m/f*
Ⓑ CPD [*democracy, writer*] en ciernes; [*company, industry*] joven

**flee** [fliː] (*pt, pp* **fled**) Ⓐ VT huir de; **to ~ the country** huir del país
Ⓑ VI huir (**from** de), darse a la fuga; **they fled to the West/the mountains** huyeron hacia el oeste/las montañas

**fleece** [fliːs] Ⓐ N (*on sheep*) lana *f*; (*shorn*) vellón *m*
Ⓑ VT [+ *sheep*] esquilar; (*fig*) (*) (= *rob*) desplumar*

**fleece-lined** [,fliːs'laɪnd] ADJ forrado de cordero *or* vellón

**fleecy** ['fliːsɪ] ADJ (*compar* **fleecier**; *superl* **fleeciest**) [1] (= *woolly*) lanoso, lanudo
[2] [*clouds*] aborregado

**fleet**[1] [fliːt] N [1] (*Aer, Naut*) flota *f*; **the British ~** la armada británica; **Fleet Air Arm** (*Brit*) Fuerzas *fpl* Aéreas de la Armada
[2] [*of cars, coaches etc*] parque *m* (móvil)

**fleet**[2] [fliːt] (*poet*) ADJ (*compar* **fleeter**; *superl* **fleetest**) (*also* **~-footed, ~ of foot**) veloz

**fleeting** ['fliːtɪŋ] ADJ [1] (= *brief*) [*impression*] momentáneo; [*visit*] breve; [*moment*] breve, fugaz; **to have** *or* **catch a ~ glimpse of sth/sb** alcanzar a ver algo/a algn fugazmente; **a ~ glance** una breve mirada
[2] (= *ephemeral*) [*joy, popularity*] fugaz, efímero; [*beauty*] pasajero

**fleetingly** ['fliːtɪŋlɪ] ADV [*smile, see, think, recall*] fugazmente; **he wondered ~ if she knew** se preguntó por un instante si ella lo sabía; **the joy they shared so ~** esa alegría tan efímera que compartieron

**Fleet Street** ['fliːt,striːt] N (*Brit*) (= *street*) Fleet Street, *calle de Londres en la que muchos periódicos tenían sus oficinas*; (= *industry*) *la prensa británica*

**Fleming** ['flemɪŋ] N flamenco/a *m/f*

**Flemish** ['flemɪʃ] Ⓐ ADJ flamenco
Ⓑ N (*Ling*) flamenco *m*

**flesh** [fleʃ] Ⓐ N (*gen*) carne *f*; [*of fruit*] pulpa *f*; **in the ~** en carne y hueso, en persona; **my own ~ and blood** mi propia sangre; **to put on ~** echar carnes; **the sins of the ~** los pecados de la carne; **it's more than ~ and blood can stand** no hay quien lo aguante; ✦***IDIOMS*** **to make sb's ~ crawl** *or* **creep** poner carne de gallina a algn; **to go the way of all ~** pasar a mejor vida; *see also* **press B1**
Ⓑ CPD ► **flesh colour, flesh color** (*US*) N (*gen, Art*) color *m* de la piel ► **flesh wound** N herida *f* superficial
►**flesh out** VT + ADV desarrollar

**flesh-coloured, flesh-colored** (*US*) ['fleʃ,kʌləd] ADJ del color de la piel

**flesh-eating** ['fleʃiːtɪŋ] ADJ carnívoro

**fleshly** ['fleʃlɪ] ADJ (*frm*) [*lusts, desires*] carnal, de la carne

**fleshpots** ['fleʃpɒts] NPL (*fig*) antros *mpl* de libertinaje

**fleshy** ['fleʃɪ] ADJ (*compar* **fleshier**; *superl* **fleshiest**) (= *fat*) gordo; (*Bot*) [*fruit*] carnoso

**flew** [fluː] PT *of* **fly**[2]

**flex** [fleks] Ⓐ N (*Brit*) [*of lamp, telephone*] cable *m*, cordón *m*
Ⓑ VT [+ *arms, knees*] flexionar, doblar; **to ~ one's muscles** (*in exercises*) hacer ejercicios de calentamiento de músculos; (*to impress*) sacar los músculos; **the government is ~ing its muscles in Europe** el gobierno está haciendo alarde de su poder en Europa
Ⓒ VI doblarse, flexionarse

**flexibility** [,fleksɪ'bɪlɪtɪ] N flexibilidad *f*

**flexible** ['fleksəbl] ADJ (*lit, fig*) flexible; **we have to be ~ about this** tenemos que ser flexibles en este asunto; **we have ~ (working) hours** tenemos un horario de trabajo flexible

**flexion** ['flekʃən] N flexión *f*

**flexitime** ['fleksɪtaɪm] N (*Brit*) horario *m* flexible

**flexor** ['fleksəʳ] Ⓐ N flexor *m*, músculo *m* flexor
Ⓑ ADJ flexor

**flextime** ['flekstaɪm] N (*US*) = **flexitime**

**flibbertigibbet** ['flɪbətɪ'dʒɪbɪt] N casquivana *f*

**flick** [flɪk] Ⓐ N [1] [*of tail*] coletazo *m*; [*of finger*] capirotazo *m*, papirotazo *m*; [*of duster*] pasada *f*; [*of whip*] latigazo *m*; **with a ~ of the whip** de un latigazo; **with a ~ of the wrist** con un movimiento rápido de la muñeca; *see also* **switch A1**
[2] (*Brit**) película *f*, peli* *f*; **the ~s** el cine
Ⓑ VT (*with finger*) dar un capirotazo a; **she ~ed her hair out of her eyes** se apartó el pelo de los ojos; **to ~ sth away** quitar algo con un movimiento rápido
Ⓒ VI **the snake's tongue ~ed in and out** la víbora metía y sacaba la lengua; **to ~ over the pages** hojear rápidamente las páginas

Ⓓ CPD ► **flick knife** N (*Brit*) navaja *f* automática, navaja *f* de resorte (*Mex*)

►**flick off** VT + ADV [+ *dust, ash*] sacudir; [+ *light, TV*] apagar

►**flick on** VT + ADV [+ *light, TV*] encender

►**flick through** VI + PREP [+ *book, pages*] hojear rápidamente

**flicker** ['flɪkəʳ] Ⓐ N [1] [*of light, eyelid*] parpadeo *m*; [*of flame*] destello *m*
[2] (= *hint*) **a ~ of amusement crossed his face** por un momento se atisbó en su rostro una expresión divertida; **a ~ of surprise/dismay crossed his face** por un momento en su rostro pudo verse un atisbo de sorpresa/consternación; **she said it without a ~ of expression** lo dijo sin inmutarse; **without a ~ of regret** sin el menor signo de arrepentimiento; **they showed barely a ~ of interest** apenas dieron muestras de interés
Ⓑ VI [*light*] parpadear; [*flame*] vacilar; [*snake's tongue*] vibrar; **the candle ~ed and went out** la vela parpadeó y se apagó

**flickering** ['flɪkərɪŋ] ADJ [*flame, candle*] tembloroso; (*before going out*) vacilante; [*light*] parpadeante; [*needle*] oscilante

**flier** ['flaɪəʳ] N [1] aviador(a) *m/f*
[2] (*US*) folleto *m*, volante *m* (*LAm*)

**flight¹** [flaɪt] Ⓐ N [1] (*Aer*) [*of bird*] vuelo *m*; [*of bullet*] trayectoria *f*; **how long does the ~ take?** ¿cuánto dura el vuelo?; **in ~** en vuelo; **~s of fancy** (*fig*) ilusiones *fpl*; **to take ~** [*bird*] alzar el vuelo
[2] (= *group*) [*of birds*] bandada *f*; [*of aircraft*] escuadrilla *f*; **in the top ~** (*fig*) de primera categoría
[3] [*of stairs*] tramo *m*; **I walked up six ~s of stairs** subí seis tramos de escaleras; **he lives two ~s up** vive dos pisos más arriba
Ⓑ CPD ► **flight attendant** N auxiliar *mf* de vuelo *or* de cabina, aeromozo/a *m/f* (*LAm*), sobrecargo *mf* (*Mex*), cabinero/a *m/f* (*Col*) ► **flight bag** N bolso *m* de bandolera ► **flight crew** N tripulación *f* ► **flight deck** N (*on aircraft carrier*) cubierta *f* de aterrizaje/despegue; [*of aeroplane*] cubierta *f* de vuelo ► **flight engineer** N mecánico/a *m/f* de vuelo ► **flight lieutenant** N teniente *mf* de aviación ► **flight log** N diario *m* de vuelo ► **flight path** N trayectoria *f* de vuelo ► **flight plan** N plan *m or* carta *f* de vuelo ► **flight recorder** N registrador *m* de vuelo ► **flight sergeant** N (*Brit*) sargento *mf* de aviación ► **flight simulator** N simulador *m* de vuelo ► **flight test** N vuelo *m* de prueba

**flight²** [flaɪt] N (= *act of fleeing*) fuga *f*, huida *f*; **to put to ~** ahuyentar; (*Mil*) poner en fuga; **to take ~** fugarse, huir; **a picture of a deer in full ~** una foto de un ciervo en plena huida; **the enemy were in full ~** el enemigo huía en desbandada; **the ~ of capital** la fuga de capitales

**flightless** ['flaɪtlɪs] ADJ [*bird*] no volador

**flight-test** ['flaɪttest] VT probar en vuelo

**flighty** ['flaɪtɪ] ADJ (*compar* **flightier**; *superl* **flightiest**) [*idea, remark*] frívolo, poco serio; [*girl*] caprichoso, voluble

**flimsily** ['flɪmzɪlɪ] ADV [*constructed*] con poca solidez; [*dressed*] muy ligeramente

**flimsiness** ['flɪmzɪnɪs] N [*of dress, material*] ligereza *f*; [*of structure*] lo endeble, la poca solidez; [*of excuse*] lo pobre; [*of argument, evidence*] lo poco sólido, inconsistencia *f*

**flimsy** ['flɪmzɪ] Ⓐ ADJ (*compar* **flimsier**; *superl* **flimsiest**) [1] (= *thin*) [*dress*] muy ligero; [*material*] muy ligero, muy delgado; [*paper*] muy fino
[2] (= *weak, insubstantial*) [*structure*] poco sólido, endeble; [*excuse, pretext*] pobre; [*argument, evidence*] poco sólido, inconsistente
Ⓑ N (*Brit*) (= *thin paper*) papel *m* de copiar; (= *copy*) copia *f*

**flinch** [flɪntʃ] VI [1] (= *shrink back*) estremecerse; **he ~ed at the pain** se estremeció del dolor; **I ~ed when he touched me** cuando me tocó, me estremecí; **he struck her hard but she did not ~** la golpeó con fuerza, pero ni se inmutó; **without ~ing** sin inmutarse
[2] (= *shirk*) **he did not ~ from his responsibilities** no se retrajo de sus obligaciones

**fling** [flɪŋ] (*vb: pt, pp* **flung**) Ⓐ N [1] **to have one's last ~** echar la última cana al aire; **to have one's ~ ◊ go on a ~** echar una canita al aire; **to have a ~ at doing sth** intentar algo
[2] (*) aventura *f* amorosa
[3] (*also* **highland ~**) *see* **highland**
Ⓑ VT [+ *stone*] arrojar, lanzar; **to ~ one's arms round sb** echar los brazos al cuello a algn; **the door was flung open** la puerta se abrió de golpe; **she was flung to the ground by her horse** el caballo la lanzó *or* tiró *or* arrojó al suelo; **to ~ sb into jail** meter a algn en la cárcel; **to ~ o.s. over a cliff** despeñarse por un precipicio; **she flung herself at him** se arrojó *or* lanzó *or* tiró sobre él; **to ~ o.s into a chair** dejarse caer de golpe en una silla; **to ~ o.s. into a job** lanzarse a hacer un trabajo; **to ~ off/on one's clothes** quitarse/ponerse la ropa de prisa

►**fling away** VT + ADV (*fig*) (= *waste*) [+ *money, chance*] desperdiciar

►**fling out** VT + ADV [+ *rubbish*] tirar, botar (*LAm*); [+ *remark*] lanzar; [+ *person*] echar

**flint** [flɪnt] Ⓐ N (*Geol*) (= *material*) sílex *m*; (= *one piece*) pedernal *m*; [*of lighter*] piedra *f*
Ⓑ CPD ► **flint axe** N hacha *f* de sílex

**flinty** ['flɪntɪ] ADJ [1] [*material*] de sílex; [*soil*] silíceo
[2] (*fig*) [*eyes, gaze, stare*] duro; [*heart*] de piedra

**flip¹** [flɪp] Ⓐ N capirotazo *m*; (*Aer**) vuelo *m*
Ⓑ VT (*gen*) tirar; **to ~ a coin** lanzar una moneda al aire, echar cara o cruz; **he ~ped the book open** abrió el libro de golpe; ✦***IDIOM*** **to ~ one's lid*** perder los estribos
Ⓒ VI (*) perder la chaveta*
Ⓓ CPD ► **flip chart** N flip chart *m*, *bloc de papel de grandes dimensiones que se monta sobre un armazón y sirve para ilustrar conferencias, charlas, demostraciones, etc.* ► **flip side** N cara *f* B

►**flip out*** VI + ADV perder la chaveta*

►**flip over** Ⓐ VI + ADV (*Aut etc*) capotar, dar una vuelta de campana
Ⓑ VT + ADV [+ *cassette*] dar la vuelta a

►**flip through** VI + PREP [+ *book*] hojear; [+ *records, index cards*] repasar; **I ~ped through the pages/my notes** hojeé las páginas/mis notas

**flip²*** [flɪp] EXCL ¡porras!*

**flip³*** [flɪp] ADJ = **flippant**

**flip-flop** ['flɪpflɒp] Ⓐ N [1] **flip-flops** (= *sandals*) chancletas *fpl*
[2] (*Comput*) circuito *m* basculante *or* biestable, flip-flop *m*
[3] (*fig*) (*US**) cambio *m* radical, golpe *m* de timón
Ⓑ VI (*fig*) (*US**) cambiar radicalmente, dar un golpe de timón

**flippancy** ['flɪpənsɪ] N ligereza *f*, frivolidad *f*, falta *f* de seriedad; **she was irritated by his ~** estaba molesta por su frivolidad *or* falta de seriedad; **there was a note of ~ in her voice** había un dejo de ligereza *or* frivolidad en su voz

**flippant** ['flɪpənt] ADJ [*remark, reply*] ligero, frívolo; **sorry, I didn't mean to sound ~** perdona, no era mi intención parecer frívolo; **don't be ~** deja de decir ligerezas *or* frivolidades

**flippantly** ['flɪpəntlɪ] ADV [*answer, talk*] con poca seriedad; **such words should not be used ~** esas palabras no deberían usarse con ligereza *or* ligeramente

**flipper** ['flɪpəʳ] N aleta *f*

**flipping*** ['flɪpɪŋ] ADJ (*Brit*) condenado*

**flip-top** ['flɪptɒp] ADJ [*bin, pack*] con tapa abatible

**flirt** [flɜːt] Ⓐ N coqueto/a *m/f*; **he's/she's a great ~** es terriblemente coqueto/a, le gusta muchísimo flirtear
Ⓑ VI coquetear, flirtear (**with** con); **to ~ with death** jugar con la muerte; **to ~ with an idea** acariciar una idea

**flirtation** [flɜː'teɪʃən] N flirteo *m*, coqueteo *m*

**flirtatious** [flɜː'teɪʃəs] ADJ [*man*] mariposón; [*woman*] coqueta; [*glance etc*] coqueta

**flirty** ['flɜːtɪ] ADJ [*person, dress, smile*] coqueto

**flit** [flɪt] Ⓐ VI [*bat, butterfly*] revolotear; **to ~ in/out** [*person*] entrar/salir precipitadamente; **she ~s from one job to another** salta de un trabajo a otro
Ⓑ N ✦***IDIOM*** **to do a (moonlight) ~** (*Brit*) marcharse de una casa a la francesa

**flitch** [flɪtʃ] N **~ of bacon** hoja *f* de tocino

**flitting** ['flɪtɪŋ] N (*N Engl, Scot*) mudanza *f*

**Flo** [fləʊ] N (*familiar form*) *of* **Florence**

**float** [fləʊt] Ⓐ N [*of raft, seaplane*] flotador *m*; (*for fishing line*) corcho *m*; (= *swimming aid*) flotador *m*; (*in procession*) carroza *f*; (= *sum of money*) reserva *f*; (*in shop*) fondo *m* de caja, *dinero en caja antes de empezar las ventas del día (para cambios etc)*
Ⓑ VT [1] [+ *boat, logs*] hacer flotar; ✦***IDIOM*** **it doesn't ~ my boat*** no me da ni frío ni calor*, no me llama la atención
[2] (= *render seaworthy*) poner a flote
[3] (= *launch*) [+ *company*] fundar, constituir
[4] (*Fin*) [+ *currency*] hacer fluctuar, hacer flotar; [+ *shares*] emitir, lanzar al mercado; [+ *loan*] emitir
[5] **to ~ an idea** sugerir una idea
Ⓒ VI (*gen*) flotar; [*bather*] hacer la plancha; (= *move in wind*) flotar, ondear; **it ~ed to the surface** salió a la superficie; **to ~ downriver** ir río abajo; **we shall let the pound ~** dejaremos que la libra esterlina flote *or* fluctúe

►**float around** VI + ADV [*rumour*] circular, correr

►**float away, float off** VI + ADV (*in water*) ir a la deriva; (*in air*) irse volando

**floating** ['fləʊtɪŋ] ADJ [*object, assets, currency, debt, dock*] flotante; (*Brit*) [*voter*] indeciso; **the ~ vote** el voto de los indecisos

**flock¹** [flɒk] Ⓐ N [*of sheep, goats*] rebaño *m*; [*of birds*] bandada *f*; [*of people*] tropel *m*, multitud *f*; (*Rel*) grey *f*, rebaño *m*; **they came in ~s** acudieron en tropel
Ⓑ VI (= *move in numbers*) ir en tropel; **they ~ed to the station** fueron en tropel hacia la estación; **to ~ around sb** apiñarse en torno a algn; **to ~ together** congregarse, reunirse

**flock²** [flɒk] N (= *wool*) borra *f*

**floe** [fləʊ] N (= *ice floe*) témpano *m* de hielo

**flog** [flɒg] VT [1] (= *whip*) azotar; (= *beat*) dar una paliza a; ✦***IDIOM*** **to ~ a dead horse*** predicar en el desierto, machacar en hierro

frío
[2] (*Brit**) (= *sell*) vender

**flogger** [ˈflɒgəʳ] N partidario/a *m/f* del restablecimiento de la pena de azotes

**flogging** [ˈflɒgɪŋ] N azotes *mpl*, flagelación *f*; **to give sb a ~** azotar *or* flagelar a algn

**flood** [flʌd] Ⓐ N [*of water*] inundación *f*; (*in river*) avenida *f*; [*of words, tears*] torrente *m*; (= *flood tide*) pleamar *f*; **the Flood** (*Rel*) el Diluvio; **the river is in ~** el río está crecido; **a ~ of letters** una avalancha de cartas; **she was in ~s of tears** lloraba a lágrima viva
Ⓑ VT (*Aut*) (*gen*) inundar; **to ~ the market with sth** inundar *or* saturar el mercado de algo; **we have been ~ed with applications** nos han llovido las solicitudes, nos han inundado de solicitudes; **the room was ~ed with light** el cuarto se inundó de luz
Ⓒ VI [*river*] desbordarse; **the people ~ed into the streets** la gente inundó la calle
Ⓓ CPD ► **flood control** N medidas *fpl* para controlar las inundaciones ► **flood tide** N pleamar *f*, marea *f* creciente

►**flood in** VI + ADV [*people*] entrar a raudales

►**flood out** VT + ADV [+ *house*] inundar completamente; **they were ~ed out** tuvieron que abandonar su casa debido a la inundación

**floodgate** [ˈflʌdgeɪt] N compuerta *f*, esclusa *f*

**flooding** [ˈflʌdɪŋ] N inundación *f*

**floodlight** [ˈflʌdlaɪt] (*vb: pt, pp* **floodlit**) Ⓐ N foco *m*
Ⓑ VT iluminar con focos

**floodlighting** [ˈflʌdlaɪtɪŋ] N iluminación *f* con focos

**floodlit** [ˈflʌdlɪt] PT, PP *of* **floodlight** ADJ iluminado

**floodplain** [ˈflʌdpleɪn] N llanura *f* sujeta a inundaciones de un río

**floodwater** [ˈflʌdwɔːtəʳ] N crecida *f*, riada *f*

**floor** [flɔːʳ] Ⓐ N [1] (*gen*) suelo *m*; [*of room*] suelo *m*, piso *m* (*LAm*); [*of sea*] fondo *m*; (= *dance floor*) pista *f*; **a tiled ~** un suelo embaldosado; **the Floor** (*St Ex*) el parqué; **to cross the ~ (of the House)** cambiar de adscripción política; **to have the ~** [*speaker*] tener la palabra; **to hold the ~** hacer uso de la palabra; **to take the ~** [*dancer*] salir a bailar; **✦IDIOM to wipe the ~ with sb*** dar un buen repaso a algn*, hacer picadillo a algn*
[2] (= *storey*) [2·1] (*Brit*) piso *m*; **the first ~** el primer piso; **the ground ~** la planta baja; **the second ~** el segundo piso; **the top ~** el último piso
[2·2] (*US*) piso *m*; **the first ~** la planta baja; **the second ~** el primer piso; **the top ~** el último piso
Ⓑ VT [1] [+ *room*] solar (**with** de)
[2] (*) (= *knock down*) [+ *opponent*] derribar
[3] (*) (= *baffle, silence*) dejar sin respuesta
[4] (*US Aut*) [+ *accelerator*] pisar
Ⓒ CPD ► **floor area** N superficie *f* total ► **floor cloth** N bayeta *f* ► **floor covering** N tapiz *m* para el suelo ► **floor exercise** N (*Gymnastics*) ejercicio *m* de suelo ► **floor lamp** N lámpara *f* de pie ► **floor manager** N (*in department store*) jefe/a *m/f* de sección; (*Cine, TV*) jefe/a *mf* de plató ► **floor plan** N plano *m*, planta *f* ► **floor polish** N cera *f* para suelos ► **floor polisher** N enceradora *f* ► **floor show** N cabaret *m* ► **floor space** N espacio *m*

**floorboard** [ˈflɔːbɔːd] N tabla *f* del suelo

**flooring** [ˈflɔːrɪŋ] N suelo *m*; (= *material*) solería *f*

**floorwalker**† [ˈflɔːˌwɔːkəʳ] N (*US*) jefe/a *m/f* de sección

**floosie***, **floozie***, **floozy*** [ˈfluːzɪ] N putilla* *f*

**flop** [flɒp] Ⓐ N (*) (= *failure*) fracaso *m*; **the film was a ~** la película fue un fracaso
Ⓑ VI [1] (= *fall*) [*person*] dejarse caer (**into, on** en)
[2] (*) (= *fail*) [*play, book*] fracasar

**flophouse*** [ˈflɒphaʊs] N (*pl* **flophouses** [ˈflɒphaʊzɪz]) (*US*) pensión *f* de mala muerte*, fonducha* *f*

**floppy** [ˈflɒpɪ] Ⓐ ADJ (*compar* **floppier**; *superl* **floppiest**) [*hat*] flexible; [*doll*] de trapo; **a dog with ~ ears** un perro con las orejas caídas
Ⓑ N = **floppy disc**
Ⓒ CPD ► **floppy disc** *or* **disk** N (*Comput*) disquete *m*, disco *m* flexible

**flora** [ˈflɔːrə] N (*pl* **floras** *or* **florae** [ˈflɔːriː]) flora *f*

**floral** [ˈflɔːrəl] Ⓐ ADJ [*display*] de flores, floral; [*fabric, dress*] de flores, floreado; [*fragrance, design, wallpaper, curtains*] de flores
Ⓑ CPD ► **floral arrangement** N arreglo *m* floral ► **floral print** N estampado *m* de flores *or* floreado ► **floral tribute** N ofrenda *f* floral; (*at funeral*) corona *f* de flores

**Florence** [ˈflɒrəns] N Florencia *f*

**Florentine** [ˈflɒrəntaɪn] Ⓐ ADJ florentino
Ⓑ N florentino/a *m/f*

**florescence** [fləˈresns] N florescencia *f*

**floret** [ˈflɒrət] N [*of flower*] flósculo *m*; [*of cauliflower, broccoli*] grumo *m*, cabezuela *f*

**florid** [ˈflɒrɪd] ADJ [*complexion*] colorado, rubicundo; [*style*] florido

**Florida** [ˈflɒrɪdə] N Florida *f*

**florin** [ˈflɒrɪn] N florín *m*; (*Brit*) (*formerly*) florín *m, moneda de dos chelines*

**florist** [ˈflɒrɪst] N florista *mf*; **~'s (shop)** floristería *f*, tienda *f* de flores

**floss** [flɒs] Ⓐ N [1] (*also* **~ silk**) cadarzo *m*
[2] (*for embroidery*) seda *f* floja
[3] (*also* **dental ~**) hilo *m or* seda *f* dental
Ⓑ VT (*Dentistry*) **to ~ one's teeth** limpiarse los dientes con hilo *or* seda dental
Ⓒ VI (*Dentistry*) limpiarse los dientes con hilo *or* seda dental

**Flossie** [ˈflɒsɪ] N (*familiar form*) *of* **Florence**

**flossy** [ˈflɒsɪ] ADJ [1] [*cloud, hair*] vaporoso, ahuecado
[2] (*US**) (= *showy*) llamativo, espectacular, ostentoso

**flotation** [fləʊˈteɪʃən] Ⓐ N [1] (*lit*) [*of boat etc*] flotación *f*
[2] (*Fin*) [*of shares, loan etc*] emisión *f*; [*of company*] lanzamiento *m*, salida *f* a bolsa
Ⓑ CPD ► **flotation tank** N tanque *m* de flotación

**flotilla** [fləˈtɪlə] N flotilla *f*

**flotsam** [ˈflɒtsəm] N **~ and jetsam** restos *mpl* (de naufragio); (*Tech, frm*) pecios *mpl*

**flounce[1]** [flaʊns] N (= *frill*) volante *m*

**flounce[2]** [flaʊns] VI **to ~ in/out** entrar/salir haciendo aspavientos

**flounced** [flaʊnst] ADJ [*dress*] guarnecido con volantes

**flounder[1]** [ˈflaʊndəʳ] N (*pl* **flounder** *or* **flounders**) (= *fish*) platija *f*

**flounder[2]** [ˈflaʊndəʳ] VI [1] (*also* **~ about**) (*in water, mud etc*) (= *flap arms*) debatirse; (= *splash*) revolcarse
[2] (*in speech etc*) perder el hilo

**flour** [ˈflaʊəʳ] Ⓐ N harina *f*
Ⓑ CPD ► **flour bin** N harinero *m* ► **flour mill** N molino *m* de harina

**flourish** [ˈflʌrɪʃ] Ⓐ N (= *movement*) floritura *f*, ademán *m* ostentoso; (*under signature*) rúbrica *f*; (*Mus*) floreo *m*; (= *fanfare*) toque *m* de trompeta; **to do sth with a ~** hacer algo con una floritura *or* con gesto triunfal
Ⓑ VT [+ *weapon, stick etc*] blandir
Ⓒ VI [*plant etc*] crecer; [*person, business, civilization*] florecer, prosperar

**flourishing** [ˈflʌrɪʃɪŋ] ADJ [*plant*] lozano; [*person, business*] floreciente, próspero

**floury** [ˈflaʊərɪ] ADJ harinoso

**flout** [flaʊt] VT (= *ignore*) no prestar atención a, ignorar; (= *mock*) burlarse de; [+ *law*] incumplir

**flow** [fləʊ] Ⓐ N [*of river, tide, Elec*] corriente *f*, flujo *m*; (= *direction*) curso *m*; [*of blood*] (*from wound*) flujo; [*of words etc*] torrente *m*; **the ~ of traffic** la circulación (del tráfico); **to maintain a steady ~** [*of people, vehicles*] mantener un movimiento constante; **✦IDIOM to go with the ~** dejarse llevar
Ⓑ VI [*river*] fluir, discurrir; [*tide*] subir, crecer; [*blood*] (*from wound*) manar; (*through body*) circular; [*tears*] correr; [*hair*] caer suavemente *or* con soltura; [*words*] fluir; **tears ~ed down her cheeks** le corrían las lágrimas por las mejillas; **the river ~s through the valley** el río fluye *or* discurre por el valle; **the river ~ed over its banks** el río se desbordó; **the river ~s into the sea** el río desemboca en el mar; **water was ~ing from the pipe** el agua brotaba de la tubería; **traffic is now ~ing normally** el tráfico ya circula *or* fluye *or* discurre con normalidad; **money ~ed in** el dinero entraba a raudales; **people are ~ing in** entra la gente a raudales; **to keep the conversation ~ing** mantener viva la conversación; **the town ~ed with wine and food** el pueblo abundaba en vino y comida; *see also* **ebb**
Ⓒ CPD ► **flow chart**, **flow diagram** N organigrama *m* ► **flow sheet** N (*Comput*) diagrama *m* de flujo, ordinograma *m*; (*Admin*) organigrama *m*

**flower** [ˈflaʊəʳ] Ⓐ N [1] (*Bot*) flor *f*; **in ~** en flor
[2] (= *best*) **the ~ of the army** la flor y nata del ejército; **she was in the ~ of her youth** estaba en la flor de la vida
Ⓑ VI florecer
Ⓒ CPD ► **flower arrangement** N (= *art*) = **flower arranging** (= *exhibit*) (*on table*) arreglo *m* floral; (*in park*) adorno *m* floral ► **flower arranging** N arte *m* floral ► **flower child** N (= *hippy*) hippy *mf*, hippie *mf* ► **flower garden** N jardín *m* (de flores) ► **flower head** N cabezuela *f* ► **flower people** NPL hippies *mpl* ► **flower power** N filosofía *f* hippy ► **flower seller** N florista *mf*, vendedor(a) *m/f* de flores ► **flower shop** N floristería *f*, tienda *f* de flores ► **flower show** N exposición *f* de flores ► **flower stall** N puesto *m* de flores

**flowerbed** [ˈflaʊəbed] N arriate *m*, parterre *m*, cantero *m* (*S. Cone*)

**flowered** [ˈflaʊəd] ADJ [*cloth, shirt*] floreado, de flores

**flowering** [ˈflaʊərɪŋ] Ⓐ ADJ floreciente, en flor
Ⓑ N floración *f*

**flowerpot** [ˈflaʊəpɒt] N maceta *f*, tiesto *m*

**flowery** [ˈflaʊərɪ] ADJ [*meadow, field*] florido; [*fragrance, perfume*] de flores; [*fabric, dress, wallpaper*] de flores, floreado; [*language*] florido

**flowing** [ˈfləʊɪŋ] ADJ [*movement*] fluido; [*stream*] corriente; [*hair, clothing*] suelto; [*style*] fluido

**flown** [fləʊn] PP *of* **fly[2]**

**fl. oz.** ABBR = **fluid ounce**

**F/Lt** ABBR = **Flight Lieutenant**

**flu** [fluː] Ⓐ N gripe *f*, gripa *f* (*Col, Mex*); **I've got ~** tengo gripe; **to get** *or* **catch ~** agarrar la

gripe, agriparse (*LAm*)
Ⓑ CPD ► **flu jab*** N vacuna *f* contra la gripe ► **flu vaccine** N vacuna *f* antigripal

**fluctuate** ['flʌktjʊeɪt] VI [*cost*] oscilar; [*prices, temperature*] fluctuar, oscilar; **to ~ between** [*person*] vacilar entre

**fluctuation** [,flʌktjʊ'eɪʃən] N [*of prices, temperature*] fluctuación *f*, oscilación *f*

**flue** [flu:] N humero *m*

**fluency** ['flu:ənsɪ] N 1 (*in foreign language*) fluidez *f*, soltura *f*; **she speaks French with great ~** habla francés con mucha fluidez *or* soltura, domina bien el francés; **you need ~ in at least one foreign language** necesita dominar al menos una lengua; **I was impressed by his ~ in English** me impresionó su dominio del inglés
2 (*in speaking, reading, writing*) fluidez *f*, soltura *f*
3 [*of movement*] soltura *f*

**fluent** ['flu:ənt] ADJ 1 (*in foreign language*) **he is a ~ Japanese speaker** *or* **speaker of Japanese** habla japonés con fluidez *or* soltura, domina bien el japonés; **to speak ~ French** ◊ **be ~ in French** hablar francés con fluidez *or* soltura, dominar bien el francés; **to become ~ in French** llegar a hablar francés con fluidez *or* soltura, llegar a tener un buen dominio del francés
2 (= *not hesitant*) [*written style, speech, sentence*] fluido; [*speaker, debater, writer*] desenvuelto; **a ~ reader** una persona que lee con fluidez *or* soltura; **she speaks in ~ sentences** habla con frases fluidas; **rage was making him ~** la ira le hacía hablar sin trabarse
3 (= *graceful*) [*movement, dancing*] fluido

**fluently** ['flu:əntlɪ] ADV 1 (= *like a native*) **he speaks Russian ~** habla ruso con fluidez *or* soltura, domina bien el ruso
2 (= *without hesitation*) [*speak, write, read*] con fluidez, con soltura
3 (= *gracefully*) [*dance, move*] con soltura, con fluidez

**fluey*** ['flu:i:] ADJ (*Brit*) griposo; **to feel ~** estar griposo

**fluff** [flʌf] Ⓐ N (*from blankets etc*) pelusa *f*, lanilla *f*; [*of chicks*] plumón *m*; [*of kittens*] pelo *m*, pelusa *f*
Ⓑ VT 1 (*also* **~ out**) [+ *feathers*] ahuecar; **to ~ up the pillows** mullir las almohadas
2 (*Theat**) [+ *lines*] hacerse un lío con

**fluffy** ['flʌfɪ] ADJ (*compar* **fluffier**; *superl* **fluffiest**) [*toy*] de peluche; [*material*] mullido; [*bird*] plumoso; [*surface*] lleno de pelusa

**fluid** ['flu:ɪd] Ⓐ ADJ [*substance, movement*] fluido; [*plan, arrangements*] flexible; [*opinions*] variable
Ⓑ N (*Phys*) fluido *m*; (*Physiol*) fluido *m*, líquido *m*; **drink plenty of ~s** tome mucho líquido, beba mucho
Ⓒ CPD ► **fluid ounce** N onza *f* líquida

**fluidity** [flu:'ɪdɪtɪ] N [*of substance, movement*] fluidez *f*; [*of situation*] inestabilidad *f*

**fluke**[1] [flu:k] N chiripa *f*, golpe *m* de suerte; **to win by a ~** ganar de *or* por chiripa

**fluke**[2] [flu:k] N (*Zool*) trematodo *m*; (*Fishing*) *especie de platija*

**fluky*** ['flu:kɪ] ADJ afortunado

**flummox** ['flʌməks] VT (= *disconcert*) desconcertar, confundir; (= *startle*) asombrar; **I was completely ~ed** me quedé totalmente desconcertado

**flung** [flʌŋ] PT, PP *of* **fling**

**flunk*** [flʌŋk] (*esp US*) Ⓐ VT [+ *student, course, exam*] suspender, catear (*Sp**), reprobar (*LAm*); **I ~ed Maths** suspendí las matemáticas
Ⓑ VI suspender, catear (*Sp**); **I ~ed** suspendí, cateé (*Sp**), me reprobaron (*LAm*)
►**flunk out*** VI + ADV (*US*) salirse del colegio *etc* sin recibir un título

**flunkey, flunky** ['flʌŋkɪ] N (*pej*) (= *servant*) lacayo *m*; (= *servile person*) adulador/a *m/f*, lacayo *m*

**fluorescence** [flʊə'resns] N fluorescencia *f*

**fluorescent** [flʊə'resnt] ADJ [*lighting, tube, lamp*] fluorescente

**fluoridate** ['flʊərɪ,deɪt] VT fluorizar

**fluoridation** [,flʊərɪ'deɪʃən] N fluoración *f*, fluorización *f*

**fluoride** ['flʊəraɪd] Ⓐ N fluoruro *m*
Ⓑ CPD ► **fluoride toothpaste** N pasta *f* de dientes con flúor

**fluorine** ['flʊəri:n] N flúor *m*

**flurry** ['flʌrɪ] N [*of wind, snow*] racha *f*, ráfaga *f*; [*of rain*] chaparrón *m*; (*fig*) [*of excitement*] frenesí *m*; **to be in a ~** estar nervioso; **a ~ of activity** un frenesí de actividad

**flush**[1] [flʌʃ] Ⓐ N 1 (= *blush*) **there was a slight ~ on his cheeks** tenía las mejillas un poco coloradas; **she felt a faint ~ of colour rising in her face** notó que se le dibujaba cierto rubor en el rostro; **the pink ~ of dawn spread across the sky** (*liter*) el arrebol del alba se extendía por el cielo (*liter*)
2 (= *glow*) [*of beauty, health*] resplandor *m*
3 (= *surge*) [*of anger, excitement*] arrebato *m*; **she felt a ~ of excitement on hearing this** al oír esto sintió un arrebato de emoción; **in the first ~ of youth** en la flor de la juventud; **in the (first) ~ of victory** con la euforia del triunfo
4 **to have hot ~es** (*Med*) tener sofocos
Ⓑ VI [*person, face*] ponerse colorado, sonrojarse, ruborizarse (*liter*) (**with** de)

**flush**[2] [flʌʃ] Ⓐ N [*of toilet*] (= *device*) cisterna *f*; (= *sound*) sonido *m* de la cisterna; (= *action*) descarga *f* de agua
Ⓑ VT (*also* **~ out**) [+ *sink, yard*] limpiar con agua, baldear; **to ~ the toilet** *or* **lavatory** tirar de la cadena
►**flush away** VT + ADV (*down sink*) echar al fregadero; (*down lavatory*) echar al váter

**flush**[3] [flʌʃ] ADJ 1 (= *level*) a ras (**with** de), al mismo nivel (**with** que); (*DIY*) empotrado (**with** con); **a door ~ with the wall** una puerta al mismo nivel que la pared; **to make two things ~** nivelar dos cosas
2 (*) **to be ~ (with money)** estar forrado*, andar muy bien de dinero

**flush**[4] [flʌʃ] VT (*also* **~ out**) [+ *game, birds*] levantar; (*fig*) [+ *criminal*] sacar de su escondrijo a

**flush**[5] [flʌʃ] N (*Cards*) color *m*, flux *m inv*

**flushed** [flʌʃt] ADJ 1 (= *red*) [*face, cheeks*] colorado, rojo; **she arrived looking ~** llegó colorada; **to be ~ from alcohol/sleep** estar colorado por el alcohol/de haber dormido; **to be ~ with anger** estar rojo de ira; **to be ~ with embarrassment** estar rojo de vergüenza, estar sonrojado
2 (= *excited*) **to be ~ with success** estar eufórico por el éxito; **to be ~ with excitement** estar arrebatado de entusiasmo; **to be ~ with victory** estar eufórico por el triunfo
3 (= *tinged*) **white flowers ~ with pink** flores *fpl* blancas teñidas de rosa

**Flushing** ['flʌʃɪŋ] N Flesinga *m*

**fluster** ['flʌstəʳ] Ⓐ N aturdimiento *m*, confusión *f*; **to be in a ~** estar aturdido *or* confuso
Ⓑ VT (= *confuse, upset*) aturdir, poner nervioso; **to get ~ed** ponerse nervioso, aturdirse

**flute** [flu:t] N flauta *f*; (*in Andes, S. Cone*) (= *bamboo*) quena *f*

**fluted** ['flu:tɪd] ADJ (*Archit*) estriado, acanalado

**flutist** ['flu:tɪst] N (*US*) flautista *mf*

**flutter** ['flʌtəʳ] Ⓐ N 1 (= *movement*) [*of wings*] aleteo *m*; [*of eyelashes*] pestañeo *m*
2 (= *tremor*) **to be in a ~** (*fig*) estar nervioso; **to cause a ~** causar revuelo; **to feel a ~ of excitement** estremecerse de la emoción; **there was a ~ of fear in her voice** la voz le temblaba por el miedo
3 (*) (= *bet*) **to have a ~** echar una apuesta; **to have a ~ on a race** apostar a un caballo
Ⓑ VT [+ *wings*] batir; **the sparrow was ~ing its wings** el gorrión batía las alas, el gorrión aleteaba; **to ~ one's eyelashes at sb** hacer ojitos a algn
Ⓒ VI [*bird*] revolotear; [*butterfly*] mover las alas; [*flag*] ondear; [*heart*] palpitar; **a leaf came ~ing down** una hoja cayó balanceándose; **the bird ~ed about the room** el pájaro revoloteaba por la habitación; **a butterfly ~ed away** una mariposa pasó revoloteando

**fluty** ['flu:tɪ] ADJ [*tone*] aflautado

**fluvial** ['flu:vɪəl] ADJ fluvial

**flux** [flʌks] N **to be in a state of ~** estar inestable, estar cambiando continuamente

**fly**[1] [flaɪ] Ⓐ N 1 (= *insect*) mosca *f*; **✦IDIOMS people were dropping like flies** la gente caía como moscas; **he wouldn't hurt a ~** sería incapaz de matar una mosca; **there are no flies on him** no tiene un pelo de tonto; **the ~ in the ointment** la única pega, el único inconveniente; **I wish I were a ~ on the wall** me gustaría estar allí para ver qué pasa
2 (*on trousers*) (*also* **flies**) bragueta *f*
3 **flies** (*Theat*) peine *msing*, telar *msing*
4 (= *carriage*) calesa *f*
5 **✦IDIOM to do sth on the ~** hacer algo por la vía rápida, hacer algo a la carrera
Ⓑ CPD ► **fly button** N botón *m* de la bragueta ► **fly spray** N (espray) *m* matamoscas *m inv*

**fly**[2] [flaɪ] (*pt* **flew**; *pp* **flown**) Ⓐ VI 1 (= *be airborne*) [*plane, bird, insect*] volar; [*air passengers*] ir en avión; **"how did you get here?" — "I flew"** —¿cómo llegaste aquí? —en avión; **do you ~ often?** ¿viajas mucho en avión?; **she's ~ing home tomorrow** sale en avión para casa mañana; **I'm ~ing back to New York tonight** esta noche tomo un vuelo de regreso a Nueva York; **we were ~ing at 5,000ft** volábamos a 5.000 pies de altura; **we ~ (with) Iberia** volamos con Iberia; **to ~ into London airport** llegar (en avión) al aeropuerto de Londres; **the plane flew over London** el avión sobrevoló Londres; **✦IDIOM to be ~ing high: we were ~ing high after our success in the championship** estábamos como locos tras el éxito en el campeonato; **the company is ~ing high** la empresa va viento en popa; *see also* **bird**
2 (= *fly a plane*) pilotar un avión, volar; **to learn to ~** aprender a pilotar un avión *or* a volar; **to ~ blind** (*lit*) volar a ciegas *or* guiándose sólo por los instrumentos; (*fig*) ir a ciegas
3 (= *flutter, wave*) [*flag*] ondear; **her hair was ~ing in the wind** su pelo ondeaba al viento; *see also* **flag**
4 (= *move quickly*) **the dust flew in our eyes** se nos metió el polvo en los ojos; **my hat flew into the air** se me voló el sombrero, el sombrero salió volando; **her hand flew to her mouth** se llevó la mano a la boca; **the train was ~ing along** el tren iba como una exhalación; **rumours are ~ing around the office that ...** por la oficina corre el rumor de que ...; **to go ~ing: the vase went ~ing** el jarrón

salió por los aires *or* salió volando; **to let ~** (*fig*) (*verbally*) empezar a despotricar; (*physically*) empezar a repartir golpes *or* tortazos; (*Ftbl*) (= *shoot*) disparar; **he let ~ with a shot from 20 metres** lanzó un disparo desde unos 20 metros; **to let ~ at sb** (*verbally*) empezar a despotricar contra algn, arremeter contra algn; (*physically*) arremeter contra algn, empezar a dar golpes *or* tortazos a algn; **the door flew open** la puerta se abrío de golpe; **he/the ball came ~ing past me** él/la pelota pasó volando junto a mí; **to ~ into a rage** montar en cólera; **the blow sent him ~ing** el golpe hizo que saliera despedido; **she kicked off her shoes and sent them ~ing across the room** de una patada se quitó los zapatos y los mandó volando al otro lado de la habitación; *see also* **spark**

[5] (= *rush*) ir volando, ir corriendo; **I must ~!** ¡me voy volando *or* corriendo!, ¡me tengo que ir volando *or* corriendo!; **she flew upstairs to look for it** subió volando *or* a toda prisa a buscarlo; **to ~ to sb's aid** *or* **assistance** ir volando a socorrer a algn; **to ~ to sb's side** volar al lado de algn; **to ~ at sb** (*physically*) lanzarse sobre algn, arremeter contra algn; (*fig*) ponerse furioso con algn; **the dog flew at him and bit him** el perro se lanzó *or* se abalanzó sobre él y le mordió; ✦*IDIOM* **to ~ in the face of sth** ir en contra de algo, desafiar algo; **ideas that ~ in the face of common sense** ideas que desafían el sentido común; **she has a reputation for ~ing in the face of authority** tiene fama de ir en contra de la autoridad; *see also* **handle**

[6] (= *pass quickly*) [*time*] pasar *or* irse volando; **the years flew by** los años pasaron volando

[7] (†) (= *flee*) huir, escaparse (**from** de)

Ⓑ VT [1] [+ *aircraft*] pilotar, pilotear (*esp LAm*); [+ *passenger*] llevar en avión; [+ *goods*] transportar en avión; [+ *distance*] recorrer (en avión); [+ *flag*] enarbolar; **to ~ the Atlantic** atravesar el Atlántico en avión; **which routes does the airline ~?** ¿qué rutas cubre la aerolínea?; **to ~ a kite** hacer volar una cometa

[2] (= *flee*) [+ *country*] abandonar, huir de; ✦*IDIOMS* **to ~ the nest** echar a volar, dejar *or* abandonar el nido; **to ~ the coop** tomar las de Villadiego, agarrar *or* tomar el portante (y marcharse)

▸**fly away** VI + ADV [*bird*] salir volando, emprender el vuelo

▸**fly in** Ⓐ VI + ADV [*plane*] llegar; [*person*] llegar en avión; **he flew in from Rome** llegó en avión desde Roma; **a bee flew in through the window** una abeja entró volando por la ventana

Ⓑ VT + ADV [+ *supplies, troops*] (= *take*) llevar en avión; (= *bring*) traer en avión; **the seafood was flown in from Hawaii** el marisco venía en avión desde Hawai

▸**fly off** VI + ADV [1] [*bird, plane*] alejarse volando; [*person in plane*] marcharse (en avión) (**to** a); **I'd love to ~ off to a Caribbean island** me encantaría marcharme a una isla del Caribe

[2] (= *come off*) [*hat*] salir volando; [*lid, handle, wheel*] saltar, salir disparado; **sparks flew off in all directions** saltaban chispas por todos lados

▸**fly out** Ⓐ VI + ADV [*person in plane*] salir en avión, irse en avión; [*plane*] salir; **... and we're ~ing out two weeks later** y nosotros salimos *or* nos vamos en avión para allá dos semanas después; **I had to ~ out to California to pick him up** tuve que ir en avión a California a recogerlo

Ⓑ VT + ADV [1] (= *take out*) **we shall ~ supplies out to them** les enviaremos provisiones por avión

[2] (= *bring out*) **the hostages have been flown out** han sacado a los rehenes en avión

**fly**[3] [flaɪ] ADJ (*esp Brit*) avispado, espabilado

**flyaway** [ˈflaɪəweɪ] ADJ [1] [*hair*] suelto, lacio

[2] (= *frivolous*) frívolo

**fly-blown** [ˈflaɪbləʊn] ADJ (*lit*) lleno de cresas; (*fig*) viejo, gastado

**flyby** [ˈflaɪˌbaɪ] N (*pl* **flybys**) (*esp US*) desfile *m* aéreo

**fly-by-night** [ˈflaɪbaɪnaɪt] Ⓐ ADJ informal, poco fiable

Ⓑ N casquivano/a *m/f*

**flycatcher** [ˈflaɪˌkætʃəʳ] N (*Orn*) papamoscas *m inv*

**flyer** [ˈflaɪəʳ] = **flier**

**fly-fishing** [ˈflaɪˌfɪʃɪŋ] N pesca *f* a *or* con mosca

**fly-half** [ˈflaɪˌhɑːf] N medio apertura *m*

**flying** [ˈflaɪɪŋ] Ⓐ ADJ [*glass, debris*] que vuela por los aires; **he took a ~ leap at the man** dio un salto *or* saltó sobre el hombre; **he launched himself in a ~ tackle and brought the intruder to the ground** se lanzó por el aire *or* se lanzó en plancha y derribó al intruso; **to make a ~ visit** hacer una visita relámpago; ✦*IDIOMS* **to come through (sth) with ~ colours** salir airoso (de algo); **he passed all his exams with ~ colours** aprobó todos sus exámenes con éxito; **to get off to a ~ start** empezar con muy buen pie

Ⓑ N (*gen*) vuelo *m*; (= *aviation*) aviación *f*; **I had done 60 hours of ~** había realizado 60 horas de vuelo; **I don't like ~** no me gusta ir en avión *or* volar; **to have a fear of ~** tener miedo al avión

Ⓒ CPD ▸ **flying boat** N hidroavión *m* ▸ **flying bomb** N bomba *f* volante ▸ **flying buttress** N arbotante *m* ▸ **flying doctor** N médico/a *m/f* rural (que se traslada en avión) ▸ **flying fish** N pez *m* volador ▸ **flying fortress** N fortaleza *f* volante ▸ **flying fox** N panique *m* ▸ **flying lesson** N clase *f or* lección *f* de vuelo ▸ **flying machine** N máquina *f* de volar ▸ **flying officer** N teniente *mf* de aviación ▸ **flying picket** N piquete *m* volante *or* móvil ▸ **flying saucer** N platillo *m* volante ▸ **flying squad** N (*Brit*) brigada *f* móvil ▸ **flying suit** N traje *m* de vuelo ▸ **flying time** N (= *length of journey*) duración *f* del vuelo; (= *hours flown*) horas *fpl* de vuelo ▸ **flying trapeze** N trapecio *m* volador

**flyleaf** [ˈflaɪliːf] N (*pl* **flyleaves**) guarda *f*

**flyover** [ˈflaɪˌəʊvəʳ] N (*Brit Aut*) paso *m* elevado, paso *m* a desnivel (*LAm*); (*US*) (= *flypast*) desfile *m* aéreo

**flypaper** [ˈflaɪˌpeɪpəʳ] N papel *m* matamoscas

**flypast** [ˈflaɪpɑːst] N desfile *m* aéreo

**fly-posting** [ˌflaɪˈpəʊstɪŋ] N pegada *f* (ilegal) de carteles

**flysheet** [ˈflaɪʃiːt] N (*for tent*) doble techo *m*

**fly-swat** [ˈflaɪswɒt], **fly-swatter** [ˈflaɪswɒtəʳ] N matamoscas *m inv*

**fly-tipping** [ˌflaɪˈtɪpɪŋ] N descarga *f* (ilegal) de basura *etc*

**flyweight** [ˈflaɪweɪt] Ⓐ N peso *m* mosca

Ⓑ CPD ▸ **flyweight contest** N combate *m* de pesos mosca

**flywheel** [ˈflaɪwiːl] N (*Tech*) volante *m*

**FM** ABBR [1] (*Brit Mil*) = **Field Marshal**

[2] (*Rad*) (= **frequency modulation**) FM *f*, M.F. *f*

[3] = **foreign minister**

**FMB** N ABBR (*US*) = **Federal Maritime Board**

**FMCG**, **fmcg** ABBR = **fast-moving consumer goods**

**FMCS** N ABBR (*US*) (= **Federal Mediation and Conciliation Services**) ≈ IMAC *m*

**FO** Ⓐ N ABBR (*Brit Pol*) (= **Foreign Office**) Min. de AA.EE.

Ⓑ ABBR (*Aer*) = **Flying Officer**

**fo.** ABBR (= **folio**) f.º, fol.

**foal** [fəʊl] Ⓐ N potro *m*

Ⓑ VI [*mare*] parir

**foam** [fəʊm] Ⓐ N (*gen*) espuma *f*

Ⓑ VI [*sea*] hacer espuma; **to ~ at the mouth** echar espumarajos; (*fig*) subirse por las paredes

Ⓒ CPD ▸ **foam bath** N baño *m* de espuma ▸ **foam extinguisher** N lanzaespumas *m inv*, extintor *m* de espuma ▸ **foam rubber** N gomaespuma *f*

**foamy** [ˈfəʊmɪ] ADJ espumoso

**FOB**, **f.o.b.** ABBR (= **free on board**) f.a.b.

**fob** [fɒb] Ⓐ VT **to ~ sb off (with sth)**: **I've asked her about it but she ~s me off** se lo he preguntado, pero me da largas; **she wants an answer, she won't be ~bed off** quiere una respuesta, no aceptará más evasivas; **don't be ~bed off with excuses** no te dejes engatusar con excusas

Ⓑ N (†) [1] (= *watch pocket*) faltriquera *f* de reloj

[2] (= *watch chain*) leontina *f*

Ⓒ CPD ▸ **fob watch** N reloj *m* de cadena *or* de bolsillo

**FOC** ABBR = **free of charge**

**focal** [ˈfəʊkəl] Ⓐ ADJ (*Tech*) focal

Ⓑ CPD ▸ **focal distance** N distancia *f* focal ▸ **focal plane** N plano *m* focal ▸ **focal point** N punto *m* focal; (*fig*) centro *m* de atención

**focus** [ˈfəʊkəs] Ⓐ N (*pl* **focuses** *or* **foci** [ˈfəʊsaɪ]) (*gen*) foco *m*; [*of attention*] centro *m*, foco *m*; **he was the ~ of attention** era el centro *or* foco de atención; **to be in ~** (*Phot*) estar enfocado; **to be out of ~** (*Phot*) estar desenfocado

Ⓑ VT [+ *camera, instrument*] enfocar (**on** a); [+ *attention*] centrar, concentrar (**on** en); **to ~ one's eyes on sth/sb** fijar la mirada en algo/algn; **all eyes were ~sed on her** todos la miraban fijamente

Ⓒ VI **to ~ (on)** [*light*] converger (en); [*heat rays*] concentrarse (en); [*eyes*] fijarse (en); **to ~ on sth** (*Phot*) enfocar algo

**fodder** [ˈfɒdəʳ] Ⓐ N pienso *m*, forraje *m*; *see also* **cannon C**

Ⓑ CPD ▸ **fodder grain** N cereales *mpl* forrajeros

**FOE**[1], **FoE** N ABBR (*Brit*) (= **Friends of the Earth**) *organización ecologista*

**FOE**[2] N ABBR (*US*) (= **Fraternal Order of Eagles**) *sociedad benéfica*

**foe** [fəʊ] N (*poet*) enemigo *m*

**foetal**, **fetal** (*US*) [ˈfiːtl] ADJ fetal

**foetus**, **fetus** (*US*) [ˈfiːtəs] N feto *m*

**fog** [fɒg] Ⓐ N [1] (*Met*) niebla *f*

[2] (*fig*) confusión *f*; **to be in a ~** estar confundido *or* desconcertado

Ⓑ VT [1] (*Phot*) velar

[2] (= *confuse*) [+ *matter*] enredar, complicar; [+ *person*] confundir, ofuscar; **to ~ the issue** complicar el asunto

[3] (*also* **to ~ up**) [+ *spectacles, window*] empañar

Ⓒ VI (*also* **to ~ up**) empañarse

Ⓓ CPD ▸ **fog bank** N banco *m* de niebla ▸ **fog lamp**, **fog light** N (*Aut*) faro *m* antiniebla ▸ **fog signal** N aviso *m* de niebla

**fogbound** ['fɒgbaʊnd] ADJ inmovilizado por la niebla

**fogey** ['fəʊgɪ] N **old ~*** carroza* *mf*, persona *f* chapada a la antigua

**foggy** ['fɒgɪ] ADJ (*compar* **foggier**; *superl* **foggiest**) 1 (*Met*) [*weather*] brumoso; [*day*] de niebla, brumoso; **it's ~** hay niebla; **I haven't the foggiest (idea)*** no tengo la más remota idea
2 (*Phot*) velado

**foghorn** ['fɒghɔːn] N sirena *f* de niebla; **to have a voice like a ~** tener un vozarrón*

**FOIA** N ABBR (*US*) = **Freedom of Information Act**; → FREEDOM OF INFORMATION ACT

**foible** ['fɔɪbl] N manía *f*

**foil¹** [fɔɪl] N 1 (*also* **tinfoil**) papel *m* de aluminio, papel *m* de plata
2 (*fig*) **to act as a ~ to sth/sb** servir de contraste con algo/algn

**foil²** [fɔɪl] N (*Fencing*) florete *m*

**foil³** [fɔɪl] VT (= *thwart*) [+ *person*] desbaratar los planes de; [+ *attempt*] frustrar

**foist** [fɔɪst] VT **to ~ sth on sb** endosar algo a algn; **the job was ~ed on me** me endosaron el trabajo; **to ~ o.s. on sb** pegarse a algn, insistir en acompañar a *or* ir con algn

**fol.** ABBR (= **folio**) f.º, fol.

**fold¹** [fəʊld] N (*Agr*) redil *m*; **to return to the ~** (*Rel*) volver al redil

**fold²** [fəʊld] Ⓐ N (*in paper etc*) pliegue *m*, doblez *m*; (*Geol*) pliegue *m*
Ⓑ VT [+ *paper, map, sheet, blanket*] doblar; (*esp several times*) plegar; [+ *wings*] recoger; **she ~ed the newspaper in two** dobló en dos el periódico; **to ~ a piece of paper in half** doblar un trozo de papel por la mitad; **to ~ one's arms** cruzar los brazos; **to ~ sb in one's arms** abrazar a algn tiernamente, estrechar a algn contra el pecho
Ⓒ VI 1 (*lit*) [*chair, table*] plegarse, doblarse
2 (*) (= *fail*) [*business venture*] fracasar, quebrar; [*play*] fracasar

► **fold away** Ⓐ VI + ADV [*table, bed*] plegarse
Ⓑ VT + ADV [+ *clothes, newspaper*] doblar (*para guardar*); [+ *bed*] plegar

► **fold back** VT + ADV doblar hacia abajo, plegar

► **fold down** Ⓐ VT + ADV = **fold back**
Ⓑ VI + ADV **it ~s down at night** de noche se dobla hacia abajo

► **fold in** VT + ADV (*Culin*) [+ *flour, sugar*] mezclar

► **fold over** VT + ADV [+ *paper*] plegar; [+ *blanket*] hacer el embozo con

► **fold up** Ⓐ VI + ADV 1 (*lit*) doblarse, plegarse; **to ~ up (with laughter)*** troncharse de risa*
2 (*) (= *fail*) [*business venture*] quebrar, fracasar
Ⓑ VT + ADV [+ *paper, map, sheet, blanket*] doblar; [+ *chair*] plegar; **she ~ed the chair up and walked off** plegó la silla y se marchó

**-fold** [fəʊld] ADJ, ADV (*ending in compounds*) **thirty-fold** (*as adj*) de treinta veces; (*as adv*) treinta veces

**foldaway** ['fəʊldəweɪ] ADJ plegable, plegadizo

**folder** ['fəʊldəʳ] N (= *file*) carpeta *f*; (= *binder*) carpeta *f* de anillas

**folding** ['fəʊldɪŋ] Ⓐ ADJ [*seat, table, ruler*] plegable
Ⓑ CPD ► **folding chair** N silla *f* plegable *or* de tijera ► **folding doors** NPL puertas *fpl* de fuelle *or* plegadizas ► **folding ruler** N regla *f* plegable

**fold-up** ['fəʊldʌp] ADJ plegable, plegadizo

**foliage** ['fəʊlɪɪdʒ] N follaje *m*, hojas *fpl*

**foliation** [ˌfəʊlɪ'eɪʃən] N foliación *f*

**folic acid** [ˌfəʊlɪk'æsɪd] N ácido *m* fólico

**folio** ['fəʊlɪəʊ] N (= *sheet*) folio *m*; (= *book*) infolio *m*, libro *m* en folio

**folk** [fəʊk] Ⓐ N 1 (= *people*) gente *f*; **country/city ~** la gente de campo/ciudad; **ordinary ~** la gente llana; **they're strange ~ here** aquí la gente es algo rara; **the common ~** el pueblo; **my ~s*** (= *parents*) mis viejos* *mpl*; (= *family*) mi familia; **the old ~s** los viejos; **hello ~s!** ¡hola, amigos!
2 = **folk music**; *see* **B**
Ⓑ CPD ► **folk art** N artesanía *f* popular *or* tradicional ► **folk dance** N baile *m* popular ► **folk dancing** N danza *f* folklórica ► **folk music** N (*traditional*) música *f* tradicional *or* folklórica; (*contemporary*) música *f* folk ► **folk rock** N folk rock *m* ► **folk singer** N cantante *mf* de música folk ► **folk song** N canción *f* tradicional ► **folk tale** N cuento *m* popular ► **folk wisdom** N saber *m* popular

**folklore** ['fəʊklɔːʳ] N folklore *m*

**folkloric** ['fəʊkˌlɔːrɪk] ADJ folklórico, folclórico

**folksy*** ['fəʊksɪ] ADJ 1 (= *rustic*) [*furniture*] rústico; [*music*] folklórico; [*clothes*] de campesino; **they sold ~ country furniture** vendían muebles rústicos típicos del campo
2 (*pej*) (= *affected*) de una rusticidad fingida
3 (*US*) (= *affable*) [*person, manner*] campechano; [*speech, comment*] de estilo campechano

**foll.** ABBR (= **following**) sig., sigs., sgte., sgtes.

**follicle** ['fɒlɪkl] N folículo *m*

**follow** ['fɒləʊ] Ⓐ VT 1 (= *come, go after*) seguir; **~ that car!** ¡siga a ese coche!; **~ me** sígame; **she arrived first, ~ed by the ambassador** ella llegó primero, seguida del embajador; **to ~ sb about** *or* **around** seguir a algn a todas partes; **he ~ed me into the room** entró en la habitación detrás de mí; **I ~ed her out into the garden** salí al jardín detrás de ella; **we ~ed her up the steps** la seguimos escaleras arriba, subimos (las escaleras) detrás de ella; ✦**IDIOM to ~ one's nose** (= *go straight on*) ir todo seguido; (= *use one's instinct*) dejarse guiar por el instinto
2 (= *succeed*) **the days ~ing her death** los días que siguieron a su muerte; **the dinner will be ~ed by a concert** después de la cena habrá un concierto; **he ~ed his father into the business** siguió los pasos de su padre en el negocio; **they ~ed this with threats** tras esto empezaron a amenazarnos; **the bombing ~s a series of recent attacks** los bombardeos se han producido tras una serie de ataques recientes; **~ing our meeting I spoke to the director** tras nuestra reunión hablé con el director; ✦**IDIOM as sure(ly) as night ~s day** como dos y dos son cuatro; *see also* **act A3**
3 (= *pursue*) seguir; **we're being ~ed** nos están siguiendo, nos vienen siguiendo; **she could feel his eyes ~ing her** sentía que la seguía con la mirada; **to have sb ~ed** mandar seguir a algn; **to ~ a lead** seguir una pista
4 (= *keep to*) [*road, river*] seguir, ir por; **the road ~s the coast** la carretera sigue la costa *or* va por la costa
5 (= *observe*) [+ *instructions, advice, example, fashion*] seguir; [+ *rules*] obedecer, cumplir; **I wouldn't advise you to ~ that course of action** no le aconsejo que tome ese camino *or* esas medidas; *see also* **pattern A3**, **suit A3**
6 (= *engage in*) [+ *career*] emprender; [+ *profession*] ejercer; [+ *trade*] dedicarse a; [+ *religion*] profesar, ser seguidor de
7 (= *be interested in*) [+ *news*] seguir, mantenerse al corriente de; [+ *TV serial*] seguir; [+ *sb's progress*] seguir; **do you ~ football?** ¿eres aficionado al fútbol?; **which team do you ~?** ¿de qué equipo eres?
8 (= *understand*) [+ *person, argument*] seguir, entender; **do you ~ me?** ¿me sigue?, ¿me entiende?; **I don't quite ~ you** no te acabo de entender; **it was a difficult plot to ~** era un trama difícil de seguir
Ⓑ VI 1 (= *come after*) **they led her in and I ~ed** la llevaron dentro y yo entré detrás; **to ~, there was roast lamb** de segundo había cordero asado; **roast chicken, with apple pie to ~** pollo asado y después de postre un pastel de manzana; **what ~s is an eye-witness account** lo que viene a continuación es la versión de un testigo presencial; **further price rises are sure to ~** no cabe duda de que tras esto los precios subirán aún más; **as ~s**: **the text reads as ~s** el texto dice lo siguiente, el texto dice así; **the winners are as ~s** los ganadores son los siguientes; *see also* **heel A1**, **footstep**
2 (= *result, ensue*) deducirse; **that doesn't ~** eso no cuadra, de ahí no se puede deducir eso; **it ~s that …** (de lo cual) se deduce que …, se deduce pues que …; **it doesn't ~ that …** no significa que …
3 (= *understand*) entender; **I don't quite ~** no lo sigo del todo, no lo acabo de entender

► **follow on** VI + ADV 1 (= *come after*) **we'll ~ on behind** nosotros seguiremos, vendremos después
2 (= *result*) **it ~s on from what I said** es la consecuencia lógica de lo que dije

► **follow out** VT + ADV [+ *idea, plan*] llevar a cabo; [+ *order*] ejecutar, cumplir; [+ *instructions*] seguir

► **follow through** Ⓐ VT + ADV 1 (= *continue to the end*) **~ it through, it might be the only lead we've got** síguela *or* investígala, puede que sea la única pista que tengamos; **that's all you need to make a start and ~ it through** eso es todo lo que hace falta para empezar y seguir adelante; **I was trained as an actress but I didn't ~ it through** estudié arte dramático pero luego no seguí con ello
2 (*Sport*) [+ *shot*] acompañar
Ⓑ VI + ADV 1 (= *take further action*) continuar, seguir; **he decided to ~ through with his original plan** decidió continuar *or* seguir con lo que tenía pensado en un principio; **to ~ through on** (*US*) [+ *commitment*] cumplir con; [+ *promise*] cumplir; [+ *plan, initiative*] continuar con, seguir con; [+ *threat*] cumplir, llevar a cabo
2 (*Ftbl*) rematar; (*Golf, Tennis*) acompañar el golpe

► **follow up** Ⓐ VT + ADV 1 (= *investigate*) [+ *case*] investigar; **to ~ up a lead** seguir *or* investigar una pista
2 (= *take further action on*) [+ *offer*] reiterar; [+ *job application*] hacer un seguimiento de; [+ *suggestion*] investigar
3 (= *reinforce*) [+ *victory, advantage, success*] consolidar; **they imposed trade sanctions and ~ed that up with an oil embargo** impusieron sanciones comerciales y las consolidaron con un embargo de petróleo; **they ~ed the visit up with a series of talks** consolidaron la visita con una serie de conferencias
Ⓑ VI + ADV (*Ftbl*) rematar

**follower** ['fɒləʊəʳ] N (= *disciple*) discípulo/a *m/f*, seguidor(a) *m/f*; [*of team*] aficionado/a *m/f*; (*Pol etc*) partidario/a *m/f*; **the ~s of fashion** los que siguen la moda

**following** ['fɒləʊɪŋ] Ⓐ ADJ 1 (= *next*) siguiente; **the ~ day** el día siguiente; **the ~ day dawned bright and sunny** el día siguiente *or* al día siguiente amaneció con un sol radiante;

**we saw him again the ~ day** lo volvimos a ver al día siguiente
[2] (= *favourable*) [*wind*] en popa; **✦IDIOM with a ~ wind** con un poco de suerte; **with a ~ wind you could win the competition** con un poco de suerte podrías ganar el torneo
Ⓑ N [1] (= *supporters*) [*of party, movement, person*] seguidores *mpl*, partidarios *mpl*; [*of product, company*] clientes *mpl*; [*of TV programme*] audiencia *f*, seguidores *mpl*; [*of sport*] afición *f*, aficionados *mpl*; **he has a large ~ in the local community** cuenta con numerosos seguidores *or* partidarios entre la población local; **the programme has a huge ~ in the US** el programa tiene una enorme audiencia *or* muchos seguidores en EE.UU.; **football has no ~ here** aquí no hay afición por el fútbol
[2] **the ~**: **he said the ~** dijo lo siguiente; **do you use any of the ~?** ¿utiliza alguna de estas cosas?; **as for hardier plants, the ~ are all well worth trying** por lo que respecta a plantas más resistentes, se puede probar con cualquiera de las siguientes

**follow-my-leader** [ˌfɒləʊmə'liːdəʳ] N *juego en el que los participantes hacen lo que alguien manda*; **to play ~** jugar a lo que haga el rey

**follow-the-leader** [ˌfɒləʊðə'liːdəʳ] N (*US*) = **follow-my-leader**

**follow-through** ['fɒləʊ'θruː] N (= *continuation*) continuación *f*; (= *further action*) seguimiento *m*; (*Golf, Tennis*) acompañamiento *m*; **there was no ~ to the training programme we went on** el programa de formación al que asistimos no tuvo continuación; **how can we make sure that there is ~ on this agreement?** ¿cómo podemos asegurarnos de que se realizará un seguimiento del acuerdo?

**follow-up** ['fɒləʊ'ʌp] Ⓐ N (= *further action*) seguimiento *m* (**to** de); (= *continuation*) continuación *f* (**to** de); **subsequent ~ is an essential part of the program** un seguimiento posterior es parte fundamental del programa; **this is a ~ to the meeting held last Sunday** esto es la continuación de la reunión celebrada el domingo
Ⓑ CPD ► **follow-up appointment** N (*with doctor, dentist, vet*) revisión *f* ► **follow-up (phone) call** N (*Telec*) llamada *f* de reiteración ► **follow-up care** N (*postoperative*) atención *f* pos(t)operatoria; (*following initial treatment*) seguimiento *m* clínico ► **follow-up interview** N entrevista *f* complementaria ► **follow-up letter** N carta *f* recordatoria ► **follow-up study** N estudio *m* de seguimiento ► **follow-up survey** N investigación *f* complementaria ► **follow-up treatment** N (*postoperative*) tratamiento *m* pos(t)operatorio; (*following initial treatment*) tratamiento *m* complementario ► **follow-up visit** N (= *inspection*) visita *f* de inspección *or* comprobación; (*Med*) revisión *f*

**folly** ['fɒlɪ] N [1] (= *foolishness, act of folly*) locura *f*; **it would be ~ to do it** sería una locura hacerlo
[2] (*Archit*) disparate *m*

**foment** [fəʊ'ment] VT (*frm*) (*also Med*) fomentar; [+ *revolt, violence*] provocar, instigar a

**fomentation** [ˌfəʊmen'teɪʃən] N (*frm*) instigación *f*

**fond** [fɒnd] ADJ (*compar* **fonder**; *superl* **fondest**) [1] **to be ~ of sb** tener cariño a algn, querer mucho a algn; **I am very ~ of Inga** a Inga le tengo mucho cariño *or* la quiero mucho; **they were very ~ of each other** se tenían mucho cariño, se querían mucho; **I've become** *or* **grown ~ of him** me he encariñado con él, le he cogido cariño
[2] **to be ~ of sth: she is very ~ of marmalade/shopping** le gusta mucho la mermelada/ir de compras; **she is very ~ of animals** le gustan mucho los animales; **he's very ~ of his old mini** le tiene mucho cariño a su viejo mini; **he is very ~ of handing out advice** (*pej*) es demasiado aficionado a dar consejos; **he became** *or* **grew very ~ of gardening** le cogió gusto a la jardinería
[3] (= *affectionate*) [*wife, parent, relative*] cariñoso, afectuoso; **she gave him a ~ smile** le sonrió cariñosa; **they exchanged ~ looks** intercambiaron miradas cariñosas; **to bid sb a ~ farewell** ◊ **bid a ~ farewell to sb** despedirse de algn cariñosamente; *see also* **absence**
[4] (= *pleasant*) **to have ~ memories of sth** tener muy buenos recuerdos de algo
[5] (= *foolish*) [*belief, hope*] ingenuo, vano; **in the ~ belief that** con la ingenua *or* vana creencia de que
[6] (= *fervent*) [*wish*] ferviente

**fondant** ['fɒndənt] N pasta *f* de azúcar, glaseado *m*

**fondle** ['fɒndl] VT acariciar

**fondly** ['fɒndlɪ] ADV [1] (= *affectionately*) [*say, smile*] cariñosamente, con cariño; [*remember*] con cariño
[2] (= *foolishly*) [*imagine, believe, hope*] ingenuamente

**fondness** ['fɒndnɪs] N (*for person*) cariño *m* (**for** por); (*for thing*) afición *f* (**for** a); **his ~ for cooking** su afición a la cocina; **there were rumours about her ~ for alcohol** corrían rumores sobre su afición al alcohol; **he has a ~ for all things Italian** le gusta mucho todo lo italiano, tiene inclinación por todo lo italiano; **I remember my childhood with ~** recuerdo mi infancia con cariño

**fondue** [fɒn'duː] Ⓐ N fondue *f*
Ⓑ CPD ► **fondue set** N fondue *f*

**font** [fɒnt] N [1] (*Typ*) fundición *f*; (*Comput*) fuente *f*, tipo *m* de letra
[2] (*in church*) pila *f*

**fontanelle, fontanel** [ˌfɒntə'nel] N fontanela *f*

**food** [fuːd] Ⓐ N (= *things to eat*) comida *f*; (= *food item*) alimento *m*; (*for plants*) abono *m*; **I've no ~ left in the house** no me queda comida en casa; **we need to buy some ~** hay que comprar cosas de comer; **she gave him ~** le dio de comer; **the ~ at the hotel was terrible** la comida en el hotel era fatal; **the ~ is good here** aquí se come bien; **he likes plain ~** le gustan las comidas sencillas; **the cost of ~** el coste de la alimentación; **to send ~ and clothing** enviar alimentos y ropa; **to be off one's ~*** estar desganado; **✦IDIOM to give ~ for thought** ser motivo de reflexión; *see also* **cat B**
Ⓑ CPD ► **food additive** N aditivo *m* alimenticio ► **food aid** N ayuda *f* alimenticia ► **food chain** N cadena *f* alimenticia ► **food crop** N cosecha *f* de alimentos ► **food mixer** N batidora *f* ► **food parcel** N paquete *m* de alimentos ► **food poisoning** N intoxicación *f* alimenticia ► **food prices** NPL precios *mpl* de los alimentos ► **food processing** N preparación *f* de alimentos ► **food processor** N robot *m* de cocina ► **food product** N producto *m* alimenticio, comestible *m* ► **food rationing** N racionamiento *m* de víveres ► **food science** N ciencia *f* de la alimentación ► **food shop** N tienda *f* de comestibles ► **food stamp** N (*US*) *cupón para canjear por comida que reciben las personas de pocos recursos* ► **food store** N = **food shop** ► **food subsidy** N subvención *f* alimenticia ► **food supplies** NPL víveres *mpl* ► **food supply** N suministro *m* de alimentos ► **food technology** N tecnología *f* de la alimentación ► **food value** N valor *m* nutritivo; → FDA

**foodie*** ['fuːdɪ] N *persona que se interesa con entusiasmo en la preparación y consumo de los alimentos*

**foodstuffs** ['fuːdstʌfs] NPL comestibles *mpl*, productos *mpl* alimenticios

**fool**[1] [fuːl] Ⓐ N [1] (= *idiot*) tonto/a *m/f*, zonzo/a *m/f* (*LAm*); **don't be a ~!** ¡no seas tonto!; **I was a ~ not to go!** ¡qué tonto fui en no ir!; **to act the ~** hacer el tonto; **to be ~ enough to do sth** ser lo bastante tonto como para hacer algo; **to send sb on a ~'s errand** enviar a algn a una misión inútil; **to make a ~ of sb** poner *or* dejar a algn en ridículo; **to make a ~ of o.s.** quedar en ridículo; **I'm nobody's ~** yo no me chupo el dedo, yo no tengo un pelo de tonto; **to play the ~** hacer el tonto; **some ~ of a civil servant** algún funcionario imbécil; **you ~!** ¡idiota!, ¡imbécil!; **✦IDIOM to live in a ~'s paradise** vivir de ilusiones; **✦PROVS there's no ~ like an old ~** la cabeza blanca y el seso por venir; **a ~ and his money are soon parted** a los tontos no les dura el dinero; **~s rush in (where angels fear to tread)** la ignorancia es osada
[2] (= *jester*) bufón *m*
Ⓑ ADJ (*US*) tonto, zonzo (*LAm*)
Ⓒ VT (= *deceive*) engañar; **you can't ~ me** a mí no me engañas; **"my husband has always been faithful to me" — "you could have ~ed me!"** (*iro*) —mi marido siempre me ha sido fiel —¡qué fiel ni qué ocho cuartos!*; **you had me ~ed there** casi lo creí, por poco me lo trago*; **that ~ed him!** ¡aquello coló!*, ¡se lo tragó!*; **that ~ed nobody** aquello no engañó a nadie, nadie se tragó aquello*
Ⓓ VI hacer el tonto; **no ~ing** en serio; **I was only ~ing** sólo era una broma; **quit ~ing!** ¡déjate de tonterías!

►**fool about, fool around** VI + ADV [1] (= *waste time*) perder el tiempo
[2] (= *act the fool*) hacer el tonto; **to ~ about with sth** (= *play with*) jugar con algo; (*and damage*) estropear algo; (= *mess with*) [+ *drugs, drink, electricity*] jugar con
[3] (= *have an affair*) **to ~ around with sb** tontear con algn

►**fool with** VI + PREP **to ~ with sb** jugar con algn, hacer el tonto con algn

**fool**[2] [fuːl] N (*Brit Culin*) (*also* **fruit ~**) *puré de frutas con nata o natillas*

**foolery** ['fuːlərɪ] N bufonadas *fpl*; (= *nonsense*) tonterías *fpl*

**foolhardiness** ['fuːlˌhɑːdɪnɪs] N temeridad *f*

**foolhardy** ['fuːlˌhɑːdɪ] ADJ (= *rash*) temerario

**foolish** ['fuːlɪʃ] ADJ [1] (= *unwise, foolhardy*) [*person*] insensato; [*mistake*] estúpido, tonto; [*decision*] imprudente; **he will be remembered as a ~ man** se le recordará como un insensato; **don't be ~** no seas tonto; **I was ~ but I won't resign** hice una tontería pero no voy a dimitir; **it would be ~ to believe him** sería una tontería *or* una estupidez creerle; **don't do anything ~** no hagas ninguna tontería *or* insensatez; **it was ~ of him to do that** fue una tontería por su parte hacer eso; **it would be ~ of him to resign** sería una tontería que dimitiese; **to do something ~** hacer una tontería *or* insensatez; **what a ~ thing to do!** ¡hacer eso fue una tontería!
[2] (= *ridiculous, laughable*) [*person, question*] estúpido, tonto; **to feel ~** sentirse ridículo, sentirse idiota; **to look ~** hacer el ridículo, que-

➤ LANGUAGE IN USE: fond 2 7.4

dar como un idiota*; **to make sb look ~** dejar a algn en ridículo

**foolishly** ['fu:lɪʃlɪ] ADV tontamente, como un tonto; **he saw me standing there, grinning ~ at him** me vio allí de pie, sonriéndole tontamente *or* como un tonto; **to act ~** hacer el tonto; **to behave ~** portarse como un tonto

**foolishness** ['fu:lɪʃnɪs] N insensatez *f*, estupidez *f*

**foolproof** ['fu:lpru:f] ADJ [*mechanism, scheme etc*] infalible

**foolscap** ['fu:lskæp] Ⓐ N papel *m* de tamaño folio
Ⓑ CPD ► **foolscap envelope** N ≈ sobre *m* tamaño folio ► **foolscap sheet** N ≈ folio *m*

**foot** [fʊt] Ⓐ N (*pl* **feet**) 1 (*Anat*) pie *m*; [*of animal, chair*] pata *f*; **my feet are aching** me duelen los pies; **to get to one's feet** ponerse de pie, levantarse, pararse (*LAm*); **lady, my ~!*** ¡dama, ni hablar!; **on ~** a pie, andando, caminando (*LAm*); **to be on one's feet** estar de pie, estar parado (*LAm*); **he's on his feet all day long** está trajinando todo el santo día, no descansa en todo el día; **he's on his feet again** ya está recuperado *or* repuesto; **to rise to one's feet** ponerse de pie, levantarse, pararse (*LAm*); **I've never set ~ there** nunca he estado allí; **to set ~ inside sb's door** poner los pies en la casa de algn, pasar el umbral de algn; **to set ~ on dry land** poner el pie en tierra firme; **it's wet under ~** el suelo está mojado; **to trample sth under ~** pisotear algo; **the children are always under my feet** siempre tengo los niños pegados; **to put one's feet up*** descansar; ✦**IDIOMS to put one's best ~ forward** animarse a continuar; **to get cold feet** entrarle miedo a algn; **to get one's ~ in the door** meter el pie en la puerta; **to put one's ~ down** (= *say no*) plantarse; (*Aut*) acelerar; **to drag one's feet** dar largas al asunto, hacerse el roncero; **to fall on one's feet** tener suerte, caer de pie; **to find one's feet** ponerse al corriente; **to have one ~ in the grave** estar con un pie en la sepultura; **to have one's feet on the ground** ser realista; **to put one's ~ in it*** meter la pata*; **to start off on the right ~** entrar con buen pie; **to shoot o.s. in the ~** pegarse un tiro en el pie; **to sit at sb's feet** ser discípulo de algn; **to stand on one's own two feet** volar con sus propias alas; **to sweep a girl off her feet** enamorar perdidamente a una chica; **she never put a ~ wrong** no cometió ningún error; **it all started off on the wrong ~** todo empezó mal
2 [*of mountain, page, stairs, bed*] pie *m*; **at the ~ of the hill** al pie de la colina
3 (= *measure*) pie *m*; **he's six ~** *or* **feet tall** mide seis pies, mide un metro ochenta; → IMPERIAL SYSTEM
Ⓑ VT 1 (= *pay*) ✦**IDIOM to ~ the bill (for sth)** pagar (algo), correr con los gastos (de algo)
2 **to ~ it** (= *walk*) ir andando *or* (*LAm*) caminando; (= *dance*) bailar
Ⓒ CPD ► **foot brake** N (*Aut*) freno *m* de pie ► **foot fault** N (*Tennis*) falta *f* de saque ► **foot passenger** N pasajero/a *m/f* de a pie ► **foot pump** N bomba *f* de pie ► **foot rot** N uñero *m* ► **foot soldier** N soldado *mf* de infantería

**footage** ['fʊtɪdʒ] N (*Cine*) metraje *m*; (= *pictures*) imágenes *fpl*, secuencias *fpl*

**foot-and-mouth (disease)** ['fʊtən'maʊθ-(dɪ'zi:z)] N fiebre *f* aftosa, glosopeda *f*

**football** ['fʊtbɔ:l] Ⓐ N (*Sport*) fútbol *m*; (= *ball*) balón *m* de fútbol; **to play ~** jugar al fútbol
Ⓑ CPD ► **football coupon** N (*Brit*) boleto *m* de quinielas ► **football ground** N campo *m* or (*LAm*) cancha *f* de fútbol ► **football hooligan** N (*Brit*) hooligan *mf* ► **football hooliganism** N (*Brit*) hooliganismo *m*, violencia *f* en las gradas ► **football league** N liga *f* de fútbol ► **football match** N partido *m* de fútbol ► **football player** N jugador(a) *m/f* de fútbol, futbolista *mf* ► **football pools** NPL quinielas *fpl* ► **football season** N temporada *f* de fútbol ► **football supporter** N hincha *mf* ► **football team** N equipo *m* de fútbol

**footballer** ['fʊtbɔ:ləʳ] N (*Brit*) futbolista *mf*

**footballing** ['fʊtbɔ:lɪŋ] ADJ [*career, skills*] futbolístico; **~ countries** países *mpl* en los que se juega al fútbol

**footboard** ['fʊtbɔ:d] N estribo *m*

**footbridge** ['fʊtbrɪdʒ] N puente *m* peatonal

**-footed** ['fʊtɪd] ADJ (*ending in compounds*) **four-footed** cuadrúpedo; **light-footed** rápido, veloz

**footer** ['fʊtəʳ] N 1 (*Brit**) fútbol *m*
2 (*Typ, Comput*) pie *m* de página

**-footer** ['fʊtəʳ] N (*ending in compounds*) **he's a six-footer** mide seis pies, mide un metro ochenta

**footfall** ['fʊtfɔ:l] N paso *m*, pisada *f*

**footgear** ['fʊtgɪəʳ] N calzado *m*

**foothills** ['fʊthɪlz] NPL estribaciones *fpl*

**foothold** ['fʊthəʊld] N asidero *m*, punto *m* de apoyo (*para el pie*); **to gain a ~** (*fig*) lograr establecerse

**footing** ['fʊtɪŋ] N 1 (= *foothold*) asidero *m*; **to lose one's ~** perder pie
2 (*fig*) (= *basis*) **on an equal ~** en pie de igualdad; **to be on a friendly ~ with sb** tener amistad con algn; **to gain a ~** lograr establecerse; **to put a company on a sound financial ~** enderezar la situación económica de una empresa; **on a war ~** en pie de guerra

**footle** ['fu:tl] Ⓐ VT **to ~ away** malgastar
Ⓑ VI (= *waste time*) perder el tiempo; (= *act the fool*) hacer el tonto

**footlights** ['fʊtlaɪts] NPL (*in theatre*) candilejas *fpl*

**footling** ['fu:tlɪŋ] ADJ trivial, insignificante

**footloose** ['fʊtlu:s] ADJ **~ and fancy free** libre como el aire

**footman** ['fʊtmən] N (*pl* **footmen**) lacayo *m*

**footmark** ['fʊtmɑ:k] N huella *f*, pisada *f*

**footnote** ['fʊtnəʊt] N nota *f* a pie de página

**footpath** ['fʊtpɑ:θ] N (= *track*) sendero *m*, vereda *f*; (= *pavement*) acera *f*, vereda *f* (*Andes, S. Cone*), andén *m* (*CAm, Col*), banqueta *f* (*Mex*)

**footplate** ['fʊtpleɪt] N (*esp Brit*) plataforma *f* del maquinista

**footprint** ['fʊtprɪnt] N huella *f*, pisada *f*

**footrest** ['fʊtrest] N [*of wheelchair*] reposapiés *m inv*; [*of motorbike*] estribo *m*

**Footsie*** ['fʊtsɪ] N = **Financial Times Stock Exchange Index**

**footsie*** ['fʊtsɪ] N ✦**IDIOM to play ~ with** acariciar con el pie a

**footslog*** ['fʊtslɒg] VI andar, marchar

**footslogger*** ['fʊtslɒgəʳ] N peatón(a) *m/f*; (*Mil*) soldado *mf* de infantería

**footsore** ['fʊtsɔ:ʳ] ADJ **to be ~** tener los pies cansados y doloridos

**footstep** ['fʊtstep] N paso *m*, pisada *f*; **I can hear ~s on the stairs** oigo pasos *or* pisadas en la escalera; ✦**IDIOM to follow in sb's ~s** seguir los pasos de algn

**footstool** ['fʊtstu:l] N escabel *m*

**footway** ['fʊt,weɪ] N acera *f*

**footwear** ['fʊtwɛəʳ] N calzado *m*

**footwork** ['fʊtwɜ:k] N (*Sport*) juego *m* de piernas; *see also* **fancy B1**

**fop** [fɒp] N petimetre *m*, currutaco *m*

**foppish** ['fɒpɪʃ] ADJ petimetre, litri*

**FOR** ABBR (= **free on rail**) franco en ferrocarril

**for** [fɔ:ʳ]

| A PREPOSITION | B CONJUNCTION |
|---|---|
| When **for** is part of a phrasal verb, eg **look for, make for, stand for**, look up the verb. When it is part of a set combination, eg **as for, a gift for, for sale, eager for**, look up the other word. | |

Ⓐ PREPOSITION
1 = *going to* para; **the train ~ London** el tren para *or* de Londres; **he left ~ Rome** salió para Roma; **the ship left ~ Vigo** el buque partió (con) rumbo a Vigo; **he swam ~ the shore** fue nadando hacia la playa
2 = *intended for* para; **a table ~ two** una mesa para dos; **a cupboard ~ toys** un armario para los juguetes; **a cloth ~ polishing silver** un paño para sacarle brillo a la plata; **it's not ~ cutting wood** no sirve para cortar madera; **there's a letter ~ you** hay una carta para ti; **is this ~ me?** ¿es para mí esto?; **I have news ~ you** tengo que darte una noticia; **hats ~ women** sombreros de señora; **clothes ~ children** ropa infantil; **I decided that it was the job ~ me** decidí que era el puesto que me convenía; **she decided that hang-gliding was not ~ her*** decidió que el vuelo con ala delta no era lo suyo
3 *to express purpose* para; **he went there ~ a rest** fue allí para descansar; **we went to Tossa ~ our holidays** fuimos a pasar las vacaciones a Tossa, fuimos a Tossa para las vacaciones; **what ~?** ¿para qué?; **what's it ~?** ¿para qué es *or* sirve?; **what do you want it ~?** ¿para qué lo quieres?; **what did you do that ~?** ¿por qué hiciste eso?
4 *employment* para; **he works ~ the government** trabaja para el gobierno; **to write ~ the papers** escribir para los periódicos
5 = *on behalf of* **I'll ask him ~ you** se lo preguntaré de tu parte; **I'll go ~ you** iré yo en tu lugar; **"I can't iron this shirt" — "don't worry, I'll iron it ~ you"** —no puedo planchar esta camisa, —no te preocupes, yo te la plancho; **"I still haven't booked the ticket" — "I'll do it ~ you"** —no he reservado el billete todavía —ya lo haré yo; **who is the representative ~ your group?** ¿quién es el representante de vuestro grupo?
6 = *as in* de; **G ~ George** G de Gerona
7 = *in exchange for* por; **I'll give you this book ~ that one** te cambio este libro por ése; **he'll do it ~ £25** lo hará por 25 libras; **~ every one who voted yes, 50 voted no** por cada persona que votó a favor, 50 votaron en contra; **to pay 50 pence ~ a ticket** pagar 50 peniques por una entrada; **pound ~ pound, it's cheaper** es más económico de libra en libra; **the government will match each donation pound ~ pound** el gobierno igualará cada donativo, libra a libra; **I sold it ~ £5** lo vendí por *or* en 5 libras
8 = *to the value of* **a cheque ~ £500** un cheque *or* talón por valor de 500 libras; **how much is the cheque ~?** ¿por cuánto es el cheque?
9 *after adjective* 9·1 (*making comparisons*) para; **he's tall/mature ~ his age** es alto/maduro para su edad *or* para la edad que tiene; **he's nice ~ a policeman** para policía es muy simpático; **it's cold ~ July** para ser julio

➤ LANGUAGE IN USE: **for B** 17.1

hace frío; **it's quite good ~ a six-year-old** está bastante bien para un niño de seis años

9·2 (*specifying*) **it was too difficult ~ her** era demasiado difícil para ella, le era demasiado difícil; **it was difficult ~ him to leave her** le resultó difícil dejarla; **that's easy ~ you to say** para ti es fácil decirlo, a ti te es fácil decirlo; **they made it very easy ~ us** nos lo pusieron muy fácil

10 *= in favour of* a favor de; **I'm ~ the government** yo estoy a favor del gobierno; **I'm ~ helping him** yo estoy a favor de ayudarle; **anyone ~ a game of cards?** ¿alguien se apunta a una partida de cartas?; **are you ~ or against the idea?** ¿estás a favor o en contra de la idea?; **are you ~ or against us?** ¿estás con nosotros o en contra?; **I'm all ~ it** estoy completamente a favor; **the campaign ~ human rights** la campaña pro derechos humanos, la campaña en pro de los derechos humanos; **a collection ~ the poor** una colecta a beneficio de los pobres

11 *= as, by way of* **what's ~ dinner?** ¿qué hay para cenar?; **I had a sandwich ~ lunch** para almorzar me comí un bocadillo

12 *= because of* por; **it's famous ~ its cathedral** es famosa por su catedral; **if it weren't ~ you** si no fuera por ti; **he was sent to prison ~ fraud** lo mandaron a la cárcel por fraude; **she felt better ~ losing a bit of weight** se sentía mejor por haber adelgazado un poco; **I couldn't see her ~ pot plants** no la veía por taparla las plantas; **we chose it ~ its climate** lo escogimos por el clima; **~ fear of being criticized** por miedo a la crítica, por temor a ser criticado; **to shout ~ joy** gritar de alegría

13 *= in spite of* a pesar de; **~ all his wealth** a pesar de su riqueza; **~ all that** a pesar de todo; **~ all he promised to come, he didn't** a pesar de habérmelo prometido, no vino

14 *in expressions of time* 14·1 (*future/past duration*)

*When translating* **for** *and a period of time, it is often unnecessary to translate* **for**, *as in the examples below where* **durante** *is optional:*

**she will be away ~ a month** estará fuera un mes; **he worked in Spain ~ two years** trabajó dos años en España; **I'm going ~ three weeks** me voy tres semanas, estaré allí tres semanas

*Alternatively, translate* **for** *using* **durante**, *or, especially when talking about very short periods,* **por**. *Use* **por** *also with the verb* **ir**, *although again it is often optional in this case:*

**they waited ~ over two hours** estuvieron esperando durante más de dos horas; **~ a moment, he didn't know what to say** por un momento, no supo qué decir; **I'm going to the country ~ a while** me voy al campo (por) una temporada; **I'm going away ~ a few days** me voy (por) unos cuantos días; **he won't be back ~ a couple of hours/days** no regresará hasta dentro de un par de horas/días, tardará un par de horas/días en regresar; **we went to the seaside ~ the day** fuimos a pasar el día en la playa

14·2 (*with English perfect tenses*)

*Use* **hace...que** *and the present to describe actions and states that started in the past and are still going on. Alternatively use the present and* **desde hace**. *Another option is sometimes* **llevar** *and the gerund. Don't use the present perfect in Spanish to translate phrases like these, unless they are in the negative.*

**he has been learning French ~ two years** hace dos años que estudia francés, estudia francés desde hace dos años, lleva dos años estudiando francés; **it has not rained ~ 3 weeks** hace 3 semanas que no llueve, no llueve *or* no ha llovido desde hace 3 semanas, lleva 3 semanas sin llover; **I have known her ~ years** hace años que la conozco, la conozco desde hace años; **I haven't seen her ~ two years** hace dos años que no la veo, no la he visto desde hace dos años, no la veo desde hace dos años, llevo dos años sin verla

*Notice how the tenses change when talking about something that* **had** *happened or* **had been** *happening* **for** *a time:*

**he had been learning French ~ two years** hacía dos años que estudiaba francés, estudiaba francés desde hacía dos años, llevaba dos años estudiando francés; **I hadn't seen her ~ two years** hacía dos años que no la veía, no la había visto desde hacía dos años, no la veía desde hacía dos años, llevaba dos años sin verla

15 *= by, before* para; **can you do it ~ tomorrow?** ¿lo puedes hacer para mañana?; **when does he want it ~?** ¿para cuándo lo quiere?

16 *= on the occasion of* para; **I'll be home ~ Christmas** estaré en casa para las Navidades; **he asked his daughter what she would like ~ her birthday** le preguntó a su hija qué le gustaría para su cumpleaños

17 *= for a distance of* **there were roadworks ~ five miles** había obras a lo largo de cinco millas; **we walked ~ two kilometres** caminamos dos kilómetros; **you can see ~ miles from the top of the hill** desde lo alto de la colina se puede ver hasta muy lejos

18 *with infinitive clauses* **~ this to be possible ...** para que esto sea posible ...; **it's not ~ me to tell him what to do** yo no soy quien para decirle *or* no me corresponde a mí decirle lo que tiene que hacer; **it's not ~ you to blame him** tú no eres quien para culparle; **he brought it ~ us to see** lo trajo para que lo viéramos; **their one hope is ~ him to return** su única esperanza es que regrese; **it's bad ~ you to smoke so much** te perjudica fumar tanto; **it's best ~ you to go** es mejor que te vayas; **there is still time ~ you to do it** todavía tienes tiempo para hacerlo

19 *In other expressions* **what's the German ~ "hill"?** ¿cómo se dice "colina" en alemán?; **oh ~ a cup of tea!** ¡lo que daría por una taza de té!; ♦**IDIOMS you're ~ it!*** ¡las vas a pagar!*; **I'll be ~ it if he catches me here!*** ¡me la voy a cargar si me pilla aquí!*; **there's nothing ~ it but to jump** no hay más remedio que tirarse; *see also* **example**

Ⓑ CONJUNCTION

(*liter*) pues, puesto que; **she avoided him, ~ he was rude and uncouth** lo eludía puesto que *or* pues era grosero y ordinario

**forage** [ˈfɒrɪdʒ] Ⓐ N (*for cattle*) forraje *m*
Ⓑ VI **they ~d for food in the jungle** se adentraron en la selva en busca de alimento

**foray** [ˈfɒreɪ] N (*esp Mil*) incursión *f* (**into** en)

**forbad(e)** [fəˈbæd] PT *of* **forbid**

**forbear** [fɔːˈbɛəʳ] (*pt* **forbore**; *pp* **forborne**) VI contenerse; **to ~ to do sth** abstenerse de hacer algo

**forbearance** [fɔːˈbɛərəns] N paciencia *f*

**forbearing** [fɔːˈbɛərɪŋ] ADJ paciente

**forbears** [ˈfɔːbeəz] NPL = **forebears**

**forbid** [fəˈbɪd] (*pt* **forbad(e)**; *pp* **forbidden**) VT
1 (= *not allow*) prohibir; **such actions are ~den by international law** el derecho internacional prohíbe este tipo de acciones; **to ~ sb alcohol** prohibir el alcohol a algn; **to ~ sb to do sth** ◊ **~ sb from doing sth** prohibir a algn hacer algo, prohibir a algn que haga algo; **I forbade her to see him** le prohibí verlo *or* que lo viera; **I ~ you to go** te prohíbo que vayas; **she was ~den to leave** *or* **from leaving the country** se le prohibió salir del país, le estaba prohibido salir del país; **I ~ you to!** ¡te lo prohíbo!
2 (= *prevent*) impedir; **his pride ~s him from asking for help** ◊ **his pride ~s his asking for help** su orgullo le impide pedir ayuda; **custom ~s any modernization** la tradición impide *or* hace imposible cualquier modernización; **God** *or* **Heaven ~!*** ¡Dios nos libre!, ¡Dios no lo quiera!; **God** *or* **Heaven ~ (that) I should do anything illegal** Dios me libre de hacer nada ilegal; **God** *or* **Heaven ~ that he should come here!** ¡quiera Dios *or* Dios quiera que no venga por aquí!

**forbidden** [fəˈbɪdn] Ⓐ PT *of* **forbid**
Ⓑ ADJ 1 (= *not allowed*) [*book, food, love*] prohibido; **to be ~** estar prohibido; **smoking is ~** está prohibido fumar; **abortion is ~ in this country** el aborto es ilegal *or* está prohibido en este país; **to be strictly ~** estar terminantemente prohibido; **it is ~ to** (+ INFIN) está prohibido + *infin*; **preaching was ~ to women** predicar estaba prohibido para las mujeres, predicar les estaba prohibido a las mujeres
2 (= *out of bounds*) [*area, zone*] prohibido, vedado; [*city*] prohibido; **some cities are ~ to foreigners** a los extranjeros se les prohíbe *or* les está prohibido entrar en algunas ciudades; ♦**IDIOM that's ~ territory** eso es tabú
3 (= *taboo*) [*word, feeling*] tabú; **a ~ subject** un (tema) tabú
Ⓒ CPD ▶ **the forbidden city** N la ciudad prohibida ▶ **forbidden fruit** N fruto *m* prohibido; ♦**IDIOM ~ fruits are always the sweetest** el fruto prohibido es siempre el más dulce

**forbidding** [fəˈbɪdɪŋ] ADJ [*person, manner*] severo, intimidante; [*place, building, room*] imponente, intimidante; [*landscape*] inhóspito; [*task*] ingente, arduo

**forbore** [fɔːˈbɔːʳ] PT *of* **forbear**

**forborne** [fɔːˈbɔːn] PP *of* **forbear**

**force** [fɔːs] Ⓐ N 1 (= *strength*) fuerza *f*; **the building took the full ~ of the blast** el edificio recibió toda la fuerza *or* todo el impacto de la explosión; **to do sth by ~** hacer algo por la fuerza; **they removed him from the bar by ~** lo sacaron del bar a la fuerza *or* por la fuerza; **by ~ of arms** por la fuerza de las armas; **by ~ of circumstance(s)** debido a las circunstancias; **by sheer ~** (*physical*) sólo a base de fuerza; **by (sheer) ~ of numbers** por pura superioridad numérica; **she tried to convert people by ~ of argument** intentaba convencer a la gente a fuerza de *or* a base de argumentos; **by** *or* **through sheer ~ of personality** a fuerza de *or* a base de puro carácter; **from ~ of habit** por la fuerza de la costumbre; **the ~ of gravity** la fuerza de la gravedad; **the police were out in ~** la policía había salido en masa, había un enorme despliegue policial; **to resort to ~** recurrir a la fuerza; **to use ~** hacer uso de la fuerza; *see also* **brute B**
2 (*Met*) **a ~ five wind** un viento de fuerza cinco
3 (= *influence*) fuerza *f*; **the social and economic ~s that influence our decisions** las fuerzas sociales y económicas que influyen en nuestras decisiones; **he is a powerful ~ in the trade union movement** es una persona con mucho peso dentro del movimiento sindi-

➤ LANGUAGE IN USE: forbid 1 9.3, 9.5, 10.4 force B1 10.1

calista; **the ~s of evil** las fuerzas del mal; **the ~s of nature** las fuerzas de la naturaleza; **Janet is obviously a ~ to be reckoned with** Janet es sin lugar a dudas una persona a (la que hay que) tener en cuenta; *see also* **driving**, **join**, **life**, **market**

4 (= *legitimacy*) fuerza *f*; **the guidelines do not have the ~ of law** las directrices no tienen fuerza de ley; **to be in ~** [*law, tax*] estar vigente *or* en vigor; **a curfew is in ~** se ha impuesto un toque de queda; **to come into ~** entrar en vigor, hacerse vigente

5 (= *body of people*) (*Mil*) fuerza *f*; **allied ~s** fuerzas *fpl* aliadas, ejércitos *mpl* aliados; **sales ~** (*Comm*) personal *m* de ventas; **the ~** (= *police force*) la policía, el cuerpo (de policía); **the ~s** (*Brit Mil*) las fuerzas armadas

Ⓑ VT 1 (= *compel*) [+ *person*] obligar, forzar; **she was ~d to the conclusion that ...** se vio obligada *or* forzada a concluir que ...; **to ~ sb to do sth** obligar *or* forzar a algn a hacer algo; **I am ~d to admit that ...** me veo obligado *or* forzado a admitir que ...; **I had to ~ myself to pick it up** tuve que obligarme *or* forzarme a recogerlo del suelo; **I had to ~ myself to stay calm** tuve que obligarme *or* forzarme a permanecer sereno; **to ~ sb into doing sth** obligar *or* forzar a algn a hacer algo; **they ~d me into signing the agreement** me obligaron *or* forzaron a firmar el acuerdo; **to ~ sb into a corner** (*fig*) arrinconar a algn; **✦IDIOM to ~ sb's hand** (*intentionally*) apretar las tuercas *or* las clavijas a algn; (*by circumstances*) no dejar a algn más remedio que actuar

2 (= *impose*) **to ~ sth on sb** imponer algo a algn; **he ~d his views on them** les impuso su punto de vista; **the decision was ~d on him** la decisión le fue *or* le vino impuesta; **to ~ o.s. on sb: I don't want to ~ myself on you, but ...** no quisiera importunarte (con mi presencia), pero ...; **he ~d himself on one of the girls** (*sexually*) forzó a una de las chicas

3 (= *push, squeeze*) **he ~d the clothes into the suitcase** metió la ropa en la maleta a la fuerza, embutió la ropa en la maleta; **they ~d their way into the flat** se metieron en el piso a *or* por la fuerza; **the lorry ~d the car off the road** el camión obligó *or* forzó al coche a salirse de la carretera, el camión hizo que el coche se saliera de la carretera; **he was ~d out of office** lo obligaron *or* forzaron a dimitir del cargo; **she ~d her way through the crowd** se abrió paso entre la muchedumbre a *or* por la fuerza; **to ~ a bill through Parliament** hacer que se apruebe un proyecto de ley en el Parlamento

4 (= *break open*) [+ *lock, door*] forzar; **to ~ sth open** [+ *drawer, door, window*] forzar algo

5 (= *exert, strain*) [+ *voice*] forzar; **to ~ the pace** (*lit*) forzar el ritmo *or* la marcha; (*fig*) forzar la marcha de los acontecimientos; **don't ~ the situation** no fuerces la situación

6 (= *produce with effort*) [+ *answer*] forzar; **to ~ a smile** forzar una sonrisa, sonreír de manera forzada

7 (*Hort, Agr*) [+ *vegetable, fruit*] acelerar el crecimiento de

8 (= *obtain by force*) conseguir a *or* por la fuerza; **to ~ a confession from** *or* **out of sb** obtener una confesión de algn a *or* por la fuerza; **we ~d the secret out of him** le sacamos el secreto a *or* por la fuerza; **to ~ a vote on sth** forzar una votación sobre algo

Ⓒ CPD ► **force majeure** N fuerza *f* mayor

►**force back** VT + ADV 1 [+ *crowd, enemy*] obligar a retroceder, hacer retroceder (a la fuerza)

2 [+ *laughter, tears*] contener; **she ~d back her desire to laugh** contuvo las ganas de reírse; **to ~ back one's tears** contener las lágrimas

►**force down** VT + ADV 1 [+ *food*] tragarse a la fuerza; **can you ~ a bit more down?** (*hum*) ¿te cabe un poco más?

2 [+ *aeroplane*] obligar a aterrizar

3 [+ *prices*] hacer bajar, hacer que bajen

►**force out** VT + ADV 1 [+ *person*] (*from office*) obligar a dejar el cargo

2 [+ *words*] conseguir pronunciar; **he ~d out an apology** con un esfuerzo enorme, pidió perdón

►**force up** VT + ADV [+ *prices*] hacer subir, hacer que suban

**forced** [fɔːst] Ⓐ ADJ 1 (= *obligatory*) [*march*] forzado; [*repatriation*] forzoso; [*marriage*] forzado, por la fuerza

2 (= *from necessity*) [*landing*] forzoso

3 (= *contrived, strained*) [*smile*] forzado; **to sound ~** parecer forzado

4 (*Hort, Agr*) [*vegetable, fruit*] de crecimiento acelerado; **~ lettuces** lechugas *fpl* de crecimiento acelerado

Ⓑ CPD ► **forced entry** N (*Jur*) allanamiento *m* de morada; **there was no sign of ~ entry** no había señales de que hubieran forzado la entrada ► **forced labour** N trabajos *mpl* forzados

**force-feed** [ˈfɔːsfiːd] (*pt, pp* **force-fed**) VT alimentar a la fuerza

**force-feeding** [ˈfɔːsˌfiːdɪŋ] N alimentación *f* a la fuerza

**forceful** [ˈfɔːsfʊl] ADJ [*personality*] enérgico, fuerte; [*argument*] contundente, convincente

**forcefully** [ˈfɔːsfʊlɪ] ADV [*say, express*] enérgicamente; [*argue*] de forma convincente; [*push, shove*] violentamente; **he condemned the president for not acting more ~** condenó al presidente por no actuar de forma más enérgica *or* contundente; **it ~ struck him that ...** le llamó poderosamente la atención que ...

**forcefulness** [ˈfɔːsfʊlnɪs] N [*of person*] fortaleza *f*; [*of argument*] contundencia *f*

**forcemeat** [ˈfɔːsmiːt] N (*Culin*) relleno *m* de carne picada

**forceps** [ˈfɔːseps] Ⓐ NPL fórceps *m inv*

Ⓑ CPD ► **forceps delivery** N parto *m* con fórceps

**forcible** [ˈfɔːsəbl] ADJ 1 (= *done by force*) [*repatriation, deportation*] forzoso

2 (= *effective*) [*argument, style*] contundente; **a ~ reminder of sth** un vivo recordatorio de algo

**forcibly** [ˈfɔːsəblɪ] ADV 1 (= *by force*) [*remove, restrain, separate*] a la fuerza, por la fuerza

2 (= *effectively*) [*express, argue*] de forma contundente, convincentemente

**forcing-house** [ˈfɔːsɪŋˌhaʊs] N (*pl* **forcing-houses** [ˈfɔːsɪŋˌhaʊzɪz]) (*Agr etc*) maduradero *m*; (*fig*) *instituto etc donde se llevan a cabo cursos intensivos*

**ford** [fɔːd] Ⓐ N vado *m*

Ⓑ VT vadear

**fordable** [ˈfɔːdəbl] ADJ vadeable

**fore** [fɔːʳ] Ⓐ ADV (*Naut*) **~ and aft** de proa a popa

Ⓑ ADJ anterior, delantero; (*Naut*) de proa

Ⓒ N **to come to the ~** empezar a destacar; **to be at the ~** ir delante

Ⓓ EXCL (*Golf*) ¡atención!

**forearm** [ˈfɔːrɑːm] N (*Anat*) antebrazo *m*

**forebears** [ˈfɔːbɛəz] NPL antepasados *mpl*

**forebode** [fɔːˈbəʊd] VT presagiar, anunciar

**foreboding** [fɔːˈbəʊdɪŋ] N presentimiento *m*; **to have a ~ that ...** presentir que ...; **to have ~s** tener un presentimiento *or* una corazonada

**forecast** [ˈfɔːkɑːst] (*vb: pt, pp* **forecast**) Ⓐ N 1 (*for weather*) pronóstico *m*; **the weather ~** el pronóstico meteorológico *or* del tiempo; **what is the ~ for the weather?** ¿qué tiempo va a hacer?

2 (= *prediction*) previsión *f*; **according to all the ~s** según todas las previsiones

Ⓑ VT (*gen*) pronosticar

**forecaster** [ˈfɔːkɑːstəʳ] N (*Econ, Pol, Sport*) pronosticador(a) *m/f*; (*Met*) meteorólogo/a *m/f*

**forecastle** [ˈfəʊksl] N camarote *m* de la tripulación; (*Hist*) castillo *m* de proa

**foreclose** [fɔːˈkləʊz] (*Jur*) Ⓐ VT [+ *mortgage*] extinguir el derecho de redimir

Ⓑ VI extinguir el derecho de redimir una/la hipoteca

**foreclosure** [fɔːˈkləʊʒəʳ] N apertura *f* de un juicio hipotecario

**forecourt** [ˈfɔːkɔːt] (*esp Brit*) N (*gen*) entrada *f*; [*of hotel*] patio *m* (delantero), terraza *f*; [*of petrol station*] patio *m* (delantero)

**foredoomed** [fɔːˈduːmd] ADJ (*liter*) **to be ~ to do sth** estar condenado de antemano a hacer algo

**forefathers** [ˈfɔːˌfɑːðəz] NPL antepasados *mpl*

**forefinger** [ˈfɔːˌfɪŋgəʳ] N dedo *m* índice, índice *m*

**forefoot** [ˈfɔːfʊt] N (*pl* **forefeet** [ˈfɔːfiːt]) pie *m* delantero, pata *f* delantera

**forefront** [ˈfɔːfrʌnt] N **to be in the ~ of** estar en la vanguardia de

**foregather** [fɔːˈgæðəʳ] VI (*liter*) reunirse

**forego** [fɔːˈgəʊ] (*pt* **forewent**; *pp* **foregone**) VT 1 (= *give up*) renunciar a; (= *do without*) pasar sin, privarse de

2 (= *precede*) preceder

**foregoing** [ˈfɔːgəʊɪŋ] ADJ anterior, precedente

**foregone** [ˈfɔːgɒn] Ⓐ PP *of* **forego**

Ⓑ ADJ **it was a ~ conclusion** era un resultado inevitable

**foreground** [ˈfɔːgraʊnd] Ⓐ N primer plano *m*, primer término *m*; **in the ~** (*fig*) en primer plano *or* término

Ⓑ VT [+ *object in photo, picture*] traer al primer plano; (*fig*) [+ *issue, problem*] destacar, subrayar

**forehand** [ˈfɔːhænd] N (*Tennis*) drive *m*

**forehead** [ˈfɒrɪd] N frente *f*

**foreign** [ˈfɒrɪn] Ⓐ ADJ 1 (*gen*) [*person, country, language*] extranjero; [*import*] del extranjero; [*debt*] exterior; **this was her first ~ holiday** éstas eran sus primeras vacaciones en el extranjero; **her job involves a lot of ~ travel** su trabajo supone que tiene que viajar a menudo por el extranjero; **~ news** noticias *fpl* internacionales

2 (*Pol*) [*minister, ministry*] de asuntos exteriores; [*policy, relations*] exterior

3 (*frm*) (= *extraneous*) [*object, substance*] extraño

4 **~ to** 4·1 (= *uncharacteristic of*) ajeno a, impropio de; **such behaviour was ~ to his nature** este comportamiento era ajeno a *or* impropio de su carácter

4·2 (= *unfamiliar to*) ajeno a; **it's an idea which is completely ~ to them** es una idea que les resulta totalmente ajena

Ⓑ CPD ► **foreign affairs** NPL asuntos *mpl* exteriores; **Secretary of State for Foreign Affairs** Secretario/a *m/f* de Estado para Asuntos Exteriores ► **foreign affairs correspondent**

N corresponsal *mf* de asuntos exteriores ► **foreign agent** N agente *mf* extranjero/a ► **foreign aid** N (= *aid to other countries*) ayuda *f* al extranjero, ayuda *f* internacional; (= *aid from abroad*) ayuda *f* internacional ► **foreign body** N (*frm*) cuerpo *m* extraño (*frm*) ► **foreign correspondent** N corresponsal *mf* en el extranjero ► **foreign debt** N deuda *f* externa *or* exterior ► **foreign exchange** N (= *currency*) divisas *fpl*; (= *reserves*) reservas *fpl* de divisas; (= *market*) mercado *m* de divisas; (= *system*) cambio *m* de divisas; **tourism is Thailand's biggest earner of ~ exchange** el turismo es la principal fuente de divisas para Tailandia; **on the ~ exchanges** en los mercados de divisas ► **foreign exchange dealer** N agente *mf* de cambio, operador(a) *m/f* cambiario/a *or* de cambio ► **foreign exchange market** N mercado *m* de divisas ► **foreign exchange reserves** NPL reservas *fpl* de divisas ► **foreign exchange trader** N = **foreign exchange dealer** ► **foreign exchange trading** N operaciones *fpl* de cambio (de divisas) ► **foreign investment** N (*from abroad*) inversión *f* extranjera; (*in other countries*) inversión *f* en el extranjero ► **the Foreign Legion** N la legión extranjera ► **Foreign Minister** N Ministro/a *m/f* de Asuntos Exteriores ► **Foreign Ministry** N Ministerio *m* de Asuntos Exteriores ► **foreign national** N ciudadano/a *m/f* extranjero/a ► **the Foreign Office** N (*Brit*) el Ministerio de Asuntos Exteriores ► **foreign policy** N política *f* exterior ► **Foreign Secretary** N (*Brit*) Ministro/a *m/f* de Asuntos Exteriores ► **foreign trade** N comercio *m* exterior

**foreigner** [ˈfɒrɪnəʳ] N extranjero/a *m/f*

**foreknowledge** [fɔːˈnɒlɪdʒ] N presciencia *f*, conocimiento *m* previo; **to have ~ of sth** saber algo de antemano

**foreland** [ˈfɔːlənd] N cabo *m*, promontorio *m*

**foreleg** [ˈfɔːleg] N pata *f* delantera

**forelock** [ˈfɔːlɒk] N guedeja *f*; ✦***IDIOMS*** **to take time by the ~** tomar la ocasión por los pelos; **to tug one's ~ to sb** (*Brit*) (*fig*) doblegarse ante algn

**foreman** [ˈfɔːmən] N (*pl* **foremen**) [*of workers*] capataz *m*; (*Constr*) maestro *m* de obras; (*Jur*) [*of jury*] presidente/a *m/f* del jurado

**foremast** [ˈfɔːmɑːst] N palo *m* trinquete, trinquete *m*

▼**foremost** [ˈfɔːməʊst] ADJ (= *outstanding*) más destacado; (= *main, first*) primero, principal; *see also* **first B1**

**forename** [ˈfɔːneɪm] N nombre *m*, nombre *m* de pila

**forenoon** [ˈfɔːnuːn] N (*esp Scot*) mañana *f*

**forensic** [fəˈrensɪk] ADJ forense; [*medicine*] legal, forense

**forepaw** [ˈfɔːpɔː] N [*of cat, lion*] zarpa *f*; [*of dog, wolf*] uña *f*

**foreplay** [ˈfɔːpleɪ] N caricias *fpl* estimulantes

**forequarters** [ˈfɔːˌkwɔːtəz] NPL cuartos *mpl* delanteros

**forerunner** [ˈfɔːˌrʌnəʳ] N precursor(a) *m/f*

**foresail** [ˈfɔːseɪl] N trinquete *m*

**foresee** [fɔːˈsiː] (*pt* **foresaw**; *pp* **foreseen**) VT prever

**foreseeable** [fɔːˈsiːəbl] ADJ [*opportunity*] previsible; **in the ~ future** en un futuro previsible

**foreseeably** [fɔːˈsiːəblɪ] ADV previsiblemente

**foreshadow** [fɔːˈʃædəʊ] VT anunciar, presagiar

**foreshore** [ˈfɔːʃɔːʳ] N playa *f* (*entre pleamar y bajamar*)

**foreshorten** [fɔːˈʃɔːtn] VT escorzar

**foreshortening** [fɔːˈʃɔːtnɪŋ] N escorzo *m*

**foresight** [ˈfɔːsaɪt] N previsión *f*; **to have** *or* **show ~** ser previsor *or* precavido; **he had the ~ to ...** tuvo la precaución de ...; **lack of ~** imprevisión *f*, falta *f* de previsión

**foreskin** [ˈfɔːskɪn] N (*Anat*) prepucio *m*

**forest** [ˈfɒrɪst] Ⓐ N (*temperate*) bosque *m*; (*tropical*) selva *f*; *see also* **tree**
Ⓑ CPD ► **forest fire** N incendio *m* forestal ► **forest ranger** N guardabosques *mf inv* ► **forest track, forest trail** N camino *m* forestal

**forestall** [fɔːˈstɔːl] VT (= *anticipate*) [+ *event, accident*] prevenir; [+ *rival, competitor*] adelantarse a; (*Comm*) acaparar

**forested** [ˈfɒrɪstɪd] ADJ arbolado, de bosques; **densely** *or* **heavily ~** cubierto de bosques; **only eight per cent of Britain is ~** las áreas forestales de Gran Bretaña se reducen al ocho por ciento del territorio

**forester** [ˈfɒrɪstəʳ] N (= *expert*) ingeniero/a *m/f* de montes; (= *keeper*) guardabosques *mf inv*

**forestry** [ˈfɒrɪstrɪ] Ⓐ N silvicultura *f*; (*Univ*) ingeniería *f* forestal
Ⓑ CPD ► **Forestry Commission** N (*Brit*) ≈ Comisión *f* del Patrimonio Forestal

**foretaste** [ˈfɔːteɪst] N anticipo *m*, muestra *f*

**foretell** [fɔːˈtel] (*pt, pp* **foretold**) VT (= *predict*) predecir, pronosticar; (= *forebode*) presagiar

**forethought** [ˈfɔːθɔːt] N previsión *f*

**forever** [fərˈevəʳ] ADV [1] (= *eternally*) para siempre; **he's gone ~** se ha ido para siempre
[2] (*) (= *incessantly, repeatedly*) constantemente; **she's ~ complaining** se queja constantemente, siempre se está quejando; *see also* **ever 1**

**forewarn** [fɔːˈwɔːn] VT avisar, advertir; **to be ~ed** estar prevenido; ✦***PROV*** **~ed is forearmed** hombre prevenido *or* precavido vale por dos

**forewoman** [ˈfɔːˌwʊmən] N (*pl* **forewomen**) (*Jur*) presidenta *f* del jurado; [*of workers*] capataz *f*, capataza *f*

**foreword** [ˈfɔːwɜːd] N prefacio *m*, prólogo *m*

**forex** [ˈfɔːreks] N (*Fin*) divisas *fpl*

**forfeit** [ˈfɔːfɪt] Ⓐ N (*in game*) prenda *f*; (= *fine*) multa *f*
Ⓑ VT [+ *one's rights etc*] perder; (*Jur*) decomisar

**forfeiture** [ˈfɔːfɪtʃəʳ] N pérdida *f*

**forgather** [fɔːˈgæðəʳ] VI = **foregather**

**forgave** [fəˈgeɪv] PT *of* **forgive**

**forge** [fɔːdʒ] Ⓐ N (= *furnace*) fragua *f*, forja *f*; [*of blacksmith*] herrería *f*; (= *factory*) fundición *f*
Ⓑ VT [1] (*lit, fig*) fraguar, forjar
[2] (= *falsify*) [+ *document, painting etc*] falsificar; **she ~d his signature** falsificó su firma; **~d money** moneda *f* falsa
Ⓒ VI **to ~ ahead** avanzar a grandes pasos; **to ~ ahead of sb** adelantarse a algn

**forger** [ˈfɔːdʒəʳ] N falsificador(a) *m/f*

**forgery** [ˈfɔːdʒərɪ] N (= *act, thing*) falsificación *f*; **it's a ~** es falso

**forget** [fəˈget] (*pt* **forgot**; *pp* **forgotten**) Ⓐ VT olvidar, olvidarse de; **to ~ to do sth** olvidarse de hacer algo; **I forgot to close the window** me olvidé de *or* se me olvidó cerrar la ventana; **I forgot to tell you why** se me olvidó decirte por qué; **we shouldn't ~ that ...** no debemos olvidar que ...; **never to be forgotten** inolvidable; **~ it!*** (= *don't worry*) ¡no te preocupes!, ¡no importa!; (= *you're welcome*) de nada, no hay de qué; (= *no way*) ¡ni hablar!, ¡ni se te ocurra!; **and don't you ~ it!** ¡y que no se te olvide esto!; **to ~ o.s.** (= *lose self-control*) pasarse, propasarse
Ⓑ VI (*gen*) olvidar; (= *have a bad memory*) tener mala memoria; **I ~** no recuerdo, me he olvidado; **but I forgot** pero se me olvidó; **I'm sorry, I'd completely forgotten!** ¡lo siento, se me había olvidado por completo!; **I forgot all about it** se me olvidó por completo; **if there's no money, you can ~ (all) about the new car** si no hay dinero, puedes olvidarte del nuevo coche; **let's ~ about it!** (*in annoyance*) ¡olvidémoslo!, ¡basta!; (*in forgiveness*) más vale olvidarlo

> **FORGET**
>
> You can use **olvidar** in 3 ways when translating **to forget**: **olvidar**, **olvidarse de** or the impersonal **olvidársele algo a alguien**.
>
> • When **forgetting** is *accidental*, the impersonal construction with **se me**, **se le**, *etc* is the commonest option - it emphasizes the involuntary aspect. Here, the object of **forget** becomes the subject of **olvidar**:
>
> I forgot
> ***Se me olvidó***
> I've forgotten what you said this morning
> ***Se me ha olvidado lo que dijiste esta mañana***
> He forgot his briefcase
> ***Se le olvidó el maletín***
>
> **NOTE:** **Olvidarse de** and **olvidar** would be more formal alternatives:
>
> • In other contexts, use either **olvidarse de** or **olvidar**.
>
> Have you forgotten what you promised me?
> ***¿Te has olvidado de*** *or* ***Has olvidado lo que me prometiste?***
> In the end he managed to forget her
> ***Al final consiguió olvidarse de ella*** *or* ***consiguió olvidarla***
> Don't forget me
> ***No te olvides de mí, No me olvides***
>
> *For further uses and examples, see main entry.*

**forgetful** [fəˈgetfʊl] ADJ (= *lacking memory*) olvidadizo; (= *absent-minded*) despistado; (= *neglectful*) (*of one's duties etc*) descuidado; **he's terribly ~** es tremendamente despistado, tiene una memoria pésima; **~ of all else** olvidando todo lo demás, sin hacer caso de todo lo demás

**forgetfulness** [fəˈgetfʊlnɪs] N olvido *m*, falta *f* de memoria; (= *absentmindedness*) despiste *m*; (= *neglect*) descuido *m*

**forget-me-not** [fəˈgetmɪnɒt] N nomeolvides *m inv*

**forgettable** [fəˈgetəbl] ADJ poco memorable

**forgivable** [fəˈgɪvəbl] ADJ perdonable

▼**forgive** [fəˈgɪv] (*pt* **forgave**; *pp* **forgiven**) Ⓐ VT [+ *person, fault*] perdonar, disculpar (*esp LAm*); **I ~ you** te perdono; **to ~ sb for doing sth** perdonar a algn por haber hecho algo; **~ me** (= *excuse me*) perdone, con permiso (*LAm*)
Ⓑ VI perdonar; **why don't you just ~ and forget?** intenta perdonar y olvidarte

**forgiven** [fəˈgɪvn] PP *of* **forgive**

**forgiveness** [fəˈgɪvnɪs] N (= *pardon*) perdón *m*; (= *willingness to forgive*) compasión *f*

**forgiving** [fəˈgɪvɪŋ] ADJ [*person, smile*] compasivo; **to feel ~** estar dispuesto a perdonar

**forgo** [fɔːˈgəʊ] (*pt* **forwent**; *pp* **forgone** [ˈfɔːgɒn]) VT = **forego 1**

**forgot** [fəˈgɒt] PT *of* **forget**

**forgotten** [fəˈgɒtn] PP *of* **forget**

**fork** [fɔːk] Ⓐ N (*at table*) tenedor *m*; (*Agr*) horca *f*, horquilla *f*; (*in road*) bifurcación *f*; (*in*

➤ LANGUAGE IN USE: **foremost** 26.2, 26.3 **forgive A** 18.1

*river*) horcajo *m*; [*of tree*] horcadura *f*
Ⓑ VT (*Agr*) (*also* **~ over**) cargar con la horca
Ⓒ VI [*road*] bifurcarse; **~ right for Oxford** tuerza a la derecha para ir a Oxford

►**fork out*** Ⓐ VT + ADV [+ *money, cash*] aflojar*
Ⓑ VI + ADV pagar

►**fork over** VT + ADV = **fork B**

►**fork up** VT + ADV [1] [+ *soil*] remover con la horquilla
[2] (*) = **fork out A**

**forked** [fɔːkt] ADJ [*tail*] hendido; [*branch*] bifurcado; [*lightning*] en zigzag; [*tongue*] bífido

**fork-lift truck** [ˈfɔːklɪft,trʌk] N carretilla *f* elevadora

**forlorn** [fəˈlɔːn] ADJ [*person*] triste, melancólico; (= *deserted*) [*cottage*] abandonado; (= *desperate*) [*attempt*] desesperado; **to look ~** tener aspecto triste; **why so ~?** ¿por qué tan triste?; **a ~ hope** una vana esperanza

**forlornly** [fəˈlɔːnlɪ] ADV tristemente

**form** [fɔːm] Ⓐ N [1] (= *shape*) forma *f*; (= *figure, shadow*) bulto *m*, silueta *f*; **the same thing in a different ~** lo mismo pero con otra forma; **~ and content** forma *f* y contenido; **in the ~ of** en forma de; **I'm against hunting in any ~** estoy en contra de cualquier forma de caza; **to take ~** concretarse, tomar *or* cobrar forma; **it took the ~ of a cash prize** consistió en un premio en metálico; **what ~ will the ceremony take?** ¿en qué consistirá la ceremonia?
[2] (= *kind, type*) clase *f*, tipo *m*; **a new ~ of government** un nuevo sistema de gobierno; **as a ~ of apology** como disculpa
[3] (= *way, means*) forma *f*; **in due ~** en la debida forma; **~ of payment** modo *m* de pago; **what's the ~?** ¿qué es lo que hemos de hacer?; **that is common ~** eso es muy corriente
[4] (*Sport, also fig*) forma *f*; **to be in good ~** estar en buena forma; **he was in great ~ last night** estaba en plena forma anoche; **to be on ~** estar en forma; **to be out of ~** estar desentrenado; **in top ~** en plena forma; **true to ~** como de costumbre
[5] (= *document*) (*gen*) formulario *m*, impreso *m*; **application ~** solicitud *f*; **to fill in** *or* **out a ~** rellenar un formulario *or* un impreso
[6] (*Brit frm*) (= *etiquette*) apariencias *fpl*; **for ~'s sake** por pura fórmula, para guardar las apariencias; **it's bad ~** está mal visto; **it's a matter of ~** es una formalidad
[7] (= *bench*) banco *m*
[8] (*Brit Scol*) curso *m*, clase *f*; **she's in the first ~** está haciendo primer curso de secundaria *or* primero de secundaria
[9] (*Brit Racing*) **to study the ~** estudiar resultados anteriores
Ⓑ VT (= *shape, make*) formar; [+ *clay etc*] modelar, moldear; [+ *company*] formar, fundar; [+ *plan*] elaborar, formular; [+ *sentence*] construir; [+ *queue*] hacer; [+ *idea*] concebir, formular; [+ *opinion*] hacerse, formarse; [+ *habit*] crear; **he ~ed it out of clay** lo modeló *or* moldeó en arcilla; **to ~ a government** formar gobierno; **to ~ a group** formar un grupo; **to ~ part of sth** formar parte de algo
Ⓒ VI tomar forma, formarse; **an idea ~ed in his mind** una idea tomó forma en su mente; **how do ideas ~?** ¿cómo se forman las ideas?
Ⓓ CPD ► **form feed** N (*Comput*) salto *m* de página ► **form letter** N (*US*) carta *f* tipo

►**form up** Ⓐ VT + ADV [+ *troops*] formar
Ⓑ VI + ADV alinearse; (*Mil*) formar

**formal** [ˈfɔːməl] ADJ [*person*] (= *correct*) correcto; (= *reliable, stiff*) formal; (= *solemn*) [*greeting, language, occasion, announcement*] solemne; [*dress*] de etiqueta; [*visit*] de cumplido; (*Pol*) [*visit*] oficial; [*function*] protocolario; [*garden*] simétrico; (= *official*) [*evidence*] documental; [*acceptance*] por escrito; **in English, "residence" is a ~ term** en inglés, "residence" es un término formal; **don't be so ~!** ¡no te andes con tantos cumplidos!; **there was no ~ agreement** no había un acuerdo en firme; **~ clothes** ropa *f* de etiqueta; **a ~ dinner** una cena de gala; **he has no ~ education** no tiene formación académica; **~ training** formación *f* profesional

**formaldehyde** [fɔːˈmældɪhaɪd] N formaldehido *m*

**formalin**, **formaline** [ˈfɔːməlɪn] N formalina *f*

**formalism** [ˈfɔːməlɪzəm] N formalismo *m*

**formalist** [ˈfɔːməlɪst] Ⓐ ADJ formalista
Ⓑ N formalista *mf*

**formalistic** [fɔːməlɪstɪk] ADJ formalista

**formality** [fɔːˈmælɪtɪ] N [1] [*of occasion*] lo ceremonioso; [*of person*] (= *stiffness*) formalidad *f*; (= *correctness*) corrección *f*; **with all due ~** en la debida forma
[2] (= *matter of form*) **it's a mere ~** no es más que una formalidad; **let's dispense with the formalities** prescindamos de las formalidades
[3] **formalities** (*bureaucratic*) trámites *mpl*, gestiones *fpl*; **first there are certain formalities** primero hay ciertos requisitos

**formalize** [ˈfɔːməlaɪz] VT [+ *plan, agreement*] formalizar

**formally** [ˈfɔːməlɪ] ADV (*gen*) formalmente; (= *officially*) oficialmente; (= *ceremoniously*) con mucha ceremonia; [*dress etc*] de etiqueta; (= *stiffly*) con formalidad

**format** [ˈfɔːmæt] Ⓐ N formato *m*
Ⓑ VT (*Comput*) formatear
Ⓒ CPD ► **format line** N (*Comput*) línea *f* de formato

**formation** [fɔːˈmeɪʃən] Ⓐ N (*gen*) formación *f*; **in battle ~** en formación de combate
Ⓑ CPD ► **formation flying** N vuelo *m* en formación

**formative** [ˈfɔːmətɪv] Ⓐ ADJ [1] [*influence etc*] formativo; [*years*] de formación
[2] (*Gram*) formativo
Ⓑ N (*Gram*) formativo *m*

**formatting** [ˈfɔːmætɪŋ] N formateado *m*, formateo *m*

▼**former** [ˈfɔːmə^r] Ⓐ ADJ [1] (= *earlier, previous*) antiguo; [*chairman, wife etc*] ex; **a ~ pupil** un antiguo alumno; **in ~ days** antiguamente; **the ~ president** el ex-presidente; → OLD
[2] (*of two*) primero; **your ~ idea was better** tu primera idea fue mejor
Ⓑ PRON **night and day, the ~ dark, the latter light** la noche y el día, aquélla oscura y éste lleno de luz

**formerly** [ˈfɔːməlɪ] ADV antiguamente

**Formica**® [fɔːˈmaɪkə] N formica® *f*

**formic acid** [,fɔːmɪkˈæsɪd] N ácido *m* fórmico

**formidable** [ˈfɔːmɪdəbl] ADJ [*person*] formidable; [*opponent*] temible; [*task, challenge, obstacle*] tremendo, impresionante; [*reputation, team, combination, talents*] formidable, extraordinario; **he has a ~ temper** tiene un genio tremendo; **she was a ~ woman** era una mujer formidable *or* que imponía

**formidably** [ˈfɔːmɪdəblɪ] ADV tremendamente, enormemente

**formless** [ˈfɔːmlɪs] ADJ informe

**formula** [ˈfɔːmjʊlə] N (*pl* **formulas** *or* **formulae** [ˈfɔːmjʊliː]) [1] (*gen*) (*Math, Chem etc*) fórmula *f*; **winning ~** fórmula *f* del éxito; **peace ~** fórmula *f* de paz
[2] (= *baby milk*) leche *f* en polvo (para bebés), leche *f* maternizada
[3] (*Motor Racing*) fórmula *f*; **Formula One** Fórmula *f* uno; **a ~-one car** un coche de Fórmula uno

**formulaic** [,fɔːmjʊˈleɪɪk] ADJ formulaico, formulario

**formulate** [ˈfɔːmjʊleɪt] VT [+ *theory, policy*] formular

**formulation** [,fɔːmjʊˈleɪʃən] N (= *act*) [*of idea, theory, policy*] formulación *f*; (= *medicine*) fórmula *f*; (= *form of words*) formulación *f*

**fornicate** [ˈfɔːnɪkeɪt] VI (*frm*) fornicar

**fornication** [,fɔːnɪˈkeɪʃən] N (*frm*) fornicación *f*

**forsake** [fəˈseɪk] (*pt* **forsook**; *pp* **forsaken**) VT (= *abandon*) abandonar; (= *give up*) [+ *plan*] renunciar a; [+ *belief*] renegar de

**forsaken** [fəˈseɪkən] PP *of* **forsake**

**forsook** [fəˈsʊk] PT *of* **forsake**

**forsooth** [fəˈsuːθ] (†† *or hum*) Ⓐ ADV en verdad
Ⓑ EXCL **~!** ¡caramba!

**forswear** [fɔːˈswɛə^r] (*pt* **forswore**; *pp* **forsworn**) VT (*frm*) abjurar de, renunciar a; **to ~ o.s.** (= *perjure o.s.*) perjurarse

**forsythia** [fɔːˈsaɪθɪə] N forsitia *f*

**fort** [fɔːt] Ⓐ N (*Mil*) fortaleza *f*, fuerte *m*; **✦IDIOM to hold the ~** quedarse a cargo; **hold the ~ till I get back** hazte cargo hasta que yo regrese
Ⓑ CPD ► **Fort Knox** N *lugar donde se guardan las reservas de oro de EE.UU.*; **they've turned their house into Fort Knox** (*fig*) han convertido su casa en un búnker

**forte** [ˈfɔːtɪ] (*US*) [fɔːt] N (= *strong point*) fuerte *m*; (*Mus*) forte *m*

**forth** [fɔːθ]

> When **forth** is an element in a phrasal verb, eg **pour forth, venture forth**, look up the verb.

ADV [1] (†) (= *onward*) adelante; **to go ~** marcharse; **from this day ~** de hoy en adelante; *see also* **back**
[2] **and so ~** etcétera, y así sucesivamente

**forthcoming** [fɔːθˈkʌmɪŋ] ADJ [1] (= *future*) [*event, election*] próximo; [*weeks, months*] venidero; [*book*] de próxima publicación; [*film*] de próximo estreno; [*album*] de próxima aparición; **their ~ marriage** su próximo enlace; **"~ titles"** "libros *mpl* en preparación"
[2] (= *available*) **no explanation was ~** no dieron ninguna explicación; **he shot her a desperate look but no help was ~** le lanzó una mirada de desesperación pero no obtuvo ninguna ayuda; **no answer was ~** no hubo respuesta; **if funds are ~** si nos facilitan fondos
[3] (= *open*) [*person*] comunicativo; **he's not ~ with strangers** no es muy comunicativo *or* abierto con los desconocidos; **you could have been more ~ with information** podrías haber sido más generoso con la información; **to be ~ about** *or* **on sth** mostrarse comunicativo con respecto a algo; **he wasn't very ~ about it** dijo poco sobre el asunto, se mostró poco comunicativo al respecto

**forthright** [ˈfɔːθraɪt] ADJ [*person, answer etc*] franco, directo

**forthwith** [ˈfɔːθˈwɪθ] ADV (*frm*) en el acto, de inmediato

**fortieth** [ˈfɔːtɪɪθ] Ⓐ ADJ cuadragésimo; **the ~ anniversary** el cuarenta aniversario
Ⓑ N [1] (*in series*) cuadragésimo/a *m/f*
[2] (= *fraction*) cuarentavo *m*, cuadragésima parte *f*; *see* **fifth** *for usage*

➤ LANGUAGE IN USE: **former** B 26.2

**fortification** [ˌfɔːtɪfɪˈkeɪʃən] N (= *act, means of defence*) fortificación *f*

**fortify** [ˈfɔːtɪfaɪ] VT [1] (*Mil*) fortificar; (= *strengthen*) fortalecer
[2] (*fig*) [+ *person*] fortalecer; **to ~ sb in a belief** confirmar la opinión que tiene algn; **to ~ o.s.** fortalecerse
[3] (= *enrich*) [+ *food*] enriquecer; [+ *wine*] encabezar; **fortified wine** vino *m* encabezado

**fortitude** [ˈfɔːtɪtjuːd] N fortaleza *f*, valor *m*

**fortnight** [ˈfɔːtnaɪt] N (*Brit*) quince días *mpl*, quincena *f*; **a ~ (from) today** de hoy en quince días

**fortnightly** [ˈfɔːtnaɪtlɪ] (*Brit*) Ⓐ ADJ quincenal
Ⓑ ADV quincenalmente, cada quince días

**FORTRAN** [ˈfɔːtræn] N ABBR (*Comput*) (= **formula translator**) FORTRAN *m*

**fortress** [ˈfɔːtrɪs] N fortaleza *f*, plaza *f* fuerte

**fortuitous** [fɔːˈtjuːɪtəs] ADJ fortuito, casual

**fortuitously** [fɔːˈtjuːɪtəslɪ] ADV fortuitamente, por casualidad

**fortunate** [ˈfɔːtʃənɪt] ADJ [*person, occurrence*] afortunado; [*coincidence*] feliz; **those less ~ than ourselves** los menos afortunados; **he is ~ in having no dependents to worry about** tiene suerte de no tener personas a su cargo por las que preocuparse; **I was ~ enough to escape** yo tuve la suerte de poder escaparme; **that was ~ for you** en eso tuviste suerte; **how ~!** ¡qué suerte!; **it was ~ that no one was injured** fue una suerte que nadie resultara herido

**fortunately** [ˈfɔːtʃənɪtlɪ] ADV afortunadamente, por suerte

**fortune** [ˈfɔːtʃən] Ⓐ N [1] (= *luck*) fortuna *f*, suerte *f*; **by good ~** por fortuna; **we had the good ~ to find him** tuvimos la suerte de encontrarlo; **the ~s of war** las vicisitudes *or* las peripecias de la guerra; **he restored the company's ~s** restableció la prosperidad de la empresa, devolvió el éxito a la compañía; **to seek one's ~ elsewhere** buscar fortuna en otro lugar; **to try one's ~** probar fortuna
[2] (= *fate*) suerte *f*, destino *m*; **to tell sb's ~** decir a algn la buenaventura
[3] (= *property, wealth*) fortuna *f*; **to come into a ~** heredar una fortuna; **to marry a ~** casarse con un hombre/una mujer acaudalado/a
[4] (= *huge amount of money*) dineral *m*, platal *m* (*LAm**); **to cost a ~** costar un ojo de la cara*, valer un dineral; **to make a ~** enriquecerse, ganar un dineral; **a small ~** un montón de dinero, un dineral
Ⓑ CPD ► **fortune cookie** N (*esp US*) *galleta china con un mensaje sobre la suerte* ► **fortune hunter** N cazafortunas *mf inv*

**fortune-teller** [ˈfɔːtʃənˌteləʳ] N adivino/a *m/f*

**fortune-telling** [ˈfɔːtʃənˌtelɪŋ] N adivinación *f*

**forty** [ˈfɔːtɪ] Ⓐ ADJ cuarenta; ✦*IDIOM* **to have ~ winks*** echar un sueñecito
Ⓑ N cuarenta *m*; **the forties** (= *1940s*) los años cuarenta; **to be in one's forties** tener más de cuarenta años, ser cuarentón; *see* **fifty** *for usage*

**fortyish** [ˈfɔːtɪɪʃ] ADJ de unos cuarenta años

**forum** [ˈfɔːrəm] N (*pl* **forums** *or* **fora** [ˈfɔːrə]) foro *m*; (*fig*) tribunal *m*, foro *m*

**forward**

> *When* **forward** *is an element in a phrasal verb, eg* **bring forward, come forward, step forward**, *look up the verb.*

[ˈfɔːwəd] Ⓐ ADJ [1] (*in position*) delantero; (*in movement*) hacia adelante; (*in time*) adelantado, avanzado; [*position*] (*Mil etc*) avanzado; (*Naut*) de proa
[2] (= *advanced*) [*child*] precoz; [*season, crop*] adelantado
[3] (= *presumptuous*) [*person, remark*] atrevido
Ⓑ ADV (*gen*) adelante, hacia adelante; (*Naut*) hacia la proa; **~!** ¡adelante!; **~ march!** (*Mil*) de frente ¡mar!; **the lever is placed well ~** la palanca está colocada bastante hacia adelante; **from that day ~** desde ese día en adelante, a partir de entonces; **from this time ~** de aquí en adelante; **to come ~** hacerse conocer; **to go ~** ir hacia adelante, avanzar; (*fig*) progresar, hacer progresos; *see also* **look forward**
Ⓒ N (*Sport*) delantero/a *m/f*
Ⓓ VT [1] (= *dispatch*) [+ *goods*] expedir, enviar; (= *send on*) [+ *letter*] remitir; **"please ~"** "remítase al destinatario"
[2] (= *advance*) [+ *career, cause, interests*] promover
Ⓔ CPD ► **forward buying** N (*Comm*) compra *f* a término ► **forward contract** N (*Comm*) contrato *m* a término ► **forward delivery** N (*Comm*) entrega *f* en fecha futura ► **forward exchange** N (*Comm*) cambio *m* a término ► **forward gear** N (*Aut*) marcha *f* de avance ► **forward line** N (*Sport*) delantera *f*; (*Mil*) primera línea *f* de fuego ► **forward market** N (*Comm*) mercado *m* de futuros ► **forward pass** N (*Rugby*) pase *m* adelantado ► **forward planning** N planificación *f* por anticipado ► **forward rate** N (*Comm*) tipo *m* a término ► **forward sales** NPL (*Comm*) ventas *fpl* a término

**forwarding** [ˈfɔːwədɪŋ] Ⓐ N [*of letter, luggage*] envío *m*
Ⓑ CPD ► **forwarding address** N destinatario *m*; **she left no ~ address** no dejó dirección (a la que mandarle el correo) ► **forwarding agent** N agente *mf* de tránsito

**forward-looking** [ˈfɔːwədˌlʊkɪŋ] ADJ [*plan, policy*] con miras al futuro; [*person*] previsor; (*Pol*) progresista

**forwardness** [ˈfɔːwədnɪs] N [1] (= *boldness*) atrevimiento *m*, frescura *f*, descaro *m*
[2] [*of crop etc*] precocidad *f*

**forwards** [ˈfɔːwədz] ADV (*esp Brit*) = **forward B**

**forward-thinking** [ˈfɔːwədˌθɪŋkɪŋ] ADJ de criterio avanzado; (*Pol*) progresista

**forwent** [fɔːˈwent] PT *of* **forgo**

**Fosbury flop** [ˈfɒzbərɪˌflɒp] N (*Sport*) fosbury-flop *m*

**fossil** [ˈfɒsl] Ⓐ N fósil *m*
Ⓑ CPD fósil ► **fossil fuel** N hidrocarburo *m*

**fossilization** [ˌfɒsɪlaɪˈzeɪʃən] N fosilización *f*

**fossilized** [ˈfɒsɪlaɪzd] ADJ fosilizado

**foster** [ˈfɒstəʳ] Ⓐ VT [1] [+ *child*] acoger
[2] (= *encourage*) fomentar, promover; (= *aid*) favorecer; [+ *hope*] alentar
Ⓑ CPD [*parent, child*] de acogida ► **foster brother** N hermano *m* de leche ► **foster home** N casa *f* de acogida ► **foster mother** N madre *f* de acogida; (= *wet nurse*) ama *f* de leche

**fosterage** [ˈfɒstərɪdʒ] N = **fostering**

**fostering** [ˈfɒstərɪŋ] N acogimiento *m* familiar

**fought** [fɔːt] PT, PP *of* **fight**

**foul** [faʊl] Ⓐ ADJ (*compar* **fouler**; *superl* **foulest**)
[1] (= *disgusting*) [*place*] asqueroso; [*smell*] pestilente, fétido; [*taste*] repugnante, asqueroso
[2] (= *bad*) [*water*] sucio, contaminado; [*air*] viciado; [*breath*] fétido
[3] (*) (= *nasty*) [*weather*] de perros*, malísimo; **it's a ~ day** hace un día de perros*, hace un día malísimo; **I've had a ~ day** he tenido un día malísimo, he tenido un día de perros*; **he was in a ~ mood** estaba de un humor de perros*; **you were ~ to me yesterday** ayer te portaste fatal conmigo*; **she has a ~ temper** tiene muy malas pulgas*, tiene un genio de mil demonios*
[4] (= *obscene*) ordinario, grosero; **to use ~ language** decir groserías; ✦*IDIOM* **to have a ~ mouth*** ser mal hablado
[5] (= *base, immoral*) [*lie, calumny, crime*] vil, terrible
[6] (*Sport*) [*shot, ball*] nulo; [*blow, tackle*] sucio; [*kick*] antirreglamentario
[7] (*in phrases*) **someone is sure to cry ~** es seguro que alguien dice que no hemos jugado limpio; **to fall ~ of sb** ponerse a malas con algn; **to fall ~ of the law** enfrentarse con la justicia, vérselas con la ley*
Ⓑ N (*Sport*) falta *f* (**on** contra)
Ⓒ VT [1] (= *pollute*) [+ *air*] viciar, contaminar; [+ *water*] contaminar; (= *dirty*) ensuciar; **the dog ~ed the pavement** el perro ensució la acera
[2] (*Sport*) [+ *opponent*] cometer una falta contra
[3] (= *entangle*) [+ *fishing line, net, rope*] enredar; **something had ~ed the propellers** algo se había enredado en las hélices; **the boat had ~ed her anchor** el ancla del barco se había atascado
[4] (= *block*) [+ *pipe*] atascar, obstruir
[5] (*Naut*) (= *hit*) chocar contra
Ⓓ VI [1] (*Sport*) cometer faltas
[2] (= *become entangled*) [*fishing line, rope, nets*] enredarse
Ⓔ CPD ► **foul play** N (*Sport*) jugada *f* antirreglamentaria, juego *m* sucio; **the police suspect ~ play** (*Jur*) la policía sospecha que se trata de un crimen

►**foul up*** Ⓐ VT + ADV [1] (= *spoil*) [+ *activity, event, plans*] dar al traste con, echar a perder; **it's the little things that can ~ up your plans** los detalles son los que pueden dar al traste con *or* echar a perder los planes de uno
[2] (= *make a mess of*) **he has ~ed up his exams** los exámenes le han ido mal, ha metido la pata en los exámenes*
Ⓑ VI + ADV meter la pata*

**foulmouthed** [ˈfaʊlˈmaʊðd] ADJ malhablado

**foul-smelling** [ˈfaʊlˈsmelɪŋ] ADJ pestilente, fétido

**foul-tempered** [ˈfaʊlˈtempəd] ADJ **to be ~** (*habitually*) tener un genio de mil demonios*; (*on one occasion*) estar de mal humor, estar de un humor de perros*

**foul-up*** [ˈfaʊlʌp] N desastre *m*

**foul-weather gear** [ˌfaʊlweðəˈgɪəʳ] N impermeables *mpl*

**found**[1] [faʊnd] PT, PP *of* **find**

**found**[2] [faʊnd] VT [+ *town, school etc*] fundar; [+ *opinion, belief*] fundamentar, basar (**on** en); **a statement ~ed on fact** una declaración basada en los hechos

**found**[3] [faʊnd] VT (*Tech*) fundir

**foundation** [faʊnˈdeɪʃən] Ⓐ N [1] (= *act*) fundación *f*, establecimiento *m*
[2] (*fig*) (= *basis*) fundamento *m*, base *f*; **the story is without ~** la historia carece de fundamento
[3] **foundations** (*Archit*) cimientos *mpl*; **to lay the ~s** (*also fig*) echar los cimientos (**of** de)
[4] (= *organization*) fundación *f*
[5] (= *make-up*) maquillaje *m* de fondo, base *f*
Ⓑ CPD ► **foundation course** N curso *m* preparatorio ► **foundation cream** N crema *f* de base ► **foundation garment** N corsé *m*

► **foundation stone** N (*Brit*) primera piedra *f*; (*fig*) piedra *f* angular

**founder**[1] [ˈfaʊndəʳ] Ⓐ N (= *originator*) fundador(a) *m/f*
Ⓑ CPD ► **founder member** N (*Brit*) miembro *mf* fundador(a)

**founder**[2] [ˈfaʊndəʳ] VI (*Naut*) hundirse, irse a pique; (*fig*) fracasar (**on** debido a)

**founding** [ˈfaʊndɪŋ] Ⓐ N fundación *f*
Ⓑ CPD ► **founding fathers** NPL fundadores *mpl*, próceres *mpl* (*LAm*) ► **Founding Fathers** NPL (*US Hist*) Padres *mpl* Fundadores

**foundling** [ˈfaʊndlɪŋ] Ⓐ N niño/a *m/f* expósito/a, inclusero/a *m/f*
Ⓑ CPD ► **foundling hospital** N inclusa *f*

**foundry** [ˈfaʊndrɪ] N fundición *f*, fundidora *f* (*LAm*)

**fount** [faʊnt] N [1] (*poet*) (= *source*) fuente *f*, manantial *m*; **~ of knowledge/wisdom** fuente *f* de sabiduría
[2] (*Brit Typ*) fundición *f*

**fountain** [ˈfaʊntɪn] Ⓐ N (*natural*) (*also fig*) fuente *f*, manantial *m*; (*artificial*) fuente *f*, surtidor *m*; (= *jet*) chorro *m*; **drinking ~** fuente *f* (de agua potable)
Ⓑ CPD ► **fountain pen** N estilográfica *f*, plumafuente *f* (*LAm*)

**fountainhead** [ˈfaʊntɪnhed] N fuente *f*, origen *m*; **to go to the ~** acudir a la propia fuente

**four** [fɔːʳ] Ⓐ ADJ cuatro; *see also* **corner A2**
Ⓑ N [1] cuatro *m*; **to form ~s** formar a cuatro, dividirse en grupos de cuatro; **to make up a ~ for bridge** completar los cuatro para jugar al bridge
[2] **on all ~s** a gatas; **to go on all ~s** ir a gatas; *see* **five** *for usage*

**four-colour**, **four-color** (*US*) [ˈfɔːˌkʌləʳ] Ⓐ ADJ a cuatro colores
Ⓑ CPD ► **four-colour (printing) process** N cuatricromía *f*

**four-cycle** [ˈfɔːˌsaɪkl] ADJ (*US*) = **four-stroke**

**four-door** [ˈfɔːˈdɔːʳ] ADJ [*car*] de cuatro puertas

**four-engined** [ˈfɔːrˈendʒɪnd] ADJ cuatrimotor, tetramotor

**four-eyes**‡ [ˈfɔːraɪz] N cuatrojos* *mf inv*

**four-figure** [ˌfɔːˈfɪgəʳ] ADJ [*number*] de cuatro cifras; **~ sum** cantidad *f* de 1000 libras o más

**fourflusher*** [ˈfɔːˈflʌʃəʳ] N (*US*) embustero/a *m/f*

**fourfold** [ˈfɔːfəʊld] Ⓐ ADJ cuádruple
Ⓑ ADV cuatro veces

**four-footed** [ˈfɔːˈfʊtɪd] ADJ cuadrúpedo

**four-four time** [ˌfɔːfɔːˈtaɪm] N (*Mus*) compás *m* de cuatro por cuatro

**four-handed** [ˌfɔːˈhændɪd] ADJ (*Cards*) de cuatro jugadores

**four-legged** [ˌfɔːˈlegɪd] ADJ [*animal*] cuadrúpedo; **our ~ friends** (*hum*) nuestros amigos cuadrúpedos (*hum*)

**four-letter word** [ˌfɔːletəˈwɜːd] N palabrota *f*, taco *m*, grosería *f*

**four-minute** [ˌfɔːˈmɪnɪt] ADJ **a ~ egg** un huevo pasado cuatro minutos; **he was the first to run a ~ mile** fue el primero en correr una milla en cuatro minutos

**four-part** [ˈfɔːpɑːt] ADJ [*song*] para cuatro voces; **to sing in ~ harmony** cantar a cuatro voces

**four-ply** [ˈfɔːplaɪ] ADJ [*wood*] de cuatro capas; [*wool*] de cuatro hebras

**four-poster** [ˈfɔːˌpəʊstəʳ] N (*also* **~ bed**) cama *f* de columnas

**fourscore**† [ˈfɔːˈskɔːʳ] ADJ ochenta

**four-seater** [ˌfɔːˈsiːtəʳ] N coche *m* con cuatro asientos

**foursome** [ˈfɔːsəm] N grupo *m* de cuatro

**foursquare** [ˈfɔːskweəʳ] Ⓐ ADJ (= *firm*) firme; (= *forthright*) franco, sincero
Ⓑ ADV **to stand ~ behind sb** respaldar completamente a algn

**four-star** [ˈfɔːstɑːʳ] Ⓐ ADJ [*hotel*] de cuatro estrellas
Ⓑ CPD ► **four-star petrol** N (*Brit*) ≈ gasolina *f* súper

**four-stroke** [ˈfɔːstrəʊk] ADJ (*Aut*) de cuatro tiempos

**fourteen** [ˈfɔːˈtiːn] Ⓐ ADJ catorce
Ⓑ N catorce *m*; *see* **five** *for usage*

**fourteenth** [ˈfɔːˈtiːnθ] Ⓐ ADJ decimocuarto
Ⓑ N [1] (*in series*) decimocuarto/a *m/f*
[2] (= *fraction*) catorceavo *m*, catorceava parte *f*; *see* **fifth** *for usage*

**fourth** [fɔːθ] Ⓐ ADJ cuarto
Ⓑ N [1] (*in series*) cuarto/a *m/f*; **the Fourth of July** (*US*) el cuatro de julio
[2] (*US*) (= *fraction*) cuarto *m*, cuarta parte *f*
[3] (*Aut*) (*also* **~ gear**) cuarta *f* (velocidad)
[4] (*Mus*) cuarta *f*
Ⓒ CPD ► **fourth dimension** N cuarta dimensión *f* ► **the fourth estate** N (*hum*) el cuarto poder, la prensa ► **fourth note** N (*US Mus*) cuarta *f*; *see* **fifth** *for usage*

**FOURTH OF JULY**

*El 4 de julio, Día de la Independencia (***Independence Day***), es la fiesta nacional más importante de Estados Unidos y se celebra para conmemorar el aniversario de la Declaración de Independencia en 1776. Como una auténtica fiesta de cumpleaños del país, las celebraciones presentan un marcado carácter patriótico y la bandera nacional ondea en las casas de muchos norteamericanos, a la vez que tienen lugar acontecimientos públicos por todo el país, con fuegos artificiales, desfiles y comidas en el campo.*

**fourthly** [ˈfɔːθlɪ] ADV en cuarto lugar

**fourth-rate** [ˈfɔːθˈreɪt] ADJ de cuarta categoría

**four-wheel drive** [ˌfɔːwiːlˈdraɪv] N (= *system*) tracción *f* de cuatro por cuatro, tracción *f* a las cuatro ruedas; (= *car*) todoterreno *m inv*

**fowl** [faʊl] Ⓐ N [1] (= *hens etc*) (*collective n*) aves *fpl* de corral; (= *one bird*) ave *f* de corral; (*served as food*) ave *f*
[2] (††) (= *bird in general*) ave *f*; **the ~s of the air** las aves
Ⓑ CPD ► **fowl pest** N peste *f* aviar

**fowling-piece** [ˈfaʊlɪŋˌpiːs] N escopeta *f*

**fox** [fɒks] Ⓐ N [1] (= *dog fox*) zorro *m*; (= *female fox*) zorra *f*
[2] (*fig*) (= *cunning person*) zorro *m*; **he's an old ~** es un viejo zorro
Ⓑ VT (*esp Brit*) (= *deceive*) engañar; (= *puzzle*) dejar perplejo a; **this will ~ them** esto les despistará; **you had me completely ~ed there** eso me tuvo completamente despistado
Ⓒ CPD ► **fox cub** N cachorro *m* (de zorro) ► **fox fur** N piel *f* de zorro ► **fox terrier** N foxterrier *m*, perro *m* raposero *or* zorrero

**foxed** [fɒkst] ADJ [*book*] manchado

**foxglove** [ˈfɒksglʌv] N dedalera *f*

**foxhole** [ˈfɒkshəʊl] N madriguera *f* de zorro; (*Mil*) hoyo *m* de protección

**foxhound** [ˈfɒkshaʊnd] N perro *m* raposero

**foxhunt** [ˈfɒkshʌnt] N cacería *f* de zorro

**foxhunting** [ˈfɒksˌhʌntɪŋ] N caza *f* del zorro; **to go ~** ir a cazar zorros

**foxtrot** [ˈfɒkstrɒt] N fox *m inv*, foxtrot *m*

**foxy** [ˈfɒksɪ] ADJ [1] (= *crafty*) astuto
[2] (*esp US**) [*woman*] sexy

**foyer** [ˈfɔɪeɪ] N vestíbulo *m*

**FP** ABBR [1] (*US*) (= **fireplug**) boca *f* de incendio
[2] (*Brit*) = **former pupil**

**FPA** N ABBR (*Brit*) = **Family Planning Association**

**Fr** ABBR (*Rel*) [1] (= **Father**) P., P.ᵉ
[2] (= **Friar**) Fr.

**fr.** ABBR (= **franc(s)**) fr(s).

**fracas** [ˈfrækɑː] N gresca *f*, reyerta *f*

**fractal** [ˈfræktəl] (*Geom*) Ⓐ ADJ fractal
Ⓑ N fractal *m*
Ⓒ CPD ► **fractal geometry** N geometría *f* fractal

**fraction** [ˈfrækʃən] N [1] (*Math*) fracción *f*, quebrado *m*
[2] (*fig*) pequeña porción *f*, parte *f* muy pequeña; **move it just a ~** muévelo un poquito; **for a ~ of a second** por un instante

**fractional** [ˈfrækʃənl] ADJ fraccionario; (*fig*) muy pequeño

**fractionally** [ˈfrækʃnəlɪ] ADV mínimamente

**fractious** [ˈfrækʃəs] ADJ (= *irritable*) irritable; (= *unruly*) díscolo

**fracture** [ˈfræktʃəʳ] Ⓐ N (*Med*) (*gen*) fractura *f*
Ⓑ VT fracturar; **to ~ one's arm** fracturarse el brazo
Ⓒ VI fracturarse

**fragile** [ˈfrædʒaɪl] ADJ [1] (= *easily broken*) [*glass, china, object*] frágil; **"fragile, handle with care"** "cuidado, frágil"
[2] (= *delicate, fine*) [*plant, beauty, person*] delicado
[3] (= *frail*) [*person*] débil; [*health*] delicado, precario; **I'm feeling rather ~ this morning** (*esp hum*) me siento un poco pachucho esta mañana*
[4] (= *unstable*) [*peace, democracy, relationship*] precario, frágil; **the ~ state of the economy** el precario *or* frágil estado de la economía

**fragility** [frəˈdʒɪlɪtɪ] N [1] (= *breakable nature*) [*of object*] fragilidad *f*
[2] (= *delicacy, fineness*) [*of plant, beauty, person*] delicadeza *f*
[3] (= *frailty*) [*of person*] debilidad *f*; [*of health*] precariedad *f*
[4] (= *instability*) [*of relationship*] fragilidad *f*, precariedad *f*

**fragment** Ⓐ [ˈfrægmənt] N fragmento *m*
Ⓑ [frægˈment] VT fragmentar
Ⓒ [frægˈment] VI [*alliance, group*] fragmentarse; [*glass, china*] hacerse añicos

**fragmentary** [frægˈmentərɪ] ADJ [*evidence, account*] fragmentario

**fragmentation** [ˌfrægmenˈteɪʃən] Ⓐ N fragmentación *f*
Ⓑ CPD ► **fragmentation grenade** N granada *f* de fragmentación

**fragmented** [frægˈmentɪd] ADJ fragmentado

**fragrance** [ˈfreɪgrəns] N (= *smell*) fragancia *f*; (= *perfume*) perfume *m*

**fragrant** [ˈfreɪgrənt] ADJ fragante, oloroso; (*fig*) [*memory*] dulce

**frail** [freɪl] ADJ (*compar* **frailer**; *superl* **frailest**) [*person*] débil; [*health*] delicado, frágil; [*chair etc*] frágil; (*fig*) [*hope*] leve; [*relationship*] frágil

**frailty** [ˈfreɪltɪ] N [*of person*] debilidad *f*; [*of health*] lo delicado, fragilidad *f*; [*of happiness*] lo efímero; [*of character*] flaqueza *f*

**frame** [freɪm] Ⓐ N [1] (= *framework*) [*of ship, building etc*] armazón *m or f*, estructura *f*; [*of furniture etc*] armadura *f*; [*of spectacles*] montura *f*; [*of bicycle*] cuadro *m*

2 (= *border*) [*of picture, window, door*] marco *m*; (*Sew*) tambor *m*, bastidor *m* para bordar
3 (*TV, Video*) cuadro *m*; (*Cine*) fotograma *m*
4 (= *body*) cuerpo *m*; **his large ~** su cuerpo fornido; **her whole ~ was shaken by sobs** todo su cuerpo se estremecía por los sollozos
5 (*fig*) **~ of mind** estado *m* de ánimo; **when you're in a better ~ of mind** cuando estés de mejor humor; **~ of reference** marco *m* de referencia
Ⓑ VT 1 [+ *picture*] enmarcar, poner un marco a
2 (= *enclose*) enmarcar; (*Phot*) [+ *subject*] encuadrar; **he appeared ~d in the doorway** apareció en el marco de la puerta; **she was ~d against the sunset** el ocaso le servía de marco, tenía la puesta de sol de fondo
3 (= *formulate*) [+ *plan etc*] formular, elaborar; [+ *question*] formular; [+ *sentence*] construir
4 (*) [+ *innocent person*] **to ~ sb** tender una trampa a algn para incriminarlo; **I've been ~d!** ¡me han tendido una trampa!
Ⓒ CPD ► **frame house** N (*US*) casa *f* de madera ► **frame rucksack** N mochila *f* con armazón

**framer** ['freɪməʳ] N (*also* **picture ~**) fabricante *mf* de marcos

**frame-up*** ['freɪmʌp] N trampa *f*, montaje *m* (para incriminar a algn); **it's a ~** aquí hay trampa, esto es un montaje

**framework** ['freɪmwɜːk] Ⓐ N 1 (*lit*) armazón *m or f*, estructura *f*
2 (*fig*) [*of essay, society*] marco *m*; **within the ~ of the constitution** dentro del marco de la constitución
Ⓑ CPD ► **framework agreement** N (*Ind, Pol*) acuerdo *m* marco

**framing** ['freɪmɪŋ] N 1 (*also* **picture ~**) enmarcado *m*
2 (*Art, Phot*) encuadrado *m*

**Fran** [fræn] N (*familiar form*) *of* **Frances**

**franc** [fræŋk] N franco *m*

**France** [frɑːns] N Francia *f*

**Frances** ['frɑːnsɪs] N Francisca

**franchise** ['fræntʃaɪz] Ⓐ N 1 (*Pol*) sufragio *m*
2 (*Comm*) concesión *f*, franquicia *f*
Ⓑ VT (*Comm*) otorgar la concesión de, franquiciar
Ⓒ CPD ► **franchise holder** N franquiciado/a *m/f*, concesionario/a *m/f*

**franchisee** [ˌfræntʃaɪ'ziː] N franquiciado/a *m/f*, concesionario/a *m/f*

**franchising** ['fræntʃaɪzɪŋ] N franquiciamiento *m*

**franchisor** [ˌfræntʃaɪ'zɔːʳ] N franquiciador(a) *m/f*, (compañía *f*) concesionaria *f*

**Francis** ['frɑːnsɪs] N Francisco

**Franciscan** [fræn'sɪskən] Ⓐ ADJ franciscano
Ⓑ N franciscano/a *m/f*

**francium** ['frænsɪəm] N francio *m*

**Franco-** ['fræŋkəʊ] PREFIX franco-; **~British** franco-británico

**franco invoice** [ˌfræŋkəʊ'ɪnvɔɪs] N (*Comm*) factura *f* franca

**francophile** ['fræŋkəʊfaɪl] N francófilo/a *m/f*

**francophobe** ['fræŋkəʊfəʊb] N francófobo/a *m/f*

**frangipane** ['frændʒɪpeɪn] N, **frangipani** [ˌfrændʒɪ'pɑːnɪ] N (*pl* **frangipanis** *or* **frangipani**) (= *perfume, pastry*) frangipani *m*; (= *shrub*) flor *f* de cebo, frangipani *m* blanco, jazmín *m* de las Antillas

**franglais** [frɑ̃'gleɪ] N (*hum*) franglés *m*

**Frank**[1] [fræŋk] N (*Hist*) franco/a *m/f*

**Frank**[2] [fræŋk] N (*familiar form*) *of* **Francis**

**frank**[1] [fræŋk] ADJ (*compar* **franker**; *superl* **frankest**) franco; **to be ~ (with you)** para serte franco, sinceramente

**frank**[2] [fræŋk] VT [+ *letter*] franquear

**frank**[3]* (*US*) [fræŋk] = **frankfurter**

**Frankenstein** ['fræŋkənstaɪn] N Frankenstein

**frankfurter** ['fræŋkˌfɜːtəʳ] N salchicha *f* de Frankfurt

**frankincense** ['fræŋkɪnsens] N incienso *m*

**franking machine** ['fræŋkɪŋmə'ʃiːn] N (máquina *f*) franqueadora *f*

**Frankish** ['fræŋkɪʃ] Ⓐ ADJ (*Hist*) fráncico
Ⓑ N (*Ling*) fráncico *m*

**frankly** ['fræŋklɪ] ADV francamente

**frankness** ['fræŋknɪs] N franqueza *f*, sinceridad *f*

**frantic** ['fræntɪk] ADJ [*activity, pace*] frenético; (= *desperate*) [*need, desire, person*] desesperado; **she was ~ with worry** estaba loca de inquietud; **to drive sb ~** sacar a algn de quicio

**frantically** ['fræntɪkəlɪ] ADV frenéticamente, con frenesí

**frat*** [fræt] N (*US Univ*) = **fraternity**; → SORORITY/FRATERNITY

**fraternal** [frə'tɜːnl] ADJ fraterno

**fraternity** [frə'tɜːnɪtɪ] N 1 (= *comradeship*) fraternidad *f*
2 (*US Univ*) círculo *m* estudiantil
3 (= *organization*) hermandad *f*; **the criminal ~** el mundo del hampa; **the yachting ~** los aficionados a la vela; → SORORITY/FRATERNITY

**fraternization** [ˌfrætənaɪ'zeɪʃən] N fraternización *f*

**fraternize** ['frætənaɪz] VI (*esp Mil*) confraternizar (**with** con)

**fratricide** ['frætrɪsaɪd] N 1 (= *act*) fratricidio *m*
2 (= *person*) fratricida *mf*

**fraud** [frɔːd] Ⓐ N 1 (*Jur*) fraude *m*
2 (= *trickery*) estafa *f*; (= *trick, con*) engaño *m*, timo *m*
3 (= *person*) impostor(a) *m/f*, farsante *mf*
Ⓑ CPD ► **fraud squad** N brigada *f* de delitos económicos, brigada *f* anticorrupción

**fraudster*** ['frɔːdstəʳ] N defraudador(a) *m/f*

**fraudulence** ['frɔːdjʊləns] N fraudulencia *f*, fraude *m*

**fraudulent** ['frɔːdjʊlənt] Ⓐ ADJ fraudulento
Ⓑ CPD ► **fraudulent conversion** N (*Jur*) apropiación *f* ilícita

**fraught** [frɔːt] ADJ 1 (= *tense*) tenso; **things got a bit ~** la situación se puso difícil
2 **to be ~ with** [+ *tension*] estar cargado de; [+ *problems*] estar lleno de; **to be ~ with danger** ser peligrosísimo

**fray**[1] [freɪ] N (= *fight*) combate *m*, lucha *f*; **to be ready for the ~** (*lit, fig*) estar dispuesto a pelear; **to enter the ~** (*fig*) entrar en acción *or* en liza

**fray**[2] [freɪ] Ⓐ VI 1 [*cloth, garment, cuff*] deshilacharse; [*rope*] desgastarse
2 (*fig*) **tempers ~ed in the discussion that followed** los ánimos se caldearon en la discusión que siguió
Ⓑ VT 1 [+ *cloth, garment, cuff*] deshilachar, raer; [+ *rope*] desgastar
2 [+ *nerves*] crispar; **the constant tapping was beginning to ~ my nerves** el constante repiqueteo me estaba empezando a crispar los nervios

**frayed** [freɪd] ADJ 1 [*cloth, garment, cuff,*] deshilachado, raído; [*rope*] desgastado
2 [*nerves*] crispado; **tempers were getting ~** los ánimos se estaban caldeando, la gente estaba perdiendo la paciencia
3 [*person*] (= *strained*) tenso; **he's beginning to look a bit ~ around the edges** (*fig*) ya se le empiezan a notar los años

**frazzle*** ['fræzl] Ⓐ N **it was burned to a ~** quedó carbonizado; **to beat sb to a ~** (*Sport*) dar una soberana paliza a algn*; **to be worn to a ~** estar hecho un trapo *or* migas*
Ⓑ VT (*US*) agotar, rendir

**FRB** N ABBR (*US*) = **Federal Reserve Bank**

**FRCM** N ABBR (*Brit*) = **Fellow of the Royal College of Music**

**FRCO** N ABBR (*Brit*) = **Fellow of the Royal College of Organists**

**FRCP** N ABBR (*Brit*) = **Fellow of the Royal College of Physicians**

**FRCS** N ABBR (*Brit*) = **Fellow of the Royal College of Surgeons**

**freak** [friːk] Ⓐ N 1 (= *person*) monstruo *m*, fenómeno *m*; (= *plant, animal*) monstruo *m*; (= *event*) anomalía *f*; **a ~ of nature** un fenómeno de la naturaleza; **the result was a ~** el resultado fue totalmente anómalo
2 (*) (= *enthusiast*) fanático/a *m/f*, adicto/a *m/f*; **health ~** maniático/a *m/f* en cuestión de salud; **peace ~** fanático/a *m/f* de la paz; *see also* **Jesus B**
Ⓑ ADJ (= *abnormal*) [*storm, conditions*] anómalo, anormal; [*victory*] inesperado
Ⓒ VI (‡) = **freak out**
Ⓓ VT (‡) = **freak out**
Ⓔ CPD ► **freak show** N (*at circus etc*) espectáculo *m* de fenómenos de feria; (*fig*) espectáculo *m* de bichos raros*

►**freak out**‡ Ⓐ VI + ADV (= *get excited*) flipar‡, alucinar‡; (*on drugs*) viajar‡, flipar‡
Ⓑ VT + ADV (= *frighten*) dejar helado*; *see also* **freak-out**

**freakish** ['friːkɪʃ] ADJ 1 [*appearance*] extravagante; [*result*] inesperado
2 (= *changeable*) [*moods, weather*] variable, caprichoso

**freak-out**‡ ['friːkaʊt] N desmadre *m*; (= *party*) fiesta *f* loca*; (*on drug*) viaje‡ *m*

**freaky*** ['friːkɪ] ADJ raro, estrafalario

**freckle** ['frekl] N peca *f*

**freckled** ['frekld] ADJ, **freckly** ['freklɪ] ADJ pecoso, lleno de pecas

**Fred** [fred], **Freddie**, **Freddy** ['fredɪ] N (*familiar forms*) *of* **Frederick**

**Frederick** ['fredrɪk] N Federico

**free** [friː] Ⓐ ADJ (*compar* **freer**; *superl* **freest**)
1 (= *at liberty*) libre; (= *untied*) libre, desatado; **to break ~** escaparse; **to get ~** escaparse; **to let sb go ~** dejar a algn en libertad; **to pull sth/sb ~** (*from wreckage*) sacar algo/a algn; (*from tangle*) sacar *or* desenredar algo/a algn; **to set ~** [+ *prisoner*] liberar; [+ *slave*] emancipar, liberar; [+ *animal*] soltar; **the screw had worked itself ~** el tornillo se había aflojado
2 (= *unrestricted*) libre; [*choice, translation*] libre; **the fishing is ~** la pesca está autorizada; **she opened the door with her ~ hand** abrió la puerta con la mano que tenía libre; **to have one's hands ~** (*lit*) tener las manos libres; **~ and easy** (= *carefree*) desenfadado; **"can I borrow your pen?" — "feel ~!"** —¿te puedo coger el bolígrafo? —¡por supuesto! *or* —¡claro que sí!; **feel ~ to ask questions** haced las preguntas que queráis; **feel ~ to help yourself** sírvete con toda libertad; **to be ~ to do sth** ser libre de hacer algo, tener libertad para hacer algo; **he is not ~ to choose** no tiene libertad de elección; ♦***IDIOMS*** **to give ~ rein to** dar rienda suelta a; **to give sb a ~ hand** dar a algn carta blan-

ca; **to have a ~ hand to do sth** tener carta blanca para hacer algo; **as ~ as a bird** *or* **the air** libre como el viento

3 (= *clear, devoid*) **~ from** *or* **of sth**: **a world ~ of nuclear weapons** un mundo sin armas nucleares; **the area is ~ of malaria** ya no hay paludismo en la región; **to be ~ from pain** no sufrir *or* padecer dolor; **we are ~ of him at last** por fin nos hemos librado de él; **~ of duty** libre de derechos de aduana

4 (*Pol*) (= *autonomous, independent*) [*country, state*] libre; **~ elections** elecciones *fpl* libres; **the right of a ~ press** la libertad de prensa; **it's a ~ country!*** ¡es una democracia!

5 (= *costing nothing*) [*ticket, delivery*] gratuito, gratis; [*sample, offer, transport, health care*] gratuito; **catalogue ~ on request** solicite nuestro catálogo gratuito; **"admission ~"** "entrada *f* libre"; **~ on board** (*Comm*) franco a bordo; **~ of charge** gratis, gratuito; **to get sth for ~** obtener algo gratis; ✦***IDIOMS* there's no such thing as a ~ lunch** no te regalan nada; **to get a ~ ride*** aprovecharse de la situación; *see also* **tax-free**

6 (= *not occupied*) [*seat, room, person, moment*] libre; [*post*] vacante; [*premises*] desocupado; **is this seat ~?** ¿está libre este asiento?, ¿está ocupado este asiento?; **are you ~ tomorrow?** ¿estás libre mañana?

7 (= *generous, open*) generoso (**with** con); **to make ~ with sth** usar algo como si fuera cosa propia; **to be ~ with one's money** no reparar en gastos, ser manirroto*; **he's too ~ with his remarks** tiene una lengua muy suelta

Ⓑ ADV 1 (= *without charge*) **I got in (for) ~** entré gratis *or* sin pagar; **they'll send it ~ on request** si lo solicita se lo mandarán gratis

2 (= *without restraint*) **animals run ~ in the park** los animales campan a sus anchas por el parque; **he allowed his imagination to run ~** dio rienda suelta a su imaginación

Ⓒ VT 1 (= *release*) [+ *prisoner, people*] liberar, poner en libertad; (*from wreckage etc*) rescatar; (= *untie*) [+ *person, animal*] desatar, soltar; **to ~ one's hand/arm** soltarse la mano/el brazo; **she ~d herself from his embrace** se desligó de sus brazos

2 (= *make available*) [+ *funds, resources*] hacer disponible, liberar; **this will ~ him to pursue other projects** esto lo dejará libre para dedicarse a otros proyectos, esto le permitirá dedicarse a otros proyectos

3 (= *rid, relieve*) **to ~ sb from sth** liberar a algn de algo; **to ~ sb from pain** quitar *or* aliviar a algn el dolor; **their aim is to ~ the country of disease** se han propuesto acabar con la enfermedad en el país; **to ~ o.s. from** *or* **of sth** librarse de algo

Ⓓ N **the land of the ~** el país de la libertad (*Estados Unidos*)

Ⓔ CPD ► **free agent** N persona *f* independiente; **he's a ~ agent** tiene libertad de acción, es libre de hacer lo que quiere ► **free association** N (*Psych*) asociación *f* libre *or* de ideas ► **Free Church** N (*Brit*) Iglesia *f* no conformista ► **free clinic** N (*US Med*) dispensario *m* ► **free collective bargaining** N ≈ negociación *f* colectiva ► **free enterprise** N libre empresa *f*; **~-enterprise economy** economía *f* de libre empresa ► **free fall** N caída *f* libre; **to be in ~ fall** [*currency, share prices*] caer en picado *or* (*LAm*) picada; **to go into ~ fall** empezar a caer en picado *or* (*LAm*) picada ► **free flight** N vuelo *m* sin motor ► **free gift** N obsequio *m*, regalo *m* ► **free house** N (*Brit*) *pub que es libre de vender cualquier marca de cerveza por no estar vinculado a ninguna cervecería en particular* ► **free kick** N (*Ftbl*) tiro *m* libre ► **free labour** N trabajadores *mpl* no sindicados ► **free love** N amor *m* libre ► **free market** N (*Econ*) mercado *m* libre (**in** de); ► **free marketeer** N partidario/a *m/f* del libre mercado ► **free pass** N pase *m* gratuito ► **free period** N (*Scol*) hora *f* libre ► **free port** N puerto *m* franco ► **free radical** N (*Chem*) radical *m* libre ► **free school** N escuela *f* especial libre ► **free speech** N libertad *f* de expresión ► **free spirit** N persona *f* libre de convencionalismos ► **free trade** N libre cambio *m*; **~-trade zone** zona *f* franca ► **free trader** N librecambista *mf* ► **free verse** N verso *m* libre ► **free vote** N (*Brit Parl*) voto *m* de confianza (independiente de la línea del partido) ► **free will** N libre albedrío *m*; **he did it of his own ~ will** lo hizo por voluntad propia ► **the free world** N el mundo libre, los países libres

►**free up** VT + ADV [+ *funds, resources*] hacer disponible, liberar; [+ *staff*] dejar libre

**-free** [fri:] ADJ (*ending in compounds*) **problem-free** fácil, sin problemas; **lead-free** sin plomo; **a meat-free diet** una dieta alimenticia exenta de carne; **stress-free** sin estrés *or* tensiones

**freebase*** ['fri:beɪs] (*Drugs*) Ⓐ N crack‡ *m*
Ⓑ VT **to ~ cocaine** fumar crack
Ⓒ VI fumar crack

**freebie*** ['fri:bɪ] Ⓐ ADJ gratuito
Ⓑ N comida *f*/bebida *f etc* gratuita; **it's a ~** es gratis

**freebooter** ['fri:bu:tər] N filibustero *m*

**freedom** ['fri:dəm] Ⓐ N 1 (*gen*) libertad *f*; **~ of action** libertad *f* de acción; **~ of association** libertad *f* de asociación; **~ of choice** libertad *f* de elección; **~ of information** libertad *f* de información; **Freedom of Information Act** (*US*) ley *f* del derecho a la información; **~ of the press** libertad *f* de prensa; **~ of speech** libertad *f* de expresión; **~ of worship** libertad *f* de culto; **to give sb the ~ of a city** hacer a algn ciudadano honorífico *or* hijo predilecto de la ciudad

2 (*from care, responsibility etc*) **they want ~ from government control** no quieren estar sometidos al control del gobierno, quieren estar libres del control del gobierno; **she found her sudden ~ from responsibility exhilarating** viéndose de repente liberada de sus responsabilidades, se sentía eufórica

3 (= *liberation*) liberación *f*

Ⓑ CPD ► **freedom fighter** N guerrillero/a *m/f*

**FREEDOM OF INFORMATION ACT**

*El* **Freedom of Information Act** *o* **FOIA** *es la ley estadounidense del derecho a la información, que obliga a los organismos federales a proporcionar información sobre sus actividades a cualquiera que lo solicite, lo que resulta muy útil, sobre todo a los periodistas. Esta información debe ser facilitada por el Estado en un plazo de diez días laborables y, en caso de que no se acceda a la solicitud, esta decisión tiene que ser debidamente justificada. Los motivos para retener la información pueden ser varios, entre ellos el que se ponga en peligro la seguridad nacional, se revelen secretos comerciales o que la información afecte a la vida privada de los ciudadanos. Entre otras noticias, el* **FOIA** *ha hecho posible la publicación de información anteriormente catalogada como secreta sobre asuntos de extrema importancia, como la guerra de Vietnam y las actividades de espionaje ilegal del* **FBI**.

**free-fire zone** [,faɪəfri:'zəʊn] N (*Mil*) *zona militar sin restricciones para el uso de armas de fuego, explosivos, etc*

**free-floating** [,fri:'fləʊtɪŋ] ADJ libre, que flota libremente

**Freefone®** ['fri:fəʊn] N = **Freephone**

**free-for-all*** ['fri:fə'rɔ:l] N (= *brawl*) pelea *f*, bronca *f*; (= *argument*) discusión *f* general

**free-form** ['fri:fɔ:m] ADJ (*Art, Mus*) de estilo libre

**freehand** ['fri:hænd] ADJ hecho a pulso

**freehold** ['fri:həʊld] (*Brit*) Ⓐ ADJ [*property, land*] de pleno dominio
Ⓑ N pleno dominio *m*, propiedad *f* absoluta

**freeholder** ['fri:,həʊldər] N (*Brit*) titular *mf* del pleno dominio *or* de la propiedad absoluta

**freeing** ['fri:ɪŋ] N puesta *f* en libertad

**freelance** ['fri:lɑ:ns] Ⓐ ADJ independiente, por cuenta propia
Ⓑ VI trabajar por cuenta propia
Ⓒ N = **freelancer**

**freelancer** ['fri:lɑ:nsər] N trabajador(a) *m/f* por cuenta propia

**freeload*** ['fri:ləʊd] VI gorronear* (**off** de)

**freeloader*** ['fri:ləʊdər] N gorrón/ona* *m/f*

**freely** ['fri:lɪ] ADV 1 (= *unrestrictedly*) libremente, con libertad; **they cannot move ~ about the country** no pueden viajar libremente *or* con libertad por el país; **you may come and go ~** puedes ir y venir libremente *or* con toda libertad; **you use that word a little too ~** usas esa palabra con demasiada libertad; **the hens are allowed to roam ~** las gallinas pueden deambular sueltas *or* en libertad; **to be ~ available** ser fácil de conseguir, conseguirse con facilidad

2 (= *openly*) [*speak*] con toda libertad, francamente

3 (= *willingly*) de buen grado; **the contract was ~ entered into** el contrato se firmó de buen grado; **I ~ admit I was wrong** soy el primero en admitir que estaba equivocado

4 (= *generously*) [*give*] generosamente, con liberalidad; [*flow*] copiosamente; **he spent his money ~** gastaba el dinero con liberalidad *or* a manos llenas; **the wine flowed ~** el vino fluía copiosamente

5 (= *loosely*) [*translate*] libremente; **he has ~ adapted the original** ha hecho una adaptación libre del original

**freeman** ['fri:mən] N (*pl* **freemen**) (*Hist*) hombre *m* libre; [*of city*] ciudadano *m* de honor

**freemason** ['fri:,meɪsn] N (franc)masón *m*

**freemasonry** ['fri:,meɪsnrɪ] N masonería *f*, francmasonería *f*; (*fig*) compañerismo *m*, camaradería *f*

**Freephone®** ['fri:fəʊn] N (*Brit Telec*) teléfono *m* gratuito

**freepost** ['fri:,pəʊst] N franqueo *m* pagado

**free-range** ['fri:reɪndʒ] ADJ [*hen, eggs*] de corral

**free-ranging** ['fri:'reɪndʒɪŋ] ADJ [*discussion*] sobre temas muy diversos; [*role*] libre, amplio

**freesia** ['fri:zɪə] N fresia *f*

**free-spirited** [,fri:'spɪrɪtɪd] ADJ libre de convencionalismos

**free-standing** ['fri:'stændɪŋ] ADJ independiente

**freestyle** ['fri:staɪl] Ⓐ N **100 metres ~** (*Swimming*) 100 metros libres
Ⓑ CPD ► **freestyle race** N carrera *f* de estilo libre ► **freestyle wrestling** N lucha *f* libre

**freethinker** ['fri:'θɪŋkər] N librepensador(a) *m/f*

**freethinking** ['fri:'θɪŋkɪŋ] Ⓐ ADJ librepensador

Ⓑ N librepensamiento *m*

**freeware** ['fri:wɜ:ʳ] N (*Comput*) programas *mpl* de dominio público, software *m* gratuito

**freeway** ['fri:weɪ] N (*US*) autopista *f*

**freewheel** ['fri:'wi:l] Ⓐ VI (= *coast*) (*on bicycle*) ir (en bicicleta) sin pedalear; (*in car*) ir en punto muerto

Ⓑ N [*of bicycle*] rueda *f* libre

**freewheeling** ['fri:,wi:lɪŋ] ADJ [*discussion*] desenvuelto; (= *free*) libre, espontáneo; (= *careless*) irresponsable

**freeze** [fri:z] (*pt* **froze**; *pp* **frozen**) Ⓐ VT 1 (*lit*) [+ *water*] helar; [+ *food*] congelar

2 (*fig*) [+ *prices, wages, assets*] congelar

Ⓑ VI 1 (*gen*) helarse, congelarse; **it will ~ tonight** esta noche va a caer una helada; **to ~ to death** morirse de frío

2 (= *be motionless*) quedarse inmóvil; **~!** ¡no te muevas!; **the smile froze on his lips** se le heló la sonrisa en los labios

Ⓒ N 1 (*Met*) helada *f*

2 [*of prices, wages etc*] congelación *f*

►**freeze out** VT + ADV (*fig*) marginar, excluir

►**freeze over** VI + ADV [*lake, river*] helarse; [*windows, windscreen*] cubrirse de escarcha; **the lake has frozen over** el lago está helado

►**freeze up** Ⓐ VI + ADV [*handle, pipes*] helarse, congelarse; [*windows*] cubrirse de escarcha

Ⓑ VT + ADV **we're frozen up at home** en casa se han helado las cañerías

**freeze-dried** [,fri:z'draɪd] ADJ liofilizado, deshidratado por congelación

**freeze-dry** [,fri:z'draɪ] VT liofilizar, deshidratar por congelación

**freezer** ['fri:zəʳ] N congelador *m*

**freeze-up** ['fri:zʌp] N helada *f*, ola *f* de frío

**freezing** ['fri:zɪŋ] Ⓐ ADJ glacial, helado; **I'm ~** estoy helado; **it's ~ in here** aquí se congela uno, aquí hace un frío que pela*

Ⓑ ADV **it's ~ cold** hace un frío horrible *or* que pela*

Ⓒ N 1 (*also* **~ point**) punto *m* de congelación; **five degrees below ~** cinco grados bajo cero

2 (= *deep freezing*) (ultra)congelación *f*

3 (*fig*) [*of prices, wages, assets*] congelación *f*

Ⓓ CPD ► **freezing fog** N niebla *f* helada

**freight** [freɪt] Ⓐ N (= *goods transported*) flete *m*; (= *load*) carga *f*; (= *goods*) mercancías *fpl*; (= *charge*) flete *m*, gastos *mpl or* costos *mpl* de transporte; **to send sth (by) ~** enviar algo por flete; **~ forward** ◊ **~ collect** (*US Comm*) flete *m or* porte *m* debido; **~ free** (*Comm*) franco de porte; **~ inward** (*Comm*) flete *m* sobre compras; **~ paid** (*Comm*) porte *m* pagado

Ⓑ VT (= *transport*) [+ *goods*] fletar, transportar

Ⓒ CPD ► **freight car** N (*US*) vagón *m* de mercancías ► **freight charges** NPL gastos *mpl or* costos *mpl* de transporte ► **freight forwarder** N (agente *mf*) transitario/a *m/f*, agente *mf* expedidor(a) ► **freight plane** N avión *m* de transporte de mercancías ► **freight terminal** N terminal *f* de mercancías; (*Aer*) terminal *f* de carga ► **freight train** N (*US*) tren *m* de mercancías ► **freight yard** N área *f* de carga

**freightage** ['freɪtɪdʒ] N flete *m*

**freighter** ['freɪtəʳ] N 1 (*Naut*) buque *m* de carga, nave *f* de mercancías

2 (= *person: carrier*) transportista *m*; (= *agent*) fletador *m*

**freightliner** ['freɪt,laɪnəʳ] N tren *m* de mercancías de contenedores

**French** [frentʃ] Ⓐ ADJ francés; [*ambassador*] de Francia

Ⓑ N 1 (*Ling*) francés *m*; ✦***IDIOM*** **pardon my ~*** (*euph*) con perdón (de la expresión)

2 **the ~** (= *people*) los franceses

Ⓒ CPD ► **French bean** N (*Brit*) judía *f* verde, ejote *m* (*Mex*), poroto *m* verde (*Chile*) ► **French bread** N pan *m* francés ► **French chalk** N jaboncillo *m*, jabón *m* de sastre ► **French doors** NPL (*US*) puertaventana *fsing* ► **French dressing** N (*Culin*) vinagreta *f* ► **French fried potatoes, French fries** NPL patatas *fpl* fritas, papas *fpl* fritas (*LAm*) ► **French Guiana** N la Guayana Francesa ► **French horn** N trompa *f* de llaves ► **French kiss** N beso *m* en la boca (con la lengua) ► **French leave** N despedida *f* a la francesa ► **French letter*** N condón *m* ► **French loaf** N barra *f* de pan francés ► **French pastry** N pastelito *m* relleno de nata *or* frutas ► **French polish** N (*Brit*) laca *f* ► **the French Riviera** N la Riviera francesa ► **French stick** N = **French loaf** ► **French toast** N (*Brit*) (= *toast*) tostada *f*; (= *fried bread in egg*) torrija *f* ► **French windows** NPL puertaventana *fsing*

**French-Canadian** ['frentʃkə'neɪdɪən] Ⓐ ADJ francocanadiense

Ⓑ N 1 (= *person*) francocanadiense *mf*

2 (*Ling*) francés *m* canadiense

**Frenchified*** ['frentʃɪfaɪd] ADJ afrancesado

**French-kiss** [,frentʃ'kɪs] Ⓐ VI besarse en la boca (con la lengua)

Ⓑ VT besar en la boca (con la lengua)

**Frenchman** ['frentʃmən] N (*pl* **Frenchmen**) francés *m*

**French-polish** [,frentʃ'pɒlɪʃ] VT (*Brit*) lacar

**French-speaking** ['frentʃ,spi:kɪŋ] ADJ francófono, francohablante, de habla francesa

**Frenchwoman** ['frentʃ,wʊmən] N (*pl* **Frenchwomen**) francesa *f*

**Frenchy*** ['frentʃɪ] N (*pej*) gabacho/a *m/f*, franchute *mf*

**frenetic** [frɪ'netɪk] ADJ frenético

**frenzied** ['frenzɪd] ADJ [*effort etc*] frenético; [*crowd etc*] enloquecido

**frenzy** ['frenzɪ] N frenesí *m*, delirio *m*; **in a ~ of anxiety** enloquecido por la preocupación; *see also* **feeding B**

**frequency** ['fri:kwənsɪ] Ⓐ N (*gen, Elec*) frecuencia *f*; **this is happening with increasing ~** esto está ocurriendo con cada vez mayor frecuencia; **high/low ~** alta/baja frecuencia

Ⓑ CPD ► **frequency band** N banda *f* de frecuencia ► **frequency distribution** N (*Statistics*) distribución *f* de frecuencia ► **frequency modulation** N frecuencia *f* modulada

**frequent** ['fri:kwənt] Ⓐ ADJ frecuente; **his ~ absences from home** sus frecuentes ausencias del hogar; **it's a ~ cause of headaches** es una causa frecuente de los dolores de cabeza; **his demands for money became increasingly ~** pedía dinero con cada vez mayor frecuencia; **they stopped at ~ intervals to rest** paraban con frecuencia para descansar; **Fiona was a ~ visitor there** Fiona solía ir allí con frecuencia

Ⓑ [frɪ'kwent] VT frecuentar

**frequentative** [frɪ'kwentətɪv] (*Gram*) Ⓐ ADJ frecuentativo

Ⓑ N frecuentativo *m*

**frequenter** [frɪ'kwentəʳ] N frecuentador(a) *m/f* (**of** de)

**frequently** ['fri:kwəntlɪ] ADV con frecuencia, frecuentemente; **all too ~** con demasiada frecuencia

**fresco** ['freskəʊ] N (*pl* **frescoes** *or* **frescos**) fresco *m*

**fresh** [freʃ] Ⓐ ADJ (*compar* **fresher**; *superl* **freshest**) 1 (= *not stale, not preserved*) [*fruit, vegetables, meat, milk*] fresco; [*bread*] recién hecho; [*smell, taste*] a fresco; **I need some ~ air** necesito un poco de aire fresco, necesito salir a respirar aire fresco; **to get some ~ air** tomar el fresco; **to let in some ~ air** dejar que entre un poco de aire; **in the ~ air** al aire libre; ✦***IDIOM*** **as ~ as a daisy** fresco como una rosa

2 (= *not salt*) [*water*] dulce

3 (= *cool*) [*breeze*] fresco; [*wind*] fuerte; **it's quite ~ out** hace bastante fresco fuera

4 (= *healthy*) [*face, complexion*] lozano, saludable

5 (= *rested*) [*person*] descansado; **it's better done in the morning when you're ~** se hace mejor por la mañana, cuando estás descansado

6 (= *clean and new*) [*sheet of paper*] en blanco; [*shirt, sheets*] limpio; **to give sth a ~ coat of paint** dar otra mano de pintura a algo; **"fresh paint"** *esp US* "recién pintado"; **we need some ~ faces** necesitamos ver caras nuevas; **to make a ~ start** volver a empezar, empezar de nuevo

7 (= *further*) [*outbreak, supplies*] nuevo; **he has had a ~ attack** ha sufrido un nuevo ataque

8 (= *recent*) [*footprints, tracks*] reciente; **while it is still ~ in our minds** mientras lo tenemos fresco en la memoria; **I've just made a ~ pot of coffee** acabo de hacer una cafetera de café; **~ from the oven** recién salido del horno; **the vegetables are ~ from the garden** la verdura está recién traída del huerto; **a teacher ~ from college** un profesor recién salido de la universidad; **milk ~ from the cow** leche *f* recién ordeñada

9 (*) (= *cheeky*) [*person*] impertinente, descarado; **to get ~ with sb** (= *be cheeky with*) ponerse impertinente con algn, ponerse chulo con algn*; (= *take liberties with*) propasarse con algn; **don't get ~ with me!** ¡no te pongas impertinente conmigo!, ¡no te pongas chulo conmigo!*; **he got a bit ~ with her** se propasó un poco con ella

Ⓑ ADV **~ ground black pepper** pimienta *f* negra recién molida; **I picked the beans ~ this morning** acabo de recoger *or* coger las judías esta mañana; **to be ~ out of sth: we're ~ out of pan scrubs** [*shopkeeper*] acabamos de vender los últimos estropajos, se nos han acabado los estropajos; [*householder*] se nos han acabado los estropajos; **this government is ~ out of ideas** a este gobierno se le han agotado las ideas

**fresh-air fiend*** [,freʃ'ɛə,fi:nd] N **he's a ~** siempre quiere estar al aire libre

**freshen** ['freʃn] Ⓐ VT 1 [+ *air, breath*] refrescar

2 **let me ~ your drink** déjame que te llene la copa

Ⓑ VI [*wind*] arreciar

►**freshen up** Ⓐ VT + ADV (= *wash*) lavar; **to ~ o.s. up** refrescarse, lavarse

Ⓑ VI + ADV (= *wash o.s.*) refrescarse, lavarse

**freshener** ['freʃnəʳ] N *see* **air D, skin C**

**fresher*** ['freʃəʳ] N (*Brit Univ*) *see* **freshman**

**fresh-faced** ['freʃfeɪst] ADJ 1 (= *youthful-looking*) lozano, saludable

2 (= *inexperienced*) sin experiencia, nuevo

**freshly** ['freʃlɪ] ADV recién; **~ squeezed orange juice** zumo *m* de naranja recién exprimido; **~ painted** recién pintado; **~ baked** recién salido del horno

**freshman** ['freʃmən] N (*pl* **freshmen**) [1] (*Univ*) estudiante *mf* de primer año
[2] (*Scol*) (= *beginner*) novato/a *mf*; → GRADE

**freshness** ['freʃnɪs] N [1] [*of food*] frescura *f*
[2] [*of air*] frescor *m*
[3] [*of face, complexion*] frescura *f*, lozanía *f*
[4] (= *originality, spontaneity*) [*of style*] originalidad *f*, frescura *f*

**freshwater** ['freʃ,wɔːtəʳ] (A) ADJ de agua dulce
(B) CPD ► **freshwater fish** N pez *m* de agua dulce

**fret**[1] [fret] (A) VI (= *worry*) preocuparse, apurarse; **don't ~** no te preocupes, no te apures; **the baby is ~ting for its mother** el niño echa de menos a su madre
(B) VT [1] (= *worry*) preocupar; **to ~ the hours away** pasar las horas consumiéndose de inquietud
[2] (= *wear away*) corroer, raer, desgastar
(C) N **to be in a ~** estar muy inquieto; **to get into a ~** apurarse

**fret**[2] [fret] N (*Mus*) traste *m*

**fretful** ['fretfʊl] ADJ [*child*] inquieto

**fretfully** ['fretfəlɪ] ADV (*gen*) inquietamente; [*complain*] fastidiosamente

**fretfulness** ['fretfʊlnɪs] N inquietud *f*

**fretsaw** ['fretsɔː] N sierra *f* de calar *or* de marquetería

**fretwork** ['fretwɜːk] N calado *m*

**Freudian** ['frɔɪdɪən] (A) ADJ freudiano
(B) N freudiano /a *m/f*
(C) CPD ► **Freudian slip** N lapsus *m inv* linguae

**FRG** N ABBR (*Hist*) (= **Federal Republic of Germany**) RFA *f*

**Fri.** ABBR (= **Friday**) vier.

**friable** ['fraɪəbl] ADJ friable, desmenuzable

**friar** ['fraɪəʳ] N fraile *m*; (*before name*) fray *m*; **black ~** dominico *m*; **grey ~** franciscano *m*; **white ~** carmelita *m*

**friary** ['fraɪərɪ] N monasterio *m*

**fricassee** ['frɪkəsiː] N (*Culin*) estofado *m*

**fricative** ['frɪkətɪv] (A) ADJ fricativo
(B) N fricativa *f*

**friction** ['frɪkʃən] (A) N [1] (*Tech*) fricción *f*; (*Med etc*) frote *m*, frotamiento *m*
[2] (*fig*) roces *mpl*, fricción *f* (**about, over** por)
(B) CPD ► **friction feed** N (*on printer*) avance *m* por fricción

**Friday** ['fraɪdɪ] N viernes *m inv*; *see* **Tuesday** *for usage*; *see also* **good**

**fridge** [frɪdʒ] (*esp Brit*) (A) N frigorífico *m*, nevera *f*, refrigerador *m*, refrigeradora *f* (*LAm*), heladera *f* (*S. Cone*)
(B) CPD ► **fridge freezer** N frigorífico-congelador *m*, combi *m*

**fried** [fraɪd] (A) ADJ (*Culin*) frito
(B) CPD ► **fried egg** N huevo *m* frito ► **fried fish** N pescado *m* frito

**friend** [frend] N amigo/a *m/f*; (*at school, work etc*) compañero/a *m/f*; **~!** (*Mil*) ¡gente de paz!; **a ~ of mine** un amigo mío; **he's no ~ of mine** no es mi amigo, no es amigo mío; **a ~ of the family** un amigo de la familia; **let's be ~s** hagamos las paces; **to be ~s with sb** ser amigo de algn; **we're the best of ~s** somos muy amigos; **we're just good ~s** somos sólo amigos, somos amigos nada más; **to make ~s with sb** hacerse amigo de algn, trabar amistad con algn; **he makes ~s easily** hace amigos con facilidad; **he is no ~ to violence** no es partidario de la violencia; **to have a ~ at court** (*fig*) tener enchufe; **the Society of Friends** (*Rel*) los cuáqueros; **Friends of the Earth** Amigos *mpl* de la Tierra; **Friends of the National Theatre** Asociación *f* de Amigos del Teatro Nacional; ✦***PROV*** **a ~ in need is a ~ indeed** en las malas es cuando se conoce a los amigos; *see also* **learned**

**friendless** ['frendlɪs] ADJ sin amigos

**friendliness** ['frendlɪnɪs] N [1] (= *warmth*) cordialidad *f*, simpatía *f*
[2] (= *friendship*) cordialidad *f*, amistad *f*

**friendly** ['frendlɪ] (A) ADJ (*compar* **friendlier**; *superl* **friendliest**) [1] [*person, dog, cat*] simpático; [*atmosphere, place*] agradable; [*smile, gesture*] simpático, cordial; [*relationship, greeting, tone*] amistoso, cordial; **it was an attempt to establish ~ relations** fue un intento de establecer relaciones amistosas *or* cordiales; **I'm giving you a ~ warning** te estoy advirtiendo como amigo, te estoy dando una advertencia de amigo; **let me give you a piece of ~ advice** déjame que te dé un consejo de amigo; **to become ~ with sb** hacerse amigo de algn, trabar amistad con algn; **we became ~** nos hicimos amigos; **it's nice to see a ~ face** es agradable ver una cara conocida; **to get ~ with sb** hacerse amigo de algn; **we remained on ~ terms after we split up** después de cortar, seguimos siendo amigos; **it's important to keep on ~ terms with them** es importante seguir manteniendo una relación amistosa con ellos; **that wasn't a very ~ thing to do** eso no se hace con los amigos; **to be ~ to sb**: **they are not very ~ to strangers** no se muestran muy amables con los extraños; **she wasn't very ~ to me** no estuvo demasiado amable conmigo, no se mostró muy amable conmigo; **Yul and Steve were ~ with one another** Yul y Steve eran amigos; *see also* **environmentally**
[2] (= *not competitive*) [*match, rivalry, argument*] amistoso
[3] (= *not enemy*) [*nation, forces*] amigo
(B) N (*also* **~ match**) (*Ftbl*) partido *m* amistoso
(C) CPD ► **friendly fire** N (*Mil*) fuego *m* amigo ► **friendly society** N ≈ mutualidad *f*, ≈ mutua *f*, ≈ mutual *f* (*LAm*)

**-friendly** ['frendlɪ] ADJ (*ending in compounds*) **child-friendly facilities in pubs** instalaciones *fpl* para los niños en los pubs; **dolphin-friendly tuna** *atún pescado sin causar daño a los delfines*; *see also* **environment-friendly**, **user-friendly** *etc*

**friendship** ['frendʃɪp] N amistad *f*; (*at school, work etc*) compañerismo *m*

**Friesian** ['friːʒən] = **Frisian**

**Friesland** ['friːzlənd] N Frisia *f*

**frieze** [friːz] N (*Archit*) friso *m*; (= *painting*) fresco *m*

**frig**** [frɪg] VI **to ~ about** *or* **around** hacer gilipolleces*, joder**

**frigate** ['frɪgɪt] N (*Naut*) fragata *f*

**frigging**** ['frɪgɪŋ] (A) ADJ **do I need to do every ~ thing myself!** ¿por qué porras tengo que hacerlo yo todo?*; **it's a ~ nuisance!** ¡es un coñazo!*
(B) ADV **she's so ~ lazy!** ¡es una vaga de la hostia!*

**fright** [fraɪt] N [1] (= *sudden fear*) susto *m*, sobresalto *m*; (= *state of alarm*) miedo *m*; **to get a ~** asustarse; **what a ~ you gave me!** ¡qué susto me diste *or* has dado!; **to take ~ (at)** asustarse (de)
[2] (*) (= *person*) espantajo *m*; **she looked a ~** iba hecha un espantajo

**frighten** ['fraɪtn] VT asustar; **to be ~ed** tener miedo (**of** a); **don't be ~ed!** ¡no te asustes!; **she is easily ~ed** se asusta con facilidad, es asustadiza; **to ~ sb into doing sth** convencer a algn con amenazas de que haga algo; **I was ~ed out of my wits** *or* **to death** estaba aterrorizado

►**frighten away, frighten off** VT + ADV espantar, ahuyentar

**frighteners*** ['fraɪtnəz] NPL **to put the ~ on sb** meter a algn miedo en el cuerpo, ponérselos de corbata a algn*

**frightening** ['fraɪtnɪŋ] ADJ espantoso, aterrador

**frighteningly** ['fraɪtnɪŋlɪ] ADV [*thin*] alarmantemente; [*ugly*] espantosamente; [*expensive, uncertain*] terriblemente

**frightful** ['fraɪtfʊl] ADJ (= *terrible*) [*tragedy, experience, shame*] horroroso; (= *awful*) [*noise, weather*] espantoso

**frightfully**†* ['fraɪtfəlɪ] ADV (*Brit*) terriblemente, tremendamente; **it's ~ hard** es terriblemente difícil; **it's ~ good** es la mar de bueno; **I'm ~ sorry** lo siento muchísimo, lo siento en el alma

**frightfulness** ['fraɪtfʊlnɪs] N horror *m*

**frigid** ['frɪdʒɪd] ADJ [1] (*sexually*) frígido
[2] (= *unfriendly*) [*atmosphere, look etc*] frío, glacial

**frigidity** [frɪ'dʒɪdɪtɪ] N [1] (*sexual*) frigidez *f*
[2] (= *unfriendliness*) frialdad *f*

**frill** [frɪl] N [1] (*on dress etc*) volante *m*
[2] **frills** (*fig*) adornos *mpl*; **a package holiday without ~s** unas vacaciones organizadas de lo más sencillo *or* sin grandes lujos; **~s and furbelows** encajes *mpl* y puntillas *fpl*

**frilly** ['frɪlɪ] ADJ con volantes, con adornos

**Fringe** [frɪndʒ] N (*Brit Theat*) (*also* **~ Festival, Festival ~**) *festival alternativo de Edimburgo*; → EDINBURGH FESTIVAL

**fringe** [frɪndʒ] (A) N [1] [*of shawl, rug*] (ribete *m* de) flecos *mpl*
[2] (*Brit*) [*of hair*] flequillo *m*
[3] (*also* **~s**) [*of forest*] linde *m or f*, lindero *m*; [*of city*] periferia *f*; **on the ~s of the lake** en los bordes del lago; **to live on the ~ of society** vivir al margen de la sociedad
[4] (= *group of people*) elementos *mpl* marginales
(B) CPD ► **fringe benefits** NPL suplementos *mpl*, ventajas *fpl* adicionales ► **fringe group** N grupo *m* marginal ► **fringe meeting** N reunión *f* paralela ► **fringe organization** N organización *f* marginal *or* no oficial ► **fringe theatre** N (*Brit*) teatro *m* experimental

**frippery** ['frɪpərɪ] N (*esp Brit*) perifollos *mpl*, perejiles *mpl*

**Frisbee**® ['frɪzbɪ] N disco *m* volador

**Frisian** ['frɪʒən] (A) ADJ frisio
(B) N [1] (= *person*) frisio/a *m/f*
[2] (*Ling*) frisio *m*
(C) CPD ► **the Frisian Islands** NPL las Islas Frisias

**frisk** [frɪsk] (A) VT (*) (= *search*) cachear, registrar
(B) VI (= *frolic*) brincar; [*people*] juguetear; [*animals*] retozar

**friskiness** ['frɪskɪnɪs] N vivacidad *f*

**frisky** ['frɪskɪ] ADJ (*compar* **friskier**; *superl* **friskiest**) [*person, horse*] juguetón; **he's pretty ~ still** sigue bastante activo

**frisson** ['friːsɒn] N [*of horror, fear*] repelús *m*; [*of excitement*] escalofrío *m*

**fritter**[1] ['frɪtəʳ] N (*Culin*) buñuelo *m*; **corn ~** arepa *f* (*Col, Ven*)

**fritter**[2] ['frɪtəʳ] VT (*also* **~ away**) malgastar, desperdiciar

**frivolity** [frɪ'vɒlɪtɪ] N (*gen*) frivolidad *f*

**frivolous** ['frɪvələs] ADJ frívolo

**frivolously** ['frɪvələslɪ] ADV frívolamente

**frizz** [frɪz] Ⓐ N rizos *mpl* pequeños y muy apretados
Ⓑ VT [+ *hair*] rizar con rizos pequeños y muy apretados

**frizzle** [frɪzl] N, VT = **frizz**

**frizzy** ['frɪzɪ] ADJ (*compar* **frizzier**; *superl* **frizziest**) [*hair*] ensortijado, crespo; **to go ~** ensortijarse, encresparse

**fro** [frəʊ] ADV **to and ~** de un lado para otro, de aquí para allá

**frock** [frɒk] Ⓐ N (*woman's*) vestido *m*; [*of monk*] hábito *m*
Ⓑ CPD ► **frock coat** N levita *f*

**Frog*** [frɒg], **Froggy*** ['frɒgɪ] N (*pej*) gabacho/a *m/f*, franchute *mf*

**frog** [frɒg] Ⓐ N rana *f*; ♦**IDIOM to have a ~ in one's throat** tener carraspera
Ⓑ CPD ► **frogs' legs** NPL (*Culin*) ancas *fpl* de rana

**frogging** ['frɒgɪŋ] N alamares *mpl*

**frogman** ['frɒgmən] N (*pl* **frogmen**) hombre rana *m*

**frog-march** ['frɒgmɑːtʃ] VT **to ~ sb in/out** meter/sacar a algn por la fuerza

**frogspawn** ['frɒgspɔːn] N huevas *fpl* de rana

**frolic** ['frɒlɪk] (*pt, pp* **frolicked**) Ⓐ N (= *prank*) travesura *f*; (= *merrymaking*) fiesta *f*, jolgorio *m*
Ⓑ VI juguetear, brincar

**frolicsome** ['frɒlɪksəm] ADJ retozón, juguetón; (= *mischievous*) travieso

**from** [frɒm] PREP [1] (*indicating starting place*) de, desde; **where are you ~?** ¿de dónde eres?; **where has he come ~?** ¿de dónde ha venido?; **he comes ~ Segovia** es de Segovia; **he had gone ~ home** se había ido de su casa; **the train ~ Madrid** el tren de Madrid, el tren procedente de Madrid; **~ London to Glasgow** de Londres a Glasgow; **~ house to house** de casa en casa; **~ A to Z** de A a Z, desde A hasta Z
[2] (*indicating time*) de, desde; **~ now on** de aquí en adelante; **~ that time** desde aquel momento; **~ one o'clock to** *or* **until two** desde la una hasta las dos; **(as) ~ Friday** a partir del viernes; **~ a child** ◊ **~ childhood** desde niño; **~ time to time** de vez en cuando
[3] (*indicating distance*) de, desde; **the hotel is 1km ~ the beach** el hotel está a 1km de la playa; **a long way ~ home** muy lejos de casa; **to be far ~ the truth** estar lejos de la verdad
[4] (*indicating sender etc*) de; **a letter ~ my sister** una carta de mi hermana; **a telephone call ~ Mr Smith** una llamada de parte del Sr. Smith; **a message ~ him** un mensaje de parte de él; **tell him ~ me** dile de mi parte
[5] (*indicating source*) de; **to drink ~ a stream/~ the bottle** beber de un arroyo/de la botella; **we learned it ~ him** lo aprendimos de él; **we learned it ~ a book** lo aprendimos en un libro; **a quotation ~ Shakespeare** una cita de Shakespeare; **to steal sth ~ sb** robar algo a algn; **to pick sb ~ the crowd** escoger a algn de la multitud; **I'll buy it ~ you** te lo compraré; **where did you get that ~?** ¿de dónde has sacado *or* sacaste eso?; **take the gun ~ him!** ¡quítale el revólver!; **one of the best performances we have seen ~ him** uno de los mejores papeles que le hayamos visto; **painted ~ life** pintado del natural
[6] (*indicating price, number etc*) desde, a partir de; **we have shirts ~ £8 (upwards)** tenemos camisas desde *or* a partir de 8 libras; **prices range ~ £10 to £50** los precios varían entre 10 y 50 libras; **there were ~ 10 to 15 people there** había allí entre 10 y 15 personas
[7] (*indicating change*) **things went ~ bad to worse** las cosas fueron de mal en peor; **the interest rate increased ~ 6% to 10%** la tasa de interés ha subido del 6 al 10 por ciento; **he went ~ office boy to director in five years** pasó de ser recadero a director en cinco años
[8] (*indicating difference*) **to be different ~ sb** ser distinto de algn; **he can't tell red ~ green** no distingue entre rojo y verde; **to know good ~ bad** saber distinguir entre el bien y el mal, saber distinguir el bien del mal
[9] (= *because of, on the basis of*) por; **to act ~ conviction** obrar por convicción; **~ sheer necessity** por pura necesidad; **weak ~ hunger** debilitado por el hambre; **~ what I can see** por lo que veo; **~ what he says** por lo que dice, según lo que dice; **~ experience** por experiencia; **to die ~ exposure** morir de frío
[10] (= *away from*) **to shelter ~ the rain** protegerse de la lluvia; **to escape ~ sth/sb** escapar de algo/algn; **to prevent sb ~ doing sth** impedir a algn hacer algo
[11] (*with prep, adv*) **~ above** desde arriba; **~ afar** desde lejos; **~ among the crowd** de entre la multitud; **~ beneath** *or* **underneath** desde abajo; **~ inside/outside the house** desde dentro/fuera de la casa

**fromage frais** ['frɒmɑːʒ'freɪ] N *queso fresco descremado*

**frond** [frɒnd] N fronda *f*

**front** [frʌnt] Ⓐ N [1] (= *exterior*) [*of house, building*] fachada *f*; [*of shirt, dress*] pechera *f*; [*of book*] (= *cover*) portada *f*; **it fastens at the ~** se abrocha por delante; **back to ~** al revés; **her dress had ripped down the ~** el vestido se le había roto por delante; **you've spilled food all down your ~** te has derramado comida por toda la pechera
[2] (= *forepart*) [*of stage, desk, building*] parte *f* de delante, parte *f* delantera; [*of train, bus*] parte *f* delantera; [*of queue*] principio *m*; **there's a dedication at the ~ of the book** hay una dedicatoria al principio del libro; **there are still some seats left at the ~** todavía quedan asientos delante; **he sat at the ~ of the train** se sentó en la parte delantera del tren; **he sat at the ~ of the class** se sentó en la primera fila de la clase; **at the ~ of the line** *or* **queue** al principio de la cola; **I want to sit in the ~** quiero sentarme delante; **he laid the baby on its ~** puso al bebé boca abajo; **the car's out ~** (*US*) el coche está delante *or* enfrente de la casa
[3] **in ~** delante; **to send sb on in ~** enviar a algn por delante; **the car in ~** el coche de delante; **to be in ~** (*gen*) ir primero, ir delante; (*in race*) ir a la cabeza, llevar la delantera; (*in scoring*) llevar (la) ventaja; **in ~ of** delante de; **don't argue in ~ of the children** no discutas delante de los niños; **a car was parked in ~ of the house** había un coche aparcado delante de la casa; **she sat down in ~ of her mirror** se sentó delante del espejo, se sentó frente al espejo
[4] (*Met*) frente *m*; **cold/warm ~** (*Met*) frente *m* frío/cálido
[5] (*Mil, Pol*) frente *m*; **he fought at the ~ during the War** luchó en el frente durante la guerra; **we must present a united ~** debemos parecer un frente unido
[6] (*Brit*) (= *promenade*) paseo *m* marítimo; (= *beach*) playa *f*
[7] (= *area of activity*) materia *f*; **is there any news on the wages ~?** ¿se sabe algo nuevo en materia de salarios?; **we have made progress on a variety of ~s** hemos avanzado en varios campos *or* varias esferas; **on all ~s** en todos los frentes; **the government's failings on the home** *or* **domestic ~** las deficiencias del gobierno a nivel nacional
[8] (= *show*) **it's all just a ~ with him** lo suyo no es más que una fachada *or* no son más que apariencias; **he kept up a brave ~ to the world** delante de todos ponía buena cara
[9] (*) (= *cover-up*) fachada *f*, tapadera *f*; **to be a ~ for sth** servir de fachada *or* tapadera para algo
Ⓑ ADJ [1] (= *foremost*) [*wheel, leg*] delantero, de delante, de adelante (*LAm*); **I was in the ~ seat** yo estaba en el asiento delantero *or* de delante *or* (*LAm*) de adelante; **if we run, we can get a ~ seat** si corremos, podemos pillar un asiento en la parte delantera *or* la parte de delante *or* (*LAm*) la parte de adelante; **he's in the ~ garden** está en el jardín de delante de la casa
[2] (*Phon*) [*vowel*] frontal
Ⓒ VI [1] **to ~ onto sth** [*house, window*] dar a algo
[2] **to ~ for sth** servir de fachada *or* tapadera para algo
Ⓓ VT [1] (= *head*) [+ *organization*] estar al frente de, liderar
[2] [+ *TV show*] presentar
[3] [+ *band, group*] estar al frente de, ser el cantante de
[4] (*frm*) (= *face*) dar a; **the house ~s the river** la casa da al río
Ⓔ CPD ► **front bench** N (*Brit Pol*) *en la Cámara de Diputados británica, escaños de los ministros y sus equivalentes en la oposición* ► **front crawl** N (*Swimming*) crol *m* ► **front desk** N (*US*) recepción *f* (*de un hotel*) ► **front door** N puerta *f* principal ► **front end** N [*of vehicle*] parte *f* delantera ► **front line** N (*Mil*) primera línea *f* ► **front man** N (*for activity*) testaferro *m*; [*of band, group*] líder *m*; (*TV*) presentador *m* ► **front organization** N organización *f* fachada ► **front page** N (*Press*) primera plana *f* ► **front row** N primera fila *f* ► **front runner** N (*in race*) corredor(ora) *m/f* que va en cabeza; (*in election*) favorito/a *m/f* ► **front tooth** N incisivo *m*, paleta* *f* ► **front view** N **the ~ view of the hotel is very impressive** el frente del hotel *or* la parte de delante del hotel es impresionante

**FRONT BENCH**

*El término genérico* **front bench** *se usa para referirse a los escaños situados en primera fila a ambos lados del Presidente* (**Speaker**) *de la Cámara de los Comunes del Parlamento británico. Dichos escaños son ocupados por los parlamentarios que son miembros del gobierno a un lado y por los del gobierno en la sombra* (**shadow cabinet**) *al otro y, por esta razón, se les conoce como* **frontbenchers**.
⇨ *Ver tb* BACKBENCHER

**frontage** ['frʌntɪdʒ] N [*of building*] fachada *f*

**frontal** ['frʌntl] ADJ (*Anat*) frontal; [*attack*] de frente, frontal

**frontbencher** [,frʌnt'bentʃə^r] N (*Brit Parl*) *diputado con cargo oficial en el gobierno o la oposición*; → FRONT BENCH

**front-end** ['frʌntend] ADJ **~ costs** gastos *mpl* iniciales; **~ processor** procesador *m* frontal

**frontier** ['frʌntɪə^r] Ⓐ N (= *border, also fig*) frontera *f*; (= *dividing line*) línea *f* divisoria; **to push back the ~s of knowledge** ensanchar *or* ampliar los límites del conocimiento
Ⓑ CPD fronterizo ► **frontier dispute** N con-

flicto *m* fronterizo ► **frontier post** N puesto *m* fronterizo; *see also* **post A3**

**frontiersman** [frʌnˈtɪəzmən] N (*pl* **frontiersmen**) hombre *m* de la frontera

**frontispiece** [ˈfrʌntɪspiːs] N [*of book*] frontispicio *m*

**front-line** [ˈfrʌntlaɪn] ADJ [*troops, news*] de primera línea; [*countries, areas*] fronterizo a una zona en guerra

**front-loader** [ˌfrʌntˈləʊdəʳ] N (*also* **front-loading washing machine**) lavadora *f* de carga frontal

**front-loading** [ˌfrʌntˈləʊdɪŋ] ADJ de carga frontal

**front-page** [ˌfrʌntˈpeɪdʒ] Ⓐ ADJ de primera página, de primera plana
Ⓑ CPD ► **front-page news** N noticias *fpl* de primera plana

**frontward** [ˈfrʌntwəd] ADV de frente, con la parte delantera primero

**frontwards** [ˈfrʌntwədz] ADV (*esp Brit*) = **frontward**

**front-wheel drive** [ˌfrʌntwiːlˈdraɪv] N tracción *f* delantera

**frost** [frɒst] Ⓐ N (= *substance*) escarcha *f*; (= *weather*) helada *f*; **four degrees of ~** (*Brit*) cuatro grados bajo cero
Ⓑ VT 1 **the grass was ~ed over** el césped apareció cubierto de escarcha
2 (*esp US Culin*) escarchar
Ⓒ VI **to ~ over** *or* **up** cubrirse de escarcha, escarcharse

**frostbelt** [frɒstbelt] N (*US Geog*) *estados del norte de Estados Unidos caracterizados por su clima frío*; → SUNBELT

**frostbite** [ˈfrɒstbaɪt] N congelación *f*

**frostbitten** [ˈfrɒstˌbɪtn] ADJ congelado

**frostbound** [ˈfrɒstbaʊnd] ADJ [*field, land*] helado; [*road*] bloqueado por la helada; [*village*] aislado por la helada

**frosted** [ˈfrɒstɪd] Ⓐ ADJ (*esp US*) [*cake*] escarchado
Ⓑ CPD ► **frosted glass** N vidrio *m* or cristal *m* esmerilado

**frostily** [ˈfrɒstɪlɪ] ADV (*fig*) glacialmente

**frosting** [ˈfrɒstɪŋ] N (*esp US*) (= *icing*) escarcha *f*

**frosty** [ˈfrɒstɪ] ADJ (*compar* **frostier**; *superl* **frostiest**) 1 [*weather*] de helada; [*surface*] escarchado; **on a ~ morning** una mañana de helada; **it was ~ last night** anoche cayó una helada *or* heló
2 (*fig*) [*smile*] glacial

**froth** [frɒθ] Ⓐ N 1 (= *foam*) espuma *f*
2 (*fig*) (= *frivolous talk*) naderías *fpl*, banalidades *fpl*
Ⓑ VI hacer espuma; (*at the mouth*) echar espumarajos

**frothy** [ˈfrɒθɪ] ADJ (*compar* **frothier**; *superl* **frothiest**) 1 (= *foamy*) espumoso
2 (*fig*) banal, superficial

**frown** [fraʊn] Ⓐ N ceño *m*; **he said with a ~** dijo frunciendo el ceño *or* entrecejo
Ⓑ VI fruncir el ceño, fruncir el entrecejo; **to ~ at** mirar con el ceño fruncido

►**frown on, frown upon** VI + PREP (*fig*) desaprobar

**frowning** [ˈfraʊnɪŋ] ADJ (*fig*) ceñudo, amenazador, severo

**frowsy, frowzy** [ˈfraʊzɪ] ADJ (= *dirty*) sucio; (= *untidy*) desaliñado; (= *smelly*) fétido, maloliente; (= *neglected*) descuidado

**froze** [frəʊz] PT *of* **freeze**

**frozen** [ˈfrəʊzn] Ⓐ PP *of* **freeze**
Ⓑ ADJ 1 [*food*] congelado
2 **we're simply ~** estamos totalmente helados; **I'm ~ stiff** estoy helado, estoy de frío
Ⓒ CPD ► **frozen assets** NPL (*Fin*) activo *msing* congelado

**FRS** N ABBR 1 (*Brit*) = **Fellow of the Royal Society**
2 (*US*) (= **Federal Reserve System**) *banco central de los EE.UU.*

**Frs** ABBR (*Rel*) (= **Fathers**) PP

**fructify** [ˈfrʌktɪfaɪ] VI (*frm*) fructificar

**frugal** [ˈfruːgəl] ADJ frugal

**frugality** [fruːˈgælɪtɪ] N frugalidad *f*

**frugally** [ˈfruːgəlɪ] ADV [*give out*] en pequeñas cantidades; [*live*] económicamente, sencillamente

**fruit** [fruːt] Ⓐ N 1 (*gen, Bot*) fruto *m*; (= *piece of fruit*) fruta *f*; **would you like some ~?** ¿quieres fruta?; **to be in ~** [*tree, bush*] haber dado *or* echado fruto, tener fruta; **the ~s of the sea** los productos del mar; **to bear ~** (*lit, fig*) dar fruto
2 **fruits** (*fig*) (= *benefits*) **the ~s of one's labour** los frutos del trabajo; **to enjoy the ~s of one's success** disfrutar de los frutos del éxito
3 (*US✱ pej*) (= *male homosexual*) maricón* *m*
4 (†*) (*as term of address*) **hello, old ~!** ¡hola, compadre!*
Ⓑ VI dar fruto
Ⓒ CPD ► **fruit basket** N frutero *m*, canasto *m* de la fruta ► **fruit cocktail** N macedonia *f* de frutas ► **fruit cup** N ≈ sangría *f* ► **fruit dish** N frutero *m* ► **fruit drop** N bombón *m* de fruta ► **fruit farm** N granja *f* frutícola *or* hortofrutícola ► **fruit farmer** N fruticultor(a) *m/f*, granjero/a *m/f* frutícola *or* hortofrutícola ► **fruit farming** N fruticultura *f* ► **fruit fly** N mosca *f* de la fruta ► **fruit grower** N fruticultor(a) *m/f*, granjero/a *m/f* frutícola *or* hortofrutícola ► **fruit growing** N fruticultura *f* ► **fruit gum** N (*Brit*) gominola *f* ► **fruit juice** N zumo *m or* jugo *m* de frutas ► **fruit knife** N cuchillo *m* de la fruta ► **fruit machine** N (*Brit*) máquina *f* tragaperras ► **fruit salad** N macedonia *f* de frutas ► **fruit salts** NPL sal *f* de fruta(s) ► **fruit tree** N árbol *m* frutal

**fruitcake** [ˈfruːtkeɪk] N 1 (*Culin*) tarta *f* de frutas
2 (✱) (= *eccentric person*) chiflado/a* *m/f*; ✦*IDIOM* **he's as nutty as a ~** está más loco que una cabra*, está loco de atar*

**fruiterer** [ˈfruːtərəʳ] N (*Brit*) frutero/a *m/f*; **~'s (shop)** frutería *f*

**fruitful** [ˈfruːtfʊl] ADJ 1 (*gen*) fructífero; [*land*] fértil
2 (*fig*) productivo, provechoso

**fruitfully** [ˈfruːtfəlɪ] ADV (*fig*) provechosamente, fructíferamente

**fruitfulness** [ˈfruːtfʊlnɪs] N 1 [*of soil*] fertilidad *f*, productividad *f*; [*of plant*] fertilidad *f*, fecundidad *f*
2 (*fig*) [*of discussion etc*] utilidad *f*

**fruition** [fruːˈɪʃən] N [*of plan etc*] cumplimiento *m*; **to bring to ~** realizar; **to come to ~** [*hope*] cumplirse; [*plan*] realizarse, dar resultado

**fruitless** [ˈfruːtlɪs] ADJ (*fig*) infructuoso, inútil

**fruitlessly** [ˈfruːtlɪslɪ] ADV infructuosamente, sin resultado

**fruity** [ˈfruːtɪ] ADJ (*compar* **fruitier**; *superl* **fruitiest**) 1 [*taste*] a fruta; [*wine*] afrutado
2 [*voice*] pastoso
3 (*Brit**) (= *lewd*) [*joke*] verde; [*style*] picante

**frump** [frʌmp] N espantajo *m*, birria *f*

**frumpish** [ˈfrʌmpɪʃ] ADJ desaliñado

**frumpy** [ˈfrʌmpɪ] ADJ = **frumpish**

**frustrate** [frʌsˈtreɪt] VT [+ *plan, effort, person*] frustrar; [+ *hope*] defraudar; **to feel ~d** sentirse frustrado; **he's a ~d artist** es un artista frustrado

**frustrating** [frʌsˈtreɪtɪŋ] ADJ frustrante; **how ~!** ¡qué frustrante!

**frustration** [frʌsˈtreɪʃən] N (*gen*) frustración *f*; (= *disappointment*) decepción *f*; (= *annoyance*) molestia *f*

**fry**[1] [fraɪ] Ⓐ VT (*Culin*) freír
Ⓑ VI freírse
Ⓒ N fritada *f*

**fry**[2] [fraɪ] N (*Fishing*) pececillos *mpl*; *see also* **small D**

**fryer** [ˈfraɪəʳ] N 1 (= *pan*) sartén *f* (*m in LAm*); **deep-fat ~** freidora *f*
2 (= *person*) empleado/a *m/f* de una freiduría

**frying** [ˈfraɪɪŋ] Ⓐ N **there was a smell of ~** olía a frito
Ⓑ CPD ► **frying pan** N sartén *f* (*m in LAm*); ✦*IDIOM* **to jump out of the ~ pan into the fire** salir de Guatemala para entrar en Guatepeor

**frypan** [ˈfraɪpæn] N (*US*) sartén *f* (*m in LAm*)

**fry-up** [ˈfraɪʌp] N (*Brit*) fritura *f*

**FSLIC** N ABBR (*US*) = **Federal Savings and Loan Insurance Corporation**

**FT** N ABBR (*Brit*) = **Financial Times**

**ft** ABBR = **foot, feet**

**F/T** ABBR (*US*) = **full-time**

**FTC** N ABBR (*US*) = **Federal Trade Commission**

**FTP, ftp** N ABBR (*Comput*) = **file transfer protocol**; **anonymous ftp** ftp anónimo

**FTSE 100 Index** [ˌfʊtsiwʌnˌhʌndredˈɪndeks] N ABBR (*Brit St Ex*) = **Financial Times Stock Exchange 100 Index**

**fuchsia** [ˈfjuːʃə] N fucsia *f*

**fuck**✱✱ [fʌk] Ⓐ N 1 **to have a ~** echar un polvo✱✱, joder✱✱; **she's a good ~!** tiene un buen polvo✱✱
2 (*US*) (= *stupid person*) **you dumb ~!** ¡tonto de los cojones!✱✱
3 **like ~ he will!** ¡y un huevo!✱✱, ¡por los cojones!✱✱; **~ knows!** ¡qué coño sé yo!✱✱
Ⓑ VT 1 (*lit*) joder✱✱, tirarse✱✱, follarse (*Sp*✱✱), coger (*LAm*✱✱)
2 **~ (it)!** ¡joder!✱✱, ¡carajo! (*LAm*✱✱), ¡chinga tu madre! (*Mex*✱✱); **~ you!** ¡que te den por culo!✱✱, ¡jódete!✱✱, ¡tu madre! (*LAm*✱✱); **~ this car!** ¡este jodido coche!✱✱, ¡este coche del carajo! (*LAm*✱✱), ¡fregado coche! (*LAm*✱✱), ¡chingado coche! (*Mex*✱✱)
Ⓒ VI joder✱✱, follar (*Sp*✱✱), coger (*LAm*✱✱)

►**fuck about**✱✱, **fuck around**✱✱ VI + ADV joder✱✱; **to ~ about** *or* **around with** joder✱✱, manosear, estropear

►**fuck off**✱✱ VI + ADV irse a la mierda✱✱; **~ off!** ¡vete a tomar por el culo!✱✱, ¡vete al carajo! (*LAm*✱✱), ¡vete a la chingada! (*Mex*✱✱)

►**fuck up**✱✱ Ⓐ VT + ADV joder✱✱
Ⓑ VI + ADV cagarla✱

**fuck-all**✱✱ [ˌfʌkˈɔːl] (*Brit*) Ⓐ ADJ **it's ~ use** no sirve para maldita la cosa*
Ⓑ N **I know ~ about it** no tengo ni puta idea✱✱; **he's done ~ today** hoy no ha hecho más que tocarse los huevos *or* cojones✱✱, hoy no ha pegado ni golpe*

**fucker**✱✱ [ˈfʌkəʳ] N hijo/a *m/f* de puta✱✱, cabronazo✱✱ *m*

**fucking**✱✱ [ˈfʌkɪŋ] Ⓐ ADJ de los cojones✱✱, fregado (*LAm*✱✱), chingado (*Mex*✱✱); **~ hell!** ¡joder!✱✱, ¡coño!✱✱
Ⓑ ADV **it was ~ awful** fue de puta pena✱✱; **it's ~ cold!** ¡hace un frío del carajo!✱✱; **that's no ~ good** no vale una puta mierda✱✱; **I don't ~**

**know!** ¡no lo sé, coño!**
Ⓒ N joder** *m*, jodienda** *f*

**fuck-up**** ['fʌkʌp] N cagada** *f*

**fuddled** ['fʌdld] ADJ [1] (= *muddled*) confuso, aturdido
[2] (*) (= *tipsy*) borracho; **to get ~** emborracharse

**fuddy-duddy*** ['fʌdɪ,dʌdɪ] Ⓐ ADJ (= *old*) viejo; (= *old-fashioned*) chapado a la antigua
Ⓑ N carroza* *mf*

**fudge** [fʌdʒ] Ⓐ N (*Culin*) dulce *m* de azúcar
Ⓑ VT [+ *issue, problem*] esquivar, eludir
Ⓒ VI eludir la cuestión

**fuel** [fjʊəl] Ⓐ N [1] (*gen*) combustible *m*; (*for engine*) carburante *m*; (*specifically coal*) carbón *m*; (= *wood*) leña *f*
[2] (*fig*) pábulo *m*; ✦*IDIOM* **to add ~ to the flames** echar leña al fuego
Ⓑ VT [1] [+ *furnace etc*] alimentar; [+ *aircraft, ship etc*] repostar
[2] (*fig*) [+ *speculation etc*] estimular, provocar; [+ *dispute*] avivar, acalorar
Ⓒ VI [*aircraft, ship*] repostar
Ⓓ CPD ► **fuel cap** N (*Aut*) tapa *f* del depósito de gasolina ► **fuel crisis** N crisis *f inv* energética ► **fuel injection (engine)** N motor *m* de inyección ► **fuel needs** NPL necesidades *fpl* energéticas ► **fuel oil** N fuel oil *m*, mazut *m* ► **fuel policy** N política *f* energética ► **fuel pump** N (*Aut*) surtidor *m* de gasolina ► **fuel tank** N depósito *m* (de combustible)

**fuel-saving** ['fjʊəl,seɪvɪŋ] ADJ que ahorra combustible

**fug** [fʌg] N (*esp Brit*) aire *m* viciado; **what a ~!** ¡qué olor!; **there's a ~ in here** aquí huele a cerrado

**fuggy** ['fʌgɪ] ADJ (*esp Brit*) [*air*] viciado, cargado; [*room*] que huele a cerrado

**fugitive** ['fju:dʒɪtɪv] Ⓐ ADJ [1] fugitivo
[2] (*liter*) (= *fleeting*) efímero, pasajero
Ⓑ N fugitivo/a *m/f*; (= *refugee*) refugiado/a *m/f*; **~ from justice** prófugo/a *m/f* (de la justicia)

**fugue** [fju:g] N fuga *f*

**FULBRIGHT**

*Las becas* **Fulbright** *son concedidas por el gobierno de Estados Unidos a licenciados nacionales y extranjeros con el fin de facilitar la ampliación de estudios y el acceso a la investigación o la enseñanza dentro del país. Miles de personas se han beneficiado de estas becas desde que se introdujo el programa* **Fulbright** *en 1946, como parte de la legislación establecida por el senador J. William Fulbright, un hombre de estado demócrata con gran experiencia en política exterior.*

**fulcrum** ['fʌlkrəm] N (*pl* **fulcrums** *or* **fulcra** ['fʌlkrə]) fulcro *m*; (*fig*) piedra *f* angular, punto *m* de apoyo

**fulfil, fulfill** (*US*) [fʊl'fɪl] VT [1] (= *carry out*) [+ *duty, promise*] cumplir con; [+ *role*] desempeñar; [+ *order*] cumplir; [+ *plan, task*] llevar a cabo, realizar
[2] (= *meet*) [+ *condition, requirement*] satisfacer, cumplir; [+ *need*] satisfacer; [+ *hopes*] hacer realidad
[3] (= *attain*) [+ *ambition*] realizar; [+ *potential*] alcanzar
[4] (= *satisfy*) [+ *person*] satisfacer, llenar; **to ~ o.s.** realizarse (plenamente)

**fulfilling** [fʊl'fɪlɪŋ] ADJ **he has a ~ job** tiene un trabajo que le satisface *or* llena

**fulfilment, fulfillment** (*US*) [fʊl'fɪlmənt] N [1] [*of duty, promise, order*] cumplimiento *m*
[2] [*of condition, requirement, need*] satisfacción *f*
[3] [*of ambition, potential*] realización *f*
[4] (= *satisfied feeling*) realización *f*, satisfacción *f*

**full** [fʊl] Ⓐ ADJ (*compar* **fuller**; *superl* **fullest**) [1] (= *filled*) [*room, hall, theatre*] lleno; [*vehicle*] completo; [*hotel*] lleno, completo; **"house full"** (*Theat*) "no hay localidades", "completo"; **~ to the brim** hasta el tope; **~ to bursting** lleno de bote en bote; **~ to overflowing** lleno hasta los bordes; **we are ~ up for July** estamos completos para julio; **his heart was ~** (*liter*) tenía el corazón apenado
[2] **to be ~ of ...** estar lleno de ...; **the papers were ~ of the murders** los periódicos no traían más que noticias de los asesinatos; **~ of cares** lleno de cuidados; **a look ~ of hate** una mirada cargada de odio; **~ of hope** lleno de esperanza, ilusionado; **he's ~ of good ideas** tiene muchísimas ideas buenas; **to be ~ of o.s.** *or* **one's own importance** ser muy engreído *or* creído; **to be ~ of life** estar lleno de vida; ✦*IDIOMS* **to be ~ of it*** (= *excited*) estar animadísimo; **to be ~ of shit**** no tener puñetera idea**
[3] (= *complete*) completo, entero; [*account*] detallado, extenso; [*meal*] completo; [*power*] pleno; [*price, pay*] íntegro, sin descuento; [*speed, strength*] máximo; [*text*] íntegro; [*uniform*] de gala; **a ~ three miles** tres millas largas; **I waited a ~ hour** esperé una hora entera; **to take ~ advantage of the situation** aprovecharse al máximo de la situación; **to put one's headlights on ~ beam** poner las luces largas *or* de carretera; **in ~ bloom** en plena flor; **in ~ colour** a todo color; **in ~ daylight** en pleno día; **to pay ~ fare** pagar la tarifa íntegra; **to fall ~ length** caer cuán largo se es; **he was lying ~ length** estaba tumbado todo lo largo que era; **he's had a ~ life** ha llevado una vida muy completa; **the ~ particulars** todos los detalles; **he was suspended on ~ pay** se le suspendió sin reducción de sueldo; **to pay ~ price for sth** (*for goods, tickets*) pagar el precio íntegro de algo; **in the ~est sense of the word** en el sentido más amplio de la palabra; **at ~ speed** a toda velocidad; **~ speed** *or* **steam ahead!** (*Naut*) ¡avance a toda marcha!; **at ~ strength** [*team, battalion*] completo; ✦*IDIOMS* **in ~ cry** a toda carrera; **to go ~ steam ahead** ponerse en marcha a todo vapor; **in ~ swing** en pleno apogeo
[4] (= *ample*) [*face*] redondo; [*figure*] llenito; [*lips*] grueso; [*skirt, sleeves*] amplio; **clothes for the ~er figure** tallas *fpl* grandes
[5] (= *busy*) [*day, timetable*] muy ocupado; **I've had a ~ day** he estado ocupado todo el día
[6] (*Pol etc*) [*session*] pleno, plenario; [*member*] de pleno derecho
[7] (*after eating*) **I'm ~ (up)*** no puedo más, estoy harto *or* ahíto; **you'll work better on a ~ stomach** trabajarás mejor con el estómago lleno *or* después de haber comido
[8] (*in titles*) **~ colonel** coronel(a) *m/f*; **~ general** general *mf*; **~ professor** (*US*) profesor(a) *m/f* titular
Ⓑ ADV **it hit him ~ in the face** le pegó en plena cara; **to turn the sound/volume up ~** subir el volumen a tope; **to go ~ out to do sth*** ir a por todas para hacer algo*; **~ well** muy bien, perfectamente; **to know ~ well that** saber perfectamente que; **he understands ~ well that** se da cuenta cabal de que
Ⓒ N **in ~**: **name in ~** nombre *m* y apellidos; **text in ~** texto *m* íntegro; **to pay in ~** pagar la deuda entera; **to write sth in ~** escribir algo por extenso; **to the ~** al máximo
Ⓓ CPD ► **full brother** N hermano *m* carnal ► **full cost** N coste *m* total ► **full dress** N traje *m* de etiqueta *or* de gala; **in ~ dress** vestido de etiqueta *or* de gala ► **full employment** N pleno empleo *m* ► **full house** N (*Cards*) full *m*; (*Bingo*) cartón *m*; (*Theat*) lleno *m* ► **full marks** NPL puntuación *fsing* máxima; **~ marks for persistence!** (*fig*) ¡te mereces un premio a la perseverancia! ► **full measure** N medida *f or* cantidad *f* completa ► **full moon** N luna *f* llena ► **full name** N nombre *m* y apellidos ► **full sister** N hermana *f* carnal ► **full stop** N (*Brit Gram*) punto *m* (y seguido); **I'm not going, ~ stop!** ¡no voy, y punto *or* y se acabó!; ✦*IDIOM* **to come to a ~ stop** pararse, paralizarse, quedar detenido en un punto muerto ► **full time** N (*Brit Sport*) final *m* del partido; *see also* **full-time**

**fullback** ['fʊlbæk] N (*Ftbl*) defensa *mf*; (*Rugby*) zaguero *m*

**full-beam** ['fʊl'bi:m] ADJ **~ headlights** luces *fpl* largas *or* de carretera

**full-blast** ['fʊl'blɑ:st] ADV [*work*] a pleno rendimiento; [*travel*] a toda velocidad; [*play music etc*] a todo volumen

**full-blooded** ['fʊl'blʌdɪd] ADJ [1] (= *vigorous*) [*attack*] vigoroso; [*character*] viril, vigoroso
[2] (= *thoroughbred*) (de) pura sangre

**full-blown** ['fʊl'bləʊn] ADJ [*doctor etc*] hecho y derecho; [*attack, invasion etc*] a gran escala; **he has ~ AIDS** tiene el SIDA en su estado más avanzado

**full-bodied** ['fʊl'bɒdɪd] ADJ [*cry*] fuerte; [*wine*] de mucho cuerpo

**full-cream milk** [,fʊlkri:m'mɪlk] N leche *f* (con toda la nata)

**full-dress** [,fʊl'dres] ADJ [*function*] de etiqueta, de gala

**fuller's earth** [,fʊləz'ɜ:θ] N tierra *f* de batán

**full-face** [,fʊl'feɪs] ADJ [*portrait*] de rostro entero

**full-fledged** [,fʊl'fledʒd] ADJ (*US*) = **fully-fledged**

**full-frontal** [,fʊl'frʌntl] Ⓐ ADJ (= *unrestrained*) desenfrenado
Ⓑ CPD ► **full-frontal nude** N desnudo *m* visto de frente ► **full-frontal nudity** N desnudo *m* integral

**full-grown** [,fʊl'grəʊn] ADJ maduro

**full-length** [,fʊl'leŋθ] Ⓐ ADJ [*portrait, dress*] de cuerpo entero; [*novel, study*] extenso; [*swimming pool etc*] de tamaño normal; **a ~ film** un largometraje
Ⓑ ADV **he was lying ~** estaba tumbado todo lo largo que era

**fullness** ['fʊlnɪs] N [1] [*of detail*] abundancia *f*
[2] [*of figure*] plenitud *f*; [*of dress*] amplitud *f*
[3] **in the ~ of time** (*liter*) (= *eventually*) con el correr del tiempo; (= *at predestined time*) a su debido tiempo

**full-on*** [fʊl'ɒn] ADJ total, en toda regla

**full-page** [,fʊl'peɪdʒ] ADJ [*advert etc*] a toda plana

**full-scale** [,fʊl'skeɪl] ADJ [*plan, model*] de tamaño natural; [*search, retreat*] a gran escala; [*study*] amplio, extenso; [*investigation*] de gran alcance

**full-sized** [,fʊl'saɪzd] ADJ de tamaño normal

**full-throated** [,fʊl'θrəʊtɪd] ADJ [*cry etc*] fuerte, a pleno pulmón

**full-time** [,fʊl'taɪm] Ⓐ ADJ [*employment*] a tiempo completo; [*employee*] que trabaja una jornada completa, que trabaja a tiempo completo; **he's a ~ musician** (= *professional*) es músico profesional; **a ~ job** un puesto de trabajo a

tiempo completo; **a ~ course** un curso de dedicación plena
Ⓑ ADV **to work ~** trabajar a tiempo completo

**fully** ['fʊlɪ] ADV [1] (= *completely*) **I was not ~ awake** no estaba completamente despierto, no estaba despierto del todo; **he was ~ aware of the problem** se daba perfecta cuenta del problema; **~ booked** todo reservado, completo; **~ dressed** completamente vestido; **I ~ expected to see you there** esperaba verte allí; **a ~ grown tiger** un tigre adulto; **I ~ intended to let you know** tenía la firme intención de decírtelo; **she is a ~ qualified swimming instructor** es profesora de natación diplomada; **when he has ~ recovered** cuando se haya recuperado completamente *or* del todo; **I don't ~ understand** no lo acabo de comprender, no lo entiendo del todo
[2] (= *at least*) por lo menos; **he earns ~ as much as I do** gana por lo menos lo mismo que yo; **it is ~ three miles** son por lo menos tres millas
[3] (= *in detail*) [*describe, explain*] con todo detalle; [*discuss*] a fondo
[4] (= *in full*) [*reimburse*] enteramente

**fully-fashioned** [,fʊlɪ'fæʃnd] ADJ [*stocking*] menguado, de costura francesa

**fully-fledged**, **full-fledged** (*US*) [,fʊlɪ'fledʒd] ADJ (*Brit*) [*bird*] adulto, en edad capaz de volar; (*fig*) hecho y derecho

**fully-paid share** [,fʊlɪpeɪd'ʃɛəʳ] N acción *f* liberada

**fulminate** ['fʊlmɪneɪt] VI (*frm*) **to ~ against** tronar contra

**fulmination** [,fʊlmɪ'neɪʃən] N (*frm*) invectiva *f*, filípica *f* (**against** contra)

**fulsome** ['fʊlsəm] ADJ (*pej*) [*praise*] excesivo, exagerado; [*manner*] obsequioso

**fumble** ['fʌmbl] Ⓐ VT (= *drop*) dejar caer; (= *handle badly*) manosear, coger *or* (*LAm*) agarrar con torpeza; **to ~ one's way along** ir a tientas
Ⓑ VI (*also* **~ about**) hurgar; **to ~ in one's pockets** hurgar en los bolsillos; **to ~ for sth** buscar algo con las manos; **to ~ for a word** titubear buscando una palabra; **to ~ with sth** manejar algo torpemente; **to ~ with a door** forcejear para abrir una puerta

**fume** [fju:m] Ⓐ VI [1] [*chemicals etc*] humear, echar humo
[2] (= *be furious*) estar furioso, echar humo; **to be fuming at** *or* **with sb** echar pestes de algn
Ⓑ **fumes** NPL (*gen*) humo *msing*, vapores *mpl*; (= *gas*) gases *mpl*

**fumigate** ['fju:mɪgeɪt] VT fumigar

**fumigation** [,fju:mɪ'geɪʃən] N fumigación *f*

**fun** [fʌn] Ⓐ N (= *enjoyment*) diversión *f*; (= *merriment*) alegría *f*; **it's great ~** es muy divertido; **he's great ~** es una persona muy divertida; **it's not much ~ for us** para nosotros no es nada divertido; **it's only his ~** está bromeando, te está tomando el pelo; **for** *or* **in ~** en broma; **to do sth for the ~ of it** hacer algo por divertirse; **~ and games** (= *lively behaviour*) travesuras *fpl*; (*fig*) (= *trouble*) jaleo *m*, bronca *f*; **she's been having ~ and games with the washing machine** ha tenido muchos problemas con la lavadora; **to have ~** divertirse; **have ~!** ¡que os divirtáis!, ¡que lo paséis bien!; **what ~ we had!** ¡qué bien lo pasamos!, ¡cómo nos divertimos!; **we had ~ with the passports** (*iro*) nos armamos un lío con los pasaportes; **to make ~ of sb** burlarse de algn, tomar el pelo a algn*; **to poke ~ at** burlarse de; **to spoil the ~** aguar la fiesta
Ⓑ ADJ (*) **it's a ~ thing** es para divertirse; **she's a ~ person** es una persona divertida
Ⓒ CPD ► **fun run** N maratón *m* corto (*de ciudad para los no atletas*)

**function** ['fʌŋkʃən] Ⓐ N [1] (= *purpose*) [*of machine, person*] función *f*; **it's not part of my ~ to** (+ INFIN) no me corresponde a mí + *infin*
[2] (= *reception*) recepción *f*; (= *official ceremony*) acto *m*
[3] (*Math*) función *f*
Ⓑ VI (= *operate*) funcionar, marchar; **to ~ as** hacer (las veces) de
Ⓒ CPD ► **function key** N tecla *f* de función ► **function word** N palabra *f* funcional

**functional** ['fʌŋkʃnəl] Ⓐ ADJ [*design, clothes*] funcional
Ⓑ CPD ► **functional analysis** N análisis *m inv* funcional

**functionalism** ['fʌŋkʃnəlɪzəm] N funcionalismo *m*

**functionalist** ['fʌŋkʃnəlɪst] (*frm*) Ⓐ ADJ funcionalista
Ⓑ N funcionalista *mf*

**functionary** ['fʌŋkʃənərɪ] N funcionario/a *m/f*

**fund** [fʌnd] Ⓐ N (*gen*) fondo *m*; (= *reserve*) reserva *f*; **funds** fondos *mpl*, recursos *mpl*; **to raise ~s** recaudar fondos; **to be in ~s** estar en fondos; **to be a ~ of information** ser una buena fuente de información; **to have a ~ of stories** saber un montón de historias
Ⓑ VT [+ *project*] financiar; [+ *debt*] consolidar

▼**fundamental** [,fʌndə'mentl] Ⓐ ADJ [1] (= *basic*) [*question, problem, principle*] fundamental; **they are being denied their ~ human rights** se les está privando de los derechos humanos fundamentales
[2] (= *profound, great*) [*change, difference*] fundamental; **it is a ~ mistake to think that ...** es un error fundamental pensar que ...
[3] (= *essential*) fundamental, esencial; **to be ~ to sth** ser fundamental *or* esencial para algo; **it is ~ to our understanding of the problem** es fundamental *or* esencial para que entendamos el problema
[4] (= *intrinsic*) [*honesty, good sense*] intrínseco
Ⓑ NPL **the ~s** los fundamentos, lo básico

**fundamentalism** [,fʌndə'mentəlɪzəm] N fundamentalismo *m*

**fundamentalist** [,fʌndə'mentəlɪst] Ⓐ ADJ fundamentalista, integrista
Ⓑ N fundamentalista *mf*, integrista *mf*

**fundamentally** [,fʌndə'mentəlɪ] ADV [1] (= *basically*) básicamente, en lo fundamental; **the situation remains ~ the same** básicamente *or* en lo fundamental, la situación no cambia; **~, your children are your responsibility** básicamente, sus hijos son responsabilidad suya; **he is still ~ optimistic about the situation** básicamente sigue sintiéndose optimista en cuanto a la situación
[2] (= *profoundly*) fundamentalmente; **their lifestyle is ~ different to ours** su forma de vida es fundamentalmente distinta a la nuestra; **there is something ~ wrong in what he says** hay un error fundamental en lo que dice; **it is ~ important that this project continues** es de vital importancia *or* es fundamental que el proyecto siga adelante
[3] (= *intrinsically*) intrínsecamente

**fund-holding GP** [,fʌndhəʊldɪŋdʒi:'pi:] N *médico de cabecera con responsabilidad sobre la gestión de fondos presupuestados para su zona*

**funding** ['fʌndɪŋ] N [1] (= *funds*) fondos *mpl*, finanzas *fpl*; (= *act of funding*) financiación *f*
[2] [*of debt*] consolidación *f*

**fund-raiser** ['fʌnd,reɪzəʳ] N recaudador(a) *m/f* de fondos

**fund-raising** ['fʌnd,reɪzɪŋ] N recaudación *f* de fondos

▼**funeral** ['fju:nərəl] Ⓐ N (= *burial*) funeral *m*, entierro *m*; (= *wake*) velatorio *m*; (= *service*) exequias *fpl*; **state ~** entierro *m or* funeral *m* con honores de estado; **that's your ~!*** ¡con tu pan te lo comas!
Ⓑ CPD ► **funeral cortège** N cortejo *m* fúnebre ► **funeral director** N director(a) *m/f* de funeraria ► **funeral home** N (*US*) = **funeral parlour** ► **funeral march** N marcha *f* fúnebre ► **funeral oration** N oración *f* fúnebre ► **funeral parlour** N funeraria *f* ► **funeral procession** N cortejo *m* fúnebre ► **funeral service** N exequias *fpl*

**funerary** ['fju:nərərɪ] ADJ (*frm*) [*monument*] funerario; [*ceremony*] fúnebre

**funereal** [fju:'nɪərɪəl] ADJ fúnebre, funéreo

**funfair** ['fʌnfɛəʳ] N (*Brit*) parque *m* de atracciones

**fungal** ['fʌŋgl] ADJ [*infection, disease*] micótico, de hongos

**fungi** ['fʌŋgaɪ] NPL *of* **fungus**

**fungicide** ['fʌŋgɪsaɪd] N fungicida *m*

**fungoid** ['fʌŋgɔɪd] ADJ parecido a un hongo, como un hongo; (*Med*) fungoide

**fungous** ['fʌŋgəs] ADJ fungoso

**fungus** ['fʌŋgəs] N (*pl* **fungi**) hongo *m*

**funicular railway** [fju:,nɪkjʊlə'reɪlweɪ] N funicular *m*

**funk** [fʌŋk] Ⓐ N [1] (*) (= *fear*) **to be in a (blue) ~** estar muerto de miedo
[2] (*Mus*) funk *m*
Ⓑ VT **to ~ it** rajarse; **to ~ doing something** dejar de hacer algo por miedo

**funky*** ['fʌŋkɪ] ADJ (*compar* **funkier**; *superl* **funkiest**) [*music*] vibrante, marchoso

**fun-loving** ['fʌn,lʌvɪŋ] ADJ amigo de diversiones

**funnel** ['fʌnl] Ⓐ N (*for pouring*) embudo *m*; [*of ship, steam engine etc*] chimenea *f*
Ⓑ VT [+ *traffic etc*] canalizar (**through** por); [+ *aid,finance*] encauzar, canalizar (**through** a través de)

**funnily** ['fʌnɪlɪ] ADV [1] (= *amusingly*) con gracia
[2] (= *oddly*) de forma extraña, de forma rara; **he was behaving rather ~ that day** ese día se estaba comportando de forma extraña *or* rara; **~ enough ...** aunque parezca extraño ...; **~ enough, it doesn't bother her at all** aunque parezca extraño, no le molesta en absoluto

**funny** ['fʌnɪ] Ⓐ ADJ (*compar* **funnier**; *superl* **funniest**) [1] (= *amusing*) [*person, joke, film, story*] gracioso; **you look so ~ in that costume** tienes una pinta graciosísima con ese disfraz; **it was so ~, I just couldn't stop laughing** era tan gracioso que no podía dejar de reírme; **he's trying to be ~** quiere hacerse el gracioso; **that's not ~** eso no tiene gracia
[2] (= *odd*) raro; **~! I thought he'd left** ¡qué raro! creía que ya se había marchado; **it strikes me as ~** *or* **I find it ~ that ...** me extraña que + *subjun*, me parece raro que + *subjun*; **(it's) ~ you should say that** qué curioso que digas eso; **there's something ~ going on here** aquí hay gato encerrado; **he's ~ that way** tiene esa manía; **I feel ~** (= *unwell*) no me encuentro muy bien; **it felt ~ going there on my own** se me hizo extraño ir allí solo; **I have the ~ feeling I'm going to regret this** tengo la extraña sensación de que me voy a arrepentir de esto; **I've got a ~ feeling in my stomach** tengo una sensación rara en el estómago; **he must be ~ in the head** tiene que estar ido *or* tocado de la cabeza;

➤ LANGUAGE IN USE: fundamental A1 26.1 funeral A 24.5

**children get some very ~ ideas sometimes!** ¡a los niños se les ocurre a veces cada idea!; **this smells/tastes ~** esto huele/sabe raro; **the ~ thing about it is that ...** lo curioso *or* extraño del caso es que ...; ✦**IDIOM ~ peculiar or ~ ha-ha?*** ¿extraño o divertido?
Ⓑ N **the funnies** (*US*) las tiras cómicas
Ⓒ CPD ► **funny bone** N hueso *m* del codo; **the show seems to have tickled everyone's ~bone** (*fig*) el programa parece haberle hecho gracia a todo el mundo ► **funny business** N tejemanejes* *mpl*; **don't try any ~ business** nada de tejemanejes* ► **funny farm*** N (*hum*) loquero* *m* ► **funny man** N cómico *m* ► **funny money*** N (= *large sum*) una millonada; (= *counterfeit money*) dinero *m* falso; (= *ill-gotten money*) dinero *m* mal habido

**fur** [fɜːʳ] Ⓐ N [1] [*of animal*] pelo *m*, pelaje *m*; (= *single skin*) piel *f*; (= *coat*) abrigo *m* de pieles
[2] (*in kettle*) sarro *m*
[3] (*on tongue*) saburra *f*
Ⓑ VI [*kettle etc*] (*also* **~ up**) cubrirse de sarro, formar sarro
Ⓒ CPD ► **fur coat** N abrigo *m* de pieles

**furbish** [ˈfɜːbɪʃ] VT **to ~ up** renovar, restaurar

**furious** [ˈfjʊərɪəs] ADJ [1] (= *angry*) [*person, reaction*] furioso; **to be ~ (with sb)** estar furioso (con algn); **she'll be ~ if she finds out** se va a poner furiosa si se entera; **to get ~** ponerse furioso
[2] (= *violent, unrestrained*) [*argument, struggle*] violento; [*activity*] frenético; [*pace, speed*] vertiginoso; [*storm, sea*] furioso; *see also* **fast[1] A1**

**furiously** [ˈfjʊərɪəslɪ] ADV [1] (= *angrily*) con furia, furiosamente
[2] (= *violently, energetically*) [*work, write*] frenéticamente; **he was silent, his mind working ~** estaba callado, su cerebro trabajando frenéticamente

**furl** [fɜːl] VT (*Naut*) aferrar; [+ *wings*] recoger

**furlong** [ˈfɜːlɒŋ] N estadio *m* (*octava parte de una milla*)

**furlough** [ˈfɜːləʊ] N (*US*) permiso *m*

**furnace** [ˈfɜːnɪs] N horno *m*; **the room was like a ~** la habitación era un horno

**furnish** [ˈfɜːnɪʃ] VT [1] [+ *room, house*] amueblar (**with** con); **~ing fabric** tela *f* para revestir muebles; **~ed flat** piso *m* amueblado, departamento *m* amoblado (*LAm*)
[2] (= *provide*) [+ *excuse, information*] proporcionar, facilitar; [+ *proof*] aducir; **to ~ sb with sth** [+ *supplies*] proveer a algn de algo; [+ *opportunity*] dar *or* proporcionar algo a algn

**furnishings** [ˈfɜːnɪʃɪŋz] NPL muebles *mpl*, mobiliario *msing*

**furniture** [ˈfɜːnɪtʃəʳ] Ⓐ N muebles *mpl*, mobiliario *m*; **a piece of ~** un mueble; **part of the ~*** (*fig*) parte *f* de la casa *or* del mobiliario
Ⓑ CPD ► **furniture mover** N (*US*) = **furniture remover** ► **furniture polish** N cera *f* para muebles ► **furniture remover** N compañía *f* de mudanzas ► **furniture shop** N tienda *f* de muebles ► **furniture van** N camión *m* de mudanzas

**furore** [fjʊəˈrɔːrɪ], **furor** (*US*) [ˈfjʊərɔːʳ] N (= *protests*) ola *f* de protestas, escándalo *m*; (= *excitement*) ola *f* de entusiasmo

**furrier** [ˈfʌrɪəʳ] N peletero/a *m/f*; **~'s (shop)** peletería *f*

**furrow** [ˈfʌrəʊ] Ⓐ N (*Agr*) surco *m*; (*on forehead*) arruga *f*; ✦**IDIOM to plough a lonely ~** ser el único en estudiar algo
Ⓑ VT [+ *forehead*] arrugar
Ⓒ VI arrugarse; **his brow ~ed** frunció el ceño

**furrowed** [ˈfʌrəʊd] ADJ **with ~ brow** con ceño fruncido

**furry** [ˈfɜːrɪ] Ⓐ ADJ [*animal*] peludo; [*teddy bear*] de peluche
Ⓑ CPD ► **furry dice** NPL (*Brit*) dados *mpl* afelpados (*tipo de colgante para el coche*) ► **furry toy** N (juguete *m* de) peluche *m*

**further** [ˈfɜːðəʳ] Ⓐ ADV COMPAR *of* **far** [1] (*in distance*) **how much ~ is it?** ¿cuánto camino nos queda?; **have you much ~ to go?** ¿le queda mucho camino por hacer?; **let's go ~ north/south** vayamos más al norte/sur; **his car was parked ~ along** su coche estaba aparcado un poco más arriba/abajo; **a crowd was gathering ~ along the street** se estaba congregando una multitud de gente calle arriba/abajo; **we were too tired to go any ~ that day** estábamos demasiado cansados para continuar ese día; **move it ~ away** apártalo un poco más; **we live ~ away from the city centre** vivimos más lejos del centro de la ciudad; **~ back** más atrás; **I think it's ~ down the road** creo que está bajando un poco más la calle; **I was visiting a friend ~ down the street** estaba visitando a un amigo que vive bajando un poco la calle; **I don't think we want to go any ~ down that road** (*fig*) no creo que sea prudente seguir por ese camino (*fig*); **I need to be a bit ~ forward** tengo que ponerme un poco más para delante; **nothing was ~ from my thoughts** nada más lejos de mi intención; **I sank even ~ in** me hundí aún más; **~ on** más adelante; **the track ended a mile ~ on** el camino terminaba una milla más adelante; **the boat drifted ~ out to sea** la barca iba siendo arrastrada mar adentro; **~ to the south** más al sur; **we decided to go ~ up the track** decidimos seguir avanzando por el camino
[2] (*in time*) **let's look a little ~ ahead** miremos un poco más adelante; **I never plan anything ~ than a week ahead** nunca planeo nada con más de una semana de antelación; **there is evidence of this even ~ back in history** incluso más antiguamente se ven evidencias de esto; **records go no ~ back than 1960** los archivos sólo se remontan a 1960
[3] (= *in progress*) **you'll get ~ with her if you're polite** conseguirás más si se lo pides educadamente; **I got no ~ with him** (*in questioning*) no pude sacarle nada más; **we need to go ~ and address the issues** tenemos que ir más allá y proponer soluciones a los problemas; **he went ~, claiming the man had attacked him** no se quedó ahí, sino que aseguró que el hombre lo había atacado; **this mustn't go any ~** [*confidential matter*] esto que no pase de aquí; **to go ~ into a matter** estudiar una cosa más a fondo; **~ on in this chapter** más adelante en este capítulo; **I think we should take this matter ~** creo que deberíamos proseguir con este asunto
[4] (= *more*) más; **they questioned us ~** nos hicieron más preguntas; **this will ~ damage the country's image** esto va a perjudicar más la imagen del país; **I heard nothing ~ from them** no supe más de ellos; **don't trouble yourself any ~** no se moleste más
[5] (= *in addition*) además; **and I ~ believe that ...** y creo además que ...
[6] (*Comm*) (*in correspondence*) **~ to your letter of the 7th** con *or* en relación a su carta del 7
Ⓑ ADJ COMPAR *of* **far** (= *additional*) más; **I have no ~ comment to make** no tengo nada más que añadir; **after ~ consideration** tras considerarlo más detenidamente; **without ~ delay** sin más demora; **please send me ~ details of your products** le ruego me envíen más información con respecto a sus productos; **we have no ~ need of your services** ya no necesitamos sus servicios; **until ~ notice** hasta nuevo aviso; **he was detained for ~ questioning** lo retuvieron para someterle a un nuevo interrogatorio; **recommendations for ~ reading** sugerencias de lecturas complementarias *or* adicionales
Ⓒ VT (= *promote*) [+ *cause, aim, understanding, career*] promover, fomentar; **she was accused of ~ing her own interests** la acusaron de actuar en beneficio de sus propios intereses
Ⓓ CPD ► **further education** N educación *f* superior, educación *f* postescolar

**furtherance** [ˈfɜːðərəns] N promoción *f*, fomento *m*

**furthermore** [ˈfɜːðɜːˈmɔːʳ] ADV además

**furthermost** [ˈfɜːðəməʊst] ADJ más lejano

**furthest** [ˈfɜːðɪst] Ⓐ ADV SUPERL *of* **far** [1] (*in distance*) más lejos; **who has the ~ to go home?** ¿quién es el que vive más lejos?; **that's the ~ that anyone has gone** ése es el punto más lejano al que se ha llegado
[2] (*in progress*) **that was the ~ the club had ever gone** eso era lo máximo a lo que el club había llegado; **Poland has taken these ideas ~** Polonia ha sido el país que más ha desarrollado estas ideas
[3] (= *most*) más; **prices have fallen ~ in the south of England** donde más han bajado los precios ha sido en el sur de Inglaterra
Ⓑ ADJ más lejano; **the ~ point** el punto más lejano; **the seat ~ from the window** el asiento que más lejos está de la ventana; **the ~ recesses of the mind** los recovecos más olvidados de la mente

**furtive** [ˈfɜːtɪv] ADJ [*glance, action*] furtivo; [*person*] sospechoso

**furtively** [ˈfɜːtɪvlɪ] ADV furtivamente

**fury** [ˈfjʊərɪ] N [*of person*] furia *f*, furor *m*; [*of storm etc*] furia *f*; **to be in a ~** estar furioso; **she flew into a ~** se puso furiosa; **she worked herself up into a ~** montó en cólera; **like ~*** con encono; **the Furies** las Furias

**furze** [fɜːz] N aulaga *f*, tojo *m*

**fuse**, **fuze** (*US*) [fjuːz] Ⓐ N [1] (*Elec*) plomo *m*, fusible *m*; **to blow a ~** [*equipment*] fundirse un fusible; [*person*] salirse de sus casillas; **there's been a ~ somewhere** ◊ **a ~ has blown somewhere** un fusible se ha fundido en algún sitio
[2] [*of bomb*] (= *cord*) mecha *f*; (= *detonating device*) espoleta *f*; ✦**IDIOM he has a very short ~*** tiene un genio muy vivo
Ⓑ VT [1] [+ *lights, television etc*] fundir
[2] [+ *metals*] fundir
Ⓒ VI [1] (*Elec*) **the lights have ~d** se han fundido los plomos
[2] [*metals*] fundirse
Ⓓ CPD ► **fuse box** N caja *f* de fusibles ► **fuse wire** N hilo *m* fusible

**fused** [fjuːzd] Ⓐ ADJ (*Elec*) con fusible
Ⓑ CPD ► **fused plug** N enchufe *m* con fusible

**fuselage** [ˈfjuːzəlɑːʒ] N fuselaje *m*

**fusilier** [ˌfjuːzɪˈlɪəʳ] N (*Brit*) fusilero *m*

**fusillade** [ˌfjuːzɪˈleɪd] N (*lit*) descarga *f* cerrada; (*fig*) lluvia *f*

**fusion** [ˈfjuːʒən] N [*of metals, fig*] fusión *f*

**fuss** [fʌs] Ⓐ N [1] (= *complaints, arguments*) escándalo *m*, alboroto *m*; **to make** *or* **kick up a ~ about sth** armar un escándalo por algo, armar un lío *or* un follón por algo*; **he's always making a ~ about nothing** siempre monta el número por cualquier tontería*; **I think you**

**were quite right to make a ~** creo que hiciste bien en protestar; **there's no need to make such a ~** no hay por qué ponerse así, no es para tanto
2 (= *anxious preparations etc*) conmoción *f*, bulla *f*; **a lot of ~ about nothing** mucho ruido y pocas nueces; **such a ~ to get a passport!** ¡tanta lata para conseguir un pasaporte!*; **what's all the ~ about?** ¿a qué viene tanto jaleo?
3 **to make a ~ of sb** (*Brit*) (= *spoil*) mimar *or* consentir a algn
Ⓑ VI preocuparse por pequeñeces
Ⓒ VT [+ *person*] molestar, fastidiar; **don't ~ me!** ¡deja ya de fastidiarme!
►**fuss about, fuss around** VI + ADV (= *busy o.s.*) andar de acá para allá; (= *worry unnecessarily*) preocuparse por pequeñeces
►**fuss over** VI + PREP [+ *person*] consentir a

**fussbudget*** ['fʌs,bʌdʒɪt] N (*US*) = **fusspot**

**fussed*** [fʌst] ADJ (*Brit*) **I'm not ~** me da igual, me da lo mismo; **I'm not ~ about going to the party** me da igual *or* lo mismo ir a la fiesta que no

**fussily** ['fʌsɪlɪ] ADV 1 (= *demandingly*) (*pej*) quisquillosamente; (= *scrupulously*) meticulosamente, escrupulosamente
2 (= *elaborately*) [*designed, dressed*] de manera recargada
3 (= *nervously*) nerviosamente

**fussiness** ['fʌsɪnɪs] N 1 (= *exacting nature*) 1·1 (*pej*) **his ~ about food is driving me mad** sus mañías para la comida me están volviendo loco
1·2 (= *scrupulousness*) meticulosidad *f*, escrupulosidad *f*; **~ about details is an asset in this job** la meticulosidad *or* escrupulosidad en los detalles es un punto a favor para este puesto
2 (= *elaborateness*) [*of design, clothes*] lo recargado

**fusspot*** ['fʌspɒt] N quisquilloso/a *m/f*

**fussy** ['fʌsɪ] ADJ (*compar* **fussier**; *superl* **fussiest**)
1 (= *exacting*) [*person*] 1·1 (*pej*) quisquilloso; **they'll think you're ~ if you ring them** van a creer que eres quisquilloso *or* difícil si les llamas; **children are often ~ eaters** los niños son a menudo quisquillosos *or* especiales para la comida
1·2 (= *scrupulous*) **he's very ~ about detail** es muy escrupuloso *or* meticuloso con los detalles
1·3 (= *selective*) selectivo; **I'm very ~ about the parts I take on** soy muy selectivo a la hora de elegir papeles, no elijo cualquier papel; **I'm very ~ about what I wear** soy muy especial a la hora de vestir; **I'm not ~*** me da igual, me da lo mismo
2 (= *elaborate*) [*design, clothes*] recargado, con muchos ringorrangos*
3 (= *nervous*) [*manner*] nervioso

**fusty** ['fʌstɪ] ADJ (*compar* **fustier**; *superl* **fustiest**) rancio; [*air*] viciado; [*room*] que huele a cerrado

**futile** ['fju:taɪl] ADJ [*attempt*] vano; [*suggestion*] fútil

**futility** [fju:'tɪlɪtɪ] N inutilidad *f*, lo inútil

**futon** ['fu:tɒn] N futón *m*

**future** ['fju:tʃəʳ] Ⓐ ADJ 1 [*husband, generations*] futuro; [*plans*] para el futuro; **at some ~ date** *or* **time** en un futuro; **his ~ prospects are bleak** sus perspectivas de futuro no son nada halagüeñas; **in ~ years** en los años venideros; *see also* **reference**
2 (*Gram*) **the ~ perfect** el futuro perfecto; **the ~ tense** el futuro
Ⓑ N 1 futuro *m*; **who knows what the ~ holds?** ¿quién sabe lo que nos depara el futuro?; **they see schoolchildren as their customers of the ~** ven a los niños en edad escolar como sus clientes del futuro; **we must look to the ~** tenemos que mirar al futuro; **in ~** de ahora en adelante; **in the ~** en el futuro; **in the near ~** en un futuro próximo *or* cercano; **in the not too distant ~** en un futuro no muy lejano
2 (= *prospects*) futuro *m*, porvenir *m*; **her ~ is assured** tiene el futuro *or* el porvenir asegurado; **he believes his ~ lies in comedy** piensa que su futuro *or* su porvenir está en la comedia; **there's no ~ in it** no tiene futuro
3 (*Gram*) futuro *m*; **in the ~** en futuro
4 **futures** (*Fin*) futuros *mpl*
Ⓒ CPD ► **the futures market** N (*Fin*) el mercado de futuros

**futurism** ['fju:tʃərɪzəm] N futurismo *m*

**futurist** ['fju:tʃərɪst] N 1 (*esp US*) (= *futurologist*) futurólogo/a *m/f*
2 (*Art*) futurista *mf*

**futuristic** [,fju:tʃə'rɪstɪk] ADJ [*painting, design*] futurista

**futurologist** [,fju:tʃər'ɒlədʒɪst] N futurólogo/a *m/f*

**futurology** [,fju:tʃər'ɒlədʒɪ] N futurología *f*

**fuze** [fju:z] N (*US*) = **fuse**

**fuzz** [fʌz] N 1 (*on chin*) vello *m*; (= *fluff*) pelusa *f*
2 **the ~**‡ la poli*, la pasma (*Sp*‡), los tiras (*Chile*‡)

**fuzzily** ['fʌzɪlɪ] ADV 1 (= *hazily*) borrosamente
2 (= *confusedly*) confusamente

**fuzzy** [fʌzɪ] Ⓐ ADJ (*compar* **fuzzier**; *superl* **fuzziest**) 1 [*hair*] rizado; [*material*] velloso
2 (= *blurred*) [*photo, memory*] borroso; [*ideas, thinking*] confuso
Ⓑ CPD ► **fuzzy logic** N (*Comput*) lógica *f* difusa, lógica *f* borrosa

**fwd** ABBR (*esp Comm*) = **forward**

**f-word** ['ef,wɜ:d] N **to say the ~** (*euph of "fuck"*) decir "jo...roba"

**fwy** ABBR (*US*) = **freeway**

**FX*** NPL ABBR (*Cine*) = **special effects**

**FY** ABBR = **fiscal year**

**FYI** ABBR = **for your information**

# G g

**G, g**[1] [dʒiː] Ⓐ N [1] (= *letter*) G, g *f*; **G for George** G de Gerona
[2] (*Mus*) **G** sol *m*; **G major/minor** sol mayor/menor; **G sharp/flat** sol sostenido/bemol
Ⓑ ABBR [1] (*Scol*) (= *mark*) (= **Good**) N
[2] (*US Cine*) (= **general audience**) todos los públicos
[3] (‡) = **grand** (*Brit*) mil libras *fpl*; (*US*) mil dólares *mpl*

**g**[2] Ⓐ ABBR (= **gram(s), gramme(s)**) g, gr.
Ⓑ N ABBR (= **gravity**) g; **G-force** fuerza *f* de la gravedad

**GA** ABBR (*US*) = **Georgia**

**g.a.** ABBR = **general average**

**GAB** N ABBR = **General Arrangements to Borrow**

**gab*** [gæb] Ⓐ N ✦*IDIOM* **to have the gift of the ~** tener mucha labia, tener un pico de oro
Ⓑ VI (= *chatter*) parlotear, cotorrear

**gabardine** [ˌgæbəˈdiːn] N = **gaberdine**

**gabble** [ˈgæbl] Ⓐ N torrente *m* de palabras ininteligibles
Ⓑ VT farfullar
Ⓒ VI hablar atropelladamente; **they were gabbling away in French** parloteaban en francés

**gabby‡** [ˈgæbɪ] ADJ hablador, locuaz

**gaberdine** [ˌgæbəˈdiːn] N (= *cloth, raincoat*) gabardina *f*

**gable** [ˈgeɪbl] Ⓐ N aguilón *m*, gablete *m*
Ⓑ CPD ► **gable end** N hastial *m* ► **gable roof** N tejado *m* de dos aguas

**gabled** [ˈgeɪbld] ADJ [*houses, roofs*] (con tejado) a dos aguas

**Gabon** [gəˈbɒn] N Gabón *m*

**Gabriel** [ˈgeɪbrɪəl] N Gabriel

**gad**[1] [gæd] VI **to ~ about** callejear, salir de picos pardos

**gad**[2]†* [gæd] EXCL (*also* **by ~**) ¡cáspita!

**gadabout** [ˈgædəbaʊt] N azotacalles *mf inv*, pindonga* *f*

**gadfly** [ˈgædflaɪ] N tábano *m*

**gadget** [ˈgædʒɪt] N (= *little thing*) artilugio *m*, chisme *m*; (= *device*) aparato *m*

**gadgetry** [ˈgædʒɪtrɪ] N chismes *mpl*, aparatos *mpl*

**gadolinium** [ˌgædəˈlɪnɪəm] N gadolinio *m*

**gadwall** [ˈgædwɔːl] N ánade *m* friso

**Gael** [geɪl] N gaélico/a *m/f*

**Gaelic** [ˈgeɪlɪk] Ⓐ ADJ gaélico
Ⓑ N (*Ling*) gaélico *m*
Ⓒ CPD ► **Gaelic coffee** N café *m* irlandés

**gaff**[1] [gæf] Ⓐ N (*Fishing*) (= *harpoon*) arpón *m*, garfio *m*
Ⓑ VT arponear, enganchar

**gaff**[2]‡ [gæf] N (*Brit*) (= *home*) casa *f*

**gaff**[3] [gæf] N ✦*IDIOM* **to blow the ~*** irse de la lengua, descubrir el pastel

**gaffe** [gæf] N plancha *f* (*Sp*), metedura *f or* (*LAm*) metida *f* de pata; **to make a ~** meter la pata, tirarse una plancha (*Sp*)

**gaffer** [ˈgæfəʳ] N [1] (= *old man*) vejete* *m*
[2] (*Brit*) (= *foreman*) capataz *m*; (= *boss*) jefe *m*
[3] (*Cine, TV*) iluminista *mf*

**gag** [gæg] Ⓐ N [1] (*over mouth*) mordaza *f*; (*Parl*) clausura *f*; **the new law will effectively put a ~ on the free press** en efecto la nueva ley va a poner una mordaza a la prensa libre
[2] (= *joke*) chiste *m*; (= *hoax*) broma *f*; (= *gimmick*) truco *m* publicitario; **it's a ~ to raise funds** es un truco para recaudar fondos
Ⓑ VT [+ *prisoner*] amordazar; (*fig*) amordazar, hacer callar; (*Parl*) clausurar
Ⓒ VI (= *retch*) tener arcadas; **to ~ on** [+ *food*] atragantarse con; ✦*IDIOM* **to be ~ging for it‡** estar calentón *or* cachondo‡

**gaga*** [ˈgɑːˈgɑː] ADJ gagá, lelo, chocho; **to go ~** ◊ **be going ~** (= *senile*) chochear; (= *ecstatic*) caérsele a algn la baba

**gage** [geɪdʒ] N, VT (*US*) = **gauge**

**gaggle** [ˈgægl] N [*of geese*] manada *f*; (*hum*) [*of people*] pandilla *f*, grupo *m*

**gaiety** [ˈgeɪɪtɪ] N [1] [*of occasion, person*] alegría *f*
[2] [*of dress, costumes*] colorido *m*, vistosidad *f*

**gaily** [ˈgeɪlɪ] ADV [1] (= *brightly*) [*dressed, decorated*] vistosamente, alegremente; **~ coloured cushions** cojines de vistosos *or* alegres colores; **~ painted barges** barcazas pintadas con alegres colores
[2] (= *cheerfully*) [*chatter, sing*] alegremente
[3] (= *thoughtlessly*) alegremente, como si tal cosa; **people who ~ fritter away their time** gente que malgasta alegremente el tiempo *or* que malgasta el tiempo como si tal cosa; **she ~ admitted that she had lied** admitió alegremente que había mentido, admitió que había mentido como si tal cosa

**gain** [geɪn] Ⓐ VT [1] (= *obtain, win*) [+ *respect*] ganarse; [+ *approval, support, supporters*] conseguir; [+ *experience*] adquirir, obtener; [+ *freedom*] obtener, conseguir; [+ *popularity, time*] ganar; [+ *friends*] hacerse; [+ *qualification*] obtener; **what do you hope to ~ by it?** ¿qué provecho esperas sacar con esto?, ¿qué esperas ganar *or* conseguir con esto?; **there is nothing to be ~ed by feeling bitter** no se gana *or* consigue nada guardando rencores; **he had nothing to ~ by lying to me** no iba a ganar *or* conseguir nada mintiéndome; **Serbia's newly ~ed territories** los territorios recientemente adquiridos por Serbia; **to ~ an <u>advantage</u> over sb** sacar ventaja a algn; **to ~ <u>confidence</u>** adquirir confianza; **to ~ sb's confidence** ◊ **~ the confidence of sb** ganar(se) la confianza de algn; **to ~ <u>control</u> of sth** hacerse con el control de algo; **Kenya ~ed <u>independence</u> from Great Britain in 1963** Kenia obtuvo *or* consiguió la independencia de Gran Bretaña en 1963; **my daughter has just ~ed a <u>place</u> at university** mi hija acaba de obtener una plaza en la universidad; **Jones ~ed <u>possession</u> of the ball** Jones se hizo con el balón; **Labour has ~ed three <u>seats</u> from the Conservatives** los laboristas les han arrebatado tres escaños a los conservadores; *see also* **access, entry, ground, hand A11**
[2] (= *increase*) **the shares have ~ed four points** las acciones han aumentado *or* subido cuatro enteros; **my watch has ~ed five minutes** mi reloj se ha adelantado cinco minutos; **to ~ <u>speed</u>** ganar *or* cobrar velocidad; **to ~ <u>strength</u>** (*physically*) cobrar fuerzas; (*mentally*) hacerse más fuerte; **to ~ <u>weight</u>** engordar, aumentar de peso; **I've ~ed three kilos** he engordado tres kilos
[3] (= *arrive at*) llegar a; **the steamer ~ed port** el vapor llegó a puerto
Ⓑ VI [1] (= *profit*) **to ~ <u>by/from</u> sth** beneficiarse de algo; **who would ~ by *or* from his death?** ¿quién iba a beneficiarse de su muerte?; **no one ~s by putting others down** nadie sale beneficiando humillando a los demás; **I ~ed immensely from the experience** me beneficié mucho de la experiencia, saqué mucho provecho de la experiencia; *see also* **stand C11**
[2] (= *advance*) [*watch*] adelantarse; [*runner*] ganar terreno
[3] (= *increase, improve*) [*shares*] aumentar de valor, subir; **to ~ <u>in</u> sth**: **to ~ in popularity** adquirir mayor popularidad; **to ~ in prestige** ganar prestigio; **his reputation ~ed in stature** su reputación aumentó *or* creció
Ⓒ N [1] (= *increase*) aumento *m*; **a ~ <u>in</u> weight** un aumento de peso; **Labour <u>made</u> ~s in the South** los laboristas ganaron terreno en el sur; **the effect of a <u>modest</u> ~ in the pound** el efecto de una pequeña subida en la libra; **a ~ <u>of</u> eight per cent** un aumento *or* una subida del ocho por ciento; **their shares showed a <u>three-point</u> ~** sus acciones experimentaron una subida de tres enteros; **<u>productivity</u> ~s** aumentos *mpl* en la productividad; *see also* **weight C**
[2] (= *benefit, advantage*) beneficio *m*; **they are using the situation for <u>personal/political</u> ~** están utilizando la situación en beneficio propio/para ganar terreno político; ✦*IDIOM* **their loss is our ~** ellos pierden y nosotros ganamos
[3] (*Fin*) (= *profit*) ganancia *f*, beneficio *m*; **the company reported <u>pre-tax</u> ~s of £759 million** la compañía anunció haber obtenido

unos beneficios *or* unas ganancias brutas de 759 millones de libras; *see also* **capital C**

►**gain (up)on** VI + PREP **to ~ on sb** (*in polls*) ganar terreno a algn; (*in race*) alcanzar a algn; **the police car was ~ing on us fast** el coche de la policía nos estaba alcanzando rápidamente

**gainer** ['geɪnəʳ] N **to be the ~** salir ganando

**gainful** ['geɪnfʊl] ADJ [*employment*] remunerado, retribuido

**gainfully** ['geɪnfʊlɪ] ADV **to be ~ employed** tener un trabajo retribuido *or* remunerado; **there was nothing that could ~ be said** no podía decirse nada que pudiera ser de utilidad

**gainsay** [ˌgeɪn'seɪ] (*pt, pp* **gainsaid**) VT (*liter*) contradecir, negar; **it cannot be gainsaid** es innegable

**gait** [geɪt] N paso *m*, modo *m* de andar

**gaiter** ['geɪtəʳ] N polaina *f*

**gal*** [gæl] N = **girl**

**gal.** ABBR (*pl* **gal.** *or* **gals.**) = **gallon(s)**

**gala** ['gɑːlə] Ⓐ N (= *festive occasion*) fiesta *f*; (*Sport*) festival *m*; **swimming ~** festival *m* de natación

Ⓑ CPD ► **gala day** N día *m* de gala ► **gala performance** N función *f* de gala

**galactic** [gə'læktɪk] ADJ (*Astron*) galáctico; (*Med*) lácteo

**Galapagos Islands** [gə'læpəgəsˌaɪləndz] NPL Islas *fpl* (de los) Galápagos

**Galatians** [gə'leɪʃənz] NPL Galateos *mpl*

**galaxy** ['gæləksɪ] N (*Astron*) galaxia *f*; (*fig*) constelación *f*, pléyade *f*

**gale** [geɪl] Ⓐ N (= *strong wind*) vendaval *m*, viento *m* fuerte; (= *storm*) (*on land*) temporal *m*; (*at sea*) temporal *m*, tempestad *f*; **~ force ten** vientos *mpl* de fuerza diez; **it was blowing a ~ that night** aquella noche había vendaval, aquella noche soplaban vientos fuertes; *see also* **gale-force**

Ⓑ CPD ► **gale warning** N aviso *m* de temporal

**gale-force** ['geɪlfɔːs] ADJ **~ winds** vientos *mpl* huracanados; *see also* **gale**

**Galen** ['geɪlən] N Galeno

**Galicia** [gə'lɪʃɪə] N [1] (*Spain*) Galicia *f*

[2] (*Central Europe*) Galitzia *f*

**Galician** [gə'lɪʃɪən] Ⓐ ADJ gallego

Ⓑ N [1] (= *person*) gallego/a *m/f*

[2] (*Ling*) gallego *m*

**Galilean** [ˌgælɪ'liːən] Ⓐ ADJ (*Bible, Geog*) galileo; (*Astron*) galileico

Ⓑ N galileo/a *m/f*; **the ~** (*Bible*) el Galileo

**Galilee** ['gælɪliː] N Galilea *f*

**gall** [gɔːl] Ⓐ N [1] (*Anat*) bilis *f*, hiel *f*

[2] (*Bot*) agalla *f*; (*on animal*) matadura *f*

[3] (*fig*) (= *bitterness*) hiel *f*; (*) (= *cheek*) descaro *m*; **she had the ~ to say that** tuvo el descaro de decir eso

Ⓑ VT molestar, dar rabia a

Ⓒ CPD ► **gall bladder** N vesícula *f* biliar

**gall.** ABBR (*pl* **gall.** *or* **galls.**) = **gallon(s)**

**gallant**† Ⓐ ['gælənt] ADJ [1] (= *brave*) [*warrior, officer*] gallardo; [*effort*] valiente, noble

[2] (= *courteous*) galante, cortés

Ⓑ [gə'lænt] N galán *m*

**gallantly** ['gæləntlɪ] ADV [1] (= *bravely*) valientemente, valerosamente

[2] (= *courteously*) galantemente, cortésmente

**gallantry**† ['gæləntrɪ] N [1] (= *bravery*) valor *m*, valentía *f*

[2] (= *courtesy*) galantería *f*, cortesía *f*; **gallantries** galanterías *fpl*

**galleon** ['gælɪən] N galeón *m*

**gallery** ['gælərɪ] N (*gen*) galería *f* (*also Min, Theat*); (*for spectators*) tribuna *f*; (= *art gallery*) (*state owned*) museo *m* de arte; (*private*) galería *f* de arte; ✦*IDIOM* **to play to the ~** actuar para la galería

**galley** ['gælɪ] Ⓐ N [1] (= *ship*) galera *f*

[2] (= *ship's kitchen*) cocina *f*, fogón *m*

[3] (*Typ*) galerada *f*, galera *f*

Ⓑ CPD ► **galley proof** N (*Typ*) galerada *f* ► **galley slave** N galeote *m*

**Gallic** ['gælɪk] ADJ (= *of Gaul*) galo; (= *French*) francés

**gallicism** ['gælɪsɪzəm] N galicismo *m*

**galling** ['gɔːlɪŋ] ADJ mortificante

**gallium** ['gælɪəm] N galio *m*

**gallivant** [ˌgælɪ'vænt] VI = **gad**[1]

**gallon** ['gælən] N galón *m* (*Brit = 4,546 litros; US = 3,785 litros*); → IMPERIAL SYSTEM

**gallop** ['gæləp] Ⓐ N (= *pace*) galope *m*; (= *distance covered*) galopada *f*; **at a ~** al galope; **at full ~** a galope tendido; **to break into a ~** ponerse a galopar

Ⓑ VI [*horse*] galopar; **to ~ up/off** llegar/alejarse al galope; **to ~ past** pasar al galope; (*in procession*) desfilar al galope; **he ~ed through his homework** terminó sus deberes a la carrera

Ⓒ VT hacer galopar

**galloping** ['gæləpɪŋ] ADJ **~ consumption** (*Med*) tisis *f* galopante; **~ inflation** inflación *f* galopante

**gallows** ['gæləʊz] Ⓐ NSING (*pl* **gallowses** *or* **gallows**) horca *f*

Ⓑ CPD ► **gallows humour** N (*fig*) humor *m* negro *or* macabro

**gallstone** ['gɔːlstəʊn] N cálculo *m* biliar

**Gallup poll** ['gæləpˌpəʊl] N sondeo *m or* encuesta *f* Gallup

**galoot*** [gə'luːt] N (*esp US*) zoquete* *mf*

**galore** [gə'lɔːʳ] ADV en cantidad, a porrillo*; **bargains ~** gangas *fpl* a porrillo* *or* en cantidad

**galosh** [gə'lɒʃ] N chanclo *m* (de goma)

**galumph*** [gə'lʌmf] VI (*hum*) brincar alegre pero torpemente, brincar como un elefante contento

**galvanic** [gæl'vænɪk] ADJ galvánico

**galvanism** ['gælvənɪzəm] N galvanismo *m*

**galvanize** ['gælvənaɪz] VT [1] [+ *metal*] galvanizar

[2] (*fig*) **to ~ sb into action** mover a algn para que actúe; **to ~ sb into life** sacar a algn de su abstracción

**galvanized** ['gælvənaɪzd] ADJ galvanizado

**galvanizing** ['gælvənaɪzɪŋ] ADJ [*influence, force*] galvanizante; [*performance*] electrizante

**galvanometer** [ˌgælvə'nɒmɪtəʳ] N galvanómetro *m*

**Gambia** ['gæmbɪə] N **(the) ~** Gambia *f*

**Gambian** ['gæmbɪən] Ⓐ ADJ gambiano

Ⓑ N gambiano/a *m/f*

**gambit** ['gæmbɪt] N (*Chess*) gambito *m*; (*fig*) táctica *f*; **opening ~** (*fig*) estrategia *f* inicial

**gamble** ['gæmbl] Ⓐ N (= *risk*) riesgo *m*; (= *bet*) apuesta *f*; **life's a ~** la vida es una lotería; **the ~ came off** la jugada salió bien; **to have a ~ on** [+ *horse*] jugar dinero a, apostar a; [+ *Stock Exchange*] jugar a; **to take a ~** arriesgarse

Ⓑ VT [+ *money*] jugar, apostar; [+ *one's life*] arriesgar; **to ~ everything/one's future (on sth)** jugarse todo/el porvenir (a algo)

Ⓒ VI (= *bet money*) jugar, apostar; (= *take a chance*) jugársela; **to ~ on sth** confiar en algo, contar con algo; **he ~d on my being there** confiaba en que yo estuviera allí, contaba con que yo estuviera allí; **to ~ on the Stock Exchange** jugar a la Bolsa; **to ~ with others' money** especular con el dinero ajeno

►**gamble away** VT + ADV perder en el juego

**gambler** ['gæmbləʳ] N jugador(a) *m/f*

**gambling** ['gæmblɪŋ] Ⓐ N juego *m*; **~ on the Stock Exchange** especulación *f* en la Bolsa

Ⓑ CPD ► **gambling debts** NPL deudas *fpl* de juego ► **gambling den** N garito *m*, casa *f* de juego ► **gambling losses** NPL pérdidas *fpl* de juego ► **gambling man** N **I'm not a ~ man** yo no juego

**gambol** ['gæmbəl] VI [*lamb, child*] brincar, retozar

**game**[1] [geɪm] Ⓐ N [1] (*lit*) [1·1] (= *entertainment*) juego *m*; **it's only a ~** no es más que un juego; **a ~ of chance/skill** un juego de azar/de habilidad; ✦*IDIOM* **to play the ~** jugar limpio; *see also* **video**

[1·2] (= *match*) [*of football, rugby, cricket, tennis*] partido *m*; (*within tennis set*) juego *m*; [*of cards, chess, snooker*] partida *f*; **to have** *or* **play a ~ of football** jugar un partido de fútbol; **he plays a good ~ of football** juega bien al fútbol; **to have** *or* **play a ~ of chess** echar *or* jugar una partida de ajedrez; **they were (one) ~ all** (*Tennis*) iban iguales *or* empatados a un juego; **~, set and match** juego, set y partido; **~ to Johnston** juego a Johnston; *see also* **ball**[1], **board**, **card**[1]

[1·3] (= *type of sport*) deporte *m*; **football is not my ~** el fútbol no se me da bien

[1·4] **games** (= *contest*) juegos *mpl*; (*Brit Scol*) deportes *mpl*; **the Olympic Games** los Juegos Olímpicos, las Olimpiadas; **I was no good at ~s** no se me daban bien los deportes; **we have ~s on Thursdays** los jueves tenemos deportes

[1·5] (= *style of play*) **my ~ picked up in the second set** empecé a mejorar el juego en el segundo set; **to be off one's ~** no estar en forma; **to put sb off his/her ~** afectar la forma de jugar de algn, hacer jugar mal a algn

[1·6] (*Hunting*) (= *large animals*) caza *f* mayor; (= *birds, small animals*) caza *f* menor; *see also* **big C**, **fair**[1]

[2] (*fig*) [2·1] (= *scheme*) juego *m*; **I'll play his ~ for a while** voy a seguirle el juego un rato; **we know his little ~** le conocemos el jueguecillo*; **what's your ~?** ¿qué estás tramando?; ✦*IDIOMS* **to beat sb at his/her own ~** ganar a algn con sus propias armas; **to give the ~ away** descubrir el pastel*; **the faces of the two conspirators gave the ~ away** la expresión de su rostro delató a los dos conspiradores, la expresión del rostro de los dos conspiradores hizo que se descubriera el pastel*; **two can play at that ~** donde las dan las toman; **the ~ is up** se acabó el juego*; **the ~ is not worth the candle** la cosa no vale la pena; **the only ~ in town** la mejor alternativa; *see also* **waiting B**

[2·2] (= *joke*) juego *m*; **this isn't a ~** esto no es ningún juego; **don't play ~s with me!** ¡no juegues conmigo!; **he's just playing silly ~s** no está más que jugando; *see also* **fun**

[2·3] (*) (= *business*) negocio *m*; **how long have you been in this ~?** ¿cuánto tiempo llevas metido en este negocio?, ¿cuánto tiempo hace que trabajas en esto?; **she's new to this ~** esto es nuevo para ella; ✦*IDIOM* **to be ahead of the ~** llevar ventaja, llevar la delantera

[2·4] (*) (= *prostitution*) **to be on the ~** hacer la calle*

[2·5] (*) (= *trouble*) lata* *f*; **it was a ~ getting here!** ¡menuda lata para llegar aquí!*

Ⓑ ADJ (= *willing*) **are you ~?** ¿te animas?, ¿te

apuntas?; **I'm ~ if you are** si tú te animas, yo también; **to be ~ to do sth** estar dispuesto a hacer algo; **to be ~ for anything** apuntarse a cualquier cosa *or* a todo
Ⓒ VI (= *gamble*) jugar (*por dinero*)
Ⓓ CPD ► **game bird** N ave *f* de caza ► **game fish** N *pez de agua dulce pescado como deporte* ► **game fishing** N *pesca deportiva de peces de agua dulce* ► **game laws** NPL leyes *fpl* relativas a la caza ► **games master** N profesor *m* de deportes ► **games mistress** N profesora *f* de deportes ► **game park** N parque *m* natural, reserva *f* natural ► **game pie** N *empanada elaborada con una pieza de caza mayor o menor* ► **game plan** N (*Sport*) plan *m* de juego; (*fig*) estrategia *f* ► **game preserve**, **game reserve** N coto *m* de caza ► **game show** N programa *m* concurso ► **game theory** N teoría *f* de juegos ► **game warden** N guarda *mf* de coto *or* de caza

**game**[2] [geɪm] ADJ (= *lame*) **to have a ~ leg** tener una pierna coja

**gamebag** ['geɪmbæg] N morral *m*

**gamecock** ['geɪmkɒk] N gallo *m* de pelea

**gamekeeper** ['geɪm,kiːpəʳ] N guardabosques *mf inv*, guardabosque *mf*

**gamely** ['geɪmlɪ] ADV [1] (= *bravely*) valientemente, con el mejor de los ánimos
[2] (= *sportingly*) animosamente

**gamesman** ['geɪmzmən] N (*pl* **gamesmen**) jugador *m* astuto

**gamesmanship** ['geɪmzmənʃɪp] N astucia *f* en el juego; **piece of ~** truco *m* para ganar

**gamester** ['geɪmstəʳ] N jugador(a) *m/f*, tahúr *mf*

**gamete** ['gæmiːt] N gameto *m*

**gamey** ['geɪmɪ] ADJ = **gamy**

**gamin** ['gæmɛ̃] N golfillo *m*

**gamine** [gæ'miːn] Ⓐ N *muchacha delgada y con aspecto de chico*
Ⓑ CPD ► **gamine haircut** N corte *m* a la garçon

**gaming** ['geɪmɪŋ] Ⓐ N juego *m*
Ⓑ CPD ► **gaming house** N casa *f* de juego ► **gaming laws** NPL leyes *fpl* reguladoras del juego

**gamma** ['gæmə] Ⓐ N gamma *f*
Ⓑ CPD ► **gamma radiation** N radiación *f* gamma ► **gamma ray** N rayo *m* gamma

**gammon** ['gæmən] N (*Brit*) jamón *m*

**gammy*** ['gæmɪ] ADJ (*Brit*) cojo

**gamp†*** [gæmp] N (*Brit*) paraguas *m inv*

**gamut** ['gæmət] N gama *f*; **to run the (whole) ~ of** (*fig*) recorrer toda la gama de

**gamy** ['geɪmɪ] ADJ [*meat*] *con olor a animal de caza*

**gander** ['gændəʳ] N [1] (*Zool*) ganso *m* (macho)
[2] (*) **to have** *or* **take a ~** echar un vistazo (**at** a)

**gang** [gæŋ] N [*of thieves*] banda *f*, pandilla *f*; [*of friends, youths*] grupo *m*; (*pej*) pandilla *f*; [*of workmen*] cuadrilla *f*, brigada *f*; **the Gang Of Four** (*Pol, Hist*) la Banda de los Cuatro; **he's one of the ~ now** ya es uno de los nuestros

►**gang together** VI + ADV formar un grupo *or* una pandilla, agruparse

►**gang up** VI + ADV unirse (**with** a); **to ~ up on** *or* **against sb** unirse en contra de algn; **I feel everybody's ~ing up on me** tengo la sensación de que todos se han unido en mi contra

**gangbang**‡ ['gæŋbæŋ] Ⓐ N violación *f* múltiple *or* colectiva
Ⓑ VT violar colectivamente

**ganger** ['gæŋəʳ] N (*Brit*) capataz *m*

**Ganges** ['gændʒiːz] N **the ~** el Ganges

**gangland** ['gæŋlænd] Ⓐ N mundo *m* del crimen
Ⓑ CPD ► **gangland boss** N cabecilla *mf* del mundo del crimen ► **gangland murder** N asesinato *m* en el mundo del crimen, asesinato *m* por ajuste de cuentas entre criminales

**gangling** ['gæŋglɪŋ] ADJ [*youth*] larguirucho, desgarbado; [*legs*] larguirucho, desproporcionado

**ganglion** ['gæŋglɪən] N (*pl* **ganglia** ['gæŋglɪə] *or* **ganglions**) ganglio *m*

**gangly** ['gæŋglɪ] ADJ = **gangling**

**gangplank** ['gæŋplæŋk] N (*Naut*) plancha *f*

**gangrene** ['gæŋgriːn] N gangrena *f*

**gangrenous** ['gæŋgrɪnəs] ADJ gangrenoso

**gangster** ['gæŋstəʳ] N gán(g)ster *mf*

**gangsterism** ['gæŋstərɪzəm] N gan(g)sterismo *m*

**gangway** ['gæŋweɪ] N [1] (*Brit*) (*in theatre, aircraft*) pasillo *m*, pasadizo *m*
[2] (*Naut*) (*on ship*) escalerilla *f*, pasarela *f*; (*from ship to shore*) pasarela *f*; **gangway!** ¡abran paso!

**ganja**‡ ['gændʒə] N maría *f* (*Sp**), marihuana *f*

**gannet** ['gænɪt] N [1] (= *bird*) alcatraz *m*
[2] (*) (= *glutton*) (*fig*) comilón/ona *m/f*

**gantlet** ['gæntlɪt] N (*US Rail*) vía *f* traslapada, vía *f* de garganta

**gantry** ['gæntrɪ] N (*gen*) caballete *m*; (*for crane, railway signal*) pórtico *m*; (*for rocket*) torre *f* de lanzamiento

**GAO** N ABBR (*US*) (= **General Accounting Office**) *oficina general de contabilidad gubernamental*

**gaol** [dʒeɪl] N (*Brit*) = **jail**

**gaoler** ['dʒeɪləʳ] N (*Brit*) = **jailer**

**gap** [gæp] N (*gen, fig*) hueco *m*, vacío *m*; (*in wall etc*) boquete *m*, brecha *f*; (= *mountain pass*) quebrada *f*, desfiladero *m*; (*in traffic, vegetation*) claro *m*; (*between teeth, floorboards*) hueco *m*; (*between bars*) distancia *f*, separación *f*; (= *crack*) hendedura *f*, resquicio *m*; (*in text*) espacio *m* (en blanco); (*fig*) (*in knowledge*) laguna *f*; (*in conversation*) silencio *m*; [*of time*] intervalo *m*; **there's a ~ in the hedge** hay un hueco en el seto; **there is a ~ in the balance of payments** hay un desequilibrio en la balanza de pagos; **to close the ~** cerrar la brecha; **we discerned a ~ in the market** vimos que había un hueco en el mercado; **leave a ~ for the name** deje un espacio para poner el nombre; **to stop up** *or* **fill a ~** (*lit*) tapar un hueco; **to fill a ~** (*fig*) llenar un vacío *or* un hueco; (*in knowledge*) llenar una laguna; **he left a ~ that will be hard to fill** dejó un hueco difícil de llenar

**gape** [geɪp] VI [1] [*mouth*] estar abierto; [*hole*] estar muy abierto; **the chasm ~d before him** delante de él se abría la sima; **her blouse ~d at the neck** llevaba una blusa muy abierta por el cuello
[2] [*person*] **tourists go there to ~** los turistas van allí y se quedan boquiabiertos; **to ~ (at)** mirar boquiabierto (a); **he ~d at me in amazement** se me quedó mirando boquiabierto

**gaping** ['geɪpɪŋ] ADJ [1] [*wound, mouth*] abierto; [*hole*] muy abierto, grande
[2] [*person*] boquiabierto, embobado

**gappy*** ['gæpɪ] ADJ [*teeth*] separado

**gap-toothed** ['gæp'tuːθt] ADJ (= *with gaps between teeth*) con los dientes separados; (= *with teeth missing*) desdentado, con la dentadura llena de huecos, al/a la que le faltan varios dientes

**garage** ['gærɑːʒ] Ⓐ N [*of private house*] garaje *m*; (*for car repairs*) taller *m*; (= *petrol station*) estación *f* de servicio, gasolinera *f*, grifo *m* (*Peru*), bencinera *f* (*Chile*); (= *bus depot*) cochera *f*
Ⓑ VT dejar en garaje
Ⓒ CPD ► **garage band** N (*Mus*) grupo *m* de rock aficionado ► **garage mechanic** N mecánico/a *m/f* ► **garage proprietor** N propietario/a *m/f* de un taller de reparaciones ► **garage sale** N venta *f* de objetos usados (*en el garaje de una casa particular*)

**garageman** ['gærɑːʒ,mæn] N (*pl* **garagemen**) garajista *m*

**garaging** ['gærɑːʒɪŋ] N plazas *fpl* de párking *or* garaje; **there was ~ for 15 cars** había 15 plazas de párking *or* garaje

**garb** [gɑːb] Ⓐ N (*liter*) (= *clothes*) atuendo *m*
Ⓑ VT vestir (**in** de)

**garbage** ['gɑːbɪdʒ] (*esp US*) Ⓐ N (= *refuse*) basura *f*; (= *waste*) desperdicios *mpl*; (*fig*) (= *goods, film etc*) birria *f*, porquería *f*; (*spoken, written*) bobadas *fpl*, tonterías *fpl*, disparates *mpl*; **he talks a lot of ~** dice muchas bobadas *or* tonterías; **the book is ~** la novela es una basura *or* birria *or* porquería; **~ in, ~ out** (*Comput*) basura entra, basura sale
Ⓑ CPD ► **garbage bag** N bolsa *f* de la basura ► **garbage can** N cubo *m* de la basura ► **garbage collector** N basurero/a *m/f* ► **garbage disposal unit** N triturador *m* de basura ► **garbage dump** N vertedero *m* ► **garbage man** N = **garbage collector** ► **garbage truck** N camión *m* de la basura

**garble** ['gɑːbl] VT [1] [+ *message, report*] confundir
[2] [+ *text*] mutilar, falsear (*por selección*)

**garbled** ['gɑːbld] ADJ [*message, version, account, explanation*] confuso, incoherente

**Garda** ['gɑːdə] N (*pl* **Gardaí** ['gɑːdiː]) policía *f* irlandesa

**garden** ['gɑːdn] Ⓐ N jardín *m*; (= *vegetable garden*) huerto *m*; **the Garden of Eden** el Edén; **(public) ~s** parque *msing*, jardines *mpl*; ✦***IDIOM*** **everything in the ~ is lovely** todo va a las mil maravillas
Ⓑ VI trabajar en el jardín *or* el huerto
Ⓒ CPD ► **garden centre** N centro *m* de jardinería, vivero *m* ► **garden city** N (*Brit*) ciudad *f* jardín ► **garden flat** N piso *m* con jardín en planta baja ► **garden furniture** N muebles *mpl* de jardín ► **garden hose** N manguera *f* de jardín ► **garden party** N recepción *f* al aire libre ► **garden path** N sendero *m*; ✦***IDIOM*** **to lead sb up the ~ path** embaucar a algn ► **garden produce** N productos *mpl* de la huerta ► **garden seat** N banco *m* de jardín ► **garden shears** NPL tijeras *fpl* de jardín ► **garden tools** NPL útiles *mpl* de jardinería; *see also* **refuse**[2]

**gardener** ['gɑːdnəʳ] N (*gen*) jardinero/a *m/f*; **I'm no ~** no entiendo de jardinería

**gardenia** [gɑː'diːnɪə] N gardenia *f*

**gardening** ['gɑːdnɪŋ] N (*gen*) jardinería *f*; (= *market gardening*) horticultura *f*; **who does the ~?** ¿quién es el jardinero?, ¿quién se encarga del jardín?

**garfish** ['gɑː,fɪʃ] N (*pl* **garfish** *or* **garfishes**) aguja *f*

**gargantuan** [gɑː'gæntjʊən] ADJ colosal, gigantesco

**gargle** ['gɑːgl] Ⓐ N (= *sound*) gárgaras *fpl*; (= *liquid*) gargarismo *m*
Ⓑ VI hacer gárgaras, gargarear (*LAm*)

**gargoyle** ['gɑːgɔɪl] N gárgola *f*

**garish** ['gɛərɪʃ] ADJ [*colour*] chillón, estridente; [*clothing*] chillón, llamativo, charro (*LAm**)

**garishly** ['gɛərɪʃlɪ] ADV **~ coloured** con colores chillones *or* estridentes; **~ decorated/painted/dressed** decorado/pintado/vestido con colores chillones *or* con gusto chabacano *or* (*LAm**) de manera charra; **~ lit** estridentemente iluminado

**garishness** ['gɛərɪʃnɪs] N [*of clothes, décor*] chabacanería *f*, ordinariez *f*, lo charro (*LAm**); [*of colours, light*] estridencia *f*

**garland** ['gɑːlənd] Ⓐ N guirnalda *f*
Ⓑ VT engalanar (**with** con)

**garlic** ['gɑːlɪk] Ⓐ N ajo *m*
Ⓑ CPD ► **garlic mayonnaise** N alioli *m* ► **garlic prawns** N gambas *fpl* al ajillo ► **garlic press** N triturador *m* de ajo ► **garlic salt** N sal *f* de ajo ► **garlic sausage** N salchichón *m* al ajo

**garlicky** ['gɑːlɪkɪ] ADJ [*taste*] a ajo; [*food*] con ajo; [*breath*] con olor a ajo

**garment** ['gɑːmənt] N prenda *f* (de vestir); **garments** ropa *fsing*, indumentaria *fsing*

**garner** ['gɑːnəʳ] Ⓐ N (*liter*, †) (= *granary*) granero *m*
Ⓑ VT (*also* **~ in, ~ up**) [+ *grain*] almacenar, entrojar; (*fig*) [+ *support*] conseguir, obtener; [+ *attention, publicity*] conseguir

**garnet** ['gɑːnɪt] N granate *m*

**garnish** ['gɑːnɪʃ] Ⓐ N (*Culin*) aderezo *m*, adorno *m*
Ⓑ VT aderezar, adornar (**with** con)

**garnishing** ['gɑːnɪʃɪŋ] N (*Culin*) aderezo *m*, adorno *m*

**Garonne** [gə'rɒn] N Garona *m*

**garotte** [gə'rɒt] N, VT = **garrotte**

**garret** ['gærɪt] N (= *attic room*) desván *m*, altillo *m* (*LAm*)

**garrison** ['gærɪsən] Ⓐ N guarnición *f*
Ⓑ VT guarnecer
Ⓒ CPD ► **garrison town** N plaza *f* fuerte ► **garrison troops** NPL tropas *fpl* de guarnición

**garrotte** [gə'rɒt] Ⓐ N garrote *m*
Ⓑ VT agarrotar

**garrulity** [gə'ruːlɪtɪ] N garrulidad *f*

**garrulous** ['gærʊləs] ADJ [*person, manner*] gárrulo, parlanchín

**garrulously** ['gærʊləslɪ] ADV con garrulería *or* verborrea

**garrulousness** ['gærʊləsnɪs] N garrulidad *f*

**garter** ['gɑːtəʳ] Ⓐ N (*for stocking, sock*) liga *f*; (*US*) (= *suspender*) liguero *m*, portaligas *m inv*; **Order of the Garter** Orden *f* de la Jarretera; **Knight of the Garter** Caballero *m* de la Orden de la Jarretera
Ⓑ CPD ► **garter belt** N (*US*) liguero *m*, portaligas *m inv*

**gas** [gæs] Ⓐ N (*pl* **gas(s)es**) [1] (*gen*) gas *m*; (*as anaesthetic*) gas *m* anestésico; (*in mine*) grisú *m*
[2] (*US*) (= *petrol*) gasolina *f*, nafta *f* (*S. Cone*), bencina *f* (*Chile*); **to step on the ~*** acelerar, pisar el acelerador
[3] (†*) (= *gab*) **to have a ~** charlar, parlotear*
[4] (‡) (= *fun*) **what a ~!** ¡qué divertido!; **he's a ~!** ¡es un tío divertidísimo!*
[5] (*esp US Med**) (= *wind*) gases *mpl*, flatulencia *f*
Ⓑ VT [+ *person*] asfixiar con gas; (*Mil*) gasear; **to ~ o.s.** suicidarse con gas
Ⓒ VI (*) (= *gab*) charlar, parlotear*
Ⓓ CPD [*industry, pipe*] de gas ► **gas bracket** N brazo *m* de lámpara de gas ► **gas burner** N mechero *m* de gas ► **gas can** N (*US*) bidón *m* de gasolina ► **gas canister** N = **gas cylinder** ► **gas chamber** N cámara *f* de gas ► **gas cooker** N cocina *f* de *or* a gas ► **gas cylinder** N bombona *f* de gas ► **gas fire** N estufa *f* de gas ► **gas fitter** N fontanero *m* (*especializado en lo relacionado con el gas*) ► **gas fittings** NPL instalación *fsing* de gas ► **gas guzzler*** N chupagasolina* *m inv, vehículo que consume mucha gasolina* ► **gas heater** N = **gas fire** ► **gas jet** N llama *f* de mechero de gas ► **gas leak** N escape *m* de gas ► **gas lighter** N encendedor *m* de gas ► **gas lighting** N alumbrado *m* de gas ► **gas main** N cañería *f* maestra de gas ► **gas mantle** N manguito *m* incandescente ► **gas mask** N careta *f* antigás ► **gas meter** N contador *m* de gas, medidor *m* de gas (*LAm*) ► **gas oil** N gasóleo *m* ► **gas oven** N cocina *f* de *or* a gas ► **gas pedal** N (*esp US*) acelerador *m* ► **gas pipe** N tubo *m* de gas ► **gas pipeline** N gasoducto *m* ► **gas pump** N (*US*) (*in car*) bomba *f* de gasolina; (*in gas station*) surtidor *m* de gasolina ► **gas ring** N fuego *m* de gas ► **gas station** N (*US*) gasolinera *f*, estación *f* de servicio, bencinera *f* (*Chile*), grifo *m* (*Peru*) ► **gas stove** N cocina *f* de *or* a gas ► **gas tank** N (*US Aut*) tanque *m or* depósito *m* (de gasolina) ► **gas tap** N llave *f* del gas ► **gas turbine** N turbina *f* de gas ► **gas worker** N trabajador(a) *m/f* de la compañía de gas

**gasbag** ['gæsbæg] N [1] (*Aer*) bolsa *f* de gas
[2] (‡) (= *talkative person*) charlatán/ana *m/f*

**Gascon** ['gæskən] Ⓐ ADJ gascón
Ⓑ N [1] gascón/ona *m/f*
[2] (*Ling*) gascón *m*

**Gascony** ['gæskənɪ] N Gascuña *f*

**gas-cooled reactor** [,gæskuːldriː'æktəʳ] N reactor *m* enfriado por gas

**gaseous** ['gæsɪəs] ADJ gaseoso

**gas-fired** [,gæs'faɪəd] ADJ de gas, alimentado por gas

**gash¹** [gæʃ] Ⓐ N (*in flesh*) tajo *m*; (*from knife*) cuchillada *f*; (*in material*) raja *f*, hendidura *f*
Ⓑ VT [+ *arm, head*] hacer un tajo en; (*with knife*) acuchillar; [+ *seat etc*] rajar

**gash²‡** [gæʃ] ADJ (*Brit*) (= *spare*) de sobra; (= *free*) gratuito

**gasholder** ['gæs,həʊldəʳ] N = **gasometer**

**gasification** [,gæsɪfɪ'keɪʃən] N gasificación *f*

**gasket** ['gæskɪt] N (*Tech*) junta *f*

**gaslight** ['gæslaɪt] N luz *f* de gas, alumbrado *m* de gas

**gaslit** ['gæslɪt] ADJ con alumbrado de gas

**gasman** ['gæsmæn] N (*pl* **gasmen**) (*gen*) empleado *m* del gas; (= *gas fitter*) fontanero *m* (*especializado en lo relacionado con el gas*)

**gasohol** ['gæsəʊhɒl] N (*US*) gasohol *m*

**gasoline** ['gæsəliːn] N (*US*) gasolina *f*, nafta *f* (*S. Cone*), bencina *f* (*Chile*)

**gasometer** [gæ'sɒmɪtəʳ] N (*Brit*) gasómetro *m*

**gasp** [gɑːsp] Ⓐ N (*for breath*) boqueada *f*; (= *panting*) jadeo *m*; [*of surprise*] grito *m* ahogado; **she gave a ~ of surprise** dio un grito ahogado de asombro; **to be at one's last ~** (= *dying*) estar agonizando, estar dando las últimas boqueadas
Ⓑ VI (*for air*) respirar con dificultad; (= *pant*) jadear; (*in surprise*) gritar; **he was ~ing for air** *or* **breath** le costaba respirar, le faltaba el aliento; **I was ~ing for a smoke** tenía unas ganas tremendas de fumar
Ⓒ VT (*also* **~ out**) decir con voz entrecortada

**gasper‡** ['gɑːspəʳ] N (*Brit*) pito* *m*, pitillo* *m*

**gassed‡** [gæst] ADJ (= *drunk*) bebido

**gassy** ['gæsɪ] ADJ (*compar* **gassier**; *superl* **gassiest**) gaseoso

**gastric** ['gæstrɪk] Ⓐ ADJ gástrico
Ⓑ CPD ► **gastric flu** N gastroenteritis *f inv* ► **gastric juice** N jugo *m* gástrico ► **gastric ulcer** N úlcera *f* gástrica

**gastritis** [gæs'traɪtɪs] N gastritis *f inv*

**gastro...** ['gæstrəʊ] PREFIX gastro...

**gastroenteritis** [,gæstrəʊ,entə'raɪtɪs] N gastroenteritis *f*

**gastronome** ['gæstrənəʊm], **gastronomist** [gæs'trɒnəmɪst] N gastrónomo/a *m/f*

**gastronomic** [,gæstrə'nɒmɪk] ADJ gastronómico

**gastronomy** [gæs'trɒnəmɪ] N gastronomía *f*

**gastropod** ['gæstrəpɒd] N gastrópodo *m*

**gasworks** ['gæswɜːks] NSING OR NPL fábrica *f* de gas

**gat†‡** [gæt] N (*US*) (= *gun*) revólver *m*, quitapenas‡ *m*

**gate** [geɪt] Ⓐ N [1] [*of wood*] puerta *f* (*also of town, castle*); [*of metal*] verja *f*; (= *sluice*) compuerta *f*; [*of field, in station*] barrera *f*; (*Sport*) entrada *f*; **please go to ~ seven** diríjanse a la puerta siete
[2] (*Sport*) (= *attendance*) público *m*, concurrencia *f*; (= *entrance money*) taquilla *f*, recaudación *f*
Ⓑ VT (*Brit**) [+ *pupil*] prohibir la salida fuera del recinto escolar (*como castigo*)
Ⓒ CPD ► **gate money** N taquilla *f*, recaudación *f*

**gâteau** ['gætəʊ] N (*pl* **gâteaux** ['gætəʊz]) torta *f*, pastel *m*, tarta *f* (*Sp*)

**gatecrash*** ['geɪtkræʃ] Ⓐ VT [+ *party*] colarse en
Ⓑ VI colarse (de gorra)

**gatecrasher*** ['geɪt,kræʃəʳ] N colado/a *m/f*

**gatehouse** ['geɪthaʊs] N (*pl* **gatehouses** ['geɪthaʊzɪz]) casa *f* del guarda *or* del portero

**gatekeeper** ['geɪt,kiːpəʳ] N portero/a *m/f*

**gate-leg(ged) table** [,geɪtleg(d)'teɪbl] N mesa *f* de alas abatibles

**gatepost** ['geɪtpəʊst] N poste *m* (de una puerta); ✦***IDIOM*** **between you, me, and the ~** en confianza, entre nosotros

**gateway** ['geɪtweɪ] N (*gen*) puerta *f* (de acceso); **New York, the ~ to America** Nueva York, la puerta a América; **the ~ to success** la puerta al éxito

**gather** ['gæðəʳ] Ⓐ VT [1] (*also* **~ together**) [+ *people, objects*] reunir, juntar; (*also* **~ up**) [+ *pins, sticks, etc*] recoger; [+ *harvest, crop*] recoger, recolectar; [+ *flowers*] coger, recoger (*LAm*); [+ *information*] reunir, recopilar; [+ *hair*] recoger; (*Sew*) fruncir; [+ *taxes*] recaudar; **we ~ed enough firewood to last the night** reunimos leña suficiente para toda la noche; **to ~ dust** acumular polvo; **to ~ one's thoughts (together)** ordenar sus pensamientos; **she ~ed her coat around her** se envolvió en su abrigo
[2] (= *gain*) **to ~ speed** ir ganando *or* adquiriendo velocidad; **to ~ strength** cobrar fuerzas
[3] **to ~ that** (= *understand*) tener entendido que; (= *discover*) enterarse de que; **as you will have ~ed ...** se habrá dado cuenta de que ...; **as far as I could ~** hasta donde pude enterarme; **I ~ from him that ...** según lo que me dice ...; **what are we to ~ from this?** ¿qué consecuencia sacamos de esto?
Ⓑ VI [1] [*people*] (*also* **~ together**) reunirse, juntarse, congregarse; (= *crowd together*) amontonarse; [*dust*] acumularse; [*clouds*] acumularse, cerrarse; **they ~ed in the doorway**

se apiñaron en la entrada
[2] (*Med*) formar pus
(C) N (*Sew*) frunce *m*

►**gather in** VT + ADV [+ *harvest, crops*] recoger, recolectar; [+ *taxes*] recaudar; **to ~ in the harvest/crops** recoger la cosecha, cosechar

►**gather round** VI + ADV, VI + PREP **to ~ round (sb)** agruparse alrededor (de algn); **~ round!** ¡acercaos!

►**gather together** (A) VT + ADV reunir, juntar
(B) VI + ADV reunirse, juntarse, congregarse

►**gather up** VT + ADV recoger

**gathered** [ˈgæðəd] ADJ (*Sew*) fruncido

**gatherer** [ˈgæðərəʳ] N [*of wood, flowers*] recolector(a) *m/f*; **intelligence ~** recopilador(a) *m/f* de información; *see also* **hunter B**

**gathering** [ˈgæðərɪŋ] (A) N [1] (= *assembly*) reunión *f*; (= *persons present*) concurrencia *f*
[2] (*Med*) absceso *m*
[3] (*Typ*) alzado *m*
(B) ADJ [*force, speed*] creciente, en aumento; **the ~ storm** la tormenta que se aproxima

**gator***, **'gator*** [ˈgeɪtəʳ] (*US*) = **alligator**

**GATT** [gæt] N ABBR (= **General Agreement on Tariffs and Trade**) GATT *m*

**gauche** [gəʊʃ] ADJ [*person, behaviour*] torpe, desmañado; (*socially*) cohibido, falto de soltura

**gaucheness** [gəʊʃnɪs] N cohibición *f*, falta *f* de soltura

**gaucho** [ˈgaʊtʃəʊ] (A) ADJ gauchesco
(B) N gaucho *m*

**gaudily** [ˈgɔːdɪlɪ] ADV **~ coloured** con colores chillones *or* llamativos; **~ decorated/painted/dressed** decorado/pintado/vestido con colores chillones *or* llamativos

**gaudy** [ˈgɔːdɪ] ADJ (*compar* **gaudier**; *superl* **gaudiest**) [*colour, clothes*] chillón, llamativo; [*shop, display*] ordinario, chabacano

**gauge**, **gage** (*US*) [geɪdʒ] (A) N (= *standard measure*) [*of wire, bullet, gun*] calibre *m*; [*of railway track*] ancho *m*, entrevía *f*, trocha *f* (*LAm*); (= *instrument*) indicador *m*; (*fig*) indicación *f*, muestra *f*; **petrol** *or* (*US*) **gas ~** indicador *m* del nivel de gasolina; **oil ~** indicador *m* de(l) aceite; **pressure ~** manómetro *m*; *see also* **narrow E**
(B) VT [+ *temperature, pressure*] medir; (*fig*) [+ *sb's capabilities, character*] estimar, juzgar; **to ~ the distance with one's eye** medir la distancia al ojo; **he knows how to ~ the feeling of the crowd** sabe reconocer los deseos de la multitud; **to ~ the right moment** elegir el momento oportuno

**Gaul** [gɔːl] N [1] Galia *f*
[2] (= *person*) galo/a *m/f*

**Gaullist** [ˈgəʊlɪst] (A) ADJ gaulista, golista
(B) N gaulista *mf*, golista *mf*

**gaunt** [gɔːnt] ADJ [1] [*face*] (= *drawn*) chupado; (= *unhealthy*) demacrado; [*person*] flaco y adusto
[2] (*fig*) (= *grim*) [*building*] sobrio, adusto

**gauntlet** [ˈgɔːntlɪt] N [*of knight*] guantelete *m*, manopla *f*; [*of motorcyclist etc*] guante *m*; ♦***IDIOMS* to run the ~** (*Mil, Hist*) correr baquetas; **he had to run a ~ of abuse as he arrived for the meeting** tuvo que aguantar una sarta de improperios a su llegada a la reunión; **to throw down/take up the ~** arrojar/recoger el guante

**gauze** [gɔːz] N (*gen*) gasa *f*

**gauzy** [ˈgɔːzɪ] ADJ (= *semi-transparent*) vaporoso

**gave** [geɪv] PT *of* **give**

**gavel** [ˈgævl] N martillo *m* (*de presidente de reunión o subastador*)

**gavotte** [gəˈvɒt] N gavota *f*

**Gawd*** [gɔːd] EXCL (*Brit*) = **god** ¡Dios mío!

**gawk*** [gɔːk] (A) N papamoscas *mf inv*
(B) VI mirar boquiabierto; **to ~ at** mirar boquiabierto; **he stood there ~ing at her** quedó boquiabierto mirándola

**gawky*** [ˈgɔːkɪ] ADJ (*compar* **gawkier**; *superl* **gawkiest**) desgarbado, torpe

**gawp*** [gɔːp] VI (*Brit*) = **gawk B**

**gay** [geɪ] (A) ADJ [1] (= *homosexual*) [*man, community, movement*] gay *adj inv*, homosexual; [*woman*] homosexual, lesbiano; [*bar*] gay *adj inv*, de gays; **a centre for lesbians and ~ men** un centro para lesbianas y gays; **~ men and women** hombres y mujeres homosexuales, gays y lesbianas; **~ sex** relaciones *fpl* homosexuales; **the ~ scene** el ambiente gay *or* homosexual
[2] (*compar* **gayer**; *superl* **gayest**) (†) (= *cheerful*) [*person, colour, costume*] alegre; [*atmosphere, music, laughter*] alegre, festivo
[3] (= *carefree*) **with ~ abandon** despreocupadamente, alegremente; **she's living the ~ life in Paris** se da la gran vida en París, se pega la vida padre en París*
(B) N (= *man*) gay *m*, homosexual *m*; (= *woman*) lesbiana *f*, homosexual *f*
(C) CPD ► **the gay liberation movement**, **gay lib*** N el movimiento de liberación homosexual ► **gay rights** NPL derechos *mpl* de los homosexuales

**gayness** [ˈgeɪnɪs] N homosexualidad *f*

**Gaza Strip** [ˈgɑːzəˈstrɪp] N franja *f* de Gaza

**gaze** [geɪz] (A) N mirada *f* (fija); **his ~ met mine** se cruzaron nuestras miradas
(B) VI **to ~ at** mirar fijamente; **to ~ at o.s. in the mirror** mirarse (fijamente) en el espejo; **they ~d into each other's eyes** se miraron fijamente a los ojos; **to ~ into space** mirar distraídamente al vacío

**gazebo** [gəˈziːbəʊ] (*pl* **gazebos** *or* **gazeboes**) N cenador *m*

**gazelle** [gəˈzel] N (*pl* **gazelles** *or* **gazelle**) gacela *f*

**gazette** [gəˈzet] N (= *newspaper*) gaceta *f*; (= *official publication*) boletín *m* oficial

**gazetteer** [ˌgæzɪˈtɪəʳ] N diccionario *m* geográfico

**gazpacho** [gæzˈpætʃəʊ] N gazpacho *m*

**gazump*** [gəˈzʌmp] (*Brit*) (A) VT [*buyer*] ofrecer un precio más alto que; [*seller*] *rehusar la venta de una propiedad a la persona con quien se había acordado aceptando una oferta más alta*; **we were ~ed** ofrecieron más que nosotros
(B) VI [*buyer*] ofrecer un precio más alto; [*seller*] *faltar al compromiso de vender una casa aceptando una oferta más alta*

**gazumping*** [gəˈzʌmpɪŋ] N (*Brit*) *subida del precio de una casa tras haber sido apalabrado*

**gazunder*** [gəˈzʌndəʳ] (*Brit*) (A) VT [+ *person*] ofrecer un precio más bajo de lo antes convenido a; **we were ~ed** nos ofrecieron menos de lo antes convenido
(B) VI ofrecer un precio más bajo de lo antes convenido
(C) N *bajada del precio de una casa tras haber sido apalabrado*

**GB** N ABBR (= **Great Britain**) Gran Bretaña *f*

**GBH** N ABBR (*Brit Jur*) (= **grievous bodily harm**) graves daños *mpl* corporales

**GBP**, **gbp** ABBR = **Great British Pounds**

**GBS** ABBR (*Brit*) = **George Bernard Shaw**

**GC** N ABBR (*Brit*) (= **George Cross**) *medalla del valor civil*

**GCA** N ABBR = **ground-controlled approach**

**GCE** N ABBR (*Brit*) = **General Certificate of Education**

**GCH** N ABBR = **gas(-fired) central heating**

**GCHQ** N ABBR (*Brit*) (= **Government Communications Headquarters**) *entidad gubernamental que recoge datos mediante escuchas electrónicas*

**GCSE** N ABBR (*Brit*) = **General Certificate of Secondary Education**

**GCSE**

*El* **GCSE** *o* **General Certificate of Secondary Education** *es el certificado académico que se expide en el Reino Unido (con la excepción de Escocia, cuyo equivalente es el* **Standard Grade***) para cada una de las asignaturas de la Educación Secundaria Obligatoria. Los exámenes tienen lugar cuando el alumno tiene dieciséis años y las calificaciones van de la A a la G, (A es la máxima, G la mínima), y son el resultado de la combinación de una evaluación continua y de la nota de los exámenes finales, que son corregidos por un tribunal ajeno al centro escolar.*

⇨ *Ver tb* A LEVELS

**GDI** ABBR = **gross domestic income**

**gdn** ABBR = **garden**

**Gdns** ABBR = **Gardens**

**GDP** N ABBR (= **gross domestic product**) PIB *m*, PGB *m* (*Chile*), PTB *m* (*Andes*)

**GDR** N ABBR (*Hist*) (= **German Democratic Republic**) RDA *f*

**gear** [gɪəʳ] (A) N [1] (*Aut*) marcha *f*, velocidad *f*; **first/second ~** primera *f*/segunda *f* (velocidad); **top** *or* (*US*) **high ~** (= *fifth*) quinta velocidad, superdirecta *f*; (= *fourth*) cuarta velocidad, directa *f*; **to change ~** (*Brit*) cambiar de marcha; **the election campaign moved into high ~ this week** la campaña electoral se intensificó esta semana; **in ~** embragado; **to put a car in ~** meter una marcha; **he left the car in ~** dejó el coche con una marcha metida; **he helped her get her life back into ~ after the divorce** la ayudó a poner su vida de nuevo en marcha tras el divorcio; **to get one's brain into ~** hacer trabajar el cerebro; **out of ~** desembragado; **that threw all his plans out of ~** eso le desbarató todos los planes; **to shift ~** (*US*) = **to change gear**; ♦***IDIOM* to get one's arse** *or* (*US*) **ass in ~**** mover el culo*
[2] (*) (= *equipment*) equipo *m*; (= *tools*) herramientas *fpl*; (*for fishing*) aparejo *m*; (= *belongings*) cosas *fpl*, bártulos *mpl*; (= *clothing*) ropa *f*
[3] (*Mech*) engranaje *m*; (= *machinery*) mecanismo *m*, aparato *m*; *see also* **landing B**
(B) VT (*fig*) (= *adapt*) **the book is ~ed to adult students** el libro está dirigido a estudiantes adultos; **we both ~ed our lives to the children** los dos orientamos nuestras vidas hacia los niños; **the factory was not ~ed to cope with an increase in production** la fábrica no estaba preparada para hacer frente a un aumento de la producción; **the service is ~ed to meet the needs of the disabled** el servicio está pensado para satisfacer las necesidades de los minusválidos
(C) CPD ► **gear change** N (= *act*) cambio *m* de marcha; (*US*) (= *control*) = **gear lever** ► **gear lever**, **gear stick** N palanca *f* de cambios ► **gear ratio** N [*of cycle*] proporción *f* entre plato y piñón

►**gear down** VI + ADV (*Aut*) reducir la marcha

►**gear up** Ⓐ VT + ADV (*fig*) **to ~ o.s. up to do sth** prepararse (psicológicamente) para hacer algo; **we're ~ed up to do it** estamos preparados para hacerlo
Ⓑ VI + ADV prepararse, hacer preparativos; **they are ~ing up to fight** se están preparando para luchar; **the shops were ~ing up for Christmas** las tiendas se estaban preparando para las Navidades

**gearbox** ['gɪəbɒks] N (*Aut*) caja *f* de cambios *or* velocidades; (*Mech*) caja *f* de engranajes

**gearshift** ['gɪəʃɪft] (*US*) = **gear lever**; *see* **gear**

**gearwheel** ['gɪəwi:l] N rueda *f* dentada

**gecko** ['gekəʊ] N (*pl* **geckos** *or* **geckoes**) geco *m*

**GED** N ABBR (*US Educ*) = **general equivalency diploma**

**geddit‡** ['gedɪt] EXCL **~?** ¿entiendes?, ¿lo pillas? (*Sp**), ¿lo coges? (*Sp**)

**gee**[1]* [dʒi:] EXCL (*esp US*) ¡caramba!; **~ whiz!** ¡córcholis!; **~ up!** ¡arre!

**gee**[2]* [dʒi:] = **gee-gee**

**gee-gee*** ['dʒi:dʒi:] N (*child language*) caballito *m*, jaca *f*

**geek*** [gi:k] N (*esp US*) cretino/a *m/f*

**geeky*** ['gi:kɪ] ADJ (*esp US*) cretino

**geese** [gi:s] NPL *of* **goose**

**geezer*** ['gi:zər] N (*Brit*) (= *fellow*) tío* *m*, colega‡; **(old) ~** viejo* *m*, tío *m* viejo*

**Geiger counter** ['gaɪgə,kaʊntər] N contador *m* Geiger

**geisha** ['geɪʃə] N (*pl* **geisha** *or* **geishas**) geisha *f*

**gel** [dʒel] Ⓐ N gel *m*; **hair ~** fijador *m*
Ⓑ VI [1] (*lit*) gelificarse
[2] (*fig*) [*ideas, plans*] encajar (**with** en)

**gelatin(e)** ['dʒelətiːn] N gelatina *f*

**gelatinous** [dʒɪ'lætɪnəs] ADJ gelatinoso

**geld** [geld] VT castrar, capar

**gelding** ['geldɪŋ] N caballo *m* castrado

**gelignite** ['dʒelɪgnaɪt] N gelignita *f*

**gelt‡** [gelt] N (*US*) pasta* *f*

**gem** [dʒem] N (= *jewel*) joya *f*, alhaja *f*; (= *stone*) piedra *f* preciosa *or* semipreciosa, gema *f*; **I must read you this ~*** tengo que leerte esto porque hace época; **my cleaner is a ~** la señora que me hace la limpieza es una joya

**Gemini** ['dʒemɪni:] N [1] (= *sign, constellation*) Géminis *m*
[2] (= *person*) Géminis *mf*; **I'm (a) ~** soy Géminis

**gemstone** ['dʒem,stəʊn] N piedra *f* preciosa *or* semipreciosa, gema *f*

**Gen** ABBR (*Mil*) (= **General**) Gen., Gral.

**gen**[1] ABBR [1] = **general, generally**
[2] (= **gender**) gen.
[3] (= **genitive**) gen.

**gen**[2]* [dʒen] N (*Brit*) información *f*; **to give sb the ~ on sth** poner a algn al corriente de algo

►**gen up*** (*Brit*) Ⓐ VT + ADV **to ~ sb up (on sth)** poner a algn al corriente (de algo); **I'm thoroughly ~ned up now** ahora estoy bien enterado, ahora estoy completamente al tanto
Ⓑ VI + ADV **to ~ up on sth** informarse acerca de algo

**gendarme** ['ʒɑ̃:nda:m] N gendarme *mf*

**gender** ['dʒendər] Ⓐ N (*Ling*) género *m*; (= *sex*) sexo *m*
Ⓑ CPD ► **gender gap** N brecha *f* entre los sexos ► **gender stereotype** N estereotipo *m* sexual

**gene** [dʒi:n] Ⓐ N (*Bio*) gene *m*, gen *m*
Ⓑ CPD ► **gene mapping** N cartografía *f* genética ► **gene splicing** N acoplamiento *m* de genes ► **gene therapy** N terapia *f* génica, terapia *f* de genes

**genealogical** [,dʒi:nɪə'lɒdʒɪkəl] ADJ genealógico

**genealogist** [,dʒi:nɪ'ælədʒɪst] N genealogista *mf*

**genealogy** [,dʒi:nɪ'ælədʒɪ] N genealogía *f*

**genera** ['dʒenərə] NPL *of* **genus**

**general** ['dʒenərəl] Ⓐ ADJ [1] (= *overall*) [*appearance, decline, attitude*] general; **the ~ standard of education is very high** el nivel general de educación es muy alto
[2] (= *widespread*) [*view, interest*] general; **there was ~ agreement on this question** hubo un consenso general con respecto a esta cuestión; **contrary to ~ belief** contrariamente a *or* en contra de lo que comúnmente se cree; **there was ~ opposition to the proposal** la oposición a la propuesta fue general *or* generalizada; **for ~ use** para el uso general; **in ~ use** de uso general
[3] (= *vague, non-specific*) general; **beware of making statements which are too ~** ten cuidado de hacer afirmaciones que sean demasiado generales; **the report was too ~** el informe era poco específico; **try to be more ~** intenta no entrar tanto en detalles; **we drove in the ~ direction of Aberdeen** fuimos conduciendo en dirección aproximada a Aberdeen; **please direct any ~ enquiries you may have to my secretary** le ruego solicite a mi secretaria cualquier información de carácter general; **I've got the ~ idea** tengo más o menos una idea; **I'm beginning to get the ~ picture** estoy empezando a hacerme una idea; **a ~ term** un término genérico; **in ~ terms** en líneas *or* términos generales
[4] (= *usual*) **as a ~ rule** por regla general
[5] (= *not specialized*) [*reader, public*] no especializado; **we employ two ~ labourers** empleamos a dos obreros no especializados; **an introduction to psychology for the ~ reader** una introducción a la psicología para el lector no especializado
[6] (*at end of title*) general; **secretary ~** secretario/a *m/f* general
Ⓑ N [1] **in ~** en general; **we discussed work in ~** hablamos sobre el trabajo en general; **in ~ this kind of situation can be controlled** (= *normally*) en general *or* por lo general este tipo de situaciones pueden controlarse
[2] **the particular and the ~** lo particular y lo general
[3] (*Mil*) (= *officer*) general *mf*; **General Croft arrived late** el general Croft llegó tarde; **good morning, General Croft** buenos días, General Croft
Ⓒ CPD ► **general anaesthetic, general anesthetic** (*US*) N anestesia *f* general ► **general assembly** N asamblea *f* general ► **general audit** N auditoría *f* general ► **general cargo** N cargamento *m* mixto ► **General Certificate of Secondary Education** N (*Brit Educ*) → GCSE ► **the General Confession** N (*Church of England*) la oración de confesión colectiva ► **general costs** NPL gastos *mpl* generales ► **general dealer** N (*US*) tienda *f*, almacén *m* (*S. Cone*) ► **general delivery** N (*US, Canada*) lista *f* de correos ► **general election** N elecciones *fpl* *or* comicios *mpl* generales ► **general headquarters** N (*Mil*) cuartel *msing* general ► **general holiday** N día *m* festivo ► **general hospital** N hospital *m* ► **general knowledge** N cultura *f* general ► **general manager** N director(a) *m/f* general ► **general medicine** N medicina *f* general ► **general meeting** N asamblea *f* general ► **General Officer Commanding** N (*Mil*) Comandante *mf* en Jefe ► **general partnership** N (*Jur*) sociedad *f* regular colectiva ► **General Post Office** N (*Brit Govt*) (*formerly*) Correos *m*; (= *main post office*) oficina *f* de correos ► **general practice** N (*Brit Med*) (= *work*) medicina *f* general; (= *group*) consultorio *m* médico; **I am currently working in ~ practice** actualmente estoy trabajando como médico de medicina general; **to go into ~ practice** entrar a trabajar en medicina general ► **general practitioner** N médico/a *m/f* de medicina general (*frm*), médico/a *m/f* de cabecera ► **the general public** N el público en general, el gran público ► **general science** N (*Scol*) Ciencias *fpl* ► **general science teacher** N profesor(a) *m/f* de Ciencias ► **General Secretary** N Secretario(a) *m/f* General ► **general staff** N estado *m* mayor (general) ► **general store** N (*US*) tienda *f*, almacén *m* (*S. Cone*) ► **general strike** N huelga *f* general

**generalissimo** [,dʒenərə'lɪsɪməʊ] N generalísimo *m*

**generality** [,dʒenə'rælɪtɪ] N [*of rule, belief*] generalidad *f*; **to talk in generalities** hablar en términos generales

**generalization** [,dʒenərəlaɪ'zeɪʃən] N generalización *f*

**generalize** ['dʒenərəlaɪz] VI generalizar; **to ~ about** generalizar sobre; **to ~ from** generalizar en base a

**generally** ['dʒenərəlɪ] ADV [1] (= *on the whole*) en general, en líneas generales; **~, the course is okay** en general *or* en líneas generales el curso está bien; **his account was ~ accurate** su relato fue en general *or* en líneas generales exacto; **they broke the toys, fought, and ~ misbehaved** rompieron los juguetes, se pelearon y en general se portaron mal
[2] (= *usually*) generalmente, por lo general; **we ~ meet on Tuesdays** generalmente *or* por lo general nos reunimos los martes
[3] (= *widely*) generalmente; **a ~ accepted definition** una definición generalmente aceptada, una definición aceptada por casi todo el mundo; **it is ~ believed that …** la mayoría de la gente cree que …, generalmente, se cree que …; **it's not yet ~ available** (*on sale*) no está todavía a la venta *or* en el mercado
[4] **~ speaking** por lo general, en términos generales

**general-purpose** [,dʒenərəl'pɜ:pəs] ADJ [*tool, dictionary*] de uso general

**generalship** ['dʒenərəlʃɪp] N (= *period in office*) generalato *m*; (= *leadership*) dirección *f*, don *m* de mando

**generate** ['dʒenəreɪt] VT [+ *electricity, heat*] generar; [+ *employment, income, wealth, publicity*] generar; [+ *interest*] suscitar, generar

**generating** ['dʒenəreɪtɪŋ] CPD ► **generating set** N grupo *m* electrógeno ► **generating station** N central *f* generadora

**generation** [,dʒenə'reɪʃən] Ⓐ N [1] (= *act*) generación *f*
[2] (= *group of people*) generación *f*; **the younger ~** la nueva generación; **the older ~** los mayores; **first/second/third/fourth ~** (*Comput*) de primera/segunda/tercera/cuarta generación
Ⓑ CPD ► **the generation gap** N la brecha entre las generaciones

**generational** [,dʒenə'reɪʃənl] ADJ generacional

**generative** ['dʒenərətɪv] Ⓐ ADJ generativo
Ⓑ CPD ► **generative grammar** N gramática *f* generativa

**generator** ['dʒenəreɪtər] N generador *m*, grupo *m* electrógeno

**generic** [dʒɪˈnerɪk] ADJ genérico

**generically** [dʒɪˈnerɪklɪ] ADV genéricamente, de manera genérica

**generosity** [ˌdʒenəˈrɒsɪtɪ] N generosidad *f*

**generous** [ˈdʒenərəs] ADJ [1] (= *not mean*) [*person, mood*] generoso; **she must have been feeling ~** debía sentirse generosa *or* dadivosa; **she was ~ in her praise of him** se deshizo en elogios para con él; **she was ~ in her praise of what he'd done** hizo grandes elogios de lo que había realizado; **that's very ~ of you** eso es muy generoso de tu parte; **he was rather too ~ with the chilli sauce** se pasó un poco con la salsa picante, se le fue un poco la mano con la salsa picante; **to be ~ with one's money** ser generoso *or* desprendido con el dinero; **be ~ with the cream** no escatimes la nata; **he wasn't exactly ~ with the whisky** no fue muy espléndido que digamos con el whisky
[2] (= *lavish, sizeable*) [*gift*] espléndido; [*donation*] cuantioso, generoso; [*rise*] importante, generoso; [*pay, offer*] generoso; [*portion*] grande, generoso; [*bosom, figure*] opulento; **very ~ credit terms** unas condiciones de crédito muy favorables; **a ~ amount of sth** una buena cantidad de algo; **a ~ helping of sth** una ración generosa de algo, una buena ración de algo
[3] (= *kind*) [*person, gesture*] amable; **it was very ~ of Nigel to say what he did** fue muy amable por parte de Nigel decir lo que dijo; **thank you for your ~ remarks** gracias por sus amables observaciones

**generously** [ˈdʒenərəslɪ] ADV [1] (= *not meanly*) [*give, donate, reward*] generosamente; **please give ~ to this worthy cause** por favor, contribuyan generosamente a esta noble causa
[2] (= *liberally*) **season ~ with salt** condimentar con abundante sal; **~ cut shirts** camisas de corte amplio; **a ~ illustrated book** un libro ampliamente ilustrado; **she was a ~ proportioned woman** era una mujer de opulentas formas
[3] (= *kindly*) [*offer, provide*] generosamente; **he ~ offered to cancel the debt** se ofreció generosamente a cancelar la deuda, en un gesto desinteresado, se ofreció a cancelar la deuda; **they very ~ offered to help us move house** se ofrecieron generosamente a ayudarnos a mudarnos de casa

**genesis** [ˈdʒenɪsɪs] N (*pl* **geneses** [ˈdʒenɪsiːz]) [1] génesis *f inv* [2] **Genesis** (*Bible*) Génesis *m*

**genet** [ˈdʒenɪt] N jineta *f*, gineta *f*

**genetic** [dʒɪˈnetɪk] Ⓐ ADJ genético
Ⓑ CPD ► **genetic code** N código *m* genético ► **genetic engineering** N ingeniería *f* genética ► **genetic fingerprint** N huella *f* genética ► **genetic fingerprinting** N identificación *f* genética ► **genetic manipulation** N manipulación *f* genética

**genetically** [dʒɪˈnetɪkəlɪ] ADV (*gen*) genéticamente; **~ engineered** manipulado genéticamente; **~ modified** transgénico, modificado genéticamente; **~-modified foods** alimentos *mpl* transgénicos

**geneticist** [dʒɪˈnetɪsɪst] N (*Med*) genetista *mf*

**genetics** [dʒɪˈnetɪks] NSING genética *f*

**Geneva** [dʒɪˈniːvə] N Ginebra; **the ~ Convention** la convención de Ginebra

**genial** [ˈdʒiːnɪəl] ADJ [*manner, welcome*] cordial; [*person*] simpático, afable

**geniality** [ˌdʒiːnɪˈælɪtɪ] N simpatía *f*, afabilidad *f*

**genially** [ˈdʒiːnɪəlɪ] ADV afablemente

**genie** [ˈdʒiːnɪ] N (*pl* **genii**) genio *m*; ✦**IDIOM the ~ is out of the bottle** lo hecho, hecho está, es imposible dar marcha atrás

**genital** [ˈdʒenɪtl] Ⓐ ADJ genital
Ⓑ N **genitals** (órganos *mpl*) genitales *mpl*
Ⓒ CPD ► **genital herpes** N herpes *m* genital

**genitalia** [ˌdʒenɪˈteɪlɪə] NPL genitales *mpl*

**genitive** [ˈdʒenɪtɪv] (*Ling*) Ⓐ N genitivo *m*
Ⓑ CPD ► **genitive case** N caso *m* genitivo; **in the ~ case** en el genitivo

**genius** [ˈdʒiːnɪəs] N (*pl* **geniuses**) (= *person*) genio *m*; (= *cleverness*) genialidad *f*; (= *talent*) don *m*; **he's a ~** es un genio, es genial; **you're a ~!** (*iro*) ¡eres un hacha!; **a man of ~** un hombre genial; **she's a mathematical ~** es un genio para las matemáticas; **to have a ~ for (doing) sth** tener un don especial para (hacer) algo; **you have a ~ for forgetting things** tienes un don especial para olvidar las cosas

**genned up** [ˈdʒendˈʌp] ADJ *see* **gen up**

**Genoa** [ˈdʒenəʊə] N Génova *f*

**genocidal** [ˌdʒenəʊˈsaɪdl] ADJ genocida

**genocide** [ˈdʒenəʊsaɪd] N genocidio *m*

**Genoese** [ˌdʒenəʊˈiːz] Ⓐ ADJ genovés
Ⓑ N genovés/esa *m/f*

**genome** [ˈdʒiːnəʊm] N genoma *m*

**genotype** [ˈdʒenəʊtaɪp] N genotipo *m*

**genre** [ʒɑ̃ːnr] N género *m*

**gent** [dʒent] N ABBR [1] (= **gentleman**) caballero *m*; **what will you have, ~s?** (*hum*) ¿qué van a tomar los caballeros?
[2] **the ~s*** (= *lavatory*) el servicio (de caballeros), el baño (de señores) (*LAm*); **can you tell me where the ~s is, please?** ¿el servicio de caballeros, por favor?; **"gents"** "caballeros"

**genteel** [dʒenˈtiːl] ADJ [1] (= *middle-class*) [*person*] elegante, refinado; [*manners*] refinado, fino; [*atmosphere*] elegante; **a ~ resort on the south coast** un elegante centro turístico de la costa del sur; **to live in ~ poverty** vivir modestamente pero con dignidad
[2] (*pej*) (= *affected*) afectado

**gentian** [ˈdʒenʃɪən] Ⓐ N genciana *f*
Ⓑ CPD ► **gentian violet** N violeta *f* de genciana

**Gentile** [ˈdʒentaɪl] Ⓐ ADJ no judío; (= *pagan*) gentil
Ⓑ N no judío/a *m/f*; (= *pagan*) gentil *mf*

**gentility** [dʒenˈtɪlɪtɪ] N [*of person, family*] refinamiento *m*, elegancia *f*; [*of place*] elegancia *f*

**gentle** [ˈdʒentl] ADJ (*compar* **gentler**; *superl* **gentlest**) [1] (= *kind, good-natured*) [*person*] de carácter dulce; [*manner, voice*] dulce, delicado; [*eyes, smile*] dulce, tierno; [*hint, reminder, rebuke*] discreto; [*animal*] manso, dócil; **to be ~ with sb/sth** (= *careful*) tener cuidado con algn/algo; **be ~ with him, he's had a terrible shock** ten consideración con él, ha sufrido un golpe muy duro; **to poke ~ fun at sb** burlarse sin malicia de algn, burlarse cariñosamente de algn; **the policy of ~ persuasion had failed** la política de la sutil persuasión había fracasado; **try a little ~ persuasion, he might say yes** intenta persuadirlo un poco, puede que diga que sí; **he needs a ~ push** necesita un pequeño empuje; **the ~** *or* **~r sex**† el bello sexo; ✦**IDIOM as ~ as a lamb** más bueno que el pan, más manso que un cordero
[2] (= *mild*) [*shampoo, soap, detergent*] suave; **it is ~ on the skin** no irrita la piel
[3] (= *light*) [*touch, pressure, push, breeze*] suave, ligero; **there was a ~ tap at the door** se oyeron unos golpecitos a la puerta
[4] (= *moderate*) [*exercise*] moderado; **cook for 30 minutes over a ~ heat** cocinar durante 30 minutos a fuego lento; **we jogged along at a ~ pace** hicimos footing a un ritmo suave; **it was too hot even for a ~ stroll** hacía demasiado calor incluso para pasear lentamente
[5] (= *not steep*) [*slope*] suave, poco pronunciado; [*curve*] no muy cerrado; **~ rolling hills** colinas suaves y onduladas
[6] (†) (= *noble*) **of ~ birth** de noble cuna; **~ reader** estimado *or* querido lector

**gentleman** [ˈdʒentlmən] Ⓐ N (*pl* **gentlemen**) (= *man*) señor *m*; (*having gentlemanly qualities*) caballero *m*; (††) (*at court*) gentilhombre *m*; **there's a ~ waiting to see you** hay un señor esperando para verle; **young ~** señorito *m*; **to be a perfect ~** ser un perfecto caballero; **he's no ~** poco caballero es él; **"gentlemen"** (= *lavatory*) "caballeros"
Ⓑ CPD ► **gentleman's agreement** N acuerdo *m* entre caballeros ► **gentleman farmer** N terrateniente *m* ► **gentleman's gentleman** N ayuda *m* de cámara

**gentlemanly** [ˈdʒentlmənlɪ] ADJ caballeroso

**gentleness** [ˈdʒentlnɪs] N [1] (= *gentle nature*) [*of person*] dulzura *f* (de carácter); [*of manner, voice*] dulzura *f*, delicadeza *f*; [*of smile*] dulzura *f*, ternura *f*; [*of hint, reminder, rebuke*] lo discreto; [*of animal*] mansedumbre *f*, docilidad *f*
[2] (= *care*) (*in handling sth/sb*) cuidado *m*; (= *consideration*) consideración *f*
[3] (= *mildness*) [*of shampoo, soap, etc*] suavidad *f*
[4] (= *lightness*) [*of movement, touch, breeze*] suavidad *f*, ligereza *f*
[5] (= *not steepness*) [*of slope*] suavidad *f*

**gentlewoman**†† [ˈdʒentlˌwʊmən] N (*pl* **gentlewomen**) (*by birth*) dama *f*, señora *f* de buena familia

**gently** [ˈdʒentlɪ] ADV [1] (= *softly, kindly*) [*say*] dulcemente, suavemente; [*smile*] dulcemente, con dulzura; [*hint, remind*] con delicadeza
[2] (= *carefully*) [*handle*] con cuidado; **~ clean the wound with salt water** limpiar la herida con cuidado usando agua salada; **a lotion that ~ cleanses your skin** una loción que limpia la piel sin irritar; **~ does it!** ¡con cuidado!, ¡despacito!*
[3] (= *lightly*) [*blow, touch, push, tap*] ligeramente, suavemente; **I shook her ~ and she opened her eyes** la sacudí ligeramente *or* suavemente y abrió los ojos
[4] (= *slowly*) [*pick up speed*] poco a poco; [*simmer, cook*] a fuego lento; **simmer ~ until the sugar dissolves** hervir a fuego lento hasta que el azúcar se disuelva
[5] (= *not steeply*) [*slope*] suavemente

**gentrification** [ˌdʒentrɪfɪˈkeɪʃən] N aburguesamiento *m*

**gentrified** [ˈdʒentrɪˌfaɪd] ADJ [*area, houses*] aburguesado

**gentrify** [ˈdʒentrɪfaɪ] VT aburguesar

**gentry** [ˈdʒentrɪ] N (*Brit*) alta burguesía *f*, pequeña aristocracia *f*; (*pej*) familias *fpl* bien, gente *f* bien; (= *set of people*) gente *f*

**genuflect** [ˈdʒenjʊflekt] VI (*frm*) hacer una genuflexión

**genuflection**, **genuflexion** (*US*) [dʒenjʊˈflekʃən] N genuflexión *f*

**genuine** [ˈdʒenjʊɪn] ADJ [1] (= *authentic*) [*picture, antique*] auténtico; [*claim, refugee*] verdadero; **it is a ~ Renoir** es un Renoir auténtico; **a ~ leather sofa** un sofá de cuero legítimo *or* auténtico; **this is no cheap imitation, it's the ~ article** esto no es una imitación barata, es genuino *or* auténtico; **this dancer is the ~ article** esta es una bailarina de verdad
[2] (= *sincere*) [*concern, disbelief, interest, enthu-*

*siasm*] verdadero, sincero; [*love*] verdadero, de verdad; [*commitment, difficulty*] verdadero, auténtico; [*offer, buyer*] serio; **it was a ~ mistake** fue realmente un error; **if this offer is ~ I will gladly accept it** si esta oferta va en serio *or* es seria la aceptaré con mucho gusto; **she is very ~ and caring** es noble y bondadosa

**genuinely** ['dʒenjʊɪnlɪ] ADV [1] (= *authentically*) [*funny*] realmente, verdaderamente; **he claims, probably quite ~, to be ...** asegura, y probablemente sea cierto, ser ...
[2] (= *sincerely*) [*believe*] sinceramente, realmente; [*want*] realmente, de verdad; [*interested, worried, upset*] verdaderamente, realmente; **he ~ wants to change** realmente *or* de verdad quiere cambiar; **they were ~ pleased to see me** se alegraban de verdad de verme; **I'm ~ sorry that Peter has gone** siento de verdad que Peter se haya ido, lamento sinceramente que Peter se haya ido

**genuineness** ['dʒenjʊɪnnɪs] N [1] (= *authenticity*) [*of painting, antique*] autenticidad *f*; [*of claim*] veracidad *f*
[2] (= *sincerity*) [*of concern, feelings*] sinceridad *f*, autenticidad *f*
[3] (= *honesty*) [*of person*] nobleza *f*

**genus** ['dʒenəs] N (*pl* **genera** *or* **genuses**) (*Bio*) género *m*

**geo...** ['dʒiːəʊ] PREFIX geo...

**geochemical** [ˌdʒiːəʊ'kemɪkəl] ADJ geoquímico

**geochemist** [ˌdʒiːəʊ'kemɪst] N geoquímico/a *m/f*

**geochemistry** [ˌdʒiːeʊ'kemɪstrɪ] N geoquímica *f*

**geodesic** [ˌdʒɪ(ː)əʊ'desɪk] ADJ geodésico

**geodesy** [dʒiː'ɒdɪsɪ] N geodesia *f*

**geodetic** [ˌdʒiːəʊ'detɪk] ADJ = **geodesic**

**Geoffrey** ['dʒefrɪ] N Geofredo, Godofredo

**geographer** [dʒɪ'ɒgrəfəʳ] N geógrafo/a *m/f*

**geographic** [dʒɪə'græfɪk] ADJ = **geographical**

**geographical** [dʒɪə'græfɪkəl] ADJ geográfico

**geographically** [dʒɪə'græfɪkəlɪ] ADV geográficamente; **~ speaking** desde el punto de vista geográfico

**geography** [dʒɪ'ɒgrəfɪ] N geografía *f*; **policemen who knew the local ~** policías que conocían bien el lugar

**geological** [dʒɪəʊ'lɒdʒɪkəl] ADJ geológico

**geologically** [dʒɪə'lɒdʒɪkəlɪ] ADV geológicamente; **~ speaking** desde el punto de vista geológico

**geologist** [dʒɪ'ɒlədʒɪst] N geólogo/a *m/f*

**geology** [dʒɪ'ɒlədʒɪ] N geología *f*

**geomagnetic** [ˌdʒiːəʊmæg'netɪk] ADJ geomagnético

**geomagnetism** [ˌdʒiːəʊ'mægnɪˌtɪzəm] N geomagnetismo *m*

**geometric** [dʒɪə'metrɪk] ADJ geométrico

**geometrical** [dʒɪə'metrɪkəl] ADJ = **geometric**

**geometrically** [dʒɪə'metrɪkəlɪ] ADV geométricamente

**geometry** [dʒɪ'ɒmɪtrɪ] N geometría *f*

**geomorphic** [ˌdʒiːəʊ'mɔːfɪk] ADJ geomórfico

**geomorphologic** [ˌdʒiːəʊ'mɔːfə'lɒdʒɪk] ADJ = **geomorphological**

**geomorphological** [ˌdʒiːəʊ'mɔːfə'lɒdʒɪkəl] ADJ geomorfológico

**geomorphology** [ˌdʒiːəʊmɔː'fɒlədʒɪ] N geomorfología *f*

**geophysical** [ˌdʒiːəʊ'fɪzɪkəl] ADJ geofísico

**geophysicist** [ˌdʒiːəʊ'fɪzɪsɪst] N geofísico/a *m/f*

**geophysics** [dʒɪəʊ'fɪzɪks] NSING geofísica *f*

**geopolitical** [ˌdʒiːəʊpə'lɪtɪkəl] ADJ geopolítico

**geopolitics** ['dʒiːəʊ'pɒlɪtɪks] NSING geopolítica *f*

**Geordie*** ['dʒɔːdɪ] N (*Brit*) *nativo/habitante de Tyneside en el NE de Inglaterra*

**George** [dʒɔːdʒ] N Jorge

**Georgia** ['dʒɔːdʒɪə] N (*US and USSR*) Georgia *f*

**Georgian** ['dʒɔːdʒɪən] ADJ (*Brit*) georgiano

**geoscience** [ˌdʒiːəʊ'saɪəns] N geociencia *f*

**geoscientist** [ˌdʒiːəʊ'saɪəntɪst] N geocientífico/a *m/f*

**geostationary** [ˌdʒiːəʊ'steɪʃənərɪ] ADJ geoestacionario

**geostrategic** [ˌdʒiːəʊstrə'tiːdʒɪk] ADJ geoestratégico

**geostrategy** [ˌdʒiːəʊstrə'tiːdʒɪ] N geoestrategia *f*

**geothermal** [ˌdʒiːəʊ'θɜːməl] ADJ geotérmico

**geranium** [dʒɪ'reɪnɪəm] N geranio *m*

**gerbil** ['dʒɜːbɪl] N gerbo *m*, jerbo *m*

**geriatric** [ˌdʒerɪ'ætrɪk] Ⓐ ADJ [1] geriátrico; **~ home** residencia *f* geriátrica, centro *m* geriátrico; **~ medicine** geriatría *f*
[2] (* *pej*) **~ judges** jueces que son unos vejestorios
Ⓑ N [1] (*Med*) persona *f* mayor
[2] (* *pej*) vejestorio* *m*

**geriatrician** [ˌdʒerɪə'trɪʃən] N geriatra *mf*

**geriatrics** [ˌdʒerɪ'ætrɪks] NSING geriatría *f*

**germ** [dʒɜːm] Ⓐ N (*Bio*) (*fig*) germen *m*; (*Med*) microbio *m*, germen *m*; **the ~ of an idea** el germen de una idea
Ⓑ CPD ► **germ carrier** N portador(a) *m/f* de microbios *or* gérmenes ► **germ cell** N célula *f* germinal ► **germ plasm** N germen *m* plasma ► **germ warfare** N guerra *f* bacteriológica

**German** ['dʒɜːmən] Ⓐ ADJ alemán
Ⓑ N [1] (= *person*) alemán/ana *m/f*
[2] (*Ling*) alemán *m*
Ⓒ CPD ► **German Democratic Republic** N (*Hist*) República *f* Democrática Alemana ► **German measles** N rubeola *f*, rubéola *f* ► **German shepherd (dog)** N pastor *m* alemán, perro *m* lobo

**germane** [dʒɜː'meɪn] ADJ (*frm*) (= *relevant*) **that's not ~ to the discussion** eso no atañe a la discusión; **the remark is not ~** el comentario no viene al caso

**Germanic** [dʒɜː'mænɪk] ADJ germánico

**germanium** [dʒɜː'meɪnɪəm] N germanio *m*

**germanophile** [dʒɜː'mænəfaɪl] N germanófilo/a *m/f*

**germanophobe** [dʒɜː'mænəfəʊb] N germanófobo/a *m/f*

**German-speaking** ['dʒɜːmənˌspiːkɪŋ] ADJ de habla alemana

**Germany** ['dʒɜːmənɪ] N Alemania *f*; **East ~** Alemania *f* Oriental; **West ~** Alemania *f* Occidental

**germ-free** [ˌdʒɜːm'friː] ADJ estéril; (= *sterilized*) esterilizado

**germicidal** [ˌdʒɜːmɪ'saɪdl] ADJ germicida, microbicida

**germicide** ['dʒɜːmɪsaɪd] N germicida *m*

**germinate** ['dʒɜːmɪneɪt] VI [*seed, idea*] germinar

**germination** [ˌdʒɜːmɪ'neɪʃən] N germinación *f*

**germ-killer** ['dʒɜːmˌkɪləʳ] N germicida *m*

**germproof** ['dʒɜːmpruːf] ADJ a prueba de microbios *or* gérmenes

**gerontocracy** [ˌdʒerɒn'tɒkrəsɪ] N gerontocracia *f*

**gerontologist** [ˌdʒerɒn'tɒlədʒɪst] N gerontólogo/a *m/f*

**gerontology** [ˌdʒerɒn'tɒlədʒɪ] N gerontología *f*

**Gerry** ['dʒerɪ] N (*familiar form*) *of* **Gerald, Gerard**

**gerrymander** ['dʒerɪmændəʳ] Ⓐ VT [+ *voting area*] *dividir de manera favorable a un partido*; (= *manipulate*) manipular
Ⓑ VI *dividir una zona electoral de manera favorable a un partido*

**gerrymandering** ['dʒerɪmændərɪŋ] N manipulaciones *fpl*

**gerund** ['dʒerənd] N (*Latin*) gerundio *m*; (*English*) sustantivo *m* verbal

**gerundive** [dʒə'rʌndɪv] Ⓐ ADJ gerundivo
Ⓑ N gerundio *m*

**gestalt** [gə'ʃtɑːlt] Ⓐ N gestalt *m*
Ⓑ CPD ► **gestalt psychology** N psicología *f* gestalt ► **gestalt therapy** N terapéutica *f* gestáltica

**Gestapo** [ges'tɑːpəʊ] N Gestapo *f*

**gestate** [dʒes'teɪt] Ⓐ VT [1] (*Bio*) gestar
[2] (*fig*) [+ *idea, project*] gestar
Ⓑ VI [*idea, project*] gestarse

**gestation** [dʒes'teɪʃən] N (*Bio*) gestación *f* (*also fig*)

**gesticulate** [dʒes'tɪkjʊleɪt] VI gesticular

**gesticulation** [dʒesˌtɪkjʊ'leɪʃən] N gesticulación *f*, manoteo *m*

**gestural** ['dʒestʃərəl] ADJ [*language*] gestual

**gesture** ['dʒestʃəʳ] Ⓐ N [1] (*lit*) ademán *m*, gesto *m*
[2] (*fig*) demostración *f*; (= *small token*) muestra *f*, detalle *m*; **what a nice ~!** ¡qué gesto *or* detalle más agradable!; **as a ~ of friendship** en señal de amistad; **as a ~ of support** para demostrar nuestro apoyo; **empty ~** pura formalidad *f*
Ⓑ VI hacer gestos; **he ~d towards the door** señaló *or* apuntó hacia la puerta; **to ~ to sb to do sth** indicar a algn con la mano que haga algo
Ⓒ VT expresar con un ademán

**get** [get] (*pt, pp* **got**; *US: pp* **gotten**)

> [A] TRANSITIVE VERB [C] PHRASAL VERBS
> [B] INTRANSITIVE VERB
> *When* **get** *is part of a set combination, eg* **get the sack**, **get hold of**, **get sth right**, *look up the other word.*

Ⓐ TRANSITIVE VERB

[1] [= ***obtain***] [+ *information, money, visa, divorce*] conseguir; [+ *benefit*] sacar, obtener; **I'll ~ the money somehow** conseguiré el dinero de alguna forma; **he had trouble ~ting a hotel room** tuvo dificultades para conseguir una habitación de hotel; **that's what got him the rise** eso fue lo que le consiguió el aumento; **he got it for me** él me lo consiguió; **you need to ~ permission off*** *or* **from the owner** tienes que conseguir el permiso del dueño; **I got the idea off*** *or* **from a TV programme** saqué la idea de un programa de televisión; **he ~s all his clothes off*** *or* **from his elder brother** hereda toda la ropa de su hermano mayor; **where did you ~ that idea from?** ¿de dónde sacaste esa idea?; **we shan't ~ anything out of him** no lograremos sacarle nada; **you won't ~ any money out of me** no vas a sacarme dinero; **what are you going to ~ out of it?** ¿qué vas a sacar de *or* ganar con ello?; **a good coach knows how to ~ the best out of his players** un buen entrenador sabe cómo sacar lo mejor de sus jugadores; **she ~s a lot of pleasure out of gardening** disfruta mucho con la jardinería; **you may ~ some fun out of it** puede que te resulte divertido

[2] [= ***have***] tener; **I go whenever I ~ the**

**chance** voy siempre que tengo ocasión; **to ~ something to eat** comer algo

3 *= receive* 3·1 [+ *letter, phone call*] recibir; [+ *wage*] ganar, cobrar; [+ *TV station, radio station*] coger, captar; **she ~s a good salary** gana *or* cobra un buen sueldo; **not everyone ~s a pension** no todo el mundo cobra una pensión; **I got lots of presents** me hicieron muchos regalos; **I think he got the wrong impression** creo que se ha llevado una impresión equivocada; **how much did you ~ for it?** ¿cuánto te dieron por él?; **he got 15 years for murder** le condenaron a 15 años por asesinato; **he ~s his red hair from his mother** el pelo rojizo lo ha heredado de su madre; **I didn't ~ much from the film** la película no me dijo gran cosa; **I don't ~ much from his lectures** saco poco provecho de sus clases; *see also* **neck A1**

3·2

*Some* **get** *+ noun combinations are translated using a more specific Spanish verb. If in doubt, look up the noun.*

**I never got an answer** no me contestaron, no recibí nunca una respuesta; **they ~ lunch at school** les dan de comer en el colegio; **this area doesn't ~ much rain** en esta área no llueve mucho; **I got a shock/surprise** me llevé un susto/una sorpresa; **this room ~s a lot of sun** a esta habitación le da mucho el sol; *see also* **fine²**, **sentence A2**

4 *= buy* comprar; **I went out to ~ some milk** salí a comprar leche; **where did you ~ those shoes?** ¿dónde te has comprado esos zapatos?; **I got it cheap in a sale** lo conseguí barato en unas rebajas

5 *= fetch* [+ *glasses, book*] ir a buscar, traer; [+ *person*] ir a buscar, ir a por; (= *pick up*) [+ *goods, person*] recoger; **would you mind ~ting my glasses?** ¿te importaría ir a buscarme *or* traerme las gafas?; **can you ~ my coat from the cleaner's?** ¿puedes recogerme el abrigo de la tintorería?; **I'll ~ some lettuce from the garden** voy a coger un poco de lechuga del jardín; **quick, ~ help!** ¡rápido, ve a buscar ayuda!; **to ~ sth for sb** ◊ **~ sb sth** ir a buscar algo a algn, traer algo a algn; **could you ~ me the scissors please?** ¿puedes ir a buscarme *or* me puedes traer las tijeras, por favor?; **can I ~ you a drink?** ¿te apetece beber *or* tomar algo?, ¿quieres beber *or* tomar algo?; **to go/come and ~ sth/sb**: **I'll go and ~ it for you** voy a buscártelo, voy a traértelo; **go and ~ Jane will you?** vete a buscar a Jane, ve a por Jane; **phone me when you arrive and I'll come and ~ you** cuando llegues llama por teléfono y te iré a buscar *or* recoger

6 *= call* [+ *doctor, plumber*] llamar; **please ~ the doctor** por favor llame al médico

7 *= answer* [+ *phone*] contestar; **can you ~ the phone?** ¿puedes contestar el teléfono?; **I'll ~ it!** (*telephone*) ¡yo contesto!; (*door*) ¡ya voy yo!

8 *= gain, win* [+ *prize*] ganar, llevarse, conseguir; [+ *goal*] marcar; [+ *reputation*] ganarse; **she got first prize** ganó *or* se llevó *or* consiguió el primer premio; **correct, you ~ 5 points** correcto, gana *or* consigue 5 puntos; **he's in it for what he can ~** lo único que quiere es sacarle provecho; **Jackie got good exam results** Jackie sacó buenas notas en los exámenes; **he got a pass/an A in French** sacó un aprobado/un sobresaliente en francés; **I have to ~ my degree first** antes tengo que acabar la carrera *or* conseguir mi diplomatura

9 *= find* [+ *job, flat*] encontrar, conseguir; **he got me a job** me encontró *or* consiguió un trabajo; **you ~ all sorts in this job** te encuentras con todo tipo de gente en este trabajo; **you don't ~ bears in this country** en este país no hay osos

10 *= catch* [+ *ball, disease, person*] coger, agarrar (*LAm*); [+ *thief*] coger, atrapar (*LAm*); [+ *bus*] coger, tomar (*LAm*); [+ *fish*] pescar; **I'm ~ting the bus into town** voy a coger el autobús al centro; **got you!*** ¡te pillé!*, ¡te cacé!*, ¡te agarré! (*LAm*); **got you at last!** ¡por fin te he pillado *or* cazado!*; **I've been trying to ~ him alone** he estado intentando verle a solas; **to ~ sb by the throat/arm** agarrar *or* coger a algn de la garganta/del brazo; **I didn't ~ the details** no oí los detalles; **sorry, I didn't ~ your name** perdone, ¿cómo dice que se llama?, perdone, no me he enterado de su nombre; **did you ~ his (registration) number?** ¿viste el número de matrícula?; **you've got me there!*** ahí sí que me has pillado*; **✦IDIOM to ~ it from sb**: **he really got it from the teacher*** el profesor le echó un rapapolvo*; *see also* **bad C**, **religion**

11 *= reach, put through to* **~ me Mr Jones, please** (*Telec*) póngame *or* (*esp LAm*) comuníqueme con el Sr. Jones, por favor; **you'll ~ him at home if you phone this evening** si le llamas esta tarde lo pillarás* *or* encontrarás en casa; **you can ~ me on this number** puedes contactar conmigo en este número; **I've been trying to ~ you all week** he estado intentando hablar contigo toda la semana

12 ** = attack, take revenge on* **I feel like everyone is out to ~ me** siento que todo el mundo va contra mí; **I'll ~ you for that!** ¡esto me lo vas a pagar!; **they're out to ~ him** van a cargárselo*

13 *= hit* [+ *target*] dar en; **the bullet got him in the leg** la bala le dio en la pierna; **it got him on the head** le dio en la cabeza

14 *= finish* **the drink will ~ him in the end** la bebida acabará con él al final

15 *= take, bring* **how can we ~ it home?** (*speaker not at home*) ¿cómo podemos llevarlo a casa?; (*speaker at home*) ¿cómo podemos traerlo a casa?; **I tried to ~ the blood off my shirt** intenté quitar la sangre de mi camisa; **~ the knife off him!** ¡quítale ese cuchillo!; **I couldn't ~ the stain out of the tablecloth** no podía limpiar la mancha del mantel; **to ~ sth past customs** conseguir pasar algo por la aduana; **we'll ~ you there somehow** le llevaremos de una u otra manera; **we can't ~ it through the door** no lo podemos pasar por la puerta; **to ~ sth to sb** hacer llegar algo a algn; **to ~ the children to bed** meter a los niños en la cama; **where will that ~ us?** ¿de qué nos sirve eso?; **✦IDIOMS that will ~ you/him nowhere** ◊ **that won't ~ you/him anywhere** eso no te/le va a llevar a ningún sitio

16 *= prepare* [+ *meal*] preparar, hacer; **to ~ breakfast** preparar *or* hacer el desayuno

17 (*with adjective*)

*This construction is often translated using a specific Spanish verb. Look up the relevant adjective.*

**he got his leg broken** se rompió la pierna; **to ~ one's hands dirty** ensuciarse las manos; **to ~ sb drunk** emborrachar a algn; **to ~ one's feet wet** mojarse los pies; **you're ~ting me worried** estás haciendo que me preocupe

18 (*with infinitive/present participle*) **to ~ sb to do sth** (= *persuade*) conseguir que algn haga algo, persuadir a algn a hacer algo; (= *tell*) decir a algn que haga algo; **we eventually got her to change her mind** por fin conseguimos que cambiase de idea, por fin le persuadimos a cambiar de idea; **I'll ~ him to ring you** le diré que te llame; **can you ~ someone to photocopy these** puedes decirle *or* mandarle a alguien que me haga una fotocopia de estos; **I can't ~ the door to open** no puedo abrir la puerta, no logro que se abra la puerta; **I couldn't ~ the washing machine to work** no pude *or* no logré poner la lavadora en marcha; **I couldn't ~ the car going** *or* **to go** no pude poner el coche en marcha, no pude arrancar el coche; **to ~ a fire going** conseguir encender un fuego; **to ~ a conversation going** conseguir iniciar una conversación

19 *"get sth done" construction* 19·1 (= *do oneself*) **you'll ~ yourself arrested looking like that** vas a acabar en la cárcel con esas pintas; **to ~ the washing/dishes done** lavar la ropa/fregar los platos; **we got no work done that day** no hicimos nada de trabajo ese día; **when do you think you'll ~ it finished?** ¿cuándo crees que lo vas a acabar?; **you'll ~ yourself killed driving like that** te vas a matar si conduces de esa forma

19·2 (= *get someone to do*) **to ~ one's hair cut** cortarse el pelo, hacerse cortar el pelo; **he knows how to ~ things done** sabe organizar muy bien a la gente; **to ~ sth fixed** arreglar *or* reparar algo; **I've got to ~ my car fixed this week** tengo que arreglar *or* reparar el coche esta semana, tengo que llevar el coche a arreglar *or* reparar esta semana; **I should ~ my teeth fixed** tendría que arreglarme los dientes; **we're going to ~ central heating put in** vamos a poner *or* instalar calefacción central; **I must ~ my car serviced** tengo que llevar el coche a una revisión

20 ** = understand* entender; **I don't ~ you** no te entiendo; **(do you) ~ it?** ¿entiendes?; [+ *joke*] ¿lo coges?, ¿ya caes?*; **I've got it!** [+ *joke*] ¡ya caigo!, ¡ya lo entiendo!; [+ *solution*] ¡ya tengo la solución!, ¡ya he dado con la solución!, ¡ya lo tengo!; *see also* **point A7**, **wrong**

21 ** = annoy* molestar, fastidiar; **what ~s me is the way he always assumes he's right** lo que me molesta *or* fastidia es que siempre da por hecho que tiene razón; **what really ~s me is his total indifference** lo que me molesta *or* fastidia es su total indiferencia

22 ** = thrill* chiflar*; **this tune really ~s me** esta melodía me chifla*, esta melodía me apasiona

23 **to have got sth** (*Brit*) (= *have*) tener algo; **what have you got there?** ¿qué tienes ahí?; **I've got toothache** tengo dolor de muelas

Ⓑ INTRANSITIVE VERB

1 *= reach, go* llegar; **how do you ~ there?** ¿como se llega?; **he got there late** llegó tarde; **how did you ~ here?** ¿cómo viniste *or* llegaste?; **how did that box ~ here?** ¿cómo ha venido a parar esta caja aquí?; **I've got as far as page 10** he llegado hasta la página 10; **he won't ~ far** no llegará lejos; **to ~ from A to B** ir de A a B, trasladarse de A a B; **to ~ home** llegar a casa; **to ~ to** llegar a; **how do you ~ to the cinema?** ¿cómo se llega al cine?; **I'll make sure it ~s to you by tomorrow** me aseguraré de que te llegue mañana; **where did you ~ to?** (= *where were you?*) ¿dónde estabas?, ¿dónde te habías metido?; **where can he have got to?** ¿dónde se puede haber metido?; **it's a place that's difficult to ~ to** es un lugar de difícil acceso; **✦IDIOMS not to ~ anywhere**: **you won't ~ anywhere with him** no conseguirás nada con él; **you won't ~ anywhere if you behave like that** no vas a conseguir nada comportándote así; **to ~ nowhere**: **we're ~ting absolutely nowhere** ◊ **we're ~ting nowhere fast** no estamos llegando a ningún sitio; **to ~**

**somewhere**: **now we're ~ting somewhere** ahora empezamos a hacer progresos; **to ~ there**: **"how's your thesis going?" — "I'm ~ting there"** —¿qué tal va tu tesis? —va avanzando; **to ~ to sb*** (= *affect*) afectar a algn; (= *annoy*) molestar a algn; **don't let it ~ to you*** (= *affect*) no dejes que te afecte; (= *annoy*) no te molestes por eso; **the whisky has got to him*** el whisky le ha afectado; *see also* **lane A3**
[2] [= *become, be*] ponerse, volverse, hacerse

*As expressions with* **get** + *adjective, such as* **get old, get drunk**, *etc, are often translated by a specific verb, look up the adjective.*

**it's ~ting late** se está haciendo tarde; **how did it ~ like that?** ¿cómo se ha puesto así?; **how do people ~ like that?** ¿cómo puede la gente volverse así?; **this is ~ting ridiculous** esto roza los límites de lo ridículo; **how stupid can you ~?** ¿hasta qué punto llega tu estupidez?, ¿cómo puedes ser tan estúpido?; **to ~ used to sth** acostumbrarse a algo; ♦**IDIOM to ~ with it*** espabilarse; **you'd better ~ with it or we'll lose this contract*** espabílate o perderemos este contrato; → BECOME, GO, GET
[3] (*with past participle*) [3·1] (= *be*) **he often ~s asked for his autograph** a menudo le piden autógrafos; **we got beaten 3-2** perdimos 3 a 2; **several windows got broken** se rompieron varias ventanas; **to ~ killed** morir, matarse; **I saw her the night she got killed** (*accidentally*) la vi la noche que murió *or* se mató; (= *murdered*) la vi la noche que la asesinaron; **do you want to ~ killed!** ¡¿es que quieres matarte?!; **to ~ paid** cobrar; **he got run over as he was coming out of his house** lo atropellaron al salir de casa
[3·2] (*reflexive action*) **to ~ shaved** afeitarse; **to ~ washed** lavarse
[4] [= *begin*] (*with gerund*) empezar a + *infin*, ponerse a + *infin*; **let's ~ going** vamos a ponernos en marcha; **~ going!** ¡muévete!, ¡a menearse!; **once she ~s going on that subject she never stops** una vez que empieza con ese tema no para; **after midnight the party really got going** después de medianoche la fiesta empezó a animarse; **let's ~ moving** vamos a ponernos en marcha; **we got talking** empezamos a hablar *or* charlar; **I got to thinking that ...*** me di cuenta de que ..., empecé a pensar que ...
[5] [= *come*] (*with infinitive*) **to ~ to do sth** llegar a hacer algo; **he eventually got to be prime minister** al final llegó a ser primer ministro; **I got to be quite good at it** llegué a hacerlo bastante bien; **when do we ~ to eat?** ¿cuándo comemos?; **to ~ to know sb** llegar a conocer a algn; **he got to like her despite her faults** le llegó a gustar a pesar de sus defectos; **so when do I ~ to meet this friend of yours?** ¿cuándo me vas a presentar a este amigo tuyo?; **I never ~ to drive the car** nunca tengo oportunidad de conducir el coche; **to ~ to see sth/sb** lograr ver algo/a algn
[6] [* = *go*] **get** ¡lárgate!*
[7] **to have got to do sth** (*expressing obligation*) tener que hacer algo; **you've got to tell the police** tienes que denunciarlo a la policía; **why have I got to?** ¿por qué tengo que hacerlo?
Ⓒ PHRASAL VERBS

►**get about** VI + ADV [1] [*invalid*] (= *walk*) caminar; (= *move around*) moverse; **he ~s about with a stick/on crutches** camina con un bastón/con muletas; **she's quite frail and can't ~ about very much** está muy delicada y no puede moverse mucho
[2] (= *travel*) viajar; **the sort of work I do means I ~ about a fair bit** el tipo de trabajo que hago significa que viajo *or* me desplazo bastante
[3] (= *go out*) (*socially*) salir
[4] (= *circulate*) [*rumour*] correr; [*story*] saberse, divulgarse; **it soon got about that they were ~ting divorced** al poco tiempo corrió el rumor de que se estaban divorciando; **I don't want it to ~ about** no quiero que se sepa *or* divulgue

►**get above** VI + PREP **to ~ above o.s.** volverse un engreído

►**get across** Ⓐ VI + PREP [+ *road*] cruzar; [+ *river, sea, desert*] cruzar, atravesar
Ⓑ VI + ADV [1] (= *cross road, river, etc*) cruzar
[2] (= *be understood*) [*meaning*] ser comprendido; [*person*] hacerse entender; **the message seems to be ~ting across** parece que está empezando a captar el mensaje; **to ~ across to sb** lograr comunicar con algn, hacerse entender por algn
Ⓒ VT + ADV [1] (= *communicate*) [+ *meaning, message*] comunicar, hacer entender; **she was anxious to ~ her point across** le preocupaba que se entendiese bien lo que quería decir
[2] (= *transport across*) [+ *people, objects*] cruzar; **we can use one of the big patrolboats to ~ you across** podemos usar uno de esos barcos patrulleros grandes para cruzaros

►**get after** VI + PREP [1] (= *pursue*) perseguir; (= *hunt down*) dar caza a; **~ after him! he's forgotten his wallet** ¡ve y lo alcanzas! ¡que se le ha olvidado la cartera!
[2] (*) (= *criticize, nag*) dar la vara a*; **she ~s after me about the way I dress** siempre me está dando la vara por la forma en que visto*

►**get ahead** VI + ADV [1] (*in race*) tomar la delantera; **having got ahead of the other runners, he relaxed** tras tomar la delantera se relajó
[2] (= *succeed*) (*by doing better than others*) ir por delante; (= *make progress*) progresar, avanzar; **to ~ ahead of sb** adelantar a algn
[3] (*with work*) adelantar (**with** con)

►**get along** Ⓐ VI + ADV [1] (= *leave*) marcharse, irse; **it's time we were ~ting along** ya es hora de que nos marchemos *or* nos vayamos; **~ along with you!** (= *go*) ¡vete ya!, ¡lárgate!; (*) (*expressing disbelief*) ¡venga ya!, ¡anda ya!; (*joking*) ¡no digas bobadas!
[2] (= *manage*) arreglárselas*, apañarselas*; **to ~ along without sth/sb** arreglárselas sin algo*, apañárselas sin algo*; **we ~ along (somehow)** vamos tirando
[3] (= *progress*) **how is he ~ting along?** ¿qué tal está?, ¿cómo le va? (*LAm*); **try it and see how you ~ along** prueba a ver cómo te va; **we were ~ting along fine until he arrived** la cosa iba perfectamente hasta que llegó él
[4] (= *be on good terms*) llevarse bien; **to ~ along well with sb** llevarse bien con algn
Ⓑ VT + ADV **we'll try to ~ him along** trataremos de hacerle venir

►**get around** VI + ADV [1] = **get about**
[2] = **get round 2**

►**get at** VI + PREP [1] (= *gain access to*) [+ *object*] alcanzar; [+ *place*] llegar a *or* hasta; **put the sweets somewhere he can't ~ at them** pon los caramelos en un sitio donde él no pueda alcanzarlos; **it was working fine until he got at it** funcionaba perfectamente hasta que cayó en sus manos; **the dog got at the meat** el perro pilló la carne; **as soon as he ~s at the drink ...** en cuanto se pone a beber ...; **just let me ~ at him!** ¡deja que le ponga la mano encima!
[2] (= *ascertain*) [+ *facts, truth*] establecer
[3] (*Brit**) [3·1] (= *criticize*) meterse con*; **she's always ~ting at her brother** siempre se está metiendo con su hermano*; **I'm not ~ting at you, I just think that ...** no te estoy echando la bronca, simplemente creo que ...*
[3·2] (= *nag*) dar la lata a*; **she's always ~ting at me to have my hair cut** siempre me está dando la lata para que me corte el pelo*
[4] (*) (= *imply*) querer decir; (*negatively*) insinuar; **I couldn't see what he was ~ting at** no entendía qué quería decir
[5] (= *influence unduly*) (*using bribery*) sobornar; (*using pressure*) presionar; **I feel I'm being got at** tengo la impresión de que están intentando influenciarme

►**get away** Ⓐ VI + ADV [1] (= *depart*) salir (**from** de); (*at start of race*) escapar; (= *go away*) irse; **I couldn't ~ away any sooner** (*from work*) no pude salir antes; **I didn't ~ away till seven thirty** no conseguí marcharme hasta las siete y media; **I can't ~ away before the 15th** no puedo escaparme *or* irme antes del 15; **it would be lovely to ~ away somewhere** sería maravilloso irse a algún sitio; **~ away!** (= *go away*) ¡vete ya!, ¡lárgate!; **to ~ away from** [+ *place, person*] escaparse de; **it's time we got away from this idea** es hora de que abandonemos esta idea; ♦**IDIOM ~ away (with you)!*** (*expressing disbelief*) ¡venga ya!, ¡anda ya!; (*joking*) ¡no digas bobadas!
[2] (= *move away*) apartarse (**from** de); **I yelled at him to ~ away from the edge** le chillé que se apartase del borde
[3] (= *escape*) escaparse (**from** de); **you let them ~ away!** ¡dejaste que se escapasen!; **he let a golden opportunity ~ away** dejó escapar una oportunidad única; **to ~ away from it all** escapar de todo; **there's no ~ting away from it*** es algo que no podemos más que aceptar, no se lo puede negar; *see also* **get away with**
Ⓑ VT + ADV (= *remove*) **to ~ sth away from sb** (= *remove*) quitar algo a algn; **~ that snake away from me!** ¡quítame esa serpiente de delante!; **to ~ sb away from sth: I can't ~ him away from that computer** no puedo despegarlo del ordenador; **we managed to ~ her away from the party** conseguimos sacarla de la fiesta con grandes esfuerzos; **you must ~ her away to the country** tienes que llevártela al campo

►**get away with** VI + PREP [1] (= *steal*) llevarse
[2] (= *go unpunished*) **he got away with an official warning** sólo se llevó una amonestación; **we can ~ away with just repainting it** bastará con volver a pintarlo; **do you think I'd be able to ~ away with a trouser suit?** ¿crees que iré bien con un traje pantalón?, ¿crees que pasará algo si llevo un traje pantalón?; **we mustn't let them ~ away with it** no debemos dejar que salgan impunes; **he broke the law and got away with it** infringió la ley y no le pillaron; **you won't ~ away with it!** (*with past action*) ¡esto no va a quedar así!; (*with possible action*) esto no te lo van a consentir; **he'll never ~ away with it** nunca se va a salir con la suya; *see also* **murder A2**
[3] *see* **get away A1**

►**get back** Ⓐ VT + ADV [1] (= *recover*) [+ *possessions, money, spouse*] recuperar; [+ *strength*] recobrar; **he never got the use of his arm back** nunca recuperó el uso de su brazo; **he resigned but we want to try and ~ him back** dimitió, pero queremos intentar que vuelva
[2] (= *return*) [+ *object, person*] devolver; **I'll ~ him back to you by 7 pm** te lo devolveré

antes de las 7; *see also* **own B**

Ⓑ VI + ADV [1] (= *return*) volver; **to ~ back (home)** volver a casa; **~ back into bed/the car** vuelve a la cama/al coche; **things are ~ting back to normal** las cosas están volviendo a la normalidad; **to ~ back to the point** volver al tema; **~ back to what you were doing** sigue con lo que estabas haciendo; **let's ~ back to why you didn't come yesterday** volvamos a la cuestión de por qué no viniste ayer; **to ~ back to work** volver al trabajo

[2] (= *talk*) **I'll ~ back to you on that** te daré una respuesta; **can you ~ back to Harry about the flat?** ¿puedes volver a llamar a Harry para lo del piso?

[3] (= *move back*) **~ back!** ¡atrás!

►**get back at*** VI + PREP **to ~ back at sb (for sth)** vengarse de algn (por algo), desquitarse con algn (por algo)

►**get behind** Ⓐ VI + ADV [1] (*with work, payments*) retrasarse (**with** en)

[2] (*in race*) quedarse atrás

Ⓑ VI + PREP [1] (= *move behind, sit behind*) ponerse detrás de; **she got behind the wheel and drove off** se puso al volante y se fue

[2] (= *support*) [+ *team, government*] apoyar

Ⓒ VT + PREP (= *secure support of*) **we must ~ the government behind us** tenemos que conseguir el apoyo del gobierno

►**get by** VI + ADV [1] (= *pass*) pasar

[2] (*) (= *manage*) arreglárselas*, apañárselas*; (*in language*) defenderse; **we'll ~ by** nos las arreglaremos*, nos las apañaremos*; **she manages to ~ by on what her son gives her** se las arregla *or* apaña para vivir con lo que le da su hijo*; **my pension is not enough to ~ by on** mi pensión no me da para vivir; **we'll have to ~ by without him** tendremos que arreglárnoslas sin él*, tendremos que apañárnoslas sin él*

[3] (= *be acceptable*) pasar; **his work is not brilliant but it'll ~ by** su trabajo no es excepcional, pero pasará; **he ~s by because of his charm rather than his ability** se salva por su encanto no por su habilidad

►**get down** Ⓐ VT + ADV [1] (= *take down*) [+ *book, jug*] bajar (**from** de); [+ *hanging object, light*] descolgar (**from** de); **can you ~ that jar down for me?** ¿puedes bajarme esa jarra?; **I want to ~ that picture down from the wall** quiero quitar ese cuadro de la pared

[2] (= *swallow*) tragarse, tragar

[3] (= *note down*) escribir; **to ~ sth down in writing** *or* **on paper** poner algo por escrito

[4] (= *reduce*) [+ *prices*] bajar; **I need to ~ my weight down a bit** tengo que bajar de peso un poco

[5] (*) (= *depress*) deprimir; **don't let it ~ you down** no dejes que eso te deprima; **this weather's ~ting me down** este invierno me está deprimiendo

[6] (*) (= *annoy*) molestar; **what ~s me down is the way they take him for granted** lo que me molesta es que no sepan valorarlo

Ⓑ VI + ADV [1] (= *descend*) bajar (**from, off** de); **~ down from there!** ¡baja de ahí!

[2] (= *reduce*) bajar; **I've got down to 62 kilos** he bajado a 62 kilos; *see also* **get down to**

[3] (= *crouch*) agacharse; **quick, ~ down! they'll see you!** ¡rápido, agáchate, te van a ver!; **to ~ down on one's knees** ponerse de rodillas

[4] (*) (= *leave table*) levantarse de la mesa; **may I ~ down?** ¿puedo levantarme de la mesa?

[5] (= *go*) bajar; **I'll try and ~ down this weekend** intentaré bajar este fin de semana

►**get down to** VI + PREP **to ~ down to doing sth** ponerse a hacer algo; **let's ~ down to business** (= *start work*) pongámonos manos a la obra; (= *get to the point*) vayamos al grano; **when you ~ down to it there's not much difference between them** cuando lo miras bien, no se diferencian mucho; **to ~ down to work** ponerse a trabajar (en serio); *see also* **brass B**, **get down B2**, **nitty-gritty**

►**get in** Ⓐ VT + ADV [1] (= *bring in*) [+ *person, animal*] hacer entrar; [+ *harvest*] recoger; [+ *supplies*] traer; **I'll ~ some beer in for the weekend** compraré cerveza para el fin de semana

[2] (= *hand over*) entregar; (= *post in*) mandar; **did you ~ your essay in on time?** ¿entregaste tu trabajo a tiempo?; **you must ~ your entries in by 5th May** deben mandar sus inscripciones antes del 5 de mayo

[3] (= *plant*) [+ *bulbs etc*] plantar

[4] (= *summon*) [+ *expert etc*] llamar a

[5] (= *insert*) [+ *object, comment*] meter; [+ *blow*] lograr dar; **I can't ~ any more in** no cabe nada más; **he got in a reference to his new book** logró mencionar su nuevo libro; **he managed to ~ in a game of golf** consiguió meter un partido de golf; **it was hard to ~ a word in** era muy difícil meter baza; **when I could ~ a word in I asked how they had found out** cuando pude meter palabra les pregunté cómo se habían enterado

[6] (= *sneak in*) [+ *arms, drugs*] meter, pasar; [+ *visitor*] colar*; **I can ~ you in as a visitor** puedo colarte como visitante*

Ⓑ VI + ADV [1] (= *enter*) entrar, meterse; **how did that dog ~ in here?** ¿cómo ha entrado *or* se ha metido ese perro aquí?; **the rain ~s in through the roof** la lluvia entra *or* se mete por el tejado

[2] (= *arrive*) [*train, bus, plane*] llegar; (= *reach home*) [*person*] llegar (a casa); **what time did you ~ in last night?** ¿a qué hora llegaste (a casa) anoche?; **I got in from Miami at 6 am** llegué de Miami a las 6 de la mañana

[3] (= *be admitted*) (*to club*) ser admitido; (*Pol*) (= *be elected*) ser elegido

[4] (= *intervene*) **you'll have to ~ in there quick or you'll miss your chance** no se retrase o perderá su oportunidad; **he tried to say something but I got in first** intentó decir algo pero yo me adelanté

►**get in on** VI + PREP (= *become involved*) **it's a big market and everyone wants to ~ in on it** es un mercado grande y todos quieren entrar en él; **how can we ~ in on the deal?** ¿cómo podemos entrar a formar parte del trato?; *see also* **act A2**

►**get into** Ⓐ VI + PREP [1] (= *enter*) [+ *house*] entrar en; [+ *vehicle*] subir a; [+ *bed, bath*] meterse en; **earth had got into the wound** se le había metido tierra en la herida; **to ~ into politics** meterse en la política; ✦**IDIOM what's got into him?** ¿qué mosca le ha picado?, ¿pero qué le pasa?; **I don't know what's got into you!** ¡no sé qué mosca te ha picado!, ¡no sé qué demonios te pasa!

[2] (= *reach*) [+ *office, school*] llegar a; **if this document ~s into the wrong hands ...** si este documento cae en en manos de quien no debe ...

[3] (= *become member of*) [+ *club*] entrar en

[4] (= *put on*) [+ *clothes*] ponerse

[5] (= *become involved in*) [+ *situation, trouble, argument, fight*] meterse en; **I wish I'd never got into this** ojalá no me hubiera metido nunca en esto; **the yacht got into difficulties in a heavy sea** el yate empezó a tener problemas en el mar encrespado; **he got into trouble with the police** se metió en problemas con la policía

[6] (= *acquire*) **to ~ into the habit of doing sth** coger *or* (*LAm*) agarrar la costumbre de hacer algo; *see also* **shape A5**

Ⓑ VT + PREP [1] (= *cause to enter*) meter en; **it took two of us to ~ him into the car** nos llevó a dos personas meterle en el coche; **we got the boat into the water** metimos la barca en el agua; **we need to ~ him into hospital** tenemos que llevarlo al hospital; *see also* **head A2**, **tooth A1**

[2] (= *involve in*) **to ~ sb into sth** meter a algn en algo; **you got me into this** tú me has metido en esto; **he's the one who got me into music** él es quien me aficionó a la música

►**get in with** VI + PREP (= *gain favour with*) congraciarse con; **he tried to ~ in with the headmaster** intentó congraciarse con el director; **he got in with a bad crowd** empezó a andar con malas compañías

►**get off** Ⓐ VT + ADV [1] (= *remove*) [+ *stain, top, lid*] quitar; **to ~ one's clothes off** quitarse la ropa

[2] (= *send off*) [+ *letter, telegram*] mandar (**to** a); **to ~ sb off to school** despachar a algn al colegio; **she got the baby off to sleep** logró dormir al niño

[3] (= *save from punishment*) **his lawyer managed to ~ him off** su abogado logró que se librase del castigo

[4] (= *have as leave*) [+ *day, time*] tener libre; **we ~ a day off on the Queen's birthday** nos dan un día libre en el cumpleaños de la reina

[5] (= *learn*) aprender; **to ~ sth off by heart** aprender algo de memoria

[6] (= *rescue*) rescatar

Ⓑ VT + PREP [1] (= *cause to give up*) **to ~ sb off** [+ *drugs, alcohol, addiction*] hacer que algn deje; *see also* **get A1, A15**

[2] (= *remove*) **~ your dog off me!** ¡quítame al perro de encima!

Ⓒ VI + PREP [1] (= *descend from*) [+ *bus, train, bike, horse*] bajarse de, apearse de (*frm*); ✦**IDIOM to ~ off sb's back**: **I wish he would ~ off my back!*** ¡ojalá me dejara en paz!; *see also* **high A3**

[2] (= *leave*) salir de; **~ off my land!** ¡sal de mis tierras!; **~ off my foot!** ¡deja de pisarme el pie!; **I couldn't ~ off the phone** no podía colgar el teléfono; **what time do you ~ off work/school?** ¿a qué hora sales del trabajo/del colegio?

[3] (= *move away from*) **let's ~ off this subject** cambiemos de tema, dejemos el tema; **we've rather got off the subject** nos hemos alejado bastante del tema

[4] (*) (= *escape*) [+ *chore etc*] escaquearse de*; **she got off the washing-up** se escaqueó de lavar los platos

[5] (= *get up from*) levantarse de; **why don't you ~ off your backside and do some work?**‡ ¿por qué no mueves el trasero y te pones a hacer algo de trabajo?‡

[6] (= *give up*) [+ *drugs, alcohol, addiction*] dejar

Ⓓ VI + ADV [1] (*from bus, train, bike, horse*) bajarse, apearse (*frm*); **~ off!** (= *let go*) ¡suelta!; ✦**IDIOM to tell sb where to ~ off*** cantar a algn las cuarenta*

[2] (= *leave*) partir; **we got off at 6am** partimos a las 6 de la mañana; **can you ~ off early tomorrow?** (*from work*) ¿puedes salir del trabajo temprano mañana?

[3] (= *escape injury, punishment*) librarse; **he got off** se libró (del castigo); **you're not go-**

**ing to ~ off that lightly!** ¡no se va a librar con tan poco!; **he got off lightly, he could have been killed** tuvo suerte, podría haberse matado; **they got off lightly, we should have killed them** no se llevaron lo que se merecían, deberíamos haberlos matado; **he got off with a fine** se libró con una multa
[4] **to ~ off (to sleep)** dormirse

►**get off on:** VT + PREP pirrarse por*; **he loves making fun of people, he really ~s off on it** le encanta reírse de la gente, le chifla *or* se pirra*

►**get off with*** VI + PREP (*Brit*) (= *start relationship with*) enrollarse con*, liarse con*

►**get on** Ⓐ VI + ADV [1] (= *mount*) subir
[2] (= *proceed*) seguir; **we must be ~ting on, Sue's waiting for us** tenemos que seguir, Sue nos está esperando; **~ on, man!** ¡sigue!, ¡adelante!; **to ~ on with sth** seguir con algo; **now we can ~ on with our lives again** ahora podemos seguir con nuestras vidas; **~ on with it!** ¡venga!, ¡apúrese! (*LAm*); **~ on with your work, please** seguid trabajando, por favor; **this will do to be ~ting on with** esto basta por ahora; *see also* **get on to**
[3] (= *manage*) **I was ~ting on fine till he came along** me iba bien hasta que llegó él; **how did you ~ on?** (*in exam, interview*) ¿qué tal te fue?, ¿cómo te fue?; **how are you ~ting on with him/the new computer?** ¿qué tal *or* cómo te va con él/el ordenador nuevo?; **she's ~ting on very well with Russian** está haciendo muchos progresos con el ruso
[4] (= *progress*) progresar; (= *succeed*) tener éxito; **he's keen to ~ on** quiere progresar; **if you want to ~ on in life, you must …** si quieres tener éxito en la vida, debes …
[5] **to be ~ting on: it's ~ting on for nine** son casi las nueve; **he's ~ting on for 70** está rondando los 70, anda cerca de los 70; **there were ~ting on for 50 people** había casi 50 personas; **her parents are ~ting on a bit** sus padres ya están un poco viejos; **time is ~ting on** se está haciendo tarde
[6] (= *be on good terms*) llevarse bien; **I'm afraid we just don't ~ on** me temo que no nos llevamos *or* entendemos bien; **to ~ on (well) with sb** llevarse bien con algn; **I can't ~ on with computers** no me aclaro con los ordenadores, los ordenadores y yo no hacemos migas
Ⓑ VI + PREP [1] (= *mount*) [+ *vehicle*] subir(se) a; [+ *horse, bicycle*] subir(se) a, montar a
[2] (= *be appointed/elected to*) [+ *committee*] entrar en
Ⓒ VT + ADV (= *put on*) [+ *clothes*] ponerse; [+ *lid, cover, dinner*] poner; **it's time I got the vegetables on** es hora de poner la verdura

►**get on at*** VI + PREP = **get at 3**

►**get on to, get onto** Ⓐ VI + PREP [1] (= *climb on to*) [+ *bike, horse*] montarse en, subir(se) a; [+ *bus, train*] subir(se) a
[2] (= *enter*) **we got on to the motorway at junction 15** entramos en la autopista en el acceso número 15
[3] (= *enrol on*) [+ *course*] matricularse en
[4] (= *be elected to*) [+ *committee*] ser elegido como miembro de
[5] (= *start talking of*) [+ *subject*] empezar a hablar de; (= *move on to*) pasar a; (= *reach*) llegar a; **we got on to the subject of money** empezamos a hablar de dinero; **let's ~ on to the question of complaints** pasemos al tema de las reclamaciones; **by the time they got on to my question there was no time left** cuando llegaron a mi pregunta ya no había tiempo
[6] (*Brit*) (= *contact*) ponerse en contacto con; (= *phone*) llamar; (= *talk to*) hablar con
[7] (= *deal with*) ocuparse de; **I'll ~ on to it right away** ahora mismo lo hago; **don't let's ~ on to that again** no empecemos con eso otra vez
[8] (= *get wise to*) **how did the Russians ~ on to us?** ¿cómo nos descubrieron los rusos?; **how did the press ~ on to this?** ¿cómo se ha enterado la prensa de esto?; **the police got on to him at once** la policía se puso en seguida sobre su pista
[9] = **get at 3**
Ⓑ VT + PREP [1] (= *make deal with*) poner a trabajar en; **I'll ~ my men on to it right away** pondré a mis hombres a trabajar en esto enseguida; (= *send*) ahora mismo mando a mis hombres; **I'm going to ~ my dad on to you!*** le voy a decir a mi papá que te arregle las cuentas
[2] (= *cause to talk about*) **we got him on to the subject of drugs** logramos que hablase de las drogas; **don't ~ him on to the subject of golf** no le des pie para que se ponga a hablar de golf
[3] (= *make a member of*) **we need to ~ some new people on to the committee** necesitamos conseguir gente nueva para el comité, necesitamos meter gente nueva en el comité

►**get out** Ⓐ VI + ADV [1] (*of room*) salir; (*of country*) marcharse; (*of vehicle*) bajarse, apearse (*frm*); **~ out!** ¡fuera de aquí!; **~ out of the way!** ¡apártate!, ¡ponte de un lado!; **to ~ out of bed/one's chair** levantarse de la cama/de la silla; **she wanted to ~ out of teaching** quería dejar la enseñanza; **the company decided to ~ out of England** la compañía decidió dejar Inglaterra
[2] (= *escape*) [*animal*] escaparse; [*prisoner*] escaparse, fugarse; **the lion got out of its cage** el león se escapó de la jaula; **you'll never ~ out of this one!** ¡de ésta sí que no te escapas!
[3] (= *be released*) [*prisoner*] salir
[4] (= *go out*) salir; **you ought to ~ out a bit more** tendrías que salir un poco más
[5] [*secret*] llegarse a saber; [*news*] (= *become public*) hacerse público; (= *leak*) filtrarse; **if this ever ~s out we're done for** si esto se llega a saber alguna vez estamos perdidos
Ⓑ VT + ADV [1] (= *remove, bring out*) [+ *object, person, library book, money from bank*] sacar; [+ *tooth*] arrancar; [+ *stain*] quitar; **~ that dog out of here!** ¡saque a ese perro de aquí!; **I can never ~ him out of bed in the morning** por las mañanas no puedo sacarlo de la cama; **~ the cards out and we'll have a game** saca las cartas y echemos una partida; **he got his diary out of his pocket** se sacó la agenda del bolsillo; **I can't ~ it out of my mind** no me lo puedo quitar de la mente *or* de la cabeza; **it ~s me out of the house** me hace salir de casa
[2] (= *send for*) [+ *doctor, plumber, electrician*] llamar
[3] (= *send out*) [+ *message*] mandar
[4] (= *pronounce*) **I couldn't ~ the words out** no me salían las palabras; **I'd hardly got the words out of my mouth before she silenced me** apenas había empezado a hablar cuando me hizo callar
[5] (*Cricket*) [+ *batsman*] eliminar

►**get out of** Ⓐ VI + PREP *see also* **get A1** [1] (= *escape*) [+ *duty, punishment*] librarse de; [+ *difficulty*] salir de; **some people will do anything to ~ out of paying taxes** algunas personas hacen lo imposible para librarse de pagar impuestos; **there's no ~ting out of it** no hay más remedio; **how are you going to ~ out of this one?** ¿cómo vas a salir de ésta?
[2] (= *lose*) **to ~ out of the habit of doing sth** perder la costumbre de hacer algo
Ⓑ VT + PREP *see* **get out B**

►**get over** Ⓐ VI + PREP [1] (= *cross*) [+ *stream, road*] cruzar, atravesar; [+ *wall, fence*] (= *go over*) pasar por encima de; (= *jump over*) saltar por encima de
[2] (= *overcome, recover from*) [+ *problem, serious illness, disappointment*] superar; [+ *cold, virus*] reponerse de; [+ *shock, fright, grief*] sobreponerse a; [+ *surprise*] recuperarse de; [+ *resentment*] olvidar; [+ *shyness*] vencer, dominar; **she got over cancer 5 years ago** superó un cáncer hace 5 años; **she refused! I can't ~ over it!** ¡dijo que no! ¡no me cabe en la cabeza *or* no puedo creerlo!; **I can't ~ over how much he's changed** no puedo creer lo mucho que ha cambiado; **she never really got over him** nunca llegó realmente a olvidarlo
Ⓑ VI + ADV [1] (= *cross sth*) (*stream, road*) cruzar; (*wall, fence*) (= *go over*) pasar por encima; (= *climb over*) saltar por encima
[2] (= *come*) venir; (= *go*) ir; **I'll see if I can ~ over later on** veré si puedo ir más tarde
Ⓒ VT + ADV [1] (= *transport across*) [+ *people, objects*] cruzar; (= *lift over*) hacer pasar por encima; **they made a rope bridge to ~ the guns/men over** construyeron un puente de cuerda para pasar las armas/a los hombres al otro lado
[2] (= *send*) **I'll ~ the documents over to you tomorrow** te haré llegar los documentos mañana; **~ yourself over here as soon as you can** vente para acá tan pronto como puedas
[3] (= *have done with*) acabar de una vez; **let's ~ it over (with)** acabemos de una vez; **I just want to ~ this interview over (with)** lo único que quiero es sacarme de encima esta entrevista
[4] (= *communicate*) [+ *idea*] transmitir; **the film ~s its message over very convincingly** la película transmite el mensaje de forma muy convincente; **I was trying to ~ it over to him that it was impossible** estaba intentando hacerle comprender que era imposible
Ⓓ VT + PREP [1] (= *transport across*) **to ~ troops/supplies over a river** pasar tropas/suministros al otro lado del río
[2] (= *lift over*) hacer pasar por encima de; **they got him over the gate** le pasaron al otro lado de la verja

►**get round** Ⓐ VI + PREP [1] (= *negotiate*) [+ *corner*] dar la vuelta a
[2] (= *overcome*) [+ *problem*] superar
[3] (= *avoid*) [+ *regulation*] sortear
[4] (= *persuade*) **to ~ round sb** engatusar a algn; **you're not going to ~ round me** no me vas a engatusar
[5] (= *congregate at*) **12 of us can't ~ round that table** no podemos sentarnos 12 personas alrededor de esa mesa; **we need to ~ round the table and discuss this** (*fig*) tenemos que juntarnos y discutir esto
[6] (= *complete*) [+ *course, circuit*] completar
Ⓑ VI + ADV [1] (= *come*) venir; (= *go*) ir; **how can we ~ round to the back of the house?** ¿cómo podemos ir a la parte de atrás de la casa?; **I got round there as soon as I could** fui tan pronto como pude
[2] **to ~ round to (doing) sth: I shan't ~ round to that before next week** no lo podré hacer antes de la semana próxima; **we never seem to ~ round to it** parece que nunca tenemos tiempo para eso; **we never got round to exchanging addresses** al final no llegamos a intercambiarnos las señas

Ⓒ VT + ADV [1] (= *cause to come, go*) **we'll ~ a car round to you for 9am** le mandaremos un coche para las 9 de la mañana; **we got all the neighbours round for a meeting** juntamos a todos los vecinos en casa para una reunión
[2] (= *persuade*) convencer; **we soon got him round to our way of thinking** pronto logramos que pensase como nosotros

►**get through** Ⓐ VI + PREP [1] (= *pass through*) [+ *window, door, gap*] pasar por; [+ *crowd*] abrirse paso entre
[2] (= *finish*) [+ *book, meal*] terminar; **we've got a lot of work to ~ through** tenemos mucho trabajo para hacer; **she can ~ through a whole box of chocolates at one go** es capaz de terminarse una caja entera de bombones de una vez
[3] (= *survive*) aguantar; **how are they going to ~ through the winter?** ¿cómo van a aguantar el invierno?
[4] (= *use up*) [+ *money*] gastar; **she ~s through £300 a month on clothes** gasta 300 libras al mes en ropa; **he's got through two pairs of trousers already this term** ya ha gastado dos pares de pantalones este trimestre; **they ~ through three loaves of bread a day** comen tres panes al día
[5] (= *pass*) [+ *exam*] aprobar, pasar; (*Sport*) [+ *qualifying round*] superar
Ⓑ VT + PREP **we can't ~ it through the door** no lo podemos pasar por la puerta; **I'll never ~ the car through here** no voy a poder hacer que el coche pase por aquí; **coffee is the only thing that ~s me through the day** el café es lo único que me ayuda a pasar el día; **I got 15 students through this exam** conseguí que 15 de mis alumnos aprobasen este examen; **to ~ a bill through parliament** conseguir que una ley se apruebe en el parlamento; **we have three children to ~ through university** tenemos tres hijos a los que tenemos que pagarles la carrera
Ⓒ VT + ADV [1] (= *cause to succeed*) [+ *student*] conseguir que apruebe; **it was his faith in God that got him through** su creencia en Dios fue lo que le ayudó a salir adelante *or* superar la crisis
[2] (= *succeed in sending*) [+ *supplies*] conseguir entregar
[3] (= *cause to be understood*) **I can't ~ it through to him that ...** no puedo hacerle entender que ...
[4] (*Pol*) [+ *bill*] conseguir que se apruebe, conseguir que sea aprobado
Ⓓ VI + ADV [1] (= *pass through*) abrirse paso; (= *arrive*) [*news, supplies etc*] llegar (a su destino)
[2] (*Telec*) (lograr) comunicar (**to** con); **I've been trying to ~ through to Buenos Aires** he estado intentando comunicar con Buenos Aires; ✦*IDIOM* **to ~ through to sb** hacerse entender por algn; **I can't seem to ~ through to him any more** parece que ya no me entiende; **I think the message is ~ting through to him** creo que está empezando a captar el mensaje
[2] (= *pass, succeed*) [*student*] aprobar; (*Sport*) [*team*] pasar; [*bill*] ser aprobado; [*candidate*] ser aceptado
[4] (*esp US*) (= *finish*) acabar; **to ~ through with sth** terminar algo

►**get together** Ⓐ VT + ADV [+ *people, money, team*] reunir; [+ *objects*] reunir, juntar; [+ *show, concert*] preparar; [+ *proposal*] elaborar; [+ *thoughts, ideas*] poner en orden; **we couldn't ~ the down payment together** no pudimos reunir el dinero para la entrada; **it won't take me long to ~ my stuff together** no tardaré mucho en recoger mis cosas; **~ yourself together and make sure you're there on time** organízate y asegúrate que estás allí a la hora; *see also* **act A3**
Ⓑ VI + ADV [*friends, group, club*] reunirse; **could we ~ together this evening?** ¿podemos reunirnos esta tarde?; **to ~ together about sth** reunirse para discutir algo; **you'd better ~ together with him before you decide** te conviene hablar con él antes de decidirte

►**get under** Ⓐ VI + ADV (= *pass underneath*) pasar por debajo
Ⓑ VI + PREP **to ~ under a fence/rope** pasar por debajo de una cerca/cuerda; **to ~ under the covers** meterse debajo de las mantas
Ⓒ VT + ADV hacer pasar por debajo
Ⓓ VT + PREP hacer pasar por debajo de; **we couldn't ~ it under the bed** no podíamos meterlo debajo de la cama; *see also* **skin A1**

►**get up** Ⓐ VI + ADV [1] (= *stand*) levantarse, ponerse de pie; (*from bed*) levantarse; **~ up!** ¡levántate!; (*to horse*) ¡arre!
[2] (= *climb up*) subir
[3] [*wind*] (= *start to blow*) levantarse; (= *become fiercer*) empezar a soplar recio; [*sea*] embravecerse; [*fire*] avivarse
Ⓑ VT + ADV [1] (= *raise*) [+ *person*] (*from chair, floor, bed*) levantar
[2] (= *gather*) [+ *courage*] reunir; **I couldn't ~ up the nerve to ask the question** no conseguí reunir el valor necesario para hacer la pregunta; **we couldn't ~ up much enthusiasm for the idea** no conseguimos suscitar *or* despertar mucho entusiasmo entre la gente hacia la idea; **I want to ~ my strength up for this race** quiero ponerme en plena forma (física) para esta carrera, quiero cobrar fuerzas para esta carrera; **to ~ up speed** cobrar velocidad, ganar velocidad
[3] (*) (= *organize*) [+ *celebration*] organizar, preparar; [+ *petition*] organizar
[4] (*) (= *dress up*) [+ *person*] ataviar (**in** con); **she'd got herself up in all her finery** se había ataviado con sus mejores galas; **beautifully got up** muy bien vestido; **to ~ o.s. up as** disfrazarse de, vestir de

►**get up to** VI + PREP [1] (= *reach*) llegar a; **I've got up to chapter four** he llegado al capítulo cuatro
[2] (= *do*) **to ~ up to mischief** hacer travesuras; **I don't want you ~ting up to any mischief** no quiero que hagas ninguna travesura; **what have you been ~ting up to lately?** ¿qué has estado haciendo últimamente?; **you never know what he'll ~ up to next** nunca se sabe qué locura va a hacer luego

**get-at-able** [get'ætəbl] ADJ accesible

**getaway** ['getəweɪ] Ⓐ N escape *m*, huida *f*, fuga *f*; **to make one's ~** escaparse
Ⓑ CPD ► **getaway car** N **the thieves' ~ car** el coche en que huyeron los ladrones

**get-rich-quick*** [,get,rɪtʃ'kwɪk] ADJ **~ scheme** plan *m* para hacerse rico pronto, plan *m* para hacer una rápida fortuna

**get-together*** ['gettə,geðəʳ] N (= *meeting*) reunión *f*; (= *regular social gathering*) tertulia *f*; (= *party*) fiesta *f*; **we're having a little ~ on Friday, can you come?** vamos a reunirnos unos amigos el viernes, ¿puedes venir?; **a family ~** una reunión familiar

**getup*** ['getʌp] N atuendo *m*, traje *m*, atavío *m*

**get-up-and-go*** [,getʌpənd'gəʊ] N **he's got lots of ~** tiene mucho empuje

**get-well card** [,get'wel,kɑːd] N *tarjeta para un enfermo deseándole que se mejore*

**gewgaw**† ['gjuːgɔː] N baratija *f*

**geyser** ['giːzəʳ, (*US*) 'gaɪzəʳ] N (*Geog*) géiser *m*; (= *water heater*) calentador *m* de agua

**G-Force** ['dʒiːfɔːs] N ABBR = **force of gravity**

**Ghana** ['gɑːnə] N Ghana *f*

**Ghanaian** [gɑː'neɪən] Ⓐ ADJ ghanés
Ⓑ N ghanés/esa *m/f*

**ghastly** ['gɑːstlɪ] ADJ (*compar* **ghastlier**; *superl* **ghastliest**) [1] (*) (= *very bad*) [*person*] inaguantable; [*dress, wallpaper*] horrible; [*situation, experience*] espantoso, horrendo; [*mistake*] funesto; **how ~!** ¡qué horror!; **it must be ~ for her** debe ser horrible para ella
[2] (= *horrible*) horroroso
[3] (= *pale*) pálido, cadavérico

**Ghent** [gent] N Gante *m*

**gherkin** ['gɜːkɪn] N pepinillo *m*

**ghetto** ['getəʊ] N (*pl* **ghettos** *or* **ghettoes**) gueto *m*; (*Hist*) judería *f*

**ghetto-blaster** ['getəʊ,blɑːstəʳ] N radiocasete *m* portátil (*muy grande*)

**ghettoization** [,getəʊaɪ'zeɪʃən] N (*fig*) marginación *f*

**ghettoize** ['getəʊ,aɪz] VT (*fig*) marginar

**ghost** [gəʊst] Ⓐ N fantasma *m*, espectro *m*; (*TV*) imagen *f* fantasma; **Holy Ghost** (*Rel*) Espíritu *m* Santo; **he hasn't the ~ of a chance** no tiene la más remota posibilidad; **she managed the ~ of a smile** consiguió esbozar un amago de sonrisa; ✦*IDIOM* **to give up the ~** (= *die*) entregar el alma; (*hum*) [*car, washing machine, etc*] pasar a mejor vida
Ⓑ VT [+ *book*] escribir por otro; **an autobiography ~ed by Peters** una autobiografía escrita por el negro Peters
Ⓒ CPD ► **ghost image** N (*Cine, TV*) imagen *f* fantasma ► **ghost story** N cuento *m* de fantasmas ► **ghost town** N pueblo *m* fantasma ► **ghost train** N tren *m* fantasma

**ghostly** ['gəʊstlɪ] ADJ fantasmal, espectral

**ghost-write** ['gəʊst,raɪt] (*pt* **ghost-wrote**; *pp* **ghost-written**) VT = **ghost B**

**ghostwriter** ['gəʊst,raɪtəʳ] N negro/a *m/f*

**ghoul** [guːl] N (= *malevolent spirit*) demonio *m* necrófago; (= *person*) morboso/a *m/f*

**ghoulish** ['guːlɪʃ] ADJ [*practice, activity*] macabro; [*person, curiosity*] morboso

**GHQ** N ABBR (= **General Headquarters**) cuartel *m* general

**GI*** Ⓐ N ABBR (*US*) (= **Government Issue**) propiedad *f* del Estado; (*also* **GI Joe**) soldado *m* (raso) americano
Ⓑ ADJ **GI bride** novia *f or* esposa *f* de un soldado americano

**giant** ['dʒaɪənt] Ⓐ N [1] (*physically*) gigante/a *m/f*
[2] (*fig*) (*in importance, power*) gigante *m*; **Sol, the computer ~** Sol, líder en ordenadores; **he was a ~ among actors** como actor fue un coloso
Ⓑ ADJ [*tree, star*] gigantesco; [*animal, insect, bird, plant*] gigante; [*portion*] gigantesco, enorme; [*packet*] gigante, familiar; [*strides*] de gigante
Ⓒ CPD ► **giant panda** N panda *mf* gigante ► **giant slalom** N slalom *m* gigante

**giantess** ['dʒaɪən'tes] N giganta *f*

**giant-killer** ['dʒaɪənt,kɪləʳ] N (*Sport*) matagigantes *m inv*, *equipo que vence a otro muy superior*

**giant-killing** ['dʒaɪənt,kɪlɪŋ] ADJ (*Sport*) **Scarborough's ~ act against Chelsea** la hazaña de Scarborough de ser el David que venció al Goliat Chelsea; **Spain's ~ French**

**Open champion** el matagigantes español, campeón en el Open francés

**giant-size(d)** ['dʒaɪəntsaɪz(d)] ADJ [*packet*] (de tamaño) gigante

**Gib*** [dʒɪb] N = **Gibraltar**

**gibber** ['dʒɪbəʳ] VI [*person*] farfullar, hablar atropelladamente; [*monkey*] chillar; **to ~ with rage/fear** farfullar a causa de la ira/del miedo

**gibbering** ['dʒɪbərɪŋ] ADJ **I must have sounded like a ~ idiot** debí de sonar como un tonto balbuceando

**gibberish** ['dʒɪbərɪʃ] N galimatías *m inv*, guirigay *m*

**gibbet** ['dʒɪbɪt] N horca *f*

**gibbon** ['gɪbən] N gibón *m*

**gibe** [dʒaɪb] Ⓐ N mofa *f*, burla *f*
Ⓑ VI mofarse, burlarse (**at** de)

**giblets** ['dʒɪblɪts] NPL menudillos *mpl*, menudencias *fpl* (*Andes, Chile*)

**Gibraltar** [dʒɪ'brɔːltəʳ] N Gibraltar *m*

**Gibraltarian** [,dʒɪbrɔːl'tɛərɪən] Ⓐ ADJ gibraltareño
Ⓑ N gibraltareño/a *m/f*

**giddily** ['gɪdɪlɪ] ADV [1] (= *dizzily*) [*spin, twirl*] vertiginosamente; **she struggled ~ to her feet** se esforzó para ponerse en pie, con la cabeza dándole vueltas
[2] (= *light-heartedly*) frívolamente

**giddiness** ['gɪdɪnɪs] N vértigo *m*

**giddy**[1] ['gɪdɪ] ADJ (*compar* **giddier**; *superl* **giddiest**) (= *dizzy*) mareado; (= *causing dizziness*) [*height, speed*] vertiginoso; (*of character*) atolondrado, ligero de cascos; **to feel ~** sentirse mareado; **it makes me ~** me marea, me da vértigo

**giddy**[2] ['gɪdɪ] EXCL **~ up!** (*to horse*) ¡arre!

**GIFT** [gɪft] N ABBR = **Gamete Intrafallopian Transfer**

**gift** [gɪft] Ⓐ N [1] (= *present*) regalo *m*, obsequio *m* (*frm*); (*Comm*) (*also* **free ~**) obsequio *m*; (*Jur*) donación *f*; **it's a ~!*** (= *very cheap*) ¡es una ganga!; (= *very easy*) es pan comido, ¡está tirado!*; ✦***PROV*** **don't look a ~ horse in the mouth** a caballo regalado no le mires el dentado
[2] (= *talent*) don *m*, talento *m*; **the ~ of tongues** el don de las lenguas; **he has a ~ for administration** tiene talento para la administración; **to have a ~ for languages** tener mucha facilidad para los idiomas; **he has artistic ~s** tiene dotes artísticas; *see also* **gab**
[3] (= *power to give*) **the office is in the ~ of ...** el cometido está en manos de ...
Ⓑ VT dar, donar; (*Sport*) [+ *goal*] regalar
Ⓒ CPD ► **gift certificate** N (*US*) = **gift token** ► **gift coupon** N cupón *m* de regalo ► **gift shop**, **gift store** (*US*) N tienda *f* de regalos; **"gift shop"** "artículos *mpl* de regalo" ► **gift tax** N impuesto *m* sobre donaciones ► **gift token**, **gift voucher** N vale-obsequio *m*

**gifted** ['gɪftɪd] ADJ talentoso, de talento; **she is a very ~ writer** es una escritora de mucho talento; **the ~ child** el niño superdotado

**giftwrap** ['gɪft,ræp], **giftwrapping** ['gɪft,ræpɪŋ] N papel *m* de regalo

**gift-wrap** ['gɪft,ræp] VT envolver en papel de regalo

**giftwrapped** ['gɪft,ræpt] ADJ envuelto para regalo

**gig** [gɪg] N [1] (= *carriage*) calesa *f*
[2] (*Naut*) lancha *f*, canoa *f*
[3] (*Mus**) actuación *f*, concierto *m*
[4] (*US*) (= *job*) trabajo *m* temporal

**gigabyte** ['dʒɪgə,baɪt] N gigabyte *m*

**gigantic** [dʒaɪ'gæntɪk] ADJ gigantesco

**gigawatt** ['dʒɪgə,wɒt] N gigavatio *m*

**giggle** ['gɪgl] Ⓐ N risita *f*; **she got the ~s** le dio la risa tonta; **they did it for a ~** (*Brit*) lo hicieron para reírse
Ⓑ VI reírse tontamente

**giggly** ['gɪglɪ] ADJ dado a la risa tonta

**GIGO** ['gaɪgəʊ] N ABBR (*Comput*) (= **garbage in, garbage out**) BEBS

**gigolo** ['ʒɪgələʊ] N gigoló *m*

**gigot** ['ʒiːgəʊ, 'dʒɪgət] N (*Culin*) gigot *m*

**gild** [gɪld] (*pt* **gilded**; *pp* **gilded**, **gilt**) VT [+ *metal, frame*] dorar; ✦***IDIOM*** **to ~ the lily** embellecer lo perfecto

**gilded** ['gɪldɪd] ADJ dorado

**gilding** ['gɪldɪŋ] N doradura *f*, dorado *m*

**Giles** [dʒaɪlz] N Gil

**gill**[1] [gɪl] N [*of fish*] branquia *f*, agalla *f*; ✦***IDIOM*** **to look green about the ~s** tener mala cara

**gill**[2] [dʒɪl] N (= *measure*) cuarta parte *f* de una pinta (= *0,142 litro*)

**gillie** ['gɪlɪ] N (*Scot*) [1] (*Hunting*) ayudante *mf* de cazador *or* pescador
[2] (†) (= *attendant*) criado *m*

**gilt** [gɪlt] Ⓐ PP *of* **gild**
Ⓑ N [1] dorado *m*
[2] **gilts** (*Fin*) papel *msing* del Estado, valores *mpl* de máxima confianza
Ⓒ ADJ dorado

**gilt-edged** ['gɪlt'edʒd] ADJ [1] (*Fin*) **~ securities** papel *msing* del Estado
[2] [*book*] con cantos dorados

**gimbal(s)** ['dʒɪmbəl(z)] N (*Aut, Naut*) cardán *m*

**gimcrack** ['dʒɪmkræk] ADJ [*furniture*] de pacotilla

**gimlet** ['gɪmlɪt] N (*for wood*) barrena *f* de mano; **he had ~ eyes** tenía una mirada muy penetrante

**gimme‡** ['gɪmɪ] = **give me**

**gimmick** ['gɪmɪk] N truco *m* publicitario; (= *gadget*) artilugio *m*; **it's just a sales ~** es un truco para vender más

**gimmickry** ['gɪmɪkrɪ] N trucos *mpl*

**gimmicky** ['gɪmɪkɪ] ADJ efectista

**gimp*** [gɪmp] N (*US*) cojo/a *m/f*

**gin**[1] [dʒɪn] N (= *drink*) ginebra *f*; **~ and it** (*Brit*) vermú *m* con ginebra; **~ and tonic** gin-tonic *m*

**gin**[2] [dʒɪn] Ⓐ N [1] (*Brit*) (*also* **~ trap**) trampa *f*
[2] (*Tech*) desmotadera *f* de algodón
Ⓑ CPD ► **gin rummy** N gin rummy *m*

**ginger** ['dʒɪndʒəʳ] Ⓐ N (= *spice*) jengibre *m*; (*as nickname*) pelirrojo *m*
Ⓑ ADJ [*hair*] rojo; [*cat*] de color melado; **to have ~ hair** ser pelirrojo
Ⓒ CPD ► **ginger ale**, **ginger beer** N gaseosa *f* de jengibre ► **ginger group** N (*Brit*) grupo *m* de activistas, grupo *m* de presión

►**ginger up** VT + ADV (*Brit*) espabilar, animar

**gingerbread** ['dʒɪndʒəbred] N pan *m* de jengibre

**gingerly** ['dʒɪndʒəlɪ] Ⓐ ADJ cauteloso
Ⓑ ADV con cautela

**gingery** ['dʒɪndʒərɪ] ADJ [*hair*] rojizo

**gingham** ['gɪŋəm] N (= *material*) guingán *m*

**gingivitis** [,dʒɪndʒɪ'vaɪtɪs] N gingivitis *f*

**Ginny** ['dʒɪnɪ] N (*familiar form*) *of* **Virginia**

**ginormous*** [dʒaɪ'nɔːməs] ADJ (*hum*) enorme de grande

**ginseng** ['dʒɪnseŋ] Ⓐ N ginseng *m*
Ⓑ CPD [*tea, tablets*] de ginseng

**gippo‡** ['dʒɪpəʊ] N (*pej*) gitano/a *m/f*, calé *mf*

**gipsy** ['dʒɪpsɪ] ADJ, N = **gypsy**

**giraffe** [dʒɪ'rɑːf] N (*pl* **giraffes** *or* **giraffe**) jirafa *f*

**gird** [gɜːd] (*pt, pp* **girded**, **girt**) VT (*liter*) ceñir, rodear (**with** de); ✦***IDIOMS*** **to ~ o.s. for the fight** *or* **fray** aprestarse para la lucha; **to ~ (up) one's loins** aprestarse para la lucha; *see also* **loin**

►**gird on** VT + ADV **to ~ on one's sword** ceñirse la espada

**girder** ['gɜːdəʳ] N viga *f*

**girdle** ['gɜːdl] Ⓐ N (= *corset*) faja *f*; (= *belt*) cinturón *m* (*also fig*)
Ⓑ VT ceñir, rodear (*also fig*) (**with** con)

**girl** [gɜːl] Ⓐ N chica *f*, muchacha *f*; (= *small*) niña *f*; (= *young woman*) chica *f*, joven *f*; (= *servant*) criada *f*, chica *f*; (*) (= *girlfriend*) novia *f*, polola *f* (*Chile*); **factory ~** obrera *f*; **shop ~** dependienta *f*; **old ~** (*Brit*) [*of school*] exalumna *f*, antigua alumna *f*; (†*) (= *elderly woman*) señora *f*, abuelita* *f*; **the old ~** (*Brit**) (= *wife*) la parienta*; (= *mother*) la vieja; **now listen to me, my ~!** ¡escúchame, guapa!
Ⓑ CPD ► **girl Friday** N empleada *f* de confianza ► **girl guide**, **girl scout** (*US*) N exploradora *f*, guía *f*

**girlfriend** ['gɜːlfrend] N [*of girl*] amiga *f*; [*of boy*] novia *f*, compañera *f*, polola *f* (*Chile*)

**girlhood** ['gɜːlhʊd] N juventud *f*, mocedad *f*

**girlie*** ['gɜːlɪ] Ⓐ N (*US*) nena *f*, chiquilla *f*
Ⓑ CPD ► **girlie magazine** N revista *f* de desnudos

**girlish** ['gɜːlɪʃ] ADJ de niña; (*pej*) [*man, boy*] afeminado

**giro** ['dʒaɪrəʊ] (*Brit*) Ⓐ N giro *m*; **bank ~** transferencia *f* bancaria; **post-office ~** giro *m* postal; **National Giro** giro *m* postal
Ⓑ CPD ► **giro cheque** N cheque *m* de giro ► **bank giro system** N sistema *m* de giro bancario ► **giro transfer** N **by ~ transfer** mediante giro

**Gironde** [dʒɪ'rɒnd] N Gironda *m*

**girt** [gɜːt] PT, PP *of* **gird**

**girth** [gɜːθ] N [1] (*for saddle*) cincha *f*
[2] (= *measure*) [*of tree*] circunferencia *f*; [*of person's waist*] contorno *m*; **because of its great ~** por su gran tamaño, por lo abultado

**gist** [dʒɪst] N [*of speech, conversation*] lo esencial; **to get the ~ of sth** captar lo esencial de algo

**git‡** [gɪt] N (*Brit*) cretino/a* *m/f*

**give** [gɪv] (*pt* **gave**; *pp* **given**)

| | |
|---|---|
| [A] TRANSITIVE VERB | [C] NOUN |
| [B] INTRANSITIVE VERB | [D] PHRASAL VERBS |

Ⓐ TRANSITIVE VERB

*When* **give** *is part of a set combination, eg* **give evidence**, **give a lecture**, **give a party**, **give a yawn**, *look up the other word.*

[1] ***+ possession, object*** *dar; (for special occasion)* regalar, obsequiar (*frm*); [+ *title, honour, award, prize*] dar, otorgar (*frm*); [+ *organ, blood*] dar, donar; (*Scol*) [+ *mark*] poner; **he was ~n a gold watch when he retired** le regalaron *or* (*frm*) obsequiaron un reloj de oro cuando se jubiló; **he gave her a dictionary for her birthday** le regaló un diccionario por su cumpleaños; **he was ~n an award for bravery** le dieron *or* otorgaron un galardón por su valentía; **to ~ sb a penalty** (*Sport*) conceder un penalti *or* penalty a algn; **to ~ o.s to sb** entregarse a algn
[2] ***= pass on*** [+ *message*] dar; [+ *goods, document*] dar, entregar (*more frm*); [+ *illness*] contagiar, pegar*; **~ them my regards** *or* **best wishes** dales saludos de mi parte; **can you ~ Mary the keys when you see her?** ¿puedes darle las llaves a Mary cuando la veas?; **to ~**

**sb a cold** contagiar el resfriado a algn, pegar el resfriado a algn*; **to ~ sth into sb's hands** (*liter*) entregar *or* confiar algo a algn

3 *= offer* [+ *party, dinner*] dar; **to ~ a party for sb** dar *or* ofrecer una fiesta en honor de algn; **why don't you ~ them melon to start with?** ¿por qué no les das melón para empezar?; **she gave us a wonderful meal** nos hizo una comida buenísima; **we can ~ them cava to drink** podemos darles cava para *or* de beber; **what can I ~ him to eat/for dinner?** ¿qué puedo hacerle para comer/cenar?

4 *= provide* [+ *money, information, idea*] dar; [+ *task*] dar, confiar; **can you ~ him something to do?** ¿puedes darle algo para hacer?; **I'll never be able to ~ you a child** nunca podré darte un hijo; **they gave us a lot of help** nos ayudaron mucho; **it gave us a good laugh*** nos hizo reír mucho; ✦*IDIOM* **~ or take ...: 12 o'clock, ~ or take a few minutes** más o menos las doce; **in A.D. 500 ~ or take a few years** aproximadamente en el año 500 después de J.C.

5 *= cause* [+ *shock, surprise*] dar, causar; [+ *pain*] causar, provocar; **it ~s me great pleasure to welcome you all** es un gran placer para mí darles la bienvenida a todos; **to ~ sb a kick/push** dar una patada/un empujón a algn; **to ~ sb to believe that ...** hacer creer a algn que ...; **I was ~n to believe that ...** me hicieron creer que ...; **to ~ sb to understand that ...** dar a entender a algn que ...

6 *= grant, allow* 6·1 [+ *permission*] dar, conceder; [+ *chance, time*] dar; **let's ~ him one last chance** vamos a darle una última oportunidad; **can't you ~ me another week?** ¿no me puedes dar otra semana?; **I can ~ you 10 minutes** le puedo conceder 10 minutos; **~ yourself an hour to get there** necesitas una hora para llegar; **I gave myself 10 minutes to do it** me permití 10 minutos para hacerlo; **to ~ sb a choice** dar a elegir a algn; **he's honest, I ~ you that** es honrado, lo reconozco

6·2 (*) (*predicting future*) **how long would you ~ that marriage?** ¿cuánto tiempo crees que durará ese matrimonio?; **the doctors gave him two years to live** los médicos le dieron dos años de vida

7 *= dedicate* [+ *life, time*] dedicar; **he gave his life to helping the needy** dedicó su vida a ayudar a los necesitados; **I've ~n you the best years of my life** te he dado los mejores años de mi vida; **he gave it everything he'd got** dio lo mejor de sí

8 *= sacrifice* [+ *life*] dar; **he gave his life for his country** dio la vida por su país

9 *= pay* dar; **what will you ~ me for it?** ¿qué me das por ello?; **how much did you ~ for it?** ¿cuánto diste *or* pagaste por él?; ✦*IDIOMS* **I'd ~ a lot** *or* **the world** *or* **anything to know ...** daría cualquier cosa por saber ...; **I don't** *or* **I wouldn't ~ much for his chances** no le doy muchas posibilidades

10 *= put through to* poner con; **could you ~ me Mr Smith/extension 3443?** ¿me podría poner con el Sr. Smith/con la extensión 3443?

11 *= punish with* **the teacher gave him 100 lines** el profesor le castigó a copiar 100 líneas; **the judge gave him five years** el juez le dio cinco años; **to ~ it to sb*** (= *beat*) dar una paliza a algn; (*verbally*) poner a algn como un trapo*

12 *= present* presentar a; **ladies and gentlemen, I ~ you our guest speaker this evening, ...** damas y caballeros, les presento a nuestro conferenciante de esta noche, ...

13 *in toast* **I ~ you the Queen** brindemos por la Reina

14 *= produce, supply* [+ *milk, fruit*] dar, producir; [+ *light, heat*] dar; [+ *result*] arrojar; [+ *help, advice*] dar, proporcionar; **it ~s a total of 80** arroja un total de 80; **it ~s 6% a year** rinde un 6% al año; **it gave no sign of life** no daba señales de vida

15 *= state* [+ *name, age, address*] dar; (*on form*) poner; **to ~ the right/wrong answer** dar la respuesta correcta/equivocada; **if I may ~ an example** si se me permite dar *or* poner un ejemplo; **he gave the cause of death as asphyxia** señaló la asfixia como causa de la muerte

16 *= care* **I don't ~ a damn*** me importa un comino *or* un bledo*

17 *= make* [+ *speech*] dar, pronunciar (*frm*); [+ *lecture, concert*] dar

18 **to ~ way** 18·1 (= *collapse*) [*bridge, beam, floor, ceiling*] ceder, hundirse; [*cable, rope*] romperse; [*legs*] flaquear; **the ground gave way beneath him** la tierra se hundió bajo sus pies; **the chair gave way under his weight** la silla no soportó su peso, la silla cedió bajo su peso; **after months of stress his health gave way** después de meses de tensión su salud se vió afectada; **his strength gave way** le flaquearon las fuerzas

18·2 (= *break*) [*rope*] romperse

18·3 **to ~ way (to sth)** (= *be replaced*) ser reemplazado (por algo); (*to demands*) ceder (a algo); (*to traffic*) ceder el paso (a algo); **you gave way too easily** cediste con demasiada facilidad; **to ~ way to an impulse** dejarse llevar por un impulso; **she gave way to tears** se deshizo en lágrimas; **he never ~s way to despair** nunca se abandona a la desesperación; **"give way"** (*Brit Aut*) "ceda el paso"; **to ~ way to the left** ceder el paso a la izquierda

19 (*in idiomatic expressions*) **don't ~ me that!*** ¡no me vengas con esas!*; **I'll ~ you something to cry about!*** ¡ya te daré yo razones para llorar!; **holidays? I'll ~ you holidays!*** ¿vacaciones? ya te voy a dar yo a ti vacaciones*, ¿vacaciones? ¡ni vacaciones ni narices!*; **he wants £100? I'll ~ him £100!*** ¿que quiere 100 libras? ¡ni cien libras ni nada!; **I'll ~ him what for!*** ¡se va a enterar!*; **~ me the old songs!** ¡para mí las canciones viejas!; **~ me a gas cooker every time!*** ¡prefiero mil veces una cocina de gas!; **children? ~ me dogs any time!** ¿niños? ¡prefiero mucho antes un perro!; **I wouldn't want it if you gave it to me** eso no lo quiero ni regalado; **he can ~ you 5 years** él tiene la ventaja de ser 5 años más joven que tú

Ⓑ INTRANSITIVE VERB

1 dar; **giving is better than receiving** dar es mejor que recibir; **please ~ generously** por favor, sean generosos; **to ~ to charity** hacer donativos a organizaciones benéficas, dar dinero a organizaciones benéficas; **to ~ and take** hacer concesiones mutuas; ✦*IDIOM* **to ~ as good as one gets** pagar con la misma moneda, devolver golpe por golpe

2 (*also* **~ way**) 2·1 (= *collapse*) [*bridge, beam, floor, ceiling*] ceder, hundirse; [*knees*] flaquear; **the chair gave under his weight** la silla cedió bajo su peso, la silla no soportó su peso

2·2 (= *break*) [*rope*] romperse

2·3 (= *yield*) [*door*] ceder; **the floor gave slightly under his feet** el suelo cedió ligeramente bajo sus pies; ✦*IDIOM* **something's got to ~!*** ¡por algún lado tiene que salir!

3 (*US**) **what ~s?** ¿qué pasa?, ¿qué se cuece por ahí?*

Ⓒ NOUN

*= flexibility* [*of material*] elasticidad *f*; **there's a lot of ~ in this chair/bed** esta silla/cama es muy mullida; **there's a lot of ~ in this rope** esta cuerda da mucho de sí; **there isn't a lot of ~ in these proposals** estas propuestas no son muy negociables; **how much ~ has there been on their side?** ¿cuánto han cedido ellos?; **~ and take: you won't achieve an agreement without a bit of ~ and take** no vais a conseguir un acuerdo sin hacer concesiones mutuas; **a bit of ~ and take** un poco de toma y daca*

Ⓓ PHRASAL VERBS

►**give away** VT + ADV 1 (*as gift*) [+ *money, goods*] regalar, obsequiar (*frm*); [+ *prizes*] entregar; [+ *bride*] llevar al altar; (*Sport, fig*) regalar; **we've got 200 CDs to ~ away** tenemos 200 CDs para regalar; **we gave away a silly goal** les regalamos un gol de la forma más tonta; **at this price I'm giving it away** a este precio lo estoy regalando

2 (= *reveal*) [+ *secret*] revelar; **he's been accused of giving away company secrets** lo han acusado de revelar secretos de la compañía; **he gave away his secret when he produced the wrong passport** se descubrió a sí mismo al mostrar el pasaporte que no debía; **his face gave nothing away** su rostro no delataba nada; **your taste in colours ~s away a lot about you** tus preferencias en los colores revelan mucho sobre tu personalidad; ✦*IDIOM* **to ~ the game away*** descubrir el pastel*

3 (= *betray*) [+ *person*] (*lit, fig*) delatar; **we mustn't ~ him away** no debemos delatarlo *or* traicionarlo; **the treads on his shoes gave him away** el dibujo de los suelos de los zapatos lo delataron; **to ~ o.s. away** delatarse, descubrirse

►**give back** VT + ADV (= *return*) [+ *sb's property, freedom*] devolver (**to** a); **Peter's ~n her back her confidence** Peter le ha devuelto la confianza en sí misma; **he wants to ~ something back to society** quiere ofrecer algo a *or* hacer algo por la sociedad en compensación

►**give in** Ⓐ VT + ADV (= *hand in*) [+ *form, essay*] entregar; **to ~ in one's name** dar su nombre

Ⓑ VI + ADV (= *surrender*) rendirse; (= *yield*) ceder; (= *agree*) consentir; **I ~ in!** (*in guessing game*) ¡me rindo!, ¡me doy por vencido!; **I went on at my parents until they gave in** les insistí a mis padres hasta que cedieron; **to ~ in to** [+ *threats, pressure*] ceder *or* sucumbir ante; **she always ~s in to him** ella hace siempre lo que él quiere

►**give off** VT + ADV [+ *smell, smoke*] despedir; [+ *heat, radiation*] emitir

►**give onto** VI + PREP [*window, door, house*] dar a

►**give out** Ⓐ VT + ADV 1 (= *distribute*) repartir, distribuir

2 (= *make known*) [+ *news*] anunciar; (= *reveal*) revelar, divulgar; **it was ~n out that ...** (= *announced*) anunciaron que ...; (*falsely*) hicieron creer que ...

3 (= *give off*) [+ *smoke*] despedir

4 (*Rad*) [+ *signal*] emitir

5 (= *let out*) [+ *scream, cry*] dar; **he gave out a scream of pain** dio un grito de dolor

Ⓑ VI + ADV [*supplies*] agotarse; [*strength, patience*] agotarse, acabarse; [*engine*] pararse; [*heart*] fallar; **his legs gave out** le fallaron las piernas

►**give over** VI + ADV (*Brit**) (= *stop*) **~ over!** ¡basta ya!; **~ over arguing!** ¡deja de discutir!

►**give over to** VT + PREP 1 (= *devote to*) dedicar; **mornings were ~n over to physical**

**training** las mañanas estaban dedicadas al ejercicio físico; **most of the land had been ~n over to wheat-growing** la mayor parte de la tierra estaba destinada a la cultura del trigo; **the front page was ~n over to a report on ...** la primera página estaba dedicada a un informe sobre ...; **to ~ o.s. over to** [+ *activity, pleasure, children, family*] dedicarse a, entregarse a

2 (= *transfer*) [+ *property*] traspasar

3 (= *entrust to*) encomendar, entregar

►**give up** Ⓐ VT + ADV 1 (= *yield up*) [+ *seat, place*] ceder; [+ *authority*] ceder, traspasar; **to ~ o.s. up to the police** entregarse a la policía; **to ~ o.s. up to** [+ *vice*] entregarse a, darse a; **to ~ a child up for adoption** entregar a un hijo para que sea adoptado

2 (= *hand over*) [+ *ticket*] entregar

3 (= *renounce*) [+ *habit*] dejar; [+ *job, post*] renunciar a, dejar; [+ *friend*] dejar de ver; [+ *boyfriend*] dejar, romper con; [+ *beliefs, idea*] abandonar; **to ~ up smoking** dejar de fumar; **I've ~n up trying to persuade her** he dejado de intentar persuadirla *or* convencerla; **eventually he gave up trying** al final dejó de intentarlo; **I gave it up as a bad job*** me di por vencido

4 (= *devote*) [+ *one's life, time*] dedicar (**to** a); **to ~ up one's life to music** dedicar su vida a la música

5 (= *sacrifice*) [+ *one's life*] entregar (**for** por); [+ *career*] renunciar a (**for** por); **they gave up their lives for their country** entregaron *or* sacrificaron sus vidas por la patria; **she gave up her career for her family** renunció a su carrera profesional por su familia

6 (= *abandon hope for*) [+ *patient*] desahuciar; **the doctors had ~n him up** los médicos lo habían desahuciado; **we'd ~n you up** creíamos que ya no venías; **they gave him up for dead** lo dieron por muerto; **to ~ sb up for lost** dar por perdido a algn

Ⓑ VI + ADV (= *stop trying*) rendirse; **I ~ up!** (*trying to guess*) ¡me rindo!, ¡me doy por vencido!; **don't ~ up yet!** ¡no te rindas todavía!

►**give up on** VI + PREP 1 (= *renounce*) [+ *idea*] renunciar a; **I've ~n up on the idea** he renunciado a la idea

2 (= *stop expecting*) [+ *visitor*] **I'd ~n up on you** creía que ya no venías; **I've ~n up on him, he's so unreliable** (= *lost faith in*) no quiero perder más tiempo con él, es muy informal

3 (= *fail*) **the car gave up on us** nos falló el coche

**give-and-take*** [ˈgɪvənˈteɪk] N toma y daca *m*, concesiones *fpl* mutuas

**giveaway** [ˈgɪvəweɪ] Ⓐ N 1 (= *revelation*) revelación *f* involuntaria; **it's a dead ~** (= *obvious*) (eso) lo dice todo

2 (= *gift*) regalo *m*; **the exam was a ~!** ¡el examen estaba tirado!*

Ⓑ CPD ► **giveaway prices** NPL precios *mpl* de regalo

**given** [ˈgɪvn] Ⓐ PP *of* **give**

Ⓑ ADJ 1 (= *fixed*) [*time, amount*] determinado; **on a ~ day** en un día determinado; **at any ~ time** en cualquier momento dado

2 **to be ~ to doing sth** ser dado a hacer algo

Ⓒ CONJ **~ (that) ...** dado que ...; **~ the circumstances ...** dadas las circunstancias ...; **~ time, it would be possible** con el tiempo, sería posible

Ⓓ N hecho *m* reconocido, dato *m* conocido

Ⓔ CPD ► **given name** N (*esp US*) nombre *m* de pila

**giver** [ˈgɪvəʳ] N donante *mf*, donador(a) *m/f*

**gizmo*** [ˈgɪzməʊ] N artilugio *m*, chisme *m*, coso *m* (*LAm*)

**gizzard** [ˈgɪzəd] N molleja *f*; **it sticks in my ~** (*fig*) no lo puedo tragar

**glacé** [ˈglæseɪ] Ⓐ ADJ [*fruit*] escarchado

Ⓑ CPD ► **glacé icing** N azúcar *m* glaseado

**glacial** [ˈgleɪsɪəl] ADJ 1 (*Geol*) [*erosion*] glaciar; [*period*] glacial; (= *cold*) [*weather, wind*] glacial

2 [*person, stare, atmosphere*] glacial

**glaciation** [ˌgleɪsɪˈeɪʃən] N glaciación *f*

**glacier** [ˈglæsɪəʳ] N glaciar *m*

**glaciology** [ˌglæsɪˈɒlədʒɪ] N glaciología *f*

**glad** [glæd] ADJ (*compar* **gladder**; *superl* **gladdest**) 1 (= *pleased*) **to be ~** alegrarse; **"I had a great time" — "I'm (so) ~"** —me lo pasé fenomenal —me alegro (mucho); **to be ~ that** alegrarse de que + *subjun*; **I'm ~ that you could come** me alegro de que hayas podido venir; **I'm ~ that I relented in the end** me alegro de haber transigido al final; **to be ~ to do sth** (= *pleased*) alegrarse de hacer algo; (= *willing*) estar encantado de hacer algo; **I was ~ to see him** me alegré de verlo; **I am ~ to hear it** me alegra saberlo; **I'll be ~ to answer any questions** estaré encantado de responder a cualquier pregunta; **our receptionists will be ~ to help you make any theatre reservations** nuestros recepcionistas le ayudarán con el mayor agrado a reservar entradas para el teatro; **I would be only too ~ to take a job like that** me encantaría aceptar un trabajo como ese; **he assured her that he would be only too ~ to help** le aseguró que sería un verdadero placer ayudarla; **to be ~ about sth** alegrarse de algo; **Ralph was ~ of a chance to change the subject** Ralph se alegró de tener la oportunidad de cambiar de tema; **I was ~ of his help** me alegré de que me ayudase; **I'd be very ~ of your advice** le agradeceré mucho que me aconseje

2 (*before noun*) (*liter*) (= *joyful*) [*occasion*] feliz; **~ rags†*** trajes *mpl* de fiesta; **~ tidings** (*hum or liter*) buenas nuevas *fpl*; **✦IDIOM to give sb the ~ eye*** echar a algn una mirada insinuante; *see also* **glad-hand**

**gladden** [ˈglædn] (*liter*) VT alegrar, llenar de alegría; **she was ~ed by the news** la noticia la llenó de alegría; **to ~ sb's heart** llenar de alegría el corazón de algn, alegrar el corazón a algn; **it ~ed his heart to see the children play** ver jugar a los niños le llenaba el corazón de alegría *or* le alegraba el corazón

**glade** [gleɪd] N claro *m*

**glad-hand*** [ˈglædhænd] VT (*hum*) estrechar (con entusiasmo fingido) la mano de

**gladiator** [ˈglædɪeɪtəʳ] N gladiador *m*

**gladiatorial** [ˌglædɪəˈtɔːrɪəl] ADJ de gladiadores

**gladiolus** [glædɪˈəʊləs] N (*pl* **gladiolus** *or* **gladioluses** *or* **gladioli** [ˌglædɪˈəʊlaɪ]) gladiolo *m*

**gladly** [ˈglædlɪ] ADV con mucho gusto, de buena gana; **he ~ accepted their invitation** aceptó con mucho gusto *or* de buena gana su invitación; **I'd ~ help her if I could** la ayudaría con mucho gusto *or* de buena gana si pudiera; **"will you help us?" — "gladly"** —¿nos ayudará? —con mucho gusto; *see also* **suffer A2**

**gladness** [ˈglædnɪs] N alegría *f*, gozo *m* (*liter*)

**glam‡** [glæm] Ⓐ VT **to ~ up** [+ *person*] acicalar; [+ *building, area*] mejorar el aspecto de

Ⓑ ADJ = **glamorous**

Ⓒ N = **glamour**

Ⓓ CPD ► **glam rock*** N glam rock *m*

**glamor** [ˈglæməʳ] N (*US*) = **glamour**

**glamorize** [ˈglæməraɪz] VT hacer parecer más atractivo; **this programme ~s crime** este programa presenta el crimen bajo una luz favorable

**glamorous** [ˈglæmərəs] ADJ [*person, dress*] atractivo y sofisticado, glamo(u)roso; [*job*] con mucho glamour, rodeado de gloria *or* grandeza; [*life*] sofisticado; [*place, gathering*] elegante, sofisticado

**glamour, glamor** (*US*) [ˈglæməʳ] Ⓐ N [*of person, job, place*] glamour *m*

Ⓑ CPD ► **glamour boy** N niño *m* bonito ► **glamour girl** N belleza *f* ► **glamour sport** N deporte *m* rodeado de glamour

**glance** [glɑːns] Ⓐ N (*at person*) mirada *f*; (*at object*) vistazo *m*, ojeada *f* (**at** a); **at a ~** de un vistazo; **without a backward ~** sin volver la vista atrás; **we exchanged a ~** intercambiamos una mirada; **at first ~** a primera vista; **to steal/take a ~ at sth/sb** echar un vistazo a algo/algn

Ⓑ VI (= *look*) mirar; **she ~d in my direction** miró hacia donde yo estaba; **to ~ at** [+ *person*] lanzar una mirada a; [+ *object*] echar un vistazo a, ojear; **to ~ over** *or* **through a report** hojear un informe

►**glance away** VI + ADV apartar los ojos

►**glance down** VI + ADV echar un vistazo (hacia abajo)

►**glance off** VI + PREP **to ~ off sth** rebotar de algo

►**glance round** Ⓐ VI + ADV (*round about*) echar un vistazo alrededor; (*behind*) echar un vistazo atrás

Ⓑ VI + PREP **he ~d round the room** echó un vistazo por la habitación

►**glance up** VI + ADV (= *raise eyes*) levantar la vista; (= *look upwards*) mirar hacia arriba

**glancing** [ˈglɑːnsɪŋ] ADJ [*blow*] oblicuo

**gland** [glænd] N (*Anat*) glándula *f*; *see also* **lymph**

**glandes** [ˈglændiːz] NPL *of* **glans**

**glandular** [ˈglændjʊləʳ] Ⓐ ADJ glandular

Ⓑ CPD ► **glandular fever** N mononucleosis *f* infecciosa

**glans** [glænz] N (*pl* **glandes**) **~ (penis)** glande *m*

**glare** [glɛəʳ] Ⓐ N 1 [*of light, sun*] luz *f* deslumbradora; (= *dazzle*) deslumbramiento *m*; **because of the ~ of the light in Spain** debido a lo resplandeciente que es la luz en España; **in the full ~ of publicity** bajo los focos de la publicidad

2 (= *look*) mirada *f* feroz

Ⓑ VI 1 [*light*] deslumbrar

2 (= *look*) **to ~ at sb** lanzar una mirada de odio a algn

**glaring** [ˈglɛərɪŋ] ADJ 1 (= *dazzling*) [*sun, light*] deslumbrante, resplandeciente; [*colour*] chillón

2 (= *obvious*) [*mistake*] patente, manifiesto

**glaringly** [ˈglɛərɪŋlɪ] ADV **to be ~ obvious** estar totalmente claro, saltar a la vista

**glasnost** [ˈglæznɒst] N glasnost *f*

**glass** [glɑːs] Ⓐ N 1 (= *material*) vidrio *m*, cristal *m*; **under ~** [*exhibit*] bajo vidrio, en una vitrina; [*plant*] en invernadero

2 (= *glassware*) cristalería *f*, artículos *mpl* de cristal

3 (= *tumbler, schooner, etc*) (= *drinking vessel for water*) vaso *m*; (*for wine, sherry, champagne*) copa *f*; (*for beer*) caña *f*; (*for liqueur, brandy*) copita *f*

4 (= *glassful*) [*of beer, water, wine*] vaso *m*; [*of liqueur, brandy*] copa *f*

➤ LANGUAGE IN USE: **glad 1** 24.1

[5] (= *barometer*) barómetro *m*
[6] (= *mirror*) espejo *m*; **to look at o.s. in the ~** mirarse en el espejo
[7] (= *spyglass*) catalejo *m*
[8] **glasses** (= *spectacles*) gafas *fpl*, lentes *mpl*, anteojos *mpl* (*esp LAm*); (= *binoculars*) gemelos *mpl*
Ⓑ CPD [*bottle, ornament, eye*] de vidrio *or* cristal; [*slipper*] de cristal ► **glass case** N vitrina *f* ► **glass ceiling** N tope *m or* barrera *f* invisible (*que impide ascender profesionalmente a las mujeres o miembros de minorías étnicas*) ► **glass door** N puerta *f* vidriera *or* de cristales ► **glass eye** N ojo *m* de cristal ► **glass fibre, glass fiber** (*US*) N fibra *f* de vidrio; (*as modifier*) de fibra de vidrio; **a ~ fibre boat** una embarcación de fibra de vidrio ► **glass house** N ✦*PROV* **people who live in ~ houses shouldn't throw stones** siempre habla el que más tiene que callar, mira quién fue a hablar ► **glass industry** N industria *f* vidriera ► **glass slipper** N zapatilla *f* de cristal ► **glass wool** N lana *f* de vidrio

**glassblower** [ˈglɑːsˌbləʊəʳ] N soplador *m* de vidrio

**glassblowing** [ˈglɑːsˌbləʊɪŋ] N soplado *m* de vidrio

**glasscutter** [ˈglɑːsˌkʌtəʳ] N (= *tool*) cortavidrios *m inv*; (= *person*) cortador(a) *m/f* de vidrio

**glassful** [ˈglɑːsfʊl] N vaso *m*; [*of wine, sherry, champagne*] copa *f*

**glasshouse** [ˈglɑːshaʊs] N (*pl* **glasshouses** [ˈglɑːshaʊzɪz]) (*for plants*) invernadero *m*; (*Brit Mil*‡) cárcel *f* (militar); *see also* **glass B**

**glasspaper** [ˈglɑːsˌpeɪpəʳ] N (*Brit*) papel *m* de vidrio

**glassware** [ˈglɑːswɛəʳ] N cristalería *f*, objetos *mpl* de cristal

**glassworks** [ˈglɑːswɜːks] N fábrica *f* de vidrio

**glassy** [ˈglɑːsɪ] ADJ (*compar* **glassier**; *superl* **glassiest**) [*substance*] vítreo; [*surface*] liso; [*water*] espejado; [*eye, look*] vidrioso

**glassy-eyed** [ˌglɑːsɪˈaɪd] ADJ de mirada vidriosa; (*from drugs, drink*) de mirada perdida; (*from displeasure*) de mirada glacial

**GLASTONBURY**

**Glastonbury** *es una ciudad situada al suroeste de Inglaterra donde, desde 1969, se ha venido celebrando casi todos los veranos un festival de música pop de tres días de duración. El festival es lugar de encuentro para miles de visitantes que acuden a la ciudad para oír a los mejores nombres del pop, y que aprovechan para visitar los lugares que se asocian con la mítica tumba del rey Arturo y con el lugar donde José de Arimatea llevó el Santo Grial.*

**Glaswegian** [glæzˈwiːdʒən] Ⓐ ADJ de Glasgow
Ⓑ N nativo/a *m/f or* habitante *mf* de Glasgow

**glaucoma** [glɔːˈkəʊmə] N glaucoma *m*

**glaze** [gleɪz] Ⓐ N [1] (*on pottery*) vidriado *m*
[2] (*Culin*) (*on cake*) glaseado *m*
Ⓑ VT [1] [+ *window*] poner vidrios *or* cristales a
[2] [+ *pottery*] vidriar
[3] (*Culin*) glasear
Ⓒ VI **to ~ over** [*eyes*] ponerse vidrioso

**glazed** [gleɪzd] ADJ [1] [*surface*] vidriado; [*paper*] satinado; [*eye*] vidrioso
[2] (*Brit*) [*door, window etc*] con vidrio *or* cristal
[3] (*Culin*) glaseado
[4] (*US**) (= *tipsy*) achispado*

**glazier** [ˈgleɪzɪəʳ] N vidriero/a *m/f*

**GLC** N ABBR (*Brit*) (*formerly*) (= **Greater London Council**) *antigua corporación metropolitana de Londres*

**gleam** [gliːm] Ⓐ N [1] [*of light*] rayo *m*, destello *m*; [*of metal, water*] espejeo *m*; **with a ~ in one's eye** con ojos chispeantes
[2] (*fig*) **a ~ of hope** un rayo de esperanza
Ⓑ VI [*light*] brillar, lanzar destellos; [*metal, water*] espejear, relucir; [*eyes*] brillar (**with** de)

**gleaming** [ˈgliːmɪŋ] ADJ reluciente

**glean** [gliːn] Ⓐ VT [1] (*Agr*) espigar
[2] (*fig*) [+ *information*] recoger; **from what I have been able to ~** por lo que yo he conseguido averiguar
Ⓑ VI espigar

**gleaner** [ˈgliːnəʳ] N espigador(a) *m/f*

**gleanings** [ˈgliːnɪŋz] NPL (*fig*) fragmentos *mpl* recogidos

**glebe** [gliːb] N terreno *m* beneficial

**glee** [gliː] Ⓐ N (= *joy*) regocijo *m*, alegría *f*, júbilo *m*
Ⓑ CPD ► **glee club** N (*Mus*) orfeón *m*, sociedad *f* coral

**gleeful** [ˈgliːfəl] ADJ [*smile, laugh*] jubiloso, alegre; (= *malicious*) malicioso

**gleefully** [ˈgliːfəlɪ] ADV con júbilo, con regocijo; (= *maliciously*) maliciosamente

**glen** [glen] N cañada *f*

**glib** [glɪb] ADJ [*person*] de mucha labia, poco sincero; [*explanation, excuse*] fácil; [*speech*] elocuente pero insincero

**glibly** [ˈglɪblɪ] ADV [*speak*] (elocuentemente pero) con poca sinceridad; [*explain*] con una facilidad sospechosa

**glibness** [ˈglɪbnɪs] N [*of person*] labia *f*, falta *f* de sinceridad; [*of explanation, excuse*] facilidad *f*

**glide** [glaɪd] Ⓐ N [*of dancer etc*] deslizamiento *m*; (*Aer*) planeo *m*, vuelo *m* sin motor; (*Mus*) ligadura *f*
Ⓑ VI [1] (= *move smoothly*) deslizarse; **she ~s to the door** se desliza hacia la puerta; **to ~ away** ◊ **to ~ off** escurrirse *or* deslizarse sigilosamente
[2] (*Aer*) planear

**glider** [ˈglaɪdəʳ] N [1] (*Aer*) planeador *m*; (*towed*) avión *m* remolcado
[2] (*US*) (= *swing*) columpio *m*

**gliding** [ˈglaɪdɪŋ] N (*Aer*) vuelo *m* sin motor, planeo *m*

**glimmer** [ˈglɪməʳ] Ⓐ N [1] [*of light*] luz *f* trémula; [*of water*] espejeo *m*
[2] (*fig*) **without a ~ of understanding** sin dar el menor indicio de haber comprendido; **there is a ~ of hope** hay un rayo de esperanza
Ⓑ VI [*light*] brillar con luz trémula; [*water*] espejear

**glimpse** [glɪmps] Ⓐ N vislumbre *f*, destello *m*; **a ~ into the future** un destello de cómo va a ser el futuro; **to catch a ~ of** vislumbrar; **I only had a fleeting ~ of him** sólo alcancé a verlo fugazmente
Ⓑ VT vislumbrar

**glint** [glɪnt] Ⓐ N [*of metal etc*] destello *m*, centelleo *m*; **he had a ~ in his eye** le chispeaban los ojos
Ⓑ VI lanzar destellos, centellear

**glissando** [glɪˈsændəʊ] Ⓐ N glisando *m*
Ⓑ ADV glisando

**glisten** [ˈglɪsn] VI [*wet surface*] relucir; [*water*] espejear; [*eyes*] brillar; **her eyes ~ed with tears** le brillaban los ojos de las lágrimas

**glitch*** [glɪtʃ] N fallo *m* técnico

**glitter** [ˈglɪtəʳ] Ⓐ N [*of gold etc*] brillo *m*
Ⓑ VI [*gold etc*] relucir, brillar; ✦*PROV* **all that ~s is not gold** no es oro todo lo que reluce

**glitterati*** [ˌglɪtəˈrɑːtiː] NPL (*hum*) celebridades *fpl* del mundillo literario y artístico

**glittering** [ˈglɪtərɪŋ], **glittery** [ˈglɪtərɪ] ADJ reluciente, brillante (*also fig*); **~ prize** premio *m* rutilante

**glitz*** [glɪts] N ostentación *f*

**glitzy*** [ˈglɪtsɪ] ADJ (*compar* **glitzier**; *superl* **glitziest**) ostentoso

**gloaming** [ˈgləʊmɪŋ] N (*liter*) crepúsculo *m*; **in the ~** al anochecer

**gloat** [gləʊt] VI relamerse; **to ~ over** [+ *money*] recrearse contemplando; [+ *victory, good news*] recrearse en; [+ *enemy's misfortune*] saborear, regocijarse con

**gloating** [ˈgləʊtɪŋ] ADJ **with a ~ smile** sonriendo satisfecho, con una sonrisa satisfecha

**glob*** [glɒb] N (*US*) pegote *m*

**global** [ˈgləʊbl] Ⓐ ADJ [1] (= *world-wide*) mundial; **on a ~ scale** a escala mundial; **this has ~ implications** esto tiene consecuencias a nivel global
[2] (= *comprehensive*) [*sum, reform, change*] global; **a ~ view** una visión global
Ⓑ CPD ► **the global village** N la aldea global ► **global warming** N calentamiento *m* global, calentamiento *m* del planeta

**globalization** [ˌgləʊbəlaɪˈzeɪʃən] N globalización *f*

**globalize** [ˈgləʊbəlaɪz] Ⓐ VI globalizarse
Ⓑ VT globalizar

**globally** [ˈgləʊbəlɪ] ADV (= *worldwide*) mundialmente; (= *comprehensively*) globalmente

**globe** [gləʊb] Ⓐ N (= *sphere*) globo *m*, esfera *f*; (= *the world*) mundo *m*; (= *spherical map*) esfera *f* terrestre, globo *m* terráqueo
Ⓑ CPD ► **globe artichoke** N alcachofa *f*

**globe-trotter** [ˈgləʊbˌtrɒtəʳ] N trotamundos *mf inv*

**globe-trotting** [ˈgləʊbˌtrɒtɪŋ] Ⓐ N viajar *m* por todo el mundo
Ⓑ ADJ trotamundos *inv*

**globular** [ˈglɒbjʊləʳ] ADJ globular

**globule** [ˈglɒbjuːl] N [*of oil, water*] glóbulo *m*

**glockenspiel** [ˈglɒkənspiːl] N carillón *m*

**gloom** [gluːm] N [1] (= *darkness*) penumbra *f*, oscuridad *f*
[2] (= *sadness, despondency*) melancolía *f*, tristeza *f*; **it's not all ~ and doom here** aquí no todo son pronósticos de desastre; **she's always full of ~ and doom** siempre lo ve todo negro

**gloomily** [ˈgluːmɪlɪ] ADV [*say, look*] con tristeza; [*predict*] con pesimismo

**gloomy** [ˈgluːmɪ] ADJ (*compar* **gloomier**; *superl* **gloomiest**) [1] (= *dark*) [*place*] sombrío, lúgubre; [*day, weather*] triste, sombrío
[2] (= *sad*) [*atmosphere*] triste, lúgubre; **he's a bit of a ~ character** es un tipo un poco sombrío; **to feel ~** (= *sad*) estar bajo de moral, sentirse deprimido
[3] (= *pessimistic*) [*person*] pesimista; [*forecast, assessment*] pesimista, nada prometedor; **to be ~ about sth** ser pesimista acerca de algo; **no wonder shopkeepers are feeling ~** no es de extrañar que los comerciantes se sientan pesimistas; **things are looking ~ for the England team** la cosa no se presenta muy halagüeña para el equipo inglés; **the outlook for next year is ~** las perspectivas para el próximo año no son nada prometedoras; **he paints a very ~ picture** pinta la cosa muy negra; **he takes a ~ view of everything** tiene una visión muy negativa de todo

**glorification** [ˌglɔːrɪfɪˈkeɪʃən] N glorificación *f*

**glorify** [ˈglɔːrɪfaɪ] VT (= *exalt*) [+ *God*] alabar; [+ *person*] glorificar; (*pej*) [+ *war, deeds*] embellecer; **it's just a glorified boarding house** es una simple pensión, aunque con pretensiones

**glorious** [ˈglɔːrɪəs] ADJ [*career, victory*] glorioso; [*weather, view*] magnífico; **it was a ~ muddle** (*iro*) la confusión era mayúscula

**gloriously** [ˈglɔːrɪəslɪ] ADV [1] (= *with glory*) [*win*] gloriosamente
[2] (= *wonderfully*) magníficamente; **it was ~ sunny** hacía un sol magnífico; **we were ~ happy** estábamos contentísimos

**glory** [ˈglɔːrɪ] (A) N [1] (= *honour, fame, Rel*) gloria *f*; **~ be!** ¡gracias a Dios!; **she was in her ~** estaba toda ufana; **Rome at the height of its ~** Roma en la cima de su gloria; **she led her team to Olympic ~** condujo a su equipo a la victoria olímpica; ✦*IDIOM* **to go to ~†** subir a los cielos; *see also* **reflect A2**
[2] (= *splendour*) gloria *f*, esplendor *m*
(B) VI **to ~ in** [+ *one's success etc*] enorgullecerse *or* jactarse de; [+ *another's misfortune*] disfrutar maliciosamente de; **the café glories in the name of El Dorado** el café tiene el magnífico nombre de El Dorado
(C) CPD ► **glory hole*** N cuarto *m or* cajón *m etc* en desorden, leonera* *f*; **his room is something of a ~ hole** su habitación parece un trastero

**Glos** ABBR = **Gloucestershire**

**gloss¹** [glɒs] (A) N (= *note*) glosa *f*
(B) VT glosar, comentar
► **gloss over** VI + PREP [1] (= *excuse*) disculpar
[2] (= *play down*) paliar, restar importancia a
[3] (= *cover up*) [+ *mistake etc*] encubrir

**gloss²** [glɒs] (A) N [1] (= *shine*) brillo *m*, lustre *m*
[2] (*also* **~ paint**) pintura *f* de esmalte
(B) VT lustrar, pulir
(C) CPD ► **gloss finish** N (= *paint*) acabado *m* brillante; (*on photo*) brillo *m* satinado ► **gloss paper** N papel *m* satinado

**glossary** [ˈglɒsərɪ] N glosario *m*

**glossily** [ˈglɒsɪlɪ] ADV brillantemente; **~ illustrated** elegantemente ilustrado, ilustrado con lujo

**glossy** [ˈglɒsɪ] (A) ADJ (*compar* **glossier**; *superl* **glossiest**) [*surface*] brillante, lustroso; [*hair*] brillante; [*cloth, paper*] satinado; **~ magazine** revista *f* de moda
(B) N **the glossies** (*Brit**) las revistas de moda

**glottal** [ˈglɒtl] (A) ADJ glotal
(B) CPD ► **glottal stop** N (*Ling*) oclusión *f* glotal

**glottis** [ˈglɒtɪs] N (*pl* **glottises** *or* **glottides** [ˈglɒtɪˌdiːz]) glotis *f inv*

**Gloucs.** ABBR = **Gloucestershire**

**glove** [glʌv] (A) N guante *m*; ✦*IDIOM* **to fit sb like a ~** sentar a algn como anillo al dedo
(B) CPD ► **glove box, glove compartment** N (*Aut*) guantera *f* ► **glove maker** N guantero/a *m/f* ► **glove puppet** N títere *m* (de guante)

**gloved** [glʌvd] ADJ [*hand*] enguantado

**glover** [ˈglʌvəʳ] N guantero/a *m/f*

**glow** [gləʊ] (A) N [1] [*of lamp, sunset, fire, bright colour*] brillo *m*, resplandor *m*; [*of cheeks*] rubor *m*; (*in sky*) luz *f* difusa
[2] (*fig*) (= *warm feeling*) sensación *f* de bienestar; **a ~ of satisfaction** una aureola de satisfacción
(B) VI [1] [*lamp, colour, sunset, fire*] brillar, resplandecer
[2] (*fig*) **to ~ with pleasure** estar radiante de felicidad; **to ~ with health** rebosar de salud
(C) CPD ► **glow worm** N luciérnaga *f*

**glower** [ˈglaʊəʳ] VI mirar con el ceño fruncido (**at sb** a algn)

**glowering** [ˈglaʊərɪŋ] ADJ [*person*] ceñudo; [*sky*] encapotado

**glowing** [ˈgləʊɪŋ] ADJ [1] [*light etc*] brillante; [*fire, colour*] vivo; [*complexion, cheeks etc*] encendido
[2] [*person*] (*with health, pleasure*) rebosante
[3] (*fig*) [*report, description etc*] entusiasta

**gloxinia** [glɒkˈsɪnɪə] N gloxínea *f*

**glucose** [ˈgluːkəʊs] N glucosa *f*

**glue** [gluː] (A) N cola *f*, pegamento *m*; (*as drug*) pegamento *m*
(B) VT [1] (*lit*) pegar (**to** a); **to ~ two things together** pegar dos cosas (con goma *etc*)
[2] (*) (*fig*) **her face was ~d to the window** tenía la cara pegada a la ventana; **she was ~d to the television** estaba pegada al televisor; **to be ~d to the spot** quedarse clavado
(C) CPD ► **glue sniffer** N esnifador(a) *m/f* de pegamento, persona *f* que inhala *or* esnifa pegamento ► **glue sniffing** N inhalación *f* de pegamento

**gluey** [ˈgluːɪ] ADJ pegajoso, viscoso

**glum** [glʌm] ADJ (*compar* **glummer**; *superl* **glummest**) [*person*] melancólico; [*mood, expression*] triste; [*tone*] melancólico, sombrío

**glumly** [ˈglʌmlɪ] ADV [*walk, shake one's head*] sombríamente; [*answer*] tristemente, sombríamente; [*look, inspect*] taciturnamente, tristemente

**glut** [glʌt] (A) N superabundancia *f*, exceso *m*; **to be a ~ on the market** inundar el mercado
(B) VT [1] (*Comm*) [+ *market*] inundar
[2] [+ *person*] hartar, saciar; **to ~ o.s.** atracarse (**with** de); **to be ~ted with fruit** haberse atracado de fruta

**glutamate** [ˈgluːtəmeɪt] = **monosodium glutamate**

**glutamic acid** [gluːˌtæmɪkˈæsɪd] N ácido *m* glutámico

**gluteal** [glʊˈtiːəl] ADJ glúteo

**gluten** [ˈgluːtən] N gluten *m*

**gluten-free** [ˌgluːtənˈfriː] ADJ sin gluten, libre de gluten

**glutenous** [ˈgluːtənəs] ADJ glutenoso

**gluteus** [gluːˈtiːəs] N (*pl* **glutei** [gluːˈtiːaɪ]) glúteo *m*

**glutinous** [ˈgluːtɪnəs] ADJ glutinoso

**glutton** [ˈglʌtn] N glotón/ona *m/f*; (*) comilón/ona *m/f*; **~ for work** trabajador(a) *m/f* incansable; **~ for punishment** masoquista *mf*

**gluttonous** [ˈglʌtənəs] ADJ glotón, goloso

**gluttony** [ˈglʌtənɪ] N glotonería *f*, gula *f*

**glycerin(e)** [ˌglɪsəˈriːn] N glicerina *f*

**glycerol** [ˈglɪsərɒl] N glicerol *m*

**glycin(e)** [ˈglaɪsiːn] N glicina *f*

**glycogen** [ˈglaɪkəʊdʒen] N glicógeno *m*

**glycol** [ˈglaɪkɒl] N glicol *m*

**GM** (A) N ABBR [1] (= **general manager**) director(a) *m/f* general
[2] (*Brit*) (= **George Medal**) *medalla del valor civil*
[3] (*US*) = **General Motors**
(B) ADJ ABBR = **genetically-modified**; **GM foods** alimentos *mpl* transgénicos

**gm** ABBR (= **gram(me)**) g, gr

**G-man** [ˈdʒiːmæn] N (*pl* **G-men**) (*US*) agente *m* del FBI

**GMAT** N ABBR (*US*) = **Graduate Management Admissions Test**

**gm(s)** ABBR (= **gram(s), gramme(s)**) g, gr

**GMT** N ABBR (= **Greenwich Mean Time**) hora *f* media de Greenwich

**GMWU** N ABBR (*Brit*) (= **General and Municipal Workers' Union**) *sindicato de trabajadores autónomos y municipales*

**gnarled** [nɑːld] ADJ [*wood, hands*] nudoso

**gnash** [næʃ] VT **to ~ one's teeth** rechinar los dientes

**gnashing** [ˈnæʃɪŋ] (A) N **~ of teeth** rechinamiento *m* de dientes
(B) ADJ rechinante

**gnat** [næt] N mosquito *m*, jején *m* (*LAm*)

**gnaw** [nɔː] (A) VT (= *chew, also fig*) roer, carcomer; **~ed by doubts/hunger** atormentado por las dudas/el hambre
(B) VI roer; **to ~ through** roer *or* carcomer haciendo un agujero en; **to ~ at** (*lit, fig*) roer
► **gnaw off** VT + ADV roer

**gnawing** [ˈnɔːɪŋ] ADJ [1] [*sound*] persistente
[2] (*fig*) [*remorse, anxiety etc*] corrosivo; [*hunger*] con retortijones; [*pain*] punzante; **I had a ~ feeling that something had been forgotten** me atormentaba la idea de que se había olvidado algo

**gneiss** [naɪs] N gneis *m*

**gnocchi** [ˈnɒkɪ] NPL ñoquis *mpl*

**gnome** [nəʊm] N gnomo *m*; **the Gnomes of Zurich** (*hum*) los banqueros suizos

**gnomic** [ˈnəʊmɪk] ADJ gnómico

**gnostic** [ˈnɒstɪk] (A) ADJ gnóstico
(B) N gnóstico/a *m/f*

**gnosticism** [ˈnɒstɪˌsɪzəm] N gnosticismo *m*

**GNP** N ABBR (= **gross national product**) PNB *m*

**gnu** [nuː] N (*pl* **gnus** *or* **gnu**) ñu *m*

**GNVQ** N ABBR (*Brit Scol*) (= **General National Vocational Qualification**) *diploma nacional de formación profesional*

**go** [gəʊ] (*vb: pt* **went**; *pp* **gone**)

| | |
|---|---|
| [A] INTRANSITIVE VERB | [D] NOUN |
| [B] TRANSITIVE VERB | [E] ADJECTIVE |
| [C] MODAL VERB | [F] PHRASAL VERBS |

*When* **go** *is part of a set combination such as* **go cheap, go far, go down the tube**, *look up the other word.*

(A) INTRANSITIVE VERB
[1] [= *move, travel*] ir; **she was going too fast** iba demasiado rápido; **to go and do sth** ir a hacer algo; **I'll go and see** voy a ver; **I'll go and fetch it for you** te lo voy a buscar; **he went and shut the door** cerró la puerta; **now you've gone and done it!*** ¡ahora sí que la has hecho buena!; **to go and see sb** ◊ **go to see sb** ir a ver a algn; **to go along a corridor** ir por un pasillo; **we can talk as we go** podemos hablar por el camino; **add the sugar, stirring as you go** añada el azúcar, removiendo al mismo tiempo, añada el azúcar, sin dejar de remover; **to go at 30 mph** ir a 30 millas por hora; **to go by car/bicycle** ir en coche/bicicleta; **the train goes from London to Glasgow** el tren va de Londres a Glasgow; **to go home** irse a casa; **to go on a journey** ir de viaje; **there he goes!** ¡ahí va!; **to go to a party** ir a una fiesta; **to go to the doctor('s)** ir al médico; **she's gone to the optician('s) for a sight test** ha ido al oculista a graduarse la vista; **she went to the headmaster** fue a ver al director; **the child went to his mother** el niño fue a *or* hacia su madre; **to go to sb for advice** consultar a algn; **where do we go from here?** (*fig*) ¿qué hacemos ahora?; **halt, who goes there?** alto, ¿quién va *or* vive?

[2] [= **depart**] [*person*] irse, marcharse; [*train, coach*] salir; **I'm going now** me voy ya, me marcho ya; **"where's Judy?" — "she's gone"** —¿dónde está Judy? —se ha ido *or* se ha marchado; **"food to go"** (*US*) "comida para llevar"

[3] [*euph* = **die**] irse; **after I've gone** cuando yo me haya ido

[4] [= **disappear**] [*object*] desaparecer; [*money*] gastarse; [*time*] pasar; **the cake is all gone** se ha acabado todo el pastel; **gone are the days when …** ya pasaron los días cuando …; **that sideboard will have to go** tendremos que deshacernos de ese aparador; **military service must go!** ¡fuera con el servicio militar!; **there goes my chance of promotion!** ¡adiós a mi ascenso!; **only two days to go** sólo faltan dos días; **eight down and two to go** ocho hechos y dos por hacer; *see also* **missing A1**

[5] [= **be sold**] venderse (**for** por, en); **it went for £100** se vendió por *or* en 100 libras; **it's going cheap** se vende barato; **going, going, gone!** (*at auction*) ¡a la una, a las dos, a las tres!

[6] [= **extend**] extenderse, llegar; **the garden goes down to the lake** el jardín se extiende *or* llega hasta el lago; **a huge sweater that goes down to my knees** un jersey enorme que me llega hasta las rodillas; **money doesn't go far nowadays** hoy día el dinero apenas da para nada; **he went up to £1,000** (*at auction*) llegó a las 1.000 libras

[7] [= **function**] [*machine*] funcionar; **it's a magnificent car but it doesn't go** es un coche magnífico, pero no funciona; **I couldn't get the car to go at all** no podía arrancar el coche; **the washing machine was going so I didn't hear the phone** la lavadora estaba en marcha, así es que no oí el teléfono; **to make sth go** ◊ **get sth going** poner algo en marcha

[8] [= **endure**] aguantar; **I don't know how much longer we can go without food** no sé cuánto tiempo más podremos aguantar sin comida; **to go hungry/thirsty** pasar hambre/sed

[9] [**with activities, hobbies**] **to go fishing/riding/swimming** ir a pescar/montar a caballo/nadar; **to go for a walk** dar un paseo; **to go for a swim** ir a nadar *or* a bañarse

[10] [= **progress**] ir; **the meeting went well** la reunión fue bien; **how did the exam go?** ¿cómo te fue en el examen?; **how's it going?*** ◊ **how goes it?*** ◊ **what goes?** (*US**) ¿qué tal?*, ¿qué tal va?*, ¡qué hubo! (*Mex, Chile**); **we'll see how things go*** veremos cómo van las cosas; **to make a party go (with a swing)** dar ambiente a una fiesta; **the day went slowly** el día pasó lentamente; **all went well for him until …** todo le fue bien hasta que …

[11] [= **match, combine with**] [*colours, clothes*] hacer juego, pegar* (**with** con); **mustard and lamb don't go** ◊ **mustard doesn't go with lamb** la mostaza no va bien con el cordero, la mostaza no pega con el cordero*; **cava goes well with anything** el cava va bien *or* combina con todo

[12] [= **become**]

> *For phrases with* **go** *and an adjective, such as* **to go bad, go soft, go pale**, *you should look under the adjective.*

**it's just gone seven** acaban de dar las siete; **to go red/green** ponerse rojo/verde; **you're not going to go all sentimental/shy/religious on me!** ¡no te me pongas sentimental/tímido/religioso!*, ¡no te hagas el sentimental/tímido/religioso conmigo!; **to go communist** [*constituency, person*] volverse comunista; **to go mad** (*lit, fig*) volverse loco; **to go to sleep** dormirse; → [BECOME, GO, GET]

[13] [= **fit**] caber; **it won't go in the case** no cabe en la maleta; **4 into 3 won't go** 3 entre 4 no cabe; **4 into 12 goes 3 times** 12 entre cuatro son tres, 12 dividido entre cuatro son tres

[14] [= **be accepted**] valer; **anything goes*** todo vale; **that goes for me too** (= *applies to me*) eso va también por mí; (= *I agree*) yo también estoy de acuerdo; *see also* **say**

[15] [= **fail**] [*material*] desgastarse; [*chair, branch*] romperse; [*elastic*] ceder; [*fuse, light bulb*] fundirse; [*sight, strength*] fallar; **this jumper has gone at the elbows** este jersey se ha desgastado por los codos; **his health is going** su salud se está resintiendo; **his hearing/mind is going** está perdiendo el oído/la cabeza; **his nerve was beginning to go** estaba empezando a perder la sangre fría; **her sight is going** le está empezando a fallar la vista; **my voice has gone** me he quedado afónico

[16] [= **be kept**] ir; **where does this book go?** ¿dónde va este libro?

[17] [= **be available**] **there are several jobs going** se ofrecen varios puestos; **there's a flat going here** aquí hay un piso libre; **is there any tea going?** (= *is there any left?*) ¿queda té?; (= *will you get me one?*) ¿me haces un té?; **I'll take whatever is going** acepto lo que sea

[18] [= **get underway**] **whose turn is it to go?** (*in game*) ¿a quién le toca?, ¿quién va ahora?; **go!** (*Sport*) ¡ya!; **all systems go** (*Space*) (*also fig*) todo listo; ✦*IDIOMS* **from the word go*** desde el principio; **there you go again!*** ¡otra vez con lo mismo!*

[19] [= **be destined**] [*inheritance*] pasar; [*fund*] destinarse; **all his money goes on drink** se le va todo el dinero en alcohol; **the inheritance went to his nephew** la herencia pasó a su sobrino; **the money goes to charity** el dinero se destina a obras benéficas; **the prize went to Fiona Lilly** el premio fue para Fiona Lilly; **the qualities which go to make him a great writer** las cualidades que le hacen un gran escritor; **the money will go towards the holiday** el dinero será para las vacaciones

[20] [= **sound**] [*doorbell, phone*] sonar

[21] [= **run**] **how does that song go?** [*tune*] ¿cómo va esa canción?; [*words*] ¿cómo es la letra de esa canción?; **the tune goes like this** la melodía va así; **the story goes that …** según dicen …

[22] [= **do**] hacer; **go like that (with your right hand)** haz así (con la mano derecha)

[23] [* = **go to the toilet**] ir al baño; **I need to go** tengo que ir al baño

[24] [**in set expressions**] **it's a fairly good garage as garages go** es un garaje bastante bueno, para como son normalmente los garajes; **he's not bad, as estate agents go** no es un mal agente inmobiliario, dentro de lo que cabe; **let's get going!** (= *be on our way*) ¡vamos!, ¡vámonos!, ¡ándale! (*Mex*); (= *start sth*) ¡manos a la obra!, ¡adelante!; **to get going on** *or* **with sth** ponerse con algo; **I've got to get going on** *or* **with my tax** tengo que ponerme con los impuestos; **once he gets going …** una vez que se pone …, una vez que empieza …; **to keep going** (= *moving forward*) seguir; (= *enduring*) resistir, aguantar; (= *functioning*) seguir funcionando; **to keep sb going: this medicine kept him going** esta medicina le daba fuerzas para seguir; **a cup of coffee is enough to keep him going all morning** una taza de café le basta para funcionar toda la mañana; **enough money to keep them going for a week or two** suficiente dinero para que pudiesen tirar* *or* funcionar una o dos semanas; **to keep sth going: the workers are trying to keep the factory going** los trabajadores están intentando mantener la fábrica en funcionamiento *or* en marcha; **to let sb go** (= *release*) soltar a algn; (*euph*) (= *make redundant*) despedir a algn; **let (me) go!** ¡suéltame!; **we'll let it go at that** por esta vez pase; **you're wrong, but we'll let it go** no llevas razón, pero vamos a dejarlo así; **to let o.s. go** (*physically*) dejarse, descuidarse; (= *have fun*) soltarse el pelo*; **to let go of sth/sb** soltar algo/a algn; *see also* **far A2, A4**

(B) TRANSITIVE VERB

[1] [= **travel**] [+ *route*] hacer; **which route does the number 29 go?** ¿qué itinerario hace el 29?; **which way are you going?** ¿por dónde vais a ir?, ¿qué camino vais a tomar?; **he went his way** siguió su camino; **we had only gone a few kilometres when …** sólo llevábamos unos kilómetros cuando …; ✦*IDIOM* **to go it: the car was really going it*** el coche iba a una buena marcha*; *see also* **distance A1**

[2] [= **make**] hacer; **the car went "bang!"** el coche hizo "bang"

[3] [* = **say**] soltar*; **"shut up!" he goes** —¡cállate! —suelta; **he goes to me, "what do you want?"** va y me dice *or* me suelta: —¿qué quieres?*

[4] [**Gambling**] (= *bet*) apostar; **he went £50 on the red** apostó 50 libras al rojo; **I can only go £15** sólo puedo llegar a 15 libras

[5] (*) ✦*IDIOMS* **to go one better** ganar el remate; **to go it alone** obrar por su cuenta

(C) MODAL VERB

ir; **I'm going/I was going to do it** voy/iba a hacerlo; **it's going to rain** va a llover; **there's going to be trouble** se va a armar un lío*, va a haber follón*

◆ **to go doing sth: don't go getting upset*** venga, no te enfades; **to go looking for sth/sb** ir a buscar algo/a algn

(D) NOUN (*pl* **goes**)

[1] [= **turn**] **whose go is it?** ¿a quién le toca?; **it's your go** te toca a ti

[2] [= **attempt**] intento *m*; **to have a go (at doing sth)** probar (a hacer algo); **shall I have a go?** ¿pruebo yo?, ¿lo intento yo?; **to have another go** probar otra vez, intentarlo otra vez; **at** *or* **in one go** de un (solo) golpe

[3] [* = **bout**] **he's had a bad go of flu** ha pasado una gripe muy mala; **they've had a rough go of it** lo han pasado mal, han pasado una mala racha

[4] [* = **energy**] empuje *m*, energía *f*; **to be full of go** estar lleno de empuje *or* energía; **there's no go about him** no tiene empuje *or* energía

[5] [* = **success**] **to make a go of sth** tener éxito en algo

[6] ✦*IDIOMS* **it's all go** aquí no se para nunca; **it's all the go** hace furor; **to have a go at sb*** (*physically*) atacar a algn; (*verbally*) tomarla con algn*; **it's no go** es inútil; **on the go: he's always on the go** nunca para; **to keep sb on the go** tener a algn siempre en danza; **I've got two projects on the go** tengo dos proyectos en marcha

(E) ADJECTIVE [**Space**] **you are go for moon-landing** estás listo para alunizar; **all systems are go** (*lit, fig*) todo listo; → [COME, GO]

(F) PHRASAL VERBS

►**go about** Ⓐ VI + PREP [1] (= *move around*) **he goes about the house with no clothes on** anda *or* va por la casa desnudo
[2] (= *set to work on*) [+ *task*] emprender; [+ *problem*] abordar; **how does one go about joining?** ¿qué hay que hacer para hacerse socio?; **he knows how to go about it** sabe lo que hay que hacer, sabe cómo hacerlo
[3] (= *busy o.s. with*) **to go about one's business** ocuparse de sus cosas
Ⓑ VI + ADV [1] (= *circulate*) [*news, rumour*] correr, circular; [*virus*] rodar; **there's a rumour going about that they're getting married** corre *or* circula el rumor de que se van a casar; **there's a bug going about** hay un virus por ahí rondando; **he goes about in a Rolls** se pasea por ahí en un Rolls; **to go about barefoot/in torn jeans** ir descalzo/con unos vaqueros rotos; **you shouldn't go about bullying people like that?** no deberías ir por ahí intimidando a la gente de esa manera
[2] (*Naut*) (= *change direction*) virar

►**go across** Ⓐ VI + PREP [+ *river, road*] cruzar, atravesar
Ⓑ VI + ADV (= *cross*) cruzar; **she's gone across to Mrs Kelly's** ha ido enfrente *or* ha cruzado a casa de la señora Kelly

►**go after** VI + PREP (= *follow*) seguir; [+ *criminal*] perseguir; [+ *job, record*] andar tras; [+ *girl*] andar tras, perseguir* (*hum*); **we're not going after civilian targets** no vamos a por objetivos civiles

►**go against** VI + PREP [1] (= *be unfavourable to*) [*result, events, evidence*] ir en contra de; **the decision went against him** la decisión iba en contra de él
[2] (= *be contrary to*) [+ *principles, conscience*] ser contrario a
[3] (= *act against*) [+ *sb's wishes*] actuar en contra de

►**go ahead** VI + ADV (= *carry on*) seguir adelante (**with** con); **the exhibition will go ahead as planned** la exposición seguirá adelante tal y como estaba planeado; **go (right) ahead!** ¡adelante!

►**go along** VI + ADV [1] (= *proceed*) seguir; **I'll tell you as we go along** te lo diré de camino; **Cordy's having a party, shall we go along?** Cordy da una fiesta, ¿vamos?; **why don't you go along and see your doctor?*** ¿por qué no vas al médico?; **check as you go along** ve corrigiendo sobre la marcha; **I'm learning as I go along** voy aprendiendo poco a poco; **things are going along nicely*** las cosas marchan bien
[2] **to go along with** (= *accompany*) acompañar; (= *agree with*) [+ *person, idea*] estar de acuerdo con; **we don't go along with that** no estamos de acuerdo con eso

►**go around** Ⓐ VI + ADV [1] = **go round A**
[2] ✦***PROV*** **what goes around comes around** a todos los cerdos les llega su sanmartín
Ⓑ VI + PREP = **go round B**

►**go at*** VI + PREP [1] (= *attack*) atacar, arremeter contra
[2] (= *tackle*) [+ *job etc*] empecinarse en (hacer)

►**go away** VI + ADV [1] [*person*] (= *depart*) irse, marcharse; (*on holiday*) irse de vacaciones; **he's gone away with my keys** se ha ido *or* marchado con mis llaves, se ha llevado mis llaves; **go away!** ¡vete!, ¡lárgate!*, **I think we need to go away and think about this** creo que ahora debemos pensárnoslo un poco; **don't go away with the idea that …** no te vayas con la idea de que …
[2] [*pain, problem*] desaparecer

►**go back** VI + ADV [1] (= *return*) volver, regresar (**to** a); **to go back home** volver *or* regresar a casa; **when do the schools go back?** ¿cuándo empieza el colegio?; **the strikers have voted to go back to work** los huelguistas han votado en favor de volver al trabajo; **he's gone back to his wife** ha vuelto con su mujer; **this dress will have to go back (to the shop)** habrá que devolver este vestido; **going back to the point you raised earlier, …** volviendo al tema que planteaste antes, …; **to go back to the beginning** volver al principio; *see also* **go back to**
[2] (= *retreat*) volverse atrás; **there's no going back now** ya no podemos volvernos atrás
[3] (= *extend*) extenderse; **the path goes back to the river** el camino llega *or* se extiende hasta el río; **the cave goes back 300 metres** la cueva tiene 300 metros de fondo, la cueva tiene una extensión de 300 metros
[4] (= *date back*) remontarse; **we go back a long way** nos conocemos desde hace mucho; **my memories don't go back so far** mis recuerdos no se remontan tan lejos; **it goes back to Elizabeth I** se remonta a Isabel I; **the controversy goes back to 1929** la controversia se remonta a 1929
[5] (= *change*) **when do the clocks go back?** ¿cuándo hay que atrasar los relojes?; **the clocks go back on Sunday** los relojes se atrasan el domingo

►**go back on** VI + PREP [+ *decision*] volverse atrás en; [+ *promise*] incumplir; **to go back on one's word** faltar a su palabra

►**go back to** VI + PREP (= *revert to*) volver a; **I sold the car and went back to a bicycle** vendí el coche y volví a la bicicleta; **he went back to his former habits** volvió a sus antiguas costumbres; **go back to sleep!** ¡vuelve a dormir!; *see also* **go back**

►**go before** Ⓐ VI + ADV (= *precede*) preceder; **all that has gone before** todo lo que ha pasado antes; **those who are** *or* **have gone before** (*euph*) (= *die*) aquellos que ya pasaron a mejor vida
Ⓑ VI + PREP **the matter has gone before a grand jury** el asunto se ha sometido a un gran jurado

►**go below** VI + ADV (*Naut*) bajar

►**go beyond** VI + PREP ir más allá de; **in this series I have tried to go beyond the basics** en este serie he intentado ir más allá de lo básico *or* esencial; **his interests went beyond political economy** sus intereses iban más allá de la economía política

►**go by** Ⓐ VI + PREP [1] (= *drop by*) pasarse por; **can we go by Sally's house?** ¿podemos pasarnos por casa de Sally?; **did you remember to go by the ironmonger's?** ¿te has acordado de pasarte por la ferretería?
[2] (= *be guided by*) [+ *watch, compass*] guiarse por; **to go by appearances** guiarse por las apariencias; **you can't go by that** no hay que dejarse guiar por eso; **you can't go by what he says** no puedes fiarte de lo que dice
[3] **to go by the name of** llamarse
Ⓑ VI + ADV (= *pass by*) [*opportunity*] pasar; [*time*] pasar, transcurrir; [*person, car*] pasar (cerca); (= *overtake*) adelantar, rebasar (*Mex*); **in days gone by** en tiempos pasados, antaño; **as time goes by** con el tiempo, con el transcurso del tiempo

►**go down** Ⓐ VI + PREP bajar, descender; **to go down a slope** bajar (por) una pendiente; **to go down a mine** bajar a una mina
Ⓑ VI + ADV [1] (= *descend*) [*sun*] ponerse; [*person*] (= *go downstairs*) bajar; **to go down to the coast** bajar a la costa; **go down to the bottom of the page** mira a pie de página
[2] (= *fall*) [*person, horse*] caerse
[3] (= *crash*) [*plane*] estrellarse, caer
[4] (= *sink*) [*ship, person*] hundirse
[5] (= *decrease, decline*) [*price, temperature*] bajar, descender; [*tide, flood, water level*] bajar; **he has gone down in my estimation** ha bajado en mi estima; **the house has gone down in value** la casa ha perdido valor *or* se ha devaluado; **this neighbourhood has really gone down** este barrio ha perdido mucho, este barrio ya no es lo que era; **she's really gone down since I last saw her** [*sick person*] ha dado un buen bajón* *or* ha empeorado mucho desde la última vez que la vi; [*elderly person*] ha perdido muchas facultades desde la última vez que la vi
[6] (= *deflate*) [*balloon, airbed*] desinflarse, deshincharse (*Sp*); **the swelling in my leg has gone down** me ha bajado la hinchazón de la pierna
[7] (= *be defeated*) perder; **Italy went down against Brazil in the semi-final** Italia perdió ante Brasil en la semifinal
[8] (*Comput*) (= *break down*) bloquearse, dejar de funcionar
[9] (= *be remembered*) **to go down in history/to posterity** pasar a la historia/a la posteridad; *see also* **go down as**
[10] (*Brit Univ*) (*at end of term*) marcharse; (*at end of degree*) terminar la carrera, dejar la universidad
[11] (= *be swallowed*) **that omelette went down a treat*** esa tortilla estaba riquísisma; **it went down the wrong way** se me atragantó
[12] (= *be accepted, approved*) **to go down well/badly** ser bien/mal recibido; **his speech didn't go down at all well** su discurso fue muy mal recibido; **that should go down well (with him)*** eso le va a gustar; **I wonder how that will go down with her parents** me pregunto cómo les sentará eso a sus padres
[13] (*Theat*) [*curtain*] bajar; [*lights*] apagarse

►**go down as** VI + PREP (= *be regarded as*) considerarse; (= *be remembered as*) pasar a la historia como; **it has to go down as the worst performance of my career** se considerará la peor actuación de mi carrera, pasará a la historia como la peor actuación de mi carrera; **he will go down in history as …** pasará a la historia como …

►**go down on**** VI + PREP **to go down on sb** chupárselo *or* chupársela a algn***

►**go down with*** VI + PREP [+ *illness, virus, food poisoning*] pillar*, coger, agarrar (*LAm*)

►**go for** VI + PREP [1] (= *attack*) (*physically, verbally*) atacar; **suddenly the dog went for me** de pronto el perro me atacó *or* fue a por mí; **go for him!** (*to dog*) ¡a él!
[2] (*) (= *like, fancy*) **I don't go for his films very much** no me gustan mucho sus películas; **I don't go for that sort of talk** no me va esa clase de conversación; **I could really go for him!** ¡me gusta muchísimo!, ¡me mola cantidad! (*Sp**); **I go for quiet, unassuming types** me gustan *or* me van más los tipos callados y sin pretensiones
[3] (= *strive for*) dedicarse a obtener; **go for it!*** ¡a por ello!, ¡adelante!; **I decided to go for it*** decidí intentarlo
[4] (= *choose*) escoger, optar por; **I'll go for the cream caramel** para mí flan
[5] ✦***IDIOM*** **to have a lot going for one**: **he**

**has a lot going for him** tiene mucho a su favor; **the theory has a lot going for it** la teoría cuenta con muchas ventajas

►**go forward** VI + ADV [1] (= *move ahead*) [*person, vehicle*] avanzar
[2] (= *change*) [*clocks*] **when do the clocks go forward?** ¿cuándo se adelantan los relojes?
[3] (*fig*) [3·1] (= *proceed*) (*with sth*) seguir adelante (**with** con); **if we go forward with these radical proposals ...** si seguimos adelante con estas propuestas radicales ...; **if our present plans go forward, we'll have to take on more staff** si nuestros planes actuales progresan *or* siguen adelante, tendremos que emplear a más personal
[3·2] (= *be put forward*) [*suggestion*] presentarse

►**go in** VI + ADV [1] (= *enter*) entrar; **please do go in** pase, por favor; **they went in by the back door** entraron por la puerta trasera
[2] (= *attack*) atacar; **the troops are going in tomorrow** las tropas atacarán mañana; **British troops will not go in alone** las tropas británicas no serán las únicas en entrar en combate
[3] (= *fit*) caber
[4] [*sun*] ocultarse (**behind** tras, detrás de)
[5] (*Cricket*) entrar a batear

►**go in for** VI + PREP [1] (= *enter for*) [+ *race, competition*] presentarse a; [+ *examination*] presentarse a
[2] (= *take as career*) dedicarse a
[3] (= *be interested in*) [+ *hobby, sport*] interesarse por; **we don't go in for such things here** (*activities*) aquí esas cosas no se hacen
[4] (= *use*) utilizar

►**go into** VI + PREP [1] (= *enter*) (*lit*) entrar en; **she went into the kitchen** entró en la cocina; **to go into politics** entrar en la política, dedicarse a la política; **he doesn't want to go into industry** no quiere dedicarse a la industria; **he's thinking about going into the police force** está pensando entrar en el cuerpo de policía; *see also* **hiding A**
[2] (= *go to*) **Ed has had to go into work** Ed ha tenido que ir a trabajar; **he's had to go into hospital** ha tenido que ingresar en el hospital
[3] (= *embark on*) [+ *explanation, details*] meterse en; (= *investigate, examine*) examinar a fondo; **let's not go into all that now** dejemos todo eso por ahora
[4] (= *fall into*) [+ *trance, coma*] entrar en; **he went into fits of laughter** le entró *or* le dio un ataque de risa
[5] (= *be spent on*) [*money, resources*] dedicarse a; **a lot of money went into the research** se dedicó mucho dinero a la investigación
[6] (*Aut*) **to go into first gear** meter primera velocidad; **they went into the back of a lorry in the ice** resbalaron sobre el hielo y chocaron contra la parte trasera de un camión

►**go in with** VI + PREP asociarse con, unirse con; **we're going in with an American company** nos vamos a unir a una empresa americana; **she went in with her sister to buy the present** entre ella y su hermana compraron el regalo

►**go off** Ⓐ VI + ADV [1] (= *leave*) marcharse, irse; **he went off with the au pair** se largó* *or* se marchó con la chica au pair
[2] (= *stop*) [*TV, light, heating*] apagarse; [*pain*] irse, pasarse
[3] (= *be activated*) [*bomb*] estallar; [*gun*] dispararse; [*alarm clock*] sonar
[4] (= *go bad*) [*food*] echarse a perder; [*milk*] pasarse, echarse a perder
[5] (= *pass off*) salir; **the party went off well** la fiesta salió bien
[6] (*) (*to sleep*) quedarse dormido; **I must have gone off for a few moments** debo haberme quedado dormido unos instantes; **he goes off to sleep the moment his head touches the pillow** en cuanto pone la cabeza en la almohada se queda dormido
Ⓑ VI + PREP (= *no longer like*) [+ *thing*] perder el gusto por; [+ *person*] dejar de querer a; **I've gone off the idea** ya no me gusta la idea

►**go on** Ⓐ VI + PREP [1] (= *be guided by*) [+ *evidence*] basarse en; **there isn't much evidence to go on** no hay muchos indicios en los que basarse, no hay muchas pruebas en las que basarse; **there's nothing to go on** no hay nada en que basarse; **what are you going on?** ¿en qué te basas?; **the police had no clues to go on** la policía no tenía pistas que le sirvieran de guía
[2] (= *like*) **I don't go much on that** eso no me gusta
[3] (= *continue*) **to go on doing sth** seguir haciendo algo, continuar haciendo algo
[4] (*) (= *approach*) **she's going on 50** anda cerca de la cincuentena, va para los cincuenta; **Ann's 25 going on 50** Ann tiene 25 años pero parece que tuviera 50
[5] (= *be spent on*) **most of their money goes on drink** la mayor parte del dinero se les va en bebida
[6] (= *start taking*) [+ *drug*] empezar a tomar; **she's to go on the pill** tiene que empezar a tomar la píldora
Ⓑ VI + ADV [1] (= *fit*) **the lid won't go on** la tapa no le va; **these shoes won't go on** no me entran estos zapatos
[2] (= *continue*) [*war, talks*] seguir, continuar; [*person*] (*on journey*) seguir el camino; **I went on up the road and met Philippa** seguí carretera arriba y me encontré con Philippa; **everything is going on normally** todo sigue con normalidad; **"so," he went on ...** —así es que —continuó; **go on!** (= *continue*) sigue, continúa; (*giving encouragement*) ¡venga!; (*showing incredulity*) ¡no digas bobadas!*, ¡anda ya!*, ¡venga ya!*; **go on, tell me what the problem is!** ¡venga, dime cuál es el problema!; **to go on doing sth** seguir *or* continuar haciendo algo; **go on with your work** sigue con tu trabajo; **that'll do to be going on with*** con eso basta por ahora; **I've got enough to be going on with** tengo suficiente por el momento; ✦***IDIOM* go on with you!*** (*showing incredulity*) ¡no digas bobadas!*, ¡anda ya!*, ¡venga ya!*
[3] (= *last*) durar; **the concert went on until 11 o'clock at night** el concierto duró hasta las 11 de la noche; **how long will this go on for?** ¿cuánto tiempo durará esto?
[4] (= *proceed*) **to go on to do sth** pasar a hacer algo; **after having taught herself Italian, she went on to learn Arabic** después de haber aprendido italiano por su cuenta, empezó a estudiar árabe; **he went on to say that ...** añadió que ...
[5] (*) (= *talk*) **he does go on so** habla más que siete*, no para de hablar; **to go on about sth** no parar de hablar de algo, dar la tabarra *or* la matraca con algo*; **she's always going on about it** nunca para de hablar de eso, siempre está con la misma cantinela*; **he's always going on about the government** (= *criticize*) siempre está echando pestes contra el gobierno*; **don't go on about it!** ¡déjalo ya!, ¡deja ya de dar la tabarra *or* la matraca con el tema!*
[6] (*) (= *nag*) **to go on at sb** dar la lata a algn* (**about** con)
[7] (= *happen*) pasar, ocurrir; **it had been going on in her absence** había pasado no estando ella; **there's something odd going on** aquí hay gato encerrado; **what's going on here?** ¿qué pasa *or* ocurre aquí?
[8] (= *pass, go by*) [*time, years*] pasar, transcurrir
[9] (= *come on*) [*lights, machine*] encenderse, prenderse (*LAm*)
[10] (*Theat*) salir (a escena)
[11] (*Sport*) **to go on as a substitute** entrar como suplente
[12] (*) (= *behave*) **what a way to go on!** (*pej*) ¡qué manera de comportarse!

►**go on for** VI + PREP (*with numbers*) **he's going on for 60** anda por los 60; **it's going on for two o'clock** son casi las dos, van a ser las dos; **it's going on for 100km to Vilafranca** Vilafranca está a unos 100km de aquí

►**go out** VI + ADV [1] (= *be extinguished, switch off*) [*fire, light*] apagarse; ✦***IDIOM*** **to go out like a light** dormirse al instante, quedarse frito*
[2] (= *exit*) salir; **to go out of a room** salir de un cuarto; **to go out shopping** salir de compras *or* de tiendas; **to go out for a meal** salir a comer/cenar (fuera); **she goes out to work** trabaja (fuera); **to go out (of fashion)** pasar de moda; **the mail has gone out** ha salido el correo; **there's a lot of money going out on household bills** se gasta mucho dinero en facturas domésticas; **you must go out and get a job** tienes que ponerte a encontrar trabajo; **TV violence incites people to go out and cause trouble** la violencia en la televisión incita a la gente a salir a la calle y causar problemas
[3] (*romantically*) **to go out with sb** salir con algn; **how long have you been going out together?** ¿cuánto tiempo hace que salís juntos?
[4] (= *ebb*) [*tide*] bajar, menguar
[5] (= *travel*) viajar (**to** a); **she went out to Bangkok to join her husband** viajó a Bangkok para reunirse con su esposo
[6] (= *be issued*) [*pamphlet, circular*] salir, publicarse; [*invitation*] mandarse; (= *be broadcast*) [*radio programme, TV programme*] emitirse; **an appeal has gone out for people to give blood** se ha hecho un llamamiento a la población para que done sangre; **the programme goes out on Friday evenings** el programa se emite los viernes por la noche
[7] (*Sport*) (= *be eliminated*) quedar eliminado; **our team went out to a second division side** nuestro equipo fue eliminado por uno de segunda división
[8] (*commiserating*) **my heart went out to him** le compadecí mucho, sentí mucha pena por él; **all our sympathy goes out to you** te damos nuestro más sentido pésame, te acompañamos en el sentimiento

►**go out of** VI + PREP (= *desert*) **all the vitality has gone out of her** se ha quedado sin vitalidad; **the vigour has gone out of the debate** el debate no tiene ya fuerza *or* vigor

►**go over** Ⓐ VI + PREP [1] (= *examine, check*) [+ *report, figures*] examinar, revisar
[2] (= *rehearse, review*) [+ *speech, lesson*] repasar, revisar; **to go over sth in one's mind** repasar algo mentalmente; **let's go over the facts again** repasemos los hechos otra vez
[3] (= *touch up*) retocar
[4] (= *pass over*) [+ *wall*] pasar por encima de; **to go over the same ground: we went over the same ground time and again, trying to sort out the facts** volvimos a lo mismo una y otra vez, intentando esclarecer los hechos

Ⓑ VI + ADV 1 **to go over to** 1·1 (= *cross over to*) cruzar a; (*fig*) (*changing habit, sides etc*) pasarse a; **to go over to America** ir a América; **shall we go over to Inga's** ¿vamos a casa de Inga?; **to go over to the enemy** pasarse al enemigo
1·2 (= *approach*) acercarse a, dirigirse a
2 (= *be received*) recibirse; **how did it go over?** ¿qué tal fue recibido *or* se recibió?; **his speech went over well** su discurso tuvo buena acogida

►**go round** Ⓐ VI + ADV 1 (= *revolve*) girar, dar vueltas; **the wheel was going round very fast** la rueda giraba *or* daba vueltas muy de prisa; **the idea was going round in my head** la idea me daba vueltas en la cabeza; **my head is going round** la cabeza me da vueltas
2 (= *circulate*) **he goes round in a Rolls** se pasea por ahí en un Rolls; **to go round barefoot/in torn jeans** andar descalzo/con unos vaqueros rotos; **people who go round spreading rumours** la gente que va por ahí esparciendo rumores; **there's a bug going round** hay un virus por ahí rondando; **there's a rumour going round that they're getting married** corre *or* circula el rumor de que se van a casar; **he often goes round with Jimmy** se le ve a menudo con Jimmy
3 (= *suffice*) alcanzar, bastar; **is there enough food to go round?** ¿hay comida suficiente para todos?
4 (= *visit*) **let's go round to John's place** vamos a casa de Juan
5 (= *make a detour*) dar la vuelta
Ⓑ VI + PREP 1 (= *spin round*) girar alrededor de; **the Earth goes round the sun** la Tierra gira alrededor del sol
2 (= *visit*) visitar; **we want to go round the museum** queremos visitar el museo; **I love going round the shops** me encanta ir de tiendas; **to go round the world** dar la vuelta al mundo
3 (= *patrol*) [+ *grounds*] patrullar (por), recorrer
4 (= *make a detour round*) [+ *obstacle*] dar la vuelta a

►**go through** Ⓐ VI + PREP 1 (= *pass through*) pasar por; (= *cross*) atravesar; **I've never liked going through tunnels** nunca me ha gustado pasar por túneles; **we went through London to get to Brighton** pasamos por *or* atravesamos Londres para llegar a Brighton; **you have to go through the sitting-room to go to the kitchen** para ir a la cocina tienes que pasar por la sala de estar
2 (= *suffer*) pasar por; (= *bear*) aguantar; **I know what you're going through** sé por lo que estás pasando
3 (= *examine*) [+ *list, book*] repasar; (= *search through*) [+ *pile, possessions, pockets*] registrar
4 (= *use up*) [+ *money*] gastar; [+ *food*] comerse; [+ *drink*] beberse; (= *wear out*) [+ *garment*] gastar; **the book went through 8 editions** el libro tuvo 8 ediciones
5 (= *perform*) [+ *formalities*] cumplimentar; [+ *ceremony*] realizar; **we'll go through some warm-up exercises first** primero haremos algunos ejercicios de calentamiento
Ⓑ VI + ADV 1 (*lit*) pasar; **let's go through to the other room** vamos a pasar a la otra sala; **the bullet went right through** la bala pasó de parte a parte
2 [*proposal, bill, motion*] ser aprobado, aprobarse; [*deal*] concluirse, hacerse; **it all went through all right** todo se llevó a cabo sin problemas
3 [*clothing*] romperse *or* agujerearse con el uso; **it has gone through at the elbows** con el uso se ha roto *or* agujereado por los codos

►**go through with** VI + PREP [+ *plan, crime*] llevar a cabo; **I can't go through with it!** ¡no puedo seguir con esto!

►**go to** VI + PREP 1 ✦*IDIOM* **go to it!** ¡adelante!, ¡empieza!; *see also* **go A1**
2 (= *take*) **you needn't go to the expense of buying a new one** no es preciso que te gastes dinero para comprar uno nuevo; **they went to great expense to send her to a private school** se metieron en *or* (*frm*) incurrieron muchos gastos para mandarla a un colegio privado; **to go to (all) the trouble of doing sth** tomarse la molestia de hacer algo; **I went to a lot of trouble to get it for her** me tomé muchas molestias para conseguírselo

►**go together** VI + ADV 1 (= *harmonize*) [*colours*] hacer juego; [*ideas*] complementarse; **green and mauve go well together** el verde y el malva hacen juego
2 (= *coincide*) [*events, conditions*] ir de la mano; **poor living conditions and tuberculosis go together** la pobreza y la tuberculosis van siempre de la mano
3 (*) [*couple*] salir juntos; **Ann and Peter are going together** Ann y Peter salen juntos

►**go toward, go towards** (*esp Brit*) VI + PREP (= *contribute to*) **the extra money will go toward a holiday** el dinero extra será para unas vacaciones

►**go under** Ⓐ VI + PREP **he now goes under the name of Curtis** ahora se conoce por Curtis
Ⓑ VI + ADV 1 (= *sink*) [*ship, person*] hundirse
2 (= *fail*) [*business, firm*] quebrar

►**go up** VI + ADV 1 (= *rise*) [*temperature, price*] subir; **the total goes up to ...** el total asciende a ...; **Hartlepool should go up this season** (*Sport*) el Hartlepool debería ascender esta temporada
2 (= *travel*) **to go up to London** ir a Londres
3 (= *approach*) **to go up to sb** acercarse a algn, abordar a algn
4 (= *go upstairs*) subir (*a la planta de arriba*)
5 (= *be built*) [*tower block, building*] levantarse
6 (= *explode*) estallar; **to go up in flames** arder en llamas, ser pasto de las llamas
7 (= *be heard*) **a gasp went up from the crowd** la multitud dio un grito entrecortado
8 (*Brit Univ*) **to go up to university** (*to begin studies*) entrar en la universidad; (*after vacation*) volver a la universidad
9 (*Theat*) [*curtain*] subir, abrirse, levantarse; [*lights*] encenderse

►**go with** VI + PREP 1 (= *accompany*) ir con, acompañar a; **the house goes with the job** la casa va con el trabajo
2 (*) (= *go steady with*) salir con
3 (*sexually*) acostarse con
4 (*) (= *agree with*) **I'll go with you there** en eso estoy (de acuerdo) contigo, en eso te doy la razón; **yes, I'd go with that** sí, en eso estoy de acuerdo
5 (*) (= *choose*) escoger, optar por
6 (= *match*) *see* **go A11**

►**go without** Ⓐ VI + PREP pasar sin, prescindir de
Ⓑ VI + ADV arreglárselas, pasar; **you'll have to go without** tendrás que arrelártelas *or* pasar sin ello

**goad** [gəʊd] Ⓐ VT 1 (*lit*) aguijonear, picar
2 (*fig*) incitar, provocar; (= *anger*) irritar; (= *taunt*) provocar con insultos; **to ~ sb into fury** provocar a algn poniéndole furioso; **to ~ sb into doing sth/to do sth** incitar a algn a hacer algo
Ⓑ N 1 (*Agr*) aguijón *m*, puya *f*
2 (*fig*) estímulo *m*

►**goad on** VT + ADV pinchar, provocar; **to ~ sb on to doing sth** provocar a algn para que haga algo

**go-ahead** [ˈgəʊəhed] Ⓐ ADJ (*esp Brit*) emprendedor
Ⓑ N **to give sth/sb the ~** autorizar algo/a algn

▼**goal** [gəʊl] Ⓐ N 1 (*Sport*) (= *score*) gol *m*; (= *net etc*) portería *f*, meta *f*, arco *m* (*LAm*); **to keep ~** ◊ **play in ~** ser portero *or* (*LAm*) arquero; **goal!** ¡gol!; **to score a ~** marcar un gol; **they won by two ~s to one** ganaron por dos goles *or* tantos a uno
2 (= *aim*) (*in life*) meta *f*, objetivo *m*; (*in journey*) fin *m*; **to reach one's ~** llegar a la meta, realizar una ambición
Ⓑ CPD ► **goal area** N área *f* de portería, área *f* de meta ► **goal average** N promedio *m* de goles, golaverage *m* ► **goal kick** N saque *m* de puerta ► **goal line** N línea *f* de portería

**goalie*** [ˈgəʊlɪ] N = **goalkeeper**

**goalkeeper** [ˈgəʊlˌkiːpəʳ] N portero/a *m/f*, guardameta *mf*, arquero *m* (*LAm*)

**goalkeeping** [ˈgəʊlˌkiːpɪŋ] N actuación *f* como portero, actuación *f* del portero

**goalless** [ˈgəʊllɪs] ADJ sin goles, con empate a cero; **a ~ draw** un empate a cero (goles)

**goalmouth** [ˈgəʊlmaʊθ] N portería *f*

**goalpost** [ˈgəʊlpəʊst] N poste *m* (de la portería); ✦*IDIOM* **to move the ~s** cambiar las reglas del juego

**goalscorer** [ˈgəʊlˌskɔːrəʳ] N goleador(a) *m/f*

**goat** [gəʊt] Ⓐ N (*gen*) cabra *f*; (*male*) chivo *m*, macho cabrío *m*; ✦*IDIOM* **to get sb's ~*** fastidiar *or* molestar a algn
Ⓑ CPD ► **goat cheese, goat's cheese** N queso *m* de cabra

**goatee** [gəʊˈtiː] N (*short*) perilla *f*; (*long*) barba *f* de chivo

**goatherd** [ˈgəʊthɜːd] N cabrero *m*

**goatskin** [ˈgəʊtskɪn] N piel *f* de cabra

**gob‡** [gɒb] Ⓐ N 1 (= *spit*) salivazo *m*
2 (*Brit*) (= *mouth*) bocaza* *f*
Ⓑ VT (*Brit*) escupir
Ⓒ VI (*Brit*) escupir

**gobbet*** [ˈgɒbɪt] N [*of food etc*] trocito *m*, pequeña porción *f*; **~s of information** pequeños elementos *mpl* de información

**gobble** [ˈgɒbl] Ⓐ N gluglú *m*
Ⓑ VT (*also* **~ down, ~ up**) engullir, tragar
Ⓒ VI [*turkey*] gluglutear

**gobbledegook*, gobbledygook*** [ˈgɒbldɪguːk] N jerigonza *f*, galimatías *m inv*

**go-between** [ˈgəʊbɪˌtwiːn] N intermediario/a *m/f*; (= *pimp*) alcahuete/a *m/f*

**Gobi Desert** [ˈgəʊbɪˈdezət] N desierto *m* del Gobi

**goblet** [ˈgɒblɪt] N copa *f*

**goblin** [ˈgɒblɪn] N duende *m*, trasgo *m*

**gobshite**** [ˈgɒbʃaɪt] N (= *idiot*) chulo/a *m/f* de mierda**

**gobsmacked‡** [ˈgɒbsmækt] ADJ (*Brit*) **I was ~** me quedé alucinado*

**gobstopper*** [ˈgɒbˌstɒpəʳ] N (*Brit*) *caramelo grande y redondo*

**go-by*** [ˈgəʊbaɪ] N **to give sth the ~** pasar algo por alto, omitir algo; **to give a place the ~** dejar de visitar un sitio; **to give sb the ~** desairar a algn (*no haciendo caso de él/ella*), no hacer caso de algn

**GOC** N ABBR = **General Officer Commanding**

➤ LANGUAGE IN USE: goal A2 8.2

**go-cart** ['gəʊkɑːt] N cochecito *m* de niño

**god** [gɒd] N 1 dios *m*; **God** Dios *m*; **(my) God!** ◊ **good God!*** ¡Dios mío!, ¡santo Dios!; **God forbid** ¡Dios me libre!; **he thinks he's God's gift to women*** se cree que lo creó Dios para ser la felicidad de las mujeres; **God help them if that's what they think** que Dios les ayude si piensan así; **I hope to ~ she'll be happy** Dios quiera que sea feliz; **God (only) knows** sólo Dios sabe, sabe Dios; **what in God's name is he doing?** ¿qué demonios está haciendo?; **please God!** ¡quiera Dios!; **for God's sake!** ¡por Dios!; **thank God!** ¡gracias a Dios!; **God willing** si Dios quiere, Dios mediante; ✦*PROV* **God helps those who help themselves** a quien madruga Dios le ayuda; *see also* **forbid 2**
2 **the ~s** (*Theat*) el gallinero, el paraíso

**god-awful**⁑ ['gɒd'ɔːfʊl] ADJ horrible, fatal*

**god-botherer*** ['gɒd,bɒðərəʳ] N (*pej*) pesado/a *m/f* de la religión

**godchild** ['gɒdtʃaɪld] N (*pl* **godchildren**) ahijado/a *m/f*

**goddam(n)**⁑ ['gɒd'dæm] (*US*) Ⓐ ADJ (*also* **goddamn(ed)**) maldito, puñetero*
Ⓑ EXCL (*also* **goddammit**) ¡maldición!
Ⓒ N **I don't give a good ~!** ¡me importa un pito!*, ¡me importa un carajo!⁑

**goddaughter** ['gɒd,dɔːtəʳ] N ahijada *f*

**goddess** ['gɒdɪs] N diosa *f*

**godfather** ['gɒd,fɑːðəʳ] N padrino *m* (**to** de)

**god-fearing** ['gɒd,fɪərɪŋ] ADJ temeroso de Dios

**godforsaken*** ['gɒdfə,seɪkn] ADJ [*place*] olvidado de Dios; [*person*] dejado de la mano de Dios

**Godfrey** ['gɒdfrɪ] N Godofredo

**godhead** ['gɒdhed] N divinidad *f*

**godless** ['gɒdlɪs] ADJ 1 (= *wicked*) [*life*] pecaminoso
2 (= *unbelieving*) ateo

**godlike** ['gɒdlaɪk] ADJ divino

**godliness** ['gɒdlɪnɪs] N piedad *f*; *see also* **cleanliness**

**godly** ['gɒdlɪ] ADJ (*compar* **godlier**; *superl* **godliest**) devoto

**godmother** ['gɒd,mʌðəʳ] N madrina *f* (**to** de)

**godparents** ['gɒd,peərənts] NPL padrinos *mpl*

**godsend** ['gɒdsend] N don *m* del cielo; **it was a ~ to us** nos llegó en buena hora

**godson** ['gɒdsʌn] N ahijado *m*

**Godspeed** [,gɒd'spiːd] (††) EXCL **~!** ¡buena suerte!, ¡ande usted con Dios!

**-goer** ['gəʊəʳ] N (*ending in compounds*) **cinema-goer** asiduo/a *m/f* del cine; *see also* **opera-goer, theatre-goer**

**goes** [gəʊz] 3RD PERS SING PERSENT *of* **go**

**go-faster stripes*** [gəʊ,fɑːstə'straɪps] NPL (*Aut*) bandas *fpl* laterales decorativas

**gofer** ['gəʊfeʳ] N recadero/a *m/f*

**go-getter*** ['gəʊgetəʳ] N ambicioso/a *m/f*

**go-getting*** ['gəʊgetɪŋ] ADJ dispuesto, resuelto

**goggle** ['gɒgl] Ⓐ VI **to ~ at** mirar con ojos desorbitados, mirar sin comprender
Ⓑ CPD ► **goggle box*** N (*Brit TV*) caja *f* tonta*

**goggle-eyed*** ['gɒgl,aɪd] ADJ con ojos desorbitados

**goggles** ['gɒglz] NPL 1 (*Aut etc*) anteojos *mpl*; [*of diver*] gafas *fpl* de submarinismo
2 (*) (= *glasses*) gafas *fpl*

**go-go** ['gəʊgəʊ] ADJ 1 [*dancer, dancing*] gogó
2 (*US*) [*market, stocks*] especulativo
3 (*US**) [*team etc*] dinámico

**going** ['gəʊɪŋ] Ⓐ N 1 (= *departure*) salida *f*, partida *f*; *see also* **coming B**
2 (= *progress*) **it was slow ~** se avanzaba a paso lento; **good ~!** ¡bien hecho!; **that was good ~** eso fue muy rápido; **the climb was hard ~** la subida fue muy dura; **the meeting was hard ~** en la reunión se complicaron bastante las cosas; **the book was heavy ~** la lectura del libro resultó pesada; **it's heavy ~ talking to her** es pesado hablar con ella
3 (= *state of surface etc*) estado *m* del camino; (*Horse racing etc*) estado *m* de la pista; **let's cross while the ~ is good** aprovechemos para cruzar; **we made money while the ~ was good** mientras las condiciones eran favorables ganábamos dinero
Ⓑ ADJ 1 (= *thriving*) [*business, concern*] establecido
2 (= *current*) [*price, rate*] corriente
3 (*) (= *available*) **the best one ~** el mejor que hay

**going-over** ['gəʊɪŋ'əʊvəʳ] N (*pl* **goings-over**) 1 (= *check*) inspección *f*; **we gave the car a thorough ~** revisamos el coche de arriba a abajo; **we gave the house a thorough ~** (= *search*) registramos la casa de arriba abajo
2 (*) (*fig*) (= *beating*) paliza *f*; **they gave him a ~** le dieron una paliza

**goings-on*** ['gəʊɪŋz'ɒn] NPL tejemanejes *mpl*

**goitre**, **goiter** (*US*) ['gɔɪtəʳ] N bocio *m*

**go-kart** ['gəʊkɑːt] N kart *m*

**go-karting** ['gəʊ,kɑːtɪŋ] N karting *m*

**Golan Heights** ['gəʊlæn'haɪts] NPL **the ~** los Altos del Golán

**gold** [gəʊld] Ⓐ N 1 (= *metal, commodity, currency*) oro *m*; **he paid for it in ~** lo pagó en oro; **to invest in ~** invertir en oro; **she only wears ~** sólo lleva (joyas de) oro; **they stole 12 million pounds worth of ~** robaron oro por valor de 12 millones de libras; **24-carat ~** oro *m* de 24 quilates; **to be made of ~** ser de oro; **pure ~** (*lit*) oro *m* puro; **she's pure ~** (*fig*) es una joya, vale su peso en oro; **solid ~** oro *m* macizo; *see also* **glitter**, **good A9**, **heart A2**, **strike B6**, **weight**
2 (= *colour*) dorado *m*; **autumnal browns and ~s** los marrones y dorados del otoño
3 (= *gold medal*) medalla *f* de oro; **he won (the) ~ in Barcelona** ganó la medalla de oro en Barcelona; **to go for ~** intentar ganar la medalla de oro
Ⓑ ADJ 1 (= *made of gold*) [*jewellery, coins, tooth*] de oro; *see* **lamé**
2 (= *gold-coloured*) [*paint, lettering, frame*] dorado; [*fabric, dress, shirt*] color oro *inv*, dorado; **the sign was written in ~ letters** el cartel estaba escrito con letras doradas; **she decided to paint it ~** decidió pintarlo color oro *or* dorado; **a green and ~ flag** una bandera verde y oro
Ⓒ CPD ► **gold bar** N barra *f* de oro ► **gold braid** N galón *m* de oro ► **gold card** N tarjeta *f* oro ► **the Gold Coast** N (*Hist*) la Costa de Oro ► **gold digger** N (*lit*) buscador(a) *m/f* de oro; (*fig*) cazafortunas *mf inv* ► **gold disc** N (*Mus*) disco *m* de oro ► **gold dust** N oro *m* en polvo; ✦*IDIOM* **biros are like ~ dust in this office** (*Brit*) (*fig*) en esta oficina no encuentras un bolígrafo ni por casualidad ► **gold fever** N fiebre *f* del oro ► **gold filling** N empaste *m* de oro ► **gold foil** N papel *m* de oro ► **gold leaf** N oro *m* en hojas, pan *m* de oro ► **gold market** N mercado *m* del oro ► **gold medal** N (*Sport*) medalla *f* de oro ► **gold medallist** N medallero/a *m/f* de oro ► **gold mine** N (*lit, fig*) mina *f* de oro ► **gold miner** N minero *m* de oro ► **gold mining** N minería *f* de oro ► **gold plate** N (= *tableware*) vajilla *f* de oro; (= *covering*) baño *m* de oro; **it isn't solid ~ just ~ plate** no es oro puro sino un baño de oro; **doors covered with ~ plate** puertas revestidas de un baño de oro ► **gold reserves** N reservas *fpl* de oro ► **gold rush** N fiebre *f* del oro ► **gold standard** N patrón *m* oro; **to come off** *or* **leave the ~ standard** abandonar el patrón de oro

**goldbrick*** ['gəʊld'brɪk] (*US*) Ⓐ N 1 (= *worthless thing*) timo* *m*
2 (*Mil*) (= *shirker*) gandul *m*
Ⓑ VI escurrir el bulto

**goldcrest** ['gəʊldkrest] N reyezuelo *m* (sencillo)

**golden** ['gəʊldən] Ⓐ ADJ 1 (*in colour*) dorado; **a beautiful girl with bright ~ hair** una chica preciosa con un pelo dorado y brillante; **it gives your face an instant ~ tan** da un tono dorado instantáneo al rostro; **the wine is ~ in colour** el vino es de un color dorado; **fry the chicken pieces until ~** dorar los trozos de pollo
2 (= *made of gold*) de oro
3 (*fig*) (= *outstanding*) [*years, era*] dorado; [*future*] excelente; **this is a ~ opportunity for peace** ésta es una oportunidad de oro para la paz, ésta es una excelente oportunidad para la paz; **the ~ days of ...** la época dorada de ...
Ⓑ CPD ► **golden age** N edad *f* de oro ► **the Golden Age** N (*in Spanish Literature*) el Siglo de Oro ► **golden boy*** N niño *m* bonito* ► **the golden calf** N el becerro de oro ► **Golden Delicious (apple)** N manzana *f* golden ► **golden eagle** N águila *f* real ► **the Golden Fleece** N el vellocino de oro ► **the Golden Gate** N el Golden Gate ► **golden girl*** N niña *f* bonita* ► **golden goal** N (*Ftbl*) gol *m* de oro ► **golden handcuffs** NPL (*Comm, Ind*) *dinero que una compañía paga a un empleado para inducirle a continuar en la empresa* ► **golden handshake** N (*Comm, Ind*) *dinero que una compañía ofrece a un empleado como gratificación al jubilarlo o al despedirlo* ► **golden hello** N (*Ind*) *dinero que una compañía paga a alguien para inducirle a que trabaje para esa compañía* ► **golden jubilee** N cincuentenario *m*, cincuenta aniversario *m* ► **the golden mean** N el punto medio ► **golden oldie*** N (= *song*) viejo éxito *m*; (= *footballer, singer, etc*) vieja gloria *f* ► **golden parachute** N (*Comm, Ind*) *cláusula del contrato de un alto ejecutivo por el que se le otorgan beneficios especiales en caso de que resulte cesante debido a la adquisición de la empresa por otra* ► **golden retriever** N golden retriever *m* ► **golden rule** N regla *f* de oro ► **golden share** N participación *f* mayoritaria ► **golden syrup** N (*Brit*) miel *f* de caña, melaza *f* de caña ► **the Golden Triangle** N el Triángulo Dorado *or* de Oro ► **golden wedding (anniversary)** N bodas *fpl* de oro

**goldenrod** ['gəʊldən,rɒd] N vara *f* de oro

**goldfield** ['gəʊldfiːld] N campo *m* aurífero

**gold-filled** ['gəʊld,fɪld] ADJ lleno de oro; (*Tech*) revestido de oro, enchapado en oro; [*tooth*] empastado de oro

**goldfinch** ['gəʊldfɪntʃ] N jilguero *m*

**goldfish** ['gəʊldfɪʃ] Ⓐ N (*pl* **goldfish** *or* **goldfishes**) pez *m* de colores
Ⓑ CPD ► **goldfish bowl** N pecera *f*; ✦*IDIOM* **to live in a ~ bowl** vivir como en una vitrina

**Goldilocks** ['gəʊldɪlɒks] N Rubiales

**gold-plated** [,gəʊld'pleɪtɪd] ADJ chapado en oro; (*fig*) [*deal, contract*] de oro

**gold-rimmed** [,gəʊld'rɪmd] ADJ [*spectacles*] con montura de oro

**goldsmith** ['gəʊldsmɪθ] N orfebre *mf*; **~'s (shop)** taller *m* de orfebrería

**golf** [gɒlf] Ⓐ N golf *m*
Ⓑ VI jugar al golf
Ⓒ CPD ► **golf ball** N pelota *f* de golf; (*Typ*) cabeza *f* de escritura ► **golf buggy** N cochecito *m* de golf ► **golf club** N (= *society*) club *m* de golf; (= *stick*) palo *m* de golf ► **golf course** N campo *m* or (*LAm*) cancha *f* de golf ► **golf links** NPL campo *m* de golf (*junto al mar*); *see also* **professional B3**

**golfer** ['gɒlfəʳ] N golfista *mf*

**golfing** ['gɒlfɪŋ] Ⓐ N golf *m*
Ⓑ ADJ [*equipment, trousers*] de golf; [*holiday*] golfístico

**Golgotha** ['gɒlgəθə] N Gólgota *m*

**Goliath** [gə'laɪəθ] N Goliat

**golliwog** ['gɒlɪwɒg] N (*Brit*) muñeco *m* negrito

**golly[1]*** ['gɒlɪ] N (*Brit*) = **golliwog**

**golly[2]†*** ['gɒlɪ] EXCL (*Brit*) (*also* **by ~**) ¡caramba!; **and by ~, he's done it too!** ¡vaya si lo ha hecho!, ¡anda que lo ha hecho!

**golosh** [gə'lɒʃ] N chanclo *m*, galocha *f*

**Gomorrah** [gə'mɒrə] N Gomorra *f*

**gonad** ['gɒnæd] N gónada *f*

**gondola** ['gɒndələ] Ⓐ N 1 (= *boat*) góndola *f*
2 [*of hot-air balloon*] barquilla *f*
Ⓑ CPD ► **gondola car** N (*US Rail*) vagón *m* descubierto, batea *f*

**gondolier** [ˌgɒndə'lɪəʳ] N gondolero *m*

**gone** [gɒn] PP *of* **go**

**goner‡** ['gɒnəʳ] N **he's a ~** está en las últimas, se nos va

**gong** [gɒŋ] N 1 gong *m*
2 (*Brit**) (= *medal*) medalla *f*, condecoración *f*; (*in civil service*) cinta *f*, cintajo* *m*

**gonna*** ['gɒnə] (*esp US*) = **going to**

**gonorrhoea, gonorrhea** (*US*) [ˌgɒnə'rɪə] N gonorrea *f*

**goo*** [guː] N 1 (= *substance*) **why do you put all that ~ on your face?** ¿por qué te pones tanto mejunje en la cara?; **the rice had turned into a heap of ~** el arroz quedó hecho un mazacote
2 (*fig*) (= *sentimentality*) lenguaje *m* sentimental, sentimentalismo *m*

**good** [gʊd]

| | |
|---|---|
| A ADJECTIVE | C NOUN |
| B ADVERB | D COMPOUNDS |

Ⓐ ADJECTIVE (*compar* **better**; *superl* **best**)

*When* **good** *is part of a set combination, eg* **in a good temper, a good deal of, good heavens,** *look up the noun.*

*The commonest translation of* **good** *is* **bueno,** *which must be shortened to* **buen** *before a masculine singular noun.*

1 = *satisfactory* 1·1 bueno; **a ~ book** un buen libro; **at the end of the day, it's a ~ investment** a fin de cuentas es una buena inversión

*Note that* **bueno/buena** *etc precede the noun in general comments where there is no attempt to compare or rank the person or thing involved:*

**if he set his mind to it, he could be a very ~ painter** si se lo propusiera podría ser muy buen pintor; **she was a ~ wife and mother** era una buena esposa y madre; **she has a ~ figure** tiene buen tipo

**Bueno/buena** *etc follow the noun when there is implied or explicit comparison:*

**we could make a list of ~ teachers** podríamos hacer una lista de profesores buenos; **I'm not saying it's a ~ thing or a bad thing** no digo que sea una cosa buena, ni mala

*Use* **ser** *rather than* **estar** *with* **bueno** *when translating* **to be good,** *unless describing food:*

**the idea is a ~ one** la idea es buena; **it's ~ to be aware of the views of intelligent people** es bueno conocer los puntos de vista de la gente inteligente; **the paella was very ~** la paella estaba muy buena

*Use* **estar** *with the adverb* **bien** *to give a general comment on a situation:*

**you've written a book, which is ~** has escrito un libro, lo que está bien; **his hearing is ~** del oído está bien, el oído lo tiene bien

1·2 **she's ~ at maths** se le dan bien las matemáticas, es buena en matemáticas; **she's ~ at singing** canta bien; **she's ~ at putting people at their ease** tiene la capacidad de hacer que la gente se sienta relajada; **that's ~ enough for me** eso me basta; **it's just not ~ enough!** ¡esto no se puede consentir!; **40% of candidates are not ~ enough to pass** el 40% de los candidatos no dan el nivel *or* la talla para aprobar; **to feel ~** sentirse bien; **I started to feel ~ about myself again** empecé a recuperar mi autoestima *or* la moral; **I don't feel very ~ about that*** (= *I'm rather ashamed*) me da bastante vergüenza; **we've never had it so ~!*** ¡nunca nos ha ido tan bien!, ¡jamás lo hemos tenido tan fácil!; **how ~ is her eyesight?** ¿qué tal está de la vista?; **you're looking ~** ¡qué guapa estás!; **things are looking ~** las cosas van bien, la cosa tiene buena pinta*; **you look ~ in that** eso te sienta *or* te va bien; **you can have too much of a ~ thing** lo mucho cansa (y lo poco agrada); **it's too ~ to be true** no puede ser, es demasiado bueno para ser cierto; **he sounds too ~ to be true!** ¡algún defecto tiene que tener!; **she's ~ with cats** entiende bien a los gatos, sabe manejarse bien con los gatos; *see also* **good B4, manner 4.1, mood[2] A, time A5**

2 = *of high quality* **always use ~ ingredients** utilice siempre ingredientes de calidad *or* los mejores ingredientes; **it's made of ~ leather** está hecho con cuero del bueno

3 = *pleasant* [*holiday, day*] bueno, agradable; [*weather, news*] bueno; **it was as ~ as a holiday** aquello fue como unas vacaciones; **have a ~ journey!** ¡buen viaje!; **how ~ it is to know that ...!** ¡cuánto me alegro de saber que ...!; **it's ~ to see you** me alegro de verte, gusto en verte (*LAm*); **it's ~ to be here** da gusto estar aquí; **have a ~ trip!** ¡buen viaje!; *see also* **alive 1, life A3**

4 = *beneficial, wholesome* [*food*] bueno, sano; [*air*] puro, sano; **it's ~ for burns** es bueno para las quemaduras; **it's ~ for you** *or* **your health** te hace bien; **spirits are not ~ for me** los licores no me sientan bien; **he eats more than is ~ for him** come más de lo que le conviene; **all this excitement isn't ~ for me!** ¡a mí todas estas emociones no me vienen *or* sientan nada bien!; **it's ~ for the soul!** (*hum*) ¡ennoblece el espíritu!, ¡te enriquece (como persona)!; **if you know what's ~ for you you'll say yes** por la cuenta que te tiene dirás que sí; **some children know more than is ~ for them** algunos niños son demasiado listos *or* saben demasiado

5 = *favourable* [*moment, chance*] bueno; **it's a ~ chance to sort things out** es una buena oportunidad de *or* para arreglar las cosas; **I tried to find something ~ to say about him** traté de encontrar algo bueno que decir de él; **it would be a ~ thing** *or* **idea to ask him** no estaría mal *or* no sería mala idea preguntárselo; **this is as ~ a time as any to do it** es tan buen momento como cualquier otro para hacerlo

6 = *useful* **the only ~ chair** la única silla que está bien, la única silla servible *or* sana; **to be ~ for (doing) sth** servir para (hacer) algo; **it'll be ~ for some years** durará todavía algunos años; **he's ~ for ten years yet** tiene todavía por delante diez años de vida; **John's ~ for a few hundred pounds*** John seguramente puede prestarnos unos cientos de libras; **I'm ~ for another mile** todavía puedo aguantar otra milla más; **the ticket is ~ for three months** el billete es válido *or* valedero para tres meses; **he's ~ for nothing** es un inútil, es completamente inútil

7 = *sound, valid* [*excuse*] bueno; **unless you have a ~ excuse** a menos que tengas una buena excusa; **for no ~ reason** sin motivo alguno; **he is a ~ risk** (*financially*) concederle crédito es un riesgo asumible, se le puede prestar dinero; *see also* **word A1**

8 = *kind* **that's very ~ of you** es usted muy amable, ¡qué amable (de su parte)!; **he was so ~ as to come with me** tuvo la amabilidad de acompañarme; **please would you be so ~ as to help me down with my case?** ¿me hace el favor de bajarme la maleta?, ¿tendría la bondad de bajarme la maleta? (*more frm*); **would you be so ~ as to sign here?** ¿me hace el favor de firmar aquí?; **he's a ~ sort** es buena persona *or* gente; **he was ~ to me** fue muy bueno *or* amable conmigo, se portó bien conmigo; *see also* **nature A2**

9 = *well-behaved* [*child*] bueno; **be ~!** (*morally*) ¡sé bueno!; (*in behaviour*) ¡pórtate bien!; (*at this moment*) ¡estáte formal!; **✦IDIOM to be as ~ as gold*** portarse como un ángel *or* santo

10 = *upright, virtuous* bueno; **he's a ~ man** es una buena persona, es un buen hombre; **I think I'm as ~ as him** yo me considero tan buena persona como él; **the 12 ~ men and true** los doce hombres justos; **yes, my ~ man** sí, mi querido amigo; **send us a photo of your ~ self** (*frm*) tenga a bien enviarnos una foto suya; **she's too ~ for him** ella es más de lo que él se merece; *see also* **lady A5**

11 = *close* bueno; **he's a ~ friend of mine** es un buen amigo mío; **my ~ friend Fernando** mi buen *or* querido amigo Fernando

12 = *middle-class, respectable* **to live at a ~ address** vivir en una buena zona *or* en un buen barrio; **he's got no money but he's of ~ family** no tiene dinero pero es *or* viene de buena familia

13 = *creditable* **he came in a ~ third** llegó en un meritorio tercer puesto

14 = *considerable* [*supply, number*] bueno; **we were kept waiting for a ~ hour/thirty minutes** nos tuvieron esperando una hora/media hora larga, nos tuvieron esperando por lo menos una hora/media hora; **a ~ three hours** tres horas largas; **a ~ 10km** 10kms largos; **a ~ £10** lo menos 10 libras; **a ~ many** *or* **few people** bastante gente

15 = *thorough* [*scolding*] bueno; **to have a ~ cry** llorar a lágrima viva, llorar a moco tendido*; **to have a ~ laugh** reírse mucho; **to take a ~ look (at sth)** mirar bien (algo); **to have a ~ wash** lavarse bien

16 **the ~ ship Domino** el (buque) Domino

17 *in greetings* **~ afternoon/evening** buenas tardes; **~ morning** buenos días; **~ night** buenas noches; **with every ~ wish** ◊ **with all ~ wishes** (*in letter*) saludos, un fuerte abrazo;

➤ LANGUAGE IN USE: good A2 16.4 A18 13

**Robert sends (his) ~ wishes** Robert manda recuerdos

[18] *in exclamations* **good!** ¡muy bien!; **(that's) ~!** ¡qué bien!, ¡qué bueno! (*LAm*); **very ~, sir** sí, señor; **~ for you!** ¡bien hecho!; (= *congratulations*) ¡enhorabuena!; **~ one!** (= *well done, well said*) ¡muy bien!, ¡sí señor!; *see also* **old A5, A6**

[19] *in other set expressions*

◆ **as good as**: **it's as ~ as new** está como nuevo; **I'll soon be as ~ as new** pronto estaré como nuevo; **the job is as ~ as done** el trabajo puede darse por acabado; **it's as ~ as lost** puede darse por perdido; **they're as ~ as beaten** pueden darse por vencidos; **as ~ as saying ...** tanto como decir ...; **she as ~ as told me so** poco menos que me lo dijo; **he as ~ as called me a liar** me llamó poco menos que mentiroso

◆ **to come good**: **things will come ~ eventually*** todo se arreglará al final

◆ **good and ...**: **~ and hot*** bien calentito*; **~ and strong*** bien fuerte; **I'll do it when I'm ~ and ready*** lo haré cuando a mí me parezca

◆ **to hold good** valer (**for** para); **the same advice holds ~ for us** el mismo consejo vale para nosotros

◆ **it's a good job**: **(it's a) ~ job he came!*** ¡menos mal que ha venido!; *see also* **make A3, A10, B, riddance, thing A2**

Ⓑ ADVERB

[1] *as intensifier* bien; **a ~ strong stick** un palo bien fuerte; **a ~ long walk** un paseo bien largo, un buen paseo; ✦**IDIOM to give as ~ as one gets** pagar con la misma moneda, devolver golpe por golpe

◆ **good and proper**: **they were beaten ~ and proper*** les dieron una buena paliza*; **they were cheated ~ and proper*** les timaron bien timados*, les timaron con todas las de la ley*

[2] *esp US* = well* bien; **you did ~** hiciste bien; **"how are you?" — "thanks, I'm ~"** —¿cómo estás? —muy bien, gracias

Ⓒ NOUN

[1] = *virtuousness* el bien; **to do ~** hacer (el) bien; **~ and evil** el bien y el mal; **he is a power for ~** su influencia es muy buena *or* beneficiosa, hace mucho bien; **for ~ or ill** para bien o para mal; **there's some ~ in him** tiene algo bueno; **to be up to no ~*** estar tramando algo

[2] = *advantage, benefit* bien *m*; **the common ~** el bien común; **if it's any ~ to you** si te sirve de algo; **a rest will do you some ~** un descanso te sentará bien; **the sea air does you ~** el aire del mar le hace *or* sienta a uno bien; **a (fat) lot of ~ that will do you!*** (*iro*) ¡menudo provecho te va a traer!; **much ~ may it do you!** ¡no creo que te sirva de mucho!, ¡para lo que te va a servir!; **it does my heart ~ to see him** verlo me alegra la existencia; **for your own ~** por tu propio bien; **for the ~ of the country** por el bien del país; **to be in ~ with sb** estar a bien con algn; **that's all to the ~!** ¡menos mal!; **what ~ will that do you?** ¿y eso de qué te va a servir?; **what's the ~ of worrying?** ¿de qué sirve *or* para qué preocuparse?

[3] = *people of virtue* **the good** los buenos

[4] *in set expressions*

◆ **any good**: **is he any ~?** [*worker, singer etc*] ¿qué tal lo hace?, ¿lo hace bien?; **is this any ~?** ¿sirve esto?; **is she any ~ at cooking?** ¿qué tal cocina?, ¿cocina bien?

◆ **for good (and all)** (= *for ever*) para siempre; **he's gone for ~** se ha ido para siempre *or* para no volver

◆ **no good**: **it's no ~** (= *no use*) no sirve; **it's no ~, I'll never get it finished in time** así no hay manera, nunca lo terminaré a tiempo; **it's no ~ saying that** de nada sirve *or* vale decir eso; **it's no ~ worrying** de nada sirve *or* vale preocuparse, no se saca nada preocupándose; **that's no ~** eso no vale *or* sirve; **I'm no ~ at maths** las matemáticas no se me dan nada bien; **that's no ~ to me** eso no me sirve para nada; **to come to no ~** acabar mal

Ⓓ COMPOUNDS

► **the Good Book** N (*Rel*) la Biblia ► **good deeds** NPL = **good works** ► **good faith** N buena fe *f*; **in ~ faith** de buena fe ► **Good Friday** N (*Rel*) Viernes *m* Santo ► **good looks** NPL atractivo *msing* físico ► **good works** NPL buenas obras *fpl*

**goodbye** ['gʊd'baɪ] Ⓐ EXCL ¡adiós!, ¡hasta luego!
Ⓑ N despedida *f*; **to say ~ to** (*lit*) [+ *person*] despedirse de; (*fig*) [+ *thing*] despedirse de, dar por perdido; **you can say ~ to your wallet** ya puedes despedirte de tu cartera, ya no volverás a ver la cartera

**good-for-nothing** ['gʊdfə'nʌθɪŋ] Ⓐ ADJ inútil
Ⓑ N inútil *mf*, gandul(a) *m/f*

**good-hearted** [,gʊd'hɑ:tɪd] ADJ de buen corazón

**good-humoured**, **good-humored** (*US*) ['gʊd'hju:məd] ADJ [*person*] amable, de buen humor; [*remark, joke*] jovial; [*discussion*] de tono amistoso

**good-humouredly**, **good-humoredly** (*US*) [,gʊd'hju:mədlɪ] ADV [*say*] de buen humor; [*tease*] amistosamente

**good-looker*** [,gʊd'lʊkəʳ] N (= *man*) tío *m* bueno*; (= *woman*) tía *f* buena*; (= *horse etc*) caballo *m etc* de buena estampa

**good-looking** ['gʊd'lʊkɪŋ] ADJ guapo, bien parecido

**goodly** ['gʊdlɪ] (*frm*) ADJ [1] (= *fine*) agradable, excelente; (= *handsome*) bien parecido
[2] [*sum etc*] importante; [*number*] crecido

**good-natured** ['gʊd'neɪtʃəd] ADJ [*person*] amable, simpático; [*discussion*] de tono amistoso

**good-naturedly** [,gʊd'neɪtʃədlɪ] ADV [*complain, joke*] con cordialidad

**goodness** ['gʊdnɪs] N [1] (= *virtue*) bondad *f*
[2] (= *kindness*) amabilidad *f*; **out of the ~ of his heart** de lo bondadoso que es
[3] (= *good quality*) calidad *f*
[4] (= *essence*) sustancia *f*, lo mejor
[5] (*) (*in phrases*) **(my) ~!** ◊ **~ gracious!** ¡Dios mío!; **thank ~!** ¡menos mal!; **for ~' sake!** ¡por Dios!; **I wish to ~ I'd never met him** ojalá nunca lo hubiera conocido

▼ **goods** [gʊdz] Ⓐ NPL (= *possessions*) bienes *mpl*; (= *products*) productos *mpl*; (*Comm etc*) géneros *mpl*, mercancías *fpl*; (= *objects*) artículos *mpl*; **leather ~** géneros *mpl* de cuero; **canned ~** conservas *fpl* en lata; **consumer ~** bienes *mpl* de consumo; **~ and chattels** bienes *mpl*; ✦**IDIOM to deliver the ~** cumplir con lo prometido
Ⓑ CPD ► **goods siding** N apartadero *m* de mercancías ► **goods station** N estación *f* de mercancías ► **goods train** N tren *m* de mercancías ► **goods vehicle** N vehículo *m* de transporte, camión *m* ► **goods wagon** N vagón *m* de mercancías ► **goods yard** N estación *f* de mercancías

**good-tempered** ['gʊd'tempəd] ADJ [*person*] amable, de buen humor; [*tone*] afable, amistoso; [*discussion*] sereno, sin pasión

**good-time girl*** [,gu:dtaɪm'gɜ:l] N chica *f* alegre

**goodwill** ['gʊd'wɪl] Ⓐ N [1] buena voluntad *f*; **as a gesture of ~** como muestra de buena voluntad
[2] (*Comm*) clientela *f* y renombre *m* comercial
Ⓑ CPD ► **goodwill ambassador** N embajador(a) *m/f* de buena voluntad ► **goodwill mission** N misión *f* de buena voluntad

**goody*** ['gʊdɪ] Ⓐ ADJ (*esp US*) beatuco*, santurrón
Ⓑ EXCL (*also* **~ ~**) ¡qué bien!, ¡qué estupendo!*
Ⓒ N [1] (*Culin*) golosina *f*
[2] (*Cine*) bueno/a *m/f*; **the goodies** los buenos
Ⓓ CPD ► **goody bag*** N bolsa *f* de regalos

**goody-goody*** (*pej*) [,gʊdɪ'gʊdɪ] Ⓐ ADJ beatuco*, santurrón
Ⓑ N (*pl* **goody-goodies**) santurrón/ona *m/f*

**gooey*** ['gu:ɪ] ADJ (*compar* **gooier**; *superl* **gooiest**) pegajoso, viscoso; (= *sweet*) empalagoso

**goof*** [gu:f] Ⓐ N bobo/a *m/f*
Ⓑ VI [1] (= *err*) tirarse una plancha*
[2] (*US*) (*also* **~ off**) gandulear

►**goof around*** VI + ADV (*US*) hacer el tonto

**goofy*** ['gu:fɪ] ADJ (*compar* **goofier**; *superl* **goofiest**) [1] (*esp US*) (= *silly*) bobo
[2] [*teeth*] salido, de conejo*

**gook**‡ [gu:k] N (*US pej*) asiático/a *m/f*

**goolies**** ['gu:lɪz] N pelotas** *fpl*, cataplines *mpl* (*Sp***)

**goon** [gu:n] N [1] (= *fool*) imbécil *mf*
[2] (*US*) (= *thug*) gorila *m*, matón/ona *m/f*; (*Hist*) *gorila contratado para sembrar el terror entre los obreros*

**goose** [gu:s] (*pl* **geese**) Ⓐ N (*domestic*) ganso/a *m/f*, oca *f*; (*wild*) ánsar *m*; ✦**IDIOMS to cook sb's ~** hacer la santísima a algn; **to kill the ~ that lays the golden eggs** matar la gallina de los huevos de oro
Ⓑ VT (*) (= *prod*) meter mano a
Ⓒ CPD ► **goose bumps** NPL = **gooseflesh** ► **goose pimples** NPL = **gooseflesh**

**gooseberry** ['gʊzbərɪ] Ⓐ N [1] (*Bot*) grosella *f* espinosa
[2] (*Brit*) ✦**IDIOM to play ~** hacer de carabina
Ⓑ CPD ► **gooseberry bush** N grosellero *m* espinoso

**gooseflesh** ['gu:sfleʃ] N carne *f* de gallina

**goose-step** ['gu:sstep] Ⓐ N paso *m* de ganso, paso *m* de la oca
Ⓑ VI marchar a paso de ganso *or* de la oca

**GOP** N ABBR (*US Pol*) (= **Grand Old Party**) Partido *m* Republicano

**gopher** ['gəʊfəʳ] N [1] (*Zool*) ardillón *m*
[2] (*Comput*) gopher *m*
[3] = **gofer**

**gorblimey**‡ [,gɔ:'blaɪmɪ] EXCL (*Brit*) ¡puñetas!‡

**Gordian** ['gɔ:dɪən] ADJ ✦**IDIOM to cut the ~ knot** cortar el nudo gordiano

**gore**[1] [gɔ:ʳ] N (= *blood*) sangre *f* derramada

**gore**[2] [gɔ:ʳ] VT (= *injure*) cornear

**gorge** [gɔ:dʒ] Ⓐ N [1] (*Geog*) cañón *m*, barranco *m*
[2] (*Anat*) garganta *f*; **my ~ rises at it** me da asco
Ⓑ VT **to ~ o.s.** atracarse (**with, on** de)
Ⓒ VI atracarse (**on** de)

**gorgeous** ['gɔ:dʒəs] ADJ [1] (= *lovely*) [*object, scenery, colour, music*] precioso; [*food, wine*] delicioso, riquísimo; [*weather*] espléndido, magnífico; **she wears the most ~ clothes** lleva

➤ LANGUAGE IN USE: goods A 20.5

una ropa preciosa; **~ silks and jewels** sedas y joyas preciosas *or* espléndidas; **oh! it's absolutely ~!** ¡oh! ¡es una preciosidad!; **the garden looks absolutely ~** el jardín está precioso; **it smells ~** huele delicioso; **this tastes ~** está riquísimo; **the weather was ~** hacía un tiempo espléndido *or* magnífico; **what a ~ day!** ¡hace un día precioso *or* espléndido!
[2] (*) (= *beautiful*) [*woman*] guapísimo, precioso; [*man*] guapísimo; [*child, baby*] riquísimo*, monísimo*; [*eyes, hair*] precioso; **he/she's ~!** ¡es guapísimo/guapísima!; **hello, ~!*** (*to woman*) ¡hola, preciosa!*; (*to man*) ¡hola, guapo!*; **what a ~ hunk!**‡ ¡qué tío más bueno!‡; *see also* **drop-dead**

**gorgeously** [ˈgɔːdʒəslɪ] ADV [*dressed*] magníficamente, divinamente; [*decorated*] espléndidamente, magníficamente; **it is a ~ decadent work** es una obra fastuosamente decadente

**gorgon** [ˈgɔːgən] N [1] **Gorgon** (*Myth*) Gorgona *f*
[2] (*fig*) (= *woman*) pécora *f*

**gorilla** [gəˈrɪlə] N [1] (*Zool*) gorila *m*
[2] (*) (= *thug*) gorila *m*

**gormandize** [ˈgɔːməndaɪz] VI (*frm*) glotonear

**gormless*** [ˈgɔːmlɪs] ADJ (*Brit*) corto (de entendimiento)*

**gorse** [gɔːs] N aulaga *f*, tojo *m*

**gory** [ˈgɔːrɪ] ADJ (*compar* **gorier**; *superl* **goriest**) [*battle, death*] sangriento; **he told me all the ~ details** (*hum*) me contó todo con pelos y señales

**gosh*** [gɒʃ] EXCL ¡cielos!; **~ darn!** (*US*) ¡caramba!

**goshawk** [ˈgɒshɔːk] N azor *m*

**gosling** [ˈgɒzlɪŋ] N ansarino *m*

**go-slow** [ˈgəʊˈsləʊ] Ⓐ N (*Brit Ind*) huelga *f* de brazos caídos
Ⓑ VI hacer huelga de celo; (*strictly*) trabajar con arreglo a las bases

**gospel** [ˈgɒspəl] Ⓐ N (*Rel*) evangelio *m*; **the Gospel according to St John** el Evangelio según San Juan; ✦***IDIOM*** **to take sth as ~*** aceptar algo como si estuviera escrito en el evangelio
Ⓑ CPD ► **gospel music** N música *f* espiritual negra ► **gospel song** N canción *f* espiritual negra ► **gospel truth** N **as though it were ~ truth** como si estuviera escrito en el evangelio

**gossamer** [ˈgɒsəməʳ] N (= *web*) telaraña *f*; (= *fabric*) gasa *f*; **~-thin** muy delgado

**gossip** [ˈgɒsɪp] Ⓐ N [1] (= *scandal, malicious stories*) cotilleo *m*, chismorreo *m*
[2] (= *chatter*) charla *f*; **we had a good old ~** charlamos un buen rato
[3] (= *person*) cotilla *mf*, chismoso/a *m/f*
Ⓑ VI [1] (= *scandalmonger*) cotillear, chismorrear
[2] (= *chatter*) charlar
Ⓒ CPD ► **gossip column** N ecos *mpl* de sociedad ► **gossip columnist**, **gossip writer** N cronista *mf* de sociedad

**gossiping** [ˈgɒsɪpɪŋ] Ⓐ ADJ cotilla, chismoso
Ⓑ N cotilleo *m*, chismorreo *m*

**gossipy** [ˈgɒsɪpɪ] ADJ de cotilleo, chismoso; [*style*] familiar, anecdótico

**got** [gɒt] PT, PP *of* **get**

**Goth** [gɒθ] N (*Hist*) godo/a *m/f*

**Gothic** [ˈgɒθɪk] Ⓐ ADJ [*race*] godo; (*Archit, Typ*) gótico; [*novel etc*] gótico
Ⓑ N (*Archit, Ling etc*) gótico *m*

**gotta*** [ˈgɒtə] (*esp US*) = **got to**

**gotten** [ˈgɒtn] (*US*) PP *of* **get**

**gouache** [gʊˈɑːʃ] N guache *m*, gouache *m*

**gouge** [gaʊdʒ] Ⓐ N gubia *f*
Ⓑ VT [+ *hole etc*] excavar
►**gouge out** VT + ADV [+ *hole etc*] excavar; **to ~ sb's eyes out** sacar los ojos a algn

**goulash** [ˈguːlæʃ] N *especie de guisado húngaro*

**gourd** [gʊəd] N calabaza *f*

**gourmand** [ˈgʊəmənd] N glotón/ona *m/f*

**gourmet** [ˈgʊəmeɪ] Ⓐ N gastrónomo/a *m/f*
Ⓑ ADJ [*food, dinner*] de gastronomía; **~ cooking** la gastronomía

**gout** [gaʊt] N (*Med*) gota *f*

**gouty** [ˈgaʊtɪ] ADJ gotoso

**gov**‡ [gʌv] N ABBR (*Brit*) (= **governor**) jefe *m*, patrón *m*; **yes ~!** ¡sí, jefe!

**Gov.** ABBR = **Governor**

**govern** [ˈgʌvən] Ⓐ VT [1] (= *rule*) [+ *country*] gobernar
[2] (= *control*) [+ *city, business*] dirigir; [+ *choice, decision*] guiar; [+ *emotions*] dominar
[3] (*Ling*) regir
Ⓑ VI (*Pol*) gobernar

**governance** [ˈgʌvənəns] N (*frm*) forma *f* de gobierno

**governess** [ˈgʌvənɪs] N institutriz *f*, gobernanta *f*

**governing** [ˈgʌvənɪŋ] Ⓐ ADJ (*Pol*) [*party*] gobernante, en el gobierno
Ⓑ CPD ► **governing board** N (*Brit Scol*) consejo *m* directivo de escuela ► **governing body** N consejo *m* de administración ► **governing principle** N principio *m* rector

**government** [ˈgʌvnmənt] Ⓐ N [1] (*Pol*) gobierno *m*; **the Labour Government** el gobierno *or* la administración laborista; *see also* **local C**
[2] (*Gram etc*) régimen *m*
Ⓑ CPD [*intervention, support, loan*] estatal, del estado; [*responsibility, decision*] gubernamental, del gobierno ► **government body** N ente *m* gubernamental *or* oficial ► **government bonds** NPL bonos *mpl* del Estado ► **government department** N ministerio *m*, departamento *m* gubernamental, secretaría *f* (*Mex*) ► **government expenditure** N = **government spending** ► **government grant** N subvención *f* estatal ► **government health warning** N ≈ advertencia *f* del Ministerio de Sanidad ► **Government House** N (*Brit*) palacio *m* del gobernador/de la gobernadora ► **government issue** N propiedad *f* del Estado ► **government policy** N política *f* gubernamental *or* del gobierno ► **government securities** NPL bonos *mpl* del Estado ► **government spending** N el gasto público ► **government stock** N reservas *fpl* del Estado ► **government subsidy** N subvención *f* estatal, subvención *f* del gobierno

**governmental** [ˌgʌvənˈmentl] ADJ gubernamental, gubernativo

**government-owned** [ˌgʌvənməntˈəʊnd] ADJ [*company, industry*] del Estado, estatal; [*land*] del Estado

**governor** [ˈgʌvənəʳ] Ⓐ N [1] [*of colony, state etc*] gobernador(a) *m/f*
[2] (*esp Brit*) [*of prison*] director(a) *m/f*
[3] (*Brit*) [*of school*] miembro *mf* del consejo
[4] (*Brit*‡) (= *boss*) jefe *m*, patrón *m*; (= *father*) viejo* *m*; **thanks, ~!** ¡gracias, jefe!
[5] (*Mech*) regulador *m*
Ⓑ CPD ► **governor general** N (*Brit*) gobernador(a) *m/f* general

**governorship** [ˈgʌvənəʃɪp] N gobierno *m*, cargo *m* de gobernador(a)

**Govt.**, **govt.** ABBR (= **government**) gob.[no]

**gown** [gaʊn] N (= *dress*) vestido *m* largo; (*Jur, Univ*) toga *f*

**GP** N ABBR (= **general practitioner**) médico/a *m/f* de cabecera

**GPA** N ABBR (*US*) = **grade-point average**

**GPMU** (*Brit*) N ABBR (= **Graphical, Paper and Media Union**) *sindicato de trabajadores del sector editorial*

**GPO** N ABBR [1] (*Brit*) (*formerly*) = **General Post Office**
[2] (*US*) = **Government Printing Office**

**gr.** ABBR [1] = **gross** (= *12 dozen*) gruesa *f*
[2] (*Comm*) (= **gross**) bto

**grab** [græb] Ⓐ N [1] (= *snatch*) **to make a ~ at** *or* **for sth** intentar agarrar algo; **it's all up for ~s*** está a disposición de cualquiera
[2] (*esp Brit Tech*) cuchara *f*
Ⓑ VT [1] (= *seize*) coger, agarrar (*LAm*); (*greedily*) echar mano a; **to ~ sth from sb** arrebatarle algo a algn; **to ~ hold of sth/sb** agarrar algo/a algn
[2] (*fig*) [+ *chance etc*] aprovechar; **I'll just ~ a quick shower** me voy a dar una ducha rápida; **we can ~ a sandwich on the way** comeremos un bocadillo por el camino; **I managed to ~ him before he left** conseguí pillarle antes de que se marchara
[3] (*) (= *attract, appeal to*) **how does that ~ you?** ¿qué te parece?; **that really ~bed me** aquello me entusiasmó de verdad; **it doesn't ~ me** no me va
Ⓒ VI **to ~ at** (= *snatch*) tratar de coger *or* (*LAm*) agarrar; (*in falling*) tratar de asir

**grace** [greɪs] Ⓐ N [1] (= *elegance*) [*of form, movement etc*] gracia *f*, elegancia *f*; [*of style*] elegancia *f*, amenidad *f*
[2] (*Rel*) gracia *f*, gracia *f* divina; **by the ~ of God** por la gracia de Dios; **there but for the ~ of God go I** le podría ocurrir a cualquiera; **to fall from ~** (*Rel*) perder la gracia divina; (*fig*) caer en desgracia
[3] (= *graciousness*) cortesía *f*, gracia *f*; **he had the ~ to apologize** tuvo la cortesía de pedir perdón; **with (a) good ~** de buen talante; **with (a) bad ~** a regañadientes; *see also* **saving B**
[4] **to get into sb's good ~s** congraciarse con algn
[5] (= *respite*) demora *f*; **days of ~** (*Brit Jur*) días *mpl* de gracia; **three days' ~** un plazo de tres días
[6] (= *prayer*) bendición *f* de la mesa; **to say ~** bendecir la mesa
[7] (*in titles*) [7·1] (= *duke*) **His Grace the Duke** su Excelencia el duque; **yes, Your Grace** sí, Excelencia
[7·2] (*Rel*) **His Grace Archbishop Roberts** su Ilustrísima, Arzobispo Roberts; **yes, your Grace** sí, Ilustrísima
Ⓑ VT [1] (= *adorn*) adornar, embellecer
[2] (= *honour*) [+ *occasion, event*] honrar; **he ~d the meeting with his presence** honró a los asistentes con su presencia; *see also* **presence 1**
Ⓒ CPD ► **grace note** N (*Mus*) apoyadura *f* ► **grace period** N (*Jur, Fin*) período *m* de gracia

**graceful** [ˈgreɪsfʊl] ADJ [1] (= *elegant*) [*person, animal, building*] elegante
[2] (= *flowing*) [*movement*] elegante, airoso; [*lines*] grácil
[3] (= *dignified*) digno; **he was never a ~ loser** nunca supo perder con dignidad

**gracefully** [ˈgreɪsfəlɪ] ADV [1] (= *elegantly*) [*move*] elegantemente
[2] (= *in a dignified manner*) con dignidad; **to grow old ~** envejecer con dignidad; **he never could lose ~** nunca supo perder con digni-

dad; **she apologized, none too ~** pidió perdón a regañadientes

**graceless** ['greɪslɪs] ADJ (= *inelegant*) desgarbado, torpe; (= *impolite*) descortés, grosero

**gracious** ['greɪʃəs] Ⓐ ADJ [1] (= *refined, courteous*) [*person, gesture, smile, letter*] gentil, cortés; [*era*] refinado; **by (the) ~ consent of** (*frm*) por la gracia de; **to be ~ enough to do sth** tener la cortesía de hacer algo; **he was ~ in defeat/victory** era correcto a la hora de la derrota/del triunfo; **he has always been a ~ loser** siempre ha sabido perder con dignidad; **by ~ permission of Her Majesty the Queen** (*frm*) por la gracia de Su Majestad la Reina; **to be ~ to sb** ser gentil *or* cortés con algn
[2] (= *merciful*) [*God*] misericordioso
[3] (= *elegant, comfortable*) [*place, building*] elegante, refinado; **she loved fine clothes and ~ living** le encantaba la ropa elegante y la vida refinada
Ⓑ EXCL **~!** ◊ **good ~ (me)!** ¡Santo cielo!, ¡Dios mío!; **"you know Jack, don't you?" — "good ~, yes!"** —conoces a Jack, ¿no? —¡por supuesto que sí!; **good ~, what does that matter!** ¡por amor de Dios! ¿qué importancia tiene eso?; *see also* **goodness 5**

**graciously** ['greɪʃəslɪ] ADV [*wave, smile*] gentilmente, cortésmente; [*accept*] gentilmente; [*live*] con refinamiento; **she has ~ consented to be my wife** (*frm*) ha tenido la gentileza de aceptar mi propuesta de matrimonio; **His Royal Highness has ~ consented to our proposal** (*frm*) Su Alteza se ha dignado aceptar nuestra propuesta

**graciousness** ['greɪʃəsnɪs] N [1] (= *refinement, courtesy*) [*of person*] gentileza *f*, cortesía *f*; [*of gesture*] gentileza *f*, gracia *f*; **~ in defeat/victory** la corrección a la hora de la derrota/del triunfo
[2] [*of God*] misericordia *f*
[3] (= *elegance, comfort*) [*of house, room*] elegancia *f*, refinamiento *m*

**grad*** [græd] (*US*) N = **graduate**

**gradate** [grə'deɪt] Ⓐ VT degradar
Ⓑ VI degradarse

**gradation** [grə'deɪʃən] N gradación *f*

**grade** [greɪd] Ⓐ N [1] (= *level, standard*) (*on scale*) clase *f*, categoría *f*; (*in job*) grado *m*, categoría *f*; **to be promoted to a higher ~** ser ascendido a un grado *or* una categoría superior; ✦***IDIOM* to make the ~** llegar, alcanzar el nivel
[2] (*Mil*) (= *rank*) graduación *f*, grado *m*
[3] (= *quality*) clase *f*, calidad *f*; **high-/low-~ material** material *m* de alta/baja calidad
[4] (*Scol*) (= *mark*) nota *f*
[5] (*US*) (= *school class*) **he's in fifth ~** está en quinto (curso); → HIGH SCHOOL
[6] (*US*) (= *gradient*) pendiente *f*, cuesta *f*
[7] (*US*) (= *ground level*) **at ~** al nivel del suelo
Ⓑ VT [1] [+ *goods, eggs*] clasificar, graduar; [+ *colours*] degradar
[2] (*Scol*) (= *mark*) calificar
Ⓒ CPD ► **grade crossing** N (*US Rail*) paso *m* a nivel ► **grade school** N (*US*) escuela *f* primaria

►**grade down** VT + ADV bajar de categoría

►**grade up** VT + ADV subir de categoría

**graded** ['greɪdɪd] ADJ graduado

**grader** ['greɪdəʳ] N (*US Scol*) examinador(a) *m/f*

**gradient** ['greɪdɪənt] N (*esp Brit*) pendiente *f*, cuesta *f*; **a ~ of one in seven** una pendiente del uno por siete

**grading** ['greɪdɪŋ] N (*gen*) graduación *f*; (*by size*) gradación *f*; (*Scol etc*) calificación *f*

**gradual** ['grædjʊəl] ADJ [1] (= *slow*) [*change, improvement, decline*] gradual, paulatino
[2] (= *not steep*) [*slope, incline*] suave

**GRADE**

*En Estados Unidos y Canadá, los cursos escolares se denominan* **grades**, *desde el primer año de primaria* **first grade** *hasta el último curso de la enseñanza secundaria* **twelfth grade**. *A los alumnos de los últimos cursos se les suele conocer por un nombre distinto según el curso en el que estén:* **freshmen** *si están en el* **9th grade**, **sophomores** *si están en el* **10th grade**, **juniors** *en el* **11th grade** *y* **seniors** *en el* **12th grade**.
*⇨ Ver tb* HIGH SCHOOL

**gradually** ['grædjʊəlɪ] ADV [1] (= *slowly*) gradualmente, paulatinamente; **the situation was ~ improving** la situación iba mejorando gradualmente *or* paulatinamente
[2] (= *not steeply*) suavemente; **the ground rises ~ to the north** el terreno se va elevando suavemente hacia el norte

**gradualism** ['grædjʊəlɪzəm] N gradualismo *m*

**graduate** ['grædjʊɪt] Ⓐ N [1] (*Univ*) licenciado/a *m/f*, graduado/a *m/f*, egresado/a *m/f* (*LAm*)
[2] (*US Scol*) bachiller *mf*
Ⓑ ['grædjʊeɪt] VT [1] [+ *thermometer etc*] graduar
[2] (*US Scol, Univ*) otorgar el título a
Ⓒ ['grædjʊeɪt] VI [1] (*Univ*) graduarse *or* licenciarse (**from** en), recibirse (*LAm*) (**as** de)
[2] (*US Scol*) acabar el bachiller
[3] (= *progress*) **to ~ from sth to sth** pasar de algo a algo
Ⓓ ['grædjʊɪt] CPD ► **graduate course** N curso *m* para graduados ► **graduate school** N (*US*) departamento *m* de graduados ► **graduate student** N (*US*) estudiante *mf* de posgrado; → COLLEGE

**graduated** ['grædjʊeɪtɪd] Ⓐ ADJ [*tube, flask, tax etc*] graduado; **in ~ stages** en pasos escalonados
Ⓑ CPD ► **graduated pension** N (*Brit*) pensión *f* escalonada

**graduation** [,grædjʊ'eɪʃən] N (*Univ etc*) (= *ceremony*) entrega *f* del título universitario; (*US Scol*) entrega *f* del título de bachiller

**graffiti** [grə'fiːtɪ] Ⓐ NPL graffiti *msing or pl*, pintadas *fpl*
Ⓑ CPD ► **graffiti artist** N artista *mf* de graffiti

**graffito** [græ'fiːtəʊ] NSING *of* **graffiti**

**graft**[1] [grɑːft] (*Bot, Med*) Ⓐ N injerto *m*
Ⓑ VT injertar (**in, into, on to** en)

**graft**[2] [grɑːft] Ⓐ N [1] (*US*) (= *corruption*) soborno *m*, coima *f* (*Andes, S. Cone*), mordida *f* (*CAm, Mex*)
[2] (*Brit**) **hard ~** trabajo *m* muy duro
Ⓑ VI [1] (*Brit**) (= *work*) currar*
[2] (= *swindle*) trampear

**grafter** ['grɑːftəʳ] N [1] (= *swindler etc*) timador(a) *m/f*, estafador(a) *m/f*
[2] (*Brit**) (= *hard worker*) persona *f* que trabaja mucho

**graham flour** ['greɪəm,flaʊəʳ] N (*US*) harina *f* de trigo sin cerner

**Grail** [greɪl] N **the (Holy) ~** el (Santo) Grial

**grain** [greɪn] N [1] (= *single particle of wheat, sand etc*) grano *m*
[2] (*no pl*) (= *cereals*) cereales *mpl*; (*US*) (= *corn*) trigo *m*
[3] (*fig*) [*of sense, truth*] pizca *f*; **there's not a ~ of truth in it** en eso no hay ni pizca de verdad; ✦***IDIOM* with a ~ of salt** con reservas
[4] [*of wood*] fibra *f*, hebra *f*; [*of stone*] veta *f*, vena *f*; [*of leather*] flor *f*; [*of cloth*] granilla *f*; (*Phot*) grano *m*; **against the ~** a contrapelo; **to saw with the ~** aserrar a hebra; ✦***IDIOM* it goes against the ~** no me pasa, no me entra
[5] (*Pharm*) grano *m*

**grainy** ['greɪnɪ] ADJ (*Phot*) granulado, con grano; [*substance*] granulado

**gram** [græm] N gramo *m*

**grammar** ['græməʳ] Ⓐ N [1] gramática *f*; **that's bad ~** eso es gramaticalmente incorrecto
[2] (*also* **~ book**) libro *m* de gramática
Ⓑ CPD ► **grammar school** N (*Brit*) instituto *m* de segunda enseñanza (*al que se accede a través de pruebas selectivas*)

**GRAMMAR SCHOOL**

*En el Reino Unido, una* **grammar school** *es un centro estatal de educación secundaria selectiva que proporciona formación especialmente dirigida a los alumnos que vayan a continuar hasta una formación universitaria. Normalmente no son centros mixtos y para entrar en ellos se exige un examen escrito. Debido a la introducción en los años sesenta y setenta de las* **comprehensive schools** *para las que no hace falta una prueba de acceso, hoy día quedan pocas* **grammar schools**, *aunque sí que continúa el debate sobre si la calidad de la educación en estos centros es mejor o si sólo sirven para favorecer el elitismo en la enseñanza.*
*⇨ Ver tb* COMPREHENSIVE SCHOOLS

**grammarian** [grə'meərɪən] N gramático/a *m/f*

**grammatical** [grə'mætɪkəl] ADJ [1] [*rule, structure, error*] gramatical
[2] (= *correct*) **in ~ English** en inglés correcto; **that's not ~** eso es gramaticalmente incorrecto

**grammaticality** [grə,mætɪ'kælətɪ] N gramaticalidad *f*

**grammatically** [grə'mætɪkəlɪ] ADV [*write*] bien, correctamente; **~ correct** correcto gramaticalmente; **it's ~ correct to say ...** desde el punto de vista gramático, es correcto decir ...

**grammaticalness** [grə'mætɪkəlnɪs] N gramaticalidad *f*

**gramme** [græm] N (*Brit*) gramo *m*

**Grammy** ['græmɪ] N (*pl* **Grammys** *or* **Grammies**) (*US*) ≈ Premio *m* Grammy

**gramophone**† ['græməfəʊn] (*Brit*) Ⓐ N gramófono *m*
Ⓑ CPD ► **gramophone needle** N aguja *f* de gramófono ► **gramophone record** N disco *m* de gramófono

**Grampian** ['græmpɪən] N **the ~ Mountains** ◊ **the ~s** los Montes Grampianos

**grampus** ['græmpəs] N (*pl* **grampuses**) orca *f*

**gran*** [græn] N (*Brit*) abuelita *f*

**Granada** [grə'nɑːdə] N Granada *f*

**granary** ['grænərɪ] Ⓐ N granero *m*
Ⓑ CPD ► **granary loaf®** N pan *m* con granos enteros

**grand** [grænd] (*compar* **grander**; *superl* **grandest**) Ⓐ ADJ [1] (= *impressive*) [*building, architecture*] imponente, grandioso; [*clothes*] elegante; [*person*] distinguido; **the job isn't as ~ as it sounds** el trabajo no es de tanta categoría como parece; **I went to a rather ~ dinner** fui a una cena bastante lujosa *or* solemne; **to make a ~ entrance** hacer una entrada solemne; **~ finale** broche *m* de oro; **for the ~ finale ...** como broche de oro ...; **last night diplomats were preparing for the summit's ~ finale** anoche los diplomáticos se preparaban para la apoteosis de la conferencia cum-

bre; **a ~ gesture** (*magnanimous*) un gesto magnánimo; (*ostentatious*) un gesto grandilocuente; **in the ~ manner** por todo lo alto; **it was a very ~ occasion** fue una ocasión muy espléndida; **the ~ old man of English politics** el patriarca de la política inglesa; **~ opening** apertura *f* solemne; **on a ~ scale** a gran escala; **to do sth in ~ style** hacer algo a lo grande *or* por todo lo alto
[2] (*= ambitious*) [*scheme, plan, design, strategy*] ambicioso
[3] (†*) (*= great*) [*adventure, experience*] maravilloso, fabuloso; [*weather, day, person*] estupendo; **what ~ weather we've been having!** ¡qué tiempo más estupendo nos ha estado haciendo!, ¡qué tiempo tan estupendo hemos tenido!; **we've had some ~ times together, haven't we?** nos lo hemos pasado estupendamente juntos, ¿verdad?; **that's ~!** ¡fabuloso!
[4] (*in hotel names*) gran
Ⓑ N [1] (⁑) (*= thousand*) **ten ~** (*Brit*) diez mil libras; (*US*) diez mil dólares; **we still need another couple of ~** aún necesitamos otras dos mil
[2] (*also* **~ piano**) piano *m* de cola; *see also* **baby C3**
Ⓒ CPD ► **the Grand Canyon** N (*US*) el Gran Cañón del Colorado ► **grand duchess** N gran duquesa *f* ► **grand duchy** N gran ducado *m* ► **grand duke** N gran duque *m* ► **grand jury** N (*esp US Jur*) jurado *m* de acusación (*que decide si hay suficiente causa para llevar a algn a juicio*) ► **grand larceny** N (*US Jur*) hurto *m* de mayor cuantía ► **grand mal** N (*Med*) grand mal *m* ► **grand master** N (*Chess*) gran maestro *m* (de ajedrez) ► **the Grand National** N (*Brit Horse racing*) el Grand National ► **the Grand Old Party** N (*US*) *mote que tiene el partido republicano de Estados Unidos desde 1880* ► **grand opera** N gran ópera *f* ► **grand piano** N piano *m* de cola ► **Grand Prix** N Grand Prix *m*, Gran Premio *m* ► **grand slam** N (*Sport*) gran slam *m*; **to win the ~ slam** ganar el gran slam ► **grand total** N total *m*; **a ~ total of £50** un total de 50 libras ► **grand tour** N (*hum*) (*= trip*) recorrido *m* de rigor (*hum*); **we'll give you a ~ tour of the house** te haremos el recorrido de rigor por la casa ► **the Grand Tour** N (*Hist*) la gran gira europea ► **grand vizier** N (*Hist*) gran visir *m*

**GRAND JURY**

*En el sistema legal estadounidense, un* **grand jury** *es un jurado de consulta que decide si debe acusarse a una persona de un delito y llevarla a juicio. Este jurado está compuesto por un número de miembros que oscila entre doce y veintitrés, y normalmente llevan a cabo sus reuniones en secreto. El* **grand jury** *tiene autoridad para citar a testigos a prestar declaración.*
*Además del* **grand jury**, *existe en la legislación americana otro jurado llamado* **trial jury** *(jurado de juicio) o* **petit jury**, *compuesto de doce miembros, cuya función es la de determinar la inocencia o culpabilidad del acusado ante el tribunal.*

**grandchild** ['grænt∫aɪld] N (*pl* **grandchildren**) nieto/a *m/f*

**grand(d)ad*** ['grændæd] N abuelo *m*; **yes, ~** sí, abuelo

**grand(d)addy*** ['grændædɪ] N (*US*) abuelito *m*

**granddaughter** ['græn,dɔːtəʳ] N nieta *f*

**grandee** [,græn'diː] N grande *m* (*de España*)

**grandeur** ['grændjəʳ] N [*of occasion, scenery, house etc*] lo imponente; [*of style*] lo elevado

**grandfather** ['grænd,fɑːðəʳ] Ⓐ N abuelo *m*
Ⓑ CPD ► **grandfather clock** N reloj *m* de pie, reloj *m* de caja

**grandiloquence** [græn'dɪləkwəns] N altisonancia *f*, grandilocuencia *f*

**grandiloquent** [græn'dɪləkwənt] ADJ altisonante, grandilocuente

**grandiloquently** [græn'dɪləkwəntlɪ] ADV con grandilocuencia, con altisonancia

**grandiose** ['grændɪəʊz] ADJ [1] (*= imposing*) [*style, building etc*] imponente, grandioso
[2] (*pej*) [*building etc*] ostentoso, hecho para impresionar; [*scheme, plan*] vasto, ambicioso; [*style*] exagerado, pomposo

**grandly** ['grændlɪ] ADV [1] (*= impressively*) **to live ~** vivir por todo lo alto; **~ decorated** suntuosamente decorado
[2] (*= importantly*) [*announce, proclaim*] (*= solemnly*) solemnemente, con solemnidad; (*= pompously*) pomposamente, en tono pomposo; [*stand, walk*] majestuosamente; **"my daughter's a PhD," he said ~** —mi hija tiene un doctorado —dijo pomposamente *or* en tono pomposo; **what was ~ named "the Palace"** lo que grandiosamente *or* pomposamente llamaban "el Palacio"

**grandma*** ['grænmɑː], **grandmama** ['grænmə,mɑː] N abuela *f*; **yes, ~** sí, abuela

**grandmother** ['græn,mʌðəʳ] N abuela *f*; **✦IDIOM stop trying to teach your ~ to suck eggs** (*Brit*) ¿qué me vas a enseñar tú a mí?

**grandness** ['grændnɪs] N [1] (*= impressiveness*) [*of building, architecture*] lo espléndido, grandiosidad *f*; [*of clothes*] suntuosidad *f*; [*of occasion, spectacle*] solemnidad *f*; [*of person*] distinción *f*
[2] (*= pompousness*) [*of manner, behaviour*] pomposidad *f*

**grandpa*** ['grænpɑː], **grandpapa** ['grænpə,pɑː] N abuelo *m*; **yes, ~** sí, abuelo

**grandparents** ['græn,peərənts] NPL abuelos *mpl*

**grandson** ['grænsʌn] N nieto *m*

**grandstand** ['grændstænd] Ⓐ N (*Sport*) tribuna *f*
Ⓑ VI (*US**) (*fig*) fanfarronear
Ⓒ CPD ► **grandstand view** N **to have a ~ view of** tener una vista magnífica de

**grange** [greɪndʒ] N (*US Agr*) cortijo *m*, alquería *f*; (*Brit*) casa *f* solariega, casa *f* de señor

**granite** ['grænɪt] N granito *m*

**grannie, granny** ['grænɪ] Ⓐ N (*) abuela *f*; **yes, ~** sí, abuela
Ⓑ CPD ► **granny flat*** N (*Brit*) pisito *m or* (*LAm*) departamentito *m* para la abuela ► **granny knot** N nudo *m* corredizo

**grant** [grɑːnt] Ⓐ N [1] (*= act*) otorgamiento *m*, concesión *f*; (*= thing granted*) concesión *f*; (*Jur*) cesión *f*; (*= gift*) donación *f*
[2] (*Brit*) (*= scholarship*) beca *f*; (*= subsidy*) subvención *f*
Ⓑ VT [1] (*= allow*) [*+ request, favour*] conceder; (*= provide, give*) [*+ prize*] otorgar; (*Jur*) ceder
[2] (*= admit*) reconocer; **~ed, he's rather old** de acuerdo, es bastante viejo; **~ed** *or* **~ing that ...** en el supuesto de que ...; **I ~ him that** le concedo eso
[3] **to take sth for ~ed** dar algo por supuesto *or* sentado; **we may take that for ~ed** eso es indudable; **he takes her for ~ed** no sabe valorarla

**grant-aided** [,grɑːnt'eɪdɪd] ADJ (*Brit*) subvencionado

➤ LANGUAGE IN USE: **grant B1** 9.4, 12.3

**grantee** [grɑːn'tiː] N cesionario/a *m/f*

**grant-in-aid** [,grɑːntɪn'eɪd] N (*pl* **grants-in-aid**) subvención *f*

**grant-maintained** [,grɑːntmeɪn'teɪnd] ADJ (*Brit*) [*school*] *que recibe dinero del gobierno central, y no de la administración local*

**GRANT-MAINTAINED SCHOOL**

*Una* **grant-maintained school** *es un colegio público británico financiado por el gobierno central. Este sistema de organización escolar fue establecido para dotar a los colegios de una mayor autonomía y para reducir a la vez el poder de intervención que los ayuntamientos tenían anteriormente en la educación. Aunque muchos centros han preferido seguir adscritos a la autoridad local, los que han optado por el sistema de* **grant-maintained school** *son controlados directamente por un equipo directivo con una representación importante del personal del colegio y de los padres de los alumnos. Este comité se encarga de tomar decisiones tales como la contratación de nuevo personal, el reparto del presupuesto, o el mantenimiento del edificio, asuntos de los que antes se ocupaba la autoridad educativa local.*

**grantor** [grɑːn'tɔːʳ, 'grɑːntəʳ] N cedente *mf*

**granular** ['grænjʊləʳ] ADJ granular

**granulate** ['grænjʊleɪt] VT [*+ salt, sugar, soil, metal*] granular; [*+ surface*] hacer granuloso

**granulated** ['grænjʊleɪtɪd] Ⓐ ADJ [*paper*] granulado; [*surface*] rugoso
Ⓑ CPD ► **granulated sugar** N azúcar *m or f* granulado *or* granulada

**granule** ['grænjuːl] N [*of sugar etc*] gránulo *m*

**grape** [greɪp] Ⓐ N uva *f*; **✦IDIOMS sour ~s!** ¡están verdes de envidia!, ¡pura envidia!; **it's just sour ~s with him** es un envidioso, lo que pasa es que tiene envidia
Ⓑ CPD ► **grape harvest** N vendimia *f* ► **grape hyacinth** N jacinto *m* de penacho ► **grape juice** N (*for making wine*) mosto *m*; (*= drink*) zumo *m or* (*LAm*) jugo *m* de uva

**grapefruit** ['greɪpfruːt] N (*pl* **grapefruit** *or* **grapefruits**) pomelo *m*, toronja *f* (*esp LAm*)

**grapeshot** ['greɪp∫ɒt] N metralla *f*

**grapevine** ['greɪpvaɪn] N [1] (*lit*) vid *f*, parra *f*
[2] (*) (*fig*) teléfono *m* árabe, radio *f* macuto (*Sp**); **I heard it on** *or* **through the ~** me contó un pajarito, me enteré en radio macuto (*Sp**)

**graph** [grɑːf] Ⓐ N gráfica *f*, gráfico *m*
Ⓑ CPD ► **graph paper** N papel *m* cuadriculado

**grapheme** ['græfiːm] N grafema *m*

**graphic** ['græfɪk] Ⓐ ADJ [1] (*= vivid*) [*description, picture*] muy gráfico; **to describe sth in ~ detail** describir algo con todo lujo de detalles
[2] (*Art, Math*) gráfico
Ⓑ CPD ► **graphic artist** N grafista *mf* ► **graphic arts** NPL artes *fpl* gráficas ► **graphic design** N diseño *m* gráfico ► **graphic designer** N grafista *mf* ► **graphic equalizer** N ecualizador *m* gráfico

**graphical** ['græfɪkəl] Ⓐ ADJ (*gen, also Math*) gráfico
Ⓑ CPD ► **graphical display unit** N (*Comput*) unidad *f* de demostración gráfica ► **graphical user interface** N (*Comput*) interfaz *m* gráfico de usuario, interfaz *f* gráfica de usuario

**graphically** ['græfɪkəlɪ] ADV [1] (*= vividly*) gráficamente; **their suffering is ~ described** su sufrimiento se describe gráficamente *or* en tér-

minos gráficos
2 (= *with graphics*) gráficamente

**graphics** ['græfɪks] Ⓐ N 1 (= *art of drawing*) artes *fpl* gráficas
2 (= *graphs*) gráficas *fpl*
3 (*Comput*) gráficos *mpl*
4 (= *pictures*) dibujos *mpl*
Ⓑ CPD ► **graphics environment** N (*Comput*) entorno *m* gráfico ► **graphics pad** N (*Comput*) tablero *m* de gráficos

**graphite** ['græfaɪt] N grafito *m*

**graphologist** [græ'fɒlədʒɪst] N grafólogo/a *m/f*

**graphology** [græ'fɒlədʒɪ] N grafología *f*

**grapnel** ['græpnəl] N rezón *m*, arpeo *m*

**grapple** ['græpl] Ⓐ VI [*wrestlers etc*] luchar cuerpo a cuerpo (**with** con); **to ~ with a problem** (*fig*) confrontar un problema
Ⓑ VT asir, agarrar; (*Naut*) aferrar

**grappling iron** ['græplɪŋ,aɪən] N (*Naut*) rezón *m*

**grasp** [grɑːsp] Ⓐ N 1 (= *handclasp*) apretón *m*; **to be within sb's ~** estar al alcance de la mano de algn; **he has a strong ~** agarra muy fuerte; **to lose one's ~ on sth** desasirse de algo
2 (*fig*) (= *power*) garras *fpl*, control *m*; (= *range*) alcance *m*; (= *understanding*) comprensión *f*; **it's within everyone's ~** está al alcance de todos; **it is beyond my ~** está fuera de mi alcance; **to have a good ~ of sth** dominar algo
Ⓑ VT 1 (= *take hold of*) agarrar, asir; (= *hold firmly*) sujetar; [+ *hand*] estrechar, apretar; [+ *weapon etc*] empuñar
2 (*fig*) [+ *chance, opportunity*] aprovechar; [+ *power, territory*] apoderarse de
3 (= *understand*) comprender, entender

►**grasp at** VI + PREP 1 (*lit*) [+ *rope etc*] tratar de asir
2 (*fig*) [+ *hope*] aferrarse a; [+ *opportunity*] aprovechar

**grasping** ['grɑːspɪŋ] ADJ (*fig*) avaro, codicioso

**grass** [grɑːs] Ⓐ N 1 (*Bot*) hierba *f*, yerba *f*; (= *lawn*) césped *m*, pasto *m* (*LAm*), grama *f* (*LAm*); (= *pasture*) pasto *m*; **"keep off the grass"** "prohibido pisar la hierba"; **to put a horse out to ~** echar un caballo al pasto; ✦*IDIOM* **not to let the ~ grow under one's feet** no dormirse; ✦*PROV* **the ~ is always greener on the other side (of the fence)** nadie está contento con su suerte
2 (‡) (= *marijuana*) marihuana *f*, mota *f* (*LAm**)
3 (*Brit‡*) (= *person*) soplón/ona *m/f*
Ⓑ VI (*Brit‡*) soplar*, dar el chivatazo*; **to ~ on** delatar a
Ⓒ VT (*also* **to ~ over**) cubrir de hierba
Ⓓ CPD ► **grass court** N (*Tennis*) pista *f* de hierba ► **grass cutter** N cortacésped *m* ► **grass roots** NPL (*fig*) base *f*; *see also* **grass-roots** ► **grass snake** N culebra *f* ► **grass widow** N (*esp US*) (*divorced, separated*) mujer *f* separada o divorciada; (*Brit hum*) mujer *f* cuyo marido está ausente ► **grass widower** N (*esp US*) (*divorced, separated*) hombre *m* separado o divorciado; (*Brit hum*) marido *m* cuya mujer está ausente

**grass-green** ['grɑːs,griːn] ADJ verde hierba

**grasshopper** ['grɑːs,hɒpəʳ] N saltamontes *m inv*, chapulín *m* (*Mex, CAm*)

**grassland** ['grɑːslænd] N pradera *f*, pampa *f* (*LAm*)

**grass-roots** ['grɑːs'ruːts] ADJ [*movement*] de base; [*support, opinion*] de las bases; **~ politics** política *f* donde se trata de los problemas corrientes de la gente; *see also* **grass B**

**grassy** ['grɑːsɪ] ADJ (*compar* **grassier**; *superl* **grassiest**) herboso, pastoso (*LAm*)

**grate¹** [greɪt] N (= *grid*) parrilla *f*; (= *fireplace*) chimenea *f*

**grate²** [greɪt] Ⓐ VT 1 [+ *cheese etc*] rallar; **~d cheese** queso *m* rallado
2 (= *scrape*) [+ *metallic object, chalk etc*] hacer chirriar; **to ~ one's teeth** hacer rechinar los dientes
Ⓑ VI 1 [*chalk, hinge etc*] chirriar (**on, against** al desplazarse por)
2 (*fig*) **it really ~s (on me)** me pone los pelos de punta; **to ~ on the ear** hacer daño a los oídos; **it ~s on my nerves** me pone los nervios de punta, me destroza los nervios

▼**grateful** ['greɪtfʊl] ADJ (= *thankful*) agradecido; [*smile*] de agradecimiento; **a ~ client** un cliente agradecido; **to be ~ for sth** agradecer algo; **I am ~ for any help I can get** agradezco cualquier ayuda que pueda recibir; **I would be ~ if you would send me ...** le agradecería que me mandase ...; **I should like to extend my ~ thanks to ...** me gustaría extender mi más sincero agradecimiento a ...; **with ~ thanks** con mi más sincero agradecimiento; **to be ~ to sb** estar agradecido a algn; **I am very** *or* **most ~ to you for talking to me** le estoy muy agradecido por hablar conmigo; **I am ~ to Dr Jones for the loan of the book** le estoy agradecido al Dr Jones por prestarme el libro, le agradezco al Dr Jones que me prestase el libro; **she was just ~ to have been released** se sentía agradecida de que la hubiesen liberado; **he was ~ that he was still alive** daba gracias por estar todavía vivo

**gratefully** ['greɪtfəlɪ] ADV [*accept, say, smile*] con gratitud; **she shook my hand ~** me apretó la mano agradecida *or* con gratitud; **~, I accepted** acepté agradecido; **the contribution of various individuals is ~ acknowledged** agradecemos la colaboración de varias personas; **all contributions/donations will be ~ received** agradecemos todo tipo de colaboración/cualquier donativo

**grater** ['greɪtəʳ] N (*Culin*) rallador *m*

**gratification** [,grætɪfɪ'keɪʃən] N 1 (= *satisfaction*) satisfacción *f*; **to my great ~** con gran satisfacción mía
2 (= *reward*) gratificación *f*, recompensa *f*

**gratified** ['grætɪfaɪd] ADJ contento, satisfecho

**gratify** ['grætɪfaɪ] VT [+ *person*] complacer; [+ *desire, whim etc*] satisfacer; **I am gratified to know** me complace saberlo; **he was much gratified** se puso muy contento

**gratifying** ['grætɪfaɪɪŋ] ADJ grato; **it is ~ to know that ...** me es grato saber que ...; **with ~ speed** con loable prontitud

**grating¹** ['greɪtɪŋ] N (*in wall, pavement*) reja *f*, enrejado *m*

**grating²** ['greɪtɪŋ] ADJ [*tone etc*] áspero

**gratis** ['grɑːtɪs] Ⓐ ADV gratis
Ⓑ ADJ gratuito

▼**gratitude** ['grætɪtjuːd] N gratitud *f*, agradecimiento *m*; **he expressed his ~ for Britain's support** expresó su gratitud *or* agradecimiento por el apoyo de Gran Bretaña; **he felt a sense of ~ towards her** se sentía agradecido hacia ella; **there's** *or* **that's ~ for you!** (*iro*) ¡así me/te *etc* lo agradecen!

**gratuitous** [grə'tjuːɪtəs] ADJ (= *free*) gratuito; (= *needless*) [*violence, sex*] gratuito

**gratuitously** [grə'tjuːɪtəslɪ] ADV gratuitamente, de manera gratuita

**gratuity** [grə'tjuːɪtɪ] N 1 (*frm*) (= *tip*) propina *f*
2 (*Brit Mil*) gratificación *f*

**gravamen** [grə'veɪmen] N (*pl* **gravamina** [grə'væmɪnə]) (*Jur*) *fundamento principal de una acusación*

**grave¹** [greɪv] ADJ (*compar* **graver**; *superl* **gravest**)
1 (= *serious*) [*danger, problem, mistake*] grave; [*threat, suspicion*] serio; **he expressed ~ concern about the matter** expresó su seria preocupación por el problema; **the situation is very ~** la situación es muy grave; **you do him a ~ injustice** estás cometiendo una grave injusticia con él
2 (= *solemn*) [*face, expression*] grave, serio; [*person*] serio; **his face was ~** su rostro era grave *or* serio

**grave²** [greɪv] N tumba *f*, sepultura *f*; (*with monument*) sepulcro *m*, tumba *f*; **common ~** fosa *f* común; **from beyond the ~** (*fig*) desde ultratumba; ✦*IDIOM* **he sent her to an early ~** él fue la causa de que muriera tan joven; *see also* **dig B**, **turn C**

**grave³** [grɑːv] ADJ (*Ling*) **~ accent** acento *m* grave

**gravedigger** ['greɪv,dɪgəʳ] N sepulturero/a *m/f*

**gravel** ['grævəl] Ⓐ N grava *f*, gravilla *f*
Ⓑ CPD ► **gravel bed** N gravera *f* ► **gravel path** N camino *m* de grava ► **gravel pit** N gravera *f*

**gravelled, graveled** (*US*) ['grævəld] ADJ de grava, de gravilla

**gravelly** ['grævəlɪ] ADJ 1 (*lit*) con grava, con gravilla
2 [*voice*] áspero

**gravely** ['greɪvlɪ] ADV 1 (= *seriously*) [*ill, wounded, injured*] gravemente; **five soldiers were ~ wounded** cinco soldados resultaron gravemente heridos *or* heridos de gravedad; **we are ~ concerned about** *or* **by his decision** estamos muy *or* seriamente preocupados por su decisión
2 (= *solemnly*) [*say, speak*] con gravedad, con seriedad; **he nodded ~** asintió con gravedad

**graven** ['greɪvən] ADJ (*liter*) **~ image** ídolo *m*; **it is ~ on my memory** lo tengo grabado en la memoria

**graveness** ['greɪvnɪs] N gravedad *f*

**graveside** ['greɪvsaɪd] N **at the ~** junto a la tumba

**gravestone** ['greɪvstəʊn] N lápida *f* (sepulcral)

**graveyard** ['greɪvjɑːd] Ⓐ N cementerio *m*, camposanto *m*
Ⓑ CPD ► **graveyard shift** N (*esp US*) turno *m* de noche, turno *m* nocturno

**graving dock** ['greɪvɪŋdɒk] N (*Naut*) dique *m* de carena

**gravitas** ['grævɪtæs] N (*frm*) gravitas *f*, seriedad *f*; **a certain air of ~** cierto aire de seriedad

**gravitate** ['grævɪteɪt] VI gravitar; **to ~ towards** (*fig*) (= *be drawn to*) tender hacia; (= *move*) dirigirse hacia

**gravitation** [,grævɪ'teɪʃən] N (*Phys*) gravitación *f*; (*fig*) tendencia *f* (**towards** a)

**gravitational** [,grævɪ'teɪʃənl] ADJ gravitatorio, gravitacional

**gravity** ['grævɪtɪ] Ⓐ N 1 (*Phys*) gravedad *f*; **the law of ~** la ley de la gravedad
2 (= *seriousness*) [*of situation, event*] gravedad *f*; **this is a situation of the utmost ~** ésta es una situación de la mayor gravedad
3 (= *solemnity*) [*of tone, manner*] gravedad *f*
Ⓑ CPD ► **gravity feed** N alimentación *f* por gravedad

**gravy** ['greɪvɪ] Ⓐ N 1 (*Culin*) salsa *f* de carne, gravy *m*
2 (*US‡*) (= *easy money*) dinero *m* fácil
Ⓑ CPD ► **gravy boat** N salsera *f* ► **gravy**

► LANGUAGE IN USE: **grateful** 4, 22 **gratitude** 22

**train*** N (*fig*) dinero *m* fácil; ✦**IDIOM to get on the ~ train** pillar un chollo*

**gray** etc [greɪ] ADJ (*US*) = **grey** *etc*

**graze**[1] [greɪz] (*Agr*) Ⓐ VI pacer, pastar
Ⓑ VT [+ *grass, field*] usar como pasto; [+ *cattle*] apacentar, pastar

**graze**[2] [greɪz] Ⓐ N (= *injury*) roce *m*
Ⓑ VT 1 (= *touch lightly*) rozar
2 (= *scrape*) [+ *skin*] raspar; **to ~ one's knees** rasparse las rodillas

**grazing** ['greɪzɪŋ] N 1 (= *land*) pasto *m*
2 (= *act*) pastoreo *m*

**GRE** N ABBR (*US Univ*) (= **Graduate Record Examination**) *examen de acceso a estudios de posgrado*

**grease** [gri:s] Ⓐ N (= *oil, fat etc*) grasa *f*; [*of candle*] sebo *m*; (= *dirt*) mugre *f*; (= *lubricant*) lubricante *m*
Ⓑ VT [+ *baking tin*] engrasar; (*Aut etc*) engrasar, lubricar; ✦**IDIOMS like ~d lightning*** como un relámpago; **to ~ sb's palm** untar la mano a algn
Ⓒ CPD ► **grease gun** N pistola *f* engrasadora, engrasadora *f* a presión ► **grease monkey*** N (*US*) mecánico/a *m/f*, maquinista *mf* ► **grease nipple** N (*Aut*) engrasador *m* ► **grease remover** N quitagrasas *m inv*

**greasepaint** ['gri:speɪnt] N maquillaje *m*

**greaseproof** ['gri:spru:f] Ⓐ ADJ (*Brit*) a prueba de grasa, impermeable a la grasa
Ⓑ CPD ► **greaseproof paper** N papel *m* encerado

**greaser*** ['gri:sər] N 1 (= *mechanic*) mecánico/a *m/f*
2 (†) (= *motorcyclist*) motociclista *mf*
3 (*pej*) (= *ingratiating person*) pelota* *mf*, lameculos* *mf*
4 (*US pej*) (= *Latin American*) sudaca* *mf*

**greasiness** ['gri:sɪnɪs] N [*of substance, hands, clothes*] lo grasiento, lo grasoso (*esp LAm*); [*of hair, skin*] lo graso, lo grasoso (*esp LAm*); [*of food*] lo grasiento; [*of road*] lo resbaladizo

**greasy** ['gri:sɪ] Ⓐ ADJ (*compar* **greasier**; *superl* **greasiest**) 1 (= *oily*) [*substance, hands*] grasiento, grasoso (*esp LAm*); [*clothes*] lleno de grasa, mugriento; [*hair, skin*] graso, grasoso (*esp LAm*); [*food*] grasiento; [*road*] resbaladizo
2 (*) (= *ingratiating*) [*person*] adulón, zalamero
Ⓑ CPD ► **greasy spoon*** N (= *café*) figón *m*

▼**great** [greɪt] Ⓐ ADJ (*compar* **greater**; *superl* **greatest**) 1 (= *huge*) (*in size*) [*house, room, object*] enorme, inmenso; (*in amount, number*) [*effort, variety*] grande; [*shock, surprise*] verdadero, enorme; **she lived to a ~ age** vivió hasta una edad muy avanzada; **I'll take ~ care of it** lo cuidaré mucho; **he didn't say a ~ deal** no dijo mucho; **a ~ deal of time/money/effort** mucho tiempo/dinero/esfuerzo; **a ~ deal of suffering** mucho sufrimiento; **with ~ difficulty** con gran *or* mucha dificultad; **we had ~ difficulty convincing them** hemos tenido muchas dificultades para convencerlos; **he had ~ difficulty staying awake** le costaba mucho mantenerse despierto; **to a ~ extent** en gran parte; **to an even ~er extent** incluso en mayor parte; **we had ~ fun** lo pasamos fenomenal; **~ heavens!**† ¡Cielo Santo!†, ¡Válgame el cielo!; **to be a ~ help** ser de gran ayuda; **well, you've been a ~ help!** (*iro*) ¡vaya ayuda la tuya!, ¡pues sí que has sido una ayuda!; **I'm in no ~ hurry** ◊ **I'm not in any ~ hurry** no tengo mucha prisa; **you ~ idiot!*** ¡pedazo de idiota!*; **a ~ many people believe he was right** mucha gente cree que tenía razón; **a ~ many of us are uneasy about these developments** a muchos de nosotros estos sucesos nos tienen intranquilos; **it was a ~ pity you didn't come** fue una verdadera pena que no vinieses; **with ~ pleasure** con gran placer; **it's my ~ pleasure to introduce ...** es un gran placer para mí presentar a ...; **~ progress has been made** se han hecho grandes progresos; **~ Scott!**† ¡Cielo Santo!†, ¡Válgame el cielo!; **the concert was a ~ success** el concierto fue un enorme éxito; *see also* **guns A1**
2 (= *important*) [*achievement, occasion, event*] grande; **the ~ cultural achievements of the past** los grandes logros culturales del pasado; **one of the ~ issues of the day** uno de los temas más importantes del día; **everyone said she was destined for ~ things** todos decían que llegaría lejos; **~ work** (= *masterpiece*) obra *f* maestra
3 (= *outstanding*) [*person, nation, skill*] grande; **one of the ~est engineers of this century** uno de los más grandes ingenieros de este siglo; **a player of ~ ability** un jugador de gran habilidad; **she has a ~ eye for detail** tiene muy buen ojo para los detalles
4 (*with names*) **Frederick/Peter the Great** Federico/Pedro el Grande; **Alexander the Great** Alejandro Magno; **the ~ George Padmore** el gran George Padmore
5 (= *real*) (*as intensifier*) grande; **I am a ~ admirer of his work** soy un gran admirador de su obra; **they are ~ friends** son grandes amigos; **I'm a ~ chocolate-lover** me encanta el chocolate; **he was a ~ womanizer** era un gran mujeriego; **she is a ~ believer in hard work** es una gran partidaria del trabajo duro; **I'm a ~ believer in being frank** soy muy partidario de la franqueza; **she's a ~ one for antique shops** le encantan las tiendas de antigüedades, es una fanática de las tiendas de antigüedades; **he's a ~ one for criticizing others** es único para criticar a los demás, se las pinta solo para criticar a los demás*
6 (*) (= *excellent*) [*person, thing, idea*] estupendo, genial*; **they're a ~ bunch of guys** son un grupo de tíos estupendos *or* geniales*; **you were ~!** ¡estuviste genial!*; **I think she's ~** creo que es genial*; **it's a ~ idea** es una idea estupenda, es una idea genial*; **"how was the movie?" — "it was ~!"** —¿que tal fue la película? —¡genial!*; **(that's) ~!** ¡eso es estupendo!; **I heard a ~ piece of music on the radio** oí en la radio una pieza de música genial*; **wouldn't it be ~ to do that?** ¿no sería fabuloso *or* genial hacer eso?; **camping holidays are ~ for kids** las vacaciones en un camping son estupendas para los críos, las vacaciones en un camping son geniales para los críos*; **she was just ~ about it** se lo tomó muy bien; **he's ~ at football** juega estupendamente al fútbol; **she's ~ at maths** se le dan genial las matemáticas*; **to feel ~** sentirse fenómeno *or* fenomenal*; **you look ~!** (= *attractive*) ¡estás guapísimo!; (= *healthy*) ¡tienes un aspecto estupendo!; **she's ~ on jazz** sabe un montón de jazz*; **the ~ thing is that you don't have to iron it** lo mejor de todo es que no tienes que plancharlo
7 (*Bot, Zool*) grande
Ⓑ EXCL 1 (*) (= *excellent*) **(oh) ~!** ¡fenómeno!*, ¡fenomenal!, ¡qué bien!
2 (*iro*) **(oh) ~! that's all I need!** ¡maravilloso! ¡eso es lo que me faltaba!; **if that's what you want to believe, ~!** si es eso lo que quieres creer, allá tú
Ⓒ ADV **~ big*** grandísimo
Ⓓ N (= *person*) grande *mf*; **the golfing ~s** los grandes del golf; **one of the all-time ~s** uno de los grandes de todos los tiempos; **the ~** los grandes; **history remembers only the ~** la historia recuerda sólo a los grandes; **the ~ and the good** (*hum*) los abonados a las buenas causas
Ⓔ CPD ► **great ape** N antropoide *mf* ► **the Great Australian Bight** N el Gran Golfo Australiano ► **the Great Barrier Reef** N la Gran Barrera de Coral, el Gran Arrecife Coralino ► **the Great Bear** N (*Astron*) la Osa Mayor ► **Great Britain** N Gran Bretaña *f* ► **Great Dane** N gran danés *m* ► **the Great Dividing Range** N la Gran Cordillera Divisoria ► **the Great Lakes** NPL los Grandes Lagos ► **the Great Plains** NPL las Grandes Llanuras ► **the great powers** NPL las grandes potencias ► **great tit** N paro *m* grande, herrerillo *m* grande ► **the Great Wall of China** N la (Gran) Muralla China ► **the Great War** N la Primera Guerra Mundial

**GREAT, BIG, LARGE**

### "Grande" shortened to "gran"

- **Grande** must be shortened to **gran** before a singular noun of either gender:

  Great Britain
  ***(La) Gran Bretaña***

### Position of "grande"

- Put **gran/grandes** before the noun in the sense of "great":

  It's a great step forward in the search for peace
  ***Es un gran paso en la búsqueda de la paz***
  He is a (very) great actor
  ***Es un gran actor***

- In the sense of **big** or **large**, the adjective will precede the noun in the context of a general, subjective comment. However, when there is implicit or explicit comparison with other things or people that are physically bigger or smaller, it will follow the noun:

  It's a big problem
  ***Es un gran problema***
  ...the difference in price between big flats and small ones...
  ***...la diferencia de precio entre los pisos grandes y pequeños...***
  ...a certain type of large passenger plane...
  ***...cierto tipo de avión grande para el transporte de pasajeros...***

- Compare the following examples:

  ...a great man...
  ***...un gran hombre...***
  ...a big man...
  ***...un hombre grande...***

*For further uses and examples, see main entries at **great**, **big** and **large**.*

**great-aunt** ['greɪt'ɑ:nt] N tía *f* abuela

**greatcoat** ['greɪtkəʊt] N gabán *m*; (*Mil etc*) sobretodo *m*

**greater** ['greɪtər] ADJ COMPAR *of* **great** (*gen, Bot, Zool*) mayor; **Greater London** el gran Londres (*incluyendo los barrios de la periferia*)

**greatest** ['greɪtɪst] ADJ SUPERL *of* **great** el mayor, la mayor; **Ireland's ~ living poet** el mayor poeta vivo de Irlanda; **with the ~ difficulty** con suma dificultad; **he's the ~!*** ¡es el mejor!

**great-grandchild** ['greɪt'grænt∫aɪld] N (*pl* **great-grandchildren**) bisnieto/a *m/f*

**great-granddaughter** [ˌgreɪt'grænd,dɔ:tər] N bisnieta *f*

**great-grandfather** ['greɪt'græn,fɑ:ðər] N bisabuelo *m*

**great-grandmother** ['greɪt'græn,mʌðər] N bisabuela *f*

**great-grandparents** ['greɪt'græn,pɛərənts] NPL bisabuelos *mpl*

➤ LANGUAGE IN USE: great A6 13

**great-grandson** ['greɪt'grændsʌn] N bisnieto *m*

**great-great-grandfather** ['greɪt'greɪt'græn-ˌfɑːðəʳ] N tatarabuelo *m*

**great-great-grandson** ['greɪt'greɪt'grænsʌn] N tataranieto *m*

**great-hearted** ['greɪt'hɑːtɪd] ADJ valiente

**greatly** ['greɪtlɪ] ADV [1] (*with adj or pp used as adj*) muy; **~ superior** muy superior; **she found him ~ changed** ella lo encontró muy *or* enormemente cambiado; **he was ~ influenced by Debussy** estuvo muy *or* enormemente influenciado por Debussy
[2] (*with verb*) [*contribute, improve, vary, admire, regret*] enormemente, mucho; **I ~ regret having told her about it** me arrepiento mucho *or* enormemente de habérselo dicho; **it is ~ to be regretted** (*frm*) es muy de lamentar

**great-nephew** ['greɪtˌnefjuː] N sobrinonieto *m*

**greatness** ['greɪtnɪs] N grandeza *f*; **he was destined for ~** su destino era grande

**great-niece** ['greɪtˌniːs] N sobrinanieta *f*

**great-uncle** ['greɪtˌʌŋkl] N tío *m* abuelo

**grebe** [griːb] N zampullín *m*, somormujo *m*

**Grecian** ['griːʃən] ADJ griego

**Greece** [griːs] N Grecia *f*

**greed** [griːd] N avaricia *f*, codicia *f*; (*for food*) gula *f*, glotonería *f*

**greedily** ['griːdɪlɪ] ADV con avidez; [*eat*] con voracidad

**greediness** ['griːdɪnɪs] N = **greed**

**greedy** ['griːdɪ] ADJ (*compar* **greedier**; *superl* **greediest**) codicioso (**for** de); (*for food*) goloso; **don't be so ~!** ¡no seas glotón!

**greedy-guts*** ['griːdɪˌgʌts] N (*Brit hum*) comilón/ona* *m/f*

**Greek** [griːk] Ⓐ ADJ griego
Ⓑ N [1] (= *person*) griego/a *m/f*
[2] (*Ling*) griego *m*; **ancient ~** griego *m* antiguo; ✦***IDIOM* it's all ~ to me*** para mí es chino, no entiendo ni palabra
Ⓒ CPD ► **Greek Orthodox Church** N Iglesia *f* Ortodoxa griega

**Greek-Cypriot** ['griːk'sɪprɪət] Ⓐ ADJ grecochipriota
Ⓑ N grecochipriota *mf*

**green** [griːn] Ⓐ ADJ (*compar* **greener**; *superl* **greenest**) [1] (*in colour*) verde; **dark ~** verde oscuro *adj inv*; **light ~** verde claro *adj inv*; **she was wearing a light ~ blouse** llevaba una blusa verde claro; **blue ~** verde azulado *adj inv*; **it's a very ~ city** es una ciudad con muchas zonas verdes; **to turn** *or* **go ~** [*tree*] verdear; **she went ~ at the thought** (= *nauseous*) se puso blanca sólo de pensarlo; ✦***IDIOMS* to be ~ with envy** morirse de envidia; **to make sb ~ with envy** ponerle a algn los dientes largos; **she's got ~ fingers** (*Brit*) ◊ **she's got a ~ thumb** (*US*) se le dan muy bien las plantas; **the ~ shoots of recovery** los primeros indicios de la recuperación; *see also* **gill**[1]
[2] (= *unripe*) [*banana, tomato, wood*] verde
[3] (*fig*) (= *inexperienced*) novato; (= *naive*) inocente; **I'm not as ~ as I look!** ¡no soy tan inocente como parezco!; ✦***IDIOM* he's as ~ as grass** es más inocente que un niño
[4] (= *ecological*) [*movement, vote, person*] verde, ecologista; [*issues, policy, product*] ecologista; **the ~ pound** la libra verde
Ⓑ N [1] (= *colour*) verde *m*
[2] (= *grassy area*) [2·1] (= *lawn*) césped *m*; (= *field*) prado *m*; (*also* **village ~**) césped *m* comunal
[2·2] (*Sport*) (*in Golf*) green *m*; (*for bowls*) pista *f*; *see also* **bowling B**, **putting B**
[3] **greens** (*Culin*) verdura *fsing*; **eat up your ~s!** ¡cómete la verdura!
[4] (*Pol*) **the Greens** los verdes
Ⓒ ADV (*Pol*) **to vote ~** votar por el partido ecologista, votar a los verdes*; **to think ~** pensar en el medio ambiente
Ⓓ CPD ► **green algae** N algas *fpl* verdes ► **green bacon** N tocino *m* sin ahumar, beicon *m* sin ahumar (*Sp*), panceta *f* (*S. Cone*) ► **green bean** N judía *f* verde, ejote *m* (*Mex*), poroto *m* verde (*Andes, S. Cone*), chaucha *f* (*Arg*) ► **green belt** N (*Brit*) zona *f* verde ► **Green Beret** N (*Brit, US*) (= *person*) boina *mf* verde ► **green card** N (*in EC*) (*Aut*) carta *f* verde; (*in US*) *permiso de residencia y trabajo en los EE.UU.* ► **the Green Cross Code** N (*Brit*) código *m* de seguridad vial ► **green goddess*** N (*Brit*) *coche de bomberos del ejército* ► **green light** N luz *f* verde; ✦***IDIOM* to give sb/sth the ~ light** dar luz verde a algn/algo ► **green onion** N (*US*) cebolleta *f*, cebollino *m* ► **green paper** N (*Brit Pol*) libro *m* verde ► **the Green Party** N (*Pol*) el partido ecologista, los verdes* ► **green peas** NPL guisantes *mpl* ► **green pepper** N (= *vegetable*) pimiento *m* verde, pimentón *m* verde (*LAm*) ► **green room** N (*Theat*) camerino *m* ► **green salad** N ensalada *f* (*de lechuga, pepino, pimiento verde, etc*) ► **green vegetables** NPL verduras *fpl* de hoja verde

**greenback*** ['griːnbæk] N (*US*) billete *m* (de banco)

**greenery** ['griːnərɪ] N follaje *m*

**green-eyed** ['griːnaɪd] ADJ de ojos verdes; ✦***IDIOM* the ~ monster** (*hum*) la envidia

**greenfield** ['griːnˌfiːld] N (*also* **~ site**) solar *m* *or* terreno *m* sin edificar

**greenfinch** ['griːnfɪntʃ] N verderón *m*

**greenfly** ['griːnflaɪ] N (*pl* **greenfly** *or* **greenflies**) pulgón *m*

**greengage** ['griːngeɪdʒ] N claudia *f*

**greengrocer** ['griːnˌgrəʊsəʳ] N (*Brit*) verdulero/a *m/f*; **~'s (shop)** verdulería *f*

**greenhorn** ['griːnhɔːn] N bisoño *m*, novato *m*

**greenhouse** ['griːnhaʊs] Ⓐ N (*pl* **greenhouses** ['griːnhaʊzɪz]) invernadero *m*
Ⓑ CPD ► **greenhouse effect** N efecto *m* invernadero ► **greenhouse gas** N gas *m* invernadero

**greenish** ['griːnɪʃ] ADJ verdoso

**Greenland** ['griːnlənd] N Groenlandia *f*

**Greenlander** ['griːnləndəʳ] N groenlandés/esa *m/f*

**Greenlandic** [ˌgriːn'lændɪk] Ⓐ ADJ groenlandés
Ⓑ N (*Ling*) groenlandés *m*

**greenness** ['griːnnɪs] N [1] (= *colour*) verdor *m*, lo verde *m*
[2] (= *unripeness*) lo verde
[3] (*fig*) (= *inexperience*) inexperiencia *f*; (= *naivety*) inocencia *f*

**greenstuff** ['griːnstʌf] N verduras *fpl*, legumbres *fpl*

**greensward** ['griːnswɔːd] N (*poet*) césped *m*

**green-wellie brigade** [ˌgriːnwelɪbrɪ'geɪd] N señoritos *m* del campo

**GREEN-WELLIE BRIGADE**

*En el Reino Unido las botas altas de goma verdes* **green wellingtons** *se suelen asociar con las clases acomodadas, ya que son las botas que se utilizan normalmente para montar a caballo, ir de caza o de pesca, deportes que han sido tradicionalmente asociados a la clase alta. Por este motivo, el término* **green-wellie brigade** *(que podría traducirse al español por el de* **señoritos del campo***), se utiliza a veces despectivamente para referirse a ciertos aspectos negativos del comportamiento de dicha clase social.*

**Greenwich mean time** [ˌgrenɪtʃ'miːntaɪm] N hora *f* media de Greenwich

**greet** [griːt] VT (*gen*) saludar; (= *welcome*) recibir; [*sight, smell etc*] [+ *sb, sb's eyes*] presentarse a; **the statement was ~ed with laughter** la declaración fue recibida entre risas; **this was ~ed with relief by everybody** todos recibieron la noticia con gran alivio

**greeting** ['griːtɪŋ] Ⓐ N [1] (*with words etc*) saludo *m*; (= *welcome*) bienvenida *f*, acogida *f*
[2] **greetings** saludos *mpl*, recuerdos *mpl*; **~s!** ¡bienvenido!
Ⓑ CPD ► **greetings card** N tarjeta *f* de felicitaciones

**Greg** [greg] N (*familiar form*) *of* **Gregory**

**gregarious** [grɪ'gɛərɪəs] ADJ [*animal*] gregario; [*person*] sociable

**Gregorian** [grɪ'gɔːrɪən] Ⓐ ADJ gregoriano
Ⓑ CPD ► **Gregorian chant** N canto *m* gregoriano

**Gregory** ['gregərɪ] N Gregorio

**gremlin*** ['gremlɪn] N duendecillo *m*, diablillo *m*

**Grenada** [gre'neɪdə] N Granada *f*

**grenade** [grɪ'neɪd] Ⓐ N (*also* **hand ~**) granada *f*
Ⓑ CPD ► **grenade launcher** N lanzagranadas *m inv*

**Grenadian** [gre'neɪdɪən] Ⓐ ADJ granadino
Ⓑ N granadino/a *m/f*

**grenadier** [ˌgrenə'dɪəʳ] N granadero *m*

**grenadine** ['grenədiːn] N granadina *f*

**grew** [gruː] PT *of* **grow**

**grey, gray** (*US*) [greɪ] Ⓐ ADJ (*compar* **greyer**; *superl* **greyest**) [1] (*in colour*) gris; [*face, complexion*] ceniciento; [*hair, beard*] gris, canoso, cano (*liter*); [*horse*] rucio; **the sky was ~** el cielo estaba gris; **dark ~** gris oscuro *adj inv*; **light ~** gris claro *adj inv*; **a light ~ shirt** una camisa gris claro; **he's very ~ for his age** tiene el pelo muy gris *or* canoso para su edad; **to have ~ hair** tener el pelo gris *or* canoso; **to go ~** [*hair*] volverse gris *or* canoso; **she's going ~** le están saliendo canas; **to turn ~** [*person, face*] palidecer
[2] (= *bleak*) [*place, day*] gris; **the future looked ~** el futuro se presentaba sombrío
[3] (= *boring*) [*person*] gris; **people are fed up with stereotype politicians, the men in ~ suits** la gente está cansada de los políticos estereotipados, los personajes incoloros
[4] (*) [*pound, vote*] de la tercera edad
Ⓑ N [1] (= *colour*) gris *m*; **dressed in ~** vestido de gris
[2] (= *horse*) rucio *m*
Ⓒ VI [*hair*] encanecer; **he was ~ing at the temples** se le estaban encaneciendo las sienes
Ⓓ CPD ► **grey area** N (= *unclear area*) área *f* poco definida, área *f* gris; (= *intermediate area*) área *f* intermedia; **it's rather a ~ area** es un área poco definida *or* bastante gris ► **grey friar** N *see* **friar** ► **grey matter** N (*Anat, hum*) materia *f* gris ► **grey mullet** N mújol *m* ► **grey seal** N foca *f* gris ► **grey squirrel** N ardilla *f* gris ► **grey wolf** N lobo *m* gris

**greybeard, graybeard** (*US*) ['greɪbɪəd] N (*liter*) anciano *m*, viejo *m*

**grey-haired, gray-haired** (*US*) ['greɪ'hɛəd] ADJ canoso

**Greyhound** ['greɪhaʊnd] N (*US*) (*also* **~ bus**) autobús *m* de largo recorrido

**greyhound**, **grayhound** (*US*) ['greɪhaʊnd] Ⓐ N galgo/a *m/f*
Ⓑ CPD ► **greyhound racing** N carreras *fpl* de galgos ► **greyhound track** N canódromo *m*

**GREYHOUND RACING**

*Las carreras de galgos son un deporte muy popular en el Reino Unido, sobre todo entre aquellos a quienes les gusta apostar. Los corredores de apuestas (***bookmakers***) tienen mucha clientela con las carreras que llaman* **the dogs**. *El canódromo puede ser ovalado o redondo y los galgos persiguen una liebre mecánica que corre sobre un carril.*

**greying**, **graying** (*US*) ['greɪɪŋ] ADJ [*hair*] grisáceo, canoso

**greyish**, **grayish** (*US*) ['greɪɪʃ] ADJ grisáceo; [*hair*] entrecano

**greyness**, **grayness** (*US*) ['greɪnɪs] N 1 (= *grey colour*) [*of sky, clouds*] lo gris; [*of hair*] lo canoso
2 (= *bleakness*) [*of situation*] lo deprimente; [*of future*] lo poco prometedor; **the ~ of his suits exactly matched the ~ of his mind** el gris de sus trajes reflejaba lo gris de su mentalidad; **in a world full of ~ this was her only hope** en un mundo tan sombrío ésta era su única esperanza

**grid** [grɪd] Ⓐ N 1 (= *grating*) (*in wall, pavement*) rejilla *f*
2 (*Brit Elec, Gas*) (= *network*) red *f*; **the (national) ~** la red nacional
3 (*on map*) cuadrícula *f*
4 (*US Sport*) = **gridiron**
Ⓑ CPD ► **grid map** N mapa *m* cuadriculado ► **grid reference** N coordenadas *fpl*

**griddle** ['grɪdl] Ⓐ N plancha *f*
Ⓑ VT asar a la plancha

**gridiron** ['grɪd,aɪən] N 1 (*Culin*) parrilla *f*
2 (*US Sport*) campo *m* de fútbol (americano)

**gridlock** ['grɪdlɒk] N 1 (*Aut*) embotellamiento *m*
2 (*fig*) punto *m* muerto

**gridlocked** ['grɪdlɒkt] ADJ 1 [*road*] paralizado; **traffic is ~ in the cities** el tráfico está paralizado en las ciudades
2 (*fig*) [*negotiations*] en un punto muerto

**grief** [gri:f] N 1 (= *sorrow*) pena *f*, dolor *m*; ✦***IDIOM*** **to come to ~** fracasar, ir al traste
2 (= *cause of sorrow*) tristeza *f*
3 (*Brit**) (= *trouble*) **to give sb ~** dar problemas a algn, dar la vara a algn*
4 (*as exclamation*) **good ~!** ¡demonio!

**grief-stricken** ['gri:f,strɪkən] ADJ apesadumbrado

**grievance** ['gri:vəns] Ⓐ N (= *complaint*) queja *f*; (= *cause for complaint*) motivo *m* de queja; [*of workers*] reivindicación *f*; **to have a ~ against sb** tener queja de algn
Ⓑ CPD ► **grievance procedure** N sistema *m* de trámite de quejas

**grieve** [gri:v] Ⓐ VT dar pena a, causar tristeza a, afligir; **it ~s me to see ...** me da pena ver ...
Ⓑ VI afligirse, acongojarse (**about, at** por); **to ~ for sb** llorar la pérdida de algn

**grieved** [gri:vd] ADJ [*tone etc*] lastimoso, apenado

**grieving** ['gri:vɪŋ] ADJ [*family, relatives*] afligido; **the ~ process** el duelo

**grievous** ['gri:vəs] Ⓐ ADJ [*loss etc*] doloroso, penoso; [*blow*] severo; [*pain*] fuerte; [*crime, offence, error*] grave; [*task*] penoso
Ⓑ CPD ► **grievous bodily harm** N (*Jur*) daños *mpl* físicos graves, lesiones *fpl* corporales graves

**grievously** ['gri:vəslɪ] ADV [*hurt, offend*] gravemente; [*err, be mistaken*] lamentablemente; **~ wounded** gravemente herido

**griffin** ['grɪfɪn] N grifo *m*

**griffon** ['grɪfən] N (= *dog*) grifón *m*

**grifter**✱ ['grɪftəʳ] N (*US*) estafador(a) *m/f*, timador(a) *m/f*

**grill** [grɪl] Ⓐ N 1 (*Brit*) (*on cooker, also restaurant*) parrilla *f*
2 (= *food*) parrillada *f*; **a mixed ~** una parrillada mixta
3 = **grille**
Ⓑ VT 1 (*Culin*) asar a la parrilla
2 (*) (= *interrogate*) interrogar
Ⓒ CPD ► **grill room** N parrilla *f*, grill *m*

**grille** [grɪl] N rejilla *f*; [*of window*] reja *f*; (= *screen*) verja *f*

**grilled** [grɪld] ADJ (*Culin*) (asado) a la parrilla

**grilling*** ['grɪlɪŋ] N (*fig*) interrogatorio *m* intenso; **to give sb a ~** interrogar a algn intensamente

**grilse** [grɪls] N salmón *m* joven (*que sólo ha estado una vez en el mar*)

**grim** [grɪm] ADJ (*compar* **grimmer**; *superl* **grimmest**) Ⓐ ADJ 1 (= *gloomy*) [*news, situation, prospect*] desalentador; [*reminder*] duro, crudo; [*building, place, town*] sombrío, lúgubre; **where she made the ~ discovery of a body** donde hizo el macabro descubrimiento de un cadáver; **the situation looked ~** la situación se presentaba muy negra; **to paint a ~ picture of sth** pintar un cuadro muy negro de algo; **the ~ reality** la dura *or* cruda realidad; **the ~ truth** la cruda verdad; **he gave a ~ warning to the British people** hizo una advertencia nada alentadora al pueblo británico; **the weather has been ~** el tiempo ha estado deprimente
2 (= *stern*) [*person*] adusto; [*face, expression*] serio, adusto; [*smile*] forzado; **she hung** *or* **held on to the rope like ~ death** se agarró *or* aferró a la cuerda como si la vida le fuera en ello; **she walked on with ~ determination** siguió caminando con absoluta determinación; **he looked ~** tenía una expresión seria *or* adusta; **his voice was ~** su voz tenía un tono severo *or* adusto
3 (= *macabre*) [*humour, joke, story*] macabro
4 (*) (= *awful*) [*experience, effect*] espantoso*, penoso*; **it was pretty ~** fue bastante espantoso *or* penoso*; **to feel ~** estar *or* encontrarse fatal*
Ⓑ CPD ► **the Grim Reaper** N (*liter*) la Parca, la muerte

**grimace** [grɪ'meɪs] Ⓐ N mueca *f*
Ⓑ VI hacer muecas

**grime** [graɪm] N mugre *f*, suciedad *f*

**grimly** ['grɪmlɪ] ADV (= *gravely*) gravemente; (= *determinedly*) denodadamente; **"he's badly hurt," she said ~** —está muy malherido —dijo gravemente *or* en tono grave, —está gravemente herido —dijo con seriedad; **"this isn't good enough," he said ~** —esto no vale —dijo con seriedad; **he fought ~ to keep afloat** luchó con todas sus fuerzas *or* denodadamente para mantenerse a flote; **his face was ~ determined** tenía una expresión de total determinación; **"I'll be careful," he smiled ~** —tendré cuidado —dijo con una sonrisa forzada

**grimness** ['grɪmnɪs] N 1 (= *gloominess*) [*of situation, outlook*] lo desalentador, lo funesto; [*of building, place, town*] lo sombrío, lo lúgubre
2 (= *sternness*) [*of expression, face*] seriedad *f*, gravedad *f*; **there was a ~ in his voice** su voz tenía un tono de seriedad *or* gravedad
3 (= *sinister quality*) [*of humour, joke, story*] lo macabro

**grimy** ['graɪmɪ] ADJ (*compar* **grimier**; *superl* **grimiest**) mugriento, sucio

**grin** [grɪn] Ⓐ N (= *smile*) sonrisa *f*; (*sardonic*) sonrisa *f* burlona; (= *grimace*) mueca *f*
Ⓑ VI sonreír abiertamente (**at** a); ✦***IDIOM*** **to ~ and bear it** poner al mal tiempo buena cara

**grind** [graɪnd] (*pt, pp* **ground**) Ⓐ VT 1 [+ *coffee*] moler; [+ *corn, flour*] moler, machacar; [+ *stone*] pulverizar; (*US Culin*) [+ *meat*] picar; **to ~ sth into** *or* **to a powder** reducir algo a polvo, pulverizar algo; **to ~ sth into the earth** clavar algo en el suelo; **to ~ one's teeth** rechinar los dientes
2 (= *sharpen*) [+ *knife*] amolar, afilar
3 (= *polish*) [+ *gem, lens*] esmerilar
Ⓑ VI [*machine etc*] funcionar con dificultad; **to ~ against** ludir ruidosamente con; **to ~ to a halt** *or* **standstill** pararse en seco
Ⓒ N (*) (= *dull hard work*) trabajo *m* pesado; **the work was such a ~** el trabajo era tan pesado; **the daily ~** la rutina diaria

►**grind away*** VI + ADV (= *work hard*) trabajar como un esclavo; (*Mus*) tocar laboriosamente; **to ~ away at grammar** empollar *or* machacar la gramática*

►**grind down** VT + ADV 1 (*lit*) pulverizar; **to ~ sth down to (a) powder** reducir algo a polvo, pulverizar algo
2 (= *wear away*) desgastar
3 (= *oppress*) agobiar, oprimir; **to ~ down the opposition** destruir lentamente a la oposición

►**grind on** VI + ADV **the case went ~ing on for months** el pleito se desarrolló penosamente durante varios meses

►**grind out** VT + ADV [+ *tune*] tocar mecánicamente; [+ *essay, novel etc*] producir (*a costa de mucho esfuerzo*)

►**grind up** VT + ADV pulverizar

**grinder** ['graɪndəʳ] N 1 (= *machine*) (*for coffee*) molinillo *m*; (*US*) (*for meat*) picadora *f* de carne
2 (*for sharpening*) afiladora *f*
3 (= *person*) molendero/a *m/f*; (*Tech*) amolador *m*; *see also* **organ-grinder**
4 **grinders** (= *teeth*) muelas *fpl*

**grinding** ['graɪndɪŋ] Ⓐ ADJ 1 **~ sound** rechinamiento *m*; **to come to a ~ halt** [*vehicle, traffic*] detenerse en seco; [*work, progress*] llegar a un punto muerto, estancarse
2 **~ poverty** miseria *f* (absoluta)
Ⓑ N [*of coffee*] molienda *f*; [*of stone*] pulverización *f*; [*of knife*] afilado *m*

**grindingly** ['graɪndɪŋlɪ] ADV **a ~ familiar routine** una rutina tremendamente monótona; **~ poor** pobrísimo

**grindstone** ['graɪndstəʊn] N muela *f*; ✦***IDIOM*** **to keep one's nose to the ~** batir el yunque

**gringo** ['grɪŋgəʊ] N (*US pej*) gringo/a *m/f*

**grip** [grɪp] Ⓐ N 1 (= *handclasp*) apretón *m* (de manos); **he lost his ~ on the branch** se le escapó la rama de las manos, la rama se le fue de las manos
2 (*fig*) **in the ~ of winter** paralizado por el invierno; **in the ~ of a strike** paralizado por una huelga; **to come to ~s with** luchar a brazo partido con; **to get to ~s with sth/sb** enfrentarse con algo/algn; **he lost his ~ of the situation** la situación se le fue de las manos;

**to have a good ~ of a subject** entender algo a fondo; **get a ~ (on yourself)!*** ¡cálmate!, ¡contrólate!
[3] (= *handle*) asidero *m*, asa *f*; [*of weapon*] empuñadura *f*
[4] (= *bag*) maletín *m*, bolsa *f*
Ⓑ VT [1] (= *hold*) agarrar, asir; [+ *weapon*] empuñar; [+ *hands*] apretar, estrechar; **the wheels ~ the road** las ruedas se agarran a la carretera
[2] (*fig*) (= *enthrall*) fascinar; [*fear*] apoderarse de; **~ped by fear** presa del pánico
Ⓒ VI [*wheel*] agarrarse

**gripe** [graɪp] Ⓐ N [1] (*) (= *complaint*) queja *f*
[2] (*Med*) (*also* **~s**) retortijón *m* de tripas
Ⓑ VI (*) (= *complain*) quejarse (**about** de)
Ⓒ VT (*) (= *anger*) dar rabia a

**griping** ['graɪpɪŋ] Ⓐ ADJ [*pain*] retortijante
Ⓑ N (*) quejadumbre *f*

**gripping** ['grɪpɪŋ] ADJ [*story, novel*] absorbente, muy emocionante

**grisly** ['grɪzlɪ] ADJ (*compar* **grislier**; *superl* **grisliest**) (= *horrible*) horroroso; (= *horrifying*) horripilante

**grist** [grɪst] N **✦IDIOM it's all ~ to the mill** de todo hay que sacar provecho

**gristle** ['grɪsl] N cartílago *m*, ternilla *f*

**gristly** ['grɪslɪ] ADJ cartilaginoso, ternilloso

**grit** [grɪt] Ⓐ N [1] (= *gravel*) grava *f*; (*for caged birds, poultry*) arenilla *f* silícea, arena *f*; (= *dust*) polvo *m*
[2] (*fig*) (= *courage*) valor *m*, ánimo *m*; (= *firmness of character*) firmeza *f*; (= *endurance*) aguante *m*
[3] **grits** (*US Culin*) sémola *fsing*
Ⓑ VT [1] [+ *road*] echar grava a
[2] **to ~ one's teeth** apretar los dientes

**gritter** ['grɪtəʳ] N (= *vehicle*) *vehículo que suelta grava o arena en las carreteras en tiempo de heladas*

**gritty** ['grɪtɪ] ADJ (*compar* **grittier**; *superl* **grittiest**) [1] (= *grainy*) [*soil, powder, texture*] arenoso; [*surface, floor*] arenoso, granuloso; **the sheets felt ~** las sábanas parecían tener arena
[2] (= *courageous*) [*person, display, performance*] enérgico, resuelto; **~ determination** obstinada determinación
[3] (= *true to life*) [*drama, story, portrayal*] crudo

**grizzle** ['grɪzl] VI (*Brit*) (= *whine*) quejumbrar

**grizzled** ['grɪzld] ADJ [*hair*] entrecano

**grizzly** ['grɪzlɪ] Ⓐ ADJ [1] (= *grey*) gris, canoso
[2] (*) (= *whining*) quejumbroso
Ⓑ N (*also* **~ bear**) oso *m* pardo

**groan** [grəʊn] Ⓐ N [*of pain, dismay etc*] gemido *m*, quejido *m*; (= *mumble*) gruñido *m*
Ⓑ VI [1] gemir, quejarse; (= *mumble*) gruñir, refunfuñar
[2] (= *creak*) [*tree, gate etc*] crujir; **borrowers are ~ing under the burden of high interest rates** los prestatarios están agobiados por la carga de los altos tipos de interés; **the table ~ed under the weight of all the food** la mesa crujía bajo el peso de toda esa comida
Ⓒ VT **"yes," he ~ed** —sí —gimió

**groats** [grəʊts] NPL avena *fsing* a medio moler

**grocer** ['grəʊsəʳ] N (*esp Brit*) tendero/a *m/f*, almacenero/a *m/f* (*S. Cone*), abarrotero/a *m/f* (*Andes, Mex, CAm*), bodeguero/a *m/f* (*Andes, Carib, CAm*); **~'s (shop)** tienda *f* de comestibles, almacén *m* (*S. Cone*), tienda *f* de abarrotes (*Andes, Mex, CAm*), bodega *f* (*Andes, Carib, CAm*)

**groceries** ['grəʊsərɪz] NPL comestibles *mpl*, abarrotes *mpl* (*LAm*)

**grocery** ['grəʊsərɪ] N (*US*) (*also* **~ store**) tienda *f* de comestibles, tienda de abarrotes (*Andes, Mex, CAm*), almacén *m* (*S. Cone*), bodega *f* (*Andes, Carib, CAm*)

**grog** [grɒg] N grog *m*

**groggily** ['grɒgɪlɪ] ADV como atontado, como grogui *or* zombi

**groggy** ['grɒgɪ] ADJ (*compar* **groggier**; *superl* **groggiest**) (*from blow*) atontado; (*from alcohol*) tambaleante; (*Boxing*) groggy, grogui; **I feel a bit ~** estoy un poco mareado

**groin** [grɔɪn] N (*Anat*) ingle *f*

**groom** [gru:m] Ⓐ N [1] (*in stable*) mozo *m* de cuadra
[2] (= *bridegroom*) novio *m*
Ⓑ VT [1] [+ *horse*] almohazar, cuidar; **to ~ o.s.** acicalarse; **the cat was ~ing itself** el gato se lamía; **well ~ed** [*person*] muy acicalado
[2] (= *prepare*) [+ *person*] **to ~ sb as/to be** preparar a algn para/para ser; **to ~ sb for a post** preparar a algn para un puesto

**grooming** ['gru:mɪŋ] N [1] (*gen, also well-groomedness*) acicalamiento *m*
[2] [*of horse*] almohazamiento *m*; [*of dog*] cepillado *m*

**groove** [gru:v] Ⓐ N [1] (*in wood, metal etc*) ranura *f*, estría *f*; [*of record*] surco *m*; **✦IDIOM to be (stuck) in a ~** estar metido en una rutina
[2] **to be in the ~*** estar en forma
[3] (*Mus**) (= *rhythm*) ritmo *m*
Ⓑ VT (= *put groove in*) estriar, acanalar
Ⓒ VI (*) (= *dance*) bailar

**grooved** [gru:vd] ADJ estriado, acanalado

**groovy*** ['gru:vɪ] ADJ (= *marvellous*) estupendo*, total*, guay (*Sp**)

**grope** [grəʊp] Ⓐ VI (*also* **~ around, ~ about**) andar a tientas, tantear; **to ~ for sth** (*lit, fig*) buscar algo a tientas
Ⓑ VT [1] **to ~ one's way (through/towards)** avanzar a tientas (por/hacia)
[2] (*) **to ~ sb** (*sexually*) toquetear a algn
Ⓒ N (*) (*sexual*) **they had a ~** se estuvieron toqueteando, se estuvieron metiendo mano*

**grosgrain** ['grəʊgreɪn] N grogrén *m*, cordellate *m*

**gross** [grəʊs] (*compar* **grosser**; *superl* **grossest**)
Ⓐ ADJ [1] (= *unacceptable*) [*injustice, inequality, mismanagement*] flagrante; [*exaggeration, simplification*] burdo; **a ~ injustice has been done to him** se ha cometido una flagrante injusticia con él; **~ ignorance** ignorancia *f* supina, crasa ignorancia *f*; **~ incompetence** incompetencia *f* absoluta; **~ violations of human rights** flagrantes violaciones de los derechos humanos; **that is a ~ understatement** eso es quedarse muy corto
[2] (= *revolting*) [*person, remark, joke*] ordinario, basto; **he's totally ~*** es de lo más basto; **(how) ~!*** ¡qué asco!*
[3] (= *tasteless*) ordinario, de muy mal gusto; **she was wearing really ~ earrings** llevaba unos pendientes de lo más ordinario *or* de un gusto pésimo
[4] (= *obese*) gordísimo, cebón*; **after eating so much chocolate she felt really ~*** después de comer tanto chocolate se sentía tan como una bola *or* foca*
[5] (= *total*) [*income, profit, weight*] bruto; **their ~ income is £205 a week** sus ingresos brutos son de 205 libras a la semana; **its ~ weight is 100 grams** su peso bruto es de 100 gramos
Ⓑ ADV (= *in total*) [*earn, pay, weigh*] en bruto; **she earns £30,000 ~ per annum** gana 30.000 libras al año brutas *or* en bruto; **it weighs 12kg ~** pesa 12 kilos brutos *or* en bruto; **how much do you earn ~?** ¿cuánto ganas bruto *or* en bruto?
Ⓒ VT (*Comm*) (*gen*) obtener unos ingresos brutos de; (*from savings, bonds*) obtener unos beneficios brutos de; **the company ~ed $100,000 last year** el año pasado la compañía obtuvo unos beneficios brutos de 100.000 dólares
Ⓓ N [1] (*pl* **grosses**) (= *total income*) ingresos *mpl* brutos
[2] (*pl* **gross**) (= *twelve dozen*) doce docenas *fpl*; **he bought them by the ~** los compró en cantidades de doce docenas
Ⓔ CPD ► **gross domestic product** N (*Econ*) producto *m* interno bruto ► **gross indecency** N (*Jur*) ultraje *m* contra la moral pública ► **gross national product** NSING (*Econ*) producto *m* nacional bruto ► **gross negligence** N (*Jur*) culpa *f* grave ► **gross output** N (*Ind*) producción *f* bruta

►**gross out*** VT + ADV (*US*) asquear, dar asco a

►**gross up** VT + ADV (*US*) [+ *salary etc*] recaudar en bruto

**grossly** ['grəʊslɪ] ADV [1] (= *extremely*) [*unfair, inadequate*] sumamente; [*inaccurate, negligent, inefficient*] sumamente, extremadamente; [*misleading, incompetent, irresponsible, exaggerated*] sumamente, tremendamente; [*mislead*] de forma escandalosa; **he is ~ overweight** está obeso, está gordísimo*; **the police were ~ negligent** la policía incurrió en graves negligencias; **many employees are ~ underpaid** muchos empleados perciben unos sueldos extremadamente bajos
[2] (= *crassly*) burdamente; **he didn't put it as ~ as that** no lo puso en términos tan crudos

**grossness** ['grəʊsnɪs] N [1] (= *fatness*) obesidad *f*, gordura *f*
[2] (= *seriousness*) [*of crime, abuse*] crudeza *f*
[3] (= *tastelessness*) [*of joke, language, behaviour*] ordinariez *f*

**grot*** ['grɒt] N (= *dirt*) porquería *f*

**grotesque** [grəʊ'tesk] Ⓐ ADJ [1] (= *hideous*) [*appearance, idea, sight, spectacle*] grotesco; [*allegation, proposal*] absurdo
[2] (*Art*) grotesco
Ⓑ N grotesco *m*

**grotesquely** [grəʊ'tesklɪ] ADV grotescamente; [*exaggerated*] bestialmente; [*insensitive*] brutalmente; **it was ~ unfair** fue tremendamente injusto

**grotto** ['grɒtəʊ] N (*pl* **grottos** *or* **grottoes**) gruta *f*

**grotty*** ['grɒtɪ] ADJ (*compar* **grottier**; *superl* **grottiest**) (*Brit*) asqueroso; **I feel ~** me siento fatal*

**grouch*** [graʊtʃ] Ⓐ VI refunfuñar, quejarse
Ⓑ N [1] (= *person*) refunfuñón/ona *m/f*, cascarrabias *mf inv*
[2] (= *complaint*) queja *f*

**grouchiness*** ['graʊtʃɪnɪs] N humos *mpl*, malas pulgas *fpl*

**grouchy*** ['graʊtʃɪ] ADJ malhumorado

**ground**[1] [graʊnd] Ⓐ N [1] (= *soil*) tierra *f*, suelo *m*
[2] (= *terrain*) terreno *m*; **high/hilly ~** terreno *m* alto/montañoso; **to break new ~** hacer algo nuevo; **common ~** terreno *m* común; **to cover a lot of ~** (*lit*) recorrer una gran distancia; **he covered a lot of ~ in his lecture** abarcó mucho en la clase; **to be on dangerous ~** entrar en territorio peligroso; **to be on firm ~** hablar con conocimiento de causa; **to gain ~** ganar terreno; **to go to ~** [*fox*] meterse en su madriguera; [*person*] esconderse,

➤ LANGUAGE IN USE: ground[1] A9 26.3

refugiarse; **to hold one's ~** (*lit, fig*) = **to stand one's ground**; **to be on (one's) home ~** tratar materia que uno conoce a fondo; **to lose ~** perder terreno; **to run sb to ~** localizar (por fin) a algn, averiguar el paradero de algn; **to shift one's ~** cambiar de postura; **to stand one's ~** (*lit*) no ceder terreno; (*fig*) mantenerse firme; **to be on sure ~** = **to be on firm ground**; ♦**IDIOMS to cut the ~ from under sb's feet** quitarle terreno a algn; **it suits me down to the ~** me conviene perfectamente, me viene de perilla; *see also* **prepare A**

3 (= *surface*) suelo *m*, tierra *f*; **above ~** sobre la tierra; **below ~** debajo de la tierra; **to fall to the ~** (*lit*) caerse al suelo; (*fig*) fracasar; **to get off the ~** [*aircraft*] despegar; [*plans etc*] ponerse en marcha; **on the ~** en el suelo; *see also* **raze**

4 (= *pitch*) terreno *m*, campo *m*; **they won on their own ~** ganaron en su propio terreno; *see also* **parade D**, **recreation**

5 (= *estate, property*) tierras *fpl*

6 **grounds** (= *gardens*) jardines *mpl*, parque *msing*

7 (*Art etc*) (= *background*) fondo *m*, trasfondo *m*; **on a blue ~** sobre un fondo azul

8 (*US Elec*) tierra *f*

9 (= *reason*) (*usu pl*) razón *f*, motivo *m*; (= *basis*) fundamento *m*; **~s for complaint** motivos *mpl* de queja; **what ~(s) do you have for saying so?** ¿en qué se basa para decir eso?; **on the ~(s) of …** con motivo de …, por causa de …, debido a …; **on the ~(s) that …** a causa de que …, por motivo de que …; **on good ~s** con razón; **on medical ~s** por razones de salud

Ⓑ VT 1 [+ *ship*] varar, hacer encallar

2 [+ *plane, pilot*] obligar a permanecer en tierra; **he ordered the planes to be ~ed** ordenó que permaneciesen los aviones en tierra; **to be ~ed by bad weather** no poder despegar por el mal tiempo

3 (*US Elec*) conectar con tierra

4 (= *teach*) **to ~ sb in maths** enseñar a algn los rudimentos de las matemáticas; **to be well ~ed in** tener un buen conocimiento de, estar versado en

5 (*esp US*) [+ *student*] encerrar, no dejar salir

Ⓒ VI (*Naut*) encallar, varar; (*lightly*) tocar (**on** en)

Ⓓ CPD ► **ground attack** N ataque *m* de tierra; (*Aer*) ataque *m* a superficie ► **ground bass** N bajo *m* rítmico ► **ground colour** N fondo *m*, primera capa *f* ► **ground control** N (*Aer*) control *m* desde tierra ► **ground crew** N (*Aer*) personal *m* de tierra ► **ground floor** N (*Brit*) planta *f* baja; **~-floor flat** (*Brit*) piso *m or* (*LAm*) departamento *m* de planta baja; ♦**IDIOM he got in on the ~ floor** empezó por abajo ► **ground forces** NPL (*Mil*) fuerzas *fpl* de tierra ► **ground frost** N escarcha *f* ► **ground ivy** N hiedra *f* terrestre ► **ground level** N nivel *m* del suelo ► **ground plan** N plano *m*, planta *f* ► **ground pollution** N contaminación *f* del suelo ► **ground rent** N (*esp Brit*) alquiler *m* del terreno ► **ground rules** NPL reglas *fpl* básicas; **we can't change the ~ rules at this stage** a estas alturas no podemos cambiar las reglas ► **ground staff** N = **ground crew** ► **ground wire** N (*US*) cable *m* de toma de tierra

**ground²** [graʊnd] Ⓐ PT, PP *of* **grind**

Ⓑ ADJ [*coffee etc*] molido; [*glass*] deslustrado; (*US*) [*meat*] picado

Ⓒ N **grounds** [*of coffee*] poso *msing*, sedimento *msing*

Ⓓ CPD ► **ground beef** N (*US*) picadillo *m*

**groundbait** ['graʊnd,beɪt] N cebo *m* de fondo

**groundbreaking** ['graʊnd,breɪkɪŋ] ADJ [*research, work, book*] revolucionario

**groundcloth** ['graʊndklɒθ] N (*US*) = **groundsheet**

**groundhog** ['graʊndhɒg] N (*US*) marmota *f* de América

> **GROUNDHOG DAY**
>
> **Groundhog Day**, *que literalmente significa* **el día de la marmota**, *es una simpática tradición estadounidense, según la cual se puede predecir la duración del invierno por la observación del comportamiento de este animal. La marmota, en inglés* **groundhog**, *también conocida como* **ground squirrel** *o* **woodchuck**, *supuestamente despierta de su hibernación y abandona su madriguera el 2 de febrero (***Groundhog Day***). Si hace sol y la marmota ve su propia sombra, el animal se asusta y vuelve a su madriguera para seguir hibernando durante otras seis semanas, lo cual indica que habrá seis semanas más de invierno. El acontecimiento tiene tal importancia que es televisado a todo el país desde la madriguera más famosa de Punxsutawney, en Pensilvania.*

**grounding** ['graʊndɪŋ] N 1 (*Naut*) varada *f*

2 (*in education*) conocimientos *mpl* básicos; **to give sb a ~ in** enseñar a algn los rudimentos de

**groundkeeper** ['graʊnd,kiːpəʳ], **groundskeeper** (*US*) N encargado *m* (*del mantenimiento de una pista de deporte*)

**groundless** ['graʊndlɪs] ADJ sin fundamento

**groundnut** ['graʊndnʌt] Ⓐ N (*Brit*) cacahuete *m* (*Sp*), maní *m* (*LAm*), cacahuate *m* (*Mex*)

Ⓑ CPD ► **groundnut oil** N aceite *m* de cacahuete

**groundsel** ['graʊnsl] N hierba *f* cana

**groundsheet** ['graʊndʃiːt] N (*in tent*) aislante *m* (de tienda de campaña), suelo *m* (de tienda de campaña)

**groundskeeper** ['graʊndz,kiːpəʳ] N (*US*) = **groundkeeper**

**groundsman** ['graʊndzmən] N (*pl* **groundsmen**) (*Brit Sport*) encargado *m* (*del mantenimiento de una pista de deporte*)

**groundspeed** ['graʊnd,spiːd] N (*Aer*) velocidad *f* respecto a la tierra

**groundswell** ['graʊndswel] N mar *m* de fondo; (*fig*) marejada *f*

**ground-to-air** ['graʊndtʊ'ɛəʳ] ADJ tierra-aire; **~ missile** misil *m* tierra-aire

**ground-to-ground** ['graʊndtə'graʊnd] ADJ tierra-tierra; **~ missile** misil *m* tierra-tierra

**groundwater** ['graʊndwɔːtəʳ] N agua *f* subterránea, aguas *fpl* superficiales

**groundwork** ['graʊndwɜːk] N trabajo *m* preliminar *or* preparatorio; **to do the ~ for sth** poner las bases de algo

**group** [gruːp] Ⓐ N 1 [*of people, objects*] grupo *m*; (*for specific purpose*) agrupación *f*, asociación *f*; (= *gang*) pandilla *f*, banda *f*; (*Mus*) conjunto *m*, grupo *m*; [*of languages*] familia *f*; **they stood in a ~** estaban en grupo; **ethnic ~** grupo *m* étnico; **family ~** familia *f*, grupo *m* familiar; **a human rights ~** una agrupación *or* asociación pro derechos humanos; *see also* **interest B2**, **support C**

2 (*Comm*) [*of companies*] grupo *m*

Ⓑ VT (*also* **~ together**) agrupar; **we ~ the children by ability** agrupamos a los niños según sus habilidades; **we ~ed ourselves around the piano** nos agrupamos alrededor del piano; **the report's conclusions are ~ed together under one heading** las conclusiones del informe están agrupadas bajo un mismo encabezamiento

Ⓒ VI agruparse; **the children ~ed around her** los niños se agruparon alrededor de ella

Ⓓ CPD ► **group booking** N reserva *f* hecha para un grupo ► **group captain** N (*Brit Aer*) jefe *m* de escuadrilla ► **group discussion** N debate *m* en grupo ► **group dynamics** NPL dinámica *fsing* de grupo ► **group photo** N foto *f* de conjunto ► **group practice** N (*Med*) consultorio *m* (de médicos) ► **group sex** N sexo *m* en grupo ► **group therapy** N terapia *f* de grupo

> **GROUP**
>
> **Agreement**
>
> - When **grupo** is followed by **de** + **PLURAL NOUN**, following verbs can be in the plural or, less commonly, in the singular:
>   A group of youths came up to him
>   ***Un grupo de jóvenes se le acercaron*** *or* ***se le acercó***
> - Otherwise, use the singular form of the verb:
>   The group is *or* are well-known for being aggressive
>   ***El grupo es conocido por su agresividad***
>
> *For further uses and examples, see main entry.*

**grouper** ['gruːpəʳ] N (= *fish*) mero *m*

**groupie*** ['gruːpɪ] N grupi* *mf, fan de un grupo pop*

**grouping** ['gruːpɪŋ] N agrupamiento *m*

**grouse¹** [graʊs] N (*pl* **grouse** *or* **grouses**) (*Orn*) urogallo *m*; **black ~** gallo *m* lira; **red ~** lagópodo *m* escocés

**grouse²*** [graʊs] Ⓐ N (= *complaint*) queja *f*

Ⓑ VI quejarse (**about** de)

**grout** [graʊt] Ⓐ N lechada *f*

Ⓑ VT enlechar

**grouting** ['graʊtɪŋ] N lechada *f*

**grove** [grəʊv] N arboleda *f*, bosquecillo *m*; **~ of pines** pineda *f*; **~ of poplars** alameda *f*

**grovel** ['grɒvl] VI (*lit, fig*) arrastrarse (**to** ante)

**grovelling**, **groveling** (*US*) ['grɒvlɪŋ] ADJ rastrero, servil

**grow** [grəʊ] (*pt* **grew**; *pp* **grown**) Ⓐ VI 1 [*plant, hair, person, animal*] crecer; **how you've ~n!** ¡cómo has crecido!; **he has ~n five centimetres** ha crecido cinco centímetros; **she's letting her hair ~** se está dejando crecer el pelo, se está dejando el pelo largo; **the hair will ~ back eventually** con el tiempo le volverá a crecer el pelo; **that plant does not ~ in England** esa planta no crece *or* no se da en Inglaterra; **will it ~ here?** ¿se puede cultivar aquí?; **to ~ to** *or* **into manhood** llegar a la edad adulta; **these sharks can ~ to six metres** estos tiburones pueden llegar a medir hasta seis metros

2 (= *increase*) (*in number, amount*) aumentar; **the number of unemployed has ~n by more than 10,000** el número de parados ha aumentado en más de 10.000; **the economy continues to ~** la economía sigue en su fase de crecimiento; **opposition grew and the government agreed to negotiate** la oposición cobró más fuerza y el gobierno decidió entrar en negociaciones; **the winds grew to gale force** la intensidad del viento aumentó hasta alcanzar velocidades de temporal; **to ~ in popularity** ganar popularidad; **she has ~n in my esteem** se ha ganado mi estima

3 (= *develop*) [*friendship, love*] desarrollarse; [*person*] madurar; **I feel I have ~n immensely**

**as a result of the experience** siento que he madurado muchísimo como consecuencia de la experiencia; **to ~ spiritually** madurar espiritualmente
[4] (*with adjective*) (= *become*) volverse, ponerse, hacerse (*but often translated by vi or reflexive*); **our eyes gradually grew accustomed to the light** los ojos se nos fueron acostumbrando a la luz; **to ~ angry** enfadarse; **the light grew brighter** la luz se hizo más intensa; **to ~ cold**: **the coffee had ~n cold** el café se había enfriado; **we grew colder as the night wore on** a medida que pasaba la noche nos fue entrando cada vez más frío; **it's ~n a lot colder, hasn't it?** ha enfriado mucho ¿verdad?; **to ~ dark** (*gen*) oscurecer; (*at dusk*) oscurecer, anochecer; **to ~ fat** engordar; **her eyes grew heavy** se le cerraban los ojos; **she has ~n quite knowledgeable on the subject** ha aprendido mucho sobre el tema; **the noise grew louder** el ruido aumentó de volumen; **to ~ old** envejecer(se); **you will realize this as you ~ older** te darás cuenta de esto a medida que te hagas mayor; **he grew tired of waiting** se cansó de esperar; **to ~ used to sth** acostumbrarse a algo; **she grew weaker with each passing day** se fue debilitando día tras día; **to ~ worse**: **the housing shortage is ~ing worse** la escasez de viviendas es cada vez mayor; **she grew worse that day and died during the night** ese día se puso peor *or* su condición empeoró y murió durante la noche
[5] **to ~ to like sb** llegar a querer a algn, encariñarse con algn; **he grew to love his work** llegó a tomarle gusto a su trabajo; **in time he grew to accept it** con el tiempo llegó a aceptarlo
Ⓑ VT [1] [+ *plant, crop*] cultivar; **I ~ my own vegetables** tengo mi propio huerto, cultivo mis verduras
[2] [+ *hair, beard, moustache, nails*] dejarse crecer; **she has ~n her hair long** se ha dejado el pelo largo, se ha dejado crecer el pelo; **the lizard grew a new tail** al lagarto le salió una cola nueva

►**grow apart** VI + ADV [*friends*] distanciarse; [*couple*] **he and his wife grew apart** la relación entre él y su mujer se entibió *or* se debilitó; **couples often ~ apart as they get older** a menudo las parejas se van distanciando con la edad

►**grow away from** VI + PREP distanciarse de; **we have ~n away from each other** nos hemos distanciado el uno del otro

►**grow from** VI + PREP [*friendship, theory, idea*] surgir de, nacer de; **I started out with just two clients and the business grew from that** empecé con sólo dos clientes y el negocio surgió *or* nació de ahí

►**grow in** VI + ADV [*nail*] crecer hacia adentro

►**grow into** VI + PREP [1] [+ *clothes*] **the trousers are a bit big but he'll ~ into them** los pantalones son un poco grandes pero ya crecerá y le sentarán bien
[2] (= *get used to*) **to ~ into a job** acostumbrarse a un trabajo
[3] (= *become*) convertirse en; **he's ~n into quite a handsome boy** se ha convertido en un chico muy apuesto; **to ~ into a man** hacerse un hombre

►**grow on** VI + PREP **the tune ~s on you after a while** la melodía te empieza a gustar con el tiempo; **the idea had ~n on her all morning** a medida que avanzó la mañana le fue gustando más la idea

►**grow out** Ⓐ VI + ADV **she let her perm ~ out** se dejó crecer el pelo para cortarse la permanente
Ⓑ VT + ADV [+ *hair*] dejar crecer

►**grow out of** VI + PREP [1] (= *get too big for*) [+ *clothes*] **you've ~n out of your shoes again** se te han vuelto a quedar pequeños los zapatos
[2] (= *stop*) [+ *habit*] **isn't it time you grew out of fighting with your sister?** ¿no te estás haciendo un poco mayor para seguir peleándote con tu hermana?; **most children who stammer ~ out of it** a casi todos los niños el tartamudeo se les quita con la edad; **she grew out of the habit of waiting up for the children** con el tiempo perdió la costumbre de esperar a los niños despierta
[3] (= *arise from*) surgir de

►**grow together** VI + ADV **couples who have ~n together over the years** parejas que han ido uniéndose más con el paso de los años; **there are many ways in which Europe can ~ together** hay muchas formas en las que los países europeos pueden reforzar sus vínculos

►**grow up** VI + ADV [1] (= *become adult*) hacerse mayor; **I watched Tim ~ up** vi a Tim hacerse mayor, vi como Tim se hacía mayor; **when I ~ up I'm going to be a doctor** cuando sea mayor voy a ser médico; **she grew up into a beautiful woman** con el tiempo se convirtió en una mujer hermosa; **~ up!*** ¡no seas niño!
[2] (= *spend young life*) crecer; **we grew up together** crecimos juntos; **she grew up in the country/during the depression** creció *or* se crió en el campo/en los años de la depresión
[3] (= *develop*) [*friendship*] desarrollarse; [*hatred*] crecer; [*town, industry*] desarrollarse, crecer; [*custom*] arraigar, imponerse; **a close friendship had ~n up between us** entre nosotros se había desarrollado una íntima amistad; **a barrier had ~n up between them** se había levantado una barrera entre ellos; **new industries grew up alongside the port** nuevas industrias se desarrollaron alrededor del puerto

**growbag** [ˈgrəʊbæg] N bolsa *f* de cultivo

**grower** [ˈgrəʊəʳ] N cultivador(a) *m/f*

**growing** [ˈgrəʊɪŋ] Ⓐ ADJ [1] (= *developing*) [1·1] (*Bot, Agr*) [*crop, plant*] que está creciendo
[1·2] [*child*] en edad de crecimiento
[2] (= *expanding, increasing*) [*business*] en fase de desarrollo; [*friendship*] creciente; [*population, family*] creciente; **there is ~ concern that he won't be found alive** cada vez es mayor la preocupación de no encontrarlo con vida; **there is a ~ demand for this service** está aumentando la demanda de este servicio; **with ~ horror we realized that ...** cada vez más horrorizados, nos dimos cuenta de que ...; **a ~ number of refugees** un número creciente *or* cada vez mayor de refugiados; **I felt a ~ sense of unease** me sentía cada vez más nervioso
Ⓑ CPD ► **growing pains** NPL (*lit*) dolores *mpl* de crecimiento; (*fig*) problemas *mpl* iniciales
► **growing season** N [*of crop*] época *f* de cultivo; [*of plant*] época *f* de crecimiento

**growl** [graʊl] Ⓐ N gruñido *m*
Ⓑ VI [*animal*] gruñir; [*person*] refunfuñar; [*thunder*] reverberar
Ⓒ VT **"yes," he ~ed** —sí —refunfuñó

**grown** [grəʊn] Ⓐ PP *of* **grow**
Ⓑ ADJ (*also* **fully ~**) adulto, maduro

**grown-up** [ˈgrəʊnˈʌp] Ⓐ ADJ adulto
Ⓑ N adulto/a *m/f*, persona *f* mayor

**growth** [grəʊθ] Ⓐ N [1] (= *development*) [*of person, animal, plant*] crecimiento *m*; **spiritual ~** desarrollo *m* espiritual
[2] (= *expansion*) [*of city*] crecimiento *m*; (*Econ*) crecimiento *m*, desarrollo *m*; **the ~ of national industries** el desarrollo *or* el crecimiento de las industrias nacionales; *see also* **capital C**
[3] (= *increase*) (*in productivity, profits, demand*) aumento *m*; **population ~** crecimiento *m* demográfico
[4] (*Bot*) (= *vegetation*) vegetación *f*; (= *buds, leaves*) brotes *mpl*; **the pine tree was putting out new ~** el pino estaba echando brotes nuevos
[5] (= *beard*) **with three days' ~ on his face** con barba de tres días
[6] (*Med*) tumor *m*
Ⓑ CPD ► **growth area** N (*Econ*) [*of country*] polo *m* de desarrollo; [*of industry*] sector *m* en crecimiento *or* expansión ► **growth hormone** N hormona *f* del crecimiento ► **growth industry** N industria *f* en crecimiento *or* expansión ► **growth point** N punto *m* de desarrollo ► **growth potential** N potencial *m* de crecimiento ► **growth rate** N (*Econ*) tasa *f* de crecimiento ► **growth shares** NPL (*US*) = **growth stock** ► **growth stock** N acciones *fpl* con perspectivas de valorización
► **growth town** N ciudad *f* en vías de desarrollo

**groyne** [grɔɪn] N espolón *m*

**GRSM** N ABBR (*Brit*) = **Graduate of the Royal Schools of Music**

**GRT** N ABBR (= **gross register tons**) TRB *fpl*

**grub** [grʌb] Ⓐ N [1] (= *larva*) larva *f*, gusano *m*
[2] (*) (= *food*) comida *f*; **~('s) up!** ¡la comida está servida!
Ⓑ VI **to ~ about in the earth for sth** remover la tierra buscando algo
Ⓒ CPD ► **Grub Street***† N (*Brit*) *el mundillo de los escritores desconocidos*

►**grub up** VT + ADV arrancar, desarraigar; (= *discover*) desenterrar

**grubbiness** [ˈgrʌbɪnɪs] N suciedad *f*

**grubby** [ˈgrʌbɪ] ADJ (*compar* **grubbier**; *superl* **grubbiest**) (= *dirty*) mugriento, sucio, mugroso (*LAm*)

**grudge** [grʌdʒ] Ⓐ N resentimiento *m*, rencor *m* (**against** a); **to bear sb a ~** ◊ **have a ~ against sb** guardar rencor a algn
Ⓑ VT [1] (= *give unwillingly*) dar de mala gana; **to ~ sb sth** dar algo a algn a regañadientes
[2] (= *envy*) envidiar; **I don't ~ you your success** no te envidio el éxito; **he ~s us our pleasures** mira con malos ojos nuestros placeres
[3] (= *resent*) **to ~ doing sth** hacer algo de mala gana
Ⓒ CPD ► **grudge match*** N (*Sport*) enfrentamiento *m* entre antagonistas, enfrentamiento *m* entre rivales inconciliables; (*fig*) enfrentamiento *m* personal

**grudging** [ˈgrʌdʒɪŋ] ADJ [*attitude, praise*] reticente; **he earned the ~ admiration/respect of his rivals** se ganó, aunque con reticencias, el respeto/la admiración de sus rivales; **she gave us a ~ apology** se disculpó de mala gana *or* a regañadientes

**grudgingly** [ˈgrʌdʒɪŋlɪ] ADV de mala gana, a regañadientes

**gruel** [grʊəl] N gachas *fpl*

**gruelling**, **grueling** (*US*) [ˈgrʊəlɪŋ] ADJ [*task*] penoso, duro; [*match, race*] agotador

**gruesome** [ˈgruːsəm] ADJ espantoso, horrible

**gruff** [grʌf] ADJ (*compar* **gruffer**; *superl* **gruffest**) [*voice*] ronco; [*manner*] brusco

**gruffly** [ˈgrʌflɪ] ADV bruscamente

**gruffness** ['grʌfnɪs] N [*of voice*] ronquera *f*; [*of person, manner*] brusquedad *f*

**grumble** ['grʌmbl] Ⓐ N [1] (= *complaint*) queja *f*
[2] (= *noise*) retumbo *m*
Ⓑ VI [1] (= *complain*) quejarse (**about** de)
[2] [*thunder*] retumbar (a lo lejos)

**grumbling** ['grʌmblɪŋ] Ⓐ N **I couldn't stand his constant ~** no podía soportar que estuviera gruñendo todo el rato
Ⓑ ADJ [*person, tone*] gruñón; **~ sound** gruñido *m*; **a ~ appendix** síntomas *mpl* de apendicitis

**grumpily*** ['grʌmpɪlɪ] ADV gruñonamente, malhumoradamente

**grumpiness*** ['grʌmpɪnɪs] N mal humor *m*

**grumpy*** ['grʌmpɪ] ADJ (*compar* **grumpier**; *superl* **grumpiest**) [*person*] malhumorado, gruñón; [*voice*] de gruñón

**grungy*** ['grʌndʒɪ] ADJ (*compar* **grungier**; *superl* **grungiest**) (= *dirty*) cutre (*Sp*), roñoso; (*Mus*) de grunge

**grunt** [grʌnt] Ⓐ N [*of animal, person*] gruñido *m*
Ⓑ VI [*animal, person*] gruñir
Ⓒ VT **"yes," he ~ed** —sí —gruñó

**gruppetto** [gruː'petəʊ] N (*pl* **gruppetti** [gruː'petiː]) grupeto *m*

**gr. wt.** ABBR = **gross weight**

**gryphon** ['grɪfən] N = **griffin**

**GS** N ABBR (= **General Staff**) E.M.

**GSA** N ABBR (*US*) = **General Services Administration**

**GSOH*** N ABBR (= **good sense of humour**) (buen) sentido *m* del humor

**G-string** ['dʒiːstrɪŋ] N (*Mus*) cuerda *f* de sol; (= *clothing*) tanga *f*, taparrabo *m*

**GSUSA** N ABBR (*US*) = **Girl Scouts of the United States of America**

**GT** N ABBR (= **gran turismo**) GT

**Gt** ABBR = **Great**

**GTi** N ABBR (= **Gran Turismo injection**) GTi *m*

**GU** ABBR (*US*) = **Guam**

**guacamole** [,gwɑːkə'məʊlɪ] N guacamole *m*

**Guadeloupe** [,gwɑːdə'luːp] N Guadalupe *f*

**Guam** [gwɑːm] N Guam *f*

**guano** ['gwɑːnəʊ] N guano *m*

**guarantee** [,gærən'tiː] Ⓐ N [1] (*gen, Comm*) garantía *f*; (= *surety*) caución *f*; **it is under ~** está bajo garantía; **there is no ~ that** no hay seguridad de que + *subjun*; **I give you my ~** se lo aseguro
[2] (= *guarantor*) fiador(a) *m/f*
Ⓑ VT (*Comm*) [+ *goods*] garantizar (**against** contra); (= *ensure*) [+ *service, delivery*] asegurar; (= *make o.s. responsible for*) [+ *debt*] ser fiador de; **~d for three months** garantizado durante tres meses; **I ~ that ...** les garantizo que ...; **I can't ~ good weather** no respondo del tiempo; **he can't ~ that he'll come** no está seguro de poder venir

**guaranteed** [,gærən'tiːd] Ⓐ ADJ [*goods, price, service, delivery*] garantizado
Ⓑ CPD ► **guaranteed bonus** N bonificación *f* garantizada ► **guaranteed loan** N préstamo *m* garantizado

**guarantor** [,gærən'tɔːr] N (*Jur*) garante *mf*, fiador(a) *m/f*; **to act** *or* **stand as ~ for sb** avalar a algn

**guaranty** ['gærəntɪ] N (*Fin*) garantía *f*, caución *f*; (= *agreement*) garantía *f*

**guard** [gɑːd] Ⓐ N [1] (= *soldier*) guardia *mf*; (= *sentry*) centinela *mf*; (= *squad of soldiers*) guardia *f*; (= *escort*) escolta *f*; **to change (the) ~** relevar la guardia; **he's one of the old ~** pertenece a la vieja guardia; *see also* **advance D**
[2] (*Mil*) (*also* **~ duty**) (= *watch*) guardia *f*; (*fig*) (= *watchfulness*) vigilancia *f*; **to drop one's ~** bajar la guardia, descuidarse; **to keep ~** vigilar; **to keep ~ over sth/sb** (*Mil, fig*) vigilar algo/a algn; **to lower one's ~** bajar la guardia, descuidarse; **to mount ~** montar guardia; **to be off one's ~** estar desprevenido; **to catch sb off his ~** coger *or* agarrar a algn desprevenido *or* (*LAm*) de imprevisto; **to be on ~** estar en guardia; **to be on one's ~** (*fig*) estar en guardia (**against** contra); **to put sb on his ~** poner a algn en guardia, prevenir a algn (**against** contra); **to stand ~ over sth** montar guardia sobre algo; **to be under ~** estar vigilado; **to keep sb under ~** vigilar a algn
[3] (= *security guard*) guardia *mf* de seguridad
[4] (*esp US*) (= *prison guard*) carcelero/a *m/f*
[5] (*Brit Rail*) jefe *m* de tren
[6] (*Sport*) defensa *mf*
[7] (*Fencing*) guardia *f*; **on ~!** ¡en guardia!
[8] (= *safety device*) (*on machine*) salvaguardia *f*, resguardo *m*; [*of sword*] guarda *f*, guarnición *f*; (*also* **fireguard**) guardafuego *m*; (= *protection*) protección *f*; **he wears goggles as a ~ against accidents** lleva unas gafas especiales como protección contra accidentes
Ⓑ VT [+ *prisoner, treasure*] vigilar, custodiar; (*while travelling*) escoltar; [+ *secret*] guardar; (= *protect*) [+ *place*] guardar, proteger (**against, from** de); [+ *person*] proteger (**against, from** de); **a closely ~ed secret** un secreto muy bien guardado
Ⓒ CPD ► **guard dog** N perro *m* guardián *or* de guarda ► **guard of honour** N (*Brit*) guardia *f* de honor ► **guard's van** N (*Brit Rail*) furgón *m*

►**guard against** VI + PREP [+ *illness*] guardarse de; [+ *suspicion, accidents*] evitar; **in order to ~ against this** para evitar esto; **to ~ against doing sth** evitar hacer algo

**guarded** ['gɑːdɪd] ADJ [*person*] cauto, comedido; [*reply, tone*] cauteloso; [*optimism*] comedido, moderado; **she was ~ about committing herself** fue cautelosa *or* cauta a la hora de comprometerse

**guardedly** ['gɑːdɪdlɪ] ADV [*say, reply*] cautelosamente, con cautela; **I feel ~ optimistic** me siento comedidamente *or* moderadamente optimista

**guardedness** ['gɑːdɪdnɪs] N cautela *f*, circunspección *f* (*frm*)

**guardhouse** ['gɑːdhaʊs] N (*pl* **guardhouses** ['gɑːd,haʊzɪz]) (*for guards*) cuartel *m* de la guardia; (*for prisoners*) cárcel *f* militar

**guardian** ['gɑːdɪən] Ⓐ N [1] protector(a) *m/f*, guardián/ana *m/f*
[2] (*Jur*) [*of child*] tutor(a) *m/f*
Ⓑ CPD ► **guardian angel** N ángel *m* custodio, ángel *m* de la guarda

**guardianship** ['gɑːdɪənʃɪp] N tutela *f*, custodia *f*; **she was placed under her mother's ~** quedó sometida a la tutela de su madre

**guardrail** ['gɑːdreɪl] N pretil *m*, baranda *f*

**guardroom** ['gɑːdrʊm] N cuarto *m* de guardia

**guardsman** ['gɑːdzmən] N (*pl* **guardsmen**) (*Brit*) soldado *m* de la guardia real; (*US*) soldado *m* de la guardia (nacional)

**Guatemala** [,gwɑːtɪ'mɑːlə] N Guatemala *f*

**Guatemalan** [,gwɑːtɪ'mɑːlən] Ⓐ ADJ guatemalteco
Ⓑ N guatemalteco/a *m/f*

**guava** ['gwɑːvə] N guayaba *f*

**Guayana** [gaɪ'ɑːnə] N Guayana *f*

**gubbins*** ['gʌbɪnz] N (*Brit*) [1] (= *thing*) chisme *m*, cacharro* *m*
[2] (= *silly person*) bobo/a *m/f*

**gubernatorial** [,guːbənə'tɔːrɪəl] ADJ (*esp US*) de(l) gobernador/de (la) gobernadora; **~ election** elección *f* de gobernador/gobernadora

**gudgeon[1]** ['gʌdʒən] N (= *fish*) gobio *m*

**gudgeon[2]** ['gʌdʒən] N (*Tech*) gorrón *m*

**Guernsey** ['gɜːnzɪ] N Guernesey *m*

**guerrilla** [gə'rɪlə] Ⓐ N guerrillero/a *m/f*; **urban ~** guerrillero/a *m/f* urbano/a
Ⓑ CPD ► **guerrilla band** N guerrilla *f* ► **guerrilla warfare** N guerra *f* de guerrillas

**guess** [ges] Ⓐ N (= *conjecture*) conjetura *f*, suposición *f*; (= *estimate*) estimación *f* aproximada; **to make/have a ~** adivinar; **have a ~** ◊ **I'll give you three ~es** a ver si lo adivinas; **at a (rough) ~** a ojo; **my ~ is that ...** yo creo que ...; **it's anybody's ~** ¿quién sabe?; **your ~ is as good as mine!** ¡vete a saber!
Ⓑ VT [1] [+ *answer, meaning*] acertar; [+ *height, weight, number*] adivinar; **~ what!** ¡a que no lo adivinas!; **~ who!** ¡a ver si adivinas quién soy!; **I ~ed as much** me lo suponía; **you've ~ed it!** ¡has acertado!; **I never ~ed it was so big** nunca supuse que fuera tan grande; **I ~ed him to be about 20** le eché unos 20 años
[2] (*esp US*) (= *suppose*) creer, suponer; **I ~ you're right** supongo que tienes razón; **I ~ we'll buy it** me imagino que lo compraremos
Ⓒ VI [1] (= *make a guess*) adivinar; (= *guess correctly*) acertar; **you'll never ~** no lo adivinarás nunca; **he's just ~ing** no hace más que especular; **to keep sb ~ing** mantener a algn a la expectativa; **to ~ at sth** intentar adivinar algo; **all that time we never ~ed** en todo ese tiempo no lo sospechábamos
[2] (*esp US*) (= *suppose*) suponer, creer; **I ~ so** creo que sí; **he's happy, I ~** supongo que está contento

**guessing game** ['gesɪŋ,geɪm] N acertijo *m*, adivinanza *f*

**guesstimate*** ['gestɪmɪt] N estimación *f* aproximada

**guesswork** ['geswɜːk] N conjeturas *fpl*; **it's all ~** son meras conjeturas

**guest** [gest] Ⓐ N (*at home*) invitado/a *m/f*; (*at hotel, guesthouse*) huésped *mf*; **they had ~s that weekend** tenían invitados *or* visita(s) ese fin de semana; **~ of honour** invitado/a *m/f* de honor; **"do you mind if I sit here?" — "be my ~"*** —¿le importa si me siento aquí? —por supuesto que no; **we were their ~s last summer** nos invitaron a su casa el verano pasado
Ⓑ VI (*US*) aparecer como invitado; **he's ~ing on tonight's show** aparecerá como invitado en el show de esta noche
Ⓒ CPD ► **guest artist** N = **guest star** ► **guest book** N libro *m* de los huéspedes ► **guest room** N cuarto *m* de huéspedes ► **guest speaker** N orador(a) *m/f* invitado/a ► **guest star** N estrella *f* invitada

**guesthouse** ['gesthaʊs] (*pl* **guesthouses** ['gesthaʊzɪz]) N [1] (*Brit*) (= *hotel*) pensión *f*, casa *f* de huéspedes
[2] (*US*) (*in grounds of large house*) casa *f* de invitados

**guff*** [gʌf] N chorradas* *fpl*

**guffaw** [gʌ'fɔː] Ⓐ N carcajada *f*
Ⓑ VI reírse a carcajadas

**GUI** ['guːɪ] N ABBR (*Comput*) = **graphical user interface**

**Guiana** [gaɪ'ɑːnə] N Guayana *f*

**guidance** ['gaɪdəns] N [1] (= *counselling*) consejo *m*; (= *leadership*) dirección *f*; **marriage/**

**vocational ~** orientación *f* matrimonial/ profesional; **under the ~ of** bajo la dirección de; **I tell you this for your ~** te lo digo para que puedas orientarte
[2] [*of missile*] dirección *f*

**guide** [gaɪd] (A) N [1] (= *person*) guía *mf*; (= *girl guide*) exploradora *f*, guía *f*; (= *book*) guía *f* turística
[2] (= *fig*) guía *f*; **let conscience be your ~** haz lo que te dicte tu conciencia
(B) VT (*round town, building*) guiar; (*in choice, decision*) orientar; (= *govern*) dirigir, gobernar; **to be ~d by sth/sb** dejarse guiar por algo/ algn
(C) CPD ► **guide dog** N perro *m* guía

**guidebook** [ˈgaɪdbʊk] N guía *f* turística

**guided** [ˈgaɪdɪd] ADJ **~ missile** misil *m* teledirigido; **~ tour** excursión *f* con guía

**guideline** [ˈgaɪdlaɪn] N (línea *f*) directriz *f*; (*for writing*) falsilla *f*

**guidepost** [ˈgaɪdpəʊst] N poste *m* indicador

**guiding** [ˈgaɪdɪŋ] ADJ **~ principle** principio *m* director; **~ star** estrella *f* de guía

**guild** [gɪld] N gremio *m*

**guilder** [ˈgɪldəʳ] N (*pl* **guilders** *or* **guilder**) florín *m* (holandés)

**guildhall** [ˈgɪld,hɔːl] N (= *town hall*) ayuntamiento *m*

**guile** [gaɪl] N astucia *f*

**guileful** [ˈgaɪlfəl] ADJ astuto, mañoso

**guileless** [ˈgaɪllɪs] ADJ inocente, candoroso

**guillemot** [ˈgɪlɪmɒt] N arao *m*

**guillotine** [,gɪləˈtiːn] (A) N guillotina *f*
(B) VT guillotinar

**guilt** [gɪlt] (A) N (*gen*) culpa *f*, culpabilidad *f*; (*Jur*) culpabilidad *f*; **feelings of ~** sentimientos *mpl* de culpa *or* de culpabilidad; **to admit one's ~** confesarse culpable; **she was racked with ~** la atormentaba el remordimiento
(B) CPD ► **guilt complex** N complejo *m* de culpabilidad *or* de culpa ► **guilt trip*** N **there's no point in having a ~ trip about it** no merece la pena empezar con sentimientos de culpabilidad, no merece la pena sentirse culpable

**guiltily** [ˈgɪltɪlɪ] ADV (= *feeling guilty*) sintiéndose culpable, con sentimiento de culpabilidad; (= *looking guilty*) con aire de culpabilidad

**guiltless** [ˈgɪltlɪs] ADJ inocente, libre de culpa; **she was considered ~ of his death** la consideraron inocente de su muerte

**guilty** [ˈgɪltɪ] ADJ (*compar* **guiltier**; *superl* **guiltiest**) culpable; **their parents were ~ of gross neglect** sus padres eran culpables de grave negligencia; **he had a ~ look on his face** su rostro reflejaba culpabilidad; **she wondered why the children were looking so ~** se preguntaba por qué los niños tenían esa cara de culpa; **~ conscience** remordimientos *mpl* de conciencia, sentimiento *m* de culpabilidad; **to have a ~ conscience** tener remordimientos (de conciencia), sentirse culpable; **to feel ~ (about sth)** sentirse culpable (por algo); **to find sb ~/not ~** declarar a algn culpable/ inocente; **to be ~ of sth** ser culpable de algo; **the ~ party** el/la culpable; **"how do you plead? — ~ or not ~?"** —¿cómo se declara? — ¿culpable o inocente?; **he has a ~ secret** tiene un secreto que le remuerde la conciencia *or* que le hace sentirse culpable; **a ~ smile** una sonrisa de culpabilidad; **a verdict of ~** una sentencia de culpabilidad; **a verdict of not ~** una declaración de inocencia; *see also* **plea A3**, **plead B2**

**Guinea** [ˈgɪnɪ] (A) N Guinea *f*
(B) CPD ► **guinea fowl** N gallina *f* de Guinea, pintada *f* ► **guinea pig** N cobayo *m*, cobaya *f*, conejillo *m* de Indias, cuy *m* (*Andes, S. Cone*); (*fig*) conejillo *m* de Indias

**guinea** [ˈgɪnɪ] N (*Brit*) (*formerly*) guinea *f* (= *21 chelines*)

**Guinea-Bissau** [ˈgɪnɪbɪˈsaʊ] N Guinea-Bissau *f*

**Guinean** [ˈgɪnɪən] (A) ADJ guineano
(B) N guineano/a *m/f*

**Guinevere** [ˈgwɪnɪvɪəʳ] N Ginebra

**guise** [gaɪz] N **in that ~** de esa manera; **under the ~ of** (= *disguised as*) bajo el disfraz de; (*fig*) con el pretexto de

**guitar** [gɪˈtɑːʳ] N guitarra *f*; (= *electric guitarist*) guitarra *mf*

**guitarist** [gɪˈtɑːrɪst] N guitarrista *mf*

**Gujarati**, **Gujerati** [,gʊdʒəˈrɑːtɪ] (A) ADJ gujarati
(B) N [1] (= *person*) Gujarati *mf*
[2] (*Ling*) gujarati *m*

**gulch** [gʌlʃ] N (*US*) barranco *m*

**gulf** [gʌlf] (A) N (= *bay*) golfo *m*; (= *chasm*) (*also fig*) abismo *m*; **the (Persian) Gulf** el Golfo (Pérsico); **the Gulf of Mexico** el Golfo de Méjico *or* (*LAm*) México; **the Gulf of Suez** el Golfo de Suez
(B) CPD ► **the Gulf States** NPL los países del Golfo ► **the Gulf Stream** N la corriente del Golfo

**gull** [gʌl] (A) N (= *bird*) gaviota *f*
(B) VT estafar, timar

**gullet** [ˈgʌlɪt] N esófago *m*, garganta *f*

**gulley** [ˈgʌlɪ] = **gully**

**gullibility** [,gʌlɪˈbɪlɪtɪ] N credulidad *f*, simpleza *f*

**gullible** [ˈgʌlɪbl] ADJ crédulo, simplón

**gully** [ˈgʌlɪ] N (= *ravine*) barranco *m*; (= *channel*) hondonada *f*

**gulp** [gʌlp] (A) N trago *m*; **in** *or* **at one ~** de un trago; **"yes," he said with a ~** —sí —dijo tragando saliva
(B) VT (*also* **~ down**) tragarse, engullir
(C) VI (*while drinking*) tragar; (*through fear*) tener un nudo en la garganta; (= *swallow saliva*) tragar saliva

**gum¹** [gʌm] N (*Anat*) encía *f*

**gum²** [gʌm] (A) N (*gen*) goma *f*; (= *glue*) goma *f*, pegamento *m*, cemento *m* (*LAm*); (*also* **chewing ~**) chicle *m*; (= *sweet*) pastilla *f* de caramelo
(B) VT (= *stick together*) pegar con goma; (*also* **~ down**) [+ *label, envelope*] pegar
(C) CPD ► **gum arabic** N goma *f* arábiga

►**gum up** VT + ADV (*fig*) estropear, paralizar; ✦*IDIOM* **to ~ up the works*** meter un palo en la rueda

**gum³** [gʌm] EXCL **by ~!** ¡caramba!

**gumbo** [ˈgʌmbəʊ] N (*US Culin*) *sopa o estofado espesado con quingombó*

**gumboil** [ˈgʌmbɔɪl] N flemón *m*

**gumboots** [ˈgʌmbuːts] NPL botas *fpl* altas de goma

**gumdrop** [ˈgʌmdrɒp] N pastilla *f* de goma

**gummed** [gʌmd] ADJ [*envelope, label*] engomado

**gummy** [ˈgʌmɪ] ADJ gomoso

**gump*** [gʌmp] N [1] (= *sense*) sentido *m* común
[2] (= *fool*) tonto/a *m/f*, imbécil *mf*

**gumption*** [ˈgʌmpʃən] N (= *initiative*) iniciativa *f*; (*Brit*) (= *common sense*) seso *m*, sentido *m* común

**gumshield** [ˈgʌmʃiːld] N (*Sport*) protector *m* de dientes

**gumshoe** [ˈgʌmʃuː] N (*US*) [1] (= *overshoe*) zapato *m* de goma
[2] (*) (= *detective*) detective *mf*

**gumtree** [ˈgʌmtriː] N (*gen*) árbol *m* gomero; (= *eucalyptus*) eucalipto *m*; ✦*IDIOM* **to be up a ~** (*Brit**) estar en un aprieto

**gun** [gʌn] (A) N [1] (= *pistol*) pistola *f*, revólver *m*; (= *rifle*) fusil *m*; (= *shotgun*) escopeta *f*; (= *cannon*) cañón *m*; **a 21-~ salute** una salva de 21 cañonazos; **the ~s** (*Mil*) la artillería; **big ~*** pez *m* gordo, espadón *m*; **to draw a ~ on sb** apuntar a algn con un arma; **to jump the ~** salir antes de tiempo; (*fig*) obrar con demasiada anticipación; ✦*IDIOMS* **to be going great ~s** hacer grandes progresos, ir a las mil maravillas; **to stick to one's ~s** mantenerse firme, mantenerse en sus trece
[2] (*Brit*) (= *person*) pistolero/a *m/f*
(B) VT disparar sobre
(C) CPD ► **gun barrel** N cañón *m* ► **gun battle** N tiroteo *m* ► **gun carriage** N cureña *f*; (*at funeral*) armón *m* de artillería ► **gun crew** N dotación *f* de un cañón ► **gun dog** N perro *m* de caza ► **gun law** N (= *rule by the gun*) ley *f* del terror, pistolerismo *m*; (*Jur*) ley *f* que rige la tenencia y uso de armas de fuego ► **gun licence** N licencia *f* de armas ► **gun maker** N armero/a *m/f* ► **gun room** N (*in house*) sala *f* de armas; (*Brit Naut*) sala *f* de suboficiales ► **gun turret** N torreta *f*

►**gun down** VT + ADV abatir a tiros, abalear (*LAm*)

►**gun for** VI + PREP (*fig*) ir a por; **it's really the boss they're ~ning for** en realidad van a por el jefe

**gunboat** [ˈgʌnbəʊt] (A) N (*seagoing*) cañonero *m*; (*small*) lancha *f* cañonera
(B) CPD ► **gunboat diplomacy** N diplomacia *f* cañonera

**guncotton** [ˈgʌn,kɒtn] N algodón *m* pólvora

**gunfight** [ˈgʌnfaɪt] N tiroteo *m*

**gunfire** [ˈgʌnfaɪəʳ] N disparos *mpl*; (*from artillery*) cañoneo *m*, fuego *m* de cañón

**gunge*** [gʌndʒ] (A) N mugre *f*
(B) VT **to ~ up** atascar, obstruir

**gung-ho** [ˈgʌŋˈhəʊ] ADJ [1] (= *over-enthusiastic*) (tontamente) optimista, (locamente) entusiasta
[2] (= *jingoistic*) patriotero (en exceso), jingoísta

**gunk*** [gʌŋk] N = **gunge**

**gunman** [ˈgʌnmən] N (*pl* **gunmen**) pistolero *m*, gatillero *m* (*LAm*)

**gunmetal** [ˈgʌn,metl] N bronce *m* de cañón

**gunner** [ˈgʌnəʳ] N artillero/a *m/f*

**gunnery** [ˈgʌnərɪ] (A) N [1] (= *art, skill*) puntería *f*; (= *science*) tiro *m*
[2] (= *guns*) artillería *f*
(B) CPD ► **gunnery officer** N oficial *mf* de artillería

**gunny** [ˈgʌnɪ] N arpillera *f*; (*also* **~ bag, ~ sack**) saco *m* de yute

**gunpoint** [ˈgʌnpɔɪnt] N **at ~** a punta de pistola; **to hold sb at ~** tener a algn a punta de pistola

**gunpowder** [ˈgʌn,paʊdəʳ] (A) N pólvora *f*
(B) CPD ► **Gunpowder Plot** N (*Brit*) Conspiración de la Pólvora; → GUY FAWKES NIGHT

**gunrunner** [ˈgʌn,rʌnəʳ] N contrabandista *mf* *or* traficante *mf* de armas

**gunrunning** [ˈgʌn,rʌnɪŋ] N contrabando *m* *or* tráfico *m* de armas

**gunship** [ˈgʌnʃɪp] N helicóptero *m* artillado *or* de combate

**gunshot** ['gʌnʃɒt] Ⓐ N (= *noise*) disparo *m*; (*from artillery*) cañonazo *m*; (*from shotgun*) escopetazo *m*; **within ~** a tiro de fusil
Ⓑ CPD ► **gunshot wound** N escopetazo *m*

**gun-shy** ['gʌnʃaɪ] ADJ (*lit*) que se asusta con los disparos; (*fig*) acobardado

**gunslinger*** ['gʌnslɪŋəʳ] N pistolero/a *m/f*

**gunsmith** ['gʌnsmɪθ] N armero/a *m/f*

**gunwale** ['gʌnl] N borda *f*, regala *f*

**guppy** ['gʌpɪ] N guppy *m*

**gurgle** ['gɜːgl] Ⓐ N [*of liquid*] borboteo *m*, gluglú *m*; [*of baby*] gorjeo *m*
Ⓑ VI [*liquid*] borbotear; [*baby*] gorjear

**Gurkha** ['gɜːkə] N gurkha *mf*, gurja *mf*

**guru** ['gʊruː] N gurú *mf*

**Gus** [gʌs] N (*familiar form*) *of* **Angus, Augustus**

**gush** [gʌʃ] Ⓐ N [1] [*of liquid*] chorro *m*; [*of words*] torrente *m*; [*of feeling*] efusión *f*
[2] (= *sentimentalism*) sentimentalismo *m*
Ⓑ VT [+ *blood*] chorrear, derramar a borbotones; [+ *water*] chorrear, derramar
Ⓒ VI [1] (*also* **~ out**) [*water, blood*] chorrear (**from** de)
[2] (*) (= *enthuse*) hablar con entusiasmo (**about, over** de)

**gusher** ['gʌʃəʳ] N [1] (= *oilwell*) pozo *m* surtido
[2] **to be a ~** [*person*] ser muy efusivo

**gushing** ['gʌʃɪŋ] ADJ efusivo

**gusset** ['gʌsɪt] N escudete *m*

**gust** [gʌst] Ⓐ N [*of wind*] ráfaga *f*, racha *f*
Ⓑ VI soplar racheado; **the wind ~ed up to 120km/h** el viento soplaba en rachas de hasta 120km/h

**gustatory** ['gʌstətɔːrɪ] ADJ (*frm*) [*sense*] gustativo; [*delights, pleasures*] gastronómico, del paladar

**gusto** ['gʌstəʊ] N **with ~** con entusiasmo

**gusty** ['gʌstɪ] ADJ (*compar* **gustier**; *superl* **gustiest**) [*weather*] borrascoso; [*wind*] racheado

**gut** [gʌt] Ⓐ N [1] (= *alimentary canal*) intestino *m*; (*for violin, racket*) cuerda *f* de tripa; ✦**IDIOM to bust a ~**‡ echar los bofes, echar el hígado
[2] **guts*** (= *innards*) tripas *fpl*; (= *courage*) agallas* *fpl*, coraje *m*; (= *staying power*) aguante *m*, resistencia *f*; (= *moral strength*) carácter *m*; (= *content*) meollo *m*, sustancia *f*; **to have ~s** tener agallas*; **I hate his ~s*** no lo puedo ver ni en pintura; **to spill one's ~s**‡ contar la propia vida y milagros; **to work one's ~s out** echar los bofes, echar el hígado; ✦**IDIOM I'll have his ~s for garters!*** ¡le hago trizas!
[3] (*Naut*) estrecho *m*
Ⓑ VT [1] [+ *poultry, fish*] destripar
[2] [+ *building*] no dejar más que las paredes de
Ⓒ CPD ► **gut feeling** N instinto *m* visceral ► **gut reaction** N reacción *f* instintiva

**gutless*** ['gʌtlɪs] ADJ cobarde, sin agallas*

**gutsy*** ['gʌtsɪ] ADJ (*compar* **gutsier**; *superl* **gutsiest**) valiente, con agallas*

**gutta-percha** ['gʌtə'pɜːtʃə] N gutapercha *f*

**gutted*** ['gʌtɪd] ADJ (*Brit*) (= *disappointed*) **I was ~** me quedé hecho polvo*

**gutter**[1] ['gʌtəʳ] Ⓐ N (*in street*) arroyo *m*, cuneta *f*, desagüe *m* (*CAm*); (*on roof*) canal *m*, canalón *m*; **the ~** (*fig*) los barrios bajos; (= *underworld*) el hampa; **he rose from the ~** (*fig*) salió de la nada
Ⓑ CPD ► **the gutter press** N (*pej*) la prensa amarilla; → TABLOIDS AND BROADSHEETS

**gutter**[2] ['gʌtəʳ] VI [*candle*] irse consumiendo

**guttering** ['gʌtərɪŋ] N canales *mpl*, canalones *mpl*

**guttersnipe** ['gʌtəsnaɪp] N golfillo *m*

**guttural** ['gʌtərəl] ADJ [*accent, sound*] gutural

**guv** [gʌv] N = **governor**; **thanks, ~!** ¡gracias, jefe!

**guv'nor*** ['gʌvnəʳ] N = **governor**

**guy**[1]* [gaɪ] Ⓐ N (= *man*) tío* *m*, tipo* *m*, cuate *m* (*Mex*); (= *effigy*) efigie *f*; **he's a nice ~** es un buen tío *or* tipo; **hey, (you) ~s!** ¡eh, amigos!; **are you ~s ready to go?** ¿están todos listos para salir?; *see also* **wise B**
Ⓑ VT (= *make fun of*) ridiculizar; (*Theat*) parodiar

**guy**[2] [gaɪ] N (*also* **~ rope**) (*for tent*) viento *m*, cuerda *f*

**Guy** [gaɪ] N Guido; **~ Fawkes Day** ◊ **~ Fawkes Night** (*Brit*) *cinco de noviembre, aniversario de la Conspiración de la Pólvora*

> **GUY FAWKES NIGHT**
>
> *La noche del cinco de noviembre,* **Guy Fawkes Night** *se celebra en el Reino Unido el fracaso de la conspiración de la pólvora* **Gunpowder Plot**, *un intento fallido de volar el Parlamento de Jaime I en 1605. Esa noche se lanzan fuegos artificiales y se hacen hogueras en las que se queman unos muñecos de trapo que representan a* **Guy Fawkes**, *uno de los cabecillas de la revuelta. Días antes, los niños tienen por costumbre pedir a los transeúntes* **a penny for the guy**, *dinero que emplean en comprar cohetes.*

**Guyana** [gaɪ'ænə] N Guayana *f*

**Guyanese** [ˌgaɪə'niːz] Ⓐ ADJ guyanés
Ⓑ N guyanés/esa *m/f*

**guzzle** ['gʌzl] Ⓐ VT [1] [+ *food*] engullirse, tragarse; [+ *drink*] soplarse, tragarse (*LAm*)
[2] (* *hum*) [*car*] [+ *petrol*] tragar mucho
Ⓑ VI (= *eat*) engullir, tragar; (= *drink*) soplar, tragar (*LAm*)

**guzzler** ['gʌzləʳ] N tragon/ona *m/f*, comilón/ona *m/f*; *see also* **gas D**

**gym*** [dʒɪm] Ⓐ N (= *gymnasium*) gimnasio *m*; (= *gymnastics*) gimnasia *f*
Ⓑ CPD ► **gym shoes** NPL zapatillas *fpl* de gimnasia

**gymkhana** [dʒɪm'kɑːnə] N gincana *f*

**gymnasium** [dʒɪm'neɪzɪəm] N (*pl* **gymnasiums** *or* **gymnasia** [dʒɪm'neɪzɪə]) gimnasio *m*

**gymnast** ['dʒɪmnæst] N gimnasta *mf*

**gymnastic** [dʒɪm'næstɪk] ADJ gimnástico

**gymnastics** [dʒɪm'næstɪks] N gimnasia *f*

**gymslip** ['dʒɪmslɪp] N (*Brit*) túnica *f* de gimnasia

**gynaecological**, **gynecological** (*US*) [ˌgaɪnɪkə'lɒdʒɪkəl] ADJ ginecológico

**gynaecologist**, **gynecologist** (*US*) [ˌgaɪnɪ'kɒlədʒɪst] N ginecólogo/a *m/f*

**gynaecology**, **gynecology** (*US*) [ˌgaɪnɪ'kɒlədʒɪ] N ginecología *f*

**gyp**[1]‡ [dʒɪp] (*US*) Ⓐ N [1] (= *swindle*) estafa *f*, timo *m*
[2] (= *swindler*) estafador(a) *m/f*, timador(a) *m/f*
Ⓑ VT estafar, timar

**gyp**[2]* [dʒɪp] N (*Brit*) ✦**IDIOM to give sb ~** (= *scold*) echar un rapapolvo de aúpa a algn; **it's giving me ~** (= *hurting*) me duele una barbaridad

**gypsum** ['dʒɪpsəm] N yeso *m*

**gypsy** ['dʒɪpsɪ] Ⓐ N gitano/a *m/f*
Ⓑ CPD [*life, caravan, music*] gitano ► **gypsy moth** N lagarta *f*

**gyrate** [dʒaɪ'reɪt] VI (= *spin*) girar; (= *dance*) bailar enérgicamente

**gyration** [ˌdʒaɪ'reɪʃən] N giro *m*, vuelta *f*

**gyratory** [ˌdʒaɪ'reɪtərɪ] ADJ giratorio

**gyro...** ['dʒaɪrəʊ] PREFIX giro...

**gyrocompass** ['dʒaɪrəʊ'kʌmpəs] N girocompás *m*

**gyroscope** ['dʒaɪrəskəʊp] N giroscopio *m*, giróscopo *m*

# H h

**H, h** [eɪtʃ] N (= *letter*) H, h *f*; **H for Harry** H de Historia

**h.** ABBR (= **hour(s)**) h, hs

**ha** [hɑː] EXCL ¡ah!

**habeas corpus** [ˈheɪbɪəsˈkɔːpəs] N (*Jur*) hábeas corpus *m*

**haberdasher** [ˈhæbədæʃəʳ] N mercero/a *m/f*; (*US*) camisero/a *m/f*; **~'s (shop)** mercería *f*; (*US*) camisería *f*

**haberdashery** [ˌhæbəˈdæʃərɪ] N (= *shop*) mercería *f*; (*US*) camisería *f*; (= *goods*) mercería *f*; (*US*) artículos *mpl* de moda para caballeros

**habit** [ˈhæbɪt] N **1** (= *customary behaviour*) costumbre *f*; **a bad ~** un vicio, una mala costumbre; **to get into the ~ of doing sth** acostumbrarse a hacer algo; **to get out of the ~ of doing sth** perder la costumbre de hacer algo; **to have a ~*** (= *drugs*) drogarse habitualmente; **to be in the ~ of doing sth** tener la costumbre de hacer algo, acostumbrar *or* soler hacer algo; **to make a ~ of doing sth** acostumbrarse a hacer algo; **we mustn't make a ~ of arriving late** no debemos acostumbrarnos a llegar tarde; **you can phone me at work as long as you don't make a ~ of it** puedes llamarme al trabajo mientras no lo tomes por costumbre; **let's hope he doesn't make a ~ of it** esperamos que no siga haciéndolo; **I always make a ~ of arriving early** tengo por norma *or* por costumbre llegar siempre pronto; **out of ~** por costumbre; **out of sheer ~** por pura costumbre
**2** (= *dress*) [*of monk*] hábito *m*; (= *riding habit*) traje *m* de montar

**habitability** [ˌhæbɪtəˈbɪlɪtɪ] N [*of building, area*] habitabilidad *f*

**habitable** [ˈhæbɪtəbl] ADJ habitable

**habitat** [ˈhæbɪtæt] N hábitat *m*

**habitation** [ˌhæbɪˈteɪʃən] N **1** (= *act*) habitación *f*; **to be fit/unfit for (human) ~** estar/no estar en condiciones de habitabilidad; **there was no sign of (human) ~** no había señales de que estuviera habitado
**2** (= *dwelling*) residencia *f*, morada *f*; (= *house*) domicilio *m*

**habit-forming** [ˈhæbɪtˌfɔːmɪŋ] ADJ que crea hábito

**habitual** [həˈbɪtjʊəl] ADJ habitual, acostumbrado; [*drunkard, liar etc*] inveterado, empedernido

**habitually** [həˈbɪtjʊəlɪ] ADV (= *usually*) por costumbre; (= *constantly*) constantemente

**habituate** [həˈbɪtjʊeɪt] VT acostumbrar, habituar (**to** a)

**habitué(e)** [həˈbɪtjʊeɪ] N asiduo/a *m/f*, parroquiano/a *m/f*

**hacienda** [ˌhæsɪˈendə] N (*US*) hacienda *f*

**hack¹** [hæk] Ⓐ N (= *cut*) corte *m*, tajo *m*; (= *blow*) (*with axe*) hachazo *m*; (*with machete*) machetazo *m*
Ⓑ VT **1** (= *cut*) cortar; **to ~ one's way through sth** abrirse paso por algo a machetazos *etc*; **to ~ sth to pieces** hacer algo pedazos (a hachazos)
**2** **I can't ~ it** (*US**) no puedo hacerlo
Ⓒ VI **1** (= *cut*) dar tajos (**at** a); **he was ~ing at a loaf of bread** estaba dándole tajos a una hogaza de pan
**2** (*Comput*) **to ~ into a system** piratear un sistema, conseguir entrar en un sistema

►**hack around*** VI + ADV (*US*) gandulear, vaguear

►**hack down** VT + ADV [+ *tree etc*] derribar a hachazos

**hack²** [hæk] Ⓐ N **1** (= *old horse*) jamelgo *m*, rocín *m*; (= *hired horse*) caballo *m* de alquiler
**2** (= *writer*) escritorzuelo/a *m/f*, plumífero/a *m/f*; (= *journalist*) gacetillero/a *m/f*
**3** (*US**) (= *taxi*) taxi *m*
Ⓑ VI **to go ~ing** montar a caballo
Ⓒ CPD ► **hack reporter** N reportero/a *m/f* de poca monta ► **hack writer** N = **hack² A2**

**hackberry** [ˈhækberɪ] N almez *m*

**hacker** [ˈhækəʳ] N (*Comput*) (= *pirate*) pirata *mf* informático/a

**hackery*** [ˈhækərɪ] N **1** = **hackwork**
**2** = **hacking²**

**hackette*** [hæˈket] N periodista *f*

**hacking¹** [ˈhækɪŋ] ADJ [*cough*] seco

**hacking²** [ˈhækɪŋ] N (*Comput*) piratería *f* informática

**hacking³** [ˈhækɪŋ] N chaqueta *f* de montar, saco *m* de montar (*LAm*)

**hackles** [ˈhæklz] NPL (*lit*) [*of dog*] (*on back of neck*) pelo *m* del pescuezo; (*on back*) pelo *m* del lomo; **with his ~ up** [*dog*] con el pelo erizado; [*person*] hecho una furia, furioso; **✦IDIOM to make sb's ~ rise** poner hecho una furia a algn, enfurecer a algn

**hackney cab** [ˈhæknɪˈkæb] N, **hackney carriage** [ˈhæknɪˈkærɪdʒ] N (*frm*) coche *m* de alquiler; (= *taxi*) taxi *m*

**hackneyed** [ˈhæknɪd] ADJ [*saying, expression*] trillado, gastado

**hacksaw** [ˈhæksɔː] N sierra *f* para metales

**hackwork** [ˈhækwɜːk] N trabajo *m* de rutina; (*iro*) periodismo *m*

**had** [hæd] PT, PP *of* **have**

**haddock** [ˈhædək] N (*pl* **haddock** *or* **haddocks**) eglefino *m*

**Hades** [ˈheɪdiːz] N el Hades

**hadn't** [ˈhædnt] = **had not**

**Hadrian** [ˈheɪdrɪən] N Adriano; **~'s Wall** la Muralla de Adriano

**haematological, hematological** (*US*) [ˌhiːmətəˈlɒdʒɪkəl] ADJ hematológico

**haematologist, hematologist** (*US*) [ˌhiːməˈtɒlədʒɪst] N hematólogo/a *m/f*

**haematology, hematology** (*US*) [ˌhiːməˈtɒlədʒɪ] N hematología *f*

**haematoma, hematoma** (*US*) [ˌhiːməˈtəʊmə] N (*pl* **haematomas** *or* **haematomata** [ˌhiməˈtəʊmətə]) hematoma *m*

**haemoglobin, hemoglobin** (*US*) [ˌhiːməʊˈgləʊbɪn] N hemoglobina *f*

**haemophilia, hemophilia** (*US*) [ˌhiːməʊˈfɪlɪə] N hemofilia *f*

**haemophiliac, hemophiliac** (*US*) [ˌhiːməʊˈfɪlɪæk] Ⓐ ADJ hemofílico
Ⓑ N hemofílico/a *m/f*

**haemorrhage, hemorrhage** (*US*) [ˈhemərɪdʒ] Ⓐ N hemorragia *f*
Ⓑ VI sangrar profusamente

**haemorrhoids, hemorrhoids** (*US*) [ˈhemərɔɪdz] NPL hemorroides *fpl*

**hafnium** [ˈhæfnɪəm] N hafnio *m*

**haft** [hɑːft] N mango *m*, puño *m*

**hag** [hæg] N (= *ugly old woman*) vieja *f* fea, bruja *f*; (= *witch*) bruja *f*

**haggard** [ˈhægəd] ADJ (*from tiredness*) ojeroso; (= *unwell, unhealthy*) demacrado, macilento

**haggis** [ˈhægɪs] N (*Scot Culin*) *asaduras de cordero, avena y especias, cocidas en las tripas del animal*

**haggish** [ˈhægɪʃ] ADJ como de bruja, brujeril

**haggle** [ˈhægl] VI **1** (= *bargain*) regatear; **to ~ over the price** regatear, regatear el precio
**2** (= *argue*) discutir

**haggling** [ˈhæglɪŋ] N **1** (*over price*) regateo *m*
**2** (= *discussion*) discusión *f*

**hagiographer** [ˌhægɪˈɒgrəfəʳ] N hagiógrafo/a *m/f*

**hagiography** [ˌhægɪˈɒgrəfɪ] N hagiografía *f*

**hag-ridden** [ˈhægrɪdn] ADJ atormentado (*por una pesadilla*); (*) dominado por una mujer

**Hague** [heɪg] N **The ~** La Haya

**hah** [hɑː] = **ha**

**ha-ha** [ˈhɑːˈhɑː] EXCL ¡ja, ja!

**hail¹** [heɪl] Ⓐ N **1** (*Met*) granizo *m*, pedrisco *m*
**2** (*fig*) [*of bullets*] lluvia *f*; [*of abuse, insults*] sarta *f*, torrente *m*
Ⓑ VI granizar

►**hail down** VI + ADV (*fig*) llover

**hail²** [heɪl] Ⓐ N (= *call*) grito *m*; (= *greeting*) saludo *m*; **within ~** al alcance de la voz
Ⓑ EXCL (††, *poet*) **~ Caesar!** ¡ave *or* salve, César!; **the Hail Mary** el Ave *f* María
Ⓒ VT **1** (= *acclaim*) aclamar (**as** como); **to ~ sb as king** aclamar a algn (como) rey
**2** (= *greet*) saludar

[3] (= *call to*) llamar, gritar a
[4] (= *signal*) [+ *taxi*] llamar, hacer señas a
Ⓓ VI **to ~ from** [*person*] ser natural de, ser de; **he ~s from Scotland** es (natural) de Escocia; **where does that ship ~ from?** ¿de dónde es ese barco?

**hail-fellow-well-met** ['heɪl,feləʊ'wel'met] ADJ (demasiado) efusivo, campechano

**hailstone** ['heɪlstəʊn] N granizo *m*, piedra *f* (de granizo)

**hailstorm** ['heɪlstɔːm] N granizada *f*

**hair** [hɛəʳ] Ⓐ N [1] (= *head of hair*) pelo *m*, cabello *m*; (*on legs etc*) vello *m*; [*of animal*] pelo *m*, piel *f*; (= *fluff*) pelusa *f*; **to comb one's ~** peinarse; **to get/have one's ~ cut** cortarse el pelo; **to do one's ~** ◊ **have one's ~ done** arreglarse el pelo; **grey ~** canas *fpl*; **a fine head of ~** una hermosa cabellera; **he still has a full head of ~** aún conserva todo su pelo; **she's got long ~** tiene el pelo largo; **to part one's ~** hacerse la raya; **to remove unwanted ~** depilarse; **to put one's ~ up** recogerse el pelo; **to wash one's ~** lavarse la cabeza *or* el pelo; **white ~** canas *fpl*; **✦IDIOMS to get in sb's ~** sacar de quicio a algn; **to get sb out of one's ~** quitarse de encima a algn; **keep your ~ on!** (*Brit**) ¡cálmate!; **to let one's ~ down** echar una cana al aire, soltarse la melena, relajarse (*esp LAm*); **to make sb's ~ stand on end** poner los pelos de punta a algn; **it was enough to make your ~ stand on end** te ponía los pelos de punta, era espeluznante; **to tear one's ~ out** ponerse frenético
[2] (= *single hair*) pelo *m*; **by a ~'s breadth** por un pelo *or* los pelos; **to be within a ~'s breadth of** estar a dos dedos de; **✦IDIOMS the ~ of the dog (that bit you)*** una copita para que se pase la resaca; **what you need is a ~ of the dog that bit you** lo que te hace falta es tomarte otra para que se te pase la resaca; **to put ~s on one's chest**: **this will put ~s on your chest!*** ¡esto te hará la mar de bien!*; **to split ~s** buscarle tres pies al gato, hilar muy fino; **to turn a ~**: **he didn't turn a ~** ni se inmutó, ni siquiera pestañeó
Ⓑ CPD [*follicle, implant, transplant*] capilar; [*lacquer*] para el pelo; [*mattress*] de cerda ► **hair appointment** N **to have/make a ~ appointment** tener/pedir hora en la peluquería ► **hair care** N cuidado *m* del cabello ► **hair clippers** NPL maquinilla *f* para cortar el pelo ► **hair conditioner** N suavizante *m or* (*LAm*) enjuague *m* para el cabello ► **hair curler** N rulo *m*, bigudí *m* ► **hair extension** N postizo *m*; (= *false plait*) trenza *f* postiza ► **hair follicle** N folículo *m* capilar ► **hair gel** N fijador *m* ► **hair implant** N implante *m* capilar ► **hair loss** N pérdida *f* de cabello, caída *f* de pelo; **total ~ loss** pérdida *f* total del cabello, caída *f* total del pelo ► **hair oil** N brillantina *f* ► **hair remover** N depilatorio *m* ► **hair restorer** N loción *f* capilar ► **hair shirt** N cilicio *m* ► **hair slide** N (*Brit*) pasador *m*, hebilla *f* (*S. Cone*) ► **hair specialist** N especialista *mf* capilar ► **hair style** N peinado *m* ► **hair stylist** N peluquero/a *m/f* estilista ► **hair transplant** N trasplante *m* capilar ► **hair trigger** N *gatillo que se dispara con un ligero toque*; *see also* **hair-trigger**

**hairball** ['hɛəbɔːl] N (*in cats, calves etc*) bola *f* de pelo

**hairband** ['hɛəbænd] N cinta *f*

**hairbrush** ['hɛəbrʌʃ] N cepillo *m* (para el pelo)

**hair-clip** ['hɛəklɪp] N horquilla *f*, clipe *m*

**haircream** ['hɛəkriːm] N brillantina *f*; (*for setting*) fijador *m*, laca *f*

**haircut** ['hɛəkʌt] N corte *m* de pelo, corte *m*; **to have** *or* **get a ~** cortarse el pelo

**hairdo*** ['hɛəduː] N peinado *m*

**hairdresser** ['hɛə,dresəʳ] N peluquero/a *m/f*; **~'s** (= *salon*) peluquería *f*

**hairdressing** ['hɛədresɪŋ] Ⓐ N peluquería *f*
Ⓑ CPD ► **hairdressing salon** N salón *m* de peluquería

**hairdrier**, **hairdryer** ['hɛədraɪəʳ] N secador *m* de pelo

**-haired** [hɛəd] ADJ (*ending in compounds*) **fair-haired** rubio, güero (*CAm, Mex*), catire/a (*Carib, Col*); **dark-haired** moreno; **long-haired** de pelo largo

**hair-grip** ['hɛəgrɪp] N (*Brit*) horquilla *f*, clipe *m*

**hairless** ['hɛəlɪs] ADJ sin pelo, calvo; (= *beardless*) lampiño

**hairline** ['hɛəlaɪn] Ⓐ N [1] (*on head*) nacimiento *m* del pelo; **to have a receding ~** tener entradas
[2] (*Tech*) estría *f* muy delgada
Ⓑ CPD ► **hairline crack** N grieta *f* fina ► **hairline fracture** N fractura *f* fina

**hairnet** ['hɛənet] N redecilla *f*

**hairpiece** ['hɛəpiːs] N postizo *m*, tupé *m*; (= *false plait*) trenza *f* postiza

**hairpin** ['hɛəpɪn] Ⓐ N horquilla *f*
Ⓑ CPD ► **hairpin bend**, **hairpin curve** (*US*) N revuelta *f*, curva *f* muy cerrada

**hair-raising** ['hɛə,reɪzɪŋ] ADJ [*story, adventure*] espeluznante

**hair-splitting** ['hɛə,splɪtɪŋ] Ⓐ ADJ nimio; [*discussion*] sobre detalles nimios
Ⓑ N sofismas *mpl*, sofistería *f*

**hairspray** ['hɛəspreɪ] N laca *f* (para el pelo)

**hairspring** ['hɛəsprɪŋ] N muelle *m* espiral muy fino (de un reloj)

**hair-trigger** ['hɛə,trɪgəʳ] ADJ (*fig*) [*temper, reaction*] explosivo; *see also* **hair B**

**hairy** ['hɛərɪ] ADJ (*compar* **hairier**; *superl* **hairiest**)
[1] [*chest, legs, arms*] peludo, velludo; (= *long-haired*) melenudo; **he's got ~ legs** tiene las piernas peludas *or* velludas, tiene mucho pelo *or* vello en las piernas; **a ~ spider** una araña peluda
[2] (*) (= *frightening*) [*experience*] horripilante, espeluznante

**Haiti** ['heɪtɪ] N Haití *m*

**Haitian** ['heɪʃɪən] Ⓐ ADJ haitiano
Ⓑ N haitiano/a *m/f*

**hake** [heɪk] N (*pl* **hake** *or* **hakes**) merluza *f*

**halal** [hə'lɑːl] ADJ *de animales sacrificados conforme a los preceptos musulmanes*

**halberd** ['hælbəd] N alabarda *f*

**halcyon** ['hælsɪən] ADJ **~ days** días *mpl* felices

**hale** [heɪl] ADJ sano, robusto; **~ and hearty** robusto, sano y fuerte

**half** [hɑːf] N (*pl* **halves**) Ⓐ N [1] (*gen*) mitad *f*; **give me ~** dame la mitad; **~ of my friends** la mitad de mis amigos; **~ man ~ beast** mitad hombre mitad animal; **~ a cup** media taza *f*; **~ a day** medio día *m*; **a pound and a ~** ◊ **one and a ~ pounds** libra *f* y media; **three and a ~ hours** tres horas y media; **we have a problem and a ~** tenemos un problema mayúsculo, vaya problemazo que tenemos; **one's better ~*** (*hum*) su media naranja*; **by ~**: **better by ~** con mucho el mejor; **it has increased by ~** ha aumentado en la mitad; **he's too clever by ~*** se pasa de listo; **he doesn't do things by halves** no hace las cosas a medias; **~ a dollar** (= *value*) medio dólar *m*; **~ a dozen** media docena *f*; **to go halves (with sb) (on sth)** ir a medias (con algn) (en algo); **~ an hour** media hora *f*; **to cut/break sth in ~** cortar/partir algo por la mitad; **~ a moment!** ◊ **~ a second!** ¡un momento!; **one's other ~*** (*hum*) su media naranja*; **they don't know the ~ of it** no saben de la misa la media; **she's asleep ~ the time** (*iro*) se pasa la mitad del tiempo dormida; → AVERAGE, HALF
[2] (*Sport*) [*of match*] tiempo *m*; (= *player*) medio *m*; **first/second ~** primer/segundo tiempo *m*
[3] [*of beer*] media pinta *f*
[4] (= *child's ticket*) billete *m* de niño; **one and two halves, please** un billete normal y dos para niños, por favor
Ⓑ ADJ [*bottle, quantity*] medio; **a ~-point cut in interest rates** una reducción de medio punto en los tipos de interés; **I have a ~ share in the flat** la mitad del piso es mío *or* de mi propiedad; *see also* **halfback**, **half-brother, half-sister**
Ⓒ ADV [1] (*gen*) medio, a medias; **I was ~ afraid that ...** medio temía que ...; **~ as**: **~ as much** la mitad; **~ as big** la mitad de grande; **they paid ~ as much again** pagaron la mitad más; **their garden is ~ as big again** su jardín es la mitad más grande (que éste); **there were only ~ as many people as before** había solamente la mitad de los que había antes; **it wasn't ~ as bad as I had thought** [*interview, trip to the dentist*] no lo pasé ni con mucho *or* ni de lejos tan mal como había imaginado; **~ asleep** medio dormido; **~ done** a medio hacer; **he ~ got up** se levantó a medias; **~ laughing, ~ crying** medio riendo, medio llorando; **I only ~ read it** lo leí sólo a medias; **I was only ~ serious when I said that** aquello sólo lo dije medio en broma; *see also* **half-baked**
[2] (*time*) **~ past four** las cuatro y media; **come at ~ three*** ven a las tres y media
[3] (*with neg*) (*Brit**) **not ~!** ¡ya cómo!, ¡ya lo creo!; **he didn't ~ run** corrió muchísimo, corrió como un bólido; **it didn't ~ rain!** ¡había que ver cómo llovía!; **it wasn't ~ dear** nos costó un riñón, fue carísimo; **it isn't ~ hot** hace un calor de miedo
Ⓓ CPD ► **half fare** N medio pasaje *m*; (*as adv*) **to travel ~ fare** viajar pagando medio pasaje ► **half note** N (*US Mus*) blanca *f* ► **half term** N (*Brit Scol*) vacaciones *fpl* de mediados del trimestre

**half-a-crown** [,hɑːfə'kraʊn] N = **half-crown**

**half-and-half** [,hɑːfənd'hɑːf] Ⓐ ADJ [*mixture, solution*] a partes iguales, mitad y mitad
Ⓑ ADV a partes iguales, mitad y mitad; **mix the mayonnaise ~ with yogurt** mezcle la mayonesa a partes iguales *or* mitad y mitad con el yogur; **to split sth ~** dividir algo en dos mitades (a partes iguales)

**half-assed‡** ['hɑːfæst] ADJ (*US*) [*person*] que tiene pocas luces; [*idea*] muy poco brillante

**halfback** ['hɑːfbæk] N (*Ftbl*) medio/a *m/f*

**half-baked** ['hɑːf'beɪkt] ADJ (*fig*) [*plan, idea*] mal concebido, sin perfilar; [*person*] soso

**half board** [,hɑːf'bɔːd] N (*Brit*) (*in hotel*) media pensión *f*

**half-bred** ['hɑːfbred] ADJ mestizo

**half-breed** ['hɑːfbriːd] N (= *animal*) híbrido *m*; (= *person*) (*pej*) mestizo/a *m/f*

**half-brother** ['hɑːf,brʌðəʳ] N medio hermano *m*, hermanastro *m*

**half-caste** ['hɑːfkɑːst] (*often pej*) Ⓐ ADJ mestizo
Ⓑ N mestizo/a *m/f*

**half-century** [hɑːf'sentjʊrɪ] N (*Cricket*) cincuenta tantos *mpl*

**half-circle** ['hɑːf'sɜːkl] N semicírculo *m*

**half-closed** [ˌhɑːfˈkləʊzd] ADJ entreabierto

**half-cock** [ˈhɑːfˈkɒk] N posición *f* de medio amartillado (*de la escopeta etc*); ♦*IDIOM* **to go off at ~** [*person*] hacer las cosas antes de tiempo; [*plan*] irse al garete (por falta de preparación)*

**half-cocked** [ˌhɑːfˈkɒkt] ADJ [*gun*] con el seguro echado; [*plan, scheme*] mal concebido

**half-crown** [ˈhɑːfˈkraʊn] N (*formerly*) media corona *f*; **a ~** media corona

**half-cup** [ˈhɑːfˌkʌp] ADJ [*bra*] de media copa

**half-day** [ˌhɑːfˈdeɪ] Ⓐ N medio día *m*, media jornada *f*
Ⓑ CPD ► **half-day closing** N **~ closing is on Mondays** los lunes se cierra por la tarde ► **half-day holiday** N fiesta *f* de media jornada

**half-dead** [ˈhɑːfˈded] ADJ medio muerto, más muerto que vivo

**half-dozen** [ˈhɑːfˈdʌzn] N media docena *f*

**half-dressed** [ˌhɑːfˈdrest] ADJ a medio vestir

**half-educated** [ˌhɑːfˈedjʊkeɪtɪd] ADJ con poca cultura; **he is ~** tiene poca cultura

**half-empty** [ˈhɑːfˈemptɪ] ADJ [*bottle, box, room, train*] medio vacío; [*hall etc*] semidesierto

**half-forgotten** [ˌhɑːffəˈgɒtn] ADJ medio olvidado

**half-frozen** [ˌhɑːfˈfrəʊzən] ADJ medio congelado; **he was ~ when they found him** estaba medio congelado cuando lo encontraron, lo encontraron en estado de semicongelación

**half-full** [ˈhɑːfˈfʊl] ADJ medio lleno, mediado

**half-hearted** [ˈhɑːfˈhɑːtɪd] ADJ [*effort*] tibio; [*applause*] tímido, poco entusiasta; [*smile*] de conejo, de dientes afuera (*LAm*); **I made a ~ effort to dissuade him** intenté disuadirle sin demasiado entusiasmo, hice un tibio intento de disuadirle

**half-heartedly** [ˈhɑːfˈhɑːtɪdlɪ] ADV con poco entusiasmo

**half-heartedness** [ˌhɑːfˈhɑːtɪdnɪs] N falta *f* de entusiasmo

**half-holiday** [ˈhɑːfˈhɒlɪdɪ] N (*Brit Scol*) fiesta *f* de media jornada; (*in shop*) descanso *m*

**half-hour** [ˈhɑːfˈaʊəʳ] Ⓐ N media hora *f*; **the clock struck the ~** el reloj dio y media *or* dio la media; **on the ~** a y media
Ⓑ CPD [*meeting, session, drive*] de media hora

**half-hourly** [ˌhɑːfˈaʊəlɪ] Ⓐ ADV cada media hora
Ⓑ ADJ **at ~ intervals** cada media hora

**half-inch** [ˌhɑːfˈɪntʃ] Ⓐ N media pulgada *f*
Ⓑ ADJ **cut into ~ lengths** córtese en trozos de media pulgada de largo, córtese en trozos de algo más de un centímetro de largo

**half-length** [ˈhɑːfˈleŋθ] ADJ de medio cuerpo

**half-life** [ˈhɑːflaɪf] N (*pl* **half-lives**) (*Phys*) media vida *f*

**half-light** [ˈhɑːflaɪt] N penumbra *f*

**half-marathon** [ˈhɑːfˈmærəθən] N medio maratón *m*, media maratón *f*

**half-mast** [ˈhɑːfˈmɑːst] N **at ~** [*flag*] a media asta; [*trousers*] (= *very short*) muy cortos; (= *halfway down the legs*) medio bajados

**half-measures** [ˈhɑːfˈmeʒəz] NPL paños *mpl* calientes, medias tintas *fpl*; **we don't want any ~** no queremos andarnos con medias tintas *or* paños calientes

**half-monthly** [ˌhɑːfˈmʌnθlɪ] Ⓐ ADJ quincenal
Ⓑ ADV cada quince días

**half-moon** [ˈhɑːfˈmuːn] N media luna *f*

**half-naked** [ˈhɑːfˈneɪkɪd] ADJ semidesnudo

**half-open** [ˌhɑːfˈəʊpən] ADJ entreabierto, medio abierto

**half-panelled**, **half-paneled** (*US*) [ˌhɑːfˈpænəld] ADJ chapado hasta media altura

**half-pay** [ˈhɑːfˈpeɪ] Ⓐ N media paga *f*; **to retire on ~** jubilarse con media paga
Ⓑ CPD ► **half-pay officer** N militar *m* retirado

**halfpenny** [ˈheɪpnɪ] N (*pl* **halfpennies** *or* **halfpence** [ˈheɪpəns]) (*Hist*) medio penique *m*; ♦*IDIOM* **not to have a ~** *or* **two halfpennies to rub together** no tener un céntimo, estar sin blanca

**half-pint** [ˌhɑːfˈpaɪnt] N [1] (= *measure*) media pinta *f*
[2] (*) (= *small person*) enano/a *m/f*

**half-price** [ˈhɑːfˈpraɪs] Ⓐ ADV a mitad de precio
Ⓑ ADJ [*ticket etc*] a mitad de precio

**half-seas over** [ˈhɑːfsiːzˈəʊvəʳ] ADV ♦*IDIOM* **to be ~** estar entre dos velas

**half-serious** [ˌhɑːfˈsɪərɪəs] ADJ entre serio y en broma

**half-sister** [ˈhɑːfˌsɪstəʳ] N media hermana *f*, hermanastra *f*

**half-size** [ˈhɑːfˌsaɪz] Ⓐ N (*in shoes*) medio número *m*
Ⓑ ADJ [*musical instrument, chair*] de la mitad de tamaño

**half-sized** [ˌhɑːfˈsaɪzd] ADJ = **half-size B**

**half-timbered** [ˌhɑːfˈtɪmbəd] ADJ con entramado de madera

**half-time** [ˈhɑːfˈtaɪm] Ⓐ N (*Sport*) descanso *m*; **at ~** en el descanso
Ⓑ ADV **to work ~** trabajar media jornada
Ⓒ CPD ► **half-time score** N marcador *m* en el descanso; **the ~ score was 1-0** el marcador en el descanso era 1-0 ► **half-time work** N trabajo *m* de media jornada

**half-tone** [ˈhɑːftəʊn] Ⓐ ADJ **~ illustration** fotograbado *m* a media tinta
Ⓑ N [1] (*Art*) fotograbado *m* a media tinta
[2] (*US Mus*) semitono *m*

**half-track** [ˈhɑːfˈtræk] N camión *m* semi-oruga

**half-truth** [ˈhɑːfˈtruːθ] N (*pl* **half-truths** [ˈhɑːfˈtruːðz]) verdad *f* a medias

**half-volley** [ˈhɑːfˈvɒlɪ] N media volea *f*

**halfway** [ˈhɑːfˈweɪ] Ⓐ ADV [1] (*lit*) a medio camino; **Reading is ~ between Oxford and London** Reading está a medio camino entre Oxford y Londres; **we're ~ there** estamos a mitad de camino *or* a medio camino; **~ up/down the hill** a media cuesta; **her hair reaches ~ down her back** el pelo le llega hasta la mitad de la espalda; **they've travelled ~ around the world** han recorrido medio mundo; **~ through the film** hacia la mitad de la película, a (la) mitad de la película; **the decision only goes ~ toward giving the strikers what they want** la decisión sólo satisface a medias las demandas de los huelguistas; ♦*IDIOM* **to meet sb ~** llegar a un compromiso con algn
[2] (*fig*) (= *at all, the least bit*) **anything ~ decent will be incredibly expensive** cualquier cosa mínimamente decente va a ser carísima
Ⓑ ADJ [*mark*] a *or* de medio camino; [*stage*] intermedio; (*fig*) (= *incomplete*) a medias
Ⓒ CPD ► **halfway house** N (*for rehabilitation*) centro *m* de reinserción; (*fig*) punto *m* medio, término *m* medio; **it's a ~ house between dance and drama** está a medio camino entre la danza y el teatro

**halfwit** [ˈhɑːfwɪt] N imbécil *mf*, tonto/a *m/f*

**half-witted** [ˈhɑːfˈwɪtɪd] ADJ imbécil, tonto

**half-year** [ˌhɑːfˈjɪəʳ] Ⓐ N medio año *m*, semestre *m*
Ⓑ CPD ► **half-year results** NPL resultados *mpl* semestrales

**half-yearly** [ˈhɑːfˈjɪəlɪ] Ⓐ ADV semestralmente
Ⓑ ADJ semestral

**halibut** [ˈhælɪbət] N (*pl* **halibut** *or* **halibuts**) halibut *m*, hipogloso *m*

**halitosis** [ˌhælɪˈtəʊsɪs] N halitosis *f*

**hall** [hɔːl] Ⓐ N [1] (= *entrance hall*) hall *m*, entrada *f*; (= *foyer*) vestíbulo *m*; (*US*) (= *passage*) pasillo *m*
[2] (= *large room, building*) sala *f*; **concert ~** sala *f* de conciertos; **dance ~** salón *m* de baile; **church ~** sala *f* parroquial; *see also* **village**
[3] (= *mansion*) casa *f* solariega
[4] (*Brit Univ*) (= *central hall*) paraninfo *m*; (*also* **~ of residence**) residencia *f*, colegio *m* mayor
Ⓑ CPD ► **hall porter** N (*Brit*) portero/a *m/f*, conserje *mf* ► **hall stand** N perchero *m*

**hallelujah** [ˌhælɪˈluːjə] N, EXCL aleluya *f*

**hallmark** [ˈhɔːlmɑːk] N (*on gold, silver*) contraste *m*; (*fig*) sello *m*; **the attack bears all the ~s of the CLF** el atentado lleva el auténtico sello del CLF

**hallo** [hʌˈləʊ] EXCL = **hello**

**halloo** [həˈluː] Ⓐ EXCL ¡sus!, ¡hala!
Ⓑ N grito *m*
Ⓒ VI gritar

**hallow** [ˈhæləʊ] VT santificar

**hallowed** [ˈhæləʊd] ADJ [*ground etc*] sagrado, santificado

**Hallowe'en** [ˈhæləʊˈiːn] N víspera *f* de Todos los Santos

**HALLOWE'EN**

*La festividad de* **Hallowe'en** *se celebra, tanto en el Reino Unido como en EE.UU., la noche del 31 de octubre. Aunque antes la fiesta se asociaba con la creencia de que las almas de los difuntos regresaban a sus hogares en esa fecha, actualmente* **Hallowe'en** *no es más que un pretexto para la diversión. Los niños se disfrazan de fantasmas y brujas y hacen farolillos con calabazas vacías en cuyo interior colocan una vela. Así vestidos, van de casa en casa por todo el barrio pidiendo caramelos y dinero, una costumbre que se conoce sobre todo en Estados Unidos como* **trick or treat** *porque los niños amenazan con gastarle una broma al dueño de la casa si no reciben los caramelos. También suelen celebrarse en* **Hallowe'en** *fiestas de disfraces para niños y para adultos.*

**hallucinate** [həˈluːsɪneɪt] VI alucinar, tener alucinaciones

**hallucination** [həˌluːsɪˈneɪʃən] N alucinación *f*

**hallucinatory** [həˈluːsɪnətərɪ] ADJ alucinante

**hallucinogen** [həˈluːsɪnəˌdʒen] N alucinógeno *m*

**hallucinogenic** [həˌluːsɪnəʊˈdʒenɪk] Ⓐ ADJ alucinógeno
Ⓑ N alucinógeno *m*

**hallucinosis** [həˌluːsɪˈnəʊsɪs] N alucinosis *f*

**hallway** [ˈhɔːlweɪ] N = **hall A1**

**halo** [ˈheɪləʊ] N (*pl* **halo(e)s**) halo *m*, aureola *f*

**halogen** [ˈheɪləʊdʒɪn] Ⓐ N halógeno *m*
Ⓑ CPD ► **halogen lamp** N lámpara *f* halógena

**halogenous** [həˈlɒdʒɪnəs] ADJ halógeno

**halt** [hɔːlt] Ⓐ N [1] (= *stop, standstill*) alto *m*, parada *f*; **to bring sth to a ~** [+ *car*] parar *or* detener algo; [+ *event, process*] interrumpir algo; **to come to a ~** [*car*] pararse, detenerse;

[*train*] hacer alto, detenerse; [*negotiations*] interrumpirse; **to call a ~ (to sth)** (*fig*) poner fin (a algo)
2 (*Brit*) (= *train stop*) apeadero *m*
Ⓑ VT [+ *vehicle, production*] parar, detener
Ⓒ VI (*gen*) pararse, detenerse; [*train*] hacer alto, detenerse; [*process*] interrumpirse; **~!** (*Mil*) ¡alto!
Ⓓ CPD ► **halt sign** N señal *f* de stop

**halter** ['hɔːltəʳ] N (*for horse*) cabestro *m*, ronzal *m*; (= *noose*) dogal *m*

**halter-neck** ['hɔːltəˌnek] Ⓐ N *top sin espalda ni mangas*
Ⓑ ADJ [*dress, top*] sin espalda ni mangas

**halting** ['hɔːltɪŋ] ADJ (= *hesitant*) [*speech, movement*] titubeante, vacilante

**haltingly** ['hɔːltɪŋlɪ] ADV [*speak*] titubeando, vacilantemente

**halve** [hɑːv] Ⓐ VT (= *divide*) partir por la mitad, partir en dos; (= *reduce by half*) reducir a la mitad
Ⓑ VI reducirse a la mitad

**halves** [hɑːvz] NPL *of* **half**

**halyard** ['hæljəd] N driza *f*

**ham** [hæm] Ⓐ N 1 (*Culin*) jamón *m*
2 **hams** (*Anat*) nalgas *fpl*
3 (*Theat*) (*also* **~ actor**) comicastro *m*, actor *m* histriónico; (*also* **~ actress**) actriz *f* histriónica
4 (= *radio ham*) radioaficionado/a *m/f*
Ⓑ VI (*Theat**) actuar de una manera exagerada *or* melodramática
►**ham up*** VT + ADV **to ~ it up*** actuar de manera exagerada *or* melodramática

**Hamburg** ['hæmbɜːg] N Hamburgo *m*

**hamburger** ['hæmˌbɜːgəʳ] N hamburguesa *f*; (*US*) (*also* **~ meat**) carne *f* picada

**ham-fisted** [ˌhæm'fɪstɪd], **ham-handed** [ˌhæm'hændɪd] ADJ torpe, desmañado

**Hamitic** [hæ'mɪtɪk] ADJ camítico

**hamlet** ['hæmlɪt] N aldea *f*, caserío *m*

**hammer** ['hæməʳ] Ⓐ N (= *tool*) martillo *m*; (*Mus*) macillo *m*; [*of firearm*] percusor *m*; **the ~ and sickle** el martillo y la hoz; **to come under the ~** ser subastado; ✦***IDIOM*** **to go at it ~ and tongs*** (= *argue*) discutir acaloradamente; (= *fight*) luchar a brazo partido; (= *work*) darle duro*
Ⓑ VT 1 [+ *nail*] clavar; [+ *metal*] martillar, batir; **to ~ a post into the ground** hincar un poste en el suelo a martillazos; **to ~ sth into shape** [+ *metal*] forjar algo a martillazos; (*fig*) [+ *team etc*] forjar algo a golpes; **to ~ a point home** remachar un punto; **to ~ sth into sb** (*fig*) meter algo en la cabeza de algn
2 (*) (= *defeat, thrash*) dar una paliza a*, machacar*
Ⓒ VI **to ~ on** *or* **at a door** dar golpes en *or* golpear una puerta; **to ~ away at** [+ *subject*] insistir con ahinco en, machacar en; [+ *work*] trabajar asiduamente en; **to ~ away on the piano** aporrear el piano
►**hammer down** VT + ADV [+ *lid etc*] asegurar con clavos; [+ *nail*] meter a martillazos
►**hammer in** VT + ADV meter a martillazos
►**hammer out** VT + ADV [+ *nail*] sacar; [+ *dent*] alisar a martillazos; (*fig*) [+ *solution, agreement*] negociar no sin esfuerzo
►**hammer together** VT + ADV [+ *pieces of wood etc*] clavar

**hammerhead** ['hæməhed] N (= *shark*) pez *m* martillo

**hammering** ['hæmərɪŋ] N 1 (*lit*) martilleo *m*
2 (*) paliza* *f*; **to give sb a ~** dar una paliza a algn*; **to get** *or* **take a ~** recibir una paliza*

**hammertoe** ['hæmətəʊ] N dedo *m* (en) martillo

**hammock** ['hæmək] N hamaca *f*; (*Naut*) coy *m*

**hammy*** ['hæmɪ] ADJ [*actor*] exagerado, melodramático

**hamper¹** ['hæmpəʳ] N cesto *m*, canasta *f*

**hamper²** ['hæmpəʳ] VT (= *hinder*) [+ *efforts, work*] dificultar, entorpecer; [+ *movement*] obstaculizar, impedir; **the investigation was ~ed by their lack of cooperation** la investigación se vio entorpecida por su falta de colaboración

**hamster** ['hæmstəʳ] N hámster *m*

**hamstring** ['hæmstrɪŋ] (*vb: pt, pp* **hamstrung**)
Ⓐ N [*of person*] tendón *m* de la corva; [*of animal*] tendón *m* del jarrete
Ⓑ VT (*lit*) desjarretar; (*fig*) paralizar
Ⓒ CPD ► **hamstring injury** N lesión *f* del tendón de la corva

**hand** [hænd] Ⓐ N 1 (= *part of body*) mano *f*; **to have sth in one's ~** tener algo en la mano; **to be clever** *or* **good with one's ~s** ser hábil con las manos, ser un manitas; **a piece for four ~s** (*Mus*) una pieza para (piano a) cuatro manos; **to hold ~s** [*children*] ir cogidos de la mano, ir tomados de la mano (*LAm*); [*lovers*] hacer manitas; **on (one's) ~s and knees** a gatas; **~s off!*** ¡fuera las manos!, ¡no se toca!; **~s off those chocolates!** ¡los bombones ni tocarlos!; **~s off pensions!** ¡no a la reforma de las pensiones!, ¡dejad las pensiones en paz!; **to keep one's ~s off sth** no tocar algo; **~s up!** (*to criminal*) ¡arriba las manos!; (*to pupils*) ¡que levanten la mano!; ✦***IDIOMS*** **~ over fist**: **to be making money ~ over fist** ganar dinero a espuertas; **to be losing money ~ over fist** hacerle agua el dinero; **to be ~ in glove with sb** (= *very close*) ser uña y carne con algn; (= *in cahoots*) estar conchabado con algn; **to work ~ in glove with sb** trabajar en estrecha colaboración con algn; **to live from ~ to mouth** vivir al día; **my ~s are tied** tengo las manos atadas, no puedo hacer nada; **I could do it with one ~ tied behind my back** lo podría hacer con una mano atada a la espalda; **he never does a ~'s turn** no da golpe; ✦***PROV*** **many ~s make light work** muchas manos facilitan el trabajo; *see also* **shake B1**
2 (= *needle*) [*of instrument*] aguja *f*; [*of clock*] manecilla *f*, aguja *f*; **the big ~** la manecilla grande, el minutero; **the little ~** la manecilla pequeña, el horario
3 (= *agency, influence*) mano *f*, influencia *f*; **his ~ was everywhere** se notaba su influencia por todas partes, su mano se notaba en todo; **to have a ~ in** tomar parte en, intervenir en; **he had no ~ in it** no tuvo arte ni parte en ello
4 (= *worker*) (*in factory*) obrero/a *m/f*; (= *farm hand*) peón *m*; (= *deck hand*) marinero *m* (de cubierta); **all ~s on deck!** (*Naut*) ¡todos a cubierta!; **to be lost with all ~s** hundirse con toda la tripulación; ✦***IDIOM*** **to be an old ~ (at sth)** ser perro viejo (en algo)
5 (= *help*) mano *f*; **would you like a ~ with moving that?** ¿te echo una mano a mover eso?; **to give** *or* **lend sb a ~** echar una mano a algn; **can you give** *or* **lend me a ~?** ¿me echas una mano?
6 (= *handwriting*) letra *f*, escritura *f*; **he writes a good ~** tiene buena letra; **in one's own ~** de su (propio) puño y letra
7 (*Cards*) (= *round*) mano *f*, partida *f*; (= *cards held*) mano *f*; **a ~ of bridge/poker** una mano *or* una partida de bridge/póker
8 (= *measurement*) [*of horse*] palmo *m*; **he's 15 ~s high** mide 15 palmos de alto
9 (*) (= *round of applause*) **they gave him a big ~** le aplaudieron calurosamente; **let's have a big ~ for ...!** ¡muchos aplausos para ...!
10 (*phrases with verb*) **to ask for sb's ~ (in marriage)** pedir la mano de algn; **to change ~s** cambiar de mano *or* de dueño; **just wait till I get my ~s on him!** ¡espera (a) que le ponga la mano encima!; **to lay ~s on** (= *get*) conseguir; (*Rel*) imponer las manos a; **I don't know where to lay my ~s on ...** no sé dónde conseguir ...; **she read everything she could lay her ~s on** leía todo lo que caía en sus manos; **to put** *or* **set one's ~ to sth** emprender algo; **to raise one's ~ to** *or* **a ~ to** *or* **against sb** poner a algn la mano encima; **to take a ~ in sth** tomar parte *or* participar en algo; **to try one's ~ at sth** probar algo; ✦***IDIOMS*** **to get one's ~ in** adquirir práctica, irse acostumbrando; **to give with one ~ and take away with the other** quitar con una mano lo que se da con la otra; **to keep one's ~ in** conservar *or* no perder la práctica (**at** de); **to sit on one's ~s** (*US**) [*audience*] aplaudir con desgana; [*committee etc*] no hacer nada; **to turn one's ~ to sth** dedicarse a algo; **he can turn his ~ to anything** vale tanto para un barrido como para un fregado; **to wait on sb ~ and foot** desvivirse por algn, ponérselo todo en bandeja a algn; *see also* **eat B**, **force B1**, **join A1**, **show A1, B1**, **throw up B1**, **wash B1**, **win B3, C**
11 (*phrases with adjective*) **to rule with a firm ~** gobernar con firmeza; **to have a free ~** tener carta blanca; **to give sb a free ~** dar carta blanca a algn; **to have one's ~s full (with sth/sb)** no parar un momento (con algo/algn), estar muy ocupado (con algo/algn); **I've got my ~s full with the kids** con los niños no paro un momento; **I've got my ~s full running the firm while the boss is away** estoy muy ocupado llevando la empresa mientras el jefe está fuera; **don't worry, she's in good ~s** no te preocupes, está en buenas manos; **with a heavy ~** con mano dura; **to give sb a helping ~** echar una mano a algn; **with a high ~** despóticamente; **if this should get into the wrong ~s ...** si esto cayera en manos de quien no debiera ...; ✦***IDIOMS*** **to get** *or* **gain the upper ~** empezar a dominar; **to have the upper ~** tener *or* llevar la ventaja
12 (= *after preposition*) **don't worry, help is at ~** no te preocupes, disponemos de *or* contamos con ayuda; **winter was at ~** se acercaba el invierno; **keep the book close at ~** ten el libro a mano; **we're close at ~ in case she needs help** nos tiene a mano *or* muy cerca si necesita ayuda; **at first ~** de primera mano; **I heard it only at second ~** lo supe sólo de modo indirecto; **at the ~s of** a manos de; **they suffered a series of defeats at the ~s of the French** sufrieron una serie de derrotas a manos de los franceses; **made by ~** hecho a mano; **to raise an animal by ~** criar un animal uno mismo; **to send a letter by ~** enviar una carta en mano; **delivered by ~** entregado en mano; **"by hand"** (*on envelope*) "en su mano"; **to take sb by the ~** coger *or* tomar a algn de la mano; **they were going along ~ in ~** iban cogidos de la mano; **it goes ~ in ~ with** está estrechamente relacionado con; **these plans should go ~ in ~** estos proyectos deben realizarse al mismo ritmo; **gun in ~** el revólver en la mano, empuñando el revólver; **to be in sb's ~s** estar en manos de algn; **it's in his ~s now** depende de él ahora; **I put myself in your ~s** me pongo en tus manos; **to have £50 in ~** tener 50 libras en el haber; **I like to have sth in ~** me

gusta tener algo en reserva; **money in ~** dinero *m* disponible; **the cases I have in ~ at the moment** los casos que tengo entre manos en este momento; **the situation is in ~** tenemos la situación controlada *or* bajo control; **he has them well in ~** sabe manejarlos perfectamente; **let's concentrate on the job in ~** centrémonos en el trabajo que tenemos entre manos; **to take sth in ~** tomar algo a cuestas; **to take sb in ~** (= *take charge of*) hacerse cargo de algn; (= *discipline*) imponer disciplina a algn; **to play into sb's ~s** hacer el juego a algn; **to fall into the ~s of the enemy** caer en manos del enemigo; **to put sth into a lawyer's ~s** poner un asunto en manos de un abogado; **to take justice into one's own ~s** tomar la justicia por su propia mano; **to get sth off one's ~s** (= *get rid of*) deshacerse de algo; (= *finish doing*) terminar de hacer algo; **to take sth off sb's ~s** desembarazar a algn de algo; **the children are off our ~s now** nuestros hijos ya han volado del nido; **on the right/left ~** a derecha/izquierda, a mano derecha/izquierda; **on the one ~ ... on the other ~** por una parte ... por otra parte, por un lado ... por otro lado; **on the other ~, she did agree to do it** pero el caso es que ella (sí) había accedido a hacerlo; **on every ~** ◊ **on all ~s** por todas partes; **there are experts on ~ to give you advice** hay expertos a su disposición para ofrecerle asesoramiento; **I've got him on my ~s all day** está conmigo todo el día; **we've got a difficult job on our ~s** tenemos entre manos una difícil tarea; **he's got time on his ~s** tiene todo el tiempo del mundo; **to have sth left on one's ~s** tener que quedarse con algo; **he was left with the goods on his ~s** tuvo que quedarse con todo el género, el género resultó ser invendible; **to dismiss sth out of ~** descartar algo sin más; **the situation was getting out of ~** la situación se estaba escapando de las manos; **the children were getting out of ~** los niños se estaban desmandando; **to have sth to ~** tener algo a mano; **I don't have the information to ~ just now** ahora mismo no tengo a mano la información; **I hit him with the first thing that came to ~** le golpeé con lo primero que tenía a mano *or* que pillé; **your letter of the 23rd is to ~** (*frm*) he recibido su carta del día 23; *see also* **cap A1**

Ⓑ VT (= *pass*) **to ~ sb sth** ◊ **~ sth to sb** pasar algo a algn; **he ~ed me the book** me pasó el libro; **✦IDIOM you've got to ~ it to him*** hay que reconocérselo

Ⓒ CPD [*lotion, cream*] para las manos ► **hand baggage** N (*US*) = **hand luggage** ► **hand controls** NPL controles *mpl* manuales ► **hand drier, hand dryer** N secamanos *m inv* automático ► **hand grenade** N granada *f* (de mano) ► **hand luggage** N equipaje *m* de mano ► **hand print** N manotada *f* ► **hand puppet** N títere *m* ► **hand signal** N (*Aut*) señal *f* con el brazo; **with both indicators broken, he had to rely on ~ signals** con los intermitentes rotos tenía que hacer señales con el brazo *or* la mano; **they had to communicate in ~ signals** tuvieron que comunicarse por señas ► **hand towel** N toalla *f* de manos

►**hand around** VT + ADV = **hand round**

►**hand back** VT + ADV devolver

►**hand down** VT + ADV [+ *suitcase etc*] bajar, pasar; [+ *heirloom*] pasar, dejar en herencia; [+ *tradition*] transmitir; (*US*) [+ *judgement*] dictar, imponer; [+ *person*] ayudar a bajar

►**hand in** VT + ADV [+ *form, homework*] entregar; [+ *resignation*] presentar

►**hand off** VT + ADV (*Rugby*) rechazar

►**hand on** VT + ADV [+ *tradition*] transmitir; [+ *news*] comunicar; [+ *object*] pasar

►**hand out** VT + ADV [+ *leaflets*] repartir, distribuir; [+ *advice*] dar

►**hand over** Ⓐ VT + ADV **1** (= *pass over*) pasar; **can you ~ me over the hammer please?** ¿me pasas el martillo, por favor?

**2** (= *hand in*) [+ *driving licence, passport*] entregar; (= *surrender*) [+ *property, business*] traspasar, ceder; [+ *power, government*] ceder

Ⓑ VI + ADV (*to successor*) ceder su puesto a; **I'm now ~ing over to the studio** (*Rad, TV*) ahora devolvemos la conexión al estudio

►**hand round** VT + ADV [+ *information, bottle*] pasar (de mano en mano); [+ *chocolates, biscuits etc*] ofrecer; [+ *photocopies, leaflets, books*] repartir

►**hand up** VT + ADV [+ *person*] subir

**handbag** ['hændbæg] Ⓐ N bolso *m* (de mano), bolsa *f* (de mano), cartera *f* (*LAm*)

Ⓑ VT (*) poner fuera de combate a golpe de bolso, eliminar a bolsazos

**handball** ['hændbɔ:l] N **1** (= *game*) balonmano *m*

**2** (*Ftbl*) (= *offence*) mano *f*

**handbasin** ['hænd,beɪsn] N lavabo *m*

**handbell** ['hændbel] N campanilla *f*

**handbill** ['hændbɪl] N folleto *m*, octavilla *f*

**handbook** ['hændbʊk] N (= *manual*) manual *m*; (= *guide*) guía *f*

**handbrake** ['hændbreɪk] N (*Brit*) freno *m* de mano

**h. & c.** ABBR (= **hot and cold (water)**) con agua caliente y fría

**handcart** ['hændkɑ:t] N carretilla *f*, carretón *m*

**handclap** ['hændklæp] N palmada *f*; **to give a player the slow ~** batir palmas a ritmo lento (*para que un jugador se esfuerce más o se dé prisa*)

**handclasp** ['hændklɑ:sp] N = **handshake**

**handcraft** ['hændkrɑ:ft] VT (*US*) hacer a mano; **~ed products** productos *mpl* artesanales

**handcream** ['hændkri:m] N crema *f* para las manos

**handcuff** ['hændkʌf] VT poner las esposas a, esposar

**handcuffs** ['hændkʌfs] NPL esposas *fpl*

**-handed** ['hændɪd] ADJ (*ending in compounds*) **two-handed backhand** (*Tennis*) revés *m* a dos manos; **he drove one-handed** conducía con una sola mano; **four-handed game** juego *m* para cuatro personas; *see also* **empty-handed**, **heavy-handed** *etc*

**-hander** ['hændəʳ] N (*ending in compounds*) (*esp Brit*) **two/three-hander** (*TV, Cine*) película *f* con dos/tres personajes; (*Theat*) obra *f* con dos/tres personajes; *see also* **left-hander**, **right-hander**

**handful** ['hændfʊl] N (= *quantity*) manojo *m*, puñado *m*; (= *small number*) puñado *m*; **a ~ of people** un puñado de gente; **that child's a real ~*** ese niño es muy travieso

**handgrip** ['hændgrɪp] N = **handle A1** = **grip A1**

**handgun** ['hændgʌn] N (*esp US*) revólver *m*, pistola *f*

**hand-held** ['hændheld] ADJ de mano; (= *portable*) portátil

**handicap** ['hændɪkæp] Ⓐ N **1** (= *disadvantage*) desventaja *f*; (= *impediment*) obstáculo *m*, estorbo *m*

**2** (*Sport, Golf*) hándicap *m*; (= *horse race*) hándicap *m*

**3** (*Med*) minusvalía *f*, discapacidad *f*

Ⓑ VT (= *prejudice*) perjudicar; (*Sport*) establecer un hándicap para; **he has always been ~ped by his accent** su acento siempre le ha perjudicado *or* le ha supuesto una desventaja

**handicapped** ['hændɪkæpt] Ⓐ ADJ **mentally ~** mentalmente discapacitado, psíquicamente disminuido; **physically ~** minusválido, (físicamente) discapacitado; **to be mentally/physically ~** tener una discapacidad mental/física, ser (un) discapacitado mental/físico

Ⓑ N **the ~** los minusválidos, los discapacitados; **the mentally ~** los discapacitados mentales, los disminuidos psíquicos

**handicraft** ['hændɪkrɑ:ft] Ⓐ N (= *art, product*) artesanía *f*; (= *skill*) destreza *f* manual

Ⓑ CPD ► **handicraft teacher** N profesor(a) *m/f* de trabajos manuales

**handily** ['hændɪlɪ] ADV **1** (= *conveniently*) [*positioned, situated*] convenientemente, cómodamente

**2** (= *dexterously*) con habilidad, con destreza

**3** (*US*) (= *easily*) [*win*] fácilmente

**handiness** ['hændɪnɪs] N **1** (= *closeness*) proximidad *f*; **the advantage of this house is its ~ for the school** la ventaja de esta casa es su proximidad a la escuela *or* lo cerca que queda de la escuela; **because of the ~ of the library** debido a que la biblioteca está tan a mano *or* queda tan cerca, porque resulta tan cómodo ir a la biblioteca

**2** [*of tool, gadget*] utilidad *f*

**3** (= *skill*) habilidad *f*, destreza *f*

**handiwork** ['hændɪwɜ:k] N **1** (= *craft*) trabajo *m*

**2** (= *action*) obra *f*; **this looks like his ~** (*pej*) parece que es obra de él

**handkerchief** ['hæŋkətʃɪf] N pañuelo *m*; *see also* **pocket C**

**hand-knitted** [,hænd'nɪtɪd] ADJ tricotado a mano, tejido a mano (*LAm*)

**handle** ['hændl] Ⓐ N **1** [*of knife, brush, spade, saucepan*] mango *m*; [*of broom*] palo *m*; [*of basket, bucket, jug*] asa *f*; [*of drawer*] tirador *m*, manija *f*; [*of door*] (= *round knob*) pomo *m*; (= *lever*) picaporte *m*, manilla *f* (*LAm*); [*of stretcher, wheelbarrow*] brazo *m*; [*of pump*] palanca *f*; (*for winding*) manivela *f*; **✦IDIOM to fly off the ~** perder los estribos, salirse de sus casillas

**2** (*fig*) (= *pretext*) excusa *f*, pretexto *m*; (= *opportunity*) oportunidad *f*; **to get a ~ on sth*** llegar a saber cómo lidiar con algo; **to have a ~ on sth*** tener algo controlado

**3** (*) (= *title*) título *m*; (= *name*) nombre *m*; **to have a ~ to one's name** (*aristocratic*) tener un título nobiliario

Ⓑ VT **1** (= *touch with hands*) tocar; **"please do not handle the fruit"** "se ruega no tocar la fruta"; **to ~ the ball** (*Ftbl*) tocar la pelota con la mano

**2** (= *manipulate, move with hands*) [+ *food*] manipular; **her hands are black from handling newsprint** tiene las manos negras de andar con *or* andar manipulando periódicos; **flowers need to be ~d gently** las flores necesitan que se las trate con cuidado; **"handle with care"** "manéjese *or* trátese con cuidado"; **the police ~d him roughly** la policía lo maltrató; **✦IDIOM to ~ sb with kid gloves** tratar a algn con guantes de seda; *see also* **hot A3**

**3** (= *use*) [+ *gun, machine*] manejar; **he knows how to ~ a gun** sabe cómo manejar una pistola; **"not to be taken before handling machinery"** "no ingerir en caso de ir a manejar maquinaria"

**4** (= *drive, steer*) [+ *car*] conducir, manejar (*LAm*); [+ *ship*] gobernar; [+ *horse*] manejar

[5] (= *tackle*) [+ *situation*] manejar; [+ *people*] tratar; **he ~d the situation very well** manejó *or* llevó muy bien la situación; **I could have ~d it better than I did** podría haberlo manejado mejor de lo que lo hice
[6] (= *manage effectively*) [+ *people*] manejar bien; [+ *emotions*] controlar; **she can certainly ~ children** no cabe duda de que maneja bien a *or* sabe manejarse con los niños; **she can't ~ pressure** no puede con la presión; **I don't know if I can ~ the job** no sé si puedo sacar adelante el trabajo
[7] (= *be responsible for*) [+ *case, investigation*] llevar, encargarse de; **the solicitor handling your case** el abogado que lleva *or* se encarga de tu caso; **we don't ~ criminal cases** nosotros no nos encargamos *or* ocupamos de las causas penales; **the treasurer ~s large sums of money** el tesorero maneja grandes cantidades de dinero; **I'll ~ this** yo me encargo (de esto)
[8] (= *deal in*) [+ *goods*] comerciar con; **we don't ~ that type of product** no comerciamos con ese tipo de productos; **we don't ~ that type of business** no hacemos ese tipo de trabajos; **to ~ stolen goods** comerciar con objetos robados
[9] (= *process*) **a computer can store and ~ large amounts of information** un ordenador puede almacenar y trabajar con *or* procesar muchísima información; **can the port ~ big ships?** ¿tiene capacidad el puerto para buques grandes?; **the present system of handling refuse** el actual sistema de recogida y tratamiento de residuos; **there is an extra fee for handling and packing your order** hay un recargo por tramitación y embalaje de su pedido; **we ~ ten per cent of their total sales** movemos *or* trabajamos un diez por ciento del total de sus ventas; **we ~ 2,000 travellers a day** por aquí pasan 2.000 viajeros cada día
Ⓒ VI [*car, plane, horse*] comportarse; [*ship*] gobernarse; **this car ~s like a dream** este coche va *or* se comporta de maravilla

**handlebar** ['hændlbɑːʳ] Ⓐ N manillar *m*, manubrio *m*; **handlebars** manillar *msing*, manubrio *msing*
Ⓑ CPD ► **handlebar moustache** N (*hum*) bigote *m* Dalí *or* daliniano

**-handled** ['hændld] ADJ (*ending in compounds*) **a wooden-handled spade** una pala con mango de madera; **a long-handled spoon** una cuchara de mango largo; **a two-handled urn** una urna de dos asas

**handler** ['hændləʳ] N [1] (*Comm*) [*of stock*] tratante *mf*, comerciante *mf*
[2] (*also* **dog ~**) adiestrador(a) *m/f*; *see also* **baggage**

**handling** ['hændlɪŋ] Ⓐ N [1] (*lit*) (= *treatment*) trato *m*; (= *manipulation*) manejo *m*; (= *exposure to hands*) manoseo *m*; **the care and ~ of antique textiles** el cuidado y el trato de tejidos antiguos; **the problem of safe ~ of radioactive waste** el problema del manejo seguro de los residuos radiactivos; **all that ~ has not improved the book's condition** tanto manoseo no ha favorecido para nada el estado de conservación del libro; **rough ~** mal trato *m*
[2] (= *management*) [*of situation, animal, money*] manejo *m*; [*of person*] trato *m*; **the minister was criticized for his ~ of the economy** el ministro fue criticado por su forma de manejar *or* llevar la economía
[3] (*Comm*) porte *m*
[4] (*Aut*) [*of car*] conducción *f*, manejo *m* (*LAm*)
Ⓑ CPD ► **handling charges** NPL gastos *mpl* de tramitación

**handmade** ['hænd'meɪd] Ⓐ ADJ hecho a mano
Ⓑ CPD ► **handmade paper** N papel *m* de tina *or* de mano

**handmaid(en)** ['hændmeɪd(ən)] N (*Hist*) criada *f*; (= *queen's servant*) azafata *f*

**hand-me-down*** ['hændmɪdaʊn] N prenda *f* usada

**handout** ['hændaʊt] N [1] (= *leaflet*) octavilla *f*, panfleto *m*; (= *pamphlet*) folleto *m*; (= *press handout*) nota *f* de prensa; (*at lecture*) hoja *f*
[2] (*) (= *money*) limosna *f*
[3] (= *distribution*) distribución *f*, repartimiento *m*

**handover** ['hændəʊvəʳ] N (*Pol*) [*of government, power*] entrega *f*, transferencia *f*

**hand-picked** ['hænd'pɪkt] ADJ [*people, staff*] cuidadosamente seleccionado, muy escogido; [*fruit*] cosechado *or* (*LAm*) recogido a mano

**handrail** ['hændreɪl] N (*on staircase etc*) pasamanos *m inv*, barandilla *f*; (*on ship*) barandilla *f*

**hand-rear** [ˌhænd'rɪəʳ] VT (*with bottle*) criar a biberones, criar con biberón; (*less specific*) criar a mano

**handset** ['hændset] N (*Telec*) aparato *m*, auricular *m*

**hands-free** [ˌhændz'friː] ADJ [*telephone*] de manos libres

**handshake** ['hændʃeɪk] N apretón *m* de manos; (*Comput*) coloquio *m*; (*as data signal*) "acuse de recibo"; **she had a firm** *or* **strong ~** estrechaba la mano con fuerza; **she had a weak ~** estrechaba la mano muy débilmente

**hands-off** [hændz'ɒf] ADJ [*policy, approach*] de no intervención

**handsome** ['hænsəm] ADJ (*compar* **handsomer**; *superl* **handsomest**) [1] (= *attractive*) [*man*] guapo, bien parecido; [*building, house, furniture*] bello, espléndido; **a tall boy with a ~ face** un chico alto y guapo de cara; **a ~ woman** una mujer *or* señora de bandera, una buena moza (*LAm*); **a ~ animal** un magnífico animal
[2] (= *considerable*) [*fortune, profit*] cuantioso; [*salary, sum*] generoso, espléndido; [*increase, rise*] importante; **to make a ~ profit (on sth)** conseguir cuantiosos beneficios (de algo)
[3] (= *convincing*) [*win, victory*] amplio, holgado

**handsomely** ['hænsəmlɪ] ADV [1] (= *attractively*) [*illustrated, dressed*] espléndidamente
[2] (= *generously*) [*pay, reward*] generosamente, espléndidamente
[3] (= *convincingly*) [*win, beat*] fácilmente, por un amplio margen; **this strategy has paid off ~** esta estrategia bien ha merecido la pena

**hands-on** [ˌhændz'ɒn] ADJ [*experience*] práctico; [*knowledge*] personal; **the museum has lots of ~ exhibits** se permite manipular un gran número de los objetos expuestos en el museo

**handspring** ['hændsprɪŋ] N voltereta *f* sobre las manos, salto *m* de paloma

**handstand** ['hændstænd] N **to do a ~** hacer el pino

**hand-stitched** [ˌhænd'stɪtʃt] ADJ cosido a mano

**hand-to-hand** ['hændtə'hænd] ADV, ADJ cuerpo a cuerpo

**hand-to-mouth** ['hændtə'maʊθ] Ⓐ ADJ [*existence*] precario
Ⓑ ADV **to live ~** vivir precariamente

**hand-wash** ['hænd'wɔːʃ] VT lavar a mano

**hand-woven** [ˌhænd'wəʊvən] ADJ tejido a mano

**handwriting** ['hændˌraɪtɪŋ] N letra *f*, escritura *f*

**handwritten** ['hænd'rɪtn] ADJ escrito a mano

**handy** ['hændɪ] ADJ (*compar* **handier**; *superl* **handiest**) [1] (= *at hand*) [*scissors, book*] a mano; (= *conveniently close*) [*shops, station*] cerca, a mano; **have you got a pen ~?** ¿tienes un bolígrafo a mano?; **our house is ~ for the shops** nuestra casa está *or* queda cerca de las tiendas; **to keep sth ~** tener algo a mano
[2] (= *useful*) [*tool, gadget, hint*] práctico, útil; **credit cards can be ~** las tarjetas de crédito pueden resultar muy prácticas *or* útiles; **it turned out rather ~ that the trip was cancelled** nos vino bastante bien que cancelasen el viaje; **to come in ~** venir muy bien, ser muy útil; **the cheque came in very ~** el cheque nos vino muy bien
[3] (= *skilful*) [*carpenter, mechanic*] hábil, diestro; **he's ~ around the home** es un manitas en la casa; **to be ~ with sth: she's ~ with a paint brush/needle** es muy mañosa para la pintura/costura, se le da muy bien la pintura/costura; **to be ~ with a gun** saber manejar una pistola; **to be ~ with one's fists** saber pelear, saber defenderse con los puños

**handyman** ['hændɪmən] N (*pl* **handymen**) manitas *mf* (*Sp, Mex*) (*hombre que tiene dotes prácticas para hacer trabajos de carpintería etc en casa*)

**hang** [hæŋ] (*pt, pp* **hung**)

| | |
|---|---|
| [A] TRANSITIVE VERB | [C] NOUN |
| [B] INTRANSITIVE VERB | [D] PHRASAL VERBS |

Ⓐ TRANSITIVE VERB
[1] [= *suspend*] [+ *coat, curtains*] colgar; [+ *picture*] (*on wall*) colgar; (*as exhibit*) exponer; [+ *washing*] tender; [+ *wallpaper*] pegar; [+ *door*] colocar; (*Culin*) [+ *game*] manir; **he hung the rope over the side of the boat** colgó la cuerda de la borda del barco; **are you any good at ~ing wallpaper?** ¿se te da bien empapelar?; ✦**IDIOM to ~ one's head** bajar *or* agachar la cabeza; **he hung his head in shame** bajó *or* agachó la cabeza avergonzado; *see also* **peg A3**, **hung over**
[2] [= *decorate*] adornar; **the walls were hung with tapestries** las paredes estaban adornadas con tapices; **trees hung with lights** árboles adornados con luces
[3] (*pt, pp* **hanged**) [3·1] [+ *criminal*] ahorcar; **he was ~ed, drawn and quartered** lo ahorcaron, destriparon y descuartizaron; **to ~ o.s.** ahorcarse; ✦**IDIOM I might as well be ~ed for a sheep as a lamb** si me van a castigar que sea por algo gordo, de perdidos al río
[3·2] (†*) (= *damn*) **~ the expense!** ¡al diablo (con) los gastos!; **~ it (all) !** ¡qué demonios!; **I'll be ~ed if I know!** ¡que me aspen *or* maten si lo sé!
[4] [*US* = *turn*] **~ a right here** gira *or* dobla *or* tuerce a la derecha aquí
[5] [= *hold*] *see* **fire A7**
Ⓑ INTRANSITIVE VERB
[1] [= *be suspended*] colgar; **a light-bulb was ~ing from the ceiling** una bombilla colgaba del techo; **I was ~ing from the ledge by my fingertips** estaba colgado de la cornisa sujeto por la punta de los dedos; **his portrait ~s in the National Gallery** su retrato está expuesto en la National Gallery; **let your arms ~ loose at your sides** deje los brazos sueltos *or* caídos; **~ loose!** (*US**) (*fig*) ¡tranqui!*, ¡relájate!; **your coat is ~ing on the hook** tu abrigo está colgado en el perchero; **a picture ~ing on the wall** un cuadro colgado en la pared; ✦**IDIOM and thereby ~s a tale** pero eso es harina de otro costal; *see also* **thread A1**
[2] [= *be positioned*] **to ~ open: the door**

**hung open** (= *not closed*) la puerta estaba abierta; (= *partly off hinges*) la puerta estaba encajada; **her mouth hung open in surprise** se quedó boquiabierta; **to ~ out of the window** [*person*] asomarse por la ventana; [*thing*] colgar de la ventana; **I can't work with you ~ing over me like that** no puedo trabajar contigo pendiente de todo lo que hago

3 (= *flow*) [*rope, garment, hair*] caer; **her hair ~s down her back** el pelo le cae por la espalda; **it's a fabric that ~s well** es una tela que tiene muy buena caída

4 (*pt, pp* **hanged**) (= *be hanged*) [*criminal*] morir en la horca; **he'll ~ for it** lo ahorcarán por esto

5 (= *hover*) [*fog*] flotar; **his breath hung in the icy air** su aliento flotaba en el aire helado; **the hawk hung motionless in the sky** el halcón se cernía inmóvil en el cielo; **the threat ~ing over us** la amenaza que se cierne sobre nosotros; **a question mark ~s over many of their futures** se cierne un *or* una interrogante sobre el porvenir de muchos de ellos

6 ♦*IDIOMS* **to go ~*** pudrirse*; **he can go ~ as far as I'm concerned** por mí que se pudra; **to ~ tough (on/for sth)** (*US*) mantenerse firme (en algo/para conseguir algo); **she hung tough despite the pressure** pese a las presiones no dio su brazo a torcer

Ⓒ NOUN

1 (*of garment*) caída *f*

2 ♦*IDIOMS* **to get the ~ of sth*** coger el tranquillo a algo*; **I'll never get the ~ of this oven** nunca aprenderé a usar este horno, nunca le cogeré el tranquillo a este horno; **I don't give** *or* **care a ~*** me importa un comino*

Ⓓ PHRASAL VERBS

►**hang about** VI + ADV 1 = **hang around**

2 (= *wait*) esperar; **~ about, you told me she'd agreed to it** (espera) un momento, me dijiste que ella estaba de acuerdo

►**hang around** Ⓐ VI + ADV 1 (= *spend time*) **they always ~ around together** siempre van *or* andan juntos; **to ~ around with sb** juntarse *or* andar con algn

2 (= *loiter*) holgazanear; **they were just ~ing around, with nothing to do** estaban holgazaneando, sin nada que hacer

3 (= *wait*) quedarse a esperar; **I'm not ~ing around to find out** no voy a quedarme (a esperar) para ver qué pasa; **he got sick of ~ing around waiting for me** se hartó de andar de un lado para otro esperándome; **to keep sb ~ing around** hacer esperar a algn, tener a algn esperando

Ⓑ VI + PREP **the usual crowd who hung around the café** el grupo de siempre que frecuentaba el café; **schoolboys who ~ around the streets after school** colegiales que rondan por las calles después de clase

►**hang back** VI + ADV 1 (= *hesitate*) no decidirse; **even his closest advisers believe he should ~ back no longer** incluso sus consejeros más allegados creen que debería decidirse ya *or* que no debería pensárselo más; **she hung back from offering** no tenía claro si debía ofrecerse

2 (= *stay behind*) quedarse atrás; **he hung back shyly in the doorway** se quedó atrás tímidamente en la puerta

►**hang in*** VI + ADV **~ in there!** ¡aguanta!; **I didn't ~ in there long enough to find out for sure** no aguanté *or* seguí allí lo suficiente como para cerciorarme

►**hang on** Ⓐ VI + PREP 1 **she hung on his arm** iba agarrada de su brazo; ♦*IDIOMS* **to ~ on sb's every word** ◊ **~ on sb's words** estar pendiente de todo lo que dice algn, no perder detalle de lo que dice algn

2 (= *depend on*) depender de; **everything ~s on his decision** todo depende de su decisión; **everything ~s on whether he saw her or not** todo depende de si la vio o no

Ⓑ VI + ADV 1 (= *grip, hold*) **to ~ on (to sth)** agarrarse (a *or* de algo); **~ on to the branch** agárrate a *or* de la rama; **~ on tight** agárrate fuerte; ♦*IDIOM* **to ~ on (to sth) for dear life** agarrarse (a algo) como si fuera la vida en ello

2 (*) (= *wait*) esperar; **~ on a minute!** ¡espera (un momento)!; **could you ~ on, please?** (*Telec*) no cuelgue, por favor; **to keep sb ~ing on** hacer esperar a algn, tener a algn esperando

3 (= *hold out*) aguantar; **he managed to ~ on till help came** consiguió aguantar hasta que llegó ayuda; **United hung on to take the cup** el United aguantó el tipo y ganó la copa; **~ on in there!*** ¡aguanta!

►**hang on to***, **hang onto*** VI + PREP (= *keep*) [+ *object*] quedarse (con), guardar; [+ *principle*] aferrarse a; **~ on to it till I see you** quédatelo *or* guárdalo hasta que nos veamos; **the president is trying to ~ on to power** el presidente está intentando aferrarse al poder; **he was unable to ~ on to his lead** no pudo mantener su ventaja

►**hang out** Ⓐ VT + ADV [+ *washing*] tender; [+ *flags, banner*] poner, colgar

Ⓑ VI + ADV 1 [*tongue, shirt tails*] **the dog lay there panting, with his tongue ~ing out** el perro estaba ahí echado, jadeando con la lengua fuera *or* con la lengua colgando; **your shirt is ~ing out** llevas la camisa colgando, tienes la camisa fuera

2 (*) (= *live*) vivir; (= *spend time*) pasar el rato; **he hung out in Paris for several years** pasó *or* vivió varios años en París; **on Saturdays we ~ out in the park** los sábados pasamos el rato en el parque; **I used to ~ out in supermarkets** solía frecuentar los supermercados; **she ~s out with some strange people** anda *or* se junta con gente rara

3 (*) (= *hold out*) **they're ~ing out for more money** siguen exigiendo más dinero, insisten en pedir más dinero

4 ♦*IDIOM* **to let it all ~ out** (*US**) soltarse el pelo *or* la melena

►**hang together*** VI + ADV 1 (= *stay united*) [*people*] mantenerse unidos

2 (*logically*) (= *back one another up*) sostenerse; (= *follow internal logic*) tener coherencia; **his arguments just don't ~ together** sus argumentos no se sostienen; **it all ~s together** todo tiene coherencia; **it doesn't ~ together with what we know** no cuadra *or* no encaja con lo que sabemos

►**hang up** Ⓐ VT + ADV 1 [+ *coat*] colgar; ♦*IDIOM* **to ~ up one's boots** colgar las botas; **he announced he was ~ing up his boots for good** anunció que colgaba las botas para siempre

2 (*) **to be hung up on sth** estar obsesionado por algo; **I've never been hung up on material things** nunca me han obsesionado las cosas materiales; **to be hung up on sb** estar colado por algn

3 (*Telec*) [+ *receiver*] colgar

Ⓑ VI + ADV 1 (= *be suspended*) estar colgado; **his hat was ~ing up in the hall** su sombrero estaba colgado en la entrada

2 (*Telec*) colgar; **don't ~ up!** ¡no cuelgues!; **to ~ up on sb** colgar a algn

**hangar** [ˈhæŋəʳ] N hangar *m*

**hangdog** [ˈhæŋdɒg] ADJ (= *guilty*) [*look, expression*] avergonzado; (= *depressed*) abatido

**hanger** [ˈhæŋəʳ] N (*for clothes*) percha *f*, gancho *m* (*LAm*)

**hanger-on*** [ˈhæŋərˈɒn] N (*pl* **hangers-on**) parásito/a *m/f*, pegote *mf* (*Sp**)

**hang-glide** [ˈhæŋ,glaɪd] VI volar con ala delta

**hang-glider** [ˈhæŋ,glaɪdəʳ] N 1 (= *device*) ala *f* delta

2 (= *person*) piloto *mf* de ala delta

**hang-gliding** [ˈhæŋ,glaɪdɪŋ] N vuelo *m* con ala delta

**hanging** [ˈhæŋɪŋ] Ⓐ N 1 (*Jur*) 1·1 (= *death penalty*) (ejecución *f* en) la horca, ahorcamiento *m*; **~ would be too good for them** (la ejecución en) la horca *or* el ahorcamiento sería algo demasiado bueno para ellos

1·2 (= *individual execution*) ejecución *f* en la horca, ahorcamiento *m*; **the last ~ in Britain** la última ejecución en la horca en Gran Bretaña; **~s were commonplace then** entonces los ahorcamientos eran moneda corriente

2 (= *curtain*) colgadura *f*; **wall ~** tapiz *m*

Ⓑ ADJ [*bridge, plant, garden*] colgante; [*lamp*] de techo; [*cupboard*] para colgar; **~ space** espacio *m* para colgar ropa

Ⓒ CPD ► **hanging basket** N macetero *m* colgante ► **hanging committee** N junta *f* seleccionadora (*de una exposición*) ► **hanging judge** N juez(a) *m/f* muy severo/a ► **hanging matter** N (*fig*) **it's not a ~ matter** no es cosa de vida o muerte ► **hanging offence, hanging offense** (*US*) N (*lit*) delito *m* que se castiga con la horca; **prostitution is a ~ offence there** la prostitución allí es un delito que se castiga con la horca; **it's not a ~ offence** (*fig*) no es cosa de vida o muerte

**hangman** [ˈhæŋmən] N (*pl* **hangmen**) verdugo *m*

**hangnail** [ˈhæŋneɪl] N padrastro *m*

**hang-out*** [ˈhæŋaʊt] N (*gen*) lugar *m*; (= *bar*) bar *m* habitual; [*of thieves etc*] guarida *f*

**hangover** [ˈhæŋ,əʊvəʳ] N 1 (*after drinking*) resaca *f*, cruda *f* (*LAm*)

2 (= *sth left over*) vestigio *m*, reliquia *f*; **it's a ~ from pre-war days** es un vestigio *or* una reliquia de la época de preguerra

**hang-up*** [ˈhæŋʌp] N 1 (= *problem*) problema *m*, lío* *m*

2 (= *complex*) complejo *m* (**about** con)

**hank** [hæŋk] N [*of wool*] madeja *f*; [*of hair*] mechón *m*

**hanker** [ˈhæŋkəʳ] VI **to ~ after** *or* **for sth** añorar *or* anhelar algo

**hankering** [ˈhæŋkərɪŋ] N añoranza *f* (**for** de), anhelo *m* (**for** por); **to have a ~ for sth** añorar *or* anhelar algo

**hankie***, **hanky*** [ˈhæŋkɪ] N pañuelo *m*

**hanky-panky*** [ˈhæŋkɪˈpæŋkɪ] N 1 (*US*) (= *trickery*) **there's some ~ going on here** aquí hay trampa, esto huele a camelo*

2 (*Brit*) (*sexual*) relaciones *fpl* sospechosas; **we want no ~ with the girls** nada de meterse mano con las chicas*

**Hannibal** [ˈhænɪbəl] N Aníbal

**Hanover** [ˈhænəvəʳ] N Hanovre *m*

**Hanoverian** [,hænəʊˈvɪərɪən] Ⓐ ADJ hanoveriano

Ⓑ N hanoveriano/a *m/f*

**Hansard** [ˈhænsɑːd] N *Actas oficiales de los debates del parlamento británico*

**Hanseatic** [,hænzɪˈætɪk] ADJ **the ~ League** La Liga Hanseática

**hansom** ['hænsəm] N cabriolé *m* (*con pescante trasero*)

**Hants** [hænts] N ABBR = **Hampshire**

**Hanukkah** ['hɑːnəkə] N *celebración judía dedicada al Templo de Jerusalén*

**ha'penny*** ['heɪpnɪ] N = **halfpenny**

**haphazard** ['hæp'hæzəd] ADJ [1] (= *random*) [*selection*] al azar; [*manner, method*] poco sistemático; **the town has developed in a ~ way** la ciudad ha crecido sin planificación alguna *or* muy desordenadamente; **their approach to the problem has been rather ~** han abordado el problema de forma poco sistemática
[2] (= *careless*) [*person*] descuidado

**haphazardly** [,hæp'hæzədlɪ] ADV [*arrange*] de cualquier modo; [*select*] al azar

**hapless** ['hæplɪs] ADJ desventurado

**happen** ['hæpən] VI [1] (= *occur*) pasar, ocurrir, suceder; **what's ~ing?** ¿qué pasa *or* ocurre *or* sucede?; **how did it ~?** ¿cómo pasó *or* ocurrió *or* sucedió?, ¿cómo fue?; **these things ~** estas cosas pasan, son cosas que pasan; **when did the accident ~?** ¿cuándo ocurrió *or* sucedió el accidente?; **whatever ~s** pase lo que pase; **don't let it ~ again** que no vuelva a ocurrir; **as if nothing had ~ed** como si nada, como si tal cosa; **how does it ~ that ...?** ¿cómo es posible que ...? + *subjun*; **what has ~ed to him?** (= *befall*) ¿qué le ha pasado?; (= *become of*) ¿qué ha sido de él?; **it's the best thing that ever ~ed to me** es lo mejor que me ha pasado en la vida; **if anything should ~ to him ...** si le pasara algo ...; ✦***IDIOM*** **it's all ~ing here*** aquí es donde está la movida *or* marcha*; *see also* **accident**
[2] (= *chance*) **it ~ed that I was out that day** dio la casualidad de que *or* resulta que aquel día estuve fuera; **it might ~ that no one turns up** puede ocurrir que no venga nadie; **if you ~ to see John, let him know** si acaso vieras a John *or* si da la casualidad de que ves a John, díselo; **I ~ to know that ...** da la casualidad de que sé que ...; **he just ~s to be here now** da la casualidad de que está aquí ahora; **if anyone should ~ to see you** si acaso alguien te viera; **would you ~ to have a pen?** ¿no tendrá un bolígrafo por casualidad?; **it ~s to be true** da la casualidad de que es verdad; **as it ~s ...,** ◊ **it (just) so ~s that ...** da la casualidad de que ...; **I do know him, as it ~s** pues da la casualidad de que sí le conozco

►**happen along** VI + ADV aparecer; **who should ~ along but Sheila** quién dirías que apareció, pues Sheila

►**happen on, happen upon** VI + PREP [+ *thing*] dar con, encontrar; [+ *person*] tropezar con, encontrarse con; **we ~ed (up)on this gem of a hotel in Ireland** dimos con *or* encontramos un hotel magnífico en Irlanda; **to ~ (up)on the solution** dar con *or* encontrar la solución

**happening** ['hæpnɪŋ] Ⓐ N (= *event*) suceso *m*, acontecimiento *m*; (*Theat*) happening *m*
Ⓑ ADJ (*) que es lo último*, de lo último

**happenstance** ['hæpənstæns] N (*US*) casualidad *f*; **by ~** por casualidad

**happily** ['hæpɪlɪ] ADV [1] (= *contentedly*) [*smile, say, play*] alegremente, felizmente; **it all ended ~** todo acabó felizmente, todo tuvo un final feliz; **they lived ~ together for many years** vivieron los dos felices durante muchos años; **I'm a ~ married man** soy un hombre feliz en mi matrimonio; **he said he would ~ lend us the money** dijo que nos dejaría el dinero con mucho gusto, dijo que gustosamente nos dejaría el dinero
[2] (= *without difficulty*) sin ningún problema; **Muslims and Catholics live ~ together here** musulmanes y católicos conviven aquí sin ningún problema; **blackberries will grow ~ in any good soil** las moras crecen bien en cualquier tipo de tierra; **she'll ~ spend £100 on a dress** se puede gastar 100 libras en un vestido tan tranquilamente
[3] (= *fortunately*) afortunadamente, por fortuna; **~, no one was hurt** afortunadamente *or* por fortuna, nadie resultó herido

**happiness** ['hæpɪnɪs] N (= *contentment*) felicidad *f*; (= *cheerfulness*) alegría *f*; **we wish you every ~** te deseamos toda la felicidad del mundo; **if you want to know real ~** si quieres ser verdaderamente feliz

**ʏhappy** ['hæpɪ] Ⓐ ADJ (*compar* **happier**; *superl* **happiest**) [1] (= *contented*) feliz; **we've been very ~ here** aquí hemos sido muy felices; **I don't think they're very ~ together** no creo que sean muy felices juntos; **to make sb ~** hacer feliz a algn; **you've just made me a very ~ man!** ¡me acabas de hacer el hombre más feliz del mundo!; ✦***IDIOM*** **to be as ~ as Larry** *or* **a lark** *or* **a sandboy** estar como unas pascuas
[2] (= *cheerful*) alegre; **she has always been a ~ little girl** siempre ha sido una niña muy alegre; **he has a ~ temperament** tiene un temperamento alegre
[3] (= *satisfied, pleased*) contento; **the boss is waiting for you and he isn't very ~** te está esperando el jefe y no parece muy contento; **to be ~ to do sth: I'm just ~ to be back running** sólo estoy contento de poder volver a correr; **I am ~ to tell you that ...** tengo mucho gusto en comunicarle que ...; **we'll be ~ to help** estaremos encantados de ayudar; **I'd be ~ to check it for you** no me importa nada comprobártelo, con mucho gusto se lo comprobaré (*more frm*); **yes, I'd be ~ to** sí, con mucho gusto; **he seems quite ~ to let things go on as they are** parece no importarle dejar que las cosas sigan como están; **we are not ~ about the plan** no estamos contentos con el proyecto; **we're very ~ for you** nos alegramos mucho por ti; **to keep sb ~** tener a algn contento; **she wasn't ~ with his work** no estaba contenta con su trabajo
[4] (= *at ease, unworried*) tranquilo; **don't worry about keeping him waiting, he seems quite ~** no te preocupes por hacerle esperar, él parece muy tranquilo; **I'm quite ~ to wait** no me importa esperar
[5] (= *pleasant, joyful*) [*childhood, life, marriage, home*] feliz; [*place, atmosphere*] alegre; **it was the happiest day of my life** fue el día más feliz de mi vida; **they were having such a ~ time splashing around** se lo estaban pasando tan bien chapoteando en el agua; **we spent many ~ hours playing on the beach** pasamos muchas horas maravillosas jugando en la playa; **~ birthday!** ¡feliz cumpleaños!; **~ Christmas!** ¡feliz Navidad!, ¡felices Navidades!; **a ~ ending** un final feliz; **a ~ event** un feliz acontecimiento; **~ New Year!** ¡feliz Año Nuevo!; *see also* **return A1**
[6] (= *felicitous*) [*phrase*] afortunado, oportuno; [*position, chance*] afortunado; [*coincidence, idea*] feliz; **a ~ medium** un término medio; **to strike a ~ medium** encontrar un término medio; *see also* **hunting**
[7] (*) (= *tipsy*) contentillo*, alegre*
Ⓑ CPD ► **happy families** NSING (*Cards*) juego *m* de las familias ► **happy hour** N happy hour *m* (*hora durante la cual se paga menos por la bebida en los bares*)

➤ LANGUAGE IN USE: happy A3 14, 24.2 A5 23.1, 23.2, 23.3

**happy-go-lucky** ['hæpɪgəʊ'lʌkɪ] ADJ despreocupado

**Hapsburg** ['hæpsbɜːg] N Habsburgo

**hara-kiri** ['hærə'kɪrɪ] N haraquiri *m*

**harangue** [hə'ræŋ] Ⓐ N arenga *f*
Ⓑ VT arengar

**harass** ['hærəs] VT acosar, hostigar; (*Mil*) hostilizar, hostigar

**harassed** ['hærəst] ADJ (= *exhausted*) agobiado; (= *under pressure*) presionado; **to look ~** parecer agobiado

**harassment** ['hærəsmənt] N acoso *m*; (*Mil*) hostigamiento *m*; **sexual ~** acoso *m* sexual

**harbinger** ['hɑːbɪndʒəʳ] N (= *person*) heraldo *m*, precursor *m*; (= *sign*) presagio *m*, precursor *m*; **~ of doom** presagio *m* del desastre; **the swallow is a ~ of spring** la golondrina anuncia la venida de la primavera

**harbour, harbor** (*US*) ['hɑːbəʳ] Ⓐ N puerto *m*
Ⓑ VT (= *retain*) [+ *fear, hope*] abrigar; (= *shelter*) [+ *criminal, spy*] dar abrigo *or* refugio a; (= *conceal*) esconder; **that corner ~s the dust** en ese rincón se amontona el polvo; **to ~ a grudge** guardar rencor
Ⓒ CPD ► **harbour dues** NPL derechos *mpl* portuarios ► **harbour master** N capitán *m* de puerto

**hard** [hɑːd] Ⓐ ADJ (*compar* **harder**; *superl* **hardest**) [1] (= *not soft*) [*object, substance, cheese, skin*] duro; [*ground, snow*] duro, compacto; **baked ~** endurecido (*al sol o en el horno*); **to become** *or* **go ~** ponerse duro, endurecerse; **the water is very ~ here** aquí el agua es muy dura *or* tiene mucha cal; ✦***IDIOMS*** **to be as ~ as nails** [*person*] (*physically*) ser duro como una roca; **(as) ~ as a rock** [*object*] (tan) duro como una piedra; *see also* **nut**
[2] (= *harsh, severe*) [*climate, winter, person*] duro, severo; [*frost*] fuerte; [*words, tone*] duro, áspero; [*expression, eyes, voice*] serio, duro; [*drink, liquor*] fuerte; [*drugs*] duro; [*fact*] concreto; [*evidence*] irrefutable; **a ~ blow** (*fig*) un duro golpe; **to take a long ~ look at sth** examinar algo detenidamente; **to be ~ on sb** ser muy duro con algn, darle duro a algn (*LAm*); **don't be so ~ on him, it's not his fault** no seas tan duro con él, no es culpa suya; **aren't you being a bit ~ on yourself?** ¿no estás siendo un poco duro contigo mismo?; **to be ~ on one's clothes** destrozar la ropa; **the light was ~ on the eyes** la luz hacía daño a los ojos; ✦***IDIOM*** **to be as ~ as nails** (*in temperament*) ser muy duro, tener el corazón muy duro; *see also* **feeling**
[3] (= *strenuous, tough*) [*work, day*] duro; [*fight, match*] muy reñido; **gardening is ~ work** arreglar el jardín es un trabajo duro; **phew, that was ~ work!** ¡uf!, ¡ha costado lo suyo!; **he's not afraid of ~ work** el trabajo duro no le asusta; **coping with three babies is very ~ work** tres bebés dan mucha tarea *or* mucho trabajo, arreglárselas con tres bebés es una dura *or* ardua tarea; **it's ~ work getting her to talk about herself** cuesta mucho *or* resulta muy trabajoso hacerla hablar sobre sí misma; **to be a ~ worker** ser muy trabajador(a)
[4] (= *difficult*) [*exam, decision, choice*] difícil; **to be ~ to do: it's ~ to study on your own** es difícil estudiar por tu cuenta; **he found it ~ to make friends** le resultaba difícil hacer amigos; **I find it ~ to believe that ...** me cuesta (trabajo) creer que ...; **bloodstains are ~ to remove** las manchas de sangre son difíciles de quitar; **to be ~ to come by** ser difícil de conseguir; **that is a very ~ question to answer** ésa es una pregunta muy difícil de responder; **to be ~ to deal with** ser de

trato difícil; **to be ~ to please** ser muy exigente *or* quisquilloso; **to be ~ of hearing** ser duro de oído; **he's learning the ~ way** está aprendiendo a base de cometer errores; **we shall have to do it the ~ way** tendremos que hacerlo a pulso; *see also* **bargain, play C4**
[5] (= *tough, unpleasant*) [*life, times*] duro; **it's a ~ life!** ¡qué vida más dura!; **those were ~ times to live in** aquellos eran tiempos duros, la vida era dura en aquellos tiempos; **her family had fallen on ~ times** su familia estaba pasando por dificultades económicas; **to have a ~ time** pasarlo mal; **to have a ~ time doing sth** tener problemas para hacer algo; **to give sb a ~ time** hacérselo pasar mal a algn; **✦IDIOMS to take a ~ line against/over sth** adoptar una postura intransigente contra algo/respecto a algo; **~ lines** (*Brit**) mala suerte *f*; **~ lines!** ¡qué mala suerte!, ¡qué mala pata!*; *see also* **going, hard-line, hard-liner, luck**
[6] (= *forceful*) [*push, tug, kick*] fuerte
[7] (*Phon, Ling*) [*sound*] fuerte; [*consonant*] oclusivo
Ⓑ ADV (*compar* **harder**; *superl* **hardest**) [1] (= *with a lot of effort*) [*work*] duro, mucho; [*study*] mucho; **he had worked ~ all his life** había trabajado duro *or* mucho toda su vida; **he works very ~** trabaja muy duro, trabaja mucho; **she works ~ at keeping herself fit** se esfuerza mucho por mantenerse en forma; **he was ~ at work in the garden** estaba trabajando afanosamente *or* con ahínco en el jardín; **he was breathing ~** respiraba con dificultad; **we're saving ~ for our holidays** estamos ahorrando todo lo que podemos para las vacaciones, estamos ahorrando al máximo para las vacaciones; **to try ~: she always tries ~** siempre se esfuerza mucho; **I can't do it, no matter how ~ I try** no puedo hacerlo, por mucho que lo intente; **to try one's ~est to do sth** esforzarse al máximo por hacer algo; **maybe you're trying too ~** a lo mejor tienes que tomártelo con más calma; **✦IDIOM to be ~ at it: Bill was ~ at it in the garden*** Bill se estaba empleando a fondo en el jardín, Bill estaba dándole duro al jardín*
[2] (= *with force*) [*hit*] fuerte, duro; [*pull, push, blow*] con fuerza; [*snow, rain*] fuerte, mucho; **she pushed the wardrobe as ~ as she could** empujó el armario con todas sus fuerzas; **the government decided to clamp down ~ on terrorism** el gobierno decidió tomar medidas duras contra el terrorismo; **she was feeling ~ done by** pensaba que la habían tratado injustamente; **~ hit** seriamente afectado; **to hit sb ~** (*fig*) ser un duro golpe para algn; **California has been (particularly) ~ hit by the crisis** California (en particular) se ha visto seriamente afectada por la crisis; **I would be ~ pushed** *or* **put to think of another plan** me resultaría difícil pensar en otro plan; **we'll be ~ pushed** *or* **put to finish this tonight!** ¡nos va a ser difícil terminar esto esta noche!; **to take sth ~** tomarse algo muy mal*; **he took it pretty ~** se lo tomó muy mal, fue un duro golpe para él, le golpeó mucho (*LAm*); **to be ~ up*** estar pelado*, no tener un duro (*Sp**); **to be ~ up for sth** estar falto *or* escaso de algo; *see also* **hard-pressed**
[3] (= *solid*) **to freeze ~** quedarse congelado; **to set ~** [*cement etc*] fraguar, endurecerse
[4] (= *intently*) [*listen*] atentamente; [*concentrate*] al máximo; **to look ~ (at sth)** fijarse mucho (en algo); **think ~ before you make a decision** piénsalo muy bien antes de tomar una decisión; **I thought ~ but I couldn't remember his name** por más que pensé *or* por más vueltas que le di no pude recordar su nombre
[5] (= *sharply*) **~ a-port/a-starboard** (*Naut*) todo a babor/estribor; **to turn ~ left/right** girar todo a la izquierda/derecha
[6] (= *closely*) **~ behind sth** justo detrás de algo; **I hurried upstairs with my sister ~ behind me** subí las escaleras corriendo con mi hermana que venía justo detrás; **~ upon sth** (= *just after*) justo después de algo; **the launch of the book followed ~ upon the success of the film** el lanzamiento del libro se produjo justo después del éxito de la película; *see also* **heel A1**
Ⓒ CPD ► **hard cash** N dinero *m* contante y sonante, (dinero *m* en) efectivo *m* ► **hard centre, hard center** (*US*) N relleno *m* duro ► **hard copy** N (*Comput*) copia *f* impresa ► **the hard core** N (= *intransigents*) los incondicionales, el núcleo duro; *see also* **hard-core** ► **hard court** N (*Tennis*) cancha *f* (de tenis) de cemento, pista *f* (de tenis) de cemento ► **hard currency** N moneda *f* fuerte, divisa *f* fuerte ► **hard disk** N (*Comput*) disco *m* duro ► **hard goods** NPL productos *mpl* no perecederos ► **hard hat** N (= *riding hat*) gorra *f* de montar; [*of construction worker*] casco *m*; (= *construction worker*) albañil *mf* ► **hard labour, hard labor** (*US*) N trabajos *mpl* forzados ► **hard landing** N aterrizaje *m* duro ► **the hard left** N (*esp Brit*) la extrema izquierda, la izquierda radical ► **hard news** N noticias *fpl* fidedignas ► **hard palate** N paladar *m* ► **hard porn*** N porno *m* duro ► **the hard right** N (*esp Brit*) la extrema derecha, la derecha radical ► **hard rock** N (*Mus*) rock *m* duro ► **hard sell** N venta *f* agresiva; **~ sell tactics** táctica *fsing* de venta agresiva; **~ sell techniques** técnicas *fpl* de venta agresiva ► **hard shoulder** N (*Brit Aut*) arcén *m*, hombrillo *m* ► **hard stuff*** N (= *alcohol*) alcohol *m* duro, bebidas *fpl* fuertes; (= *drugs*) droga *f* dura; **he fancied a drop of the ~ stuff** le apetecía una copita de algo fuerte ► **hard top** N (= *car*) coche *m* no descapotable; (= *car roof*) techo *m* rígido ► **hard water** N agua *f* dura, agua *f* con mucha cal

**hard-and-fast** ['hɑːdən'fɑːst] ADJ [*rule*] rígido; [*decision*] definitivo, irrevocable

**hardback** ['hɑːdbæk] Ⓐ N (= *book*) libro *m* encuadernado, libro *m* de tapa dura
Ⓑ ADJ [*edition, book*] de tapa dura

**hard-bitten** ['hɑːd'bɪtn] ADJ endurecido, amargado

**hardboard** ['hɑːdbɔːd] N aglomerado *m* (*de madera*)

**hard-boiled** ['hɑːd'bɔɪld] ADJ [1] (= *hard*) [*egg*] duro
[2] (= *tough, cynical*) duro de carácter, amargado

**hard-core** ['hɑːdkɔːʳ] ADJ [*pornography*] duro; [*supporter, militant, activist*] acérrimo; [*conservative, communist*] acérrimo, empedernido; *see also* **hard**

**hard-cover** ['hɑːd,kʌvəʳ] ADJ [*book*] encuadernado, de tapa dura

**hard-drinking** ['hɑːd'drɪŋkɪŋ] ADJ bebedor

**hard-earned** ['hɑːd'ɜːnd] ADJ ganado con el sudor de la frente

**hard-edged** ['hɑːd'edʒd] ADJ (*fig*) [*style, story*] contundente, duro

**harden** ['hɑːdn] Ⓐ VT [1] (= *make hard*) [+ *substance*] endurecer; [+ *steel*] templar; [+ *skin*] curtir, endurecer
[2] (= *make tough, harsh*) endurecer; **the experience had ~ed her** la experiencia la había endurecido; **to ~ sb to adversity** acostumbrar a algn a hacerse fuerte ante la adversidad; **✦IDIOM to ~ one's heart: years of putting up with his violent outbursts had ~ed her heart** después de años de sufrir sus arranques de violencia se le había endurecido el corazón; **she ~ed her heart and refused to have him back** hizo de tripas corazón *or* se hizo fuerte y se negó a aceptarlo de nuevo
[3] (= *make determined*) **these experiences ~ed her resolve** estas experiencias la afianzaron en su propósito; **the workers' behaviour only served to ~ the attitude of the managers** el comportamiento de los obreros sólo contribuyó a reforzar la actitud de la dirección
[4] (*Comm*) (= *stabilize*) estabilizar, consolidar
Ⓑ VI [1] (= *become hard*) [*clay, arteries, icing*] endurecerse; [*cement*] fraguar
[2] (= *become harsh, severe*) [*person, expression, eyes*] endurecerse; **his voice ~ed** el tono de su voz se endureció, adoptó un tono más áspero; **my heart ~ed against her** mi corazón se volvió contra ella; **what happened only caused him to ~ in his determination to continue** lo que sucedió sólo le afianzó más en su propósito de seguir
[3] (*Comm*) (= *stabilize*) [*prices, economy*] estabilizarse, consolidarse

**hardened** ['hɑːdnd] ADJ [1] [*drinker*] empedernido; [*criminal*] reincidente; **to be ~ to sth** estar acostumbrado a algo; **we are becoming ~ to violence** nos hemos ido acostumbrando a la violencia
[2] (*Tech*) [*steel*] templado

**hardening** ['hɑːdnɪŋ] N [1] (*lit*) endurecimiento *m*; **~ of the arteries** endurecimiento *m* de las arterias, arteriosclerosis *f*
[2] (*fig*) [*of attitude*] radicalización *f*
[3] (*Comm*) [*of prices, economy*] estabilización *f*, consolidación *f*

**hard-faced** ['hɑːdfeɪst] ADJ severo, inflexible

**hard-fought** ['hɑːd'fɔːt] ADJ muy reñido

**hard-headed** ['hɑːd'hedɪd] ADJ (= *shrewd*) realista, práctico; (= *stubborn*) terco

**hard-hearted** ['hɑːd'hɑːtɪd] ADJ duro de corazón; **to be ~** tener un corazón de piedra

**hard-hit** ['hɑːd'hɪt] ADJ muy afectado, muy perjudicado; **small businesses have been particularly ~ by these measures** los pequeños negocios se han visto especialmente afectados *or* perjudicados por estas medidas

**hard-hitting** ['hɑːd,hɪtɪŋ] ADJ [*speech etc*] contundente

**hardiness** ['hɑːdɪnɪs] N resistencia *f*

**hard-line** ['hɑːd'laɪn] ADJ [*communist, conservative*] de línea dura, extremista; [*approach, policy*] radical

**hard-liner** [,hɑːd'laɪnəʳ] N duro/a *m/f*; (*Pol*) (= *supporter*) partidario/a *m/f* de línea dura; (= *politician*) político/a *m/f* de línea dura; **the ~s of the party** el ala dura del partido

**hard-luck story** [,hɑːdlʌk'stɔːrɪ] N **he pitched me a ~** me contó sus infortunios *or* su historia tan trágica

**hardly** ['hɑːdlɪ] ADV apenas; **I ~ know him** apenas lo conozco, casi no lo conozco; **I can ~ believe it** apenas puedo creerlo, casi no puedo creerlo; **I could ~ understand a word** apenas entendí palabra, no pude entender casi nada; **she had ~ any money** apenas tenía dinero, no tenía casi dinero; **~ a day goes by when we don't argue** apenas pasa un día sin que discutamos; **we could ~ refuse** ¿cómo podíamos negarnos?; **she's ~ what you'd call a cordon bleu chef** (*iro*) no es precisamente *or* no es lo que se dice un cocinero de primera; **that can ~ be true** eso difícilmente puede ser verdad; **that is ~ likely**

eso es poco probable; **it's ~ surprising!** ¡no me extraña *or* sorprende!; **"do you think he'll pass?" — "~!"** —¿crees que aprobará? —¡qué va! *or* ¡ni hablar!; **~ anyone** casi nadie; **~ anything** casi nada; **there was ~ anywhere to go** no había casi ningún sitio donde ir; **~ ever** casi nunca

**hardness** ['hɑːdnɪs] N [1] (= *not softness*) [*of object, substance, water*] dureza *f*
[2] (= *not easiness*) [*of exam, problem*] dificultad *f*; **~ of hearing** dureza *f* de oído
[3] (= *harshness*) [*of person, measures*] dureza *f*, severidad *f*; [*of winter, frost*] rigor *m*; **~ of heart** dureza *f* de corazón, insensibilidad *f*

**hard-nosed** [,hɑːd'nəʊzd] ADJ (*fig*) duro

**hard-on**** ['hɑːdɒn] N empalme *m* (*Sp***), erección *f*; **he had a ~** se le puso dura, se empalmó (*Sp***), se le empinó (*Sp***)

**hard-pressed** ['hɑːdprest] ADJ **to be ~** estar en apuros; **our ~ economy** nuestra agobiada economía; **you'd be ~ to find a better deal than that** le va a ser difícil encontrar una oferta mejor

**hardship** ['hɑːdʃɪp] Ⓐ N (= *deprivation*) privación *f*; (*financial*) apuro *m*; (= *condition of life*) miseria *f*; **to suffer ~(s)** pasar apuros; **it's no ~ to him (to give up the car)** no le cuesta nada (dejar de usar el coche)
Ⓑ CPD ► **hardship clause** N (*Jur*) cláusula *f* de salvaguarda

**hardtack** ['hɑːdtæk] N (*Naut*) galleta *f*

**hardware** ['hɑːdwɛəʳ] Ⓐ N (*for domestic use*) ferretería *f*, quincalla *f*; (*Mil*) armas *fpl*, armamento *m*; (*Comput*) hardware *m*, soporte *m* físico
Ⓑ CPD ► **hardware dealer** N ferretero/a *m/f* ► **hardware shop, hardware store** N ferretería *f* ► **hardware specialist** N (*Comput*) especialista *mf* en hardware

**hard-wearing** ['hɑːd'wɛərɪŋ] ADJ resistente, duradero

**hard-won** ['hɑːd'wʌn] ADJ ganado a duras penas

**hardwood** ['hɑːdwʊd] Ⓐ N madera *f* noble *or* dura
Ⓑ CPD ► **hardwood tree** N árbol *m* de hojas caducas

**hard-working** ['hɑːd'wɜːkɪŋ] ADJ trabajador

**hardy** ['hɑːdɪ] ADJ (*compar* **hardier**; *superl* **hardiest**) fuerte, robusto; (*Bot*) resistente

**hare** [hɛəʳ] Ⓐ N (*pl* **hares** *or* **hare**) liebre *f*; ✦***PROV*** **first catch your ~** no hay que empezar por el tejado
Ⓑ VI (*) ir a todo correr*, ir a toda pastilla*; **to ~ away** *or* **off** irse a todo correr *or* a toda pastilla*, salir disparado*; **to ~ in/out/through** (*Brit*) entrar/salir/pasar a todo correr *or* a toda pastilla*; **he went haring past** pasó como un rayo

**harebell** ['hɛəbel] N campánula *f*

**harebrained** ['hɛəbreɪnd] ADJ [*idea, scheme*] disparatado, descabellado; [*person*] casquivano

**harelip** ['hɛə'lɪp] N labio *m* leporino

**harelipped** [,hɛə'lɪpt] ADJ de labio leporino, labihendido

**harem** [hɑː'riːm] N harén *m*

**haricot** ['hærɪkəʊ] N (*also* **~ bean**) frijol *m*, judía *f* blanca (*Sp*)

**hark** [hɑːk] VI **~!** (*poet*) ¡escucha!; **~ at him!*** ¡qué cosas dice!, ¡quién fue a hablar!; **~ at him singing!** ¡cómo canta!; **to ~ to** escuchar

►**hark back** VI + ADV (= *return to*) volver (**to** a); (= *recall*) recordar; **he's always ~ing back to that** siempre está con la misma canción

**harken** ['hɑːkən] = **hearken**

**Harlequin** ['hɑːlɪkwɪn] N Arlequín

**Harley Street** ['hɑːlɪstriːt] N (*Brit*) *calle de Londres donde tienen su consulta muchos médicos especialistas prestigiosos*

**harlot** ['hɑːlət] N ramera *f*

▼ **harm** [hɑːm] Ⓐ N daño *m*, mal *m*, perjuicio *m*; **to do sb ~** hacer daño a algn; (*fig*) perjudicar a algn; **it does more ~ than good** es peor el remedio que la enfermedad; **the ~ is done now** el daño *or* mal ya está hecho; **don't worry, no ~ done** no te preocupes, no ha sido nada; **there's no ~ in trying** nada se pierde con probar; **I see no ~ in that** no veo nada en contra de eso; **he means no ~** no tiene malas intenciones; **out of ~'s way** a salvo, fuera de peligro; **to keep out of ~'s way** evitar el peligro; **we moved the car out of ~'s way** quitamos el coche de en medio, movimos el coche a un lugar seguro
Ⓑ VT [+ *person*] hacer daño a, hacer mal a; [+ *health, reputation, interests*] perjudicar; [+ *crops*] dañar, estropear
Ⓒ VI sufrir daños; **will it ~ in the rain?** ¿lo estropeará la lluvia?; **it won't ~ for that** eso no le hará daño

**harmful** ['hɑːmfʊl] ADJ [*substance, chemical*] dañino, nocivo; [*effects, consequences*] perjudicial, pernicioso; (*to reputation*) perjudicial (**to** para); **tobacco is ~ to the health** el tabaco perjudica seriamente la salud; **the chemical is not ~ to plants** el producto químico no es nocivo para *or* no daña las plantas

**harmless** ['hɑːmlɪs] ADJ [*person, animal*] inofensivo; [*substance, chemical*] inocuo; (= *innocent*) inocente

**harmlessly** ['hɑːmlɪslɪ] ADV [*remark*] inocuamente, inofensivamente; [*explode, fall*] sin causar daños

**harmonic** [hɑː'mɒnɪk] ADJ armónico

**harmonica** [hɑː'mɒnɪkə] N armónica *f*

**harmonically** [hɑː'mɒnɪklɪ] ADV armónicamente

**harmonics** [hɑː'mɒnɪks] N armonía *f*

**harmonious** [hɑː'məʊnɪəs] ADJ [1] (*Mus*) [*sound, chord*] armonioso
[2] (*fig*) [*colour scheme, architecture, relationship*] armonioso; [*atmosphere*] de armonía

**harmoniously** [hɑː'məʊnɪəslɪ] ADV [1] (= *musically*) armoniosamente
[2] (= *amicably*) [*live, work*] en armonía; (= *tastefully*) [*blend*] armoniosamente

**harmonium** [hɑː'məʊnɪəm] N armonio *m*

**harmonization** [,hɑːmənaɪ'zeɪʃən] N armonización *f*

**harmonize** ['hɑːmənaɪz] VT, VI armonizar (**with** con)

**harmony** ['hɑːmənɪ] N armonía *f*; **to sing/live in ~ with sb** cantar/vivir en armonía con algn

**harness** ['hɑːnɪs] Ⓐ N (*for horse*) arreos *mpl*, jaeces *mpl*; (= *safety harness*) (*for walking a child*) andadores *mpl*, correas *fpl*; (*on high chair, baby seat*) correas *fpl* de sujeción *or* seguridad; (*for mountaineer etc*) arnés *m*; **to work in ~ (with)** trabajar conjuntamente (con); ✦***IDIOMS*** **to die in ~** morir con las botas puestas; **to get back in ~** volver al trabajo
Ⓑ VT [1] (*lit*) [+ *horse*] enjaezar, poner los arreos a; (*to carriage*) enganchar; **to ~ a horse to a cart** enganchar un caballo a un carro
[2] (*fig*) [+ *resources, energy*] utilizar, aprovechar
Ⓒ CPD ► **harness race** N carrera *f* de trotones

**harp** [hɑːp] N arpa *f*

►**harp on*** VI + ADV **to ~ on (about)** estar siempre con la misma historia (de), machacar (sobre)*; **stop ~ing on!** ¡no machaques!*, ¡corta el rollo!*

**harpist** ['hɑːpɪst] N arpista *mf*

**harpoon** [hɑː'puːn] Ⓐ N arpón *m*
Ⓑ VT arponear

**harpsichord** ['hɑːpsɪkɔːd] N clavicémbalo *m*, clavecín *m*

**harpsichordist** ['hɑːpsɪkɔːdɪst] N clavicembalista *mf*

**harpy** ['hɑːpɪ] N arpía *f*

**harquebus** ['hɑːkwɪbəs] N (*Hist*) arcabuz *m*

**harridan** ['hærɪdən] N bruja *f*

**harried** ['hærɪd] ADJ [*expression etc*] agobiado, preocupado

**harrier** ['hærɪəʳ] N [1] (= *dog*) lebrel *m* (*inglés*)
[2] **harriers** (= *cross-country runners*) corredores *mpl* de cross
[3] (*Orn*) aguilucho *m*

**Harris Tweed** [,hærɪs'twiːd] N tweed® *m* producido en la isla de Harris

**harrow** ['hærəʊ] (*Agr*) Ⓐ N grada *f*, rastra *f*
Ⓑ VT [1] (*Agr*) gradar
[2] (*fig*) torturar, destrozar

**harrowing** ['hærəʊɪŋ] ADJ (= *distressing*) angustioso; (= *awful*) espeluznante, terrible; (= *moving*) conmovedor

**Harry** ['hærɪ] N (*familiar form*) *of* **Harold**; ✦***IDIOM*** **to play old ~ with*** endiablar, estropear

**harry** ['hærɪ] VT (*Mil*) hostilizar, hostigar; [+ *person*] acosar, hostigar

**harsh** [hɑːʃ] ADJ (*compar* **harsher**; *superl* **harshest**) [1] (= *severe*) [*winter, weather, punishment*] duro, riguroso; [*words*] duro, áspero; [*remarks, criticism, conditions*] duro; [*person, sentence*] duro, severo; **to be ~ on sb** ser duro *or* severo con algn
[2] (= *too bright*) [*light*] fuerte; [*colour*] chillón, estridente
[3] (= *rough*) [*fabric, material*] áspero
[4] (= *rough-sounding*) [*voice, sound*] áspero
[5] (= *strong*) [*detergent*] fuerte; [*contrast*] violento

**harshly** ['hɑːʃlɪ] ADV [*treat, judge, speak*] con dureza; [*criticize*] duramente; [*say*] con voz áspera; [*laugh*] ásperamente; **a ~ worded attack** un ataque verbal muy duro; **the room was ~ illuminated** la habitación tenía una iluminación desagradable

**harshness** ['hɑːʃnɪs] N [*of climate*] rigor *m*, dureza *f*; [*of conditions, words*] dureza *f*; [*of punishment*] dureza *f*, severidad *f*; [*of light*] crudeza *f*; [*of colour*] estridencia *f*; [*of sound, fabric*] aspereza *f*

**hart** [hɑːt] N (*pl* **harts** *or* **hart**) ciervo *m*

**harum-scarum** ['hɛərəm'skɛərəm] Ⓐ ADJ atolondrado
Ⓑ ADV a tontas y a locas
Ⓒ N (= *person*) tarambana *mf*

**harvest** ['hɑːvɪst] Ⓐ N [1] (= *act*) [*of cereals*] siega *f*; [*of fruit, vegetables*] cosecha *f*, recolección *f*; [*of grapes*] vendimia *f*
[2] (= *product*) cosecha *f*
[3] (*fig*) cosecha *f*
Ⓑ VT [1] (*Agr*) [+ *cereals*] cosechar; [+ *fruit, vegetables*] cosechar, recolectar; [+ *grapes*] vendimiar
[2] (*fig*) cosechar
Ⓒ VI cosechar, segar
Ⓓ CPD ► **harvest festival** N fiesta *f* de la cosecha ► **harvest home** N (= *festival*) ≈ fiesta *f* de la cosecha; (= *season*) cosecha *f* ► **harvest moon** N luna *f* llena ► **harvest time** N cosecha *f*, siega *f*

➤ LANGUAGE IN USE: **harm A** 18.4

**harvester** ['hɑːvɪstəʳ] N [1] (= *person*) [*of cereals*] segador(a) *m/f*; [*of fruit, vegetables*] recolector(a) *m/f*; [*of grapes*] vendimiador(a) *m/f*
[2] (= *machine*) cosechadora *f*; (= *combine harvester*) segadora-trilladora *f*

**harvesting** ['hɑːvɪstɪŋ] N = **harvest A1**

**has** [hæz] 3RD PERS SING PRESENT *of* **have**

**has-been*** ['hæzbiːn] N vieja gloria *f*

**hash[1]** [hæʃ] Ⓐ N [1] (*Culin*) picadillo *m*
[2] (*) lío* *m*, embrollo *m*; **to make a ~ of sth** hacer algo muy mal; **he made a complete ~ of the interview** la entrevista le fue fatal; **✦IDIOM to settle sb's ~** cargarse a algn*
Ⓑ CPD ► **hash browns** NPL *croquetas de patata hervida y cebolla*

**hash[2]*** [hæʃ] N (= *hashish*) hachís *m*, chocolate* *m* (*Sp*), mota *f* (*CAm**)

**hash[3]** [hæʃ] N (*Typ*) almohadilla *f*

**hashish** ['hæʃɪʃ] N hachís *m*

**hasn't** ['hæznt] = **has not**

**hasp** [hɑːsp] N (*for padlock*) hembrilla *f*; (*on window*) falleba *f*; (*on box, book*) cierre *m*

**Hassidic** [hə'sɪdɪk] ADJ hasídico

**hassle** ['hæsl] Ⓐ N (*) (= *problem, difficulty*) lío *m*, problema *m*; **no ~!** ¡no hay problema!; **it's not worth the ~** no vale la pena
Ⓑ VT molestar, fastidiar

**hassock** ['hæsək] N (*Rel*) cojín *m*

**hast††** [hæst] *see* **have**

**haste** [heɪst] N prisa *f*, apuro *m* (*LAm*); **to do sth in ~** hacer algo precipitadamente *or* de prisa; **to make ~** darse prisa, apurarse (*LAm*); **to make ~ to do sth** apresurarse a hacer algo; **✦PROVS more ~ less speed** ◊ **make ~ slowly** vísteme despacio que tengo prisa

**hasten** ['heɪsn] Ⓐ VT [+ *process*] acelerar; [+ *sb's end, downfall*] precipitar; **to ~ sb's departure** acelerar la partida *or* marcha de algn; **to ~ one's steps** apretar el paso; **to ~ death** precipitar *or* adelantar la muerte
Ⓑ VI apresurarse, darse prisa; **to ~ to do sth** apresurarse a hacer algo; **I ~ to add that …** me apresuro a añadir que …; **she ~ed to assure me that nothing was wrong** se apresuró a asegurarme que no pasaba nada

►**hasten away** VI + ADV marcharse precipitadamente (**from** de)

►**hasten back** VI + ADV volver con toda prisa

►**hasten on** VI + ADV seguir adelante con toda prisa

**hastily** ['heɪstɪlɪ] ADV [1] (= *hurriedly*) de prisa, apresuradamente; **I ~ suggested that …** me apresuré a sugerir que …
[2] (= *rashly*) [*speak*] precipitadamente; [*judge*] a la ligera

**hasty** ['heɪstɪ] ADJ (*compar* **hastier**; *superl* **hastiest**) [1] (= *hurried*) apresurado, precipitado
[2] (= *rash*) precipitado; **don't be so ~** no te precipites

**hat** [hæt] Ⓐ N sombrero *m*; **to raise one's ~** (*in greeting*) descubrirse; **to take off one's ~** quitarse el sombrero; **✦IDIOMS to eat one's ~: I'll eat my ~ if …** que me maten si …; **to hang one's ~ up** jubilarse; **my ~!** ¡caramba!; **that's old ~** eso no es nada nuevo; **to pass the ~ round** pasar el platillo; **to take one's ~ off to sb** quitarse el sombrero *or* descubrirse ante algn; **I take my ~ off to him** me descubro ante él; **to talk through one's ~*** decir disparates *or* tonterías; **to keep sth under one's ~** no decir palabra sobre algo; **keep it under your ~** de esto no digas ni pío*; **to wear two ~s** ejercer un doble papel; **now wearing my other ~ as …** hablando ahora en mi otra calidad de …; *see also* **ring[1] A4**
Ⓑ CPD ► **hat rack** N perchero *m* ► **hat shop** N sombrerería *f* ► **hat stand, hat tree** (*US*) N perchero *m* ► **hat trick** N (*Ftbl, Rugby etc*) (= *three goals etc*) tres tantos *mpl or* goles *mpl* en un partido; (= *three consecutive wins*) serie *f* de tres victorias, tres triunfos *mpl* seguidos; **to get** *or* **score a ~-trick** marcar tres tantos *or* goles en un partido

**hatband** ['hætbænd] N cinta *f* de sombrero

**hatbox** ['hætbɒks] N sombrerera *f*

**hatch[1]** [hætʃ] N [1] (*Naut*) escotilla *f*
[2] (*Brit*) (= *serving hatch*) ventanilla *f*; *see also* **batten**

**hatch[2]** [hætʃ] Ⓐ VT [1] (*lit*) [+ *chick*] empollar; [+ *egg*] incubar
[2] (*fig*) [+ *scheme*] idear; [+ *plot*] tramar
Ⓑ VI [*chick*] salir del huevo; [*insect, larva*] eclosionar (*frm*); **the egg ~ed** el pollo rompió el cascarón y salió; **those eggs never ~ed** esos huevos resultaron ser hueros

**hatch[3]** [hætʃ] VT (*Art*) sombrear

**hatchback** ['hætʃbæk] N [1] (= *car*) **a ~** un tres/cinco puertas, un coche con puerta trasera
[2] (= *door*) puerta *f* trasera, portón *m*

**hat-check girl** ['hættʃek,gɜːl] N (*US*) encargada *f* del guardarropa

**hatchery** ['hætʃərɪ] N criadero *m*, vivero *m*

**hatchet** ['hætʃɪt] Ⓐ N hacha *f* (pequeña); *see also* **bury**
Ⓑ CPD ► **hatchet job*** N crítica *f* vitriólica; **to do a ~ job on sb** poner por los suelos a algn, poner a algn a caer de un burro *or* a parir* ► **hatchet man*** N (*US*) *ejecutor de faenas desagradables por cuenta de otro*; (= *assassin*) sicario *m*, asesino *m* a sueldo

**hatchet-faced** ['hætʃɪt,feɪst] ADJ de cara de cuchillo

**hatching[1]** ['hætʃɪŋ] N [*of egg*] incubación *f*; [*of chick*] salida *f* del huevo; [*of insect, larva*] eclosión *f* (*frm*); (*fig*) [*of scheme*] ideación *f*; [*of plot*] maquinación *f*

**hatching[2]** ['hætʃɪŋ] N (*Art*) sombreado *m*

**hatchway** ['hætʃweɪ] N *see* **hatch[1]**

▼**hate** [heɪt] Ⓐ N odio *m*; *see also* **pet**
Ⓑ VT odiar; **to ~ sb like poison** odiar a algn a muerte; **I ~ having to commute every day** no soporto tener que tomar el tren todos los días para ir a trabajar; **he ~s to be** *or* **he ~s being corrected** no soporta que se le corrija *or* que le corrijan; **I ~ to see him unhappy** me duele mucho *or* no soporto verlo triste; **I ~ to say it, but …** lamento tener que decirlo, pero …; **I ~ to trouble you, but …** siento muchísimo molestarle, pero …
Ⓒ CPD ► **hate campaign** N campaña *f or* operación *f* de acoso (y derribo); **to mount/wage a ~ campaign against sb** montar/realizar una campaña *or* operación de acoso y derribo contra algn ► **hate mail** N cartas *fpl* amenazantes

**hateful** ['heɪtfʊl] ADJ odioso

**hath††** [hæθ] *see* **have**

**hatless** ['hætlɪs] ADJ sin sombrero, descubierto

**hatpin** ['hætpɪn] N alfiler *m* de sombrero

**hatred** ['heɪtrɪd] N odio *m* (**for** a)

**hatter** ['hætəʳ] N sombrerero/a *m/f*; *see also* **mad A1.1**

**haughtily** ['hɔːtɪlɪ] ADV altaneramente, altivamente

**haughtiness** ['hɔːtɪnɪs] N altanería *f*, altivez *f*

**haughty** ['hɔːtɪ] ADJ (*compar* **haughtier**; *superl* **haughtiest**) altanero, altivo

**haul** [hɔːl] Ⓐ N [1] (= *act of pulling*) tirón *m*, jalón *m* (*LAm*) (**on** de)
[2] (= *distance*) recorrido *m*, trayecto *m*; **it's a long ~** hay mucho trecho, hay una buena tirada*; **revitalizing the economy will be a long ~** hay por delante un largo trecho hasta conseguir revitalizar la economía; **over the long ~** a largo plazo
[3] (= *amount taken*) [*of fish*] redada *f*; (*financial*) ganancia *f*; (*from robbery etc*) botín *m*; (= *arms haul, drugs haul*) alijo *m*; **the thieves made a good ~** los ladrones obtuvieron un cuantioso botín
Ⓑ VT [1] (= *drag*) [+ *heavy object*] arrastrar, jalar (*LAm*); **he ~ed himself to his feet** se puso en pie con gran esfuerzo; **they ~ed me out of bed at five o'clock in the morning** me sacaron de la cama a las cinco de la mañana; **he was ~ed before the manager** tuvo que presentarse al gerente; *see also* **coal**
[2] (= *transport*) transportar, acarrear

►**haul down** VT + ADV [+ *flag, sail*] arriar

►**haul in** VT + ADV [+ *fishing net*] ir recogiendo

►**haul up** VT + ADV [1] (*lit*) ir levantando
[2] (*fig*) **he was ~ed up in court** fue llevado ante el tribunal

**haulage** ['hɔːlɪdʒ] Ⓐ N (= *road transport*) transporte *m*, acarreo *m*; (= *cost*) gastos *mpl* de transporte
Ⓑ CPD ► **haulage company** N compañía *f* de transportes (por carretera) ► **haulage contractor** N transportista *mf*

**hauler** ['hɔːləʳ] (*US*) = **haulier**

**haulier** ['hɔːlɪəʳ] N transportista *mf*

**haunch** [hɔːntʃ] N [*of animal*] anca *f*; [*of person*] cadera *f*; [*of meat*] pierna *f*; **to sit on one's ~es** sentarse en cuclillas

**haunt** [hɔːnt] Ⓐ N [*of animal, criminals*] guarida *f*; [*of person*] lugar *m* predilecto; **I know his usual/favourite ~s** sé dónde suele ir/cuáles son sus lugares predilectos; **it's a ~ of artists** es lugar de encuentro de artistas
Ⓑ VT [1] [*ghost*] [+ *castle etc*] aparecerse en, rondar; **the house is ~ed** en la casa hay fantasmas, la casa está encantada *or* embrujada
[2] [*person*] [+ *place*] (= *frequent*) frecuentar, rondar
[3] [*idea, fear*] [+ *person*] obsesionar; **he is ~ed by the thought that …** le obsesiona el pensamiento de que …; **he is ~ed by memories** le persiguen los recuerdos

**haunted** ['hɔːntɪd] ADJ [*look*] de angustia, obsesionado; **~ house** casa encantada *or* embrujada

**haunting** ['hɔːntɪŋ] ADJ [*sight, music*] evocador; [*melody*] inolvidable

**hauntingly** ['hɔːntɪŋlɪ] ADV **a ~ lovely scene** una escena de una belleza inolvidable

**haute couture** [otkutyr] N alta costura *f*

**haute cuisine** [otkwizin] N alta cocina *f*

**hauteur** [əʊ'tɜː] N (*frm*) = **haughtiness**

**Havana** [hə'vænə] N La Habana

▼**have** [hæv] (*3rd pers sing present* **has**; *pt, pp* **had**)

| | |
|---|---|
| [A] TRANSITIVE VERB | [C] MODAL VERB |
| [B] AUXILIARY VERB | [D] PHRASAL VERBS |

*When* **have** *is part of a set combination, eg* ***have a look, have a good time, have breakfast, had better****, look up the other word. For* **have** *+ adverb/preposition combinations, see also the phrasal verb section of this entry.*

Ⓐ TRANSITIVE VERB
[1] [= *possess*] tener; **he's got** *or* **he has blue eyes** tiene los ojos azules; **~ you got** *or* **do you ~ 10p?** ¿tienes diez peniques?; **~ you got** *or* **do you ~ any brothers or sisters?**

➤ LANGUAGE IN USE: hate B 7.3

¿tienes hermanos?; **she had her eyes closed** tenía los ojos cerrados; **he hasn't got** *or* **he doesn't ~ any friends** no tiene amigos; **I've got** *or* **I ~ a friend staying next week** tengo a un amigo en casa la semana que viene; **I've got** *or* **I ~ an idea** tengo una idea

*Don't translate the* **a** *in sentences like* **has he got a girlfriend?, I haven't got a washing-machine** *if the number of such items is not significant since people normally only have one at a time:*

**has he got a girlfriend?** ¿tiene novia?; **I ~n't got a washing-machine** no tengo lavadora

*Do translate the* **a** *if the person or thing is qualified:*

**he has a Spanish girlfriend** tiene una novia española; **all** *or* **everything I ~ is yours** todo lo que tengo es tuyo; **you must give it all** *or* **everything you ~** tienes que emplearte a fondo; **you must put all** *or* **everything you ~ into it** tienes que emplearte a fondo; **can I ~ a pencil please?** ¿me puedes dar un lápiz, por favor?; **the book has no name on it** el libro no lleva *or* tiene el nombre del dueño; **I've got** *or* **I ~ no Spanish** no sé español; **to ~ something to do** tener algo que hacer; **I've got some letters to write** tengo algunas cartas que escribir; **I've got** *or* **I ~ nothing to do** no tengo nada que hacer; **~n't you got anything to do?** ¿no tienes nada que hacer?; **hello, what ~ we here?** vaya, vaya, ¿qué tenemos aquí?; *see also* **handy 1, ready A1.1**

**2** *= eat, drink* tomar; **what are we having for lunch?** ¿que vamos a comer?; **we had ice-cream for dessert** tomamos helado de postre; **to ~ something to eat/drink** comer/beber algo, tomar algo; **what will you ~?** ¿qué quieres tomar?, ¿qué vas a tomar?; **I'll ~ a coffee** tomaré un café; **will you ~ some more?** ¿te sirvo más?

**3** *= receive* recibir; **thank you for having me** gracias por su hospitalidad; **you can ~ my ticket** puedes quedarte con mi billete; **we had some help from the government** recibimos ayuda del gobierno; **I had a letter from John** tuve carta de Juan, recibí una carta de Juan; **I must ~ them by this afternoon** necesito tenerlos para esta tarde; **to ~ no news** no tener noticias; **they had a lot of wedding presents** recibieron *or* les hicieron muchos regalos de boda; **we had a lot of visitors** (*at home*) tuvimos muchas visitas; (*at exhibition etc*) tuvimos muchos visitantes

**4** *= obtain* **they can be had for as little as £10 each** pueden conseguirse por tan sólo 10 libras; **it's not to be had anywhere** no se consigue en ninguna parte; **there was no bread to be had** no quedaba pan en ningún sitio, no podía conseguirse pan en ningún sitio

**5** *= take* **I'll ~ a dozen eggs, please** ¿me pones una docena de huevos, por favor?; **which one will you ~?** ¿cuál quiere?; **can I ~ your name please?** ¿me da su nombre, por favor?; **you can ~ it** *or* **I'll let you ~ it for £10** te lo dejo en 10 libras, te lo puedes llevar por 10 libras, te lo vendo por 10 libras

**6** *= give birth to* [+ *baby, kittens*] tener; **what did she ~?** ¿qué ha tenido?; **she had a boy** ha tenido un niño

**7** *= hold, catch* tener; **I ~ him in my power** lo tengo en mi poder; **he had him by the throat** lo tenía agarrado por la garganta; **I ~ it on good authority that ...** me consta que ..., sé a ciencia cierta que, sé de buena tinta que* ...; **I've got it!** ¡ya!; **you ~ me there** ◊ **there you ~ me** ahí sí que me has pillado*

**8** *= allow* consentir, tolerar; **we can't ~ that** eso no se puede consentir; **I won't ~ this nonsense** no voy a consentir *or* tolerar estas tonterías; **I won't ~ it!** no lo voy a consentir *or* tolerar; **she won't ~ it said that ...** no consiente *or* tolera que digan que ...; **I won't ~ him risking his neck on that motorbike** no voy a consentir que se juegue el cuello en esa moto

**9** *= spend* pasar; **to ~ a pleasant afternoon/evening** pasar una tarde agradable; **~ a nice day!** ¡que pases un buen día!; **I had a horrible day at school today** he tenido un día horrible en el colegio; **what sort of day ~ you had?** ¿qué tal día has tenido?

**10** *on telephone* **can I ~ Personnel please?** ¿me puede poner con Personal, por favor?

**11** ** = have sex with* acostarse con

**12** *= make* **I'll soon ~ it nice and shiny** enseguida lo dejo bien brillante; **he had us confused** nos tenía confundidos

**13** *in set structures*

- **to have sth done** hacer que se haga algo, mandar hacer algo; **we had our luggage brought up** mandamos subir el equipaje; **I've had the brakes checked** he mandado revisar los frenos; **to ~ a suit made** (mandar) hacerse un traje; **to ~ one's hair cut** cortarse el pelo; **they had him killed** lo mataron
- **to have sb do sth** mandar a algn hacer algo; **he had me do it again** me hizo hacerlo otra vez, me hizo que lo hiciese otra vez; **I had him clean the car** le hice limpiar el coche; **what would you ~ me do?**† ¿qué quiere que haga?; **I'll ~ you know that ...** quiero que sepas que ...
- **to have sth happen**: **she had her bag stolen** le robaron el bolso; **he had his arm broken** le rompieron el brazo
- **to have sb doing sth**: **she soon had them all reading and writing** (= *organized them*) enseguida los puso a leer y a escribir; (= *taught them*) enseguida les habían enseñado a leer y a escribir

**14** *in set expressions*

- **to be had**: **you've been had!*** ¡te han engañado!
- **to have sth against sb/sth** tener algo en contra de algn/algo
- **to have had it**: **you've had it now! he knows all about it*** ¡ahora sí que te la has cargado! se ha enterado de todo; **this sofa has had it*** este sofá ya no da para más*; **I've had it up to here with his nonsense*** estoy hasta la coronilla *or* hasta el moño de sus tonterías*
- **to have it that**: **he will ~ it that he is right** insiste en que tiene razón; **rumour has it that ...** corre la voz de que ...
- **to have to do with** tener que ver con; **that's got** *or* **that has nothing to do with it!** ¡eso no tiene nada que ver!; **you'd better not ~ anything to do with him** más te vale no tener tratos con él
- **to let sb have sth** (= *give*) dar algo a algn; (= *lend*) dejar algo a algn, prestar algo a algn; **I'll let you ~ my reply tomorrow** les daré mi respuesta mañana; **let me ~ your address** dame tus señas; **let me ~ your pen for a moment** déjame el boli un momento; **let him ~ it!*** ¡dale!
- **what have you**: **... and what ~ you** ... y qué sé yo qué más; *see also* **luck A**
- **would have it**: **as ill-luck** *or* **fate would ~ it** desgraciadamente

Ⓑ AUXILIARY VERB

**1** haber; **I've already seen that film** ya he visto esa película; **he's been very kind** ha sido muy amable; **has he gone?** ¿se ha ido?; **hasn't he told you?** ¿no te lo ha dicho?; **she said she had spoken to them** dijo que había hablado con ellos; **had you phoned me** (*frm*) *or* **if you had phoned me I would ~ come round** si me hubieras llamado habría venido; **never having seen it before, I ...** como no lo había visto antes, ...; **having finished** *or* **when he had finished, he left** cuando terminó *or* cuando hubo terminado, se fue; *see also* **just 1.3** → SINCE

**2** *verb substitute* **2·1** **you've got more than I ~** tienes más que yo; **they've done more than we ~** ellos han hecho más que nosotros; **he hasn't worked as hard as you ~** él no ha trabajado tanto como tú; **"he's already eaten" — "so ~ I"** —él ya ha comido —yo también; **"we ~n't had any news yet" — "neither ~ we"** —no hemos tenido noticias todavía —nosotros tampoco; **"you've made a mistake" — "no I ~n't!"** —has cometido un error —no es verdad *or* cierto; **"we ~n't paid" — "yes we ~!"** —no hemos pagado —¡qué sí!; **"he's got a new job" — "oh has he?"** —tiene un trabajo nuevo —¿ah, sí?; **"you've written it twice" — "so I ~!"** —lo has escrito dos veces —es verdad *or* cierto; **"~ you read the book?" — "yes, I ~"** —¿has leído el libro? —sí; **"has he told you?" — "no, he hasn't"** —¿te lo ha dicho? —no

**2·2** (*in question tags*) **he hasn't done it, has he?** no lo ha hecho, ¿verdad?; **you've done it, ~n't you?** lo has hecho, ¿verdad? *or* ¿no?

**3** *avoiding repetition of verb* **you've all been there before, but I ~n't** vosotros habéis estado allí antes, pero yo no; **he has never met her, but I ~** él no la ha llegado a conocer, pero yo sí; **~ you ever been there? if you ~ ...** ¿has estado alguna vez allí? si es así ...; **~ you tried it? if you ~n't ...** ¿lo has probado? (porque) si no ...; *see also* **so A5, nor 2**

Ⓒ MODAL VERB

*= be obliged* **to ~ (got) to do sth** tener que hacer algo; **I've got to** *or* **I ~ to finish this work** tengo que terminar este trabajo; **~ we got to** *or* **do we ~ to leave early?** ¿tenemos que salir temprano?; **I ~n't got to** *or* **I don't ~ to wear glasses** no necesito (usar) gafas; **I shall ~ to go and see her** tendré que ir a verla; **it will just ~ to wait till tomorrow** tendrá que esperar hasta mañana; **he had to pay all the money back** tuvo que devolver todo el dinero; **she was having to get up at six each morning** tenía que levantarse a las seis cada mañana; **this has to be a mistake** esto tiene que ser un error; **do you ~ to make such a noise?** ¿tienes que hacer tanto ruido?; **you didn't ~ to tell her!** ¡no tenías por qué decírselo!; **it's nice not to ~ to work on Saturdays** es un gusto no tener que trabajar los sábados; **it has to be done this way** tiene que hacerse de este modo; **does it ~ to be ironed?** ¿hay que plancharlo?

Ⓓ PHRASAL VERBS

►**have around** VT + ADV **1** (= *have available*) tener cerca; (= *to count on*) contar con; **Sarah was a joy to ~ around** era una delicia tener a Sarah cerca; **a great guy to ~ around** un tipo estupendo para tenerlo a tu lado; **the sort of player I'd like to ~ around** el tipo de jugador con el que me gustaría contar

**2** (= *invite*) **we're having Mary around tomorrow** hemos invitado a Mary para que venga mañana; **we're having some people around** tenemos invitados

►**have away**‡ VT + ADV (*Brit*) = **have off 3**

➤ LANGUAGE IN USE: **have B** 10.1, 10.2, 10.3 **A8** 10.4

►**have back** VT + ADV [1] (*= repossess*) **please can I ~ my book back?** ¿me puedes devolver el libro, por favor?
[2] (*= return invitation to*) devolver la invitación a; **we must ~ the Corks back soon** habrá que devolverles la invitación a los Cork dentro de poco; **they never ~ anyone back** nunca devuelven la invitación a nadie
[3] (*= take back*) [*+ lover, partner*] volver a estar con; [*+ employee*] readmitir

►**have down** VT + ADV [1] (*for visit*) invitar a quedarse en casa; **we are having the Smiths down for a few days** los Smith vienen a pasar unos días con nosotros *or* en casa
[2] (*= dismantle*) [*+ building, wall*] tirar, echar abajo; [*+ tent*] quitar, desmontar
[3] (*= move*) [*+ picture*] quitar, descolgar

►**have in** VT + ADV [1] [*+ doctor*] llamar; **to ~ the plumber in** llamar al fontanero; **to ~ visitors in** tener invitados; **let's ~ the next one in** que pase el siguiente
[2] ✦*IDIOM* **to ~ it in for sb*** tenerla tomada con algn*

►**have off** VT + ADV [1] (*= have as holiday*) **I'm having a fortnight off in July** me voy a tomar dos semanas de vacaciones *or* permiso en julio; **the children ~ got a week off for half term** los niños tienen una semana de vacaciones a mitad del trimestre
[2] (*= dislodge*) quitar; **he had the panelling off in no time** quitó las mamparas en un santiamén; **be careful or you'll ~ the pans off!** ¡ten cuidado, no vayas a tirar las cacerolas!
[3] (*Brit*) **to ~ it off**** echar un polvo**; **to ~ it off with sb** tirarse a algn**

►**have on** VT + ADV [1] (*= wear*) [*+ dress, hat*] llevar; **she had on a beautiful black evening dress** llevaba (puesto) un precioso vestido de noche negro; *see also* **nothing A**
[2] (*= be busy with*) **I've got so much on this week** tengo mucho que hacer esta semana; **~ you anything on tomorrow?** ¿tienes algo que hacer mañana?, ¿tienes compromiso para mañana?
[3] (*= put on*) [*+ wallpaper, roof*] poner; **we'll ~ the paint on in no time** lo tendremos pintado en un santiamén
[4] (*Brit**) (*= tease*) **to ~ sb on** tomar el pelo a algn*; **he's having you on!** te está tomando el pelo*

►**have out** VT + ADV [1] (*= have removed*) **to ~ a tooth out** sacarse una muela; **to ~ one's tonsils out** operarse de las amígdalas; **we had to ~ the old boiler out** tuvimos que quitar la caldera vieja; **we'll ~ the piano out in a trice** enseguida sacamos el piano
[2] **to ~ it out with sb** ajustar cuentas con algn

►**have over** VT + ADV [1] (*= invite*) **we're having Mary over tomorrow** hemos invitado a Mary para que venga mañana; **we're having some people over** tenemos invitados; **we had them over to dinner last week** vinieron a cenar la semana pasada
[2] (*= overturn*) volcar, tirar; **watch out, you'll ~ the coffee over!** ¡cuidado, que vas a volcar *or* tirar el café!

►**have round** VT + ADV = **have around**

►**have up** VT + ADV [1] (*Brit**) **to be had up** (*= be prosecuted*) ser llevado a juicio; **he was had up for assault** le llevaron a juicio por asalto
[2] [*+ guest*] invitar; **why don't we ~ George up for the weekend?** ¿por qué no invitamos a George el fin de semana?

**have-a-go hero** [ˌhævəˈgəʊˌhɪərəʊ] N héroe *m* anónimo, héroe *m* por un día

**haven** [ˈheɪvn] N refugio *m*; (*= port*) puerto *m*

**have-nots** [ˈhævnɒts] NPL *see* **haves**

**haven't** [ˈhævnt] = **have not**

**haversack** [ˈhævəsæk] N mochila *f*, macuto *m* (*LAm*)

**haves*** [hævz] NPL **the ~ and the have-nots** los ricos y los pobres

**havoc** [ˈhævək] N estragos *mpl*; **to cause** *or* **create ~** hacer estragos; **this latest decision will cause ~ in the tourist industry** esta última decisión hará estragos *or* provocará grandes trastornos en el sector turístico; **to play ~ with**: **the recession is playing ~ with the government's balance sheets** la recesión está dando al traste con *or* haciendo estragos en los balances de ejercicio del gobierno; **the food in the hotel played ~ with my digestion** la comida del hotel me destrozó el estómago; **the weather played ~ with sporting fixtures this weekend** el mal tiempo arruinó los acontecimientos deportivos del fin de semana; **to wreak ~** hacer estragos; **the slugs are wreaking ~ in the garden** las babosas están arruinando *or* estropeando el jardín; **stress can wreak ~ on the immune system** el estrés puede causar serios trastornos en el sistema inmunológico

**haw**[1] [hɔː] N baya *f* del espino

**haw**[2] [hɔː] VI **to hem and ~** ◊ **hum and ~** (*= be indecisive*) vacilar; (*= express reservations*) poner reparos

**Hawaii** [həˈwaɪiː] N (Islas *fpl*) Hawai *m*

**Hawaiian** [həˈwaɪjən] Ⓐ ADJ hawaiano
Ⓑ N hawaiano/a *m/f*

**hawfinch** [ˈhɔːfɪntʃ] N picogordo *m*

**hawk**[1] [hɔːk] N (*Orn, Pol*) halcón *m*; **he was watching me like a ~** me vigilaba estrechamente, no me quitaba ojo

**hawk**[2] [hɔːk] VT [*+ goods for sale*] pregonar

**hawk**[3] [hɔːk] VI (*also* **~ up**) (*= clear one's throat*) carraspear

**hawker** [ˈhɔːkəʳ] N vendedor(a) *m/f* ambulante *mf*

**hawk-eyed** [ˌhɔːkˈaɪd] ADJ con ojos de lince

**hawkish** [ˈhɔːkɪʃ] ADJ (*Pol*) de línea dura

**hawser** [ˈhɔːzəʳ] N guindaleza *f*, calabrote *m*

**hawthorn** [ˈhɔːθɔːn] N espino *m*

**hay** [heɪ] Ⓐ N heno *m*; ✦*IDIOMS* **that ain't ~** (*US**) eso no es moco de pavo*; **to hit the ~*** acostarse; **to make ~ while the sun shines** aprovecharse la ocasión
Ⓑ CPD ► **hay fever** N fiebre *f* del heno, alergia *f* al polen

**haycock** [ˈheɪkɒk] N montón *m* de heno

**hayfork** [ˈheɪfɔːk] N bieldo *m*

**hayloft** [ˈheɪlɒft] N henil *m*, henal *m*

**haymaker** [ˈheɪmeɪkəʳ] N heneador(a) *m/f*, labrador(a) *m/f* que trabaja en la siega *or* la recolección del heno

**haymaking** [ˈheɪmeɪkɪŋ] N siega *f* del heno, recolección *f* del heno

**hayseed*** [ˈheɪsiːd] N (*US*) palurdo/a *m/f*, paleto/a *m/f* (*Sp**)

**haystack** [ˈheɪstæk] N almiar *m*; ✦*IDIOM* **to be like looking for a needle in a ~** ser como buscar una aguja en un pajar

**haywire*** [ˈheɪwaɪəʳ] ADJ ✦*IDIOM* **to go ~** [*person*] volverse loco, perder la chaveta*; [*machine*] averiarse, malograrse (*LAm*); [*scheme etc*] irse a pique; **the switchboard went ~** se colapsó la centralita

**hazard** [ˈhæzəd] Ⓐ N peligro *m*; (*less serious*) riesgo *m*; **this heater is a fire ~** esta estufa puede provocar un incendio; *see also* **health**
Ⓑ VT [1] (*= venture*) [*+ answer, remark*] aventurar; **would you like to ~ a guess?** ¿quieres intentar adivinarlo?
[2] (*= risk*) [*+ one's life*] poner en peligro, arriesgar
Ⓒ CPD ► **hazard lights**, **hazard warning lights** NPL (*Aut*) luces *fpl* de emergencia

**hazardous** [ˈhæzədəs] ADJ [*waste, chemicals, weather conditions*] peligroso; [*occupation, journey, enterprise*] arriesgado, peligroso; **~ pay** (*US*) prima *f or* plus *m* de peligrosidad; **~ to health** peligroso para la salud

**haze**[1] [heɪz] N [1] (*= mist*) bruma *f*, neblina *f*; (*in hot weather*) calina *f*, calima *f*; **a ~ of tobacco smoke filled the room** el cuarto estaba lleno de humo de tabaco
[2] (*fig*) **she spent most of her life in a ~ of alcohol** pasaba la mayor parte de su vida embotada por el alcohol; **to be in a ~** (*fig*) andar atontado *or* aturdido

**haze**[2] [heɪz] VT (*US*) gastar novatadas a

**hazel** [ˈheɪzl] Ⓐ N (*tree*) avellano *m*
Ⓑ ADJ [*eyes*] color de avellana *adj inv*

**hazelnut** [ˈheɪzlnʌt] N avellana *f*

**hazelwood** [ˈheɪzlˌwʊd] N madera *f* de avellano

**hazily** [ˈheɪzɪlɪ] ADV [*remember*] vagamente; [*think*] de manera confusa

**haziness** [ˈheɪzɪnɪs] N [1] [*of view, horizon, sky*] nebulosidad *f*; **the ~ of the morning gave the landscape a mysterious air** (*due to mist*) la bruma *or* neblina de la mañana daba al paisaje un aire de misterio; (*due to heat*) la calina de la mañana daba al paisaje un aire de misterio
[2] (*fig*) (*= vagueness*) confusión *f*, vaguedad *f*

**hazing** [ˈheɪzɪŋ] N (*US*) novatadas *fpl*; → SORORITY/FRATERNITY

**hazy** [ˈheɪzɪ] ADJ (*compar* **hazier**; *superl* **haziest**)
[1] (*= not clear*) [*sunshine, morning, view, horizon, sky*] (*due to mist*) brumoso, neblinoso; (*due to heat*) calinoso; **it's a bit ~ today** (*due to mist*) hoy hay un poco de neblina *or* bruma; (*due to heat*) hoy hay un poco de calima
[2] (*= confused, uncertain*) [*notion, details*] confuso; [*memory*] vago, confuso; [*ideas*] poco claro, confuso; **I'm a bit ~ about maths** tengo las matemáticas poco claras *or* un poco confusas; **I'm ~ about what happened** tengo solamente una vaga idea de lo que ocurrió, no recuerdo muy bien lo que ocurrió
[3] (*= blurred*) [*outline, vision*] borroso; [*photograph*] nublado

**H-bomb** [ˈeɪtʃbɒm] N bomba *f* H

**HC** ABBR (= **hot and cold (water)**) con agua caliente y fría

**HCF** N ABBR (= **highest common factor**) MCD *m*

**HDD** N ABBR (*Comput*) = **hard disk drive**

**HDTV** N ABBR (= **high definition television**) televisión *f* de alta definición

**HE** ABBR [1] = **high explosive**
[2] (= **His** *or* **Her Excellency**) S.E.
[3] (= **His Eminence**) S.Em.ª

**he** [hiː] Ⓐ PERS PRON [1] (*emphatic, to avoid ambiguity*) él; **we went to the cinema but he didn't** nosotros fuimos al cine pero él no; **it is he who ...** es él quien ...; **you've got more money than he has** tienes más dinero que él

*Don't translate the subject pronoun when not emphasizing or clarifying:*

**he's very tall** es muy alto; **there he is** allí está
[2] (*frm*) **he who wishes to ...** el que desee ..., quien desee ...

Ⓑ N **it's a he*** (= *animal*) es macho; (= *baby*) es un niño, es varón (*LAm*)
Ⓒ CPD macho ► **he-goat** N cabra *f* macho

**head** [hed] Ⓐ N 1 (= *part of body*) cabeza *f*; **my ~ aches** me duele la cabeza; **the horse won by a (short) ~** el caballo ganó por una cabeza (escasa); **he went ~ first into the ditch/wall** se cayó de cabeza en la zanja/se dio de cabeza contra la pared; **the government is ploughing ~ first into another crisis** el gobierno avanza irremediablemente hacia otra crisis; **from ~ to foot** de pies a cabeza; **to give a horse its ~** soltar las riendas a un caballo; **to give sb his/her ~** dar rienda suelta a algn; **wine goes to my ~** el vino se me sube a la cabeza; **success has gone to his ~** el éxito se le ha subido a la cabeza; **~ of hair** cabellera *f*; **to go ~ over heels** caer de cabeza; **to fall ~ over heels in love with sb** enamorarse perdidamente de algn; **to keep one's ~ down** (*lit*) no levantar la cabeza; (= *work hard*) trabajar de lo lindo; (= *avoid being noticed*) intentar pasar desapercibido; **to nod one's ~** decir que sí *or* asentir con la cabeza; **to shake one's ~** decir que no *or* negar con la cabeza; **he stands ~ and shoulders above the rest** (*lit*) les saca más de una cabeza a los demás; (*fig*) los demás no le llegan a la suela del zapato; **to stand on one's ~** hacer el pino; **I could do it standing on my ~*** lo podría hacer con los ojos cerrados; **she is a ~ taller than her sister** le saca una cabeza a su hermana; **from ~ to toe** de pies a cabeza; **I ought to bang *or* knock your ~s together** os voy a dar un coscorrón a los dos*; **he turned his ~ and looked back at her** volvió la cabeza y la miró; ✦***IDIOMS*** **I can't get my ~ around that*** no consigo entenderlo, para mí eso es un misterio; **to have one's ~ up one's arse** *or* (*US*) **ass**** (= *be pig-headed*) ser cabezón; (= *be self-obsessed*) mirarse al ombligón; **to bite sb's ~ off** echar un rapapolvo a algn; **to put *or* lay one's ~ on the block** jugársela, arriesgarse; **to get one's ~ down** (*to work*) poner manos a la obra; (*to sleep*) acostarse, echarse; **to go over sb's ~: they went over my ~ to the manager** pasaron por encima de mí y fueron directamente al gerente; **to hold one's ~ up (high)** ir con la frente bien alta *or* erguida; **with ~ held high** con la frente bien alta *or* erguida; **to laugh one's ~ off** desternillarse de risa*; **to stand *or* turn sth on its ~** dar la vuelta a algo; **on your own ~ be it!** ¡allá tú!, tú sabrás lo que haces; **to want sb's ~ on a plate** querer la cabeza de algn; **to turn one's ~ the other way** hacer la vista gorda; **~s will roll** van a rodar cabezas; **to bury *or* hide *or* stick one's ~ in the sand** seguir la táctica del avestruz; **to scream/shout one's ~ off** desgañitarse; **I can't make ~ nor *or* or tail of it** no le encuentro ni pies ni cabeza; **I can't make ~ nor *or* or tail of what he's saying** no entiendo nada de lo que dice; **to turn ~s** llamar la atención; **she had the kind of looks that turn ~s** tenía ese tipo de belleza que llama la atención; **to keep one's ~ above water** (*fig*) ir tirando; *see also* **acid C**, **cloud A**, **hang A1**, **knock**, **price A1**, **rear A2**, **swell C1**, **top A11**

2 (= *intellect, mind*) cabeza *f*; **use your ~!** ¡usa la cabeza!; **you never know what's going on in his ~** nunca sabes lo que le está pasando por la cabeza; **it's gone right out of my ~** se me ha ido de la cabeza, se me ha olvidado; **it was the first thing that came into my ~** fue lo primero que me vino a la cabeza; **it was above their ~s** no lo entendían; **it's better to come to it with a clear ~ in the morning** es mejor hacerlo por la mañana con la cabeza despejada; **it never entered my ~** ni se me pasó por la cabeza siquiera; **you need your ~ examining *or* examined** tú estás mal de la cabeza; **to have a ~ for business/figures** ser bueno para los negocios/con los números; **I have no ~ for heights** tengo vértigo; **to do a sum in one's ~** hacer un cálculo mental; **he added it all up in his ~** lo sumó todo mentalmente; **he has got it into his ~ that ...** se le ha metido en la cabeza que ...; **I wish he would get it into his thick ~ that ...** ya me gustaría que le entrara en ese cabezón que tiene que ...; **who put that (idea) into your ~?** ¿quién te ha metido eso en la cabeza?; **don't put ideas into his ~** no le metas ideas en la cabeza; **I can't get that tune out of my ~** no puedo quitarme esa música de la cabeza; **it was over their ~s** no lo entendían; **it went way over my ~** no entendí nada; **I'm sure if we put our ~s together we can work something out** estoy seguro de que si intercambiamos ideas encontraremos una solución; **to take it into one's ~ to do sth: he took it into his ~ to go to Australia** se le metió en la cabeza ir a Australia; **don't worry your ~ about it** no te preocupes, no le des muchas vueltas; ✦***IDIOMS*** **to keep one's ~** mantener la calma; **to lose one's ~** perder la cabeza *or* los estribos; **to be/go off one's ~*** estar/volverse majara*; **you must be off your ~!** ¡estás como una cabra!; **to be out of one's ~*** (= *mad*) haber perdido el juicio, estar mal de la cabeza; (= *drunk*) estar borracho como una cuba*; (= *on drugs*) estar colocadísimo*, estar como una moto*; **he's got his ~ screwed on (the right way)** tiene la cabeza sobre los hombros; **to be soft *or* weak in the ~** estar mal de la cabeza; **to go soft in the ~** perder la cabeza; **all that flattery will turn his ~** todos esos halagos se le subirán a la cabeza; ✦***PROV*** **two ~s are better than one** cuatro ojos ven más que dos

3 (= *leader*) [*of firm*] director(a) *m/f*; (*esp Brit*) [*of school*] director(a) *m/f*; **~ of department** (*in school, firm*) jefe/a *m/f* de departamento; **~ of French** el jefe/la jefa del departamento de francés; **~ of (the) household** cabeza *mf* de familia; **~ of state** (*Pol*) jefe/a *m/f* de Estado

4 (= *top part*) [*of hammer, pin, spot*] cabeza *f*; [*of arrow, spear*] punta *f*; [*of stick, cane*] puño *m*; [*of bed, page*] cabecera *f*; [*of stairs*] parte *f* alta; (*on beer*) espuma *f*; [*of river*] cabecera *f*, nacimiento *m*; [*of valley*] final *m*; [*of mountain pass*] cima *f*; **at the ~ of** [+ *organization*] a la cabeza de; [+ *train*] en la parte delantera de; **to be at the ~ of the class** ser el mejor de la clase; **to be at the ~ of the league** ir a la cabeza de la liga; **to be at the ~ of the list** encabezar la lista; **to be at the ~ of the queue** ser el primero en la cola; **to sit at the ~ of the table** sentarse en la cabecera de la mesa, presidir la mesa

5 (*Bot*) [*of flower*] cabeza *f*, flor *f*; [*of corn*] mazorca *f*; **a ~ of celery/garlic** una cabeza de apio/ajo; **a ~ of lettuce** una lechuga

6 (*Tech*) (*on tape-recorder*) cabezal *m*, cabeza *f* magnética; [*of cylinder*] culata *f*; (*Comput*) cabeza *f*; **reading/writing ~** cabeza *f* de lectura/grabación

7 (= *culmination*) **this will bring matters to a ~** esto llevará las cosas a un punto crítico; **to come to a ~** [*situation*] alcanzar un punto crítico

8 **heads** (*on coin*) cara *f*; **it came down ~s** salió cara; **~s or tails?** ¿cara o cruz?, ¿águila o sol? (*Mex*); **to toss ~s or tails** echar a cara o cruz; ✦***IDIOM*** **~s I win, tails you lose** cara yo gano, cruz tú pierdes

9 (*no pl*) (= *unit*) **20 ~ of cattle** 20 cabezas de ganado (vacuno); **£15 a *or* per ~** 15 libras por cabeza *or* persona

10 (*Naut*) proa *f*; **~ to wind** con la proa a barlovento *or* de cara al viento

11 (*Geog*) cabo *m*

12 (= *pressure*) **~ of steam** presión *f* de vapor; **~ of water** presión *f* de agua

13 (= *height*) [*of water*] **there has to be a ~ of six feet between the tank and the bath** el tanque tiene que estar a una altura de dos metros con respecto al baño

14 (= *title*) titular *m*; (= *subject heading*) encabezamiento *m*; **this comes under the ~ of ...** esto viene en el apartado de ...

Ⓑ VT 1 (= *be at front of*) [+ *procession, league, poll*] encabezar, ir a la cabeza de; [+ *list*] encabezar

2 (= *be in charge of*) [+ *organization*] dirigir; (*Sport*) [+ *team*] capitanear

3 (= *steer*) [+ *ship, car, plane*] dirigir

4 (*Ftbl*) [+ *goal*] cabecear; **to ~ the ball** cabecear (el balón)

5 [+ *chapter*] encabezar

Ⓒ VI **where are you ~ing *or* ~ed?** ¿hacia dónde vas?, ¿para dónde vas?; **he hitched a ride on a truck ~ing *or* ~ed west** hizo autostop y lo recogió un camión que iba hacia el oeste; **he ~ed up the hill** se dirigió hacia la cima de la colina; **they were ~ing home/back to town** volvían a casa/a la ciudad

Ⓓ CPD ► **head boy** N (*Brit Scol*) ≈ delegado *m* de la escuela (*alumno*) ► **head buyer** N jefe/a *m/f* de compras ► **head case*** N (*Brit*) majara* *mf*, chiflado/a* *m/f* ► **head cheese** N (*US*) queso *m* de cerdo, cabeza *f* de jabalí (*Sp*), carne *f* en gelatina ► **head clerk** N encargado/a *m/f* ► **head coach** N (*Sport*) primer(a) entrenador(a) *m/f* ► **head cold** N resfriado *m* (de cabeza) ► **head count** N recuento *m* de personas; **to take a ~ count** hacer un recuento de personas ► **head gardener** N jefe/a *m/f* de jardineros ► **head girl** N (*Brit Scol*) ≈ delegada *f* de la escuela (*alumna*) ► **head injury** N herida *f* en la cabeza ► **head nurse** N enfermero/a *m/f* jefe ► **head office** N sede *f* central ► **head prefect** N (*Brit Scol*) ≈ delegado/a *m/f* de la escuela (*alumno/alumna*) ► **head restraint** N (*Aut*) apoyacabezas *m inv*, reposacabezas *m inv* ► **head start** N ventaja *f*; **a good education gives your child a ~ start in life** una buena educación sitúa a su hijo en una posición aventajada en la vida; **to have a ~ start (over *or* on sb)** (*Sport, fig*) tener ventaja (sobre algn); **he has a ~ start over other candidates** tiene ventaja sobre *or* les lleva ventaja a otros candidatos; **even if he had a ~ start he couldn't possibly win** ni empezando con ventaja podría ganar ► **head teacher** N director(a) *m/f* ► **head waiter** N maître *m* ► **head wound** N herida *f* en la cabeza

►**head for** VI + PREP 1 [+ *place*] **where are you ~ing for?** ¿hacia dónde vas?, ¿para dónde vas?; **it's time we were ~ing for home** ya es hora de que nos vayamos para casa; **he picked up his coat and ~ed for the door** tomó el abrigo y se dirigió hacia la puerta; **when he comes home he ~s straight for the TV** nada más llegar a casa se va derechito para la televisión; **the car was ~ing straight for us** el coche venía derecho hacia nosotros; **the vessel was ~ing for the port of Basra** el navío iba rumbo al *or* se dirigía al puerto de Basra

2 (*fig*) **to be ~ing for: you're ~ing for trouble** vas por mal camino; **he's ~ing for a**

**disappointment** se va a llevar una decepción; **he's ~ing for a fall** va camino del fracaso

►**head off** Ⓐ VI + ADV (= *set out*) marcharse (**for** para, hacia; **toward(s)** hacia); **I watched them ~ off into the sunset** les vi marcharse por donde se ponía el sol
Ⓑ VT + ADV [1] (= *intercept*) [+ *person*] atajar, interceptar
[2] (= *ward off*) [+ *questions, criticism, trouble*] atajar; [+ *person*] distraer (**from** de); **if she asks where we're going, try and ~ her off** si pregunta dónde vamos, intenta distraerla

►**head up** VT + ADV [+ *group, team*] estar a la cabeza de, dirigir

**headache** ['hedeɪk] N [1] (= *pain*) dolor *m* de cabeza; (= *sick headache*) jaqueca *f*
[2] (= *problem*) quebradero *m* de cabeza, dolor *m* de cabeza; **that's his ~** allá él

**headband** ['hedbænd] N cinta *f* (para la cabeza), vincha *f* (*Andes, S. Cone*), huincha *f* (*Andes, S. Cone*)

**headboard** ['hed,bɔːd] N cabecera *f*

**headcount** ['hedkaʊnt] N (*Ind*) (= *workforce*) plantilla *f*, personal *m*

**headdress** ['heddres] N tocado *m*

**headed** ['hedɪd] ADJ [*notepaper*] membretado, con membrete

**-headed** ['hedɪd] ADJ (*ending in compounds*) de cabeza ...; **small-headed** de cabeza pequeña; **red-headed** pelirrojo

**header** ['hedəʳ] N [1] (*Ftbl*) cabezazo *m*, remate *m* de cabeza
[2] (*) (= *fall*) caída *f* de cabeza; (= *dive*) salto *m* de cabeza
[3] (*Typ, Comput*) encabezamiento *m*

**header-block** ['hedə,blɒk] N bloque *m* de encabezamiento, encabezamiento *m*

**headgear** ['hedgɪəʳ] N (*gen*) tocado *m*; (= *hat*) sombrero *m*; (= *cap*) gorra *f*; (= *helmet*) casco *m*; **workers must wear protective ~** los trabajadores deben llevar casco

**headguard** ['hedgɑːd] N casco *m* protector; (*on face*) protector *m* facial

**headhunt** ['hed,hʌnt] VT buscar talentos; **he was ~ed by a bank** un banco lo escogió para su plantilla

**headhunter** ['hed,hʌntəʳ] N (*lit*) cazador *m* de cabezas; (*fig*) cazatalentos *mf inv*

**headhunting** ['hed,hʌntɪŋ] Ⓐ N (*lit*) caza *f* de cabezas; (*fig*) caza *f* de talentos
Ⓑ CPD ► **headhunting agency** N agencia *f* de caza de talentos

**headiness** ['hedɪnɪs] N [*of scent*] aroma *m* embriagador; [*of atmosphere*] excitación *f*; **a wine that is characterized by its ~** un vino que se caracteriza por lo fácilmente que se sube a la cabeza

**heading** ['hedɪŋ] N (= *title*) encabezamiento *m*, título *m*; (= *letterhead*) membrete *m*; (= *section*) sección *f*, apartado *m*; **under various ~s** en varios apartados; **to come under the ~ of** estar incluido en

**headlamp** ['hedlæmp] N (*Aut*) faro *m*

**headland** ['hedlənd] N cabo *m*, punta *f*

**headless** ['hedlɪs] ADJ (*lit*) [*body*] sin cabeza; (= *leaderless*) acéfalo; ✦**IDIOM to run around like a ~ chicken** (*Brit*) ir dando palos de ciego, ir de acá para allá sin saber qué hacer

**headlight** ['hedlaɪt] N = **headlamp**

**headline** ['hedlaɪn] Ⓐ N (*in newspaper*) titular *m*, cabecera *f*; **the (news) ~s** (*TV, Rad*) el resumen de las noticias; **to hit** *or* **make the ~s** salir en primera plana
Ⓑ VT anunciar con titulares
Ⓒ CPD ► **headline news** N noticia *f* de cabecera; **to be ~ news** ser noticia de cabecera; **to make ~ news** salir en primera plana ► **headline rate** N **the ~ rate of inflation** la tasa de inflación (*calculada con variables como el tipo de interés hipotecario*)

**headlock** ['hedlɒk] N llave *f* de cabeza; **to get/have sb in a ~** hacer a algn una llave de cabeza

**headlong** ['hedlɒŋ] Ⓐ ADJ [*fall*] de cabeza; **he made a ~ dive for the ball** se lanzó en plancha a por la pelota; **the ~ rush to the beaches every summer** la salida precipitada hacia las playas todos los veranos
Ⓑ ADV [1] (= *head first*) [*person*] de cabeza; **the lorry ploughed ~ into a wall** el camión se estrelló de frente contra una pared
[2] (= *swiftly*) precipitadamente; **I dashed ~ up the stairs** subí precipitadamente por las escaleras

**headman** ['hedmæn] N (*pl* **headmen** ['hedmen]) cacique *m*; (*hum*) jefe *m*

**headmaster** ['hed'mɑːstəʳ] N director *m* (de colegio)

**headmistress** ['hed'mɪstrɪs] N directora *f* (de colegio)

**head-on** ['hed'ɒn] Ⓐ ADJ [*collision*] de frente, frontal; **a ~ confrontation** un enfrentamiento directo *or* frontal
Ⓑ ADV [*collide*] de frente, frontalmente; [*clash*] frontalmente; [*meet*] cara a cara; **the two cars collided ~** los dos coches colisionaron de frente *or* frontalmente; **to tackle sth ~** (*fig*) enfrentarse de lleno con algo

**headphones** ['hedfəʊnz] NPL auriculares *mpl*, audífono(s) *m(pl)*

**headquarter** ['hedkwɔːtəʳ] VT (*US*) **the company is ~ed in Reno** la compañía tiene su sede en Reno

**headquarters** ['hed'kwɔːtəz] Ⓐ NPL (*Mil*) cuartel *msing* general; (*police etc*) jefatura *fsing* de policía; [*of party, organization*] sede *fsing*; (*Comm*) oficina *fsing* central, central *fsing*
Ⓑ CPD ► **headquarters staff** N plantilla *fsing* de la oficina central

**headrest** ['hedrest] N (*Aut*) apoyacabezas *m inv*, reposacabezas *m inv*; (*on chair*) cabezal *m*

**headroom** ['hedrʊm] N espacio *m* para estar (derecho) de pie; (*under bridge etc*) altura *f* libre; **"2m headroom"** "2m de altura libre"

**headscarf** ['hedskɑːf] N (*pl* **headscarfs** *or* **headscarves** ['hedskɑːvz]) pañuelo *m*

**headset** ['hedset] N = **headphones**

**headship** ['hedʃɪp] N (*gen*) dirección *f*; [*of school*] puesto *m* de director(a)

**head-shrinker*** ['hed,ʃrɪŋkəʳ] N psiquíatra *mf*, psiquiatra *mf*

**headsman**† ['hedzmən] N (*pl* **headsmen**) verdugo *m*

**headsquare** ['hedskwɛəʳ] N pañuelo *m* de cabeza

**headstand** ['hedstænd] N posición *f* de cabeza; **to do a ~** hacer el pino

**headstone** ['hedstəʊn] N (*on grave*) lápida *f* (mortuoria)

**headstrong** ['hedstrɒŋ] ADJ (= *stubborn*) testarudo; (= *determined*) [*action*] decidido

**head-to-head** [,hedtə'hed] Ⓐ N mano a mano *m inv*
Ⓑ ADJ mano a mano *inv*
Ⓒ ADV mano a mano; **to go head to head against** *or* **with** enfrentarse mano a mano con

**headwaters** ['hed,wɔːtəz] NPL cabecera *fsing* (*de un río*)

**headway** ['hedweɪ] N **to make ~** (*Naut*) avanzar; (*fig*) hacer progresos; **we could make no ~ against the current** no lográbamos avanzar contra la corriente, la corriente nos impedía avanzar; **I didn't make much ~ with him** no conseguí hacer carrera con él

**headwind** ['hedwɪnd] N viento *m* contrario; (*Naut*) viento *m* de proa

**headword** ['hedwɜːd] N lema *m*, cabeza *f* de artículo

**heady** ['hedɪ] ADJ (*compar* **headier**; *superl* **headiest**) [1] (= *intoxicating*) [*wine*] que se sube a la cabeza, cabezón*; [*scent*] embriagador; **a ~ brew** (*fig*) una mezcla embriagadora
[2] (= *exhilarating*) [*days, experience*] excitante, emocionante; [*atmosphere*] excitante, embriagador; **to feel ~** sentirse emocionado; **the ~ heights of sth** las vertiginosas alturas de algo

**heal** [hiːl] Ⓐ VT [+ *wound*] curar; [+ *person*] sanar, curar (**of** de); (*fig*) [+ *differences*] reconciliar; **he tried to ~ the rift with his father** intentó salvar el distanciamiento con su padre
Ⓑ VI (*also* **~ up**) cicatrizar

**healer** ['hiːləʳ] N curandero(a) *m/f*

**healing** ['hiːlɪŋ] Ⓐ ADJ curativo, sanativo
Ⓑ N curación *f*

**health** [helθ] Ⓐ N salud *f*; **to be in good/bad ~** estar bien/mal de salud; **he was granted early retirement on grounds of ill ~** le concedieron la jubilación anticipada por razones de salud; **good ~!** ¡(a tu) salud!; **to drink (to) sb's ~** beber a la salud de algn, brindar por algn; **Minister of Health** Ministro/a *m/f* de Sanidad; **Ministry of Health** Ministerio *m* de Sanidad; **Department of Health and Human Services** (*US*) Ministerio *m* de Sanidad y Seguridad Social
Ⓑ CPD ► **health authority** N administración *f* sanitaria ► **health benefit** N (*US*) subsidio *m* de enfermedad ► **health care** N asistencia *f* sanitaria, atención *f* sanitaria ► **health centre**, **health center** (*US*) N centro *m* de salud, centro *m* médico ► **health club** N gimnasio *m* ► **health education** N educación *f* sanitaria ► **health farm** N centro *m* de adelgazamiento ► **health food(s)** N(PL) alimentos *mpl* dietéticos, alimentos *mpl* naturales ► **health food shop** N tienda *f* de alimentos dietéticos, herbolario *m* ► **health hazard** N peligro *m* para la salud, riesgo *m* para la salud; **it's a ~ hazard** presenta un peligro *or* un riesgo para la salud ► **health insurance** N seguro *m* de enfermedad, seguro *m* médico ► **health problem** N (*personal*) problema *m* de salud; (*public*) problema *m* sanitario ► **health resort** N (= *spa*) balneario *m*; (*in mountains*) sanatorio *m* ► **Health Service** N (*Brit*) Servicio *m* de Sanidad, Servicio *m* de Salud Pública; *see also* **national** ► **Health Service doctor** N médico *m* de la Seguridad Social ► **health spa** N balneario *m* ► **health visitor** N auxiliar *mf* sanitario/a (*en asistencia domiciliaria*); *see also* **professional B2**

**healthful** ['helθfʊl], **health-giving** ['helθ,gɪvɪŋ] ADJ sano, saludable

**healthily** ['helθɪlɪ] ADV [*live, eat*] de forma sana, sanamente

**healthy** ['helθɪ] ADJ (*compar* **healthier**; *superl* **healthiest**) [1] (= *normal*) [*person, plant, cell, mind*] sano; [*skin, hair*] sano, saludable; [*society*] que goza de buena salud; **to be ~** [*person*] tener buena salud, estar sano; **to look ~** tener un aspecto saludable; **to have a ~ appetite** tener buen apetito
[2] (= *beneficial*) [*diet, lifestyle, air, place*] sano, saludable
[3] (= *thriving*) [*economy, company*] próspero

[4] (= *substantial*) [*profit*] pingüe; [*bank account*] sustancioso
[5] (= *sensible*) [*attitude, scepticism*] razonable; **to have a ~ interest in sth** tener un sano interés en algo; **to have a ~ respect for sb/sth** tenerle un respeto sano a algn/algo

**heap** [hi:p] Ⓐ N [1] (= *pile*) montón *m*, pila *f*; **her clothes lay in a ~ on the floor** su ropa estaba amontonada en el suelo
[2] (*fig*) (*) montón* *m*; **a whole ~ of trouble** un montón de disgustos*; **a whole ~ of people** un montón de gente*, muchísima gente; *see also* **heaps**
[3] (*) (= *old car*) cacharro* *m*
Ⓑ VT (*also* **to ~ up**) [+ *stones etc*] amontonar, apilar; [+ *bricks, coal*] amontonar (**onto** sobre); **to ~ sth together** juntar algo en un montón; **to ~ a plate with food** colmar un plato de comida; **to ~ favours/praise on sb** colmar a algn de favores/elogios; **~ed tablespoonful** (*Culin*) cucharada *f* colmada

►**heap up** VT + ADV [+ *stones etc*] amontonar, apilar; [+ *wealth*] acumular

**heaps*** [hi:ps] Ⓐ NPL (= *lots*) **~ of** montones de, un montón de; **you've had ~ of opportunities** has tenido montones *or* un montón de oportunidades; **~ of times** muchísimas veces; **we have ~ of time** tenemos tiempo de sobra
Ⓑ ADV muchísimo; **~ better** muchísimo mejor

**hear** [hɪəʳ] (*pt, pp* **heard**) Ⓐ VT [1] (= *perceive*) [+ *voice, sound*] oír; **can you ~ me?** ¿me oyes?; **I can't ~ you** no te oigo; **I can't ~ a thing** no oigo nada; **I ~d someone come in** he oído entrar a alguien; **I ~d you talking to her** te oí hablar con ella; **I never ~d such rubbish!** ¡en mi vida he oído tantos disparates!; **did you ~ what he said?** ¿has oído lo que ha dicho?; **let's ~ it for ...** un aplauso para ...; **I could hardly make myself ~d** apenas pude lograr que se me oyera; **I have ~d it said that ...** ◊ **I've ~d tell that ...** he oído decir que ...; **I can't ~ myself think** el ruido no me deja pensar *or* concentrarme; *see also* **pin**
[2] (= *discover, be told*) oír; **have you ~d the news?** ¿has oído la noticia?, ¿te has enterado de la noticia?; **what's this I ~ about you getting married?** ¿qué es eso que he oído de que te vas a casar?; **from what I ~, she hasn't long to live** por lo que he oído parece que le queda poco tiempo de vida; **I waited to ~ the result** me quedé esperando para enterarme del resultado; **I ~ bad reports of him** no me hablan bien de él; **I'm glad to ~ it** me alegro; **I'm sorry to ~ it** lo siento; **where did you ~ that?** ¿quién te ha dicho eso?; **to ~ that ...** enterarse de que ...; **I ~d you're going away** me he enterado de que te vas; **I ~ you've been ill** me he enterado de que *or* he oído decir que has estado enfermo; **I haven't ~d yet whether I've passed** aún no sé si he aprobado; **have you ~d anything of** *or* **from him since he left?** ¿has sabido algo *or* has tenido noticias de él desde que se fue?; **the first I ~d of it was when ...** lo primero que supe al respecto fue cuando ...; **that's the first I've ~d of it** no tenía ni idea, es la primera noticia que tengo; **you haven't ~d the last of this!** ¡aquí no se acaba esto!; **have you ~d the one about ...?** ¿te sabes el de ...?
[3] (= *listen to*) [+ *radio programme, story*] escuchar, oír; [+ *lecture*] escuchar; **to ~ him (talk) you'd think he was an expert** por la forma en que habla, cualquiera creería *or* diría que es un experto; **I've ~d it all before** ya conozco la historia; **Lord, ~ our prayers** Señor, escucha nuestras plegarias *or* súplicas; **to ~ sb speak** (*in public*) escuchar a algn; **he likes to ~ himself talk** le gusta escucharse a sí mismo
[4] (*Jur*) [+ *case*] ver
[5] (*Rel*) **to ~ mass** oír misa
Ⓑ VI [1] (= *perceive*) oír; **I can't ~** no oigo; **if you don't get out I'll call the police, (do) you ~?** si no te vas llamaré a la policía, ¿me oyes?; **he doesn't** *or* **can't ~ very well** no oye muy bien
[2] **to ~ about sth/sb**: **I ~d about it from Maria** me enteré por María, lo supe a través de María; **did you ~ about Liz?** ¿te enteraste de lo de Liz?; **I don't want to ~ about it** no quiero oír hablar del tema; **to ~ from sb** saber de algn, tener noticias de algn; **have you ~d from him lately?** ¿has sabido algo de él últimamente?, ¿has tenido noticias de él últimamente?; **I ~ from my daughter every week** tengo noticias de mi hija todas las semanas; **hoping to ~ from you** (*in letter*) esperando recibir noticias tuyas; **you will be ~ing from my solicitor** mi abogado se pondrá en contacto con usted; **the police are anxious to ~ from anyone who may know her** la policía pide a todos los que la conozcan que se pongan en contacto con ellos; **what are you ~ing from people there?** ¿qué opina *or* dice allí la gente?; **to ~ of sth** (= *come across*) oír hablar de algo; (= *become aware of*) saber de algo; **many people haven't ~d of reflexology** muchas personas no han oído hablar de la reflexología; **I've never ~d of such a thing!** ¡en mi vida he oído cosa igual!; **I ~d of this school through Leslie** supe de esta escuela por *or* a través de Leslie; **I won't ~ of it!** (= *allow*) ¡ni hablar!; **I offered to pay but she wouldn't ~ of it** me ofrecí a pagar pero dijo que ni hablar; **I always wanted to be an actor but Dad wouldn't ~ of it** siempre quise ser actor pero papá no me dejó; **to ~ of sb** (= *come across*) oír hablar de algn; (= *have news of*) saber de algn, tener noticias de algn; **everyone has ~d of her** todo el mundo ha oído hablar de ella *or* sabe quién es; **he wasn't ~d of for a long time** no se supo nada de él *or* no se tuvieron noticias de él durante mucho tiempo; **he was never ~d of again** nunca se supo más de él
[3] **hear! hear!** (= *bravo*) ¡sí señor!, ¡eso, eso!

►**hear out** VT + ADV [+ *story*] escuchar; **she ~d out their ideas then gave her recommendation** escuchó sus ideas y luego les dio su recomendación; **to ~ sb out** dejar que algn termine de hablar; **let's ~ him out** vamos a dejarle que termine de hablar

**heard** [hɜ:d] PT, PP *of* **hear**

**hearer** [ˈhɪərəʳ] N oyente *mf*

**hearing** [ˈhɪərɪŋ] Ⓐ N [1] (= *sense of hearing*) oído *m*; **to have good/poor ~** oír bien/poco; **in my ~** estando yo delante, en mi presencia; **if you must talk about it, do it out of my ~** si tienes que hablar de ello, hazlo sin que yo esté *or* sin que yo me entere; **within/out of ~ (distance)** al alcance/fuera del alcance del oído
[2] (= *chance to speak*) oportunidad *f* de hablar; (*Jur*) vista *f*, audiencia *f*; **he never got a fair ~** en ningún momento se le permitió explicar su punto de vista; (*Jur*) no tuvo un juicio justo; **to give sb a ~** dar a algn la oportunidad de hablar
Ⓑ CPD ► **hearing aid** N audífono *m* ► **hearing problem** N problema *m* de oído; **he has ~ problems** tiene problemas de oído

**hearing-assisted** [ˈhɪərɪŋəˈsɪstɪd] CPD ► **hearing-assisted telephone** N (*US*) teléfono *m* con sonido aumentado

**hearken** [ˈhɑ:kən] VI (††, *liter*) **to ~ to** escuchar

**hearsay** [ˈhɪəseɪ] Ⓐ N rumores *mpl*; **it's just ~** son rumores nada más; **by ~** de oídas
Ⓑ CPD ► **hearsay evidence** N testimonio *m* de oídas

**hearse** [hɜ:s] N coche *m or* (*LAm*) carro *m* fúnebre

**heart** [hɑ:t] Ⓐ N [1] (= *organ, symbol of love*) corazón *m*; **she waited with beating ~** le palpitaba el corazón mientras esperaba, esperaba con el corazón palpitante; **to clasp sb to one's ~** abrazar a algn estrechamente; **to have a weak ~** padecer *or* sufrir del corazón
[2] (= *seat of emotions*) corazón *m*; **with all one's ~** de todo corazón, con toda su alma; **at ~** en el fondo; **to have sb's interests at ~** tener presente el interés de algn; **this is an issue which is close to his ~** este es un asunto que le toca muy de cerca; **to one's ~'s content** a gusto; **this is an issue which is dear to his ~** éste es un asunto que le toca muy de cerca; **his words came from the ~** sus palabras salieron del corazón; **it would have done your ~ good** te habría alegrado el corazón; **he knew in his ~ that it was a waste of time** él en el fondo sabía que era una pérdida de tiempo; **you will always have a place in my ~** siempre te llevaré dentro (de mi corazón); **✦IDIOMS he's a man after my own ~** es un hombre de los que me gustan; **from the bottom of one's ~** con toda sinceridad, de corazón; **to break sb's ~** (*in love*) partir el corazón a algn; (*by behaviour etc*) matar a algn a disgustos; **to break one's ~ over** partirse el corazón por; **to die of a broken ~** morir de pena; **to cut sb to the ~** herir a algn en lo vivo; **to give one's ~ to** enamorarse de; **he has a ~ of gold** tiene un corazón de oro; **have a ~!*** ¡ten un poco de compasión *or* corazón!; **to have no ~** no tener corazón *or* entrañas; **with a heavy ~** apesadumbrado, compungido; **with heavy ~s, we turned our steps homeward** apesadumbrados *or* compungidos, encaminamos nuestros pasos de regreso a casa; **his ~ was not in it** lo hacía sin ganas, no tenía fe en lo que estaba haciendo; **in his ~ of ~s** en lo más íntimo de su corazón; **to lose one's ~ to** enamorarse de; **to open one's ~ to sb** abrir el corazón a algn; **to cry one's ~ out** llorar a lágrima viva; **to sing one's ~ out** cantar a voz en grito; **his ~ is in the right place** tiene buen corazón; **to let one's ~ rule one's head** dejar que el corazón guíe a la cabeza; **to set one's ~ on sth**: **I've set my ~ on that coat I saw yesterday** quiero a toda costa (comprarme) ese abrigo que vi ayer; **she's set her ~ on winning the championship** ha puesto todo su empeño en ganar el campeonato; **she is the ~ and soul of the organization** ella es el alma de la organización; **to throw o.s. into sth ~ and soul** entregarse en cuerpo y alma a algo, meterse de lleno en algo; **to take sth to ~** tomarse algo a pecho; **to wear one's ~ on one's sleeve** llevar el corazón en la mano; **to win sb's ~** enamorar a algn; **she won the ~s of the people** se ganó el corazón *or* el afecto de la gente; *see also* **eat out B, sick A1**
[3] (= *courage*) **I did not have the ~** *or* **I could not find it in my ~ to tell her** no tuve valor para decírselo; **✦IDIOMS to be in good ~** [*person*] estar de buen ánimo; **to lose ~** descorazonarse; **to have one's ~ in one's mouth** tener el alma en un hilo, tener el corazón en un puño; **to put new ~ into sb** infundir nuevos bríos a algn; **my ~ sank** me desco-

razoné, se me cayó el alma a los pies; **to take ~** cobrar ánimos, animarse; **we may take ~ from the fact that ...** que nos aliente el hecho de que ...
[4] (= *centre*) [*of lettuce, celery*] cogollo *m*; [*of place, earth etc*] corazón *m*, seno *m*, centro *m*; **in the ~ of the country** en pleno campo; **the ~ of the matter** lo esencial *or* el meollo *or* el quid del asunto; **in the ~ of winter** en pleno invierno; **in the ~ of the wood** en el centro del bosque
[5] (= *memory*) **to learn/know/recite sth by ~** aprender/saber/recitar algo de memoria
[6] **hearts** (*Cards*) corazones *mpl*; (*in Spanish pack*) copas *fpl*
Ⓑ CPD ► **heart attack** N (*Med*) ataque *m* al corazón, infarto *m* (de miocardio) ► **heart complaint** N enfermedad *f* cardíaca ► **heart condition** N condición *f* cardíaca ► **heart disease** N enfermedad *f* cardíaca ► **heart failure** N (= *attack*) fallo *m* del corazón, paro *m* cardíaco; (*chronic*) insuficiencia *f* cardíaca ► **heart murmur** N soplo *m* en el corazón ► **heart rate** N ritmo *m* del corazón ► **heart surgeon** N cirujano/a *m/f* cardiólogo/a ► **heart surgery** N cirugía *f* cardíaca ► **heart transplant** N trasplante *m* del corazón ► **heart trouble** N problemas *mpl* de corazón, afecciones *fpl* cardíacas; **to have ~ trouble** padecer *or* sufrir del corazón

**heartache** ['hɑːteɪk] N pena *f*, dolor *m*

**heartbeat** ['hɑːtbiːt] N (*gen*) latido *m* del corazón

**heartbreak** ['hɑːtbreɪk] N congoja *f*, sufrimiento *m*

**heartbreaking** ['hɑːtˌbreɪkɪŋ] ADJ desgarrador, que parte el corazón

**heartbroken** ['hɑːtˌbrəʊkən] ADJ acongojado, desconsolado; **she was ~ about it** estaba desconsolada

**heartburn** ['hɑːtbɜːn] N (*Med*) acidez *f*, ardor *m*

**-hearted** ['hɑːtɪd] ADJ (*ending in compounds*) **hard-hearted** duro/a de corazón; **warm-hearted** cariñoso/a; *see also* **broken-hearted**, **open-hearted**

**hearten** ['hɑːtn] VT alentar, animar

**heartening** ['hɑːtnɪŋ] ADJ alentador

**heartfelt** ['hɑːtfelt] ADJ [*sympathy*] sentido; [*thanks, apology*] sincero; **my ~ apologies** mis sinceras disculpas

**hearth** [hɑːθ] Ⓐ N (*gen, also fig*) hogar *m*; (= *fireplace*) chimenea *f*
Ⓑ CPD ► **hearth rug** N alfombrilla *f*, tapete *m*

**heartily** ['hɑːtɪlɪ] ADV [1] (= *enthusiastically*) [*laugh*] a carcajadas, de buena gana; [*eat*] con ganas, con apetito; [*say*] efusivamente; [*thank, welcome*] cordialmente, calurosamente
[2] (= *thoroughly*) [*recommend*] encarecidamente; [*agree*] completamente, totalmente; **to be ~ sick of sth** estar completamente *or* realmente harto de algo; **to be ~ glad** alegrarse sinceramente; **he ~ dislikes cabbage** detesta el repollo

**heartiness** ['hɑːtɪnɪs] N entusiasmo *m*; **he spoke with a ~ he did not feel** habló con un entusiasmo que no sentía; **he shook my hand with exaggerated ~** me estrechó la mano con una efusividad exagerada

**heartland** ['hɑːtlænd] N [1] (*Geog*) zona *f* central, zona *f* interior; **the ~ of Tibet** el corazón del Tibet
[2] (*fig*) **the conservative ~ in south-east England** el feudo conservador del sudeste de Inglaterra

**heartless** ['hɑːtlɪs] ADJ despiadado, cruel

**heartlessly** ['hɑːtlɪslɪ] ADV despiadadamente, cruelmente

**heartlessness** ['hɑːtlɪsnɪs] N crueldad *f*, inhumanidad *f*

**heart-lung machine** [ˌhɑːt'lʌŋməˌʃiːn] N máquina *f* de circulación extracorpórea

**heartrending** ['hɑːtˌrendɪŋ] ADJ desgarrador, que parte el corazón; **it was ~ to see them** se me partía el corazón de verlos

**heart-searching** ['hɑːtˌsɜːtʃɪŋ] N examen *m* de conciencia

**heart-shaped** ['hɑːtʃeɪpt] ADJ en forma de corazón

**heartstrings** ['hɑːtstrɪŋz] NPL ✦*IDIOM* **to pull at** *or* **touch sb's ~** tocar la fibra sensible de algn

**heartthrob*** ['hɑːtθrɒb] N **he's the ~ of the teenagers** es el ídolo de las quinceañeras; **Bogart was my mother's ~** mi madre idolatraba a Bogart; **we met her latest ~** conocimos a su amiguito del momento

**heart-to-heart** ['hɑːttə'hɑːt] Ⓐ ADJ íntimo, franco; **to have a ~ talk with sb** tener una conversación íntima con algn
Ⓑ N conversación *f* íntima; **to have a ~ with sb** tener una conversación íntima con algn

**heart-warming** ['hɑːtˌwɔːmɪŋ] ADJ (= *pleasing*) grato, reconfortante; (= *moving*) conmovedor, emocionante

**hearty** ['hɑːtɪ] (*compar* **heartier**; *superl* **heartiest**) Ⓐ ADJ [1] (= *enthusiastic and friendly*) [*voice, greeting, welcome, thanks*] cordial, caluroso; [*laugh*] efusivo, campechano; [*person*] campechano, sanote; **please accept my ~ congratulations** por favor, acepte mi más cordial felicitación *or* mis más sinceras felicitaciones
[2] (= *hard*) [*slap, kick*] fuerte
[3] (= *substantial*) [*meal*] copioso; [*appetite*] bueno; [*soup*] sustancioso; **the men ate a ~ breakfast** los hombres tomaron un copioso desayuno; *see also* **hale**
Ⓑ N (*) tipo *m* campechano*

**heat** [hiːt] Ⓐ N [1] (= *warmth*) calor *m*; (*also* **~ing**) calefacción *f*; **in the ~ of the day** en las horas de más calor; **on** *or* **over a low ~** (*Culin*) a fuego lento
[2] (*fig*) (= *excitement*) calor *m*; (= *vehemence*) vehemencia *f*; (= *pressure*) presión *f*; **in the ~ of the moment/battle** en el calor del momento/de la batalla; **he replied with some ~** contestó bastante indignado *or* con bastante acaloramiento; **when the ~ is on** cuando hay presión; **it'll take the ~ off us** esto nos dará un respiro; **to take the ~ out of a situation** reducir la tensión de una situación; ✦*IDIOMS* **to turn on the ~** empezar a ejercer presión; **the ~ is on** ha llegado la hora de la verdad; **we played well when the ~ was on** a la hora de la verdad supimos jugar bien; (*Pol*) crear un ambiente de crisis
[3] (*Sport*) prueba *f* (eliminatoria); **dead ~** empate *m*
[4] (*Zool*) [*of dogs, cats*] celo *m*; **to be in** *or* **on ~** (*Brit*) estar en celo
[5] **the ~** (*US*‡) (= *police*) la poli*, la pasma (*Sp*‡), la cana (*S. Cone*‡)
[6] (*US*) (= *criticism*) **he took a lot of ~ for that mistake** se llevó muchos palos por ese error
Ⓑ VT (= *warm*) calentar; **they ~ their house with coal** su casa tiene calefacción de carbón
Ⓒ VI calentarse
Ⓓ CPD ► **heat exhaustion** N agotamiento *m* por el calor ► **heat haze** N calina *f*, calima *f* ► **heat loss** N pérdida *f* de calor ► **heat rash** N sarpullido *m* ► **heat shield** N escudo *m* contra el calor ► **heat treatment** N tratamiento *m* de calor

►**heat up** Ⓐ VI + ADV (*lit*) calentarse; (*fig*) [*discussion, debate*] acalorarse
Ⓑ VT + ADV (*gen*) calentar; [+ *food*] calentar, recalentar

**heated** ['hiːtɪd] Ⓐ ADJ [1] (*lit*) [*swimming pool*] climatizado; [*rollers*] caliente
[2] (*fig*) [*discussion*] acalorado; **to grow** *or* **become ~** [*discussion, debate*] acalorarse
Ⓑ CPD ► **heated (swimming) pool** N piscina *f* climatizada ► **heated rear window** N luneta *f* térmica

**heatedly** ['hiːtɪdlɪ] ADV [*argue, debate*] acaloradamente, con acaloramiento; [*reply, say*] con vehemencia; **"not me!" he replied ~** —¡yo no! —contestó indignado *or* con vehemencia

**heater** ['hiːtə<sup>r</sup>] N calentador *m*, estufa *f*

**heath** [hiːθ] N (*esp Brit*) (= *moor etc*) brezal *m*, páramo *m* (*esp LAm*); (*also* **~er**) brezo *m*

**heathen** ['hiːðən] Ⓐ ADJ (= *pagan*) pagano; (*fig*) (= *uncivilised*) bárbaro, salvaje
Ⓑ N (*pl* **heathens** *or* **heathen**) pagano/a *m/f*; (*fig*) bárbaro/a *m/f*, salvaje *mf*

**heathenish** ['hiːðənɪʃ] ADJ pagano

**heathenism** ['hiːðənɪzəm] N paganismo *m*

**heather** ['heðə<sup>r</sup>] N (= *plant*) brezo *m*

**Heath Robinson** [hiːθ'rɒbənsən] ADJ [*device etc*] aparatoso

**heating** ['hiːtɪŋ] Ⓐ N calefacción *f*; **central ~** calefacción central
Ⓑ CPD ► **heating engineer** N técnico/a *m/f* en calefacciones ► **heating plant** N instalación *m* de calefacción ► **heating power** N poder *m* calorífico ► **heating system** N sistema *m* de calefacción

**heatproof** ['hiːtpruːf], **heat-resistant** ['hiːtrɪˌzɪstənt] ADJ termorresistente, a prueba de calor; [*ovenware*] refractario

**heat-seeking** ['hiːtˌsiːkɪŋ] ADJ [*missile*] termodirigido

**heat-sensitive** ['hiːt'sensɪtɪv] ADJ sensible al calor

**heatstroke** ['hiːtstrəʊk] N (*Med*) insolación *f*

**heatwave** ['hiːtweɪv] N ola *f* de calor

**heave** [hiːv] Ⓐ N (= *lift*) gran esfuerzo *m* (para levantar *etc*); (= *pull*) tirón *m*, jalón *m* (*LAm*) (**on** de); (= *push*) empujón *m*; (= *throw*) echada *f*, tirada *f*; (= *movement*) [*of waves, sea*] sube y baja *m*; **with a ~ of his shoulders** con un fuerte movimiento de hombros
Ⓑ VT (= *pull*) tirar, jalar (*LAm*); (= *drag*) arrastrar; (= *carry*) llevar; (= *lift*) levantar (con dificultad); (= *push*) empujar; (= *throw*) lanzar, tirar; **they ~d the body off the cliff** lanzaron *or* tiraron el cuerpo por el acantilado; **he ~d himself to a sitting position** se incorporó con gran esfuerzo; **to ~ a sigh** dar *or* echar un suspiro, suspirar; **to ~ a sigh of relief** suspirar aliviado
Ⓒ VI [1] (= *rise and fall*) [*water etc*] subir y bajar; [*chest, bosom*] palpitar
[2] (= *pull*) tirar, jalar (*LAm*) (**at, on** de)
[3] (= *retch*) hacer arcadas; **her stomach was heaving** le daban arcadas, se le revolvía el estómago; **it makes me ~** me da asco
[4] (*Naut*) (*pt, pp* **hove**) (= *move*) virar; (= *pitch*) cabecear; (= *roll*) balancearse; **to ~ in(to) sight** aparecer

►**heave to** VI + ADV ponerse al pairo

►**heave up** VT + ADV (= *vomit*) devolver, arrojar

**heave-ho** ['hiːv'həʊ] EXCL ¡ahora!; (*Naut*) ¡iza!; ✦*IDIOM* **to give sb the ~*** dar el pasaporte a algn*

**heaven** ['hevn] N [1] (*Rel, gen*) cielo *m*; **to go to ~** ir al cielo; **(good) ~s!** ¡cielos!; **an injustice that cries out to ~** una injusticia que clama al cielo; **~ forbid!** ¡no lo quiera Dios!; **~ forbid that we end up in the same hotel!** ¡ojalá no *or* quiera Dios que no terminemos en el mismo hotel!; **~ help them if they do** que Dios les ayude si lo hacen; **~ knows why** Dios sabe por qué; **~ knows I tried** no será porque no lo intenté; **what in ~'s name does that mean?** ¿qué demonios significa eso?; **the ~s opened** se abrieron los cielos, las nubes descargaron con fuerza; **for ~'s sake!** ¡por Dios!; **thank ~!** ¡gracias a Dios!, ¡menos mal!; ✦*IDIOMS* **to move ~ and earth to do sth** remover cielo y tierra *or* Roma con Santiago para hacer algo; **to stink to high ~** heder a perro muerto; **to be in seventh ~** estar en el séptimo cielo
[2] (*fig*) paraíso *m*; **this place is just ~** este lugar es el paraíso; **the trip was ~** el viaje fue una maravilla; **isn't he ~?** ¡qué maravilla de hombre!

**heavenly** ['hevnlı] Ⓐ ADJ [1] (*Rel*) celestial; **Heavenly Father** Padre *m* celestial
[2] (*) (= *lovely*) divino
Ⓑ CPD ► **heavenly body** N (*Astron*) cuerpo *m* celeste

**heaven-sent** ['hevn'sent] ADJ milagroso, (como) llovido del cielo

**heavenward** ['hevnwəd] ADV hacia el cielo

**heavenwards** ['hevnwədz] ADV (*esp Brit*) = **heavenward**

**heavily** ['hevılı] ADV [1] (= *very much*) [*rain, bleed, sweat*] mucho; [*drink, smoke*] mucho, en exceso; [*criticize*] duramente; [*depend, rely*] en gran medida; [*biased, laden*] muy; **the dangers of drinking or smoking ~** los peligros de beber o fumar mucho *or* en exceso; **she drinks ~/more ~ when she's depressed** bebe mucho/mucho más cuando está deprimida; **he spoke in ~ accented English** hablaba inglés con un acento muy fuerte; **he had to borrow ~** tuvo que pedir grandes cantidades de *or* mucho dinero prestado; **to be ~ in debt** tener muchísimas deudas, estar muy endeudado; **to be ~ defeated** (*in election, war*) sufrir una derrota aplastante; **the book draws ~ on Marxism** el libro se inspira en gran medida en las teorías marxistas; **he was fined ~ by the Football Association** la Asociación de Fútbol le puso una multa muy severa; **to be ~ influenced by sb/sth** estar muy influido por algn/algo; **he's ~ into jazz/football*** le ha dado fuerte por el jazz/el fútbol; **he's ~ into drugs*** está muy metido en las drogas; **he invested ~ in commodities** invirtió grandes cantidades de dinero *or* invirtió mucho en materias primas; **to be ~ involved in** *or* **with sth** estar muy metido en algo*; **to lose ~** (*gambling*) perder grandes cantidades de dinero, perder muchísimo dinero; (*in election, vote, match*) sufrir una derrota aplastante; **she was ~ made up** llevaba muchísimo maquillaje; **a ~ populated area** una zona densamente poblada; **she was ~ pregnant** le quedaba poco para dar a luz, se encontraba en avanzado estado de gestación (*frm*); **~ scented** con un fuerte olor; **~ spiced** con muchas especias, muy condimentado; **each word was ~ underlined** cada palabra estaba subrayada con trazo grueso; **to be ~ weighted against sb/in sb's favour** desfavorecer/favorecer en gran medida a algn
[2] (= *well, strongly*) [*armed*] fuertemente; [*guarded, fortified*] muy bien
[3] (= *deeply*) [*sleep*] profundamente; **to breathe ~** (*from exertion*) resoplar, jadear; **he breathed ~ as he slept** respiraba muy fuerte mientras dormía; **his face was ~ lined** su cara estaba muy marcada de arrugas; **Bernard sighed ~** Bernard exhaló un profundo suspiro
[4] (= *weightily*) [*tread*] con paso pesado; [*move, walk*] pesadamente; [*say*] con gran pesar; **he sat down ~ in his chair** se desplomó en la silla; **he fell ~ and twisted his arm** tuvo una mala caída y se torció el brazo; **~ built** corpulento, fornido; **it weighs ~ on him** (*fig*) le pesa mucho

**heaviness** ['hevınıs] N [*of object*] lo pesado, peso *m*; [*of subject matter*] lo denso; **always test the ~ of a load** comprueba siempre lo pesada que es una carga *or* el peso de una carga; **I felt a ~ in my legs** sentía pesadez en las piernas; **~ of heart** pesadumbre *f* (*liter*)

**heavy** ['hevı] Ⓐ ADJ (*compar* **heavier**; *superl* **heaviest**) [1] (= *weighty*) pesado; **you mustn't lift ~ weights** no debes levantar cargas pesadas; **to be ~** pesar mucho; **is it ~?** ¿pesa mucho?; **how ~ are you?** ¿cuánto pesas?; **he has his father's ~ build** tiene la misma corpulencia de su padre; **his eyes were ~ (with sleep)** los párpados le pesaban de sueño; **my arms felt so ~** me pesaban tanto los brazos; **the mayor's ~ mob*** los gorilas del alcalde; **the trees were ~ with fruit** los árboles estaban cargados de fruta
[2] (= *considerable*) [*traffic*] denso; [*rain, shower*] fuerte; [*crop*] abundante; [*loss*] considerable, cuantioso; [*fine*] fuerte; [*defeat*] aplastante; [*irony, symbolism*] enorme; [*fighting, fire*] intenso; **there had been a ~ fall of snow** había caído una fuerte nevada; **the news came as a ~ blow** la noticia fue un duro golpe; **a ~ concentration of troops** una gran concentración de tropas; **~ demand has depleted supplies** una intensa *or* enorme demanda ha reducido las existencias; **to be a ~ drinker** beber mucho; **the school places ~ emphasis on languages** la escuela da mucha importancia a los idiomas; **to be ~ on sth: the car is ~ on petrol** el coche consume mucha gasolina; **you've been a bit ~ on the butter** se te ha ido un poco la mano con la mantequilla; **he is under ~ pressure to resign** le están presionando enormemente para que dimita; **the ~ scent of honeysuckle** el intenso *or* fuerte olor a madreselva; **to be a ~ smoker** fumar mucho; *see also* **casualty, price**
[3] (= *thick, solid*) [*cloth, coat, line*] grueso; [*features*] tosco; [*meal, food*] fuerte, pesado; [*soil*] arcilloso; [*fog, mist*] espeso, denso; **the going was ~ because of the rain** el terreno estaba muy blando debido a la lluvia; **~ crude (oil)** crudo *m* denso *or* pesado
[4] (= *oppressive, gloomy*) [*atmosphere*] cargado; [*sky*] encapotado; [*burden, responsibility*] pesado; **I found this talk of marriage a bit ~** esa conversación sobre el matrimonio me resultaba algo pesada; **with a ~ heart** apesadumbrado, acongojado; **the air was ~ with scent** el aire estaba cargado de perfume
[5] (= *deep*) [*sigh, sleep, silence*] profundo; **~ breather** (*on telephone*) maníaco *m* telefónico; **~ breathing** (*from exertion*) jadeos *mpl*, resoplidos *mpl*; **his ~ breathing kept me awake** respiraba tan fuerte que no me dejaba dormir, sus jadeos no me dejaban dormir; **to be a ~ sleeper** tener el sueño profundo
[6] (= *arduous*) [*task, work*] pesado; [*schedule*] apretado; **I've had a ~ day** he tenido un día muy liado *or* ajetreado; *see also* **weather**
[7] (= *boring, laboured*) [*book, film, humour*] denso, pesado; **to be ~ going** [*book, film*] ser muy denso; **the conversation was ~ going** era difícil encontrar temas de conversación; **his new album/book is pretty ~ stuff** su nuevo álbum es bastante fuerte
[8] (= *bad*) **to have a ~ cold** estar muy resfriado *or* acatarrado; **he had had a ~ fall** había tenido una mala caída; **to get ~: things got a bit ~** (= *nasty*) la cosa se puso fea
[9] (= *rough*) [*sea*] grueso
Ⓑ N [1] (*) (= *thug*) matón* *m*, gorila* *m*
[2] (*) (= *eminent person*) peso *m* pesado
[3] (*) (= *newspaper*) periódico *m* serio
[4] (*Scot*) (*beer*) cerveza *f* tostada
Ⓒ ADV **time hung ~ (on our hands)** las horas/los días *etc* se nos hacían interminables; **the shadow of war hung ~ over the city** la sombra de la guerra pesaba sobre la ciudad; **his son's troubles weighed ~ on his mind** los problemas de su hijo le preocupaban mucho
Ⓓ CPD ► **heavy artillery** N artillería *f* pesada ► **heavy cream** N (*US*) nata *f* para montar (*Sp*), nata *f* enriquecida ► **heavy goods** NPL artículos *mpl* pesados ► **heavy goods vehicle** N vehículo *m* pesado ► **heavy guns** NPL = **heavy artillery** ► **heavy industry** N industria *f* pesada ► **heavy metal** N (*Chem, Ind*) metal *m* pesado; (*Mus*) heavy *m* (metal) ► **heavy type** N negrita *f* ► **heavy water** N (*Phys*) agua *f* pesada

**heavy-duty** [,hevı'dju:tı] ADJ fuerte, resistente

**heavy-handed** [,hevı'hændıd] ADJ [1] (= *clumsy, tactless*) torpe, patoso
[2] (= *harsh*) severo

**heavy-hearted** [,hevı'hɑ:tıd] ADJ apesadumbrado, acongojado

**heavy-laden** [,hevı'leıdn] ADJ lastrado

**heavy-set** ['hevı'set] ADJ (*esp US*) corpulento, fornido

**heavyweight** ['hevıweıt] Ⓐ ADJ pesado, de mucho peso
Ⓑ N (*Boxing, fig*) peso *m* pesado

**Hebe**‡ ['hi:bı] N (*US pej*) judío/a *m/f*

**he-bear** ['hi:bɛəʳ] N oso *m* macho

**Hebraic** [hı'breıık] ADJ hebraico

**Hebraist** ['hi:breııst] N hebraísta *mf*

**Hebrew** ['hi:bru:] Ⓐ ADJ hebreo
Ⓑ N [1] (= *person*) hebreo/a *m/f*
[2] (*Ling*) hebreo *m*

**Hebrides** ['hebrıdi:z] NPL Hébridas *fpl*; *see also* **outer**

**heck*** [hek] Ⓐ EXCL ¡jo! (*Sp**), ¡la pucha! (*LAm**)
Ⓑ N **a ~ of a lot** un montón*; **I'm in one ~ of a mess** estoy metido en un lío de narices*; **what the ~ is he doing?** ¿qué narices está haciendo?*; **what the ~ did he mean?** ¿qué narices quiso decir?*; **what the ~!** ¡qué narices!*

**heckle** ['hekl] Ⓐ VT interrumpir, molestar con preguntas
Ⓑ VI interrumpir, molestar con preguntas

**heckler** ['hekləʳ] N *persona que interrumpe or molesta a un orador*

**heckling** ['heklıŋ] N interrupciones *fpl*, protestas *fpl*

**hectare** ['hektɑ:ʳ] N hectárea *f*

**hectic** ['hektık] ADJ (*fig*) agitado; **he has a ~ life** lleva una vida muy agitada; **the ~ pace of modern life** el ritmo agitado de la vida moderna; **we had three ~ days** tuvimos tres días llenos de frenética actividad; **things are pretty ~ here** vamos como locos; **the journey was pretty ~** el viaje era para volverse loco

**hectogram** ['hektəʊgræm] N hectogramo *m*

**hectogramme** ['hektəʊgræm] N = **hectogram**

**hectolitre**, **hectoliter** (*US*) ['hektəʊ,liːtəʳ] N hectolitro *m*

**Hector** ['hektəʳ] N Héctor

**hector** ['hektəʳ] Ⓐ VT intimidar con bravatas
Ⓑ VI echar bravatas

**hectoring** ['hektərɪŋ] ADJ [*person*] lleno de bravatas; [*tone, remark*] amedrentador

**he'd** [hiːd] = **he had**, **he would**

**hedge** [hedʒ] Ⓐ N [1] (*Hort, Agr*) seto *m* (vivo)
[2] (*fig*) protección *f*; (*Fin*) cobertura *f*; **as a ~ against inflation** como protección contra la inflación
Ⓑ VT [1] (*Agr*) cercar con un seto
[2] (*fig*) **to be ~d with** estar erizado de; **to ~ one's bets** hacer apuestas compensatorias
Ⓒ VI [1] (= *be evasive*) contestar con evasivas; **stop hedging!** ¡dilo sin sofismas!
[2] (*Fin*) **to ~ against inflation** cubrirse contra la inflación
Ⓓ CPD ► **hedge clippers** NPL tijeras *fpl* de podar ► **hedge sparrow** N acentor *m* (común)

►**hedge about** VT + ADV **to be ~d about with** estar erizado de

►**hedge around** VT + ADV = **hedge about**

►**hedge off** VT + ADV separar con un seto

**hedgehog** ['hedʒhɒg] N erizo *m*

**hedgehop** ['hedʒhɒp] VI volar a ras de tierra

**hedgerow** ['hedʒrəʊ] N seto *m* vivo

**hedging** ['hedʒɪŋ] Ⓐ N [1] (*Bot*) seto *m* vivo
[2] (*fig*) (= *evasions*) evasivas *fpl*
[3] (*Fin*) cobertura *f*
Ⓑ CPD ► **hedging plant** N planta *f* para seto vivo

**hedonism** ['hiːdənɪzəm] N hedonismo *m*

**hedonist** ['hiːdənɪst] N hedonista *mf*

**hedonistic** [,hiːdə'nɪstɪk] ADJ hedonista

**heebie-jeebies*** [,hiːbɪ'dʒiːbɪz] NPL **to have the ~** (= *shaking*) tener un tembleque*; (= *fright, nerves*) estar hecho un flan*; **it gives me the ~** (= *revulsion*) me da asco; (= *fright, apprehension*) me pone los pelos de punta*, me da escalofríos

**heed** [hiːd] Ⓐ N **to pay (no) ~ to sb** (no) hacer caso a algn; **to take (no) ~ of sth** (no) tener en cuenta algo; **to take ~ to** + INFIN poner atención en + *infin*; **take ~!** ¡ten cuidado!
Ⓑ VT [+ *person*] hacer caso a; [+ *warning*] tomar en cuenta

**heedless** ['hiːdlɪs] ADJ (= *careless*) descuidado, despreocupado; **to be ~ of ...** no hacer caso a ...

**heedlessly** ['hiːdlɪslɪ] ADV sin hacer caso

**heehaw** ['hiːhɔː] Ⓐ N rebuzno *m*
Ⓑ VI rebuznar

**heel**[1] [hiːl] Ⓐ N [1] (*Anat*) talón *m*; **to turn on one's ~** dar media vuelta; **to keep to ~** [+ *dog*] seguir de cerca al dueño; ✦*IDIOMS* **to be at** *or* **on sb's ~s** pisar los talones a algn; **to bring sb to ~** sobreponerse a algn, meter a algn en cintura; **to cool one's ~s*** estar plantado *or* de plantón; **I decided to leave him to cool his ~s** decidí hacerle esperar un rato, decidí dejarlo plantado *or* de plantón un rato*; **to dig in one's ~s*** empecinarse; **to drag one's ~s** arrastrar los pies; **to follow hard on sb's ~s** seguir a algn muy de cerca; **to follow hard on the ~s of sth** venir a renglón seguido de algo; **to be hot on sb's ~s** pisar los talones a algn; **to kick one's ~s*** estar plantado *or* de plantón; **to show sb a clean pair of ~s** hacer tragar polvo a algn; **to take to one's ~s*** echar a correr, poner pies en polvorosa*; **to be under the ~ of** estar bajo los talones de
[2] [*of sock*] talón *m*; [*of shoe*] tacón *m*; ✦*IDIOM* **to be down at ~** ir desharrapado; *see also* **down-at-heel**
[3] (†*) (= *person*) sinvergüenza *mf*, canalla *mf*
Ⓑ VT [1] [+ *shoe*] poner tapas a; *see also* **well-heeled**
[2] [+ *ball*] taconear, dar de tacón a
Ⓒ VI **~!** ¡ven aquí!
Ⓓ CPD ► **heel bar** N rápido *m*, tienda *f* de reparación de calzado en el acto

**heel**[2] [hiːl] VI (*also* **to ~ over**) (*Naut*) zozobrar, escorar

**heft*** [heft] (*US*) Ⓐ N peso *m*; (*fig*) influencia *f*; **the ~ of** la mayor parte de
Ⓑ VT [1] (= *lift*) levantar
[2] (= *assess weight of*) sopesar

**hefty** ['heftɪ] ADJ (*compar* **heftier**; *superl* **heftiest**) [1] (= *large*) [*person*] corpulento, fornido; [*object*] enorme, imponente*; [*increase*] considerable; [*profit, payment*] cuantioso; [*price, salary, fees*] alto; [*bill, debt*] enorme; [*meal*] abundante; [*dose*] grande, mayúsculo*; **a ~ fine** una multa muy cuantiosa, una buena multa*; **a ~ book** un mamotreto*
[2] (= *powerful*) [*kick, punch*] fuerte
[3] (= *heavy*) pesado

**hegemony** [hɪ'gemənɪ] N hegemonía *f*

**hegira** [he'dʒaɪərə] N hégira *f*

**he-goat** ['hiːgəʊt] N macho *m* cabrío

**heid*** ['hiːd] N (*Scot*) = **head**

**heifer** ['hefəʳ] N novilla *f*, vaquilla *f*

**heigh** [heɪ] EXCL ¡oye!, ¡eh!

**heigh-ho** ['heɪ'həʊ] EXCL ¡ay!

**height** [haɪt] N [1] (= *measurement*) [*of object*] altura *f*; [*of person*] estatura *f*; **to be 20 metres in ~** medir *or* tener 20 metros de alto, tener una altura de 20 metros; **we are the same ~** tenemos la misma estatura, somos igual de altos; **he was of average ~ and build** era de estatura y constitución media; **he drew himself up to his full ~** se irguió todo lo alto que era; **she's about my ~** tiene mi altura *or* es de mi estatura más o menos; **he sometimes found his ~ a disadvantage** su altura le resultaba a veces una desventaja
[2] (= *altitude*) altura *f*; **~ above sea level** altura *f or* altitud *f* sobre el nivel del mar; **at a ~ of 2,000 m** a una altura *or* altitud de 2.000 m; **to gain/lose ~** ganar/perder altura; **hold your arms out at shoulder ~** levanta los brazos a la altura de los hombros
[3] (= *high place*) cumbre *f*; **to be afraid of ~s** tener miedo a las alturas, tener vértigo; **the ~s** las alturas; *see also* **head A2**
[4] (= *peak, zenith*) cumbre *f*, cima *f*; **at the ~ of her career** en la cumbre *or* la cima de su carrera; **at its ~, the movement had millions of supporters** en su punto más álgido, el movimiento tenía millones de seguidores; **at the ~ of the battle** en los momentos más críticos de la batalla; **the ~ of fashion** la última moda; **at the ~ of summer** en pleno verano; **the dollar has soared to new ~s** el dólar ha escalado a nuevas cotas; *see also* **dizzy**
[5] (= *utmost degree*) colmo *m*; **it is the ~ of arrogance/stupidity** es el colmo de la arrogancia/la estupidez

**heighten** ['haɪtn] Ⓐ VT [1] (= *increase*) aumentar, acrecentar
[2] (= *enhance*) realzar, hacer destacar
Ⓑ VI (*fig*) aumentarse

**heinous** ['heɪnəs] ADJ atroz, nefasto

**heir** [ɛəʳ] N heredero/a *m/f*; **~ apparent** heredero/a *m/f* forzoso/a; **~ at law** (*Jur*) heredero/a *m/f* forzoso/a; **~ to the throne** heredero/a *m/f* al trono; **to be ~ to** (*fig*) ser heredero/a a

**heiress** ['ɛəres] N (= *wealthy woman*) soltera *f* adinerada; (= *heir*) heredera *f*

**heirloom** ['ɛəluːm] N reliquia *f* de familia

**heist*** [haɪst] Ⓐ N (= *hold-up*) atraco *m* a mano armada
Ⓑ VT robar a mano armada

**held** [held] PT, PP *of* **hold**

**Helen** ['helɪn] N Elena, Helena

**helical** ['helɪkəl] ADJ helicoidal

**helices** ['helɪsiːz] NPL *of* **helix**

**helicopter** ['helɪkɒptəʳ] Ⓐ N helicóptero *m*
Ⓑ VT **to ~ troops in** transportar tropas por helicóptero, helitransportar tropas
Ⓒ CPD ► **helicopter gunship** N helicóptero *m* de combate ► **helicopter pad** N = **helipad** ► **helicopter station** N = **heliport**

**heliograph** ['hiːlɪəʊgrɑːf] N heliógrafo *m*

**heliostat** ['hiːlɪəʊstæt] N heliostato *m*

**heliotrope** ['hiːlɪətrəʊp] N heliotropo *m*

**helipad** ['helɪpæd] N plataforma *f* de helicóptero, pista *f* de helicóptero

**heliport** ['helɪpɔːt] N helipuerto *m*

**helium** ['hiːlɪəm] N helio *m*

**helix** ['hiːlɪks] N (*pl* **helixes** *or* **helices** ['hɛlɪ,siːz]) hélice *f*

**hell** [hel] Ⓐ N [1] (= *underworld, fig*) infierno *m*; **life became ~** la vida se convirtió en un infierno; ✦*IDIOMS* **to be ~ on earth** ser un infierno; **till ~ freezes over** hasta que las ranas críen pelo; **to give sb ~**: **she gave me ~ when she found out** (= *scold*) me puso de vuelta y media cuando se enteró, me puso como un trapo cuando se enteró*; **my back's giving me ~** esta espalda me está haciendo la vida imposible; **to go through ~** pasar las de Caín; **I've been going through ~, wondering where you were** he estado preocupadísimo, preguntándome dónde estarías; **come ~ or high water** pase lo que pase; **I'm going to finish this come ~ or high water** voy a terminar esto aunque me cueste la vida *or* pase lo que pase; **he's determined to support them come ~ or high water** está decidido a apoyarlos contra viento y marea *or* pase lo que pase; **~ for leather** como un(os) endemoniado(s); **he drove ~ for leather to the airport** condujo hasta el aeropuerto como un endemoniado; **all ~ broke loose** *or* **was let loose** se armó el gran follón *or* la grande; **to play (merry) ~ with sth*** hacer estragos en algo, trastornar algo; **to raise ~ (about sth)*** (= *protest*) armarla (por algo)*, liar un taco (por algo)*; **I'll see you/her** *etc* **in ~ first** antes prefiero morir; **he doesn't stand a snowball** *or* **snowflake in ~'s chance** (*Brit*) no tiene ni la menor posibilidad, lo tiene muy difícil *or* muy crudo*; ✦*PROVS* **~ hath no fury like a woman scorned** no hay mayor peligro que el de una mujer despechada; **the road** *or* **path** *or* **way to ~ is paved with good intentions** el camino del infierno está lleno de buenas intenciones
[2] (*) (*as intensifier*) **(as) ... as ~**: **it was as hot as ~** hacía un calor infernal; **I'm mad as ~** estoy como una cabra* *or* una chota*; **I sure as ~ won't be going back there** pierde cuidado que no volveré a ese sitio; **they did it just for the ~ of it** lo hicieron por puro capricho *or* porque sí; **like ~**: **"I'll go myself" — "like ~ you will!"** —iré yo mismo —¡ni lo sueñes! *or* ¡ni hablar!; **"I swam 100 lengths" — "like ~ you did"** —nadé cien largos —¡eso no te lo crees ni tú!; **to run like ~** correr como un demonio *or* un diablo; **it hurts**

**like ~** duele una barbaridad; **a ~ of a: there were a ~ of a lot of people there** había un montañazo de gente; **that's one ~ of a lot of money** eso sí que es un verdadero dineral; **a ~ of a noise** un ruido de todos los demonios, un ruido tremendo; **we had a ~ of a time** (= *good*) lo pasamos en grande *or* (*LAm*) regio; (= *bad*) lo pasamos fatal; **the ~: to beat the ~ out of sb** dar una paliza de padre y muy señor mío a algn*; **to scare the ~ out of sb** darle un susto de muerte a algn; **to ~: I hope to ~ you're right** Dios quiera que tengas razón; **I wish to ~ he'd go** ojalá se fuera de una vez por todas; **what the ~, I've got nothing to lose** ¡qué narices! *or* ¡qué más da! no tengo nada que perder; **what the ~ do you want?** ¿qué demonios *or* diablos quieres?; **who the ~ are you?** ¿quién demonios *or* diablos eres tú?

3 (‡) (*as interjection*) **(oh) ~!** ¡caray!*, ¡mierda!‡; **~'s bells!**† ¡válgame Dios!*; **get the ~ out of here!** ¡vete al diablo!‡; **let's get the ~ out of here!** ¡larguémonos de aquí!*; **go to ~!** ¡vete al diablo!‡; **~, no!** ¡ni lo sueñes!, ¡ni hablar!; **~'s teeth!**† ¡válgame Dios!*; **to ~ with it!** ¡a hacer puñetas!‡; **to ~ with him!** ¡que se vaya a hacer puñetas!‡; *see also* **bloody**

Ⓑ CPD ► **hell's angel** N ángel *m* del infierno

**he'll** [hiːl] = **he will, he shall**

**hellacious*** [he'leɪʃəs] ADJ (*US*) infernal

**hellbent** ['hel'bent] ADJ **to be ~ on doing sth** *or* (*US*) **to do sth** estar totalmente resuelto a hacer algo

**hellcat** ['helkæt] N harpía *f*, bruja *f*

**hellebore** ['helɪbɔːʳ] N eléboro *m*

**Hellene** ['heliːn] N heleno/a *m/f*

**Hellenic** [he'liːnɪk] ADJ helénico

**Hellespont** ['helɪspɒnt] N Helesponto *m*

**hellfire** ['hel'faɪəʳ] N llamas *fpl* del infierno

**hellhole** ['helhəʊl] N infierno *m*

**hellish*** ['helɪʃ] Ⓐ ADJ infernal, de muerte
Ⓑ ADV muy, terriblemente

**hellishly*** ['helɪʃlɪ] ADV muy, terriblemente

**hello** [hʌ'ləʊ] EXCL 1 (= *greeting*) ¡hola!, ¿qué tal?, ¿qué hubo? (*Mex, Chile*)
2 (*Telec*) (= *answering*) ¡diga!, ¡hola!, ¡bueno! (*Mex*), ¡aló! (*S. Cone*); (= *calling*) ¡oiga!, ¡escuche!
3 (= *surprise*) ¡vaya!, ¡ándale! (*LAm*); **~, what's all this!** ¡vaya *or* hombre!, ¿qué tenemos aquí?
4 (= *attention*) ¡oiga!, ¡escuche!

**hell-raiser*** ['helreɪzəʳ] N **he has a reputation as a ~** tiene fama de montar siempre la bronca; **he is a real ~** siempre monta la bronca*, es un broncas*

**helluva‡** ['heləvə] = **hell of a**; *see* **hell**

**helm** [helm] N (*Naut*) timón *m*; **to be at the ~** (*lit, fig*) estar al timón

**helmet** ['helmɪt] N (*gen*) casco *m*; (*Hist*) yelmo *m*

**helmsman** ['helmzmən] N (*pl* **helmsmen**) timonel *m*

**helmswoman** ['helmz,wʊmən] N (*pl* **helmswomen**) timonel *f*

▼**help** [help] Ⓐ N 1 (= *assistance*) ayuda *f*; **thanks for your ~** gracias por ayudarme, gracias por tu ayuda; **the books were not much ~** los libros no me sirvieron de mucho; **to ask (sb) for ~** pedir ayuda (a algn); **he is beyond ~** ya no se puede hacer nada por él; **to call for ~** (= *ask for help*) pedir ayuda *or* auxilio; (= *shout for help*) pedir ayuda *or* auxilio a gritos; **to come to sb's ~** acudir en ayuda *or* auxilio de algn; **financial ~** ayuda *f* económica; **to get ~: he rushed off to get ~** salió corriendo en busca de ayuda; **you'll get no ~ from me** yo no te pienso ayudar; **to go to sb's ~** acudir en ayuda *or* auxilio de algn; **you've been a great ~ to me** me has ayudado muchísimo; **you're a great ~!** (*iro*) ¡valiente ayuda!; **medical ~** asistencia *f* médica; **it's no ~ (to say that)** no sirve de nada (decir eso); **there's no ~ for it but to ...** no hay más remedio que + *subjun*; **to be of ~ to sb** ayudar a algn; **can I be of ~?** ¿puedo ayudar?; **I was glad to be of ~** me alegré de poder ayudar; **you should seek professional ~** deberías consultar a un profesional, deberías pedir asesoramiento; **to shout for ~** pedir ayuda *or* auxilio a gritos; **I could use some ~** una ayudita no me vendría mal; **with the ~ of** con la ayuda de; **with his brother's ~** con la ayuda de su hermano; **with the ~ of a knife** con un cuchillo, ayudándose con un cuchillo
2 (= *helpers*) **we're short of ~ in the shop** nos falta personal en la tienda; **she has no ~ in the house** no tiene a nadie que le ayude en la casa
3 (= *cleaner*) asistenta *f*; *see also* **home C, mother C**

Ⓑ VT 1 (= *aid, assist*) ayudar; **he got his brother to ~ him** consiguió que su hermano lo ayudara; **that won't ~ you** eso no te va a servir de nada, eso no te va a ayudar; **can I ~ you?** (*in shop*) ¿qué deseaba?, ¿en qué le puedo servir?; **to ~ (to) do sth** ayudar a hacer algo; **to ~ sb (to) do sth** ayudar a algn a hacer algo; **to ~ each other/one another** ayudarse el uno al otro; **to ~ sb across the road** ayudar a algn a cruzar la calle; **to ~ sb to their feet** ayudar a algn a levantarse; **to ~ sb on/off with his coat** ayudar a algn a ponerse/quitarse el abrigo; **I couldn't stand so he ~ed me up** no me podía poner de pie así que él me ayudó; **let me ~ you with that suitcase** deja que te ayude *or* que te eche una mano con esa maleta; ✦***IDIOM*** **so ~ me God** (*as part of oath*) y que Dios me ayude; **so ~ me, I'll kill him!*** ¡te lo juro que lo mato!*
2 (*at table*) **to ~ sb to soup/vegetables** servir sopa/verdura a algn
3 (= *avoid*) evitar; **"why are you laughing?" — "I can't ~ it"** —¿por qué te ríes? —no lo puedo evitar; **I can't ~ it, I just don't like him** es superior a mí, me cae mal; **"it's rather late now" — "I can't ~ that, you should have come earlier"** —ahora es bastante tarde —no es mi culpa, tenías que haber llegado antes; **it can't be ~ed** no hay más remedio, ¿qué se le va a hacer?; **he won't if I can ~ it** si de mí depende, no lo hará; **can I ~ it if it rains?** ¿es mi culpa si llueve?; **don't spend more than you can ~** no gastes más de lo necesario; **you can't ~ feeling sorry for him** no puede uno (por) menos de sentir lástima por él
4 **to ~ o.s.** 4·1 (= *assist o.s.*) ayudarse a sí mismo; **don't think about ~ing others, think about ~ing yourself** no pienses en ayudar a los demás, piensa en ayudarte a ti mismo; **you won't ~ yourself by keeping silent** no te vas a hacer ningún favor guardando el silencio; ✦***PROV*** **God ~s those who ~ themselves** a Dios rogando y con el mazo dando
4·2 (= *serve o.s.*) servirse; **~ yourself!** ¡sírvete!; **she ~ed herself to vegetables** se sirvió verdura
4·3 (= *take sth*) **"can I borrow your pen?" — "~ yourself"** —¿me prestas el bolígrafo? —cógelo
4·4 (*) (= *steal*) **he's ~ed himself to my pencil** me ha mangado el lápiz*
4·5 (= *prevent o.s.*) **I screamed with pain, I couldn't ~ myself** grité del dolor, no lo pude evitar

Ⓒ VI ayudar; **I was only trying to ~** sólo intentaba ayudar; **that doesn't ~ much** eso no sirve de mucho; **it ~s if you plan ahead** resulta más fácil si haces los planes por adelantado; **every little ~s** todo ayuda

Ⓓ EXCL **~!** ¡socorro!, ¡auxilio!

Ⓔ CPD ► **help menu** N (*Comput*) menú *m* de ayuda

► **help along** VT + ADV **she has done much to ~ these negotiations along** ha contribuido considerablemente a que las negociaciones sigan adelante

► **help out** Ⓐ VI + ADV ayudar, echar una mano; **Dad ~ed out with £200** papá ayudó *or* echó una mano con 200 libras
Ⓑ VT + ADV **to ~ sb out** ayudar a algn, echar una mano a algn; **his parents ~ him out financially** sus padres le ayudan *or* le echan una mano económicamente

**helper** ['helpəʳ] N (*gen*) ayudante *mf*; (= *co-worker*) colaborador(a) *m/f*

**helpful** ['helpfʊl] ADJ [*person*] atento, servicial; [*suggestion, book, explanation*] útil; [*advice, tip*] útil, práctico; [*medicine, treatment*] eficaz; [*attitude, remark*] positivo; **this cream is ~ in the treatment of allergies** esta pomada es eficaz para tratar alergias; **it would be ~ if you could come** sería de gran ayuda que vinieses; **you have been most ~** ha sido muy amable; **he was very ~ during my illness** me ayudó mucho durante mi enfermedad; **to be ~ to sb** ayudar a algn

**helpfully** ['helpfəlɪ] ADV [*say, suggest, offer*] amablemente; **they had ~ sent us a map** amablemente, nos habían mandado un mapa; **"it might be here," she said ~** —puede que esté aquí —dijo para ayudar; **the chairs were not very ~ arranged** las sillas no estaban colocadas de una forma muy conveniente

**helpfulness** ['helpfʊlnɪs] N (= *kindness*) amabilidad *f*; (= *usefulness*) utilidad *f*

**helping** ['helpɪŋ] Ⓐ ADJ **to give** *or* **lend sb a ~ hand** echarle una mano a algn
Ⓑ N porción *f*, ración *f*; **he came back for second ~s** vino a servirse más

**helpless** ['helplɪs] ADJ 1 (= *powerless*) [*victim*] indefenso, inerme (*more frm*); [*feeling*] impotente; [*gesture*] de impotencia; (= *incapacitated*) incapacitado; **he is ~ without his crutches** sin las muletas no puede hacer nada; **we were ~ to prevent it** no pudimos hacer nada para impedirlo; **to feel ~** sentirse impotente; **she is a ~ invalid** está inválida y no puede valerse por sí misma; **to be ~ with laughter** estar muerto de (la) risa; **he lay ~ on the ground** yacía indefenso *or* inerme en el suelo
2 (= *vulnerable*) indefenso; **as ~ as a baby** tan indefenso como un bebé

**helplessly** ['helplɪslɪ] ADV 1 (= *powerlessly*) [*watch, stand by*] sin poder hacer nada; [*struggle*] en vano; [*shrug*] en un gesto de impotencia; **"I can't," he said ~** —no puedo —dijo con una expresión de impotencia
2 (= *uncontrollably*) [*laugh, sob, sneeze*] sin poder contenerse

**helplessness** ['helplɪsnɪs] N (= *powerlessness*) impotencia *f*; **he threw up his hands in a gesture of ~** alzó las manos en un gesto de impotencia; **the ~ of the situation made her ill with worry** era una situación de impotencia tal que enfermó de preocupación; **our ~ against enemy aircraft** nuestra indefensión ante los aviones enemigos

➤ LANGUAGE IN USE: help A1, B1, C 3

**helpline** ['helplaɪn] N (*esp Brit*) línea *f* de socorro

**helpmate** ['helpmeɪt] N (= *companion*) buen(a) compañero/a *m/f*; (= *spouse*) esposo/a *m/f*

**Helsinki** ['helsɪŋkɪ] N Helsinki *m*

**helter-skelter** ['heltə'skeltəʳ] Ⓐ ADV (= *in a rush*) atropelladamente; (= *in confusion*) a la desbandada
Ⓑ N [1] (*Brit*) (*at fair*) tobogán *m*
[2] (= *rush*) desbandada *f* general

**hem** [hem] Ⓐ N dobladillo *m*, bastilla *f*
Ⓑ VT (*Sew*) hacer el dobladillo de, coser el dobladillo de

►**hem in** VT + ADV (*lit*) (= *surround*) cercar; (= *corner*) arrinconar; **our forces were ~med in to both east and west** nuestras fuerzas estaban cercadas por el este y el oeste; **I feel ~med in** me siento constreñido *or* limitado

**he-man** ['hiːmæn] N (*pl* **he-men**) macho *m*

**hematological** [ˌhiːmətəˈlɒdʒɪkəl] ADJ (*US*) = **haematological**

**hematologist** [ˌhiːməˈtɒlədʒɪst] N (*US*) = **haematologist**

**hematology** [ˌhiːməˈtɒlədʒɪ] N (*US*) = **haematology**

**hematoma** [ˌhiːməˈtəʊmə] N (*US*) = **haematoma**

**hemicycle** ['hemɪsaɪkl] N hemiciclo *m*

**hemiplegia** [hemɪˈpliːdʒɪə] N hemiplejía *f*

**hemiplegic** [ˌhemɪˈpliːdʒɪk] Ⓐ ADJ hemipléjico
Ⓑ N hemipléjico/a *m/f*

**hemisphere** ['hemɪsfɪəʳ] N (*Geog*) hemisferio *m*

**hemispheric** ['hemɪsferɪk] ADJ hemisférico

**hemistich** ['hemɪstɪk] N hemistiquio *m*

**hemline** ['hemlaɪn] N (*Sew*) bajo *m* (del vestido)

**hemlock** ['hemlɒk] N (= *plant, poison*) cicuta *f*

**hemo...** *etc* ['hiːməʊ] (*US*) = **haemo...** *etc*

**hemp** [hemp] N [1] (= *plant, fibre*) cáñamo *m*
[2] (= *drug*) hachís *m*

**hemstitch** ['hemstɪtʃ] N vainica *f*

**hen** [hen] Ⓐ N (= *fowl*) gallina *f*; (= *female bird*) hembra *f*
Ⓑ ADJ **the ~ bird** el pájaro hembra
Ⓒ CPD ► **hen coop** N gallinero *m* ► **hen night** N (*esp Brit**) (= *girls' night*) reunión *f* de mujeres; (*before marriage*) despedida *f* de soltera ► **hen party** N = **hen night**

**henbane** ['henbeɪn] N beleño *m*

**hence** [hens] ADV [1] (= *therefore*) por lo tanto, de ahí; **~ my letter** de allí que le escribiera; **~ the fact that ...** de ahí que ...
[2] (*frm*) (*time*) **five years ~** de aquí a cinco años
[3] (†) (*place*) de *or* desde aquí; **~!** (*poet*) ¡fuera de aquí!

**henceforth** ['hens'fɔːθ] ADV (*frm*) (= *from now on*) de hoy en adelante, a partir de hoy; (= *from then on*) en lo sucesivo

**henceforward** ['hens'fɔːwəd] ADV = **henceforth**

**henceforwards** ['hens'fɔːwədz] ADV (*esp Brit*) = **henceforth**

**henchman** ['hentʃmən] N (*pl* **henchmen**) (*esp Pol*) (= *follower*) secuaz *m*; (= *guard*) guardaespaldas *m inv*

**hendecasyllabic** ['hendekəsɪ'læbɪk] ADJ endecasílabo

**hendecasyllable** ['hendekəˌsɪləbl] N endecasílabo *m*

**henhouse** ['henhaʊs] N (*pl* **henhouses** ['henhaʊzɪz]) gallinero *m*

**henna** ['henə] N alheña *f*

**hennaed** ['henəd] ADJ [*hair*] alheñado

**henpecked** ['henpekt] ADJ dominado por su mujer; **a ~ husband*** un marido dominado por su mujer, un calzonazos (*Sp*)

**Henry** ['henrɪ] N Enrique

**hepatitis** [ˌhepəˈtaɪtɪs] N hepatitis *f*

**heptagon** ['heptəgən] N heptágono *m*

**heptagonal** [hep'tægənəl] ADJ heptagonal

**heptameter** [hep'tæmɪtəʳ] N heptámetro *m*

**heptathlon** [hep'tæθlən] N heptatlón *m*

**her** [hɜːʳ] Ⓐ PRON [1] (= *direct object*) la; **I can see ~** la veo; **look at ~!** ¡mírala!; **I have never seen HER** a ella no la he visto nunca
[2] (= *indirect object*) le; (*combined with direct object pron*) se; **you must tell ~ the truth** tienes que decirle la verdad; **yes of course I gave ~ the book** sí, claro que le di el libro; **yes of course I gave them to ~** sí, claro que se los di; **I gave the book to HER not Peter** le di el libro a ella, no a Peter; **I'm speaking to HER not you** le estoy hablando a ella, no a ti; **give it to ~ when you go to Liverpool** dáselo cuando vayas a Liverpool; **I gave it to HER not Peter** se lo di a ella, no a Peter
[3] (*after prep, in comparisons, with verb "to be"*) ella; **he thought of ~** pensó en ella; **without ~** sin ella; **I'm going with ~** voy con ella; **she was carrying it on ~** lo llevaba consigo; **if I were ~** yo que ella; **younger than ~** más joven *or* menor que ella; **it's ~** es ella
Ⓑ POSS ADJ (*with singular noun*) su; (*with plural noun*) sus; **~ book/table** su libro/mesa; **~ friends** sus amigos

**Heracles** ['herəˌkliːz] N Heracles

**Heraclitus** [ˌherəˈklaɪtəs] N Heráclito

**herald** ['herəld] Ⓐ N (= *messenger*) heraldo *m*; (*fig*) precursor(a) *m/f*
Ⓑ VT (*fig*) anunciar

**heraldic** [he'rældɪk] ADJ heráldico

**heraldry** ['herəldrɪ] N heráldica *f*

**herb** [hɜːb] (*US*) [ɜːb] Ⓐ N hierba *f*
Ⓑ CPD ► **herb garden** N jardín *m* de hierbas finas ► **herb tea** N infusión *f* de hierbas

**herbaceous** [hɜːˈbeɪʃəs] ADJ herbáceo

**herbage** ['hɜːbɪdʒ] N herbaje *m*, vegetación *f*

**herbal** ['hɜːbəl] ADJ de hierbas, herbario; **~ tea** infusión *f* de hierbas

**herbalism** ['hɜːbəlɪzəm] N fitoterapia *f* (*uso de plantas medicinales*)

**herbalist** ['hɜːbəlɪst] N herbolario/a *m/f*

**herbarium** [hɜːˈbɛərɪəm] N (*pl* **herbariums** *or* **herbaria** [hɜːˈbɛərɪə]) herbario *m*

**herbert**†* ['hɜːbət] N (*Brit*) tipo* *m*, tío* *m*; **some ~ ...** algún tío ...*

**herbicide** ['hɜːbɪsaɪd] N herbicida *m*

**herbivore** ['hɜːbɪˌvɔːʳ] N herbívoro *m*

**herbivorous** [hɜːˈbɪvərəs] ADJ herbívoro

**herculean** [ˌhɜːkjuˈliːən], **Herculean** ADJ hercúleo; **~ task** obra *f* de romanos

**Hercules** ['hɜːkjuliːz] N Hércules

**herd** [hɜːd] Ⓐ N [*of cattle*] rebaño *m*, manada *f*; [*of goats*] rebaño *m*; [*of elephants*] manada *f*; [*of pigs*] piara *f*; [*of people*] multitud *f*, tropel *m*; **the common ~** el vulgo, las masas
Ⓑ VT (= *drive, gather*) [+ *animals*] llevar en manada; [+ *people*] reunir
Ⓒ CPD ► **herd instinct** N instinto *m* gregario

►**herd together** Ⓐ VI + ADV apiñarse, agruparse
Ⓑ VT + ADV agrupar, reunir

**herd-book** ['hɜːdbʊk] N libro *m* genealógico

**herdsman** ['hɜːdzmən] N (*pl* **herdsmen**) [*of cattle*] vaquero *m*; [*of sheep*] pastor *m*

**here** [hɪəʳ] Ⓐ ADV [1] (= *in this place*) aquí; **I live ~** vivo aquí; **she's not ~ at the moment** no está (aquí) en este momento; **I'm not ~ to listen to your complaints** no estoy aquí para escuchar tus quejas; **~!** (*at roll call*) ¡presente!; **winter is ~** ha llegado el invierno, ya está aquí el invierno; **my friend ~ will do it** este amigo mío lo hará; **he's well known around ~** es muy conocido por aquí; **in ~, please** aquí (dentro), por favor; *see also* **same B1, today**
[2] (= *to this place*) aquí, acá (*esp LAm*); **come ~!** ¡ven aquí *or* (*esp LAm*) acá!; *see also* **look B1**
[3] (*stating or offering sth*) **~ are the books** aquí están los libros; **~ he comes** ya viene; **~'s what I think** esto es lo que pienso; **~ we are, I've found it** aquí está, lo encontré; **~ it is, under the cushion** aquí está, debajo del cojín; **did you want the corkscrew? ~ it is** ¿querías el sacacorchos? aquí lo tienes; **~ you are, you can have my seat** toma, puedes sentarte en mi sitio; **~ you are, I've fixed it** toma *or* aquí lo tienes, lo he arreglado
[4] (= *at this time*) **and ~ he laughed** y entonces se rió; **~ I should remind you that ...** ahora os debería recordar que ...; **it's my job that's at risk ~** lo que me estoy jugando es el trabajo; **what we're talking about ~ is ...** de lo que esto se trata es ...
[5] (= *on this point*) en este punto; **I disagree with you ~** no estoy de acuerdo contigo en este punto
[6] (*in phrases*) **~ we go again!** ¡ya estamos otra vez!; **~ goes!** ¡ahí va!; **~ lies ...** aquí yacen los restos de ...; **whether or not he realized was neither ~ nor there** el que se hubiera dado cuenta o no no venía al caso; **the difference of £5 was neither ~ nor there** las 5 libras de diferencia no iban a ninguna parte; **~ and now** ahora mismo; **I must warn you ~ and now that ...** te tengo que advertir ahora mismo que ...; **I'm out of ~*** me largo*; **~ and there: I do a bit of teaching ~ and there** suelo dar alguna que otra clase; **he could only understand a word ~ and there** sólo entendía palabras sueltas; **~, there and everywhere** en todas partes; **~'s to ...: ~'s to the happy couple!** ¡a la salud de los novios!; **~'s to your new job!** ¡por tu nuevo trabajo!
Ⓑ EXCL **~, you try and open it!** ¡toma, intenta abrirlo tú!; **~, that's my dinner you're eating!** ¡oye tú, que ésa es mi cena!
Ⓒ N **the ~ and now** el presente

**hereabouts** ['hɪərəˌbaʊts] ADV por aquí (cerca)

**hereafter** [hɪər'ɑːftəʳ] Ⓐ ADV (*frm*) a continuación; (= *from now on*) de aquí en adelante, a partir de ahora
Ⓑ N **the ~** el más allá

**hereby** ['hɪə'baɪ] ADV (*frm*) por este medio; (*in letter, document*) por la presente

**hereditaments** [ˌherɪˈdɪtəmənts] NPL herencia *f*, bienes *mpl* por heredar

**hereditary** [hɪ'redɪtərɪ] ADJ hereditario; **~ disease** enfermedad *f* hereditaria

**heredity** [hɪ'redɪtɪ] N herencia *f*

**herein** [ˌhɪər'ɪn] ADV (*frm*) (= *in this matter*) en esto; (= *in this writing*) en ésta

**hereinafter** [ˌhɪərɪn'ɑːftəʳ] ADV (*Jur*) más adelante, más abajo, a continuación

**hereof** [ˌhɪər'ɒv] ADV (*frm*) de esto

**heresiarch** [he'riːzɪɑːk] N heresiarca *mf*

**heresy** ['herəsɪ] N herejía *f*

**heretic** ['herətɪk] N hereje *mf*

**heretical** [hɪ'retɪkəl] ADJ herético

**hereto** [ˌhɪəˈtuː] ADV (*Jur*) a esto; **the parties ~** las partes abajofirmantes

**heretofore** [ˌhɪətʊˈfɔːʳ] ADV (*frm*) (= *up to specified point*) hasta aquí; (= *up to now*) hasta ahora, hasta este momento; (= *previously*) con anterioridad

**hereupon** [ˈhɪərəˈpɒn] ADV (*frm*) en ese momento, en esto

**herewith** [ˈhɪəˈwɪð] ADV (*frm*) (*Comm*) **I enclose ~ a letter** le adjunto (con la presente) una carta

**heritable** [ˈherɪtəbl] ADJ [*objects, property*] heredable, hereditable; [*person*] que puede heredar

**heritage** [ˈherɪtɪdʒ] Ⓐ N herencia *f*; (*fig*) (*also* **national ~**) patrimonio *m* (nacional)
Ⓑ CPD ► **heritage centre** N (*Brit*) museo *m* (*local, de artesanía etc*)

**hermaphrodite** [hɜːˈmæfrədaɪt] Ⓐ ADJ hermafrodita
Ⓑ N hermafrodita *mf*

**hermetic** [hɜːˈmetɪk] ADJ hermético

**hermetically** [hɜːˈmetɪkəlɪ] ADV herméticamente; **~ sealed** cerrado herméticamente

**hermeticism** [hɜːˈmetɪsɪzəm] N hermetismo *m*

**hermit** [ˈhɜːmɪt] Ⓐ N ermitaño/a *m/f*
Ⓑ CPD ► **hermit crab** N ermitaño *m*

**hermitage** [ˈhɜːmɪtɪdʒ] N ermita *f*

**hernia** [ˈhɜːnɪə] N (*pl* **hernias** *or* **herniae** [ˈhɜːnɪˌiː]) (*Med*) hernia *f*

**hero** [ˈhɪərəʊ] Ⓐ N (*pl* **heroes**) héroe *m*; [*of film, book*] protagonista *mf*, personaje *m* principal
Ⓑ CPD ► **hero worship** N adulación *f*

**Herod** [ˈherəd] N Herodes

**heroic** [hɪˈrəʊɪk] ADJ heroico; **he made a ~ effort to get up** hizo un heroico esfuerzo por levantarse; **a stadium of ~ proportions** un estadio de dimensiones colosales; *see also* **heroics**

**heroically** [hɪˈrəʊɪkəlɪ] ADV heroicamente

**heroics** [hɪˈrəʊɪks] NSING (*slightly pej*) (= *deeds*) acciones *fpl* heroicas, actos *mpl* de heroicidad; (= *behaviour*) comportamiento *m* atrevido; (= *language*) lenguaje *m* altisonante; **we don't want any ~** no queremos actos heroicos *or* ninguna heroicidad

**heroin** [ˈherəʊɪn] Ⓐ N heroína *f* (*droga*)
Ⓑ CPD ► **heroin addict** N heroinómano/a *m/f* ► **heroin addiction** N adicción *f* a la heroína, dependencia *f* de la heroína, heroinomanía *f* ► **heroin user** N heroinómano/a *m/f*

**heroine** [ˈherəʊɪn] N heroína *f*; [*of film, book*] protagonista *f*, personaje *m* principal

**heroism** [ˈherəʊɪzəm] N heroísmo *m*

**heron** [ˈherən] N garza *f* real

**herpes** [ˈhɜːpiːz] N herpes *m*

**herring** [ˈherɪŋ] Ⓐ N (*pl* **herrings** *or* **herring**) arenque *m*; **red ~** (*fig*) pista *f* falsa, despiste *m*
Ⓑ CPD ► **herring gull** N gaviota *f* argéntea ► **the herring pond** N (*hum*) el charco; ✦*IDIOM* **to cross the ~ pond** cruzar el charco

**herringbone** [ˈherɪŋbəʊn] ADJ **~ pattern** (*on material*) diseño *m* en espiga; (*of floor*) espinapez *m*; **~ stitch** punto *m* de escapulario

**hers** [hɜːz] POSS PRON (*referring to singular possession*) (el/la) suyo/a; (*referring to plural possession*) (los/las) suyos/as; **this car is ~** este coche es suyo *or* de ella; **is that car ~?** ¿es suyo *or* de ella ese coche?; **"whose is this?" — "it's ~"** —¿de quién es esto? —es de ella; **a friend of ~** un amigo suyo; **my car is much bigger than ~** mi coche es mucho más grande que el suyo *or* el de ella; **"is this her coat?" — "no, ~ is black"** —¿es éste su abrigo? —no, el suyo *or* el de ella es negro; **"is this her scarf?" — "no, ~ is red"** —¿es ésta su bufanda? —no la suya *or* la de ella es roja; **my parents and ~** mis padres y los suyos *or* y los de ella

**herself** [hɜːˈself] PRON [1] (*reflexive*) se; **she washed ~** se lavó
[2] (*emphatic*) ella misma; (*after prep*) sí (misma); **she did it ~** lo hizo ella misma; **she went ~** fue ella misma *or* en persona; **she talked mainly about ~** habló principalmente de sí misma; **she said to ~** dijo entre *or* para sí
[3] (*phrases*) **she came <u>by</u> ~** vino sola; **she did it by ~** lo hizo ella sola; **she's <u>not</u> ~** no se encuentra nada bien

**Herts** [hɑːts] N ABBR = **Hertfordshire**

**hertz** [hɜːts] N hercio *m*, hertzio *m*, hertz *m*

**he's** [hiːz] = **he is, he has**

**hesitancy** [ˈhezɪtənsɪ] N = **hesitation**

**hesitant** [ˈhezɪtənt] ADJ (*gen*) vacilante; [*character*] indeciso; **to be ~ about doing sth** no decidirse a hacer algo

**hesitantly** [ˈhezɪtəntlɪ] ADV indecisamente; [*speak, suggest*] con vacilación

▼**hesitate** [ˈhezɪteɪt] VI (*gen*) vacilar; (*in speech*) vacilar, titubear; **to ~ to do sth** dudar en hacer algo, vacilar en hacer algo; **I will not ~ to take unpopular decisions** no dudaré *or* vacilaré en tomar decisiones poco populares; **I ~ to call this art** no me atrevo a llamar arte a esto; **don't ~ to ask (me)** no vaciles en pedírmelo, no dejes de pedírmelo; **I ~ to condemn him outright** no me decido a condenarlo del todo; **to ~ before doing sth** dudar antes de hacer algo; **to ~ about** *or* **over doing sth** vacilar en hacer algo; **he ~s at nothing** no vacila ante nada

**hesitation** [ˌhezɪˈteɪʃən] N vacilación *f*, indecisión *f*; **I have no ~ in saying …** no vacilo en decir …; **without the slightest ~** sin vacilar siquiera, sin pensarlo dos veces

**hessian** [ˈhesɪən] (*esp Brit*) Ⓐ N arpillera *f*
Ⓑ ADJ de arpillera

**het*** [het] ADJ *see* **het up**

**hetero*** [ˈhetərəʊ] ADJ, N = **heterosexual**

**heterodox** [ˈhetərədɒks] ADJ heterodoxo

**heterodoxy** [ˈhetərədɒksɪ] N heterodoxia *f*

**heterogeneity** [ˈhetərəʊdʒəˈniːətɪ] N heterogeneidad *f*

**heterogeneous** [ˈhetərəʊˈdʒiːnɪəs] ADJ heterogéneo

**heterosexism** [ˈhetərəʊˈseksɪzm] N *ideología que discrimina contra la homosexualidad*

**heterosexual** [ˈhetərəʊˈseksjuəl] Ⓐ ADJ heterosexual
Ⓑ N heterosexual *mf*

**heterosexuality** [ˈhetərəʊˌseksjʊˈælɪtɪ] N heterosexualidad *f*

**het up*** [ˌhetˈʌp] ADJ **to get ~** acalorarse, emocionarse (**about, over** por); **don't get so ~!** ¡tranquilízate!, ¡no te sulfures!

**heuristic** [hjʊəˈrɪstɪk] ADJ heurístico; **~ search** investigación *f* heurística

**HEW** N ABBR (*US*) = **Department of Health, Education and Welfare**

**hew** [hjuː] (*pt* **hewed**; *pp* **hewed, hewn**) VT (= *cut*) cortar; [+ *trees*] talar; (= *shape, work*) labrar, tallar
►**hew down** VT + ADV talar
►**hew out** VT + ADV excavar; **a figure ~n out of the rock** una figura tallada en la roca; **to ~ out a career** hacerse una carrera

**hewn** [hjuːn] PP *of* **hew**

**hex¹*** [heks] (*US*) Ⓐ N [1] (= *spell*) maleficio *m*, mal *m* de ojo
[2] (= *witch*) bruja *f*
Ⓑ VT embrujar

**hex²** [heks] ADJ (*Comput*) hexadecimal; **~ code** código *m* hexadecimal

**hexadecimal** [ˌheksəˈdesɪməl] ADJ hexadecimal; **~ notation** notación *f* hexadecimal

**hexagon** [ˈheksəgən] N hexágono *m*

**hexagonal** [hekˈsægənəl] ADJ hexagonal

**hexagram** [ˈheksəˌgræm] N hexagrama *m*

**hexameter** [hekˈsæmɪtəʳ] N hexámetro *m*

**hey** [heɪ] EXCL ¡oye!, ¡oiga!

**heyday** [ˈheɪdeɪ] N auge *m*; **in the ~ of the theatre** cuando el teatro estaba en su apogeo; **in his ~** en sus buenos tiempos

**Hezbollah** [ˌhezbəˈlɑː] N Hezbolá *m*, Hizbulá *m*

**HF** N ABBR = **high frequency**

**hg** N ABBR (= **hectogram(s)**) hg

**HGV** N ABBR (= **heavy goods vehicle**) vehículo *m* pesado

**HH** ABBR [1] (= **His** *or* **Her Highness**) S.A.
[2] (*Rel*) (= **His Holiness**) S.S.

**HHS** N ABBR (*US*) = **Health and Human Services**

**HI** ABBR (*US*) = **Hawaii**

**hi** [haɪ] EXCL ¡oye!; (*greeting*) ¡hola!, ¡qué hubo! (*Mex, Chile*)

**hiatus** [haɪˈeɪtəs] N (*pl* **hiatuses** *or* **hiatus**) (*Gram*) hiato *m*; (*fig*) vacío *m*, interrupción *f*

**hibernate** [ˈhaɪbəneɪt] VI hibernar, invernar

**hibernation** [ˌhaɪbəˈneɪʃən] N hibernación *f*, invernación *f*

**Hibernia** [haɪˈbɜːnɪə] N Hibernia *f*

**hibiscus** [hɪˈbɪskəs] N (*pl* **hibiscuses**) hibisco *m*

**hic** [hɪk] EXCL ¡hip!

**hiccough, hiccup** [ˈhɪkʌp] Ⓐ N [1] hipo *m*; **it gives me ~s** me da hipo, me hace hipar; **to have ~s** tener hipo
[2] **a slight ~ in the proceedings** (*fig*) una pequeña dificultad *or* interrupción en los actos
Ⓑ VT decir hipando; **"yes," he ~ed** —sí —dijo hipando
Ⓒ VI hipar

**hick*** [hɪk] (*US pej*) Ⓐ ADJ rústico, de aldea
Ⓑ N pueblerino/a *m/f*, paleto/a *m/f* (*Sp**)

**hickey*** [ˈhɪkɪ] N (*US*) (= *pimple*) grano *m*; (= *love-bite*) mordisco *m* amoroso, chupón* *m*

**hickory** [ˈhɪkərɪ] N nuez *f* dura, nogal *m* americano

**hid** [hɪd] PT *of* **hide**

**hidden** [ˈhɪdn] Ⓐ PP *of* **hide¹**
Ⓑ ADJ escondido; (*fig*) [*meaning, truth*] oculto, secreto; **~ assets** activo *msing* oculto; **~ reserves** reservas *fpl* ocultas

**hide¹** [haɪd] (*pt* **hid**; *pp* **hidden**) Ⓐ VT (*gen*) esconder (**from** de); [+ *grief*] ocultar, disimular; **to ~ sth from sb** esconder algo de algn; **to ~ one's face in one's hands** taparse la cara con las manos; **to ~ the truth** encubrir la verdad; **I have nothing to ~** no tengo nada que ocultar
Ⓑ VI esconderse, ocultarse (**from** de); **he's hiding behind his illness** se ampara en su enfermedad; **he's hiding behind his boss** está buscando la protección de su jefe
►**hide away** Ⓐ VI + ADV esconderse
Ⓑ VT + ADV esconder, ocultar
►**hide out, hide up** VI + ADV esconderse

**hide²** [haɪd] N (= *skin*) piel *f*, pellejo *m*; (*tanned*) cuero *m*; ✦*IDIOMS* **to save one's ~** salvar el pellejo; **I haven't seen ~ nor hair of him** no le he visto el pelo*; **to tan sb's ~** darle una paliza a algn

➤ LANGUAGE IN USE: hesitate 3

**hide**[3] [haɪd] N (*Hunting*) paranza *f*, trepa *f*; (*Orn*) observatorio *m*

**hide-and-seek** ['haɪdən'si:k] N escondite *m*; **to play ~** jugar al escondite

**hideaway** ['haɪdəweɪ] N escondite *m*, escondrijo *m*

**hidebound** ['haɪdbaʊnd] ADJ rígido, aferrado a la tradición

**hideous** ['hɪdɪəs] ADJ (*gen*) espantoso, horroroso; (= *repugnant*) repugnante, asqueroso; **a ~ mistake** un error terrible

**hideously** ['hɪdɪəslɪ] ADV horriblemente; **~ ugly** feísimo

**hideout** ['haɪdaʊt] N guarida *f*, escondrijo *m*

**hidey-hole*** ['haɪdɪhəʊl] N escondite *m*, escondrijo *m*

**hiding**[1] ['haɪdɪŋ] Ⓐ N **to be in ~** estar escondido; **to go into ~** esconderse; (*Pol*) pasar a la clandestinidad
Ⓑ CPD ► **hiding place** N escondite *m*, escondrijo *m*

**hiding**[2] ['haɪdɪŋ] N (= *beating*) paliza *f*; **to give sb a ~** dar una paliza a algn; ✦*IDIOM* **to be on a ~ to nothing** llevar todas las de perder

**hie** [haɪ] (††, *hum*) Ⓐ VT apresurar; **to ~ o.s. home** apresurarse a volver a casa
Ⓑ VI ir volando, correr

**hierarchic** [,haɪə'rɑ:kɪk] ADJ = **hierarchical**

**hierarchical** [,haɪə'rɑ:kɪkəl] ADJ jerárquico

**hierarchically** [,haɪə'rɑ:kɪklɪ] ADV jerárquicamente

**hierarchy** ['haɪərɑ:kɪ] N jerarquía *f*

**hieratic** [haɪə'rætɪk] ADJ (*frm*) hierático

**hieroglyph** ['haɪərəglɪf] N jeroglífico *m*

**hieroglyphic** [,haɪərə'glɪfɪk] Ⓐ ADJ jeroglífico
Ⓑ N jeroglífico *m*; **hieroglyphics** jeroglíficos *mpl*; (*fig*) (*) garabatos *mpl*

**hifalutin'*** [,haɪfə'lu:tɪn] = **highfalutin(g)**

**hi-fi** ['haɪ'faɪ] Ⓐ ABBR *of* **high fidelity**
Ⓑ N estéreo *m*
Ⓒ ADJ de alta fidelidad; **~ equipment** equipo *m* de alta fidelidad; **~ system** sistema *m* de alta fidelidad

**higgledy-piggledy*** ['hɪgldɪ'pɪgldɪ] Ⓐ ADV [*be*] en desorden; [*do*] de cualquier modo, a la buena de Dios
Ⓑ ADJ revuelto, desordenado

**high** [haɪ] Ⓐ ADJ (*compar* **higher**; *superl* **highest**) [1] (= *tall, elevated*) [*building, mountain*] alto; [*plateau*] elevado; [*altitude*] grande; **a building 60 metres ~** un edificio de 60 metros de alto *or* de altura; **it's 20 metres ~** tiene 20 metros de alto *or* de altura; **at ~ altitudes** a grandes altitudes; **the ceilings are very ~** los techos son muy altos; **~ cheekbones** pómulos *mpl* salientes; **he has a ~ forehead** tiene la frente muy ancha; **how ~ is Ben Nevis/that tree?** ¿qué altura tiene el Ben Nevis/ese árbol?; **economic reform is ~ on the agenda** la reforma económica figura entre los asuntos más importantes a tratar; **the river is ~** el río está crecido; **I've known her since she was so ~*** la conozco desde que era así (de pequeña); **the sun was ~ in the sky** el sol daba de pleno; ✦*IDIOMS* **~ and dry** [*boat*] varado; **the boats lay at the river's edge, ~ and dry** los botes estaban en la orilla del río, varados; **to leave sb ~ and dry** (= *in a difficult situation*) dejar a algn en la estacada
[2] (= *considerable, great*) [*level, risk, rent, salary, principles*] alto; [*price, tax, number*] alto, elevado; [*speed*] alto, gran; [*quality*] alto, bueno; [*colour*] subido; [*complexion*] (*characteristically*) rojizo; (*temporarily*) enrojecido; [*wind*] fuerte; **they offered me a ~er salary** me ofrecieron un sueldo más alto; **temperatures were in the ~ 80s** las temperaturas alcanzaron los ochenta y muchos, las temperaturas rondaron los 90 grados; **interest rates are ~** los intereses están muy altos; **we offer education of the ~est quality** ofrecemos una educación de la más alta *or* de la mejor calidad; **to have ~ blood pressure** tener la tensión alta, ser hipertenso; **his team was of the ~est calibre** su equipo era del más alto nivel; **to have ~ hopes of sth**: **I had ~ hopes of being elected** tenía muchas esperanzas de que me eligieran; **parsley is ~ in calcium** el perejil es rico en calcio; **to have a ~ opinion of sb** (= *think highly of*) tener muy buena opinión *or* concepto de algn; (= *be fond of*) tener a algn en alta estima; **to pay a ~ price for sth** (*lit*) pagar mucho dinero por algo; (*fig*) pagar algo muy caro; **to have a ~ temperature** tener mucha fiebre, tener una fiebre muy alta; ✦*IDIOMS* **to have a ~ old time*** pasarlo en grande*; **it's ~ time ...***: **it's ~ time you were in bed*** ya deberías estar acostado desde hace un buen rato; **it's ~ time we were on our way*** ya deberíamos haber salido hace rato; *see also* **gear**, **priority**, **profile**, **spirit**, **stake**, **high A4**
[3] (= *important, superior*) [*rank, position, office*] alto; **~ and mighty**: **she's too ~ and mighty** es demasiado engreída; **you needn't act so ~ and mighty with me** no tienes por qué ponerte tan engreído conmigo; **she moves in the circles of the ~ and mighty** se mueve en círculos de los poderosos, se mueve en círculos de gente de mucho fuste (*pej*); **~ official** alto funcionario/a *m/f*; ✦*IDIOMS* **to get (up) on one's ~ horse** subirse a la parra; **there's no need to get (up) on your ~ horse!** ¡no hace falta que te subas a la parra!; **to come down off** *or* **get off one's ~ horse** bajar los humos; **in ~ places**: **to have friends in ~ places** tener amigos importantes *or* con influencias; **people in ~ places** gente influyente *or* importante
[4] (= *high-pitched*) [*sound, note*] alto; [*voice*] agudo; **he played another ~er note** tocó otra nota más alta; **she can still hit those ~ notes** todavía llega bien a los agudos; **in a ~ voice** con voz aguda; ✦*IDIOM* **on a ~ note**: **he ended his career on a ~ note** terminó su carrera con un gran éxito
[5] (*) (= *intoxicated*) **to be ~ (on)** [+ *drink, drugs*] estar colocado (de)*; **to get ~ (on)** [+ *drink, drugs*] colocarse (de)*; **she was ~ on her latest success** estaba encantada *or* entusiasmada con su último éxito; ✦*IDIOM* **to be (as) ~ as a kite** (*on drugs, drink*) estar totalmente colocado*; (= *confident*) estar que no se cabe en sí
[6] (*Culin*) (= *mature*) [*game, cheese*] que huele fuerte; (= *rotten*) [*meat*] pasado
Ⓑ ADV (*compar* **higher**; *superl* **highest**) [1] (*in height*) [*fly, rise*] a gran altura; **it rose ~ in the air** se elevó a gran altura; **it sailed ~ over the house** volaba a gran altura por encima de la casa; **~ above**: **an eagle circled ~ above** un águila circulaba en las alturas; **the town is perched ~ above the river** el pueblo está en un alto, sobre el río; **~ above my head** muy por encima de mi cabeza; **to run ~** [*sea*] estar embravecido; [*river*] estar crecido; **feelings were running ~** los ánimos estaban exaltados; **~ up**: **his farm was ~ up in the mountains** su granja estaba en lo alto de las montañas; **we saw three birds circling very ~ up** vimos tres pájaros circulando en las alturas; **she had put it too ~ up for me to reach** lo había puesto demasiado alto y no llegaba; **his cousin is someone ~ up in the navy** su primo tiene un cargo importante en la marina; ✦*IDIOMS* **to hold one's head (up) ~** mantener la cabeza bien alta; **to live ~ on the hog** (*US**) vivir como un rajá; **to hunt** *or* **search ~ and low (for sth/sb)** remover el cielo y la tierra (en busca de algo/algn); *see also* **aim**, **fly A1**, **head A1**, **stand C5**
[2] (*in degree, number, strength*) **the bidding went as ~ as £500** las ofertas llegaron hasta 500 libras
Ⓒ N [1] **on ~** (= *in heaven*) en el cielo, en las alturas; **there's been a new directive from on ~** (*fig*) ha habido una nueva directriz de arriba
[2] (= *peak*) **sales have reached an all-time ~** las ventas han alcanzado cifras récord; ✦*IDIOM* **to be on a ~*** estar a las mil maravillas
[3] (*Fin*) máximo *m*; **the Dow Jones index reached a ~ of 2503** el índice de Dow Jones alcanzó un máximo de 2.503
[4] (*Met*) zona *f* de altas presiones; (*esp US*) temperatura *f* máxima
[5] (*US Aut*) (= *top gear*) directa *f*; **to be in ~** ir en directa
Ⓓ CPD ► **high altar** N altar *m* mayor ► **high beam** N (*US Aut*) **he had his lights on ~ beam** llevaba las luces largas *or* de cruce ► **high camp** N (*Theat*) amaneramiento *m* ► **high chair** N silla *f* alta (para niño), trona *f* (*Sp*) ► **High Church** N *sector de la Iglesia Anglicana muy cercano a la liturgia y ritos católicos* ► **high comedy** N (*Theat*) comedia *f* de costumbres; **it was ~ comedy** (*fig*) era de lo más cómico ► **high command** N (*Mil*) alto mando *m* ► **high commission** N (= *international body*) alto comisionado *m*; (= *embassy*) embajada *f* (*que representa a uno de los países de la Commonwealth en otro*) ► **high commissioner** N [*of international body*] alto comisario/a *m/f*; (= *ambassador*) embajador(ora) *m/f* (*de un país de la Commonwealth en otro*) ► **High Court** N (*Jur*) Tribunal *m* Supremo; **a ~ court judge** un juez del Tribunal Supremo ► **high definition** N alta definición *f*; *see also* **high-definition** ► **high diving** N saltos *mpl* de trampolín de gran altura ► **high explosive** N explosivo *m* de gran potencia; *see also* **high-explosive** ► **high fidelity** N alta fidelidad *f*; *see also* **high-fidelity** ► **high finance** N altas finanzas *fpl* ► **high flier** N **he's a ~ flier** es ambicioso, tiene talento y promete ► **High German** N alto alemán *m* ► **high ground** N (*fig*) **they believe they have** *or* **occupy the moral ~ ground in this conflict** creen que tienen moralmente la razón de su parte en este conflicto ► **high hat** N sombrero *m* de copa, cilindro* *m*; *see also* **high-hat** ► **high heels** NPL (= *heels*) tacones *mpl* altos; (= *shoes*) zapatos *mpl* de tacón ► **high jinks**†* NPL jolgorio *msing*, jarana *f*; **there were ~ jinks last night** hubo jolgorio *or* jarana anoche; **to get up to ~ jinks** meterse en jarana ► **high jump** N (*Sport*) salto *m* de altura; ✦*IDIOM* **he's for the ~ jump** (*Brit**) (= *he'll be in trouble*) se la va a cargar, le va a caer una buena; (= *he'll be sacked*) le van a largar ► **high jumper** N (*Sport*) saltador(a) *m/f* de altura ► **the high life** N (*gen*) la buena vida; (*in high society*) la vida de la buena sociedad ► **high living** N la buena vida ► **High Mass** N misa *f* mayor ► **high noon** N (= *midday*) mediodía *m*; (*fig*) (= *peak*) apogeo *m*; (= *critical point*) momento *m* crucial ► **high point** N [*of show, evening*] punto *m* culminante, clímax *m inv*; [*of visit, holiday*] lo más destacado; [*of career*] punto *m* culminante, cenit *m* ► **high priest** N sumo sacerdote *m* ► **high priestess**

N suma sacerdotisa *f* ► **high relief** N alto relieve *m*; **to throw** *or* **bring sth into ~ relief** (*fig*) poner algo de relieve ► **high road** N (*esp Brit*) carretera *f*; **this is the ~ road to disaster** éste es el camino del desastre ► **high roller** N (*US*) (*gen*) derrochón/ona *m/f*; (*gambling*) jugador/ora *m/f* empedernido ► **high school** N (*US, Brit*) instituto *m* de enseñanza secundaria, ≈ liceo *m* (*LAm*); **junior ~ (school)** (*US*) *instituto donde se imparten los dos primeros años de bachillerato* ► **high school diploma** N (*US*) ≈ bachillerato *m* ► **high school graduate** N (*US*) ≈ bachiller *mf* ► **the high seas** NPL alta mar *fsing*; **on the ~ seas** en alta mar ► **high season** N temporada *f* alta; **~ season prices/rates** precios *mpl*/tarifas *fpl* de temporada alta ► **high sign** N seña *f* (*acordada*); **to give sb a ~ sign** hacer la seña a algn ► **high society** N la alta sociedad ► **high spot** N [*of show, evening*] punto *m* culminante, clímax *m inv*; [*of visit, holiday*] lo más destacado; [*of career*] punto *m* culminante, cenit *m* ► **high street** N calle *f* mayor, calle *f* principal; **~ street banks** bancos *mpl* principales; **~ street shops** tiendas *fpl* de la calle principal ► **high summer** N pleno verano *m*, pleno estío *m* ► **high table** N (*gen*) mesa *f* principal, mesa *f* presidencial; (*Univ, Scol*) mesa *f* de los profesores ► **high tea** N (*Brit*) merienda-cena *f* (*que se toma acompañada de té*) ► **high technology** N alta tecnología *f* ► **high tide** N pleamar *f*, marea *f* alta; **at ~ tide** en la pleamar, en marea alta ► **high treason** N alta traición *f* ► **high water** N pleamar *f*, marea *f* alta; *see also* **high-water mark** ► **high wire** N cuerda *f* floja ► **high wire act** N número *m* en la cuerda floja, número *m* de funambulismo

**HIGH SCHOOL**

*En Estados Unidos las* **high schools** *son los institutos donde los adolescentes de 15 a 18 años realizan la educación secundaria, que dura tres cursos (***grades***), desde el noveno hasta el duodécimo año de la enseñanza; al final del último curso se realiza un libro conmemorativo con fotos de los alumnos y profesores de ese año* **Yearbook** *y los alumnos reciben el diploma de* **high school** *en una ceremonia formal de graduación. Estos centros suelen ser un tema frecuente en las películas y programas de televisión estadounidenses en los que se resalta mucho el aspecto deportivo - sobre todo el fútbol americano y el baloncesto - además de algunos acontecimientos sociales como el baile de fin de curso, conocido como* **Senior Prom**.

⇨ *Ver tb* PROM, YEARBOOK

**highball** ['haɪbɔːl] N (*US*) (= *drink*) jáibol *m*, whisky soda *m*

**highborn** ['haɪbɔːn] ADJ linajudo, de ilustre cuna

**highboy** ['haɪbɔɪ] N (*US*) cómoda *f* alta

**highbrow** ['haɪbraʊ] Ⓐ N intelectual *mf*, persona *f* culta; (*pej*) intelectualoide *mf*
Ⓑ ADJ [*book, play, film*] para intelectuales

**high-calibre**, **high-caliber** (*US*) [ˌhaɪ'kælɪbəʳ] ADJ 1 [*person, staff*] de alto nivel
2 [*weapon, rifle*] de gran calibre

**high-class** [ˌhaɪ'klɑːs] ADJ (= *of good quality*) de (alta) categoría

**high-definition** [ˌhaɪdefɪ'nɪʃən] ADJ [*television, video*] de alta definición; *see also* **high D**

**high-density** [ˌhaɪ'densɪtɪ] ADJ **~ housing** alta densidad *f* de inquilinos

**high-energy** [ˌhaɪ'enədʒɪ] ADJ **~ particle** partícula *f* de alta energía; **~ physics** física *f* de altas energías

**higher** ['haɪəʳ] Ⓐ ADJ COMPAR *of* **high** más alto; [*form of life, court*] superior; [*price*] más elevado; [*number, speed*] mayor; **any number ~ than six** cualquier número superior a *or* mayor de seis; **~ interest rates are a possibility** existe la posibilidad de una subida de los tipos de interés; **~ rate tax** impuesto *m* en la banda superior
Ⓑ ADV COMPAR *of* **high** 1 (*lit*) más alto; **I can jump ~ than you** puedo saltar más alto que tú; **to fly ~ than the clouds** volar encima de las nubes; **to fly ~ still** volar a mayor altura todavía; **~ and ~** más y más (alto); **the balloon climbed ~ and ~** el globo se elevaba más y más (alto); **try hanging the picture a bit ~ up** prueba a poner el cuadro un poquito más alto *or* más arriba; **~ up the hill** más arriba en la colina
2 (*fig*) **the dollar closed ~ today** la cotización del dólar ha cerrado más alta hoy; **unemployment is expected to rise even ~** se espera que el desempleo aumente aún más; **prices are rising ~ and ~** los precios están subiendo más y más, los precios son cada vez más altos
Ⓒ N (*Scot Scol*) = **Higher Grade**
Ⓓ CPD ► **higher education** N educación *f* superior, enseñanza *f* superior ► **Higher Grade** N (*Scot Scol*) *examen de estado que se realiza a la edad de 16 años* ► **Higher National Certificate** N (*Brit Scol*) Certificado *m* Nacional de Estudios Superiores ► **Higher National Diploma** N (*Brit Scol*) Diploma *m* Nacional de Estudios Superiores; → A LEVELS

**highest** ['haɪɪst] Ⓐ ADJ SUPERL *of* **high** el/la más alto/a; **he was a man of the ~ principles** era un hombre de los más altos principios; **the ~ common factor** (*Math*) el máximo común denominador
Ⓑ ADV SUPERL *of* **high**; **the ~ scoring player** el máximo anotador; **Britain's ~ paid company director** el director de empresa mejor pagado de Gran Bretaña

**high-explosive** ['haɪɪks'pləʊsɪv] ADJ **~ shell** obús *m* de alto explosivo; *see also* **high D**

**highfalutin(g)** ['haɪfə'luːtɪn] ADJ presuntuoso, pomposo

**high-fibre**, **high-fiber** (*US*) ['haɪ'faɪbəʳ] ADJ **a ~ diet** una dieta rica en fibra

**high-fidelity** [ˌhaɪfɪ'delɪtɪ] ADJ de alta fidelidad; *see also* **high D**

**high-flown** ['haɪfləʊn] ADJ exagerado, altisonante

**high-flying** ['haɪ'flaɪɪŋ] ADJ 1 [*aircraft*] de gran altura
2 (*fig*) [*aim, ambition*] de altos vuelos; [*executive, businessperson*] (= *promising*) prometedor; (= *in high-calibre job*) bien situado, de prestigio; [*career, student*] prometedor

**high-frequency** [ˌhaɪ'friːkwənsɪ] ADJ de alta frecuencia

**high-grade** ['haɪ'greɪd] ADJ de calidad superior

**high-handed** ['haɪ'hændɪd] ADJ arbitrario, despótico

**high-handedly** [ˌhaɪ'hændɪdlɪ] ADV arbitrariamente, despóticamente

**high-hat*** ['haɪ'hæt] ADJ encopetado, esnob*; *see also* **high D**

**high-heeled** ['haɪhiːld] ADJ [*shoes*] de tacón (alto)

**high-intensity** [ˌhaɪɪn'tensɪtɪ] ADJ **~ lights** (*Aut*) faros *mpl* halógenos

**highjack** *etc* ['haɪdʒæk] = **hijack** *etc*

**highland** ['haɪlənd] ADJ montañés, de montaña; [*region*] montañoso; **Highland dress** *traje tradicional de las Tierras Altas de Escocia*; **Highland fling** *baile escocés*; **Highland Games** juegos *mpl* escoceses; *see also* **highlands**

**HIGHLAND GAMES**

*Los* **Highland Games** *se celebran anualmente en distintos lugares de Escocia y en ellos se realizan competiciones de deportes tradicionales celtas, junto con bailes típicos y concursos de gaitas. Probablemente, de todos los juegos, el más famoso es el que tiene lugar en Braemar, cerca de Balmoral, en el noreste de Escocia. Entre las competiciones normalmente asociadas con estos juegos están el lanzamiento de troncos (***tossing the caber***) y el lanzamiento de martillo.*

**highlander** ['haɪləndəʳ] N montañés/esa *m/f*; **Highlander** (*Brit*) *habitante de las tierras altas de Escocia*

**highlands** ['haɪləndz] NPL tierras *fpl* altas, sierra *fsing* (*LAm*); **the Highlands** (*Brit*) las Tierras Altas de Escocia

**high-level** ['haɪ'levl] ADJ [*talks*] (*also Comput*) de alto nivel; **~ nuclear waste** desechos *mpl* nucleares de alta radiactividad; **~ language** lenguaje *m* de alto nivel

**highlight** ['haɪlaɪt] Ⓐ N 1 (*Art*) toque *m* de luz
2 (*fig*) punto *m* culminante; **the ~ of the evening** el punto culminante de la velada; **they showed the ~s of the game on television** mostraron los momentos más interesantes del partido por televisión; (*Ftbl*) mostraron las jugadas más interesantes del partido por televisión
3 **highlights** (*in hair*) reflejos *mpl*
Ⓑ VT poner de relieve, destacar; [+ *hair*] poner reflejos en

**highlighter** ['haɪlaɪtəʳ] N (= *pen*) rotulador *m* (*Sp*)

**highly** ['haɪlɪ] ADV 1 (*with adj, pp used as adj*) [*effective, sensitive, controversial*] muy, sumamente; [*qualified, developed, sophisticated*] sumamente, altamente; [*significant*] sumamente, tremendamente; **~ acclaimed** súmamente elogiado; **~ charged** [*atmosphere, occasion, debate*] muy tenso; **~ coloured** [*clothes, picture*] de colores chillones; [*description, account*] muy exagerado; **~ educated** muy culto; **~ intelligent** sumamente inteligente, inteligentísimo; **it is ~ likely that he will win the competition** es muy *or* sumamente probable que gane la competición; **~ paid** [*person, job*] muy bien pagado; **a ~ placed official** un funcionario importante, un alto cargo; **he is ~ placed in the company** está muy bien situado en la compañía; **~ polished** [*shoes, furniture, tiles*] muy brillantes; [*book, film, description*] muy bueno, muy pulido; **~ qualified** muy preparado, muy cualificado; **this book is ~ recommended** este libro está muy recomendado; **she came to the job ~ recommended** vino muy bien recomendada; **a ~ regarded writer** un escritor de mucha reputación; **~ sexed** muy sensual, con mucho apetito sexual; **~ spiced** con muchas especias, muy condimentado; **~ strung** muy nervioso, muy excitable; **a ~ successful businessman** un hombre de negocios de muchísimo éxito; **~ trained soldiers** soldados sumamente adiestrados; **the staff are ~ trained** el personal está altamente capacitado; **it is ~ unlikely that she will see you** es muy poco probable que te reciba
2 (*with verb*) **to praise sb ~** alabar *or* elogiar

mucho a algn; **I can't praise him ~ enough** todo elogio que haga de él es poco; **I don't rate him very ~** no tengo muy buena opinión de él; **his chances of survival are not rated very ~** no se cree que tenga muchas posibilidades de sobrevivir; **he is ~ regarded by all his staff** está muy bien considerado por todo su personal; **these children score very ~ in intelligence tests** estos niños consiguen unas puntuaciones muy altas en los tests de inteligencia; **to speak ~ of sb/sth** hablar muy bien de algn/algo; **to think ~ of sb/sth** tener muy buena opinión de algn/algo; **to value sth ~** apreciar mucho algo

**highly-charged** [ˌhaɪlɪˈtʃɑːdʒd] ADJ [*atmosphere, debate*] muy tenso, muy crispado

**high-minded** [ˈhaɪˈmaɪndɪd] ADJ [*person*] de nobles pensamientos, magnánimo; [*act*] noble, altruista

**high-mindedness** [ˌhaɪˈmaɪndɪdnɪs] N nobleza *f* de pensamientos, magnanimidad *f*; (= *altruism*) altruismo *m*

**high-necked** [ˌhaɪˈnekt] ADJ de cuello alto

**highness** [ˈhaɪnɪs] N altura *f*; **Highness** (*as title*) Alteza *f*; **His/Her/Your Royal Highness** Su Alteza Real; **Your Royal Highnesses** Sus Altezas Reales

**high-octane** [ˈhaɪˌɒkteɪn] ADJ 1 **~ petrol** gasolina *f* de alto octanaje, supercarburante *m*
2 (*fig*) [*film, book*] dinámico y con carácter; [*campaign*] dinámico e intenso; [*party scene*] lleno de energía y dinamismo; [*prose*] vigoroso

**high-performance** [ˌhaɪpəˈfɔːməns] ADJ de gran rendimiento

**high-pitched** [ˈhaɪˈpɪtʃt] ADJ [*sound, voice*] agudo; [*instrument*] de tono agudo, de tono alto

**high-powered** [ˈhaɪˈpaʊəd] ADJ 1 [*engine*] de gran potencia
2 (*fig*) (= *dynamic*) [*person*] enérgico, dinámico; (= *important*) importante

**high-pressure** [ˈhaɪˈpreʃəʳ] ADJ de alta presión; (*fig*) enérgico, dinámico; **~ salesman** vendedor *m* agresivo; **~ selling** venta *f* agresiva

**high-priced** [ˌhaɪˈpraɪst] ADJ muy caro

**high-principled** [ˌhaɪˈprɪnsəpld] ADJ [*person*] de principios; [*manner*] íntegro

**high-profile** [ˌhaɪˈprəʊfaɪl] ADJ **~ activity** actividad *f* prominente

**high-protein** [ˌhaɪˈprəʊtiːn] ADJ rico en proteínas

**high-quality** [ˈhaɪˈkwɒlɪtɪ] ADJ de gran calidad, de calidad superior

**high-ranking** [ˌhaɪˈræŋkɪŋ] ADJ de categoría; [*official*] de alto rango, de alto grado; (*Mil*) de alta graduación

**high-resolution** [ˌhaɪrezəˈluːʃən] ADJ [*image, screen*] de alta resolución

**high-rise** [ˈhaɪraɪz] Ⓐ ADJ **~ block** (*residential*) torre *fsing* de pisos; **~ office block** edificio *m* de oficinas (de muchas plantas); **there are too many ~ buildings here** hay demasiados edificios altos aquí
Ⓑ N torre *fsing* de pisos

**high-risk** [ˌhaɪˈrɪsk] ADJ [*investment, policy*] de alto riesgo

**high-sounding** [ˌhaɪˈsaʊndɪŋ] ADJ altisonante

**high-speed** [ˌhaɪˈspiːd] ADJ [*vehicle*] de alta velocidad; [*test*] rápido; **~ train** tren *m* de alta velocidad

**high-spending** [ˌhaɪˈspendɪŋ] ADJ que gasta mucho; (*pej*) derrochador, pródigo

**high-spirited** [ˌhaɪˈspɪrɪtɪd] ADJ [*person*] animado; [*horse*] fogoso

**high-strung** [ˌhaɪˈstrʌŋ] ADJ (*US*) muy nervioso, muy excitable

**hightail*** [ˈhaɪteɪl] VT **to ~ it** (*esp US*) darse el piro‡, salir pitando*

**high-tech*** [ˌhaɪˈtek] ADJ al-tec*, de alta tecnología

**high-tension** [ˌhaɪˈtenʃən] ADJ de alta tensión

**high-test** [ˌhaɪˈtest] ADJ **~ fuel** supercarburante *m*

**high-up*** [ˈhaɪˈʌp] Ⓐ ADJ de categoría, importante
Ⓑ N pez *mf* gordo*, mandamás* *mf inv*

**high-water mark** [ˌhaɪˈwɔːtəmɑːk] N 1 (*lit*) línea *f* de la pleamar
2 (*fig*) punto *m* culminante

**highway** [ˈhaɪweɪ] Ⓐ N (= *main road*) carretera *f*; (= *motorway*) autopista *f*; **~s department** administración *f* de carreteras
Ⓑ CPD ► **Highway Code** N Código *m* de la Circulación ► **highway robbery** N salteamiento *m*, atraco *m* (en el camino)

**highwayman** [ˈhaɪweɪmən] N (*pl* **highwaymen**) salteador *m* de caminos

**HIH** ABBR (= **His** *or* **Her Imperial Highness**) S.A.I.

**hijack** [ˈhaɪdʒæk] Ⓐ VT secuestrar; (*fig*) apropiarse de
Ⓑ N secuestro *m*; (*fig*) apropiación *f*

**hijacker** [ˈhaɪdʒækəʳ] N secuestrador(a) *m/f*

**hijacking** [ˈhaɪdʒækɪŋ] N secuestro *m*; (*fig*) apropiación *f*

**hike¹** [haɪk] Ⓐ VI ir de excursión a pie, dar una caminata
Ⓑ VT **to ~ it** ir a pie
Ⓒ N excursión *f* a pie, caminata *f*; **to go on a ~** hacer una excursión (a pie), dar una caminata; ✦*IDIOM* **take a ~!*** ¡lárgate!*

**hike²*** [haɪk] Ⓐ N (= *increase*) aumento *m*
Ⓑ VT [+ *prices, rates*] aumentar, subir

► **hike up** VT + ADV 1 [+ *skirt, socks*] subirse
2 [+ *prices, amounts*] aumentar, subir

**hiker** [ˈhaɪkəʳ] N excursionista *mf*

**hiking** [ˈhaɪkɪŋ] N excursionismo *m* (a pie); **to go ~** ir de excursión a pie

**hilarious** [hɪˈlɛərɪəs] ADJ (= *very funny*) divertidísimo, graciosísimo; (= *merry*) alegre

**hilariously** [hɪˈlɛərɪəslɪ] ADV [*speak, describe*] con mucha gracia; **it was ~ funny** fue para morirse de risa

**hilarity** [hɪˈlærɪtɪ] N hilaridad *f*

**hill** [hɪl] Ⓐ N (*gen*) colina *f*, cerro *m*, loma *f* (*esp LAm*); (*high*) montaña *f*; (= *slope*) cuesta *f*; **a house at the top of a ~** una casa en lo alto de una colina; **I climbed the ~ up to the office** subí la cuesta hasta la oficina; **the hills** la montaña *fsing*, la sierra *fsing*; ✦*IDIOMS* **to be over the ~*** ir cuesta abajo; **to chase sb up ~ and down dale** perseguir a algn por todas partes; **to take to the ~s** echarse al monte; **as old as the ~s** más viejo que Matusalén
Ⓑ CPD ► **hill climb** N (*Sport*) ascensión *f* de montaña ► **hill farmer** N agricultor(a) *m/f* de montaña ► **hill farming** N agricultura *f* de montaña ► **hill walker** N montañero/a *m/f*, senderista *mf* ► **hill walking** N montañismo *m*, senderismo *m*; **to go ~-walking** hacer montañismo, hacer senderismo

**hillbilly*** [ˈhɪlˈbɪlɪ] (*US*) Ⓐ N rústico/a *m/f* montañés/esa; (*pej*) palurdo/a *m/f*
Ⓑ CPD ► **hillbilly music** N música *f* country

**hillfort** [ˈhɪlˈfɔːt] N castro *m*

**hilliness** [ˈhɪlɪnɪs] N lo montañoso

**hillock** [ˈhɪlək] N montículo *m*, altozano *m*

**hillside** [ˈhɪlsaɪd] N ladera *f*, falda *f*

**hilltop** [ˈhɪltɒp] N cumbre *f*

**hilly** [ˈhɪlɪ] ADJ (*compar* **hillier**; *superl* **hilliest**) [*terrain*] montañoso, accidentado; [*road*] con fuertes pendientes

**hilt** [hɪlt] N puño *m*, empuñadura *f*; **(up) to the ~** hasta el cuello*; **he's in debt (right) up to the ~** está agobiado *or* hasta el cuello* de deudas; **to back sb up to the ~** apoyar a algn incondicionalmente; **to prove sth up to the ~** demostrar algo hasta la saciedad

**him** [hɪm] PRON 1 (= *direct object*) lo, le (*Sp*); **I saw ~** lo vi; **look at ~!** ¡míralo!; **I have never seen HIM** a él no lo *or* (*also Sp*) le he visto nunca
2 (= *indirect object*) le; (*combined with direct object pron*) se; **you must tell ~ the truth** tienes que decirle la verdad; **yes of course I gave ~ the book** sí, claro que le di el libro; **yes of course I gave them to ~** sí, claro que se los di; **I gave the book to HIM not his sister** le di el libro a él no a su hermana; **I'm speaking to HIM not you** le estoy hablando a él, no a ti; **give it to ~ when you go to Liverpool** dáselo cuando vayas a Liverpool; **I gave it to HIM not Charlotte** se lo di a él no a Charlotte
3 (*after prep, in comparisons, with verb "to be"*) él; **she thought of ~** pensó en él; **without ~** sin él; **I'm going with ~** voy con él; **he was carrying it on ~** lo llevaba consigo; **if I were ~** yo que él; **younger than ~** más joven *or* menor que él; **it's ~** es él

**Himalayan** [ˌhɪməˈleɪən] ADJ del Himalaya, himalayo

**Himalayas** [ˌhɪməˈleɪəz] NPL **the ~** los montes Himalaya, el Himalaya

**himself** [hɪmˈself] PRON 1 (*reflexive*) se; **he washed ~** se lavó
2 (*emphatic*) él mismo; (*after prep*) sí (mismo); **he did it ~** lo hizo él mismo; **he went ~** fue él mismo, fue en persona; **he talked mainly about ~** habló principalmente de sí mismo; **he said to ~** dijo entre *or* para sí
3 (*phrases*) **he came by ~** vino solo; **he did it by ~** lo hizo él solo; **he's not ~** no se encuentra nada bien

**hind¹** [haɪnd] ADJ [*leg, foot*] trasero, posterior; ✦*IDIOM* **he could talk the ~ leg(s) off a donkey** (*Brit**) habla hasta por los codos*

**hind²** [haɪnd] N (*pl* **hinds** *or* **hind**) cierva *f*

**hinder¹** [ˈhaɪndəʳ] VT (= *disturb, make difficult*) estorbar, dificultar; (= *prevent*) impedir; (= *obstruct*) obstaculizar, poner dificultades a; (= *slow down*) entorpecer; **to ~ sb from doing sth** impedir a algn hacer algo

**hinder²** [ˈhaɪndəʳ] ADJ [*part*] trasero, posterior

**Hindi** [ˈhɪndiː] N (*Ling*) hindi *m*

**hindmost** [ˈhaɪndməʊst] ADJ postrero, último

**hindquarters** [ˈhaɪndˌkwɔːtəz] NPL cuartos *mpl* traseros

**hindrance** [ˈhɪndrəns] N (= *obstacle*) obstáculo *m* (**to** para); (= *disturbance*) estorbo *m*; (= *problem*) impedimento *m*; **to be a ~ to sb/sth** ser un estorbo para algn/algo

**hindsight** [ˈhaɪndsaɪt] N **with the benefit of ~** en retrospectiva

**Hindu** [ˈhɪnˈduː] Ⓐ ADJ hindú
Ⓑ N hindú *mf*

**Hinduism** [ˈhɪnduːɪzəm] N (*Rel*) hinduismo *m*

**Hindustan** [ˌhɪndʊˈstɑːn] N Indostán *m*

**Hindustani** [ˈhɪndʊˈstɑːnɪ] Ⓐ ADJ indostaní, indostánico, indostanés
Ⓑ N (*Ling*) indostaní *m*

**hinge** [hɪndʒ] Ⓐ N [*of door, window*] bisagra *f*, gozne *m*; [*of shell*] charnela *f* (*also Zool*); (*for stamps*) fijasellos *m inv*; (*fig*) eje *m*
Ⓑ VI moverse sobre goznes; **to ~ on** moverse

sobre, girar sobre; (*fig*) depender de
Ⓒ VT engoznar

**hinged** [hɪndʒd] ADJ de bisagra, con goznes

**hint** [hɪnt] Ⓐ N [1] (= *suggestion*) indirecta *f*, insinuación *f*; (= *advice*) consejo *m*; **~s for purchasers** consejos *mpl* a los compradores; **~s on maintenance** instrucciones *fpl* para la manutención; **broad ~** indicación *f* inconfundible; **to drop a ~** soltar *or* tirar una indirecta; **to drop a ~ that ...** insinuar que ...; **give me a ~** dame una idea; **to take a ~** captar una indirecta; **take a ~ from me** permite que te dé un consejo; **to take the ~** (*unspoken*) tomar algo a corazón; (*spoken*) darse por aludido
[2] (= *trace*) señal *f*, indicio *m*; **without the least ~ of** sin la menor señal de; **with just a ~ of garlic** con un ligerísimo sabor a ajo; **with a ~ of irony** con un dejo de ironía
Ⓑ VT dar a entender, insinuar; **he ~ed that I had a good chance of getting the job** insinuó que tenía muchas posibilidades de conseguir el trabajo
Ⓒ VI soltar indirectas

►**hint at** VI + PREP referirse indirectamente a, hacer alusión a; **what are you ~ing at?** ¿qué estás insinuando?

**hinterland** ['hɪntəlænd] N hinterland *m*, interior *m*, traspaís *m*

**hip¹** [hɪp] Ⓐ N (*Anat*) cadera *f*; **to shoot from the ~** (= *lit*) disparar sin apuntar; (*fig*) (= *act without thinking*) actuar sin pensar; (= *speak without thinking*) hablar sin pensar
Ⓑ CPD ► **hip bath** N baño *m* de asiento, polibán *m* ► **hip flask** N petaca *f* ► **hip joint** N articulación *f* de la cadera ► **hip pocket** N bolsillo *m* de atrás, bolsillo *m* trasero ► **hip replacement (operation)** N operación *f* de trasplante de cadera ► **hip size** N talla *f* de cadera

**hip²** [hɪp] N (*Bot*) escaramujo *m*

**hip³** [hɪp] EXCL **~ ~ hurray!** ¡viva!

**hip⁴*** [hɪp] ADJ **to be ~** (= *up-to-date*) estar al día; (= *well-informed*) estar al tanto (de lo que pasa), estar enterado

**hipbone** ['hɪpbəʊn] N hueso *m* de la cadera

**hipped¹** [hɪpt] ADJ (*Archit*) a cuatro aguas

**hipped²*** [hɪpt] (*US*) ADJ [1] (= *annoyed*) enojado, resentido
[2] (= *interested*) **to be ~ on sth** estar obsesionado por algo
[3] (= *depressed*) **to be ~** estar con la depre*

**hippie*** ['hɪpɪ] = **hippy**

**hippo*** ['hɪpəʊ] N hipopótamo/a *m/f*

**Hippocrates** [hɪ'pɒkrəti:z] N Hipócrates

**Hippocratic** [,hɪpəʊ'krætɪk] ADJ **~ oath** juramento *m* hipocrático

**hippodrome** ['hɪpədrəʊm] N (*Hist*) hipódromo *m*

**Hippolytus** [hɪ'pɒlɪtəs] N Hipólito

**hippopotamus** [,hɪpə'pɒtəməs] N (*pl* **hippopotamuses** *or* **hippopotami** [,hɪpə'pɒtəmaɪ]) N hipopótamo/a *m/f*

**hippy*** ['hɪpɪ] Ⓐ N hippy* *mf*, hippie* *mf*
Ⓑ ADJ hippy*, hippie*

**hipster** ['hɪpstəʳ] Ⓐ N [1] **hipsters** (*Brit*) *pantalón que se lleva a la altura de la cadera*
[2] (*US**) entusiasta *mf* del jazz
Ⓑ CPD ► **hipster skirt** N (*Brit*) falda *f* abrochada en la cadera

**hire** ['haɪəʳ] Ⓐ VT [+ *car, house*] alquilar, arrendar (*LAm*); [+ *employee*] contratar; **they ~d a lawyer** contrataron a un abogado; **~d hand** jornalero/a *m/f*, enganchado/a *m/f*; **~d assassin** *or* **killer** asesino/a *m/f* a sueldo; **~d car** coche *m* de alquiler
Ⓑ VI **she's in charge of hiring and firing at the company** es la encargada de contratar y despedir al personal en la empresa
Ⓒ N [*of car*] alquiler *m*, arriendo *m* (*LAm*); [*of person*] salario *m*, jornal *m*; **for ~** se alquila *or* (*LAm*) arrienda; (*on taxi*) libre; **to be on ~** estar de alquiler; **we've got it on ~ for a week** lo tenemos alquilado para una semana
Ⓓ CPD ► **hire car** N (*Brit*) coche *m* de alquiler ► **hire charges** NPL tarifa *fsing* de alquiler ► **hire purchase** N (*Brit*) compra *f* a plazos; **to buy sth on ~ purchase** comprar algo a plazos ► **hire purchase agreement** N acuerdo *m* de compra a plazos ► **hire purchase finance company** N compañía *f* de crédito comercial

►**hire out** VT + ADV alquilar, arrendar (*LAm*)

**hireling** ['haɪəlɪŋ] N mercenario *m*

**hirsute** ['hɜ:sju:t] ADJ hirsuto

**his** [hɪz] Ⓐ POSS ADJ (*with singular noun*) su; (*with plural noun*) sus; **~ book/table** su libro/mesa; **~ friends** sus amigos; **he took off ~ coat** se quitó el abrigo; **he's washing ~ hair** se está lavando el pelo; **someone stole ~ car** alguien le robó el coche
Ⓑ POSS PRON (*referring to singular possession*) (el/la) suyo/a; (*referring to plural possession*) (los/las) suyos/as; **this book is ~** este libro es suyo *or* de él; **is that car ~?** ¿es suyo *or* de él ese coche?; **"whose is this?" — "it's ~"** — ¿de quién es esto? —es de él; **a friend of ~** un amigo suyo; **my car is much bigger than ~** mi coche es mucho más grande que el suyo *or* el de él; **"is this ~ coat?" — "no, ~ is black"** —¿es éste su abrigo? —no, el suyo *or* el de él es negro; **"is this ~ scarf?" — "no, ~ is red"** —¿es ésta su bufanda? —no la suya *or* la de él es roja; **my parents and ~** mis padres y los suyos *or* y los de él

**Hispanic** [hɪs'pænɪk] Ⓐ ADJ hispánico; (*within US*) hispano
Ⓑ N (*within US*) hispano/a *m/f*

**hispanicism** [hɪs'pænɪsɪzəm] N hispanismo *m*

**hispanicist** [hɪs'pənɪst] N = **hispanist**

**hispanicize** [hɪs'pænɪsaɪz] VT españolizar, hispanizar

**Hispanism** ['hɪspənɪzəm] N hispanismo *m*

**hispanist** ['hɪspənɪst] N hispanista *mf*

**Hispano...** [hɪ'spænəʊ] PREFIX hispano...

**hispanophile** [hɪs'pænəʊfaɪl] N hispanófilo/a *m/f*

**hispanophobe** [hɪs'pænəʊfəʊb] N hispanófobo/a *m/f*

**hiss** [hɪs] Ⓐ N siseo *m*, silbido *m*; [*of protest*] silbido *m*, chiflido *m*; (*Elec*) silbido *m*
Ⓑ VI sisear; (*in protest*) silbar, chiflar
Ⓒ VT abuchear, silbar; **to ~ an actor off the stage** abuchear a un actor (hasta que abandone la escena)

**histogram** ['hɪstəgræm] N histograma *m*

**histologist** [hɪs'tɒlədʒɪst] N histólogo/a *m/f*

**histology** [hɪs'tɒlədʒɪ] N histología *f*

**historian** [hɪs'tɔ:rɪən] N historiador(a) *m/f*

**historic** [hɪs'tɒrɪk] ADJ histórico

**historical** [hɪs'tɒrɪkəl] ADJ histórico

**historically** [hɪs'tɒrɪkəlɪ] ADV históricamente

**historicism** [hɪ'stɒrɪsɪzəm] N historicismo *m*

**historicist** [hɪ'stɒrɪsɪst] ADJ historicista

**historiographer** [,hɪstɒrɪ'ɒgrəfəʳ] N historiógrafo/a *m/f*

**historiography** [,hɪstɒrɪ'ɒgrəfɪ] N historiografía *f*

**history** ['hɪstərɪ] N historia *f*; **to go down in ~** pasar a la historia (**as** como); **to make ~** hacer época, marcar un hito; **to know the inner ~ of an affair** conocer el secreto de un asunto; **he has a ~ of psychiatric disorder** tiene antecedentes de problemas psiquiátricos; **the highest salary in television ~** el sueldo más alto de la historia de la televisión; **a piece of ~** un trozo *or* fragmento de la historia; ✦**IDIOMS that's ancient ~** ésa es cosa vieja; **the rest is ~** el resto ya lo sabéis, el resto ya es historia

**histrionic** [,hɪstrɪ'ɒnɪk] ADJ histriónico

**histrionics** [,hɪstrɪ'ɒnɪks] NPL histrionismo *msing*; **I'm tired of his ~** estoy harto de sus payasadas

**hit** [hɪt] (*vb: pt, pp* **hit**) Ⓐ N [1] (= *blow*) golpe *m*; (*Sport*) (= *shot*) tiro *m*; (*on target*) tiro *m* certero, acierto *m*; (*Baseball*) jit *m*; [*of bomb*] impacto *m* directo; (= *good guess*) acierto *m*; **we made three ~s on the target** dimos tres veces en el blanco; **that was a ~ at me** lo dijo por mí; **he made a ~ at the government** hizo un ataque contra el gobierno
[2] (*Mus, Theat*) éxito *m*; **to be a ~** tener éxito, ser un éxito; **the film was a massive ~** la película fue un éxito enorme; **she's a ~ with everyone*** les cae bien a todos; **to make a ~ with sb** caerle bien a algn
Ⓑ VT (*vb: pt, pp* **hit**) [1] (= *strike*) [+ *person*] pegar, golpear; (= *come into contact with*) dar con, dar contra; (*violently*) chocar con, chocar contra; [+ *ball*] pegar; [+ *target*] dar en; **to ~ sb a blow** dar un golpe a algn; **to ~ one's head against a wall** dar con la cabeza contra una pared; **the president was ~ by three bullets** el presidente fue alcanzado por tres balas; **the house was ~ by a bomb** la casa sufrió un directo; **I realized my plane had been ~** me di cuenta de que mi avión había sido tocado; **he was ~ by a stone** le alcanzó una piedra; **the car ~ a road sign** el coche chocó con una señal de tráfico; **he was ~ by a car** le pilló un coche; **his father used to ~ him** su padre le pegaba; **a lot of what he said ~ home** gran parte de lo que dijo dio en el blanco *or* hizo mella; ✦**IDIOMS then it ~ me*** (*realization*) entonces caí en la cuenta; **to ~ sb when he's down** rematar a algn; **to ~ the mark** dar en el blanco, acertar; **to ~ one's head against a wall** dar golpes al viento; **to ~ the ground running** dar el do de pecho desde el principio
[2] (= *affect adversely*) dañar; [+ *person*] afectar, golpear; **the news ~ him hard** la noticia le afectó mucho; **the crops were ~ by the rain** las lluvias dañaron los cultivos; **the company has been hard ~** la compañía se ha visto muy afectada
[3] (= *find, reach*) [+ *road*] dar con; [+ *speed*] alcanzar; [+ *difficulty*] tropezar con; (= *achieve, reach*) [+ *note*] alcanzar; (*fig*) (= *guess*) atinar, acertar; **when we ~ the main road** cuando lleguemos a la carretera; ✦**IDIOMS to ~ the bottle*** beber mucho; **to ~ the ceiling*** perder los estribos, enloquecer; **to ~ the jackpot** sacar el premio gordo; **to ~ the hay** *or* **the sack*** tumbarse; **to ~ somewhere**: **we ~ London at nightfall*** llegamos a Londres al anochecer; **to ~ the road** *or* **the trail*** ponerse en camino *or* en marcha
[4] (*Press*) ✦**IDIOMS to ~ the front page** *or* **the headlines*** salir en primera plana; **to ~ the papers*** salir en el periódico
[5] ✦**IDIOM he ~ me for ten bucks** (*US**) me dio un sablazo de diez dólares*; **how much can we ~ them for?** ¿qué cantidad podremos sacarles?
Ⓒ VI golpear; (= *collide*) chocar; **to ~ against** chocar con, dar contra; **to ~ at** asestar un

golpe a; **to ~ and run** atacar y retirarse
Ⓓ CPD ► **hit list** N (= *death list*) lista *f* de personas a las que se planea eliminar; (= *target list*) lista *f* negra ► **hit parade** N lista *f* de éxitos ► **hit song** N canción *f* éxito ► **hit squad** N escuadrón *m* de la muerte

►**hit back** Ⓐ VI + ADV (*lit, fig*) devolver el golpe
Ⓑ VT + ADV devolver el golpe a

►**hit off** VT + ADV [1] (= *imitate*) imitar
[2] **to ~ it off with sb** hacer buenas migas con algn; **they don't ~ it off** no se llevan bien

►**hit on** VI + PREP [1] (= *stumble on*) dar con; **I ~ on the idea of ...** se me ocurrió la idea de ...
[2] (*esp US*‡) (= *make advances to*) intentar ligar con

►**hit out** VI + ADV asestar un golpe; (*wildly*) repartir golpes (**at** a); **to ~ out at sb** asestar un golpe a algn; (*fig*) atacar a algn

►**hit upon** = **hit on 1**

**hit-and-miss** [ˌhɪtənˈmɪs] ADJ = **hit-or-miss**

**hit-and-run** [ˈhɪtənˈrʌn] Ⓐ ADJ **~ accident** *accidente de carretera en el que el conductor se da a la fuga*; **~ driver** *conductor(a) que atropella a alguien y huye*; **~ raid** ataque *m* relámpago
Ⓑ N *accidente en el que el culpable se da a la fuga*

**hitch** [hɪtʃ] Ⓐ N [1] (= *impediment, obstacle*) obstáculo *m*, impedimento *m*; **without a ~** sin ningún problema; **there's been a slight ~** ha habido un pequeño contratiempo
[2] (= *tug*) tirón *m*, jalón *m* (*LAm*)
[3] (= *knot*) vuelta *f* de cabo
Ⓑ VT [1] **to ~ a lift** hacer autoestop, hacer dedo*, pedir aventón (*Mex*); **they ~ed a lift to Rome** llegaron a Roma haciendo autoestop
[2] (= *fasten*) atar, amarrar (**to** a); **to ~ a horse to a wagon** enganchar un caballo a un carro
[3] **to get ~ed**‡ casarse
[4] (= *shift*) mover de un tirón; **he ~ed a chair over** acercó una silla a tirones
Ⓒ VI (*) (*also* **~hike**) hacer autoestop, ir a dedo, hacer dedo*, pedir aventón (*Mex*)

►**hitch up** VT + ADV [+ *trousers, sleeves*] remangarse, subirse

**hitchhike** [ˈhɪtʃhaɪk] VI hacer autoestop, hacer dedo*, pedir aventón (*Mex*)

**hitchhiker** [ˈhɪtʃhaɪkəʳ] N autoestopista *mf*

**hitchhiking** [ˈhɪtʃhaɪkɪŋ] N autoestop *m*, autoestopismo *m*

**hi-tech*** [ˈhaɪˈtek] ADJ al-tec*, de alta tecnología

**hither**†† [ˈhɪðəʳ] ADV acá; **~ and thither** acá y acullá

**hitherto** [ˈhɪðəˈtuː] ADV hasta ahora

**Hitlerian** [hɪtˈlɪərɪən] ADJ hitleriano

**hitman** [ˈhɪtmæn] N (*pl* **hitmen** [ˈhɪtmen]) sicario *m*, asesino *m* a sueldo

**hit-or-miss** [ˈhɪtɔːˈmɪs] ADJ al azar; **to have a ~ way of doing things** hacer las cosas al azar *or* sin ton ni son; **the way she painted the room was rather ~** pintó la habitación a la buena de Dios *or* como Dios le dio a entender; **it's all rather ~** es todo un poco a la buena de Dios

**Hittite** [ˈhɪtaɪt] Ⓐ ADJ heteo, hitita
Ⓑ N [1] (= *person*) heteo/a *m/f*, hitita *mf*
[2] (*Ling*) hitita *m*

**HIV** Ⓐ N ABBR (= **human immunodeficiency virus**) VIH *m*; **~ positive/negative** VIH positivo/negativo
Ⓑ CPD ► **HIV virus** N virus *m* VIH

**hive** [haɪv] N colmena *f*; **a ~ of activity** (*fig*) un hervidero de actividad; **a ~ of industry** un lugar donde se trabaja muchísimo

►**hive off*** Ⓐ VT + ADV [1] (*Fin*) (= *sell off*) vender (por separado)
[2] (= *privatize*) privatizar
Ⓑ VI + ADV (= *split from*) desligarse

**hives** [haɪvz] NPL (*Med*) urticaria *fsing*

**hiya*** [ˈhaɪjə] EXCL ¡hola!

**Hizbollah**, **Hizbullah** [ˌhɪzbəˈlɑː] N = **Hezbollah**

**HK** ABBR = **Hong Kong**

**hl** ABBR (= **hectolitre(s)**) hl

**HM** ABBR (= **Her** *or* **His Majesty**) S.M.

**hm** ABBR (= **hectometre(s)**) hm

**HMG** N ABBR (*Brit*) = **Her** *or* **His Majesty's Government**

**HMI** N ABBR (*Brit*) = **Her** *or* **His Majesty's Inspector**

**HMO** N ABBR (*US*) (= **health maintenance organization**) *seguro médico global*

**HMS** N ABBR (*Brit*) (= **Her** *or* **His Majesty's Ship**) *buque de guerra*

**HMSO** N ABBR (*Brit*) (= **Her** *or* **His Majesty's Stationery Office**) *imprenta del gobierno*

**HNC** N ABBR (*Brit Scol*) (= **Higher National Certificate**) *título académico*

**HND** N ABBR (*Brit Scol*) (= **Higher National Diploma**) *título académico*, ≈ Diploma *m* Nacional de Estudios Superiores

**HO** ABBR [1] (*Comm etc*) = **head office**
[2] (*Brit Pol*) = **Home Office**

**hoard** [hɔːd] Ⓐ N (= *treasure*) tesoro *m*; (= *stockpile*) provisión *f*; **~s of money*** montones *mpl* de dinero
Ⓑ VT [1] (*also* **to ~ up**) (= *accumulate*) amontonar, acumular; [+ *money*] atesorar
[2] (= *keep*) guardar

**hoarder** [ˈhɔːdəʳ] N **to be a ~** ser un acaparador

**hoarding**[1] [ˈhɔːdɪŋ] N (= *fence*) valla *f*; (*for advertisements*) valla *f* publicitaria

**hoarding**[2] [ˈhɔːdɪŋ] N (= *act*) acumulación *f*, retención *f*

**hoarfrost** [ˈhɔːˈfrɒst] N escarcha *f*

**hoarse** [hɔːs] ADJ (*compar* **hoarser**; *superl* **hoarsest**) ronco; **to be ~** tener la voz ronca; **in a ~ voice** con voz ronca; **to shout o.s. ~** enronquecer a fuerza de gritar

**hoarsely** [ˈhɔːslɪ] ADV en voz ronca

**hoarseness** [ˈhɔːsnɪs] N (*Med*) ronquera *f*; (= *hoarse quality*) ronquedad *f*

**hoary** [ˈhɔːrɪ] ADJ (*compar* **hoarier**; *superl* **hoariest**) [1] (= *grey-haired*) cano
[2] (= *old*) [*myth*] manido; [*joke*] muy viejo

**hoax** [həʊks] Ⓐ N engaño *m*
Ⓑ VT engañar
Ⓒ CPD ► **hoax call** N *llamada efectuada a la policía, los bomberos, etc. para dar un falso aviso de bomba, incendio, etc*

**hoaxer** [ˈhəʊksəʳ] N (*esp Brit*) bromista *mf*

**hob** [hɒb] N (*Brit*) quemador *m*

**hobble** [ˈhɒbl] Ⓐ N [1] (= *lameness*) cojera *f*; **to walk with a ~** cojear
[2] (= *rope*) maniota *f*
Ⓑ VT [+ *horse*] manear
Ⓒ VI (*also* **to ~ along**) cojear, andar cojeando; **to ~ to the door** ir cojeando a la puerta

**hobbledehoy**†† [ˈhɒbldɪˈhɒɪ] N gamberro *m*

**hobby** [ˈhɒbɪ] N (= *leisure activity*) hobby *m*, pasatiempo *m* favorito; **it's just a ~** es sólo un pasatiempo; **he began to paint as a ~** empezó a pintar como hobby

**hobbyhorse** [ˈhɒbɪhɔːs] N [1] (= *toy*) caballito *m* (de niño), caballo *m* mecedor
[2] (*fig*) (= *preoccupation*) caballo *m* de batalla, tema *m* preferido; **he's on his ~ again** ya está otra vez con lo mismo

**hobbyist** [ˈhɒbɪɪst] N *persona que practica un hobby*

**hobgoblin** [ˈhɒbˌgɒblɪn] N duende *m*, trasgo *m*

**hobnail** [ˈhɒbneɪl] N clavo *m* (de botas)

**hobnailed** [ˈhɒbneɪld] ADJ [*boots*] con clavos

**hobnob*** [ˈhɒbnɒb] VI **to ~ with** codearse con, alternar con

**hobo** [ˈhəʊbəʊ] N (*pl* **hobo(e)s**) (*US*) vagabundo/a *m/f*

**Hobson's choice** [ˈhɒbsənzˈtʃɔɪs] N (*Brit*) opción *f* única; **it's ~** o lo tomas o lo dejas

**hock**[1] [hɒk] N [*of animal*] corvejón *m*

**hock**[2] [hɒk] N (= *wine*) vino *m* blanco del Rin

**hock**[3]* [hɒk] Ⓐ VT (= *pawn*) empeñar
Ⓑ N **in ~** [*object*] empeñado; [*person*] endeudado

**hockey** [ˈhɒkɪ] Ⓐ N hockey *m*; (*also* **field ~**) hockey *m* sobre hierba; (*also* **ice ~**) hockey *m* sobre hielo
Ⓑ CPD ► **hockey player** N jugador(a) *m/f* de hockey ► **hockey stick** N palo *m* de hockey

**hocus-pocus** [ˈhəʊkəsˈpəʊkəs] Ⓐ N (= *trickery*) juego *m* de manos; (= *words*) jerigonza *f*
Ⓑ EXCL abracadabra

**hod** [hɒd] N capacho *m*

**hodgepodge** [ˈhɒdʒpɒdʒ] N (*esp US*) = **hotchpotch**

**hoe** [həʊ] Ⓐ N azada *f*, azadón *m*
Ⓑ VT [+ *earth*] azadonar, trabajar con la azada; [+ *crop*] sachar

**hog** [hɒg] Ⓐ N [1] (*esp US*) (= *pig*) cerdo *m*, puerco *m*, chancho *m* (*LAm*)
[2] (*Brit*) (= *castrated pig*) cerdo *m* castrado; **he's a greedy ~*** es un cerdo*; ♦**IDIOM to go the whole ~*** jugarse el todo por el todo
Ⓑ VT (*) acaparar; **to ~ the limelight** acaparar toda la atención

**Hogmanay** [ˈhɒgməneɪ] N (*Scot*) Nochevieja *f*

> **HOGMANAY**
>
> ***Hogmanay*** *es el nombre que recibe el día de Nochevieja en Escocia. La gente suele organizar fiestas y, cuando suenan las doce campanadas, cantan* ***Auld Lang Syne****, una canción típica escocesa, y brindan por el nuevo año. Después es costumbre salir a visitar a los amigos para dar juntos la bienvenida al año que comienza. La costumbre de ser los primeros en hacerlo se denomina* ***first footing****. Según la tradición es señal de prosperidad y buena suerte en el nuevo año si la primera persona que llega a la casa después de las doce de la noche es un hombre moreno que lleve algo de comida, bebida y un trozo de carbón.*
>
> ⇨ *Ver tb* AULD LANG SYNE

**hogshead** [ˈhɒgzhed] N *medida de capacidad esp del vino (= 52,5 galones, aprox. 225 litros)*, pipa *f*

**hogwash** [ˈhɒgwɒʃ] N tonterías *fpl*

**ho hum** [ˈhəʊˈhʌm] EXCL (*hum*) pues, vaya

**hoi polloi** [ˌhɔɪpəˈlɔɪ] N **the ~** (*hum, iro*) la plebe, el vulgo

**hoist** [hɔɪst] Ⓐ VT (*also* **to ~ up**) levantar, alzar; [+ *flag, sail*] izar; **to ~ onto** subir a
Ⓑ N (= *lift*) montacargas *m inv*; (= *crane*) grúa *f*; **to give sb a ~ (up)** ayudar a algn a subir

**hoity-toity*** [ˈhɔɪtɪˈtɔɪtɪ] Ⓐ ADJ presumido, en-

greído
Ⓑ EXCL ¡tate!

**hokey-cokey** ['həʊkɪ'kəʊkɪ] N *canto y baile en grupo*

**hokum*** ['həʊkəm] N (*esp US*) tonterías *fpl*

**hold** [həʊld] (*vb: pt, pp* **held**) Ⓐ N [1] (= *grasp*) agarro *m*, asimiento *m*; **to catch ~ of** coger, agarrar (*LAm*); **catch ~!** ¡toma!; **to get ~ of** coger, agarrar (*LAm*); (*fig*) (= *take over*) adquirir, apoderarse de; (= *obtain*) procurarse, conseguir; **where can I get ~ of some red paint?** ¿dónde puedo conseguir pintura roja?; **where did you get ~ of that?** ¿dónde has adquirido eso?; **where did you get ~ of that idea?** ¿de dónde te salió esa idea?; **you get ~ of some odd ideas** te formas unas ideas muy raras; **to get ~ of sb** (*fig*) (= *contact*) localizar a algn; **we're trying to get ~ of him** tratamos de ponernos en contacto con él; **to get (a) ~ of o.s.** (*fig*) dominarse; **to have ~ of** estar agarrado a; **to keep ~ of** seguir agarrado a; (*fig*) guardar para sí; **to lay ~ of** coger, agarrar (*LAm*); **on ~**: **to be on ~** (*Telec*) estar en espera; **to put sb on ~** (*Telec*) poner a algn en espera; **to put a plan on ~** suspender temporalmente la ejecución de un plan; **to relax one's ~** desasirse (**on** de); **to seize ~ of** apoderarse de; **to take ~ of** coger, agarrar (*LAm*)
[2] (*Mountaineering*) asidero *m*
[3] (*Wrestling*) presa *f*, llave *f*; **with no ~s barred** (*fig*) sin restricción, permitiéndose todo
[4] (*fig*) (= *control, influence*) (*exerted by person*) influencia *f*, dominio *m* (**on, over** sobre); (*exerted by habit*) arraigo *m* (**on, over** en); **her powerful ~ on her son** su poderosa influencia sobre su hijo; **this broke the dictator's ~** esto acabó con el dominio del dictador; **to gain a firm ~ over sb** llegar a dominar a algn; **to have a ~ on** *or* **over sb** dominar a algn, tener dominado a algn; **drink has a ~ on him** la bebida está muy arraigada en él, está atrapado por la bebida
[5] (*Aer, Naut*) bodega *f*, compartimento *m* de carga
Ⓑ VT [1] (= *grasp*) tener; (= *grasp firmly*) sujetar; (= *take hold of*) coger, agarrar (*LAm*); (= *embrace*) abrazar; **he was ~ing a little mouse in his hand** tenía un ratoncillo en la mano; **she came in ~ing a baby/bunch of flowers** entró con un niño en brazos/con un ramo de flores en las manos; **he was ~ing her in his arms** (*romantically*) la tenía entre sus brazos; **he held my arm** me tuvo por el brazo; **~ the ladder** sujeta la escalera; **~ this for a moment** coge esto un momento; **~ him or he'll fall** sósténle que va a caer; **to ~ sb close** abrazar a algn estrechamente; **to ~ sth in place** sujetar algo en un lugar; **to ~ sth tight** agarrar algo fuertemente; **to ~ sb tight** abrazar a algn estrechamente; **nose A1**
[2] (= *maintain, keep*) [+ *attention, interest*] mantener; [+ *belief, opinion*] tener, sostener; [+ *note*] sostener; **can he ~ an audience?** ¿sabe mantener el interés de un público?; **to ~ one's head high** mantenerse firme; **to ~ the line** (*Telec*) no colgar; **to ~ one's own** defenderse; **to ~ sb to his promise** hacer que algn cumpla su promesa; **this car ~s the road well** este coche se agarra muy bien; **he held us spellbound** nos tuvo embelesados; **to ~ o.s. upright** mantenerse recto
[3] (= *keep back*) retener, guardar; **I will ~ the money for you** guardaré el dinero para ti; **"~ for arrival"** (*US*) (*on letters*) "no reexpedir", "reténgase"; **we are ~ing it pending inquiries** lo guardamos mientras se hagan indagaciones
[4] (= *check, restrain*) [+ *enemy, breath*] contener; **~ it!** ¡para!, ¡espera!; **~ everything!** ¡que se pare todo!; **the police held him for three days** lo detuvo la policía durante tres días; **there was no ~ing him** no había manera de detenerle; **to ~ sb prisoner** tener preso a algn; **to ~ one's tongue** morderse la lengua, callarse la boca
[5] (= *possess*) [+ *post, town, lands*] ocupar; [+ *passport, ticket, shares, title*] tener; (*Fin*) [+ *reserves*] tener en reserva, tener guardado; [+ *record*] ostentar; (*Mil*) [+ *position*] mantenerse en; **to ~ the fort** (*fig*) quedarse a cargo; **he ~s the key to the mystery** él tiene la clave del misterio; **to ~ office** (*Pol*) ocupar un cargo; **to ~ the stage** (*fig*) dominar la escena
[6] (= *contain*) contener, tener capacidad *or* cabida para; **this stadium ~s 10,000 people** este estadio tiene capacidad *or* cabida para 10.000 personas; **this ~s the money** esto contiene el dinero; **this bag won't ~ them all** en este saco no caben todos; **a car that ~s six** un coche de seis plazas; **what the future ~s for us** lo que el futuro guarda para nosotros; **what does the future ~?** ¿qué nos reserva el futuro?
[7] (= *carry on*) [+ *conversation*] mantener; [+ *interview, meeting, election*] celebrar; [+ *event*] realizar; (*formally*) celebrar; **the maths exam is being held today** hoy tiene lugar el examen de matemáticas; **the meeting will be held on Monday** se celebrará la reunión el lunes, la reunión tendrá lugar el lunes; **to ~ a mass** (*Rel*) celebrar una misa
[8] (= *consider, believe*) creer, sostener; **to ~ that ...** creer que ..., sostener que ...; **I ~ that ...** yo creo *or* sostengo que ...; **it is held by some that ...** hay quien cree que ...; **to ~ sth dear** apreciar mucho algo; **to ~ sb dear** querer *or* apreciar mucho a algn; **to ~ sb in high esteem** tener a algn en gran *or* alta estima; **to ~ sb guilty** juzgar a algn culpable; **to ~ sb in respect** tener respeto a algn; **to ~ sb responsible for sth** echar la culpa a algn de algo, hacer a algn responsable de algo; **to ~ sth to be true** creer que algo es verdad; *see also* **peace A4**
[9] (= *bear weight of*) soportar
Ⓒ VI [1] (= *stick*) pegarse; (= *not give way*) mantenerse firme, resistir; [*weather*] continuar, seguir bueno; **the ceasefire seems to be ~ing** el cese de fuego parece que se mantiene; **to ~ firm** *or* **fast** mantenerse firme
[2] (= *be valid*) valer, ser valedero; **the objection does not ~** la objeción no vale
[3] (*Telec*) **please ~** no cuelgue, por favor

►**hold against** VT + PREP tener contra; **they held his origins against him** creían que sus orígenes eran deshonrosos para él; **you won't ~ this against me, will you?** ¿verdad que no vas a pensar mal de mí por esto?

►**hold back** Ⓐ VT + ADV (= *keep*) guardar, retener; (= *stop*) [+ *river, flood*] retener; [+ *progress*] refrenar; [+ *information*] ocultar, no revelar; [+ *names*] no comunicar; [+ *emotion, tears*] reprimir, contener; **are you ~ing sth back from me?** ¿me estás ocultando algo?; **to ~ o.s. back from doing sth** refrenarse de hacer algo
Ⓑ VI + ADV refrenarse; (*in doubt*) vacilar; **to ~ back from** refrenarse de; **to ~ back from doing sth** refrenarse de hacer algo

►**hold down** VT + ADV [1] [+ *object*] sujetar
[2] [+ *prices*] mantener bajo
[3] (= *oppress*) oprimir, subyugar
[4] **to ~ down a job** (= *retain*) mantenerse en su puesto; (= *be equal to*) estar a la altura de su cargo; **he can't ~ down a job** pierde todos los trabajos

►**hold forth** VI + ADV hablar largo y tendido (**about, on** de), perorar

►**hold in** VT + ADV [1] (= *squeeze in*) [+ *stomach*] contener
[2] (= *suppress*) [+ *emotion*] contener
[3] **to ~ o.s. in** (*fig*) controlarse, aguantarse

►**hold off** Ⓐ VT + ADV [1] (= *resist*) [+ *attack, enemy*] rechazar; [+ *threat*] apartar; [+ *person*] defenderse contra; [+ *visitor*] (*fig*) hacer esperar
[2] (= *postpone*) aplazar
Ⓑ VI + ADV [1] (= *stand back*) mantenerse a distancia, no tomar parte; [*person*] (= *wait*) esperar
[2] **if the rain ~s off** si no llueve

►**hold on** Ⓐ VI + ADV [1] (= *grip, cling*) agarrarse
[2] (= *persevere*) aguantar, resistir; **~ on!** ¡ánimo!; **can you ~ on?** ¿te animas a continuar?
[3] (= *wait*) esperar, seguir esperando; **~ on!** ¡espera!; (*Telec*) ¡no cuelgue!; **~ on, I'm coming!** ¡espera que ya voy!
Ⓑ VT + ADV sujetar

►**hold on to** VI + PREP [1] (= *grasp*) agarrarse a, agarrarse de
[2] (= *keep*) guardar, quedarse con; (*fig*) (= *retain*) aferrarse a; [+ *post*] retener

►**hold out** Ⓐ VT + ADV [+ *object*] ofrecer, alargar; [+ *hand*] tender, alargar; [+ *arm*] extender; [+ *possibility*] ofrecer; [+ *hope*] dar; **to ~ out sth to sb** ofrecerle algo a algn
Ⓑ VI + ADV [1] (= *resist*) resistir (**against** a), aguantar; **to ~ out for sth** insistir hasta conseguir algo; **he held out for £10** insistió en 10 libras
[2] (= *last*) [*supplies*] durar; [*weather*] seguir bueno

►**hold out on*** VI + PREP **you've been ~ing out on me!** ¡no me habías dicho nada!

►**hold over** VT + ADV [+ *meeting*] aplazar, posponer

►**hold to** VT + PREP atenerse a

►**hold together** Ⓐ VT + ADV [+ *persons*] mantener unidos; [+ *company, group*] mantener la unidad de
Ⓑ VI + ADV [1] [*persons*] mantenerse unidos
[2] [*argument*] ser sólido, ser lógico; [*deal*] mantenerse

►**hold up** Ⓐ VT + ADV [1] (= *support*) sujetar, sostener
[2] (= *raise*) [+ *hand*] levantar, alzar; [+ *head*] mantener erguido; **~ up your hand** levanta la mano; **to ~ sth up to the light** poner algo a contraluz
[3] (= *display*) mostrar, enseñar; **to ~ sth up as a model** presentar algo como modelo; **to ~ sb up to ridicule** poner en ridículo a algn
[4] (= *delay*) [+ *person, traffic*] retrasar; (= *stop*) detener, parar; [+ *work*] interrumpir; [+ *delivery, payment*] suspender; **we were held up by the traffic** nos retrasamos por culpa del tráfico; **I was held up at the office** me entretuvieron en la oficina; **we were held up for three hours** no nos pudimos mover durante tres horas; **the train was held up** el tren sufrió un retraso; **the train was held up by fog** el tren venía con retraso debido a la niebla; **we are being held up by a shortage of bricks** la escasez de ladrillos nos está retrasando, la escasez de ladrillos está entorpeciendo el trabajo
[5] (= *rob*) atracar, asaltar; **to ~ up a bank** atracar un banco
Ⓑ VI + ADV [1] [*weather*] seguir bueno
[2] (= *survive, last*) resistir; **to ~ up under the**

**strain** soportar bien la presión
[3] (= *remain strong*) mantenerse bien
►**hold with** VI + PREP estar de acuerdo con, aprobar
**holdall** ['həʊldɔːl] N (*Brit*) bolsa *f* de viaje
**holder** ['həʊldəʳ] N [1] (= *tenant*) inquilino/a *m/f*
[2] (= *bearer*) [*of letter*] portador(a) *m/f*; [*of bonds*] tenedor(a) *m/f*; [*of title, office*] titular *mf*; [*of record*] poseedor(a) *m/f*
[3] (= *object*) **pen ~** portaplumas *m inv*; **cigarette ~** boquilla *f*; **lamp ~** portalámparas *m inv*
**holding** ['həʊldɪŋ] Ⓐ N [1] (= *land*) pequeña propiedad *f*, parcela *f*, chacra *f* (*S. Cone*); **holdings** terrenos *mpl*
[2] (*Comm*) valores *mpl* en cartera
[3] (= *act*) tenencia *f*
Ⓑ CPD ► **holding company** N (*Comm*) holding *m* ► **holding operation** N operación *f* de contención
**holdout** ['həʊldaʊt] N (*US*) **Britain has been the ~ in trying to negotiate** Gran Bretaña es el único que se resiste a negociar
**holdup** ['həʊldʌp] Ⓐ N [1] (= *robbery*) atraco *m* (a mano armada), asalto *m* (a mano armada); **a bank clerk was injured in the ~** un empleado del banco resultó herido en el atraco *or* asalto
[2] (= *stoppage, delay*) demora *f*, retraso *m*; **no-one explained the reason for the ~** nadie explicó el motivo de la demora *or* del retraso
[3] (= *traffic jam*) embotellamiento *m*, atasco *m*; **a ~ on the motorway** un embotellamiento *or* atasco en la autopista
Ⓑ CPD ► **holdup man** N atracador *m*
**hole** [həʊl] Ⓐ N [1] (*gen*) agujero *m*, hoyo *m*; (*in road*) bache *m*; (= *gap, opening*) boquete *m*; (*in wall, defences, dam*) brecha *f*; (= *burrow*) madriguera *f*; (*Golf*) hoyo *m*; **through a ~ in the clouds** a través de un claro entre las nubes; **to dig a ~** cavar un hoyo; **these socks are full of ~s** estos calcetines están llenos de agujeros; **his argument is full of ~s** sus argumentos están llenos de fallas; **~ in the heart** soplo *m* cardíaco; **his injury leaves a ~ in the team** su lesión deja un vacío en el equipo; **to make a ~ in sth** hacer un agujero en algo; **buying the car made a ~ in his savings** la compra del coche le costó una buena parte de sus ahorros; **to pick ~s in sth** (*fig*) encontrar defectos en algo; **to wear a ~ in sth** agujerear algo; *see also* **hole-in-the-wall**
[2] (*) (*fig*) (= *difficulty*) aprieto *m*, apuro *m*; **to be in a ~*** estar en un apuro *or* aprieto; **he got me out of a ~*** me sacó de un aprieto *or* apuro
[3] (*) (= *dwelling, room*) cuchitril *m*, tugurio *m* (*esp LAm*); (= *town*) poblacho *m*, pueblo *m* de mala muerte*
Ⓑ VT [1] (= *make hole in*) (*gen*) agujerear; [+ *ship*] abrir una brecha en
[2] [+ *ball*] (*Golf*) meter en el hoyo; (*Snooker*) meter en la tronera
Ⓒ VI (*Golf*) **to ~ in one** hacer un hoyo de un golpe
►**hole up** VI + ADV esconderse
**hole-and-corner** ['həʊlən'kɔːnəʳ] ADJ furtivo; **to do sth in a ~ way** hacer algo de tapadillo
**hole-in-the-wall*** ['həʊlɪnðə'wɔːl] N (*Brit*) cajero *m* automático
**holey*** ['həʊlɪ] ADJ [*shirt, sweater*] lleno de agujeros, lleno de rotos; [*socks*] con muchos tomates*
**holiday** ['hɒlədɪ] Ⓐ N (*esp Brit*) (= *period*) vacaciones *fpl*; (= *public*) fiesta *f*; (= *day*) día *m* de fiesta, día *m* feriado, feriado *m* (*LAm*); **to be/go on ~** (*Brit*) estar/ir de vacaciones; **to take a ~** tomarse unas vacaciones; **~s with pay** vacaciones *fpl* retribuidas; **tomorrow is a ~** mañana es fiesta; **to declare a day a ~** declarar un día festivo; **it was no ~, I can tell you*** no fue ningún lecho de rosas, te lo aseguro
Ⓑ CPD ► **holiday camp** N (*Brit*) (*at beach*) colonia *f* de veraneo, colonia *f* de vacaciones ► **holiday clothes** NPL (*Brit*) ropa *fsing* de veraneo ► **holiday home** N (*esp Brit*) casa *f or* piso *m etc* para ocupar durante las vacaciones ► **holiday mood** N (*Brit*) **to be in the ~ mood** tener un espíritu festivo ► **holiday pay** N (*esp Brit*) paga *f* de las vacaciones ► **holiday resort** N (*Brit*) lugar *m* de veraneo ► **holiday season** N (*Brit*) época *f* de vacaciones; (*US*) Navidades *fpl* ► **the holiday spirit** N el espíritu festivo ► **holiday traffic** N tráfico *m* de las vacaciones
Ⓒ VI (*Brit*) pasar las vacaciones
**holiday-maker** ['hɒlədɪ,meɪkəʳ] N (*Brit*) (*gen*) turista *mf*; (*in summer*) veraneante *mf*
**holier-than-thou** ['həʊlɪəðən'ðaʊ] ADJ (*pej*) [*attitude, tone of voice*] de superioridad moral; **she's always so ~ about everything** siempre está dando lecciones de moralidad sobre todo
**holiness** ['həʊlɪnɪs] N [*of place, person*] santidad *f*; [*of day*] lo sagrado; **His Holiness (the Pope)** Su Santidad (el Papa)
**holistic** [həʊ'lɪstɪk] ADJ holístico
**Holland** ['hɒlənd] N Holanda *f*
**hollandaise** [,hɒlən'deɪz] ADJ **~ sauce** salsa *f* holandesa
**holler*** ['hɒləʳ] (*esp US*) Ⓐ VT gritar
Ⓑ VI gritar
**hollow** ['hɒləʊ] Ⓐ ADJ [1] [*tree, object*] hueco; [*cheeks, eyes*] hundido; **it's ~ (inside)** está hueco (por dentro); **his eyes were ~** tenía los ojos hundidos; **she had a ~ feeling in her stomach** tenía una sensación de vacío en el estómago; **he felt ~ inside** se sentía vacío por dentro; **look how much you've eaten, you must have ~ legs!** ¡qué barbaridad, lo que has comido! ¡debes de tener la solitaria!
[2] [*gesture, laugh*] falso; [*threat, promise*] vano, falso; [*words*] hueco, vacío; [*person, victory, success*] vacío; **their marriage was a ~ sham** su matrimonio era una pura farsa *or* pantomima; **to ring** *or* **sound ~** sonar (a) falso; **his denial has a ~ ring (to it)** su negativa suena a falso
[3] [*sound, noise*] hueco; **a deep, ~ voice whispered his name** una voz profunda y cavernosa susurró su nombre; **her voice sounded tired and ~** su voz sonaba cansada y apagada
Ⓑ N [1] (= *hole*) hueco *m*
[2] (= *depression*) (*in ground, surface*) hoyo *m*; **the ~ of one's hand** el cuenco *or* (*Mex*) la cuenca de la mano
Ⓒ ADV **to beat sb ~*** dar una paliza a algn*
►**hollow out** VT + ADV ahuecar
**hollow-cheeked** [,hɒləʊ'tʃiːkt] ADJ de mejillas hundidas
**hollow-eyed** ['hɒləʊ'aɪd] ADJ de ojos hundidos; (*with fatigue*) ojeroso
**hollowly** ['hɒləʊlɪ] ADV **she laughed ~** soltó una risa que sonaba a falsa
**hollowness** ['hɒləʊnɪs] N [1] [*of words, promise*] falsedad *f*; [*of gesture, threat, victory*] vacuidad *f*; [*of laugh*] lo falso
[2] [*of object, surface*] el hecho de ser hueco; [*of cheeks, eyes*] lo hundido; **its ~ means it can float** el hecho de que es hueco significa que puede flotar, al ser hueco puede flotar; **the ~ of her voice** lo apagado de su voz
**holly** ['hɒlɪ] Ⓐ N acebo *m*
Ⓑ CPD ► **holly berry** N baya *f* de acebo ► **holly tree** N acebo *m*
**hollyhock** ['hɒlɪhɒk] N malva *f* loca
**Hollywood** ['hɒlɪ,wʊd] N Hollywood *m*
**holmium** ['hɒlmɪəm] N holmio *m*
**holm oak** ['həʊm'əʊk] N encina *f*
**holocaust** ['hɒləkɔːst] N (*fig*) holocausto *m*
**hologram** ['hɒləgræm] N holograma *m*
**holograph** ['hɒləgrɑːf] Ⓐ ADJ ológrafo
Ⓑ N ológrafo *m*
**holography** [hɒ'lɒgrəfɪ] N holografía *f*
**hols*** [hɒlz] NPL = **holidays**
**holster** ['həʊlstəʳ] N funda *f* de pistola
**holy** ['həʊlɪ] (*compar* **holier**; *superl* **holiest**) Ⓐ ADJ [*place, book*] sagrado, santo; [*church, shrine*] sagrado; [*person*] santo; [*day*] de precepto; **the holiest day in the Jewish calendar** el principal día de precepto *or* la principal fiesta de guardar del calendario judío; ♦***IDIOMS*** **~ cow** *or* **mackerel** *or* **smoke!*** ¡(por) Dios bendito!*; **~ shit!**‡ ¡mierda!‡; **to be a ~ terror** [*child*] ser (más malo que) un demonio
Ⓑ CPD ► **the Holy Bible** N la Santa Biblia ► **the Holy City** N la Ciudad Santa ► **Holy Communion** N Sagrada Comunión *f* ► **the Holy Father** N el Santo Padre ► **the Holy Ghost** N el Espíritu Santo ► **the Holy Grail** N el Santo Grial ► **the Holy Land** N la Tierra Santa ► **holy man** N santón *m* ► **holy matrimony** N santo matrimonio *m* ► **holy oil** N santos óleos *mpl* ► **holy orders** NPL órdenes *fpl* sagradas; **to be in ~ orders** ser sacerdote; **to take ~ orders** ordenarse sacerdote ► **the Holy Roman Empire** N el Sacro Imperio Romano Germánico ► **Holy Saturday** N Sábado *m* Santo ► **the Holy See** N la Santa Sede ► **the Holy Sepulchre** N el Santo Sepulcro ► **the Holy Spirit** N el Espíritu Santo ► **the Holy Trinity** N la Santísima Trinidad ► **holy war** N guerra *f* santa ► **holy water** N agua *f* bendita ► **Holy Week** N Semana *f* Santa ► **Holy Writ**† N Sagradas Escrituras *fpl*; *see also* **Scripture**
**homage** ['hɒmɪdʒ] N homenaje *m*; **to pay ~ to** rendir homenaje a
**homburg** ['hɒmbɜːg] N sombrero *m* de fieltro
**home** [həʊm] Ⓐ N [1] (= *house*) casa *f*; (= *residence*) domicilio *m*; **there's no place like ~** como su casa no hay dos; **this tool has no ~** esta herramienta no tiene lugar propio; **at ~** en casa; **to feel at ~** sentirse como en casa; **make yourself at ~** estás en tu casa; **is Mr Lyons at ~?** ¿está el señor Lyons?; **to make sb feel at ~** hacer que algn se sienta en casa; **the duchess is at ~ on Fridays** la duquesa recibe los viernes; **Lady Rebecca is not at ~ to anyone** Lady Rebecca no recibe a nadie; **at ~ and abroad** dentro y fuera del país; **he is at ~ with the topic** domina bien la materia; **I'm not at ~ in Japanese** apenas me defiendo en japonés, sé muy poco de japonés; **~ from ~** (*Brit*) ◊ **~ away from ~** (*US*) segunda casa; **for us this is a ~ from ~** aquí estamos como en casa, ésta es como una segunda casa para nosotros; **to give sb/sth a ~** dar casa a algn/algo; (= *position, niche*) encontrar sitio para algn/algo; **he comes from a good ~** es de buena familia; **"good home wanted for puppy"** "búscase buen hogar para perrito"; **the puppy went to a good ~** el perrito fue a vivir con una buena familia; **to have a ~ of one's own** tener casa propia; **~ sweet ~** hogar, dulce hogar; ♦***PROV*** **an Englishman's ~**

**is his castle** para el inglés su casa es como su castillo
[2] (= *refuge*) hogar *m*; (= *hospital, hostel*) asilo *m*; **~ for the aged** residencia *f* de ancianos, asilo *m* de ancianos; **children's ~** centro *m* de acogida de menores; **old people's ~** residencia *f* de ancianos, asilo *m* de ancianos
[3] (= *country*) patria *f*; (= *town*) ciudad *f* natal; (= *origin*) cuna *f*; **we live in Madrid but my ~ is in Jaén** vivimos en Madrid pero nací en Jaén; **Scotland is the ~ of the haggis** Escocia es la patria del haggis; **he made his ~ in Italy** se estableció en Italia; **for some years he made his ~ in France** durante algunos años vivió en Francia
[4] (*Bio*) hábitat *m*
[5] (*Sport*) (= *target area*) meta *f*; (= *home ground*) **to play at ~** jugar en casa; **Villasanta are at ~ to Castroforte** Villasanta recibe en casa a Castroforte; **they lost nine games at ~** perdieron nueve partidos en casa
[6] (*Comput*) punto *m* inicial, punto *m* de partida
Ⓑ ADV [1] (*lit*) (= *at home*) en casa; (= *to home*) a casa; **to be ~** estar en casa; (= *upon return*) estar de vuelta en casa; **I'll be ~ at five o'clock** (*upon return*) estaré en casa a las cinco; **it's a long journey ~** hay mucho camino hasta llegar a casa; **as we say back ~** como decimos en mi tierra; **back ~ in Australia** en mi tierra, (en) Australia; **to come ~** volver a casa; **to be ~ and dry** respirar tranquilo/a; **to get ~** llegar a casa; **to go ~** volver a casa; (*from abroad*) volver a la patria; **he leaves ~ at eight** sale de casa a las ocho; **she left ~ at the age of 17** se marchó de casa cuando tenía 17 años; **that remark came near ~** esa observación le hirió en lo vivo; **to see sb ~** acompañar a algn a su casa; **to send sb ~** mandar a algn a casa; **to stay ~** quedarse en casa; **it's nothing to write ~ about*** no tiene nada de particular
[2] (*fig*) **to bring sth ~ to sb** hacerle ver algo a algn; **it came ~ to me** me di cuenta de ello; **to drive sth ~**: **to drive a point ~** subrayar un punto; **to drive a nail ~** hacer que un clavo entre a fondo; **to strike ~** (= *hit target*) [*shell, bullet*] dar en el blanco; (= *go right in*) [*hammer, nail*] remachar; *see also* **press B7**
Ⓒ VI [*pigeons*] volver a casa
Ⓓ CPD ► **home address** N (*on form*) domicilio *m*; **my ~ address** mi dirección particular, las señas de mi casa ► **home banking** N banco *m* en casa ► **home brew** N (= *beer*) cerveza *f* casera; (= *wine*) vino *m* casero ► **home buying** N compra *f* de vivienda ► **home comforts** NPL comodidades *fpl* domésticas ► **home computer** N ordenador *m* doméstico ► **home computing** N informática *f* doméstica ► **home cooking** N cocina *f* casera ► **the Home Counties** NPL (*Brit*) *los condados alrededor de Londres* ► **home country** N patria *f*, país *m* de origen ► **home economics** NSING (*Scol*) ciencia *f* del hogar ► **home fries** NPL (*US*) *carne picada frita con patatas y col* ► **home front** N frente *m* interno ► **home ground** N (*Sport*) **to play at one's ~ ground** jugar en casa; **to be on ~ ground** (*fig*) estar en su terreno *or* lugar ► **Home Guard** N (*Brit*) *cuerpo de voluntarios para la defensa nacional durante la segunda guerra mundial* ► **home help** N (= *act*) atención *f* domiciliaria, ayuda *f* a domicilio; (*Brit*) (= *person*) asistente/a *m/f* (*especialmente los que, a cargo de la seguridad social, ayudan en las tareas domésticas a personas necesitadas*) ► **home improvements** NPL reformas *fpl* en casa ► **home industries** NPL (*Comm*) industrias *fpl* nacionales ► **home journey** N viaje *m* a casa, viaje *m* de vuelta ► **home leave** N permiso *m* para irse a casa ► **home life** N vida *f* de familia, vida *f* doméstica ► **home loan** N préstamo *m* para la vivienda ► **home market** N (*Comm*) mercado *m* nacional, mercado *m* interior ► **home match** N (*Sport*) partido *m* en casa ► **home movie** N película *f* hecha por un aficionado ► **home news** NSING (*gen*) noticias *fpl* de casa; (*Pol*) información *f* nacional ► **Home Office** N (*Brit*) Ministerio *m* del Interior, Gobernación *f* (*Mex*) ► **home owner** N propietario/a *m/f* de una casa; **~ owners** propietarios *mpl* de viviendas ► **home ownership** N propiedad *f* de viviendas ► **home page** N (*Internet*) página *f* digital, home page *m* ► **home port** N puerto *m* de origen ► **home product** N (*Comm*) producto *m* nacional ► **home rule** N autonomía *f* ► **home run** N (*Baseball*) jonrón *m*; (= *return journey*) [*of ship, truck*] viaje *m* de vuelta ► **home sales** NPL ventas *fpl* nacionales ► **Home Secretary** N (*Brit*) Ministro *m* del Interior ► **home shopping** N venta *f* por correo; (*TV, Telec*) televenta *f* ► **the home side** N (*Sport*) el equipo de casa, el equipo local ► **home straight** N (*Sport*) recta *f* final; **to be in the ~ straight** (*fig*) estar en la última recta ► **home stretch** N = **home straight** ► **the home team** N (*Sport*) el equipo de casa, el equipo local ► **home town** N ciudad *f* natal ► **home trade** N (*Comm*) comercio *m* interior ► **home truths** NPL **to tell sb a few ~ truths** decir cuatro verdades a algn ► **home victory** N (*Sport*) victoria *f* en casa ► **home visit** N visita *f* a domicilio ► **home waters** NPL aguas *fpl* territoriales ► **home win** N (*Sport*) victoria *f* en casa

►**home in on** VI + PREP [1] [*missiles*] dirigirse hacia; **to ~ in on the target** buscar el blanco
[2] (*fig*) concentrarse en

**HOME COUNTIES**

*Los* **Home Counties** *son los condados que se encuentran en los alrededores de Londres: Berkshire, Buckinghamshire, Essex, Hertfordshire, Kent y Middlesex, un alto porcentaje de cuya población se encuentra en buena posición económica. De ahí que el término* **Home Counties** *haya adquirido dimensiones culturales y a la gente que vive en ellos se les considere en general personas adineradas de clase media-alta que, además, tienen al hablar un acento muy particular, conocido como* **RP**.
⇨ *Ver tb* ENGLISH

**home-baked** [ˈhəʊmˈbeɪkt] ADJ [*bread, cake*] casero

**homebody** [ˈhəʊmbədɪ] N (*pl* **homebodies**) (*US*) persona *f* hogareña, persona *f* casera

**homebound** [ˈhəʊmbaʊnd] ADJ **the ~ traveller** el viajero que vuelve a *or* se dirige a casa

**homeboy*** [ˈhəʊmbɔɪ] N (*US*) chico *m* del barrio

**home-brewed** [ˈhəʊmˈbruːd] ADJ hecho en casa, casero

**homecoming** [ˈhəʊmkʌmɪŋ] Ⓐ N regreso *m* al hogar
Ⓑ CPD ► **Homecoming Queen** N (*US*) *reina de la fiesta de antiguos alumnos*; → YEARBOOK

**homegirl*** [ˈhəʊmgɜːl] N (*US*) chica *f* del barrio

**home-grown** [ˈhəʊmˈgrəʊn] ADJ de cosecha propia; (= *not imported*) del país

**homeland** [ˈhəʊmlænd] N [1] (= *home country*) patria *f*, tierra *f* natal
[2] (*South Africa*) territorio *m* nativo

**homeless** [ˈhəʊmlɪs] Ⓐ ADJ sin hogar, sin vivienda; **the storm left a hundred ~** la tormenta dejó a cien personas sin hogar *or* vivienda; **to be made ~** quedarse sin hogar; **to make ~** (*gen*) dejar sin hogar; [+ *tenant*] desahuciar
Ⓑ NPL **the ~** las personas sin hogar

**homelessness** [ˈhəʊmlɪsnɪs] N el estar sin hogar; **the increase in ~** el aumento de la cifra de los que no tienen hogar

**homeliness** [ˈhəʊmlɪnɪs] N llaneza *f*, sencillez *f*

**home-lover** [ˈhəʊm,lʌvəʳ] N persona *f* hogareña, persona *f* casera

**home-loving** [ˈhəʊm,lʌvɪŋ] ADJ hogareño, casero

**homely** [ˈhəʊmlɪ] ADJ (*compar* **homelier**; *superl* **homeliest**) [1] (= *like home*) [*food*] casero; [*atmosphere*] familiar; [*advice*] prosaico; **it's very ~ here** aquí se está como en casa
[2] (*Brit*) [*woman*] sencillo
[3] (*US*) (= *unattractive*) poco atractivo

**home-made** [ˈhəʊmˈmeɪd] ADJ hecho en casa

**home-maker** [ˈhəʊm,meɪkəʳ] N (*US*) ama *f* de casa

**homeopath** *etc* [ˈhəʊmɪəʊpæθ] N (*US*) = **homoeopath** *etc*

**Homer** [ˈhəʊməʳ] N Homero

**homer*** [ˈhəʊməʳ] N (*Brit*) trabajo *m* fuera de hora, chollo‡ *m*

**Homeric** [həʊˈmerɪk] ADJ homérico

**homesick** [ˈhəʊmsɪk] ADJ **to be ~** tener morriña; **I feel ~** echo de menos mi casa

**homesickness** [ˈhəʊmsɪknɪs] N nostalgia *f*, morriña *f*

**homespun** [ˈhəʊmspʌn] ADJ tejido en casa, hecho en casa; (*fig*) llano

**homestead** [ˈhəʊmsted] N (*esp US*) casa *f*, caserío *m*; (= *farm*) granja *f*

**homeward** [ˈhəʊmwəd] Ⓐ ADJ de regreso
Ⓑ ADV (*also* **~s**) hacia casa; **~ bound** camino a la casa; (*Naut*) con rumbo al puerto de origen

**homewards** [ˈhəʊmwədz] ADV (*esp Brit*) = **homeward B**

**homework** [ˈhəʊmwɜːk] N deberes *mpl*, tarea *f*; **my geography ~** mis deberes de geografía, mi tarea de geografía; **to do one's ~** (= *schoolwork*) hacer los deberes *or* la tarea; (*fig*) documentarse, hacer el trabajo preparatorio; **have you done your ~?** ¿has hecho los deberes?

**homeworker** [ˈhəʊmwɜːkəʳ] N asalariado/a *m/f* que trabaja desde casa

**homeworking** [ˈhəʊmwɜːkɪŋ] N trabajo *m* desde casa

**homey*** [ˈhəʊmɪ] ADJ (*US*) íntimo, cómodo

**homicidal** [,hɒmɪˈsaɪdl] ADJ homicida; **~ maniac** maniaco/a *m/f* con tendencias homicidas; **to feel ~** (*fig*) sentirse capaz de matar a alguien, tener ganas de matar a alguien

**homicide** [ˈhɒmɪsaɪd] N [1] (= *act*) homicidio *m*
[2] (= *person*) homicida *mf*

**homily** [ˈhɒmɪlɪ] N (*pl* **homilies**) homilía *f*; (*fig*) sermón *m*

**homing** [ˈhəʊmɪŋ] Ⓐ ADJ [*missile*] buscador, cazador
Ⓑ CPD ► **homing device** N dispositivo *m* buscador de blancos ► **homing instinct** N instinto *m* de volver al hogar ► **homing pigeon** N paloma *f* mensajera

**hominid** [ˈhɒmɪnɪd] N homínido *m*

**hominy** [ˈhɒmɪnɪ] N (*US*) maíz *m* molido

**homo**†‡ [ˈhəʊməʊ] N (*pej*) ABBR (= **homosexual**) marica‡ *m*

**homoeopath**, **homeopath** (*US*) ['həʊmɪəʊpæθ] N homeópata *mf*

**homoeopathic**, **homeopathic** (*US*) [,həʊmɪəʊ'pæθɪk] ADJ homeopático

**homoeopathy**, **homeopathy** (*US*) [,həʊmɪ'ɒpəθɪ] N homeopatía *f*

**homogeneity** ['hɒməʊdʒə'niːɪtɪ] N homogeneidad *f*

**homogeneous** [,hɒmə'dʒiːnɪəs] ADJ homogéneo

**homogenize** [hə'mɒdʒənaɪz] VT homogeneizar

**homogenous** [hə'mɒdʒɪnəs] = **homogeneous**

**homograph** ['hɒməʊgrɑːf] N homógrafo *m*

**homonym** ['hɒmənɪm] N homónimo *m*

**homophobe** [,həʊməʊ'fəʊb] N homófobo/a *m/f*

**homophobia** ['hɒməʊ'fəʊbɪə] N homofobia *f*

**homophobic** ['hɒməʊ'fəʊbɪk] ADJ homofóbico

**homophone** ['hɒməfəʊn] N homófono *m*

**homophonic** [,hɒmə'fɒnɪk] ADJ homófono

**homosexual** ['hɒməʊ'seksjʊəl] Ⓐ ADJ homosexual
Ⓑ N homosexual *mf*

**homosexuality** ['hɒməʊseksju'ælɪtɪ] N homosexualidad *f*

**hon*** [hʌn] N (*US*) (= **honey**) cariño; **hi, ~!** ¡hola, cariño!

**Hon.** ABBR (*in titles*) = **Honorary** *or* **Honourable**

**Honduran** [hɒn'djʊərən] Ⓐ ADJ hondureño
Ⓑ N hondureño/a *m/f*

**Honduras** [hɒn'djʊərəs] N Honduras *f*

**hone** [həʊn] Ⓐ VT afilar
Ⓑ N piedra *f* de afilar

▼**honest** ['ɒnɪst] Ⓐ ADJ [1] (= *frank*) sincero; **to be (perfectly) ~ …** para ser (totalmente) sincero *or* franco …; **to be ~ about sth** ser sincero *or* franco con respecto a algo; **I'd like your ~ opinion** me gustaría que me dieras tu sincera opinión; **that's the ~ truth** eso es la pura verdad; **to be (perfectly) ~ with you** para serle sincero *or* franco, si quiere que le diga la verdad; **I'll be ~ with you** voy a serte sincero; **you haven't been ~ with us** no has sido sincero con nosotros; **be ~ with yourself** sé sincero contigo mismo; ✦*IDIOM* **to make an ~ woman of sb**: **he finally made an ~ woman of her** (*hum*) al final hizo lo que Dios manda y se casó con ella
[2] (= *trustworthy, law-abiding*) [*person*] honrado, honesto; **he's very ~ in money matters** es muy honrado *or* honesto en lo que respecta al dinero; **he hasn't done an ~ day's work in his life** no ha trabajado honradamente en su vida; **to make an ~ living** ganarse la vida honradamente; **by ~ means** de forma honrada; **it was an ~ mistake** no fue un error deliberado; ✦*IDIOM* **to earn an ~ penny** *or* **crust** ganarse el pan honradamente
[3] (= *genuine*) sencillo; **good, ~ country cooking** cocina rústica buena y sencilla
Ⓑ ADV (*) de verdad; **I didn't know about it, ~** no lo sabía, de verdad, de verdad que no lo sabía; **~ to God** *or* **goodness** palabra (de honor), te lo juro; **~ injun†*** palabra, ¡por éstas!

**honestly** ['ɒnɪstlɪ] ADV [1] (= *truly*) sinceramente, francamente; **I ~ believe this is the right decision** creo sinceramente *or* francamente que ésta es la decisión correcta; **he cannot ~ call this a good law** no puede, en honor a la verdad, llamar a esto una buena ley; **no, ~, I'm fine** no, de verdad *or* de veras *or* en serio, estoy bien; **I didn't do it, ~** de verdad que no lo hice; **do you ~ expect me to believe that?** ¿de verdad *or* de veras esperas que me lo crea?; **I can ~ say that it doesn't bother me** puedo decir con toda sinceridad *or* franqueza que no me importa; **I can't ~ say I ever knew him well** la verdad es que no puedo decir que lo conociese bien; **can you ~ say you've ever thought about it?** ¿puedes decir sin mentir que has pensado alguna vez en ello?; **I ~ thought you'd be pleased** de verdad *or* de veras pensé que te gustaría
[2] (= *truthfully*) [*speak, answer*] sinceramente, con sinceridad
[3] (= *legally*) honradamente; **if he couldn't get money ~, he stole** si no podía conseguir dinero honradamente, robaba
[4] (*showing exasperation*) vamos, por favor; **"honestly," said Barbara, "that woman …"** —vamos *or* por favor —dijo Barbara —esa mujer …; **oh, ~!** ¡por favor!, ¡anda, anda!

**honest-to-God** ['ɒnɪstə'gɒd] ADJ cien por cien

**honest-to-goodness** ['ɒnɪstə'gʊdnɪs] ADJ = **honest-to-God**

**honesty** ['ɒnɪstɪ] Ⓐ N [1] (= *sincerity*) sinceridad *f*; **I admire his ~** admiro su sinceridad; **in all ~ …** para ser sincero *or* franco …; ✦*IDIOM* **~ is the best policy** lo mejor es ir con la sinceridad por delante
[2] (= *trustworthiness*) honradez *f*, honestidad *f*
Ⓑ CPD ► **honesty box** N *caja donde se deposita el dinero para pagar algo cuando no hay nadie para recogerlo en persona*

**honey** ['hʌnɪ] Ⓐ N [1] (*from bees*) miel *f*
[2] (*US**) (= *form of address*) cariño *m*; **hi, ~!** ¡hola, cariño!; **is everything ok, ~?** ¿todo bien, cariño *or* mi vida?*; **she's a ~** es un encanto
Ⓑ CPD ► **honey blonde** N rubia *f* miel; *see also* **honey-blonde**

**honeybee** ['hʌnɪbiː] N abeja *f*

**honey-blonde** [,hʌnɪ'blɒnd] ADJ rubio miel; *see also* **honey**

**honeybun*** ['hʌnɪbʌn], **honeybunch*** ['hʌnɪbʌntʃ] N (*esp US*) cielito *m*

**honeycomb** ['hʌnɪkəʊm] Ⓐ N panal *m*; (*fig*) laberinto *m*
Ⓑ VT (*fig*) **the hill is ~ed with tunnels** el cerro está lleno de cuevas; **the building is ~ed with passages** hay un laberinto de pasillos en el edificio

**honeydew melon** ['hʌnɪdjuː'melən] N melón *m* dulce

**honeyed** ['hʌnɪd] ADJ meloso, melifluo

**honeyfuggle*** ['hʌnɪ,fʌgəl] VT (*US*) obtener mediante un truco

**honeymoon** ['hʌnɪmuːn] Ⓐ N (*lit, fig*) luna *f* de miel; **to go on ~** irse de luna de miel
Ⓑ VI pasar la luna de miel
Ⓒ CPD ► **the honeymoon couple** N la pareja de recién casados ► **honeymoon period** N (*Pol*) período *m* de gracia, cien días *mpl*

**honeymooner** ['hʌnɪ,muːnəʳ] N *persona que está en su luna de miel*

**honeypot** ['hʌnɪpɒt] N mielera *f*

**honeysuckle** ['hʌnɪ,sʌkl] N madreselva *f*

**Hong Kong** [,hɒŋ'kɒŋ] N Hong Kong *m*

**honk** [hɒŋk] Ⓐ VI [*driver*] tocar la bocina, tocar el claxon (*LAm*); [*goose*] graznar
Ⓑ N [*of goose*] graznido *m*; [*of horn*] bocinazo *m*

**honkie***, **honky*** ['hɒŋkɪ] N (*pl* **honkies**) (*US pej*) blanco/a *m/f*, blancucho/a* *m/f*

**honky-tonk*** ['hɒŋkɪ,tɒŋk] N [1] (*US*) (= *club*) garito *m*
[2] (*Mus*) honky-tonk* *m*

**Honolulu** [,hɒnə'luːluː] N Honolulú *m*

**honor** ['ɒnəʳ] N (*US*) = **honour**

**honorable** ['ɒnərəbl] ADJ (*US*) = **honourable**

**honorably** ['ɒnərəblɪ] ADV (*US*) = **honourably**

**honorarium** [,ɒnə'rɛərɪəm] N (*pl* **honorariums** *or* **honoraria** [,ɒnə'rɛərɪə]) honorarios *mpl*

**honorary** ['ɒnərərɪ] ADJ [*member, president*] de honor, honorario; [*title*] honorífico; [*secretary*] (= *unpaid*) no remunerado; **an ~ degree** un doctorado "honoris causa"

**honorific** [ɒnə'rɪfɪk] Ⓐ ADJ honorífico
Ⓑ N título *m* honorífico

**honour**, **honor** (*US*) ['ɒnəʳ] Ⓐ N [1] (= *integrity, good name*) honor *m*; **a man of ~** un hombre de honor; **to be/feel (in) ~ bound to do sth** estar/sentirse moralmente obligado a hacer algo; **it's a matter of ~** es una cuestión de honor; **on my ~!** ¡palabra de honor!; **remember, you are on your ~ to report any irregularities** recuerde, es su deber moral informar de cualquier irregularidad; **to put sb on his/her ~ to do sth** hacer prometer a algn que va a hacer algo; **to have a sense of ~** tener pundonor; **to be an ~ to one's profession** ser un orgullo para su profesión; ✦*PROV* **(there is) ~ among thieves** entre bueyes no hay cornadas; *see also* **debt**, **word A5**
[2] (= *distinction, privilege*) honor *m*; **it's a great ~ for him** es un gran honor para él; **I had the ~ of meeting him** tuve el honor de conocerlo; **may I have the ~ (of this dance)?** ¿me concede este baile?; **would you do me the ~ of having lunch with me?** ¿me haría el honor de almorzar conmigo?; **you do me great ~ by accepting** me concede usted un gran honor al aceptar; **to bury sb with full military ~s** sepultar a algn con todos los honores militares; ✦*IDIOM* **to do the ~s** (*introducing people, serving drinks or food*) hacer los honores; *see also* **guard C**, **guest**, **lap²**, **maid**, **roll A3**
[3] (= *award*) (*by the state*) condecoración *f*; (*in contest*) galardón *m*
[4] (= *homage*) honor *m*; **to do ~ to sb** ◊ **do sb ~** rendir honores a algn; **in ~ of sth/sb** en honor a algo/algn; **he will attend a dinner in his ~** asistirá a una cena en su honor
[5] (*as title*) **His Honour Judge Brodrick** el señor Juez Brodrick; **Your Honour** (*to judge*) su Señoría, señor Juez; (*US*) (*to mayor*) Excelentísimo Señor, su Señoría
[6] (†) (= *chastity, virginity*) honra *f*
[7] **honours** (*Brit Univ*) **she got first/second class ~s in French** ≈ terminó la carrera de francés con matrícula de honor/con notable; **to take ~s in chemistry** ≈ licenciarse en químicas; **to graduate with ~s** ≈ licenciarse (*con nota*)
[8] (*Bridge*) **honours** honores *mpl*
Ⓑ VT [1] (= *compliment*) honrar; **I am ~ed by your confidence in me** su confianza en mí me honra; **I am deeply ~ed to be asked** me siento muy honrado de que me lo pidan; **I should be ~ed if …** sería un honor para mí si …; **~ed guest** invitado/a *m/f* de honor; **to ~ sb with one's presence** (*liter or hum*) honrar a algn con su presencia
[2] (= *respect*) honrar; **thou shalt ~ thy father and thy mother** honrarás a tu padre y a tu madre
[3] (= *pay homage to*) rendir homenaje a
[4] (= *decorate*) [*the state, authorities*] condecorar; (*in contest*) galardonar
[5] (= *fulfil*) [+ *agreement, contract, promise*] cumplir, cumplir con
[6] (= *pay*) [+ *cheque*] aceptar, pagar; [+ *debt*] liquidar, pagar
Ⓒ CPD ► **honor guard** N (*US*) guardia *f* de honor ► **honor roll** N (*US*) cuadro *m* de honor ► **honours degree** N (*Brit Univ*) ≈ licen-

➤ LANGUAGE IN USE: honest A1 6.2

ciatura *f*; **she has an ~s degree in French** es licenciada en filología francesa ► **Honours List** N (*Brit*) lista *f* de condecoraciones; **Birthday Honours List** *lista de condecoraciones que otorga el monarca el día de su cumpleaños*; **New Year Honours List** *lista de condecoraciones que otorga el monarca el día de Año Nuevo*; → DEAN'S LIST, DEGREE

**HONOURS LIST**

*La* **Honours List** *es una lista de personas a las que se considera merecedoras de un reconocimiento especial por su labor, tanto en la vida pública como por servicios prestados a la zona en la que viven. Esta lista es elaborada por el Primer Ministro británico con la aprobación del monarca y se publica dos veces al año, la primera en Año Nuevo - la* **New Year's Honours List** *- y la segunda en junio, el día del cumpleaños de la reina -la* **Queen's Birthday Honours List**. *En la mayoría de los casos a estas personas se les reconoce su mérito con la concesión del título de miembro de la Orden del Imperio Británico,* **Member of the Order of the British Empire** *o* **MBE**, *u oficial de la Orden del Imperio Británico* **Officer of the Order of the British Empire** *u* **OBE**.

**honourable**, **honorable** (*US*) ['ɒnərəbl] ADJ (= *upright*) honrado; [*title*] honorable; **~ mention** mención *f* honorífica; **the ~ member for Woodford** (*Brit Parl*) el señor diputado de Woodford

**honourably**, **honorably** (*US*) ['ɒnərəblɪ] ADV honradamente

**Hons.** (*Univ*) ABBR = **Honours**

**Hons.** ABBR (*Univ*) = **honours degree**

**Hon. Sec.** ABBR = **Honorary Secretary**

**hooch*** [hu:tʃ] N licor *m* (*esp ilícito*)

**hood** [hʊd] N 1 [*of cloak, raincoat*] capucha *f*; (*Univ*) muceta *f*
2 (*Brit Aut*) capota *f*; (*US*) capó *m*
3 (= *cover*) (*on pram*) capota; (*on cooker*) tapa *f*; (*on chimney pot*) campana *f*
4 (*esp US**) (= *hoodlum*) matón/ona *m/f*, gorila* *m*

**hooded** ['hʊdɪd] ADJ encapuchado

**hoodlum*** ['hu:dləm] N matón/ona *m/f*, gorila* *m*

**hoodoo** ['hu:du:] N (= *voodoo*) vudú *m*; (= *jinx*) gafe *m*, mala suerte *f*; **there's a ~ on it** tiene gafe

**hoodwink** ['hʊdwɪŋk] VT engañar

**hooey*** ['hu:ɪ] N música *f* celestial*

**hoof** [hu:f] Ⓐ N (*pl* **hoofs** *or* **hooves**) 1 [*of horse*] casco *m*; [*of other animals*] pezuña *f*; **cloven ~** pata *f* hendida; **cattle on the ~** ganado *m* en pie; **~ and mouth disease** (*US*) fiebre *f* aftosa, glosopeda *f*
2 (*) [*of person*] (= *foot*) pezuña* *f*, pata* *f*
Ⓑ VT (*) **to ~ it** (= *walk*) ir a pata*; (= *depart*) liar el petate*

**hoofed** [hu:ft] ADJ ungulado

**hoofer†** ['hu:fər] N (*esp US*) (= *dancer*) bailarín/ina *m/f*

**hoo-ha*** ['hu:,ha:] N 1 (= *fuss*) lío* *m*, marimorena* *f*, follón *m* (*Sp**); **there was a great ~ about it** se armó la marimorena*
2 (= *noise*) estrépito *m*
3 (*pej*) (= *publicity*) bombo* *m*

**hook** [hʊk] Ⓐ N 1 (*gen*) gancho *m*; (*for painting*) alcayata *f*; (= *meat hook*) garfio *m*; (*Fishing*) anzuelo *m*; **the jacket hung from a ~** la chaqueta estaba colgada de un gancho; **he hung the painting on the ~** colgó el cuadro de la alcayata; ✦**IDIOMS by ~ or by crook** por las buenas o por las malas, a como dé lugar (*LAm*); **~, line and sinker**: **he fell for it ~, line and sinker** se tragó el anzuelo; **to get sb off the ~** sacar a algn de un apuro; **to let sb off the ~** dejar escapar a algn; **to sling one's ~‡** (= *leave*) largarse*
2 (*Telec*) **to take the phone off the ~** descolgar el teléfono; **to leave the phone off the ~** dejar el teléfono descolgado; ✦**IDIOM the phone was ringing off the ~** (*esp US**) el teléfono echaba humo, el teléfono no paraba de sonar
3 (= *hanger*) percha *f*, colgadero *m*
4 (*Sew*) **~s and eyes** corchetes *mpl*, macho y hembra *msing*
5 (*Boxing*) gancho *m*, crochet *m*
6 (*Golf*) golpe *m* con efecto a la izquierda
7 **hooks‡** manos *fpl*
Ⓑ VT 1 (= *fasten*) enganchar; (*Fishing*) pescar; **to ~ sth to a rope** enganchar algo a una cuerda; **to ~ one's arms/feet around sth** envolver algo con los brazos/los pies; **to ~ a rope round a nail** atar una cuerda a un clavo
2 (*) (= *catch*) **she finally ~ed him** por fin lo enganchó
3 ✦**IDIOM to ~ it*** largarse*
Ⓒ VI 1 (= *fasten*) [*dress*] abrocharse; (= *connect*) engancharse
2 (*US‡*) trabajar como prostituta, hacer la calle*

►**hook on** Ⓐ VI + ADV engancharse (**to** a)
Ⓑ VT + ADV enganchar (**to** a)

►**hook up** Ⓐ VI + ADV 1 [*dress*] abrocharse
2 (*Rad, TV*) transmitir en cadena
Ⓑ VT + ADV 1 [+ *dress*] abrochar
2 (*Rad, TV*) conectar

**hookah** ['hʊka:] N narguile *m*

**hooked** [hʊkt] ADJ 1 (= *having a hook*) ganchudo
2 (*) (= *addicted*) **to be ~ on sth** estar enganchado a algo*, ser adicto a algo; **to be ~ on drugs** estar enganchado a las drogas*, ser adicto a las drogas; **to get ~ on sth** volverse adicto a algo

**hooker** ['hʊkər] N 1 (*) (= *prostitute*) puta *f*
2 (*Sport*) talonador *m*

**hookey***, **hooky*** ['hʊkɪ] N (*esp US*) **to play ~** hacer novillos, hacer pirola

**hook-nosed** [,hʊk'nəʊzd] ADJ de nariz ganchuda

**hook-up** ['hʊkʌp] N (*Rad, TV*) transmisión *f* en cadena; (*Elec*) acoplamiento *m*; **a ~ with Eurovision** una conexión con Eurovisión

**hookworm** ['hʊkwɜ:m] N anquilostoma *m*

**hooky*** ['hʊkɪ] N = **hookey**

**hooligan** ['hu:lɪgən] N gamberro/a *m/f*

**hooliganism** ['hu:lɪgənɪzəm] N gamberrismo *m*

**hoop** [hu:p] N (*gen*) aro *m*, argolla *f*; [*of barrel*] fleje *m*; (= *croquet hoop*) argolla *f*; ✦**IDIOM to put sb through the ~** hacer pasar penas a algn

**hoopoe** ['hu:pu:] N abubilla *f*

**hooray** [hʊ'reɪ] Ⓐ EXCL = **hurrah**
Ⓑ CPD ► **Hooray Henry** N (*Brit pej*) señorito *m*

**hoot** [hu:t] Ⓐ N 1 (= *sound*) [*of owl*] ululato *m*; (*esp Brit*) [*of car*] bocinazo *m*; [*of train*] silbato *m*; [*of siren*] toque *m* de sirena; **I don't care a ~*** (no) me importa un comino*
2 (= *laugh*) risotada *f*; **it was a ~*** ¡era para morirse de (la) risa!
Ⓑ VT 1 [+ *person*] abuchear; **to ~ sb off the stage** echar a algn de la escena a chiflidos
2 (*esp Brit*) [+ *horn*] tocar; **he ~ed his horn** tocó la bocina *or* (*esp LAm*) el claxon
Ⓒ VI 1 (= *make sound*) [*owl*] ulular; [*person*] (*in scorn*) abuchear; [*ship, train, factory hooter*] silbar; **to ~ with laughter** carcajear
2 (*esp Brit Aut*) tocar la bocina, tocar el claxon (*esp LAm*)

**hooter** ['hu:tər] (*Brit*) N 1 [*of ship, factory*] sirena *f*; (*Aut†*) bocina *f*, claxon *m* (*esp LAm*)
2 (*) (= *nose*) napia* *f*

**hoover®** ['hu:vər] Ⓐ N aspiradora *f*
Ⓑ VT pasar la aspiradora por
Ⓒ VI pasar la aspiradora

**hooves** [hu:vz] NPL *of* **hoof**

**hop¹** [hɒp] Ⓐ N 1 (= *jump*) salto *m*, brinco *m*; **~, skip and jump** (*Sport*) triple salto *m*; **in one ~** de un salto; ✦**IDIOM to catch sb on the ~** (*Brit**) pillar *or* (*LAm*) agarrar a algn desprevenido; **the uncertainty should keep them on the ~** (*Brit**) la incertidumbre los mantendrá en estado de alerta
2 (†*) (= *dance*) baile *m*
3 (*Aer*) vuelo *m* corto; **in one ~** sin hacer escala
Ⓑ VI [*person, bird, animal*] dar saltos, brincar (*LAm*); ✦**IDIOM to be ~ping mad*** echar chispas*
Ⓒ VT **to ~ it** (*Brit**) largarse*; **~ it!** ¡lárgate!*

►**hop along** VI + ADV avanzar a saltos

►**hop off** Ⓐ VI + PREP (= *get down from*) bajar de
Ⓑ VI + ADV 1 (= *get down*) bajar
2 (*) largarse*; **~ off!** ¡lárgate!*

►**hop on** Ⓐ VI + PREP subir a
Ⓑ VI + ADV subir; **~ on!** ¡sube!

►**hop out** VI + ADV salir de un salto; **to ~ out of bed** saltar de la cama

►**hop over to** VI + PREP darse una vuelta por

**hop²** [hɒp] Ⓐ N (*Bot*) (*also* **~s**) lúpulo *m*
Ⓑ CPD ► **hop field** N campo *m* de lúpulo
► **hop picking** N recolección *f* del lúpulo

**hope** [həʊp] Ⓐ N 1 (= *expectation*) esperanza *f*; **where there's life there's ~** mientras hay vida, hay esperanza; **my ~ is that he'll see reason** espero que entre en razón; **to be beyond (all) ~** [*damaged article*] no tener posibilidad de reparación; [*person*] no tener remedio; **to build one's ~s up (about** *or* **over sth)** hacerse ilusiones (con algo); **to be full of ~** estar lleno de esperanzas *or* ilusión; **to get one's ~s up (about** *or* **over sth)** hacerse ilusiones (con algo); **don't get your ~s up** no te hagas ilusiones; **to give up ~ (of doing sth)** perder las esperanzas (de hacer algo); **to have ~s of doing sth** tener esperanzas de hacer algo; **I haven't much ~ of succeeding** no tengo muchas esperanzas de conseguirlo; **I had great ~s of** *or* **for him** tenía muchas esperanzas puestas en él; **he set out with high ~s** empezó lleno de esperanzas *or* ilusión, empezó con muchas esperanzas; **I ignored him in the ~ that he would go away** no le hice caso con la esperanza de que se fuera; **I don't think there's much chance but we live in ~** no creo que haya muchas posibilidades pero la esperanza es lo último que se pierde; **she lives in (the) ~ of seeing her son again** vive con la esperanza de volver a ver a su hijo; **to lose ~ (of doing sth)** perder las esperanzas (de hacer algo); **to be past ~** [*damaged article*] no tener posibilidad de reparación; [*person*] no tener remedio; **to place one's ~(s) in/on sth** depositar las esperanzas en algo; **to raise sb's ~s** dar esperanzas a algn; **don't raise her ~s too much** no le des demasiadas esperanzas; **don't raise your ~s** no te hagas ilusiones; *see also* **false A3**, **forlorn**, **pin B3**

2 (= *chance*) posibilidad *f*; **he hasn't much ~ of winning** no tiene muchas posibilidades de ganar; **there is little ~ of reaching an agreement** hay pocas posibilidades *or* esperanzas de llegar a un acuerdo; **you haven't got a ~ in hell*** no tienes la más remota posibilidad; **there's no ~ of that** no hay posibilidad de eso; **not a ~!*** ¡ni en sueños!; **your only ~ is to ...** tu única esperanza es ...; **some ~(s)!***: **"have you got the day off tomorrow?" — "some ~(s)!"** —¿libras mañana? —¡qué va! *or* ¡ya quisiera yo!; **"maybe she'll change her mind" — "some ~(s)!"** —tal vez cambie de idea —¡no caerá esa breva!
3 (= *person*) esperanza *f*; **he's the bright ~ of the team** es la gran esperanza del equipo; **you are my last/only ~** tú eres mi última/única esperanza
Ⓑ VT esperar; **your mother is well, I ~?** espero que su madre esté bien; **to ~ that ...** esperar que ... + *subjun*; **I ~ he comes soon** espero que venga pronto, ojalá venga pronto; **I was hoping you'd stay** esperaba que te quedaras; **I ~ you don't think I'm going to do it!** ¡no pensarás que lo voy a hacer yo!; **I ~ to God** *or* **hell she remembers*** quiera el cielo que se acuerde; **to ~ to do sth** esperar hacer algo; **what do you ~ to gain from that?** ¿qué esperas ganar *or* conseguir con eso?; **hoping to hear from you** en espera *or* a la espera de recibir noticias tuyas; **let's ~ it doesn't rain** esperemos que no llueva; **I ~ not** espero que no; **I ~ so** espero que sí; **I should ~ so (too)!** ¡eso espero!; **"I washed my hands first" — "I should ~ so too!"** —me he lavado las manos antes —¡eso espero!; **"but I apologized" — "I should ~ so too!"** —pero me disculpé —¡faltaría más!
Ⓒ VI esperar; **to ~ against ~** esperar en vano; **to ~ for sth** esperar algo; **it's the best we can ~ for** no podemos esperar nada mejor; **we're hoping for a boy this time** esta vez esperamos que sea niño; **I shouldn't ~ for too much from this meeting** no depositaría muchas esperanzas en esta reunión; **I always knew it was too much to ~ for** siempre supe que era mucho pedir; **we'll just have to ~ for the best** esperemos que todo salga bien; **I'm just going to enter the competition and ~ for the best** voy a presentarme al concurso y que sea lo que Dios quiera; **to ~ in God** confiar en Dios
Ⓓ CPD ► **hope chest** N (*US*) ajuar *m* (de novia)

**hoped-for** ['həʊpt,fɔːr] ADJ esperado; **their action had the ~ effect** su acción produjo el efecto esperado; **the ~ economic recovery** la tan esperada reactivación económica

**hopeful** ['həʊpfʊl] Ⓐ ADJ 1 (= *optimistic*) [*person*] esperanzado, optimista; [*face*] esperanzado, lleno de esperanza; **groups of beggars made ~ sorties towards the tourists** grupos de mendigos se dirigían esperanzados hacia los turistas; **he gave the engine a ~ kick** le dio al motor una patada con la esperanza de que eso lo hiciese funcionar; **I'll ask her, but I'm not too ~** le preguntaré, pero no me hago demasiadas ilusiones *or* no tengo muchas esperanzas; **to be ~ that** tener esperanzas de que, esperar que + *subjun*; **to be ~ about sth** tener esperanzas con respecto a algo; **in the ~ anticipation that ...** con la esperanza de que ...; **ever ~, he never gave up the fight** con las esperanzas intactas, nunca abandonó la lucha; **to feel ~** sentirse optimista; **I am ~ of a positive outcome** tengo esperanzas de que las cosas salgan bien; **to be ~ of doing sth** tener esperanzas de hacer algo, esperar poder hacer algo
2 (= *promising*) [*sign, future, news*] esperanzador(a), prometedor(a)
Ⓑ N aspirante *mf*; **presidential ~s** aspirantes *mpl* a la presidencia; **he enjoys his job as football coach to young ~s** disfruta entrenando a jóvenes promesas del fútbol

**hopefully** ['həʊpfəlɪ] ADV 1 (= *with feeling of hope*) **"is he coming with us?" I asked ~** —¿viene con nosostros? —pregunté esperanzado; **I looked ~ around the room for a glimpse of my luggage** miré por la habitación con esperanzas de ver mi equipaje; **she smiled at me ~** me dirigió una sonrisa esperanzada
2 (*) (= *one hopes*) **~ we'll be able to sort something out** con un poco de suerte podremos arreglar algo; **the new legislation, ~, will lead to some improvements** es de esperar que la nueva legislación traiga consigo algunas mejoras; **~, it won't rain** esperemos que no llueva

**hopefulness** ['həʊpfʊlnɪs] N esperanza *f*

**hopeless** ['həʊplɪs] ADJ 1 (= *impossible*) [*task*] imposible; [*attempt*] vano; [*cause*] perdido; [*situation, position*] desesperado; [*love*] imposible; **his attempt to swim the river was ~ from the beginning** su tentativa de cruzar el río a nado estaba condenada al fracaso desde el principio; **it's ~!** ¡es inútil!; **a ~ case** (= *person*) un caso perdido; **he's a ~ case!** es un caso perdido, no tiene remedio; **the doctor says it is a ~ case** el médico dice que no tiene salvación, el médico lo ha desahuciado; **a ~ drunk** un borracho empedernido; **to be (in) a ~ mess** *or* **muddle** [*room*] estar hecho un desastre; [*plans*] estar muy embrollado; [*person*] estar hecho un lío; **a ~ romantic** un romántico incorregible
2 (= *despairing*) [*cry*] de desespración; [*grief*] desesperado; **to feel ~** sentirse desesperanzado; **she gave a ~ sigh** suspiró desesperada
3 (*) (= *not competent*) **he's completely ~** es un inútil*; **she's a ~ manager** como jefa es una nulidad *or* es penosa*; **the buses round here are ~** los autobuses de por aquí son un desastre; **to be ~ at (doing) sth: he's ~ at football** es un desastre jugando al fútbol, es una nulidad para el fútbol*; **I was ~ at school** era un negado *or* una nulidad para los estudios*; **I'm ~ at maths/cooking** soy un negado para las matemáticas/la cocina; **I'd be ~ at working for somebody else** yo no serviría para trabajar para otros

**hopelessly** ['həʊplɪslɪ] ADV 1 (= *despairingly*) [*look, speak, continue*] sin esperanza
2 (*as intensifier*) [*inadequate, confused, lost*] totalmente, completamente; **he is ~ in debt** está totalmente *or* completamente endeudado; **to be ~ in love** estar perdidamente enamorado

**hopelessness** ['həʊplɪsnɪs] N 1 [*of situation*] lo desesperado
2 (= *despair*) desesperanza *f*
3 (= *incompetence*) inutilidad *f*

**hopper** ['hɒpər] N (= *chute*) tolva *f*

**hopscotch** ['hɒpskɒtʃ] N infernáculo *m*, rayuela *f* (*LAm*)

**Horace** ['hɒrɪs] N Horacio

**Horatian** [hɒ'reɪʃən] ADJ horaciano

**horde** [hɔːd] N (= *large number, crowd*) multitud *f*; (*Hist*) horda *f*

**horizon** [hə'raɪzn] N horizonte *m*; (*fig*) horizonte *m*, perspectiva *f*; **a boat on the ~** una barca en el horizonte; **there are new schemes on the ~** hay nuevos planes en perspectiva; **that's over the ~ now** eso queda ya a la espalda

**horizontal** [,hɒrɪ'zɒntl] Ⓐ ADJ horizontal; **~ integration** integración *f* horizontal
Ⓑ N horizontal *f*

**horizontally** [,hɒrɪ'zɒntəlɪ] ADV horizontalmente

**hormonal** [hɔː'məʊnəl] ADJ hormonal

**hormone** ['hɔːməʊn] Ⓐ N (*Med*) hormona *f*
Ⓑ CPD ► **hormone replacement therapy** N terapia *f* hormonal sustitutiva ► **hormone treatment** N tratamiento *m* de hormonas

**horn** [hɔːn] N 1 [*of bull*] cuerno *m*, cacho *m* (*LAm*); [*of deer*] asta *f*, cacho *m* (*LAm*); [*of snail*] cuerno *m*; (= *material*) cuerno *m*, carey *m*; **the Horn of Africa** el Cuerno de África; **~ of plenty** cuerno *m* de la abundancia, cornucopia *f*; **to be on the ~s of a dilemma** estar entre la espada y la pared; **to draw in one's ~s** (*fig*) (= *back down*) volverse atrás; (*with money*) hacer economías
2 (*Mus*) trompa *f*, cuerno *m*; **to play the ~** tocar la trompa *or* el cuerno
3 (*Aut*) bocina *f*, claxon *m* (*esp LAm*); **to blow** *or* **sound one's ~** tocar la bocina *or* el claxon
4 (= *shoe horn*) calzador *m*
5 (*US**) teléfono *m*; **to get on the ~ to sb** llamar a algn (por teléfono)

►**horn in*** VI + ADV (*esp US*) entrometerse (**on** en)

**hornbeam** ['hɔːnbiːm] N carpe *m*

**hornbill** ['hɔːnbɪl] N búcero *m*

**horned** [hɔːnd] ADJ con cuernos, enastado

**-horned** [hɔːnd] ADJ (*in compounds*) de cuernos ...

**hornet** ['hɔːnɪt] N avispón *m*; **to stir up a ~'s nest** armar mucho revuelo

**hornless** ['hɔːnlɪs] ADJ sin cuernos, mocho

**hornpipe** ['hɔːnpaɪp] N 1 (*Mus*) chirimía *f*
2 (*Naut*) *cierto baile de marineros*

**horn-rimmed** ['hɔːnrɪmd] ADJ [*spectacles*] de concha, de carey

**horny** ['hɔːnɪ] ADJ (*compar* **hornier**; *superl* **horniest**) 1 (= *hard*) [*material*] córneo; [*hands*] calloso
2 (**) (= *randy*) caliente*, cachondo (*Sp, Mex**)

**horology** [hɒ'rɒlədʒɪ] N horología *f*

**horoscope** ['hɒrəskəʊp] N horóscopo *m*; **to cast a ~** sacar un horóscopo

**horrendous** [hɒ'rendəs] ADJ 1 (= *horrific*) [*injury, attack, accident*] horrible, horrendo
2 (*) (= *dreadful*) [*weather, traffic*] horroroso*, espantoso*; [*cost, price*] tremendo; **the company suffered ~ losses** la compañía sufrió enormes pérdidas

**horrendously** [hɒ'rendəslɪ] ADV [*difficult, expensive*] tremendamente, terriblemente

**horrible** ['hɒrɪbl] ADJ 1 (*) (= *unpleasant*) [*food, colour, smell, thought*] horroroso*, horrible*; **aren't those dresses ~?** ¿a que esos vestidos son horrorosos?, ¿a que son feísimos esos vestidos?; **he was the most ~ person I've ever met** era la persona más mala que he conocido; **you're ~!** ¡qué malo eres!; **I've got a ~ feeling that ...** tengo la horrible sensación de que ...; **that jumper looks ~ on you** ese jersey te queda horroroso *or* espantoso; **it's all a ~ mess** es un lío horroroso; **we thought something ~ had happened** pensamos que algo horrible había pasado; **the press write some ~ things about him** la prensa cuenta cosas espantosas *or* horribles de él; **what a ~ thought!** ¡qué idea tan horrible!; **to be ~ to sb** tratar fatal a algn*; **she's ~ to her sister** trata fatal a su hermana;

➤ LANGUAGE IN USE: **hope B** 8.3, 23.1, 23.4, 23.5

**don't be ~ to your brother** no seas malo con tu hermano
2 (= *horrific*) [*crime, scream, accident*] horrible, espantoso; **he died a ~ death** tuvo una muerte horrible

**horribly** ['hɒrɪblɪ] ADV 1 (*) (= *dreadfully*) [*difficult, rich, embarrassed, expensive*] terriblemente, tremendamente; **I was ~ drunk** tenía una borrachera terrible*, estaba borrachísimo; **I felt ~ embarrassed by the whole thing** me sentía terriblemente *or* tremendamente abochornado por todo aquello*; **it's all gone ~ wrong** todo ha salido terriblemente mal
2 (= *horrifically*) [*die, injure, scream*] de una forma horrible; [*mutilated, disfigured*] horriblemente, espantosamente; **they died ~** murieron de una forma horrible, tuvieron una muerte horrible; **men with ~ scarred faces** hombres con unas cicatrices horribles en la cara

**horrid** ['hɒrɪd] ADJ (= *disagreeable, unpleasant*) horrible; (= *horrifying*) horroroso; (= *unkind*) antipático; **to be ~ to sb** tratar a algn muy mal, portarse muy mal con algn; **don't be ~!** ¡no seas antipático!; **you ~ thing!** ¡qué malo!, ¡qué antipático!

**horridly** ['hɒrɪdlɪ] ADV [*behave*] tremendamente mal, fatal

**horrific** [hɒ'rɪfɪk] ADJ [*injury, attack, accident*] horrible, horrendo

**horrifically** [hɒ'rɪfɪklɪ] ADV espantosamente, terriblemente; **~ injured** con heridas espantosas

**horrify** ['hɒrɪfaɪ] VT 1 (= *fill with horror*) horrorizar; **I was horrified to discover that ...** me horrorizó descubrir que ...
2 (= *shock*) escandalizar; **they were all horrified** se escandalizaron todos

**horrifying** ['hɒrɪfaɪɪŋ] ADJ horroroso, horripilante

**horrifyingly** ['hɒrɪ,faɪɪŋlɪ] ADV horrorosamente, de manera horripilante

**horror** ['hɒrəʳ] Ⓐ N 1 (= *terror, dread*) horror *m*, pavor *m*; (= *loathing, hatred*) horror *m*; **to have a ~ of** tener horror a; **to my ~ I discovered I was locked out** descubrí con horror que me había dejado las llaves dentro; **then, to my ~, it moved!** luego ¡qué susto!, se movió; **the ~s of war** los horrores de la guerra; **that gives me the ~s*** eso me pone los pelos de punta*; **~s!** ¡qué horror!
2 (*) diablo *m*; **that child is a little ~** ese niño es un diablillo; **you ~!** ¡bestia!
Ⓑ CPD ► **horror film** N película *f* de terror

**horror-stricken** ['hɒrə,strɪkən] ADJ horrorizado

**horror-struck** ['hɒrə,strʌk] ADJ = **horror-stricken**

**hors de combat** ['ɔːdəkɔ̃ba] ADJ fuera de combate

**hors d'oeuvres** [ɔː'dɜːvr] NPL entremeses *mpl*

**horse** [hɔːs] Ⓐ N 1 (*Zool*) caballo *m*; **✦IDIOMS dark ~** incógnita *f*; **it's a case of ~s for courses** (*Brit*) en cada caso es distinto, a cada cual lo suyo; **to change ~s in midstream** cambiar de política (*or* personal *etc*) a mitad de camino; **a ~ of a different colour** harina *f* de otro costal; **to eat like a ~** comer como una vaca*; **to flog a dead ~** machacar en hierro frío; **to get on one's high ~** ponerse a pontificar; **don't look a gift ~ in the mouth** a caballo regalado, no le mires el diente; **hold your ~s!** ¡para el carro!, ¡despacito!; **to be straight from the ~'s mouth** ser de buena tinta
2 (*in gymnastics*) potro *m*
3 (*carpenter's*) caballete *m*
4 (= *cavalry*) caballería *f*
5 (**) (= *heroin*) caballo** *m*, heroína *f*
Ⓑ CPD ► **horse artillery** N artillería *f* montada ► **horse brass** N jaez *m* ► **horse breaker** N domador(a) *m/f* de caballos ► **horse breeder** N criador(a) *m/f* de caballos ► **horse chestnut** N (*Bot*) (= *tree*) castaño *m* de Indias; (= *fruit*) castaña *f* de Indias ► **horse collar** N collera *f* ► **horse dealer** N chalán *m* ► **horse doctor** N veterinario/a *m/f* ► **Horse Guards** NPL (*Brit*) Guardia *fsing* Montada ► **horse laugh** N risotada *f*, carcajada *f* ► **horse mackerel** N jurel *m* ► **horse manure** N abono *m* de caballo ► **horse meat** N (*Culin*) carne *f* de caballo ► **horse opera** N (*US*) película *f* del Oeste ► **horse race** N carrera *f* de caballos ► **horse racing** N (*gen*) carreras *fpl* de caballos; (*as sport*) hípica *f* ► **horse riding** N (*Brit*) equitación *f* ► **horse sense** N sentido *m* común ► **horse show** N concurso *m* hípico ► **horse trader** N (*Pol*) chalán/ana *m/f* ► **horse trading** N (*Pol*) toma y daca *m*, chalaneo *m* ► **horse trailer** N (*US*) remolque *m* para caballerías ► **horse trials** NPL concurso *m* hípico

►**horse about***, **horse around*** VI + ADV hacer el tonto

**horseback** ['hɔːsbæk] Ⓐ N **on ~** a caballo
Ⓑ CPD ► **horseback riding** N (*US*) equitación *f*

**horsebox** ['hɔːsbɒks] N (*Brit*) remolque *m* para caballerías; (*Rail*) vagón *m* para caballerías

**horse-drawn** ['hɔːsdrɔːn] ADJ de tracción animal, tirado por caballos

**horseflesh** ['hɔːsfleʃ] N 1 (= *horses*) caballos *mpl*
2 (*Culin*) carne *f* de caballo

**horsefly** ['hɔːsflaɪ] N (*pl* **horseflies**) tábano *m*

**horsehair** ['hɔːsheəʳ] N crin *f*

**horsehide** ['hɔːshaɪd] N cuero *m* de caballo

**horseman** ['hɔːsmən] N (*pl* **horsemen**) (= *rider*) jinete *m*; (*skilful*) caballista *m*, charro *m* (*Mex*)

**horsemanship** ['hɔːsmənʃɪp] N (= *activity*) equitación *f*; (= *skill*) manejo *m* del caballo

**horseplay** ['hɔːspleɪ] N payasadas *fpl*

**horsepower** ['hɔːs,paʊəʳ] N caballo *m* de vapor; **a 20 ~ engine** un motor de 20 caballos

**horseradish** ['hɔːs,rædɪʃ] N (= *plant*) rábano *m* picante; (= *sauce*) salsa *f* de rábano

**horseshit**** ['hɔːsʃɪt] N (*lit*) caca** *f* de caballo; (*fig*) gilipollada** *f*

**horseshoe** ['hɔːsʃuː] Ⓐ N herradura *f*
Ⓑ CPD ► **horseshoe arch** N arco *m* de herradura

**horsewhip** ['hɔːswɪp] Ⓐ VT azotar
Ⓑ N fusta *f*

**horsewoman** ['hɔːs,wʊmən] N (*pl* **horsewomen**) amazona *f*, charra *f* (*Mex*)

**horsey***, **horsy*** ['hɔːsɪ] ADJ (*compar* **horsier**; *superl* **horsiest**) [*person*] aficionado a los caballos; [*appearance*] caballuno

**horticultural** [,hɔːtɪ'kʌltʃərəl] ADJ hortícola; **~ show** exposición *f* de horticultura

**horticulture** ['hɔːtɪkʌltʃəʳ] N horticultura *f*

**horticulturist** [,hɔːtɪ'kʌltʃərɪst] N horticultor(a) *m/f*

**hose** [həʊz] N 1 (*also* **~pipe**) manga *f*, manguera *f*
2 (= *stockings*) medias *fpl*; (= *socks*) calcetines *mpl*; (*Hist*) calzas *fpl*

►**hose down** VT + ADV regar con manguera

►**hose out** VT + ADV regar con manguera

**hosepipe** ['həʊzpaɪp] N manga *f*, manguera *f*

**hosier** ['həʊʒɪəʳ] N calcetero/a *m/f*

**hosiery** ['həʊʒɪərɪ] N calcetería *f*

**hosp** ABBR (= **hospital**) Hosp *m*

**hospice** ['hɒspɪs] N hospicio *m*

**hospitable** [hɒs'pɪtəbl] ADJ acogedor, hospitalario

**hospitably** [hɒs'pɪtəblɪ] ADV con hospitalidad

**hospital** ['hɒspɪtl] Ⓐ N hospital *m*; **maternity ~** casa *f* de maternidad; **mental ~** hospital *m* psiquiátrico, manicomio *m*; **to go into ~** ingresar en el hospital
Ⓑ CPD ► **hospital administration** N administración *f* de hospital ► **hospital administrator** N (*Brit*) administrador(a) *m/f* de hospital; (*US*) director(a) *m/f* de hospital ► **hospital case** N caso *m* clínico; **90% of ~ cases are released within three weeks** el 90% de los casos clínicos son dados de alta en tres semanas ► **hospital doctor** N interno/a *m/f* ► **hospital facilities** NPL instalaciones *fpl* hospitalarias ► **hospital management** N (= *act*) gestión *f* hospitalaria; (= *persons*) dirección *f* del hospital ► **hospital nurse** N enfermera *f* de hospital ► **hospital ship** N buque *m* hospital

**hospitality** [,hɒspɪ'tælɪtɪ] Ⓐ N hospitalidad *f*; **corporate ~** hospitalidad *f* corporativa
Ⓑ CPD ► **hospitality area** N zona *f* de recepción para invitados importantes ► **hospitality tent** N carpa *f* de recepción para invitados importantes

**hospitalization** [,hɒspɪtəlaɪ'zeɪʃən] N hospitalización *f*

**hospitalize** ['hɒspɪtəlaɪz] VT hospitalizar

**host¹** [həʊst] Ⓐ N 1 (*to guest*) anfitrión(ona) *m/f*; (*TV, Rad*) presentador(a) *m/f*; [*of inn*] hostelero *m*, mesonero *m*; **I thanked my ~s** di las gracias a los anfitriones *or* a los que me habían invitado; **we were ~s for a week to a Spanish boy** recibimos en casa durante una semana a un joven español
2 (*Bot, Zool*) huésped *m*
3 (*Comput*) (*also* **~ computer**) servidor *m*
Ⓑ VT [+ *TV programme, games*] presentar; [+ *conference*] ser anfitrión de
Ⓒ CPD ► **host country** N país *m* anfitrión

**host²** [həʊst] N 1 (= *crowd*) multitud *f*; **for a whole ~ of reasons** por un sinfín de razones; **I have a ~ of problems** tengo un sinfín *or* un montón de problemas; **they came in ~s** acudieron a millares
2 (††) (= *army*) hueste *f*, ejército *m*

**host³** [həʊst] N (*Rel*) hostia *f*

**hostage** ['hɒstɪdʒ] N rehén *mf*; **to take sb ~** tomar *or* (*LAm*) agarrar a algn como rehén

**hostel** ['hɒstəl] N residencia *f*; (= *youth hostel*) albergue *m* juvenil; (*Univ*) residencia *f* de estudiantes

**hosteller**, **hosteler** (*US*) ['hɒstələʳ] N *persona que va de albergues para jóvenes*

**hostelling**, **hosteling** (*US*) ['hɒstəlɪŋ] N **to go (youth) ~** viajar de alberguista

**hostelry** ['hɒstəlrɪ] N (*pl* **hostelries**) (*esp Brit*) mesón *m*

**hostess** ['həʊstes] N huéspeda *f*, anfitriona *f*; (*in night club*) azafata *f*; (*Aer*) azafata *f*

**hostile** ['hɒstaɪl] (*US*) ['hɒstəl] ADJ 1 (= *antagonistic*) [*person, question, atmosphere*] hostil; **to get a ~ reception** tener una recepción hostil; **to be ~ to** *or* **towards sth/sb** ser hostil a algo/con algn; **~ witness** (*Law*) testigo *m* hostil *or* desfavorable
2 (*Mil*) [*force, aircraft, territory*] hostil
3 (= *unfavourable*) [*conditions, weather, environment*] adverso, desfavorable
4 (*Econ, Fin*) hostil; **a ~ takeover bid** una OPA hostil

**hostility** [hɒs'tɪlɪtɪ] N 1 (= *animosity*) hostilidad *f*
2 **hostilities** (*Mil*) hostilidades *fpl*; **to cease/resume hostilities** cesar/reanudar las hostilidades

**hostler** ['ɒslə^r] N mozo *m* de cuadra

**hot** [hɒt] Ⓐ ADJ (*compar* **hotter**; *superl* **hottest**)
1 (*gen*) caliente; [*climate*] cálido; [*day, summer*] caluroso, de calor; [*sun*] abrasador; **with running ~ and cold water** con agua corriente caliente y fría; **it was a very ~ day** fue un día de mucho calor; **it was a ~ and tiring walk** fue una caminata que nos hizo sudar y nos cansó mucho; **a nice ~ bath** un buen baño caliente; **to be ~** [*thing*] estar caliente; [*weather*] hacer calor; [*person*] tener calor; **this room is ~** hace calor en esta habitación; **to be very ~** [*thing*] estar muy caliente; [*weather*] hacer mucho calor; [*person*] tener mucho calor; **I'm too ~** tengo demasiado calor; **it made me go ~ and cold** me dio escalofríos; **to get ~** [*thing*] calentarse; [*weather*] empezar a hacer calor; [*person*] **I'm getting ~** me está entrando calor; **to get (all) ~ and bothered** sofocarse; **you're getting ~** (*fig*) (*when guessing*) caliente, caliente
2 (= *spicy, peppery*) [*taste, food*] picante; **this food is very ~** esta comida es muy picante; **Mexican food's too ~** la comida mejicana es demasiado picante
3 (*fig*) [*contest*] muy reñido; [*temper*] malo; [*dispute*] acalorado; **~ favourite** gran favorito *m*; **to make it ~ for sb** hacerle la vida imposible a algn; **to make a place too ~ for sb** hacer que algn se vaya de un lugar haciéndole la vida imposible; **~ money** dinero *m* caliente; **~ news** noticias *fpl* de última hora; **he's a pretty ~ player** es un jugador experto; **he has a ~ temper** tiene mal genio *or* carácter; **a ~ tip** información *f* de buenas tintas *or* de fuente fidedigna; ✦*IDIOMS* **to be in/get into ~ water** estar/meterse en problemas; **to be ~ under the collar*** estar acalorado; **to get ~ under the collar*** acalorarse; **to be too ~ to handle** es demasiado; **that's a ~ button** *or* **a ~-button issue** (*US*) ése es un asunto polémico, ése es un tema candente; **these accusations have hit a ~ button in the black community** estas acusaciones han levantado ampollas entre la población negra; *see also* **pursuit**
Ⓑ ADV **to be ~ on sb's trail** *or* **heels** pisar los talones a algn; **news ~ from the press** una noticia que acaba de publicarse en la prensa; ✦*IDIOM* **to blow ~ and cold** ser veleta, mudar a todos los vientos
Ⓒ N **he's got the ~s for her*** ella le pone cachondo
Ⓓ CPD ► **hot air** N (*fig*) palabras *fpl* al aire ► **hot cross bun** N *bollo a base de especias y pasas marcado con una cruz y que se come en Viernes Santo* ► **hot dog** N (*Culin*) perrito *m* caliente, hot dog *m*, pancho *m* (*S. Cone*) ► **hot flash** N (*US*) = **hot flush** ► **hot flush** N (*Brit*) sofoco *m* de calor ► **hot goods** NPL artículos *mpl* robados ► **hot line** N teléfono *m* rojo ► **hot potato*** N cuestión *f* muy discutida ► **hot seat*** N **to be in the ~ seat** estar expuesto ► **hot spot*** N (*Pol*) lugar *m* de peligro; (*for amusement*) lugar *m* de diversión; (= *night club*) sala *f* de fiestas ► **hot springs** NPL aguas *fpl* termales ► **hot stuff** N **to be ~ stuff** (= *expert*) ser un hacha*; (= *sexy*) estar como un tren*; **he's pretty ~ stuff at maths*** es un hacha *or* un as para las matemáticas ► **hot tub** N jacuzzi® *m*

► **hot up*** (*esp Brit*) Ⓐ VI + ADV [*party*] animarse; [*competition, battle*] empezar a animarse; [*dispute*] acalorarse
Ⓑ VT + ADV [+ *food*] calentar; [+ *pace*] acelerar, forzar

**hot-air balloon** [ˌhɒt'ɛəbə'lu:n] N globo *m* de aire caliente

**hotbed** ['hɒtbed] N (*fig*) semillero *m*

**hot-blooded** ['hɒt'blʌdɪd] ADJ apasionado

**hotchpotch** ['hɒtʃpɒtʃ] N (*Brit*) mezcolanza *f*

**hot-desking** [ˌhɒt'deskɪŋ] N *práctica consistente en la asignación variable de mesas en una oficina, de tal forma que nadie ocupa permanentemente la misma*

**hotel** [həʊ'tel] Ⓐ N hotel *m*
Ⓑ CPD ► **the hotel industry** N el sector hotelero ► **hotel manager** N director(a) *m/f* de hotel ► **hotel receptionist** N recepcionista *mf* de hotel ► **hotel room** N habitación *f* de hotel ► **hotel staff** N plantilla *f* de hotel ► **hotel work** N trabajo *m* de hostelería ► **hotel workers** NPL trabajadores/oras *mpl/fpl* de hostelería

**hotelier** [həʊ'telɪə^r], **hotelkeeper** [həʊ'telˌki:pə^r] N hotelero/a *m/f*

**hotfoot** ['hɒt'fʊt] Ⓐ ADV a toda prisa
Ⓑ VT **to ~ it*** ir volando

**hothead** ['hɒthed] N exaltado/a *m/f*

**hot-headed** ['hɒt'hedɪd] ADJ impulsivo, impetuoso

**hothouse** ['hɒthaʊs] N (*pl* **hothouses** ['hɒthaʊzɪz]) invernadero *m*

**hotly** ['hɒtlɪ] ADV con pasión, con vehemencia; **he was ~ pursued by the policeman** el policía le seguía muy de cerca

**hotpants** ['hɒtpænts] NPL shorts *mpl*

**hotplate** ['hɒtpleɪt] N (*on stove*) hornillo *m*; (*for keeping food warm*) calientaplatos *m inv*

**hotpot** ['hɒtpɒt] N (*Brit Culin*) estofado *m*

**hotrod*** ['hɒtrɒd] N (*US Aut*) bólido *m*

**hotshot*** ['hɒtʃɒt] Ⓐ ADJ de primera, de aúpa*
Ⓑ N personaje *m*, pez *m* gordo*

**hot-tempered** [ˌhɒt'tempəd] ADJ de mal genio, de mal carácter

**Hottentot** ['hɒtəntɒt] Ⓐ ADJ hotentote
Ⓑ N 1 (= *person*) hotentote *mf*
2 (*Ling*) hotentote *m*

**hot-water bottle** [hɒt'wɔ:təˌbɒtl] N bolsa *f* de agua caliente

**hot-wire*** ['hɒtwaɪə^r] VT hacerle el puente a

**hound** [haʊnd] Ⓐ N perro *m* de caza; **the ~s** la jauría
Ⓑ VT (*fig*) perseguir, acosar; **they ~ed him for the money** le persiguieron *or* acosaron para conseguir el dinero; **I will not be ~ed into a decision** no permitiré que me presionen para tomar una decisión

► **hound down** VT + ADV perseguir sin descanso

► **hound on** VT + ADV **to ~ sb on (to do sth)** incitar a algn (a hacer algo)

► **hound out** VT + ADV sacar a la fuerza

**hour** [aʊə^r] Ⓐ N hora *f*; **after ~s** fuera de horario; **at all ~s (of the day and night)** a cualquier hora; **she's out till all ~s** no regresa hasta muy tarde, vuelve a casa a las tantas; **at 30 miles an ~** a 30 millas por hora; **~s and ~s** horas y horas, horas enteras; **to pay sb by the ~** pagar a algn por horas; **~ by ~** hora tras hora; **he thought his (last) ~ had come** (*fig*) pensó que había llegado su hora; **in the ~ of danger** en el momento de peligro; **in the early ~s** en la *or* de madrugada; **at the eleventh ~** a última hora; **I've been waiting for ~s** llevo horas esperando; **we waited ~s** esperamos horas y horas; **half an ~** media hora; **two and a half ~s** dos horas y media; **to keep late ~s** trasnochar, acostarse a altas horas de la noche; **to work long ~s** trabajar muchas horas; **lunch ~** hora *f* del almuerzo *or* de comer; **on the ~** a la hora en punto; **out of ~s** fuera de horario; **a quarter of an ~** un cuarto de hora; **to keep regular ~s** llevar una vida ordenada; **in the small ~s** en la *or* de madrugada; **to strike the ~** dar la hora; **he took ~s to do it** tardó horas en hacerlo; **she always takes ~s to get ready** siempre se tira horas para arreglarse; **visiting ~s** horas de visita
Ⓑ CPD ► **hour hand** N horario *m*

**hourglass** ['aʊəglɑ:s] N reloj *m* de arena

**hourly** ['aʊəlɪ] Ⓐ ADJ [*rate, pay, earnings*] por hora; [*bus, train, service*] cada hora; [*news*] de cada hora; **they come at ~ intervals** llegan cada hora; **there are ~ buses** hay autobuses cada hora; **~ rate** *or* **wage** paga *f* por hora
Ⓑ ADV 1 (= *every hour*) cada hora; **trains from Madrid arrive ~** los trenes de Madrid llegan cada hora
2 (= *by the hour*) **she's paid ~** le pagan por horas
3 (= *at any moment*) **we expected him ~** le esperábamos de un momento a otro

**hourly-paid** [ˌaʊəlɪ'peɪd] ADJ pagado por hora

**house** Ⓐ [haʊs] N (*pl* **houses** ['haʊzɪz]) 1 (= *building*) casa *f*; **the party's at my/John's ~** la fiesta es en mi casa/en casa de John; **let's go to your ~** vamos a tu casa; **are you handy around the ~?** ¿eres un manitas para la casa?; **~ of cards** castillo *m* de naipes; **the ~ of God** la casa del Señor; **to move ~** mudarse (de casa); **to keep open ~** tener la puerta siempre abierta, recibir a todo el mundo; ✦*IDIOM* **to get on like a ~ on fire*** (= *progress*) ir sobre ruedas*; [*people*] llevarse de maravilla*; *see also* **coffee B**, **eat**, **public**, **safe**, **steak**
2 (= *household*) casa *f*; **the noise woke the whole ~** el ruido despertó a toda la casa; **to keep ~ (for sb)** llevar la casa (a algn); **the children were playing (at) ~** los niños estaban jugando a las casitas; **to set up ~** poner casa; ✦*IDIOM* **to put** *or* **set** *or* **get one's ~ in order** poner sus asuntos en orden; **the government must put its economic ~ in order** el gobierno debe poner en orden la economía
3 (*Pol*) cámara *f*; **the House** (= *House of Commons*) la Cámara de los Comunes; (*US*) la Cámara de Representantes; **the upper/lower ~** la cámara alta/baja; **the House of Commons/Lords** (*Brit*) (= *building, members*) la Cámara de los Comunes/Lores; **the Houses of Parliament** (*Brit*) el Parlamento; **the House of Representatives** (*US*) la Cámara de Representantes; → SPEAKER
4 (*in debate*) asamblea *f*; **this ~ believes that …** esta asamblea cree que …
5 (*Brit Scol*) *subdivisión de alumnos que se crea en algunos colegios para promover la competición entre ellos*
6 (*Theat*) (= *auditorium*) sala *f*; (= *audience*) público *m*; **full ~** (teatro *m*) lleno *m*; **"house full"** "no hay localidades"; **they played to packed ~s** llenaban las salas; **the second ~** la segunda función; ✦*IDIOM* **to bring the ~ down** [*act, scene*] hacer que se venga abajo la sala *or* el teatro; [*joke*] hacer morirse de risa a todos
7 (*Comm*) casa *f*; **banking ~** entidad *f* bancaria; **fashion ~** casa *f* de modas; **finance ~** entidad *f* financiera; **we do our printing in ~** hacemos nuestra propia impresión, hacemos la impresión en la empresa; **it's on the ~** invita la casa; **TV programmes made out of ~** programas de televisión realizados por productoras externas; **publishing ~** (casa *f*) edi-

torial *f*; *see also* **in-house**
8 (= *family, line*) casa *f*, familia *f*; **the House of Windsor** la casa de los Windsor
9 (*Cards*) **full ~** full *m*
10 (*Astrol*) casa *f* (celeste)
Ⓑ [haʊz] VT 1 (= *provide accommodation for*) [+ *person, family*] alojar, dar alojamiento a
2 (= *have space for, contain*) albergar; **the building will not ~ them all** el edificio no podrá albergarlos a todos, no cabrán todos en el edificio
3 (= *store*) guardar, almacenar
4 (*Mech*) encajar
Ⓒ [haʊs] CPD ► **house agent** N (*Brit*) agente *mf* inmobiliario/a ► **house arrest** N arresto *m* domiciliario; **to be under ~ arrest** estar bajo arresto domiciliario ► **house call** N consulta *f* a domicilio ► **house contents insurance** N seguro *m* del contenido de una casa ► **house doctor** N = **house physician** ► **house guest** N invitado/a *m/f* ► **house lights** NPL (*Theat*) luces *fpl* de sala ► **house manager** N (*Theat*) encargado/a *m/f* del teatro ► **house martin** N avión *m* común ► **house officer** N interno/a *m/f* ► **house owner** N propietario/a *m/f* de una casa ► **house painter** N pintor(a) *m/f* (de brocha gorda) ► **house party** N (*event*) *fiesta de varios días en una casa de campo*; (*people*) grupo *m* de invitados (*que pasan varios días en una casa de campo*) ► **house physician** N (*Brit*) médico/a *m/f* interno/a ► **house plant** N planta *f* de interior ► **house prices** NPL el precio de la vivienda ► **house red** N tinto *m* de la casa ► **house sparrow** N gorrión *m* común ► **house style** N estilo *m* de la casa ► **house surgeon** N (*Brit*) cirujano/a *m/f* interno/a ► **house wine** N vino *m* de la casa

**houseboat** ['haʊsbəʊt] N casa *f* flotante

**housebound** ['haʊsbaʊnd] ADJ confinado en casa

**houseboy**† ['haʊsbɔɪ] (*often pej*) N sirviente *m*; (*in former colonies*) mucamo *m*

**housebreaker** ['haʊs,breɪkəʳ] N ladrón/ona *m/f*

**housebreaking** ['haʊs,breɪkɪŋ] N allanamiento *m* de morada, invasión *f* de morada

**housebroken** ['haʊs,brəʊkən] ADJ (*US*) enseñado

**housecleaning** ['haʊs'kli:nɪŋ] N limpieza *f* de la casa

**housecoat** ['haʊskəʊt] N bata *f*

**housedress** ['haʊsdres] N vestido *m* de casa, vestido *m* sencillo

**housefather** ['haʊs,fɑ:ðəʳ] N *hombre encargado de una residencia de niños*

**housefly** ['haʊsflaɪ] N (*pl* **houseflies**) mosca *f*

**houseful** ['haʊsfʊl] N **there was a ~ of people** la casa estaba llena de gente

**household** ['haʊshəʊld] Ⓐ N (= *home*) casa *f*; (= *family*) familia *f*
Ⓑ CPD ► **household accounts** NPL cuentas *fpl* de la casa ► **Household Cavalry** N (*Mil*) Guardia *f* Real ► **household chores** NPL quehaceres *mpl* domésticos, tareas *fpl* de la casa ► **household expenses** NPL gastos *mpl* de la casa ► **household gods** NPL penates *mpl* ► **household goods** NPL enseres *mpl* domésticos ► **household linen** N ropa *f* blanca ► **household name** N **he's a ~ name** es una persona conocidísima ► **household refuse** N basura *f* doméstica, residuos *mpl* domésticos ► **household soap** N jabón *m* familiar ► **household troops** NPL (*Brit*) guardia *fsing* real ► **household word** N **it's a ~ word** (*fig*) es el pan de cada día

**householder** ['haʊs,həʊldəʳ] N (= *owner*) propietario/a *m/f*; (= *tenant*) inquilino/a *m/f*; (= *head of house*) cabeza *f* de familia

**house-hunt** ['haʊshʌnt] VI (*Brit*) buscar casa

**house-hunting** ['haʊs,hʌntɪŋ] N **to go househunting** ir buscando casa

**house-husband** ['haʊs,hʌzbənd] N *marido que se ocupa de las tareas de la casa*

**housekeeper** ['haʊs,ki:pəʳ] N ama *f* de llaves; (*in hotel*) gobernanta *f*

**housekeeping** ['haʊs,ki:pɪŋ] N (= *administration*) gobierno *m* de la casa; (= *housework*) quehaceres *mpl* domésticos, tareas *fpl* de la casa; (*Comput*) gestión *f* interna; (*esp Brit*) (*also* **~ money**) dinero *m* para gastos domésticos

**housemaid** ['haʊsmeɪd] N criada *f*

**houseman** ['haʊsmən] N (*pl* **housemen**) (*Brit*) (*in hospital*) interno/a *m/f*

**housemaster** ['haʊs,mɑ:stəʳ] N (*Brit Scol*) *profesor a cargo de la subdivisión de un colegio de internado*

**housemate** ['haʊsmeɪt] N compañero/a *m/f* de piso

**housemistress** ['haʊs,mɪstrɪs] N (*Brit Scol*) *profesora a cargo de la subdivisión de un colegio de internado*

**housemother** ['haʊs,mʌðəʳ] N *mujer encargada de una residencia de niños*

**house-proud** ['haʊspraʊd] ADJ (*esp Brit*) **she's very ~** le gusta tener la casa impecable

**houseroom** ['haʊsrʊm] N **to give sth ~** guardar algo en su casa; **I wouldn't give it ~*** no lo tendría en casa

**house-sit** ['haʊssɪt] VI (*pt, pp* **house-sat**) **I'm ~ting for the Sinclairs** vivo en la casa de los Sinclair para vigilarla en ausencia de los dueños

**house-to-house** ['haʊstə'haʊs] ADJ de casa en casa; **to conduct ~ enquiries** hacer investigaciones de casa en casa

**housetop** ['haʊstɒp] N tejado *m*; ✦**IDIOM to shout sth from the ~s** pregonar algo a los cuatro vientos

**house-train** ['haʊstreɪn] VT (*Brit*) educar, enseñar

**house-trained** ['haʊstreɪnd] ADJ (*Brit*) enseñado

**housewares** ['haʊswɛəz] NPL (*esp US*) artículos *mpl* de uso doméstico, utensilios *mpl* domésticos

**house-warming** ['haʊs,wɔ:mɪŋ] N (*also* **~ party**) fiesta *f* de estreno de una casa

**housewife** ['haʊswaɪf] N (*pl* **housewives**) ama *f* de casa

**housewifely** ['haʊswaɪflɪ] ADJ doméstico

**housewifery** ['haʊswɪfərɪ] N (= *administration*) gobierno *m* de la casa; (= *housework*) quehaceres *mpl* domésticos, tareas *fpl* de la casa

**housewives** ['haʊswaɪvz] NPL *of* **housewife**

**housework** ['haʊswɜ:k] N quehaceres *mpl* domésticos, tareas *fpl* de la casa

**housing** ['haʊzɪŋ] Ⓐ N 1 (= *houses*) casas *fpl*, viviendas *fpl*; **there's a lot of new ~** hay muchas casas *or* viviendas nuevas
2 (*gen*) vivienda *f*; **the ~ problem** el problema de la vivienda
3 (*Mech*) caja *f*, cubierta *f*
Ⓑ CPD ► **housing association** N asociación *f* de la vivienda ► **housing benefit** N (*Brit*) subsidio *m* de vivienda ► **housing cooperative** N cooperativa *f* de la vivienda ► **housing development** N (*US*) = **housing estate** ► **housing estate** N (*Brit*) urbanización *f*, fraccionamiento *m* (*Mex*), reparto *m* (*Mex*); (= *council estate*) urbanización *f or* barrio *m* de viviendas protegidas ► **housing market** N mercado *m* de la vivienda ► **housing policy** N política *f* de la vivienda ► **housing project** N (*US*) urbanización *f or* barrio *m* de viviendas protegidas ► **housing scheme** N (*Scot*) urbanización *f or* barrio *m* de viviendas protegidas ► **housing shortage** N crisis *f inv* de la vivienda ► **housing stock** N total *m* de viviendas ► **housing subsidy** N subsidio *m* por vivienda

**hove** [həʊv] PT, PP *of* **heave C2**

**hovel** ['hɒvəl] N casucha *f*, cuchitril *m*, tugurio *m* (*esp LAm*)

**hover** ['hɒvəʳ] Ⓐ VI 1 [*bird*] planear, cernerse
2 (*fig*) [*person*] rondar; **a couple of waiters were ~ing near our table** un par de camareros rondaban cerca de nuestra mesa; **she was ~ing in the doorway** andaba rondando por la entrada; **he was ~ing between life and death** se debatía entre la vida y la muerte
Ⓑ CPD ► **hover fly** N mosca *f* de las flores

►**hover about** VI + ADV, VI + PREP = **hover around**

►**hover around** Ⓐ VI + ADV rondar
Ⓑ VI + PREP **to ~ around sb** rondar a algn, girar en torno a algn

**hovercraft** ['hɒvəkrɑ:ft] N aerodeslizador *m*

**hoverport** ['hɒvə,pɔ:t] N puerto *m* de aerodeslizadores

**how** [haʊ]

| | |
|---|---|
| A ADVERB | C NOUN |
| B CONJUNCTION | |

Ⓐ ADVERB
1 ***In direct and indirect questions, reported speech*** 1·1 (*WITH VERB*)

*You can usually use* **cómo** *to translate* **how** *in questions as well as after report verbs and verbs of (un)certainty and doubt (e.g.* **no sé**):

cómo; **~ did you do it?** ¿cómo lo hiciste?; **~ can that be?** ¿cómo puede ser eso?; **~ are you?** ¿cómo estás?, ¿cómo *or* qué tal te va? (*LAm**), ¿qué tal (estás)? (*Sp**); **~ was the film?** ¿qué tal la película?; **please tell me ~ to do it** por favor, dígame cómo hacerlo; **I wasn't sure ~ to make soup** no sabía muy bien cómo hacer *or* preparar una sopa; **I explained to her ~ to make a paella** le expliqué cómo se hacía una paella; **I know ~ you did it** ya sé cómo lo hiciste; **to know ~ to do sth** saber hacer algo; **to learn ~ to do sth** aprender a hacer algo, aprender cómo se hace algo; **~ do you like your steak?** ¿cómo le gusta el filete?; **~ do you like the book?** ¿qué te parece el libro?; **~'s that for cheek?** ¿no te parece de una cara dura increíble?; **I can't understand ~ it happened** no entiendo cómo ocurrió
1·2 (= *to what degree*)

**how** + ADJECTIVE *in questions can often be translated using* **cómo es/era de** + ADJECTIVE *(agreeing with the noun), but other constructions might be more usual depending on the context:*

**~ big is it?** ¿cómo es de grande?; **~ difficult was the exam?** ¿cómo fue de difícil el examen?; BUT **~ old are you?** ¿cuántos años tienes?; **~ wide is this bed?** ¿qué anchura tiene esta cama?, ¿cuánto mide de ancho esta cama?

*with adverbs various translations are possible depending on the context. A very common construction is* PREPOSITION + **qué** + NOUN:

**~ far away is it?** ¿a qué distancia queda?, ¿qué tan lejos queda? (*LAm*); **~ far is it (from here) to Edinburgh?** ¿qué distancia hay de aquí a Edimburgo?; **~ fast can it go?** ¿a qué velocidad puede ir?; **~ soon can you be ready?** ¿cuánto tardas en prepararte?; **~ soon can you come?** ¿cuándo puedes venir?

*To translate* **how** + **ADJECTIVE/ADVERB** *in reported speech,* **lo** + **ADJECTIVE/ADVERB** *is used. Note that the adjective agrees with the noun.*

**you don't know ~ difficult it is** no sabes lo difícil que es; **I didn't know ~ expensive the tickets were** no sabía lo caras que eran las entradas; **they've been telling me ~ well you did in your exams** ya me han hablado de lo bien que hiciste los exámenes

◆ **and how!** ¡y cómo!, ¡y tanto!

◆ **how about**: **~ about tomorrow?** ¿qué te parece mañana?; **~ about a cup of tea?** ¿te apetece una taza de té?; **I like it, but ~ about you?** a mí me gusta, pero ¿y a ti?; **~ about going to the cinema?** ¿qué tal si vamos al cine?, ¿y si vamos al cine?

◆ **how long**: **~ long is this bed?** ¿qué longitud tiene esta cama?, ¿cuánto mide de largo esta cama?; **~ long will you be?** ¿cuánto vas a tardar?; **~ long have you been here?** ¿cuánto tiempo llevas aquí?

◆ **how many**: **~ many are there?** ¿cuántos hay?; **~ many cartons of milk did you buy?** ¿cuántos cartones de leche has comprado?

◆ **how much**: **~ much sugar do you want?** ¿cuánto azúcar quieres?; **~ much is it?** ¿cuánto vale?, ¿cuánto es?

◆ **how often**: **~ often do you go?** ¿con qué frecuencia vas?; *see also* **else 2**

2 ***in other statements***

*Translate* **how** *with verbs other than report ones or verbs of (un)certainty and doubt using* **como** *without an accent:*

como; **this is ~ you do it** así es como se hace; **that was ~ I came to meet him** así es como lo conocí; **I'll do it ~ I like** lo haré como me parezca

3 ***in exclamations***

*You can often translate* **how** + **ADJECTIVE/ADVERB** *using* **qué** + **ADJECTIVE/ADVERB***:*

qué; **~ beautiful!** ¡qué bonito!; **~ strange!** ¡qué raro!; **~ quickly the time passed!** ¡qué de prisa pasó el tiempo!; *BUT* **~ glad I am to see you!** ¡cuánto me alegro de verte!; **~ they talk!** ¡cuánto hablan!; **~ sorry I am!** ¡cuánto lo siento!; **~ she's changed!** ¡cuánto ha cambiado!; **~ kind of you!** es usted muy amable

Ⓑ CONJUNCTION

** = that* que; **she told me ~ she'd seen him last night** me dijo que lo había visto anoche

Ⓒ NOUN

**I want to know the ~ and the why of all this** quiero saber el cómo y el porqué de todo esto

**howdah** ['haʊdə] N howdah *f* (*silla para montar elefantes*)

**howdy*** ['haʊdɪ] EXCL (*US*) ¡hola!

**how-d'ye-do** ['haʊdjə'du:] N lío *m*; **this is a fine ~!** ¡en buen lío *or* berenjenal nos hemos metido!, ¡vaya lío!

▼ **however** [haʊ'evəʳ] Ⓐ ADV 1 (= *nevertheless*) sin embargo, no obstante; **most men, ~, prefer black** la mayoría de los hombres, sin embargo *or* no obstante, prefieren el negro

2 (= *no matter how*) **~ cold it is, we still manage to have fun** por mucho frío que haga, nos las arreglamos para pasarlo bien; **he'll never catch us ~ fast he runs** por muy rápido que vaya *or* por mucho que corra no nos alcanzará; **~ hard she tried, she couldn't remember his name** por mucho *or* más que lo intentaba, no lograba acordarse de su nombre; **wait 10 to 15 minutes, or ~ long it takes** espera 10 ó 15 minutos, o los que sean necesarios; **the 5,000 spectators, or ~ many were there** los 5.000 espectadores, o los que fuesen; **take about a metre of fabric, or ~ much you need** toma un metro de tela o lo que necesites

3 (*in questions*) (= *how*) cómo; **~ did you manage to do that?** ¿cómo te las arreglaste para hacer eso?

Ⓑ CONJ **~ it's done, it has to look right** se haga como se haga, tiene que quedar bien; **~ we add it up, it doesn't come to 83** lo sumemos como lo sumemos, no da 83, hagamos la suma como la hagamos, no da 83; **~ you want** *or* **like** como quieras; **you can do it ~ you want** puedes hacerlo como quieras

**HOWEVER**

Unlike **however**, **sin embargo** and **no obstante** can never end a sentence; they must always go at the beginning of it or between the clauses:

He has one problem, however

***Sin embargo, tiene un problema***

He does not expect to come out of the meeting with anything concrete, however

***No obstante, no espera salir de la reunión con nada concreto***

**howitzer** ['haʊɪtsəʳ] N obús *m*

**howl** [haʊl] Ⓐ N [*of animal*] aullido *m*; [*of wind*] rugido *m*; (*fig*) [*of protest*] clamor *m*, grito *m*; **a ~ of pain** un alarido de dolor; **~s of laughter** (*fig*) carcajadas *fpl*; **with a ~ of rage** dando un alarido de furia

Ⓑ VI [*animal*] aullar; [*person*] dar alaridos; [*wind*] rugir, bramar; [*child*] (= *weep*) berrear; **the dog ~ed all night** el perro estuvo aullando toda la noche; **he ~ed with pain** aullaba de dolor, daba alaridos de dolor; **to ~ with laughter** (*fig*) reír a carcajadas; **to ~ with rage** bramar de furia, bramar furioso

Ⓒ VT (= *shout*) gritar

▸**howl down** VT + ADV hacer callar a gritos

**howler** ['haʊləʳ] N falta *f* garrafal

**howling** ['haʊlɪŋ] ADJ [*success*] clamoroso

**howsoever** [haʊsəʊ'evəʳ] ADV (*frm*) comoquiera que

**hoy** [hɔɪ] EXCL ¡eh!, ¡hola!

**hoyden**† ['hɔɪdn] N marimacho *m*

**HP** N ABBR 1 (*Brit**) = **hire purchase**
2 (= **horsepower**) C.V. *mpl*

**h.p.** N ABBR (= **horsepower**) C.V. *mpl*

**HQ** N ABBR (= **headquarters**) E.M.

**HR** N ABBR 1 = **Human Resources**
2 (*US*) = **House of Representatives**

**hr** ABBR (= **hour**) h

**HRH** N ABBR (= **Her** *or* **His Royal Highness**) S.A.R.

**hrs** ABBR (= **hours**) hs

**HRT** N ABBR = **hormone replacement therapy**

**HS** ABBR (*US*) = **high school**

**HST** N ABBR 1 (*Brit*) = **high speed train**
2 (*US*) = **Hawaiian Standard Time**

**HT** N ABBR = **high tension**

**ht** ABBR (= **height**) alt

**HUAC** N ABBR (*US Hist*) = **House Un-American Activities Committee**

**hub** [hʌb] N cubo *m*; (*fig*) eje *m*

**hubbub** ['hʌbʌb] N algarabía *f*, barahúnda *f*; **a ~ of voices** un barullo de voces

**hubby*** ['hʌbɪ] N marido *m*, maridito* *m*

**hubcap** ['hʌbkæp] N (*Aut*) tapacubos *m inv*

**hubris** ['hju:brɪs] N orgullo *m* desmesurado

**huckster** ['hʌkstəʳ] N (*US*) vendedor *m* ambulante, buhonero *m*

**HUD** N ABBR (*US*) = **Department of Housing and Urban Development**

**huddle** ['hʌdl] Ⓐ N [*of people*] tropel *m*; [*of things*] montón *m*; **to go into a ~*** hacer un corrillo para discutir algo en secreto

Ⓑ VI acurrucarse; **we ~d round the fire** nos arrimamos al fuego; **the chairs were ~d in a corner** las sillas estaban amontonadas en un rincón

▸**huddle down** VI + ADV (= *snuggle*) acurrucarse; (= *crouch*) agacharse

▸**huddle together** VI + ADV apiñarse; **they were huddling together for warmth** estaban apiñados *or* acurrucados para darse calor

▸**huddle up** VI + ADV apretarse (**against** contra)

**hue¹** [hju:] N (= *colour*) color *m*; (= *shade*) matiz *m*; **people of every political ~** gente de todos los matices políticos

**hue²** [hju:] N **~ and cry** [*of protest*] griterío *m*, clamor *m*; **to raise a ~ and cry** levantar protestas; **there was a ~ and cry after him** se le persiguió enérgicamente

**huff*** [hʌf] Ⓐ N **in a ~** enojado; **to go off in a ~** irse ofendido, picarse; **to take the ~** ofenderse

Ⓑ VI **to ~ and puff** (*out of breath*) jadear, resollar; **he ~ed and puffed a lot and then said yes** (*fig*) resopló mucho y luego dijo que bueno

**huffed*** [hʌft] ADJ enojado

**huffily** ['hʌfɪlɪ] ADV malhumoradamente; **he said ~** dijo malhumorado

**huffiness** ['hʌfɪnɪs] N mal humor *m*

**huffy** ['hʌfɪ] ADJ (*compar* **huffier**; *superl* **huffiest**) (*of character*) enojadizo; (*in mood*) malhumorado, ofendido; **he was a bit ~ about it** se ofendió un tanto por ello

**hug** [hʌg] Ⓐ N abrazo *m*; **to give sb a ~** dar un abrazo a algn; **give me a ~** dame un abrazo

Ⓑ VT 1 (*lovingly*) abrazar; (= *squeeze*) [*bear*] ahogar, apretar; **they ~ged each other** se abrazaron; **to ~ o.s. to keep warm** acurrucarse para darse calor; **to ~ o.s.** (*with pleasure, delight over sth*) felicitarse

2 (= *keep close to*) arrimarse a

**huge** [hju:dʒ] (*compar* **huger**; *superl* **hugest**) ADJ [*person, building, thing*] enorme, inmenso; [*bill, sum of money, investment*] enorme, astronómico*; [*increase, problem, difference*] enorme, tremendo; **~ amounts of** enormes cantidades de; **~ numbers of** gran número de; **they are making a ~ profit** están sacando enormes beneficios *or* beneficios astronómicos; **the result was human suffering on a ~ scale** el resultado fue sufrimiento humano en proporciones gigantescas; **to be a ~ success** tener un éxito enorme, ser todo un éxito

**hugely** ['hju:dʒlɪ] ADV 1 (*with adj*) [*expensive, popular, entertaining, important*] tremendamente, enormemente; **a ~ enjoyable book** un libro que se disfruta muchísimo; **a ~ successful film** una película de enorme éxito; **he is a ~ talented songwriter** es un compositor con un talento enorme

2 (*with verb*) [*vary, increase*] enormemente; **she seemed to be enjoying herself ~** parecía que se lo estaba pasando en grande

**hugeness** ['hju:dʒnɪs] N inmensidad *f*

**hugger-mugger** ['hʌgə,mʌgəʳ] Ⓐ N confusión *f*; **a ~ of books** un montón de libros en des-

➤ LANGUAGE IN USE: **however A1** 26.1, 26.3 **A2** 26.3

orden
Ⓑ ADV desordenadamente

**-hugging** ['hʌgɪŋ] ADJ (*ending in compounds*) **figure-hugging** ajustado, ceñido al cuerpo

**Hugh** [hju:] N Hugo, Ugo

**Huguenot** ['hju:gənəʊ] Ⓐ ADJ hugonote
Ⓑ N hugonote/a *m/f*

**huh** [hʌ] EXCL ¡eh!

**Hula Hoop®** ['hu:lə,hu:p] N Hula Hoop *m*

**hulk** [hʌlk] N [1] (*Naut*) (= *abandoned ship*) casco *m*; (*pej*) (= *clumsy ship*) carraca *f*
[2] (= *large, ungainly building*) armatoste *m*; **a great ~ of a man*** un gigantón

**hulking*** ['hʌlkɪŋ] ADJ pesado; **a ~ great brute** un hombracho

**hull** [hʌl] Ⓐ N (*Naut*) casco *m*
Ⓑ VT [+ *fruit*] descascarar

**hullabaloo*** [,hʌləbə'lu:] N (= *noise*) algarabía *f*; (= *fuss*) jaleo *m*, revuelo *m*; **a great ~ broke out** se armó un revuelo tremendo; **that ~ about the money** ese jaleo *or* revuelo que se armó por el dinero*

**hullo** [hʌ'ləʊ] EXCL = **hello**

**hum** [hʌm] Ⓐ N (*gen, Elec*) zumbido *m*; [*of voices*] murmullo *m*
Ⓑ VT [+ *tune*] canturrear, tararear
Ⓒ VI [1] [*insect, wire*] zumbar; [*person*] canturrear, tararear una canción
[2] (*fig*) (*) (= *be busy*) bullir, hervir; **the market place was ~ming** el mercado era un hervidero (de actividad), el mercado bullía *or* hervía de actividad; **to make things ~** hacer que la cosa marche*; **to ~ with activity** bullir de actividad
[3] (*) (= *smell*) oler mal
[4] **to ~ and haw** vacilar

**human** ['hju:mən] Ⓐ ADJ humano; **the ~ voice** la voz humana; **~ feet are made for weight bearing** los pies del ser humano *or* del hombre están hechos para soportar peso; **we bank managers are ~ too** los directores de banco también somos humanos; ✦*IDIOM* **I'm/he's** *etc* **only ~** todos somos humanos
Ⓑ N ser *m* humano
Ⓒ CPD ► **human being** N ser *m* humano ► **human chain** N **to form a ~ chain** formar una cadena humana ► **human consumption** N **to be fit for ~ consumption** ser apto para el consumo humano ► **human error** N error *m* humano; **it was a case of ~ error** fue un (caso de) error humano ► **human interest** N interés *m* humano ► **human interest story** N historia *f* de interés humano ► **human nature** N naturaleza *f* humana; **it's ~ nature to do that** hacer eso es humano ► **the human race** N la raza humana, el género humano ► **human resources** NPL recursos *mpl* humanos ► **human resource manager** N director(a) *m/f* de recursos humanos ► **human rights** NPL derechos *mpl* humanos ► **human rights organization** N organización *f* pro derechos humanos ► **human shield** N **to use sb as a ~ shield** usar a algn como escudo (humano)

**humane** [hju:'meɪn] Ⓐ ADJ humano, humanitario
Ⓑ CPD ► **humane studies** NPL ciencias *fpl* humanas, humanidades *fpl*

**humanely** [hju:'meɪnlɪ] ADV humanamente

**humaneness** [hju:'meɪnnɪs] N humanidad *f*

**humanism** ['hju:mənɪzəm] N humanismo *m*

**humanist** ['hju:mənɪst] N humanista *mf*

**humanistic** [,hju:mə'nɪstɪk] ADJ humanístico

**humanitarian** [hju:,mænɪ'tɛərɪən] Ⓐ ADJ humanitario
Ⓑ N humanitario/a *m/f*

**humanitarianism** [hju:,mænɪ'tɛərɪənɪzəm] N humanitarismo *m*

**humanity** [hju:'mænɪtɪ] N [1] (*gen*) humanidad *f*; **crimes against ~** crímenes *mpl* contra la humanidad *or* de lesa humanidad
[2] (*Literat, Art*) **the humanities** las humanidades
[3] (*Scol*) **humanities** letras *fpl*, humanidades *fpl*

**humanization** [,hju:mənaɪ'zeɪʃən] N humanización *f*

**humanize** ['hju:mənaɪz] VT humanizar

**humankind** ['hju:mən'kaɪnd] N el género humano

**humanly** ['hju:mənlɪ] ADV humanamente; **to do everything ~ possible** hacer todo lo humanamente posible; **as quickly/well as is ~ possible** tan deprisa/bien como sea humanamente posible; **as far as is ~ possible** dentro de lo humanamente posible

**humanoid** ['hju:mənɔɪd] Ⓐ ADJ humanoide
Ⓑ N humanoide *mf*

**humble** ['hʌmbl] Ⓐ ADJ (*compar* **humbler**; *superl* **humblest**) [1] (= *unassuming*) [*person*] humilde, modesto; [*apology*] humilde; **she was very ~ about her achievements** era muy modesta respecto a sus éxitos; **my ~ apologies for keeping you waiting** (*frm*) mis más humildes disculpas por tenerle esperando; **in my ~ opinion** en mi humilde *or* modesta opinión; **I am** *or* **remain your ~ servant** (*frm*) (*in letters*) su humilde *or* seguro/a servidor(a)
[2] (= *lowly*) [*person, origins, background*] humilde; [*house, home*] humilde, modesto; **the ~ maggot** el humilde gusano; **welcome to our ~ abode** (*hum*) bienvenido a nuestra humilde morada
Ⓑ VT [1] (= *make humble*) dar una lección de humildad a; **Ted's words ~d me** Ted me dio una lección de humildad con sus palabras; **it was a humbling experience** fue una lección de humildad; **to ~ o.s. before God** acercarse a Dios con humildad
[2] (= *defeat*) humillar
Ⓒ CPD ► **humble pie** N ✦*IDIOM* **to eat ~ pie** morder el polvo

**humblebee** ['hʌmblbi:] N abejorro *m*

**humbleness** ['hʌmblnɪs] N humildad *f*

**humbly** ['hʌmblɪ] ADV [1] (= *meekly*) [*say, act*] humildemente
[2] (*frm*) (= *respectfully*) [*ask*] humildemente; [*suggest, propose*] humildemente, modestamente; **to ~ apologise for sth** disculparse humildemente por algo; **I most ~ beg your pardon/thank you** le pido perdón/le doy las gracias con toda humildad
[3] (= *modestly*) humildemente; **~ born** de origen humilde

**humbug*** ['hʌmbʌg] N [1] (= *person*) charlatán/ana *m/f*; **he's an old ~** es un farsante
[2] (= *nonsense*) tonterías *fpl*; **~!** ¡bobadas!*
[3] (*Brit*) (= *sweet*) caramelo *m* de menta

**humdinger** ['hʌmdɪŋə<sup>r</sup>] N **it's a ~!*** ¡es una auténtica maravilla!; **a real ~ of a car** una maravilla de coche

**humdrum** ['hʌmdrʌm] ADJ monótono, rutinario

**humerus** ['hju:mərəs] N (*pl* **humeri** ['hju:məraɪ]) húmero *m*

**humid** ['hju:mɪd] ADJ húmedo

**humidifier** [hju:'mɪdɪfaɪə<sup>r</sup>] N humedecedor *m*

**humidify** [hju:'mɪdɪfaɪ] VT [+ *room, air*] humidificar

**humidity** [hju:'mɪdɪtɪ] N humedad *f*

**humiliate** [hju:'mɪlɪeɪt] VT humillar

**humiliating** [hju:'mɪlɪeɪtɪŋ] ADJ humillante, vergonzoso

**humiliatingly** [hju:'mɪlɪeɪtɪŋlɪ] ADV de manera humillante, vergonzosamente; **we were ~ defeated** sufrimos una derrota vergonzosa

**humiliation** [hju:mɪlɪ'eɪʃən] N humillación *f*

**humility** [hju:'mɪlɪtɪ] N humildad *f*

**humming** ['hʌmɪŋ] Ⓐ N [*of insect*] zumbido *m*; [*of person*] tarareo *m*, canturreo *m*
Ⓑ CPD ► **humming top** N trompa *f*

**hummingbird** ['hʌmɪŋbɜ:d] N colibrí *m*, picaflor *m*

**hummock** ['hʌmək] N montecillo *m*, morón *m*

**hummus, hummous** ['hʊməs] N *paté de garbanzos originario del Oriente Medio*

**humongous*** [hju'mɒŋgəs] ADJ **she is such a ~ star** es una superestrella; **we had a ~ row** tuvimos una pelea de órdago*

**humor** ['hju:mə<sup>r</sup>] N, VT (*US*) = **humour**

**-humored** ['hju:məd] ADJ (*ending in compounds*) (*US*) = **-humoured**

**humorist** ['hju:mərɪst] N humorista *mf*

**humorless** ['hju:məlɪs] ADJ (*US*) = **humourless**

**humorous** ['hju:mərəs] ADJ [*person*] gracioso, divertido; [*book, story*] divertido; [*situation, idea, tone*] cómico, gracioso

**humorously** ['hju:mərəslɪ] ADV con gracia

**humour, humor** (*US*) ['hju:mə<sup>r</sup>] Ⓐ N [1] (= *amusingness*) (*gen*) humor *m*; [*of book, situation*] gracia *f*; **sense of ~** sentido *m* del humor; **to have a sense of ~** tener sentido del humor; **I see no ~ in that** no le veo la gracia a eso
[2] (= *mood*) humor *m*; **to be in a good/bad ~** estar de buen/mal humor; **they were in no ~ for fighting** no estaban de humor para pelear; **to be out of ~** estar de mal humor
[3] (*Med*) humor *m*
Ⓑ VT complacer, consentir

**-humoured, -humored** (*US*) ['hju:məd] ADJ (*ending in compounds*) de humor …

**humourless, humorless** (*US*) ['hju:məlɪs] ADJ [*person*] arisco; [*joke*] sin gracia

**hump** [hʌmp] Ⓐ N [1] (*Anat*) joroba *f*
[2] [*of camel*] giba *f*
[3] (*in ground*) montecillo *m*; **we're over the ~** (*fig*) ya pasamos lo peor
[4] (*Brit**) (= *bad mood*) **it gives me the ~** me fastidia, me molesta; **to have the ~** estar de mal humor
Ⓑ VT [1] (= *arch*) encorvar; **to ~ one's back** encorvarse
[2] (*) (= *carry*) llevar
[3] (**) (= *have sex with*) joder (*Sp***), coger (*LAm***)
Ⓒ VI (**) (= *have sex*) joder**, follar**

**humpback** ['hʌmpbæk] N [1] (= *person*) jorobado/a *m/f*; **to have a ~** ser jorobado
[2] (= *whale*) (*also* **~ whale**) rorcual *m*

**humpbacked** ['hʌmpbækt] ADJ [*person*] jorobado; **~ bridge** puente *m* encorvado

**humph** [mm] EXCL ¡bah!

**humpy** ['hʌmpɪ] ADJ (*compar* **humpier**; *superl* **humpiest**) desigual

**humungous*** [hju'mʌŋgəs] ADJ = **humongous**

**humus** ['hju:məs] N (*Bio*) humus *m*

**Hun** [hʌn] N [1] (*Hist*) huno *m*
[2] (*pej*) (= *German*) tudesco *m*, alemán *m*

**hunch** [hʌntʃ] Ⓐ N [1] (*) (= *idea*) corazonada *f*, presentimiento *m*; **it's only a ~** no es más que una corazonada *or* un presentimiento que tengo; **I had a ~** tuve una corazonada *or* un presentimiento; **the detective had one of his ~es** el detective tuvo una de sus corazonadas

2 (*Anat*) = **hump A1**

Ⓑ VT (*also* ~ **up**) encorvar; **to ~ one's back** encorvarse

Ⓒ VI encorvarse; **to be ~ed up** ser jorobado; **to sit ~ed up** estar sentado con el cuerpo doblado

**hunchback** ['hʌntʃbæk] N jorobado/a *m/f*

**hunchbacked** ['hʌntʃbækt] ADJ jorobado

**hundred** ['hʌndrɪd] Ⓐ ADJ ciento; (*before noun*) cien; **a** *or* **one ~ people** cien personas; **I've got a ~ and one things to do** tengo la mar de cosas que hacer; **a** *or* **one ~ and ten** ciento diez; **a** *or* **one ~ thousand** cien mil; **two ~** doscientos; **three ~** trescientos; **five ~ people** quinientas personas; **five ~ and one** quinientos uno; **the ~ and first** el centésimo primo; **at a ~ miles per hour** a cien por hora; **a ~ per cent** (*fig*) cien por ciento; **the Hundred Years' War** la Guerra de los Cien Años

Ⓑ N ciento *m*; (*less exactly*) centenar *m*; **a ~ and one/two** ciento y uno/dos; **to live to be a ~** llegar a los cien años; **in ~s** ◊ **by the ~** a centenares; **for ~s of thousands of years** durante centenares de miles de años; **~s of people** centenares de personas; **I've got ~s of letters to write** tengo que escribir cientos de cartas; **I've told you ~s of times** te lo he dicho cientos de veces

> **HUNDRED**
>
> **"Ciento" or "cien"?**
>
> • Use **cien** before a *noun* (even when it follows **mil**):
>
> ...a *or* one hundred soldiers...
>
> ***...cien soldados...***
>
> ...eleven hundred metres...
>
> ***...mil cien metros...***
>
> ! Don't translate numbers like **eleven hundred** literally. Translate their equivalent in thousands and hundreds instead.
>
> • Use **cien** before **mil** and **millón**:
>
> ...a *or* one hundred thousand dollars...
>
> ***...cien mil dólares...***
>
> ...a *or* one hundred million lira...
>
> ***...cien millones de liras...***
>
> • But use **ciento** before another *number*.
>
> ...a *or* one hundred and sixteen stamps...
>
> ***...ciento dieciséis sellos...***
>
> • When **hundred** follows another number, use the compound forms (**doscientos, -as, trescientos, -as** *etc*) which must agree with the noun:
>
> ...two hundred and fifty women...
>
> ***...doscientas cincuenta mujeres...***
>
> *For further uses and examples, see main entry.*

**hundredfold** ['hʌndrɪdfəʊld] Ⓐ ADJ céntuplo

Ⓑ ADV cien veces

**hundredth** ['hʌndrɪdθ] Ⓐ ADJ centésimo

Ⓑ N centésimo *m*, centésima parte *f*

**hundredweight** ['hʌndrɪdweɪt] N (*Brit*) = *112 libras = 50.8 kilogramos*; (*approx*) quintal *m*; (*US*) = *100 libras = 45.4 kilogramos*

**hung** [hʌŋ] Ⓐ PT, PP *of* **hang**

Ⓑ CPD ► **hung jury** N *jurado cuyos miembros no se pueden poner de acuerdo* ► **hung parliament** N *parlamento en el que ningún partido alcanza mayoría absoluta*

**Hungarian** [hʌŋ'gɛərɪən] Ⓐ ADJ húngaro

Ⓑ N 1 (= *person*) húngaro/a *m/f*

2 (*Ling*) húngaro *m*

**Hungary** ['hʌŋgərɪ] N Hungría *f*

**hunger** ['hʌŋgəʳ] Ⓐ N 1 (*for food*) hambre *f*

2 (*fig*) sed *f*; **to have a ~ for** [+ *adventure, knowledge*] tener hambre *or* sed de, estar hambriento *or* sediento de; **he had a ~ for love** estaba ávido de amor

Ⓑ VI estar hambriento, tener hambre

Ⓒ CPD ► **the hunger marches** NPL (*Brit Hist*) *marchas protagonizadas por los obreros británicos y sus familias durante la Gran Depresión para protestar por sus condiciones de pobreza* ► **hunger strike** N huelga *f* de hambre; **to be on ~ strike** estar haciendo huelga de hambre; **to go on ~ strike** ponerse en huelga de hambre

►**hunger for, hunger after** VI + PREP (*fig*) [+ *adventure, knowledge*] tener hambre *or* sed de, estar hambriento *or* sediento de

**hung over*** [hʌŋ'ʊvəʳ] ADJ **to be ~** tener resaca

**hungrily** ['hʌŋgrɪlɪ] ADV 1 [*eat*] ávidamente, con ansia; [*look*] con anhelo

2 (*fig*) (= *eagerly*) ansiosamente; **American businesses are ~ eyeing the British market** las compañías americanas están observando ansiosamente el mercado británico

**hungry** ['hʌŋgrɪ] ADJ (*compar* **hungrier**; *superl* **hungriest**) 1 (*gen*) [*person, animal*] hambriento; **pictures of ~ children** imágenes de niños hambrientos; **he looked at the cake with ~ eyes** miró el pastel con anhelo; **digging up the road is ~ work** cavar la calle es un trabajo que da hambre or abre el apetito; **to be ~** tener hambre; **to feel ~** tener hambre; **to go ~** pasar hambre; **we were late for tea so we had to go ~** llegamos tarde para la cena y tuvimos que quedarnos sin comer; **all this work is making me ~** todo este trabajo me está dando hambre; **talking about food is making me ~** hablando de comida se me está abriendo el apetito

2 (*fig*) (= *eager*) **to be ~ for** [+ *adventure, knowledge*] tener hambre *or* sed de, estar hambriento *or* sediento de; **to be ~ for power** tener sed *or* estar sediento de poder

**hunk** [hʌŋk] N 1 [*of bread, cheese, cake*] (buen) trozo *m*, pedazo *m* (grande)

2 (*) (= *man*) monumento* *m*, cachas *m inv* (*Sp**)

**hunker*** ['hʌŋkəʳ] VI (*US*) **to ~ down** agacharse

**hunky*** ['hʌŋkɪ] ADJ (*compar* **hunkier**; *superl* **hunkiest**) 1 (= *strong*) fuerte, macizo

2 (= *attractive*) bueno*

**hunky-dory*** [ˌhʌŋkɪ'dɔːrɪ] ADJ (*esp US*) guay*; **it's all ~** es guay del Paraguay*

**hunt** [hʌnt] Ⓐ N 1 (*for animals*) caza *f*, cacería *f* (**for** de); (= *huntsmen*) partida *f* de caza, (grupo *m* de) cazadores *mpl*

2 (= *search*) busca *f*, búsqueda *f* (**for** de); (= *pursuit*) persecución *f*; **the ~ for the murderer** la busca *or* búsqueda del asesino; **to be on the ~ for** estar *or* andar a la caza de; **the ~ is on** ha comenzado la búsqueda; **we joined in the ~ for the missing key** ayudamos a buscar la llave perdida

Ⓑ VT 1 [+ *animal*] cazar; [+ *hounds*] emplear en la caza; [+ *area of country*] recorrer de caza, cazar en

2 (= *search for*) buscar; (= *pursue*) perseguir

Ⓒ VI 1 (*Sport*) cazar, ir de cacería; **to go ~ing** ir de caza

2 (= *search*) buscar por todas partes; **to ~ for** buscar; **he ~ed for it in his pocket** lo buscó en el bolsillo; **to ~ about** *or* **around for** buscar por todas partes

Ⓓ CPD ► **hunt ball** N *baile organizado tras una cacería*

►**hunt down** VT + ADV [+ *person*] dar caza a; [+ *thing*] buscar (hasta encontrar)

►**hunt out** VT + ADV buscar (hasta encontrar)

►**hunt up** VT + ADV buscar

**hunter** ['hʌntəʳ] Ⓐ N 1 (= *person*) cazador(a) *m/f*

2 (= *horse*) caballo *m* de caza

Ⓑ CPD ► **hunter gatherer** N cazador-recolector *m*

**hunting** ['hʌntɪŋ] Ⓐ N (*Sport*) caza *f*, cacería *f*

Ⓑ CPD ► **hunting box** N pabellón *m* de caza ► **the hunting fraternity** N los aficionados a la caza ► **hunting ground** N cazadero *m*; **a happy ~ ground for** (*fig*) un terreno fértil para ► **hunting horn** N cuerno *m* de caza ► **hunting lodge** N pabellón *m* de caza ► **hunting pink** N chaqueta *f* de caza roja ► **hunting season** N época *f* de caza

**huntress** ['hʌntrɪs] N cazadora *f*

**Hunts** [hʌnts] N ABBR = **Huntingdonshire**

**huntsman** ['hʌntsmən] N (*pl* **huntsmen**) (= *hunter*) cazador *m*

**hurdle** ['hɜːdl] Ⓐ N (*Sport*) valla *f*; (*fig*) obstáculo *m*, barrera *f*; **the 100m ~s** (= *race*) los 100 metros vallas; **the high ~s** las vallas altas; ✦***IDIOM*** **to fall at the first ~** fracasar a las primeras de cambio, no superar el primer escollo

Ⓑ CPD ► **hurdle race** N carrera *f* de vallas

**hurdler** ['hɜːdləʳ] N vallista *mf*, corredor(a) *m/f* de vallas

**hurdling** ['hɜːdlɪŋ] N salto *m* de vallas

**hurdy-gurdy** ['hɜːdɪˌgɜːdɪ] N organillo *m*

**hurl** [hɜːl] VT (= *throw*) arrojar; **to ~ abuse** *or* **insults at sb** lanzar *or* soltar una sarta de insultos a algn; **to ~ o.s. at sth/sb** abalanzarse sobre algo/algn; **to ~ o.s. into the fray** lanzarse a la batalla; **to ~ o.s. over a cliff** arrojarse por un precipicio

►**hurl back** VT + ADV [+ *enemy*] rechazar

**hurley** ['hɜːlɪ] N = **hurling**

**hurling** ['hɜːlɪŋ] N *juego irlandés parecido al hockey*

**hurly-burly** ['hɜːlɪ'bɜːlɪ] N alboroto *m*, tumulto *m*; **the ~ of politics** la vida tumultuosa de la política

**hurrah** [hʊ'rɑː], **hurray** [hʊ'reɪ] Ⓐ EXCL ¡hurra!; **~ for Mr Brown!** ¡viva el señor Brown!

Ⓑ N vítor *m*

**hurricane** ['hʌrɪkən] Ⓐ N (*Met*) huracán *m*

Ⓑ CPD ► **hurricane lamp** N lámpara *f* a prueba de viento

**hurried** ['hʌrɪd] ADJ [*footsteps*] apresurado; [*visit, meeting*] rápido, cortísimo; [*phone call, conversation*] rápido; **to eat** *or* **have a ~ meal** comer a toda prisa, comer deprisa y corriendo

**hurriedly** ['hʌrɪdlɪ] ADV [*go, dress*] apresuradamente, a toda prisa; [*study, look at, read*] por encima, rápidamente; [*write*] apresuradamente, a vuela pluma; **Tim ~ made his excuses and left** Tim se excusó atropelladamente y se marchó; **he rose and ~ left** se levantó y se marchó precipitadamente; **"it doesn't matter," she said ~** —no importa —se apresuró a decir ella

**hurry** ['hʌrɪ] Ⓐ N prisa *f*, apuro *m* (*LAm*); **to be in a ~ (to do sth)** tener prisa *or* (*LAm*) apuro (por hacer algo); **I'm in no ~** ◊ **I'm not in any ~** no tengo prisa; **they were in no ~ to pay us** no se dieron prisa por pagarnos; **are you in a ~ for this?** ¿le corre prisa (esto)?; **in our ~ to leave we left the keys behind** con las prisas de *or* por marcharnos nos dejamos olvidadas las llaves; **to do sth in a ~** hacer algo de prisa; **he won't do that again in a ~*** eso no lo vuelve a hacer; **I shan't come back here in a ~** aquí no pongo los pies nunca más; **is there <u>any</u> ~?** ¿corre prisa?; **there's <u>no</u> (great) ~** no hay *or* corre prisa; **<u>what's</u> the ~?** ¿a qué viene tanta prisa?

Ⓑ VT [+ *person*] meter prisa a, apresurar, apurar (*LAm*); [+ *work, job*] hacer apresuradamen-

te, hacer deprisa y corriendo; **this is a job that cannot be hurried** este es un trabajo que no admite prisas; **he won't be hurried** no le gusta que le metan prisa; **don't let yourself be hurried into making a decision** no te obligues a tomar una decisión precipitada; **they hurried him to a doctor** lo llevaron a toda prisa a un médico; **troops were hurried to the spot** se enviaron tropas con urgencia al lugar
Ⓒ VI darse prisa, apurarse (*LAm*); **~!** ¡date prisa!, ¡apúrate! (*LAm*); **don't ~!** ¡no hay prisa *or* (*LAm*) apuro!; **to ~ to do sth** darse prisa *or* (*LAm*) apurarse en hacer algo, apresurarse a hacer algo; **to ~ after sb** correr detrás de algn; **to ~ back** volver de prisa; **she hurried home** se dio prisa para llegar a casa; **to ~ in** entrar corriendo; **I must ~** tengo que correr *or* darme prisa; **to ~ out** salir corriendo; **he hurried over to us** vino a toda prisa *or* corriendo hasta nosotros
►**hurry along** Ⓐ VI + ADV apresurarse, correr; **~ along now!** ¡vamos, rápido!
Ⓑ VT + ADV [+ *person*] meter prisa a, apresurar, apurar (*LAm*); [+ *work, job*] apurar, acelerar
►**hurry away**, **hurry off** Ⓐ VI + ADV irse corriendo
Ⓑ VT + ADV [+ *object*] llevar a la carrera; **to ~ sb away** *or* **off** llevarse a algn apresuradamente *or* a la carrera; **I wanted to look but the teacher quickly hurried us away** yo quería mirar pero el profesor se apresuró a alejarnos; **the policeman hurried him away** el policía se lo llevó apresuradamente
►**hurry off** VI + ADV, VT + ADV = **hurry away**
►**hurry on** Ⓐ VI + ADV (= *move*) pasar rápidamente; (= *speak*) continuar apresuradamente
Ⓑ VT + ADV = **hurry along B**
►**hurry up** Ⓐ VI + ADV darse prisa, apurarse (*LAm*); **~ up!** ¡date prisa!, ¡apúrate! (*LAm*)
Ⓑ VT + ADV [+ *person*] meter prisa a, apresurar, apurar (*LAm*); [+ *work, job*] apurar, acelerar

**hurt** [hɜːt] (*pt, pp* **hurt**) Ⓐ VT [1] (= *do physical damage to*) hacer daño a, lastimar (*LAm*); **how did you ~ your finger/leg?** ¿cómo te has hecho daño en el dedo/la pierna?, ¿cómo te has lastimado el dedo/la pierna? (*LAm*); **ten people were ~ in the accident** diez personas resultaron heridas en el accidente; **to ~ o.s.** hacerse daño, lastimarse (*LAm*); **did you ~ yourself?** ¿te has hecho daño?, ¿te has lastimado? (*LAm*); **mind you don't ~ yourself** cuidado no te hagas daño; **he's not badly ~** no está herido de gravedad; **to get ~** resultar herido; **someone is bound to get ~** seguro que alguien resulta herido; **✦IDIOM to ~ a fly**: **he wouldn't ~ a fly** sería incapaz de matar una mosca
[2] (= *cause physical pain to*) **did I ~ you?** ¿te he hecho daño?, ¿te he lastimado? (*LAm*); **stop it! you're ~ing me!** ¡para! ¡me estás haciendo daño!, ¡para! ¡me estás lastimando! (*LAm*); **my leg is ~ing me** me duele la pierna; **my feet are ~ing me** me duelen los pies
[3] (= *have bad effect on*) [3·1] [+ *person*] **it wouldn't ~ you to try** no pierdes nada intentándolo; **it wouldn't ~ her to try and save some money** no le vendría mal intentar ahorrar algo de dinero; **one little glass of wine won't ~ him** un vasito de vino no le va a hacer daño; **a little hard work never ~ anyone** nadie se ha muerto nunca por trabajar un poco duro, trabajar duro nunca le ha hecho daño a nadie
[3·2] [+ *prospects, chances, reputation*] perjudicar; **high interest rates are ~ing small businesses** los tipos de interés altos están perjudicando a las pequeñas empresas
[4] (= *cause emotional pain to*) hacer daño a; **I was deeply ~ by his attitude** su actitud me hizo mucho daño; **I didn't mean to ~ you** no era mi intención hacerte sufrir *or* hacerte daño; **this is going to ~ me much more than it's going to ~ you** esto me va a doler mucho más a mí que a ti; **to be easily ~** ser muy susceptible; **you've ~ her feelings** la has ofendido; **his feelings were ~ by what you said** lo que dijiste lo ofendió *or* hirió sus sentimientos; **she was bound to get ~** estaba claro que iba a terminar sufriendo
Ⓑ VI [1] (= *give physical pain*) [*arm, leg, foot, etc*] doler; **my arm ~s** me duele el brazo; **my feet ~** me duelen los pies; **ow, that ~s!** ¡ay! ¡duele!; **it doesn't ~ much** no duele mucho; **it only ~s a little bit** solo duele un poquito; **it ~s when I walk** me duele cuando ando *or* al andar; **does it ~?** ¿te duele?; **where does it ~?** ¿dónde te duele?; **I ~ all over** me duele todo el cuerpo; **my shoes are ~ing** me hacen daño los zapatos; **✦IDIOM to kick/hit sb where it ~s**: **kick him where it ~s!** ¡dale una buena patada donde más les duele (a los hombres)!; **she hit him where it ~s - in his wallet** le dio donde más le duele - en la cartera
[2] (= *give emotional pain*) doler; **it ~s to admit it but ...** duele *or* cuesta admitirlo pero ...; **the truth ~s** la verdad duele
[3] (= *do harm*) **it doesn't ~ to ask** por preguntar no se pierde nada; **it wouldn't ~ to let your mum know you'll be late** no te costaría nada avisarle a tu madre que vas a llegar tarde
[4] (*esp US**) (= *feel pain*) sufrir
Ⓒ ADJ [1] (= *injured*) [*part of body*] lastimado; **James, are you ~?** James, ¿te has hecho daño?, James, ¿te has lastimado? (*esp LAm*)
[2] (= *upset*) [*person, tone*] dolido; **he gave me a slightly ~ look** me miró un poco dolido; **to be/feel ~** estar/sentirse dolido
Ⓓ N (= *emotional pain*) dolor *m*, pena *f*

**hurtful** [ˈhɜːtfʊl] ADJ [*remark*] hiriente; [*act, behaviour*] ofensivo; [*experience*] doloroso

**hurtfully** [ˈhɜːtfʊlɪ] ADV de manera hiriente

**hurtle** [ˈhɜːtl] Ⓐ VI precipitarse; **to ~ along** ir como un rayo *or* a toda velocidad; **the car ~d past** el coche pasó como un rayo *or* a toda velocidad; **the rock ~d over the cliff** la roca cayó estrepitosamente por el precipicio
Ⓑ VT arrojar (violentamente)

**husband** [ˈhʌzbənd] Ⓐ N marido *m*, esposo *m*
Ⓑ VT [+ *resources*] administrar bien, gestionar bien; **you must ~ your strength** debes dosificar tus fuerzas

**husbandry** [ˈhʌzbəndrɪ] N [1] (*Agr*) agricultura *f*; **animal ~** cría *f* de animales
[2] (= *administration*) (*also* **good ~**) buena administración *f*, buena gestión *f*

**hush** [hʌʃ] Ⓐ N silencio *m*; **a ~ fell** se hizo un silencio
Ⓑ VI callarse; **~!** ¡cállate!, ¡chitón!
Ⓒ VT [+ *person*] hacer callar
Ⓓ CPD ► **hush money*** N soborno *m*, coima *f* (*Andes, S. Cone*), mordida *f* (*Mex*)
►**hush up** Ⓐ VT + ADV [+ *affair*] encubrir, echar tierra a; [+ *person*] tapar la boca a
Ⓑ VI + ADV (*US*) callarse

**hushed** [hʌʃt] ADJ [*silence*] profundo; [*tone*] callado, muy bajo; **the room was ~** la sala estaba en silencio; **the atmosphere was ~** el ambiente era silencioso

**hush-hush*** [ˈhʌʃˈhʌʃ] ADJ muy secreto

**husk** [hʌsk] Ⓐ N (*gen*) cascarilla *f*, cáscara *f*, cascabillo *m* (*Agr*)
Ⓑ VT quitar la cascarilla a, descascarillar

**huskily** [ˈhʌskɪlɪ] ADV con voz ronca

**huskiness** [ˈhʌskɪnɪs] N ronquedad *f*

**husky¹** [ˈhʌskɪ] ADJ (*compar* **huskier**; *superl* **huskiest**) [1] [*voice, person*] ronco
[2] (= *tough*) [*person*] fornido, fuerte

**husky²** [ˈhʌskɪ] N perro *m* esquimal

**hussar** [həˈzɑːʳ] N húsar *m*

**hussy** [ˈhʌsɪ] N fresca* *f*; **she's a little ~** es una fresca

**hustings** [ˈhʌstɪŋz] NPL (*esp Brit Pol*) campaña *fsing* electoral

**hustle** [ˈhʌsl] Ⓐ N [1] (= *activity*) bullicio *m*; **~ and bustle** ajetreo *m*, vaivén *m*
[2] (*US**) (= *trick*) timo *m*, chanchullo* *m*
Ⓑ VT [1] (= *jostle*) empujar, codear; (= *hurry up*) [+ *person*] dar prisa a; **they ~d him in/out** le hicieron entrar/salir a empujones *or* sin ceremonia; **he was ~d into a car** lo metieron en un coche a empujones *or* sin ceremonia
[2] (*fig*) **to ~ things along** llevar las cosas a buen paso; **to ~ sb into making a decision** meter prisa a algn para que tome una decisión; **I won't be ~d into anything** no voy a dejar que me empujen a nada
[3] (*US**) **they were paid to ~ drinks out of the customers** les pagaban para sacarles bebidas a los clientes; **they were hustling him for payment of the debt** le apretaban las clavijas para que saldara la deuda
Ⓒ VI [1] (*) (= *hurry*) darse prisa, apresurarse, apurarse (*LAm*)
[2] (*) (= *work hard*) trabajar duro, currar (*Sp**)
[3] (*) [*prostitute*] hacer la calle*

**hustler*** [ˈhʌsləʳ] N [1] (= *go-getter*) persona *f* dinámica
[2] (= *swindler*) estafador(a) *m/f*, timador(a) *m/f*
[3] (= *prostitute*) puto(a) *m/f*

**hut** [hʌt] N (= *shed*) cobertizo *m*; (= *small house*) cabaña *f*; (= *hovel*) barraca *f*, choza *f*; (*Mil*) barracón *m*, barraca *f*; **mountain ~** albergue *m* de montaña

**hutch** [hʌtʃ] N conejera *f*

**HV**, **h.v.** N ABBR = **high voltage**

**HVT** N ABBR (= **high-velocity train**) TAV *m*

**hyacinth** [ˈhaɪəsɪnθ] N (*Bot*) jacinto *m*

**hyaena** [haɪˈiːnə] N = **hyena**

**hybrid** [ˈhaɪbrɪd] Ⓐ N [1] (*Bio*) híbrido *m*
[2] (= *word*) palabra *f* híbrida
Ⓑ ADJ híbrido

**hybridism** [ˈhaɪbrɪdɪzəm] N hibridismo *m*

**hybridization** [ˌhaɪbrɪdaɪˈzeɪʃən] N hibridación *f*

**hybridize** [ˈhaɪbrɪdaɪz] Ⓐ VT hibridar
Ⓑ VI hibridar

**hydra** [ˈhaɪdrə] N (*pl* **hydras** *or* **hydrae** [ˈhaɪdriː]) hidra *f*; **Hydra** (*Myth*) Hidra *f*

**hydrangea** [haɪˈdreɪndʒə] N (*Bot*) hortensia *f*

**hydrant** [ˈhaɪdrənt] N boca *f* de riego; **fire ~** boca *f* de incendios

**hydrate** [ˈhaɪdreɪt] Ⓐ N hidrato *m*
Ⓑ VT hidratar

**hydraulic** [haɪˈdrɒlɪk] Ⓐ ADJ hidráulico
Ⓑ CPD ► **hydraulic brakes** NPL frenos *mpl* hidráulicos ► **hydraulic press** N prensa *f* hidráulica ► **hydraulic suspension** N suspensión *f* hidráulica

**hydraulics** [haɪˈdrɒlɪks] NSING hidráulica *f*

**hydro** [ˈhaɪdrəʊ] N (*Brit*) balneario *m*

**hydro...** [ˈhaɪdrəʊ] PREFIX hidro...

**hydrocarbon** [ˌhaɪdrəʊˈkɑːbən] N hidrocarburo *m*

**hydrocephalus** [ˌhaɪdrəʊˈsefələs] N hidrocefalia *f*

**hydrochloric** [ˌhaɪdrəˈklɒrɪk] ADJ ~ **acid** ácido *m* clorhídrico

**hydrocyanic** [ˌhaɪdrəsaɪˈænɪk] ADJ ~ **acid** ácido *m* cianhídrico

**hydrodynamics** [ˌhaɪdrəʊdaɪˈnæmɪks] NSING hidrodinámica *f*

**hydroelectric** [ˌhaɪdrəʊɪˈlektrɪk] ADJ [*power*] hidroeléctrico; ~ **power station** central *f* hidroeléctrica

**hydroelectricity** [ˌhaɪdrəʊɪlekˈtrɪsɪtɪ] N hidroelectricidad *f*

**hydrofoil** [ˈhaɪdrəʊfɔɪl] N hidroala *m*, aliscafo *m*

**hydrogen** [ˈhaɪdrɪdʒən] Ⓐ N hidrógeno *m*
Ⓑ CPD ► **hydrogen bomb** N bomba *f* de hidrógeno ► **hydrogen chloride** N cloruro *m* de hidrógeno ► **hydrogen peroxide** N agua *f* oxigenada ► **hydrogen sulphide** N ácido *m* sulfhídrico

**hydrography** [haɪˈdrɒgrəfɪ] N hidrografía *f*

**hydrolysis** [haɪˈdrɒlɪsɪs] N hidrólisis *f*

**hydrolyze** [ˈhaɪdrəʊlaɪz] Ⓐ VT hidrolizar
Ⓑ VI hidrolizarse

**hydrometer** [haɪˈdrɒmɪtəʳ] N areómetro *m*, hidrómetro *m*

**hydrophobia** [ˌhaɪdrəˈfəʊbɪə] N hidrofobia *f*

**hydrophobic** [ˌhaɪdrəˈfəʊbɪk] ADJ hidrofóbico

**hydroplane** [ˈhaɪdrəʊpleɪn] N hidroavión *m*

**hydroponic** [ˌhaɪdrəʊˈpɒnɪk] ADJ hidropónico

**hydroponics** [ˌhaɪdrəʊˈpɒnɪks] NSING hidroponia *f*

**hydropower** [ˈhaɪdrəʊˌpaʊəʳ] N hidrofuerza *f*

**hydrotherapy** [ˌhaɪdrəʊˈθerəpɪ] N hidroterapia *f*

**hydroxide** [haɪˈdrɒksaɪd] N hidróxido *m*

**hyena** [haɪˈiːnə] N hiena *f*; **to laugh like a ~** reírse como una hiena

**hygiene** [ˈhaɪdʒiːn] N higiene *f*

**hygienic** [haɪˈdʒiːnɪk] ADJ higiénico

**hygienically** [haɪˈdʒiːnɪklɪ] ADV higiénicamente

**hygienist** [haɪˈdʒiːnɪst] N higienista *mf*; *see also* **dental**

**hymen** [ˈhaɪmen] N himen *m*

**hymn** [hɪm] Ⓐ N himno *m*
Ⓑ CPD ► **hymn book** N himnario *m*

**hymnal** [ˈhɪmnəl] N himnario *m*

**hype*** [haɪp] Ⓐ N exageraciones *fpl*; (*Comm*) bombo *m* publicitario*; **it's just media ~** no es más que una campaña orquestada por los medios de comunicación
Ⓑ VT (*Comm*) dar bombo publicitario a*; **the much-hyped movie: Batman** la tan cacareada película: Batman*

►**hype up:** Ⓐ VT + ADV [+ *product*] dar bombo a*; [+ *claim*] exagerar; [+ *person*] excitar
Ⓑ VI + ADV pincharse*, picarse*

**hyper*** [ˈhaɪpəʳ] ADJ hiperactivo; **to go ~** desmadrarse*, ponerse hiperactivo

**hyper...** [ˈhaɪpəʳ] PREFIX hiper...

**hyperacidity** [ˈhaɪpərəˈsɪdɪtɪ] N hiperacidez *f*

**hyperactive** [ˌhaɪpərˈæktɪv] ADJ hiperactivo

**hyperactivity** [ˌhaɪpərækˈtɪvɪtɪ] N hiperactividad *f*

**hyperbola** [haɪˈpɜːbələ] N (*pl* **hyperbolas** *or* **hyperbole** [haɪˈpɜːbəliː]) hipérbola *f*

**hyperbole** [haɪˈpɜːbəlɪ] N hipérbole *f*

**hyperbolic** [ˌhaɪpəˈbɒlɪk] ADJ hiperbólico

**hyperbolical** [ˌhaɪpəˈbɒlɪkəl] ADJ = **hyperbolic**

**hypercorrection** [ˌhaɪpəkəˈrekʃən] N hipercorrección *f*, ultracorrección *f*

**hypercritical** [ˈhaɪpəˈkrɪtɪkəl] ADJ hipercrítico, ultracrítico

**hyperglycaemia** [ˌhaɪpəglaɪˈsiːmɪə], **hyperglycemia** (*US*) N hiperglucemia *f*

**hyperinflation** [ˈhaɪpəɪnˈfleɪʃən] N hiperinflación *f*

**hypermarket** [ˈhaɪpəˌmɑːkɪt] N hipermercado *m*

**hypermetropia** [ˌhaɪpəmɪˈtrəʊpɪə] N hipermetropía *f*

**hypermetropy** [ˌhaɪpəˈmetrəpɪ] N = **hypermetropia**

**hyperopia** [ˈhaɪpərˈəʊpɪə] N hipermetropía *f*

**hypersensitive** [ˈhaɪpəˈsensɪtɪv] ADJ hipersensible

**hypertension** [ˈhaɪpəˈtenʃən] N (*Med*) hipertensión *f*

**hypertext** [ˈhaɪpəˌtekst] N (*Comput*) hipertexto *m*

**hypertrophy** [haɪˈpɜːtrəfɪ] Ⓐ N hipertrofía *f*
Ⓑ VI hipertrofiarse

**hyperventilate** [ˌhaɪpəˈventɪleɪt] VI respirar aceleradamente

**hyphen** [ˈhaɪfən] N guión *m*

**hyphenate** [ˈhaɪfəneɪt] VT escribir con guión, unir con guión

**hypnosis** [hɪpˈnəʊsɪs] N (*pl* **hypnoses** [hɪpˈnəʊsiːz]) hipnosis *f*; **she revealed under ~ that ...** bajo los efectos de la hipnosis reveló que ...

**hypnotherapist** [ˌhɪpnəʊˈθerəpɪst] N hipnoterapeuta *mf*

**hypnotherapy** [ˌhɪpnəʊˈθerəpɪ] N hipnoterapia *f*

**hypnotic** [hɪpˈnɒtɪk] Ⓐ ADJ [*state*] hipnótico; [*eyes, rhythm, sound*] hipnótico, hipnotizador
Ⓑ N hipnótico *m*

**hypnotism** [ˈhɪpnətɪzəm] N hipnotismo *m*

**hypnotist** [ˈhɪpnətɪst] N hipnotista *mf*

**hypnotize** [ˈhɪpnətaɪz] VT hipnotizar

**hypo** [ˈhaɪpəʊ] N (*Phot*) hiposulfito *m* sódico

**hypoallergenic** [ˌhaɪpəʊˌæləˈdʒenɪk] ADJ hipoalérgeno

**hypochondria** [ˌhaɪpəʊˈkɒndrɪə] N hipocondría *f*

**hypochondriac** [ˌhaɪpəʊˈkɒndrɪæk] Ⓐ ADJ hipocondríaco
Ⓑ N hipocondríaco/a *m/f*

**hypocrisy** [hɪˈpɒkrɪsɪ] N hipocresía *f*

**hypocrite** [ˈhɪpəkrɪt] N hipócrita *mf*

**hypocritical** [ˌhɪpəˈkrɪtɪkəl] ADJ hipócrita

**hypocritically** [ˌhɪpəˈkrɪtɪkəlɪ] ADV hipócritamente

**hypodermic** [ˌhaɪpəˈdɜːmɪk] Ⓐ ADJ hipodérmico
Ⓑ N (*also* ~ **needle**) aguja *f* hipodérmica

**hypoglycaemia**, **hypoglycemia** (*US*) [ˌhaɪpəʊglaɪˈsiːmɪə] N hipoglucemia *f*

**hypoglycaemic**, **hypoglycemic** (*US*) [ˌhaɪpəʊglaɪˈsiːmɪk] ADJ hipoglucémico

**hyponym** [ˈhaɪpənɪm] N hipónimo *m*

**hyponymy** [haɪˈpɒnɪmɪ] N hiponimia *f*

**hypostasis** [haɪˈpɒstəsɪs] N (*pl* **hypostases** [haɪˈpɒstəsiːz]) (*Rel*) hipóstasis *f*

**hypostatic** [ˌhaɪpəʊˈstætɪk] ADJ (*Rel*) hipostático

**hypotenuse** [haɪˈpɒtɪnjuːz] N (*Math*) hipotenusa *f*

**hypothalamus** [ˌhaɪpəˈθæləməs] N (*pl* **hypothalami** [ˌhaɪpəˈθæləmaɪ]) hipotálamo *m*

**hypothermia** [ˌhaɪpəʊˈθɜːmɪə] N hipotermia *f*

▼ **hypothesis** [haɪˈpɒθɪsɪs] N (*pl* **hypotheses** [haɪˈpɒθɪsiːz]) hipótesis *f inv*

**hypothesize** [haɪˈpɒθɪsaɪz] Ⓐ VI realizar hipótesis, hacer hipótesis; **to ~ about** *or* **(up)on sth** realizar *or* hacer hipótesis sobre algo
Ⓑ VT plantear la hipótesis de

**hypothetic** [ˌhaɪpəʊˈθetɪk] ADJ = **hypothetical**

▼ **hypothetical** [ˌhaɪpəʊˈθetɪkəl] ADJ hipotético

**hypothetically** [ˌhaɪpəʊˈθetɪkəlɪ] ADV hipotéticamente

**hyssop** [ˈhɪsəp] N (*Bot*) hisopo *m*

**hysterectomy** [ˌhɪstəˈrektəmɪ] N histerectomía *f*; **she had to have a ~** le tuvieron que hacer una histerectomía

**hysteria** [hɪsˈtɪərɪə] N histeria *f*, histerismo *m*; **mass ~** histeria *f* colectiva

**hysterical** [hɪsˈterɪkəl] ADJ 1 (*Psych*) histérico
2 (= *out of control*) histérico; **you're being ~** te estás comportando como un histérico; **to get ~** ponerse histérico
3 (= *very funny*) [*situation*] para morirse de (la) risa; [*person*] graciosísimo, desternillante

**hysterically** [hɪsˈterɪkəlɪ] ADV histéricamente; **to weep/laugh ~** llorar/reír histéricamente; **it was ~ funny** fue para morirse de (la) risa, fue graciosísimo; **"come here!" — she shouted ~** —¡ven acá! —gritó, histérica

**hysterics** [hɪsˈterɪks] NPL 1 (= *tears, shouts*) histeria *f*, histerismo *m*; **she was in ~** tenía un ataque de histeria, estaba histérica; **to go into** *or* **have ~** ponerse histérico
2 (*) (= *laughter*) ataque *m* de risa; **we were in ~ about it** estábamos muertos de risa

**Hz** ABBR (*Rad etc*) (= **hertz**) $H_z$

➤ LANGUAGE IN USE: hypothesis 26.2 hypothetical 26.3

# I i

**I¹, i** [aɪ] N (= *letter*) I, i *f*; **I for Isabel** I de Isabel; ✦*IDIOM* **to dot the i's and cross the t's** poner los puntos sobre las íes

**I²** [aɪ] PERS PRON (*emphatic, to avoid ambiguity*) yo; **I'm not one to exaggerate** yo no soy de los que exageran; **it is I who ...** soy yo quien ...; **he was frightened but I wasn't** él estaba asustado pero yo no; **if I were you** yo que tú; **Ann and I** Ann y yo; **he is taller than I am** es más alto que yo

*Don't translate the subject pronoun when not emphasizing or clarifying:*

**I've got an idea** tengo una idea; **I'll go and see** voy a ver

**I.** ABBR (*Geog*) (= **Island, Isle**) isla *f*

**i.** ABBR (*Fin*) = **interest**

**IA, Ia.** ABBR (*US*) = **Iowa**

**IAAF** N ABBR = **International Amateur Athletic Federation**

**IAEA** N ABBR (= **International Atomic Energy Agency**) OIEA *f or m*

**iambic** [aɪ'æmbɪk] Ⓐ ADJ yámbico
Ⓑ N yambo *m*, verso *m* yámbico
Ⓒ CPD ► **iambic pentameter** N pentámetro *m* yámbico

**IATA** [aɪ'ɑːtə] N ABBR (= **International Air Transport Association**) AITA *f*

**IBA** N ABBR (*Brit*) (= **Independent Broadcasting Authority**) *entidad que controla los medios privados de televisión y radio*

**Iberia** [aɪ'bɪərɪə] N Iberia *f*

**Iberian** [aɪ'bɪərɪən] Ⓐ ADJ ibero, ibérico
Ⓑ N ibero/a *m/f*
Ⓒ CPD ► **the Iberian Peninsula** N la Península Ibérica

**IBEW** N ABBR (*US*) (= **International Brotherhood of Electrical Workers**

**ibex** ['aɪbeks] N (*pl* **ibexes** *or* **ibex** *or* **ibices** ['ɪbɪ,siːz]) cabra *f* montés, íbice *m*

**ibid** ['ɪbɪd] ADV ABBR (= **ibidem**) ibíd., ib.

**ibis** ['aɪbɪs] N (*pl* **ibises** *or* **ibis**) ibis *f inv*

**IBM** N ABBR = **International Business Machines**

**IBRD** N ABBR (= **International Bank for Reconstruction and Development**) BIRD *m*

**IBS** N ABBR = **irritable bowel syndrome**

**i/c** ABBR (= **in charge (of)**) encargado (de)

**ICA** N ABBR [1] (*Brit*) = **Institute of Contemporary Arts**
[2] (*Brit*) = **Institute of Chartered Accountants**
[3] = **International Cooperation Administration**

**ICAO** N ABBR (= **International Civil Aviation Organization**) OACI *f*

**ICBM** N ABBR = **intercontinental ballistic missile**

**ICC** N ABBR [1] (= **International Chamber of Commerce**) CCI *f*
[2] (*US*) = **Interstate Commerce Commission**

**ice** [aɪs] Ⓐ N [1] (= *frozen water*) hielo *m*; **as cold as ~** (tan) frío como el hielo; **my feet are like ~** tengo los pies helados; ✦*IDIOMS* **to break the ~** romper el hielo; **to cut no ~**: **arguments like that cut no ~ with him** ese tipo de argumentos lo dejan frío; **to keep/put sth on ~**: **we put the champagne on ~** pusimos el champán a enfriar; **she put her career on ~ for ten years while she had children** dejó su carrera aparcada durante diez años para tener hijos; **to keep money on ~** tener dinero en reserva; **to put a project on ~** posponer un proyecto; **to skate on thin ~** pisar terreno peligroso
[2] (= *ice cream*) helado *m*
Ⓑ VT [1] helar; [+ *drink*] enfriar, echar cubos de hielo a
[2] [+ *cake*] glasear, escarchar
Ⓒ CPD ► **the Ice Age** N la edad de hielo, el periodo glacial; **an ~-age rock/fossil** una roca/un fósil del periodo glacial ► **ice axe, ice ax** (*US*) N piqueta *f* (de alpinista), piolet *m* ► **ice bucket** N cubo *m* del hielo, hielera *f* (*LAm*) ► **ice cream** N helado *m*; **~-cream cone** cucurucho *m* (de helado); **~-cream parlour** heladería *f*; **~-cream soda** soda *f* mezclada con helado ► **ice cube** N cubito *m* de hielo ► **ice dance** N baile *m* sobre hielo ► **ice field** N campo *m* de hielo, banquisa *f* ► **ice floe** N témpano *m* de hielo ► **ice hockey** N hockey *m* sobre hielo ► **ice house** N (*for storing ice*) nave *f* frigorífica (*edificio*); [*of Eskimo*] iglú *m* ► **ice lolly** N (*Brit*) polo *m* (*Sp*), paleta *f* (*LAm*) ► **ice maiden*** N mujer *f* de hielo ► **ice pack** N compresa *f* de hielo ► **ice pick** N (*Culin*) punzón *m* para el hielo ► **ice rink** N pista *f* de patinaje sobre hielo, pista *f* de hielo ► **ice skate** N patín *m* de hielo, patín *m* de cuchilla; *see also* **ice-skate** ► **ice skater** N patinador(a) *m/f* (artístico/a), patinador(a) *m/f* sobre hielo ► **ice skating** N patinaje *m* sobre hielo; **to go ~ skating** ir a patinar sobre hielo ► **ice water, iced water** N agua *f* helada, agua *f* fría (*de la nevera*)

►**ice over, ice up** VI + ADV helarse, congelarse

**iceberg** ['aɪsbɜːg] Ⓐ N iceberg *m*; ✦*IDIOM* **that's just the tip of the ~!** no es más que la punta del iceberg
Ⓑ CPD ► **iceberg lettuce** N lechuga *f* repollo

**ice-blue** [,aɪs'bluː] ADJ azul claro, azul pálido

**icebound** ['aɪsbaʊnd] ADJ [*road, ship*] bloqueado por el hielo

**icebox** ['aɪsbɒks] N (*Brit*) (= *part of refrigerator*) congelador *m*; **this room is like an ~** este cuarto es como un congelador; (*US*†) (= *refrigerator*) nevera *f*, refrigeradora *f*, heladera *f* (*S. Cone*)

**icebreaker** ['aɪs,breɪkəʳ] N rompehielos *m inv*; **we used the video as an ~** el vídeo nos sirvió para romper el hielo

**icecap** ['aɪskæp] N casquete *m* glaciar, casquete *m* de hielo

**ice-cold** ['aɪs'kəʊld] ADJ [*hands, drink*] helado

**iced** [aɪst] ADJ [*water*] helado, frío (*de la nevera*); [*drink*] con hielo; [*cake*] glaseado, escarchado

**Iceland** ['aɪslənd] Ⓐ N Islandia *f*
Ⓑ CPD ► **Iceland spar** N espato *m* de Islandia

**Icelander** ['aɪsləndəʳ] N islandés/esa *m/f*

**Icelandic** [aɪs'lændɪk] Ⓐ ADJ islandés
Ⓑ N (*Ling*) islandés *m*

**iceman** ['aɪsmæn] N (*pl* **icemen**) [1] (*US*) vendedor *m or* repartidor *m* de hielo
[2] (*Archeol*) hombre *m* de hielo

**ice-skate** ['aɪsskeɪt] VI patinar sobre hielo

**ichthyology** [,ɪkθɪ'ɒlədʒɪ] N ictiología *f*

**icicle** ['aɪsɪkl] N carámbano *m*

**icily** ['aɪsɪlɪ] ADV [1] (*lit*) glacialmente
[2] (*fig*) [*say, stare*] glacialmente, con mucha frialdad; **he looked at me ~** me dirigió una mirada glacial

**iciness** ['aɪsɪnɪs] N [1] (*lit*) **problems caused by the ~ of the roads** problemas causados por el hielo en las carreteras; **the ~ of the weather conditions** las condiciones glaciales (del tiempo)
[2] (*fig*) **the ~ of his look** su mirada glacial

**icing** ['aɪsɪŋ] Ⓐ N (*on plane, car, road, railway*) formación *f* de hielo; (*on cake*) glaseado *m*; ✦*IDIOM* **this is the ~ on the cake** esto es la guinda que corona la torta; *see also* **butter, glacé**
Ⓑ CPD ► **icing sugar** N azúcar *m* glasé, azúcar *m* en polvo, azúcar *m* flor (*S. Cone*)

**ICJ** N ABBR (= **International Court of Justice**) CIJ *f*

**icky*** ['ɪkɪ] ADJ (= *sticky*) todo pegajoso; (*fig*) (= *horrible*) asqueroso

**icon** ['aɪkɒn] N (*gen, Comput*) icono *m*

**iconic** [aɪ'kɒnɪk] ADJ [*image*] simbólico; (*Comput, Math*) icónico

**iconoclasm** [aɪ'kɒnə,klæzəm] N iconoclastia *f*

**iconoclast** [aɪ'kɒnəklæst] N iconoclasta *mf*

**iconoclastic** [aɪ,kɒnə'klæstɪk] ADJ iconoclasta

**iconographer** [,aɪkɒ'nɒgrəfəʳ] N iconógrafo/a *m/f*

**iconographic** [aɪ,kɒnə'græfɪk] ADJ iconográfico

**iconography** [,aɪkɒ'nɒgrəfɪ] N iconografía *f*

**ICR** N ABBR (*US*) = **Institute for Cancer Research**

**ICRC** N ABBR (= **International Committee of the Red Cross**) CICR *m*

**ICU** N ABBR (= **intensive care unit**) UVI *f*, UCI *f*, UMI *f*

**icy** ['aɪsɪ] ADJ (*compar* **icier**; *superl* **iciest**) [1] (= *covered with ice*) [*road, ground*] helado, cubierto de hielo; **the ~ conditions caused accidents** las heladas provocaron accidentes; **I don't like driving when it's ~** no me gusta conducir cuando hiela
[2] (= *freezing*) [*air, wind, weather*] glacial; [*hand, water*] helado; **the water was ~ cold** el agua estaba helada; **it's ~ cold out here** aquí fuera hace un frío glacial
[3] (*fig*) (= *cold*) [*stare, silence, tone, reception*] glacial

**ID** Ⓐ ABBR (*US*) = **Idaho**
Ⓑ N ABBR = **identification, identity**
Ⓒ CPD [*bracelet, tag, number*] de identidad ► **ID card** N carnet *m* de identidad, ≈ DNI *m* (*Sp*), ≈ cédula *f* (de identidad) (*LAm*), C.I. *f* (*LAm*) ► **ID parade** N (*Brit*) rueda *f* de reconocimiento, rueda *f* de identificación

**I'd** [aɪd] = **I would, I had**

**id** [ɪd] N (*Psych*) id *m*

**IDA** N ABBR (= **International Development Association**) AIF *f*

**Ida.** ABBR (*US*) = **Idaho**

**IDB** N ABBR (= **International Development Bank**) BID *m*

**IDD** N ABBR (*Brit Telec*) (= **international direct dialling**) servicio *m* internacional automático

▼**idea** [aɪ'dɪə] N [1] (= *thought, plan*) idea *f*; **it wasn't my ~** no fue idea mía; **that's the ~** así es; **the ~ is to sell it** la idea *or* el plan es venderlo; **let's forget the whole ~** olvidémonos de todo el asunto; **I can't bear the ~ (of it)** sólo de pensarlo me pongo mala; **it wouldn't be a bad ~ to paint it** no le vendría mal pintarlo; **it might not be a bad ~ to wait a few days** puede que no sea mala idea esperar unos cuantos días; **whose bright ~ was it to come this way?** (*iro*) ¿quién ha tenido la bonita *or* feliz idea de venir por aquí?*; **you'll have to buck up your ~s** tendrás que menearte; **the ~ never entered my head** ni se me pasó esa idea por la cabeza; **to get an ~ for a novel** encontrar una idea para una novela; **don't go getting ~s** (= *build up one's hopes*) no te hagas ilusiones; (= *be presumptuous*) no se te ocurra; **he got the ~ into his head that they didn't like him** se le metió en la cabeza (la idea de) que no les caía bien; **once she gets an ~ into her head there's no stopping her** como se le meta una idea en la cabeza no hay quien se la quite; **to get used to the ~ of sth** hacerse a la idea de algo; **to give sb ~s** meter ideas en la cabeza a algn; **whatever gave you that ~?** ¿como se te ha ocurrido semejante cosa?; **good ~!** ¡buena idea!; **what a good ~!** ¡qué idea más buena!; **to have an ~** tener una idea; **I suddenly had the ~ of going to see her** de repente se me ocurrió ir a verla, de repente tuve la idea de ir a verla; **he hit on the ~ of painting it red** se le ocurrió pintarlo de rojo; **to put ~s into sb's head** meter ideas en la cabeza a algn; **the very ~!** ◊ **what an ~!** ¡qué ocurrencias!
[2] (= *understanding*) idea *f*; **have you any ~ how ridiculous you look?** ¿tienes idea de lo ridículo que estás?; **I haven't the foggiest ~** no tengo ni la menor *or* más remota *or* más mínima idea; **what(ever) gave you that ~?** ¿de dónde sacaste eso?; **to get an ~ of sth** hacerse una idea de algo; **you're getting the ~** (= *understanding*) estás empezando a comprender; (= *getting the knack*) estás cogiendo el tino *or* truco; **I've got the general ~** he comprendido la idea general; **where did you get that ~?** ¿de dónde sacaste eso?; **don't get the wrong ~** no malinterpretes la situación; **many people have got the wrong ~ about him** mucha gente tiene un concepto equivocado de él; **I haven't the least ~** no tengo ni la menor *or* más remota *or* más mínima idea; **I've no ~!** ¡ni idea!; **it was awful, you've no ~** no te puedes hacer una idea de lo horrible que fue; **I had no ~ that …** no tenía ni idea *or* la menor idea de que …; **I haven't the slightest ~** no tengo ni la menor *or* más remota *or* más mínima idea; **he has some ~ of French** tiene algo de idea de francés
[3] (= *conception, notion*) idea *f*; **there may be some truth in the ~ that …** puede que haya algo de cierto en la idea de que …; **she has some odd ~s about how to bring up children** tiene unas ideas muy raras *or* una opinión muy rara de cómo criar a los niños; **it wasn't my ~ of a holiday** no era la idea que yo tengo de unas vacaciones; **if that's your ~ of fun** si eso es lo que tú entiendes por diversión
[4] (= *vague idea*) impresión *f*; **to have an ~ that …** tener la impresión de que …; **I have an ~ that she was going to Paris** tengo la impresión de que se iba a París
[5] (= *purpose*) intención *f*, idea *f*; **the whole ~ of this trip was to relax** la única intención *or* idea del viaje era relajarse; **we went with the ~ of meeting new people** fuimos con la intención *or* idea de conocer a gente nueva; **what's the big ~?*** ¿a qué viene eso?*
[6] (= *estimate*) idea *f*; **can you give me a rough ~ of how many you want?** ¿puede darme una idea aproximada de cuántos quiere?

**ideal** [aɪ'dɪəl] Ⓐ ADJ [*opportunity, weight, conditions, solution*] ideal; **we do not live in an ~ world** no vivimos en un mundo ideal; **he is the ~ person for the job** es la persona ideal para el puesto; **an ~ place to live** un sitio ideal para vivir
Ⓑ N ideal *m*

**idealism** [aɪ'dɪəlɪzəm] N idealismo *m*

**idealist** [aɪ'dɪəlɪst] N idealista *mf*

**idealistic** [aɪ,dɪə'lɪstɪk] ADJ idealista

**idealization** [,aɪdɪəlaɪ'zeɪʃən] N idealización *f*

**idealize** [aɪ'dɪəlaɪz] VT idealizar

**ideally** [aɪ'dɪəlɪ] ADV **they're ~ suited** hacen una pareja ideal; **the hotel is ~ situated** el hotel tiene una situación ideal; **~, I'd like a garden** de ser posible, me gustaría tener jardín; **~, it will last forever** en el mejor de los casos, durará siempre; **~, all the children should live together** lo ideal *or* lo mejor sería que todos los hijos vivieran juntos

**idée fixe** ['iːdeɪ'fiːks] N idea *f* fija

**ident*** ['aɪdent] N (*also* **station ~**) (*TV, Rad*) identificativo *m*

**identical** [aɪ'dentɪkəl] Ⓐ ADJ idéntico; **their status is ~ to** *or* **with that of all other citizens** su condición es idéntica a *or* exactamente igual que la de cualquier otro ciudadano
Ⓑ CPD ► **identical twins** NPL gemelos *mpl* idénticos

**identically** [aɪ'dentɪkəlɪ] ADV idénticamente; **~ sized** de tamaño idéntico, exactamente del mismo tamaño; **they always dress ~** siempre se visten igual

**identifiable** [aɪ,dentɪ'faɪəbl] ADJ identificable

**identification** [aɪ,dentɪfɪ'keɪʃən] Ⓐ N identificación *f*; **the state of the body made ~ difficult** el estado del cadáver dificultaba su identificación; **we have a positive ~ of the victim** disponemos ya de la identidad de la víctima; **the ~ of democracy with liberty** la identificación de la democracia con la libertad
Ⓑ CPD ► **identification card** N = **identity card** ► **identification documents, identification papers** NPL documentos *mpl* de identidad, documentación *f* ► **identification mark** N señal *f* de identificación ► **identification parade** N (*Brit*) rueda *f* de reconocimiento, rueda *f* de identificación ► **identification tag** N (*US*) chapa *f* de identificación

**identifier** [aɪ'dentɪfaɪə<sup>r</sup>] N identificador *m*

**identify** [aɪ'dentɪfaɪ] Ⓐ VT [+ *person, problem*] identificar; **to ~ o.s.** identificarse; **to ~ o.s. with** identificarse con
Ⓑ VI **to ~ with** identificarse con

**Identikit picture** [aɪ,dentɪkɪt'pɪktʃə<sup>r</sup>] N retrato-robot *m*

**identity** [aɪ'dentɪtɪ] Ⓐ N (*all senses*) identidad *f*; **a case of mistaken ~** un caso de identificación errónea; **to withhold sb's ~** silenciar la identidad de algn
Ⓑ CPD ► **identity bracelet** N pulsera *f* identificativa, brazalete *m* identificativo ► **identity card** N carnet *m* de identidad, cédula *f* (de identidad) (*LAm*) ► **identity crisis** N crisis *f inv* de identidad ► **identity disc** N chapa *f* de identidad ► **identity papers** NPL documentos *mpl* de identidad, documentación *f* ► **identity parade** N = **identification parade**

**ideogram** ['ɪdɪəgræm] N ideograma *m*

**ideographic** [,ɪdɪə'græfɪk] ADJ ideográfico

**ideological** [,aɪdɪə'lɒdʒɪkəl] ADJ ideológico

**ideologically** [,aɪdɪə'lɒdʒɪkəlɪ] ADV ideológicamente

**ideologist** [,aɪdɪ'ɒlədʒɪst] N ideólogo/a *m/f*

**ideologue** ['ɪdɪəlɒg] N ideólogo/a *m/f*

**ideology** [,aɪdɪ'ɒlədʒɪ] N ideología *f*

**ides** [aɪdz] NPL idus *mpl*

**idiocy** ['ɪdɪəsɪ] N idiotez *f*, imbecilidad *f*

**idiolect** ['ɪdɪəʊlekt] N idiolecto *m*

**idiom** ['ɪdɪəm] N [1] (= *phrase*) modismo *m*, giro *m*
[2] (= *style of expression*) lenguaje *m*

**idiomatic** [,ɪdɪə'mætɪk] ADJ idiomático

**idiomatically** [,ɪdɪə'mætɪkəlɪ] ADV idiomáticamente

**idiosyncrasy** [,ɪdɪə'sɪŋkrəsɪ] N idiosincrasia *f*; **Victorian ~** la idiosincrasia victoriana; **it's one of her idiosyncrasies** es una de sus peculiaridades

**idiosyncratic** [ɪdɪəsɪŋ'krætɪk] ADJ idiosincrásico

**idiot** ['ɪdɪət] Ⓐ N (= *fool*) tonto/a *m/f*; (= *imbecile*) idiota *mf*, imbécil *mf*; **you (stupid) ~!** ¡imbécil!; **her ~ son** el idiota *or* imbécil de su hijo
Ⓑ CPD ► **idiot board*** N (*TV*) chuleta* *f*, autocue *m*

**idiotic** [,ɪdɪ'ɒtɪk] ADJ [*person*] idiota, imbécil; [*behaviour, laughter, idea*] estúpido, idiota; [*price*] desorbitado; **that was an ~ thing to do!** ¡eso que hiciste fue una idiotez *or* estupidez!

**idiotically** [,ɪdɪ'ɒtɪkəlɪ] ADV tontamente, estúpidamente; **to laugh ~** reírse como un tonto

**idiot-proof*** ['ɪdɪətpruːf] ADJ para torpes*, de fácil manejo

**idle** ['aɪdl] Ⓐ ADJ (*compar* **idler**; *superl* **idlest**) [1] (= *lazy*) perezoso, holgazán, flojo (*LAm*); (= *work-shy*) vago; (= *without work*) parado, desocupado; (= *inactive*) [*machine, factory*] parado; [*moment*] de ocio, libre; **the machine is never ~** la máquina no está nunca parada; **the reduction in orders made 100 workers ~** la

➤ LANGUAGE IN USE: idea 1 1.2

caída en el número de pedidos dejó a 100 obreros sin trabajo; **to stand ~** [*factory, machine*] estar parado
2 [*fear, speculation*] infundado; [*threat*] vano; **he is not one to indulge in ~ boasting/speculation** no es de los que se da a fanfarronear/especular porque sí; **we sat making ~ conversation** pasamos el rato sentados charlando; **I asked out of ~ curiosity** lo pregunté por pura curiosidad; **it's just ~ gossip** no es más que cotilleo; **this is no ~ threat** no es ésta una amenaza hecha a la ligera
Ⓑ VI 1 haraganear, gandulear; **we spent a few days idling in Paris** pasamos unos días ociosos en París; **we ~d over our meal** comimos con calma
2 (*Tech*) [*engine*] marchar en vacío; **idling speed** velocidad *f* de marcha en vacío
Ⓒ CPD ► **idle capacity** N (*Comm*) capacidad *f* sin utilizar ► **idle money** N (*Comm*) capital *m* improductivo ► **idle time** N (*Comm*) tiempo *m* de paro

►**idle away** VT + ADV [+ *time*] desperdiciar, echar a perder; **he ~s away his days in the garden** se pasa las horas muertas en el jardín

**idleness** ['aɪdlnɪs] N 1 (= *leisure*) ocio *m*, ociosidad *f*; (= *having nothing to do*) inactividad *f*, desocupación *f*; (= *laziness*) holgazanería *f*, pereza *f*, flojera *f* (*LAm*); (= *unemployment*) paro *m*, desempleo *m* (*LAm*); **to live a life of ~** llevar una vida ociosa; **she was frustrated by her enforced ~** la desesperaba su forzada inactividad
2 (= *emptiness*) [*of threat, promise*] lo vano; [*of gossip, talk*] banalidad *f*, insustancialidad *f*

**idler** ['aɪdləʳ] N ocioso/a *m/f*, holgazán/ana *m/f*, vago/a *m/f*

**idly** ['aɪdlɪ] ADV (= *in a leisurely way*) ociosamente; (= *without doing anything*) sin hacer nada; (= *absentmindedly*) distraídamente; (= *to pass the time*) [*chat*] para pasar el rato; (= *uselessly*) vanamente, inútilmente; **she found it impossible to sit ~ at home** le resultaba imposible sentarse en casa sin hacer nada; **he glanced ~ out of the window** miró distraído por la ventana; **I wondered ~ if he had meant what he said** me preguntaba inadvertidamente si lo que había dicho iba en serio; **to stand** *or* **sit ~ by** estarse de brazos cruzados

**idol** ['aɪdl] N ídolo *m*

**idolater** [aɪ'dɒlətəʳ] N idólatra *mf*

**idolatrous** [aɪ'dɒlətrəs] ADJ idólatra, idolátrico

**idolatry** [aɪ'dɒlətrɪ] N idolatría *f*

**idolize** ['aɪdəlaɪz] VT (*fig*) (= *worship blindly*) idolatrar

**IDP** N ABBR (= **integrated data processing**) PID *m*

**idyll** ['ɪdɪl] N idilio *m*

**idyllic** [ɪ'dɪlɪk] ADJ idílico

**i.e.** ABBR = **id est** (= *that is*) esto es, es decir, i.e.

**if** [ɪf] Ⓐ CONJ 1 (*conditional*) si; **I'll go if you come with me** yo iré si tú me acompañas; **if you studied harder you would pass your exams** si estudiaras más aprobarías los exámenes; **if they are to be believed** si hacemos caso de lo que dicen; **if you ask me** en lo que a mí se refiere; **if you had come earlier, you would have seen him** si hubieras venido antes, le habrías visto; **if I had known I would have told you** de haberlo sabido te lo habría dicho, si lo sé te lo digo*; **if it hadn't been for you we would have all died** de no ser *or* de no haber sido por ti hubiéramos muerto todos; **you can go if you like** puedes ir si quieres; **if necessary** si es necesario, si hace falta; **if I were you I would go to Spain** yo que tú iría a España, yo en tu lugar iría a España; **if you were to say that you'd be wrong** si dijeras eso te equivocarías; **if it weren't for him, we wouldn't be in this mess!** ¡si estamos metidos en este lío, es por él!*, ¡no estaríamos metidos en este lío de no ser por él!*; **if and when she comes** si (en efecto) viene, en el caso de que venga
2 (= *whenever*) si, cuando; **if she wants any help she asks me** si *or* cuando necesita ayuda me la pide; **if it was fine we went out for a walk** si *or* cuando hacía buen tiempo dábamos un paseo
3 (= *although*) aunque, si bien; **it's a nice film if rather long** es una buena película, aunque *or* si bien algo larga; **I will do it, even if it is difficult** lo haré, aunque me resulte difícil; **I'll finish it if** *or* **even if it takes me all day** lo terminaré aunque me lleve todo el día; **even if he tells me himself I won't believe it** ni aunque me lo diga él mismo me lo creo; **I couldn't eat it if I tried** aunque me lo propusiera no lo podría comer
4 (= *whether*) si; **he asked me if I had eaten** me preguntó si había comido; **I don't know if he's here** no sé si está aquí; **I wonder if it's true** me pregunto si es *or* será verdad
5 (*in phrases*) **if anything this one is better** hasta creo que éste es mejor, éste es mejor si cabe; **it's no bigger than our last house, if anything, it's even smaller** no es más grande que nuestra última casa si acaso, es incluso más pequeña; **I think you should paint it blue, if anything** en todo caso *or* si acaso, yo lo pintaría de azul; **as if** como si; **she acts as if she were the boss** se comporta como si fuera la jefa; **as if by chance** como por casualidad; **it isn't as if we were rich** no es que seamos precisamente ricos, no es que seamos ricos que digamos; **if at all: they aren't paid enough, if (they are paid) at all** les pagan poco, eso cuando les pagan; **change it to red, if at all** en todo caso *or* si acaso, cámbialo a rojo; **if it isn't old Garfield!** ¡pero si es el bueno de Garfield!, ¡hombre, Garfield, tú por aquí!; **if not** si no; **are you coming? if not, I'll go with Mark** ¿vienes? si no, iré con Mark; **if only I had known!** ¡de haberlo sabido!; **if only I could!** ¡ojalá pudiera!; **if only we had a car!** ¡ojalá tuviéramos coche!, ¡quién tuviera coche!; **I'll come, if only to see him** voy, aunque sólo sea para verlo; **I'll try to be there, if only for a few minutes** trataré de estar allí, aunque sólo sea unos minutos; **if so** si es así, de ser así; **are you coming? if so, I'll wait** ¿vienes? si es así *or* de ser así te espero; *see* **as**, **even B4**
Ⓑ N **that's** *or* **it's a big if** es un gran pero; **there are a lot of ifs and buts** hay muchas dudas sin resolver

**IFAD** N ABBR (= **International Fund for Agricultural Development**) FIDA *m*

**IFC** N ABBR = **International Finance Corporation**

**iffy*** ['ɪfɪ] ADJ dudoso, incierto

**IFTO** N ABBR = **International Federation of Tour Operators**

**IG** N ABBR (*US*) = **Inspector General**

**igloo** ['ɪglu:] N iglú *m*

**Ignatius** [ɪg'neɪʃəs] N Ignacio, Íñigo

**igneous** ['ɪgnɪəs] ADJ ígneo

**ignite** [ɪg'naɪt] Ⓐ VT encender, prender fuego a (*LAm*)
Ⓑ VI encenderse, prender (*LAm*)

> **IF**
>
> ### Indicative/Subjunctive after "si"
>
> **Si** can be followed by both the *indicative* and the *subjunctive*. The *indicative* describes facts and likely situations; the *subjunctive* describes remote or hypothetical situations.
>
> ### Indicative
>
> - Use **si** + **PRESENT INDICATIVE** to translate **if** + **PRESENT** in English:
>
>   If you go on overeating, you'll get fat
>   ***Si sigues comiendo tanto, vas a engordar***
>   Don't do it if you don't want to
>   ***No lo hagas si no quieres***
>
> ! Don't use **si** with the **PRESENT SUBJUNCTIVE**.
>
> ### Subjunctive
>
> - Use **si** + **IMPERFECT SUBJUNCTIVE** to translate **if** + **PAST** for remote or uncertain possibilities and hypotheses:
>
>   If we won the lottery, we would never have to work again
>   ***Si nos tocase*** *or* ***tocara la lotería, no tendríamos que trabajar nunca más***
>   What would you do if I weren't here?
>   ***¿Qué harías si yo no estuviese*** *or* ***estuviera aquí?***
>
> - Use **si** + **PLUPERFECT SUBJUNCTIVE** (= **hubiera** or **hubiese** + **PAST PARTICIPLE**) to translate **if** + **had** + **PAST PARTICIPLE**:
>
>   If Paula hadn't lost her ticket, she would have left today
>   ***Si Paula no hubiera*** *or* ***hubiese perdido el billete, habría salido hoy***
>
> **NOTE:** Alternatively, instead of a clause with **si**, you can often use **de** (**no**) **haber** + **PAST PARTICIPLE**:
>
>   If Paula hadn't lost her ticket, she would have left today
>   ***De no haber perdido Paula el billete, habría salido hoy***
>
> *For further uses and examples, see main entry.*

**ignition** [ɪg'nɪʃən] Ⓐ N (= *igniting*) ignición *f*; (*Aut*) encendido *m*, arranque *m*; **to switch** *or* **turn on the ~** arrancar el motor, dar al contacto; **to switch** *or* **turn off the ~** apagar el motor, quitar el contacto; **I left the key in the ~** (*intentionally*) dejé la llave de contacto puesta; (*unintentionally*) me dejé la llave de contacto puesta
Ⓑ CPD ► **ignition coil** N (*Aut*) bobina *f* de encendido ► **ignition key** N llave *f* de contacto ► **ignition switch** N interruptor *m* de encendido, interruptor *m* de arranque

**ignoble** [ɪg'nəʊbl] ADJ (*frm*) innoble, vil

**ignominious** [,ɪgnə'mɪnɪəs] ADJ [*act, behaviour*] ignominioso, oprobioso; [*defeat*] vergonzoso

**ignominiously** [,ɪgnə'mɪnɪəslɪ] ADV ignominiosamente; **to be ~ defeated** sufrir una derrota vergonzosa

**ignominy** ['ɪgnəmɪnɪ] N ignominia *f*, oprobio *m*, vergüenza *f*

**ignoramus** [,ɪgnə'reɪməs] N ignorante *mf*, inculto/a *m/f*

**ignorance** ['ɪgnərəns] N ignorancia *f* (**of** de); **to be in ~ of** ignorar, desconocer; **to keep sb in ~ of sth** ocultar algo a algn; **to show one's ~** demostrar su ignorancia

**ignorant** ['ɪgnərənt] ADJ ignorante; **to be ~ of** ignorar, desconocer; **he can't be ~ of what's going on** seguro que no ignora *or* seguro que sabe lo que está pasando; **they are surprisingly ~ about their own culture** es sorprendente lo poco que saben de su propia cultura, es sorprendente lo poco que conocen su propia cultura; **he's an ~ fool** es un necio ignorante, es un inepto

**ignorantly** ['ɪgnərəntlɪ] ADV ignorantemente; **we ~ went to the next house** al no saber, fuimos a la casa de al lado

**ignore** [ɪg'nɔːʳ] VT [+ *person*] (= *disregard*) no hacer caso a; (= *spurn*) ignorar; [+ *remark, danger*] hacer caso omiso de, no hacer caso de; [+ *behaviour, rudeness*] pasar por alto; [+ *awkward fact*] cerrar los ojos ante; **I told him what he should do but he completely ~d me** le dije qué debía hacer pero no me hizo el menor caso; **I smiled but she ~d me** le sonreí pero me ignoró *or* hizo como si no me viera; **just ~ him** no le hagas caso; **we can safely ~ that** eso lo podemos dejar a un lado

**iguana** [ɪ'gwɑːnə] N iguana *f*

**IHS** ABBR (= **Jesus**) IHS, JHS

**ikon** ['aɪkɒn] N = **icon**

**IL** ABBR (*US*) = **Illinois**

**ILA** N ABBR (*US*) (= **International Longshoremen's Association**) *sindicato*

**ILEA** ['ɪlɪə] N ABBR (*Brit Educ*) (*formerly*) (= **Inner London Education Authority**) *organismo que controlaba la enseñanza en la ciudad de Londres*

**ileum** ['ɪlɪəm] N (*Anat*) íleon *m*

**ilex** ['aɪleks] N encina *f*

**ILGWU** N ABBR (*US*) = **International Ladies' Garment Workers Union**

**Iliad** ['ɪlɪæd] N Ilíada *f*

**ilk** [ɪlk] N índole *f*, clase *f*; **and others of that ~** y otros así *or* de esa clase, y otros de ese jaez

**I'll** [aɪl] = **I will, I shall**

**ill** [ɪl] Ⓐ ADJ (*compar* **worse**; *superl* **worst**) [1] (*Med*) enfermo; **to be ~** estar enfermo; **to be seriously ~** estar gravemente enfermo; **he's ~ with cancer** tiene cáncer, está enfermo de cáncer; **to fall ~** caer *or* ponerse enfermo, enfermarse (*LAm*); **to feel ~** encontrarse mal, sentirse mal; **to look ~** tener mal aspecto *or* mala cara; **to make sb ~** [*food, wine*] sentarle mal a algn; [*lifestyle, diet*] afectar a la salud de algn; **the soup made me ~** la sopa me sentó mal; **all the worry was making me ~** la preocupación estaba afectando a mi salud; **to make o.s. ~** ponerse enfermo, ponerse malo*; **to be taken ~** caer *or* ponerse enfermo, enfermarse (*LAm*); *see also* **mentally**
[2] (= *bad*) [*fortune, luck*] malo; **~ at ease** a disgusto; **~ effects** efectos *mpl* adversos; **with no ~ effects** sin mayores daños; **~ feeling** (= *hostility*) hostilidad *f*; (= *spite*) rencor *m*; **there are no ~ feelings** no quedan rencores; **I have no ~ feelings toward them** no les guardo rencor; **~ health** mala salud *f*; **to be in ~ health** no estar bien (de salud), estar enfermo; **he retired because of ~ health** se retiró por problemas de salud; **~ humour** mal humor *m*; **~ repute** (*liter or hum*) mala reputación *f*; **a house/lady of ~ repute** una casa/mujer de mala reputación; **~ temper** mal genio *m*; **~ will** (= *hostility*) hostilidad *f*; (= *spite*) rencor *m*; **I bear you no ~ will for that** no le guardo rencor por eso; *see also* **wind[1] A1**
Ⓑ ADV mal; **to speak/think ~ of sb** hablar/pensar mal de algn; **we can ~ afford to lose him** mal podemos dejar que se vaya; **we can ~ afford to buy it** no podemos permitirnos el lujo de comprarlo; **it ~ becomes you to criticize** no te sienta bien criticar
Ⓒ N (*fig*) [1] **ills** (*frm*) (= *problems*) males *mpl*; **the ~s of the economy** los males de la economía; **the inevitable ~s of old age** los inevitables males *or* achaques de la vejez
[2] (†) (= *evil*) **no ~ had befallen the child** el niño no había sufrido ningún mal; **to bode** *or* **augur ~** no augurar nada bueno

**Ill.** ABBR (*US*) = **Illinois**

**ill-advised** ['ɪləd'vaɪzd] ADJ [*remark*] inoportuno; [*plan*] desacertado; [*attempt*] imprudente; **you would be ~ to go** harías mejor en no ir, sería poco aconsejable que fueras

**ill-assorted** ['ɪlə'sɔːtɪd] ADJ mal avenido

**ill-at-ease** ['ɪlət'iːz] ADJ (= *awkward*) molesto, incómodo; (= *uneasy*) inquieto, intranquilo

**ill-bred** ['ɪl'bred] ADJ mal educado, malcriado

**ill-breeding** [ˌɪl'briːdɪŋ] N mala educación *f*

**ill-considered** ['ɪlkən'sɪdəd] ADJ [*plan, remark*] poco pensado, poco meditado; [*act, decision*] apresurado, irreflexivo

**ill-defined** [ˌɪldɪ'faɪnd] ADJ mal definido

**ill-disposed** [ˌɪldɪs'pəʊzd] ADJ **to be ~ toward sb** estar predispuesto en contra de algn; **he is ~ toward the idea** no le gusta la idea; **they are ~ to wait any longer** no están muy dispuestos a seguir esperando

**illegal** [ɪ'liːgəl] Ⓐ ADJ [1] (*Jur*) ilegal; **~ possession of sth** posesión *f* ilegal de algo; **it is ~ to do that** hacer eso es ilegal; **it is ~ for children to buy alcohol** está prohibido que los niños compren alcohol; **to make it ~ to do sth** prohibir hacer algo, prohibir que se haga algo
[2] (*Sport*) [*tackle*] antirreglamentario
[3] (*Comput*) **to perform an ~ operation** realizar una operación ilegal *or* no válida
Ⓑ CPD ► **illegal immigrant** N inmigrante *mf* ilegal ► **illegal substance** N sustancia *f* ilegal

**illegality** [ˌɪliː'gælɪtɪ] N ilegalidad *f*

**illegally** [ɪ'liːgəlɪ] ADV [1] (*Jur*) [*act, occupy, fish*] ilegalmente; **they were convicted of ~ using a handgun** se los declaró culpables de la utilización ilegal de un revólver
[2] (*Sport*) [*tackle*] antirreglamentariamente

**illegible** [ɪ'ledʒəbl] ADJ ilegible

**illegibly** [ɪ'ledʒəblɪ] ADV de modo ilegible

**illegitimacy** [ˌɪlɪ'dʒɪtɪməsɪ] N ilegitimidad *f*

**illegitimate** [ˌɪlɪ'dʒɪtɪmɪt] ADJ ilegítimo

**illegitimately** [ˌɪlɪ'dʒɪtɪmɪtlɪ] ADV ilegítimamente

**ill-equipped** ['ɪlɪ'kwɪpt] ADJ [*expedition etc*] mal equipado; **he was ~ for the task** no estaba preparado para esa tarea; **the prisons are ~ to cope with such large numbers** las cárceles carecen del equipamiento necesario para acoger a tanta población reclusa

**ill-fated** ['ɪl'feɪtɪd] ADJ [*day*] funesto, nefasto; [*expedition, journey, attempt*] desafortunado, malhadado (*liter*)

**ill-favoured**, **ill-favored** (*US*) ['ɪl'feɪvəd] ADJ (*liter*) (= *ugly*) mal parecido

**ill-formed** [ˌɪl'fɔːmd] ADJ mal formado

**ill-founded** ['ɪl'faʊndɪd] ADJ [*claim, fear*] infundado, sin fundamento

**ill-gotten** ['ɪl'gɒtn] ADJ **~ gains** (*liter or hum*) ganancias *fpl* ilícitas

**ill-humoured**, **ill-humored** (*US*) ['ɪl'hjuːməd] ADJ malhumorado

**illiberal** [ɪ'lɪbərəl] ADJ (= *bigoted*) intolerante; (= *mean*) avaro, mezquino

**illicit** [ɪ'lɪsɪt] ADJ ilícito

**illicitly** [ɪ'lɪsɪtlɪ] ADV ilícitamente

**illimitable** [ɪ'lɪmɪtəbl] ADJ ilimitado, sin límites

**ill-informed** ['ɪlɪn'fɔːmd] ADJ [*judgment, criticism*] desinformado, inexacto; [*person*] mal informado

**illiquid** [ɪ'lɪkwɪd] Ⓐ ADJ falto de liquidez
Ⓑ CPD ► **illiquid assets** NPL activos *mpl* no realizables (a corto plazo)

**illiteracy** [ɪ'lɪtərəsɪ] N analfabetismo *m*

**illiterate** [ɪ'lɪtərɪt] Ⓐ ADJ [*person*] (= *unable to read or write*) analfabeto; (= *ignorant*) ignorante, inculto; [*letter, handwriting*] plagado de faltas; **to be functionally ~** ser un analfabeto funcional; **he's sexually ~** en materia sexual está en mantillas
Ⓑ N analfabeto/a *m/f*

**ill-judged** ['ɪl'dʒʌdʒd] ADJ imprudente

**ill-kempt** ['ɪl'kempt] ADJ desaliñado, desaseado

**ill-mannered** ['ɪl'mænəd] ADJ mal educado, sin educación

**ill-natured** ['ɪl'neɪtʃəd] ADJ desabrido, malhumorado

**illness** ['ɪlnɪs] N enfermedad *f*, dolencia *f* (*more frm*); **~ prevented her going** una enfermedad le impidió asistir; *see also* **mental**

**ill-nourished** [ˌɪl'nʌrɪʃt] ADJ malnutrido

**illogic** [ɪ'lɒdʒɪk] N falta *f* de lógica

**illogical** [ɪ'lɒdʒɪkəl] ADJ ilógico, falto de lógica

**illogicality** [ɪˌlɒdʒɪ'kælɪtɪ] N falta *f* de lógica

**illogically** [ɪ'lɒdʒɪkəlɪ] ADV ilógicamente

**ill-omened** ['ɪl'əʊmənd] ADJ [*day, event, occurrence*] nefasto, funesto

**ill-prepared** [ˌɪlprɪ'pɛəd] ADJ mal preparado

**ill-starred** ['ɪl'stɑːd] ADJ malhadado, malogrado

**ill-suited** ['ɪl'suːtɪd] ADJ **as a couple they are ~** como pareja no son compatibles, no hacen buena pareja; **he is ~ to the job** no es la persona indicada para el trabajo

**ill-tempered** ['ɪl'tempəd] ADJ [*person*] de mal genio; [*remark, tone etc*] malhumorado

**ill-timed** ['ɪl'taɪmd] ADJ inoportuno, intempestivo

**ill-treat** ['ɪl'triːt] VT [+ *person, animal*] maltratar, tratar mal

**ill-treatment** ['ɪl'triːtmənt] N maltrato *m*, malos tratos *mpl*

**illuminate** [ɪ'luːmɪneɪt] VT [1] (= *light up*) [+ *room, building*] iluminar; [+ *street*] iluminar, alumbrar; **the castle is ~d in summer** en verano el castillo está iluminado; **~d sign** letrero *m* luminoso
[2] (= *clarify*) [+ *problem, question*] aclarar, echar luz sobre
[3] (= *enlighten*) [*person*] iluminar
[4] (*Art*) **~d manuscript** manuscrito *m* iluminado

**illuminating** [ɪ'luːmɪneɪtɪŋ] ADJ [*remark, observation*] esclarecedor; [*lecture, experience*] instructivo

**illumination** [ɪˌluːmɪ'neɪʃən] N (*gen*) iluminación *f*; (*Art*) iluminación *f*; (*fig*) aclaración *f*; **illuminations** (*Brit*) (= *decorative lights*) luces *fpl*, iluminaciones *fpl*

**illuminator** [ɪ'luːmɪneɪtəʳ] N iluminador(a) *m/f*

**illumine** [ɪ'luːmɪn] VT = **illuminate**

**ill-use** ['ɪl'juːz] VT maltratar, tratar mal

**illusion** [ɪ'luːʒən] N [1] (= *deceptive appearance*) ilusión *f*; **optical ~** ilusión *f* óptica; **it gives an ~ of space** crea una ilusión *or* impresión de espacio
[2] (= *misapprehension*) ilusión *f*; **to be under an ~** hacerse falsas ilusiones, estar en un error; **I am under no ~s on that score** sobre ese punto no me hago (falsas) ilusiones; **to be under the ~ that ...** creerse que ...; **he was under the ~ that he would win** se creía que iba a ganar; **he cherishes the ~ that ...** abriga la esperanza de que ... + *subjun*

**illusionist** [ɪ'luːʒənɪst] N prestidigitador(a) *m/f*, ilusionista *mf*

**illusive** [ɪ'luːsɪv], **illusory** [ɪ'luːsərɪ] ADJ ilusorio

**illustrate** [ˈɪləstreɪt] VT **1** [+ *book*] ilustrar; **a book ~d by Ann Miles** un libro ilustrado por Ann Miles, un libro con ilustraciones de Ann Miles
**2** (= *exemplify*) [+ *subject*] ilustrar; [+ *point*] demostrar; **I can best ~ this in the following way** esto puede ilustrarse del modo siguiente

**illustrated** [ˈɪləstreɪtɪd] Ⓐ ADJ [*book, catalogue*] ilustrado
Ⓑ CPD ► **illustrated (news)paper** N (*Hist*) revista *f* gráfica

**illustration** [ˌɪləsˈtreɪʃən] N (*in book, paper*) ilustración *f*; (= *example*) ejemplo *m*, ilustración *f*; (= *explanation*) explicación *f*; **by way of ~** a modo de ejemplo, a título ilustrativo

**illustrative** [ˈɪləstrətɪv] ADJ [*drawing*] ilustrativo; [*example*] ilustrativo; **to be ~ of sth** ejemplificar *or* demostrar algo

**illustrator** [ˈɪləstreɪtəʳ] N ilustrador(a) *m/f*

**illustrious** [ɪˈlʌstrɪəs] ADJ ilustre

**illustriously** [ɪˈlʌstrɪəslɪ] ADJ ilustremente

**ILO** N ABBR (= **International Labour Organization**) OIT *f*

**ILS** N ABBR (*Aer*) = **Instrument Landing System**

**ILWU** N ABBR (*US*) = **International Longshoremen's and Warehousemen's Union**

**IM**, **i.m.** ABBR = **intramuscular(ly)**

**I'm** [aɪm] = **I am**

**image** [ˈɪmɪdʒ] Ⓐ N **1** (*gen, Literat, Rel*) (= *representation, symbol*) imagen *f*; **the ~ I had of him was completely different** tenía una imagen de él totalmente distinta; **to make sb in one's own ~** hacer a algn a su imagen; ✦***IDIOM*** **to be the very** *or* **the spitting ~ of sb** ser el vivo retrato *or* la viva imagen de algn
**2** (= *reflection*) reflejo *m*; **mirror ~** reflejo *m* exacto
**3** (= *public image*) imagen *f*; **to have a good/bad ~** [*company, person*] tener buena/mala imagen; **we must improve our ~** tenemos que mejorar nuestra imagen; **the company has changed its ~** la empresa ha cambiado de imagen
Ⓑ CPD ► **image intensifier** N intensificador *m* de imagen ► **image processing** N proceso *m* de imágenes

**imager** [ˈɪmɪdʒəʳ] N **thermal ~** cámara *f* térmica; **magnetic resonance ~** aparato *m* de resonancia magnética

**imagery** [ˈɪmɪdʒərɪ] N imágenes *fpl*, imaginería *f*

**imaginable** [ɪˈmædʒnəbl] ADJ imaginable; **the biggest party ~** la fiesta más grande que se pueda imaginar

**imaginary** [ɪˈmædʒɪnərɪ] ADJ imaginario

**imagination** [ɪˌmædʒɪˈneɪʃən] N (= *mental ability*) imaginación *f*; (= *inventiveness*) imaginación *f*, inventiva *f*; **it's all in your ~** te lo estás imaginando, son imaginaciones tuyas; **was it my ~ or did I see you there?** ¿me lo he imaginado o te vi allí de verdad?; **to have a vivid ~** tener una imaginación muy viva *or* despierta; **she let her ~ run away with her** se dejó llevar por la imaginación; **her story caught the popular ~** su historia atrapó el interés popular; **it doesn't take much ~ to realize what happened** no hace falta tener mucha imaginación para darse cuenta de lo que ocurrió; **use your ~** usa la imaginación

**imaginative** [ɪˈmædʒnətɪv] ADJ [*person*] imaginativo, lleno de imaginación; [*drawing, story*] imaginativo

**imaginatively** [ɪˈmædʒnətɪvlɪ] ADV con imaginación

**imaginativeness** [ɪˈmædʒnətɪvnɪs] N imaginativa *f*

➤ LANGUAGE IN USE: illustrate 2 26.2

**imagine** [ɪˈmædʒɪn] VT **1** (= *visualize*) imaginarse, figurarse; **~ my surprise** imagínate *or* figúrate mi sorpresa; **you can ~ how I felt!** ¡imagínate *or* figúrate cómo me sentí!; **(just) ~!** ¡imagínate!, ¡figúrate!; **"is he angry?" — "I ~ so!"** —¿está enfadado? —¡me imagino que sí!; **I can't ~ a better end to the evening** la noche no podría acabar mejor; **I (just) can't ~** no me lo puedo imaginar; **what he's done with it I (just) can't ~** no tengo ni idea de qué puede haber hecho con ello; **you can't begin to ~ what it was like** no puedes hacerte (ni) idea de lo que fue aquello; **~ yourself on a Caribbean island** imagínate (que estás) en una isla del Caribe
**2** (= *falsely believe*) **you're just imagining things** te lo estás imaginando, son imaginaciones tuyas; **he ~d himself to be the Messiah** se creía *or* se imaginaba que era el Mesías
**3** (= *suppose, think*) suponer, creer; **don't ~ that you're going to get it free** no te vayas a pensar *or* no te creas que te va a salir gratis; **she fondly ~s that …** se hace la ilusión de que …

**imaging** [ˈɪmɪdʒɪŋ] N **thermal ~** representación *f* óptica por cámara térmica; **magnetic resonance ~** representación *f* óptica por resonancia magnética

**imaginings** [ɪˈmædʒɪnɪŋz] NPL (*liter*) imaginaciones *fpl*, figuraciones *fpl*

**imam** [ɪˈmɑːm] N imán *m*

**imbalance** [ɪmˈbæləns] N desequilibrio *m*, falta *f* de equilibrio

**imbalanced** [ɪmˈbælənst] ADJ [*distribution, structure*] desequilibrado

**imbecile** [ˈɪmbəsiːl] Ⓐ N imbécil *mf*; **you ~!** ¡imbécil!
Ⓑ ADJ imbécil

**imbecility** [ˌɪmbɪˈsɪlɪtɪ] N imbecilidad *f*

**imbibe** [ɪmˈbaɪb] Ⓐ VT (*frm*) (= *drink*) beber; (*fig*) [+ *atmosphere*] empaparse de; [+ *information*] imbuirse de (*frm*), empaparse de
Ⓑ VI († *also hum*) beber

**imbroglio** [ɪmˈbrəʊlɪəʊ] N embrollo *m*, enredo *m*

**imbue** [ɪmˈbjuː] VT **to ~ sth with** imbuir algo de *or* en (*frm*), empapar algo de; **to ~ sb with sth** [+ *quality, virtue*] infundir *or* conferir algo a algn, imbuir a algn de algo (*frm*); **to be ~d with** estar imbuido (*frm*) *or* empapado de

**IMF** N ABBR (= **International Monetary Fund**) FMI *m*

**IMHO** ABBR = **In My Honest Opinion**

**imitable** [ˈɪmɪtəbl] ADJ imitable

**imitate** [ˈɪmɪteɪt] VT [+ *person, action, accent*] imitar; (*pej*) remedar; [+ *signature, writing*] reproducir, copiar

**imitation** [ˌɪmɪˈteɪʃən] Ⓐ N (= *act*) imitación *f*; (*pej*) remedo *m*; (= *copy*) reproducción *f*, copia *f*; **in ~ of** a imitación de; **beware of ~s** desconfíe de las imitaciones; ✦***PROV*** **~ is the sincerest form of flattery** no hay mejor halago *or* lisonja que el que te imiten
Ⓑ CPD de imitación ► **imitation fur** N piel *f* sintética ► **imitation gold** N oro *m* de imitación ► **imitation jewellery**, **imitation jewels** NPL bisutería *f*, joyas *fpl* de imitación ► **imitation leather** N imitación *f* a piel ► **imitation marble** N mármol *m* artificial

**imitative** [ˈɪmɪtətɪv] ADJ imitativo; **a style ~ of Joyce's** un estilo que imita el de Joyce

**imitator** [ˈɪmɪteɪtəʳ] N imitador(a) *m/f*

**immaculate** [ɪmækjʊlɪt] ADJ [*house, clothes*] impecable, inmaculado; [*hair, make-up, performance, taste*] impecable; [*conduct, behaviour*] impecable, intachable; **a hotel where the service is ~** un hotel donde el servicio es impecable; **to be in ~ condition** estar en perfectas condiciones; **to look ~** estar impecable; **the Immaculate Conception** (*Rel*) la Inmaculada Concepción

**immaculately** [ɪˈmækjʊlɪtlɪ] ADV [*behave*] impecablemente, intachablemente; [*dress*] impecablemente; **~ clean** impecablemente limpio, de un limpio inmaculado; **he was ~ dressed** iba impecablemente vestido, iba vestido de punta en blanco*

**immanent** [ˈɪmənənt] ADJ inmanente

**Immanuel** [ɪˈmænjʊəl] N Emanuel

**immaterial** [ˌɪməˈtɪərɪəl] ADJ **1** (= *irrelevant*) irrelevante; **that is quite ~** eso no tiene ninguna importancia, eso es irrelevante; **the difference between them is ~ to me** la diferencia entre ellos me es indiferente; **it is ~ whether …** no importa si …
**2** (= *incorporeal*) inmaterial, incorpóreo

**immature** [ˌɪməˈtjʊəʳ] ADJ **1** (= *childish*) [*person, attitude*] inmaduro
**2** (= *half-grown*) [*tree, plant*] joven; [*fruit*] verde, inmaduro

**immaturity** [ˌɪməˈtjʊərɪtɪ] N inmadurez *f*, falta *f* de madurez; [*of tree, plant*] inmadurez *f*

**immeasurable** [ɪˈmeʒərəbl] ADJ (= *not measurable*) inconmensurable, imposible de medir; (= *enormous*) [*benefit, value*] inconmensurable, incalculable

**immeasurably** [ɪˈmeʒərəblɪ] ADV enormemente

**immediacy** [ɪˈmiːdɪəsɪ] N [*of text, image, style*] inmediatez *f*; (= *urgency*) [*of task*] urgencia *f*

**immediate** [ɪˈmiːdɪət] ADJ **1** (= *instant*) [*decision, answer, reaction*] inmediato; **~ access** (*Comput*) entrada *f* inmediata; **to take ~ action** actuar inmediatamente *or* de inmediato; **for ~ delivery** para entrega inmediata; **these changes will take place with ~ effect** estos cambios tendrán lugar con un efecto inmediato
**2** (= *urgent*) [*needs, problem*] urgente, apremiante; [*danger, threat, crisis, task*] inmediato; **my ~ concern was for Max** Max era mi primera preocupación; **the ~ needs of the refugees** las necesidades urgentes *or* apremiantes de los refugiados; **what are your ~ plans?** ¿cuáles son tus planes más inmediatos?
**3** (= *near*) [*future, cause*] inmediato; [*predecessor, successor*] más inmediato; **my ~ family** mi familia más cercana; **in the ~ future** en el futuro inmediato; **my ~ neighbours** mis vecinos de al lado; **to the ~ north/south** directamente al norte/sur; **in the ~ vicinity** en las inmediaciones, en los alrededores

**immediately** [ɪˈmiːdɪətlɪ] Ⓐ ADV **1** (= *at once*) [*reply, come, agree*] inmediatamente, de inmediato; **do it ~!** ¡hazlo inmediatamente!, ¡hazlo de inmediato!; **the cause of the accident was not ~ apparent** la causa del accidente no se apreciaba a simple vista; **there was no one ~ available** no había nadie disponible en ese momento
**2** (= *directly*) [*affect, concern*] directamente; **he is not ~ involved in the project** no está directamente involucrado en el proyecto; **~ above sth** justo *or* justamente encima de algo; **~ after/before sth** inmediatamente después de/antes de algo; **~ behind/below sth** justo *or* justamente detrás de/debajo de algo; **he is ~ below the managing director** (*in rank*) trabaja a las órdenes directas del director general, el director general es su superior más inmediato
Ⓑ CONJ **~ he put the phone down, he remembered** nada más colgar el teléfono se

acordó, en cuanto *or* (*LAm*) no más colgó el teléfono se acordó; **let me know ~ he arrives** avíseme en cuanto llegue, avíseme en el momento en que llegue

**immemorial** [ˌɪmɪˈmɔːrɪəl] ADJ inmemorial, inmemorable; **from time ~** desde tiempo(s) inmemorial(es)

**immense** [ɪˈmens] ADJ [*distance, difficulty, effort*] inmenso, enorme; **to his ~ relief/satisfaction** para gran alivio suyo/satisfacción suya; **it has been of ~ benefit to her** le ha resultado enormemente beneficioso

**immensely** [ɪˈmenslɪ] ADV [*like, enjoy*] muchísimo; [*differ*] enormemente; [*difficult*] sumamente, enormemente; [*powerful*] inmensamente, enormemente; **I was ~ grateful/relieved** me sentía enormemente agradecido/aliviado

**immensity** [ɪˈmensɪtɪ] N [*of size*] inmensidad *f*; [*of difference, problem etc*] enormidad *f*, inmensidad *f*

**immerse** [ɪˈmɜːs] VT (*lit*) **to ~ sth in water** sumergir algo en el agua; **to be ~d in sth** (*fig*) estar metido de lleno *or* inmerso en algo; **he was totally ~d in his work** estaba metido de lleno *or* inmerso en su trabajo; **she was ~d in the newspaper** estaba absorta *or* inmersa en la lectura del periódico; **to ~ o.s. in sth** (*fig*) sumergirse en algo; **she ~d herself in the history and culture of the place** se metió de lleno *or* se sumergió en la historia y la cultura del lugar

**immersion** [ɪˈmɜːʃən] Ⓐ N (*lit*) (*in liquid*) inmersión *f*, sumersión *f*; (*fig*) (*in work, thoughts*) absorción *f*
Ⓑ CPD ► **immersion course** N curso *m* de inmersión ► **immersion heater** N calentador *m* de inmersión

**immigrant** [ˈɪmɪgrənt] Ⓐ ADJ inmigrante
Ⓑ N inmigrante *mf*
Ⓒ CPD ► **immigrant community** N comunidad *f* de inmigrantes ► **immigrant worker** N trabajador(a) *m/f* inmigrante

**immigrate** [ˈɪmɪgreɪt] VI inmigrar

**immigration** [ˌɪmɪˈgreɪʃən] Ⓐ N inmigración *f*
Ⓑ CPD ► **immigration authorities** NPL agencia *f* de inmigración ► **immigration control** N control *m* de inmigración ► **immigration laws** NPL leyes *fpl* inmigratorias ► **immigration quota** N cuota *f* de inmigración

**imminence** [ˈɪmɪnəns] N inminencia *f*

**imminent** [ˈɪmɪnənt] ADJ (= *impending*) inminente

**immobile** [ɪˈməʊbaɪl] ADJ inmóvil

**immobiliser** [ɪˈməʊbɪlaɪzəʳ] N (*Aut*) inmovilizador *m*

**immobility** [ˌɪməʊˈbɪlɪtɪ] N inmovilidad *f*

**immobilize** [ɪˈməʊbɪlaɪz] VT [+ *person, troops, engine*] inmovilizar

**immoderate** [ɪˈmɒdərɪt] ADJ [*opinion, reaction*] desmesurado; [*demand*] excesivo, inmoderado; [*person*] extremista, radical; **with ~ haste** (*frm*) con excesiva *or* desmesurada celeridad (*frm*)

**immoderately** [ɪˈmɒdərɪtlɪ] ADV [*hasty, eager*] excesivamente; [*laugh*] exageradamente; [*use*] en exceso; **to drink ~** beber en exceso

**immodest** [ɪˈmɒdɪst] ADJ (= *indecent*) [*behaviour*] indecoroso, impúdico; [*dress*] poco recatado; [*claim, statement*] poco modesto, presuntuoso

**immodestly** [ɪˈmɒdɪstlɪ] ADV [*behave*] indecorosamente, impúdicamente; [*dress*] sin recato; [*say, claim*] con presunción

**immodesty** [ɪˈmɒdɪstɪ] N (= *indecency*) [*of behaviour*] falta *f* de decoro, impudicia *f*; [*of dress*] falta *f* de recato; (= *boastfulness*) falta *f* de modestia, presunción *f*

**immolate** [ˈɪməʊleɪt] VT inmolar

**immoral** [ɪˈmɒrəl] ADJ [*person, behaviour, practice*] inmoral; **to live off ~ earnings** vivir del proxenetismo, vivir del lenocinio (*frm*)

**immorality** [ˌɪməˈrælɪtɪ] N inmoralidad *f*

**immorally** [ɪˈmɒrəlɪ] ADV inmoralmente, de modo inmoral

**immortal** [ɪˈmɔːtl] Ⓐ ADJ [*person, god*] inmortal; [*memory, fame*] imperecedero
Ⓑ N inmortal *mf*

**immortality** [ˌɪmɔːˈtælɪtɪ] N inmortalidad *f*

**immortalize** [ɪˈmɔːtəlaɪz] VT inmortalizar

**immovable** [ɪˈmuːvəbl] Ⓐ ADJ [*object*] imposible de mover, inamovible; [*person*] inconmovible; [*feast, post*] inamovible; **he was quite ~** estuvo inflexible
Ⓑ **immovables** NPL inmuebles *mpl*

**immune** [ɪˈmjuːn] Ⓐ ADJ (*to disease*) inmune (**to** a); (*from tax, regulations*) exento (**from** de); **to be ~ to sth** (*Med*) ser inmune a algo; **she is ~ to measles** es inmune al sarampión; (*fig*) **they seemed ~ to the cold** parecían inmunes al frío; **he is ~ to criticism** es inmune *or* insensible a las críticas, no le afectan las críticas; **no one is ~ from this problem** nadie queda al margen de este problema, nadie es inmune a este problema
Ⓑ CPD ► **immune deficiency** N inmunodeficiencia *f* ► **immune response** N respuesta *f* inmunitaria, respuesta *f* inmunológica ► **immune system** N sistema *m* inmunológico

**immunity** [ɪˈmjuːnɪtɪ] N (*Med, fig*) inmunidad *f*; (*from tax, regulations*) exención *f* (**from** de); **diplomatic ~** inmunidad *f* diplomática; **parliamentary ~** inmunidad *f* parlamentaria

**immunization** [ˌɪmjʊnaɪˈzeɪʃən] N (*Med*) inmunización *f*

**immunize** [ˈɪmjʊnaɪz] VT (*Med*) inmunizar

**immunodeficiency** [ɪˌmjuːnəʊdɪˈfɪʃənsɪ] N inmunodeficiencia *f*

**immunodepressant** [ɪˌmjʊnəʊdɪˈpresnt] Ⓐ ADJ inmunodepresor
Ⓑ N inmunodepresor *m*

**immunoglobulin** [ˌɪmjʊnəʊˈglɒbjʊlɪn] N inmunoglobulina *f*

**immunological** [ɪˌmjuːnəˈlɒdʒɪkəl] Ⓐ ADJ inmunológico
Ⓑ CPD ► **immunological defences** NPL defensas *fpl* inmunológicas

**immunologist** [ɪmjʊˈnɒlədʒɪst] N inmunólogo/a *m/f*

**immunology** [ˌɪmjʊˈnɒlədʒɪ] N inmunología *f*

**immunosuppressant** [ɪˈmjuːnəʊsəˈpresənt] Ⓐ ADJ inmunosupresor, inmunosupresivo
Ⓑ N inmunosupresor *m*, inmunosupresivo *m*

**immunosuppression** [ɪˈmjʊːnəʊsəˈpreʃən] N inmunosupresión *f*

**immunosuppressive** [ɪˈmjʊːnəʊsəˈpresɪv] ADJ inmunosupresor, inmunosupresivo

**immunotherapy** [ˌɪmjʊnəʊˈθerəpɪ] N inmunoterapia *f*

**immure** [ɪˈmjʊəʳ] VT enclaustrar, encerrar; (*fig*) encerrar; **to be ~d in** estar encerrado en

**immutability** [ɪˌmjuːtəˈbɪlɪtɪ] N inmutabilidad *f*, inalterabilidad *f*

**immutable** [ɪˈmjuːtəbl] ADJ inmutable

**immutably** [ɪˈmjuːtəblɪ] ADV inmutablemente, inalterablemente

**IMO** Ⓐ ABBR = **In My Opinion**
Ⓑ N ABBR [1] = **International Miners' Organization**
[2] (= **International Maritime Organization**) OMI *f*

**imp** [ɪmp] N diablillo *m*; (*fig*) diablillo *m*, pillín/ina *m/f*

**imp.** ABBR = **imperial**

**impact** [ˈɪmpækt] Ⓐ N [1] (= *force, effect*) impacto *m*; **the book had a great ~ on me** el libro me impactó mucho *or* me causó gran impacto; **the speech made no ~** el discurso no hizo mella; **he wants to make an ~ in the company** pretende causar una buena impresión en la empresa; **the measure would have considerable ~ on consumers** la medida afectaría considerablemente a los consumidores
[2] (= *crash*) choque *m*; **on ~** al chocar
Ⓑ VT (*US*) (= *affect*) afectar, tener impacto en
Ⓒ VI [1] (= *make contact*) impactar, hacer impacto
[2] (= *have impact*) **to ~ on sth** afectar a algo, tener impacto en algo
Ⓓ CPD ► **impact printer** N impresora *f* de impacto

**impacted** [ɪmˈpæktɪd] ADJ [*tooth*] incrustado

**impair** [ɪmˈpɛəʳ] VT [+ *health, relations*] perjudicar, afectar; [+ *sight, hearing*] afectar, dañar; [+ *ability*] mermar; [+ *judgement*] afectar; [+ *visibility*] reducir; **~ed hearing** problemas *mpl* de audición

**impairment** [ɪmˈpɛəmənt] N [*physical, mental*] discapacidad *f*; (= *deterioration*) deterioro *m*

**impala** [ɪmˈpɑːlə] N (*pl* **impalas** *or* **impala**) impala *m*

**impale** [ɪmˈpeɪl] VT (*as punishment*) empalar; (*on sword, spike*) ensartar, atravesar; **to ~ o.s. on** atravesarse con; **the heads of their victims were ~d on spikes** las cabezas de sus víctimas eran ensartadas en postes; **he fell, impaling himself on the dagger** se cayó y se atravesó con la daga

**impalpable** [ɪmˈpælpəbl] ADJ impalpable; (*fig*) intangible, inaprensible

**imparity** [ɪmˈpærɪtɪ] N disparidad *f*

**impart** [ɪmˈpɑːt] VT [1] (= *make known*) [+ *knowledge*] impartir, transmitir; [+ *information*] transmitir; [+ *ideas, values*] transmitir
[2] (= *bestow*) [+ *wisdom*] otorgar; [+ *quality, sense*] conferir; [+ *flavour, taste*] dar

**impartial** [ɪmˈpɑːʃəl] ADJ imparcial

**impartiality** [ɪmˌpɑːʃɪˈælɪtɪ] N imparcialidad *f*

**impartially** [ɪmˈpɑːʃəlɪ] ADV imparcialmente, con imparcialidad

**impassable** [ɪmˈpɑːsəbl] ADJ [*road*] intransitable; [*barrier, river*] infranqueable

**impasse** [æmˈpɑːs] N punto *m* muerto, impasse *m or f*; **negotiations have reached an ~** las negociaciones han llegado a un punto muerto *or* impasse; **the government is in an ~** el gobierno se halla en un impasse

**impassioned** [ɪmˈpæʃnd] ADJ [*speech, plea*] apasionado; [*person*] exaltado

**impassive** [ɪmˈpæsɪv] ADJ impasible, imperturbable

**impassively** [ɪmˈpæsɪvlɪ] ADV impasiblemente, sin inmutarse; **he listened ~** escuchó impasible *or* sin inmutarse

**impatience** [ɪmˈpeɪʃəns] N impaciencia *f*

**impatiens** [ɪmˈpeɪʃɪˌenz] N impatiens *f*

**impatient** [ɪmˈpeɪʃənt] ADJ [1] (= *irascible*) [*person*] impaciente, sin paciencia; [*gesture*] de impaciencia; **to get ~ (with sth/sb)** perder la paciencia *or* impacientarse (con algo/algn); **to make sb ~** impacientar a algn
[2] (= *eager*) impaciente; **to be ~ to do sth** estar impaciente por hacer algo

**impatiently** [ɪm'peɪʃəntlɪ] ADV con impaciencia, impacientemente

**impeach** [ɪm'piːtʃ] VT 1 (= *doubt*) [+ *character, motive*] poner en tela de juicio; [+ *witness*] recusar
2 [+ *public official*] (= *accuse*) acusar de prevaricación; (= *try*) procesar por prevaricación; [+ *president*] someter a un proceso de destitución

**impeachable** [ɪm'piːtʃəbl] ADJ [*act*] susceptible de acusación por prevaricación; [*witness*] recusable

**impeachment** [ɪm'piːtʃmənt] Ⓐ N (= *accusation*) acusación *f* de prevaricación; (= *trial*) proceso *m* por prevaricación; [*of president*] proceso *m* de destitución
Ⓑ CPD ► **impeachment hearing** N juicio *m* por destitución ► **impeachment proceedings** NPL proceso *m* de destitución

**impeccable** [ɪm'pekəbl] ADJ [*appearance, uniform, performance, manners*] impecable; [*behaviour, conduct, service*] impecable, intachable; **she has ~ taste in clothes** tiene un gusto impecable para la ropa; **she speaks ~ English** habla un inglés impecable

**impeccably** [ɪm'pekəblɪ] ADV impecablemente; **he behaved ~** se comportó impecablemente *or* de manera intachable; **~ clean** impecablemente limpio; **he was ~ dressed** iba impecablemente vestido, iba vestido de punta en blanco*

**impecunious** [ˌɪmpɪ'kjuːnɪəs] ADJ (*frm or hum*) falto de dinero

**impedance** [ɪm'piːdəns] N (*Elec*) impedancia *f*

**impede** [ɪm'piːd] VT [+ *progress, movement, growth, development*] dificultar, obstaculizar

**impediment** [ɪm'pedɪmənt] N 1 (= *obstacle*) obstáculo *m*, impedimento *m* (**to** para); (*Jur*) impedimento *m* (**to** para)
2 (*Med*) defecto *m*; **speech ~** defecto *m* del habla

**impedimenta** [ɪmˌpedɪ'mentə] NPL impedimenta *f*

**impel** [ɪm'pel] VT 1 (= *force, compel*) obligar; **I feel ~led to say …** me veo obligado a decir …
2 (= *drive*) impulsar, impeler (*frm*); **hunger ~led him to do it** el hambre lo impulsó a hacerlo

**impend** [ɪm'pend] VI amenazar, ser inminente, cernerse

**impending** [ɪm'pendɪŋ] ADJ (*gen*) inminente; **his ~ retirement** su inminente jubilación; **a sign of ~ disaster** una señal de que se avecina un desastre

**impenetrability** [ɪmˌpenɪtrə'bɪlɪtɪ] N impenetrabilidad *f*

**impenetrable** [ɪm'penɪtrəbl] ADJ 1 (= *impassable*) [*jungle, barrier, fortress*] impenetrable
2 (= *difficult to understand*) [*writing, idea, accent*] incomprensible; [*mystery*] insondable, inescrutable; [*expression*] inescrutable

**impenetrably** [ɪm'penɪtrəblɪ] ADV **winter brought the fogs, ~ thick** el invierno trajo las nieblas espesas, impenetrables

**impenitence** [ɪm'penɪtəns] N impenitencia *f*

**impenitent** [ɪm'penɪtənt] ADJ impenitente

**impenitently** [ɪm'penɪtəntlɪ] ADV impenitentemente, incorregiblemente

**imperative** [ɪm'perətɪv] Ⓐ ADJ 1 (= *essential*) imprescindible, fundamental; **it is ~ that he comes** es imprescindible *or* fundamental que venga; **it was ~ to destroy the bridge** era fundamental destruir el puente; **an ~ need** una necesidad imperiosa
2 (= *authoritative*) [*manner, command*] imperativo, imperioso
3 (*Ling*) imperativo
Ⓑ N 1 (*frm*) (= *need, drive*) imperativo *m*; **any animal's first ~ is to survive** el primer imperativo de cualquier animal es sobrevivir
2 (*Ling*) imperativo *m*; **a verb in the ~** un verbo en (el) imperativo
Ⓒ CPD ► **imperative mood** N (*Ling*) modo *m* imperativo

**imperatively** [ɪm'perətɪvlɪ] ADV imperiosamente

**imperceptible** [ˌɪmpə'septəbl] ADJ (*gen*) imperceptible

**imperceptibly** [ˌɪmpə'septəblɪ] ADV imperceptiblemente

**imperfect** [ɪm'pɜːfɪkt] Ⓐ ADJ 1 (= *faulty*) [*machine, product*] defectuoso; [*hearing, vision*] deficiente; [*understanding, world, method*] imperfecto; [*knowledge*] incompleto, limitado; [*reasoning*] deficiente, incorrecto
2 (*Ling*) [*tense*] imperfecto
Ⓑ N (*Ling*) imperfecto *m*; **a verb in the ~** un verbo en imperfecto

**imperfection** [ˌɪmpə'fekʃən] N 1 (= *state of being imperfect*) imperfección *f*
2 (= *fault*) defecto *m*

**imperfectly** [ɪm'pɜːfɪktlɪ] ADV [*design, create*] de manera defectuosa; **this process is still ~ understood by scientists** los científicos aún no entienden completamente este proceso, los científicos tienen aún un conocimiento limitado de este proceso; **she spoke English, though ~** hablaba inglés, aunque no perfectamente

**imperial** [ɪm'pɪərɪəl] Ⓐ ADJ 1 (= *of empire, emperor*) imperial
2 (= *imperious*) señorial
3 (*Brit*) [*weights, measures*] británico
Ⓑ CPD ► **imperial gallon** N (*Brit*) galón *m* inglés ► **imperial system** N sistema *m* británico de pesos y medidas

**IMPERIAL SYSTEM**

*Aunque el sistema métrico decimal se implantó oficialmente en 1971 en el Reino Unido para medidas y pesos y es el que se enseña en los colegios, en el lenguaje cotidiano aún se sigue usando en muchos casos el llamado* **imperial system**. *Por ejemplo, en las tiendas se sigue pesando en libras (***pounds***) y la gente suele decir su peso en* **stones** *y* **pounds**. *La cerveza se mide en pintas (***pints***), las distancias en millas (***miles***) y la longitud, la altura o la profundidad en pies (***feet***) y pulgadas (***inches***).*
*En Estados Unidos el sistema imperial también se usa para todas las medidas y pesos, aunque la capacidad de la onza (***ounce***), del galón (***gallon***) y de la pinta (***pint***) es ligeramente inferior a la del Reino Unido. Por otro lado, en EE.UU. la gente mide su peso sólo en libras (***pounds***) y no en* **stones**.

**imperialism** [ɪm'pɪərɪəlɪzəm] N imperialismo *m*

**imperialist** [ɪm'pɪərɪəlɪst] Ⓐ ADJ imperialista
Ⓑ N imperialista *mf*

**imperialistic** [ɪmˌpɪərɪə'lɪstɪk] ADJ imperialista

**imperil** [ɪm'perɪl] VT (*frm*) arriesgar, poner en peligro

**imperious** [ɪm'pɪərɪəs] ADJ [*tone, manner*] imperioso; (= *urgent*) apremiante

**imperiously** [ɪm'pɪərɪəslɪ] ADV imperiosamente

**imperishable** [ɪm'perɪʃəbl] ADJ [*goods*] imperecedero, no perecedero; [*memory*] imperecedero

**impermanence** [ɪm'pɜːmənəns] N impermanencia *f*

**impermanent** [ɪm'pɜːmənənt] ADJ impermanente

**impermeable** [ɪm'pɜːmɪəbl] ADJ impermeable (**to** a)

**impersonal** [ɪm'pɜːsnl] ADJ impersonal

**impersonality** [ɪmˌpɜːsə'nælɪtɪ] N impersonalidad *f*

**impersonally** [ɪm'pɜːsnəlɪ] ADV impersonalmente, de manera impersonal

**impersonate** [ɪm'pɜːsəneɪt] VT hacerse pasar por; (*Theat*) imitar

**impersonation** [ɪmˌpɜːsə'neɪʃən] N (*to commit crime*) suplantación *f*; (*Theat*) imitación *f*; **he does ~s** hace imitaciones

**impersonator** [ɪm'pɜːsəneɪtə^r] N imitador(a) *m/f*

**impertinence** [ɪm'pɜːtɪnəns] N (= *cheek*) impertinencia *f*, insolencia *f*; **what ~!** ◊ **the ~ of it!** ¡qué impertinencia!, ¡habráse visto qué insolencia!; **an ~** una impertinencia; **it would be an ~ to ask** preguntar sería una impertinencia

**impertinent** [ɪm'pɜːtɪnənt] ADJ [*person, child, behaviour, manner*] impertinente, insolente; **to be ~ to sb** ser impertinente *or* insolente con algn; **don't be ~!** ¡no seas impertinente!

**impertinently** [ɪm'pɜːtɪnəntlɪ] ADV impertinentemente

**imperturbable** [ˌɪmpə'tɜːbəbl] ADJ [*person, manner*] imperturbable, impasible

**impervious** [ɪm'pɜːvɪəs] ADJ 1 (*lit*) (*to water*) impermeable (**to** a)
2 (*fig*) (*to remarks, threats*) inmune, insensible (**to** a); **he is ~ to criticism** es inmune *or* insensible a las críticas, no le afectan las críticas

**impetigo** [ˌɪmpɪ'taɪgəʊ] N impétigo *m*

**impetuosity** [ɪmˌpetjʊ'ɒsɪtɪ] N [*of person, behaviour*] impulsividad *f*

**impetuous** [ɪm'petjʊəs] ADJ [*person*] impetuoso, impulsivo; [*behaviour*] precipitado, impulsivo

**impetuously** [ɪm'petjʊəslɪ] ADV [*say*] impetuosamente, de forma impetuosa, impulsivamente; [*behave*] precipitadamente, impulsivamente

**impetus** ['ɪmpɪtəs] N (*lit*) (= *force*) ímpetu *m*; (*fig*) impulso *m*; **to give an ~ to sales** impulsar *or* incentivar las ventas

**impiety** [ɪm'paɪətɪ] N impiedad *f*

**impinge** [ɪm'pɪndʒ] VI **to ~ on sth/sb** incidir en algo/algn, afectar a algo/algn; **to ~ on sb's freedom/rights** vulnerar la libertad/los derechos de algn

**impingement** [ɪm'pɪndʒmənt] N intromisión *f*

**impious** ['ɪmpɪəs] ADJ impío

**impiously** ['ɪmpɪəslɪ] ADV impíamente

**impish** ['ɪmpɪʃ] ADJ [*expression, smile*] pícaro, travieso

**impishly** ['ɪmpɪʃlɪ] ADV [*say, smile*] pícaramente, socarronamente

**implacable** [ɪm'plækəbl] ADJ [*enemy, hatred*] implacable

**implacably** [ɪm'plækəblɪ] ADV implacablemente

**implant** ['ɪmplɑːnt] Ⓐ N implante *m*
Ⓑ [ɪm'plɑːnt] VT (*Med*) [+ *organ, tissue*] injertar, implantar; (*fig*) [+ *idea, principle*] inculcar

**implausible** [ɪm'plɔːzəbl] ADJ inverosímil, poco convincente

**implausibly** [ɪm'plɔːzəblɪ] ADV inverosímilmente, poco convincentemente

**implement** Ⓐ ['ɪmplɪmənt] N herramienta *f*, instrumento *m*
Ⓑ ['ɪmplɪment] VT [+ *plan, decision, idea*] llevar

a cabo, poner en práctica; [+ *measure*] aplicar, poner en práctica; [+ *law*] aplicar

**implementation** [ˌɪmplɪmenˈteɪʃən] N [*of plan, decision*] ejecución *f*, puesta *f* en práctica; [*of idea*] puesta *f* en práctica; [*of law, measure*] aplicación *f*

**implicate** [ˈɪmplɪkeɪt] VT **to ~ sb in sth** implicar *or* involucrar a algn en algo; **are you ~d in this?** ¿estás implicado en esto?; **he ~d three others** implicó a otros tres

**implication** [ˌɪmplɪˈkeɪʃən] N 1 (= *consequence*) implicación *f*, consecuencia *f*; **we shall have to study all the ~s** tendremos que estudiar las posibles consecuencias *or* repercusiones; **the proposal has major ~s for schools** la propuesta tiene grandes implicaciones *or* acarrea importantes consecuencias para los colegios
2 (= *inference*) **his ~ was that she was lying** estaba insinuando que ella mentía; **the ~ of this is that ...** esto significa que ...; **he did not realize the full ~s of his words** no se dio cuenta de la trascendencia de sus palabras; **by ~ then ...** de ahí (se deduce) que ...
3 (*in crime*) implicación *f*

**implicit** [ɪmˈplɪsɪt] ADJ 1 (= *implied*) [*threat, agreement*] implícito; **it is ~ in what you say** se sobreentiende por lo que dices
2 (= *unquestioning*) [*faith, belief*] incondicional, absoluto

**implicitly** [ɪmˈplɪsɪtlɪ] ADV 1 (= *by implication*) implícitamente
2 (= *unquestioningly*) [*trust*] sin reservas, incondicionalmente

**implied** [ɪmˈplaɪd] Ⓐ ADJ implícito, tácito; **it is not stated but it is ~** no se declara abiertamente pero se sobreentiende
Ⓑ CPD ► **implied warranty** N garantía *f* implícita

**implode** [ɪmˈpləʊd] Ⓐ VT 1 implosionar
2 (*Phon*) pronunciar implosivamente
Ⓑ VI implosionar

**implore** [ɪmˈplɔːʳ] VT [+ *person*] suplicar, rogar; [+ *forgiveness*] implorar; **to ~ sb to do sth** suplicar a algn que haga algo; **I ~ you!** ¡se lo suplico!

**imploring** [ɪmˈplɔːrɪŋ] ADJ [*glance, gesture*] suplicante, de súplica

**imploringly** [ɪmˈplɔːrɪŋlɪ] ADV de modo suplicante

**implosion** [ɪmˈpləʊʒən] N implosión *f* (*also Phon*)

**imply** [ɪmˈplaɪ] VT (= *hint, suggest*) insinuar; (= *involve*) suponer, implicar; **are you ~ing that ...?** ¿quieres decir que ...?, ¿insinúas que ...?; **what are you ~ing?** ¿qué insinúas?; **he implied he would do it** dio a entender que lo haría; **it implies a lot of work** supone *or* implica mucho trabajo

**impolite** [ˌɪmpəˈlaɪt] ADJ [*person*] mal educado, descortés; [*behaviour*] descortés

**impolitely** [ˌɪmpəˈlaɪtlɪ] ADV con descortesía

**impoliteness** [ˌɪmpəˈlaɪtnɪs] N [*of person*] falta *f* de educación; [*of remark*] descortesía *f*

**impolitic** [ɪmˈpɒlɪtɪk] ADJ impolítico

**imponderable** [ɪmˈpɒndərəbl] Ⓐ ADJ imponderable
Ⓑ **imponderables** NPL (elementos *mpl*) imponderables *mpl*

**import** Ⓐ [ˈɪmpɔːt] N 1 (*Comm*) (= *article*) artículo *m* importado, artículo *m* de importación; (= *importing*) importación *f*; **luxury ~s** artículos *mpl* de lujo importados *or* de importación; **oil is their biggest ~** lo que más importan es petróleo; **the idea is an American ~** (*fig*) es una idea importada de América
2 (*frm*) (= *importance*) trascendencia *f*, importancia *f*; (= *meaning*) significado *m*; **to be of great ~** tener mucha trascendencia *or* importancia; **it is of no great ~** no tiene mayor trascendencia *or* importancia; **they were slow to realise the ~ of his speech** tardaron en darse cuenta de la trascendencia de su discurso
Ⓑ [ɪmˈpɔːt] VT 1 importar (**from** de; **into** en); *see also* **imported**
2 (*frm*) (= *mean, imply*) significar, querer decir
Ⓒ [ˈɪmpɔːt] CPD [*licence, quota*] de importación ► **import duty** N derechos *mpl* de importación ► **import tax** N derecho *m* de importación ► **import trade** N comercio *m* importador

▼ **importance** [ɪmˈpɔːtəns] N importancia *f*; **to be of great/little ~** ser de gran/escasa importancia, tener mucha/poca importancia; **to attach great ~ to sth** conceder *or* dar mucha importancia a algo; **to be of no ~** carecer de importancia, no tener importancia; **to be full of one's own ~** darse ínfulas, creerse muy importante; **to be of some ~** ser de cierta importancia, tener cierta importancia

▼ **important** [ɪmˈpɔːtənt] ADJ importante; **it is ~ that** es importante que; **it sounds/looks ~** parece importante; **to try to look ~** (*pej*) darse tono *or* importancia; **he told Henry to touch nothing, and more ~, to say nothing** le dijo a Henry que no tocase nada y, lo que era más importante, que no dijese nada; **to become ~** cobrar importancia; **your opinion is equally ~** tu opinión es igualmente importante *or* es de igual importancia; **to make sb feel ~** hacer que algn se sienta importante; **it is ~ for everyone to be here on time** es importante que todo el mundo esté aquí a la hora; **the ~ thing is ...** lo importante es ...; **the most ~ thing in life** lo más importante en la vida; **it was ~ to me to know** para mí era importante saberlo

**importantly** [ɪmˈpɔːtəntlɪ] ADV 1 (= *significantly*) **these weapons figured ~ in the war** estas armas tuvieron un importante papel en la guerra; **this document differs ~ from the original** este documento presenta importantes diferencias respecto al original; **more ~, ...** aún más importante, ...; **I was hungry, and, more ~, my children were hungry** yo tenía hambre y, lo que era aún más importante, mis hijos tenían hambre
2 (= *arrogantly*) [*enter, walk, talk*] con un aire de importancia; **"I'll go," he said ~** —yo voy —dijo con un aire de importancia *or* dándose importancia

**importation** [ˌɪmpɔːˈteɪʃən] N importación *f*

**imported** [ɪmˈpɔːtɪd] ADJ [*goods*] de importación; **~ beers** cervezas *fpl* de importación

**importer** [ɪmˈpɔːtəʳ] N (*Comm*) importador(a) *m/f*

**import-export trade** [ˌɪmpɔːtˈekspɔːtˌtreɪd] N comercio *m* de importación y exportación

**importing** [ɪmˈpɔːtɪŋ] ADJ **~ company** empresa *f* de importación; **~ country** país *m* importador

**importunate** [ɪmˈpɔːtjʊnɪt] ADJ [*demand*] importuno; [*person*] pertinaz

**importune** [ˌɪmpɔːˈtjuːn] VT (*frm*) importunar, perseguir; (*Jur*) [*prostitute*] abordar con fines inmorales

**importunity** [ˌɪmpɔːˈtjuːnɪtɪ] N (*frm*) importunidad *f*

**impose** [ɪmˈpəʊz] Ⓐ VT [+ *condition, fine, tax*] imponer (**on** a); (*Jur*) [+ *sentence*] imponer; **troops were brought in to ~ order** se movilizaron tropas para imponer el orden; **he tries to ~ his views on everyone else** intenta imponer sus puntos de vista a los demás; **to ~ o.s. on sb** abusar de la amabilidad de algn; **I couldn't possibly ~ myself on you for dinner** estaría abusando de su amabilidad si me quedara a cenar
Ⓑ VI **to ~ (up)on** (= *take advantage of*) [+ *kindness, hospitality*] abusar de; **I don't wish to ~ (upon you)** no quiero abusar, no quiero molestar(le)

**imposing** [ɪmˈpəʊzɪŋ] ADJ imponente, impresionante

**imposition** [ˌɪmpəˈzɪʃən] N (= *act*) imposición *f*; (= *burden*) molestia *f*; (= *liberty*) abuso *m*; (= *tax*) impuesto *m*; **it's a bit of an ~** me parece un abuso; **I'm afraid it's rather an ~ for you** me temo que le vaya a resultar molesto

**impossibility** [ɪmˌpɒsəˈbɪlɪtɪ] N imposibilidad *f*; **the ~ of doing sth** la imposibilidad de hacer algo; **it's a physical ~** es físicamente imposible

▼ **impossible** [ɪmˈpɒsəbl] Ⓐ ADJ 1 (= *not possible*) [*task, dream*] imposible; **impossible!** ¡imposible!, ¡no es posible!; **it's almost ~ to read her writing** leer su letra es casi imposible, es casi imposible leer su letra; **this cooker is ~ to clean!** ¡esta cocina es imposible de limpiar!, ¡limpiar esta cocina es imposible!; **the fog made it ~ to see very far** la niebla impedía ver a mucha distancia; **it is ~ for me to leave now** me es imposible salir ahora; **it's not ~ that ...** existe la posibilidad de que ...; **to be physically ~** ser físicamente imposible; → EASY, DIFFICULT, IMPOSSIBLE
2 (= *not tolerable*) [*person*] insufrible, insoportable; [*situation*] insostenible; **to be in an ~ position** hallarse en una situación insostenible; **you're ~!*** ¡eres insufrible *or* insoportable!
Ⓑ N **the ~** lo imposible; **to ask for/do the ~** pedir/hacer lo imposible

**impossibly** [ɪmˈpɒsəblɪ] ADV 1 (= *extremely*) [*late, expensive, small*] increíblemente, tremendamente; **~ difficult** tan difícil que resulta imposible, increíblemente *or* tremendamente difícil
2 (= *intolerably*) **she was ~ rude to Ann** era grosera con Ann hasta un punto intolerable; **George behaved ~ at the wedding reception** George estuvo insoportable durante el banquete de bodas

**impost** [ˈɪmpəʊst] N impuesto *m*

**imposter**, **impostor** [ɪmˈpɒstəʳ] N impostor(a) *m/f*

**imposture** [ɪmˈpɒstʃəʳ] N impostura *f*, engaño *m*

**impotence** [ˈɪmpətəns] N (*gen*) impotencia *f*

**impotent** [ˈɪmpətənt] ADJ (*gen*) impotente

**impound** [ɪmˈpaʊnd] VT [+ *vehicle*] retener, retirar de la vía pública; [+ *goods*] confiscar, incautar; [+ *dog*] llevar a la perrera municipal; (*Jur*) [+ *evidence*] recoger

**impoundment** [ɪmˈpaʊndmənt] N (*US Fin*) embargo *m*

**impoverish** [ɪmˈpɒvərɪʃ] VT empobrecer; [+ *land*] agotar

**impoverished** [ɪmˈpɒvərɪʃt] ADJ [*person*] empobrecido; [*land*] agotado, pobre

**impoverishment** [ɪmˈpɒvərɪʃmənt] N empobrecimiento *m*; [*of land*] agotamiento *m*

**impracticability** [ɪmˌpræktɪkəˈbɪlɪtɪ] N impracticabilidad *f*

**impracticable** [ɪmˈpræktɪkəbl] ADJ (= *unrealizable*) impracticable, no factible

➤ LANGUAGE IN USE: importance 18.5, 26.1 important 26.2, 26.3 impossible A1 26.2, 26.3

**impractical** [ɪm'præktɪkəl] ADJ *[person]* poco práctico, falto de sentido práctico; *[plan]* poco factible; **he's so ~** no es nada práctico

**impracticality** [ɪm,præktɪ'kælɪtɪ] N *[of person]* falta *f* de sentido práctico; *[of plan]* lo poco práctico

**imprecation** [,ɪmprɪ'keɪʃən] N imprecación *f*

**imprecise** [,ɪmprɪ'saɪs] ADJ *[information, definition]* impreciso

**imprecision** [,ɪmprɪ'sɪʒən] N *[of information, definition]* imprecisión *f*

**impregnable** [ɪm'pregnəbl] ADJ *[castle]* inexpugnable; *(lit, fig) [position]* invulnerable

**impregnate** ['ɪmpregneɪt] VT (= *permeate*) impregnar, empapar (**with** de); (= *fertilise*) [+ *person, animal, egg*] fecundar; **to become ~d with** impregnarse de

**impregnation** [,ɪmpreg'neɪʃən] N (= *permeation*) impregnación *f*; *(Bio)* fecundación *f*

**impresario** [,ɪmpre'sɑːrɪəʊ] N empresario/a *m/f*

**impress** Ⓐ [ɪm'pres] VT [1] (= *make good impression on*) impresionar; **he does it just to ~ people** lo hace sólo para impresionar a la gente; **he is not easily ~ed** no se deja impresionar fácilmente; **how did she ~ you?** ¿qué impresión te hizo *or* causó?; **he ~ed me quite favourably** me hizo muy buena impresión; **I'm very ~ed!** ¡estoy admirado!; **I was not ~ed** no me hizo buena impresión
[2] (= *mark*) *(lit)* imprimir, estampar; *(fig) (in the mind)* grabar; **to ~ sth (up)on sb** *(fig)* convencer a algn de la importancia de algo; **I tried to ~ the importance of the job on him** traté de convencerle de la importancia del trabajo, traté de recalcar lo importante que era el trabajo; **I must ~ upon you that ...** tengo que subrayar que ...; **it ~ed itself upon my mind** se me quedó grabado en la mente
Ⓑ [ɪm'pres] VI causar buena impresión
Ⓒ ['ɪmpres] N impresión *f*; *(fig)* marca *f*, huella *f*

▼**impression** [ɪm'preʃən] N [1] (= *effect*) impresión *f*; **to make an ~ (on sb)** impresionar (a algn); **she's out to make an ~** quiere impresionar; **to make a good/bad ~ (on sb)** causar buena/mala impresión (a algn); **to make no ~ (on sth)** no tener el menor efecto (sobre algo); **all our arguments seemed to make no ~ on him** nuestros argumentos no parecieron tener efecto alguno en él; **we had been digging for an hour but weren't making any ~** llevábamos una hora cavando pero sin ningún éxito
[2] (= *vague idea, illusion*) impresión *f*; **to be under** *or* **have the ~ that ...** tener la impresión de que ...; **he gives the ~ of knowing a lot** da la impresión de saber mucho; **my ~s of Paris** mis impresiones de París; **I don't want you to get the wrong ~** no quiero que te lleves una falsa impresión; **they used cotton wool to give the ~ of snow** utilizaban algodón para simular la nieve
[3] (= *mark*) impresión *f*; *(fig)* marca *f*, huella *f*
[4] *(esp Brit Typ) (for first time)* impresión *f*, tirada *f*; *(thereafter)* reimpresión *f*
[5] *(Theat)* imitación *f*; **to do ~s** hacer imitaciones

**impressionable** [ɪm'preʃnəbl] ADJ *[person]* impresionable, influenciable; **to be at an ~ age** estar en una edad en la que se es muy impresionable *or* influenciable

**impressionism** [ɪm'preʃənɪzəm] N *(Art)* impresionismo *m*

**impressionist** [ɪm'preʃənɪst] Ⓐ ADJ impresionista
Ⓑ N [1] *(Art)* impresionista *mf*
[2] *(Theat)* imitador(a) *m/f*

**impressionistic** [ɪm,preʃə'nɪstɪk] ADJ impresionista

**impressive** [ɪm'presɪv] ADJ *[achievement, victory, display]* impresionante; **it was an ~ performance** *(Sport, Mus)* fue una actuación impresionante *or* soberbia; **the company has an ~ record in terms of profits** la empresa posee un impresionante *or* excelente historial de beneficios

**impressively** [ɪm'presɪvlɪ] ADV *[play, perform]* admirablemente, extraordinariamente; **he won both tournaments ~** ganó ambos torneos con una actuación impresionante; **she has an ~ long list of awards to her name** su nombre va unido a una lista impresionante de galardones; **she was ~ brave** tuvo un valor admirable *or* extraordinario

**imprest system** ['ɪmprest,sɪstəm] N sistema *m* de fondo fijo

**imprimatur** [ɪmprɪ'meɪtəʳ] N *(Publishing) (also fig)* imprimátur *m*

**imprint** Ⓐ [ɪm'prɪnt] VT [1] (= *mark*) [+ *paper*] imprimir; **to ~ sth on sth** imprimir *or* estampar algo en algo
[2] *(fig)* grabar; **it was ~ed on his mind** lo tenía grabado en la mente
[3] *(Bio, Psych)* imprimir (**on** a)
Ⓑ ['ɪmprɪnt] N impresión *f*, huella *f*; *(Typ)* pie *m* de imprenta; **under the HarperCollins ~** publicado por HarperCollins

**imprinting** [ɪm'prɪntɪŋ] N *(Bio, Psych)* impresión *f*

**imprison** [ɪm'prɪzn] VT [+ *criminal*] (= *put in jail*) encarcelar, meter en la cárcel; **he was ~ed for debt/for ten years** lo encarcelaron *or* lo metieron en la cárcel por deudas/durante diez años

**imprisonment** [ɪm'prɪznmənt] N (= *act*) encarcelamiento *m*; (= *term of imprisonment*) cárcel *f*, prisión *f*; **he was sentenced to ten years ~** fue condenado a diez años de prisión; **~ without trial** detención *f* sin procesamiento; **life ~** cadena *f* perpetua

**improbability** [ɪm,prɒbə'bɪlɪtɪ] N (= *unlikelihood*) improbabilidad *f*; (= *implausibility*) inverosimilitud *f*

**improbable** [ɪm'prɒbəbl] ADJ *[event]* improbable; *[excuse, story]* inverosímil; **it is ~ that it will happen** es improbable *or* poco probable que ocurra

**improbably** [ɪm'prɒbəblɪ] ADV [1] (= *surprisingly*) sorprendentemente; **this area is, ~, one of the best in town** en contra de lo que cabría esperar, este barrio es uno de los mejores de la ciudad
[2] (= *implausibly*) increíblemente; **an ~ blue sky** un cielo increíblemente azul

**impromptu** [ɪm'prɒmptjuː] Ⓐ ADJ (= *improvised*) *[performance, speech]* improvisado; (= *unexpected*) *[remark]* espontáneo, impremeditado
Ⓑ ADV (= *ad lib*) de improviso, sin preparación; (= *unexpectedly*) *[say]* espontáneamente
Ⓒ N improvisación *f*

**improper** [ɪm'prɒpəʳ] ADJ [1] (= *unseemly*) *[behaviour, laughter]* indecoroso, impropio
[2] (= *indecent*) *[remark]* indecoroso; *[suggestion]* deshonesto
[3] (= *incorrect*) *[use]* indebido
[4] (= *illicit*) *[dealings]* deshonesto

**improperly** [ɪm'prɒpəlɪ] ADV *[behave, act]* (= *in unseemly way*) incorrectamente, indecorosamente, impropiamente; (= *indecently*) indecentemente; *[use]* indebidamente; (= *illicitly*) deshonestamente; **they threw me out for being ~ dressed** me echaron por ir vestido incorrectamente

**impropriety** [,ɪmprə'praɪətɪ] N *[of person, behaviour]* (= *unseemliness*) incorrección *f*, falta *f* de decoro; (= *indecency*) indecencia *f*; *[of language]* impropiedad *f*; (= *illicit nature*) deshonestidad *f*

**improve** [ɪm'pruːv] Ⓐ VT [1] (= *make better*) [+ *work*] mejorar; [+ *property*] hacer mejoras en; **to ~ o.s.** *or* **one's mind** cultivarse, instruirse; **to ~ o.s.** *(in wealth)* mejorar su situación
[2] (= *favour*) [+ *appearance*] favorecer
[3] (= *perfect*) [+ *skill*] perfeccionar; (= *add value to*) aumentar el valor de; **to ~ one's Spanish** perfeccionar sus conocimientos del español
[4] (= *increase*) [+ *production, yield*] aumentar; **to ~ one's chances of success** aumentar *or* mejorar las posibilidades de éxito; **the management has refused to ~ its offer of 3%** la dirección se ha negado a mejorar su oferta del 3%
Ⓑ VI *[person] (in skill etc)* hacer progresos; *(after illness)* mejorar(se); *[health, weather, work, quality]* mejorar; *[production, yield]* aumentar; *[business]* mejorar, prosperar; **to ~ in sth** hacer progresos en algo; **to ~ with age/use** mejorar con el tiempo/el uso

►**improve on, improve upon** VI + PREP *(gen)* mejorar; **it cannot be ~d (up)on** es inmejorable; **to ~ (up)on sb's offer** ofrecer más que algn, mejorar la oferta de algn

**improvement** [ɪm'pruːvmənt] Ⓐ N *(in quality)* mejora *f*, mejoramiento *m* (**in** de); (= *increase*) aumento *m* (**in** de); (= *progress*) progresos *mpl* (**in** en); *[of the mind]* cultivo *m*; *(Med)* mejoría *f*; **it's an ~ on the old one** supone una mejora con respecto al antiguo; **there is room for ~** podría mejorarse; **there has been some ~ in the patient's condition** el paciente ha mejorado algo; **they made ~s in safety procedures** mejoraron los mecanismos de seguridad; **to make ~s to** [+ *property*] hacer mejoras en
Ⓑ CPD ► **improvement grant** N subvención *f* para modernizar (una casa *etc*)

**improvidence** [ɪm'prɒvɪdəns] N imprevisión *f*

**improvident** [ɪm'prɒvɪdənt] ADJ *[person]* imprevisor; *[action]* carente de previsión

**improvidently** [ɪm'prɒvɪdəntlɪ] ADV imprόvidamente

**improving** [ɪm'pruːvɪŋ] ADJ *[book, programme]* edificante, instructivo

**improvisation** [,ɪmprəvaɪ'zeɪʃən] N (= *act*) improvisación *f*; (= *improvised speech, music*) improvisación *f*

**improvise** ['ɪmprəvaɪz] VI, VT improvisar

**imprudence** [ɪm'pruːdəns] N imprudencia *f*

**imprudent** [ɪm'pruːdənt] ADJ imprudente

**imprudently** [ɪm'pruːdəntlɪ] ADV imprudentemente

**impudence** ['ɪmpjʊdəns] N *[of person]* insolencia *f*, descaro *m*; *[of behaviour]* insolencia *f*; **he had the ~ to say that ...** tuvo la insolencia *or* el descaro de decir que ...; **what ~!** ¡qué insolencia *or* descaro!

**impudent** ['ɪmpjʊdənt] ADJ *[person]* insolente, descarado; *[behaviour]* insolente

**impudently** ['ɪmpjʊdəntlɪ] ADV descaradamente, insolentemente

**impugn** [ɪm'pjuːn] VT [+ *integrity, honesty, motives*] poner en duda; [+ *theory*] cuestionar; [+ *testimony*] impugnar

**impulse** ['ɪmpʌls] Ⓐ N *(Tech, fig)* impulso *m*; **my first ~ was to hit him** mi primer impulso

► LANGUAGE IN USE: **impression 2** 6.2

fue de golpearlo; **on ~** llevado por un impulso, impulsivamente; **to act on ~** obrar llevado por un impulso, obrar impulsivamente; **I bought it on ~** lo compré impulsivamente; **to yield to a sudden ~** dejarse llevar por un impulso

Ⓑ CPD ► **impulse buy** N compra *f* impulsiva
► **impulse buying** N compras *fpl* impulsivas
► **impulse sales** NPL ventas *fpl* impulsivas

**impulsion** [ɪmˈpʌlʃən] N impulsión *f*

**impulsive** [ɪmˈpʌlsɪv] ADJ [*person, temperament*] impulsivo; [*act, remark*] irreflexivo

**impulsively** [ɪmˈpʌlsɪvlɪ] ADV [*act*] impulsivamente, llevado por un impulso; [*say*] sin pensar, sin reflexión; **~ she patted him on the arm** le dio palmaditas en el brazo impulsivamente

**impulsiveness** [ɪmˈpʌlsɪvnɪs], **impulsivity** [ɪmpʌlˈsɪvɪtɪ] (*US*) N impulsividad *f*, carácter *m* impulsivo

**impunity** [ɪmˈpjuːnɪtɪ] N impunidad *f*; **with ~** con impunidad, impunemente

**impure** [ɪmˈpjʊəʳ] ADJ (*Chem*) [*substance, drug*] impuro, con impurezas; [*water*] con impurezas, contaminado; (*morally*) [*person, thought*] impuro

**impurity** [ɪmˈpjʊərɪtɪ] N impureza *f*

**imputation** [ˌɪmpjʊˈteɪʃən] N (= *attribution*) imputación *f*; (= *accusation*) imputación *f*, acusación *f*

**impute** [ɪmˈpjuːt] VT **to ~ sth to sb** imputar *or* atribuir algo a algn

**IN** ABBR (*US*) = **Indiana**

**in** [ɪn]

| | |
|---|---|
| A PREPOSITION | C ADJECTIVE |
| B ADVERB | D NOUN |

Ⓐ PREPOSITION

*When* **in** *is the second element in a phrasal verb, eg* **ask in, fill in, look in**, *etc, look up the verb. When it is part of a set combination, eg* **in the country, in ink, in danger, covered in**, *look up the other word.*

1 *in expressions of place* en; (= *inside*) dentro de; **it's in London/Scotland/Galicia** está en Londres/Escocia/Galicia; **in the garden** en el jardín; **in the house** en casa; (= *inside*) dentro de la casa; **our bags were stolen, and our passports were in them** nos robaron los bolsos, y nuestros pasaportes iban dentro

*When phrases like* **in Madrid, in Germany** *are used to identify a particular group,* **de** *is the usual translation:*

**our colleagues in Madrid** nuestros colegas de Madrid; **the chairs in the room** las sillas de la habitación, las sillas que hay en la habitación *or* dentro de la habitación; **in here/there** aquí/allí dentro; **it's hot in here** aquí dentro hace calor

2 *in expressions of time* 2·1 (= *during*) en; **in 1986** en 1986; **in May/spring** en mayo/primavera; **in the eighties/the 20th century** en los años ochenta/el siglo 20; **in the morning(s)/evening(s)** por la mañana/la tarde; **at four o'clock in the morning/afternoon** a las cuatro de la mañana/la tarde

2·2 (= *for*) **she hasn't been here in years** hace años que no viene

2·3 (= *in the space of*) en; **I did it in 3 hours/days** lo hice en 3 horas/días; **it was built in a week** fue construido en una semana

2·4 (= *within*) dentro de; **I'll see you in three weeks' time** *or* **in three weeks** te veré dentro de tres semanas; **he'll be back in a moment/a month** volverá dentro de un momento/un mes

3 *indicating manner, medium* en; **in a loud/soft voice** en voz alta/baja; **in Spanish/English** en español/inglés; **to pay in dollars** pagar en dólares; **it was underlined in red** estaba subrayado en rojo; **a magnificent sculpture in marble and copper** una magnífica escultura de *or* en mármol y cobre

4 = *clothed in* **she opened the door in her dressing gown** abrió la puerta en bata; **they were all in shorts** todos iban en *or* llevaban pantalón corto; **he went out in his new raincoat** salió con el impermeable nuevo; **you look nice in that dress** ese vestido te sienta bien

*When phrases like* **in the blue dress, in the glasses** *are used to identify a particular person,* **de** *is the usual translation:*

**the man in the hat** el hombre del sombrero; **the boy in the checked trousers** el chico de los pantalones de cuadros; *BUT* **the girl in green** la chica vestida de verde; *see also* **dressed**

5 *giving ratio, number* **one person in ten** una persona de cada diez; **one in five pupils** uno de cada cinco alumnos; **he had only a one in fifty chance of survival** sólo tenía una posibilidad entre cincuenta de sobrevivir; **what happened was a chance in a million** había una posibilidad entre un millón de que pasara lo que pasó; **20 pence in the pound** veinte peniques por (cada) libra; **once in a hundred years** una vez cada cien años; **in twos** de dos en dos; **these jugs are produced in their millions** estas jarras se fabrican por millones, se fabrican millones de estas jarras; **people came in their hundreds** acudieron cientos de personas, la gente acudió a centenares

6 = *among* entre; **this is common in children/cats** es cosa común entre los niños/los gatos; **you find this instinct in animals** este instinto se encuentra en *or* entre los animales, los animales poseen este instinto; **in (the works of) Shakespeare** en las obras de Shakespeare

7 *talking about people* **she has it in her to succeed** tiene la capacidad de triunfar; **it's not in him to do that** no es capaz de hacer eso; **I couldn't find it in me to forgive him** no salía de mí perdonarle; **they have a good leader in him** él es buen líder para ellos, en él tienen un buen líder; **a condition rare in a child of that age** una dolencia extraña en *or* para un niño de esa edad; **it's something I admire in her** es algo que admiro de *or* en ella; **he had all the qualities I was looking for in a partner** tenía todas las cualidades que yo buscaba en un compañero

8 *in profession etc* **to be in teaching** dedicarse a la enseñanza; **to be in publishing** trabajar en el mundo editorial; **he's in the motor trade** es vendedor de coches; **he's in the tyre business** se dedica al comercio de neumáticos; *see also* **army**

9 *after superlative* de; **the biggest/smallest in Europe** el más grande/pequeño de Europa

10 *with verb* **in saying this** al decir esto; **in making a fortune he lost his wife** mientras hacía fortuna, perdió su mujer

11 *in set expressions*

◆ **in all** en total

◆ **in itself** de por sí

◆ **in that** (= *since*) puesto que, ya que; **the new treatment is preferable in that …** es preferible el nuevo tratamiento puesto *or* ya que …; **in that, he resembles his father** en eso se parece a su padre

◆ **what's in it for me**: **I want to know what's in it for me** quiero saber qué gano yo con eso; *see also* **far A1**

Ⓑ ADVERB

1 **to be in** (= *be at home*) estar (en casa); (= *be at work*) estar; (= *be gathered in*) [*crops, harvest*] estar recogido; (= *be at destination*) [*train, ship, plane*] haber llegado; (= *be alight*) estar encendido, arder; (*Sport*) [*ball, shuttlecock*] entrar; **he wasn't in** no estaba (en casa); **there's nobody in** no hay nadie; **is Mr Eccles in?** ¿está el Sr. Eccles?; **the boss isn't in yet** el jefe no ha llegado aún; **he's in for tests** (*in hospital*) está ingresado para unas pruebas; **he's in for larceny** (*in prison*) está encerrado por ladrón; **he's in for 5 years** cumple una condena de 5 años; **what's he in for?** ¿de qué delito se le acusa?; **when the Tories were in*** (*in power*) cuando los conservadores estaban en el poder; **the screw was not in properly** el tornillo no estaba bien metido; **the essays have to be in by Friday** hay que entregar los trabajos para el viernes; **strawberries are in** es la temporada de las fresas, las fresas están en sazón; **the fire is still in** el fuego sigue encendido *or* aún arde; ✦**IDIOM my luck is in** estoy de suerte; *see also* **C1**

◆ **to be in and out**: **to be in and out of work** no tener trabajo fijo; **don't worry, you'll be in and out in no time** no te preocupes, saldrás enseguida

◆ **to be in for sth**: **he's in for a surprise*** le espera una sorpresa; **we're in for a hard time** vamos a pasar un mal rato; **we may be in for some snow** puede que nieve; **you don't know what you're in for!** ¡no sabes lo que te espera!; **he's in for it** lo va a pagar; **to be in for a competition** (= *be entered*) haberse inscrito en un concurso; **to be in for an exam** presentarse a un examen

◆ **to be in on sth** (= *be aware, involved*) **to be in on the plan/secret*** estar al tanto del plan/del secreto; **are you in on it?** ¿estás tú metido en ello?

◆ **to be well in with sb** (= *be friendly*) **to be well in with sb*** llevarse muy bien con algn

2 *with other verbs* **she opened the door and they all rushed in** abrió la puerta y todos entraron *or* se metieron corriendo; **she opened her bag and put the ticket in** abrió el bolso y metió el billete

3 *with time words* **day in, day out** día tras día; **week in, week out** semana tras semana

4 *Sport* **in!** ¡entró!

Ⓒ ADJECTIVE (*)

1 = *fashionable* de moda; **to be in** estar de moda, llevarse; **short skirts were in** la falda corta estaba de moda, se llevaban las faldas cortas; **it's the in thing** es lo que se lleva; **it's the in place to eat** es el restaurante que está de moda; **she wore a very in dress** llevaba un vestido muy a la moda *or* de lo más moderno

2 = *exclusive* **it's an in joke** es un chiste privado, es un chiste que tienen entre ellos/tenemos entre nosotros; **if you're not in with the in crowd …** si no estás entre los elegidos …

Ⓓ NOUN

1 **the ins and outs of: the ins and outs of the problem** los pormenores del problema; **the ins and outs of high finance** los entresijos de las altas finanzas; **dietary experts can advise on the ins and outs of dieting** los expertos en alimentación pueden dar información pormenorizada sobre las dietas

2 *US Pol* **the ins*** el partido del gobierno

**in...** [ɪn] PREFIX in...

**in.** ABBR = **inch**

**inability** [ˌɪnəˈbɪlɪtɪ] N incapacidad *f*; **~ to do sth** incapacidad para hacer algo; **his ~ to express himself** su incapacidad para expresarse

**in absentia** [ˈinæbˈsentɪə] ADV in absentia

**inaccessibility** [ˈɪnæk,sesəˈbɪlɪtɪ] N inaccesibilidad *f*

**inaccessible** [ˌɪnækˈsesəbl] ADJ inaccesible; **to be ~ by road/land** ser inaccesible por carretera/tierra; **to be ~ to cars** resultar inaccesible en coche; **to be ~ to sb** ser inaccesible para algn; **goods which are ~ to the average citizen** bienes que son inaccesibles para el ciudadano medio

**inaccuracy** [ɪnˈækjʊrəsɪ] N **1** (= *imprecision*) [*of figures, information, statement*] inexactitud *f*; [*of shot, aim, instrument, method*] falta *f* de precisión, imprecisión *f*
**2** (*usu pl*) (= *mistake*) error *m*; **the report contained many inaccuracies** el informe contenía muchos errores

**inaccurate** [ɪnˈækjʊrɪt] ADJ [*figures, information, reporting, statement*] inexacto, erróneo; [*shot, aim, instrument, method*] impreciso, poco preciso; **the report gave a very ~ picture of the situation** el informe daba una visión muy inexacta *or* errónea de la situación; **the figures are wildly ~** las cifras son totalmente erróneas *or* del todo inexactas; **his estimate was wildly ~** su cálculo era completamente errado

**inaccurately** [ɪnˈækjʊrɪtlɪ] ADV **he measured the room ~** no midió la habitación correctamente; **a device which measures distance ~** un dispositivo que no mide las distancias con precisión; **he described the event ~** su descripción del suceso fue inexacta

**inaction** [ɪnˈækʃən] N inacción *f*, inactividad *f*

**inactive** [ɪnˈæktɪv] ADJ [*person, animal, volcano, life, substance*] inactivo

**inactivity** [ˌɪnækˈtɪvɪtɪ] N inactividad *f*

**inadequacy** [ɪnˈædɪkwəsɪ] N **1** (= *insufficiency*) [*of funding, resources, measures, training*] insuficiencia *f*; [*of housing, diet*] lo inadecuado
**2** (= *weakness*) [*of person*] incompetencia *f*, ineptitud *f*; [*of system*] deficiencia *f*

**inadequate** [ɪnˈædɪkwɪt] ADJ **1** (= *insufficient*) [*supply, funding, measures, training*] insuficiente; [*housing, diet*] inadecuado; **the facilities are ~** las instalaciones dejan mucho que desear; **the company had ~ resources to survive the recession** la empresa no tenía recursos suficientes *or* no tenía los recursos adecuados para sobrevivir a la recesión
**2** (= *weak*) incompetente, inepto; **he makes me feel totally ~** hace que me sienta totalmente incompetente *or* un verdadero inepto

**inadequately** [ɪnˈædɪkwɪtlɪ] ADV **the projects were ~ funded** los proyectos adolecían de insuficiencia de fondos; **the police were ~ trained** la policía no estaba lo suficientemente entrenada, la policía no había recibido el entrenamiento adecuado; **I felt ~ prepared** me sentía mal preparada *or* poco preparada

**inadmissible** [ˌɪnədˈmɪsəbl] ADJ inadmisible

**inadvertence** [ˌɪnədˈvɜːtəns] N inadvertencia *f*; **by ~** por inadvertencia, por descuido

**inadvertent** [ˌɪnədˈvɜːtənt] ADJ (= *unintentional*) [*error, oversight*] involuntario; **this had the ~ effect of ...** esto tuvo el efecto no buscado de ...; **they were trying to trap him into an ~ admission** estaban tratando de tenderle una trampa para que lo admitiera sin darse cuenta

**inadvertently** [ˌɪnədˈvɜːtəntlɪ] ADV sin darse cuenta, sin querer

**inadvisability** [ˈɪnəd,vaɪzəˈbɪlɪtɪ] N lo poco aconsejable, lo desaconsejable

▼ **inadvisable** [ˌɪnədˈvaɪzəbl] ADJ poco aconsejable, desaconsejable

**inalienable** [ɪnˈeɪlɪənəbl] ADJ inalienable

**inamorata** [ɪn,æməˈrɑːtə] N amada *f*, querida *f*

**inane** [ɪˈneɪn] ADJ [*remark*] necio, fatuo, sonso (*LAm*); [*laugh, task, activity*] tonto; [*expression*] (*on face*) estúpido

**inanely** [ɪˈneɪnlɪ] ADV [*talk*] a lo tonto*; **they chatted on ~ about the weather** siguieron charlando a lo tonto sobre el tiempo*; **he went through the bar grinning ~** pasó por el bar riéndose como un tonto

**inanimate** [ɪnˈænɪmɪt] ADJ [*object*] inanimado

**inanition** [ˌɪnəˈnɪʃən] N inanición *f*

**inanity** [ɪˈnænɪtɪ] N (= *quality*) necedad *f*, fatuidad *f*; **inanities** (= *inane remarks*) estupideces *fpl*, sandeces *fpl*

**inapplicable** [ɪnˈæplɪkəbl] ADJ inaplicable

**inapposite** [ɪnˈæpəzɪt] ADJ inapropiado, fuera de lugar

**inappropriate** [ˌɪnəˈprəʊprɪɪt] ADJ [*action, punishment, treatment*] inadecuado, poco apropiado; [*word, phrase*] inoportuno; [*behaviour*] impropio

**inappropriately** [ˌɪnəˈprəʊprɪɪtlɪ] ADV [*act*] de manera impropia; [*dressed*] de manera poco adecuada *or* apropiada

**inappropriateness** [ˌɪnəˈprəʊprɪɪtnɪs] N [*of behaviour*] lo impropio; [*of remark*] lo inoportuno; [*of dress*] lo poco adecuado *or* apropiado

**inapt** [ɪnˈæpt] ADJ (= *unsuitable*) poco idóneo; (= *inapposite*) no pertinente

**inaptitude** [ɪnˈæptɪtjuːd] N (= *unsuitability*) falta *f* de idoneidad; (= *inappositeness*) falta *f* de pertinencia

**inarticulate** [ˌɪnɑːˈtɪkjʊlɪt] ADJ [*person*] con dificultad para expresarse; [*speech*] mal pronunciado; [*noise, sound*] inarticulado; **he was ~ with rage** de lo furioso que estaba no podía pronunciar palabra

**inarticulately** [ˌɪnɑːˈtɪkjʊlɪtlɪ] ADV **he speaks ~** tiene dificultad para expresarse; **he was mumbling ~** hablaba entre dientes y apenas se le entendía

**inartistic** [ɪnɑːˈtɪstɪk] ADJ [*work*] poco artístico, antiestético; [*person*] falto de talento artístico

**inasmuch** [ɪnəzˈmʌtʃ] ADV **~ as** (= *seeing that*) puesto que, ya que, en vista de que; (= *to the extent that*) *see* **insofar**

**inattention** [ˌɪnəˈtenʃən] N (= *inattentiveness*) falta *f* de atención; (= *neglect*) falta *f* de interés, desinterés *m*

**inattentive** [ˌɪnəˈtentɪv] ADJ (= *distracted*) desatento, distraído; (= *neglectful*) poco atento; **she accused him of being ~ to her and the children** lo acusó de no prestarles suficiente atención a ella y a los niños

**inattentively** [ˌɪnəˈtentɪvlɪ] ADV distraídamente

**inaudible** [ɪnˈɔːdəbl] ADJ inaudible; **he was almost ~** apenas se le podía oír

**inaudibly** [ɪnˈɔːdəblɪ] ADV de forma *or* modo inaudible; **he spoke almost ~** habló tan bajo que apenas se le podía oír

**inaugural** [ɪˈnɔːgjʊrəl] ADJ [*lecture, debate*] inaugural; [*speech*] de apertura; **the president's ~ address** el discurso de investidura *or* de toma de posesión del presidente

**inaugurate** [ɪˈnɔːgjʊreɪt] VT **1** [+ *policy, new era, building*] inaugurar
**2** (= *swear in*) [+ *president, official*] investir

**inauguration** [ɪ,nɔːgjʊˈreɪʃən] Ⓐ N (= *start*) inauguración *f*; (= *opening*) ceremonia *f* de apertura; (= *swearing in*) [*of president*] investidura *f*, toma *f* de posesión
Ⓑ CPD ► **inauguration ceremony** N [*of building*] ceremonia *f* de inauguración; [*of president*] ceremonia *f* de investidura *or* de toma de posesión ► **inauguration speech** N [*of president*] discurso *m* de investidura *or* de toma de posesión

**inauspicious** [ˌɪnɔːsˈpɪʃəs] ADJ [*occasion*] poco propicio; [*circumstances*] desfavorable; [*moment*] inoportuno, poco propicio; **the campaign got off to an ~ start** la campaña empezó de manera poco propicia

**inauspiciously** [ˌɪnɔːsˈpɪʃəslɪ] ADV de modo poco propicio, en condiciones desfavorables

**in-between** [ˈɪnbɪˈtwiːn] ADJ (*gen*) intermedio; **he's rather ~** no es ni una cosa ni la otra

**inboard** [ˈɪnbɔːd] ADJ [*engine*] interior

**inborn** [ˈɪnbɔːn] ADJ [*ability, talent*] innato

**inbound** [ˈɪnbaʊnd] ADJ [*flight*] de llegada; [*passenger*] que llega/llegaba

**inbred** [ˈɪnbred] ADJ (= *innate*) innato; (= *result of in-breeding*) engendrado por endogamia; **we're too ~ in this company** en esta empresa estamos demasiado cerrados al exterior

**inbreeding** [ˈɪn,briːdɪŋ] N endogamia *f*

**inbuilt** [ˈɪnbɪlt] ADJ **1** (= *innate*) [*feeling*] innato; [*prejudice*] inherente
**2** (= *integral*) incorporado; **an answering machine with ~ fax and printer** un contestador automático con fax e impresora incorporados

**Inc.** ABBR (*US Comm*) (= **Incorporated**) S.A.

**inc.** ABBR (= **included, including, inclusive (of)**) inc.

**Inca** [ˈɪŋkə] Ⓐ ADJ incaico, incásico
Ⓑ N (*pl* **Inca** *or* **Incas**) inca *mf*

**incalculable** [ɪnˈkælkjʊləbl] ADJ incalculable

**Incan** [ˈɪŋkən] ADJ inca, incaico

**incandescence** [ˌɪnkænˈdesns] N incandescencia *f*

**incandescent** [ˌɪnkænˈdesnt] ADJ incandescente; **she was ~ (with rage)** estaba que trinaba (de rabia)*

**incantation** [ˌɪnkænˈteɪʃən] N conjuro *m*, ensalmo *m*

**incapability** [ɪn,keɪpəˈbɪlɪtɪ] N incapacidad *f*

▼ **incapable** [ɪnˈkeɪpəbl] ADJ **1** (= *unable*) **to be ~ of doing sth** ser incapaz de hacer algo; **she is ~ of harming anyone** es incapaz de hacer daño a alguien; **to be ~ of speech/movement** quedarse sin habla/sin poder moverse, no poder hablar/moverse; **a problem ~ of solution** un problema insoluble; **he is ~ of shame** no tiene vergüenza
**2** (= *incompetent*) [*worker*] incompetente
**3** (= *helpless*) inútil; **he was drunk and ~** estaba totalmente borracho

**incapacitate** [ˌɪnkəˈpæsɪteɪt] VT [+ *person*] incapacitar; (*Jur*) inhabilitar, incapacitar; **he was ~d by arthritis** estaba incapacitado por la artritis; **he was ~d by alcohol** estaba en un estado de embriaguez; **physically ~d** incapacitado físicamente

**incapacitating** [ˌɪnkəˈpæsɪteɪtɪŋ] ADJ [*illness*] que incapacita; **the pain is a nuisance but not ~** el dolor es molesto, pero no me incapacita

**incapacity** [ˌɪnkəˈpæsɪtɪ] N incapacidad *f*

➤ LANGUAGE IN USE: inadvisable 2.2 incapable 1 16.4

**in-car** [ˈɪnˌkɑːr] ADJ **~ entertainment system/stereo** aparato *m* de música de coche

**incarcerate** [ɪnˈkɑːsəreɪt] VT encarcelar

**incarceration** [ɪnˌkɑːsəˈreɪʃən] N encarcelamiento *m*, encarcelación *f*

**incarnate** Ⓐ [ɪnˈkɑːnɪt] ADJ (*Rel*) encarnado; **the word ~** el verbo encarnado; **the devil ~** el diablo personificado, el mismo diablo
Ⓑ [ˈɪnkɑːneɪt] VT encarnar

**incarnation** [ˌɪnkɑːˈneɪʃən] N (*Rel*) encarnación *f*; **he is the ~ of evil** es la encarnación del mal

**incautious** [ɪnˈkɔːʃəs] ADJ incauto, imprudente

**incautiously** [ɪnˈkɔːʃəslɪ] ADV incautamente, imprudentemente

**incendiary** [ɪnˈsendɪərɪ] Ⓐ ADJ [*bomb, device, speech*] incendiario
Ⓑ N 1 (= *bomb*) bomba *f* incendiaria
2 (= *arsonist*) incendiario/a *m/f*, pirómano/a *m/f*

**incense**[1] [ˈɪnsens] Ⓐ N incienso *m*
Ⓑ CPD ► **incense burner** N incensario *m*

**incense**[2] [ɪnˈsens] VT indignar, encolerizar; **their behaviour so ~d him that …** su comportamiento lo indignó hasta tal punto que …

**incensed** [ɪnˈsenst] ADJ [*person*] furioso, furibundo

**incentive** [ɪnˈsentɪv] Ⓐ N incentivo *m*, estímulo *m*; **an ~ to work harder** un incentivo *or* estímulo para trabajar más; **as an added ~, they paid her airfare** como incentivo adicional, le pagaron el billete de avión; **they have no ~ to get a job** no tienen ningún incentivo para encontrar trabajo; **production ~** incentivo *m* a la producción
Ⓑ CPD ► **incentive bonus** N prima *f* de incentivación ► **incentive payment** N incentivo *m* económico ► **incentive scheme** N plan *m* de incentivos

**inception** [ɪnˈsepʃən] N comienzo *m*, principio *m*; **from its ~** desde el comienzo, desde el principio, desde los comienzos

**incertitude** [ɪnˈsɜːtɪtjuːd] N incertidumbre *f*

**incessant** [ɪnˈsesnt] ADJ [*rain, demands, complaints, fighting*] incesante, constante

**incessantly** [ɪnˈsesntlɪ] ADV sin cesar, incesantemente

**incest** [ˈɪnsest] N incesto *m*

**incestuous** [ɪnˈsestjʊəs] ADJ incestuoso

**inch** [ɪntʃ] Ⓐ N pulgada *f* (= *2.54 cm*); **inches** (= *height*) [*of person*] estatura *f*; **not an ~ of territory** ni un palmo de territorio; **the car missed me by ~es** faltó poco para que me atropellara el coche; **~ by ~** palmo a palmo; **we searched every ~ of the room** registramos todos los rincones del cuarto; **every ~ of it was used** se aprovechó hasta el último centímetro; **he's every ~ a soldier** es todo un soldado; **he didn't give an ~** no hizo la menor concesión; **to lose a few ~es*** adelgazar un poco; **to be within an ~ of death/disaster** estar a dos dedos de la muerte/del desastre; ✦*IDIOM* **give him an ~ and he'll take a mile** dale un dedo y se toma hasta el codo; → IMPERIAL SYSTEM
Ⓑ CPD ► **inch tape** N cinta *f* en pulgadas (para medir)

►**inch forward** Ⓐ VI + ADV **to ~ forward** [*person, vehicle*] avanzar muy lentamente
Ⓑ VT + ADV [+ *vehicle*] hacer avanzar muy lentamente

►**inch out** Ⓐ VT + ADV [+ *opponent*] derrotar por muy poco
Ⓑ VI + ADV [*vehicle*] avanzar muy despacio

►**inch up** VI + ADV [*prices*] subir poco a poco

**inchoate** [ˈɪnkəʊeɪt] ADJ [*idea*] que no ha tomado forma definitiva; [*anger*] inexpresado

**inchoative** [ɪnˈkəʊətɪv] ADJ [*aspect, verb*] incoativo

**incidence** [ˈɪnsɪdəns] N (= *extent*) [*of crime*] incidencia *f*, índice *m*; [*of disease*] incidencia *f*, frecuencia *f*; **the angle of ~** (*Phys*) el ángulo de incidencia

**incident** [ˈɪnsɪdənt] Ⓐ N (= *event*) incidente *m*, suceso *m*; (*in book, play etc*) episodio *m*, incidente *m*; (= *confrontation*) incidente *m*; **a life full of ~** una vida azarosa *or* llena de acontecimientos; **the Agadir ~** el episodio de Agadir; **to provoke a diplomatic ~** provocar un incidente diplomático; **the police were called to the scene of the ~** llamaron a la policía para que acudiera al lugar del suceso; **without ~** sin incidentes
Ⓑ CPD ► **incident room** N centro *m* de coordinación

**incidental** [ˌɪnsɪˈdentl] Ⓐ ADJ 1 (= *related*) [*benefit*] adicional; [*effect*] secundario; **the troubles ~ to any journey** las dificultades que conlleva cualquier viaje; **~ expenses** gastos *mpl* imprevistos; **~ music** música *f* de acompañamiento
2 (= *secondary, minor*) [*details*] incidental, secundario; **but that is ~ to my purpose** (*frm*) pero eso queda al margen de mi propósito
3 (= *accidental, fortuitous*) fortuito
Ⓑ **incidentals** NPL (= *expenses*) (gastos *mpl*) imprevistos *mpl*

**incidentally** [ˌɪnsɪˈdentəlɪ] ADV 1 (= *by the way*) a propósito, por cierto; **he spoke no English ~** por cierto *or* a propósito, no hablaba inglés
2 (= *in a minor way*) incidentalmente
3 (= *accidentally, fortuitously*) por casualidad, de forma casual

**incinerate** [ɪnˈsɪnəreɪt] VT [+ *body*] incinerar; [+ *rubbish*] quemar

**incineration** [ɪnˌsɪnəˈreɪʃən] N incineración *f*

**incinerator** [ɪnˈsɪnəreɪtəʳ] N incinerador *m*

**incipient** [ɪnˈsɪpɪənt] ADJ [*infection, illness, democracy, inflation, recession*] incipiente; [*romance, friendship*] incipiente, naciente

**incise** [ɪnˈsaɪz] VT cortar; (*Art*) grabar, tallar; (*Med*) hacer una incisión en

**incision** [ɪnˈsɪʒən] N incisión *f*

**incisive** [ɪnˈsaɪsɪv] ADJ [*mind*] penetrante; [*remark, criticism*] incisivo, mordaz; [*tone*] mordaz; [*wit*] incisivo

**incisively** [ɪnˈsaɪsɪvlɪ] ADV [*say, criticize*] de forma incisiva, mordazmente; [*express*] de forma incisiva

**incisiveness** [ɪnˈsaɪsɪvnɪs] N [*of remark, criticism*] lo incisivo, lo mordaz

**incisor** [ɪnˈsaɪzəʳ] N incisivo *m*

**incite** [ɪnˈsaɪt] VT [+ *violence, riots, hatred*] incitar, instigar; **to ~ sb to do sth** incitar *or* instigar a algn a hacer algo; **to ~ sb to violence** incitar *or* instigar a algn a la violencia

**incitement** [ɪnˈsaɪtmənt] N incitación *f*, instigación *f* (**to** a)

**incivility** [ˌɪnsɪˈvɪlɪtɪ] N descortesía *f*

**incl** ABBR (= **included, including, inclusive (of)**) inc.

**inclemency** [ɪnˈklemənsɪ] N inclemencia *f*

**inclement** [ɪnˈklemənt] ADJ [*weather*] inclemente

**inclination** [ˌɪnklɪˈneɪʃən] N 1 (= *tendency*) tendencia *f*, inclinación *f*; **his natural ~s** su tendencia *or* inclinación natural; **she has musical ~s** tiene inclinación por *or* hacia la música; **to have an ~ to meanness** tener tendencia a ser tacaño
2 (= *desire*) **I have no ~ to go** no tengo ganas de ir; **I have neither the time nor the ~ to get involved** no tengo ni tiempo ni ganas de meterme en el asunto; **her ~ was to ignore him** prefería no hacerle caso; **I decided to follow my own ~ and stay at home** decidí hacer lo que más me apetecía y quedarme en casa; **I went to the meeting, against my ~** fui a la reunión, aunque no sentía ningún deseo de hacerlo
3 (= *slope, bow*) inclinación *f*

**incline** Ⓐ [ˈɪnklaɪn] N pendiente *f*, cuesta *f*
Ⓑ [ɪnˈklaɪn] VT 1 (= *bend*) [+ *head*] bajar, inclinar
2 (= *slope*) inclinar
3 (*frm*) (= *dispose*) **to ~ sb to do sth** predisponer a algn a hacer algo; **the factors which ~ us towards particular beliefs** los factores que nos predisponen a tener ciertas creencias
Ⓒ [ɪnˈklaɪn] VI 1 (= *slope*) inclinarse
2 (= *tend*) **I ~ to** *or* **towards the belief/opinion that …** me inclino a pensar que …

**inclined** [ɪnˈklaɪnd] ADJ 1 (= *tilted*) inclinado
2 (= *apt*) **to be ~ to do sth** tener tendencia a hacer algo, tender a hacer algo; **he was ~ to be moody** tenía tendencia *or* tendía a sufrir cambios de humor, era propenso a los cambios de humor; **it is ~ to break** tiene tendencia a romperse
3 (= *disposed*) **to be ~ to do sth: I'm ~ to believe you** estoy dispuesto a creerte; **I'm ~ to agree** yo me inclino a pensar lo mismo; **I'm ~ to think that …** me inclino a pensar que …; **to be academically ~** estar dotado para los estudios; **to be artistically ~** tener inclinaciones artísticas; **I didn't feel at all ~ to go out** no me apetecía nada salir, no tenía ninguna gana de salir; **if you feel so ~** si te apetece; (*more formal*) si así lo deseas; **to be musically ~** tener inclinación por *or* hacia la música; **Florence is full of art galleries, if you are that way ~** Florencia está llena de museos, si eso es lo que te interesa; **I'm ~ toward the latter explanation** me inclino por la última explicación; **to be favourably ~ toward sth/sb** ver algo/a algn con buenos ojos

**inclose** [ɪnˈkləʊz] VT = **enclose**

**include** [ɪnˈkluːd] VT incluir; (*with letter*) adjuntar, incluir; **facilities ~ a gym, swimming pool and sauna** las instalaciones disponen de gimnasio, piscina y sauna; **your name is not ~d in the list** su nombre no figura en la lista; **does that remark ~ me?** ¿va ese comentario también por mí?; **he sold everything, books ~d** vendió todo, incluso los libros; **service is/is not ~d** el servicio está/no está *or* (*LAm*) va/no va incluido; **all the team members, myself ~d** todos los miembros del equipo, incluido yo

►**include out*** VT + ADV (*hum*) excluir, dejar fuera; **~ me out!** ¡no contéis conmigo!

**including** [ɪnˈkluːdɪŋ] PREP **terms £80, not ~ service** precio 80 libras, servicio no incluido; **seven ~ this one** siete con éste; **everyone, ~ the President** todos, incluido el Presidente; **that applies to everyone, ~ you** eso va por todos, tú incluido; **up to and ~ chapter seven** hasta el capítulo siete inclusive

**inclusion** [ɪnˈkluːʒən] N inclusión *f*

**inclusive** [ɪnˈkluːsɪv] Ⓐ ADJ [*sum, price*] global; **an ~ price of £32.90** un precio global de 32,90 libras, un precio de 32,90 libras (con) todo incluido; **£5,000 fully ~** 5.000 libras con todo incluido; **~ of tax/postage and packing** incluidos los impuestos/los gastos de envío; **to be ~ of sth** incluir algo; **all prices**

**are ~ of VAT** todos los precios incluyen el IVA
Ⓑ ADV **from the 10th to the 15th ~** del 10 al 15, ambos inclusive *or* ambos incluidos

**inclusively** [ɪnˈkluːsɪvlɪ] ADV = **inclusive B**

**incognito** [ɪnˈkɒgnɪtəʊ] Ⓐ ADV *[travel]* de incógnito
Ⓑ ADJ **to remain ~** permanecer en el anonimato
Ⓒ N incógnito *m*

**incoherence** [ˌɪnkəʊˈhɪərəns] N *[of ideas, policies]* incoherencia *f*, falta *f* de coherencia; **his attempts to explain degenerated into ~** en su intento por dar una explicación cayó en la más absoluta incoherencia

**incoherent** [ˌɪnkəʊˈhɪərənt] ADJ *[person, words, letter]* incoherente; *[argument]* falto de coherencia, incoherente; *[conversation]* sin sentido, incoherente; **to become ~** volverse incoherente; **he was ~ with rage** estaba tan furioso que casi no podía hablar, balbuceaba de rabia

**incoherently** [ˌɪnkəʊˈhɪərəntlɪ] ADV *[mumble, ramble, argue, write]* de forma incoherente; *[speak]* con incoherencia, incoherentemente; *[expressed]* de manera incoherente; **he collapsed on the floor, mumbling ~** se desplomó en el suelo, murmurando de forma incoherente *or* murmurando incoherencias

**incohesive** [ˌɪnkəʊˈhiːsɪv] ADJ sin cohesión

**incombustible** [ˌɪnkəmˈbʌstəbl] ADJ incombustible

**income** [ˈɪnkʌm] Ⓐ N *(gen)* ingresos *mpl*; *(from property)* renta *f*; (= *salary*) salario *m*, sueldo *m*; (= *takings*) entradas *fpl*; (= *interest*) réditos *mpl*; (= *profit*) ganancias *fpl*; **gross/net ~** ingresos *mpl* brutos/netos; **private ~** rentas *fpl*; **national ~** renta *f* nacional; **I can't live on my ~** no puedo vivir con lo que gano; **to live beyond one's ~** gastar más de lo que se gana; **to live within one's ~** vivir de acuerdo a los ingresos
Ⓑ CPD ► **income and expenditure account** N cuenta *f* de gastos e ingresos ► **income bracket, income group** N categoría *f* económica; **the lower ~ groups** los sectores de ingresos más bajos ► **incomes policy** N política *f* salarial *or* de salarios ► **income support** N *(Brit)* ≈ ayuda *f* compensatoria ► **income tax** N impuesto *m* sobre la renta ► **income tax return** N declaración *f* de impuestos

**incomer** [ˈɪnˌkʌməʳ] *(Brit)* N recién llegado/a *m/f*; *(to society, group)* persona *f* nueva; (= *immigrant*) inmigrante *mf*

**incoming** [ˈɪnˌkʌmɪŋ] Ⓐ ADJ *[passenger, flight]* que llega/llegaba; *[president]* entrante; *[tide]* que sube/subía; **all ~ calls are monitored** todas las llamadas que se reciben están sujetas a control; **~ mail** correo *m* de entrada, correspondencia *f* que se recibe
Ⓑ NPL **incomings** ingresos *mpl*

**incommensurable** [ˌɪnkəˈmenʃərəbl] ADJ *(frm)* inconmensurable

**incommensurate** [ˌɪnkəˈmenʃərɪt] ADJ *(frm)* desproporcionado; **to be ~ with** no guardar relación con

**incommode** [ˌɪnkəˈməʊd] VT *(frm)* incomodar, molestar

**incommodious** [ˌɪnkəˈməʊdɪəs] ADJ *(frm)* (= *cramped*) estrecho, nada espacioso; (= *inconvenient*) poco conveniente

**incommunicado** [ˌɪnkəmjʊnɪˈkɑːdəʊ] ADJ incomunicado; **to hold sb ~** mantener incomunicado a algn

**in-company** [ˈɪnkʌmpənɪ] ADJ **~ training** formación *f* en la empresa

➤ LANGUAGE IN USE: **inconvenience** A3 18.1

**incomparable** [ɪnˈkɒmpərəbl] ADJ 1 (= *matchless*) *[beauty, skill]* incomparable, sin par; *[achievement]* inigualable, sin par
2 (= *not comparable*) **to be ~ with sth** no poderse comparar con algo

**incomparably** [ɪnˈkɒmpərəblɪ] ADV incomparablemente; **this product is ~ better** este producto es incomparablemente mejor

**incompatibility** [ˈɪnkəmˌpætəˈbɪlɪtɪ] N incompatibilidad *f*

**incompatible** [ˌɪnkəmˈpætəbl] ADJ *(all senses)* incompatible (**with** con)

**incompetence** [ɪnˈkɒmpɪtəns] N 1 incompetencia *f*; **he was fired for ~** lo despidieron por incompetente; *see also* **gross A1**
2 *(Jur)* incapacidad *f*

**incompetent** [ɪnˈkɒmpɪtənt] ADJ 1 (= *inept*) *[person]* incompetente; *[attempt]* torpe; *[work]* deficiente; **he's ~** es un incompetente, es incompetente; **he is ~ at his job** es incompetente en su trabajo
2 (= *unqualified*) **Lennox was declared ~** *(Jur)* a Lennox lo declararon incapacitado; **he is ~ to lead the party** no está capacitado para dirigir el partido, es incapaz de dirigir el partido

**incompetently** [ɪnˈkɒmpɪtəntlɪ] ADV de modo incompetente, de forma incompetente

**incomplete** [ˌɪnkəmˈpliːt] ADJ (= *partial*) incompleto; (= *unfinished*) inacabado, sin terminar; **the gathering would be ~ without him** sin él la reunión no estaría completa

**incompletely** [ˌɪnkəmˈpliːtlɪ] ADV de manera *or* forma incompleta; **an ~ formed foetus** un feto no completamente formado

**incompleteness** [ˌɪnkəmˈpliːtnɪs] N lo incompleto; **because of the ~ of the reforms** a causa de lo incompleto de las reformas

**incomprehensible** [ɪnˌkɒmprɪˈhensəbl] ADJ incomprensible; **it is ~ to me** me resulta incomprensible

**incomprehensibly** [ɪnˌkɒmprɪˈhensəblɪ] ADV de modo incomprensible, incomprensiblemente

**incomprehension** [ˌɪnkɒmprɪˈhenʃən] N incomprensión *f*

**inconceivable** [ˌɪnkənˈsiːvəbl] ADJ inconcebible

**inconceivably** [ˌɪnkənˈsiːvəblɪ] ADJ inconcebiblemente

**inconclusive** [ˌɪnkənˈkluːsɪv] ADJ (= *not decisive*) *[result]* no concluyente; (= *not convincing*) *[argument]* no convincente; *[evidence]* no concluyente; **the investigation was ~** la investigación no dio resultados concluyentes

**inconclusively** [ˌɪnkənˈkluːsɪvlɪ] ADV de forma no concluyente; **the talks ended ~** las conversaciones finalizaron sin resultados concluyentes

**inconclusiveness** [ˌɪnkənˈkluːsɪvnɪs] N *[of evidence, verdict, trial]* lo no concluyente; *[of talks]* falta *f* de resultados concluyentes

**incongruity** [ˌɪnkɒŋˈgruːɪtɪ] N incongruencia *f*

**incongruous** [ɪnˈkɒŋgrʊəs] ADJ *[pair, alliance, image, sound]* incongruente; **it seems ~ that ...** parece extraño que ...

**incongruously** [ɪnˈkɒŋgrʊəslɪ] ADV *(gen)* de manera incongruente; *[dressed]* inapropiadamente; **he wore old jeans, with ~ smart shoes** llevaba unos vaqueros viejos con unos zapatos muy elegantes, lo que resultaba inapropiado

**inconsequent** [ɪnˈkɒnsɪkwənt] ADJ = **inconsequential**

**inconsequential** [ɪnˌkɒnsɪˈkwenʃəl] ADJ *[conversation]* sin trascendencia; (= *illogical*) ilógico

**inconsequentially** [ˌɪnkɒnsɪˈkwenʃəlɪ] ADV *[talk, say]* sin propósito serio

**inconsiderable** [ˌɪnkənˈsɪdərəbl] ADJ **a not ~ sum** una cifra nada desdeñable *or* despreciable, una suma considerable

**inconsiderate** [ˌɪnkənˈsɪdərɪt] ADJ *[behaviour, person]* desconsiderado; **how ~ of him!** ¡qué falta de consideración de su parte!; **to be ~ to sb** no tener consideración con algn

**inconsistency** [ˌɪnkənˈsɪstənsɪ] N 1 (= *inconsistent nature*) *[of behaviour]* carácter *m* contradictorio *or* incongruente; *[of statement, account, evidence, policy]* falta *f* de coherencia; **his worst fault is his ~** su peor defecto es que es un inconsecuente
2 (= *contradiction*) contradicción *f*

**inconsistent** [ˌɪnkənˈsɪstənt] ADJ 1 (= *erratic*) *[person]* inconsecuente, voluble; *[quality, work, performance]* irregular, desigual; *[behaviour, policies]* contradictorio, incongruente
2 (= *contradictory*) *[actions]* inconsecuente; *[statement, account, evidence]* contradictorio; **to be ~ with sth** (= *contradict*) contradecir algo, no concordar con algo; (= *not correspond with*) no encajar con algo, no concordar con algo

**inconsistently** [ˌɪnkənˈsɪstəntlɪ] ADV 1 (= *erratically*) *[behave]* de forma contradictoria *or* incongruente *or* desigual; *[work, perform]* de forma irregular
2 (= *contradictorily*) *[argue, reason]* sin congruencia, contradictoriamente

**inconsolable** [ˌɪnkənˈsəʊləbl] ADJ inconsolable

**inconsolably** [ˌɪnkənˈsəʊləblɪ] ADV inconsolablemente

**inconspicuous** [ˌɪnkənˈspɪkjʊəs] ADJ *[person]* que no llama la atención; *[colour]* poco llamativo, que no llama la atención; *[place]* que pasa desapercibido; **she tried to make herself ~** trató de no llamar la atención *or* de pasar desapercibida

**inconspicuously** [ˌɪnkənˈspɪkjʊəslɪ] ADV *[sit, move]* sin llamar la atención, discretamente; **~ placed** colocado donde no llama la atención, discretamente colocado

**inconstancy** [ɪnˈkɒnstənsɪ] N inconstancia *f*, veleidad *f*

**inconstant** [ɪnˈkɒnstənt] ADJ inconstante, veleidoso

**incontestable** [ˌɪnkənˈtestəbl] ADJ incontestable, incuestionable

**incontestably** [ɪnkənˈtestəblɪ] ADV incontestablemente, incuestionablemente

**incontinence** [ɪnˈkɒntɪnəns] N incontinencia *f*

**incontinent** [ɪnˈkɒntɪnənt] ADJ incontinente; **to be/become ~** tener incontinencia

**incontrovertible** [ɪnˌkɒntrəˈvɜːtəbl] ADJ *[fact, evidence]* incontrovertible

**incontrovertibly** [ɪnˌkɒntrəˈvɜːtɪblɪ] ADV de manera incontrovertible; **this is ~ true** ésta es una verdad incontrovertible

▼ **inconvenience** [ˌɪnkənˈviːnɪəns] Ⓐ N 1 (= *awkwardness*) *[of time, location]* inconveniencia *f*; *[of arrangements, house]* incomodidad *f*
2 (= *drawback*) inconveniente *m*; **living so far from the station is a great ~** vivir tan lejos de la estación es un gran inconveniente
3 (= *trouble*) molestias *fpl*, inconvenientes *mpl*; **you caused a lot of ~** causaste muchas molestias *or* muchos inconvenientes; **it makes up for the ~ of having to move** compensa las molestias *or* los inconvenientes de tener que mudarse; **to put sb to great ~** causar muchas molestias *or* muchos inconve-

nientes a algn
Ⓑ VT (= *cause problems to*) causar molestias a; (= *disturb*) molestar; **I hope you haven't been ~d by the delay** espero que el retraso no le haya causado molestias; **I'm sorry to ~ you, but ...** perdone que lo moleste, pero ...; **don't ~ yourself** no se moleste

**inconvenient** [ˌɪnkən'viːnɪənt] ADJ [*time, appointment*] inoportuno; [*location, design*] poco práctico, incómodo; **it's an ~ place to get to** es un sitio mal comunicado, no es un sitio al que sea fácil llegar; **how ~!** ¡qué trastorno!, ¡vaya trastorno!; **to be ~** venir mal; (*more formal*) resultar inconveniente; **to be ~ for sb** venirle mal a algn; (*more formal*) resultarle inconveniente a algn

**inconveniently** [ˌɪnkən'viːnɪəntlɪ] ADV [*arranged, planned*] de modo poco práctico; [*arrive, turn up*] en mal momento, en un momento inoportuno; **to come ~ early** venir demasiado temprano; **the hotel is rather ~ situated** el hotel está mal situado

**inconvertibility** ['ɪnkənˌvɜːtɪ'bɪlɪtɪ] N inconvertibilidad *f*

**inconvertible** [ˌɪnkən'vɜːtəbl] ADJ inconvertible

**incorporate** [ɪn'kɔːpəreɪt] VT (= *include*) incluir, comprender; (= *integrate*) incorporar (**in, into** a); **a product incorporating vitamin Q** un producto que contiene vitamina Q; **to ~ a company** constituir una compañía en sociedad (anónima)

**incorporated** [ɪn'kɔːpəreɪtɪd] ADJ (*US Comm*) **Jones & Lloyd Incorporated** Jones y Lloyd Sociedad Anónima

**incorporation** [ɪnˌkɔːpə'reɪʃən] N (= *inclusion*) inclusión *f*, incorporación *f*; (= *integration*) incorporación *f*; (*Comm*) constitución *f* en sociedad (anónima)

**incorporeal** [ˌɪnkɔː'pɔːrɪəl] ADJ (*liter*) incorpóreo

**incorrect** [ˌɪnkə'rekt] ADJ [1] (= *wrong*) [*answer, spelling*] incorrecto; [*information, statement, assumption*] erróneo; **it is ~ to say that ...** es erróneo decir que ...; **that is ~, you are wrong** no es cierto, usted se equivoca
[2] (= *bad*) [*posture, diet*] incorrecto, inadecuado
[3] (= *improper*) [*behaviour*] incorrecto, impropio; [*dress*] inapropiado

**incorrectly** [ˌɪnkə'rektlɪ] ADV [1] (= *wrongly*) [*spell, answer*] mal; (*more formal*) incorrectamente; [*state, conclude, assume, believe*] erróneamente; [*inform*] mal, erróneamente; **an ~ addressed letter** una carta con las señas mal puestas
[2] (= *badly*) mal; (*more frm*) incorrectamente; **the doors had been fitted ~** habían puesto las puertas mal
[3] (= *improperly*) [*behave*] incorrectamente; [*dress*] de manera inapropiada, de modo inapropiado

**incorrigible** [ɪn'kɒrɪdʒəbl] ADJ [*womaniser, optimist*] incorregible, sin remedio; **you're ~!** ¡eres incorregible!, ¡no tienes remedio!

**incorrigibly** [ɪn'kɒrɪdʒəblɪ] ADV incorregiblemente

**incorruptible** [ˌɪnkə'rʌptəbl] ADJ incorruptible; (= *not open to bribery*) insobornable

**increase** [ɪn'kriːs] Ⓐ VI [*number, size, speed, pain*] aumentar; [*prices, temperature, pressure*] subir, aumentar; [*wages, salaries, productivity, popularity*] aumentar; **to ~ in number** aumentar; **to ~ in weight/volume/size/value** aumentar de peso/volumen/tamaño/valor; **to ~ by 100** aumentar en 100; **to ~ from 8% to 10%** aumentar de 8 a 10 por ciento
Ⓑ [ɪn'kriːs] VT [+ *number, size, speed, pain*] aumentar; [+ *prices, temperature, pressure*] subir, aumentar; [+ *wages, salaries, taxes, interest rates, productivity*] aumentar; **to ~ one's efforts** redoblar sus esfuerzos; **there has been an ~d interest in his work** ha aumentado el interés por su trabajo; **profits were the result of ~d efficiency** los beneficios eran el resultado de una mayor eficiencia
Ⓒ ['ɪnkriːs] N (*gen*) aumento *m*, incremento *m*; [*of prices*] subida *f*, aumento *m*; **an ~ in size/volume** un aumento de tamaño/volumen; **an ~ of £5/10%** un aumento de 5 libras/del 10 por ciento; **to be on the ~** estar *or* ir en aumento

**increasing** [ɪn'kriːsɪŋ] ADJ [*number, amount*] creciente, cada vez mayor; **an ~ number of women are going out to work** un creciente número de mujeres va a trabajar, el número de mujeres que trabajan va en aumento *or* es cada vez mayor; **the president is under ~ pressure to resign** el presidente recibe cada vez más presiones para presentar la dimisión

**increasingly** [ɪn'kriːsɪŋlɪ] ADV cada vez más; **he was finding it ~ difficult to make decisions** le resultaba cada vez más difícil tomar decisiones; **Spanish food is becoming ~ popular** la comida española se está volviendo cada vez más popular *or* está alcanzando una popularidad cada vez mayor; **it is becoming ~ obvious that ...** está cada vez más claro que ...; **they are relying ~ on foreign imports** cada vez dependen más de las importaciones extranjeras

**incredible** [ɪn'kredəbl] ADJ increíble; **they found it ~ that I was still alive** les pareció increíble que todavía estuviera viva; **~ though it may seem** por increíble que parezca, aunque parezca mentira; **an ~ number of people** una cantidad de gente increíble

**incredibly** [ɪn'kredəblɪ] ADV [1] (= *extremely*) [*ugly, rich, intelligent*] increíblemente; **it all happened ~ fast** todo sucedió con una rapidez increíble
[2] (= *amazingly*) **~, they did not come** por increíble que parezca, no vinieron, aunque parezca mentira, no llegaron

**incredulity** [ˌɪnkrɪ'djuːlɪtɪ] N incredulidad *f*

**incredulous** [ɪn'kredjʊləs] ADJ [*expression*] de incredulidad; **I was ~** no lo creí

**incredulously** [ɪn'kredjʊləslɪ] ADV con incredulidad

**increment** ['ɪnkrɪmənt] N aumento *m*, incremento *m* (**in** de)

**incremental** [ɪnkrɪ'mentəl] Ⓐ ADJ [*change, process*] gradual; [*costs*] incremental
Ⓑ CPD ► **incremental compiler** N compilador *m* incremental

**incriminate** [ɪn'krɪmɪneɪt] VT incriminar

**incriminating** [ɪn'krɪmɪneɪtɪŋ] ADJ [*evidence, document*] incriminatorio

**incrimination** [ɪnˌkrɪmɪ'neɪʃən] N incriminación *f*

**incriminatory** [ɪn'krɪmɪnətərɪ] ADJ = **incriminating**

**incrust** [ɪn'krʌst] VT = **encrust**

**incrustation** [ˌɪnkrʌs'teɪʃən] N = **encrustation**

**incubate** ['ɪnkjʊbeɪt] Ⓐ VT (*gen*) incubar
Ⓑ VI [*egg*] incubarse; [*hen*] empollar; (*fig*) [*idea*] incubarse

**incubation** [ˌɪnkjʊ'beɪʃən] Ⓐ N [*of egg, disease*] incubación *f*
Ⓑ CPD ► **incubation period** N período *m* de incubación

**incubator** ['ɪnkjʊbeɪtə^r] N (*for eggs, bacteria, baby*) incubadora *f*

**incubus** ['ɪŋkjʊbəs] N (*pl* **incubuses** *or* **incubi** ['ɪŋkjʊˌbaɪ]) íncubo *m*

**inculcate** ['ɪnkʌlkeɪt] VT **to ~ sth in sb** inculcar algo a algn

**inculcation** [ˌɪnkʌl'keɪʃən] N inculcación *f*

**incumbency** [ɪn'kʌmbənsɪ] N (*frm*) [1] (= *being in office*) ocupación *f* del cargo; **the benefits of ~** los beneficios de ocupar el cargo
[2] (*Rel*) beneficio *m*

**incumbent** [ɪn'kʌmbənt] Ⓐ ADJ (*frm*) **to be ~ on sb to do sth** incumbir a algn hacer algo; **I felt it ~ upon me to go** sentí que debía ir
Ⓑ N titular *mf*, poseedor(a) *m/f* (*de un cargo o dignidad*); (*Rel*) beneficiado *m*

**incunabula** [ˌɪnkjʊ'næbjʊlə] NPL incunables *mpl*

**incur** [ɪn'kɜː^r] VT [+ *debt, obligation*] contraer; [+ *expense, charges*] incurrir en; [+ *loss*] sufrir; [+ *anger*] provocar; **I wouldn't wish to ~ his wrath** no me gustaría provocar su ira; **I did not wish to ~ his disapproval** no deseaba hacer que se pusiera en desacuerdo

**incurable** [ɪn'kjʊərəbl] Ⓐ ADJ [1] (*Med*) incurable
[2] (*fig*) [*optimist, romantic*] incorregible
Ⓑ N incurable *mf*

**incurably** [ɪn'kjʊərəblɪ] ADV **to be ~ ill** tener una enfermedad incurable; **to be ~ romantic/optimistic** ser un romántico/optimista incurable *or* incorregible

**incurious** [ɪn'kjʊərɪəs] ADJ indiferente; **to be ~ about sth** ser indiferente a algo

**incuriously** [ɪn'kjʊərɪəslɪ] ADV [*look*] con indiferencia

**incursion** [ɪn'kɜːʃən] N incursión *f*

**Ind.** ABBR (*US*) = **Indiana**

**indebted** [ɪn'detɪd] ADJ [1] (= *owing money*) endeudado; **to be (heavily) ~ (to sb)** estar (muy) endeudado (con algn)
[2] (= *grateful*) **I am ~ to you for your help** estoy muy agradecido por su ayuda; **we are greatly ~ to Shakespeare for his contribution to English literature** le debemos mucho a Shakespeare por su contribución a la literatura inglesa

**indebtedness** [ɪn'detɪdnɪs] N [1] (*Fin*) endeudamiento *m*, deuda *f* (**to** con)
[2] (*fig*) deuda *f* (**to** con)

**indecency** [ɪn'diːsnsɪ] N indecencia *f*; *see also* **gross E**

**indecent** [ɪn'diːsnt] Ⓐ ADJ [1] (= *obscene*) [*photograph, language, film, gesture, clothes*] indecente; **to make an ~ suggestion** sugerir algo indecente
[2] (= *shocking*) escandaloso; **with ~ haste** con una prisa nada decorosa
Ⓑ CPD ► **indecent assault** N (*Jur*) abusos *mpl* deshonestos ► **indecent exposure** N (*Jur*) exhibicionismo *m*

**indecently** [ɪn'diːsntlɪ] ADV [1] (= *obscenely*) indecentemente, de una forma indecente; **~ short skirts** faldas indecentemente cortas; **to ~ assault sb** realizar abusos deshonestos de algn; **to ~ expose o.s.** cometer un acto de exhibicionismo
[2] (= *shockingly*) escandalosamente; **she is ~ rich** es asquerosamente rica

**indecipherable** [ˌɪndɪ'saɪfərəbl] ADJ indescifrable

**indecision** [ˌɪndɪ'sɪʒən] N indecisión *f*, falta *f* de decisión, irresolución *f* (*frm*)

**indecisive** [ˌɪndɪ'saɪsɪv] ADJ [1] (= *hesitant*) [*person*] indeciso, irresoluto (*frm*)
[2] (= *inconclusive*) [*result, vote*] no concluyente, no decisivo; [*battle*] no decisivo

**indecisively** [ˌɪndɪˈsaɪsɪvlɪ] ADV [1] (= *hesitantly*) con indecisión, con irresolución (*frm*); **we waited as she stood there ~** esperamos mientras ella estaba ahí parada sin decidirse
[2] (= *inconclusively*) [*end, conclude*] sin resultados definitivos, sin resultados decisivos

**indecisiveness** [ˌɪndɪˈsaɪsɪvnɪs] N [1] (= *hesitancy*) indecisión *f*, falta *f* de decisión, irresolución *f* (*frm*)
[2] (= *inconclusiveness*) falta *f* de conclusión

**indeclinable** [ˌɪndɪˈklaɪnəbl] ADJ indeclinable

**indecorous** [ɪnˈdekərəs] ADJ indecoroso

**indecorously** [ɪnˈdekərəslɪ] ADV indecorosamente

**indecorum** [ˌɪndɪˈkɔːrəm] N indecoro *m*, falta *f* de decoro

**indeed** [ɪnˈdiːd] ADV [1] (= *in fact*) de hecho; **I feel, ~ I know, he is wrong** creo, de hecho sé *or* en realidad sé, que está equivocado; **we have nothing against diversity, ~, we want more of it** no tenemos nada en contra de la diversidad, de hecho queremos que haya más; **if ~ he is wrong** si es que realmente se equivoca, si efectivamente se equivoca; **the document was ~ missing** efectivamente el documento había desaparecido; **it is ~ true that …** es en efecto verdad que …
[2] (*as intensifier*) **that is praise ~** eso es todo un elogio, eso sí es una alabanza; **very … ~: to be very good/small/intelligent ~** ser verdaderamente *or* realmente bueno/pequeño/inteligente; **you're doing very well ~** vas realmente bien; **we are taking the matter very seriously ~** nos estamos tomando la cuestión sumamente en serio *or* pero que muy en serio; **thank you very much ~** muchísimas gracias; **I'm very glad ~** me alegro muchísimo
[3] (*in answer to a question*) **"isn't it a beautiful day?" — "yes, ~!"** —¿a que es un día precioso? —¡desde luego! *or* —¡y que lo digas! *or* —¡ya lo creo!; **"did you know him?" — "I did ~"** —¿lo conocías? —sí que lo conocía *or* —claro que sí; **"are you Professor Ratburn?" — "~ I am"** *or* **"I am ~"** —¿es usted el profesor Ratburn? —sí, señor *or* —el mismo; **"may I go?" — "~ you may not!"** —¿puedo ir? —¡claro que no! *or* —¡por supuesto que no!
[4] (*expressing interest*) **indeed?** ◊ **is it ~?** ◊ **did you ~?** ¿de veras?, ¿de verdad?, ¿ah, sí?
[5] (*expressing disbelief, surprise, scorn*) **"I did the best I could" — "indeed!"** —lo hice lo mejor que pude —¡por supuesto! *or* —¡claro, claro! (*iro*); **"he said he would do it" — "did he ~?"** —dijo que lo haría —¿eso dijo? *or* —¿no me digas?; **"he said I was too short" — "too short ~!"** —dijo que era demasiado bajo —¡sí, hombre, bajísimo! (*iro*)

**indefatigable** [ˌɪndɪˈfætɪgəbl] ADJ incansable, infatigable

**indefatigably** [ˌɪndɪˈfætɪgəblɪ] ADV incansablemente, infatigablemente

**indefensible** [ˌɪndɪˈfensəbl] ADJ [1] (= *unjustifiable*) [*conduct, action*] injustificable, inexcusable; [*idea, policy*] indefendible, insostenible
[2] (= *vulnerable*) [*town, country*] indefendible

**indefensibly** [ˌɪndɪˈfensəblɪ] ADV [*behave, act*] de una forma injustificable

**indefinable** [ˌɪndɪˈfaɪnəbl] ADJ indefinible

**indefinably** [ˌɪndɪˈfaɪnəblɪ] ADV indefiniblemente

**indefinite** [ɪnˈdefɪnɪt] Ⓐ ADJ [1] (= *vague*) [*answer*] impreciso; **he was very ~ about it all** no fue muy preciso al respecto; **our plans are somewhat ~ as yet** nuestros planes están todavía por concretar
[2] (= *not fixed*) [*time*] indefinido, indeterminado; **it will be closed for an ~ period** estará cerrado por tiempo indefinido; **to be on ~ leave** estar de permiso por tiempo indefinido
[3] (*Ling*) indefinido
Ⓑ CPD ► **indefinite article** N artículo *m* indefinido ► **indefinite pronoun** N pronombre *m* indefinido

**indefinitely** [ɪnˈdefɪnɪtlɪ] ADV (*gen*) por tiempo indefinido; **it will keep ~** se conserva por tiempo indefinido; **we can carry on ~** podemos continuar hasta cuando sea *or* por tiempo indefinido

**indelible** [ɪnˈdeləbl] ADJ [1] (= *not washable*) [*ink, stain*] indeleble; **~ pen** bolígrafo *m* de tinta indeleble
[2] (= *unforgettable*) [*memory, image*] indeleble, imborrable; **it made an ~ impression on me** se me quedó grabado en la memoria

**indelibly** [ɪnˈdeləblɪ] ADV indeleblemente; **the horrors he experienced are imprinted ~ in his brain** los horrores que sufrió quedaron grabados de forma indeleble en su mente

**indelicacy** [ɪnˈdelɪkəsɪ] N indecoro *m*, falta *f* de decoro

**indelicate** [ɪnˈdelɪkɪt] ADJ (= *tactless*) indiscreto, falto de tacto; (= *crude*) indelicado

**indemnification** [ɪnˌdemnɪfɪˈkeɪʃən] N indemnización *f*

**indemnify** [ɪnˈdemnɪfaɪ] VT [1] (= *compensate*) **to ~ sb for sth** indemnizar a algn por algo
[2] (= *safeguard*) **to ~ sb against sth** asegurar a algn contra algo

**indemnity** [ɪnˈdemnɪtɪ] N (= *compensation*) indemnización *f*, reparación *f*; (= *insurance*) indemnidad *f*; **double ~** doble indemnización *f*

**indent** [ɪnˈdent] Ⓐ VT (*Typ*) [+ *word, line*] sangrar; (= *cut into*) dejar marcas en
Ⓑ VI **to ~ for sth** (*Comm*) hacer un pedido de algo, encargar algo; (*Mil*) requisar algo
Ⓒ N (*Brit Comm*) pedido *m*; (*Mil*) requisición *f*

**indentation** [ˌɪndenˈteɪʃən] N (*in cloth*) muesca *f*; (*in coastline*) entrante *m*; (= *dent*) (*in wood, metal*) hendidura *f*; (*in metal*) abolladura *f*; (*Typ*) sangría *f*

**indented** [ɪnˈdentɪd] ADJ [*type*] sangrado; [*surface*] abollado; **a deeply ~ coastline** una costa muy accidentada

**indenture** [ɪnˈdentʃəʳ] N [1] (*Comm*) escritura *f*
[2] **indentures** contrato *m* de aprendizaje

**indentured** [ɪnˈdentʃəd] ADJ [*servant, labourer*] *obligado a trabajar para alguien durante un periodo de tiempo determinado*

**independence** [ˌɪndɪˈpendəns] Ⓐ N independencia *f*; **war of ~** guerra *f* de independencia; **Zaire gained** *or* **won ~ in 1960** Zaire obtuvo la independencia *or* se independizó en 1960
Ⓑ CPD ► **Independence Day** N Día *m* de la Independencia; → FOURTH OF JULY

**independent** [ˌɪndɪˈpendənt] Ⓐ ADJ [1] (= *self-supporting*) [*person, country*] independiente; [*income*] propio; **to be ~** ser independiente; **to be ~ of sth/sb** no depender de algo/algn, ser independiente de algo/algn; **to become ~** [*country*] independizarse; **a person of ~ means** una persona con rentas propias *or* con independencia económica
[2] (= *unconnected*) [*events*] independiente, no relacionado; (= *impartial*) [*inquiry, investigation*] independiente; [*witness*] imparcial; **you are advised to seek an ~ opinion** le aconsejamos que se haga asesorar por un tercero
[3] (= *self-reliant*) [*person, child*] independiente; **he was incapable of ~ thought** era incapaz de pensar por su cuenta; **she has always been very ~ of her parents** siempre ha dependido muy poco de sus padres
[4] (= *private*) [*school, sector*] privado; [*broadcasting company, radio station*] privado, independiente
Ⓑ N [1] (= *politician*) independiente *mf*, candidato/a *m/f* independiente
[2] (= *company*) compañía *f* independiente
Ⓒ CPD ► **independent clause** N (*Gram*) oración *f* independiente ► **independent school** N (*Brit*) escuela *f* privada, colegio *m* privado ► **independent suspension** N (*Aut*) suspensión *f* independiente

**independently** [ˌɪndɪˈpendəntlɪ] ADV [1] (= *self-reliantly*) [*live*] independientemente; [*act*] por su cuenta; **each child will work ~** cada niño trabajará de forma independiente *or* por su cuenta *or* sólo; **for a child of six, he behaves very ~** para ser un niño de seis años es muy independiente; **~ of sth/sb** independientemente de algo/algn; **~ of what he may decide** independientemente de lo que él decida
[2] (= *separately*) por separado; **we both ~ came up with the same answer** los dos dimos con la misma respuesta por separado
[3] (= *by an independent party*) **you ought to get it valued ~** deberías hacer que un tercero te lo tasase

**in-depth** [ˈɪnˌdepθ] ADJ [*study*] a fondo, exhaustivo; **~ investigation** investigación *f* a fondo *or* en profundidad

**indescribable** [ˌɪndɪsˈkraɪbəbl] ADJ [*terror, horror*] indescriptible, increíble; [*beauty, joy*] indescriptible

**indescribably** [ˌɪndɪsˈkraɪbəblɪ] ADV indescriptiblemente; (*pej*) indeciblemente; **~ bad** indescriptiblemente malo

**indestructibility** [ˌɪndɪstrʌktəˈbɪlɪtɪ] N indestructibilidad *f*

**indestructible** [ˌɪndɪsˈtrʌktəbl] ADJ indestructible

**indeterminable** [ˌɪndɪˈtɜːmɪnəbl] ADJ indeterminable

**indeterminacy** [ˌɪndɪˈtɜːmɪnəsɪ] N carácter *m* indeterminado

**indeterminate** [ˌɪndɪˈtɜːmɪnɪt] Ⓐ ADJ indeterminado; **of ~ age** de edad indeterminada
Ⓑ CPD ► **indeterminate sentence** N (*US Jur*) condena *f* indeterminada

**indeterminately** [ˌɪndɪˈtɜːmɪnɪtlɪ] ADV de modo indeterminado

**index** [ˈɪndeks] Ⓐ N [1] (*pl* **indexes**) (*in book*) índice *m*
[2] (*pl* **indices, indexes**) (= *pointer*) índice *m*, señal *f* (**to** de); (*Econ*) índice *m*; **cost of living ~** índice *m* del costo de la vida; **the Index** (*Rel*) el índice expurgatorio; *see also* **retail E**
[3] (*Math*) (*pl* **indices**) exponente *m*
Ⓑ VT (= *put index in*) [+ *book*] poner índice a; (= *make index headings for*) [+ *book*] (*in catalogue*) catalogar; [+ *entry, item, subject*] poner en el índice; **it is ~ed under Smith** está clasificado bajo Smith
Ⓒ CPD ► **index card** N ficha *f* ► **index finger** N dedo *m* índice ► **index number** N índice *m*

**indexation** [ˌɪndekˈseɪʃən], **indexing** [ˈɪndeksɪŋ] N indexación *f*, indización *f*, indiciación *f*

**indexed** [ˈɪndekst] ADJ = **index-linked**

**index-linked** [ˌɪndeksˈlɪŋkt] ADJ indexado, indiciado

**index-linking** [ˌɪndeksˈlɪŋkɪŋ] N indexación *f*, indiciación *f*

**index-tracking fund** [ˌɪndeksˈtrækɪŋfʌnd] N, **index-tracker (fund)** [ˌɪndeksˈtrækə(fʌnd)]

N (*Fin*) fondo *m* (de inversión) indexado, fondo *m* (de inversión) en índices

**India** [ˈɪndɪə] Ⓐ N India *f*
Ⓑ CPD ► **India paper** N papel *m* de China, papel *m* biblia ► **India rubber** N caucho *m*

**Indian** [ˈɪndɪən] Ⓐ ADJ (= *from India*) [*culture, languages, customs*] indio, hindú; (= *American Indian*) indígena, indio
Ⓑ N (*from India*) indio/a *m/f*, hindú *mf*; (= *American Indian*) indígena *mf*, indio/a *m/f*
Ⓒ CPD ► **Indian corn** N = **maize** ► **Indian elephant** N elefante *m* asiático ► **Indian file** N fila *f* india ► **Indian hemp** N cáñamo *m* índico ► **Indian ink** N tinta *f* china ► **the Indian Ocean** N el Océano Índico ► **Indian summer** N (*in northern hemisphere*) veranillo *m* de San Martín; (*in southern hemisphere*) veranillo *m* de San Juan; **the publication of that book gave her career an ~ summer** la publicación de ese libro dio lugar a un éxito tardío en su carrera

**indicate** [ˈɪndɪkeɪt] Ⓐ VT **1** (= *point out*) [+ *place*] indicar, señalar; (= *register*) [+ *temperature, speed*] marcar
**2** (= *show, suggest*) [+ *change*] ser indicio de; **the gathering clouds ~d a change in the weather** las nubes que se iban acumulando eran indicio de un cambio de tiempo; **the coroner's report ~d drowning as the cause of death** el informe del juez de instrucción indicaba *or* señalaba que murió ahogado
**3** (= *gesture*) indicar; **he ~d that I was to sit down** me indicó que me sentara
**4** (= *recommend, require*) (*usu passive*) **in this particular case, surgery is not ~d** en este caso en particular no es aconsejable operar; **I think a speedy departure is ~d** (*hum*) creo que habría que poner pies en polvorosa*
Ⓑ VI indicar, señalizar; (*esp Brit*) **to ~ left/right** indicar *or* señalizar a la izquierda/derecha

▼ **indication** [ˌɪndɪˈkeɪʃən] N **1** (= *sign*) indicio *m*; **there is every ~ that …** todo hace suponer que …; **there is no ~ that …** no hay indicios de que …; **this is some ~ of …** esto da una idea de …
**2** (= *mark*) señal *f*; (*on gauge*) marca *f*
**3** (*Med*) (*often pl*) indicación *f*

**indicative** [ɪnˈdɪkətɪv] Ⓐ ADJ **1** **to be ~ of sth** ser indicio de algo
**2** (*Ling*) [*mood*] indicativo
Ⓑ N (*Ling*) indicativo *m*

**indicator** [ˈɪndɪkeɪtəʳ] N (*gen*) (*also Chem, Econ*) indicador *m*; **indicators** (*Aut*) intermitentes *mpl*, direccionales *mpl* (*LAm*)

**indices** [ˈɪndɪsiːz] NPL *of* **index**

**indict** [ɪnˈdaɪt] VT **1** (*esp US*) (= *charge*) acusar; **to ~ sb for murder** acusar a algn de homicidio
**2** (*fig*) condenar, criticar duramente

**indictable** [ɪnˈdaɪtəbl] ADJ **~ offence** delito *m* procesable

**indictment** [ɪnˈdaɪtmənt] N **1** (= *charge, document*) acusación *f*; (= *act*) procesamiento *m*; **to bring an ~ against sb** formular cargos contra algn
**2** (*fig*) condenación *f*, crítica *f*; **the report is an ~ of our system** (*fig*) el informe critica duramente nuestro sistema

**indie*** [ˈɪndɪ] ADJ (*Brit Mus*) [*music, band*] independiente

**Indies** [ˈɪndɪz] NPL *see* **East D**, **West D**

**indifference** [ɪnˈdɪfrəns] N indiferencia *f* (**to** ante); **it is a matter of total ~ to me** no me importa en lo más mínimo, me es totalmente indiferente

**indifferent** [ɪnˈdɪfrənt] ADJ **1** (= *uninterested*) indiferente; **she seemed ~ to what was happening** parecía que lo que ocurría le resultaba indiferente
**2** (= *unsympathetic*) indiferente; **I could not remain ~ to their suffering** no podía permanecer indiferente a su sufrimiento
**3** (*pej*) (= *mediocre*) mediocre, regular; **a glass of ~ wine** un vaso de un vino mediocre *or* regular; **the book has had ~ reviews** las críticas del libro lo dejan regular
**4** (= *of no importance*) **it is ~ to me** me es igual *or* indiferente

**indifferently** [ɪnˈdɪfrəntlɪ] ADV **1** (= *uninterestedly*) con indiferencia
**2** (= *unsympathetically*) con indiferencia; **to treat sb ~** tratar a algn con indiferencia
**3** (= *in a mediocre way*) regularmente; **she performed ~** su actuación fue regular nada más
**4** (= *without preference*) indistintamente

**indigence** [ˈɪndɪdʒəns] N indigencia *f*

**indigenous** [ɪnˈdɪdʒɪnəs] ADJ [*people, population*] indígena, autóctono; **the elephant is ~ to India** el elefante es autóctono de India

**indigent** [ˈɪndɪdʒənt] ADJ indigente

**indigestible** [ˌɪndɪˈdʒestəbl] ADJ **1** (= *difficult to digest*) indigesto; (= *impossible to digest*) no digerible
**2** (*fig*) [*book*] árido, difícil de leer; [*information, style, writing*] difícil de digerir

**indigestion** [ˌɪndɪˈdʒestʃən] Ⓐ N indigestión *f*; **it's nothing serious, just ~** no es nada serio, sólo indigestión; **lentils give me ~** las lentejas me resultan indigestas
Ⓑ CPD ► **indigestion tablet** N pastilla *f* para la indigestión

**indignant** [ɪnˈdɪgnənt] ADJ [*person, mood, tone*] indignado; **she wrote an ~ letter to the local newspaper** escribió una carta en tono indignado al periódico local, escribió una carta al periódico local expresando su indignación; **to be ~ at/about sth** estar indignado ante/por algo; **he is ~ at the suggestion that …** está indignado ante la sugerencia de que …; **to become** *or* **get** *or* **grow ~** indignarse; **why is he looking so ~?** ¿por qué tiene esa cara de indignación?

**indignantly** [ɪnˈdɪgnəntlɪ] ADV [*say, deny*] con indignación; **"that is not true," she said ~** —eso no es verdad —dijo indignada *or* con indignación

**indignation** [ˌɪndɪgˈneɪʃən] N indignación *f*; **we expressed our ~ at the demands** expresamos *or* mostramos nuestra indignación ante las demandas

**indignity** [ɪnˈdɪgnɪtɪ] N indignidad *f*, humillación *f*; **to suffer the ~ of losing** sufrir la indignidad *or* humillación de perder

**indigo** [ˈɪndɪgəʊ] Ⓐ N (*pl* **indigos** *or* **indigoes**) (= *colour*) añil *m*, índigo *m*
Ⓑ ADJ añil *inv*, índigo *inv*
Ⓒ CPD ► **indigo blue** N azul *m* añil *or* índigo

**indirect** [ˌɪndɪˈrekt] Ⓐ ADJ [*route, criticism, result, costs*] indirecto; **in an ~ way** de una forma indirecta
Ⓑ CPD ► **indirect lighting** N iluminación *f* indirecta ► **indirect object** N (*Gram*) objeto *m or* complemento *m* indirecto ► **indirect question** N (*Gram*) oración *f* interrogativa indirecta ► **indirect speech** N (*Gram*) estilo *m* indirecto ► **indirect tax** N impuesto *m* indirecto

**indirectly** [ˌɪndɪˈrektlɪ] ADV [*cause, refer to*] indirectamente; [*answer*] con evasivas, evasivamente; **to be ~ responsible for sth** ser el responsable indirecto de algo

**indirectness** [ˌɪndɪˈrektnɪs] N carácter *m* indirecto; **the ~ of his reply made it difficult to …** su respuesta era tan evasiva *or* velada que era difícil …

**indiscernible** [ˌɪndɪˈsɜːnəbl] ADJ imperceptible

**indiscipline** [ɪnˈdɪsɪplɪn] N indisciplina *f*

**indiscreet** [ˌɪndɪsˈkriːt] ADJ [*person, remark, behaviour*] indiscreto; **to be ~ about sth** ser indiscreto respecto a algo; **it was ~ of her to mention it** fue muy indiscreta *or* cometió una indiscreción mencionándolo

**indiscreetly** [ˌɪndɪsˈkriːtlɪ] ADV indiscretamente

**indiscreetness** [ˌɪndɪsˈkriːtnɪs] N indiscreción *f*, falta *f* de discreción

**indiscretion** [ˌɪndɪsˈkreʃən] N **1** (= *lack of discretion*) indiscreción *f*, falta *f* de discreción
**2** (= *indiscreet act, remark*) indiscreción *f*

**indiscriminate** [ˌɪndɪsˈkrɪmɪnɪt] ADJ **1** (= *random*) [*bombing, killing, violence*] indiscriminado
**2** (= *undiscerning*) [*person*] falto de discernimiento; [*admirer*] ciego; **~ use of pesticides** el uso indiscriminado de pesticidas

**indiscriminately** [ˌɪndɪsˈkrɪmɪnɪtlɪ] ADV **1** (= *randomly*) [*distribute, vary*] indistintamente, sin distinción; [*bomb, fire, kill*] indiscriminadamente
**2** (= *without discernment*) [*use, view, read*] sin discernimiento, de forma indiscriminada; [*admire*] ciegamente

**indispensable** [ˌɪndɪsˈpensəbl] ADJ imprescindible, indispensable; **to be ~ for sth** ser imprescindible *or* indispensable para algo; **to be ~ to sth/sb** ser indispensable para algo/algn

**indisposed** [ˌɪndɪsˈpəʊzd] ADJ (= *ill*) indispuesto; (= *disinclined*) poco dispuesto (**to do sth** a hacer algo)

**indisposition** [ˌɪndɪspəˈzɪʃən] N indisposición *f*

**indisputable** [ˌɪndɪsˈpjuːtəbl] ADJ [*evidence*] irrefutable; [*fact*] incuestionable; [*winner*] indiscutible

**indisputably** [ˌɪndɪsˈpjuːtəblɪ] ADV indiscutiblemente; **it is ~ the best** es el mejor indiscutiblemente *or* sin ningún género de dudas; **oh, ~** claro que sí

**indissoluble** [ˌɪndɪˈsɒljʊbl] ADJ indisoluble

**indissolubly** [ˌɪndɪˈsɒljʊblɪ] ADV indisolublemente; **to be ~ linked (with sth)** estar indisolublemente ligado (a algo)

**indistinct** [ˌɪndɪsˈtɪŋkt] ADJ **1** (= *muted*) [*voice, noise*] indistinto; **her words were ~** no se le entendían las palabras
**2** (= *blurred*) [*figure, shape, outline*] poco definido, borroso; **the boundaries between the work of the two departments were becoming increasingly ~** los límites entre ambos departamentos estaba cada vez menos definidos *or* más borrosos

**indistinctly** [ˌɪndɪsˈtɪŋktlɪ] ADV (= *without distinction*) indistintamente, sin distinción; [*hear*] con poca claridad; [*see*] con poca claridad, borrosamente

**indistinguishable** [ˌɪndɪsˈtɪŋgwɪʃəbl] ADJ **1** (= *impossible to differentiate*) indistinguible (**from** de); **the two drawings are ~** los dos dibujos son indistinguibles *or* imposibles de distinguir, es imposible distinguir un dibujo del otro
**2** (= *indiscernible*) [*sound*] indistinguible; **his accent is ~** no se le nota nada de acento

**indistinguishably** [ˌɪndɪsˈtɪŋgwɪʃəblɪ] ADV sin distinción posible

**indite** [ɪnˈdaɪt] VT (*liter*) [+ *letter*] endilgar

**individual** [ˌɪndɪˈvɪdjʊəl] Ⓐ ADJ **1** (= *separate*) individual; **we are not able to comment on ~ cases** no podemos hacer comentarios sobre casos individuales; **we look after the wel-**

➤ LANGUAGE IN USE: indication 1 15.2

**fare of ~ members** nos cuidamos del bienestar de cada miembro individualmente
2 (= *for one*) particular, propio; **each room has its ~ telephone** cada cuarto tiene su teléfono propio
3 (= *personal*) [*tastes*] personal; **the constitution respects ~ rights** la constitución respeta los derechos del individuo; **the programme is tailored to your ~ needs** el programa se adapta a sus necesidades particulares
4 (= *distinctive*) **he has a very ~ style** tiene un estilo muy personal *or* original
Ⓑ N individuo *m*; **how could a single ~ have achieved all this?** ¿cómo podía haber conseguido todo esto un individuo por sí solo?; **he's a thoroughly nasty ~*** es un individuo sumamente desagradable

**individualism** [ˌɪndɪˈvɪdjʊəlɪzəm] N individualismo *m*

**individualist** [ˌɪndɪˈvɪdjʊəlɪst] N individualista *mf*

**individualistic** [ˈɪndɪˌvɪdjʊəˈlɪstɪk] ADJ individualista

**individuality** [ˌɪndɪˌvɪdjʊˈælɪtɪ] N (= *personality*) individualidad *f*; (= *separateness*) particularidad *f*

**individualize** [ˌɪndɪˈvɪdjʊəlaɪz] VT individuar, individualizar

**individually** [ˌɪndɪˈvɪdjʊəlɪ] ADV 1 (= *separately*) por separado; **they're all right ~, but not together** (*of people*) por separado son simpáticos, pero no cuando están juntos; **we do not sell the volumes ~** no vendemos los tomos sueltos *or* por separado
2 (= *for each individual*) **meals are ~ prepared** las comidas se preparan especialmente para cada individuo; **an ~ designed exercise programme** un programa de ejercicios diseñado según las necesidades de cada individuo

**indivisibility** [ˌɪndɪˌvɪzəˈbɪlətɪ] N indivisibilidad *f*

**indivisible** [ˌɪndɪˈvɪzəbl] ADJ [*number*] indivisible

**indivisibly** [ˌɪndɪˈvɪzəblɪ] ADV indivisiblemente; **to be ~ linked to sth** estar indisolublemente ligado a algo

**Indo-** [ˈɪndəʊ] PREFIX indo-

**Indo-China** [ˈɪndəʊˈtʃaɪnə] N Indochina *f*

**indoctrinate** [ɪnˈdɒktrɪneɪt] VT adoctrinar (**with, in** en); **they have been totally ~d by this cult** están totalmente adoctrinados por esta secta

**indoctrination** [ɪnˌdɒktrɪˈneɪʃən] N adoctrinamiento *m*

**Indo-European** [ˈɪndəʊˌjʊərəˈpiːən] Ⓐ ADJ indoeuropeo
Ⓑ N 1 indoeuropeo/a *m/f*
2 (*Ling*) indoeuropeo *m*

**indolence** [ˈɪndələns] N indolencia *f*

**indolent** [ˈɪndələnt] ADJ indolente

**indolently** [ˈɪndələntlɪ] ADV indolentemente

**indomitable** [ɪnˈdɒmɪtəbl] ADJ indómito, indomable

**indomitably** [ɪnˈdɒmɪtəblɪ] ADV indómitamente, indomablemente

**Indonesia** [ˌɪndəʊˈniːzɪə] N Indonesia *f*

**Indonesian** [ˌɪndəʊˈniːzɪən] Ⓐ ADJ indonesio
Ⓑ N 1 indonesio/a *m/f*
2 (*Ling*) indonesio *m*

**indoor** [ˈɪndɔːʳ] Ⓐ ADJ [*shoes*] para estar por casa; [*plant*] de interior; [*stadium, pool*] cubierto; [*photography*] de interiores; **the house had no electric light or ~ plumbing** la casa no tenía luz eléctrica ni instalación de agua en el interior
Ⓑ CPD ► **indoor aerial** N antena *f* interior ► **indoor athletics** N atletismo *m* en sala *or* en pista cubierta ► **indoor football** N fútbol *m* (en) sala ► **indoor games** NPL juegos *mpl* de salón

**indoors** [ɪnˈdɔːz] ADV [*be*] dentro; **I like the outside but what's it like ~?** me gusta por fuera, pero ¿cómo es por dentro?; **to go ~** (= *home*) entrar (en la casa); **we had to stay ~ because of the rain** tuvimos que quedarnos dentro a causa de la lluvia; **Her Indoors*** (*hum*) mi media naranja*, la parienta (*Sp**)

**indrawn** [ˌɪnˈdrɔːn] ADJ **we watched with ~ breath** mirábamos casi sin respirar

**indubitable** [ɪnˈdjuːbɪtəbl] ADJ (*frm*) indudable

**indubitably** [ɪnˈdjuːbɪtəblɪ] ADV (*frm*) indudablemente, sin duda

**induce** [ɪnˈdjuːs] VT 1 (= *persuade*) inducir, persuadir; **to ~ sb to do sth** inducir *or* persuadir a algn a hacer algo; **nothing would ~ me to go** nada me induciría a ir, nada podría hacerme ir; **what on earth ~d him to do it?** ¿qué diablos lo indujo *or* lo llevó a hacerlo?
2 (= *cause*) [+ *sleep*] producir, inducir
3 (*Med*) [+ *birth*] inducir; **I was ~d** me tuvieron que provocar el parto
4 (*Elec*) inducir

**inducement** [ɪnˈdjuːsmənt] N 1 (= *incentive*) incentivo *m*, aliciente *m*; **to hold out sth to sb as an ~** ofrecer algo a algn como aliciente; **it's no ~ to work harder** no supone ningún incentivo *or* aliciente para trabajar más
2 (*Med*) [*of birth*] inducción *f*

**induct** [ɪnˈdʌkt] VT (*Rel*) instalar; [+ *new member*] iniciar (**into** en); (*US Mil*) reclutar, quintar (*Sp*)

**induction** [ɪnˈdʌkʃən] Ⓐ N (*Rel*) instalación *f*; [*of new member, worker*] iniciación *f* (**into** en); (*US Mil*) reclutamiento *m*, quinta *f* (*Sp*); (*Med, Philos*) inducción *f*
Ⓑ CPD ► **induction coil** N carrete *m* de inducción ► **induction course** N curso *m or* cursillo *m* introductorio

**inductive** [ɪnˈdʌktɪv] ADJ [*reasoning*] inductivo

**indulge** [ɪnˈdʌldʒ] Ⓐ VT (= *give in to*) [+ *desire, appetite*] satisfacer; [+ *whim*] consentir; [+ *person*] complacer; (= *spoil*) [+ *child*] mimar, consentir; **to ~ o.s.** darse un gusto; **go on, ~ yourself!** venga, ¡date ese gustazo *or* capricho!*
Ⓑ VI **to ~ in** permitirse; **everyone ~s in fattening foods once in a while** todo el mundo se permite comer cosas que engordan de vez en cuando; **he is indulging in fantasy/speculation** se está dejando llevar por la fantasía/especulación

**indulgence** [ɪnˈdʌldʒəns] N 1 (= *gratification*) [*of desire, appetite*] satisfacción *f*
2 (= *spoiling*) complacencia *f*; *see also* **self-indulgence**
3 (= *tolerance*) indulgencia *f*; **she was treated with great ~ as a child** cuando era niña la trataban con mucha indulgencia *or* estaba muy consentida
4 (= *luxury item*) lujo *m*; **I do allow myself the occasional ~** me permito un lujo de vez en cuando
5 (= *bad habit*) vicio *m*
6 (*Rel*) indulgencia *f*

**indulgent** [ɪnˈdʌldʒənt] ADJ indulgente; **he took an ~ attitude toward their pranks** adoptó una actitud indulgente para con sus travesuras; **to be ~ to** *or* **toward** *or* **with sb** consentir a algn, ser indulgente con algn

**indulgently** [ɪnˈdʌldʒəntlɪ] ADV indulgentemente

**Indus** [ˈɪndəs] N **the ~** el Indo

**industrial** [ɪnˈdʌstrɪəl] Ⓐ ADJ industrial
Ⓑ CPD ► **industrial accident** N accidente *m* laboral *or* de trabajo ► **industrial action** N (*Brit*) medidas *fpl* de presión *or* protesta laboral; **to take ~ action** tomar medidas de presión *or* protesta laboral ► **industrial alcohol** N alcohol *m* de uso industrial ► **industrial archaeology** N arqueología *f* industrial ► **industrial diamond** N diamante *m* natural *or* industrial ► **industrial disease** N enfermedad *f* laboral ► **industrial dispute** N (*Brit*) conflicto *m* laboral ► **industrial engineering** N ingeniería *f* industrial ► **industrial espionage** N espionaje *m* industrial ► **industrial estate** N (*Brit*) zona *f or* (*Sp*) polígono *m* industrial ► **industrial goods** NPL bienes *mpl* de producción ► **industrial injury** N lesión *f* por accidente laboral ► **industrial park** N (*US*) zona *f or* (*Sp*) polígono *m* industrial ► **industrial relations** NPL relaciones *fpl* laborales; **~ relations legislation** legislación *f* laboral ► **Industrial Revolution** N Revolución *f* Industrial ► **industrial tribunal** N magistratura *f* de trabajo, tribunal *m* laboral ► **industrial unrest** N agitación *f* obrera, conflictos *mpl* laborales ► **industrial waste** N residuos *mpl* industriales

**industrialism** [ɪnˈdʌstrɪəlɪzəm] N industrialismo *m*

**industrialist** [ɪnˈdʌstrɪəlɪst] N industrial *mf*

**industrialization** [ɪnˌdʌstrɪəlɪˈzeɪʃən] N industrialización *f*

**industrialize** [ɪnˈdʌstrɪəlaɪz] Ⓐ VT [+ *area, region*] industrializar
Ⓑ VI industrializarse

**industrially** [ɪnˈdʌstrɪəlɪ] ADV industrialmente; **the parts are produced ~** las piezas se producen industrialmente, las piezas se fabrican mediante un procedimiento industrial; **~, the country has advanced enormously** en el aspecto industrial *or* en el terreno industrial *or* desde el punto de vista industrial, el país ha avanzado enormemente

**industrial-strength** [ɪnˈdʌstrɪəlˈstreŋθ] ADJ 1 [*product*] muy resistente
2 (* *hum*) (= *strong*) [*wine*] peleón*

**industrious** [ɪnˈdʌstrɪəs] ADJ (= *hardworking*) trabajador, laborioso; (= *studious*) aplicado, diligente

**industriously** [ɪnˈdʌstrɪəslɪ] ADV [*work*] laboriosamente; [*study*] con aplicación

**industriousness** [ɪnˈdʌstrɪəsnɪs] N [*of worker*] laboriosidad *f*; [*of student*] aplicación *f*, diligencia *f*

**industry** [ˈɪndəstrɪ] N 1 industria *f*; **the steel/coal/textile ~** la industria siderúrgica/minera/textil; **the banking/insurance/hotel ~** el sector bancario/de seguros/hotelero; **the tourist ~** el turismo; **a career in ~** una carrera en el sector empresarial; *see also* **heavy D**
2 (= *industriousness*) laboriosidad *f*, aplicación *f*

**inebriate** (*frm*) Ⓐ [ɪˈniːbrɪɪt] N borracho/a *m/f*
Ⓑ [ɪˈniːbrɪeɪt] VT embriagar, emborrachar
Ⓒ [ɪˈniːbrɪɪt] ADJ = **inebriated**

**inebriated** [ɪˈniːbrɪeɪtɪd] ADJ (*frm*) ebrio

**inebriation** [ɪˌniːbrɪˈeɪʃən] N (*frm*) embriaguez *f*

**inedible** [ɪnˈedɪbl] ADJ (= *unpleasant*) incomible; (= *poisonous*) no comestible

**ineducable** [ɪnˈedjʊkəbl] ADJ ineducable

**ineffable** [ɪnˈefəbl] ADJ (*liter*) inefable

**ineffably** [ɪnˈefəblɪ] ADV (*liter*) **her face was ~**

**well-bred** su cara era de una distinción indescriptible *or* (*liter*) inefable

**ineffaceable** [ˌɪnɪˈfeɪsəbl] ADJ imborrable

**ineffective** [ˌɪnɪˈfektɪv] ADJ [*measure, policy, drug*] ineficaz; [*person, committee*] incompetente, ineficaz; [*effort, attempt*] infructuoso; **the plan proved wholly ~** el proyecto no surtió ningún efecto *or* no dio ningún resultado; **to be ~ in doing sth** [*law, measure, drug*] ser *or* resultar ineficaz a la hora de hacer algo; [*person, committee*] ser incompetente *or* carecer de eficacia a la hora de hacer algo

**ineffectively** [ˌɪnɪˈfektɪvlɪ] ADV **1** (= *ineffectually*) infructuosamente, inútilmente
**2** (= *badly*) [*govern, rule*] ineficazmente, de modo incompetente

**ineffectiveness** [ˌɪnɪˈfektɪvnɪs] N [*of measure, policy, drug*] ineficacia *f*; [*of person, committee*] incompetencia *f*, ineficacia *f*; [*of effort, attempt*] infructuosidad *f*

**ineffectual** [ˌɪnɪˈfektjʊəl] ADJ inútil

**ineffectually** [ˌɪnɪˈfektjʊəlɪ] ADV inútilmente; **"I couldn't help it," she said ~** —no lo pude evitar —dijo inútilmente

**inefficacious** [ˌɪnefɪˈkeɪʃəs] ADJ (*frm*) ineficaz

**inefficacy** [ɪnˈefɪkəsɪ] N (*frm*) ineficacia *f*

**inefficiency** [ˌɪnɪˈfɪʃənsɪ] N [*of method*] ineficiencia *f*; [*of person*] incompetencia *f*

**inefficient** [ˌɪnɪˈfɪʃənt] ADJ [*method*] ineficiente; [*person*] incompetente; [*factory, mine, industry*] poco productivo

**inefficiently** [ˌɪnɪˈfɪʃəntlɪ] ADV de forma ineficaz; **the company is ~ run** la compañía está llevada de forma ineficaz

**inelastic** [ˌɪnɪˈlæstɪk] ADJ [*demand, supply*] inelástico; (*fig*) rígido, poco flexible

**inelegant** [ɪnˈelɪgənt] ADJ poco elegante, inelegante

**inelegantly** [ɪnˈelɪgəntlɪ] ADV de manera poco elegante

**ineligible** [ɪnˈelɪdʒəbl] ADJ inelegible; (*for military service*) no apto; **to be ~ for sth** (*for candidacy, competition*) ser inelegible para algo; (*for benefit*) no tener derecho a algo; **I was ~ for unemployment benefit** no tenía derecho a cobrar el paro; **to be ~ to vote** no tener derecho al voto

**ineluctable** [ˌɪnɪˈlʌktəbl] ADJ (*frm*) ineluctable, ineludible

**inept** [ɪˈnept] ADJ **1** (= *unskilful*) [*person*] inepto, incapaz; [*performance*] malo; **their ~ handling of the case** la forma inepta en que llevaron el caso
**2** (= *unsuitable*) [*policy*] inadecuado

**ineptitude** [ɪˈneptɪtjuːd], **ineptness** [ɪˈneptnɪs] N [*of person*] ineptitud *f*, incapacidad *f*; [*of policies*] lo inadecuado

**inequality** [ˌɪnɪˈkwɒlɪtɪ] N desigualdad *f*; **~ of wealth/between nations** la desigualdad en el reparto de la riqueza/entre naciones

**inequitable** [ɪnˈekwɪtəbl] ADJ no equitativo

**inequity** [ɪnˈekwɪtɪ] N injusticia *f*

**ineradicable** [ˌɪnɪˈrædɪkəbl] ADJ [*prejudice, hatred*] imposible de erradicar; [*differences*] insalvables

**inert** [ɪˈnɜːt] ADJ (= *inanimate*) [*substance, gas*] inerte; (= *motionless*) inerte, inmóvil; **he lay ~ on the floor** estaba inerte *or* inmóvil en el suelo

**inertia** [ɪˈnɜːʃə] N **1** [*of person*] inercia *f*, apatía *f*
**2** (*Chem, Phys*) inercia *f*; *see also* **moment 2**

**inertia-reel** [ɪˈnɜːʃəˌriːl] ADJ **~ seat-belt** cinturón *m* de seguridad retráctil

**inescapable** [ˌɪnɪsˈkeɪpəbl] ADJ [*duty*] ineludible; [*result*] inevitable; [*fact, reality*] que no se puede ignorar; **I have come to the ~ conclusion that …** he llegado a la inevitable conclusión de que …

**inescapably** [ˌɪnɪsˈkeɪpəblɪ] ADV ineludiblemente, incuestionablemente

**inessential** [ˈɪnɪˈsenʃəl] Ⓐ ADJ no esencial
Ⓑ N cosa *f* no esencial

**inestimable** [ɪnˈestɪməbl] ADJ [*value, benefit*] inapreciable, inestimable; [*harm*] incalculable

**inevitability** [ɪnˌevɪtəˈbɪlɪtɪ] N inevitabilidad *f*

**inevitable** [ɪnˈevɪtəbl] Ⓐ ADJ inevitable; **it was ~ that he would refuse** era inevitable que se negara; **this raised the ~ question of money** esto suscitó la inevitable cuestión del dinero
Ⓑ N **the ~** lo inevitable

**inevitably** [ɪnˈevɪtəblɪ] ADV inevitablemente, forzosamente; **as ~ happens …** como siempre ocurre …

**inexact** [ˌɪnɪgˈzækt] ADJ inexacto

**inexactitude** [ˌɪnɪgˈzæktɪtjuːd] N inexactitud *f*

**inexactly** [ˌɪnɪgˈzæktlɪ] ADV de modo inexacto

**inexcusable** [ˌɪnɪksˈkjuːzəbl] ADJ [*behaviour, conduct*] imperdonable, inexcusable

**inexcusably** [ˌɪnɪksˈkjuːzəblɪ] ADV [*behave*] de modo inexcusable, de modo imperdonable; **she had been ~ careless** había cometido un descuido inexcusable *or* imperdonable

**inexhaustible** [ˌɪnɪgˈzɔːstəbl] ADJ [*supply*] inagotable; **she has ~ energy** tiene una energía inagotable

**inexorable** [ɪnˈeksərəbl] ADJ inexorable, implacable

**inexorably** [ɪnˈeksərəblɪ] ADV inexorablemente, implacablemente

**inexpedient** [ˌɪnɪksˈpiːdɪənt] ADJ inoportuno, inconveniente, imprudente

**inexpensive** [ˌɪnɪksˈpensɪv] ADJ económico

**inexpensively** [ˌɪnɪksˈpensɪvlɪ] ADV económicamente; **they are ~ priced** tienen un precio razonable

**inexperience** [ˌɪnɪksˈpɪərɪəns] N inexperiencia *f*, falta *f* de experiencia

**inexperienced** [ˌɪnɪksˈpɪərɪənst] ADJ [*player, team*] inexperto; [*staff*] sin experiencia; [*pilot, driver*] sin experiencia, inexperto; **to be ~ in** *or* **at sth/doing sth** no tener experiencia en algo/hacer algo

**inexpert** [ɪnˈekspɜːt] ADJ inexperto, poco hábil

**inexpertly** [ɪnˈekspɜːtlɪ] ADV con poca habilidad *or* pericia

**inexplicable** [ˌɪnɪksˈplɪkəbl] ADJ [*behaviour, event, delay*] inexplicable

**inexplicably** [ˌɪnɪksˈplɪkəblɪ] ADV inexplicablemente; **I was ~ moved** inexplicablemente, estaba conmovido

**inexpressible** [ˌɪnɪksˈpresəbl] ADJ [*feelings, thoughts*] inexpresable; [*joy, beauty, sorrow*] inefable, indescriptible

**inexpressive** [ˌɪnɪksˈpresɪv] ADJ [*style, person, look, face*] inexpresivo

**inextinguishable** [ˌɪnɪksˈtɪŋgwɪʃəbl] ADJ inextinguible, inapagable

**in extremis** [ɪnɪksˈtriːmɪs] ADV (*frm*) in extremis

**inextricable** [ˌɪnɪksˈtrɪkəbl] ADJ inextricable, inseparable

**inextricably** [ˌɪnɪksˈtrɪkəblɪ] ADV inextricablemente; **our future is now ~ linked with Europe** nuestro futuro está ahora inextricablemente vinculado a Europa

**infallibility** [ɪnˌfæləˈbɪlɪtɪ] N infalibilidad *f*; **Papal ~** la infalibilidad del Papa

**infallible** [ɪnˈfæləbl] ADJ (= *unfailing*) [*remedy, method, punctuality*] infalible; **she has the ~ knack of saying the wrong thing at the wrong time** no falla, siempre mete la pata en el momento más inoportuno*

**infallibly** [ɪnˈfæləblɪ] ADV (= *unfailingly*) infaliblemente; (= *predictably*) indefectiblemente

**infamous** [ˈɪnfəməs] ADJ [*person*] infame, de mala fama; [*conduct, crime, speech*] infame; **to be ~ for sth** ser infame por algo

**infamy** [ˈɪnfəmɪ] N infamia *f*

**infancy** [ˈɪnfənsɪ] N **1** (= *childhood*) infancia *f*, niñez *f*; (*Jur*) minoría *f* de edad; **from ~** desde niño, desde muy pequeño
**2** (*fig*) (= *early stage*) infancia *f*; **the project is still in its ~** el proyecto está todavía en mantillas

**infant** [ˈɪnfənt] Ⓐ N niño/a *m/f*; (*Jur*) menor *mf* de edad; **the ~ Jesus** el niño Jesús
Ⓑ CPD ► **infant class** N clase *f* de párvulos ► **infant mortality** N mortandad *f or* mortalidad *f* infantil ► **infant school** N (*Brit*) *centro de educación primaria (primer ciclo)*

**infanta** [ɪnˈfæntə] N infanta *f*

**infante** [ɪnˈfæntɪ] N infante *m*

**infanticide** [ɪnˈfæntɪsaɪd] N **1** (= *act*) infanticidio *m*
**2** (= *person*) infanticida *mf*

**infantile** [ˈɪnfəntaɪl] Ⓐ ADJ infantil (*also Med*); **don't be so ~!** ¡no seas niño!
Ⓑ CPD ► **infantile paralysis** N parálisis *f inv* infantil

**infantilism** [ɪnˈfæntɪˌlɪzəm] N infantilismo *m*

**infantilize** [ɪnˈfæntɪlaɪz] VT infantilizar

**infantry** [ˈɪnfəntrɪ] N infantería *f*

**infantryman** [ˈɪnfəntrɪmən] N (*pl* **infantrymen**) soldado *m* de infantería; (*Hist*) infante *m*

**infatuated** [ɪnˈfætjʊeɪtɪd] ADJ **to be ~ with sb** estar encaprichado con *or* de algn, estar chiflado por algn*; **to become ~ with sb** encapricharse con *or* de algn; **he was ~ with the idea that …** se había encaprichado con la idea de …

**infatuation** [ɪnˌfætjʊˈeɪʃən] N encaprichamiento *m*

**infect** [ɪnˈfekt] VT [+ *wound, foot*] infectar; [+ *person*] contagiar; [+ *food*] contaminar; **to ~ sb with sth** contagiar algo a algn; **don't ~ us all with your cold!** ¡no nos contagies tu resfriado a todos!, ¡no nos pegues tu resfriado a todos!*; **he's ~ed everybody with his enthusiasm** contagió su entusiasmo a todos; **scientists ~ed mice with the disease** los científicos inocularon la enfermedad a *or* en ratones

**infected** [ɪnˈfektɪd] ADJ [*wound, foot, blood, needle*] infectado; [*person*] contagiado, infectado; **to be ~** estar infectado; **to become** *or* **get ~** [*wound, eye*] infectarse

**infection** [ɪnˈfekʃən] N **1** (= *illness*) infección *f*; **she has a slight ~** tiene una pequeña infección
**2** (= *process*) contagio *m*; **the risk of ~** el riesgo de contagio

**infectious** [ɪnˈfekʃəs] Ⓐ ADJ **1** (*Med*) [*disease*] infeccioso, contagioso; **he is no longer ~** ya le ha pasado el periodo del contagio
**2** (*fig*) [*person, laugh, enthusiasm, rhythm*] contagioso
Ⓑ CPD ► **infectious hepatitis** N hepatitis *f* infecciosa

**infectiousness** [ɪnˈfekʃəsnɪs] N **1** (*Med*) lo contagioso, contagiosidad *f*
**2** (*fig*) [*of enthusiasm*] lo contagioso

**infective** [ɪn'fektɪv] ADJ [*disease, agent*] infeccioso

**infelicitous** [,ɪnfɪ'lɪsɪtəs] ADJ (*frm*) poco feliz, inoportuno

**infelicity** [,ɪnfɪ'lɪsɪtɪ] N (*frm*) inoportunidad *f*

**infer** [ɪn'fɜːʳ] VT 1 (= *deduce*) inferir, deducir (**from** de)
2 (*) (= *imply*) insinuar; **what are you ~ring?** ¿qué estás insinuando?

**inference** ['ɪnfərəns] N deducción *f*, inferencia *f*; **by ~** por deducción; **to draw ~s** sacar conclusiones; **to draw an ~ from sth** hacer una deducción de algo

**inferential** [,ɪnfə'renʃəl] ADJ ilativo, deductivo

**inferentially** [,ɪnfə'renʃəlɪ] ADV por inferencia, por deducción

**inferior** [ɪn'fɪərɪəʳ] Ⓐ ADJ 1 (*in quality, rank*) [*person, status, position*] inferior; [*product, work, service*] de calidad inferior; **to feel ~** sentirse inferior; **of ~ quality** de calidad inferior; **to be ~ to sth/sb** ser inferior a algo/algn
2 (*Anat, Bot*) (= *lower*) inferior
Ⓑ N 1 (= *inferior person*) inferior *mf*
2 (= *person lower in rank*) inferior *mf*, subalterno/a *m/f*

**inferiority** [ɪn,fɪərɪ'ɒrɪtɪ] Ⓐ N inferioridad *f*; **~ to sth/sb** inferioridad *f* frente a *or* con respecto a algo/algn
Ⓑ CPD ► **inferiority complex** N (*Psych*) complejo *m* de inferioridad

**infernal** [ɪn'fɜːnl] ADJ infernal; (*fig*) infernal, del demonio*; **stop that ~ racket!** ¡deja de hacer ese ruido infernal!, ¡deja de hacer ese ruido del demonio!*

**infernally** [ɪn'fɜːnəlɪ] ADV **it's ~ awkward** es terriblemente difícil

**inferno** [ɪn'fɜːnəʊ] N (= *hell*) infierno *m*; (= *fire*) hoguera *f*; **in a few minutes the house was a blazing ~** en pocos minutos la casa era una hoguera; **it's like an ~ in there** allí dentro hace un calor insoportable

**infertile** [ɪn'fɜːtaɪl] ADJ [*land, soil*] yermo, infecundo; [*person, animal*] estéril

**infertility** [,ɪnfɜː'tɪlɪtɪ] N [*of land, soil*] infecundidad *f*; [*of person, animal*] esterilidad *f*

**infest** [ɪn'fest] VT infestar; **to be ~ed with sth** estar infestado *or* plagado de algo

**infestation** [,ɪnfes'teɪʃən] N infestación *f*, plaga *f*

**infidel** ['ɪnfɪdəl] Ⓐ ADJ infiel, descreído
Ⓑ N infiel *mf*, descreído/a *m/f*; **the Infidel** los descreídos, la gente descreída

**infidelity** [,ɪnfɪ'delɪtɪ] N (*to partner*) infidelidad *f* (**to** a); (*to principle, cause*) deslealtad *f* (**to** para con)

**infighting*** ['ɪnfaɪtɪŋ] N (*in organization*) lucha *f* interna; (*Boxing*) lucha *f* cuerpo a cuerpo; **political ~** peleas *fpl* políticas

**infill** ['ɪnfɪl] N (*Constr, Geol*) relleno *m*

**infiltrate** ['ɪnfɪltreɪt] Ⓐ VT [+ *organization*] infiltrarse en, infiltrar; **to ~ sb into sth** infiltrar a algn en algo
Ⓑ VI infiltrarse

**infiltration** [,ɪnfɪl'treɪʃən] N (*gen*) infiltración *f*

**infiltrator** ['ɪnfɪltreɪtəʳ] N infiltrado/a *m/f*

**infinite** ['ɪnfɪnɪt] Ⓐ ADJ infinito; **he took ~ pains over it** lo hizo con el mayor esmero; **an ~ amount of time/money** una infinidad de tiempo/dinero; **in their ~ wisdom they decided to demolish the building** en su infinita sabiduría, decidieron demoler el edificio
Ⓑ N **the ~** el infinito

**infinitely** ['ɪnfɪnɪtlɪ] ADV infinitamente; **this is ~ harder** esto es muchísimo más difícil, esto es mil veces más difícil

➤ LANGUAGE IN USE: **inform** A 21.1

**infiniteness** ['ɪnfɪnɪtnɪs] N infinidad *f*

**infinitesimal** [,ɪnfɪnɪ'tesɪməl] ADJ infinitesimal

**infinitive** [ɪn'fɪnɪtɪv] Ⓐ ADJ (*Ling*) infinitivo
Ⓑ N infinitivo *m*

**infinitude** [ɪn'fɪnɪtjuːd] N infinitud *f*

**infinity** [ɪn'fɪnɪtɪ] N (*gen*) infinidad *f*; (*Math*) infinito *m*; **an ~ of** una infinidad de, un sinfín de

**infirm** [ɪn'fɜːm] ADJ [*person*] (= *weak*) débil, endeble; (= *sickly*) enfermizo; (= *ill*) enfermo; **the old and ~** los ancianos y enfermos; **~ of purpose** irresoluto

**infirmary** [ɪn'fɜːmərɪ] N (= *hospital*) hospital *m*, clínica *f*; (*in school, prison, barracks*) enfermería *f*

**infirmity** [ɪn'fɜːmɪtɪ] N (= *state*) debilidad *f*; (= *illness*) enfermedad *f*, achaque *m*, dolencia *f*; (= *moral*) flaqueza *f*; **mental/physical ~** enfermedad *f* mental/física; **the infirmities of (old) age** los achaques de la vejez

**infix** ['ɪnfɪks] N infijo *m*

**in flagrante delicto** [ɪnflə'græntɪdɪ'lɪktəʊ] ADV en flagrante

**inflame** [ɪn'fleɪm] VT 1 (*Med*) [+ *wound*] inflamar; **to become ~d** inflamarse
2 (*fig*) [+ *person, feelings*] encender, inflamar; [+ *situation*] exacerbar; [+ *conflict*] avivar, exacerbar; **to be ~d with passion/anger/jealousy** estar inflamado de pasión/ira/celos

**inflammable** [ɪn'flæməbl] ADJ 1 [*liquid, substance, fabric*] inflamable; **"highly inflammable"** "muy inflamable"
2 (*fig*) [*situation*] explosivo

**inflammation** [,ɪnflə'meɪʃən] N (*Med*) [*of wound*] inflamación *f*

**inflammatory** [ɪn'flæmətərɪ] ADJ (*Med*) inflamatorio; [*speech*] incendiario

**inflatable** [ɪn'fleɪtəbl] ADJ [*boat*] inflable, hinchable (*Sp*)

**inflate** [ɪn'fleɪt] Ⓐ VT 1 [+ *tyre, balloon*] inflar, hinchar (*Sp*) (**with** de)
2 (*fig*) [+ *prices*] inflar; [+ *currency*] provocar la inflación de; [+ *report*] exagerar; **don't ~ his ego** no le alimentes el ego
Ⓑ VI [*balloon, tyre*] inflarse, hincharse (*Sp*)

**inflated** [ɪn'fleɪtɪd] ADJ 1 [*tyre, balloon*] inflado, hinchado (*Sp*); **~ with pride** (*fig*) henchido de orgullo, envanecido
2 (= *exaggerated*) [*price, salary*] inflado; [*report*] exagerado; [*language*] altisonante, rimbombante; **he has an ~ ego** se cree muy importante

**inflation** [ɪn'fleɪʃən] Ⓐ N (*Econ*) inflación *f*
Ⓑ CPD ► **inflation accounting** N contabilidad *f* de inflación

**inflationary** [ɪn'fleɪʃnərɪ] ADJ inflacionario, inflacionista; **~ pressures are very strong** las presiones inflacionarias *or* inflacionistas son muy fuertes

**inflationism** [ɪn'fleɪʃənɪzəm] N inflacionismo *m*

**inflationist** [ɪn'fleɪʃənɪst] Ⓐ ADJ inflacionario, inflacionista
Ⓑ N partidario/a *m/f* de la inflación

**inflation-proof** [ɪn'fleɪʃən,pruːf] ADJ resistente a la inflación

**inflect** [ɪn'flekt] VT 1 [+ *voice*] modular
2 (*Gram*) [+ *noun*] declinar; [+ *verb*] conjugar

**inflected** [ɪn'flektɪd] ADJ [*language*] flexivo

**inflection** [ɪn'flekʃən] N inflexión *f*

**inflectional** [ɪn'flekʃənl] ADJ con inflexión

**inflexibility** [ɪn,fleksɪ'bɪlɪtɪ] N [*of substance, object*] rigidez *f*; (*fig*) [*of person, opinions, rules*] inflexibilidad *f*

**inflexible** [ɪn'fleksəbl] ADJ [*substance, object*] rígido; (*fig*) [*person, opinions, rules*] inflexible

**inflexion** [ɪn'flekʃən] N inflexión *f*

**inflict** [ɪn'flɪkt] VT **to ~ (on)** [+ *wound*] causar (a), inferir (a); [+ *blow*] asestar *or* dar (a); [+ *penalty, tax, punishment*] imponer (a); [+ *pain, suffering, damage*] causar (a), infligir (a); **they ~ed a serious defeat on the enemy** infligieron una grave derrota al enemigo; **I don't wish to ~ my own wishes on anyone else** no quiero imponer mis deseos a nadie; **to ~ o.s. on sb** imponer su presencia a algn

**infliction** [ɪn'flɪkʃən] N (= *act*) imposición *f*; (= *penalty etc*) pena *f*, castigo *m*

**in-flight** ['ɪnflaɪt] ADJ **~ entertainment** amenidades *fpl* ofrecidas durante el vuelo; **~ meal** comida *f* servida durante el vuelo; **~ movie** película *f* proyectada durante el vuelo; **~ services** servicios *mpl* de a bordo

**inflow** ['ɪnfləʊ] Ⓐ N [*of capital, migrants*] afluencia *f*; [*of water*] entrada *f*
Ⓑ CPD ► **inflow pipe** N tubo *m* de entrada

**influence** ['ɪnflʊəns] Ⓐ N influencia *f* (**on** sobre); **a man of ~** un hombre influyente; **to have an ~ on sth** [*person*] tener influencia en *or* sobre algo, influir en *or* sobre algo; **to be a good/bad ~ on sb** ejercer buena/mala influencia sobre algn; **to bring every ~ to bear on sb** ejercer todas las presiones posibles sobre algn; **to have ~ with sb** tener influencias con algn, tener enchufe con algn*; **to have ~ over sb** tener influencia *or* ascendiente sobre algn; **to be under the ~ of drink/drugs** estar ebrio/drogado; **under the ~** (*hum*) borracho
Ⓑ VT [+ *person*] influenciar, influir en; [+ *action, decision*] influir en *or* sobre; **what factors ~d your decision?** ¿qué factores influyeron en tu decisión?; **don't let him ~ you** no te dejes influenciar por él; **the novelist has been ~d by Torrente** el novelista ha sufrido la influencia de *or* está influido por Torrente; **to be easily ~d** ser muy influenciable

**influential** [,ɪnflʊ'enʃəl] ADJ [*person, ideas*] influyente; [*organization*] prestigioso; **he was ~ in securing the loan** influyó para que se consiguiera el préstamo; **he was ~ in government circles** tenía influencia en círculos gubernamentales

**influenza** [,ɪnflʊ'enzə] N gripe *f*

**influx** ['ɪnflʌks] N [*of people*] afluencia *f*; [*of objects, ideas*] flujo *m*; (*Mech*) aflujo *m*, entrada *f*

**info*** ['ɪnfəʊ] N = **information**

**infobahn** ['ɪnfəʊbɑːn] N = **information superhighway**

**infomercial** ['ɪnfəʊmɜːʃl] N publirreportaje *m*

**▼ inform** [ɪn'fɔːm] Ⓐ VT (= *give information*) informar, avisar; (= *bring up to date*) poner al corriente; **to ~ sb about** *or* **of sth** informar a algn sobre *or* de algo; **I am pleased to ~ you that ...** tengo el gusto de comunicarle que ...; **keep me ~ed** téngame *or* manténgame al corriente; **why was I not ~ed?** ¿por qué no me informaron *or* avisaron?; **to ~ o.s. about sth** informarse sobre algo; *see also* **well-informed**
Ⓑ VI soplar; **to ~ on** *or* **against sb** delatar *or* denunciar a algn

**informal** [ɪn'fɔːməl] ADJ 1 (= *unceremonious*) [*meal, clothes, atmosphere, manner*] informal; [*occasion*] informal, sin etiqueta; [*expression*] coloquial, familiar; [*person*] informal, poco ceremonioso; **dress is ~** vista ropa informal, no es necesaria etiqueta
2 (= *unofficial*) [*meeting, negotiations, visit*] informal

**informality** [,ɪnfɔː'mælɪtɪ] N informalidad *f*, falta *f* de ceremonia

**informally** [ɪn'fɔːməlɪ] ADV [1] (= *without ceremony*) [*speak, greet, welcome*] de manera informal, sin ceremonias; [*dress*] de manera informal; [*write*] con un lenguaje informal, con un estilo familiar
[2] (= *unofficially*) [*meet, discuss, agree*] informalmente; **I have been ~ told that …** me han dicho de manera informal *or* extraoficial que …

**informant** [ɪn'fɔːmənt] N informante *mf*; **my ~** el que me lo dijo; **who was your ~?** ¿quién se lo dijo?

**informatics** [ˌɪnfɔː'mætɪks] N informática *f*

**information** [ˌɪnfə'meɪʃən] Ⓐ N información *f*; (= *knowledge*) conocimientos *mpl*; **a piece of ~** un dato; **"information"** "información"; **to ask for ~** pedir información; **to gather ~ about** *or* **on sth** reunir información sobre algo, informarse sobre algo; **to give sb ~ about** *or* **on sth/sb** proporcionar información a algn sobre algo/algn; **who gave you this ~?** ¿quién le dio esta información?; **we weren't given enough ~ about the risks involved** no nos informaron suficientemente sobre los riesgos que entrañaba; **we have no ~ on that point** no tenemos información sobre ese particular; **for your ~** para su información; **for your ~, I asked him to come!** para que te enteres, ¡le pedí que viniera!
Ⓑ CPD ► **information bureau** N oficina *f* de información ► **information desk** N información *f* ► **information office** N = **information bureau** ► **information pack** N (*Brit*) material *m* informativo ► **information processing** N procesamiento *m* de la información ► **information retrieval** N recuperación *f* de la información ► **information science** N informática *f*, gestión *f* de la información ► **information service** N servicio *m* de información ► **information superhighway** N superautopista *f* de la información ► **information technology** N informática *f* ► **information theory** N teoría *f* de la información

**informational** [ˌɪnfə'meɪʃənl] ADJ [*needs, requirements*] de información; [*television, video*] informativo, didáctico

**informative** [ɪn'fɔːmətɪv] ADJ informativo; **talking to him was very ~** la conversación que tuve con él resultó muy informativa; **his school report was not very ~** su boletín de calificaciones no era muy revelador

**informativity** [ɪnˌfɔːmə'tɪvɪtɪ] N informatividad *f*

**informed** [ɪn'fɔːmd] ADJ [*person*] bien informado; [*debate*] llevado a cabo con conocimiento de causa; **to give (one's) ~ consent (to sth)** (*Med*) dar el consentimiento (para algo) con total conocimiento de causa; **an ~ guess** una conjetura bien fundamentada; **~ opinion is that …** la opinión de los que saben del tema es que …

**informer** [ɪn'fɔːməʳ] N informante *mf*; (*pej*) delator(a) *m/f*, soplón/ona* *m/f*; **police ~** informante *mf* de la policía; **to turn ~** convertirse en delator

**infotainment** [ˌɪnfəʊ'teɪnmənt] N (*Brit TV*) **~ programme** magazine *m* informativo

**infra…** ['ɪnfrə] PREFIX infra …

**infraction** [ɪn'frækʃən] N infracción *f*, contravención *f*

**infra dig**†* ['ɪnfrə'dɪg] ADJ ABBR denigrante

**infrared** ['ɪnfrə'red] ADJ [*rays, light*] infrarrojo

**infrasonic** ['ɪnfrəˌsɒnɪk] ADJ infrasónico

**infrasound** ['ɪnfrəˌsaʊnd] N infrasonido *m*

**infrastructure** ['ɪnfrəˌstrʌktʃəʳ] N infraestructura *f*

**infrequency** [ɪn'friːkwənsɪ] N infrecuencia *f*, poca frecuencia *f*

**infrequent** [ɪn'friːkwənt] ADJ [*visit, occurrence*] poco frecuente, infrecuente

**infrequently** [ɪn'friːkwəntlɪ] ADV rara vez, pocas veces; **not ~** no raramente, no pocas veces

**infringe** [ɪn'frɪndʒ] Ⓐ VT [+ *law, rights, copyright*] infringir, violar
Ⓑ VI **to ~ (up)on** [+ *sb's rights, interests, privacy*] violar

**infringement** [ɪn'frɪndʒmənt] N [*of law, rule*] infracción *f*, violación *f*; [*of rights*] violación *f*; (*Sport*) falta *f*; **they sued him for ~ of copyright** lo demandaron por no respetar los derechos de autor

**infuriate** [ɪn'fjʊərɪeɪt] VT enfurecer, poner furioso; **to be/get ~d** estar/ponerse furioso; **this kind of thing ~s me** estas cosas me ponen furioso; **at times you ~ me** hay veces que me sacas de quicio

**infuriating** [ɪn'fjʊərɪeɪtɪŋ] ADJ (*gen*) exasperante; **it's simply ~** es exasperante, es para volverse loco; **I find his habit ~** esa costumbre suya me saca de quicio

**infuriatingly** [ɪn'fjʊərɪeɪtɪŋlɪ] ADV **~, I was cut off** se cortó la línea, vamos, como para volverse loco; **his answer was ~ vague** su respuesta fue de una vaguedad exasperante

**infuse** [ɪn'fjuːz] Ⓐ VT [1] [+ *courage, enthusiasm*] infundir (**into** a); **to ~ courage into sb** infundir ánimo a algn; **they were ~d with a new hope** se les infundió nuevas esperanzas
[2] (*Culin*) [+ *herbs, tea*] hacer una infusión de
Ⓑ VI **to let sth ~** dejar algo en infusión

**infusion** [ɪn'fjuːʒən] N [*of new talent, money, capital*] inyección *f*; (*Culin*) (= *tea etc*) infusión *f*

**ingenious** [ɪn'dʒiːnɪəs] ADJ (*gen*) ingenioso; [*idea, scheme*] ingenioso, genial

**ingeniously** [ɪn'dʒiːnɪəslɪ] ADV ingeniosamente, con inventiva

**ingénue** [ˌɛːnʒeɪ'njuː] N ingenua *f*

**ingenuity** [ˌɪndʒɪ'njuːɪtɪ] N [*of person*] ingenio *m*, inventiva *f*; [*of idea, scheme*] lo ingenioso

**ingenuous** [ɪn'dʒenjʊəs] ADJ (= *naive*) ingenuo; (= *candid*) cándido

**ingenuously** [ɪn'dʒenjʊəslɪ] ADV (= *naively*) ingenuamente; (= *candidly*) cándidamente

**ingenuousness** [ɪn'dʒenjʊəsnɪs] N (= *naivety*) ingenuidad *f*; (= *candidness*) candidez *f*

**ingest** [ɪn'dʒest] VT ingerir

**ingestion** [ɪn'dʒestʃən] N ingestión *f*

**inglenook** ['ɪŋglnʊk] N rincón *m* de la chimenea

**inglorious** [ɪn'glɔːrɪəs] ADJ ignominioso, vergonzoso

**in-going** ['ɪngəʊɪŋ] ADJ entrante

**ingot** ['ɪŋgət] Ⓐ N lingote *m*
Ⓑ CPD ► **ingot steel** N acero *m* en lingotes

**ingrained** ['ɪn'greɪnd] ADJ [1] [*dirt, blood, stain*] incrustado
[2] (*fig*) (= *deep-seated*) [*attitude, ideas, habit, tradition*] arraigado; **to be deeply ~ in sb** estar profundamente arraigado en algn

**ingrate** ['ɪngreɪt] N (*frm or iro*) ingrato/a *m/f*

**ingratiate** [ɪn'greɪʃɪeɪt] VT **to ~ o.s. with sb** congraciarse con algn

**ingratiating** [ɪn'greɪʃɪeɪtɪŋ] ADJ [*smile, speech*] obsequioso; [*person*] halagador, congraciador, zalamero

**ingratitude** [ɪn'grætɪtjuːd] N ingratitud *f*

**ingredient** [ɪn'griːdɪənt] N (*Culin*) ingrediente *m*; [*of beauty product, medicine*] componente *m*; (*fig*) elemento *m*, factor *m*; **it is used as an ~ in sunscreen** se utiliza como componente de cremas solares con filtro; **this is the key ~ of her success** éste es el factor clave de su éxito

**ingress** ['ɪngres] N (*frm*) acceso *m*

**in-group** ['ɪnˌgruːp] N grupo *m* exclusivista *or* excluyente, camarilla *f*

**ingrowing** ['ɪnˌgrəʊɪŋ], **ingrown** (*US*) ['ɪnˌgrəʊn] ADJ **~ (toe)nail** uña *f* encarnada

**inguinal** ['ɪŋgwɪnl] ADJ (*Tech*) inguinal

**inhabit** [ɪn'hæbɪt] VT [+ *house*] ocupar; [+ *town, country*] vivir en, habitar (*frm*); [*animal*] habitar; **a place ~ed by ghosts** un lugar habitado por fantasmas

**inhabitable** [ɪn'hæbɪtəbl] ADJ (*gen*) habitable

**inhabitant** [ɪn'hæbɪtənt] N habitante *mf*

**inhabited** [ɪn'hæbɪtɪd] ADJ habitado

**inhalant** [ɪn'heɪlənt] N inhalante *m*

**inhalation** [ˌɪnhə'leɪʃən] N aspiración *f*; (*Med*) inhalación *f*

**inhalator** ['ɪnhəleɪtəʳ] N inhalador *m*

**inhale** [ɪn'heɪl] Ⓐ VT (*Med*) [+ *gas*] inhalar, aspirar; [+ *smoke, vomit*] tragar
Ⓑ VI [*smoker*] tragar el humo; (*Med*) aspirar

**inhaler** [ɪn'heɪləʳ] N inhalador *m*

**inharmonious** [ˌɪnhɑː'məʊnɪəs] ADJ [*sounds*] inarmónico, disonante; (*fig*) discorde, falto de armonía

**inhere** [ɪn'hɪəʳ] VI (*frm*) ser inherente (**in** a)

**inherent** [ɪn'hɪərənt] ADJ inherente, intrínseco; **to be ~ in** *or* **to sth** ser inherente a algo; **with all the ~ difficulties** con todas las dificultades que conlleva

**inherently** [ɪn'hɪərəntlɪ] ADV intrínsecamente

**inherit** [ɪn'herɪt] VT (*gen*) heredar (**from** de); **we ~ed these problems from the last government** estos problemas son un legado del gobierno anterior

**inheritance** [ɪn'herɪtəns] Ⓐ N herencia *f*; (*fig*) patrimonio *m*; **she received a small ~ from her aunt** su tía le dejó una pequeña herencia
Ⓑ CPD ► **inheritance law** N ley *f* sucesoria ► **inheritance tax** N impuesto *m* sobre sucesiones

**inheritor** [ɪn'herɪtəʳ] N heredero/a *m/f*

**inhibit** [ɪn'hɪbɪt] VT (= *check*) inhibir, reprimir; (= *prevent*) impedir; **to ~ sb from doing sth** impedir a algn hacer algo; **don't let my presence ~ the discussion** no quiero que mi presencia detenga la discusión; **we cannot ~ progress** no podemos reprimir el progreso

**inhibited** [ɪn'hɪbɪtɪd] ADJ [*person*] cohibido, inhibido

**inhibition** [ˌɪnhɪ'bɪʃən] N inhibición *f*; **to have/have no ~s** tener/no tener inhibiciones; **to lose one's ~s** perder las inhibiciones

**inhibitory** [ɪn'hɪbɪtərɪ] ADJ inhibitorio

**inhospitable** [ˌɪnhɒs'pɪtəbl] ADJ [*person*] inhospitalario, poco hospitalario; [*reception, behaviour*] poco hospitalario; [*place, country, terrain, climate*] inhóspito

**inhospitably** [ˌɪnhɒs'pɪtəblɪ] ADV de modo poco hospitalario

**inhospitality** ['ɪnˌhɒspɪ'tælɪtɪ] N falta *f* de hospitalidad, inhospitalidad *f*

**in-house** ['ɪn'haʊs] Ⓐ ADV dentro de la empresa
Ⓑ ADJ [*staff*] interno
Ⓒ CPD ► **in-house training** N formación *f* en la empresa

➤ LANGUAGE IN USE: **information A** 20.2, 21.1, 21.2

**inhuman** [ɪn'hjuːmən] ADJ inhumano

**inhumane** [,ɪnhjʊ(ː)'meɪn] ADJ [*behaviour, treatment*] inhumano; [*person*] cruel

**inhumanity** [,ɪnhjuː'mænɪtɪ] N inhumanidad *f*, crueldad *f*; **man's ~ to man** la crueldad del hombre para con sus semejantes

**inhumation** [,ɪnhjuː'meɪʃən] N inhumación *f*

**inimical** [ɪ'nɪmɪkəl] ADJ [*attitude*] hostil; [*influence*] adverso; **to be ~ to sth** ser adverso a algo

**inimitable** [ɪ'nɪmɪtəbl] ADJ inimitable

**inimitably** [ɪ'nɪmɪtəblɪ] ADV inimitablemente

**iniquitous** [ɪ'nɪkwɪtəs] ADJ inicuo, injusto

**iniquitously** [ɪ'nɪkwɪtəslɪ] ADV inicuamente, injustamente

**iniquity** [ɪ'nɪkwɪtɪ] N iniquidad *f*, injusticia *f*; **iniquities** [*of system*] injusticias *fpl*, iniquidades *fpl*; [*of person*] excesos *mpl*, desmanes *mpl*

**initial** [ɪ'nɪʃəl] Ⓐ ADJ [*shock, success, cost, report*] inicial; **my ~ reaction was to ...** mi primera reacción fue ...; **in the ~ stages** al principio, en la etapa inicial, en la primera etapa
Ⓑ N (= *letter*) inicial *f*; **to sign sth with one's ~s** firmar algo con las iniciales
Ⓒ VT [+ *letter, document*] firmar con las iniciales
Ⓓ CPD ► **initial expenses** NPL gastos *mpl* iniciales ► **initial letter** N inicial *f*

**initialize** [ɪ'nɪʃəlaɪz] VT (*Comput*) inicializar

**initially** [ɪ'nɪʃəlɪ] ADV al principio, en un principio, inicialmente (*frm*)

**initiate** Ⓐ VT [ɪ'nɪʃɪeɪt] 1 (= *begin*) iniciar, dar comienzo a; [+ *talks*] entablar; [+ *reform*] poner en marcha; [+ *fashion*] introducir; **to ~ proceedings against sb** (*Jur*) entablar una demanda contra algn
2 **to ~ sb into a society** admitir a algn en una asociación; **to ~ sb into a secret** iniciar a algn en un secreto
Ⓑ [ɪ'nɪʃɪɪt] N iniciado/a *m/f*

**initiation** [ɪ,nɪʃɪ'eɪʃən] Ⓐ N (= *beginning*) inicio *m*, comienzo *m*; (= *admission*) (*into society, organization*) admisión *f* (**into** en)
Ⓑ CPD ► **initiation ceremony**, **initiation rite** N ceremonia *f* de iniciación

**initiative** [ɪ'nɪʃətɪv] N iniciativa *f*; **to use one's ~** obrar por propia iniciativa; **on one's own ~** por iniciativa propia, motu propio; **to take the ~** tomar la iniciativa

**initiator** [ɪ'nɪʃɪeɪtə<sup>r</sup>] N iniciador(a) *m/f*

**inject** [ɪn'dʒekt] VT 1 (*Med*) [+ *medicine*] inyectar (**into** en); [+ *person*] poner una inyección a; **to ~ sb with sth** inyectar algo a algn; **he ~ed her with poison** le inyectó veneno
2 (*fig*) **to ~ into** [+ *enthusiasm*] infundir a; [+ *money, capital*] inyectar en; **they've ~ed new life into the club** han infundido un espíritu nuevo al club; **she did her best to ~ some enthusiasm into her voice** hizo lo que pudo para que su voz sonara entusiasta

**injection** [ɪn'dʒekʃən] N (*gen, Med*) inyección *f*; **to give sb an ~** poner *or* dar una inyección a algn; **to have an ~** ponerse una inyección; **will I have to have an ~?** ¿me tendrán que poner *or* dar una inyección?

**injudicious** [,ɪndʒʊ'dɪʃəs] ADJ imprudente, indiscreto

**injudiciously** [,ɪndʒʊ'dɪʃəslɪ] ADV imprudentemente, indiscretamente

**injunction** [ɪn'dʒʌŋkʃən] N (*Jur*) mandamiento *m* judicial; **to seek an ~ (against sth/sb) (to do sth)** obtener un mandamiento judicial (contra algo/algn) (para hacer algo)

**injure** ['ɪndʒə<sup>r</sup>] VT 1 (*physically*) herir; (*esp Sport*) lesionar; **he was ~d in the accident** resultó herido en el accidente; **two players were ~d** dos jugadores resultaron lesionados; **he was badly/slightly ~d** resultó gravemente/levemente herido; **he ~d his arm** resultó herido en el brazo; (*Sport*) se lesionó el brazo; **to ~ o.s.** (*in an accident*) resultar herido; (*deliberately*) causarse heridas, autolesionarse; (*in a match, race etc*) lesionarse
2 (*fig*) [+ *feelings, pride*] herir; [+ *reputation*] dañar; [+ *trade, chances*] perjudicar

**injured** ['ɪndʒəd] Ⓐ ADJ 1 (*physically*) [*person, animal, limb*] herido, lesionado; [*player*] lesionado
2 (*fig*) [*tone, look*] dolido; [*feelings*] herido; **to give sb an ~ look** mirar a algn con expresión dolida; **to say sth in an ~ tone** decir algo con tono dolido; **~ pride** orgullo *m* herido
3 (*Jur*) **the ~ party** la parte perjudicada
Ⓑ NPL **there were four ~** hubo cuatro heridos; **the ~** los heridos

**injurious** [ɪn'dʒʊərɪəs] ADJ (*frm*) perjudicial (**to** para); **~ to health** perjudicial para la salud

**injury** ['ɪndʒərɪ] Ⓐ N 1 (*physical*) herida *f*; (*esp Sport*) lesión *f*; **he sustained minor injuries to the hands and face** sufrió heridas leves en las manos y la cara; **he was taken to hospital with serious injuries** lo llevaron al hospital herido de gravedad; **to do o.s. an ~*** hacerse daño; **to do sb an ~** hacer daño a algn
2 (*fig*) (*to reputation*) daño *m*, perjuicio *m*; (*to feelings*) agravio *m*
Ⓑ CPD ► **injury time** N (*Brit Sport*) tiempo *m* de descuento; *see also* **insult**

**injustice** [ɪn'dʒʌstɪs] N injusticia *f*; **you do me an ~** está siendo injusto conmigo

**ink** [ɪŋk] Ⓐ N tinta *f*; (= *printing ink*) tinta *f* de imprenta; **in ~** con tinta
Ⓑ VT (*Typ*) entintar
Ⓒ CPD ► **ink blot** N borrón *m* de tinta

►**ink in** VT + ADV [+ *name*] (= *write*) escribir con tinta; (*on top of pencil*) repasar a tinta; [+ *line*] trazar con tinta; [+ *blank area*] entintar

►**ink out** VT + ADV tachar con tinta

►**ink over** VT + ADV repasar con tinta

**ink-jet printer** ['ɪŋkdʒet'prɪntə<sup>r</sup>] N impresora *f* de chorro de tinta

**inkling** ['ɪŋklɪŋ] N (= *vague idea*) idea *f*; **I had no ~ that ...** no tenía ni la menor idea de que ...; **we had some ~ of it** teníamos una vaga idea; **there was no ~ of the disaster to come** nadie podía imaginarse el desastre que iba a sobrevenir; **to give sb an ~ that ...** insinuar a algn que ...

**inkpad** ['ɪŋkpæd] N almohadilla *f*, tampón *m* (de entintar)

**inkpot** ['ɪŋkpɒt] N tintero *m*

**inkstain** ['ɪŋksteɪn] N mancha *f* de tinta

**inkstand** ['ɪŋkstænd] N escribanía *f*

**inkwell** ['ɪŋkwel] N tintero *m*

**inky** ['ɪŋkɪ] ADJ (*lit*) [*page, fingers*] manchado de tinta; (*fig*) [*darkness*] profundo

**INLA** ['ɪnlə] N ABBR (*Brit*) = **Irish National Liberation Army**

**inlaid** ['ɪn'leɪd] Ⓐ ADJ (*with wood, tiles*) taraceado (**with** de); (*with jewels*) incrustado (**with** de)
Ⓑ CPD [*table, box*] de marquetería; [*floor*] con incrustaciones ► **inlaid work** N taracea *f*

**inland** ['ɪnlənd] Ⓐ ADJ [*town*] del interior; [*trade*] interior
Ⓑ ADV (*in*) tierra adentro; (*towards*) hacia el interior
Ⓒ CPD ► **Inland Revenue** N (*Brit*) ≈ Hacienda *f* ► **inland sea** N mar *m* interior ► **inland waterways** NPL canales *mpl* y ríos *mpl*

**in-laws*** ['ɪn,lɔːz] NPL (= *partner's family*) parientes *mpl* políticos; (= *partner's parents*) suegros *mpl*

**inlay** Ⓐ ['ɪnleɪ] N [*of wood, tiles*] taracea *f*; [*of jewels*] incrustación *f*
Ⓑ [ɪn'leɪ] VT (*pt, pp* **inlaid**) (*with wood*) taracear, embutir; (*with jewels*) incrustar; **a sword inlaid with jewels** una espada incrustada de joyas

**inlet** ['ɪnlet] Ⓐ N 1 (*Geog*) ensenada *f*, entrante *m*
2 (*Tech*) admisión *f*, entrada *f*
Ⓑ CPD ► **inlet pipe** N tubo *m* de entrada ► **inlet valve** N válvula *f* de admisión *or* entrada

**inmate** ['ɪnmeɪt] N [*of hospital*] enfermo/a *m/f*; [*of prison*] preso/a *m/f*, presidiario/a *m/f*; [*of asylum*] internado/a *m/f*

**inmost** ['ɪnməʊst] ADJ [*place, chamber*] más recóndito; [*thoughts, feelings*] más íntimo, más secreto

**inn** [ɪn] Ⓐ N (= *pub*) taberna *f*; (= *hotel*) hostería *f*; (††) (= *tavern*) posada *f*, mesón *m*
Ⓑ CPD ► **inn sign** N letrero *m* de mesón ► **the Inns of Court** NPL (*Brit Jur*) el Colegio de Abogados (*en Londres*)

**innards*** ['ɪnədz] NPL tripas* *fpl*

**innate** [ɪ'neɪt] ADJ innato

**innately** [ɪ'neɪtlɪ] ADV de manera innata; **it is not ~ evil** no es malo de por sí

**inner** ['ɪnə<sup>r</sup>] Ⓐ ADJ 1 [*room, wall, door, part*] interior; **~ circle** círculo *m* de personas más allegadas; **the White House's ~ circle** el círculo de personas más allegadas al presidente; **the ~ city** *barrios céntricos pobres de la ciudad que presentan problemas sociales*; **the ~ sanctum** el sanctasanctórum; *see also* **inner-city**
2 [*thoughts, emotions*] íntimo; [*voice, calm, conflict*] interior; **the ~ life** la vida interior; **the ~ man** (= *soul*) el alma; (*hum*) (= *stomach*) el estómago; **one's ~ self** el fuero interno de uno
Ⓑ N (*Archery*) blanco *m*
Ⓒ CPD ► **inner ear** N oído *m* interno ► **Inner London** N el centro de Londres ► **Inner Mongolia** N Mongolia *f* Interior ► **inner sole** N (*in shoe*) plantilla *f* ► **inner spring mattress** N (*US*) colchón *m* de muelles interiores ► **inner tube** N (*in tyre*) cámara *f*, llanta *f* (*LAm*)

**inner-city** [,ɪnə'sɪtɪ] ADJ [*schools, problems*] de las zonas céntricas pobres, de los barrios céntricos pobres; **an ~ area** un área pobre del centro

**innermost** ['ɪnəməʊst] ADJ [*thoughts, feelings*] más íntimo, más secreto; [*place, chamber*] más recóndito

**inning** ['ɪnɪŋ] N (*US Baseball*) inning *m*, entrada *f*; **innings** (*pl inv*) (*Cricket*) turno *m*, entrada *f*; (*fig*) turno *m*, oportunidad *f*; ✦***IDIOM*** **he's had a good ~s** ha disfrutado de una larga vida, ha vivido sus buenos años

**innit**‡ ['ɪnɪt] EXCL (*Brit*) **~?** ¿no?

**innkeeper** ['ɪnkiːpə<sup>r</sup>] N [*of pub*] tabernero/a *m/f*; (††) posadero/a *m/f*, mesonero/a *m/f*

**innocence** ['ɪnəsns] N inocencia *f*; **in all ~** con toda inocencia, de la forma más inocente

**Innocent** ['ɪnəsnt] N (= *pope*) Inocencio

**innocent** ['ɪnəsnt] Ⓐ ADJ 1 (= *not guilty*) inocente; **to find sb ~** declarar inocente a algn; **to be ~ of a crime** ser inocente de un crimen; **he was found ~ of murder** lo declararon inocente de asesinato
2 (= *innocuous*) [*question, remark*] inocente, sin malicia; [*fun*] sin malicia; [*mistake*] inocente

[3] (= *naive*) inocente, ingenuo; **they seemed so young and ~** parecían tan jóvenes e inocentes *or* ingenuos; **she stood facing him with that ~ air she had** estaba frente a él, con ese aire inocente que tenía; *see also* **bystander**
[4] (*liter*) (= *devoid*) **to be ~ of sth**: **he was ~ of any desire to harm her** no tenía ningún deseo de hacerle daño; **a face ~ of any trace of make-up** una cara sin ningún rastro de maquillaje
Ⓑ N inocente *mf*; **he's an ~ when it comes to women** cuando se trata de mujeres es un inocente *or* inocentón; **I'm not a total ~** no soy tan inocente; **the Massacre of the Holy Innocents** la masacre de los Santos Inocentes

**innocently** [ˈɪnəsntlɪ] ADV [*ask, smile*] inocentemente, con inocencia; **she looked at her father ~** dirigió a su padre una mirada llena de inocencia; **the joke had begun ~ enough** la broma había empezado de una forma muy inocente

**innocuous** [ɪˈnɒkjʊəs] ADJ [*substance*] inocuo; [*person, remark*] inofensivo

**innovate** [ˈɪnəʊveɪt] VI innovar

**innovation** [ˌɪnəʊˈveɪʃən] N (= *act*) innovación *f*; (= *thing*) innovación *f*, novedad *f*

**innovative** [ˈɪnəʊˌveɪtɪv] ADJ innovador

**innovator** [ˈɪnəʊveɪtəʳ] N innovador(a) *m/f*

**innovatory** [ˈɪnəʊˌveɪtərɪ] ADJ (*Brit*) innovador

**innuendo** [ˌɪnjʊˈendəʊ] N (*pl* **innuendo(e)s**) indirecta *f*, insinuación *f*; **his comments were full of sexual ~** sus comentarios estaban llenos de alusiones *or* connotaciones sexuales

**Innuit** [ˈɪnjuːɪt] = **Inuit**

**innumerable** [ɪˈnjuːmərəbl] ADJ innumerable; **she drank ~ cups of tea** se bebió innumerables tazas de té; **there are ~ reasons** hay infinidad de razones; **he helped us in ~ ways** nos ayudó de muy diversas maneras

**innumeracy** [ɪˈnjuːmərəsɪ] N *incompetencia en matemáticas or en el cálculo*

**innumerate** [ɪˈnjuːmərɪt] ADJ incompetente en el cálculo aritmético

**inoculate** [ɪˈnɒkjʊleɪt] VT [+ *person, animal*] vacunar; **to ~ sb against sth** vacunar a algn contra algo; **to ~ sb with sth** inocular algo a algn

**inoculation** [ɪˌnɒkjʊˈleɪʃən] N inoculación *f*

**inoffensive** [ˌɪnəˈfensɪv] ADJ inofensivo

**inoperable** [ɪnˈɒpərəbl] ADJ inoperable

**inoperative** [ɪnˈɒpərətɪv] ADJ inoperante

**inopportune** [ɪnˈɒpətjuːn] ADJ inoportuno

**inopportunely** [ɪnˈɒpətjuːnlɪ] ADV inoportunamente, a destiempo

**inordinate** [ɪˈnɔːdɪnɪt] ADJ (= *excessive*) excesivo; (= *unrestrained*) desmesurado, desmedido; **he spent an ~ amount of time/money on it** empleó en ello una cantidad excesiva de tiempo/dinero

**inordinately** [ɪˈnɔːdɪnɪtlɪ] ADV desmesuradamente, excesivamente

**inorganic** [ˌɪnɔːˈgænɪk] Ⓐ ADJ (*Chem*) inorgánico
Ⓑ CPD ► **inorganic chemistry** N química *f* inorgánica

**inpatient** [ˈɪnˌpeɪʃənt] N paciente *mf* hospitalizado/a

**input** [ˈɪnpʊt] Ⓐ N (*Elec*) entrada *f*; (*Comput*) entrada *f*, input *m*; (= *contribution*) contribución *f*, aportación *f*, aporte *m* (*LAm*); (= *effort, time*) inversión *f*; (*Fin*) dinero *m* invertido, inversión *f*; **we want more ~ from the local community** queremos mayor aportación por parte de la comunidad local
Ⓑ VT (*Comput*) [+ *data*] entrar

**input-output device** [ˌɪnpʊtˈaʊtpʊtdɪˈvaɪs] N dispositivo *m* de entrada y salida

**inquest** [ˈɪnkwest] N [1] (*Jur*) investigación *f*, pesquisa *f* judicial; (*by coroner*) *investigación llevada a cabo para averiguar las causas de una muerte violente o sospechosa*
[2] (*fig*) **they held an ~ into** *or* **on their election defeat** realizaron un análisis en profundidad de su derrota electoral; **he likes to hold an ~ on every game** le gusta discutir cada partido hasta la saciedad

**inquietude** [ɪnˈkwaɪətjuːd] N (*frm*) inquietud *f*

▼ **inquire** [ɪnˈkwaɪəʳ] Ⓐ VT preguntar; **to ~ sth of sb** preguntar algo a algn; **to ~ when/whether …** preguntar cuándo/si …; **he ~d the price** preguntó cuánto costaba
Ⓑ VI preguntar; **to ~ about sth** preguntar por algo, informarse de algo; **I am inquiring about your advertisement in today's paper** (*by phone*) llamo para preguntar acerca de su anuncio en el periódico de hoy; **to ~ after** *or* **for** *or* **about sb** preguntar por algn; **she ~d after your health** preguntó por tu salud, preguntó qué tal andabas de salud; **to ~ into sth** investigar *or* indagar algo; **I shouldn't ~ too closely if I were you** yo que tú no haría demasiadas preguntas; **"inquire within"** "infórmese en el interior"; **"inquire at No. 14"** "razón: en el nº 14"

**inquirer** [ɪnˈkwaɪərəʳ] N (= *asker*) el/la que pregunta; (= *researcher*) investigador(a) *m/f* (**into** de)

**inquiring** [ɪnˈkwaɪərɪŋ] ADJ [*mind*] inquieto, inquisitivo; [*look*] inquisitivo; **she looked at me with ~ eyes** me miró con expresión inquisitiva *or* de interrogante

**inquiringly** [ɪnˈkwaɪərɪŋlɪ] ADV [*look etc*] inquisitivamente

▼ **inquiry** [ɪnˈkwaɪərɪ] Ⓐ N [1] (= *question*) interrogante *m or f*, pregunta *f*; **"Inquiries"** "Información *f*"; **"all inquiries to the secretary"** "para cualquier información diríjanse al secretario"; **on ~** al preguntar; **to make inquiries (about sth)** pedir información *or* informarse (sobre algo); **I'll make some inquiries about flights** me informaré de los vuelos; **I went to make inquiries of his teacher** fui a preguntarle a su profesor; **a look of ~** una mirada inquisitiva
[2] (= *investigation*) investigación *f*, pesquisa *f*; (= *commission*) comisión *f* investigadora, comisión *f* de investigación; **there will have to be an ~** tendrá que llevarse a cabo una investigación; **to hold an ~ into sth** llevar a cabo una investigación sobre algo, investigar algo; **they set up an ~ into the disaster** nombraron a una comisión para investigar el desastre; **the police are making inquiries** la policía está investigando el caso; **the ~ found that …** la investigación concluyó que …
[3] (*Comput*) interrogación *f*
Ⓑ CPD ► **inquiry agent**† N investigador(a) *m/f* privado/a ► **inquiry desk** N mesa *f* de información ► **inquiry office** N oficina *f* de información

**inquisition** [ˌɪnkwɪˈzɪʃən] N inquisición *f*, investigación *f*; **the Spanish Inquisition** la Inquisición, el Santo Oficio

**inquisitive** [ɪnˈkwɪzɪtɪv] ADJ (= *interested*) curioso; (= *prying*) entrometido, curioso; [*mind*] inquisitivo

**inquisitively** [ɪnˈkwɪzɪtɪvlɪ] ADV con curiosidad

**inquisitiveness** [ɪnˈkwɪzɪtɪvnɪs] N curiosidad *f*

**inquisitor** [ɪnˈkwɪzɪtəʳ] N inquisidor *m*

**inquisitorial** [ɪnˌkwɪzɪˈtɔːrɪəl] ADJ inquisitorial; **an ~ system of justice** un sistema judicial inquisitorial

**inroads** [ˈɪnrəʊdz] NPL **the ~ of mass tourism** los efectos del turismo de masas; **she had to make ~ into her savings** tuvo que recurrir a sus ahorros, tuvo que echar mano de sus ahorros*; **they made significant ~ into Chinese territory** realizaron grandes avances dentro del territorio chino; **they are making ~ into the European market** se están adentrando en el mercado europeo; **I can see you've made ~ into that cake** (*hum*) ya veo que le has metido mano a la tarta*; **to make ~ into sb's time** robar el tiempo a algn

**inrush** [ˈɪnrʌʃ] N [*of mud, water*] tromba *f*; [*of tourists*] afluencia *f*; [*of foreign imports*] avalancha *f*

**INS** N ABBR (*US*) = **Immigration and Naturalization Service**

**ins.** ABBR [1] = **insurance**
[2] = **inches**

**insalubrious** [ˌɪnsəˈluːbrɪəs] ADJ (*frm*) [*conditions*] insalubre, malsano; [*part of town*] deprimido

**insane** [ɪnˈseɪn] Ⓐ ADJ [1] (= *mad*) loco; **he is quite ~** está completamente loco, es un demente; **the jury decided King was ~ at the time** el jurado decidió que King estaba loco *or* no estaba en su sano juicio en aquel momento; **she had killed him while temporarily ~** lo había matado mientras sufría demencia temporal; **to drive sb ~** enloquecer *or* volver loco a algn; **to go ~** volverse loco; **~ jealousy** celos *mpl* enfermizos
[2] (*) (*fig*) (= *crazy*) [*suggestion, idea*] descabellado; [*act*] insensato; **if I told them that, they'd think I was ~** si les dijese eso, pensarían que estoy completamente loca *or* que no estoy en mi sano juicio; **this idea is totally ~** esta idea es una verdadera locura *or* es totalmente descabellada; **to drive sb ~** sacar a algn de quicio; **it would be ~ to let him go by himself** sería una locura dejarle ir solo
Ⓑ NPL **the ~** los enfermos mentales; *see also* **criminally**
Ⓒ CPD ► **insane asylum** N (*US*) manicomio *m*, psiquiátrico *m*

**insanely** [ɪnˈseɪnlɪ] ADV **to laugh ~** reírse como un loco; **to be ~ jealous** (*by nature*) ser terriblemente celoso; (*at particular moment*) estar loco de celos

**insanitary** [ɪnˈsænɪtərɪ] ADJ insalubre, malsano

**insanity** [ɪnˈsænɪtɪ] N [1] (*Med*) demencia *f*; **to drive sb to ~** volver loco a algn
[2] (= *foolishness*) locura *f*, insensatez *f*; **what he did was sheer ~** lo que hizo fue una verdadera locura *or* insensatez

**insatiable** [ɪnˈseɪʃəbl] ADJ insaciable

**insatiably** [ɪnˈseɪʃəblɪ] ADV [*eat*] con un hambre insaciable; [*kiss*] con una pasión insaciable; **to be ~ hungry/curious/greedy** tener un hambre/una curiosidad/una avaricia insaciable

**inscribe** [ɪnˈskraɪb] VT (= *engrave*) grabar; (= *write*) inscribir; (= *dedicate*) [+ *book*] dedicar; **to ~ sth on sth** grabar algo en algo; **a set of pens ~d with his initials** un juego de plumas con sus iniciales grabadas

**inscription** [ɪnˈskrɪpʃən] N (*on stone*) inscripción *f*; (*in book*) dedicatoria *f*

**inscrutability** [ɪnˌskruːtəˈbɪlɪtɪ] N inescrutabilidad *f*

**inscrutable** [ɪnˈskruːtəbl] ADJ inescrutable

**inseam** [ˈɪnsiːm] ADJ (*US*) **~ measurement** medida *f* de pernera

➤ LANGUAGE IN USE: **inquire B** 20.2, 21.1 **inquiry A1** 20.2

**insect** ['ɪnsekt] Ⓐ N insecto *m*; (*fig*) bicho *m*
Ⓑ CPD ► **insect bite** N picadura *f* de insecto ► **insect powder** N insecticida *m* en polvo ► **insect repellent** N repelente *m* contra insectos ► **insect spray** N insecticida *m* en aerosol

**insecticide** [ɪn'sektɪsaɪd] N insecticida *m*

**insectivorous** [,ɪnsek'tɪvərəs] ADJ insectívoro

**insecure** [,ɪnsɪ'kjʊəʳ] ADJ 1 (= *not confident*) inseguro; **to feel ~** sentirse inseguro; **he feels ~ about their relationship** se siente inseguro acerca de su relación; **she feels ~ about sharing her flat with somebody else** le preocupa la idea de compartir el piso con otra persona; **she is ~ about her performance as a mother** duda de su habilidad como madre
2 (= *not secure*) [*job, position*] poco seguro; **the hospital faces an ~ future** el hospital se enfrenta a un futuro incierto *or* poco seguro; **their lives are ~** hay mucha inseguridad en sus vidas
3 (= *not safe*) [*country, area, building*] poco seguro; [*situation*] inestable
4 (= *not firm*) [*door, ladder, load*] poco seguro

**insecurely** [,ɪnsɪ'kjʊəlɪ] ADV de manera poco segura

**insecurity** [,ɪnsɪ'kjʊərɪtɪ] N inseguridad *f*

**inseminate** [ɪn'semɪneɪt] VT inseminar

**insemination** [ɪn,semɪ'neɪʃən] N inseminación *f*

**insensate** [ɪn'senseɪt] ADJ 1 (= *lacking sensation*) insensato
2 (= *pointless*) [*violence, aggression*] absurdo

**insensibility** [ɪn,sensə'bɪlɪtɪ] N 1 insensibilidad *f* (**to** a)
2 (= *unconsciousness*) inconsciencia *f*

**insensible** [ɪn'sensəbl] ADJ (*frm*) 1 (= *unconscious*) inconsciente, sin conocimiento; **he drank himself ~** bebió hasta perder el conocimiento; **the blow knocked him ~** el golpe le hizo perder el conocimiento
2 (= *insensitive*) **to be ~ to sth** ser insensible a algo; **~ to heat/cold** insensible al calor/al frío; **he seemed ~ to shame** no parecía saber lo que es tener vergüenza
3 (= *unaware*) **to be ~ of sth** no ser consciente de algo, no darse cuenta de algo; **she seemed wholly ~ of the honour done to her** parecía que no era consciente en absoluto del honor que se le hacía, parecía no darse cuenta en absoluto del honor que se le hacía; **to be ~ of danger** no ser consciente del peligro

**insensibly** [ɪn'sensɪblɪ] ADV (*frm*) [*change, improve, rise*] imperceptiblemente, insensiblemente

**insensitive** [ɪn'sensɪtɪv] ADJ [*person*] insensible; [*behaviour, remark*] falto de sensibilidad; **to be ~** [*person*] no tener sensibilidad; **to be ~ to sth** ser insensible a algo; **to be ~ to heat/cold/pain** ser insensible al calor/frío/dolor; **she is ~ to other people's feelings** es insensible a los sentimientos de los demás; **he had become ~ to seeing people suffer** se había vuelto insensible al sufrimiento de los demás

**insensitively** [ɪn'sensɪtɪvlɪ] ADV con falta de sensibilidad

**insensitivity** [ɪn,sensɪ'tɪvɪtɪ] N (*physical*) insensibilidad *f*; (*emotional*) falta *f* de sensibilidad; **~ to sth** [+ *cold, pain*] insensibilidad *f* a algo; [+ *people's feelings, problems*] falta *f* de sensibilidad ante algo

**inseparable** [ɪn'sepərəbl] ADJ inseparable; **the two brothers were ~** los dos hermanos eran inseparables; **the two questions are ~** los dos temas son inseparables; **pain is ~ from love** el dolor es inseparable del amor

**inseparably** [ɪn'sepərəblɪ] ADV inseparablemente, indisolublemente

**insert** Ⓐ ['ɪnsɜːt] N (*in book, magazine*) encarte *m*; (*Sew*) entredós *m*
Ⓑ [ɪn'sɜːt] VT (= *put in*) [+ *coin, finger, needle*] introducir, meter; (= *add*) [+ *word, paragraph*] intercalar, insertar; [+ *advertisement*] insertar, poner; (*Comput*) insertar

**insertion** [ɪn'sɜːʃən] N (*gen*) inserción *f*, introducción *f*; [*of advertisement*] publicación *f*, inserción *f*; (= *advertisement*) anuncio *m*

**in-service** ['ɪn'sɜːvɪs] ADJ **~ course/training** cursillo *m*/formación *f* en la empresa

**inset** ['ɪnset] Ⓐ N (*Typ*) recuadro *m*, *grabado or mapa o dibujo etc que se imprime en un ángulo de otro mayor*; (= *page(s)*) encarte *m*
Ⓑ VT (*pt, pp* **inset**) (*Typ*) [+ *diagram, map*] insertar, imprimir como recuadro; [+ *page(s)*] imprimir como encarte; (= *indent*) sangrar

**inshore** ['ɪn'ʃɔːʳ] Ⓐ ADV [*be, fish*] cerca de la costa; [*sail, blow*] hacia la costa
Ⓑ ADJ costero
Ⓒ CPD ► **inshore fishing** N pesca *f* de bajura

**inside** ['ɪn'saɪd] Ⓐ N 1 (= *inner part*) interior *m*, parte *f* de dentro; **he wiped the ~ of the glass** limpió el interior *or* la parte de dentro del vaso; **the ~ of the foot** la parte de dentro del pie; **I have a pain in my ~*** me duele el estómago; **from the ~**: **the doors were locked from the ~** las puertas estaban cerradas (con llave) por dentro; **to know sth from the ~** saber algo por experiencia propia; **crisp on the outside and soft on the ~** crujiente por fuera y tierno por dentro; **~ out**: **your jumper's ~ out** llevas el jersey al *or* del revés; **she turned the sock ~ out** le dio la vuelta al calcetín, volvió el calcetín del revés; **they turned the whole place ~ out** lo revolvieron todo, lo registraron todo de arriba abajo; **to know a subject ~ out** conocer un tema de cabo a rabo; **he knows the district ~ out** se conoce el distrito como la palma de la mano
2 (= *lining*) parte *f* de dentro; **the ~ of the jacket is sheepskin** la parte de dentro de la chaqueta es de piel de borrego
3 [*of road*] (*Brit*) lado *m* izquierdo; (*other countries*) lado *m* derecho; **to overtake** *or* **pass (sb) on the ~** (*Brit*) adelantar (a algn) por la izquierda; (*other countries*) adelantar (a algn) por la derecha; **walk on the ~ of the pavement** camina por la parte de dentro de la acera
4 **insides** [*of person, animal, fruit*] tripas *fpl*
Ⓑ ADV 1 (= *in*) dentro, adentro (*LAm*); **once ~, he was trapped** una vez dentro estaba atrapado; **it gives me a lovely warm feeling ~** me produce una sensación muy agradable por dentro; **deep ~ he is worried** en el fondo está preocupado
2 (= *towards the inside*) adentro, dentro; **he opened the car door and shoved her ~** abrió la puerta del coche y la empujó adentro *or* dentro
3 (= *indoors*) dentro, adentro (*LAm*); **wait for me ~** espérame dentro *or* (*LAm*) adentro; **please step ~** pase (usted); **to come/go ~** entrar
4 (*) (= *in prison*) **to be ~** estar en chirona*, estar a la sombra*
Ⓒ PREP (*also* **~ of**) (*esp US*) 1 (*of place*) dentro de, en el interior de (*frm*); **~ the envelope** dentro del sobre, en el interior del sobre (*frm*); **he went ~ the house** entró en la casa; **75% of chief executives come from ~ the company** un 75% de los altos cargos directivos proceden de la propia empresa
2 (*of time*) en menos de; **~ four hours** en menos de cuatro horas; **her time was five seconds ~ the record** superó el récord por cinco segundos
Ⓓ ADJ 1 (= *internal*) interior; **the ~ pages of a newspaper** las páginas interiores de un periódico
2 (= *confidential, from inside*) **an ~ job*** *un crimen cometido en una empresa, organización, etc por alguien que pertenece a la misma*; **it must be an ~ job*** tiene que haber sido alguien de dentro; **the ~ story** la historia (hasta ahora) secreta; **the KGB: the ~ story** la KGB: la historia secreta
Ⓔ CPD ► **inside forward** N delantero/a *m/f* interior, interior *mf* ► **inside information** N información *f* confidencial ► **the inside lane** N (*Aut*) (*Brit*) el carril de la izquierda; (*most countries*) el carril de la derecha; (*Athletics*) la calle interior ► **inside left** N interior *mf* izquierdo/a ► **inside leg (measurement)** N medida *f* de la entrepierna ► **inside pocket** N bolsillo *m* interior ► **inside right** N (*Sport*) interior *mf* derecho/a

**insider** [ɪn'saɪdəʳ] Ⓐ N [*of firm*] empleado/a *m/f* de la empresa
Ⓑ CPD ► **insider dealing**, **insider trading** N abuso *m* de información privilegiada

**insidious** [ɪn'sɪdɪəs] ADJ insidioso

**insidiously** [ɪn'sɪdɪəslɪ] ADV insidiosamente

**insight** ['ɪnsaɪt] N 1 (= *understanding*) perspicacia *f*; **a person of ~** una persona perspicaz
2 (= *new perception*) nueva percepción *f*; **to gain** *or* **get an ~ into sth** comprender algo mejor, adquirir una nueva percepción de algo; **the visit gave us an ~ into their way of life** la visita nos ofreció la oportunidad de comprender mejor su manera de vivir

**insightful** ['ɪn,saɪtfʊl] ADJ (*US*) penetrante, perspicaz

**insignia** [ɪn'sɪgnɪə] NPL (*pl* **insignias** *or* **insignia**) insignias *fpl*

**insignificance** [,ɪnsɪg'nɪfɪkəns] N insignificancia *f*; *see also* **pale B2**

**insignificant** [,ɪnsɪg'nɪfɪkənt] ADJ [*person, number, amount*] insignificante; [*detail*] insignificante, sin importancia; **who left it here is ~, the important thing is ...** no tiene importancia quién lo dejó aquí, lo importante es ...

**insincere** [,ɪnsɪn'sɪəʳ] ADJ insincero, poco sincero

**insincerity** [,ɪnsɪn'serɪtɪ] N falta *f* de sinceridad, insinceridad *f*

**insinuate** [ɪn'sɪnjʊeɪt] VT 1 [+ *object*] introducir (**into** en); **to ~ o.s. into sth** introducirse en algo; **to ~ o.s. into sb's favour** ganarse el favor de algn
2 (= *hint*) insinuar; **to ~ that** insinuar que, dar a entender que; **what are you insinuating?** ¿qué insinúas?

**insinuating** [ɪn'sɪnjʊeɪtɪŋ] ADJ [*remark*] malintencionado, con segunda intención

**insinuation** [ɪn,sɪnjʊ'eɪʃən] N 1 (= *hint*) insinuación *f*; **he made certain ~s** hizo algunas insinuaciones
2 (= *act*) introducción *f*

**insipid** [ɪn'sɪpɪd] ADJ insípido, soso

**insipidity** [,ɪnsɪ'pɪdɪtɪ] N insipidez *f*, sosería *f*, insulsez *f*

**insist** [ɪn'sɪst] Ⓐ VI insistir; **if you ~** si insistes; **to ~ on sth** (= *repeat*) insistir en algo; (= *demand*) exigir algo; (= *emphasize*) [+ *point, aspect, benefit*] hacer hincapié en algo; **she always ~s on the best** siempre exige lo mejor;

**he ~s on his version of events** se reafirma en su versión de los hechos; **to ~ on doing sth** insistir en hacer algo; **he ~s on provoking me** insiste *or* se empeña en provocarme
Ⓑ VT **to ~ that** insistir en que; **he ~ed that it was so** insistió en que era así; **I ~ed that it be done** insistí en que se hiciera

**insistence** [ɪn'sɪstəns] N insistencia *f*; **~ that** insistencia en que, empeño en que; **his ~ that we should have a drink** su insistencia *or* su empeño en que tomásemos una copa; **his ~ that he had switched the light off** su insistencia *or* su empeño en que había apagado la luz; **at his/her ~** ante su insistencia; **~ on sth** insistencia en algo; **his ~ on punctuality** su insistencia en la puntualidad; **her great ~ on this point** su enorme insistencia *or* su enorme empeño en este punto

**insistent** [ɪn'sɪstənt] ADJ [*person, demands, questions*] insistente; **to be ~ that** insistir en que; **he was ~ that we should have a drink** insistió en que tomásemos una copa; **he was ~ that he had switched the light off** insistía en que había apagado la luz; **to be ~ about sth** insistir en algo; **she was ~ about leaving at seven** insistió en salir a las siete; **to be ~ on sth** insistir en algo; **she is most ~ on this point** insiste mucho en este punto; **we could hear the ~ ringing of a telephone in another room** podríamos oír el insistente sonido de un teléfono en otra habitación; **in an ~ tone** con un tono apremiante

**insistently** [ɪn'sɪstəntlɪ] ADV [*ask, say, knock, ring*] insistentemente, con insistencia; **he was tugging ~ at his mother's sleeve** tiraba insistentemente *or* con insistencia de la manga de su madre; **he tried very ~ to sell us some toys** intentó con mucha insistencia vendernos unos juguetes

**in situ** [ɪn'sɪtjuː] ADV in situ

**insofar** [ɪnsə'fɑːʳ] **~ as ...** CONJ en la medida en que ...; **~ as can be ascertained ...** en la medida en que se puede establecer ...

**insole** ['ɪnsəʊl] N plantilla *f*

**insolence** ['ɪnsələns] N insolencia *f*

**insolent** ['ɪnsələnt] ADJ insolente

**insolently** ['ɪnsələntlɪ] ADV insolentemente

**insolubility** [ɪn,sɒljʊ'bɪlətɪ] N insolubilidad *f*

**insoluble** [ɪn'sɒljʊbl] ADJ [*substance*] insoluble; [*problem*] sin solución, insoluble

**insolvable** [ɪn'sɒlvəbl] ADJ insoluble

**insolvency** [ɪn'sɒlvənsɪ] N [*of company*] insolvencia *f*

**insolvent** [ɪn'sɒlvənt] ADJ insolvente; **the company was declared ~** la empresa fue declarada insolvente

**insomnia** [ɪn'sɒmnɪə] N insomnio *m*

**insomniac** [ɪn'sɒmnɪæk] Ⓐ N insomne *mf*
Ⓑ ADJ insomne

**insomuch** [,ɪnsəʊ'mʌtʃ] **~ as** CONJ puesto que, ya que, por cuanto que; **~ that** hasta tal punto que

**insouciance** [ɪn'suːsɪəns] N despreocupación *f*

**insouciant** [ɪn'suːsɪənt] ADJ despreocupado

**Insp.**, **insp.** ABBR = **inspector**

**inspect** [ɪn'spekt] VT 1 (= *examine*) [+ *goods, luggage*] inspeccionar, examinar; (*officially*) [+ *premises, building, school*] inspeccionar; [+ *machinery, vehicle*] inspeccionar, revisar; [+ *ticket, document*] revisar; **to ~ a product for flaws** examinar un producto para detectar defectos
2 (*Mil*) [+ *troops*] pasar revista a

**inspection** [ɪn'spekʃən] Ⓐ N 1 [*of goods, premises, school*] inspección *f*; [*of ticket, document*] revisión *f*; **on closer ~ it turned out to be a fake** tras un examen más minucioso resultó ser falso
2 (*Mil*) [*of troops*] revista *f*
Ⓑ CPD ► **inspection pit** N (*Aut*) foso *m* de reconocimiento

**inspector** [ɪn'spektəʳ] N (= *official*) inspector(a) *m/f*; (*on bus, train*) revisor(a) *m/f*, controlador(a) *m/f* (*LAm*); (*in police, of school*) inspector(a) *m/f*; **~ of schools** (*Brit*) inspector(a) *m/f* de enseñanza; **~ of taxes** ≈ Inspector(a) *m/f* de Hacienda

**inspectorate** [ɪn'spektərɪt] N (*esp Brit*) cuerpo *m* de inspectores, inspección *f*

**inspiration** [,ɪnspə'reɪʃən] N 1 (= *motivation*) inspiración *f*; **the war has provided the ~ for many novels** la guerra ha sido fuente de inspiración para muchas novelas; **to find ~ in** inspirarse en; **she has been an ~ to us all** ha sido un gran estímulo para todos nosotros
2 (= *inspired idea*) idea *f* genial; **she had a sudden ~** de pronto tuvo una idea genial

**inspirational** [,ɪnspɪ'reɪʃənl] ADJ inspirador

**inspire** [ɪn'spaɪəʳ] VT inspirar; **she has the sort of face that ~s terror/respect** tiene un rostro que inspira terror/respeto; **to ~ sb to do sth** mover a algn a hacer algo; **her achievements have ~d me to make more effort** sus logros me han movido a esforzarme más; **whatever ~d him to do that?** ¿qué lo impulsó *or* movió a hacer eso?; **this painting was ~d by Greek mythology** este cuadro está inspirado en la mitología griega; **he was ~d by her beauty to write the song** su belleza lo llevó *or* movió a escribir la canción; **the painting was divinely ~d** el cuadro fue pintado por inspiración divina; **to ~ confidence in sb** ◊ **~ sb with confidence** infundir *or* inspirar confianza a algn

**inspired** [ɪn'spaɪəd] ADJ [*musician, poet, artist, sportsman*] genial; [*performance*] inspirado; [*idea*] genial, excelente; **he gave an ~ performance** su actuación estuvo inspirada; **the pianist was playing like a man ~** el pianista tocaba como si los dioses guiasen sus manos; **it was an ~ choice** fue todo un acierto; **to feel ~** sentirse inspirado; **to make an ~ guess** tener una inspiración; **in an ~ moment** en un momento de inspiración

**inspiring** [ɪn'spaɪərɪŋ] ADJ **he was a brilliant and ~ speaker** fue un magnífico orador que conseguía inspirar a la gente; **as a teacher he is capable, but not ~** es un profesor competente pero que no consigue estimular a sus alumnos; **it is ~ to work with people like them** es estimulante trabajar con gente como ellos; **it was not an ~ spot** no era un sitio que inspirase

**Inst.** ABBR = **Institute**

**inst.** ABBR = **instant** (= *of the present month*) cte., corrte.

**instability** [,ɪnstə'bɪlɪtɪ] N inestabilidad *f*

**instal**, **install** (*US*) [ɪn'stɔːl] VT 1 [+ *central heating, lighting, equipment*] instalar
2 (= *invest*) **to be ~led in office** tomar posesión de su cargo
3 (*Comput*) [+ *program*] instalar

**installation** [,ɪnstə'leɪʃən] N 1 (*Tech, gen*) instalación *f*; **military ~s** instalaciones *f* militares
2 [*of mayor, official*] toma *f* de posesión, investidura *f*

**instalment**, **installment** (*US*) [ɪn'stɔːlmənt] Ⓐ N 1 (*Comm*) (= *part payment*) plazo *m*, cuota *f* (*LAm*); **to pay in ~s** pagar a plazos; **monthly ~** plazo *m* mensual, cuota *f* mensual (*LAm*)
2 [*of serial, in magazine*] fascículo *m*; (*on radio, TV*) episodio *m*
Ⓑ CPD ► **installment plan** N (*US*) plan *m* de financiación; **to buy sth/pay for sth on an ~ plan** comprar/pagar algo a plazos

**instance** ['ɪnstəns] Ⓐ N 1 (= *example*) ejemplo *m*; **for ~** por ejemplo
2 (= *case*) caso *m*; **in that ~** en ese caso; **in many ~s** en muchos casos; **in the present ~** en el caso presente; **in the first ~** en primer lugar
3 (*Jur*) **at the ~ of** a instancia *or* petición de
Ⓑ VT (= *exemplify*) citar como ejemplo; **this is perhaps best ~d by ...** quizás esto queda mejor ilustrado por ...

**instant** ['ɪnstənt] Ⓐ ADJ 1 (= *immediate*) [*reply, reaction, success*] instantáneo, inmediato; **~ access to sth** acceso *m* instantáneo *or* inmediato a algo; **he took an ~ dislike to Derek** Derek le cayó mal desde el primer momento; **sweets give ~ energy** los dulces son una fuente instantánea de energía; **his book was an ~ hit** *or* **success** su libro fue un éxito instantáneo *or* inmediato
2 (*Culin*) [*coffee, soup*] instantáneo; **~ mash** puré *m* de patatas instantáneo
3 (*Brit Comm frm*) **on the 1st ~** el primero del corriente; *see also* **inst.**
4 (*Jur*) **in the ~ case** en el presente caso
Ⓑ N instante *m*, momento *m*; **the ~ I heard it** en el instante *or* momento en que lo supe; **an ~ later she was gone** un instante *or* momento después se había ido; **Jed hesitated for an ~** Jed dudó un instante *or* un momento; **in an ~** en un instante *or* momento; **the next ~** un momento después; **put it down this ~!** ¡deja eso ahora mismo!; **at that very ~ the phone rang** en ese mismo instante *or* momento sonó el teléfono
Ⓒ CPD ► **instant access account** N cuenta *f* de acceso instantáneo *or* inmediato ► **instant camera** N cámara *f* de fotos instantánea, polaroid® *f* ► **instant death** N muerte *f* instantánea *or* en el acto ► **instant gratification** N satisfacción *f* inmediata ► **instant replay** N (*Sport*) repetición *f* de la jugada

**instantaneous** [,ɪnstən'teɪnɪəs] ADJ instantáneo

**instantaneously** [,ɪnstən'teɪnɪəslɪ] ADV instantáneamente

**instantly** ['ɪnstəntlɪ] ADV [*recognise, know*] inmediatamente, al instante; [*die*] en el acto, instantáneamente; **the songs are ~ recognisable** las canciones se reconocen inmediatamente *or* al instante; **information will be ~ available to customers** los clientes podrán acceder a la información de forma instantánea

**instead** [ɪn'sted] Ⓐ ADV **I was tempted to spend the money, but I put it in the bank ~** tuve la tentación de gastar el dinero, pero en lugar de ello *or* en vez de eso, lo metí en el banco; **she wanted to run away, but ~ she carried on walking** quería echar a correr, pero sin embargo siguió andando; **she's allergic to soap, so she uses cleanser ~** es alérgica al jabón, así es que usa una crema limpiadora en su lugar; **he was busy, so I went ~** él estaba ocupado, así es que fui yo en su lugar; **we had expected to make £2,000, ~, we barely made £200** esperábamos sacar unas 2.000 libras y en cambio apenas sacamos 200
Ⓑ PREP **~ of** en vez de, en lugar de; **I used margarine ~ of butter** usé margarina en vez de *or* en lugar de mantequilla; **we decided to walk ~ of taking the bus** decidimos andar en vez de *or* en lugar de tomar el autobús; **he went ~ of me** fue en mi lugar; **this is ~ of a**

**Christmas present** esto hace las veces de regalo de Navidad

**instep** ['ɪnstep] N empeine *m*

**instigate** ['ɪnstɪgeɪt] VT [+ *rebellion, strike, crime*] instigar a; [+ *new ideas*] fomentar; [+ *change*] promover

**instigation** [,ɪnstɪ'geɪʃən] N instigación *f*; **at Brown's ~** ◊ **at the ~ of Brown** a instancias de Brown; **at her ~, I went to see him** fui a verlo a instancias suyas

**instigator** ['ɪnstɪgeɪtə^r] N instigador(a) *m/f*

**instil, instill** (*US*) [ɪn'stɪl] VT **to ~ sth into sb** [+ *fear, confidence, pride*] inspirar *or* infundir algo a algn; [+ *awareness, moral values, responsibility*] inculcar algo a algn

**instinct** Ⓐ ['ɪnstɪŋkt] N instinto *m*; **the ~ for self-preservation** el instinto de conservación *or* supervivencia; **by ~** por instinto; **she had an ~ for attracting the wrong type of man** se las pintaba sola para atraer al tipo de hombre que no le convenía*

Ⓑ [ɪn'stɪŋkt] ADJ (*liter*) **~ with** lleno de, imbuido de

**instinctive** [ɪn'stɪŋktɪv] ADJ instintivo

**instinctively** [ɪn'stɪŋktɪvlɪ] ADV instintivamente, por instinto

**instinctual** [ɪn'stɪŋktjʊəl] ADJ instintivo

**institute** ['ɪnstɪtju:t] Ⓐ N (= *research centre*) instituto *m*; (= *professional body*) colegio *m*, asociación *f*; (*for professional training*) escuela *f*; (*US*) (= *course*) curso *m*, cursillo *m*

Ⓑ VT (= *begin*) [+ *inquiry*] iniciar, empezar; (= *found*) fundar, instituir; (*Jur*) [+ *proceedings*] entablar

**institution** [,ɪnstɪ'tju:ʃən] N [1] (= *act*) (= *founding*) fundación *f*, institución *f*; (= *initiation*) iniciación *f*; (*Jur*) [*of proceedings*] entablación *f*

[2] (= *organization*) institución *f*

[3] (= *workhouse*) asilo *m*; (= *madhouse*) manicomio *m*; (= *hospital*) hospital *m*

[4] (= *custom*) institución *f*; **tea is a British ~** el té es una institución en Gran Bretaña; **it is too much of an ~ to abolish** es una costumbre demasiado arraigada para poder abolirla

[5] (= *person*) **he became an ~ at the Daily Star** se convirtió en toda una institución en el Daily Star

**institutional** [,ɪnstɪ'tju:ʃənl] Ⓐ ADJ [*structure, resources*] institucional, de las instituciones; [*change, inefficiency*] institucional

Ⓑ CPD ► **the institutional church** N la iglesia institucional ► **institutional investor** N inversor(a) *m/f* institucional

**institutionalize** [,ɪnstɪ'tju:ʃnəlaɪz] VT [1] (= *put into institution*) [+ *patient*] internar en una institución

[2] (= *establish officially*) [+ *practices, values*] institucionalizar

**institutionalized** [,ɪnstɪ'tju:ʃənə,laɪzd] ADJ [1] (= *living in an institution*) **~ elderly people** personas *fpl* mayores internadas en residencias; **~ children** niños *mpl* que están bajo la custodia; **~ mental patients** enfermos *mpl* mentales ingresados en una institución

[2] (= *affected by living in an institution*) **to become ~** (*Psych*) *habituarse al régimen de vida de un hospital, una cárcel u otra institución de forma que se convierte en un modo de vida*

[3] (= *established*) [*custom, practice, value*] institucionalizado; **to become ~** institucionalizarse; **homelessness is becoming ~** el hecho de que exista gente sin hogar se está institucionalizando

**in-store** ['ɪn,stɔ:^r] ADJ en el establecimiento

**instruct** [ɪn'strʌkt] VT [1] (= *teach*) **to ~ sb in sth** enseñar algo a algn, instruir a algn en algo

[2] (= *order*) **to ~ sb to do sth** mandar *or* ordenar a algn que haga algo; **we were ~ed to stay where we were** se nos ordenó que permaneciéramos donde estábamos

[3] (*Brit*) [+ *solicitor, barrister*] dar instrucciones a, instruir

**instruction** [ɪn'strʌkʃən] Ⓐ N [1] (= *teaching*) instrucción *f*, enseñanza *f*; **to give sb ~ in mathematics/fencing** dar clases de matemáticas/esgrima a algn, enseñar matemáticas/esgrima a algn

[2] (= *order*) orden *f*; **to give sb ~s to do sth** dar órdenes *or* instrucciones a algn de que haga algo; **I gave him strict ~s not to touch it** le di órdenes estrictas de que no lo tocara; **we have given ~s for the transfer of funds** hemos cursado órdenes para la transferencia de fondos; **~s for use** modo *msing* de empleo; **on the ~s of** por orden de

[3] (*Comput*) instrucción *f*

Ⓑ CPD ► **instruction book, instruction manual** N manual *m* de instrucciones

**instructive** [ɪn'strʌktɪv] ADJ [*experience*] instructivo

**instructor** [ɪn'strʌktə^r] N instructor(a) *m/f*; (*US Univ*) profesor(a) *m/f* auxiliar; (*also* **ski ~**) monitor(a) *m/f*; **dance ~** profesor(a) *m/f* de baile; **flying ~** monitor(a) *m/f* de vuelo; *see also* **driving C**

**instructress** [ɪn'strʌktrɪs] N instructora *f*; **dance ~** profesora *f* de baile

**instrument** ['ɪnstrʊmənt] Ⓐ N [1] (*Mus, gen*) instrumento *m*; **surgical ~s** instrumental *m* quirúrgico; **set of ~s** instrumental *m*; **to fly on ~s** volar por instrumentos

[2] (*fig*) instrumento *m*; **he was nothing more than her ~** él no era más que su instrumento

[3] (*Jur*) instrumento *m*

Ⓑ CPD ► **instrument board, instrument panel** N (*Aer*) tablero *m* de instrumentos, cuadro *m* de instrumentos; (*US Aut*) tablero *m* de mandos, salpicadero *m* (*Sp*)

**instrumental** [,ɪnstrʊ'mentl] ADJ [1] **to be ~ in** contribuir decisivamente a; **she had been ~ in getting him the job** ella contribuyó decisivamente a que consiguiera el empleo; **I was ~ in bringing Lisa and Danny together** yo hice que Liza y Danny se conocieran

[2] [*music, piece*] instrumental

**instrumentalist** [,ɪnstrʊ'mentəlɪst] N instrumentista *mf*

**instrumentality** [,ɪnstrʊmen'tælɪtɪ] N mediación *f*, agencia *f*; **by** *or* **through the ~ of** por medio de, gracias a

**instrumentation** [,ɪnstrʊmen'teɪʃən] N instrumentación *f*

**insubordinate** [,ɪnsə'bɔ:dənɪt] ADJ [*person, behaviour*] insubordinado

**insubordination** ['ɪnsə,bɔ:dɪ'neɪʃən] N insubordinación *f*

**insubstantial** [,ɪnsəb'stænʃəl] ADJ (*gen*) insustancial; [*meal*] poco sustancioso

**insufferable** [ɪn'sʌfərəbl] ADJ [*impertinence, arrogance, smugness*] insufrible, insoportable; [*heat*] insoportable, inaguantable; **he's ~!** ¡es insufrible!, ¡no hay quien lo aguante!

**insufferably** [ɪn'sʌfərəblɪ] ADV **it was ~ hot** hacía un calor insoportable *or* inaguantable; **it was ~ boring** fue de un aburrido insoportable; **he was ~ rude/arrogant** fue de lo más grosero/arrogante

**insufficiency** [,ɪnsə'fɪʃənsɪ] N insuficiencia *f*

**insufficient** [,ɪnsə'fɪʃənt] ADJ insuficiente

**insufficiently** [,ɪnsə'fɪʃəntlɪ] ADV insuficientemente; **his troops were ~ equipped** sus tropas iban insuficientemente pertrechadas; **the office is ~ staffed** la oficina no tiene el personal suficiente

**insular** ['ɪnsjələ^r] ADJ [1] (*Geog*) [*climate, location*] insular

[2] (*fig*) [*person, attitude*] estrecho de miras

**insularity** [,ɪnsjʊ'lærɪtɪ] N insularidad *f*; (*fig*) estrechez *f* de miras

**insulate** ['ɪnsjʊleɪt] VT (*gen*) aislar (**from** de)

**insulating tape** ['ɪnsjʊleɪtɪŋ,teɪp] N cinta *f* aislante

**insulation** [,ɪnsjʊ'leɪʃən] Ⓐ N (*gen*) aislamiento *m*; (*from cold*) aislamiento *m* térmico

Ⓑ CPD ► **insulation material** N material *m* aislante

**insulator** ['ɪnsjʊleɪtə^r] N (= *material*) aislante *m*; (= *appliance*) aislador *m*

**insulin** ['ɪnsjʊlɪn] N insulina *f*

**insult** ['ɪnsʌlt] Ⓐ N insulto *m*, injuria *f* (*frm*); **they are an ~ to the profession** son un insulto para la profesión; ✦***IDIOM* and to add ~ to injury** y para colmo de males, y por si esto fuera poco

Ⓑ [ɪn'sʌlt] VT [+ *person*] insultar, ofender; **he felt ~ed by this offer** tomó esta oferta como un insulto *or* una ofensa; **now don't feel ~ed** no te ofendas

**insulting** [ɪn'sʌltɪŋ] ADJ insultante, ofensivo

**insultingly** [ɪn'sʌltɪŋlɪ] ADV [*behave, talk*] ofensivamente, de modo insultante; **she was ~ dismissive** su desdén era insultante; **these adverts are ~ sexist** el sexismo de estos anuncios resulta todo un insulto

**insuperable** [ɪn'su:pərəbl] ADJ [*difficulty*] insuperable

**insuperably** [ɪn'su:pərəblɪ] ADV **~ difficult** dificilísimo

**insupportable** [,ɪnsə'pɔ:təbl] ADJ insoportable

**insurable** [ɪn'ʃʊərəbl] ADJ asegurable

**insurance** [ɪn'ʃʊərəns] Ⓐ N (*Comm*) seguro *m*; **~ against theft/fire/damage** seguro *m* contra robo/incendio/daños; **comprehensive/third party ~** seguro *m* a todo riesgo/contra terceros; **to take out ~** hacerse un seguro

Ⓑ CPD ► **insurance agent** N agente *mf* de seguros ► **insurance broker** N corredor(a) *m/f* de seguros, agente *mf* de seguros ► **insurance certificate** N certificado *m* de seguro ► **insurance claim** N demanda *f* de seguro ► **insurance company** N compañía *f* de seguros ► **insurance policy** N póliza *f* de seguros ► **insurance premium** N prima *f* del seguro

**insure** [ɪn'ʃʊə^r] VT [+ *house, property*] asegurar; **to ~ sb** *or* **sb's life** hacer un seguro de vida a algn; **to ~ o.s.** *or* **one's life** hacerse un seguro de vida; **to ~ sth against fire/theft** asegurar algo contra incendios/robo; **to ~ one's life for £500,000** hacerse un seguro de vida por valor de 500.000 libras; **to be ~d to do sth** tener un seguro que permite hacer algo; **I'm ~d to drive any car** tengo un seguro que me permite conducir cualquier coche; **I'm ~d to drive my husband's car** estoy en el seguro del coche de mi marido

**insured** [ɪn'ʃʊəd] Ⓐ ADJ [*person, building, vehicle*] asegurado; **are you ~?** ¿estás asegurado?, ¿tienes seguro?; **what is the sum ~?** ¿qué suma cubre el seguro?; **to be ~ against fire/theft** estar asegurado contra incendios/robo; **it's ~ for £5,000** está asegurado en 5.000 libras

Ⓑ N **the ~** el/la asegurado/a

**insurer** [ɪn'ʃʊərə^r] N asegurador(a) *m/f*

**insurgency** [ɪn'sɜːdʒənsɪ] N insurrección *f*

**insurgent** [ɪn'sɜːdʒənt] Ⓐ N insurgente *mf*, insurrecto/a *m/f*
Ⓑ ADJ insurgente, insurrecto

**insurmountable** [ˌɪnsə'maʊntəbl] ADJ insuperable

**insurrection** [ˌɪnsə'rekʃən] N insurrección *f*

**insurrectionary** [ˌɪnsə'rekʃnərɪ] ADJ rebelde, insurreccional

**insurrectionist** [ˌɪnsə'rekʃənɪst] N insurgente *mf*, insurrecto/a *m/f*

**Int.** ABBR = **International**

**int.** ABBR (*Fin*) = **interest**

**intact** [ɪn'tækt] ADJ intacto; **not a window was left ~** no quedó cristal sano *or* sin romper; **I managed to keep my sense of humour ~** conseguí mantener intacto *or* no perder mi sentido del humor

**intake** ['ɪnteɪk] Ⓐ N [1] (*Tech*) [*of air, gas etc*] entrada *f*; [*of water*] toma *f*
[2] (= *quantity*) [*of food*] consumo *m*; **what is your student ~?** ¿cuántos alumnos se matriculan (cada año)?
Ⓑ CPD ► **intake valve** N válvula *f* de admisión, válvula *f* de entrada

**intangible** [ɪn'tændʒəbl] Ⓐ ADJ (*gen*) intangible
Ⓑ CPD ► **intangible assets** NPL activo *msing* intangible

**integer** ['ɪntɪdʒəʳ] N entero *m*, número *m* entero

**integral** ['ɪntɪgrəl] Ⓐ ADJ (= *essential*) [*part*] integrante, esencial; **it is an ~ part of the plan** es parte integrante *or* esencial del proyecto
Ⓑ N (*Math*) integral *f*
Ⓒ CPD ► **integral calculus** N (*Math*) cálculo *m* integral

**integrate** ['ɪntɪgreɪt] Ⓐ VT integrar (*also Math*); **to ~ aid with long-term development** integrar la ayuda con el desarrollo a largo plazo; **to ~ a new pupil into the class** integrar a un nuevo alumno en la clase
Ⓑ VI integrarse (**into** en)

**integrated** ['ɪntɪgreɪtɪd] Ⓐ ADJ [*plan*] integrado, de conjunto; [*personality*] equilibrado; [*population, school*] integrado, sin separación racial; **to become ~ (into)** integrarse (en)
Ⓑ CPD ► **integrated circuit** N (*Comput*) circuito *m* integrado

**integration** [ˌɪntɪ'greɪʃən] N integración *f* (**in, into** en)

**integrator** ['ɪntɪgreɪtəʳ] N integrador *m*

**integrity** [ɪn'tegrɪtɪ] N [*of person*] integridad *f*, honradez *f*; (*Comput*) integridad *f*

**integument** [ɪn'tegjʊmənt] N (*frm*) integumento *m*

**intellect** ['ɪntɪlekt] N [1] (= *reasoning power*) intelecto *m*, inteligencia *f*
[2] (= *person*) cerebro *m*

**intellectual** [ˌɪntɪ'lektjʊəl] Ⓐ ADJ intelectual *mf*
Ⓑ N intelectual *mf*
Ⓒ CPD ► **intellectual property** N propiedad *f* intelectual

**intellectualize** [ˌɪntɪ'lektjʊəlaɪz] Ⓐ VT intelectualizar, racionalizar
Ⓑ VI dar razones

**intellectually** [ˌɪntɪ'lektjʊəlɪ] ADV [*stimulating, demanding, inferior*] intelectualmente; (= *from an intellectual point of view*) intelectualmente, desde el punto de vista del intelecto

**intelligence** [ɪn'telɪdʒəns] Ⓐ N [1] (= *cleverness*) inteligencia *f*
[2] (= *information*) información *f*, inteligencia *f*; **according to our latest ~** según las últimas noticias
Ⓑ CPD ► **intelligence agent** N agente *mf* de inteligencia, agente *mf* secreto ► **Intelligence Corps** N (*Brit Mil*) Cuerpo *m* de Informaciones ► **intelligence officer** N oficial *mf* de informaciones ► **intelligence quotient (IQ)** N cociente *m* intelectual *or* de inteligencia ► **intelligence service** N servicio *m* de información *or* inteligencia ► **intelligence test** N test *m* de inteligencia ► **intelligence work** N trabajo *m* de inteligencia

**intelligent** [ɪn'telɪdʒənt] ADJ inteligente

**intelligently** [ɪn'telɪdʒəntlɪ] ADV inteligentemente

**intelligentsia** [ɪnˌtelɪ'dʒentsɪə] N intelectualidad *f*

**intelligibility** [ɪnˌtelɪdʒə'bɪlɪtɪ] N inteligibilidad *f*

**intelligible** [ɪn'telɪdʒəbl] ADJ inteligible, comprensible; **his prose is so laboured it is scarcely ~** su prosa es tan elaborada que resulta apenas inteligible

**intelligibly** [ɪn'telɪdʒəblɪ] ADV inteligiblemente, de modo inteligible

**INTELSAT** ['ɪntelˌsæt] N ABBR = **International Telecommunications Satellite Organization**

**intemperance** [ɪn'tempərəns] N (= *lack of self-restraint*) intemperancia *f*, inmoderación *f*; (= *drunkenness*) exceso *m* en la bebida

**intemperate** [ɪn'tempərɪt] ADJ [*person*] (= *immoderate*) desmedido, destemplado; (= *drunken*) dado a la bebida, que bebe con exceso; [*climate*] inclemente

▼ **intend** [ɪn'tend] VT [1] (*with noun*) **it's ~ed for John** está destinado a Juan, es para Juan; **no offence was ~ed ◊ he ~ed no offence** no tenía intención de ofender a nadie, no fue su intención ofender a nadie; **I ~ no disrespect** no es mi intención faltarle al respeto a nadie; **that remark was ~ed for you** esa observación iba dirigida a ti; **it was ~ed as a compliment** se dijo como un cumplido; **I ~ed no harm** lo hice sin mala intención; **is that what you ~ed?** ¿fue eso lo que se proponía?
[2] (*with verb*) **to ~ to do sth ◊ ~ doing sth** pensar hacer algo; **what do you ~ to do about it?** ¿qué piensas hacer al respecto?; **I ~ him to come too** quiero que venga él también; **this scheme is ~ed to help** este proyecto tiene la finalidad de ayudar; **I ~ that he should see it** quiero que él lo vea; **I fully ~ to punish him** tengo la firme intención de castigarlo

**intended** [ɪn'tendɪd] Ⓐ ADJ [*effect*] deseado
Ⓑ N († *also hum*) prometido/a *m/f*

**intense** [ɪn'tens] ADJ [1] (= *extreme*) [*heat, cold, pain*] intenso; [*interest, enthusiasm, happiness*] enorme; [*emotion, fear, anger, hatred*] intenso, profundo; [*gratitude*] profundo; [*colour*] intenso, vivo; [*light*] intenso, fuerte; **this sparked ~ speculation** esto dio pie a mucha especulación
[2] (= *concentrated*) [*activity, fighting, negotiations*] intenso; **she wore an expression of ~ concentration** su expresión era de intensa concentración
[3] (= *impassioned*) [*person, face, expression*] apasionado, vehemente; [*relationship*] intenso; [*eyes*] penetrante; [*gaze*] intenso, penetrante; **she's very ~** se lo toma todo como si le fuera la vida en ello; **an ~ debate** un intenso debate

**intensely** [ɪn'tenslɪ] ADV [1] (= *extremely*) [*interesting, boring, competitive*] sumamente; [*irritated*] sumamente, tremendamente; [*grateful, moving*] profundamente, sumamente; **difficulties of an ~ personal nature** dificultades de carácter sumamente personal; **to be ~ angry** estar terriblemente enfadado *or* (*LAm*) enojado, estar enfadadísimo *or* (*LAm*) enojadísimo
[2] (= *concentratedly*) [*work, fight, concentrate*] intensamente
[3] (= *with passion*) [*look, love*] intensamente; [*discuss*] apasionadamente; [*say*] con pasión; **I dislike it ~** me desagrada profundamente; **why do you dislike her so ~?** ¿por qué te resulta tan antipática?; **he was staring ~ at me** me miraba fija e intensamente; **they argued the point ~** lo discutieron acaloradamente

**intensification** [ɪnˌtensɪfɪ'keɪʃən] N intensificación *f*

**intensifier** [ɪn'tensɪˌfaɪəʳ] N intensificador *m*

**intensify** [ɪn'tensɪfaɪ] Ⓐ VI [*desire, frustration, dislike*] intensificarse; [*pain*] agudizarse; [*odour*] hacerse más intenso; [*rain*] arreciar; [*fighting*] recrudecerse, intensificarse
Ⓑ VT [+ *fear*] intensificar, incrementar; [+ *pain*] agudizar; [+ *attack*] recrudecer, intensificar

**intensity** [ɪn'tensɪtɪ] N [1] (= *strength*) [*of heat, cold, emotion, pain, light*] intensidad *f*
[2] (= *passion*) [*of expression, relationship, debate, fighting*] intensidad *f*; [*of person*] vehemencia *f*; **she looked at me with such ~ that ...** me miró con tal intensidad que ..., me miró de una forma tan intensa que ...

**intensive** [ɪn'tensɪv] Ⓐ ADJ [*course*] intensivo; [*negotiations, bombardment*] intenso; [*study*] profundo, detenido; (*esp for exam*) intensivo
Ⓑ CPD ► **intensive care** N cuidados *mpl* intensivos; **to be in ~ care** estar en cuidados intensivos ► **intensive care unit** N unidad *f* de cuidados intensivos

**intensively** [ɪn'tensɪvlɪ] ADV [*bombard*] intensamente; [*study*] profundamente, detenidamente; (*esp for exam*) intensivamente

**intent** [ɪn'tent] Ⓐ ADJ [1] (= *determined*) **to be ~ on doing sth** estar resuelto *or* decidido a hacer algo
[2] (= *absorbed*) absorto; **to be ~ on sth** estar absorto en algo
Ⓑ N propósito *m*, intención *f*; **with ~ to** + INFIN con el propósito de + *infin*; **with ~ to kill** con intentos homicidas; **to all ~s and purposes** prácticamente, en efecto

▼ **intention** [ɪn'tenʃən] N intención *f*, propósito *m*; **I have no ~ of going** no tengo la menor intención de ir; **I have every ~ of going** tengo plena intención de ir; **with the best of ~s** con la mejor intención; **what are your ~s?** ¿qué piensas hacer?, ¿qué proyectos tienes?; **his ~s toward the girl were strictly honourable** pensaba casarse con la joven

**intentional** [ɪn'tenʃənl] ADJ [*lie, insult*] deliberado; [*omission, injury, infliction of pain*] intencionado, deliberado; **if I offended you it wasn't ~** si te ofendí fue sin querer *or* no fue a propósito

**intentionally** [ɪn'tenʃnəlɪ] ADV [*do, hurt, discriminate*] a propósito, adrede; [*mislead*] intencionadamente; **he believed he had been ~ misled** creía que había sido engañado intencionadamente *or* de forma intencionada; **the figures are ~ misleading** las cifras están presentadas de manera equívoca a propósito

**intently** [ɪn'tentlɪ] ADV atentamente, fijamente

**intentness** [ɪn'tentnɪs] N (= *concentration*) atención *f*; [*of gaze*] intensidad *f*; **~ of purpose** resolución *f*

**inter** [ɪn'tɜːʳ] VT enterrar, sepultar

➤ LANGUAGE IN USE: **intend 2** 8.1, 8.2, 8.4 **intention** 8.4

**inter...** ['ɪntəʳ] PREFIX inter..., entre...

**interact** [ˌɪntər'ækt] VI influirse mutuamente, interactuar; **to ~ with sb** relacionarse con algn

**interaction** [ˌɪntər'ækʃən] N interacción *f*, interrelación *f*

**interactive** [ˌɪntər'æktɪv] ADJ (*gen, Comput*) interactivo

**interactively** [ˌɪntər'æktɪvlɪ] ADV (*gen, Comput*) interactivamente

**inter alia** [ˌɪntər'ælɪə] ADV entre otros

**inter-bank** ['ɪntəˌbæŋk] Ⓐ ADJ interbancario
Ⓑ CPD ► **inter-bank loan** N préstamo *m* entre bancos ► **inter-bank rate** N tasa *f* de descuento entre bancos

**interbreed** ['ɪntə'briːd] (*pt, pp* **interbred** ['ɪntə'bred]) Ⓐ VT cruzar
Ⓑ VI cruzarse

**intercalate** [ɪn'tɜːkəleɪt] VT intercalar

**intercalation** [ɪnˌtɜːkə'leɪʃən] N intercalación *f*

**intercede** [ˌɪntə'siːd] VI interceder (**for** por; **with** con); **to ~ on sb's behalf** interceder por algn

**intercept** [ˌɪntə'sept] VT (= *interfere with*) [+ *message, missile*] interceptar; (= *stop*) detener; (= *cut off*) atajar, cortar; (*Sport*) [+ *pass*] cortar, interceptar; (*Math*) cortar

**interception** [ˌɪntə'sepʃən] N [*of message, missile*] intercepción *f*; (*Sport*) corte *m*, intercepción *f*

**interceptor** [ˌɪntə'septəʳ] N interceptor *m*

**intercession** [ˌɪntə'seʃən] N intercesión *f*, mediación *f*

**interchange** Ⓐ [ˌɪntə'tʃeɪndʒ] VT [1] (= *exchange*) [+ *views, ideas*] intercambiar, cambiar; [+ *prisoners, publications*] canjear
[2] (= *alternate*) alternar
Ⓑ ['ɪntətʃeɪndʒ] N [1] [*of views, ideas*] intercambio *m*, cambio *m*; [*of prisoners, publications*] canje *m*
[2] (*on motorway etc*) nudo *m* de carreteras, paso *m* elevado, paso *m* a desnivel (*LAm*)

**interchangeable** [ˌɪntə'tʃeɪndʒəbl] ADJ intercambiable

**interchangeably** [ˌɪntə'tʃeɪndʒəblɪ] ADV de manera intercambiable, intercambiando los dos *etc*

**intercity** ['ɪntə'sɪtɪ] Ⓐ N (*Brit Rail*) (*also* **~ train**) tren *m* interurbano, tren *m* intercity (*Sp*)
Ⓑ ADJ interurbano, intercity (*Sp*)

**intercollegiate** ['ɪntəkə'liːdʒɪɪt] ADJ interuniversitario

**intercom*** ['ɪntəkɒm] N intercomunicador *m*, interfono *m*

**intercommunicate** [ˌɪntəkə'mjuːnɪkeɪt] VI [*people, rooms*] comunicarse

**intercommunication** ['ɪntəkəˌmjuːnɪ'keɪʃən] N intercomunicación *f*

**intercommunion** [ˌɪntəkə'mjuːnɪən] N intercomunión *f*

**inter-company** [ˌɪntə'kʌmpənɪ] ADJ **~ relations** relaciones *fpl* entre compañías

**interconnect** [ˌɪntəkə'nekt] Ⓐ VT (*Elec, Comput*) interconectar; **all these problems are ~ed** todos estos problemas están interrelacionados
Ⓑ VI [*concepts*] interrelacionarse; [*trains*] enlazar

**interconnecting** [ˌɪntəkə'nektɪŋ] ADJ [*rooms*] comunicados; [*door, tunnel*] de comunicación; [*trains*] con correspondencia

**interconnection** [ˌɪntəkə'nekʃən] N interconexión *f*

**intercontinental** ['ɪntəˌkɒntɪ'nentl] Ⓐ ADJ intercontinental
Ⓑ CPD ► **intercontinental ballistic missile** N misil *m* balístico intercontinental

**intercostal** [ˌɪntə'kɒstl] ADJ intercostal

**intercourse** ['ɪntəkɔːs] N [1] (*frm*) relaciones *fpl*, trato *m*; (*Comm*) comercio *m*
[2] (*also* **sexual ~**) acto *m* sexual, coito *m*; **to have (sexual) ~ with sb** tener relaciones sexuales con algn

**intercut** [ˌɪntə'kʌt] VT alternar; **to be ~ with** (*Cine*) alternarse con

**interdenominational** ['ɪntədɪˌnɒmɪ'neɪʃənl] ADJ interconfesional

**interdepartmental** ['ɪntəˌdiːpɑːt'mentl] ADJ interdepartamental

**interdependence** [ˌɪntədɪ'pendəns] N interdependencia *f*

**interdependent** [ˌɪntədɪ'pendənt] ADJ interdependiente

**interdict** ['ɪntədɪkt] Ⓐ N entredicho *m*, interdicto *m*
Ⓑ VT (= *stop*) [+ *enemy shipping, aircraft, communications*] interceptar; (= *prohibit*) prohibir

**interdiction** [ˌɪntə'dɪkʃən] N (*Rel*) interdicción *f*; (*Mil*) intercepción *f*

**interdisciplinary** [ˌɪntə'dɪsɪplɪnərɪ] ADJ interdisciplinario

**interest** ['ɪntrɪst] Ⓐ N [1] (= *curiosity*) interés *m*; **to arouse sb's ~** despertar el interés de algn; **to have an ~ in sth** estar interesado en algo; **I have no further ~ in talking to them** ya no estoy interesado en hablar con ellos; **to lose ~ (in sth)** perder el interés (por *or* en algo); **of ~: the guidebook describes all the places of ~** la guía describe todos los lugares de interés; **it is of no ~ to us** no nos interesa; **is this of any ~ to you?** ¿te interesa esto?; **I'm doing it just out of ~** lo hago simplemente porque me interesa; **just out of ~, how much did it cost?** por simple curiosidad, ¿cuánto costó?; **to show (an) ~ (in sth/sb)** mostrar interés (por *or* en algo/por algn); **to take an ~ in sth/sb** interesarse por *or* en algo/por algn; **he took no ~ in his children** no se interesaba por sus hijos
[2] (= *hobby*) interés *m*; **my main ~ is reading** mi interés principal *or* mi pasatiempo favorito es la lectura; **what are your ~s?** ¿qué cosas te interesan?; **special ~ holidays** vacaciones *fpl* de grupos con un interés común
[3] (= *profit, advantage*) interés *m*; **a conflict of ~s** un conflicto de intereses; **in sb's ~(s): it is in your own ~ to confess** te conviene confesar; **it is not in his ~ to sell the house** no le conviene vender la casa; **they acted in the best ~s of their members** obraron en el mejor interés de sus miembros; **in the ~s of hygiene** por razones de higiene; **in the ~s of national unity** con el fin de preservar la unidad nacional; *see also* **heart A1**, **public A2**, **vested**
[4] (= *share, stake*) (*gen*) interés *m*; (*in company*) participación *f*; **he has sold his ~ in the company** ha vendido su participación en la empresa; **British ~s in the Middle East** los intereses británicos en el Medio Oriente; **he has business ~s abroad** tiene negocios en el extranjero; **to have a controlling/financial ~ in a company** tener una participación mayoritaria/tener acciones en una compañía; **to have an ~ in sth** (*gen*) tener interés *or* estar interesado en algo; (*in company*) tener participación en algo; **the West has an ~ in promoting democracy there** Occidente tiene interés *or* está interesado en promover allí la democracia
[5] (*Fin*) (*on loan, shares, savings*) interés *m*; **to bear ~** devengar *or* dar intereses; **it bears ~ at 5%** devenga *or* da un interés del 5%; **compound ~** interés *m* compuesto; **to earn ~** cobrar intereses; **the ~ on an investment** los intereses de una inversión; **simple ~** interés *m* simple; **shares that yield a high ~** acciones *fpl* que rinden bien; ✦***IDIOM*** **to repay sth/sb with ~: I repaid his bad manners with ~!** ¡le devolví los malos modales con creces!
Ⓑ VT [1] (= *arouse interest*) interesar; **it may ~ you to know that ...** puede que te interese saber que ...; **can I ~ you in a new car?** ¿estaría interesado en comprar un coche nuevo?
[2] (= *concern*) interesar; **the struggle against inflation ~s us all** la lucha contra la inflación nos interesa a todos
Ⓒ CPD ► **interest charges** NPL intereses *mpl* ► **interest group** N grupo *m* de gente con un mismo interés ► **interest payments** NPL pago *m* de intereses ► **interest rate** N tipo *m* *or* tasa *f* de interés

**interest-bearing** ['ɪntrɪstˌbeərɪŋ] ADJ con interés

**interested** ['ɪntrɪstɪd] ADJ interesado; **she seems very ~** parece muy interesada; **anyone ~ should apply in writing to ...** cualquier persona interesada debe dirigirse por escrito a ...; **I've got some books to sell, are you ~?** tengo unos libros que quiero vender, ¿te interesan?; **I'm going to the canteen, if anybody is ~** voy a la cafetería, si alguien se quiere apuntar; **to be ~ in sth: he's ~ in buying a car** está interesado en comprar un coche; **I'm not ~ in football** no me interesa el fútbol; **would you be ~ in my old wardrobe?** ¿te interesaría quedarte con mi armario viejo?; **to become** *or* **grow** *or* **get ~ in sth/sb** interesarse por algn/algo; **to get sb ~ in sth** hacer que algn se interese por algo; **I tried to get him ~ in opera** intenté hacer que se interesase por la ópera; **I soon got her ~ in my idea** pronto conseguí tenerla interesada en mi idea, pronto conseguí que se interesase por mi idea; **the ~ party** la parte interesada; **she was ~ to see what he would do** tenía curiosidad por ver qué es lo que haría; **I'd be ~ to know the outcome** me interesaría saber el resultado

**interest-free** [ˌɪntrɪst'friː] ADJ sin interés

**interesting** ['ɪntrɪstɪŋ] ADJ interesante; **it is ~ that** es interesante el hecho de que; **it was ~ for me** me pareció interesante; **that's an ~ point** ése es un punto interesante; **it will be ~ to see what happens** será interesante ver lo que ocurre

**interestingly** ['ɪntrɪstɪŋlɪ] ADV [*speak, write*] de manera interesante; **~ enough, I've been there before** curiosamente, ya he estado allí

**interface** ['ɪntəfeɪs] [1] N (*Comput*) interfaz *m or f*, interface *m or f*
[2] VI **to ~ with** conectar con; (*Comput*) comunicarse mediante interfaz con

**interfacing** ['ɪntəfeɪsɪŋ] N (= *interconnection*) interconexión *f*; (*Sew*) entretela *f*

**interfere** [ˌɪntə'fɪəʳ] VI [1] (= *pry, intrude*) entrometerse, meterse (**in** en); **he's always interfering** se mete en todo; **who told you to ~?** ¿quién te mete a ti en esto?; **stop interfering!** ¡deja de entrometerte!
[2] (= *meddle*) **to ~ with sth** manosear *or* tocar algo; **who has been interfering with the TV?** ¿quién ha estado tocando la televisión?
[3] (= *hinder*) **to ~ with sth** afectar a algo; **it mustn't ~ with my work** no debe afectar a mi trabajo; **I don't want to ~ with your plans**

no quiero interferir con tus planes
4 (*Rad, TV*) **to ~ with sth** interferir con algo

**interference** [ˌɪntəˈfɪərəns] N 1 (= *intrusion*) intromisión *f*
2 (*Rad, TV*) interferencia *f*

**interfering** [ˌɪntəˈfɪərɪŋ] ADJ [*neighbour*] entrometido

**interferon** [ˌɪntəˈfɪərɒn] N interferón *m*

**intergalactic** [ˌɪntəgəˈlæktɪk] ADJ intergaláctico

**intergovernmental** ADJ [ˌɪntəˌgʌvnˈmentl] ADJ intergubernamental

**interim** [ˈɪntərɪm] Ⓐ N **in the ~** en el ínterin *or* interín
Ⓑ ADJ [*president*] interino, provisional; [*measure, government, report, result*] provisional
Ⓒ CPD ► **interim dividend** N dividendo *m* a cuenta ► **interim payment** N pago *m* a cuenta ► **the interim period** N el ínterin *or* interín ► **interim profits** NPL (*Fin, Comm*) beneficios *mpl* trimestrales

**interior** [ɪnˈtɪərɪəʳ] Ⓐ ADJ 1 (= *inside*) [*door, wall, decor*] interior
2 (*Geog*) (= *central*) interior
3 (*Pol*) (= *domestic*) [*affairs*] interno; [*minister, department*] del interior
4 (*frm*) (= *inner*) [*life, world*] interior; [*thoughts*] íntimo
Ⓑ N 1 (= *inside*) [*of building, container, car*] interior *m*
2 (*Geog*) (= *centre*) **the ~** el interior (**of** de)
3 (*Pol*) (*in titles*) **Minister of the Interior** Ministro/a *m/f* del Interior; **Ministry of the Interior** Ministerio *m* del Interior, Secretaría *f* de Gobernación (*Mex*)
Ⓒ CPD ► **interior angle** N (*Math*) ángulo *m* interno ► **interior decoration** N interiorismo *m* ► **interior decorator** N interiorista *mf* ► **interior design** N interiorismo *m*, decoración *f* de interiores ► **interior designer** N interiorista *mf* ► **interior light** N (*in car*) luz *f* de dentro ► **interior sprung mattress** N colchón *m* de muelles

**interject** [ˌɪntəˈdʒekt] VT [+ *question, remark*] interponer; **"that's not true," he ~ed** —eso no es cierto —interpuso él

**interjection** [ˌɪntəˈdʒekʃən] N (= *exclamation*) exclamación *f*; (*Ling*) interjección *f*; (= *insertion*) interposición *f*

**interlace** [ˌɪntəˈleɪs] Ⓐ VT entrelazar
Ⓑ VI entrelazarse

**interlard** [ˌɪntəˈlɑːd] VT **to ~ with** salpicar de, entreverar de

**interleave** [ˌɪntəˈliːv] VT interfoliar, intercalar; (*Comput*) intercalar

**interleaving** [ˌɪntəˈliːvɪŋ] N interfoliación *f*, intercalación *f*; (*Comput*) intercalación *f*

**inter-library** [ˌɪntəˈlaɪbrərɪ] ADJ **~ loan** préstamo *m* interbibliotecario

**interline** [ˌɪntəˈlaɪn] VT 1 (*Typ*) interlinear, intercalar entre líneas
2 (*Sew*) entretelar

**interlinear** [ˌɪntəˈlɪnɪəʳ] ADJ interlineal

**interlink** [ˌɪntəˈlɪŋk] Ⓐ VT [+ *issues, interests*] interrelacionar, vincular; **the two issues are ~ed** las dos cuestiones están interrelacionadas, las dos cuestiones están vinculadas (entre sí)
Ⓑ VI interrelacionarse

**interlock** [ˌɪntəˈlɒk] Ⓐ VT trabar, entrelazar; [+ *wheels*] endentar, engranar
Ⓑ VI trabarse, entrelazarse; [*wheels*] endentarse, engranar; **the parts of the plan ~** las partes del plan tienen una fuerte trabazón
Ⓒ N 1 (*Mech*) enclavamiento *m*
2 [*of fabric*] **cotton ~ underwear** ropa *f* interior de algodón de punto

**interlocutor** [ˌɪntəˈlɒkjʊtəʳ] N (*frm*) interlocutor(a) *m/f*

**interloper** [ˈɪntələʊpəʳ] N intruso/a *m/f*

**interlude** [ˈɪntəluːd] N intervalo *m*, intermedio *m*; (*in theatre*) intermedio *m*; (= *musical interlude*) interludio *m*

**intermarriage** [ˌɪntəˈmærɪdʒ] N (*between races*) matrimonio *m* mixto; (*between relatives*) matrimonio *m* entre parientes

**intermarry** [ˈɪntəˈmærɪ] VI (*gen*) casarse entre sí; [*within family*] casarse entre parientes

**intermediary** [ˌɪntəˈmiːdɪərɪ] Ⓐ N intermediario/a *m/f*
Ⓑ ADJ intermediario

**intermediate** [ˌɪntəˈmiːdɪət] Ⓐ ADJ [*stage*] intermedio; **the course is available on three levels: beginner, ~ and advanced** el curso consta de tres niveles: elemental, medio *or* intermedio y avanzado
Ⓑ N intermediario/a *m/f*
Ⓒ CPD ► **intermediate range ballistic missile** N misil *m* balístico de alcance intermedio ► **intermediate range weapon** N arma *f* de alcance medio ► **intermediate stop** N escala *f* ► **intermediate technology** N tecnología *f* media

**interment** [ɪnˈtɜːmənt] N entierro *m*, sepelio *m*

**intermezzo** [ˌɪntəˈmetsəʊ] N (*pl* **intermezzos** *or* **intermezzi** [ˌɪntəˈmetsiː]) intermezzo *m*

**interminable** [ɪnˈtɜːmɪnəbl] ADJ [*speech, rain, journey etc*] interminable

**interminably** [ɪnˈtɜːmɪnəblɪ] ADV interminablemente

**intermingle** [ˌɪntəˈmɪŋgl] Ⓐ VT entremezclar
Ⓑ VI entremezclarse

**intermission** [ˌɪntəˈmɪʃən] N (= *pause*) interrupción *f*, intermisión *f*; (*between events*) intervalo *m*; (*Theat*) intermedio *m*; **it went on without ~** continuó sin interrupción

**intermittent** [ˌɪntəˈmɪtənt] ADJ intermitente

**intermittently** [ˌɪntəˈmɪtəntlɪ] ADV a ratos, a intervalos; **it rained ~** llovía a ratos *or* a intervalos; **they worked/met ~** trabajaban/se veían de cuando en cuando

**intern** Ⓐ [ɪnˈtɜːn] VT internar, recluir
Ⓑ [ˈɪntɜːn] N (*US*) (= *doctor*) interno/a *m/f*; (= *student on placement*) alumno/a *m/f* en prácticas

**internal** [ɪnˈtɜːnl] Ⓐ ADJ 1 [*wall*] interior; [*affairs, conflict, divisions*] interno
2 (*Med*) [*bleeding, examination, organ, injury*] interno
Ⓑ CPD ► **internal audit** N auditoría *f* interna ► **internal combustion engine** N motor *m* de combustión interna *or* de explosión ► **internal market** N mercado *m* interno *or* interior ► **Internal Revenue Service** N (*US*) ≈ Hacienda *f*

**internalization** [ɪnˌtɜːnəlaɪˈzeɪʃən] N interiorización *f*

**internalize** [ɪnˈtɜːnəlaɪz] VT interiorizar

**internally** [ɪnˈtɜːnəlɪ] ADV 1 (= *within organization, country*) internamente
2 (= *within o.s.*) por dentro, internamente
3 (*Med*) [*bleed*] internamente; **"not to be taken internally"** "sólo para uso externo"

**international** [ˌɪntəˈnæʃnəl] Ⓐ ADJ (*gen*) internacional
Ⓑ N (*Brit Sport*) (= *match*) partido *m* internacional; (= *player*) internacional *mf*
Ⓒ CPD ► **International Atomic Energy Agency** N Organización *f* Internacional de Energía Atómica ► **the International Brigade** N las Brigadas Internacionales ► **International Court of Justice** N Corte *f* Internacional de Justicia ► **international date line** N línea *f* de cambio de fecha ► **International Labour Organization** N Organización *f* Internacional del Trabajo ► **international law** N derecho *m* internacional ► **International Monetary Fund** N Fondo *m* Monetario Internacional ► **international money order** N giro *m* postal internacional ► **international reply coupon** N cupón *m* de respuesta internacional ► **International Standards Organization** N Organización *f* Internacional de Normalización

**Internationale** [ˌɪntəˌnæʃəˈnɑːl] N **the ~** la Internacional

**internationalism** [ɪntəˈnæʃnəlɪzəm] N internacionalismo *m*

**internationalist** [ˌɪntəˈnæʃnəlɪst] Ⓐ ADJ internacionalista
Ⓑ N internacionalista *mf*

**internationalize** [ˌɪntəˈnæʃnəlaɪz] VT internacionalizar

**internationally** [ɪntəˈnæʃnəlɪ] ADV [*function, compete*] internacionalmente; [*known, recognized*] mundialmente

**internecine** [ˌɪntəˈniːsaɪn] Ⓐ ADJ [*strife, feud, warfare*] intestina
Ⓑ CPD ► **internecine war** N guerra *f* de aniquilación mutua

**internee** [ˌɪntɜːˈniː] N prisionero/a *m/f* de guerra (*civil*)

**Internet** [ˈɪntənet] Ⓐ N **the ~** (el *or* la) Internet
Ⓑ CPD ► **Internet café** N cibercafé *m*

**internment** [ɪnˈtɜːnmənt] Ⓐ N internamiento *m*
Ⓑ CPD ► **internment camp** N campo *m* de internamiento

**interoperability** [ˌɪntərɒpərəˈbɪlɪtɪ] N (*Comput*) interoperabilidad *f*

**interpersonal** [ˌɪntəˈpɜːsənl] ADJ interpersonal

**interphone** [ˈɪntəˌfəʊn] N interfono *m*

**interplanetary** [ˌɪntəˈplænɪtərɪ] ADJ interplanetario

**interplay** [ˈɪntəpleɪ] N interacción *f*

**Interpol** [ˈɪntəˌpɒl] N ABBR (= **International Criminal Police Organization**) Interpol *f*

**interpolate** [ɪnˈtɜːpəleɪt] VT interpolar

**interpolation** [ɪnˌtɜːpəˈleɪʃən] N interpolación *f*

**interpose** [ˌɪntəˈpəʊz] VT 1 (= *insert*) interponer; **she tried to ~ herself between them** trató de interponerse entre ellos
2 [+ *remark*] interponer; **"never!" ~d John** —¡jamás! —interpuso John

▼ **interpret** [ɪnˈtɜːprɪt] Ⓐ VT 1 (= *translate orally*) traducir, interpretar
2 (= *explain, understand*) interpretar; **how are we to ~ that remark?** ¿cómo hemos de interpretar ese comentario?; **that is not how I ~ it** yo no lo entiendo así, yo lo entiendo de otro modo
Ⓑ VI (= *translate*) traducir; (= *work as interpreter*) trabajar de intérprete

**interpretation** [ɪnˌtɜːprɪˈteɪʃən] N (*gen*) interpretación *f*; (*Ling*) interpretación *f*, traducción *f*; **what ~ am I to place on your conduct?** ¿cómo he de interpretar tu conducta?; **the words bear another ~** las palabras pueden interpretarse de otro modo

**interpretative** [ɪnˈtɜːprɪtətɪv] ADJ = **interpretive**

**interpreter** [ɪnˈtɜːprɪtəʳ] N intérprete *mf*

**interpreting** [ɪnˈtɜːprɪtɪŋ] N interpretación *f*

**interpretive** [ɪnˈtɜːprɪtɪv] ADJ [*skills, process*] interpretativo

➤ LANGUAGE IN USE: interpret A2 26.3

**interregnum** [ˌɪntəˈregnəm] N (*pl* **interregnums** *or* **interregna** [ˌɪntəˈregnə]) interregno *m*

**interrelate** [ˌɪntərɪˈleɪt] Ⓐ VT interrelacionar
Ⓑ VI interrelacionarse

**interrelated** [ɪntərɪˈleɪtɪd] ADJ interrelacionado

**interrelation** [ˌɪntərɪˈleɪʃən] N interrelación *f*

**interrelationship** [ˌɪntərɪˈleɪʃənʃɪp] N interrelación *f*

**interrogate** [ɪnˈterəgeɪt] VT [+ *person*] interrogar, someter a un interrogatorio; (*Comput*) interrogar

**interrogation** [ɪnˌterəˈgeɪʃən] Ⓐ N interrogatorio *m*; (*Comput*) interrogación *f*
Ⓑ CPD ► **interrogation mark, interrogation point** (*US*) N signo *m* de interrogación, punto *m* de interrogación ► **interrogation room** N sala *f* de interrogatorios

**interrogative** [ˌɪntəˈrɒgətɪv] Ⓐ ADJ [*look, tone*] interrogador; (*Ling*) [*pronoun*] interrogativo
Ⓑ N (*Ling*) interrogativo *m*; **in the ~** en (forma) interrogativa

**interrogatively** [ˌɪntəˌrɒgətɪvlɪ] ADV **he looked up/looked at me ~** levantó la mirada/me miró con gesto interrogante

**interrogator** [ɪnˈterəgeɪtə^r^] N interrogador(a) *m/f*

**interrogatory** [ˌɪntəˈrɒgətərɪ] ADJ interrogante

**interrupt** [ˌɪntəˈrʌpt] Ⓐ VT interrumpir
Ⓑ VI interrumpir; **sorry to ~, but ...** perdonen que les interrumpa, pero ..., siento interrumpir, pero ...

**interruption** [ɪntəˈrʌpʃən] N interrupción *f*; **I need to be able to work without ~** necesito poder trabajar sin interrupciones *or* sin que nadie me interrumpa

**intersect** [ˌɪntəˈsekt] Ⓐ VT (*Math*) cortar
Ⓑ VI (*Math*) cortarse, intersecarse; [*roads*] cruzarse

**intersection** [ˌɪntəˈsekʃən] N (= *crossing*) intersección *f*, cruce *m*; (*Math*) intersección *f*

**intersperse** [ˌɪntəˈspɜːs] VT **a border of begonias ~d with geraniums** un arriate de begonias entremezcladas *or* intercaladas con geranios; **a speech ~d with jokes** un discurso salpicado de chistes; **sunny periods ~d with showers** periodos *mpl* de sol con intervalos de chubascos irregulares

**interstate** [ˌɪntəˈsteɪt] ADJ [*relations, commerce*] interestatal, entre estados; (*US*) [*highway*] interestatal

**interstellar** [ˌɪntəˈstelə^r^] ADJ interestelar

**interstice** [ɪnˈtɜːstɪs] N intersticio *m*

**intertextuality** [ˌɪntətekstjʊˈælɪtɪ] N intertextualidad *f*

**intertwine** [ˌɪntəˈtwaɪn] Ⓐ VI [*limbs, fingers, plants*] entrelazarse; [*fates, destinies*] cruzarse, entrecruzarse
Ⓑ VT [+ *limbs, fingers, plants*] entrelazar; [+ *fates, destinies*] cruzar, entrecruzar; [+ *interests*] interrelacionar

**interurban** [ˌɪntɜːˈɜːbən] ADJ interurbano

**interval** [ˈɪntəvəl] N [1] (*in time, space*) intervalo *m*; (*Theat*) intermedio *m*; (*more formally*) entreacto *m*; (*Sport*) (= *half time*) descanso *m*; **at ~s** (*in time*) a intervalos; (*in space*) a intervalos, cada cierta distancia; **at regular ~s** (*in time, space*) a intervalos regulares; **baste the meat at ~s of 15 minutes** *or* **at 15-minute ~s** rocíe la carne con su jugo cada 15 minutos; **sunny ~s** claros *mpl*; **there was an ~ for meditation** se hizo una pausa para la meditación
[2] (*Mus*) intervalo *m*

**intervene** [ˌɪntəˈviːn] VI [1] (= *take part*) [*person*] intervenir, tomar parte (**in** en); [*government*] intervenir (**in** en)
[2] (= *step in*) [*person*] interponerse; [*fate*] cruzarse, interponerse; **we were to marry but the war ~d** íbamos a casarnos pero se interpuso la guerra; **to ~ (with sb) on sb's behalf** interceder por algn (ante algn)
[3] (= *crop up*) surgir, sobrevenir; **if nothing ~s to prevent it** si no surge nada que lo impida

➤ LANGUAGE IN USE: **interview** A 19.3

**intervening** [ˌɪntəˈviːnɪŋ] ADJ intermedio; **in the ~ period** en el ínterin *or* interín; **in the ~ years** en el transcurso de esos años

**intervention** [ˌɪntəˈvenʃən] Ⓐ N (*gen*) intervención *f*
Ⓑ CPD ► **intervention price** N precio *m* de intervención

**interventionism** [ˌɪntəˈvenʃənɪzəm] N intervencionismo *m*

**interventionist** [ˌɪntəˈvenʃənɪst] Ⓐ ADJ intervencionista
Ⓑ N intervencionista *mf*

▼**interview** [ˈɪntəvjuː] Ⓐ N entrevista *f*; (*for press, TV*) entrevista *f*, interviú *f or m*; **to have an ~ with sb** entrevistarse con algn
Ⓑ VT [+ *person*] entrevistar; (*for press, TV*) hacer una entrevista *or* interviú a; **3% of those ~ed did not know that ...** un 3 por cien de los entrevistados ignoraba que ...
Ⓒ VI **they are ~ing for this post tomorrow** mañana realizarán las entrevistas para este puesto; **I don't ~ very well** no se me dan muy bien las entrevistas

**interviewee** [ˈɪntəˌvjuːˈiː] N entrevistado/a *m/f*

**interviewer** [ˈɪntəvjuːə^r^] N (*on radio, for job*) entrevistador(a) *m/f*

**inter vivos** [ˈɪntəˈviːvɒs] ADJ (*Jur*) **~ gift** donación *f* inter vivos

**inter-war** [ˌɪntəˈwɔː^r^] ADJ **the ~ years** el período de entreguerras

**interweave** [ˌɪntəˈwiːv] (*pt* **interwove**; *pp* **interwoven**) VT entretejer

**intestate** [ɪnˈtestɪt] ADJ **to die ~** morir intestado

**intestinal** [ˌɪntesˈtaɪnl] ADJ [*tract, complaint*] intestinal

**intestine** [ɪnˈtestɪn] N intestino *m*; **small/large ~** intestino *m* delgado/grueso

**intifada** [ˌɪntɪˈfɑːdə] N intifada *f*

**intimacy** [ˈɪntɪməsɪ] N [1] (= *closeness*) intimidad *f*; **I read the letter in the ~ of my bedroom** leí la carta en la intimidad de mi habitación; **there had never been any sexual ~ between them** nunca habían mantenido relaciones íntimas; **the ~ of his knowledge on the subject** su profundo conocimiento de la materia
[2] **intimacies** (*spoken*) intimidades *fpl*; (*sexual*) intimidad *f* (física), proximidad *f* (física)

**intimate** Ⓐ ADJ [ˈɪntɪmɪt] [*relationship, contact, conversation, meal*] íntimo; [*friend*] íntimo, de confianza; [*friendship, connection*] íntimo, estrecho; [*details*] íntimo, personal; **it's an ~ little restaurant** es un pequeño restaurante de ambiente íntimo; **an ~ atmosphere** un ambiente íntimo; **to be/become ~ with sb** (*friendly*) intimar con algn; (*sexually*) tener relaciones (íntimas) con algn; **~ hygiene** (*euph*) higiene *f* íntima; **to have an ~ knowledge of a subject** tener un profundo conocimiento de una materia, conocer una materia a fondo; **he had an ~ knowledge of the city** conocía muy bien la ciudad; **to be on ~ terms with sb** ser íntimo de algn
Ⓑ [ˈɪntɪmeɪt] VT insinuar, dar a entender; **he ~d his approval** insinuó *or* dio a entender que lo aprobaba; **she ~d that she was ready for a change** insinuó *or* dio a entender que estaba lista para un cambio; **he ~d to the president that ...** le insinuó *or* le dio a entender al presidente que ...
Ⓒ [ˈɪntɪmɪt] N amigo/a *m/f* de confianza; (*pej*) compinche *mf*

**intimately** [ˈɪntɪmɪtlɪ] ADV íntimamente; **to be ~ acquainted with sb** (*in a friendly way*) conocer a algn íntimamente; **to be ~ acquainted with a subject** tener un profundo conocimiento de una materia, conocer una materia a fondo; **to be ~ involved in sth** estar muy involucrado en algo; **Inspector Green was ~ involved in the case** el Inspector Green estaba muy involucrado en el caso *or* estaba metido a fondo en el caso; **to know sb ~** (*as friends*) conocer a algn íntimamente; (*sexually*) tener relaciones íntimas con algn; **musicians whose work she knew ~** músicos *mpl* cuyo trabajo conocía a fondo *or* en profundidad; **to talk ~** tener una conversación íntima

**intimation** [ˌɪntɪˈmeɪʃən] N [1] (= *suggestion*) indicación *f*; **it was the first ~ we had had of it** fue la primera indicación que tuvimos de ello; **did you have any ~ that this would happen?** ¿hubo algo que te hiciera pensar que esto sucedería?
[2] (= *hint*) insinuación *f*; **her ~ that there would be redundancies worried me** su insinuación de que habría despidos me preocupó

**intimidate** [ɪnˈtɪmɪdeɪt] VT intimidar

**intimidating** [ˌɪnˈtɪmɪdeɪtɪŋ] ADJ amedrentador, intimidante

**intimidation** [ɪnˌtɪmɪˈdeɪʃən] N intimidación *f*

**intimidatory** [ɪnˌtɪmɪˈdeɪtərɪ] ADJ intimidatorio

**into** [ˈɪntʊ] PREP

> *when* **into** *is an element in a phrasal verb, eg* **break into, enter into, look into, walk into,** *look up the verb*

[1] (*of place*) en, dentro de; **put it ~ the car/bag/cupboard** mételo en el *or* dentro del coche/bolso/armario; **to get ~ bed** meterse a la cama; **to get ~ a car** subir(se) a un coche; **he helped his mother ~ the car** ayudó a su madre a subir al coche; **to go ~ the country** ir al campo; **I poured the milk ~ a cup** vertí la leche en una taza; **he went off ~ the desert** partió hacia el interior del desierto *or* adentrándose en el desierto; **he went further ~ the forest** siguió adentrándose en el bosque; **it fell ~ the lake** se cayó al lago; **they got ~ the plane** subieron al avión; **to come/go ~ a room** entrar en una habitación; **to go ~ town** ir al centro de la ciudad; **to go ~ the wood** adentrarse *or* penetrar en el bosque; *see also* **go into 3**
[2] (*of time*) **it continued well** *or* **far ~ 1996** siguió hasta bien entrado 1996; **we talked far ~ the night** charlamos hasta bien entrada la noche; **he's well ~ his fifties** tiene cincuenta y tantos largos
[3] (*change in condition etc*) **to change ~ a monster** volverse un *or* convertirse en un monstruo; **to change pounds ~ dollars** cambiar libras por dólares; **the rain changed ~ snow** la lluvia se convirtió en nieve; **they divided ~ two groups** se dividieron en dos grupos; **to translate sth ~ Spanish** traducir algo al español; **it turned ~ a pleasant day** resultó *or* se hizo un día muy agradable; *see also* **burst into, change C, divide, grow A1, translate, turn B5**
[4] (*Math*) **to divide 3 ~ 12** dividir doce entre tres; **2 ~ 6 goes 3** seis entre dos son tres
[5] **to be ~ sth***: **he is really ~ jazz** es un gran aficionado al *or* del jazz; **to be ~ drugs** meterse drogas, andar metido en drogas;

**she's ~ health food** le va mucho lo de la comida sana; **what are you ~ now?** ¿a qué te dedicas ahora?; **the children/puppies are ~ everything!** ¡los críos/perritos andan revolviéndolo todo!

▼**intolerable** [ɪn'tɒlərəbl] ADJ intolerable; **this is ~!** ¡esto es intolerable!; **it is ~ that** es intolerable que + *subjun*, no se puede consentir que + *subjun*

**intolerably** [ɪn'tɒlərəblɪ] ADV [*ache*] insoportablemente; **he is ~ vain** es tremendamente vanidoso; **it was ~ hot** hacía un calor insoportable

**intolerance** [ɪn'tɒlərəns] N (*gen*) intolerancia *f*; (= *bigotry*) intransigencia *f*; (*Med*) intolerancia *f* (**to, of** a); **food ~** intolerancia *f* a los alimentos

**intolerant** [ɪn'tɒlərənt] ADJ (*gen*) intolerante (**of** con *or* para con); (= *bigoted*) intransigente (**of** con); **to be ~ of sth** (*gen*) no tolerar algo; (*Med*) **he is ~ of certain drugs/foods** tiene intolerancia a ciertos medicamentos/alimentos, su cuerpo no tolera ciertos medicamentos/alimentos

**intonation** [,ɪntəʊ'neɪʃən] N entonación *f*

**intone** [ɪn'təʊn] VT entonar; (*Rel*) salmodiar

**in toto** [ɪn'təʊtəʊ] ADV en total, en conjunto

**intoxicant** [ɪn'tɒksɪkənt] Ⓐ ADJ embriagador
Ⓑ N (= *drink*) bebida *f* alcohólica; (= *drug*) estupefaciente *m*

**intoxicate** [ɪn'tɒksɪkeɪt] VT [1] (*lit*) (*frm*) [*alcohol*] embriagar; [*poison*] intoxicar
[2] (*fig*) (*liter*) [*victory, success, beauty*] embriagar (*liter*)

**intoxicated** [ɪn'tɒksɪkeɪtɪd] ADJ [1] (*lit*) (*frm*) (= *drunk*) ebrio, en estado de embriaguez; **to become ~** alcanzar un estado de embriaguez
[2] (*fig*) (*liter*) embriagado (*liter*), ebrio; **to be ~ by sth** (*by victory, success*) estar embriagado *or* ebrio a causa de algo; **to be ~ with sth** estar embriagado *or* ebrio de algo; **to feel ~** sentirse embriagado

**intoxicating** [ɪn'tɒksɪkeɪtɪŋ] ADJ [1] (*frm*) (*lit*) [*substance*] narcótico, estupefaciente; **an ~ mixture of gin, vodka and coke** una mezcla de ginebra, vodka y Coca Cola con un efecto narcótico; **~ drink** *or* **liquor** bebida *f* alcohólica
[2] (*fig*) (*liter*) [*success, perfume, atmosphere*] embriagador

**intoxication** [ɪn,tɒksɪ'keɪʃən] N [1] (*frm*) (*lit*) (*by alcohol*) embriaguez *f*, intoxicación *f* etílica (*frm or hum*); (*Med*) (*by toxic substance*) intoxicación *f*
[2] (*fig*) (*liter*) embriaguez *f*

**intra...** ['ɪntrə] PREFIX intra...

**intractability** [ɪn,træktə'bɪlətɪ] N [*of person*] intratabilidad *f*; [*of situation*] dificultad *f*; [*of problem*] insolubilidad *f*; (*Med*) [*of illness*] incurabilidad *f*

**intractable** [ɪn'træktəbl] ADJ [*person*] intratable; (= *unruly*) indisciplinado; [*problem*] insoluble, espinoso; [*illness*] incurable

**intramural** [,ɪntrə'mjʊərəl] ADJ (*US Univ*) dentro de la universidad; (= *within organization, country*) interno

**intramuscular** [,ɪntrə'mʌskjʊlə^r] ADJ intramuscular

**intranet** ['ɪntrənet] N (*Comput*) intranet *f*

**intransigence** [ɪn'trænsɪdʒəns] N intransigencia *f*

**intransigent** [ɪn'trænsɪdʒənt] ADJ intransigente

▼**intransitive** [ɪn'trænsɪtɪv] ADJ (*Ling*) intransitivo

**intransitivity** [ɪn,trænsɪ'tɪvɪtɪ] N intransitividad *f*

**intrauterine** [,ɪntrə'ju:tərаɪn] Ⓐ ADJ intrauterino
Ⓑ CPD ► **intrauterine device** N dispositivo *m* intrauterino; (*coil-shaped*) espiral *f*

**intravenous** [,ɪntrə'vi:nəs] ADJ intravenoso; **~ drug users** drogadictos *mpl* que se inyectan por vía intravenosa

**intravenously** [,ɪntrə'vi:nəslɪ] ADV por vía intravenosa

**in-tray** ['ɪn,treɪ] N bandeja *f* de entrada

**intrepid** [ɪn'trepɪd] ADJ intrépido

**intrepidity** [,ɪntrɪ'pɪdɪtɪ] N (*frm*) intrepidez *f*

**intrepidly** [ɪn'trepɪdlɪ] ADV intrépidamente

**intricacy** ['ɪntrɪkəsɪ] N [*of pattern, design, machinery*] lo intrincado, complejidad *f*; [*of plot, problem*] complejidad *f*; **the intricacies of the law** los entresijos de la ley

**intricate** ['ɪntrɪkɪt] ADJ [*pattern, design, machinery*] intrincado; [*plot, problem*] complejo

**intricately** ['ɪntrɪkɪtlɪ] ADV intrincadamente, de modo intrincado

**intrigue** [ɪn'tri:g] Ⓐ N (= *plot*) intriga *f*; (*amorous*) aventura *f* (sentimental), amorío *m*; **a web of ~** una maraña de intriga
Ⓑ VT fascinar; **I am ~d to know whether ...** me intriga saber si ..., estoy intrigado por saber si ...; **we were ~d by a sign outside a shop** nos llamó la atención el letrero de una tienda
Ⓒ VI intrigar (**against** contra)

**intriguer** [ɪn'tri:gə^r] N intrigante *mf*

**intriguing** [ɪn'tri:gɪŋ] Ⓐ ADJ (= *fascinating*) [*question, problem*] intrigante; [*prospect, possibility*] fascinante; [*personality*] misterioso, enigmático; **a most ~ problem** un problema de lo más intrigante; **an ~ little gadget** un chisme curiosísimo *or* de lo más curioso; **how very ~!** ¡qué raro!, ¡muy interesante!
Ⓑ N intriga *f*

**intriguingly** [ɪn'tri:gɪŋlɪ] ADV **~, this was never confirmed** curiosamente, esto nunca fue confirmado; **~ different** intrigantemente diferente; **~ original** de una originalidad fascinante

**intrinsic** [ɪn'trɪnsɪk] ADJ intrínseco; **~ value** valor *m* intrínseco; **stress is ~ to the job** el estrés es algo inherente al trabajo; **the harp and fiddle are ~ to Irish music** el arpa y el violín son intrínsecos a *or* característicos de la música irlandesa

**intrinsically** [ɪn'trɪnsɪklɪ] ADV intrínsecamente

**intro*** ['ɪntrəʊ] N (*Mus*) (= **introduction**) entrada *f*

**intro...** ['ɪntrəʊ] PREFIX intro...

**introduce** [,ɪntrə'dju:s] VT [1] (= *present, make acquainted*) presentar; **to ~ sb to sb** presentar a algn a algn; **may I ~ ...?** permítame presentarle a ..., le presento a ...; **I don't think we've been ~d** creo que no nos han presentado; **to ~ sb to sth** hacer conocer algo a algn, iniciar a algn en algo; **I was ~d to chess at eight** empecé a jugar al ajedrez a los ocho años; **I was ~d to Milton too young** me hicieron leer a Milton demasiado temprano
[2] (= *bring in*) [+ *reform*] introducir; (*Pol*) [+ *bill*] presentar; (*TV, Rad*) [+ *programme*] presentar; [+ *product, new fashion*] lanzar; [+ *subject into conversation, idea*] introducir; **be careful how you ~ the subject** ten cuidado a la hora de abordar el tema; **it was you who ~d the subject, not me** fuiste tú el que sacaste el tema, no yo
[3] (= *insert*) introducir; **the tube is ~d into the throat** el tubo se introduce por la garganta; **I was ~d into a dark room** me hicieron entrar en un cuarto oscuro
[4] (= *write introduction for*) [+ *book*] prologar

**introduction** [,ɪntrə'dʌkʃən] N [1] [*of person*] presentación *f*; **to give sb an ~ to sb** dar a algn una carta de recomendación para algn; **a letter of ~** una carta de recomendación; **will you do** *or* **make the ~s?** ¿quieres hacer las presentaciones?
[2] (= *initiation*) introducción *f*; **this book is a good ~ to his teachings** este libro es una buena introducción a sus enseñanzas; **my ~ to life in Cadiz** mi primera experiencia de la vida en Cádiz; **my ~ to maths** mi iniciación en las matemáticas
[3] (*in book*) prólogo *m*, introducción *f*
[4] (= *bringing in*) [*of legislation*] introducción *f*; (*Pol*) [*of bill*] presentación *f*
[5] (= *insertion*) introducción *f*, inserción *f*

**introductory** [,ɪntrə'dʌktərɪ] Ⓐ ADJ [*remarks*] preliminar; [*lecture, talk*] introductorio, de introducción; [*course*] introductorio, de iniciación
Ⓑ CPD ► **introductory offer** N oferta *f* de lanzamiento

**introit** ['ɪntrɔɪt] N introito *m*

**introspection** [,ɪntrəʊ'spekʃən] N introspección *f*

**introspective** [,ɪntrəʊ'spektɪv] ADJ introspectivo

**introspectiveness** [,ɪntrəʊ'spektɪvnɪs] N introspección *f*

**introversion** [,ɪntrəʊ'vɜ:ʃən] N introversión *f*

**introvert** ['ɪntrəʊvɜ:t] Ⓐ ADJ introvertido
Ⓑ N introvertido/a *m/f*

**introverted** [,ɪntrəʊ'vɜ:tɪd] ADJ introvertido

**intrude** [ɪn'tru:d] Ⓐ VI [1] (= *intervene*) entrometerse, inmiscuirse (**on, upon** en); (= *disturb*) molestar; **am I intruding?** ¿les molesto?; **to ~ on** *or* **upon sb** molestar a algn; **to ~ on sb's privacy** meterse en la vida privada de algn; **we mustn't ~ on their grief** debemos respetar la intimidad de su dolor
[2] (= *encroach*) **sometimes sentimentality ~s** a veces se asoma el sentimentalismo; **it kept intruding into my thoughts** siguió interfiriendo en mis pensamientos
Ⓑ VT [+ *views, opinions*] imponer (**on, upon** a); [+ *subject*] introducir (sin derecho); **I haven't come to ~ myself upon you** no he venido para molestarles con mi presencia

**intruder** [ɪn'tru:də^r] N intruso/a *m/f*

**intrusion** [ɪn'tru:ʒən] N intrusión *f*; (*on sb's privacy*) intromisión *f*, invasión *f*; **pardon the ~** siento tener que importunarla; **the ~ of sentimentality** la intrusión del sentimentalismo

**intrusive** [ɪn'tru:sɪv] ADJ [*reporter*] entrometido, indiscreto; [*question*] indiscreto; [*noise, presence*] molesto

**intuit** [ɪn'tjʊɪt] VT (*esp US*) intuir

**intuition** [,ɪntju:'ɪʃən] N intuición *f*

**intuitive** [ɪn'tju:ɪtɪv] ADJ [*knowledge*] intuitivo; [*powers*] de intuición; **she had an ~ grasp of what was needed** intuía qué era lo que hacía falta

**intuitively** [ɪn'tju:ɪtɪvlɪ] ADV intuitivamente, por intuición

**Inuit** ['ɪnjuɪt] (*pl* **Inuit, Inuits**) Ⓐ ADJ Inuit *inv*
Ⓑ N Inuit *mf*, esquimal *mf*; **the ~s** los Inuit

**inundate** ['ɪnʌndeɪt] VT inundar; **we have been ~d with replies** nos hemos visto inundados *or* desbordados por las respuestas

**inundation** [,ɪnʌn'deɪʃən] N inundación *f*

**inure** [ɪn'jʊə^r] VT (= *accustom*) acostumbrar, habituar (**to** a); **to be ~d to sth** estar acostum-

➤ LANGUAGE IN USE: intolerable 14

brado *or* habituado a algo; **to become ~d to sth** acostumbrarse *or* habituarse a algo

**inv.** ABBR (= **invoice**) f.ª

**invade** [ɪnˈveɪd] VT (*Mil*) invadir; [+ *privacy*] invadir; [+ *sb's rights*] usurpar

**invader** [ɪnˈveɪdəʳ] N invasor(a) *m/f*

**invading** [ɪnˈveɪdɪŋ] ADJ invasor

**invalid¹** [ˈɪnvəlɪd] Ⓐ N inválido/a *m/f*
Ⓑ ADJ inválido
Ⓒ CPD ► **invalid car, invalid carriage** N coche *m* de inválido

►**invalid out** VT + ADV **to ~ sb out of the army** (*esp Brit Mil*) licenciar a algn por invalidez

**invalid²** [ɪnˈvælɪd] ADJ [*contract*] inválido, nulo; [*ticket, request*] inválido; [*theory, results, conclusions*] sin validez; **to become ~** caducar

**invalidate** [ɪnˈvælɪdeɪt] VT [+ *document, argument, theory*] invalidar; [+ *contract*] anular, invalidar

**invalidity** [ˌɪnvəˈlɪdɪtɪ] Ⓐ N **1** [*of document, contract*] invalidez *f*, nulidad *f*
**2** (= *illness, disablement*) invalidez *f*
Ⓑ CPD ► **invalidity benefit** N (*Brit*) prestación *f* por invalidez ► **invalidity pension** N pensión *f* de invalidez

**invaluable** [ɪnˈvæljʊəbl] ADJ inapreciable, inestimable

**invariable** [ɪnˈvɛərɪəbl] ADJ invariable

**invariably** [ɪnˈvɛərɪəblɪ] ADV invariablemente, siempre; **it ~ happens that ...** ocurre siempre que ...; **he is ~ late** siempre llega tarde, llega tarde invariablemente

**invasion** [ɪnˈveɪʒən] N invasión *f*; **~ force** fuerza *f* invasora; **it would be an ~ of privacy to ...** sería una invasión de la intimidad ...

**invasive** [ɪnˈveɪsɪv] ADJ [*surgery, cancer*] invasivo

**invective** [ɪnˈvektɪv] N (= *accusation*) invectiva *f*; (= *abuse*) improperios *mpl*, palabras *fpl* fuertes

**inveigh** [ɪnˈveɪ] VI **to ~ against** vituperar, lanzar invectivas contra

**inveigle** [ɪnˈviːgl] VT **she ~d him up to her room** lo indujo mañosamente a subir a su habitación; **to ~ sb into doing sth** inducir a algn mediante engaño a que haga algo; **he let himself be ~d into it** se dejó inducir a ello; **he was ~d into the duke's service** fue inducido hábilmente a entrar a servir al duque

**invent** [ɪnˈvent] VT inventar

**invention** [ɪnˈvenʃən] N **1** (= *act*) invención *f*; (= *machine*) invento *m*, invención *f*
**2** (= *inventiveness*) inventiva *f*
**3** (= *falsehood*) mentira *f*, invención *f*; **it's pure ~** es pura invención; **it's ~ from start to finish** es mentira desde el principio hasta el fin

**inventive** [ɪnˈventɪv] ADJ (= *creative*) ingenioso, lleno de inventiva; **to have an ~ mind** tener ingenio *or* inventiva; **he's an ~ cook** es un cocinero con mucha inventiva *or* muy imaginativo; **~ powers** capacidad *f* inventiva, inventiva *f*

**inventively** [ɪnˈventɪvlɪ] ADV con inventiva *or* imaginación

**inventiveness** [ɪnˈventɪvnɪs] N inventiva *f*, ingenio *m*

**inventor** [ɪnˈventəʳ] N inventor(a) *m/f*

**inventory** [ˈɪnvəntrɪ] Ⓐ N inventario *m*; **to draw up an ~ of sth** hacer un inventario de algo
Ⓑ VT inventariar
Ⓒ CPD ► **inventory control** N control *m* de existencias *or* de inventario

**inverse** [ˈɪnˈvɜːs] Ⓐ ADJ inverso
Ⓑ N **the ~** lo inverso, lo contrario

**inversely** [ɪnˈvɜːslɪ] ADV a la inversa; **A is ~ proportional to B** A es inversamente proporcional a B; **interest rates and prices are ~ related** las tasas de interés y los precios guardan una relación inversamente proporcional

**inversion** [ɪnˈvɜːʃən] N inversión *f*

**invert** [ɪnˈvɜːt] VT invertir, poner al revés

**invertebrate** [ɪnˈvɜːtɪbrɪt] Ⓐ ADJ invertebrado
Ⓑ N invertebrado/a *m/f*

**inverted** [ɪnˈvɜːtɪd] ADJ **~ commas** (*Brit*) comillas *fpl*; **in ~ commas** entre comillas; **~ snob** *persona que desprecia las actitudes propias de la clase social a la que pertenece, intentando identificarse con gente de una clase supuestamente inferior*; **~ snobbery** esnobismo *m* regresivo

**invert sugar** [ˈɪnvɜːtˈʃʊgəʳ] N azúcar *m* invertido

**invest** [ɪnˈvest] Ⓐ VT **1** [+ *money, capital, funds*] invertir (**in** en); [+ *person*] (*in office*) investir; (*fig*) [+ *time, effort*] dedicar; **~ed capital** capital *m* invertido
**2** **to ~ sb with sth** investir a algn de *or* con algo; **he was ~ed with a dignity** lo invistieron con una dignidad; **he ~ed it with a certain mystery** lo revistió de cierto misterio; **he seems to ~ it with some importance** parece que lo reviste de cierta importancia
**3** (*Mil*†) sitiar, cercar
Ⓑ VI **to ~ in** [+ *company, project*] invertir dinero en; (*hum*) (= *buy*) comprarse; **I've ~ed in a new pair of rubber gloves** me he comprado un nuevo par de guantes de goma; **to ~ with** [+ *bank, building society*] invertir dinero en

**investigate** [ɪnˈvestɪgeɪt] Ⓐ VT **1** (= *inquire into*) [+ *crime, case*] investigar; [+ *person*] hacer indagaciones sobre; [+ *claim, possibility*] examinar, estudiar; [+ *complaint*] estudiar; **police are investigating two possibilities** la policía está investigando dos posibles pistas
**2** (= *inspect*) examinar
**3** (= *research*) investigar, llevar a cabo una investigación sobre
Ⓑ VI investigar; **I heard a noise downstairs, I'd better go and ~** he oído un ruido abajo, mejor que vaya a investigar

**investigation** [ɪnˌvestɪˈgeɪʃən] N **1** (= *inquiry*) (*by police, authorities, scientist*) investigación *f*; **the ~ into the causes of the accident** la investigación sobre las causas del accidente; **these allegations need further ~** estas acusaciones se tienen que investigar más a fondo
**2** (= *inspection, search*) [*of place, site*] inspección *f*; [*of document*] examen *m*; (*Med*) exploración *f*; **doctors carried out a simple ~ under local anaesthetic** los médicos realizaron una simple exploración utilizando anestesia local
**3** (= *in-depth study*) estudio *m* (**of, into** de)

**investigative** [ɪnˈvestɪˌgeɪtɪv] Ⓐ ADJ investigador
Ⓑ CPD ► **investigative journalism** N periodismo *m* de investigación

**investigator** [ɪnˈvestɪgeɪtəʳ] N investigador(a) *m/f*

**investigatory** [ɪnˈvestɪˌgeɪtərɪ] ADJ [*committee, panel*] investigador

**investiture** [ɪnˈvestɪtʃəʳ] N investidura *f*

**investment** [ɪnˈvestmənt] Ⓐ N **1** (*Comm*) inversión *f*
**2** (*Mil*†) sitio *m*, cerco *m*
**3** (= *investiture*) investidura *f*
Ⓑ CPD ► **investment analyst** N analista *mf* financiero/a ► **investment bank** N banco *m* de inversión ► **investment company** N compañía *f* de inversiones ► **investment grant** N subvención *f* para la inversión ► **investment income** N renta *f* de inversiones ► **investment portfolio** N cartera *f* de valores ► **investment trust** N sociedad *f* de inversiones

**investor** [ɪnˈvestəʳ] N inversionista *mf*

**inveterate** [ɪnˈvetərɪt] ADJ [*gambler*] empedernido; [*laziness, selfishness*] inveterado

**invidious** [ɪnˈvɪdɪəs] ADJ [*job, task*] odioso, ingrato; [*comparison*] injusto; **I find myself in an ~ position** me encuentro en una situación ingrata; **it would be ~ to mention names** sería inapropiado mencionar nombres

**invigilate** [ɪnˈvɪdʒɪleɪt] (*Brit*) Ⓐ VT [+ *examination*] vigilar
Ⓑ VI vigilar (durante los exámenes)

**invigilator** [ɪnˈvɪdʒɪleɪtəʳ] N (*Brit*) celador(a) *m/f* (*en un examen*)

**invigorate** [ɪnˈvɪgəreɪt] VT [+ *person*] vigorizar; [+ *campaign*] dar nuevo ímpetu a; [+ *economy*] estimular; **I felt refreshed, ~d and ready to tackle anything** me sentía descansado, lleno de energía y dispuesto a abordar cualquier tarea

**invigorating** [ɪnˈvɪgəreɪtɪŋ] ADJ [*walk, shower, air*] vigorizante, tonificante; **how ~ she was to talk to!** ¡qué estimulante resultaba su conversación!

**invincibility** [ɪnˌvɪnsɪˈbɪlɪtɪ] N invencibilidad *f*

**invincible** [ɪnˈvɪnsəbl] ADJ [*army, team*] invencible; [*faith, belief*] inquebrantable; **he has an ~ lead over the other runners** les lleva una ventaja insuperable al resto de los corredores

**invincibly** [ɪnˈvɪnsəblɪ] ADV **the army marched ~ across Europe** el ejército cruzó Europa invencible

**inviolability** [ɪnˌvaɪələˈbɪlɪtɪ] N inviolabilidad *f*

**inviolable** [ɪnˈvaɪələbl] ADJ inviolable

**inviolably** [ɪnˈvaɪələblɪ] ADV inviolablemente

**inviolate** [ɪnˈvaɪəlɪt] ADJ [*land, possessions*] intacto; (*liter*) [*woman*] intacto, sin mancillar (*liter*)

**invisibility** [ɪnˌvɪzəˈbɪlɪtɪ] N invisibilidad *f*

**invisible** [ɪnˈvɪzəbl] Ⓐ ADJ (*gen, Comm*) invisible
Ⓑ **invisibles** NPL (*Comm*) ingresos *mpl* invisibles
Ⓒ CPD ► **invisible assets** NPL activo *msing* invisible ► **invisible earnings** NPL ingresos *mpl* invisibles ► **invisible exports** NPL exportaciones *fpl* invisibles ► **invisible imports** NPL importaciones *fpl* invisibles ► **invisible ink** N tinta *f* simpática ► **invisible mending** N zurcido *m* invisible

**invisibly** [ɪnˈvɪzɪblɪ] ADV de manera invisible

▼ **invitation** [ˌɪnvɪˈteɪʃən] Ⓐ N invitación *f*; **an ~ to dinner** ◊ **a dinner ~** una invitación para cenar; **I am here at the ~ of the director** he venido por invitación del director; **the house is an ~ to robbers** la casa es toda una atracción para los ladrones
Ⓑ CPD ► **invitation card** N tarjeta *f* de invitación

**invitational** [ˌɪnvɪˈteɪʃənl] ADJ (*Sport*) [*event, tournament*] invitacional (*en el que sólo participan deportistas invitados*)

▼ **invite** Ⓐ [ɪnˈvaɪt] VT **1** [+ *person*] invitar; (*esp to important celebration*) convidar; **to ~ sb to do sth** invitar a algn a hacer algo; **to ~ sb to dinner/lunch** invitar a algn a cenar/almorzar; **to ~ sb to have a drink** invitar a algn a tomar algo; **to ~ sb in/up** invitar a algn a pasar/subir; **to ~ sb out** invitar a algn a salir;

➤ LANGUAGE IN USE: **invitation A** 25.1, 25.2, 25.3 **invite A1** 25.3

**they ~d me out to dinner** me invitaron a cenar (a un restaurante); **I've ~d them over for drinks** los he invitado a tomar unas copas en casa
[2] (= *request*) [+ *opinions*] pedir; (*more frm*) solicitar; **they are inviting applications for the post of ...** han abierto el plazo para recibir solicitudes para el puesto de ...
[3] (= *provoke*) [+ *discussion, ridicule*] provocar; **to ~ trouble** buscarse problemas; **to do so would be to ~ defeat** hacer eso sería provocar la propia derrota; **A ~s comparison with B** A nos induce a compararlo con B; **she seems to ~ stares** parece que provoca las miradas de la gente
Ⓑ ['ınvaıt] N (*) invitación *f*

**inviting** [ın'vaıtıŋ] ADJ [1] (= *appealing*) [*atmosphere, place, room*] acogedor; [*prospect*] atractivo; [*appearance*] (*of person*) atrayente; (*of food*) tentador; [*food*] apetitoso, apetecible; [*smell*] apetitoso; [*book*] que incita a la lectura, que invita a la lectura; **the water looked warm and ~** el agua aparecía cálida y tentadora; **she offered him the plate with an ~ smile** le ofreció el plato animándole a comer con una sonrisa; **with an ~ gesture, she showed him to his room** le hizo un gesto invitándole a seguirla y le enseñó su habitación
[2] (= *seductive*) [*smile, look, gesture*] incitante, sugerente

**invitingly** [ın'vaıtıŋlı] ADV [1] (= *appealingly, welcomingly*) **the food was displayed ~** la comida estaba dispuesta de forma atrayente; **"are you hungry?" she said ~** —¿tienes hambre? —dijo en un tono que invitaba a decir que sí; **"come in," he said ~** —entrad —dijo invitándoles a pasar; **the soup steamed ~** la sopa echaba un vaporcito que invitaba a comerla; **the water was ~ clear** el agua cristalina invitaba a bañarse; **the packet lay ~ open** el paquete estaba abierto de forma tentadora
[2] (= *seductively*) [*smile, gesture*] de forma sugerente, de forma incitante; [*say, whisper*] en tono sugerente

**in vitro** [ın'vi:trəʊ] Ⓐ ADJ, ADV in vitro
Ⓑ CPD ► **in vitro fertilization** N fecundación *f* in vitro

**invocation** [,ınvəʊ'keıʃən] N invocación *f*

**▼ invoice** ['ınvɔıs] Ⓐ N factura *f*; **as per ~** según factura; **to send an ~** pasar *or* presentar factura
Ⓑ VT [+ *goods*] facturar; **to ~ sb for sth** pasar a algn factura por algo; **you will be ~d once the goods have been delivered** le pasaremos factura *or* le mandaremos la factura una vez le haya sido entregada la mercancía
Ⓒ CPD ► **invoice clerk** N facturador(a) *m/f*
► **invoice value** N valor *m* total de factura

**invoicing** ['ınvɔısıŋ] N facturación *f*

**invoke** [ın'vəʊk] VT [+ *law*] recurrir *or* acogerse a, invocar; [+ *principle*] recurrir a, invocar; [+ *aid, protection, god, spirit*] invocar

**involuntarily** [ın'vɒləntərılı] ADV involuntariamente; **he had ~ hurt her feelings** la había ofendido sin querer

**involuntary** [ın'vɒləntərı] ADJ involuntario

**involuted** [,ınvə'lu:tıd] ADJ [*design, system*] intrincado

**▼ involve** [ın'vɒlv] VT [1] (= *implicate, associate*) implicar, involucrar; **a dispute involving a friend of mine** una disputa en la que estaba implicado *or* involucrado un amigo mío; **a crash involving three vehicles** una colisión en la que se vieron envueltos tres vehículos; **to ~ sb (in sth)** involucrar a algn (en algo); **we would prefer not to ~ the children** preferiríamos no meter *or* involucrar a los niños; **they are trying to ~ him in the theft** están intentando implicarlo *or* involucrarlo en el robo; **try to ~ him in your leisure activities** intenta hacer que participe contigo en tus actividades de tiempo libre; **it may ~ you in extra cost** puede acarrearle costos adicionales; **the persons ~d** (*gen*) los interesados; (= *culprits*) los implicados; **to be ~d (in sth)**: **how did he come to be ~d?** ¿cómo llegó a meterse en esto?; **he was ~d in a fight** se vio envuelto en una pelea; **he/his car was ~d in an accident** él/su coche se vio involucrado en un accidente; **she was only ~d in the final stages of the project** sólo tomó parte en las fases finales del proyecto; **I was so ~d in my book that ...** estaba tan absorto en el libro que ...; **to become** *or* **get ~d (in sth)**: **the police became ~d** la policía tomó cartas en el asunto; **I don't want to get ~d** no quiero meterme; **to get ~d in a fight** verse envuelto en una pelea; **to be/become/get ~d with sth/sb**: **she's so ~d with the project she doesn't have time for me** está tan liada* con el proyecto que no tiene tiempo para mí, el proyecto la absorbe tanto que no tiene tiempo para mí; **she became ~d with the resistance movement** se involucró en el movimiento de resistencia; **she got ~d with some really weird people** se mezcló con una gente muy rara; **she likes him but she doesn't want to get ~d** él le gusta, pero no quiere comprometerse
[2] (= *entail, imply*) suponer; **it ~d a lot of expense** supuso *or* acarreó muchos gastos; **there's a good deal of work ~d** supone *or* implica bastante trabajo; **the job ~s moving to London** el trabajo requiere que se traslade a Londres; **what does your job ~?** ¿en qué consiste su trabajo?; **how much money is ~d?** ¿cuánto dinero hay en juego?; **a question of principle is ~d** aquí hay principios en juego

**involved** [ın'vɒlvd] ADJ (= *complicated*) complicado, enrevesado

**involvement** [ın'vɒlvmənt] N [1] (= *implication, association*) **we don't know the extent of his ~** no sabemos hasta qué punto está implicado; **a demonstration against US ~ in Vietnam** una manifestación contra la intervención estadounidense en Vietnam; **student ~ in campus affairs** la participación de los estudiantes en los asuntos universitarios; **I knew of his past ~ with drugs** sabía que en el pasado había estado metido en drogas
[2] (= *relationship*) relación *f*; **she didn't know about my ~ with Corinne** no sabía de mi relación con Corinne

**invulnerability** [ın,vʌlnərə'bılıtı] N invulnerabilidad *f* (**to** a)

**invulnerable** [ın'vʌlnərəbl] ADJ invulnerable (**to** a)

**inward** ['ınwəd] Ⓐ ADJ [1] (= *inner*) [*peace, happiness*] interior; **she gave an ~ sigh** suspiró para sus adentros; **Bridget watched him with an ~ smile** Bridget lo observó sonriendo para sus adentros; **I sighed with ~ relief** suspiré sintiendo gran alivio por dentro
[2] (= *incoming*) [*flow, movement*] hacia el interior
Ⓑ ADV = **inwards A**
Ⓒ CPD ► **inward investment** N inversiones *fpl* extranjeras ► **inward investor** N inversor(a) *m/f* extranjero/a

**inward-looking** ['ınwəd,lʊkıŋ] ADJ [*person*] introvertido; **the country/company is too ~** el país está muy encerrado en sí mismo/la compañía está muy encerrada en sí misma

**inwardly** ['ınwədlı] ADV [*think, sigh, groan, smile*] para sus adentros; [*know, struggle*] en su interior; [*feel*] por dentro; **she was ~ furious** por dentro estaba furiosa; **she felt ~ relieved** se sintió aliviada por dentro; **the house was outwardly clean but ~ filthy** la casa estaba limpia por fuera pero asquerosa por dentro

**inwards** ['ınwədz] Ⓐ ADV (*Brit*) hacia dentro; **the soil had subsided, pushing the walls ~** el suelo se había hundido, haciendo que los muros se fueran hacia dentro; **his frustration and anger turned ~** su frustración y su rabia se volvieron hacia su interior; **the door swung ~** la puerta se abrió hacia dentro
Ⓑ NPL ['ınədz] (*) = **innards**

**in-your-face‡, in-yer-face‡** [,ınjə'feıs] ADJ [*attitude, music, theatre*] agresivo y descarado

**I/O** Ⓐ ABBR (*Comput*) (= **input/output**) E/S
Ⓑ CPD ► **I/O error** N error *m* de E/S

**IOC** N ABBR (= **International Olympic Committee**) COI *m*

**iodide** ['aıədaıd] N yoduro *m*

**iodine** ['aıədi:n] N yodo *m*

**iodoform** [aı'ɒdəfɔ:m] N yodoformo *m*

**IOM** ABBR (*Brit*) = **Isle of Man**

**ion** ['aıən] N ion *m*

**Ionian** [aı'əʊnıən] Ⓐ ADJ jonio, jónico
Ⓑ CPD ► **Ionian Sea** N Mar *m* Jónico

**Ionic** [aı'ɒnık] ADJ jónico

**ionic** [aı'ɒnık] ADJ (*Chem*) iónico

**ioniser** ['aıənaızə^r] = **ionizer**

**ionize** ['aıənaız] VT ionizar

**ionizer** ['aıənaızə^r] N ionizador *m*

**ionosphere** [aı'ɒnəsfıə^r] N ionosfera *f*

**iota** [aı'əʊtə] N (= *letter*) iota *f*; (*fig*) pizca *f*, ápice *m*; **there's not one ~ of truth in it** eso no tiene ni pizca de verdad; **if he had an ~ of sense** si tuviera un pizca de inteligencia

**IOU** N ABBR (= **I owe you**) pagaré *m*, vale *m* (*LAm*)

**IOW** ABBR (*Brit*) = **Isle of Wight**

**IPA** N ABBR = **International Phonetic Alphabet**

**ipecacuanha** [,ıpıkækjʊ'ænə] N ipecacuana *f*

**IQ** N ABBR (= **intelligence quotient**) C.I. *m*

**IR** N ABBR (*Brit*) = **Inland Revenue**

**IRA** N ABBR [1] (= **Irish Republican Army**) IRA *m*
[2] (*US*) = **individual retirement account**

**Irak** [ı'rɑ:k] = **Iraq**

**Iraki** [ı'rɑ:kı] = **Iraqi**

**Iran** [ı'rɑ:n] N Irán *m*

**Iranian** [ı'reınıən] Ⓐ ADJ iraní
Ⓑ N (*ancient*) iranio/a *m/f*; (*modern*) iraní *mf*

**Iraq** [ı'rɑ:k] N Irak *m*, Iraq *m*

**Iraqi** [ı'rɑ:kı] Ⓐ ADJ iraquí
Ⓑ N iraquí *mf*

**irascibility** [ı,ræsı'bılıtı] N irascibilidad *f*

**irascible** [ı'ræsıbl] ADJ irascible, colérico

**irascibly** [ı'ræsıblı] ADV **he said ~** dijo colérico

**irate** [aı'reıt] ADJ indignado, furioso; **he got very ~** se indignó mucho, se puso furioso

**IRBM** N ABBR = **intermediate range ballistic missile**

**ire** [aıə^r] N (*liter*) ira *f*, cólera *f*; **to rouse sb's ~** provocar la ira de algn

**Ireland** ['aıələnd] N Irlanda *f*; **Northern ~** Irlanda *f* del Norte; **Republic of ~** República *f* de Irlanda

**iridescence** [,ırı'desns] N irisación *f*

➤ LANGUAGE IN USE: **invoice A** 20.6, 20.7 **involve 2** 26.3

**iridescent** [ˌɪrɪˈdesnt] ADJ iridiscente, irisado, tornasolado

**iridium** [ɪˈrɪdɪəm] N iridio *m*

**iris** [ˈaɪərɪs] N (*pl* **irises**) 1 (*Anat*) iris *m inv*
2 (*Bot*) lirio *m*

**Irish** [ˈaɪərɪʃ] Ⓐ ADJ irlandés
Ⓑ N 1 **the ~** (= *people*) los irlandeses
2 (*Ling*) irlandés *m*
Ⓒ CPD ► **Irish coffee** N café *m* irlandés ► **Irish stew** N estofado *m* irlandés ► **the Irish Free State** N el Estado Libre de Irlanda ► **the Irish Sea** N el Mar de Irlanda ► **Irish setter** N setter *m* irlandés

**Irishman** [ˈaɪərɪʃmən] N (*pl* **Irishmen**) irlandés *m*

**Irishwoman** [ˈaɪərɪʃˌwʊmən] N (*pl* **Irishwomen**) irlandesa *f*

**irk** [ɜːk] VT fastidiar, molestar

**irksome** [ˈɜːksəm] ADJ [*child, chore*] fastidioso, pesado

**IRN** N ABBR (*Brit*) (= **Independent Radio News**) *servicio de noticias en las cadenas de radio privadas*

**IRO** N ABBR 1 (*Brit*) = **Inland Revenue Office**
2 (*US*) (= **International Refugee Organization**) OIR *f*

**iron** [ˈaɪən] Ⓐ N 1 (= *metal*) hierro *m*, fierro *m* (*LAm*); **cast ~** hierro *m* colado; **corrugated ~** chapa *f* ondulada; **old ~** chatarra *f*, hierro *m* viejo; **to have an ~ constitution** tener una constitución de hierro; **with an ~ hand** *or* **fist** con mano de hierro; **a man of ~** un hombre de hierro; **a will of ~** una voluntad férrea *or* de hierro; ✦**IDIOMS to have a lot of/too many ~s in the fire** tener muchos/demasiados asuntos entre manos; **the ~ fist in the velvet glove** la mano de hierro en guante de terciopelo; **to strike while the ~ is hot** a hierro candente batir de repente
2 **irons** (= *fetters*) grilletes *mpl*, grillos *mpl*; **to put** *or* **clap sb in ~s** poner grilletes *or* grillos a algn, aherrojar a algn
3 (*Golf*) hierro *m*
4 (*for ironing clothes*) plancha *f*
5 (*for branding*) hierro *m* candente
6 (*) (= *gun*) pistola *f*
Ⓑ VT [+ *clothes*] planchar
Ⓒ VI [*person*] planchar; **this blouse ~s really well** esta blusa es muy fácil de planchar
Ⓓ CPD [*bridge, bar, tool*] de hierro, de fierro (*LAm*); (*fig*) [*will, determination*] férreo ► **the Iron Age** N la Edad de hierro ► **the iron and steel industry** N la industria siderúrgica ► **Iron Cross** N cruz *f* de hierro ► **the Iron Curtain** N (*Hist, Pol*) el telón de acero, la cortina de hierro (*LAm*); **the Iron Curtain Countries** los países más allá del telón de acero ► **the Iron Duke** N el Duque de Wellington ► **iron foundry** N fundición *f*, fundidora *f* (*LAm*) ► **the Iron Lady** N (*Brit Pol*) la Dama de Hierro ► **iron lung** N (*Med*) pulmón *m* de acero ► **iron ore** N mineral *m* de hierro ► **iron oxide** N óxido *m* de hierro ► **iron pyrites** N pirita *f* ferruginosa ► **iron rations** NPL ración *f* or víveres *mpl* de reserva
►**iron out** VT + ADV [+ *unevenness*] allanar; [+ *crease*] quitar, planchar; [+ *difficulties*] allanar, suprimir; [+ *problems*] resolver; **they managed to ~ out their differences** consiguieron resolver sus diferencias

**ironclad** [ˈaɪənklæd] Ⓐ ADJ acorazado; (*fig*) [*proof*] irrefutable, incontrovertible; [*alibi*] incontrovertible, incuestionable
Ⓑ N acorazado *m*

**ironic** [aɪˈrɒnɪk] ADJ irónico

**ironical** [aɪˈrɒnɪkəl] ADJ = **ironic**

**ironically** [aɪˈrɒnɪkəlɪ] ADV irónicamente; [*say etc*] con ironía; **~ enough** paradójicamente, como quiso la suerte

**ironing** [ˈaɪənɪŋ] Ⓐ N (= *act*) planchado *m*; (= *clothes*) (*awaiting ironing*) ropa *f* por planchar; (*ironed*) ropa *f* planchada; **to do the ~** planchar; **to give a dress an ~** planchar un vestido
Ⓑ CPD ► **ironing board** N tabla *f* de planchar

**ironist** [ˈaɪərənɪst] N ironista *mf*; **the master ~** el maestro de la ironía

**ironmonger** [ˈaɪənˌmʌŋgəʳ] N (*Brit*) ferretero/a *m/f*, quincallero/a *m/f*; **~'s (shop)** ferretería *f*, quincallería *f*

**ironmongery** [ˈaɪənˌmʌŋgərɪ] N (*Brit*) (= *ironware*) quincalla *f*, ferretería *f* (*also fig*)

**ironstone** [ˈaɪənˌstəʊn] N (= *china*) porcelana *f* resistente

**ironwork** [ˈaɪənwɜːk] N (*on piece of furniture*) herraje *m*; (*on building*) obra *f* de hierro

**ironworks** [ˈaɪənwɜːks] N (*sing and pl*) fundición *f*

**irony** [ˈaɪərənɪ] N ironía *f*; **the ~ of fate** las ironías del destino; **life's little ironies** las (pequeñas) ironías de la vida; **the ~ of it is that ...** lo irónico es que ...

**Iroquois** [ˈɪrəkwɔɪ] Ⓐ ADJ iroqués
Ⓑ N 1 iroqués/esa *m/f*
2 (*Ling*) iroqués *m*

**irradiate** [ɪˈreɪdɪeɪt] VT irradiar

**irradiation** [ɪˌreɪdɪˈeɪʃən] N irradiación *f*

**irrational** [ɪˈræʃənl] ADJ [*behaviour, person, belief*] irracional

**irrationality** [ɪˌræʃəˈnælɪtɪ] N irracionalidad *f*

**irrationally** [ɪˈræʃnəlɪ] ADV irracionalmente

**irreconcilable** [ɪˌrekənˈsaɪləbl] ADJ [*enemies*] irreconciliable; [*ideas*] incompatible

**irrecoverable** [ˌɪrɪˈkʌvərəbl] ADJ irrecuperable; [*debt*] irrecuperable, incobrable

**irredeemable** [ˌɪrɪˈdiːməbl] ADJ irredimible; (*Fin*) perpetuo, no amortizable

**irredeemably** [ˌɪrɪˈdiːməblɪ] ADV irremediablemente; **~ lost/ruined** irremediablemente perdido/destruido

**irredentism** [ˌɪrɪˈdentɪzəm] N (*fig*) irredentismo *m*

**irredentist** [ˌɪrɪˈdentɪst] ADJ, N (*fig*) irredentista *mf*

**irreducible** [ˌɪrɪˈdjuːsəbl] ADJ irreducible

**irrefutable** [ˌɪrɪˈfjuːtəbl] ADJ [*evidence, argument*] irrefutable

**irrefutably** [ˌɪrɪˈfjuːtəblɪ] ADV irrefutablemente, de forma irrefutable

**irregardless** [ɪrɪˈgɑːdlɪs] ADV (*US*) (*incorrect usage*) de cualquier modo; **~ of what he says** a pesar de lo que él diga

**irregular** [ɪˈregjʊləʳ] Ⓐ ADJ 1 (= *uneven*) [*shape, surface, pattern*] irregular; **John had sharp, ~ features** las facciones de John eran duras, irregulares; **an ~ pentagon** (*Geom*) (= *asymmetrical*) un pentágono irregular
2 (= *spasmodic*) [*attendance, meals, breathing, heartbeat*] irregular; **he is very ~ in his attendance** no asiste de forma regular; **he leads a very ~ life** lleva una vida muy irregular; **I am not usually ~** (*euph*) normalmente voy como un reloj; **to keep ~ hours** tener un horario irregular; **at ~ intervals** a intervalos irregulares
3 (= *unorthodox*) [*practice*] poco ortodoxo, irregular; [*treatment*] poco ortodoxo; [*action*] poco ortodoxo, contrario a la práctica; [*payment*] irregular; **her behaviour was ~, to say the least** su comportamiento era un tanto irregular, por no decir algo peor; **~ business practices** negocios *mpl* poco ortodoxos; **all this is very ~** todo esto es muy poco ortodoxo; **this is most ~!** ¡esto es totalmente inadmisible!; **it was highly ~ of Blake to do it alone** era totalmente contrario a la práctica que Blake lo hiciese solo
4 (*Ling*) [*verb, adjective, noun*] irregular
5 (*Mil*) [*soldiers, forces, troops*] irregular
Ⓑ N soldado *mf* irregular

**irregularity** [ɪˌregjʊˈlærɪtɪ] N 1 (= *unevenness*) [*of shape, surface, features*] irregularidad *f*
2 (= *spasmodic nature*) [*of attendance, meals, pulse*] irregularidad *f*
3 (= *unorthodox nature*) [*of behaviour*] irregularidad *f*; **the ~ of his actions surprised us all** lo poco ortodoxo de su forma de actuar nos sorprendió a todos; **a number of irregularities were observed** se observaron una serie de irregularidades

**irregularly** [ɪˈregjʊləlɪ] ADV 1 (= *unevenly*) [*distribute, arrange, spread*] irregularmente, de manera irregular; **~ shaped** de forma irregular
2 (= *spasmodically*) [*eat, occur*] con irregularidad; [*attend*] de forma poco regular; **her heart was beating ~** su corazón latía con irregularidad; **I see her only ~** sólo la veo ocasionalmente
3 (= *in an unorthodox manner*) de forma poco ortodoxa; **payments had been made ~** se habían realizado pagos, de forma poco ortodoxa; **he had behaved most ~ in signing the paper himself** el que hubiese firmado el papel él mismo era totalmente contrario a la práctica

**irrelevance** [ɪˈreləvəns] N irrelevancia *f*, intrascendencia *f*; **it highlighted the ~ of the project to the local community** puso de relieve lo intrascendente del proyecto para la comunidad local; **they dismiss religion as an ~** rechazan la religión como algo irrelevante *or* intrascendente

**irrelevant** [ɪˈreləvənt] ADJ [*details, information*] irrelevante, intrascendente; **what you are saying is ~** lo que dices no viene al caso, lo que dices es irrelevante; **those remarks are ~ to the present discussion** esas observaciones no tienen relación con lo que se está discutiendo; **the proposals are ~ to most of our customers** las propuestas les son indiferentes a la mayoría de nuestros clientes; **he was ~, merely to be disposed of** era una persona superflua de la que se podía prescindir

**irrelevantly** [ɪˈreləvəntlɪ] ADV [*say, think*] (*with past tense*) sin que viniera al caso

**irreligious** [ˌɪrɪˈlɪdʒəs] ADJ [*people, behaviour, play*] irreligioso

**irremediable** [ˌɪrɪˈmiːdɪəbl] ADJ irremediable

**irremediably** [ˌɪrɪˈmiːdɪəblɪ] ADV irremediablemente

**irremovable** [ˌɪrɪˈmuːvəbl] ADJ inamovible

**irreparable** [ɪˈrepərəbl] ADJ irreparable

**irreparably** [ɪˈrepərəblɪ] ADV irreparablemente

**irreplaceable** [ˌɪrɪˈpleɪsəbl] ADJ irre(e)mplazable, insustituible

**irrepressible** [ˌɪrɪˈpresəbl] ADJ [*person*] irrefrenable; [*high spirits, laughter, urge*] incontenible, irreprimible

**irrepressibly** [ˌɪrɪˈpresəblɪ] ADV [*laugh*] inconteniblemente, irreprimiblemente; **~ cheerful/enthusiastic** con una alegría/un entusiasmo incontenible *or* irreprimible

**irreproachable** [ˌɪrɪˈprəʊtʃəbl] ADJ [*conduct*] irreprochable, intachable

**irresistible** [ˌɪrɪˈzɪstəbl] ADJ irresistible; **she had an ~ urge to yawn** le entraron unas ganas irresistibles de bostezar; **she looked ~ in her new dress** estaba irresistible en su vestido nuevo; **he is ~ to women** las mujeres lo encuentran irresistible; **an ~ political force** una fuerza política a la que es imposible resistirse

**irresistibly** [ˌɪrɪˈzɪstəblɪ] ADV irresistiblemente; **she was drawn ~ to him** se sentía irresistiblemente atraída hacia él; **he found her ~ beautiful** la encontraba de una belleza irresistible

**irresolute** [ɪˈrezəluːt] ADJ [*person, character*] indeciso, irresoluto

**irresolutely** [ɪˈrezəluːtlɪ] ADV irresolutamente, indecisamente

**irresoluteness** [ɪˈrezəluːtnɪs] N irresolución *f*, indecisión *f*

**irrespective** [ˌɪrɪˈspektɪv] ADJ **~ of** sin tomar en consideración *or* en cuenta; **the same treatment for all, ~ of age or gender** el mismo trato para todos, sin distinción de edad o sexo

**irresponsibility** [ˈɪrɪsˌpɒnsəˈbɪlɪtɪ] N irresponsabilidad *f*, falta *f* de responsabilidad

**irresponsible** [ˌɪrɪsˈpɒnsəbl] ADJ [*person, behaviour*] irresponsable

**irresponsibly** [ˌɪrɪsˈpɒnsəblɪ] ADV irresponsablemente, de modo irresponsable

**irretrievable** [ˌɪrɪˈtriːvəbl] ADJ [*object*] irrecuperable; [*loss, damage, error*] irreparable

**irretrievably** [ˌɪrɪˈtriːvəblɪ] ADV irreparablemente; **~ lost** irreparablemente perdido, totalmente perdido

**irreverence** [ɪˈrevərəns] N irreverencia *f*, falta *f* de respeto

**irreverent** [ɪˈrevərənt] ADJ [*person, action*] irreverente, irrespetuoso

**irreverently** [ɪˈrevərəntlɪ] ADV de modo irreverente, irrespetuosamente

**irreversible** [ˌɪrɪˈvɜːsəbl] ADJ [*process*] irreversible; [*decision*] irrevocable

**irreversibly** [ˌɪrɪˈvɜːsəblɪ] ADV [*change, affect*] irreversiblemente; [*damage, harm*] irreparablemente

**irrevocable** [ɪˈrevəkəbl] ADJ [*decision*] irrevocable

**irrevocably** [ɪˈrevəkəblɪ] ADV irrevocablemente

**irrigable** [ˈɪrɪgəbl] ADJ regable

**irrigate** [ˈɪrɪgeɪt] VT (*Agr*) [+ *land, crops*] regar; (*Med*) irrigar; **~d land** tierras *fpl* de regadío

**irrigation** [ˌɪrɪˈgeɪʃən] Ⓐ N (*Agr*) irrigación *f*, riego *m*; (*Med*) irrigación *f*
Ⓑ CPD ► **irrigation channel** N acequia *f*, canal *m* de riego

**irritability** [ˌɪrɪtəˈbɪlɪtɪ] N irritabilidad *f*

**irritable** [ˈɪrɪtəbl] ADJ [1] (= *easily annoyed*) [*person*] irritable; [*temperament*] irascible, colérico; **to get** *or* **become ~** irritarse; **to be in an ~ mood** estar irritable
[2] (= *sensitive*) [*skin*] sensible

**irritably** [ˈɪrɪtəblɪ] ADV **he said ~** dijo malhumorado

**irritant** [ˈɪrɪtənt] N (*Med*) agente *m* irritante; (*fig*) molestia *f*

**irritate** [ˈɪrɪteɪt] VT [1] (= *annoy*) irritar, fastidiar; **to get ~d** irritarse, enfadarse
[2] (*Med*) irritar

**irritating** [ˈɪrɪteɪtɪŋ] ADJ [1] (= *annoying*) [*person, habit*] irritante; **it's really most ~** es de lo más irritante
[2] (*to skin, eyes*) [*substance*] irritante

**irritatingly** [ˈɪrɪteɪtɪŋlɪ] ADV **the answer proved ~ elusive** la respuesta fue esquiva hasta el punto de resultar irritante; **a stone was ~ lodged in his shoe** se le había metido una piedra en el zapato y le molestaba; **~, I was none the wiser after reading his book** para mi fastidio, la lectura de su libro no me había aclarado nada

**irritation** [ˌɪrɪˈteɪʃən] N [1] (= *state*) irritación *f*, enfado *m*; **she could not conceal her ~** no podía disimular su irritación *or* enfado
[2] (= *irritant*) molestia *f*
[3] (*Med*) irritación *f*; **a minor skin ~** una irritación cutánea de poca importancia

**irruption** [ɪˈrʌpʃən] N irrupción *f*

**IRS** N ABBR (*US*) = **Internal Revenue Service**

**is** [ɪz] *see* **be**

**Is.** ABBR = **Isle(s), Island(s)**

**ISA** [ˈaɪsə] N ABBR (*Brit Fin*) (= **Individual Savings Account**) *plan de ahorro personal para pequeños inversores con fiscalidad cero*

**Isaac** [ˈaɪzək] N Isaac

**Isabel** [ˈɪzəbel] N Isabel

**Isaiah** [aɪˈzaɪə] N Isaías

**ISBN** N ABBR (= **International Standard Book Number**) ISBN *f*

**ISDN** N ABBR (= **Integrated Services Digital Network**) RDSI *f*

**...ish** [ɪʃ] SUF [1] **blackish** negruzco; **dearish** algo caro; **smallish** más bien pequeño; **coldish** un poco frío
[2] **at fourish** a eso de las cuatro; **she must be fortyish** tendrá alrededor de 40 años

**isinglass** [ˈaɪzɪŋglɑːs] N cola *f* de pescado

**Islam** [ˈɪzlɑːm] N Islam *m*

**Islamic** [ɪzˈlæmɪk] ADJ islámico

**Islamicist** [ɪzˈlæmɪsɪst] N islamista *mf*

**Islamism** [ˈɪzləmɪzəm] N islamismo *m*

**Islamist** [ˈɪzləmɪst] N = **Islamicist**

**island** [ˈaɪlənd] Ⓐ N isla *f*; (*in street*) refugio *m*, isla *f* (peatonal); *see also* **desert**[1]
Ⓑ CPD isleño

**islander** [ˈaɪləndəʳ] N isleño/a *m/f*

**isle** [aɪl] N (= *poet*) isla *f*

**islet** [ˈaɪlɪt] N isleta *f*, islote *m*

**ism** [ˈɪzəm] N (*pej*) ismo *m*

**isn't** [ˈɪznt] = **is not**

**ISO** N ABBR (= **International Standards Organization**) OIN *f*

**iso-** [ˈaɪsəʊ] PREFIX iso-

**isobar** [ˈaɪsəʊbɑːʳ] N isobara *f*

**isolate** [ˈaɪsəʊleɪt] VT [1] (= *cut off*) aislar (**from** de); **this policy could ~ China from the rest of the world** esta política podría aislar a China del resto del mundo; **it is difficult to ~ religion from politics** es difícil separar la religión de la política; **to ~ o.s.** aislarse
[2] (= *pinpoint*) [+ *cause, source*] identificar; [+ *problem, virus, gene*] aislar
[3] (*Med*) (= *quarantine*) [+ *person, animal*] aislar (**from** de)

**isolated** [ˈaɪsəʊleɪtɪd] ADJ [1] (= *remote, cut off*) [*house, village, community*] aislado, apartado; [*person*] aislado; **the islanders were very ~** los habitantes de la isla estaban muy aislados; **she lived a strange, ~ life** vivía una vida extraña y solitaria; **to feel ~** sentirse aislado; **to be ~ from one's family** estar aislado de su familia; **to keep sth/sb ~ from sth/sb** mantener algo/a algn aislado de algo/algn
[2] (= *individual*) [*incident, case, example*] aislado

**isolation** [ˌaɪsəʊˈleɪʃən] Ⓐ N aislamiento *m*; **the ~ he endured while in captivity** el aislamiento que tuvo que soportar durante su cautividad; **we cannot discuss this in ~** no podemos discutir esto aisladamente; **things like this don't happen in ~** estas cosas no ocurren aisladas; **she's being kept in ~** (*Med*) la mantienen aislada; **we cannot consider this crime in ~ from the others he has committed** no podemos considerar este crimen aislado de los otros que ha cometido; *see also* **splendid**
Ⓑ CPD ► **isolation hospital** N hospital *m* de infecciosos ► **isolation ward** N pabellón *m* de infecciosos

**isolationism** [ˌaɪsəʊˈleɪʃənɪzəm] N aislacionismo *m*

**isolationist** [aɪsəʊˈleɪʃənɪst] Ⓐ ADJ aislacionista
Ⓑ N aislacionista *mf*

**Isolde** [ɪˈzɒldə] N Iseo, Isolda

**isomer** [ˈaɪsəməʳ] N isómero *m*

**isometric** [ˌaɪsəʊˈmetrɪk] ADJ isométrico; **~ exercises** ejercicios *mpl* isométricos

**isometrics** [ˌaɪsəʊˈmetrɪks] NSING isométrica *fsing*

**isomorphic** [ˌaɪsəʊˈmɔːfɪk] ADJ isomorfo

**isosceles** [aɪˈsɒsɪliːz] ADJ **~ triangle** triángulo *m* isósceles

**isotherm** [ˈaɪsəʊθɜːm] N isoterma *f*

**isothermal** [ˌaɪsəʊˈθɜːməl] ADJ isotérmico

**isotonic** [ˌaɪsəʊˈtɒnɪk] ADJ isotónico

**isotope** [ˈaɪsəʊtəʊp] N isótopo *m*

**ISP** N ABBR = **Internet Service Provider**

**I-spy** [ˈaɪˈspaɪ] N (*Brit*) veo-veo *m*

**Israel** [ˈɪzreɪl] N Israel *m*

**Israeli** [ɪzˈreɪlɪ] Ⓐ ADJ israelí
Ⓑ N (*pl* **Israelis** *or* **Israeli**) israelí *mf*

**Israelite** [ˈɪzrɪəlaɪt] Ⓐ ADJ israelita
Ⓑ N israelita *mf*

**ISS** N ABBR (= **International Social Service**) SSI *m*

**iss.** ABBR = **issue**

**issue** [ˈɪʃuː] Ⓐ N [1] (= *matter, question*) asunto *m*, cuestión *f*; **until the ~ is decided** hasta que se decida sobre el asunto *or* la cuestión *or* el tema; **I was earning a lot of money but that was not the ~** ganaba mucho dinero, pero ésa no era la cuestión; **we need to address this ~** tenemos que tratar este asunto *or* esta cuestión *or* este tema; **the point at ~** el punto en cuestión; **his integrity is not at ~** no se está cuestionando su integridad; **they were at ~ over ...** estuvieron discutiendo (sobre) ...; **to avoid the ~** eludir *or* (*frm*) soslayar el problema; **to cloud** *or* **confuse the ~** crear confusión; **to face the ~** hacer frente a la cuestión *or* al problema, afrontar la situación; **to force the ~** forzar una decisión; **to join ~ with sb** enfrentarse a *or* con algn; **to make an ~ of sth**: **I think we should make an ~ of this** creo que deberíamos insistir en este punto; **do you want to make an ~ of it?** ¿quieres hacer un problema de esto?; **he makes an ~ of every tiny detail** a todo le da mucha más importancia de la que tiene; **the main** *or* **real ~ is ...** lo fundamental es ...; **it's not a political ~** no es una cuestión política; **to take ~ with sth/sb** discrepar de algo/de *or* con algn; **I feel I must take ~ with you on** *or* **over that** permítame que discrepe de usted en *or* sobre eso; *see also* **side C**
[2] [*of shares, stamps, banknotes*] emisión *f*; [*of library book*] préstamo *m*; [*of document*] expedición *f*; [*of rations*] distribución *f*, reparto *m*; **an army ~ blanket** una manta del ejército; **a standard ~ army rifle** un rifle del ejército de fabricación estándar
[3] (= *copy*) [*of magazine*] ejemplar *m*, número *m*; **the March ~** el ejemplar *or* número de

➤ LANGUAGE IN USE: issue A1 26.1

marzo; **back ~** ejemplar *m* or número *m* atrasado

[4] (*frm*) (= *outcome*) resultado *m*, consecuencia *f*

[5] (*Jur*) (= *offspring*) descendencia *f*; **to die without ~** morir sin (dejar) descendencia

[6] (*Med*) flujo *m*

(B) VT [+ *library book*] prestar; [+ *tickets*] emitir; [+ *shares, stamps*] poner en circulación, emitir; [+ *rations*] distribuir, repartir; [+ *order*] dar; [+ *statement, proclamation*] hacer público; [+ *decree*] promulgar; [+ *passport, certificate*] expedir; [+ *licence*] facilitar; [+ *writ, summons*] extender; **a warrant has been ~d for his arrest** se ha ordenado su detención; **to ~ sth to sb** ◊ **~ sb with sth** dar algo a algn; **we were ~d with ten rounds each** nos dieron diez cartuchos a cada uno; **staff will be ~d with new uniforms** se proveerá de uniformes nuevos al personal

(C) VI [1] (= *come forth*) **to ~ from sth** [*blood, water*] brotar *or* salir de algo; [*sound*] salir de algo; [*report, account*] provenir de algo; **reports issuing from opposition sources say that …** informes provenientes de fuentes de la oposición afirman que …

[2] (= *derive*) derivar (**from** de)

[3] (*frm*) (= *have as result*) **to ~ in sth** resultar en algo, dar algo como resultado

(D) CPD ► **issue price** N precio *m* de emisión

**issued** ['ɪʃuːd] ADJ **~ capital** capital *m* emitido

**issuer** ['ɪʃuːəʳ] N (*Fin, St Ex*) emisor *m*, sociedad *f* emisora

**issuing** ['ɪʃuːɪŋ] ADJ [*company, office*] (*for shares*) emisor; (*for passport, official document*) expedidor

**Istanbul** ['ɪstæn'buːl] N Estambul *m*

**isthmus** ['ɪsməs] N (*pl* **isthmuses** *or* **isthmi**) istmo *m*

**it**[1] [ɪt] PRON [1] (*specific*)

| *It as subject or following a preposition is often not translated.* |
|---|

(*direct object*) lo, la; (*indirect object*) le; (*after prep*) (*if translated*) él *m*, ella *f*; (*neuter*) ello; **it's on the table** está en la mesa; **where is it?** ¿dónde está?; **"here's the book" — "give it to me"** —aquí está el libro —dámelo; **if you have the list, give it to him** si tienes la lista, dásela; **it's a good film, have you seen it?** es una buena película, ¿la has visto?; **give it a kick** dale una patada; **I have no money for it** no tengo dinero para comprarlo; **I doubt it** lo dudo; **there's a wall in front of/behind it** hay una pared delante/detrás (de ello); **she put a plate on top of it** le puso un plato encima, lo tapó con un plato; **it's a she** [*dog, cat etc*] es hembra; **it's a boy** [*baby*] es niño

[2] (*indefinite*)

| *The indefinite subject is not translated.* |
|---|

**it's raining** está lloviendo; **it's Friday tomorrow** mañana es viernes; **it's the 10th of October** es el diez de octubre; **it's six o'clock** son las seis; **how far is it?** ¿a qué distancia está?; **it's ten miles to London** son diez millas de aquí a Londres; **I like it here, it's quiet** me gusta aquí, es tranquilo; **it was kind of you** fue muy amable de su parte; **it's easy to talk** hablar no cuesta nada; **it is not in him to do it** no es capaz de hacer eso; **it's me** soy yo; **don't worry, it's only me** soy yo, no te emociones; **it's no use worrying** no vale la pena inquietarse; **it is said that …** se dice que …; **I have heard it said that …** he oído decir que …; **it was Peter who phoned** fue Peter quien llamó; **what is it?** (= *what's the matter?*) ¿qué pasa?; **who is it?** ¿quién es?

[3] (*special uses with "to be"*) **how is it that …?** ¿cómo es que …?, ¿cómo resulta que …?; **that's it for today** eso es todo por hoy; **that's it! just there is fine** ¡eso es! ahí mismo está bien; **that's it! I've had enough of this waiting!** ¡ya está bien! ¡estoy harto de esperar!; **that's it then! we leave on Sunday** ¡muy bien! *or* ¡solucionado! salimos el domingo; **that's just it!** ¡ahí está el problema!; **this is it** (= *it's time*) ya llegó la hora; (= *train, bus etc*) ahí viene

[4] (*referring to situation*) **he won't agree to it** no lo aceptará; **I spoke to him about it** lo hablé con él; **I'm against it** estoy en contra; **I'm (all) for it*** estoy (muy) a favor; **the worst of it is that …** lo peor del caso es que …; **✦IDIOM he's dropped us in it*** nos la ha hecho buena*; *see also* **at 5**, **get A20**

[5] (*in games*) **you're it!** ¡te tocó!

[6] (*) (= *sexual attraction*) **you've either got it or you haven't** ese algo, o se tiene o no, no hay vuelta de hoja

[7] (*) (= *something special*) **she thinks she's just it!*** se las da de maravillosa*

**it**[2]* [ɪt] N vermú *m* or vermut *m* italiano

**IT** N ABBR [1] (*Comput*) (= **information technology**) informática *f*

[2] (*Fin*) = **income tax**

**ITA** N ABBR (*Brit*) (= **Initial Teaching Alphabet**) *alfabeto parcialmente fonético para enseñar lectura*

**Italian** [ɪ'tæliən] (A) ADJ italiano

(B) N [1] (= *person*) italiano/a *m/f*

[2] (*Ling*) italiano *m*

**Italianate** [ɪ'tæljənɪt] ADJ de estilo italiano

**italic** [ɪ'tælɪk] ADJ (*Typ*) en cursiva *or* bastardilla

**italicize** [ɪ'tælɪsaɪz] VT poner en cursiva *or* bastardilla

**italics** [ɪ'tælɪks] NPL cursiva *f*, (letra *f*) bastardilla *f*; **in ~** en cursiva, en bastardilla; **my ~** ◊ **the ~ are mine** lo subrayado es mío

**Italy** ['ɪtəlɪ] N Italia *f*

**ITC** N ABBR (*Brit*) = **Independent Television Commission**

**itch** [ɪtʃ] (A) N picor *m*; (*less frequent*) picazón *f*, comezón *f*; **to have an ~** tener un picor; (*less frequent*) tener una picazón *or* una comezón; **I've got an ~ here, can you scratch it for me?** me pica aquí *or* tengo un picor aquí, ¿me puedes rascar?; **to have an ~ to do sth** (*fig*) rabiar por hacer algo; *see also* **seven**

(B) VI [1] (= *be itchy*) **my leg ~es** me pica la pierna; (*said by older people*) tengo picazón *or* comezón en la pierna; **I was ~ing all over** me picaba todo; **to be ~ing for sth*** (*fig*) estar deseando algo; **he was ~ing for a chance to play against the champion** estaba deseando tener la oportunidad de jugar contra el campeón; **he's ~ing for a fight** tiene ganas de pelea; **to be ~ing to do sth*** (*fig*) rabiar por hacer algo

[2] (= *cause itchiness*) [*sweater, wool*] picar

**itchiness** ['ɪtʃɪnɪs] N picor *m*; (*less frequent*) picazón *f*, comezón *f*

**itching** ['ɪtʃɪŋ] (A) N picor *m*; (*less frequent*) picazón *f*, comezón *f*

(B) CPD ► **itching powder** N polvos *mpl* de pica-pica

**itchy** ['ɪtʃɪ] ADJ (*compar* **itchier**; *superl* **itchiest**)

[1] (= *irritated*) [*eyes, skin, scalp*] irritado; [*rash*] que produce picor; **~ eyes caused by hay fever** ojos *mpl* irritados a causa de la fiebre del heno; **my head is ~** me pica la cabeza; (*less frequent*) tengo picazón *or* comezón en la cabeza; **I've got an ~ nose** me pica la nariz; **she felt all ~** ◊ **she felt ~ all over** le picaba todo; **✦IDIOMS to have ~ feet** estar muy inquieto; **to have ~ fingers**: **I was getting ~ fingers, watching the two of them play chess** viéndolos a los dos jugar al ajedrez me estaban entrando ganas a mí; **to have an ~ palm**: **the chief of police had an ~ palm and allowed himself to be bribed** al jefe de policía le podía su amor por el dinero y se dejaba sobornar

[2] (= *irritating*) [*sweater, material*] que pica; **that jumper is too ~** ese jersey pica mucho

**it'd** ['ɪtd] = **it would**, **it had**

▼ **item** ['aɪtəm] N (*in list, bill, catalogue*) artículo *m*; (*on agenda*) asunto *m* (a tratar), punto *m* (a tratar); (*in programme*) número *m*; (*in newspaper*) artículo *m*; (*TV, Rad*) noticia *f*; **~ of clothing** prenda *f* (de vestir); **what's the next ~?** (*in meeting*) ¿cuál es el siguiente punto *or* asunto a tratar?; **this books is a collector's ~** este libro es una pieza de colección; **basic/luxury food ~s** productos *mpl* alimenticios básicos/suntuarios; **they sell a selection of gift ~s** venden una selección de artículos de regalo; **a news ~** una noticia; **they're something of an ~*** son pareja

**itemize** ['aɪtəmaɪz] VT detallar; **~d bill** (*of customer*) cuenta *f* detallada; (*Comm*) factura *f* detallada

**iterative** ['ɪtərətɪv] (A) ADJ iterativo

(B) CPD ► **iterative statement** N (*Comput*) sentencia *f* iterativa

**itinerant** [ɪ'tɪnərənt] ADJ [*preacher, lecturer, worker*] itinerante; [*salesperson*] ambulante

**itinerary** [aɪ'tɪnərərɪ] N (= *route*) itinerario *m*; (= *map*) ruta *f*

**it'll** ['ɪtl] = **it will**, **it shall**

**ITN** N ABBR (*Brit*) (= **Independent Television News**) *servicio de noticias en las cadenas privadas de televisión*

**ITO** N ABBR (= **International Trade Organization**) OIC *f*

**it's** [ɪts] = **it is**, **it has**

**its** [ɪts] (A) POSS ADJ (*with singular noun*) su; (*with plural noun*) sus; **everything in ~ place** cada cosa en su sitio; **it has ~ advantages** tiene sus ventajas; **the dog is losing ~ hair** el perro está perdiendo el pelo; **the bird was in ~ cage** el pájaro estaba en su jaula

(B) POSS PRON (el/la) suyo/a, (los/las) suyos/as

**itself** [ɪt'self] PRON [1] (*reflexive*) se, sí; **skin renews ~ every 28 days** la piel se renueva cada 28 días

[2] (*emphatic*) **Christmas ~ was an anticlimax** las Navidades mismas fueron una decepción; **he is always politeness ~** siempre es la cortesía personificada; **the door closed by ~** la puerta se cerró sola; **I loved him more than life ~** lo quería más que a mi propia vida; **that was an achievement in ~** eso fue un triunfo de por sí

**itsy-bitsy*** [ˌɪtsɪ'bɪtsɪ], **itty-bitty*** [ˌɪtɪ'bɪtɪ] (*US*) ADJ pequeñito*

**ITU** N ABBR (= **International Telecommunications Union**) UIT *f*

**ITV** N ABBR (= **Independent Television**) *cadena privada de televisión*

**IU(C)D** N ABBR (= **intrauterine (contraceptive) device**) DIU *m*

**IV** (A) N ABBR = **intravenous** (*also* **IV drip**) gota a gota *m*

(B) ADJ ABBR = **intravenous**

**i.v.** ABBR = **invoice value**

**I've** [aɪv] = **I have**

**IVF** N ABBR (= **in vitro fertilization**) FIV *f*

➤ LANGUAGE IN USE: item 20.3

**ivory** ['aɪvərɪ] Ⓐ N marfil *m*; **ivories*** (= *teeth*) dientes *mpl*; (*Mus*) teclas *fpl*; (*Billiards*) bolas *fpl*; ***✦IDIOM* to tickle the ivories*** tocar el piano

Ⓑ ADJ [*cane, box*] de marfil; [*skin*] de color marfil

Ⓒ CPD ► **Ivory Coast** N Costa *f* de Marfil ► **ivory hunter** N cazador (a) *m/f* de marfil ► **ivory tower** N (*fig*) torre *f* de marfil

**ivy** ['aɪvɪ] Ⓐ N (*Bot*) hiedra *f*, yedra *f*

Ⓑ CPD ► **the Ivy League** N (*US*) *grupo de ocho universidades privadas muy prestigiosas de Nueva Inglaterra*

**IVY LEAGUE**

*En el noreste de Estados Unidos, la* **Ivy League** *está formada por ocho universidades de gran prestigio tanto académico como social. El término procede de los tiempos en los que estas ocho universidades,* **Harvard**, **Yale**, **Pennsylvania**, **Princeton**, **Columbia** , **Brown**, **Dartmouth** *y* **Cornell** *formaron una liga para impulsar las competiciones deportivas entre ellas y tiene su origen en la hiedra (***ivy***) que cubre los muros de las facultades y colegios universitarios. A los estudiantes de estas universidades se los denomina* **Ivy Leaguers**.

# J j

**J, j** [dʒeɪ] N (= *letter*) J, j *f*; **J for Jack** J de José

**JA** N ABBR = **judge advocate**

**J/A** ABBR = **joint account**

**jab** [dʒæb] Ⓐ N [1] (= *poke*) (*gen*) pinchazo *m*; (*with elbow*) codazo *m*
[2] (= *blow*) (*gen*) golpe *m*; (*Boxing*) golpe *m* rápido
[3] (= *prick*) pinchazo *m*
[4] (*Brit Med**) inyección *f*
[5] (‡) [*of drug*] chute‡ *m*
Ⓑ VT **to ~ sth into sth** clavar algo en algo, hundir algo en algo; **he ~bed the knife into the table** clavó el cuchillo en la mesa; **to ~ sb with one's elbow** dar un codazo a algn; **to ~ a finger at sth** señalar algo con el dedo; **he ~bed a gun in my back** me puso un revólver en los riñones; **I ~bed the knife in my arm** me pinché el brazo con el cuchillo; **he ~bed me with his stick** me golpeó con la punta de su bastón
Ⓒ VI **to ~ at** [+ *person*] intentar golpear a; [+ *fire*] atizar; **to ~ at sb with a knife** tratar de acuchillar a algn; **he ~bed at the map with a finger** dio con el dedo en el mapa

**jabber** ['dʒæbəʳ] Ⓐ N [*of person*] (= *fast talk*) chapurreo *m*, farfulla *f*; (= *chatter*) cotorreo *m*; (= *noise*) algarabía *f*; [*of monkeys*] chillidos *mpl*; **a ~ of French** un torrente de francés; **a ~ of voices** un jaleo de voces
Ⓑ VT farfullar
Ⓒ VI (= *talk fast*) farfullar; (= *chatter*) charlotear, parlotear; [*monkeys*] chillar; **they were ~ing away in Russian** charloteaban *or* parloteaban en ruso

**jabbering** ['dʒæbərɪŋ] = **jabber A**

**jacaranda** [ˌdʒækə'rændə] N jacarandá *m*

**Jack** [dʒæk] Ⓐ N (*familiar form*) *of* **John** Juanito; ✦**IDIOM I'm all right, ~!** ¡y a mí qué!
Ⓑ CPD ► **Jack Frost** N *personificación del hielo* ► **Jack Ketch** N *el verdugo* ► **Jack Robinson** N **before you can say ~ Robinson** en un santiamén, en un decir Jesús ► **Jack Tar** N *el marinero*

**jack** [dʒæk] Ⓐ N [1] (*Aut, Tech*) gato *m*, gata *f* (*LAm*)
[2] (*Elec*) toma *f* de corriente, enchufe *m* hembra
[3] (*Bowls*) boliche *m*
[4] (*Cards*) (*in ordinary pack of cards*) jota *f*; (*in Spanish pack*) sota *f*
[5] (*also* **bootjack**) sacabotas *m inv*
[6] (*Naut*) marinero *m*
[7] (= *fish*) lucio *m* joven
[8] **jacks** (= *game*) cantillos *mpl*
Ⓑ CPD ► **jack plane** N garlopa *f* ► **jack plug** N enchufe *m* de clavija ► **jack rabbit** N (*US*) liebre *f* americana

►**jack in*** VT + ADV (*Brit*) dejar, abandonar

►**jack off**** VI + ADV (*US*) hacerse una paja**

►**jack up** VT + ADV [1] (*Tech*) levantar con el gato
[2] (= *increase*) [+ *price, production*] aumentar

**jackal** ['dʒækɔːl] N chacal *m*

**jackanapes** ['dʒækəneɪps] N mequetrefe *m*

**jackass** ['dʒækæs] N (= *donkey*) asno *m*, burro *m*; (*fig*) (= *person*) burro *m*

**jackboot** ['dʒækbuːt] N bota *f* de montar, bota *f* militar; **under the Nazi ~** bajo el azote *or* la férula del nazismo

**jackdaw** ['dʒækdɔː] N grajilla *f*

**jacket** ['dʒækɪt] Ⓐ N [1] (= *garment*) chaqueta *f*, americana *f*, saco *m* (*LAm*)
[2] (= *cover*) [*of boiler*] camisa *f*, envoltura *f*; [*of book*] sobrecubierta *f*; (*US*) [*of record*] funda *f*
[3] [*of potato*] **potatoes baked in their ~s** (*Brit*) patatas *fpl* asadas con piel, papas *fpl* asadas con cáscara (*LAm*)
Ⓑ CPD ► **jacket potatoes** NPL (*Brit*) patatas *fpl* asadas con piel, papas *fpl* asadas con cáscara (*LAm*)

**jackhammer** ['dʒækˌhæməʳ] N (*esp US*) taladradora *f*, martillo *m* neumático

**jack-in-the-box** ['dʒækɪnðəbɒks] N caja *f* sorpresa, caja *f* de resorte

**jackknife** ['dʒæknaɪf] Ⓐ N (*pl* **jackknives**) navaja *f*, chaveta *f* (*LAm*)
Ⓑ VI [*lorry*] colear
Ⓒ CPD ► **jackknife dive** N salto *m* de la carpa, carpa *f*

**jack-of-all-trades** ['dʒækəv'ɔːltreɪdz] N (*pl* **jacks of all trades**) factótum *mf*; **he's a ~ and master of none** es de los que mucho abarca y poco aprieta, sabe un poco de todo pero no es experto en nada

**jack-o'-lantern** ['dʒækəʊ'læntən] N [1] (= *will-o'-the-wisp*) fuego *m* fatuo
[2] (*US*) (= *Hallowe'en lantern*) *linterna hecha con una calabaza vaciada*

**jackpot** ['dʒækpɒt] N premio *m* gordo; **to hit the ~** sacar el premio gordo; (*fig*) ser todo un éxito *or* un exitazo

**jackstraw** ['dʒækstrɔː] N (*US*) pajita *f*

**Jacob** ['dʒeɪkəb] N Jacob

**Jacobean** [ˌdʒækə'biːən] ADJ de la época de Jacobo I (de Inglaterra)

**Jacobin** ['dʒækəbɪn] Ⓐ ADJ jacobino
Ⓑ N jacobino/a *m/f*

**Jacobite** ['dʒækəbaɪt] Ⓐ ADJ jacobita
Ⓑ N jacobita *mf*

**Jacuzzi**® [dʒə'kuːzɪ] N jacuzzi® *m*, baño *m* de burbujas

**jade¹** [dʒeɪd] Ⓐ N (= *stone*) jade *m*
Ⓑ ADJ (*also* **~-green**) verde jade
Ⓒ CPD [*statue, carving, necklace*] de jade

**jade²** [dʒeɪd] N [1] (= *horse*) rocín *m*
[2] (†) (= *woman*) mujerzuela *f*

**jaded** ['dʒeɪdɪd] ADJ hastiado, harto; **to feel ~** estar hastiado *or* harto; **to get ~** hastiarse, hartarse

**jade-green** ['dʒeɪd'griːn] ADJ verde jade *inv*

**jag¹** [dʒæg] N (= *jagged point*) punta *f*, púa *f*

**jag²** [dʒæg] N (= *binge*) **to go on a ~*** ir de juerga

**JAG** N ABBR = **Judge Advocate General**

**jagged** ['dʒægɪd] ADJ dentado

**jaguar** ['dʒægjʊəʳ] N jaguar *m*, tigre *m* (*LAm*)

**jail** [dʒeɪl] Ⓐ N cárcel *f*, prisión *f*; **to go to ~** ir a la cárcel; **sentenced to ten years in ~** condenado a diez años de cárcel *or* prisión
Ⓑ VT (*for crime*) encarcelar (**for** por); (*for length of time*) **to ~ sb for two months** condenar a algn a dos meses de cárcel

**jailbait*** ['dʒeɪlbeɪt] N *menor con la que el mantener relaciones sexuales está penado*

**jailbird** ['dʒeɪlbɜːd] N presidiario/a *m/f* reincidente, preso/a *m/f* reincidente

**jailbreak** ['dʒeɪlbreɪk] N fuga *f*, evasión *f* (*de la cárcel*)

**jailbreaker** ['dʒeɪlˌbreɪkəʳ] N evadido/a *m/f*, fugado/a *m/f* (*de la cárcel*)

**jailer** ['dʒeɪləʳ] N carcelero/a *m/f*

**jailhouse** ['dʒeɪlhaʊs] N (*pl* **jailhouses**) cárcel *f*, prisión *f*

**jakes**†‡ [dʒeɪks] N meadero‡ *m*

**jaloppy*** [dʒə'lɒpɪ] N = **jalopy**

**jalopy*** [dʒə'lɒpɪ] N cacharro *m*, armatoste *m*

**jalousie** ['ʒælʊ(ː)ziː] N celosía *f*

**jam¹** [dʒæm] (*Brit*) Ⓐ N [1] (= *food*) mermelada *f*; **strawberry ~** mermelada *f* de fresas; **you want ~ on it!*** (*fig*) ¡y un jamón!; ✦**IDIOM the ~ is spread very thin*** hay cosas buenas pero apenas se notan
[2] (*) (= *luck*) chorra* *f*; **look at that for ~!** ¡qué chorra tiene el tío!*
Ⓑ VT hacer mermelada de
Ⓒ CPD ► **jam jar** N (*Brit*) tarro *m* de mermelada, pote *m* de mermelada ► **jam pot** N (*Brit*) = **jam jar** ► **jam roll** N (*Brit*) brazo *m* de gitano con mermelada ► **jam tart** N tarta *f* de mermelada

**jam²** [dʒæm] Ⓐ N [1] [*of people*] aglomeración *f*; **you never saw such a ~!** ¡había que ver cómo se agolpaba la gente!; **there was a ~ in the doorway** había una aglomeración de gente en la puerta, se había agolpado la gente en la puerta
[2] (= *traffic jam*) embotellamiento *m*, atasco *m*; **a 5km ~ of cars** una caravana *or* un atasco de coches de 5km; **there are always ~s here** aquí siempre se atasca el tráfico, aquí siempre hay atascos
[3] (= *obstruction*) atasco *m*; **there's a ~ in the pipe** se ha atascado *or* está atascada la cañería

[4] (*fig*) (*) (= *difficulty*) apuro *m*, aprieto *m*; **to be in a ~** estar en un aprieto, estar en apuros; **to get into a ~** meterse en un aprieto, meterse en apuros; **to get sb out of a ~** sacar a algn del apuro
Ⓑ VT [1] (= *block*) [+ *mechanism, drawer, pipe*] atascar; [+ *wheel*] trabar; [+ *exit, road*] cerrar, obstruir; **it's got ~med** se ha atascado, no se puede mover/quitar/retirar *etc*
[2] (= *cram*) [+ *passage, exit*] atestar, abarrotar; [+ *container*] atestar, llenar; **people ~med the exits** la gente se agolpaba en las salidas; **I ~med my finger in the door** me pillé el dedo con la puerta; **to ~ sth into a box** meter algo a la fuerza en una caja; **we were all ~med together** estábamos todos apiñados; **the room was ~med with people** el cuarto estaba atestado de gente; **streets ~med with cars** calles atascadas por el tráfico
[3] (*Telec, Rad*) interferir
Ⓒ VI [1] [*mechanism, drawer, pipe*] atascarse, atorarse (*LAm*); [*nut, part, wheel*] atascarse, atrancarse; [*gun*] encasquillarse; **this part has ~med** esta pieza se ha atascado, no se puede mover esta pieza; **the drawer had ~med (shut/open)** el cajón no se podía abrir/cerrar
[2] (*Mus**) improvisar
Ⓓ CPD ► **jam session** N jam session *f* (*actuación improvisada de jazz, rock etc*)
► **jam in** VT + ADV **if we can ~ two more books in** si podemos introducir a la fuerza dos libros más; **there were 15 people ~med in one room** había 15 personas apretadas unas contra otras en un cuarto
► **jam on** VT + ADV [1] **to ~ one's brakes on** frenar en seco, dar un frenazo
[2] **he ~med his hat on his head** se encasquetó el sombrero; **with his hat ~med on his head** con el sombrero encasquetado en la cabeza

**Jamaica** [dʒəˈmeɪkə] N Jamaica *f*

**Jamaican** [dʒəˈmeɪkən] Ⓐ ADJ jamaicano
Ⓑ N jamaicano/a *m/f*

**jamb** [dʒæm] N jamba *f*

**jamboree** [ˌdʒæmbəˈriː] N [1] [*of Scouts*] congreso *m* de exploradores
[2] (*) francachela *f*, juerga *f*

**James** [dʒeɪmz] N Jaime, Diego; (*British kings*) Jacobo; **Saint ~** Santiago

**jam-full** [ˈdʒæmˈfʊl] ADJ (*of people*) abarrotado, atestado; (*of things*) atestado, repleto

**jamming** [ˈdʒæmɪŋ] N (*Rad*) interferencia *f*

**jammy*** [ˈdʒæmɪ] ADJ (*Brit*) (*compar* **jammier**; *superl* **jammiest**) suertudo*, potrudo*

**jam-packed** [ˈdʒæmˈpækt] ADJ (*with people*) abarrotado, atestado; (*with things*) atestado, repleto

**JAN** N ABBR (*US*) = **Joint Army-Navy**

**Jan.** ABBR (= **January**) ene., en.

**Jane** [dʒeɪn] N Juana

**jangle** [ˈdʒæŋgl] Ⓐ N tintineo *m*
Ⓑ VT [+ *coins, bracelets*] hacer tintinear
Ⓒ VI tintinear

**jangling** [ˈdʒæŋglɪŋ] Ⓐ ADJ tintineante
Ⓑ N cencerreo *m*

**janitor** [ˈdʒænɪtəʳ] N (= *doorkeeper*) portero/a *m/f*; (= *caretaker*) conserje *mf*

**Jansenism** [ˈdʒænsəˌnɪzəm] N jansenismo *m*

**Jansenist** [ˈdʒænsənɪst] Ⓐ ADJ jansenista
Ⓑ N jansenista *mf*

**January** [ˈdʒænjʊərɪ] Ⓐ N enero *m*; *see* **July** *for usage*
Ⓑ CPD ► **the January sales** NPL las rebajas de enero

**Janus** [ˈdʒeɪnəs] N Jano

**Jap**** [dʒæp] (*offensive*) = **Japanese**

**Japan** [dʒəˈpæn] N el Japón

**japan** [dʒəˈpæn] Ⓐ N laca *f* japonesa
Ⓑ VT charolar con laca japonesa

**Japanese** [ˌdʒæpəˈniːz] Ⓐ ADJ japonés
Ⓑ N (*pl* **Japanese**) [1] (= *person*) japonés/esa *m/f*; **the ~** (= *people*) los japoneses
[2] (*Ling*) japonés *m*

**jape** [dʒeɪp] N burla *f*

**japonica** [dʒəˈpɒnɪkə] N rosal *m* de China, rosal *m* japonés

**jar**[1] [dʒɑːʳ] N (= *container*) tarro *m*, bote *m*; (= *jug*) (*gen*) jarra *f*; (*large*) tinaja *f*; **to have a ~*** tomar un trago *or* una copa

**jar**[2] [dʒɑːʳ] Ⓐ N [1] (= *jolt*) sacudida *f*, choque *m*
[2] (*fig*) (= *shock*) conmoción *f*, sorpresa *f* desagradable; **it gave me a ~** me dejó de piedra
Ⓑ VT [1] (= *jog*) tocar; **he must have ~red the camera** ha debido de mover la cámara; **somebody ~red my elbow** alguien me dio en el codo
[2] (= *shake*) sacudir, hacer vibrar; **I've ~red my back** me he lastimado la espalda
[3] (*fig*) afectar, impresionar
Ⓒ VI (= *clash*) [*colours, sounds*] desentonar; [*opinions*] chocar (**with** con); **to ~ on sb's nerves** poner a algn los nervios de punta; **to ~ on sb's ears** lastimar a algn el oído

**jar**[3] [dʒɑːʳ] N **on the ~** = **ajar**

**jargon** [ˈdʒɑːgən] N jerga *f*

**jarring** [ˈdʒɑːrɪŋ] ADJ [*sound*] discordante, desafinado; [*opinions*] discordante; [*colour*] discordante, que desentona; **to strike a ~ note** (*fig*) ser la nota discordante, desentonar

**Jas.** ABBR = **James**

**jasmine** [ˈdʒæzmɪn] N jazmín *m*

**jasper** [ˈdʒæspəʳ] N jaspe *m*

**jaundice** [ˈdʒɔːndɪs] N ictericia *f*

**jaundiced** [ˈdʒɔːndɪst] ADJ [1] (*Med*) con ictericia, que tiene ictericia
[2] (*fig*) (= *embittered*) [*person*] amargado, resentido; [*attitude*] negativo, pesimista
[3] (*fig*) (= *disillusioned*) desilusionado

**jaunt** [dʒɔːnt] N excursión *f*

**jauntily** [ˈdʒɔːntɪlɪ] ADV [*walk*] garbosamente, airosamente; [*dress*] de manera alegre, de manera desenfadada; **he replied ~** contestó alegremente *or* con desenfado

**jauntiness** [ˈdʒɔːntɪnɪs] N [*of tone*] desenfado *m*; [*of clothes*] vistosidad *f*; [*of step*] garbo *m*

**jaunting car** [ˈdʒɔːntɪŋˌkɑːʳ] N tílburi *m* (irlandés)

**jaunty** [ˈdʒɔːntɪ] ADJ (= *relaxed*) [*air, tone*] desenvuelto, desenfadado; (= *cheerful*) [*clothes, hat*] alegre; [*step*] garboso, airoso

**Java** [ˈdʒɑːvə] N Java *f*

**Javanese** [ˌdʒɑːvəˈniːz] Ⓐ ADJ javanés
Ⓑ N (*pl* **Javanese**) javanés/esa *m/f*

**javelin** [ˈdʒævlɪn] Ⓐ N [1] (= *object*) jabalina *f*; **to throw the ~** lanzar la jabalina
[2] (= *event*) **she won a gold medal in the ~** ganó la medalla de oro en lanzamiento de jabalina
Ⓑ CPD ► **javelin thrower** N lanzador(a) *m/f* de jabalina ► **javelin throwing** N lanzamiento *m* de jabalina

**jaw** [dʒɔː] Ⓐ N [1] (*Anat*) [*of person*] mandíbula *f*; [*of animal*] quijada *f*
[2] **jaws** [*of animal*] fauces *fpl*; (*Tech*) [*of vice*] mordaza *fsing*; [*of channel*] boca *fsing*, embocadura *fsing*; **the ~s of death** (*fig*) las garras de la muerte
[3] (*) (= *chat*) cháchara *f*; **we had a good old ~** charlamos largo y tendido; **it's just a lot of ~** mucho ruido y pocas nueces; **hold your ~!** ¡cállate la boca!
Ⓑ VT (*) soltar el rollo a*
Ⓒ VI (*) charlar

**jawbone** [ˈdʒɔːbəʊn] Ⓐ N [*of person*] mandíbula *f*; [*of animal*] quijada *f*
Ⓑ VT (*US**) presionar, ejercer presión sobre

**jawbreaker*** [ˈdʒɔːˌbreɪkəʳ] N (*US*) trabalenguas *m inv*, palabra *f* kilométrica

**jawline** [ˈdʒɔːlaɪn] N mandíbula *f*

**jay** [dʒeɪ] N arrendajo *m*

**jaywalk** [ˈdʒeɪwɔːk] VI cruzar la calle imprudentemente

**jaywalker** [ˈdʒeɪˌwɔːkəʳ] N peatón/ona *m/f* imprudente

**jaywalking** [ˈdʒeɪˌwɔːkɪŋ] N imprudencia *f* al cruzar la calle

**jazz** [dʒæz] Ⓐ N [1] (*Mus*) jazz *m*
[2] (*) (= *talk*) palabrería *f*; **and all that ~*** y otras cosas por el estilo; **don't give me that ~!** ¡no me vengas con cuentos!
Ⓑ CPD ► **jazz ballet** N jazz-ballet *m* ► **jazz band** N orquesta *f* de jazz
► **jazz up** VT + ADV [1] (*Mus*) sincopar
[2] (*fig*) [+ *party*] animar; [+ *room*] alegrar

**jazzy** [ˈdʒæzɪ] ADJ [1] (*Mus*) sincopado
[2] (*) (= *showy*) [*dress etc*] de colores llamativos, de colores chillones

**JC** N ABBR (= **Jesus Christ**) JC *m*

**JCB**® N ABBR *excavadora para la construcción con pala hidráulica*

**JCC** N ABBR (*US*) = **Junior Chamber of Commerce**

**JCR** N ABBR (*Brit Univ*) = **Junior Common Room**

**JCS** N ABBR (*US*) = **Joint Chiefs of Staff**

**jct.**, **jctn** ABBR (*Rail*) = **junction**

**JD** N ABBR (*US*) [1] (*Univ*) = **Doctor of Laws**
[2] = **Justice Department**

**jealous** [ˈdʒeləs] ADJ [1] [*husband, wife, lover*] celoso; **to be ~ of sb** tener celos de algn; **to make sb ~** dar celos a algn
[2] (= *envious*) (*of possessions, qualities*) envidioso; **to be ~ of sth** envidiar algo

**jealously** [ˈdʒeləslɪ] ADV [1] (= *enviously*) con envidia; **he was ~ watching the skaters** observaba a los patinadores con envidia
[2] (= *protectively*) celosamente; **she ~ guards her family's privacy** guarda celosamente la intimidad de su familia; **she's ~ possessive of him** es celosa y posesiva con él

**jealousy** [ˈdʒeləsɪ] N [1] [*of husband, wife, lover*] celos *mpl*
[2] (= *envy*) [*of possessions, qualities*] envidia *f*

**jeans** [dʒiːnz] NPL vaqueros *mpl*, bluejeans *m* (*esp LAm*)

**Jeep**®, **jeep** [dʒiːp] N jeep® *m*, yip *m*

**jeer** [dʒɪəʳ] Ⓐ N [1] (*from crowd*) abucheo *m*; (*from individual*) grito *m* de protesta
[2] (= *insult*) insulto *m*
Ⓑ VI [1] (= *mock*) burlarse (**at** de)
[2] (= *boo*) abuchear (**at** a)
Ⓒ VT [1] (= *mock*) burlarse de
[2] (= *boo*) abuchear

**jeering** [ˈdʒɪərɪŋ] Ⓐ ADJ [*remark, laughter*] burlón, sarcástico; **he was led through a ~ crowd** le hicieron pasar por una multitud que le llenó de insultos, le hicieron pasar entre una multitud que lo colmó de insultos
Ⓑ N [1] (= *protests*) protestas *fpl*
[2] (= *mockery*) burlas *fpl*
[3] (= *insults*) insultos *mpl*
[4] (= *booing*) abucheo *m*

**Jeez*** [dʒiːz] EXCL ¡Santo Dios!

**jehad** [dʒɪˈhæd] N = **jihad**

**Jehovah** [dʒɪˈhəʊvə] N Jehová *m*; **~'s Witness** Testigo *m* de Jehová

**jejune** [dʒɪˈdʒuːn] ADJ [1] (= *naïve*) cándido [2] (= *dull*) [*subject*] árido; [*evening*] aburrido [3] (= *insipid*) insípido, sin sustancia

**jell** [dʒel] VI = **gel B**

**jellabah** [ˈdʒeləbə] N chilaba *f*

**jellied** [ˈdʒelɪd] ADJ [*eels, meat*] en gelatina

**jello®**, **Jell-O®** [ˈdʒeləʊ] N (*US*) = **jelly¹ A1**

**jelly¹** [ˈdʒelɪ] Ⓐ N [1] (*Brit*) (= *dessert*) jalea *f*, gelatina *f*; **my legs turned to ~** me temblaban las piernas [2] (*US*) (= *jam*) mermelada *f* [3] (= *substance*) gelatina *f* Ⓑ CPD ► **jelly baby** N caramelo *m* de goma (*en forma de niño*)

**jelly²**‡ [ˈdʒelɪ] N = **gelignite**

**jellybean** [ˈdʒelɪbiːn] N gominola *f*

**jellyfish** [ˈdʒelɪfɪʃ] N (*pl* **jellyfish** *or* **jellyfishes**) medusa *f*, aguamala *f* (*Mex*), aguaviva *f* (*S. Cone*)

**jemmy** [ˈdʒemɪ] N (*Brit*) palanqueta *f*

**Jennie**, **Jenny** [ˈdʒenɪ] N (*familiar form*) *of* **Jennifer**

**jeopardize** [ˈdʒepədaɪz] VT (= *endanger*) arriesgar, poner en peligro; (= *compromise*) comprometer

**jeopardy** [ˈdʒepədɪ] N riesgo *m*, peligro *m*; **to be in ~** estar en peligro; **to put sth in ~** poner algo en peligro

**jeremiad** [ˌdʒerɪˈmaɪəd] N jeremiada *f*

**Jeremiah** [ˌdʒerɪˈmaɪə] N Jeremías

**Jeremy** [ˈdʒerɪmɪ] N Jeremías

**Jericho** [ˈdʒerɪkəʊ] N Jericó *m*

**jerk** [dʒɜːk] Ⓐ N [1] (= *shake*) sacudida *f*; (= *pull*) tirón *m*, jalón *m* (*LAm*); (*Med*) espasmo *m* muscular; **physical ~s** (*Brit**) gimnasia *f*, ejercicios *mpl* (físicos); **by ~s** a sacudidas; **he sat up with a ~** se incorporó de golpe; **to put a ~ in it*** menearse [2] (*US**) imbécil *mf*, gilipollas*‡ *mf inv*, pendejo *m* (*LAm*‡), huevón/ona *m/f* (*Andes, S. Cone*‡*); **what a ~!** ¡menudo imbécil! Ⓑ VT [1] (= *pull*) dar un tirón a, tirar bruscamente de, jalar bruscamente de (*LAm*); (= *shake*) sacudir, dar una sacudida a; (= *throw*) arrojar con un movimiento rápido; **to ~ sth along** arrastrar algo a tirones; **to ~ o.s. along** moverse a sacudidas, avanzar a tirones; **he ~ed it away from me** me lo quitó de un tirón *or* (*LAm*) jalón; **to ~ o.s. free** soltarse de un tirón *or* (*LAm*) jalón [2] (*US*) [+ *meat*] atasajar Ⓒ VI dar una sacudida; **to ~ along** moverse a sacudidas; **the bus ~ed to a halt** el autobús dio unas sacudidas y se paró

►**jerk off**‡* VI + ADV hacerse una paja‡*

►**jerk out** VT + ADV [+ *words*] decir con voz entrecortada

**jerkily** [ˈdʒɜːkɪlɪ] ADV [*move*] a tirones, a sacudidas; [*play, write*] de modo desigual, nerviosamente

**jerkin** [ˈdʒɜːkɪn] N chaleco *m*

**jerkiness** [ˈdʒɜːkɪnɪs] N [*of movement*] brusquedad *f*; [*of speech*] lo entrecortado

**jerkwater*** [ˈdʒɜːkˌwɔːtəʳ] ADJ (*US*) de poca monta; **a ~ town** un pueblucho*

**jerky** [ˈdʒɜːkɪ] ADJ (*compar* **jerkier**; *superl* **jerkiest**) [*movement, motion*] brusco; [*speech*] entrecortado, vacilante

**Jeroboam** [ˌdʒerəˈbəʊəm] N Jeroboam

**Jerome** [dʒəˈrəʊm] N Jerónimo

**Jerry¹** [ˈdʒerɪ] N (*familiar form*) *of* **Gerald, Gerard**

**Jerry²*** [ˈdʒerɪ] N (*Brit Mil*) **a ~** un alemán; **~** los alemanes

**jerry** [ˈdʒerɪ] Ⓐ N (*Brit**) orinal *m* Ⓑ CPD ► **jerry can** N bidón *m*

**jerry-builder** [ˈdʒerɪˌbɪldəʳ] N mal constructor *m*, tapagujeros *m inv*

**jerry-building** [ˈdʒerɪˌbɪldɪŋ] N mala construcción *f*, construcción *f* defectuosa

**jerry-built** [ˈdʒerɪbɪlt] ADJ mal construido, hecho con malos materiales

**Jersey** [ˈdʒɜːzɪ] N [1] (*Geog*) Isla *f* de Jersey, Jersey *m* [2] (*Zool*) vaca *f* de Jersey

**jersey** [ˈdʒɜːzɪ] N (= *garment*) jersey *m*, suéter *m*; (= *fabric*) tejido *m* de punto

**Jerusalem** [dʒəˈruːsələm] Ⓐ N Jerusalén *f* Ⓑ CPD ► **Jerusalem artichoke** N aguaturma *f*, pataca *f*

**jessamine** [ˈdʒesəmɪn] N jazmín *m*

**jest** [dʒest] Ⓐ N guasa *f*, broma *f*; **in ~** en broma, de guasa Ⓑ VI bromear, estar de guasa; **he was only ~ing** lo dijo en broma nada más, sólo estaba de guasa

**jester** [ˈdʒestəʳ] N bufón *m*

**jesting** [ˈdʒestɪŋ] Ⓐ ADJ [*person*] chistoso, guasón; [*tone*] guasón; [*reference*] burlón, en broma Ⓑ N chanzas *fpl*, bromas *fpl*

**Jesuit** [ˈdʒezjʊɪt] Ⓐ ADJ jesuita Ⓑ N jesuita *m*

**Jesuitical** [ˌdʒezjʊˈɪtɪkəl] ADJ jesuítico

**Jesus** [ˈdʒiːzəs] Ⓐ N Jesús *m*; **~ Christ** Jesucristo *m*; **~ Christ!*** ¡Santo Dios! Ⓑ CPD ► **Jesus freak*** N (*pej*) *cristiano ferviente evangélico* ► **Jesus sandals** NPL sandalias *fpl* nazarenas

**jet¹** [dʒet] Ⓐ N (= *stone*) azabache *m* Ⓑ CPD ► **jet black** N negro *m* azabache; *see also* **jet-black**

►**jet off*** VI + ADV salir de viaje (*en avión*)

**jet²** [dʒet] Ⓐ N [1] [*of liquid, steam*] chorro *m*; [*of flame*] llamarada *f* [2] (= *nozzle*) [*of gas burner*] mechero *m* [3] (*Aer*) (= *plane*) avión *m* a reacción, reactor *m* Ⓑ VT lanzar en chorro, echar en chorro Ⓒ VI chorrear, salir a chorro Ⓓ CPD [*aircraft, fighter, plane*] a reacción, a chorro ► **the jet age** N la época de los jet ► **jet engine** N [*of plane*] motor *m* a reacción, reactor *m* ► **jet lag** N jet lag *m* (*desfase debido a un largo viaje en avión*); **to be suffering from ~ lag** tener jet lag ► **jet propulsion** N propulsión *f* por reacción, propulsión *f* a chorro ► **the jet set** N la jet set (*Sp*), el jet set (*LAm*), la alta sociedad ► **jet ski** N moto *f* acuática; *see also* **jet-ski** ► **jet stream** N corriente *f* en chorro

**jet-black** [ˈdʒetˈblæk] ADJ negro azabache *inv*

**jetlagged** [ˈdʒetˌlægd] ADJ **to be ~** tener jet lag, estar desfasado por el viaje en avión

**jetliner** [ˈdʒetˌlaɪnəʳ] N (*US*) avión *m* de pasajeros

**jet-powered** [ˈdʒetˈpaʊəd] ADJ = **jet-propelled**

**jet-propelled** [ˈdʒetprəˈpeld] ADJ a reacción, a chorro

**jetsam** [ˈdʒetsəm] N echazón *f*, cosas *fpl* desechadas

**jet-setter** [ˈdʒetˌsetəʳ] N miembro *mf* de la jet set (*Sp*), miembro *mf* del jet set (*LAm*)

**jet-setting** [ˈdʒetsetɪŋ] ADJ de la jet set (*Sp*), del jet set (*LAm*)

**jet-ski** [ˈdʒetskiː] VI practicar el motociclismo acuático; **they were ~ing** iban en moto acuática

**jettison** [ˈdʒetɪsn] VT (*Naut*) echar al mar, echar por la borda; (*Aer*) vaciar; (*fig*) deshacerse de; **we can safely ~ that** bien podemos prescindir de eso

**jetty** [ˈdʒetɪ] N (= *breakwater*) malecón *m*; (= *pier*) muelle *m*, embarcadero *m*

**Jew** [dʒuː] Ⓐ N judío/a *m/f* Ⓑ CPD ► **Jew's harp** N birimbao *m*

**jewel** [ˈdʒuːəl] Ⓐ N (= *precious stone*) piedra *f* preciosa; (= *ornament*) joya *f*, alhaja *f*; (= *stone in watch*) rubí *m*; (*fig*) (= *person, thing*) joya *f* Ⓑ CPD ► **jewel case** N joyero *m*

**jewelled**, **jeweled** (*US*) [ˈdʒuːəld] ADJ adornado con piedras preciosas; [*watch*] con rubíes

**jeweller**, **jeweler** (*US*) [ˈdʒuːələʳ] N joyero/a *m/f*; **~'s (shop)** joyería *f*

**jewellery**, **jewelry** (*US*) [ˈdʒuːəlrɪ] Ⓐ N joyas *fpl*, alhajas *fpl*; **a piece of ~** una joya Ⓑ CPD ► **jewellery box** N joyero *m* ► **jewelry store** N (*US*) joyería *f*

**Jewess** [ˈdʒuːɪs] N († *gen pej*) judía *f*

**Jewish** [ˈdʒuːɪʃ] ADJ judío

**Jewishness** [ˈdʒuːɪʃnɪs] N carácter *m* judaico

**Jewry** [ˈdʒʊərɪ] N judería *f*, los judíos

**Jezebel** [ˈdʒezəbel] N Jezabel

**JFK** N ABBR (*US*) = **John Fitzgerald Kennedy International Airport**

**jib¹** [dʒɪb] Ⓐ N (*Naut*) foque *m*; [*of crane*] aguilón *m*, brazo *m* Ⓑ CPD ► **jib boom** N botalón *m* de foque

**jib²** [dʒɪb] VI [*horse*] plantarse; [*person*] rehusar, negarse; **to ~ at (doing) sth** resistirse a (hacer) algo; **he ~bed at it** se negó a aprobarlo

**jibe** [dʒaɪb] N, VI = **gibe**

**jiffy*** [ˈdʒɪfɪ] N momento *m*, segundo *m*; **in a ~** en un santiamén, en un momento, en un segundito (*LAm*); **to do sth in a ~** hacer algo en un santiamén *or* momento; **wait a ~** espera un momentito, momentito (*LAm*), ahorita voy (*Mex*)

**jig** [dʒɪg] Ⓐ N [1] (= *dance, tune*) giga *f* [2] (*Mech*) plantilla *f*; (*Min*) criba *f*; (*Rail*) gálibo *m* Ⓑ VI (= *dance*) bailar dando brincos; **to ~ along** ◊ **~ up and down** [*person*] moverse a saltitos; **to keep ~ging up and down** no poder estarse quieto

**jigger¹*** [ˈdʒɪgəʳ] N [1] (= *whisky measure*) medida *f* (de whisky *etc*) [2] (*esp US*) (= *thingummy*) chisme *m*

**jigger²** [ˈdʒɪgəʳ] N (*Min*) criba *f*; (*Mech*) aparato *m* vibratorio

**jiggered** [ˈdʒɪgəd] ADJ **well I'm ~!** (*Brit**) ¡caramba!; **I'm ~ if I will** que me cuelguen si lo hago

**jiggery-pokery*** [ˈdʒɪgərɪˈpəʊkərɪ] N (*Brit*) trampas *fpl*, embustes *mpl*; **there's some ~ going on** hay gato encerrado

**jiggle** [ˈdʒɪgl] Ⓐ N zangoloteo *m* Ⓑ VT zangolotear Ⓒ VI zangolotearse

**jigsaw** [ˈdʒɪgsɔː] N [1] (*also* **~ puzzle**) rompecabezas *m inv*, puzzle *m* [2] (= *tool*) sierra *f* de vaivén

**jihad** [dʒɪˈhæd] N (*Rel*) jihad *f* (*guerra santa musulmana*)

**jilt** [dʒɪlt] VT [+ *fiancé*] dejar plantado a; [+ *fiancée*] dejar plantada a; **her ~ed lover** su amante rechazado

**Jim** [dʒɪm] N (*familiar form*) *of* **James**

**jimdandy**†* [ˈdʒɪmˈdændɪ] ADJ (*US*) estupendo*, fenomenal*

**jimjams¹**‡ [ˈdʒɪmdʒæmz] NPL delírium *m* tremens; **it gives me the ~** me horripila, me da grima

**jimjams²*** [ˈdʒɪmdʒæmz] NPL (*baby talk*) pijama *msing*, piyama *msing* (*LAm*)

**Jimmy** [ˈdʒɪmɪ] N (*familiar form*) *of* **James**

**jimmy** [ˈdʒɪmɪ] N [1] (*US*) = **jemmy**
[2] **to have a ~ (Riddle)*** (*hum*) mear*, cambiar *or* mudar el agua al canario*

**jingle** [ˈdʒɪŋgl] Ⓐ N [1] (= *sound*) tintineo *m*, retintín *m*
[2] (*Literat*) poemita *m* popular, rima *f* infantil; (= *advertising jingle*) cancioncilla *f*, musiquilla *f* (de anuncio)
Ⓑ VT [+ *coins, jewellery*] hacer tintinear
Ⓒ VI [*bells*] tintinear

**jingo** [ˈdʒɪŋgəʊ] N (*pl* **jingoes**) (*pej*) patriotero/a *m/f*; **by ~!** ¡caramba!

**jingoism** [ˈdʒɪŋgəʊɪzəm] N (*pej*) patriotería *f*

**jingoistic** [ˌdʒɪŋgəʊˈɪstɪk] ADJ (*pej*) patriotero

**jink*** [dʒɪŋk] VI (*Brit*) (= *zigzag*) dar un bandazo; **he ~ed out of the way** se salió del camino dando un bandazo

**jinks** [dʒɪŋks] NPL **high ~†*** jolgorio *msing*, jarana *f*; **we had high ~ last night** anoche nos lo pasamos pipa

**jinx** [dʒɪŋks] Ⓐ N (= *person*) cenizo/a *m/f*, gafe *mf*; (= *spell*) gafe *m*, maleficio *m*; **there's a ~ on it** está gafado, tiene la negra; **to put a ~ on sth** echar mal de ojo a algo
Ⓑ VT traer mala suerte a, gafar (*Sp**); **to be ~ed** [*person, project*] tener gafe

**jitney*** [ˈdʒɪtniː] N (*US*) [1] (= *bus*) autobús *m* pequeño, colectivo *m* (*LAm*)
[2] (= *coin*) *moneda de cinco centavos*

**jitterbug** [ˈdʒɪtəbʌg] Ⓐ N (= *dance*) *baile acrobático al ritmo de jazz o bugui-bugui*; (= *person*) *persona aficionada a bailar ritmos de jazz o el bugui-bugui*
Ⓑ VI *bailar ritmos de jazz o el bugui-bugui*

**jitters*** [ˈdʒɪtəz] NPL **the ~** el canguelo*, los nervios; **to get the ~** ponerse nervioso; **to give sb the ~** poner nervioso a algn; **to have the ~** tener el canguelo*, estar nervioso

**jittery*** [ˈdʒɪtərɪ] ADJ muy inquieto, nervioso; **to get ~** inquietarse, ponerse nervioso

**jiujitsu** [dʒuːˈdʒɪtsuː] N = **jujitsu**

**jive** [dʒaɪv] Ⓐ N [1] (= *music, dancing*) swing *m*
[2] (*US**) (= *big talk*) alardes *mpl*, palabrería *f*; (= *nonsense*) chorradas* *fpl*; (= *slang used by Black people*) (*also* **~ talk**) jerga *f* (*de la población negra norteamericana, en especial de los músicos de jazz*); **don't give me all that ~** deja de decir chorradas*
Ⓑ VI [1] (= *dance*) bailar el swing
[2] (*) (= *be kidding*) bromear

**Jly** ABBR (= **July**) jul.

**Jnr** ABBR (= **junior**) jr

**Jo** [dʒəʊ] N [1] (*familiar form*) *of* **Josephine**
[2] (*familiar form*) *of* **Joanne**

**Joan** [dʒəʊn] N Juana; **~ of Arc** Juana de Arco

**Job** [dʒəʊb] N Job; **~'s comforter** *el que queriendo animar a otro le desconsuela todavía más*

▼**job** [dʒɒb] Ⓐ N [1] (= *employment*) trabajo *m*, empleo *m*; **what would the ~ involve?** ¿en qué consistiría el trabajo *or* empleo?; **what's her ~?** ¿de qué trabaja?; **we shall create 1,000 new ~s** vamos a crear 1.000 puestos de trabajo más; **he got a ~ as a clerk** consiguió un trabajo *or* empleo de oficinista; **I think he's the best man for the ~** creo que es el más apropiado para el puesto; **to be in a ~** tener trabajo; **to look for a ~** buscar (un) trabajo *or* empleo; **to lose one's ~** (*gen*) perder el trabajo *or* empleo; (= *be sacked*) ser despedido; **to be out of a ~** estar sin trabajo *or* empleo; **if they go bankrupt we'll all be out of a ~** si se arruinan nos quedaremos todos sin trabajo *or* empleo; **to put sb out of a ~** quitar el trabajo *or* empleo a algn; **✦IDIOM ~s for the boys** (*Brit** *pej*) amiguismo *m*, enchufes* *mpl*; *see also* **day B**
[2] (= *piece of work*) trabajo *m*; **I have a ~ for you** tengo un trabajo para ti; **I'm afraid this is a ~ for a specialist** me parece que para esto hace falta un especialista; **it was a big ~** dio mucho trabajo, era mucho trabajo; **it's a difficult ~** es (un trabajo) muy difícil; **I'm paid by the ~** me pagan a destajo; **I've got a few ~s to do** tengo algunas cosillas que hacer; **to do a ~ for sb** hacer un encargo para algn, hacer un recado a algn; **can you do a ~ for me?** ¿te puedo hacer un encargo?, ¿te puedo encargar algo?; **she's doing a good ~** trabaja bien; **he has done a good ~ with the book** el libro le ha salido bien; **we could do a far better ~ of it** podríamos hacer un trabajo muchísimo mejor; **it's not ideal but it'll do the ~** no es lo ideal pero valdrá; **let's get on with the ~ in hand** vamos a concentrarnos en el trabajo que tenemos entre manos; **to know one's ~** conocer el oficio; **he really knows his ~** es un experto en lo suyo; **you've made a good ~ of painting the doors** has pintado muy bien las puertas; **he's out on a ~ at the moment** en este momento ha salido a hacer un trabajo; **on the ~: he fell asleep on the ~** se quedó dormido trabajando; **there was no formal training - they learned on the ~** no se ofrecía formación específica - aprendían trabajando *or* sobre la marcha; **he quit after five years on the ~** se fue tras haber estado en el trabajo cinco años; **to be on the ~*** (= *having sex*) estar haciéndolo*; **✦IDIOM to fall down on the ~** demostrar no tener capacidad; **✦PROV if a ~'s worth doing, it's worth doing well** las cosas bien hechas bien parecen; *see also* **hatchet, nose D, odd C, repair C**
[3] (*Comput*) trabajo *m*
[4] (= *duty, responsibility*) **my ~ is to sell them** yo estoy encargado de venderlos; **that's not my ~** eso no me incumbe a mí, eso no me toca a mí; **he's only doing his ~** está cumpliendo con su deber, nada más; **I had the ~ of telling him** a mí me tocó decírselo
[5] (*) (= *undertaking*) **it's quite a ~, bringing up five children** es una tarea bastante dura, criar a cinco hijos
[6] (*) (= *difficulty*) **to have a (hard) ~ doing/to do sth**: **we're having a hard ~ keeping up with the demand** nos está costando trabajo satisfacer la demanda; **we had quite a ~ getting here!** ¡vaya que nos costó (trabajo) llegar!; **we'll have a (hard) ~ to finish it in time** nos va a costar mucho trabajo terminarlo a tiempo
[7] (*) (= *state of affairs*) **it's a bad ~** es una situación difícil; **it's a good ~ he didn't see us** menos mal que no nos vio; **(and a) good ~ too!** ¡menos mal!*; **✦IDIOMS to make the best of a bad ~** poner al mal tiempo buena cara; **we'll just have to make the best of a bad ~** habrá que poner al mal tiempo buena cara; **to give sth up as a bad ~** dejar algo por imposible; **she gave him up as a bad ~** por imposible rompió con él
[8] (*) (= *crime*) golpe* *m*; **he was planning a bank ~** planeaba un golpe en un banco; **he was caught doing a bank ~** lo cogieron *or* (*LAm*) agarraron asaltando un banco; **that warehouse ~** ese robo en el almacén; *see also* **put-up**
[9] (*Brit**) (= *thing*) **this machine is just the ~** esta máquina nos viene que ni pintada*, esta máquina nos viene al pelo*; **a holiday in Majorca would be just the ~** unas vacaciones en Mallorca nos vendrían de perlas *or* de maravilla
[10] (*Brit**) (*child language*) **to do a ~** hacer caca*
Ⓑ VI [1] (= *do casual work*) hacer trabajos temporales
[2] (= *work as middleman*) **to ~ in sth** trabajar de intermediario en la compraventa de algo
Ⓒ CPD ► **job action** N (*US*) movilización *f* (de trabajadores) ► **job analysis** N (*Ind*) análisis *m* del trabajo, análisis *m* ocupacional ► **job application** N solicitud *f* de trabajo *or* empleo ► **Job Centre** N = **Jobcentre** ► **job club** N grupo *m* de asesoramiento para desempleados ► **job control language** N lenguaje *m* de control de trabajo ► **job creation** N creación *f* de empleo, creación *f* de puestos de trabajo ► **job creation scheme** N plan *m* de creación de puestos de trabajo, plan *m* de creación de nuevos empleos ► **job description** N descripción *f* del trabajo ► **job evaluation, job grading** N evaluación *f* de empleos ► **job holder** N empleado/a *m/f* ► **job hunting** N búsqueda *f* de trabajo, búsqueda *f* de empleo; **to go ~ hunting** salir a buscar trabajo *or* empleo ► **job interview** N entrevista *f* de trabajo ► **job losses** NPL pérdida *fsing* de puestos de trabajo; **500 ~ losses** una pérdida de 500 puestos de trabajo ► **job lot** N lote *m*; **to buy/sell sth as a ~ lot** comprar/vender algo en un lote ► **job number** N número *m* del trabajo ► **job offer** N oferta *f* de trabajo *or* empleo ► **job opportunity** N oportunidad *f* de trabajo ► **job queue** N (*Comput*) cola *f* de trabajos ► **job satisfaction** N satisfacción *f* en el trabajo, satisfacción *f* profesional ► **job security** N seguridad *f* en el trabajo ► **job seeker** N demandante *mf* de empleo, persona *f* que busca trabajo ► **job seeker's allowance** N (*Brit*) prestación *f* por desempleo ► **job sharing** N **~ sharing is encouraged here** intentamos fomentar el empleo compartido; **I'm interested in the possibility of ~ sharing** me interesaría poder compartir el empleo con otra persona ► **job title** N (nombre *m* del) puesto *m* ► **job vacancy** N puesto *m* vacante

**jobber** [ˈdʒɒbəʳ] N (*Brit St Ex*) corredor(a) *m/f* de Bolsa

**jobbery** [ˈdʒɒbərɪ] N (*Brit*) intrigas *fpl*, chanchullos *mpl*; **piece of ~** intriga *f*, chanchullo *m*; **by a piece of ~** por enchufe

**jobbing** [ˈdʒɒbɪŋ] Ⓐ ADJ (*Brit*) [*gardener, carpenter*] que trabaja a destajo, destajista; **~ printer** impresor *m* de circulares, folletos *etc*
Ⓑ N (*St Ex*) agiotaje *m*

**Jobcentre** [ˈdʒɒbsentəʳ] N (*Brit*) oficina *f* de empleo

**jobless** [ˈdʒɒblɪs] Ⓐ ADJ sin trabajo, desempleado, parado (*Sp*), cesante (*LAm*)
Ⓑ NPL **the ~** los desempleados, los parados (*Sp*), los cesantes (*LAm*)
Ⓒ CPD ► **the jobless figures** NPL las cifras del desempleo, las cifras de desempleados

**joblessness** [ˈdʒɒblɪsnɪs] N carencia *f* de trabajo

**job-share** [ˈdʒɒbʃɛəʳ] ADJ **we operate a ~ scheme** tenemos en marcha un plan de empleo compartido

**jobsworth*** [ˈdʒɒbzwɜːθ] N (*Brit*) *empleado excesivamente legalista con respecto a las normativas que rigen su trabajo*

**Jock*** [dʒɒk] N (*pej*) *el escocés típico*; **the ~s** los escoceses

➤ LANGUAGE IN USE: job A1 19.2

**jock** [dʒɒk] N [1] = **jockstrap**
[2] (*US*) deportista *m*

**jockey** [ˈdʒɒkɪ] Ⓐ N jockey *m*
Ⓑ VT **to ~ sb into doing sth** convencer a algn para hacer algo; **to ~ sb out of sth** quitar algo a algn con artimañas; **to ~ sb out of a post** lograr con artimañas que algn renuncie a un puesto; **to ~ sb out of doing sth** disuadir a algn de hacer algo
Ⓒ VI **to ~ for position** (*fig*) maniobrar para conseguir una posición
Ⓓ CPD ► **Jockey Shorts®** NPL calzoncillos *mpl* de jockey

**jockstrap** [ˈdʒɒkstræp] N suspensorio *m*

**jocose** [dʒəˈkəʊs] ADJ = **jocular**

**jocular** [ˈdʒɒkjʊləʳ] ADJ [*person*] gracioso; (= *merry*) alegre; [*manner*] bromista, chistoso; [*remark, reply*] jocoso, divertido

**jocularity** [ˌdʒɒkjʊˈlærɪtɪ] N jocosidad *f*

**jodhpurs** [ˈdʒɒdpɜːz] NPL pantalones *mpl* de montar

**Joe*** [dʒəʊ] Ⓐ N [1] (*familiar form*) *of* **Joseph** Pepe
[2] (*US*) tipo* *m*, tío* *m*; **the average ~** el hombre de la calle; **a good ~** un buen chico
Ⓑ CPD ► **Joe Bloggs*** N (*Brit*) *ciudadano de a pie británico* ► **Joe College*** N (*US*) *típico estudiante norteamericano* ► **Joe Public*** N = **Joe Bloggs** ► **Joe Soap*** N fulano *m*

**jog** [dʒɒg] Ⓐ N [1] (= *push*) (*gen*) empujoncito *m*; (*with elbow*) codazo *m*
[2] (= *encouragement*) estímulo *m*; **to give sb's memory a ~** refrescar la memoria a algn
[3] (= *pace*) (*also* **~ trot**) trote *m* corto; **to go at a steady ~** andar a trote corto
[4] (= *run*) carrera *f* a trote corto; **to go for a ~** ir a hacer footing *or* jogging
Ⓑ VT [1] (= *push*) empujar (ligeramente); **he ~ged my arm** me dio ligeramente con el codo
[2] (= *encourage*) estimular; **to ~ sb's memory** refrescar la memoria a algn; **to ~ sb into action** motivar a algn
Ⓒ VI [1] (*also* **to ~ along**) (*gen*) andar a trote corto; (*fig*) hacer algunos progresos, avanzar pero sin prisa
[2] (*Sport*) (*also* **to go ~ging**) hacer footing, hacer jogging
Ⓓ CPD ► **jog trot** N **at a ~ trot** a trote corto

►**jog along** VI + ADV [*vehicle*] avanzar despacio, ir sin prisa; (*fig*) **we're ~ging along** vamos tirando; **the work is ~ging along nicely** el trabajo marcha bien

**jogger** [ˈdʒɒgəʳ] N corredor(a) *m/f* (de footing)

**jogging** [ˈdʒɒgɪŋ] Ⓐ N footing *m*, jogging *m*
Ⓑ CPD ► **jogging shoes** NPL zapatillas *fpl* de deporte ► **jogging suit** N chandal *m*

**joggle*** [ˈdʒɒgl] Ⓐ N sacudida *f*; **I gave his arm a ~** le sacudí el brazo, le di una sacudida en el brazo
Ⓑ VT sacudir
Ⓒ VI dar sacudidas

**john[1]*** [dʒɒn] N (*esp US*) (= *lavatory*) **the ~** el váter*, el retrete, el baño (*LAm*)

**john[2]*** [dʒɒn] N (*US*) (= *prostitute's customer*) putero* *m*, cliente *m* de prostituta

**John** [dʒɒn] Ⓐ N Juan; **Pope ~ Paul II** el Papa Juan Pablo II
Ⓑ CPD ► **John Bull** N *personificación del pueblo inglés* ► **John Doe** N (*US*) fulano *m* ► **John Dory** N gallo *m* (*pez*) ► **John Hancock*** N firma *f*, rúbrica *f* ► **John Henry** N firma *f* ► **John of the Cross** N (*also* **Saint ~ of the Cross**) San Juan de la Cruz ► **John Q Public*** N (*US*) el hombre de la calle ► **John the Baptist** N (*also* **St ~ the Baptist**) San Juan Bautista ► **John the Evangelist** N (*also* **Saint ~ the Evangelist**) San Juan Evangelista

**Johnny** [ˈdʒɒnɪ] N Juanito

**johnny*** [ˈdʒɒnɪ] N tío* *m*, sujeto *m*

**joie de vivre** [ˈʒwɑːdəˈviːvr] N alegría *f* de vivir

**join** [dʒɔɪn] Ⓐ VT [1] (= *put together, link*) [+ *ends, pieces, parts*] unir, juntar; [+ *tables*] juntar; **to ~ (together) two ends of a chain** unir *or* juntar dos extremos de una cadena; **the island is ~ed to the mainland by a bridge** un puente une *or* conecta la isla a tierra firme; **to ~ A to B ◊ ~ A and B** unir *or* juntar A con B; **~ the dots to form a picture** una los puntos para formar un dibujo; **to ~ hands** cogerse *or* (*LAm*) tomarse de la mano
[2] (= *merge with*) [+ *river*] desembocar en, confluir con; [+ *sea*] desembocar en; [+ *road*] empalmar con; **where does the River Wye ~ the Severn?** ¿a qué altura desemboca el Wye en el Severn?, ¿dónde confluye el Wye con el Severn?; **where the river ~s the sea** en la desembocadura del río en el mar; **where the track ~s the road** donde el camino empalma con la carretera
[3] (= *enter, become part of*) [+ *university, firm, religious order*] ingresar en, entrar en; [+ *club, society*] hacerse socio de; [+ *political party*] afiliarse a, hacerse miembro de; [+ *army, navy*] alistarse en, ingresar en; [+ *queue*] meterse en; [+ *procession, strike, movement*] sumarse a, unirse a; **~ the club!*** ¡bienvenido al club!; **to ~ forces (with sb to do sth)** (*gen*) juntarse (con algn para hacer algo); (*Mil*) aliarse (con algn para hacer algo); (*Comm*) asociarse (con algn para hacer algo); **we ~ed the motorway at junction 15** nos metimos en la autopista por la entrada 15; **to ~ one's regiment** incorporarse a su regimiento; **to ~ one's ship** (= *return to*) volver a su buque; (= *go on board*) embarcar; *see also* **battle A1**, **rank[1] A2**
[4] (= *be with, meet*) [+ *person*] acompañar a; **may I ~ you?** (*at table*) ¿les importa que les acompañe?; **will you ~ us for dinner?** ¿nos acompañas a cenar?, ¿cenas con nosotros?; **if you're going for a walk, do you mind if I ~ you?** si vais a dar un paseo, ¿os importa que os acompañe?; **will you ~ me in** *or* **for a drink?** ¿se toma una copa conmigo?; **I'll ~ you later if I can** yo iré luego si puedo; **~ us at the same time next week for ...** (*Rad, TV*) la próxima semana tiene una cita con nosotros a la misma hora en ...; **Paul ~s me in wishing you ...** al igual que yo, Paul te desea ...; **they should ~ us in exposing government corruption** deberían unirse *or* sumarse a nosotros para sacar a la luz la corrupción del gobierno
Ⓑ VI [1] (= *connect*) [*ends, pieces, parts*] unirse, juntarse
[2] (= *merge*) [*roads*] empalmar, juntarse; [*rivers*] confluir, juntarse; [*lines*] juntarse
[3] **to ~ together (to do sth)** (= *meet*) [*people*] reunirse (para hacer algo); (= *unite*) [*groups, organizations*] unirse (para hacer algo); (= *pool resources*) asociarse (para hacer algo); **to ~ with sb in doing sth** unirse a algn para hacer algo; **Moscow and Washington have ~ed in condemning these actions** Moscú y Washington se han unido para protestar por estas acciones; **we ~ with you in hoping that ...** compartimos su esperanza de que ... + *subjun*, al igual que ustedes esperamos que ... + *subjun*
[4] (= *become a member*) (*of club*) hacerse socio; (*of political party*) afiliarse, hacerse miembro
Ⓒ N [*in wood, crockery*] juntura *f*, unión *f*; (*Tech*) junta *f*; **you could hardly see the ~** apenas se notaba la juntura *or* la unión

►**join in** Ⓐ VI + PREP [+ *game, celebration, conversation*] tomar parte en, participar en; [+ *protest*] sumarse a, unirse a; **they all ~ed in the game** todos tomaron parte *or* participaron en el juego; **can anyone ~ in this discussion?** ¿puede participar cualquiera en esta discusión?; **they all ~ed in the last song** todos cantaron la última canción
Ⓑ VI + ADV (*in game, celebration, conversation*) participar; **he doesn't ~ in much** apenas participa; **a couple began to dance and then we all ~ed in** una pareja salió a bailar y detrás fuimos todos; **she started singing, and the audience ~ed in** empezó a cantar, y el público se unió a ella; **~ in everyone!** (*in chorus*) ¡todo el mundo!, ¡todos!

►**join on** Ⓐ VT + ADV [1] (= *attach*) unir; **how do I ~ on the sleeves?** ¿cómo uno las mangas?
[2] (= *add*) [+ *extra piece, building*] añadir
Ⓑ VI + ADV [*part*] unirse, juntarse; **where the muscles ~ on to the bone** donde los músculos se unen a *or* juntan con el hueso

►**join up** Ⓐ VI + ADV [1] (*Mil*) alistarse
[2] (= *meet*) [*people*] reunirse, juntarse; **we ~ed up with him in Málaga** nos reunimos *or* nos juntamos con él en Málaga
[3] (= *merge*) [*roads*] empalmar, juntarse; [*rivers*] confluir, juntarse
[4] [*organizations, groups*] (= *unite, team up*) unirse, asociarse; (= *merge*) fusionarse
Ⓑ VT + ADV [+ *ends, pieces, parts*] unir, juntar; **~ up the dots to form a picture** una los puntos para formar un dibujo; **~ed up writing** escritura *f* cursiva, escritura *f* corrida

**joiner** [ˈdʒɔɪnəʳ] N (= *carpenter*) carpintero/a *m/f*

**joinery** [ˈdʒɔɪnərɪ] N carpintería *f*

**joint** [dʒɔɪnt] Ⓐ ADJ [*work, declaration, consultation*] (*between two parties*) conjunto; (*more than two*) colectivo; [*agreement*] mutuo; [*decision*] de común acuerdo; [*responsibility*] compartido; [*committee*] mixto
Ⓑ N [1] (*Tech*) (*in metal*) juntura *f*, junta *f*; (*in wood*) ensambladura *f*; (= *hinge*) bisagra *f*
[2] [*of meat*] cuarto *m*; **we had a ~ of lamb for lunch** comimos asado de cordero
[3] (*Anat*) articulación *f*, coyuntura *f*; **to be out of ~** [*bone*] estar descoyuntado, estar dislocado; (*fig*) estar fuera de quicio; **to put a bone out of ~** dislocar un hueso; **to put sb's nose out of ~*** (*fig*) bajar los humos a algn; **to throw sb's plans out of ~** estropear los planes a algn
[4] (*) (= *place*) garito *m*
[5] (*) (= *cigarette containing cannabis*) porro *m*, canuto *m*
[6] (*Bot*) nudo *m*
Ⓒ VT [1] (*Culin*) despiezar, cortar en trozos
[2] (= *join*) [+ *parts*] juntar, unir; [+ *wood, pipes*] ensamblar
Ⓓ CPD ► **joint account** N cuenta *f* conjunta ► **joint author** N coautor(a) *m/f* ► **joint communiqué** N comunicado *m* conjunto ► **joint consultations** NPL consultas *fpl* bilaterales ► **joint heir** N coheredero/a *m/f* ► **joint interest** N (*Comm*) coparticipación *f* ► **joint liability** N (*Comm*) responsabilidad *f* solidaria ► **joint owners** NPL copropietarios *mpl* ► **joint ownership** N copropiedad *f* ► **joint partner** N copartícipe *mf* ► **joint stock** N fondo *m* social ► **joint stock bank** N banco *m* comercial ► **joint stock company** N sociedad *f* anónima ► **joint venture** N empresa *f* conjunta

**jointed** [ˈdʒɔɪntɪd] ADJ [*doll*] articulado; [*fishing rod, tent pole*] plegable

**jointly** [ˈdʒɔɪntlɪ] ADV en común, conjuntamente

**joist** [dʒɔɪst] N viga *f*, vigueta *f*

**jojoba** [həʊˈhəʊbə] Ⓐ N jojoba *f*
Ⓑ CPD [*shampoo, conditioner, oil*] de jojoba

▼**joke** [dʒəʊk] Ⓐ N (= *witticism, story*) chiste *m*; (= *practical joke*) broma *f*; (= *hoax*) broma *f*; (= *person*) hazmerreír *m*; **what sort of a ~ is this?** ¿qué clase de broma es ésta?; **the ~ is that ...** lo gracioso es que ...; **to take sth as a ~** tomar algo a broma; **to treat sth as a ~** tomar algo a broma; **it's (gone) beyond a ~** (*Brit*) esto no tiene nada de gracioso; **to crack a ~** hacer un chiste; **to crack ~s with sb** contarse chistes con algn; **they spent an evening cracking ~s together** pasaron una tarde contándose chistes; **for a ~** en broma; **one can have a ~ with her** tiene mucho sentido del humor; **is that your idea of a ~?** ¿es que eso tiene gracia?; **he will have his little ~** siempre está con sus bromas; **to make a ~** hacer un chiste (**about sth** sobre algo); **he made a ~ of the disaster** se tomó el desastre a risa; **it's no ~** no tiene nada de divertido; **it's no ~ having to go out in this weather** no tiene nada de divertido salir con este tiempo; **the ~ is on you** la broma la pagas tú; **to play a ~ on sb** gastar una broma a algn; **I don't see the ~** no le veo la gracia; **he's a standing ~** es un pobre hombre; **it's a standing ~ here** aquí eso siempre provoca risa; **I can take a ~** tengo mucha correa *or* mucho aguante; **he can't take a ~** no le gusta que le tomen el pelo; **to tell a ~** contar un chiste (**about sth** sobre algo); **why do you have to turn everything into a ~?** ¿eres incapaz de tomar nada en serio?; **what a ~!** (*iro*) ¡qué gracia! (*iro*)
Ⓑ VI (= *make jokes*) contar chistes, hacer chistes; (= *be frivolous*) bromear; **to ~ about sth** (= *make jokes about*) contar chistes sobre algo; (= *make light of*) tomarse algo a risa; **I was only joking** lo dije en broma, no iba en serio; **I'm not joking** hablo en serio; **you're joking! ◊ you must be joking!** ¡no lo dices en serio!
Ⓒ CPD ► **joke book** N libro *m* de chistes

**joker** [ˈdʒəʊkəʳ] N [1] (= *wit*) chistoso/a *m/f*, guasón/ona *m/f*; (= *practical joker*) bromista *mf*
[2] (*) (= *idiot*) payaso/a *m/f*; (*stronger*) idiota *mf*; **some ~ will always start singing** siempre hay algún payaso que se pone a cantar
[3] (*Cards*) comodín *m*; **he's the ~ in the pack** (*fig*) es el gran desconocido, el la gran incógnita

**jokester** [ˈdʒəʊkstəʳ] N bromista *mf*

**jokey** [ˈdʒəʊkɪ] ADJ [*person*] chistoso, guasón; [*reference*] humorístico; [*mood, tone*] guasón

**joking** [ˈdʒəʊkɪŋ] Ⓐ ADJ [*tone*] burlón; [*reference*] humorístico; **I'm not in a ~ mood** no estoy para bromas
Ⓑ N (= *jokes*) (*practical*) bromas *fpl*; (*verbal*) chistes *mpl*, cuentos *mpl* (*LAm*); **~ apart** *or* **aside ...** fuera de bromas ..., hablando en serio ...

**jokingly** [ˈdʒəʊkɪŋlɪ] ADV (= *laughingly*) en broma; (= *mockingly*) en son de burla; **he said ~** dijo en broma, dijo guasón

**jollification** [ˌdʒɒlɪfɪˈkeɪʃən] N [1] (= *merriment*) regocijo *m*, festividades *fpl*
[2] (= *party*) fiesta *f*, guateque *m*

**jolliness** [ˈdʒɒlɪnɪs] N jovialidad *f*

**jollity** [ˈdʒɒlɪtɪ] N alegría *f*, regocijo *m*

**jolly** [ˈdʒɒlɪ] Ⓐ ADJ (*compar* **jollier**; *superl* **jolliest**) [*person*] (= *cheerful*) alegre; (= *amusing*) divertido; [*laugh*] gracioso; **it was all very ~** todo fue muy agradable; **it wasn't very ~ for the rest of us** los demás no nos divertimos tanto; **we had a ~ time** lo pasamos muy bien, nos divertimos mucho; **to get ~*** achisparse*
Ⓑ ADV (*Brit**) muy, la mar de, bastante (*LAm*); **we were ~ glad** estábamos la mar de contentos, nos alegramos muchísimo; **it's ~ hard** es terriblemente difícil; **you did ~ well** lo hiciste la mar de bien*; **you've ~ well got to** no tienes otro remedio, no te queda otra (*LAm*); **~ good!** ¡estupendo!, ¡macanudo! (*Peru, S. Cone*)
Ⓒ VT **to ~ sb along** dar ánimos a algn, animar a algn; **to ~ sb into doing sth** engatusar a algn para que haga algo
Ⓓ CPD ► **jolly boat** N esquife *m* ► **Jolly Roger** N bandera *f* pirata

**jolt** [dʒəʊlt] Ⓐ N (= *jerk*) sacudida *f*; (= *sudden bump*) choque *m*; (*fig*) susto *m*; **to give sb a ~** (*fig*) dar un susto a algn; **it gave me a bit of a ~** me dio un buen susto
Ⓑ VT [*vehicle*] sacudir; [+ *person, elbow*] empujar (ligeramente), sacudir (levemente); (*fig*) afectar mucho; **to ~ sb into (doing) sth** mover a algn a hacer algo; **to ~ sb out of his complacency** hacer que algn se dé cuenta de la necesidad de hacer algo
Ⓒ VI [*vehicle*] traquetear, dar tumbos

**jolting** [ˈdʒəʊltɪŋ] N [*of vehicle*] traqueteo *m*

**jolty** [ˈdʒəʊltɪ] ADJ [*vehicle*] que traquetea, que da saltos

**Jonah** [ˈdʒəʊnə] N Jonás

**Jonathan** [ˈdʒɒnəθən] N Jonatás

**jonquil** [ˈdʒɒŋkwɪl] N junquillo *m*

**Jordan** [ˈdʒɔːdn] N [1] (= *country*) Jordania *f*
[2] (= *river*) Jordán *m*

**Jordanian** [dʒɔːˈdeɪnɪən] Ⓐ ADJ jordano
Ⓑ N jordano/a *m/f*

**Joseph** [ˈdʒəʊzɪf] N José

**Josephine** [ˈdʒəʊzɪfiːn] N Josefina

**josh*** [dʒɒʃ] (*esp US*) Ⓐ VT tomar el pelo a
Ⓑ VI hacer bromas

**Joshua** [ˈdʒɒʃwə] N Josué

**josser‡** [ˈdʒɒsəʳ] N (*Brit*) tío *m*, individuo *m*

**joss stick** [ˈdʒɒsstɪk] N pebete *m*

**jostle** [ˈdʒɒsl] Ⓐ VT empujar
Ⓑ VI empujar, dar empujones; **to ~ against sb** dar empujones a algn; **to ~ for a place** abrirse paso a empujones
Ⓒ N empujón *m*

**jot** [dʒɒt] Ⓐ N pizca *f*; **there's not a ~ of truth in it** no tiene ni pizca de verdad; *see also* **care C**
Ⓑ VT **to ~ down** apuntar, anotar

**jotter** [ˈdʒɒtəʳ] N (= *notebook, pad*) bloc *m* (de notas)

**jottings** [ˈdʒɒtɪŋz] NPL apuntes *mpl*, anotaciones *fpl*

**joule** [dʒuːl] N julio *m*, joule *m*

**journal** [ˈdʒɜːnl] Ⓐ N [1] (= *diary*) diario *m*; (*Naut*) diario *m* de navegación
[2] (= *periodical*) periódico *m*; (= *magazine*) revista *f*
[3] (*Mech*) gorrón *m*, muñón *m*
Ⓑ CPD ► **journal bearing** N cojinete *m*

**journalese** [ˌdʒɜːnəˈliːz] N (*pej*) jerga *f* periodística

**journalism** [ˈdʒɜːnəlɪzəm] N periodismo *m*

**journalist** [ˈdʒɜːnəlɪst] N periodista *mf*, reportero/a *m/f* (*LAm*)

**journalistic** [ˌdʒɜːnəˈlɪstɪk] ADJ periodístico

**journey** [ˈdʒɜːnɪ] Ⓐ N (= *trip*) viaje *m*; (= *distance*) trayecto *m*, tramo *m* (*LAm*); **Scott's ~ to the Pole** la expedición de Scott al Polo; **the capsule's ~ through space** el trayecto de la cápsula por el espacio; **have you much ~ left?** ¿le queda mucho camino?; **to break one's ~** hacer una parada; **to reach one's ~'s end** llegar al final de su viaje, llegar a su destino; **at ~'s end** al fin del viaje; **to be on a ~** estar de viaje; **to go on a ~** hacer un viaje; **to send sb on a ~** enviar a algn de viaje; **the outward ~** el viaje de ida; **pleasant ~!** ¡buen viaje!; **the return ~** el viaje de vuelta
Ⓑ VI viajar

**journeyman** [ˈdʒɜːnɪmən] N (*pl* **journeymen**) oficial *m*

**journo*** [ˈdʒɜːnəʊ] N (*Brit*) periodista *mf*

**joust** [dʒaʊst] Ⓐ N justa *f*, torneo *m*
Ⓑ VI justar

**Jove** [dʒəʊv] N Júpiter; **by ~!** ¡caramba!, ¡por Dios!

**jovial** [ˈdʒəʊvɪəl] ADJ jovial

**joviality** [ˌdʒəʊvɪˈælɪtɪ] N jovialidad *f*

**jovially** [ˈdʒəʊvɪəlɪ] ADV jovialmente

**jowl** [dʒaʊl] N (*gen pl*) (= *jaw*) quijada *f*; (= *cheek*) carrillo *m*; (= *chin*) barbilla *f*; (*Zool*) papada *f*; **a man with heavy ~s** un hombre mofletudo

**-jowled** [ˈdʒaʊld] ADJ (*ending in compounds*) **square-jowled** de mandíbulas cuadradas

**jowly** [ˈdʒaʊlɪ] ADJ de mejillas caídas

**joy** [dʒɔɪ] N (= *happiness*) alegría *f*; (= *delight*) júbilo *m*, regocijo *m*; (= *source of delight*) deleite *m*, alegría *f*; **to be a ~ to the eye** ser un gozo para los ojos; **it's a ~ to hear him** es un gusto oírlo, da gusto oírlo; **the ~s of opera** los encantos de la ópera; **the ~s of camping** (*lit*) (*also hum*) los placeres del camping; **to be beside o.s. with ~** no caber en sí de gozo; **did you have any ~ in finding it?** ¿tuviste éxito en encontrarlo?; **to jump** *or* **leap for ~** saltar de alegría; **no ~!*** ¡sin resultado!, ¡sin éxito!; **we got no ~ out of it** no logramos nada, no nos sirvió de nada; **to our great ~ ...** para nuestra gran alegría ...; **I wish you ~ of it!** (*iro*) ¡que lo disfrutes!, ¡enhorabuena!

**joyful** [ˈdʒɔɪfʊl] ADJ (*gen*) feliz; [*event, occasion*] festivo; **to be ~ about sth** alegrarse de algo

**joyfully** [ˈdʒɔɪfəlɪ] ADV [*sing, play*] alegremente; [*greet, announce*] con júbilo

**joyfulness** [ˈdʒɔɪfʊlnɪs] N [*of atmosphere*] alegría *f*; [*of event, occasion*] festividad *f*; (*on hearing news*) júbilo *m*

**joyless** [ˈdʒɔɪlɪs] ADJ sin alegría, triste

**joyous** [ˈdʒɔɪəs] ADJ (*liter*) = **joyful**

**joyously** [ˈdʒɔɪəslɪ] ADV (*liter*) = **joyfully**

**joyride*** [ˈdʒɔɪraɪd] Ⓐ N [1] (= *irresponsible action*) escapada *f*
[2] (*in stolen car*) **to go for a ~** dar una vuelta en un coche robado
Ⓑ VI dar una vuelta en un coche robado

**joyrider** [ˈdʒɔɪraɪdəʳ] N *persona que se da una vuelta en un coche robado*

**joyriding** [ˈdʒɔɪraɪdɪŋ] N *delito de robar un coche para dar una vuelta en él*

**joystick** [ˈdʒɔɪstɪk] N (*Aer*) palanca *f* de mando; (*Comput*) palanca *f* de control, joystick *m*

**JP** N ABBR (*Brit*) = **Justice of the Peace**

**Jr** ABBR (*US*) (= **junior**) jr

**JSA** N ABBR (*Brit Admin*) = **job seeker's allowance**

**JTPA** N ABBR (*US*) (= **Job Training Partnership Act**) *programa gubernamental de formación profesional*

**jubilant** [ˈdʒuːbɪlənt] ADJ [*crowd*] jubiloso, exultante; [*cry, shout*] de júbilo, alborozado

**jubilation** [ˌdʒuːbɪˈleɪʃən] N júbilo *m*

► LANGUAGE IN USE: **joke B** 12.1

**jubilee** ['dʒu:bɪli:] N (= *celebration*) jubileo *m*; (= *anniversary*) aniversario *m*; **silver ~** vigésimo quinto aniversario *m*

**Judaea** [dʒu:'dɪə] N Judea *f*

**Judaeo-Christian**, **Judeo-Christian** (*US*) [dʒu:,deɪəʊ'krɪstɪən] ADJ judeo-cristiano

**Judah** ['dʒu:də] N Judá *m*

**Judaic** [dʒu:'deɪɪk] ADJ judaico

**Judaism** ['dʒu:deɪɪzəm] N judaísmo *m*

**Judaize** ['dʒu:deɪaɪz] VI judaizar

**Judaizer** ['dʒu:deɪ,aɪzə<sup>r</sup>] N judaizante *mf*

**Judas** ['dʒu:dəs] N (= *name*) Judas; (= *traitor*) judas *m*

**judder** ['dʒʌdə<sup>r</sup>] (*Brit*) Ⓐ N vibración *f*
Ⓑ VI vibrar

**Judeo-Spanish** ['dʒu:deɪəʊ'spænɪʃ] Ⓐ ADJ judeoespañol, sefardí
Ⓑ N (*Ling*) judeoespañol *m*, ladino *m*

**judge** [dʒʌdʒ] Ⓐ N 1 (*Jur*) juez *mf*, juez(a) *m/f*; **(the Book of) Judges** el Libro de los Jueces; **~ of appeal** juez *mf* de alzadas, juez *mf* de apelaciones; **the ~'s rules** (*Brit*) los derechos del detenido
2 [*of contest*] juez *mf*, miembro *mf* del jurado; (*Sport*) árbitro *m*; (*in races*) juez *mf*
3 (= *knowledgeable person*) conocedor(a) *m/f* (**of** de), entendido/a *m/f* (**of** en); (= *expert*) perito/a *m/f* (**of** en); **he's a fine ~ of horses** es un excelente conocedor de *or* entendido en caballos; **to be a good/bad ~ of character** ser buen/mal psicólogo, tener/no tener psicología para conocer a la gente; **I'm no ~ of wines** no entiendo de vinos; **I'll be the ~ of that** yo decidiré eso, lo juzgaré yo mismo
Ⓑ VT 1 [+ *person, case, contest*] juzgar; [+ *matter*] decidir, resolver; **who can ~ this question?** ¿quién puede resolver esta cuestión?; **he ~d the moment well** escogió el momento oportuno, atinó
2 (*Sport*) arbitrar
3 (= *estimate*) [+ *weight, size, distance*] calcular; **we ~d the distance right/wrong** calculamos bien/mal la distancia
4 (= *consider*) considerar; **I ~ him a fool** considero que es tonto; **I ~d it to be right** lo consideré acertado, me pareció correcto; **they thought that they were going to win easily, but they ~d wrong** creían que iban a ganar con facilidad, pero erraron en el juicio; **she suspected that his intentions were dishonest, and she ~d right** dudaba que sus intenciones fueran honestas, y acertó en el juicio; **as far as can be ~d** a mi modo de ver, según mi juicio; ✦***PROV*** **you can't ~ a book by its cover** no hay que fiarse de las apariencias, las apariencias engañan
Ⓒ VI (= *act as judge*) juzgar, ser juez; **judging from** *or* **to ~ by his expression** a juzgar por su expresión; **to ~ for o.s.** juzgar por sí mismo; **to ~ of** juzgar de, opinar sobre; **who am I to ~?** ¿es que yo soy capaz de juzgar?; **as far as I can ~** por lo que puedo entender, a mi entender; **only an expert can ~** sólo lo puede decidir un experto
Ⓓ CPD ► **judge advocate** N (*Mil*) auditor *m* de guerra

**judgement** ['dʒʌdʒmənt] N = **judgment**

**judgemental** [dʒʌdʒ'mentl] ADJ = **judgmental**

**judgment** ['dʒʌdʒmənt] Ⓐ N 1 (*Jur*) (= *decision*) sentencia *f*, fallo *m*; (= *act*) juicio *m*; **it's a ~ on you** es un castigo; **to pass** *or* **pronounce ~ (on sb/sth)** (*Jur*) pronunciar *or* dictar sentencia (sobre algn/en algo), emitir un fallo (sobre algn/algo); (*fig*) emitir un juicio crítico (sobre algn/algo), dictaminar (sobre algn/algo); **to sit in ~ on sb** decidir sobre la culpabilidad de algn; **to sit in ~ on sth** juzgar algo; **Last Judgment** Juicio *m* Final
2 (= *opinion*) opinión *f*, parecer *m*; **a critical ~ of Auden** un juicio crítico de Auden
3 (= *understanding*) juicio *m*, criterio *m*; **in my ~** a mi juicio; **to the best of my ~** según mi leal saber y entender; **against my better ~** a pesar mío; **to have good** *or* **sound ~** tener buen juicio, tener buen criterio; **she showed excellent ~ in choosing the colour scheme** demostró tener buen gusto al escoger la combinación de colores; *see also* **colour B3**
Ⓑ CPD ► **judgment call** N (*esp US*) *decisión que depende de la conciencia de cada uno* ► **Judgment Day** N Día *m* del Juicio Final ► **judgment seat** N tribunal *m*

**judgmental** [dʒʌdʒ'mentl] ADJ crítico

**judicature** ['dʒu:dɪkətʃə<sup>r</sup>] N judicatura *f*

**judicial** [dʒu:'dɪʃəl] ADJ 1 [*decision, proceedings*] judicial; [*separation*] legal; **~ inquiry** investigación *f* judicial
2 [*mind, faculty*] crítico

**judicially** [dʒu:'dɪʃəlɪ] ADV [*decide*] judicialmente; [*separate*] legalmente

**judiciary** [dʒu:'dɪʃərɪ] Ⓐ ADJ judicial
Ⓑ N (= *judges*) judicatura *f*; (= *court system*) poder *m* judicial

**judicious** [dʒu:'dɪʃəs] ADJ (*frm*) sensato, juicioso

**judiciously** [dʒu:'dɪʃəslɪ] ADV (*frm*) juiciosamente

**Judith** ['dʒu:dɪθ] N Judit

**judo** ['dʒu:dəʊ] N judo *m*, yudo *m*

**judoka** ['dʒu:dəʊ,kɑ:] N judoka *mf*

**Judy** ['dʒu:dɪ] N (*familiar form*) *of* **Judith**

**jug** [dʒʌg] Ⓐ N 1 (= *container*) jarro *m*, jarra *f*
2 (*) (= *prison*) chirona *f*, chirola *f* (*LAm*)
3 **jugs** (*US**) (= *breasts*) tetas* *fpl*
Ⓑ VT 1 **~ged hare** *estofado de liebre condimentado y regado con vino*
2 (*) (= *imprison*) meter a la sombra*

**juggernaut** ['dʒʌgənɔ:t] N 1 (*Brit*) (= *lorry*) camión *m* de gran tonelaje
2 (*fig*) (= *large and powerful entity*) monstruo *m*; **the group became a sales ~** el grupo se convirtió en un monstruo en ventas; **the ~ of tradition/religion** la fuerza irresistible de la tradición/religión

**juggins*** ['dʒʌgɪnz] N bobo/a *m/f*

**juggle** ['dʒʌgl] Ⓐ VI hacer juegos *mpl* malabares (**with** con); (*fig*) darle vueltas (**with** a)
Ⓑ VT [+ *balls, plates*] hacer juegos malabares con; (*fig*) (*pej*) [+ *facts, figures*] amañar, falsear; **to ~ a career and a family** compaginar las responsabilidades profesionales con las familiares

**juggler** ['dʒʌglə<sup>r</sup>] N malabarista *mf*

**jugglery** ['dʒʌglərɪ] N = **juggling A**

**juggling** ['dʒʌglɪŋ] Ⓐ N juegos *mpl* malabares, malabarismo *m*; (*fig*) (*pej*) trampas *fpl*, fraude *m*
Ⓑ CPD ► **juggling act** N (*fig*) malabarismos *mpl*; **balancing the budget is a complex ~ act** hay que hacer malabarismos para nivelar el presupuesto

**Jugoslav** ['ju:gəʊ'slɑ:v] Ⓐ ADJ yugoslavo
Ⓑ N yugoslavo/a *m/f*

**Jugoslavia** ['ju:gəʊ'slɑ:vɪə] N Yugoslavia *f*

**jugular** ['dʒʌgjʊlə<sup>r</sup>] Ⓐ ADJ **~ vein** yugular *f*, vena *f* yugular
Ⓑ N yugular *f*, vena *f* yugular

**juice** [dʒu:s] Ⓐ N 1 [*of fruit, vegetable*] jugo *m*, zumo *m* (*Sp*); [*of meat*] jugo *m*
2 (*) (= *petrol*) gasolina *f*
3 (*) (= *electricity*) corriente *f*
4 (*Anat*) ► **digestive juices** NPL jugos *mpl* digestivos, jugos *mpl* gástricos
Ⓑ CPD ► **juice extractor** N (*Brit*) exprimidor *m* eléctrico

**juicer** ['dʒu:sə<sup>r</sup>] N (*US*) exprimidor *m* eléctrico

**juiciness** ['dʒu:sɪnɪs] N 1 [*of fruit, meat*] jugosidad *f*
2 (*) [*of story*] lo sabroso, lo picante

**juicy** ['dʒu:sɪ] ADJ (*compar* **juicier**; *superl* **juiciest**)
1 [*fruit, meat*] jugoso
2 (*fig*) [*story*] sabroso, picante; [*contract*] sustancioso, jugoso

**jujitsu** [dʒu:'dʒɪtsʊ] N jiu-jitsu *m*

**jujube** ['dʒu:dʒu:b] N pastilla *f*

**jujutsu** [dʒu:'dʒɪtsʊ] N jiu-jitsu *m*

**jukebox** ['dʒu:kbɒks] N máquina *f* de discos, gramola® *f*, rocanola *f* (*LAm*)

**Jul.** ABBR (= **July**) jul.

**julep** ['dʒu:lep] N julepe *m*

**Julian** ['dʒu:lɪən] N Juliano, Julián

**Juliet** ['dʒu:lɪet] N Julieta

**Julius** ['dʒu:lɪəs] N Julio; **~ Caesar** Julio César

**July** [dʒu:'laɪ] N julio *m*; **~ was wet this year** este año llovió mucho en julio; **at the beginning of ~** a principios de julio; **during (the month of) ~** durante el mes de julio; **each ~** cada mes de julio, todos los meses de julio; **at the end of ~** a finales de julio; **every ~** todos los meses de julio; **in (the month of) ~** en (el mes de) julio; **in ~ of next year** en julio del año que viene; **there are 31 days in ~** julio tiene treinta y un días; **in the middle of ~** a mediados de julio; **on the first/eleventh of ~** el primero/once de julio

**jumble** ['dʒʌmbl] Ⓐ N 1 [*of objects*] revoltijo *m*, batiburrillo *m*; (*fig*) confusión *f*, embrollo *m*; **a ~ of furniture** un batiburrillo de muebles, un montón de muebles revueltos; **a ~ of sounds** unos ruidos confusos
2 (*Brit*) (*at jumble sale*) (= *old clothes*) ropa *f* usada; (= *bric-à-brac*) objetos *mpl* usados
Ⓑ VT (*also* **~ together, ~ up**) mezclar, amontonar; **papers ~d up together** papeles revueltos; **they were just ~d together anyhow** estaban mezclados *or* amontonados de cualquier manera
Ⓒ CPD ► **jumble sale** N (*Brit*) mercadillo *m* benéfico (*venta de objetos usados con fines benéficos*)

**jumbo** ['dʒʌmbəʊ] Ⓐ N 1 (= *elephant*) elefante/a *m/f*
2 = **jumbo jet**
Ⓑ ADJ (*) *also* **~ sized**) gigante, de tamaño extra
Ⓒ CPD ► **jumbo jet** N jumbo *m*

**jump** [dʒʌmp] Ⓐ N 1 (*Sport, Parachuting*) salto *m*; (= *leap*) salto *m*, brinco *m*; **what a great ~!** ¡qué gran salto!; **it was a three metre ~ to the other side** había que saltar tres metros para pasar al otro lado; **high ~** salto *m* de altura; **long ~** salto *m* de longitud; **in** *or* **at one ~** de un salto, de un brinco; *see also* **running D**
2 (= *start*) **she gave an involuntary ~** se sobresaltó sin querer; **my heart gave a ~** me dio un vuelco el corazón
3 (= *fence, obstacle*) obstáculo *m*
4 (*fig*) (= *step*) salto *m*; **in one ~ he went from novice to master** de un salto *or* golpe pasó de novicio a maestro; **Taiwan made the ~ from poverty to wealth in a single generation** Taiwán pasó de golpe *or* dio el salto de la pobreza a la riqueza en una sola generación; ✦***IDIOMS*** **to be one ~ ahead (of sb)** llevar ventaja *or* la delantera (a algn); **try to keep one ~ ahead of the competition** intenta llevarle ventaja *or* la delantera a la com-

➤ LANGUAGE IN USE: judge C 26.2

petencia; **to keep one ~ ahead of the pack** mantenerse a la cabeza del pelotón; **to get a** *or* **the ~ on sb*** adelantarse a algn
[5] (= *increase*) aumento *m*, subida *f*; **there has been a ~ in prices/unemployment** se ha producido un aumento *or* una subida de precios/del número de parados
Ⓑ VI [1] (= *leap*) (*gen*) saltar; (*from aeroplane*) lanzarse, tirarse; **how far can you ~?** ¿hasta qué distancia puedes saltar?; **how high can you ~?** ¿hasta qué altura puedes saltar?; **did he ~ or was he pushed?** (*lit*) ¿saltó o lo empujaron?, ¿se tiró o lo empujaron?; (*fig*) ¿se fue o lo echaron?; **to ~ across a stream** cruzar un arroyo de un salto, saltar por encima de un arroyo; **he ~ed back in horror** de un salto retrocedió horrorizado; **she ~ed into the river** se tiró al río; **to ~ into bed** meterse en la cama de un salto; **there were plenty of men ready to ~ into bed with me** (*fig*) había muchos hombres dispuestos a acostarse conmigo; **to ~ for joy** saltar de alegría; **to ~ off a bus/train** bajar de un autobús/tren de un salto; **to ~ on a bus/train** subir a un autobús/tren de un salto; **he ~ed out of a third floor window** saltó *or* se tiró desde una ventana del tercer piso; **to ~ out of bed** saltar de la cama; **he ~ed over the fence** saltó (por encima de) la valla; **he ~ed to his feet** se puso de pie de un salto; **~ to it!*** ¡venga, muévete!, ¡rápido!, ¡apúrate! (*LAm*); **to ~ up** ponerse de pie de un salto; **I ~ed up and down to keep warm** me puse a dar saltos para que no me entrara frío
[2] (= *start*) sobresaltarse; **he ~ed at the sound of her voice** se sobresaltó al oír su voz; **to make sb ~** dar un susto a algn, sobresaltar a algn; **you made me ~!** ¡qué susto me diste!; *see also* **skin**
[3] (*fig*) (*with prep, adv*) **to ~ at sth** no dejar escapar algo; **they offered me a really good salary and thought I'd ~ at it** me ofrecieron un sueldo buenísimo y creyeron que no lo dejaría escapar; **he'd ~ at the chance to get out of the office** si tuviera la oportunidad de irse de la oficina no la dejaría escapar; **then the film ~s forward 20 years** luego la película da un salto adelante de 20 años; **to ~ from one subject to another** saltar de un tema a otro; **he ~s on everything I say** le pone faltas a todo lo que digo; *see also* **bandwagon**, **conclusion**, **throat**
[4] (= *increase*) [*sales, profits*] subir, aumentar; [*shares*] subir
Ⓒ VT [1] (*lit*) (*also* **~ over**) [+ *ditch, fence*] saltar (por encima de); (*in draughts, chess*) comerse
[2] [+ *horse*] (= *cause to jump*) hacer saltar; (= *enter in competition*) presentar; (= *ride*) montar; **she ~ed her horse over the fence** hizo saltar la valla a su caballo
[3] (*fig*) (= *skip*) saltarse; **the film ~ed the first ten years of his life** la película se saltó los diez primeros años de su vida; **you've ~ed a page** te has saltado una página; **to ~ the lights** (*Aut**) saltarse el semáforo (en rojo); **to ~ the queue** (*Brit*) colarse
[4] (= *leave, escape*) **to ~ bail** (*Jur*) fugarse estando bajo fianza; **to ~ the rails** [*train*] descarrilar, salirse de la vía; **to ~ ship** (*lit*) desertar (de un buque); (*fig*) (= *leave*) marcharse; (= *join rival organization*) irse con la competencia; **my salary was lousy so I ~ed ship** tenía un sueldo mísero así que me marché; **to ~ town** (*US**) abandonar la ciudad
[5] (= *anticipate*) ✦*IDIOM* **to ~ the gun*** precipitarse
[6] (= *board*) **to ~ a train** subirse a un tren sin billete
[7] (*) (= *attack*) echarse encima de; **one of them ~ed him from behind** uno de ellos se le echó encima por detrás
Ⓓ CPD ► **jump jet** N avión *m* de despegue vertical ► **jump leads** NPL (*Brit Aut*) cables *mpl* de arranque (de batería) ► **jump rope** N (*US*) comba *f*, cuerda *f* de saltar ► **jump seat** N (*Aut, Aer*) asiento *m* plegable

►**jump about**, **jump around** VI + ADV [1] (*lit*) dar saltos, brincar
[2] (*fig*) dar saltos; **the story ~s about a bit** la historia da muchos saltos

►**jump down** VI + ADV bajar de un salto

►**jump in** VI + ADV [1] (*into car*) subirse corriendo; (*into water*) tirarse; **~ in!** ¡sube!, ¡vamos!
[2] (*fig*) (*in situation, conversation*) intervenir; **the government had to ~ in and buy millions of dollars worth of supplies** el gobierno tuvo que intervenir y comprar suministros por valor de millones de dólares

►**jump off** VI + ADV (*Showjumping*) desempatar

►**jump out** VI + ADV (= *appear suddenly*) salir de un salto; (*from vehicle*) bajar de un salto; **he ~ed out from behind a tree** salió de un salto de detrás de un árbol; **it ~s out at you** (*fig*) salta a la vista

**jumped-up*** [ˈdʒʌmptˈʌp] ADJ (*Brit pej*) presumido

**jumper** [ˈdʒʌmpəʳ] Ⓐ N [1] (*Sport*) saltador(a) *m/f*
[2] (*Brit*) (= *sweater*) jersey *m*, suéter *m*
[3] (*US*) (= *pinafore dress*) falda *f* tipo mono, pichi *m*
Ⓑ CPD ► **jumper cables** NPL (*US*) = **jump leads**; *see* **jump D**

**jumping** [ˈdʒʌmpɪŋ] Ⓐ N (*Sport*) pruebas *fpl* de salto
Ⓑ CPD ► **jumping bean** N judía *f* saltadora, fríjol *m* saltador ► **jumping jack** N (= *firework*) buscapiés *m inv*; (= *puppet*) *muñeco que se acciona tirando de un hilo* ► **jumping rope** N (*US*) comba *f*, cuerda *f* de saltar

**jumping-off place** [ˌdʒʌmpɪŋˈɒfˌpleɪs], **jumping-off point** [ˌdʒʌmpɪŋˈɒfˌpɔɪnt] N punto *m* de partida

**jump-off** [ˈdʒʌmpɒf] N (*Showjumping*) prueba *f* de desempate, saltos *mpl* de desempate

**jump-start** [ˈdʒʌmpstɑːt] Ⓐ N (*Aut*) (*pushing*) arranque *m* en frío (*empujando el automóvil*); (*using jump leads*) arranque *m* con puente; **he gave me a ~** (*pushing*) me ayudó a arrancar el coche empujándolo; (*using jump leads*) me ayudó a arrancar el coche haciendo un puente
Ⓑ VT [+ *car*] (*by pushing*) arrancar empujando; (*using jump leads*) arrancar haciendo un puente

**jumpsuit** [ˈdʒʌmpsuːt] N (*US*) mono *m*

**jumpy** [ˈdʒʌmpɪ] ADJ (*compar* **jumpier**; *superl* **jumpiest**) nervioso; (= *easily startled*) asustadizo

**Jun.** ABBR [1] (= **June**) jun.
[2] (= **junior**) jr

**junction** [ˈdʒʌŋkʃən] Ⓐ N [1] (= *joining*) [*of bones, pipes*] juntura *f*, unión *f*
[2] (*Brit*) (= *meeting place*) [*of roads*] cruce *m*, crucero *m* (*LAm*); [*of railway lines*] empalme *m*; [*of rivers*] confluencia *f*
Ⓑ CPD ► **junction box** N (*Elec*) caja *f* de empalmes

**juncture** [ˈdʒʌŋktʃəʳ] N (*fig*) (= *point*) coyuntura *f*; **at this ~** en este momento, a estas alturas

**June** [dʒuːn] N junio *m*; *see* **July** *for usage*

**Jungian** [jʊŋɪən] Ⓐ ADJ jungiano
Ⓑ N jungiano/a *m/f*

**jungle** [ˈdʒʌŋgl] Ⓐ N [1] selva *f*, jungla *f*; (*fig*) maraña *f*, selva *f*; **the law of the ~** (*fig*) la ley de la selva
[2] (*Mus*) jungle *m*, *género de música de baile de ritmo acelerado*
Ⓑ CPD [*animal, bird*] de la selva, selvático; [*law, life, sounds*] de la selva ► **jungle bunny** N (*US***) negrito/a* *m/f* ► **jungle gym** N *armazón de barras para juegos infantiles* ► **jungle warfare** N guerra *f* en la selva

**junior** [ˈdʒuːnɪəʳ] Ⓐ ADJ [*employee, executive, manager*] (*in age*) más joven; (*in length of service*) de menor antigüedad; (*in position, rank*) subalterno, auxiliar; [*partner*] segundo; [*section*] (*in competition*) juvenil; **Roy Smith, Junior** Roy Smith, hijo
Ⓑ N [1] (= *younger person*) menor *mf*, joven *mf*; (*US**) (= *son*) hijo *m*, niño *m*; **he is my ~ by three years** ◊ **he is three years my ~** tiene tres años menos que yo, le llevo tres años
[2] (*Brit Scol*) alumno/a *m/f* (*de 7 a 11 años*); (*US Univ*) estudiante *mf* de penúltimo año; → GRADE
[3] (*in rank*) subalterno/a *m/f*, auxiliar *mf*; (= *office junior*) recadero *m*
Ⓒ CPD ► **junior college** N (*US*) *centro universitario donde se imparten cursos de dos años* ► **junior high school** N (*US*) ≈ centro de enseñanza secundaria ► **junior minister** N (*Pol*) ≈ secretario/a *m/f* de Estado, ≈ subsecretario/a *m/f* ► **junior school** N (*Brit*) escuela *f* primaria ► **junior size** N talla *f* infantil

**juniper** [ˈdʒuːnɪpəʳ] Ⓐ N enebro *m*
Ⓑ CPD ► **juniper berries** NPL bayas *fpl* de enebro

**junk¹** [dʒʌŋk] Ⓐ N [1] (= *worthless things*) trastos *mpl* viejos, cacharros* *mpl*; (= *bric-à-brac*) cachivaches *mpl*; (= *cheap goods*) baratijas *fpl*; (= *things thrown away*) desperdicios *mpl*, desechos *mpl*; (= *iron*) chatarra *f*
[2] (*) (= *rubbish*) porquería *f*; **the play is a lot of ~** la obra es una chapuza *or* porquería; **this umbrella is a piece of ~** este paraguas es una porquería; **he eats nothing but ~** no come más que porquerías; **he talks a lot of ~** no dice más que tonterías
Ⓑ VT (*) [+ *object*] tirar, tirar a la basura; [+ *idea, theory etc*] desechar
Ⓒ CPD ► **junk bond** N bono *m* basura ► **junk dealer** N vendedor(a) *m/f* de objetos usados ► **junk food** N comida *f* basura ► **junk heap** N **to end up on the ~ heap** terminar en el cubo de la basura ► **junk mail** N propaganda *f* por correo ► **junk room** N trastero *m* ► **junk shop** N tienda *f* de objetos usados

**junk²** [dʒʌŋk] N (= *Chinese boat*) junco *m*

**junket** [ˈdʒʌŋkɪt] Ⓐ N [1] (*Culin*) dulce *m* de leche cuajada, cajeta *f* (*LAm*)
[2] (*) (= *party*) fiesta *f*
[3] (*US*) (= *excursion at public expense*) *viaje de placer realizado por un funcionario público o miembro de un comité a expensas del contribuyente*
Ⓑ VI ir de juerga*, estar de fiesta

**junketing** [ˈdʒʌŋkɪtɪŋ] N (*also* **~s**) festividades *fpl*, fiestas *fpl*

**junkie*** [ˈdʒʌŋkɪ] N (= *drug addict*) yonqui* *mf*; (*esp of heroin*) heroinómano/a *m/f*; **chocolate ~** adicto/a *m/f* al chocolate

**junkman** [ˈdʒʌŋkmæn] N (*pl* **junkmen**) chatarrero *m*

**junkyard** [ˈdʒʌŋkjɑːd] N depósito *m* de chatarra, chatarrería *f*

**Juno** [ˈdʒuːnəʊ] N Juno

**Junoesque** [ˌdʒuːnəʊˈesk] ADJ [*figure*] imponente, majestuoso; [*woman*] de belleza majestuosa

**Junr.** ABBR (= **junior**) jr

**junta** [ˈdʒʌntə] N junta *f* militar

**Jupiter** [ˈdʒuːpɪtəʳ] N Júpiter *m*

**Jurassic** [dʒʊˈræsɪk] ADJ jurásico

**juridical** [dʒʊəˈrɪdɪkəl] ADJ jurídico

**jurisdiction** [ˌdʒʊərɪsˈdɪkʃən] N jurisdicción *f*; **it falls** *or* **comes within our ~** entra dentro de nuestra jurisdicción, es de nuestra competencia; **it falls** *or* **comes outside our ~** se sale de nuestra jurisdicción, no es de nuestra competencia

**jurisdictional** [ˌdʒʊərɪsˈdɪkʃənl] ADJ (*US*) [*dispute, rights*] jurisdiccional

**jurisprudence** [ˌdʒʊərɪsˈpruːdəns] N jurisprudencia *f*; **medical ~** medicina *f* legal

**jurist** [ˈdʒʊərɪst] N jurista *mf*

**juror** [ˈdʒʊərəʳ] N (*Jur*) jurado *m*; (*for contest*) juez *m*; **a woman ~** una miembro del jurado

**jury** [ˈdʒʊərɪ] Ⓐ N jurado *m*; **trial by ~** proceso con jurado; **to serve** *or* **be on a ~** ser miembro de un jurado; **✦IDIOM the ~ is still out on that one** eso está por ver, no hay una opinión clara sobre eso
Ⓑ CPD ► **jury box** N tribuna *f* del jurado ► **jury duty** N **to do ~ duty** actuar como jurado ► **jury rigging** N amaño *m* de un jurado; → GRAND JURY

**juryman** [ˈdʒʊərɪmən] N (*pl* **jurymen**) miembro *m* del jurado

**jurywoman** [ˈdʒʊːrɪwʊmən] N (*pl* **jurywomen**) miembro *f* (femenino) del jurado

**just**[1] [dʒʌst] Ⓐ ADJ 1 (= *fair*) [*person, system*] justo; **as is only ~** como es justo, como es de razón
2 (= *deserved*) [*praise, reward*] merecido; [*punishment*] apropiado, justo
3 (= *justified*) [*complaint, criticism*] justificado; [*opinion*] lógico; *see also* **deserts**
4 (= *accurate*) [*account*] correcto; [*assessment*] correcto, exacto
Ⓑ NPL **the ~** los justos

**just**[2] [dʒʌst] ADVERB

1 *relating to time* 1·1 (= *at this moment*) ahora mismo; **we're ~ off** nos vamos ahora mismo; **I'm ~ coming!** ¡ya voy!; **"have some tea!" — "actually, I was ~ going"** —tómate un té —en realidad ya me iba

1·2 (= *at that moment*) justo; **he was ~ leaving when the phone rang** estaba justo saliendo cuando sonó el teléfono

1·3 (= *recently, a moment ago*) **we were ~ talking about that** precisamente *or* ahora mismo estábamos hablando de eso; **~ cooked** recién hecho; **it's ~ gone 10 o'clock** acaban de dar las diez; **to have ~ done sth** acabar de hacer algo; **he has ~ left** acaba de irse; **he had ~ left** acababa de irse; **~ married** recién casados; **the book is ~ out** el libro acaba de salir; **it's ~ past 10 o'clock** acaban de dar las diez

1·4 (*in expressions specifying "when"*) **~ after I arrived** poco después de mi llegada; **~ after Christmas** justo después de Navidad; **it's ~ after 9 o'clock** son las nueve un poco pasadas; **~ as I arrived** justo cuando yo llegaba; **~ as it started to rain** justo cuando empezó a llover, en el momento en que empezó a llover; **~ before I arrived** poco antes de mi llegada; **~ before Christmas** justo antes de Navidad; **I saw him ~ this minute** lo he visto hace un momento; **I've ~ this minute finished it** acabo de terminarlo en este momento; **~ at that moment** en ese mismo momento *or* instante; **~ this morning** esta misma mañana; **~ when it was going well …** precisamente *or* justamente cuando iba bien …; **~ yesterday** ayer mismo; **"are you leaving?" — "not ~ yet"** —¿te vas? —aún *or* todavía no; *see also* **now A6, recently 2, then A1**

2 = *barely* por poco; **we (only) ~ missed it** lo perdimos por muy poco; **I (only) ~ caught it** lo alcancé por un pelo, por poco lo pierdo; **we had ~ enough money** teníamos el dinero justo; **he missed the train, but only ~** perdió el tren, pero por poco; **he passed, but only ~** aprobó pero por los pelos; **we arrived ~ in time** por poco no llegamos, llegamos justo a tiempo

3 = *slightly* **~ over/under two kilos** un poco más de/menos de dos kilos; **it's ~ over/under two kilos** pasa de/no llega a los dos kilos; **~ to the left/right** un poco más a la izquierda/derecha; **~ to one side** a un lado

4 = *exactly* justo, exactamente; **it's ~ my size** es justo *or* exactamente mi talla; **it's ~ the same** es justo *or* exactamente igual; **~ here/there** aquí/ahí mismo; **~ behind/in front of/next to** *etc* justo detrás/delante de/al lado de *etc*; **it's ~ (on) 10 (o'clock)** son las diez en punto; **it cost ~ (on) £20** me costó veinte libras justas; **~ how many we don't know** no sabemos exactamente cuántos; **that's ~ it!** ¡ahí está!*, ¡ésa es la cuestión!; **he's ~ like his father** (*physically, in behaviour*) es idéntico a su padre; **that's ~ like him, always late** es típico (de él), siempre llega tarde; **they are ~ like brothers** son como hermanos; **they have their problems ~ like the rest of us** tienen sus problemas, exactamente igual que el resto de nosotros; **I can't find £1,000 ~ like that** no puedo conseguir mil libras así sin más; **that's ~ the point!** ¡ahí está!*, ¡ésa es la cuestión!; **he likes everything ~ so*** le gusta que todo esté perfecto; **it's ~ what I wanted** es justo *or* precisamente lo que quería; **that's ~ what I thought** eso es justo *or* precisamente lo que pensé; **~ what did he say?** ¿qué dijo exactamente?; **~ what are you implying?** ¿qué es exactamente lo que estás insinuando?; *see also* **luck A, right A2**

5 = *only* sólo, nomás (*LAm*); **they were ~ 15 when they got married** tenían sólo *or* nada más 15 años cuando se casaron; **he's ~ a lad** no es más que un chaval, es sólo un chaval; **it's ~ a mouse** es sólo un ratón; **don't take any notice of her, she's ~ jealous** no le hagas ni caso, lo que está es celosa *or* lo que pasa es que está celosa; **it's ~ around the corner** está a la vuelta de la esquina; **I ~ asked!** (*hum*) ¡preguntaba nada más!; **~ a few** sólo unos pocos, unos pocos nada más; **~ a little** sólo un poco, un poco nada más; **~ once** una vez nada más, solamente una vez; **it's ~ over there** está ahí mismo; **it's ~ a suggestion** es sólo una sugerencia; **he's ~ teasing** sólo está bromeando, está bromeando, nada más; **~ this once** sólo esta vez; **we went ~ to see the museum** fuimos sólo para ver el museo; **~ the two of us** los dos solos, sólo nosotros dos; **I ~ wanted to say that …** sólo quería decir que …; *see also* **friend, note A3**

6 = *simply* sencillamente; **I ~ told him to go away** le dije sencillamente que se fuera; **~ ask the way** simplemente pregunta por dónde se va; **I'm ~ phoning to remind you that …** sólo llamo para recordarte que …; **let's ~ wait and see** es mejor esperar a ver (qué pasa); **you should ~ send it back** deberías devolverlo sin más; **he ~ couldn't wait to see them** tenía unas ganas enormes de verlos; **it's ~ one of those things*** son cosas que pasan; **it's ~ that I don't like it** lo que pasa es que no me gusta; **I ~ thought that you would like it** yo pensé que te gustaría; *see also* **because A, imagine 1, 2, wonder B**

7 = *specially* sólo; **I did it ~ for you** lo hice sólo por ti

8 = *conceivably* **it may ~ be possible** puede que sea posible; **it's an old trick, but it could ~ work** es un viejo truco, pero puede que funcione

9 *in comparisons* **~ as** tan; **it's ~ as good as yours** es tan bueno como el tuyo; **you sing ~ as well as he does** cantas tan bien como él; **the new one is ~ as big** el nuevo es igual de grande; **this model goes ~ as fast** este modelo va igual de rápido

10 *in imperatives* **~ let me get my hands on him!*** ¡cómo lo coja!, ¡con que lo agarre! (*LAm*); **~ listen to that rain!** ¡escucha *or* fíjate cómo llueve!; **~ listen a minute, will you?** ¡escúchame un momento!, ¿quieres?; **~ look at this mess!** ¡fíjate qué desorden!; **~ wait a minute!** ¡espera un momento!; **~ you wait, he'll come sure enough** (*reassuringly*) espera hombre, ya verás cómo viene; **~ (you) wait until I tell your father** (*threateningly*) ya verás cuando se lo cuente a tu padre, espera (nomás (*LAm*)) a que se lo cuente a tu padre; **~ you do!*** ◊ **~ you try it!*** ◊ **~ you dare!*** ¡inténtalo si te atreves!

11 *emphatic* **she's ~ amazing!** es una mujer increíble; **"that dress is awful" — "isn't it ~?"*** —ese vestido es francamente horrible —¡y tanto!; **we're managing ~ fine** nos apañamos perfectamente; **it's ~ perfect!** ¡es absolutamente perfecto!; *see also* **plain A3, B1**

12 *imagining something* **I can ~ hear the roars of laughter** me puedo imaginar muy bien *or* perfectamente las carcajadas; **I can ~ imagine her reaction** me imagino muy bien *or* perfectamente su reacción; **I can ~ see her face if I told her** me puedo imaginar muy bien *or* perfectamente la cara que pondría si se lo dijese

13 *in set expressions* **~ about**: **I've ~ about finished this work** estoy a punto de terminar este trabajo; **it's ~ about finished** está casi terminado; **I think that it was ~ about here that I saw him** creo que yo estaba más o menos aquí cuando lo vi; **I've ~ about had enough of this noise!*** ¡estoy ya más que harto de este ruido!; **to be ~ about to do sth** estar a punto de hacer algo; **I was ~ about to phone** estaba a punto de llamar; **come ~ as you are** ven tal como estás; **leave it ~ as it is** déjalo tal como está; **~ as you wish** como usted quiera; **~ as I thought!** ¡ya me lo figuraba *or* imaginaba!, ¡lo que yo me figuraba *or* imaginaba!; **~ in case** por si acaso; **~ in case it rains** por si acaso llueve, por si llueve; **I've prepared some extra food, ~ in case** he preparado comida de más, por si las moscas* *or* por si acaso; **~ a minute!** ◊ **~ one moment!** (= *coming*) ¡un momento, por favor!, ¡voy!; **~ a minute, I don't know if I agree with that …** un momento, no sé si estoy de acuerdo con eso …; **~ the same, I'd rather …** de todas formas, prefiero …; **that's ~ too bad!** (*iro*) ¡qué lástima!, ¡qué mala pata!*; **it's ~ as well** menos mal; **it's ~ as well it's insured** menos mal que está asegurado; **I wasn't expecting much, which was ~ as well** no esperaba mucho, y menos mal; **it would be ~ as well if we checked the prices** más valdría que comprobásemos los precios; *see also* **happen 2, soon 4**

**justice** ['dʒʌstɪs] N [1] (*Jur*) justicia *f*; **to bring sb to ~** llevar a algn ante los tribunales
[2] (= *fairness*) justicia *f*; **to do o.s. ~** quedar bien; **to do sb ~** hacer justicia a algn; **this doesn't do him ~** [*photo etc*] no le favorece; **it doesn't do ~ to his skills** no está a la altura de sus capacidades; **to do ~ to a meal** hacer los honores a una comida
[3] (= *person*) juez *mf*; **Justice of the Peace** (*Brit*) juez *mf* de paz; **(Lord) Chief Justice** Presidente *m* del Tribunal Supremo

**justifiable** ['dʒʌstɪfaɪəbl] ADJ [1] [*anger, pride, concern*] justificado; **that sort of behaviour is not ~** ese tipo de comportamiento no puede justificarse
[2] (*Jur*) **~ homicide** homicidio *m* justificado

**justifiably** ['dʒʌstɪfaɪəblɪ] ADV justificadamente, con razón; **he was ~ proud/angry** estaba orgulloso/enfadado y con razón, su orgullo/enfado era justificado; **he insisted, quite ~, that ...** insistía, justificadamente *or* con toda razón, en que ...

▼**justification** [ˌdʒʌstɪfɪ'keɪʃən] N justificación *f*; **there's no ~ for it** esto no tiene justificación posible; **in ~ of** *or* **for sth** como justificación de algo

**justified** ['dʒʌstɪfaɪd] ADJ [1] (*gen*) justificado; **to be ~ in doing sth** tener motivos para hacer algo, tener razón al hacer algo; **am I ~ in thinking that ...?** ¿hay motivo para creer que ...?
[2] (*Jur*) **~ homicide** homicidio *m* justificado
[3] (*Typ*) justificado; **right ~** justificado a la derecha

▼**justify** ['dʒʌstɪfaɪ] VT [1] (*gen*) justificar; **he tried to ~ his decision** trató de justificar su decisión; **the future does not ~ the slightest optimism** el futuro no da lugar al más leve optimismo
[2] (*Typ, Comput*) alinear, justificar

**justly** ['dʒʌstlɪ] ADV (= *fairly*) justamente, con justicia; (= *rightly*) con razón; **it has been ~ said that ...** con razón se ha dicho que ...

**justness** ['dʒʌstnɪs] N justicia *f*

**jut** [dʒʌt] VI (*also* **~ out**) sobresalir

**Jute** [dʒu:t] N juto/a *m/f*

**jute** [dʒu:t] N yute *m*

**juvenile** ['dʒu:vənaɪl] Ⓐ ADJ [*books, sports etc*] juvenil; (*pej*) infantil; (*Jur*) [*court*] de menores; **~ delinquent** delincuente *mf* juvenil; **~ delinquency** delincuencia *f* juvenil
Ⓑ N joven *mf*, menor *mf*

**juvenilia** [ˌdʒu:vɪ'nɪlɪə] NPL obras *fpl* de juventud

**juxtapose** ['dʒʌkstəpəʊz] VT yuxtaponer

**juxtaposition** [ˌdʒʌkstəpə'zɪʃən] N yuxtaposición *f*

➤ LANGUAGE IN USE: **justification** 12.1 **justify 1** 26.3

# K k

**K**[1], **k** [keɪ] N (= *letter*) K, k *f*; **K for Kilo** K de Kilo

**K**[2] ABBR 1 (= **kilo-**) kilo-
2 (= *thousand*) **he earns 30K** gana 30.000 libras
3 (*Brit*) (= **Knight**) *caballero de una orden*
4 (*Comput*) (= **kilobyte**) K *m*

**Kabala** [kəˈbɑːlə] N Cábala *f*, Kábala *f*

**Kaffir** [ˈkæfəʳ] N (*pl* **Kaffirs** *or* **Kaffir**) (*offensive*) cafre *mf*

**Kafkaesque** [ˌkæfkəˈesk] ADJ kafkiano

**kaftan** [ˈkæftæn] N caftán *m*

**Kaiser** [ˈkaɪzəʳ] N káiser *m*

**Kalahari Desert** [ˌkæləˈhɑːrɪˈdezət] N desierto *m* de Kalahari

**kale** [keɪl] N (*Bot*) col *f* rizada

**kaleidoscope** [kəˈlaɪdəskəʊp] N calidoscopio *m*, caleidoscopio *m*

**kaleidoscopic** [kəˌlaɪdəˈskɒpɪk] ADJ calidoscópico

**Kamasutra** [ˌkɑːməˈsuːtrə] N Kamasutra *m*

**kamikaze** [ˌkæmɪˈkɑːzɪ] N kamikaze *m*

**Kampala** [kæmˈpɑːlə] N Kampala *f*

**Kampuchea** [ˌkæmpʊˈtʃɪə] N Kampuchea *f*

**Kampuchean** [ˌkæmpʊˈtʃɪən] Ⓐ ADJ kampucheano
Ⓑ N kampucheano/a *m/f*

**Kan.** ABBR (*US*) = **Kansas**

**kanga** [ˈkæŋgə] N *tela con unos diseños muy alegres usada como prenda por las mujeres del este de África*

**kangaroo** [ˌkæŋgəˈruː] Ⓐ N canguro/a *m/f*
Ⓑ CPD ► **kangaroo court** N tribunal *m* desautorizado

**Kans.** ABBR (*US*) = **Kansas**

**Kantian** [ˈkæntɪən] Ⓐ ADJ kantiano
Ⓑ N kantiano/a *m/f*

**kaolin** [ˈkeɪəlɪn] N caolín *m*

**kapok** [ˈkeɪpɒk] N capoc *m*

**kaput*** [kəˈpʊt] ADJ 1 [*object*] kaput; **to be ~** estar kaput
2 [*organization*] **now he's dead the whole company is ~** ahora que ha fallecido, la empresa se ha ido al traste*

**karaoke** [kɑːrəˈəʊkɪ] N karaoke *m*

**karat** [ˈkærət] N (*US*) = **carat**

**karate** [kəˈrɑːtɪ] N karate *m*

**karma** [ˈkɑːmə] N (*Rel*) karma *m*

**kart** [kɑːt] Ⓐ N kart *m*
Ⓑ VI hacer kárting; **to go ~ing** ir a hacer kárting

**karting** [ˈkɑːtɪŋ] N (*Sport*) kárting *m*

**kasbah** [ˈkæzbɑː] N casba(h) *f*

**Kashmir** [kæʃˈmɪəʳ] N Cachemira *f*

**Kate** [keɪt] N (*familiar form*) *of* **Catherine** *etc*

**Katharine**, **Katherine** [ˈkæθərɪn], **Kathleen** [ˈkæθliːn] N Catalina

**kayak** [ˈkaɪæk] N kayac *m*, kayak *m*

**Kazak(h)** [kəˈzɑːk] Ⓐ ADJ kazajo
Ⓑ N kazajo/a *m/f*

**Kazakhstan** [ˌkæzəksˈtɑːn] N Kazajstán *m*

**kazoo** [kəˈzuː] N kazoo *m*, chiflato *m*

**KB** ABBR (= **kilobyte**) K *m*

**KBE** N ABBR (*Brit*) (= **Knight of the British Empire**) *título ceremonial*

**KC** Ⓐ N ABBR (*Brit*) (= **King's Counsel**) *abogado de categoría superior*
Ⓑ ABBR (*US*) = **Kansas City**

**kc** ABBR (= **kilocycle(s)**) k/c

**kcal** [ˈkeɪkæl] ABBR = **kilocalorie**

**KCB** N ABBR (*Brit*) (= **Knight Commander of the Bath**) *un título ceremonial*

**KD, kd** ABBR (*US*) (= **knocked down**) desmontado

**kebab** [kəˈbæb] N kebab *m*, pincho *m* moruno, anticucho *m* (*Peru, Bol, Chile*)

**kedge** [kedʒ] N anclote *m*

**kedgeree** [ˌkedʒəˈriː] N (*Brit*) *plato de pescado desmenuzado, huevos y arroz*

**keel** [kiːl] N (*Naut*) quilla *f*; **on an even ~** (*Naut*) en iguales calados; (*fig*) en equilibrio, estable; **✦IDIOM to keep sth on an even ~** [+ *economy, company*] estabilizar algo; **they managed to get their marriage back on an even ~** consiguieron volver a estabilizar su matrimonio

►**keel over** VI + ADV (*Naut*) volcar(se), zozobrar; [*building, structure*] derrumbarse, venirse abajo; [*person*] desplomarse

**keelhaul** [ˈkiːlhɔːl] VT pasar por debajo de la quilla (*como castigo*)

**⋎keen** [kiːn] Ⓐ ADJ (*compar* **keener**; *superl* **keenest**) 1 (= *enthusiastic*) [*supporter*] entusiasta; [*student*] aplicado; **she's a ~ photographer/gardener** es muy aficionada a la fotografía/la jardinería; **he's a ~ footballer** es muy aficionado a jugar al fútbol; **he's a ~ cook** le gusta mucho *or* le encanta cocinar; **she's just started and she's still very ~** acaba de empezar y tiene aún mucho entusiasmo; **try not to seem too ~** procura no parecer muy interesado; **to be ~ to do sth** tener interés por hacer algo; **I was ~ to get started** tenía muchas ganas de empezar; **the government is ~ to dismiss these rumours** al gobierno le interesa descartar estos rumores; **he was ~ to point out the financial benefits** tenía sumo interés por hacer resaltar las ventajas económicas, hizo mucho hincapié en las ventajas económicas; **to be ~ on sth** (*Brit*): **I'm not all that ~ on grapes** no me gustan mucho las uvas; **he's ~ on fishing** es muy aficionado a la pesca, le gusta mucho la pesca; **I'm not ~ on the idea** no me entusiasma *or* no me hace mucha gracia la idea; **both companies were ~ on a merger** ambas compañías querían la fusión *or* tenían interés en la fusión; **I'm not very ~ on him** no es santo de mi devoción, no me cae demasiado bien; **to be ~ on doing sth: I'm very ~ on horse riding** (*Brit*) me gusta muchísimo montar a caballo, me encanta montar a caballo; (*as a hobby*) soy muy aficionada a montar a caballo; **I'm not ~ on going** no me apetece mucho ir; **✦IDIOM to be as ~ as mustard** ser extraordinariamente entusiasta
2 (= *intense*) [*desire*] fuerte, vivo; [*delight*] intenso; [*interest*] vivo, grande; [*competition, match, struggle*] reñido; **his ~ sense of loyalty** su gran sentido de la lealtad
3 (= *sharp*) [*edge, blade*] afilado; [*wind, air*] cortante; [*mind, intelligence*] agudo, penetrante; [*intellect, wit, sense of humour*] agudo; [*eyesight*] agudo, muy bueno; [*hearing*] fino; **to have a ~ appetite** tener buen apetito; **to have a ~ eye for detail** tener buen ojo para los detalles; **to have a ~ nose for sth** tener buen olfato para algo; **to have a ~ sense of smell** tener buen olfato
4 (= *competitive*) [*price, rate*] competitivo
5 (*US**) (= *good*) **he plays a ~ game of squash** juega genial *or* fenomenal al squash*
Ⓑ N (*Irl Mus*) *lamento fúnebre por la muerte de una persona*
Ⓒ VI lamentar

**keenly** [ˈkiːnlɪ] ADV 1 (= *intensely*) [*discuss, debate*] vivamente, intensamente; [*feel*] profundamente; [*look*] fijamente; [*listen*] con interés; **his loss was ~ felt by all who knew him** todos los que lo conocían sintieron profundamente su muerte; **they're ~ aware that ...** son muy conscientes de que ...; **it was a ~ contested game** fue un partido muy reñido
2 (= *enthusiastically*) con entusiasmo

**keenness** [ˈkiːnnɪs] N 1 (= *sharpness*) [*of mind, sense of humour, eyesight*] agudeza *f*; [*of blade*] lo afilado; [*of wind*] lo cortante
2 (= *intensity*) intensidad *f*
3 (= *enthusiasm*) entusiasmo *m*

**keep** [kiːp] (*vb: pt, pp* **kept**)

| | |
|---|---|
| A TRANSITIVE VERB | C NOUN |
| B INTRANSITIVE VERB | D PHRASAL VERBS |

Ⓐ TRANSITIVE VERB

When **keep** is part of a set combination, eg **to keep an appointment**, **to keep a promise**, **to keep one's seat**, look up the noun.

1 = **retain** [+ *change, copy*] quedarse con; [+ *receipt*] guardar; [+ *business, customer, colour*] conservar; **you must ~ the receipt** debe guardar el recibo; **you can ~ the change**

➤ LANGUAGE IN USE: keen A1 7.2, 7.3, 12.2, 19.2

quédese con la vuelta *or* (*LAm*) el vuelto; **is this jacket worth ~ing?** ¿merece la pena guardar esta chaqueta?; **he is to ~ his job in spite of the incident** va a mantener *or* conservar el trabajo a pesar del incidente; **this material will ~ its colour/softness** este material conservará su color/suavidad; **to ~ sth for o.s.** quedarse con algo; **✦*IDIOM* if this is fashion, you can ~ it!*** ¡si esto es moda no la quiero ni regalada!

**2** *= save, put aside* guardar, reservar; **I'm ~ing this wine in case we have visitors** voy a guardar *or* reservar este vino por si tenemos visitas; **ask the shop to ~ you one** pide en la tienda que te reserven uno; **I was ~ing it for you** lo guardaba para ti

**3** *= have ready* **I always ~ a torch in the car** siempre tengo una linterna en el coche; **~ this by you in case of emergencies** guárdate eso para un caso de emergencia

**4** *= store, put* (*gen*) guardar; (*in museum*) conservar; **where do you ~ the sugar?** ¿dónde guardas el azúcar?; **~ it somewhere safe** guárdalo en un sitio seguro; **you must ~ it in a cold place** debes conservarlo en un sitio fresco

**5** *= house* **the puppies were kept in cramped conditions** tenían a los cachorros hacinados; **the tarantulas were kept in cages** las tarántulas estaban metidas en jaulas; **the prisoners were kept in a dark room** los prisioneros estaban encerrados en una habitación oscura; **he ~s his wives in separate houses** tiene a sus mujeres alojadas en casas separadas

**6** *= detain* tener; **~ him in bed for a couple of days** tenlo en cama un par de días; **to ~ sb in prison** tener a algn preso; **he was kept in hospital over night** lo tuvieron una noche en el hospital, le hicieron pasar la noche en el hospital; **illness kept her at home** la enfermedad no le permitió salir de casa; **to ~ sb doing sth** tener a algn haciendo algo

**7** *= delay* entretener; **I mustn't ~ you** no quiero entretenerte; **don't let me ~ you** no le entretengo más; **what kept you?** ¿por qué te has retrasado?; **am I ~ing you from your work?** quizá tienes trabajo y yo te estoy entreteniendo

**8** *= have* [+ *shop, hotel, house, servant*] tener; [+ *pigs, bees, chickens*] criar; **he ~s a good cellar** tiene una buena bodega

**9** *= stock* tener; **we don't ~ that model any more** ya no tenemos ese modelo

**10** *= support* [+ *family, mistress*] mantener; **to ~ o.s.** mantenerse; **the extra money ~s me in beer and cigarettes** el dinero extra me da para (comprar) cerveza y cigarrillos; **our garden ~s us in vegetables all summer** el huerto nos da suficientes verduras para todo el verano

**11** *= fulfil, observe* [+ *promise, agreement, obligation*] cumplir; [+ *law, rule*] observar; [+ *appointment*] acudir a, ir a; [+ *feast day*] observar; **to ~ the Sabbath** observar el sábado judío

**12** *= not divulge* **to ~ sth from sb** ocultar algo a algn; **~ it quiet** de esto no digas ni una palabra; **~ it to yourself*** no se lo digas a nadie; **but he kept the news to himself** pero se guardó la noticia, pero no comunicó la noticia a nadie

**13** *= maintain* **13·1** [+ *accounts*] llevar; [+ *diary*] escribir; **to ~ a record of sth** llevar nota de algo

**13·2** (*with adjective*) mantener, tener (*less frm*); **"keep Britain tidy"** "mantenga limpia Gran Bretaña"; **to ~ sth clean** conservar *or* mantener algo limpio, tener algo limpio (*less frm*); **she always ~s the house very clean** tiene la casa siempre muy limpia; **to ~ o.s. clean** no ensuciarse, mantenerse limpio; **cats ~ themselves clean** los gatos son muy limpios; **exercise ~s you fit** haciendo ejercicio te mantienes en forma; **~ the sauce hot** (*in recipe book*) mantener la salsa caliente; **I'll ~ your supper hot** te guardaré la comida caliente; **to ~ inflation as low as possible** mantener la inflación tan baja como sea posible; **to ~ sth safe** guardar algo bien, guardar algo en un lugar seguro; **try to ~ your head still** intenta no mover la cabeza; **to ~ sth warm** mantener algo caliente; **the garden is well kept** el jardín está muy bien cuidado; *see also* **fixed A3, happy A3, post B4**

**13·3** (+ *-ING*) **to ~ the engine running** dejar el motor en marcha; **to ~ sb talking** entretener a algn hablando; **~ him talking while I ...** entretenlo hablando mientras yo ...; **to ~ sb waiting** hacer esperar a algn; **he kept them working all night** los tuvo trabajando toda la noche; *see also* **go A24**

**14** *= hold* **to ~ sb at it** obligar a algn a seguir trabajando; **I'll ~ you to your promise** haré que cumplas tu promesa; *see also* **counsel A1**

**15** *= prevent* **to ~ sb from doing sth** impedir que algn haga algo; **what can we do to ~ it from happening again** ¿qué podemos hacer para evitar que se repita?; **to ~ o.s. from doing sth** contener las ganas de hacer algo, aguantarse de hacer algo*

**16** *† = guard, protect* guardar; **God ~ you!** ¡Dios te guarde!

**17** **to ~ o.s. to o.s.** guardar las distancias

Ⓑ INTRANSITIVE VERB

**1** *= remain* **1·1** (*with adjective*) **try to ~ calm** intenta mantener la calma; **to ~ fit** mantenerse en forma; **it will ~ fresh for weeks** se conservará fresco durante semanas; **to ~ healthy** mantenerse sano; **~ very quiet** no hagas nada de ruido; **you must ~ still** tienes que estarte *or* quedarte muy quieto; **to ~ together** no separarse; **he was jumping up and down to ~ warm** estaba dando saltos para mantener el calor

**1·2** (*with preposition/adverb*) **~ in the left lane** sigue por el carril de la izquierda; **she kept inside for three days** no salió en tres días

**2** **to ~ doing sth** **2·1** (= *continue*) seguir haciendo algo; **he kept walking** siguió caminando; **I ~ hoping she'll come back** sigo esperando que vuelva; **you must ~ moving** no pares; **~ smiling!*** ¡no te desanimes!; **~ going!** ¡no pares!

**2·2** (= *do repeatedly*) no hacer más que hacer algo; **he ~s mentioning his uncle** no hace más que mencionar a su tío; **I ~ thinking I'll wake up in a minute** no hago más que pensar que es todo un sueño; **she ~s bursting into tears** está todo el tiempo echándose a llorar; **he kept interrupting us** no paraba de interrumpirnos; **I ~ forgetting to pay the gas bill** siempre se me olvida pagar la factura del gas; **you mustn't ~ looking at your watch** no debes estar todo el tiempo mirando al reloj

**3** *in directions* (= *continue*) seguir; **to ~ straight on** seguir todo recto *or* derecho; **~ due north until you come to ...** siga en dirección norte hasta que llegue a ...; **"keep left"** "circule por la izquierda"

**4** *= not go off* [*food*] conservarse fresco, conservarse bien; **fish doesn't ~ very well** el pescado no se conserva muy bien; **an apple that ~s** una manzana que se conserva bien

**5** ** = wait* esperar; **the news will ~ till I see you** la noticia puede esperar hasta que nos veamos; **it can ~** puede esperar

**6** ** talking about health* **how are you ~ing?** ¿qué tal (estás)? (*Sp**), ¿como *or* qué tal te va?*, ¿cómo sigues? (*LAm**), ¿qué hubo? (*Mex, Chile**); **he's not ~ing very well** no está muy bien de salud; **she's ~ing better** está mejor, se encuentra mejor

**7** *= avoid* **to ~ from doing sth** evitar hacer algo; (= *abstain from*) abstenerse de hacer algo

Ⓒ NOUN

**1** *= livelihood, food* **I got £30 a week and my ~** me daban 30 libras a la semana y comida y cama; **I pay £50 a week for my ~** la pensión me cuesta 50 libras a la semana; **to earn one's ~** ganarse el sustento; (*fig*) justificar el gasto; **in a poem every word must earn its ~** en un poema cada palabra debe estar justificada

**2** *Archit* torreón *m*, torre *f* del homenaje

**3** *= permanently* **for ~s*** para siempre

Ⓓ PHRASAL VERBS

►**keep ahead** VI + ADV (*in market*) mantenerse al frente; (*in race*) mantenerse en cabeza; **to ~ ahead of sb** (*in market, race*) mantenerse por delante de algn

►**keep at** Ⓐ VI + PREP **1** **to ~ at sth*** (= *persevere with*) perseverar en algo; **despite his problems he kept at his studies** a pesar de sus problemas siguió perseverando en los estudios; **~ at it!*** ¡ánimo!, ¡no te aflojes! (*LAm*)

**2** **to ~ at sb: she kept at him until she got an interview*** (= *pester*) no paró hasta que le concedió una entrevista; **I kept at them until they paid** seguí insistiendo hasta que me pagaron

Ⓑ VT + PREP **he wanted to rest but I kept him at it until he had run an extra 100 metres** quería parar a descansar pero seguí animándole y corrió otros 100 metros

►**keep away** Ⓐ VT + ADV mantener alejado, mantener a distancia; **the police kept the crowds away** la policía mantuvo a la multitud alejada *or* a distancia; **~ him away!** ¡que no se acerque!; **vitamin C helps ~ colds away** la vitamina C ayuda a no pillar resfriados; **to ~ sb away from sb/sth** mantener a algn alejado de algn/algo; **they kept him away from school** (= *stopped him going*) no le dejaron ir al colegio; (*because ill*) no lo llevaron al colegio, lo tuvieron en casa; **~ medicines away from children** mantener los medicamentos fuera del alcance de los niños

Ⓑ VI + ADV no acercarse; **~ away!** ¡no te acerques!; **~ away from the fire** no te acerques al fuego; **he promised to ~ away from drink** prometió no tocar la bebida; **he seems to be ~ing away from me** parece que me evita; **you ~ away from my daughter!** ¡no te vuelvas a acercar a mi hija!; **he can't ~ away from the subject** siempre vuelve al mismo tema

►**keep back** Ⓐ VT + ADV **1** (= *contain*) [+ *crowds*] contener; [+ *enemy*] no dejar avanzar, tener a raya

**2** (= *withhold*) [+ *part of sth given*] guardar, quedarse con; **~ back some of the parsley to garnish** guárdate parte del perejil para adornar

**3** (= *restrain*) [+ *tears*] contener, reprimir

**4** (= *conceal*) [+ *names of victims*] no comunicar; **to ~ sth back from sb** ocultar algo a algn; **I'm sure he's ~ing sth back** estoy segura de que oculta algo

**5** (= *delay*) [+ *person*] retrasar; **I don't want to ~ you back** no quiero retrasarte; **he had been kept back after school** le habían hecho quedarse después del colegio

Ⓑ VI + ADV **~ back, please!** ¡no se acerquen,

por favor!; **~ well back from the bonfire** no te acerques a la fogata; **I kept well back** me mantuve bien alejado

►**keep down** Ⓐ VT + ADV [1] (= *not raise*) **she kept her eyes down** no levantó los ojos; **~ your head down or you'll get shot** no levantes la cabeza o te dispararán; **you'll have to ~ your head down for 48 hours** (*fig*) tendrás que mantener al margen durante 48 horas; *see also* **head A1, A2**
[2] (= *control*) [+ *anger, rebellion*] contener, reprimir; [+ *weeds*] no dejar crecer; [+ *dog*] sujetar
[3] (= *limit*) [+ *prices, spending, temperature*] mantener bajo; [+ *costs, inflation*] mantener al mismo nivel; **could you ~ the noise down?** ¿puedes hacer menos ruido?; **you must try to ~ your weight down** tienes que intentar no subir de peso
[4] (= *hold back*) [4·1] oprimir; **it's just a way to ~ women down** es sólo una forma de oprimir a las mujeres; ✦***PROV*** **you can't ~ a good man down** los buenos siempre vuelven
[4·2] (*Scol*) **he was kept down another year** tuvo que repetir (año)
[5] (= *oppress*) [+ *spirits*] oprimir
[6] (= *retain*) [+ *food*] **he can't ~ anything down** lo devuelve *or* vomita todo
Ⓑ VI + ADV seguir agachado, no levantar la cabeza

►**keep in** Ⓐ VT + ADV [1] (= *prevent from going out*) impedir que salga, no dejar salir; **to ~ a child in after school** dejar a un niño castigado después de las clases
[2] (= *hold in*) [+ *stomach*] meter; [+ *elbows*] pegar al cuerpo; [+ *anger*] contener; **~ your tummy in!** ¡mete estómago!
[3] (= *keep alight*) [+ *fire*] mantener encendido; *see also* **hand A10**
Ⓑ VI + ADV [1] [*fire*] mantenerse encendido
[2] **to ~ in with sb*** mantener buenas relaciones con algn

►**keep off** Ⓐ VT + ADV (= *keep distant, repel*) **put a cloth over it to ~ the flies off** pon un trapo encima para que no se posen las moscas; **he kept his hat off** no se puso el sombrero; **~ your hands off!*** ¡no toques!
Ⓑ VT + PREP [1] (= *keep away from*) **~ your dog off my lawn** no deje que el perro me pise el césped; **~ your feet off the grass** no pises la hierba; **~ your hands off my daughter** no toques a mi hija; **they want to ~ young people off the streets** quieren evitar que los jóvenes pierdan el tiempo vagabundeando por las calles; **measures to ~ people off the unemployment register** medidas para que la gente no entre en las listas del paro; **he couldn't ~ his eyes off her*** no podía apartar los ojos de ella
[2] (= *prevent from consuming*) **I've been told to ~ him off processed foods** me han dicho que no le de alimentos procesados; **~ her off cheese for the next 10 days** que no tome queso durante los próximos 10 días
[3] (= *steer away from*) **to ~ sb off a subject** evitar que algn toque un tema; **try to ~ him off the subject of budgets** intenta que no toque el tema de los presupuestos
Ⓒ VI + PREP [1] (= *stay away from*) **~ off my land!** ¡fuera de mi propiedad!; **"keep off the grass"** "prohibido pisar el césped"
[2] (*fig*) [+ *food, subject*] evitar; **~ off politics!** ¡no hables de política!
Ⓓ VI + ADV **if the rain ~s off** si no llueve

►**keep on** Ⓐ VT + ADV [1] (= *not take off*) [+ *hat, coat, gloves*] no quitarse
[2] (= *not turn off*) [+ *light*] dejar encendido, dejar prendido (*LAm*)
[3] (= *retain*) [+ *house*] conservar
[4] (= *continue employing*) **they kept him on for years** siguieron empleándole durante muchos años; *see also* **hair A1**
Ⓑ VT + PREP (= *restrict to*) **~ him on light foods for the next few days** que sólo tome alimentos ligeros en los próximos días; **he was kept on bread and water for three days** durante tres días sólo le dieron pan y agua, le tuvieron a pan y agua durante tres días
Ⓒ VI + ADV [1] (= *continue*) seguir, continuar; **to ~ on doing sth** (*ceaselessly*) seguir *or* continuar haciendo algo; (*repeatedly*) no dejar de hacer algo; **he ~s on hoping** no pierde la esperanza, sigue teniendo esperanzas; **~ on along this road until ...** siga por esta carretera hasta ...; **he ~s on ringing me up** no deja de llamarme por teléfono; **she ~s on having migraines** tiene contínuos ataques de migraña
[2] (*) (= *talk*) **she does ~ on** no para de hablar; **she ~s on about how much money they've got** no hace mas que hablar *or* siempre está hablando de todo el dinero que tienen; **he ~s on about her being stupid** no hace más que decir que es una estúpida
[3] (*) (= *nag*) **she does ~ on** es muy machacona*; **he kept on about me being selfish** siguió dale que te pego con que soy egoísta*; **she ~s on at me about my cheap clothes** siempre me está dando la lata con que llevo ropa barata*; **I kept on at him about the leaking tap** le dije una y otra vez lo del grifo que perdía agua; **she ~s on at him to look for a job** le está siempre insistiendo que busque un trabajo

►**keep out** Ⓐ VT + ADV (= *exclude*) [+ *person, dog*] no dejar entrar; **we were kept out of the room** no nos dejaron entrar en la habitación; **to ~ sb out of trouble** evitar que algn se meta en líos; **to ~ sb out of the way** sacar a algn de en medio; **this coat should ~ out the cold** este abrigo tiene que proteger del frío; **have some brandy to ~ out the cold** tómate un coñac para entrar en calor; **let's ~ my mother's behaviour out of this!** no metamos lo del comportamiento de mi madre en esto; **let's try to ~ lawyers out of this** no nos metamos con abogados
Ⓑ VI + ADV (= *not enter*) no entrar, quedarse fuera; **please ~ out of the hall until further notice** por favor no entren en el hall hasta nuevo aviso; **"keep out"** "prohibida la entrada"; **to ~ out of trouble** no meterse en líos; **to ~ out of sb's way** (= *avoid*) evitar encontrarse con algn; (= *try not to annoy*) procurar no molestar a algn; **you ~ out of this!** ¡no te metas en esto!

►**keep to** Ⓐ VI + PREP [+ *promise*] cumplir con; [+ *subject, schedule, text*] ceñirse a; **to ~ to the left/right** circular por la izquierda/derecha, mantenerse por la izquierda/derecha; **to ~ to the main roads** no salir de las carreteras principales; **to ~ to one's room** no salir de su habitación; **to ~ to one's bed** guardar cama; **to ~ to one's diet** no salirse de la dieta; **they ~ to themselves** guardan las distancias
Ⓑ VT + PREP *see* **keep A14**

►**keep together** Ⓐ VT + ADV [+ *team*] mantener unido; [+ *papers, photographs*] mantener juntos; **it has been hard to ~ the team together** ha sido difícil mantener al equipo unido, ha sido difícil hacer que el equipo siguiese junto; **we try to ~ families together** intentamos mantener a las familias unidas
Ⓑ VI + ADV no separarse; **~ together, children** no os separéis, niños

►**keep under** VT + ADV [1] (= *oppress*) [+ *people, race*] mantener sometido
[2] (= *keep anaesthetized*) [+ *patient*] tener anestesiado

►**keep up** Ⓐ VT + ADV [1] (= *hold up*) [+ *shelf*] sostener, sujetar; [+ *stocking, trousers*] sujetar; **to ~ one's spirits** *or* **morale up** mantener la moral alta
[2] (= *continue*) [+ *tradition*] mantener; [+ *correspondence, subscription, standards, pressure*] mantener; [+ *payments*] no retrasarse en; **~ up the good work!** ¡bien hecho!, ¡sigue así!, ¡síguele dando! (*LAm*); **~ it up!** ¡sigue así!, ¡ánimo!; **he'll never ~ it up!** ¡no va a poder seguir así!, ¡no aguanta! (*LAm*); **it's difficult to ~ up a relationship when you're far apart** es difícil mantener una relación cuando se está alejado uno del otro
[3] (= *maintain*) [+ *property*] cuidar, mantener (en buenas condiciones); [+ *payments*] no retrasarse en; **you must try to ~ up your German** deberías intentar seguir con el alemán
[4] (= *keep out of bed*) tener despierto hasta muy tarde, tener en vela, tener desvelado (*LAm*); **I don't want to ~ you up** no quiero entretenerte más
Ⓑ VI + ADV [1] (= *continue*) [*weather*] seguir, mantenerse
[2] (= *maintain level*) (*in race etc*) mantener el ritmo, no quedarse atrás; (*in comprehension*) seguir (el hilo); **share prices have kept up well** los precios de las acciones se han mantenido bien; **to ~ up with sb** (*in race*) seguirle el ritmo a algn; (*in comprehension*) seguirle el hilo a algn; **to ~ up with the class** (*Scol, Univ*) mantenerse al nivel del resto de la clase; **it's important to ~ up with your languages** es importante que mantengas el nivel de los idiomas; **to ~ up with the times** ir con los tiempos, mantenerse al día; **I try to ~ up with the news/with current affairs** intento estar al día de las noticias/los temas de actualidad; **to ~ up with demand** responder a la demanda; **wage increases have kept up with inflation** las subidas salariales se han mantenido al nivel de la inflación; ✦***IDIOM*** **to ~ up with the Joneses** no ser menos que el vecino

**keeper** ['ki:pəʳ] N (*in park, zoo etc*) guarda *mf*, guardián/ana *m/f*; (= *gamekeeper*) guardabosque *mf*, guardabosques *mf inv*; (*in museum, art gallery*) conservador(a) *m/f*; (= *goalkeeper*) portero/a *m/f*, arquero/a *m/f* (*LAm*); **am I my brother's ~?** (*Bible*) ¿acaso soy el guarda de mi hermano?

**keep-fit** [ˌki:p'fɪt] (*Brit*) Ⓐ N gimnasia *f* (para mantenerse en forma)
Ⓑ CPD ► **keep-fit classes** NPL clases *fpl* de gimnasia (para mantenerse en forma) ► **keep-fit exercises** NPL ejercicios *mpl* para mantenerse en forma

**keeping** ['ki:pɪŋ] N [1] (= *harmony*) **to be in ~ with** estar de acuerdo con, estar en armonía con; **to be out of ~ with** estar en desacuerdo con; **her clothes were totally out of ~ with the elegant setting** la ropa que llevaba desentonaba totalmente con el elegante entorno
[2] (= *care, custody*) **to be in the ~ of X** estar en manos de X; **to be in safe ~** estar en un lugar seguro, estar en buenas manos; **to give sth to sb for safe ~** poner algo al cuidado de algn

**keepsake** ['ki:pseɪk] N recuerdo *m*

**keester*** ['ki:stəʳ] N (*US*) trasero* *m*

**keg** [keg] Ⓐ N barrilete *m*
Ⓑ CPD ► **keg beer** N cerveza *f* de barril

**keister*** ['ki:stər] N (*US*) = **keester**

**keks*** [keks] NPL (*Brit*) pantalones *mpl*

**kelp** [kelp] N (*Bot*) quelpo *m* (de Patagonia)

**Kelper*** ['kelpər] N nativo/a *m/f* de las Malvinas, habitante *mf* de las Malvinas

**Ken** [ken] N (*familiar form*) *of* **Kenneth**

**ken** [ken] Ⓐ N **to be beyond sb's ~** ser incomprensible para algn
Ⓑ VT (*Scot*) [+ *person*] conocer; [+ *fact*] saber; (= *recognize*) reconocer

**Ken.** ABBR (*US*) = **Kentucky**

**kennel** ['kenl] N Ⓐ N (= *doghouse*) caseta *f* de perro; **kennels** (= *dogs' home*) residencia *f* canina; (*for breeding*) criadero *m* de perros; **to put a dog in ~s** poner a un perro en una residencia canina *or* en una perrera
Ⓑ CPD ► **kennel maid** N chica *f* que trabaja en una residencia canina

**Kenya** ['kenjə] N Kenia *f*

**Kenyan** ['kenjən] Ⓐ ADJ keniano
Ⓑ N keniano/a *m/f*

**kepi** ['keɪpɪ] N quepis *m inv*

**kept** [kept] Ⓐ PT, PP *of* **keep**
Ⓑ ADJ **~ woman** mantenida *f*

**kerb** [kɜ:b] Ⓐ N (*Brit*) bordillo *m*, cordón *m* (*S. Cone*), cuneta *f* (*Chile*)
Ⓑ CPD ► **kerb crawler** N *conductor que busca prostitutas desde su coche* ► **kerb crawling** N *busca de prostitutas desde el coche* ► **kerb drill** N prácticas *fpl* de cruce ► **kerb market** N mercado *m* no oficial (*que funciona después del cierre de la Bolsa*)

**kerbstone** ['kɜ:bstəʊn] N (*Brit*) piedra *f* del bordillo *etc*

**kerchief** ['kɜ:tʃɪf] N pañuelo *m*, pañoleta *f*

**kerfuffle*** [kə'fʌfl] N (*Brit*) jaleo* *m*, follón *m* (*Sp**)

**kernel** ['kɜ:nl] N [*of nut*] almendra *f*; (= *seed*) [*of fruit*] pepita *f*, pepa *f* (*LAm*); [*of grain*] grano *m*; (*fig*) [*of matter, question*] meollo *m*, núcleo *m*; **a ~ of truth** un grano de verdad

**kerosene** ['kerəsi:n] Ⓐ N keroseno *m*, queroseno *m*, querosén *m* (*LAm*)
Ⓑ CPD ► **kerosene lamp** N lámpara *f* de petróleo

**kestrel** ['kestrəl] N cernícalo *m* (vulgar)

**ketch** [ketʃ] N queche *m*

**ketchup** ['ketʃəp] N salsa *f* de tomate, catsup *m*

**kettle** ['ketl] N hervidor *m*, caldera *f* (*Bol, Uru*), pava *f* (*S. Cone*); **I'll put the ~ on** voy a poner a hervir el agua (*para hacer café/té*); **✦IDIOM that's a different ~ of fish** eso es harina de otro costal

**kettledrum** ['ketldrʌm] N timbal *m*

**key** [ki:] Ⓐ N [1] (*to door, safe, car etc*) llave *f*; (= *can-opener*) abridor *m*, abrelatas *m inv*
[2] [*of typewriter, piano*] tecla *f*; [*of wind instrument*] llave *f*, pistón *m*
[3] (*to code*) clave *f*; **the ~ to success** (*fig*) la clave del éxito
[4] (*to map, diagram*) explicación *f* de los signos convencionales
[5] (*Mus*) clave *f*; **what ~ is it in?** ¿en qué clave está?; **in the ~ of C** en clave de do; **to change ~** cambiar de tonalidad; **to sing/play off ~** cantar/tocar desafinado; **major/minor ~** tono *m* mayor/menor
Ⓑ ADJ (= *crucial*) [*issue, job, role, witness*] clave *adj inv*; **he is a ~ figure in the negotiations** es una figura clave en las negociaciones; **all the ~ positions in the company are held by men** todos los puestos clave de la compañía están ocupados por hombres
Ⓒ VT (*Comput, Typ*) (*also* **~ in, ~ up**) teclear
Ⓓ CPD ► **key card** N (*for hotel room*) tarjeta *f* de acceso ► **key money** N entrada *f* ► **key ring** N llavero *m*

►**key in** VT + ADV (*Comput, Typ*) teclear

►**key up** VT + ADV [1] **to be all ~ed up** (= *tense*) estar nervioso; (= *excited*) estar entusiasmado; **the children were too ~ed up to go to bed** los niños estaban demasiado entusiasmados para acostarse; **they are all ~ed up to make a good impression when she arrives** están nerviosos porque quieren causarle una buena impresión cuando llegue
[2] (*Comput, Typ*) teclear

**keyboard** ['ki:bɔ:d] Ⓐ N teclado *m*; **keyboards** (*Mus*) teclados *mpl*
Ⓑ VT (*Comput*) [+ *text*] teclear
Ⓒ CPD ► **keyboard instrument** N instrumento *m* de teclado ► **keyboard operator** N = **keyboarder** ► **keyboard player** N teclista *mf*

**keyboarder** ['ki:,bɔ:dər] N teclista *mf*

**keyboardist** ['ki:bɔ:dɪst] N (*Mus*) teclista *mf*

**keyhole** ['ki:həʊl] N ojo *m* de la cerradura

**keying** ['ki:ɪŋ] N (*Comput*) tecleado *m*

**Keynesian** ['ki:nzɪən] Ⓐ ADJ keynesiano
Ⓑ N keynesiano/a *m/f*

**keynote** ['ki:nəʊt] Ⓐ N (*Mus*) tónica *f*; (*fig*) (= *main emphasis*) tónica *f*, piedra *f* clave
Ⓑ CPD ► **keynote speech** N discurso *m* de apertura, *discurso en que se sientan las bases de una política or programa*

**keypad** ['ki:pæd] N teclado *m* numérico

**key-puncher** ['ki:,pʌntʃər] N teclista *mf*

**keystone** ['ki:stəʊn] N (*Archit*) dovela *f*; (*fig*) piedra *f* angular

**keystroke** ['ki:strəʊk] N pulsación *f* (*de la tecla*)

**keyword** ['ki:wɜ:d] N palabra *f* clave

**Kg, kg** ABBR (= **kilogram(s), kilogramme(s)**) kg

**KGB** N (*in former USSR*) KGB *f*

**khaki** ['kɑ:kɪ] Ⓐ N (= *cloth, colour*) caqui *m*; **khakis** (= *military uniform*) uniforme *m* caqui
Ⓑ ADJ caqui *inv*

**kharja** ['xɑ:ʒə] N jarcha *f*

**Khartoum** [kɑ:'tu:m] N Jartum *m*

**Khmer** [kmɛər] Ⓐ N jemer *mf*; **the ~ Rouge** los jemeres rojos
Ⓑ ADJ jemer

**Khyber Pass** [,kaɪbə'pɑ:s] N pasaje *m* de Kyber

**kHz** ABBR (= **kilohertz**) kHz, KHz

**kibbutz** [kɪ'bʊts] N (*pl* **kibbutzim** [kɪ'bʊtsɪm]) kibutz *m*

**kibitzer** ['kɪbɪtsər] N (*US*) mirón/ona *m/f*

**kibosh** ['kaɪbɒʃ] N **✦IDIOM to put the ~ on sth*** dar al traste con algo*

**kick** [kɪk] Ⓐ N [1] (*gen*) patada *f*, puntapié *m*; (*Sport*) puntapié *m*, tiro *m*; (*by animal*) coz *f*; **what he needs is a good ~ up the backside*** lo que necesita es una buena patada en el trasero*; **to give sth/sb a ~** dar una patada a algo/algn; **I gave him a ~ in the pants*** le di una patada en el trasero*; **he got** *or* **took a ~ on the leg** le dieron una patada en la pierna; **to take a ~ at goal** tirar a puerta; **it was a ~ in the teeth for him*** (*fig*) le sentó como una patada (en la barriga)*
[2] [*of firearm*] culatazo *m*
[3] (*) [*of drink*] fuerza *f*; **a drink with a ~ to it** una bebida que pega fuerte*
[4] (*) (= *thrill*) **I get a ~ out of seeing her happy** me encanta verla feliz; **he gets a ~ out of teasing her** se refocila tomándole el pelo; **to do something for ~s** hacer algo sólo para divertirse *or* por pura diversión
[5] (*) (= *craze*) **he's on a fishing ~ now** ahora le ha dado por la pesca*
Ⓑ VT [1] [+ *ball etc*] dar una patada *or* un puntapié a; [+ *goal*] marcar; [+ *person*] dar una patada a; [*animal*] dar una coz a; **he ~ed the stone away** apartó la piedra de una patada; **to ~ sb downstairs** echar a algn escaleras abajo de una patada; **to ~ one's legs in the air** agitar las piernas; **I could have ~ed myself*** ¡me hubiera dado de tortas!*; **to ~ sth out of the way** quitar algo de en medio de una patada; **she ~ed the door shut** cerró la puerta de una patada; **✦IDIOMS to ~ the bucket*** estirar la pata*; **to ~ ass** *or* **butt** (*esp US***) joder al personal**; **to ~ a man when he's down** dar a moro muerto gran lanzada; *see also* **heel A1**
[2] (*fig*) (*) (= *give up*) **to ~ a habit** dejar un hábito; **I've ~ed smoking** ya no fumo
Ⓒ VI [1] [*person*] dar patadas *or* puntapiés; [*baby*] patalear; [*animal*] dar coces, cocear; **to ~ at** dar patadas a; **she dragged the child off ~ing and screaming** se llevó al niño a rastras
[2] (*gun*) dar un culetazo, recular
Ⓓ CPD ► **kick turn** N (*Ski*) cambio *m* brusco de marcha

►**kick about, kick around** Ⓐ VT + ADV (*gen*) dar patadas a; [+ *idea*] darle vueltas a; **to ~ a ball about** divertirse dándole puntapiés a un balón de un lado para otro; **to ~ sb around** (*fig*) tratar a algn a patadas*; **he's been ~ed about a lot** le han maltratado mucho
Ⓑ VI + ADV (*) **it's ~ing about here somewhere** anda por aquí en algún sitio; **I ~ed about in London for two years** anduve por Londres durante dos años

►**kick against** VI + PREP rebelarse contra; **✦IDIOM to ~ against the pricks** (*lit*) dar coces contra el aguijón; (*fig*) tener una actitud rebelde

►**kick back** Ⓐ VI + ADV (*gun*) dar culatazo, recular
Ⓑ VT + ADV [+ *ball*] devolver

►**kick down** VT + ADV derribar *or* echar abajo a patadas

►**kick in** Ⓐ VT + ADV [1] [+ *door*] derribar *or* echar abajo a patadas; (= *break*) romper a patadas; **to ~ sb's teeth in*** romper la cara a algn*
[2] (*US**) (= *contribute*) contribuir, apoquinar (*Sp**)
Ⓑ VI + ADV (*US**) [1] (= *take effect*) surtir efecto
[2] (= *contribute*) contribuir, apoquinar (*Sp**)

►**kick off** VI + ADV (*Ftbl*) hacer el saque inicial; (*fig*) (*) [*meeting etc*] empezar

►**kick out** Ⓐ VI + ADV [*person*] dar patadas (**at** a); [*animal*] dar coces (**at** a); **to ~ out against** *see* **kick against**
Ⓑ VT + ADV (*) echar a patadas*; (*fig*) (*from job, home*) echar, poner de patitas en la calle*

►**kick up*** VT + ADV **to ~ up a row** *or* **a din** (*lit*) armar un jaleo*; **to ~ up a fuss** *or* **stink about** *or* **over sth** armar un escándalo por algo

**kickabout** ['kɪkəbaʊt] N (*Ftbl*) **to have a ~** pelotear

**kickback** ['kɪkbæk] N [1] (*) soborno *m*, coima *f* (*S. Cone**), mordida *f* (*Mex**)
[2] (*fig*) reacción *f*, resaca *f*, contragolpe *m*

**kicker** ['kɪkər] N (*Rugby*) pateador *m*

**kickoff** ['kɪkɒf] N (*Ftbl*) saque *m* (inicial); (*fig*) comienzo *m*; **I'm not going there, for a ~*** para empezar, no pienso ir

**kick-start** ['kɪk'stɑ:t] Ⓐ N (*also* **~er**) pedal *m* de arranque

Ⓑ VT [+ *engine*] arrancar con el pedal; [+ *economy, market*] activar

**kid** [kɪd] Ⓐ N [1] (*Zool*) (= *goat*) cabrito *m*, chivo *m*; (= *skin*) cabritilla *f*
[2] (*) (= *child*) chiquillo/a *m/f*, crío/a *m/f*, chaval/a *m/f* (*Sp*), cabro/a *m/f* (*Chile*), chamaco/a *m/f* (*CAm, Mex*), escuincle/a *m/f* (*Mex**), pibe/a *m/f* (*S. Cone**); **when I was a ~** cuando yo era un crío, cuando yo era pequeño *or* (*LAm*) chico; **that's ~'s stuff** (= *childish*) eso es de *or* para niños; (= *easy*) eso es un juego de niños
Ⓑ VT (*) [1] (= *deceive*) engañar; **who do you think you're ~ding?** ¿a quién te crees que estás engañando?; **don't ~ yourself** no te engañes; **I ~ you not** (*hum*) no te engaño
[2] (= *tease*) **to ~ sb about sth** tomar el pelo a algn por algo
[3] (= *pretend to*) **to ~ sb that** hacer creer a algn que
Ⓒ VI (*) bromear; **I'm only ~ding** lo digo en broma; **"they're mother and daughter" — "no ~ding?"** —son madre e hija —¿en serio? *or* —¡no me digas!; **really! no ~ding!** ¡en serio!, ¡de verdad!
Ⓓ CPD ► **kid brother*** N hermano *m* menor *or* pequeño *or* (*LAm*) chico ► **kid gloves** NPL guantes *mpl* de cabritilla; ✦***IDIOM* to handle sth/sb with ~ gloves** tratar algo/a algn con guante blanco ► **kid sister*** N hermana *f* menor *or* pequeña *or* (*LAm*) chica

►**kid along*** = **kid on**

►**kid on*** VT + ADV **he's ~ding you on** te está tomando el pelo*

**kiddy*** [ˈkɪdɪ] N chiquillo/a *m/f*

**kidnap** [ˈkɪdnæp] VT secuestrar, raptar, plagiar (*Mex*)

**kidnapper**, **kidnaper** (*US*) [ˈkɪdnæpəʳ] N secuestrador(a) *m/f*, raptor(a) *m/f*, plagiador/a *m/f* (*Mex*)

**kidnapping**, **kidnaping** (*US*) [ˈkɪdnæpɪŋ] N secuestro *m*, rapto *m*, plagio *m* (*Mex*)

**kidney** [ˈkɪdnɪ] Ⓐ N (*Anat, Culin*) riñón *m*; (*fig*) índole *f*, especie *f*
Ⓑ CPD ► **kidney bean** N (*Culin*) frijol *m*, judía *f* (*Sp*), poroto *m* (*S. Cone*) ► **kidney disease** N enfermedad *f* renal ► **kidney dish** N batea *f* ► **kidney failure** N insuficiencia *m* renal ► **kidney machine** N riñón *m* artificial ► **kidney stone** N cálculo *m* renal ► **kidney transplant** N trasplante *m* renal *or* de riñón

**kidney-shaped** [ˈkɪdnɪ,ʃeɪpt] ADJ ariñonado, con forma de riñon

**kidology*** [kɪˈdɒlədʒɪ] N (*Brit*) guasa* *f*

**kike**‡ [kaɪk] N (*US offensive*) judío/a *m/f*

**Kilimanjaro** [kɪlɪmænˈdʒɑːrəʊ] N Kilimanjaro *m*

**kill** [kɪl] Ⓐ VT [1] (*gen*) matar, dar muerte a (*frm*); (= *murder*) asesinar, matar; [+ *animal*] matar, sacrificar; **he was ~ed in the explosion** murió en la explosión; **he was ~ed by an enemy agent** lo mató un agente enemigo; **I'll ~ you for this!** ¡te voy a matar!; **to be ~ed in action** *or* **battle** morir en combate, morir luchando; **I'll do it if it ~s me** lo haré aunque me vaya en ello la vida; **the pace is ~ing him** el ritmo de trabajo lo está matando; **this heat is ~ing me*** este calor acabará conmigo*; **my feet are ~ing me*** los pies me están matando*; **to ~ o.s.** matarse; (= *commit suicide*) suicidarse; **he certainly doesn't ~ himself (with work)!** (*fig*) (*hum*) ¡desde luego ese a trabajar no se mata!; **he was ~ing himself laughing*** se moría de (la) risa; ✦***IDIOM* to ~ two birds with one stone** matar dos pájaros de un tiro
[2] (*fig*) [+ *story*] suprimir; [+ *rumour*] acabar con; [+ *proposal, parliamentary bill*] echar abajo; [+ *feeling, hope*] destruir; [+ *pain*] calmar; [+ *flavour, taste*] matar; [+ *sound*] amortiguar; [+ *engine, motor*] parar, apagar; [+ *lights*] apagar; **to ~ time** matar el rato
[3] (*) hacer morir de risa*; **this will ~ you** te vas a morir de (la) risa*
Ⓑ VI **thou shalt not ~** (*Bible*) no matarás; ✦***IDIOM* to be dressed to ~** ir despampanante
Ⓒ N (*Hunting, Bullfighting*) muerte *f*; (= *animal killed*) pieza *f*; (= *number of animals killed*) caza *f*; **to go in for the ~** (*lit*) entrar a matar; **to be in at the ~** (*lit*) asistir a la matanza

►**kill off** VT + ADV [1] (*lit*) exterminar, acabar con; **what ~ed off the dinosaurs?** ¿qué exterminó los dinosaurios?, ¿qué acabó con los dinosaurios?; **the recession is ~ing off many small firms** la recesión está acabando con muchas pequeñas empresas; **his character is ~ed off in the first episode** matan *or* eliminan a su personaje en el primer episodio
[2] (*fig*) [+ *rumour*] acabar con; [+ *proposal*] echar abajo; [+ *hopes*] destruir

**killer** [ˈkɪləʳ] Ⓐ N [1] (= *murderer*) asesino/a *m/f*; **diphtheria used to be a ~** antiguamente la difteria era una enfermedad mortal
[2] (*) (*fig*) **it's a ~** (= *joke*) es para morirse de risa*; (= *task*) es agotador; (= *question*) es muy difícil, es mortal*
Ⓑ CPD ► **killer bee** N abeja *f* asesina ► **killer disease** N enfermedad *f* mortal ► **killer instinct** N (*also fig*) instinto *m* asesino ► **killer punch** N puñetazo *m* mortal ► **killer shark** N tiburón *m* asesino ► **killer whale** N orca *f*

**killing** [ˈkɪlɪŋ] Ⓐ ADJ [1] [*blow, disease*] mortal
[2] (*) (= *exhausting*) [*work, journey*] agotador, durísimo
[3] (*) (= *funny*) divertidísimo, para morirse de (la) risa*
Ⓑ N (= *murder*) asesinato *m*; (*large scale, also of animals*) matanza *f*; ✦***IDIOM* to make a ~*** hacer su agosto

**killingly** [ˈkɪlɪŋlɪ] ADV **~ funny** divertidísimo; **it was ~ funny** fue para morirse de (la) risa*

**killjoy** [ˈkɪldʒɔɪ] N aguafiestas *mf inv*

**kiln** [kɪln] N horno *m*

**kilo** [ˈkiːləʊ] N kilo *m*

**kilobyte** [ˈkɪləʊ,baɪt] N kilobyte *m*, kilooctetο *m*

**kilocycle** [ˈkɪləʊ,saɪkl] N kilociclo *m*

**kilogram(me)** [ˈkɪləʊgræm] N kilo(gramo) *m*

**kilohertz** [ˈkɪləʊ,hɜːts] N kilohercio *m*

**kilolitre**, **kiloliter** (*US*) [ˈkɪləʊ,liːtəʳ] N kilolitro *m*

**kilometre**, **kilometer** (*US*) [ˈkɪləʊmiːtəʳ] N kilómetro *m*

**kilometric** [,kɪləʊˈmetrɪk] ADJ kilométrico

**kiloton** [ˈkɪləʊ,tʌn] N kilotón *m*

**kilowatt** [ˈkɪləʊwɒt] N kilovatio *m*

**kilowatt-hour** [ˈkɪləʊwɒt,aʊə] N kilovatio-hora *m*; **200 ~s** 200 kilovatios-hora

**kilt** [kɪlt] N falda *f* escocesa

**kilted** [ˈkɪltɪd] ADJ [*man*] vestido con falda escocesa; **~ skirt** falda *f* escocesa

**kilter** [ˈkɪltəʳ] N **to be out of ~** [*mechanism*] estar descentrado; **business is bad and everything's out of ~** el negocio va mal y todo anda desbaratado

**kimono** [kɪˈməʊnəʊ] N (*pl* **kimonos**) kimono *m*, quimono *m*

**kin** [kɪn] N familiares *mpl*, parientes *mpl*; **next of ~** familiar(es) *m(pl) or* pariente(s) *m(pl)* más cercano(s)

▼**kind** [kaɪnd] Ⓐ ADJ (*compar* **kinder**; *superl* **kindest**) [*person*] amable, atento; [*act, word, offer*] amable; [*treatment*] bueno, cariñoso; [*voice*] tierno, cariñoso; **thank you for your ~ offer of help** gracias por ofrecerte amablemente a ayudarnos; (*more frm*) gracias por su amable oferta de ayuda; **the ~est thing that can be said about the play is that …** lo menos malo que se puede decir de la obra es que …; **he was ~ enough to help** tuvo la amabilidad de ayudar; **would you be ~ enough to** *or* **would you be so ~ as to close the door?** (*frm*) ¿haría el favor de cerrar la puerta, por favor?, ¿tendría la bondad de cerrar la puerta, por favor? (*frm*); **to have a ~ heart** tener buen corazón; **that's very ~ of you** es usted muy amable; (*more frm*) es muy amable de su parte; **it was very ~ of you to pick us up** fuiste muy amable viniéndonos a recoger; (*more frm*) fue muy amable de su parte el venir a recogernos; **she was very ~ to me** fue muy amable conmigo, se portó muy bien conmigo; **life has been ~ to me** la vida me ha tratado bien; **you must be ~ to animals** hay que tratar bien a los animales; **a washing-up liquid that is ~ to your hands** un lavavajillas que no daña sus manos, un lavavajillas que es suave con sus manos
Ⓑ N [1] (= *type*) clase *f*, tipo *m*; **which ~ do you prefer?** ¿qué tipo prefieres?; **I prefer the ~ with handles** prefiero los que tienen asas; **she hated Lewis and his ~** odiaba a Lewis y a la gente como él; **many ~s of books/cars** muchos tipos de libros/coches; **people of all ~s** gente *f* de todas clases, gente *f* de todo tipo; **all ~s of things** toda clase de cosas; **it can fail for all ~s of reasons** puede fallar por todo tipo de razones; **a ~ of lizard** un tipo de lagarto; **she's the ~ (of person) that …** ella es de las que …; **what ~ of person do you take me for?** ¿por quién me tomas?; **what ~ of an answer is that?** ◊ **what ~ of an answer do you call that?** ¿qué clase de respuesta es ésa?; **I had a ~ of feeling that would happen** tuve el presentimiento de que ocurriría así; **you know the ~ of thing I mean** ya sabes a lo que me refiero; **it's not his ~ of film/thing** no es el tipo de película/cosa que (a él) le gusta; **he's not her ~ of man** no es su tipo de hombre; **it was tea of a ~** (*pej*) se supone que era té (*pej*); **three/four of a ~** (*in card games*) tres/cuatro del mismo palo; **they're two of a ~** son tal para cual; **she's a very unusual woman, one of a ~** es una mujer muy poco corriente, única; **it's the only one of its ~** es único (en su género); **the castle is the largest of its ~** el castillo es el más grande de los de su estilo; **something of the ~** algo por el estilo; **nothing of the ~!** ¡nada de eso!, ¡ni hablar!; **she never said anything of the ~** nunca dijo nada parecido
[2] **in ~**: **payment in ~** pago *m* en especie; **to repay sth in ~** [+ *cruelty, ingratitude etc*] pagar algo con la misma moneda; **we repaid her generosity in ~** respondimos con nuestra generosidad a la suya
[3] **~ of*** (= *rather*) algo; **we're ~ of busy right now** ahora mismo estamos algo ocupados; **I ~ of felt it might happen** tenía el presentimiento de que iba a suceder; **it's ~ of awkward at the moment** ahora mismo me va mal, ahora no es el mejor momento; **it was ~ of sad, really** era un poco triste, la verdad; **she was ~ of cute** tenía cierto atractivo

**kinda*** [ˈkaɪndə] = **kind of**; *see* **kind B3**

**kindergarten** [ˈkɪndə,gɑːtn] N jardín *m* de infancia, kindergarten *m*, kinder *m* (*LAm**)

➤ LANGUAGE IN USE: kind A 4, 22

**kind-hearted** ['kaɪnd'hɑːtɪd] ADJ [*person, action*] bondadoso, de buen corazón; **to be ~** ser bondadoso, tener buen corazón

**kind-heartedness** ['kaɪnd'hɑːtɪdnɪs] N bondad *f*

**kindle** ['kɪndl] Ⓐ VT [+ *wood*] prender fuego a; [+ *fire*] encender; (*fig*) [+ *emotion, interest*] despertar, suscitar
Ⓑ VI [*wood, fire*] prender, encenderse; (*fig*) (*with emotion*) despertarse

**kindliness** ['kaɪndlɪnɪs] N bondad *f*

**kindling** ['kɪndlɪŋ] N leña *f* (menuda), astillas *fpl*

**kindly** ['kaɪndlɪ] Ⓐ ADJ (*compar* **kindlier**; *superl* **kindliest**) [*person*] bondadoso; [*tone of voice*] tierno, cariñoso; [*face, eyes, smile*] afable, dulce; [*remark*] cariñoso; **a ~ soul** un alma caritativa *or* bondadosa
Ⓑ ADV [1] (= *thoughtfully*) amablemente; **"you seem tired this morning, Jenny," she said ~** —pareces cansada esta mañana, Jenny —dijo cariñosamente; **he very ~ helped** tuvo la amabilidad de ayudar; **to look ~ on sth** ver algo con buenos ojos; **to look ~ on sb** ser benévolo con algn; **to take ~ to sth**: **he didn't take very ~ to her suggestion** no acogió muy bien su sugerencia; **the villagers do not take ~ to newcomers** a la gente del pueblo no les gustan mucho los recién llegados; **he doesn't take ~ to being kept waiting** no le hace ninguna gracia que le hagan esperar; **to think ~ of sb** tener un buen concepto de algn
[2] (= *please*) (*frm*) **~ wait a moment** haga el favor de esperar un momento, tenga la amabilidad de esperar un momento; **~ mind your own business** haz el favor de no meterte en lo que no te importa

**kindness** ['kaɪndnɪs] N [1] (= *thoughtfulness*) amabilidad *f*; **he was ~ itself** era la bondad personificada; **they treated him with every ~** lo trataron con todo género de atenciones; **out of the ~ of her heart** por pura amabilidad; **we were touched by her ~ to** *or* **towards us** su amabilidad para con nosotros nos enterneció *or* nos emocionó
[2] (= *favour*) favor *m*; **it would be a ~ to tell him** decírselo sería un favor; **to do sb a ~** hacer un favor a algn

**kindred** ['kɪndrɪd] Ⓐ ADJ (= *related by blood or group*) emparentado; [*language*] de un tronco común; (*fig*) afín, semejante; **~ spirits** almas *fpl* gemelas; **to have a ~ feeling for sb** sentirse hermano de algn
Ⓑ N (= *relations*) familia *f*, parientes *mpl*

**kinescope** ['kɪnəskəʊp] N (*US*) tubo *m* de rayos catódicos, cinescopio *m*

**kinesiology** [kɪˌniːsɪ'ɒlədʒɪ] N kinesiología *f*

**kinetic** [kɪ'netɪk] Ⓐ ADJ cinético
Ⓑ CPD ► **kinetic energy** N energía *f* cinética

**kinetics** [kɪ'netɪks] NSING cinética *f*

**kinfolk** ['kɪnfəʊk] NPL = **kinsfolk**

**king** [kɪŋ] Ⓐ N [1] (*lit, fig*) rey *m*; **the ~ and queen** los reyes; **the Three Kings** los Reyes Magos; **an oil ~** un magnate del petróleo; **I'm the ~ of the castle!** (*child language*) ¡soy el rey!, ¡soy el amo y señor!; **to turn King's evidence** delatar a los cómplices; ✦**IDIOMS they paid a ~'s ransom for it** les costó mucho dinero, les costó un dineral*; **to live like a ~** vivir a cuerpo de rey
[2] (*Chess, Cards*) rey *m*; (*Draughts*) dama *f*
Ⓑ CPD ► **king cobra** N cobra *f* real ► **king penguin** N pingüino *m* real ► **King's Bench** N (*Brit Jur*) departamento *m* del Tribunal Supremo ► **King's Counsel** N (*Brit Jur*) abogado *mf* (*de categoría superior*); → QC/KC

**kingcup** ['kɪŋkʌp] N botón *m* de oro

**kingdom** ['kɪŋdəm] N reino *m*; **animal/plant ~** reino *m* animal/vegetal; **the Kingdom of Heaven** el reino de los cielos; **till ~ come*** hasta el día del juicio final

**kingfisher** ['kɪŋfɪʃəʳ] N martín *m* pescador

**kingly** ['kɪŋlɪ] ADJ [*manner, presence, splendour*] regio; [*gift*] digno de un rey

**kingmaker** ['kɪŋˌmeɪkəʳ] N persona *f* muy influyente

**kingpin** ['kɪŋpɪn] N (*Tech*) perno *m* real *or* pinzote; (*fig*) (= *person, object*) piedra *f* angular

**kingship** ['kɪŋʃɪp] N dignidad *f* real, monarquía *f*; **they offered him the ~** le ofrecieron el trono *or* la corona

**king-size(d)** ['kɪŋsaɪz(d)] Ⓐ ADJ (*gen*) tamaño gigante *or* familiar; [*cigarette*] extra largo
Ⓑ CPD ► **king-size(d) bed** N cama *f* de matrimonio extragrande

**kink** [kɪŋk] Ⓐ N (*in rope etc*) retorcedura *f*, vuelta *f*; (*in hair*) onda *f*; (*in paper*) arruga *f*, pliegue *m*; (*fig*) (*emotional, psychological*) manía *f*, trauma *m*; (*sexual*) perversión *f*
Ⓑ VI enroscarse; [*hair*] ondularse

**kinky** ['kɪŋkɪ] ADJ (*compar* **kinkier**; *superl* **kinkiest**) [1] (*) (*sexually*) pervertido
[2] (*) (= *eccentric*) [*dress etc*] estrafalario; (*pej*) [*person*] raro, estrafalario
[3] (= *curly*) [*hair*] ondulado

**kinsfolk** ['kɪnzfəʊk] NPL familiares *mpl*, parientes *mpl*

**kinship** ['kɪnʃɪp] N [*of family*] parentesco *m*; (*fig*) afinidad *f*

**kinsman** ['kɪnzmən] N (*pl* **kinsmen**) familiar *m*, pariente *m*

**kinswoman** ['kɪnzˌwʊmən] N (*pl* **kinswomen**) familiar *f*

**kiosk** ['kiːɒsk] N quiosco *m*; **telephone ~** (*Brit*) cabina *f* telefónica

**kip*** [kɪp] (*Brit*) Ⓐ N (= *sleep*) siestecita* *f*, sueño* *m*; (= *lodging*) alojamiento *m*; (= *bed*) pulguero* *m*; **to have a ~** echar un sueño*
Ⓑ VI dormir; **to ~ down** echarse a dormir

**kipper** ['kɪpəʳ] N arenque *m* ahumado

**Kirbigrip®, kirbygrip** ['kɜːbɪˌgrɪp] N horquilla *f* para el pelo

**Kirghizia, Kirgizia** [ˌkɜː'gɪzɪə] N Kirguizia *f*

**kirk** [kɜːk] N (*Scot*) iglesia *f*; **the Kirk** la Iglesia (Presbiteriana) de Escocia

**kirsch** [kɪəʃ] N kirsch *m*

**kiss** [kɪs] Ⓐ N beso *m*; (= *light touch*) roce *m*; **to blow sb a ~** tirar un beso a algn, dar un beso volado a algn; **the ~ of death** (*fig*) el golpe de gracia; **to give sb a ~** dar un beso a algn; **the ~ of life** (*Brit*) (= *artificial respiration*) respiración *f* boca a boca; (*fig*) nueva vida *f*, nuevas fuerzas *fpl*
Ⓑ VT besar; **to ~ sb's cheek/hand** besar a algn en la mejilla/besar la mano a algn; **to ~ sb goodbye/goodnight** dar un beso de despedida/de buenas noches a algn; **to ~ away sb's tears** enjugar las lágrimas a algn con besos; ✦**IDIOM to ~ ass** (*esp US***) lamer culos**; **to ~ sb's ass** (*esp US***) lamer el culo a algn**, hacer la pelota a algn*; **~ my ass!** (*esp US***) ¡vete a la mierda!**, ¡vete al carajo! (*esp LAm***)
Ⓒ VI besarse; **they ~ed** se besaron, se dieron un beso; **to ~ and make up** hacer las paces
Ⓓ CPD ► **kiss curl** N (*Brit*) caracol *m*

**kissagram** ['kɪsəˌgræm] N besograma *m*

**kiss-and-tell** [ˌkɪsən'tel] ADJ **she is about to reveal all in her ~ autobiography** está a punto de desvelarlo todo sobre su romance con una celebridad en su autobiografía

**kisser‡** ['kɪsəʳ] N (= *face*) jeta‡ *f*; (= *mouth*) morrera‡ *f*

**kiss-off*** ['kɪsɒf] (*US*) N **to give sth the ~** tirar algo, despedirse de algo; **to give sb the ~** (= *employee*) poner a algn de patitas en la calle*, despedir a algn; (= *boyfriend*) plantar a algn*, dejar a algn

**kissogram** ['kɪsəˌgræm] N = **kissagram**

**kissproof** ['kɪspruːf] ADJ indeleble

**Kit** [kɪt] N (*familiar form*) *of* **Catherine** *etc*, **Christopher**

**kit** [kɪt] Ⓐ N [1] (= *equipment, gear*) avíos *mpl*; (= *instruments, tools*) útiles *mpl*, herramientas *fpl*; (*Mil*) pertrechos *mpl*, petate *m*
[2] (*) (= *belongings*) bártulos* *mpl*; (= *clothes*) ropa *f*; (*for sports*) equipo *m*, indumentaria *f*; (= *luggage*) bultos* *mpl*, equipaje *m*; **to get one's ~ off** (*Brit**) ponerse en cueros*, ponerse en pelotas‡, despelotarse*
[3] (= *set of items*) equipo *m*, kit *m*; (= *first-aid kit*) botiquín *m*; **sewing ~** costurero *m*, neceser *m* de costura
[4] (= *parts for assembly*) (= *toy, model*) maqueta *f*; (= *assembly kit*) kit *m*, juego *m* por piezas para armar; **a computer in ~ form** un ordenador que se vende como kit *or* por piezas (y lo monta uno mismo); *see also* **caboodle**
Ⓑ CPD ► **kit car** N *coche que se vende por piezas y lo arma uno mismo*

►**kit out, kit up** VT + ADV (*Brit*) (*often passive*) equipar (**with** de); **to be ~ted out in** [+ *clothing*] llevar puesto

**kitbag** ['kɪtbæg] N (*esp Brit*) saco *m* de viaje, macuto *m*; (*Mil*) mochila *f*

**kitchen** ['kɪtʃɪn] Ⓐ N cocina *f*
Ⓑ CPD [*cupboard, knife, equipment*] de cocina; [*window*] de la cocina ► **kitchen cabinet** N armario *m* de cocina; (*Pol*) grupo *m* de asesores personales; → CABINET ► **kitchen foil** N papel *m* de aluminio ► **kitchen garden** N huerto *m* ► **kitchen maid** N ayudanta *f* de cocina ► **kitchen paper** N toallitas *fpl* de papel ► **kitchen range** N cocina *f* económica ► **kitchen roll** N = **kitchen paper** ► **kitchen salt** N sal *f* de cocina ► **kitchen sink** N fregadero *m*, pila *f*; ✦**IDIOM they took everything but the ~ sink*** (*hum*) se llevaron la casa a cuestas* ► **kitchen sink drama** N obra *f* ultrarrealista ► **kitchen unit** N módulo *m* de cocina

**kitchenette** [ˌkɪtʃɪ'net] N cocina *f* pequeña

**kitchenware** ['kɪtʃɪnwɛəʳ] N artículos *mpl* de cocina

**kite** [kaɪt] Ⓐ N [1] (= *toy*) cometa *f*; **to fly a ~** (*fig*) lanzar una idea (para sondear la opinión); **go fly a ~!** (*US**) ¡vete al cuerno!*; *see also* **high A5**
[2] (*Orn*) milano *m* real
[3] (*US Fin‡*) cheque *m* sin valor
Ⓑ VI (‡) presentar papeles falsos para conseguir dinero
Ⓒ VT (*US*) **to ~ a cheque** presentar un cheque sin fondos
Ⓓ CPD ► **kite mark** N (*Brit*) señal *f* de aprobación (de la BSI)

**kith** [kɪθ] N **~ and kin** parientes *mpl* y amigos

**kitsch** [kɪtʃ] Ⓐ ADJ kitsch, cursi
Ⓑ N kitsch *m*, cursilería *f*

**kitten** ['kɪtn] N gatito/a *m/f*; ✦**IDIOM to have ~s***: **I nearly had ~s when I saw it** casi me da un ataque (de nervios) cuando lo vi

**kittenish** ['kɪtənɪʃ] ADJ (*fig*) picaruelo, coquetón, retozón

**kittiwake** ['kɪtɪweɪk] N gaviota *f* tridáctila, gavina *f*

**Kitty** ['kɪtɪ] N (*familiar form*) *of* **Catherine** *etc*

**kitty** ['kɪtɪ] N 1 (= *funds*) fondo *m* común; (*Cards*) bote *m*, puesta *f*; **how much have we got in the ~?** ¿cuánto tenemos en el bote?
2 (*) (= *name for cat*) minino* *m*

**kiwi** ['ki:wi:] Ⓐ N 1 (*Orn*) kiwi *m*
2 (*) (= *New Zealander*) neozelandés/esa *m/f*
Ⓑ CPD ► **kiwi fruit** N kiwi *m*

**KKK** N ABBR (*US*) = **Ku Klux Klan**

**Klansman** ['klænzmən] N (*pl* **Klansmen**) miembro *m* del Ku Klux Klan

**klaxon** ['klæksn] N claxon *m*

**Kleenex®** ['kli:neks] N (*pl* **Kleenex** *or* **Kleenexes**) Kleenex® *m*

**kleptomania** [,kleptəʊ'meɪnɪə] N cleptomanía *f*

**kleptomaniac** [,kleptəʊ'meɪnɪæk] N cleptómano/a *m/f*

**klutz‡** [klʌts] N (*US*) patoso/a* *m/f*, torpe *mf*

**km** ABBR (= **kilometre(s)**) km

**kmh, km/h** ABBR (= **kilometre(s) per hour**) km/h, k.p.h.

**knack** [næk] N **it's just a ~** es un truco que se aprende; **to get** *or* **learn the ~ of (doing) sth** agarrar el truco *or* (*Sp*) el tranquillo a (hacer) algo*; **she has the ~ of making people feel at home** tiene el don de hacer que la gente se sienta cómoda a su alrededor; **you have the ~ for drawing animals** tienes mucha habilidad para dibujar animales; **he seems to have the ~ of rubbing people up the wrong way** no sé cómo se las arregla pero siempre acaba cayéndole mal a la gente

**knacker** ['nækəʳ] (*Brit*) Ⓐ N (*for horses*) matarife *mf* de caballos; (*for ships*) desguazador(a) *m/f*
Ⓑ VT (*) agotar, reventar*; **I'm ~ed** estoy reventado *or* hecho polvo*
Ⓒ CPD ► **knacker's yard** N (*for horses*) matadero *m*; (*for ships*) desguace *m*

**knapsack** ['næpsæk] N (= *small rucksack*) mochila *f*

**knave** [neɪv] N (*Hist*) bellaco *m*, bribón *m*; (*Cards*) valet *m*; (*in Spanish pack*) sota *f*

**knavery** ['neɪvərɪ] N bellaquería *f*

**knavish** ['neɪvɪʃ] ADJ bellaco, bribón, vil

**knead** [ni:d] VT [+ *dough*] amasar, sobar; [+ *clay*] amasar, trabajar; [+ *muscle*] masajear, dar masaje a

**knee** [ni:] Ⓐ N (*Anat*) rodilla *f*; [*of garment*] rodilla *f*; **on one's ~s, on bended ~** de rodillas; **to bow the ~ to** humillarse ante, someterse a; **a sharp pain nearly brought me to my ~s** un dolor agudo hizo que casi me cayera de rodillas; **the embargo has brought the country to its ~s** el embargo ha llevado al país al borde del desastre; **to fall on one's ~s** caer de rodillas; **to go** *or* **get down on one's ~s** arrodillarse, ponerse de rodillas; **to go** *or* **get down on one's ~s to sb** arrodillarse ante algn; **to go to sb on (one's) bended ~s** (*fig*) suplicar a algn de rodillas; **his ~s were knocking** le temblaban las rodillas; *see also* **weak A1**
Ⓑ VT dar un rodillazo a
Ⓒ CPD ► **knee bend** N flexión *f* de piernas ► **knee breeches** NPL calzón *m* corto ► **knee jerk** N reflejo *m* rotular ► **knee joint** N articulación *f* de la rodilla ► **knee sock** N calcetín *m* alto

**kneecap** ['ni:kæp] Ⓐ N (*Anat*) rótula *f*
Ⓑ VT **to ~ sb** disparar a las rodillas a algn

**kneecapping** ['ni:,kæpɪŋ] N disparo *m* a las rodillas

**knee-deep** ['ni:'di:p] Ⓐ ADJ **the water was ~** el agua cubría hasta las rodillas; **to be ~ in** estar metido hasta las rodillas en; (*fig*) estar metido hasta el cuello en; **the place was ~ in paper** había montones de papeles por todos lados
Ⓑ ADV **to go into the water ~** avanzar hasta que el agua llegue a las rodillas

**knee-high** ['ni:'haɪ] ADJ [*grass*] hasta las rodillas; [*boots*] de caña alta; [*socks*] largo; ✦*IDIOM* **he's been riding since he was ~ to a grasshopper*** lleva montando a caballo desde que era un renacuajo*

**knee-jerk** ['ni:dʒɜ:k] ADJ [*reaction*] instintivo, automático; **he's a ~ conservative** es de derecha *or* (*Sp*) de derechas hasta la médula

**kneel** [ni:l] (*pt, pp* **knelt** *or* **kneeled**) VI (*also* **~ down**) (= *act*) arrodillarse, ponerse de rodillas; (= *state*) estar de rodillas; **to ~ to** (*fig*) hincar la rodilla ante

**knee-length** ['ni:leŋθ] ADJ [*boots*] de caña alta; [*socks*] largo; [*coat, skirt*] hasta la rodilla

**knee-level** ['ni:,levl] N altura *f* de la rodilla

**kneeling** ['ni:lɪŋ] ADJ [*figure*] arrodillado, de rodillas

**kneepad** ['ni:pæd] N (*for sport, work*) rodillera *f*

**kneeroom** ['ni:rʊm] N espacio *m* para las piernas

**knees-up*** ['ni:zʌp] N (*pl* **knees-ups**) (*Brit hum*) baile *m*, fiesta *f*

**knell** [nel] N toque *m* de difuntos, doble *m*; *see also* **death B**

**knelt** [nelt] PT, PP *of* **kneel**

**knew** [nju:] PT *of* **know**

**knickerbockers** ['nɪkəbɒkəz] NPL pantalones *mpl* cortos; (*US*) pantalones *mpl* de golf, pantalones *mpl* holgados

**knickers** ['nɪkəz] NPL 1 (*Brit*) bragas *fpl*, calzones *mpl* (*LAm*); **~ to you!‡** ¡vete a al porra!*, ¡vete a tomar por saco! (*Sp‡*); ✦*IDIOM* **to get one's ~ in a twist*** ponerse nervioso
2 (††) = **knickerbockers**

**knick-knack** ['nɪknæk] N chuchería *f*, chisme *m*

**knife** [naɪf] Ⓐ N (*pl* **knives**) (= *table knife*) cuchillo *m*; (= *pocket knife*) navaja *f*, cortaplumas *m inv*; (= *dagger*) puñal *m*; (= *flick knife*) navaja *f*, chaveta *f* (*LAm*); (= *blade*) cuchilla *f*; **does he use a ~ and fork yet?** ¿ha aprendido ya a usar los cubiertos?; **I'll get the knives and forks out** voy a sacar los cubiertos; ✦*IDIOMS* **to get one's ~ into sb** tener inquina a algn; **before you could say ~** en un decir Jesús; **to turn the ~ in the wound** hurgar en la herida; **to put** *or* **stick the ~ in** ensañarse, tirar con bala; **like a (hot) ~ through butter** sin problemas, con la gorra*
Ⓑ VT (= *stab*) acuchillar, apuñalar; **to ~ sb to death** matar a algn a navajazos *or* a puñaladas
Ⓒ CPD ► **knife edge** N filo *m* (de cuchillo); ✦*IDIOM* **to be (balanced) on a ~ edge** [*person*] estar con el alma pendiente de un hilo; [*result*] estar pendiente de un hilo ► **knife grinder** N (= *person*) afilador(a) *m/f* ► **knife sharpener** N (= *tool*) afilador *m* de cuchillos

**knifebox** ['naɪfbɒks] N portacubiertos *m inv*

**knife-point** ['naɪfpɔɪnt] N **at ~** a punta de navaja

**knifing** ['naɪfɪŋ] N ataque *m* con cuchillo *or* navaja; **the motiveless ~ of a young girl** el apuñalamiento sin motivo de una chica joven

**knight** [naɪt] Ⓐ N (*Hist*) caballero *m*; (*Chess*) caballo *m*; (*modern*) (*Brit*) Sir *m*, *caballero de una orden*; **~ in shining armour** príncipe *m* azul; **Knight (of the Order) of the Garter** (*Brit*) caballero *m* de la orden de la Jarretera
Ⓑ VT (*Hist*) armar caballero; (*modern*) (*Brit*) otorgar el título de Sir a
Ⓒ CPD ► **knight errant** N caballero *m* andante ► **Knight Templar** N caballero *m* templario, templario *m*

**knight-errantry** ['naɪt'erəntrɪ] N caballería *f* andante

**knighthood** ['naɪthʊd] N 1 (= *order*) caballería *f*
2 (= *title*) título *m* de caballero; (*modern*) (*Brit*) título *m* de Sir; **he was given a ~** le otorgaron el título de Sir; (*Hist*) fue armado caballero

**knightly** ['naɪtlɪ] ADJ caballeroso, caballeresco

**knit** [nɪt] Ⓐ VT [+ *garment*] hacer (a punto de aguja), tricotar (*Sp*), tejer (*LAm*); **she can ~ up a sweater in a couple of days** puede hacer un jersey en un par de días; **to ~ one's brows** fruncir el ceño; **his task is to ~ the nation back together** su tarea es la de volver a unir a la gente del país; *see also* **close-knit**
Ⓑ VI (*also* **~ together, ~ up**) hacer punto *or* calceta, tricotar (*Sp*), tejer (*LAm*); [*bones*] soldarse; [*wound*] cerrarse, curarse
Ⓒ CPD ► **knit stitch** N punto *m* de media

►**knit together** Ⓐ VI + ADV = **knit B**
Ⓑ VT + ADV (*fig*) juntar, unir

►**knit up** Ⓐ VT + ADV montar
Ⓑ VI + ADV = **knit B**

**knitted** ['nɪtɪd] ADJ tejido; **~ goods** géneros *mpl* de punto

**knitting** ['nɪtɪŋ] Ⓐ N (= *activity*) labor *f* de punto; (= *product*) prenda *f* de punto; (= *piece being worked on*) labor *f*; **I think I'll do some ~** creo que voy a ponerme a hacer punto *or* (*LAm*) tejer; **she put her ~ down on the chair** dejó la labor sobre la silla
Ⓑ CPD ► **knitting machine** N tricotosa *f* (*Sp*), máquina *f* de tejer (*LAm*) ► **knitting needle, knitting pin** N aguja *f* de hacer punto *or* (*LAm*) de tejer ► **knitting pattern** N patrón *m*, instrucciones *fpl* para hacer punto, instrucciones *fpl* de tejido (*LAm*) ► **knitting wool** N lana *f* para labores *or* (*LAm*) para tejer

**knitwear** ['nɪtwɛəʳ] N géneros *mpl* de punto

**knives** [naɪvz] NPL *of* **knife**

**knob** [nɒb] N 1 (= *protuberance*) protuberancia *f*, bulto *m*; (*on treetrunk*) nudo *m*
2 (= *control*) [*of radio etc*] botón *m*, mando *m*
3 (= *handle*) [*of door*] pomo *m*, tirador *m*; [*of drawer*] tirador *m*; [*of stick*] puño *m*
4 (= *piece*) **a ~ of butter** (*Brit*) un pedazo de mantequilla
5 (*Brit***) (= *penis*) verga** *f*, polla *f* (*Sp***)

**knobbly** ['nɒblɪ], **knobby** ['nɒbɪ] ADJ (*compar* **knobb(l)ier**; *superl* **knobb(l)iest**) [*stick*] nudoso; [*knees*] huesudo

**knock** [nɒk] Ⓐ N 1 (*gen*) golpe *m*; (*in collision*) choque *m*; (*on door*) llamada *f*; **a ~ on the head** un golpe en la cabeza; **there was a ~ at the door** llamaron a la puerta; **his pride took a ~** su orgullo sufrió un golpe; **the team took a hard ~ yesterday** ayer el equipo recibió un rudo golpe; **he has had plenty of hard ~s** ha recibido muchos y duros golpes en la vida
2 (*in engine*) golpeteo *m*
Ⓑ VT 1 (= *strike*) golpear; **to ~ a hole in sth** hacer *or* abrir un agujero en algo; **to ~ a nail into sth** clavar un clavo en algo; **to ~ sb on the head** golpear a algn en la cabeza; **to ~ one's head on/against sth** (*by accident*) dar con la cabeza contra algo; (*deliberately*) dar cabezazos contra algo; **I ~ed my elbow on** *or* **against the table** me di (un golpe) en el codo con la mesa; **to ~ sb to the ground** tirar *or* echar a algn al suelo; **to ~ sb unconscious** *or* **out** *or* **cold** dejar a algn sin sentido; **to ~ sth to the floor** dar con algo en el sue-

lo; **he ~ed the knife out of her hand** le quitó el cuchillo de la mano de un golpe; **I ~ed the ball into the water** tiré la pelota al agua; **to ~ the bottom out of sth** [+ *box*] desfondar algo; (*fig*) [+ *argument*] dejar algo sin fundamentos; ✦*IDIOMS* **to ~ sth on the head** (*Brit**) (= *put paid to*) [+ *idea*] echar algo por tierra; **to ~ some sense into sb*** hacer entrar en razón a algn; **to ~ sb sideways*** dejar de piedra *or* patidifuso a algn*; **to ~ spots off sb*** dar mil vueltas a algn*

2 (*) (= *criticize*) criticar, hablar mal de

Ⓒ VI 1 (*strike*) golpear; (*at door*) llamar a la puerta; **"knock before entering"** "llamar a la puerta antes de entrar"; **he ~ed at the door/on the table** llamó a la puerta/dio un golpe en la mesa; **poverty was ~ing at his door** la pobreza llamaba a su puerta; **I can't give a job to everyone who comes ~ing on my door** no puedo dar trabajo a todos los que vienen pidiéndomelo *or* que llaman a mi puerta

2 (= *bump*) **to ~ into sth/sb** chocar *or* tropezar con algo/algn; **to ~ against sth** chocar *or* dar con *or* contra algo

3 [*engine*] golpetear

►**knock about, knock around** Ⓐ VT + ADV

1 [+ *person*] pegar, maltratar; [+ *object*] golpear, maltratar; **the place was badly ~ed about** el lugar sufrió grandes estragos; **the car was rather ~ed about** el coche estaba en bastante mal estado

2 (= *discuss*) **to ~ an idea around** dar vueltas a una idea

Ⓑ VI + ADV (*) **he's ~ed about (the world) a bit** ha visto mucho mundo; **he's ~ing about somewhere** anda por algún lado; **she ~s around with a bad crowd** anda con malas compañías

►**knock back*** VT + ADV 1 [+ *drink*] beberse (de un trago); **he can certainly ~ them back** sabe darle al trago*

2 (= *cost*) **it ~ed me back £10** me costó 10 libras

3 (= *shock*) asombrar, pasmar*; **the smell ~s you back** el olor echa para atrás*

4 (*) (= *reject*) [+ *offer*] rechazar; [+ *person*] rechazar, dar con la puerta en las narices a

►**knock down** VT + ADV 1 (= *pull, throw to the ground*) [+ *building*] derribar, demoler; [+ *person*] tirar al suelo; [+ *pedestrian*] atropellar; [+ *tree, door etc*] derribar, echar abajo; (*fig*) [+ *argument etc*] echar por tierra

2 (= *reduce*) [+ *price*] rebajar, reducir; **I ~ed him down to £20** conseguí que me rebajara el precio a 20 libras

3 (*at auction*) **it was ~ed down to him for £200** se lo adjudicaron en 200 libras

►**knock in** VT + ADV clavar

►**knock off** Ⓐ VT + ADV 1 (= *make fall*) hacer caer; (*intentionally*) echar abajo

2 (= *deduct*) **he ~ed £5 off** (*from price*) rebajó el precio en 5 libras, hizo un descuento de 5 libras; **to ~ three seconds off the record** mejorar el récord en tres segundos

3 (*) (= *steal*) birlar*

4 (*) (= *do quickly*) [+ *meal*] preparar enseguida; [+ *garment*] hacer enseguida; [+ *novel*] escribir rápidamente

5 (*) (= *stop*) **~ it off!** ¡déjalo ya!

6 (‡) (= *arrest*) detener, agarrar*; (= *kill*) cargarse*

7 (**) [+ *woman*] tirarse a**

Ⓑ VI + ADV (*) **he ~s off at five** sale del trabajo a las cinco; **I ~ off for lunch at one** dejo el trabajo a la una para (salir a) comer

►**knock on*** VI + ADV **he's ~ing on a bit** es bastante viejo; **she's ~ing on for 60** va para los 60

►**knock out** VT + ADV 1 (= *stun*) dejar sin sentido, hacer perder el conocimiento; (*Boxing*) poner fuera de combate, dejar K.O.

2 (= *strike out*) [+ *nails*] extraer, sacar; (*in fight*) [+ *teeth*] romper

3 (*in competition*) eliminar

4 (*) (= *make*) [+ *product*] producir, fabricar; [+ *garment*] hacer; [+ *novel*] escribir

5 (= *destroy*) [+ *enemy target*] destruir; (= *stop*) [+ *electricity supply, telephone lines*] cortar

6 (*) (= *exhaust*) agotar, dejar para el arrastre*

7 (*) (*shock*) dejar pasmado*

►**knock over** VT + ADV [+ *object*] tirar, voltear (*LAm*); [+ *pedestrian*] atropellar

►**knock together** VT + ADV 1 [+ *two objects*] golpear (uno contra otro); **I ought to ~ your heads together!** ¡os debería dar una buena paliza!

2 = **knock up A2**

►**knock up** Ⓐ VT + ADV 1 (*Brit*) (= *waken*) despertar, llamar

2 (= *make hastily*) hacer; [+ *meal*] preparar

3 (*Brit**) (= *tire*) agotar; (= *make ill*) dejar enfermo; **he was ~ed up for a month** estuvo enfermo durante un mes

4 (‡) (= *make pregnant*) dejar embarazada

Ⓑ VI + ADV (*Tennis*) pelotear

**knockabout** [ˈnɒkəbaʊt] Ⓐ ADJ (*esp Brit*) bullicioso, tumultuoso; **~ comedy** farsa *f* bulliciosa

Ⓑ N (*Sport*) **to have a ~** pelotear

**knockback*** [ˈnɒkbæk] N 1 (= *rejection*) rechazo *m*, feo* *m*; **to get the ~** sufrir un feo*

2 (= *setback*) revés *m*, duro golpe *m*

**knockdown** [ˈnɒkdaʊn] ADJ (= *reduced*) [*price*] de ganga, regalado

**knocker** [ˈnɒkəʳ] N 1 (*on door*) aldaba *f*

2 (*) (= *critic*) detractor(a) *m/f*, crítico/a *m/f*

3 **knockers**‡ tetas* *fpl*

**knocker-up** [ˈnɒkəˈrʌp] N (*Brit*) despertador *m*

**knock-for-knock** [ˈnɒkfəˈnɒk] ADJ **~ agreement** acuerdo *m* de pago respectivo

**knocking** [ˈnɒkɪŋ] Ⓐ N (= *sound*) golpes *mpl*, golpeteo *m*; (*at door*) golpe *m*, llamada *f*; (*Aut*) golpeteo *m*

Ⓑ CPD ► **knocking copy** N contrapublicidad *f*, *anuncio destinado a denigrar el producto de otro*

**knocking-off time*** [ˌnɒkɪŋˈɒfˌtaɪm] N hora *f* de salir del trabajo

**knocking-shop*** [ˈnɒkɪŋʃɒp] N casa *f* de putas

**knock-kneed** [ˈnɒkˈniːd] ADJ patizambo; (*fig*) débil, irresoluto

**knock-on** [ˈnɒkˈɒn] Ⓐ N (*Rugby*) autopase *m*

Ⓑ CPD ► **knock-on effect** N (*Brit*) repercusiones *fpl*; **the rise in interest rates will have a ~ effect on the housing market** la subida en los tipos de interés repercutirá en el mercado inmobiliario

**knockout** [ˈnɒkaʊt] Ⓐ N 1 (*Boxing*) knockout *m*, K.O. *m*, nocaut *m*

2 (= *competition*) concurso *m* eliminatorio, eliminatoria *f*

3 (*) (= *stunner*) maravilla *f*; **she's a ~** es una chica alucinante*; **he's a ~!** ¡está buenísimo!*

Ⓑ CPD ► **knockout agreement** N acuerdo *m* secreto para no hacerse competencia ► **knockout blow** N golpe *m* aplastante ► **knockout competition** N concurso *m* eliminatorio, eliminatoria *f* ► **knockout drops*** NPL somnífero *msing*, calmante *msing* ► **knockout punch** N = **knockout blow**

**knock-up** [ˈnɒkʌp] N (*Tennis*) (= *practice*) peloteo *m*; **to have a ~** pelotear

**knoll** [nəʊl] N otero *m*, montículo *m*

**knot** [nɒt] Ⓐ N 1 (*gen*) nudo *m*; **to tie a ~** hacer un nudo; **her hair was all in ~s** tenía el pelo enredado; ✦*IDIOMS* **to tie sb up in ~s** enredar a algn; **to get tied up** *or* **tie o.s. up in ~s** armarse un lío*; **to tie the ~** casarse

2 (*Naut*) (= *unit of speed*) nudo *m*; *see also* **rate A2**

3 (*in wood*) nudo *m*; (= *group*) [*of people*] grupo *m*, corrillo *m*

Ⓑ VT anudar, atar; **to ~ sth together** anudar algo, atar algo con un nudo; **get ~ted!*** ¡fastídiate!*

Ⓒ VI hacerse un nudo

**knothole** [ˈnɒthəʊl] N agujero *m* (que deja un nudo en la madera)

**knotted** [ˈnɒtɪd] ADJ [*rope*] anudado, con nudos; [*scarf, tie*] atado con un nudo

**knotty** [ˈnɒtɪ] ADJ (*compar* **knottier**; *superl* **knottiest**) [*wood*] nudoso; (*fig*) [*problem*] espinoso

**knout** [naʊt] N knut *m*

**know** [nəʊ] (*pt* **knew**; *pp* **known**)

| | |
|---|---|
| A TRANSITIVE VERB | C NOUN |
| B INTRANSITIVE VERB | |

Ⓐ TRANSITIVE VERB

***Look up set combinations such as know the ropes, know one's stuff, know sth backward*** *at the other word.*

1 = ***be aware of*** 1·1 [+ *facts, dates, etc*] saber; **to ~ the difference between ...** saber la diferencia entre ...; **she ~s a lot about chemistry** sabe mucho de química; **I don't ~ much about history** no sé mucho de historia; **I don't ~ much about that** no sé mucho de eso; **I ~ nothing about it** ◊ **I don't ~ anything about it** no sé nada de eso; **he ~s all the answers** lo sabe todo; **one minute you're leaving school, then before you ~ it, you've got a family to support** dejas el colegio y al minuto siguiente, antes de darte cuenta, tienes una familia que mantener

1·2 (*with clause*) **to ~ that** saber que; **to ~ why/when/where/if** saber por qué/cuándo/dónde/si; **to ~ how to do sth** saber hacer algo; **do you ~ how he did that?** ¿sabes cómo lo hizo?; **you ~ how it is** ya sabes cómo son las cosas; **you don't ~ how glad I am to see you** no sabes cuánto me alegro de verte; **I'll** *or* **I'd have you ~ that ...** que sepas que ..., para que te enteres, ...; **you haven't time, as well he knew** no tienes tiempo, como él bien sabía; **you ~ as well as I do that ...** sabes tan bien como yo que ...; **to ~ what** saber qué *or* lo que; **I ~ what I said** ya sé qué *or* lo que dije; **he doesn't ~ what to do** no sabe qué hacer; **I don't ~ whether or not you've heard, but ...** no sé si has oído o no pero ...; ✦*IDIOM* **to ~ what's what** saber cuántas son cinco

1·3 (*in exclamations*) **I knew it!** ¡lo sabía!; **that's all you ~!*** ¡y más que podría yo contarte!; **don't I ~ it!** ¡a mí me lo vas a contar!; **"she's furious" — "don't I ~ it?"** —está furiosa —¡a mí me lo vas a contar!; **how was I to ~ that ... ?** ¿cómo iba yo a saber que ...?; **I should have ~n you'd mess things up!** debería haberme figurado *or* imaginado que ibas a estropear las cosas; **do you ~ what, I think she did it!** ¿sabes una cosa? creo que lo hizo ella; **I ~ what, let's drop in on Daphne!** ¡ya sé! ¡vamos a pasarnos por casa de Daphne!; **you ~ what you can do with it!*** ¡mételo por donde te quepa!‡; **(well,) what do you ~!***

➤ LANGUAGE IN USE: know A6 16.1

¿qué te parece?, ¡fíjate!, ¡mira nomás! (*LAm*); **what does he ~ about dictionaries!** ¡qué sabrá él de diccionarios!; **Peter, wouldn't you ~ it, can't come!** Peter, como era de esperar, no puede venir

1·4 **to ~ to do sth*: does he ~ to feed the rabbits?** ¿sabe que tiene que dar de comer a los conejos?

2 *(= be acquainted with)* [+ *person, place*] conocer; [+ *subject*] saber; **do you ~ him?** ¿lo conoces?; **to ~ French** saber francés; **to ~ one's classics/linguistic theory** saberse los clásicos/la teoría lingüística; **most of us ~ him only as a comedian** la mayoría de nosotros lo conocemos sólo como comediante; **civilization as we ~ it** la civilización tal y como la conocemos; **don't you ~ me better than that!** ¿o es que no me conoces?, ¡como si no me conocieras!; **to ~ sb by sight/name** conocer a algn de vista/de nombre; **to ~ sb by reputation** haber oído hablar de algn; **she knew him for a liar and a cheat** sabía que era un mentiroso y un tramposo; **they ~ each other from university** se conocen de la universidad; **if I ~ him, he'll say no** me apuesto a que dice que no; **she ~s her own mind** sabe lo que quiere; **✦PROV it's not what you ~, it's who you ~** lo importante no es lo que sabes sino a quién conoces

3 *(with infinitive)* **I ~ him to be a liar** sé que es un mentiroso; **he is ~n to have been there** se sabe que ha estado allí; **I've never ~n him to smile** nunca lo he visto sonreír; **I've never ~n her to be wrong** que yo sepa nunca se ha equivocado; **it has never been ~n to happen** no se tienen noticias de que haya pasado nunca; **I don't ~ him to speak to** no lo conozco personalmente

4 *(= understand)* **I don't ~ how you can say that** no sé *or* no entiendo cómo puedes decir eso; **you ~ what I mean** ya me entiendes, ya sabes lo que quiero decir; **I ~ the problem!** conozco el problema; **I ~ the problems that arise when …** sé los problemas que surgen cuando …

5 *(= recognize)* reconocer; **he knew me at once** me reconoció en seguida; **I'd have ~n you anywhere** te hubiese reconocido en cualquier parte; **I knew him by his voice** le reconocí por la voz; **to ~ right from wrong** saber distinguir el bien del mal; **✦IDIOM she ~s a good thing when she sees it*** sabe reconocer algo bueno cuando lo ve

6 *(= be certain)* **I don't ~ if it has made things any easier** no sé si ha facilitado las cosas; **I don't ~ if** *or* **that it's a very good idea** no sé si es una buena idea, no estoy seguro de que sea una buena idea; **I don't ~ if I can do it** no sé si puedo hacerlo

7 *(†† sexually)* **to ~ sb** conocer a algn

8 *(in set expressions)*

◆ **to get to know sb** (llegar a) conocer a algn; **I'd like to get to ~ you better** me gustaría (llegar a) conocerte mejor; **we got to ~ each other during military service** llegamos a conocernos bien durante la mili

◆ **to get to know sth: as you get to ~ the piece better …** cuando conoces mejor la pieza …, cuando estás más familiarizado con la pieza …; **get to ~ the area before buying a house** estudia bien la zona antes de comprar una casa

◆ **to let sb know …: I'll let you ~ the price as soon as I can** en cuanto sepa el precio te lo digo; **let us ~ if you need help** avísanos si necesitas ayuda; **let me ~ if you can't come** avísame si no puedes venir; **let me ~ how you get on** ya me contarás cómo te fue

Ⓑ INTRANSITIVE VERB

1 *(gen)* saber; **I don't ~** no (lo) sé; **yes, I ~** si, ya lo sé; **Mummy ~s best** mamá sabe lo que te conviene; **he doesn't ~ any better** no sabe lo que hace; **he thinks he's going to get the job, but I ~ better** cree que va a conseguir el trabajo, pero yo sé mejor lo que cabe esperar; **you ought to ~ better than to …** ya deberías saber que no se puede …; **Mary ~s better than to risk upsetting me** Mary sabe demasiado bien que no le conviene que me enfade; **how should I ~?** ¿cómo iba yo a saberlo?; **I ~, let's …** ya sé, vamos a …; **one never ~s** ◊ **you never ~** nunca se sabe; **there's no (way of) ~ing** no hay manera de saberlo; **afterwards they just don't want to ~** (*in relationships*) después "si te he visto no me acuerdo"; (*in business*) después no quieren saber nada del asunto; **who ~s?** ¿quién sabe?; **"was she annoyed about it?" — "I wouldn't ~"** —¿se enfadó por eso? —¿y yo que sé?; **it's not easy, you ~** no es fácil, sabes; **you ~, I think I'm beginning to like Richard** ¿sabes? creo que me está empezando a gustar Richard; *see also* **all B4**

2 *(in set expressions)*

◆ **to know about: to ~ about sth/sb: did you ~ about Paul?** ¿te has enterado de *or* sabes lo de Paul?; **I didn't ~ about the accident** no me había enterado de lo del accidente, no sabía nada de lo del accidente; **I'd ~n about his illness for some time** sabía lo de su enfermedad hacía tiempo; **everything you always wanted to ~ about sex** todo lo que siempre ha querido saber sobre el sexo; **she ~s about cats** ella entiende de gatos; **"you must be delighted!" — "I don't ~ about that"** ¡debes estar encantado! —no sé qué decirte; **"you're a genius!" — "oh, I don't ~ about that"** —¡eres un genio! —hombre, no sé qué decirte; **"I'm taking tomorrow off" — "I don't ~ about that!"** —mañana me tomo el día libre —no sé, habrá que ver; **I don't ~ about you, but I think it's terrible** a ti no sé, pero a mí me parece terrible

◆ **to get to know about sth** enterarse de algo

◆ **to know of** (*= be acquainted with*) conocer; **I ~ of a nice little café** conozco un pequeño café muy agradable; **I don't ~ him but I ~ OF him** no lo conozco pero he oído hablar de él; (*= be aware of*) **I ~ of no reason why he should have committed suicide** que yo sepa no tenía razones para suicidarse; **the first I knew of it was when Pete told me** lo primero que oí *or* supe del asunto fue lo que me dijo Pete; **that was the first I knew of it** esa fue la primera noticia que tuve del asunto; **not that I ~ of** que yo sepa, no

◆ **to let sb know: we'll let you ~** ya te diremos lo que sea, ya te avisaremos; **I'll let you ~ on Monday** te diré lo que sea el lunes; **why didn't you let me ~?** ¿por qué no me lo dijiste?

Ⓒ NOUN

**to be in the know*** (*= well-informed*) estar enterado; (*= privy to sth*) estar al tanto *or* al corriente; **those not in the ~** los que no lo sabían

**knowable** ['nəʊəbl] ADJ conocible

**know-all** ['nəʊɔːl] N (*Brit pej*) sabelotodo *mf inv*, sabihondo/a *m/f*

**know-how** ['nəʊhaʊ] N (*= knowledge*) conocimientos *mpl*; (*= experience*) experiencia *f*; (*= expertise*) pericia *f*; **technical ~** conocimientos *mpl* técnicos

**knowing** ['nəʊɪŋ] Ⓐ ADJ (*= sharp*) astuto, sagaz; [*look, smile*] de complicidad

Ⓑ N **there's no ~** no hay modo de saberlo; **there's no ~ what he'll do** es imposible adivinar lo que hará

**knowingly** ['nəʊɪŋlɪ] ADV 1 (*= intentionally*) a sabiendas, adrede

2 (*= archly*) [*smile, look, nod*] con complicidad

**know-it-all** ['nəʊɪtɔːl] N (*US pej*) sabelotodo *mf inv*, sabihondo/a *m/f*

▼ **knowledge** ['nɒlɪdʒ] N 1 (*= information, awareness, understanding*) conocimiento *m*; **to deny all ~ of sth** negar tener conocimiento de algo; **to bring sth to sb's ~** poner a algn al tanto de algo; **it has come to my ~ that …** me he enterado de que …; **it is common ~ that …** todo el mundo sabe que …, es del dominio público que …; **to have no ~ of sth** no tener conocimiento de algo; **to (the best of) my ~** a mi entender, que yo sepa; **not to my ~** que yo sepa, no; **without my ~** sin saberlo yo

2 (*= person's range of information*) conocimientos *mpl*; **my ~ of Spanish** mis conocimientos del español; **he has some ~ of computers** sabe algo de informática; **to have a working ~ of** dominar los principios esenciales de; **I have a working ~ of Portuguese** me defiendo en portugués; **to have a thorough ~ of history** conocer a fondo la historia

3 (*= learning*) saber *m*; **the pursuit of ~** la búsqueda del saber; **the advance of ~** el progreso de la ciencia

**knowledgeable** ['nɒlɪdʒəbl] ADJ [*person*] (*gen*) informado; (*in specific subject*) entendido (**about** en); [*remark*] erudito; **she's very ~ about antiques** es muy entendida en antigüedades, sabe mucho de antigüedades

**knowledgeably** ['nɒlɪdʒəblɪ] ADV con conocimiento de causa, de manera erudita

**known** [nəʊn] Ⓐ PP *of* **know**

Ⓑ ADJ 1 [+ *person, fact*] conocido; **he is ~ as Hercules** es conocido por el nombre de Hércules; **she wishes to be ~ as Jane Beattie** quiere que se la conozca como Jane Beattie; **he is ~ as a man of great charm** tiene fama de tener mucho encanto; **it soon became ~ that …** tardó poco en saberse que …; **to be ~ for sth** ser conocido por algo; **he is best ~ for his fiction** se le conoce sobre todo por sus obras de ficción; **he let it be ~ that …** dio a entender que …; **to make o.s. ~ to sb** presentarse a algn; **they made it ~ that they did not intend to prosecute** dieron a saber que no tenían intención de interponer una acción judicial; **to make one's presence ~ to sb** hacer saber a algn que se ha llegado; **to make one's wishes ~** hacer que se sepa lo que uno desea; **he is ~ to be unreliable** tiene fama de no ser una persona en la que se pueda confiar; **the most dangerous snake ~ to man** la serpiente más peligrosa de todas las conocidas por el hombre; **it's well ~ that …** es bien sabido que …, es de todos conocido que …; *see also* **know A3**

2 (*= acknowledged*) reconocido; **a ~ expert** un experto reconocido como tal; **an internationally ~ expert** un experto conocido en todo el mundo

**knuckle** ['nʌkl] N (*Anat*) nudillo *m*; [*of meat*] jarrete *m*; **to rap sb's ~s** ◊ **rap sb over the ~s** echar un rapapolvo a algn*; **✦IDIOM it was a bit near the ~** rayaba en la indecencia

►**knuckle down*** VI + ADV **to ~ down (to work)** ponerse a trabajar en serio

►**knuckle under** VI + ADV someterse, bajar la cerviz

**knucklebone** ['nʌkl,bəʊn] N nudillo *m*

➤ LANGUAGE IN USE: **knowledge 2** 15.4

**knuckleduster** [ˈnʌkl,dʌstəʳ] N puño *m* de hierro

**knucklehead*** [ˈnʌkl,hed] N cabeza *mf* hueca

**knurl** [nɜːl] Ⓐ N nudo *m*, protuberancia *f*; [*of coin*] cordón *m*
Ⓑ VT [+ *coin*] acordonar

**knurled** [nɜːld] ADJ nudoso; [*coin*] acordonado

**KO*** Ⓐ N ABBR = **knockout** (*pl* **KO's**) K.O. *m*, nocaut *m*
Ⓑ VT (*vb: pt, pp* **KO'd**) (*gen, Boxing*) dejar K.O., dejar fuera de combate

**koala** [kəʊˈɑːlə] N (*also* **~ bear**) koala *m*

**kohlrabi** [kəʊlˈrɑːbɪ] N (*pl* **kohlrabies**) colinabo *m*

**kook*** [kuːk] N (*US*) majareta *mf* (*Sp**), excéntrico/a *m/f*

**kookaburra** [ˈkʊkə,bʌrə] N kookaburra *m*

**kookie***, **kooky*** [ˈkuːkɪ] ADJ (*compar* **kookier**; *superl* **kookiest**) (*US*) [*person*] chiflado*, majareta (*Sp**); [*idea*] descabellado, disparatado

**Koran** [kɒˈrɑːn] N Corán *m*, Alcorán *m*

**Koranic** [kɒˈrænɪk] ADJ coránico, alcoránico

**Korea** [kəˈrɪə] N Corea *f*; **North/South ~** Corea *f* del Norte/Sur

**Korean** [kəˈrɪən] Ⓐ ADJ coreano
Ⓑ N coreano/a *m/f*

**korma** [ˈkɔːʳmə] N *plato indio con nata y coco*

**kosher** [ˈkəʊʃəʳ] ADJ [1] (*lit*) autorizado por la ley judía, kosher
[2] (*) (= *genuine*) legal*

**Kosova**, **Kosovo** [ˈkɒsəvəʊ] N Kosovo *m*

**Kosovan** [ˈkɒsəvən], **Kosovar** [ˈkɒsəvɑːʳ] ADJ kosovar; **~ Albanian** albanokosovar *mf*

**kowtow** [ˈkaʊˈtaʊ] VI (= *bow*) saludar humildemente; (= *be subservient*) **to ~ to sb** bajar la cabeza *or* doblegarse ante algn

**KP** N ABBR [1] (*US Mil*) = **kitchen police**
[2] (*Med*) = **Kaposi's sarcoma**

**kph** ABBR (= **kilometres per hour**) km/h, kph

**Kraut‡** [kraʊt] (*offensive*) Ⓐ ADJ alemán
Ⓑ N alemán/ana *m/f*

**Kremlin** [ˈkremlɪn] N **the ~** el Kremlin

**Kremlinologist** [,kremlɪˈnɒlədʒɪst] N kremlinólogo/a *m/f*

**Kremlinology** [,kremlɪˈnɒlədʒɪ] N kremlinología *f*

**krill** [krɪl] N (*pl* **krill**) camarón *m* antártico

**krugerrand** [ˈkruːgə,rænd] N krugerrand *m*

**krum(m)horn** [ˈkrʌmhɔːn] N cuerno *m*

**Kruschev** [kruːsˈtʃɒf] N Jruschov

**krypton** [krɪptɒn] N criptón *m*

**KS** ABBR (*US*) = **Kansas**

**Kt** ABBR (*Brit*) = **Knight**

**Kuala Lumpur** [ˈkwɑːləˈlʊmpʊəʳ] N Kuala Lumpur *m*

**kudos** [ˈkjuːdɒs] N prestigio *m*

**kummel** [ˈkʊməl] N cúmel *m*, kummel *m*

**kumquat** [ˈkʌmkwɒt] N naranja *f* china

**kung fu** [ˈkʌŋˈfuː] N kung fu *m*

**Kurd** [kɜːd] N kurdo/a *m/f*

**Kurdish** [ˈkɜːdɪʃ] Ⓐ ADJ kurdo
Ⓑ N (*Ling*) kurdo *m*

**Kurdistan** [,kɜːdɪˈstæn] N Kurdistán *m*

**Kuwait** [kʊˈweɪt] N Kuwait *m*

**Kuwaiti** [kʊˈweɪtɪ] Ⓐ ADJ kuwaití
Ⓑ N kuwaití *mf*

**kV**, **kv** ABBR (= **kilovolt(s)**) kv

**kW**, **kw** ABBR (= **kilowatt(s)**) kw

**kWh**, **kW/h** ABBR (= **kilowatt-hour(s)**) kw/h

**KY** ABBR (*US*) = **Kentucky**

**Kyrgyzstan** [,kɜːgɪsˈtɑːn] N Kirguizistán *m*

# L l

**L, l** [el] Ⓐ N (= *letter*) L, l *f*; **L for Lucy** L de Lorenzo
Ⓑ ABBR [1] (*in maps etc*) = **lake**
[2] (*Aut*) = **learner**; **L-plate** (*Brit*) placa *f* de la L (*de conductor en prácticas*); → DRIVING LICENCE/DRIVER'S LICENSE
[3] (= *garment size*) = **large**
[4] (= **left**) izq., izq.º
[5] (= **litre(s)**) l
[6] (*Ling*) = **Latin**

**LA** ABBR (*US*) [1] = **Los Angeles**
[2] = **Louisiana**

**La.** ABBR [1] (*US*) = **Louisiana**
[2] = **Lane**

**Lab** Ⓐ ADJ ABBR, N ABBR (*Brit Pol*) = **Labour**
Ⓑ ABBR (*Canada*) = **Labrador**

**lab*** [læb] Ⓐ N ABBR (= **laboratory**) laboratorio *m*
Ⓑ CPD ► **lab coat** N bata *f* de laboratorio ► **lab technician** N técnico/a *m/f* de laboratorio

**label** ['leɪbl] Ⓐ N [1] (*on merchandise, luggage, clothing*) etiqueta *f*; **sticky ~** etiqueta *f* adhesiva; **warning ~** etiqueta *f* de advertencia; *see also* **address C**, **luggage B**
[2] (= *brand*) marca *f*; **these products are sold under our own ~** estos productos se venden como parte de nuestra propia marca; *see also* **designer B**, **own-label**
[3] (*also* **record ~**) sello *m* discográfico; **the LP is on the A & M ~** el elepé es del sello discográfico A & M
[4] (*fig*) (= *classification*) etiqueta *f*; **it was comforting to be able to put a ~ on my illness** era reconfortante el poder ponerle una etiqueta a mi enfermedad
Ⓑ VT [1] (*lit*) etiquetar, poner etiqueta a; **I've just spent a whole day ~ling boxes** me he pasado el día etiquetando cajas *or* poniendo etiquetas a cajas; **the jar was not ~led** el bote no llevaba etiqueta, el bote no estaba etiquetado; **the bottle was ~led "poison"** la botella llevaba una etiqueta que decía "veneno"; **every packet must be clearly ~led** cada paquete debe llevar una etiqueta que indique claramente su contenido
[2] (*fig*) **to ~ sb (as) sth** calificar a algn de algo, tachar a algn de algo (*pej*); **he was ~led (as) a troublemaker** lo calificaron *or* lo tacharon de alborotador

**labelling** ['leɪbəlɪŋ] N etiquetado *m*, etiquetaje *m*

**labia** ['leɪbɪə] NPL *of* **labium**

**labial** ['leɪbɪəl] Ⓐ ADJ labial
Ⓑ N labial *f*

**labiodental** [,leɪbɪəʊ'dentəl] Ⓐ ADJ labiodental
Ⓑ N labiodental *f*

**labiovelar** [,leɪbɪəʊ'viːlər] Ⓐ ADJ labiovelar
Ⓑ N labiovelar *f*

**labium** ['leɪbɪəm] N (*pl* **labia**) labio *m*

**labor** ['leɪbər] (*US*) Ⓐ N, VT, VI = **labour**
Ⓑ CPD ► **Labor Day** N Día *m* del Trabajo *or* de los Trabajadores ► **labor union** N sindicato *m*

> **LABOR DAY**
>
> *El* **Labor Day** *(Día del Trabajo or de los Trabajadores) es una festividad nacional en honor al trabajo, que se celebra en Estados Unidos y en Canadá el primer lunes de septiembre. Fue instaurada en 1894 por el Congreso de los Estados Unidos, después de que los trabajadores la solicitaran durante más de doce años. En la actualidad, ya sin las connotaciones políticas de sus orígenes y coincidiendo con el final del verano y con el principio del curso escolar, se celebran desfiles, mítines y comidas campestres.*

**laboratory** [lə'bɒrətərɪ, (*US*) 'læbrə,tɔːrɪ] Ⓐ N laboratorio *m*; *see also* **language B**
Ⓑ CPD de laboratorio ► **laboratory animal** N animal *m* de laboratorio ► **laboratory assistant** N ayudante *mf* de laboratorio ► **laboratory coat** N bata *f* de laboratorio ► **laboratory equipment** N equipo *m* de laboratorio ► **laboratory experiment** N experimento *m* de laboratorio ► **laboratory technician** N técnico/a *m/f* de laboratorio ► **laboratory test** N prueba *f* de laboratorio

**laborer** ['leɪbərər] N (*US*) = **labourer**

**laboring** ['leɪbərɪŋ] ADJ (*US*) = **labouring**

**labor-intensive** ['leɪbərɪn'tensɪv] ADJ (*US*) = **labour-intensive**

**laborious** [lə'bɔːrɪəs] ADJ [*task, work, process*] laborioso; [*written style*] farragoso, poco claro

**laboriously** [lə'bɔːrɪəslɪ] ADV [*work*] laboriosamente; (*pej*) [*write*] farragosamente

**laborite** ['leɪbəraɪt] N (*US*) = **labourite**

**labor-saving** ['leɪbə,seɪvɪŋ] ADJ (*US*) = **labour-saving**

**labour**, **labor** (*US*) ['leɪbər] Ⓐ N [1] (= *work, toil*) trabajo *m*; **the division of ~** la división del trabajo; **hard ~** (*Jur*) trabajos *mpl* forzados; **five years' hard ~** cinco años de trabajos forzados; **Ministry of Labour** Ministerio *m* de Trabajo; **to withdraw one's ~** ponerse en huelga; *see also* **manual A**
[2] (= *effort*) (*usu pl*) trabajo *m*, esfuerzo *m*; **he is starting to see the fruits of his ~s** está empezando a ver los frutos de su trabajo *or* sus esfuerzos
[3] (= *task*) trabajo *m*, tarea *f*; **a ~ of love** un trabajo realizado con amor, una tarea realizada con amor; **the ~s of Hercules** los trabajos de Hércules
[4] (*Ind*) (= *workers*) obreros *mpl*; (= *workforce*) mano *f* de obra; **capital and ~** la empresa y los obreros; **women were used as a source of cheap ~** se utilizaba a las mujeres como mano de obra barata; *see also* **child B**, **skilled 2**
[5] **Labour** (*Brit Pol*) el Partido Laborista, los laboristas; **to vote Labour** votar a los laboristas
[6] (= *birth*) parto *m*; **to be in ~** estar de parto; **to go into ~** ponerse de parto
Ⓑ VT [+ *point*] insistir en; **I think that's ~ing the point a bit** creo que eso es insistir demasiado en ese punto; **I won't ~ the point** no insistiré en ello
Ⓒ VI [1] (= *work*) trabajar; **to ~ at sth** trabajar en algo; **the ~ing classes** las clases trabajadoras; **a ~ing job** un trabajo de peón; **to ~ to do sth** esforzarse *or* afanarse por hacer algo
[2] (= *struggle*) [*engine*] sonar forzado; **to ~ up a hill** [*person, vehicle*] subir una cuesta con esfuerzo *or* dificultad; **you seem to be ~ing under a misapprehension** me parece que te estás equivocando; **to ~ under the misapprehension** *or* **illusion that** engañarse pensando que, creerse que
Ⓓ CPD ► **labour camp** N campamento *m* de trabajos forzados ► **labour costs** NPL costo *m* de la mano de obra ► **labour day** N Día *m* del Trabajo *or* de los Trabajadores (*en Reino Unido 1 mayo, en EE.UU., Canadá, primer lunes de septiembre*) ► **labour dispute** N conflicto *m* laboral ► **Labour Exchange** N (*Brit*) (*formerly*) Bolsa *f* de Trabajo ► **labour force** N (= *numbers, people*) mano *f* de obra ► **labour law** N (*as study*) derecho *m* laboral ► **labour market** N mercado *m* laboral, mercado *m* del trabajo ► **labour movement** N movimiento *m* obrero ► **labour pains** NPL (= *birth*) dolores *mpl* de parto ► **Labour party** N Partido *m* Laborista ► **labour relations** NPL relaciones *fpl* laborales ► **labour supply** N oferta *f* de mano de obra ► **labour ward** N sala *f* de partos

**laboured**, **labored** (*US*) ['leɪbəd] ADJ [*breathing*] pesado; [*style*] forzado; [*text*] farragoso, recargado

**labourer**, **laborer** (*US*) ['leɪbərər] N (*on roads etc*) peón *m*, obrero/a *m/f*; (= *farm labourer*) trabajador(a) *m/f* del campo, peón *m*; (= *day labourer*) jornalero/a *m/f*; (*Agr*) bracero/a *m/f*; **bricklayer's ~** peón *m* de albañil

**labouring**, **laboring** (*US*) ['leɪbərɪŋ] ADJ *see* **labour C1**

**labour-intensive**, **labor-intensive** (*US*) ['leɪbərɪn'tensɪv] ADJ que emplea mucha mano de obra; **~ industry** industria *f* que emplea mucha mano de obra

**labourite**, **laborite** (*US*) ['leɪbəraɪt] N (*pej*) laborista *mf*

**labour-saving**, **labor-saving** (*US*) ['leɪbə,seɪvɪŋ] ADJ que ahorra trabajo; **~ device** aparato *m* que ahorra trabajo

**labrador** ['læbrədɔː] N labrador *m*

**laburnum** [lə'bɜːnəm] N lluvia *f* de oro, codeso *m*

**labyrinth** ['læbərɪnθ] N laberinto *m*

**labyrinthine** [,læbə'rɪnθaɪn] ADJ laberíntico

**lac** [læk] N laca *f*

**lace** [leɪs] Ⓐ N [1] (= *open fabric*) encaje *m*; (*as trimming*) puntilla *f*; [*of gold, silver*] galón *m*
[2] [*of shoe, corset*] cordón *m*, agujeta *f* (*Mex*)
Ⓑ CPD de encaje
Ⓒ VT [1] (*also* **~ up**) [+ *shoes*] atar (los cordones de)
[2] (= *fortify with spirits*) [+ *drink*] echar licor a; **a drink ~d with brandy** una bebida con un chorrito de coñac; **a drink ~d with cyanide** una bebida envenenada con *or* con dosis de cianuro
[3] (*fig*) **the story is ~d with irony** la historia tiene una vena irónica, la historia está teñida de ironía

► **lace into:** VI + PREP **to ~ into sb** dar una paliza a algn

**lace-maker** ['leɪs,meɪkə^r] N encajero/a *m/f*

**lacemaking** ['leɪs,meɪkɪŋ] N labor *f* de encaje

**lacerate** ['læsəreɪt] VT (*Med*) lacerar; [+ *feelings*] herir

**laceration** [,læsə'reɪʃən] N laceración *f*

**lace-up** ['leɪsʌp] ADJ (*Brit*) [*shoes etc*] de cordones, con cordones

**lace-ups** ['leɪsʌps] NPL (*Brit*) (*also* **lace-up shoes**) zapatos *mpl* con cordones

**lachrymal** ['lækrɪməl] ADJ lagrimal

**lachrymose** ['lækrɪməʊs] ADJ lacrimoso, lloroso

**lack** [læk] Ⓐ N falta *f*; (*frm*) carencia *f*; **~ of funds** falta *f* de fondos; **there was no ~ of applicants for the job** no faltaban candidatos al puesto; **there is no ~ of money** no falta dinero; **despite his ~ of experience, he got the job** a pesar de su falta de experiencia, consiguió el trabajo; **there was a complete ~ of interest in my proposals** hubo una absoluta falta de interés por mis propuestas; **for ~ of**: **the charges were dropped for ~ of evidence** retiraron la acusación por falta de pruebas; **malevolence, for ~ of a better word** malevolencia, a falta de una palabra mejor; **if I didn't get them to agree it wasn't for ~ of trying** si no conseguí que accedieran no fue por falta de intentarlo
Ⓑ VT **he ~s confidence** le falta confianza en sí mismo, carece de confianza en sí mismo (*frm*); **they ~ the necessary skills** les faltan los requisitos necesarios, carecen de los requisitos necesarios (*frm*); **what he ~s in ability he makes up for in enthusiasm** lo que le falta en habilidad, lo suple con entusiasmo; **he does not ~ talent** talento no le falta, no carece de talento (*frm*)
Ⓒ VI [1] (= *be missing, deficient*) **to be ~ing** faltar; **even if evidence is ~ing** incluso si faltan las pruebas, incluso si se carece de pruebas (*frm*); **this information was ~ing from the report** esta información no figuraba *or* no constaba en el informe; **to be ~ing in sth**: **he is ~ing in confidence** le falta confianza en sí mismo, carece de confianza en sí mismo (*frm*); **he is completely ~ing in imagination** no tiene nada de imaginación, carece completamente de imaginación (*frm*); **I find her singularly ~ing in charm** la encuentro especialmente falta *or* (*frm*) carente de encanto; **it is a quality that we find ~ing in so many politicians today** es una cualidad de la que nos parece que carecen tantos políticos hoy en día; **innovation has been sadly** *or* **sorely ~ing** ha habido una falta absoluta de innovación; **her education is sadly ~ing** su educación es muy deficiente
[2] (= *want*) **they ~ for nothing** no les falta nada, no carecen de nada (*frm*)

**lackadaisical** [,lækə'deɪzɪkəl] ADJ (= *careless*) descuidado, informal; (= *lazy*) perezoso, flojo (*LAm*); (= *dreamy*) distraído

**lackey** ['lækɪ] N (*gen*) lacayo *m* (*also fig*)

**lacklustre**, **lackluster** (*US*) ['læk,lʌstə^r] ADJ
[1] (= *dull*) [*surface*] sin brillo, deslustrado; [*eyes*] apagado
[2] (*fig*) [*performance, style*] mediocre, deslucido; **he fought a ~ election campaign** realizó una campaña electoral mediocre *or* deslucida

**laconic** [lə'kɒnɪk] ADJ lacónico

**laconically** [lə'kɒnɪkəlɪ] ADV lacónicamente

**lacquer** ['lækə^r] Ⓐ N laca *f*; (*also* **hair ~**) laca *f* (para el pelo); (*for nails*) esmalte *m* (de uñas), laca *f* (de uñas)
Ⓑ VT [+ *wood*] lacar, barnizar con laca; **to ~ one's hair** ponerse *or* echarse laca en el pelo; **to ~ one's nails** darse esmalte en las uñas

**lacquered** ['lækəd] ADJ [*surface*] lacado, laqueado, barnizado con laca; [*hair*] con laca; [*nails*] con esmalte

**lacrosse** [lə'krɒs] N lacrosse *m*

**lactate** ['lækteɪt] VI lactar

**lactation** [læk'teɪʃən] N lactancia *f*

**lacteal** ['læktɪəl] ADJ lácteo

**lactic** ['læktɪk] Ⓐ ADJ láctico
Ⓑ CPD ► **lactic acid** N ácido *m* láctico

**lacto-ovo-vegetarian** [,læktəʊ,əʊvəʊ,vedʒɪ'tɛərɪən] N lacto-ovo-vegetariano/a *m/f*

**lactose** ['læktəʊs] N lactosa *f*

**lacto-vegetarian** [,læktəʊ,vedʒɪ'tɛərɪən] N lacto-vegetariano/a *m/f*

**lacuna** [lə'kjuːnə] N (*pl* **lacunas** *or* **lacunae** [lə'kjuːniː]) laguna *f*

**lacustrine** [lə'kʌstraɪn] ADJ lacustre

**lacy** ['leɪsɪ] ADJ (*compar* **lacier**; *superl* **laciest**) (= *of lace*) de encaje; (= *like lace*) como de encaje; **a ~ dress** un vestido lleno de encajes

**lad** [læd] N (= *young man, boy*) muchacho *m*, chico *m*, chaval *m* (*Sp**), pibe *m* (*S. Cone**), cabro *m* (*Chile**), chavo *m* (*Mex**); (*in stable etc*) mozo *m*; **come on, ~s!** ¡vamos, muchachos!; **when I was a ~** cuando yo era un muchacho, cuando yo era joven; **he's only a ~** no es más que un muchacho, es aún muy joven; **you need some exercise, my ~** tú, chico *or* muchacho, necesitas hacer algo de ejercicio; **he's gone for a drink with the ~s** (*Brit**) ha salido a tomar algo con los muchachos *or* (*Sp*) con sus amiguetes; **he just wants to be one of the ~s** lo que quiere es que su círculo de amigos lo acepte; **he's a bit of a ~** (*Brit*) (*fig*) es un gamberrete, está hecho una buena pieza*

**ladder** ['lædə^r] Ⓐ N [1] escalera *f* de mano; *see also* **extension B**, **rope C**
[2] (*fig*) escala *f*, jerarquía *f*; **the social ~** la escala social; **it's a first step up the ~** es el primer peldaño; **it's a first step up the ~ of success** es el primer paso hacia el éxito; **to be at the top of the ~** estar en la cumbre de su profesión *etc*
[3] (*Brit*) (*in stockings*) carrera *f*
Ⓑ VT (*Brit*) [+ *stocking, tights*] hacer una carrera en
Ⓒ VI (*Brit*) [*stocking*] hacerse una carrera

**ladderproof** ['lædəpruːf] ADJ (*Brit*) [*stocking, tights*] indesmallable

**laddie*** ['lædɪ] N (*esp Scot*) = **lad**

**laddish*** ['lædɪʃ] ADJ (*Brit*) macho *adj inv*

**lade** [leɪd] (*pt* **laded**; *pp* **laden**) Ⓐ VT cargar (**with** de)
Ⓑ VI tomar cargamento

**laden** ['leɪdn] ADJ **~ with** cargado de; **trucks ~ with arms** camiones *mpl* cargados (hasta los topes) de armas; **plates ~ with food** platos *mpl* hasta arriba de *or* repletos de comida; **she was ~ with shopping** iba cargando con un montón de compra; **the branches were ~ with fruit** las ramas estaban llenas *or* repletas de frutos; **a report heavily ~ with scientific jargon** un informe con una enorme cantidad de jerga científica

**la-di-da*** ['lɑːdɪ'dɑː] (*pej*) Ⓐ ADJ [*person, voice*] afectado, cursi*, repipi (*Sp**)
Ⓑ ADV [*talk etc*] de manera afectada, con afectación

**lading** ['leɪdɪŋ] N cargamento *m*, flete *m*; **bill of ~** conocimiento *m* de embarque

**ladle** ['leɪdl] Ⓐ N (*Culin*) cazo *m*, cucharón *m*
Ⓑ VT (*also* **~ out**) servir con cucharón

► **ladle out** VT + ADV (*fig*) [+ *money, advice*] repartir generosamente

**lady** ['leɪdɪ] Ⓐ N [1] (= *woman*) señora *f*, dama *f* (*frm*); **ladies' clothing** ropa *f* de señora; **ladies' hairdresser** peluquero/a *m/f* de señoras; **ladies first** las damas *or* las señoras primero; **ladies and gentlemen!** ¡señoras y señores!, ¡damas y caballeros!; **"ladies only"** "sólo para Señoras"; **cleaning ~** mujer *f or* señora *f* de la limpieza; **First Lady** Primera Dama *f*; **the ~ of the house** la señora de la casa; **leading ~** (*Theat*) primera actriz *f*; (*Cine*) protagonista *f*; **I'm not used to being a ~ of leisure** no estoy acostumbrada a la vida ociosa; **he's a ladies' man** es un donjuán; **an old ~** una señora mayor; **a little old ~** una viejecita; **this is the young ~ who served me** ésta es la señorita *or* la joven que me sirvió; **now listen here, young ~!** ¡escúchame, jovencita!
[2] (= *educated woman, noblewoman*) dama *f*; **she's no ~** no es lo que se dice una dama; **she's a real ~** es toda una dama; **society ~** dama *f* de la alta sociedad
[3] (*in titles*) **Lady Jane Grey** Lady Jane Grey; ✦***IDIOMS*** **she liked to play Lady Bountiful** le gustaba hacerse la rumbosa; **she thinks she's Lady Muck!*** ¡se cree toda una duquesa!
[4] (*US**) (*as form of address*) señora *f*; **what seems to be the trouble, ~?** ¿qué ocurre, señora?
[5] (†) (= *wife*) señora *f*, esposa *f*; **your good ~** su esposa, su señora; **my ~ wife** mi señora esposa
[6] (*Rel*) **Our Lady** Nuestra Señora
[7] **the ladies** (= *lavatory*) el servicio (de señoras), el baño (de señoras) (*LAm*); **"Ladies"** "Señoras", "Damas"
Ⓑ CPD ► **ladies' room** N servicio *m* de señoras, baño *m* de señoras (*LAm*) ► **Lady Chapel** N (*Rel*) capilla *f* de la Virgen ► **Lady Day** N (*Brit*) día *m* de la Anunciación (*25 de marzo*) ► **lady doctor** N doctora *f*, médico *f* ► **lady friend** N amiga *f* ► **lady mayoress** N alcaldesa *f* ► **lady's fingers** NPL (*Bot*) (*with sing or pl vb*) quingombó *m* ► **lady's maid** N doncella *f*

**ladybird** ['leɪdɪbɜːd], **ladybug** (*US*) ['leɪdɪbʌg] N (= *beetle*) mariquita *f*, vaca *f* de San Antón*

**lady-in-waiting** ['leɪdɪɪn'weɪtɪŋ] N (*pl* **ladies-in-waiting**) dama *f* de honor

**ladykiller** ['leɪdɪˌkɪləʳ] N ladrón *m* de corazones, donjuán* *m*, tenorio* *m*

**ladylike** ['leɪdɪlaɪk] ADJ elegante, fino

**lady-love** ['leɪdɪlʌv] N (*liter or hum*) amada *f*

**ladyship** ['leɪdɪʃɪp] N **Her Ladyship/Your Ladyship** su señoría *f*

**LAFTA** ['læftə] N ABBR (= **Latin-American Free Trade Association**) ALALC *f*

**lag**[1] [læg] Ⓐ N (*also* **time ~**) (= *delay*) retraso *m*; (= *interval*) lapso *m* de tiempo, intervalo *m*
Ⓑ VI (*also* **~ behind**) (= *not progress*) quedarse atrás; (*in pace*) rezagarse, quedarse atrás; **we ~ behind in space exploration** nos hemos quedado atrás en la exploración del espacio; **English students are ~ging behind their European counterparts** los alumnos ingleses se están quedando atrás con respecto a sus homólogos europeos, los alumnos ingleses van a la zaga de sus homólogos europeos

**lag**[2] [læg] VT [+ *boiler, pipes*] revestir (**with** de)

**lag**[3] [læg] N (*esp Brit*) **old ~** (= *old prisoner*) (preso/a *m/f*) veterano/a *m/f*; (= *ex-prisoner*) ex-presidiario/a *m/f*

**lager** ['lɑːgəʳ] Ⓐ N cerveza *f* rubia
Ⓑ CPD ► **lager lout** N (*Brit**) gamberro *m* borracho, gamberro *m* de la litrona (*Sp*)

**laggard** ['lægəd] N (= *having fallen behind*) rezagado/a *m/f*; (= *idler*) holgazán/ana *m/f*

**lagging** ['lægɪŋ] N (*Tech*) revestimiento *m* calorífugo

**lagoon** [lə'guːn] N laguna *f*

**Lagos** ['leɪgɒs] N Lagos *m*

**lah** [lɑː] N (*Mus*) la *m*

**lah-di-dah** [ˌlɑːdɪ'dɑː] = **la-di-da**

**laicize** ['leɪɪsaɪz] VT laicizar

**laid** [leɪd] PT, PP *of* **lay**[1]

**laid-back*** [ˌleɪd'bæk] ADJ [*person, attitude*] (= *easy-going*) relajado; (= *casual*) despreocupado; [*party*] tranquilo

**lain** [leɪn] PP *of* **lie**[2]

**lair** [lɛəʳ] N guarida *f*, cubil *m*

**laird** [lɛəd] N (*Scot*) terrateniente *m*

**laissez faire** ['leɪseɪ'fɛəʳ] Ⓐ N laissez-faire *m*, liberalismo *m* económico
Ⓑ ADJ [*attitude, approach, policy*] liberal, liberalista

**laity** ['leɪɪtɪ] N **the ~** los seglares, los legos

**lake**[1] [leɪk] Ⓐ N lago *m*; **the Lakes** (*Brit*) = **the Lake District**; **Lake Michigan** el Lago Michigan; **the Great Lakes** los Grandes Lagos; **wine ~** excedentes *mpl* de vino; ✦*IDIOM* **oh! go and jump in the ~!*** ¡que te zurzan!*, ¡vete a freír espárragos!*
Ⓑ CPD ► **the Lake District** N el País de los Lagos (*región de lagos en el noroeste de Inglaterra*) ► **lake dweller** N (*Hist*) *habitante de una población lacustre* ► **lake dwelling** N vivienda *f* lacustre

**lake**[2] [leɪk] N (= *colour*) laca *f*

**lakeside** ['leɪksaɪd] Ⓐ N ribera *f* de(l) lago, orilla *f* de(l) lago
Ⓑ CPD [*restaurant, village, home*] a la orilla del lago, junto al lago

**Lallans** ['lælənz] N *dialecto y lengua literaria de las Tierras Bajas (Lowlands) de Escocia*

**lam**[1]* [læm] Ⓐ VT pegar, dar una paliza a
Ⓑ VI **to ~ into sb** dar una paliza a algn

**lam**[2]* [læm] N **to be on the ~** (*US*) ser fugitivo de la justicia

**lama** ['lɑːmə] N lama *m*

**lamb** [læm] Ⓐ N (= *animal*) cordero *m*; (*older*) borrego *m*; (= *meat*) (carne *f* de) cordero *m*; **the Lamb of God** el Cordero de Dios; **my poor ~!** ¡pobrecito!; **he surrendered like a ~** no ofreció la menor resistencia; **he took it like a ~** ni siquiera rechistó; ✦*IDIOM* **to go like a ~ to the slaughter** ir como borrego al matadero
Ⓑ VI parir
Ⓒ CPD ► **lamb chop** N chuleta *f* de cordero ► **lamb's lettuce** N valeriana *f* ► **lamb's wool** N = **lambswool**

**lambada** [ˌlæm'bɑːdə] N lambada *f*

**lambast(e)** [læm'beɪst] VT fustigar, despellejar

**lambing** ['læmɪŋ] N parición *f* de las ovejas, época *f* del parto de las ovejas; **~ time** ◊ **the ~ season** la parición de las ovejas, la época del parto de las ovejas

**lamb-like** ['læmlaɪk] ADJ manso como un cordero

**lambskin** ['læmskɪn] N (piel *f* de) cordero *m*

**lambswool** ['læmzwʊl] N lambswool *m*, lana *f* de cordero

**lame** [leɪm] Ⓐ ADJ (*compar* **lamer**; *superl* **lamest**)
[1] (*physically*) cojo; **to be ~** (*permanently*) ser cojo, cojear; (*temporarily*) cojear, estar cojo; **to go ~** [*animal*] (*permanently*) quedar cojo; (*temporarily*) empezar a cojear; **to be ~ in one foot** (*permanently*) ser cojo de un pie, cojear de un pie; (*temporarily*) estar cojo de un pie, cojear de un pie; **to be left ~** quedarse cojo
[2] (= *weak*) [*excuse*] débil, pobre; [*attempt*] patético; [*joke*] malo; [*argument, performance*] flojo, pobre
Ⓑ N **the ~** los lisiados
Ⓒ VT lisiar, dejar lisiado; **to be ~d** quedar lisiado
Ⓓ CPD ► **lame duck** N (= *person*) caso *m* perdido; **the project was a ~ duck** el proyecto estaba condenado al fracaso

**lamé** ['lɑːmeɪ] N lamé *m*; **gold ~** lamé *m* de oro, lamé *m* dorado

**lamely** ['leɪmlɪ] ADV [*say*] de forma poco convincente; [*try*] sin convicción

**lameness** ['leɪmnɪs] N [1] [*of person, horse, leg*] cojera *f*, renquera *f*
[2] (*fig*) pobreza *f*

**lament** [lə'ment] Ⓐ N (= *poem*) elegía *f*, endecha *f* (**for** por); (= *song*) canción *f* elegíaca, endecha *f*; (= *grief*) lamento *m*
Ⓑ VT [+ *absence, lack, loss*] llorar, lamentar; **she was ~ing her misfortune** se lamentaba de su infortunio; **to ~ sb** llorar la muerte de algn, llorar a algn; **it is much to be ~ed that ...** es de lamentar que ... + *subjun*
Ⓒ VI **to ~ over sth** [+ *passing, loss*] llorar algo, lamentarse de algo; **to ~ for sb** llorar a algn

**lamentable** ['læməntəbl] ADJ lamentable

**lamentably** ['læməntəblɪ] ADV lamentablemente; **there is, ~, nothing we can do** lamentablemente, no podemos hacer nada; **to fail ~ to do sth** fracasar estrepitosamente *or* de manera lamentable en el intento de hacer algo; **there are still ~ few women surgeons** es de lamentar *or* es lamentable que todavía existan muy pocas cirujanas

**lamentation** [ˌlæmən'teɪʃən] N lamentación *f*

**laminate** Ⓐ ['læmɪneɪt] VT laminar
Ⓑ ['læmɪnɪt] N laminado *m*

**laminated** ['læmɪneɪtɪd] ADJ [*metal*] laminado; [*glass*] inastillable; [*wood*] contrachapado; [*document*] plastificado

**lamp** [læmp] Ⓐ N (= *table lamp, floor lamp*) lámpara *f*; (*hand-held*) linterna *f*; (*in street*) farol *m*, farola *f*; (*Aut, Rail etc*) faro *m*; (= *bulb*) bombilla *f*, bombillo *m* (*LAm*), foco *m* (*LAm*)
Ⓑ CPD ► **lamp bracket** N brazo *m* de lámpara ► **lamp chimney**, **lamp glass** N tubo *m* de lámpara ► **lamp holder** N portalámparas *m inv* ► **lamp standard** N poste *m* de farola

**lampblack** ['læmpblæk] N negro *m* de humo

**lamplight** ['læmplaɪt] N luz *f* de (la) lámpara; [*of street lamp*] luz *f* de(l) farol; **by ~** ◊ **in the ~** a la luz de la lámpara/del farol

**lamplighter** ['læmpˌlaɪtəʳ] N (*Hist*) farolero *m*

**lampoon** [læm'puːn] Ⓐ N sátira *f*
Ⓑ VT satirizar

**lamppost** ['læmppəʊst] N farol *m*, farola *f*

**lamprey** ['læmprɪ] N lamprea *f*

**lampshade** ['læmpʃeɪd] N pantalla *f* (de lámpara)

**LAN** [læn] N ABBR (*Comput*) (= **local area network**) RAL *f*

**Lancastrian** [læŋ'kæstrɪən] Ⓐ ADJ de Lancashire
Ⓑ N nativo/a *m/f* de Lancashire, habitante *mf* de Lancashire

**lance** [lɑːns] Ⓐ N (= *weapon*) lanza *f*; (*Med*) lanceta *f*
Ⓑ VT (*Med*) abrir con lanceta
Ⓒ CPD ► **lance corporal** N (*Brit*) soldado *mf* de primera

**Lancelot** ['lɑːnslət] N Lanzarote

**lancer** ['lɑːnsəʳ] N lancero *m*; **~s** (= *dance*) lanceros *mpl*

**lancet** ['lɑːnsɪt] Ⓐ N lanceta *f*
Ⓑ CPD ► **lancet arch** N ojiva *f* aguda ► **lancet window** N ventana *f* ojival

**Lancs.** [læŋks] ABBR (*Brit*) = **Lancashire**

**land** [lænd] Ⓐ N [1] (= *not sea*) tierra *f*; **~ ho** ◊ **~ ahoy!** ¡tierra a la vista!; **to go/travel by ~** ir/viajar por tierra; **dry ~** tierra *f* firme; **on dry ~** en tierra firme; **to make ~** (*Naut*) tomar tierra; **there was action at sea, on ~, and in the air** se combatió en mar, tierra y aire; **to sight ~** divisar tierra
[2] (*Agr, Constr*) (= *ground*) tierra *f*, tierras *fpl*; **160 acres of ~** 160 acres de tierra; **agricultural ~** tierra(s) *f(pl)* agrícola(s), terreno *m* agrícola; **grazing ~** tierra(s) *f(pl)* de pastoreo, tierra(s) *f(pl)* para pastos; **the lay** *or* **lie of the ~** (*lit*) la configuración del terreno; **a piece/plot of ~** un terreno, una parcela; **the ~** (*Agr*) la tierra; **to live off the ~** vivir de la tierra; **to work on the ~** trabajar *or* cultivar la tierra; **the drift from the ~** el éxodo rural; ✦*IDIOMS* **to see how the ~ lies** ◊ **get the lie** *or* **lay of the ~** tantear el terreno; *see also* **arable A**
[3] (= *property*) tierras *fpl*; **get off my ~!** ¡fuera de mis tierras!; **to own ~** poseer tierras
[4] (*Geog*) (= *region*) **desert/equatorial/temperate ~s** tierras *fpl* desérticas/ecuatoriales/templadas
[5] (= *nation, country*) país *m*; **a ~ of opportunity/contrasts** un país de oportunidades/contrastes; **throughout the ~** en todo el país; ✦*IDIOMS* **to be in the ~ of the living** (*hum*) estar en el mundo de los vivos, estar vivito y coleando (*hum*); **the ~ of milk and honey** el paraíso terrenal; **to be in the Land of Nod** (*hum*) estar dormido, estar roque (*Sp**); *see also* **fantasy 1**, **native C**, **promise B1**
Ⓑ VI [1] (*after flight*) [*plane*] aterrizar; (*on water*) amerizar, amarizar; (*on moon*) alunizar; **to ~ on sth** [*bird, insect*] posarse en algo; **the Americans were the first to ~ on the moon** los americanos fueron los primeros en llegar a la luna
[2] (*from boat*) [*passenger*] desembarcar
[3] (*after fall, jump, throw*) caer; **I ~ed awkwardly** caí en una mala postura; **the hat ~ed in my lap** el sombrero me cayó en el regazo;

**to ~ on one's back** caer de espaldas; **to ~ on one's feet** (*lit*) caer de pie; (*fig*) salir adelante

4 (*) (*also* **~ up**) (*in prison, hospital*) ir a parar* (**in** a), acabar (**in** en); **he ~ed in hospital** fue a parar al hospital*, acabó en el hospital

Ⓒ VT 1 (= *disembark, unload*) [+ *passengers*] desembarcar; [+ *cargo*] descargar; **vessels will have to ~ their catch at designated ports** los buques tendrán que descargar la pesca en los puertos designados

2 (= *bring down*) [+ *plane*] hacer aterrizar

3 (= *catch*) [+ *fish*] pescar, conseguir pescar; (*fig*) [+ *job, contract*] conseguir; [+ *prize*] obtener

4 (*) 4·1 (= *put, dump*) **to ~ a blow on sb's chin** ◊ **~ sb a blow on the chin** asestar a algn un golpe en la barbilla; **they ~ed the children on me** me endilgaron *or* endosaron a los niños*

4·2 **to ~ sb in sth**: **his comments ~ed him in court** sus comentarios hicieron que acabara en los tribunales, sus comentarios hicieron que fuera a parar a los tribunales*; **his extravagant lifestyle soon ~ed him in debt** su estilo de vida extravagante pronto hizo que endeudase; **to ~ sb in it*** fastidiar *or* jorobar a algn pero bien*; **it ~ed me in a mess** me metió en un lío*; **to ~ sb in trouble** causar problemas a algn; **to ~ o.s. in trouble** meterse en problemas

4·3 (= *encumber*) **to ~ sb with sth/sb** endilgar algo/a algn a algn*, endosar algo/a algn a algn*; **I got ~ed with the job** me endilgaron *or* endosaron el trabajo*; **I got ~ed with him for two hours** me lo endilgaron *or* endosaron dos horas*; **getting overdrawn could ~ you with big bank charges** girar al descubierto te puede ocasionar enormes intereses bancarios; **how did you ~ yourself with all these debts?** ¿cómo acabaste tan endeudado?; **I've ~ed myself with a bit of a problem** me he metido en un apuro

Ⓓ CPD ► **land agent** N administrador(a) *m/f* de fincas ► **land defences** NPL defensas *fpl* de tierra ► **land forces** NPL fuerzas *fpl* de tierra ► **land management** N administración *f* de fincas ► **land reclamation** N reclamación *f* de tierras ► **land reform** N reforma *f* agraria ► **land register**, **land registry** N (*Brit*) catastro *m*, registro *m* catastral, registro *m* de la propiedad inmobiliaria ► **Land Rover**® N (*Aut*) (vehículo *m*) todo terreno *m* ► **land tax** N contribución *f* territorial ► **land use** N uso *m* de la tierra

►**land up*** Ⓐ VI + ADV (= *end up*) ir a parar*, acabar; **he ~ed up in prison** fue a parar a la cárcel*, acabó en la cárcel; **so eventually we ~ed up in Madrid** así es que al final fuimos a parar a Madrid*, así es que al final acabamos en Madrid

Ⓑ VT + ADV **this sort of behaviour could ~ you up in prison** este tipo de comportamiento puede llevarte a la cárcel

**LAND OF HOPE AND GLORY**

**Land of Hope and Glory** *es el título de una canción patriótica británica. Para muchos ciudadanos, sobre todo en Inglaterra, es un símbolo más del país, casi como el himno o la bandera nacional. Se suele entonar al final del congreso anual del Partido Conservador y en la última noche de los* **Proms**, *junto con otras conocidas canciones patrióticas.*

⇨ *Ver tb* PROM

**landau** ['lændɔː] N landó *m*

**landed** ['lændɪd] Ⓐ ADJ [*person*] hacendado, que posee tierras

Ⓑ CPD ► **landed property** N bienes *mpl* raíces *or* inmuebles ► **the landed gentry** N los terratenientes, la aristocracia rural

**landfall** ['lændfɔːl] N (*Naut*) recalada *f*, aterrada *f*

**landfill** ['lændfɪl] Ⓐ N entierro *m* de basuras

Ⓑ CPD ► **landfill site** N vertedero *m* de basuras

**landholder** ['lænd,həʊldəʳ] N terrateniente *mf*

**landing** ['lændɪŋ] Ⓐ N 1 (*Aer*) [*of aircraft, spacecraft*] (*on land*) aterrizaje *m*; (*on sea*) amerizaje *m*, amarizaje *m*; (*on moon*) alunizaje *m*; *see also* **crash E**, **emergency B**, **forced A2**

2 (*Mil*) [*of troops*] desembarco *m*; **the Normandy ~s** (*Hist*) los desembarcos de Normandía

3 (*Archit*) (*in house*) descansillo *m*, rellano *m*

Ⓑ CPD ► **landing card** N tarjeta *f* de desembarque ► **landing craft** N lancha *f* de desembarco ► **landing field** N campo *m* de aterrizaje ► **landing gear** N (*Aer*) tren *m* de aterrizaje ► **landing ground** N campo *m* de aterrizaje ► **landing lights** NPL luces *fpl* de aterrizaje ► **landing net** N (*Fishing*) salabardo *m*, manga *f*, cuchara *f* ► **landing party** N (*Naut*) destacamento *m* de desembarco ► **landing run** N recorrido *m* de aterrizaje ► **landing stage** N (*Naut*) desembarcadero *m* ► **landing strip** N (*Aer*) pista *f* de aterrizaje ► **landing wheels** NPL (*Aer*) ruedas *fpl* de aterrizaje

**landlady** ['lænd,leɪdɪ] N [*of flat*] casera *f*, dueña *f*; (*Brit*) [*of boarding house*] patrona *f*; (*Brit*) [*of pub*] (= *owner*) dueña *f*, patrona *f*; (= *manager*) encargada *f*, jefa *f*

**landless** ['lændlɪs] Ⓐ ADJ [*peasant*] sin tierras

Ⓑ NPL **the ~** los campesinos sin tierra

**landlessness** ['lændlɪsnɪs] N situación *f* de los desposeídos (de tierra)

**landlocked** ['lændlɒkt] ADJ sin acceso al mar

**landlord** ['lændlɔːd] N [*of property, land*] propietario *m*, dueño *m*; [*of flat*] casero *m*, dueño *m*; (*Brit*) [*of boarding house*] patrón *m*; [*of inn*] posadero *m*, mesonero *m*; (*Brit*) [*of pub*] (= *owner*) dueño *m*, patrón *m*; (= *manager*) encargado *m*, jefe *m*

**landlubber** ['lænd,lʌbəʳ] N marinero *m* de agua dulce

**landmark** ['lændmɑːk] N 1 (*Naut*) marca *f*, señal *f* fija; (= *boundary mark*) mojón *m*

2 (= *well-known thing*) punto *m* de referencia

3 (= *important event*) hito *m*; **to be a ~ in history** marcar un hito en la historia, ser un hito histórico; **it was a ~ case** (*Jur*) el caso sentó precedente

**landmass** ['lænd,mæs] N masa *f* continental

**landmine** ['lændmaɪn] N mina *f* terrestre

**landowner** ['lænd,əʊnəʳ] N terrateniente *mf*, hacendado/a *m/f*

**landowning** ['lændəʊnɪŋ] ADJ terrateniente

**landscape** ['lænskeɪp] Ⓐ N 1 (= *scenery*) paisaje *m*

2 (*Art*) paisaje *m*

3 (*fig*) panorama *m*; **the political ~** el panorama político; **the entire ~ of broadcasting has changed** en el mundo de la radio- y tele-difusión el panorama ha cambiado por completo

Ⓑ VT [+ *terrain, grounds*] ajardinar; [+ *park, garden*] diseñar

Ⓒ CPD ► **landscape architect** N arquitecto/a *m/f* paisajista ► **landscape architecture** N arquitectura *f* paisajista ► **landscape format** N (*Typ, Comput, Phot*) formato *m* apaisado; **in ~ format** en formato apaisado ► **landscape gardener** N jardinero/a *m/f* paisajista ► **landscape gardening** N jardinería *f* paisajista ► **landscape painter** N paisajista *mf* ► **landscape painting** N (= *picture*) paisaje *m*

**landscaping** ['lænskeɪpɪŋ] N (= *subject*) arquitectura *f* paisajista; (= *land area*) arquitectura *f* del paisaje

**landslide** ['lændslaɪd] Ⓐ N corrimiento *m* *or* desprendimiento *m* de tierras; (*Pol*) victoria *f* arrolladora *or* aplastante

Ⓑ CPD ► **landslide majority** N mayoría *f* abrumadora; **to win a ~ majority** ganar por mayoría abrumadora ► **landslide victory** N victoria *f* arrolladora *or* aplastante

**landslip** ['lændslɪp] (*esp Brit*) *see* **landslide**

**landward** ['lændwəd] Ⓐ ADJ de hacia tierra, de la parte de la tierra

Ⓑ ADV hacia tierra; **to ~(s)** en la dirección de la tierra

**landwards** ['lændwədz] ADV (*Brit*) = **landward B**

**lane** [leɪn] Ⓐ N 1 (*in country*) camino *m*; **a quiet country ~** un tranquilo camino *or* sendero rural; *see also* **memory B**

2 (*in town*) callejuela *f*, callejón *m*

3 (*Aut*) carril *m*, vía *f* (*LAm*); **bus ~** carril de autobuses; **to change ~s** cambiar de carril; **cycle ~** carril *m* bici, carril *m* de bicicletas; **the fast ~** (*Brit*) el carril de la derecha; (*most countries*) el carril de la izquierda; **the frenzied pace of life in the fast ~** el ritmo de vida frenético de los que viven a tope; **"get in ~"** "incorpórese al carril"; **the inside ~** (*Brit*) el carril de la izquierda; (*most countries*) el carril de la derecha; **"keep in ~"** "manténgase en su carril"; **the outside ~** (*Brit*) el carril de la derecha; (*most countries*) el carril de la izquierda; **traffic was reduced to a single ~** se pasó a circular por un solo carril; **a three-~ motorway** una autopista de tres carriles; **I'm in the wrong ~** no estoy en el carril donde debería estar

4 (*Naut*) ruta *f*; **sea ~** ruta *f* marítima; **shipping ~** ruta *f* de navegación

5 (*Aer*) (*also* **air ~**) corredor *m* aéreo, ruta *f* aérea

6 (*Sport*) calle *f*; **inside/outside ~** calle *f* de dentro/de fuera

Ⓑ CPD ► **lane closure** N corte *m* de carril; **there will be ~ closures on the M1** habrá carriles cortados en la M1 ► **lane markings** NPL líneas *fpl* divisorias

**langlauf** ['lɑːŋ,laʊf] N esquí *m* nórdico

**language** ['læŋgwɪdʒ] Ⓐ N 1 (= *faculty, style of speech*) lenguaje *m*; **the tone of his ~ was diplomatic and polite** se expresó de forma diplomática y educada

2 (= *national tongue*) lengua *f*, idioma *m*; **the Spanish ~** la lengua española, el idioma español; **he studies ~s** estudia idiomas *or* lenguas; **she can speak six ~s** habla seis idiomas; **first ~** lengua *f* materna; **modern ~s** lenguas *fpl* modernas; ✦*IDIOM* **we don't talk the same ~** no hablamos el mismo idioma

3 (= *means of expression*) lenguaje *m*; **in plain ~** en lenguaje sencillo; **legal/technical ~** lenguaje *m* jurídico/técnico; **the ~ of violence** el lenguaje de la violencia

4 (*Comput*) lenguaje *m*; **computer ~** lenguaje *m* de ordenador *or* (*LAm*) computador(a)

5 (= *swear words*) **watch your ~** no digas palabrotas; **that's no ~ to use to your mother!** ¡así no se habla a tu madre!; **bad ~** palabrotas *fpl*, lenguaje *m* grosero; *see also* **strong**

**A9**
Ⓑ CPD ► **language acquisition** N adquisición *f* del lenguaje ► **language barrier** N barrera *f* del idioma ► **language degree** N título *m* en idiomas ► **language development** N desarrollo *m* lingüístico ► **language laboratory** N laboratorio *m* de idiomas ► **language skills** NPL (*with foreign languages*) facilidad *f* para los idiomas ► **language student** N estudiante *mf* de idiomas ► **language studies** NPL estudios *mpl* de idiomas ► **language teacher** N profesor(a) *m/f* de idiomas

**languid** ['læŋgwɪd] ADJ lánguido

**languidly** ['læŋgwɪdlɪ] ADV lánguidamente

**languidness** ['læŋgwɪdnɪs] N languidez *f*

**languish** ['læŋgwɪʃ] VI [1] (= *pine*) languidecer, consumirse
[2] (*in prison*) pudrirse; **the results of her research ~ed for years before action was taken** los resultados de su investigación cayeron en el olvido durante años antes de que se tomaran medidas; **they are ~ing at the bottom of the second division** están pasando sus horas más bajas en los últimos puestos de la segunda división

**languishing** ['læŋgwɪʃɪŋ] ADJ lánguido; [*look*] amoroso, sentimental

**languor** ['læŋgəʳ] N languidez *f*

**languorous** ['læŋgərəs] ADJ lánguido

**languorously** ['læŋgərəslɪ] ADV lánguidamente

**lank** [læŋk] ADJ [*hair*] lacio; [*grass*] largo

**lanky** ['læŋkɪ] ADJ (*compar* **lankier**; *superl* **lankiest**) [*person*] larguirucho*

**lanolin(e)** ['lænəʊlɪn] N lanolina *f*

**lantern** ['læntən] Ⓐ N farol *m*, linterna *f*; (*Archit*) linterna *f*; (*Naut*) faro *m*, farol *m*; [*of lighthouse*] fanal *m*
Ⓑ CPD ► **lantern lecture** N conferencia *f* con diapositivas ► **lantern slide** N diapositiva *f*

**lantern-jawed** ['læntən'dʒɔːd] ADJ chupado de cara

**lanyard** ['lænjəd] N acollador *m*

**Laos** [laʊs] N Laos *m*

**Laotian** ['laʊʃɪən] Ⓐ ADJ laosiano
Ⓑ N laosiano/a *m/f*

**lap¹** [læp] N regazo *m*; **to sit on sb's ~** sentarse en el regazo *or* las rodillas de algn; **with her hands in her ~** con las manos en el regazo; **he expects the money to fall into his ~** espera que el dinero le caiga como llovido del cielo; **they dump everything in my ~ and expect me to deal with it** lo echan todo a mis espaldas y pretenden que me encargue de ello; ✦*IDIOMS* **the outcome is in the ~ of the gods now** del resultado Dios dirá, la suerte está echada y ya veremos qué pasa; **to live in the ~ of luxury** vivir *or* nadar en la abundancia

**lap²** [læp] Ⓐ N [1] (*Sport*) vuelta *f*; **~ of honour** (*esp Brit*) vuelta *f* de honor; **a ten-~ race** una carrera de diez vueltas
[2] (= *stage*) etapa *f*, fase *f*; **we're on the last ~ now** (*fig*) ya estamos en la recta final
Ⓑ VT **to ~ sb** doblar a algn
Ⓒ VI completar *or* dar una vuelta; **to ~ at 190k.p.h.** completar *or* dar una vuelta a 190km/h
Ⓓ CPD ► **lap record** N récord *m* del circuito

**lap³** [læp] Ⓐ N (= *lick*) lengüetada *f*, lametazo *m*; [*of waves*] chapaleteo *m*
Ⓑ VT [1] (= *drink*) [+ *water, milk etc*] beber a lengüetazos
[2] (= *touch*) [*waves, water, tide*] [+ *shore, cliff*] lamer, besar
Ⓒ VI [1] [*waves, water*] chapalear; **to ~ at** *or* **against sth** lamer *or* besar algo
[2] [*animal*] **to ~ at sth** beber algo a lengüetazos

►**lap up** VT + ADV (*lit*) beber a lengüetazos; (*fig*) [+ *compliments, attention*] disfrutar con

**laparoscopy** [ˌlæpə'rɒskəpɪ] N laparoscopia *f*

**laparotomy** [ˌlæpə'rɒtəmɪ] N laparotomía *f*

**La Paz** [lae'pæz] N La Paz

**LAPD** (*US*) N ABBR = **Los Angeles Police Department**

**lapdog** ['læpdɒg] N perro *m* faldero

**lapel** [lə'pel] Ⓐ N solapa *f*
Ⓑ CPD ► **lapel pin** N insignia *f* de solapa

**lapidary** ['læpɪdərɪ] Ⓐ ADJ lapidario
Ⓑ N lapidario/a *m/f*

**lapis lazuli** ['læpɪs'læzjʊlaɪ] N lapislázuli *m*

**Lapland** ['læplænd] N Laponia *f*

**Laplander** ['læplændəʳ] N lapón/ona *m/f*

**Lapp** [læp] Ⓐ ADJ lapón
Ⓑ N [1] lapón/ona *m/f*
[2] (*Ling*) lapón *m*

**lapping** ['læpɪŋ] N [*of waves, water*] chapaleteo *m*

**Lappish** ['læpɪʃ] N (*Ling*) lapón *m*

**lapse** [læps] Ⓐ N [1] (= *error*) fallo *m*, lapsus *m inv*; (= *lack*) falta *f*; **she has the occasional ~ of memory** de vez en cuando tiene fallos *or* lapsus de memoria; **it was a ~ of judgement on his part** fue un error de cálculo por su parte; **the accident was caused by a momentary ~ of** *or* **in concentration** el accidente lo provocó un despiste momentáneo, el accidente lo provocó una falta momentánea de concentración
[2] [*of time*] lapso *m*, intervalo *m*, período *m*; **after a ~ of four months** después de un lapso *or* intervalo *or* período de cuatro meses, al cabo de cuatro meses; **there was a momentary ~ in the conversation** hubo un breve silencio en medio de la conversación
Ⓑ VI [1] (= *slip*) **to ~ into one's old ways** volver a las andadas; **he ~d into silence** se calló, se quedó callado; **he ~d into unconsciousness** perdió el conocimiento; **he ~d into the vernacular** recurrió a la lengua vernácula
[2] (= *expire*) [*season ticket*] caducar, vencer
[3] (= *cease to exist*) **our friendship ~d when she moved to London** dejamos de vernos cuando ella se fue a Londres
[4] (= *decline*) [*standards*] entrar en declive
[5] (= *pass*) [*time*] pasar, transcurrir

**lapsed** [læpst] ADJ (*Rel*) que ya no practica

**laptop** ['læptɒp] N (*also* **~ computer**) ordenador *m or* (*LAm*) computador(a) *m/f* portátil

**lapwing** ['læpwɪŋ] N avefría *f*

**larboard** ['lɑːbəd] Ⓐ ADJ de babor
Ⓑ N babor *m*

**larceny** ['lɑːsənɪ] N (*Jur*) hurto *m*, robo *m*; **grand ~** (*US*) hurto *m* mayor; **petty ~** hurto *m* menor

**larch** [lɑːtʃ] N (*also* **~ tree**) alerce *m*

**lard** [lɑːd] Ⓐ N manteca *f* de cerdo
Ⓑ VT lardear, mechar; (*fig*) **to ~ sth with** salpicar algo de, adornar algo con

**larder** ['lɑːdəʳ] N despensa *f*

**lardy** ['lɑːdɪ] ADJ mantecoso

**large** [lɑːdʒ] Ⓐ ADJ (*compar* **larger**; *superl* **largest**) [1] (*in size*) [*house, object, organization*] grande; [*person*] corpulento; [*area*] grande, extenso; **a ~ room** una gran habitación, una habitación grande; **in ~ doses the toxin is fatal** en grandes dosis, la toxina es mortal; **he has very ~ feet** tiene unos pies muy grandes; **do you have (it in) a ~r size?** ¿lo tiene en una talla más grande?; **by and ~** en general; **to grow ~r** crecer; **as ~ as life** en carne y hueso, en persona; **he was a ~r-than-life character** era una persona que se salía de lo corriente; **the central character is a ~r-than-life, cantankerous Italian** el personaje principal es un italiano exuberante y cascarrabias; **to make ~r** hacer más grande; [+ *premises etc*] ampliar, ensanchar; **in ~ part** en gran parte; *see also* **extent 3**, **measure A6**
[2] (*in number*) [*family, group, army*] numeroso, grande; [*sum, amount*] grande, importante; **a ~ group of people** un grupo numeroso *or* grande de personas; **a ~ crowd had gathered** se había formado un gran gentío; **a ~ number of them** un gran número de ellos; **~ numbers of people came** vinieron muchísimas personas, vinieron gran número de personas; **a ~ proportion of** una gran proporción de; **a ~ quantity of** una gran cantidad de
[3] (*Comm*) de tamaño grande; **"large"** (*on clothing label*) "grande"; (*on food packet, washing powder, etc*) "tamaño familiar"; **a dozen ~ envelopes** una docena de sobres de tamaño grande; → GREAT, BIG, LARGE
Ⓑ N **at ~** [1] (= *in general*) **the country/society at ~** el país/la sociedad en general
[2] (= *on the loose*) **to be at ~** [*dangerous person, animal*] andar suelto
Ⓒ ADV *see* **loom² 2**
Ⓓ CPD ► **the large intestine** N (*Anat*) el intestino grueso

**largely** ['lɑːdʒlɪ] ADV [1] (= *mainly*) en gran parte, en gran medida; **the rest of the world has ~ ignored China's environmental problems** el resto del mundo, en gran parte *or* en gran medida, ha hecho caso omiso de los problemas medioambientales de China; **it is a ~ working-class area** es en su mayor parte una zona de clase obrera; **he was elected ~ because ...** se le eligió en gran parte porque ...; **this is ~ due to ...** esto se debe en gran parte *or* medida a ...; **to be ~ reponsible for sth** ser en gran parte *or* medida responsable de algo; **~ speaking** hablando en líneas generales
[2] (= *prominently*) **to figure ~ in sth** [*person*] tener un papel destacado en algo; [*theme, subject*] ocupar un papel destacado en algo

**largeness** ['lɑːdʒnɪs] N [*of person, thing*] gran tamaño *m*; [*of group, family*] lo numeroso; **the ~ of the sum** lo cuantioso *or* grande de la suma

**large-scale** ['lɑːdʒ'skeɪl] ADJ a *or* en gran escala

**large-size(d)** ['lɑːdʒ'saɪz(d)] ADJ de gran tamaño, de tamaño extra

**largesse** [lɑː'ʒes] N generosidad *f*, liberalidad *f*; (= *gift*) dádiva *f* espléndida

**largish** ['lɑːdʒɪʃ] ADJ bastante grande, más bien grande

**largo** ['lɑːgəʊ] N (*Mus*) largo *m*

**lariat** ['lærɪət] N lazo *m*

**lark¹** [lɑːk] N (= *bird*) alondra *f*; **to get up** *or* **rise with the ~** levantarse con las gallinas, madrugar mucho; *see also* **happy A1**

**lark²** [lɑːk] (*esp Brit*) N [1] (= *joke*) broma *f*; **what a ~!** ¡qué risa!, ¡qué divertido!; **to do sth for a ~** hacer algo por diversión *or* para divertirse; **to have a ~ with sb** gastar una broma *or* tomar el pelo a algn; **sod this for a ~!*** ¡vaya lío!*
[2] (= *business, affair*) **that ice-cream ~** ese asunto de los helados, ese tinglado de los helados*; **this dinner-jacket ~** esto de ponerse esmoquin

►**lark about***, **lark around*** VI + ADV (*esp Brit*) (= *act foolishly*) hacer el tonto, hacer tonterías; **stop ~ing about!** ¡basta de bromas!; **to ~ about with sth** divertirse con algo, jugar con algo

**larkspur** ['lɑːkspɜːʳ] N espuela *f* de caballero

**larky*** ['lɑːkɪ] ADJ guasón*, bromista

**Larry** ['lærɪ] N (*familiar form*) *of* **Laurence, Lawrence**

**larva** ['lɑːvə] N (*pl* **larvae** ['lɑːviː]) larva *f*

**laryngitis** [,lærɪn'dʒaɪtɪs] N laringitis *f inv*

**larynx** ['lærɪŋks] N (*pl* **larynxes** *or* **larynges** [lə'rɪndʒiːz]) laringe *f*

**lasagna, lasagne** [lə'zænjə] N lasaña *f*

**lascivious** [lə'sɪvɪəs] ADJ lascivo

**lasciviously** [lə'sɪvɪəslɪ] ADV lascivamente

**lasciviousness** [lə'sɪvɪəsnɪs] N lascivia *f*, lujuria *f*

**laser** ['leɪzəʳ] Ⓐ N láser *m*
Ⓑ CPD ► **laser beam** N rayo *m* láser ► **laser gun** N pistola *f* de rayos láser ► **laser printer** N impresora *f* láser ► **laser surgery** N cirujía *f* con láser

**lash** [læʃ] Ⓐ N 1 (= *eyelash*) pestaña *f*
2 (= *thong*) tralla *f*; (= *whip*) látigo *m*; (= *stroke*) latigazo *m*, azote *m*; [*of tail*] coletazo *m*
Ⓑ VT 1 (= *beat*) azotar, dar latigazos a; [+ *animal*] fustigar; [*rain, waves*] (*also* **~ against**) azotar; **the wind ~ed the trees** el viento azotaba los árboles; **the wind ~ed the sea into a fury** el viento encrespó con fuerza el mar; **it ~ed its tail** dio coletazos
2 (= *tie*) atar; (*Naut*) trincar, amarrar (**to** a)
Ⓒ VI **to ~ about** [*person*] agitarse violentamente, dar bandazos; **the rain ~ed against the windows** la lluvia azotaba las ventanas; **he ~ed at the donkey** fustigaba *or* azotaba al burro

►**lash down** Ⓐ VT + ADV sujetar con cuerdas
Ⓑ VI + ADV [*rain*] caer con fuerza

►**lash out** Ⓐ VI + ADV 1 **to ~ out** (*with fists*) repartir golpes a diestro y siniestro; (*with feet*) soltar patadas, tirar coces; **to ~ out at** *or* **against sb** (*lit, fig*) arremeter contra algn
2 (*) (= *spend*) **now we can really ~ out** ahora podemos gastar todo lo que queramos; **he ~ed out and bought himself a Rolls** tiró la casa por la ventana y se compró un Rolls; **I decided to ~ out on a new sofa** decidí tirar la casa por la ventana con un sofá nuevo
Ⓑ VT + ADV (*) (= *spend*) **he had to ~ out £50** tuvo que desembolsar 50 libras

**lashing** ['læʃɪŋ] N 1 (= *beating*) azotes *mpl*; **to give sb a ~** azotar a algn
2 (= *tying*) atadura *f*; (*Naut*) trinca *f*, amarradura *f*
3 **~s of** (*esp Brit**) montones de*

**lash-up*** ['læʃʌp] N arreglo *m* provisional, improvisación *f*

**lass** [læs] N (*esp Scot*) muchacha *f*, chica *f*, chavala *f* (*Sp**), cabra *f* (*Chile**), piba *f* (*S. Cone**), chamaca *f* (*CAm, Mex**); (= *country lass*) moza *f*, zagala *f*

**lassie*** ['læsɪ] N (*esp Scot*) = **lass**

**lassitude** ['læsɪtjuːd] N lasitud *f*

**lasso** [læ'suː] Ⓐ N (*pl* **lassos** *or* **lassoes**) lazo *m*
Ⓑ VT lazar, coger con el lazo

**last¹** [lɑːst] Ⓐ ADJ 1 (= *most recent*) último; **I've seen her twice in the ~ week** la he visto dos veces en la última semana; **the ~ few weeks have been hectic** las últimas semanas han sido muy ajetreadas; **over the ~ few months** durante los últimos meses; **he hasn't been seen these ~ two years** no se lo ha visto en los últimos dos años
2 (= *previous*) (*referring to specific occasion*) [*Christmas, Easter*] pasado; [*time, meeting, birthday*] último; **~ Christmas we went to my mother's** las Navidades pasadas fuimos a casa de mi madre; **the ~ time we went, it rained** la última vez que fuimos, llovió; **on Monday ~** (*frm*) el pasado lunes; **~ Friday/month/year** el viernes/el mes/el año pasado; **this time ~ year** el año pasado por estas fechas; **~ week** la semana pasada; **this time ~ week** la semana pasada a estas horas; *see also* **night A1**
3 (= *final*) último; **the ~ Friday of the month** el último viernes del mes; **the ~ Sunday before Christmas** el último domingo antes de Navidad; **the ~ door on the right** la última puerta a la derecha; **the ~ three pages of the book** las tres últimas paginas del libro; **he spent the ~ few years of his life here** pasó los últimos años de su vida aquí; **~ but one** penúltimo; **down to the ~ detail** hasta el más mínimo detalle, hasta el último detalle; **the Last Judg(e)ment** el Juicio Final; **to fight to the ~ man** (*lit, fig*) luchar hasta el último aliento; **I was the ~ person to arrive/to see him alive** fui la última en llegar/la última persona que lo vió vivo; **I'm down to my ~ pound** sólo me queda una libra; **the ~ rites** (*Rel*) la extremaunción; **second to ~** antepenúltimo; **~ thing at night** antes de acostarse; **I'll finish it if it's the ~ thing I do** ¡lo terminaré aunque sea la última cosa que haga en esta vida!; **that was the ~ time I saw him** esa fue la última vez que lo vi; **for the ~ time, shut up!** ¡cállate, y que sea la última vez que te lo digo!; ✦***IDIOM*** **to be on it's/one's ~ legs*** estar en las últimas; *see also* **every 1, gasp A, laugh A1, post A2, supper, resort A1, straw A1, word A1**
4 (= *least likely*) **you're the ~ person I'd trust with it** lo confiaría a cualquiera menos a ti, eres la última persona a la que se lo confiaría; **I would be the ~ person to stand in your way** yo soy la que menos me interpondría en tu camino, yo soy la última persona que se interpondría en tu camino; **that was the ~ thing I expected** eso era lo que menos me esperaba; **at 32, retirement is the ~ thing on his mind** con 32 años, jubilarse es lo último en que piensa
Ⓑ PRON 1 (*of series*) último; **he was the ~ of the Tudors** fue el último de los Tudores; **that was the ~ I saw of him** después de aquello no volví a verlo más; **the ~ we heard of him he was in Rio** según las últimas noticias estaba en Río; **if we don't go we shall never hear the ~ of it** si no vamos no dejarán de recordárnoslo; **you haven't heard the ~ of this!** ¡esto no se acaba aquí!, ¡esto no se va a quedar así!; **to be the ~ (one) to do sth** ser el último en hacer algo; **we're always the ~ to know** siempre somos los últimos en enterarnos; **the ~ but one** el/la penúltimo/a; **to leave sth till ~** dejar algo para lo último *or* el final; **to look one's ~ on sth** (*liter*) ver algo por última vez; **to the ~** hasta el final; *see also* **breathe A1**
2 (= *previous one*) **each one is better than the ~** son cada vez mejores; **the night before ~** anteanoche; **the week before ~** la semana anterior a la pasada, la semana pasada no, la anterior; **the Saturday before ~** el sábado anterior al pasado, el sábado pasado no, el anterior; **it was the question before ~ that I found difficult** la pregunta que me resultó difícil fue la penúltima
3 (= *all that remains*) **this is the ~ of the bread/wine** esto es lo que queda de pan/vino; **he was the ~ of his kind, a true professional** fue el último de los de su clase, un verdadero profesional
4 **at long ~ the search was over** por fin; **at long ~ the search was over** por fin la búsqueda había concluido
Ⓒ ADV 1 (= *finally*) **~ of all, take out the screws** por último, saca los tornillos; **~ but not least** por último, pero no por ello menos importante
2 (= *in last place, at the end*) **he was** *or* **came ~ in the 100 metres** terminó en último lugar *or* en última posición en los 100 metros; **to arrive ~** llegar el *or* (*LAm*) al último; **~ in, first out** los últimos en llegar son a los que despiden los primeros
3 (= *most recently*) **when I ~ saw them** la última vez que las vi; **he was ~ seen in Brighton** se lo vio por última vez en Brighton; **I ~ saw her in 1987** la vi por última vez en 1987

**last²** [lɑːst] Ⓐ VI 1 (= *continue*) durar; **it ~s (for) two hours** dura dos horas; **the trial is expected to ~ (for) three weeks** se espera que el juicio dure tres semanas; **the symptoms can ~ (for) up to a week** los síntomas pueden persistir hasta una semana; **nothing ~s forever** nada dura para siempre; **it's too good to ~** ◊ **it can't ~** esto no puede durar
2 (= *survive*) durar; **the previous boss only ~ed a week** el jefe anterior solamente duró una semana; **he wouldn't have ~ed ten minutes in those conditions** no hubiera durado *or* aguantado ni diez minutos en esas condiciones; **he won't ~ the night (out)** no sobrevivirá hasta la mañana
3 (= *be enough*) durar; **how long will the gas ~?** ¿hasta cuándo durará *or* alcanzará el gas?; **the town has enough water to ~ a fortnight** la ciudad tiene agua suficiente para dos semanas; **"only available while stocks ~"** (*Comm*) "sólo hasta que se agoten las existencias"
4 (= *remain usable*) durar; **this material will ~ (for) years** esta tela durará años; **more expensive batteries ~ longer** las pilas más caras duran más; **made to ~** hecho para que dure
Ⓑ VT durar; **this amount should ~ you (for) a week** esta cantidad debería durarte una semana; **it will ~ you a lifetime** te durará toda la vida; **I've had enough publicity to ~ me a lifetime!** ¡me han dado publicidad suficiente para toda una vida!

►**last out** VI + ADV 1 [*money, resources*] alcanzar; **my money doesn't ~ out the month** el dinero no me alcanza para todo el mes
2 [*person*] aguantar; **I can't ~ out without something to eat** ya no aguanto a no ser que coma algo; **he won't ~ out the winter** no sobrevivirá el invierno

**last³** [lɑːst] N (*in shoemaking*) horma *f*; ✦***IDIOM*** **(shoemaker) stick to your ~!** ¡zapatero a tus zapatos!

**last-ditch** ['lɑːst'dɪtʃ] ADJ [*defence, attempt*] último, desesperado

**last-gasp** ['lɑːst'gɑːsp] ADJ de última hora

**lasting** ['lɑːstɪŋ] ADJ duradero, perdurable; [*shame*] eterno; [*colour*] sólido

▼ **lastly** ['lɑːstlɪ] ADV por último, finalmente

**last-minute** ['lɑːst'mɪnɪt] ADJ de última hora

**lat.** ABBR = **latitude**

**latch** [lætʃ] Ⓐ N (= *bar*) cerrojo *m*, pestillo *m*; (= *lock*) pestillo *m*; **to drop the ~** echar el cerrojo *or* pestillo; **the door is on the ~** la puerta no tiene echado el pestillo
Ⓑ VT 1 [+ *door*] echar el pestillo a
2 (= *fix, fasten*) sujetar, asegurar

►**latch on*** VI + ADV (= *understand*) comprender, darse cuenta

➤ LANGUAGE IN USE: lastly 26.2

►**latch onto** VI + PREP [1] (= *cling*) (*to person, group*) pegarse a; **she ~ed onto his arm** se enganchó a su brazo
[2] [+ *idea*] agarrarse a; **the media were quick to ~ onto the story** la prensa no tardó en recoger la noticia

**latchkey** ['lætʃki:] Ⓐ N llave *f*
Ⓑ CPD ► **latchkey child** N niño/a *m/f* cuya madre trabaja

**late** [leɪt] (*compar* **later**; *superl* **latest**) Ⓐ ADV [1] (= *towards end of period, day, month, etc*) **he had arrived ~ the previous evening** había llegado tarde la noche anterior; **~ at night** muy de noche, ya entrada la noche; **~ in the morning** a última hora de la mañana; **~ in the afternoon** a media tarde; **~ in the year** a finales del año; **~ in 1992/May** a finales del año 1992/de mayo; **symptoms appear only ~ in the disease** los síntomas aparecen sólo cuando la enfermedad ya está muy avanzada; **it wasn't until ~ in his career that he became famous** sólo al final de su carrera se hizo famoso, sólo en los últimos años de su carrera se hizo famoso; **they scored ~ in the second half** metieron un gol ya bien entrado el segundo tiempo; **~ into the night** hasta bien entrada la noche; **~ that night I got a phone call** ya entrada la noche recibí una llamada de teléfono; **too ~** demasiado tarde; ✦*IDIOM* **~ in the day** (= *at the last moment*) a última hora; (= *too late*) **it's a bit ~ in the day to be changing your mind** es un poco tarde para cambiar de opinión
[2] (= *after the usual time*) [*get up, go to bed*] tarde; **the chemist is open ~ on Thursdays** la farmacia cierra tarde los jueves; **everything is flowering very ~ this year** todo está floreciendo tardísimo este año; **she came ~ to acting** empezó a actuar ya mayor; **Liz had started learning German quite ~ in life** Liz había empezado a aprender alemán ya mayor; **to sleep ~** levantarse tarde; **to stay up ~** irse a la cama tarde, trasnochar; **to work ~** trabajar hasta tarde
[3] (= *after arranged/scheduled time*) [*arrive*] tarde, con retraso; **he arrived ten minutes ~** llegó con diez minutos de retraso, llegó diez minutos tarde; **they arrived ~ for dinner** llegaron tarde *or* con retraso a la cena; **we're running ~ this morning** llevamos retraso esta mañana; **we're running about 40 minutes ~** llevamos unos 40 minutos de retraso, llevamos un retraso de unos 40 minutos; ✦*PROV* **better ~ than never** más vale tarde que nunca
[4] (= *recently*) **as ~ as** aún en; **as ~ as 1950** aún en 1950; **of ~** (*frm*) últimamente, recientemente; **Jane Smith, ~ of Bristol** (*frm*) Jane Smith, domiciliada hasta hace poco en Bristol
Ⓑ ADJ [1] (= *towards end of period, day, month, etc*) **~ morning** última hora *f* de la mañana; **~ afternoon** media tarde *f*; **~ evening** última hora *f* de la tarde; **~ 1989** finales de 1989; **it was very ~ and I was tired** era muy tarde y estaba cansado; **in ~ September/spring** a finales de septiembre/de la primavera; **in the ~ 1960s** a finales de los años sesenta; **in the ~ 18th century** a fines del siglo XVIII; **to be in one's ~ thirties/forties** rondar los cuarenta/cincuenta, tener cerca de cuarenta/cincuenta años; **it's getting ~** se está haciendo tarde; **~ goal** gol *m* de última hora; **I apologize for arriving at this ~ hour** siento llegar a estas horas; **even at this ~ stage** incluso a estas alturas
[2] (= *after arranged or scheduled time*) **I apologize for my ~ arrival** perdone/perdonen mi retraso; **we apologize for the ~ arrival/departure of this train** les rogamos disculpen el retraso en la llegada/salida de este tren; **it was postponed to allow for ~ arrivals** se aplazó por si alguien llegaba tarde *or* con retraso; **our train was ~ again** nuestro tren se retrasó otra vez, nuestro tren llegó con retraso otra vez; **as usual, Jim was ~** como siempre, Jim llegó tarde *or* con retraso, como siempre, Jim se retrasó; **sorry I'm ~!** ¡siento llegar tarde *or* con retraso!; **you're ~!** ¡llegas tarde!; **the train is 20 minutes ~** el tren llega con 20 minutos de retraso, el tren lleva un retraso de 20 minutos; **she's 20 minutes ~** lleva 20 minutos de retraso; **I was already ten minutes ~** ya llegaba diez minutos tarde, ya llevaba diez minutos de retraso; **both my babies were ~** mis dos hijos nacieron más tarde de la fecha prevista; **he was ~ (in) finishing his essay** terminó la redacción con retraso; **she was ~ (in) returning from work** regresó tarde del trabajo; **I was ~ (in) paying my phone bill** me retrasé en pagar la factura del teléfono; **I'm ~ for my train** voy a perder el tren; **I'm ~ for work** voy a llegar tarde al trabajo; **I was half an hour ~ for my appointment** llegué con media hora de retraso a la cita; **a fault on the plane made us two hours ~** una avería en el avión nos retrasó dos horas; **you're going to make me ~ for my appointment** vas a hacer que llegue tarde a la cita; **we got off to a ~ start** empezamos tarde *or* con retraso; **I was ~ with the payments** me había retrasado en los pagos
[3] (= *after usual or normal time*) [*reservation, booking*] de última hora; [*crop, flowers*] tardío; **we had a ~ breakfast/lunch** desayunamos/comimos tarde; **Easter is ~ this year** la Semana Santa cae tarde este año; **"~ opening till ten pm on Fridays"** "los viernes cerramos a las diez"; **my period is ~** se me está retrasando la regla; **spring is ~ this year** la primavera llega tarde este año; *see also* **night A1**
[4] **too ~** demasiado tarde; **they tried to operate, but it was too ~** intentaron operar, pero era demasiado tarde; **it's too ~ to change your mind** es demasiado tarde para cambiar de opinión; **it's not too ~ (for you) to change your mind** aún estás a tiempo para cambiar de opinión; **it's never too ~ to ...** nunca es demasiado tarde para ...; *see also* **little A1**
[5] (*Hist, Art*) **~ Baroque** barroco *m* tardío; **the ~ Middle Ages** la baja edad media; **a ~ Georgian house** una casa de finales del periodo Georgiano; **Beethoven's ~ symphonies** las últimas sinfonías de Beethoven; **Rembrandt's ~ work** las últimas obras de Rembrandt
[6] (= *dead*) difunto; **the ~ Harry Brown** el difunto Harry Brown
[7] (*frm*) (= *former*) antiguo; **the ~ Prime Minister** el antiguo primer ministro
Ⓒ CPD ► **late edition** N edición *f* de última hora; *see also* **developer 2**

**latecomer** ['leɪtkʌməʳ] N rezagado/a *m/f*, el/la que llega tarde; **~s will not be admitted** no se permitirá la entrada una vez comenzado el acto/espectáculo; **the firm is a ~ to the industry** la empresa es nueva en el sector, la empresa acaba de establecerse en el sector

**lateen** [lə'ti:n] N vela *f* latina

**late-lamented** ['leɪtlə'mentɪd] ADJ malogrado, fallecido

**lately** ['leɪtlɪ] ADV últimamente, recientemente; **have you heard from her ~?** ¿has sabido algo de ella últimamente?; **(up) until** *or* **till ~** hasta hace poco; **it's only ~ that ...** hace poco que ...

**latency** ['leɪtənsɪ] N estado *m* latente

**lateness** ['leɪtnɪs] N [*of person, vehicle*] retraso *m*, tardanza *f*, atraso *m* (*LAm*); [*of hour*] lo avanzado; **he was fined for persistent ~** le sancionaron por llegar constantemente tarde

**late-night** ['leɪt'naɪt] ADJ **~ film** (*Cine*) película *f* de sesión de noche; (*TV*) película *f* de medianoche; **~ show** *or* **performance** sesión *f* de noche; **~ opening** *or* **shopping is on Thursdays** se abre hasta tarde los jueves; **is there a ~ bus?** ¿hay autobús nocturno?

**latent** ['leɪtənt] ADJ [*heat*] latente; [*tendency*] implícito; **~ defect** defecto *m* latente

**later** ['leɪtəʳ] Ⓐ ADV [1] más tarde; **the gun was ~ found in his flat** más tarde se encontró la pistola en su piso; **two years/ten minutes ~** dos años/diez minutos después *or* más tarde; **I'll do it ~** lo haré luego *or* más tarde; **~, when all the guests had left** luego *or* más tarde, cuando todos los invitados se habían marchado; **~ I discovered that he had lied** más tarde descubrí que había mentido; **several whiskies ~, I was rather the worse for wear** después de varios whiskies, se me empezaban a notar los efectos; **~ than expected** más tarde de lo esperado; **all essays should be handed in no ~ than Monday** todos los trabajos deben entregarse el lunes a más tardar; **only ~** sólo más tarde; **it was only ~ that I learned the truth** no descubrí la verdad hasta más tarde, sólo más tarde descubrí la verdad; **~ that day** más tarde *or* posteriormente ese día; **~ that morning/night** más tarde *or* posteriormente esa mañana/esa noche; **the results will be available ~ today** los resultados se sabrán hoy mismo más tarde; *see also* **see[1] 2, sooner 1**
[2] **~ on** más tarde, más adelante; **we'll be dealing with this in more detail ~ on** trataremos esto a fondo más tarde *or* más adelante; **~ on that day/night** aquel día/aquella noche más tarde; **~ on in the play/film** más adelante en la obra/película; **~ on in the morning/afternoon/evening** más entrada la mañana/tarde/noche; **~ on in life** más adelante
Ⓑ ADJ [*chapter, version, work*] posterior; **I took a ~ flight/train** tomé un avión/tren que salía más tarde; **we plan to meet at a ~ date** tenemos intención de reunirnos más adelante; **in ~ life** más adelante; **at a ~ stage** más adelante

**lateral** ['lætərəl] Ⓐ ADJ lateral
Ⓑ CPD ► **lateral thinking** N pensamiento *m* lateral

**laterally** ['lætərəlɪ] ADV lateralmente

**latest** ['leɪtɪst] Ⓐ SUPERL *of* **late** ADJ [1] (= *last*) [*flight, train, bus*] último; **the ~ (possible) date** la fecha límite; **the ~ possible moment** el último momento; **the ~ (possible) time** lo más tarde
[2] (= *most recent*) [*figures, boyfriend, book*] último, más reciente; **the ~ in a series of** el último *or* el más reciente en una serie de; **the ~ fashion** la última moda; **it's the ~ model** es el último modelo; **the ~ news** las últimas noticias
Ⓑ N **the ~** [1] (= *news*) **have you heard the ~?** ¿te has enterado de la última noticia?; **for the ~ on where to go and what to do ...** para la información más actualizada acerca de dónde ir y qué hacer ...; **have you heard his ~? he broke his leg jumping off a wall** ¿has oído la última que ha hecho? se rompió una pierna saltando de un muro
[2] (= *most modern type*) **it's the ~ in food processors** es lo último en robots de cocina
[3] (= *last possible time*) lo más tarde; **the ~ he**

**can see you is Thursday** lo más tarde que puede verte es el jueves; **at the (very) ~** como muy tarde; **it has to be here by Friday at the (very) ~** tiene que estar aquí el viernes como muy tarde
4 (*) (= *boyfriend, girlfriend*) **have you seen her ~?** ¿has visto a su último ligue?*

**latex** ['leɪteks] N (*pl* **latexes** *or* **latices** ['lætɪsi:z]) látex *m*

**lath** [lɑ:θ] N (*pl* **laths** [lɑ:ðz]) listón *m*

**lathe** [leɪð] N torno *m*

**lather** ['læðəʳ] Ⓐ N espuma *f*; [*of sweat*] sudor *m*; **the horse was in a ~** el caballo estaba empapado en sudor; **✦IDIOM to be in/get into a ~ (about sth)** estar/ponerse frenético (por algo)
Ⓑ VT [+ *one's face*] enjabonarse
Ⓒ VI hacer espuma

**latifundia** [,lætɪ'fʊndɪə] NPL latifundios *mpl*

**Latin** ['lætɪn] Ⓐ ADJ latino
Ⓑ N 1 (= *person*) latino/a *m/f*; **the ~s** los latinos
2 (*Ling*) latín *m*
Ⓒ CPD ► **Latin lover** N galán *m* latino
► **Latin quarter** N barrio *m* latino

**Latin America** ['lætɪnə'merɪkə] N América *f* Latina, Latinoamérica *f*, Hispanoamérica *f*

**Latin American** ['lætɪnə'merɪkən] Ⓐ ADJ latinoamericano
Ⓑ N latinoamericano/a *m/f*

**latinism** ['lætɪnɪzəm] N latinismo *m*

**latinist** ['lætɪnɪst] N latinista *mf*

**latinity** [lə'tɪnɪtɪ] N latinidad *f*

**latinization** [,lætɪnaɪ'zeɪʃən] N latinización *f*

**latinize** ['lætɪnaɪz] Ⓐ VT latinizar
Ⓑ VI latinizar

**latish** ['leɪtɪʃ] Ⓐ ADV algo tarde
Ⓑ ADJ algo tardío

**latitude** ['lætɪtju:d] N 1 (*Geog*) latitud *f*
2 (*fig*) (= *freedom*) libertad *f*

**latitudinal** [,lætɪ'tju:dɪnl] ADJ latitudinal

**Latium** ['leɪʃɪəm] N Lacio *m*

**latrine** [lə'tri:n] N letrina *f*

▼ **latter** ['lætəʳ] Ⓐ ADJ 1 (= *last*) último; **the ~ part of the story** la última parte del relato; **in the ~ part of the century** hacia fines *or* finales del siglo
2 (*of two*) segundo
Ⓑ N **the ~** (*sing*) éste/ésta; (*pl*) éstos/éstas; **the former ... the ~ ...** aquél ... éste ...

**latter-day** ['lætə'deɪ] ADJ moderno, de nuestros días; **the Latter-day Saints** (= *people*) los Mormones; **the Church of (Jesus Christ of) the Latter-day Saints** la Iglesia de Jesucristo de los Santos de los Últimos Días

**latterly** ['lætəlɪ] ADV últimamente, recientemente

**lattice** ['lætɪs] Ⓐ N enrejado *m*; (*on window*) reja *f*, celosía *f*
Ⓑ CPD ► **lattice window** N ventana *f* de celosía

**latticed** ['lætɪst] ADJ [*window*] con reja

**latticework** ['lætɪswɜ:k] N enrejado *m*; (*on window*) celosía *f*

**Latvia** ['lætvɪə] N Letonia *f*, Latvia *f*

**Latvian** ['lætvɪən] Ⓐ ADJ letón, latvio
Ⓑ N letón/ona *m/f*, latvio/a *m/f*

**laud** [lɔ:d] VT (*liter*) alabar, elogiar

**laudable** ['lɔ:dəbl] ADJ loable, laudable

**laudably** ['lɔ:dəblɪ] ADV de modo loable

**laudanum** ['lɔ:dnəm] N láudano *m*

**laudatory** ['lɔ:dətərɪ] ADJ laudatorio

**laugh** [lɑ:f] Ⓐ N 1 (*lit*) risa *f*; (*loud*) carcajada *f*, risotada *f*; **he has a very distinctive ~** tiene una risa muy suya; **if you want a ~, read on** si te quieres reír, sigue leyendo; **she gave a little ~** soltó una risita; **to get a ~** hacer reír (a la gente); **to have a (good) ~ about** *or* **over** *or* **at sth** reírse (mucho) de algo; **that sounds like a ~ a minute** (*iro*) suena como para mondarse de risa(* *iro*); **to raise a ~** hacer reír (a la gente); **"I'm not jealous," he said with a ~** —no estoy celoso —dijo riéndose; **✦IDIOM to have the last ~** ser el que ríe el último
2 (*) (= *fun*) **to be a ~**: **he's a ~** es un tío gracioso *or* divertido*, es muy cachondo (*Sp**); **you should come - it'll be a ~** deberías venir - será divertido; **life isn't a bundle of ~s just now** mi vida ahora mismo no es precisamente muy divertida *or* muy alegre; **to do sth for a ~** hacer algo por divertirse; **he's always good for a ~** siempre te ríes *or* te diviertes con él
3 (= *joke*) **the ~ is on you*** te salió el tiro por la culata*; **that's a ~!** ◊ **what a ~!** (*iro*) ¡no me hagas reír!
Ⓑ VI reírse, reír; **I tried not to ~** intenté no reír(me); **I didn't know whether to ~ or cry** no sabía si reír(me) o llorar; **you may ~, but ...** tú te ríes, pero ...; **once we get this contract signed we're ~ing*** (*fig*) una vez que nos firmen este contrato, lo demás es coser y cantar; **to ~ about sth** reírse de algo; **we're still ~ing about the time that ...** todavía nos reímos de cuando ...; **there's nothing to ~ about** no es cosa de risa *or* (*LAm*) reírse; **to ~ at sb/sth** reírse de algn/algo; **he never ~s at my jokes** nunca se ríe de mis chistes; **to burst out ~ing** echarse a reír; **I thought I'd die ~ing** creí que me moría de (la) risa; **to ~ in sb's face** reírse de algn en su cara; **to fall about ~ing** troncharse *or* desternillarse de risa; **you have (got) to ~** hay que reírse; **to ~ like a drain/hyena** reírse como una hiena; **to make sb ~** hacer reír a algn; **don't make me ~** (*iro*) no me hagas reír; **to ~ out loud** reírse a carcajadas; **I ~ed till I cried** *or* **till the tears ran down my cheeks** me reí a más no poder, me tronché de (la) risa; **I ~ed to myself** me reí para mis adentros; **✦IDIOMS they'll be ~ing all the way to the bank** estarán contentísimos contando el dinero; **he'll soon be ~ing on the other side of his face** pronto se le quitarán las ganas de reír; **to ~ up one's sleeve** reírse por detrás; **✦PROVS ~ and the world ~s with you, cry and you cry alone** si ríes todo el mundo te acompaña, pero si lloras nadie quiere saber nada; **he who ~s last ~s longest** *or* **best** quien ríe el último ríe mejor
Ⓒ VT **"don't be silly," he ~ed** —no seas bobo —dijo riéndose; **he ~ed a nervous laugh** se rió nervioso; **to ~ sb to scorn** mofarse de algn; **to ~ o.s. silly** reírse a más no poder; **✦IDIOMS to ~ sth out of court**: **his idea was ~ed out of court** se rieron de su idea; **to ~ one's head off*** partirse *or* desternillarse *or* troncharse de risa
Ⓓ CPD ► **laugh lines** NPL arrugas *fpl* producidas al reír

► **laugh down** VT + ADV ridiculizar

► **laugh off** VT + ADV [+ *pain, accusation, suggestion*] tomarse a risa; **he tried to ~ it off** intentó tomárselo a risa

**laughable** ['lɑ:fəbl] ADJ [*sum, amount*] irrisorio; [*suggestion*] ridículo; **it's really quite ~ that ...** es realmente un poco ridículo *or* irrisorio que ...

**laughably** ['lɑ:fəblɪ] ADV 1 (*with adjective*) **such ideas now seem ~ dated** esas ideas están ahora tan pasadas de moda que resultan ridículas; **the portions were ~ small** las raciones eran de tamaño irrisorio; **it's a ~ small amount of money** es una cantidad irrisoria *or* de risa
2 (*with verb*) ridículamente; **what was ~ called a double room** lo que ridículamente denominaban una habitación doble

**laughing** ['lɑ:fɪŋ] Ⓐ ADJ risueño, alegre; **it's no ~ matter** no tiene ninguna gracia, no es cosa de risa
Ⓑ CPD ► **laughing gas** N gas *m* hilarante
► **laughing stock** N hazmerreír *m*

**laughingly** ['lɑ:fɪŋlɪ] ADV **he said ~** dijo riendo *or* riéndose; **what is ~ called progress** lo que se llama irónicamente el progreso

**laughter** ['lɑ:ftəʳ] Ⓐ N (*gen*) risa *f*, risas *fpl*; (= *guffaws*) risotadas *fpl*, carcajadas *fpl*; **their ~ could be heard in the next room** se oían sus risas *or* se les oía reír desde la habitación de al lado; **there was loud ~ at this remark** el comentario provocó carcajadas *or* grandes risas; **she let out a shriek of ~** soltó una sonora carcajada *or* risotada; **to burst into ~** soltar la carcajada; **✦PROV ~ is the best medicine** la risa es el mejor antídoto; *see also* **roar A1, B1**
Ⓑ CPD ► **laughter lines** NPL arrugas *fpl* producidas al reír

**Launcelot** ['lɑ:nslət] N Lanzarote

**launch** [lɔ:ntʃ] Ⓐ N 1 (= *boat*) lancha *f*; **motor ~** lancha *f* motora
2 (= *act*) 2·1 (*lit*) [*of ship*] botadura *f*; [*of lifeboat, rocket, satellite*] lanzamiento *m*
2·2 (= *introduction*) [*of campaign, product, book*] lanzamiento *m*; [*of film, play*] estreno *m*; [*of company*] creación *f*, fundación *f*; [*of shares*] emisión *f*
Ⓑ VT 1 (= *lit*) [+ *ship*] botar; [+ *lifeboat*] echar al mar; [+ *rocket, missile, satellite*] lanzar
2 (= *introduce*) [+ *campaign, product, book, attack*] lanzar; [+ *film, play*] estrenar; [+ *company*] crear, fundar; [+ *shares*] emitir
3 (= *start*) **it was this novel that really ~ed him as a writer** fue esta novela la que lo lanzó a la fama como escritor; **to ~ sb on his/her way** iniciar a algn en su carrera; **once he's ~ed on that subject we'll never stop him** en cuanto se ponga a hablar de ese tema no habrá forma de pararlo
4 (= *hurl*) **to ~ o.s. at sth/sb** abalanzarse *or* arrojarse sobre algo/algn; **to ~ o.s. into sth** meterse de lleno en algo, entregarse a algo
Ⓒ VI **to ~ into sth**: **she ~ed into a long speech about patriotism** se puso a soltar *or* empezó un largo discurso sobre el patriotismo; **he ~ed into an attack on the president** emprendió un ataque contra el presidente, se puso a despotricar contra el presidente; **then the chorus ~es into the national anthem** entonces el coro la emprende con el himno nacional
Ⓓ CPD ► **launch attempt** N intento *m* de lanzamiento ► **launch date** N fecha *f* prevista para el lanzamiento ► **launch pad** N (*lit*) rampa *f* *or* plataforma *f* de lanzamiento; (*fig*) rampa *f* *or* plataforma *f* de lanzamiento, trampolín *m* ► **launch party** N (*Comm, Media*) fiesta *f* de lanzamiento ► **launch site** N lugar *m* del lanzamiento ► **launch vehicle** N lanzadera *f*

► **launch forth** VI + ADV = **launch C**

► **launch out** VI + ADV 1 (= *set out*) lanzarse; **the company needs to ~ out into new markets** la compañía necesita lanzarse a nuevos mercados; **he had ~ed out on sth for which he was ill-prepared** se había lanzado a algo para lo que no estaba preparado

➤ LANGUAGE IN USE: latter B 26.2

2 (= *be extravagant*) **now we can afford to ~ out a bit** ahora nos podemos permitir algunos lujos

**launcher** ['lɔːntʃəʳ] N (*also* **rocket ~**) lanzacohetes *m inv*; (*also* **missile ~**) lanzamisiles *m inv*, lanzadera *f* de misiles

**launching** ['lɔːntʃɪŋ] Ⓐ N [*of missile, satellite, lifeboat, company, product*] lanzamiento *m*; [*of ship*] botadura *f*
Ⓑ CPD ► **launching ceremony** N ceremonia *f* de botadura ► **launching pad** N rampa *f or* plataforma *f* de lanzamiento ► **launching site** N lugar *m* del lanzamiento

**launder** ['lɔːndəʳ] Ⓐ VT 1 (*lit*) lavar y planchar
2 (*fig*) [+ *money*] blanquear, lavar (*LAm*)
Ⓑ VI **this fabric ~s beautifully** esta tela queda muy bien después de lavarla (y plancharla)

**launderette** [ˌlɔːndə'ret] N lavandería *f* automática

**laundering** ['lɔːndərɪŋ] N 1 (*lit*) colada *f*
2 (*fig*) [*of money*] blanqueo *m*, lavado *m* (*LAm*); **money ~** blanqueo *m* de dinero, lavado *m* de dinero (*LAm*)

**laundress** ['lɔːndrɪs] N lavandera *f*

**Laundromat**® ['lɔːndrəˌmæt] N (*US*) lavandería *f* automática

**laundry** ['lɔːndrɪ] Ⓐ N 1 (= *clothes*) (= *dirty*) ropa *f* sucia, ropa *f* para lavar; (= *clean*) ropa *f* lavada, colada *f*; **to do the ~** hacer la colada, lavar la ropa
2 (= *establishment*) lavandería *f*; (*domestic*) lavadero *m*
Ⓑ CPD ► **laundry basket** N cesto *m* de la ropa sucia ► **laundry list** N lista *f* de ropa para lavar ► **laundry mark** N marca *f* de lavandería

**laureate** ['lɔːrɪɪt] N laureado *m*; **the Poet Laureate** (*Brit*) el Poeta Laureado

**laurel** ['lɒrəl] Ⓐ N laurel *m*; ✦***IDIOMS*** **to look to one's ~s** no dormirse en los laureles; **to rest on one's ~s** dormirse en los laureles; **to win one's ~s** cargarse de laureles, laurearse
Ⓑ CPD ► **laurel wreath** N corona *f* de laurel

**Laurence** ['lɒrəns] N Lorenzo

**Lausanne** [ləʊ'zæn] N Lausana *f*

**lav*** [læv] N = **lavatory**

**lava** ['lɑːvə] Ⓐ N lava *f*
Ⓑ CPD ► **lava flow** N torrente *m or* río *m* de lava

**lavatorial** [ˌlævə'tɔːrɪəl] ADJ [*humour*] cloacal, escatológico

**lavatory** ['lævətrɪ] Ⓐ N (= *room*) (*in house*) wáter *m* (*Sp*), baño *m* (*LAm*); (*in public place*) aseos *mpl*, servicio(s) *m(pl)* (*Sp*), baño(s) *m(pl)* (*LAm*); (= *appliance*) inodoro *m*, wáter *m* (*Sp*), taza *f* (*LAm*)
Ⓑ CPD ► **lavatory bowl**, **lavatory pan** N taza *f* de wáter ► **lavatory paper** N papel *m* higiénico ► **lavatory seat** N asiento *m* de retrete

**lavender** ['lævɪndəʳ] Ⓐ N espliego *m*, lavanda *f*
Ⓑ CPD ► **lavender blue** N azul *m* lavanda ► **lavender water** N lavanda *f*

**lavish** ['lævɪʃ] Ⓐ ADJ 1 (= *sumptuous*) [*apartment, meal, production, costume*] suntuoso; [*lifestyle*] suntuoso, lleno de lujo
2 (= *generous*) [*gift, hospitality*] espléndido, generoso; [*praise*] profuso, abundante; [*amount*] abundante, generoso; **to be ~ with one's gifts** hacer regalos espléndidos *or* generosos; **to be ~ with one's money** gastar pródigamente el dinero, derrochar el dinero (*pej*); **to be ~ in** *or* **with one's praise** ser pródigo en elogios, no escatimar elogios
Ⓑ VT **to ~ sth on** *or* **upon sb** colmar a algn de algo; **to ~ attention on sb** colmar a algn de atenciones; **to ~ praise on sb** ser pródigo en elogios hacia algn

**lavishly** ['lævɪʃlɪ] ADV 1 (= *sumptuously*) [*decorated, furnished*] suntuosamente, fastuosamente
2 (= *generously*) [*entertain, pay*] espléndidamente, generosamente; [*praise*] profusamente

**lavishness** ['lævɪʃnɪs] N 1 (= *sumptuousness*) suntuosidad *f*, fastuosidad *f*
2 (= *generosity*) [*of person*] prodigalidad *f*; **the ~ of his praise** la profusión de sus elogios

**law** [lɔː] Ⓐ N 1 (= *piece of legislation*) ley *f*; **there's no ~ against it** no hay ley que lo prohíba; ✦***IDIOM*** **to be a ~ unto o.s.** dictar sus propias leyes; *see also* **pass B9**
2 (= *system of laws*) **the ~** la ley; **it's the ~** es la ley; **to be above the ~** estar por encima de la ley; **according to** *or* **in accordance with the ~** según la ley, de acuerdo con la ley; **the bill became ~ on 6th August** el proyecto de ley se hizo ley el 6 de agosto; **by ~** por ley, de acuerdo con la ley; **to be required by ~ to do sth** estar obligado por (la) ley a hacer algo; **civil/criminal ~** derecho *m* civil/penal; **in ~** según la ley; **the ~ of the land** la ley vigente; **officer of the ~** agente *mf* de la ley; **the ~ on abortion** la legislación sobre el aborto; **~ and order** el orden público; **the forces of ~ and order** las fuerzas del orden; **he is outside the ~** está fuera de la ley; **to have the ~ on one's side** tener la justicia de su lado; **to keep** *or* **remain within the ~** obrar legalmente; **his word is ~** su palabra es ley; ✦***IDIOMS*** **to lay down the ~*** imponer su criterio, obrar autoritariamente; **to take the ~ into one's own hands** tomarse la justicia por su mano
3 (= *field of study*) derecho *m*; **to study ~** estudiar derecho
4 (= *profession*) abogacía *f*; **she is considering a career in ~** está pensando dedicarse a la abogacía; **to practise ~** ejercer de abogado, ejercer la abogacía
5 (= *legal proceedings*) **court of ~** tribunal *m* de justicia; **to go to ~** recurrir a la justicia *or* a los tribunales; **to take a case to ~** llevar un caso ante los tribunales
6 (= *rule*) [*of organization, sport*] regla *f*; **the ~s of the game** las reglas del juego; **God's ~** la ley de Dios
7 (= *standard*) norma *f*; **there seemed to be one ~ for the rich and another for the poor** parecía haber unas normas para los ricos y otras para los pobres
8 (*Sci, Math*) ley *f*; **the ~s of physics** las leyes de la física; **by the ~ of averages** por la estadística, estadísticamente; **the ~ of gravity** la ley de la gravedad; **the ~ of supply and demand** la ley de la oferta y la demanda; *see also* **nature A4**
9 (*) (= *police*) **the ~** la policía; **to have the ~ on sb** denunciar a algn a la policía, llevar a algn a los tribunales
Ⓑ CPD ► **law court** N tribunal *m* de justicia ► **law enforcement** N aplicación *f* de la ley ► **law enforcement agency** N *organismo encargado de velar por el cumplimiento de la ley* ► **law enforcement officer** N (*esp US*) policía *mf* ► **Law Faculty** N (*Univ*) facultad *f* de Derecho ► **law firm** N gabinete *m* jurídico, bufete *m* de abogados ► **Law Lord** NPL (*Brit Pol*) juez *mf* lor; **the Law Lords** *jueces que son miembros de la Cámara de los Lores y constituyen el Tribunal Supremo* ► **law reports** NPL repertorio *m* de jurisprudencia ► **law school** N (*US*) facultad *f* de derecho ► **law student** N estudiante *mf* de derecho

**law-abiding** ['lɔːəˌbaɪdɪŋ] ADJ (*lit*) cumplidor de la ley; (*fig*) decente

**lawbreaker** ['lɔːˌbreɪkəʳ] N infractor(a) *m/f or* transgresor(a) *m/f* de la ley

**law-breaking** ['lɔːˌbreɪkɪŋ] Ⓐ ADJ infractor *or* transgresor de la ley
Ⓑ N infracción *f or* transgresión *f* de la ley

**lawful** ['lɔːfʊl] ADJ [*owner, government*] legítimo; [*action, behaviour*] legítimo, lícito; [*contract*] legal, válido; **~ wedded husband** legítimo esposo *m*; **~ wedded wife** legítima esposa *f*

**lawfully** ['lɔːfəlɪ] ADV legalmente; **the children were not ~ theirs** los hijos no eran legalmente suyos; **he was judged to have acted ~** consideraron que había actuado legítimamente

**lawgiver** ['lɔːˌgɪvəʳ] N (*Brit*) legislador(a) *m/f*

**lawless** ['lɔːlɪs] ADJ [*act*] ilegal; [*person*] rebelde, que rechaza la ley; [*country*] ingobernable, anárquico

**lawlessness** ['lɔːlɪsnɪs] N [*of place*] desgobierno *m*, anarquía *f*; [*of act*] ilegalidad *f*, criminalidad *f*

**lawmaker** ['lɔːˌmeɪkəʳ] N (*US*) legislador(a) *m/f*

**lawn¹** [lɔːn] Ⓐ N césped *m*, pasto *m* (*LAm*)
Ⓑ CPD ► **lawn tennis** N tenis *m* sobre hierba

**lawn²** [lɔːn] N (= *cloth*) linón *m*

**lawnmower** ['lɔːnˌməʊəʳ] N cortacésped *m* (*Sp*), segadora *f* (*LAm*)

**Lawrence** ['lɒrəns] N Lorenzo

**lawrencium** [lɒ'rensɪəm] N laurencio *m*

**lawsuit** ['lɔːsuːt] N pleito *m*, juicio *m*; **to bring a ~ against sb** entablar demanda judicial contra algn

**lawyer** ['lɔːjəʳ] N abogado/a *m/f*; **a divorce ~** un abogado matrimonialista

**LAWYERS**

*En el Reino Unido existen dos tipos diferentes de abogados:* **solicitors** *y* **barristers** *(estos últimos reciben el nombre de* **advocates** *en Escocia). Los* **solicitors** *defienden a sus clientes ante tribunales de menor importancia y se encargan de asuntos civiles tales como la compra o venta de propiedades, testamentos, divorcios o el cobro de deudas, aunque pueden ser contratados directamente por el cliente para que los representen en casos tanto civiles como penales. Por su parte, los* **barristers** *o* **advocates** *no tratan directamente con sus clientes sino que, en los asuntos legales particulares, asesoran solamente en aquellos casos que les son remitidos por los* **solicitors**, *ya que su formación va más bien dirigida para actuar ante el Tribunal Supremo.*

⇨ *Ver tb* ATTORNEY

**lax** [læks] ADJ (*compar* **laxer**; *superl* **laxest**) (*pej*) [*person, discipline*] poco estricto, poco riguroso; [*standards, morals*] laxo, relajado; **things are very ~ at the school** en el colegio hay poca disciplina; **to be ~ about** *or* **on punctuality** ser negligente en la puntualidad; **to be morally ~** tener una moral laxa *or* relajada

**laxative** ['læksətɪv] Ⓐ ADJ laxante
Ⓑ N laxante *m*

**laxity** ['læksɪtɪ], **laxness** ['læksnɪs] N (*pej*) [*of person, discipline*] falta *f* de rigor; [*of standards*] relajamiento *m*, relajación *f*; **moral ~** relajamiento *m or* relajación *f* de la moral

**lay¹** [leɪ] Ⓐ VT (*pp* **laid**) 1 (= *place, put*) poner, colocar; [+ *carpet, lino*] poner, extender; [+ *bricks*] poner, colocar; [+ *pipes*] (*in building*) instalar; [+ *cable, mains, track, trap*] tender; [+ *foundations*] echar; [+ *foundation stone*] colo-

car; [+ *bomb, explosives*] colocar; [+ *mines*] sembrar; **I haven't laid eyes on him for years** hace años que no lo veo; **I didn't ~ a finger on it!** ¡no lo toqué!; **to ~ sth flat** extender algo (sobre la mesa *etc*); **I don't know where to ~ my hands on ...** no sé dónde echar mano a *or* conseguir ...; **to ~ sth over** *or* **on sth** extender algo encima de algo
2 (= *prepare*) [+ *fire*] preparar; [+ *plans*] hacer; **to ~ the table** (*Brit*) poner la mesa; ✦*PROV* **the best laid plans (of mice and men) can go astray** el hombre propone y Dios dispone
3 (= *present*) [+ *plan, proposal*] presentar (**before** a); [+ *accusation, charge*] hacer; [+ *complaint*] formular, presentar; **to ~ a claim before sb** presentar una reivindicación a algn; **to ~ the facts before sb** presentar los hechos a algn; *see also* **charge A1**, **claim A2**
4 (= *attribute*) [+ *blame*] echar; [+ *responsibility*] atribuir (**on** a); **to ~ the blame (for sth) on sb** echar la culpa (de algo) a algn
5 (= *flatten, suppress*) [+ *corn*] abatir, encamar; [+ *dust*] matar; [+ *doubts, fears*] acallar; [+ *ghost*] conjurar
6 (= *cause to be*) **to ~ a town flat** arrasar *or* destruir una ciudad; **he has been laid low with flu** la gripe lo ha tenido en cama; **to ~ o.s. open to attack/criticism** exponerse al ataque/a la crítica; **to be laid to rest** ser enterrado; *see also* **open A11**
7 [+ *bet*] hacer; [+ *money*] apostar (**on** a); **I'll ~ you a fiver on it!** ¡te apuesto cinco libras a que es así!; **to ~ that ...** apostar a que ...; **they're ~ing bets on who is going to leave next** hacen apuestas sobre quién será el próximo en marcharse; *see also* **odds 1**
8 [+ *egg*] [*bird, reptile*] poner; [*fish, amphibian, insect*] depositar; **it ~s its eggs on/in ...** [*fish, amphibian, insect*] deposita los huevos *or* desova en ...
9 (‡) (= *have sex with*) tirarse a‡‡, follarse a (*Sp*‡‡)
Ⓑ VI [*hen*] poner (huevos)
Ⓒ N 1 [*of countryside, district etc*] disposición *f*, situación *f*; **the ~ of the land** (*US*) la configuración del terreno; (*fig*) la situación, el estado de las cosas
2 **hen in ~** gallina *f* ponedora; **to come into ~** empezar a poner huevos; **to go out of ~** dejar de poner huevos
3 (‡) **she's an easy ~** es una tía fácil*; **she's a good ~** se lo hace muy bien‡
4 (‡‡) (= *act*) polvo‡‡ *m*
Ⓓ CPD ▸ **lay days** NPL (*Comm*) días *mpl* de detención *or* inactividad

▸**lay about** VI + ADV **to ~ about sb** dar palos de ciego, repartir golpes a diestro y siniestro

▸**lay aside** VT + ADV 1 (= *save*) [+ *food, provisions*] guardar; [+ *money*] ahorrar
2 (= *put away*) [+ *book, pen*] dejar, poner a un lado
3 (= *abandon*) [+ *prejudices, differences*] dejar de lado

▸**lay away** VT + ADV (*US*) = **lay aside 1**

▸**lay by** VT + ADV = **lay aside 1**

▸**lay down** Ⓐ VT + ADV 1 (= *put down*) [+ *book, pen*] dejar, poner a un lado; [+ *luggage*] dejar; [+ *burden*] posar, depositar en tierra; [+ *cards*] extender sobre el tapete; (= *lay flat*) [+ *person, body*] acostar, tender; **to ~ o.s. down** tumbarse, echarse
2 [+ *ship*] colocar la quilla de
3 [+ *wine*] poner en bodega, guardar en cava
4 (= *give up*) [+ *arms*] deponer, rendir; **to ~ down one's life for sth/sb** dar su vida por algo/algn
5 (= *establish*) [+ *condition*] establecer; [+ *precedent*] sentar, establecer; [+ *principle*] establecer, formular; [+ *policy*] trazar, formular; [+ *ruling*] dictar; **to ~ it down that ...** asentar que ..., dictaminar que ...; *see also* **law A2**
6 (= *impose*) [+ *condition*] imponer
Ⓑ VI + ADV (*Cards*) poner sus cartas sobre el tapete; (*Bridge*) (*as dummy*) tumbarse

▸**lay in** VT + ADV [+ *food, fuel, water*] proveerse de, abastecerse de; (= *amass*) acumular; (= *buy*) comprar; **to ~ in supplies** aprovisionarse; **to ~ in supplies of sth** proveerse *or* abastecerse de algo

▸**lay into*** VI + PREP [+ *person*] (*lit, fig*) arremeter contra; [+ *food*] lanzarse sobre, asaltar

▸**lay off** Ⓐ VT + ADV [+ *workers*] (= *sack*) despedir; (*temporarily*) despedir *or* suspender (temporalmente por falta de trabajo)
Ⓑ VI + ADV 1 (*Naut*) virar de bordo
2 (*) **~ off, will you?** ¡déjalo!, ¡por Dios!
Ⓒ VI + PREP (*) **to ~ off sb** dejar a algn en paz; **to ~ off cigarettes** dejar de fumar (cigarrillos); **~ off it!** ¡ya está bien!, ¡déjalo por Dios!

▸**lay on** VT + ADV 1 (*Brit*) (= *install*) instalar, conectar; **a house with water laid on** una casa con agua corriente
2 (= *provide*) [+ *food, drink*] proporcionar; **you rent the hall and we'll ~ on the refreshments** usted alquila la sala y nosotros nos hacemos cargo de *or* ponemos los refrigerios; **everything's laid on** todo está dispuesto; **they laid on a car for me** pusieron un coche a mi disposición
3 [+ *paint*] poner, aplicar; ✦*IDIOM* **to ~ it on thick** *or* **with a trowel*** (= *exaggerate*) recargar las tintas*
4 [+ *tax, duty*] imponer
5 **to ~ it on sb*** dar una paliza a algn

▸**lay out** VT + ADV 1 (= *dispose*) [+ *cloth, rug*] tender, extender; [+ *objects*] disponer, arreglar; [+ *goods for sale*] exponer; [+ *garden, town*] trazar, hacer el trazado de; [+ *page, letter*] presentar, diseñar; [+ *clothes*] preparar; [+ *ideas*] exponer, explicar; **the house is well laid out** la casa está bien distribuida; **the town is well laid out** la ciudad tiene un trazado elegante
2 [+ *corpse*] amortajar
3 [+ *money*] (= *spend*) gastar; (= *invest*) invertir, emplear (**on** en)
4 (*) (= *knock out*) derribar; (*Boxing*) dejar K.O.
5 (*reflexive*) **to ~ o.s. out for sb** hacer lo posible por ayudar/complacer a algn; **he laid himself out to please** se volcó por complacerla/los *etc*

▸**lay over** VI + ADV (*US*) pasar la noche, descansar

▸**lay up** VT + ADV 1 (= *store*) guardar, almacenar; (= *amass*) acumular; **he's ~ing up trouble for himself** se está creando *or* buscando problemas
2 (= *put out of service*) [+ *ship*] meter en el dique seco; [+ *boat*] amarrar; [+ *car*] encerrar (en el garaje)
3 (*Med*) **to be laid up (with sth)** estar en cama (con algo); **she was laid up for weeks** tuvo que guardar cama durante varias semanas

**lay²** [leɪ] PT *of* **lie²**

**lay³** [leɪ] Ⓐ ADJ (*Rel*) láico, lego, seglar; (= *non-specialist*) lego, profano, no experto
Ⓑ CPD ▸ **lay brother** N (*Rel*) donado *m*, lego *m*, hermano *m* lego ▸ **lay person** N (*Rel*) lego/a *m/f*; (= *non-specialist*) profano/a *m/f* ▸ **lay reader** N (*Rel*) *persona laica encargada de conducir parte de un servicio religioso* ▸ **lay sister** N (*Rel*) donada *f*, lega *f*

**lay⁴** [leɪ] N (*Mus, Literat*) trova *f*, canción *f*

**layabout*** [ˈleɪəbaʊt] N holgazán/ana *m/f*, vago/a *m/f*

**lay-by** [ˈleɪbaɪ] N (*Aut*) área *f* de descanso, área *f* de estacionamiento

**layer** [ˈleɪəʳ] Ⓐ N 1 (*gen*) capa *f*; (*Geol*) estrato *m*; (*Agr*) acodo *m*
2 (= *hen*) gallina *f* ponedora; **to be a good ~** ser buena ponedora; **the best ~** la más ponedora
Ⓑ VT 1 (*Culin*) [+ *vegetables, pasta, pancakes*] poner en capas
2 (*Agr*) acodar

**layette** [leɪˈet] N canastilla *f*, ajuar *m*

**laying** [ˈleɪɪŋ] N (= *placing*) colocación *f*; [*of cable, track etc*] tendido *m*; [*of eggs*] puesta *f*, postura *f*; **~ on of hands** imposición *f* de manos

**layman** [ˈleɪmən] N (*pl* **laymen**) 1 (*Rel*) seglar *mf*, lego/a *m/f*
2 (*fig*) profano(a) *m/f*, lego(a) *m/f*; **in ~'s terms** para entendernos, para los profanos en la materia

**lay-off** [ˈleɪɒf] N (= *act*) despido *m*; (= *period*) paro *m* (involuntario), baja *f*

**layout** [ˈleɪaʊt] N [*of building*] plan *m*, distribución *f*; [*of town*] trazado *m*; (*Typ*) composición *f*

**layover** [ˈleɪəʊvəʳ] N (*US*) parada *f* intermedia; (*Aer*) escala *f*

**Lazarus** [ˈlæzərəs] N Lázaro

**laze** [leɪz] VI (*also* **~ about, ~ around**) no hacer nada, descansar; (*pej*) holgazanear, gandulear; **we ~d in the sun for a week** pasamos una semana tirados al sol

**lazily** [ˈleɪzɪlɪ] ADV 1 (= *without effort*) perezosamente
2 (*fig*) [*drift, float*] perezosamente (*liter*), lentamente

**laziness** [ˈleɪzɪnɪs] N pereza *f*, flojera *f* (*esp LAm**)

**lazy** [ˈleɪzɪ] (*compar* **lazier**; *superl* **laziest**) ADJ 1 (= *idle*) perezoso, vago; **to feel ~** tener pereza, tener flojera (*esp LAm**); **to have a ~ eye** (*Med*) tener un ojo vago
2 (*pej*) (= *unconsidered*) [*assumption*] poco meditado; **it's another example of ~ thinking** es otro ejemplo de pensar sin cuestionar las cosas
3 (= *relaxed*) [*smile, gesture*] perezoso; [*meal, day*] relajado; [*holiday*] descansado; **we spent a ~ Sunday on the river** pasamos un domingo de lo más relajado en el río
4 (*liter*) [*river*] lento

**lazybones** [ˈleɪzɪˌbəʊnz] NSING gandul(a) *m/f*, vago/a *m/f*, flojo/a *m/f* (*LAm*)

**lazy Susan** [ˌleɪzɪˈsuːzn] N (= *dish*) *bandeja giratoria para servir la comida en la mesa*

**LB** ABBR (*Canada*) = **Labrador**

**lb** ABBR (= **pound**) libra *f*

**LBO** N ABBR (*Fin*) = **leveraged buyout**

**lbw** ABBR (*Cricket*) (= **leg before wicket**) *expulsión de un jugador cuya pierna ha sido golpeada por la pelota que de otra forma hubiese dado en los palos*

**LC** N ABBR (*US*) = **Library of Congress**

**lc, l.c.** ABBR (*Typ*) (= **lower case**) min

**L/C** N ABBR (*Comm*) (= **letter of credit**) cta. cto.

**LCD, lcd** N ABBR 1 (= **liquid crystal display**) VCL *m*
2 = **lowest common denominator**

**L-Cpl** ABBR *of* **lance corporal**

**Ld** ABBR *of* **Lord**

**LDS** N ABBR [1] (*Univ*) = **Licentiate in Dental Surgery**
[2] (= **Latter-day Saints**) Iglesia *f* de Jesucristo de los Santos de los Últimos Días

**LEA** N ABBR (*Brit Educ*) = **Local Education Authority**

**lea** [liː] N (*poet*) prado *m*

**leach** [liːtʃ] Ⓐ VT lixiviar
Ⓑ VI lixiviarse

**lead¹** [led] Ⓐ N (= *metal*) plomo *m*; (*in pencil*) mina *f*; (*Naut*) sonda *f*, escandallo *m*; **my limbs felt like ~** *or* **as heavy as ~** los brazos y las piernas me pesaban como plomo; **they filled him full of ~*** lo acribillaron a balazos; ✦*IDIOM* **to swing the ~*** fingirse enfermo, racanear*, hacer el rácano*
Ⓑ CPD de plomo ► **lead acetate** N acetato *m* de plomo ► **lead crystal** N cristal *m* (que contiene óxido de plomo) ► **lead oxide** N óxido *m* de plomo ► **lead paint** N pintura *f* a base de plomo ► **lead pencil** N lápiz *m* ► **lead pipe** N tubería *f* de plomo ► **lead poisoning** N saturnismo *m*, plumbismo *m*, intoxicación *f* por el plomo ► **lead shot** N perdigonada *f*

**lead²** [liːd] (*vb: pt, pp* **led**) Ⓐ N [1] (= *leading position, Sport*) delantera *f*, cabeza *f*; (= *distance, time, points ahead*) ventaja *f*; **to be in the ~** (*gen*) ir a la *or* en cabeza, ir primero; (*Sport*) llevar la delantera; (*in league*) ocupar el primer puesto; **to have two minutes' ~ over sb** llevar a algn una ventaja de dos minutos; **to have a ~ of half a length** tener medio cuerpo de ventaja; **to take the ~** (*Sport*) tomar la delantera; (= *take the initiative*) tomar la iniciativa
[2] (= *example*) ejemplo *m*; **to follow sb's ~** seguir el ejemplo de algn; **to give sb a ~** guiar a algn, dar el ejemplo a algn, mostrar el camino a algn
[3] (= *clue*) pista *f*, indicación *f*; **the police have a ~** la policía tiene una pista; **to follow up a ~** seguir *or* investigar una pista
[4] (*Theat*) papel *m* principal; (*in opera*) voz *f* cantante; (= *person*) primer actor *m*, primera actriz *f*; **to play the ~** tener el papel principal; **to sing the ~** llevar la voz cantante; **with Greta Garbo in the ~** con Greta Garbo en el primer papel
[5] (= *leash*) cuerda *f*, traílla *f*, correa *f* (*LAm*); **dogs must be kept on a ~** los perros deben llevarse con traílla
[6] (*Elec*) cable *m*
[7] (*Cards*) **whose ~ is it?** ¿quién sale?, ¿quién es mano?; **it's my ~** soy mano, salgo yo; **it's your ~** tú eres mano, sales tú; **if the ~ is in hearts** si la salida es a corazones
[8] (*Press*) primer párrafo *m*, entrada *f*
Ⓑ VT [1] (= *conduct*) llevar, conducir; **to ~ sb to a table** conducir a algn a una mesa; **kindly ~ me to him** haga el favor de conducirme a su presencia *or* de llevarme donde está; **they led him into the king's presence** lo condujeron ante el rey; **what led you to Venice?** ¿qué te llevó a Venecia?, ¿con qué motivo fuiste a Venecia?; **this road ~s you back to Jaca** por este camino se vuelve a Jaca; **this ~s me to an important point** esto me lleva a un punto importante; **this discussion is ~ing us nowhere** esta discusión no nos lleva a ninguna parte; **to ~ the way** (*lit*) ir primero; (*fig*) mostrar el camino, dar el ejemplo
[2] (= *be the leader of*) [+ *government*] dirigir, encabezar; [+ *party*] encabezar, ser jefe de; [+ *expedition, regiment*] mandar; [+ *discussion*] conducir; [+ *team*] capitanear; [+ *league*] ir a la *or* en cabeza de, encabezar, ocupar el primer puesto en; [+ *procession*] ir a la *or* en cabeza de, encabezar; [+ *orchestra*] (*Brit*) ser el primer violín en; (*US*) dirigir
[3] (= *be first in*) **to ~ the field** (*Sport*) ir a la cabeza, llevar la delantera; **they ~ the field in this area of research** son los líderes en este campo de la investigación; **Britain led the world in textiles** Inglaterra era el líder mundial en la industria textil
[4] (= *be in front of*) [+ *opponent*] aventajar; **Roberts ~s Brown by four games to one** Roberts le aventaja a Brown por cuatro juegos a uno; **they led us by 30 seconds** nos llevaban una ventaja de 30 segundos
[5] [+ *life, existence*] llevar; **to ~ a busy life** llevar una vida muy ajetreada; **to ~ a full life** llevar *or* tener una vida muy activa, llevar *or* tener una vida llena de actividades; **to ~ sb a miserable life** amargar la vida a algn; *see also* **dance A1**, **life A3**
[6] (= *influence*) **to ~ sb to do sth** llevar *or* inducir *or* mover a algn a hacer algo; **we were led to believe that ...** nos hicieron creer que ...; **what led you to this conclusion?** ¿qué te hizo llegar a esta conclusión?; **he is easily led** es muy sugestionable; **to ~ sb into error** inducir a algn a error
Ⓒ VI [1] (= *go in front*) ir primero
[2] (*in match, race*) llevar la delantera; **he is ~ing by an hour/ten metres** lleva una hora/diez metros de ventaja
[3] (*Cards*) ser mano, salir; **you ~** sales tú, tú eres mano; **she led with the three of clubs** salió con el tres de tréboles
[4] (= *be in control*) estar al mando; **we need someone who knows how to ~** necesitamos una persona que sepa estar al mando *or* que tenga dotes de mando
[5] **to ~ to** [*street, corridor*] conducir a; [*door*] dar a; **this street ~s to the station** esta calle conduce a la estación, por esta calle se va a la estación; **this street ~s to the main square** esta calle sale a *or* desemboca en la plaza principal; **this road ~s back to Burgos** por este camino se vuelve a Burgos
[6] (= *result in*) **to ~ to** llevar a; **it led to his arrest** llevó a su detención; **all my enquiries led nowhere** mis indagaciones no llevaron a nada; **it led to war** condujo a la guerra; **it led to a change** produjo un cambio; **one thing led to another ...** una cosa nos/los *etc* llevó a otra ...; **it all ~s back to the butler** todo nos lleva de nuevo al mayordomo (como sospechoso)
Ⓓ CPD ► **lead singer** N cantante *mf* ► **lead story** N reportaje *m* principal ► **lead time** N plazo *m* de entrega

►**lead along** VT + ADV llevar (por la mano)

►**lead away** VT + ADV (*gen*) llevar; **he was led away by the police** se lo llevó la policía; **we must not be led away from the main issue** no nos apartemos del asunto principal

►**lead in** Ⓐ VT + ADV hacer entrar a
Ⓑ VI + ADV **this is a way of ~ing in** ésta es una manera de introducir (el argumento *etc*); **to ~ in with** empezar con

►**lead off** Ⓐ VT + ADV [1] (= *take away*) llevar
[2] (*fig*) (= *begin*) empezar (**with** con)
Ⓑ VI + PREP [*street*] salir de; [*room*] comunicar con; **the streets that ~ off (from) the square** las calles que salen de la plaza; **a room ~ing off (from) another** una habitación que comunica con otra

►**lead on** Ⓐ VT + ADV [1] (= *tease*) engañar, engatusar; (*amorously*) ir dando esperanzas a
[2] (= *incite*) **to ~ sb on (to do sth)** incitar a algn (a hacer algo)
Ⓑ VI + ADV ir primero, ir a la cabeza; **you ~ on** tú primero; **~ on!** ¡vamos!, ¡adelante!

►**lead out** VT + ADV (*outside*) llevar *or* conducir fuera; (*onto stage, dance floor*) sacar

►**lead up to** VI + PREP llevar a, conducir a; **what's all this ~ing up to?** ¿a dónde lleva *or* a qué conduce todo esto?, ¿a qué vas con todo esto?; **the years that led up to the war** los años que precedieron a la guerra; **the events that led up to the war** los sucesos que condujeron a la guerra

**leaded** [ˈledɪd] Ⓐ ADJ [*window*] emplomado
Ⓑ CPD ► **leaded lights** N cristales *mpl* emplomados ► **leaded petrol** N gasolina *f* con plomo

**leaden** [ˈledn] ADJ (= *of lead*) de plomo, plúmbeo; (*in colour*) plomizo; (*fig*) [*heart*] triste

**leaden-eyed** [ˌlednˈaɪd] ADJ **to be ~** tener los párpados pesados

**leader** [ˈliːdəʳ] Ⓐ N [1] [*of group, party*] líder *m/f*, jefe/a *m/f*; (= *guide*) guía *mf*, conductor(a) *m/f*; [*of rebels*] cabecilla *mf*; (*Mus*) [*of orchestra*] (*Brit*) primer violín *m*; (*US*) director(a) *m/f*; **our political ~s** nuestros líderes políticos; **he's a born ~** ha nacido para mandar; **Leader of the House** (*of Commons*) (*Pol*) Presidente/a *m/f* de la Cámara de los Comunes; (*of Lords*) Presidente/a *m/f* de la Cámara de los Lores; **Leader of the Opposition** jefe/a *m/f* de la oposición
[2] (*in race, field etc*) primero/a *m/f*; (*in league*) líder *m*; (= *horse*) caballo *m* que va primero; *see also* **market D**, **world B**
[3] (*in newspaper*) editorial *m*
[4] (*Comm*) (= *company, product*) líder *m*
Ⓑ CPD ► **leader writer** N (*Brit*) editorialista *mf*

**LEADER OF THE HOUSE**

**Leader of the House** *es el término que, en el Reino Unido, hace referencia tanto al presidente de la Cámara de los Comunes como al presidente de la Cámara de los Lores. Ambos pertenecen al gobierno británico y son los encargados de organizar y hacer público el horario semanal de debates y otros asuntos en sus respectivas cámaras, previa consulta con su homólogo de la oposición o* **Shadow Leader of the House** *y con los* **Whips** *de cada partido.*
⇨ *Ver tb* WHIP, SPEAKER

**leaderene** [ˌliːdəˈriːn] N (*hum*) líder *f*

**leadership** [ˈliːdəʃɪp] N [1] (= *position*) dirección *f*, liderazgo *m*; **under the ~ of ...** bajo la dirección *or* liderazgo de ...; **~ qualities** dotes *fpl* de mando; **to take over the ~ (of sth)** asumir la dirección (de algo)
[2] (= *leaders*) dirección *f*, jefatura *f*

**lead-free** [ˌledˈfriː] ADJ sin plomo

**lead-in** [ˈliːdˈɪn] N introducción *f* (**to** a)

**leading** [ˈliːdɪŋ] Ⓐ ADJ [1] (= *foremost*) [*expert, politician, writer*] principal, más destacado; (*Ind*) [*producer*] principal; [*company, product, brand*] líder; (*Theat, Cine*) [*part, role*] principal, de protagonista; **one of Britain's ~ writers** uno de los principales *or* más destacados escritores británicos; **to play the ~ role** *or* **part in** [+ *film, play*] interpretar el papel principal *or* de protagonista en
[2] (= *prominent*) [*expert, politician, writer*] destacado; **~ scientists believe it will be possible** destacados científicos creen que será posible; **a ~ member of the Sikh community** un miembro destacado de la comunidad sij; **a ~ industrial nation** un país industrializado líder, uno de los principales países industrializados; **to play a ~ role** *or* **part in sth**

(*fig*) jugar un papel importante *or* destacado en algo
[3] (*in race*) [*athlete, horse, driver*] en cabeza, que va a la cabeza; (*in procession, convoy*) que va a la cabeza
Ⓑ CPD ► **leading article** N (*Brit Press*) artículo *m* de fondo, editorial *m* ► **leading edge** N (*Aer*) [*of wing*] borde *m* anterior; (= *forefront*) vanguardia *f*; *see also* **leading-edge**; **to be at** *or* **on the ~ edge of** estar a la vanguardia de ► **leading lady** N (*Theat*) primera actriz *f*; (*Cine*) protagonista *f* ► **leading light** N figura *f* principal ► **leading man** N (*Theat*) primer actor *m*; (*Cine*) protagonista *m* ► **leading question** N pregunta *f* capciosa

**leading-edge** [ˌli:dɪŋ'edʒ] ADJ **~ technology** tecnología *f* de vanguardia, tecnología *f* punta

**lead-up** ['li:dʌp] N período *m* previo (**to** a); **during the ~ to the election ...** durante la precampaña electoral ...; **the ~ to the wedding** los meses antes de la boda

**leaf** [li:f] Ⓐ N (*pl* **leaves**) [1] [*of plant*] hoja *f*; **to come into ~** echar hojas; *see also* **shake C1**
[2] [*of book*] página *f*; ✦**IDIOMS to turn over a new ~** pasar página, hacer borrón y cuenta nueva; **to take a ~ out of sb's book** seguir el ejemplo de algn
[3] [*of table*] ala *f*, hoja *f* abatible
Ⓑ CPD ► **leaf bud** N yema *f* ► **leaf mould**, **leaf mold** (*US*) N mantillo *m* (de hojas), abono *m* verde ► **leaf spinach** N hojas *fpl* de espinaca ► **leaf tobacco** N tabaco *m* en rama

►**leaf through** VI + PREP [+ *book*] hojear

**leafless** ['li:flɪs] ADJ sin hojas, deshojado

**leaflet** ['li:flɪt] Ⓐ N (*containing several pages*) folleto *m*; (= *single piece of paper*) octavilla *f*
Ⓑ VI repartir folletos
Ⓒ VT [+ *area, street*] repartir folletos en

**leafy** ['li:fɪ] ADJ (*compar* **leafier**; *superl* **leafiest**) frondoso, con muchas hojas; **the ~ suburbs of the city** los barrios residenciales de la ciudad

**league**[1] [li:g] N (= *measure*) legua *f*

**league**[2] [li:g] Ⓐ N liga *f* (*also Sport*), sociedad *f*, asociación *f*, comunidad *f*; **League of Nations** Sociedad *f* de las Naciones; **he's not in the same ~** (*fig*) no está al mismo nivel; **they're not in the same ~** (*fig*) no hay comparación; **to be in ~ with sb** estar de manga con algn, haberse confabulado con algn
Ⓑ CPD ► **league champion(s)** NPL campeón *msing* de liga ► **league leader** N líder *m* de la liga ► **league table** N clasificación *f*

**leak** [li:k] Ⓐ N [1] (= *hole*) (*in roof*) gotera *f*; (*in pipe, radiator, tank*) rotura *f*; (*in boat*) vía *f* de agua; *see also* **spring B1**
[2] (= *escape*) [*of gas, water, chemical*] escape *m*, fuga *f*
[3] (*fig*) [*of information, document*] filtración *f*; *see also* **security B**
[4] ✦**IDIOM to go for** *or* **have** *or* **take a ~**⁑ echar una meada⁑, mear⁑
Ⓑ VI [1] (= *be leaky*) [*roof*] tener goteras; [*pipe, radiator, tank*] gotear, tener una fuga; [*boat*] hacer agua; [*pen*] perder tinta; **her shoes ~ed** le entraba agua en *or* por los zapatos; **the window is ~ing a bit** entra un poco de agua por la ventana; **my pen has ~ed onto my shirt** me ha caído tinta del bolígrafo en la camisa
[2] (= *escape*) **radioactive gas was ~ing from a reactor** había un escape *or* fuga de gas radiactivo en un reactor; **water was ~ing through the roof** entraba agua por el tejado, goteaba agua del tejado
Ⓒ VT [1] [+ *liquid*] (= *discharge*) perder; (= *pour out*) derramar; **a tanker has ~ed oil into the Baltic Sea** un petrolero ha derramado petróleo al mar Báltico; **it is feared that these weapons could ~ plutonium** se teme que se produzca un escape de plutonio de estas armas
[2] (*fig*) [+ *information, document*] filtrar (**to** a); **his letter was ~ed to the press** su carta se filtró a la prensa

►**leak in** VI + ADV [*liquid*] entrar

►**leak out** VI + ADV [1] (*lit*) [*gas, liquid*] salirse
[2] (*fig*) [*secret, news, information*] filtrarse

**leakage** ['li:kɪdʒ] N [1] (*lit*) [*of gas, liquid*] escape *m*, fuga *f*
[2] (*fig*) filtración *f*

**leakproof** ['li:kpru:f] ADJ [*container*] hermético; [*nappy, pants*] impermeable

**leaky** ['li:kɪ] ADJ (*compar* **leakier**; *superl* **leakiest**) [*roof*] con goteras; [*pipe, container*] que gotea, con fugas; [*boat*] que hace agua; [*pen*] que pierde tinta

**lean**[1] [li:n] Ⓐ ADJ (*compar* **leaner**; *superl* **leanest**) [1] (= *slim*) [*person, body*] delgado, enjuto; [*animal*] flaco; **companies will need to be ~er in order to compete** las compañías tendrán que racionalizarse para ser más competitivas
[2] (= *not prosperous*) [*times*] difícil; [*harvest*] pobre; **to have a ~ time of it** pasar por una mala racha; **~ years** años *mpl* de vacas flacas
[3] (= *not fatty*) [*meat*] magro, sin grasa
[4] (*Aut*) **~ mixture** mezcla *f* pobre
Ⓑ N (*Culin*) magro *m*

**lean**[2] [li:n] (*pt, pp* **leaned** *or* **leant**) Ⓐ VI [1] (= *slope*) inclinarse, ladearse; **to ~ to(wards) the left/right** (*lit*) estar inclinado hacia la izquierda/derecha; (*fig*) (*Pol*) inclinarse hacia la izquierda/la derecha; **to ~ towards sb's opinion** inclinarse por la opinión de algn
[2] (*for support*) apoyarse; **to ~ on/against sth** apoyarse en/contra algo; **to ~ on sb** (*lit*) apoyarse en algn; (*fig*) (= *put pressure on*) presionar a algn; **to ~ on sb for support** (*fig*) contar con el apoyo de algn
Ⓑ VT **to ~ a ladder/a bicycle against a wall** apoyar una escala/una bicicleta contra una pared; **to ~ one's head on sb's shoulder** apoyar la cabeza en el hombro de algn

►**lean back** VI + ADV reclinarse, recostarse

►**lean forward** VI + ADV inclinarse hacia delante

►**lean out** VI + ADV asomarse; **to ~ out of the window** asomarse a *or* por la ventana

►**lean over** Ⓐ VI + ADV inclinarse; **to ~ over backwards to help sb** volcarse *or* desvivirse por ayudar a algn; **we've ~ed over backwards to get agreement** hemos hecho todo lo posible *or* nos hemos volcado para llegar a un acuerdo
Ⓑ VI + PREP inclinarse sobre

**Leander** [li:'ændəʳ] N Leandro

**leaning** ['li:nɪŋ] Ⓐ N inclinación *f* (**to, towards** hacia), tendencia *f* (**to, towards** a); **she has leftish ~s** tiene inclinaciones *or* tendencias izquierdistas; **he has artistic ~s** tiene inclinaciones artísticas
Ⓑ ADJ inclinado; **the Leaning Tower of Pisa** la Torre Inclinada de Pisa

**leanness** ['li:nnɪs] N [1] [*of person, body*] delgadez *f*; [*of animal*] flacura *f*, flaqueza *f*
[2] [*of meat*] lo magro; **the meat is valued for its ~** la carne es muy apreciada por lo magra que es

**leant** [lent] PT, PP *of* **lean**[2]

**lean-to** ['li:ntu:] N (*pl* **lean-tos**) cobertizo *m*

**leap** [li:p] (*vb: pp, pt* **leaped** *or* **leapt**) Ⓐ N [1] (= *jump*) [1·1] (*lit*) salto *m*; (*showing exuberance*) salto *m*, brinco *m*
[1·2] (*fig*) salto *m*; **by ~s and bounds** a pasos agigantados; **a ~ in the dark** un salto al vacío; **his heart gave a ~** le dio un vuelco el corazón; **it doesn't take a great ~ of the imagination to foresee what will happen** no se requiere un gran esfuerzo de imaginación para prever lo que va a pasar; **she successfully made the ~ into films** dio el salto con éxito al mundo del cine; **to make** *or* **take a huge ~ forward** dar un gran salto *or* paso hacia adelante; **to make** *or* **take a ~ of faith** hacer un gran esfuerzo de fe, hacer profesión de fe; **mental ~** salto *m* mental; **a ~ into the unknown** un salto a lo desconocido
[2] (= *increase*) subida *f*; **a 6% ~ in profits** una subida de un 6% en las ganancias
Ⓑ VI [1] (= *jump*) [1·1] (*lit*) saltar; (*exuberantly*) brincar, saltar; **to ~ about** dar saltos, brincar; **to ~ about with excitement** dar saltos *or* brincar de emoción; **the dog ~ed at the man, snarling** el perro saltó *or* se arrojó sobre el hombre gruñiendo; **he ~t down from his horse** se bajó del caballo de un salto; **the car ~t forward** el coche dio una sacudida; **he ~t from a moving train** saltó de un tren en marcha; **he ~ed into the river** saltó *or* se tiró al río; **he ~t off/onto the bus** bajó del/subió al autobús de un salto; **he suddenly ~t on top of me** de repente me saltó *or* se me tiró encima; **to ~ out of a car** bajarse *or* saltar de un coche; **she ~t out of bed** se levantó de la cama de un salto, saltó de la cama; **to ~ over** [+ *obstacle*] saltar por encima de; [+ *stream*] cruzar de un salto; **to ~ to one's feet** levantarse de un salto
[1·2] (*fig*) **my heart ~ed** me dio un vuelco el corazón; **she ~t at the chance to play the part** no dejó escapar la oportunidad de representar el papel; **to ~ at an offer** aceptar una oferta al vuelo; **he ~t on my mistake** se lanzó sobre mi error; **the tabloids are quick to ~ on such cases** la prensa amarilla está a la que salta con estos casos; **the headline ~t out at her** el titular le saltó a la vista; **he ~t to his brother's defence** enseguida saltó a defender a su hermano
[2] (= *increase*) **sales ~t by one third** las ventas se incrementaron repentinamente en un tercio
Ⓒ VT [+ *fence, ditch*] saltar por encima de; [+ *stream, river*] cruzar de un salto
Ⓓ CPD ► **leap year** N año *m* bisiesto

►**leap up** VI + ADV [1] [*person*] levantarse de un salto; [*flame*] subir; **the dog ~t up at him** el perro le saltó *or* se le echó encima
[2] (= *increase*) [*profits, sales, prices, unemployment*] subir de repente

**leapfrog** ['li:pfrɒg] Ⓐ N pídola *f*; **to play ~** jugar a la pídola
Ⓑ VI jugar a la pídola; **to ~ over sth/sb** saltar por encima de algo/algn
Ⓒ VT saltar por encima de

**leapt** [lept] PT, PP *of* **leap**

**learn** [lɜ:n] (*pt, pp* **learned** *or* **learnt**) Ⓐ VT [1] (*by study, practice, etc*) [+ *language, words, skill*] aprender; [+ *instrument*] aprender a tocar; **you can ~ a lot by listening and thinking** se puede aprender mucho escuchando y pensando; **I ~t a lot from her** aprendí mucho de ella; **you must ~ patience** tienes que aprender a tener paciencia; **to ~ (how) to do sth** aprender a hacer algo; **to ~ sth by heart** aprender(se) algo de memoria; ✦**IDIOM to ~ one's lesson** aprender la lección, escarmentar; *see also* **line**[1] **A4**, **rope A**

[2] (= *find out*) enterarse de; **to ~ that** enterarse de que

[3] (*) (= *show, teach*) (*incorrect usage*) enseñar; **that'll ~ you** para que escarmientes *or* aprendas, te está bien empleado; **I'll ~ you!** ¡yo te enseñaré!

Ⓑ VI [1] (*by study, practice, etc*) aprender; **it's never too late to ~** nunca es tarde para aprender; **he'll ~!** ¡un día aprenderá!, ¡ya aprenderá!; **we are ~ing about the Romans** estamos estudiando los romanos; **to ~ from experience** aprender por experiencia; **to ~ from one's mistakes** aprender de los errores (cometidos)

[2] (= *find out*) **to ~ of** *or* **about sth** enterarse de algo

►**learn off** VT + ADV aprender de memoria

►**learn up** VT + ADV esforzarse por aprender, empollar

**learned** ['lɜːnɪd] Ⓐ ADJ [*person*] docto, erudito; [*remark, speech, book*] erudito; [*profession*] liberal; **my ~ friend** (*frm*) mi distinguido colega

Ⓑ CPD ► **learned body** N academia *f* ► **learned society** N sociedad *f* científica

**learnedly** ['lɜːnɪdlɪ] ADV eruditamente

**learner** ['lɜːnəʳ] Ⓐ N (= *novice*) principiante *mf*; (= *student*) estudiante *mf*; (*also* **~ driver**) (*Brit*) conductor(a) *m/f* en prácticas, aprendiz(a) *m/f* de conductor(a); **to be a slow ~** tener dificultades de aprendizaje; **to be a fast ~** aprender con mucha rapidez

Ⓑ CPD ► **learner driver** N (*Brit*) conductor(a) *m/f* en prácticas, aprendiz(a) *m/f* de conductor(a)

**learner-centred**, **learner-centered** (*US*) ['lɜːnə,sentəd] ADJ centrado en el alumno

**learning** ['lɜːnɪŋ] Ⓐ N [1] (= *act*) aprendizaje *m*

[2] (= *knowledge*) conocimientos *mpl*, saber *m*; (= *erudition*) saber *m*, erudición *f*; **man of ~** sabio *m*, erudito *m*; **seat of ~** centro *m* de estudios

Ⓑ CPD ► **learning curve** N proceso *m* de aprendizaje; **it's a ~ curve** hay que ir aprendiendo poco a poco; **it's going to be a steep ~ curve** va a ser un proceso de aprendizaje rápido ► **learning difficulties** NPL dificultades *fpl* de aprendizaje

**learnt** [lɜːnt] (*esp Brit*) PT, PP *of* **learn**

**lease** [liːs] Ⓐ N contrato *m* de arrendamiento; **to take a house on a 99-year ~** alquilar una casa con un contrato de arrendamiento de 99 años; **to let sth out on ~** arrendar algo, dar algo en arriendo; ✦***IDIOMS*** **to give sb a new ~ of life** hacer revivir a algn; **to take on a new ~ of life** [*person*] recobrar su vigor; [*thing*] renovarse

Ⓑ VT (= *take*) arrendar (**from** de), tomar en arriendo; (= *rent*) alquilar; (= *give*) (*also* **~ out**) arrendar, alquilar, dar en arriendo

►**lease back** VT + ADV subarrendar

**leaseback** ['liːsbæk] N rearrendamiento *m* al vendedor, subarriendo *m*

**leasehold** ['liːshəʊld] Ⓐ N (= *contract*) derechos *mpl* de arrendamiento; (= *property*) inmueble *m* arrendado

Ⓑ CPD [*property, house, flat*] arrendado, alquilado ► **leasehold reform** N reforma *f* del sistema de arriendos

**leaseholder** ['liːshəʊldəʳ] N arrendatario/a *m/f*

**leash** [liːʃ] N correa *f*, traílla *f*; *see also* **strain¹ C**

**leasing** ['liːsɪŋ] N (= *option to buy*) alquiler *m* con opción a compra, leasing *m*; (= *renting*) arrendamiento *m*, alquiler *m*; (*Fin*) arrendamiento *m* financiero

➤ LANGUAGE IN USE: **least B1** 26.3

▼**least** [liːst] Ⓐ ADJ [1] SUPERL *of* **little²** [1·1] (= *minimum, smallest amount of*) menor; **with the ~ possible delay** con el menor retraso posible, a la mayor brevedad posible (*frm*); **choose yoghurts which contain the ~ fat** elija los yogures que contengan la menor cantidad de grasa; **he didn't have the ~ difficulty deciding** no le costó nada decidir

[1·2] (= *smallest, slightest*) [*idea, hint, complaint*] más mínimo; **she wasn't the ~ bit jealous** no estaba celosa en lo más mínimo; **we haven't the ~ idea where he is** no tenemos la más mínima *or* la menor idea de dónde está; **the ~ thing upsets her** se ofende a la mínima *or* por lo más mínimo; *see also* **last¹ C1**, **line¹ A11**

[2] (*in comparisons*) menos; **he has the ~ money** es el que menos dinero tiene

Ⓑ PRON [1] SUPERL *of* **little²** [1·1] (= *the very minimum*) (*gen*) lo menos; (= *amount*) lo mínimo; **"thanks, anyway" — "it was the ~ I could do"** —gracias de todas formas —era lo menos que podía hacer; **what's the ~ you are willing to accept?** ¿qué es lo mínimo que estás dispuesto a aceptar?; **that's the ~ of it** eso es lo de menos; **the ~ said the better** cuanto menos se hable de eso mejor; **accommodation was basic to say the ~** el alojamiento era muy sencillo, por no decir otra cosa; ✦***PROV*** **~ said, soonest mended** cuanto menos se diga, antes se arregla

[1·2] (*in comparisons*) **the country that spends the ~ on education** el país que menos (se) gasta en materia de enseñanza; **that's the ~ of my worries** eso es lo que menos me preocupa

[2] **in the ~**: **I don't mind in the ~** no me importa lo más mínimo; **Pete wasn't in the ~ in love with me** Pete no estaba ni mucho menos enamorado de mí; **"don't you mind?" — "not in the ~"** —¿no te importa? —en absoluto *or* —para nada

[3] **at ~** [3·1] (= *not less than*) por lo menos, como mínimo, al menos; **I must have slept for at ~ 12 hours** debo de haber dormido por lo menos *or* como mínimo *or* al menos 12 horas; **he earns at ~ as much as you do** gana por lo menos *or* al menos tanto como tú

[3·2] (= *if nothing more*) al menos, por lo menos; **we can at ~ try** al menos *or* por lo menos podemos intentarlo

[3·3] (= *for all that*) por lo menos, al menos; **it's rather laborious but at ~ it is not dangerous** requiere bastante trabajo pero por lo menos *or* al menos no es peligroso

[3·4] (= *anyway*) al menos, por lo menos; **Etta appeared to be asleep, at ~ her eyes were shut** Etta parecía estar dormida, al menos *or* por lo menos tenía los ojos cerrados

[3·5] **at the (very) ~** como mínimo, como poco

Ⓒ ADV menos; **the ~ expensive car** el coche menos caro; **they're the ones who need it the ~** son los que menos lo necesitan; **when ~ expected** cuando menos se espera; **~ of all me** y yo menos, yo menos que nadie; **no one knew, ~ of all me** nadie lo sabía, y yo menos; **for a variety of reasons, not ~ because it is cheap** por toda una serie de razones, entre ellas que es barato

**leastways*** ['liːstweɪz] ADV de todos modos

**leastwise** ['liːstwaɪz] ADV por lo menos

**least-worst** ['liːstwɜːst] ADJ menos malo; **the ~ scenario** el panorama menos malo (de todos)

**leather** ['leðəʳ] Ⓐ N [1] (= *hide*) cuero *m*, piel *f*

[2] (= *washleather*) gamuza *f*

[3] **leathers** (*for motorcyclist*) ropa *f* de cuero

Ⓑ VT (= *thrash*) zurrar*

Ⓒ CPD de cuero, de piel ► **leather goods** NPL artículos *mpl* de cuero ► **leather jacket** N cazadora *f* de cuero *or* de piel

**leather-bound** ['leðə,baʊnd] ADJ encuadernado en cuero

**leatherette** [,leðə'ret] N cuero *m* sintético, piel *f* sintética, polipiel *f*

**leathering*** ['leðərɪŋ] N **to give sb a ~** dar una paliza a algn

**leathern** (*liter*) ['leðə(ː)n] ADJ de cuero

**leatherneck*** ['leðənek] N (*US*) infante *m* de marina

**leathery** ['leðərɪ] ADJ [*meat*] correoso; [*skin*] curtido

**leave** [liːv] (*vb: pt, pp* **left**) Ⓐ N [1] (*frm*) (= *permission*) permiso *m*; **to ask ~ to do sth** pedir permiso para hacer algo; **by your ~**† con permiso de usted; **without so much as a "by your ~"** sin pedir permiso a nadie; **I take ~ to doubt it** me permito dudarlo

[2] (= *permission to be absent*) permiso *m*; (*Mil*) (*brief*) permiso *m*; (*lengthy, compassionate*) licencia *f*; **~ of absence** permiso *m* para ausentarse; **to be on ~** estar de permiso *or* (*S. Cone*) licenciado

[3] (= *departure*) **to take (one's) ~ (of sb)** despedirse (de algn); **to take ~ of one's senses** perder el juicio; **have you taken ~ of your senses?** ¿te has vuelto loco?

Ⓑ VT [1] (= *go away from*) dejar, marcharse de; [+ *room*] salir de, abandonar; [+ *hospital*] salir de; [+ *person*] abandonar, dejar; **I'll ~ you at the station** te dejo en la estación; **I must ~ you** tengo que despedirme *or* marcharme; **you may ~ us** (*frm*) puede retirarse (*frm*); **she ~s home at 8am** sale de casa a las ocho; **he left home when he was 18** se fue de casa a los 18 años; **to ~ one's post** (*improperly*) abandonar su puesto; **to ~ the rails** descarrilar, salirse de las vías; **the car left the road** el coche se salió de la carretera; **to ~ school** (= *finish studies*) terminar el colegio; **to ~ the table** levantarse de la mesa; **he has left his wife** ha dejado *or* abandonado a su mujer

[2] (= *forget*) dejar, olvidar

[3] (= *bequeath*) dejar, legar

[4] (= *allow to remain*) dejar; **to ~ two pages blank** dejar dos páginas en blanco; **to ~ things lying about** dejar las cosas de cualquier modo; **it's best to ~ him alone** es mejor dejarlo solo; **to ~ sb alone** *or* **in peace** dejar a algn en paz; **let's ~ it at that** dejémoslo así, ¡ya está bien (así)!; **this left me free for the afternoon** eso me dejó la tarde libre; **to ~ one's greens** no comer las verduras; **to ~ a good impression on sb** producir a algn una buena impresión; **it ~s much to be desired** deja mucho que desear; **to ~ one's supper** dejar la cena sin comer; **take it or ~ it** lo tomas o lo dejas; **~ it to me!** ¡yo me encargo!, ¡tú, déjamelo a mí!; **I'll ~ it up to you** lo dejo a tu criterio; **I ~ it to you to judge** júzguelo usted; **he ~s a wife and a child** le sobreviven su viuda y un hijo, deja mujer y un hijo; **to ~ sth with sb** dejar algo en manos de algn, entregar algo a algn; **I left the children with my mother** dejé los niños con mi madre; **~ it with me** yo me encargaré del asunto

[5] **to be left** (= *remain*) quedar; **there's nothing left** no queda nada; **how many are (there) left?** ¿cuántos quedan?; **we were left with four** quedamos con cuatro, nos quedaron cuatro; **nothing was left for me but to sell it** no tuve más remedio que venderlo; **there are three left over** sobran tres; **all the money I have left** todo el dinero que me

queda

6 (*Math*) **three from ten ~s seven** diez menos tres son siete, de tres a diez van siete

Ⓒ VI (= *go out*) salir; (= *go away*) [*person*] irse, marcharse, partir; [*train, bus*] salir; **the train is leaving in ten minutes** el tren sale dentro de diez minutos

►**leave about**, **leave around** VT + ADV dejar tirado

►**leave aside** VT + ADV dejar de lado; **leaving that aside, let's consider …** dejando eso de lado, consideremos …

►**leave behind** VT + ADV 1 (= *not take*) [+ *person*] dejar, no llevar consigo; **we had to ~ the furniture behind** no pudimos llevarnos los muebles; **we have left all that behind us** (*fig*) todo eso ha quedado atrás *or* ya es historia

2 (= *forget*) olvidarse

3 (= *outdistance*) dejar atrás

►**leave in** VT + ADV [+ *passage, words*] dejar tal como está/estaba, conservar; [+ *plug*] dejar puesto

►**leave off** Ⓐ VT + ADV 1 omitir, no incluir

2 [+ *lid*] no poner, dejar sin poner; [+ *clothes*] no ponerse

3 [+ *gas*] no poner, no encender; [+ *light*] dejar apagado

4 (*) (= *stop*) [+ *work*] terminar, suspender; **to ~ off smoking** dejar de fumar; **to ~ off working** dejar *or* terminar de trabajar; **when it ~s off raining** cuando deje de llover; **we'll carry on where we left off last time** continuaremos por donde quedamos la última vez

Ⓑ VI + ADV (*) (= *stop*) parar; **when the rain ~s off** cuando deje de llover; **~ off, will you!** ¡déjalo!

►**leave on** VT + ADV [+ *clothes*] dejar puesto, no quitarse; [+ *light, TV*] dejar encendido *or* (*LAm*) prendido; **to ~ one's hat on** seguir con el sombrero puesto, no quitarse el sombrero

►**leave out** VT + ADV 1 (= *omit*) [+ *word, passage*] (*on purpose*) omitir; (*accidentally*) omitir, saltarse; [+ *person*] dejar fuera, excluir; **nobody wanted to be left out** nadie quería quedar fuera; **he feels left out** se siente excluido; ✦**IDIOM ~ it out!** (*Brit*‡) ¡venga ya!*, ¡no me vengas con esas!*, ¡tírate de la moto! (*Sp*‡)

2 (= *not put back*) no devolver a su lugar, no guardar; (= *leave outside*) dejar fuera; **it got left out in the rain** quedó fuera bajo la lluvia; **the cat was left out all night** el gato pasó toda la noche fuera

3 (= *leave ready*) [+ *food, meal*] dejar preparado

►**leave over** VT + ADV 1 (*after use*) **she saved whatever was left over of her wages** ahorraba lo que le sobraba del sueldo; **there is some wine left over from the party** queda un poco de vino de la fiesta; **these are hang-ups left over from his childhood** eso son traumas de su niñez; *see also* **leave B5**

2 (= *postpone*) dejar, aplazar

**leaven** ['levn] Ⓐ N levadura *f*; (*fig*) toque *m*

Ⓑ VT leudar; (*fig*) (= *enliven*) aligerar

**leavening** ['levnɪŋ] N levadura *f*; (*fig*) toque *m*

**leaves** [li:vz] NPL *of* **leaf**

**leave-taking** ['li:v,teɪkɪŋ] N despedida *f*

**leaving** ['li:vɪŋ] Ⓐ N (= *departure*) salida *f*

Ⓑ CPD [*ceremony, present*] de despedida

**leavings** ['li:vɪŋz] NPL sobras *fpl*, restos *mpl*

**Lebanese** [,lebə'ni:z] Ⓐ ADJ libanés

Ⓑ N libanés/esa *m/f*

**Lebanon** ['lebənən] N Líbano *m*; **the ~** el Líbano

**lech*** [letʃ] Ⓐ N libidinoso *m*

Ⓑ VI **to ~ after sb**: **he's ~ing after his secretary** se le van los ojos detrás de su secretaria*, se le alegran las pajarillas cuando ve a su secretaria (*hum*)

**lecher** ['letʃəʳ] N libidinoso *m*

**lecherous** ['letʃərəs] ADJ lascivo, lujurioso

**lecherously** ['letʃərəslɪ] ADV lascivamente

**lechery** ['letʃərɪ] N lascivia *f*, lujuria *f*

**lectern** ['lektə(:)n] N atril *m*; (*Rel*) facistol *m*

**lector** ['lektɔ:ʳ] N (*Univ*) profesor(a) *m/f* de universidad

**lecture** ['lektʃəʳ] Ⓐ N 1 (*Univ*) clase *f*; (*by visitor*) conferencia *f*; (*less formal*) charla *f*; **to attend ~s on** dar *or* recibir clases de, seguir un curso sobre *or* de; **to give a ~** dar una conferencia; (*less formal*) dar una charla

2 (*fig*) sermón *m*; **I gave him a ~ on good manners** le eché un sermón sobre buenos modales

Ⓑ VI **to ~ (in** *or* **on sth)** dar clases (de algo); **she ~s in Law** da clases de derecho; **he ~s at Princeton** es profesor en Princeton

Ⓒ VT (= *scold*) sermonear

Ⓓ CPD ► **lecture hall** N (*Univ*) aula *f*; (*gen*) sala *f* de conferencias ► **lecture notes** NPL apuntes *mpl* de clase ► **lecture room**, **lecture theatre** N = **lecture hall**

**lecturer** ['lektʃərəʳ] N (= *visitor*) conferenciante *mf*; (*Brit Univ*) profesor(a) *m/f*

**lectureship** ['lektʃəʃɪp] N cargo *m or* puesto *m* de profesor (adjunto)

**LED** N ABBR = **light-emitting diode**

**led** [led] PT, PP *of* **lead²**

**ledge** [ledʒ] N (*on wall, of window*) alféizar *m*; (= *shelf*) repisa *f*, anaquel *m*; (*on mountain*) saliente *m*, cornisa *f*

**ledger** ['ledʒəʳ] N libro *m* mayor

**ledger line** ['ledʒə,laɪn] N línea *f* suplementaria

**lee** [li:] Ⓐ N sotavento *m*; (= *shelter*) abrigo *m*, socaire *m*; **in the ~ of** al socaire *or* abrigo de

Ⓑ ADJ de sotavento

**leech** [li:tʃ] N sanguijuela *f* (*also fig*); ✦**IDIOM to stick to sb like a ~** pegarse a algn como una lapa*

**leek** [li:k] N puerro *m*

**leer** [lɪəʳ] Ⓐ N mirada *f* lasciva; **he said with a ~** dijo con una sonrisa lasciva

Ⓑ VI mirar de manera lasciva; **to ~ at sb** lanzar una mirada lasciva a algn

**leery** ['lɪərɪ] ADJ (= *cautious*) cauteloso; (= *suspicious*) receloso; **to be ~ of sth/sb** recelar de algo/algn

**lees** [li:z] NPL heces *fpl*, poso *m*

**leeward** ['li:wəd] Ⓐ ADJ (*Naut*) de sotavento

Ⓑ ADV a sotavento

Ⓒ N (*Naut*) sotavento *m*; **to ~** a sotavento (**of** de)

**Leeward Isles** ['li:wəd,aɪlz] NPL Islas *fpl* de Sotavento

**leeway** ['li:weɪ] N (*Naut*) deriva *f*; (*fig*) (= *scope*) libertad *f* de acción; **that doesn't give me much ~** (= *scope*) eso no me deja mucha libertad de acción; (= *time to spare*) eso no me deja mucho margen de tiempo

**left¹** [left] PT, PP *of* **leave**

**left²** [left] Ⓐ ADJ 1 izquierdo; **~ shoe** zapato *m* (del pie) izquierdo; **take a ~ turn** gira a la izquierda; ✦**IDIOM to have two ~ feet*** ser un patoso*

2 (*Pol*) de izquierda, de izquierdas (*Sp*)

Ⓑ ADV [*turn, look*] a la izquierda; ✦**IDIOMS ~, right and centre** ◊ **~ and right** (*US*) a diestra y siniestra, a diestro y siniestro (*Sp*); **they owe money ~, right and centre** deben dinero a todos, tienen deudas por doquier

Ⓒ N 1 (= *left side*) izquierda *f*; **turn it to the ~** [+ *key, knob*] gíralo a la izquierda; **pictured from ~ to right are …** de izquierda a derecha vemos a …; **the third from the ~** el tercero empezando por la izquierda; **on** *or* **to my, your** *etc* **~** a mi, tu *etc* izquierda; **on the ~** a la izquierda; **it's on the ~ as you go in** está a la izquierda según entras; **it's the first/second door on the ~** es la primera/segunda puerta a la izquierda; **to drive on the ~** conducir *or* (*LAm*) manejar por la izquierda; **"keep left"** "manténgase a la izquierda"

2 (= *left turning*) **take the next ~** toma la próxima a la izquierda

3 (*Boxing*) (= *left hand*) izquierda *f*; (= *punch*) izquierdazo *m*, golpe *m* de izquierda *or* con la izquierda

4 **the ~** (*Pol*) la izquierda; **the parties of the ~** los partidos de izquierda *or* (*Sp*) izquierdas

Ⓓ CPD ► **left back** N (*Sport*) (= *player*) lateral *mf* izquierdo/a; (= *position*) lateral *m* izquierdo ► **left field** N (*Baseball*) (= *area*) jardín *m* izquierdo; (= *position*) jardinero/a *m/f* izquierdo/a; **to come out of ~ field** (*esp US**) (*fig*): **his question/decision came out of ~ field** su pregunta/decisión me/le *etc* pilló desprevenido ► **left half** N (*Sport*) (= *player*) lateral *mf* izquierdo/a; (= *position*) lateral *m* izquierdo ► **left wing** N (*Sport*) banda *f* izquierda; (*Pol*) ala *f* izquierda; *see also* **left-wing**

**left-hand** ['lefthænd] ADJ **~ drive**: **a ~ drive car** un coche con el volante a la izquierda; **is it a ~ drive?** ¿tiene el volante a la izquierda?; **~ page** página *f* izquierda; **~ side** lado *m* izquierdo, izquierda *f*; **the house is on the ~ side** la casa está a la izquierda *or* en el lado izquierdo; **on the ~ side of the road** en el lado izquierdo de la carretera; **~ turn** vuelta *f* a la izquierda; **to make a ~ turn** girar a la izquierda

**left-handed** ['left'hændɪd] ADJ [*person*] zurdo; [*shot, stroke*] (realizado) con la (mano) izquierda; [*tool*] para zurdos; (*fig*) [*compliment*] con doble sentido, ambiguo

**left-hander** [,left'hændəʳ] N (= *person*) zurdo/a *m/f*; (= *blow*) izquierdazo *m*

**leftie*** ['leftɪ] N (*Brit*) izquierdista *mf*

**leftism** ['leftɪzəm] N izquierdismo *m*

**leftist** ['leftɪst] Ⓐ ADJ izquierdista

Ⓑ N izquierdista *mf*

**left-luggage** ['left'lʌgɪdʒ] Ⓐ N (*also* **~ office**) (*Brit*) consigna *f*

Ⓑ CPD ► **left-luggage locker** N (*Brit*) consigna *f* automática ► **left-luggage office** N consigna *f*

**leftover** ['leftəʊvəʳ] Ⓐ ADJ sobrante, restante; **we used up the ~ turkey** usamos el pavo que había sobrado

Ⓑ N 1 (= *relic*) **a ~ from another age** una reliquia de otra edad

2 **leftovers** sobras *fpl*, restos *mpl*

**leftward** ['leftwəd] Ⓐ ADJ [*movement*] a *or* hacia la izquierda

Ⓑ ADV [*move*] a *or* hacia la izquierda

**leftwards** ['leftwədz] ADV (*esp Brit*) = **leftward B**

**left-wing** ['left,wɪŋ] ADJ (*Pol*) de izquierda, izquierdista, de izquierdas (*Sp*)

**left-winger** ['left'wɪŋəʳ] N (*Pol*) izquierdista *mf*; (*Sport*) delantero/a *m/f* izquierdo/a

**lefty*** ['leftɪ] N (*Brit Pol*) izquierdista *mf*, rojillo/a *m/f*

**leg** [leg] Ⓐ N [1] [*of person*] pierna *f*; [*of animal, bird, insect*] pata *f*; [*of furniture*] (= *one of set*) pata *f*; (= *central support*) pie *m*; [*of trousers*] pernera *f*; [*of stocking*] caña *f*; **artificial ~** pierna *f* ortopédica *or* artificial; **wooden ~** pierna *f* de madera, pata *f* de palo*; **he was the fastest thing on two ~s** era rápido donde los haya; **to give sb a ~ up** (*Brit**) (*lit*) aupar a algn; (*fig*) dar un empujoncito a algn*, echar un cable a algn*; **✦IDIOMS to get one's** *or* **a ~ over**‡ (*hum*) (= *have sex*) darse un revolcón*; **to be on its/one's last ~s*** estar en las últimas; **the company is on its last ~s** la compañía está en las últimas*; **the washing machine is on its last ~s** la lavadora está en las últimas*; **to pull sb's ~** tomar el pelo a algn; **to shake a ~** (= *hurry*) espabilarse; (= *dance*) menear *or* mover el esqueleto*; **show a ~!*** ¡a levantarse!; **he hasn't got a ~ to stand on** (*in case, argument*) no tiene donde agarrarse*; *see also* **arm**[1] **1**, **break B1**, **hind**[1], **inside E**, **last**[1] **A3**, **stretch B3**
[2] (*Culin*) [*of lamb, mutton, pork*] pierna *f*; [*of chicken, turkey*] muslo *m*, pata *f*; **frogs' ~s** ancas *fpl* de rana
[3] (= *stage*) [*of journey*] tramo *m*, etapa *f*; [*of race*] etapa *f*, manga *f*; [*of championship*] vuelta *f*
Ⓑ VT (*) **to ~ it** (= *go on foot*) ir a pata*; (= *run*) echarse una carrera*; (= *run away*) salir por piernas *or* patas*
Ⓒ CPD ► **leg bone** N tibia *f* ► **leg iron** N (*Med*) aparato *m* ortopédico ► **leg irons** NPL (*for prisoner*) grilletes *mpl* ► **leg muscles** NPL músculos *mpl* de las piernas ► **leg room** N sitio *m* para las piernas

**legacy** ['legəsɪ] N legado *m*; (*fig*) legado *m*, herencia *f*; **this inflation is a ~ of the previous government** esta inflación es un legado del gobierno anterior

**legal** ['li:gəl] Ⓐ ADJ [1] (= *judicial*) [*error*] judicial; [*document*] legal; [*firm*] de abogados; [*question, matter*] legal, jurídico; **to take ~ action** poner una denuncia; **to take ~ action against sb** poner una denuncia a algn, presentar una demanda (judicial) contra algn; **to take ~ advice** consultar a un abogado; **~ adviser** asesor(a) *m/f* jurídico/a; **~ battle** contienda *f* judicial *or* legal, pleito *m*; **~ costs** *or* **fees** costas *fpl*, gastos *mpl* judiciales; **~ department** (*of bank, company*) departamento *m* jurídico; **to be above** *or* **over the ~ limit** estar por encima del límite permitido por ley; **to be below** *or* **under the ~ limit** estar por debajo del límite permitido por ley; **~ loophole** laguna *f* en la legislación, resquicio *m* legal; **~ proceedings** procedimiento *m* jurídico, pleito *m*; **to start** *or* **initiate ~ proceedings against sb** entablar un pleito contra algn; **the ~ process** el proceso judicial *or* jurídico; **the ~ profession** la abogacía; **to enter the ~ profession** hacerse abogado; **they were allowed no ~ representation** no les permitieron que un abogado les representara
[2] (= *lawful*) [*activity, action*] legal, legítimo; [*owner*] legítimo; (= *under the law*) [*right, protection*] legal; **to be ~ to do sth** ser legal hacer algo; **to have the ~ authority to do sth** tener la autoridad *or* el poder legal para hacer algo; **to make sth ~** legalizar algo; **they decided to make it ~*** (= *get married*) decidieron formalizar *or* legalizar su relación
Ⓑ CPD ► **legal aid** N asistencia *f* de un abogado de oficio ► **legal holiday** N (*US*) fiesta *f* oficial, día *m* festivo oficial, (día *m*) feriado *m* (*LAm*) ► **legal system** N sistema *m* jurídico ► **legal tender** N (*Fin*) moneda *f* de curso legal

**legalese** [ˌli:gə'li:z] N jerga *f* legal

**legalistic** [ˌli:gə'lɪstɪk] ADJ legalista

**legality** [lɪ'gælɪtɪ] N legalidad *f*

**legalization** [ˌli:gəlaɪ'zeɪʃən] N legalización *f*

**legalize** ['li:gəlaɪz] VT [+ *document, political party*] legalizar; [+ *drugs, euthanasia, abortion*] legalizar, despenalizar; **to ~ one's position** legalizar la situación

**legally** ['li:gəlɪ] ADV [1] (= *from a legal point of view*) [*obliged, required*] por ley; [*entitled*] legalmente, según la ley; **~, the whole issue is a nightmare** desde el punto de vista legal, toda esa cuestión es una pesadilla; **this contract is ~ binding** el contrato vincula jurídicamente, el contrato implica obligatoriedad jurídica; **to be ~ responsible for sth/sb** ser legalmente responsable *or* el/la responsable legal de algo/algn
[2] (= *lawfully*) legalmente; **their wealth was ~ acquired** consiguieron su riqueza por medios legales *or* legalmente

**legate** ['legɪt] N legado *m*

**legatee** [ˌlegə'ti:] N legatario/a *m/f*

**legation** [lɪ'geɪʃən] N legación *f*

**legato** [lɪ'gɑ:təʊ] (*Mus*) Ⓐ ADJ ligado
Ⓑ ADV ligado
Ⓒ N ligadura *f*

**legend** ['ledʒənd] N leyenda *f*; **she was a ~ in her own lifetime** fue una leyenda en su vida, fue un mito viviente

**legendary** ['ledʒəndərɪ] ADJ legendario

**legerdemain** ['ledʒədə'meɪn] N juego *m* de manos, prestidigitación *f*

**-legged** ['legɪd] ADJ (*ending in compounds*) [*person*] de piernas…; [*animal*] de patas…; [*stool*] de tres patas; **long~** de piernas largas, zancudo; **three~** de tres piernas

**leggings** ['legɪŋz] NPL mallas *fpl*, leotardos *mpl*; (*baby's*) pantalones *mpl* polainas

**leggo**‡ [le'gəʊ] EXCL = **let go**; *see* **go A24**

**leggy** ['legɪ] ADJ (*compar* **leggier**; *superl* **leggiest**) [*person*] de piernas largas, patilargo*; (= *attractive*) [*girl*] de piernas bonitas, de piernas atractivas

**Leghorn** ['leg'hɔ:n] N Livorno *m*; (*Hist*) Liorna *f*

**legibility** [ˌledʒɪ'bɪlɪtɪ] N legibilidad *f*

**legible** ['ledʒəbl] ADJ legible

**legibly** ['ledʒəblɪ] ADV legiblemente

**legion** ['li:dʒən] N legión *f* (*also fig*); **they are ~** son legión, son muchos

> **LEGION**
>
> *La* **American Legion** *es una organización de veteranos de las Fuerzas Armadas estadounidenses. Se fundó después de la Primera Guerra Mundial y se encarga del cuidado y la reintegración de los veteranos de guerra y sus familias. También es un órgano de presión ante el Congreso en favor de los intereses de los veteranos y de un sólido sistema de defensa nacional. A otro nivel, la* **American Legion** *ha creado clubs sociales para sus miembros.*
> *En el Reino Unido el equivalente de la* **American Legion** *es la* **British Legion** *que, todos los años en noviembre, recauda fondos mediante la venta de amapolas de papel.*
> ⇨ *Ver tb* POPPY DAY

**legionary** ['li:dʒənərɪ] Ⓐ ADJ legionario
Ⓑ N legionario *m*

**legionnaire** [ˌli:dʒə'nɛəʳ] N legionario *m*; **~'s disease** enfermedad *f* del legionario, legionella *f*

**legislate** ['ledʒɪsleɪt] Ⓐ VI legislar; **one cannot ~ for every case** es imposible legislarlo todo
Ⓑ VT **to ~ sth out of existence** hacer que algo desaparezca a base de legislación

**legislation** [ˌledʒɪs'leɪʃən] N (= *law*) ley *f*; (= *body of laws*) legislación *f*

**legislative** ['ledʒɪslətɪv] Ⓐ ADJ legislativo
Ⓑ CPD ► **legislative action** N acción *f* legislativa ► **legislative body** N cuerpo *m* legislativo

**legislator** ['ledʒɪsleɪtəʳ] N legislador(a) *m/f*

**legislature** ['ledʒɪslətʃəʳ] N asamblea *f* legislativa, legislatura *f* (*LAm*)

**legist** ['li:dʒɪst] N legista *mf*

**legit*** [lə'dʒɪt] ADJ **I checked him out, he's ~** he hecho averiguaciones y es de fiar, he hecho averiguaciones y es un tipo legal (*Sp**); **to go ~** legalizar la situación

**legitimacy** [lɪ'dʒɪtɪməsɪ] N [1] (= *lawfulness*) [*of government, action, birth*] legitimidad *f*
[2] (= *justifiableness*) [*of concern*] justificación; [*of argument*] validez *f*; **there can be no doubt as to the ~ of such claims** no cabe duda de que estas reclamaciones están justificadas

**legitimate** [lɪ'dʒɪtɪmɪt] Ⓐ ADJ [1] (= *lawful*) [*government, right, power*] legítimo; [*business*] legal; **he has a ~ claim to the property** tiene el derecho legítimo de reivindicar la propiedad
[2] (= *valid*) [*reason, argument, target*] válido; [*complaint, conclusion*] justificado; [*interest*] legítimo; **it is perfectly ~ to ask questions** preguntar está perfectamente justificado
[3] (*Jur*) [*son, daughter*] legítimo
Ⓑ VT = **legitimize**

**legitimately** [lɪ'dʒɪtɪmɪtlɪ] ADV [1] (= *lawfully*) legítimamente
[2] (= *justifiably*) [*expect*] justificadamente; **you could ~ argue that …** sería justo *or* estaría justificado argumentar que …; **he can ~ claim to speak for all South Africans** tiene sobradas razones para erigirse en portavoz de todos los sudafricanos; **he has demanded, quite ~, that …** ha exigido, con toda la razón, que …

**legitimation** [lɪˌdʒɪtɪ'meɪʃn] N legitimación *f*

**legitimize** [lɪ'dʒɪtɪmaɪz] VT legitimar; [+ *child, birth*] legalizar

**legless** ['leglɪs] ADJ [1] (= *without legs*) [*person*] sin piernas; [*animal*] sin patas
[2] (*Brit**) (= *drunk*) como una cuba*

**legman** ['legmæn] N (*pl* **legmen**) reportero/a *m/f*

**leg-pull*** ['legpʊl] N broma *f*, tomadura *f* de pelo*

**leg-puller*** ['legpʊləʳ] N bromista *mf*

**leg-pulling*** ['legˌpʊlɪŋ] N tomadura *f* de pelo*

**legume** ['legju:m] N (= *species*) legumbre *f*; (= *pod*) vaina *f*

**leguminous** [le'gju:mɪnəs] ADJ leguminoso

**legwarmers** ['legˌwɔ:məz] NPL calentadores *mpl* (de piernas)

**legwork** ['legwɜ:k] N trabajo *m* de campo, preparativos *mpl*; **to do the ~** hacer los preparativos

**Leics.** ABBR (*Brit*) = **Leicestershire**

**leisure** ['leʒəʳ] (*US*) ['li:ʒəʳ] Ⓐ N ocio *m*; **a life of ~** una vida de ocio, una vida ociosa; **do it at your ~** hazlo cuando tengas tiempo *or* te convenga; **to have the ~ to do sth** disponer de tiempo para hacer algo; *see also* **lady A1**
Ⓑ CPD ► **leisure activities** NPL pasatiempos

*mpl* ► **leisure centre** N (*Brit*) polideportivo *m* ► **leisure industry** N sector *m* del ocio ► **leisure occupations**, **leisure pursuits** NPL = **leisure activities** ► **leisure suit** N chandal *m* ► **leisure time** N tiempo *m* libre; **in one's ~ time** en sus ratos libres, en los momentos de ocio ► **leisure wear** N ropa *f* de sport

**leisured** ['leʒəd] ADJ [*pace*] pausado; [*class*] acomodado

**leisurely** ['leʒəlɪ] Ⓐ ADJ [*stroll, swim, meal*] relajado, sin prisas; **at a ~ pace** sin prisas
Ⓑ ADV despacio, con calma

**leitmotiv** ['laɪtməʊ,tiːf] N leitmotiv *m*

**lemma** ['lemə] (*pl* **lemmas** *or* **lemmata** ['lemətə]) N lema *m*

**lemmatization** [,lemətaɪ'zeɪʃən] N lematización *f*

**lemmatize** ['lemətaɪz] VT lematizar

**lemmatizer** ['lemətaɪzəʳ] N lematizador *m*

**lemming** ['lemɪŋ] N lem(m)ing *m*; **they were jumping over the side of the ship like ~s** se lanzaban por la borda uno tras otro

**lemon** ['lemən] Ⓐ N [1] (= *fruit*) limón *m*; (= *tree*) limonero *m*; (= *drink*) limonada *f*
[2] (*) bobo/a *m/f*; **I felt a bit of a ~** me sentí como un auténtico imbécil; **you ~!** ¡bobo!
Ⓑ ADJ [*colour*] amarillo limón *inv*
Ⓒ CPD ► **lemon cheese**, **lemon curd** N crema *f* de limón ► **lemon grove** N limonar *m* ► **lemon juice** N zumo *m or* (*LAm*) jugo *m* de limón ► **lemon squash** N limonada *f* (*sin burbujas*) ► **lemon sole** N (*Brit*) platija *f* ► **lemon squeezer** N exprimelimones *m inv*, exprimidor *m* ► **lemon tea** N té *m* con limón ► **lemon tree** N limonero *m*

**lemonade** [,lemə'neɪd] N limonada *f*, gaseosa *f* (*Sp*)

**lemur** ['liːməʳ] N lémur *m*

**Len** [len] N (*familiar form*) *of* **Leonard**

**lend** [lend] (*pt, pp* **lent**) Ⓐ VT [1] (*as favour*) prestar, dejar; **to ~ sb sth** ◊ **~ sth to sb** prestar algo a algn, dejar algo a algn
[2] (*Fin*) [*bank, building society*] prestar
[3] (= *give*) **to ~ credibility to sth** conceder credibilidad a algo; *see also* **ear A1**, **hand A5**, **name A1**, **weight A3**
[4] (*reflexive*) **the system does not ~ itself to rapid reform** el sistema no se presta a una reforma rápida; **he refused to ~ himself to their scheming** se negó a colaborar en sus intrigas, no quiso prestarse a sus intrigas
Ⓑ VI (*Fin*) prestar dinero

►**lend out** VT + ADV prestar

**lender** ['lendəʳ] N [1] prestador(a) *m/f*; *see also* **borrower 1**
[2] (*professional*) (= *person*) prestamista *mf*; (= *bank, building society*) entidad *f* crediticia *or* de crédito; *see also* **mortgage C**

**lending** ['lendɪŋ] CPD ► **lending library** N biblioteca *f* de préstamo ► **lending limit** N límite *m* de crédito *or* de préstamos ► **lending policy** N política *f* crediticia *or* de préstamos ► **lending rate** N tipo *m* de interés sobre los préstamos

**length** [leŋ(k)θ] Ⓐ N [1] (= *size*) largo *m*, longitud *f*; **what is its ~?** ◊ **what ~ is it?** ¿cuánto tiene *or* mide de largo?; **two pieces of cable of roughly equal** *or* **the same ~** dos trozos *mpl* de cable de aproximadamente el mismo largo *or* la misma longitud; **the tail was at least twice the ~ of the body** el rabo medía por lo menos el doble que el cuerpo; **his trousers were never the right ~ for him** los pantalones nunca le quedaban bien de largo; **it was two metres in ~** tenía *or* medía dos metros de largo; **they range in ~ from three to six metres** su longitud varía entre los tres y los seis metros; **they vary in ~** son de diferentes medidas; *see also* **measure B1**
[2] (= *extent*) [2·1] [*of street, river, house*] **the room runs the ~ of the house** la habitación tiene el largo de la casa; **he walked the ~ of the beach** recorrió toda la orilla de la playa; **I walked the entire ~ of the street** recorrí la calle de una punta a la otra; **I have travelled the ~ and breadth of the country** he viajado a lo largo y ancho del país, he viajado por todo el país; *see also* **arm¹ 1**
[2·2] [*of book, letter, essay*] extensión *f*; **an essay 4,000 words in ~** un ensayo de 4.000 palabras (de extensión)
[2·3] ✦*IDIOM* **to go to great ~s to do sth** esforzarse mucho para hacer algo; **I'd go to any ~(s) to protect her** haría cualquier cosa por protegerla; **they went to extraordinary ~s to keep their relationship secret** llegaron a extremos insospechables para mantener su relación en secreto
[3] (= *duration*) duración *f*; **a concert two hours in ~** un concierto de dos horas de duración; **~ of service** antigüedad *f*, años *mpl* de servicio; **we must reduce the ~ of time patients have to wait** tenemos que reducir el tiempo de espera de los pacientes; **you couldn't keep that effort up for any ~ of time** un esfuerzo así no se puede mantener (durante) mucho tiempo; **if you were outside for any ~ of time you'd freeze to death** si te quedases en la calle más de un cierto tiempo, morirías congelado
[4] **at ~** (= *finally*) finalmente, por fin; (= *in detail*) [*discuss*] detenidamente; [*explain*] con mucho detalle; [*write*] extensamente; (= *for a long time*) largo y tendido; **she spoke at (some) ~** habló largo y tendido; **he would quote Shakespeare at great ~** se recreaba dando interminables citas de Shakespeare
[5] (= *piece*) [*of rope, wire, tubing*] trozo *m*, pedazo *m*; [*of cloth*] largo *m*, corte *m*; [*of track, road*] tramo *m*; **dress ~** largo *m* para vestido
[6] [*of vowel, syllable*] duración *f*, cantidad *f* (*Tech*)
[7] (*Sport*) (*in horse races*) cuerpo *m*; (*in rowing*) largo *m*; [*of pool*] largo *m*; **to win by half a ~/four ~s** ganar por medio cuerpo/cuatro cuerpos
Ⓑ CPD ► **length mark** N (*Ling*) signo *m* de vocal larga

**-length** [leŋ(k)θ] ADJ (*ending in compounds*) **ankle-length skirt** falda *f* por los tobillos; **elbow-length sleeves** medias mangas *fpl*; *see also* **feature-length**, **knee-length**, **shoulder-length**

**lengthen** ['leŋ(k)θən] Ⓐ VT [+ *dress, trousers*] alargar; [+ *term, period, life, jail sentence*] prolongar, alargar; (*Ling*) [+ *vowel*] alargar; **to ~ one's stride** alargar el paso
Ⓑ VI [*shadows, queue, skirts, days, nights*] alargarse; [*silence*] prolongarse; **the odds on us succeeding are ~ing** las probabilidades de que lo consigamos están disminuyendo

**lengthily** ['leŋ(k)θɪlɪ] ADV [*speak*] largo y tendido; [*write*] extensamente

**lengthways** ['leŋ(k)θ,weɪz], **lengthwise** ['leŋ(k)θ,waɪz] Ⓐ ADV longitudinalmente, a lo largo; **to measure sth ~** medir el largo de algo
Ⓑ ADJ longitudinal, de largo

**lengthy** ['leŋ(k)θɪ] ADJ (*compar* **lengthier**; *superl* **lengthiest**) [1] (= *long-lasting*) [*war, illness, process*] largo, prolongado; [*investigation*] largo, extenso; **~ delays** retrasos *mpl* considerables; **he still has a ~ wait for his treatment** aún tiene que esperar mucho para su tratamiento
[2] (= *extensive*) [*article, speech, interview*] largo, extenso
[3] (= *long and boring*) interminable

**lenience** ['liːnɪəns], **leniency** ['liːnɪənsɪ] N indulgencia *f*, benevolencia *f*; **to show leniency to** *or* **towards sb** ser *or* mostrarse indulgente con *or* hacia algn

**lenient** ['liːnɪənt] ADJ [*sentence, treatment*] benévolo, poco severo; [*person, attitude*] indulgente, poco severo; **to be ~ with sb** ser indulgente *or* poco severo con algn

**leniently** ['liːnɪəntlɪ] ADV con indulgencia, con benevolencia

**Leningrad** ['lenɪngræd] N (*Hist*) Leningrado *m*

**Leninism** ['lenɪnɪzəm] N leninismo *m*

**Leninist** ['lenɪnɪst] Ⓐ ADJ leninista
Ⓑ N leninista *mf*

**lenitive** ['lenɪtɪv] ADJ lenitivo

**lens** [lenz] Ⓐ N [*of spectacles*] lente *m or f*; [*of camera*] objetivo *m*; (= *handlens*) (*for stamps etc*) lupa *f*; (*Anat*) cristalino *m*; **contact ~** lente *m or f* de contacto, lentilla *f*
Ⓑ CPD ► **lens cap** N tapa *f* de objetivo ► **lens hood** N parasol *m* de objetivo

**Lent** [lent] N Cuaresma *f*

**lent** [lent] PT, PP *of* **lend**

**Lenten** ['lentən] ADJ cuaresmal

**lentil** ['lentl] Ⓐ N lenteja *f*
Ⓑ CPD ► **lentil soup** N sopa *f* de lentejas

**Leo** ['liːəʊ] N [1] (= *sign, constellation*) Leo *m*
[2] (= *person*) Leo *mf*; **she's (a) ~** es Leo

**Leon** ['liːɒn] N León *m*

**Leonese** [liːə'niːz] Ⓐ ADJ leonés
Ⓑ N [1] (= *person*) leonés/esa *m/f*
[2] (*Ling*) leonés *m*

**leonine** ['liːənaɪn] ADJ leonino

**leopard** ['lepəd] N leopardo *m*; ✦*PROV* **the ~ cannot change its spots** genio y figura hasta la sepultura

**leopardess** ['lepədes] N leopardo *m* hembra

**leopardskin** ['lepədskɪn] N piel *f* de leopardo; **a ~ coat** un abrigo de piel de leopardo

**leotard** ['lɪətɑːd] N malla *f*

**leper** ['lepəʳ] N Ⓐ N leproso/a *m/f* (*also fig*)
Ⓑ CPD ► **leper colony** N leprosería *f*, colonia *f* de leprosos

**lepidoptera** [,lepɪ'dɒptərə] NPL lepidópteros *mpl*

**lepidopterist** [,lepɪ'dɒptərɪst] N lepidopterólogo/a *m/f*

**leprechaun** ['leprəkɔːn] N (*Irl*) duende *m*

**leprosy** ['leprəsɪ] N lepra *f*

**leprous** ['leprəs] ADJ leproso

**lesbian** ['lezbɪən] Ⓐ ADJ lesbiano, lésbico
Ⓑ N lesbiana *f*

**lesbianism** ['lezbɪənɪzəm] N lesbianismo *m*

**lèse-majesté**, **lese-majesty** ['leɪz'mæʒəstɪ] N lesa majestad *f*

**lesion** ['liːʒən] N lesión *f*

**Lesotho** [lɪ'suːtuː] N Lesoto *m*

▼ **less** [les] Ⓐ ADJ COMPAR *of* **little²** menos; **now we eat ~ bread** ahora comemos menos pan; **she has ~ time to spare now** ahora tiene menos tiempo libre; **of ~ importance** de menos importancia; **St James the Less** Santiago el Menor; **no ~ a person than the bishop** no otro que el obispo, el mismísimo obispo; **that was told me by the minister no ~** eso me lo dijo el mismo ministro
Ⓑ PRON menos; **it's ~ than you think** es menos de lo que piensas; **can't you let me have it for ~?** ¿no me lo puedes dar en menos?; **~ than £1/a kilo/three metres** menos de una libra/un kilo/tres metros; **at a price of ~**

➤ LANGUAGE IN USE: less C 5.3, 5.6

**than £1** a un precio inferior *or* menor a una libra; **~ than a week ago** hace menos de una semana; **a tip of £10, no ~!** ¡una propina de 10 libras, nada menos!; **nothing ~ than** nada menos que; **it's nothing ~ than a disaster** es un verdadero *or* auténtico desastre; **the ~ ... the ~ ...** cuanto menos ... menos ...; **the ~ he works the ~ he earns** cuanto menos trabaja menos gana; **the ~ said about it the better** cuanto menos se hable de eso mejor
Ⓒ ADV menos; **to go out ~ (often)** salir menos; **you work ~ than I do** trabajas menos que yo; **grief grows ~ with time** la pena disminuye a medida que pasa el tiempo; **in ~ than an hour** en menos de una hora; **it's ~ expensive than the other one** cuesta menos que el otro; **~ and ~** cada vez menos; **that doesn't make her any ~ guilty** no por eso es menos culpable; **even ~** ◊ **still ~** todavía menos, menos aún; **the problem is ~ one of capital than of personnel** el problema más que de capitales es de personal
Ⓓ PREP menos; **the price ~ 10%** el precio menos 10 por ciento; **the price ~ VAT** el precio excluyendo el IVA; **a year ~ four days** un año menos cuatro días

**...less** [lɪs] SUFFIX sin; **coat~** sin abrigo; **hat~** sin sombrero

**lessee** [le'siː] N [*of house*] inquilino/a *m/f*; [*of land*] arrendatario/a *m/f*

**lessen** ['lesn] Ⓐ VT [+ *risk, danger*] reducir; [+ *pain*] aliviar; [+ *cost, stature*] rebajar; **it will ~ your chances of getting the job** disminuirá las posibilidades que tienes de conseguir el puesto
Ⓑ VI [*noise, anger, love*] disminuir; [*pain*] aliviarse

**lessening** ['lesnɪŋ] N disminución *f*, reducción *f*

**lesser** ['lesə'] ADJ COMPAR *of* **less** menor; **to a ~ extent** *or* **degree** en menor grado; **he pleaded guilty to the ~ charge** se declaró culpable del cargo menor; **the ~ of two evils** el menor de dos males

**lesser-known** [,lesə'nəʊn] ADJ menos conocido

**lesson** ['lesn] Ⓐ N **1** (= *class*) clase *f*; **a French/tennis ~** una clase de francés/tenis; **to give swimming/piano ~s** dar clases de natación/piano; **to give (sb) private ~s in maths** dar (a algn) clases particulares de matemáticas; **she's having driving ~s** le están dando clases de conducir
**2** (*in textbook*) lección *f*
**3** (*fig*) lección *f*; **if there is a single ~ to be drawn from this, it is that ...** si hay algo que podemos aprender de esto, es que ...; **there are ~s to be learnt from this terrible tragedy** esta terrible tragedia nos debe servir de lección; **let that be a ~ to you!** ¡que te sirva de lección!, ¡para que aprendas!; **to teach sb a ~** dar una lección a algn; **his courage is a ~ to us all** su valor debe servirnos a todos de lección; *see also* **learn A1**
**4** (*Rel*) lectura *f*
Ⓑ CPD ► **lesson plan** N plan *m* de estudio

**lessor** [le'sɔː'] N arrendador(a) *m/f*

**lest** [lest] CONJ (*frm or liter*) **1** (= *in order to prevent*) para que no + *subjun*; **~ we forget** para que no nos olvidemos, no sea que nos olvidemos; **~ he catch me unprepared** para que no me coja *or* (*LAm*) agarre desprevenido
**2** (= *in case*) **I feared ~ he should fall** temía que fuera a caerse; **I didn't do it ~ somebody should object** no lo hice por miedo a que alguien pusiera peros

➤ **LANGUAGE IN USE: let[1] A1** 3, 9.1, 9.3

**LESS THAN, FEWER THAN**

**"Menos ... que" or "menos ... de"?**

• Use **menos** with **que** before nouns and pronouns (provided they are not followed by clauses) as well as before adverbs and prepositions:

He has less money than his sister
***Tiene menos dinero que su hermana***
He sells less/fewer than I do *or* than me
***Vende menos que yo***
These days I'm much less shy than before
***Hoy en día soy mucho menos tímido que antes***

• Use **menos ... de lo que/del que/de la que/de los que/de las que** with following clauses:

He earns less than I thought
***Gana menos de lo que yo creía***
They have 16 seats - five fewer than they had before these elections
***Tienen 16 escaños - cinco menos de los que tenían antes de estas elecciones***
It provides the body with fewer calories than it needs
***Proporciona al organismo menos calorías de las que necesita***

• Use **menos** with **de** before **lo** + ADJECTIVE/PAST PARTICIPLE:

The price of wheat went up less than expected
***El precio del trigo subió menos de lo previsto***

• Use **menos** with **de** in comparisons involving numbers or quantity:

...in less than 8 seconds...
***...en menos de 8 segundos...***
You won't get it for less than a million pesetas
***No lo conseguirás por menos de un millón de pesetas***

! But use **que** instead in emphatic expressions like **nada menos que** and **ni más ni menos que** even when followed by numbers:

They offered him no less than 30 million pesetas a year!
***¡Le ofrecieron nada menos que*** *or* ***ni más ni menos que 30 millones de pesetas al año!***

**A lot less, far fewer**

• When translating **a lot less**, **far fewer** *etc* remember to make the **mucho** in **mucho menos** agree with any noun it describes or refers to:

These bulbs use a lot less electricity than conventional ones
***Estas bombillas gastan mucha menos electricidad que las normales***
They have had far fewer opportunities than wealthy people
***Han gozado de muchas menos oportunidades que la gente rica***

*For further uses and examples, see main entries at* ***fewer*** *and* ***less.***

**let[1]** [let] Ⓐ VT (*pt, pp* **let**) **1** (= *allow to*) **1·1** (*gen*) dejar; (*more frm*) permitir; **to ~ sb do sth** dejar *or* (*more frm*) permitir que algn haga algo, dejar *or* (*more frm*) permitir a algn hacer algo; **my parents wouldn't ~ me go out with boys** mis padres no dejaban que saliera con chicos, mis padres no me dejaban salir con chicos; **~ me help you** déjeme ayudarle *or* que le ayude; **~ me take your coat** permítame que tome su abrigo; **~ me think** déjame pensar, a ver que piense; **don't ~ me forget to post the letters** recuérdame que eche las cartas al correo; **she wanted to help but her mother wouldn't ~ her** quería ayudar, pero su madre no la dejaba; **pride wouldn't ~ him talk about the situation** su orgullo no le permitía hablar de la situación; **to ~ o.s. be persuaded** dejarse persuadir; **don't ~ me catch you cheating again!** ¡no quiero volver a pillarte haciendo trampa!, ¡que no vuelva a pillarte haciendo trampa!; **you must ~ me be the judge of that** eso tengo que juzgarlo yo; **don't ~ me keep you** no quiero entretenerle; **now ~ me see** ¿a ver?, déjame que vea; **it's hard work, ~ me tell you** es mucho trabajo, te lo aseguro; *see also* **alone A2.1**, **be A13**, **go A24**, **rip C2**
**1·2** (*in prayers, wishes*) **please don't ~ it rain** por favor, que no llueva; **don't ~ him die, she prayed** no dejes que se muera, le pidió a Dios
**2** (= *cause to*) **when can you ~ me have it?** ¿cuándo me lo puedes dejar?; **I'll ~ you have it back tomorrow** te lo devuelvo mañana; **he really ~ her have it about being late*** le echó una buena bronca por llegar tarde*; **to ~ it be known that** hacer saber que; *see also* **slip B5**
**3** (+ *prep, adv*) **they won't ~ you into the country** no te dejarán entrar en el país; **he ~ himself into the flat** entró en el piso; **he wouldn't ~ me past** no me dejaba pasar; **the barrier rose to ~ the car through** la barrera subió para dejar pasar el coche; **they wouldn't ~ us through the gate** no nos dejaban pasar en la entrada; *see also* **let in**, **let out**, **secret B**
**4** (= *forming imperative*) **4·1** (*1st person plural*) **her then boyfriend (~'s call him Dave) ...** el entonces novio suyo (llamémosle *or* vamos a llamarle Dave) ...; **~'s get out here** bajémonos aquí; **~'s go!** ¡vámonos!; **~'s go for a walk** vamos a dar un paseo; **~'s not** *or* **don't ~'s jump to conclusions** no nos precipitemos a sacar conclusiones; **~ us pray** (*frm*) oremos; **if you weigh, ~'s say, 175 pounds ...** si pesas, digamos, 175 libras ...; **~'s say I'm very pleased with the results** digamos que estoy muy satisfecha con los resultados; **~'s see, what was I saying?** a ver *or* déjame ver, ¿qué decía yo?; **"shall we eat now?" — "yes, ~'s"** —¿comemos ahora? —sí, venga *or* —sí, vale; **"shall we go home now?" — "yes, ~'s"** —¿nos vamos a casa ahora? —¡sí, vamos! *or* —¡sí, vámonos!
**4·2** (*forming 3rd-person imperative*) **~ them wait** que esperen; **"people may complain" — "~ them"** —puede que la gente se queje —pues que lo hagan; **~ people say what they will, we know we are right** que la gente diga lo que quiera, nosotros sabemos que tenemos razón; **~ that be a lesson to you!** ¡que eso te sirva de lección!; **~ there be light** hágase la luz; **never ~ it be said that ...** que nunca se diga que ...
**5** (*Math*) **~ X be 6** supongamos que X equivale a 6
**6** (*esp Brit*) (= *rent out*) alquilar, arrendar (**to** a); **"to let"** "se alquila"
**7** (= *put*) **a plaque ~ into a wall** una lápida empotrada en una pared
**8** (*Med*) [+ *blood*] sacar
Ⓑ N **we're converting the barn for holiday ~s** estamos remodelando el granero para alquilarlo durante las vacaciones; **long/short ~** alquiler *m* a corto/largo plazo

►**let away** VT + ADV **to ~ sb away with sth** dejar a algn salirse con la suya, dejar a algn que se salga con la suya

►**let by** VT + ADV dejar pasar

►**let down** VT + ADV **1** (= *lower*) [+ *window*] bajar; [+ *hair*] soltar, dejar suelto; (*on rope*) bajar; ✦**IDIOM to ~ one's hair down** soltarse la

melena*
[2] (= *lengthen*) [+ *dress, hem*] alargar
[3] (= *deflate*) [+ *tyre*] desinflar
[4] (*fig*) [4·1] (= *disappoint*) defraudar; (= *fail*) fallar; **the weather ~ us down** el tiempo nos defraudó; **we all felt ~ down** todos nos sentimos defraudados; **I trusted you and you ~ me down** confié en ti y me fallaste; **I was badly ~ down** me llevé un gran chasco; **this car has never ~ me down yet** hasta ahora este coche nunca me ha fallado; **my backhand ~s me down** el revés me falla; **to ~ o.s. down** quedar mal; ***✦IDIOM*** **to ~ the side down**: **she would never ~ the side down** jamás nos haría quedar mal, jamás nos fallaría
[4·2] **to ~ sb down gently** amortiguarle el golpe a algn

►**let in** VT + ADV [1] **to ~ sb in** (= *allow to enter*) dejar entrar a algn; (= *usher in*) hacer pasar a algn; (= *open door to*) abrir la puerta a algn; **who ~ him in?** ¿quién le ha dejado entrar?, ¿quién le ha abierto la puerta?; **~ him in!** ¡que pase!; **your mother ~ me in** tu madre me abrió la puerta
[2] (= *allow to come through*) **shoes which ~ the water in** zapatos que dejan calar el agua; **a glass roof to ~ in the light** un tejado de cristal para dejar entrar la luz
[3] **to ~ sb in on sth: to ~ sb in on a secret** contar un secreto a algn; **to ~ sb in on a deal** dejar que algn participe en un negocio
[4] **to ~ o.s. in for sth: you don't know what you're ~ting yourself in for** no sabes bien a lo que te estás exponiendo, no sabes bien en lo que te estás metiendo; **you may find you've ~ yourself in for a lot of extra work** puede que encuentres que te has expuesto a un montón de trabajo extra
[5] (*Aut*) [+ *clutch*] soltar

►**let off** (A) VT + ADV [1] (= *cause to explode, fire*) [+ *bomb*] hacer explotar; [+ *firework*] tirar; [+ *firearm*] disparar
[2] (= *release*) **to ~ off steam** [*boiler, engine*] soltar vapor; [*person*] (*) (*fig*) (= *release anger*) desahogarse; (= *unwind*) relajarse
[3] (= *allow to leave*) dejar salir; **they ~ the children off early today** hoy han dejado salir a los niños antes de la hora
[4] (= *exempt*) perdonar; **it's your turn to do the washing up but I'll ~ you off this time** te toca fregar a ti pero esta vez te perdono
[5] (= *not punish*) perdonar; **to ~ sb off lightly** ser demasiado blando con algn; **the headmaster ~ him off with a warning** el director le dejó escapar con sólo una advertencia
(B) VT + PREP [1] (= *release from*) **can I ~ the dog off the lead?** ¿puedo soltar al perro?; *see also* **hook A1**
[2] (= *exempt*) perdonar; **I'll ~ you off the £5 you owe me** te perdono las 5 libras que me debes; **the authorities ~ him off National Service** las autoridades le permitieron librarse del servicio militar

►**let on*** (A) VI + ADV (= *say*) **he's not ~ting on** no dice nada; **don't ~ on!** ¡no digas nada!, ¡no te vayas de la lengua!*; **don't ~ on (to her) about what they did** no (le) digas lo que hicieron
(B) VT + ADV [1] **to ~ on that** [1·1] (= *reveal*) decir que; **she didn't ~ on that she'd seen me** no dijo que me había visto
[1·2] (= *pretend*) fingir que; **I ~ on that the tears in my eyes were because of the onions** fingí que las lágrimas que tenía en los ojos se debían a la cebolla
[2] (= *allow on board*) dejar subir

**LET**

### Meaning "allow"

• Translate using either **dejar**, especially in informal contexts, or **permitir**, especially in more formal contexts. Both verbs can be followed either by an infinitive or by **que** + SUBJUNCTIVE:

Let me do it
***Déjame hacerlo, Déjame que lo haga***
Let her have a look
***Deja que ella lo vea, Déjale verlo***
We must not let the children see this
***No debemos permitir que los niños vean esto*** *or* ***permitir a los niños ver esto***

### Imperative

**First person plural**

• Translate **let's** and **let us** + VERB using either **vamos a** + INFINITIVE or using the present subjunctive of the main verb. The second construction is used particularly in formal language and when translating **let's not**:

Let's go for a walk!
***Vamos a dar un paseo***
Let's consider the implications of the Government's decision
***Consideremos las implicaciones de la decisión del Gobierno***
Let's not waste any more time
***No perdamos ya más tiempo***

NOTE: To translate **let's go**, use **vamos** or **vámonos** on its own without a following infinitive:

Let's go to the theatre
***¡Vamos al teatro!***

• When **let's** is used on its own to reply to a suggestion, translate using **vamos** or **vámonos** if the verb in the suggestion was **ir**. Use **vale** or **venga** if not:

"Shall we go?" - "Yes, let's"
***"¿Nos vamos?" - "¡Sí, vamos!"*** *or* ***"¡Sí, vámonos!"***
"Shall we watch the match?" - "Yes, let's"
***"¿Vemos el partido?" - "Sí, vale"*** *or* ***"Sí, venga"***

**Third person**

• When **let** introduces a command, suggestion or wish in the third person, translate using **que** + SUBJUNCTIVE:

Let him come up!
***¡Que suba!***
Let there be no misunderstanding about this
***¡Que no haya ningún malentendido sobre esto!***
Let them do as they like
***¡Que hagan lo que quieran!***

• Be careful to distinguish between the "permission" sense of **let sb do something** and the "command" sense:

Please let them stay here (*i.e. Please allow them to stay*)
***Déjalos que se queden aquí*** *or* ***Déjalos quedarse aquí, por favor***
**Let them stay here!** (*i.e. expressing a decision or an order*)
***¡Que se queden aquí!***

NOTE: When **que** is used in this sense, it never takes an accent.

*For further uses and examples, see main entry.*

►**let out** VT + ADV [1] (= *allow to leave*) [+ *visitor*] acompañar a la puerta; [+ *prisoner*] poner en libertad; [+ *penned animal*] dejar salir; **I'll ~ you out** te acompaño a la puerta; **the watchman ~ me out** el vigilante me abrió la puerta (para que pudiera salir); **~ me out!** ¡déjenme salir!; **he ~ himself out quietly** salió sin hacer ruido; **can you ~ yourself out?** ¿hace falta que te acompañe a la puerta?; **they are ~ out of school at four** salen de la escuela a las cuatro; **to ~ the air out of a tyre** desinflar *or* deshinchar un neumático; **to ~ the water out of the bath** dejar salir el agua de la bañera; ***✦IDIOM*** **to ~ the cat out of the bag** descubrir el pastel
[2] (= *reveal*) [+ *secret, news*] contar, revelar; **don't ~ it out that ...** no digas que ..., no cuentes que ...
[3] (= *release*) dispensar, eximir; **they won't ~ me out of the contract** no me van a dispensar *or* eximir de las obligaciones contractuales
[4] (= *enlarge*) [+ *dress, skirt*] ensanchar; **to ~ out a seam** soltar una costura
[5] (*esp Brit*) (= *rent out*) alquilar
[6] (= *utter*) **to ~ out a cry/sigh** dar un grito/un suspiro
[7] (*Aut*) [+ *clutch*] soltar

►**let up** VI + ADV [1] (= *moderate*) [*bad weather*] mejorar; [*storm, wind*] amainar; **when the rain ~s up** cuando deje de llover tanto
[2] (= *do less*) **in spite of his health, he did not ~ up** a pesar de su salud, no aflojó el ritmo (*del trabajo, de las actividades etc*); **she can't afford to ~ up on her studies** no puede permitirse aflojar en los estudios
[3] (= *stop*) **he never ~s up** (*talking*) no deja de hablar, habla sin parar; (*working*) trabaja sin descanso
[4] (= *show leniency*) **to ~ up on sb: though she protested, her mother would not ~ up on her** aunque ella protestaba, su madre no cedía

**let²** [let] N [1] (*Tennis*) dejada *f*, let *m*
[2] (*Jur*) **without ~ or hindrance** sin estorbo ni obstáculo

**letch*** [letʃ] = **lech**

**letdown** ['letdaʊn] N decepción *f*, desilusión *f*

**lethal** ['li:θəl] ADJ [1] (= *deadly*) [*weapon*] mortífero, letal; [*blow*] mortal; [*dose, injection, effects*] mortal, letal; [*force*] letal; **it is ~ to rats** tiene un efecto mortal en las ratas
[2] (*fig*) (= *very dangerous*) [*opponent*] muy peligroso; [*weather conditions*] nefasto; **the roads are ~ in these conditions** las carreteras son nefastas en estas condiciones; **this coffee is ~** (*hum*) este café es un veneno (*hum*); **this schnapps is ~** (*hum*) este aguardiente es mortal (*hum*); **his driving is ~** (*hum*) es un peligro público al volante (*hum*)

**lethargic** [le'θɑ:dʒɪk] ADJ letárgico, aletargado; [*response*] apático; **to feel ~** [*person*] sentirse somnoliento *or* aletargado; **the market/trading was ~** (*St Ex*) el mercado/el volumen de contratación apenas se movió

**lethargy** ['leθədʒɪ] N letargo *m*

**Lethe** ['li:θi:] N Lete(o) *m*

**let-out** ['letaʊt] (A) N (*Brit*) escapatoria *f*
(B) CPD ► **let-out clause** N cláusula *f* que incluye una escapatoria

**Lett** [let] = **Latvian**

▼**letter** ['letə<sup>r</sup>] (A) N [1] [*of alphabet*] letra *f*; **the ~ G** la letra G; **small ~** (letra *f*) minúscula *f*; **capital ~** (letra *f*) mayúscula *f*; **the ~ of the law** la ley escrita; **to follow instructions to the ~** cumplir las instrucciones al pie de la letra
[2] (= *missive*) carta *f*; **~s of Galdós** (*as published*) epistolario *m* de Galdós; **~ of acknowledgement** carta *f* de acuse de recibo; **~ of advice** carta *f* de aviso, notificación *f*; **~ of application** instancia *f*, carta *f* de solicitud; **~ of appointment** carta *f* de confirmación de un puesto de trabajo; **~ of attorney** *or* **proxy** (carta *f* de) poder *m*; **by ~** por carta, por escrito; **covering ~** carta *f* adjunta; **~s of credence** cartas *fpl* credenciales; **~ of credit** carta *f* de crédito; **documentary/irrevocable ~ of credit** carta *f*

➤ LANGUAGE IN USE: letter A2 20.2, 21.1

de crédito documentaria/irrevocable; **~ of intent** carta *f* de intenciones; **~ of introduction** carta *f* de presentación; **~ of lien** carta *f* de gravamen; **~s patent** título *m* de privilegio, patente *f* (de invención); **~ of protest** carta *f* or escrito *m* de protesta; **~ of recommendation/reference** carta *f* de recomendación

[3] **letters** (= *learning*) letras *fpl*; **man of ~s** hombre *m* de letras, literato *m*

Ⓑ VT estampar con letras; **~ed in gold** estampado con letras doradas; **a hand-~ed sign** un cartel escrito a mano; **the boxes were ~ed according to country** las cajas estaban ordenadas por letras según los países

Ⓒ CPD ► **letter bomb** N carta *f* bomba ► **letter card** N (*Brit*) carta-tarjeta *f* ► **letter carrier** N (*US*) cartero/a *m/f* ► **letter opener** N abrecartas *m inv* ► **letter quality printer** N impresora *f* calidad carta ► **letter writer** N corresponsal *mf*; **I'm not much of a ~ writer** apenas escribo cartas

**letterbox** ['letəbɒks] N (*esp Brit*) buzón *m*

**lettered** ['letəd] ADJ [*person*] culto

**letterfile** ['letəfaɪl] N carpeta *f*, guardacartas *m*

**letterhead** ['letəhed] N membrete *m*

**lettering** ['letərɪŋ] N letras *fpl*, inscripción *f*

**letterpress** ['letəpres] N (= *method, printed image*) impresión *f* tipográfica

**letting** ['letɪŋ] N arrendamiento *m*, alquiler *m*

**lettuce** ['letɪs] N lechuga *f*

**let-up*** ['letʌp] N descanso *m*; (*fig*) tregua *f*; (= *reduction*) reducción *f*, disminución *f* (**in** de); **we worked five hours without a ~** trabajamos cinco horas sin descanso *or* sin interrupción; **if there is a ~ in the rain** si deja un momento de llover; **there has been no ~ in the fighting** se ha luchado sin descanso *or* sin tregua

**leucocyte** ['lu:kə,saɪt] N leucocito *m*

**leukaemia, leukemia** (*US*) [lu:'ki:mɪə] N leucemia *f*

**Levant** [lɪ'vænt] N Oriente *m* Medio

**Levantine** ['levəntaɪn] Ⓐ ADJ levantino

Ⓑ N levantino/a *m/f*

**levee**[1] ['leveɪ] N (*Hist*) (= *reception*) besamanos *m inv*, recepción *f*

**levee**[2] ['levɪ] N (= *bank*) ribero *m*, dique *m*

**level** ['levl] Ⓐ ADJ [1] (*lit*) (= *not sloping*) nivelado; (= *not uneven*) plano, llano; **place on a ~ surface** (= *not sloping*) colocar en una superficie nivelada; (= *not uneven*) colocar en una superficie plana *or* llana; **a ~ spoonful** (*Culin*) una cucharada rasa; **✦IDIOMS to compete on a ~ playing field** competir en igualdad de condiciones; **to do one's ~ best to do sth*** hacer todo lo posible para hacer algo

[2] (= *at same height, position*) **to be ~ (with sb)** (*in race*) estar *or* ir igualado (con algn); (*in league, competition*) estar *or* ir empatado (con algn); **the teams were ~ at the end of extra time** los equipos estaban *or* iban empatados al terminar la prórroga; **to be ~ (with sth)** (= *at same height*) estar a la misma altura (que algo); **to be ~ with the ground** estar a ras del suelo; **she knelt down so that their eyes were ~** se agachó para que sus ojos estuvieran a la misma altura; **to draw ~ with sth/sb** (*esp Brit*) (*gen, also in race*) alcanzar algo/a algn; (*in league, competition*) empatar con algo/algn

[3] (= *steady*) [*voice, tone*] sereno; [*gaze*] penetrante; **she spoke in a ~ voice** habló con voz serena, habló sin alterar la voz; **to keep a ~ head** no perder la cabeza

Ⓑ N [1] (= *amount, degree*) nivel *m*; **we have the lowest ~ of inflation for some years** tenemos el nivel de inflación más bajo que hemos tenido en varios años; **the exercises are graded according to their ~ of difficulty** los ejercicios están ordenados por nivel *or* grado de dificultad; **bankruptcies have reached record ~s** el número de bancarrotas ha alcanzado cifras récord; **~ of unemployment** índice *m* de paro; *see also* **poverty B**

[2] (= *height*) nivel *m*; **the water reached a ~ of ten metres** el agua alcanzó un nivel de diez metros; **at eye ~** a la altura de los ojos; **to be on a ~ with sth** (*lit*) estar al nivel *or* a la altura de algo; *see also* **ground**[1] **D, sea B**

[3] (= *floor*) [*of building*] piso *m*

[4] (= *rank, grade*) nivel *m*; **talks at ministerial ~** conversaciones *fpl* a nivel ministerial; **at advanced/elementary ~** a nivel avanzado/elemental; **at local/national/international ~** a nivel local/nacional/internacional; **on one ~** (*fig*) por un lado, de cierta manera; **to be on a ~ with** (*fig*) estar a la altura de; **some people put him on a ~ with von Karajan** algunos lo equiparan con *or* a von Karajan; **✦IDIOM to come down to sb's ~** rebajarse al nivel de algn; *see also* **high-level, low-level, top-level**

[5] (= *flat place*) llano *m*; **on the ~** en superficie plana *or* llana; **a car which can reach speeds of 300 miles per hour on the ~** un coche que puede alcanzar velocidades de unas 300 millas por hora en superficie plana *or* llana; **✦IDIOM to be on the ~*** [*person*] ser de fiar, ser un tipo cabal*; **it's on the ~** es un negocio serio *or* limpio

[6] (*also* **spirit ~**) nivel *m* de burbuja

Ⓒ VT [1] (= *make level*) [+ *ground, site*] nivelar, allanar; **✦IDIOM to ~ the playing-field** igualar las condiciones

[2] (= *raze*) [+ *building, city*] arrasar

[3] (*Sport*) (= *equalize*) [+ *match, game*] igualar; **to ~ the score(s)** igualar el marcador

[4] (= *direct*) **he has denied the charges ~led against him** ha negado las acusaciones que se han hecho en su contra; **he has not responded to the criticism ~led at him** no ha reaccionado ante las críticas que se le han dirigido; **to ~ a gun at sb** apuntar a *or* contra algn con una pistola

Ⓓ VI (*esp US**) **I'll ~ with you** te voy a hablar con franqueza, te voy a ser franco; **you didn't ~ with me** no has sido franco conmigo

Ⓔ CPD ► **level crossing** N (*Brit*) paso *m* a nivel

►**level down** VT + ADV nivelar (*al nivel más bajo*)

►**level off** Ⓐ VI + ADV [*ground, road*] nivelarse; [*prices, rate of growth*] estabilizarse; [*aircraft*] tomar una trayectoria horizontal, nivelarse

Ⓑ VT + ADV (= *make flat*) nivelar, allanar

►**level out** Ⓐ VI + ADV [*road, ground*] nivelarse; [*prices, rate of growth*] estabilizarse

Ⓑ VT + ADV (= *make flat*) nivelar, allanar

**level-headed** ['levl'hedɪd] ADJ sensato, equilibrado

**leveller, leveler** (*US*) ['levələʳ] N *persona en pro de la igualdad de derechos*

**levelling, leveling** (*US*) ['levlɪŋ] Ⓐ N nivelación *f*

Ⓑ CPD ► **levelling process** N proceso *m* de nivelación

**levelling-off** [,levəlɪŋ'ɒf] N nivelación *f*

**levelly** ['levəlɪ] ADV [*gaze etc*] con compostura, con ecuanimidad, sin emocionarse

**level-peg** [,levl'peg] VI **they were ~ging** iban empatados

**level-pegging** [,levl'pegɪŋ] N igualdad *f*, situación *f* de empate; **it's ~ now** van muy iguales, están empatados

**lever** ['li:vəʳ] Ⓐ N (*gen, fig*) palanca *f*

Ⓑ VT **to ~ sth up/out/off** levantar/sacar/quitar algo con palanca

**leverage** ['li:vərɪdʒ] N apalancamiento *m*; (*fig*) influencia *f*, palanca *f*

**leveraged buy-out** [,li:vərɪdʒd'baɪaʊt] N *compra de todas las acciones de una compañía pagándolas con dinero prestado a cambio de asegurar que las acciones serán compradas*

**leveret** ['levərɪt] N lebrato *m*

**leviathan** [lɪ'vaɪəθən] N (*Bible*) leviatán *m*; (= *ship*) buque *m* enorme

**Levi's**® ['li:vaɪz] NPL vaqueros *mpl*, levis® *mpl*

**levitate** ['levɪteɪt] Ⓐ VT elevar por levitación

Ⓑ VI levitar

**levitation** [,levɪ'teɪʃən] N levitación *f*

**Levite** ['li:vaɪt] N levita *m*

**Leviticus** [lɪ'vɪtɪkəs] N Levítico *m*

**levity** ['levɪtɪ] N (*frm*) (= *frivolity*) ligereza *f*, frivolidad *f*

**levy** ['levɪ] Ⓐ N [1] (= *act*) exacción *f* (*de tributos*); (= *tax*) impuesto *m*

[2] (*Mil*) leva *f*

Ⓑ VT [1] (= *impose*) [+ *tax, fine*] imponer (**on** a); (= *collect*) [+ *contribution*] recaudar

[2] (*Mil*) reclutar

**lewd** [lu:d] ADJ (*compar* **lewder**; *superl* **lewdest**) [*person*] lascivo; [*song, story*] verde, colorado (*LAm*)

**lewdly** ['lu:dlɪ] ADV lascivamente

**lewdness** ['lu:dnɪs] N lascivia *f*; [*of song, story*] lo verde

**lexeme** ['leksi:m] N lexema *m*

**lexical** ['leksɪkəl] ADJ léxico

**lexicalize** ['leksɪkəlaɪz] VT lexicalizar

**lexicographer** [,leksɪ'kɒgrəfəʳ] N lexicógrafo/a *m/f*

**lexicographical** [,leksɪkəʊ'græfɪkəl] ADJ lexicográfico

**lexicography** [,leksɪ'kɒgrəfɪ] N lexicografía *f*

**lexicologist** [,leksɪ'kɒlədʒɪst] N lexicólogo/a *m/f*

**lexicology** [,leksɪ'kɒlədʒɪ] N lexicología *f*

**lexicon** ['leksɪkən] N léxico *m*

**lexis** ['leksɪs] N vocabulario *m*

**Leyden** ['laɪdn] Ⓐ N Leiden

Ⓑ CPD ► **Leyden jar** N botella *f* de Leiden

**LGV** N ABBR (= **Large Goods Vehicle**) *vehículo pesado*

**l.h.** ABBR (= **left hand**) izq

**LI** ABBR (*US*) = **Long Island**

**liability** [,laɪə'bɪlɪtɪ] Ⓐ N [1] (= *responsibility*) responsabilidad *f*; **to admit/deny ~ (for sth)** admitir/negar ser responsable (de algo)

[2] (= *obligation, debt*) **tax ~** carga *f* fiscal; **current liabilities** pasivo *msing* circulante; **long-term liabilities** pasivo *msing* (exigible) a largo plazo; **they failed to meet their liabilities** no hicieron frente a sus obligaciones; *see also* **limited B, unlimited B**

[3] (= *risk, burden*) **I do not want to be a ~ to you** no quiero ser una carga *or* un estorbo para ti; **this car's a bit of a ~** este coche da muchos problemas

[4] (= *propensity*) predisposición *f*, propensión *f* (**to** a); **the patient may have an increased ~ to infection** el paciente puede tener una mayor predisposición *or* propensión a las infecciones

Ⓑ CPD ► **liability insurance** N seguro *m* de daños a terceros, seguro *m* de responsabilidad civil (*Sp*)

**liable** ['laɪəbl] ADJ [1] (= *likely*) **to be ~ to do sth: he's ~ to do something stupid** puede

fácilmente hacer alguna tontería, es muy posible que haga una tontería; **he's ~ to have an accident** es probable que tenga un accidente; **it's ~ to rain at any moment** puede empezar a llover en cualquier momento
2 (= *prone*) **we are all ~ to make mistakes** todos podemos cometer errores; **some people are more ~ to depression than others** algunas personas son más propensas a la depresión *or* tienen más tendencia a la depresión que otras
3 (= *responsible*) **to be ~ for** [+ *debt, loan*] ser responsable de, deber responder de; **the company is ~ for damages** la compañía es responsable de los daños, la compañía debe pagar los daños; **to hold sb ~ for sth** considerar a algn responsable de algo
4 (= *subject*) **to be ~ for/to sth: the programme is ~ to change without notice** el programa puede cambiar sin previo aviso; **to be ~ to duty** (*Comm*) [*goods*] estar sujeto a derechos de aduana, deber pagar impuestos de aduana; **to be ~ for military service** estar obligado a hacer el servicio militar; **to be ~ to prosecution** poder ser procesado; **to be ~ to** *or* **for tax** [*person*] deber pagar impuestos; [*thing*] estar sujeto a impuestos, ser gravable; **any savings you have are ~ for tax** todos sus ahorros están sujetos a impuestos *or* son gravables; **he is not ~ for tax** no tiene que pagar impuestos, está exento de pagar impuestos

**liaise** [lɪ'eɪz] VI **to ~ with** (*Brit*) trabajar en colaboración con; **police ~d with the customs authorities to make the arrest** la policía trabajó en colaboración con las autoridades aduaneras para efectuar la detención; **the agency will ~ between youth groups and the government** la agencia servirá de puente *or* enlace entre los grupos juveniles y el gobierno

**liaison** [lɪ'eɪzɒn] Ⓐ N (= *coordination*) enlace *m*, coordinación *f*; (*fig*) (= *relationship*) relación *f*
Ⓑ CPD ▶ **liaison committee** N comité *m* de enlace ▶ **liaison officer** N oficial *mf* de enlace

**liana** [lɪ'ɑːnə] N bejuco *m*, liana *f*

**liar** ['laɪəʳ] N mentiroso/a *m/f*, embustero/a *m/f*; **liar!** ¡mentira!

**Lib.** [lɪb] N ABBR (*Pol*) 1 = **Liberal**
2 = **Liberation**; **Women's ~** (= *Women's Liberation Movement*) Movimiento *m* de Liberación de la Mujer

**libation** [laɪ'beɪʃən] N libación *f*

**libber*** ['lɪbəʳ] N **women's ~** feminista *mf*; **animal ~** defensor(a) *m/f* de los animales

**libel** ['laɪbəl] Ⓐ N (*Jur*) difamación *f*, calumnia *f* (**on** de); (*written*) escrito *m* difamatorio, libelo *m*; **it's a ~!** (*hum*) ¡es mentira!
Ⓑ VT difamar, calumniar
Ⓒ CPD ▶ **libel action** N pleito *m* por difamación ▶ **libel laws** NPL leyes *fpl* contra la difamación ▶ **libel suit** N = **libel action**

**libellous, libelous** (*US*) ['laɪbələs] ADJ difamatorio, calumnioso

**liberal** ['lɪbərəl] Ⓐ ADJ 1 (= *tolerant*) [*person, view, education, regime*] liberal
2 (= *generous*) [*quantity, amount*] abundante, generoso; [*portion*] generoso; **to be ~ with sth** ser generoso con algo; **he is very ~ with his money** es muy generoso con el dinero; **she was rather ~ with the mayonnaise** puso mucha mayonesa; **he is not ~ with his praise** no es muy pródigo con los elogios
3 (*Brit Pol*) (= *of the Liberal Party*) **Liberal** [*MP*] del partido liberal; [*government, policy*] liberal
4 (= *free*) [*interpretation, translation*] libre
Ⓑ N 1 (= *broad-minded person*) liberal *mf*
2 (*Brit Pol*) **Liberal** liberal *mf*
Ⓒ CPD ▶ **the liberal arts** NPL (*esp US Univ*) las humanidades, las artes liberales ▶ **Liberal Democrat** N (*Brit Pol*) demócrata *mf* liberal ▶ **the Liberal Democratic Party** N (*Brit*) el Partido Democrático Liberal ▶ **the Liberal Party** N (*Brit*) el Partido Liberal ▶ **liberal studies** NPL (*esp Brit*) *asignatura de letras complementaria para aquellos que estudian ciencias*

**liberalism** ['lɪbərəlɪzəm] N liberalismo *m*

**liberality** [ˌlɪbə'rælɪtɪ] N (= *generosity*) liberalidad *f*, generosidad *f*

**liberalization** [ˌlɪbərəlaɪ'zeɪʃən] N liberalización *f*

**liberalize** ['lɪbərəlaɪz] VT liberalizar

**liberally** ['lɪbərəlɪ] ADV 1 (= *generously*) [*give*] generosamente; [*apply, spread, sprinkle*] abundantemente, generosamente; **his language is ~ sprinkled with swear words** su lenguaje está salpicado de abundantes palabrotas
2 (= *tolerantly*) con tolerancia; **the political prisoners have generally been treated more ~** por lo general, los prisioneros políticos han sido tratados con más tolerancia; **they treated their children too ~** eran demasiado tolerantes con sus hijos
3 (= *freely*) [*interpret, translate*] libremente

**liberal-minded** ['lɪbərəl'maɪndɪd] ADJ tolerante, liberal

**liberal-mindedness** ['lɪbərəl'maɪndɪdnɪs] N tolerancia *f*, amplitud *f* de miras

**liberate** ['lɪbəreɪt] VT (= *free*) liberar, libertar (**from** de); [+ *prisoner, slave*] poner en libertad; [+ *gas etc*] dejar escapar

**liberated** ['lɪbəreɪtɪd] ADJ liberado; **a ~ woman** una mujer liberada

**liberation** [ˌlɪbə'reɪʃən] Ⓐ N liberación *f*
Ⓑ CPD ▶ **liberation theology** N teología *f* de la liberación ▶ **Women's Liberation Movement** N movimiento *m* de liberación de la mujer; *see also* **Lib**

**liberator** ['lɪbəreɪtəʳ] N libertador(a) *m/f*

**Liberia** [laɪ'bɪərɪə] N Liberia *f*

**Liberian** [laɪ'bɪərɪən] Ⓐ ADJ liberiano
Ⓑ N liberiano/a *m/f*

**libertarian** [ˌlɪbə'tɛərɪən] Ⓐ ADJ libertario
Ⓑ N libertario/a *m/f*

**libertarianism** [ˌlɪbə'tɛərɪənɪzəm] N (= *philosophy*) libertarismo *m*, doctrina *f* libertaria; (= *personal philosophy*) ideas *fpl* libertarias

**libertinage** ['lɪbətɪnɪdʒ] N libertinaje *m*

**libertine** ['lɪbətiːn] N libertino/a *m/f*

**liberty** ['lɪbətɪ] Ⓐ N 1 (= *freedom*) libertad *f*; **individual/personal ~** libertad *f* individual/personal; **to be at ~** (= *free*) estar en libertad; **to be at ~ to do sth** tener libertad para hacer algo, ser libre de hacer algo; **I'm not at ~ to say who it was** no puedo decir quién fue
2 (= *presumption, impertinence*) atrevimiento *m*; **that was rather a ~ on his part** eso fue un atrevimiento por su parte; **what a ~!*** ¡qué atrevimiento *or* descaro!; **to take liberties with sb** (= *be cheeky*) tomarse libertades *or* demasiadas confianzas con algn; (*sexually*) propasarse con algn; **to take the ~ of doing sth** tomarse la libertad de hacer algo
Ⓑ CPD ▶ **liberty bodice**† N camiseta *f* interior

**libidinous** [lɪ'bɪdɪnəs] ADJ libidinoso

**libido** [lɪ'biːdəʊ] N libido *f*

**Libor** ['liːbɔːʳ] N ABBR = **London inter-bank offered rate**

**Libra** ['liːbrə] N 1 (= *sign, constellation*) Libra *f*
2 (= *person*) Libra *mf*; **he's (a) ~** es Libra

**librarian** [laɪ'brɛərɪən] N bibliotecario/a *m/f*; (*professionally qualified*) bibliotecólogo/a *m/f*

**librarianship** [laɪ'brɛərɪənʃɪp] N (*esp Brit*) 1 (= *post*) puesto *m* de bibliotecario
2 (= *science*) bibliotecología *f*, biblioteconomía *f*

**library** ['laɪbrərɪ] Ⓐ N (*also Comput*) biblioteca *f*; **newspaper ~** hemeroteca *f*; **public ~** biblioteca *f* pública; *see also* **film D**, **video C**
Ⓑ CPD ▶ **library book** N libro *m* de biblioteca ▶ **library card** N = **library ticket** ▶ **library pictures** NPL (*TV*) imágenes *fpl* de archivo ▶ **library science** N = **librarianship 2** ▶ **library ticket** N carnet *m* de biblioteca

**LIBRARY OF CONGRESS**

*La Biblioteca del Congreso es la biblioteca nacional de EE.UU. y tiene su sede en Washington D.C. Se fundó en 1800 como fuente de referencia para los miembros del Congreso y actualmente registra también los derechos de autor de todos los libros publicados en Estados Unidos, por lo que recibe dos ejemplares de cada publicación. Posee un fondo inmenso de libros y manuscritos históricos, así como partituras, mapas, películas, grabaciones sonoras y microfilmes.*

**librettist** [lɪ'bretɪst] N libretista *mf*

**libretto** [lɪ'bretəʊ] N (*pl* **librettos** *or* **libretti** [lɪ'bretiː]) libreto *m*

**Libya** ['lɪbɪə] N Libia *f*

**Libyan** ['lɪbɪən] Ⓐ ADJ libio
Ⓑ N libio/a *m/f*

**lice** [laɪs] NPL *of* **louse**

**licence, license¹** (*US*) ['laɪsəns] Ⓐ N 1 (= *permit*) permiso *m*, licencia *f*; (*Aut*) permiso *m* de conducir, carnet *m* (de conducir); **dog ~** licencia *f* para tener perro; **export ~** permiso *m or* licencia *f* de exportación; **fishing ~** permiso *m or* licencia *f* de pesca; **full ~** (*Aut*) carnet *m or* permiso *m* de conducir (definitivo); **import ~** licencia *f or* permiso *m* de importación; **he lost his ~** (*Aut*) le retiraron el carnet *or* permiso; **provisional ~** (*Aut*) *permiso o licencia de conducir que se obtiene antes de sacarse el carnet definitivo*; **they were married by special ~** se casaron con una licencia especial; **to manufacture sth under ~** fabricar algo bajo licencia; *see also* **driving C**, **television B**
2 (= *freedom*) 2·1 (*pej*) **such a policy would give people a ~ to break the law** una política semejante serviría de excusa para que la gente violase la ley; **✦IDIOMS to give sb a ~ to kill** darle a algn licencia para matar; **it's a ~ to print money** es una mina de oro
2·2 (*Art, Literat*) licencia *f*; **artistic/poetic ~** licencia artística/poética; **you can allow some ~ in translation** se pueden aceptar algunas libertades al traducir
3 (= *immorality*) libertinaje *m*
Ⓑ CPD ▶ **licence fee** N (*Brit TV*) *cuota que debe pagarse para el uso de un televisor* ▶ **licence holder** N (*Aut*) titular *mf* del carnet *or* permiso de conducir ▶ **licence number**, **licence plate** N (*Aut*) matrícula *f*, placa *f*, patente *f* (*S. Cone*)

**license²** ['laɪsəns] Ⓐ VT 1 (= *issue with license*) [+ *drug, medicine*] autorizar la comercialización de; [+ *vehicle*] conceder el permiso de circulación a; [+ *gun*] autorizar la licencia de; [+ *dog, company, operator*] registrar; [+ *surgeon, practitioner*] otorgarle la licencia de ejercer a; **to be ~d to do sth** tener licencia para hacer algo, estar autorizado para hacer algo; **we are**

**not ~d to sell alcohol** no tenemos licencia para vender bebidas alcohólicas, no estamos autorizados para vender bebidas alcohólicas; **he is ~d to drive this vehicle** está autorizado para conducir este vehículo; **to be ~d to carry a gun** tener licencia para llevar un revólver
[2] (= *authorize*) [+ *sale, use*] autorizar
Ⓑ N (*US*) = **licence**
Ⓒ CPD ► **license plate** N (*US Aut*) matrícula *f*, placa *f*, patente *f* (*S. Cone*)

**licensed** [ˈlaɪsənst] Ⓐ ADJ [*dealer*] autorizado; [*restaurant, premises*] autorizado para la venta de bebidas alcohólicas
Ⓑ CPD ► **licensed trade** N comercio *m* autorizado, negocio *m* autorizado ► **licensed victualler** N vendedor(a) *m/f* de bebidas alcohólicas

**licensee** [ˌlaɪsənˈsiː] N concesionario/a *m/f*; (*Brit*) [*of bar*] patrón/ona *m/f*

**licensing** [ˈlaɪsənsɪŋ] Ⓐ N [*of drug*] permiso *m* de comercialización; (*Med*) [*of practitioner*] concesión *f* de licencia para el ejercicio; (*Aut*) matrícula *f*
Ⓑ CPD ► **licensing hours** NPL horas *fpl* durante las cuales se permite la venta y consumo de alcohol (*en un bar etc*) ► **licensing laws** NPL (*Brit*) leyes *fpl* reguladoras de la venta y consumo de alcohol

**licentiate** [laɪˈsenʃɪɪt] N (= *person*) licenciado/a *m/f*; (= *title*) licencia *f*, licenciatura *f*

**licentious** [laɪˈsenʃəs] ADJ licencioso

**lichee** [ˌlaɪˈtʃiː] = **lychee**

**lichen** [ˈlaɪkən] N liquen *m*

**lich gate** [ˈlɪtʃgeɪt] N entrada *f* de cementerio

**licit** [ˈlɪsɪt] ADJ lícito

**lick** [lɪk] Ⓐ VT [1] lamer; **flames were ~ing (at) the door** las llamas empezaron a lamer la puerta; **to ~ one's wounds** (*lit*) lamerse las heridas; (*fig*) curarse las heridas; ✦**IDIOMS to ~ sb's boots*** hacer la pelota *or* dar coba a algn*; **to ~ sth into shape*** poner algo a punto
[2] (*) (= *defeat*) dar una paliza a*
Ⓑ N [1] (*with tongue*) lametazo *m*, lengüetada *f*; ✦**IDIOM a ~ and a promise*** una lavada a la carrera *or* de cualquier manera
[2] (*fig*) **a ~ of paint** una mano de pintura; **a ~ of polish** un poquito de cera
[3] (*) (= *speed*) **to go at a good** *or* **a fair old ~** ir a buen tren*; **at full ~** a todo gas*, a toda mecha*

► **lick off** VT + ADV quitar de un lametazo

► **lick up** VT + ADV beber a lengüetadas

**licking** [ˈlɪkɪŋ] N [1] lamedura *f*
[2] (*) paliza* *f*; **to give sb a ~** dar una paliza a algn*

**lickspittle*** [ˈlɪkspɪtl] N cobista* *mf*, pelotillero/a* *m/f*

**licorice** [ˈlɪkərɪs] N = **liquorice**

**lid** [lɪd] N [1] tapa *f*; (*) (= *hat*) gorro *m*; ✦**IDIOMS he's flipped his ~*** ha perdido la chaveta*; **that puts the ~ on it!** ¡esto es el colmo *or* el acabóse!; **to take the ~ off** [+ *scandal*] exponer a la luz pública
[2] (= *eyelid*) párpado *m*

**lidded** [ˈlɪdɪd] ADJ [1] [*pot etc*] con tapa
[2] **heavily ~ eyes** ojos *mpl* con párpados gruesos

**lido** [ˈliːdəʊ] N (*swimming*) piscina *f* (al aire libre), alberca *f* pública (*Mex*), pileta *f* pública (*Arg*); (*boating*) centro *m* de balandrismo; (= *resort*) balneario *m*

**lie**[1] [laɪ] Ⓐ N mentira *f*; **it's a ~!** ¡(es) mentira!; **to tell ~s** mentir; **white ~** mentira *f* piadosa; ✦**IDIOM to give the ~ to** [+ *report, theory*] desmentir; [+ *person*] dar el mentís a; *see also* **pack A3**
Ⓑ VI mentir
Ⓒ VT **to ~ one's way out of it** salir del apuro mintiendo
Ⓓ CPD ► **lie detector** N detector *m* de mentiras ► **lie-detector test** N prueba *f* con el detector de mentiras

**lie**[2] [laɪ] (*pt* **lay**; *pp* **lain**) Ⓐ VI [1] [*person, animal*] (= *act*) echarse, acostarse, tenderse, tumbarse; (= *state*) estar echado *or* acostado *or* tendido *or* tumbado; (*in grave*) yacer, estar enterrado, reposar (*liter*); **don't ~ on the grass** no te eches sobre el césped; **he lay where he had fallen** se quedó donde había caído; **to ~ asleep/in bed** estar dormido/en la cama; **to ~ dead** yacer muerto; **to ~ helpless** estar tumbado sin poder ayudarse; **here ~s ...** aquí yace ...; **to let things ~** dejar estar las cosas como están; **to ~ resting** estar descansando; **to ~ still** quedarse inmóvil; ✦**IDIOM to ~ low** mantenerse a escondidas
[2] (= *be situated*) [*object*] estar; [*town, house*] estar situado, encontrarse, ubicarse (*LAm*); (= *remain*) quedarse; (= *stretch*) extenderse; **the book lay on the table** el libro estaba sobre la mesa; **our road lay along the river** nuestro camino seguía a lo largo del río; **the plain lay before us** la llanura se extendía delante de nosotros; **where does the difficulty ~?** ¿en qué consiste *or* radica la dificultad?; **the factory lay idle** la fábrica estaba parada; **the town ~s in a valley** el pueblo está situado *or* ubicado en un valle; **England ~s in third place** Inglaterra está en tercer lugar *or* ocupa la tercera posición; **the money is lying in the bank** el dinero sigue en el banco; **how does the land ~?** ¿cuál es el estado actual de las cosas?; **obstacles ~ in the way** hay obstáculos por delante; **the problem ~s in his refusal** el problema estriba en su negativa; **the snow lay half a metre deep** había medio metro de nieve; **the snow did not ~** la nieve se derritió; **the book lay unopened** el libro quedaba sin abrir; **the fault ~s with you** la culpa es tuya, tú eres el culpable; **it ~s with you to change things** te corresponde a ti cambiar las cosas
Ⓑ N [*of ball*] posición *f*; **the ~ of the land** (*Geog*) la configuración del terreno; (*fig*) el estado de las cosas

► **lie about, lie around** VI + ADV [*objects*] estar por ahí tirado; [*person*] pasar el tiempo sin hacer nada; **we lay about on our beds** nos quedamos tumbados en las camas; **it must be lying about somewhere** estará por aquí, debe de andar por aquí

► **lie back** VI + ADV recostarse (**against, on** sobre); **~ back and think of England!** ¡relájate y hazlo por la patria!

► **lie behind** VI + PREP (*fig*) **what ~s behind his attitude?** ¿cuál es la verdadera razón de su actitud?; **I wonder what ~s behind all this** me pregunto qué hay detrás de todo esto

► **lie down** VI + ADV echarse, acostarse, tenderse, tumbarse; **~ down!** (*to dog*) ¡échate!; ✦**IDIOMS to ~ down on the job** gandulear; **to take sth lying down** aguantar *or* soportar algo sin rechistar; **he's not one to take things lying down** no es de los que se callan, no es de los que tragan con todo*; **we're not going to take this lying down** no nos vamos a callar con este tema, no vamos a permitir que esto se quede así

► **lie in** VI + ADV (= *stay in bed*) quedarse en la cama hasta tarde

► **lie over** VI + ADV quedar aplazado *or* en suspenso

► **lie to** VI + ADV (*Naut*) (= *act*) ponerse a la capa; (= *state*) estar a la capa

► **lie up** VI + ADV (= *hide*) esconderse; (= *rest*) descansar; (= *be out of use*) quedar fuera de uso; (*Naut*) estar amarrado

**lie-abed** [ˈlaɪəbed] N dormilón/ona *m/f*

**Liechtenstein** [ˈlɪktənstaɪn] N Liechtenstein *m*

**lied** [liːd] (*pl* **lieder** [ˈliːdəʳ]) N lied *m*

**lie-down** [ˌlaɪˈdaʊn] N descanso *m*; **I must have a ~** necesito echarme un rato

**lief**†† [liːf] ADV **I'd as ~ not go** igual me da no ir, de igual gana no voy

**liege** [liːdʒ] Ⓐ N (= *lord*) señor *m* feudal; (= *vassal*) vasallo *m*; **yes, my ~** sí, (mi) señor
Ⓑ CPD ► **liege lord** N señor *m* feudal

**Liège** [lɪˈeɪʒ] N Lieja *f*

**liegeman** [ˈliːdʒmæn] N (*pl* **liegemen**) vasallo *m*

**lie-in** [ˌlaɪˈɪn] N **to have a ~** quedarse en la cama hasta tarde

**lien** [lɪən] N derecho *m* de retención (**on** de); **banker's ~** gravamen *m* bancario; **general ~** embargo *m* preventivo, gravamen *m* general; **vendor's ~** gravamen *m* del vendedor

**lieu** [luː] N **in ~ of** en lugar de, en vez de

**Lieut.** ABBR (= **Lieutenant**) Tte

**lieutenant** [lefˈtenənt] (*US*) [luːˈtenənt] Ⓐ N (*Mil*) teniente *mf*; (*Naut*) teniente *mf* de navío; (= *deputy*) lugarteniente *mf*
Ⓑ CPD ► **lieutenant colonel** N teniente *mf* coronel ► **lieutenant commander** N capitán/ana *m/f* de corbeta ► **lieutenant general** N (*Mil*) teniente *mf* general

**life** [laɪf] Ⓐ N (*pl* **lives**) [1] (= *animate state*) vida *f*; **~ on earth** la vida en la tierra; **bird ~** los pájaros; **there is not much insect ~ here** aquí hay pocos insectos; **plant ~** vida *f* vegetal, las plantas *fpl*; **to bring sb back to ~** resucitar *or* reanimar a algn; **a matter of ~ and death** cosa *f* de vida o muerte; **I don't believe in ~ after death** no creo en la vida después de la muerte; **to risk ~ and limb** jugarse la vida
[2] (= *existence*) vida *f*; **the ~ of an ant** la vida de una hormiga; **how's ~?*** ¿cómo te va (la vida)?, ¿qué hubo? (*Mex, Chile*); **I do have a ~ outside of work, you know** yo hago otras cosas en mi vida aparte de trabajar ¿sabes?; **to begin ~ as ...** empezar la vida como ...; **~ begins at 40** la vida comienza a los 40; **to depart this ~** (*liter*) partir de esta vida; **in early/later ~** en los años juveniles/maduras; **I can't for the ~ of me remember*** por más que lo intento no puedo recordar; **I clung on for dear ~** me agarré como si me fuera la vida en ello; **she was fighting for her ~** se debatía entre la vida y la muerte; **run for your ~!** ¡sálvese quien pueda!; **to be on trial for one's ~** ser acusado de un crimen capital; **you gave me the fright of my ~!** ¡qué susto me diste!; **~ goes on** *or* **must go on** la vida sigue; **to lay down one's ~** dar su vida, entregar su vida; **to lose one's ~** perder la vida; **how many lives were lost?** ¿cuántas víctimas hubo?; **three lives were lost** murieron tres; **never in my ~** en mi vida; **in the next ~** en el más allá, en la otra vida; **to have a ~ of its own** [*object, machine*] tener vida propia; **in real ~** en la vida real; **to see ~** ver mundo; **to spend one's ~ doing sth** pasar la vida haciendo algo; **to take sb's ~** quitar la vida a algn; **to take one's own ~** quitarse la vida, suicidarse; **you'll be taking your ~ in your hands if you climb up there** subir

allí es jugarse la vida; **at my time of ~** a mi edad, con los años que yo tengo; **his ~ won't be worth living** más le valdría morirse; **it's more than my ~'s worth** sería jugarme la vida; *see also* **bed A4, private C, save[1] A1**

3 (= *way of living*) **country/city ~** la vida de la ciudad/del campo; **the good ~** una vida agradable; (*Rel*) la vida santa; **it's a good ~** es una vida agradable; **I've had a good ~** la vida me ha tratado bien; **it's a hard ~** la vida es muy dura; **to make a new ~ for o.s.** ◊ **to start a new ~** comenzar una vida nueva; **to live one's own ~** ser dueño de su propia vida; **to lead a quiet ~** llevar una vida tranquila; *see also* **Riley**

4 (*in exclamations*) **get a ~!*** ¡espabílate y haz algo!; **(upon) my ~!†** ¡Dios mío!; **not on your ~!*** ¡ni hablar!; **such is ~!** ◊ **that's ~!** ¡así es la vida!; **this is the ~!** ¡esto sí que es vida!, ¡esto es jauja!; **what a ~!** (= *bad*) ¡qué vida ésta!; (= *good*) ¡vaya vida!, ¡eso sí que es vivir bien!

5 (= *liveliness*) vida *f*; **his acting brought the character to ~** su actuación dio vida al personaje; **she brought the party to ~** animó la fiesta; **to come to ~** animarse; **to put** *or* **breathe new ~ into sth/sb** infundir nueva vida a algo/algn; **you need to put a bit of ~ into it** tienes que ponerle un poco de garra; **the ~ and soul of the party** el alma de la fiesta

6 (= *lifespan*) [*of person*] vida *f*; [*of licence*] vigencia *f*, validez *f*; [*of battery*] vida *f*, duración *f*; **during the ~ of this government** durante el mandato de este gobierno; **friends for ~** amigos *mpl* para siempre; **scarred for ~** con una cicatriz de por vida; **a job for ~** un trabajo para toda la vida; **these birds mate for ~** estas aves tienen una sola pareja en su vida; **it was her ~'s work** fue el trabajo de toda su vida

7 (*) (= *life imprisonment*) **to do ~** cumplir una condena de cadena *or* reclusión perpetua; **to get ~** ◊ **be sentenced to ~** ser condenado a cadena *or* reclusión perpetua

8 (*Art*) **to paint from ~** pintar del natural; **true to ~** fiel a la realidad

9 (= *biography*) vida *f*

10 (*US*‡) [*of prostitute*] **she's in the ~** hace la calle*, es una mujer de la vida

Ⓑ CPD ► **life and death struggle** N lucha *f* a vida o muerte ► **life annuity** N pensión *f or* anualidad *f* vitalicia ► **life assurance** N seguro *m* de vida ► **life class** N (*Art*) clase *f* de dibujo al natural ► **life cycle** N ciclo *m* vital ► **life expectancy** N esperanza *f* de vida ► **life force** N fuerza *f* vital ► **life form** N forma *f* de vida ► **Life Guards** NPL (*Brit Mil*) *regimiento de caballería* ► **life history** N [*of person*] (historia *f* de la) vida *f*; (*hum, iro*) vida *f* y milagros* *mpl*; **the ~ history of the salmon** (la historia de) la vida del salmón ► **life imprisonment** N cadena *f* perpetua ► **life insurance** N = **life assurance** ► **life interest** N usufructo *m* vitalicio ► **life jacket** N chaleco *m* salvavidas ► **life membership** N **to take out a ~ membership** inscribirse como miembro vitalicio *or* de por vida ► **life peer** N (*Brit Parl*) *miembro de la Cámara de los Lores de carácter no hereditario* ► **life preserver** N (*Brit*) cachiporra *f*; (*US*) chaleco *m* salvavidas ► **life president** N presidente *mf* de por vida ► **life raft** N balsa *f* salvavidas ► **life sciences** NPL ciencias *fpl* de la vida ► **life sentence** N condena *f* a perpetuidad ► **life span** N [*of person*] vida *f*; [*of product*] vida *f* útil ► **life story** N biografía *f*

**lifebelt** [ˈlaɪfbelt] N salvavidas *m inv*, flotador *m*

**lifeblood** [ˈlaɪfblʌd] N sangre *f* vital; (*fig*) alma *f*, sustento *m*

**lifeboat** [ˈlaɪfbəʊt] Ⓐ N (*from shore*) lancha *f* de socorro; (*from ship*) bote *m* salvavidas
Ⓑ CPD ► **lifeboat station** N estación *f* de lanchas de socorro

**lifeboatman** [ˈlaɪfbəʊtmən] N (*pl* **lifeboatmen**) tripulante *mf* de una lancha de socorro

**lifebuoy** [ˈlaɪfbɔɪ] N boya *f* salvavidas, guindola *f*

**life-enhancing** [ˈlaɪfɪnˈhɑːnsɪŋ] ADJ [*experience*] edificante; [*drug*] que alarga la vida

**life-giving** [ˈlaɪfgɪvɪŋ] ADJ que da vida, vivificante

**lifeguard** [ˈlaɪfgɑːd] N (*on beach*) salvavidas *mf inv*, socorrista *mf*

**lifeless** [ˈlaɪflɪs] ADJ [*body*] sin vida, exánime; [*streets*] sin vida, desolado; [*face, voice, eyes*] apagado, sin vida; [*hair*] sin cuerpo, lacio

**lifelessness** [ˈlaɪflɪsnɪs] N (*fig*) falta *f* de vida

**lifelike** [ˈlaɪflaɪk] ADJ natural; (= *seemingly real*) que parece vivo; **her photo is so ~** la foto es el vivo retrato de ella

**lifeline** [ˈlaɪflaɪn] N cuerda *f* de salvamento; (*fig*) cordón *m* umbilical, sustento *m*

**lifelong** [ˈlaɪflɒŋ] ADJ de toda la vida

**lifer*** [ˈlaɪfəʳ] N presidiario *m* de por vida, condenado/a *m/f* a cadena perpetua

**life-saver** [ˈlaɪfˌseɪvəʳ] N salvador(a) *m/f*; (= *lifeguard*) socorrista *mf*

**life-saving** [ˈlaɪfseɪvɪŋ] Ⓐ N salvamento *m*; (= *training for life-saving*) socorrismo *m*
Ⓑ ADJ [*equipment*] de salvamento, salvavidas; (*Med*) [*operation*] a vida o muerte; **she was rushed to hospital for a ~ operation** la ingresaron de urgencia en el hospital para operarla a vida o muerte

**life-size(d)** [ˈlaɪfˈsaɪz(d)] ADJ de tamaño natural

**lifestyle** [ˈlaɪfstaɪl] N estilo *m* de vida

**life-support** [ˈlaɪfsəˌpɔːt] ADJ **~ system** sistema *m* de respiración artificial (*pulmón artificial etc*)

**lifetime** [ˈlaɪftaɪm] N 1 (= *lifespan*) vida *f*; **in my ~** durante mi vida, en el curso de mi vida; **in the ~ of this parliament** en el transcurso de esta legislatura; **within my ~** mientras viva; **the chance of a ~** una oportunidad única en la vida; **once in a ~** una vez en la vida; **the work of a ~** el trabajo de toda una vida
2 (*fig*) eternidad *f*; **it seemed a ~** pareció una eternidad

**lifework** [ˈlaɪfˈwɜːk] N trabajo *m* de toda la vida

**LIFO** [ˈlaɪfəʊ] ABBR (= **last in, first out**) UEPS

**lift** [lɪft] Ⓐ N 1 (*Brit*) (= *elevator*) ascensor *m*; (*for goods*) montacargas *m inv*
2 (*esp Brit*) (*in car*) **never accept ~s from strangers** nunca te montes en un coche con extraños; **can I give you a ~?** ¿quiere que le lleve (en coche)?, ¿quiere que le dé aventón? (*Mex*), ¿quiere que le dé un aventón? (*Col*); **she gave me a ~ home** me llevó a casa en coche, me acompañó con su coche a casa; *see also* **hitch B1**
3 (*fig*) (= *boost*) **to give sb a ~** (*psychologically*) levantar el ánimo a algn; (*physically*) dar fuerzas a algn
4 (*Aer*) propulsión *f*
Ⓑ VT 1 (= *raise, pick up*) [+ *cover, box, head*] levantar; [+ *phone, receiver*] descolgar, coger (*Sp*); [+ *child*] tomar en brazos, coger en brazos (*Sp*), alzar; [+ *invalid*] mover; **this suitcase is too heavy for me to ~** esta maleta pesa demasiado para que yo la levante; **he ~ed his eyes and looked out of the window** levantó *or* alzó la vista y miró por la ventana; **the wind ~ed the balloon into the air** el viento se llevó el globo por los aires; **he ~ed the lid off the pan** levantó la tapadera de la olla, destapó la olla; **he ~ed the child onto his knee** alzó *or* (*Sp*) cogió al niño y lo sentó en su rodilla; **to ~ sb's spirits** levantar el ánimo a algn; **she ~ed her glass to her lips** se llevó el vaso a los labios; **to ~ weights** (*Sport*) hacer *or* levantar pesas; ✦**IDIOMS she never ~s a finger to help** no mueve un dedo para ayudar; **to ~ the lid on sth** destapar algo
2 (= *remove*) [+ *restrictions, sanctions, siege*] levantar
3 (= *dig up*) [+ *potatoes, carrots*] recoger
4 (= *improve*) mejorar; **they need to ~ their game to win** tienen que mejorar su juego si quieren ganar
5 (*) (= *steal*) [+ *goods, money*] mangar*, birlar*; [+ *idea, quotation*] copiar, plagiar; **the article was ~ed from a newspaper** el artículo fue copiado *or* plagiado de un periódico
Ⓒ VI 1 (= *rise*) levantarse, alzarse (*LAm*)
2 (= *raise*) **a bra which ~s and separates** un sujetador que realza y separa el busto
3 (= *disappear*) [*mist, fog*] disiparse; [*depression*] desaparecer; **his mood seemed to have ~ed** parecía estar de mejor humor
4 (= *cheer up*) **his spirits ~ed at the thought of seeing her** se le levantaron los ánimos al pensar que iba a verla
Ⓓ CPD ► **lift attendant** N (*Brit*) ascensorista *mf* ► **lift cage** N (*Brit*) caja *f* de ascensor ► **lift operator** N (*Brit*) = **lift attendant** ► **lift shaft** N (*Brit*) caja *f or* hueco *m* del ascensor

► **lift down** VT + ADV bajar; **to ~ sth down from a shelf** bajar algo de una estantería

► **lift off** Ⓐ VT + ADV [+ *lid, cover*] quitar, levantar
Ⓑ VI + ADV 1 (= *gen*) levantarse; **the top ~s off** la parte de arriba se levanta
2 [*spacecraft*] despegar

► **lift out** VT + ADV 1 (*gen*) sacar; **he ~ed the child out of his playpen** sacó al niño del parque
2 (*Mil*) [+ *troops*] evacuar

► **lift up** Ⓐ VT + ADV [+ *object, cover*] levantar; [+ *head, person*] levantar, alzar; **to ~ up one's eyes** levantar *or* alzar la vista
Ⓑ VI + ADV levantarse; **the seat ~s up to reveal useful storage space** el asiento se levanta dejando ver un espacio útil para guardar cosas

**lift-off** [ˈlɪftɒf] N despegue *m*

**ligament** [ˈlɪgəmənt] N ligamento *m*

**ligature** [ˈlɪgətʃəʳ] N (*Med, Mus*) ligadura *f*; (*Typ*) ligado *m*

**light[1]** [laɪt] (*vb: pt, pp* **lit** *or* **lighted**) Ⓐ N 1 (= *not darkness*) luz *f*; **she was sitting with her back to the ~** *or* **with the ~ behind her** estaba sentada de espaldas a la luz; **the ~ was beginning to fade** estaba empezando a oscurecer; **her hair is almost black in certain ~s** según como le da la luz tiene el pelo casi negro; **against the ~** al trasluz; **to hold sth against the ~** acercar algo a la luz, mirar algo al trasluz; **by the ~ of the moon/a candle** a la luz de la luna/de una vela; **at first ~** al rayar el día; **you're (standing) in my ~** me quitas la luz, me haces sombra; **~ and shade** luz y sombra; (*Art*) claroscuro *m*; **to hold sth up to the ~** acercar algo a la luz, mirar algo al trasluz; ✦**IDIOMS to see (a) ~ at the end of the tunnel** ver la salida del túnel, ver una solución al problema; **to bring sth to ~** sacar algo a la luz; **to shed** *or* **throw** *or* **cast ~ on sth** arrojar luz sobre algo; **in the cold ~ of day** a la luz del día; (*fig*) pensándolo con calma; **to come to ~** salir a la luz (pública); **new facts have come to ~** han salido a la luz nuevos datos; **(the) ~ dawned on him/her** se dio cuenta, comprendió; **to hide one's ~ (under a bushel)** quitarse importancia, ser modesto; **he was the ~ of her life** era la niña de sus ojos; **to see the ~** (*Rel*) ver la luz; (= *understand*) abrir los ojos, ver la luz (*hum*); **to see the ~ (of day)** ver la luz (del día); *see also* **leading B**

2 (= *lamp*) luz *f*; **in the distance I could see the ~s of a town** a lo lejos veía las luces de una ciudad; **to switch on** *or* **turn on the ~** encender la luz; **to switch off** *or* **turn off the ~** apagar la luz; **~s out** hora *f* de apagar las luces; **what time is ~s out?** ¿a qué hora se apagan las luces?; **✦IDIOM to go out like a ~*** (= *fall asleep*) dormirse al instante; (= *lose consciousness*) caer (en) redondo*; *see also* **bright C**, **runway C**

3 (= *electricity*) luz *f*; **electric ~** luz *f* eléctrica

4 (*Aut*) (*on vehicle*) luz *f*; **rear** *or* **tail ~s** pilotos *mpl*, luces *fpl* traseras, calaveras *fpl* (*Mex*); **reversing ~s** luces *fpl* de marcha atrás

5 (= *traffic signal*) semáforo *m*; **a red/green/amber ~** un semáforo en rojo/verde/ámbar; **to go through a red ~** saltarse un semáforo en rojo; **the ~s** el semáforo; **the ~s were at** *or* **on red** el semáforo estaba en rojo; **the ~s were against us all the way** nos tocaron todos los semáforos en rojo; *see also* **green D**

6 (= *viewpoint*) **according to** *or* **by sb's ~s** (*frm*) según el parecer de algn; **to see things/look at sth in a different** *or* **new ~** ver las cosas/mirar algo con una perspectiva distinta *or* desde otro punto de vista; **I began to see my friends in a new ~** empecé a ver a mis amigos con otros ojos; **to show** *or* **portray sth/sb in a good/bad ~** dar una buena/mala imagen de algo/algn; **this shows our country in a bad ~** esto da una mala imagen de nuestro país; **in the ~ of what you have said ...** en vista de *or* a la luz de lo que has dicho ...

7 (= *glint, twinkle*) brillo *m*; **there was a strange ~ in his eye** había un brillo extraño en su mirada

8 (= *flame*) **have you got a ~?** (*for cigarette*) ¿tienes fuego?; **to set ~ to sth** (*Brit*) prender fuego a algo; *see also* **strike B3**

9 (*Archit*) cristal *m*, vidrio *m*

Ⓑ ADJ (*compar* **lighter**; *superl* **lightest**) 1 (= *bright*) [*room, hallway*] con bastante luz; **her house is ~ and airy** su casa tiene bastante luz y ventilación; **~ summer evenings** las claras tardes de verano; **while it's still ~** mientras es de día *or* hay luz; **to get ~** hacerse de día

2 (= *pale*) [*colour*] claro; [*hair*] rubio, güero (*CAm, Mex*); [*skin*] blanco; **~ blue/green** azul/verde claro; **~ in colour** de color claro

Ⓒ VT 1 (= *illuminate*) iluminar; **she appeared at a ~ed window** se asomó a la ventana de una habitación iluminada; **to ~ the way for sb** alumbrar (el camino) a algn

2 (= *ignite*) [+ *match, candle, fire*] encender, prender; [+ *cigarette*] encender

Ⓓ VI (= *ignite*) encenderse, prender; **the fire wouldn't ~** el fuego no se encendía, el fuego no prendía

Ⓔ CPD ► **light bulb** N bombilla *f*, foco *m* (*Andes*), bombillo *m* (*Col, Ven*) ► **light fitting** N *instalación eléctrica donde se colocan bombillas, tubos fluorescentes, etc* ► **light meter** N (*Phot*) fotómetro *m* ► **light pen** N lápiz *m* óptico ► **light show** N espectáculo *m* de luces ► **light switch** N interruptor *m* ► **light wave** N onda *f* luminosa ► **light year** N año *m* luz; **3000 ~ years away** a una distancia de 3000 años luz

►**light out**†* VI + ADV largarse* (**for** para)

►**light up** Ⓐ VI + ADV 1 (*gen*) iluminarse; **her face lit up** se le iluminó la cara

2 (*) (= *light cigarette*) encender un cigarrillo

Ⓑ VT + ADV iluminar

**light²** [laɪt] Ⓐ ADJ (*compar* **lighter**; *superl* **lightest**) 1 (*in weight*) [*object, clothing, equipment*] ligero, liviano (*LAm*); [*step*] ligero; **I want to be ten pounds ~er** quiero adelgazar diez libras; **I'm ten pounds ~er than I was** peso diez libras menos que antes; **to be ~ on one's feet** ser ligero de pies; **with a ~ heart** (= *cheerfully*) con el corazón alegre; (= *without thinking*) a la ligera; **you need a ~ touch to make good pastry** necesitas manos de seda para conseguir una buena masa; **✦IDIOM as ~ as a feather** ligero como una pluma

2 (= *scanty, slight*) [*breeze*] leve, suave; [*shower*] ligero; **a ~ rain was falling** lloviznaba; **a ~ fall of snow** una ligera nevada; **trading was ~ on the Stock Exchange** hubo poca actividad en la Bolsa; **traffic was ~** había poco tráfico; **the speech was ~ on content** el discurso tenía poco contenido

3 (*Culin*) [*meal, food, cake*] ligero, liviano (*LAm*)

4 (= *low-alcohol*) de bajo contenido alcohólico, de bajo contenido en alcohol; (= *low-calorie*) light, bajo en calorías; (= *low-tar*) light, de bajo contenido en alquitrán

5 (= *soft*) [*sound*] leve; [*voice*] suave; **there was a ~ tapping on the door** se oyeron unos golpecitos a la puerta

6 (= *not demanding*) [*work, duties*] ligero; **she can only manage ~ work** sólo puede realizar tareas ligeras; **✦IDIOM to make ~ work of sth** hacer algo con facilidad

7 (= *not serious*) [*novel, music*] ligero; **to make ~ of sth** quitar importancia a algo; **on a ~er note** hablando de cosas menos serias; **take along some ~ reading** llévate algo fácil de leer

8 (= *not harsh*) [*sentence*] leve

9 (= *shallow*) **she had drifted into a ~ sleep** se había quedado medio dormida; **to be a ~ sleeper** tener el sueño ligero

10 (= *loose*) [*soil*] poco denso

Ⓑ ADV **to travel ~** viajar con poco equipaje

Ⓒ N 1 **lights** (*Culin*†) pulmones *mpl*

2 (= *cigarette*) cigarrillo *m* light, cigarrillo *m* de bajo contenido en alquitrán

Ⓓ CPD ► **light aircraft** N avión *m* ligero ► **light ale** N cerveza *f* rubia, cerveza *f* clara ► **light entertainment** N (*TV*) programas *mpl* de variedades; **a stand-up comedian provided ~ entertainment** un humorista amenizó la velada ► **light industry** N industria *f* ligera ► **light infantry** N infantería *f* ligera ► **light opera** N (= *show*) opereta *f*; (= *genre*) género *m* lírico ► **light verse** N poesías *fpl* festivas

**light³** [laɪt] (*pt, pp* **lit** *or* **lighted**) VI **to ~ on sth** (*liter*) dar con algo, tropezar con algo, encontrar algo

**light-coloured** ['laɪt'kʌləd] ADJ claro, de color claro

**light-emitting diode** [ˌlaɪtɪmɪtɪŋ'daɪəʊd] N diodo *m* luminoso

**lighten¹** ['laɪtn] Ⓐ VT [+ *room*] iluminar más; [+ *sky*] iluminar; [+ *color*] hacer más claro

Ⓑ VI [*sky*] clarear; (*Meteo*) relampaguear

**lighten²** ['laɪtn] Ⓐ VT [+ *load*] aligerar, hacer menos pesado; (*fig*) (= *make cheerful*) [+ *atmosphere*] relajar; [+ *heart*] alegrar; (= *reduce*) [+ *cares*] aliviar

Ⓑ VI [*load*] aligerarse, hacerse menos pesado; [*heart*] alegrarse

**lighter¹** ['laɪtəʳ] Ⓐ N (*also* **cigarette ~**) encendedor *m*, mechero *m*

Ⓑ CPD ► **lighter flint** N piedra *f* de mechero ► **lighter fuel** N gas *m* de encendedor

**lighter²** ['laɪtəʳ] N (*Naut*) gabarra *f*, barcaza *f*

**light-fingered** ['laɪt'fɪŋgəd] ADJ con las manos muy largas; **to be ~** tener las manos muy largas, ser muy amigo de lo ajeno

**light-footed** ['laɪt'fʊtɪd] ADJ ligero (de pies)

**light-haired** ['laɪt'hɛəd] ADJ rubio, güero (*CAm, Mex*)

**light-headed** ['laɪt'hedɪd] ADJ (*by temperament*) ligero de cascos*; (= *dizzy*) mareado; (*with fever*) delirante; (*with excitement*) exaltado; **wine makes me ~** el vino se me sube a la cabeza

**light-hearted** ['laɪt'hɑːtɪd] ADJ desenfadado, alegre; [*remark*] poco serio, dicho en tono festivo

**light-heartedly** ['laɪt'hɑːtɪdlɪ] ADV alegremente

**lighthouse** ['laɪthaʊs] Ⓐ N (*pl* **lighthouses** ['laɪthaʊzɪz]) faro *m*

Ⓑ CPD ► **lighthouse keeper** N farero/a *m/f*, torrero/a *m/f*

**lighting** ['laɪtɪŋ] Ⓐ N (= *act*) iluminación *f*; [*of fire*] encendimiento *m*; [*of cigarette*] encendido *m*; (= *system*) alumbrado *m*; (*at pop show*) equipo *m* de luces, iluminación *f*; (*Theat*) iluminación *f*

Ⓑ CPD ► **lighting effects** NPL efectos *mpl* luminosos ► **lighting engineer** N luminotécnico/a *m/f*

**lighting-up time** [ˌlaɪtɪŋ'ʌptaɪm] N hora *f* de encender los faros

**lightly** ['laɪtlɪ] ADV 1 (= *gently, softly*) [*touch, knock*] suavemente; [*tread, walk*] con paso ligero; **she kissed him ~ on the forehead** le dio un beso con suavidad en la frente; **brush ~ with beaten egg** extienda una ligera capa de huevo batido

2 (= *slightly*) levemente, ligeramente; **~ clad** ligero de ropa, con muy poca ropa; **season ~ with salt and pepper** sazone con un poquito de sal y pimienta; **a ~ boiled egg** un huevo poco cocido, un huevo pasado por agua; **to touch ~ on a matter** mencionar un asunto de paso

3 (= *frivolously*) a la ligera; **this is not a charge to be made ~** este tipo de acusación no se hace a la ligera; **to get off ~** librarse de una buena; **to speak ~ of danger** despreciar el peligro

**lightness¹** ['laɪtnɪs] N 1 (= *brightness*) [*of room*] luminosidad *f*

2 (= *paleness*) [*of colour*] claridad *f*

**lightness²** ['laɪtnɪs] N 1 (*in weight*) ligereza *f*, liviandad *f* (*LAm*); (*Culin*) [*of pastry, mixture*] ligereza *f*, suavidad *f*; **a feeling of ~ came over her** le invadió una sensación de ligereza; **her ~ of step** la ligereza *or* agilidad de sus pasos

2 (= *undemanding nature*) [*of duties*] ligereza *f*

3 [*of tone, voice*] suavidad *f*

4 [*of sentence*] levedad *f*

**lightning** ['laɪtnɪŋ] Ⓐ N (= *flash*) relámpago *m*; (= *stroke*) rayo *m*; **a flash of ~** un relámpago; **where the ~ struck** donde cayó el rayo; **✦IDIOMS as quick as ~ ◊ like (greased) ~*** como un rayo; **✦PROV ~ never strikes twice in the same place** desgracias así no suelen repetirse

Ⓑ CPD ► **lightning attack** N ataque *m* relámpago ► **lightning conductor, lightning rod** (*US*) N pararrayos *m inv* ► **lightning strike** N huelga *f* relámpago ► **lightning visit** N visita *f* relámpago

**lightship** [ˈlaɪtʃɪp] N buque-faro *m*

**light-skinned** [ˌlaitˈskɪnd] ADJ de piel blanca

**lightweight** [ˈlaɪtweɪt] Ⓐ ADJ (*gen*) ligero, de poco peso, liviano (*esp LAm*); (*Boxing*) de peso ligero

Ⓑ N (*Boxing*) peso *m* ligero; (*fig*) (*pej*) persona *f* de poco peso *or* sin importancia

**ligneous** [ˈlɪgnɪəs] ADJ leñoso

**lignite** [ˈlɪgnaɪt] N lignito *m*

**lignum vitae** [ˈlɪgnəmˈviːtaɪ] N palo *m* santo; (= *tree*) guayaco *m*

**Ligures** [ˈlɪgjʊəz] NPL ligures *mpl*

**Ligurian** [lɪˈgjʊərɪən] Ⓐ ADJ ligur

Ⓑ N ligur *mf*

**likable** [ˈlaɪkəbl] = **likeable**

▼**like**[1] [laɪk] Ⓐ ADJ (*frm*) (= *similar*) parecido, semejante; **snakes, lizards and ~ creatures** serpientes *fpl*, lagartos *mpl* y criaturas *fpl* parecidas *or* semejantes; **to be of ~ mind** tener ideas afines; **she and a group of friends of ~ mind** ella y un grupo de amigos con ideas afines; **he was very intolerant towards people not of a ~ mind** era muy intransigente con las personas que no le daban la razón; ✦*IDIOM* **they are as ~ as two peas (in a pod)** se parecen como dos gotas de agua

Ⓑ PREP [1] (= *similar to*) como; **what's he ~?** ¿cómo es (él)?; **you know what she's ~** ya la conoces, ya sabes cómo es; **what's Spain ~?** ¿cómo es España?; **what's the weather ~?** ¿qué tiempo hace?; **a house ~ mine** una casa como la mía, una casa parecida a la mía; **I found one ~ it** encontré uno parecido *or* igual; **she was ~ a sister to me** fue (como) una hermana para mí; **we heard a noise ~ someone sneezing** nos pareció oír a alguien estornudar, oímos como un estornudo; **I never saw anything ~ it** nunca he visto cosa igual *or* semejante; **what's he ~ as a teacher?** ¿qué tal es como profesor?; **to be ~ sth/sb** parecerse a algo/algn, ser parecido a algo/algn; **you're so ~ your father** (*in looks, character*) te pareces mucho a tu padre, eres muy parecido a tu padre; **this portrait is not ~ him** en este retrato no parece él; **it was more ~ a prison than a house** se parecía más a una cárcel que a una casa; **the figure is more ~ 300** la cifra se acerca más bien a 300; **why can't you be more ~ your sister?** ¿por qué no aprendes de tu hermana?; **that's more ~ it!*** ¡así está mejor!, ¡así me gusta!; **there's nothing ~ real silk** no hay nada como la seda natural; **something ~ that** algo así, algo por el estilo; **I was thinking of giving her something ~ a doll** pensaba en regalarle algo así como una muñeca, pensaba en regalarle una muñeca o algo por el estilo; **they earn something ~ £50,000 a year** ganan alrededor de 50.000 libras al año; **people ~ that can't be trusted** esa clase *or* ese tipo de gente no es de fiar; *see also* **feel B3**, **look B4**, **smell C1**, **sound[1] C2.1**, **taste C**

[2] (= *typical of*) **it's not ~ him to do that** no es propio de él hacer eso; **isn't it just ~ him!** ¡no cambia!, ¡eso es típico de él!; **(it's) just ~ you to grab the last cake!** ¡qué típico que tomes *or* (*Sp*) cojas tú el último pastelito!

[3] (= *similarly to*) como; **he thinks ~ us** piensa como nosotros; **~ me, he is fond of Brahms** igual que a mí, le gusta Brahms; **she behaved ~ an idiot** se comportó como una idiota; **just ~ anybody else** igual que cualquier otro; **~ this/that** así; **it wasn't ~ that** no fue así, no ocurrió así; **I'm sorry to intrude on you ~ this** siento importunarte de este modo; **stop pacing ~ that** deja de dar vueltas; **he got up and left, just ~ that** se levantó y se marchó, así, sin más; ✦*PROV* **~ father ~ son** de tal palo tal astilla; *see also* **anything 5**, **crazy A1**, **hell A2**, **mad A1.2**

[4] (= *such as*) como; **large cities ~ New York** las grandes urbes como Nueva York; **the basic necessities of life, ~ food and drink** las necesidades básicas de la vida, como la comida y la bebida

Ⓒ ADV [1] (= *comparable*) **on company advice, well, orders, more ~** siguiendo los consejos de la empresa, bueno, más bien sus órdenes; **it's nothing ~ as hot as it was yesterday** no hace tanto calor como ayer, ni mucho menos; **£500 will be nothing ~ enough** 500 libras no serán suficientes, ni mucho menos

[2] (= *likely*) **(as) ~ as not: they'll be down the pub (as) ~ as not** lo más probable es que estén en el bar

Ⓓ CONJ (*) [1] (= *as*) como; **~ we used to (do)** como solíamos (hacer); **do it ~ I do** hazlo como yo; **it's just ~ I say** es como yo digo; ✦*IDIOM* **to tell it ~ it is** decir las cosas como son

[2] (* = *as if*) como si; **he behaved ~ he was afraid** se comportaba como si tuviera miedo; **you look ~ you've seen a ghost** parece que acabas de ver un fantasma

Ⓔ N **we shall not see his ~ again** (*frm, liter*) no volveremos a ver otro igual; **the exchange was done on a ~-for-~ basis** el intercambio se hizo basándose en dos cosas parecidas; **did you ever see the ~ (of it)?** ¿has visto cosa igual?; **I've no time for the ~s of him*** no soporto a la gente como él; **sparrows, starlings and the ~** *or* **and such ~** gorriones, estorninos y otras aves por el estilo; **to compare ~ with ~** comparar dos cosas semejantes; ✦*IDIOM* **~ attracts ~** Dios los cría y ellos se juntan

▼**like**[2] [laɪk] Ⓐ VT [1] (= *find pleasant*) **I ~ dancing/football** me gusta bailar/el fútbol; **I ~ bright colours** me gustan los colores vivos; **which do you ~ best?** ¿cuál es el que más te gusta?; **your father won't ~ it** esto no le va a gustar a tu padre; **I ~ oysters but they don't ~ me*** me gustan las ostras pero no me sientan muy bien; **we ~ it here** nos gusta este sitio; **I ~ him** me cae bien *or* simpático; **I don't ~ him at all** me resulta antipático, no me cae nada bien; **I've come to ~ him** le he llegado a tomar *or* (*Sp*) coger cariño; **don't you ~ me just a little bit?** ¿no me quieres un poquitín?; **you know he ~s you very much** sabes que te tiene mucho cariño *or* que te quiere mucho; **I don't think they ~ each other** creo que no se caen bien; **I don't ~ the look of him** no me gusta su aspecto, no me gusta la pinta que tiene*; **I ~ your nerve!*** ¡qué frescura!, ¡qué cara tienes!; **well, I ~ that!*** (*iro*) ¡será posible!, ¡habráse visto!; **she is well ~d here** aquí se la quiere mucho

[2] (= *feel about*) **how do you ~ Cadiz?** ¿qué te parece Cádiz?; **how do you ~ it here?** ¿qué te parece este sitio?; **how would you ~ to go to the cinema?** ¿te apetece *or* (*LAm*) se te antoja ir al cine?; **how would you ~ it if somebody did the same to you?** ¿cómo te sentirías si alguien te hiciera lo mismo?; **how do you ~ that! I've been here five years and he doesn't know my name** ¡qué te parece!, llevo cinco años trabajando aquí y no sabe ni cómo me llamo

[3] (= *have a preference for*) **I ~ my whisky neat** me gusta el whisky solo; **this plant doesn't ~ sunlight** a esta planta no le gusta la luz; **I ~ to know the facts before I form opinions** me gusta conocer los hechos antes de formarme una opinión; **I ~ to be obeyed** me gusta que me obedezcan; **she ~s him to be home by ten** le gusta que esté en casa antes de las diez; **I ~ to think I'm not prejudiced** creo que no tengo prejuicios; **I ~ to think of myself as a humanitarian** me considero una persona humanitaria

[4] (= *want*) **I didn't ~ to say no** no quise decir que no; (*because embarrassed*) me dio vergüenza decir que no; **take as much as you ~** toma *or* coge todo lo que quieras; **he thinks he can do as he ~s** cree que puede hacer lo que quiera, cree que puede hacer lo que le de la gana*; **whether he ~s it or not** le guste o no (le guste), quiera o no (quiera); **whenever you ~** cuando quieras

[5] **would/should ~** [5·1] (*specific request, offer, desire*) **would you ~ a drink?** ¿quieres tomar algo?; **I'd ~ you to do it** quiero que lo hagas; **would you ~ me to wait?** ¿quiere que espere?; **I'd** *or* **I would** *or* (*frm*) **I should ~ an explanation** quisiera una explicación, me gustaría que me dieran una explicación; **I'd ~ to think we're still friends** quisiera creer que todavía somos amigos; **I'd ~ to take this opportunity to thank you all** quisiera aprovechar esta oportunidad para darles las gracias a todos; **I'd ~ the roast chicken, please** (me trae) el pollo asado, por favor; **I'd ~ three pounds of tomatoes, please** (me da) tres libras de tomates, por favor

[5·2] (*wishes, preferences*) **I'd ~ a bigger flat** me gustaría tener un piso más grande; **he'd ~ to have met her** le hubiera gustado conocerla; **I should ~ to have been there** ◊ **I should have ~d to be there** (*frm*) me hubiera gustado estar allí

Ⓑ VI querer; **as you ~** como quieras; **"shall we go now?" — "if you ~"** —¿nos vamos ya? —si quieres

Ⓒ N **likes** gustos *mpl*; **~s and dislikes** aficiones *fpl* y fobias *or* manías, cosas *fpl* que gustan y cosas que no; **he has distinct ~s and dislikes where food is concerned** con respecto a la comida tiene claras preferencias *or* sabe muy bien lo que le gusta y lo que no (le gusta)

**...like, -like** [laɪk] SUFFIX parecido a, como; **bird~** como un pájaro; **with queen~ dignity** con dignidad de reina; *see also* **catlike** *etc*

**likeable** [ˈlaɪkəbl] ADJ simpático, agradable

**likeableness** [ˈlaɪkəblnɪs] N simpatía *f*

**likelihood** [ˈlaɪklɪhʊd] N probabilidad *f*; **what is the ~ of a successful outcome?** ¿qué probabilidad hay de que el resultado sea favorable?; **there is no ~ of infection** no hay probabilidad de infección; **there is little/every ~ that he'll come** es poco/muy probable que venga; **there is a strong ~ they'll be elected** es muy probable que salgan elegidos; **in all ~ the explosion was caused by a bomb** lo más probable es que una bomba causase la explosión

▼**likely** [ˈlaɪklɪ] Ⓐ ADJ (*compar* **likelier**; *superl* **likeliest**) [1] (= *probable*) [*outcome, consequences*] probable; **what kind of changes are ~?** ¿qué tipo de cambios son probables?; **snow is ~ on high ground** es probable que nieve en zonas altas; **it is ~ that** es probable que + *subjun*; **it is ~ to rain later on** es probable que llueva más tarde; **they are not ~ to come** no es probable que vengan; **he's ~ to do anything** puede hacer cualquier cosa;

**he's the man most ~ to win** es el que más probabilidades tiene de ganar; **a ~ story** *or* **tale!** (*iro*) ¡menudo cuento!, ¡y yo que me lo creo! (*iro*)

[2] (= *suitable*) **this seems a ~ spot for a picnic** éste parece un buen sitio para hacer un picnic; **she's the most ~ candidate** es la candidata que parece más idónea; **here comes a ~-looking character** aquí viene un tipo que parece adecuado *or* que bien puede servir

**LIKE**

**Verb**

**"Gustar" better avoided**

• While **gustar** is one of the main ways of translating **like**, its use is not always appropriate. Used to refer to people, it may imply sexual attraction. Instead, use expressions like **caer bien** or **parecer/resultar simpático/agradable**. These expressions work like **gustar** and need an indirect object:

I like Francis very much

***Francis me cae muy bien*** *or* ***me parece muy simpático*** *or* ***agradable***

She likes me, but that's all

***(A ella) le caigo bien, pero nada más***

**Like + verb**

• Translate **to like doing sth** and **to like to do sth** using **gustar** + **INFINITIVE**:

Doctors don't like having to go out to visit patients at night

***A los médicos no les gusta tener que salir a visitar pacientes por la noche***

My brother likes to rest after lunch

***A mi hermano le gusta descansar después de comer***

• Translate **to like sb doing sth** and **to like sb to do sth** using **gustar** + **que** + **SUBJUNCTIVE**:

My wife likes me to do the shopping

***A mi mujer le gusta que haga la compra***

I don't like Irene living so far away

***No me gusta que Irene viva tan lejos***

**"How do you like...?"**

• Use **qué** + **parecer** to translate **how do/did you like** when asking someone's opinion:

How do you like this coat?

***¿Qué te parece este abrigo?***

How did you like the concert?

***¿Qué te ha parecido el concierto?***

• But use **cómo** + **gustar** when using **how do you like** more literally:

How do you like your steak?

***¿Cómo le gusta la carne?***

**Would like**

• When translating **would like**, use **querer** with requests and offers and **gustar** to talk about preferences and wishes:

Would you like a glass of water?

***¿Quiere un vaso de agua?***

What would you like me to do about the tickets?

***¿Qué quieres que haga respecto a los billetes?***

I'd very much like to go to Spain this summer

***Me gustaría mucho ir a España este verano***

**NOTE:** Literal translations of **I'd like** are better avoided when making requests in shops and restaurants. Use expressions like the following:

I'd like steak and chips

***¿Me pone un filete con patatas fritas?, (Yo) quiero un filete con patatas fritas***

*For further uses and examples, see main entry.*

(B) ADV (= *probably*) **she will very** *or* **most ~ arrive late** lo más probable es que llegue tarde; **some prisoners will ~ be released soon** (*US*) es probable que pronto se deje en libertad a algunos prisioneros; **(as) ~ as not he'll arrive early** lo más probable es que llegue pronto, seguramente llegará pronto; **this is more than ~ true** lo más probable *or* seguro es que sea cierto; **"I expect she'll be re-elected" — "yes, more than ~"** —me imagino que la volverán a elegir —si, seguramente; **not ~!*** ¡ni hablar!*

**like-minded** ['laɪk'maɪndɪd] ADJ con ideas afines, de igual parecer

**liken** ['laɪkən] VT comparar (**to** con)

**likeness** ['laɪknɪs] N [1] (= *resemblance*) semejanza *f*, parecido *m*; **family ~** aire *m* de familia

[2] (= *appearance*) aspecto *m*; **in the ~ of ...** a imagen y semejanza de ...; **to assume the ~ of ...** tomar la forma de ..., adoptar la apariencia de ...

[3] (= *portrait*) retrato *m*; **it's a good ~** se parece mucho

**likewise** ['laɪkwaɪz] ADV (= *also*) asimismo, igualmente, también; (= *the same*) lo mismo, igualmente; **~ it is true that ...** asimismo es verdad que ...; **to do ~** hacer lo mismo

**liking** ['laɪkɪŋ] N (*for thing*) gusto *m* (**for** por), afición *f* (**for** a); (*for person*) simpatía *f*, aprecio *m* (*LAm*); **to have a ~ for sth** ser aficionado *or* tener afición a algo; **to have a ~ for sb** tener simpatía a algn; **to be to sb's ~** ser del gusto de algn; **to take a ~ to sth/to doing sth** tomar *or* coger gusto a algo/a hacer algo; **to take a ~ to sb** tomar *or* coger simpatía a algn; **it's too strong for my ~** para mí es demasiado fuerte, es demasiado fuerte para mi gusto

**lilac** ['laɪlək] (A) N (*Bot*) lila *f*; (= *colour*) lila *m*, color *m* lila

(B) ADJ de color lila

**Lille** [li:l] N Lila *f*

**Lilliputian** [ˌlɪlɪ'pju:ʃɪən] (A) ADJ liliputiense

(B) N liliputiense *mf*

**Lilo®** ['laɪləʊ] N colchoneta *f* inflable

**lilt** [lɪlt] N (*in voice*) tono *m* cantarín; (*in song*) ritmo *m* alegre; **a song with a ~ to it** una canción de ritmo alegre

**lilting** ['lɪltɪŋ] ADJ [*voice*] cantarín

**lily** ['lɪlɪ] (A) N lirio *m*, azucena *f*; **~ of the valley** muguete *m*, lirio *m* de los valles

(B) CPD ► **lily pad** N hoja *f* de nenúfar

**lily-livered** ['lɪlɪ'lɪvəd] ADJ cobarde, pusilánime

**lily-white** ['lɪlɪwaɪt] ADJ blanco como la azucena

**Lima** ['li:mə] N Lima *f*

**lima bean** ['li:məˌbi:n] N (*US*) fríjol *m* de media luna, judía *f* de la peladilla

**limb** [lɪm] N (*Anat*) miembro *m*, extremidad *f*; [*of tree*] rama *f*; **to lose a ~** perder uno de los miembros *or* una de las extremidades; ✦***IDIOMS*** **to be/go out on a ~** (*in danger*) estar/quedar en peligro; (*be isolated*) estar/quedarse aislado; (= *take risk*) correr el riesgo; **to tear sb ~ from ~** despedazar a algn; *see also* **life A1**

**-limbed** [lɪmd] ADJ (*ending in compounds*) *see* **long-limbed**

**limber**[1] ['lɪmbəʳ] ADJ [*person*] ágil; [*material*] flexible

►**limber up** VI + ADV (*Sport*) entrar en calor, hacer ejercicios preparatorios; (*fig*) entrenarse, prepararse

**limber**[2] ['lɪmbəʳ] N (*Mil*) armón *m* (de artillería)

**limbless** ['lɪmlɪs] ADJ (que está) falto de un brazo *or* una pierna

**limbo** ['lɪmbəʊ] N (*Rel*) (*also* **Limbo**) limbo *m*; (= *dance*) limbo *m*; ✦***IDIOM*** **to be in ~** [*person*] quedarse nadando entre dos aguas

**lime**[1] [laɪm] (A) N (*Geol*) cal *f*; (*birdlime*) liga *f*

(B) VT (*Agr*) abonar con cal

**lime**[2] [laɪm] N (*Bot*) (*also* **~ tree**) (= *linden*) tilo *m*

**lime**[3] [laɪm] (A) N (*Bot*) (= *citrus fruit*) lima *f*; (= *tree*) limero *m*; (= *colour*) verde *m* lima

(B) CPD ► **lime juice** N zumo *m* or (*LAm*) jugo *m* de lima

**lime-green** [ˌlaɪm'gri:n] ADJ verde lima

**limekiln** ['laɪmkɪln] N horno *m* de cal

**limelight** ['laɪmlaɪt] N luz *f* de calcio; ✦***IDIOMS*** **to be in the ~** ser el centro de atención, estar en el candelero; **to hog the ~** acaparar *or* llevarse todo el protagonismo; **he never sought the ~** no trató nunca de acaparar la atención

**limerick** ['lɪmərɪk] N *especie de quintilla jocosa*

**LIMERICK**

*Un* **limerick** *es un poema burlón que consta de cinco versos con rima* **aabba**. *Las composiciones suelen ir dirigidas a una persona y el tono es normalmente bastante grosero o surrealista. A menudo comienzan con las palabras* **there was a...** *y contienen dos versos largos seguidos de otros dos cortos más un remate incisivo que puede llevar una rima torpe o inesperada a propósito. A continuación mostramos un ejemplo de* **limerick**: **There once was a man from North Wales, Who bought a trombone in the sales; But he found, when he tried it, There was something inside it: Fifty pence and a packet of nails.**

**limestone** ['laɪmstəʊn] N (piedra *f*) caliza *f*

**limey*** ['laɪmɪ] N (*US, Canada pej*) inglés/esa *m/f*

**limit** ['lɪmɪt] (A) N [1] (= *cut-off point, furthest extent*) límite *m*; **there is a ~ to my patience** mi paciencia tiene un límite; **there's a ~ to what doctors can do in such cases** lo que pueden hacer los médicos en estos casos es limitado; **to be at the ~ of one's endurance** ya no poder más; **to be at the ~ of one's patience** haber agotado la paciencia; **behaviour beyond the ~s of acceptability** comportamiento *m* que va más allá de los límites de lo aceptable; **to know no ~s** no tener límite(s); **these establishments are off ~s to ordinary citizens** los ciudadanos de a pie tienen prohibido el acceso a estos establecimientos; **that sort of question is off ~s** ese tipo de pregunta se sale de los límites; **that is outside the ~s of my experience** eso va más allá de los límites de mi experiencia; **it is important that parents set ~s for their children** es importante que los padres les pongan límites a sus hijos; **she tried my patience to the ~** puso mi paciencia a prueba; **it is true within ~s** es verdad dentro de ciertos límites; *see also* **city B**, **sky**, **stretch B7**

[2] (= *permitted maximum*) límite *m*; **there is no ~ on** *or* **to the amount you can import** no existe un límite con respecto a la cantidad que se puede importar; **one glass of wine's my ~** con un vaso de vino me basta y me sobra; **he was three times over the ~** (*Aut*) había ingerido tres veces más de la cantidad de alcohol permitida (para conducir); *see also* **age D**, **credit C**, **speed**, **spending B**, **time C**, **weight C**

[3] **the ~: it's the ~!*** (= *too much*) ¡es el colmo!, ¡es demasiado!; **he's the ~!** ¡es el colmo!, ¡es el no va más!

4 (*Math*) límite *m*

Ⓑ VT [+ *numbers, power, freedom*] limitar; [+ *spending*] restringir; **try to ~ your fat intake** procura limitar el consumo de grasas; **are you ~ed as to time?** ¿tienes el tiempo limitado?; **he ~ed questions to 25 minutes** limitó las preguntas a 25 minutos; **to ~ o.s. to sth** limitarse a algo; **he ~ed himself to a few remarks** se limitó a hacer algunas observaciones; **I ~ myself to ten cigarettes a day** me permito sólo diez cigarrillos al día

**limitation** [ˌlɪmɪˈteɪʃən] N limitación *f*, restricción *f*; (*Jur*) prescripción *f*; **he has his ~s** tiene sus limitaciones, tiene sus puntos flacos; **there is no ~ on exports** no hay restricción a las exportaciones

**limited** [ˈlɪmɪtɪd] Ⓐ ADJ 1 (= *small*) [*number, space*] limitado; [*resources*] limitado, escaso; [*range, scope*] limitado, reducido; **we only have a ~ amount of time** sólo contamos con una cantidad de tiempo limitada; **to a ~ extent** hasta cierto punto; **"for a limited period only"** "sólo por un periodo limitado"

2 (= *restricted*) limitado; **she feels very ~ in her job** se siente muy limitada en su trabajo; **he has ~ use of one arm** tiene algo de movilidad en un brazo; **the choice is ~** hay poca elección

3 (*esp Brit Jur, Comm*) (*in company names*) **Hourmont Travel Limited** Hourmont Travel, Sociedad Anónima

Ⓑ CPD ► **limited company** N (*esp Brit Comm, Jur*) sociedad *f* anónima, sociedad *f* limitada ► **limited edition** N [*of book*] edición *f* limitada; [*of picture, record*] tirada *f* limitada; [*of car*] serie *f* limitada ► **limited liability** N (*esp Brit Jur*) responsabilidad *f* limitada ► **limited partnership** N (*Comm*) sociedad *f* limitada, sociedad *f* en comandita; *see also* **public C**

**limiting** [ˈlɪmɪtɪŋ] ADJ restrictivo

**limitless** [ˈlɪmɪtlɪs] ADJ ilimitado, sin límites

**limo*** [ˈlɪməʊ] N = **limousine**

**limousine** [ˈlɪməziːn] N limusina *f*

**limp¹** [lɪmp] Ⓐ N cojera *f*; **to walk with a ~** cojear

Ⓑ VI cojear, renguear (*LAm*); **he ~ed to the door** fue cojeando a la puerta; **the ship managed to ~ to port** el buque llegó con dificultad al puerto

**limp²** [lɪmp] ADJ (*compar* **limper**; *superl* **limpest**)

1 [*person, body*] sin fuerzas; [*penis*] flácido; [*hair*] lacio; [*handshake*] flojo; **a piece of ~ lettuce** un trozo de lechuga mustia; **she fell ~ at their feet** cayó sin fuerzas a sus pies; **his arms hung ~** los brazos le colgaban muertos *or* como si fueran de trapo; **his body went ~** se le fueron las fuerzas del cuerpo; **she went ~ in his arms** se dejó caer en sus brazos

2 (= *unconvincing*) [*excuse*] pobre, poco convincente

3 (= *soft*) [*book binding*] blando, flexible

**limpet** [ˈlɪmpɪt] Ⓐ N lapa *f*; **like a ~** como una lapa

Ⓑ CPD ► **limpet mine** N mina *f* lapa

**limpid** [ˈlɪmpɪd] ADJ [*water*] límpido, cristalino; [*air*] diáfano, puro; [*eyes*] claro

**limply** [ˈlɪmplɪ] ADV 1 (= *without energy*) [*lie*] sin fuerzas; **his arms hung ~ at his sides** los brazos le colgaban muertos a los lados; **her hair hung ~ over her face** el pelo lacio le caía sin gracia sobre la cara

2 (*fig*) (= *unconvincingly*) [*say*] de manera poco convincente; [*applaud*] sin entusiasmo

**limpness** [ˈlɪmpnɪs] N [*of body, limb*] flojedad *f*; [*of excuse*] lo pobre, lo poco convincente

**limp-wristed*** [ˈlɪmpˈrɪstɪd] ADJ inútil; (*pej*) (= *gay*) de la acera de enfrente, sarasa‡

**limy** [ˈlaɪmɪ] ADJ calizo

**linage** [ˈlaɪnɪdʒ] N (*Press*) número *m* de líneas; **advertising ~** espacio *m* destinado a publicidad

**linchpin** [ˈlɪntʃpɪn] N (*lit*) pezonera *f*; (*fig*) eje *m*

**Lincs** [lɪŋks] ABBR (*Brit*) = **Lincolnshire**

**linctus** [ˈlɪŋktəs] N (*pl* **linctuses**) jarabe *m* para la tos

**linden** [ˈlɪndən] N = **lime²**

**line¹** [laɪn] Ⓐ N 1 (*gen*) línea *f*; (*drawn*) raya *f*; **to draw a ~** trazar una línea; **there's a fine** *or* **thin ~ between genius and madness** la línea que separa la genialidad de la locura es muy sutil; **~ of latitude/longitude** línea *f* de latitud/longitud; **to put a ~ through sth** tachar *or* (*LAm*) rayar algo; **the Line** (*Geog*) el ecuador; **✦IDIOMS to draw the ~ at sth** no tolerar *or* aceptar algo; **one must draw the ~ somewhere** hay que fijar ciertos límites; **to know where to draw the ~** saber dónde pararse; **to draw a ~ under** [+ *episode, event*] poner punto final a; **to be on the ~**: **his job is on the ~** su puesto está en peligro, se expone a perder su puesto; **to lay it on the ~** decirlo claramente, hablar con franqueza; **to lay** *or* **put one's reputation on the ~** arriesgar su reputación; **to put one's neck on the ~‡** ◊ **put one's ass on the ~** (*US‡*) jugársela*

2 (= *rope*) cuerda *f*; (= *fishing line*) sedal *m*; (= *clothes line, washing line*) cuerda *f* para tender la ropa; **they threw a ~ to the man in the sea** le lanzaron un cable *or* una cuerda al hombre que estaba en el agua

3 (= *wrinkle*) (*on face etc*) arruga *f*; (*in palmistry*) raya *f*, línea *f*

4 [*of print, verse*] renglón *m*, línea *f*; **"new ~"** (*in dictation*) "otra línea"; **drop me a ~*** (*fig*) escríbeme; **to learn one's ~s** (*Theat*) aprenderse el papel; **✦IDIOM to read between the ~s** leer entre líneas

5 (= *row*) hilera *f*, fila *f*, línea *f*; **~ of traffic** fila *f* *or* cola *f* de coches; **the traffic stretched for three miles in an unbroken ~** había una caravana *or* cola de coches de tres millas; **a ~ of winning numbers** (*in bingo, lottery etc*) una línea ganadora; **to be in ~ with** estar de acuerdo con, ser conforme a; **to be in ~ for promotion** estar bajo consideración para un ascenso; **public sector pay is in ~ to rise** está previsto que suban los salarios del sector público; **to keep the party in ~** mantener la disciplina del partido; **to keep people in ~** mantener a la gente a raya; **to bring sth into ~ with sth** poner algo de acuerdo con algo; **to fall** *or* **get into ~** (*abreast*) meterse en fila; **to fall into ~ with sb** estar de acuerdo con algn; **to fall into ~ with sth** ser conforme a algo; **to be out of ~ with** no ser conforme con; **he was completely out of ~ to suggest that ...*** estaba totalmente fuera de lugar que propusiera que ...; **✦IDIOMS all along the ~** desde principio a fin; **somewhere along the ~ we went wrong** en algún punto nos hemos equivocado; **to reach** *or* **come to the end of the ~** llegar al final; *see also* **step B1**

6 (= *series*) serie *f*; **the latest in a long ~ of tragedies** la última de una larga serie *or* lista de tragedias

7 (= *lineage*) linaje *m*; **~ of descent** linaje *m*; **the title is inherited through the male/female ~** el título se hereda por línea paterna/materna; **he comes from a long ~ of artists** proviene de un extenso linaje de artistas; **the royal ~** el linaje real

8 (= *hierarchy*) **~ of command** cadena *f* de mando

9 (*Mil*) línea *f*; **~ of battle** línea de batalla; **the (battle) ~s are drawn** (*fig*) la guerra está declarada; **the first ~ of defence** (*lit*) la primera línea de retaguardia; (*fig*) el primer escudo protector; **behind enemy ~s** tras las líneas enemigas; **ship of the ~** navío *m* de línea; *see also* **front E**

10 (*esp US*) (= *queue*) cola *f*; **to form a ~** hacer una cola; **to get into ~** ponerse en la cola *or* a la cola; **to stand in ~** hacer cola

11 (= *direction*) línea *f*; **the main** *or* **broad ~s** [*of story, plan*] las líneas maestras; **along** *or* **on the ~s of** algo por el estilo de; **something along those** *or* **the same ~s** algo por el estilo; **along** *or* **on political/racial ~s** según criterios políticos/raciales; **on the right ~s** por buen camino; **~ of argument** argumento *m*; **~ of attack** (*Mil*) modo *m* de ataque; (*fig*) planteamiento *m*; **in the ~ of duty** en cumplimiento de sus deberes; **it's all in the ~ of duty** es una parte normal del deber; **in the ~ of fire** (*Mil*) en la línea de fuego; **~ of flight** [*of bird*] trayectoria *f* de vuelo; [*of object*] trayectoria *f*; **~ of inquiry** línea *f* de investigación; **~ of sight** *or* **vision** visual *f*; **~ of thought** hilo *m* del pensamiento

12 (*Elec*) (= *wire*) cable *m*; **to be/come on ~** (*Comput*) estar/entrar en (pleno) funcionamiento

13 (*Telec*) línea *f*; **can you get me a ~ to Chicago?** ¿me puede poner con Chicago?; **it's a very bad ~** se oye muy mal; **~s of communication** líneas *fpl* de comunicación; **to keep the ~s of communication open with sb** mantener todas las líneas de comunicación abiertas con algn; **the ~'s gone dead** se ha cortado la línea; **the ~s are down** no hay línea; **the ~ is engaged** *or* (*US*) **busy** está comunicando; **hold the ~ please** no cuelgue, por favor; **Mr. Smith is on the ~ (for you)** El Sr. Smith está al teléfono (y quiere hablar con usted); **the ~s are open from six o'clock onwards** las líneas están abiertas de seis en adelante; *see also* **hot D**

14 (= *pipe*) (*for oil, gas*) conducto *m*

15 (= *shape*) (*usu pl*) **the rounded ~s of this car** la línea redondeada *or* el contorno redondeado de este coche

16 (= *field, area*) **what ~ (of business) are you in?** ¿a qué se dedica?; **we're in the same ~ (of business)** nos dedicamos a lo mismo, trabajamos en el mismo campo; **~ of research** campo *m* de investigación; **it's not my ~** (= *speciality*) no es de mi especialidad; **fishing's more (in) my ~** me interesa más la pesca, de pesca sí sé algo

17 (= *stance, attitude*) actitud *f*; **to take a strong** *or* **firm ~ on sth** adoptar una actitud firme sobre algo; **to take the ~ that ...** ser de la opinión que ...; **what ~ is the government taking?** ¿cuál es la actitud del gobierno?; **to follow** *or* **take the ~ of least resistance** conformarse con la ley del mínimo esfuerzo; **this is the official ~** ésta es la versión oficial; **✦IDIOM to toe the ~** acatar las normas; **to toe** *or* **follow the party ~** conformarse a *or* seguir la línea del partido; *see also* **hard A5**

18 (*Comm*) (= *product*) línea *f*; **a new/popular ~** una línea nueva/popular; **that ~ did not sell at all** esa línea de productos se vendió muy mal; **we have a nice ~ in spring hats** tenemos un bonito surtido de sombreros para primavera; **he's got a nice ~ in rude jokes** lo suyo son los chistes verdes

19 (*Rail*) (= *route*) línea *f*; (= *track*) vía *f*;

**down ~** vía descendente; **up ~** vía ascendente; **the ~ to Palencia** el ferrocarril de Palencia, la línea de Palencia; **to cross the ~(s)** cruzar la vía; **to leave the ~(s)** descarrilar
[20] (*also* **shipping ~**) (= *company*) naviera *f*; (= *route*) línea *f* marítima, ruta *f* marítima
[21] (= *clue, lead*) pista *f*; **to give sb a ~ on sth** poner a algn sobre la pista de algo; **the police have a ~ on the criminal** la policía anda *or* está sobre la pista del delincuente
[22] (= *spiel*) ✦*IDIOM* **to feed sb a ~ (about sth)*** soltar un rollo *or* contar un cuento chino a algn (sobre algo)*; *see also* **shoot B4**
[23] (*Ind*) (= *assembly line*) línea *f*
[24] [*of cocaine etc*] raya *f*
Ⓑ VT (= *cross with lines*) [+ *paper*] rayar; [+ *field*] surcar; [+ *face*] arrugar
Ⓒ CPD ► **line dancing** N *danza folclórica en que los que bailan forman líneas y filas* ► **line drawing** N dibujo *m* lineal ► **line editing** N corrección *f* por líneas ► **line feed** N avance *m* de línea ► **line fishing** N pesca *f* con caña ► **line judge** N (*Tennis*) juez *mf* de fondo ► **line manager** N (*Brit Ind*) jefe/a *m/f* de línea ► **line printer** N impresora *f* de línea

►**line up** Ⓐ VT + ADV [1] (= *stand in line*) poner en fila
[2] (= *arrange*) **I wonder what he's got ~d up for us** me pregunto qué nos tendrá preparado; **have you got something ~d up for this evening?** ¿tienes algún plan para esta noche?; **I had a job and house all ~d up, all I needed was my plane ticket** ya tenía un trabajo y una casa esperándome, sólo me faltaba el billete de avión; **have you got someone ~d up for the job?** ¿tienes pensado *or* tienes en mente a alguien para el puesto?
Ⓑ VI + ADV (*in queue*) hacer cola; (*in row*) ponerse en fila; (*behind one another*) formar fila; **they ~d up in opposition to** *or* **against the chairman** hicieron frente común contra el presidente; **they ~d up behind** *or* **with the head** agruparon para apoyar al director

**line²** [laɪn] VT [1] (= *put lining in*) [+ *garment*] forrar (**with** de); (*Tech*) revestir (**with** de); [+ *brakes*] guarnecer; [*bird*] [+ *nest*] cubrir; **eat something to ~ your stomach** come algo para no tener el estómago vacío; *see also* **pocket A1**
[2] (= *border*) **streets ~d with trees** calles *fpl* bordeadas de árboles; **to ~ the route** alinearse a lo largo de la ruta; **to ~ the streets** ocupar las aceras; **portraits ~d the walls** las paredes estaban llenas de retratos

**lineage** [ˈlɪnɪɪdʒ] N [1] (= *line of descent*) linaje *m*
[2] (*Press*) = **linage**

**lineal** [ˈlɪnɪəl] ADJ lineal, en línea recta; [*descent*] en línea directa

**lineament** [ˈlɪnɪəmənt] N lineamento *m*

**linear** [ˈlɪnɪəʳ] ADJ [*design*] lineal; [*measure*] de longitud

**linebacker** [ˈlaɪnbækəʳ] N (*US*) defensa *mf* (*en fútbol americano*)

**lined¹** [laɪnd] ADJ [*paper*] de rayas, pautado; [*face*] arrugado; **to become ~** arrugarse

**lined²** [laɪnd] ADJ [*garment*] forrado, con forro; (*Tech*) revestido

**linen** [ˈlɪnɪn] Ⓐ N [1] (= *cloth*) lino *m*
[2] (= *household linen*) ropa *f* blanca; (= *bed linen*) ropa *f* de cama; (= *table linen*) mantelería *f*; **clean ~** ropa *f* limpia; **dirty ~** ropa *f* sucia *or* para lavar; ✦*IDIOM* **to wash one's dirty ~ in public** (*Brit*) sacar a relucir los trapos sucios
Ⓑ CPD de lino ► **linen basket** N canasta *f or* cesto *m* de la ropa ► **linen closet, linen cupboard** N armario *m* para la ropa blanca

**line-out** [ˈlaɪnaʊt] N saque *m* de banda

**liner¹** [ˈlaɪnəʳ] N (= *ship*) transatlántico *m*

**liner²** [ˈlaɪnəʳ] Ⓐ N (= *bin liner*) bolsa *f* (para basura); (= *eyeliner*) lápiz *m* de ojos; (*US*) (= *record sleeve*) portada *f*, funda *f*; *see also* **nappy B**
Ⓑ CPD ► **liner note** N (*US*) *comentario en la portada de un disco*

**linesman** [ˈlaɪnzmən] N (*pl* **linesmen**) [1] (*Sport*) juez *m* de línea, linier *m*
[2] (*Rail, Telec*) guardavía *mf*
[3] (*Elec*) celador *m*, recorredor *m* de la línea

**line-up** [ˈlaɪnʌp] N (*Sport*) formación *f*, alineación *f*; (*Theat, Cine*) [*of actors*] reparto *m*, elenco *m*; (*Mus*) [*of band*] formación *f*, integrantes *mfpl*; (*US*) (= *suspects*) rueda *f* de reconocimiento; (= *queue*) cola *f*

**ling¹** [lɪŋ] N (*pl* **ling** *or* **lings**) (= *fish*) abadejo *m*

**ling²** [lɪŋ] N (*Bot*) brezo *m*

**linger** [ˈlɪŋgəʳ] VI [1] (= *be unwilling to go*) rezagarse, tardar en marcharse
[2] (*also* **~ on**) (*in dying*) tardar en morirse; [*pain*] persistir, durar; [*doubts*] persistir, quedar; [*smell*] persistir, tardar en desaparecer; [*tradition*] sobrevivir; [*memory*] pervivir, seguir vivo
[3] (= *take one's time*) **to ~ on a subject** dilatarse con un tema; **I let my eye ~ on the scene** seguía sin apartar los ojos de la escena; **to ~ over doing sth** tardar *or* no darse prisa en hacer algo; **to ~ over a meal** comer despacio

**lingerie** [ˈlænʒəriː] N lencería *f*, ropa *f* interior femenina

**lingering** [ˈlɪŋgərɪŋ] ADJ [*smell*] persistente; [*doubt*] persistente, que no se desvanece; [*look*] fijo; [*death*] lento

**lingo*** [ˈlɪŋgəʊ] N (*pl* **lingoes**) (= *language*) lengua *f*, idioma *m*; (= *specialist jargon*) jerga *f*

**lingua franca** [ˌlɪŋgwəˈfræŋkə] N (*pl* **lingua francas** *or* **linguae francae** [ˌlɪŋgwiːˈfrænsiː]) lengua *f* franca

**linguist** [ˈlɪŋgwɪst] N [1] (= *speaker of languages*) **he's an accomplished ~** domina varios idiomas; **I'm no ~** se me dan mal los idiomas, no puedo con los idiomas; **the company needs more ~s** la compañía necesita más gente que sepa idiomas
[2] (= *specialist in linguistics*) lingüista *mf*; (*Univ*) estudiante *mf* de idiomas

**linguistic** [lɪŋˈgwɪstɪk] ADJ [*ability, skills*] lingüístico; **a child with good ~ skills** un niño con mucha aptitud lingüística; **we need people with good ~ skills** necesitamos gente que tenga facilidad para los idiomas

**linguistically** [lɪŋˈgwɪstɪkəlɪ] ADV [*able, skilled*] desde el punto de vista lingüístico; **she's very gifted ~** tiene mucha facilidad para los idiomas; **~ speaking** lingüísticamente hablando, hablando desde un punto de vista lingüístico

**linguistician** [ˌlɪŋgwɪsˈtɪʃən] N lingüista *mf*, especialista *mf* en lingüística

**linguistics** [lɪŋˈgwɪstɪks] NSING lingüística *f*

**liniment** [ˈlɪnɪmənt] N linimento *m*

**lining** [ˈlaɪnɪŋ] N [*of garment*] forro *m*; (*Tech*) revestimiento *m*; [*of brake*] guarnición *f*

**link** [lɪŋk] Ⓐ N [1] [*of chain*] eslabón *m*; **the last ~ in the chain** (*fig*) el último eslabón en la cadena; **the missing ~** (*fig*) el eslabón perdido; **weak ~** (*fig*) punto *m* débil
[2] (= *connection*) relación *f*, conexión *f*; **the ~ between smoking and lung cancer** la relación *or* conexión entre el tabaco y el cáncer de pulmón
[3] (= *tie, association*) vínculo *m*, lazo *m*; **cultural ~s** vínculos *mpl or* lazos *mpl* culturales; **to have ~s with sth/sb** tener vínculos *or* lazos con algo/algn; **we now have closer ~s with overseas universities** ahora tenemos vínculos *or* lazos más estrechos con universidades extranjeras; **the district has strong ~s with Charles Dickens** la región está muy vinculada a Charles Dickens; **trade ~s** vínculos *mpl or* lazos *mpl* comerciales
[4] (*Travel*) enlace *m*, conexión *f*; **rail/air/road ~s** enlaces *mpl* ferroviarios/aéreos/por carretera, conexiones *fpl* ferroviarias/aéreas/por carretera
[5] (*Telec, TV, Rad*) **radio/telephone/satellite ~** conexión *f* radiofónica/telefónica/vía satélite; *see also* **links**
Ⓑ VT [1] (= *join, connect*) [+ *parts, units*] unir (**to** a), conectar (**to** con); [+ *computers*] conectar (**to** con); [+ *towns, buildings*] comunicar, conectar; **the Channel Tunnel ~s Britain and France** el túnel del Canal de la Mancha comunica *or* conecta Gran Bretaña con Francia, el túnel del Canal de la Mancha une a Gran Bretaña y Francia; **to ~ arms** tomarse del brazo, cogerse del brazo (*Sp*); **to be ~ed into a system** (*Comput*) estar conectado a un sistema; **to ~ two machines together** conectar dos máquinas
[2] (= *relate*) relacionar; **the evidence ~ing smoking with early death** las pruebas que relacionan *or* que establecen una relación entre el tabaco y las muertes prematuras; **there is evidence ~ing the group to a series of terrorist attacks** hay pruebas que implican al grupo en una serie de atentados terroristas
Ⓒ VI [1] **to ~ together** [*parts, components*] encajar
[2] **to ~ into sth** (*Comput*) conectar con algo

►**link up** Ⓐ VI + ADV [*people*] unirse; [*companies*] unir fuerzas; [*spacecraft*] acoplarse; [*railway lines, roads*] empalmar; **this ~s up with another problem** esto tiene relación con otro problema; **to ~ up with sb** juntarse a algn; **we are ~ing up with another firm for this project** vamos a unir fuerzas con otra empresa para llevar a cabo este proyecto
Ⓑ VT + ADV conectar; **to ~ sth up to sth** conectar algo a algo

**linkage** [ˈlɪŋkɪdʒ] N [1] conexión *f*, enlace *m*
[2] (*Tech*) articulación *f*, acoplamiento *m*; (*Comput*) enlace *m*

**linked** [lɪŋkt] ADJ [*problems, concepts*] relacionado, vinculado

**linking verb** [ˈlɪŋkɪŋˌvɜːb] N verbo *m* copulativo

**linkman** [ˈlɪŋkmæn] N (*pl* **linkmen**) (*Rad, TV*) locutor *m* de continuidad

**links** [lɪŋks] NPL [1] (= *golf links*) campo *msing or* (*LAm*) cancha *fsing* de golf
[2] (= *cuff links*) gemelos *mpl*, mancuernas *fpl* (*CAm, Mex*)

**linkup** [ˈlɪŋkʌp] N conexión *f*, vinculación *f*; (= *meeting*) encuentro *m*, reunión *f*; [*of roads*] empalme *m*; [*of spaceships*] acoplamiento *m*; (*Rad, TV*) conexión *f*, enlace *m*

**linnet** [ˈlɪnɪt] N pardillo *m* (común)

**lino** [ˈlaɪnəʊ], **linoleum** [lɪˈnəʊlɪəm] N (*Brit*) linóleo *m*

**Linotype®** [ˈlaɪnəʊtaɪp] N linotipia *f*

**linseed** [ˈlɪnsiːd] Ⓐ N linaza *f*
Ⓑ CPD ► **linseed oil** N aceite *m* de linaza

**lint** [lɪnt] N hilas *fpl*

**lintel** [ˈlɪntl] N dintel *m*

**lion** [ˈlaɪən] Ⓐ N león *m*; (*fig*) celebridad *f*; ✦*IDIOMS* **the ~'s share** la parte del león, la mejor parte; **to beard the ~ in his den** entrar en el cubil de la fiera; **to put one's head in the ~'s mouth** meterse en la boca del lobo; **to throw sb to the ~s** abandonar a algn a su suerte

Ⓑ CPD ► **lion cub** N cachorro *m* de león ► **lion tamer** N domador(a) *m/f* de leones

**lioness** ['laɪənɪs] N leona *f*

**lion-hearted** [,laɪən'hɑːtɪd] ADJ valiente

**lionize** ['laɪənaɪz] VT **to ~ sb** tratar a algn como una celebridad

**lip** [lɪp] Ⓐ N [1] (*Anat*) labio *m*; [*of cup, crater*] borde *m*; [*of jug etc*] pico *m*; **to bite one's ~** (*lit*) morderse el labio; (*fig*) morderse la lengua; **to lick** *or* **smack one's ~s** relamerse; **to read sb's ~s** leer en los labios de algn; **my ~s are sealed** (= *I won't tell*) soy una tumba; (= *I can't tell*) no puedo contar nada; **✦IDIOM to pay ~ service to an ideal** defender un ideal de boquilla; **he's just paying ~ service** todo lo que dice es boquilla; *see also* **stiff A3**

[2] (*) (= *insolence*) impertinencia *f*, insolencia *f*; **none of your ~!** ¡cállate la boca!*

Ⓑ CPD ► **lip gloss** N brillo *m* de labios ► **lip salve** N (*Brit*) vaselina *f*, cacao *m*, protector *m* labial

**lipid** ['laɪpɪd] N lípido *m*

**liposuction** ['lɪpəʊ,sʌkʃən] N liposucción *f*

**lippy*** ['lɪpɪ] ADJ (*Brit*) contestón*, descarado

**lip-read** ['lɪpriːd] Ⓐ VT leer los labios a

Ⓑ VI leer los labios

**lip-reading** ['lɪp,riːdɪŋ] N lectura *f* de labios

**lipstick** ['lɪpstɪk] N lápiz *m* de labios, barra *f* de labios; **to put (one's) ~ on** pintarse los labios

**liquefaction** [,lɪkwɪ'fækʃən] N licuefacción *f*

**liquefy** ['lɪkwɪfaɪ] Ⓐ VT licuar

Ⓑ VI licuarse

**liqueur** [lɪ'kjʊəʳ] Ⓐ N licor *m*

Ⓑ CPD ► **liqueur glass** N copa *f* de licor

**liquid** ['lɪkwɪd] Ⓐ ADJ [1] (*lit*) líquido; [*measure*] para líquidos; **✦IDIOM to have a ~ lunch** (*hum*) remojar el gaznate*

[2] (*fig*) [*sound*] claro, puro; (*Phon*) líquido

Ⓑ N líquido *m*; (*Phon*) líquida *f*

Ⓒ CPD ► **liquid assets** NPL (*Fin*) activo *msing* líquido ► **liquid crystal display** N visualizador *m* de cristal líquido ► **Liquid Paper®** N Tipp-Ex® *m* ► **liquid waste** N vertidos *mpl* líquidos

**liquidate** ['lɪkwɪdeɪt] VT (*all senses*) liquidar

**liquidation** [,lɪkwɪ'deɪʃən] N liquidación *f*; **to go into ~** entrar en liquidación

**liquidator** ['lɪkwɪdeɪtəʳ] N liquidador(a) *m/f*

**liquidity** [lɪ'kwɪdɪtɪ] Ⓐ N (*Fin*) liquidez *f*

Ⓑ CPD ► **liquidity ratio** N tasa *f* or coeficiente *m* de liquidez

**liquidize** ['lɪkwɪdaɪz] Ⓐ VT licuar

Ⓑ VI licuarse

**liquidizer** ['lɪkwɪdaɪzəʳ] N (*Brit Culin*) licuadora *f*

**liquor** ['lɪkəʳ] Ⓐ N (*Brit frm*) licores *mpl*; (*US*) alcohol *m*; **hard ~** licores *mpl* espirituosos, bebidas *fpl* fuertes; **to be in ~** estar borracho; **to be the worse for ~** haber bebido más de la cuenta, estar algo borracho

Ⓑ CPD ► **liquor cabinet** N (*US*) mueble *m* bar ► **liquor store** N (*US*) bodega *f*, tienda *f* de bebidas alcohólicas, licorería *f* (*LAm*)

**liquorice** ['lɪkərɪs] N regaliz *m*, orozuz *m*

**lira** ['lɪərə] N (*pl* **lire** ['lɪərɪ]) lira *f*

**Lisbon** ['lɪzbən] N Lisboa *f*

**lisle** [laɪl] N hilo *m* de Escocia

**lisp** [lɪsp] Ⓐ N ceceo *m*; **to speak with a ~** cecear

Ⓑ VI cecear

Ⓒ VT decir ceceando

**lissom** ['lɪsəm] ADJ ágil, flexible

**list¹** [lɪst] Ⓐ N (*gen*) lista *f*; (= *catalogue*) catálogo *m*; **price ~** lista *f* de precios; **waiting ~** lista *f* de espera; **to be on the active ~** (*Mil*) estar en activo; **that job is at the top of my ~** para mí ese trabajo es lo primero *or* lo más importante

Ⓑ VT (= *include in list*) poner en una/la lista; (= *make a list of*) hacer una lista de; (*verbally*) enumerar; (*Fin*) cotizar (**at** a); (*Comput*) listar; **it is not ~ed** no aparece en la lista; **he began to ~ all he had been doing** empezó a enumerar todas las cosas que había hecho

Ⓒ CPD ► **list price** N precio *m* de catálogo ► **list renting** N alquiler *m* de listas de posibles clientes

**list²** [lɪst] Ⓐ N (*Naut*) escora *f*; **to have a ~ of 20°** escorar a un ángulo de 20°

Ⓑ VI (*Naut*) escorar (**to port** a babor); **to ~ badly** escorar de modo peligroso

**listed** ['lɪstɪd] ADJ **~ building** (*Brit*) edificio *m* protegido; **~ company** empresa *f* con cotización; **~ securities** valores *mpl* registrados en bolsa

**listen** ['lɪsn] Ⓐ VI [1] (= *try to hear*) escuchar; **~! can't you hear something?** ¡escucha! ¿no oyes algo?; **I ~ed outside the bedroom door** me quedé escuchando en la puerta del dormitorio; **we ~ed for footsteps approaching** estuvimos atentos por si oíamos venir a alguien

[2] (= *pay attention*) escuchar; **he wouldn't ~** no quiso escuchar; **~, I finish at one, why don't we have lunch together?** mira, yo termino a la una, ¿por qué no almorzamos juntos?; **~ (here), young lady, I've had enough of your cheek!** ¡escúchame *or* mira jovencita, ya estoy harto de tu cara dura!; **~ carefully, and repeat after me** escuchen con atención y repitan; **to ~ to sth/sb** escuchar algo/a algn; **I like ~ing to music** me gusta escuchar música; **I love ~ing to the rain** me encanta oír el sonido de la lluvia; **the only person she will ~ to is her father** la única persona a la que escucha es a su padre; **now just you ~ to me!** ¡escúchame!; **I don't have to ~ to this!** ¡no tengo por qué escuchar esta bazofia!; **will you ~ to him! who does he think he is?** ¡fíjate cómo habla! ¡quién se habrá creído que es!; **you never ~ to a word I say!** ¡nunca escuchas nada de lo que te digo!, ¡nunca me haces caso!; **~ to yourself, you're getting paranoid!** ¡será posible lo que estás diciendo! ¡te estás volviendo paranoico!; **✦IDIOM to ~ with both ears** aguzar el oído; *see also* **reason A3**

Ⓑ N **to have a ~ (to sth)*** escuchar (algo)

► **listen in** VI + ADV [1] (*Rad*) **to ~ in to sth** escuchar algo

[2] (= *eavesdrop*) escuchar; **to ~ in on** *or* **to a conversation** escuchar una conversación a hurtadillas

[3] (= *attend, observe*) **I would like to ~ in on** *or* **to your discussion** me gustaría participar en tu discusión en calidad de oyente

► **listen out** VI + ADV **to ~ out for sth/sb: can you ~ out for the postman?** ¿podrías estar atento por si viene el cartero?

**listener** ['lɪsnəʳ] N (*gen*) oyente *mf*; (*Rad*) radioyente *mf*; **to be a good ~** saber escuchar; **dear ~s!** (*Rad*) ¡queridos radioyentes *or* oyentes!

**listening** ['lɪsnɪŋ] Ⓐ N **good ~!** ¡que disfruten de la emisión!; **we don't do much ~ now** ahora escuchamos muy poco la radio

Ⓑ CPD ► **listening comprehension test** N ejercicio *m* de comprensión oral ► **listening device** N aparato *m* auditivo ► **listening post** N puesto *m* de escucha

**listeria** [lɪs'tiːərɪə] N listeria *f*

**listeriosis** [lɪs,tɪərɪ'əʊsɪs] N listeriosis *f*

**listing** ['lɪstɪŋ] N [1] (*gen, Comput*) listado *m*

[2] (*Comm*) **they have a ~ on the Stock Exchange** cotizan en Bolsa

[3] **listings** (= *publication*) cartelera *f*, guía *fsing* del ocio

**listless** ['lɪstlɪs] ADJ [1] (= *without energy*) lánguido

[2] (= *without direction*) apático, indiferente

**listlessly** ['lɪstlɪslɪ] ADV [1] (= *without energy*) lánguidamente

[2] (= *without direction*) con apatía, con desgana

**listlessness** ['lɪstlɪsnɪs] N [1] (= *lack of energy*) languidez *f*

[2] (= *lack of direction*) apatía *f*, desgana *f*

**lists** [lɪsts] NPL (*Hist*) liza *f*; **to enter the ~ (against sth/sb)** (*fig*) salir *or* saltar a la palestra (contra algo/algn)

**lit** [lɪt] PT, PP *of* **light¹**; **to be ~ up*** estar achispado*

**Lit., lit.¹*** [lɪt] N ABBR = **literature**

**lit.²** ABBR = **literal(ly)**

**litany** ['lɪtənɪ] N letanía *f*

**lite*** [laɪt] ADJ [1] (*Culin*) (= *low-fat*) bajo en calorías, light *inv*

[2] (*fig*) (= *mild*) descafeinado, light *inv*

**liter** ['liːtəʳ] N (*US*) = **litre**

**literacy** ['lɪtərəsɪ] Ⓐ N alfabetismo *m*, capacidad *f* de leer y escribir; **~ is low in Burkina Faso** el grado de alfabetización es bajo en Burkina Faso

Ⓑ CPD ► **literacy campaign** N campaña *f* de alfabetización ► **literacy project**, **literacy scheme** N programa *m* de alfabetización ► **literacy test** N prueba *f* básica de lectura y escritura

**literal** ['lɪtərəl] Ⓐ ADJ [1] [*sense, translation*] literal; **they follow a ~ interpretation of the Bible** siguen la Biblia al pie de la letra; **to be ~ about sth** tomar algo al pie de la letra; **he's a very ~ person** es una persona que todo se lo toma al pie de la letra; *see also* **literal-minded**

[2] (*as intensifier*) **a ~ fact** un hecho real; **the ~ truth** la pura verdad

Ⓑ N (*Typ*) errata *f*

**literally** ['lɪtərəlɪ] ADV [1] (= *actually*) literalmente; **I was quite ~ living on bread and water** estaba literalmente viviendo a base de pan y agua; **he's crazy, I mean ~** está loco, y lo digo en el verdadero sentido de la palabra; **they were quite ~ in fear of their lives** temían realmente por sus vidas; **to take sth ~** tomarse algo al pie de la letra; **she ~ flew out the door** (*as intensifier*) (= *almost*) salió casi volando por la puerta

[2] (= *word for word*) [*translate, mean*] literalmente, palabra por palabra

**literal-minded** ['lɪtərəl'maɪndɪd] ADJ sin imaginación, poco imaginativo

**literary** ['lɪtərərɪ] Ⓐ ADJ [*prize, award*] de literatura, literario; **~ circles** círculos *mpl* literarios; **a ~ man** un hombre de letras; **it's a ~ masterpiece** es una obra maestra de la literatura; **the ~ scene** el ambiente literario, los círculos literarios; **a ~ work** una obra literaria *or* de literatura

Ⓑ CPD ► **literary agent** N agente *mf* literario/a ► **literary critic** N crítico/a *m/f* literario/a ► **literary criticism** N crítica *f* literaria ► **literary history** N historia *f* de la literatura ► **literary studies** NPL estudios *mpl* de literatura, estudios *mpl* literarios ► **literary theory** N teoría *f* de la literatura, teoría *f* literaria

**literate** ['lɪtərɪt] ADJ que sabe leer y escribir; **highly ~** culto; **not very ~** (*fig*) poco culto, que tiene poca cultura

**literati** [,lɪtə'rɑːtiː] NPL literatos *mpl*

**literature** ['lɪtərɪtʃəʳ] N 1 (= *writings*) literatura *f*
2 (*) (= *promotional material*) información *f*, publicidad *f*
3 (= *learned studies of subject*) estudios *mpl*, bibliografía *f*

**lithe** [laɪð] ADJ ágil

**lithium** ['lɪθɪəm] N litio *m*

**litho*** ['laɪθəʊ] N ABBR = **lithograph**

**lithograph** ['lɪθəʊgrɑːf] Ⓐ N litografía *f*
Ⓑ VT litografiar

**lithographer** [lɪ'θɒgrəfəʳ] N litógrafo/a *m/f*

**lithographic** [lɪθəʊ'græfɪk] ADJ litográfico

**lithography** [lɪ'θɒgrəfɪ] N litografía *f*

**Lithuania** [,lɪθjʊ'eɪnɪə] N Lituania *f*

**Lithuanian** [,lɪθjʊ'eɪnɪən] Ⓐ ADJ lituano
Ⓑ N 1 (= *person*) lituano/a *m/f*
2 (*Ling*) lituano *m*

**litigant** ['lɪtɪgənt] N litigante *mf*

**litigate** ['lɪtɪgeɪt] VI litigar, pleitear

**litigation** [,lɪtɪ'geɪʃən] N litigio *m*, pleito *m*

**litigator** ['lɪtɪgeɪtəʳ] N (= *litigant*) litigante *mf*; (= *lawyer*) abogado/a *m/f* litigante

**litigious** [lɪ'tɪdʒəs] ADJ litigioso

**litmus** ['lɪtməs] Ⓐ N tornasol *m*
Ⓑ CPD ► **litmus paper** N papel *m* de tornasol ► **litmus test** N prueba *f* de tornasol; (*fig*) prueba *f* de fuego

**litre**, **liter** (*US*) ['liːtəʳ] N litro *m*

**litter** ['lɪtəʳ] Ⓐ N 1 (= *rubbish*) basura *f*; (= *papers*) papeles *mpl* (tirados); (= *wrappings*) envases *mpl*; **"no litter"** "prohibido arrojar basura"
2 (= *untidiness*) desorden *m*; **in a ~** en desorden; **a ~ of books** un montón desordenado de libros, un revoltijo de libros
3 (*Zool*) camada *f*
4 (= *vehicle*) litera *f*; (*Med*) camilla *f*
5 (= *bedding*) lecho *m*, cama *f* de paja
6 (*for animal*) lecho *m* de paja; *see also* **cat B**
Ⓑ VT 1 (= *make untidy*) **to ~ the streets** tirar basura por la calle; **to ~ papers about a room** ◊ **~ a room with papers** esparcir papeles por un cuarto, dejar papeles esparcidos por un cuarto; **he ~ed the floor with all his football gear** dejó toda la ropa de fútbol tirada por el suelo; **the lorry ~ed the road with rubbish** el camión dejó basura esparcida por toda la carretera, el camión dejó la carretera sembrada de basura; **a pavement ~ed with papers** una acera sembrada de papeles; **a room ~ed with books** un cuarto con libros por todas partes; **a page ~ed with mistakes** una página plagada de errores
2 (= *provide with bedding*) [+ *animal*] dar cama de paja a
3 (= *give birth to*) [*animal*] parir
Ⓒ VI [*cat*] parir
Ⓓ CPD ► **litter basket**, **litter bin** N (*Brit*) papelera *f* ► **litter box** N (*US*) = **litter tray** ► **litter lout** N *persona que tira papeles o basura a la vía pública* ► **litter tray** N (*esp Brit*) *lecho de arena higiénica para animales domésticos*

**litterbug** ['lɪtəbʌg] N (*US*) = **litter lout**

**little¹** ['lɪtl] Ⓐ ADJ 1 (= *small*) pequeño, chico (*LAm*); **a ~ house** una casa pequeña *or* (*LAm*) chica; **a ~ book** un libro pequeño *or* (*LAm*) chico; **she had a ~ girl yesterday** ayer tuvo una niñita; **when I was ~** cuando era pequeña, de pequeña; **the ~ ones** (= *children*) los pequeños
2 (= *short*) corto; **a ~ walk** un paseo corto; **we went for a ~ holiday** nos fuimos para unas vacaciones cortitas
3 (= *diminutive*) (*in cpds*) -ito; **a ~ book/boat/piece** *etc* un librito/barquito/trocito *etc*; **a ~ house** una casita; **a ~ girl** una niñita, una chiquita; **a ~ fish** un pececillo, un pececito; **a ~ sip** un sorbito; **the ~ woman** (*hum*) (= *wife*) la costilla*, la parienta (*Sp**); **it's the ~ man who suffers** (= *small trader*) el pequeño comerciante es el que sale perdiendo; **it's just a ~ something*** no es más que una cosita de poco valor
4 (= *younger*) **her ~ brother** su hermano menor, su hermanito
Ⓑ CPD ► **little end** N (*Brit Aut*) pie *m* de biela ► **Little Englander** N (*Brit Hist*) *en el siglo XIX, persona con ideas opuestas a la ampliación del imperio británico*; (= *chauvinist*) patriotero/a *m/f*; (= *anti-European*) anti-europeoísta *mf* ► **little finger** N dedo *m* meñique, meñique *m* ► **the little folk** NPL = **the little people** ► **the little people** NPL (*Irl*) (= *fairies*) los duendecillos ► **little toe** N dedo *m* pequeño del pie

**little²** ['lɪtl] (*compar* **less**; *superl* **least**) Ⓐ PRON 1 (= *not much*) poco; **he knows ~** sabe poco; **to see/do ~** ver/hacer poco; **there was ~ we could do** apenas había nada que hacer; **he had ~ to say** poco fue lo que tenía que decir; **that has ~ to do with it!** ¡eso tiene poco que ver!; **as ~ as £5** 5 libras, nada más; **there's very ~ left** queda muy poco; **to make ~ of sth** (= *play down*) quitarle importancia a algo; (= *fail to exploit*) desaprovechar algo; **they made ~ of loading the huge boxes** (= *accomplish easily*) cargaron las enormes cajas como si nada; **~ of what he says is true** poco de lo que dice es verdad; **~ or nothing** poco o nada; **to spend ~ or nothing** gastar poco o nada; **he lost weight because he ate so ~** adelgazó porque comía muy poco; **I know too ~ about him to have an opinion** no lo conozco lo suficiente para poder opinar; **too ~ too late** muy poco y muy tarde
2 (= *some*) **give me a ~** dame un poco; **I had a ~ of everything** comí un poco de todo; **~ by ~** poco a poco; **however ~ you give, we'll be grateful** agradeceremos su donativo, por pequeño que sea; **a ~ less/more milk** un poco menos/más de leche; **a ~ more slowly** un poco más despacio; **the ~ I have seen is excellent** lo poco que he visto me ha parecido excelente; **I did what ~ I could** hice lo poco que pude; *see also* **every 1**
3 (= *short time*) **they'll have to wait a ~** tendrán que esperar un poco; **for a ~** un rato, durante un rato
Ⓑ ADJ 1 (= *not much*) poco; **there is ~ hope of finding them alive** hay pocas esperanzas de encontrarlos con vida; **with ~ difficulty** sin problema *or* dificultad; **so much to do, so ~ time** tanto que hacer y en tan poco tiempo; **I have so ~ time for reading** tengo muy poco tiempo para leer; **he gave me too ~ money** me dio poquísimo dinero; **I have very ~ money** tengo muy poco dinero
2 (= *some*) **a ~ wine** un poco de vino; **I speak a ~ Spanish** hablo un poco de español; **a ~ bit (of)** un poquito (de); **with no ~ trouble** con bastante dificultad, con no poca dificultad
3 (= *short*) **for a ~ time** *or* **while** un ratito
Ⓒ ADV 1 (= *not much*) poco; **he reads ~** lee poco; **they spoke very ~ on the way home** hablaron muy poco de camino para casa; **try to move as ~ as possible** intenta moverte lo menos posible; **(as) ~ as I like him, I must admit that …** aunque me gusta muy poco, debo admitir que …; **a ~ known fact** un hecho poco conocido; **~ more than** poco más que; **~ more than a month ago** hace poco más de un mes; **a ~ read book** un libro poco leído, un libro que se lee poco; **it's ~ short of a miracle** es casi un milagro
2 (= *somewhat*) algo; **we were a ~ surprised/happier** nos quedamos algo sorprendidos/más contentos; **a ~ better** un poco mejor, algo mejor; **a ~ less/more than …** un poco menos/más que …; **we were not a ~ worried** nos inquietamos bastante, quedamos muy inquietos
3 (= *not at all*) **~ does he know that …** ◊ **he ~ knows that …** no tiene la menor idea de que …
4 (= *rarely*) poco; **I watch television very ~ nowadays** ahora veo la televisión muy poco; **it occurs very ~ in small companies** raramente ocurre *or* es raro que ocurra en empresas pequeñas

**littleness** ['lɪtlnɪs] N (*in size*) pequeñez *f*; (*fig*) mezquindad *f*

**littoral** ['lɪtərəl] Ⓐ ADJ litoral
Ⓑ N litoral *m*

**liturgical** [lɪ'tɜːdʒɪkəl] ADJ litúrgico

**liturgy** ['lɪtədʒɪ] N liturgia *f*

**livable** ['lɪvəbl] ADJ [*house*] habitable; [*life*] llevadero

**livable-in** ['lɪvəbl,ɪn] ADJ habitable

**livable-with** ['lɪvəbl,wɪð] ADJ [*person*] tratable

**live¹** [lɪv] Ⓐ VI 1 (= *exist*) vivir; **the times we ~ in** los tiempos en que vivimos, los tiempos que corremos; **she has only six months to ~** sólo le quedan seis meses de vida; **to ~ from day to day** vivir de día en día; **to ~ in fear** vivir atemorizado; **she ~s in fear of her life/that she may be found out** vive temiendo por su vida/que la descubran; **to ~ for sth**: **I'm living for the day (when) I retire** vivo esperando a que llegue el día en que me jubile; **she ~d for her work** vivía por y para su trabajo; **to ~ for today** *or* **the moment** vivir al día; **I've got nothing left to ~ for** no tengo nada por lo que vivir; ✦***IDIOM*** **to ~ and let ~** vivir y dejar vivir; ✦***PROVS*** **we should eat to ~, not ~ to eat** deberíamos comer para vivir, y no vivir para comer; **you ~ and learn** nunca te acostarás sin saber una cosa más; *see also* **hand A1**, **happily 1**, **hope A1**, **long¹ B1**, **shadow A1**, **style A4**
2 (= *survive*) **the doctor said she would ~** el médico dijo que sobreviviría; **you'll ~!** (*hum*) ¡de ésta no te mueres! (*hum*); **he ~d to a ripe old age/to be 103** llegó a viejo/a cumplir 103 años; **she'll never ~ to see it** no vivirá para verlo; *see also* **regret B2**
3 (= *conduct o.s.*) vivir; **she ~s by her own rules** vive según sus propias normas; **men who ~d by the gun** hombres cuya ley era la pistola; **to ~ modestly/well** vivir modestamente/bien; ✦***IDIOM*** **to ~ like a king** *or* **a lord** vivir a cuerpo de rey; *see also* **dangerously**, **sin A**
4 (= *earn one's living*) vivir; **to ~ by hunting** vivir de la caza; *see also* **pen¹ A**, **wit¹ A1**
5 (= *reside*) vivir; **where do you ~?** ¿dónde vives?; **to ~ in a flat/in London** vivir en un piso/en Londres; **she ~s in Station Road**

vive en Station Road; **this is a nice place to ~** este es un buen sitio para vivir; **this house isn't fit to ~ in** esta casa está en pésimas condiciones

6 (*Brit**) (= *go, belong*) ir, guardarse; **where does the teapot ~?** ¿dónde va *or* se guarda la tetera?

7 (= *enjoy life*) **let's ~ a little!*** ¡vivamos la vida un poquito!*; **she really knows how to ~** sabe disfrutar muy bien de la vida; **if you've never been to an opera, you haven't ~d*** si no has ido nunca a la ópera no sabes lo qué es vivir

(B) VT 1 [+ *life*] (*gen*) vivir; (*in particular way*) llevar; **to ~ life to the full** vivir la vida al máximo; **to ~ a happy life** llevar una vida feliz; **to ~ a life of luxury/crime** llevar una vida de lujos/de delincuencia; **to ~ a life of hardship** vivir pasando penurias; **how you ~ your life is your business** tu vida es cosa tuya

2 (*Theat*) **to ~ the part** vivir el personaje *or* el papel

► **live down** VT + ADV **I thought I'd never ~ it down** pensé que no se iba a olvidar nunca; **he was unable to ~ down his reputation as a drunk** no consiguió librarse de su fama de borracho

► **live in** VI + ADV [*servant, nanny*] vivir en la casa

► **live off** VI + PREP 1 (= *depend financially on*) vivir a costa de; (= *support o.s. on*) vivir de; **he ~s off his uncle** vive a costa de su tío; **she ~s off the income from her investments** vive de las rentas de sus inversiones; *see also* **land A2**

2 (= *eat*) alimentarse de

► **live on** (A) VI + PREP 1 (= *subsist on*) **what does he ~ on?** ¿de qué vive?; **he ~s on £50 a week** vive con 50 libras por semana; **we have just enough to ~ on** tenemos lo justo para vivir; ✦***IDIOM*** **to ~ on borrowed time** tener los días contados

2 (= *feed on*) alimentarse de; **she ~s on cheese** vive sólo a base de queso; **she absolutely ~s on chocolate** no come otra cosa más que chocolate

(B) VI + ADV (= *go on living*) [*person, memory, tradition*] seguir vivo; **his memory ~s on within us** su recuerdo sigue vivo en nosotros; **Lenin ~s on in the minds and hearts of many people** Lenin sigue vivo en las mentes y corazones de muchas personas

► **live out** (A) VI + ADV [*servant*] vivir fuera

(B) VT + ADV 1 (= *live to the end of*) **she won't ~ the year out** no vivirá hasta fin de año, no llegará a fin de año; **the house where he ~d out his last three years** la casa donde vivió sus últimos tres años; **he ~d out the war in the country** mientras duró la guerra vivió en el campo; **he wanted to ~ out his life in his own home** quería vivir *or* pasar el resto de sus días en su propia casa; **he ~d out his days in a mental asylum** acabó sus días en un psiquiátrico

2 (= *act out*) [+ *fantasy*] vivir

► **live through** VI + PREP 1 (= *experience*) vivir; **she has ~d through two world wars** ha vivido dos guerras mundiales

2 (= *survive*) sobrevivir; **he won't ~ through the winter** no sobrevivirá el invierno

► **live together** VI + ADV (*in amity*) convivir; (*as lovers*) vivir juntos

► **live up** VT + ADV ✦***IDIOM*** **to ~ it up*** (= *have fun*) pasárselo en grande*; (= *live in luxury*) darse la gran vida*

► **live up to** VI + PREP 1 (= *be true to*) [+ *principles*] vivir de acuerdo con; [+ *promises*] cumplir

2 (= *be equal to*) [+ *reputation, expectations*] estar a la altura de; **marriage failed to ~ up to her expectations** el matrimonio no estuvo a la altura de *or* defraudó sus expectativas; **his brother's success will give him something to ~ up to** el éxito de su hermano le dará algo que igualar; **the new president has not ~d up to their hopes** el nuevo presidente ha defraudado sus esperanzas; **the product doesn't ~ up to its name** el producto no hace honor a su nombre

► **live with** VI + PREP 1 (= *coexist with*) [+ *person, memory*] vivir con; **he's not an easy person to ~ with** no es una persona con la que se pueda vivir fácilmente; **to ~ with the knowledge that ...** vivir sabiendo que ...; **I'd never be able to ~ with myself if I let that happen** jamás podría vivir tranquila *or* vivir con mi conciencia si dejara que pasara eso

2 (= *accept*) aceptar; **you'll have to learn to ~ with it** tendrás que aprender a aceptarlo

**live²** [laɪv] (A) ADJ 1 (= *living*) [*animal, person*] vivo; **experiments on ~ animals** experimentos *mpl* con animales vivos; **a real ~ crocodile** un cocodrilo de verdad; **a real ~ duke** un duque de carne y hueso; **9.1 deaths per thousand ~ births** 9,1 muertes por cada mil bebés nacidos vivos

2 (= *topical*) [*issue*] de actualidad, candente

3 (*Rad, TV*) [*broadcast, coverage*] en vivo, en directo; [*performance, show, recording*] en vivo; **the bar has ~ entertainment at weekends** el bar tiene espectáculos en vivo los fines de semana; **performed before a ~ audience** interpretado delante del público

4 (= *not blank*) [*shell, ammunition*] cargado; [*bomb*] sin explotar

5 (= *still burning*) [*coal*] encendido, prendido (*LAm*)

6 (*Elec*) [*cable, wire, appliance*] conectado, con corriente; **is this cable ~?** ¿está conectado *or* tiene corriente este cable?

(B) ADV 1 (*Rad, TV*) en vivo, en directo; **the match is brought to you ~ from Madrid** le ofrecemos el partido en vivo *or* en directo desde Madrid; **here, ~ from New York, is our reporter Malcolm McDonald** aquí tenemos a nuestro corresponsal Malcolm McDonald que nos habla en directo desde Nueva York; **we'll be going ~ to Montreal later on** conectaremos con Montreal en directo más adelante

2 **to go ~** (= *come into operation*) entrar en funcionamiento; **the new computer system will go ~ next week** el nuevo ordenador entrará en funcionamiento la semana que viene

(C) CPD ► **live bait** N (*Fishing*) cebo *m* vivo ► **live coal** N brasa *f*, ascua *f* ► **live export** N [*of livestock*] exportación *f* en pie ► **live oak** N roble *m* de Virginia ► **live rail** N raíl *m* electrizado ► **live weight** N [*of livestock*] peso *m* en pie ► **live wire** N (*Elec*) alambre *m* conectado, alambre *m* con corriente; (*fig*) (*) torbellino* *m*; **he's a real ~ wire!** ¡es un torbellino!*, ¡tiene mucha marcha!* ► **live yoghurt** N yogur *m* con biocultivos

**lived-in** [ˈlɪvd,ɪn] ADJ **the blinds and cushions give the room a ~ look** las persianas y los cojines le dan un aspecto acogedor a la habitación

**live-in** [ˈlɪv,ɪn] ADJ **~ lover** compañero/a *m/f*; **~ maid** criada *f* interna

**livelihood** [ˈlaɪvlɪhʊd] N sustento *m*; **rice is their ~** el arroz es su único sustento; **to earn a** *or* **one's ~** ganarse la vida *or* el sustento

**liveliness** [ˈlaɪvlɪnɪs] N [*of person, mind, imagination*] vivacidad *f*; [*of atmosphere, party, place*] animación *f*; [*of conversation, discussion*] lo animado; [*of description, account, style*] lo vívido

**livelong** [ˈlɪvlɒŋ] ADJ **all the ~ day** todo el santo día

**lively** [ˈlaɪvlɪ] ADJ (*compar* **livelier**; *superl* **liveliest**) 1 (*gen*) [*person, personality*] vivaz, alegre; [*atmosphere, conversation, party, town*] animado; [*bar, street, market*] animado, bullicioso; [*dog*] juguetón; [*tune*] alegre; [*performance*] enérgico; **things are a little livelier in June** la cosa se anima más en junio

2 (= *heated*) [*debate, discussion*] animado; **the meeting promises to be a ~ affair** la reunión promete ser animada; **things were getting quite ~** el ambiente se estaba caldeando

3 (= *fast*) [*pace, speed*] rápido; **look ~!** ¡espabila!

4 (= *keen*) [*mind*] vivaz, inquieto; [*imagination*] vivo; [*sense of humour*] agudo; **she took a ~ interest in everything** ponía un gran interés en todo

5 (= *vivid*) [*description, account, style*] vivo, vívido

**liven** [ˈlaɪvn] (A) VT **to ~ up** animar

(B) VI **to ~ up** animarse

**liver¹** [ˈlɪvəʳ] (A) N (*Anat*) hígado *m*

(B) CPD [*pâté, sausage*] de hígado; [*disease*] hepático, del hígado ► **liver complaint** N mal *m* de hígado, afección *f* hepática ► **liver pâté** N foie gras *m*, paté *m* de hígado ► **liver salts** NPL sal *fsing* de fruta ► **liver sausage** N salchicha *f* de hígado ► **liver spots** NPL manchas *fpl* de la vejez

**liver²** [ˈlɪvəʳ] N **fast ~** calavera* *m*; **good ~** (= *lover of good food*) gastrónomo/a *m/f*; (= *lover of the good life*) persona *f* que se da buena vida

**liveried** [ˈlɪvərɪd] ADJ en librea

**liverish** [ˈlɪvərɪʃ] ADJ **to be** *or* **feel ~** sentirse mal del hígado

**Liverpudlian** [,lɪvəˈpʌdlɪən] (A) ADJ de Liverpool

(B) N nativo/a *m/f* de Liverpool, habitante *mf* de Liverpool

**liverwort** [ˈlɪvə,wɜːt] N hepática *f*

**liverwurst** [ˈlɪvəwɜːst] N (*esp US*) embutido *m* de hígado

**livery** [ˈlɪvərɪ] (A) N librea *f*; (*liter*) ropaje *m*

(B) CPD ► **livery company** N (*Brit*) gremio *m* (*antiguo de la Ciudad de Londres*) ► **livery stable** N cuadra *f* de caballos de alquiler

**lives** [laɪvz] NPL *of* **life**

**livestock** [ˈlaɪvstɒk] N ganado *m*; (*also* **~ farming**) ganadería *f*

**livid** [ˈlɪvɪd] ADJ 1 (*) (= *furious*) furioso, furibundo*; **to be ~ about** *or* **at sth** estar furioso por algo, estar furibundo por algo*

2 (= *purple*) [*bruise, scar*] amoratado; [*colour, sky*] morado; **his face was ~** su rostro estaba lívido; **to be ~ with rage** estar lívido de rabia; **the sky was a ~ blue** el cielo era de un azul tirando a morado; **the scar was a ~ red** la cicatriz tenía un color rojo amoratado

**living** [ˈlɪvɪŋ] (A) ADJ 1 (= *alive*) [*person, creature, plant*] vivo; **I have no ~ relatives** no tengo ningún pariente vivo; **Ireland's greatest ~ playwright** el mejor dramaturgo irlandés vivo *or* aún con vida; **a ~ death** (*liter*) un infierno; **~ faith** fe *f* viva; **he's the ~ image of his uncle** es el retrato vivo *or* la imagen viva de su tío; **~ language** lengua *f* viva; **the worst drought in** *or* **within ~ memory** la peor sequía que se recuerda; **the San Francisco earthquake is still within ~ memory** el terremoto de San Francisco tuvo lugar en nuestro tiempo; **~ proof** prueba *f* evidente *or* palpable; **I didn't see a ~ soul** no vi a un alma; **I promised I wouldn't tell a ~ soul** prometí que no se lo diría a nadie; **there wasn't a ~ thing to be seen** no se veía a ningún ser vivo; *see also* **daylight A**

[2] (= *for living in*) [*area*] destinado a la vivienda; **our ~ accommodation was pretty basic** el lugar donde vivíamos era bastante modesto

Ⓑ N [1] (= *livelihood*) **to earn a ~** ganarse la vida; **what do you do for a ~?** ¿cómo te ganas la vida?, ¿en qué trabajas?; **now he has to work for a ~** ahora tiene que trabajar para ganarse la vida; **to make a ~** ganarse la vida; **he thinks the world owes him a ~** piensa que tiene derecho a que se lo den todo regalado

[2] (= *way of life*) vida *f*; **the quality of urban ~** la calidad de la vida en la ciudad; **clean ~** vida *f* ordenada; **loose ~** vida *f* disipada, vida *f* disoluta; *see also* **cost C, standard C**

Ⓒ NPL **the ~** los vivos

Ⓓ CPD ► **living area** N zona *f* destinado a la vivienda ► **living conditions** NPL condiciones *fpl* de vida ► **living expenses** NPL gastos *mpl* de mantenimiento ► **living quarters** NPL (*for students*) residencia *f*; (*for soldiers, servants, staff*) dependencias *fpl* ► **living room** N sala *f* de estar, living *m* ► **living space** N espacio *m* vital (*also fig*) ► **living standards** NPL nivel *m* de vida; **a fall in ~ standards** un descenso del nivel de vida ► **living wage** N *salario de subsistencia*; **£20 a week isn't a ~ wage** con 20 libras a la semana no se puede vivir ► **living will** N declaración *f* de últimas voluntades (*por la que el declarante se niega a que su vida sea prolongada por medios artificiales en caso de encontrarse enfermo en fase terminal*)

**Livy** ['lɪvɪ] N Tito Livio

**Liz** [lɪz] N (*familiar form*) *of* **Elizabeth**

**lizard** ['lɪzəd] N (*large*) lagarto *m*; (*small*) lagartija *f*

**ll.** ABBR = **lines**

**llama** ['lɑːmə] N llama *f*

**LLB** N ABBR (*Univ*) = **Legum Baccalaureus** (= *Bachelor of Laws*) Ldo/a en Dcho

**LLD** N ABBR (*Univ*) = **Legum Doctor** (= *Doctor of Laws*) Dr(a). en Dcho

**LM** N ABBR = **lunar module**

**LMS** N ABBR = **local management of schools**

**LMT** N ABBR (*US*) = **Local Mean Time**

**LNG** N ABBR = **liquefied natural gas**

**lo** [ləʊ] EXCL **lo and behold the result!** ¡he aquí el resultado!; **and lo and behold there it was** y mira por dónde ahí estaba

**loach** [ləʊtʃ] N locha *f*

**load** [ləʊd] Ⓐ N [1] (= *cargo*) carga *f*; (= *weight*) peso *m*; **the lorry had a full ~** el camión iba lleno; **I put another ~ in the washing machine** puse otra colada a lavar *or* en la lavadora; **I had three ~s of coal delivered** me repartieron tres cargas de carbón; **they were forced to carry heavy ~s** les obligaron a cargar con pesos pesados; **"maximum load: 17 tons"** "carga máxima: 17 toneladas"; *see also* **shed[1] 1**

[2] (*fig*) (= *burden*) carga *f*; **he finds his new responsibilities a heavy ~** sus nuevas responsabilidades le resultan una gran carga; **she's taking some of the ~ off the secretaries** está aligerándoles la carga de trabajo a las secretarias; **that's (taken) a ~ off my mind!** ¡eso me quita un peso de encima!; *see also* **caseload, workload**

[3] (*Elec, Tech*) (*also of firearm*) carga *f*

[4] **loads*** cantidad* *f*, un montón*; **we've got ~s of time** tenemos cantidad *or* un montón de tiempo*; **I've got ~s (of them) at home** tengo cantidad *or* un montón en casa*

[5] **a ~ of***: **the book is a ~ of rubbish** el libro es una basura*, el libro no vale nada; **he talks a ~ of rubbish** no dice más que tonterías; **they're just a ~ of kids** no son más que un hatajo *or* una panda de críos*; **get a ~ of this!** (= *look*) ¡échale un vistazo a esto!*, ¡mírame esto!; (= *listen*) ¡escucha esto!

Ⓑ VT [1] [+ *lorry, washing machine, gun, camera*] cargar; **the gun is not ~ed** la pistola no está cargada; **do you know how to ~ this program?** (*Comput*) ¿sabes cómo cargar este programa?

[2] (= *weigh down*) **to be ~ed with sth**: **we're ~ed with debts** estamos cargados *or* agobiados de deudas; **the branch was ~ed with fruit** la rama estaba cargada de fruta; **her words were ~ed with meaning** sus palabras estaban llenas *or* cargadas de significado; **the whole thing is ~ed with problems** el asunto está erizado de dificultades

[3] (= *bias*) **the dice were ~ed** los dados estaban cargados; **the dice are ~ed against him** (*fig*) todo está en su contra; **the situation is ~ed in our favour** la situación se inclina a nuestro favor

Ⓒ VI [1] [*lorry, ship*] cargar; **"loading and unloading"** "permitido carga y descarga"

[2] [*gun, camera*] cargarse; **how does this gun/camera ~?** ¿cómo se carga esta pistola/cámara?

[3] [*person*] cargar; **load!** ¡carguen armas!

Ⓓ CPD ► **load factor** N (*Elec, Aer*) factor *m* de carga ► **load line** N (*Naut*) línea *f* de carga

►**load down** VT + ADV **to be ~ed down with sth**: **she was ~ed down with shopping** iba cargada de bolsas de la compra; **we're ~ed down with work** estamos hasta arriba de trabajo; **he was ~ed down with debt** estaba cargado *or* agobiado de deudas

►**load up** Ⓐ VT + ADV [+ *vehicle, animal, person*] cargar (**with** de)

Ⓑ VI + ADV [*vehicle*] cargarse; [*person*] cargar; **to ~ up on sth** cargarse de algo

**load-bearing** ['ləʊd,bɛərɪŋ] ADJ [*beam*] maestro; **a ~ wall** un muro de carga

**loaded** ['ləʊdɪd] ADJ [1] [*gun, camera, vehicle*] cargado

[2] [*remark, question*] lleno de implicaciones, cargado de implicaciones

[3] (= *weighted*) [*dice*] cargado

[4] (*) (= *rich*) **to be ~** estar forrado de dinero*, estar podrido de dinero*

[5] (*) (= *drunk*) **to be ~** estar como una cuba*, estar tomado (*LAm**)

[6] ✦*IDIOM* **to be ~ for bear** (*US*) estar preparado para el ataque

**loader** ['ləʊdə^r] N cargador(a) *m/f*

**loading** ['ləʊdɪŋ] Ⓐ N (*Insurance*) sobreprima *f*

Ⓑ CPD ► **loading bay, loading dock** N área *m* de carga y descarga

**loadstar** ['ləʊdstɑː^r] N = **lodestar**

**loadstone** ['ləʊdstəʊn] N = **lodestone**

**loaf[1]** [ləʊf] Ⓐ N (*pl* **loaves**) [1] [*of bread*] (*unsliced*) pan *m* de molde; (*sliced*) pan *m* de molde (en rebanadas); (= *French bread*) barra *f*; **use your ~!** (*Brit**) ¡espabílate!; ✦*PROV* **half a ~ is better than no bread** menos da una piedra, peor es nada; → RHYMING SLANG

[2] [*of sugar*] pan *m*, pilón *m*

Ⓑ CPD ► **loaf sugar** N pan *m* de azúcar ► **loaf tin** N bandeja *f* de horno

**loaf[2]** [ləʊf] VI (*also* **~ about, ~ around**) holgazanear, flojear (*LAm*)

**loafer** ['ləʊfə^r] N [1] (= *person*) gandul(a) *m/f*, vago/a *m/f*

[2] (= *shoe*) mocasín *m*

**loam** [ləʊm] N marga *f*

**loamy** ['ləʊmɪ] ADJ margoso

**loan** [ləʊn] Ⓐ N (= *thing lent between persons*) préstamo *m*; (*from bank*) crédito *m*, préstamo *m*; **it's on ~** está prestado; **I had it on ~ from the company** me lo prestó la empresa; **she is on ~ to another department** presta temporalmente sus servicios en otra sección; **to raise a ~** (= *money*) obtener *or* conseguir un préstamo; **to subscribe a ~** suscribir un préstamo; **I asked for the ~ of the book** le pedí prestado el libro

Ⓑ VT prestar

Ⓒ CPD ► **loan account** N cuenta *f* de crédito ► **loan agreement** N acuerdo *m* de crédito ► **loan capital** N capital *m* en préstamo ► **loan fund** N fondo *m* de crédito para empréstitos ► **loan shark** N prestamista *mf* usurero/a, tiburón *m* ► **loan translation** N calco *m* lingüístico ► **loan word** N préstamo *m*

**loath** [ləʊθ] ADJ **to be ~ to do sth** estar poco dispuesto a hacer algo, ser reacio a hacer algo; **to be ~ for sb to do sth** no querer en absoluto que algn haga algo; **nothing ~** de buena gana

**loathe** [ləʊð] VT [+ *thing, person*] detestar, odiar; **I ~ doing it** detesto *or* odio hacerlo; **he ~s being corrected** detesta que se le corrija

**loathing** ['ləʊðɪŋ] N odio *m*; **it fills me with ~** me repugna; **the ~ which I felt for him** el odio que sentía hacia *or* por él

**loathsome** ['ləʊðsəm] ADJ [*thing, person*] detestable, odioso; [*smell, disease*] repugnante

**loathsomeness** ['ləʊðsəmnɪs] N [*of person, thing*] lo detestable, lo odioso; [*of smell, disease*] lo repugnante

**loaves** [ləʊvz] NPL *of* **loaf[1]**

**lob** [lɒb] Ⓐ VT [+ *ball*] volear por alto; **to ~ sth over to sb** tirar *or* echar algo a algn

Ⓑ N lob *m*, globo *m*

Ⓒ VI lanzar un globo

**lobby** ['lɒbɪ] Ⓐ N [1] (= *entrance hall*) vestíbulo *m*; (= *corridor*) pasillo *m*; (= *anteroom*) antecámara *f*; (= *waiting room*) sala *f* de espera

[2] (*Pol*) (*for public*) vestíbulo *m* público, antecámara *f*; (= *division lobby*) (*for voting*) sala *f* de votantes

[3] (= *pressure group*) grupo *m* de presión; **the environmental ~** el grupo de presión ecologista

Ⓑ VT **to ~ one's member of parliament** ejercer presiones sobre su diputado

Ⓒ VI ejercer presiones, presionar; **to ~ for a reform** presionar para conseguir una reforma

Ⓓ CPD ► **lobby correspondent** N (*Brit*) corresponsal *mf* parlamentario/a

**lobbyer** ['lɒbɪə^r] N (*US*) = **lobbyist**

**lobbying** ['lɒbɪɪŋ] N cabildeo *m*

**lobbyist** ['lɒbɪɪst] N cabildero/a *m/f*

**lobe** [ləʊb] N lóbulo *m*

**lobelia** [ləʊ'biːlɪə] N lobelia *f*

**lobotomy** [ləʊ'bɒtəmɪ] N lobotomía *f*

**lobster** ['lɒbstə^r] Ⓐ N (*pl* **lobsters** *or* **lobster**) (*also* **rock ~, spiny ~**) langosta *f*; (*with large pincers*) langosta *f*, bogavante *m* (*Sp*)

Ⓑ CPD ► **lobster pot** N nasa *f*, langostera *f*

**local** ['ləʊkəl] Ⓐ ADJ [1] (= *in or of the area*) [*custom, newspaper, radio*] local; [*school, shop, doctor*] del barrio; [*bus, train*] urbano; [*news, weather forecast*] regional; **the ~ community** el vecindario, el barrio; (*wider*) la zona, el área; **~ currency** moneda *f* local, moneda *f* del país; **to be of ~ interest** ser de interés local; **he's a ~ man** es de aquí; **~ residents have complained to the council** los residentes del barrio *or* de la zona se han quejado

al ayuntamiento; **~ train services have been cut** han reducido los servicios locales de tren; **whatever you do, don't drink the ~ wine** hagas lo que hagas no bebas el vino del lugar
2 (= *municipal*) [*administration, taxes, elections*] municipal; **at (the) ~ level** a nivel municipal *or* local
3 (*Med*) [*pain*] localizado
Ⓑ N 1 (*) (= *local resident*) **the ~s** los vecinos; (*wider*) la gente de la zona; **he's a ~** es de aquí
2 (*Brit**) (= *pub*) *bar de la zona donde alguien vive*
3 (*Med**) (= *local anaesthetic*) anestesia *f* local
4 (*US Rail*) *tren, autobús, etc que hace parada en todas las estaciones*
Ⓒ CPD ► **local anaesthetic, local anesthetic** (*US*) N anestesia *f* local; **under ~ anaesthetic** bajo anestesia local ► **local authority** N (*Brit, New Zealand*) gobierno *m* local; [*of city, town*] ayuntamiento *m* ► **local call** N (*Telec*) llamada *f* local ► **local colour, local color** (*US*) N (*esp Literat, Cine*) ambiente *m* local, ambiente *m* del lugar ► **local council** N ayuntamiento *m*, municipio *m* ► **local education authority** N secretaría *f* municipal de educación ► **local government** N (*Brit*) administración *f* municipal ► **local government elections** NPL elecciones *fpl* municipales ► **local government expenditure** N gastos *mpl* municipales ► **local time** N hora *f* local

**locale** [ləʊˈkɑːl] N (= *place*) lugar *m*; (= *scene*) escenario *m*

**locality** [ləʊˈkælɪtɪ] N localidad *f*

**localize** [ˈləʊkəlaɪz] VT localizar

**localized** [ˈləʊkəlaɪzd] ADJ localizado, local

**locally** [ˈləʊkəlɪ] ADV 1 (= *in the area*) [*live, work*] en las cercanías; [*make, produce*] en la región (*or* la zona, la localidad, *etc*); [*buy*] en las tiendas del barrio (*or* la zona, la localidad, *etc*); **to be known ~ as** conocerse localmente como; **she's very well known ~** es muy conocida en el barrio (*or* la zona, la localidad, *etc*); **I prefer to shop ~** prefiero comprar en las tiendas del barrio *or* del pueblo
2 (= *at local level*) [*decide, vote*] a nivel local; **both nationally and ~** tanto a nivel nacional como regional

**locate** [ləʊˈkeɪt] VT 1 (= *place*) situar, ubicar (*esp LAm*); **to be ~d at** estar situado en, estar ubicado en (*esp LAm*)
2 (= *find*) localizar; **we ~d it eventually** por fin lo encontramos

**location** [ləʊˈkeɪʃən] N 1 (= *place*) lugar *m*; **the house is set in** *or* **has a beautiful ~** la casa está situada en un lugar precioso
2 (= *placing*) [*of building*] situación *f*, ubicación *f*; **"central ~ near the sea"** (*in brochure*) "situación *f or* ubicación *f* céntrica próxima al mar"; **this would be an ideal spot for the ~ of the hotel** éste sería un lugar ideal para la ubicación del hotel
3 (= *exact position*) [*of missing person, suspect*] paradero *m*; [*of airplane, ship*] posición *f*; **what's your ~?** ¿cuál es tu posición?
4 (= *finding*) localización *f*
5 (*Cine*) **to be on ~ in Mexico** estar rodando exteriores en México; **to film on ~** filmar en exteriores

**locative** [ˈlɒkətɪv] N (*also* **~ case**) locativo *m*

**loch** [lɒx] N (*Scot*) lago *m*; (= *sea loch*) ría *f*, brazo *m* de mar

**loci** [ˈləʊsaɪ] NPL *of* **locus**

**lock¹** [lɒk] N [*of hair*] mecha *f*, mechón *m*; (= *ringlet*) bucle *m*; **locks** (*poet*) cabellos *mpl*

**lock²** [lɒk] Ⓐ N 1 (*on door, box, safe*) cerradura *f*, chapa *f* (*LAm*); (*Aut*) (*on steering wheel*) tope *m*, retén *m*; (= *bolt*) cerrojo *m*; (*also* **padlock**) candado *m*; [*of gun*] llave *f*; **under ~ and key** bajo siete llaves; **to put sth under ~ and key** guardar algo bajo llave; **~, stock, and barrel** (*fig*) con todo incluido
2 (*on canal*) esclusa *f*; (= *pressure chamber*) cámara *f* intermedia
3 (*Aut*) (= *steering lock*) ángulo *m* de giro
4 (*Wrestling*) llave *f*
Ⓑ VT 1 (*with key*) cerrar con llave; (*with bolt*) cerrar con cerrojo; (*with padlock*) cerrar con candado; **to ~ sth/sb in a place** encerrar algo/a algn en un lugar
2 (*Mech*) trabar; [+ *steering wheel*] (*to prevent theft*) bloquear, inmovilizar; (= *jam*) bloquear; (*Comput*) [+ *screen*] desactivar
3 (= *entwine*) (*usu pass*) **they were ~ed in each other's arms** estaban unidos en un abrazo; **the armies were ~ed in combat** los ejércitos luchaban encarnizadamente; ✦*IDIOM* **to ~ horns with sb** enzarzarse en una disputa *or* pelea con algn
Ⓒ VI 1 (*with key*) [*door, box, safe*] cerrarse con llave
2 (*Mech*) trabarse; **the front wheels of the car ~ed** las ruedas delanteras se trabaron
Ⓓ CPD ► **lock gate** N puerta *f* de esclusa ► **lock keeper** N esclusero/a *m/f* ► **lock picker** N espadista *m*

►**lock away** VT + ADV (*gen*) guardar bajo llave; [+ *criminal, mental patient*] encerrar

►**lock in** VT + ADV dejar encerrado dentro

►**lock on to** VI + PREP (*Mech*) acoplarse a, unirse a

►**lock out** VT + ADV cerrar la puerta a, dejar fuera con la puerta cerrada; **to find o.s. ~ed out** estar fuera sin llave para abrir la puerta; **the workers were ~ed out** los obreros se quedaron sin trabajo por cierre patronal

►**lock up** Ⓐ VT + ADV [+ *object*] guardar bajo llave; [+ *house*] cerrar con llave; [+ *criminal*] encarcelar; [+ *funds*] inmovilizar; **you ought to be ~ed up!** ¡irás a parar a la cárcel!
Ⓑ VI + ADV echar la llave

**locker** [ˈlɒkəʳ] Ⓐ N cajón *m* con llave; (*for left luggage*) casillero *m* (de consigna), consigna *f* automática; (*US*) cámara *f* de frío; [*of gymnasium*] taquilla *f*
Ⓑ CPD ► **locker room** N vestuario *m*

**locket** [ˈlɒkɪt] N relicario *m*, guardapelo *m*

**locking** [ˈlɒkɪŋ] ADJ [*door, container, cupboard*] que se cierra con llave; **~ petrol cap** (*Aut*) tapón *m* de gasolina con llave; *see also* **central C**

**lockjaw** [ˈlɒkdʒɔː] N trismo *m*

**locknut** [ˈlɒknʌt] N contratuerca *f*

**lockout** [ˈlɒkaʊt] N cierre *m* patronal

**locksmith** [ˈlɒksmɪθ] N cerrajero/a *m/f*

**lock-up** [ˈlɒkʌp] Ⓐ N 1 (*US*) (= *prison*) cárcel *f*
2 (*Brit*) (*also* **~ garage**) garaje *m*, cochera *f* (*LAm*)
3 (*Brit*) (= *shop*) tienda *f* sin trastienda
Ⓑ CPD ► **lock-up stall** N (*US*) garaje *m*, cochera *f* (*LAm*)

**loco¹*** [ˈləʊkəʊ] N = **locomotive**

**loco²** [ˈləʊkəʊ] (*Comm*) Ⓐ CPD ► **loco price** N *precio cotizado en un lugar (aceptando el comprador todos los costos y riesgos al trasladar la mercancía a otro lugar)*
Ⓑ ADV **~ Southampton** *precio cotizado en Southampton, y la mercancía se halla en Southampton como lugar de origen*

**locomotion** [ˌləʊkəˈməʊʃən] N locomoción *f*

**locomotive** [ˌləʊkəˈməʊtɪv] Ⓐ ADJ locomotor
Ⓑ N (*Rail*) locomotora *f*, máquina *f*

**locum** [ˈləʊkəm] N (*also* **~ tenens**) (*Brit frm*) interino/a *m/f*

**locus** [ˈləʊkəs] N (*pl* **loci**) punto *m*, sitio *m*; (*Math*) lugar *m* (geométrico)

**locust** [ˈləʊkəst] Ⓐ N 1 (*Zool*) langosta *f*
2 (*Bot*) algarroba *f*
Ⓑ CPD ► **locust tree** N (= *false acacia*) acacia *f* falsa; (= *carob*) algarrobo *m*

**locution** [ləˈkjuːʃən] N locución *f*

**locutory** [ˈlɒkjʊtərɪ] N locutorio *m*

**lode** [ləʊd] N filón *m*, veta *f*

**lodestar** [ˈləʊdstɑːʳ] N estrella *f* polar; (*fig*) norte *m*

**lodestone** [ˈləʊdstəʊn] N piedra *f* imán

**lodge** [lɒdʒ] Ⓐ N (*at gate of park*) casa *f* del guarda; [*of porter*] portería *f*; (*Freemasonry*) logia *f*; (= *hunting lodge*) pabellón *m* de caza; (*Univ, master's*) rectoría *f*
Ⓑ VT [+ *person*] alojar, hospedar; [+ *object*] colocar, meter; [+ *complaint*] presentar; [+ *statement*] prestar; (*Jur*) [+ *appeal*] interponer; **to ~ sth with sb** dejar algo en manos de algn, entregar algo a algn; **the bullet is ~d in the lung** la bala se ha alojado en el pulmón
Ⓒ VI (= *reside*) alojarse, hospedarse (**with** con, en casa de); [*object*] (= *get stuck*) alojarse, meterse; **where do you ~?** ¿dónde estás alojado?; **the bullet ~d in the lung** la bala se alojó en el pulmón; **a bomb ~d in the engine room** una bomba se penetró en la sala de máquinas

**lodger** [ˈlɒdʒəʳ] N inquilino/a *m/f* (*de habitación en una casa particular*), huésped(a) *m/f*; **I was a ~ there once** hace tiempo me hospedé allí; **she takes ~s** alquila habitaciones en su casa

**lodging** [ˈlɒdʒɪŋ] Ⓐ N alojamiento *m*, hospedaje *m*; **they gave me a night's ~** me dieron alojamiento; **lodgings** alojamiento *msing*; **to look for ~s** buscar alojamiento; **we took ~s with Mrs P** nos hospedamos en casa de la Sra. P; **are they good ~s?** ¿es buena la pensión?
Ⓑ CPD ► **lodging house** N pensión *f*, casa *f* de huéspedes

**loess** [ˈləʊɪs] N loess *m*

**loft** [lɒft] Ⓐ N (= *attic*) desván *m*; (= *hay loft*) pajar *m*; (*in church*) galería *f*
Ⓑ VT [+ *ball*] lanzar por lo alto

**loftily** [ˈlɒftɪlɪ] ADV [*say, look*] con altivez, con altanería; **"I know what I'm doing," she said ~** —sé lo que estoy haciendo —dijo muy altanera *or* con altivez

**loftiness** [ˈlɒftɪnɪs] N [*of ceiling, mountain, tower*] altura *f*; [*of aim, ideal*] nobleza *f*, lo elevado; [*of person, attitude*] altanería *f*, altivez *f*; [*of tone*] ampulosidad *f*, grandilocuencia *f*

**lofty** [ˈlɒftɪ] ADJ (*compar* **loftier**; *superl* **loftiest**)
1 (*liter*) (= *high*) [*ceiling, building, tower*] alto, elevado; [*mountain*] alto; [*room*] de techo alto; **he rose to a ~ position within the organization** ascendió a una posición elevada dentro de la organización
2 (= *noble*) [*aim, ideal, ambition*] elevado, noble
3 (= *haughty*) [*person, attitude*] altivo, altanero; **~ air/manner** aire *m* de superioridad, altivez *f*; **~ contempt/disdain** altivo desdén *m*
4 (= *grandiose*) [*speech, pronouncement, rhetoric*] grandilocuente

**log¹** [lɒg] Ⓐ N 1 [*of wood*] tronco *m*, leño *m*; *see also* **sleep C**
2 = **logbook**
Ⓑ VT 1 (*Naut, Aer*) anotar, apuntar
2 (*Aut*) (*also* **~ up**) [+ *distance*] recorrer; **we**

**~ged 50 kilometres that day** ese día recorrimos *or* cubrimos 50 kilómetros
Ⓒ VI cortar (y transportar) troncos
Ⓓ CPD ► **log cabin** N cabaña *f* de troncos *or* de madera ► **log fire** N fuego *m* de leña
►**log in** (*Comput*) Ⓐ VI + ADV acceder al sistema, entrar en el sistema
Ⓑ VT + ADV meter en el sistema
►**log off** VI + ADV, VT + ADV = **log out**
►**log on** VI + ADV, VT + ADV = **log in**
►**log out** (*Comput*) Ⓐ VI + ADV salir del sistema, terminar de operar
Ⓑ VT + ADV sacar del sistema
►**log up** VT + ADV (*Aut*) [+ *distance*] recorrer; **we ~ged up 50 kilometres that day** ese día recorrimos *or* cubrimos 50 kilómetros
**log²** [lɒg] Ⓐ N ABBR (*Math*) (= **logarithm**) logaritmo *m*
Ⓑ CPD ► **log tables** NPL tablas *fpl* de logaritmos
**loganberry** ['ləʊgənbərɪ] N (= *fruit*) frambuesa *f* norteamericana; (= *bush*) frambueso *m* norteamericano
**logarithm** ['lɒgərɪθəm] N logaritmo *m*
**logbook** ['lɒgbʊk] N (*Naut*) cuaderno *m* de bitácora, diario *m* de navegación; (*Aer*) diario *m* de vuelo; (*Aut*) documentación *f*; (*Tech*) cuaderno *m* de trabajo
**logger** ['lɒgəʳ] N [1] (= *dealer*) maderero/a *m/f*, negociante *mf* en maderas
[2] (*US*) (= *lumberjack*) leñador(a) *m/f*
**loggerheads** ['lɒgəhedz] NPL **to be at ~ with sb** estar a matar con algn, estar picado con algn
**loggia** ['lɒdʒə] N (*pl* **loggias** *or* **loggie** ['lɒdʒe]) logia *f*
**logging** ['lɒgɪŋ] N explotación *f* forestal
**logic** ['lɒdʒɪk] Ⓐ N lógica *f*; **I can't see the ~ of it** no le veo la lógica
Ⓑ CPD ► **logic circuit** N (*Comput*) circuito *m* lógico
**logical** ['lɒdʒɪkəl] Ⓐ ADJ lógico; **she's the ~ choice for the job** es lógico que sea ella la elegida para el puesto; **to take sth to its ~ conclusion** llevar algo a su lógica conclusión; **she has a ~ mind** es una persona lógica; **it seemed a ~ step** parecía el paso lógico; **it is ~ that** es lógico que; **he is incapable of ~ thinking** es incapaz de razonar con lógica *or* de manera lógica
Ⓑ CPD ► **logical positivism** N positivismo *m* lógico
**logically** ['lɒdʒɪkəlɪ] ADV [1] (= *by a logical process*) lógicamente
[2] (= *rationally*) [*think, speak, act*] de manera lógica, de forma lógica; [*designed, laid out*] con lógica; **I'm not thinking ~** no estoy pensando de manera *or* forma lógica, no estoy pensando con lógica; **~ (enough), the controls are on the right** como es lógico, los controles están a la derecha
**logician** [lɒ'dʒɪʃən] N lógico/a *m/f*
**logistic** [lɒ'dʒɪstɪk] ADJ logístico
**logistical** [lɒ'dʒɪstɪkəl] ADJ = **logistic**
**logistically** [lɒ'dʒɪstɪkəlɪ] ADV logísticamente, desde el punto de vista logístico
**logistics** [lɒ'dʒɪstɪks] NSING logística *f*
**logjam** ['lɒgdʒæm] N (*fig*) atolladero *m*; **to clear the ~** desbloquear la situación, salir del atolladero
**logo** ['ləʊgəʊ] N logo *m*, logotipo *m*
**log-off** ['lɒg'ɒf] N (*Comput*) salida *f* del sistema
**log-on** ['lɒg'ɒn] N (*Comput*) entrada *f* al sistema

**logrolling** ['lɒg,rəʊlɪŋ] N (*US*) intercambio *m* de favores políticos, sistema *m* de concesiones mutuas
**logy** ['ləʊgɪ] ADJ (*compar* **logier**; *superl* **logiest**) (*US*) torpe, lerdo
**loin** [lɔɪn] Ⓐ N [1] [*of meat*] lomo *m*
[2] **loins** (*Anat liter*) lomos *mpl*; **to gird (up) one's ~s** (*fig*) aprestarse a luchar, apretarse los machos*
Ⓑ CPD ► **loin chop** N (*Culin*) chuleta *f* de lomo
**loincloth** ['lɔɪnklɒθ] N taparrabo *m*, taparrabos *m inv*
**Loire** [lwɑːr] N Loira *m*
**loiter** ['lɔɪtəʳ] VI (= *idle*) perder el tiempo; (= *lag behind*) rezagarse; (= *dally*) entretenerse; **don't ~ on the way!** ¡no te entretengas!; **to ~ (with intent)** (*Jur*) merodear con fines sospechosos *or* delictivos
►**loiter away** VT + ADV **to ~ away the time** perder el tiempo
**loll** [lɒl] VI [*head*] colgar, caer; **to ~ against** recostarse en
►**loll about, loll around** VI + ADV repantigarse
►**loll back** VI + ADV **to ~ back on** recostarse en
►**loll out** VI + ADV **his tongue was ~ing out** le colgaba la lengua
**lollipop** ['lɒlɪpɒp] Ⓐ N pirulí *m*, chupete *m* (*LAm*); (*round*) chupachup(s)® *m (inv)*; (*flat*) piruleta *f*; (*iced*) polo *m*, paleta *f* helada (*LAm*)
Ⓑ CPD ► **lollipop lady** N (*Brit**) *mujer encargada de ayudar a los niños a cruzar la calle* ► **lollipop man** N (*Brit**) *hombre encargado de ayudar a los niños a cruzar la calle*

> **LOLLIPOP LADY/MAN**
>
> *Se llama* **lollipop man** *o* **lollipop lady** *a la persona encargada de parar el tráfico en las calles cercanas a los colegios en el Reino Unido, para que los niños las crucen sin peligro. Suelen ser personas ya jubiladas, que van vestidas con una gabardina fosforescente y que llevan una señal de stop en un poste portátil, lo que recuerda por su forma a una piruleta, y de ahí su nombre.*

**lollop** ['lɒləp] VI moverse desgarbadamente; **to ~ along** moverse torpemente, arrastrar los pies
**lolly** ['lɒlɪ] N [1] = **lollipop A**
[2] (*Brit**) (= *money*) pasta* *f*, lana *f* (*LAm**)
**Lombard** ['lɒmbɑːd] Ⓐ ADJ lombardo
Ⓑ N lombardo/a *m/f*
**Lombardy** ['lɒmbədɪ] Ⓐ N Lombardía *f*
Ⓑ CPD ► **Lombardy poplar** N chopo *m* lombardo
**London** ['lʌndən] Ⓐ N Londres *m*
Ⓑ CPD londinense ► **London pride** N (*Bot*) corona *f* de rey
**Londoner** ['lʌndənəʳ] N londinense *mf*
**lone** [ləʊn] Ⓐ ADJ (= *solitary*) solitario; **to play a ~ hand** (*fig*) actuar solo; *see also* **lonely**
Ⓑ CPD ► **lone parent** N = **single parent** ► **lone ranger** N llanero *m* solitario ► **lone wolf** N (*fig*) lobo *m* solitario
**loneliness** ['ləʊnlɪnɪs] N soledad *f*
**lonely** ['ləʊnlɪ] Ⓐ ADJ [1] (*compar* **lonelier**; *superl* **loneliest**) (= *without company*) **he was a sad and ~ man** era un hombre triste y solitario; **to feel ~** sentirse solo; **I was ~ and didn't know what to do** me sentía solo y no sabía qué hacer
[2] (= *solitary*) [*life, place, period of time*] solitario; **the ~ hours of the night** las horas nocturnas de soledad, las solitarias horas de la noche; **it's ~ at the top** uno se siente muy solo en la cumbre
[3] (= *remote*) [*village, house*] solitario, aislado; [*road*] solitario
[4] (*liter*) (= *mournful*) [*sound*] lúgubre y solitario (*liter*)
Ⓑ NPL **the ~** las personas que están solas
Ⓒ CPD ► **lonely hearts club** N club *m* de corazones solitarios ► **lonely hearts (column)** N sección *f* de corazones solitarios
**lone-parent** ['ləʊn,peərənt] CPD ► **lone-parent family** N (*Brit*) familia *f* monoparental N
**loner** ['ləʊnəʳ] N solitario/a *m/f*
**lonesome** ['ləʊnsəm] (*esp US*) ADJ [*person*] solo; [*place*] (= *isolated*) aislado, solitario; **to be/feel ~** sentirse solo
**long¹** [lɒŋ] (*compar* **longer**; *superl* **longest**) Ⓐ ADJ [1] (*in size*) [*dress, hair, journey*] largo; **it's six metres ~** tiene seis metros de largo; **it's a very ~ book** es un libro muy largo; **he has ~ legs** tiene las piernas largas; **it's a ~ distance from the school** está (muy) lejos del colegio; **to make** *or* **pull a ~ face** poner cara larga; **to get ~er** [*queue*] hacerse más largo; [*hair*] crecer (más); **how ~ is it?** (*table, hallway, piece of material, stick*) ¿cuánto mide de largo?; (*more precisely*) ¿qué longitud tiene?; (*river*) ¿qué longitud tiene?; **how ~ is her hair?** ¿cómo tiene el pelo de largo?; **to be ~ in the leg** [*trousers*] tener piernas largas; **the speech was ~ on rhetoric and short on details** el discurso tenía mucha retórica y pocos detalles; ✦*IDIOMS* **the ~ arm of the law** el brazo de la ley, el alcance de la ley; **a list as ~ as your arm** una lista larguísima; **not by a ~ chalk** ni con mucho; **he's a bit ~ in the tooth*** es bastante viejo ya; *see also* **suit A3**
[2] (*in distance*) **it's a ~ way** está lejos; **it's a ~ way to the shops** las tiendas están lejos; **we walked a ~ way** caminamos mucho
[3] (*in time*) [*film*] largo; [*visit*] prolongado; [*wait*] largo, prolongado; **two hours ~** de dos horas; **the course is six months ~** el curso es de seis meses, el curso dura seis meses; **a ~ walk** un paseo largo; **a ~ holiday** unas vacaciones largas; **it has been a ~ day** (*fig*) ha sido un día muy atareado; **there will be ~ delays** habrá grandes retrasos, habrá retrasos considerables; **he took a ~ drink of water** se bebió un vaso grande de agua; **the days are getting ~er** los días se están alargando; **how ~ is the film?** ¿cuánto (tiempo) dura la película?; **how ~ are the holidays?** ¿cuánto duran las vacaciones?; **to be ~ in doing sth** tardar en hacer algo; **the reply was not ~ in coming** la respuesta no tardó en llegar; **it will be a ~ job** será un trabajo que llevará mucho tiempo; **at ~ last** por fin; **to take a ~ look at sth** mirar algo detenidamente; **he has a ~ memory** (*fig*) es de los que no perdonan fácilmente; **in the ~ run** (*fig*) a la larga; **a ~ time ago** hace mucho tiempo; **it takes a ~ time** lleva mucho tiempo; **I've been waiting a ~ time** llevo esperando mucho tiempo; **~ time no see!*** ¡cuánto tiempo sin verte!; **it's a good place to go for a ~ weekend** es un buen sitio para ir durante un fin de semana largo; ✦*IDIOM* **he's not ~ for this world*** no le queda mucho de vida; *see also* **term A1, long-term, view A5**
[4] (*Ling*) [*vowel*] largo
Ⓑ ADV [1] (= *a long time*) **don't be ~!** ¡vuelve pronto!; **I shan't be ~** (*in finishing*) termino pronto, no tardo; (*in returning*) vuelvo pronto, no tardo; **will you be ~?** ¿vas a tardar mu-

cho?; **we didn't stay ~** nos quedamos poco tiempo; **he hasn't been gone ~** no hace mucho que se ha ido; **have you been waiting ~?** ¿hace mucho que espera?; **I have ~ believed that ...** creo desde hace tiempo que ..., hace tiempo que creo que ...; **this method has ~ been used in industry** este método se viene usando desde hace mucho tiempo en la industria; **~ after he died** mucho tiempo después de morir; **he died ~ after his wife** murió mucho tiempo después que su mujer; **~ ago** hace mucho (tiempo); **how ~ ago was it?** ¿cuánto tiempo hace de eso?; **as ~ ago as 1930** ya en 1930; **not ~ ago** no hace mucho (tiempo); **~ before** mucho antes; **not ~ before** poco antes; **~ before now** hace mucho tiempo; **~ before you came** mucho antes de que llegaras; **not ~ before the war** poco antes de la guerra; **not ~ before his wife died** poco antes de que muriera su mujer; **they left before ~** se marcharon muy pronto; **I only had ~ enough to buy a paper** sólo tuve tiempo para comprar un periódico; **we won't stay for ~** nos quedamos un rato nada más; **are you going away for ~?** ¿te vas para mucho tiempo?; **he hesitated, but not for ~** dudó, pero sólo por un instante; **"are you still in London?" — "yes, but not for much ~er"** —¿todavía estás en Londres? —si, pero por poco tiempo ya; **how ~ will you be?** (*in finishing*) ¿cuánto (tiempo) tardarás?; (*in returning*) ¿cuánto tiempo te quedarás?; **how ~ have you been here?** ¿cuánto tiempo llevas aquí?; **how ~ will it take?** ¿cuánto tiempo llevará?; **how ~ did he stay?** ¿cuánto tiempo se quedó?; **how ~ have you been learning Spanish?** ¿desde cuándo llevas aprendiendo español?; **how ~ is it since you saw her?** ¿cuánto tiempo hace que no la ves?; **it didn't last ~** fue cosa de unos pocos minutos *or* días *etc*; **to live ~** tener una vida larga; **women live ~er than men** las mujeres son más longevas que los hombres; **he hasn't ~ to live** no le queda mucho de vida; **~ live the King!** ¡viva el rey!; **it's not ~ since he died** ◊ **he died not ~ since** no hace mucho que murió, murió hace poco; **~ since dead** muerto hace mucho; **so ~!** (*esp US**) ¡hasta luego!; **it won't take ~** no tardará mucho; **it didn't take him ~ to realize that ...** no tardó en darse cuenta de que ...; **he talked ~ about politics** habló largamente de política

2 **~er** más tiempo; **we stayed ~er than you** quedamos más tiempo que vosotros; **wait a little ~er** espera un poco más; **how much ~er can you stay?** ¿hasta cuándo podéis quedaros?; **how much ~er do we have to wait?** ¿hasta cuándo tenemos que esperar?; **two hours ~er** dos horas más; **I can't stay any ~er** no me puedo quedar por más tiempo; **I can't stand it any ~er** ya no lo aguanto más; **no ~er** ya no; **he no ~er comes** ya no viene

3 **~est: six months at the ~est** seis meses, como máximo *or* como mucho

4 **as ~ as** ◊ **so ~ as** (= *while*) mientras; **as ~ as the war lasts** mientras dure la guerra; **as ~ as I live** mientras viva; **stay (for) as ~ as you like** quédate hasta cuando quieras; **as ~ as (is) necessary** el tiempo que haga falta, lo que haga falta

5 **as ~ as** ◊ **so ~ as** (= *provided that*) siempre que + *subjun*; **you can borrow it as ~ as John doesn't mind** lo puedes tomar prestado siempre que a John no le importe *or* si a John no le importa

6 (= *through*) **all day ~** todo el (santo) día; **all night ~** toda la noche; **all summer ~** todo el verano

Ⓒ N 1 **the ~ and the short of it is that ...** (*fig*) en resumidas cuentas, es que ..., concretamente, es que ...

2 **longs** (*Fin*) valores *mpl* a largo plazo

Ⓓ CPD ► **long division** N (*Math*) división *f* larga ► **long drink** N refresco *m*, bebida *f* no alcohólica ► **long johns** NPL calzoncillos *mpl* largos ► **long jump** N salto *m* de longitud ► **long jumper** N saltador(a) *m/f* de longitud ► **long shot** N (*Cine*) toma *f* a distancia; (*in race*) desconocido/a *m/f*; **it's a ~ shot*** dudo que resulte; ✦*IDIOM* **not by a ~ shot** ni con mucho ► **long sight** N presbicia *f*, hipermetropía *f*; **to have ~ sight** ser présbita ► **the long term** N **in** *or* **over the ~ term** a largo plazo ► **long trousers** NPL (*as opposed to shorts*) pantalones *mpl* largos ► **the long vac*** N = **the long vacation** ► **the long vacation** N (*Brit Univ*) las vacaciones de verano ► **long wave** N (*Rad*) onda *f* larga; (*used as adj*) de onda larga

**long**[2] [lɒŋ] VI **to ~ for sth** anhelar algo, desear algo; **to ~ for sb** suspirar por algn, añorar a algn; **to ~ to do sth** tener muchas ganas de hacer algo, estar deseando hacer algo; **to ~ for sb to do sth** desear que algn haga algo

**-long** [lɒŋ] ADJ (*ending in compounds*) **month~** de un mes de duración

**long.** ABBR = **longitude**

**long-armed** [ˈlɒŋˈɑːmd] ADJ de brazos largos

**long-awaited** [ˈlɒŋəˈweɪtɪd] ADJ largamente esperado

**longboat** [ˈlɒŋbəʊt] N lancha *f*

**longbow** [ˈlɒŋbəʊ] N arco *m*

**long-dated** [ˈlɒŋˈdeɪtɪd] ADJ a largo plazo

**long-distance** [ˈlɒŋˈdɪstəns] Ⓐ ADJ [*flight*] largo, de larga distancia; [*race, runner*] de fondo; [*train*] de largo recorrido

Ⓑ ADV **to call sb ~** poner una conferencia a algn

Ⓒ CPD ► **long-distance call** N llamada *f* interurbana *or* de larga distancia, conferencia *f* ► **long-distance bus** N autocar *m*, coche *m* de línea ► **long-distance runner** N corredor(a) *m/f* de fondo, fondista *mf*

**long-drawn-out** [ˈlɒŋdrɔːnˈaʊt] ADJ interminable

**long-eared** [ˈlɒŋˈɪəd] ADJ orejudo, de orejas largas

**longed-for** [ˈlɒŋdfɔːʳ] ADJ ansiado

**longevity** [lɒnˈdʒevɪtɪ] N longevidad *f*

**long-forgotten** [ˈlɒŋfəˈgɒtn] ADJ olvidado hace mucho tiempo

**long-grain** [ˈlɒŋgreɪn] ADJ [*rice*] de grano largo

**long-haired** [ˈlɒŋˈhɛəd] ADJ de pelo largo

**longhand** [ˈlɒŋhænd] Ⓐ N **in ~** escrito a mano

Ⓑ ADJ escrito a mano

Ⓒ ADV a mano

**long-haul** [ˈlɒŋˌhɔːl] ADJ [*flight*] de larga distancia

**longing** [ˈlɒŋɪŋ] Ⓐ N (= *yearning*) (*for place*) nostalgia *f*, añoranza *f*; (*for past time*) añoranza *f*; (*for person, thing*) anhelo *m*; **she felt a ~ for her childhood days** añoraba los días de su infancia; **he felt a ~ for his homeland** sentía nostalgia por su país, añoraba su país; **people have a ~ for normality** la gente anhela la normalidad; **she gazed at him with ~** lo miró con anhelo

Ⓑ ADJ [*look*] anhelante

**longingly** [ˈlɒŋɪŋlɪ] ADV [*look, gaze*] con anhelo, con ansia; **she thought ~ of those days in Madrid** pensó con nostalgia *or* añoranza en aquellos días en Madrid

**longish** [ˈlɒŋɪʃ] ADJ bastante largo

**longitude** [ˈlɒŋgɪtjuːd] N longitud *f*

**longitudinal** [ˌlɒŋgɪˈtjuːdɪnl] ADJ longitudinal

**longitudinally** [ˌlɒŋgɪˈtjuːdɪnəlɪ] ADV longitudinalmente

**long-lasting** [ˈlɒŋˈlɑːstɪŋ] ADJ [*material, memory, effect*] duradero

**long-legged** [ˈlɒŋˈlegɪd] ADJ [*person*] de piernas largas; [*animal*] de patas largas; [*bird*] zancudo

**long-life** [ˈlɒŋˈlaɪf] ADJ de larga duración

**long-limbed** [ˌlɒŋˈlɪmd] ADJ patilargo

**long-lived** [ˈlɒŋˈlɪvd] ADJ [*person, species*] longevo, de larga vida; [*plant*] duradero; [*rumour*] duradero, persistente; **women are more ~ than men** las mujeres son más longevas que los hombres

**long-lost** [ˈlɒŋˈlɒst] ADJ perdido hace mucho tiempo

**long-playing** [ˈlɒŋˈpleɪɪŋ] ADJ **~ record** (*abbr LP*) disco *m* de larga duración, elepé *m*

**long-range** [ˈlɒŋˈreɪndʒ] ADJ [*gun, missile*] de largo alcance; [*aircraft*] para vuelos de larga distancia; [*weather forecast, plan*] a largo plazo

**long-running** [ˈlɒŋˈrʌnɪŋ] ADJ [*dispute*] largo; [*play*] taquillero, que se mantiene mucho tiempo en la cartelera; [*programme*] que lleva mucho tiempo en antena

**longship** [ˈlɒŋʃɪp] N (*Viking*) barco *m* vikingo

**longshoreman** [ˈlɒŋʃɔːmən] N (*pl* **longshoremen**) (*esp US*) estibador *m*, obrero *m* portuario

**long-sighted** [ˈlɒŋˈsaɪtɪd] ADJ (*Med*) hipermétrope, présbita; (*fig*) previsor

**long-sightedness** [ˈlɒŋˈsaɪtɪdnɪs] N (*Med*) presbicia *f*, hipermetropía *f*; (*fig*) previsión *f*, clarividencia *f*

**long-sleeved** [ˈlɒŋsliːvd] ADJ de manga larga

**long-standing** [ˈlɒŋˈstændɪŋ] ADJ [*agreement, dispute, friendship*] antiguo

**long-stay** [ˈlɒŋsteɪ] ADJ [*hospital*] para enfermos de larga duración; [*patient*] de larga duración; [*car park*] para aparcamiento *or* (*LAm*) estacionamiento prolongado

**long-suffering** [ˈlɒŋˈsʌfərɪŋ] ADJ sufrido

**long-term** [ˈlɒŋˈtɜːm] Ⓐ ADJ [*effect, investment, care, solution*] a largo plazo; **joining the army is a ~ commitment** entrar en el ejército significa comprometerse a largo plazo; **the drug's ~ effects** los efectos del medicamento a largo plazo; **this will have a ~ effect on unemployment** esto tendrá un efecto a largo plazo sobre el desempleo; **they're in a ~ relationship** llevan tiempo juntos; **I've had several ~ relationships** he tenido varias relaciones sentimentales duraderas; **the ~ unemployed** *las personas que llevan mucho tiempo sin trabajo*; **~ unemployment** el desempleo de larga duración

Ⓑ CPD ► **long-term car park** N parking *m* para aparcamiento *or* (*LAm*) estacionamiento prolongado ► **long-term memory** N memoria *f* a largo plazo

**long-time** [ˈlɒŋˈtaɪm] ADJ [*friend*] viejo, de muchos años; [*partner*] de muchos años

**longways** [ˈlɒŋweɪz] ADV a lo largo, longitudinalmente

**long-winded** [ˈlɒŋˈwɪndɪd] ADJ [*person*] prolijo; [*speech, explanation*] prolijo, interminable

**long-windedly** [ˈlɒŋˈwɪndɪdlɪ] ADV prolijamente

**loo*** [luː] N (= *toilet*) retrete *m*, wáter *m* (*Sp*), baño *m* (*LAm*)

**loofah** [ˈluːfəʳ] N esponja *f* de lufa

**▼look** [lʊk] Ⓐ N [1] (= *glance*) mirada *f*, vistazo *m*; **to have a ~ at sth** echar un vistazo a algo; **let me have a ~** déjame ver; **have a ~ at this!** ¡mira esto!, ¡échale un vistazo a esto!; **shall we have a ~ round the town?** ¿damos una vuelta por la ciudad?; **to have a ~ round a house** inspeccionar una casa; **to take a ~ at sth** echar un vistazo a algo; **take a ~ at this!** ¡míra esto!, ¡échale un vistazo a esto!; **to take a good ~ at sth** mirar algo detenidamente; **to take a long hard ~ at o.s.** (*fig*) examinarse a sí mismo detenidamente; **take a long hard ~ before deciding** antes de decidir conviene pensar muchísimo; **do you want a ~?** ¿quieres verlo?
[2] (= *expression*) mirada *f*; **she gave me a dirty ~** me echó una mirada de odio; **he gave me a furious ~** me miró furioso, me lanzó una mirada furiosa; **a ~ of despair** una cara de desesperación; **we got some very odd ~s** la gente nos miró extrañada; **if ~s could kill*** … si las miradas mataran …
[3] (= *search*) **to have a ~ for sth** buscar algo; **I've had a good ~ for it already** lo he buscado ya en todas partes; **have another ~!** ¡vuelve a buscar!
[4] (= *air, appearance*) aire *m*, aspecto *m*, pinta* *f*; **there's a mischievous ~ about that child** ese niño tiene pinta de pillo*; **he had a sad ~** tenía un aspecto *or* aire triste; **he had the ~ of a sailor** tenía aire de marinero; **by the ~(s) of it** *or* **things** a juzgar por las apariencias; **by the ~(s) of him …** viéndole, se diría que …; **you can't go by ~s alone** es arriesgado juzgar por las apariencias nada más; **to like the ~ of sb/sth**: **I don't like the ~ of him** me cae mal, no me fío de él; **I don't like the ~ of it** no me gusta nada
[5] **looks** (= *attractiveness*) **~s aren't everything** la belleza no lo es todo; **good ~s** belleza *fsing*; **she has kept her ~s** sigue tan guapa como siempre; **she's losing her ~s** no es tan guapa como antes
[6] (= *fashion*) moda *f*, estilo *m*; **the 1999 ~** la moda de 1999; **the new ~** la nueva moda; **I need a new ~** quiero cambiar de imagen
Ⓑ VI [1] (= *see, glance*) mirar; **look!** ¡mira!; **~ here!** ¡oye!; **just ~!** ¡mira!, ¡fíjate!; **I'll ~ and see** voy a ver; **~ how she does it** fíjate cómo lo hace; **~ who's here!** ¡mira quién está aquí!; **to ~ into sb's eyes** mirarle a los ojos a algn; **to ~ the other way** (*lit*) mirar para el otro lado; (*fig*) hacer como que no se da cuenta; **to be ~ing over sb's shoulder** (*fig*) estar siempre vigilando a algn; **✦IDIOM to ~ down one's nose at sth/sb** menospreciar algo/a algn; **✦PROV ~ before you leap** mira bien lo que haces
[2] (= *search*) **~ again!** ¡vuelve a buscar!; **you can't have ~ed far** no has mirado mucho; **you should have ~ed more carefully** tendrías que haber mirado mejor
[3] (= *seem, appear*) parecer, verse (*LAm*); **he ~s about 60 (years old)** aparenta tener alrededor de los 60 años; **to ~ one's age** aparentar *or* representar su edad; **she doesn't ~ her age** no aparenta *or* representa la edad que tiene; **it ~s all right to me** me parece que está bien; **it will ~ bad** (*fig*) quedará mal; **he wanted to ~ his best for the interview** quería estar lo mejor (arreglado) posible para la entrevista; **I don't ~ my best first thing in the morning** cuando me levanto por la mañana no estoy muy guapa que digamos; **he just does it to ~ big*** lo hace sólo para impresionar; **they made me ~ a fool** me hicieron quedar como un idiota; **they made me ~ foolish** me hicieron quedar en ridículo; **he ~s good in a uniform** está muy guapo en uniforme; **Manchester United are ~ing good for the championship** el Manchester United tiene muchas posibilidades de ganar el campeonato; **it ~s good on you** te sienta bien; **he ~s happy** parece contento; **she wasn't ~ing herself** parecía otra, no parecía la misma; **how does it ~ to you?** ¿qué te parece?; **how do I ~?** ¿cómo estoy?; **she's 70 but doesn't ~ it** tiene 70 años pero no los aparenta *or* representa; **~ lively!*** ¡muévete!*; **that cake ~s nice** ese pastel tiene buena pinta*; **that hairstyle makes her ~ old** ese peinado la hace parecer mayor; **to ~ the part** (*fig*) parecerlo; **she ~ed prettier than ever** estaba más guapa que nunca; **how pretty you ~!** ¡qué guapa estás!; **it ~s promising** parece prometedor; **to make sb ~ small** (*fig*) rebajar a algn; **he ~ed surprised** hizo un gesto de extrañeza; **he ~s tired** parece cansado; **to ~ well** [*person*] tener buena cara; **it ~s well** parece muy bien, tiene buena apariencia
[4] **to ~ like** [4·1] (= *be in appearance*) **what does she ~ like?** ¿cómo es físicamente?
[4·2] **to ~ like sb** (= *resemble*) parecerse a algn; **he ~s like his brother** se parece a su hermano; **this photo doesn't ~ like him** la foto no se le parece, en esta foto no parece él
[4·3] (= *seem*) **it ~s like cheese to me** a mí me parece (que es) queso; **the festival ~s like being lively** la fiesta se anuncia animada; **it ~s like rain** parece que va a llover; **it certainly ~s like it** parece que sí
[5] **to ~ as if** *or* **as though**: **it ~s as if** *or* **as though the train will be late** parece que el tren va a llegar tarde; **try to ~ as if** *or* **as though you're glad to see me** haz como que te alegras de verme; **it doesn't ~ as if** *or* **as though he's coming** parece que no va a venir
[6] (= *face*) **it ~s south** [*house*] mira hacia el sur, está orientada hacia el sur
[7] (= *seek*) **they are ~ing to make a profit** quieren sacar ganancias
Ⓒ VT [1] (= *look at*) mirar; **to ~ sb (straight) in the eye(s)** *or* **in the face** mirar directamente a los ojos de algn; **I would never be able to ~ her in the eye(s)** *or* **face again** no podría resistir su mirada, siempre me avergonzaría al verla; **to ~ sb up and down** mirar a algn de arriba abajo
[2] (= *pay attention to*) **~ what you've done now!** ¡mira lo que has hecho!; **~ where you're going!** ¡fíjate por donde vas!

**►look about** VI + ADV, VI + PREP = **look around**

**►look after** VI + PREP [1] (= *take care of*) [+ *invalid, animal, plant*] cuidar, cuidar de; [+ *one's possessions*] velar por; **he can ~ after himself** sabe cuidar de *or* valerse por sí mismo; **she can't ~ after herself any more** ya no puede valerse por sí misma
[2] (= *mind*) [+ *child*] vigilar, cuidar; [+ *shop, business*] encargarse de
[3] **to ~ after sth for sb** (= *watch over*) [+ *luggage, house*] vigilar algo a algn; (= *keep temporarily*) guardar algo a algn

**►look ahead** VI + ADV (*in front*) mirar hacia delante; (*to future*) hacer proyectos para el futuro

**►look around** Ⓐ VI + ADV echar una mirada alrededor; **to ~ around for sth** buscar algo; **we're ~ing around for a house** estamos buscando casa
Ⓑ VI + PREP **to ~ around one** mirar a su alrededor

**►look at** VI + PREP [1] (= *observe*) mirar; **to ~ hard at** [+ *person*] observar detenidamente; [+ *idea*] estudiar cuidadosamente; **just ~ at this mess!** ¡mira qué desorden!; **to ~ at him you would never think that …** por la apariencia nunca pensarías que …; **it isn't much to ~ at** ◊ **it's nothing to ~ at** no es muy bonito; **~ at how she does it** fíjate cómo lo hace
[2] (= *consider*) [+ *alternatives*] considerar, examinar; [+ *problem*] estudiar; **it depends (on) how you ~ at it** depende de cómo se enfoca la cuestión, depende del punto de vista de uno; **whichever way you ~ at it** se mire por donde se mire
[3] (= *check*) [+ *patient, wound, heart*] examinar; [+ *engine, spelling*] revisar; **will you ~ at the engine?** ¿podría revisar el motor?; **I'll ~ at it tomorrow** lo miraré mañana
[4] (= *accept*) **I wouldn't even ~ at the job** no aceptaría el puesto por nada del mundo; **the landlady won't ~ at students** la patrona no aguanta los estudiantes
[5] (*) (= *have in prospect*) **you're ~ing at a minimum of £200** calcula 200 libras como mínimo

**►look away** VI + ADV apartar la mirada (**from** de)

**►look back** VI + ADV [1] (= *look behind*) mirar hacia atrás
[2] (= *remember*) pensar en el pasado; **~ing back, I'm surprised I didn't suspect anything** pensándolo ahora, me sorprende que no hubiera sospechado nada; **to ~ back on** *or* **at** [+ *event, period*] recordar, rememorar; **after that he never ~ed back** (*fig*) desde entonces todo le ha ido sobre ruedas

**►look down** VI + ADV (= *lower eyes*) bajar la mirada; (= *look downward*) mirar hacia abajo; **to ~ down at sb/sth** mirar abajo hacia algn/algo

**►look down on** VI + PREP [1] (*fig*) (= *despise*) despreciar
[2] (= *overlook*) **the castle ~s down on the town** el castillo domina la ciudad

**►look for** VI + PREP [1] (= *seek*) buscar; **to be ~ing for trouble*** andar buscando camorra*
[2] (= *expect*) [+ *praise, reward*] esperar

> **LOOK FOR**
>
> **Omission of article**
>
> • Don't translate the article "**a**" in sentences like **I'm looking for a flat**, when the number of such things is not significant since people normally only look for one at a time:
>
> I'm looking for a flat
> ***Estoy buscando piso***
> He's looking for a secretary
> ***Busca secretaria***
>
> **NOTE:** The personal **a** is not used before people when the article is omitted as above.
>
> • **Do** translate the article when the thing or person is qualified:
>
> He's looking for a little flat
> ***Busca un piso pequeño***
>
> **!** When translating examples like **I'm looking for someone to…** translate the English to-infinitive using **que** + **subjunctive**:
>
> I'm looking for someone to help with the children
> ***Busco a alguien que me ayude con los niños***
> I'm looking for a mechanic to repair my car
> ***Busco a un mecánico que me arregle el coche***
>
> *For further uses and examples, see main entry.*

**►look forward** VI + ADV (= *plan for the future*) mirar hacia el futuro

**▼►look forward to** VI + PREP [+ *event*] esperar con ansia, esperar con impaciencia; **we're ~ing forward to the journey** el viaje nos hace mucha ilusión; **we had been ~ing for-**

➤ LANGUAGE IN USE: look B5 16.2 look forward to 19.3, 21.2, 25.3

**ward to it for weeks** durante semanas enteras veníamos pensando en eso con mucha ilusión; **I'm really ~ing forward to the holidays** estoy deseando que lleguen las vacaciones; **I'm not ~ing forward to it at all** no me hace ninguna ilusión; **to ~ forward to doing sth** tener muchas ganas de *or* estar deseando hacer algo; **~ing forward to hearing from you ...** (*in letter*) a la espera de sus noticias ...

►**look in** VI + ADV [1] (= *see in*) mirar por dentro
[2] (= *visit*) pasar por casa, caer por casa; **to ~ in on sb** pasar a ver a algn

►**look into** VI + PREP (= *examine*) [+ *matter, possibility*] estudiar, investigar

►**look on** Ⓐ VI + ADV mirar (como espectador)
Ⓑ VI + PREP (= *consider*) considerar; **I ~ on him as a friend** lo considero un amigo; **we do not ~ on it with favour** no nos merece una buena opinión; **to ~ kindly on sth/sb** mirar algo/a algn con buenos ojos; **to ~ on the bright side (of things)** mirar el lado bueno (de las cosas)

►**look onto** VI + PREP (= *face*) [*building, room*] dar a; **it ~s onto the garden** da al jardín

►**look out** Ⓐ VI + ADV [1] (= *look outside*) mirar fuera; **to ~ out of the window** mirar por la ventana; **it ~s out on to the garden** da al jardín
[2] (= *take care*) tener cuidado; **~ out!** ¡cuidado!, ¡aguas! (*Mex*)
Ⓑ VT + ADV (*Brit*) (= *search for*) buscar; (= *find*) encontrar

►**look out for** VI + PREP [1] (= *watch for*) **to ~ out for sth/sb** esperar algo/a algn, estar atento a algo/algn; **do ~ out for pickpockets** ten mucho ojo con los carteristas; **~ out for special deals** estáte al tanto de las gangas
[2] (*) (= *look after*) [+ *person*] cuidar; **to ~ out for o.s.** cuidar de sí mismo, cuidarse; **he's only ~ing out for himself** (*pej*) sólo mira sus propios intereses; **we ~ out for each other** nos cuidamos el uno al otro, cuidamos el uno del otro
[3] (= *seek*) buscar

►**look over** VT + ADV [+ *document, list*] echar un vistazo a; [+ *person, goods, produce*] echar un vistazo a; (*carefully*) examinar; [+ *town, building*] echar un vistazo a; (*carefully*) inspeccionar

►**look round** Ⓐ VI + ADV [1] (= *look about one*) mirar a su alrededor
[2] (= *turn*) volver la cabeza, volverse; **I called him and he ~ed round** lo llamé y volvió la cabeza, lo llamé y se volvió
[3] (*in shop*) mirar; **we're just ~ing round** estamos mirando solamente; **do you mind if we ~ round?** ¿le importa que echemos un vistazo?
[4] (= *search*) **to ~ round for** buscar
Ⓑ VI + PREP [+ *town, factory*] visitar, recorrer; **to ~ round an exhibition** visitar una exposición; **I like ~ing round the shops** me gusta ir a ver tiendas

►**look through** VI + PREP [1] [+ *window*] mirar por
[2] (= *search*) registrar; (= *leaf through*) hojear; (= *examine closely*) examinar detenidamente; (= *re-read*) [+ *notes*] revisar
[3] (*fig*) (= *ignore*) **he ~ed right through me** me miró sin verme, me miró como si no existiera

►**look to** VI + PREP [1] (*fig*) (= *turn to*) contar con, recurrir a; **it's no good ~ing to me for help** es inútil recurrir a mí en busca de ayuda; **to ~ to sb to do sth** esperar que algn haga algo, contar con algn para hacer algo
[2] (= *think of*) **we must ~ to the future** tenemos que pensar en el futuro *or* mirar hacia delante
[3] (= *attend to*) ocuparse de, mirar por

►**look up** Ⓐ VI + ADV [1] (= *glance*) levantar la vista, alzar la vista
[2] (= *improve*) mejorar; **things are ~ing up** las cosas van mejor
Ⓑ VT + ADV [1] [+ *information*] buscar; **if you don't know a word, ~ it up in the dictionary** si no conoces una palabra, búscala en el diccionario
[2] (= *visit*) [+ *person*] ir a visitar

►**look upon** VI + PREP = **look on B**

►**look up to** VI + PREP **to ~ up to sb** (*fig*) respetar a algn, admirar a algn

**lookalike** [ˈlʊkəˌlaɪk] N doble *mf*

**looked-for** [ˈlʊktfɔːʳ] ADJ esperado, deseado

**looker*** [ˈlʊkəʳ] N bombón* *f*

**looker-on** [ˈlʊkərˈɒn] N (*pl* **lookers-on**) espectador(a) *m/f*

**look-in*** [ˈlʊkɪn] N **to get a ~** (*Brit*) tener una oportunidad, tener chance (*LAm*); **we never got** *or* **had a ~** no nos dejaron participar; [*losers*] nunca tuvimos posibilidades de ganar

**-looking** [ˈlʊkɪŋ] ADJ (*ending in compounds*) **strange~** de aspecto raro; **mad~** con pinta de loco*

**looking-glass**† [ˈlʊkɪŋglɑːs] N (*frm*) espejo *m*

**lookout** [ˈlʊkaʊt] Ⓐ N [1] (= *act*) observación *f*, vigilancia *f*; **to keep a ~ for sth** ◊ **be on the ~ for sth** estar atento a *or* al acecho de algo; **keep a ~ for the postman** estáte atento por si viene el cartero; **to keep a sharp ~** estar ojo avizor
[2] (= *viewpoint*) mirador *m*; (= *person*) centinela *mf*; (= *place*) = **lookout post**
[3] (= *prospect*) perspectiva *f*; **it's a grim** *or* **poor ~ for us/for education** la perspectiva es desalentadora para nosotros/para la educación; **that's his ~!** ¡eso es asunto suyo!, ¡allá él!
Ⓑ CPD ► **lookout post** N atalaya *f*, puesto *m* de observación

**look-see*** [ˈlʊksiː] N vistazo *m*; **to have a ~** echar un vistazo

**look-up** [ˈlʊkʌp] Ⓐ N consulta *f*
Ⓑ CPD ► **look-up table** N tabla *f* de consulta

**loom¹** [luːm] N (*for weaving*) telar *m*

**loom²** [luːm] VI [1] (*also* **~ up**) (= *appear*) surgir, aparecer; **the ship ~ed (up) out of the mist** el barco surgió de la neblina
[2] (= *threaten*) amenazar; **dangers ~ ahead** se vislumbran los peligros que hay por delante; **to ~ large** cernerse, pender amenazadoramente

**LOOM** N ABBR (*US*) (= **Loyal Order of Moose**) *asociación benéfica*

**looming** [ˈluːmɪŋ] ADJ [*danger*] que amenaza, inminente

**loon** [luːn] N [1] (*) (= *fool*) bobo/a *m/f*
[2] (= *bird*) somorjugo *m*

**loony*** [ˈluːnɪ] Ⓐ ADJ (*compar* **loonier**; *superl* **looniest**) loco, chiflado*
Ⓑ N loco/a *m/f*
Ⓒ CPD ► **loony bin** N manicomio *m* ► **the loony left** N (*Brit Pol pej*) la izquierda radical

**loop** [luːp] Ⓐ N [1] (*in string, ribbon*) lazo *m*, lazada *f*; (*Naut*) gaza *f*; (= *bend*) curva *f*, recodo *m*; **to knock sb for a ~** (*US**) dejar a algn pasmado
[2] (*Comput*) bucle *m*
[3] (*Elec*) circuito *m* cerrado
[4] (*Sew*) presilla *f*
[5] (*Aer*) rizo *m*; **to ~ the ~** hacer el rizo, rizar el rizo
Ⓑ VT **to ~ round** dar vuelta a; **to ~ a rope round a post** pasar una cuerda alrededor de un poste
Ⓒ VI [*rope, ribbon, cable*] formar un lazo; [*line, road*] serpentear
Ⓓ CPD ► **loop line** N (*Rail*) desviación *f*

**loophole** [ˈluːphəʊl] N [1] (*Mil*) aspillera *f*, tronera *f*
[2] (*fig*) escapatoria *f*; (*in law*) laguna *f*, resquicio *m* legal; **every law has a ~** hecha la ley, hecha la trampa

**loopy*** [ˈluːpɪ] ADJ (*compar* **loopier**; *superl* **loopiest**) chiflado*

**loose** [luːs] Ⓐ ADJ (*compar* **looser**; *superl* **loosest**) [1] (= *not firmly attached*) [*thread, wire, screw, brick, page*] suelto; [*handle, knob*] desatornillado; [*tooth*] flojo, que se mueve; **this button is ~** este botón está a punto de caerse; **to come** *or* **get** *or* **work ~** [*thread, wire, brick*] soltarse; [*screw*] aflojarse; [*page*] desprenderse; [*knob, handle*] aflojarse, desatornillarse; *see also* **screw A1**, **connection 1**
[2] (= *not tied back*) [*hair*] suelto; **to wear one's hair ~** llevar el pelo suelto
[3] (= *not tight*) [*clothes*] holgado, amplio; [*bandage, tie*] flojo; **these trousers are too ~ round the waist** estos pantalones son muy anchos de cintura
[4] (= *not taut*) [*skin*] flácido, colgón*
[5] (= *not dense*) [*mixture, soil, powder*] suelto; **to be of a ~ consistency** tener poca consistencia
[6] (= *not tied up*) [*animal*] suelto; **he was chased by a ~ dog** le persiguió un perro que andaba suelto; **to let** *or* **set sth/sb ~** soltar algo/a algn; **when the cub had recovered it was set ~ in the wild** cuando el cachorro se recuperó lo soltaron *or* lo dejaron en libertad; **the affair has let ~ dangerous political forces** el asunto ha desatado fuerzas políticas peligrosas; **inexperienced doctors were let ~ on seriously ill patients** se dejó que médicos sin experiencia trataran a pacientes gravemente enfermos; *see also* **break C7**, **cut C1**, **hell A1**
[7] (= *flexible*) [*alliance, coalition, grouping*] libre; [*organization*] poco rígido; [*arrangement*] flexible; **a ~ confederation of sovereign republics** una confederación libre de repúblicas soberanas
[8] (= *imprecise*) [*meaning, expression*] poco preciso, vago; [*style, interpretation*] libre; [*translation*] aproximado; **he despised ~ thinking** odiaba toda forma de pensar vaga; **in ~ terms, it could be called a religion** haciendo un uso un tanto libre del término, podría llamarse religión
[9] (= *not packaged*) [*carrots, potatoes*] suelto, a granel; (*Comm*) **to buy/sell sth ~** vender algo suelto *or* a granel
[10] (†, *pej*) (= *immoral*) [*behaviour, attitudes*] disoluto; [*morals*] disoluto, libertino; **a ~ woman** una mujer de vida alegre (*pej*), una mujer fácil (†, *pej*); *see also* **living B2**
[11] (*Med*) **to have ~ bowels** tener el vientre suelto
[12] (= *readily available*) [*funds*] disponible; **~ cash** dinero *m* en efectivo; **~ change** dinero *m* suelto
Ⓑ VT [1] (*liter*) (= *release*) [+ *animal*] soltar; [+ *prisoner*] poner en libertad, soltar; **they ~d the dogs on him** le soltaron los perros
[2] (= *fire*) (*also* **~ off**) [+ *arrow, missile*] lanzar; [+ *gun, cannon*] disparar; **to ~ (off) a volley of abuse at sb** soltar una sarta de insultos a algn
[3] (= *unfasten*) **to ~ a boat from its moorings** soltar las amarras de un barco
Ⓒ N **to be on the ~** [*person, gang*] andar

suelto

Ⓓ ADV **stay** *or* **hang ~!** (*US**) ¡tranqui!*, ¡relájate!; *see also* **play**

Ⓔ CPD ► **loose box** N establo *m* móvil ► **loose cannon** N (*fig*) bomba *f* de relojería ► **loose chippings** NPL (*on roadway*) gravilla *fsing* suelta ► **loose connection** N (*Elec*) mala conexión *f* ► **loose cover** N (*Brit*) (*for furniture*) funda *f* lavable, funda *f* que se puede quitar ► **loose end** N (*fig*) cabo *m* suelto; **to tie up ~ ends** atar los cabos sueltos; **to be at a ~ end*** (*fig*) no saber qué hacer ► **loose scrum** N (*Rugby*) melé *f* abierta *or* espontánea ► **loose talk** N palabrería *f* ► **loose tongue** N **to have a ~ tongue** tener la lengua suelta, ser ligero de lengua ► **loose weave** N tejido *m* abierto

►**loose off** Ⓐ VT + ADV (*esp Brit*) [*+ ammunition, bullet*] disparar; **he ~d off two shots at the oncoming car** disparó dos tiros contra el coche que venía

Ⓑ VI + ADV **to ~ off at sb/sth** disparar a *or* contra algn/algo

**loose-fitting** ['lu:s'fɪtɪŋ] ADJ [*clothes*] holgado

**loose-leaf** ['lu:s'li:f] Ⓐ ADJ [*book*] de hojas sueltas

Ⓑ CPD ► **loose-leaf binder** N carpeta *f* de anillas ► **loose-leaf folder** N = **loose-leaf binder**

**loose-limbed** ['lu:s'lɪmd] ADJ ágil

**loose-living** ['lu:s'lɪvɪŋ] ADJ de vida airada, de vida inmoral

**loosely** ['lu:slɪ] ADV [1] (= *not tightly*) [*fasten, tie*] con un nudo flojo, ligeramente; [*hold*] sin apretar, ligeramente; **a ~ tied bandage** un vendaje poco apretado; **cover the dish ~ with foil** cubrir la fuente ligeramente con papel de plata; **to hang ~** [*arms*] colgar relajado; [*skin, flesh*] colgar fláccido; **his shirt hung ~ from his shoulders** la camisa le caía ancha de hombros

[2] (= *not precisely*) [*translated*] libremente; **a novel ~ based on the life of Shakespeare** una novela basada, en términos generales, sobre la vida de Shakespeare; **it is ~ defined as ...** en términos generales se define como ..., sin ser muy precisos *or* rigurosos se define como ...; **~ speaking** hablando en términos generales; **what is ~ termed socialist realism** lo que se denomina, de forma poco precisa, realismo socialista

[3] (= *informally*) [*organized, structured*] sin mucha rigidez, con bastante flexibilidad; **groups ~ connected to the Hizbollah movement** grupos *mpl* que tienen cierta conexión con el movimiento Hezbolá

**loosen** ['lu:sn] Ⓐ VT [1] (= *slacken*) aflojar; (= *untie*) desatar; **to ~ one's grip on sth** dejar de apretar algo con tanta fuerza

[2] [*+ restrictions*] aflojar, reducir

Ⓑ VI (= *come unfastened*) soltarse, desatarse; (= *get slack*) aflojarse

►**loosen up** Ⓐ VI + ADV (*gen*) desentumecerse; (*before game*) desentumecer los músculos, entrar en calor; (*) (= *relax*) soltarse, relajarse; **to ~ up on sb** (*fig*) tratar a algn con menos severidad

Ⓑ VT + ADV [*+ muscles*] desentumecer

**looseness** ['lu:snɪs] N [1] (*gen*) [*of bandage, tie*] lo flojo; [*of clothes*] holgura *f*, amplitud *f*; [*of soil*] lo suelto; **~ of the bowels** (*Med*) diarrea *f*

[2] (= *imprecision*) [*of meaning, expression*] imprecisión *f*; [*of translation*] lo aproximado

[3] (= *immorality*) [*of behaviour, morals*] lo disoluto

**loot** [lu:t] Ⓐ N botín *m*, presa *f*; (*) (= *money*) pasta* *f*, plata *f* (*LAm**)

Ⓑ VT saquear

Ⓒ VI entregarse al saqueo

**looter** ['lu:təʳ] N saqueador(a) *m/f*

**looting** ['lu:tɪŋ] N saqueo *m*

**lop** [lɒp] VT [1] [*+ tree*] mochar, desmochar

[2] (*also* **~ away, ~ off**) [*+ branches*] podar; (*fig*) cortar

**lope** [ləʊp] VI **to ~ along** andar a grandes zancadas, correr dando grandes zancadas; **to ~ off** alejarse con paso largo

**lop-eared** ['lɒp,ɪəd] ADJ de orejas caídas

**lopsided** ['lɒp'saɪdɪd] ADJ (*gen*) torcido, ladeado, chueco (*LAm*); [*table*] cojo; (*fig*) [*view*] desequilibrado

**loquacious** [lə'kweɪʃəs] ADJ (*frm*) locuaz

**loquacity** [lə'kwæsɪtɪ] N (*frm*) locuacidad *f*

**lord** [lɔ:d] Ⓐ N [1] (= *nobleman*) señor *m*; (= *British title*) lord *m*; **Lord (John) Smith** (*Brit*) Lord (John) Smith; **the (House of) Lords** (*Brit Pol*) la Cámara de los Lores; **my Lord** (*to bishop*) Ilustrísima; (*to noble*) señor; (*to judge*) señoría, señor juez; **my ~ bishop of Tooting** su Ilustrísima el obispo de Tooting; **~ of the manor** señor *m* feudal; **~ and master** dueño y señor

[2] (*Rel*) **the Lord** el Señor; **Our Lord** Nuestro Señor; **good Lord!** ¡Dios mío!; **the Lord's Prayer** el padrenuestro; **Lord knows where ...!*** ¡Dios sabe dónde ...!

Ⓑ VT **to ~ it** mandar despóticamente; **to ~ it over sb*** ser muy mandón con algn

Ⓒ CPD ► **Lord Lieutenant** N *representante de la Corona en un condado* ► **Lord Mayor** N (*Brit*) alcalde *m* ► **Lord Mayor's Show** N (*Brit*) desfile *m* del alcalde de Londres (*el día de su inauguración*) ► **Lord Provost** N (*Scot*) alcalde *m*

**LORD**

*El título de* **Lord** *se les da a los miembros masculinos de la nobleza británica, especialmente a los marqueses, condes, vizcondes y barones, personas que ocupan un escaño en la Cámara de los Lores. El término forma parte también del nombre de algunos cargos oficiales: el* **Lord Chancellor** *es la máxima autoridad judicial en Inglaterra y Gales, el* **Lord Chief Justice** *es el cargo inmediatamente inferior, mientras que en Escocia el encargado del sistema judicial es el* **Lord Advocate***. Por su parte, el* **Lord Chamberlain** *es el encargado del mantenimiento de las residencias oficiales de la realeza británica.*

**lordliness** ['lɔ:dlɪnɪs] N lo señorial, carácter *m* señorial; (*pej*) altivez *f*, arrogancia *f*

**lordly** ['lɔ:dlɪ] ADJ (*compar* **lordlier**; *superl* **lordliest**) [*house, vehicle*] señorial, señoril; [*manner*] altivo, arrogante; [*command*] imperioso

**lords-and-ladies** ['lɔ:dzənd'leɪdɪz] N (*Bot*) aro *m*

**lordship** ['lɔ:dʃɪp] N señoría *f*; **your Lordship** Señoría

**lore** [lɔ:ʳ] N saber *m* popular; **in local ~** según la tradición local; **he knows a lot about plant ~** sabe mucho de plantas

**lorgnette** [lɔ:'njet] N impertinentes *mpl*

**Lorraine** [lɒ'reɪn] N Lorena *f*

**lorry** ['lɒrɪ] (*Brit*) Ⓐ N camión *m*; **it fell off the back of a ~*** (*euph*) es de trapicheo*

Ⓑ CPD ► **lorry driver** N camionero/a *m/f* ► **lorry load** N carga *f*

**lose** [lu:z] (*pt, pp* **lost**) Ⓐ VT [1] (= *mislay, fail to find*) perder; **he's always losing things** siempre está perdiendo las cosas; **I've lost my pen** he perdido el bolígrafo; **I lost him in the crowd** lo perdí entre la muchedumbre

[2] (= *be deprived of*) perder; **you've got nothing to ~** no tienes nada que perder; **you've nothing to ~ by helping him** no vas a perder nada ayudándole; **what have you got to ~?** ¿qué tienes tú que perder?, ¿qué vas a perder?; **he lost £1,000 on that deal** perdió 1.000 libras en ese trato; **I lost my father when I was ten** perdí a mi padre cuando tenía diez años; **I don't want to ~ you** no quiero perderte; **he's lost his licence** le han retirado el carnet; **to ~ one's life** perder la vida; **to ~ a patient** no lograr salvar a un paciente; **to ~ the use of an arm** perder el uso de un brazo; *see also* **breath A1**, **voice A1**

[3] (= *fail to keep*) perder; **the poem lost a lot in the translation** el poema perdió mucho en la traducción; **she's lost her figure/her looks** ha perdido la línea/su belleza; ✦**IDIOM to ~ it*** perder los papeles, perder el control; *see also* **interest A1**, **rag[1] A1**, **sight A2**, **temper A1**

[4] (= *fail to win*) [*+ game, war, election*] perder

[5] (= *miss*) **to ~ one's way** (*lit*) perderse; (*fig*) perder el rumbo

[6] (= *waste*) perder; **there was not a moment to ~** no había ni un momento que perder; **I wouldn't ~ any sleep over it!** ¡no pierdas el sueño por ello!, ¡no te preocupes por ello!; **to ~ no time in doing sth**: **she lost no time in making up her mind** se decidió enseguida, no le costó nada decidirse; **I lost no time in telling him exactly what I thought of him** no vacilé en decirle exactamente lo que pensaba de él

[7] (*) (= *get rid of*) [*+ unwanted companion*] deshacerse de; [*+ pursuers*] zafarse de; **to ~ weight** perder peso, adelgazar; **I lost two kilos** perdí *or* adelgacé dos kilos

[8] (= *fall behind*) [*watch, clock*] atrasarse; **this watch ~s five minutes every day** este reloj se atrasa cinco minutos cada día

[9] (= *cause loss of*) **it lost him the job/the match** le costó el puesto/el partido, le hizo perder el puesto/el partido; **that deal lost me £5,000** ese negocio me costó *or* me hizo perder 5.000 libras

[10] (*) (= *confuse*) confundir; **you've lost me there** ahora sí que me has confundido, ahora sí que no te entiendo

[11] **to ~ o.s. in sth** (*a book, music, memories*) ensimismarse en algo

Ⓑ VI [1] [*player, team*] perder; **he's losing (by) two sets to one** va perdiendo (por) dos sets a uno; **they lost (by) three goals to two** perdieron (por) tres goles a dos; **to ~ to sb** perder contra algn; **you can't ~** no tienes pérdida, tienes que forzosamente salir ganando; **he lost on the deal** salió perdiendo en el negocio; **the story did not ~ in the telling** el cuento no perdió en la narración; **it ~s in translation** pierde en la traducción

[2] [*watch, clock*] atrasarse

►**lose out** VI + ADV salir perdiendo; **you've never been in love? don't you think you've lost out on something?** ¿nunca has estado enamorada? ¿no piensas que te has perdido algo?; **in the long run CD-ROMs may ~ out to cable television** a largo plazo, es posible que los CD-ROMs vayan perdiendo mercado frente a la televisión por cable

**loser** ['lu:zəʳ] N (= *person*) perdedor(a) *m/f*; (= *card*) carta *f* perdedora; **he's a born ~** siempre sale perdiendo, es un perdedor nato; **to**

**be a bad ~** no saber perder, tener mal perder; **to be a good ~** saber perder, tener buen perder; **to come off the ~** salir perdiendo

**losing** ['lu:zɪŋ] Ⓐ ADJ perdedor; **the ~ team** el equipo perdedor; **to fight a ~ battle** luchar por una causa perdida; **she was fighting a ~ battle against her depression** luchaba en vano *or* sin éxito contra su depresión; **to be on the ~ side** estar en el lado de los perdedores *or* vencidos; **to be on a ~ streak** estar pasando por una racha de mala suerte; **to be on a ~ wicket*** *(fig)* llevar las de perder
Ⓑ N **losings** (= *money*) pérdidas *fpl*

**loss** [lɒs] Ⓐ N [1] [*of possessions, blood, sight*] pérdida *f*; **the factory closed with the ~ of 300 jobs** la fábrica cerró, con la pérdida de 300 puestos de trabajo; **it's your ~** el que sales perdiendo eres tú; **~ of appetite** pérdida *f* del apetito; **his death was a great ~ to the company** su muerte fue una gran pérdida para la empresa; **he's no great ~** no vamos a perder nada con su marcha; **the army suffered heavy ~es** el ejército sufrió pérdidas cuantiosas; **we want to prevent further ~ of life** queremos evitar que se produzcan más muertes *or* que se pierdan más vidas; **~ of memory** amnesia *f*, pérdida *f* de la memoria; **to feel a sense of ~** sentir un vacío; *see also* **hair B**, **heat D**, **job C**, **weight C**
[2] (*Fin, Comm*) pérdida *f*; **at a ~**: **the factory was operating at a ~** la fábrica estaba funcionando con pérdida de capital; **to sell sth at a ~** vender algo con pérdida; **the company made a ~ in 1999** la empresa tuvo un balance adverso en 1999; **the company made a ~ of £2 million** la empresa sufrió pérdidas de 2 millones de libras; **✦IDIOM to cut one's ~es** cortar por lo sano; *see also* **dead A5**, **profit D**
[3] (= *death*) pérdida *f*, muerte *f*; **our sadness at the ~ of a loved one** nuestra tristeza por la pérdida *or* muerte de un ser querido; **since the ~ of his wife** desde que perdió a su mujer, desde que falleció su mujer
[4] **✦IDIOM to be at a ~**: **they are at a ~ to explain how such a mistake could have been made** no se explican cómo se pudo haber cometido semejante error; **to be at a ~ for words** no encontrar palabras con qué expresarse; **he's never at a ~ for words** tiene mucha facilidad de palabra; **I was at a ~ (as to) what to do next** no sabía qué hacer después
Ⓑ CPD ► **loss adjuster** N (*Insurance*) ajustador(a) *m/f* de pérdidas, tasador(a) *m/f* de pérdidas ► **loss leader** N (*Comm*) artículo *m* de lanzamiento

**lossmaker** ['lɒs'meɪkəʳ] N (= *business*) negocio *m* nada rentable, negocio *m* deficitario; [*product*] producto *m* nada rentable

**lossmaking** ['lɒs,meɪkɪŋ] ADJ [*enterprise*] deficitario

**lost** [lɒst] Ⓐ PP, PT *of* **lose**
Ⓑ ADJ [1] (= *unable to find one's way*) perdido; **I'm ~** me he perdido, estoy perdido; **the ~ child was taken to the security desk** llevaron al niño perdido al mostrador de seguridad; **to get ~** [*person*] perderse; [*issue, fact*] olvidarse; **to tell sb to get ~*** mandar a algn al cuerno *or* a la porra‡; **get ~!*** ¡vete al cuerno!‡, ¡vete a la porra!‡; **✦IDIOM to be ~ for words** no tener palabras, no saber qué decir; **I had thought of so many things I wanted to say, but now I'm ~ for words** había tantas cosas que quería decir, pero ahora no tengo palabras; **I was ~ for words when I heard the news** me quedé mudo cuando me enteré de la noticia
[2] (= *missing, mislaid*) [*thing, animal*] perdido, extraviado; **he was looking for a ~ contact lens** buscaba una lentilla que se le había perdido; **to get ~** perderse, extraviarse; **to give sb up for ~** dar a algn por desaparecido; **to give sth up for ~** dar algo por perdido; **thousands of credit cards are reported ~ each day** cada día se denuncia la pérdida de miles de tarjetas de crédito; **she is ~ to us forever** (*fig*) la hemos perdido para siempre
[3] (= *bewildered*) perdido, desorientado; **I felt ~ and lonely in a strange town** me sentía perdido *or* desorientado y solo en una ciudad desconocida; **it's too difficult to understand, I'm ~** es demasiado difícil de entender, estoy perdido; **with a ~ expression/look** con la confusión pintada en el rostro
[4] (= *completely absorbed*) **to be ~ in sth** estar absorto en algo; **I was ~ in thought** estaba absorto en mis pensamientos; **she was ~ in the music** estaba absorta en la música; **to be ~ to the world** estar en otro mundo
[5] (= *wasted*) [*opportunity, income, output*] perdido; **to catch up on** *or* **make up for ~ time** recuperar el tiempo perdido; **to be ~ on sb**: **the message is often ~ on drug users** el mensaje a menudo no hace eco en los drogadictos; **the meaning of that was ~ on me** no entendí *or* no capté el significado de eso; **an irony/a fact which was not ~ on me** una ironía/un hecho que no se me escapaba
[6] (= *former*) [*youth, job, homeland*] perdido; **he pined for his ~ youth** suspiraba por su juventud perdida
[7] (= *vanished*) [*civilization*] desaparecido; [*skill, art*] desaparecido, perdido
[8] (= *not won*) [*battle, campaign, struggle*] perdido; **all is not ~!** ¡no se ha perdido todo!
[9] (= *dead*) **she grieved for her ~ son** lloraba al hijo que había perdido; **we are all ~!** (*liter*) ¡estamos perdidos!; **to be ~ at sea** desaparecer en el mar
[10] († *euph*) **~ woman** mujer *f* perdida
Ⓒ CPD ► **lost and found** N (*US*) = **lost property** ► **lost cause** N causa *f* perdida ► **the lost generation** N (*liter*) *generación de escritores a la que pertenecieron autores como Scott Fitzgerald y Hemingway y que produjeron sus obras después de la Primera Guerra Mundial* ► **lost property** N (= *belongings*) objetos *mpl* perdidos; (= *office*) oficina *f* de objetos perdidos ► **lost property office** N oficina *f* de objetos perdidos ► **lost sheep** N (*fig*) oveja *f* perdida, oveja *f* descarriada ► **lost soul** N alma *f* perdida

**lost-and-found department** ['lɒstən'faʊnd-dɪ,pɑ:tmənt] N (*US*) = **lost property office**

**lot** [lɒt] N [1] (= *large quantity*) **a ~ of money** mucho dinero; **a ~ of people** mucha gente; **we have ~s of flowers (that we don't want)** nos sobran flores, tenemos flores de sobra; **an awful ~ of things to do** la mar de cosas que hacer; **I'd give a ~ to know** me gustaría muchísimo saberlo; **quite/such a ~ of books** bastantes/tantos libros; **quite/such a ~ of noise** bastante/tanto ruido; **there wasn't a ~ we could do** apenas había nada que pudiéramos hacer
[2] **a ~** (*as adv*) mucho; **I read a ~** leo mucho; **we don't go out a ~** no salimos mucho; **things have changed a ~** las cosas han cambiado mucho; **he drinks an awful ~** bebe una barbaridad; **not a ~**: **"do you like football?" — "not a ~"** —¿te gusta el fútbol? —no mucho; **thanks a ~!** ¡muchísimas gracias!, ¡muy agradecido!
[3] **lots***: **~s of people** mucha gente, cantidad de gente*; **she has ~s of friends** tiene muchos amigos, tiene un montón de *or* (*LAm*) hartos amigos*; **he feels ~s better** se encuentra mucho mejor; **take as much as you want, I've got ~s** llévate cuanto quieras, tengo un montón *or* (*LAm*) harto(s)*
[4] (*) (= *group*) **a fine ~ of students** un buen grupo de estudiantes; **Melissa's friends? I don't like that ~** ¿los amigos de Melissa? no me cae bien ese grupo
[5] **the ~*** (= *all, everything*) todo; **he took the ~** se lo llevó todo; **that's the ~** eso es todo; **the (whole) ~ of them** todos; **big ones, little ones, the ~!** ¡los grandes, los pequeños, todos!
[6] (= *destiny*) suerte *f*, destino *m*; **his ~ was different** su suerte fue otra; **the common ~** la suerte común; **it fell to my ~ (to do sth)** me cayó en suerte (hacer algo); **it falls to my ~ to do it** me corresponde a mí hacerlo; **to throw in one's ~ with sb** unirse a la suerte de algn
[7] (= *random selection*) **to decide sth by ~** determinar algo por sorteo; **to draw ~s (for sth)** echar suertes (para algo)
[8] (*at auction*) lote *m*; **✦IDIOM he's a bad ~** es un mal sujeto; **I'll send it in three ~s** (*Comm*) se lo mando en tres paquetes *or* tandas
[9] (= *plot*) (*esp US*) terreno *m*, solar *m*; (*Cine*) solar *m*
[10] (= *share*) porción *f*, parte *f*; *see also* **fat A5**

**loth** [ləʊθ] ADJ = **loath**

**lotion** ['ləʊʃən] N loción *f*

**lottery** ['lɒtərɪ] N lotería *f*

**lotto** ['lɒtəʊ] N (= *game*) lotería *f*

**lotus** ['ləʊtəs] Ⓐ N loto *m*
Ⓑ CPD ► **lotus position** N postura *f* del loto

**louche** [lu:ʃ] ADJ [*person, place*] de mala fama

**loud** [laʊd] (*compar* **louder**; *superl* **loudest**) Ⓐ ADJ [1] (= *noisy*) [*music*] alto, fuerte; [*applause, noise, explosion, scream*] fuerte; **she has a ~ voice** tiene una voz muy fuerte; **in a ~ voice** en voz alta; **the music is too ~** la música está demasiado fuerte *or* alta; **he's a bit ~*** (*pej*) es un poco escandaloso; **to be ~ in one's support for sth** dar grandes muestras de apoyo a algo; **to be ~ in one's condemnation of sth** condenar algo enérgicamente
[2] (*pej*) (= *garish*) [*colour*] chillón, llamativo; [*pattern, clothes*] llamativo; **a ~ check jacket** una llamativa chaqueta de cuadros
Ⓑ ADV [*speak*] alto; [*laugh, shout*] fuerte; **you'll have to speak ~er** tendrás que hablar más fuerte *or* alto; **she likes to listen to her music ~** le gusta escuchar la música muy fuerte *or* alta; **"Nevermind" is one of those records you play ~** "Nevermind" es uno de esos discos que tienes que poner a todo volumen; **~ and clear**: **I am reading** *or* **receiving you ~ and clear** (*Telec*) te recibo perfectamente; **I hear you ~ and clear, but I don't agree** te entiendo perfectamente, pero no estoy de acuerdo; **out ~** [*think, wonder, read, laugh*] en voz alta; *see also* **cry out A**

**loudhailer** ['laʊd'heɪləʳ] N megáfono *m*

**loudly** ['laʊdlɪ] ADV [1] (= *not quietly*) [*say*] en voz alta; [*talk, speak*] alto, en voz alta; [*sing, shout, scream*] fuerte; [*laugh, knock*] con fuerza; [*complain, proclaim*] enérgicamente; **don't speak so ~!** ¡no hables tan alto!; **he cleared his throat ~** se aclaró la garganta ruidosamente; **a band that plays very ~ and badly** un grupo que toca muy alto y muy mal; **the audience applauded ~** el público aplaudía con fuerza; **she has been ~ applauded for ...** (*fig*) ha recibido grandes muestras de apro-

bación por …
[2] (= *garishly*) [*dress*] llamativamente

**loudmouth*** ['laʊdmaʊθ] N bocazas* *mf inv*

**loudmouthed** ['laʊd'maʊðd] ADJ bocazas*

**loudness** ['laʊdnɪs] N [1] [*of bang, explosion*] estrépito *m*; **we couldn't hear because of the ~ of the music** la música estaba tan alta que no nos dejaba oír
[2] [*of clothes, colour*] lo llamativo

**loudspeaker** ['laʊd'spiːkəʳ] N altavoz *m*, altoparlante *m* (*LAm*)

**Louis** ['luːɪ] N Luis

**Louisiana** [lʊˌiːzɪ'ænə] N Luisiana *f*

**lounge** [laʊndʒ] Ⓐ N (*in house*) salón *m*, sala *f* de estar, living *m* (*LAm*); (*at airport*) sala *f*; (*on liner*) salón *m*
Ⓑ VI (= *be idle*) gandulear, pasar el rato sin hacer nada; **we spent a week lounging in Naples** pasamos una semana en Nápoles sin hacer nada; **to ~ against a wall** apoyarse distraídamente en una pared
Ⓒ CPD ► **lounge bar** N salón-bar *m* ► **lounge lizard*** N *persona a la que le gusta frecuentar lugares de postín* ► **lounge suit** N traje *m* de calle, terno *m* de calle (*LAm*)

►**lounge about**, **lounge around** VI + ADV gandulear, holgazanear

►**lounge back** VI + ADV **to ~ back in a chair** repanchigarse en un asiento

**lounger** ['laʊndʒəʳ] N gandul *m*, haragán/ana *m/f*

**louse** [laʊs] N (*pl* **lice**) [1] (= *insect*) piojo *m*
[2] (* *pej*) (= *person*) canalla* *mf*, sinvergüenza *mf*

►**louse up*** VT + ADV fastidiar, echar a perder

**lousy** ['laʊzɪ] ADJ (*compar* **lousier**; *superl* **lousiest**) [1] (= *louse-ridden*) piojoso
[2] (*) (= *very bad*) [*climate, food*] asqueroso*; [*secretary, driver*] malísimo, pésimo; **it was a ~ meal** fue una comida asquerosa; **I'm a ~ player** juego fatal*; **all for a few ~ quid** todo por unas cochinas libras*; **we had a ~ time** lo pasamos fatal*; **what a ~ trick!** ¡qué cerdada!*; **I feel ~** me siento fatal*
[3] **to be ~ with money**‡ (= *rich*) estar forrado*, estar podrido de dinero*

**lout** [laʊt] N gamberro *m*

**loutish** ['laʊtɪʃ] ADJ grosero, maleducado

**Louvain** ['luːveɪn] N Lovaina

**louvre**, **louver** (*US*) ['luːvəʳ] N (*Archit*) lumbrera *f*; (= *blind*) persiana *f*

**louvred**, **louvered** (*US*) ['luːvəd] ADJ [*shutters, windows*] de láminas, de listones

**lovable** ['lʌvəbl] ADJ adorable

▼**love** [lʌv] Ⓐ N [1] (= *affection*) [*of person*] amor *m*; **I no longer feel any ~ for** *or* **towards him** ya no siento amor *or* cariño por él; **it was ~ at first sight** fue amor a primera vista, fue un flechazo; **her ~ for** *or* **of her children** su amor *m* por sus hijos; **her children's ~ for her** el amor de sus hijos por ella; **don't give me any money, I'm doing it for ~** no me des dinero, lo hago por amor al arte (*hum*); **to marry for ~** casarse por amor; **for ~ of her son** ◊ **out of ~ for her son** por amor a su hijo, por el amor que le tiene/tenía a su hijo; **for the ~ of God** *or* **Mike!** ¡por el amor de Dios!; **to be/fall in ~ (with sb)** estar enamorado/enamorarse (de algn); **they are in ~ (with each other)** están enamorados (el uno del otro); **to make ~ (with/to sb)** (*euph*) (= *have sex*) hacer el amor (con algn); **to make ~ to sb**† (= *woo*) hacer la corte *or* el amor a algn; ✦***IDIOMS*** **there is no ~ lost between them** no se pueden ver; **I wouldn't do it for ~ nor money** no lo haría por nada del mundo; **it wasn't to be had for ~ nor money** era imposible conseguirlo
[2] (= *liking*) [*of activity, food, place*] afición *f*, pasión *f*; **her ~ of colour comes out in her garden** su afición *f or* pasión *f* por el colorido se refleja en su jardín; **he studies history for the ~ of it** estudia historia por pura afición
[3] (*in greetings, letters*) **(with) ~ (from) Jim** con cariño (de) Jim, besos (de) Jim; **all my ~, Jim** con todo mi cariño, Jim; **give him my ~** dale *or* mándale recuerdos míos; **lots of ~, Jim** muchos besos, Jim; **he sends (you) his ~** te da *or* manda recuerdos
[4] (= *person loved*) amor *m*; (= *thing loved*) pasión *f*; **she was my first ~** fue mi primer amor; **football was his first ~** el fútbol era su principal pasión; **the theatre was her great ~** el teatro era su gran pasión; **he was the ~ of her life** fue el amor de su vida
[5] (*as term of address*) cariño *m*; **yes, ~** sí, cariño; **thanks, ~** (*to woman*) gracias, guapa *or* (*Sp*) maja; (*to man*) gracias, guapo *or* (*Sp*) majo; (*to child*) gracias, cielo *or* cariño; **my ~** amor mío, mi vida
[6] (= *adorable person*) **he's a little ~** es un cielo, es un encanto; **be a ~ and make us a cup of tea** venga, cielo *or* cariño, prepáranos una taza de té
[7] (*Tennis*) **~ all** cero cero; **15 ~** 15 a cero
Ⓑ VT [1] (= *feel affection for*) querer, amar (*frm*); **you don't ~ me any more** ya no me quieres; **I ~d that boy as if he were my own son** quería a ese chico como si fuera mi hijo; **~ thy neighbour as thyself** ama al prójimo como a ti mismo (*frm*); **she ~s her children/her cat/that car** quiere mucho a *or* siente mucho cariño por sus hijos/su gato/ese coche; **she ~d him dearly** lo quería muchísimo, lo amaba profundamente; **I must ~ you and leave you** (*hum*) me despido que me tengo que marchar; **~ me, ~ my dog** quien quiere a Beltrán quiere a su can; **she ~s me, she ~s me not** me quiere, no me quiere
[2] (= *like very much*) **I ~ strawberries** me encantan las fresas; **I ~ Madrid** me encanta Madrid, me gusta muchísimo Madrid; **"would you like a drink?" — "I'd ~ one"** —¿quieres tomar algo? —¡sí, por favor!; **I'd ~ a beer** daría cualquier cosa por una cerveza; **he ~s swimming** ◊ **he ~s to swim** le encanta nadar, le gusta muchísimo nadar; **I'd ~ to come** me encantaría ir, me gustaría muchísimo ir; **I'd ~ to!** ¡con mucho gusto!, ¡yo, encantado!
Ⓒ CPD ► **love affair** N aventura *f* (sentimental), amorío *m*; (*fig*) pasión *f*; **her ~ affair with France began in 1836** su pasión por Francia comenzó en 1836; **she had a ~ affair with a younger man** tuvo una aventura (sentimental) *or* un amorío con un hombre más joven que ella ► **love child** N hijo/a *m/f* natural ► **love game** N (*Tennis*) juego *m* en blanco ► **love handles**‡ NPL agarraderas‡ *fpl* ► **love letter** N carta *f* de amor ► **love life** N (*emotional*) vida *f* sentimental; (*sexual*) vida *f* sexual; **how's your ~ life these days?** ¿qué tal te va la vida últimamente en el campo sentimental *or* romántico? ► **love match** N matrimonio *m* por amor ► **love nest** N nido *m* de amor ► **love potion** N filtro *m* (de amor), bebedizo *m* (de amor) ► **love seat** N confidente *m*, canapé *m* ► **love song** N canción *f* de amor ► **love story** N historia *f* de amor ► **love token** N prenda *f* de amor, prueba *f* de amor ► **love triangle** N triángulo *m* amoroso

➤ LANGUAGE IN USE: **love** **B2** 7.2, 8.3

**LOVE**

**Love** can usually be translated by **querer**.

• With people, pets and native lands, **querer** is the most typical translation:
I love you
***Te quiero***
Timmy loves his mother more than his father
***Timmy quiere más a su madre que a su padre***
When he lived abroad he realized how much he loved his country
***Cuando vivió en el extranjero, se dio cuenta de lo mucho que quería a su país***

• **Querer** is commonly used with **mucho** in statements like the following:
I love my parents
***Quiero mucho a mis padres***
He loved his cat and was very depressed when it died
***Quería mucho a su gato y tuvo una gran depresión cuando murió***

• Use **amar**, especially in formal language, to talk about spiritual or elevated forms of love:
To love God above everything else
***Amar a Dios sobre todas las cosas***
Their duty was to love and respect their parents
***Su deber era amar y respetar a sus padres***

• Use the impersonal **encantarle a uno** to talk about things and people that you like very much:
He loved playing tennis
***Le encantaba jugar al tenis***
I love children
***(A mí) me encantan los niños***

*For further uses and examples, see main entry.*

**lovebird** ['lʌvbɜːd] N periquito *m*; **lovebirds** (*fig*) (*hum*) palomitos *mpl*, tórtolos *mpl*

**lovebite** ['lʌvˌbaɪt] N mordisco *m* amoroso

**-loved** [lʌvd] ADJ (*ending in compounds*) **much~** muy querido; **best~** más querido

**love-hate** ['lʌvheɪt] CPD ► **love-hate relationship** N relación *f* de amor-odio

**loveless** ['lʌvlɪs] ADJ sin amor

**loveliness** ['lʌvlɪnɪs] N [*of woman*] hermosura *f*, belleza *f*; [*of thing, place, landscape*] belleza *f*; **a vision of ~** (*liter*) la viva imagen de la belleza

**lovelorn** ['lʌvlɔːn] ADJ *perdidamente enamorado y sin ser correspondido*; **to be ~** sufrir de mal de amores

**lovely** ['lʌvlɪ] ADJ (*compar* **lovelier**; *superl* **loveliest**) Ⓐ ADJ [1] (= *beautiful*) [*face, figure, thing*] precioso, muy bonito, lindo (*LAm*); [*woman*] hermoso, bello; [*day*] precioso, bueno; [*morning*] precioso, bonito; [*food, meal*] delicioso, riquísimo; **look at these ~ flowers!** ¡mira que flores más bonitas!; **the house was full of ~ things** la casa estaba llena de detalles preciosos, la casa estaba llena de detalles monísimos*; **she has two ~ sons** tiene dos hijos preciosos; **what ~ children/puppies!** ¡qué niños/cachorros tan preciosos!, ¡qué niños/cachorros más ricos *or* monos!*; **this is a ~ place for a holiday** este es un lugar precioso para venir de vacaciones; **it's a ~ day!** hace un día precioso *or* muy bueno; **it's a ~ day for a walk** hace un día precioso para dar un paseo; **it was a ~ sunny day** hacía un día de sol precioso; **we had a ~ day** pasamos un día muy agradable; **you look ~, Maria** estás preciosa, María; **it's ~ to see you again** que alegría volver a verte; **what a ~ surprise!** ¡qué sorpresa más agradable!; **what ~ weather!** ¡hace un tiempo estupendo *or* buenísimo!

2 (= *kind*) [*person, family, character*] encantador, amoroso (*LAm*); **he's got a ~ face** tiene una cara muy dulce; **you do say some ~ things** dices unas cosas preciosas
3 (*as intensifier*) **it's ~ and cool in here** hace un fresquito muy agradable aquí dentro; **it's ~ and hot/cold** [*drink, water*] está calentito/fresquito; [*air*] hace calorcito/fresquito
(B) N (*, *liter, hum*) belleza *f*; **swim-suited lovelies** bellezas *fpl* en bañador

**lovemaking** ['lʌv,meɪkɪŋ] N (= *courting*) galanteo *m*; (= *sexual intercourse*) relaciones *fpl* sexuales

**lover** ['lʌvəʳ] (A) N 1 (*sexually*) amante *mf*; (*romantically*) enamorado/a *m/f*; **the ~s** los amantes; **we were ~s for two years** durante dos años fuimos amantes; **he became her ~** se hizo su amante; **so she took a ~** así que se echó un amante
2 (= *fan*) aficionado/a *m/f*; **music ~ ◊ ~ of music** aficionado/a *m/f* a la música, amante *mf* de la música; **cinema ~s** los aficionados al cine, los amantes del cine; **he is a great ~ of the violin** es un gran aficionado al *or* amante del violín
(B) CPD ► **lover boy** N (*hum, iro*) macho *m*

**lovesick** ['lʌvsɪk] ADJ enfermo de amor

**lovestruck** ['lʌvstrʌk] ADJ perdidamente enamorado

**lovey-dovey*** [,lʌvɪ'dʌvɪ] ADJ tierno, sentimental

**loving** ['lʌvɪŋ] (A) ADJ cariñoso, tierno; **with ~ care** con amoroso cuidado; **~ kindness** bondad *f*; **(from) your ~ wife, Elizabeth**† (*in letters*) (de) tu esposa que te quiere, Elizabeth
(B) CPD ► **loving cup** N copa *f* de la amistad (*que circula en una cena en que beben todos*)

**-loving** ['lʌvɪŋ] ADJ (*ending in compounds*) **money~** amante del dinero, aficionado al dinero

**lovingly** ['lʌvɪŋlɪ] ADV 1 (= *affectionately*) [*look, speak*] cariñosamente, tiernamente; (*stronger*) amorosamente
2 (= *carefully*) [*cook, prepare, inscribe*] con cariño; **~ restored** cuidadosamente restaurado

**low¹** [ləʊ] (A) ADJ (*compar* **lower**; *superl* **lowest**)
1 (*in height*) [*wall, shelf, seat, level*] bajo; [*bow*] profundo; [*blow*] sucio; **on ~ ground** a nivel del mar, en tierras bajas; **a dress with a ~ neckline** un vestido escotado
2 (= *quiet*) [*voice, TV, radio*] bajo
3 (= *low-pitched*) [*voice, musical note*] grave, bajo
4 [*number*] bajo; [*price, income*] reducido, bajo; [*stock, supplies*] escaso; **five at the ~est** cinco como mínimo; **the battery is ~** la batería se está acabando; **fuel is getting ~** está empezando a escasear la gasolina; **stocks are running ~** las existencias empiezan a escasear
5 (*in intensity*) [*light, rate, speed, temperature*] bajo; **the temperature is in the ~ 40s** la temperatura es de 40 grados y alguno más; **to cook on a ~ heat** cocer a fuego lento
6 (= *inferior*) [*standard, quality*] inferior
7 (= *humble*) [*rank*] humilde; [*card*] pequeño
8 (*Aut*) **in ~ gear** en primera *or* segunda
9 [*health*] débil, malo; [*diet*] deficiente; **to feel ~ ◊ be ~ in spirits** sentirse deprimido, estar bajo de moral
10 [*character, behaviour, opinion*] malo; [*comedian*] grosero; [*character*] vil; [*joke, song*] verde; [*trick*] sucio, malo; *see also* **tide 1**
(B) ADV (*compar* **lower**; *superl* **lowest**) 1 [*aim, fly, sing*] bajo; [*swing*] bajo, cerca de la tierra; **to bow ~** hacer una reverencia profunda; **a dress cut ~ in the back** un vestido muy escotado de espalda; **to fall ~** (*fig*) caer bajo; **England never fell so ~** Inglaterra nunca cayó tan bajo; **to be laid ~ with flu** ser postrado por la gripe; **to lay sb ~** derribar a algn, poner a algn fuera de combate; **to lie ~** (= *hide*) mantenerse escondido; (= *be silent*) mantenerse quieto; **to sink ~** (*fig*) caer bajo
2 [*quietly*] [*say, sing*] bajo, en voz baja
3 **to turn the lights/the volume down ~** bajar las luces/el volumen
4 (*Cards*) **to play ~** poner pequeño
(C) N 1 (*Meteo*) área *f* de baja presión
2 (*Aut*) primera *or* segunda (marcha) *f*
3 (*fig*) (= *low point*) punto *m* más bajo; **to reach a new** *or* **all-time ~** estar más bajo que nunca; **this represents a new ~ in deceit** ésta es la peor forma de vileza; *see also* **all-time**
(D) CPD ► **low beam headlights** NPL (*US*) luces *fpl* de cruce ► **Low Church** N *sector de la Iglesia Anglicana de tendencia más protestante* ► **low comedy** N farsa *f* ► **the Low Countries** NPL los Países Bajos ► **Low Latin** N bajo latín *m* ► **low mass** N misa *f* rezada ► **low point** N punto *m* (más) bajo ► **low salt** N sal *f* dietética ► **low season** N (*esp Brit*) temporada *f* baja ► **Low Sunday** N Domingo *m* de Cuasimodo ► **low tide** N marea *f* baja ► **low vowel** N vocal *f* grave ► **low water** N bajamar *f* ► **low water mark** N línea *f* de bajamar

**low²** [ləʊ] (A) VI mugir
(B) N mugido *m*

**low-alcohol** ['ləʊ'ælkəhɒl] ADJ con baja graduación

**lowborn** ['ləʊ'bɔːn] ADJ de humilde cuna

**lowbrow** ['ləʊbraʊ] (A) ADJ poco culto
(B) N persona *f* nada intelectual, persona *f* de poca cultura

**low-budget** [,ləʊ'bʌdʒɪt] ADJ de bajo presupuesto; **~ film** película *f* de presupuesto modesto

**low-cal*** [,ləʊ'kæl] ADJ = **low-calorie**

**low-calorie** [,ləʊ'kælərɪ] ADJ [*diet, menu, food*] bajo en calorías, con pocas calorías; [*beer, cola*] light *inv*

**low-class** ['ləʊ,klɑːs] ADJ de clase baja

**low-cost** ['ləʊ'kɒst] ADJ económico

**low-cut** ['ləʊ'kʌt] ADJ [*dress*] escotado

**low-density** [,ləʊ'densɪtɪ] ADJ de baja densidad

**low-down** ['ləʊdaʊn] (A) N (*) informes *mpl* confidenciales; **he gave me the ~ on it** me contó todo sobre el tema; **come on, give us the ~** venga, cuéntanos todo lo que sabes
(B) ADJ rastrero, bajo

**lower¹** ['ləʊəʳ] (A) ADJ *see also* **low** 1 (= *bottom*) [*part, section, floors, windows*] de abajo, inferior; [*slopes*] inferior, bajo; **the ~ of the two** el de más abajo de los dos; **the ~ bunk** la litera de abajo; **the ~ left corner** la esquina inferior izquierda; **the ~ half/part of** la mitad/parte inferior de, la mitad/parte de abajo de
2 (= *less important*) [*level, rank, caste*] inferior; **the ~ chamber** (*Parl*) la cámara baja; **the ~ court** (*Jur*) los tribunales inferiores; **the ~ middle class(es)** la clase media baja; **a ~ middle-class family** una familia de clase media baja; **soldiers in the ~ ranks** soldados *mpl* de menor rango *or* de rango inferior; **the ~ school** el segundo ciclo
3 (*Anat*) inferior; **the ~ abdomen/back** la parte inferior del abdomen/de la espalda; **she suffered severe cuts on her ~ leg** sufrió cortes de gravedad en la parte inferior de la pierna; **the ~ limbs** los miembros inferiores
4 (*Zool*) inferior
5 (*Geog*) (*in names*) **Lower Egypt** el Bajo Egipto; **the Lower Rhine** el Bajo Rin; **~ Manhattan** el sur de Manhattan; *see also* **reach C2**
(B) VT (*gen*) bajar; [+ *boat*] echar al agua; [+ *flag, sail*] arriar; (= *reduce*) [+ *price*] bajar, rebajar; **to ~ o.s.** (*fig*) rebajarse; **I wouldn't ~ myself to do such a thing** no me rebajaría a hacer algo así; **to ~ one's guard** bajar la guardia; **to ~ one's headlights** (*US*) poner las luces de cruce; **to ~ one's voice** bajar la voz
(C) VI bajar
(D) CPD ► **lower case** N (*Typ*) minúsculas *fpl*; **in ~ case** en minúsculas; *see also* **lower-case** ► **lower class** N **the ~ class** *or* **classes** la clase baja; *see also* **lower-class** ► **lower deck** N [*of bus*] piso *m* de abajo; (*Naut*) (= *part of ship*) cubierta *f* inferior; **the ~ deck*** (= *personnel*) los marineros ► **the Lower House** N (*Parl*) la Cámara Baja ► **lower vertebrates** NPL vertebrados *mpl* inferiores

**lower²** ['laʊəʳ] VI [*person*] fruncir el entrecejo, fruncir el ceño; [*sky*] encapotarse

**lower-case** ['ləʊə,keɪs] ADJ minúsculo; **~ letter** minúscula *f*; *see also* **lower¹ D**

**lower-class** ['ləʊə,klɑːs] ADJ de (la) clase baja; **a ~ family** una familia de clase baja

**lowering** ['laʊərɪŋ] ADJ [*expression, glance*] ceñudo; [*sky*] encapotado

**lowest** ['ləʊɪst] (A) ADJ SUPERL *of* **low**
(B) N **activity is at its ~** las actividades están en su punto más bajo
(C) CPD ► **lowest common denominator** N (*Math*) mínimo común denominador *m*; (*fig*) **to appeal to the ~ common denominator** dirigirse al estrato social más bajo ► **lowest common multiple** N mínimo común múltiplo *m*

**low-fat** ['ləʊ'fæt] (A) ADJ [*margarine, cheese*] bajo en grasas; [*milk, yoghurt*] desnatado
(B) CPD ► **low-fat foods** NPL alimentos *mpl* bajos en grasas

**low-flying** ['ləʊ,flaɪɪŋ] ADJ que vuela bajo

**low-grade** ['ləʊ,greɪd] ADJ de baja calidad

**low-heeled** ['ləʊ'hiːld] ADJ [*shoes*] bajos, de tacón bajo

**lowing** ['ləʊɪŋ] N mugidos *mpl*

**low-key*** [,ləʊ'kiː] ADJ discreto

**lowland** ['ləʊlənd] (A) N tierra *f* baja; **the Lowlands** las tierras bajas de Escocia
(B) ADJ de tierra baja

**lowlander** ['ləʊləndəʳ] N habitante *mf* de tierra baja

**low-level** ['ləʊ'levl] (A) ADJ de bajo nivel
(B) CPD ► **low-level language** N (*Comput*) lenguaje *m* de bajo nivel

**low-life** ['ləʊlaɪf] (A) N bajos fondos *mpl*
(B) ADJ de los bajos fondos

**lowlights** ['ləʊlaɪts] NPL 1 (*Hairdressing*) reflejos *mpl* oscuros, mechas *fpl* oscuras
2 (*gen hum*) [*of TV programme, football match*] momentos *mpl* más aburridos

**lowliness** ['ləʊlɪnɪs] N humildad *f*

**low-loader** [,ləʊ'ləʊdəʳ] N (*Aut*) camión *m* de plataforma de carga baja

**lowly** ['ləʊlɪ] ADJ (*compar* **lowlier**; *superl* **lowliest**) humilde

**low-lying** ['ləʊ,laɪɪŋ] ADJ bajo

**low-minded** ['ləʊ'maɪndɪd] ADJ vil, mezquino

**low-necked** ['ləʊ'nekt] ADJ escotado

**lowness** ['ləʊnɪs] N [*of shelf, voice, number, temperature*] lo bajo; [*of note*] lo grave; [*of stocks, supplies*] escasez *f*; [*of rank*] lo bajo; [*of character*] vileza *f*, bajeza *f*; [*of joke, song*] lo verde; **~ of spirits** abatimiento *m*

**low-paid** [,ləʊ'peɪd] (A) ADJ [*work*] mal pagado; (*more frm*) de baja remuneración; [*worker*] mal pagado; (*more frm*) mal remunerado

Ⓑ NPL **the ~** los mal pagados *or* (*more frm*) remunerados

**low-pitched** ['ləʊpɪtʃt] ADJ [*note, voice*] bajo; [*campaign, speech*] en tono menor

**low-powered** ['ləʊpaʊəd] ADJ de baja potencia

**low-pressure** ['ləʊ'preʃəʳ] ADJ de baja presión

**low-priced** [,ləʊ'praɪst] ADJ barato, económico

**low-profile** ['ləʊ'prəʊfaɪl] ADJ [*activity*] discreto

**low-ranking** [,ləʊ'ræŋkɪŋ] ADJ (*Mil*) [*official*] de baja graduación

**low-rent** ['ləʊrent] ADJ [1] (*lit*) [*housing, flat*] de renta baja, de alquiler bajo
[2] (*fig*) (*) de tres al cuarto*, de pacotilla*

**low-rise** ['ləʊraɪz] ADJ de baja altura

**low-risk** [,ləʊ'rɪsk] ADJ de bajo riesgo

**low-slung** ['ləʊslʌŋ] ADJ [*chair*] con el asiento bajo; [*sports car*] con el suelo bajo

**low-spirited** ['ləʊ'spɪrɪtɪd] ADJ desanimado

**low-tech** ['ləʊtek] ADJ de tecnología poco avanzada

**low-tension** ['ləʊ'tenʃən] ADJ de baja tensión

**loyal** ['lɔɪəl] Ⓐ ADJ [*friend, subject, employee, wife, supporter*] leal, fiel; [*customer, reader*] fiel; **a ~ servant of the Party** un leal *or* fiel servidor del partido; **he has a ~ following** tiene seguidores leales *or* fieles; **to be/remain ~ to** [+ *leader, government*] ser/permanecer leal a; [+ *beliefs, principles*] ser/permanecer fiel a
Ⓑ CPD ► **the loyal toast** N (*Brit*) *el brindis por el rey/la reina*

**loyalist** ['lɔɪəlɪst] N (*gen*) partidario/a *m/f* del régimen; (*in Spain 1936*) republicano/a *m/f*; (*N Irl Pol*) unionista *mf*; **~ paramilitaries** (*in Northern Ireland*) paramilitares *mpl* unionistas

**loyally** ['lɔɪəlɪ] ADV lealmente, fielmente; **she ~ continued to support her husband** continuó apoyando lealmente *or* fielmente a su marido

**loyalty** ['lɔɪəltɪ] Ⓐ N [1] (= *quality*) (*to leader, government*) lealtad *f* (**to** a); (*to beliefs, principles*) fidelidad *f* (**to** a)
[2] (*often pl*) (= *feeling*) **he has divided loyalties** tiene un conflicto de lealtades; **she is a woman of fierce loyalties** es una mujer muy leal
Ⓑ CPD ► **loyalty card** N (*Brit Comm*) *tarjeta que reparten los hipermercados a sus clientes, mediante la que se acumulan puntos u otras ventajas*

**lozenge** ['lɒzɪndʒ] N [1] (*Med*) pastilla *f*
[2] (*Math*) rombo *m*; (*Heraldry*) losange *m*

**LP** N ABBR (*Mus*) ABBR (= **long-playing record**) elepé *m*

**L-plate** ['elpleɪt] N (placa *f* de) la L; → DRIVING LICENCE/DRIVER'S LICENSE

**LPN** N ABBR (*US Med*) (= **Licensed Practical Nurse**) *enfermero/a practicante*

**LPU** N ABBR (= **least publishable unit**) cuanto *m* de publicación

**LRAM** N ABBR (*Brit*) = **Licentiate of the Royal Academy of Music**

**LRCP** N ABBR (*Brit*) = **Licentiate of the Royal College of Physicians**

**LRCS** N ABBR (*Brit*) = **Licentiate of the Royal College of Surgeons**

**LSAT** N ABBR (*US Univ*) = **Law School Admission Test**

**LSD** N ABBR [1] (*Drugs*) (= **lysergic acid diethylamide**) LSD *m*
[2] (*Brit*) (*formerly*) = **librae, solidi, denarii** (= *pounds, shillings and pence*) *antigua moneda británica*

**LSE** N ABBR (*Brit*) = **London School of Economics**

➤ LANGUAGE IN USE: luck 23.5

**LSI** N ABBR = **large-scale integration**

**LST** N ABBR (*US*) = **Local Standard Time**

**LT** ABBR (*Elec*) = **low tension**

**Lt** ABBR (= **lieutenant**) Tte

**Lt.-Col.** ABBR = **lieutenant-colonel**

**Ltd** ABBR (*Brit Comm etc*) (= **limited**) S.A.

**Lt.-Gen.** ABBR = **lieutenant-general**

**lubricant** ['lu:brɪkənt] Ⓐ ADJ lubricante
Ⓑ N lubricante *m*

**lubricate** ['lu:brɪkeɪt] VT lubricar, engrasar

**lubricating** ['lu:brɪkeɪtɪŋ] Ⓐ ADJ lubricante
Ⓑ CPD ► **lubricating oil** N aceite *m* lubricante

**lubrication** [,lu:brɪ'keɪʃən] N (*Aut*) lubricación *f*, engrase *m*

**lubricator** ['lu:brɪkeɪtəʳ] N lubricador *m*

**lubricious** [lu:'brɪʃəs] ADJ (*frm or liter*) (= *lewd*) lascivo

**lubricity** [lu:'brɪsɪtɪ] N (*frm or liter*) (= *lewdness*) lascivia *f*

**Lucan** ['lu:kən] N Lucano

**lucerne** [lu:'sɜ:n] N (*esp Brit*) alfalfa *f*

**lucid** ['lu:sɪd] ADJ lúcido; **~ interval** intervalo *m* de lucidez

**lucidity** [lu:'sɪdɪtɪ] N lucidez *f*

**lucidly** ['lu:sɪdlɪ] ADV claramente, con claridad

**Lucifer** ['lu:sɪfəʳ] N Lucifer

▼ **luck** [lʌk] N suerte *f*; **some people have all the ~** los hay con suerte, algunos parece que nacen de pie*; **I couldn't believe my ~** no me podía creer la suerte que tenía; **good/bad ~** buena/mala suerte *f*; **good ~!** ¡(buena) suerte!; **bad** *or* **hard** *or* **tough ~!** ¡(qué) mala suerte!, ¡qué pena!; **to bring (sb) (good) ~/bad ~** traer buena/mala suerte (a algn); **to have the (good) ~/bad ~ to do sth** tener la (buena) suerte/mala suerte de hacer algo; **it's good/bad ~ to see a black cat** cruzarse con un gato negro trae buena/mala suerte; **any ~?** ¿hubo suerte?; **beginner's ~** suerte *f* del principiante; **best of ~!** ¡muchísima suerte!, ¡que tengas suerte!; **and the best of ~!** (*iro*) ¡Dios te la depare buena! (*iro*); **better ~ next time!** ¡a la tercera va la vencida!; **that was a bit of ~!** ¡eso fue un golpe de suerte!; **for ~: to keep sth for ~** guardar algo por si trae suerte; **once more for ~!** ¡una vez más por si trae suerte!; **I think this is going to be a great photo, I'll take one more for ~** creo que éste va a ser una foto bonita, tomaré una más por si acaso; **as ~ would have it ...** quiso la suerte que ...; **his ~ held and no one detected him** siguió con su racha de buena suerte y nadie lo descubrió; **here's ~!** (*in toast*) ¡salud!; **to be in ~** estar de *or* con suerte; **it would be just my ~ to meet the boss** mira que toparme con el jefe ... ¡sólo me pasan a mí estas cosas!; **knowing my ~** con la suerte que tengo; **no such ~!** ¡ojalá!; **if it's money you want you're out of ~** si lo que quieres es dinero, me temo que no estás de suerte; **to push one's ~** tentar a la suerte; **to have ~ on one's side** tener la suerte de su parte; **~ was on their side** la suerte estaba de su parte; **that was a stroke of ~!** ¡eso fue un golpe de suerte!; **to trust to ~** hacer las cosas a la buena de Dios; **wish me ~!** ¡deséame suerte!; **I wish them all the ~ in the world** les deseo toda la suerte del mundo; **with (any) ~** con (un poco de) suerte; **worse ~** desgraciadamente; ◆***IDIOMS* to have the ~ of the devil** ◊ **have the devil's own ~** tener la suerte de los tontos; **it's the ~ of the draw** es cuestión de suerte; **to be down on one's ~** estar de mala racha; *see also* **try B5**

►**luck out*** VI + ADV (*US*) tener un golpe de suerte

**luckily** ['lʌkɪlɪ] ADV afortunadamente, por suerte; **~ for me, he believed my story** afortunadamente *or* por suerte para mí, creyó mi historia

**luckless** ['lʌklɪs] ADJ desdichado, desafortunado

**lucky** ['lʌkɪ] (*compar* **luckier**; *superl* **luckiest**) Ⓐ ADJ [1] (= *fortunate*) [*person*] afortunado, suertudo (*esp LAm**); [*coincidence, shot*] afortunado; **he's a ~ chap** es un tipo afortunado *or* con suerte; **it was just a ~ guess** acerté de casualidad; **to be ~** [*person*] tener suerte; **I'm ~ to have** *or* **in having an excellent teacher** tengo la suerte de tener un profesor excelente; **he is ~ to be alive** tiene suerte de seguir vivo; **he will be ~ to get £5 for it** con mucha suerte conseguirá 5 libras por ello; **he was ~ that I didn't kill him** tuvo suerte de que no lo matara; **it's ~ (that) it didn't rain** es una suerte *or* menos mal que no haya llovido; **it was ~ for them that ...** afortunadamente para ellos ...; **she's very ~ at cards** tiene mucha suerte jugando a las cartas; **to be born ~** nacer con suerte; **a ~ break** un golpe de suerte; **it's your ~ day** es tu día de suerte; **~ devil!*** ¡qué suertudo!*; **he was ~ enough to get a seat** tuvo la suerte de conseguir un sitio; **to have a ~ escape** salvarse de milagro; **to get ~*** tener suerte; **to be ~ in life** tener suerte en la vida, tener buena estrella*; **to be ~ in love** tener suerte *or* ser afortunado en el amor; **who's the ~ man/woman?*** ¿quién es el afortunado/la afortunada?; **you should be so ~!*** ¡ya quisieras!*, ¡ojalá!*; **~ winner** afortunado/a ganador(a) *m/f*; **~ (old) you!*** ¡qué suerte!, ¡vaya *or* menuda suerte la tuya!*; **you'll be ~!*** ¡sería un milagro!*; *see also* **count B3, strike B6, third A**
[2] (= *bringing luck*) [*number, shirt*] de la suerte; **seven is his ~ number** el siete es su número de la suerte; **a ~ rabbit's foot** un amuleto de pata de conejo; **~ charm** amuleto *m*; *see also* **star A1**
Ⓑ CPD ► **lucky dip** N (*Brit*) (*at fair*) caja *f* de las sorpresas; (*fig*) **taking in lodgers can be something of a ~ dip** tener inquilinos es un poco una lotería

**lucrative** ['lu:krətɪv] ADJ lucrativo

**lucre** ['lu:kəʳ] N (= *profit*) lucro *m*; **filthy ~** (*hum*) el vil metal

**Lucretia** [lu:'kri:ʃə] N Lucrecia

**Lucretius** [lu:'kri:ʃəs] N Lucrecio

**lucubration** [,lu:kjʊ'breɪʃən] N lucubración *f*

**Lucy** ['lu:sɪ] N Lucía

**Luddite** ['lʌdaɪt] Ⓐ ADJ ludita, ludista
Ⓑ N ludita *mf*, ludista *mf*

**ludic** ['lu:dɪk] ADJ lúdico

**ludicrous** ['lu:dɪkrəs] ADJ ridículo, absurdo

**ludicrously** ['lu:dɪkrəslɪ] ADV ridículamente, absurdamente

**ludo** ['lu:dəʊ] N (*Brit*) ludo *m*

**luff** [lʌf] Ⓐ N orza *f*
Ⓑ VI orzar

**luffa** ['lʌfə] N (*US*) esponja *f* de lufa

**lug*** [lʌg] Ⓐ VT (= *drag*) arrastrar, jalar (*LAm*); (= *carry*) cargar (*con trabajo*); **I've been ~ging this camera around with me all day** llevo cargando con esta cámara todo el día; **they ~ged him off to the theatre** lo llevaron a rastras al teatro; **he ~ged the cases upstairs** llevó a rastras las maletas al piso de arriba
Ⓑ N [1] (= *projecting part*) oreja *f*, agarradera *f*; (*Tech*) orejeta *f*
[2] (*) (= *ear*) oreja *f*

[3] (= *loop*) (*on harness*) lazada de cuero de los arreos
[4] = **lugsail**

**luggage** ['lʌgɪdʒ] Ⓐ N equipaje *m*
Ⓑ CPD ► **luggage boot** N (*Brit Aut*) maletero *m*, portaequipajes *m inv* ► **luggage car** N (*US*) = **luggage van** ► **luggage carrier** N portaequipajes *m inv*, baca *f* ► **luggage checkroom** N (*US*) consigna *f* ► **luggage grid** N = **luggage carrier** ► **luggage handler** N despachador(a) *m/f* de equipaje ► **luggage label** N etiqueta *f* de equipaje ► **luggage locker** N consigna *f* automática ► **luggage rack** N (*on train etc*) rejilla *f*, redecilla *f*; (*Aut*) baca *f*, portaequipajes *m inv* ► **luggage van** N (*Brit*) furgón *m* de equipajes

**lugger** ['lʌgəʳ] N lugre *m*

**lughole*** ['lʌgəʊl] N oreja *f*; (= *inner ear*) oído *m*

**lugsail** ['lʌgsl] N vela *f* al tercio

**lugubrious** [luː'guːbrɪəs] ADJ lúgubre

**lugubriously** [luː'guːbrɪəslɪ] ADV lúgubremente

**lugworm** ['lʌg,wɜːm] N lombriz *f* de tierra

**Luke** [luːk] N Lucas

**lukewarm** ['luːkwɔːm] ADJ [1] (= *slightly warm*) [*water, food, coffee*] tibio
[2] (*fig*) [*reception, applause, support*] tibio, poco entusiasta; **the report was given a ~ reception** el informe tuvo una tibia acogida *or* una acogida poco entusiasta; **he was ~ about the idea** no le entusiasmaba la idea

**lull** [lʌl] Ⓐ N (*in storm, wind*) pausa *f*, momento *m* de calma; (*in fighting, bombardment*) tregua *f*; (*in activity*) respiro *m*, pausa *f*; **during a ~ in the conversation** en una pausa de la conversación; ✦*IDIOM* **this was just the ~ before the storm** esto era sólo la calma que precede a la tempestad
Ⓑ VT [+ *person*] calmar; [+ *fears*] calmar, sosegar; **to ~ sb to sleep** arrullar a algn, adormecer a algn; ✦*IDIOM* **he was ~ed into a false sense of security** se le inspiró un falso sentimiento de seguridad

**lullaby** ['lʌləbaɪ] N canción *f* de cuna, nana *f*

**lumbago** [lʌm'beɪgəʊ] N lumbago *m*

**lumbar** ['lʌmbəʳ] ADJ lumbar

**lumber¹** ['lʌmbəʳ] Ⓐ N [1] (= *wood*) (*esp US*) maderos *mpl*
[2] (*esp Brit**) (= *junk*) trastos *mpl* viejos
Ⓑ VT [1] (*Brit**) (= *encumber*) **to ~ sb with sth** hacer que algn cargue con algo, endilgar algo a algn; **he got ~ed with the job** le endilgaron el trabajo; **I got ~ed with the girl for the afternoon** tuve que cargar toda la tarde con la chica, me endilgaron a la chica toda la tarde
[2] (= *fill*) [+ *space, room*] **to ~ sth with sth** atiborrar algo de algo
Ⓒ VI cortar y aserrar árboles, explotar los bosques
Ⓓ CPD ► **lumber company** N empresa *f* maderera ► **lumber jacket** N chaqueta *f* de leñador ► **lumber mill** N aserradero *m* ► **lumber room** N trastero *m* ► **lumber yard** N (*US*) almacén *m* de madera

**lumber²** ['lʌmbəʳ] VI (*also* **~ about**) moverse pesadamente; (*also* **~ along**) avanzar pesadamente

**lumbering¹** ['lʌmbərɪŋ] N (*US*) explotación *f* forestal

**lumbering²** ['lʌmbərɪŋ] ADJ [*gait, run*] pesado, torpe

**lumberjack** ['lʌmbədʒæk] N leñador(a) *m/f*

**lumberman** ['lʌmbəmən] N (*pl* **lumbermen**) = **lumberjack**

**luminary** ['luːmɪnərɪ] N lumbrera *f*

**luminescence** [,luːmɪ'nesns] N luminescencia *f*

**luminosity** [,luːmɪ'nɒsɪtɪ] N luminosidad *f*

**luminous** ['luːmɪnəs] ADJ luminoso

**lummet**‡ ['lʌmɪ] EXCL (*Brit*) = **lummy**

**lummox*** ['lʌməks] N (*US*) bobo/a* *m/f*

**lummy**†‡ ['lʌmɪ] EXCL (*Brit*) ¡caray!*

**lump** [lʌmp] Ⓐ N [*of sugar*] terrón *m*; [*of cheese, earth, clay, ice*] trozo *m*, pedazo *m*; (= *swelling*) bulto *m*, hinchazón *f*; (*on surface*) bulto *m*, protuberancia *f*; (= *person*) (**pej*) zoquete* *mf*; **he had a nasty ~ on his head** tenía un buen chichón en la cabeza; **with a ~ in one's throat** con un nudo en la garganta; **I get a ~ in my throat** se me hace un nudo en la garganta
Ⓑ VT (*) (= *endure*) aguantar; **if he doesn't like it he can ~ it** si no le gusta que se aguante
Ⓒ CPD ► **lump sugar** N azúcar *m* en terrones ► **lump sum** N cantidad *f or* suma *f* global

►**lump together** VT + ADV [+ *things*] amontonar; [+ *persons*] agrupar; **these problems can't be ~ed together under any one heading** estos problemas no pueden agruparse *or* englobarse bajo el mismo encabezamiento; **excellent wine is ~ed together with plonk** un vino excelente aparece junto a un vino peleón

**lumpen** ['lʌmpən] (*esp Brit*) ADJ [*person*] necio

**lumpish** ['lʌmpɪʃ] ADJ torpe, pesado

**lumpy** ['lʌmpɪ] ADJ (*compar* **lumpier**; *superl* **lumpiest**) [*sauce*] grumoso, lleno de grumos; [*bed*] desigual; [*soil*] aterronado

**lunacy** ['luːnəsɪ] N (*fig*) locura *f*; **it's sheer ~!** ¡es una locura!

**lunar** ['luːnəʳ] Ⓐ ADJ lunar
Ⓑ CPD ► **lunar eclipse** N eclipse *m* lunar ► **lunar landing** N alunizaje *m*, aterrizaje *m* lunar ► **lunar module** N módulo *m* lunar ► **lunar month** N mes *m* lunar

**lunatic** ['luːnətɪk] Ⓐ N loco/a *m/f*
Ⓑ ADJ [*person*] loco; [*plan, scheme*] descabellado; [*smile, grin*] de loco; **the ~ fringe** el sector más fanático *or* radical
Ⓒ CPD ► **lunatic asylum** N manicomio *m*

**lunch** [lʌntʃ] Ⓐ N comida *f*, almuerzo *m*, lonche *m* (*Mex*); **to have ~** comer, almorzar; ✦*IDIOM* **to be out to ~** (*US* hum*) estar como una regadera *or* cabra*
Ⓑ CPD ► **lunch break** N = **lunch hour** ► **lunch counter** N (*US*) (= *café*) *cafetería donde se sirven comidas*; (= *counter*) *mostrador o barra donde se come* ► **lunch hour** N hora *f* de la comida *or* del almuerzo *or* (*Mex*) del lonche

**lunchbox** ['lʌntʃbɒks] N [1] fiambrera *f*, tartera *f*
[2] (* *hum*) paquete‡ *m*

**luncheon** ['lʌntʃən] Ⓐ N (*frm*) comida *f*, almuerzo *m*
Ⓑ CPD ► **luncheon meat** N fiambre *m* en conserva ► **luncheon voucher** N (*Brit*) vale *m or* (*LAm*) tíquet *m* de comida

**luncheonette** ['lʌntʃə'net] N bar *m* para almuerzos

**lunchtime** ['lʌntʃtaɪm] N hora *f* del almuerzo *or* (*Mex*) del lonche, hora *f* de comer *or* de la comida

**lung** [lʌŋ] Ⓐ N pulmón *m*
Ⓑ CPD ► **lung cancer** N cáncer *m* de pulmón ► **lung disease** N enfermedad *f* pulmonar

**lunge** [lʌndʒ] Ⓐ N arremetida *f*, embestida *f*; (*Fencing*) estocada *f*
Ⓑ VI (*also* **~ forward**) arremeter, embestir; (*Fencing*) dar una estocada; **to ~ at sth/sb (with sth)** arremeter contra algo/algn (con algo), lanzarse *or* abalanzarse sobre algo/algn (con algo)

**lupin** ['luːpɪn] N altramuz *m*, lupino *m*

**lurch¹** [lɜːtʃ] Ⓐ N sacudida *f*, tumbo *m*; (*Naut*) bandazo *m*; **to give a ~** dar una sacudida *or* un tumbo
Ⓑ VI [*person*] tambalearse; [*vehicle*] (*continually*) dar sacudidas, dar tumbos; (*once*) dar una sacudida, dar un tumbo; (*Naut*) dar un bandazo; **the bus ~ed forward** el autobús avanzó dando tumbos/dando un tumbo; **he ~ed in/out** entró/salió tambaleándose

**lurch²** [lɜːtʃ] N ✦*IDIOM* **to leave sb in the ~** dejar a algn en la estacada

**lure** [ljʊəʳ] Ⓐ N (= *decoy*) señuelo *m*; (= *bait*) cebo *m*; (*fig*) atractivo *m*, aliciente *m*, encanto *m*
Ⓑ VT [+ *person*] atraer; [+ *animal*] atraer (con un señuelo); **to ~ sb into a trap** hacer que algn caiga en una trampa; **they ~d him into the house** consiguieron con artimañas que entrara en la casa; **he was ~d away from the company by a more lucrative offer** dejó la empresa atraído por una oferta más lucrativa

**lurex** ['lʊəreks] N lúrex *m*

**lurgy*** ['lɜːgɪ] N (*Brit hum*) **I've got the dreaded ~ again** he pillado algo malo otra vez

**lurid** ['ljʊərɪd] ADJ [1] (= *sordid, prurient*) [*description, novel, photo, crime*] morboso, escabroso; [*imagination, headline*] morboso; **in ~ detail** sin omitir los detalles más escabrosos
[2] (= *garish*) [*colour, tie, shirt*] chillón; **a ~ pink dress** un vestido (de color) rosa chillón
[3] (= *unnaturally colourful*) [*sky, sunset, light*] refulgente

**luridly** ['ljʊərɪdlɪ] ADV [1] (= *pruriently*) con morbosidad, morbosamente
[2] (= *garishly*) **~ coloured** (de color) chillón

**lurk** [lɜːk] VI [*person*] (= *lie in wait*) estar al acecho, merodear; (= *hide*) estar escondido; **I saw him ~ing around the building** lo vi merodeando *or* al acecho por el edificio; **a doubt ~s in my mind** una duda persiste en mi mente; **danger ~s round every corner** el peligro acecha en cada esquina

**lurking** ['lɜːkɪŋ] ADJ [*fear, doubt*] vago, indefinible

**luscious** ['lʌʃəs] ADJ [*scent, breeze, wine*] delicioso; [*fruit*] suculento; [*girl*] deliciosa, atractiva

**lusciousness** ['lʌʃəsnɪs] N exquisitez *f*; [*of fruit*] suculencia *f*

**lush** [lʌʃ] Ⓐ ADJ (*compar* **lusher**; *superl* **lushest**)
[1] (= *luxuriant*) [*vegetation*] exuberante, lozano; [*pastures*] rico
[2] (= *opulent*) opulento, lujoso
Ⓑ N (*) (= *alcoholic*) borracho/a *m/f*

**lushness** ['lʌʃnɪs] N [1] (= *luxuriance*) lozanía *f*, exuberancia *f*
[2] (= *opulence*) opulencia *f*, lujo *m*

**lust** [lʌst] N (= *greed*) codicia *f*; (*sexual*) lujuria *f*; **~ for power/revenge** ansia *f or* sed *f* de poder/venganza; **~ for money** codicia *f*

►**lust after, lust for** VI + PREP **to ~ after** *or* **for sth** codiciar algo; **to ~ after sb** desear a algn

**luster** ['lʌstəʳ] N (*US*) = **lustre**

**lusterless** ['lʌstəlɪs] ADJ (*US*) = **lustreless**

**lustful** ['lʌstfʊl] ADJ lujurioso, libidinoso; [*look*] lascivo, lleno de deseo

**lustfully** ['lʌstfəlɪ] ADV lujuriosamente, libidinosamente; [*look*] lascivamente

**lustfulness** ['lʌstfʊlnɪs] N lujuria *f*, lascivia *f*

**lustily** ['lʌstɪlɪ] ADV [*sing*] animadamente

**lustre, luster** (*US*) ['lʌstəʳ] N lustre *m*, brillo *m*

**lustreless, lusterless** (*US*) ['lʌstəlɪs] ADJ [*hair*] deslustrado; [*eyes*] apagado

**lustrous** ['lʌstrəs] ADJ [*hair*] brillante, lustroso; [*eyes*] brillante; [*gold*] reluciente

**lusty** ['lʌstɪ] ADJ (*compar* **lustier**; *superl* **lustiest**) [*person*] vigoroso, lozano; [*cry, cheer*] fuerte; **he has a ~ appetite** tiene buen apetito

**lute** [lu:t] N laúd *m*

**lutetium** [lʊ'ti:ʃɪəm] N lutecio *m*

**Luther** ['lu:θəʳ] N Lutero

**Lutheran** ['lu:θərən] Ⓐ ADJ luterano
Ⓑ N luterano/a *m/f*

**Lutheranism** ['lu:θərənɪzəm] N luteranismo *m*

**luv*** [lʌv] N (*Brit*) = **love**; **yes, ~** sí, cariño

**luvvies*** ['lʌvɪz] NPL (*Brit pej*) (= *actors*) gente *f* de la farándula

**Luxembourg** ['lʌksəmbɜ:g] N Luxemburgo *m*

**Luxembourger** ['lʌksəmbɜ:gəʳ] N luxemburgués/esa *m/f*

**luxuriance** [lʌg'zjʊərɪəns] N exuberancia *f*

**luxuriant** [lʌg'zjʊərɪənt] ADJ exuberante, lozano

**luxuriantly** [lʌg'zjʊərɪəntlɪ] ADV exuberantemente, de manera exuberante

**luxuriate** [lʌg'zjʊərɪeɪt] VI [*plant*] crecer con exuberancia; [*person*] disfrutar; **to ~ in** disfrutar (de), deleitarse con, entregarse al lujo de

**luxurious** [lʌg'zjʊərɪəs] ADJ [*house, apartment, hotel, furnishings*] lujoso, de lujo; [*life*] de lujo

**luxuriously** [lʌg'zjʊərɪəslɪ] ADV lujosamente

**luxury** ['lʌkʃərɪ] Ⓐ N (= *opulence*) lujo *m*; (= *extravagance, treat*) lujo *m*; (= *article*) artículo *m* de lujo; **to live in ~** vivir con mucho lujo; **a holiday is a ~ we can't afford** unas vacaciones son un lujo que no nos podemos permitir
Ⓑ CPD [*goods, apartment*] de lujo ► **luxury tax** N impuesto *m* de lujo

**LV** N ABBR = **luncheon voucher**

**LW** N ABBR (*Rad*) (= **long wave**) OL *f*

**lyceum** [laɪ'si:əm] N liceo *m*

**lychee** [,laɪ'tʃi:] N lichi *m*

**lych gate** ['lɪtʃgeɪt] N *entrada techada a un cementerio*

**Lycra**® ['laɪkrə] N licra® *f*

**lye** [laɪ] N lejía *f*

**lying** ['laɪɪŋ] Ⓐ ADJ [*statement, story*] falso; **you ~ son-of-a-bitch!**‡ ¡mentiroso hijo de puta!‡
Ⓑ N mentiras *fpl*

**lying-in**† ['laɪɪŋ'ɪn] (*Med*) Ⓐ N (*pl* **lyings-in**) parto *m*
Ⓑ CPD ► **lying-in ward** N sala *f* de maternidad

**lymph** [lɪmf] Ⓐ N linfa *f*
Ⓑ CPD ► **lymph gland** N ganglio *m* linfático

**lymphatic** [lɪm'fætɪk] Ⓐ ADJ linfático
Ⓑ N vaso *m* linfático

**lymphocyte** ['lɪmfəʊ,saɪt] N linfocito *m*

**lynch** [lɪntʃ] Ⓐ VT linchar
Ⓑ CPD ► **lynch law** N ley *f* del linchamiento ► **lynch mob** N *muchedumbre dispuesta a linchar a alguien*

**lynching** ['lɪntʃɪŋ] N linchamiento *m*

**lynchpin** ['lɪntʃpɪn] = **linchpin**

**lynx** [lɪŋks] N (*pl* **lynxes** *or* **lynx**) lince *m*

**lynx-eyed** ['lɪŋksaɪd] ADJ con ojos de lince

**Lyons** ['laɪənz] N Lyón *m*

**lyre** ['laɪəʳ] N lira *f*

**lyrebird** ['laɪəbɜ:d] N ave *f* lira

**lyric** ['lɪrɪk] Ⓐ ADJ lírico
Ⓑ N (= *poem*) poema *m* lírico; (= *genre*) lírica *f*; **lyrics** (= *words of song*) letra *fsing*

**lyrical** ['lɪrɪkəl] ADJ (*lit*) lírico; (*fig*) entusiasmado; **to wax** *or* **become ~ about** *or* **over sth** deshacerse en elogios a algo; **he was waxing ~ about my roast beef** se deshacía en elogios a mi rosbif, estaba entusiasmado con mi rosbif

**lyrically** ['lɪrɪkəlɪ] ADV (= *poetically*) [*speak, write, describe*] líricamente, con lirismo

**lyricism** ['lɪrɪsɪzem] N lirismo *m*

**lyricist** ['lɪrɪsɪst] N letrista *mf*

**lysergic acid** [lɪ'sɜ:dʒɪk 'æsɜ:d] N ácido *m* lisérgico

**Lysol**® ['laɪsɒl] N lisol® *m*

# M m

**M¹**, **m¹** [em] N (= *letter*) M, m *f*; **M for Mary** M de Madrid

**M²**, **m²** ABBR 1 = **million(s)**
2 = **medium** (= *garment size*) M
3 (= **married**) se casó con
4 (= **metre(s)**) m
5 = **mile(s)**
6 (= **male**) m
7 (= **minute(s)**) m
8 (*Brit*) = **motorway**; **the M8** ≈ la A8

**MA** Ⓐ N ABBR (*Univ*) = **Master of Arts**; → DEGREE
Ⓑ ABBR 1 (*US*) = **Massachusetts**
2 (*US*) = **Military Academy**

**ma*** [mɑː] N mamá *f*

**ma'am** [mæm] N (*esp US*) = **madam**

**Maastricht Treaty** ['mɑːstrɪkt'triːtɪ] N **the ~** el Tratado de Maastricht

**mac*** [mæk] N 1 (*Brit*) (= *mackintosh*) impermeable *m*; (= *cagoule*) chubasquero *m*
2 (*esp US*) **this way, Mac!** ¡por aquí, amigo!

**macabre** [mə'kɑːbr] ADJ macabro

**macadam** [mə'kædəm] N macadán *m*

**macadamize** [mə'kædəmaɪz] VT macadamizar

**macaroni** [ˌmækə'rəʊnɪ] Ⓐ N macarrones *mpl*
Ⓑ CPD ► **macaroni cheese** N macarrones *mpl* gratinados (con queso)

**macaronic** [ˌmækə'rɒnɪk] ADJ macarrónico

**macaroon** [ˌmækə'ruːn] N macarrón *m*, mostachón *m*

**macaw** [mə'kɔː] N guacamayo *m*

**mace¹** [meɪs] N (= *ceremonial staff*) maza *f*

**mace²** [meɪs] N (= *spice*) macis *f*

**macebearer** ['meɪsˌbɛərəʳ] N macero *m*

**Macedonia** [ˌmæsɪ'dəʊnɪə] N Macedonia *f*

**Macedonian** [mæsɪ'dəʊnɪən] Ⓐ ADJ macedonio/a *m/f*
Ⓑ N 1 (= *person*) macedonio/a *m/f*
2 (*Ling*) macedonio *m*

**macerate** ['mæsəreɪt] Ⓐ VT macerar
Ⓑ VI macerar(se)

**Mach** [mæk] N mach *m*

**machete** [mə'tʃeɪtɪ] N machete *m*

**Machiavelli** [ˌmækɪə'velɪ] N Maquiavelo

**Machiavellian** [ˌmækɪə'velɪən] ADJ maquiavélico

**machinations** [ˌmækɪ'neɪʃənz] NPL maquinaciones *fpl*, intrigas *fpl*, manipulaciones *fpl*

**machine** [mə'ʃiːn] Ⓐ N 1 (*gen*) máquina *f*, aparato *m*; (= *machinery*) maquinaria *f*
2 (*referring to particular appliance*) (= *car, motorbike*) máquina *f*; (= *aeroplane*) aparato *m*; (= *cycle*) bicicleta *f*; (= *washing machine*) lavadora *f*
3 (*Pol*) organización *f*, aparato *m*
Ⓑ VT (*Tech*) elaborar a máquina; (*Sew*) coser a máquina
Ⓒ CPD mecánico, (hecho) a máquina ► **machine age** N era *f* de las máquinas ► **machine code** N (*Comput*) lenguaje *m* (de) máquina ► **machine error** N error *m* de la máquina ► **machine gun** N ametralladora *f*; *see also* **machine-gun** ► **machine gunner** N ametrallador *m* ► **machine intelligence** N inteligencia *f* artificial ► **machine language** N lenguaje *m* (de) máquina ► **machine operator** N operario/a *m/f*, maquinista *mf* ► **machine pistol** N metralleta *f* ► **machine shop** N taller *m* de máquinas ► **machine time** N tiempo *m* de máquina ► **machine tool** N máquina *f* herramienta ► **machine translation** N traducción *f* automática

**machine-gun** [mə'ʃiːngʌn] VT ametrallar

**machine-made** [mə'ʃiːnmeɪd] ADJ hecho a máquina

**machine-readable** [mə'ʃiːn'riːdəbl] ADJ legible por máquina; **in ~ form** en forma legible por máquina; **~ code** código *m* legible por máquina

**machinery** [mə'ʃiːnərɪ] N 1 (= *machines*) maquinaria *f*; (= *mechanism*) mecanismo *m*
2 (*fig*) maquinaria *f*, aparato *m*

**machine-stitch** [mə'ʃiːnˌstɪtʃ] VT coser a máquina

**machine-wash** [mə'ʃiːnwɒʃ] VT lavar a máquina

**machine-washable** [mə'ʃiːn'wɒʃəbl] ADJ lavable en la lavadora

**machinist** [mə'ʃiːnɪst] N (*Tech*) operario/a *m/f*; (*Sew*) costurero/a *m/f* a máquina

**machismo** [mə'tʃɪzməʊ] N machismo *m*

**macho** ['mætʃəʊ] Ⓐ ADJ muy de macho, muy masculino; **a ~ man** un tipo muy macho, un macho
Ⓑ N macho *m*

**mackerel** ['mækrəl] Ⓐ N (*pl* **mackerel** *or* **mackerels**) caballa *f*
Ⓑ CPD ► **mackerel sky** N cielo *m* aborregado

**mackintosh** ['mækɪntɒʃ] N impermeable *m*; (= *cagoule*) chubasquero *m*

**macramé** [mə'krɑːmɪ] N macramé *m*

**macro** ['mækrəʊ] N (*Comput*) ABBR (= **macro-instruction**) macro *m*

**macro...** ['mækrəʊ] PREFIX macro...

**macrobiotic** [ˌmækrəʊbaɪ'ɒtɪk] ADJ macrobiótico

**macrobiotics** [ˌmækrəʊbaɪ'ɒtɪks] N macrobiótica *f*

**macrocosm** ['mækrəʊkɒzəm] N macrocosmo *m*

**macroeconomic** [ˌmækrəʊˌiːkə'nɒmɪk] ADJ macroeconómico

**macroeconomics** [ˌmækrəʊˌiːkə'nɒmɪks] NSING macroeconomía *f*

**macroeconomy** [ˌmækrəʊɪ'kɒnəmɪ] N macroeconomía *f*

**macroscopic** [ˌmækrə'skɒpɪk] ADJ macroscópico

> **MACY'S THANKSGIVING PARADE**
>
> ***Macy's Thanksgiving Parade*** *es una cabalgata anual que tiene lugar en Nueva York el Día de Acción de Gracias, el cuarto jueves de noviembre. Patrocinado por los grandes almacenes* ***Macy's****, este desfile de globos con personajes de dibujos animados, bandas de música y grupos de personas que vienen de todas las partes de EE.UU. recorre las calles de Broadway a la vez que se televisa a todo el país. En el desfile son típicas unas carrozas profusamente adornadas llamadas* ***floats****, en las que van montados cantantes famosos y estrellas de Broadway. A pesar de que se celebra el Día de Acción de Gracias, el tema del desfile es la Navidad y Santa Claus siempre va en la última carroza.*
>
> ⇨ *Ver tb* THANKSGIVING

**MAD** N ABBR (*US Mil*) = **mutual(ly) assured destruction**

**mad** [mæd] Ⓐ ADJ (*compar* **madder**; *superl* **maddest**) 1 [*person*] 1·1 (= *mentally ill*) loco; **to drive sb ~** (= *make insane*) volver loco a algn; **captivity drives some animals ~** la cautividad vuelve locos a algunos animales; **to go ~** (= *become insane*) volverse loco; *see also* **raving B, stark B**
1·2 (*) (= *crazy, foolish*) loco; **are you ~?** ¿estás loco?; **you must be ~!** ¡tú estás loco *or* mal de la cabeza!; **to drive sb ~** (= *irritate*) volver loco a algn; **she drove me ~ with her constant questions** me volvió loco con sus constantes preguntas; **don't go ~! we've only got £100** ¡no te pases! sólo tenemos 100 libras; **I worked/ran/pedalled like ~** trabajé/corrí/pedaleé como (un) loco; **they fancy her like ~** les gusta horrores *or* una barbaridad*; **to be ~ with grief** estar loco de dolor
1·3 (*) (= *angry*) furioso; **I was really ~ when I found out** me puse furiosísimo *or* (*Sp*) me enfadé muchísimo *or* (*esp LAm*) me enojé muchísimo cuando me enteré; **to be ~ at sb** estar furioso con algn, estar muy enfadado con algn (*Sp*), estar muy enojado con algn (*esp LAm*); **to get** *or* **go ~** ponerse furioso; **he gets** *or* **goes ~ when he loses** se pone furioso *or* hecho una fiera cuando pierde; **it makes her ~ when you do that** cuando haces eso la sacas de quicio; **to be ~ with sb** estar furioso con algn, estar muy enfadado con algn (*Sp*), estar muy enojado con algn (*esp LAm*); **I was ~ with him for breaking my window** estaba

muy enfadado con él porque me había roto la ventana

1·4 (*) (= *keen*) **to be ~ about sb** estar loco por algn; **to be ~ about** *or* **on sth**: **he's ~ about** *or* **on football** el fútbol le vuelve loco, es un fanático del fútbol; **she's ~ on Chinese food** le pirra *or* le chifla la comida china*; **I can't say I'm ~ about** *or* **on the idea** no es precisamente que la idea me vuelva loco; **to go ~**: **he walked onstage and the audience went ~** salió al escenario y el público se puso como loco

1·5 ♦*IDIOMS* **to be barking ~** estar loco de remate*, estar loco de atar; **to be (as) ~ as a hatter** *or* **March hare** estar más loco que una cabra*; **to be ~ as hell** (= *furious*) estar cabreadísimo‡; *see also* **hop[1] B**

2 [*thing*] 2·1 (= *silly, irresponsible*) [*plan, idea, scheme*] descabellado, de locos; **after the news came through the phones went ~** tras saberse la noticia los teléfonos sonaban como locos; **this is bureaucracy gone ~** esto es la burocracia llevada al extremo del ridículo

2·2 (= *frantic, uncontrolled*) [*race*] desenfrenado; **the daily ~ dash to work** la desenfrenada carrera diaria por llegar al trabajo; **there was a ~ rush for the exit** todo el mundo corrió *or* se lanzó desenfrenado hacia la salida, todo el mundo corrió como loco hacia la salida

Ⓑ ADV (= *very*) **she's ~ keen to go** tiene unas ganas locas de ir; **I can't say I'm ~ keen on the idea** no es precisamente que la idea me vuelva loco

Ⓒ CPD ► **mad cow disease*** N enfermedad *f* de las vacas locas*, encefalopatía *f* espongiforme bovina ► **mad dog** N (*with rabies*) perro *m* rabioso (*con la enfermedad de la rabia*)

**-mad** [mæd] ADJ (*ending in compounds*) **he's football~** el fútbol le vuelve loco, es un fanático del fútbol; **football~ boys** chicos *mpl* con la manía del fútbol; **pony~ teenagers** quinceañeras *fpl* locas por los caballitos

**Madagascar** [ˌmædəˈgæskəʳ] N Madagascar *m*

**madam** [ˈmædəm] N (*pl* **madams** *or* **mesdames** [ˈmeɪdæm]) 1 señora *f*; **yes, ~** sí, señora; *see also* **dear A4**

2 (*Brit**) (= *girl*) niña *f* malcriada, niña *f* repipi

3 [*of brothel*] madama *f*, dueña *f*

**madame** [ˈmædəm] N (*pl* **mesdames** [ˈmeɪdæm]) 1 madama *f*, señora *f*; **Madame Dupont** la señora de Dupont

2 [*of brothel*] madama *f*, dueña *f*

**madcap** [ˈmædkæp] Ⓐ ADJ alocado, disparatado

Ⓑ N locuelo/a *m/f*, tarambana *mf*

**madden** [ˈmædn] VT (= *infuriate*) enfurecer, sacar de quicio; (= *make demented*) enloquecer; **it ~s me** me pone furioso, me enfurece, me saca de quicio; **a ~ed bull** un toro enloquecido

**maddening** [ˈmædnɪŋ] ADJ [*delay, habit, trait*] exasperante; **she had a ~ smirk on her face** su rostro tenía una sonrisita exasperante; **it's (quite) ~!** ¡es desesperante!, ¡es como para desesperarse!; **he can be absolutely ~ at times** a veces puede sacarte de quicio

**maddeningly** [ˈmædnɪŋlɪ] ADV [*smile, grin*] de forma exasperante; **progress was ~ slow** se progresaba con una lentitud exasperante *or* desesperante; **he was always ~ punctual** siempre fue de una puntualidad exasperante *or* desesperante

**made** [meɪd] PT, PP *of* **make**

➤ LANGUAGE IN USE: madness 2 2.3, 12.2

**Madeira** [məˈdɪərə] N Madeira *f*; (= *wine*) (vino *m* de) madeira *m*

**made-to-measure** [ˌmeɪdtəˈmeʒəʳ] ADJ hecho a (la) medida

**made-to-order** [ˌmeɪdtəˈɔːdəʳ] ADJ (*Brit*) hecho de encargo; (*US*) hecho a (la) medida

**made-up** [ˈmeɪdˈʌp] ADJ 1 (= *wearing make-up*) [*face*] maquillado; [*eyes*] pintado, maquillado; **she was heavily ~** llevaba mucho maquillaje, iba muy pintada

2 (= *invented*) [*story, character*] inventado, ficticio; [*word*] inventado

3 (= *ready-made*) [*mixture, solution*] preparado

**Madge** [mædʒ] N (*familiar form*) *of* **Margaret**

**madhouse*** [ˈmædhaʊs] N (*pl* **madhouses** [ˈmædhaʊzɪz]) manicomio *m*, casa *f* de locos; **this is a ~!** ¡esto es una casa de locos!

**madly** [ˈmædlɪ] ADV 1 (= *crazily*) [*scream, laugh, wave, rush*] (*one person*) como (un) loco/(una) loca; (*more than one person*) como locos; **my heart was beating ~** mi corazón latía como loco

2 (= *very*) **he was ~ jealous of his sister** estaba terriblemente celoso de su hermana; **they were ~ in love with each other** estaban locamente *or* perdidamente enamorados uno del otro; **she found her new life ~ exciting** su nueva vida le parecía terriblemente excitante; **life is not ~ exciting at the moment** en este momento mi vida no es muy emocionante

**madman** [ˈmædmən] N (*pl* **madmen**) loco *m*

▼ **madness** [ˈmædnɪs] N 1 (= *mental illness*) locura *f*, demencia *f*

2 (= *foolishness*) locura *f*; **it would be sheer ~ to continue** sería una auténtica locura seguir; **it's ~!** ¡es una locura!

**Madonna** [məˈdɒnə] N Virgen *f*

**Madrid** [məˈdrɪd] Ⓐ N Madrid *m*

Ⓑ ADJ madrileño

**madrigal** [ˈmædrɪgəl] N madrigal *m*

**madwoman** [ˈmædwʊmən] N (*pl* **madwomen**) loca *f*

**maelstrom** [ˈmeɪlstrəʊm] N torbellino *m*, remolino *m*

**maestro** [ˈmaɪstrəʊ] N (*pl* **maestros** *or* **maestri** [ˈmaɪstrɪ]) maestro *m*

**Mae West** [ˈmeɪˈwest] N (*Aer hum*) chaleco *m* salvavidas

**MAFF** N ABBR (*Brit*) (= **Ministry of Agriculture, Fisheries and Food**) ≈ MAPA *m*

**mafia** [ˈmæfɪə] N mafia *f*

**mafioso** [ˌmæfɪˈəʊsəʊ] N (*pl* **mafiosi** [ˌmæfɪˈəʊsɪ]) mafioso *m*

**mag*** [mæg] N ABBR (*Brit*) (= **magazine**) revista *f*

**magazine** [ˌmægəˈziːn] N 1 (= *journal*) revista *f*

2 (*TV, Rad*) (*also* **~ programme**) magazine *m*, programa *m* magazine

3 (*in rifle*) recámara *f*; (*in slide projector*) (*round*) carrusel *m*; (*elongated*) carro *m*, bandeja *f*

4 (*Mil*) (= *store*) almacén *m*; (*for powder*) polvorín *m*; (*Naut*) santabárbara *f*

**Magdalen** [ˈmægdəlɪn] N Magdalena

**Magellan** [məˈgelən] Ⓐ N Magallanes

Ⓑ CPD ► **Magellan Straits** NPL Estrecho *m* de Magallanes

**magenta** [məˈdʒentə] Ⓐ N magenta *m*

Ⓑ ADJ magenta *inv*

**Maggie** [ˈmægɪ] N (*familiar form*) *of* **Margaret**

**maggot** [ˈmægət] N cresa *f*, gusano *m*

**maggoty** [ˈmægətɪ] ADJ agusanado, lleno de gusanos

**Maghrib** [ˈmʌgrəb] N Magreb *m*

**Magi** [ˈmeɪdʒaɪ] NPL **the ~** los Reyes Magos

**magic** [ˈmædʒɪk] Ⓐ N (*lit, fig*) magia *f*; **as if by ~** como por arte de magia, como por encanto; **this bath oil works ~ for tired and aching limbs** este aceite de baño es mágico para brazos y piernas doloridos y cansados; **the ~ of Hollywood** la magia de Hollywood; **the old ~ was still there** (*in relationship*) todavía existía algo especial entre ellos/nosotros; *see also* **black D**, **white C**

Ⓑ ADJ 1 (*relating to spells, sorcery*) [*solution, word*] mágico; **you just have to say the ~ word and we'll forget all about it** basta con que digas la palabra mágica y olvidaremos todo el asunto; **there is no ~ formula for success** no existe una fórmula mágica para el éxito

2 (= *captivating*) [*moment*] especial; **he hasn't lost his ~ touch** no ha perdido ese toque especial suyo

3 (*) (= *super*) fabuloso, estupendo; **"did you enjoy it?" — "it was ~"** —¿te gustó? —fue fabuloso *or* estupendo

Ⓒ CPD ► **magic bullet** N (*Med, also fig*) panacea *f* ► **magic carpet** N alfombra *f* mágica ► **magic circle** N círculo *m* mágico ► **magic lantern** N linterna *f* mágica ► **magic mushrooms*** NPL setas *fpl* alucinógenas, hongos *mpl* alucinógenos ► **magic realism** N (*Literat*) realismo *m* mágico ► **magic spell** N hechizo *m*, encanto *m* ► **magic square** N (*Math*) cuadrado *m* mágico ► **magic trick** N truco *m* de magia ► **magic wand** N varita *f* mágica

►**magic away** VT + ADV hacer desaparecer como por arte de magia

►**magic up** VT + ADV hacer aparecer como por arte de magia

**magical** [ˈmædʒɪkəl] ADJ 1 (*lit*) [*powers, properties*] mágico

2 (*fig*) 2·1 (= *captivating*) [*experience, moment*] mágico

2·2 (= *miraculous*) [*transformation*] milagroso; **she had undergone a ~ transformation** había sufrido una transformación milagrosa

**magically** [ˈmædʒɪkəlɪ] ADV como por arte de magia; **a bottle of champagne was ~ produced** apareció una botella de champán como por arte de magia

**magician** [mədʒɪʃən] N 1 (= *sorcerer*) mago/a *m/f*

2 (= *conjuror*) prestidigitador(a) *m/f*

**magisterial** [ˌmædʒɪsˈtɪərɪəl] ADJ magistral

**magistracy** [ˈmædʒɪstrəsɪ] N magistratura *f*

**magistrate** [ˈmædʒɪstreɪt] Ⓐ N magistrado/a *m/f*, juez *mf*

Ⓑ CPD ► **magistrates' court** N (*in England*) juzgado *m* de primera instancia

**magma** [ˈmægmə] N (*pl* **magmas** *or* **magmata** [ˈmægmətə]) magma *m*

**Magna C(h)arta** [ˈmægnəˈkɑːtə] N (*Brit*) Carta *f* Magna

**magnanimity** [ˌmægnəˈnɪmɪtɪ] N magnanimidad *f*

**magnanimous** [mægˈnænɪməs] ADJ magnánimo (*frm*), generoso; **to be ~ in victory** mostrarse magnánimo con los perdedores; **to be ~ to sb** mostrarse magnánimo con algn (*frm*), mostrarse generoso con algn

**magnanimously** [mægˈnænɪməslɪ] ADV (*gen*) magnánimamente; [*say*] con magnanimidad, magnánimamente

**magnate** [ˈmægneɪt] N magnate *mf*, potentado/a *m/f*

**magnesia** [mægˈniːʃə] N magnesia *f*

**magnesium** [mægˈniːzɪəm] Ⓐ N magnesio *m*

Ⓑ CPD ► **magnesium sulphate** N sulfato *m* magnésico

**magnet** ['mægnɪt] N (*lit, fig*) imán *m*

**magnetic** [mæg'netɪk] Ⓐ ADJ magnético; (*fig*) carismático
Ⓑ CPD ► **magnetic card reader** N lector *m* de tarjeta magnética ► **magnetic disk** N disco *m* magnético ► **magnetic field** N campo *m* magnético ► **magnetic mine** N mina *f* magnética ► **magnetic needle** N aguja *f* magnética ► **magnetic north** N norte *m* magnético ► **magnetic pole** N polo *m* magnético ► **magnetic stripe** N banda *f* magnética ► **magnetic tape** N cinta *f* magnética

**magnetically** [mæg'netɪkəlɪ] ADV magnéticamente

**magnetism** ['mægnɪtɪzəm] N magnetismo *m*; (*fig*) magnetismo *m*, atractivo *m*

**magnetizable** [,mægnɪ'taɪzəbl] ADJ magnetizable

**magnetize** ['mægnɪtaɪz] VT [1] (*lit*) magnetizar, imantar
[2] (*fig*) magnetizar

**magneto** [mæg'niːtəʊ] N magneto *f*

**magnetometer** [,mægnɪ'tɒmɪtəʳ] N magnetómetro *m*

**magnetosphere** [mæg'niːtəʊ,sfɪəʳ] N magnetosfera *f*

**Magnificat** [mæg'nɪfɪkæt] N Magníficat *m*

**magnification** [,mægnɪfɪ'keɪʃən] N [1] (*Opt*) aumento *m*, ampliación *f*; **high ~** gran aumento *m*; **low ~** pequeño aumento *m*
[2] (*fig*) exageración *f*

**magnificence** [mæg'nɪfɪsəns] N magnificencia *f*

**magnificent** [mæg'nɪfɪsənt] ADJ [*display, performance, achievement, animal, view*] mágnifico, espléndido; [*building*] espléndido; **he has done a ~ job** ha hecho un trabajo magnífico *or* espléndido; **the princess looked ~** la princesa estaba esplendorosa

**magnificently** [mæg'nɪfɪsəntlɪ] ADV magníficamente; **they played/performed ~** tocaron/actuaron magníficamente (bien)

**magnify** ['mægnɪfaɪ] Ⓐ VT [1] (*Opt*) aumentar, ampliar; **to ~ sth seven times** aumentar algo siete veces
[2] (= *exaggerate*) exagerar
Ⓑ CPD ► **magnifying glass** N lupa *f* ► **magnifying power** N aumento *m*

**magnitude** ['mægnɪtjuːd] N [1] (*gen*) magnitud *f*; (= *importance*) magnitud *f*, envergadura *f*; **in operations of this ~** en operaciones de esta magnitud *or* envergadura
[2] (*Astron*) magnitud *f*; **a star of the first ~** una estrella de primera magnitud

**magnolia** [mæg'nəʊlɪə] N magnolia *f*

**magnox reactor** ['mægnɒksriː'æktəʳ] N reactor *m* magnox

**magnum** ['mægnəm] Ⓐ N (*pl* **magnums**) (= *bottle*) botella *f* doble
Ⓑ ADJ **~ opus** obra *f* maestra

**magpie** ['mægpaɪ] N urraca *f*, marica *f*

**Magyar** ['mægjɑːʳ] Ⓐ ADJ magiar
Ⓑ N magiar *mf*

**maharajah** [,mɑːhə'rɑːdʒə] N maharajá *m*

**maharani** [,mɑːhə'rɑːniː] N maharaní *f*

**Mahdi** ['mɑːdɪ] N mahdi *m*

**mahjong(g)** [,mɑː'dʒɒŋ] N dominó *m* chino

**mahogany** [mə'hɒgənɪ] Ⓐ N caoba *f*
Ⓑ ADJ de caoba

**Mahomet** [mə'hɒmɪt] N Mahoma

**Mahometan** [mə'hɒmɪtən] Ⓐ ADJ mahometano
Ⓑ N mahometano/a *m/f*

**maid** [meɪd] Ⓐ N [1] (= *servant*) criada *f*, muchacha *f* (*S. Cone*), mucama *f* (*S. Cone*), recamarera *f* (*Mex*); (*in hotel*) camarera *f*; **lady's ~** doncella *f*
[2] († *or poet*) (= *young girl*) doncella *f*; *see also* **old C**
Ⓑ CPD ► **maid of honor** N (*US*) dama *f* de honor

**maiden** ['meɪdn] Ⓐ N († *or poet*) doncella *f*
Ⓑ ADJ [*flight, speech*] inaugural, de inauguración
Ⓒ CPD ► **maiden aunt** N tía *f* solterona ► **maiden lady**† N soltera *f* ► **maiden name** N apellido *m* de soltera ► **maiden over** N (*Cricket*) *serie de seis lanzamientos en que no se anota ninguna carrera*

**maidenhair** ['meɪdnhɛəʳ] N (*also* **~ fern**) cabello *m* de Venus, culantrillo *m*

**maidenhead** ['meɪdnhed] N virginidad *f*, himen *m*

**maidenhood** ['meɪdnhʊd] N doncellez *f*

**maidenly** ['meɪdnlɪ] ADJ (= *virginal*) virginal; (= *demure*) recatado, modesto

**maid-of-all-work** [,meɪdəv'ɔːl,wɜːk] N chica *f* para todo

**maidservant** ['meɪd,sɜːvənt] N criada *f*, sirvienta *f*

**mail**[1] [meɪl] Ⓐ N [1] (= *postal system*) correo *m*; **by** *or* **through the ~** por correo; *see also* **airmail**
[2] (= *letters*) cartas *fpl*, correspondencia *f*; **is there any ~ for me?** ¿hay alguna carta para mí?
[3] = **e-mail**
Ⓑ VT [1] (*esp US*) (= *post*) echar al correo; (= *send by mail*) enviar por correo
[2] = **e-mail**
Ⓒ CPD ► **mail boat** N vapor *m* correo ► **mail bomb** N (*US*) (= *letter bomb*) carta *f* bomba; (= *parcel bomb*) paquete *m* bomba ► **mail car** N (*US Rail*) furgón *m* postal, vagón *m* correo ► **mail carrier** N (*US*) cartero/a *m/f* ► **mail coach** N (*Hist*) diligencia *f*, coche *m* correo; (*Rail*) furgón *m* postal, vagón *m* correo ► **mail merge** N combinación *f* de correspondencia ► **mail order** N (= *system*) venta *f* por correo; (= *order*) pedido *m* por correo; *see also* **mail-order** ► **mail room** N sala *f* de correo, departamento *m* de registro (de entradas y salidas) ► **mail train** N tren *m* correo ► **mail van** N (*Brit Aut*) camioneta *f* de correos; (*Rail*) furgón *m* postal, vagón *m* correo

**mail**[2] [meɪl] N (*Mil*) malla *f*, cota *f* de malla

**mailbag** ['meɪlbæg] N saca *f* de correos

**mailbox** ['meɪlbɒks] N (*US*) (*in street*) buzón *m*; (*in office etc*) casilla *f*; (*Comput*) buzón *m*

**maildrop** ['meɪldrɒp] N (= *act*) entrega *f* de correo; (= *address*) dirección *f* para correo

**mailed fist** [,meɪld'fɪst] N **the ~** la mano dura

**mailing** ['meɪlɪŋ] Ⓐ N envío *m*
Ⓑ CPD ► **mailing list** N lista *f* de direcciones; **I'll put you on our ~ list** le incluiré en nuestra lista de direcciones para enviarle información

**mailman** ['meɪlmæn] N (*pl* **mailmen**) (*US*) cartero *m*

**mail-order** ['meɪl,ɔːdəʳ] CPD ► **mail-order catalogue, mail-order catalog** (*US*) N catálogo *m* de venta por correo ► **mail-order firm, mail-order house** N empresa *f* de venta por correo; *see also* **mail**

**mailshot** ['meɪlʃɒt] N (*Brit*) mailing *m*

**maim** [meɪm] VT mutilar, lisiar; **to be ~ed for life** quedar lisiado de por vida

**main** [meɪn] Ⓐ ADJ [*reason, problem, aim, concern*] principal, fundamental; [*gate, entrance*] principal; **that was my ~ reason for doing it** ésa fue la razón principal *or* fundamental por (la) que lo hice; **the ~ thing is that no one was hurt** lo principal es que nadie resultó herido; **the ~ thing is not to panic** lo principal es no dejarse llevar por el pánico
Ⓑ N [1] (= *pipe*) cañería *f* principal, conducto *m* principal; (= *cable*) cable *m* principal; **gas/water ~** cañería *or* conducto principal del gas/agua; **the ~s** (*Elec*) la red, la red de suministro; (*Gas, Water*) la red de suministro; **the water in this tap comes from the ~s** el agua de este grifo viene de la red de suministro; **to turn the gas/water off at the ~s** cerrar la llave principal del gas/agua; **to turn the electricity off at the ~s** apagar la electricidad; **this radio works on batteries or off the ~s** esta radio funciona con pilas o conectada a la red
[2] (*liter*) **the ~** (= *open sea*) la mar océana; **the Spanish Main** el Mar Caribe
[3] **in the ~** (= *generally speaking*) por lo general, por regla general, en general; (= *in the majority*) por lo general, en su mayoría, en su mayor parte; **the people she met were, in the ~, wealthier than her** la gente que conoció era, por lo general *or* en su mayoría *or* en su mayor parte, más rica que ella
[4] *see* **might**[2]
Ⓒ CPD ► **main beam** N (*Archit*) viga *f* maestra; (*Aut*) luces *fpl* largas, luz *f* larga ► **main clause** N (*Gram*) oración *f* principal ► **main course** N plato *m* principal ► **main deck** N (*Naut*) cubierta *f* principal ► **the main drag*** N (*US*) la calle principal ► **main line** N (*Rail*) línea *f* principal; *see also* **mainline** ► **main office** N (= *headquarters of organization*) sede *f*, oficina *f* central ► **main road** N carretera *f* principal ► **main sheet** N (*Naut*) escota *f* mayor ► **main street** N calle *f* mayor ► **the mains supply** N el suministro de la red

**mainbrace** ['meɪnbreɪs] N braza *f* de mayor

**mainframe** ['meɪnfreɪm] N (*also* **~ computer**) ordenador *m or* computadora *f* central

**mainland** ['meɪnlənd] N tierra *f* firme, continente *m*; **they want to move to the ~** [*islanders*] quieren trasladarse a Inglaterra/Francia *etc*

**mainline** ['meɪn'laɪn] Ⓐ ADJ [1] (*Rail*) [*service, station*] principal, interurbano
[2] (= *mainstream*) tradicional, al uso
Ⓑ VT (*Drugs**) chutarse‡, picarse‡, inyectarse; **to ~ heroin** chutarse *or* picarse heroína‡, meterse un chute *or* pico de heroína‡
Ⓒ VI (*Drugs**) chutarse‡, inyectarse

**mainly** ['meɪnlɪ] ADV [1] (= *fundamentally*) principalmente, fundamentalmente; (= *for the greater part*) mayormente, principalmente; **they have stayed together ~ because of their children** han seguido juntos principalmente *or* fundamentalmente por sus hijos; **he lives ~ in Paris** vive mayormente *or* principalmente en París; **it was ~ his idea** fue mayormente *or* principalmente idea suya
[2] (= *in the majority*) en su mayoría, en su mayor parte; **her customers are ~ women** sus clientes son en su mayoría *or* en su mayor parte mujeres

**mainmast** ['meɪnmɑːst] N palo *m* mayor

**mainsail** ['meɪnsl] N vela *f* mayor

**mainspring** ['meɪnsprɪŋ] N [*of watch*] muelle *m* real; (*fig*) motivo *m* principal, principal resorte *m*

**mainstay** ['meɪnsteɪ] N (*Naut*) estay *m* mayor; (*fig*) sostén *m* principal, pilar *m*

**mainstream** ['meɪnstri:m] Ⓐ N [*of ideology, philosophy, literature*] corriente *f* principal; **his work diverges sharply from the ~ of English fiction** su trabajo se aparta radicalmente de la corriente principal de la novela inglesa; **our policies aim to bring these young people into the ~ of American life** nuestra política tiene como objetivo hacer que estos jóvenes adopten la forma de vida del ciudadano medio americano; **they remain outside the political ~** permanecen fuera de la escena política mayoritaria
Ⓑ ADJ [*political party*] mayoritario; [*press, media, culture*] dominante; [*fashion*] de masas; [*education*] convencional; **they remain on the margins of ~ society** siguen estando marginados con respecto al ciudadano medio; **the rise of the right in ~ politics** el ascenso de la derecha dentro de la corriente política dominante; **the mindlessness of much ~ cinema** la estupidez de gran parte de la corriente dominante en el cine
Ⓒ VT (*US Scol*) integrar

**maintain** [meɪn'teɪn] VT [1] (= *keep up*) [+ *attitude, correspondence, order, speed, advantage*] mantener; [+ *silence*] guardar; [+ *war*] sostener, continuar; **the two countries ~ friendly relations** los dos países mantienen relaciones amistosas; **he ~ed his opposition to the plan** se mantuvo contrario al plan
[2] (= *support*) [+ *family, dependents*] mantener; [+ *army*] mantener, costear
[3] (= *keep in good condition*) [+ *road, building, car, machine*] mantener en buen estado; **the house costs a fortune to ~** el mantenimiento de la casa cuesta un dineral, cuesta un dineral mantener la casa en buen estado
[4] (= *have, retain*) [+ *house, property*] poseer, tener; **as well as his house in London he ~s one in New York and one in France** además de su casa en Londres, posee *or* tiene una en Nueva York y otra en Francia
[5] (= *claim*) [+ *one's innocence*] mantener, sostener; **he ~ed that the earth was round** mantenía *or* sostenía que la tierra era redonda

**maintained school** [meɪn'teɪnd,sku:l] N (*Brit*) colegio *m* estatal *or* público

**maintenance** ['meɪntɪnəns] Ⓐ N [1] (= *upkeep*) [*of machine, car*] mantenimiento *m*; [*of house, building*] manutención *f*, cuidado *m*
[2] (= *money paid to ex-wife and family*) pensión *f* alimenticia
Ⓑ CPD ► **maintenance agreement** N contrato *m* de mantenimiento ► **maintenance allowance** N pensión *f* alimenticia ► **maintenance contract** N = **maintenance agreement** ► **maintenance costs** NPL gastos *mpl* de mantenimiento ► **maintenance crew** N personal *m* de servicios ► **maintenance grant** N (*Univ*) beca *f* ► **maintenance order** N *orden judicial que obliga al pago de una pensión alimenticia* ► **maintenance payments** NPL pago *msing* de la manutención ► **maintenance staff** N personal *m* del servicio de mantenimiento

**Mainz** [maɪnts] N Maguncia *f*

**maisonette** [,meɪzə'net] N (*esp Brit*) dúplex *m inv*

**maître d'** [,metrə'di:] (*pl* **maîtres d'**), **maître d'hôtel** [,metrədəʊ'tel] N (*pl* **maîtres d'hôtel**) maître *mf*

**maize** [meɪz] Ⓐ N (*Brit*) maíz *m*; **ear of ~** mazorca *f*, elote *m* (*Mex*), choclo *m* (*Andes, S. Cone*)
Ⓑ CPD ► **maize field** N maizal *m*

**Maj.** ABBR = **Major**

**majestic** [mə'dʒestɪk] ADJ majestuoso

**majestically** [mə'dʒestɪkəlɪ] ADV majestuosamente

**majesty** ['mædʒɪstɪ] N majestad *f*; **His/Her Majesty** Su Majestad; **Your Majesty** (Vuestra) Majestad

**Maj.-Gen.** ABBR = **Major-General**

**major** ['meɪdʒə^r] Ⓐ ADJ [1] (= *large, important*) [*city, company*] muy importante; [*change, role*] fundamental, muy importante; [*factor*] clave, muy importante, fundamental; [*problem*] serio, grave; [*worry*] enorme; [*breakthrough*] de enorme importancia; **the result was a ~ blow to the government** el resultado fue un duro golpe para el gobierno; **it is a ~ cause of death** causa un enorme número de muertes; **to be a ~ factor in sth** ser un factor clave *or* muy importante *or* fundamental en algo; **of ~ importance** de la mayor importancia; **three ~ issues remained unresolved** quedaron sin resolver tres temas fundamentales *or* tres temas de enorme importancia; **the ~ issues which affect our lives** las principales cuestiones que afectan nuestras vidas, las cuestiones de mayor importancia *or* más importantes que afectan nuestras vidas; **nothing ~ has happened** no ha pasado nada de importancia; **a hysterectomy is a ~ operation** la histerectomía es una operación seria *or* grave; **getting him off to school is a ~ operation** (*hum*) llevarlo al colegio es una operación a gran escala (*hum*); **this represents a ~ step forward** esto representa un enorme paso hacia delante; **he is recovering after ~ surgery** se está recuperando de una operación seria *or* grave
[2] (= *principal*) [*cities, political parties*] más importante; **Brazil's ~ cities** las ciudades más importantes de Brasil; **our ~ concern is the welfare of the hostages** nuestra principal preocupación es el bienestar de los rehenes
[3] (*Mus*) [*chord, key*] mayor; **C ~** do mayor
[4] (*Brit Scol*†) **Jones Major** Jones el mayor
Ⓑ N [1] (*Mil*) comandante *m*, mayor *m* (*LAm*)
[2] (*US Univ*) [2·1] (= *subject*) asignatura *f* principal
[2·2] (= *student*) **he's a Spanish ~** estudia español como asignatura principal
[3] (*US Baseball*) **the ~s** las grandes ligas
Ⓒ VI **to ~ in sth** (*US Univ*) especializarse en algo
Ⓓ CPD ► **major general** N (*Mil*) general *m* de división ► **major league** N (*US*) liga *f* principal; *see also* **major-league** ► **major suit** N (*Bridge*) palo *m* mayor

**Majorca** [mə'jɔ:kə] N Mallorca *f*

**Majorcan** [mə'jɔ:kən] Ⓐ ADJ mallorquín
Ⓑ N [1] (= *person*) mallorquín/ina *m/f*
[2] (*Ling*) mallorquín *m*

**majordomo** [,meɪdʒə'dəʊməʊ] N mayordomo *m*

**majorette** [,meɪdʒə'ret] N majorette *f*, batonista *f*

**majority** [mə'dʒɒrɪtɪ] Ⓐ N [1] mayoría *f*; **a two-thirds ~** una mayoría de las dos terceras partes; **they won by a ~** ganaron por mayoría; **in the ~ of cases** en la mayoría *or* la mayor parte de los casos; **such people are in a ~** la mayoría de la gente es así, predomina la gente así; **to be in a ~ of three** formar parte de una mayoría de tres; **the vast ~** la inmensa mayoría; **the great ~ of lecturers** la mayoría *or* la mayor parte de los conferenciantes
[2] (*Jur*) **to attain one's ~** llegar a la mayoría de edad
Ⓑ CPD ► **majority decision** N **by a ~ decision** por decisión mayoritaria *or* de la mayoría ► **majority interest** N interés *m* mayoritario ► **majority rule** N gobierno *m* mayoritario, gobierno *m* en mayoría ► **majority (share)holding** N accionariado *m* mayoritario ► **majority verdict** N **by a ~ verdict** por fallo *or* veredicto mayoritario ► **majority vote** N **by a ~ vote** por la mayoría de los votos

> **MAJORITY, MOST**
>
> **Singular or plural verb?**
>
> When **mayoría** is the subject of a verb, the verb can be in the singular or the plural, depending on the context.
>
> • When translating **majority** rather than **most**, put the verb in the singular if **majority** is seen as a unit rather than a collection of individuals:
>
> The socialist majority voted against the four amendments
> ***La mayoría socialista votó en contra de las cuatro enmiendas***
>
> • If **la mayoría** is seen as a collection of individuals, particularly when it is followed by **de** + PLURAL NOUN, the plural form of the verb is more common than the singular, though both are possible:
>
> The majority still wear this uniform
> ***La mayoría siguen vistiendo*** or ***sigue vistiendo este uniforme***
> Most scientists believe it is a mistake
> ***La mayoría de los científicos creen*** or ***cree que se trata de un error***
>
> • The plural form must be used when **la mayoría** or **la mayoría de** + PLURAL NOUN is followed by **ser** or **estar** + PLURAL COMPLEMENT:
>
> Most of them are men
> ***La mayoría son hombres***
> Most of the dead were students
> ***La mayoría de los muertos eran estudiantes***
> Most of the children were black
> ***La mayoría de los niños eran negros***
>
> *For further uses and examples, see main entries at* ***majority*** *and* ***most.***

**major-league** [,meɪdʒə'li:g] CPD (*US*) ► **major-league baseball** N béisbol *m* de la liga principal

**make** [meɪk] (*pt, pp* **made**)

> [A] TRANSITIVE VERB [C] NOUN
> [B] INTRANSITIVE VERB [D] PHRASAL VERBS
>
> *When* ***make*** *is part of a set combination, eg* ***make an attempt, make a bow, make a case, make sure****, look up the other word.*

Ⓐ TRANSITIVE VERB
[1] **= *create, prepare*** [+ *fire, bed, tea, will, remark, plan, suggestion*] hacer; [+ *dress*] hacer, confeccionar; [+ *shelter*] construir; [+ *meal*] hacer, preparar; [+ *record*] grabar; [+ *film*] rodar; (= *manufacture*) [+ *tool, machine*] fabricar, hacer; **I'm going to ~ a cake** voy a hacer un pastel; **I ~ my bed every morning** me hago la cama cada mañana; **he made it himself** lo hizo él mismo; **God made man** Dios hizo al hombre; **don't ~ a noise** no hagas ruido; **"made in Spain"** [*tool, machine*] "fabricado en España"; [*dress*] "confeccionado en España"; [*nougat, chocolate*] "elaborado en España"; **he's as cunning as they ~ 'em*** es de lo más astuto que hay; **this car isn't made to carry eight people** este coche no está pensado para ocho personas; **they don't ~ songs like that any more** ya no componen canciones como las de antes; **they were made for each other** estaban hechos el uno para el otro; **her shoes weren't made for walking** llevaba unos zapatos poco adecuados para caminar; **we had the curtains made to meas-**

➤ LANGUAGE IN USE: maintain 5 26.1, 26.2

**ure** nos hicieron las cortinas a medida; **it's made of gold** es de oro, está hecho de oro; *see also* **show B4**

2 *= carry out* [+ *journey, effort*] hacer; [+ *speech*] pronunciar; [+ *payment*] efectuar; [+ *error*] cometer; **I'd like to ~ a phone call** quisiera hacer una llamada; **he made an agreement to pay off the arrears** se comprometió a pagar los atrasos

3 *= earn* ganar; **how much do you ~?** ¿cuánto ganas?; **he ~s £350 a week** gana 350 libras a la semana; **the deal made him £500** ganó 500 libras con el negocio, el negocio le reportó 500 libras; **the film made millions** la película recaudó millones

4 *= reach, achieve* [+ *place*] llegar a; **will we ~ Paris before lunch?** ¿llegaremos a París antes de la hora de comer?; **Lara made a hundred** (*Cricket*) Lara hizo *or* se anotó 100 carreras; **the novel made the bestseller list** la novela entró en las listas de libros más vendidos; **we made it just in time** llegamos justo a tiempo; **can you ~ it by 10?** ¿puedes llegar a las 10?; **sorry, I can't ~ it** lo siento, no puedo *or* no me va bien; **do you think he'll ~ (it to) university?** ¿crees que conseguirá ir a la universidad?; **he made (it into) the first team** consiguió entrar en el primer equipo; **you've got the talent to ~ it** con tu talento llegarás muy lejos; **to ~ it with sb*** (*sexually*) hacérselo con algn*; **to ~ land** (*Naut*) llegar a tierra; **to ~ port** (*Naut*) tomar puerto; ✦***IDIOM*** **he's got it made*** tiene el éxito asegurado

5 *= say, agree* **let's ~ it 9 o'clock** pongamos las 9; **another beer, please, no, ~ that two** otra cerveza por favor, no, que sean dos

6 *= cause to succeed* **this film made her** esta película la consagró; **he was made for life** se aseguró un porvenir brillante; ✦***IDIOM*** **to ~ or break sth/sb: this deal will ~ or break him** con este negocio o fracasa o se asegura el éxito; **sex can ~ or break a relationship** el sexo es determinante en una relación, el sexo puede afianzar una relación o hacer que fracase

7 *= constitute* **this log ~s a good seat** este tronco va muy bien de asiento; **he'll ~ somebody a good husband** va a ser *or* hará un buen marido para algn; **it'll ~ a (nice) change not to have to cook every day** lo de no tener que cocinar cada día estará muy bien, ¡qué descanso, no tener que cocinar cada día!; **they ~ a lovely couple** hacen muy buena pareja; **he'll ~ a good footballer** será buen futbolista; **it ~s pleasant reading** es una lectura amena; **it still doesn't ~ a set** todavía no completa un juego entero; **it made a nice surprise** fue una sorpresa agradable

8 *= equal* **two and two ~ four** dos y dos son cuatro; **this one ~s 20** con éste son *or* hacen 20; **how much does that ~ (altogether)?** ¿a cuánto sube (en total)?; **8 pints ~ a gallon** 8 pintas hacen *or* son un galón

9 *= calculate* calcular; **what do you ~ the total?** ¿cuánto calculas que es el total?; **how many do you ~ it?** ¿cuántos calculas que hay?; **I ~ the total 17** calculo que hay 17 en total; **what time do you ~ it ◊ what do you ~ the time?** ¿qué hora tienes?; **I ~ it 6 o'clock** yo tengo las 6

10 *Cards* [+ *trick*] ganar, hacer; (*Bridge*) [+ *contract*] cumplir

11 *in set structures*

◆ **to make sb sth** (= *cause to be*) **to ~ sb king** hacer rey a algn; **he made her his wife** la hizo su esposa; **they've made Owen secretary** han nombrado secretario a Owen; **he made her a star** hizo de ella una estrella

◆ **to make sb/sth + ADJECTIVE/PAST PARTICIPLE: to ~ sb happy** hacer feliz a algn; **to ~ sb angry** poner furioso a algn; **to ~ o.s. heard** hacerse oír; **the noise made concentration difficult** *or* **made it difficult to concentrate** con ese ruido era difícil concentrarse; **why ~ things difficult for yourself?** ¿por qué te complicas la vida?; *see also* **ill A1**, **sick A2**, **unhappy 1**, *etc*

◆ **to make sth/sb into sth** convertir algo/a algn en algo; **we made the guest room into a study** convertimos la habitación de los invitados en estudio; **they have made him into a cult figure** lo han convertido en un ídolo; **the fibres are made into rope** con las fibras se hace cuerda

◆ **to make sb do sth** (= *cause to do sth*) hacer a algn hacer algo; (= *force to do sth*) hacer a algn hacer algo, obligar a algn a hacer algo; **to ~ sb laugh/cry** hacer reír/llorar a algn; **now look what you've made me do!** ¡mira lo que me has hecho hacer!; **what made you say that?** ¿cómo se te ocurrió decir eso?, ¿por qué dijiste eso?; **what ~s you do it?** ¿qué es lo que te lleva a hacerlo?; **it ~s you think, doesn't it?** da que pensar ¿no?; **he made me apologize to the teacher** me hizo pedir perdón *or* me obligó a pedir perdón al profesor; **you can't ~ me (do it)** no puedes obligarme (a hacerlo); **I was made to wait for an hour** me hicieron esperar una hora

◆ **to make o.s. do sth** obligarse a hacer algo; **I have to ~ myself (do it)** tengo que obligarme (a hacerlo), tengo que hacer un esfuerzo (por hacerlo); **she made herself look him in the eye** tuvo que obligarse a mirarle a los ojos

◆ **to make sth do, make do with sth** arreglárselas *or* apañárselas con algo; **I'll ~ do with what I've got** me las arreglaré con lo que tengo

12 *in set expressions*

◆ **to make good** [+ *promise*] cumplir; [+ *accusation*] hacer bueno, probar; [+ *claim*] justificar; [+ *loss*] compensar; [+ *damage*] reparar; (= *pay*) pagar; *see also* **make B**

◆ **to make sth of sth** (= *understand*) **I don't know what to ~ of it** no sé qué pensar; **what do you ~ of Anna?** ¿qué piensas de Anna?, ¿qué te parece Anna?; **what do you ~ of this?** ¿qué te parece esto?; **I can't ~ anything of this letter** no entiendo nada de lo que pone esta carta, no saco nada en claro de esta carta; (= *give importance to*) **I think you're making rather too much of what I said** creo que le estás dando demasiada importancia a lo que dije; *see also* **issue A1**

Ⓑ INTRANSITIVE VERB

*in set expressions* **to ~ after sb** perseguir a algn, correr tras algn; **he made as if to** + *INFIN* hizo como si + *subjun*, hizo ademán de + *infin*; **he made as if to strike me** hizo como si me fuera a pegar, hizo ademán de pegarme; **to ~ good** [*ex-criminal*] rehabilitar, reformar; **he was making like he didn't have any money** (*US**) hacía como si no tuviera dinero; ✦***IDIOM*** **it's ~ or break time for the England team** al equipo inglés le ha llegado la hora de la verdad

Ⓒ NOUN

*= brand* marca *f*; **what ~ of car was it?** ¿qué marca de coche era?; **they are our own ~** son de nuestra propia marca; **they have rifles of Belgian ~** tienen fusiles de fabricación belga; ✦***IDIOM*** **to be on the ~*** (*for money*) estar intentando sacar tajada*; (*for power*) ser muy ambicioso; (*for sex*) ir a la caza*, ir de ligoteo*

Ⓓ PHRASAL VERBS

►**make away** VI + ADV = **make off**

►**make away with** VI + PREP (= *murder*) **to ~ away with sb** eliminar a algn; **to ~ away with o.s.** (*euph*, †) quitarse la vida, suicidarse

►**make for** VI + PREP 1 (= *go towards*) [+ *place*] dirigirse hacia *or* a; **he made for the door** se dirigió hacia la puerta; **police think he may be making for Sweden** la policía cree que puede estar de camino a Suecia

2 (= *attack*) **to ~ for sb** atacar a algn, abalanzarse sobre algn

3 (= *contribute to*) contribuir a; (= *lead to*) conducir a; **it ~s for an easy life** contribuye a hacer la vida más fácil; **it doesn't ~ for good customer relations** no conduce a una buena relación con los clientes

►**make off** VI + ADV irse rápidamente, largarse*; **to ~ off with sth** llevarse algo, escaparse con algo, largarse con algo*

►**make out** Ⓐ VT + ADV 1 (= *write out*) [+ *cheque*] hacer, extender; [+ *receipt, list*] hacer; [+ *document*] redactar; (= *fill in*) [+ *form*] llenar; **to ~ a cheque out to somebody** hacer *or* extender un cheque a favor de algn; **the cheque should be made out to Pérez** el cheque debe extenderse a nombre de Pérez

2 (= *see, discern*) [+ *distant object*] distinguir, divisar

3 (= *decipher*) [+ *writing*] descifrar

4 (= *understand*) entender, comprender; **I can't ~ her out at all** no la entiendo *or* comprendo en absoluto; **can you ~ out what they're saying?** ¿entiendes lo que dicen?; **I can't ~ it out at all** no consigo entenderlo

5 (= *claim, imply*) **you ~ him out to be better than he is** lo haces parecer mejor de lo que es en realidad; **he's not as rich as people ~ out** no es tan rico como dice la gente; **the situation is not so bad as you ~ it out to be** la situación no es tan grave como la pintas; **the play ~s him out to be a fool** en la obra aparece como una idiota; **to ~ out that** dar a entender que; **they're making out it was my fault** están dando a entender que fue culpa mía; **all the time he made out he was working** estuvo todo el tiempo haciéndonos creer que estaba trabajando; **she made out it was a wrong number** hizo como que se había equivocado de número

Ⓑ VI + ADV (*) (= *get on*) (*with person*) llevarse; **how do you ~ out with your neighbours?** ¿cómo te llevas con tus vecinos?; **how did you ~ out at the audition?** ¿qué tal te fue en la audición?; **how are you making out on your pension?** ¿cómo te las arreglas con la pensión?; **to ~ out with sb** (*US**) (*sexually*) hacérselo con algn*

►**make over** VT + ADV 1 (= *assign*) ceder, traspasar (**to** a); **he had made over the farm to his son** le había cedido *or* traspasado la granja a su hijo

2 (= *revamp*) [+ *organization*] modernizar, poner al día; **to ~ o.s. over** cambiar de imagen

►**make up** Ⓐ VT + ADV 1 (= *invent*) inventar(se); **he made up the whole story** (se) inventó toda la historia; **you're making it up!** ¡te lo estás inventando!

2 (= *put together, prepare*) [+ *list*] hacer, preparar; [+ *parcel, bed*] hacer; [+ *medicine*] preparar; [+ *collection*] formar, reunir; [+ *sweater, dress*] montar y coser; **I'll ~ up a bed for him on the sofa** le haré una cama en el sofá; **the chemist's where I went to get the prescription made up** la farmacia a la que fui para que me preparasen la medicina; **I made the papers up into bundles** hice paquetes con los periódicos

3 (= *settle*) **to ~ up one's differences (with**

**sb)** resolver sus diferencias (con algn); **to ~ it up with sb** hacer las paces con algn, reconciliarse con algn; **they'd made up their quarrel** se habían reconciliado
4 (= *complete*) completar; **I paid £200 and my parents made up the difference** pagué 200 libras y mis padres pusieron la diferencia; **we need someone to ~ up the numbers** necesitamos a alguien para completar el grupo
5 (= *decide*) **to ~ up one's mind** decidirse
6 (= *compensate for, replace*) [+ *loss*] compensar; [+ *deficit*] cubrir; **if I take time off I have to ~ up the hours later** si me tomo tiempo libre después tengo que recuperar las horas; **I'd like to ~ it up to him for spoiling his birthday** me gustaría compensarle por haberle estropeado el cumpleaños; **he tried to ~ it up to her by buying her a bunch of flowers** intentó hacerse perdonar comprándole un ramo de flores; **to ~ up (lost) time** recuperar el tiempo perdido
7 (= *constitute*) componer; **women ~ up 13% of the police force** las mujeres componen el 13% del cuerpo de policía; **it is made up of 6 parts** lo componen 6 partes, está compuesto de 6 partes; **the group was made up of parents, teachers and doctors** el grupo lo componían *or* integraban padres, profesores y médicos; **the blood is made up of red and white cells** la sangre se compone de glóbulos rojos y glóbulos blancos
8 (*with cosmetics*) [+ *actor*] maquillar; **to ~ o.s. up** maquillarse, pintarse
9 [+ *fire*] (*with coal*) echar carbón a; (*with wood*) echar madera *or* leña a
Ⓑ VI + ADV 1 (*after quarrelling*) hacer las paces, reconciliarse
2 (= *apply cosmetics*) maquillarse, pintarse

►**make up for** VI + PREP (= *compensate for*) compensar; **her willingness to learn more than made up for her lack of experience** sus ganas de aprender compensaban con creces su falta de experiencia; **we hope this ~s up for the inconvenience caused** esperamos que esto compense los inconvenientes que podamos haberles causado; **to ~ up for lost time** recuperar el tiempo perdido

►**make up on** VI + PREP alcanzar, coger

►**make up to*** VI + PREP **to ~ up to sb** (procurar) congraciarse con algn, (procurar) ganarse el favor de algn

**make-believe** ['meɪkbɪ,liːv] Ⓐ ADJ fingido, simulado; [*world etc*] de ensueño, de fantasía; **~ play/games** juegos *mpl* de fantasía
Ⓑ N **don't worry, it's just ~** no te preocupes, no es de verdad; **a land** *or* **world of ~** un mundo de ensueño *or* fantasía; **to play at ~** jugar a ser personajes imaginarios
Ⓒ VI fingir
Ⓓ VT **to ~ that ...** fingir que ..., hacer que ...

**makeover** ['meɪkəʊvəʳ] N 1 (*lit*) (*by beautician*) sesión *f* de maquillaje y peluquería
2 (*fig*) lavado *m* de cara

**maker** ['meɪkəʳ] N 1 (= *craftsman*) creador(a) *m/f*, artífice *mf*
2 (= *manufacturer*) fabricante *mf*
3 (*Rel*) **Maker** Creador *m*, Hacedor *m*; **she has gone to meet her Maker** ha pasado a mejor vida, Dios la ha llamado a su seno; **prepare to meet your Maker** prepárate a morir

**makeshift** ['meɪkʃɪft] Ⓐ ADJ (= *improvised*) improvisado; (= *provisional*) provisional
Ⓑ N arreglo *m* provisional

**make-up** ['meɪkʌp] Ⓐ N 1 (= *cosmetics*) maquillaje *m*, pintura *f*; **she touched up her ~** se retocó el maquillaje; **she was wearing hardly any ~** llevaba muy poco maquillaje, iba casi sin maquillar; **to put on one's ~** maquillarse, pintarse
2 (= *composition*) composición *f*; (= *structure*) estructura *f*; (= *character*) carácter *m*, modo *m* de ser; **the racial ~ of a country** la composición racial de un país
3 [*of clothes*] confección *f*
4 (*Typ*) compaginación *f*, ajuste *m*
Ⓑ CPD ► **make-up artist** N maquillador(a) *m/f* ► **make-up bag** N neceser *m* del maquillaje ► **make-up girl** N maquilladora *f* ► **make-up remover** N desmaquillador *m*, desmaquillante *m*

**makeweight** ['meɪkweɪt] N 1 (= *weight, object*) contrapeso *m*
2 (*fig*) (= *person*) suplente *mf*, sustituto/a *m/f*; (*pej*) parche *m*, elemento *m* de relleno

**making** ['meɪkɪŋ] N 1 (= *production*) fabricación *f*; (= *preparation*) preparación *f*; (= *cutting and assembling*) [*of clothes*] confección *f*; **I wasn't involved in the ~ of the film** no colaboré en el rodaje de la película; **the building has been five years in the ~** llevan cinco años construyendo el edificio; **it's a disaster in the ~** es un desastre en potencia; **it's history in the ~** esto pasará a la historia; **the mistake was not of my ~** no soy yo el responsable del error; **she was caught in a trap of her own ~** había caído en su propia trampa; **it was the ~ of him** fue lo que lo consagró
2 **makings** elementos *mpl* (necesarios), ingredientes *mpl*; **a chain of events that had all the ~s of a Hollywood epic** una cadena de acontecimientos que tenía todos los elementos *or* ingredientes de una epopeya de Hollywood; **I have the ~s of a meal in the fridge** con lo que tengo en la nevera puedo hacer una comida; **he has the ~s of an actor** tiene madera de actor

**Malachi** ['mælə,kaɪ] N Malaquías *m*

**malachite** ['mælə,kaɪt] N malaquita *f*

**maladjusted** ['mælə'dʒʌstɪd] ADJ (*Psych*) inadaptado

**maladjustment** ['mælə'dʒʌstmənt] N (*Psych*) inadaptación *f*, desajuste *m*

**maladministration** ['mæləd,mɪnɪs'treɪʃən] N mala administración *f*

**maladroit** ['mælə'drɔɪt] ADJ torpe

**maladroitly** ['mælə'drɔɪtlɪ] ADV torpemente

**maladroitness** ['mælə'drɔɪtnɪs] N torpeza *f*

**malady** ['mælədɪ] N mal *m*, enfermedad *f*

**Malagasy** ['mæləgɑːzɪ] Ⓐ ADJ madagascarí
Ⓑ N madagascarí *mf*

**malaise** [mæ'leɪz] N malestar *m*

**malapropism** ['mæləprɒpɪzəm] N lapsus *m inv* linguae, equivocación *f* de palabras

**malaria** [mə'lɛərɪə] Ⓐ N malaria *f*, paludismo *m*
Ⓑ CPD ► **malaria control** N lucha *f* contra la malaria

**malarial** [mə'lɛərɪəl] ADJ palúdico

**Malawi** [mə'lɑːwɪ] N Malawi *m*, Malaui *m*

**Malawian** [mə'lɑːwɪən] Ⓐ ADJ malawiano, malauiano
Ⓑ N malawiano/a *m/f*, malauiano/a *m/f*

**Malay** [mə'leɪ] Ⓐ ADJ malayo
Ⓑ N 1 (= *person*) malayo/a *m/f*
2 (*Ling*) malayo *m*

**Malaya** [mə'leɪə] N (*Hist*) Malaya *f*

**Malayan** [mə'leɪən] Ⓐ ADJ malayo
Ⓑ N malayo/a *m/f*

**Malaysia** [mə'leɪzɪə] N Malaisia *f*

**Malaysian** [mə'leɪzɪən] Ⓐ ADJ malaisio
Ⓑ N malaisio/a *m/f*

**malcontent** ['mælkən'tent] Ⓐ ADJ malcontento, desafecto, revoltoso
Ⓑ N malcontento/a *m/f*, desafecto/a *m/f*, revoltoso/a *m/f*

**Maldives** ['mɔːldaɪvz], **Maldive Islands** [,mɔːldaɪv'aɪləndz] NPL (islas *fpl*) Maldivas *fpl*

**male** [meɪl] Ⓐ N (= *animal, plant*) macho *m*; (= *person*) varón *m*; **white ~s aged 35 to 40** varones de raza blanca de edades comprendidas entre los 35 y 40 años; **I don't need a ~ to support me** no necesito un hombre para que me mantenga
Ⓑ ADJ 1 [*rat, spider, plant*] macho; [*baby, child*] varón; [*friend, worker, colleague*] del sexo masculino; [*population, hormone, sex, attitude, behaviour*] masculino; [*voice*] de hombre, masculino; **please indicate whether you are ~ or female** por favor indique si es hombre *or* mujer
2 (*Tech*) [*plug*] macho
Ⓒ CPD ► **male chauvinism** N machismo *m* ► **male chauvinist** N machista *m* ► **the male member** N (*euph*) el miembro viril, el miembro masculino ► **male menopause** N menopausia *f* masculina, andropausia *f* ► **male model** N modelo *m* del sexo masculino ► **male nurse** N enfermero *m* ► **male prostitute** N prostituto *m* ► **male voice choir** N coro *m* masculino *or* de hombres; *see also* **supremacist**

**malediction** [,mælɪ'dɪkʃən] N maldición *f*

**male-dominated** ['meɪl'dɒmɪneɪtɪd] ADJ dominado por los hombres

**malefactor** ['mælɪfæktəʳ] N (*frm*) malhechor(a) *m/f*

**maleness** ['meɪlnɪs] N 1 (= *state of being male*) masculinidad *f*
2 (= *masculinity, virility*) masculinidad *f*, virilidad *f*

**malevolence** [mə'levələns] N malevolencia *f*

**malevolent** [mə'levələnt] ADJ malévolo

**malevolently** [mə'levələntlɪ] ADV con malevolencia

**malformation** ['mælfɔː'meɪʃən] N malformación *f*, deformidad *f*

**malformed** [,mæl'fɔːmd] ADJ malformado, deforme

**malfunction** [mæl'fʌŋkʃən] Ⓐ N [*of machine*] fallo *m*, mal funcionamiento *m*
Ⓑ VI funcionar mal

**malice** ['mælɪs] N 1 (= *grudge*) rencor *m*; (= *badness*) malicia *f*; **to bear sb ~** guardar rencor a algn; **I bear him no ~** no le guardo rencor; **out of ~** por malicia; **with ~ toward none** sin mala intención hacia nadie
2 (*Jur*) intención *f* delictuosa, dolo *m*; **~ aforethought** premeditación *f*

**malicious** [mə'lɪʃəs] Ⓐ ADJ [*person, remark*] malicioso
Ⓑ CPD ► **malicious damage** N (*Jur*) daños *mpl* intencionados ► **malicious libel** N difamación *f* intencionada, calumnia *f* intencionada

**maliciously** [mə'lɪʃəslɪ] ADV maliciosamente, con malicia

**malign** [mə'laɪn] Ⓐ ADJ maligno, malévolo
Ⓑ VT [+ *person, reputation*] calumniar, difamar; **you ~ me** eso no es justo

**malignancy** [mə'lɪgnənsɪ] N malignidad *f*

**malignant** [mə'lɪgnənt] ADJ (= *evil*) malvado; (*Med*) maligno

**malignity** [mə'lɪgnɪtɪ] N malignidad *f*

**malinger** [mə'lɪŋgəʳ] VI fingirse enfermo, hacer la encorvada*

**malingerer** [mə'lɪŋgərəʳ] N enfermo/a *m/f* fingido/a

**mall** [mɔːl] (*US*) [mæl] N 1 (= *avenue*) alameda *f*, paseo *m*
2 (*US*) (= *pedestrian street*) calle *f* peatonal
3 (*also* **shopping ~**) centro *m* comercial

**mallard** ['mæləd] N (*pl* **mallard(s)**) ánade *m* real

**malleability** [ˌmælɪə'bɪlɪtɪ] N maleabilidad *f*

**malleable** ['mælɪəbl] ADJ maleable, dúctil

**mallet** ['mælɪt] N (*Carpentry, Sport*) mazo *m*

**mallow** ['mæləʊ] N malva *f*

**malnourished** [ˌmæl'nʌrɪʃt] ADJ desnutrido

**malnutrition** ['mælnjʊ'trɪʃən] N desnutrición *f*

**malodorous** [mæ'ləʊdərəs] ADJ maloliente, hediondo

**malpractice** ['mæl'præktɪs] Ⓐ N (= *negligence*) negligencia *f* profesional; (= *wrongdoing*) práctica *f* abusiva
Ⓑ CPD ► **malpractice suit** N (*US Jur*) juicio *m* por negligencia profesional

**malt** [mɔːlt] Ⓐ N malta *f*
Ⓑ VT [+ *barley*] maltear; [+ *drink etc*] preparar con malta
Ⓒ CPD ► **malt extract** N extracto *m* de malta ► **malt liquor** N (*US*) cerveza *f* ► **malt whisky** N (*Brit*) whisky *m* de malta

**Malta** ['mɔːltə] N Malta *f*

**malted** ['mɔːltɪd] Ⓐ ADJ malteado
Ⓑ CPD ► **malted barley** N cebada *f* malteada, malta *f* de cebada ► **malted milk** N leche *f* malteada

**Maltese** ['mɔːl'tiːz] Ⓐ ADJ maltés
Ⓑ N (*pl* **Maltese**) 1 (= *person*) maltés/esa *m/f*
2 (*Ling*) maltés *m*
Ⓒ CPD ► **Maltese Cross** N cruz *f* de Malta

**malthusianism** [mæl'θjuːzɪəˌnɪzəm] N malt(h)usianismo *m*

**malting barley** [ˌmɔːltɪŋ'bɑːlɪ] N cebada *f* para maltear

**maltreat** [mæl'triːt] VT maltratar, tratar mal

**maltreatment** [mæl'triːtmənt] N maltrato *m*, maltratamiento *m*, malos tratos *mpl*

**Malvinas** [mæl'viːnəs] NPL **the ~** las Malvinas

**mam*** [mæm] N (*Brit dial*) mamá *f*

**mama†*** [mə'mɑː] N mamá *f*

**mamba** ['mæmbə] N (*Zool*) mamba *f*

**mamma*** [mə'mɑː] N (*esp US*) mamá *f*

**mammal** ['mæməl] N mamífero *m*

**mammalian** [mæ'meɪlɪən] ADJ mamífero

**mammaries** ['mæmərɪz] NPL (*hum*) pechos *mpl*

**mammary** ['mæmərɪ] Ⓐ ADJ mamario
Ⓑ CPD ► **mammary gland** N mama *f*, glándula *f* mamaria

**mammogram** ['mæməgræm] N mamografía *f*

**mammography** [mæ'mɒgrəfɪ] N mamografía *f*

**Mammon** ['mæmən] N Mammón

**mammoth** ['mæməθ] Ⓐ N (*Zool*) mamut *m*
Ⓑ ADJ descomunal, gigante

**mammy** ['mæmɪ] N 1 (*) mami *f*, mamaíta *f*, mamacita *f* (*LAm*)
2 (*US*) (= *black nurse*) nodriza *f* negra

**man** [mæn] Ⓐ N (*pl* **men**) 1 (= *not woman*) hombre *m*; (= *husband*) marido *m*; (= *boyfriend*) novio *m*; (= *servant*) criado *m*; (= *workman*) obrero *m*; (= *ordinary soldier*) soldado *m*; (= *ordinary sailor*) marinero *m*; **he's been a different ~ since he got married** es otro hombre desde que se casó; **the ~ who does the garden** el señor que hace el jardín; **when a ~ needs a wash** cuando uno necesita lavarse; **her ~ is in the army** (*husband*) su marido está en el ejército; (*boyfriend*) su novio está en el ejército; **officers and men** (= *soldiers*) oficiales y soldados; (= *sailors*) oficiales y marineros; **he's not the ~ to do it** él no es la persona adecuada para hacerlo; **I've lived here ~ and boy** vivo aquí desde pequeño; **he's not the ~ for the job** no es el más indicado para esa tarea; **~ of God** religioso *m*, clérigo *m*; **good ~!** ¡bravo!, ¡muy bien!; **my good ~†** buen hombre, amigo mío; **all good men and true** (*liter*) todos los que merecen llamarse hombres; **~ of letters** literato *m*; **it's got to be a local ~** tiene que ser uno de aquí; **to make a ~ of sb** hacer un hombre de algn; **the army will make a ~ out of him** el ejército le hará un hombre; **~ of means** hombre *m* acaudalado; **the ~ in the moon** el rostro de (mujer en) la luna; **to feel (like) a new ~** sentirse como nuevo; **look here, old ~†** mira, amigo; **my old ~*** el viejo*; **the ~ on the Clapham omnibus** el hombre de la calle; **our ~ in Washington** (= *agent*) nuestro agente en Washington; (= *representative*) nuestro representante en Washington; (= *ambassador*) nuestro embajador en Washington; **~ of parts** hombre *m* de talento; **~ of property** hombre *m* acaudalado; **~ of straw** (= *person of no substance*) monigote *m*, títere *m*; (*esp US*) (= *front man*) hombre *m* de paja, testaferro *m*; **the ~ in the street** el hombre de la calle; **the strong ~ of the government** el hombre fuerte del gobierno; **that ~ Jones** aquel Jones; **~ to ~** de hombre a hombre; **he's a ~ about town** es un gran vividor; **~ and wife** marido y mujer; **to live as ~ and wife** vivir como casados *or* en matrimonio; **a ~ of the world** un hombre de mundo; **a young ~** un joven; **her young ~** su novio; **✦IDIOMS this will separate** *or* **sort the men from the boys** con esto se verá quiénes son hombres y quiénes no; **to be ~ enough to do sth** ser lo bastante hombre *or* tener valor suficiente como para hacer algo; **to reach ~'s estate** (*frm*) llegar a la edad viril; *see also* **best E**, **cloth 4**, **grand A1**
2 (= *humanity in general*) (*also* **Man**) el hombre; **✦PROV ~ proposes, God disposes** el hombre propone y Dios dispone
3 (= *individual, person*) persona *f*; **what else could a ~ do?** ¿es que se podía hacer otra cosa?; **men say that ...** se dice que ...; **any ~** cualquiera, cualquier hombre; **no ~** ninguno, nadie; **as one ~** como un solo hombre; **one ~ one vote** un voto para cada uno; **they agreed to a ~** no hubo voz en contra; **they're communists to a ~** todos sin excepción son comunistas; **then I'm your ~** entonces soy la persona que estás buscando
4 (= *type*) **he's a six pints a night ~** es de los que se beben seis pintas en una noche; **he's a Celtic ~** es del Celtic; **I'm not a drinking ~** yo no bebo; **he's a family ~** (= *with family*) es padre de familia; (= *home-loving*) es muy casero; **I'm not a football ~** no soy aficionado al fútbol, no me gusta mucho el fútbol; **he's a man's ~** es un hombre estimado entre otros hombres; **he's his own ~** es un hombre muy fiel a sí mismo; **I'm a whisky ~ myself** yo prefiero el whisky
5 (*Chess*) pieza *f*; (*Draughts*) ficha *f*
6 (*) (*excl*) **hey ~!** ¡oye, tronco!*; **you can't do that, ~** hombre, no puedes hacer eso; **~, was I startled!** ¡vaya susto que me dio!, ¡qué susto me pegué!
Ⓑ VT [+ *ship*] tripular; [+ *fortress, watchtower*] guarnecer; [+ *guns*] servir; [+ *pumps*] acudir a, hacer funcionar; **the gun is ~ned by four soldiers** cuatro soldados manejan el cañón; **the telephone is ~ned all day** el teléfono está atendido todo el día; *see also* **manned**
Ⓒ CPD ► **man day** N (*Comm, Ind*) día-hombre *m* ► **man Friday** N criado *m* fiel ► **man hour** N (*Comm, Ind*) hora-hombre *f* ► **men's doubles** N (*Tennis*) dobles *mpl* masculinos ► **men's final** N (*Sport*) final *f* masculina ► **men's room** N (*esp US*) lavabo *m* de caballeros

**manacle** ['mænəkl] Ⓐ N 1 manilla *f*
2 **manacles** esposas *fpl*, grillos *mpl*
Ⓑ VT esposar, poner esposas a; **they were ~d together** iban esposados (juntos); **his hands were ~d** llevaba esposas en las muñecas

**manage** ['mænɪdʒ] Ⓐ VT 1 (= *direct*) [+ *firm, economy, shop*] dirigir, administrar; [+ *employees, team*] dirigir; [+ *time, property, money*] administrar; [+ *household*] llevar; (*Comput*) [+ *system, network*] gestionar; **he's been managing my affairs for years** lleva años encargándose de mis asuntos, hace años que lleva mis asuntos; **~d currency** moneda *f* controlada *or* dirigida; **~d economy** economía *f* planificada *or* dirigida; **~d fund** fondo *m* controlado *or* dirigido
2 (= *cope with, control*) [+ *situation*] manejar; [+ *suitcases, packages*] poder con; [+ *animal*] dominar; **you ~d the situation very well** manejaste muy bien la situación; **can you ~ the cases?** ¿puedes con las maletas?; **he has no idea how to ~ children** no tiene ni idea de cómo manejar *or* controlar a los niños; **he's clever at managing people** se le da bien manejar a la gente
3 (= *achieve*) **they've ~d only one win this season** sólo han conseguido una victoria esta temporada; **can you ~ two more in the car?** ¿te caben dos más en el coche?; **can you ~ eight o'clock?** ¿puedes estar para las ocho?; **I can't ~ Friday** el viernes no puedo; **to ~ to do sth** lograr hacer algo, conseguir hacer algo; **how did you ~ not to spill it?** ¿cómo lograste *or* conseguiste no derramarlo?; **he ~d not to get his feet wet** logró *or* consiguió no mojarse los pies; **he ~d to annoy everybody** consiguió irritar a todo el mundo; **£20 is all I can ~** 20 libras es todo lo que puedo dar *or* pagar; **can you ~ another cup?** ¿quieres otra taza?; **I couldn't ~ another mouthful** no podría comer ni un bocado más; **£20 is the most I can ~** 20 libras es todo lo que puedo dar *or* pagar
4 (*pej*) (= *manipulate*) [+ *news, election*] manipular
Ⓑ VI 1 (= *cope*) (*with situation*) arreglárselas; (*financially*) arreglarse, arreglárselas; **can you ~?** (= *deal with situation*) ¿puedes arreglártelas?; (= *carry sth*) ¿puedes con eso?; **thanks, I can ~** gracias, yo puedo; **she ~s on her pension/on £60 a week** se (las) arregla con la pensión/con 60 libras a la semana; **to ~ without sth/sb**: **"do you need the car?" — "I can ~ without it"** —¿necesitas el coche? —me (las) puedo arreglar *or* apañar sin él; **I don't know how we'd have ~d without her** no sé cómo nos (las) hubiéramos arreglado *or* apañado sin ella
2 (= *direct, administrate*) dirigir

**manageable** ['mænɪdʒəbl] ADJ 1 (= *controllable*) [*size, number, level, rate*] razonable; [*situation*] controlable; [*problem*] que se puede solucionar; [*vehicle*] manejable, fácil de maniobrar; [*hair*] dócil; **she reduces complex issues to ~ proportions** reduce cuestiones muy complejas a algo de proporciones manejables
2 (= *achievable*) [*task*] que se puede realizar; **this cycle ride is quite ~, even for children** este recorrido en bicicleta es fácil de realizar, incluso para los niños
3 (= *docile*) [*person, child, animal*] dócil

**management** ['mænɪdʒmənt] Ⓐ N [1] (= *process*) [*of firm*] dirección *f*, administración *f*, gestión *f*
[2] (= *people*) directivos *mpl*; (= *managing body*) [*of firm*] dirección *f*, gerencia *f*; (*Theat*) empresa *f*; **"under new management"** "bajo nueva dirección"; **~ and workers** empresarios y trabajadores; **almost always ~ is at fault** casi siempre lo que falla es la gestión
[3] (= *handling*) [*of situation*] manejo *m*
[4] (*Univ*) (*also* **~ studies**) administración *f* de empresas
Ⓑ CPD ► **management accounting** N contabilidad *f* de gestión ► **management audit** N evaluación *f* administrativa *or* de gestión ► **management chart** N organigrama *m* de gestión ► **management committee** N comité *m* directivo ► **management consultancy** N consultoría *f* de gestión ► **management consultant** N consultor(a) *m/f* en gestión de empresas ► **management fee** N honorarios *mpl* de dirección ► **management review** N revisión *f* de gestión (de la gerencia) ► **management services** NPL servicios *mpl* de administración ► **management trainee** N ejecutivo/a *m/f* en formación

**manager** ['mænɪdʒəʳ] N [*of firm, bank, hotel*] director(a) *m/f*, gerente *mf*; [*of estate*] administrador(a) *m/f*; [*of football team*] director(a) *m/f* técnico/a; [*of restaurant, shop*] encargado/a *m/f*; [*of farm*] capataz(a) *m/f*, mayoral(a) *m/f*; [*of actor, singer*] representante *mf*, mánager *mf*; [*of boxer*] mánager *mf*; **she's a good ~** es buena administradora; *see also* **sale B**

**manageress** [,mænɪdʒə'res] N [*of restaurant, shop*] encargada *f*

**managerial** [,mænə'dʒɪərɪəl] ADJ directivo, de gestión; **the ~ class** el empresariado, la patronal; **at ~ level** a nivel directivo; **~ responsibilities** obligaciones *fpl* directivas; **~ staff** personal *m* directivo *or* de gerencia; **~ structure** estructura *f* administrativa; **~ style** estilo *m* de gestión

**managing** ['mænɪdʒɪŋ] CPD ► **managing director** N (*Brit*) director(a) *m/f* gerente ► **managing editor** N director(a) *m/f* editorial ► **managing partner** N socio *mf* gerente

**man-at-arms** ['mænət'ɑːmz] N (*pl* **men-at-arms** ['menət'ɑːmz]) hombre *m* de armas

**manatee** [,mænə'tiː] N manatí *m*

**Manchuria** [mæn'tʃʊərɪə] N Manchuria *f*

**Manchurian** [mæn'tʃʊərɪən] Ⓐ ADJ manchuriano
Ⓑ N manchuriano/a *m/f*

**Mancunian** [mæn'kjuːnɪən] Ⓐ ADJ de Manchester
Ⓑ N (= *native*) nativo/a *m/f* de Manchester; (= *inhabitant*) habitante *mf* de Manchester

**mandarin** ['mændərɪn] N [1] (= *person*) (*lit, fig*) mandarín *m*
[2] (*also* **~ orange**) mandarina *f*
[3] **Mandarin** (*Ling*) mandarín *m*

**mandate** ['mændeɪt] Ⓐ N [1] (= *authority*) mandato *m*; **the UN troops have no ~ to intervene in the fighting** las tropas de la ONU no tienen mandato para intervenir en el conflicto; **he does not have a ~ to rule this country** carece de autoridad para gobernar este país
[2] (= *country*) territorio *m* bajo mandato
Ⓑ VT [1] (= *authorize*) [+ *person*] encomendar, encargar; [+ *elections*] autorizar
[2] [+ *country*] asignar bajo mandato (**to** a)
[3] (*US*) (= *make mandatory*) exigir

**mandated** ['mændeɪtɪd] ADJ [1] [*territory*] bajo mandato
[2] [*delegate*] encargado

**mandatory** ['mændətərɪ] ADJ [1] (= *compulsory*) obligatorio; **each article contained the ~ quota of rude jokes** (*iro*) cada artículo contenía la cuota obligatoria de chistes verdes; **it is ~ that you complete levels one and two** es obligatorio que usted realice los niveles uno y dos, tiene usted que realizar los niveles uno y dos obligatoriamente
[2] (*Jur*) [*sentence, penalty, fine*] preceptivo, obligatorio

**Mandelbrot set** ['mændəl,brɒt,set] N (*Math*) conjunto *m* de Mandelbrot

**mandible** ['mændɪbl] N mandíbula *f*

**mandolin(e)** ['mændəlɪn] N mandolina *f*, bandolina *f* (*LAm*)

**mandrake** ['mændreɪk] N mandrágora *f*

**mandrill** ['mændrɪl] N mandril *m*

**mane** [meɪn] N [*of lion, person*] melena *f*; [*of horse*] crin *f*, crines *fpl*

**man-eater** ['mæn,iːtəʳ] N [1] (= *animal*) fiera *f* devoradora de hombres
[2] (*) (= *woman*) devoradora *f* de hombres

**man-eating** ['mæn,iːtɪŋ] ADJ antropófago

**maneuver** *etc* [mə'nuːvəʳ] (*US*) = **manoeuvre** *etc*

**manful** ['mænfʊl] ADJ valiente, resuelto

**manfully** ['mænfəlɪ] ADV valientemente, resueltamente

**manganese** [,mæŋgə'niːz] Ⓐ N (*Chem*) manganeso *m*
Ⓑ CPD ► **manganese oxide** N óxido *m* de manganeso ► **manganese steel** N acero *m* al manganeso

**mange** [meɪndʒ] N sarna *f*

**mangel(-wurzel)** ['mæŋgl('wɜːzl)] N remolacha *f* forrajera

**manger** ['meɪndʒəʳ] N pesebre *m*

**mangetout** ['mɒnʒ'tuː] N (*also* **~ pea**) guisante *m*, arveja *f* (*LAm*) (*con vaina comestible*)

**mangle**[1] ['mæŋgl] Ⓐ N (= *device*) escurridor *m*
Ⓑ VT (= *wring*) pasar por el escurridor

**mangle**[2] ['mæŋgl] VT (= *crush*) aplastar; [+ *text etc*] mutilar, estropear

**mango** ['mæŋgəʊ] N (*pl* **mangoes**) (= *fruit, tree*) mango *m*

**mangold(-wurzel)** ['mæŋgəld('wɜːzl)] N remolacha *f* forrajera

**mangrove** ['mæŋgrəʊv] Ⓐ N mangle *m*
Ⓑ CPD ► **mangrove swamp** N manglar *m*

**mangy** ['meɪndʒɪ] ADJ (*compar* **mangier**; *superl* **mangiest**) roñoso, sarnoso

**manhandle** ['mæn,hændl] VT [1] (*esp Brit*) (= *move by hand*) mover a base de brazos; **we ~d the dinghy out of the shed** sacamos la barca del cobertizo a base de brazos
[2] (*fig*) maltratar; **the police admitted manhandling the prisoners** la policía admitió haber maltratado a los presos; **the men were ~d into the back of the van** metieron a los hombres de muy malos modos en la trasera de la furgoneta

**manhole** ['mænhəʊl] Ⓐ N boca *f* de alcantarilla, registro *m* de alcantarilla
Ⓑ CPD ► **manhole cover** N tapa *f* de registro, tapa *f* de alcantarilla

**manhood** ['mænhʊd] N [1] (= *age of majority*) mayoría *f* de edad, madurez *f*; **to reach ~** alcanzar la mayoría de edad, llegar a la madurez
[2] (= *manliness*) hombría *f*, virilidad *f*
[3] (*frm*) (= *men*) hombres *mpl*; **English ~** ◊ **England's ~** (*liter*) todos los ingleses, todos los hombres de Inglaterra
[4] (*euph*) (= *penis*) miembro *m* viril

**manhunt** ['mænhʌnt] N búsqueda *f* (*de delincuente, desaparecido*)

**mania** ['meɪnɪə] N manía *f*; **to have a ~ for (doing) sth** tener la manía de hacer algo

**maniac** ['meɪnɪæk] Ⓐ ADJ maníaco
Ⓑ N [1] maníaco/a *m/f*; **he drives like a ~** conduce como un loco
[2] (*fig*) (= *enthusiast*) fanático/a *m/f*, maniático/a *m/f*; **these sports ~s** estos fanáticos *or* maniáticos del deporte

**maniacal** [mə'naɪəkəl] ADJ maníaco

**maniacally** [mə'naɪəkəlɪ] ADV [*work, laugh*] (*one person*) como (un) loco/(una) loca; (*more than one person*) como locos

**manic** ['mænɪk] Ⓐ ADJ [1] (= *insane*) [*person, behaviour*] maníaco; [*smile, laughter, stare*] de maníaco
[2] (= *frenetic*) [*activity, energy*] frenético
Ⓑ CPD ► **manic depression** N maniacodepresión *f*; **she suffers from ~ depression** sufre maniacodepresión, es maniacodepresiva ► **manic depressive** N maniacodepresivo/a *m/f*

**manically** ['mænɪklɪ] ADV [*work, laugh, search*] (*one person*) como (un) loco/(una) loca; (*more than one person*) como locos; **he was pacing ~ up and down** se paseaba arriba y abajo como si estuviera loco; **he is ~ tidy** es un maniático del orden

**Manichaean**, **Manichean** [,mænɪ'kiːən] Ⓐ ADJ maniqueo
Ⓑ N maniqueo/a *m/f*

**Manichaeism**, **Manicheism** [,mænɪ'kiːɪzəm] N maniqueísmo *m*

**manicure** ['mænɪkjʊəʳ] Ⓐ N manicura *f*
Ⓑ VT [+ *person*] hacer la manicura a; [+ *nails*] limpiar, arreglar
Ⓒ CPD ► **manicure case**, **manicure set** N estuche *m* de manicura

**manicured** ['mænɪkjʊəd] ADJ [1] [*nails, hands*] muy cuidado
[2] [*lawn, garden*] muy cuidado

**manicurist** ['mænɪkjʊərɪst] N manicuro/a *m/f*

**manifest** ['mænɪfest] Ⓐ ADJ manifiesto, patente; **to make sth ~** poner algo de manifiesto
Ⓑ VT manifestar; **to ~ itself** manifestarse
Ⓒ N (*Naut, Comm*) manifiesto *m*

**manifestation** [,mænɪfes'teɪʃən] N manifestación *f*

**manifestly** ['mænɪfestlɪ] ADV evidentemente

**manifesto** [,mænɪ'festəʊ] N (*pl* **manifesto(e)s**) manifiesto *m*

**manifold** ['mænɪfəʊld] Ⓐ ADJ (= *numerous*) múltiple; (= *varied*) diverso
Ⓑ N (*Aut*) colector *m* de escape

**manikin** ['mænɪkɪn] N = **mannikin**

**Manila** [mə'nɪlə] N Manila *f*

**manil(l)a** [mə'nɪlə] ADJ [*envelope, paper*] manila

**manioc** ['mænɪɒk] N mandioca *f*, yuca *f*

**manipulate** [mə'nɪpjʊleɪt] VT [1] [+ *tool, machine, vehicle*] manipular, manejar
[2] (*fig*) [+ *facts, figures*] manipular; [+ *public opinion, person*] manipular

**manipulation** [mə,nɪpjʊ'leɪʃən] N [1] [*of tool, machine, vehicle*] manipulación *f*, manejo *m*
[2] (*fig*) [*of facts, figures, public opinion, person*] manipulación *f*

**manipulative** [mə'nɪpjʊlətɪv] ADJ (*fig*) [*person, behaviour*] manipulador

**manipulator** [mə'nɪpjʊ,leɪtəʳ] N manipulador(a) *m/f*

**mankind** [mæn'kaɪnd] N humanidad *f*, género *m* humano

**manlike** ['mænlaɪk] ADJ [1] (= *manly*) varonil
[2] (= *like man*) parecido al hombre

**manliness** ['mænlɪnɪs] N masculinidad *f*, hombría *f*, virilidad *f*

**manly** ['mænlɪ] (**manlier, manliest**) ADJ 1 (= *masculine*) [*person, physique*] varonil, viril; [*quality, pursuit*] masculino, varonil; **it wasn't ~ to talk about one's emotions** hablar de los propios sentimientos no era cosa de hombres
2 (= *courageous*) valiente

**man-made** ['mæn'meɪd] ADJ [*material*] sintético, artificial; [*lake, island, environment*] artificial; [*gas, chemical*] producido por el hombre; **~ fibres** fibras *fpl* sintéticas; **~ disasters such as Chernobyl** desastres provocados por el hombre como Chernobyl

**manna** ['mænə] N maná *m*; ✦***IDIOM*** **~ from heaven** maná *m* caído del cielo

**manned** [mænd] ADJ tripulado; **a fully ~ ship** un buque con toda su tripulación *or* dotación

**mannequin** ['mænɪkɪn] Ⓐ N 1 (= *dressmaker's dummy*) maniquí *m*
2 (= *fashion model*) modelo *f*, maniquí *f*
Ⓑ CPD ► **mannequin parade** N desfile *m* de modelos

**manner** ['mænəʳ] N 1 (= *mode, way*) manera *f*, modo *m*; **after** *or* **in this ~** de esta manera; **after** *or* **in the ~ of Van Gogh** a la manera *or* al estilo de Van Gogh; **a princess (as) to the ~ born** una princesa nata; **in like ~** de la misma manera; **~ of payment** modo *m* de pago, forma *f* de pago; **in a ~ of speaking** (= *so to speak*) por así decirlo, como si dijéramos; (= *up to a point*) hasta cierto punto, en cierto modo; **it's a ~ of speaking** es sólo una manera *or* forma de hablar; **in such a ~ that ...** de tal manera que ...
2 (= *behaviour etc*) forma *f* de ser, comportamiento *m*; **I don't like his ~** no me gusta su forma de ser; **there's something odd about his ~** tiene un aire algo raro; **he had the ~ of an old man** tenía aire de viejo
3 (= *class, type*) clase *f*; **what ~ of man is he?** ¿qué clase *or* tipo de hombre es?; **all ~ of** toda clase *or* suerte de; **by no ~ of means** de ningún modo; **no ~ of doubt** sin ningún género de duda
4 **manners** 4·1 [*of person*] modales *mpl*, educación *fsing*; **bad ~s** falta *f* de educación, malos modos *mpl*; **to have bad ~s** ser maleducado; **it's bad ~s to yawn** es de mala educación bostezar; **to forget one's ~s** perder la compostura; **aren't you forgetting your ~s?** (*to child*) no seas maleducado; **good ~s** educación *f*, buenos modales *mpl*; **good ~s demand that ...** la educación exige que ...; **it's good ~s to say "please"** se dice "por favor"; **he's got no ~s** es un maleducado; **road ~s** comportamiento *m* en la carretera; **to teach sb ~s** enseñar a algn a comportarse
4·2 [*of society*] costumbres *fpl*; **a novel of ~s** una novela costumbrista *or* de costumbres; ✦***PROV*** **~s maketh (the) man** la conducta forma al hombre

**mannered** ['mænəd] ADJ 1 (= *affected*) [*style*] amanerado
2 (= *camp*) cursi

**-mannered** ['mænəd] ADJ (*ending in compounds*) de modales ...; *see* **bad-mannered** *etc*

**mannerism** ['mænərɪzəm] N 1 (= *gesture etc*) gesto *m*
2 (*Art, Literat*) (*also* **Mannerism**) manierismo *m*; (*pej*) amaneramiento *m*

**mannerist** ['mænərɪst] Ⓐ ADJ manierista
Ⓑ N manierista *mf*

**mannerliness** ['mænəlɪnɪs] N (buena) educación *f*, crianza *f*, cortesía *f*

**mannerly** ['mænəlɪ] ADJ educado, formal

**mannikin** ['mænɪkɪn] N 1 (= *dressmaker's dummy*) maniquí *m*
2 (= *fashion model*) modelo *f*, maniquí *f*
3 (*frm*) (= *dwarf*) enano *m*

**manning levels** ['mænɪŋlevlz] NPL niveles *mpl* de personal

**mannish** ['mænɪʃ] ADJ hombruno

**manoeuvrability, maneuverability** (*US*) [məˌnuːvrə'bɪlɪtɪ] N maniobrabilidad *f*

**manoeuvrable, maneuverable** (*US*) [mə'nuːvrəbl] ADJ manejable

**manoeuvre, maneuver** (*US*) [mə'nuːvəʳ] Ⓐ N 1 (*Mil*) maniobra *f*; **to be on ~s** estar de maniobras
2 (*fig*) (= *clever plan*) maniobra *f*, estratagema *f*; **this leaves us little room for ~** esto apenas nos deja margen de maniobra
Ⓑ VT (*gen*) maniobrar; **to ~ a gun into position** colocar un cañón en posición; **I was ~d into it** me embaucaron para que lo hiciera; **to ~ sb into doing sth** manipular a algn para que haga algo
Ⓒ VI maniobrar

**manoeuvring, maneuvering** (*US*) [mə'nuːvrɪŋ] N el maniobrar; **political ~s** maniobras *fpl* políticas

**man-of-war** ['mænəv'wɔːʳ] N (*pl* **men-of-war** ['menəv'wɔːʳ]) N buque *m* de guerra

**manometer** [mə'nɒmɪtəʳ] N manómetro *m*

**manor** ['mænəʳ] Ⓐ N 1 (*feudal*) señorío *m*; (*modern*) finca *f*
2 (*Brit Police**) distrito *m*, barrio *m*
Ⓑ CPD ► **manor house** N casa *f* solariega, casa *f* señorial

**manorial** [mə'nɔːrɪəl] ADJ señorial

**manpower** ['mænpaʊəʳ] Ⓐ N mano *f* de obra; (*Mil*) soldados *mpl*
Ⓑ CPD ► **manpower planning** N planificación *f* de recursos humanos *or* mano de obra

**manqué** ['mɔːŋkeɪ] ADJ **a novelist ~** un novelista frustrado

**manse** [mæns] N (*esp Brit*) casa *f* del pastor (protestante)

**manservant** ['mænˌsɜːvənt] N (*pl* **menservants** *or* **manservants** ['menˌsɜːvənts]) criado *m*

**mansion** ['mænʃən] Ⓐ N mansión *f*; [*of ancient family*] casa *f* solariega
Ⓑ CPD ► **Mansion House** N (*Brit*) *residencia del alcalde de Londres*

**man-sized** ['mænsaɪzd] ADJ 1 (*lit*) de tamaño de hombre
2 (*fig*) bien grande, grandote

**manslaughter** ['mænˌslɔːtəʳ] N homicidio *m* involuntario

**mantelpiece** ['mæntlpiːs] N repisa *f* (de chimenea)

**mantelshelf**† ['mæntlʃelf] N (*pl* **mantelshelves** ['mæntlʃelvz]) = **mantelpiece**

**mantilla** [mæn'tɪlə] N mantilla *f*, velo *m*

**mantis** ['mæntɪs] N (*pl* **mantises** *or* **mantes**) **praying ~** mantis *f inv* religiosa

**mantle** ['mæntl] Ⓐ N 1 (= *layer*) capa *f*; (= *blanket*) manto *m*; **a ~ of snow** una capa de nieve
2 (= *gas mantle*) manguito *m* incandescente, camisa *f* incandescente
3 (††) (= *cloak*) manto *m*
4 **he accepted the ~ of leader** asumió el liderazgo, aceptó el cargo de líder; **the ~ of responsibility** la plena responsabilidad
Ⓑ VT (*liter*) cubrir (**in** de), envolver (**in** en)

**mantlepiece** ['mæntlpiːs] N = **mantelpiece**

**mantleshelf**† ['mæntlʃelf] N = **mantelpiece**

**man-to-man** ['mæntə'mæn] Ⓐ ADJ de hombre a hombre
Ⓑ ADV de hombre a hombre

**mantra** ['mæntrə] N mantra *m*

**mantrap** ['mæntræp] N cepo *m*

**manual** ['mænjʊəl] Ⓐ ADJ manual; **~ labour** *or* (*US*) **labor** trabajo *m* manual; **~ training** enseñanza *f* de artes y oficios; **~ worker** trabajador(a) *m/f* manual
Ⓑ N 1 (= *book*) manual *m*
2 (*Mus*) teclado *m*

**manually** ['mænjʊəlɪ] ADV manualmente, a mano

**manufacture** [ˌmænjʊ'fæktʃəʳ] Ⓐ N 1 (= *act*) fabricación *f*
2 (= *manufactured item*) producto *m* manufacturado
Ⓑ VT 1 (*Ind*) fabricar; **~d goods** productos *mpl* manufacturados
2 (*fig*) fabricar, inventar

**manufacturer** [ˌmænjʊ'fæktʃərəʳ] N fabricante *mf*

**manufacturing** [ˌmænjʊ'fæktʃərɪŋ] Ⓐ N fabricación *f*
Ⓑ CPD [*town, city, sector*] industrial, manufacturero/a ► **manufacturing base** N base *f* industrial ► **manufacturing capacity** N capacidad *f* de fabricación ► **manufacturing costs** NPL costes *mpl* de fabricación ► **manufacturing industries** NPL industrias *fpl* manufactureras

**manure** [mə'njʊəʳ] Ⓐ N estiércol *m*, abono *m*
Ⓑ VT estercolar, abonar
Ⓒ CPD ► **manure heap** N estercolero *m*

**manuscript** ['mænjʊskrɪpt] Ⓐ N manuscrito *m*; (= *original of book, article*) original *m*
Ⓑ ADJ manuscrito

**Manx** [mæŋks] Ⓐ ADJ de la Isla de Man
Ⓑ N 1 (*Ling*) lengua *f* de la Isla de Man
2 **the ~** (= *people*) los nativos de la Isla de Man
Ⓒ CPD ► **Manx cat** N *gato rabón de pelo corto*

**Manxman** ['mæŋksmən] N (*pl* **Manxmen**) nativo *m* de la Isla de Man

**Manxwoman** ['mæŋkswʊmən] N (*pl* **Manxwomen**) nativa *f* de la Isla de Man

**many** ['menɪ] Ⓐ ADJ muchos/as; **~ people** mucha gente, muchas personas; **in ~ cases** en muchos casos; **a good** *or* **a great ~ houses** muchas *or* (*LAm*) bastantes casas; **however ~ books you have** por muchos libros que tengas; **not ~ people** poca gente; **so ~** tantos/as; **so ~ flies** tantas moscas; **ever so ~ people** la mar de gente, tantísimas personas; **~ a time I've seen him act** ◊ **~'s the time I've seen him act** muchas veces lo he visto actuar; **too ~** demasiados/as; **too ~ difficulties** demasiadas dificultades
Ⓑ PRON muchos/as; **~ of them came** muchos (de ellos) vinieron; **he has as ~ as I have** tiene tantos como yo; **he has three times as ~ as I have** tiene tres veces más que yo; **there were as ~ as 100 at the meeting** asistieron a la reunión hasta cien personas; **as ~ again** otros tantos; **and as ~ more** y otros tantos; **how ~ are there?** ¿cuántos hay?; **how ~ there are!** ¡cuántos hay!; **however ~ you have** por muchos que tengas; **not ~** pocos; **not ~ came** vinieron pocos
Ⓒ N **the ~** la mayoría

**many-coloured, many-colored** (*US*) ['menɪ'kʌləd] ADJ multicolor

**many-sided** ['menɪ'saɪdɪd] ADJ 1 [*figure*] multilátero
2 (*fig*) [*talent, personality*] multifacético, polifacético; [*problem*] complicado

**Maoism** ['maʊɪzəm] N maoísmo *m*

**Maoist** ['maʊɪst] Ⓐ ADJ maoísta
Ⓑ N maoísta *mf*

**Maori** ['maʊrɪ] Ⓐ ADJ maorí
Ⓑ N 1 (= *person*) maorí *mf*
2 (*Ling*) maorí *m*

**Mao Tse-tung** ['maʊtseɪ'tʊŋ] N Mao Zedong

**map** [mæp] Ⓐ N [*of town*] plano *m*; [*of world, country*] mapa *m*; (= *chart*) carta *f*; ✦*IDIOMS* **this will put us on the ~** esto nos dará a conocer; **it's right off the ~** está en el quinto infierno
Ⓑ VT **to ~ an area** levantar un mapa de una zona

►**map out** VT + ADV 1 (*lit*) indicar en un mapa
2 (= *organize*) [+ *strategy, future*] planificar, planear; [+ *schedule*] elaborar, confeccionar; [+ *plan*] trazar

**maple** ['meɪpl] Ⓐ N (*also* **~ tree**) arce *m*
Ⓑ CPD ► **maple leaf** N hoja *f* de arce ► **maple sugar** N azúcar *m* de arce ► **maple syrup** N jarabe *m* de arce

**mapmaker** ['mæpˌmeɪkəʳ] N cartógrafo/a *m/f*

**mapmaking** ['mæpˌmeɪkɪŋ], **mapping** ['mæpɪŋ] N cartografía *f*

**mar** [mɑːʳ] VT estropear, echar a perder; **to ~ sb's enjoyment** aguar la fiesta a algn

**Mar.** ABBR (= **March**) mar.

**maracas** [mə'rækəs] NPL maracas *fpl*

**maraschino** [ˌmærəs'kiːnəʊ] Ⓐ N marrasquino *m*
Ⓑ CPD ► **maraschino cherries** NPL guindas *fpl* en conserva de marrasquino

**marathon** ['mærəθən] Ⓐ N (*Sport*) maratón *m*
Ⓑ ADJ (*fig*) maratoniano
Ⓒ CPD ► **marathon runner** N corredor(a) *m/f* de maratón

**maraud** [mə'rɔːd] VI merodear

**marauder** [mə'rɔːdəʳ] N merodeador(a) *m/f*, intruso/a *m/f*

**marauding** [mə'rɔːdɪŋ] Ⓐ ADJ merodeador, intruso
Ⓑ N merodeo *m*

**marble** ['mɑːbl] Ⓐ N 1 (= *material*) mármol *m*
2 (= *work in marble*) obra *f* en mármol
3 (= *glass ball*) canica *f*, bolita *f* (*Andes, S. Cone*), metra *f* (*Ven*); **to play ~s** jugar a las canicas; ✦*IDIOM* **to lose one's ~s*** perder la chaveta*
Ⓑ CPD marmóreo, de mármol ► **marble quarry** N cantera *f* de mármol ► **marble staircase** N escalera *f* de mármol

**marbled** ['mɑːbld] ADJ 1 (= *covered with marble*) [*floor, pillar, room*] revestido de mármol
2 (= *patterned, streaked*) [*paper, tabletop, work surface*] marmolado; [*meat*] con vetas de grasa; [*soap*] con vetas; **~ effect** efecto *m* marmolado

**March** [mɑːtʃ] N marzo *m*; *see* **July** *for usage*

**march¹** [mɑːtʃ] Ⓐ N (*Mil, Mus*) marcha *f*; (*fig*) (= *long walk*) marcha *f*, caminata *f*; **forced ~** marcha *f* forzada; **an army on the ~** un ejército en marcha; **we were on the ~ to the capital** marchábamos hacia *or* sobre la capital; **it's a day's ~ from here** está a un día de marcha desde aquí; (*fig*) eso queda lejísimos; *see also* **quick A1**, **steal A1**
Ⓑ VT 1 [+ *soldiers*] hacer marchar, llevar; **I was ~ed into an office** me llevaron a un despacho, me hicieron entrar en un despacho
2 [+ *distance*] recorrer (marchando)
Ⓒ VI 1 (*Mil*) marchar; **forward ~!** de frente ¡ar!; **quick ~!** al trote ¡ar!; **to ~ past** desfilar; **to ~ past sb** desfilar ante algn
2 (= *demonstrate*) manifestarse, hacer una manifestación
3 (*fig*) **to ~ into a room** entrar resueltamente en un cuarto; **to ~ up to sb** abordar a algn
Ⓓ CPD ► **march past** N (*Mil*) desfile *m*

►**march in** VI + ADV entrar (resueltamente *etc*)

►**march off** Ⓐ VT + ADV **to ~ sb off** llevarse a algn
Ⓑ VI + ADV irse (resueltamente *etc*)

►**march on** Ⓐ VI + PREP marchar sobre
Ⓑ VI + ADV seguir marchando

►**march out** VI + ADV salir (airado, resueltamente *etc*)

**march²** [mɑːtʃ] N (*Hist*) marca *f*; **the Spanish March** la Marca Hispánica; **the Welsh ~es** la marca galesa

**marcher** ['mɑːtʃəʳ] N (*on demonstration*) marchista *mf*, manifestante *mf*

**marching** ['mɑːtʃɪŋ] Ⓐ ADJ [*song*] de marcha
Ⓑ CPD ► **marching orders** NPL (*Mil*) orden *fsing* de ponerse en marcha; ✦*IDIOMS* **to get one's ~ orders*** ser despedido; **to give sb his ~ orders*** despedir a algn, poner a algn en la calle*

**marchioness** ['mɑːʃənɪs] N marquesa *f*

**mare** [mɛəʳ] Ⓐ N yegua *f*
Ⓑ CPD ► **mare's nest** N (*fig*) parto *m* de los montes

**marg*** [mɑːdʒ] N (*Brit*) = **margarine**

**Margaret** ['mɑːgərɪt] N Margarita

**margarine** [ˌmɑːdʒə'riːn] N margarina *f*

**margarita** [ˌmɑːgə'riːtə] N (= *drink*) margarita *f*

**Marge** [mɑːdʒ] N (*familiar form*) *of* **Margaret, Marjory**

**marge*** [mɑːdʒ] N (*Brit*) = **margarine**

**margin** ['mɑːdʒɪn] N 1 (*on page*) margen *m*; **to write sth in the ~** escribir algo al margen
2 (*fig*) margen *m*; **~ of error** margen *m* de error; **~ of safety** margen *m* de seguridad; **to win by a wide/narrow ~** vencer por un amplio/estrecho margen; **they live on the ~(s) of society** viven al margen *or* marginados de la sociedad
3 (*Comm*) (*also* **profit ~, ~ of profit**) margen *m* de beneficios

**marginal** ['mɑːdʒɪnl] Ⓐ ADJ 1 (= *very small*) [*benefit, improvement, difference, increase*] mínimo, insignificante; [*role*] marginal, menor; **to be of ~ importance** *or* **significance** tener una importancia menor
2 (= *peripheral*) [*issue*] menor; [*character, public figure*] marginal, al margen; **these points are ~ to the issue of sovereignty** estos puntos son tangenciales respecto a la cuestión de la soberanía; **they are made to feel ~ to the rest of society** se les hace sentirse al margen de la sociedad
3 (*Brit Parl*) [*seat*] obtenido con escasa mayoría; **~ constituency** *distrito electoral en la que un determinado partido ha ganado con escasa mayoría*
4 (*Econ*) [*cost, utility, productivity*] marginal; **~ tax rate** tasa *f* impositiva marginal
5 (*Agr*) [*land*] poco rentable
Ⓑ N (*Brit Parl*) (*also* **~ seat**) *escaño obtenido por escasa mayoría*; (*also* **~ constituency**) *distrito electoral en el que un determinado partido ha ganado con escasa mayoría*

**MARGINAL SEAT**

*En el Reino Unido se llama* **marginal seat** *o* **marginal constituency** *al escaño (y al distrito electoral correspondiente) que se gana por escaso margen, con lo cual en las siguientes elecciones hay muchas posibilidades de que pueda ganarlo a su vez la oposición. Debido a esto, si dicho escaño queda vacante por fallecimiento o dimisión de un parlamentario y se convocan elecciones parciales con carácter excepcional para cubrirlo (***by-election***), el resultado de las mismas será tomado por los medios de comunicación como un indicador de la popularidad del gobierno. Por el contrario, el escaño que un partido suele ganar por amplia mayoría, debido a la homogeneidad en la tendencia política de los electores, se conoce como* **safe seat**.

⇨ *Ver tb* BY-ELECTION

**marginalize** ['mɑːdʒɪnəlaɪz] VT marginar

**marginally** ['mɑːdʒɪnəlɪ] ADV ligeramente; **sales were ~ better in November** las ventas fueron ligeramente mejores en noviembre; **wholemeal loaves are only ~ more expensive than white ones** las barras de pan integral son sólo ligeramente más caras que las de pan blanco; **they were only ~ affected by the war** la guerra apenas los afectó

**marguerite** [ˌmɑːgə'riːt] N (*Bot*) margarita *f*

**Maria** [mə'riːə] N María

**Marian** ['mɛərɪən] ADJ mariano

**Marie Antoinette** [mə'riːæntwɑː'net] N María Antonieta

**marigold** ['mærɪgəʊld] N (*Bot*) maravilla *f*

**marijuana, marihuana** [ˌmærɪ'hwɑːnə] N marihuana *f*, mariguana *f*

**marimba** [mə'rɪmbə] N marimba *f*

**marina** [mə'riːnə] N puerto *m* deportivo

**marinade** [ˌmærɪ'neɪd] Ⓐ N adobo *m*
Ⓑ VT adobar
Ⓒ VI estar en adobo

**marinate** ['mærɪneɪt] Ⓐ VT adobar
Ⓑ VI estar en adobo

**marine** [mə'riːn] Ⓐ N 1 (*Mil*) (= *person*) infante *m* de marina; **the Marines** (*Brit*) la infantería de marina; (*US*) los marines; ✦*IDIOM* **tell that to the ~s!†*** ¡a otro perro con ese hueso!*
2 (= *fleet*) marina *f*; **the merchant** *or* **mercantile ~** la marina mercante
Ⓑ ADJ 1 (= *sea*) [*creature, plant, pollution*] marino
2 (= *maritime*) [*law, warfare*] marítimo
Ⓒ CPD ► **marine biologist** N biólogo/a *m/f* marino/a ► **marine biology** N biología *f* marina ► **Marine Corps** N (*US*) Infantería *f* de Marina ► **marine engineer** N ingeniero/a *m/f* naval ► **marine engineering** N ingeniería *f* naval ► **marine insurance** N seguro *m* marítimo ► **marine life** N vida *f* marina, flora y fauna *f* marina ► **marine science** N ciencia *f* marina ► **marine scientist** N científico/a *m/f* marino/a

**mariner** ['mærɪnəʳ] N marinero *m*, marino *m*

**Mariolatry** [ˌmɛərɪ'ɒlətrɪ] N mariolatría *f*

**Mariology** [ˌmɛərɪ'ɒlədʒɪ] N mariología *f*

**marionette** [ˌmærɪə'net] N títere *m*, marioneta *f*

**marital** ['mærɪtl] Ⓐ ADJ [*home, bliss*] conyugal; [*problems*] matrimonial, conyugal; **the ~ bed** el lecho conyugal
Ⓑ CPD ► **marital counselling** N orientación *f* sobre problemas matrimoniales ► **marital rape** N violación *f* dentro del matrimonio ► **marital status** N estado *m* civil

**maritime** ['mærɪtaɪm] Ⓐ ADJ marítimo
Ⓑ CPD ► **maritime law** N derecho *m* marítimo

**marjoram** ['mɑːdʒərəm] N mejorana *f*, orégano *m*

**mark¹** [mɑːk] N (= *currency*) marco *m*

**mark²** [mɑːk] Ⓐ N 1 (= *stain, spot etc*) mancha *f*; **the ~s of violence** las señales de violencia; **he left the ring without a ~ on his**

**body** salió del cuadrilátero sin llevar señal alguna en el cuerpo
2 (= *written symbol on paper etc*) señal *f*, marca *f*; (*instead of signature*) signo *m*, cruz *f*; (*fig*) (= *imprint, trace*) huella *f*; **to make one's ~** (*lit*) firmar con una cruz; (*fig*) dejar huella, distinguirse; ✦*IDIOM* **to make/leave one's ~ on sth** dejar huella en algo; **he has certainly made his ~ on British politics** no cabe duda de que ha dejado huella en la política británica
3 (= *indication*) señal *f*; (= *proof*) prueba *f*; **as a ~ of my disapproval** en señal de mi desaprobación; **as a ~ of our gratitude** en señal de nuestro agradecimiento; **it's the ~ of a gentleman** es señal de un caballero; **it bears the ~ of genius** lleva la marca de un genio
4 (*in exam*) nota *f*, calificación *f*; **52 ~s** 52 puntos, 52 por cien; **to get high ~s in French** sacar buena nota en francés; **to get no ~s at all as a cook** (*fig*) ser un desastre como cocinero; **there are no ~s for guessing** (*fig*) las simples conjeturas no merecen punto alguno; *see also* **full D, top[1] B4**
5 (= *target*) blanco *m*; **to hit the ~** (*lit*) alcanzar el objetivo, acertar; (*fig*) dar en el clavo; **to be wide of the ~** (*lit*) errar el tiro; (*fig*) estar lejos de la verdad; ✦*IDIOMS* **he's way off the ~** no acierta ni con mucho; **he's on the ~** ha dado en el blanco, está en lo cierto
6 (*Sport*) (= *line*) raya *f*; **to be quick/slow off the ~** ser rápido/lente al salir; (*fig*) ser muy vivo/parado; **on your ~s, get set, go!** ¡preparados, listos, ya!
7 (= *level, standard*) **to hit the £1000 ~** alcanzar el total de 1000 libras; **gas ~ 1** (*Culin*) número 1 del gas; ✦*IDIOMS* **to be up to the ~** [*person*] estar a la altura de las circunstancias; [*work*] alcanzar el nivel necesario; **to come up to the ~** alcanzar el nivel que era de esperar; *see also* **overstep**
8 (= *model*) **a Spitfire Mark 1** un Spitfire (de) primera serie
9 (*Comm*) (= *label*) marca *f*
10 (= *distinction*) **of ~** de categoría, de cierta distinción
Ⓑ VT 1 (= *make a mark on*) marcar; **~ it with an asterisk** ponga un asterisco allí
2 (= *stain*) manchar; **he wasn't ~ed at all** no mostraba señal alguna de golpe
3 [+ *bird, animal*] **a bird ~ed with red** un pájaro manchado de rojo, un pájaro con manchas rojas
4 (= *label*) rotular; (= *price*) indicar el precio de; **this exhibit is not ~ed** este objeto no lleva rótulo; **the chair is ~ed at £12** la silla tiene un precio de 12 libras
5 (= *indicate*) señalar, indicar; (= *characterize*) señalar, distinguir; [+ *anniversary etc*] señalar, celebrar; [+ *birthday*] festejar; **stones ~ the path** unas piedras señalan el camino; **this ~s the frontier** esto marca la frontera; **it ~s a change of policy** indica un cambio de política; **this ~s him as a future star** esto le señala como un as futuro; **it's not ~ed on the map** no está indicado en el mapa; **we must do something special to ~ the occasion** tenemos que hacer algo especial para celebrarlo
6 (= *note down*) apuntar; (= *notice*) advertir, observar; (= *heed*) prestar atención a; **did you ~ where it fell?** (*frm*) ¿has notado dónde cayó?; **~ what I say** escucha lo que te digo; **~ my words!** ¡fíjese *or* acuérdese bien de lo que le digo!, ¡te lo advierto!; **~ you** ahora (bien)
7 [+ *exam*] calificar; [+ *candidate*] dar nota a; **to ~ sth right** aprobar algo; **to ~ sth wrong** rechazar *or* (*LAm*) reprobar algo; **we ~ed him (as) first class** le dimos nota de sobresaliente
8 (*Ftbl*) marcar, doblar
9 (*Mus*) [+ *rhythm*] marcar; **to ~ time** (*Mil*) marcar el paso; (*fig*) estancarse
Ⓒ VI mancharse
Ⓓ CPD ► **mark reader, mark scanner** N lector *m* de marcas ► **mark reading, mark scanning** N lectura *f* de marcas

►**mark down** VT + ADV 1 (= *note down*) apuntar, anotar
2 (*Comm*) [+ *prices, goods*] rebajar
3 [+ *student*] bajar la nota a; **you'll be ~ed down for poor handwriting** te van a bajar la nota por mala caligrafía
4 (= *identify*) **he was immediately ~ed down as a troublemaker** enseguida fue identificado como un alborotador; **I had him ~ed down as a friend of hers** pensé que era un amigo suyo, lo tomé por un amigo suyo

►**mark off** VT + ADV 1 (= *separate*) separar, dividir
2 (= *distinguish*) distinguir, diferenciar; **her clothes ~ed her off from the rest of the delegates** su atuendo la distinguía *or* diferenciaba del resto de los delegados
3 [+ *items on list etc*] (= *tick off*) marcar, poner una señal contra; (= *cross out*) tachar

►**mark out** VT + ADV 1 [+ *road etc*] marcar, jalonar; **the track is ~ed out by flags** el camino está marcado con *or* jalonado de banderas
2 (= *single out*) señalar; (= *distinguish*) distinguir, señalar; **he's ~ed out for promotion** se le ha señalado para un ascenso; **his red hair ~ed him out from the others** como era pelirrojo se le distinguía claramente de los demás

►**mark up** VT + ADV 1 (= *write up*) (*on board, paper etc*) apuntar
2 (*Comm*) [+ *price*] subir; [+ *goods*] subir el precio de
3 [+ *student*] subir la nota a

**Mark** [mɑːk] N Marcos; **~ Antony** Marco Antonio

**markdown** [ˈmɑːkdaʊn] N (*Comm*) rebaja *f*, reducción *f*

**marked** [mɑːkt] ADJ 1 (= *noticeable*) [*improvement, increase, deterioration, reduction*] marcado, notable; [*difference, change*] acusado, marcado; [*contrast*] acusado, fuerte; [*accent*] marcado, fuerte; [*effect*] acusado, notable; [*reluctance*] notable, evidente; **the difference has become more ~** la diferencia se ha vuelto más acusada *or* marcada, la diferencia se acusa cada vez más; **he was a quiet boy, in ~ contrast to his raucous brothers** era un chico callado, muy diferente a sus escandalosos hermanos
2 (= *targeted*) **to be a ~ man** ser un hombre marcado

**markedly** [ˈmɑːkɪdlɪ] ADV 1 (*with adj/adv*) [*different*] notablemente, marcadamente; [*better, worse*] visiblemente, notablemente; **their second album has been ~ more/less successful than their first** su segundo álbum ha tenido notablemente más/menos éxito que el primero
2 (*with verb*) [*increase, improve, decline*] notablemente, sensiblemente; [*differ, change, contrast*] notablemente

**marker** [ˈmɑːkəʳ] N 1 (= *indicator*) (*gen, Bio*) marcador *m*; (*in field*) jalón *m*; (= *signpost*) poste *m* indicador; **to put down a ~** (*fig*) dejar una señal, marcar un lugar
2 (*also* **~ pen**) rotulador *m*
3 (= *bookmark*) marca *f*, señal *f*
4 (*Ftbl*) (= *person*) marcador(a) *m/f*, secante *mf*
5 (*Scol*) (= *person*) examinador(a) *m/f*
6 (*Billiards etc*) marcador *m*; (*in other games*) ficha *f*
7 (*Comput*) bandera *f*

**market** [ˈmɑːkɪt] Ⓐ N 1 (= *place*) mercado *m*; **to go to ~** ir al mercado
2 (= *trade*) mercado *m*; **overseas/domestic ~** mercado exterior/nacional; **to corner the ~ in maize** acaparar el mercado del maíz; **to flood the ~ with sth** inundar el mercado de algo; **strawberries are flooding the ~** las fresas inundan el mercado; **to be in the ~ for sth** estar dispuesto a comprar algo; **to be on the ~** estar en venta *or* a la venta; **it's the dearest shirt on the ~** es la camisa más cara del mercado; **to bring** *or* **put a product on(to) the ~** lanzar un producto al mercado; **to come on(to) the ~** salir a la venta *or* al mercado, ponerse en venta; **to rig the ~** manipular la lonja; *see also* **open E**
3 (= *demand*) demanda *f*; **there is a ready ~ for video games** hay una gran demanda de videojuegos; **there's no ~ for pink socks** los calcetines de color rosa no encuentran salida; **to find a ready ~** venderse fácilmente, tener fácil salida
4 (= *stock market*) bolsa *f* (de valores); **to play the ~** jugar a la bolsa
Ⓑ VT 1 (= *sell*) comercializar, poner en venta
2 (= *promote*) publicitar
Ⓒ VI (*esp US*) hacer la compra
Ⓓ CPD ► **market analysis** N análisis *m inv* de mercado(s) ► **market day** N día *m* de mercado ► **market demand** N demanda *f* del mercado ► **market economy** N economía *f* de mercado ► **market forces** NPL fuerzas *fpl* del mercado, tendencias *fpl* del mercado ► **market garden** N (*Brit*) (*small*) huerto *m*; (*large*) huerta *f* ► **market gardener** N (*Brit*) hortelano/a *m/f* ► **market gardening** N (*Brit*) horticultura *f* ► **market intelligence** N información *f* del mercado ► **market leader** N líder *m* del mercado ► **market opportunity** N oportunidad *f* comercial ► **market penetration** N penetración *f* del mercado ► **market place** N plaza *f* (del mercado); (= *world of trade*) mercado *m* ► **market potential** N potencial *m* comercial ► **market price** N precio *m* de mercado ► **market rates** NPL precios *mpl* del mercado; (*Fin*) cotizaciones *fpl* ► **market research** N estudios *mpl* de mercados ► **market researcher** N investigación *f* de mercados ► **market share** N cuota *f* de mercado ► **market study, market survey** N estudio *m* de mercado ► **market town** N mercado *m* ► **market trends** NPL tendencias *fpl* de mercado ► **market value** N valor *m* de mercado

**marketability** [ˌmɑːkɪtəˈbɪlɪtɪ] N comerciabilidad *f*, vendibilidad *f*

**marketable** [ˈmɑːkɪtəbl] ADJ 1 (= *saleable*) [*commodity, product*] vendible, comercializable; **of ~ quality** de valor comercial
2 (*fig*) [*skill*] con mucha salida; **the more specialized your skill, the more ~ you are** cuanto más especializado estés, mayores posibilidades tendrás en el mercado laboral; **he is one of our most ~ young actors** es uno de nuestros actores jóvenes con más posibilidades en el mercado cinematográfico

**marketeer** [ˌmɑːkɪˈtɪəʳ] N (*Brit Pol*) (*also* **pro-Marketeer**) partidario/a *m/f* del Mercado Común; *see also* **black D**

**marketing** [ˈmɑːkɪtɪŋ] Ⓐ N márketing *m*, mercadotecnia *f*
Ⓑ CPD ► **marketing agreement** N acuerdo *m* de comercialización ► **marketing department** N departamento *f* de márketing ► **marketing director** N jefe/a *m/f* de márke-

ting ► **marketing manager** N director(a) *m/f* de márketing ► **marketing plan** N plan *m* de comercialización ► **marketing strategy** N estrategia *f* de comercialización

**market-led** ['mɑːkɪt'led] ADJ generado por el mercado

**marking** ['mɑːkɪŋ] Ⓐ N [1] (= *mark*) señal *f*, marca *f*; (*on animal*) pinta *f*; (= *colouration*) coloración *f*
[2] (*Brit Scol*) corrección *f* (*de exámenes, deberes etc*)
[3] (*Ftbl*) marcaje *m*
Ⓑ CPD ► **marking ink** N tinta *f* indeleble ► **marking pen** N rotulador *m*

**marksman** ['mɑːksmən] N (*pl* **marksmen**) tirador *m*

**marksmanship** ['mɑːksmənʃɪp] N puntería *f*

**markswoman** ['mɑːks,wʊmən] N (*pl* **markswomen**) tiradora *f*

**mark-up** ['mɑːkʌp] N (= *profit*) margen *m* (de beneficio); (= *price increase*) aumento *m* de precio

**marl** [mɑːl] N marga *f*

**marlin** ['mɑːlɪn] N (*pl* **marlin** *or* **marlins**) (= *fish*) aguja *f*

**marlin(e)** ['mɑːlɪn] Ⓐ N (*Naut*) merlín *m*, empalmadura *f*, trincafía *f*
Ⓑ CPD ► **marlin(e) spike** N pasador *m*

**marly** ['mɑːlɪ] ADJ margoso

**marmalade** ['mɑːməleɪd] Ⓐ N mermelada *f* (de naranja amarga *or* limón)
Ⓑ CPD ► **marmalade orange** N naranja *f* amarga

**marmoreal** [mɑː'mɔːrɪəl] ADJ marmóreo

**marmoset** ['mɑːməzet] N tití *m*

**marmot** ['mɑːmət] N marmota *f*

**maroon**[1] [mə'ruːn] Ⓐ ADJ granate
Ⓑ N (= *colour*) granate *m*

**maroon**[2] [mə'ruːn] VT [+ *castaway*] abandonar (en una isla desierta); (*fig*) aislar, dejar aislado; **we were ~ed by floods** quedamos aislados debido a las inundaciones

**maroon**[3] [mə'ruːn] N (= *distress signal*) petardo *m*

**marque** [mɑːk] N marca *f*

**marquee** [mɑː'kiː] N (*esp Brit*) (= *tent*) carpa *f*; (*open-sided*) entoldado *m*; (*US*) (*over doorway*) marquesina *f*

**marquess** ['mɑːkwɪs] N marqués *m*

**marquetry** ['mɑːkɪtrɪ] N marquetería *f*

**marquis** ['mɑːkwɪs] N = **marquess**

**Marrakech, Marrakesh** [,mærə'keʃ] N Marraquech *m*, Marraqués *m*, Marrakech *m*

▼**marriage** ['mærɪdʒ] Ⓐ N [1] (= *state of being married*) matrimonio *m*; **aunt by ~** tía *f* política; **to be related by ~** estar emparentados; **to become related by ~ to sb** emparentar con algn; **~ of convenience** matrimonio *m* de conveniencia; **to give sb in ~ to** casar a algn con, dar a algn en matrimonio a
[2] (= *wedding*) boda *f*, casamiento *m*; (*fig*) unión *f*
Ⓑ CPD ► **marriage bed** N lecho *m* nupcial, tálamo *m* (*frm*) ► **marriage bonds** NPL lazos *mpl* or vínculos *mpl* matrimoniales ► **marriage broker** N casamentero/a *m/f* ► **marriage bureau** N agencia *f* matrimonial ► **marriage ceremony** N ceremonia *f* nupcial, matrimonio *m* ► **marriage certificate** N partida *f* matrimonial *or* de matrimonio ► **marriage counseling** N (*US*) = **marriage guidance** ► **marriage counselor** N (*US*) = **marriage guidance counsellor** ► **marriage guidance** N orientación *f* matrimonial ► **marriage guidance counsellor** N consejero/a *m/f* matrimonial ► **marriage licence, marriage license** N (*US*) licencia *f* matrimonial ► **marriage lines** NPL (*Brit*) partida *f* matrimonial *or* de matrimonio ► **marriage partner** N cónyuge *mf*, consorte *mf* ► **marriage rate** N (índice *m* de) nupcialidad *f* ► **marriage settlement** N contrato *m* matrimonial; (*Jur*) capitulaciones *fpl* (matrimoniales) ► **marriage vows** NPL votos *mpl* matrimoniales

**marriageable** ['mærɪdʒəbl] ADJ casadero; **of ~ age** en edad de casarse

**married** ['mærɪd] Ⓐ ADJ [*person*] casado; [*love*] conyugal; **~ man** (hombre *m*) casado *m*; **~ woman** (mujer *f*) casada *f*; **~ couple** matrimonio *m*; **~ life** vida *f* matrimonial; **the ~ state** el estado matrimonial; **twice-~** casado por segunda vez *or* en segundas nupcias; **"just married"** "recién casados"
Ⓑ CPD ► **married name** N nombre *m* de casada ► **married quarters** N (*Mil*) casa *fsing* cuartel, residencia *fsing* para matrimonios

**marrow** ['mærəʊ] N [1] (*Anat*) médula *f*, tuétano *m*; (*as food*) tuétano *m* de hueso; ✦**IDIOMS** **a Spaniard to the ~** un español de pura cepa, un español hasta la médula; **to be frozen to the ~** estar helado hasta los huesos
[2] (*Brit Bot*) (*also* **vegetable ~**) calabacín *m*; **baby ~** calabacín *m*, calabacita *f*

**marrowbone** ['mærəʊbəʊn] N hueso *m* con tuétano

▼**marry** ['mærɪ] Ⓐ VT [1] (= *take in marriage*) casarse con; **to be married to sb** estar casado con algn; **we have been married for 14 years** llevamos 14 años (de) casados; **to ~ money** casarse con alguien de dinero
[2] (= *give or join in marriage*) casar; **they were married by the village priest** los casó el cura del pueblo; **he has three daughters to ~ (off)** tiene tres hijas por casar
[3] (*fig*) conjugar, aunar; **a style which marries beauty and practicality** un estilo que conjuga *or* aúna belleza y pragmatismo; **he's married to his job** vive por y para el trabajo, vive para trabajar *or* para el trabajo
Ⓑ VI (*also* **to get married**) casarse; **to ~ again** volver a casarse, casarse en segundas nupcias; **to ~ beneath one** casarse con alguien de rango inferior; **to ~ into a rich family** emparentar con una familia rica; **to ~ into the peerage** casarse con alguien de la nobleza

►**marry up** VT + ADV (*fig*) conjugar

**Mars** [mɑːz] N Marte *m*

**Marseillaise** [,mɑːsə'leɪz] N **the ~** la Marsellesa

**Marseilles** [mɑː'seɪlz] N Marsella *f*

**marsh** [mɑːʃ] Ⓐ N pantano *m*, ciénaga *f*; (= *salt marsh*) marisma *f*
Ⓑ CPD ► **marsh fever** N paludismo *m* ► **marsh gas** N gas *m* de los pantanos, metano *m* ► **marsh marigold** N botón *m* de oro ► **marsh warbler** N papamoscas *m inv*

**marshal** ['mɑːʃəl] Ⓐ N [1] (*Mil*) mariscal *m*
[2] (*at demonstration, meeting*) oficial *m*
[3] (*US*) alguacil *m*, oficial *m* de justicia
Ⓑ VT [1] [+ *soldiers, procession*] formar
[2] [+ *facts etc*] ordenar; [+ *evidence*] presentar

**marshalling yard** ['mɑːʃəlɪŋ,jɑːd] N (*Rail*) área *f* de clasificación

**marshland** ['mɑːʃlænd] N pantanal *m*

**marshmallow** ['mɑːʃ'mæləʊ] N (*Bot*) malvavisco *m*; (= *sweet*) esponja *f*, dulce *m* de merengue blando

**marshy** ['mɑːʃɪ] ADJ (*compar* **marshier**; *superl* **marshiest**) pantanoso

**marsupial** [mɑː'suːpɪəl] Ⓐ ADJ marsupial
Ⓑ N marsupial *m*

**mart** [mɑːt] N (*esp US*) (= *trade centre*) emporio *m*; (= *market*) mercado *m*; (= *auction room*) martillo *m*; (= *property mart*) (*in newspaper*) bolsa *f* de la propiedad

**marten** ['mɑːtɪn] N (*pl* **martens** *or* **marten**) marta *f*

**Martial** ['mɑːʃəl] N Marcial

**martial** ['mɑːʃəl] Ⓐ ADJ marcial; **~ bearing** porte *m* militar, aire *m* marcial
Ⓑ CPD ► **martial arts** NPL artes *fpl* marciales ► **martial law** N ley *f* marcial

**Martian** ['mɑːʃɪən] Ⓐ ADJ marciano
Ⓑ N marciano/a *m/f*

**Martin** ['mɑːtɪn] N Martín

**martin** ['mɑːtɪn] N avión *m*, vencejo *m*

**martinet** [,mɑːtɪ'net] N ordenancista *mf*, rigorista *mf*

**Martini**® [mɑː'tiːnɪ] N [1] (= *vermouth*) vermú *m*
[2] (= *cocktail*) martini *m* (*vermú seco con ginebra*)

**Martinique** [,mɑːtɪ'niːk] N Martinica *f*

**Martinmas** ['mɑːtɪnməs] N día *m* de San Martín (*11 noviembre*)

**martyr** ['mɑːtəʳ] Ⓐ N mártir *mf*; **to be a ~ to arthritis** ser víctima de la artritis
Ⓑ VT martirizar

**martyrdom** ['mɑːtədəm] N martirio *m*

**martyrize** ['mɑːtɪraɪz] VT martirizar

**marvel** ['mɑːvəl] Ⓐ N maravilla *f*; **you're a ~** eres una maravilla; **it's a ~ to me how she does it** no llego a entender cómo lo hace; **if he gets there it will be a ~** si llega será un milagro
Ⓑ VI maravillarse, asombrarse (**at** de)

**marvellous, marvelous** (*US*) ['mɑːvələs] ADJ maravilloso, estupendo; **marvellous!** ¡magnífico!; **isn't it ~?** (*also iro*) ¡qué bien!

**marvellously, marvelously** (*US*) ['mɑːvələslɪ] ADV maravillosamente, de maravilla

**Marxism** ['mɑːksɪzəm] N marxismo *m*

**Marxist** ['mɑːksɪst] Ⓐ ADJ marxista
Ⓑ N marxista *mf*

**Mary** ['mɛərɪ] N María *f*; **~ Magdalen** la Magdalena; **~ Queen of Scots** ◊ **~ Stuart** María Estuardo

**marzipan** [,mɑːzɪ'pæn] N mazapán *m*

**masc.** ABBR (= **masculine**) m

**mascara** [mæs'kɑːrə] N rímel® *m*

**mascaraed** [mæs'kɑːrəd] ADJ pintado con rímel

**mascot** ['mæskət] N mascota *f*

**masculine** ['mæskjʊlɪn] Ⓐ ADJ [1] [*qualities, voice etc*] masculino
[2] (*esp pej*) [*woman, image, appearance*] masculino, hombruno (*pej*)
[3] (*Gram*) masculino
Ⓑ N (*Gram*) masculino *m*

**masculinist** ['mæskjʊlɪnɪst] ADJ masculino

**masculinity** [,mæskjʊ'lɪnɪtɪ] N masculinidad *f*

**masculinization** [,mæskjʊlɪnaɪ'zeɪʃən] N masculinización *f*

**MASH** [mæʃ] N ABBR (*US*) (= **mobile army surgical unit**) *unidad quirúrgica móvil del ejército*

**mash** [mæʃ] Ⓐ N [1] (= *mixture*) mezcla *f*; (= *pulp*) pasta *f*, amasijo *m*
[2] (*Brit**) (= *mashed potatoes*) puré *m* de patata(s) *or* (*LAm*) papas
[3] (*in brewing*) malta *f* remojada
[4] (*for animals*) afrecho *m*
Ⓑ VT [1] (= *crush*) triturar, machacar
[2] (= *purée*) [+ *potatoes*] hacer puré de

**mashed** [mæʃt] ADJ **~ potatoes** puré *m* de patatas, puré *m* de papas (*LAm*)

➤ LANGUAGE IN USE: marriage A2 24.4, 25.1 marry A2 24.4

**mashie** [ˈmæʃɪ] N (*Golf*) hierro *m* número 5

**mask** [mɑːsk] Ⓐ N [1] (*as disguise, also fig*) máscara *f*; (*just covering eyes and nose*) antifaz *m*; **the man in the ~ produced a gun** el hombre enmascarado *or* que llevaba la máscara sacó una pistola; **his talk is a ~ for his ignorance** habla para enmascarar su ignorancia
[2] (*ornamental, ritual*) máscara *f*, careta *f*
[3] (*also* **face ~**) (*protective, cosmetic*) mascarilla *f*; (*surgeon's*) mascarilla *f*, barbijo *m*; *see also* **death B**, **face D**, **gas D**, **oxygen B**
[4] (*in baseball, fencing, ice-hockey*) careta *f*
Ⓑ VT [1] [+ *person, face*] enmascarar
[2] [+ *object*] ocultar; **a thick grey cloud ~ed the sun** una nube espesa y gris ocultó el sol
[3] (*fig*) [+ *taste, smell*] enmascarar; [+ *truth, feelings, motives*] ocultar, encubrir; [+ *effect of drug*] enmascarar
[4] (*during painting, spraying*) cubrir

**masked** [mɑːskt] Ⓐ ADJ enmascarado; [*terrorist, attacker*] encapuchado
Ⓑ CPD ► **masked ball** N baile *m* de máscaras

**masking tape** [ˈmɑːskɪŋˌteɪp] N cinta *f* adhesiva protectora (*del margen del área a pintar*)

**masochism** [ˈmæsəʊkɪzəm] N masoquismo *m*

**masochist** [ˈmæsəʊkɪst] N masoquista *mf*

**masochistic** [ˌmæsəʊˈkɪstɪk] ADJ masoquista

**mason** [ˈmeɪsn] N [1] (= *builder*) albañil *mf*; (= *stonework specialist*) mampostero/a *m/f*
[2] (= *monumental mason*) marmolista *mf* (de monumentos funerarios)
[3] (*in quarry*) cantero/a *m/f*
[4] (= *freemason*) masón *m*, francmasón *m*

**MASON-DIXON LINE**

*La línea* **Mason-Dixon** *o* **Mason and Dixon** *es la línea simbólica que divide el norte y el sur de Estados Unidos y que, hasta el final de la Guerra Civil, marcaba la separación entre aquellos estados en donde existía la esclavitud y aquéllos en los que no. Esta línea de demarcación, que se extiende a lo largo de 377 kilómetros, fue establecida por Charles Mason y Jeremiah Dixon en el siglo XVIII con el fin de solucionar un conflicto que ya duraba 80 años sobre la frontera entre Maryland y Pensilvania. En 1779 la línea se extendió para demarcar la frontera entre Pensilvania y Virginia (hoy Virginia del Oeste); en la actualidad aún sirve como referencia del sur en general y en las canciones de* **country & western** *los cantantes hablan con nostalgia de "cruzar la línea" para volver a sus tierras sureñas.*

**masonic** [məˈsɒnɪk] ADJ (*also* **Masonic**) masónico

**masonry** [ˈmeɪsnrɪ] N [1] (= *building trade*) albañilería *f*
[2] (= *stonework*) mampostería *f*
[3] (= *rubble*) escombros *mpl*
[4] (= *freemasonry*) masonería *f*, francmasonería *f*

**masque** [mɑːsk] N mascarada *f*

**masquerade** [ˌmæskəˈreɪd] Ⓐ N [1] (= *pretence*) farsa *f*, mascarada *f*
[2] (= *fancy-dress ball*) baile *m* de máscaras, mascarada *f*
Ⓑ VI **to ~ as** hacerse pasar por

**mass¹** [mæs] N (*Rel*) misa *f*; **to go to ~** ir a misa, oír misa; **to hear ~** oír misa; **to say ~** decir misa

**mass²** [mæs] Ⓐ N [1] (= *concentration*) masa *f*; **the garden was a ~ of colour** el jardín era una masa de color; **she had a ~ of auburn hair** tenía una mata de pelo castaño rojizo; **he's a ~ of bruises** está cubierto de cardenales; **the (great) ~ of the population** la (gran) masa de la población; **in the ~** en conjunto; *see also* **air D**, **critical B**
[2] **masses*** (= *great quantity*) montones* *mpl*, cantidad* *fsing*; **there's ~es of work for her to do** hay montones* *or* cantidad* de trabajo para ella; **~es of people crowded inside** una masa de gente entró en tropel
[3] **the ~es** (= *ordinary people*) las masas
[4] (*Phys*) masa *f*
Ⓑ VT concentrar
Ⓒ VI [*people, crowds, troops*] concentrarse; [*clouds*] agruparse
Ⓓ CPD [*movement, action*] de masas; [*protest, unemployment, support*] masivo; [*hysteria, suicide*] colectivo; [*tourism*] en masa ► **mass exodus** N éxodo *m* masivo *or* en masa ► **mass grave** N fosa *f* común ► **mass killing** N matanza *f*, masacre *f* ► **mass market** N mercado *m* popular ► **mass media** NPL medios *mpl* de comunicación (de masas) ► **mass meeting** N concentración *f* de masas ► **mass murder** N matanza *f*, masacre *f* ► **mass murderer** N autor(a) *m/f* de una matanza *or* masacre ► **mass noun** N sustantivo *m or* nombre *m* no contable ► **mass number** N número *m* de masa ► **mass production** N fabricación *f* en serie ► **mass transit** N (*US*) transporte *m* público

**Mass.** ABBR (*US*) = **Massachusetts**

**massacre** [ˈmæsəkəʳ] Ⓐ N [1] (= *killing*) masacre *f*, carnicería *f*
[2] (*) (= *defeat*) derrota *f* aplastante, paliza* *f*
Ⓑ VT [1] (= *kill*) masacrar, aniquilar
[2] (*) (= *defeat*) aplastar, dar una paliza a*

**massage** [ˈmæsɑːʒ] Ⓐ N (*lit*) masaje *m*; **"massage"** (*euph*) "Relax"
Ⓑ VT [1] (*lit*) dar un masaje a
[2] (*) [+ *figures*] maquillar*
Ⓒ CPD ► **massage parlour**, **massage parlor** (*US*) N (*lit*) sala *f* de masaje; (*euph*) sala *f* de relax

**massed** [mæst] ADJ **the ~ ranks of the enemy** las pobladas filas del enemigo; **~ ranks of reporters** una masa de periodistas; **~ choirs** grandes agrupaciones *fpl* corales

**masseur** [mæˈsɜːʳ] N masajista *mf*

**masseuse** [mæˈsɜːz] N masajista *f*

**massif** [mæˈsiːf] N macizo *m*

**massive** [ˈmæsɪv] ADJ [*wall*] macizo, sólido; [*boulder, increase, dose, support*] enorme; [*person, head, body*] enorme, gigantesco*; [*explosion, effort*] enorme, grande; [*job losses*] cuantioso; [*intervention, influx*] masivo; **~ heart attack** infarto *m* masivo; **on a ~ scale** a gran escala

**massively** [ˈmæsɪvlɪ] ADV [*overweight*] tremendamente; [*popular*] tremendamente, enormemente; [*invest*] a gran escala; [*increase*] enormemente

**massiveness** [ˈmæsɪvnɪs] N [*of wall*] solidez *f*, lo macizo; [*of increase, dose, explosion, effort*] enormidad *f*; [*of person, head, body, boulder*] lo gigantesco

**mass-produce** [ˈmæsprəˈdjuːs] VT fabricar en serie, producir en serie

**mass-produced** [ˈmæsprəˌdjuːst] ADJ fabricado en serie, producido en serie

**mast¹** [mɑːst] N [1] (*Naut*) mástil *m*, palo *m*; **ten years before the ~** (*liter*) diez años de servicio como marinero
[2] (*Rad*) torre *f*

**mast²** [mɑːst] N (*Bot*) [*of oak*] bellota *f*; [*of beech*] hayuco *m*

**mastectomy** [mæˈstektəmɪ] N (*Med*) mastectomía *f*; **she had to have a ~** tuvieron que hacerle una mastectomía

**-masted** [ˈmɑːstɪd] ADJ (*ending in compounds*) de ... palos; **three~** de tres palos

**master** [ˈmɑːstəʳ] Ⓐ N [1] [*of the house*] señor *m*, amo *m*; [*of dog, servant*] amo *m*; (*in address*) señor *m*; **the ~ is not at home** el señor no está; **the young ~** el señorito; **to be ~ in one's own house** mandar en su propia casa; **to be one's own ~** ser dueño de sí mismo; **I am (the) ~ now** ahora mando yo; **to be ~ of the situation** dominar la situación; **to be ~ of one's fate** decidir su propio destino; ✦***IDIOMS*** **to meet one's ~** ser derrotado por fin, tener que sucumbir por fin; **to serve two ~s** servir a Dios y al diablo
[2] (*Naut*) [*of ship*] capitán *m*
[3] (= *musician, painter etc*) maestro *m*; *see also* **old C**
[4] (= *expert*) experto/a *m/f*; **he is a ~ at (the art of) making money** es un experto en el arte de hacer dinero; *see also* **past C5**
[5] (†) (= *teacher*) (*primary*) maestro *m*; (*secondary*) profesor *m*; **the music ~** el profesor de música
[6] (*Univ*) **Master of Arts/Science** (= *qualification*) master *m* en letras/ciencias; (= *person*) *persona que posee un master en letras/ciencias*; **she's working for her Master's (degree)** está estudiando para sacarse el máster; → DEGREE
Ⓑ VT [+ *subject, situation, technique*] dominar; **to ~ the violin** llegar a dominar el violín
Ⓒ CPD ► **master baker** N maestro *m* panadero ► **master bedroom** N dormitorio *m* principal ► **master builder** N maestro *m* de obras ► **master card** N carta *f* maestra ► **master class** N clase *f* magistral ► **master copy** N original *m* ► **master disk** N disco *m* maestro ► **master file** N fichero *m* maestro ► **master key** N llave *f* maestra ► **master mariner** N capitán *m* ► **master mason** N albañil *mf* maestro/a ► **master of ceremonies** N maestro *m* de ceremonias; [*of show*] presentador *m*, animador *m* ► **master of foxhounds** N cazador *m* mayor ► **Master of the Rolls** N (*Brit*) juez *mf* del tribunal de apelación ► **master plan** N plan *m* maestro, plan *m* rector ► **master sergeant** N (*US*) sargento *mf* mayor ► **master spy** N jefe *mf* de espías, controlador(a) *m/f* de espías ► **master switch** N interruptor *m* general

**masterful** [ˈmɑːstəfʊl] ADJ [1] (= *skilful*) [*performance*] magistral; [*swordsman, horseman*] diestro; [*leadership*] capaz
[2] (= *imperious*) imperioso, autoritario; [*personality*] dominante

**masterfully** [ˈmɑːstəfəlɪ] ADV magistralmente

**masterly** [ˈmɑːstəlɪ] ADJ magistral, genial; **she is ~ in describing life in Victorian London** describe de forma magistral la vida en el Londres de la época victoriana

**mastermind** [ˈmɑːstəmaɪnd] Ⓐ N (= *genius*) genio *m*; (*in crime etc*) cerebro *m*
Ⓑ VT dirigir, planear

**masterpiece** [ˈmɑːstəpiːs] N obra *f* maestra

**Mastersingers** [ˈmɑːstəˌsɪŋəz] NPL **"the Mastersingers"** "los maestros cantores"

**masterstroke** [ˈmɑːstəˌstrəʊk] N golpe *m* maestro

**masterwork** [ˈmɑːstəwɜːk] N obra *f* maestra

**mastery** [ˈmɑːstərɪ] N [1] (= *understanding*) [*of subject, technique*] dominio *m*
[2] (= *skill*) maestría *f*; **his ~ on the football field** su maestría en el terreno de juego
[3] (= *control*) (*over competitors etc*) dominio *m*,

superioridad *f*; **to gain the ~ of** (= *dominate*) llegar a dominar; (= *take over*) hacerse el señor de

**masthead** ['mɑːsthed] N 1 (*Naut*) tope *m*
2 [*of newspaper*] mancheta *f*

**mastic** ['mæstɪk] N masilla *f*

**masticate** ['mæstɪkeɪt] VT masticar

**mastiff** ['mæstɪf] N mastín *m*, alano *m*

**mastitis** [mæs'taɪtɪs] N mastitis *f inv*

**mastodon** ['mæstədən] N mastodonte *m*

**mastoid** ['mæstɔɪd] Ⓐ ADJ mastoides *inv*
Ⓑ N mastoides *f inv*

**masturbate** ['mæstəbeɪt] Ⓐ VI masturbarse
Ⓑ VT masturbar

**masturbation** [,mæstə'beɪʃən] N masturbación *f*

**masturbatory** ['mæstə'beɪtərɪ] ADJ masturbatorio

**mat¹** [mæt] Ⓐ N 1 (*on floor*) estera *f*, esterilla *f*; (*also* **door~**) felpudo *m*
2 (*also* **table~**) (mantel *m*) individual *m*; (*in centre of table*) salvamanteles *m inv*
Ⓑ VT enmarañar
Ⓒ VI enmarañarse

**mat²** [mæt] ADJ = **matt**

**MAT** N ABBR (= **machine-assisted translation**) TAO *f*

**matador** ['mætədɔːʳ] N matador *m*, diestro *m*

**match¹** [mætʃ] N (*for lighting*) fósforo *m*, cerilla *f*, cerillo *m* (*Mex*); **a box of ~es** una caja de fósforos *or* cerillas

**match²** [mætʃ] Ⓐ N 1 (*esp Brit Tennis, Cricket*) partido *m*; (*Ftbl*) partido *m*, encuentro *m*; (*Boxing*) combate *m*; (*Fencing*) asalto *m*; **boxing ~** combate *m* de boxeo; *see also* **shooting C**, **shouting B**, **test D**
2 (= *complement*) **the skirt is a good ~ for the jumper** la falda hace juego *or* queda bien con el jersey; **I'm looking for a ~ for these curtains** estoy buscando un color que haga juego con estas cortinas; **the two of them make** *or* **are a good ~** hacen una buena pareja
3 (= *equal*) **to be a ~/no ~ for sb** estar/no estar a la altura de algn; **he was more than a ~ for Paul** venció fácilmente a Paul; **he's a ~ for anybody** puede competir con el más pintado, está a la altura del más pintado; **to meet one's ~ (in sb)** encontrar la horma de su zapato (en algn)
4 (= *marriage*) casamiento *m*, matrimonio *m*; (= *potential partner*) partido *m*; **he's a good ~** es un buen partido; **she made a good ~** se casó bien
Ⓑ VT 1 (= *pair off*) emparejar; **they're well ~ed** [*couple*] hacen buena pareja; **the teams were well ~ed** los equipos estaban muy igualados *or* (*esp LAm*) eran muy parejos; **they ~ your skills with employers' requirements** emparejan tus aptitudes con los requisitos de las empresas; **the children were asked to ~ the pictures with the words** se pidió a los niños que emparejaran las imágenes con las palabras; **they ~ed fibres to the suspect's clothes** encontraron fibras que se correspondían con la ropa del sospechoso; *see also* **evenly 2**
2 (= *equal*) igualar; **her performance would be hard to ~** su actuación sería difícil de igualar; **I can ~ any offer** puedo igualar cualquier oferta; **for sheer cheek there's no one to ~ him** en cuanto a cara dura no hay quien le iguale; **the results did not ~ our expectations** los resultados no estuvieron a la altura de nuestras expectativas
3 (= *correspond to*) ajustarse a, corresponder a; **a man ~ing the police description** un hombre que se ajustaba a *or* que correspondía a la descripción de la policía
4 (= *put in opposition to*) enfrentar; **to ~ sth/sb against sth/sb** enfrentar algo/a algn a *or* con algo/algn; **she ~ed her wits against his strength** enfrentó *or* midió su ingenio con la fuerza de él; **Scotland has been ~ed against France in the final** Escocia se enfrentará a *or* con Francia en la final
5 (= *tone with*) [+ *clothes, colours*] combinar con, hacer juego con
6 (*also* **~ up**) (= *find sth similar to*) **can you ~ (up) this material?** (*with sth exactly same*) ¿puedes encontrar algo que iguale este tejido?; (*with sth which goes well*) ¿puedes encontrar algo que vaya bien con este tejido?
Ⓒ VI 1 (= *go together*) [*colours*] combinar bien; [*clothes*] hacer juego; **I dyed the shoes to ~** teñí los zapatos para que hicieran juego; **with a skirt to ~** con una falda a tono *or* que hace juego; **he has a vicious tongue and a temper to ~** tiene una lengua viperina y un genio de mil demonios*
2 (= *be the same*) corresponderse, coincidir
Ⓓ CPD ► **match point** N (*Tennis*) bola *f* de partido, match point *m* ► **match report** N informe *m* sobre el partido

►**match up** Ⓐ VT + ADV (= *bring together*) [+ *two objects*] emparejar, aparear; [+ *two people*] emparejar; (= *group*) [+ *objects, people*] agrupar; [+ *pattern*] hacer coincidir; **to ~ sth up with sth** [+ *pairs*] emparejar *or* aparear algo con algo; [+ *colours*] (= *coordinate*) conjuntar algo con algo; **they ~ up your skills with employers' requirements** emparejan tus aptitudes con los requisitos de las empresas; **they ~ed up fibres to the suspect's clothes** encontraron fibras que se correspondían con la ropa del sospechoso; *see also* **match B6**
Ⓑ VI + ADV 1 (= *be the same, fit*) [*numbers, pattern*] coincidir; **check the numbers against your card to see if they ~ up** compruebe los números con los de su cartón para ver si coinciden; **his fingerprints don't ~ up exactly with the murderer's** sus huellas dactilares no coinciden exactamente con *or* no corresponden exactamente a las del asesino
2 (= *perform*) responder
3 (= *compare*) **his record ~es up well against those of previous presidents** su historial se puede comparar al de presidentes anteriores

►**match up to** VI + PREP estar a la altura de

**matchbox** ['mætʃbɒks] N caja *f* de fósforos *or* cerillas

**matching** ['mætʃɪŋ] Ⓐ ADJ haciendo juego, a juego (*Sp*); **a blue silk dress with ~ shoes** un vestido de seda azul con zapatos haciendo juego *or* (*Sp*) a juego
Ⓑ CPD ► **matching funds** NPL (*US*) fondos *mpl* de contrapartida

**matchless** ['mætʃlɪs] ADJ sin par *or* igual, incomparable

**matchmaker** ['mætʃ,meɪkəʳ] N casamentero/a *m/f*, alcahuete/a *m/f*

**matchmaking** ['mætʃ,meɪkɪŋ] Ⓐ N actividades *fpl* de casamentero
Ⓑ ADJ casamentero

**matchplay** ['mætʃpleɪ] N partido *m* oficial

**matchstick** ['mætʃstɪk] N fósforo *m*

**matchwood** ['mætʃwʊd] N astillas *fpl*; **to smash sth to ~** hacer algo añicos; **to be smashed to ~** hacerse añicos

**mate¹** [meɪt] (*Chess*) Ⓐ N mate *m*
Ⓑ VT dar jaque mate a, matar
Ⓒ VI dar jaque mate, matar; **white plays and ~s in two** blanco juega y mata en dos

**mate²** [meɪt] Ⓐ N 1 (*Zool*) (*male*) macho *m*; (*female*) hembra *f*
2 (* *hum*) (= *husband, wife*) compañero/a *m/f*
3 (= *assistant*) ayudante *mf*, peón *m*; *see also* **plumber B**
4 (*Brit Naut*) primer(a) oficial *mf*; (*US*) segundo/a *m/f* de a bordo
5 (*at work*) compañero/a *m/f*, colega *mf*
6 (*Brit**) (= *friend*) amigo/a *m/f*, compinche* *mf*, colega* *mf*, cuate/a *m/f* (*Mex*); **John and his ~s*** John y sus amiguetes *or* colegas; **look here, ~*** mire, amigo
Ⓑ VT 1 (*Zool*) aparear
2 (*hum*) unir
Ⓒ VI (*Zool*) aparearse; ✦**PROV age should not ~ with youth** no debe casarse el viejo con la joven

**maté** ['mɑːteɪ] N mate *m* (cocido), yerba *f* mate; **~ kettle** pava *f*

**material** [mə'tɪərɪəl] Ⓐ ADJ 1 (= *physical*) [*goods, needs, comforts, benefits, damage*] material; **to do sth for ~ gain** hacer algo para obtener un beneficio material; **~ possessions** bienes *mpl* materiales; **the ~ world** el mundo físico
2 (= *important*) [*reason*] importante, de peso, fundamental
3 (*Jur*) (= *relevant*) [*fact*] pertinente; [*witness*] primordial, principal; **~ evidence** pruebas *fpl* sustanciales; **to be ~ to sth** ser pertinente a algo
Ⓑ N 1 (= *cloth*) tela *f*, tejido *m*
2 (= *substance*) materia *f*, material *m*; **natural ~s** materias *fpl* naturales, materiales *mpl* naturales; **raw ~s** materias *fpl* primas
3 **materials** (= *equipment, components*) material(es) *m(pl)*; **building ~s** material(es) *m(pl)* de construcción; **teaching ~s** material(es) *m(pl)* didácticos; **writing ~s** artículos *mpl* de escritorio
4 (= *information*) datos *mpl*, información *f*; **they researched a lot of background ~ for the book** recogieron muchos datos *or* mucha información antes de escribir el libro; **she was busy gathering ~ for her article** estaba ocupada recogiendo datos *or* información para su artículo
5 (= *potential*) **he is university ~** tiene madera de universitario; **he is not management ~** no tiene madera de jefe

**materialism** [mə'tɪərɪəlɪzəm] N materialismo *m*

**materialist** [mə'tɪərɪəlɪst] Ⓐ N materialista *mf*
Ⓑ ADJ materialista

**materialistic** [mə'tɪərɪə'lɪstɪk] ADJ materialista

**materialize** [mə'tɪərɪəlaɪz] Ⓐ VI 1 (= *come into being*) [*idea, hope etc*] realizarse
2 (= *appear*) aparecer; **the funds haven't ~d so far** hasta ahora no han aparecido los fondos
3 [*spirit*] materializarse
Ⓑ VT materializar

**materially** [mə'tɪərɪəlɪ] ADV 1 (= *physically*) materialmente; **~ and emotionally** material y emocionalmente
2 (= *importantly*) sustancialmente, sensiblemente; **interest rates now are not ~ different from last year** los tipos de interés actuales no son sustancialmente *or* sensiblemente diferentes de los del año pasado; **they are not ~ different** no hay grandes diferencias entre ellos, no hay diferencias sustanciales *or* fundamentales entre ellos; **that does not ~ alter things** eso no afecta la situación de modo sustancial

**materiel** [mə,tɪərɪ'el] N (*US*) material *m* bélico

**maternal** [mə'tɜːnl] ADJ [1] (= *motherly*) [*woman, behaviour, instinct*] maternal; [*feelings, love*] maternal, de madre
[2] (= *on the mother's side*) materno (*por parte de madre*); **~ aunt** tía *f* materna (*por parte de madre*); **~ grandfather** abuelo *m* materno (*por parte de madre*)

**maternity** [mə'tɜːnɪtɪ] (A) N maternidad *f*
(B) CPD ► **maternity allowance** N subsidio *m* de maternidad ► **maternity dress** N vestido *m* premamá ► **maternity home, maternity hospital** N maternidad *f* ► **maternity leave** N baja *f* por maternidad ► **maternity ward** N sala *f* de maternidad

**mateship** ['meɪtʃɪp] N (*esp Australia*) compañerismo *m*, compadreo *m* (*esp LAm*)

**matey*** ['meɪtɪ] (A) ADJ (*Brit*) [*person*] afable, simpático; [*atmosphere*] acogedor; [*gathering*] informal, familiar; **she's quite ~ with my wife** es bastante amiga con mi mujer
(B) N (*Brit*) (*in direct address*) chico, hijo

**math*** [mæθ] N ABBR (*US*) = **mathematics** mates* *fpl*

**mathematical** [ˌmæθə'mætɪkəl] ADJ matemático; **I'm not very ~** no se me dan bien las matemáticas; **he's a ~ genius** es un genio para las matemáticas

**mathematically** [ˌmæθə'mætɪkəlɪ] ADV matemáticamente

**mathematician** [ˌmæθəmə'tɪʃən] N matemático/a *m/f*

**mathematics** [ˌmæθə'mætɪks] NSING matemáticas *fpl*

**Mathilda** [mə'tɪldə] N = **Matilda**

**maths*** [mæθs] NSING ABBR (*Brit*) = **mathematics** mates* *fpl*

**Matilda** [mə'tɪldə] N Matilde

**matinée** ['mætɪneɪ] (A) N función *f* de tarde, matiné(e) *f* (*S. Cone*)
(B) CPD ► **matinée coat** N (*Brit*) abriguito *m* de lana ► **matinée idol** N ídolo *m* del público ► **matinée jacket** N = **matinée coat**

**matiness*** ['meɪtɪnɪs] N [*of person*] afabilidad *f*, simpatía *f*; [*of gathering*] ambiente *m* informal, carácter *m* familiar

**mating** ['meɪtɪŋ] (A) N [1] (*Zool*) apareamiento *m*
[2] (*fig*) unión *f*
(B) CPD ► **mating call** N aullido *m*/rugido *m* de la época de celo ► **mating season** N época *f* de celo

**matins** ['mætɪnz] NSING OR NPL maitines *mpl*

**matriarch** ['meɪtrɪɑːk] N matriarca *f*

**matriarchal** [ˌmeɪtrɪ'ɑːkl] ADJ matriarcal

**matriarchy** ['meɪtrɪɑːkɪ] N matriarcado *m*

**matric*** [mə'trɪk] N (*Brit*) (*formerly*) = **matriculation 2**

**matrices** ['meɪtrɪˌsiːz] NPL *of* **matrix**

**matricide** ['meɪtrɪsaɪd] N [1] (= *act*) matricidio *m*
[2] (= *person*) matricida *mf*

**matriculate** [mə'trɪkjʊleɪt] (A) VT matricular
(B) VI matricularse

**matriculation** [məˌtrɪkjʊ'leɪʃən] N [1] matriculación *f*
[2] (*Brit Univ*) (*formerly*) examen *m* de ingreso

**matrimonial** [ˌmætrɪ'məʊnɪəl] ADJ [*problems*] matrimonial; [*vow, bed*] de matrimonio; [*life*] conyugal; **the ~ home** el domicilio conyugal

**matrimony** ['mætrɪmənɪ] N matrimonio *m*

**matrix** ['meɪtrɪks] N (*pl* **matrixes** *or* **matrices**) (*all senses*) matriz *f*

**matron** ['meɪtrən] (A) N [1] (*in nursing home*) supervisora *f*
[2] (†) (*in hospital*) enfermera *f* jefe
[3] (*in school*) enfermera *f*
[4] (= *married woman*) matrona *f*
(B) CPD ► **matron of honour** N dama *f* de honor (*casada*)

**matronly** ['meɪtrənlɪ] ADJ matronal, de matrona; [*figure*] maduro y algo corpulento

**matt** [mæt] ADJ mate

**matted** ['mætɪd] ADJ enmarañado y apelmazado; **~ hair** greñas *fpl*, pelo *m* enmarañado y apelmazado; **~ with blood** enmarañado y apelmazado por la sangre

▼**matter** ['mætəʳ] (A) N [1] (= *substance*) materia *f*, sustancia *f*
[2] (*Typ, Publishing*) material *m*; **advertising ~** material *m* publicitario; **printed ~** impresos *mpl*
[3] (*Med*) (= *pus*) pus *m*, materia *f*
[4] (*Literat*) (= *content*) contenido *m*; **form and ~** la forma y el contenido
[5] (= *question, affair*) asunto *m*, cuestión *f*; **in this ~** en este asunto; **that's quite another ~** ◊ **that's another ~ altogether** esa es otra cuestión, eso es totalmente distinto; **business ~s** negocios *mpl*; **the ~ is closed** el asunto está concluido; **as a ~ of course** automáticamente; **it's a ~ of course with us** con nosotros es cosa de cajón; **that's a very different ~** esa es otra cuestión, eso es totalmente distinto; **it's an easy ~ to phone him** es cosa fácil llamarle; **it will be no easy ~** no será fácil; **as a ~ of fact ...**: **as a ~ of fact I know her very well** de hecho *or* en realidad la conozco muy bien; **I don't like it, as a ~ of fact I'm totally against it** no me gusta, de hecho estoy totalmente en contra; **"don't tell me you like it?" — "as a ~ of fact I do"** —no me digas que te gusta —pues sí, la verdad es que sí; **as a ~ of fact we were just talking about you** precisamente estábamos hablando de ti; **for that ~** en realidad; **it's a ~ of form** es pura formalidad; **the ~ in hand** la cuestión del momento; **money ~s** asuntos *mpl* financieros; **it is no great ~** es poca cosa, no importa; **in the ~ of** en cuanto a, en lo que se refiere; **there's the ~ of my wages** queda el asunto de mi sueldo; **it will be a ~ of a few weeks** será cuestión de unas semanas; **a ~ of minutes** cosa de minutos; **it's a ~ of a couple of hours** es cosa de un par de horas; **in a ~ of ten minutes** en cosa de diez minutos; **it's a ~ of great concern to us** es motivo de gran preocupación para nosotros; **it's a ~ of taste** es cuestión de gusto; **it's a serious ~** es cosa seria; **as ~s stand** tal como están las cosas; **to make ~s worse** para colmo de males; *see also* **laughing A, mince B2**
[6] (= *importance*) **no ~!** ◊ **it makes no ~** (*frm*) ¡no importa!, ¡no le hace! (*LAm*); **no ~ how you do it** no importa cómo lo hagas; **no ~ how big it is** por grande que sea; **no ~ how hot it is** por mucho calor que haga; **get one, no ~ how** procura uno, del modo que sea; **no ~ what he says** diga lo que diga; **what ~?** (*frm*) ¿qué importa?; **no ~ when** no importa cuándo; **no ~ who goes** quienquiera que vaya
[7] (= *difficulty, problem etc*) **what's the ~?** ¿qué pasa?, ¿qué hay?; **what's the ~ with you?** ¿qué te pasa?, ¿qué tienes?; **what's the ~ with Tony?** ¿qué le pasa a Tony?; **something's the ~ with the lights** algo les pasa a las luces, algo pasa con las luces; **what's the ~ with my hat?** ¿qué pasa con mi sombrero?; **what's the ~ with singing?** ¿por qué no se puede cantar?, ¿es que está prohibido cantar?; **nothing's the ~** no pasa nada; **as if nothing were the ~** como si no hubiese pasado nada, como si tal cosa
(B) VI importar; **does it ~ to you if I go?** ¿te importa que yo vaya?; **why should it ~ to me?** ¿a mí qué me importa *or* qué más me da?; **it doesn't ~** (*unimportant*) no importa; (*no preference*) (me) da igual *or* lo mismo; **what does it ~?** ¿qué más da?, ¿y qué?; **some things ~ more than others** algunas cosas son más importantes que otras

**matter-of-fact** ['mætərəvˈfækt] ADJ [*style*] prosaico; [*person*] (*practical*) práctico

**Matthew** ['mæθjuː] N Mateo

**matting** ['mætɪŋ] N estera *f*

**mattins** ['mætɪnz] NSING OR NPL = **matins**

**mattock** ['mætək] N azadón *m*

**mattress** ['mætrɪs] N colchón *m*

**maturation** [mætjʊə'reɪʃən] N (*frm*) maduración *f*

**mature** [mə'tjʊəʳ] (A) ADJ (*compar* **maturer**; *superl* **maturest**) [1] (*emotionally*) maduro; **she's very ~ for her age** es muy madura para su edad
[2] (*physically*) [*animal, plant*] adulto; **to be physically ~** estar desarrollado; **of ~ years** de edad madura
[3] [*wine, whisky*] añejo; [*cheese*] curado
[4] (*Fin*) [*insurance policy, investment*] vencido
(B) VI [1] [*person*] (*emotionally*) madurar; [*child, young animal*] (*physically*) desarrollarse; **she had ~d into a self-possessed young woman** se había convertido en una joven dueña de sí misma; **her style had not yet ~d** su estilo aún no había madurado
[2] [*wine, whisky*] añejarse; [*cheese*] curarse
[3] (*Fin*) [*insurance policy, investment*] vencer
(C) VT [+ *wine, whisky*] añejar; [+ *cheese*] curar
(D) CPD ► **mature student** N estudiante *mf* mayor

**maturely** [mə'tjʊəlɪ] ADV de manera juiciosa, con madurez

**maturity** [mə'tjʊərɪtɪ] N [1] (*emotional*) madurez *f*
[2] (*physical*) [*of person, animal*] madurez *f*, pleno desarrollo *m*; [*of plant*] pleno desarrollo *m*; **to reach physical ~** alcanzar su pleno desarrollo
[3] (*Fin*) [*of insurance policy, bond*] vencimiento *m*

**maudlin** ['mɔːdlɪn] ADJ (= *weepy*) llorón; (= *sentimental*) sensiblero

**maul** [mɔːl] (A) VT [1] (*lit*) [*tiger, bear*] atacar y malherir; **to ~ sb to death** atacar y matar a algn
[2] (*fig*) [+ *writer, play*] vapulear; [+ *text*] destrozar, arruinar; [+ *team, competitor, candidate*] arrollar; **he got badly ~ed in the press** la prensa lo vapuleó, la prensa lo puso como un trapo*
(B) N (*Rugby*) melé *f* espontánea

**maunder** ['mɔːndəʳ] VI divagar

**Maundy** ['mɔːndɪ] CPD ► **Maundy money** N (*Brit*) *dinero que reparte el monarca a los pobres el Jueves Santo* ► **Maundy Thursday** N Jueves *m* Santo

**Maurice** ['mɒrɪs] N Mauricio

**Mauritania** [ˌmɔːrɪ'teɪnɪə] N Mauritania *f*

**Mauritanian** [ˌmɔːrɪ'teɪnɪən] (A) ADJ mauritano
(B) N mauritano/a *m/f*

**Mauritian** [mə'rɪʃən] (A) ADJ mauriciano
(B) N mauriciano/a *m/f*

**Mauritius** [mə'rɪʃəs] N Isla *f* Mauricio *m*

**mausoleum** [ˌmɔːsə'liːəm] N (*pl* **mausoleums** *or* **mausolea** [ˌmɔːsə'lɪə]) mausoleo *m*

**mauve** [məʊv] (A) ADJ malva
(B) N malva *m*

➤ LANGUAGE IN USE: **matter B** 7.5, 18.5

**maverick** ['mævərɪk] Ⓐ N [1] (*US Agr*) res *f* sin marcar
[2] (= *nonconformist*) inconformista *mf*; (*Pol etc*) disidente *mf*
Ⓑ ADJ (= *nonconformist*) inconformista; (*Pol*) disidente

**maw** [mɔː] N [1] (*Anat*) estómago *m*; [*of cow etc*] cuajar *m*; [*of bird*] molleja *f*, buche *m*
[2] (*fig*) fauces *fpl*

**mawkish** ['mɔːkɪʃ] ADJ empalagoso, sensiblero, insulso

**mawkishness** ['mɔːkɪʃnɪs] N sensiblería *f*, insulsez *f*

**max** [mæks] Ⓐ ABBR (= **maximum**) máx.; **a couple of weeks, ~** dos semanas como máximo
Ⓑ N **to do sth to the ~*** hacer algo al máximo, hacer algo a tope*

**maxi*** ['mæksi] N (= *skirt*) maxifalda *f*, maxi* *f*

**maxi...** ['mæksi] PREFIX maxi...

**maxilla** [mæk'sɪlə] N (*pl* **maxillae** [mæk'sɪliː]) maxilar *m* superior

**maxillary** [mæk'sɪlərɪ] ADJ (*Anat*) maxilar

**maxim** ['mæksɪm] N máxima *f*

**maximization** [,mæksɪmaɪ'zeɪʃən] N [*of profits, assets, potential*] maximización *f*

**maximize** ['mæksɪmaɪz] VT [+ *profits, assets, potential, opportunities*] maximizar

**maximum** ['mæksɪməm] Ⓐ ADJ [*amount, temperature, speed, load, efficiency*] máximo; **for ~ benefit, use once a week** para obtener un beneficio máximo úsese una vez a la semana; **for ~ effect** para conseguir el máximo efecto; **to use sth to ~ effect** usar algo de manera muy efectiva; **~ expenditure** gasto *m* máximo; **a ~ security prison/hospital** una prisión/un hospital de máxima seguridad; **~ sentence** condena *f* máxima
Ⓑ N (*pl* **maximums** *or* **maxima**) máximo *m*; **20 kilos is the ~** el máximo son 20 kilos; **at the ~** como máximo, a lo sumo; **up to a ~ of £20** hasta 20 libras como máximo; **to the ~** al máximo
Ⓒ ADV como máximo; **you should drink two cups of coffee a day ~** deberías beber dos tazas de café al día como máximo, deberías beber un máximo de dos tazas de café al día

**maxi-single** ['mæksɪ'sɪŋgəl] N (*Mus*) maxisingle *m*

**May** [meɪ] Ⓐ N mayo *m*; *see* **July** *for usage*
Ⓑ CPD ► **May Day** N el primero de mayo
► **May Queen** N reina *f* de mayo

▼ **may¹** [meɪ] (*pt, cond* **might**) MODAL AUX VB [1] (*of possibility*) **it ~ rain** puede *or* es posible que llueva; **it ~ be that he has had to go out** puede (ser) que haya tenido que salir; **he ~ not be hungry** a lo mejor no tiene hambre; **they ~ well be related** puede que sean parientes; **that's as ~ be** eso puede ser; **be that as it ~** sea como sea; **they ~ have gone out** puede que hayan salido, a lo mejor han salido; **he ~ not have spoken to her yet** a lo mejor no ha hablado con ella todavía, puede que no haya hablado con ella todavía; **I ~ have said so** es posible que lo haya dicho, puede que lo haya dicho; **yes, I ~** sí, es posible, sí, a lo mejor; **I might have said so** pudiera haberlo dicho; **as you might expect** como era de esperar, según cabía esperar; **who might you be?** ¿quién es usted?; **how old might you be?** ¿cuántos años tendrás?; **such a policy as might bring peace** una política que pudiera traernos la paz
[2] (*of permission*) poder; **yes, you ~** sí, puedes, ¡cómo no!; **if I ~** si me lo permites; **~ I?** ¿me permite?, con permiso; **~ I go now?** ¿puedo irme ya?; **~ I see it?** ¿se puede ver?, ¿puedo verlo?; **~ I come in?** ¿se puede?, con permiso; **you ~ smoke** se permite fumar; **you ~ not smoke** se prohíbe fumar; **if I ~ advise you** si permites que te dé un consejo; **might I suggest that ...?** me permito sugerir que ...
[3] (*in wishes*) **~ you have a happy life together** ¡que seáis felices!; **~ God bless you** ¡Dios te bendiga!; **~ you be forgiven!** ¡que Dios te perdone!; **long ~ he reign!** ¡que reine muchos años!; **or ~ I never eat prawns again** o que no vuelva nunca a comer gambas
[4] (*frm or liter*) **I hope he ~ succeed** espero que tenga éxito; **I hoped he might succeed this time** esperaba que lo lograra esta vez
[5] **might** [5·1] (*suggesting*) **you might try Smith's** podrías probar en la tienda de Smith; **mightn't it be better to ...?** + *infin* ¿no sería mejor ...? + *infin*
[5·2] (*criticizing*) **you might shut the door!** ¡podrías *or* podías cerrar la puerta!; **he might have offered to help** podría haberse prestado a ayudar; **you might have told me!** ¡habérmelo dicho!
[6] (*in phrases*) **we ~** *or* **might as well go** vámonos ya *or* de una vez; **run as he might** por mucho que corriese

**may²** [meɪ] N (*Bot*) (= *blossom*) flor *f* del espino; (*Brit*) (= *tree*) espino *m*

**Maya** ['maɪjə], **Mayan** ['maɪjən] Ⓐ ADJ maya
Ⓑ N maya *mf*

▼ **maybe** ['meɪbiː] ADV a lo mejor, quizá(s), tal vez; **~ he'll come tomorrow** a lo mejor viene mañana, puede que *or* quizá(s) *or* tal vez venga mañana; **~ I should grow a moustache** a lo mejor debería dejarme bigote; **there were ~ ten people in the room** habría unas diez personas en la habitación; **maybe, maybe not** puede que sí, puede que no, a lo mejor sí, a lo mejor no

**Mayday** ['meɪdeɪ] N (= *distress call*) socorro *m*, SOS *m*

**mayfly** ['meɪflaɪ] N cachipolla *f*, efímera *f*

**mayhem** ['meɪhem] N [1] alboroto *m*, caos *m*
[2] (*US Jur*) mutilación *f* criminal

**mayn't** [meɪnt] = **may not**

**mayo*** ['meɪəʊ] N (*US*) = **mayonnaise**

**mayonnaise** [meɪə'neɪz] N mayonesa *f*; *see also* **garlic B**

**mayor** [mɛəʳ] N alcalde *m*, alcadesa *f*, intendente *mf* (*S. Cone, Mex*), regente *mf* (*Mex*); **Mr Mayor** Señor Alcalde; **Madam Mayor** Señora Alcaldesa

**mayoral** ['mɛərəl] ADJ [*candidate, election*] para alcalde, para la alcaldía

**mayoralty** ['mɛərəltɪ] N alcaldía *f*

**mayoress** ['mɛəres] (*Brit*) N (= *lady mayor, wife of mayor*) alcaldesa *f*, intendente *f* (*S. Cone, Mex*), regente *f* (*Mex*)

**maypole** ['meɪpəʊl] N mayo *m*

**maze** [meɪz] N laberinto *m*

**MB** N ABBR [1] (*Brit Univ*) = **Bachelor of Medicine**
[2] (*Canada*) ABBR = **Manitoba**

**Mb** N ABBR (*Comput*) (= **megabyte**) Mb

**MBA** N ABBR (*Univ*) = **Master of Business Administration**; → DEGREE

**MBBS, MBChB** N ABBR (*Univ*) = **Bachelor of Medicine and Surgery**

**MBE** N ABBR (= **Member of the Order of the British Empire**) *título ceremonial británico*; → HONOURS LIST

**MBO** N ABBR (*Fin*) = **management buyout**

**MC** N ABBR [1] = **Master of Ceremonies**
[2] (*US*) = **Member of Congress**
[3] (*Brit Mil*) = **Military Cross**

**MCAT** N ABBR (*US Univ*) = **Medical College Admissions Test**

**McCarthyism** [mə'kɑːθɪɪzəm] N (*US Pol*) macartismo *m*

**McCoy** [mə'kɔɪ] N *see* **real A2**

**MCP*** N ABBR = **male chauvinist pig**; *see* **chauvinist**

**m/cycle** ABBR = **motorcycle**

**MD** Ⓐ N ABBR [1] = **Doctor of Medicine**
[2] = **managing director**
Ⓑ ABBR [1] = **mentally deficient**
[2] (*US*) = **Maryland**

**MDT** N ABBR (*US*) = **Mountain Daylight Time**

**ME** Ⓐ N ABBR [1] = **myalgic encephalomyelitis**
[2] (*US*) = **medical examiner**
Ⓑ ABBR (*US*) = **Maine**

**me¹** [miː] PRON [1] (*direct/indirect object*) me; (*after prep*) mí; **he loves me** me quiere; **look at me!** ¡mírame!; **could you lend me your pen?** ¿me prestas tu bolígrafo?; **without me** sin mí; **come with me** ven conmigo; **like me** como yo; **dear me!** ¡vaya!
[2] (*emphatic, in comparisons, after verb "to be"*) yo; **who, me?** ¿quién, yo?; **what, me?** ¿cómo, yo?; **he's taller than me** es más alto que yo; **it's me** soy yo; **it's me, Paul** (*identifying self*) soy Paul

**me²** [miː] N (*Mus*) mi *m*

**Me.** ABBR (*US*) = **Maine**

**mead** [miːd] N aguamiel *f*, hidromiel *m*

**meadow** ['medəʊ] N prado *m*, pradera *f*; (*esp water meadow*) vega *f*

**meadowsweet** ['medəʊswiːt] N reina *f* de los prados

**meagre, meager** (*US*) ['miːgəʳ] ADJ [*amount, salary, rations*] escaso, exiguo; **he eked out a ~ existence as a labourer** a duras penas se ganaba la vida trabajando de peón; **his salary is a ~ £350 a month** gana unas míseras 350 libras al mes

**meagrely, meagerly** (*US*) ADV escasamente, pobremente

**meal¹** [miːl] Ⓐ N comida *f*; **to go for a ~** ir a comer fuera; **to have a (good) ~** comer (bien); **I don't eat between ~s** no como entre horas; **~s on wheels** servicio *m* de comidas a domicilio (*para ancianos*); ✦*IDIOM* **to make a ~ of sth*** (= *dramatize*) exagerar algo; (= *make the most of*) sacar todo el jugo posible a algo; (= *take time over*) tardar lo suyo en hacer algo
Ⓑ CPD ► **meal ticket** N (*lit*) vale *m* de comida; (*fig*) **she's just looking for a ~ ticket** sólo busca a alguien que la mantenga

**meal²** [miːl] N (= *flour*) harina *f*

**mealie meal** ['miːlɪmiːl] N harina *f* de maíz, maicena *f* (*Sp*), Maizena® *f* (*Sp*)

**mealtime** ['miːltaɪm] N hora *f* de comer

**mealy** ['miːlɪ] ADJ harinoso

**mealy-mouthed** ['miːlɪ'maʊðd] ADJ modoso, evasivo; **let us not be ~ about it** hablemos claro sobre esto

**mean¹** [miːn] ADJ (*compar* **meaner**; *superl* **meanest**) [1] (= *stingy*) tacaño, agarrado*, amarrete (*Andes, S. Cone**); **you ~ thing!** ¡qué tacaño eres!
[2] (= *nasty*) malo; **don't be ~!** ¡no seas malo!; **you ~ thing!** ¡qué malo eres!; **a ~ trick** una jugarreta, una mala pasada; **that was pretty ~ of them** se han portado bastante mal; **you were ~ to me** te portaste fatal *or* muy mal conmigo

3 (= *vicious*) malo
4 (= *of poor quality*) inferior; (= *shabby*) humilde, vil; (= *humble*) [*birth*] humilde, pobre; **the ~est citizen** el ciudadano más humilde; **obvious to the ~est intelligence** obvio para cualquiera con un mínimo de sentido común; **she's no ~ cook** es una cocinera excelente
5 (*US*) formidable, de primera; **he plays a ~ game** juega estupendamente

**mean²** [miːn] Ⓐ N (= *middle term*) término *m* medio; (= *average*) promedio *m*; (*Math*) media *f*; **the golden** *or* **happy ~** el justo medio
Ⓑ ADJ medio; **~ life** (*Phys*) vida *f* media

**mean³** [miːn] (*pt, pp* **meant**) VT 1 [*word, sign*] (= *signify*) significar, querer decir; **what does this word ~?** ¿qué significa *or* quiere decir esta palabra?; **"vest" ~s something different in America** en América "vest" tiene otro significado *or* significa otra cosa; **you know what it ~s to hit a policeman?** ¿usted sabe qué consecuencias trae el golpear a un policía?; **what do you ~ by that?** ¿qué quieres decir con eso?; **it ~s a lot to have you with us** significa mucho tenerte con nosotros; **your friendship ~s a lot to me** tu amistad es muy importante *or* significa mucho para mí; **a pound ~s a lot to her** para ella una libra es mucho dinero; **it ~s a lot of expense for us** supone un gasto muy fuerte para nosotros; **the name ~s nothing to me** el nombre no me suena; **the play didn't ~ a thing to me** no saqué nada en claro de la obra; *see also* **know A4**
2 [*person*] 2·1 (= *imply*) querer decir; (= *refer to*) referirse a; **what do you ~?** ¿qué quieres decir?; **18, I ~ 19** 18, digo 19; **do you ~ me?** ¿te refieres a mí?
2·2 (= *signify*) significar; **don't I ~ anything to you?** ¿no significo yo nada para ti?
2·3 (= *be determined about*) **I ~ what I say** lo digo en serio; **you can't ~ it !** ¡no lo dirás en serio!; **I ~ it** va en serio
2·4 (= *intend*) **to ~ to do sth** pensar hacer algo; **what do you ~ to do?** ¿qué piensas hacer?; **I ~t to help** pensaba ayudar, tenía la intención de ayudar; **I ~ to have it** pienso *or* me propongo obtenerlo; **he didn't ~ to do it** lo hizo sin querer; **I ~ to have you sacked** voy a encargarme de que te despidan; **sorry, I didn't ~ you to do it** lo siento, mi intención no era que lo hicieras tú; **I ~ to be obeyed** insisto en que se me obedezca; **if he ~s to be awkward** si quiere complicar las cosas; **I ~t it as a joke** lo dije en broma; **was the remark ~t for me?** ¿el comentario iba por mí?; **I ~t no harm by what I said** no lo dije con mala intención; **he ~t no offence** no tenía intención de ofender a nadie; **he ~s well** tiene buenas intenciones
3 (= *suppose*) suponer; **to be ~t to do sth**: **it's ~t to be a good car** este coche se supone que es bueno; **parents are ~t to love their children** se supone que los padres quieren a sus hijos; **the teacher is ~t to do it** se supone que el profesor lo debe hacer; **we were ~t to arrive at eight** se suponía que llegaríamos a las ocho; **this picture is ~t to tell a story** este cuadro se propone contar una historia; **this portrait is ~t to be Anne** este retrato es de Anne, aunque no lo parezca; **perhaps you weren't ~t to be a vet** quizá lo tuyo no sea la veterinaria; **I wasn't ~t to work for my living!** ¡yo no estoy hecho para trabajar!; **you're not ~t to drink it!** ¡no es para beber!

**meander** [mɪˈændəʳ] Ⓐ VI 1 [*river*] serpentear
2 [*person*] (= *roam*) deambular, vagar; (*in speech*) divagar
Ⓑ N meandro *m*; **~s** (*fig*) meandros *mpl*

**meandering** [mɪˈændərɪŋ] ADJ 1 (*lit*) [*river*] con meandros; [*road*] serpenteante
2 (*fig*) [*account, speech etc*] lleno de digresiones

**meanderings** [mɪˈændərɪŋz] NPL (*fig*) divagaciones *fpl*

**meanie*** [ˈmiːnɪ] N **he's an old ~** es un tío agarrado*

**meaning** [ˈmiːnɪŋ] Ⓐ N 1 (= *sense*) [*of word*] significado *m*, acepción *f*; [*of phrase*] significado *m*; [*of life, work*] sentido *m*; **this word has lots of ~s** esta palabra tiene muchos significados *or* muchas acepciones; **life has no ~ for her now** ahora para ella la vida no tiene sentido; **double ~** doble sentido; **do you get my ~?** ¿me entiendes?, ¿me comprendes?; **he doesn't know the ~ of the word** (*fig*) ni sabe lo que eso significa; **what's the ~ of "hick"?** ¿qué significa "hick"?, ¿qué quiere decir "hick"?; **what's the ~ of this?** (*as reprimand*) ¿se puede saber qué significa esto?
2 (= *intention*) intención *f*, propósito *m*; **a look full of ~** una mirada llena de intención; **to mistake sb's ~** malinterpretar la intención de algn
Ⓑ ADJ [*look etc*] significativo, lleno de intención

**meaningful** [ˈmiːnɪŋfʊl] ADJ 1 (= *worthwhile*) [*discussion, negotiations*] valioso, positivo; [*experience*] valioso, significativo; [*relationship*] serio, significativo; [*activity*] que merece la pena; [*question, explanation*] coherente, que tiene sentido; [*comment, analogy*] que tiene sentido; **to lead a ~ life** vivir una vida que tenga sentido; **nothing ~ is ever discussed at these meetings** en estas reuniones nunca se discute nada de trascendencia *or* nada que merezca la pena
2 (= *eloquent*) [*smile, look*] significativo, elocuente

**meaningfully** [ˈmiːnɪŋfəlɪ] ADV 1 (= *in a worthwhile way*) **to spend one's time ~** emplear el tiempo en algo que valga la pena
2 (= *eloquently*) [*smile, look, say*] de manera significativa

**meaningless** [ˈmiːnɪŋlɪs] ADJ (*gen*) sin sentido; **in this situation it is ~** en esta situación no tiene sentido; **to write "xybj" is ~** escribir "xybj" carece de sentido

**meanly** [ˈmiːnlɪ] ADV 1 (= *stingily*) mezquinamente
2 (= *nastily*) maliciosamente

**meanness** [ˈmiːnnɪs] N 1 (= *stinginess*) tacañería *f*, mezquindad *f*
2 (= *nastiness*) maldad *f*, vileza *f*
3 (= *humbleness*) humildad *f*

**means** [miːnz] Ⓐ N 1 (*with sing vb*) (= *way*) manera *fsing*, modo *msing*; (= *method*) medio *msing*; **by any ~** de cualquier manera, del modo que sea; **not by any ~** de ninguna manera *or* ningún modo; **by any ~ possible** como sea/fuera posible, a como dé/diera lugar (*CAm, Mex*); **there is no ~ of doing it** no hay manera *or* modo de hacerlo; **by some ~ or other** de alguna manera u otra, de algún modo u otro; **by this ~** de esta manera, de este modo; **a ~ to an end** un medio para conseguir algo *or* un fin; **by ~ of** por medio de; **it moves by ~ of a pulley system** se mueve por medio de poleas; **~ of transport** medio *m* de transporte; *see also* **fair¹ A1**
2 (*in phrases*) **by all ~!** ¡claro que sí!, ¡por supuesto!; **by all ~ take one** por favor toma uno; **"is she a friend of yours?" — "by no means"** —¿es amiga suya? —de ninguna manera *or* ningún modo; **they're by no ~ rich** no son ricos, ni mucho menos; **it is by no ~ difficult** no es nada difícil; **by no manner of ~** en absoluto
3 (*with pl vb*) (*Fin*) recursos *mpl*, medios *mpl*; **we haven't the ~ to do it** no contamos con los recursos *or* los medios para hacerlo; **to live beyond one's ~** vivir por encima de sus posibilidades, gastar más de lo que se gana; **a man of ~** un hombre acaudalado; **private ~** rentas *fpl* (particulares); **to live within one's ~** vivir de acuerdo con sus posibilidades
Ⓑ CPD ► **means test** N prueba *f* de haberes (*para determinar si una persona tiene derecho a determinada prestación*); *see also* **means-test**

**means-test** [ˈmiːnztest] VT **this benefit is ~ed** este subsidio se otorga después de averiguar los recursos económicos del solicitante; *see also* **means**

**meant** [ment] PT, PP *of* **mean³**

**meantime** [ˈmiːnˈtaɪm] Ⓐ ADV entretanto, mientras tanto
Ⓑ N **for the ~** (*referring to now*) por ahora, de momento; (*referring to past*) entretanto; **in the ~** (*referring to now*) mientras tanto; (*referring to past*) en el ínterin; **in the ~ she had had two children** en el ínterin había tenido dos hijos

**meanwhile** [ˈmiːnˈwaɪl] Ⓐ ADV entretanto, mientras tanto
Ⓑ N **in the ~** entretanto, mientras tanto

**measles** [ˈmiːzlz] NSING sarampión *m*

**measly*** [ˈmiːzlɪ] ADJ (*compar* **measlier**; *superl* **measliest**) miserable, mezquino

**measurable** [ˈmeʒərəbl] ADJ 1 (*lit*) mensurable, que se puede medir
2 (= *perceptible*) apreciable, perceptible

**measure** [ˈmeʒəʳ] Ⓐ N 1 (= *system*) medida *f*; **liquid/dry ~** medida para líquidos/áridos; **a suit made to ~** un traje hecho a (la) medida; ✦*IDIOMS* **beyond ~**: **our knowledge has increased beyond ~** nuestros conocimientos han aumentado enormemente *or* de manera inconmensurable; **he irritated her beyond ~** la irritaba hasta más no poder; **to have the ~ of sb** tener a algn calado*; **the government had failed to get the ~ of the crisis** el gobierno no había apreciado la magnitud de la crisis; *see also* **made-to-measure**
2 (= *measuring device*) (= *rule*) metro *m*; (= *glass*) probeta *f* graduada; *see also* **tape C**
3 (= *indication*) indicativo *m*; **it is a ~ of how serious the situation is** es un indicativo de lo grave de la situación
4 (= *amount measured*) cantidad *f*; **I poured two equal ~s into the glasses** eché dos cantidades iguales en los vasos; **to give (sb) good** *or* **full ~** dar la medida exacta (a algn); **to give (sb) short ~** dar una medida escasa (a algn); ✦*IDIOM* **for good ~**: **he gave me a few extra for good ~** me dio unos pocos más por añadidura; **I repeated my question for good ~** repetí la pregunta por si acaso
5 (= *step*) medida *f*; **to take ~s against sb** tomar medidas contra algn; **to take ~s to do sth** tomar medidas para hacer algo; **they took no ~s to avoid the disaster** no tomaron ninguna medida para evitar el desastre
6 (= *extent*) **we had some ~ of success** tuvimos cierto éxito; **it gives a ~ of protection** da cierta protección; **in large ~** en gran parte *or* medida; **this is due in no small ~ to the problems we have had** esto se debe en gran parte *or* medida a los problemas que hemos tenido; **in some ~** hasta cierto punto, en cierta medida
7 [*of spirits*] cantidad *f*; (*sold in pub*) medida *f*
8 (*Mus*) (= *beat*) ritmo *m*; (= *bar*) compás *m*

► LANGUAGE IN USE: **mean³ 1** 26.3 **3** 18.4

Ⓑ VT [1] [+ *object, speed, length, width, height*] medir; [+ *person*] (*for height*) medir; (*for clothes*) tomar las medidas a; **to ~ the height of sth** medir la altura de algo; **I have to be ~d for my costume** me tienen que tomar las medidas para el traje; **how can you ~ success?** ¿cómo puedes medir el éxito?; **to ~ one's length (on the floor/ground)** caerse todo lo largo que se es (al suelo); *see also* **word A1**
[2] (= *compare*) **to ~ sth/sb against sth/sb** comparar algo/a algn con algo/algn; **I don't like being ~d against other people** no me gusta que se me compare con otra gente; **the competition will be a chance for him to ~ himself against the best** la competición será una ocasión para medirse con los mejores
Ⓒ VI medir; **what does it ~?** ¿cuánto mide?; **the room ~s four metres across** la habitación mide cuatro metros de ancho

►**measure off** VT + ADV medir

►**measure out** VT + ADV [1] [+ *solid ingredients*] pesar; [+ *liquid, piece of ground, length*] medir
[2] (= *give out*) repartir, distribuir

►**measure up** Ⓐ VT + ADV [1] [+ *wood, material*] medir
[2] (= *evaluate*) [+ *sb's intentions*] averiguar; [+ *situation*] evaluar
Ⓑ VI + ADV [1] (= *take measurements*) tomar medidas; **she ~d up for the curtains** tomó medidas para las cortinas
[2] (= *fulfil expectations*) dar la talla, estar a la altura; **to ~ up to sth** estar a la altura de algo

**measured** ['meʒəd] ADJ [*tread, pace*] acompasado; [*tone, way of talking, statement*] mesurado, comedido

**measureless** ['meʒəlɪs] ADJ inmensurable, inmenso

**measurement** ['meʒəmənt] N [1] (= *size*) medida *f*; **bust/hip ~** contorno *m* de pecho/de caderas; **inside leg ~** largo *m* de entrepierna; **waist ~** cintura *f*, talle *m*; **to take sb's ~s** tomar las medidas a algn
[2] (= *act, system*) medición *f*

**measuring** ['meʒərɪŋ] Ⓐ N medición *f*
Ⓑ CPD ► **measuring chain** N cadena *f* de agrimensor ► **measuring cup** N taza *f* para medir ► **measuring jug** N jarra *f* medidora *or* graduada ► **measuring rod** N vara *f* de medir ► **measuring spoon** N cuchara *f* medidora ► **measuring tape** N cinta *f* métrica, metro *m*

**meat** [mi:t] Ⓐ N [1] (*gen*) carne *f*; (= *cold meat*) fiambre *m*; ✦***IDIOM*** **it's ~ and drink to me** no puedo vivir sin ello; ✦***PROV*** **one man's ~ is another man's poison** lo que a uno cura a otro mata
[2] (*fig*) enjundia *f*, sustancia *f*; **a book with some ~ in it** un libro con enjundia *or* sustancia
Ⓑ CPD ► **meat eater** N (= *person*) persona *f* que come carne; (*Zool*) carnívoro/a *m/f*; **we're not ~ eaters** no comemos carne ► **meat extract** N extracto *m* de carne ► **meat grinder** N (*US*) máquina *f* de picar carne ► **meat hook** N gancho *m* carnicero ► **meat industry** N industria *f* cárnica ► **meat loaf** N *rollo de carne picada sazonado, cocido y servido como fiambre* ► **meat pie** N pastel *m* de carne; (*individual*) empanada *f* ► **meat products** N productos *mpl* cárnicos ► **meat safe** N (*Brit*) fresquera *f*

**meatball** ['mi:t'bɔ:l] N albóndiga *f*

**meat-eating** ['mi:t,i:tɪŋ] ADJ carnívoro

**meatfly** ['mi:tflaɪ] N mosca *f* de la carne

**meathead*** ['mi:thed] N (*US*) idiota *mf*, gilipollas** *mf*

**meatless** ['mi:tlɪs] ADJ [*diet*] sin carne; **~ day** día *m* de vigilia

**meaty** ['mi:tɪ] ADJ (*compar* **meatier**; *superl* **meatiest**) [1] [*soup, filling*] con carne; [*flavour*] a carne
[2] (*fig*) [2·1] (= *substantial*) [*argument, book*] sustancioso, enjundioso; [*part, role*] importante, de peso
[2·2] (= *fleshy*) [*arm, hand*] rollizo

**Mecca** ['mekə] N La Meca; (*fig*) **a ~ for tourists** una de las mecas del turismo

**Meccano**® [mɪ'kɑ:nəʊ] N (*Brit*) mecano® *m*

**mechanic** [mɪ'kænɪk] N mecánico/a *m/f*

**mechanical** [mɪ'kænɪkəl] Ⓐ ADJ [1] [*toy, problem, failure, device*] mecánico
[2] (*fig*) (= *unthinking*) [*behaviour, reply*] mecánico, maquinal
Ⓑ CPD ► **mechanical engineer** N ingeniero/a *m/f* mecánico/a ► **mechanical engineering** N ingeniería *f* mecánica

**mechanically** [mɪ'kænɪkəlɪ] ADV [1] [*operated, driven*] mecánicamente; **I'm not ~ minded** no se me da muy bien la mecánica, no tengo cabeza para las cosas mecánicas
[2] (*fig*) (= *unthinkingly*) [*behave, reply*] mecánicamente, maquinalmente

**mechanics** [mɪ'kænɪks] Ⓐ NSING (*Tech, Phys*) mecánica *f*
Ⓑ NPL (= *machinery*) mecanismo *msing*; (*fig*) mecánica *f*

**mechanism** ['mekənɪzəm] N [1] (*gen*) mecanismo *m*
[2] (*Philos*) mecanicismo *m*

**mechanistic** [,mekə'nɪstɪk] ADJ [1] (*gen*) mecánico, maquinal
[2] (*Philos*) mecanístico

**mechanization** [,mekənaɪ'zeɪʃən] N mecanización *f*

**mechanize** ['mekənaɪz] VT [+ *process, task*] mecanizar; [+ *factory*] automatizar

**mechanized** ['mekənaɪzd] ADJ [*process*] mecanizado; [*troops, unit*] motorizado

**MEd** [em'ed] N ABBR (*Univ*) = **Master of Education**

**Med*** [med] N **the ~** el Mediterráneo

**med.** ABBR = **medium**

**medal** ['medl] N medalla *f*; **he deserves a ~ for it** merece que le den una medalla por ello

**medallion** [mɪ'dælɪən] N medallón *m*

**medallist**, **medalist** (*US*) ['medəlɪst] N medallista *mf*; **Olympic ~** medallista *mf* olímpico/a; **bronze/silver/gold ~** medalla *mf* de bronce/plata/oro

**meddle** ['medl] VI [1] (= *interfere*) (entro)meterse (**in** en); **who asked you to ~?** ¿quién te manda a ti meterte en esto?; **he's always meddling** es un entrometido
[2] **to ~ with sth** (= *touch*) toquetear algo, manosear algo; (*causing damage*) estropear algo

**meddler** ['medlə^r] N entrometido/a *m/f*

**meddlesome** ['medlsəm], **meddling**[1] ['medlɪŋ] ADJ entrometido

**meddlesomeness** ['medlsəmnɪs] N entrometimiento *m*

**meddling**[2] ['medlɪŋ] N intromisión *f*

**Mede** [mi:d] N medo *m*; **the ~s and the Persians** los medos y los persas

**media** ['mi:dɪə] Ⓐ NPL *of* **medium**; **the ~** los medios de comunicación (de masas)
Ⓑ CPD ► **media analysis** N análisis *m inv* de los medios ► **media coverage** N cobertura *f* informativa ► **media event** N acontecimiento *m* periodístico ► **media man** N (= *journalist*) periodista *m*; (*in advertising*) agente *m* de publicidad ► **media person** N (= *journalist*) periodista *mf*; (*in advertising*) agente *mf* de publicidad; (= *personality*) personaje *mf* de los medios de comunicación ► **media studies** NPL (*Univ*) ciencias *fpl* de la información (*frm*), periodismo* *msing*

**mediaeval** [,medɪ'i:vəl] ADJ = **medieval**

**medial** ['mi:dɪəl] ADJ medial

**median** ['mi:dɪən] Ⓐ ADJ mediano
Ⓑ N [1] (*US*) (*also* **~ strip**) mediana *f*, franja *f* central
[2] (*Math*) (*gen*) mediana *f*; (= *number*) número *m* medio; (= *point*) punto *m* medio

**mediate** ['mi:dɪeɪt] Ⓐ VI mediar (**between** entre; **in** en)
Ⓑ VT [+ *talks*] mediar en, actuar de mediador en; [+ *dispute*] mediar en, arbitrar; [+ *agreement*] conseguir mediante mediación

**mediating** ['mi:dɪeɪtɪŋ] ADJ [*role, efforts*] mediador; **to play a ~ role** actuar como mediador, tener un papel de mediador

**mediation** [,mi:dɪ'eɪʃən] N mediación *f*

**mediator** ['mi:dɪeɪtə^r] N mediador(a) *m/f*

**medic*** ['medɪk] N [1] (= *doctor*) médico/a *m/f*
[2] (= *student*) estudiante *mf* de medicina

**Medicaid** ['medɪ,keɪd] N (*US*) *seguro médico estatal para personas de bajos ingresos*

**medical** ['medɪkəl] Ⓐ ADJ [*care, facilities, staff, treatment*] médico; [*records*] médico, clínico; [*student*] de medicina; [*problems*] de salud; **to seek ~ advice** consultar a un médico; **he is in urgent need of ~ attention** necesita atención médica urgente; **she suffered from a rare ~ condition** sufría una enfermedad rara *or* poco frecuente; **on ~ grounds** por razones de salud; **the ~ history of a patient** el historial médico *or* clínico de un paciente, la historia clínica de un paciente; **it made ~ history** pasó a la historia de la medicina; **~ opinion is divided on the subject** la opinión médica está dividida con respecto a este tema; **the ~ profession** la profesión médica
Ⓑ N reconocimiento *m* médico, revisión *f* médica, exámen *m* médico; **to have a ~** someterse a un reconocimiento médico *or* a un exámen médico *or* a una revisión médica
Ⓒ CPD ► **medical board** N (*Mil*) consejo *m* de médicos ► **medical certificate** N certificado *m* médico ► **medical examination** N reconocimiento *m* médico, revisión *f* médica, exámen *m* médico ► **medical examiner** N (*US*) médico/a *m/f* forense ► **medical insurance** N seguro *m* médico ► **medical officer** N médico/a *m/f*; (*Mil*) oficial *mf* médico/a; [*of town*] jefe *mf* de sanidad municipal ► **medical practice** N (= *practice of medicine*) práctica *f* de la medicina; (= *place*) consultorio *m* médico ► **medical practitioner** N (*frm*) médico/a *m/f* ► **medical school** N facultad *f* de medicina ► **medical science** N medicina *f*, ciencia *f* médica

**medically** ['medɪkəlɪ] ADV [*prove, explain, treat*] médicamente; **he was ~ examined** se le hizo un reconocimiento médico *or* un exámen médico *or* una revisión médica; **it is recognized ~ as being a good diet** se considera una buena dieta desde el punto de vista médico; **he was pronounced ~ fit** dictaminaron que estaba sano *or* que su salud era buena; (*for army*) los médicos lo declararon apto; **~ qualified** titulado en medicina; **~ speaking** desde el punto de vista médico

**medicament** [me'dɪkəmənt] N medicamento *m*

**Medicare** ['medɪkɛə^r] N (*US*) *seguro médico estatal para ancianos y minusválidos*

**medicate** ['medɪkeɪt] VT [+ *patient*] medicar; [+ *wound*] curar; [+ *dressing, bandage*] impregnar (**with** de)

**medicated** ['medɪkeɪtɪd] Ⓐ ADJ medicinal
Ⓑ CPD ► **medicated soap** N jabón *m* medicinal ► **medicated shampoo** N champú *m* medicinal ► **medicated cough sweets** NPL caramelos *mpl* para la tos

**medication** [,medɪ'keɪʃən] N (= *drugs*) medicación *f*

**medicinal** [me'dɪsɪnl] ADJ medicinal

**medicinally** [me'dɪsɪnəlɪ] ADV [*use*] con fines médicos

**medicine** ['medsɪn,'medɪsɪn] Ⓐ N [1] (= *drug*) medicina *f*, medicamento *m*; ✦*IDIOMS* **to give sb a dose** *or* **taste of his own ~** pagar a algn con la misma moneda; **to take one's ~** cargar con *or* arrostrar las consecuencias
[2] (= *science*) medicina *f*
Ⓑ CPD ► **medicine ball** N (*Sport*) balón *m* medicinal ► **medicine box**, **medicine cabinet**, **medicine chest** N botiquín *m* ► **medicine man** N hechicero *m*

**medico*** ['medɪkəʊ] N médico/a *m/f*

**medieval** [,medɪ'i:vəl] ADJ medieval

**medievalism** [,medɪ'i:vəlɪzəm] N medievalismo *m*

**medievalist** [,medɪ'i:vəlɪst] N medievalista *mf*

**mediocre** [,mi:dɪ'əʊkə^r] ADJ mediocre

**mediocrity** [,mi:dɪ'ɒkrɪtɪ] N [1] (= *quality*) mediocridad *f*
[2] (= *person*) mediocre *mf*

**meditate** ['medɪteɪt] Ⓐ VI (= *think*) reflexionar, meditar (**on** sobre); (*Rel, Health*) meditar
Ⓑ VT meditar

**meditation** [,medɪ'teɪʃən] N (= *thought*) meditación *f*, reflexión *f*; (*Rel, Health*) meditación

**meditative** ['medɪtətɪv] ADJ meditabundo

**Mediterranean** [,medɪtə'reɪnɪən] Ⓐ ADJ mediterráneo; **the ~ Sea** el Mar Mediterráneo
Ⓑ N **the ~** (= *region, sea*) el Mediterráneo

**medium** ['mi:dɪəm] Ⓐ ADJ [1] (= *not small or large*) [*object*] mediano; [*length, size*] mediano, medio; **available in small, ~ and large** disponible en talla pequeña, mediana y grande; **of ~ build** de constitución mediana *or* media; **cook over a ~ heat** cocinar a fuego medio; **of ~ height** de estatura regular
[2] (*Culin*) **a ~ steak** un filete no muy hecho
Ⓑ N [1] (*pl* **media, mediums**) [1·1] (= *means of communication*) medio *m*; **the advertising media** los medios publicitarios *or* de publicidad; **through the ~ of television/the press** por medio de la televisión/la prensa, a través de la televisión/la prensa
[1·2] (= *intervening substance*) medio *m*; (= *environment*) medio ambiente *m*; **air is a ~ for sound** el aire es un medio de transmisión del sonido
[1·3] (*for growing culture*) caldo *m* de cultivo; (*for preserving specimens*) *sustancia usada para conservar muestras de laboratorio*
[1·4] (= *solvent*) diluyente *m*
[1·5] (*Art*) (= *technique, materials used*) medio *m*
[1·6] (= *midpoint*) **happy ~** término *m* medio
[2] (*pl* **mediums**) (= *spiritualist*) médium *mf*
Ⓒ CPD ► **medium wave** N (*Rad*) onda *f* media

**medium-dry** [,mi:dɪəm'draɪ] ADJ [*wine*] semi seco

**medium-fine** [,mi:dɪəm'faɪn] ADJ entrefino

**medium-priced** [,mi:dɪəm'praɪst] ADJ de precio medio

**medium-range** [,mi:dɪəm'reɪndʒ] ADJ [*missile*] de alcance medio; [*weather forecast*] a medio plazo

**medium-size(d)** [,mi:dɪəm'saɪz(d)] ADJ de tamaño mediano *or* medio; **~ business** empresa *f* mediana

**medium-sweet** [,mi:dɪəm'swi:t] ADJ [*wine*] semidulce

**medlar** ['medlə^r] N (= *fruit, tree*) níspero *m*; **oriental** *or* **Japanese ~** níspero *m* del Japón

**medley** ['medlɪ] N (= *mixture*) mezcla *f*; (= *miscellany*) miscelánea *f*; (*Mus*) popurrí *m*

**medulla** [me'dʌlə] N (*pl* **medullas** *or* **medullae** [me'dʌli:]) medula *f*

**meek** [mi:k] Ⓐ ADJ (*compar* **meeker**; *superl* **meekest**) (= *submissive*) [*person*] sumiso, dócil, manso (*liter*); [*voice, acceptance*] sumiso; ✦*IDIOMS* **~ and mild** como una malva; **as ~ as a lamb** más manso que un cordero
Ⓑ NPL **the ~** (*Rel*) los mansos; **blessed are the ~** bienaventurados los mansos

**meekly** ['mi:klɪ] ADV [*say, accept, follow*] sumisamente, dócilmente, mansamente (*liter*)

**meekness** ['mi:knɪs] N docilidad *f*, mansedumbre *f* (*liter*)

**meerschaum** ['mɪəʃəm] N [1] (= *material*) espuma *f* de mar
[2] (*also* **~ pipe**) pipa *f* de espuma de mar

**meet**[1] [mi:t] (*pt, pp* **met**) Ⓐ VT [1] (*by arrangement*) quedar con, verse con; (*by chance*) encontrarse con, tropezarse con; **I'm ~ing them for lunch tomorrow** he quedado para almorzar con ellos mañana; **I had arranged to ~ her in town** había quedado con ella en el centro, había acordado en verla en el centro; **I'll ~ you outside the cinema** te veré en la entrada del cine; **you'll never guess who I met on the bus today?** ¿a que no sabes con quién me encontré *or* me tropecé hoy en el autobús?; **we will be ~ing the ambassador tomorrow to discuss the situation** mañana tendremos un encuentro *or* una reunión con el embajador para discutir la situación, mañana nos entrevistaremos *or* nos reuniremos con el embajador para discutir la situación
[2] (= *go/come to get*) ir/venir a buscar; (= *welcome*) recibir; **we met her at the station** la fuimos a buscar a la estación; **I'm being met at the airport** me vendrán a buscar al aeropuerto; **she ran out to ~ us** salió corriendo a recibirnos; **to ~ sb off the train** ir a esperar a algn a la estación; **don't bother to ~ me** no os molestéis en venir a esperarme; **the bus for Aix ~s the ten o'clock train** el autobús que va a Aix conecta con el tren de las diez; *see also* **halfway A1**
[3] (= *get to know, be introduced to*) conocer; **I never met him** no lo llegué a conocer; **I met my wife in 1988** conocí a mi mujer en 1988; **~ my brother** quiero presentarte a mi hermano; **he's the kindest person I've ever met** es la persona más amable que he conocido jamás; **nice to have met you!** ¡encantado de conocerlo!; **pleased to ~ you!** ¡mucho gusto!, ¡encantado de conocerlo!
[4] (= *come together with*) **where the sea ~s the horizon** donde el mar se junta con el horizonte; **the box met the ground with an almighty thud** la caja se estrelló ruidsosamente contra el suelo; **the sound which met his ears** el sonido que llegó a sus oídos; **I could not ~ his eye** no podía mirarle a los ojos; **her eyes met her sister's across the table** tropezó con la mirada de su hermana al otro lado de la mesa; **what a scene met my eyes!** ¡el escenario que se presentó ante mis ojos!; *see also* **eye A1**
[5] (= *come across*) [+ *problem*] encontrarse con; **almost all retired people ~ this problem** casi todos los jubilados se encuentran con este problema
[6] (= *confront*) [+ *opponent*] enfrentarse con; (*in duel*) batirse con; [+ *problem*] hacer frente a; **he met his death** *or* **his end in 1800** halló *or* encontró la muerte en 1800; **to ~ death calmly** enfrentarse con la muerte con tranquilidad; **to ~ sth head-on** enfrentarse de lleno con algo, hacer frente *or* plantar cara directamente a algo; **this suggestion was met with angry protests** la gente reaccionó con protestas de indignación ante la sugerencia; *see also* **match**[2] **A3**
[7] (= *satisfy*) [+ *need*] satisfacer, cubrir; [+ *demand*] atender a, satisfacer; [+ *wish*] satisfacer; [+ *requirement*] cumplir con; [+ *debt*] pagar; [+ *expense, cost*] correr con, hacer frente a; [+ *obligation*] atender a, cumplir con; [+ *target, goal*] alcanzar; [+ *challenge*] hacer frente a; [+ *expectations*] estar a la altura de; **he offered to ~ the full cost of the repairs** se ofreció a correr con *or* hacer frente a todos los gastos de la reparación; **it did not ~ our expectations** no estuvo a la altura de nuestras expectativas; *see also* **deadline**
Ⓑ VI [1] (= *encounter each other*) (*by arrangement*) quedar, verse; (*by chance*) encontrarse; (= *hold meeting*) reunirse; [*ambassador, politician*] (*with interested parties*) entrevistarse, reunirse; **we could ~ for a drink after work** podríamos vernos *or* quedar para tomar una copa después del trabajo; **what time shall we ~?** ¿a qué hora quieres que quedemos *or* nos veamos?; **let's ~ at eight** quedemos para las ocho; **they arranged to ~ at ten** quedaron en verse a las diez; **the two ministers met to discuss the treaty** los dos ministros se entrevistaron *or* se reunieron para discutir el tratado; **to ~ again** volver a verse; **until we ~ again!** ¡hasta la vista!, ¡hasta pronto!
[2] (= *convene*) [*Parliament, club, committee*] reunirse; **the society ~s at eight** la sociedad se reúne a las ocho
[3] (= *get to know one another, be introduced*) conocerse; **we met in Seville** nos conocimos en Sevilla; **we have met before** nos conocemos ya; **have we met?** ¿nos conocemos de antes?
[4] (= *come together, join*) [*two ends*] unirse; [*rivers*] confluir; [*roads*] empalmar; **our eyes met** cruzamos una mirada; **their lips met** sus labios se encontraron; *see also* **end A1**, **twain**
[5] (= *confront each other*) [*teams, armies*] enfrentarse; **Bilbao and Valencia will ~ in the final** el Bilbao se enfrentará con el Valencia en la final, Bilbao y Valencia se disputarán la final; **to ~ (sb) in battle** librar batalla (con algn)
Ⓒ N (*Hunting*) cacería *f*; (*esp US Sport*) encuentro *m*

►**meet up** VI + ADV [1] **to ~ up (with sb)** (*by arrangement*) quedar (con algn), verse (con algn); (*by chance*) encontrarse (con algn), tropezarse (con algn); **they promised to ~ up again in a year's time** prometieron volver a verse *or* quedar un año después; **we ~ up for lunch occasionally** de vez en cuando quedamos para almorzar juntos; **where did you two ~ up?** (*for 1st time*) ¿dónde os conocisteis?
[2] (= *join*) empalmar; **this road ~s up with the motorway** esta carretera empalma con la autopista

►**meet with** VI + PREP [1] (= *experience*) [+ *hostility*] experimentar; [+ *difficulties*] encontrarse con, tropezar con; [+ *kindness*] encontrarse con; [+ *accident*] tener, sufrir; [+ *success*] tener; **we hope the idea ~s with your approval** esperamos que la idea reciba su aprobación; **the idea met with a cool response** la idea fue acogida *or* recibida con frialdad; **efforts to contact her met with no response** los esfuerzos para ponerse en contacto con ella fracasaron; **attempts to find them have met with failure** los intentos de encontrarlos han fracasado

2 (*esp US*) [+ *person*] (*by arrangement*) quedarse con, verse con; (*by chance*) encontrarse con, tropezarse con; (*formally*) reunirse con; [+ *politician, ambassador*] entrevistarse con, reunirse con

**meet²** [mi:t] ADJ [*liter*] conveniente, apropiado; **it is ~ that ...** conviene que ... + *subjun*; **to be ~ for** ser apto para

**meeting** ['mi:tɪŋ] Ⓐ N 1 (= *assembly, business meeting*) reunión *f*; [*of legislative body*] sesión *f*; (= *popular gathering*) mitin *m*, mitín *m*; **to address a ~** tomar la palabra en una reunión; **to call a ~** convocar una reunión; **I have a ~ at ten** tengo una reunión a las diez; **the Council had a ~ on Thursday** el Consejo se reunió el jueves; **to hold a ~** celebrar una reunión; **I'm afraid Jeremy's in a ~** ahora mismo Jeremy está reunido *or* está en una reunión; **to open a ~** abrir una sesión

2 (*between 2 people*) (*arranged*) cita *f*, compromiso *m*; (*accidental*) encuentro *m*; (*with politician, person in authority*) entrevista *f*, encuentro *m*; **I liked him from our first ~** me gustó desde el día que le conocí *or* desde nuestro primer encuentro; **to have a ~**: **the minister had a ~ with the ambassador** el ministro se entrevistó con el embajador; **I had a ~ with the headmistress today** hoy he tenido una entrevista *or* reunión con la directora; **a ~ of minds** un encuentro de inteligencias

3 (*Sport, Athletics*) competición *f*; (*Horse racing*) jornada *f*; (*between two teams*) encuentro *m*

4 [*of rivers*] confluencia *f*

Ⓑ CPD ► **meeting house** N (*gen*) centro *m or* sala *f* de reuniones; (*Rel*) templo *m* (de los cuáqueros) ► **meeting place** N [*of 2 people*] lugar *m* de cita; [*of many*] lugar *m* de reunión *or* encuentro; **this bar was their usual ~ place** solían citarse en este bar, acostumbraban reunirse en este bar ► **meeting point** N (*lit*) punto *m* de reunión, punto *m* de encuentro; (*fig*) punto *m* de convergencia; **the ~ point between East and West** el punto de convergencia entre Oriente y Occidente

**Meg** [meg] N (*familiar form*) *of* **Margaret**

**mega*** ['megə] ADJ súper*

**mega...** ['megə] PREFIX mega...

**megabucks*** ['megə,bʌks] N (*esp US*) **now he's making ~** ahora está ganando un dineral*, ahora se está forrando*; **we're talking ~** hablamos de un montón *or* porrón de dinero*

**megabyte** ['megə,baɪt] N (*Comput*) megabyte *m*, mega *m*

**megacycle** ['megə,saɪkl] N megaciclo *m*

**megadeath** ['megə,deθ] N muerte *f* de un millón de personas

**megahertz** ['megə,hɜ:ts] N (*pl* **megahertz**) megahercio *m*

**megalith** ['megəlɪθ] N megalito *m*

**megalithic** [,megə'lɪθɪk] ADJ megalítico

**megalomania** ['megələʊ'meɪnɪə] N megalomanía *f*

**megalomaniac** ['megələʊ'meɪnɪæk] N megalómano/a *m/f*

**megalopolis** [,megə'lɒpəlɪs] N megalópolis *f inv*

**megaphone** ['megəfəʊn] N megáfono *m*

**megaton** ['megətʌn] N megatón *m*

**megavolt** ['megəvəʊlt] N megavoltio *m*

**megawatt** ['megəwɒt] N megavatio *m*

**meiosis** [maɪ'əʊsɪs] N (*pl* **meioses** [maɪ'əʊsi:z])

1 (*Bio*) meiosis *f*

2 (= *litotes*) lítote *f*

**melamine** ['meləmi:n] N melamina *f*

**melancholia** [,melən'kəʊlɪə] N melancolía *f*

**melancholic** [,melən'kɒlɪk] ADJ melancólico

**melancholically** [,melən'kɒlɪklɪ] ADV melancólicamente

**melancholy** ['melənkəlɪ] Ⓐ ADJ [*person, mood*] melancólico; [*duty, sight*] triste

Ⓑ N melancolía *f*

**melange, mélange** [meɪ'lɑ:nʒ] N mezcla *f*

**melanin** ['melənɪn] N melanina *f*

**melanism** ['melənɪzəm] N melanismo *m*

**melanoma** [,melə'nəʊmə] N (*pl* **melanomas** *or* **melanomata** [,melə'nəʊmətə]) melanoma *m*

**Melba toast** ['melbə'təʊst] N tostada *f* delgada

**melée** ['meleɪ] N 1 (= *confusion*) tumulto *m*; **it got lost in the ~** se perdió en el tumulto; **there was such a ~ at the booking office** la gente se apiñaba delante de la taquilla

2 (= *fight*) pelea *f* confusa, refriega *f*

**mellifluous** [me'lɪfluəs] ADJ melifluo

**Mellotron®** ['melətrɒn] N Mellotron® *m*

**mellow** ['meləʊ] Ⓐ ADJ (*compar* **mellower**; *superl* **mellowest**) 1 (= *pleasant, smooth*) [*wine, whisky*] suave, añejo; [*fruit*] maduro, dulce; [*colour, light*] suave y dorado, tenue y dorado; [*instrument*] melodioso; [*voice, tone, sound*] dulce, meloso

2 [*person*] 2·1 (= *calm*) apacible, sosegado; **he has grown more ~ over the years** los años le han suavizado el carácter, se ha vuelto más afable con los años

2·2 (= *relaxed*) **to be ~** (*after eating, drinking*) estar relajado; **to get ~*** (= *tipsy*) achisparse*; **to be in a ~ mood** sentirse relajado

Ⓑ VI 1 (= *soften*) **he has ~ed with age** los años le han suavizado el carácter, con los años se ha vuelto más afable

2 (= *relax*) relajarse

3 [*wine, whisky*] añejarse; [*fruit*] madurar; [*colour, light, voice, character*] suavizarse; [*views*] moderarse; **to ~ with age** [*wine, whisky*] mejorar con los años

Ⓒ VT 1 (= *soften*) **old age has ~ed him** la vejez le ha suavizado el carácter *or* lo ha hecho más afable

2 (= *relax*) relajar

3 [+ *wine*] añejar

**mellowing** ['meləʊɪŋ] N [*of fruit*] maduración *f*; [*of wine*] añejamiento *m*

**mellowness** ['meləʊnɪs] N (= *smoothness*) [*of wine, brandy*] suavidad *f*, añejez *f*; [*of fruit*] dulzura *f*; [*of colour, light*] suavidad *f*; [*of instrument*] lo melodioso

**melodic** [mɪ'lɒdɪk] ADJ melódico

**melodious** [mɪ'ləʊdɪəs] ADJ melodioso

**melodiously** [mɪ'ləʊdɪəslɪ] ADV melodiosamente

**melodrama** ['meləʊ,drɑ:mə] N melodrama *m*

**melodramatic** [,meləʊdrə'mætɪk] ADJ melodramático

**melodramatically** [,meləʊdrə'mætɪklɪ] ADV melodramáticamente

**melody** ['melədɪ] N melodía *f*

**melon** ['melən] N melón *m*

**melt** [melt] Ⓐ VT 1 (*lit*) [+ *snow, chocolate, butter*] derretir, fundir; [+ *metal*] fundir; [+ *chemical*] disolver

2 (*fig*) (= *soften*) ablandar

Ⓑ VI 1 (*lit*) [*snow, chocolate, butter*] derretirse, fundirse; [*metal*] fundirse; [*chemical*] disolverse; **it ~s in the mouth** se deshace en la boca; *see also* **butter A**

2 (*fig*) 2·1 [*person*] (= *soften*) ablandarse; **to ~ into tears** deshacerse en lágrimas; **✦IDIOM her heart ~ed with pity** se le ablandó el corazón de lástima

2·2 (= *disappear*) **the gunman ~ed into the crowd** el pistolero desapareció entre la multitud; **night ~ed into day** la noche dio paso al día

►**melt away** VI + ADV 1 (*lit*) derretirse

2 (*fig*) [*confidence*] desvanecerse; [*money*] evaporarse; [*crowd*] dispersarse; [*person*] esfumarse, escabullirse

►**melt down** VT + ADV fundir

**meltdown** ['meltdaʊn] N 1 (*lit*) fusión *f* de un reactor, fundido *m*

2 (*fig*) cataclismo *m*, debacle *f*

**melting** ['meltɪŋ] Ⓐ ADJ [*look*] tierno, dulce

Ⓑ CPD ► **melting point** N punto *m* de fusión ► **melting pot** N (*lit, fig*) crisol *m*; **✦IDIOM to be in the ~ pot** (*Brit*) estar sobre el tapete

**meltwater** ['meltwɔ:tər] N agua *f* de fusión de la nieve

**member** ['membər] Ⓐ N 1 [*of organization, committee*] miembro *mf*; [*of society, club*] miembro *mf*, socio/a *m/f*; [*of political party, trade union*] miembro *mf*, afiliado/a *m/f*; **"members only"** "sólo para socios", "reservado para los socios"; **the ~ for Woodford** el diputado por Woodford; **if any ~ of the audience ...** si cualquiera de los espectadores ..., si cualquier miembro del público ...; **she's a ~ of our church** es una feligresa *or* es miembro de nuestra iglesia; **~ of Congress** (*US*) miembro *mf* del Congreso; **~ of the crew** ◊ **crew ~** tripulante *mf*; **a ~ of the family** ◊ **a family ~** un miembro de la familia; **full ~** miembro *mf* de pleno derecho; **Member of Parliament** (*Brit*) diputado/a *m/f*, parlamentario/a *m/f*; **Member of the European Parliament** diputado/a *m/f* del Parlamento Europeo, eurodiputado/a *m/f*; **a ~ of the public** un ciudadano/una ciudadana; **the library is open to ~s of the public** la biblioteca está abierta al público; **~ of staff** [*of firm*] empleado/a *m/f*; (*Univ, Scol*) miembro *mf* del profesorado; *see also* **private C**; → BY-ELECTION

2 (*Anat, Bot, Math*) miembro *m*; *see also* **male C**

Ⓑ CPD ► **member country** N país *m* miembro ► **member state** N estado *m* miembro

**membership** ['membəʃɪp] Ⓐ N 1 (= *members*) [*of club, society*] socios *mpl*, miembros *mpl*; [*of political party*] miembros *mpl*, militancia *f*, afiliados *mpl*; [*of trade union*] afiliados *mpl*, miembros *mpl*

2 (= *position*) **~ carries certain rights** el ser socio *or* miembro conlleva ciertos derechos; **~ of the union is compulsory** es obligatorio afiliarse a *or* hacerse miembro del sindicato; **I've paid for a year's ~** he pagado la cuota anual de socio *or* miembro; **to apply for ~** solicitar el ingreso como socio *or* miembro; **Spain's ~ of** *or* (*US*) **in the Common Market** (= *state*) la pertenencia de España al Mercado Común; (= *act*) el ingreso de España en el Mercado Común

3 (= *numbers*) número *m* de miembros *or* socios *etc*, membresía *f* (*Mex*); **a ~ of more than 800** más de 800 socios *or* miembros; **trade union ~ has declined** el número de afiliados a los sindicatos ha disminuido

Ⓑ CPD ► **membership card** N [*of club, society*] tarjeta *f or* carné *m* de socio; [*of political party, trade union*] tarjeta *f or* carné *m* de afiliación ► **membership fee** N cuota *f* de socio ► **membership list** N relación *f* de socios

**membrane** ['membreɪn] N membrana *f*

**membranous** [mem'breɪnəs] ADJ membranoso

**memento** [mɪ'mentəʊ] N (*pl* **mementos** *or* **mementoes**) recuerdo *m*

**memo*** ['meməʊ] Ⓐ N ABBR (= **memorandum**) memo *m*
Ⓑ CPD ► **memo pad** N bloc *m* de notas

**memoir** ['memwɑːʳ] N [1] **memoirs** (= *autobiography*) memorias *fpl*, autobiografía *fsing*
[2] (= *biographical note*) nota *f* biográfica
[3] (= *essay*) memoria *f*

**memorabilia** [,memərə'bɪlɪə] N (= *objects*) recuerdos *mpl*

**memorable** ['memərəbl] ADJ memorable

**memorably** ['memərəblɪ] ADV memorablemente

**memorandum** [,memə'rændəm] N (*pl* **memorandums** *or* **memoranda** [,memə'rændə]) memorándum *m*; (= *personal reminder*) apunte *m*, nota *f*

**memorial** [mɪ'mɔːrɪəl] Ⓐ ADJ conmemorativo
Ⓑ N [1] (= *monument*) monumento *m* conmemorativo
[2] (= *document*) memorial *m*
Ⓒ CPD ► **memorial park** N (*US*) cementerio *m*

**memorialize** [mɪ'mɔːrɪəlaɪz] VT conmemorar

**memorize** ['meməraɪz] VT memorizar, aprender de memoria

**memory** ['memərɪ] Ⓐ N [1] (= *faculty*) memoria *f*; **to commit sth to ~** aprender algo de memoria; **to lose one's ~** perder la memoria; **I have a bad ~ for faces** se me olvida la cara de la gente; **he recited the poem from ~** recitó el poema de memoria; **if my ~ serves me** si mi memoria no me falla, si mal no recuerdo; **to the best of my ~** que yo recuerde; **✦IDIOM to have a ~ like a sieve** tener malísima memoria
[2] (= *recollection*) recuerdo *m*; **of blessed ~** de feliz recuerdo, de grata memoria; **"Memories of a country childhood"** "Recuerdos de una infancia campestre"; **to have happy memories of sth** tener *or* guardar buenos recuerdos de algo; **to keep sb's ~ alive** guardar el recuerdo de algn, mantener vivo el recuerdo de algn
[3] (= *remembrance*) **in ~ of** ◊ **to the ~ of** en memoria de
[4] (*Comput*) memoria *f*
Ⓑ CPD ► **memory bank** N banco *m* de memoria ► **memory chip** N chip *m* de memoria ► **memory lane** N mundo *m* de los recuerdos (sentimentales); **✦IDIOM to take a trip down ~ lane** adentrarse en el mundo de los recuerdos ► **memory loss** N pérdida *f* de memoria ► **memory management** N gestión *f* de la memoria

**memsahib** ['mem,sɑːhɪb] N (*India*) mujer *f* casada

**men** [men] NPL *of* **man**

**menace** ['menɪs] Ⓐ N [1] (*no pl*) (= *intimidation*) **a voice full of ~** una voz amenazadora
[2] (= *danger*) peligro *m*, amenaza *f*
[3] (= *threat*) amenaza *f*
[4] (*) (= *person*) **he's a ~** (*child*) es un diablillo*; (*adult*) es un peligro público
Ⓑ VT amenazar

**menacing** ['menɪsɪŋ] ADJ amenazador

**menacingly** ['menɪsɪŋlɪ] ADV de modo amenazador

**ménage** [me'nɑːʒ] N hogar *m*; **~ à trois** trio *m* amoroso, ménage à trois *m*

**menagerie** [mɪ'nædʒərɪ] N casa *f or* colección *f* de fieras

**mend** [mend] Ⓐ N (= *patch*) remiendo *m*; (= *darn*) zurcido *m*; **✦IDIOM to be on the ~** ir mejorando
Ⓑ VT [1] (= *repair*) [+ *watch, toy, wall*] arreglar, reparar; [+ *shoes*] arreglar; (= *darn*) remendar, zurcir
[2] (= *improve*) **to ~ matters** mejorar las cosas; **✦IDIOM to ~ one's ways** enmendarse
Ⓒ VI (= *improve*) mejorar

**mendacious** [men'deɪʃəs] ADJ (*frm*) mendaz

**mendacity** [men'dæsɪtɪ] N (*frm*) mendacidad *f*

**mendelevium** [,mendɪ'liːvɪəm] N mendelevio *m*

**Mendelian** [men'diːlɪən] ADJ mendeliano

**Mendelianism** [men'diːlɪənɪzəm] N, **Mendelism** ['mendəlɪzəm] N mendelismo *m*

**mendicancy** ['mendɪkənsɪ] N mendicidad *f*

**mendicant** ['mendɪkənt] (*frm*) Ⓐ ADJ mendicante
Ⓑ N mendicante *mf*

**mendicity** [men'dɪsɪtɪ] N (*frm*) mendicidad *f*

**mending** ['mendɪŋ] N [1] (= *act*) reparación *f*, arreglo *m*; [*of clothes*] zurcido *m*; **invisible ~** zurcido *m* invisible
[2] (= *clothes to be mended*) ropa *f* para remendar

**Menelaus** [,menɪ'leɪəs] N Menelao

**menfolk** ['menfəʊk] NPL hombres *mpl*

**menhir** ['menhɪəʳ] N menhir *m*

**menial** ['miːnɪəl] Ⓐ ADJ (= *lowly*) servil; (= *domestic*) doméstico, de la casa; **~ work** trabajo *m* de baja categoría
Ⓑ N (= *servant*) sirviente/a *m/f*

**meningitis** [,menɪn'dʒaɪtɪs] N meningitis *f inv*

**meniscus** [mə'nɪskəs] N (*pl* **meniscuses** *or* **menisci** [mɪ'nɪsaɪ]) menisco *m*

**menopausal** [,menəʊ'pɔːzəl] ADJ menopáusico

**menopause** ['menəʊpɔːz] N menopausia *f*

**menorrhagia** [,menɔː'reɪdʒɪə] N menorragia *f*

**menses** ['mensiːz] NPL menstruo *msing*

**menstrual** ['menstrʊəl] Ⓐ ADJ menstrual
Ⓑ CPD ► **menstrual cycle** N ciclo *m* menstrual

**menstruate** ['menstrʊeɪt] VI menstruar, tener la menstruación

**menstruation** [,menstrʊ'eɪʃən] N menstruación *f*

**mensuration** [,mensjʊə'reɪʃən] N medición *f*, medida *f*, mensuración *f*

**menswear** ['menzwɛəʳ] N ropa *f* de caballero

**mental** ['mentl] Ⓐ ADJ [1] (= *not physical*) [*development, health, effort*] mental; **the stigma attached to ~ illness** el estigma vinculado con las enfermedades mentales; **I formed a ~ picture of what he looked like** me formé una imagen mental de cómo era; **to make a ~ note of sth** tomar nota mentalmente de algo
[2] (*Brit**) (= *crazy*) chiflado*; **he must be ~** debe estar chiflado*
Ⓑ CPD ► **mental age** N edad *f* mental ► **mental arithmetic** N cálculos *mpl* mentales ► **mental block** N bloqueo *m* mental ► **mental cruelty** N crueldad *f* mental ► **mental handicap** N retraso *m* mental ► **mental healing** N (*US*) cura *f* mental ► **mental home, mental hospital** N hospital *m* psiquiátrico, manicomio *m* ► **mental institution** N institución *f* para enfermos mentales ► **mental patient** N paciente *mf* psiquiátrico/a ► **mental powers** N poderes *mpl* mentales

**mentality** [men'tælɪtɪ] N mentalidad *f*

**mentally** ['mentəlɪ] ADV [1] (= *not physically*) mentalmente; **to be ~ disturbed** estar trastornado; **to be ~ handicapped** ser un disminuido psíquico; **to be ~ ill** tener una enfermedad mental, ser un enfermo mental
[2] (= *in the mind*) [*calculate, formulate*] mentalmente; **~, I tried to picture what the house must have looked like** intenté formarme una imagen mental de cómo debía haber sido la casa

**menthol** ['menθɒl] Ⓐ N mentol *m*
Ⓑ CPD [*cigarette, sweet*] mentolado

**mentholated** ['menθəleɪtɪd] ADJ mentolado

**mention** ['menʃən] Ⓐ N [1] mención *f*; **the mere ~ of his name exasperates me** la sola mención de su nombre me saca de quicio; **at the ~ of food, she looked up** al oír que se mencionaba comida, levantó la vista; **it got a ~ in the news** lo mencionaron en las noticias; **to make ~ of sth/sb** mencionar algo/a algn, hacer mención de algo/algn; **there was no ~ of any surcharge** no se mencionó ningún recargo adicional, no se hizo mención de ningún recargo adicional; *see also* **honourable**
[2] (*Mil*) citación *f*
Ⓑ VT mencionar; **I will ~ it to him** se lo mencionaré, se lo diré; **he ~ed to me that you were coming** me mencionó *or* comentó que venías; **I've never heard him ~ his father** nunca le he oído mencionar *or* mentar a su padre; **too numerous to ~** demasiado numerosos para mencionar; **he has been ~ed as a potential candidate** se ha hecho alusión a él *or* se le ha aludido como posible candidato; **don't ~ it to anyone** no se lo digas a nadie; **don't ~ it!** (*in reply to thanks*) ¡de nada!, ¡no hay de qué!; **I need hardly ~ that …** ni que decir tiene que …, no es necesario decir que …; **just ~ my name** basta con decir mi nombre; **he didn't ~ any names** no dijo *or* dio los nombres; **they make so much mess, not to ~ the noise** lo dejan todo patas arriba, y no digamos ya el ruido que arman; **to ~ sb in one's will** dejar algo a algn en el testamento, legar algo a algn; **it's worth ~ing that …** merece la pena mencionar que …; *see also* **dispatch A2**

**mentor** ['mentɔːʳ] N mentor *m*

**menu** ['menjuː] N [1] (= *list*) carta *f*; (= *set meal*) menú *m*
[2] (*Comput*) menú *m*

**menu-driven** ['menjuː,drɪvn] ADJ (*Comput*) guiado por menú

**meow** [mɪ'aʊ] Ⓐ N maullido *m*, miau *m*
Ⓑ VI maullar

**MEP** N ABBR (*Brit*) (= **Member of the European Parliament**) eurodiputado/a *m/f*

**Mephistopheles** [,mefɪs'tɒfɪliːz] N Mefistófeles

**Mephistophelian** [,mefɪstə'fiːlɪən] ADJ mefistofélico

**mercantile** ['mɜːkəntaɪl] ADJ mercantil

**mercantilism** ['mɜːkəntɪlɪzəm] N mercantilismo *m*

**mercenary** ['mɜːsɪnərɪ] Ⓐ ADJ mercenario
Ⓑ N mercenario/a *m/f*

▼ **merchandise** ['mɜːtʃəndaɪz] N mercancías *fpl*

**merchandiser**, **merchandizer** ['mɜːtʃəndaɪzəʳ] N (*US*) minorista *mf*, detallista *mf*

**merchandize** ['mɜːtʃəndaɪz] VT comerciar

**merchandizing** ['mɜːtʃəndaɪzɪŋ] N (*esp US*) comercialización *f*

**merchant** ['mɜːtʃənt] Ⓐ N [1] (= *trader, dealer*) comerciante *mf*; (= *retailer*) minorista *mf*, detallista *mf*; **a diamond ~** un comerciante de diamantes; **a wine ~** un vinatero; **"The Merchant of Venice"** "El Mercader de Venecia"
[2] (*) tío* *m*, sujeto *m*
Ⓑ CPD ► **merchant bank** N banco *m* mercantil *or* comercial ► **merchant banker** N

➤ LANGUAGE IN USE: merchandise 20.3

(*Brit*) ejecutivo/a *m/f* de un banco mercantil *or* comercial ► **merchant marine** N (*US*) = **merchant navy** ► **merchant navy** N marina *f* mercante ► **merchant seaman** N marino *m* mercante ► **merchant ship** N buque *m* mercante ► **merchant shipping** N marina *f* mercante; (= *ships*) buques *mpl* mercantes

**merchantable** ['mɜːtʃəntəbl] ADJ comercializable; **of ~ quality** de calidad comerciable

**merchantman** ['mɜːtʃəntmən] N (*pl* **merchantmen**) buque *m* mercante

**merciful** ['mɜːsɪfʊl] ADJ 1 (= *compassionate*) [*god*] misericordioso, clemente, compasivo; [*person*] clemente, compasivo; **to be ~ to** *or* **towards sb** ser clemente con algn, mostrarse compasivo con algn
2 (= *blessed*) **death came as a ~ release** la muerte fue como una bendición

**mercifully** ['mɜːsɪfəlɪ] ADV 1 (= *kindly*) con clemencia, con compasión
2 (= *fortunately*) afortunadamente, gracias a Dios

**merciless** ['mɜːsɪlɪs] ADJ [*person, attack*] despiadado, cruel; [*killing, beating*] cruel; [*sun, heat*] implacable; **he's famous for his ~ treatment of hecklers** tiene fama de tratar despiadadamente a los que interrumpen con preguntas o comentarios molestos

**mercilessly** ['mɜːsɪlɪslɪ] ADV [*beat, punish, treat*] despiadadamente, sin piedad; **Joe teased his sister ~** Joe se burló de su hermana despiadadamente *or* sin piedad

**mercurial** [mɜː'kjʊərɪəl] ADJ 1 (*Chem*) mercúrico, mercurial
2 (= *lively*) vivo; (= *changeable*) veleidoso, voluble

**Mercury** ['mɜːkjʊrɪ] N (*Astron, Myth*) Mercurio *m*

**mercury** ['mɜːkjʊrɪ] N mercurio *m*, azogue *m*

**mercy** ['mɜːsɪ] Ⓐ N 1 (= *compassion*) misericordia *f*; (= *clemency*) clemencia *f*, piedad *f*; **to beg for ~** pedir clemencia; **to have ~ on sb** tener misericordia *or* piedad de algn, tener clemencia para con algn; **have ~!** ¡por piedad!; **God in His ~** el Señor en su infinita bondad; **to show sb no ~** no mostrarse misericordioso *or* clemente con algn; **no ~ was shown to the rioters** no hubo clemencia para los revoltosos
2 (= *discretion*) **to be at the ~ of sth/sb** estar a merced de algo/algn; **to be left to the tender mercies of sb** (*esp hum*) quedar a merced de algn; ✦**IDIOM to throw o.s. on sb's ~** ponerse en (las) manos de algn
3 (= *blessing*) **his death was a ~** su muerte fue una bendición; **it's a ~ that no-one was hurt*** es un milagro que nadie resultara herido, menos mal que nadie resultó herido; **we should be grateful for small mercies** y demos gracias, porque podría haber sido peor; *see also* **thankful**
Ⓑ CPD ► **mercy flight** N vuelo *m* de ayuda (*para ayudar a alguien necesitado en una guerra, etc*) ► **mercy killing** N eutanasia *f*

**mere**[1] [mɪəʳ] N lago *m*

**mere**[2] [mɪəʳ] ADJ (*superl* **merest**) mero, simple; **the ~ fact that …** el mero *or* simple hecho de que …; **the merest jolt can upset the balance of the wheels** la más mínima sacudida puede desequilibrar las ruedas; **it was sold for a ~ £45** lo vendieron por apenas 45 libras; **a ~ child could do it** incluso un niño podría hacerlo; **I was a ~ child when I married him** no era más que una niña cuando me casé con él, era solamente una niña cuando me casé con él; **a ~ formality** una mera *or* pura *or* simple formalidad; **the merest hint of a smile** apenas un atisbo de sonrisa; **a ~ man** un hombre nada más *or* (*LAm*) nomás; **it's way beyond the abilities of ~ mortals like us** está más allá de la capacidad del común de los mortales como nosotros; **a ~ nothing** casi nada; **the ~ sight of blood is enough to make her faint** sólo con ver la sangre *or* con sólo ver la sangre se desmaya; **the merest suggestion of sth** la mera sugerencia de algo; *see also* **mention A1**

**merely** ['mɪəlɪ] ADV simplemente, solamente; **she's ~ a secretary** es simplemente *or* solamente una secretaria, no es más que una secretaria; **I was ~ suggesting that …** estaba simplemente *or* solamente sugiriendo que …; **this ~ aggravates the problem** esto lo único que hace es agravar el problema; **I ~ said that …** sólo dije que …, lo único que dije era que …; **she ~ shrugged** ella se limitó a encogerse de hombros; **she ~ smiled** sonrió nada más, se limitó a sonreír

**meretricious** [ˌmerɪ'trɪʃəs] ADJ [*charm, attraction*] superficial, aparente; [*style, writing*] rimbombante

**merge** [mɜːdʒ] Ⓐ VT 1 (*Comm*) fusionar, unir
2 (*Comput*) [+ *text, files*] fusionar
Ⓑ VI 1 [*colours, sounds, shapes*] fundirse; [*roads*] empalmar; **to ~ into the background** confundirse con el fondo; **the bird ~d into its background of leaves** el pájaro se confundía *or* mimetizaba con el fondo de hojas; **this question ~s into a bigger one** esta cuestión queda englobada en otra mayor
2 [*companies, organizations, parties*] fusionarse; **to ~ with another company** fusionarse con otra empresa
Ⓒ N (*Comput*) fusión *f*

**merger** ['mɜːdʒəʳ] N (*Comm*) fusión *f*

**meridian** [mə'rɪdɪən] N 1 (*Astron, Geog*) meridiano *m*
2 (*fig*) cenit *m*, auge *m*

**meridional** [mə'rɪdɪənl] ADJ meridional

**meringue** [mə'ræŋ] N merengue *m*

**merino** [mə'riːnəʊ] Ⓐ ADJ merino
Ⓑ N (= *sheep, wool*) merino *m*

**merit** ['merɪt] Ⓐ N mérito *m*; **it has the ~ of being clear** tiene el mérito de ser claro; **to treat a case on its ~s** juzgar un caso según sus propios méritos; **to look** *or* **inquire into the ~s of sth** estudiar los aspectos positivos de algo; **a work of great ~** un trabajo de mucho mérito, un trabajo muy meritorio
Ⓑ VT merecer; **this ~s further discussion** esto (se) merece mayor discusión
Ⓒ CPD ► **merit increase** N aumento *m* por méritos ► **merit pay** N (*US*) plus *m* por méritos

**meritocracy** [ˌmerɪ'tɒkrəsɪ] N meritocracia *f*

**meritocrat** ['merɪtəʊkræt] N meritócrata *mf*

**meritorious** [ˌmerɪ'tɔːrɪəs] ADJ meritorio

**meritoriously** [ˌmerɪ'tɔːrɪəslɪ] ADV merecidamente

**merlin** ['mɜːlɪn] N esmerejón *m*

**mermaid** ['mɜːmeɪd] N sirena *f*

**merman** ['mɜːmæn] N (*pl* **mermen**) tritón *m*

**Merovingian** [ˌmerəʊ'vɪndʒɪən] Ⓐ ADJ merovingio
Ⓑ N merovingio/a *m/f*

**merrily** ['merɪlɪ] ADV 1 (= *cheerfully*) [*laugh, say, dance*] alegremente
2 (= *blithely*) **she quite ~ wrote out a cheque for £3,000** extendió tranquilamente *or* tan tranquila un cheque por 3.000 libras

**merriment** ['merɪmənt] N alegría *f*, regocijo *m*; (= *laughter*) risas *fpl*; **at this there was much ~** esto provocó muchas risas

**merry** ['merɪ] ADJ (*compar* **merrier**; *superl* **merriest**) 1 (= *cheerful*) [*laughter, face, tune*] alegre; **they were in a very ~ mood** estaban de muy buen humor; **Robin Hood and his ~ men** Robin Hood y sus valientes compañeros; **Merry Christmas!** ¡Feliz Navidad!; **to make ~** (*liter*) divertirse; ✦**IDIOMS to go one's (own) ~ way**: **whatever advice you give her she just goes her own ~ way** (*iro*) le des el consejo que le des, ella sigue haciendo su santa voluntad*; **to lead sb a ~ dance** (*Brit iro*) enredar a algn; *see also* **hell A1**, **more B2**
2 (*Brit**) (= *tipsy*) achispado, alegre; **to get ~** achisparse, ponerse alegre

**merry-go-round** ['merɪgəʊˌraʊnd] N tiovivo *m*, caballitos *mpl*, calesita(s) *f(pl)* (*Andes, S. Cone*)

**merrymaker** ['merɪˌmeɪkəʳ] N juerguista *mf*, parrandero/a *m/f*

**merrymaking** ['merɪˌmeɪkɪŋ] N (= *party*) fiesta *f*; (= *enjoyment*) diversión *f*; (= *happiness*) alegría *f*, regocijo *m*

**mesa** ['meɪsə] N (*US*) colina *f*, baja duna *f*

**mescal** ['meskæl] N mezcal *m*

**mescaline** ['meskəlɪn] N mescalina *f*

**mesentery** ['meːzəntrɪ] N mesenterio *m*

**meseta** [mə'seɪtə] N meseta *f*

**mesh** [meʃ] Ⓐ N 1 (= *spacing*) malla *f*
2 (= *netting*) **wire ~** tela *f* metálica, malla *f* metálica
3 (= *network, net, also fig*) red *f*
4 (= *gears etc*) **in ~** engranado
Ⓑ VT **to get ~ed** enredarse (**in** en)
Ⓒ VI (*Tech*) engranar (**with** con)

**mesmeric** [mez'merɪk] ADJ mesmeriano

**mesmerism** ['mezmərɪzəm] N mesmerismo *m*

**mesmerize** ['mezməraɪz] VT hipnotizar; (*fig*) fascinar

**mesolith** ['mesəʊlɪθ] N mesolito *m*

**mesolithic** [mesəʊ'lɪθɪk] Ⓐ ADJ mesolítico
Ⓑ N **the Mesolithic** el Mesolítico

**mesomorph** ['mesəʊˌmɔːf] N mesomorfo *m*

**meson** ['miːzɒn] N mesón *m*

**Mesopotamia** [ˌmesəpə'teɪmɪə] N Mesopotamia *f*

**Mesozoic** [ˌmesəʊ'zəʊɪk] Ⓐ ADJ mesozoico
Ⓑ N **the ~** el Mesozoico

**mess** [mes] Ⓐ N 1 (*untidy*) desorden *m*; (*dirty*) porquería *f*; (= *shambles*) desastre *m*, desbarajuste *m*; (= *predicament*) lío* *m*, follón* *m*; (= *bad job*) chapuza* *f*, desastre *m*; **excuse the ~** perdone el desorden; **to be a ~**: **this place is a ~** esta casa es un desastre; **her hair is a ~** tiene el pelo hecho un desastre; **this page is a ~, rewrite it** esta página es una chapuza* *or* un desastre, vuélvela a escribir; **the economy is a ~** la economía es un desastre; **her life is a ~** su vida es un desastre *or* un desbarajuste; **you can clean that ~ up** ya puedes ir limpiando esta pena; **to be in a ~**: **the house was in a ~** la casa estaba hecha un desastre; **the toys were in a ~** había un desorden de juguetes; **to leave things in a ~** dejarlo todo desordenado *or* hecho un desastre; **the economy is in a ~** la economía es un desastre; **her life is in a ~** su vida es un desastre *or* un desbarajuste; **his face was in a bit of a ~** (*after fight, accident*) tenía la cara que daba pena; **we're in a ~** estamos metidos en un lío *or* un follón*; **to get (o.s.) into a ~** (*fig*) meterse en un lío *or* un follón*; **a fine** *or* **nice ~ you got us into!** ¡en menudo lío *or* follón nos has metido!*; **you look (such) a ~** vas hecho un desastre; **look at the ~ you've made of this room** mira cómo has dejado esta habitación de desordenada; **to make a ~**: **look what a ~ you've made!** ¡mira cómo

➤ LANGUAGE IN USE: merry 1 23.2

lo has puesto todo!; **he made a ~ of his audition** la audición le fue fatal*; **I've made such a ~ of my life** he arruinado *or* echado a perder mi vida; **you've made a real ~ of things haven't you?** has liado bien las cosas ¿no crees?*
2 (*euph*) (= *excrement*) caca *f*; **dog ~** caca *f* de perro; **the cat's made a ~ in the kitchen** el gato ha hecho caca en la cocina
3 (*Mil*) comedor *m*; **officers' ~** comedor *m* de oficiales
Ⓑ VI 1 (*Mil*) (= *eat*) hacer rancho, comer (juntos)
2 (*) **no ~ing!** ¡sin bromas!, ¡nada de tonterías!; **no ~ing?** ¿en serio?
3 (= *soil o.s.*) hacerse caca encima*
Ⓒ VT **to ~ one's pants/trousers** hacerse caca encima*
Ⓓ CPD ► **mess deck** N sollado *m* ► **mess hall** N comedor *m* ► **a mess of pottage** N (*Bible*) un plato de lentejas ► **mess tin** N plato *m* de campaña

►**mess about***, **mess around*** Ⓐ VT + ADV (*Brit*) **all they do is ~ me about, they won't give me a straight answer** no hacen más que jugar conmigo, no me dan una respuesta concreta; **they were ~ing me about so much over the dates that I told them to forget it** me querían cambiar las fechas tantas veces que les dije que se olvidaran del asunto
Ⓑ VI + ADV (= *play the fool*) hacer tonterías; (= *do nothing in particular*) pasar el rato, gandulear; (= *waste time*) perder el tiempo; **"what are you doing?" — "just ~ing about"** —¿qué haces? —nada, pasando el rato; **we ~ed about in Paris for two days** pasamos dos días en París haciendo esto y lo otro; **he enjoys ~ing about in boats** le gusta entretenerse con las barcas; **she's not one to ~ about, she gets on with the job** no es de las que pierde el tiempo, saca el trabajo adelante; **I don't want him ~ing about here** no le quiero fisgoneando por aquí; **stop ~ing about!** ¡déjate de tonterías!; **to ~ about with sb**: **he isn't the kind of guy you ~ about with** no es de los que se deja enredar *or* tomar el pelo; **he ~ed about with some lads from college for a while** salió con unos tíos de la universidad durante un tiempo; **she'd been ~ing about with other men** había estado liada con otros hombres*; **to ~ about with sth**: **he was ~ing about with his watchstrap** estaba jugueteando con la correa del reloj; **who's been ~ing about with the video?** ¿quién ha estado manoseando *or* toqueteando el vídeo?

►**mess up** Ⓐ VT + ADV 1 (= *disarrange*) [+ *books, papers*] descolocar; [+ *hair*] desarreglar; [+ *room, house*] desordenar, desarreglar
2 (= *dirty*) ensuciar
3 (= *ruin*) [+ *plans, arrangements*] estropear, echar por tierra; [+ *piece of work*] estropear
4 (*US*) (= *beat up*) zurrar*, dar una paliza a*
Ⓑ VI + ADV (*) meter la pata*

►**mess with*** VI + PREP 1 (= *challenge, confront*) meterse con*; **if he ever ~es with me again I'll kill him** si vuelve a meterse conmigo lo mato*
2 (= *interfere with*) interferir con; **the system works well so don't ~ with it** el sistema funciona bien así que no interfieras con él
3 (= *get involved with*) **I used to ~ with drugs** estaba metido en drogas*

**message** [ˈmesɪdʒ] Ⓐ N recado *m*; (*frm, fig, Comput*) mensaje *m*; **to leave a ~** dejar un recado; **would you like to leave him a ~?** ¿quiere dejarle algún recado?; **a secret ~** un mensaje secreto; **the ~ of the film** el mensaje de la película; ✦**IDIOM to get the ~***: **do you think he got the ~?*** ¿crees que lo comprendió *or* entendió?
Ⓑ CPD ► **message switching** N (*Comput*) conmutación *f* de mensajes

**messaging** [ˈmesɪdʒɪŋ] N mensajería *f*

**messenger** [ˈmesɪndʒəʳ] Ⓐ N mensajero/a *m/f*
Ⓑ CPD ► **messenger boy** N recadero *m*

**Messiah** [mɪˈsaɪə] N Mesías *m*

**messianic** [ˌmesɪˈænɪk] ADJ mesiánico

**Messieurs** [ˈmesəz] NPL señores *mpl*

**messily** [ˈmesɪlɪ] ADV 1 (= *creating mess*) **babies eat ~** los bebés lo dejan todo perdido *or* lo ensucian todo cuando comen; **try not to write so ~** intenta que lo que escribes te salga más limpio
2 (= *awkwardly*) **the divorce ended ~** el divorcio terminó de mala manera

**messmate** [ˈmesmeɪt] N 1 (*in army etc*) compañero *m* de rancho, comensal *m*
2 (= *friend*) amigo *m*

**Messrs** [ˈmesəz] NPL ABBR (*Brit*) (= **Messieurs**) Srs., Sres.

**mess-up*** [ˈmesʌp] N (*Brit*) follón* *m*, lío* *m*; **we had a ~ with the trains** nos hicimos un lío con los trenes*

**messy** [ˈmesɪ] ADJ (*compar* **messier**; *superl* **messiest**) 1 (= *creating mess*) [*person*] desordenado; [*animal, activity, job*] sucio; **he's such a ~ eater** lo deja todo perdido *or* lo ensucia todo cuando come
2 (= *dirty, untidy*) [*place, room*] desordenado; [*clothes*] desarreglado, desordenado; [*hair*] despeinado; **"this is a ~ piece of work," said the teacher** —la presentación de este trabajo es un desastre —dijo el profesor; **she was penalized for ~ work** la castigaron por presentar un trabajo sucio y descuidado
3 (= *confused and awkward*) [*situation, divorce, relationship*] turbio, turbulento; [*process, dispute*] enrevesado, complicado; **she is locked in a ~ legal battle with her landlord** está metida en un pleito muy enrevesado con su casero

**mestizo** [mɪsˈtiːzəʊ] N (*pl* **mestizos** *or* **mestizoes**) (*US*) mestizo/a *m/f*

**met** [met] PT, PP *of* **meet**

**Met.** [met] Ⓐ ADJ ABBR (*Brit*) = **meteorological**; **the ~Office** el instituto meteorológico británico
Ⓑ N ABBR 1 (*Brit*) (= **Metropolitan Police**) *la policía de Londres*
2 (*US*) = **Metropolitan Opera**

**meta...** [ˈmetə] PREFIX meta...

**metabolic** [ˌmetəˈbɒlɪk] ADJ metabólico; **~ rate** ciclo *m* metabólico

**metabolism** [meˈtæbəlɪzəm] N metabolismo *m*

**metabolize** [meˈtæbəlaɪz] VT metabolizar

**metacarpal** [ˌmetəˈkɑːpl] N metacarpiano *m*

**metacarpus** [ˌmetəˈkɑːpəs] N (*pl* **metacarpi** [ˌmetəˈkɑːpaɪ]) metacarpo *m*

**metal** [ˈmetl] Ⓐ N 1 (*Chem, Phys*) metal *m*
2 (*Brit*) (*on road*) grava *f*
3 (*Brit Rail*) **metals** rieles *mpl*
4 (*fig*) = **mettle**
Ⓑ ADJ metálico, de metal
Ⓒ VT (*Brit*) [+ *road*] engravar
Ⓓ CPD ► **metal detector** N detector *m* de metales ► **metal fatigue** N fatiga *f* del metal ► **metal polish** N abrillantador *m* de metales

**metalanguage** [ˈmetəˌlæŋgwɪdʒ] N metalenguaje *m*

**metalinguistic** [ˌmetəlɪŋˈgwɪstɪk] ADJ metalingüístico

**metalinguistics** [ˌmetəlɪŋˈgwɪstɪks] NSING metalingüística *f*

**metallic** [mɪˈtælɪk] ADJ metálico

**metallurgic** [ˌmetəˈlɜːdʒɪk] ADJ = **metallurgical**

**metallurgical** [ˌmetəˈlɜːdʒɪkəl] ADJ metalúrgico

**metallurgist** [meˈtælədʒɪst] N metalúrgico/a *m/f*

**metallurgy** [meˈtælədʒɪ] N metalurgia *f*

**metalwork** [ˈmetlwɜːk] N (= *craft*) metalistería *f*

**metamorphic** [ˌmetəˈmɔːfɪk] ADJ metamórfico

**metamorphose** [ˌmetəˈmɔːfəʊz] Ⓐ VT metamorfosear (**into** en)
Ⓑ VI metamorfosearse (**into** en)

**metamorphosis** [ˌmetəˈmɔːfəsɪs] N (*pl* **metamorphoses** [ˌmetəˈmɔːfəsiːz]) metamorfosis *f inv*

**metaphor** [ˈmetəfɔːʳ] N metáfora *f*; *see also* **mixed B**

**metaphoric** [ˌmetəˈfɒrɪk] ADJ = **metaphorical**

**metaphorical** [ˌmetəˈfɒrɪkəl] ADJ metafórico

**metaphorically** [ˌmetəˈfɒrɪkəlɪ] ADV metafóricamente

**metaphysical** [ˌmetəˈfɪzɪkəl] ADJ metafísico

**metaphysics** [ˌmetəˈfɪzɪks] NSING metafísica *f*

**metastasis** [mɪˈtæstəsɪs] N (*pl* **metastases** [mɪˈtæstəˈsiːz]) metástasis *f inv*

**metatarsal** [ˌmetəˈtɑːsl] N metatarsiano *m*

**metatarsus** [ˌmetəˈtɑːsəs] N (*pl* **metatarsi** [ˌmetəˈtɑːsaɪ]) metatarso *m*

**metathesis** [meˈtæθəsɪs] N (*pl* **metatheses** [meˈtæθəˌsiːz]) metátesis *f inv*

**mete** [miːt] VT **to ~ out** [+ *punishment, justice*] imponer; [+ *challenge*] asignar

**metempsychosis** [ˌmetəmsaɪˈkəʊsɪs] N metempsicosis *f inv*

**meteor** [ˈmiːtɪəʳ] Ⓐ N meteoro *m*
Ⓑ CPD ► **meteor shower** N lluvia *f* de meteoritos

**meteoric** [ˌmiːtɪˈɒrɪk] ADJ 1 (*lit*) meteórico
2 (*fig*) rápido, meteórico

**meteorite** [ˈmiːtɪəraɪt] N meteorito *m*

**meteoroid** [ˈmiːtɪərɔɪd] N meteoroide *m*

**meteorological** [ˌmiːtɪərəˈlɒdʒɪkəl] Ⓐ ADJ meteorológico
Ⓑ CPD ► **the Meteorological Office** N (*Brit*) *el instituto meteorológico británico*

**meteorologically** [ˌmiːtɪərəˈlɒdʒɪklɪ] ADV meteorológicamente, en lo que se refiere a la meteorología

**meteorologist** [ˌmiːtɪəˈrɒlədʒɪst] N meteorólogo/a *m/f*

**meteorology** [ˌmiːtɪəˈrɒlədʒɪ] N meteorología *f*

**meter¹** [ˈmiːtəʳ] N contador *m*, medidor *m* (*LAm*); (*in taxi*) taxímetro *m*; **gas/electricity ~** contador de gas/de electricidad; **parking ~** parquímetro *m*

**meter²** [ˈmiːtəʳ] N (*US*) = **metre**

**meterage** [ˈmiːtərɪdʒ] N metraje *m*

**metermaid** [ˈmiːtəˌmeɪd] N (*US*) controladora *f* de estacionamiento

**methadone** [ˈmeθəˌdəʊn] N metadona *f*

**methamphetamine** [ˌmeθæmˈfetəmiːn] N metanfetamina *f*

**methane** [ˈmiːθeɪn] N metano *m*

**methanol** [ˈmeθənɒl] N metanol *m*

**methinks** [mɪˈθɪŋks] ADV (††) a mi parecer, a mi entender

**method** [ˈmeθəd] Ⓐ N 1 (= *manner, way*) método *m*; (= *procedure*) procedimiento *m*; **~ of payment** forma *f* de pago; ✦**IDIOM there's ~ in his madness** no está tan loco como parece
2 (= *technique*) técnica *f*
Ⓑ CPD ► **method actor** N actor *m* adepto

del método Stanislavski ► **method actress** N actriz *f* adepta del método Stanislavski

**methodical** [mɪ'θɒdɪkəl] ADJ metódico

**methodically** [mɪ'θɒdɪkəlɪ] ADV metódicamente

**Methodism** ['meθədɪzəm] N metodismo *m*

**Methodist** ['meθədɪst] Ⓐ ADJ metodista
Ⓑ N metodista *mf*; **he's a ~** es metodista

**methodological** [,meθədə'lɒdʒɪkəl] ADJ metodológico

**methodologically** [,meθədə'lɒdʒɪkəlɪ] ADV metodológicamente, desde el punto de vista metodológico

**methodology** [,meθə'dɒlədʒɪ] N metodología *f*

**meths*** [meθs] (*Brit*) Ⓐ N ABBR = **methylated spirit(s)**
Ⓑ CPD ► **meths drinker** N bebedor(a) *m/f* de alcohol metilado

**Methuselah** [mɪ'θju:zələ] N Matusalén

**methylated spirit(s)** ['meθɪleɪtɪd'spɪrɪt(s)] N (*Brit*) alcohol *msing* desnaturalizado

**meticulous** [mɪ'tɪkjʊləs] ADJ meticuloso

**meticulously** [mɪ'tɪkjʊləslɪ] ADV meticulosamente

**meticulousness** [mɪ'tɪkjʊləsnɪs] N meticulosidad *f*

**métier** ['meɪtɪeɪ] N (= *trade*) oficio *m*; (= *strong point*) fuerte *m*; (= *speciality*) especialidad *f*; **it's not my ~** no es mi especialidad

**met-man*** ['metmæn] N (*pl* **met-men**) meteorólogo *m*

**metre**, **meter** (*US*) ['mi:tə^r] N (*all senses*) metro *m*

**metric** ['metrɪk] Ⓐ ADJ métrico; **to go ~** pasar al sistema métrico
Ⓑ CPD ► **metric system** N sistema *m* métrico ► **metric ton** N tonelada *f* métrica (= *1.000kg*)

**metrical** ['metrɪkəl] ADJ (*Poetry*) métrico

**metrication** [,metrɪ'keɪʃən] N conversión *f* al sistema métrico

**metrics** ['metrɪks] N métrica *f*

**metro** ['metrəʊ] N metro *m*

**metrological** [,metrə'lɒdʒɪkəl] ADJ metrológico

**metronome** ['metrənəʊm] N metrónomo *m*

**metronomic** [,metrə'nɒmɪk] ADJ metronómico

**metropolis** [mɪ'trɒpəlɪs] N metrópoli *f*

**metropolitan** [,metrə'pɒlɪtən] Ⓐ ADJ metropolitano
Ⓑ CPD ► **the Metropolitan Police** N *la policía de Londres*

**mettle** ['metl] N ánimo *m*, valor *m*; **to be on one's ~** estar dispuesto a demostrar su valía; **to put sb on his ~** picar a algn en el amor propio *or* en el orgullo; **to show one's ~** mostrar lo que uno vale

**mettlesome** ['metlsəm] ADJ animoso, brioso, esforzado

**Meuse** [mɜ:z] N Mosa *m*

**mew** [mju:] Ⓐ N maullido *m*
Ⓑ VI maullar, hacer miau

**mewl** [mju:l] VI [*cat*] maullar, hacer miau; [*baby*] lloriquear

**mews** [mju:z] (*Brit*) Ⓐ NSING callejuela *f*
Ⓑ CPD ► **mews cottage** N *casa acondicionada en antiguos establos o cocheras*

**Mexican** ['meksɪkən] Ⓐ ADJ mejicano, mexicano (*LAm*)
Ⓑ N mejicano/a *m/f*, mexicano/a *m/f* (*LAm*)
Ⓒ CPD ► **Mexican wave** N (*Brit*) ola *f* (mejicana *or* (*LAm*) mexicana)

**Mexico** ['meksɪkəʊ] Ⓐ N Méjico *m*, México *m* (*LAm*)
Ⓑ CPD ► **Mexico City** N (Ciudad *f* de) México *m*

**mezzanine** ['mezəni:n] N entresuelo *m*

**mezzo-soprano** ['metsəʊsə'prɑ:nəʊ] N (= *singer*) mezzosoprano *f*; (= *voice*) mezzosoprano *m*

**mezzotint** ['metsəʊtɪnt] N grabado *m* mezzotinto

**MF** N ABBR = **medium frequency**

**MFA** N ABBR (*US Univ*) = **Master of Fine Arts**

**MFH** N ABBR (*Brit*) = **Master of Foxhounds**

**MFN** N ABBR (*US*) (= **most favored nation**) nación *f* más favorecida; **~ treatment** trato *m* de nación más favorecida

**mfr(s)** ABBR (= **manufacturer(s)**) fab

**mg** ABBR (= **milligram(s)**) mg.

**Mgr** ABBR (*Rel*) (= **Monseigneur** *or* **Monsignor**) Mons.

**mgr** ABBR = **manager**

**MHR** N ABBR (*US*) = **Member of the House of Representatives**

**MHz** ABBR (*Rad*) (= **megahertz**) MHz

**MI** Ⓐ N ABBR = **machine intelligence**
Ⓑ ABBR (*US*) = **Michigan**

**mi** [mi:] N (*Mus*) mi *m*

**MI5** [,emaɪ'faɪv] N ABBR (*Brit*) (= **Military Intelligence 5**) *servicio de inteligencia contraespionaje*

**MI6** [,emaɪ'sɪks] N ABBR (*Brit*) (= **Military Intelligence 6**) *servicio de inteligencia*

**MIA** ADJ ABBR (*Mil*) = **missing in action**

**miaow** [mi:'aʊ] Ⓐ N maullido *m*
Ⓑ VI maullar, hacer miau

**miasma** [mɪ'æzmə] N (*pl* **miasmas** *or* **miasmata** [mɪ'æzmətə]) miasma *m*

**miasmic** [mɪ'æzmɪk] ADJ miasmático

**mica** ['maɪkə] N mica *f*

**mice** [maɪs] NPL *of* **mouse**

**Mich.** ABBR (*US*) = **Michigan**

**Michael** ['maɪkl] N Miguel

**Michaelmas** ['mɪklməs] Ⓐ N fiesta *f* de San Miguel (*29 setiembre*)
Ⓑ CPD ► **Michaelmas daisy** N margarita *f* de otoño ► **Michaelmas term** N (*Brit Jur, Univ*) trimestre *m* de otoño, primer trimestre *m*

**Michelangelo** [,maɪkəl'ændʒɪləʊ] N Miguel Ángel

**Mick** [mɪk] N (*familiar form*) *of* **Michael**

**Mickey** ['mɪkɪ] CPD ► **Mickey Finn** N bebida *f* drogada ► **Mickey Mouse** N el ratón Mickey; **it's a ~ Mouse set-up** es una empresa poco seria

**mickey*** ['mɪkɪ] N **to take the ~ (out of sb)** tomar el pelo (a algn)

**micro** ['maɪkrəʊ] N **1** (*Comput*) microcomputadora *f*, microordenador *m* (*Sp*)
**2** (*) (= *microwave*) microondas *m*

**micro...** ['maɪkrəʊ] PREFIX micro...

**microbe** ['maɪkrəʊb] N microbio *m*

**microbial** [maɪ'krəʊbɪəl] ADJ microbiano

**microbiological** [,maɪkrəʊbaɪə'lɒdʒɪkəl] ADJ microbiológico

**microbiologist** [,maɪkrəʊbaɪ'ɒlədʒɪst] N microbiólogo/a *m/f*

**microbiology** [,maɪkrəʊbaɪ'ɒlədʒɪ] N microbiología *f*

**microbus** ['maɪkrəʊ,bʌs] N (*Aut*) microbús *m*

**microchip** ['maɪkrəʊ,tʃɪp] N microchip *m*

**microcircuit** ['maɪkrəʊ,sɜ:kɪt] N microcircuito *m*

**microcircuitry** ['maɪkrəʊ'sɜ:kɪtrɪ] N microcircuitería *f*

**microclimate** ['maɪkrəʊ,klaɪmɪt] N microclima *m*

**microcomputer** [,maɪkrəʊkəm'pju:tə^r] N microcomputador *m*, microcomputadora *f*, microordenador *m* (*Sp*)

**microcomputing** ['maɪkrəʊkəm'pju:tɪŋ] N microcomputación *f*

**microcosm** ['maɪkrəʊkɒzəm] N microcosmo *m*

**microdot** ['maɪkrəʊ,dɒt] N micropunto *m*

**microeconomic** [,maɪkrəʊ,i:kə'nɒmɪk] ADJ microeconómico

**microeconomics** ['maɪkrəʊ,i:kə'nɒmɪks] NSING microeconomía *f*

**microelectronic** ['maɪkrəʊ,i:lek'trɒnɪk] ADJ microelectrónico

**microelectronics** ['maɪkrəʊ,i:lek'trɒnɪks] NSING microelectrónica *f*

**microfiche** ['maɪkrəʊ,fi:ʃ] Ⓐ N microficha *f*
Ⓑ CPD ► **microfiche reader** N lector *m* de microfichas

**microfilm** ['maɪkrəʊfɪlm] Ⓐ N microfilm *m*
Ⓑ VT microfilmar
Ⓒ CPD ► **microfilm reader** N lector *m* de microfilms

**microform** ['maɪkrəʊ,fɔ:m] N microforma *f*

**microgravity** [,maɪkrəʊ'grævɪtɪ] N microgravedad *f*

**microgroove** ['maɪkrəʊgru:v] N microsurco *m*

**microlight**, **microlite** ['maɪkrəʊ,laɪt] N (*also* **~ aircraft**) avión *m* ultraligero, ultraligero *m*

**micromesh stockings** [,maɪkrəʊmeʃ'stɒkɪŋz] NPL medias *fpl* de malla fina

**micrometer** [maɪ'krɒmɪtə^r] N micrómetro *m*

**micron** ['maɪkrɒn] N (*pl* **microns** *or* **micra** ['maɪkrə]) micrón *m*

**microorganism** ['maɪkrəʊ'ɔ:gənɪzəm] N microorganismo *m*

**microphone** ['maɪkrəfəʊn] N micrófono *m*

**microprocessor** [,maɪkrəʊ'prəʊsesə^r] N microprocesador *m*

**microprogramming**, **microprograming** (*US*) [,maɪkrəʊ'prəʊgræmɪŋ] N microprogramación *f*

**microscope** ['maɪkrəskəʊp] N microscopio *m*

**microscopic** [,maɪkrə'skɒpɪk] ADJ microscópico

**microscopical** [,maɪkrə'skɒpɪkəl] ADJ = **microscopic**

**microscopically** [,maɪkrəʊ'skɒpɪklɪ] ADV microscópicamente; **~ small** microscópico; **to examine sth ~** (*with microscope*) examinar algo al microscopio

**microscopy** [maɪ'krɒskəpɪ] N microscopía *f*

**microsecond** ['maɪkrəʊ,sekənd] N microsegundo *m*

**microspacing** [,maɪkrəʊ'speɪsɪŋ] N microespaciado *m*

**microstructural** [,maɪkrəʊ'strʌktʃərəl] ADJ microestructural

**microstructure** ['maɪkrəʊ,strʌktʃə^r] N microestructura *f*

**microsurgery** [,maɪkrəʊ'sɜ:dʒərɪ] N microcirugía *f*

**microsurgical** [,maɪkrəʊ'sɜ:dʒɪkəl] ADJ microquirúrgico

**microtechnology** [,maɪkrəʊtek'nɒlədʒɪ] N microtecnología *f*

**microtransmitter** [,maɪkrəʊtrænz'mɪtə^r] N microtransmisor *m*

**microwave** ['maɪkrəʊ,weɪv] Ⓐ N **1** (*Phys*) microonda *f*
**2** (*also* **~ oven**) (horno *m*) microondas *m inv*
Ⓑ VT (= *cook*) cocinar con microondas; (= *heat*) calentar en el microondas

**micturate** ['mɪktjʊəreɪt] VI (*frm*) orinar

**micturition** [ˌmɪktjʊ'rɪʃən] N (*frm*) micción *f*

**mid** [mɪd] Ⓐ ADJ **in ~ June** a mediados de junio; **he's in his ~ twenties** tiene unos veinticinco años, tiene veinte y tantos años; **in ~ afternoon** a media tarde; **in ~ channel** en medio del canal; **in ~ course** (*during academic year*) a mitad de curso; (*of degree course*) a mitad de carrera; **in ~ journey** a medio camino; **in ~ morning** a media mañana; **in ~ ocean** en alta mar, en mitad del océano
Ⓑ PREP (*liter, poet*) = **amid**

**mid-air** ['mɪdɛəʳ] Ⓐ N **to catch sth in ~** agarrar *or* atrapar algo al vuelo; **to refuel in ~** repostar combustible en pleno vuelo; **✦IDIOM to leave sth in ~** dejar algo a medio hacer
Ⓑ ADJ **~ collision** colisión *f* en el aire

**Midas** ['maɪdəs] N Midas; **✦IDIOM he has the ~ touch** todo lo que toca se convierte en dinero

**mid-Atlantic** [mɪdət'læntɪk] ADJ [*accent*] de mitad del Atlántico

**midbrain** ['mɪdbreɪn] N mesencéfalo *m*, cerebro *m* medio

**midday** ['mɪd'deɪ] Ⓐ N mediodía *m*; **at ~** a(l) mediodía
Ⓑ CPD ► **the midday sun** N el sol de(l) mediodía

**midden** ['mɪdn] N muladar *m*

**middle** ['mɪdl] Ⓐ N [1] [*of object, area*] centro *m*, medio *m*; **in the ~ of the table/the room** en medio *or* en el centro de la mesa/la habitación; **he was in the ~ of the road** estaba en medio *or* en (la) mitad de la carretera; **the potatoes were raw in the ~** las patatas estaban crudas por el centro; **to cut sth down the ~** cortar algo por el medio *or* por la mitad; **we agreed to split the bill down the ~** acordamos dividir la cuenta por la mitad; **the party is split down the ~ on this issue** el partido está dividido en dos facciones con respecto a este tema; **in the ~ of nowhere** quién sabe dónde, en el quinto pino (*Sp**); **right in the ~** ◊ **in the very ~** (*physically*) en el mismo centro
[2] [*of period*] **in the ~ of the night** en mitad de la noche; **in the ~ of summer** en pleno verano; **in** *or* **about** *or* **towards the ~ of May** a mediados de mayo; **in the ~ of the morning** a media mañana; **the heat in the ~ of the day was intense** el calor del mediodía era intenso; **he was in his ~ thirties** tenía unos treinta y cinco años, tenía treinta y tantos años
[3] [*of activity*] **to be in the ~ of sth** estar en mitad de algo; **we were in the ~ of dinner** estábamos en mitad de la cena; **I'm in the ~ of a conversation** estoy en mitad de una conversación; **to be in the ~ of doing sth**: **I'm in the ~ of reading it** lo estoy leyendo; **I'm right in the ~ of getting lunch** justo ahora estoy preparando la comida; *see also* **week**
[4] (*) (= *waist*) cintura *f*; **she wore it round her ~** lo llevaba alrededor de la cintura; **he was in the water up to his ~** el agua le llegaba por *or* a la cintura
Ⓑ ADJ [1] (= *central*) **the ~ shelf of the oven** la bandeja del medio del horno; **my ~ daughter** mi segunda hija, mi hija de en medio; **he stared into the ~ distance** miró fijamente a un segundo plano; **~ ground** terreno *m* neutral; **in the ~ years of the nineteenth century** a mediados del siglo diecinueve; **women in their ~ years** mujeres de mediana edad; **✦IDIOM to steer** *or* **take a ~ course** tomar por la calle de en medio
[2] (= *average*) mediano; **a man of ~ size** un hombre de mediana estatura
Ⓒ CPD ► **middle age** N madurez *f* ► **the Middle Ages** NPL la Edad Media ► **Middle America** N (= *Central America*) Mesoamérica *f*, Centroamérica *f*; (*US Geog*) el centro de los Estados Unidos; (*fig*) (*US*) (= *middle class*) la clase media norteamericana ► **middle C** N (*Mus*) do *m* (*en medio del piano*) ► **the middle class(es)** N(PL) la clase media; **the ~ classes** la clase media; **the upper/lower ~ class(es)** la clase media alta/baja; *see also* **middle-class** ► **middle distance** N **in the ~ distance** (*gen*) a una distancia intermedia; (*Art*) en segundo plano; *see also* **middle-distance** ► **middle ear** N oído *m* medio ► **the Middle East** N el Oriente Medio ► **Middle English** N *la lengua inglesa de la edad media* ► **middle finger** N dedo *m* corazón ► **middle management** N mandos *mpl* medios ► **middle manager** N mando *mf* medio ► **middle name** N segundo nombre *m* de pila; **✦IDIOM "discretion" is my ~ name** soy la discreción en persona ► **middle school** N (*Brit*) *colegio para niños de ocho o nueve a doce o trece años*; (*US*) *colegio para niños de doce a catorce años* ► **the Middle West** N (*US*) *la región central de los Estados Unidos*

**middle-aged** ['mɪdl'eɪdʒd] ADJ de mediana edad

**middlebrow** ['mɪdlbraʊ] Ⓐ ADJ de *or* para gusto medianamente culto, de gusto entre intelectual y plebeyo
Ⓑ N persona *f* de gusto medianamente culto, persona *f* de cultura mediana

**middle-class** ['mɪdl'klɑːs] ADJ de (la) clase media; (= *bourgeois*) burgués; *see also* **middle C**

**middle-distance** [ˌmɪdl'dɪstəns] CPD ► **middle-distance race** N carrera *f* de medio fondo ► **middle-distance runner** N mediofondista *mf*

**Middle-Eastern** [ˌmɪdl'iːstən] ADJ de Oriente Medio

**middle-income** [ˌmɪdl'ɪnkʌm] ADJ [*family*] de ingresos medios

**middleman** ['mɪdlmæn] N (*pl* **middlemen**) (*Comm*) intermediario/a *m/f*

**middle-of-the-road** ['mɪdləvðə'rəʊd] ADJ moderado; (*pej*) mediocre

**middle-ranking** ['mɪdl'ræŋkɪŋ] ADJ [*official*] medio

**middle-sized** ['mɪdl,saɪzd] ADJ mediano

**middleweight** ['mɪdlweɪt] Ⓐ N peso *m* medio; **light ~** peso *m* medio ligero
Ⓑ CPD ► **middleweight champion** N campeón/ona *m/f* de peso medio, campeón/ona *m/f* de los pesos medios

**middling** ['mɪdlɪŋ] Ⓐ ADJ mediano; (*pej*) regular; **"how are you?" — "middling"** —¿qué tal estás? —regular; *see also* **fair¹ A2**
Ⓑ ADV (*) **~ good** medianamente bueno, regular

**Middx** ABBR (*Brit*) = **Middlesex**

**middy*** ['mɪdɪ] N = **midshipman**

**midfield** ['mɪdfiːld] Ⓐ N centro *m* del campo
Ⓑ CPD ► **midfield player** N centrocampista *mf*

**midge** [mɪdʒ] N mosquito *m* pequeño

**midget** ['mɪdʒɪt] Ⓐ N enano/a *m/f*
Ⓑ ADJ en miniatura, en pequeña escala; [*submarine*] de bolsillo

**midi** ['mɪdɪ] Ⓐ ADJ **~ hi-fi** ◊ **~ system** minicadena *f*
Ⓑ N = **midiskirt**

**midiskirt** ['mɪdɪskɜːt] N midi *m*, midifalda *f*

**midland** ['mɪdlənd] ADJ del interior, del centro

**Midlander** ['mɪdləndəʳ] N *nativo or habitante de la región central de Inglaterra*

**Midlands** ['mɪdləndz] NPL **the ~** *la región central de Inglaterra*

**midlife** ['mɪd,laɪf] CPD ► **midlife crisis** N crisis *f inv* de los cuarenta

**mid-morning** ['mɪd'mɔːnɪŋ] ADJ de media mañana; **~ coffee** café *m* de media mañana, café *m* de las once

**midmost** ['mɪdməʊst] ADJ (*liter*) el/la más cercano/a al centro

**midnight** ['mɪdnaɪt] Ⓐ N medianoche *f*; **at ~** a medianoche; **✦IDIOM to burn the ~ oil** quemarse las pestañas
Ⓑ CPD ► **midnight blue** N negro *m* azulado ► **midnight mass** N misa *f* del gallo ► **the midnight sun** N el sol de medianoche

**midpoint** ['mɪd,pɔɪnt] N punto *m* medio

**midriff** ['mɪdrɪf] N estómago *m*; (*Med*) diafragma *m*

**midsection** ['mɪdsekʃən] N sección *f* de en medio

**midshipman** ['mɪdʃɪpmən] N (*pl* **midshipmen**) guardia *mf* marina, alférez *mf* de fragata

**midships** ['mɪdʃɪps] ADV en medio del navío

**midsized** ['mɪdsaɪzd], **midsize** ['mɪdsaɪz] ADJ mediano

**midst** [mɪdst] Ⓐ N **in the ~ of** (*place*) en medio de, a mitad de (*LAm*); **in the ~ of the battle** (*fig*) en plena batalla; **in our ~** entre nosotros
Ⓑ PREP (*liter*) = **amidst**

**midstream** ['mɪd'striːm] Ⓐ N (*lit*) centro *m* de la corriente/del río; **in ~** (*lit*) en el medio de la corriente/del río; (*fig*) antes de terminar, a mitad de camino; **he stopped talking in ~** dejó de hablar a mitad de la frase
Ⓑ ADV en medio de la corriente/del río

**midsummer** ['mɪd'sʌməʳ] Ⓐ N pleno verano *m*; **in ~** en pleno verano; **"Midsummer Night's Dream"** "El sueño de una noche de verano"
Ⓑ CPD ► **Midsummer('s) Day** N Día *m* de San Juan (*24 junio*) ► **midsummer madness** N locura *f* pasajera

**midterm** ['mɪd'tɜːm] ADJ **~ exam** examen *m* de mitad del trimestre; **~ elections** (*US*) elecciones *fpl* a mitad del mandato (presidencial)

**midtown** ['mɪd,taʊn] Ⓐ N centro *m* de la ciudad
Ⓑ CPD ► **midtown shops** NPL tiendas *fpl* del centro de la ciudad

**mid-Victorian** ['mɪdvɪk'tɔːrɪən] ADJ (*Brit*) de mitades de la época victoriana

**midway** ['mɪd'weɪ] Ⓐ ADV a mitad de camino, a medio camino; **~ between Edinburgh and Glasgow** a mitad de camino *or* a medio camino entre Edimburgo y Glasgow; **we are now ~** ahora estamos a mitad de camino *or* a medio camino; **~ through the interview, Taggart got up** Taggart se levantó a mitad de la entrevista
Ⓑ ADJ **the ~ point between X and Y** el punto medio entre X y Y
Ⓒ N (*US*) avenida *f* central, paseo *m* central

**midweek** ['mɪd'wiːk] Ⓐ ADV entre semana
Ⓑ ADJ de entre semana

**Midwest** ['mɪd'west] N (*US*) medioooeste *m* (*llanura central de EEUU*)

**Midwestern** ['mɪd,westən] ADJ (*US*) del medioooeste (*de EEUU*)

**Midwesterner** [mɪd'westənəʳ] N (*US*) *nativo/habitante del Midwest*

**midwife** ['mɪdwaɪf] N (*pl* **midwives**) comadrona *f*, partera *f*

**midwifery** ['mɪdˌwɪfərɪ] N partería *f*

**midwinter** ['mɪd'wɪntəʳ] Ⓐ N pleno invierno *m*; **in ~** en pleno invierno
Ⓑ CPD de pleno invierno

**mien** [miːn] N (*liter*) aire *m*, porte *m*, semblante *m*

**miff*** [mɪf] Ⓐ N disgusto *m*
Ⓑ VT disgustar, ofender; **he was pretty ~ed about it** se ofendió bastante por eso

**might[1]** [maɪt] PT, COND *of* **may**

**might[2]** [maɪt] N poder *m*, fuerza *f*; **with all one's ~** con todas sus fuerzas; **with ~ and main** a más no poder, esforzándose muchísimo

**might-have-been** ['maɪtəvˌbiːn] N esperanza *f* no cumplida

**mightily** ['maɪtɪlɪ] ADV [1] (†) (= *greatly*) [*rejoice*] tremendamente, enormemente; [*impressive*] sumamente; **to be ~ impressed/relieved** estar tremendamente *or* sumamente impresionado/aliviado; **I was ~ surprised** me sorprendí enormemente
[2] (*liter*) (= *powerfully*) [*strike, hit*] con fuerza; **they heaved ~** tiraron con todas sus fuerzas

**mightiness** ['maɪtɪnɪs] N (= *strength*) fuerza *f*; (= *power*) poder *m*, poderío *m*

**mightn't** ['maɪtnt] = **might not**

**mighty** ['maɪtɪ] Ⓐ ADJ (*compar* **mightier**; *superl* **mightiest**) (*liter*) [1] (= *powerful*) [*blow*] tremendo*; [*effort*] grandísimo; [*nation*] poderoso; **he shook his ~ fist** agitó su poderoso puño; **God's ~ power** la omnipotencia de Dios; *see also* **high A3**
[2] (= *loud*) [*bang, roar*] enorme
[3] (= *large*) [*river, fortress, wall*] enorme, inmenso
Ⓑ ADV (*US**) (= *very*) **I'm ~ glad to hear it** me alegro muchísimo de saberlo; **she's a ~ fine-looking woman** es una mujer muy guapa; **we were ~ worried** estábamos la mar de preocupados*; **it's a ~ long way to Southfork** Southfork está tremendamente lejos *or* está lejísimo
Ⓒ NPL **the ~** los poderosos; **✦*IDIOM* how the ~ have fallen!** ¡cómo han caído los poderosos!

**mignonette** [ˌmɪnjə'net] N reseda *f*

**migraine** ['miːgreɪn] Ⓐ N jaqueca *f*, migraña *f*; **I've got a ~** tengo jaqueca *or* migraña
Ⓑ CPD ► **migraine attack** N ataque *m* de jaqueca *or* migraña ► **migraine sufferer** N **this will benefit ~ sufferers** esto beneficiará a los que padecen de jaqueca *or* migraña

**migrant** ['maɪgrənt] Ⓐ ADJ migratorio
Ⓑ N emigrante *mf*; (= *bird*) ave *f* migratoria *or* de paso; **economic ~** emigrante *mf* económico/a, emigrante *mf* por razones económicas
Ⓒ ► **migrant worker** N trabajador(a) *m/f* emigrado/a

**migrate** [maɪ'greɪt] VI [*animals, people*] emigrar

**migration** [maɪ'greɪʃən] N migración *f*

**migratory** [maɪ'greɪtərɪ] ADJ migratorio

**Mike** [maɪk] N (*familiar form*) *of* **Michael**; **for the love of ~!*** ¡por Dios!

**mike*** [maɪk] N ABBR (= **microphone**) micro *m*

**milady** [mɪ'leɪdɪ] N miladi *f*

**Milan** [mɪ'læn] N Milán *m*

**milch cow** ['mɪltʃkaʊ] N vaca *f* lechera

**mild** [maɪld] Ⓐ ADJ (*compar* **milder**; *superl* **mildest**) [1] (= *not severe*) [*winter*] moderado, poco frío; [*weather, climate, evening*] templado; **it's very ~ for the time of year** no hace mucho frío para esta época del año
[2] (= *not strong*) [*cheese, cigar, detergent, shampoo, sedative*] suave; [*curry*] suave, no muy picante; [*protest*] moderado; [*criticism*] suave, moderado; **he issued a ~ rebuke to his Republican opponents** reprendió a sus oponentes republicanos con cierta suavidad
[3] (= *not serious*) [*fever*] ligero; [*infection*] pequeño; [*symptoms*] leve; **he had a ~ stroke last year** tuvo un derrame cerebral de poca seriedad el año pasado; **I had a ~ case of food poisoning** tuve una ligera intoxicación
[4] (= *slight*) [*pain*] leve, ligero; **they listened with ~ interest** escuchaban con cierto interés; **he turned to Mona with a look of ~ confusion/surprise** se volvió hacia Mona y la miró ligeramente confundido/sorprendido
[5] (= *pleasant*) [*person, voice*] afable, dulce; [*words*] dulce; [*disposition*] tranquilo, apacible; [*manner*] afable
Ⓑ CPD ► **mild steel** N *acero con bajo contenido carbónico*
Ⓒ N (*Brit*) (= *beer*) *cerveza suave y de color oscuro*

**mildew** ['mɪldjuː] N (*on plants*) añublo *m*; (*on food, leather etc*) moho *m*

**mildewed** ['mɪldjuːd] ADJ mohoso

**mildly** ['maɪldlɪ] ADV [1] (= *gently*) [*say, reply*] suavemente, con suavidad
[2] (= *slightly*) [*amusing, surprised, interested, irritated*] ligeramente
[3] (= *weakly*) [*protest*] débilmente; [*rebuke*] con suavidad, suavemente; **he was only ~ criticized for his actions** sólo recibió críticas moderadas por sus acciones
[4] **to put it ~: to put it ~, I was cross** decir que estaba enfadado es quedarse corto; **he's a low-down thief, and that's putting it ~** es un cochino ladrón por no decir algo peor

**mild-mannered** ['maɪld'mænəd] ADJ apacible

**mildness** ['maɪldnɪs] N [1] (*Met*) [*of weather, climate*] lo templado
[2] (= *weakness*) [*of cigar, detergent, shampoo, rebuke, criticism*] suavidad *f*; [*of symptoms*] levedad *f*
[3] (= *pleasantness*) [*of person, disposition*] afabilidad *f*, placidez *f*; [*of words*] dulzura *f*; [*of manner*] gentileza *f*, afabilidad *f*

**mile** [maɪl] Ⓐ N [1] milla *f* (= *1609,33m*); **30 ~s a** *or* **to the gallon** 30 millas por galón; **50 ~s per** *or* **an hour** 50 millas por hora; **we walked ~s!*** ¡anduvimos millas y millas!; **people came from ~s around** la gente vino de millas a la redonda; **they live ~s away** viven lejísimos de aquí; **you could see for ~s** se veía hasta lejísimos; **✦*IDIOMS* to be ~s away**: **sorry, I was ~s away** lo siento, estaba pensando en otra cosa; **by a ~ ◊ by ~s**: **the shot missed by a ~** *or* **by ~s** el disparo falló por mucho; **the best hotel by a ~** *or* **by ~s is the Inglaterra** el mejor hotel con mucho es el Inglaterra; **to go the extra ~** dar el paso siguiente*; **not a million ~s from here** (*hum*) no muy lejos de aquí; **a ~ off**: **you can smell/see it a ~ off** eso se huele/se ve a la legua; **to run a ~**: **as soon as he sees me coming, he runs a ~** en cuanto me ve venir sale pitando*; **it stands** *or* **sticks out a ~** salta a la vista, se ve a la legua; *see also* **inch A**, **miss[1] A1**; → IMPERIAL SYSTEM
[2] (*) **miles** (= *very much*) **she's ~s better than I am at maths** las matemáticas se le dan cien mil veces mejor que a mí; **the sleeves are ~s too long** las mangas no me van larguísimas
Ⓑ CPD ► **Mile High City** N Denver; → CITY NICKNAMES

**-mile** [maɪl] ADJ (*ending in compounds*) **a 50~ bike ride** un paseo en bici de 50 millas

**mileage** ['maɪlɪdʒ] Ⓐ N [1] distancia *f* en millas; (*on mileometer*) ≈ kilometraje *m*; **what ~ does your car do?** ≈ ¿cuántos kilómetros hace tu coche por galón de gasolina?, ¿cuántas millas hace tu coche por galón de gasolina?; **what ~ has this car done?** ≈ ¿qué kilómetraje tiene este coche?, ¿cuántas millas/cuántos kilómetros tiene este coche?
[2] (*fig*) **there's no ~ in this story** esta historia sólo tiene un interés pasajero; **he got a lot of ~ out of it** le sacó mucho partido
Ⓑ CPD ► **mileage allowance** N dietas *fpl* por desplazamiento en vehículo propio, ≈ dietas *f* por kilometraje ► **mileage indicator** N ≈ cuentakilómetros *m inv* ► **mileage rate** N tarifa *f* por distancia

**mileometer** [maɪ'lɒmɪtəʳ] N (*Brit Aut*) ≈ cuentakilómetros *m inv*

**milepost** ['maɪlpəʊst] N (*Hist*) poste *m* miliar, mojón *m*

**miler** ['maɪləʳ] N corredor(a) *m/f* (*etc que se especializa en las pruebas de una milla*)

**milestone** ['maɪlstəʊn] N [1] (*on road*) mojón *m*
[2] (*fig*) hito *m*; **these events are ~s in our history** estos acontecimientos marcan un hito en *or* de nuestra historia

**milieu** ['miːljɜː] (*pl* **milieus** *or* **milieux** ['miːljɜː]) N medio *m*, entorno *m*

**militancy** ['mɪlɪtənsɪ] N [*of group, trade union*] militancia *f*, combatividad *m*; [*of person, attitude*] combatividad *m*

**militant** ['mɪlɪtənt] Ⓐ ADJ [*group, trade union*] militante, combativo; [*person, attitude*] combativo; **to be in (a) ~ mood** estar combativo
Ⓑ N militante *mf*; **to be a party ~** militar en un partido

**militantly** ['mɪlɪtəntlɪ] ADV [*react, behave*] de forma agresiva *or* combativa; [*nationalist*] radicalmente; **to be ~ opposed to sth** oponerse radicalmente a algo

**militarily** ['mɪlɪtərɪlɪ] ADV [*intervene, respond*] militarmente; [*significant, useful, effective*] desde un punto de vista militar

**militarism** ['mɪlɪtərɪzəm] N militarismo *m*

**militarist** ['mɪlɪtərɪst] Ⓐ ADJ militarista
Ⓑ N militarista *mf*

**militaristic** [ˌmɪlɪtə'rɪstɪk] ADJ militarista

**militarize** ['mɪlɪtəraɪz] VT militarizar

**military** ['mɪlɪtərɪ] Ⓐ ADJ [*intervention, government, history, bearing*] militar; **he retired with full ~ honours** se retiró con todos los honores militares; **to do sth with ~ precision** hacer algo con una precisión militar
Ⓑ NPL **the ~** los militares
Ⓒ CPD ► **military academy** N academia *f* militar ► **military base** N base *f* militar ► **military police** N policía *f* militar ► **military policeman** N policía *m* militar ► **military service** N servicio *m* militar; **to do (one's) ~ sevice** hacer *or* prestar el servicio militar, hacer la mili*

**militate** ['mɪlɪteɪt] VI **to ~ against** militar en contra de

**militia** [mɪ'lɪʃə] Ⓐ N milicia(s) *f(pl)*
Ⓑ CPD ► **the militia reserves** NPL (*US*) las reservas (territoriales)

**militiaman** [mɪ'lɪʃəmən] (*pl* **militiamen**) N miliciano *m*

**milk** [mɪlk] Ⓐ N leche *f*; **skim(med) ~** leche *f* desnatada; **powdered ~** leche *f* en polvo; **~ of magnesia** (*Med*) leche de magnesia; **the ~ of human kindness** la compasión personificada; **✦*PROV* it's no good crying over spilt ~** a lo hecho pecho
Ⓑ VT [1] [+ *cow*] ordeñar

2 (*fig*) exprimir; [+ *applause*] arrancar del público, sacar todo el partido a; **they're ~ing the company for all they can get** chupan todo lo que pueden de la compañía
Ⓒ VI dar leche
Ⓓ CPD ► **milk bar** N cafetería *f* ► **milk chocolate** N chocolate *m* con leche ► **milk churn** N lechera *f* ► **milk cow** N vaca *f* lechera ► **milk diet** N dieta *f* láctea ► **milk duct** N (*Anat*) conducto *m* galactóforo ► **milk float** N carro *m* de la leche ► **milk jug** N jarrita *f* para la leche ► **milk pan** N = **milk saucepan** ► **milk products** NPL productos *mpl* lácteos ► **milk pudding** N arroz *m* con leche ► **milk round** N (*lit*) recorrido *m* del lechero; (*Brit Univ*) *recorrido anual de las principales empresas por las universidades para entrevistar a estudiantes del último curso con vistas a una posible contratación* ► **milk run** N (*Aer*) vuelo *m* rutinario ► **milk saucepan** N cazo *m or* cacerola *f* para la leche ► **milk shake** N batido *m*, malteada *f* (*LAm*) ► **milk tooth** N diente *m* de leche ► **milk truck** N (*US*) = **milk float**

**milk-and-water** ['mɪlkən'wɔːtəʳ] ADJ (*fig*) débil, flojo

**milking** ['mɪlkɪŋ] Ⓐ ADJ lechero, de ordeño
Ⓑ N ordeño *m*
Ⓒ CPD ► **milking machine** N ordeñadora *f* mecánica

**milkmaid** ['mɪlkmeɪd] N lechera *f*

**milkman** ['mɪlkmən] N (*pl* **milkmen**) lechero *m*, repartidor *m* de leche

**milksop** ['mɪlksɒp] N marica *m*

**milkweed** ['mɪlkwiːd] N algodoncillo *m*

**milk-white** ['mɪlk'waɪt] ADJ blanco como la leche

**milky** ['mɪlkɪ] (*compar* **milkier**; *superl* **milkiest**)
Ⓐ ADJ 1 (= *pale white*) [*lotion, liquid, eyes, skin*] lechoso; [*green, blue*] blanquecino; **the leaves yield a ~ juice if broken** si se parten las hojas sueltan un jugo lechoso
2 (*containing a lot of milk*) [*tea, coffee*] con mucha leche; **I like my coffee nice and ~** me gusta el café con mucha leche; **this tea is too ~ for my liking** este té tiene mucha leche para mi gusto; **it tastes ~** sabe mucho a leche; **a ~ drink helps you sleep at night** una bebida hecha con leche te ayuda a dormir por la noche
Ⓑ CPD ► **the Milky Way** N (*Astron*) la Vía Láctea

**mill** [mɪl] Ⓐ N 1 (= *textile factory*) fábrica *f* (de tejidos); (= *sugar mill*) ingenio *m* de azúcar; (= *spinning mill*) hilandería *f*; (= *steel mill*) acería *f*
2 (= *machine*) molino *m*; (*for coffee, pepper*) molinillo *m*; (*Tech*) fresadora *f*; ✦***IDIOM* to put sb through the mill: they put me through the ~** me las hicieron pasar canutas *or* moradas
Ⓑ VT moler; [+ *metal*] pulir; (*coin*) acordonar

►**mill about, mill around** Ⓐ VI + ADV arremolinarse
Ⓑ VI + PREP **people were ~ing about the booking office** la gente se apiñaba delante de la taquilla

**milled** [mɪld] ADJ [*grain*] molido; [*coin, edge*] acordonado

**millenary** [mɪ'lenərɪ] Ⓐ ADJ milenario
Ⓑ N milenario *m*

**millennial** [mɪ'lenɪəl] ADJ milenario

**millennium** [mɪ'lenɪəm] Ⓐ N (*pl* **millenniums** *or* **millennia** [mɪ'lenɪə]) milenio *m*; **the ~** el milenio
Ⓑ CPD ► **the millennium bug** N (*Comput*) el (problema del) efecto 2000 ► **millennium fund** N (*Brit*) *fondo de financiación y desarrollo para el nuevo milenio*

**miller** ['mɪləʳ] N molinero/a *m/f*

**millet** ['mɪlɪt] N mijo *m*

**millhand** ['mɪlhænd] N obrero/a *m/f*, operario/a *m/f*

**milli...** ['mɪlɪ] PREFIX mili...

**milliard** ['mɪlɪɑːd] N (*Brit*) mil millones *mpl*

**millibar** ['mɪlɪbɑːʳ] N milibar *m*

**milligram(me)** ['mɪlɪgræm] N miligramo *m*

**millilitre**, **milliliter** (*US*) ['mɪlɪ,liːtəʳ] N mililitro *m*

**millimetre**, **millimeter** (*US*) ['mɪlɪ,miːtəʳ] N milímetro *m*

**milliner** ['mɪlɪnəʳ] N sombrerero/a *m/f*; **~'s (shop)** sombrerería *f*

**millinery** ['mɪlɪnərɪ] N sombrerería *f*, sombreros *mpl* de señora

**milling** ['mɪlɪŋ] Ⓐ N 1 (= *grinding*) molienda *f*
2 (*on coin*) cordoncillo *m*
Ⓑ CPD ► **milling machine** N fresadora *f*

**million** ['mɪljən] N millón *m*; **four ~ dogs** cuatro millones de perros; **I've got ~s of letters to write*** tengo miles de cartas que escribir; **I've told you ~s of times*** te lo he dicho infinidad de veces; ✦***IDIOMS* to feel like a ~ dollars** *or* (*US*) **bucks*** sentirse a las mil maravillas; **she's one in a ~*** es única, es fuera de lo común

**millionaire** [,mɪljə'nɛəʳ] N millonario/a *m/f*

**millionairess** [mɪljə'nɛəres] N millonaria *f*

**millionth** ['mɪljənθ] Ⓐ ADJ millonésimo
Ⓑ N millonésimo *m*

**millipede** ['mɪlɪpiːd] N milpiés *m inv*

**millisecond** ['mɪlɪ,sekənd] N milésima *f* de segundo, milisegundo *m*

**millpond** ['mɪlpɒnd] N represa *f* de molino

**millrace** ['mɪlreɪs] N caz *m*

**millstone** ['mɪlstəʊn] N piedra *f* de molino, muela *f*; **it's a ~ round his neck** es una cruz que lleva a cuestas

**millstream** ['mɪlstriːm] N corriente *f* del caz

**millwheel** ['mɪlwiːl] N rueda *f* de molino

**milometer** [maɪ'lɒmɪtəʳ] N = **mileometer**

**milord** [mɪ'lɔːd] N milord *m*

**milt** [mɪlt] N lecha *f*

**mime** [maɪm] Ⓐ N (= *acting*) mimo *m*, mímica *f*; (= *play*) teatro *m* de mimo; (= *actor*) mimo *mf*
Ⓑ VT imitar, remedar
Ⓒ VI (= *act*) hacer mímica; **to ~ to a song** cantar una canción haciendo playback
Ⓓ CPD ► **mime artist** N mimo *mf*

**Mimeograph®** ['mɪmɪəgrɑːf] Ⓐ N mimeógrafo® *m*
Ⓑ VT mimeografiar

**mimetic** [mɪ'metɪk] ADJ (*frm*) [*dance*] mimético; [*theatre*] de mimo; [*re-enactment*] mímico

**mimic** ['mɪmɪk] Ⓐ N mímico/a *m/f*
Ⓑ VT imitar, remedar

**mimicry** ['mɪmɪkrɪ] N mímica *f*; (*Bio*) mimetismo *m*

**mimosa** [mɪ'məʊzə] N mimosa *f*

**Min.** ABBR (*Brit*) (= **Ministry**) Min

**min.** ABBR 1 (= **minute(s)**) m
2 (= **minimum**) mín

**minaret** [mɪnə'ret] N alminar *m*, minarete *m*

**minatory** ['mɪnətərɪ] ADJ (*liter*) amenazador

**mince** [mɪns] Ⓐ N (*Brit Culin*) (*also* **~d meat**) carne *f* picada
Ⓑ VT 1 [+ *meat*] picar
2 (*fig*) **well, not to ~ matters** bueno, para decirlo francamente; ✦***IDIOM* not to ~ one's words** no tener pelos en la lengua
Ⓒ VI (*in walking*) andar con pasos medidos; (*in talking*) hablar remilgadamente
Ⓓ CPD ► **mince pie** N pastel *m* de picadillo de fruta

**mincemeat** ['mɪnsmiːt] N (= *dried fruit*) conserva *f* de picadillo de fruta; (*Brit*) (= *minced meat*) carne *f* picada; ✦***IDIOM* to make ~ of sb*** hacer picadillo *or* pedazos a algn

**mincer** ['mɪnsəʳ] N (= *machine*) máquina *f* de picar carne

**mincing** ['mɪnsɪŋ] Ⓐ ADJ remilgado, afectado; [*step*] menudito
Ⓑ CPD ► **mincing machine** N máquina *f* de picar carne

**mind** [maɪnd]

| | |
|---|---|
| A NOUN | D COMPOUND |
| B TRANSITIVE VERB | E PHRASAL VERBS |
| C INTRANSITIVE VERB | |

Ⓐ NOUN
1 **= brain, head** mente *f*; **a logical/creative ~** una mente racional/creativa; **he has the ~ of a five-year-old** tiene la edad mental de un niño de cinco años; **it's all in the ~** es pura sugestión; **at the back of my ~ I had the feeling that ...** tenía la remota sensación de que ...; **to bring one's ~ to bear on sth** concentrarse en algo; **it came to my ~ that ...** se me ocurrió que ...; **I'm not clear in my ~ about it** todavía no lo tengo claro *or* no lo llego a entender; **it crossed my ~ (that)** se me ocurrió (que); **yes, it had crossed my ~** sí, eso se me había ocurrido; **does it ever cross your ~ that ...?** ¿piensas alguna vez que ...?; **my ~ was elsewhere** tenía la cabeza en otro sitio; **it never entered my ~** jamás se me pasó por la cabeza; **I can't get it out of my ~** no me lo puedo quitar de la cabeza; **to go over sth in one's ~** repasar algo mentalmente; **a triumph of ~ over matter** un triunfo del espíritu sobre la materia; **it's a question of ~ over matter** es cuestión de voluntad; **to have one's ~ on sth** estar pensando en algo; **I had my ~ on something else** estaba pensando en otra cosa; **to have sth on one's ~** estar preocupado por algo; **what's on your ~?** ¿qué es lo que te preocupa?; **you can put that right out of your ~** conviene no pensar más en eso; **if you put your ~ to it** si te concentras en ello; **knowing that he had arrived safely set my ~ at ease** *or* **rest** el saber que había llegado sano y salvo me tranquilizó; **if you set your ~ to it** si te concentras en ello; **the thought that springs to ~ is ...** lo que primero se le ocurre a uno es ...; **state of ~** estado *m* de ánimo; **that will take your ~ off it** eso te distraerá; **to be uneasy in one's ~** quedarse con dudas; **he let his ~ wander** dejó que los pensamientos se le fueran a otras cosas; ✦***IDIOM* ~'s eye** imaginación *f*; **in my ~'s eye I could still see her sitting there** mentalmente todavía la veía allí sentada; **that's a load** *or* **weight off my ~!** ¡eso me quita un peso de encima!; *see also* **blank A2**, **read A3**, **presence 5**
2 **= memory** **to bear sth/sb in ~** tener en cuenta algo/a algn; **we must bear (it) in ~ that ...** debemos tener en cuenta que ..., tenemos que recordar que ...; **I'll bear you in ~** te tendré en cuenta; **to keep sth/sb in ~** tener presente *or* en cuenta algo/a algn; **he puts me in ~ of his father** me recuerda a su padre; **to pass out of ~** caer en el olvido; **time out of ~** tiempo *m* inmemorial; **it went right** *or* **clean out of my ~** se me fue por completo de la cabeza; **to bring** *or* **call sth to**

➤ LANGUAGE IN USE: **mind A5** 26.2 **B5** 4 **C3** 4, 9.1

~ recordar algo, traer algo a la memoria; **that calls something else to ~** eso me trae otra cosa a la memoria; *see also* **slip C3**, **stick B5**

3 = *intention* **you can do it if you have a ~ to** puedes lograrlo si de verdad estás empeñado en ello; **I have a good ~ to do it** ganas de hacerlo no me faltan; **I have half a ~ to do it** estoy tentado *or* me dan ganas de hacerlo; **nothing was further from my ~** nada más lejos de mi intención; **to have sth in ~** tener pensado algo; **she wrote it with publication in ~** lo escribió con la intención de publicarlo; **to have sb in ~** tener a algn en mente; **who do you have in ~ for the job?** ¿a quién piensas darle el puesto *or* tienes en mente para el puesto?; **to have in ~ to do sth** tener intención de hacer algo

4 = *opinion* opinión *f*, parecer *m*; **to change one's ~** cambiar de opinión *or* idea *or* parecer; **to change sb's ~** hacer que algn cambie de opinión; **to have a closed ~** tener una mente cerrada; **to know one's own ~** saber lo que uno quiere; **to make up one's ~** decidirse; **we can't make up our ~s about selling the house** no nos decidimos a vender la casa; **I can't make up my ~ about him** todavía tengo ciertas dudas con respecto a él; **he has made up his ~ to leave home** ha decidido irse de casa, está decidido a irse de casa; **to my ~** a mi juicio; **to be of one ~** estar de acuerdo; **with one ~** unánimemente; **with an open ~** con espíritu abierto *or* mentalidad abierta; **to keep an open ~ on a subject** mantener una mentalidad abierta con relación a un tema; **to have a ~ of one's own** [*person*] (= *think for o.s.*) pensar por sí mismo; (*hum*) [*machine etc*] tener voluntad propia, hacer lo que quiere; **to be of the same ~** ser de la misma opinión, estar de acuerdo; **I was of the same ~ as my brother** yo estaba de acuerdo con mi hermano, yo era de la misma opinión que mi hermano; ✦*IDIOM* **to be in** *or* (*US*) **of two ~s** dudar, estar indeciso; *see also* **piece A1**, **speak B2**

5 = *mental balance* juicio *m*; **his ~ is going** está perdiendo facultades mentales; **to lose one's ~** perder el juicio; **nobody in his right ~ would do it** nadie que esté en su sano juicio lo haría; **of sound ~** en pleno uso de sus facultades mentales; **of unsound ~** mentalmente incapacitado; ✦*IDIOM* **to be out of one's ~** estar loco, haber perdido el juicio; **you must be out of your ~!** ¡tú debes estar loco!; **we were bored out of our ~s** estábamos muertos de aburrimiento; **to go out of one's ~** perder el juicio, volverse loco; **to go out of one's ~ with worry/jealousy** volverse loco de preocupación/celos

6 = *person* mente *f*, cerebro *m*; **one of the finest ~s of the period** uno de los cerebros privilegiados de la época; ✦*PROV* **great ~s think alike** (*hum*) los sabios siempre pensamos igual

Ⓑ TRANSITIVE VERB

1 = *be careful of* tener cuidado con; **~ you don't fall** ten cuidado, no te vayas a caer; **~ you don't get wet!** ten cuidado, no te vayas a mojar; **~ your head!** ¡cuidado con la cabeza!; **~ how you go!*** (*as farewell*) ¡cuídate!; **~ your language!** ¡qué manera de hablar es ésa!; **~ your manners!** ¡qué modales son ésos!; **~ the step!** ¡cuidado con el escalón!; **~ what you're doing!** ¡cuidado con lo que haces!; **~ where you're going!** ¡mira por dónde vas!; **~ yourself!** ¡cuidado, no te vayas a hacer daño!

2 = *pay attention to* hacer caso de; **~ what I say!** ¡hazme caso!, ¡escucha lo que te digo!; **~ your own business!** ¡no te metas donde no te llaman!; **don't ~ me** por mí no se preocupe; **don't ~ me!** (*iro*) ¡y a mí que me parta un rayo!*; **never ~ that now** olvídate de eso ahora; **never ~ him** no le hagas caso; **~ you, it was raining at the time** claro que *or* te advierto que en ese momento llovía; **it was a big one, ~ you** era grande, eso sí

3 = *oversee* cuidar; **could you ~ the baby this afternoon?** ¿podrías cuidar al niño esta tarde?; **could you ~ my bags for a few minutes?** ¿me cuidas *or* guardas las bolsas un momento?

4 = *dislike, object to* **I don't ~ the cold** a mí no me molesta el frío; **I don't ~ four, but six is too many** cuatro no me importa, pero seis son muchos; **I don't ~ waiting** no me importa esperar; **if you don't ~ my** *or* **me saying so, I think you're wrong** perdona que te diga pero estás equivocado, permíteme que te diga que te equivocas; **I don't ~ telling you, I was shocked** estaba horrorizado, lo confieso; **I wouldn't ~ a cup of tea** no me vendría mal un té

5 *in requests* **do you ~ telling me where you've been?** ¿te importa decirme dónde has estado?; **would you ~ opening the door?** ¿me hace el favor de abrir la puerta?, ¿le importa(ría) abrir la puerta?

6 *dialect* = *remember* acordarse de, recordar; **I mind the time when ...** me acuerdo de cuando ...

Ⓒ INTRANSITIVE VERB

1 = *be careful* tener cuidado; **~!** ¡cuidado!, ¡ojo!, ¡abusado! (*Mex*)

2 = *make sure* **~ you get there first** procura llegar primero; **~ you do it!** ¡hazlo sin falta!, ¡no dejes de hacerlo!; **he didn't do it, ~** pero en realidad no lo hizo, la verdad es que no lo hizo

3 = *object* **do you ~?** ¿te importa?; **do you ~!** (*iro*) ¡por favor!; **do you ~ if I open the window?** ¿te molesta que abra *or* si abro la ventana?; **do you ~ if I come?** ¿te importa que yo venga?; **I don't ~** me es igual; **"do you ~ if I take this book?" — "I don't ~ at all"** —¿te importa si me llevo *or* que me lleve este libro? —en absoluto; **if you don't ~, I won't come** si no te importa, yo no iré; **please, if you don't ~** si no le importa, si es tan amable; **close the door, if you don't ~** hazme el favor de cerrar la puerta; **"cigarette?" — "I don't ~ if I do"** —¿un cigarrillo? —pues muchas gracias *or* bueno *or* no digo que no; **never ~** (= *don't worry*) no te preocupes; (= *it makes no odds*) es igual, da lo mismo; (= *it's not important*) no importa; **I can't walk, never ~ run** no puedo andar, ni mucho menos correr

Ⓓ COMPOUND

► **mind game** N juego *m* psicológico

Ⓔ PHRASAL VERBS

► **mind out** VI + ADV tener cuidado; **~ out!** ¡cuidado!, ¡ojo!, ¡abusado! (*Mex*)

**mind-bender*** [ˈmaɪndˌbendəʳ] N (*US*) 1 (= *drug*) alucinogénico *m*, droga *f* alucinogénica 2 (= *revelation*) noticia *f or* escena *f etc* alucinante*

**mind-bending*** [ˈmaɪndˌbendɪŋ], **mind-blowing*** [ˈmaɪndˌbləʊɪŋ], **mind-boggling*** [ˈmaɪndˌbɒglɪŋ] ADJ increíble, alucinante*

**minded** [ˈmaɪndɪd] ADJ **if you are so ~** si estás dispuesto a hacerlo, si quieres hacerlo

**-minded** [ˈmaɪndɪd] ADJ (*ending in compounds*) **fair-minded** imparcial; **an industrially-minded nation** una nación de mentalidad industrial; **scientifically-minded** con aptitudes científicas; **a romantically-minded girl** una joven con una vena romántica *or* con ideas románticas

**minder*** [ˈmaɪndəʳ] N 1 guardaespaldas *mf inv*, acompañante *mf*, escolta *mf* 2 (*esp Brit*) = **childminder**

**mind-expanding** [ˈmaɪndɪksˌpændɪŋ] ADJ [*drug*] visionario

**mindful** [ˈmaɪndfʊl] ADJ **to be ~ of** tener presente *or* en cuenta; **we must be ~ of the risks** hay que tener presentes *or* en cuenta los riesgos

**mindless** [ˈmaɪndlɪs] ADJ 1 (*Brit*) (= *senseless*) [*violence, vandalism, killing*] sin sentido 2 (= *unchallenging*) [*work, routine, task, repetition*] mecánico; [*entertainment*] sin sentido, absurdo 3 (= *unintelligent*) [*person*] tonto; **they're a bunch of ~ hooligans** son un atajo de gamberros salvajes 4 (= *heedless*) **~ of sth** (*frm*) haciendo caso omiso de algo

**mind-reader** [ˈmaɪndˌriːdəʳ] N adivinador(a) *m/f* de pensamientos; **I'm not a ~ you know!*** ¿tú te crees que yo soy adivino?*

**mind-reading** [ˈmaɪndˌriːdɪŋ] N adivinación *f* de pensamientos

**mind-set** [ˈmaɪndset] N actitud *f*, disposición *f*

**mine¹** [maɪn] POSS PRON (*referring to singular possession*) (el/la) mío/a; (*referring to plural possession*) (los/las) míos/as; **that car is ~** ese coche es mío; **is this glass ~?** ¿es mío este vaso?, ¿este vaso es mío?; **a friend of ~** un amigo mío; **"is this your coat?" — "no, ~ is black"** —¿es éste tu abrigo? —no, el mío es negro; **which is ~?** ¿cuál es el mío?; **your parents and ~** tus padres y los míos; **I think that brother of ~ is responsible*** creo que mi hermano es el que tiene la culpa, creo que el responsable es mi hermano; **be ~!** († *or hum*) ¡cásate conmigo!; **the house became ~** la casa pasó a ser mía *or* de mi propiedad; **it's no business of ~** no es asunto mío, no tiene que ver conmigo; **I want to make her ~** quiero que sea mi mujer; **~ and thine** lo mío y lo tuyo; **what's ~ is yours** todo lo mío es tuyo (también)

**mine²** [maɪn] Ⓐ N 1 mina *f*; **a coal ~** una mina de carbón; **to work down the ~** trabajar en la mina; *see also* **diamond B**, **gold C**, **salt D** 2 (*Mil, Naut etc*) mina *f*; **to lay ~s** poner minas; **to sweep ~s** dragar *or* barrer minas 3 (*fig*) **the book is a ~ of information** este libro es una mina de información; *see also* **useless 2**

Ⓑ VT 1 [+ *minerals, coal*] extraer; [+ *area*] explotar 2 (*Mil, Naut*) minar, poner minas en

Ⓒ VI extraer mineral; **to ~ for sth** abrir una mina para extraer algo

Ⓓ CPD ► **mine detector** N detector *m* de minas

**minefield** [ˈmaɪnfiːld] N 1 (*lit*) campo *m* de minas 2 (*fig*) avíspero *m*, campo *m* minado

**minelayer** [ˈmaɪnˌleɪəʳ] N minador *m*

**miner** [ˈmaɪnəʳ] N minero/a *m/f*

**mineral** [ˈmɪnərəl] Ⓐ N mineral *m*

Ⓑ CPD ► **mineral deposit** N yacimiento *m* minero ► **mineral rights** NPL derechos *mpl* al subsuelo ► **mineral water** N agua *f* mineral

**mineralogist** [ˌmɪnəˈrælədʒɪst] N mineralogista *mf*

**mineralogy** [ˌmɪnəˈrælədʒɪ] N mineralogía *f*

**Minerva** [mɪ'nɜːvə] N Minerva

**mineshaft** ['maɪnʃɑːft] N pozo *m* de mina

**minestrone** [,mɪnɪ'strəʊnɪ] N minestrone *f*; **~ soup** sopa *f* minestrone

**minesweeper** ['maɪnswiːpəʳ] N dragaminas *m inv*

**mingle** ['mɪŋgl] Ⓐ VT mezclar
Ⓑ VI [1] (= *mix*) mezclarse
[2] (= *become indistinguishable*) [*sounds*] confundirse (**in, with** con); **to ~ with the crowd** perderse entre la multitud
[3] (*socially*) **she ~d for a while and then sat down with her husband** alternó con los invitados durante un rato y luego se sentó junto a su marido; **he ~d with people of all classes** se asociaba con personas de todas las clases

**mingy*** ['mɪndʒɪ] ADJ (*compar* **mingier**; *superl* **mingiest**) [*person*] tacaño; [*amount, portion*] mísero, miserable

**Mini** ['mɪnɪ] N (*Aut*) Mini *m*

**mini** ['mɪnɪ] N (= *miniskirt*) minifalda *f*

**mini...** ['mɪnɪ] PREFIX mini..., micro...

**miniature** ['mɪnɪtʃəʳ] Ⓐ N miniatura *f*; **in ~** en miniatura
Ⓑ ADJ (= *not full-sized*) (en) miniatura; (= *tiny*) diminuto; **~ clocks** relojes en miniatura; **a ~ bottle of whisky** una botellita de whisky
Ⓒ CPD ► **miniature golf** N minigolf *m* ► **miniature poodle** N caniche *mf* enano/a ► **miniature railway** N ferrocarril *m* en miniatura ► **miniature submarine** N submarino *m* de bolsillo

**miniaturization** [,mɪnɪtʃəraɪ'zeɪʃən] N miniaturización *f*

**miniaturize** ['mɪnɪtʃəraɪz] VT miniaturizar

**minibar** ['mɪnɪbɑːʳ] N minibar *m*

**minibudget** ['mɪnɪ,bʌdʒɪt] N presupuesto *m* interino

**minibus** ['mɪnɪbʌs] N microbús *m*, micro *m*

**minicab** ['mɪnɪkæb] N radiotaxi *m*

**minicomputer** [,mɪnɪkəm'pjuːtəʳ] N minicomputadora *f*, miniordenador *m* (*Sp*)

**minicourse** ['mɪnɪ,kɔːs] N (*US*) cursillo *m*

**minidress** ['mɪnɪdres] N minivestido *m*

**minim** ['mɪnɪm] N blanca *f*

**minimal** ['mɪnɪml] ADJ mínimo

**minimalism** ['mɪnɪməlɪzəm] N minimalismo *m*

**minimalist** ['mɪnɪməlɪst] Ⓐ ADJ minimalista
Ⓑ N minimalista *mf*

**minimally** ['mɪnɪməlɪ] ADV **he was paid, but only ~** le pagaron, pero sólo lo mínimo; **I was ~ successful** tuve un éxito mínimo, apenas tuve éxito

**minimarket** ['mɪnɪ,mɑːkɪt], **minimart** ['mɪnɪ,mɑːt] N autoservicio *m*

**minimize** ['mɪnɪmaɪz] VT [1] (= *reduce*) reducir al mínimo, minimizar
[2] (= *belittle*) menospreciar

**minimum** ['mɪnɪməm] Ⓐ ADJ [*amount, charge, age, temperature*] mínimo
Ⓑ N (*pl* **minimums** *or* **minima**) mínimo *m*; **to reduce sth to a ~** reducir algo al mínimo; **to keep costs down to a** *or* **the ~** mantener los costos al mínimo; **he's someone who always does the bare ~** es una persona que siempre sigue la ley del mínimo esfuerzo; **with a ~ of effort** con un mínimo de esfuerzo; **with the ~ of clothing** sin apenas ropa
Ⓒ CPD ► **minimum lending rate** N tipo *m* de interés mínimo ► **minimum wage** N salario *m* mínimo

**mining** ['maɪnɪŋ] Ⓐ N [1] minería *f*, explotación *f* de minas
[2] (*Mil, Naut*) minado *m*
Ⓑ CPD ► **mining engineer** N ingeniero/a *m/f* de minas ► **mining industry** N industria *f* minera ► **mining town** N población *f* minera

**minion** ['mɪnjən] N (= *follower*) secuaz *mf*; (= *servant*) paniaguado *m*

**minipill** ['mɪnɪ,pɪl] N minipíldora *f*

**miniscule** ['mɪnɪs,kjuːl] = **minuscule**

**miniseries** ['mɪnɪ,sɪərɪz] N (*pl* **miniseries**) (*TV*) miniserie *f*

**miniskirt** ['mɪnɪskɜːt] N minifalda *f*

**minister** ['mɪnɪstəʳ] Ⓐ N [1] (*Pol*) ministro/a *m/f*, secretario/a *m/f* (*Mex*); **Prime Minister** primer(a) ministro/a *m/f*; **the Minister for Education** el/la Ministro/a de Educación
[2] (*Rel*) pastor(a) *m/f*, clérigo/a *m/f*; → CHURCHES OF ENGLAND/SCOTLAND
Ⓑ VI **to ~ to sb** atender a algn; **to ~ to sb's needs** atender *or* satisfacer las necesidades de algn

**ministerial** [,mɪnɪs'tɪərɪəl] ADJ [1] (*Pol*) [*meeting*] del gabinete; [*post, career, duties*] ministerial; [*changes*] en el gabinete; **at ~ level** a nivel ministerial
[2] (*Rel*) [*duties, meeting*] pastoral

**ministration** [,mɪnɪs'treɪʃən] N (*frm*) ayuda *f*, agencia *f*, servicio *m*; (*Rel*) ministerio *m*

**ministry** ['mɪnɪstrɪ] N [1] (*Pol*) ministerio *m*, secretaría *f* (*Mex*); **Ministry of Transport** Ministerio *m* de Transporte
[2] (*Rel*) sacerdocio *m*; **to enter the ~** hacerse sacerdote; (*Protestant*) hacerse pastor

**minium** ['mɪnɪəm] N minio *m*

**mink** [mɪŋk] Ⓐ N (*pl* **mink** *or* **minks**) [1] (*Zool*) visón *m*
[2] (= *fur*) piel *f* de visón
[3] (= *coat*) abrigo *m* de visón
Ⓑ CPD ► **mink coat** N abrigo *m* de visón ► **mink farm** N criadero *m* de visones

**Minn.** ABBR (*US*) = **Minnesota**

**minnow** ['mɪnəʊ] N (*pl* **minnow** *or* **minnows**) pececillo *m* (*de agua dulce*)

**minor** ['maɪnəʳ] Ⓐ ADJ [1] (= *small, unimportant*) [*problem*] de poca importancia; [*adjustment, detail*] menor, de poca importancia; [*change, damage, poet, work*] menor; [*role*] (*in film, play*) secundario; (*in negotiations*) de poca importancia; [*road*] secundario; **of ~ importance** de poca importancia
[2] (= *not serious*) [*injury*] leve; [*illness*] poco grave; [*surgery, operation*] de poca importancia
[3] (*Mus*) [*chord*] menor; **in F ~** en fa menor; **in a ~ key** en clave menor
[4] (*Brit Scol*†) **Smith ~** Smith el pequeño, Smith el menor
Ⓑ N [1] (*Jur*) menor *mf* (de edad)
[2] (*US Univ*) asignatura *f* secundaria
Ⓒ VI (*US Univ*) **to ~ in sth** estudiar algo como asignatura secundaria
Ⓓ CPD ► **minor league** N (*Baseball*) liga *f* menor; *see also* **minor-league** ► **minor offence** (*Brit*), **minor offense** (*US*) N delito *m* de menor cuantía

**Minorca** [mɪ'nɔːkə] N Menorca *f*

**minority** [maɪ'nɒrɪtɪ] Ⓐ N [1] (= *small number*) minoría *f*; **only a small ~ of children contract the disease** sólo una pequeña minoría de niños contraen la enfermedad; **to be in a** *or* **the ~** ser minoría, estar en minoría; **you're in a ~ of one, there!** (*hum*) ¡te has quedado más sólo que la una!
[2] (= *community*) minoría *f*; **ethnic ~** minoría *f* étnica
[3] (*Jur*) (= *age*) minoría *f* de edad
Ⓑ ADJ [1] [*group, interest, view, government*] minoritario; **~ language** lengua *f* minoritaria; **~ rights** (*Pol*) derechos *mpl* de las minorías
[2] (*Fin*) **~ interest** ◊ **~ stake** participación *f* minoritaria; **~ shareholder** accionista *mf* minoritario; **~ shareholding** accionado *m* minoritario
[3] (*US Pol*) **Minority Leader** líder *mf* de la oposición; **House Minority Leader** líder *mf* de la oposición del Congreso; **Senate Minority Leader** líder *mf* de la oposición del Senado

> **MINORITY**
>
> **Singular or plural verb?**
>
> When **minoría** is the subject of a verb, the verb can be in the singular or the plural, depending on the context:
>
> • Put the verb in the singular if **minority** is seen as a unit rather than a collection of individuals:
>
> A minority should always be respected, however small it may be
> ***Una minoría, aunque sea pequeña, debe ser respetada siempre***
>
> • If **la minoría** is seen as a collection of individuals, particularly when it is followed by **de** + PLURAL NOUN, the plural form of the verb is more common than the singular, though both are possible:
>
> ...a minority of agitators want to introduce anarchy
> ***...una minoría de agitadores quieren*** *or* ***quiere traer la anarquía***
>
> • The plural form must be used when **la minoría** or **la minoría de** + PLURAL NOUN is followed by **ser** or **estar** + PLURAL COMPLEMENT:
>
> Only a minority of the demonstrators were students
> ***Sólo una minoría de los manifestantes eran estudiantes***
>
> *For further uses and examples, see main entry.*

**minor-league** CPD ► **minor-league baseball** N (*US*) béisbol *m* de liga menor ► **minor-league criminals** NPL criminales *mpl* de segundo orden, criminales *mpl* de segunda

**Minotaur** ['maɪnətɔːʳ] N Minotauro *m*

**minster** ['mɪnstəʳ] N (= *cathedral*) catedral *f*; (= *church*) iglesia *f* de un monasterio

**minstrel** ['mɪnstrəl] N juglar *m*

**minstrelsy** ['mɪnstrəlsɪ] N (= *music*) música *f*; (= *song*) canto *m*; (= *art of epic minstrel*) juglaría *f*; (= *art of lyric minstrel*) gaya ciencia *f*

**mint¹** [mɪnt] Ⓐ N casa *f* de la moneda; **Royal Mint** (*Brit*) Real Casa *f* de la Moneda; ✦***IDIOM*** **to be worth a ~ (of money)** valer un dineral
Ⓑ ADJ **in ~ condition** como nuevo, en perfecto estado
Ⓒ VT acuñar; **newly ~ed** [*coin*] recién acuñado; (*fig*) [*graduate*] recién salido de la universidad

**mint²** [mɪnt] Ⓐ N [1] (*Bot*) hierbabuena *f*, menta *f*
[2] (= *sweet*) pastilla *f* de menta
Ⓑ CPD ► **mint julep** N (*US*) julepe *m* de menta, (bebida *f* de) whisky *m* con menta ► **mint sauce** N salsa *f* de menta ► **mint tea** N té *m* de menta

**minuet** [,mɪnjʊ'et] N minué *m*

**minus** ['maɪnəs] Ⓐ PREP [1] menos; **nine ~ six** nueve menos seis
[2] (= *without, deprived of*) sin; **he appeared ~ his trousers** apareció sin pantalón
Ⓑ ADJ [*number*] negativo; **it's ~ 20 outside** fuera hace una temperatura de 20 bajo cero; **I got a B ~ for my French** me pusieron un notable bajo en francés
Ⓒ N (= *sign*) signo *m* menos; (= *amount*) cantidad *f* negativa
Ⓓ CPD ► **minus sign** N signo *m* menos

**minuscule** ['mɪnəskjuːl] ADJ minúsculo

**minute¹** [ˈmɪnɪt] Ⓐ N [1] (= 60 secs) minuto *m*; **it is twenty ~s past two** son las dos y veinte (minutos); **a 10-~ break** un descanso de 10 minutos; **every ~ counts** no hay tiempo que perder; **it won't take five ~s** es cosa de pocos minutos; **it's a few ~s walk from the station** está a unos minutos de la estación andando; **they were getting closer by the ~** se nos estaban acercando por minutos; **at six o'clock to the ~** a las seis en punto; **her schedule was planned to the ~** su horario estaba planeado hasta el último minuto; **they were on the scene within ~s** llegaron al lugar de los hechos a los pocos minutos; ✦PROV **there's one born every ~!*** ¡hay cada tonto por ahí suelto!*
[2] (= *short time*) momento *m*; **I shan't be a ~** (*on going out*) vuelvo enseguida; (*when busy*) termino enseguida; **will you shut up for a ~!** ¿te callas un momento?; **have you got a ~?** ¿tienes un momento?; **I'll come in a ~** ahora voy, vengo dentro de un momento; **just a ~!** ◊ **wait a ~!** ¡espera un momento!, ¡un momento!, ¡momentito! (*LAm*)
[3] (= *instant*) instante *m*; **it was all over in a ~** todo esto ocurrió en un instante; **I haven't had a ~ to myself all day** no he tenido ni un instante *or* momento para mí en todo el día; **we expect him (at) any ~** le esperamos de un momento a otro; **any ~ now he's going to fall off there** se va caer en cualquier momento; **at that ~ the phone rang** en ese momento sonó el teléfono; **I bet you loved every ~ of it!** ¡seguro que te lo pasaste en grande!; **at the last ~** a última hora, en el último momento; **to leave things until the last ~** dejar las cosas hasta última hora *or* hasta el último momento; **one ~ she was there, the next she was gone** estaba allí, y al momento se había ido; **we caught the train without a ~ to spare** cogimos el tren justo a tiempo; **at that ~ my father came in** en ese momento entró mi padre; **tell me the ~ he arrives** avísame en cuanto llegue; **sit down this ~!** ¡siéntate ya!; **I've just this ~ heard** me acabo de enterar; **(at) this very ~** ahora mismo; ✦IDIOM **I don't believe him for a** *or* **one ~** no le creo para nada *or* en absoluto; *see also* **soon 2**
[4] (= *official note*) nota *f*, minuta *f*
[5] **minutes** [*of meeting*] acta *f*; **to take the ~s (of a meeting)** levantar (el) acta (de una reunión)
Ⓑ VT [+ *meeting*] levantar (el) acta de; [+ *remark, fact*] registrar; **I want that ~d** quiero que eso conste en acta; **you don't need to ~ that** no hace falta que registres *or* anotes eso
Ⓒ CPD ► **minute book** N libro *m* de actas ► **minute hand** N minutero *m* ► **minute steak** N biftec *m* pequeño (que se hace rápidamente)

**minute²** [maɪˈnjuːt] ADJ [1] (= *very small*) [*amount, change*] mínimo; [*particles*] diminuto
[2] (= *rigorous*) [*examination, scrutiny*] minucioso; **in ~ detail** hasta el mínimo detalle

**minutely** [maɪˈnjuːtlɪ] ADV [1] (= *in detail*) [*describe*] detalladamente, minuciosamente; [*examine*] minuciosamente; **a ~ detailed account** un relato extremadamente detallado *or* completo hasta en los más pequeños detalles
[2] (= *by a small amount*) [*move, change, differ*] mínimamente; **anything ~ resembling a fish** cualquier cosa mínimamente parecida a un pez

**minutiae** [mɪˈnjuːʃiiː] NPL detalles *mpl* minuciosos

**minx** [mɪŋks] N picaruela *f*, mujer *f* descarada; **you ~!** ¡lagarta!

**Miocene** [ˈmaɪəsiːn] Ⓐ ADJ mioceno
Ⓑ N mioceno *m*

**MIPS** [mɪps] NPL ABBR (= **millions of instructions per second**) MIPS *mpl*

**miracle** [ˈmɪrəkl] Ⓐ N (*Rel, fig*) milagro *m*; **it's a ~ that you weren't hurt!** ¡fue un milagro que salieras ileso!; **by some ~ he passed his exam** milagrosamente aprobó el examen
Ⓑ CPD ► **miracle cure** N remedio *m* milagroso ► **miracle drug** N medicamento *m* milagro ► **miracle play** N auto *m* sacramental ► **miracle worker** N **I'm not a ~ worker, you know*** yo no puedo hacer milagros

**miraculous** [mɪˈrækjʊləs] ADJ [1] (*Rel*) [*powers, healing*] milagroso
[2] (= *extraordinary*) [*escape, recovery*] milagroso; [*change, result*] extraordinario; **he made a ~ recovery** tuvo una recuperación milagrosa, se recuperó de forma milagrosa; **his escape was nothing short of ~** la forma en que logró escaparse fue un verdadero *or* auténtico milagro

**miraculously** [mɪˈrækjʊləslɪ] ADV [*survive, escape, transform*] milagrosamente; **casualties were ~ light** las bajas resultaron ser milagrosamente escasas; **~, he escaped unhurt** milagrosamente, salió ileso

**mirage** [ˈmɪrɑːʒ] N espejismo *m*

**MIRAS** [ˈmaɪræs] N ABBR (*Brit*) = **mortgage interest relief at source**

**mire** [maɪəʳ] Ⓐ N fango *m*, lodo *m*
Ⓑ VT (*US*) **to get ~d in** quedar atascado *or* preso en

**mirror** [ˈmɪrəʳ] Ⓐ N espejo *m*; **driving ~** retrovisor *m*, espejo *m* retrovisor; **to look at o.s. in the ~** mirarse en el *or* al espejo; **she got in the car and adjusted the ~** entró en el coche y ajustó el retrovisor
Ⓑ VT reflejar
Ⓒ CPD ► **mirror image** N reflejo *m* exacto

**mirth** [mɜːθ] N (= *good humour*) alegría *f*, júbilo *m*; (= *laughter*) risas *fpl*

**mirthful** [ˈmɜːθfʊl] ADJ alegre

**mirthless** [ˈmɜːθlɪs] ADJ triste, sin alegría

**miry** [ˈmaɪrɪ] ADJ fangoso, lodoso; **~ place** lodazal *m*

**MIS** N ABBR = **management information system**

**misadventure** [ˌmɪsədˈventʃəʳ] N desgracia *f*, contratiempo *m*; **death by ~** (*Jur*) muerte *f* accidental

**misalliance** [ˌmɪsəˈlaɪəns] N casamiento *m* inconveniente

**misanthrope** [ˈmɪzənθrəʊp] N misántropo *m*

**misanthropic** [ˌmɪzənˈθrɒpɪk] ADJ misantrópico

**misanthropist** [mɪˈzænθrəpɪst] N misántropo/a *m/f*

**misanthropy** [mɪˈzænθrəpɪ] N misantropía *f*

**misapplication** [ˌmɪsæplɪˈkeɪʃən] N mala aplicación *f*, uso *m* indebido

**misapply** [ˌmɪsəˈplaɪ] VT (*gen*) usar indebidamente; [+ *funds*] malversar; [+ *efforts, talents*] malgastar

**misapprehend** [ˌmɪsæprɪˈhend] VT entender mal, comprender mal

**misapprehension** [ˌmɪsæprɪˈhenʃən] N malentendido *m*; **there seems to be some ~** parece haber algún malentendido; **to be under a ~** estar equivocado

**misappropriate** [ˌmɪsəˈprəʊprɪeɪt] VT malversar, desfalcar

**misappropriation** [ˌmɪsəprəʊprɪˈeɪʃən] N malversación *f*, desfalco *m*

**misbegotten** [ˌmɪsbɪˈgɒtn] ADJ bastardo, ilegítimo; [*plan etc*] descabellado, llamado a fracasar

**misbehave** [ˌmɪsbɪˈheɪv] VI portarse mal, comportarse mal

**misbehaviour**, **misbehavior** (*US*) [ˌmɪsbɪˈheɪvjəʳ] N mala conducta *f*, mal comportamiento *m*

**misc.** ABBR = **miscellaneous**

**miscalculate** [ˌmɪsˈkælkjʊleɪt] Ⓐ VT calcular mal
Ⓑ VI calcular mal

**miscalculation** [ˌmɪskælkjʊˈleɪʃən] N error *m* de cálculo

**miscall** [ˌmɪsˈkɔːl] VT llamar equivocadamente

**miscarriage** [ˈmɪsˌkærɪdʒ] N [1] (*Med*) aborto *m* (natural)
[2] **~ of justice** error *m* judicial

**miscarry** [mɪsˈkærɪ] VI [1] (*Med*) abortar
[2] (= *fail*) [*plans*] fracasar, malograrse (*Peru*)

**miscast** [ˌmɪsˈkɑːst] (*pt, pp* **miscast**) VT **to ~ sb** (*Theat*) dar a algn un papel que no le va; **he was ~ as Othello** no fue muy acertado darle el papel de Otello

**miscegenation** [ˌmɪsɪdʒɪˈneɪʃən] N (*frm*) mestizaje *m*, cruce *m* de razas

**miscellaneous** [ˌmɪsɪˈleɪnɪəs] ADJ [*objects*] variado, de todo tipo; [*writings, collection*] variado; **a ~ collection of objects** una variada colección de objetos; **categorized** *or* **classified as ~** catalogado *or* clasificado en concepto de "varios"; **~ expenses** gastos *mpl* diversos

**miscellany** [mɪˈselənɪ] N [*of objects*] miscelánea *f*; [*of writings*] antología *f*

**mischance** [mɪsˈtʃɑːns] N desgracia *f*, mala suerte *f*; **by some ~** por desgracia

**mischief** [ˈmɪstʃɪf] N [1] (= *naughtiness*) travesura *f*, diablura *f*; **he's up to some ~** está haciendo alguna travesura; **he's always getting into ~** siempre anda haciendo travesuras; **keep out of ~!** (*to child*) ¡no hagas travesuras!; (*to adult*) (*hum*) ¡pórtate bien!; **to keep sb out of ~** evitar que algn haga travesuras
[2] (= *harm*) daño *m*; **to do o.s. a ~*** hacerse daño
[3] (= *malicious behaviour*) **to make ~** causar daño

**mischief-maker** [ˈmɪstʃɪfˌmeɪkəʳ] N (= *troublemaker*) revoltoso/a *m/f*; (= *gossip*) chismoso/a *m/f*

**mischievous** [ˈmɪstʃɪvəs] ADJ [1] (= *impish*) [*person, smile*] pícaro; (= *naughty*) [*child, kitten*] travieso; **the ~ tricks the children used to get up to** las travesuras que los niños solían hacer
[2] (= *malicious*) [*person, glance, rumour*] malicioso

**mischievously** [ˈmɪstʃɪvəslɪ] ADV [1] (= *impishly*) [*say, smile*] con picardía, pícaramente; [*tease*] juguetonamente, pícaramente
[2] (= *maliciously*) [*say, smile*] maliciosamente; [*tease*] con malicia

**mischievousness** [ˈmɪstʃɪvəsnɪs] N travesuras *fpl*

**misconceive** [ˌmɪskənˈsiːv] VT entender mal, comprender mal

**misconceived** [ˌmɪskənˈsiːvd] ADJ **a ~ plan** un proyecto descabellado

**misconception** [ˌmɪskənˈsepʃən] N malentendido *m*, concepto *m* erróneo; **but this is a ~** pero esta idea es errónea

**misconduct** Ⓐ [mɪsˈkɒndʌkt] N mala conducta *f*; (*professional*) falta *f* de ética profesional, mala conducta *f* profesional

Ⓑ [ˌmɪskənˈdʌkt] VT manejar mal, dirigir mal; **to ~ o.s.** portarse *or* conducirse mal

**misconstruction** [ˈmɪskənsˈtrʌkʃən] N (= *misinterpretation*) mala interpretación *f*; (*deliberate*) tergiversación *f*; **words open to ~** palabras *fpl* que se prestan a ser malinterpretadas

**misconstrue** [ˌmɪskənˈstruː] VT interpretar mal, malinterpretar

**miscount** [ˌmɪsˈkaʊnt] Ⓐ VT contar mal, equivocarse en la cuenta de
Ⓑ VI contar mal
Ⓒ [ˈmɪskaʊnt] N **there was a ~** hubo un error en el recuento

**miscreant** [ˈmɪskrɪənt] N sinvergüenza *mf*, bellaco/a *m/f*

**misdeal** [ˌmɪsˈdiːl] Ⓐ N reparto *m* erróneo
Ⓑ VT [+ *cards*] dar mal, repartir mal

**misdeed** [ˌmɪsˈdiːd] N fechoría *f*

**misdemeanour, misdemeanor** (*US*) [ˌmɪsdɪˈmiːnəʳ] N fechoría *f*; (*Jur*) delito *m* menor, falta *f*

**misdirect** [ˌmɪsdɪˈrekt] VT [+ *operation*] manejar mal; [+ *letter*] poner las señas mal en; [+ *person*] informar mal

**misdirection** [ˌmɪsdɪˈrekʃən] N [*of operation, scheme*] mala dirección *f*; [*of resources*] mala administración *f*, mal manejo *m*

**miser** [ˈmaɪzəʳ] N avaro/a *m/f*

**miserable** [ˈmɪzərəbl] ADJ 1 (= *unhappy*) [*person*] abatido, con el ánimo por los suelos; [*face*] triste; **to feel ~** tener el ánimo por los suelos, sentirse abatido *or* deprimido; **Sheila was looking ~** a Sheila se la veía abatida; **don't look so ~!** ¡alegra esa cara!; **to make sb ~** hacer a algn sentirse deprimido; **my job was making me really ~** mi trabajo me estaba deprimiendo
2 (= *depressing*) [*place, life, weather*] deprimente; [*childhood*] desdichado, infeliz; **it was wet and ~ outside** fuera hacía un tiempo lluvioso y deprimente; **it was a ~ business** era un asunto deprimente *or* lamentable; **to make sb's life ~** ◊ **make life ~ for sb** amargar la vida a algn; **to have a ~ time** pasarlo mal, pasarlo fatal*
3 (= *wretched*) [*hovel, shantytown, beggar*] mísero; **the ~ conditions they were living in** la miseria en la que vivían
4 (= *contemptible, mean*) **you ~ (old) thing!** ¡viejo ruin!
5 (= *paltry*) [*offer*] mísero, mezquino; [*pay*] miserable; [*meal*] triste, mísero; **a ~ two pounds** dos miserables libras; **they gave me a ~ piece of bread for lunch** me dieron un triste trozo de pan para comer
6 (= *complete*) **to be a ~ failure** [*attempt, play*] ser un fracaso espantoso *or* rotundo, ser un triste fracaso; [*person*] ser un fracaso total

**miserably** [ˈmɪzərəblɪ] ADV 1 (= *unhappily*) [*say, think, nod*] tristemente, con desconsuelo
2 (= *depressingly*) [*furnished, decorated*] miserablemente, míseramente; **the supplies were ~ inadequate** los suministros eran miserablemente escasos; **it was ~ cold** hacía un frío deprimente; **our wages are ~ low** nos pagan una miseria
3 (= *completely*) **to fail ~** fracasar rotundamente

**misère** [mɪˈzɛəʳ] N (*Cards*) nulos *mpl*; **to go ~** jugar a nulos

**miserliness** [ˈmaɪzəlɪnɪs] N tacañería *f*

**miserly** [ˈmaɪzəlɪ] ADJ 1 (= *mean*) [*person*] mezquino, ruin, tacaño
2 (= *paltry*) [*sum*] mísero

**misery** [ˈmɪzərɪ] N 1 (= *sadness*) tristeza *f*, pena *f*
2 (= *poverty*) miseria *f*, pobreza *f*; **to live in ~** vivir en la miseria
3 (= *misfortune*) desgracia *f*; **a life of ~** una vida desgraciada
4 (= *suffering*) sufrimiento *m*, dolor *m*; **to put an animal out of its ~** rematar a un animal (para que no sufra); **to put sb out of his/her ~** (*fig*) sacar a algn de la incertidumbre; **to make sb's life a ~** amargar la vida a algn
5 (*Brit**) (= *person*) aguafiestas *mf inv*

**misfile** [ˌmɪsˈfaɪl] VT [+ *papers*] archivar incorrectamente

**misfire** [ˌmɪsˈfaɪəʳ] VI [*plan, engine*] fallar; [*gun*] encasquillarse

**misfit** [ˈmɪsfɪt] N (= *person*) inadaptado/a *m/f*; **he's always been a ~ here** no se ha adaptado nunca a las condiciones de aquí, en ningún momento ha estado realmente contento aquí

**misfortune** [mɪsˈfɔːtʃən] N desgracia *f*; **companion in ~** compañero/a *m/f* en la desgracia; **I had the ~ to meet him** tuve la desgracia de conocerlo; **it is his ~ that he is lame** tiene la mala suerte de ser cojo; **that's your ~!** ¡mala suerte!

**misgiving** [mɪsˈgɪvɪŋ] N recelo *m*, duda *f*; **not without some ~** no sin cierto recelo; **I had ~s about the scheme** tuve mis dudas sobre el proyecto

**misgovern** [ˌmɪsˈgʌvən] VT, VI gobernar mal

**misgovernment** [ˌmɪsˈgʌvənmənt] N desgobierno *m*, mal gobierno *m*

**misguided** [ˌmɪsˈgaɪdɪd] ADJ [*attempt*] torpe; [*belief, view*] equivocado; [*person*] descaminado, desacertado; [*actions*] desacertado, equivocado; **a ~ sense of loyalty** un sentido desacertado *or* equivocado de la lealtad; **in the ~ belief that ...** creyendo, equivocadamente *or* erróneamente, que ...; **he was ~ enough to believe he could get away with it** era tan insensato como para creer que podría salirse con la suya; **poor ~ fool!** ¡pobre infeliz!

**misguidedly** [ˌmɪsˈgaɪdɪdlɪ] ADV [*believe*] equivocadamente, erróneamente; [*tell*] erróneamente

**mishandle** [ˌmɪsˈhændl] VT 1 (= *treat roughly*) [+ *object, goods*] maltratar
2 (= *mismanage*) [+ *situation*] llevar mal, manejar mal; [+ *problem*] no saber tratar

**mishandling** [ˌmɪsˈhændlɪŋ] N 1 [*of object, goods*] mal trato *m*
2 [*of situation, problem*] mal manejo *m*

**mishap** [ˈmɪshæp] N contratiempo *m*; **without ~** sin contratiempos; **to have a ~** tener un accidente; **we had a slight ~** tuvimos un pequeño contratiempo

**mishear** [ˌmɪsˈhɪəʳ] (*pt, pp* **misheard** [ˌmɪsˈhɜːd])
Ⓐ VT oír mal
Ⓑ VI oír mal

**mishit** Ⓐ [ˈmɪshɪt] N golpe *m* defectuoso
Ⓑ [ˌmɪsˈhɪt] VT golpear mal

**mishmash** [ˈmɪʃmæʃ] N revoltijo *m*, batiburrillo* *m*

**misinform** [ˌmɪsɪnˈfɔːm] VT informar mal

**misinformation** [ˌmɪsɪnfəˈmeɪʃən] N (= *wrong information*) mala información *f*, información *f* errónea; (= *deliberate act*) desinformación *f*

**misinterpret** [ˌmɪsɪnˈtɜːprɪt] VT interpretar mal, malinterpretar; (*deliberately*) tergiversar

**misinterpretation** [ˌmɪsɪntɜːprɪˈteɪʃən] N mala interpretación *f*; (*deliberate*) tergiversación *f*

**misjudge** [ˌmɪsˈdʒʌdʒ] VT 1 (= *miscalculate*) calcular mal; **the driver ~d the bend** el conductor no calculó bien la curva; **she ~d the distance** calculó mal la distancia
2 (= *judge wrongly*) [+ *person*] juzgar mal; **I may have ~d him** a lo mejor lo juzgué mal

**misjudgement** [ˌmɪsˈdʒʌdʒmənt] N 1 [*of distance etc*] mal cálculo *m*
2 [*of person*] juicio *m* erróneo

**mislay** [mɪsˈleɪ] (*pt, pp* **mislaid** [mɪsˈleɪd]) VT extraviar, perder; **I've mislaid my glasses** no sé dónde he puesto las gafas

**mislead** [mɪsˈliːd] (*pt, pp* **misled**) VT 1 (= *give wrong idea*) engañar; **I wouldn't like to ~ you** no quisiera inducirle a error, no me gustaría que se hiciera una idea equivocada; **I'm afraid you have been misled** me temo que le han dado una idea equivocada
2 (= *misdirect*) despistar
3 (= *lead into bad ways*) corromper

**misleading** [mɪsˈliːdɪŋ] ADJ engañoso

**misled** [mɪsˈled] PT, PP *of* **mislead**

**mismanage** [ˌmɪsˈmænɪdʒ] VT [+ *business, estate, shop*] administrar mal; [+ *situation*] llevar mal, manejar mal

**mismanagement** [ˌmɪsˈmænɪdʒmənt] N [*of business*] mala administración *f*; [*of situation*] manejo *m* inadecuado

**mismatch** [ˌmɪsˈmætʃ] Ⓐ VT emparejar mal
Ⓑ N **there is a ~ between the skills offered by people and the skills needed by industry** la preparación ofrecida por la gente no coincide con lo que la industria precisa; **a ~ of styles/colours** una falta de armonía en los estilos/colores

**misname** [ˌmɪsˈneɪm] VT llamar equivocadamente; **this grotesquely ~d society** esta sociedad con su nombre grotescamente inapropiado

**misnomer** [ˌmɪsˈnəʊməʳ] N nombre *m* equivocado *or* inapropiado; **that is a ~** ese nombre es impropio

**misogamist** [mɪˈsɒgəmɪst] N misógamo/a *m/f*

**misogamy** [mɪˈsɒgəmɪ] N misogamia *f*

**misogynist** [mɪˈsɒdʒɪnɪst] Ⓐ ADJ misógino
Ⓑ N misógino/a *m/f*

**misogynistic** [mɪˌsɒdʒɪˈnɪstɪk] ADJ misógino

**misogyny** [mɪˈsɒdʒɪnɪ] N misoginia *f*

**misplace** [ˌmɪsˈpleɪs] VT perder; **he frequently ~s important documents** con frecuencia traspapela *or* pierde documentos importantes; **I'm sorry, I seem to have ~d the address** perdona, no sé dónde he puesto las señas

**misplaced** [ˌmɪsˈpleɪst] ADJ 1 (= *inappropriate*) [*confidence, trust*] inmerecido; [*enthusiasm*] que no viene a cuento; [*good humour*] fuera de lugar, inoportuno; **I realize now that my confidence/trust in you was ~** ahora me doy cuenta de que me equivoqué al confiar en ti; **a ~ sense of duty/loyalty** un sentido desacertado *or* equivocado del deber/de la lealtad
2 (= *wrongly positioned*) [*accent, comma*] mal colocado, puesto en el lugar equivocado

**misprint** Ⓐ [ˈmɪsprɪnt] N error *m* de imprenta, errata *f*
Ⓑ [mɪsˈprɪnt] VT imprimir mal

**mispronounce** [ˌmɪsprəˈnaʊns] VT pronunciar mal

**mispronunciation** [ˌmɪsprənʌnsɪˈeɪʃən] N mala pronunciación *f*

**misquotation** [ˌmɪskwəʊˈteɪʃən] N cita *f* equivocada

**misquote** [ˌmɪsˈkwəʊt] VT citar incorrectamente; **he was ~d in the press** la prensa no reprodujo con exactitud sus palabras

**misread** [ˌmɪsˈriːd] (*pt, pp* **misread** [ˌmɪsˈred]) VT (= *read wrongly*) leer mal; (= *misinterpret*) interpretar mal, malinterpretar

**misrepresent** [ˌmɪsreprɪ'zent] VT [+ *person*] dar una imagen falsa de; [+ *views, situation*] tergiversar; **he was ~ed in the papers** los periódicos tergiversaron sus palabras

**misrepresentation** [ˌmɪsreprɪzen'teɪʃən] N [*of facts*] tergiversación *f*, desfiguración *f*; (*Jur*) declaración *f* falsa; **this report is a ~ of what I said** este informe tergiversa mis palabras

**misrule** [ˌmɪs'ruːl] Ⓐ N desgobierno *m*, mal gobierno *m*
Ⓑ VT desgobernar, gobernar mal

**miss¹** [mɪs] Ⓐ N 1 [*of shot*] fallo *m*; **he scored three hits and two ~es** tuvo tres lanzamientos acertados y dos fallos, acertó tres tiros y falló dos; **he had two bad ~es in the first half** falló dos tiros fáciles en el primer tiempo; ✦***PROV*** **a ~ is as good as a mile** lo mismo da librarse por poco que por mucho; *see also* **near C1**
2 ✦***IDIOM*** **to give sth a ~**: **you could give rehearsals a ~ for once** por una vez podrías faltar a los ensayos; **I'll give the wine a ~ this evening** esta noche no tomaré vino
Ⓑ VT 1 (= *fail to hit*) [+ *target*] no dar en; **the arrow ~ed the target** la flecha no dio en el blanco; **the shot just ~ed me** la bala me pasó rozando; **the plane just ~ed the tower** faltó poco para que el avión chocara con la torre
2 (= *escape, avoid*) evitar; **if we go that way we can ~ Burgos** si tomamos esa ruta podemos evitarnos pasar por Burgos; **it seems we ~ed the bad weather** parece que nos hemos escapado del mal tiempo; **he narrowly ~ed being run over** por poco lo atropellan, faltó poco para que lo atropellaran
3 (= *fail to find, take, use etc*) [+ *aim, shot*] fallar; [+ *bus, train, plane, flight*] perder; [+ *opportunity, chance*] dejar pasar, perder; [+ *meeting, class, appointment*] faltar a, no asistir a; [+ *film, match*] perderse; **I ~ed the meeting last week** falté a *or* no asistí a la reunión la semana pasada; **I haven't ~ed a rehearsal in five years** no he faltado a un ensayo en cinco años, no me he perdido un solo ensayo en cinco años; **don't ~ this film** no te pierdas *or* no dejes de ver esta película; **we ~ed our lunch because we were late** nos quedamos sin comer porque llegamos tarde; **she ~ed her holiday last year** el año pasado no pudo tomarse las vacaciones; **you haven't ~ed much!** ¡no te has perdido mucho!; **I ~ed you at the station** no te vi en la estación; **I ~ed you by five minutes** si hubiera llegado cinco minutos antes te hubiera visto, si hubiera llegado cinco minutos antes te hubiera cogido (*Sp**); **they ~ed each other in the crowd** no lograron encontrarse entre tanta gente; **to ~ one's cue** (*Theat*) entrar a destiempo; **we ~ed the tide** nos perdimos la pleamar; **to ~ one's vocation** equivocarse de vocación; **to ~ one's way** equivocarse de camino; ✦***IDIOM*** **to ~ the boat** *or* **bus*** perder el tren (*fig*)
4 (= *skip*) [+ *meal*] saltarse; **I think you've ~ed a page** creo que te has saltado una página; **my heart ~ed a beat** me dio un vuelco el corazón
5 (= *overlook*) **you've ~ed that bit in the corner** se te ha pasado por alto ese trozo en la esquina; **you ~ed our anniversary again** se te volvió a olvidar *or* pasar nuestro aniversario
6 (= *fail to understand*) no entender, no coger (*Sp*); **she seems to have ~ed the joke** parece que no ha entendido *or* cogido el chiste; **you're ~ing the point** no lo entiendes
7 (= *fail to hear, see*) **I ~ed what you said** no he oído lo que has dicho; **you don't ~ much do you?** no se te escapa nada ¿verdad?; **you can't ~ the house** la casa no tiene pérdida; **I ~ed the step and fell flat on my face** no vi el escalón y me caí de bruces; **he ~ed the turning** se pasó de cruce; *see also* **trick A2**
8 (= *long for*) echar de menos, extrañar (*esp LAm*); **I ~ you so (much)** te echo tanto de menos, te extraño tanto; **they're ~ing one another** se echan de menos *or* se extrañan; **he won't be (much) ~ed** no se le echará de menos *or* no se le echará en falta que digamos; **I ~ having a garden** echo de menos tener un jardín
9 (= *notice absence of*) echar en falta; **then I ~ed my wallet** entonces eché en falta la cartera; **we're ~ing eight dollars** nos faltan ocho dólares
Ⓒ VI 1 (= *not hit*) [*shot*] errar el blanco; [*person*] fallar, errar el tiro; **you can't ~!** ¡es imposible fallar!, ¡es imposible errar el tiro!
2 (= *not function properly*) [*motor*] fallar
3 (= *not attend*) faltar; **I've not ~ed once in ten years** en diez años no he faltado ni una sola vez

►**miss out** Ⓐ VT + ADV (*esp Brit*) [+ *word, line, page*] saltarse; **tell me if I ~ anybody out** decídme si me salto a algn; **he was ~ed out in the promotions** en los ascensos le pasaron por encima
Ⓑ VI + ADV **I'm glad you can come, I wouldn't want you to ~ out** me alegro de que puedas venir, no quisiera que te lo perdieras; **don't ~ out, order your copy today** no se lo pierda, pida su ejemplar hoy

►**miss out on** VI + PREP [+ *opportunity*] dejar pasar, perder; **he ~ed out on several good deals** dejó pasar varias ocasiones buenas; **did you think you were ~ing out on something?** ¿creías que te estabas perdiendo algo?

**miss²** [mɪs] N señorita *f*; (*in address*) Srta.; **Miss Peters wants to see you** la señorita Peters quiere verte; **the Misses Smith**† las señoritas Smith; **Miss Spain** Miss España; **a modern ~** una señorita moderna; **she's a cheeky little ~!** ¡es una niña muy creidita!; → MR, MRS, MISS

**Miss.** ABBR (*US*) = **Mississippi**

**missal** ['mɪsəl] N misal *m*

**misshapen** [ˌmɪs'ʃeɪpən] ADJ deforme

**missile** ['mɪsaɪl] Ⓐ N 1 (*Mil*) misil *m*; **guided ~** misil teledirigido
2 (= *object thrown*) proyectil *m*
Ⓑ CPD ► **missile launcher** N lanzamisiles *m inv*

**missing** ['mɪsɪŋ] Ⓐ ADJ 1 (= *lost*) [*object*] perdido; [*child, cat*] desaparecido, extraviado; [*fisherman, explorer*] desaparecido; **some companies help with ~ luggage** algunas compañías te ayudan cuando se te pierde *or* extravía equipaje; **an important document was found to be ~** se descubrió que faltaba un importante documento; **to go ~** desaparecer
2 (*Mil*) [*soldier, plane*] desaparecido; **~ (and) presumed dead** desaparecido y dado por muerto; **~ in action** desaparecido en combate; **reported ~** declarado como desaparecido
3 (= *lacking*) [*piece, button, tooth*] que falta; **fill in the ~ words** complete las palabras que faltan; **to be ~** faltar; **two pieces are ~** faltan dos piezas; **your shirt has a button ~** te falta un botón en la camisa
Ⓑ CPD ► **the missing link** N (*Anthropology, Zool*) el eslabón perdido; (= *detail*) la pieza que faltaba ► **missing person** N desaparecido/a *m/f*; **I want to report a ~ person** quiero denunciar una desaparición

**mission** ['mɪʃən] Ⓐ N 1 (= *duty, purpose etc*) misión *f*; **it's her ~ in life** es su misión en la vida; **to send sb on a secret ~** enviar a algn en misión secreta
2 (= *people on mission*) misión *f*
3 (*Rel*) (= *building*) misión *f*
Ⓑ CPD ► **mission control** N centro *m* de control ► **mission controller** N controlador(a) *m/f* de (la) misión ► **mission statement** N (*Comm, Ind*) (*of a business*) declaración *f* de objetivos; (*of an organization*) declaración *f* de intenciones

**missionary** ['mɪʃənrɪ] Ⓐ N (*Rel*) misionero/a *m/f*
Ⓑ CPD ► **missionary position** N (*hum*) postura *f* del misionero ► **missionary society** N sociedad *f* misionera ► **missionary zeal** N fervor *m* apostólico

**missis*** ['mɪsɪz] N **my ~** ◊ **the ~** mi mujer, la parienta (*Sp**), la patrona (*S. Cone**); **John and his ~** John y su mujer; **is the ~ in?** ¿está la señora?

**Mississippi** [ˌmɪsɪ'sɪpɪ] N Misisipí *m*

**missive** ['mɪsɪv] N misiva *f*

**Missouri** [mɪ'zʊərɪ] N Misuri *m*

**misspell** [ˌmɪs'spel] (*pt, pp* **misspelled**, **misspelt**) VT escribir mal

**misspelling** [ˌmɪs'spelɪŋ] N error *m* de ortografía

**misspend** [ˌmɪs'spend] (*pt, pp* **misspent**) VT malgastar, desperdiciar

**misspent** [ˌmɪs'spent] ADJ **a ~ youth** una juventud malgastada *or* desperdiciada

**misstate** [ˌmɪs'steɪt] VT declarar erróneamente; (*deliberately*) declarar falsamente

**misstatement** [ˌmɪs'steɪtmənt] N declaración *f* errónea; (*deliberate*) declaración *f* falsa

**missus*** ['mɪsɪz] N = **missis**

**missy*** ['mɪsɪ] N (*hum or pej*) = **miss²**

**mist** [mɪst] Ⓐ N neblina *f*; (= *rain*) llovizna *f*, garúa *f* (*LAm*); (*at sea*) bruma *f*; (*in liquid*) nube *f*; (*on glass etc*) vaho *m*; **through a ~ of tears** (*fig*) a través de un velo de lágrimas; **lost in the ~s of time** (*liter*) perdido en la noche de los tiempos
Ⓑ VI (*also* **~ over, ~ up**) [*scene, landscape*] nublarse; [*mirror, window*] empañarse; [*eyes*] llenarse de lágrimas

**mistakable** [mɪs'teɪkəbl] ADJ confundible

▼**mistake** [mɪs'teɪk] (*vb: pt* **mistook**; *pp* **mistaken**) Ⓐ N 1 error *m*; **there must be some ~** debe de haber algún error; **by ~**: **he has been arrested by ~** lo detuvieron por error *or* equivocación; **he fired the gun by ~** disparó la pistola sin querer; **he took my hat in ~ for his** confundió mi sombrero con el suyo; **to make a ~** (*gen*) cometer un error; (= *be mistaken*) equivocarse; **they made the ~ of asking too much** cometieron el error de pedir demasiado; **the doctor must have made a ~** el médico debe de haberse equivocado; **make no ~ about it** ◊ **let there be no ~ about it** y que no quepa la menor duda; **my ~!** ¡la culpa es mía!, es culpa mía; **she's pretty and no ~*** es guapa de verdad *or* con ganas*
2 (*in piece of work*) error *m*, fallo *m*; **his essay was full of ~s** su trabajo estaba lleno de errores *or* fallos; **if you make a ~, start again** si te equivocas, vuelve a empezar; **spelling ~** falta *f* de ortografía
Ⓑ VT 1 (= *misunderstand*) [+ *meaning, remark*] malinterpretar; **I'm sorry, I mistook your meaning** perdón, te malinterpreté *or* no te entendí bien; **there was no mistaking his intention** su intención estaba clarísima
2 (= *mix up, confuse*) [+ *time, road*] equivocarse de; **I mistook the turning to your house** me equivoqué al torcer para ir a tu casa; **to ~**

➤ LANGUAGE IN USE: mistake A1 26.3

**sth/sb for sth/sb** confundir algo/a algn con algo/algn; **he is often ~n for Peter** se le confunde muchas veces con Peter; **she mistook his attention for interest** erróneamente, interpretó su atención como interés; **she could easily be ~n for a boy** se la podría confundir fácilmente con un chico; **there's no mistaking her voice** su voz es inconfundible

**mistaken** [mɪsˈteɪkən] (A) PP *of* **mistake**
(B) ADJ [*belief, idea*] equivocado, falso; **in the ~ belief that ...** creyendo, equivocadamente *or* erróneamente, que ...; **to be ~** equivocarse, estar equivocado; **you must be ~** debes de estar equivocado; **if I'm not ~** si no me equivoco, a no ser que me equivoque; **unless I'm very much ~** si no me equivoco, o mucho me equivoco o ...; **unless I'm very much ~, that's him** si no me equivoco, ése es él, o mucho me equivoco o es él; **I see I was ~ about you** veo que me equivoqué contigo; **he was ~ in his belief that he was irreplaceable** se equivocaba *or* estaba equivocado al creer que era irreemplazable; **~ identity** identificación *f* errónea

**mistakenly** [mɪsˈteɪkənlɪ] ADV [1] (= *wrongly*) [*believe, assume*] equivocadamente, erróneamente
[2] (= *accidentally*) por equivocación, por error

**mister** [ˈmɪstəʳ] N [1] (*gen abbr Mr*) señor *m* (*gen abbr Sr.*)
[2] (*in direct address*) **hey, ~!** ¡oiga, usted!

**mistime** [ˈmɪsˈtaɪm] VT **to ~ sth** hacer algo a destiempo

**mistiming** [ˌmɪsˈtaɪmɪŋ] N **the ~ of his statement was spectacular** la inoportunidad de su declaración fue monumental; **the ~ of the attack** la inoportunidad del momento del ataque

**mistle thrush** [ˈmɪslθrʌʃ] N zorzal *m* charlo, tordo *m* mayor

**mistletoe** [ˈmɪsltəʊ] N muérdago *m*

**mistook** [mɪsˈtʊk] PT *of* **mistake**

**mistral** [mɪˈstrɑːl] N mistral *m*

**mistranslate** [ˌmɪstrænsˈleɪt] VT traducir mal

**mistranslation** [ˌmɪstrænsˈleɪʃən] N mala traducción *f*

**mistreat** [mɪsˈtriːt] VT maltratar

**mistreatment** [mɪsˈtriːtmənt] N maltrato *m*, malos tratos *mpl*

**mistress** [ˈmɪstrɪs] N [1] [*of household, servant*] señora *f*, ama *f*; **to be one's own ~** ser independiente; **to be ~ of the situation** ser dueña de la situación
[2] (= *lover*) amante *f*, querida *f*, amasia *f* (*Mex*)
[3] (*Brit*†) (= *teacher*) (*in primary school*) maestra *f*; (*in secondary school*) profesora *f*; **our English ~** nuestra profesora de inglés
[4] (††) (= *Mrs*) señora *f* de ...

**mistrial** [ˌmɪsˈtraɪəl] N (*US, Brit*) (*invalidated*) juicio *m* viciado de nulidad; (*US*) (*inconclusive*) juicio *m* nulo por desacuerdo del jurado

**mistrust** [ˌmɪsˈtrʌst] (A) N desconfianza *f*
(B) VT desconfiar de

**mistrustful** [ˌmɪsˈtrʌstfʊl] ADJ desconfiado, receloso; **to be ~ of sth/sb** desconfiar de algo/algn

**misty** [ˈmɪstɪ] ADJ (*compar* **mistier**; *superl* **mistiest**) [*day, morning*] neblinoso; [*valley, shore*] cubierto de neblina; [*mirror, window*] empañado; [*memories*] vago; [*outline*] borroso, difuso; [*eyes*] empañado, lloroso; **it is ~** (*Met*) hay neblina; (*US*) está lloviznando

**misty-eyed** [ˈmɪstɪˌaɪd] ADJ sentimental

**misunderstand** [ˌmɪsʌndəˈstænd] (*pt, pp* **misunderstood**) VT entender mal; **sorry, I misunderstood you** lo siento, te entendí mal, lo siento, malinterpreté tus palabras; **don't ~ me** entiéndeme, no me entiendas mal

**misunderstanding** [ˌmɪsʌndəˈstændɪŋ] N (= *confusion*) malentendido *m*; (= *mistake*) equivocación *f*; (= *disagreement*) desacuerdo *m*; **there must be some ~** (= *confusion*) debe de haber algún malentendido; (= *mistake*) debe de haber alguna equivocación

**misunderstood** [ˌmɪsʌndəˈstʊd] (A) PT, PP *of* **misunderstand**
(B) ADJ incomprendido

**misuse** [ˌmɪsˈjuːs] (A) N [*of power, drug*] abuso *m*; [*of machine*] mal uso *m or* manejo *m*; [*of word, language*] uso *m* incorrecto; [*of funds*] malversación *f*
(B) [ˌmɪsˈjuːz] VT [+ *power, drug*] abusar de; [+ *machine*] usar *or* manejar mal; [+ *word, language*] utilizar *or* emplear mal; [+ *funds*] malversar

**MIT** N ABBR (*US*) = **Massachusetts Institute of Technology**

**mite**[1] [maɪt] N (= *insect*) ácaro *m*, acárido *m*

**mite**[2] [maɪt] N [1] (= *small quantity*) pizca *f*; **a ~ of consolation** una pizca de consuelo; **there's not a ~ left** (*scrap*) no queda ni pizca; (*drop*) no queda ni una sola gota; **well, just a ~ then** bueno, un poquitín; **we were a ~ surprised** nos quedamos un tanto sorprendidos
[2] (= *child*) chiquillo/a *m/f*, criatura *f*; **poor little ~!** ¡pobrecito!
[3] (= *coin*) ardite *m*; (*as contribution*) óbolo *m*

**miter** [ˈmaɪtəʳ] N (*US*) = **mitre**

**Mithraic** [mɪθˈreɪɪk] ADJ mitraico

**Mithraism** [ˈmɪθreɪɪzəm] N mitraísmo *m*

**Mithras** [ˈmɪθræs] N Mitra

**mitigate** [ˈmɪtɪgeɪt] VT aliviar, mitigar; **mitigating circumstances** circunstancias *fpl* atenuantes

**mitigation** [ˌmɪtɪˈgeɪʃən] N mitigación *f*, alivio *m*; **to say a word in ~** decir algo en descargo

**mitre, miter** (*US*) [ˈmaɪtəʳ] (A) N [1] (*Rel*) mitra *f*
[2] (*Tech*) (*also* **~ joint**) inglete *m*, ensambladura *f* de inglete
(B) VT (*Tech*) ingletear
(C) CPD ► **mitre box** N caja *f* de ingletes
► **mitre joint** N inglete *m*, ensambladura *f* de inglete

**mitt** [mɪt] N [1] (*glove*) mitón *m*
[2] (= *baseball glove*) guante *m* de béisbol
[3] (*) (= *hand*) zarpa* *f*; **get your ~s off my dictionary!** ¡quita tus zarpas de mi diccionario!*; **keep your ~s off my sweets!** ¡no se te ocurra poner tus zarpas en mis caramelos!*

**mitten** [ˈmɪtn] N [1] (= *glove*) mitón *m*, manopla *f*
[2] (*Boxing*) guante *mpl* de boxeo

**mix** [mɪks] (A) VT [1] [+ *ingredients, colours, liquids*] mezclar; [+ *concrete, plaster, cocktail*] preparar; [+ *salad*] remover; **~ all the ingredients together** mezcle todos los ingredientes; **never ~ your drinks!** ¡no mezcle nunca bebidas!; **~ the eggs into the sugar** añada los huevos al azúcar y mézclelos; **to ~ and match sth** combinar algo; **~ to a smooth paste** mezcle hasta que se forme una pasta sin grumos; **to ~ sth with** *or* **and sth** mezclar algo con algo; **~ the cinnamon with the sugar** mezcle la canela con el azúcar; **to ~ business and** *or* **with pleasure** mezclar los negocios con el placer; **♦IDIOM to ~ it (with sb)** (*Brit**) buscar camorra (con algn)*
[2] [+ *recording, sound*] mezclar
(B) VI [1] [*things*] [1·1] (= *combine*) mezclarse; **oil and water don't ~** el aceite y el agua no se mezclan; **politics and sport don't ~** la política y el deporte no hacen buena combinación
[1·2] (= *go together well*) [*colours*] combinar (bien), pegar
[2] [*people*] (= *socialize*) alternar; **to ~ in high society** alternar con la alta sociedad; **she ~es with all kinds of people** se mezcla con toda clase de gente
(C) N [1] (= *combination*) mezcla *f*; **there was a good ~ of people at the party** había una mezcla variada *or* una buena variedad de gente en la fiesta
[2] (= *ingredients*) mezcla *f*; (*commercially prepared*) preparado *m*; **a cake ~** un preparado para pasteles
[3] [*of recording, sound*] mezcla *f*

►**mix in** VT + ADV (= *add*) [+ *ingredients*] añadir; (= *intersperse*) mezclar; **pieces of grit ~ed in with the rice** piedrecitas mezcladas con el arroz

►**mix up** VT + ADV [1] (= *prepare*) [+ *paint, paste*] preparar
[2] (= *combine*) [+ *ingredients*] mezclar
[3] (= *jumble up*) mezclar; **don't ~ up your clothes with mine** no mezcles tu ropa con la mía; **the letter got ~ed up with my things** la carta se mezcló con mis cosas
[4] (= *confuse*) [+ *person*] confundir; **you've got me all ~ed up** me has confundido, me has hecho un lío*
[5] (= *mistake*) [+ *names, dates, person*] confundir; **she tends to ~ up her words** tiende a equivocar las palabras al hablar; **we got the dates ~ed up** confundimos las fechas; **I'm ~ing you up with somebody else** te estoy confundiendo con otra persona
[6] (= *involve*) **to be/get ~ed up in sth** estar metido/meterse en algo; **are you ~ed up in this?** ¿tú andas metido en esto?, ¿tú tienes que ver con esto?; **how could David be ~ed up in a murder?** ¿cómo puede David estar involucrado en un asesinato?; **he's got ~ed up with a bad crowd** se ha mezclado con mala gente, anda con malas compañías; **why did I ever get ~ed up with you?** ¿cómo acabé relacionándome contigo?, ¿cómo acabé liada contigo?*; **to ~ sb up in sth** meter *or* mezclar a algn en algo
[7] **♦IDIOM to ~ it up (with sb)** (*US**) (= *cause trouble*) buscar camorra (con algn)*

**mixed** [mɪkst] (A) ADJ [1] (= *varied*) [*selection*] variado; (= *assorted*) [*biscuits, sweets, vegetables*] surtido, variado; **a ~ crowd turned up** apareció un grupo muy variopinto, apareció un grupo con gente de todo tipo; **♦IDIOMS a ~ bag*** (= *some good, some bad*) un poco de todo, una mezcla de todo; (= *with good variety*) una gran variedad; **a ~ bunch*** un grupo variopinto, un batiburrillo de gente; **my class were a ~ bunch** mi clase era un grupo variopinto
[2] (= *both good and bad*) [*reviews, reactions*] diverso; **to be a ~ blessing** tener su lado bueno y su lado malo; **~ feelings** sentimientos *mpl* encontrados; **to have ~ feelings about sth** no tener muy claro algo, tener sus dudas acerca de algo; **the government's proposals have had a ~ reception** las propuestas del gobierno han sido recibidas con reservas *or* han tenido una acogida desigual; **with ~ results** con resultados desiguales *or* diversos; **we had ~ weather** el tiempo fue variable
[3] (= *of different races*) [*parentage, marriage*] mixto; **of ~ race** mestizo
[4] (= *for both sexes*) [*school, education, bathing*] mixto; **in ~ company** con personas de ambos

sexos; **I wouldn't say it in ~ company** no lo diría delante de personas del otro sexo
Ⓑ CPD ► **mixed ability class** N clase *f* con niveles de aptitud distintos ► **mixed doubles** NPL (*Sport*) (dobles *mpl*) mixtos *mpl* ► **mixed economy** N economía *f* mixta ► **mixed farming** N agricultura *f* mixta ► **mixed fruit** N frutas *fpl* surtidas ► **mixed grill** N (*Brit*) parrillada *f* mixta ► **mixed herbs** NPL surtido *m* de hierbas ► **mixed marriage** N matrimonio *m* mixto (*de esposos de religión o raza distintas*) ► **mixed metaphor** N metáfora *f* disparada ► **mixed salad** N ensalada *f* mixta ► **mixed spice** N mezcla *f* de especias

**mixed-up** [ˈmɪkstˈʌp] ADJ [*person, idea*] confuso; [*things*] revuelto; **he's very ~** (= *disturbed*) es una persona con problemas (psicológicos); (= *confused*) está muy confuso; **James Dean, the archetypal crazy, ~ kid** James Dean, el arquetipo de chico alocado y problemático; *see also* **mix up**

**mixer** [ˈmɪksəʳ] Ⓐ N 1 (*Culin*) batidora *f*
2 (= *cement mixer*) hormigonera *f*
3 (*Rad*) mezclador(a) *m/f*
4 (= *sociable person*) **he's a good ~** tiene don de gentes; **he's not much of a ~** no le gusta alternar, no tiene don de gentes
5 (= *drink*) refresco *m* (*para mezclar con licores*)
6 (*US Univ*) fiesta *f* de bienvenida para nuevos estudiantes
Ⓑ CPD ► **mixer tap** N (*Brit*) (grifo *m*) monobloque *m*

**mixing bowl** [ˈmɪksɪŋbəʊl] N cuenco *m* grande

**mixture** [ˈmɪkstʃəʳ] N (*gen, Culin*) mezcla *f*; (*Med*) preparado *m*, compuesto *m*; **the ~ as before** la misma receta que antes; (*fig*) lo de siempre; *see also* **cough C**

**mix-up** [ˈmɪksˈʌp] N lío *m*, confusión *f*; **there was a ~ over the tickets** hubo un lío *or* una confusión con las entradas; **we got in a ~ with the trains** nos hicimos un lío con los trenes

**mizzen** [ˈmɪzn] N mesana *f*

**mizzenmast** [ˈmɪznmɑːst] N palo *m* de mesana

**mizzle*** [ˈmɪzl] (*also dial*) VI lloviznar

**Mk, mk** ABBR (= **mark**) Mk

**mkt** ABBR = **market**

**ml** ABBR (= **millilitre(s)**) ml

**MLitt** [emˈlɪt] N ABBR (*Univ*) 1 = **Master of Literature**
2 = **Master of Letters**

**MLR** N ABBR = **minimum lending rate**

**MLS** N ABBR 1 (*St Ex*) = **multiple listing system**
2 (*US Univ*) (= **Master of Library Science**) *título de bibliotecario*

**M'lud** [məˈlʌd] N ABBR (*Brit Jur*) = **My Lord**

**MM** ABBR (= **Messieurs**) Srs., Sres.

**mm** ABBR (= **millimetre(s)**) mm

**mm...** [mm] EXCL esto ..., pues ..., vamos a ver ...

**MMC** N ABBR (*Brit*) = **Monopolies and Mergers Commission**

**MME** N ABBR (*US Univ*) 1 = **Master of Mechanical Engineering**
2 = **Master of Mining Engineering**

**MN** Ⓐ N ABBR (*Brit*) = **Merchant Navy**
Ⓑ ABBR (*US*) = **Minnesota**

**mnemonic** [nɪˈmɒnɪk] Ⓐ ADJ mnemotécnico, nemotécnico
Ⓑ N *figura o frase etc mnemotécnica*

**mnemonics** [nɪˈmɒnɪks] NSING mnemotécnica *f*, nemotécnica *f*

**MO** Ⓐ N ABBR = **medical officer**
Ⓑ ABBR 1 (*US*) = **Missouri**
2 (*esp US**) (= **modus operandi**) *manera de actuar*

**mo'*** [məʊ] N ABBR = **moment**

**mo** ABBR (= **month**) m.

**Mo.** ABBR = **Missouri**

**m.o.** ABBR (= **money order**) g.p., g/

**moan** [məʊn] Ⓐ N 1 (= *groan*) [*of person, wind, trees*] gemido *m*
2 (= *complaint*) queja *f*
Ⓑ VI 1 (= *groan*) gemir
2 (= *complain*) quejarse; **they're ~ing about the food again** han vuelto a quejarse de la comida; **she's always ~ing about something** siempre se está quejando de algo
Ⓒ VT 1 (= *groan*) decir gimiendo, decir con un gemido
2 (= *complain*) **"why does it always have to be me?" he ~ed** —¿por qué siempre me toca a mí? —se quejó

**moaner*** [ˈməʊnəʳ] N protestón/ona* *m/f*

**moaning** [ˈməʊnɪŋ] N 1 (= *groans*) gemidos *mpl*
2 (= *complaints*) quejas *fpl*, protestas *fpl*

**moat** [məʊt] N foso *m*

**moated** [ˈməʊtɪd] ADJ con foso, rodeado de un foso

**mob** [mɒb] Ⓐ N 1 (= *crowd*) multitud *f*, muchedumbre *f*, bola *f* (*Mex*); (= *rabble*) populacho *m*, turba *f* (*esp LAm*); **some houses were burnt by the ~s** unas casas fueron incendiadas por el populacho; **the army has become a ~** el ejército se ha transformado en una turba incontrolada; **they went in a ~ to the town hall** fueron en tropel al ayuntamiento; **to join the ~** echarse a las calles; **they're a hard-drinking ~** son una pandilla de borrachos
2 **the ~** (*pej*) (= *the masses*) el populacho
3 (*) (= *criminal gang*) pandilla *f*; **Joe and his ~** Joe y su pandilla; **the Mob** (*US*) la Mafia
4 (*Mil*) **which ~ were you in?** ¿en qué regimiento estuviste?
Ⓑ VT 1 (= *attack*) asaltar
2 (= *surround*) **he was ~bed whenever he went out** al salir siempre se veía acosado por la gente; **the minister was ~bed by journalists** los periodistas se apiñaban en torno al ministro
Ⓒ CPD ► **mob oratory** N demagogia *f* populachera ► **mob rule** N ley *f* de la calle

**mobcap** [ˈmɒbkæp] N cofia *f*

**mob-handed*** [ˌmɒbˈhændɪd] ADV en masa, en tropel, con mogollón de gente (*Sp**)

**mobile** [ˈməʊbaɪl] Ⓐ ADJ (= *movable*) [*theatre, shop*] ambulante; [*missile launcher*] portátil, transportable; [*workforce*] que tiene movilidad; [*society*] con movilidad; (= *expressive*) [*face, features*] expresivo; **I'm still very ~** todavía me muevo bastante; **now that we're ~*** ahora que tenemos coche, ahora que estamos motorizados*; *see also* **upwardly**
Ⓑ N 1 (*Art*) móvil *m*
2 (*) (= *mobile phone*) móvil* *m*, teléfono *m* celular (*LAm*)
Ⓒ CPD ► **mobile home** N caravana *f*, casa *f* rodante (*S. Cone, Ven*) ► **mobile library** N biblioteca *f* ambulante, bibliobús *m* ► **mobile phone** N teléfono *m* móvil, teléfono *m* celular (*LAm*) ► **mobile unit** N unidad *f* móvil

**mobility** [məʊˈbɪlɪtɪ] Ⓐ N [*of person, joint, society*] movilidad *f*; [*of face, features*] expresividad *f*; **~ of labour** movilidad *f* de la mano de obra; **social ~** movilidad *f* social
Ⓑ CPD ► **mobility allowance** N (*Brit*) *subsidio que reciben ciertos minusválidos para cubrir sus gastos de desplazamiento*; *see also* **upward A**

**mobilization** [ˌməʊbɪlaɪˈzeɪʃən] N movilización *f*

**mobilize** [ˈməʊbɪlaɪz] Ⓐ VT movilizar
Ⓑ VI movilizarse

**mobster*** [ˈmɒbstəʳ] N (*US*) gángster *m*, pandillero *m*

**moccasin** [ˈmɒkəsɪn] N mocasín *m*

**mocha** [ˈmɒkə] N moca *m*

**mock** [mɒk] Ⓐ VT (= *ridicule*) mofarse de, burlarse de; (= *mimic*) imitar, remedar; **you shouldn't ~ other people's beliefs** no hay que mofarse *or* burlarse de las creencias de la gente
Ⓑ VI mofarse, burlarse; **to ~ at sth/sb** mofarse de algo/algn, burlarse de algo/algn
Ⓒ ADJ (= *feigned*) [*solemnity, terror*] fingido, simulado; (= *imitation*) [*leather, fur*] de imitación; **in ~ despair** fingiendo desesperación; **in ~ horror** fingiendo estar horrorizado
Ⓓ N 1 **to make a ~ of sth** poner algo en ridículo
2 **mocks** (*Brit Scol**) exámenes *mpl* de prueba
Ⓔ CPD ► **mock battle** N simulacro *m* (de batalla) ► **mock exam** N examen *m* de prueba ► **mock orange** N (*Bot*) jeringuilla *f*, celinda *f* ► **mock trial** N juicio *m* de prueba

**mocker** [ˈmɒkəʳ] N 1 (= *scoffer*) mofador(a) *m/f*
2 ✦*IDIOM* **to put the ~s on sth** dar al traste con algo; **to put the ~s on sb**‡ hacer que algn fracase

**mockery** [ˈmɒkərɪ] N 1 (= *derision*) burla *f*, mofa *f*
2 (= *farce*) **this is a ~ of justice** esto es una negación de la justicia; **it was a ~ of a trial** fue un simulacro de juicio; **to make a ~ of sth** poner algo en ridículo

**mock-heroic** [ˈmɒkhɪˈrəʊɪk] ADJ heroicoburlesco

**mocking** [ˈmɒkɪŋ] Ⓐ ADJ burlón, socarrón
Ⓑ N burlas *fpl*

**mockingbird** [ˈmɒkɪŋbɜːd] N sinsonte *m*, zenzontle *m* (*LAm*)

**mockingly** [ˈmɒkɪŋlɪ] ADV [*say*] en tono burlón, con sorna; [*smile, look*] burlonamente, con sorna

**mock-up** [ˈmɒkʌp] N maqueta *f*, modelo *m* a escala

**MOD** N ABBR (*Brit*) (= **Ministry of Defence**) ≈ Min. de D.

**modal** [ˈməʊdl] ADJ modal

**modality** [məʊˈdælɪtɪ] N modalidad *f*

**mod cons*** [ˌmɒdˈkɒnz] NPL = **modern conveniences**

**mode** [məʊd] N 1 (= *way, manner*) manera *f*, modo *m*
2 (= *fashion*) moda *f*
3 (*Comput*) función *f*, modalidad *f*

**model** [ˈmɒdl] Ⓐ N 1 (= *small-scale representation*) modelo *m* a escala, maqueta *f*
2 (= *example*) modelo *m*; **to hold sth/sb up as a ~** presentar algo/a algn como modelo (a seguir); **a tribunal is to be set up on the ~ of Nuremberg** se constituirá un tribunal según el modelo de *or* a la manera del de Nuremberg
3 (= *paragon*) modelo *m*; **he is a ~ of good behaviour/patience** es un modelo de buen comportamiento/paciencia
4 (= *person*) (*Art*) modelo *mf*; (*Fashion*) modelo *mf*, maniquí *mf*

5 (*Comm*) (= *design*) modelo *m*
Ⓑ ADJ 1 (= *miniature*) [*railway, village*] en miniatura, a escala; **~ aeroplane** aeromodelo *m*
2 (= *prototype*) [*home*] piloto
3 (= *perfect*) modelo *inv*; **a ~ husband/wife** un marido/una esposa modelo
Ⓒ VT 1 **to ~ sth on sth: their new socialist state is ~led on that of China** su nuevo estado socialista toma como modelo el de China; **the gardens are ~led on those at Versailles** los jardines están inspirados en los de Versalles; **to ~ o.s. on sb** tomar a algn como modelo; **children usually ~ themselves on their parents** los niños normalmente toman como modelo a sus padres; **he ~s himself on James Dean** imita a James Dean, su modelo a imitar es James Dean
2 (*Art*) modelar
3 (*Fashion*) **Jane is ~ling a design by Valentino** Jane luce un modelo de Valentino; **her daughter ~s children's clothes** su hija es modelo de ropa de niños
Ⓓ VI 1 (*Art*) (= *make models*) modelar
2 (*Phot, Art*) posar; (*Fashion*) ser modelo, trabajar de modelo

**modeller**, **modeler** (*US*) [ˈmɒdləʳ] N modelador(a) *m/f*

**modelling**, **modeling** (*US*) [ˈmɒdlɪŋ] Ⓐ N
1 (= *making models*) (*by shaping*) modelado *m*; (*by building*) modelismo *m*, construcción *f* de maquetas
2 (= *modelling clothes*) profesión *f* de modelo; **my daughter does ~** mi hija es modelo
Ⓑ CPD ▸ **modelling clay** N plastilina® *f*

**modem** [ˈməʊdem] N módem *m*

**moderate** Ⓐ [ˈmɒdərɪt] ADJ 1 (= *not excessive*) [*amount, speed, wind, heat, success*] moderado; [*price*] módico; [*ability*] regular, mediano; [*improvement, achievement*] regular; **bake the fish in a ~ oven** hacer el pescado al horno a una temperatura moderada; **she is a ~ drinker** bebe con moderación
2 (*Pol*) (= *not extreme*) [*leader, views, policies*] moderado
Ⓑ [ˈmɒdərɪt] N (*Pol*) moderado/a *m/f*
Ⓒ [ˈmɒdəreɪt] VT 1 (= *adjust*) [+ *speed, behaviour, language, temperature*] moderar; [+ *anger*] aplacar
2 (= *reduce*) [+ *one's demands*] moderar
3 (= *act as moderator for*) [+ *discussion, debate*] moderar
Ⓓ [ˈmɒdəreɪt] VI 1 [*weather*] moderarse; [*anger*] aplacarse; [*wind, storm*] amainar, calmarse
2 (= *arbitrate*) moderar, hacer de moderador

**moderately** [ˈmɒdərɪtlɪ] ADV [*good, wealthy*] medianamente; [*drink, eat*] con moderación; **he was a ~ successful actor** fue un actor de cierto *or* relativo éxito; **she did ~ well in her exams** los exámenes le salieron medianamente bien; **~ priced** de precio módico

**moderation** [ˌmɒdəˈreɪʃən] N moderación *f*; **in ~** con moderación

**moderator** [ˈmɒdəreɪtəʳ] N 1 (*Brit Univ*) árbitro *mf*, asesor(a) *m/f*
2 **Moderator** (*Rel*) *presidente de la asamblea de la Iglesia Presbiteriana Escocesa y de otras iglesias protestantes*;
→ CHURCHES OF ENGLAND/SCOTLAND

**modern** [ˈmɒdən] Ⓐ ADJ moderno; **"all modern conveniences"** "todo confort"
Ⓑ CPD ▸ **modern art** N arte *m* moderno ▸ **modern history** N historia *f* contemporánea ▸ **modern languages** NPL (*esp Brit*) lenguas *fpl* modernas ▸ **modern literature** N literatura *f* contemporánea

**modernism** [ˈmɒdənɪzəm] N modernismo *m*

**modernist** [ˈmɒdənɪst] Ⓐ ADJ modernista
Ⓑ N modernista *mf*

**modernistic** [ˌmɒdəˈnɪstɪk] ADJ modernista

**modernity** [mɒˈdɜːnɪtɪ] N modernidad *f*

**modernization** [ˌmɒdənaɪˈzeɪʃən] N modernización *f*

**modernize** [ˈmɒdənaɪz] Ⓐ VT [+ *methods, system*] modernizar, actualizar; [+ *building*] modernizar
Ⓑ VI modernizarse, actualizarse

**modest** [ˈmɒdɪst] ADJ 1 (= *humble*) modesto; **don't be so ~!** ¡no seas tan modesto!; **he's just being ~** está siendo modesto; **to be ~ about sth** ser modesto con algo
2 (= *small*) [*garden, income*] modesto, pequeño; [*amount, sum*] módico, modesto; [*increase, improvement, reform*] moderado; **on a ~ scale** a escala moderada
3 (= *chaste, proper*) [*person, clothes*] púdico, recatado

**modestly** [ˈmɒdɪstlɪ] ADV 1 (= *humbly*) modestamente
2 (= *moderately*) con moderación; **~ priced** de precio módico
3 (= *chastely*) pudorosamente, con pudor

**modesty** [ˈmɒdɪstɪ] N 1 (= *humbleness*) modestia *f*; **in all ~, I think I could do the job better** modestamente *or* con toda modestia, creo yo que podría hacer mejor el trabajo; **I can't tell you, ~ forbids** no puedo decírtelo, pecaría de poco modesto; *see also* **false A3**
2 (= *propriety*) pudor *m*, recato *m*

**modicum** [ˈmɒdɪkəm] N **a ~ of** un mínimo de

**modification** [ˌmɒdɪfɪˈkeɪʃən] N modificación *f* (**to** de)

**modifier** [ˈmɒdɪfaɪəʳ] N modificante *m*

**modify** [ˈmɒdɪfaɪ] VT 1 (= *change*) modificar
2 (= *moderate*) moderar
3 (*Ling*) modificar

**modifying** [ˈmɒdɪfaɪɪŋ] Ⓐ ADJ [*note, term, factor*] modificador, modificante
Ⓑ N modificación *f*

**modish** [ˈməʊdɪʃ] ADJ muy de moda, sumamente elegante

**modishly** [ˈməʊdɪʃlɪ] ADV elegantemente; **to be ~ dressed** ir vestido con suma elegancia

**modiste** [məʊˈdiːst] N modista *f*

**Mods*** [mɒdz] N ABBR (*at Oxford university*) (= **(Honour) Moderations**) *examen de la licenciatura de la universidad de Oxford*

**modular** [ˈmɒdjʊləʳ] Ⓐ ADJ modular
Ⓑ CPD ▸ **modular program(m)ing** N programación *f* modular

**modularity** [ˌmɒdjʊˈlærɪtɪ] N modularidad *f*

**modulate** [ˈmɒdjʊleɪt] VT (*Mus, Phys*) modular

**modulated** [ˈmɒdjʊleɪtɪd] ADJ modulado

**modulation** [ˌmɒdjʊˈleɪʃən] N (*Mus, Phys*) modulación *f*

**module** [ˈmɒdjuːl] N 1 (*Space*) módulo *m*
2 (*Brit Univ*) módulo *m*
3 (*Constr*) módulo *m*
4 (*Comput*) módulo *m*

**modus operandi** [ˈməʊdəsˌɒpəˈrændiː] N modo *m* de proceder, modus operandi *m inv*

**modus vivendi** [ˈməʊdəsvɪˈvendiː] N modus *m* vivendi

**Mogadishu** [ˌmɒgəˈdɪʃuː] N Mogadiscio *m*

**moggy*** [ˈmɒgɪ] N (*Brit*) gatito/a *m/f*, michino/a* *m/f*

**mogul** [ˈməʊgəl] N 1 (*Hist*) mo(n)gol(a) *m/f*; **the Great Mogul** el Gran Mogol
2 (*fig*) magnate *m*; **film ~** magnate *m* de la cinematografía

**MOH** N ABBR (*Brit*) = **Medical Officer of Health**

**mohair** [ˈməʊhɛəʳ] N mohair *m*

**Mohammed** [məʊˈhæmed] N Mahoma *m*

**Mohammedan** [məʊˈhæmɪdən] Ⓐ ADJ mahometano
Ⓑ N mahometano/a *m/f*

**Mohammedanism** [məʊˈhæmɪdənɪzəm] N mahometanismo *m*

**Mohican** [məʊˈhiːkən] N (*pl* **Mohicans** *or* **Mohican**) 1 (= *Native American*) mohicano/a *m/f*
2 (= *hairstyle*) cresta *f* mohicana

**moiré** [ˈmwɑːreɪ] N muaré *m*

**moist** [mɔɪst] ADJ (*compar* **moister**; *superl* **moistest**) [*atmosphere, soil, cloth*] húmedo; [*cake*] esponjoso; **~ with sth** húmedo de algo; **his hands were ~ with perspiration** tenía las manos húmedas del sudor; **her eyes were ~ with tears** tenía los ojos llorosos

**moisten** [ˈmɔɪsn] Ⓐ VT (= *wet*) humedecer, mojar; **to ~ one's lips** humedecerse los labios; **~ with olive oil** imprégnese de aceite de oliva
Ⓑ VI humedecerse, mojarse

**moistness** [ˈmɔɪstnɪs] N = **moisture**

**moisture** [ˈmɔɪstʃəʳ] N (= *dampness*) humedad *f*; (*on glass, mirror*) vaho *m*

**moisturize** [ˈmɔɪstʃəraɪz] VT [+ *skin, face, hands*] hidratar

**moisturizer** [ˈmɔɪstʃəraɪzəʳ] N crema *f* hidratante

**moisturizing cream** [ˈmɔɪstʃəraɪzɪŋˌkriːm] N crema *f* hidratante

**moke*** [məʊk] N (*Brit*) burro *m*

**molar** [ˈməʊləʳ] N muela *f*

**molasses** [məˈlæsɪz] NSING melaza *f*

**mold** *etc* [məʊld] (*US*) N = **mould**[1] *etc*

**Moldavia** [mɒlˈdeɪvɪə] N (*formerly*) Moldavia *f*

**Moldavian** [mɒlˈdeɪvɪən] (*formerly*) Ⓐ ADJ moldavo
Ⓑ N moldavo/a *m/f*

**Moldova** [mɒlˈdəʊvə] N Moldova *f*

**Moldovan** [mɒlˈdəʊvən] Ⓐ ADJ moldavo
Ⓑ N moldavo/a *m/f*

**mole**[1] [məʊl] N (*Anat*) lunar *m*

**mole**[2] [məʊl] N 1 (*Zool*) topo *m*
2 (*fig*) (= *spy*) topo *m*, espía *mf*

**mole**[3] [məʊl] N (*Naut*) espigón *m*, rompeolas *m inv*

**molecular** [məˈlekjʊləʳ] Ⓐ ADJ (*Chem*) molecular
Ⓑ CPD ▸ **molecular biology** N biología *f* molecular

**molecule** [ˈmɒlɪkjuːl] N (*Chem*) molécula *f*

**molehill** [ˈməʊlhɪl] N topera *f*; *see also* **mountain A**

**moleskin** [ˈməʊlskɪn] N piel *f* de topo

**molest** [məʊˈlest] VT 1 (*sexually*) (= *attack*) agredir sexualmente; (= *abuse*) abusar de
2 (= *bother*) importunar, molestar

**molestation** [ˌməʊlesˈteɪʃən] N 1 (= *sexual abuse*) abusos *mpl* sexuales, abusos *mpl* deshonestos
2 (= *trouble*) importunidad *f*

**molester** [məˈlestəʳ] N (*also* **child ~**) *persona que abusa sexualmente de niños*

**moll*** [mɒl] N **gangster's ~** compañera *f* de gángster

**mollify** [ˈmɒlɪfaɪ] VT aplacar, apaciguar; **he was somewhat mollified by this** esto lo aplacó *or* apaciguó un poco, con esto se calmó un poco

**mollusc**, **mollusk** (*US*) [ˈmɒləsk] N molusco *m*

**mollycoddle** ['mɒlɪkɒdl] VT mimar, sobreproteger

**mollycoddling** ['mɒlɪ,kɒdlɪŋ] N mimo *m*

**Molotov cocktail** [,mɒlətɒf'kɒkteɪl] N cóctel *m* Molotov

**molt** [məʊlt] VI, VT, N (*US*) = **moult**

**molten** ['məʊltən] ADJ fundido, derretido; [*lava*] líquido

**molybdenum** [mɒ'lɪbdɪnəm] N molibdeno *m*

**mom*** [mɒm] (*US*) Ⓐ N mamá* *f*
Ⓑ CPD ► **mom and pop store** N tienda *f* de la esquina, pequeño negocio *m*

**moment** ['məʊmənt] N [1] (*in time*) momento *m*; **a ~ ago** hace un momento; **they should be arriving any ~ (now)** deberían llegar ahorita (*LAm*) *or* de un momento a otro; **at the ~** en este momento; **I could lose my job at any ~** podría perder mi trabajo en cualquier momento; **at this/that ~** en este/ese momento, en este/ese instante; **at this ~ in time** en este mismo momento; **I shan't be a ~** (*on going out*) vuelvo en seguida, ahorita vuelvo (*LAm*); (*when busy*) termino en un momento, ahorita acabo (*LAm*); **for the ~** por el momento, por lo pronto; **he didn't hesitate for a ~** no vaciló ni un momento *or* instante; **not for a** *or* **one ~ did I believe it** no me lo creí ni por un momento; **I'm not saying for a ~ you're wrong** no digo que no tengas razón ni mucho menos; **not for a ~ did I think that ...** en ningún momento pensaba que ...; **from the ~ I saw him** desde el momento en que lo vi; **from ~ to ~** al momento; **from that ~ on** desde entonces, desde ese *or* aquel momento; **the play has its ~s** la obra tiene sus momentos; **yes, in a ~!** ¡sí en seguida!; **I'll come in a ~** vengo en seguida, vengo dentro de un momento; **it was all over in a ~** todo ocurrió en un instante; **in ~s, I was asleep** en seguida me quedé dormido; **just a ~!** ¡un momento!; **I've just this ~ heard** acabo de enterarme; **at the last ~** a última hora, en el último momento; **to leave things until the last ~** dejar las cosas hasta última hora, dejarlo todo para lo último; **a ~ later** un momento después, al rato; **the next ~ he collapsed** al instante se desplomó; **he was weeping one ~, laughing the next** tan pronto lloraba como se reía; **the man of the ~** el hombre del momento; **one ~!** ¡un momento!; **I was waiting for the right ~ to tell him** estaba esperando el momento adecuado *or* oportuno para decírselo; **it won't take a ~** no tardará ni un momento, es cosa de un momento; **tell me the ~ he arrives** avísame en cuanto llegue; **the ~ of truth** la hora de la verdad; **I did it in a ~ of weakness** lo hice en un momento de debilidad; *see also* **heat A2**, **live¹ A1**, **odd 2**, **psychological B**, **spur A3** → AS SOON AS
[2] (*Phys*) momento *m*; **~ of inertia** momento *m* de inercia
[3] (*frm*) (= *importance*) importancia *f*; **of great/little ~** de gran/poca importancia

**momentarily** ['məʊməntərɪlɪ] ADV [1] (= *for a moment*) por un momento, momentáneamente; **he paused ~ to ...** paró un momento para ...
[2] (*US*) (= *at any moment*) de un momento a otro, en seguida, ahorita (*LAm*)

**momentary** ['məʊməntərɪ] ADJ [*hesitation, silence, weakness*] momentáneo; [*feeling*] pasajero; **there was a ~ calm** hubo un momento de calma

**momentous** [məʊ'mentəs] ADJ trascendental, de gran trascendencia

**momentousness** [məʊ'mentəsnɪs] N trascendencia *f*, suma importancia *f*

**momentum** [məʊ'mentəm] N (*pl* **momentums** *or* **momenta** [məʊ'mentə]) (*Phys*) momento *m*; (*fig*) ímpetu *m*, impulso *m*; **to gather** *or* **gain ~** (*lit*) cobrar velocidad; (*fig*) ganar fuerza

**momma*** ['mɒmə] N (*US*), **mommy*** ['mɒmɪ] N (*US*) mamá* *f*

**Mon.** ABBR (= **Monday**) lun.

**Monaco** ['mɒnəkəʊ] N Mónaco *m*

**monad** ['mɒnæd] N mónada *f*

**Mona Lisa** ['məʊnə'liːzə] N **the ~** la Gioconda, la Mona Lisa

**monarch** ['mɒnək] N monarca *mf*

**monarchic** [mɒ'nɑːkɪk] ADJ = **monarchical**

**monarchical** [mɒ'nɑːkɪkəl] ADJ monárquico

**monarchism** ['mɒnəkɪzəm] N (= *system*) monarquía *f*; (= *advocacy of monarchy*) monarquismo *m*

**monarchist** ['mɒnəkɪst] Ⓐ ADJ monárquico
Ⓑ N monárquico/a *m/f*

**monarchy** ['mɒnəkɪ] N monarquía *f*

**monastery** ['mɒnəstrɪ] N monasterio *m*

**monastic** [mə'næstɪk] Ⓐ ADJ monástico
Ⓑ CPD ► **monastic order** N orden *f* monástica ► **monastic vows** NPL votos *mpl* monásticos

**monasticism** [mə'næstɪsɪzəm] N monacato *m*, vida *f* monástica

**Monday** ['mʌndɪ] N lunes *m inv*; *see* **Tuesday** *for usage*

**Monegasque** [mɒnə'gæsk] Ⓐ ADJ monegasco
Ⓑ N monegasco/a *m/f*

**monetarism** ['mʌnɪtərɪzəm] N monetarismo *m*

**monetarist** ['mʌnɪtərɪst] Ⓐ ADJ monetarista
Ⓑ N monetarista *mf*

**monetary** ['mʌnɪtərɪ] Ⓐ ADJ monetario
Ⓑ CPD ► **monetary policy** N política *f* monetaria ► **monetary reserves** NPL reservas *fpl* monetarias ► **monetary system** N sistema *m* monetario ► **monetary unit** N unidad *f* monetaria

**money** ['mʌnɪ] Ⓐ N [1] (*gen*) dinero *m*; **Spanish ~** dinero español; **there's ~ in second-hand cars** los coches de segunda mano son (un) buen negocio; **"~ back if not satisfied"** "si no queda satisfecho le devolvemos su dinero"; **to bring in ~** aportar dinero; **to come into ~** heredar dinero; **when do I get my ~?** ¿cuándo me vas a pagar?; **to earn good ~** ganar un buen sueldo, ganar su buen dinero *or* dinerito*, ganar sus buenos dineros *or* dineritos*; **I paid** *or* **gave good ~ for it** pagué un buen dinero por ello; **I'd rather be paid in ~** prefiero que me paguen en dinero; **your ~ or your life!** ¡la bolsa o la vida!; **to make ~** [*person*] ganar dinero; [*business*] rendir, dar dinero; **he made his ~ by dealing in cotton** ganó el dinero que tiene comerciando con algodón; **to put ~ into sth** invertir dinero en algo; **it was ~ well spent** fue dinero bien empleado; ✦**IDIOMS to have ~ to burn** estar cargado *or* podrido de dinero*; **to be in the ~** estar bien de dinero; **to be made of ~** ser millonario, tener un banco; **it's ~ for jam** *or* **~ for old rope** (*Brit**) es dinero regalado*; **for my ~: that's the one for my ~!** ¡yo apostaría por ése!; **I'd put ~ on it: he'll be back, I'd put ~ on it** apuesto (lo que sea) a que volverá; **my ~ is on Fred** yo apuesto por Fred; **to put one's ~ where one's mouth is** predicar con el ejemplo; **to spend ~ like water** tener un agujero en el bolsillo, ser un/una manirroto/a; **to throw one's ~ about** *or* **around** tirar *or* derrochar el dinero; **to throw ~ at a problem** intentar solucionar un problema a base de dinero; **to throw good ~ after bad** echar la soga tras el caldero; **bad ~ drives out good** el dinero malo echa fuera al bueno; **~ isn't everything** el dinero no lo es todo; **~ doesn't grow on trees** el dinero no cae del cielo *or* de los árboles; **to get one's ~'s worth** sacar partido a su dinero; **he certainly gives the audience its ~'s worth** la verdad es que con él el público sale contento; ✦**PROVS ~ can't buy happiness** el dinero no da *or* trae la felicidad; **~ makes ~** dinero llama dinero; **~ makes the world go round** el dinero mueve montañas; **(the love of) ~ is the root of all evil** el dinero es la raíz de todos los males; **~ talks** poderoso caballero es don Dinero; *see also* **burn¹ B1**, **coin B**, **colour A1**, **even A3**, **hand A1, A12**, **licence A2.1**, **marry A1**, **ready D**
[2] (*Jur*) **monies** *or* **moneys** (*pl*) sumas *fpl* de dinero; **public monies** dinero *m* público
Ⓑ CPD [*worries, problems*] de dinero, económico ► **money back guarantee** N garantía *f* de devolución (del dinero) ► **money belt** N riñonera *f* ► **money economy** N economía *f* monetaria ► **money market** N bolsa *f or* mercado *m* de valores, mercado *m* monetario ► **money matters** NPL asuntos *mpl* financieros ► **money order** N (*US*) giro *m* postal ► **money prize** N premio *m* en metálico ► **money spider** N araña *f* de la suerte ► **the money supply** N la oferta *or* masa monetaria, el volumen de moneda

**moneybags*** ['mʌnɪbægz] N **he's a ~** está forrado*

**moneybox** ['mʌnɪbɒks] N hucha *f*

**moneychanger** ['mʌnɪ,tʃeɪndʒəʳ] N cambista *mf*

**moneyed** ['mʌnɪd] ADJ adinerado

**moneygrubber** ['mʌnɪ,grʌbəʳ] N avaro/a *m/f*

**money-grubbing** ['mʌnɪ,grʌbɪŋ] ADJ avaro

**moneylender** ['mʌnɪ,lendəʳ] N prestamista *mf*

**moneylending** ['mʌnɪ,lendɪŋ] N préstamo *m*

**moneymaker** ['mʌnɪ,meɪkəʳ] N fuente *f* de ganancias

**money-making** ['mʌnɪ,meɪkɪŋ] Ⓐ ADJ [*business etc*] rentable
Ⓑ N ganancia *f*, lucro *m*

**money-spinner** ['mʌnɪ,spɪnəʳ] N (*Brit*) = **moneymaker**

**-monger** ['mʌŋgəʳ] N (*ending in compounds*) **rumour-monger** *persona que se dedica a difundir rumores*; *see also* **fishmonger, warmonger** *etc*

**Mongol** ['mɒŋgəl] N [1] (= *person*) mongol(a) *m/f*
[2] (*Ling*) mongol *m*

**mongol** ['mɒŋgəl] (*offensive*) Ⓐ N mongólico/a *m/f*
Ⓑ ADJ mongólico

**Mongolia** [mɒŋ'gəʊlɪə] N Mongolia *f*

**Mongolian** [mɒŋ'gəʊlɪən] Ⓐ ADJ mongol
Ⓑ N [1] (= *person*) mongol(a) *m/f*
[2] (*Ling*) mongol *m*

**mongolism** ['mɒŋgəlɪzəm] N mongolismo *m*

**Mongoloid** ['mɒŋgəlɔɪd] ADJ (*Anthropology*) mongólico

**mongoloid** ['mɒŋgəlɔɪd] ADJ (*Med*†) mongoloide, mongólico

**mongoose** ['mɒŋguːs] N (*pl* **mongooses**) mangosta *f*

**mongrel** ['mʌŋgrəl] Ⓐ N (*also* **~ dog**) perro *m* mestizo, perro *m* cruzado
Ⓑ ADJ [*dog*] mestizo, cruzado

**monicker‡** ['mɒnɪkəʳ] N (= *name*) nombre *m*; (= *nickname*) apodo *m*; (= *signature*) firma *f*; (= *initials*) iniciales *fpl*

**monied** ['mʌnɪd] ADJ = **moneyed**

**monitor** [ˈmɒnɪtəʳ] Ⓐ N 1 (*TV, Comput, Med*) monitor *m*
2 (= *person*) supervisor(a) *m/f*; (*Rad*) radioescucha *mf*; (*Scol*) encargado/a *m/f* (*de la disciplina*); **human rights ~s** supervisores de los derechos humanos
Ⓑ VT 1 (= *control, check*) [+ *progress, process*] seguir (la marcha de), controlar; [+ *elections*] observar; (*with machine*) monitorizar, monitorear; **we are ~ing the situation closely** estamos observando *or* controlando la situación de cerca
2 (*Rad*) [+ *foreign broadcasts, station*] escuchar

**monitoring** [ˈmɒnɪtərɪŋ] Ⓐ N 1 [*of process, situation*] supervisión *f*, control *m*; [*of patient, elections*] observación *f*; [*of agreement, law*] supervisión *f*
2 (*Electronics*) monitorización *f*
3 (*Rad*) [*of broadcasts, station*] escucha *f*
Ⓑ CPD [*body, responsibility*] de observación, de verificación

**monk** [mʌŋk] N monje *m*

**monkey** [ˈmʌŋkɪ] Ⓐ N (*Zool*) mono *m*; (*fig*) (= *child*) diablillo *m*; ✦***IDIOMS*** **I don't give a ~'s**‡ me importa un rábano*; **to make a ~ out of sb** poner a algn en ridículo
Ⓑ CPD ► **monkey business*** N (*dishonest*) trapisondas *fpl*, tejemanejes *mpl*; (*mischievous*) travesuras *fpl*, diabluras *fpl* ► **monkey nut** N (*Brit*) cacahuete *m*, maní *m* (*LAm*), cacahuate *m* (*Mex*) ► **monkey puzzle** N (*Bot*) araucaria *f* ► **monkey shines** NPL (*US*) = **monkey tricks** ► **monkey suit*** N traje *m* de etiqueta, esmoquin *m* ► **monkey tricks** NPL travesuras *fpl* ► **monkey wrench** N llave *f* inglesa
►**monkey about, monkey around** VI + ADV hacer tonterías; **to ~ about** *or* **~ around with sth** juguetear con algo

**monkfish** [ˈmʌŋkfɪʃ] (*pl* **monkfish** *or* **monkfishes**) N rape *m*, pejesapo *m*

**monkish** [ˈmʌŋkɪʃ] ADJ monacal, monástico; (*pej*) frailuno

**monkshood** [ˈmʌŋkshʊd] N acónito *m*

**mono** [ˈmɒnəʊ] Ⓐ ADJ ABBR (= **monophonic**) mono *inv*, monoaural, monofónico; **~ system** sistema *m* monoaural
Ⓑ N **in ~** en mono

**mono...** [ˈmɒnəʊ] PREFIX mono...

**monochrome** [ˈmɒnəkrəʊm] Ⓐ ADJ monocromo
Ⓑ N monocromo *m*

**monocle** [ˈmɒnəkl] N monóculo *m*

**monoculture** [ˈmɒnəʊˌkʌltʃəʳ] N monocultivo *m*

**monogamist** [mɒˈnɒgəmɪst] N monógamo/a *m/f*

**monogamous** [mɒˈnɒgəməs] ADJ monógamo

**monogamy** [mɒˈnɒgəmɪ] N monogamia *f*

**monogenetic** [mɒnəʊdʒɪˈnetɪk] ADJ monogenético

**monoglot** [ˈmɒnəʊglɒt] Ⓐ ADJ monolingüe
Ⓑ N monolingüe *mf*

**monogram** [ˈmɒnəgræm] N monograma *m*, iniciales *fpl*

**monogrammed** [ˈmɒnəgræmd] ADJ con monograma

**monograph** [ˈmɒnəgræf] N monografía *f*

**monohull** [ˈmɒnəʊˌhʌl] N monocasco *m*

**monokini** [ˌmɒnəʊˈkiːniː] N monokini *m*

**monolingual** [ˌmɒnəʊˈlɪŋgwəl] ADJ monolingüe

**monolingualism** [ˌmɒnəʊˈlɪŋgwəlɪzəm] N monolingüismo *m*

**monolith** [ˈmɒnəʊlɪθ] N monolito *m*

**monolithic** [ˌmɒnəʊˈlɪθɪk] ADJ monolítico

**monologue** [ˈmɒnəlɒg], **monolog** (*US*) N monólogo *m*

**monomania** [ˌmɒnəʊˈmeɪnɪə] N monomanía *f*

**monomaniac** [ˌmɒnəʊˈmeɪnɪæk] Ⓐ ADJ monomaníaco
Ⓑ N monomaníaco/a *m/f*

**mononucleosis** [ˌmɒnəʊˌnjuːklɪˈəʊsɪs] N (*US*) (*also* **infectious ~**) mononucleosis *f* infecciosa

**monophonic** [ˌmɒnəʊˈfɒnɪk] ADJ monoaural, monofónico

**monoplane** [ˈmɒnəpleɪn] N monoplano *m*

**monopolist** [məˈnɒpəlɪst] N monopolista *mf*

**monopolistic** [məˌnɒpəˈlɪstɪk] ADJ monopolístico

**monopolization** [məˌnɒpəlaɪˈzeɪʃən] N monopolización *f*

**monopolize** [məˈnɒpəlaɪz] VT (*lit, fig*) monopolizar

**monopoly** [məˈnɒpəlɪ] Ⓐ N (*lit, fig*) monopolio *m*
Ⓑ CPD ► **Monopolies and Mergers Commission** N (*Brit*) *organismo regulador de monopolios y fusiones encargado de velar por la libre competencia*

**monopsony** [məˈnɒpsənɪ] N monopsonio *m*

**monorail** [ˈmɒnəʊreɪl] N monocarril *m*, monorraíl *m*

**monoski** [ˈmɒnəʊˌskiː] N monoesquí *m*

**monoskier** [ˈmɒnəʊˌskiːəʳ] N monoesquiador(a) *m/f*

**monoskiing** [ˈmɒnəʊˌskiːɪŋ] N monoesquí *m*

**monosodium glutamate** [ˈmɒnəʊˌsəʊdɪəmˈgluːtəmeɪt] N glutamato *m* monosódico

**monosyllabic** [ˈmɒnəʊsɪˈlæbɪk] ADJ 1 (*lit*) [*word*] monosílabo
2 (*fig*) (= *reticent*) lacónico

**monosyllable** [ˈmɒnəˌsɪləbl] N monosílabo *m*

**monotheism** [ˈmɒnəʊˌθiːɪzəm] N monoteísmo *m*

**monotheist** [ˈmɒnəʊˌθiːɪst] N monoteísta *mf*

**monotheistic** [ˌmɒnəʊθiːˈɪstɪk] ADJ monoteísta

**monotone** [ˈmɒnətəʊn] N monotonía *f*; **to speak in a ~** hablar en un solo tono

**monotonous** [məˈnɒtənəs] ADJ monótono; **he gets drunk with ~ regularity** se emborracha con indefectible regularidad

**monotonously** [məˈnɒtənəslɪ] ADV de forma monótona, monótonamente; **~ reliable** tediosamente fiable; **~ punctual** de una puntualidad religiosa

**monotony** [məˈnɒtənɪ] N monotonía *f*; **she decided to go away for the weekend, just to break the ~** decidió irse el fin de semana, sólo para romper la monotonía *or* salir de la rutina

**Monotype**® [ˈmɒnəʊtaɪp] Ⓐ N monotipia® *f*
Ⓑ CPD ► **Monotype machine** N (máquina *f*) monotipo® *m*

**monoxide** [mɒˈnɒksaɪd] N (*Chem*) monóxido *m*

**Mons** ABBR (*Rel*) (= **Monseigneur** *or* **Monsignor**) Mons.

**monseigneur** [ˌmɒnsenˈjɜːʳ] N monseñor *m*

**monsignor** [mɒnˈsiːnjəʳ] N (*pl* **monsignors** *or* **monsignori**) monseñor *m*

**monsoon** [mɒnˈsuːn] Ⓐ N monzón *m*
Ⓑ CPD ► **the monsoon rains** NPL las lluvias monzónicas ► **monsoon season** N época *f* monzónica, estación *f* de los monzones

**monster** [ˈmɒnstəʳ] Ⓐ ADJ (*) (= *enormous*) enorme, gigantesco
Ⓑ N monstruo *m*; (*) (= *big animal, plant, thing*) monstruo *m*, gigante *m*; **a real ~ of a fish** un pez verdaderamente enorme

**monstrance** [ˈmɒnstrəns] N custodia *f*

**monstrosity** [mɒnsˈtrɒsɪtɪ] N monstruosidad *f*

**monstrous** [ˈmɒnstrəs] ADJ 1 (= *huge*) enorme, gigantesco
2 (= *dreadful*) monstruoso; **it is ~ that ...** es una verdadera vergüenza *or* un auténtico escándalo que + *subjun*

**monstrously** [ˈmɒnstrəslɪ] ADV enormemente; **~ unfair** terriblemente injusto

**Mont.** ABBR (*US*) = **Montana**

**montage** [mɒnˈtɑːʒ] N montaje *m*

**Mont Blanc** [ˌmɔ̃ːmˈblɑ̃ːŋ] N el Mont Blanc

**Montenegran, Montenegrin** [mɔntɪˈniːgrən] Ⓐ ADJ montenegrino
Ⓑ N montenegrino/a *m/f*

**Montenegro** [mɒntəˈniːgrəʊ] N Montenegro *m*

**month** [mʌnθ] N mes *m*; **in the ~ of May** en el mes de mayo; **a deposit of two ~s' rent** un depósito equivalente a dos meses de alquiler; **a ~'s unlimited rail travel** uso ilimitado del tren por el periodo de un mes; **an eight-month-old baby** un bebé de ocho meses; **three times a ~** tres veces al mes; **30 dollars a ~** 30 dólares al mes, 30 dólares mensuales; **at the beginning of the ~** a principios de mes; **I get paid by the ~** me pagan mensualmente; **what** *or* **which day of the ~ is it?** ¿a cuántos estamos?; **at the end of the ~** a fin *or* finales de mes; **every ~** todos los meses; **she was here for a ~** estuvo aquí un mes; **it went on for ~s** duró meses y meses; **I was able to walk for the first time in ~s** por primera vez después de meses pude andar; **I'm off to Mexico in a ~'s time** *or* **in a ~** me voy a México dentro de un mes; **last ~** el mes pasado; **a ~ later** al mes, un mes más tarde; **next ~** el mes que viene; **six ~s pregnant** embarazada de seis meses; **in recent ~s** en los últimos meses; **this ~** este mes; **it's that time of the ~*** tiene/tengo la regla; ✦***IDIOM*** **not** *or* **never in a ~ of Sundays** ni de casualidad; *see also* **calendar B, lunar B**

**monthly** [ˈmʌnθlɪ] Ⓐ ADJ [*publication, salary, rainfall*] mensual; **on a ~ basis** mensualmente, todos los meses; **~ instalment** *or* **payment** mensualidad *f*, cuota *f* mensual
Ⓑ ADV [*publish*] mensualmente, todos los meses; [*pay*] mensualmente, por meses; **they meet ~** se reúnen todos los meses *or* cada mes; **twice ~** dos veces al mes
Ⓒ N 1 (= *journal*) publicación *f* mensual
2 **monthlies*** (= *menstruation*) regla *f*, periodo *m*
Ⓓ CPD ► **monthly cycle** N (*menstrual*) ciclo *m* menstrual ► **monthly period** N (*menstrual*) periodo *m* (menstrual)

**monty*** [ˈmɒntɪ] N **the full ~** todo completo, el paquete *or* lote completo*

**monument** [ˈmɒnjʊmənt] N monumento *m* (**to** a)

**monumental** [ˌmɒnjʊˈmentl] Ⓐ ADJ 1 (= *grand*) [*building, sculpture, arch*] monumental
2 (= *huge*) [*task, success, effort*] monumental, colosal; [*blunder, error*] garrafal; **of ~ proportions** de proporciones monumentales; **on a ~ scale** a una escala gigantesca
Ⓑ CPD ► **monumental mason** N marmolista *mf* (funerario/a)

**monumentally** [ˌmɒnjʊˈmentəlɪ] ADV [*dull, popular*] enormemente, tremendamente; **~ important** enormemente importante, de tremenda importancia

**moo** [muː] Ⓐ N mugido *m*

Ⓑ VI mugir
Ⓒ EXCL ¡mu!

**mooch*** [muːtʃ] VI **to ~ about** *or* **around the shops** pasear por las tiendas; **to ~ about** *or* **around the house** dar vueltas por la casa; **to ~ along** andar arrastrando los pies

**moo-cow*** ['muːkaʊ] N (*baby talk*) vaca *f*

**mood¹** [muːd] N (*Ling*) modo *m*

**mood²** [muːd] Ⓐ N humor *m*; **that depends on his ~** eso es según el *or* depende del humor que tenga; **to be in the ~ for sth/to do sth** tener ganas de algo/de hacer algo, estar de humor para algo/para hacer algo; **he plays well when he's in the ~** toca bien cuando está en vena *or* por la labor; **are you in a ~ for chess?** ¿te apetece una partida de ajedrez?, ¿quieres jugar al ajedrez?; **I'm not in the ~** no tengo ganas, no me apetece; **I'm not in the ~ for games** no estoy (de humor) para juegos; **he's in a bit of a ~** está de mal humor; **to be in a bad ~** estar de mal humor; **to be in a forgiving ~** estar dispuesto a perdonar; **to be in a generous ~** sentirse generoso; **to be in a good ~** estar de buen humor; **he has ~s** (*angry*) tiene arranques de cólera; (*gloomy*) tiene sus rachas de melancolía; **I'm in no ~ to argue** no tengo ganas de discutir, no estoy (de humor) para discutir; **to be in no laughing ~** *or* **in no ~ for laughing** no tener ganas de reír; **she's in one of her ~s** está de malas, está con un humor de perros; **to be in an ugly ~** [*person*] estar de muy mal humor; [*crowd*] tener los ánimos muy exaltados *or* encendidos
Ⓑ CPD ► **mood music** N música *f* de fondo *or* de ambiente

**moodily** ['muːdɪlɪ] ADV malhumoradamente

**moodiness** ['muːdɪnɪs] N (= *variability*) humor *m* variable; (= *bad mood*) mal humor *m*

**moody** ['muːdɪ] ADJ (*compar* **moodier**; *superl* **moodiest**) (= *variable*) (de carácter) variable, temperamental; (= *bad-tempered*) malhumorado; **he's very ~** es muy temperamental, es de humor muy variable

**moola‡**, **moolah‡** ['muːlɑː] N (*US*) pasta* *f*, parné‡ *m*

**moon** [muːn] Ⓐ N luna *f*; **full ~** luna *f* llena; **there's a full ~ tonight** esta noche hay luna llena; **new ~** luna *f* nueva; **there was no ~** no había luna; **by the light of the ~** a la luz de la luna; **many ~s ago** (*liter or hum*) hace mucho tiempo; ✦**IDIOMS to ask for the ~** pedir la luna; **once in a blue ~** de Pascuas a Ramos; **to be over the ~*** estar loco de contento, estar en el séptimo cielo; **to promise the ~** prometer la luna *or* el oro y el moro; *see also* **phase A2**
Ⓑ VI (*) enseñar el culo*
Ⓒ CPD ► **moon buggy** N vehículo *m* lunar ► **moon landing** N alunizaje *m*

►**moon about**, **moon around** VI + ADV mirar a las musarañas

►**moon over** VI + PREP **she was ~ing over the photo** miraba amorosamente la foto, contemplaba extasiada la foto

**moonbeam** ['muːnbiːm] N rayo *m* de luna

**moonboots** ['muːnbuːts] NPL botas *fpl* altas acolchadas

**Moonie** ['muːnɪ] N miembro *mf* de la Iglesia de la Unificación

**moonless** ['muːnlɪs] ADJ sin luna

**moonlight** ['muːnlaɪt] Ⓐ N luz *f* de la luna; **by ~** ◊ **in the ~** a la luz de la luna
Ⓑ VI (*) practicar el pluriempleo; **he ~s as a taxi driver** en sus ratos libres trabaja de taxista
Ⓒ CPD ► **moonlight flit** N (*Brit*) mudanza *f* a la chita callando; **to do a ~ flit** largarse a la chita callando*

**moonlighter*** ['muːn,laɪtəʳ] N pluriempleado/a *m/f*

**moonlighting*** ['muːn,laɪtɪŋ] N pluriempleo *m*

**moonlit** ['muːnlɪt] ADJ [*object*] iluminado por la luna; [*night*] de luna

**moonrise** ['muːnraɪz] N salida *f* de la luna

**moonscape** ['muːn,skeɪp] N paisaje *m* lunar

**moonshine** ['muːnʃaɪn] N [1] (= *moonlight*) luz *f* de la luna
[2] (*) (= *nonsense*) pamplinas *fpl*
[3] (*US*) (= *illegal spirits*) licor *m* destilado ilegalmente

**moonshiner*** ['muːnʃaɪnəʳ] N (*US*) [1] (= *distiller*) fabricante *mf* de licor ilegal
[2] (= *smuggler*) contrabandista *mf*

**moonshot** ['muːnʃɒt] N [1] (= *vessel*) nave *f* espacial con destino a la luna
[2] (= *launch*) lanzamiento *m* de una nave espacial con destino a la luna

**moonstone** ['muːnstəʊn] N feldespato *m*, labradorita *f*

**moonstruck** ['muːnstrʌk] ADJ chiflado

**moony*** ['muːnɪ] ADJ **to be ~** estar distraído, estar soñando despierto

**Moor** [mʊəʳ] N moro/a *m/f*

**moor¹** [mʊəʳ] N (*esp Brit*) páramo *m*, brezal *m*

**moor²** [mʊəʳ] Ⓐ VT amarrar
Ⓑ VI echar las amarras

**moorhen** ['mʊəhen] N polla *f* de agua

**mooring** ['mʊərɪŋ] N [1] (= *place*) amarradero *m*
[2] **moorings** (= *ropes, fixtures*) amarras *fpl*

**Moorish** ['mʊərɪʃ] ADJ [*person*] moro; [*culture, influence, invasion*] árabe; [*architecture*] morisco

**moorland** ['mʊələnd] N páramo *m*, brezal *m*

**moose** [muːs] N (*pl* **moose**) alce *m*

**moot** [muːt] Ⓐ ADJ **it's a ~ point** *or* **question** es un punto discutible
Ⓑ VT **it has been ~ed that ...** se ha sugerido que ...; **when the question was first ~ed** cuando se discutió la cuestión por primera vez
Ⓒ N (*Hist*) junta *f*, asamblea *f*

**mop** [mɒp] Ⓐ N [1] (*for floor*) fregona *f*, trapeador *m* (*LAm*); (*for dishes*) estropajo *m*
[2] (*) **~ of hair** pelambrera *f*, melena *f*
Ⓑ VT [+ *floor*] fregar, trapear (*LAm*); [+ *brow*] enjugar; **to ~ one's face** enjugarse la cara

►**mop up** Ⓐ VT + ADV [1] [+ *spilt water*] secar; [+ *floor, surface*] limpiar; **you can always ~ up the sauce with your bread** siempre puedes rebañar *or* mojar la salsa con el pan
[2] (*Mil*) acabar con
Ⓑ VI + ADV (= *clean*) limpiar; (*with mop*) pasar la fregona

**mope** [məʊp] VI quedar abatido; **to ~ for sb** estar triste por la pérdida de algn

►**mope about**, **mope around** VI + ADV andar con cara mustia

**moped** ['məʊped] N (*esp Brit*) ciclomotor *m*

**mopping-up** ['mɒpɪŋ,ʌp] Ⓐ N limpieza *f*
Ⓑ CPD ► **mopping-up operation** N (*Mil*) operación *f* de limpieza, barrida *f*; (*after flood, storm*) operaciones *fpl* de limpieza y reconstrucción

**moquette** [mə'ket] N moqueta *f*

**MOR** ADJ ABBR (*Mus*) (= **middle-of-the-road**) para el gran público

**moraine** [mɒ'reɪn] N morena *f*

**moral** ['mɒrəl] Ⓐ ADJ [*values, principles, issue, dilemma*] moral; **I have a ~ responsibility for what happened** me siento moralmente responsable de lo que ocurrió; **a fall in ~ standards** una decadencia moral; **~ fibre** fibra *f* moral; **on ~ grounds** por razones morales; **the ~ majority** la mayoría moral
Ⓑ N [1] (= *lesson*) moraleja *f*
[2] **morals** moralidad *f*; **he has no ~s** no tiene moralidad
Ⓒ CPD ► **moral support** N apoyo *m* moral; **I went along with her for ~ support** fui con ella para darle apoyo moral

**morale** [mɒ'rɑːl] N moral *f*; **~ was at an all-time low** la moral estaba más baja que nunca; **to raise/lower sb's ~** levantar/bajar la moral a algn, animar/desanimar a algn

**morale-booster** [mɒ'rɑːlbuːstəʳ] N inyección *f* de ánimo; **his recent win was a great ~** su reciente victoria le levantó mucho la moral

**moralist** ['mɒrəlɪst] N moralizador(a) *m/f*; (= *philosopher, teacher*) moralista *mf*

**moralistic** [,mɒrə'lɪstɪk] ADJ moralizador

**morality** [mə'rælɪtɪ] Ⓐ N moralidad *f*, moral *f*
Ⓑ CPD ► **morality play** N moralidad *f*

**moralize** ['mɒrəlaɪz] VI moralizar

**moralizing** ['mɒrəlaɪzɪŋ] Ⓐ ADJ moralizador
Ⓑ N instrucción *f* moral, predicación *f* sobre la moralidad

**morally** ['mɒrəlɪ] ADV [*superior, responsible*] moralmente; [*right, wrong*] desde el punto de vista moral; [*act, behave*] moralmente, éticamente; **a ~ bankrupt society** una sociedad en bancarrota moral

**morass** [mə'ræs] N cenagal *m*, pantano *m*; **a ~ of problems** un laberinto de problemas; **a ~ of figures** un mar de cifras

**moratorium** [,mɒrə'tɔːrɪəm] N (*pl* **moratoriums** *or* **moratoria** [,mɒrə'tɔːrɪə]) moratoria *f*

**Moravia** [mə'reɪvɪə] N Moravia *f*

**moray** ['mɒreɪ] N (= *fish*) morena *f*

**morbid** ['mɔːbɪd] ADJ [1] (= *perverse*) morboso, malsano; **don't be so ~!** ¡no seas morboso!; **~ curiosity** curiosidad *f* malsana
[2] (*Med*) mórbido

**morbidity** [mɔː'bɪdɪtɪ] N, N [1] (= *perverseness*) morbosidad *f*, lo malsano
[2] (*Med*) morbosidad *f*

**morbidly** ['mɔːbɪdlɪ] ADV [*talk*] morbosamente, con morbo; [*think*] morbosamente

**morbidness** ['mɔːbɪdnɪs] N = **morbidity**

**mordacity** [mɔːdæsɪtɪ] N mordacidad *f*

**mordant** ['mɔːdənt] ADJ mordaz

**mordent** ['mɔːdənt] N mordente *m*

**more** [mɔːʳ] Ⓐ ADJ más; **there's ~ tea in the cupboard** hay más té en el aparador; **is there any ~ wine in the bottle?** ¿queda vino en la botella?; **a few ~ weeks** unas semanas más; **it'll take a few ~ days** llevará unos cuantos días más; **many ~ people** muchas más personas; **much ~ butter** mucha más mantequilla; **I have no ~ money** no me queda más dinero; **no ~ singing, I can't bear it!** ¡que no se cante más, no lo aguanto!; **do you want some ~ tea?** ¿quieres más té?; **you have ~ money than I** tienes más dinero que yo; **it's two ~ miles to the house** faltan dos millas para llegar a la casa
Ⓑ N, PRON [1] más; **four ~** cuatro más; **we can't afford ~** no podemos pagar más; **is there any ~?** ¿hay más?; **there isn't any ~** ya no hay más; **a bit ~?** ¿un poco más?; **a few ~** algunos más; **a little ~** un poco más; **many ~** muchos más; **much ~** mucho más; **there isn't much ~ to do** no hay *or* queda mucho más que hacer; **there's no ~ left** no queda (nada); **let's say no ~ about it!** ¡no se hable más del asunto!; **she's no ~ a duchess**

➤ LANGUAGE IN USE: **more B1** 5.3 **B2** 5.6 **C1** 5.6

**than I am** tan duquesa es como mi padre; **he no ~ thought of paying me than of flying to the moon** antes iría volando a la luna que pensar pagarme a mí; **I shall have ~ to say about this** volveré a hablar de esto; **some ~** más; **he's got ~ than me!** ¡él tiene más que yo!; **it's ~ than a job** es (algo) más que un trabajo; **~ than ever** más que nunca; **~ than half** más de la mitad; **~ than one/ten** más de uno/diez; **not ~ than 15** no más de quince; **not much ~ than £20** poco más de 20 libras; **it cost ~ than we had expected** costó más de lo que esperábamos; **and what's ~ …** y además …; **there's ~ where that came from!** ¡esto no es más que el principio!
2 **(all) the ~** tanto más; **it makes me (all) the ~ ashamed** tanto más vergüenza me da; **all the ~ so because** *or* **as** *or* **since …** tanto más cuanto que …; **the ~ you give him the ~ he wants** cuanto más se le da, (tanto) más quiere; **the ~ he drank the thirstier he got** cuanto más bebía más sed tenía; **the ~ the better** ◊ **the ~ the merrier** cuantos más mejor
Ⓒ ADV 1 más; **~ difficult** más difícil; **~ easily** con mayor facilidad; **more and more** cada vez más; **if he says that any ~** si vuelve a decir eso, si dice eso otra vez; **if he comes here any ~** si vuelve por aquí; **~ or less** más o menos; **neither ~ nor less** ni más ni menos; **"I don't understand it" — "no ~ do I"** —no lo comprendo —ni yo tampoco; **he's ~ intelligent than me** es más inteligente que yo; **the house is ~ than half built** la casa está más que medio construida; **I had ~ than carried out my obligation** había cumplido con creces mi obligación; **it will ~ than meet the demand** satisfará ampliamente la demanda; **he was ~ surprised than angry** más que enfadarse se sorprendió; **it's ~ a short story than a novel** más que novela es un cuento
2 (= *again*) **once ~** otra vez, una vez más
3 (= *longer*) **he doesn't live here any ~** ya no vive aquí; **Queen Anne is no ~** la reina Ana ya no existe; **we shall see her no ~** no la volveremos a ver

**moreish*** [ˈmɔːrɪʃ] ADJ apetitoso

**▼ moreover** [mɔːˈrəʊvəʳ] ADV además, es más; **he discovered, moreover, that this was not the first time** descubrió, además, que ésta no era la primera vez, es más, descubrió que ésta no era la primera vez; **moreover, there were the children to consider** por otra parte *or* además, había que tener en cuenta a los niños

**mores** [ˈmɔːreɪz] NPL costumbres *fpl*

**morganatic** [ˌmɔːgəˈnætɪk] ADJ morganático

**morganatically** [ˌmɔːgəˈnætɪkəlɪ] ADV **he married her ~** se casó con ella en casamiento morganático

**morgue** [mɔːg] N depósito *m* de cadáveres, morgue *f* (*esp LAm*)

**MORI** [ˈmɔːrɪ] N ABBR (= **Market & Opinion Research Institute**) *empresa británica que realiza sondeos de opinión y estudios de mercado*

**moribund** [ˈmɒrɪbʌnd] ADJ moribundo

**Mormon** [ˈmɔːmən] Ⓐ ADJ mormón
Ⓑ N mormón/ona *m/f*

**Mormonism** [ˈmɔːmənɪzəm] N mormonismo *m*

**morn** [mɔːn] N (*poet*) (= *morning*) mañana *f*; (= *dawn*) alborada *f*

**morning** [ˈmɔːnɪŋ] Ⓐ N mañana *f*; (*before dawn*) madrugada *f*; **he's generally out ~s*** por las mañanas no suele estar; **the ~ after** (*hum*) la mañana después de la juerga; **good ~!** ¡buenos días!; **in the ~** (= *during the morning*) por la mañana, en la mañana (*LAm*); (*tomorrow*) mañana por la mañana; **early in the ~** a primera hora de la mañana, muy de mañana; **at seven o'clock in the ~** a las siete de la mañana; **at three in the ~** a las tres de la madrugada; **the next ~** la mañana siguiente; **on Saturday ~** el sábado por la mañana; **tomorrow ~** mañana por la mañana; **yesterday ~** ayer por la mañana
Ⓑ CPD ► **morning coat** N chaqué *m* ► **morning dress** N chaqué *m*, traje *m* de etiqueta ► **morning glory** N dondiego *m* de día, ipomea *f* ► **morning mist** N bruma *f* del alba ► **morning paper** N diario *m or* periódico *m* de la mañana ► **morning prayers** NPL oficio *m* matinal ► **morning sickness** N (*Med*) náuseas *fpl* del embarazo ► **morning star** N lucero *m* del alba ► **morning tea** N té *m* mañanero

**morning-after** [ˈmɔːnɪŋˈɑːftəʳ] CPD ► **the morning-after pill** N la píldora (anticonceptiva) del día después

**Moroccan** [məˈrɒkən] Ⓐ ADJ marroquí
Ⓑ N marroquí *mf*

**Morocco** [məˈrɒkəʊ] N Marruecos *m*

**morocco** [məˈrɒkəʊ] N (*also* **~ leather**) marroquí *m*, tafilete *m*

**moron** [ˈmɔːrɒn] N (*Med*) retrasado/a *m/f* mental; (* *pej*) imbécil *mf*

**moronic** [məˈrɒnɪk] ADJ imbécil

**morose** [məˈrəʊs] ADJ malhumorado

**morosely** [məˈrəʊslɪ] ADV malhumoradamente, morbosamente

**morph** [mɔːf] N morfo *m*

**morpheme** [ˈmɔːfiːm] N morfema *m*

**morphemic** [mɔːˈfiːmɪk] ADJ morfímico

**morphia** [ˈmɔːfɪə], **morphine** [ˈmɔːfiːn] N morfina *f*

**morphing** [ˈmɔːfɪŋ] N (*Cine*) morphing *m*, mutación *f* con efectos especiales

**morphological** [ˌmɔːfəˈlɒdʒɪkəl] ADJ morfológico

**morphologically** [ˌmɔːfəˈlɒdʒɪkəlɪ] ADV morfológicamente

**morphologist** [mɔːˈfɒlədʒɪst] N morfólogo/a *m/f*

**morphology** [mɔːˈfɒlədʒɪ] N morfología *f*

**morphosyntax** [ˌmɔːfəʊˈsɪntæks] N morfosintaxis *f inv*

**morris dance** [ˈmɒrɪsdɑːns] N *baile tradicional inglés de hombres en el que éstos llevan cascabeles en la ropa*

**morrow** [ˈmɒrəʊ] N **on the ~** (*liter*) al día siguiente

**Morse** [mɔːs] Ⓐ N morse *m*
Ⓑ CPD ► **Morse code** N alfabeto *m* Morse

**morsel** [ˈmɔːsl] N [*of food*] bocado *m*; (*fig*) pedazo *m*

**mort.** ABBR = **mortgage**

**mortadella** [ˌmɔːtəˈdelə] N mortadela *f*

**mortal** [ˈmɔːtl] Ⓐ ADJ 1 (= *destined to die*) mortal
2 (*liter*) (= *fatal*) [*wound, blow*] mortal
3 (= *deadly*) [*enemy*] mortal
4 (= *extreme*) [*terror*] espantoso; **she screamed in ~ terror** gritó aterrorizada; **to be in ~ danger** estar en peligro de muerte; **to live in ~ fear that …** vivir aterrorizado de que …
Ⓑ N mortal *mf*; **they are now reduced to the status of ordinary ~s** quedan ahora reducidos al estatus de simples mortales; *see also* **mere**[2]
Ⓒ CPD ► **mortal combat** N combate *m* a muerte ► **mortal remains** NPL restos *mpl* mortales ► **mortal sin** N pecado *m* mortal

**MORE THAN**

### "Más … que" or "más … de"?

• Use **más** with **que** before nouns and personal pronouns (provided they are not followed by clauses) as well as before adverbs and prepositions:

It was much more than a book
***Era mucho más que un libro***
She knows more than I do about such things
***Ella sabe más que yo de esas cosas***
Spain won more medals than ever before
***España logró más medallas que nunca***

• Use **más … de lo que/del que/de la que/de los que/de las que** with following clauses:

It's much more complicated than you think
***Es mucho más complicado de lo que te imaginas***
There's much more violence now than there was in the seventies
***Hay mucha más violencia ahora de la que había en los setenta***

• Use **más** with **de** before **lo** + ADJECTIVE/PAST PARTICIPLE:

You'll have to work more quickly than usual
***Tendrás que trabajar más rápido de lo normal***
It was more difficult than expected
***Fue más difícil de lo previsto***

• Use **más** with **de** in comparisons involving numbers or quantity:

There were more than twenty people there
***Había más de veinte personas allí***
More than half are women
***Más de la mitad son mujeres***
They hadn't seen each other for more than a year
***No se veían desde hacía más de un año***

• But **más … que** can be used with numbers in more figurative comparisons:

A picture is worth more than a thousand words
***Una imagen vale más que mil palabras***

NOTE: **Más … que** can be used before numbers in the construction **no … más que**, meaning "only". Compare the following:

***No gana más que 100.000 ptas al mes***
He only earns 100,000 pesetas a month
***No gana más de 100.000 ptas al mes***
He earns no more than 100,000 pesetas a month

### A lot more

• When translating **a lot more**, **far more** *etc* remember to make the **mucho** in **mucho más** agree with any noun it describes or refers to:

We eat much more junk food than we used to
***Tomamos mucha más comida basura que antes***
It's only one sign. There are a lot *or* many more
***Sólo es una señal. Hay muchas más***
A lot more research will be needed
***Harán falta muchos más estudios***

*For further uses and examples, see main entry at* ***more****.*

**mortality** [mɔːˈtælɪtɪ] Ⓐ N 1 (= *condition*) mortalidad *f*
2 (= *fatalities*) mortandad *f*, número *m* de víctimas
Ⓑ CPD ► **mortality rate** N tasa *f* de mortalidad ► **mortality table** N tabla *f* de mortalidad

**mortally** [ˈmɔːtəlɪ] ADV 1 (= *fatally*) **to be ~ wounded** estar herido de muerte, estar mortalmente herido
2 (= *extremely*) **~ afraid** muerto de miedo; **he was ~ embarrassed** estaba terriblemente

➤ LANGUAGE IN USE: **moreover** 26.2

avergonzado, estaba cortadísimo*; **~ offended** profundamente ofendido

**mortar** ['mɔːtəʳ] Ⓐ N [1] (= *cannon*) mortero *m*
[2] (= *cement*) argamasa *f*, mortero *m*; *see also* **brick A1**
[3] (= *bowl*) mortero *m*
Ⓑ VT (*Mil*) bombardear con morteros

**mortarboard** ['mɔːtəbɔːd] N (*Univ*) birrete *m* cuadrado

**mortgage** ['mɔːgɪdʒ] Ⓐ N hipoteca *f*; **to pay off a ~** amortizar *or* liquidar *or* redimir una hipoteca; **to raise a ~** ◊ **take out a ~** obtener una hipoteca (**on** sobre)
Ⓑ VT hipotecar
Ⓒ CPD ► **mortgage bank** N banco *m* hipotecario, sociedad *f* de crédito hipotecario ► **mortgage broker** N especialista *mf* en hipotecas ► **mortgage company** N (*US*) = **mortgage bank** ► **mortgage lender** N sociedad *f* hipotecaria ► **mortgage loan** N préstamo *m* hipotecario ► **mortgage payment** N pago *m* de la hipoteca, plazo *m* de la hipoteca ► **mortgage rate** N tipo *m* de interés hipotecario

**mortgageable** ['mɔːgədʒəbl] ADJ hipotecable

**mortgagee** [,mɔːgə'dʒiː] N acreedor(a) *m/f* hipotecario/a

**mortgager**, **mortgagor** ['mɔːgədʒəʳ] N deudor(a) *m/f* hipotecario/a

**mortice** ['mɔːtɪs] N = **mortise**

**mortician** [mɔː'tɪʃən] N (*US*) director/a *m/f* de pompas fúnebres

**mortification** [,mɔːtɪfɪ'keɪʃən] N mortificación *f*, humillación *f*, vergüenza *f*

**mortify** ['mɔːtɪfaɪ] Ⓐ VT avergonzar; **I was mortified (to find that ...)** me moría de vergüenza (al descubrir que ...)
Ⓑ VI (*Med*) gangrenarse

**mortifying** ['mɔːtɪfaɪɪŋ] ADJ humillante

**mortise** ['mɔːtɪs] Ⓐ N mortaja *f*
Ⓑ CPD ► **mortise lock** N cerradura *f* de muesca

**mortuary** ['mɔːtjʊərɪ] Ⓐ N depósito *m* de cadáveres
Ⓑ ADJ mortuorio

**Mosaic** [məʊ'zeɪɪk] ADJ mosaico

**mosaic** [məʊ'zeɪɪk] N mosaico *m*

**Moscow** ['mɒskəʊ] N Moscú *m*

**Moselle** [məʊ'zel] N Mosela *m*

**Moses** ['məʊzɪs] Ⓐ N Moisés
Ⓑ CPD ► **Moses basket** N moisés *m*

**mosey** ['məʊzɪ] VI **to ~ along*** pasearse; **to ~ down to the shops** ir dando un paseo a las tiendas

**Moslem** ['mɒzlem] Ⓐ ADJ musulmán
Ⓑ N musulmán/ana *m/f*

**mosque** [mɒsk] N mezquita *f*

**mosquito** [mɒs'kiːtəʊ] Ⓐ N (*pl* **mosquitoes**) mosquito *m*, zancudo *m* (*LAm*)
Ⓑ CPD ► **mosquito bite** N picadura *f* de mosquito ► **mosquito net** N mosquitero *m*, mosquitera *f*

**moss** [mɒs] Ⓐ N (*Bot*) musgo *m*; *see also* **rolling A**
Ⓑ CPD ► **moss stitch** N punto *m* de musgo

**mossy** ['mɒsɪ] ADJ musgoso, cubierto de musgo

**most** [məʊst] Ⓐ ADJ SUPERL [1] (*making comparisons*) más; **who has (the) ~ money?** ¿quién tiene más dinero?; **for the ~ part** por lo general
[2] (= *the majority of*) la mayoría de, la mayor parte de; **~ men** la mayoría de *or* la mayor parte de los hombres; **~ people go out on Friday nights** la mayoría de *or* la mayor parte de la gente sale los viernes por la noche
Ⓑ N, PRON **~ of it** la mayor parte; **~ of them** la mayoría de ellos, la mayor parte de ellos; **~ of the money** la mayor parte del dinero; **~ of the time** la mayor parte del tiempo, gran parte del tiempo; **~ of those present** la mayoría de *or* la mayor parte de los asistentes; **~ of her friends** la mayoría de *or* la mayor parte de sus amigos; **do the ~ you can** haz lo que puedas; **at (the) ~** ◊ **at the very ~** como máximo, a lo sumo; **20 minutes at the ~** 20 minutos como máximo *or* a lo sumo; **to get the ~ out of a situation** sacar el máximo partido a una situación; **to make the ~ of sth** (= *make good use of*) aprovechar algo al máximo, sacar el máximo partido a algo; (= *enjoy*) disfrutar algo al máximo; **to make the ~ of one's advantages** aprovechar al máximo las propias ventajas; **he made the ~ of the story** explotó todas las posibilidades del cuento
Ⓒ ADV [1] (*superl*) más; **he spent ~** él gastó más; **the ~ difficult question** la pregunta más difícil; **which one did it ~ easily?** ¿quién lo hizo con mayor facilidad?
[2] (= *extremely*) sumamente, muy; **~ holy** santísimo; **a ~ interesting book** un libro interesantísimo *or* sumamente interesante; **you have been ~ kind** ha sido usted muy amable; **~ likely** lo más probable; → MAJORITY, MOST

**...most** [məʊst] SUFFIX más; **centremost** más central; **furthermost** más lejano

**mostly** ['məʊstlɪ] ADV (= *mainly*) en su mayoría, en su mayor parte; **they are ~ women** en su mayoría *or* en su mayor parte son mujeres, la mayoría *or* casi todas son mujeres; **this part of the country is ~ unspoiled** esta zona del país conserva, en su mayor parte, su belleza natural; **owls hunt ~ at night** el búho caza principalmente *or* sobre todo de noche; **~ because ...** principalmente porque ..., sobre todo porque ...; **it's ~ finished** está casi terminado

**MOT** (*Brit*) Ⓐ N ABBR [1] (= **Ministry of Transport**) ≈ Ministerio *m* de Transportes
[2] (*Aut*) (*also* **~ test**) (= **Ministry of Transport test**) *examen anual de coches obligatorio*, ≈ Inspección *f* Técnica de Vehículos (*Sp*), ≈ ITV *f* (*Sp*); **to pass the ~** (*Aut*) ≈ pasar la ITV (*Sp*); **~ certificate** ≈ certificado *m* de la ITV (*Sp*)
Ⓑ VT **I got my car ~'d last month** ≈ el coche pasó la ITV el mes pasado; **car for sale, ~'d till June** ≈ se vende coche, ITV válida hasta junio

**mote** [məʊt] N átomo *m*, mota *f*; **to see the ~ in our neighbour's eye and not the beam in our own** ver la paja en el ojo ajeno y no la viga en el propio

**motel** [məʊ'tel] N motel *m*

**motet** [məʊ'tet] N motete *m*

**moth** [mɒθ] N mariposa *f* nocturna; (= *clothes moth*) polilla *f*

**mothball** ['mɒθbɔːl] Ⓐ N bola *f* de naftalina; **in ~s** (*Naut*) en la reserva; **to put sth in ~s** [+ *project*] aparcar algo, dejar algo aparcado
Ⓑ VT [+ *ship*] poner en la reserva; [+ *project*] aparcar, dejar aparcado

**moth-eaten** ['mɒθ,iːtn] ADJ apolillado

**mother** ['mʌðəʳ] Ⓐ N madre *f*; **to be like a ~ to sb** ser como una madre para algn
Ⓑ VT (= *care for*) cuidar como una madre; (= *spoil*) mimar, consentir; (= *give birth to*) parir, dar a luz
Ⓒ CPD ► **mother country** N patria *f*; (*more sentimentally*) madre patria *f* ► **Mother Earth** N la madre tierra ► **mother figure** N figura *f* materna, figura *f* de la madre ► **Mother Goose** N la Oca ► **mother hen** N gallina *f* madre ► **mother love** N amor *m* maternal ► **Mother Nature** N la madre *f* Naturaleza ► **Mother's Day** N Día *m* de la Madre ► **mother's help** N niñera *f* ► **mother ship** N buque *m* nodriza ► **Mother Superior** N madre *f* superiora ► **mother tongue** N lengua *f* materna

**motherboard** ['mʌðə,bɔːd] N (*Comput*) placa *f* base

**mothercraft** ['mʌðəkrɑːft] N arte *m* de cuidar a los niños pequeños, arte *m* de ser madre

**motherfucker**** ['mʌðə,fʌkəʳ] N (*US*) hijoputa** *m*, hijaputa** *f*

**motherfucking**** ['mʌðə,fʌkɪŋ] ADJ (*US*) pijotero*, condenado*

**motherhood** ['mʌðəhʊd] N maternidad *f*; **to prepare for ~** prepararse para ser madre

**mothering** ['mʌðərɪŋ] Ⓐ N cuidados *mpl* maternales
Ⓑ CPD ► **Mothering Sunday** N (*Brit*) fiesta *f* de la Madre

**mother-in-law** ['mʌðərɪnlɔː] N (*pl* **mothers-in-law**) suegra *f*

**motherland** ['mʌðəlænd] N patria *f*; (*more sentimentally*) madre patria *f*

**motherless** ['mʌðəlɪs] ADJ huérfano de madre, sin madre

**motherly** ['mʌðəlɪ] ADJ maternal

**mother-of-pearl** ['mʌðərəv'pɜːl] Ⓐ N madreperla *f*, nácar *m*
Ⓑ ADJ nacarado

**mother-to-be** ['mʌðətə'biː] N (*pl* **mothers-to-be**) futura madre *f*

**moth-hole** ['mɒθhəʊl] N apolilladura *f*

**mothproof** ['mɒθpruːf] ADJ a prueba de polillas

**motif** [məʊ'tiːf] N (*Art, Mus*) motivo *m*; [*of speech etc*] tema *m*; (*Sew*) adorno *m*

**motion** ['məʊʃən] Ⓐ N [1] (= *movement*) movimiento *m*; **to be in ~** (*lit*) estar en movimiento; **plans are already in ~ for a new opera house** ya hay planes en marcha para la construcción de un nuevo teatro de la ópera; **to set in ~** [+ *mechanism*] poner en marcha; **the strike set in ~ a chain of events which led to his overthrow** la huelga desencadenó una serie de acontecimientos que condujeron a su derrocamiento; **to go through the ~s (of doing sth)**: **he was just going through the ~s of living** estaba viviendo maquinalmente, vivía por inercia; **they went through the ~s of consulting members** siguieron la formalidad de consultar a los miembros; ✦***IDIOM* to set the wheels in ~ (to do sth)** poner las cosas en marcha (para hacer algo); *see also* **perpetual B**, **slow E**, **time C**
[2] (= *gesture*) gesto *m*, ademán *m*; **he made a chopping ~ with his hand** hizo un gesto como si fuera a cortar algo con la mano, hizo un ademán de cortar algo con la mano
[3] (= *proposal*) moción *f*; **the ~ was carried/defeated** la moción fue aprobada/rechazada; **to propose** *or* (*US*) **make a ~ (that ...)** presentar una moción (para que + *subjun*); **to propose** *or* (*US*) **make a ~ (to do sth)** presentar una moción (para hacer algo); **to vote on a ~** votar una moción
[4] (*US Jur*) petición *f*; **to file a ~ (for sth/to do sth)** presentar una petición (para algo/para hacer algo)
[5] (*Brit frm*) (*also* **bowel ~**) (= *action*) evacuación *f*; (= *stool*) deposición *f*; **to have** *or* **pass a ~** evacuar el vientre
[6] [*of watch, clock*] mecanismo *m*
Ⓑ VT **he ~ed me to a chair/to sit down** con un gesto indicó que me sentara, hizo señas

para que me sentara; **to ~ sb in(side)/ out(side)** señalar *or* indicar a algn con un gesto que entre/salga
Ⓒ VI **he ~ed for the doors to be opened** hizo un gesto *or* hizo señas para que se abrieran las puertas; **to ~ to sb to do sth** indicar a algn con un gesto que haga algo, hacer señas a algn para que haga algo
Ⓓ CPD ► **motion picture** N (*esp US*) película *f* ► **motion picture camera** N (*esp US*) cámara *f* cinematográfica, cámara *f* de cine ► **the motion picture industry** N la industria cinematográfica ► **motion picture theater** (*US*) N cine *m* ► **motion sickness** N mareo *m*

**motionless** ['məʊʃənlɪs] ADJ inmóvil; **to remain ~** permanecer inmóvil, permanecer sin moverse

**motivate** ['məʊtɪveɪt] VT motivar; **to be ~d to do sth** tener motivación *or* estar motivado para hacer algo; **he is highly ~d** tiene una fuerte motivación, está muy motivado; **the campaign is politically ~d** la campaña tiene una motivación política

**motivation** [ˌməʊtɪ'veɪʃən] N motivación *f*

**motivational** [ˌməʊtɪ'veɪʃənl] Ⓐ ADJ [*problem, factor*] de motivación
Ⓑ CPD ► **motivational research** N estudios *mpl* motivacionales

**motive** ['məʊtɪv] Ⓐ N motivo *m*; (*for crime*) móvil *m*; **what can his ~ have been?** ¿qué motivos habrá tenido?; **my ~s were of the purest** lo hice con la mejor intención
Ⓑ ADJ motor (*fem: motora/motriz*)
Ⓒ CPD ► **motive power** N fuerza *f* motriz

**motiveless** ['məʊtɪvlɪs] ADV sin motivo, inmotivado

**motley** ['mɒtlɪ] Ⓐ ADJ (= *many-coloured*) multicolor, abigarrado; (= *ill-assorted*) [*collection, bunch*] variopinto; **they were a ~ crew** era una pandilla de lo más variopinto
Ⓑ N botarga *f*, traje *m* de colores

**motocross** ['məʊtəkrɒs] N motocross *m*

**motor** ['məʊtə<sup>r</sup>] Ⓐ N [1] (= *engine*) motor *m*
[2] (*) (= *car*) coche *m*, automóvil *m*, carro *m* (*LAm*), auto *m* (*esp LAm*)
Ⓑ VI (†) ir en coche *etc*; **we ~ed down to Ascot** fuimos en coche a Ascot; **we ~ed over to see them** fuimos a visitarlos (en coche)
Ⓒ ADJ (= *giving motion*) [*nerve, muscle*] motor (*fem: motora/motriz*); (= *motorized*) automóvil
Ⓓ CPD ► **motor accident** N accidente *m* de circulación ► **motor insurance** N seguro *m* de automóvil ► **motor launch** N lancha *f* motora ► **motor mechanic** N mecánico/a *m/f* de automóviles ► **motor oil** N aceite *m* para motores ► **motor racing** N (*Sport*) carreras *fpl* de coches, automovilismo *m* ► **motor racing track** N pista *f* de automovilismo, circuito *m* de automovilismo ► **motor scooter** N Vespa® *f*, escúter *m*, motoneta *f* (*LAm*) ► **motor show** N feria *f* de automóviles; **the Paris ~ show** el salón del automóvil de París ► **motor transport** N transporte *m* rodado, transporte *m* motorizado ► **motor vehicle** N automóvil *m* ► **motor vessel** N motonave *f*

**motorail** ['məʊtəreɪl] N motorraíl *m*

**motorbike** ['məʊtəbaɪk] N motocicleta *f*, moto *f*

**motorboat** ['məʊtəbəʊt] N lancha *f* motora, motora *f*

**motorcade** ['məʊtəkeɪd] N desfile *m* de automóviles

**motorcar** ['məʊtəkɑː<sup>r</sup>] N (*frm*) coche *m*, automóvil *m*

**motorcoach** ['məʊtəkəʊtʃ] N autocar *m*, autobús *m*, camión *m* (*Mex*), micro *m* (*Arg*)

**motorcycle** ['məʊtəˌsaɪkl] Ⓐ N motocicleta *f*, moto *f*
Ⓑ CPD ► **motorcycle combination** N motocicleta *f* con sidecar

**motorcycling** ['məʊtəˌsaɪklɪŋ] N motociclismo *m*, motorismo *m*

**motorcyclist** ['məʊtəˌsaɪklɪst] N motociclista *mf*, motorista *mf*

**motor-driven** ['məʊtə'drɪvn] ADJ automóvil, propulsado por motor

**-motored** ['məʊtəd] ADJ (*ending in compounds*) **four-motored** cuatrimotor; **petrol-motored** de gasolina

**motoring** ['məʊtərɪŋ] Ⓐ ADJ [*accident*] de tráfico, de circulación; **~ holiday** vacaciones *fpl* en coche; **the ~ public** los automovilistas
Ⓑ N automovilismo *m*; **school of ~** autoescuela *f*, escuela *f* de manejo (*LAm*)

**motorist** ['məʊtərɪst] N conductor(a) *m/f*, automovilista *mf*

**motorization** [ˌməʊtəraɪ'zeɪʃən] N motorización *f*

**motorize** ['məʊtəraɪz] VT motorizar; **to be ~d** tener coche, estar motorizado*; **now that we're ~d*** ahora que tenemos coche, ahora que estamos motorizados*; **to get ~d** comprarse un coche, motorizarse*

**motorized** ['məʊtəraɪzd] ADJ motorizado

**motorman** ['məʊtəmən] N (*pl* **motormen**) N (*US*) conductor *m* de locomotora eléctrica *etc*, maquinista *m*

**motormouth‡** ['məʊtəmaʊθ] N cotorra* *f*

**motor-mower** ['məʊtəˌməʊə<sup>r</sup>] N cortacésped *m* a motor

**motorway** ['məʊtəweɪ] Ⓐ N (*Brit*) autopista *f*
Ⓑ CPD ► **motorway madness** N locura *f* en la autopista ► **motorway service area** N área *f* de servicios de autopista ► **motorway services** NPL servicios *mpl* en autopista

**mottled** ['mɒtld] ADJ [*egg*] moteado; [*leaf, colour*] jaspeado; [*marble*] jaspeado, veteado; [*complexion, skin*] con manchas; **~ blue and white** moteado/jaspeado de azul y blanco; **~ with brown** con manchas marrones

**motto** ['mɒtəʊ] N (*pl* **mottoes** *or* **mottos**) [1] [*of family, person*] lema *m*
[2] (*Heraldry*) divisa *f*
[3] (= *watchword*) consigna *f*
[4] (*in cracker*) (= *joke*) chiste *m*

**mould<sup>1</sup>, mold** (*US*) [məʊld] N (= *fungus*) moho *m*; (= *iron mould*) orín *m*

**mould<sup>2</sup>, mold** (*US*) [məʊld] Ⓐ N (*Art, Culin, Tech etc*) molde *m*; **cast in a heroic ~** de carácter heroico; ✦***IDIOM*** **to break the mould: they broke the ~ when they made him** rompieron el molde después de hacerlo a él
Ⓑ VT [1] (= *fashion*) moldear; (= *cast*) vaciar; **~ed plastics** plásticos *mpl* moldeados
[2] (*fig*) formar; **it is ~ed on ...** está hecho según ...; **to ~ o.s. on sb** tomar a algn como ejemplo

**mould<sup>3</sup>, mold** (*US*) [məʊld] N (= *soil*) mantillo *m*

**moulder, molder** (*US*) ['məʊldə<sup>r</sup>] VI (*also* **to ~ away**) desmoronarse; (*fig*) desmoronarse, decaer

**mouldering, moldering** (*US*) ['məʊldərɪŋ] ADJ [*house*] que se está desmoronando; [*leaves*] podrido

**mouldiness, moldiness** (*US*) ['məʊldɪnɪs] N moho *m*, lo mohoso

**moulding, molding** (*US*) ['məʊldɪŋ] N [1] (*Archit*) moldura *f*
[2] (= *process*) moldeado *m*
[3] (= *cast*) vaciado *m*
[4] (*fig*) amoldamiento *m*, formación *f*

**mouldy, moldy** (*US*) ['məʊldɪ] ADJ (*compar* **mouldier**; *superl* **mouldiest**) [1] (= *covered with mould*) [*cheese, bread*] mohoso, enmohecido; [*mattress, clothing*] enmohecido, lleno de moho; **to go ~** enmohecerse, criar moho; **to smell ~** oler a moho *or* a humedad
[2] (*Brit*†*) (= *lousy*) cochino*

**moult, molt** (*US*) [məʊlt] Ⓐ VI [*bird*] mudar las plumas; [*mammal*] mudar el pelo; [*snake*] mudar la piel
Ⓑ VT [+ *feathers, hair*] mudar
Ⓒ N muda *f*

**mound** [maʊnd] N [1] (= *pile*) montón *m*
[2] (= *hillock*) montículo *m*; (= *burial mound*) túmulo *m*; (= *earthwork*) terraplén *m*

**mount<sup>1</sup>** [maʊnt] N [1] (*liter*) monte *m*; **the Sermon on the Mount** el Sermón de la Montaña
[2] (*in names*) monte *m*; **the Mount of Olives** el Monte de los Olivos; **Mount Sinai** el Monte Sinaí; **Mount Everest** el Everest

**mount<sup>2</sup>** [maʊnt] Ⓐ N [1] (= *horse*) montura *f*, caballería *f* (*frm*)
[2] (= *support, base*) [*of machine*] soporte *m*, base *f*; [*of jewel*] engaste *m*, montura *f*; (*for stamps*) fijasellos *m inv*; (*for photograph in album*) fijafotografías *m inv* adhesivo; (*for transparency*) marco *m*; [*of specimen, exhibit*] soporte *m*; (= *microscope slide*) portaobjetos *m inv*; (= *backing for picture*) fondo *m*
Ⓑ VT [1] [+ *horse*] montar; [+ *bicycle*] montar en; [+ *platform, stage, podium, throne*] subir a; [+ *stairs, hill*] subir; **the vehicle ~ed the pavement** el vehículo se subió a la acera
[2] [+ *jewel*] engastar; [+ *stamp, exhibit, specimen, TV, speakers*] fijar; [+ *picture*] poner un fondo a; [+ *gun, engine*] montar
[3] [+ *exhibition, campaign, event*] montar, organizar; [+ *play*] montar, poner en escena; [+ *attack, offensive, defence*] preparar
[4] **to ~ guard (on** *or* **over sth/sb)** montar (la) guardia (para vigilar algo/a algn)
[5] (*in mating*) cubrir, montar
[6] (= *provide with horse*) proveer de caballo
Ⓒ VI [1] (= *climb*) subir; **the blood ~ed to his cheeks** la sangre (se) le subió a los carrillos
[2] (*also* **~ up**) (= *get on horse*) montar
[3] (= *increase*) [*prices, temperature*] subir, aumentar; [*excitement, tension*] crecer, aumentar
[4] (*also* **~ up**) (= *accumulate*) [*bills, debts, problems*] amontonarse

**mountain** ['maʊntɪn] Ⓐ N (*lit*) montaña *f*; (*fig*) [*of work etc*] montón *m*; **in the ~s** en la montaña; ✦***IDIOM*** **to make a ~ out of a molehill** hacer una montaña de un grano de arena
Ⓑ CPD ► **mountain ash** N serbal *m* ► **mountain bike** N bicicleta *f* de montaña ► **mountain chain** N (*large*) cordillera *f*, cadena *f* montañosa; (*smaller*) sierra *f* ► **mountain goat** N cabra *f* montés ► **mountain hut** N albergue *m* de montaña ► **mountain lion** N puma *m* ► **mountain range** N (*large*) cordillera *f*; (*smaller*) sierra *f*; *see also* **pass A7** ► **mountain refuge** N albergue *m* de montaña ► **mountain rescue** N servicio *m* de rescate de montaña ► **mountain sickness** N mal *m* de montaña, puna *f* (*LAm*), soroche *m* (*LAm*)

**mountaineer** [ˌmaʊntɪ'nɪə<sup>r</sup>] Ⓐ N alpinista *mf*, andinista *mf* (*LAm*)
Ⓑ VI dedicarse al montañismo, hacer alpinismo

**mountaineering** [ˌmaʊntɪ'nɪərɪŋ] Ⓐ N alpinismo *m*, andinismo *m* (*LAm*)
Ⓑ CPD montañero, alpinista

**mountainous** ['maʊntɪnəs] ADJ [1] (*lit*) montañoso
[2] (*fig*) gigantesco

**mountainside** ['maʊntɪnˌsaɪd] N ladera *f* de montaña, falda *f* de montaña

**mountaintop** ['maʊntɪntɒp] N cima *f* de la montaña, cumbre *f* de la montaña

**mountebank** ['maʊntɪbæŋk] N saltabanco *m*, saltimbanqui *m*

**mounted** ['maʊntɪd] ADJ [1] (*on horseback*) montado; **the ~ police** la policía montada
[2] [*photograph*] montado

**Mountie*** ['maʊntɪ] N (*Canada*) miembro *m* de la policía montada canadiense; **the ~s** la policía montada canadiense

**mounting** ['maʊntɪŋ] Ⓐ N [1] (= *act*) [*of machine*] montaje *m*
[2] (= *support, base*) = **mount² A2**
Ⓑ ADJ [*concern, tension, excitement, opposition, unemployment*] creciente; [*debts*] cada vez mayor; **we watched with ~ horror as …** observábamos cada vez más aterrorizados como …; **to be under ~ pressure to do sth** encontrarse cada vez más presionado para hacer algo; **there is ~ evidence that …** hay pruebas, cada vez más concluyentes, de que …

**mourn** [mɔːn] Ⓐ VT [+ *person*] (= *grieve for*) llorar (la muerte de); (= *be in mourning for*) estar de luto *or* duelo por; [+ *death, loss*] lamentar, sentir; **Conservatives ~ the passing of family values** los conservadores se lamentan de la desaparición de los valores familiares
Ⓑ VI (= *be in mourning*) estar de luto *or* duelo; **when a relative dies one needs time to ~** (= *grieve*) cuando un pariente muere se necesita tiempo para llorarlo *or* llorar su muerte; **to ~ for sb** llorar a algn, llorar la muerte de algn; **it is no use ~ing for what might have been** no sirve de nada lamentarse por lo que podría haber sido; **he was ~ing over his lost love** lloraba por su amor perdido

**mourner** ['mɔːnəʳ] N doliente *mf*; (*hired*) plañidero/a *m/f*

**mournful** ['mɔːnfʊl] ADJ [*person*] afligido; [*tone, sound*] triste, lúgubre; [*occasion*] triste, luctuoso

**mournfully** ['mɔːnfəlɪ] ADV tristemente

**mournfulness** ['mɔːnfʊlnɪs] N [*of expression, sigh*] tristeza *f*; [*of person*] aflicción *f*

**mourning** ['mɔːnɪŋ] Ⓐ N luto *m*, duelo *m*; (= *dress*) luto *m*; **to be in ~ (for sb)** estar de luto *or* duelo (por algn); **to wear ~** llevar luto; **to come out of ~** dejar el luto; **to plunge a town into ~** poner de luto a una ciudad
Ⓑ CPD ► **mourning clothes** NPL luto *m*

**mouse** [maʊs] Ⓐ N (*pl* **mice**) [1] (*Zool*) ratón *m*
[2] (*Comput*) ratón *m*
Ⓑ CPD ► **mouse mat, mouse pad** N (*Comput*) alfombrilla *f*, almohadilla *f*
Ⓒ VI cazar ratones

**mousehole** ['maʊshəʊl] N ratonera *f*

**mouser** ['maʊsəʳ] N cazador *m* de ratones

**mousetrap** ['maʊstræp] Ⓐ N ratonera *f*
Ⓑ CPD ► **mousetrap cheese*** N queso *m* corriente

**mousey** ['maʊsɪ] ADJ = **mousy**

**moussaka** [mʊ'sɑːkə] N musaca *f*

**mousse** [muːs] N [1] (*Culin*) mousse *m or f*; **chocolate ~** mousse *m or f* de chocolate
[2] (*for hair*) espuma *f*

**moustache, mustache** (*US*) [məs'tɑːʃ] N bigote *m*; **to wear a ~** tener bigote; **he's got a ~** tiene bigote; **a tall man with a ~** un hombre alto con bigote

**moustachioed, mustachioed** (*US*) [mə'stɑːʃɪəʊd] ADJ bigotudo

**mousy** ['maʊsɪ] ADJ (*compar* **mousier**; *superl* **mousiest**) [*person*] tímido; [*colour, hair*] pardusco

**mouth** [maʊθ] Ⓐ N (*pl* **mouths** [maʊðz]) (*Anat*) boca *f*; [*of bottle*] boca *f*, abertura *f*; [*of cave*] entrada *f*; [*of river*] desembocadura *f*; [*of channel*] embocadero *m*; [*of wind instrument*] boquilla *f*; **to foam** *or* **froth at the ~** espumajear; **to open one's ~** (*lit, fig*) abrir la boca; **he never opened his ~ at the meeting** en la reunión no abrió la boca; **she didn't dare to open her ~** no se atrevió a decir ni pío; ✦***IDIOMS* he's all ~ and (no) trousers** (*Brit**) se le va (toda) la fuerza por la boca*, es un fanfarrón *or* un fantasma*; **to be down in the ~** estar deprimido; **to shoot one's ~ off*** hablar más de la cuenta; **to keep one's ~ shut*** callarse, no decir ni esta boca es mía; **shut your ~!‡** ¡cállate ya!; **to stop sb's ~‡** hacer callar a algn; **watch your ~! ‡** ¡cuidadito con lo que dices!; **to put words into sb's ~** poner palabras en boca de algn; *see also* **big A6**
Ⓑ [maʊð] VT (*insincerely*) soltar; (*affectedly*) pronunciar con afectación, articular con rimbombancia; **"go away!" she ~ed** —¡vete de aquí! —dijo moviendo mudamente los labios
Ⓒ [maʊθ] CPD ► **mouth organ** N (*esp Brit*) armónica *f*

**-mouthed** [maʊðd] ADJ (*ending in compounds*) de boca …, que tiene la boca …; **big-mouthed** de boca grande

**mouthful** ['maʊθfʊl] N [*of food*] bocado *m*; [*of drink*] trago *m*; [*of smoke, air*] bocanada *f*; **the name is a bit of a ~** es un nombre kilométrico; **you said a ~** (*US**) ¡y que lo digas!, ¡tú lo has dicho!

**mouthpiece** ['maʊθpiːs] N [1] (*Mus*) boquilla *f*
[2] [*of telephone*] micrófono *m*
[3] (= *person, publication*) portavoz *mf*

**mouth-to-mouth** ['maʊθtə'maʊθ] CPD ► **mouth-to-mouth resuscitation** N (respiración *f*) boca a boca *m*

**mouthwash** ['maʊθwɒʃ] N elixir *m* bucal

**mouthwatering** ['maʊθ'wɔːtərɪŋ] ADJ muy apetitoso, que hace la boca agua

**movable** ['muːvəbl] Ⓐ ADJ movible, móvil; **~ feast** fiesta *f* movible; **not easily ~** nada fácil de mover
Ⓑ NPL **~s** muebles *mpl*, mobiliario *msing*; (*Jur*) bienes *mpl* muebles

**move** [muːv] Ⓐ N [1] (= *movement*) movimiento *m*; **to watch sb's every ~** observar a algn sin perder detalle, acechar a algn cada movimiento; **to get a ~ on (with sth)*** (= *hurry up*) darse prisa *or* (*LAm*) apurarse (con algo); **get a ~ on!*** ¡date prisa!, ¡apúrate! (*LAm*); **to make a ~** (= *start to leave, go*) ponerse en marcha; **it was midnight and no-one had made a ~** era medianoche pero nadie daba señales de irse; **it's time we made a ~** es hora de irnos; **to be on the ~** (= *travelling*) estar de viaje; [*troops, army*] estar avanzando; **to be always on the ~** [*nomads, circus*] andar siempre de aquí para allá; [*animal, child*] no saber estar quieto; **Spain is a country on the ~** España es país en marcha
[2] (*in game*) (= *turn*) jugada *f*; **whose ~ is it?** ¿a quién le toca jugar?; **it's my ~** es mi turno, me toca a mí; **to have the first ~** salir
[3] (*fig*) (= *step, action*); **the government's first ~** la primera gestión del gobierno; **what's the next ~?** ¿qué hacemos ahora?, y ahora ¿qué?; **that was a bad ~** fue una mala decisión; **there was a ~ to defeat the proposal** se tomaron medidas para rechazar la propuesta; **to make a ~/the first ~** dar un/el primer paso; **it's up to him to make the first ~** le toca a él dar el primer paso; **without making the least ~ to** + *infin* sin hacer la menor intención de + *infin*
[4] (= *house removal*) mudanza *f*; (*to different job*) traslado *m*; **it's our third ~ in two years** ésta es la tercera vez en dos años que nos mudamos
Ⓑ VT [1] (= *change place of*) cambiar de lugar, cambiar de sitio; [+ *part of body*] mover; [+ *chess piece etc*] jugar, mover; (= *transport*) transportar, trasladar; **you've ~d all my things!** ¡has cambiado de sitio todas mis cosas!; **if we can ~ the table a few inches** si podemos mover la mesa unos centímetros; **can you ~ your fingers?** ¿puedes mover los dedos?; **to ~ house** mudarse; **~ your chair nearer the fire** acerca *or* arrima la silla al fuego; **~ the cupboard out of the corner** saca el armario del rincón; **he ~d his family out of the war zone** trasladó a su familia fuera de la zona de guerra; **he asked to be ~d to London/to a new department** pidió el traslado a Londres/a otro departamento
[2] (= *cause sth to move*) mover; **the breeze ~d the leaves gently** la brisa movía *or* agitaba dulcemente las hojas; **to ~ one's bowels** hacer de vientre, evacuar; **~ those children off the grass!** ¡quite esos niños del césped!; *see also* **heaven 1**
[3] (= *change timing of*) **to ~ sth forward/back** [+ *event, date*] adelantar/aplazar algo; **we'll have to ~ the meeting to later in the week** tendremos que aplazar la reunión para otro día de la semana
[4] (*fig*) (= *sway*) **he will not be easily ~d** no se dejará convencer; **"we shall not be ~d"** "no nos moverán"
[5] (= *motivate*) **to ~ sb to do sth** mover *or* inducir a algn a hacer algo; **I'll do it when the spirit ~s me** (*hum*) lo haré cuando sienta la revelación divina (*hum*)
[6] (*emotionally*) conmover, emocionar; **to be ~d** estar conmovido; **to be easily ~d** ser impresionable, ser sensible; **to ~ sb to tears/anger** hacer llorar/enfadar a algn; **to ~ sb to pity** provocar la compasión de algn
[7] (*frm*) (= *propose*) **to ~ a resolution** proponer una resolución; **to ~ that …** proponer que …
[8] (*Comm*) [+ *merchandise*] colocar, vender
Ⓒ VI [1] (*gen*) moverse; **she ~s beautifully** se mueve con elegancia; **~!** ¡muévete!, ¡menéate!; **don't ~!** ¡no te muevas!; **I saw something moving in the bushes** vi moverse algo entre los arbustos; **you can't ~ for books in that room*** hay tantos libros en esa habitación que es casi imposible moverse; **to ~ freely** [*piece of machinery*] tener juego; [*person, traffic*] circular libremente; **I won't ~ from here** no me muevo de aquí; **to ~ in high society** frecuentar la buena sociedad; **let's ~ into the garden** vamos al jardín; **he has ~d into another class** se ha cambiado de clase; **they hope to ~ into the British market** quieren introducirse en *or* penetrar el mercado británico; **keep moving!** ¡no te pares!; (*order from traffic policeman*) ¡circulen!; **the policeman kept the traffic moving** el policía mantuvo la circulación fluida; **the procession ~d slowly out of sight** la procesión avanzaba lentamente hasta que desapareció en la distancia; **it's time we were moving** es hora de irnos; **she ~d to the next room** pasó a la habitación de al lado; **he ~d slowly towards the door** avanzó *or* se acercó lentamente hacia la puerta; **to ~ to** *or* **towards in-**

**dependence** avanzar *or* encaminarse hacia la independencia
2 (= *move house*) mudarse, trasladarse; **the family ~d to a new house** la familia se mudó *or* se trasladó a una casa nueva; **to ~ to the country** mudarse *or* trasladarse al campo; **the company has ~d to larger offices** la empresa se ha trasladado *or* mudado a oficinas mayores
3 (= *travel*) ir; (= *be in motion*) estar en movimiento; **the bus was moving at 50kph** el autobús iba a 50kph; **the car was not moving** el coche no estaba en movimiento; **do not get out while the bus is moving** no se baje mientras el autobús esté en marcha; **he was certainly moving!*** ¡iba como el demonio!
4 (*Comm*) [*goods*] venderse
5 (= *progress*) **things are moving at last** por fin se empiezan a mover las cosas; **he certainly knows how to get things moving** ése sí que sabe poner las cosas en marcha
6 (*in games*) jugar, hacer una jugada; **who ~s next?** ¿a quién le toca jugar?; **it's you to ~** te toca a ti jugar; **white ~s** (*Chess*) blanco juega; **the knight ~s like this** el caballo se mueve así
7 (= *take steps*) dar un paso, tomar medidas; **the government must ~ first** el gobierno ha de dar el primer paso; **the council ~d to stop the abuse** el consejo tomó medidas para corregir el abuso; **we'll have to ~ quickly if we want to get that contract** tendremos que actuar inmediatamente si queremos hacernos con ese contrato

►**move about, move around** Ⓐ VT + ADV 1 (= *place in different position*) cambiar de sitio
2 (= *employee*) trasladar de un sitio a otro
Ⓑ VI + ADV 1 (= *fidget*) moverse
2 (= *walk about*) andar
3 (= *travel*) viajar de un sitio a otro; **to ~ about freely** circular libremente

►**move along** Ⓐ VT + ADV [+ *crowd*] hacer circular
Ⓑ VI + ADV 1 [*crowd*] circular; **~ along there!** ¡circulen!
2 (= *move forward*) avanzar, adelantarse
3 (*on bench etc*) correrse, hacerse a un lado

►**move aside** Ⓐ VT + ADV apartar
Ⓑ VI + ADV apartarse, ponerse a un lado, quitarse de en medio

►**move away** Ⓐ VT + ADV 1 (*gen*) apartar, alejar
2 (= *move to another place*) mover
Ⓑ VI + ADV 1 (= *move aside*) apartarse
2 (= *leave*) irse, marcharse; **to ~ away (from)** marcharse (de)
3 (= *move house*) mudarse

►**move back** Ⓐ VT + ADV 1 [+ *crowd*] hacer retroceder
2 (*to former place*) volver, regresar
3 [+ *employee*] volver a trasladar
4 (= *postpone*) aplazar, posponer; **let's ~ the meeting back to Friday** vamos a aplazar *or* posponer la reunión hasta el viernes
Ⓑ VI + ADV 1 (= *withdraw*) retroceder, retirarse
2 (*to former place*) volver, regresar
3 (= *move house*) **they ~d back to Burgos again** volvieron a mudarse a Burgos

►**move down** Ⓐ VT + ADV 1 [+ *person, object*] bajar
2 (*on bench etc*) hacer correrse
3 (*Scol*) [+ *pupil*] **I may have to ~ you down (a group)** puede que tenga que ponerte en un nivel más bajo
Ⓑ VI + ADV 1 [*person, object*] bajar
2 (*on bench etc*) correrse
3 (*Scol*) [*pupil*] **he has had to ~ down one class** ha tenido que cambiarse al curso inmediatamente inferior
4 (*Sport*) (*in league*) descender (a la división inferior *etc*)

►**move forward** Ⓐ VT + ADV 1 avanzar
2 (= *bring forward*) [+ *date, meeting*] adelantar; **to ~ the clocks forward** adelantar los relojes
Ⓑ VI + ADV adelantarse

►**move in** Ⓐ VT + ADV (= *take inside*) meter, llevar hacia dentro
Ⓑ VI + ADV 1 (*into accommodation*) instalarse; **to ~ in with sb** irse a vivir con algn
2 (= *start operations*) ponerse manos a la obra, intervenir; (*Comm*) (*to new market*) introducirse; **drug dealers soon ~d in** los traficantes de drogas se pusieron rápidamente manos a la obra
3 (= *come closer*) acercarse (**on** a); [*army*] avanzar (**on** sobre)

►**move off** Ⓐ VT + ADV sacar
Ⓑ VI + ADV 1 (= *go away*) irse, marcharse
2 (= *start moving*) ponerse en marcha

►**move on** Ⓐ VT + ADV 1 [+ *crowd etc*] hacer circular
2 [+ *hands of clock*] adelantar
Ⓑ VI + ADV 1 [*person, vehicle*] circular
2 (*fig*) 2·1 [*time*] pasar
2·2 (*to new job*) **this training will prove useful when you want to ~ on** esta formación te resultará útil cuando quieras cambiar de trabajo; **she wanted to ~ on to a bigger company** quería irse a trabajar a una empresa mayor
2·3 (*in discussion*) pasar (**to** a); **let's leave it there and ~ on (to the next point)** dejémoslo aquí y pasemos al punto siguiente
2·4 (= *change*) cambiar; **things have ~d on since your visit** las cosas han cambiado desde tu visita

►**move out** Ⓐ VT + ADV 1 [+ *person, object*] sacar
2 [+ *troops*] retirar
Ⓑ VI + ADV 1 (= *leave accommodation*) mudarse; **to ~ out of an area** marcharse de un barrio; **to ~ out of a flat** mudarse de un piso *or* (*LAm*) departamento
2 (= *withdraw*) [*troops*] retirarse

►**move over** Ⓐ VT + ADV hacer a un lado, correr
Ⓑ VI + ADV 1 (*on bench, seat*) correrse, hacerse a un lado; **~ over!** ¡córrete!
2 (*fig*) **if he can't do the job, he should ~ over to let someone else have a chance** si no sabe hacerlo, debería dejarlo para que otro lo intente; **we should ~ over to a different system** nos convendría cambiar de sistema

►**move up** Ⓐ VT + ADV 1 [+ *object, person*] subir
2 [+ *troops*] trasladar al frente
3 (= *promote*) ascender
Ⓑ VI + ADV 1 (= *make room*) correrse
2 (= *increase*) [*shares, rates etc*] subir
3 (= *be promoted*) ascender, ser ascendido; **to ~ up a class** [*pupil*] pasar de curso, pasar al curso inmediatamente superior

**moveable** ['mu:vəbl] = **movable**

**movement** ['mu:vmənt] N 1 (= *motion*) movimiento *m*; [*of part*] juego *m*, movimiento *m*; [*of traffic*] circulación *f*; (*on stock exchange*) actividad *f*; **upward/downward ~** movimiento ascendente/descendente; **to be in ~** estar en movimiento; **there was a ~ towards the door** algunos se dirigieron hacia la puerta; **the police questioned him about his ~s** la policía le pidió informes sobre sus actividades; **~ of capital** movimiento de capitales
2 (= *gesture*) gesto *m*, ademán *m*
3 (*political, artistic etc*) movimiento *m*
4 (*Mech*) mecanismo *m*
5 (*Mus*) tiempo *m*, movimiento *m*
6 (*Med*) (*also* **bowel ~**) evacuación *f*

**mover** ['mu:vəʳ] N 1 [*of motion*] promotor/a *m/f*
2 (*US*) agente *m* de mudanzas
3 (*) **he's a lovely ~** se mueve con mucho garbo, baila/anda con mucha elegancia

**movie** ['mu:vɪ] (*esp US*) Ⓐ N película *f*, film(e) *m*; **the ~s** el cine; **to go to the ~s** ir al cine
Ⓑ CPD ► **movie camera** N cámara *f* cinematográfica ► **movie house** N = **movie theatre** ► **the movie industry** N la industria cinematográfica ► **movie star** N estrella *f* de cine ► **movie theatre** N cine *m*

**moviegoer** ['mu:vɪgəʊəʳ] N (*US*) aficionado/a *m/f* al cine

**movieland** ['mu:vɪlænd] N (*US*) (= *dreamworld*) mundo *m* de ensueño creado por el cine; (*eg Hollywood*) centro *m* de la industria cinematográfica

**moving** ['mu:vɪŋ] Ⓐ ADJ 1 (= *not fixed*) móvil; **~ part** pieza *f* móvil
2 (= *not stationary*) [*vehicle*] en marcha, en movimiento; [*target*] móvil, en movimiento
3 (= *touching*) [*book, story, film, sight, event*] conmovedor, emotivo
4 (*fig*) (= *instigating*) motor (*fem: motora/motriz*), impulsor; **the ~ force behind sth** la fuerza motora *or* motriz *or* impulsora de algo; **the ~ spirit behind sth** el espíritu impulsor de algo
Ⓑ N (= *relocation*) **~ is a very stressful experience** mudarse *or* una mudanza de casa es una experiencia muy estresante
Ⓒ CPD ► **moving company** N (*US*) empresa *f* de mudanzas ► **moving pavement**, **moving sidewalk** (*US*) N cinta *f* móvil ► **moving picture†** N película *f* ► **moving staircase** N escalera *f* mecánica ► **moving van** N (*US*) camión *m* de mudanzas ► **moving walkway** N cinta *f* móvil

**movingly** ['mu:vɪŋlɪ] ADV [*speak, write*] emotivamente, de manera conmovedora

**mow** [məʊ] (*pt* **mowed**; *pp* **mown**, **mowed**) VT 1 **to ~ the lawn** cortar el césped
2 (*Agr*) segar, cortar; **to ~ sb down** (*fig*) acabar con algn, segar la vida de algn

**mower** ['məʊəʳ] N 1 (*also* **lawn ~**) cortacésped *m*
2 (*Agr*) (= *machine*) segadora *f*; (= *person*) segador(a) *m/f*

**mowing** ['məʊɪŋ] Ⓐ N siega *f*
Ⓑ CPD ► **mowing machine** N segadora *f* (mecánica)

**mown** [məʊn] PP of **mow**

**moxie‡, moxy‡** ['mɒksɪ] N (*US*) (= *courage*) valor *m*; (= *nerve*) sangre fría *f*; (= *vigour*) vigor *m*, dinamismo *m*

**Mozambican** [ˌməʊzəm'bi:kən] Ⓐ ADJ mozambiqueño
Ⓑ N mozambiqueño/a *m/f*

**Mozambique** [ˌməʊzəm'bi:k] N Mozambique *m*

**Mozarab** [mɒz'ærəb] N mozárabe *mf*

**Mozarabic** [mɒz'ærəbɪk] Ⓐ ADJ mozárabe
Ⓑ N mozárabe *m*

**mozzarella** [ˌmɒtsə'relə] N mozzarella *f*

**MP** N ABBR 1 (*Brit*) (= **member of parliament**) Dip., diputado/a *m/f*, parlamentario/a *m/f*
2 (*Mil*) (= **military police**) PM *f*
3 (*Canada*) = **mounted police**

**mpg** N ABBR (*Aut*) (= **miles per gallon**) ≈ k.p.l.

**mph** N ABBR (= **miles per hour**) ≈ km/h, ≈ k.p.h.

**MPhil** [em'fɪl] N ABBR (*Univ*) = **Master of Philosophy**

**MPS** N ABBR (*Brit*) = **Member of the Pharmaceutical Society**

**MPV** N ABBR = **multipurpose vehicle**

**Mr** ['mɪstəʳ] N ABBR (*pl* **Messrs**) (= **Mister**) Sr., señor; **Mr Jones wants to see you** el señor Jones quiere verte; **yes, Mr Brown** sí, señor Brown; *see also* **big A6**, **right A2**

**MR, MRS, MISS**

**Use of article**

• Use the article with **Sr./señor**, **Sra./señora**, **Srta./señorita** when you are talking *about* someone rather than *to* them:

Mr Smith is not at home

***El Sr. Smith no está en casa***

Mr and Mrs Crespo are on holiday

***Los Sres. (de) Crespo están de vacaciones***

Have you seen Miss Barrios this morning?

***¿Ha visto a la Srta. Barrios esta mañana?***

NOTE: The abbreviated form is more common than the full form in writing.

• Don't use the article before **Sr./señor**, **Sra./señora**, **Srta./señorita** when addressing someone directly:

Good morning, Mrs Ramírez

***Buenos días, Sra. Ramírez***

Mr López, there's a telephone call for you

***Sr. López, le llaman por teléfono***

**Capitalization**

• Write the *full forms* **señor**, **señora** and **señorita** with a small "s", even when using them as titles:

***El señor Smith no está en casa***

***Estaba hablando con la señora (de) Williams***

**Addressing correspondence**

• Use **Sr. Don/Sra. Doña** (**Sr. D./Sra. Dña.**) rather than **Sr./Sra.** when giving both forename and surname. Don't use the article:

Mr Bernardo García

***Sr. Don** or **Sr. D. Bernardo García***

Mrs Teresa Álvarez Serrano

***Sra. Doña** or **Sra. Dña. Teresa Álvarez Serrano***

⇨ *See also* APELLIDO, DON

*For further uses and examples, see main entries at* ***miss²***, ***mister*** *and* ***Mrs***.

**MRC** N ABBR (*Brit*) (= **Medical Research Council**) *depto. estatal que controla la investigación médica*

**MRCP** N ABBR (*Brit*) = **Member of the Royal College of Physicians**

**MRCS** N ABBR (*Brit*) = **Member of the Royal College of Surgeons**

**MRCVS** N ABBR (*Brit*) = **Member of the Royal College of Veterinary Surgeons**

**MRD** N ABBR = **machine-readable dictionary**

**MRI** [,emɑːr'aɪ] N = **magnetic resonance imaging**

**MRP** N ABBR = **manufacturer's recommended price**

**Mrs** ['mɪsɪz] Ⓐ N ABBR (*pl inv*) (= **Mistress**) Sra., señora; **~ Pitt wants to see you** la señora (de) Pitt quiere verte; **yes, ~ Brown** sí, señora Brown; → MR, MRS, MISS
Ⓑ CPD ► **Mrs Mop*** N (*Brit hum*) la maruja*

**MRSA** N ABBR (= **methicillin-resistant Staphylococcus aureus**) *virus asesino sin tratamiento conocido*

**MS** Ⓐ N ABBR 1 = **multiple sclerosis**
2 (*US*) = **Master of Science**
Ⓑ ABBR 1 (*US*) = **Mississippi**
2 (*also* **ms**) = **manuscript**

**Ms** [mɪz, məz] N ABBR (= **Miss** *or* **Mrs**) *prefijo de nombre de mujer que evita expresar su estado civil*; **Ms Sinclair is not at home** la señora Sinclair no está en casa

**Ms**

*La fórmula de tratamiento* **Ms** *es el equivalente femenino de* **Mr** *y se utiliza frecuentemente en la actualidad para evitar la distinción que los términos tradicionales establecían entre mujer casada* (**Mrs**) *y soltera* (**Miss**). *Las formas* **Ms** *y* **Miss** *nunca llevan punto, pero* **Mr** *y* **Mrs** *a veces sí.*

**MSA** N ABBR (*US Univ*) = **Master of Science in Agriculture**

**MSC** N ABBR (*Brit*) (*formerly*) = **Manpower Services Commission**

**MSc** N ABBR (*Brit Univ*) = **Master of Science**; → DEGREE

**MS-DOS** [,emes'dɒs] N ABBR = **Microsoft Disk Operating System**

**MSF** N ABBR (*Brit*) = **Manufacturing, Science, Finance**

**MSG** N ABBR = **monosodium glutamate**

**Msgr** ABBR (= **Monsignor**) Mons.

**MSI** N ABBR = **medium-scale integration**

**MSP** N ABBR (*Brit*) = **Member of the Scottish Parliament**

**MSS** ABBR = **manuscripts**

**MST** N ABBR (*US*) = **Mountain Standard Time**

**MSW** N ABBR (*US Univ*) = **Master of Social Work**

**MT** Ⓐ N ABBR = **machine translation**
Ⓑ ABBR (*US*) = **Montana**

**Mt** ABBR (*Geog*) (= **Mount, Mountain**) m.

**MTB** N ABBR = **motor torpedo boat**

**mth** ABBR (= **month**) m.

**MTV** N ABBR = **music television**

**much** [mʌtʃ] Ⓐ ADJ mucho; **there isn't ~ time** no tenemos mucho tiempo, tenemos poco tiempo; **~ crime goes unreported** hay muchos crímenes que no se denuncian; **I haven't got as ~ energy as you** no tengo tanta energía como tú; **how ~ sugar do you want?** ¿cuánto azúcar quieres?; **so ~ tea** tanto té; **she's got so ~ energy** tiene tanta energía; **too ~ jam** demasiada mermelada *f*; **we haven't got too ~ time** no tenemos demasiado tiempo; **very ~** mucho; **we haven't very ~ time** no tenemos mucho tiempo, tenemos poco tiempo; **without ~ money** sin mucho dinero
Ⓑ ADVERB 1 (= *a lot*) mucho; (*before pp*) muy; **she doesn't go out ~** no sale mucho; **it doesn't ~ matter** ◊ **it doesn't matter ~** no importa mucho; **I ~ regret that …** siento mucho que …; **it won't finish ~ before midnight** no terminará mucho antes de la media noche; **~ better** mucho mejor; **he's ~ richer than I am** *or* **than me** es mucho más rico que yo; **~ pleased** muy satisfecho; **~ as I would like to go** a pesar de que me gustaría mucho ir, aunque me gustaría mucho ir; **~ as I should like to** por mucho que quisiera; **~ as I like him** aunque *or* a pesar de que me gusta mucho; **~ as he hated the idea …** a pesar de lo que odiaba la idea …; **~ as I respect her ideas, I still think she's wrong** a pesar de que respeto mucho sus ideas *or* aunque respeto mucho sus ideas, creo que está equivocada; **however ~ he tries** por mucho que se esfuerce; **I hardly know her, ~ less her mother** apenas la conozco, y mucho menos a su madre; **not ~** no mucho; **thank you (ever) so ~** muchísimas gracias, muy agradecido; **I feel ever so ~ better** me siento muchísimo mejor; **~ though I like him** por mucho que él me guste; **~ though he hated the idea, he knew that …** a pesar de lo que odiaba la idea, sabía que …; **he had reservations about the scheme, ~ though he valued Alison's opinions** tenía sus dudas respecto al plan, a pesar de que valoraba mucho las opiniones de Alison; **~ to my astonishment** para gran sorpresa mía; **he talks too ~** habla demasiado; **very ~** mucho; **I enjoyed myself very ~** me divertí mucho
2 (= *by far*) con mucho; **~ the biggest** con mucho el más grande; **I would ~ rather stay** prefiero mucho más quedarme
3 (= *more or less*) más o menos, casi; **they're ~ the same size** tienen más o menos el mismo tamaño; **they are ~ of an age** tienen casi la misma edad
Ⓒ PRONOUN mucho; **there isn't ~ to do** no hay mucho que hacer; **but ~ remains to be done** pero queda mucho que *or* por hacer; **you've got as ~ as she has** tienes tanto como ella; **it didn't cost as ~ as I had expected** no costó tanto como yo me esperaba; **it can cost as ~ as $2,000** puede llegar a costar 2.000 dólares; **that's a bit ~!*** ¡eso es demasiado!; **there isn't ~ in it** (*between alternatives*) no hay mucha diferencia, no va mucho de uno a otro; **how ~ is it a kilo?** ¿cuánto vale el kilo?; **how ~ does it cost?** ¿cuánto cuesta?; **she won but there wasn't ~ in it** ganó, pero no por mucho; **she's not ~ to look at** físicamente no vale mucho; **to make ~ of sth** dar mucha importancia a algo; **~ of this is true** gran parte de esto es verdad; **we don't see ~ of each other** no nos vemos mucho; **we haven't heard ~ of him lately** últimamente apenas sabemos nada de él; **I'm not ~ of a musician** sé muy poco de música, entiendo poco de música; **I'm not ~ of a cook** no cocino muy bien; **he's not ~ of a player** como jugador no vale mucho; **that wasn't ~ of a dinner** eso apenas se podía llamar cena; **we spent so ~** gastamos tanto; **I've got so ~ to do** tengo tantísimo que hacer; **that's too ~** eso es demasiado; **it's not up to ~*** no vale gran cosa

**muchness** ['mʌtʃnɪs] N **they're much of a ~** son poco más o menos lo mismo

**mucilage** ['mjuːsɪlɪdʒ] N mucílago *m*

**mucilaginous** [,mjuːsɪ'lædʒɪnəs] ADJ mucilaginoso

**muck** [mʌk] N 1 (= *dirt*) suciedad *f*, mugre *f*; (= *manure*) estiércol *m*; *see also* **lady A3**
2 (*fig*) porquería *f*

► **muck about***, **muck around*** Ⓐ VT + ADV **to ~ sb about** *or* **around** fastidiar *or* (*LAm**) fregar a algn
Ⓑ VI + ADV 1 (= *lark about*) hacer tonterías; (= *do nothing in particular*) gandulear; **he enjoys ~ing about in boats** le gusta hacer el gandul navegando; **stop ~ing about!** ¡déjate de tonterías!
2 (= *tinker*) manosear

► **muck in*** VI + ADV compartir el trabajo, arrimar el hombro

► **muck out** VT + ADV (*Brit*) limpiar; **to ~ out a stable** limpiar una cuadra

► **muck up*** VT + ADV 1 (= *dirty*) ensuciar
2 (= *spoil*) echar a perder, fastidiar

**mucker‡** ['mʌkəʳ] N compinche *m*

**muckheap** ['mʌk,hiːp] N estercolero *m*

**muckiness** ['mʌkɪnɪs] N suciedad *f*

**muckrake*** ['mʌkreɪk] VI (*pej*) (= *dig up past*) revelar los trapos sucios; (= *pry*) buscar y revelar cosas vergonzosas en la vida de otros, escarbar vidas ajenas

**muckraker*** ['mʌk,reɪkəʳ] N (*pej*) escarbador(a) *m/f* de vidas ajenas

**muckraking*** ['mʌk,reɪkɪŋ] N (*pej*) (= *digging up the past*) revelación *f* de trapos sucios; (*in journalism*) amarillismo *m*, sensacionalismo *m*

**muck-up*** ['mʌkʌp] N lío *m* grande; **that ~ with the timetable** ese lío que nos armamos con el horario; **what a ~!** ¡qué faena!*

**mucky** ['mʌkɪ] ADJ (*compar* **muckier**; *superl* **muckiest**) (= *muddy*) lleno de barro, embarrado; (= *filthy*) sucio, asqueroso, mugroso (*LAm*); **keep your ~ paws off!*** (*hum*) ¡no toques con esas manazas tan sucias!*; **to get ~** (= *muddy*) llenarse de barro, embarrarse; (= *filthy*) ponerse hecho un asco*, ensuciarse; **to get sth ~** (= *muddy*) llenar algo de barro, embarrar algo; (= *filthy*) dejar algo hecho un asco*, ensuciar algo; ♦*IDIOM* **you're a ~ pup!*** (*hum*) ¡qué cochinote eres!*

**mucous** ['mjuːkəs] Ⓐ ADJ mucoso
Ⓑ CPD ► **mucous membrane** N mucosa *f*

**mucus** ['mjuːkəs] N moco *m*

**mud** [mʌd] Ⓐ N barro *m*, lodo *m*; **to stick in the ~** [*cart*] quedarse atascado en el barro; [*ship*] embarrancar; ♦*IDIOMS* **(here's) ~ in your eye!*** (*toast*) ¡salud y pesetas!; **to drag sb's name through the ~** ensuciar el nombre de algn; **his name is ~** tiene muy mala fama; **to sling** *or* **throw ~ at sb** vilipendiar *or* insultar a algn, poner a algn como un trapo *or* por los suelos
Ⓑ CPD ► **mud bank** N banco *m* de lodo ► **mud bath** N baño *m* de lodo ► **mud flap** N cortina *f* ► **mud hut** N choza *f* de barro ► **mud pack** N mascarilla *f* de barro ► **mud pie** N bola *f* de barro ► **mud wall** N tapia *f* ► **mud wrestling** N *espectáculo de lucha sobre un cuadrilátero de barro*

**muddle** ['mʌdl] Ⓐ N (*untidy*) desorden *m*, lío* *m*; (= *tricky situation*) lío* *m*, follón *m* (*Sp**); (= *mix-up*) confusión *f*; **what a ~!** (*looking at mess*) ¡qué desorden!, ¡qué lío!; (*situation*) ¡qué lío!*, ¡qué follón! (*Sp**); **there's been a ~ over the seats** ha habido una confusión con las localidades; **to be in a ~** [*room, books*] estar en desorden, estar revuelto, estar hecho un desbarajuste*; [*person*] estar confuso, estar hecho un lío*; **the arrangements are all in a ~** hay un verdadero lío con los preparativos*; **to get into a ~** [*things*] desordenarse, revolverse; [*person*] hacerse un lío*; **to get sth into a ~** desordenar algo, revolver algo
Ⓑ VT (*also* **~ up**) [1] (= *jumble*) [+ *photos, papers*] revolver, desordenar; **you've ~d (up) all my papers!** ¡has revuelto *or* desordenado todos mis papeles!; **she'd got all the papers ~d (up)** había revuelto todos los papeles; **to get ~d (up)** [*things*] desordenarse, revolverse
[2] (= *confuse*) [+ *person, details*] confundir; **to get ~d (up)** [*person*] confundirse, hacerse un lío*, liarse*; *see also* **muddle up**

►**muddle along** VI + ADV arreglárselas de alguna manera, ir tirando*

►**muddle on** VI hacer las cosas al tuntún

►**muddle through** VI + ADV arreglárselas de alguna manera, ir tirando*; **I expect we shall ~ through** espero que lo logremos de algún modo u otro

►**muddle up** VT + ADV [1] (= *jumble*) *see* **muddle B1**
[2] (= *confuse*) **I kept getting my words ~d up** no hacía más que confundirme al hablar; **the copies had got ~d up with the original documents** las copias se habían mezclado *or* confundido con los documentos originales; **you're getting me ~d up with the other Julie** me estás confundiendo con la otra Julie; *see also* **muddle B2**

**muddled** ['mʌdld] ADJ [*account, explanation*] confuso, lioso*; [*ideas, article, thinking*] confuso, poco claro; [*person*] confundido, liado*; **I'm afraid I'm a little ~** me temo que estoy un poco confundido, me temo que estoy un poco liado*

**muddleheaded** ['mʌdl,hedɪd] ADJ [*person*] despistado, atolondrado; [*ideas*] confuso

**muddler** ['mʌdləʳ] N atolondrado/a *m/f*

**muddy** ['mʌdɪ] Ⓐ ADJ (*compar* **muddier**; *superl* **muddiest**) [1] (= *covered in mud*) [*clothes, hands, floor, carpet, track, field*] lleno de barro, embarrado; [*water, stream*] turbio
[2] (= *dull*) [*brown, green*] sucio; [*skin, complexion*] terroso
[3] (= *confused*) [*ideas, thinking*] confuso, poco claro
Ⓑ VT [1] (= *make dirty*) [+ *floor, carpet*] llenar de barro; [+ *hands, dress*] manchar de barro; [+ *water, stream*] enturbiar
[2] (= *make confused*) **to ~ the issue** confundir el tema *or* la cuestión, enredar las cosas; ♦*IDIOM* **to ~ the waters** confundir el tema *or* la cuestión, enredar las cosas

**mudflats** ['mʌdflæts] NPL marisma *f*

**mudguard** ['mʌdgɑːd] N guardabarros *m inv*

**mudlark** ['mʌdlɑːk] N galopín *m*

**mudslide** ['mʌdslaɪd] N alud *m* de lodo

**mudslinging** ['mʌd,slɪŋɪŋ] N injurias *fpl*; **there won't be any ~ in this campaign** no habrá ataques personales en esta campaña

**muesli** ['mjuːzlɪ] N muesli *m*

**muezzin** [muː'ezɪn] N almuecín *m*, almuédano *m*

**muff¹** [mʌf] N (*for hands*) manguito *m*

**muff²** [mʌf] VT [+ *shot, catch etc*] fallar; (*Theat*) [+ *entrance, lines*] estropear; **to ~ a chance** desperdiciar una oportunidad, echar a perder una oportunidad; **to ~ it** fastidiarla, hacerlo fatal

**muffin** ['mʌfɪn] N [1] (= *cake*) magdalena *f* (*generalmente con sabor a chocolate o con trocitos de fruta*)
[2] (*eaten with butter*) (*Brit*) ≈ mollete *m*; (*US*) *especie de pan dulce*, ≈ bollo *m*

**muffle** ['mʌfl] VT [1] (= *deaden*) [+ *sound*] amortiguar
[2] (= *wrap warmly*) (*also* **~ up**) abrigar; **to ~ o.s. (up)** abrigarse
[3] (= *cover*) [+ *oars, drum, hooves*] enfundar (*para amortiguar el ruido*); **he ~d the receiver** (*Telec*) tapó el auricular con la mano

**muffled** ['mʌfld] ADJ [1] (= *deadened*) [*sound, shot, cry, sob*] sordo, apagado; [*voice*] apagado
[2] (= *warmly wrapped*) envuelto, abrigado; **children ~ up in scarves and woolly hats** niños envueltos *or* abrigados con bufandas y gorros de lana
[3] (= *covered*) [*oars, drum, hooves*] enfundado (*para amortiguar el ruido*)

**muffler** ['mʌfləʳ] N [1] (= *scarf*) bufanda *f*
[2] (*Mus*) sordina *f*
[3] (*US Aut*) silenciador *m*, mofle *m* (*LAm*)

**mufti** ['mʌftɪ] N **in ~** (vestido) de paisano

**mug** [mʌg] Ⓐ N [1] (= *cup*) tazón *m* (*más alto que ancho*); **do you want a cup or a ~?** ¿quieres una taza normal o una taza grande?
[2] (= *glass*) jarra *f*; **a beer ~** una jarra de *or* para cerveza
[3] (*) (= *dupe*) bobo/a *m/f*, primo/a *m/f*; **what a ~ I've been!** ¡mira que he sido bobo!; **smoking is a ~'s game** fumar es cosa de bobos
[4] (*) (= *face*) jeta* *f*, careto *m* (*Sp**); **what a ~ she's got!** ¡qué jeta tiene!*
Ⓑ VT (= *attack and rob*) atracar, asaltar; **he was ~ged in the city centre** lo atracaron en el centro de la ciudad
Ⓒ CPD ► **mug shot*** N fotografía *f* para las fichas

►**mug up*** VT + ADV [1] (*Brit*) (*also* **~ up on**) empollar
[2] **to ~ it up** (*US*) (= *grimace*) gesticular, hacer muecas; (*Theat*) actuar exagerando

**mugger** ['mʌgəʳ] N atracador(a) *m/f*, asaltante *mf*

**mugging** ['mʌgɪŋ] N atraco *m* (callejero)

**muggins*** ['mʌgɪnz] N (*Brit*) **~ will do it** lo haré yo, como un tonto

**muggy** ['mʌgɪ] ADJ (*compar* **muggier**; *superl* **muggiest**) [*weather*] bochornoso; **it's ~ today** hoy hace bochorno

**mugwump** ['mʌgwʌmp] N (*US*) votante *mf* independiente

**Muhammad** [mʊ'hæməd] N = **Mohammed**

**mujaheddin** ['muːdʒəhə'diːn] NPL mujaidines *mpl*

**mulatto** [mjuː'lætəʊ] Ⓐ ADJ mulato
Ⓑ N (*pl* **mulattos** *or* **mulattoes**) mulato/a *m/f*

**mulberry** ['mʌlbərɪ] N (= *fruit*) mora *f*; (= *tree*) morera *f*, moral *m*

**mulch** [mʌltʃ] Ⓐ N capote *m*, mantillo *m*
Ⓑ VT cubrir con capote, cubrir con mantillo

**mulct** [mʌlkt] VT [1] (= *fine*) multar
[2] (= *cheat*) **to ~ sb of sth** quitar algo a algn, privar a algn de algo

**mule¹** [mjuːl] Ⓐ N (= *animal*) mulo/a *m/f*; (*fig*) (= *person*) testarudo/a *m/f*; ♦*IDIOM* **(as) stubborn as a ~** terco como una mula
Ⓑ CPD ► **mule track** N camino *m* de herradura

**mule²** [mjuːl] N (= *slipper*) babucha *f*

**mule³** [mjuːl] N (*Tech*) máquina *f* de hilar intermitente, selfactina *f*

**muleteer** [,mjuːlɪ'tɪəʳ] N arriero *m*

**mulish** ['mjuːlɪʃ] ADJ terco, testarudo

**mulishness** ['mjuːlɪʃnɪs] N terquedad *f*, testarudez *f*

**mull** [mʌl] VT calentar con especias; **~ed wine** ponche *m*

►**mull over** VT + ADV reflexionar sobre, meditar

**mullah** ['mʌlə] N mullah *m*

**mullet** ['mʌlɪt] N **grey ~** mújol *m*; **red ~** salmonete *m*

**mulligatawny** [,mʌlɪgə'tɔːnɪ] N *especie de caldo de pollo o carne al curry*

**mullion** ['mʌlɪən] N parteluz *m*

**mullioned** ['mʌlɪənd] ADJ [*window*] dividido con parteluz

**multi...** ['mʌltɪ] PREFIX multi...

**multi-access** [,mʌltɪ'ækses] Ⓐ ADJ (*Comput*) multiacceso *inv*, de acceso múltiple
Ⓑ N acceso *m* múltiple

**multicellular** [,mʌltɪ'seljʊləʳ] ADJ multicelular

**multichannel** ['mʌltɪ'tʃænl] ADJ (*TV*) multicanal

**multicoloured, multicolored** (*US*) ['mʌltɪ'kʌləd] ADJ multicolor

**multicultural** [,mʌltɪ'kʌltʃərəl] ADJ multicultural

**multidimensional** [,mʌltɪdɪ'menʃənl] ADJ multidimensional

**multidirectional** [ˌmʌltɪdɪˈrekʃənl] ADJ multidireccional

**multidisciplinary** [ˌmʌltɪˈdɪsɪplɪnərɪ] ADJ multidisciplinario

**multifaceted** [ˌmʌltɪˈfæsɪtɪd] ADJ [*person*] multifacético; [*job*] con múltiples aspectos

**multifarious** [ˌmʌltɪˈfeərɪəs] ADJ múltiple, vario

**multiform** [ˈmʌltɪfɔːm] ADJ multiforme

**multifunctional** [ˈmʌltɪˈfʌŋkʃnəl] ADJ polivalente

**multigym** [ˈmʌltɪdʒɪm] N estación *f* de musculación

**multihull** [ˈmʌltɪhʌl] N multicasco *m*

**multilateral** [ˈmʌltɪˈlætərəl] ADJ (*Pol*) multilateral

**multilayer** [ˌmʌltɪˈleɪə] ADJ = **multilayered**

**multilayered** [ˌmʌltɪˈleɪəd] ADJ multicapa

**multilevel** [ˌmʌltɪˈlevl] ADJ (*US*) de muchos pisos

**multilingual** [ˌmʌltɪˈlɪŋgwəl] ADJ plurilingüe

**multilingualism** [ˌmʌltɪˈlɪŋgwəlɪzəm] N plurilingüismo *m*, multilingüismo *m*

**multimedia** [ˈmʌltɪˈmiːdɪə] ADJ [*aids, presentation*] (*also Comput*) multimedia

**multimillion** [ˈmʌltɪˈmɪljən] ADJ multimillonario

**multimillionaire** [ˈmʌltɪmɪljəˈnɛəʳ] N multimillonario/a *m/f*

**multi-million-pound** [ˌmʌltɪˈmɪljənˌpaʊnd] ADJ [*deal, fraud etc*] de (varios) millones de libras, multimillonario

**multi-nation** [ˈmʌltɪˈneɪʃən] ADJ [*treaty, agreement*] multinacional

**multinational** [ˌmʌltɪˈnæʃənl] Ⓐ N compañía *f* multinacional, multinacional *f*
Ⓑ ADJ multinacional

**multi-pack** [ˈmʌltɪpæk] N multipack *m*

**multi-party** [ˌmʌltɪˈpɑːtɪ] ADJ (*Pol*) [*system, democracy*] multipartidista, multipartidario; **~ talks** conversaciones *fpl* entre partidos

**multiple** [ˈmʌltɪpl] Ⓐ ADJ múltiple; **he died of ~ injuries** murió tras sufrir heridas múltiples; **~ accident** (*Aut*) colisión *f* múltiple *or* en cadena; **~ birth** parto *m* múltiple
Ⓑ N [1] (*Math*) múltiplo *m*; **lowest common ~** mínimo común múltiplo *m*
[2] (= *shop*) (*also* **~ store**) (sucursal *f* de una cadena de) grandes almacenes *mpl*
Ⓒ CPD ► **multiple choice question** N pregunta *f* de elección múltiple, pregunta *f* tipo test ► **multiple choice test** N examen *m* de elección múltiple, examen *m* tipo test ► **multiple ownership** N multipropiedad *f* ► **multiple personality (disorder)** N (*Psych*) personalidad *f* múltiple ► **multiple sclerosis** N esclerosis *f* múltiple ► **multiple store** N (sucursal *f* de una cadena de) grandes almacenes *mpl*

**multiplex** [ˈmʌltɪˌpleks] N (*also* **~ cinema**) multicines *mpl*

**multiplexor** [ˈmʌltɪˌpleksəʳ] N multiplexor *m*

**multiplicand** [ˌmʌltɪplɪˈkænd] N multiplicando *m*

**multiplication** [ˌmʌltɪplɪˈkeɪʃən] Ⓐ N multiplicación *f*
Ⓑ CPD ► **multiplication table** N tabla *f* de multiplicar

**multiplicity** [ˌmʌltɪˈplɪsɪtɪ] N multiplicidad *f*; **for a ~ of reasons** por múltiples razones; **a ~ of solutions** una gran diversidad *or* variedad de soluciones

**multiply** [ˈmʌltɪplaɪ] Ⓐ VT (*Math*) multiplicar; **to ~ eight by seven** multiplicar ocho por siete
Ⓑ VI [1] (*Math*) multiplicar
[2] (= *reproduce o.s.*) multiplicarse

**multiprocessing** [ˌmʌltɪˈprəʊsesɪŋ] N multiprocesamiento *m*

**multiprocessor** [ˌmʌltɪˈprəʊsesəʳ] N multiprocesador *m*

**multiprogramming**, **multiprograming** (*US*) [ˌmʌltɪˈprəʊgræmɪŋ] N multiprogramación *f*

**multipurpose** [ˌmʌltɪˈpɜːpəs] ADJ multiuso

**multiracial** [ˈmʌltɪˈreɪʃəl] ADJ multirracial

**multirisk** [ˈmʌltɪrɪsk] CPD ► **multirisk insurance** N seguro *m* multirriesgo, seguro *m* a todo riesgo

**multistorey** [ˌmʌltɪˈstɔːrɪ], **multistoreyed**, **multistoried** (*US*) [ˌmʌltɪˈstɔːrɪd] Ⓐ ADJ de varias plantas, de varios pisos
Ⓑ CPD ► **multistorey car park** N aparcamiento *m* de varias plantas

**multistrike** [ˈmʌltɪˌstraɪk] CPD ► **multistrike ribbon** N cinta *f* de múltiples impactos

**multitask** [ˈmʌltɪˈtɑːsk] N = **multitasking**

**multitasking** [ˈmʌltɪˈtɑːskɪŋ] N multitarea *f*

**multitrack** [ˈmʌltɪˌtræk] ADJ **~ recording** grabación *f* en bandas múltiples

**multitude** [ˈmʌltɪtjuːd] N [1] (= *crowd*) multitud *f*, muchedumbre *f*; **they came in ~s** acudieron en tropel; **the ~** (*pej*) las masas, la plebe
[2] (*fig*) **a ~ of problems** una infinidad de problemas, multitud de problemas; **there are a ~ of reasons why we shouldn't do it** hay multitud de razones por las que no deberíamos hacerlo; **for a ~ of reasons** por múltiples razones

**multitudinous** [ˌmʌltɪˈtjuːdɪnəs] ADJ muy numeroso, numerosísimo

**multiuser** [ˌmʌltɪˈjuːzəʳ] ADJ multiusuario; **~ system** sistema *m* multiusuario

**mum[1]*** [mʌm] N (*Brit*) (= *mother*) mamá* *f*, mamaíta* *f*, mamacita* *f* (*LAm*); **I'll ask Mum** le preguntaré a mamá; **my ~** mi mamá

**mum[2]*** [mʌm] ADJ **to keep ~ (about sth)** guardar silencio (sobre algo); **everybody is keeping ~ about it** nadie suelta prenda sobre el asunto; **~'s the word!** ¡punto en boca!, ¡ni una palabra a nadie!

**mumble** [ˈmʌmbl] Ⓐ VI mascullar
Ⓑ VT mascullar
Ⓒ N **he said in a ~** masculló, dijo entre dientes

**mumbo jumbo** [ˈmʌmbəʊˈdʒʌmbəʊ] N (= *nonsense*) galimatías *m inv*

**mummer** [ˈmʌməʳ] N *actor o actriz enmascarado en una representación teatral tradicional, por lo general mímica*

**mummery** [ˈmʌmərɪ] N *representación teatral tradicional, por lo general mímica, en que se usan máscaras*

**mummification** [ˌmʌmɪfɪˈkeɪʃən] N momificación *f*

**mummify** [ˈmʌmɪfaɪ] Ⓐ VT momificar
Ⓑ VI momificarse

**mummy[1]** [ˈmʌmɪ] N (= *preserved corpse*) momia *f*

**mummy[2]*** [ˈmʌmɪ] N (*Brit*) = **mum[1]**

**mumps** [mʌmps] NSING paperas *fpl*; **my brother's got ~** mi hermano tiene paperas

**mumsy*** [ˈmʌmzɪ] ADJ [*appearance, hair*] de señora; **she's much more ~ now** se la ve más maternal ahora

**munch** [mʌntʃ] Ⓐ VT mascar, masticar
Ⓑ VI mascar, masticar

**Münchhausen's Syndrome** [ˈmʌntʃaʊzənzˈsɪndrəʊm] N síndrome *m* de Munchhausen

**munchies*** NPL (*US*) [1] (= *snacks*) algo para picar
[2] **to have the ~** tener hambre

**mundane** [ˈmʌnˈdeɪn] ADJ (= *humdrum*) [*task*] rutinario; [*matter, problem*] trivial; [*existence*] prosaico; **on a more ~ level** a modo de trivialidad

**municipal** [mjuːˈnɪsɪpəl] ADJ municipal

**municipality** [mjuːˌnɪsɪˈpælɪtɪ] N (= *place*) municipio *m*

**munificence** [mjuːˈnɪfɪsns] N munificencia *f*

**munificent** [mjuːˈnɪfɪsnt] ADJ munífico, munificente

**muniments** [ˈmjuːnɪmənts] Ⓐ NPL documentos *mpl* (probatorios)
Ⓑ CPD ► **muniments room** N archivos *mpl*

**munitions** [mjuːˈnɪʃənz] Ⓐ NPL municiones *fpl*
Ⓑ CPD ► **munitions dump** N polvorín *m*, depósito *m* de municiones ► **munitions factory** N fábrica *f* de municiones

**mural** [ˈmjʊərəl] Ⓐ ADJ mural
Ⓑ N mural *m*, pintura *f* mural

**murder** [ˈmɜːdəʳ] Ⓐ N [1] asesinato *m*; (*Jur*) homicidio *m*; **accused of ~** acusado de homicidio; **to commit ~** cometer un asesinato *or* un crimen; **first-degree ~** ◊ **~ in the first degree** homicidio *m* premeditado, homicidio *m* en primer grado; **second-degree ~** ◊ **~ in the second degree** homicidio *m* en segundo grado; **the ~ weapon** el arma homicida; ✦***PROV* ~ will out** todo termina por saberse; *see also* **attempted**, **mass[2] D**
[2] (*) **"did you have a good holiday?" — "no, it was ~!"** —¿pasaste unas buenas vacaciones? —¡no, lo pasé fatal* *or* fueron horribles!; **the noise/heat in here is ~** el ruido que hay aquí/el calor que hace aquí es insoportable; **the roads were ~** las carreteras estaban hasta los topes*; ✦***IDIOMS* to scream** *or* **shout blue** *or* **bloody ~** poner el grito en el cielo; **to get away with ~: she lets the children get away with ~** a los niños les consiente todo, a los niños les deja hacer lo que les da la gana*
Ⓑ VT [1] [+ *person*] asesinar, matar, ultimar (*LAm*); **the ~ed man** el hombre asesinado
[2] (*fig*) (*) [+ *song, music, play, language*] destrozar, cargarse*; [+ *opponent*] aniquilar*
[3] (*) (= *really enjoy*) **I could ~ a beer/a cup of tea** daría cualquier cosa por una cerveza/una taza de té
Ⓒ VI cometer asesinatos, matar
Ⓓ CPD ► **murder case** N caso *m* de asesinato *or* homicidio ► **murder charge** N acusación *f* por asesinato *or* homicidio; **he is wanted on ~ charges** lo buscan por asesinato ► **Murder Squad** N brigada *f* de homicidios ► **murder trial** N juicio *m* por asesinato ► **murder victim** N víctima *f* de un asesinato *or* homicidio

**murderer** [ˈmɜːdərəʳ] N asesino/a *m/f*; (*as Jur term*) homicida *mf*

**murderess** [ˈmɜːdərɪs] N asesina *f*; (*as Jur term*) homicida *f*

**murderous** [ˈmɜːdərəs] ADJ [1] (= *homicidal*) homicida; (*fig*) cruel, feroz, sanguinario; [*look*] asesino, homicida; **I felt ~** (*lit, fig*) me vinieron pensamientos homicidas
[2] (*) (= *terrible*) **this heat is ~** este calor es cruel

**murderously** [ˈmɜːdərəslɪ] ADV [1] [*glare*] de manera asesina
[2] (*) (= *terribly*) terriblemente; **the bags were ~ heavy** las bolsas pesaban terriblemente *or* de forma matadora

**murk** [mɜːk] N oscuridad *f*, tinieblas *fpl*

**murkiness** ['mɜːkɪnɪs, 'mɜːkɪ] N (= *darkness*) oscuridad *f*; (*fig*) lo turbio, tenebrosidad *f*; [*of water, river*] lo turbio

**murky** ['mɜːkɪ] ADJ (*compar* **murkier**; *superl* **murkiest**) [1] (= *dark and cloudy*) [*night, evening*] tenebroso, oscuro; [*water*] turbio; [*fog*] espeso; [*brown, green*] sucio
[2] (*fig*) [*past*] turbio; **the ~ depths of Soviet politics** los turbios entresijos de la política soviética

**murmur** ['mɜːməʳ] Ⓐ N (= *soft speech*) murmullo *m*; [*of water, leaves*] murmullo *m*, susurro *m*; [*of distant traffic*] rumor *m*; **there were ~s of disagreement** hubo un murmullo de desaprobación; **without a ~** sin una queja; *see also* **heart B**
Ⓑ VI [*person*] murmurar; [*water*] murmurar, susurrar; **to ~ about sth** (= *complain*) quejarse de algo, murmurar de algo
Ⓒ VT murmurar, decir en voz baja

**Murphy** ['mɜːfɪ] N **~'s law*** ley *f* de la indefectible mala voluntad de los objetos inanimados

**MusB**, **MusBac** N ABBR (*Univ*) = **Bachelor of Music**

**muscatel** [,mʌskə'tel] Ⓐ ADJ moscatel
Ⓑ N moscatel *m*

**muscle** ['mʌsl] N [1] (*Anat*) músculo *m*; **to flex one's ~s** tensar los músculos; **he never moved a ~** ni se inmutó
[2] (*fig*) fuerza *f*; **political ~** poder *m* político

►**muscle in*** VI + ADV **to ~ in (on sth)** meterse por la fuerza (en algo)

**musclebound** ['mʌslbaʊnd] ADJ exageradamente musculoso

**muscleman*** ['mʌslmæn] N (*pl* **musclemen**) forzudo *m*

**muscle-wasting** ['mʌsl,weɪstɪŋ] ADJ **~ disease** enfermedad *f* de desgaste muscular

**Muscovite** ['mʌskəvaɪt] Ⓐ N moscovita *mf*
Ⓑ ADJ moscovita

**muscular** ['mʌskjʊləʳ] Ⓐ ADJ [1] (*Med, Physiol*) [*tissue, pain, control*] muscular
[2] (= *brawny*) [*person, body*] musculoso
Ⓑ CPD ► **muscular dystrophy** N distrofia *f* muscular

**musculature** ['mʌskjʊlətjʊəʳ] N musculatura *f*

**MusD**, **MusDoc** N ABBR (*Univ*) = **Doctor of Music**

**Muse** [mjuːz] N musa *f*; **the ~s** las Musas

**muse** [mjuːz] Ⓐ VI **to ~ on** *or* **about sth** reflexionar sobre algo, meditar algo
Ⓑ VT **"should we?" he ~d** —¿debemos hacerlo? —dijo pensativo

**museum** [mjuː'zɪəm] Ⓐ N museo *m*
Ⓑ CPD ► **museum piece** N (*lit*) pieza *f* de museo; (*fig*) antigualla *f*, pieza *f* de museo

**mush¹** [mʌʃ] N [1] (*Culin*) gachas *fpl*
[2] (*fig*) sensiblería *f*, sentimentalismo *m*

**mush²‡** [mʊʃ] N [1] (= *face*) jeta* *f*, careto *m* (*Sp‡*)
[2] (*in direct address*) **hey, ~!** ¡hola, tronco!*

**mushroom** ['mʌʃrʊm] Ⓐ N (*Culin*) (*round-topped*) champiñón *m*; (*flat-topped*) seta *f*; (*Bot*) seta *f*, hongo *m*, callampa *f* (*Chile*); **a great ~ of smoke** un enorme hongo de humo; **to grow like ~s** crecer como hongos; **to spring up like ~s** (*fig*) surgir como hongos
Ⓑ VI [*town etc*] crecer vertiginosamente; **the cloud of smoke went ~ing up** una nube de humo ascendió en forma de hongo
Ⓒ CPD [*salad, omelette etc*] de champiñones ► **mushroom cloud** N hongo *m* nuclear ► **mushroom growth** N crecimiento *m* vertiginoso ► **mushroom town** N ciudad *f* que crece vertiginosamente

**mushy** ['mʌʃɪ] ADJ (*compar* **mushier**; *superl* **mushiest**) [1] (*lit*) pulposo, mollar; **~ peas** (*Brit*) puré *m* de guisantes *or* (*LAm*) arvejas, chícharos *mpl* aguados (*Mex*)
[2] (*fig*) sensiblero, sentimentaloide

**music** ['mjuːzɪk] Ⓐ N música *f*; **to set a work to ~** poner música a una obra; ✦**IDIOMS it was ~ to my ears** daba gusto escucharlo, me sonaba a música celestial; **to face the ~** afrontar las consecuencias
Ⓑ CPD ► **music box** N (*esp US*) caja *f* de música ► **music centre** N equipo *m* estereofónico ► **music critic** N crítico/a *m/f* musical ► **music director** N director(a) *m/f* musical ► **music festival** N festival *m* de música ► **music hall** N teatro *m* de variedades ► **music lesson** N (*instrumental*) clase *f* de música; (*vocal*) clase *f* de solfeo ► **music lover** N aficionado/a *m/f* a la música, amante *mf* de la música ► **music paper** N papel *m* de música, papel *m* pautado ► **music stand** N atril *m*

**musical** ['mjuːzɪkəl] Ⓐ ADJ [1] (= *relating to music*) [*career, taste, style, accompaniment, composition*] musical; [*talent, ability*] musical, para la música
[2] (= *musically talented*) [*person, child*] dotado para la música, con aptitudes musicales; **he came from a ~ family** venía de una familia de músicos *or* dotada para la música
[3] (= *melodious*) [*laugh, voice*] musical
Ⓑ N (*Cine, Theat*) musical *m*
Ⓒ CPD ► **musical box** N caja *f* de música ► **musical chairs** N juego *msing* de las sillas, juego *msing* del stop; **to play ~ chairs** jugar a las sillas, jugar al stop ► **musical comedy** N (*esp US*) comedia *f* musical ► **musical director** N = **music director** ► **musical instrument** N instrumento *m* musical ► **musical score** N (= *written music*) partitura *f*; (= *soundtrack*) banda *f* sonora

**musicale** [,mjuːzɪ'kɑːl] N velada *f* musical

**musicality** [,mjuːzɪ'kælɪtɪ] N musicalidad *f*

**musically** ['mjuːzɪkəlɪ] ADV [1] (= *from a musical point of view*) **I'm ~ trained** tengo formación musical; **she was incredibly gifted ~** tenía un talento increíble para la música, tenía un talento musical increíble; **~, the piece cannot be faulted** desde el punto de vista musical, no se le pueden sacar defectos a la pieza
[2] (= *melodiously*) [*say*] con un tono musical, melodiosamente

**musician** [mjuː'zɪʃən] N músico/a *m/f*; **he's a ~** es músico

**musicianship** [mjuː'zɪʃənʃɪp] N maestría *f* musical

**musicologist** [,mjuːzɪ'kɒlədʒɪst] N musicólogo/a *m/f*

**musicology** [,mjuːzɪ'kɒlədʒɪ] N musicología *f*

**musingly** ['mjuːzɪŋlɪ] ADV [*say etc*] con aire distraído, pensativamente

**musings** ['mjuːzɪŋz] NPL meditaciones *fpl*

**musk** [mʌsk] Ⓐ N (= *substance*) almizcle *m*; (= *scent*) perfume *m* de almizcle; (*Bot*) almizcleña *f*
Ⓑ CPD ► **musk ox** N buey *m* almizclado ► **musk rose** N (*Bot*) rosa *f* almizcleña

**musket** ['mʌskɪt] N mosquete *m*

**musketeer** [,mʌskɪ'tɪəʳ] N mosquetero *m*

**musketry** ['mʌskɪtrɪ] N (= *muskets*) mosquetes *mpl*; (= *firing*) fuego *m* de mosquetes, tiros *mpl*

**muskrat** ['mʌskræt] N ratón *m* almizclero

**musky** ['mʌskɪ] ADJ almizcleño, almizclado; [*smell*] a almizcle

**Muslim** N ['mʊslɪm] (*pl* **Muslims** *or* **Muslim**) = **Moslem**

**muslin** ['mʌzlɪn] Ⓐ N muselina *f*
Ⓑ ADJ de muselina

**musquash** ['mʌskwɒʃ] N [1] (= *animal*) = **muskrat**
[2] (= *fur*) piel *f* de ratón almizclero

**muss*** [mʌs] VT (*also* **~ up**) [+ *hair*] despeinar; [+ *dress*] arrugar

**mussel** ['mʌsl] Ⓐ N mejillón *m*
Ⓑ CPD ► **mussel bed** N criadero *m* de mejillones

**must¹** [mʌst] N = **mustiness**

**must²** [mʌst] Ⓐ MODAL AUX VB [1] (*obligation*) deber, tener que; **I ~ do it** debo hacerlo, tengo que hacerlo; **the patient ~ have complete quiet** el enfermo debe tener *or* tiene que tener *or* requiere silencio absoluto; **I ~ buy some presents** tengo que comprar unos regalos; **you ~ come again next year** tienes que volver el año que viene; **you ~n't forget to send her a card** no te vayas a olvidar de mandarle una tarjeta; **you ~n't touch it** no debes tocarlo; **"must not be switched off"** "no debe apagarse"; **I'll do it if I ~** si me obligan, lo haré, lo haré si es necesario; **do it if you ~** hazlo si es necesario; **if you ~ know, I'm Portuguese** para que lo sepa, soy portugués; **one ~ not be too hopeful** no hay que ser demasiado optimista; **I really ~ go now** de verdad que me tengo que ir ya; **I ~ say, he's very irritating** tengo que decir que es muy irritante; **why ~ you always be so rude?** ¿por qué tienes que ser siempre tan maleducado?
[2] (*probability*) deber de; **you ~ be tired** debes de estar cansado; **it ~ be cold up there** debe de hacer frío allí arriba; **he ~ be there by now** ya debe de estar allí; **it ~ be eight o'clock by now** ya deben de ser las ocho; **but you ~ have seen her!** ¡pero debes de haberla visto!; **there ~ be a reason** debe de haber *or* tiene que haber una razón
Ⓑ N (*) **this programme is a ~** no hay que perderse este programa, este programa hay que verlo

**must-*** [mʌst-] PREFIX **a ~see movie** una película que hay que ver, una película que no puede perderse; **leather jeans are the ~have fashion item of the season** los vaqueros de cuero son la prenda de moda imprescindible de la temporada; **a ~read** un libro obligado; **it's a ~visit** es una visita obligada

**mustache** ['mʌstæʃ] N (*US*) = **moustache**

**mustachioed** [mʌs'tæʃɪəʊd] ADJ (*US*) = **moustachioed**

**mustang** ['mʌstæŋ] N potro *m*, mesteño mustang(o) *m*

**mustard** ['mʌstəd] Ⓐ N (*Bot, Culin*) mostaza *f*; ✦**IDIOM he doesn't cut the ~*** no da la talla
Ⓑ ADJ **a ~ (yellow) dress** un vestido color mostaza
Ⓒ CPD ► **mustard gas** N (*Chem, Mil*) gas *m* mostaza ► **mustard plaster** N sinapismo *m*, cataplasma *f* de mostaza ► **mustard pot** N mostacera *f*

**muster** ['mʌstəʳ] Ⓐ N (*esp Mil*) revista *f*; ✦**IDIOM to pass ~** ser aceptable
Ⓑ VT (= *call together, collect*) reunir; (*also* **~ up**) [+ *courage*] armarse de; [+ *strength*] cobrar; **the club can ~ 20 members** el club cuenta con 20 miembros, el club consta de 20 miembros
Ⓒ VI juntarse, reunirse

**mustiness** ['mʌstɪnɪs] N [*of room*] olor *m* a cerrado, olor *m* a humedad

**mustn't** ['mʌsnt] = **must not**; *see* **must²**

➤ LANGUAGE IN USE: must² A1 2.2, 10.1, 10.2 A2 15.2

**musty** ['mʌstɪ] ADJ (*compar* **mustier**; *superl* **mustiest**) [*room etc*] que huele a humedad, que huele a cerrado; (*fig*) anticuado

**mutability** [,mju:tə'bɪlɪtɪ] N mutabilidad *f*

**mutable** ['mju:təbl] ADJ mudable

**mutagen** ['mju:tədʒən] N mutagene *m*

**mutant** ['mju:tənt] Ⓐ ADJ mutante
Ⓑ N mutante *mf*

**mutate** [mju:'teɪt] Ⓐ VT (*Bio*) mutar; (= *change*) transformar
Ⓑ VI (*Bio*) mutarse, sufrir mutación; (= *change*) transformarse

**mutation** [mju:'teɪʃən] N mutación *f*

**mute** [mju:t] Ⓐ ADJ mudo; **to become ~** enmudecer; **with H ~** con hache muda
Ⓑ N [1] (= *person*) mudo/a *m/f*
[2] (*Mus*) sordina *f*
[3] (*Ling*) letra *f* muda
Ⓒ VT (*Mus*) poner sordina a; [+ *noise*] amortiguar; [+ *feelings etc*] acallar

**muted** ['mju:tɪd] ADJ [*noise*] sordo; [*criticism*] callado, silencioso

**mutilate** ['mju:tɪleɪt] VT mutilar

**mutilation** [,mju:tɪ'leɪʃən] N mutilación *f*

**mutineer** [,mju:tɪ'nɪəʳ] N amotinado *m*, amotinador *m*

**mutinous** ['mju:tɪnəs] ADJ (*lit*) amotinado; (*fig*) rebelde; **we were feeling pretty ~** estábamos hartos ya, estábamos dispuestos a rebelarnos

**mutiny** ['mju:tɪnɪ] Ⓐ N motín *m*
Ⓑ VI amotinarse

**mutt*** [mʌt] N [1] (= *fool*) bobo *m*
[2] (= *dog*) chucho *m*

**mutter** ['mʌtəʳ] Ⓐ N murmullo *m*; **a ~ of voices** un murmullo de voces
Ⓑ VT murmurar, decir entre dientes; **"yes," he ~ed** —sí —dijo entre dientes
Ⓒ VI (*gen*) murmurar; [*guns, thunder*] retumbar a lo lejos; (= *complain*) quejarse

**mutton** ['mʌtn] Ⓐ N cordero *m*; **a leg of ~** una pierna de cordero; ✦*IDIOM* **~ dressed as lamb** vejestorio *m* emperifollado
Ⓑ CPD ► **mutton chop** N chuleta *f* de cordero

**mutual** ['mju:tjʊəl] Ⓐ ADJ [1] (= *reciprocal*) [*affection, help*] mutuo; **the feeling is ~** el sentimiento es mutuo; **they had a ~ understanding not to bring up the subject** tenían el mutuo acuerdo de no sacar el tema
[2] (= *common*) [*friend, cousin*] común; **they had a ~ interest in rugby** tenían un interés común *or* compartían su interés por el rugby; **it is to our ~ benefit** *or* **advantage** es beneficioso para ambos; **by ~ consent** de mutuo *or* común acuerdo
Ⓑ CPD ► **mutual benefit society** N mutualidad *f*, mutua *f*, mutual *f* (*Chile, Peru, Bol*) ► **mutual fund** N (*US*) fondo *m* de inversión mobiliaria ► **mutual insurance** N seguro *m* mutuo ► **mutual savings bank** N caja *f* mutua de ahorros

**mutuality** [,mju:tjʊ'ælɪtɪ] N mutualidad *f*

**mutually** ['mju:tjʊəlɪ] ADV [1] (= *reciprocally*) mutuamente; **these views are ~ exclusive** estas opiniones se excluyen mutuamente
[2] (= *for/by both parties involved*) **we arranged to meet at a ~ convenient time** acordamos vernos a una hora que nos viniera bien a los dos; **such a move would be ~ beneficial to the two companies** esta medida resultaría beneficiosa para ambas empresas; **we ~ agreed that …** decidimos de mutuo *or* común acuerdo que …

**Muzak**® ['mju:zæk] N hilo *m* musical

**muzzle** ['mʌzl] Ⓐ N [1] (= *snout*) hocico *m*
[2] [*of gun*] boca *f*
[3] (= *restraint for dog*) bozal *m*
Ⓑ VT [1] [+ *dog*] poner bozal a
[2] (*fig*) [+ *person*] amordazar
Ⓒ CPD ► **muzzle loader** N arma *f* que se carga por la boca ► **muzzle velocity** N velocidad *f* inicial

**muzzy** ['mʌzɪ] ADJ (*compar* **muzzier**; *superl* **muzziest**) [*outline, ideas*] borroso; [*person*] atontado, confuso

**MVP** N ABBR (*US*) = **most valuable player**

**MW** N ABBR [1] (*Rad*) (= **medium wave**) OM *f*
[2] (*Elec*) = **megawatt(s)**

**my** [maɪ] Ⓐ POSS ADJ (*with singular noun*) mi; (*with plural noun*) mis; **my friend** mi amigo; **my books** mis libros; **my two best friends** mis dos mejores amigos; **my own car** mi propio coche; **they stole my car** me robaron el coche; **I'm washing my hair** me estoy lavando la cabeza; **I took off my coat** me quité el abrigo
Ⓑ EXCL ¡caramba!

**myalgia** [maɪ'ældʒɪə] N mialgia *f*

**myalgic encephalomyelitis** [maɪ'ældʒɪken-,sefələʊmaɪə'laɪtɪs] N encefalomielitis *f inv* miálgica

**Myanmar** ['maɪænma:ʳ] N Myanmar *f*

**mycology** [maɪ'kɒlədʒɪ] N micología *f*

**myopia** [maɪ'əʊpɪə] N (*frm*) miopía *f*

**myopic** [maɪ'ɒpɪk] ADJ (*frm*) miope

**myriad** ['mɪrɪəd] (*frm*) Ⓐ ADJ **a ~ flies** un sinnúmero *or* una miríada de moscas
Ⓑ N miríada *f*; **the ~ of problems we face** la miríada de problemas a la que nos enfrentamos

**myrmidon** ['mɜ:mɪdən] N (*pej, hum*) secuaz *m* fiel, satélite *m*, esbirro *m*

**myrrh** [mɜ:ʳ] N mirra *f*

**myrtle** ['mɜ:tl] N arrayán *m*, mirto *m*

**myself** [maɪ'self] PRON [1] (*reflexive*) me; **I've hurt ~** me he hecho daño; **I couldn't see ~ in the mirror** no pude verme en el espejo
[2] (*emphatic*) yo mismo/a; (*after prep*) mí, mí mismo/a; **I made it ~** lo hice yo mismo; **I went ~** fui en persona; **I talked mainly about ~** hablé principalmente de mí (mismo)
[3] (*phrases*) **by ~** solo/a; **I did it all by ~** lo hice yo solo; **I don't like travelling by ~** no me gusta viajar solo; **don't leave me all by ~!** ¡no me dejes aquí solo!; **a beginner like ~** un principiante como yo; **I'm not ~** no me encuentro nada bien; **I was talking to ~** hablaba solo

**mysterious** [mɪs'tɪərɪəs] ADJ [1] (= *puzzling*) [*disappearance, illness, circumstances*] misterioso; **there is nothing ~ about it** no tiene nada de misterioso, no tiene ningún misterio; ✦*PROV* **the Lord moves in ~ ways** los designios del Señor son inescrutables
[2] (= *enigmatic*) [*person, object*] misterioso; [*smile*] misterioso, lleno de misterio; **why are you being so ~?** ¿por qué andas con tanto misterio?, ¿a qué viene tanto misterio?

**mysteriously** [mɪs'tɪərɪəslɪ] ADV [*say, smile, behave*] misteriosamente, de forma misteriosa; [*disappear, appear, arrive*] misteriosamente

**mystery** ['mɪstərɪ] Ⓐ N [1] (*gen, Rel*) misterio *m*; **there's no ~ about it** no tiene ningún misterio; **to make a great ~ out of a matter** rodear un asunto con un halo de misterio; **it's a ~ to me where it can have gone** no entiendo dónde puede haberse metido; **it's a ~ how I lost it** no entiendo cómo lo pude perder
[2] (*Literat*) (*also* **~ story**) novela *f* de misterio
[3] (*Rel Theat*) (*also* **~ play**) auto *m* sacramental, misterio *m*
Ⓑ CPD ► **mystery man** N hombre *m* misterioso ► **mystery play** N auto *m* sacramental, misterio *m* ► **mystery ship** N buque *m* misterioso ► **mystery story** N novela *f* de misterio ► **mystery tour**, **mystery trip** N viaje *m* sorpresa

**mystic** ['mɪstɪk] Ⓐ ADJ místico
Ⓑ N místico/a *m/f*

**mystical** ['mɪstɪkəl] ADJ místico

**mysticism** ['mɪstɪsɪzəm] N misticismo *m*; (= *doctrine, literary genre*) mística *f*

**mystification** [,mɪstɪfɪ'keɪʃən] N [1] (= *mystery*) misterio *m*; **why all the ~?** ¿por qué tanto misterio?
[2] (= *confusion*) perplejidad *f*; **my ~ increased** creció mi perplejidad

**mystified** ['mɪstɪfaɪd] ADJ perplejo, desconcertado; **I was ~** me quedé perplejo *or* desconcertado; **he had a ~ look on his face** se le notaba en la cara que estaba perplejo *or* desconcertado, tenía cara de perplejidad *or* desconcierto

**mystify** ['mɪstɪfaɪ] VT dejar perplejo, desconcertar

**mystifying** ['mɪstɪfaɪɪŋ] ADJ desconcertante

**mystique** [mɪs'ti:k] N mística *f*

**myth** [mɪθ] N (= *story*) mito *m*; (= *imaginary person, thing*) mito *m*, ilusión *f*; **a Greek ~** un mito griego; **that's a ~** eso es un mito; **it's a ~ that boiling water freezes faster than cold water** es un mito que el agua hirviendo se congela más rápidamente que el agua fría; *see also* **urban B**

**mythic** ['mɪθɪk] ADJ = **mythical**

**mythical** ['mɪθɪkəl] ADJ (*Myth*) [*beast, creature*] mítico; (= *imaginary*) imaginario

**mythological** [,mɪθə'lɒdʒɪkəl] ADJ mitológico

**mythology** [mɪ'θɒlədʒɪ] N mitología *f*

**myxomatosis** [,mɪksəʊmə'təʊsɪs] N mixomatosis *f inv*

# N n

**N¹**, **n** [en] N (= *letter*) N *f*, n *f*; **N for Nellie** N de Navarra; **there are n ways of doing it** hay X maneras de hacerlo; *see also* **nth**

**N²** ABBR (= **north**) N

**'n'*** [ən] CONJ = **and**

**NA** N ABBR (*US*) [1] = **Narcotics Anonymous** [2] = **National Academy**

**n/a** ABBR [1] (= **not applicable**) no interesa [2] (*Banking*) = **no account** [3] (*Comm*) = **not available**

**NAACP** N ABBR (*US*) = **National Association for the Advancement of Colored People**

> **NAACP**
>
> *La* **NAACP**, *siglas que corresponden a* **National Association for the Advancement of Colored People** *(Asociación Nacional para el Progreso de la Gente de Color), es una organización voluntaria estadounidense fundada en 1910 que se opone a la discriminación racial y que lucha por conseguir leyes que protejan los derechos de los ciudadanos de color. En 1953, la* **NAACP** *anunció que la integración en las escuelas era su objetivo prioritario, y éste se vio cumplido cuando al año siguiente el Tribunal Supremo de los Estados Unidos prohibió las escuelas segregadas conocidas como* **separate but equal**. *Esta asociación siempre ha propugnado la no violencia y rechazó el* **black power movement** *de los años sesenta. El movimiento cuenta con el apoyo de cientos de miles de estadounidenses, muchos de ellos de raza blanca.*

**NAAFI** ['næfɪ] N ABBR (*Brit Mil*) (= **Navy, Army and Air Force Institute**) *(servicio de) cantinas, economatos etc para las fuerzas armadas*

**nab*** [næb] VT (= *grab*) [+ *thing*] agarrar; [+ *person*] pillar*; (= *arrest*) pescar*, coger, agarrar (*LAm*); (= *steal*) robar, mangar (*Sp**)

**nabob** ['neɪbɒb] N nabab *m*

**nacelle** [næ'sel] N barquilla *f*, góndola *f*

**nacho** ['nɑːtʃəʊ] N (*pl* **nachos**) nacho *m*

**nacre** ['neɪkəʳ] N nácar *m*

**nacreous** ['neɪkrɪəs] ADJ nacarino, nacarado, de nácar

**NACU** N ABBR (*US*) = **National Association of Colleges and Universities**

**nadir** ['neɪdɪəʳ] N (*Astron*) nadir *m*; (*fig*) punto *m* más bajo, nadir *m*

**naevus**, **nevus** (*US*) ['niːvəs] N (*pl* **naevi**, *(US)* **nevi** ['niːvaɪ]) nevo *m*

**naff*** [næf] ADJ (= *in poor taste*) de mal gusto, hortera (*Sp**); (= *inferior*) ordinario, inferior

►**naff off*** VI + ADV **~ off** vete a paseo*, vete al cuerno*

**NAFTA** ['næftə] N ABBR (= **North American Free Trade Agreement**) TLC *m*

**nag¹** [næg] N (= *horse*) rocín *m*, jaco *m*

**nag²** [næg] Ⓐ VT [1] (= *annoy*) fastidiar, dar la lata a*; **stop ~ging me!** ¡deja ya de fastidiarme, ¡deja ya de darme la lata!*; **she ~s me all day long** se pasa el día fastidiándome, se pasa el día dándome la lata*; **to ~ sb to do sth** ◊ **~ sb into doing sth** fastidiar a algn para que haga algo*, dar la lata a algn para que haga algo*
[2] (= *scold*) regañar; **to ~ sb for doing sth** regañar a algn por hacer algo
[3] (= *torment*) **his conscience was ~ging him** le remordía la conciencia; **he was ~ged by doubts** lo acosaban las dudas
Ⓑ VI [1] (= *annoy*) fastidiar, dar la lata*; **to ~ at sb (to do sth)** fastidiar a algn (para que haga algo), dar la lata a algn (para que haga algo)*
[2] (= *scold*) regañar
Ⓒ N gruñón/ona *m/f*

**nagger** ['nægəʳ] N gruñón/ona *m/f*

**nagging** ['nægɪŋ] Ⓐ ADJ [*person*] gruñón; [*pain, doubt, fear*] persistente; [*conscience*] intranquilo
Ⓑ N quejas *fpl*, críticas *fpl*

**NAHT** N ABBR (*Brit*) (= **National Association of Head Teachers**) *sindicato de profesores*

**naiad** ['naɪæd] N (*pl* **naiads** *or* **naiades** ['naɪədiːz]) náyade *f*

**nail** [neɪl] Ⓐ N [1] (*Anat*) uña *f*; **to bite one's ~s** morderse las uñas
[2] (*metal*) clavo *m*; ✦**IDIOMS a ~ in sb's coffin**: **this is another ~ in his coffin** éste es otro paso hacia su destrucción; **to hit the ~ on the head** dar en el clavo; **to pay (cash) on the ~** pagar en el acto, pagar a tocateja (*Sp**); *see also* **hard A1**
Ⓑ VT [1] (= *fix with nails*) clavar, sujetar con clavos; **to ~ two things together** fijar *or* unir dos cosas con clavos
[2] (*) (= *catch, get hold of*) agarrar, pillar*
[3] (= *expose*) [+ *lie*] poner al descubierto; [+ *rumour*] demostrar la falsedad de
[4] (= *define*) definir, precisar
Ⓒ CPD ► **nail bomb** N bomba *f* de metralla ► **nail clippers** NPL cortauñas *m inv* ► **nail enamel** (*US*) N esmalte *m* de uñas ► **nail file** N lima *f* (para las uñas) ► **nail polish** N esmalte *m* de uñas ► **nail polish remover** N quitaesmalte *m* ► **nail scissors** NPL tijeras *fpl* para las uñas ► **nail varnish** N esmalte *m* de uñas ► **nail varnish remover** N quitaesmalte *m*

►**nail down** VT + ADV [1] (= *secure with nails*) clavar, sujetar con clavos
[2] (*fig*) [+ *person*] obligar a concretar; **you can't ~ him down** es imposible hacerle concretar; **we ~ed him down to a date** le forzamos a fijar una fecha

►**nail up** VT + ADV (= *fix*) (*on wall*) clavar; (= *close*) [+ *window*] condenar (*claveteándole tablas*)

**nail-biting** ['neɪl,baɪtɪŋ] Ⓐ ADJ [*tension*] angustioso; [*contest, finish*] emocionantísimo
Ⓑ N mala costumbre *f* de morderse las uñas

**nailbrush** ['neɪlbrʌʃ] N cepillo *m* de uñas

**Nairobi** [naɪ'rəʊbɪ] N Nairobi *m*

**▼naïve**, **naive** [naɪ'iːv] ADJ [1] [*person*] ingenuo; [*argument*] simplista; [*attitude, views*] ingenuo, cándido
[2] (*Art*) naif

**naïvely**, **naively** [naɪ'iːvlɪ] ADV ingenuamente

**naïveté**, **naivety** [naɪ'iːvtɪ] N ingenuidad *f*, candor *m*

**naked** ['neɪkɪd] ADJ [1] (= *unclothed*) [*person, body, flesh*] desnudo; [*breasts*] desnudo, al descubierto; **visible/invisible to the ~ eye** visible/invisible a simple vista; *see also* **stark**, **strip B1**
[2] (*fig*) (= *defenceless*) **to go ~ into battle** entrar en combate a cuerpo descubierto
[3] (= *without grass, plants, etc*) [*earth*] pelado, yermo (*liter*); [*tree, branches*] pelado, desnudo (*liter*)
[4] (= *exposed*) [*light bulb*] sin pantalla; [*wire*] pelado; [*sword*] desenvainado; **~ flame** llama *f*
[5] (= *undisguised*) [*hatred, misery*] manifiesto, visible; [*ambition*] patente, ostensible; **the ~ pursuit of power** la carrera manifiesta por el poder; **the ~ truth** la verdad al desnudo, la pura verdad

**nakedly** ['neɪkɪdlɪ] ADV (= *unashamedly*) (*with adj*) manifiestamente, ostensiblemente; (*with verb*) de manera ostensible

**nakedness** ['neɪkɪdnɪs] N (*lit*) desnudez *f*; [*of aggression, ambition*] lo patente

**NALGO** ['nælgəʊ] N ABBR (*Brit*) (*formerly*) (= **National and Local Government Officers' Association**) *sindicato de funcionarios*

**NAM** N ABBR (*US*) = **National Association of Manufacturers**

**namby-pamby** ['næmbɪ'pæmbɪ] Ⓐ ADJ soso, ñoño*
Ⓑ N persona *f* sosa, ñoño/a* *m/f*

**name** [neɪm] Ⓐ N [1] [*of person, firm*] nombre *m*; (= *surname*) apellido *m*; [*of book, film*] título *m*; **what's your ~?** ¿cómo te llamas?; **my ~ is Peter** me llamo Peter; **what ~ shall I say?** (*Telec*) ¿de parte de quién?; (*announcing arrival*) ¿a quién debo anunciar?; **what ~ are they giving the child?** ¿qué nombre le van a poner al niño?; **they married to give the child a ~** se casaron para darle nombre *or* legitimar al niño; **to take sb's ~ and address** apuntar el nombre y las señas de algn; **by ~**

➤ LANGUAGE IN USE: naïve 26.3

de nombre; **I know him by ~ only** lo conozco solamente de nombre; **Pérez by ~** de apellido Pérez, apellidado Pérez; **a lady by the ~ of Dulcinea** una dama llamada Dulcinea; **we know it by another ~** lo conocemos por otro nombre; **to go by the ~ of** ser conocido por el nombre de; **in ~: he was king in ~ only** era rey tan sólo de nombre; **it exists in ~ only** no existe más que de nombre; **at least in ~** al menos nominalmente; **she's the boss in all but ~** para jefa sólo le falta el nombre; **in the ~ of peace** en nombre de la paz; **I thank you in the ~ of all those present** le doy las gracias en nombre de todos los presentes; **he signed on in the ~ of Smith** se inscribió en el paro *or* desempleo con el apellido Smith; **open up, in the ~ of the law!** ¡abran en nombre de la ley!; **what's in a ~?** ¿qué importa un nombre?; **to lend one's ~ to** prestar su nombre a; **I'll do it, or my ~'s not Bloggs!** ¡como que me llamo Bloggs que lo haré!; **to put one's ~ down for** [+ *new car etc*] apuntarse para; [+ *school, course*] inscribirse en; **he had his ~ taken** (*Sport*) el árbitro apuntó su nombre; **we know it under another ~** lo conocemos por otro nombre; **to go under the ~ of** ser conocido por el nombre de; **✦*IDIOMS* that's the ~ of the game*** (= *the norm*) así son las cosas; (= *what's important*) eso es lo importante; **he hasn't a penny to his ~** no tiene donde caerse muerto; *see also* **Christian**, **first E**, **maiden**, **middle C**, **pet B2**

[2] **names** (= *insults*) **to call sb ~s** insultar a algn

[3] (= *reputation*) reputación *f*, fama *f*; **to get (o.s.) a bad ~** crearse mala reputación *or* fama; **he's giving the place a bad ~** le está dando mala fama al lugar; **he has a ~ for carelessness** tiene fama de descuidado; **the firm has a good ~** la casa tiene buena reputación; **to make a ~ for o.s.** hacerse famoso; **to make one's ~** llegar a ser famoso

[4] (= *person*) **big ~*** (gran) figura *f*, personaje *m* importante; **he's one of the big ~s in the business** es uno de los grandes en este negocio; **this show has no big ~s** este show no tiene figuras famosas

Ⓑ VT [1] (= *call*) llamar; [+ *person*] (*at birth*) poner; **a man ~d Jack** un hombre llamado Jack; **they ~d the child Mary** a la niña le pusieron María; **to ~ sth/sb after** *or* (*US*) **for sth/sb: they ~d him Winston after Churchill** le pusieron Winston por Churchill; **she was ~d after her grandmother** la llamaron como a su abuela, le pusieron el nombre de su abuela; **they ~d the street after Nelson Mandela** a la calle le pusieron el nombre de Nelson Mandela

[2] (= *mention*) **you were not ~d in the speech** no se te nombró *or* mencionó en el discurso; **he is not ~d in this list** no figura en esta lista; **~ the third president of the USA** diga el nombre del tercer presidente de EE.UU.; **~ 20 British birds** nómbrame 20 pájaros británicos; **first-named** primero; **last-named** último; **you ~ it, we've got it** cualquier cosa que pidas, la tenemos; **to name names** dar *or* mencionar nombres

[3] (= *fix*) [+ *date, price*] fijar; **have you ~d the day yet?** ¿han fijado ya la fecha de la boda?; **they're so keen to buy it you can ~ your price** tienen tanto afán por comprarlo que puedes pedirles lo que quieras *or* decir el precio que quieras

[4] (= *nominate*) nombrar; **he was ~d ambassador to Warsaw** lo nombraron embajador en Varsovia

Ⓒ CPD ► **name day** N (*Rel*) día *m* del santo, fiesta *f* onomástica; (*Fin*) día *m* de ajuste de cuentas ► **name tape** N etiqueta *f* con el nombre

**name-calling** ['neɪmkɔːlɪŋ] N insultos *mpl*, ofensas *fpl*

**namecheck** ['neɪmtʃek] Ⓐ N alusión *f* directa, referencia *f* directa (*en una canción, película, etc.*); **he gets a ~ in the first song** hay una referencia directa a él en la primera canción
Ⓑ VT aludir directamente a, mencionar

**name-dropper** ['neɪm,drɒpəʳ] N **he's a ~** siempre está mencionando a la gente importante que conoce

**name-dropping** ['neɪm'drɒpɪŋ] N **there was a good deal of ~** todo el mundo se las daba de conocer a gente importante

**nameless** ['neɪmlɪs] ADJ [1] (= *anonymous*) anónimo, sin nombre; **someone, who shall be ~ ...** cierta persona, cuyo nombre me callo ...
[2] (= *indefinable*) [*dread, grief*] indescriptible; [*crime*] horrendo, indescriptible

**namely** ['neɪmlɪ] ADV a saber, concretamente; **another possibility, ~ that it was not working** otra posibilidad, a saber, que no funcionaba

**nameplate** ['neɪmpleɪt] N (*on door*) placa *f* (del nombre); (*on goods*) placa *f* del fabricante

**namesake** ['neɪmseɪk] N tocayo/a *m/f*, homónimo/a *m/f*

**name-tag** ['neɪmtæg] N placa *f* de identificación

**Namibia** [nɑː'mɪbɪə] N Namibia *f*

**Namibian** [nɑː'mɪbɪən] Ⓐ ADJ namibio
Ⓑ N namibio/a *m/f*

**nan*** [næn], **nana*** ['nænə] N (*Brit*) (= *grandmother*) abuelita* *f*, yaya* *f*

**nan bread** ['nɑːnbred] N *pan indio sin apenas levadura*

**nance‡** [næns] N, **nancy(-boy)‡** ['nænsɪ(bɔɪ)] N (*Brit pej*) maricón‡ *m*

**nanny** ['nænɪ] Ⓐ N [1] (= *childminder*) niñera *f*
[2] (*) (= *grandmother*) abuelita* *f*, yaya* *f*
Ⓑ CPD ► **nanny goat** N cabra *f* ► **nanny state** N (*esp Brit*) papá-estado *m*

**nannying** ['nænɪɪŋ] N [1] (= *job*) profesión *f* de niñera
[2] (*pej*) (= *mollycoddling*) protección *f* excesiva

**nano-** ['nænəʊ] PREFIX nano-

**nanometre** ['nænəʊ,miːtəʳ] N nanómetro *m*

**nanotechnology** [,nænəʊtek'nɒlədʒɪ] N nanotecnología *f*

**Naomi** ['neɪəmɪ] N Naomi

**nap¹** [næp] Ⓐ N sueñecito *m*; (*in afternoon*) siesta *f*; **to have** *or* **take a ~** echar un sueñecito/una siesta
Ⓑ VI dormitar; **✦*IDIOMS* to catch sb ~ping** pillar a algn desprevenido; **to be caught ~ping** estar desprevenido

**nap²** [næp] N (*on cloth*) lanilla *f*, pelusa *f*

**nap³** [næp] N (*Cards*) (= *game*) napolitana *f*; **to go ~** jugarse el todo (**on** a)

**NAPA** N ABBR (*US*) (= **National Association of Performing Artists**) *sindicato de trabajadores del espectáculo*

**napalm** ['neɪpɑːm] N napalm *m*

**nape** [neɪp] N (*also* **~ of the neck**) nuca *f*, cogote *m*

**naphtha** ['næfθə] N nafta *f*

**naphthalene** ['næfθəliːn] N naftalina *f*

**napkin** ['næpkɪn] Ⓐ N (= *table napkin*) servilleta *f*; (*Brit*) (*baby's*) pañal *m*; (*US*) (= *sanitary towel*) compresa *f* higiénica, paño *m* higiénico
Ⓑ CPD ► **napkin ring** N servilletero *m*

**Naples** ['neɪplz] N Nápoles *m*

**Napoleon** [nə'pəʊlɪən] N Napoleón

**Napoleonic** [nə,pəʊlɪ'ɒnɪk] ADJ napoleónico

**napper*** ['næpəʳ] N (= *head*) coca* *f*

**nappy** ['næpɪ] Ⓐ N (*Brit*) pañal *m*; **the baby's got a dirty ~** el niño tiene caca; **leave the dirty nappies to soak** pon los pañales sucios a remojo
Ⓑ CPD ► **nappy liner** N gasa *f* ► **nappy rash** N irritación *f*; **to have ~ rash** estar escaldado

**Narbonne** [nɑː'bɒn] N Narbona *f*

**narc*** [nɑːk] N (*US*) agente* *mf* de la brigada de los narcóticos

**narcissi** [nɑː'sɪsaɪ] NPL *of* **narcissus**

**narcissism** [nɑː'sɪsɪzəm] N narcisismo *m*

**narcissist** ['nɑːsɪ,sɪst] N narcisista *mf*

**narcissistic** [,nɑːsɪ'sɪstɪk] ADJ narcisista

**Narcissus** [nɑː'sɪsəs] N Narciso

**narcissus** [nɑː'sɪsəs] N (*pl* **narcissi** *or* **narcissuses** [nɑː'sɪsaɪ]) (*Bot*) narciso *m*

**narcolepsy** ['nɑːkəʊlepsɪ] N narcolepsia *f*

**narcoleptic** [,nɑːkəʊ'leptɪk] Ⓐ ADJ narcoléptico
Ⓑ N narcoléptico/a *m/f*

**narcosis** [nɑː'kəʊsɪs] N narcosis *f*, narcotismo *m*

**narco-terrorism** [,nɑːkəʊ'terərɪzəm] N narcoterrorismo *m*

**narcotic** [nɑː'kɒtɪk] Ⓐ N [1] (*Med*) narcótico *m*
[2] (*esp US*) (= *illegal drug*) **narcotics** estupefacientes *mpl*, narcóticos *mpl*
Ⓑ ADJ narcótico; **~ drug** narcótico *m*
Ⓒ CPD ► **narcotics agent** N agente *mf* de narcóticos ► **narcotics charge** N **to be on a ~s charge** estar acusado de traficar con drogas ► **narcotics trafficker** N narcotraficante *mf*, traficante *mf* de drogas ► **narcotics trafficking** N narcotráfico *m*, tráfico *m* de estupefacientes *or* drogas

**narcotism** ['nɑːkə,tɪzəm] N narcotismo *m*

**narcotize** ['nɑːkətaɪz] VT narcotizar

**narco-trafficker** [,nɑːkəʊ'træfɪkəʳ] N narcotraficante *mf*

**narco-trafficking** [,nɑːkəʊ'træfɪkɪŋ] N narcotráfico *m*

**nard** [nɑːd] N nardo *m*

**nark*** [nɑːk] Ⓐ N soplón/ona* *m/f*
Ⓑ VT [1] (= *upset*) **to be ~ed** estar cabreado *or* mosqueado*; **to get ~ed** cabrearse*, mosquearse*; **he got really ~ed** se cabreó* *or* mosqueó* de lo lindo
[2] (*Brit*) **~ it!** (= *stop it*) ¡déjalo!; (= *go away*) ¡lárgate!*

**narky*** ['nɑːkɪ] ADJ **to get ~** (*Brit*) cabrearse*, mosquearse*

**narrate** [nə'reɪt] VT [+ *documentary*] narrar, hacer los comentarios de; [+ *story*] narrar, relatar

**narration** [nə'reɪʃən] N [*of documentary*] narración *f*, comentarios *mpl*; [*of story*] narración *f*, relato *m*

**narrative** ['nærətɪv] Ⓐ ADJ narrativo
Ⓑ N (= *act*) narración *f*; (= *story*) narración *f*, relato *m*

**narrator** [nə'reɪtəʳ] N [*of story*] narrador(a) *m/f*; [*of documentary*] narrador(a) *m/f*, comentarista *mf*

**narrow** ['nærəʊ] Ⓐ ADJ (*compar* **narrower**; *superl* **narrowest**) [1] (*in width*) [*street, passage, room, stairs*] estrecho, angosto; [*bed, channel, face*] estrecho, angosto (*LAm*); **to become** *or* **get ~(er)** estrecharse, angostarse (*LAm*)
[2] (= *limited*) [*range*] reducido, limitado; [*definition*] restringido; **prices rose and fell within a ~ band** los precios subieron y bajaron

dentro de una estrecha banda; **in a ~ sense** en sentido estricto
3 (= *small, slight*) [*margin, majority*] escaso; [*victory, defeat*] por un escaso margen; **to have a ~ escape** salvarse de milagro, salvarse por los pelos*; **to have a ~ lead (over sb)** llevar una pequeña ventaja (a algn)
4 (*usu pej*) (= *restricted*) [*person*] de miras estrechas, intolerante; [*mind*] estrecho de miras; [*view, idea*] cerrado
Ⓑ VI 1 (= *become less wide*) [*road, path, river*] estrecharse, angostarse (*LAm*)
2 (= *almost close*) [*eyes*] entrecerrarse
3 (= *diminish*) [*gap, majority*] reducirse
Ⓒ VT 1 (= *reduce*) [+ *gap*] reducir; [+ *differences*] solventar en cierta medida
2 (= *almost close*) **to ~ one's eyes** entrecerrar los ojos
Ⓓ N 1 *see* **straight C1**
2 **narrows** estrecho *msing*
Ⓔ CPD ► **narrow boat** N (*Brit*) barcaza *f* ► **narrow gauge** N (*Rail*) vía *f* estrecha; (*before noun*) de vía estrecha

►**narrow down** Ⓐ VT + ADV [+ *search, investigation, possibilities*] restringir, limitar; **I've ~ed the guest list down to 30** he reducido la lista de invitados a 30
Ⓑ VI + ADV [*road, path, valley*] estrecharse, angostarse (*LAm*); [*search, investigation*] restringirse; **the list of candidates has ~ed down to four** la lista de candidatos se ha reducido a cuatro

**narrowing** ['nærəʊɪŋ] N [*of road, path, channel*] estrechamiento *m*; **the ~ of the gap between rich and poor** el acortamiento de la distancia que separa a ricos y pobres

**narrowly** ['nærəʊlɪ] ADV 1 (= *just*) [*escape, avoid, miss, fail*] por poco; [*defeat*] por un escaso margen; **to be ~ defeated** (*in election*) ser derrotado por un escaso margen; (*Sport*) perder por poco
2 (= *restrictively*) [*define*] de forma restringida; **to be ~ based** [*organization*] tener una base limitada; **these exams are too ~ vocational** estos exámenes tienen un enfoque demasiado vocacional
3 (= *closely*) [*watch*] de cerca; [*observe*] atentamente

**narrow-minded** ['nærəʊ'maɪndɪd] (*pej*) ADJ [*person*] estrecho de miras, de mentalidad cerrada; [*views*] intolerante, cerrado; [*ideas, outlook*] cerrado

**narrow-mindedness** ['nærəʊ'maɪndɪdnɪs] N estrechez *f* de miras, intolerancia *f*

**narrowness** ['nærəʊnɪs] N 1 [*of road, path, channel*] estrechez *f*
2 [*of victory, defeat*] escaso margen *m*
3 [*of attitude*] lo cerrado; **~ of mind** estrechez *f* de miras

**narwhal** ['nɑːwəl] N narval *m*

**NAS** N ABBR (*US*) = **National Academy of Sciences**

**NASA** ['næsə] N ABBR (*US*) (= **National Aeronautics and Space Administration**) NASA *f*

**nasal** ['neɪzəl] Ⓐ ADJ 1 (*Anat*) nasal
2 (= *twanging*) gangoso
Ⓑ N nasal *f*

**nasality** [neɪ'zælɪtɪ] N nasalidad *f*

**nasalization** [,neɪzəlaɪ'zeɪʃən] N nasalización *f*

**nasalize** ['neɪzəlaɪz] VT nasalizar; (*twangingly*) pronunciar con timbre gangoso

**nasally** ['neɪzəlɪ] ADV nasalmente, por la nariz; **to speak ~** hablar por la nariz

**nascent** ['næsnt] ADJ [*industry, democracy*] naciente

**Nassau** ['næsɔː] N Nassau *m*

**nastily** ['nɑːstɪlɪ] ADV [*speak, behave*] con maldad

**nastiness** ['nɑːstɪnɪs] N 1 (= *unpleasantness*) [*of weather, situation*] lo desagradable; [*of taste, smell*] lo desagradable, lo repugnante
2 (= *spitefulness*) maldad *f*

**nasturtium** [nəs'tɜːʃəm] N (*Bot*) capuchina *f*

**nasty** ['nɑːstɪ] Ⓐ ADJ (*compar* **nastier**; *superl* **nastiest**) 1 (= *unpleasant*) [*situation, experience, surprise*] desagradable; [*taste, smell*] desagradable, repugnante; [*habit, weather*] desagradable, feo, malo; **it was a ~ business** fue un asunto desagradable; **I've got a ~ feeling that …** tengo la horrible sensación de que …; **history has a ~ habit of repeating itself** la historia tiene la mala costumbre de repetirse; **he had a ~ shock** se llevó un susto terrible; **the situation turned ~** la situación se puso fea; *see also* **taste A2**
2 (= *serious*) [*accident*] serio, grave; [*cut, wound*] feo; [*infection*] fuerte; [*disease*] peligroso; **a ~ case of** un caso grave de; **she had a ~ fall** tuvo una mala caída
3 (= *difficult*) [*question*] difícil; [*bend, junction*] peligroso; [*problem*] complicado; **there was one ~ moment when …** se produjo un momento de tensión cuando …
4 (= *spiteful*) [*person, remark*] cruel, desagradable; [*joke*] de mal gusto, grosero; **a ~-looking individual** un individuo mal encarado; **he's a ~ piece of work** es un canalla*; **to be ~ to sb** ser cruel con algn; **don't be ~ to your little brother** no seas malo con tu hermanito; **a ~ trick** una mala jugada; **he turned ~ and started to shout** se puso agresivo y empezó a gritar
Ⓑ N (*) **there were a few hidden nasties in my bill** había unas cuantas sorpresas desagradables en mi cuenta; *see also* **video C**

**NAS/UWT** N ABBR (*Brit*) (= **National Association of Schoolmasters/Union of Women Teachers**) *sindicato de profesores*

**nat** ABBR (= **national**) nal.

**Natal** [nə'tæl] N Natal *m*

**natal** ['neɪtl] ADJ natal

**natality** [nə'tælɪtɪ] N natalidad *f*

**natatorium** [,neɪtə'tɔːrɪəm] N (*pl* **natatoria** [,neɪtə'tɔːrɪə]) (*US*) piscina *f*

**natch‡** [nætʃ] EXCL naturalmente, naturaca‡

**NATFHE** N ABBR (*Brit*) (= **National Association of Teachers in Further and Higher Education**) *sindicato de la enseñanza superior*

**nation** ['neɪʃən] Ⓐ N (*Pol*) nación *f*; (= *people*) pueblo *m*, nación *f*
Ⓑ CPD ► **Nation of Islam** N (*US*) Nación *f* del Islam

**national** ['næʃənl] Ⓐ ADJ 1 (= *of one nation*) nacional
2 (= *nationwide*) [*newspaper, economy*] nacional; [*election, campaign*] a nivel nacional; **the ~ average** la media nacional
Ⓑ N 1 (= *person*) ciudadano/a *m/f*
2 (= *newspaper*) periódico *m* nacional
Ⓒ CPD ► **National Aeronautics and Space Administration** N (*US*) NASA *f* ► **national anthem** N himno *m* nacional ► **National Assistance** N (*Brit*) (*formerly*) *subsidio (al necesitado)* ► **national bank** N (*state-owned*) banco *m* nacional, banco *m* estatal; (*US*) (*commercial*) *banco que forma parte del Sistema de Reservas Federal* ► **national costume** N traje *m* típico nacional ► **National Curriculum** N (*Brit*) *plan de estudios oficial que se sigue en las escuelas de enseñanza pública de Inglaterra y País de Gales* ► **national debt** N deuda *f* pública ► **national dress** N = **national costume** ► **the National Front** N (*Brit*) el Frente Nacional (británico) (*partido político de extrema derecha e ideología racista*) ► **national government** N gobierno *m* nacional ► **national grid** N red *f* eléctrica nacional ► **the National Guard** (*US*) N la Guardia Nacional ► **the National Health (Service)** N (*Brit*) *servicio de asistencia pública sanitaria*; **to have an operation done on the National Health (Service)** ≈ operarse por la Seguridad Social *or* el Seguro ► **national heritage** N patrimonio *m* nacional ► **National Insurance** N (*Brit*) ≈ Seguridad *f* Social; **National Insurance contributions** cotizaciones *fpl* a la Seguridad Social, aportes *mpl* a la Seguridad Social (*S. Cone*); **National Insurance number** número *m* de la Seguridad Social ► **the National Lottery** N (*Brit*) ≈ la lotería primitiva ► **national monument** N monumento *m* nacional ► **national park** N parque *m* nacional ► **National Savings (Bank)** N (*Brit*) ≈ caja *f* postal de ahorros ► **National Savings Certificate** N (*Brit*) ≈ bono *m* del Estado ► **national security** N seguridad *f* nacional ► **the National Security Council** N (*US*) el Consejo para la Seguridad Nacional ► **national service** N (*Mil*) servicio *m* militar; **to do (one's) ~ service** hacer el servicio militar, hacer la mili* ► **National Socialism** N nacionalsocialismo *m* ► **the National Trust** N (*Brit*) ≈ la Dirección General del Patrimonio Nacional

**NATIONAL GUARD**

*La* **National Guard** *(Guardia Nacional) es una organización estadounidense que recluta voluntarios no profesionales a los que se prepara para colaborar con el ejército profesional y las fuerzas aéreas en tiempos de crisis. Los requisitos para alistarse son los mismos que para el ejército normal y, aunque su preparación la dirige el gobierno federal, sus miembros pueden ser movilizados para ayudar en situaciones de emergencia, catástrofes naturales y el control de situaciones excepcionales de violencia civil. Los miembros de la* **National Guard** *tienen que prestar juramento de fidelidad a los EE.UU. y al estado al que pertenecen.*

**NATIONAL TRUST**

*El* **National Trust** *es una organización benéfica británica que se dedica a la conservación de lugares del patrimonio histórico-artístico o de parajes naturales. Se financia a través de donaciones, aportaciones de los socios, y dinero procedente de la venta de entradas, souvenirs y de las cafeterías o restaurantes que suele haber en muchos de estos lugares.*

**nationalism** ['næʃnəlɪzəm] N nacionalismo *m*

**nationalist** ['næʃnəlɪst] Ⓐ ADJ nacionalista
Ⓑ N nacionalista *mf*

**nationalistic** [,næʃnə'lɪstɪk] ADJ nacionalista

**nationality** [,næʃə'nælɪtɪ] N 1 (= *citizenship*) nacionalidad *f*, ciudadanía *f*; **she took/adopted French ~** adquirió/adoptó la nacionalidad *or* ciudadanía francesa
2 (= *national group*) nacionalidad *f*; **the city is home to 20 different nationalities** la ciudad alberga hasta 20 nacionalidades distintas

**nationalization** [,næʃnəlaɪ'zeɪʃən] N nacionalización *f*

**nationalize** ['næʃnəlaɪz] VT nacionalizar; **~d industry** industria *f* nacionalizada

**nationally** ['næʃnəlɪ] ADV [*distributed*] por todo el país, a escala nacional; [*available*] en todo el país; **this is the case locally, but not ~** eso es cierto a nivel local, pero no a nivel nacional; **a ~ recognized qualification** una titulación reconocida a nivel nacional *or* en todo el país

**nationhood** ['neɪʃənhʊd] N carácter *m* de nación; **they have a strong sense of ~** poseen un acusado sentimiento nacionalista; **to achieve ~** llegar a constituir una nación, llegar a tener categoría de nación

**nation-state** ['neɪʃən'steɪt] N estado-nación *m*

**nationwide** ['neɪʃənwaɪd] Ⓐ ADJ [*survey, poll*] a nivel nacional; [*campaign, strike, debate*] a escala nacional; [*interest, support*] en todo el país; [*network, referendum*] nacional; [*tour*] por todo el país; **police have initiated a ~ hunt for the killer** la policía ha comenzado una búsqueda del asesino por todo el país
Ⓑ ADV [*deliver*] en todo el territorio nacional, por todo el país; **we now have over 300 branches ~** ya tenemos más de 300 sucursales por todo el país; **the film will be released ~ on 28th** la película se estrena en todo el país el día 28

**native** ['neɪtɪv] Ⓐ ADJ [1] (= *of one's birth*) [*town, country, soil*] natal; **~ Britons** los nacidos en Gran Bretaña
[2] (= *indigenous*) [2·1] [*inhabitant, culture, population*] indígena; **the ~ peoples of the Amazon** los pueblos indígenas del Amazonas; **to go ~** adoptar las costumbres del lugar
[2·2] [*plant, animal, species*] autóctono, originario del lugar; **to be ~ to** ser originario de
[3] (= *innate*) [*ability, talent*] natural, innato; **~ wit** ingenio *m*
Ⓑ N [1] (*referring to birth or nationality*) nativo/a *m/f*; **he speaks German like a ~** habla alemán como un nativo; **he was a ~ of Seville** nació en Sevilla
[2] (= *member of indigenous people*) (†*freq pej*) indígena *mf*
[3] (= *plant, animal*) **to be a ~ of** ser originario de
Ⓒ CPD ► **native country, native land** N patria *f* ► **native language** N lengua *f* materna ► **native son** N (*liter*) hijo *m* predilecto ► **native speaker** N hablante *mf* nativo/a; **a Spanish ~ speaker** ◊ **a ~ speaker of Spanish** un hablante nativo de español ► **native tongue** N = **native language**

**Native American** [ˌneɪtɪvə'merɪkən] Ⓐ ADJ americano nativo
Ⓑ N americano/a *m/f* nativo/a

**nativity** [nə'tɪvɪtɪ] Ⓐ N [1] (*gen*) natividad *f*
[2] (*Rel*) **the Nativity** la Natividad
[3] (*Art*) **Nativity** nacimiento *m*
Ⓑ CPD ► **Nativity play** N auto *m* de Navidad ► **Nativity scene** N belén *m*, nacimiento *m*

**NATO** ['neɪtəʊ] N ABBR (= **North Atlantic Treaty Organization**) OTAN *f*

**NATSOPA** [ˌnæt'səʊpə] N ABBR (*Brit*) (= **National Society of Operative Printers, Graphical and Media Personnel**) *sindicato de tipógrafos*

**natter*** ['nætəʳ] (*Brit*) Ⓐ N charla *f*, plática *f* (*Mex*); **to have a ~** charlar, estar de palique (*Sp**), platicar (*Mex*) (**with** con); **we had a good old ~** estuvimos charlando un buen rato
Ⓑ VI (= *chat*) charlar, platicar (*Mex*); (= *chatter*) parlotear, hablar mucho

**natterer*** ['nætərəʳ] N charlatán/ana *m/f*, cotorra* *mf*

**NATTKE** N ABBR (*Brit*) (= **National Association of Television, Theatrical and Kinematographic Employees**) *sindicato de empleados de televisión, teatro y cine*

**natty*** ['nætɪ] ADJ (*compar* **nattier**; *superl* **nattiest**) [1] (= *smart*) [*suit, tie*] elegante, elegantoso (*esp LAm**); **he looked ~ in his white uniform** iba de lo más elegantoso *or* elegantón con su uniforme blanco*; **to be a ~ dresser** ir siempre muy elegantoso *or* elegantón*
[2] (= *handy*) [*gadget*] ingenioso

**natural** ['nætʃrəl] Ⓐ ADJ [1] (= *occurring naturally*) [*environment, substance, disaster, remedy*] natural; **she isn't a ~ blonde** no es rubia natural; **he died of ~ causes** murió de muerte natural; **the rest of his ~ life** el resto de sus días; *see also* **die**[1]
[2] (= *understandable*) [*reaction, behaviour, feeling*] natural, normal; [*mistake*] comprensible; [*explanation*] lógico y natural; **it's a perfectly ~ mistake to make** es un error totalmente comprensible; **there is a perfectly ~ explanation** hay una explicación perfectamente lógica y natural; **it's only ~** es normal *or* natural; **it's only ~ that she should be upset** es normal *or* natural que esté disgustada
[3] (= *inborn*) [*ability, talent*] innato; [*reaction, fear*] instintivo; **he had a ~ flair for business** tenía un don innato para los negocios; **she is a ~ leader/athlete** es una líder/atleta innata; **~ instinct** instinto *m* natural
[4] (= *relaxed, unforced*) [*person, manner, charm*] natural; **I was able to be very ~ with him** con él pude ser yo mismo
[5] (= *biological*) [*father, mother, child*] biológico
[6] (*Mus*) natural
Ⓑ N [1] (= *person*) **she's a ~ with computers** tiene un don innato para los ordenadores
[2] (*Mus*) (= *note*) nota *f* natural; (= *sign*) becuadro *m*
Ⓒ CPD ► **natural childbirth** N parto *m* natural ► **natural gas** N gas *m* natural ► **natural history** N historia *f* natural ► **natural law** N ley *f* natural ► **natural number** N (*Math*) número *m* natural ► **natural philosophy** N filosofía *f* natural ► **natural resources** NPL recursos *mpl* naturales ► **natural science** N (*uncount*) ciencias *fpl* naturales; (*count*) ciencia *f* de la naturaleza ► **natural selection** N selección *f* natural; **by ~ selection** por selección natural ► **natural wastage** N (*Brit Ind*) *bajas voluntarias de los empleados de una empresa, y cuyos puestos quedan sin cubrir*; **the jobs will be lost through ~ wastage** los puestos irán despareciendo a medida que se produzcan bajas voluntarias

**naturalism** ['nætʃrəlɪzəm] N naturalismo *m*

**naturalist** ['nætʃrəlɪst] N naturalista *mf*

**naturalistic** [ˌnætʃrə'lɪstɪk] ADJ naturalista

**naturalization** [ˌnætʃrəlaɪ'zeɪʃən] Ⓐ N naturalización *f*
Ⓑ CPD ► **naturalization papers** NPL carta *fsing* de ciudadanía

**naturalize** ['nætʃrəlaɪz] Ⓐ VT [+ *person*] naturalizar; [+ *plant, animal*] aclimatar, establecer; **to become ~d** [*person*] naturalizarse; [*plant, animal*] aclimatarse, establecerse
Ⓑ VI [*person*] naturalizarse; [*plant etc*] aclimatarse, establecerse

**naturally** ['nætʃrəlɪ] ADV [1] (= *by a natural process*) [*happen, develop*] de forma natural; **beans are ~ high in minerals** las alubias tienen de por sí un alto contenido de minerales; **to die ~** morir de muerte natural; **to give birth ~** tener un parto natural
[2] (= *by nature*) [*cheerful, cautious*] por naturaleza; **her hair is ~ curly** tiene el pelo rizado natural; **he is a ~ gifted singer** es un cantante con un talento innato; **playing the violin seems to come ~ to her** parece que hubiera nacido sabiendo tocar el violín; **I just do what comes ~** simplemente hago lo que me sale; **winning seems to come ~ to him** se diría que ganar no le supone ningún esfuerzo
[3] (= *unaffectedly*) [*behave, speak*] con naturalidad, con espontaneidad
[4] (= *as a consequence*) [*follow, lead*] como consecuencia natural
[5] (= *obviously*) naturalmente, por supuesto; **~, I understand your feelings** naturalmente *or* por supuesto, sé cómo te sientes; **"did you tell him?" — "naturally"** —¿se lo dijiste? —por supuesto; **~ enough** como es natural, lógicamente

**naturalness** ['nætʃrəlnɪs] N naturalidad *f*

**nature** ['neɪtʃəʳ] Ⓐ N [1] (= *essential quality*) [*of things*] naturaleza *f*; **the ~ and extent of the damage is still not known** aún se desconoce la naturaleza y el alcance de los daños; **the project is experimental in ~** el proyecto es de carácter experimental; **his comment was in the ~ of a compliment** su comentario fue algo así como un cumplido; **in the ~ of things it's impossible** desde el punto de vista lógico es imposible; **we were unaware of the serious ~ of his illness** ignorábamos que su enfermedad fuera tan grave; **the true ~ of his intentions** sus verdaderas intenciones; **by its very ~** por su propia naturaleza; *see also* **human C**
[2] (= *character*) [*of person*] carácter *m*; **she trusted people, that was her ~** se fiaba de la gente, era así por naturaleza; **to appeal to sb's better ~** apelar al buen corazón de algn; **to be cautious by ~** ser cauteloso por naturaleza; **she took all their teasing with good ~** aceptó todas sus burlas de buen grado; **to take advantage of sb's good ~** abusar de la amabilidad de algn; **it is not in his ~ to lie** mentir no es propio de él; *see also* **second**[1] **A1**
[3] (= *kind, type*) **something of that ~** algo por el estilo; **documents of a technical ~** documentos *mpl* de carácter técnico; **"nature of contents"** (*Comm*) "descripción *f* del contenido"
[4] (= *natural life, environment*) naturaleza *f*; **it's against ~** es antinatural, es contrario a la naturaleza; **the beauties of ~** las maravillas de la naturaleza; **to draw/paint from ~** dibujar/pintar del natural; **to get back to ~** [*person*] volver a la naturaleza; **the laws of ~** las leyes de la naturaleza; **to return to ~** [*area*] volver a su estado natural; **fever is ~'s way of fighting infection** la fiebre es el mecanismo natural para combatir la infección; *see also* **call A4, freak, mother**
Ⓑ CPD ► **nature conservation** N protección *f* de la naturaleza ► **nature cure** N curación *f* natural ► **nature lover** N amante *mf* de la naturaleza ► **nature reserve** N reserva *f* natural ► **nature study** N estudio *m* de la historia natural, historia *f* natural ► **nature trail** N ruta *f* para el estudio de la naturaleza

**-natured** ['neɪtʃəd] ADJ (*ending in compounds*) de carácter ...; **good-natured** de carácter bondadoso; **ill-natured** de mal carácter

**naturism** ['neɪtʃərɪzəm] N (*esp Brit*) naturismo *m*

**naturist** ['neɪtʃərɪst] N (*esp Brit*) naturista *mf*

**naturopath** ['neɪtʃərəˌpæθ] N naturópata *mf*

**naturopathy** [ˌneɪtʃə'rɒpəθɪ] N naturopatía *f*

**naught** ['nɔːt] N [1] (*Math*) = **nought**
[2] (†, *poet*) (= *nothing*) nada *f*; **all for ~** todo en balde; **to come to ~** [*hopes*] frustrarse; [*project*] malograrse; **to set at ~** no hacer caso de, despreciar; *see also* **nought**

**naughtily** ['nɔːtɪlɪ] ADV [1] (*of child*) traviesamente; [*behave*] mal
[2] (*of adult*) [*say*] con picardía

**naughtiness** ['nɔːtɪnɪs] N [1] (= *mischief*) travesuras *fpl*; (= *bad behaviour*) mala conducta *f*
[2] (= *risqué character*) atrevimiento *m*; [*of joke, song etc*] lo verde

**naughty** ['nɔːtɪ] ADJ (*compar* **naughtier**; *superl* **naughtiest**) [1] [*child*] travieso, malo; **you've been very ~** has sido muy malo; **that was very ~ of you** ◊ **that was a ~ thing to do** eso ha estado muy feo; **you ~ boy!** (*angrily*) ¡mira que eres malo *or* travieso!; (*indulgently*) ¡anda, pillín *or* picaruelo!*
[2] (*of adult*) **I'm going to be very ~ and have two cakes** voy a portarme mal y comerme dos pasteles; **it was a bit ~ of you to leave without telling anyone** no estuvo nada bien que te marcharas sin decir nada
[3] (= *risqué*) [*joke, song*] verde, colorado (*LAm*); **she gave me a ~ look** me miró con picardía; **~ bits*** (*hum*) (= *male genitals*) paquete‡ *m*; **the ~ bits*** (*in film etc*) las escenas picantes; **the Naughty Nineties** la Bella Época

**nausea** ['nɔːsɪə] N (*Med*) náusea *f*; **his remarks filled me with ~** (*fig*) sus comentarios me dieron náuseas *or* asco

**nauseate** ['nɔːsɪeɪt] VT (*lit*) dar náuseas a; (*fig*) repugnar, asquear, dar asco a; **I was ~d by her attitude** su actitud me repugnó *or* asqueó

**nauseating** ['nɔːsɪeɪtɪŋ] ADJ [*smell*] nauseabundo; [*crime, violence, hypocrisy*] repugnante, asqueroso; **it was ~ to see it** era repugnante *or* asqueroso verlo

**nauseatingly** ['nɔːsɪeɪtɪŋlɪ] ADV **the film is ~ violent** la película es de una violencia repugnante; **he is ~ virtuous** es tan perfecto que da asco

**nauseous** ['nɔːsɪəs] ADJ [1] (*lit*) **to feel ~** sentir náuseas; **the sight of food made me (feel) ~** sólo de ver la comida me daban náuseas
[2] [*colour, smell*] nauseabundo

**nautical** ['nɔːtɪkəl] Ⓐ ADJ [*terms, matters, charts*] náutico, marítimo
Ⓑ CPD ► **nautical almanac** N almanaque *m* náutico ► **nautical mile** N milla *f* marina

**nautilus** ['nɔːtɪləs] N (*pl* **nautiluses** *or* **nautili** ['nɔːtɪ,laɪ]) nautilo *m*

**Navaho** ['nævəhəʊ] Ⓐ ADJ navajo
Ⓑ N [1] (*also* **~ Indian**) Navajo *mf*
[2] (*Ling*) Navajo *m*

**naval** ['neɪvəl] Ⓐ ADJ [*warfare, strength, base*] naval; [*affairs, forces*] de la marina; [*officer*] de marina; [*power*] marítimo; **Britain's ~ tradition** la tradición naval británica
Ⓑ CPD ► **naval academy** N escuela *f* naval ► **naval attaché** N agregado *m* naval ► **naval college** N escuela *f* naval

**Navarre** [nə'vɑːʳ] N Navarra *f*

**Navarrese** [,nævə'riːz] Ⓐ ADJ navarro
Ⓑ N [1] navarro/a *m/f*
[2] (*Ling*) navarro *m*

**nave¹** [neɪv] N (*Archit*) nave *f*

**nave²** [neɪv] N (= *wheel*) cubo *m*; **~ plate** (*Aut*) tapacubos *m inv*

**navel** ['neɪvəl] N ombligo *m*

**navel-gazing** ['neɪvəlgeɪzɪŋ] N (*pej*) ombliguismo *m*, autocontemplación *f*

**navigable** ['nævɪgəbl] ADJ [1] [*river*] navegable
[2] [*ship, balloon*] gobernable, dirigible

**navigate** ['nævɪgeɪt] Ⓐ VT [1] [+ *ship, plane*] conducir; (*fig*) conducir, guiar; **to ~ a bill through parliament** lograr que un proyecto de ley se tramite en el parlamento
[2] [+ *sea, river*] navegar por
Ⓑ VI [1] (*at sea*) navegar; **navigating officer** oficial *mf* de derrota *or* navegación
[2] (*in car*) hacer de copiloto

**navigation** [,nævɪ'geɪʃən] Ⓐ N [1] (= *act*) [*of ship, plane*] navegación *f*; **to do the ~** (*Aut*) hacer de copiloto
[2] (= *science*) náutica *f*, navegación *f*
Ⓑ CPD ► **navigation lights** NPL (*on ship*) luces *fpl* de navegación; (*in harbour*) baliza *f*

**navigational** [,nævɪ'geɪʃənl] ADJ [*instruments, system*] de navegación; **~ aids** ayudas *fpl* a la navegación

**navigator** ['nævɪgeɪtəʳ] N [1] (*Naut*) (= *officer on ship*) oficial *mf* de derrota, oficial *mf* de navegación; (*Aer*) navegante *mf*; (*Aut*) copiloto *mf*
[2] (*Hist*) (= *seafarer*) navegador *m*, navegante *m*

**navvy** ['nævɪ] N (*Brit*) peón *m* caminero

**navy** ['neɪvɪ] Ⓐ N [1] (= *ships*) armada *f*, flota *f*
[2] (= *organization*) marina *f* de guerra
[3] (= *colour*) (*also* **~ blue**) azul *m* marino
Ⓑ ADJ (= *dark blue*) azul marino
Ⓒ CPD ► **navy blue** N azul *m* marino; *see also* **navy-blue** ► **Navy Department** N (*US*) Ministerio *m* de Marina ► **navy yard** N (*US*) astillero *m* naval

**navy-blue** ['neɪvɪ'bluː] ADJ azul marino

**nay** [neɪ] Ⓐ ADV (†† *or liter*) (= *no*) no; (= *or rather*) más aún, mejor dicho; **bad, ~ terrible** malo, mejor dicho horrible; **dozens, ~ hundreds** docenas, más aún centenares
Ⓑ N (= *refusal*) negativa *f*; (*in voting*) voto *m* negativo, voto *m* en contra; **to say sb ~** indicar lo contrario a algn; *see also* **yea**

**Nazarene** [,næzə'riːn] Ⓐ ADJ nazareno
Ⓑ N nazareno/a *m/f*

**Nazareth** ['næzərəθ] N Nazaret *m*

**Nazi** ['nɑːtsɪ] Ⓐ ADJ nazi, nazista
Ⓑ N nazi *mf*

**Nazism** ['nɑːtsɪzəm] N nazismo *m*

**NB** ABBR [1] = **nota bene** (= *note well*) N.B.
[2] (*Canada*) = **New Brunswick**

**NBA** N ABBR [1] (*US*) = **National Basketball Association**
[2] (*US*) = **National Boxing Association**
[3] (*Brit*) (*formerly*) = **Net Book Agreement**

**NBC** N ABBR (*US*) = **National Broadcasting Company**

**NBS** N ABBR (*US*) = **National Bureau of Standards**

**NC** ABBR [1] (*US*) = **North Carolina**
[2] (*Comm etc*) = **no charge**

**NCB** N ABBR (*Brit*) (*formerly*) = **National Coal Board**

**NCC** N ABBR [1] (*Brit*) (= **Nature Conservancy Council**) ≈ ICONA *m*, ≈ Icona *m*
[2] (*US*) = **National Council of Churches**

**NCCL** N ABBR (*Brit*) = **National Council for Civil Liberties**

**NCO** N ABBR (*Mil*) (= **non-commissioned officer**) suboficial *m*

**NCV** ABBR = **no commercial value**

**ND** ABBR (*US*) = **North Dakota**

**n.d.** ABBR (= **no date**) s.f.

**N.Dak.** ABBR (*US*) = **North Dakota**

**NDP** N ABBR (= **Net Domestic Product**) PIN *m*

**NE** ABBR [1] (*Geog*) (= **northeast**) NE
[2] (*US*) = **Nebraska**
[3] (*US*) = **New England**

**NEA** N ABBR (*US*) = **National Educational Association**

**Neanderthal** [nɪ'ændətɑːl] Ⓐ N (*Geog*) Neanderthal *m*
Ⓑ ADJ Neanderthal, de Neanderthal; **~ man** hombre *m* de Neanderthal

**neap** [niːp] N (*also* **~ tide**) marea *f* muerta

**Neapolitan** [nɪə'pɒlɪtən] Ⓐ ADJ napolitano; **~ ice-cream** helado *m* napolitano
Ⓑ N napolitano/a *m/f*

**near** [nɪəʳ] Ⓐ ADV [1] (*in place*) cerca; **he lives quite ~** vive bastante cerca; **don't come any ~er!** ¡no te acerques más!; **so ~ and yet so far**: **the shore was so ~ and yet so far** la orilla estaba al alcance de la mano pero llegar a ella era imposible; **victory was so ~ and yet so far** la victoria parecía estar asegurada pero ese último esfuerzo para obtenerla les resultó imposible
[2] (*in time*) **the agreement brings peace a little ~er** este acuerdo nos acerca a un poco más a la paz; **winter is drawing ~** el invierno se acerca; **the ~er it gets to the election the more they look like losing** a medida que se acercan las elecciones mayor parece la posibilidad de que pierdan; **to be ~ at hand** [*object*] estar al alcance de la mano; [*event, season*] estar a la vuelta de la esquina
[3] (*in level, degree*) **the ~est I ever came to feeling that was when ...** la única vez que llegué a sentir algo parecido fue cuando ...; **you as ~ as dammit killed me*** no me mataste, pero por un pelo*; **that's ~ enough** (*numbers*) no merece la pena precisar más; (*amount*) con eso vale; **you won't get any ~er than that to what you want** no vas a encontrar otra cosa que se aproxime más a lo que buscas; **the ~est I ever got to winning** lo más cerca que estuve de ganar; **it's nowhere ~ enough*** con eso no basta ni mucho menos; **"have you finished it yet?" — "nowhere ~"** —¿has terminado ya? —qué va, me falta muchísimo; **as ~ as I can recall** que yo recuerde
[4] (= *almost*) casi; **I came ~ to telling her everything** llegué casi a decírselo todo; **~ on 3,000 people** casi 3.000 personas; **it's in ~ perfect condition** está casi en perfectas condiciones; **I could hardly see it in the ~ total darkness** apenas lo veía en la oscuridad que era casi total
Ⓑ PREP (*also* **~ to**) [1] (*of place*) cerca de; **I live ~ Liverpool** vivo cerca de Liverpool; **is there a bank ~ here?** ¿hay algún banco por aquí cerca?; **I sat ~ the fire** me senté cerca de la chimenea; **the schools ~ where I live** los colegios de mi barrio; **the person ~est the door** la persona que está más cerca de la puerta; **he won't let anyone ~ his toys** no deja que nadie se acerque a sus juguetes; **we don't live anywhere ~ Lincoln** vivimos bastante *or* muy lejos de Lincoln; **if you come ~ me I'll kill you** como te me acerques, te mato; **nobody comes anywhere ~ him at swimming** en natación nadie le llega ni a la suela del zapato; **the passage is ~ the end of the book** el trozo viene hacia el final del libro; **don't go ~ the edge** no te acerques al borde; **we were nowhere ~ the station** estábamos bastante *or* muy lejos de la estación
[2] (*in time*) **her birthday is ~ mine** su cumpleaños cae cerca del mío; **~ the end of the century** hacia fines del siglo
[3] (= *almost*) **the sun was ~ to setting** el sol estaba a punto de ponerse; **we were ~ to being drowned** por poco nos morimos ahogados; **she was ~ death** estaba al borde de la muerte, tocaba a su fin (*liter*); **~ to tears** a

punto de llorar

Ⓒ ADJ 1 (*in place*) cercano; **my house is ~ enough to walk** mi casa está muy cerca, se puede ir andando; **where's the ~est service station?** ¿dónde está la gasolinera más cercana?; **these glasses make things look ~er** con estas gafas todo parece estar más cerca; **he had a ~ miss** (*Aer*) por poco se estrelló; (*Aut*) por poco chocó; **it was a ~ miss** (*target*) por poco dio en el blanco; **£250 or ~est offer** 250 libras o precio a discutir; **calculate to the ~est decimal place** para el cálculo sólo utilicen el primer decimal; **he calculated the price to the ~est pound** redondeó el precio a la libra entera

2 (*in time*) próximo; **in the ~ future** en un futuro cercano; **the time is ~ when ...** falta poco cuando ...

3 (*in level, degree*) **it's the ~est thing to heaven I can think of** para mí esto es como estar en el séptimo cielo; **that's the ~est thing to a compliment you'll get from him** (*iro*) eso es lo más parecido a un elogio que vas a conseguir de él; **✦*IDIOM* a ~ thing**: **she won, but it was a ~ thing** ganó, pero por los pelos

4 [*relative*] cercano; **your ~est and dearest** tus seres más allegados y queridos

Ⓓ VT 1 (*in space*) acercarse a

2 (*in time*) **it was ~ing lunchtime** faltaba poco para la hora de comer; **I'm ~ing the end of my contract** falta poco para que venza mi contrato; **he is ~ing 50** frisa en los 50, tiene casi 50 años

3 (*in level, degree*) **the building is ~ing completion** el edificio está casi terminado; **the country is ~ing total anarchy** el país está al borde de la anarquía total

Ⓔ VI acercarse

Ⓕ CPD ► **the Near East** N el Cercano Oriente ► **near money** N (*Comm*) activos *mpl* realizables

**nearby** [ˈnɪəˈbaɪ] Ⓐ ADV cerca; **there's a church ~** hay una iglesia cerca

Ⓑ ADJ cercano; **we had a drink in a ~ pub** tomamos una copa en un bar cercano *or* que había cerca

**near-death experience** [ˌnɪədeθɪkˈspɪərɪəns] N *experiencia extracorpórea sufrida por una persona que ha estado clínicamente muerta*

**nearly** [ˈnɪəlɪ] ADV 1 (= *almost*) casi; **it's ~ three o'clock** son casi las tres; **she's ~ 40** tiene casi 40 años; **it was ~ dark** era casi de noche; **I've ~ finished** casi he terminado; **I ~ fell over** casi me caigo; **she was ~ as tall as he was** era casi tan alta como él; **we are ~ there** casi hemos llegado; **I ~ lost it** casi lo pierdo, por poco lo pierdo; **very ~** casi; **he (very) ~ succeeded** estuvo a punto de conseguirlo

2 (*with negative*) **not ~** ni con mucho, ni mucho menos; **these drugs are not ~ as effective as the others** estos medicamentos no son ni con mucho *or* ni mucho menos tan eficaces como los otros; **that's not ~ enough** eso no es ni mucho menos suficiente; **your work isn't ~ good enough** tu trabajo no es ni con mucho satisfactorio; **it's not ~ ready** falta mucho para que esté listo

**nearness** [ˈnɪənɪs] N (*in place*) proximidad *f*, cercanía *f*; (*in time*) proximidad *f*, inminencia *f*; **because of its ~ to the station** por estar tan cerca de la estación, por su cercanía a la estación

**nearside** [ˈnɪəsaɪd] (*Aut*) Ⓐ N (*Brit*) lado *m* izquierdo; (*most other countries*) lado *m* derecho

Ⓑ ADJ [*door, verge, lane*] (*Brit*) de la izquierda; (*most other countries*) de la derecha

**near-sighted** [ˈnɪəˈsaɪtɪd] ADJ miope, corto de vista

**near-sightedness** [ˈnɪəˈsaɪtɪdnɪs] N miopía *f*

**neat** [niːt] ADJ (*compar* **neater**; *superl* **neatest**) 1 (= *tidy in appearance*) [*room, desk, row, pile*] ordenado; [*garden*] bien cuidado; [*appearance*] cuidado, pulcro, prolijo (*S. Cone*); [*clothes*] muy cuidado; [*work*] bien presentado; **everything looks ~ and tidy** todo parece muy ordenado; **she always looks very ~** siempre va muy arreglada; **her hair is always very ~** siempre va muy bien peinada; **he has very ~ handwriting** tiene muy buena letra

2 (= *tidy by nature*) [*person*] ordenado, pulcro, prolijo (*S. Cone*)

3 (= *compact*) [*figure*] bien proporcionado; [*waist, waistline*] delgado; **a ~ little car** un coche pequeño y de línea sencilla

4 (= *clever*) [*solution*] ingenioso, bueno; [*plan*] ingenioso; [*division, category, explanation*] claro

5 (*US**) (= *wonderful*) genial*; **that's a ~ idea** ésa es una idea genial; **those new apartments are really ~** esos nuevos apartamentos son muy chulos*

6 (*Brit*) (= *undiluted*) [*whisky, brandy, etc*] solo; **I take it ~** lo tomo solo; **half a litre of ~ whisky** medio litro de whisky puro

**neaten** [ˈniːtn] VT [+ *desk*] arreglar, ordenar; [+ *handwriting*] esmerarse con; **she ~ed her skirt** se alisó la falda; **to ~ one's hair** arreglarse el pelo, retocarse el peinado

**'neath** [niːθ] PREP (*liter*) = **beneath**

**neatly** [ˈniːtlɪ] ADV 1 (= *carefully, tidily*) [*arrange, put, fold*] con cuidado, cuidadosamente, con esmero; [*write, type*] claramente; **she is always very ~ dressed** siempre va muy arreglada; **a ~ kept garden** un jardín bien cuidado

2 (= *cleverly*) [*summarise, explain*] con claridad, bien; [*avoid*] ingeniosamente, con habilidad; **as you so ~ put it** como tú muy bien dijiste; **it was very ~ put** estaba muy bien expresado

3 (= *conveniently*) [*fit*] perfectamente; [*divide*] claramente, fácilmente; **they do not fit ~ into categories** no se los puede encasillar tan fácilmente; **everything worked out very ~** todo se resolvió muy bien

**neatness** [ˈniːtnɪs] N 1 (= *tidiness*) [*of room, garden, things*] orden *m*; [*of handwriting, typing*] claridad *f*; [*of person's appearance*] pulcritud *f*, prolijidad *f* (*S. Cone*)

2 (= *cleverness*) habilidad *f*, destreza *f*

3 (= *clarity*) [*of division*] claridad *f*

**NEB** N ABBR 1 (*Brit*) = **National Enterprise Board**

2 = **New English Bible**

**Nebr.** ABBR (*US*) = **Nebraska**

**Nebuchadnezzar** [ˌnebjʊkədˈnezəʳ] N Nabucodonosor

**nebula** [ˈnebjʊlə] N (*pl* **nebulas** *or* **nebulae** [ˈnebjʊliː]) nebulosa *f*

**nebulizer** [ˈnebjʊˌlaɪzəʳ] N nebulizador *m*

**nebulous** [ˈnebjʊləs] ADJ (*fig*) vago, nebuloso

**NEC** N ABBR = **National Executive Committee**

**necessarily** [ˈnesɪsərɪlɪ] ADV necesariamente, forzosamente; **"you will have to resign" — "not ~"** —tendrás que dimitir —no necesariamente; **it doesn't ~ follow that ...** no implica necesariamente *or* por fuerza que ...; **this is not ~ the case** esto no tiene por qué ser así

**necessary** [ˈnesɪsərɪ] Ⓐ ADJ 1 (= *required*) necesario; **is that really ~?** ¿es eso realmente *or* verdaderamente necesario?; **to be ~ to do sth** ser necesario *or* preciso hacer algo; **is it ~ for us to go?** ¿es necesario *or* preciso que vayamos?; **if ~** si es necesario *or* preciso; **don't do more than is ~** no hagas más de lo necesario; **do whatever (is) ~ to find him** haz todo lo posible para encontrarlo; **when/where ~** cuando/donde sea necesario *or* preciso

2 (= *inevitable*) [*consequence, conclusion*] inevitable; **a ~ evil** un mal necesario

Ⓑ N 1 (= *what is required*) **the ~** lo necesario; **I'll do the ~** haré lo que haga falta, haré lo que sea necesario

2 (*) (= *money*) **have you got the ~?** ¿tienes la pasta?*

3 **necessaries** (= *essentials*) **the necessaries of life** las necesidades básicas (de la vida); **there are shops nearby for all the necessaries** hay tiendas cerca para todo lo necesario

**necessitate** [nɪˈsesɪteɪt] VT requerir, exigir

**necessitous** [nɪˈsesɪtəs] ADJ (*frm*) necesitado, indigente

**necessity** [nɪˈsesɪtɪ] N 1 (= *need*) necesidad *f*; **I don't see the ~ of it** no veo la necesidad de eso; **there is no ~ for you to do it** no es necesario que lo hagas; **she works from economic ~** trabaja por necesidad; **of ~** necesariamente, forzosamente, por fuerza; **out of sheer ~** por pura necesidad; **✦*PROV* ~ is the mother of invention** la necesidad agudiza el ingenio

2 (= *necessary thing*) necesidad *f*; **necessities such as food and clothing were in short supply** escaseaban artículos de primera necesidad tales como la comida y la ropa; **the basic necessities of life** las necesidades básicas (de la vida); *see also* **bare A3**

3 (= *unavoidable thing*) **the curfew was seen as a regrettable ~** el toque de queda era visto como un mal necesario

**neck** [nek] Ⓐ N 1 [*of person*] cuello *m*; [*of animal*] pescuezo *m*, cuello *m*; **the rain ran down my ~** la lluvia me corría por el cuello; **to be ~ and ~** ir parejos; **the back of the ~** la nuca; **to break one's ~** (*lit*) desnucarse; **to break sb's ~** (*fig*) romper *or* partir el cuello a algn; **to win by a ~** ganar por una cabeza; **they threw him out ~ and crop** le pusieron de patitas en la calle*; **she fell on his ~** se le colgó del cuello; **to risk one's ~** jugarse el pellejo *or* el tipo*; **to save one's ~** salvar el pellejo *or* el tipo*; **to be in sth up to one's ~*** (*trouble, plot etc*) estar metido hasta el cuello en algo*; **to be up to one's ~ (in work)*** estar hasta arriba de trabajo*; **to wring sb's ~*** (*fig*) retorcer el pescuezo a algn*; **I'll wring your ~!*** ¡te voy a retorcer el pescuezo!*; **to wring a chicken's ~** retorcer el pescuezo a un pollo; **✦*IDIOMS* to breathe down sb's ~*** no dejar a algn ni a sol ni a sombra*; **to have sb breathing down one's ~** tener a algn encima; **to get it in the ~*** (= *be punished*) cargársela*; (= *be told off*) llevarse una buena bronca *or* un buen rapapolvo*; **to stick one's ~ out** arriesgarse; *see also* **stiff A3**

2 [*of dress, T-shirt etc*] cuello *m*, escote *m*

3 [*of bottle*] cuello *m*, gollete *m*

4 (*Geog*) [*of land*] istmo *m*; **in your ~ of the woods*** por tu zona; **in this ~ of the woods*** por estos pagos*

5 (*Mus*) [*of guitar*] cuello *m*; [*of violin*] mástil *m*

6 (*Anat*) [*of uterus, bladder*] cuello *m*

7 (*Brit**) = **nerve A4**

Ⓑ VI (*) [*couple*] besuquearse*

**neckband** [ˈnekbænd] N tirilla *f*

**neckerchief** [ˈnekətʃiːf] N pañuelo *m*

**necking*** ['nekɪŋ] N besuqueo* *m*

**necklace** ['neklɪs] N collar *m*

**necklet** ['neklɪt] N collar *m*

**neckline** ['neklaɪn] N escote *m*; **with a low ~** escotado

**necktie** ['nektaɪ] N corbata *f*

**necrological** [ˌnekrəʊ'lɒdʒɪkəl] ADJ necrológico

**necrology** [ne'krɒlədʒɪ] N necrología *f*

**necromancer** ['nekrəʊmænsəʳ] N nigromante *m*

**necromancy** ['nekrəʊmænsɪ] N nigromancia *f*, nigromancía *f*

**necrophile** ['nekrəʊˌfaɪl] N necrófilo/a *m/f*

**necrophilia** [ˌnekrəʊ'fɪlɪə] N necrofilia *f*

**necrophiliac** [ˌnekrəʊ'fɪlɪæk] Ⓐ ADJ necrófilo
Ⓑ N necrófilo/a *m/f*

**necropolis** [ne'krɒpəlɪs] N (*pl* **necropolises** *or* **necropoleis** [ne'krɒpəˌleɪs]) necrópolis *f inv*

**necrotising fasciitis** ['nekrəʊtaɪzɪŋfæʃɪ'aɪtɪs] N (*Med*) fascitis *f* necrotizante

**nectar** ['nektəʳ] N néctar *m*

**nectarine** ['nektəriːn] N nectarina *f*

**ned:** [ned] N (*esp Scot*) chorizo/a: *m/f*, gamberro/a *m/f*

**NEDC** N ABBR (*Brit*) (*formerly*) = **National Economic Development Council**

**Neddy*** ['nedɪ] N ABBR (*Brit*) (*formerly*) = **National Economic Development Council**

**née** [neɪ] ADJ **Mary Green, ~ Smith** Mary Green, de soltera Smith

**need** [niːd] Ⓐ N [1] (= *necessity*) necesidad *f* (**for, of** de); **I see no ~** no veo la necesidad; **without the ~ to pay so much** sin necesidad de pagar tanto; **staff are always available, in case of ~** siempre hay personal disponible en caso de necesidad; **there is a ~ for qualified staff** hay demanda de personal cualificado; **there is every ~ for discretion in this matter** es muy necesario mantener discreción en este asunto; **a house in ~ of painting** una casa que hace falta pintar; **to be in ~ of ◊ have ~ of ◊ stand in ~ of** necesitar; **when I'm in ~ of a drink** cuando necesito un trago, cuando me hace falta tomar algo; **there's no ~ to worry** no hay por qué preocuparse; **there's no ~ for you to go** no hace falta *or* no es preciso que vayas; **there's no ~ for that sort of language!** ¡no hay ninguna necesidad de usar ese vocabulario!, ¡no hace falta usar ese vocabulario!; **I have no ~ of advice** no me hacen falta consejos, no necesito consejos; **in times of ~** en momentos de apuro *or* necesidad; *see also* **needs**
[2] (= *poverty*) necesidad *f*, indigencia *f*; **to be in ~** estar necesitado
[3] (= *thing needed*) necesidad *f*; **the ~s of industry** las necesidades de la industria; **my ~s are few** es poco lo que necesito; **bodily ~s** necesidades *fpl* corporales; **a holiday that caters for every ~** unas vacaciones que satisfacen todas las necesidades; **they tended to my every ~** procuraban que no me faltase de nada; **to supply sb's ~s** proveer lo que necesita algn
Ⓑ VT [1] [*person*] necesitar; **I ~ a bigger car** necesito *or* me hace falta un coche más grande; **I ~ two more to make up the series** me faltan dos para completar la serie; **I ~ to get some petrol** tengo que echar gasolina; **she ~s to go to the toilet** tiene que ir al servicio *or* (*LAm*) al baño; **he ~s to be told everything twice** hay que decírselo todo dos veces; **they don't ~ to be told all the details** no es preciso *or* no hace falta contarles todos los detalles; **you only ~ed to ask** tenía más que pedírmelo; **he ~s watching** hay que vigilarlo; **that's all I ~! ◊ that's just what I ~!** (*iro*) ¡sólo me faltaba eso! (*iro*), ¡lo que me faltaba! (*iro*); **it's just what I ~ed** es precisamente lo que necesitaba; **I ~ this like I ~ a hole in the head** esto es lo último que necesitaba; **a much ~ed holiday** unas vacaciones muy necesarias; **he ~ed no asking** no se hizo de rogar; **who ~s more motorways?** ¿para qué queremos más autopistas?
[2] (= *require*) [+ *concentration, effort, skill*] requerir; **it ~s care** requiere cuidado; **a visa is ~ed** se requiere un visado; **this room ~s painting** este cuarto hay que *or* hace falta pintarlo; **I gave it a much ~ed wash** le di un buen lavado, que era lo que necesitaba; **the report ~s no comment** el informe no deja lugar a comentarios; **this will ~ some explaining** no va a ser fácil explicar esto
[3] (*impersonal*) **it doesn't ~ to be done now** no hace falta hacerlo ahora; **it doesn't ~ me to tell him** no hace falta que yo se lo diga; **it ~ed a war to alter that** fue necesaria una guerra para cambiar eso
Ⓒ AUX VB **~ I go?** ¿es necesario que vaya?, ¿tengo que ir?; **I ~ hardly remind you that ...** no hace falta que les recuerde que ...; **~ I say that this is untrue?** ni que decir tiene que esto no es cierto; **it ~ not follow that ...** lo que no significa necesariamente que ...; **I ~n't have bothered** fue trabajo perdido

**needful** ['niːdfʊl] Ⓐ ADJ necesario
Ⓑ N **the ~*** el cumquibus*

**neediness** ['niːdɪnɪs] N necesidad *f*, pobreza *f*

**needle** ['niːdl] Ⓐ N [1] (*for sewing*) aguja *f*; **✦IDIOMS to get the ~*** ponerse negro*; **to give sb the ~*** pinchar a algn, meterse con algn; **it's like looking for a ~ in a haystack** es como buscar una aguja en un pajar; *see also* **knitting, pin A1**
[2] (*Bot*) aguja *f*, acícula *f*; **pine ~** aguja *f* de pino
[3] (*) rivalidad *f*, pique *m*
[4] (:) (= *drugs*) droga *f*
Ⓑ VT [1] (*) pinchar*, fastidiar
[2] (*US:*) [+ *drink*] añadir alcohol a
Ⓒ CPD ► **needle case** N alfiletero *m* ► **needle exchange** N (centro *m* de) intercambio *m* de jeringuillas ► **needle match** N partido *m* de máxima rivalidad

**needlecraft** ['niːdlkrɑːft] N arte *m* de la costura

**needlepoint** ['niːdlpɔɪnt] N bordado *m* sobre cañamazo, cañamazo *m*

**needle-sharp** ['niːdl'ʃɑːp] ADJ afiladísimo; (*fig*) agudísimo, muy penetrante

**needless** ['niːdlɪs] ADJ innecesario, superfluo; **~ to say ...** huelga decir que ..., ni qué decir tiene que ...; **he was, ~ to say, drunk** ni qué decir tiene que estaba borracho

**needlessly** ['niːdlɪslɪ] ADV innecesariamente; **you worry quite ~** te inquietas sin motivo alguno

**needlessness** ['niːdlɪsnɪs] N [*of action*] carácter *m* innecesario, innecesariedad *f*; [*of remark*] inoportunidad *f*

**needlewoman** ['niːdlˌwʊmən] N (*pl* **needlewomen**) costurera *f*; **to be a good ~** coser bien

**needlework** ['niːdlwɜːk] N (= *sewing*) labor *f* de aguja; (= *embroidery*) bordado *m*; **to do ~** hacer costura

**needn't** [niːdnt] = **need not**

**needs** [niːdz] ADV **if ~ be I'll go on my own** si es necesario *or* si hace falta iré solo; **if ~ must** si hace falta; **oh well, ~ must!** ¡qué le vamos a hacer!, ¡qué se le va a hacer!; **one or the other must ~ prevail** uno de los dos habrá de ganar; **we must ~ walk** no tenemos más remedio que ir andando

**needy** ['niːdɪ] Ⓐ ADJ (*compar* **needier**; *superl* **neediest**) necesitado
Ⓑ NPL **the ~** los necesitados

**ne'er** [nɛəʳ] ADV (*poet*) nunca

**ne'er-do-well** ['nɛəduˌwel] Ⓐ ADJ inútil
Ⓑ N inútil *mf*

**nefarious** [nɪ'fɛərɪəs] ADJ nefario, vil, inicuo

**nefariousness** [nɪ'fɛərɪəsnɪs] N vileza *f*

**neg.** ABBR = **negative**

**negate** [nɪ'geɪt] VT anular, invalidar

**negation** [nɪ'geɪʃən] N [1] (*gen, Ling*) negación *f*
[2] (= *denial, refusal*) negativa *f*

**negative** ['negətɪv] Ⓐ ADJ (*all senses*) negativo; **a ~ answer** *or* **reply** *or* **response** una negativa, una respuesta negativa; **the test proved ~** el análisis dio negativo; **~ cash flow** liquidez *f* negativa; **~ feedback** reacción *f* desfavorable
Ⓑ N [1] (= *negative reply*) negativa *f*; **he answered in the ~** contestó negativamente, contestó que no
[2] (*Ling*) negación *f*; **in the ~** en negativo
[3] (*Phot*) negativo *m*
[4] (*Elec*) polo *m* negativo
Ⓒ VT (= *veto*) poner veto a; (= *vote down*) rechazar, desaprobar; [+ *statement*] negar, desmentir; [+ *effect*] anular

**negatively** ['negətɪvlɪ] ADV [1] [*reply, think, affect*] negativamente; **to answer ~** contestar negativamente, contestar que no
[2] (*Phys*) **~ charged** con carga negativa

**negativity** [ˌnegə'tɪvɪtɪ] N (*Psych*) negatividad *f*

**neglect** [nɪ'glekt] Ⓐ N (= *carelessness*) descuido *m*; (= *negligence*) negligencia *f*; (*in appearance*) dejadez *f*; [*of rules, duty*] incumplimiento *m*; (= *neglected state*) abandono *m*; (*towards others*) desatención *f*; **the garden was in a state of ~** el jardín estaba muy descuidado *or* abandonado; **the plants had died of ~** las plantas se habían muerto de no cuidarlas
Ⓑ VT [1] [+ *obligations*] descuidar, desatender; [+ *duty*] no cumplir con, faltar a; [+ *friends, family*] desatender; [+ *opportunity*] desperdiciar, desaprovechar; [+ *work, garden*] descuidar
[2] (= *omit*) **to ~ to do sth** omitir hacer algo; **they ~ed to mention this fact** omitieron mencionar este hecho, no mencionaron este hecho

**neglected** [nɪ'glektɪd] ADJ [*child*] desatendido; [*house, garden*] descuidado, abandonado; [*appearance*] (*of person*) descuidado, desaliñado; [*promise*] incumplido; **he is a much ~ composer** es un compositor insuficientemente *or* poco reconocido

**neglectful** [nɪ'glektfʊl] ADJ negligente; **to be ~ of** [+ *family, children*] desatender a; [+ *work*] descuidar; [+ *duty*] no cumplir con; **they were ~ of the needs of the community** desatendían las necesidades de la comunidad

**neglectfully** [nɪ'glektfəlɪ] ADV negligentemente

**negligee** ['neglɪʒeɪ] N [1] (= *nightdress etc*) salto *m* de cama, negligé *m*
[2] (= *housecoat*) bata *f*, negligé *m*

**negligence** ['neglɪdʒəns] N [1] (= *carelessness*) negligencia *f*; **through ~** por negligencia
[2] (*Jur*) negligencia *f*

**negligent** ['neglɪdʒənt] ADJ [1] (= *careless*) negligente; **to be ~ in doing sth** pecar de negligencia al hacer algo; **she had been ~ of her duties** había faltado a sus deberes
[2] (*Liter*) [*gesture*] despreocupado

➤ LANGUAGE IN USE: **need A1** 2.2, 10.3 **B1** 2.3, 10.1, 10.2, 10.3 **C** 10.3

**negligently** ['neglɪdʒəntlɪ] ADV [1] (= *carelessly*) con negligencia
[2] (= *casually*) despreocupadamente

**negligible** ['neglɪdʒəbl] ADJ [*amount*] insignificante; [*damage, difference*] insignificante, sin importancia; **a by no means ~ opponent** un adversario nada despreciable

**negotiable** [nɪ'gəʊʃɪəbl] Ⓐ ADJ [1] (*Comm*) negociable; **this is our position and it is not ~** esta es nuestra postura y no es negociable
[2] [*road etc*] transitable; [*river*] salvable
Ⓑ CPD ► **negotiable instrument** N instrumento *m* negociable

**negotiate** [nɪ'gəʊʃɪeɪt] Ⓐ VT [1] (= *arrange*) [+ *treaty*] negociar; [+ *loan, deal*] negociar, gestionar
[2] (= *get round, over*) [+ *bend*] tomar; [+ *hill*] subir; [+ *obstacle*] salvar, franquear; [+ *river, stream*] pasar, cruzar
Ⓑ VI negociar; **to ~ for** negociar para obtener; **to ~ for peace** negociar para obtener la paz, entablar negociaciones de paz; **to ~ with sb** negociar con algn

**negotiating** [nɪ'gəʊʃɪeɪtɪŋ] Ⓐ N negociación *f*
Ⓑ CPD [*strategy*] negociador; [*skills*] de negociación ► **negotiating table** N mesa *f* de negociaciones; **to sit (down) at the ~ table** sentarse a la mesa de negociaciones

**negotiation** [nɪ,gəʊʃɪ'eɪʃən] N [1] (= *act of negotiating*) negociación *f*; [*of loan, deal*] negociación *f*, gestión *f*; **to be in ~(s) with sb** estar en negociaciones con algn; **the treaty is under ~** el tratado está siendo negociado; **that will be a matter for ~** eso tendrá que ser negociado, eso tendrá que someterse a negociación
[2] **negotiations** (= *talks*) negociaciones *fpl*, tratativas *fpl* (*S. Cone*); **to break off ~s** romper las negociaciones; **to enter into ~s with sb** entrar en negociaciones con algn

**negotiator** [nɪ'gəʊʃɪeɪtə^r] N negociador(a) *m/f*

**Negress** ['ni:gres] N (*pej in US*) negra *f*

**Negro** ['ni:grəʊ] (*pej in US*) Ⓐ ADJ negro
Ⓑ N (*pl* **Negroes**) negro *m*
Ⓒ CPD ► **Negro spiritual** N espiritual *m*

**negroid** ['ni:grɔɪd] ADJ negroide

**neigh** [neɪ] Ⓐ N relincho *m*
Ⓑ VI relinchar

**neighbour**, **neighbor** (*US*) ['neɪbə^r] Ⓐ N vecino/a *m/f*; (= *fellow being*) prójimo/a *m/f*, semejante *m*; **Israel and its Arab ~s** Israel y sus vecinos árabes; *see also* **next-door**
Ⓑ VI **to ~ (up)on** (= *adjoin*) colindar con, estar contiguo a; (= *be almost*) rayar en; **to ~ with sb** (*US*) comportarse como buen vecino de algn
Ⓒ CPD ► **Good Neighbour Policy** N (*US*) Política *f* del Buen Vecino

**neighbourhood**, **neighborhood** (*US*) ['neɪbəhʊd] Ⓐ N [1] (= *area*) barrio *m*, vecindario *m*; **not a very nice ~** un barrio poco atractivo; **somewhere in the ~** por allí
[2] (= *surrounding area*) alrededores *mpl*, cercanías *fpl*; **anyone in the ~ of the crime** cualquier persona que estuviera en las cercancías del lugar del crimen; **in the ~ of £80** alrededor de (las) 80 libras
[3] (= *people*) vecindario *m*, vecinos *mpl*
Ⓑ CPD [*supermarket, chemist*] de(l) barrio; [*policeman*] de barrio ► **neighbourhood watch scheme** N grupo *m* de vigilancia de los (propios) vecinos

**neighbouring**, **neighboring** (*US*) ['neɪbərɪŋ] ADJ [*town, villages*] cercano, vecino; [*houses, streets, fields*] cercano, de las proximidades; [*state, country*] vecino; **the people at the ~ table** la gente de la mesa de al lado; **in ~ Latvia** en el país vecino de Letonia

**neighbourliness**, **neighborliness** (*US*) ['neɪbəlɪnɪs] N **good ~** buena vecindad *f*

**neighbourly**, **neighborly** (*US*) ['neɪbəlɪ] ADJ [*person*] amable; [*attitude*] de buen vecino, amable; **she was full of ~ concern** era de lo más atenta

**neighing** ['neɪɪŋ] N relinchos *mpl*

▼ **neither** ['naɪðə^r] Ⓐ ADV **~ ... nor** ni ... ni; **~ he nor I can go** ni él ni yo podemos ir; **he ~ smokes nor drinks** ni fuma ni bebe; **that's ~ here nor there** (*fig*) eso no viene al caso
Ⓑ CONJ tampoco; **if you aren't going, ~ am I** si tú no vas, yo tampoco; **"I don't like it" — "~ do I"** —a mí no me gusta —a mí tampoco; **~ will he agree to sell it** ni consiente en venderlo tampoco
Ⓒ PRON **~ of them has any money** ninguno de los dos tiene dinero, ni el uno ni el otro tiene dinero; **~ of them saw it** ni el uno ni el otro lo vio
Ⓓ ADJ ninguno de los/las dos; **~ car is for sale** ninguno de los dos coches está a la venta

**nelly*** ['nelɪ] N **not on your ~!*** ¡ni hablar!*

**nelson** ['nelsən] N (*Wrestling*) **full ~** llave *f*; **half ~** media llave *f*; **to put a half ~ on sb** (*fig*) ponerle trabas a algn

**nem. con.** ABBR = **nemine contradicente** (= *no one contradicting*) nemine discrepante

**nemesis** ['nemɪsɪs] N (*pl* **nemeses**) (justo) castigo *m*; **AIDS is our collective ~** SIDA representa nuestro castigo colectivo

**neo...** ['ni:əʊ] PREFIX neo...

**neoclassical** ['ni:əʊ'klæsɪkəl] ADJ neoclásico

**neoclassicism** ['ni:əʊ'klæsɪsɪzəm] N neoclasicismo *m*

**neocolonialism** [,ni:əʊkə'ləʊnɪə,lɪzəm] N neocolonialismo *m*

**neodymium** [,ni:əʊ'dɪmɪəm] N neodimio *m*

**neofascism** ['ni:əʊ'fæʃɪzəm] N neofascismo *m*

**neofascist** ['ni:əʊ'fæʃɪst] Ⓐ ADJ neofascista
Ⓑ N neofascista *mf*

**neogothic** [,ni:əʊ'gɒθɪk] ADJ neogótico

**neolithic** [,ni:əʊ'lɪθɪk] ADJ neolítico

**neological** [,nɪə'lɒdʒɪkəl] ADJ neológico

**neologism** [nɪ'ɒlədʒɪzəm] N neologismo *m*

**neomycin** [,ni:əʊ'maɪsɪn] N neomicina *f*

**neon** ['ni:ɒn] Ⓐ N neón *m*
Ⓑ CPD ► **neon light** N luz *f* de neón ► **neon sign** N anuncio *m* de neón

**neonatal** ['ni:əʊ,neɪtl] ADJ neonatal

**neonazi** ['ni:əʊ'nɑ:tsɪ] Ⓐ ADJ neonazi, neonazista
Ⓑ N neonazi *mf*

**neophyte** ['ni:əʊfaɪt] N neófito/a *m/f*

**neoplatonic** ['ni:əʊplə'tɒnɪk] ADJ neoplatónico

**neoplatonism** ['ni:əʊ'pleɪtənɪzəm] N neoplatonismo *m*

**neoplatonist** ['ni:əʊ'pleɪtənɪst] N neoplatonista *mf*

**Neozoic** [,ni:əʊ'zəʊɪk] ADJ neozoico

**Nepal** [nɪ'pɔ:l] N Nepal *m*

**Nepalese** [,nepɔ:'li:z] Ⓐ ADJ nepalés
Ⓑ N nepalés/esa *m/f*

**nephew** ['nevju:] N sobrino *m*

**nephrectomy** [nɪ'frektəmɪ] N nefrectomía *f*

**nephritic** [ne'frɪtɪk] ADJ nefrítico

**nephritis** [ne'fraɪtɪs] N nefritis *f*

**nephrology** [nɪ'frɒlədʒɪ] N nefrología *f*

**nephrosis** [nɪ'frəʊsɪs] N nefrosis *f*

**nepotism** ['nepətɪzəm] N nepotismo *m*

**Neptune** ['neptju:n] N Neptuno *m*

**neptunium** [nep'tju:nɪəm] N neptunio *m*

**nerd*** [nɜ:d] N pazguato/a *m/f*

**nerdy*** ['nɜ:dɪ] ADJ pazguato, timorato

**nereid** ['nɪərɪɪd] N nereida *f*

**Nero** ['nɪərəʊ] N Nerón

**nerve** [nɜ:v] Ⓐ N [1] (*Anat, Bot*) nervio *m*; **my ~s are on edge** tengo los nervios de punta; **it/he gets on my ~s** me pone los nervios de punta *or* me saca de quicio; **to be living on one's ~s** vivir en estado de tensión constante; **to have ~s of steel** tener nervios de acero; **to strain every ~ to do sth** hacer un esfuerzo supremo por hacer algo
[2] **nerves** (= *tension*) nerviosismo *m*, nervios *mpl*, excitabilidad *f* nerviosa; **she suffers from ~s** padece de los nervios, sufre trastornos nerviosos; **a fit of ~s** un ataque de nervios; **to be in a state of ~s** estar muy nervioso, estar hipertenso
[3] (= *courage*) valor *m*; **he didn't have the ~ to do it** no tuvo el valor de hacerlo; **I wouldn't have the ~ to do that!** ¡yo no me atrevería a hacer eso!; **to hold** *or* **keep one's ~** mantenerse firme, no amilanarse; **to lose one's ~** perder el valor, rajarse*; **it takes some ~ to do that** hace falta mucho valor *or* mucha sangre fría para hacer eso
[4] (= *cheek*) caradura* *f*, cara* *f*; **of all the ~!** ◊ **the ~ of it!** ◊ **what a ~!** ¡qué caradura!*, ¡qué frescura!*; **you've got a ~!** ¡qué cara tienes!*, ¡eres un caradura!*; **he had the ~ to ask for money** tuvo la cara de pedir dinero*
Ⓑ VT **to ~ o.s. to do sth** armarse de valor para hacer algo
Ⓒ CPD ► **nerve cell** N neurona *f*, célula *f* nerviosa ► **nerve centre**, **nerve center** (*US*) N centro *m* nervioso; (*fig*) punto *m* neurálgico ► **nerve gas** N gas *m* nervioso ► **nerve specialist** N neurólogo/a *m/f*

**nerveless** ['nɜ:vlɪs] ADJ (*fig*) [*grasp*] flojo; [*person*] enervado, débil, soso

**nerve-racking** ['nɜ:v,rækɪŋ] ADJ [*wait, experience*] angustioso; [*drive, journey, interview*] estresante

**nerviness** ['nɜ:vɪnɪs] N nerviosidad *f*, nerviosismo *m*

**nervous** ['nɜ:vəs] Ⓐ ADJ [1] (= *tense*) nervioso; **to be/feel ~** estar nervioso; (= *frightened*) tener miedo; **I was ~ about the meeting** estaba nervioso pensando en la reunión, la reunión me tenía nervioso; **I was ~ about speaking in public** me asustaba hablar en público; **to be of a ~ disposition** ser nervioso; **to get ~** ponerse nervioso; **to make sb ~** poner nervioso a algn; (= *frighten*) dar miedo a algn; **to be ~ of sth/sb** tener miedo a algo/algn; **he was in a highly ~ state** estaba muy nervioso, tenía los nervios a flor de piel; **to be a ~ wreck*** (*temporarily*) ser un manojo de nervios; (*more permanently*) estar hecho polvo de los nervios*
[2] (*Med*) nervioso
Ⓑ CPD ► **nervous breakdown** N crisis *f inv* nerviosa ► **nervous collapse** N colapso *m* nervioso ► **nervous exhaustion** N agotamiento *m* nervioso ► **nervous system** N sistema *m* nervioso

**nervously** ['nɜ:vəslɪ] ADV nerviosamente; **he laughed ~** soltó una risa nerviosa, rió nerviosamente; **I waited ~ in the hall** esperé nervioso en el hall

**nervousness** ['nɜ:vəsnɪs] N (= *apprehension, timidity*) nerviosismo *m*; (= *fear*) miedo *m*; **his ~ of flying** su miedo a volar

**nervy** ['nɜ:vɪ] ADJ (*compar* **nervier**; *superl* **nerviest**) [1] (*Brit*) (= *tense*) nervioso
[2] (*US*) (= *cheeky*) descarado, caradura*

➤ LANGUAGE IN USE: **neither** A 26.2

**nest** [nest] Ⓐ N [1] [*of bird*] nido *m*; [*of hen*] nidal *m*; [*of rat, fox*] madriguera *f*; [*of mouse*] ratonera *f*; [*of wasps, hornets*] avispero *m*; [*of ants*] hormiguero *m*; ♦***IDIOMS*** **to fly the ~**: **when the children have flown the ~** cuando los hijos dejen el nido; **to feather one's ~** barrer hacia adentro, arrojar piedras al tejado propio; **to foul one's own ~** manchar el propio nido
[2] (*fig*) [*of thieves, spies*] guarida *f*
[3] (= *set*) [*of boxes, tables*] juego *m*
[4] (= *gun emplacement*) **a machine-gun ~** un nido de ametralladoras
Ⓑ VI [1] [*bird*] anidar, hacer su nido
[2] [*collector*] buscar nidos
Ⓒ CPD ► **nest egg** N (*fig*) ahorros *mpl*

**nesting** ['nestɪŋ] Ⓐ N (*Orn*) nidificación *f*, anidación *f*
Ⓑ CPD ► **nesting box** N (*for hen*) nidal *m*, ponedero *m*; (*for wild bird*) caja *f* anidadera ► **nesting season** N época *f* de puesta, época *f* de nidificación, época *f* de anidación ► **nesting site** N zona *f* de nidificación, zona *f* de anidación

**nestle** ['nesl] Ⓐ VI **to ~ against** *or* **up to sb** arrimarse *or* acurrucarse junto a algn; **to ~ down in bed** acurrucarse en la cama; **to ~ down among the blankets** hacerse un ovillo entre las mantas; **to ~ among leaves** hacerse un nido entre las hojas; **a village nestling among hills** un pueblo abrigado por las colinas
Ⓑ VT **she ~d the kitten on her lap** le hizo un hueco al gato en su regazo

**nestling** ['neslɪŋ] N polluelo *m*

**net**[1] [net] Ⓐ N [1] (*for catching fish, butterflies*) red *f*; (*for hair*) redecilla *f*; (= *fabric*) tul *m*; ♦***IDIOMS*** **to cast one's ~ wider** ampliar el campo de acción; **to fall into the ~** caer en la trampa; **to slip through the ~** escapar de la red
[2] (*Tennis, Ftbl*) red *f*
[3] (= *network*) red *f*; **the Net** (= *Internet*) (el *or* la) Internet; **to surf the Net** navegar por Internet
Ⓑ VT [+ *fish*] pescar (con red); [+ *criminal*] atrapar
Ⓒ VI (*Sport*) (= *score goal*) marcar
Ⓓ CPD ► **net curtain** N visillo *m*

**net**[2] [net] Ⓐ ADJ [1] (*Comm*) [*price, interest, salary*] neto; **~ of tax** deducidos los impuestos; **at a ~ profit of 5%** con un beneficio neto del 5%; **~ weight** peso *m* neto
[2] [*result, effect*] final, global
Ⓑ VT (*Comm*) (= *earn*) ganar en limpio; (= *produce*) producir en limpio; **the new tax will ~ the government £50m** el nuevo impuesto le supondrá al gobierno unos ingresos netos de 50 millones de libras; **the deal ~ted him £50,000** se embolsó 50.000 libras en el negocio
Ⓒ CPD ► **net assets** NPL activo *msing* neto ► **net income** N renta *f* neta ► **net loss** N pérdida *f* neta ► **net payment** N importe *m* neto

**NET** N ABBR (*US*) = **National Educational Television**

**netball** ['netbɔ:l] N *especie de baloncesto jugado especialmente por mujeres*

**nether** ['neðə^r] ADJ inferior, más bajo; **~ lip** labio *m* inferior; **~ regions** (= *hell*) infierno *m*; (*hum*) (= *buttocks*) trasero *m*, regiones *fpl* donde la espalda pierde su casto nombre (*hum*)

**Netherlander** ['neðə,lændə^r] N holandés/esa *m/f*, neerlandés/esa *m/f*

**Netherlands** ['neðələndz] NPL **the ~** los Países Bajos

**nethermost**† ['neðəməʊst] ADJ SUPERL el más bajo/la más baja

**netiquette** ['netɪket] N (*Internet*) netiqueta *f*, *normas de conducta oficiosas para navegar por Internet*

**nett** [net] = **net**[2]

**netting** ['netɪŋ] N (= *wire*) malla *f*; (= *nets*) redes *fpl*; (*Sew*) malla *f*; *see also* **wire C**

**nettle** ['netl] Ⓐ N (*Bot*) ortiga *f*; ♦***IDIOM*** **to grasp the ~** (*Brit*) agarrar el toro por los cuernos
Ⓑ VT (*) picar*, molestar; **somewhat ~d by this** algo molesto por esto
Ⓒ CPD ► **nettle rash** N urticaria *f* ► **nettle sting** N picadura *f* de ortiga

**network** ['netwɜ:k] Ⓐ N (*gen, Comput*) red *f*; (*Rad, TV*) red *f*, cadena *f*; **the national railway ~** la red nacional de ferrocarriles; **a ~ of spies** una red de espías
Ⓑ VT (*Rad, TV*) difundir por la red de emisoras, emitir en cadena; (*Comput*) conectar a la red
Ⓒ VI hacer contactos (*en el mundo de los negocios*)

**networking** ['netwɜ:kɪŋ] N (*Comput*) conexión *f* de redes; (= *making contacts*) establecimiento *m* de contactos

**neural** ['njʊərəl] ADJ neural; **~ network** (*Comput*) red *f* neural

**neuralgia** [njʊə'rældʒə] N neuralgia *f*

**neuralgic** [njʊ'rældʒɪk] ADJ neurálgico

**neurasthenia** [,njʊərəs'θi:nɪə] N neurastenia *f*

**neurasthenic** [,njʊərəs'θenɪk] ADJ neurasténico

**neuritis** [njʊə'raɪtɪs] N neuritis *f*

**neuro...** ['njʊərəʊ] PREFIX neuro...

**neurobiology** [,njʊərəʊbaɪ'ɒlədʒɪ] N neurobiología *f*

**neurolinguistic programming** ['njʊərəʊlɪŋ'gwɪstɪk'prəʊgræmɪŋ] N programación *f* neurolingüística

**neurological** [,njʊərə'lɒdʒɪkəl] ADJ neurológico

**neurologist** [njʊə'rɒlədʒɪst] N neurólogo/a *m/f*

**neurology** [njʊə'rɒlədʒɪ] N neurología *f*

**neuron** ['njʊərɒn] N neurona *f*

**neuropath** ['njʊərəpæθ] N neurópata *mf*

**neuropathic** [njʊərə'pæθɪk] ADJ neuropático

**neuropathology** ['njʊərəʊpə'θɒlədʒɪ] N neuropatología *f*

**neuropathy** [njʊ'rɒpəθɪ] N neuropatía *f*

**neurophysiological** [,njʊərəʊ,fɪzɪə'lɒdʒɪkəl] ADJ neurofisiológico

**neurophysiologist** [,njʊərəʊ,fɪzɪ'ɒlədʒɪst] N neurofisiólogo/a *m/f*

**neurophysiology** [,njʊərəʊ,fɪzɪ'ɒlədʒɪ] N neurofisiología *f*

**neuropsychiatric** [,njʊərəʊ,saɪkɪ'ætrɪk] ADJ neuropsiquiátrico

**neuropsychiatrist** [,njʊərəʊsaɪ'kaɪətrɪst] N neuropsiquiatra *mf*

**neuropsychiatry** [,njʊərəʊsaɪ'kaɪətrɪ] N neuropsiquiatría *f*

**neuropsychology** ['njʊərəʊsaɪ'kɒlədʒɪ] N neuropsicología *f*

**neurosis** [njʊə'rəʊsɪs] N (*pl* **neuroses** [njʊə'rəʊsi:z]) neurosis *f inv*; **he's got so many neuroses and hang-ups** es un neurótico lleno de complejos

**neurosurgeon** [,njʊərəʊ'sɜ:dʒən] N neurocirujano/a *m/f*

**neurosurgery** [,njʊərəʊ'sɜ:dʒərɪ] N neurocirugía *f*

**neurosurgical** [,njʊərəʊ'sɜ:dʒɪkəl] ADJ neuroquirúrgico

**neurotic** [njʊ'rɒtɪk] Ⓐ ADJ neurótico
Ⓑ N neurótico/a *m/f*

**neurotically** [njʊ'rɒtɪkəlɪ] ADV neuróticamente

**neuroticism** [njʊ'rɒtɪsɪzəm] N neuroticismo *m*

**neurotransmitter** [,njʊərəʊtrænz'mɪtə^r] N neurotransmisor *m*

**neurovascular** [,njʊərəʊ'væskʊlə^r] ADJ neurovascular

**neuter** ['nju:tə^r] Ⓐ ADJ [1] (*Ling*) neutro
[2] [*cat*] castrado
[3] (*Bot*) [*plant*] asexuado
Ⓑ N [1] (*Ling*) neutro *m*; **in the ~** en género neutro
[2] (= *cat*) macho *m* castrado
[3] (= *insect*) insecto *m* asexuado
Ⓒ VT [+ *cat*] castrar, capar

**neutral** ['nju:trəl] Ⓐ ADJ [1] (= *impartial*) [*person, country, opinion*] neutral; **to remain ~** permanecer neutral
[2] (= *not controversial*) [*language, term*] neutro; **I kept my questions ~** el tono de mis preguntas era neutro
[3] (= *unemotional*) [*manner, expression, voice*] neutro
[4] (= *indistinct*) [*shade, colour, accent*] neutro; **~ shoe cream** betún *m* incoloro
[5] (*Elec, Chem, etc*) neutro
Ⓑ N [1] (*Pol*) (= *person*) persona *f* neutral; (= *country*) país *m* neutral
[2] (*Aut*) **in ~** en punto muerto

**neutralism** ['nju:trəlɪzəm] N neutralismo *m*

**neutralist** ['nju:trəlɪst] Ⓐ ADJ neutralista
Ⓑ N neutralista *mf*

**neutrality** [nju:'trælɪtɪ] N neutralidad *f*

**neutralization** [,nju:trəlaɪ'zeɪʃən] N neutralización *f*

**neutralize** ['nju:trəlaɪz] VT neutralizar

**neutron** ['nju:trɒn] Ⓐ N neutrón *m*
Ⓑ CPD ► **neutron bomb** N bomba *f* de neutrones ► **neutron star** N estrella *f* de neutrones

**Nev.** ABBR (*US*) = **Nevada**

▼ **never** ['nevə^r] ADV [1] (= *not ever*) nunca; **"have you ever been to Argentina?" "no, ~"** — ¿has estado alguna vez en Argentina? —no, nunca; **~ leave valuables in your car** no dejen nunca objetos de valor en el coche; **you ~ saw anything like it** nunca se ha visto nada parecido; **I ~ believed him** nunca le creí; **never!** ¡jamás!; **~ in all my life have I been so embarrassed** en mi vida *or* jamás en la vida he pasado tanta vergüenza; **~ again!** ¡nunca más!; **scenes ~ before shown on TV** imágenes *fpl* nunca vistas con anterioridad en televisión; **it had ~ been tried before** no se había intentado antes; **~, ever do that again!** ¡no vuelvas a hacer eso nunca jamás!; **it's a lesson he'll ~, ever forget** es una lección que nunca jamás olvidará; **I've ~ yet known him to fail** no lo he visto nunca fracasar
[2] (*emphatic negative*) **never!*** ¿en serio?, ¡no puede ser!; **I had a free ticket but I ~ went** tenía una entrada gratis pero no llegué a ir; **I ~ expected to see him again** no contaba con volverlo a ver; **surely you ~ bought it?** ¿pero lo has comprado de verdad?; **you ~ did!*** ¿en serio?, ¡no puede ser!; **~ mind** no importa, no te preocupes; **~ a one** ni uno siquiera; **well I ~!*** ¡no me digas!, ¡no me lo puedo creer!; **~ a word did he say** no dijo ni una sola palabra

**never-ending** ['nevər'endɪŋ] ADJ [*search, struggle, procession*] interminable, inacabable

**never-failing** ['nevə'feɪlɪŋ] ADJ [*method*] infalible; [*supply, source*] inagotable

➤ LANGUAGE IN USE: never 1 8.4

**nevermore** ['nevə'mɔːʳ] ADV nunca más

**never-never** ['nevə'nevəʳ] Ⓐ N **to buy sth on the ~** (*Brit**) comprar algo a plazos
Ⓑ CPD ► **never-never land** N país *m* del ensueño

**nevertheless** [ˌnevəðə'les] ADV sin embargo, no obstante; **~, it is true that ...** ◊ **it is ~ true that ...** sin embargo *or* no obstante es verdad que ...; **he is ~ my brother** sin embargo, es mi hermano; **I don't like him but I appreciate his qualities ~** no me cae bien, pero a pesar de todo sé apreciar

**never-to-be-forgotten** ['nevətəbiːˌfə'gɒtn] ADJ inolvidable

**nevus** ['niːvəs] N (*pl* **nevi** ['niːvaɪ]) (*US*) = **naevus**

**new** [njuː] Ⓐ ADJ (*compar* **newer**; *superl* **newest**)
1 (= *unused*) [*purchase, acquisition*] nuevo; **I've bought a ~ house/coat** me he comprado una casa nueva/un abrigo nuevo; **I've put in ~ batteries** he puesto pilas nuevas; **I'll open a ~ packet of biscuits** abriré otro paquete de galletas; **she sold it as ~** lo vendió que parecía nuevo; **~ for old insurance** seguro *m* de valor de nuevo; **it's as good as ~** está como nuevo; **it looks like ~** parece nuevo; *see also* **brand-new**
2 (= *novel, different*) [*idea, theory, boyfriend*] nuevo; **it's a ~ way of thinking** es una nueva forma de pensar; **I feel like a ~ man** me siento como nuevo; **she's been a ~ woman since she got divorced** desde que se ha divorciado parece otra; **~ face** (= *person*) cara *f* nueva; (= *image*) **the ~ face of** la nueva imagen de; **that's nothing ~** eso no es ninguna novedad; **there's nothing ~ under the sun** no hay nada nuevo bajo el sol; **that's a ~ one on me!** ¡la primera vez que lo oigo!; **that's something ~!** (*iro*) ¡qué *or* vaya novedad!; **hi, what's ~?*** hola, ¿que hay de nuevo?; **so what's ~?*** (*iro*) ¡qué *or* vaya novedad!
3 (= *recently arrived*) [*recruit, student, worker*] nuevo; **the ~ people at number five** los nuevos vecinos del número cinco; **~ boy** (*Scol*) alumno *m* nuevo; **~ girl** (*Scol*) alumna *f* nueva; **are you ~ here?** ¿eres nuevo aquí?; **the ~ rich** los nuevos ricos; **I'm ~ to the area** hace poco que vivo aquí; **he's ~ to the office/job** es nuevo en la oficina/el trabajo
4 (= *freshly produced*) [*bread*] recién hecho; [*wine*] joven; [*crop*] nuevo; **~ potatoes** patatas *f* nuevas; **have you read her ~ book?** ¿has leído el libro que acaba de publicar?
5 (= *young*) [*shoot, bud*] nuevo
Ⓑ CPD ► **new age** N new age *f*; (*before noun*) [*music, philosophy*] new age *adj inv* ► **New Brunswick** N Nuevo Brunswick *m* ► **New Caledonia** N Nueva Caledonia *f* ► **New Delhi** N Nueva Delhi *f* ► **New England** N Nueva Inglaterra *f* ► **New Englander** N *habitante o nativo de Nueva Inglaterra* ► **New Guinea** N Nueva Guinea *f* ► **New Hampshire** N Nuevo Hampshire *m*, Nueva Hampshire *f* ► **the New Hebrides** NPL las Nuevas Hébridas ► **New Jersey** N Nueva Jersey *f* ► **new man** N *hombre de ideas modernas que se ocupa de tareas tradicionalmente femeninas como el cuidado de la casa y de los niños* ► **New Mexico** N Nuevo Méjico *m* ► **new moon** N luna *f* nueva ► **New Orleans** N Nueva Orleáns *f* ► **New Scotland Yard** N Nuevo Scotland Yard *m* ► **New South Wales** N Nueva Gales *f* del Sur ► **the New Testament** N el Nuevo Testamento ► **new town** N (*Brit*) *ciudad recién creada de la nada* ► **new wave** N nueva ola *f*; (*before noun*) [*music, film*] de la nueva ola ► **the New World** N el Nuevo Mundo ► **New Year** N Año *m* Nuevo; **to bring** *or* **see in the New Year** celebrar el Año Nuevo ► **New Year's Day** N el día de Año Nuevo ► **New Year's Eve** N Nochevieja *f*; **happy New Year!** ¡feliz Año Nuevo! ► **New Year resolutions** NPL buenos propósitos *mpl* del año nuevo ► **New Year's** N (*US**) = **New Year's Eve, New Year's Day** ► **New York** N Nueva York *f*; (*before noun*) neoyorquino ► **New Yorker** N neoyorquino/a *m/f* ► **New Zealand** N Nueva Zelanda *f*, Nueva Zelandia *f* (*LAm*); (*before noun*) neocelandés, neozelandés ► **New Zealander** N neocelandés/esa *m/f*, neozelandés/esa *m/f*

> NEW
>
> **Position of "nuevo"**
>
> **Nuevo** tends to follow the noun when it means **new** in the sense of "brand-new" and to precede the noun when it means **new** in the sense of "another", "replacement" or "latest":
>
> ...the sales of new cars...
> ***...las ventas de automóviles nuevos...***
> ...the new prime minister...
> ***...el nuevo primer ministro...***
> ...the new model...
> ***...el nuevo modelo...***
>
> *For further uses and examples, see main entry.*

**new...** [njuː] PREFIX recién

**newborn** ['njuːbɔːn] ADJ [*baby*] recién nacido

**newcomer** ['njuːˌkʌməʳ] N recién llegado/a *m/f*; **they were ~s to the area** eran nuevos en la zona, en la zona eran unos recién llegados

**newel** ['njuːəl], **newel post** [ˌnjuːəl'pəʊst] N poste *m* (*de una escalera*)

**new-fangled** ['njuːˌfæŋgld] ADJ (*pej*) [*idea, theory, gadget*] moderno, tan de moda

**new-found** ['njuːˌfaʊnd] ADJ [*talent*] recién descubierto; [*wealth, freedom*] recién adquirido; [*friend*] nuevo; **his ~ zeal** su recién estrenado entusiasmo

**Newfoundland** ['njuːfəndlənd] N 1 (*Geog*) Terranova *f*
2 (*also* **~ dog**) perro *m* de Terranova

**Newfoundlander** ['njuːfəndləndəʳ] N habitante *mf* de Terranova

**newish** ['njuːɪʃ] ADJ bastante nuevo

**new-laid** ['njuː'leɪd] ADJ [*egg*] fresco, recién puesto

**new-look** [ˌnjuː'lʊk] ADJ nuevo, renovado; **the ~ Labour Party** el nuevo *or* renovado Partido Laborista; **this is the ~ me** esta es mi nueva imagen

**newly** ['njuːlɪ] ADV (= *recently*) recién; **~ made/arrived/elected** recién hecho/llegado/elegido; **the ~ independent countries of Africa** los países de África que acababan de conseguir la independencia

**newlyweds** ['njuːlɪwedz] NPL recién casados *mpl*

**new-mown** ['njuː'məʊn] ADJ recién segado, recién cortado

**newness** ['njuːnɪs] N 1 [*of car, clothes, etc*] lo nuevo
2 [*of idea, theory, fashion*] novedad *f*
3 [*of bread*] lo fresco; [*of wine*] lo joven

**news** [njuːz] Ⓐ NSING 1 **that's wonderful ~!** ¡qué buena noticia!; **some sad ~** ◊ **a sad piece of ~** una triste noticia; **what ~?** ◊ **what's the ~?** ¿qué hay de nuevo?; **a 700th anniversary is ~** un 700 aniversario es noticia; **so you think you're going out tonight? well, I've got ~ for you!** (*iro*) si crees que vas a salir esta noche, te vas a llevar una sorpresa; **to be bad ~*** [*person*] ser un ave de mal agüero; [*thing*] ser mal asunto*; **to break the ~ to sb** dar la noticia a algn; **when the ~ broke** al saberse la noticia; **that's good ~** es una buena noticia; **they're in the ~** son de actualidad; **a piece of ~** una noticia; **it was ~ to me** me pilló de nuevas*; ✦**PROVS bad ~ travels fast** las malas noticias llegan muy rápido; **no ~ is good ~** la falta de noticias es una buena señal
2 (*Press, Rad, TV*) noticias *fpl*; **the ~** (*Rad*) las noticias, el noticiario; (*TV*) las noticias, el telediario (*Sp*), el noticiero (*LAm*), el noticioso (*Andes*); **the foreign ~ pages** la sección *or* las páginas de noticias internacionales; **News in Brief** (= *section in newspaper*) Noticias *fpl* Breves, Breves *fpl*
Ⓑ CPD ► **news agency** N agencia *f* de noticias ► **news blackout** N apagón *m* informativo ► **news bulletin** N boletín *m* informativo ► **news conference** N rueda *f* de prensa ► **news desk** N redacción *f* ► **news editor** N jefe *mf* de redacción ► **the news headlines** NPL (*TV, Rad*) el resumen de las noticias ► **news item** N noticia *f* ► **news programme, news program** (*US*) N programa *m* de actualidad ► **news release** N (*esp US*) = **press release** ► **news sheet** N hoja *f* informativa ► **news vendor** N vendedor(a) *m/f* de periódicos

**newsagent** ['njuːzˌeɪdʒənt] N (*Brit*) vendedor(a) *m/f* de periódicos; **~'s** tienda *f or* quiosco *m* de periódicos

**newsboy** ['njuːzbɔɪ] N (= *deliverer*) chico *m* que reparte periódicos; (= *seller*) chico *m* que vende periódicos, voceador *m* (*Mex*)

**newscast** ['njuːzkɑːst] N noticiario *m*, noticiero *m* (*LAm*), noticioso *m* (*Andes*)

**newscaster** ['njuːz'kɑːstəʳ] N locutor(a) *m/f*

**newscopy** ['njuːzkɒpɪ] N (*Press*) texto *m* de la noticia; (*TV, Rad*) resumen *m* de la noticia

**newsdealer** ['njuːz'diːləʳ] N (*US*) vendedor(a) *m/f* de periódicos

**newsflash** ['njuːzflæʃ] N flash *m*, noticia *f* de última hora

**news-gathering** ['njuːzgæðərɪŋ] N recopilación *f* de noticias, recolección *f* de información

**newshound*** ['njuːzhaʊnd] N reportero/a *m/f*

**newsletter** ['njuːzˌletəʳ] N boletín *m* informativo

**newsman** ['njuːzmæn] N (*pl* **newsmen**) (*Press*) periodista *m*, reportero *m*; (*TV, Rad*) locutor *m*

**newspaper** ['njuːsˌpeɪpəʳ] Ⓐ N (*gen*) periódico *m*; (= *daily*) diario *m*; (= *material*) papel *m* de periódico
Ⓑ CPD ► **newspaper clipping, newspaper cutting** N recorte *m* de periódico ► **newspaper office** N redacción *f* (de periódico) ► **newspaper report** N reportaje *m*

**newspaperman** ['njuːzˌpeɪpəmæn] N (*pl* **newspapermen**) periodista *m*, reportero *m*

**newspaperwoman** ['njuːzˌpeɪpəwʊmən] N (*pl* **newspaperwomen**) periodista *f*, reportera *f*

**newspeak** ['njuːspiːk] N neolengua *f*

**newsprint** ['njuːzprɪnt] N papel *m* prensa, papel *m* continuo; **acres of ~ have been devoted to the subject** han corrido ríos de tinta sobre el asunto

**newsreader** ['njuːzˌriːdəʳ] N (*Brit TV*) locutor(a) *m/f*

**newsreel** ['njuːzriːl] N noticiario *m*, documental *m* de actualidades, ≈ Nodo *m* (*Sp*)

**newsroom** ['njuːzrʊm] N sala *f* de redacción

**newsstand** ['njuːzstænd] N (*US*) quiosco *m* de periódicos y revistas

➤ LANGUAGE IN USE: **nevertheless** 26.3 **new B** 23.2

**newsworthy** ['nju:z,wɜ:ðɪ] ADJ de interés periodístico; **it's not ~** no es noticia, no tiene interés periodístico

**newsy*** ['nju:zɪ] ADJ lleno de noticias

**newt** [nju:t] N tritón *m*; *see also* **pissed**

**newton** ['nju:tn] N newton *m*, neutonio *m*

**Newtonian** [nju:'təʊnɪən] ADJ newtoniano

▼ **next** [nekst] Ⓐ ADJ [1] (*of time*) (*in future*) próximo; (*in past*) siguiente; **he retires ~ January** se jubila el enero próximo; **the ~ five days will be crucial** los próximos cinco días serán decisivos; **the ~ five days were very busy** los cinco días siguientes fueron muy ajetreados; **~ month/year** (*in future*) el mes/año que viene, el mes/año próximo, el mes/año entrante (*esp LAm*); **the ~ month/year** (*in past*) el mes/año siguiente; **(the) ~ day/morning** al día/a la mañana siguiente; **unemployment is predicted to fall both this year and ~** se prevé que el desempleo disminuirá este año y el próximo *or* el siguiente; **she'll have been gone six months ~ Friday** el viernes que viene *or* el viernes próximo hará seis meses que se marchó; **on 4th May ~** (*frm*) el 4 de mayo próximo; **the week after ~** la semana que viene no *or* la semana próxima no, la siguiente; **he died ten years ago ~ week** la semana que viene *or* la semana próxima hará diez años que murió *or* se cumplen diez años de su muerte; **the ~ thing I knew he was gone** cuando me quise dar cuenta se había ido; **this time ~ week** la semana que viene a estas horas; **this time ~ year** el año que viene por estas fechas; **~ time** la próxima vez; **(the) ~ time you see him** la próxima vez que lo veas; **from one moment/day to the ~** de un momento/día para otro; *see also* **moment 1**

[2] (*of order*) próximo, siguiente; **I get out at the ~ stop** me bajo en la próxima *or* siguiente parada; **who's ~?** ¿a quién le toca ahora?, ¿quién sigue?; **I'm/you're ~** me/te toca (a mí/ti); **~ please!** ¡el siguiente por favor!; **she was ~** *or* **the ~ person to arrive** ella fue la próxima *or* siguiente en llegar; **I'm as much against violence as the ~ person, but ...** estoy tan en contra de la violencia como cualquiera, pero ...; **he's ~ after me** es el primero después de mí; **it's the ~ road but one** es la segunda calle después de ésta; **the ~ life** la otra vida; **on the ~ page** en la siguiente página; **the ~ size up/down** (*in clothes*) una talla más grande/más pequeña; (*in shoes*) un número más grande/más pequeño

[3] (= *adjacent*) **~ door** (en la casa de) al lado; **~ door's dog** el perro de (los vecinos de) al lado; **I went ~ door to the bathroom** fui al baño que estaba (en el cuarto de) al lado; **(the) ~ door but one** no la puerta de al lado, sino la siguiente; **~ door to** al lado de; **we live ~ door to each other** vivimos uno al lado del otro; **I live ~ door to her** vivo en la casa de al lado de la suya *or* contigua a la suya; **the ~ house** la casa de al lado; **I could hear them talking in the ~ room** les oía hablar en el cuarto de al lado; **she lives in the ~ street to me** vive en la calle contigua a la mía; ✦*IDIOM* **the girl/boy ~ door** la hija/el hijo del vecino

Ⓑ ADV [1] (*in past*) después, luego; **what did he do ~?** ¿qué hizo después *or* luego?; **when I ~ saw him** cuando lo volví a ver; **I ~ saw him in Rome** la siguiente vez que lo vi fue en Roma

[2] (*in future*) **what do we do ~?** ¿y ahora qué hacemos?; **~ we put the salt in** a continuación *or* ahora añadimos la sal; **when you ~ see him** ◊ **when ~ you see him** cuando lo vuelvas a ver, la próxima vez que lo veas; **whatever ~!** ¡lo que faltaba!

[3] (*of place, order*) **who's the ~ tallest boy?** ¿quién le sigue en altura?; **the ~ smaller size** la talla más pequeña a continuación de ésta; **it's the ~ best thing to having your own swimming pool** si no puedes tener tu propia piscina, esto es lo mejor; **what comes ~?** ¿qué viene ahora?, ¿qué sigue?

[4] **~ to** [4·1] (= *beside*) al lado de; **his room is ~ to mine** su habitación está al lado de la mía; **I was sitting ~ to her** estaba sentada a su lado; **to wear silk ~ to one's skin** llevar seda en contacto directo con la piel

[4·2] (= *after*) después de; **~ to Spain, what country do you like best?** ¿después de España, cuál es tu país preferido?

[4·3] (= *compared to*) al lado de; **~ to her I felt totally inept** al lado de ella, me sentía totalmente inútil

[4·4] (= *second*) **he finished the race ~ to last** terminó la carrera en el penúltimo lugar; **the ~ to last row** la penúltima fila

[4·5] (= *almost*) casi; **it's ~ to impossible** es casi imposible; **I know ~ to nothing about computers** no sé casi nada de ordenadores, sé poquísimo de ordenadores; **we got it for ~ to nothing** lo conseguimos por poquísimo dinero

Ⓒ CPD ► **next of kin** N familiar(es) *m(pl)* más cercano(s), pariente(s) *m(pl)* más cercano(s)

**next-door** ['neks'dɔ:ʳ] ADJ **~ flat** piso *m* de al lado; **~ neighbour** vecino/a *m/f* de al lado

**nexus** ['neksəs] N nexo *m*

**NF** Ⓐ N ABBR (*Brit Pol*) = **National Front**
Ⓑ ABBR (*Canada*) = **Newfoundland**

**n/f** ABBR (*Banking*) = **no funds**

**NFL** N ABBR (*US*) = **National Football League**

**Nfld.** ABBR (*Canada*) = **Newfoundland**

**NFS** N ABBR (*Brit*) = **National Fire Service**

**NFT** N ABBR (*Brit*) = **National Film Theatre**

**NFU** N ABBR (*Brit*) = **National Farmers' Union**

**NG** ABBR (*US*) = **National Guard**

**NGA** N ABBR (*Brit*) (= **National Graphical Association**) *sindicato de tipógrafos*

**NGO** N ABBR (= **non-governmental organization**) ONG *f*

**NH** ABBR (*US*) = **New Hampshire**

**NH(I)** ABBR = **National Health (Insurance)**

**NHL** N ABBR (*US*) = **National Hockey League**

**NHS** N ABBR (*Brit*) (= **National Health Service**) Sistema *m* Nacional de Salud

**NI** ABBR [1] = **Northern Ireland**
[2] = **National Insurance**

**niacin** ['naɪəsɪn] N ácido *m* nicotínico

**Niagara** [naɪ'ægrə] Ⓐ N Niágara *m*
Ⓑ CPD ► **Niagara Falls** NPL Cataratas *fpl* del Niágara

**nib** [nɪb] N punta *f*; [*of fountain pen*] plumilla *f*, plumín *m*

**nibble** ['nɪbl] Ⓐ N [1] (= *little bite*) mordisquito *m*; **I never had a ~ all day** (*Fishing*) el corcho no se movió en todo el día

[2] (= *food*) bocado *m*; **I feel like a ~** me apetece comer algo, no me vendría mal un bocado

[3] **nibbles** (*at party etc*) comida *fsing* para picar

Ⓑ VT [*person*] mordisquear, mordiscar; [*fish*] picar; [*rat, mouse*] roer; [*horse*] rozar

Ⓒ VI **to ~ (at)** [+ *food*] picar; **to ~ at an offer** mostrar cierto interés por una oferta

**nibs** [nɪbz] N **his ~*** (*hum*) su señoría

**NIC** N ABBR [1] (*Brit*) (= **National Insurance Contribution**) *contribuciones a la Seguridad Social*

[2] = **newly industrialized** *or* **industrializing country**

**NICAM** ['naɪkæm] N ABBR = **near-instantaneous companding audio multiplex**

**Nicaragua** [,nɪkə'rægjʊə] N Nicaragua *f*

**Nicaraguan** [,nɪkə'rægjʊən] Ⓐ ADJ nicaragüense
Ⓑ N nicaragüense *mf*

**Nice** [ni:s] N Niza *f*

**nice** [naɪs] ADJ (*compar* **nicer**; *superl* **nicest**) [1] (= *pleasant*) [*book, holiday, evening*] bueno, agradable, lindo (*LAm*); [*weather*] bueno; [*food, aroma*] rico; **it's very ~ here** se está muy bien aquí; **it would be ~ to speak a foreign language** estaría bien poder hablar otro idioma; **it was ~ to see you** me ha alegrado mucho verte, fue un placer verte (*frm*); **it's not a very ~ day, is it?** (*weather-wise*) no hace un día muy bueno, ¿verdad?; **did you have a ~ day?** (*at work*) ¿qué tal te fue el día?; (*on trip*) ¿lo pasaste bien?; **it's a ~ idea, but ...** es buena idea, pero ...; **it would be ~ if you came too** me gustaría que tú también vinieses; **~ one!*** (*also iro*) ¡estupendo!, ¡genial!*; **it smells ~** huele bien; **it doesn't taste at all ~** no sabe nada bien; **did you have a ~ time at the party?** ¿te lo pasaste bien en la fiesta?

[2] (= *likeable*) simpático, majo*, buena gente*; **he's a really ~ guy** es muy simpático, es muy majo (*Sp**), es muy buena gente (*LAm**)

[3] (= *kind*) amable; **he was very ~ about it** se mostró *or* (*LAm*) se portó muy amable al respecto; **it was ~ of you to help us** fuiste muy amable ayudándonos; **to say ~ things about sb** hablar bien de algn; **to be ~ to sb** ser amable con algn, tratar bien a algn

[4] (= *attractive*) [*person*] guapo, lindo (*LAm*); [*thing, place, house*] bonito, lindo (*LAm*); **~ car!** ¡vaya coche!, ¡qué auto más lindo! (*LAm*); **you look ~!** ¡qué guapa estás!, ¡qué bien te ves! (*LAm*); **she has a ~ smile** tiene una sonrisa muy bonita

[5] (= *polite*) fino, educado; **that's not ~** eso no está bien, eso no se hace; **~ girls don't smoke** las chicas finas *or* bien educadas no fuman; **he has ~ manners** es muy educado; **what a ~ young man** que joven más agradable y educado

[6] (*emphatic*) bien; **a ~ cold drink** una bebida bien fría; **a ~ little house** una casita muy mona*; **it's ~ and convenient** resulta muy conveniente; **~ and early** bien temprano; **just take it ~ and easy** tú tómatelo con calma; **it's ~ and warm here** aquí hace un calorcito muy agradable

[7] (*iro*) (= *not nice*) **that's a ~ thing to say!** ¡hombre, muy amable!; **~ friends you've got, they've just walked off with my radio** vaya amigos que tienes *or* menudos amigos tienes, acaban de llevarse mi radio; **here's a ~ state of affairs!** ¡dónde hemos ido a parar!

[8] (= *subtle*) [*distinction, point*] sutil; [*judgment*] acertado

[9] (†, *liter*) (= *fastidious*) remilgado

**nice-looking** ['naɪs'lʊkɪŋ] ADJ atractivo, lindo (*LAm*); [*person*] bien parecido, guapo

**nicely** ['naɪslɪ] ADV [1] (= *well*) bien; **~ browned** bien dorado; **she is coming along ~ at school** en el colegio le va bien; **that will do ~** así está perfecto *or* bien; **your driver's licence will do ~** su carnet de conducir sirve *or* vale; **he's doing very ~ (for himself)** le van muy bien las cosas; **to be ~ placed (to do sth)** estar en buena posición (para hacer algo)

➤ LANGUAGE IN USE: **next** B2 26.1

2 (= *attractively*) [*arranged, decorated, furnished*] bien, con gusto; **she dresses ~** viste con muy buen gusto
3 (= *politely*) [*ask, say*] bien, con educación

**niceness** ['naɪsnɪs] N 1 (= *pleasantness*) [*of place, thing*] lo agradable
2 (= *likeableness*) [*of person*] simpatía *f*
3 (= *kindness*) amabilidad *f*
4 (= *politeness*) finura *f*
5 (= *subtlety*) sutileza *f*

**nicety** ['naɪsɪtɪ] N sutileza *f*; **niceties** detalles *mpl*, sutilezas *fpl*; **legal niceties** pormenores *mpl* legales; **she went through the social niceties** realizó las formalidades *or* los cumplidos de rigor; **to judge sth to a ~** juzgar algo con precisión *or* al detalle

**niche** [ni:ʃ] N (*Archit*) nicho *m*, hornacina *f*; (*fig*) hueco *m*; **to find a ~ for o.s.** hacerse con una buena posición *or* un huequito*

**Nicholas** ['nɪkələs] N Nicolás

**Nick** [nɪk] N (*familiar form*) *of* **Nicholas**; **Old ~** (*hum*) Pedro Botero (* *hum*)

**nick** [nɪk] Ⓐ N 1 (= *cut*) muesca *f*, mella *f*; (= *crack*) hendedura *f*
2 (*Brit**) (= *prison*) chirona* *f*, trullo *m* (*Sp*‡); (= *police station*) comisaría *f*
3 ✦**IDIOM in the ~ of time** justo a tiempo
4 (*) (= *condition*) **in good ~** en buen estado
Ⓑ VT 1 (= *cut*) hacer una muesca en, mellar; **he ~ed his chin shaving** se hizo un corte en la barbilla afeitándose; **the bullet had ~ed the bone** la bala le había hendido el hueso; **the film does no more than ~ the surface of this thorny issue** la película no hace más que tocar muy de refilón este espinoso asunto; **to ~ o.s.** cortarse
2 (*) (= *steal*) robar, afanar*; (= *arrest*) agarrar*, trincar (*Sp**), apañar (*Mex**); **you're ~ed!** ¡estás detenido!

**nickel** ['nɪkl] Ⓐ N 1 (= *metal*) níquel *m*
2 (*US*) (= *coin*) moneda *f* de cinco centavos
Ⓑ CPD ► **nickel silver** N plata *f* alemana

**nickel-plated** ['nɪkl'pleɪtɪd] ADJ niquelado

**nicker**‡ ['nɪkəʳ] N (*Brit*) libra *f* esterlina

**nickname** ['nɪkneɪm] Ⓐ N apodo *m*, mote *m*
Ⓑ VT apodar, dar el apodo de; **they ~d him Nobby** le dieron el apodo de Nobby

**Nicosia** [ˌnɪkəʊ'si:ə] N Nicosia *f*

**nicotine** ['nɪkəti:n] Ⓐ N nicotina *f*
Ⓑ CPD ► **nicotine poisoning** N nicotinismo *m*

**nicotinic** [ˌnikə'tɪnɪk] ADJ **~ acid** ácido *m* nicotínico

**niece** [ni:s] N sobrina *f*

**niff**‡ [nɪf] N (*Brit*) olorcito *m* (**of** a); (*unpleasant*) tufillo *m*

**niffy**‡ ['nɪfɪ] ADJ (*Brit*) maloliente, apestoso

**nifty*** ['nɪftɪ] ADJ (*compar* **niftier**; *superl* **niftiest**)
1 (= *excellent*) [*person*] sensacional*, chachi (*Sp**); [*place, car*] chulo*; [*gadget, idea*] ingenioso, chulo*
2 (= *skilful*) diestro, hábil
3 (= *quick*) **you'd better be ~ about it!** ¡ya puedes ir ligerito!, ¡más vale que te des prisa!
4 (= *elegant*) (= *stylish*) [*outfit*] elegante, chulo*

**Niger** ['naɪdʒəʳ] N (= *country, river*) Níger *m*

**Nigeria** [naɪ'dʒɪərɪə] N Nigeria *f*

**Nigerian** [naɪ'dʒɪərɪən] Ⓐ ADJ nigeriano
Ⓑ N nigeriano/a *m/f*

**niggardliness** ['nɪgədlɪnɪs] N tacañería *f*

**niggardly** ['nɪgədlɪ] ADJ [*person*] tacaño; [*allowance*] miserable

**nigger**** ['nɪgəʳ] N (*offensive*) negro/a *m/f*; ✦**IDIOM to be the ~ in the woodpile**† ser lo que lo estropea todo

**niggle** ['nɪgl] Ⓐ VI quejarse
Ⓑ VT preocupar; **it's something that has always ~d me** es algo que siempre me ha tenido inquieto
Ⓒ N (= *complaint*) queja *f*; (= *worry*) preocupación *f*

**niggling** ['nɪglɪŋ] Ⓐ ADJ [*detail*] engorroso; [*doubt, suspicion*] persistente, constante; [*injury*] molesto, molestoso (*LAm*); [*person*] quisquilloso
Ⓑ N (= *complaints*) quejas *fpl*

**nigh**† [naɪ] (*liter*) Ⓐ ADJ (= *imminent*) próximo, cercano; **the end is ~** el final se avecina *or* está muy próximo
Ⓑ ADV 1 (= *near*) cerca; **when winter draws ~** cuando se acerca el invierno
2 **~ on** (= *nearly*) casi; **it's ~ on finished** está casi terminado

**night** [naɪt] Ⓐ N 1 (= *time of day*) noche *f*; **it is ~** (*liter*) es de noche; **Monday ~** el lunes por la noche; **a Beethoven ~** un concierto dedicado a Beethoven; **all ~ (long)** toda la noche; **at ~** por la noche, de noche; **11 o'clock at ~** las 11 de la noche; **last thing at ~** lo último antes de acostarse; **to stay up late at ~** trasnochar; **to have a bad ~** dormir mal, pasar una mala noche; **the ~ before the ceremony** la víspera de la ceremonia; **by ~** de noche, por la noche; **~ and day** noche y día; **to have an early ~** acostarse temprano; **good ~!** ¡buenas noches!; **in the ~** durante la noche; **last ~** (= *late*) anoche; (= *in the evening*) ayer por la tarde; **the ~ before last** anteanoche; **to have a late ~** acostarse muy tarde; **you've had too many late ~s** llevas muchos días acostándote muy tarde; **we decided to make a ~ of it and go to a club afterwards** decidimos prolongar la velada e irnos a una discoteca después; **to have a ~ out** salir por la noche; **I can't sleep ~s** (*US*) no puedo dormir la noche; **to spend the ~** pasar la noche; **to spend the ~ together** (*euph*) (= *to have sex*) pasar la noche juntos; **tomorrow ~** mañana por la noche; **to work ~s** trabajar de noche
2 (*Theat*) **first ~** estreno *m*; **last ~** última representación *f*
Ⓑ CPD ► **night bird** N (*fig*) ave *f* nocturna; ► **night blindness** N ceguera *f* nocturna ► **night fighter** N caza *m* nocturno, cazabombardero *m* nocturno ► **night nurse** N enfermera *f* de noche ► **night owl*** N (*fig*) ave *f* nocturna ► **night porter** N guarda *m* nocturno ► **night safe** N caja *f* de seguridad nocturna ► **night school** N escuela *f* nocturna ► **night shift** N turno *m* nocturno, turno *m* de noche ► **night stand** N (*US*) = **night table** ► **night storage heater** N acumulador *m* eléctrico nocturno ► **night table** N mesita *f* de noche ► **night vision** N visión *f* nocturna; *see also* **night-vision** ► **night watch** N (= *shift*) turno *m* de noche; (*Hist*) ronda *f* nocturna; (= *individual*) = **night watchman** ► **night watchman** N (*in factory*) vigilante *m* nocturno; (*in street*) sereno *m* ► **night work** N trabajo *m* nocturno

**nightcap** ['naɪtkæp] N 1 (= *hat*) gorro *m* de dormir
2 (= *drink*) *bebida que se toma antes de acostarse*

**nightclothes** ['naɪtˌkləʊðz] N ropa *fsing* de dormir

**nightclub** ['naɪtklʌb] N club *m* nocturno

**nightdress** ['naɪtdres] N (*esp Brit*) camisón *m* de noche

**nightfall** ['naɪtfɔ:l] N anochecer *m*; **at ~** al anochecer; **by ~** antes del anochecer

**nightgown** ['naɪtgaʊn] N (*esp US*) camisón *m* de noche

**nighthawk** ['naɪthɔ:k] N chotacabras *m inv*

**nightie*** ['naɪtɪ] N = **nightdress**

**nightingale** ['naɪtɪŋgeɪl] N ruiseñor *m*

**nightjar** ['naɪtdʒɑ:ʳ] N chotacabras *m inv*

**nightlife** ['naɪtlaɪf] N vida *f* nocturna

**night-light** ['naɪtlaɪt] N lamparilla *f*, mariposa *f*

**nightlong** ['naɪtlɒŋ] ADJ de toda la noche, que dura toda la noche

**nightly** ['naɪtlɪ] Ⓐ ADV todas las noches
Ⓑ ADJ de noche, nocturno; (*regular*) de todas las noches

**nightmare** ['naɪtmɛəʳ] Ⓐ N (*also fig*) pesadilla *f*; ✦**IDIOM to be sb's worst ~** ser la peor pesadilla de algn
Ⓑ CPD ► **nightmare scenario** N **a hung parliament would be the ~ scenario for the market** el peor panorama para el mercado sería un parlamento en el cual ningún partido tiene la mayoría absoluta

**nightmarish** ['naɪtmɛərɪʃ] ADJ de pesadilla, espeluznante

**night-night*** ['naɪtˌnaɪt] EXCL (= *goodnight*) buenas noches

**nightshade** ['naɪtʃeɪd] N dulcamara *f*, hierba *f* mora; **deadly ~** belladona *f*

**nightshirt** ['naɪtʃɜ:t] N camisa *f* de dormir

**night-sight** ['naɪtsaɪt] N visor *m* nocturno

**nightspot** ['naɪtˌspɒt] N local *m* nocturno

**nightstick** ['naɪtstɪk] N (*US*) porra *f* (de policía)

**night-time** ['naɪttaɪm] Ⓐ N noche *f*; **at ~** por la noche, de noche; **in the ~** durante la noche, por la noche
Ⓑ CPD [*visit, call*] nocturno

**night-vision** ['naɪtvɪʒən] ADJ [*goggles, binoculars, equipment*] de vigilancia nocturna; *see also* **night B**

**nightwear** ['naɪtwɛəʳ] N ropa *f* de dormir

**nig-nog**** ['nɪgnɒg] N (*offensive*) negro/a *m/f*

**NIH** N ABBR (*US*) = **National Institutes of Health**

**nihilism** ['naɪɪlɪzəm] N nihilismo *m*

**nihilist** ['naɪɪlɪst] N nihilista *mf*

**nihilistic** [ˌnaɪɪ'lɪstɪk] ADJ nihilista

**Nikkei average** [nɪˌkeɪ'ævərɪdʒ], **Nikkei index** [nɪˌkeɪ'ɪndeks] N índice *m* Nikkei

**nil** [nɪl] Ⓐ N (= *nothing*) nada *f*; (*Sport*) cero *m*; **Granada beat Murcia two-~** el Granada venció al Murcia dos-cero *or* por dos a cero; **they drew ~-~** empataron a cero; → ZERO
Ⓑ ADJ nulo; **its merits are ~** sus méritos son nulos, no tiene mérito alguno
Ⓒ CPD ► **nil balance** N (*Fin*) balance *m* nulo

**Nile** [naɪl] N Nilo *m*

**nimble** ['nɪmbl] ADJ (*compar* **nimbler**; *superl* **nimblest**) [*person, mind*] ágil; [*feet*] ligero; [*fingers*] hábil, diestro; **~-fingered** de dedos hábiles; **~-footed** de pies ligeros

**nimbleness** ['nɪmblnɪs] N [*of person*] agilidad *f*; [*of feet*] ligereza *f*; [*of fingers*] destreza *f*

**nimbly** ['nɪmblɪ] ADV 1 [*jump, skip*] ágilmente; [*dance*] con ligereza
2 [*stitch, fasten*] con destreza

**nimbostratus** [ˌnɪmbəʊ'streɪtəs] N (*pl* **nimbostrati** [ˌnɪmbəʊstreɪtaɪ]) nimbostrato *m*

**nimbus** ['nɪmbəs] N (*pl* **nimbi** *or* **nimbuses**) nimbo *m*

**NIMBY** ['nɪmbɪ] N ABBR (= **not in my backyard**) *"no al lado de mi casa" (campaña contra el depósito de residuos tóxicos etc en la vecindad)*

**nincompoop**†* ['nɪŋkəmpu:p] N bobo/a *m/f*

**nine** [naɪn] Ⓐ ADJ nueve; **~-to-five job** trabajo *m* de nueve a cinco; **~ times out of ten** casi siempre, en el noventa por ciento de los casos; ✦*IDIOM* **a ~ days' wonder** una maravilla de un día
Ⓑ N nueve *m*; ✦*IDIOMS* **to be dressed up to the ~s** (*Brit**) ir de punta en blanco; **to get dressed up to the ~s** ponerse de punta en blanco; *see* **five** *for usage*

**ninepins** ['naɪnpɪnz] NPL (= *game*) juego *m* de bolos; (= *objects*) bolos *mpl*; ✦*IDIOM* **to go down like ~** caer como bolos en bolera

**nineteen** ['naɪn'ti:n] Ⓐ ADJ diecinueve
Ⓑ N diecinueve *m*; ✦*IDIOM* **to talk ~ to the dozen*** hablar por los codos*; *see* **five** *for usage*

**nineteenth** ['naɪn'ti:nθ] ADJ decimonoveno, decimonono; **the ~ century** el siglo diecinueve; ✦*IDIOM* **the ~ (hole)** (*hum*) el bar; *see* **fifth** *for usage*

**ninetieth** ['naɪntɪɪθ] ADJ nonagésimo; **the ~ anniversary** el noventa aniversario; *see* **fifth** *for usage*

**ninety** ['naɪntɪ] Ⓐ ADJ noventa
Ⓑ N noventa *m*; **the nineties** los años noventa; **to be in one's nineties** tener más de noventa años, ser un noventón/una noventona; **temperatures were in the nineties** ≈ las temperaturas superaban los treinta grados centígrados; *see* **five** *for usage*

**ninny*** ['nɪnɪ] N bobo/a *m/f*

**ninth** [naɪnθ] Ⓐ ADJ noveno, nono; **Pius IX** Pío Nono; *see* **fifth** *for usage*
Ⓑ N noveno *m*
Ⓒ ADV en novena posición; **to come in ~** llegar el noveno *or* en novena posición

**niobium** [naɪ'əʊbɪəm] N niobio *m*

**nip**[1] [nɪp] Ⓐ N (= *pinch*) pellizco *m*; (= *bite*) mordisco *m*; **there's a ~ in the air** hace bastante frío; **it was ~ and tuck throughout the match** (= *neck and neck*) el encuentro estuvo muy reñido *or* igualado
Ⓑ VT (= *pinch*) pellizcar, pinchar; (= *bite*) mordiscar, mordisquear; [*frost*] [+ *plant*] quemar; [*wind*] [+ *one's face*] cortar; (*also* **~ off**) [+ *flowers, buds*] cortar; **to ~ one's fingers in a door** pillarse los dedos en una puerta; ✦*IDIOM* **to ~ sth in the bud** cortar algo de raíz
Ⓒ VI (*Brit**) **to ~ inside** entrar un momento; **to ~ in and out of the traffic** colarse por entre el tráfico; **to ~ off/out/down** irse/salir/bajar un momento; **I ~ped round to the shop** hice una escapadita a la tienda; **we were ~ping along at 100kph** íbamos a 100kph

**nip**[2] [nɪp] N [*of drink*] trago *m*, traguito* *m*

**Nip*** [nɪp] N (*pej*) japonés/esa *m/f*

**nipper*** ['nɪpə<sup>r</sup>] N (*Brit*) chiquillo/a *m/f*

**nipple** ['nɪpl] N [1] (*Anat*) [*of female*] pezón *m*; [*of male*] tetilla *f*; (*on baby's bottle*) tetina *f*
[2] (*Mech*) boquilla *f* roscada, manguito *m* de unión; (*for greasing*) engrasador *m*, pezón *m* de engrase

**nippy*** ['nɪpɪ] ADJ (*compar* **nippier**; *superl* **nippiest**) [1] (= *quick*) [*person*] ágil, rápido; [*car*] rápido; **be ~ about it!** ¡date prisa!; **we shall have to be ~** tendremos que darnos prisa, tendremos que apurarnos *or* movernos (*LAm*)
[2] (= *cold*) [*weather*] fresquito

**NIREX** ['naɪreks] N ABBR (*Brit*) = **Nuclear Industry Radioactive Waste Executive**

**nirvana** [nɪə'vɑ:nə] N nirvana *m*

**nit** [nɪt] N [1] (*Zool*) liendre *f*
[2] (*Brit**) (= *idiot*) imbécil *mf*, bobo/a *m/f*, zonzo/a *m/f* (*LAm*); **you ~!** ¡imbécil!

**niter** ['naɪtə<sup>r</sup>] N (*US*) = **nitre**

**nitpick*** ['nɪt,pɪk] VI (*pej*) sacarle faltas a todo, buscarle tres pies al gato*

**nit-picker*** ['nɪt,pɪkə<sup>r</sup>] N criticón/ona *m/f*, quisquilloso/a *m/f*

**nit-picking*** ['nɪt,pɪkɪŋ] Ⓐ ADJ [*question, criticism*] quisquilloso; [*objection*] puntilloso
Ⓑ N quisquillosidad *f*

**nitrate** ['naɪtreɪt] N nitrato *m*

**nitration** [naɪ'treɪʃən] N nitratación *f*, nitración *f*

**nitre**, **niter** (*US*) ['naɪtə<sup>r</sup>] N nitro *m*

**nitric** ['naɪtrɪk] ADJ **~ acid** ácido *m* nítrico; **~ oxide** óxido *m* nítrico

**nitrite** ['naɪtraɪt] N nitrito *m*

**nitro-** ['naɪtrəʊ-] PREFIX nitro-

**nitrobenzene** [,naɪtrəʊben'zi:n] N nitrobenceno *m*

**nitrogen** ['naɪtrədʒən] Ⓐ N nitrógeno *m*
Ⓑ CPD ► **nitrogen cycle** N ciclo *m* del nitrógeno ► **nitrogen dioxide** N dióxido *m* de nitrógeno ► **nitrogen oxide** N óxido *m* de nitrógeno

**nitrogenous** [naɪ'trɒdʒɪnəs] ADJ nitrogenado

**nitroglycerin(e)** ['naɪtrəʊ'glɪsəri:n] N nitroglicerina *f*

**nitrous** ['naɪtrəs] ADJ nitroso; **~ acid** ácido *m* nitroso; **~ oxide** óxido *m* nitroso

**nitty-gritty*** [,nɪtɪ'grɪtɪ] N **the ~** lo esencial, el meollo; ✦*IDIOM* **to get down to the ~** ir al grano

**nitwit*** ['nɪtwɪt] N imbécil *mf*, bobo/a *mf*, zonzo/a *m/f* (*LAm*)

**nix‡** [nɪks] Ⓐ N nada
Ⓑ EXCL ¡ni hablar!

**NJ** ABBR (*US*) = **New Jersey**

**NLF** N ABBR = **National Liberation Front**

**NLP** N ABBR = **neurolinguistic programming**

**NLQ** N ABBR (*Comput*) (= **near letter quality**) calidad *f* casi de correspondencia

**NLRB** N ABBR (*US*) = **National Labor Relations Board**

**NM** ABBR (*US*) = **New Mexico**

**N. Mex.** ABBR (*US*) = **New Mexico**

**NMR** N ABBR = **nuclear magnetic resonance**

**NNE** ABBR (= **north-northeast**) NNE

**NNP** N ABBR (= **net national product**) PNN *m*

**NNR** N ABBR (*Brit*) = **National Nature Reserve**

**NNW** ABBR (= **north-northwest**) NNO

**no** [nəʊ] Ⓐ ADV [1] (*answer*) no
[2] [*emphatic*] no
[3] (*in comparisons*) **I am no taller than you** yo no soy más alto que tú
Ⓑ ADJ [1] (= *not any*) ningún; **they've got no friends in London** no tienen ningún conocido en Londres; **there are no trains after midnight** no hay trenes después de medianoche; **I have no money/furniture** *etc* no tengo dinero/muebles *etc*; **"no admittance"** ◊ **"no entry"** "se prohíbe la entrada"; **"no parking"** "no aparcar", "no estacionarse" (*esp LAm*); **"no smoking"** "prohibido fumar"; **it's no good** es inútil; **details of little or no interest** detalles *mpl* sin interés; **there is no coffee left** no queda café; **we'll be there in no time** llegamos en un dos por tres, no tardamos nada; **it's no trouble** no es molestia; **no two of them are alike** no hay dos iguales; **it's no use** es inútil
[2] (= *quite other than*) **he's no film star!** **that's the man who lives at number 54** ¡ése no es una *or* no es ninguna estrella de cine! es el señor que vive en el número 54; **he's no fool** no es tonto, ni mucho menos, no es ningún tonto; **he's no friend of mine** no es precisamente amigo mío
[3] (= *no way of*) **there's no denying it** es imposible negarlo; **there's no getting out of it** no hay posibilidad de evitarlo; **there's no pleasing him** es imposible contentarle; *see* **doubt A**, **end A2**, **A5**, **joke A**
Ⓒ N (*pl* **noes**) [1] (= *refusal*) no *m*; **I won't take no for an answer** no acepto un no por respuesta
[2] (*Pol*) voto *m* en contra; **the noes have it** se ha rechazado la moción
Ⓓ CPD ► **no throw** N (*Sport*) lanzamiento *m* nulo

**No.**, **no.** ABBR (= **number**) núm, n; **we live at ~ 23** vivimos en el (número) 23

**no-account*** ['nəʊə'kaʊnt] (*US*) Ⓐ ADJ insignificante, inútil
Ⓑ N cero *m* a la izquierda

**Noah** ['nəʊə] N Noé; **~'s ark** arca *f* de Noé

**nob**[1]**‡** [nɒb] N (*Anat*) mollera* *f*, coco* *m*, cholla *f* (*Mex‡*)

**nob**[2]**‡** [nɒb] N (*Brit*) (= *toff, person of importance*) potentado/a *m/f*

**nobble*** ['nɒbl] (*Brit*) VT [1] [+ *person*] (= *waylay*) pescar*; (= *bribe*) sobornar, comprar
[2] (= *drug*) [+ *horse*] drogar
[3] (= *arrest*) agarrar, pescar*
[4] (= *steal*) birlar*, afanar*

**Nobel** [nəʊ'bel] CPD ► **Nobel prize** N premio *m* Nóbel ► **Nobel prizewinner** N ganador(a) *m/f* del premio Nóbel

**nobelium** [nəʊ'bi:lɪəm] N nobelio *m*

**nobility** [nəʊ'bɪlɪtɪ] N (*all senses*) nobleza *f*

**noble** ['nəʊbl] Ⓐ ADJ (*compar* **nobler**; *superl* **noblest**) [1] (*by birth*) noble; [*title*] de nobleza
[2] (= *generous, praiseworthy*) magnánimo, generoso
Ⓑ N noble *mf*, aristócrata *mf*; (*Spanish Hist*) hidalgo *m*
Ⓒ CPD ► **the noble art** N el boxeo ► **noble rot** N [*of wine*] podredumbre *f* noble ► **noble savage** N buen salvaje *m*

**nobleman** ['nəʊblmən] N (*pl* **noblemen**) noble *m*, aristócrata *m*; (*Spanish Hist*) hidalgo *m*

**noble-minded** [,nəʊbl'maɪndɪd] ADJ generoso, magnánimo

**nobleness** ['nəʊblnɪs] N nobleza *f*

**noblewoman** ['nəʊblwʊmən] N (*pl* **noblewomen**) noble *f*, aristócrata *f*

**nobly** ['nəʊblɪ] ADV noblemente, con nobleza; (*fig*) generosamente, con generosidad

**nobody** ['nəʊbədɪ] Ⓐ PRON nadie; **~ spoke** nadie habló, no habló nadie; **~ has more right to it than she has** nadie tiene más derecho a ello que ella
Ⓑ N **a mere ~** un don nadie; **I knew him when he was ~** lo conocí cuando no era nadie

**no-claim(s) bonus** [,nəʊ'kleɪm(z),bəʊnəs], (*US*) **no-claim(s) discount** [,nəʊ'kleɪm(z)-,dɪskaʊnt] N prima *f* de no reclamación

**nocturnal** [nɒk'tɜ:nl] ADJ nocturno

**nocturne** ['nɒktɜ:n] N (*Mus*) nocturno *m*

**nod** [nɒd] Ⓐ N inclinación *f* de la cabeza; **give me a ~ when you want me to start** hazme una señal con la cabeza cuando quieras que empiece; **he gave a ~** (*answering yes*) asintió con la cabeza; **with a ~ (of the head)**: **he answered with a ~** contestó con una inclinación de la cabeza; **he agreed with a ~** asintió con la cabeza; **she greeted me with a ~** me saludó con la cabeza; ✦*IDIOMS* **to give sth/sb the ~** dar luz verde a algo/algn; **to go**

**through** *or* **be accepted on the ~** ser aprobado sin discusión; **a ~ is as good as a wink (to a blind horse)** a buen entendedor (pocas palabras bastan); **the Land of Nod** el país de los sueños
Ⓑ VT [1] **to ~ (one's) agreement** asentir con la cabeza; **to ~ (one's) approval** hacer un gesto *or* una señal de aprobación con la cabeza; **he ~ded a greeting** nos saludó con la cabeza; **she ~ded her head** inclinó la cabeza; (*saying yes*) asintió con la cabeza; **he was ~ding his head in time to the music** movía la cabeza al son de la música; **the porter ~ded us through** el conserje nos hizo una señal con la cabeza para que pasáramos
[2] (*Sport*) [+ *ball*] cabecear
Ⓒ VI [1] (= *move one's head*) inclinar la cabeza; (*in agreement*) asentir con la cabeza; **she said nothing but simply ~ded** no dijo nada, se limitó a hacer una inclinación de cabeza; **he ~ded in the direction of the house** señaló la casa con la cabeza; **she ~ded to me to come forward** me indicó con la cabeza que me adelantara; **to ~ in agreement** asentir con la cabeza; **to ~ in approval** hacer un gesto *or* una señal de aprobación con la cabeza; **she ~ded to him in greeting** lo saludó con la cabeza
[2] (= *sway*) [*flowers, plumes*] mecerse
[3] (= *doze*) dar cabezadas, cabecear
[4] (*as adj*) **he has a ~ding acquaintance with German** habla un poco de alemán; **he has a ~ding acquaintance with this author** conoce superficialmente las obras de este autor; **we're on ~ding terms** nos conocemos de vista

►**nod off** VI + ADV dormirse, quedarse dormido; **I must have ~ded off for a moment** me he debido dormir *or* quedar dormido un momento; **he was ~ding off (to sleep) in an armchair** estaba dando cabezadas en un sillón

►**nod through** VT + ADV (*Pol*) **the delegates were ~ded through** los delegados fueron aprobados sin votación

**noddle*** ['nɒdl] N mollera* *f*, coco* *m*

**node** [nəʊd] N (*Anat, Astron, Phys*) nodo *m*; (*Bot*) nudo *m*

**nodular** ['nɒdjʊləʳ] ADJ nodular

**nodule** ['nɒdjuːl] N nódulo *m*

**Noel** [nəʊ'el] N Navidad *f*

**no-fault** ['nəʊ'fɔːlt] ADJ **~ agreement** acuerdo *m* de pago respectivo; **~ divorce** divorcio *m* en el que no se culpa a ninguno de los esposos; **~ insurance** seguro *m* en el que no entra el factor de culpabilidad

**no-frills** ['nəʊ,frɪlz] ADJ [*house*] sin adornos, sin lujo; [*wedding*] sencillo

**noggin** ['nɒgɪn] N [1] (= *glass*) vaso *m* pequeño; (*loosely*) vaso *m*, caña *f* (de cerveza); **let's have a ~** (*Brit*) tomemos algo
[2] (= *measure*) *medida de licor (= 1,42 decilitros)*
[3] (*US**) (= *head*) coco* *m*, calabaza‡ *f*

**no-go** [,nəʊ'gəʊ] ADJ **~ area** (*Brit*) zona *f* prohibida

**no-good*** ['nəʊgʊd] ADJ (*US*) inútil

**no-growth** ['nəʊ'grəʊθ] ADJ **~ economy** economía *f* sin crecimiento *or* de crecimiento cero

**no-hoper*** ['nəʊ,həʊpəʳ] N nulidad *f*

**nohow*** ['nəʊhaʊ] ADV de ninguna manera

**noise** [nɔɪz] Ⓐ N [1] (= *sound*) ruido *m*; **she jumps at the slightest ~** el menor ruido la hace sobresaltarse; **I heard a scuffling ~** oí el ruido de algo que correteaba; **I heard a creaking ~** oí un ruido chirriante; **he was making choking ~s in his throat** hacía ruidos con la garganta como si se estuviera ahogando; *see also* **background B**
[2] (= *loud sound*) ruido *m*; **he hates ~** odia el ruido; **stop that ~!** ¡deja de hacer ese ruido!; **to make a ~** hacer ruido; **tell them not to make any ~** diles que no hagan ruido
[3] (*) (*fig*) **to make a ~ about sth** protestar por algo; **they made a lot of ~ about it** protestaron mucho por ello; **she made ~s about wanting to go home early** quería irse pronto a casa y estuvo soltando indirectas; **she showed polite interest and made all the right ~s** se mostró interesada y cortés y dijo todo lo correcto; **I just made sympathetic ~s and said what a shame it was** me limité a mostrarme comprensiva y dije que era una lástima
[4] (*) (= *person*) **a big ~** un pez gordo*
[5] (*Rad, TV, Telec, Comput*) interferencia *f*
Ⓑ VT **to ~ sth about** *or* **abroad** divulgar algo, correr la voz de algo; **we don't want it ~d abroad** no queremos que se corra la voz
Ⓒ CPD ► **noise abatement** N reducción *f* del ruido ► **noise level** N nivel *m* del ruido ► **noise pollution** N contaminación *f* acústica

**noiseless** ['nɔɪzlɪs] ADJ silencioso

**noiselessly** ['nɔɪzlɪslɪ] ADV silenciosamente, en silencio, sin (hacer) ruido

**noisemaker** ['nɔɪz,meɪkəʳ] N (*US*) matraca *f*

**noisily** ['nɔɪzɪlɪ] ADV ruidosamente

**noisiness** ['nɔɪzɪnɪs] N ruido *m*, lo ruidoso

**noisome** ['nɔɪsəm] ADJ (= *disgusting*) asqueroso; (= *smelly*) fétido, maloliente; (= *harmful*) nocivo

**noisy** ['nɔɪzɪ] ADJ (*compar* **noisier**; *superl* **noisiest**) [*neighbours, children, crowd*] ruidoso, escandaloso; [*music*] ruidoso, estridente; **it's very ~ here** hay mucho ruido aquí; **don't be too ~** no hagáis mucho ruido

**no-jump** ['nəʊ,dʒʌmp] N salto *m* nulo

**nomad** ['nəʊmæd] N nómada *mf*

**nomadic** [nəʊ'mædɪk] ADJ nómada

**nomadism** ['nəʊmədɪzəm] N nomadismo *m*

**no-man's land** ['nəʊmænzlænd] N tierra *f* de nadie

**nom de plume** ['nɒmdə'pluːm] N (*pl* **noms de plume**) seudónimo *m*, nombre *m* artístico

**nomenclature** [nəʊ'menklətʃəʳ] N nomenclatura *f*

**nomenklatura** [,nəʊmenklə'tʊərə] N **the ~** la nomenklatura

**nominal** ['nɒmɪnl] Ⓐ ADJ (= *in name*) [*Christian, Catholic*] solamente de nombre, nominal; (= *token*) [*sum, charge*] simbólico
Ⓑ CPD ► **nominal partner** N socio/a *m/f* nominal ► **nominal value** N valor *m* nominal ► **nominal wage** N salario *m* nominal

**nominalism** ['nɒmɪnəlɪzəm] N nominalismo *m*

**nominalist** ['nɒmɪnəlɪst] Ⓐ ADJ nominalista
Ⓑ N nominalista *mf*

**nominalization** [,nɒmmələɪ'zeɪʃən] N nominalización *f*

**nominalize** ['nɒmɪnəlaɪz] VT nominalizar

**nominally** ['nɒmɪnəlɪ] ADV nominalmente, sólo de nombre

**nominate** ['nɒmɪneɪt] VT (= *propose*) proponer; (= *appoint*) nombrar; **to ~ sb as** *or* **for chairman** proponer a algn como candidato a la presidencia; **to ~ sb for a job** nombrar a algn para un cargo; **she was ~d for an Oscar** la nominaron para un Oscar

**nomination** [,nɒmɪ'neɪʃən] N (= *proposal*) propuesta *f*; (= *appointment*) nombramiento *m*; **the race for the presidential ~** (*US*) la carrera por la candidatura a la presidencia

**nominative** ['nɒmɪnətɪv] Ⓐ ADJ (*Ling*) nominativo; **~ case** nominativo *m*
Ⓑ N nominativo *m*

**nominator** ['nɒmɪneɪtəʳ] N *persona que propone o nombra a un candidato*

**nominee** [,nɒmɪ'niː] N (= *person proposed*) candidato *m*; (= *person appointed*) persona *f* nombrada; **the Democratic ~** el candidato propuesto por los demócratas

**non-** [nɒn] PREFIX no..., des..., in...

**non-academic** ['non,ækə'demɪk] ADJ [*staff*] no docente

**non-acceptance** ['nɒnək'septəns] N rechazo *m*, no aceptación *f*

**non-achiever** ['nɒnə'tʃiːvəʳ] N *persona que no alcanza lo que se espera de ella*

**non-addictive** ['nɒnə'dɪktɪv] ADJ que no crea dependencia

**nonagenarian** [,nɒnədʒɪ'nɛərɪən] Ⓐ ADJ nonagenario
Ⓑ N nonagenario/a *m/f*

**non-aggression** ['nɒnə'greʃən] Ⓐ N no agresión *f*
Ⓑ CPD ► **non-aggression pact** N pacto *m* de no agresión

**non-alcoholic** ['nɒnælkə'hɒlɪk] Ⓐ ADJ no alcohólico
Ⓑ CPD ► **non-alcoholic drink** N bebida *f* no alcohólica

**non-aligned** ['nɒnə'laɪnd] ADJ [*country*] no alineado

**non-alignment** ['nɒnə'laɪnmənt] N no alineamiento *m*

**non-appearance** ['nɒnə'pɪərəns] N ausencia *f*; (*Jur*) no comparecencia *f*

**non-arrival** ['nɒnə'raɪvəl] N ausencia *f*; **the ~ of the mail** el hecho de no haber llegado el correo

**non-attendance** ['nɒnə'tendəns] N ausencia *f*, no asistencia *f*

**non-availability** ['nɒnə,veɪlə'bɪlɪtɪ] N no disponibilidad *f*

**non-believer** ['nɒnbɪ'liːvəʳ] N no creyente *mf*

**non-belligerent** ['nɒnbɪ'lɪdʒərənt] Ⓐ ADJ no beligerante
Ⓑ N no beligerante *mf*

**non-biological** ['nɒnbaɪəʊ'lɒdʒɪkl] ADJ no biológico

**non-breakable** ['nɒn'breɪkəbl] ADJ irrompible

**non-cash** ['nɒn'kaeʃ] ADJ **~ assets** activo *m* no líquido; **~ payment** pago *m* no dinerario

**non-Catholic** ['nɒn'kæθlɪk] Ⓐ ADJ no católico, acatólico
Ⓑ N no católico/a *m/f*

**nonce** [nɒns] Ⓐ ADV **for the ~** por el momento
Ⓑ N (‡) (= *sexual offender*) delincuente *mf* sexual

**nonce-word** ['nɒnswɜːd] N hápax *m inv* (*palabra efímera creada para un caso especial*)

**nonchalance** ['nɒnʃələns] N [1] (= *casualness*) despreocupación *f*; **with affected ~** con un descuido afectado
[2] (= *indifference*) falta *f* de interés

**nonchalant** ['nɒnʃələnt] ADJ [1] (= *casual*) [*person, attitude, manner*] despreocupado; **I tried to look ~** intenté adoptar un aire despreocupado; **she gave a ~ wave of her hand** agitó la mano con desenfado
[2] (= *indifferent*) indiferente; **she was very ~ about it** actuó como si no tuviera ninguna importancia para ella

**nonchalantly** ['nɒnʃələntlɪ] ADV (= *casually*) con aire despreocupado; (= *with indifference*) con indiferencia

**non-Christian** [,nɒn'krɪstɪən] Ⓐ ADJ no cristiano
Ⓑ N no cristiano/a *m/f*

**non-combatant** ['nɒn'kɒmbətənt] Ⓐ ADJ no combatiente
Ⓑ N no combatiente *mf*

**non-combustible** ['nɒnkəm'bʌstɪbl] ADJ incombustible

**non-commercial** ['nɒnkə'mɜːʃl] ADJ no comercial, no lucrativo

**non-commissioned** ['nɒnkə'mɪʃənd] ADJ ~ **officer** suboficial *mf*

**non-committal** ['nɒnkə'mɪtl] ADJ [*person*] que no se compromete; [*answer*] evasivo; **he was rather noncommittal** no dijo ni que sí ni que no, no se comprometió a nada; **to be ~ about sth** no definirse con respecto a algo

**non-committally** [,nɒnkə'mɪtlɪ] ADV sin comprometerse

**non-completion** ['nɒnkəm'pliːʃən] N incumplimiento *m*

**non-compliance** ['nɒnkəm'plaɪəns] N incumplimiento *m* (**with** de)

**non compos mentis** ['nɒn'kɒmpəs'mentɪs] ADJ (*Jur hum*) desposeído de sus facultades mentales

**non-conductor** ['nɒnkən'dʌktə^r] N (*Elec*) aislante *m*, no conductor *m*, mal conductor *m*

**nonconformism** ['nɒnkən'fɔːmɪzəm] N inconformismo *m*

**nonconformist** ['nɒnkən'fɔːmɪst] Ⓐ ADJ inconformista
Ⓑ N inconformista *mf*; **Nonconformist** (*Brit Rel*) no conformista *mf*

**nonconformity** ['nɒnkən'fɔːmɪtɪ] N inconformismo *m*

**non-contagious** ['nɒnkən'teɪdʒəs] ADJ no contagioso

**non-contributory** [,nɒnkən'trɪbjʊtərɪ] ADJ ~ **pension scheme** plan *m* de jubilación no contributivo (*costeado por la empresa*)

**non-controversial** ['nɒnkɒntrə'vɜːʃl] ADJ no conflictivo, no polémico

**non-conventional** ['nɒnkən'venʃənəl] ADJ no convencional

**non-convertible** ['nɒnkən'vɜːtɪbl] ADJ [*currency*] no convertible

**non-cooperation** ['nɒnkəʊ,ɒpə'reɪʃən] N (*Pol*) no cooperación *f*

**non-cooperative** [,nɒnkəʊ'ɒpərətɪv] ADJ no cooperativo

**non-cumulative** ['nɒn'kjuːmjʊlətɪv] ADJ no cumulativo

**non-custodial sentence** ['nɒnkʌs'təʊdɪəl-'sentəns] N *sentencia que no implica privación de libertad*

**non-delivery** [,nɒndɪ'lɪvərɪ] N no entrega *f*

**non-denominational** ['nɒndɪnɒmɪ'neɪʃənl] ADJ aconfesional

**nondescript** ['nɒndɪskrɪpt] ADJ [*person, clothes, face*] (= *unremarkable*) anodino; (= *uninteresting*) insulso, soso*; [*building, furniture*] corriente; [*colour*] indefinido

**non-distinctive** [,nɒndɪs'tɪŋktɪv] ADJ (*Ling*) no distintivo

**non-drinker** ['nɒn'drɪŋkə^r] N no bebedor(a) *m/f*

**non-drip** ['nɒn'drɪp] ADJ que no gotea

**non-durable** ['nɒn'djʊərəbl] ADJ perecedero

**non-dutiable** ['nɒn'djuːtɪəbl] ADJ libre de aranceles, no sujeto a derechos de aduana

**none** [nʌn] Ⓐ PRON [1] (= *person*) nadie, ninguno; (= *thing*) nada, ninguno; **~ of them** ninguno de ellos; **~ of you can tell me** ninguno de vosotros sabe decirme; **we have ~ of your books** no tenemos ninguno de tus libros *or* ningún libro tuyo; **~ of this is true** nada de esto es verdad; **"any news?" — "none!"** —¿alguna noticia? —¡nada! *or* ¡ninguna!, —¿se sabe algo? —¡nada!; **there are ~ left** no queda ninguno; **I want ~ of your lectures!** ¡no quiero que me sermonees!; **we'll have ~ of that!** ¡vale ya!; **he would have ~ of it, he insisted on paying** no hubo forma de convencerlo, insistió en pagar; **everyone wanted her to win, ~ more so than I** todos querían que ganara, y yo más que nadie; **it was ~ other than the bishop** fue el obispo mismo
[2] (*liter*) **~ can tell** nadie lo sabe; **~ but he knows of this** sólo lo sabe él; **riches have I ~** riqueza no la tengo; **reply came there ~** no hubo respuesta
Ⓑ ADV **I was ~ too comfortable** no me sentía nada cómodo; **he did ~ too well in his exams** los exámenes no le fueron nada bien; **it was ~ too soon** ya era hora; **it's ~ the worse for that** no es peor por eso; *see also* **wise A1**, **worse A**

**nonentity** [nɒ'nentɪtɪ] N (= *person*) nulidad *f*, cero *m* a la izquierda

**non-essential** ['nɒnɪ'senʃəl] Ⓐ ADJ no esencial
Ⓑ N cosa *f* secundaria

**nonetheless** [,nʌnðə'les] ADV sin embargo, aún así

**non-event** [,nɒnɪ'vent] N fracaso *m*, fiasco *m*; **it was a ~** fue un fiasco

**non-executive** [,nɒnɪg'zekjʊtɪv] ADJ ~ **director** vocal *mf*, consejero/a *m/f* (*no ejecutivo*)

**non-existence** ['nɒnɪg'zɪstəns] N inexistencia *f*, no existencia *f*

**non-existent** ['nɒnɪg'zɪstənt] ADJ inexistente

**non-fattening** [,nɒn'fætnɪŋ] ADJ que no engorda

**non-ferrous** ['nɒn'ferəs] ADJ no ferroso, no férreo

**non-fiction** ['nɒn'fɪkʃən] N literatura *f* no novelesca

**non-finite** [,nɒn'faɪnaɪt] ADJ ~ **verb** verbo *m* no conjugado

**non-flammable** ['nɒn'flæməbl] ADJ ininflamable

**non-fulfilment** ['nɒnfʊl'fɪlmənt] N incumplimiento *m*

**non-governmental** ['nɒn,gʌvn'mentl] ADJ no gubernamental

**non-infectious** ['nɒn,ɪn'fekʃəs] ADJ no infeccioso

**non-inflammable** ['nɒnɪn'flæməbl] ADJ ininflamable

**non-intervention** ['nɒn,ɪntə'venʃən] N no intervención *f*

**non-iron** ['nɒn'aɪən] ADJ que no necesita plancha

**non-laddering** ['nɒn'lædərɪŋ] ADJ [*stocking*] indesmallable

**non-lethal** ['nɒn'liːθəl] ADJ [*weapon*] no mortífero; [*wound*] no mortal

**non-malignant** ['nɒnmə'lɪgnənt] ADJ no maligno

**non-member** ['nɒn,membə^r] N no miembro *mf*

**non-metal** [,nɒn'metl] ADJ no metálico

**non-negotiable** [,nɒnnɪ'gəʊʃɪəbl] ADJ [*demand*] innegociable

**non-nuclear** ['nɒn'njuːklɪə^r] ADJ [*defence, policy*] no nuclear; [*area*] desnuclearizado

**no-no*** ['nəʊnəʊ] N **that's a ~** (= *undesirable*) eso no se hace; (= *not an option*) no existe tal posibilidad

**non-observance** ['nɒnəb'zɜːvns] N no observancia *f*, incumplimiento *m*

**non obst.** ABBR = **non obstante** (= *notwithstanding*) no obstante

**no-nonsense** [,nəʊ'nɒnsəns] ADJ sensato

**non-operational** ['nɒn,ɒpə'reɪʃənl] ADJ (= *not working*) que no funciona; (*Mil*) no operacional

**nonpareil** ['nɒnpərəl] Ⓐ ADJ sin par
Ⓑ N (= *person*) persona *f* sin par; (= *thing*) cosa *f* sin par; (*Typ*) nomparell *m*

**non-participating** ['nɒnpɑː'tɪsɪpeɪtɪŋ] ADJ no participante

**nonpartisan** ['nɒn,pɑːtɪ'zæn] ADJ imparcial

**non-party** ['nɒn'pɑːtɪ] ADJ (*Pol*) independiente

**non-paying** ['nɒn'peɪɪŋ] ADJ [*member*] que no paga

**non-payment** ['nɒn'peɪmənt] N falta *f* de pago, impago *m*; **sued for ~ of debts** demandado por no pagar sus deudas

**non-person** ['nɒn'pɜːsn] N persona *f* que no existe, ser *m* inexistente

**non-playing** [,nɒn'pleɪɪŋ] ADJ [*captain*] no jugador

**nonplus** ['nɒn'plʌs] (*pt, pp* **nonplussed**) VT dejar perplejo, desconcertar; **he was completely ~sed** estaba totalmente perplejo *or* desconcertado

**non-poisonous** [,nɒn'pɔɪznəs] ADJ [*substance*] no tóxico, atóxico; [*snake*] no venenoso

**non-political** [,nɒnpə'lɪtɪkəl] ADJ apolítico

**non-polluting** ['nənpə'luːtɪŋ] ADJ no contaminante

**non-practising** ['nɒn'præktɪsɪŋ] ADJ no practicante

**non-productive** [,nɒnprə'dʌktɪv] ADJ improductivo

**non-professional** ['nɒnprə'feʃnəl] ADJ no profesional, aficionado

**non-profit** [,nɒn'prɒfɪt] (*US*) ADJ = **non-profit-making**

**non-profit-making** ['nɒn'prɒfɪtmeɪkɪŋ] ADJ no lucrativo

**non-proliferation treaty** [nɒnprəlɪfə-'reɪʃn,triːtɪ] N tratado *m* de no proliferación

**non-recurring** ['nɒnrɪ'kɜːrɪŋ] Ⓐ ADJ que no se repite, único
Ⓑ CPD ▸ **non-recurring expenditure** N gasto *m* ocasional

**non-resident** ['nɒn'rezɪdənt] Ⓐ ADJ [*citizen, population*] no residente, transeúnte; [*status*] de no residente; [*staff, workers*] no fijo
Ⓑ N [*of hotel etc*] no residente *mf*; [*of country*] no residente *mf*, transeúnte *mf*

**non-residential** ['nɒn,rezɪ'denʃl] ADJ no residencial

**non-returnable** [,nɒnrɪ'tɜːnəbl] ADJ [*deposit*] no reembolsable; **~ bottle** envase *m* no retornable

**non-scheduled** ['nɒn'ʃedjuːld] ADJ [*flight, plane*] no regular

**non-sectarian** ['nɒnsek'tɛərɪən] ADJ no sectario

**nonsense** ['nɒnsəns] Ⓐ N tonterías *fpl*; **(what) ~!** ¡tonterías!, ¡qué tontería!; **but that's ~!** ¡eso es absurdo!, ¡eso es ridículo!; **it is ~ to say that ...** es absurdo *or* ridículo decir que ...; **I've never heard such ~!** ¡vaya (una) tontería!, ¡jamás oí (una) tontería igual!;

to **make (a) ~ of** [+ *claim, system, law*] quitar sentido a; [+ *pledge*] convertir en papel mojado; **a piece of ~** una tontería; **I'll stand no ~ from you!** ◊ **I won't take any ~ from you!** ¡no voy a tolerar tus tonterías!; **to talk ~** decir tonterías *or* disparates; **stop this ~!** ¡ya vale de tonterías!
Ⓑ CPD ► **nonsense verse** N disparates *mpl* (en verso), versos *mpl* disparatados

**nonsensical** [nɒn'sensɪkəl] ADJ absurdo

**nonsensically** [nɒn'sensɪkəlɪ] ADV absurdamente

**non seq.** ABBR = **non sequitur**

**non sequitur** [,nɒn'sekwɪtəʳ] N incongruencia *f*, falta *f* de lógica; **it's a ~** es una incongruencia

**non-sexist** ['nɒn'seksɪst] ADJ no sexista

**non-shrink** ['nɒn'ʃrɪŋk] ADJ que no encoge

**non-skid** ['nɒn'skɪd] ADJ [*surface*] antideslizante, antirresbaladizo

**non-skilled** ['nɒn'skɪld] ADJ [*worker*] no cualificado; [*work*] no especializado

**non-slip** ['nɒn'slɪp] ADJ = **non-skid**

**non-smoker** ['nɒn'sməʊkəʳ] N 1 (= *person*) no fumador(a) *m/f*; **I've always been a ~** no he fumado nunca
2 (*Rail*) compartimiento *m* de no fumadores

**non-smoking** ['nɒn'sməʊkɪŋ] ADJ [*person*] no fumador; [*compartment, area*] de no fumadores; [*flight*] para no fumadores

**non-specialist** ['nɒn'speʃəlɪst] N no especialista *mf*

**non-specific** [,nɒnspə'sɪfɪk] ADJ 1 (*Med*) no específico, sin causa *or* sintomatolgía específica
2 (= *imprecise*) indeterminado, vago

**non-standard** [,nɒn'stændəd] ADJ (*Ling*) no estándar

**non-starter** [,nɒn'stɑːtəʳ] N **that idea is a ~** esa idea es imposible

**non-stick** [,nɑn'stɪk] ADJ [*pan*] antiadherente, que no se pega; [*coating*] antiadherente

**non-stop** ['nɒn'stɒp] Ⓐ ADV (= *without a pause*) sin cesar, sin parar; (*Rail*) sin hacer paradas; (*Aer*) sin hacer escalas; **he talks ~** no para de hablar
Ⓑ ADJ (= *without a pause*) continuo; [*flight*] directo; **80 minutes of ~ music** 80 minutos de música ininterrumpida

**non-taxable** ['nɒn'tæksəbl] ADJ no sujeto a impuestos, exento de impuestos; **~ income** ingresos *mpl* exentos de impuestos

**non-teaching** ['nɒn'tiːtʃɪŋ] ADJ [*staff*] no docente

**non-technical** ['nɒn'teknɪkl] ADJ no técnico

**non-toxic** ['nɒn'tɒksɪk] ADJ no tóxico

**non-trading** ['nɒn'treɪdɪŋ] ADJ **~ partnership** sociedad *f* no mercantil

**non-transferable** ['nɒntræns'fɜːrəbl] ADJ intransferible

**non-U*** [,nɒn'juː] ADJ (*Brit*) (= **non-upper class**) *que no pertenece a la clase alta*

**non-union** ['nɒn'juːnjən], **non-unionized** ['nɒn'juːnjənaizd] ADJ no sindicado

**non-verbal** ['nɒn'vɜːbl] ADJ sin palabras

**non-viable** ['nɒn'vaɪəbl] ADJ inviable

**non-violence** ['nɒn'vaɪələns] N no violencia *f*

**non-violent** ['nɒn'vaɪələnt] ADJ no violento, pacífico

**non-volatile memory** ['nɒn,vɒlətaɪl'memərɪ] N (*Comput*) memoria *f* permanente

**non-voting** [,nɒn'vəʊtɪŋ] ADJ [*delegate*] sin derecho a voto; **~ shares** (*Comm*) acciones *fpl* sin derecho a voto

➤ LANGUAGE IN USE: nor 1 26.2

**non-white** [,nɒn'waɪt] Ⓐ ADJ de color
Ⓑ N persona *f* de color

**non-yielding** ['nɒn'jiːldɪŋ] ADJ improductivo

**noodle¹*** ['nuːdl] N 1 (= *head*) cabeza *f*
2 (= *fool*) bobo/a *m/f*

**noodle²** ['nuːdl] Ⓐ NPL **noodles** fideos *mpl*, tallarines *mpl*
Ⓑ CPD ► **noodle soup** N sopa *f* de fideos

**nook** [nʊk] N rincón *m*; **we looked in every ~ and cranny** buscamos hasta el último rincón

**nookie** ['nʊkɪ] N **to have a bit of ~**** echarse un polvo**

**noon** [nuːn] Ⓐ N mediodía *m*; **at ~** a mediodía; **high ~** (= *midday*) mediodía *m*; (*fig*) (= *peak*) apogeo *m*, punto *m* culminante; (= *critical point*) momento *m* crucial
Ⓑ CPD de mediodía

**no-one** ['nəʊwʌn] PRON = **nobody**

**noose** [nuːs] Ⓐ N (= *loop*) nudo *m* corredizo; (*for animal, as trap*) lazo *m*; [*of hangman*] soga *f*; ♦***IDIOM*** **to put one's head in the ~** ponerse la soga al cuello
Ⓑ VT coger con lazo

**no-par securities** [,nəʊpɑːsɪ'kjʊərɪtɪz] NPL títulos *mpl* sin valor nominal

**nope*** [nəʊp] EXCL no

**nor** [nɔːʳ] CONJ 1 (*following "neither"*) ni; **neither Sarah ~ Tamsin is coming to the party** no vienen ni Sarah ni Tamsin a la fiesta, ni Sarah ni Tamsin vienen a la fiesta; **she neither eats ~ drinks** ni come ni bebe; **he was neither fat ~ thin** no estaba ni gordo ni delgado
2 (*as complement to neg statement*) **"I don't work here" — "~ do I"** —yo no trabajo aquí —ni yo (tampoco) *or* —yo tampoco; **"I didn't like the film" — "~ did I"** —no me gustó la película —a mí tampoco *or* —ni a mí; **"we haven't seen him" — "~ have we"** —no lo hemos visto —nosotros tampoco *or* —ni nosotros; **I don't know, ~ can I guess** ni lo sé, ni (tampoco) lo puedo adivinar, no lo sé y tampoco lo puedo adivinar; **~ does it seem likely** ni tampoco parece probable; **~ was this all** y esto no fue todo

**Nordic** ['nɔːdɪk] ADJ nórdico

**Norf** ABBR (*Brit*) = **Norfolk**

**norm** [nɔːm] N 1 (= *pattern of behaviour, official standard*) norma *f*; **in the West monogamy is the ~** la monogamia es la norma en Occidente; **small families have become the ~** las familias pequeñas han pasado a ser lo normal
2 (= *average*) **the ~** lo normal; **larger than the ~** más grande de lo normal; (*Bio*) más grande que el tipo

**normal** ['nɔːməl] Ⓐ ADJ 1 (= *usual*) normal; **it's perfectly ~ to feel that way** es muy normal sentirse así, no hay nada raro en sentirse así; **above/below ~** por encima/debajo de lo normal; **to carry on as ~** seguir haciendo todo como de costumbre; **to get back** *or* **return to ~** [*situation*] normalizarse, volver a la normalidad; **"normal service will be resumed as soon as possible"** "se reanudará la emisión lo antes posible"; **I woke at the ~ time** me desperté a la hora de siempre; **he bought a return ticket instead of the ~ single** compró un billete de ida y vuelta en vez del de sólo ida que solía comprar
2 (= *well-adjusted*) [*person*] normal
3 (= *healthy*) [*baby*] normal; [*pregnancy*] sin complicaciones
4 (*Math, Chem*) normal
Ⓑ CPD ► **normal school** N (*US*†) escuela *f* normal

**normalcy** ['nɔːməlsɪ] N (*esp US*) normalidad *f*

**normality** [nɔː'mælɪtɪ] N normalidad *f*

**normalization** [,nɔːməlaɪ'zeɪʃən] N normalización *f*

**normalize** ['nɔːməlaɪz] VT normalizar

**normally** ['nɔːməlɪ] ADV normalmente; **he ~ arrives at seven o'clock** normalmente llega a las siete, suele llegar a las siete; **the trains are running ~** los trenes están funcionando con normalidad

**Norman** ['nɔːmən] Ⓐ ADJ normando; **the ~ Conquest** la conquista de los normandos; **~ architecture** arquitectura *f* románica
Ⓑ N normando/a *m/f*

**Normandy** ['nɔːməndɪ] N Normandía *f*

**normative** ['nɔːmətɪv] ADJ normativo

**Norse** [nɔːs] Ⓐ ADJ nórdico, escandinavo; **~ mythology** mitología *f* nórdica
Ⓑ N (*Ling*) nórdico *m*

**Norseman** ['nɔːsmən] N (*pl* **Norsemen**) escandinavo *m*

**north** [nɔːθ] Ⓐ N norte *m*; **in the ~ of the country** al norte *or* en el norte del país; **to live in the ~** vivir en el norte; **the wind is from the** *or* **in the ~** el viento sopla *or* viene del norte; **North and South** (*Pol*) el Norte y el Sur
Ⓑ ADJ del norte, norteño, septentrional
Ⓒ ADV (= *northward*) hacia el norte; (= *in the north*) al norte, en el norte; **we were travelling ~** viajábamos hacia el norte; **this house faces ~** esta casa mira al norte *or* tiene vista hacia el norte; **my window faces ~** mi ventana da al norte; **~ of the border** al norte de la frontera; **it's ~ of London** está al norte de Londres
Ⓓ CPD ► **North Africa** N África *f* del Norte; *see also* **North African** ► **North America** N Norteamérica *f*, América *f* del Norte; *see also* **North American** ► **North Atlantic Drift** N Corriente *f* del Golfo ► **the North Atlantic Treaty Organization** N la Organización del Tratado del Atlántico Norte ► **North Korea** N Corea *f* del Norte; *see also* **North Korean** ► **the North Pole** N el Polo Norte ► **the North Sea** N el Mar del Norte ► **North Sea gas** N gas *m* del Mar del Norte ► **North Sea oil** N petróleo *m* del Mar del Norte ► **north star** N estrella *f* polar, estrella *f* del norte ► **North Vietnam** N Vietnam *m* del Norte; *see also* **North Vietnamese**

**North African** ['nɔːθ'æfrɪkən] Ⓐ ADJ norteafricano
Ⓑ N norteafricano/a *m/f*

**North American** ['nɔːθə'merɪkən] Ⓐ ADJ norteamericano
Ⓑ N norteamericano/a *m/f*

**Northants** [nɔː'θænts] ABBR (*Brit*) = **Northamptonshire**

**northbound** ['nɔːθbaʊnd] ADJ [*traffic*] en dirección norte; [*carriageway*] de dirección norte, en dirección norte

**north-country** ['nɔːθ,kʌntrɪ] ADJ del norte de Inglaterra

**Northd** ABBR (*Brit*) = **Northumberland**

**northeast** ['nɔːθ'iːst] Ⓐ N nor(d)este *m*
Ⓑ ADJ [*point, direction*] nor(d)este; [*wind*] del nor(d)este
Ⓒ ADV (= *northeastward*) hacia el nor(d)este; [*situated*] al nor(d)este, en el nor(d)este

**northeasterly** ['nɔːθ'iːstəlɪ] Ⓐ ADJ [*wind*] del nor(d)este; **we were headed in a north easterly direction** íbamos rumbo al nor(d)este *or* en dirección nor(d)este
Ⓑ N viento *m* del nor(d)este

**northeastern** ['nɔ:θ'i:stən] ADJ nor(d)este, del nor(d)este; **in northeastern Spain** al nor(d)este *or* en el nor(d)este de España; **the northeastern coast** la costa nororiental *or* nor(d)este

**northeastward** ['nɔ:θ'i:stwəd] ADV Ⓐ ADJ [*movement, migration*] hacia el nor(d)este, en dirección nor(d)este
Ⓑ (*also* **~s**) hacia el nor(d)este

**northeastwards** ['nɔ:θ'i:stwədz] ADV (*esp Brit*) = **northeastward B**

**northerly** ['nɔ:ðəlɪ] Ⓐ ADJ [*wind*] del norte; **the most ~ point in Europe** el punto más al norte *or* más septentrional de Europa; **we were headed in a ~ direction** íbamos hacia el norte *or* rumbo al norte *or* en dirección norte
Ⓑ N viento *m* del norte

**northern** ['nɔ:ðən] Ⓐ ADJ del norte, norteño, septentrional; **the ~ part of the island** la parte norte *or* septentrional de la isla; **the ~ coast** la costa septentrional *or* (del) norte; **in ~ Spain** al norte *or* en el norte de España, en la España septentrional
Ⓑ CPD ► **the northern hemisphere** N el hemisferio norte, el hemisferio boreal ► **Northern Ireland** N Irlanda *f* del Norte ► **the northern lights** N la aurora boreal

**northerner** ['nɔ:ðənəʳ] N norteño/a *m/f*; (*US Hist*) nordista *mf*; **he's a ~** es del norte; **~s like this sort of thing** a la gente del norte le gusta este tipo de cosas

**Northern Irish** [,nɔ:ðən'aɪərɪʃ] Ⓐ ADJ norirlandés
Ⓑ NPL **the ~** los norirlandeses

**northernmost** ['nɔ:ðənməʊst] ADJ más septentrional, más al norte; **the ~ town in Europe** la ciudad más al norte *or* más septentrional de Europa

**north-facing** ['nɔ:θ,feɪsɪŋ] ADJ orientado hacia el norte; **~ slope** vertiente *f* norte

**North Korean** ['nɔ:θkə'rɪən] Ⓐ ADJ norcoreano
Ⓑ N norcoreano/a *m/f*

**northland** ['nɔ:θlənd] N (*US*) región *f* septentrional

**Northman** ['nɔ:θmən] N (*pl* **Northmen**) vikingo *m*, escandinavo *m*

**north-northeast** [,nɔ:θ,nɔ:θ'i:st] Ⓐ N nornor(d)este *m*
Ⓑ ADJ nornor(d)este
Ⓒ ADV (= *toward north-northeast*) hacia el nornor(d)este; [*situated*] al nornor(d)este, en el nornor(d)este

**north-northwest** [,nɔ:θ,nɔ:θ'west] Ⓐ N nornoroeste *m*
Ⓑ ADJ nornoroeste
Ⓒ ADV (= *toward north-northwest*) hacia el nornoroeste; (*situated*) al nornoroeste, en el nornoroeste

**Northumb** ABBR (*Brit*) = **Northumberland**

**Northumbria** [nɔ:'θʌmbrɪə] N *región del noroeste de Inglaterra*

**Northumbrian** [nɔ:'θʌmbrɪən] Ⓐ ADJ de Northumbria
Ⓑ N habitante *mf* de Northumbria, nativo/a *m/f* de Northumbria

**North Vietnamese** ['nɔ:θvɪetnə'mi:z] Ⓐ ADJ norvietnamita
Ⓑ N norvietnamita *mf*

**northward** ['nɔ:θwəd] Ⓐ ADJ [*movement, migration*] hacia el norte, en dirección norte
Ⓑ ADV (*also* **~s**) hacia el norte, en dirección norte

**northwards** ['nɔ:θwədz] ADV (*esp Brit*) = **northward B**

**northwest** ['nɔ:θ'west] Ⓐ N noroeste *m*
Ⓑ ADJ [*point, direction*] noroeste; [*wind*] del noroeste
Ⓒ ADV (= *northwestward*) hacia el noroeste; (*situated*) al noroeste, en el noroeste

**northwesterly** ['nɔ:θ'westəlɪ] Ⓐ ADJ [*wind*] del noroeste; **we were headed in a northwesterly direction** íbamos hacia el noroeste *or* rumbo al noroeste *or* en dirección noroeste
Ⓑ N viento *m* del noroeste

**northwestern** ['nɔ:θ'westən] ADJ noroeste, del noroeste; **the ~ part of the island** la parte noroeste *or* noroccidental de la isla; **the ~ coast** la costa noroeste *or* noroccidental; **in ~ Spain** en el noroeste *or* al noroeste de España, en la España noroccidental

**northwestward** ['nɔ:θ'westwəd] Ⓐ ADJ [*movement, migration*] hacia el noroeste, en dirección noroeste
Ⓑ ADV (*also* **~s**) hacia el noroeste, en dirección noroeste

**northwestwards** ['nɔ:θ'westwədz] ADV (*esp Brit*) = **northwestward B**

**Norway** ['nɔ:weɪ] Ⓐ N Noruega *f*
Ⓑ CPD ► **Norway lobster** N cigala *f*

**Norwegian** [nɔ:'wi:dʒən] Ⓐ ADJ noruego
Ⓑ N [1] (= *person*) noruego/a *m/f*
[2] (*Ling*) noruego *m*

**Nos., nos.** ABBR (= **numbers**) núms

**no-score draw** [,nəʊskɔ:'drɔ:] N empate *m* a cero

**nose** [nəʊz] Ⓐ N [1] (*Anat*) [*of person*] nariz *f*; [*of animal*] hocico *m*; **his ~ was bleeding** le sangraba la nariz, le salía sangre de la nariz; **to have one's ~ in a book** estar enfrascado en un libro; **get your ~ out of that book and come and help me** deja el libro un momento y ven a ayudarme; **to hold one's ~** (*lit*) taparse la nariz; **to talk** *or* **speak through one's ~** ganguear, hablar con voz gangosa; **♦IDIOMS you wouldn't recognize an opportunity if it bit you on the ~** no reconocerías una buena oportunidad ni aunque te topases con ella de frente; **to keep one's ~ clean*** no meterse en problemas *or* líos*; **to cut off one's ~ to spite one's face** tirar piedras a su tejado; **to get/have one's ~ in front** coger/tener la delantera; **he gets up my ~*** me revienta*; **to keep one's ~ out (of sth)** no entrometerse (en algo); **to lead sb by the ~** tener a algn agarrado por las narices; **you shouldn't let them lead you by the ~** no deberías permitirles que te manejen a su antojo; **to look down one's ~ at sth/sb*** despreciar algo/a algn, mirar a algn por encima del hombro; **(right) on the ~** en el clavo; **that's it! you've hit it on the ~!** ¡eso es! ¡has dado en el clavo!; **to pay through the ~ (for sth)*** pagar un ojo de la cara (por algo)*, pagar un dineral (por algo); **she paid through the ~ (for it)** le costó un ojo de la cara*, pagó un dineral (por ello)*; **to make sb pay through the ~** hacer pagar a algn un dineral*; **to poke** *or* **stick one's ~ into sth*** meter las narices en algo*, meterse en algo; **who asked you to poke your ~ in?** ¿quién te manda meter las narices* *or* meterte en esto?; **he's always poking his ~ (in) where it's not wanted** siempre está metiendo las narices *or* metiéndose en lo que no le incumbe*; **to put sb's ~ out of joint** molestar a algn; **to see no further than the end of one's ~** no ver más allá de sus narices; **to turn up one's ~ at sth** hacerle ascos a algo; **under sb's nose: it's right under your ~** lo tienes delante de las narices*; **she did it under his very ~** *or* **right under his ~** lo hizo delante de sus narices; *see also* **bloody A1, blow² A2, follow A1, grindstone, joint B3, pick B5, plain A1, thumb B3**
[2] (= *distance*) **to win by a ~** [*horse*] ganar por una nariz; (*fig*) ganar por los pelos
[3] (= *front part*) [*of aeroplane, car*] morro *m*, parte *f* delantera; [*of boat*] proa *f*; **the traffic was ~ to tail** los coches iban pegados unos a otros
[4] (= *sense of smell*) olfato *m*; **I have a sensitive ~** tengo un olfato muy fino
[5] (= *instinct*) **to have a (good) ~ for** tener (buen) olfato para; **she has a keen ~ for facts** tiene buena intuición para saber lo que ha ocurrido realmente; **she's got a (good) ~ for a story** tiene (buen) olfato para lo que es noticia
[6] [*of wine*] aroma *m*, buqué *m*
Ⓑ VI **the car ~d forward** el coche se abrió paso lentamente; **the coach ~d out into the traffic** el autocar se incorporó lentamente al tráfico
Ⓒ VT [1] (= *move*) **he ~d his car into the garage** metió el coche en el garaje maniobrando con cuidado; **a van ~d its way past** una furgoneta pasó despacio
[2] (= *nuzzle, nudge*) **the horse ~d my palm** el caballo me olfateó la palma de la mano; **the dog managed to ~ the door open** el perro consiguió abrir la puerta con el hocico; **they just ~d us into second place** por muy poco nos dejaron en segundo lugar
Ⓓ CPD ► **nose cone** N [*of missile*] ojiva *f*; [*of racing car*] cabeza *f* separable ► **nose drops** NPL gotas *fpl* para la nariz ► **nose job*** N **to have a ~ job** operarse la nariz ► **nose ring** N [*of animal*] argolla *f* (en el hocico); [*of person*] pendiente *m* en la nariz

►**nose about, nose around** Ⓐ VI + ADV curiosear, fisgonear
Ⓑ VI + PREP curiosear por, fisgonear por; **the police came nosing about your house last night** anoche la policía estuvo curioseando *or* fisgoneando por tu casa

►**nose out** VT + ADV [1] (= *smell*) [*dog, fox*] olfatear
[2] (= *discover*) [+ *secret, truth*] averiguar, lograr descubrir; [+ *fugitive*] encontrar

**nosebag** ['nəʊzbæg] N morral *m*

**noseband** ['nəʊzbænd] N muserola *f*

**nosebleed** ['nəʊzbli:d] N hemorragia *f* nasal (*Med*); **to have a ~** sangrar *or* echar sangre por la nariz, tener una hemorragia nasal (*Med*); **you have a ~** estás sangrando *or* echando sangre por la nariz, te está sangrando la nariz

**-nosed** [nəʊzd] ADJ (*ending in compounds*) de nariz ...; **Roman/snub-nosed** de nariz aguileña/chata; **red-nosed** de nariz colorada*; *see also* **hard-nosed, toffee-nosed**

**nose-dive** ['nəʊzdaɪv] Ⓐ N [1] (*Aer*) picado *m* vertical
[2] (*fig*) caída *f* súbita; **to take a ~** [*profits, shares, sales, reputation*] caer en picado
Ⓑ VI [1] (*Aer*) descender en picado
[2] (*fig*) [*profits, shares, sales, reputation*] caer en picado; **the shares ~d 11p to 511p** las acciones cayeron 11 peniques de golpe y pasaron a cotizar 511 peniques

**nosegay** ['nəʊzgeɪ] N ramillete *m*

**nosewheel** ['nəʊzwi:l] N (*Aer*) rueda *f* delantera de aterrizaje

**nosey*** ADJ ['nəʊzɪ] (*compar* **nosier**; *superl* **nosiest**) entrometido; **don't be so ~!** ¡no seas tan entrometido!

**nosey-parker*** ['nəʊzɪ'pɑ:kəʳ] N metomentodo/a* *m/f*

**nosh*** [nɒʃ] Ⓐ N (*Brit*) comida *f*, papeo‡ *m*, manduca *f* (*Sp**); **~ up!** ¡a comer!
Ⓑ VI comer, papear‡

**no-show** ['nəʊ'ʃəʊ] N ausente *mf* (*persona que no ocupa una plaza reservada previamente*)

**nosh-up‡** ['nɒʃʌp] N (*Brit*) comilona* *f*, tragadera *f* (*LAm**)

**nosily** ['nəʊzɪlɪ] ADV entrometidamente

**nosiness** ['nəʊzɪnɪs] N entrometimiento *m*

**no-smoking** ['nəʊ,sməʊkɪŋ] ADJ [*area, carriage*] de no fumadores; [*policy*] de prohibición del tabaco

**nostalgia** [nɒs'tældʒɪə] N nostalgia *f*, añoranza *f*

**nostalgic** [nɒs'tældʒɪk] ADJ nostálgico

**nostril** ['nɒstrɪl] N (*Anat*) [*of person, dog, lion*] ventana *f* de la nariz, orificio *m* nasal (*frm*); [*of horse*] ollar *m*; **~s** narices *fpl*

**nostrum** ['nɒstrəm] N (= *remedy*) remedio *m* secreto, panacea *f*; (*fig*) panacea *f*

**nosy*** ['nəʊzɪ] = **nosey**

**nosy-parker*** ['nəʊzɪ'pɑːkəʳ] N = **nosey-parker**

**not** [nɒt] ADV 1 (*with vb*)

> *often contracted to* **n't** *on the end of modals, auxiliaries and parts of the verb* **to be** *in everyday language*

no; **I'm ~ sure** no estoy seguro; **he's ~ here** ◊ **he isn't here** no está aquí; **it wasn't me** yo no fui; **it's too late, isn't it?** es demasiado tarde, ¿no?; **you owe me money, don't you?** me debes dinero, ¿verdad? *or* (*esp LAm*) ¿no es cierto?; **she won't go** ◊ **she will ~ go** no irá; **I don't think she'll come now** ya no creo que venga; **he asked me ~ to do it** me pidió que no lo hiciera; **fear ~!** ¡no temas!; **I hope ~** espero que no; **I suppose ~** supongo que no; **to tell sb ~ to do sth** decir a algn que no haga algo; **I think ~** creo que no; **~ thinking that ...** sin pensar que ...
2 (*with pronoun etc*) **~ one** ni uno; **~ me/you** *etc* yo/tú *etc* no; **~ I!** ¡yo no!; **~ everybody can do it** no lo puede hacer cualquiera, no todos pueden hacerlo; **~ any more** ya no; *see also* **even B3**
3 (*in expressions*) **absolutely ~!** ¡en absoluto!; **~ at all** (*after verb*) no ... en absoluto; (*responding to thanks*) ¡de nada!, ¡no hay de qué!; **I don't mind at all** no me importa en absoluto; **it doesn't hurt at all** no duele nada de nada, no duele para nada; **"are you cold?" — "~ at all!"** —¿tienes frío? —¡en absoluto! *or* —¡qué va!; **"you don't mind?" — "~ at all!"** —¿no te importa? —¡en absoluto!; **he's ~ at all selfish** no es nada egoísta; **certainly ~!** ¡en absoluto!; **of course ~!** ¡claro que no!; **~ a few ...** no pocos ...; **~ for anything (in the world)** por nada (del mundo); **~ guilty** no culpable; **the ~ inconsiderable sum of £30,000** la nada despreciable suma de 30.000 libras; **~ likely!** ¡ni hablar!; **with ~ a little surprise** con no poca sorpresa; **are you coming or ~?** ¿vienes o no?; **whether you go or ~** tanto si vas como si no; **"did you like it?" — "~ really"** —¿te gustó? —no mucho; **big, ~ to say enormous** grande, por no decir enorme; **the young and the ~ so young** los jóvenes y los no tan jóvenes; **I shan't be sorry to see the last of him** no voy a sentirlo cuando lo pierda de vista; **~ that I don't like him** no es que no me guste; **~ that I know of** no que yo sepa; **why ~?** ¿por qué no?; **~ without some regrets** no sin cierto pesar; **~ yet** todavía no; **they haven't arrived yet** todavía no han llegado; *see also* **likely B**, **mention B**, **much B1**, **only B6**

**notability** [,nəʊtə'bɪlɪtɪ] N 1 [*of person*] notabilidad *f*
2 (= *person*) notabilidad *f*, personaje *m*

**notable** ['nəʊtəbl] Ⓐ ADJ [*person*] destacado; **to be ~ for** distinguirse por; **it is ~ that ...** es de notar que ...
Ⓑ N persona *f* importante, personaje *m*; **~s** personas *fpl* importantes, notables *mpl*

**notably** ['nəʊtəblɪ] ADV 1 (= *in particular*) particularmente, en particular; **several countries, ~ France and Spain** varios países, particularmente *or* en particular Francia y España; **later religions, most ~ Christianity ...** posteriores religiones, muy en particular *or* sobre todo el cristianismo ...
2 (= *noticeably*) notablemente

**notarial** [nəʊ'teərɪəl] ADJ notarial

**notarize** ['nəʊtəraɪz] VT (*US*) dar fe pública de, autenticar mediante acta notarial

**notary** ['nəʊtərɪ] N (*also* **~ public**) notario/a *m/f*

**notate** [nəʊ'teɪt] VT (*Mus*) notar

**notation** [nəʊ'teɪʃən] N (*Math, Mus*) notación *f*

**notch** [nɒtʃ] Ⓐ N 1 (= *cut*) corte *m*, muesca *f*
2 (*US*) (= *mountain pass*) desfiladero *m*
Ⓑ VT hacer una muesca en, hacer un corte en

►**notch up** VT + ADV apuntarse

**note** [nəʊt] Ⓐ N 1 (= *written reminder, record*)
1·1 (*short*) nota *f*; **keep a ~ of all your expenses** detalla *or* anota todos tus gastos; **to make** *or* **take a ~ of sth** apuntar *or* anotar algo; **I must make a ~ to buy some more** tengo que hacer una nota para que no se me olvide comprar más; *see also* **mental A1**
1·2 **notes** apuntes *mpl*, notas *fpl*; **to speak from ~s** hablar con la ayuda de apuntes *or* notas; **to make ~s** hacer anotaciones; **to take ~s** tomar apuntes; **to speak without ~s** hablar sin la ayuda de apuntes *or* notas; **✦*IDIOM* to compare ~s (about sth)** intercambiar impresiones (acerca de algo); *see also* **lecture D**
2 (*on text*) anotación *f*, nota *f*; (*more detailed*) comentario *m*; **see ~ 16 on page 223** véase nota número 16 en la página 223; **with an introduction and ~s by ...** con introducción y comentarios de ...; **author's ~** nota del autor; *see also* **programme D**, **sleeve**
3 (= *letter, message*) nota *f*; **I left him a ~ saying where I was** le dejé una nota diciéndole dónde estaba; **just a quick ~ to tell you ...** sólo una nota para decirte que ...; *see also* **delivery**, **sick C**, **suicide**
4 (*official, diplomatic*) nota *f*
5 (= *tone*) (*gen*) nota *f*; (*in voice*) dejo *m*, deje *m*; **the only discordant ~ was the bad feeling between his two brothers** la única nota discordante fue la animosidad entre sus dos hermanos; **there was a ~ of nostalgia in her voice** había un dejo *or* deje de nostalgia en su voz; **there was a ~ of bitterness in her voice** había cierto resentimiento en su voz; **the talks ended on a ~ of optimism** las negociaciones se cerraron con una nota de optimismo; **the 1980s/evening ended on a high ~** la década de los ochenta/la velada se cerró con un broche de oro; **on a more positive ~ ...** mirando el lado positivo ...; **to sound a ~ of caution** llamar a la prudencia; **he tried to strike a ~ of optimism in his speech** intentó que su discurso sonara optimista; **his speech struck the right/wrong ~** su discurso fue/no fue acertado
6 (*Mus*) (= *sound*) nota *f*; (= *key*) tecla *f*
7 (= *bank note*) billete *m*; **a five-pound ~** un billete de cinco libras
8 (= *importance*) **a writer/an artist of ~** un escritor/un artista destacado *or* de renombre; **nothing of ~** nada digno de mención; **this is a first novel of some ~** esta es una primera novela que merece atención
9 (= *notice*) **to take ~ (of sth/sb)**: **the government should take ~ of this survey** el gobierno debería tomar nota del resultado de esta encuesta; **they will take ~ of what you say** tendrán en cuenta lo que digas; **people began to take ~ of him** la gente empezó a tenerlo en cuenta *or* prestarle atención; **worthy of ~** digno de mención
Ⓑ VT 1 (= *observe*) **~ the statue by Rodin in the entrance hall** tomen nota de *or* fíjense en la estatua de Rodin en el vestíbulo; **to ~ that** notar que; **she ~d that his hands were dirty** notó que tenía las manos sucias, se dio cuenta de que tenía las manos sucias; **please ~ that there are a limited number of tickets** les informamos que el número de entradas es limitado
2 (= *point out*) **the report ~s that this trend is on the increase** el informe señala *or* indica que esta tendencia se está extendiendo
3 (= *record officially*) tomar nota de; **your remarks have been ~d** hemos tomado nota de sus observaciones
4 (= *write down*) anotar, apuntar
Ⓒ CPD ► **note issue** N emisión *f* fiduciaria

►**note down** VT + ADV anotar, apuntar

**notebook** ['nəʊtbʊk] N 1 (= *notepad, jotter*) libreta *f*, bloc *m*; (= *exercise book*) cuaderno *m*
2 (*also* **~ computer**) ordenador *m* portátil, computador *m* portátil (*LAm*)

**note-case** ['nəʊtkeɪs] N (*Brit*) cartera *f*, billetero *m*

**noted** ['nəʊtɪd] ADJ [*historian, writer*] destacado, renombrado; **to be ~ for sth** ser conocido *or* famoso por algo; **a man not ~ for his generosity** un hombre que no es precisamente conocido *or* famoso por su generosidad

**notelet** ['nəʊtlɪt] N tarjeta *f* en díptico (*de felicitación, agradecimiento*)

**notepad** ['nəʊtpæd] N bloc *m*, libreta *f* para notas

**notepaper** ['nəʊt,peɪpəʳ] N papel *m* de carta

**noteworthiness** ['nəʊt,wɜːðɪnɪs] N notabilidad *f*

**noteworthy** ['nəʊt,wɜːðɪ] ADJ notable, digno de atención; **it is ~ that ...** es notable que ..., es de notar que ...

**nothing** ['nʌθɪŋ] Ⓐ PRON nada *f*; (= *nought*) cero *m*; **I have ~ to give you** no tengo nada que darte; **to have ~ to do with** no tener nada que ver con; **there's ~ mean about him** no tiene nada de tacaño; **~ but** solamente; **to come to ~** parar en nada, quedarse en aguas de borraja; **~ doing!** ¡de ninguna manera!, ¡ni hablar!; **~ else** nada más; **there's ~ to fear** no hay de qué tener miedo; **for ~** (= *free*) gratis; (= *unpaid*) sin sueldo; (= *in vain*) en vano, en balde; **it is not for ~ that ...** no es sin motivo que ..., por algo será que ...; **there was ~ for it but to pay** no había más remedio *or* (*LAm*) no nos quedaba otra que pagar; **to build up a business from ~** crear un negocio de la nada; **he is ~ if not careful** es de lo más cauteloso; **there is ~ in the rumours** los rumores no tienen nada de verdad; **there's ~ in it for us** de esto no vamos a sacar ningún provecho; **there's ~ in it** (*in race*) van muy iguales; **I could make ~ of what he said** no entendí nada *or* no pude sacar nada en claro de lo que dijo; **a mere ~** una nimiedad; **it's ~ more than a rumour** es simplemente un rumor; **~ much** poco, no mucho; **there's ~ much to be said** poco hay que decir; **next to ~** casi nada; **I'm ~ of a swimmer** yo nado bastante mal; **to have ~ on** (= *naked*) estar desnudo; (= *not busy*) estar libre; **it's ~ to be proud of** no es motivo para enorgullecerse; **to say ~ of ...** sin mencionar ..., amén de ...; **to get something for ~** obtener algo gratis; **there's ~ special about it** no tiene nada de particular; **to stop at ~** no pararse en barras; **to stop at ~ to do sth** emplear sin escrúpulo todos los medios para hacer algo; **to think ~ of** tener en poco; **he thinks ~ of walking 30km** para él no tiene importancia *or* no es nada recorrer 30km a pie; **think ~ of it!** ¡no hay de qué!, ¡no tiene cuidado! (*LAm*); **there's ~ to it!** ¡es facilísimo!; **she is ~ to him** ella le es indiferente; **it's ~ to me whether he comes or not** no me importa que venga o no; **✦IDIOM he has ~ on her** (*comparison*) no le llega ni a la suela del zapato*; *see also* **all B4, do with, kind B1, like B1, next B4.5, short A3, sort A1**; → ZERO

Ⓑ ADV **~ daunted** sin inmutarse; **it's ~ like him** el retrato no se le parece en nada; **it was ~ like as expensive as we thought** era mucho menos caro de lo que nos imaginábamos; *see also* **less B**

Ⓒ N **a mere ~** una friolera, una bagatela; **to her he was a ~** para ella él no tenía ningún valor; **✦IDIOM to whisper sweet ~s to sb** decir ternezas a los oídos de algn

**nothingness** [ˈnʌθɪŋnɪs] N (= *non-existence*) nada *f*; (= *emptiness*) vacío *m*

**notice** [ˈnəʊtɪs] Ⓐ N [1] (= *intimation, warning*) aviso *m*; **~ to appear** (*Jur*) citación *f* judicial, orden *f* de comparecencia; **we require 28 days' ~ for delivery** se requieren 28 días para la entrega; **until further ~** hasta nuevo aviso; **to give sb ~ to do sth** avisar a algn que haga algo; **~ is hereby given that ...** se pone en conocimiento del público que ...; **at a moment's ~** en seguida, inmediatamente, luego (*Mex*), al tiro (*Chile*); **important decisions often have to be taken at a moment's ~** a menudo las decisiones importantes se han de tomar en seguida *or* inmediatamente; **you must be ready to leave at a moment's ~** tienes que estar listo para salir en cuanto te avisen; **we had no ~ of it** no nos habían avisado; **~ to quit** aviso *or* notificación de desalojo; **at short ~** con poca antelación; **sorry, I know it's short ~, but ...** lo siento, sé que es avisar con poca antelación, pero ...; **to give sb at least a week's ~** avisar a algn por lo menos con una semana de antelación; **I must have at least a week's ~ if you want to ...** me tienes que avisar con una semana de antelación si quieres ...; **without previous ~** sin previo aviso

[2] (= *order to leave job etc*) (*by employer*) despido *m*; (*by employee*) dimisión *f*, renuncia *f*; (= *period*) preaviso *m*; **to get one's ~** ser despedido; **to give sb ~** despedir a algn; **to give sb a week's ~** despedir a algn con una semana de preaviso *or* plazo; **to hand in one's ~** dimitir, renunciar; **a week's wages in lieu of ~** el salario de una semana en lugar del plazo *or* de preaviso; **to be under ~** estar despedido; **to dismiss sb without ~** despedir a algn sin preaviso

[3] (= *announcement*) (*in press*) anuncio *m*, nota *f*; [*of meeting*] convocatoria *f*, llamada *f*; (= *sign*) letrero *m*; (= *poster*) cartel *m*; **birth/marriage ~** anuncio *m* de nacimiento/matrimonio; **death ~** nota *f* necrológica, esquela *f*; **to give out a ~** anunciar algo, comunicar algo; **the ~ says "keep out"** el letrero dice "prohibida la entrada"

[4] (= *review*) [*of play, opera etc*] reseña *f*, crítica *f*

[5] (= *attention*) atención *f*; **to attract sb's ~** atraer *or* llamar la atención de algn; **to bring a matter to sb's ~** llamar la atención de algn sobre un asunto; **it has come to my ~ that ...** ha llegado a mi conocimiento que ...; **to escape ~** pasar inadvertido; **to take ~ of sb** hacer caso a algn; **to take no ~ of sth/sb** no hacer caso de algo/a algn, ignorar algo/a algn (*esp LAm*); **to take ~ of sth** hacer caso de algo; **take no ~!** ¡no hagas caso!; **I was not taking much ~ at the time** en ese momento no estaba prestando mucha atención; **a fat lot of ~ he takes of me!*** ¡maldito el caso que me hace!*; **to sit up and take ~** (*fig*) aguzar el oído

[6] (= *interest*) interés *m*; **it has attracted a lot of ~** ha suscitado gran interés

Ⓑ VT (= *perceive*) fijarse en, notar; (= *realize*) darse cuenta de; (= *recognize*) reconocer; **did you ~ the bloodstain on the wall?** ¿te fijaste en *or* te diste cuenta de *or* notaste la mancha de sangre que había en la pared?; **I don't ~ such things** no me fijo en tales cosas; **eventually he deigned to ~ me** por fin se dignó a reconocerme; **have you ever ~d how slowly time passes when you're flying?** ¿te has fijado en *or* te has dado cuenta de lo lento que pasa el tiempo cuando vas en avión?; **I ~ you've removed the bookcase** veo que has quitado la estantería

Ⓒ VI fijarse, darse cuenta; **I never ~d** no me había fijado; **don't worry about the mark, he won't ~** no te preocupes por la mancha, no se fijará *or* no se dará cuenta; **yes, so I've ~d!** (*iro*) ¡sí, ya me he dado cuenta *or* ya lo he notado!

Ⓓ CPD ► **notice board** N (*esp Brit*) tablón *m* de anuncios

**noticeable** [ˈnəʊtɪsəbl] ADJ [*difference, change, effect, increase*] sensible, perceptible; **it is ~ that** se nota que, es evidente que, está claro que; **it isn't ~** [*mark, stain*] no se nota; **a ~ smell of burning** un fuerte olor a quemado; **a ~ lack of enthusiasm** una evidente falta de entusiasmo

**noticeably** [ˈnəʊtɪsəblɪ] ADV [*different, changed, improved*] sensiblemente, perceptiblemente; **the next day it was ~ warmer** al día siguiente se notaba que hacía más calor; **they are ~ less well-off than before** se nota que tienen menos dinero que antes; **she looks ~ worse than when I last saw her** está sensiblemente peor que la última vez que la vi, se la nota peor que la última vez que la vi

**notifiable** [ˈnəʊtɪfaɪəbl] ADJ de declaración obligatoria

**notification** [ˌnəʊtɪfɪˈkeɪʃən] N (= *warning, prior notice*) notificación *f*, aviso *m*; (= *announcement*) anuncio *m*

**notify** [ˈnəʊtɪfaɪ] VT avisar; **you must ~ the police** debes avisar a la policía, debes notificarlo a la policía; **to ~ sb of sth** comunicar *or* notificar algo a algn

**notion** [ˈnəʊʃən] N [1] (= *idea*) idea *f*; (= *view*) opinión *f*, noción *f*; (= *whim*) capricho *m*; **I have a ~ that ...** tengo la idea de que ...; **I had no ~ that he was planning to leave** no tenía ni idea de que tuviera pensado marcharse; **to have no ~ of** no tener ni idea de; **I haven't the slightest ~** no tengo ni idea; **to have a ~ to do sth** estar inclinado a hacer algo

[2] **notions** (*Sew*) artículos *mpl* de mercería, mercería *f*

**notional** [ˈnəʊʃənl] ADJ [1] (*Fin*) [*value, profit, amount, capital, income*] hipotético, teórico

[2] (= *hypothetical*) **it is purely ~** es pura hipótesis *or* teoría *or* especulación

[3] (*Ling*) [*word*] nocional

**notionally** [ˈnəʊʃənəlɪ] ADV teóricamente, en teoría, hipotéticamente

**notoriety** [ˌnəʊtəˈraɪətɪ] N mala fama *f*, mala reputación *f*; **to achieve** *or* **gain ~** adquirir mala fama *or* reputación

**notorious** [nəʊˈtɔːrɪəs] ADJ [*criminal*] muy conocido, celebérrimo; [*area, town, prison*] de mala fama, de mala reputación; [*comment, speech*] desgraciadamente famoso; [*case, crime*] muy sonado; **a ~ womanizer** un hombre con fama de donjuán; **she's a ~ flirt** tiene fama de que le gusta flirtear; **Prussia was ~ in this respect** Prusia tenía mala fama en este sentido; **to be ~ as sth** tener fama de ser algo; **to be ~ for sth** ser conocido por algo, tener fama de algo; **he's ~ for cheating at cards** tiene fama de hacer trampas jugando a las cartas

**notoriously** [nəʊˈtɔːrɪəslɪ] ADJ **anorexia nervosa is ~ difficult to treat** tratar la anorexia nerviosa es de notoria dificultad, es bien sabido que tratar la anorexia nerviosa entraña gran dificultad; **she is ~ difficult to work with** tiene fama de ser una persona con la que resulta difícil trabajar; **he is ~ unreliable** tiene fama de informal

**no-trumps** [ˈnəʊˈtrʌmps] N **to bid four ~** marcar cuatro sin triunfos

**Notts** [nɒts] N ABBR (*Brit*) = **Nottinghamshire**

**notwithstanding** [ˈnɒtwɪðˈstændɪŋ] Ⓐ PREP a pesar de, no obstante; **the weather ~** a pesar del tiempo

Ⓑ ADV sin embargo, no obstante

Ⓒ CONJ (*also* **~ that**) a pesar de que, por más que + *subjun*

**nougat** [ˈnuːgɑː] N turrón *m*

**nought** [nɔːt] N [1] (*esp Brit Math*) cero *m*; **~s and crosses** (*Brit*) tres *m* en raya; → ZERO

[2] († *liter*) (= *nothing*) nada *f*

**noun** [naʊn] Ⓐ N (*Ling*) nombre *m*, sustantivo *m*

Ⓑ CPD ► **noun clause** N oración *f* sustantiva, cláusula *f* nominal ► **noun phrase** N frase *f* nominal

**nourish** [ˈnʌrɪʃ] VT [1] (*lit*) alimentar, nutrir; **to ~ sb on sth** alimentar a algn con algo

[2] (*fig*) fomentar, nutrir

**nourishing** [ˈnʌrɪʃɪŋ] ADJ nutritivo, alimenticio

**nourishment** [ˈnʌrɪʃmənt] N [1] (= *food*) alimento *m*; **to derive ~ from** sustentarse de

[2] (= *nutrition*) nutrición *f*

**nous*** [naʊs] N (*Brit*) cacumen* *m*, chirumen* *m*

**nouveau riche** [ˌnuːvəʊˈriːʃ] N (*pl* **nouveaux riches**) nuevo/a rico/a *m/f*

**nouvelle cuisine** [ˈnuːvelkwiːˈziːn] N nueva cocina *f*, nouvelle cuisine *f*

**Nov.** ABBR (= **November**) nov., N.

**Nova Scotia** [ˈnəʊvəˈskəʊʃə] N Nueva Escocia *f*

**Nova Scotian** [ˈnəʊvəˈskəʊʃən] Ⓐ ADJ de Nueva Escocia

Ⓑ N habitante *mf* de Nueva Escocia

**novel** [ˈnɒvəl] Ⓐ ADJ [*idea, suggestion, method*] original, novedoso; **it was a ~ experience for him** era una experiencia nueva para él

Ⓑ N novela *f*

**novelette** [ˌnɒvəˈlet] N novela *f* corta; (*pej*) novela *f* sentimental, novela *f* sin valor

**novelettish** [ˌnɒvəˈletɪʃ] ADJ sentimental, romántico

**novelist** [ˈnɒvəlɪst] N novelista *mf*

**novella** [nəʊ'velə] N (*pl* **novellas** *or* **novelle** [nəʊ'veleɪ]) novela *f* corta

**novelty** ['nɒvəltɪ] Ⓐ N (= *quality, thing*) novedad *f*; **once the ~ has worn off** cuando pase la novedad
Ⓑ CPD ► **novelty value** N novedad *f*

**November** [nəʊ'vembəʳ] N noviembre *m*; *see* **July** *for usage*

**novena** [nəʊ'viːnə] N (*pl* **novenae** [nəʊ'viːniː]) novena *f*

**novice** ['nɒvɪs] Ⓐ N principiante *mf*, novato/a *m/f*; (*Rel*) novicio/a *m/f*; (*Sport*) principiante *mf*, novato/a *m/f*; **he's no ~** no es ningún principiante; **to be a ~ at a job** ser nuevo en un oficio
Ⓑ ADJ **a ~ painter** un pintor principiante, un aspirante a pintor

**noviciate, novitiate** [nəʊ'vɪʃɪɪt] N [1] (*Rel*) (= *period, place*) noviciado *m*
[2] (*fig*) período *m* de aprendizaje

**novocaine** ['nəʊvəʊkeɪn] N novocaína *f*

**NOW** [naʊ] N ABBR (*US*) = **National Organization for Women**

▼**now** [naʊ] Ⓐ ADV [1] (*of present, immediate future*) [1·1] (= *at this time*) ahora; **what shall we do ~?** ¿qué hacemos ahora?; **~ for something completely different** y ahora algo totalmente distinto; **not ~, dear** ahora no, querido; **right ~ all I want to do is …** en este momento *or* ahora mismo, lo único que me apetece es …; **the time is ~ eight o'clock** son las ocho
[1·2] (= *these days*) hoy en día, ahora; **nobody would think of doing that ~** hoy en día *or* ahora a nadie se le ocurriría hacer eso
[1·3] (= *at last, already*) ya; **the fire is ~ under control** el incendio ya está controlado; **can I go ~?** ¿ya me puedo ir?; **I must be off ~** ya me tengo que marchar
[1·4] (= *immediately*) ahora; (*more emphatic*) ya; **if we leave ~, we'll be there by six** si salimos ahora *or* ya, estaremos allí para las seis; **it's ~ or never** es ahora o nunca; **I'll do it right ~** lo haré ahora mismo
[2] (*of duration up to present*) **they've been married ~ for 30 years** ya llevan 30 años casados, hace 30 años que se casaron; **it's some days ~ since I heard anything** hace varios días que no sé nada
[3] (*in accounts of past events*) ahora; **it had once been the pantry but was ~ his office** tiempo atrás había sido la despensa, pero ahora era su estudio
[4] (*after prep*) **as of ~** a partir de ahora; **before ~** (= *already*) ya, antes; (= *in the past*) antes de ahora; (= *till this moment*) hasta ahora, antes; **you should have done that before ~** ya tendrías que haber hecho eso, tendrías que haber hecho eso antes; **I've gone hungry before ~ to feed my children** ya he pasado hambre antes de ahora para poder alimentar a mis hijos; **she should have arrived long before ~** hace tiempo que tenía que haber llegado; **between ~ and next Tuesday** entre hoy y el martes que viene; **by ~: they must be there by ~** ya deben haber llegado; **by ~ it was clear that …** en ese momento ya estaba claro que …; **by ~ everybody was tired** para entonces ya estaban todos cansados; **that will be all for ~** ◊ **that will do for ~** por ahora *or* por el momento basta con eso; **(in) three weeks/100 years from ~** dentro de tres semanas/100 años; **from ~ on** (*with present, future tense*) a partir de ahora, de ahora en adelante; (*with past tense*) a partir de entonces; **till ~** ◊ **until ~** ◊ **up to ~** (= *till this moment*) hasta ahora; (= *till that moment*) hasta entonces; **I've always done it this way up to ~** hasta ahora siempre lo había hecho así
[5] (= *in these circumstances*) [5·1] (*gen*) ya; **it's raining, ~ we won't be able to go** está lloviendo, ya no podemos ir; **it's too late ~** ya es demasiado tarde; **how can I believe you ~?** ¿cómo puedo seguir confiando en ti?; **~ what (do we do)?** ¿y ahora, qué (hacemos)?; **they won't be long ~** no tardarán en venir, al rato vienen (*Mex*)
[5·2] (*emphatic*) **~ you've gone and done it!*** ¡ahora sí que la has hecho buena!*; **~ look what you've done!** ¡mira lo que has hecho!
[6] (*in phrases relating to time*) **(every) ~ and again** de vez en cuando; **any minute** *or* **moment ~** de un momento a otro; **any day ~** cualquier día de estos; **just ~** (= *at this moment*) ahora mismo, en este momento; (= *a moment ago*) hace un momento; **I'm busy just ~** ahora mismo *or* en este momento estoy ocupado; **plums are in season just ~** es temporada de ciruelas; **I saw him come in just ~** lo he visto entrar hace un momento, acabo de verlo entrar; **(every) ~ and then** de vez en cuando; *see also* **here A6**
[7] (*without temporal force*) [7·1] (*introducing new topic*) bien, bueno; **~, as you all know …** bien *or* bueno, como todos sabéis …; **~, some people may disagree but …** bien *or* bueno, puede que algunos no estén de acuerdo pero …
[7·2] (*commenting on previous statement*) **~ there's a coincidence!** ¡eso sí que es una coincidencia!; **~ there's a thought** pues no es mala idea
[7·3] (*asking question*) **~, what's everyone drinking?** a ver, ¿qué queréis tomar?
[7·4] (*remonstrating, pacifying*) **~ Fred, you don't really mean that** vamos Fred, no lo dices en serio; **now, ~, don't get so upset!** ¡venga, no te pongas así!; **now, ~, we'll have none of that!** ¡vale ya, nada de tonterías!; **come ~, you must be hungry** venga ya, no me digas que no tienes hambre; **hush ~, don't cry** shh, no llores; **~ then, what's the trouble?** ¡entonces a ver! ¿cuál es el problema?; **~ then, don't tease!** ¡ya está bien, deja de burlarte!; **well ~, what have we here!** ¡vamos a ver! ¿qué tenemos aquí?
[8] **now …, now …: ~ she dances, ~ she sings** (*liter*) tan pronto está bailando como cantando
Ⓑ PRON **~ is the best time to go to Scotland** ésta es la mejor época para ir a Escocia; **~ is your chance to talk to him** está es tu oportunidad de hablar con él; *see also* **here C**
Ⓒ CONJ **~ (that)** ahora que; **~ that she was retired she had more time** ahora que estaba jubilada disponía de más tiempo; **~ you (come to) mention it** ahora que lo dices
Ⓓ ADJ actual; **the ~ president** el presidente actual

▼**nowadays** ['naʊədeɪz] ADV hoy (en) día, en la actualidad

**noways*** ['nəʊweɪz] ADV (*US*) de ninguna manera

**nowhere** ['nəʊwɛəʳ] ADV [1] (*lit*) [*be*] en ninguna parte; [*go*] a ninguna parte; **you're going ~** no vas a ninguna parte; **they have ~ to go** no tienen dónde ir; **there was ~ to hide** no había dónde esconderse; **there is ~ more romantic than Paris** no hay lugar más romántico que París; **it's ~ you know** no es ningún sitio que conoces; **it's ~ you'll ever find it** está en un sitio donde no lo encontrarás nunca; **~ else** en/a ninguna otra parte; **she had ~ else to go** no tenía otro lugar a donde ir; **from ~** de la nada; **~ in Europe** en ninguna parte de Europa; **he was ~ to be seen** ◊ **he was ~ in sight** no se le veía por ninguna parte
[2] (*fig*) **without me he would be ~** sin mí no habría llegado a ninguna parte; **he came from ~ to take the lead in the race** pasó de ir muy a la zaga a tomar la delantera en la carrera; **the party came from ~ to win the election** el partido surgió de la nada y ganó las elecciones; **we're getting ~** no estamos consiguiendo nada; **I'm getting ~ with this analysis** no estoy logrando nada con este análisis; **he got ~ with her** no consiguió nada con ella; **this is getting us ~** esto no nos lleva; **flattery will get you ~** con halagos no vas a conseguir nada; **a fiver goes ~ these days** cinco libras no se hace nada hoy en día; **it's ~ near as big** no es tan grande ni con mucho; **it's ~ near as good** no es tan bueno ni con mucho, dista mucho de ser tan bueno; **£10 is ~ near enough** 10 libras no bastan, ni mucho menos

**no-win** ['nəʊ'wɪn] ADJ **a ~ situation** una situación imposible *or* sin salida

**nowise** ['nəʊwaɪz] ADV (*US*) de ninguna manera

**nowt** [naʊt] N (*Brit dial*) = **nothing**

**noxious** ['nɒkʃəs] ADJ nocivo

**nozzle** ['nɒzl] N [*of hose, vacuum cleaner etc*] boquilla *f*; [*of spray*] pulverizador *m*; (*Mech*) tobera *f*, inyector *m*

**NP** N ABBR = **notary public**

**n.p.** ABBR (= **new paragraph**) punto *m* y aparte

**NPD** N ABBR (*Comm*) = **new product development**

**n.p. or d.** ABBR (= **no place or date**) s.l. ni f.

**NPV** N ABBR (*Fin*) = **net present value**

**nr** ABBR = **near**

**NRA** N ABBR [1] (*Brit*) = **National Rivers Authority**
[2] (*US*) = **National Rifle Association of America**

> **NRA**
>
> *La* **National Rifle Association of America** *o* **NRA** *(Asociación Nacional del Rifle) es uno de los grupos de presión más controvertidos y poderosos frente al Congreso de Estados Unidos. Cuenta con varios millones de socios, propietarios de armas de fuego para la caza o el tiro deportivo. La* **NRA** *promueve estos deportes al mismo tiempo que la conservación de la fauna, y organiza competiciones de tiro a nivel nacional. También se encarga de dar clases de seguridad para el uso de armas y apoya el derecho de todo estadounidense a tener armas de fuego para su propia defensa. La* **NRA** *ha recibido bastantes críticas por su oposición a las leyes de control de armas de fuego.*

**NRV** N ABBR (*Fin*) = **net realizable value**

**NS** ABBR (*Canada*) = **Nova Scotia**

**n/s** Ⓐ N ABBR = **nonsmoker**
Ⓑ ADJ ABBR = **nonsmoking**

**NSB** N ABBR (*Brit*) = **National Savings Bank**

**NSC** N ABBR [1] (*US Pol*) = **National Security Council**
[2] (*Brit*) = **National Safety Council**

**NSF** N ABBR (*US*) = **National Science Foundation**

**NSPCA** N ABBR (*Brit*) = **National Society for the Prevention of Cruelty to Animals**

**NSPCC** N ABBR (*Brit*) = **National Society for the Prevention of Cruelty to Children**

**NSU** N ABBR (*Med*) = **nonspecific urethritis**

➤ LANGUAGE IN USE: now A1 26.1 nowadays 26.1

**NSW** ABBR = **New South Wales**

**NT** N ABBR 1 (= **New Testament**) N.T.
2 (*Brit*) = **National Trust**

**nth** [enθ] ADJ enésimo; **to the ~ power** *or* **degree** a la enésima potencia; **for the ~ time*** por enésima vez

**NUAAW** N ABBR (*Brit*) = **National Union of Agricultural and Allied Workers**

**nuance** ['nju:ɑ̃:ns] N matiz *m*

**nub** [nʌb] N (= *piece*) pedazo *m*, trozo *m*; (= *protuberance*) protuberancia *f*; (*fig*) lo esencial, parte *f* esencial; **that's the ~ of the question** ahí está el quid del asunto

**NUBE** N ABBR (*Brit*) = **National Union of Bank Employees**

**nubile** ['nju:baɪl] ADJ [*girl, woman*] núbil; (*hum*) joven y guapa

**nuclear** ['nju:klɪəʳ] Ⓐ ADJ (*Phys, Mil*) nuclear
Ⓑ CPD ► **nuclear age** N era *f* nuclear ► **nuclear bomb** N bomba *f* nuclear ► **nuclear capability** N capacidad *f* nuclear ► **nuclear deterrent** N fuerza *f* disuasiva nuclear ► **nuclear disarmament** N desarme *m* nuclear ► **nuclear energy** N energía *f* nuclear ► **nuclear family** N familia *f* nuclear ► **nuclear fission** N fisión *f* nuclear ► **nuclear fuel** N combustible *m* nuclear ► **nuclear fusion** N fusión *f* nuclear ► **the nuclear industry** N la industria nuclear ► **Nuclear Non-Proliferation Treaty** N Tratado *m* de No Proliferación Nuclear ► **nuclear physicist** N físico/a *m/f* nuclear ► **nuclear physics** N física *f* nuclear ► **nuclear power** N energía *f* nuclear ► **nuclear power station, nuclear (power) plant** N central *f* nuclear ► **nuclear reaction** N reacción *f* nuclear ► **nuclear reactor** N reactor *m* nuclear ► **nuclear shelter** N refugio *m* antinuclear ► **nuclear submarine** N submarino *m* nuclear ► **nuclear test** N prueba *f* nuclear ► **nuclear testing** N pruebas *fpl* nucleares ► **nuclear war** N guerra *f* nuclear ► **nuclear waste** N desechos *mpl* nucleares ► **nuclear weapon** N arma *f* nuclear ► **nuclear winter** N invierno *m* nuclear

**nuclear-free** ['nju:klɪə,fri:] Ⓐ ADJ desnuclearizado, no nuclear
Ⓑ CPD ► **nuclear-free zone** N zona *f* desnuclearizada

**nuclear-powered** [,nju:klɪə'paʊəd] ADJ nuclear

**nuclei** ['nju:klɪaɪ] NPL *of* **nucleus**

**nucleic acid** [nju:,kli:ɪk'æsɪd] N acído *m* nucleico

**nucleo...** ['nju:klɪəʊ] PREFIX nucleo...

**nucleus** ['nju:klɪəs] N (*pl* **nuclei** *or* **nucleuses** ['nju:klɪaɪ]) núcleo *m*; **the ~ of a library** el núcleo de una biblioteca; **we have the ~ of a crew** tenemos los elementos indispensables para formar una tripulación

**NUCPS** N ABBR (*Brit*) = **National Union of Civil and Public Servants**

**nude** [nju:d] Ⓐ ADJ desnudo; **to sunbathe ~** tomar el sol desnudo
Ⓑ N 1 (*Art*) desnudo *m*; **a ~ by Goya** un desnudo de Goya
2 (= *person*) hombre *m* desnudo, mujer *f* desnuda
3 (= *state*) **in the ~** desnudo/a
Ⓒ CPD ► **nude scene** N (*Cine*) desnudo *m*, escena *f* de desnudo ► **nude study** N desnudo *m*

**nudge** [nʌdʒ] Ⓐ N codazo *m*; **to give sb a ~** dar un codazo a algn; **he said she's his secretary, ~ ~** dijo que era su secretaria, tú ya me entiendes
Ⓑ VT dar un codazo a; **to ~ sb's memory** refrescar la memoria a algn

**nudie*** ['nju:dɪ] N (*also* **~ magazine**) revista *f* porno*

**nudism** ['nju:dɪzəm] N nudismo *m*

**nudist** ['nju:dɪst] Ⓐ N (des)nudista *mf*
Ⓑ CPD ► **nudist camp, nudist colony** N colonia *f* nudista

**nudity** ['nju:dɪtɪ] N desnudez *f*

**nugatory** ['nju:gətərɪ] ADJ (*frm*) (= *trivial*) insignificante; (= *useless*) ineficaz, fútil, baladí

**nugget** ['nʌgɪt] N (*Min*) pepita *f*; **gold ~** pepita de oro

**NUGMW** N ABBR (*Brit*) = **National Union of General and Municipal Workers**

▼ **nuisance** ['nju:sns] Ⓐ N 1 (= *state of affairs, thing*) fastidio *m*, lata* *f*; **what a ~!** ¡qué lata!*; **it's a ~ having to shave!** ¡qué lata tener que afeitarse!*; **the ~ of having to shave** el fastidio de tener que afeitarse
2 (= *person*) pesado/a *m/f*, latoso/a* *m/f*; **what a ~ you are!** ¡eres un pesado!, ¡eres un latoso!*; **you're being a ~** me estás dando la lata*; **to make a ~ of o.s.** dar la lata*, ponerse pesado
3 (*Jur*) perjuicio *m*; *see also* **public C**
Ⓑ CPD ► **nuisance value** N **he's only of ~ value** no hace más que fastidiar *or* incordiar, sólo vale para crear problemas

**NUJ** N ABBR (*Brit*) = **National Union of Journalists**

**nuke*** [nju:k] (*esp US*) Ⓐ VT atacar con arma nuclear
Ⓑ N bomba *f* atómica

**null** [nʌl] ADJ nulo, inválido; **to render sb's efforts ~** invalidar los esfuerzos de algn; **~ and void** (*Jur*) nulo

**nullification** [,nʌlɪfɪ'keɪʃən] N anulación *f*, invalidación *f*

**nullify** ['nʌlɪfaɪ] VT anular, invalidar

**nullity** ['nʌlɪtɪ] N nulidad *f*

**NUM** N ABBR (*Brit*) = **National Union of Mineworkers**

**numb** [nʌm] Ⓐ ADJ 1 (*with cold*) entumecido; **my legs feel ~** (*from bad circulation etc*) se me han dormido las piernas; **my fingers have gone ~** (*gen*) se me han dormido los dedos; (*with cold*) se me han entumecido los dedos; **my feet were ~ with cold** tenía los pies entumecidos de frío
2 (*fig*) (*with fear, shock*) paralizado; **to be ~ with fright** estar paralizado de miedo; **when I heard about the accident I just felt ~** cuando me enteré del accidente me quedé atontado *or* sin poder reaccionar
Ⓑ VT 1 (= *deaden*) (*with injection*) adormecer; **the cold wind ~ed my face** el viento frío me dejó la cara entumecida; **alcohol was the only thing that ~ed the pain** (*fig*) el alcohol era la única cosa que aplacaba el dolor; **repeated images of violence have ~ed people to the reality of war** la contínua exposición a escenas violentas ha insensibilizado a la gente frente a la realidad de la guerra
2 (= *stun*) atontar; **I was ~ed by the news of his death** la noticia de su muerte me dejó atontado *or* sin poder reaccionar

**numbed** [nʌmd] ADJ 1 (*with cold*) entumecido
2 (*fig*) (*with fear, shock*) paralizado; **after the accident I felt ~** tras el accidente me sentía incapaz de reaccionar

**number** ['nʌmbəʳ] Ⓐ N 1 (*Math*) número *m*; **think of a ~, any ~** piensa un número, uno cualquiera; **an even/odd ~** un número par/impar; **to do sth by ~s** *or* (*US*) **by the ~s** (*fig*) hacer algo como es debido; **painting by ~s** pintar siguiendo los números; **to play the ~s** (*US**) jugar a la lotería; *see also* **lucky A2, prime D, round A**
2 (= *identification number*) [*of house, room, page, also Telec*] número *m*; [*of car*] (*also* **registration ~**) matrícula *f*; **we live at ~ 15** vivimos en el número 15; **my ~ is 414 3925** mi (número de) teléfono es el 414 3925; **the ~ 49 bus** el autobús número 49; **I don't know her room ~** no sé su número de habitación; **did you get his ~?** ¿has apuntado la matrícula?; **his ~ came up** (*in lottery, raffle*) su número salió premiado; **reference ~** número de referencia; **Number Ten** (*Brit Pol*) *la casa del Primer Ministro británico*; **you've got the wrong ~** (*Telec*) se ha equivocado de número; ✦*IDIOMS* **to have sb's ~**: **I've got his ~ now*** ya lo tengo calado*; **his ~ is up*** le ha llegado la hora; *see also* **registration B, serial, telephone**
3 (*in hierarchy*) **it's (at) ~ three in the charts** está tercero *or* es el número tres en la lista de éxitos; **~ one: she's the world ~ one** es la campeona mundial; **the ~ one Spanish player** el mejor jugador español, el número uno de los jugadores españoles; **I'm your ~ one fan** soy su más rendido admirador; **it's my ~ one priority** es lo más importante para mí; **he's my ~ two** es mi inferior inmediato; ✦*IDIOM* **to look after** *or* **look out for ~ one** anteponer el propio interés; **he only thinks of ~ one** sólo piensa en sí mismo; *see also* **opposite C3, public A2**
4 (= *quantity, amount*) número *m*; **equal ~s of women and men** el mismo número de mujeres y hombres; **the slump in student ~s** la caída en picado del número de estudiantes; **a ~ of** (= *several*) varios; **on a ~ of occasions** en varias ocasiones; **a ~ of people have mentioned it** varias personas lo han mencionado; **in a large ~ of cases** en muchos casos, en un gran número de casos; **in a small ~ of cases** en contados *or* unos pocos casos; **I've had a fair/an enormous ~ of letters** he recibido bastantes/muchísimas cartas; **there must be any ~ of people in my position** debe haber gran cantidad de personas en mi situación; **any ~ can play** puede jugar cualquier número de personas; **they were eight/few in ~** eran ocho/pocos; **to make up the ~s** hacer bulto; **times without ~** (*liter*) un sinfín de veces; *see also* **force A1, safety A**
5 (= *group*) **one of their ~** uno de ellos; **I include myself in their ~** me considero uno de ellos
6 (= *edition*) número *m*; **the January ~** el número de enero; *see also* **back F**
7 (= *song, act*) número *m*; **and for my next ~ I shall sing ...** ahora voy a cantar ...;
✦*IDIOM* **to do a ~ on sb** (*US**) hacer una jugada a algn*
8 (*) (= *item of clothing*) modelo *m*; **that little ~ is by Dior** ese modelito es de Dior
9 (*) (= *person*) **she's a nice little ~** está como un tren*, está más buena que el pan*
10 (*) (= *product*) **this wine is a nice little ~** este vino no está nada mal
11 (*) (= *job, situation*) **a cushy ~** un buen chollo (*Sp**)
12 (*Gram*) número *m*
13 **Numbers** (*in Bible*) **(the Book of) Numbers** (el libro de) Números
Ⓑ VT 1 (= *assign number to*) numerar; **they are ~ed from one to ten** están numerados del uno al diez; **~ed (bank) account** cuenta *f* (bancaria) numerada
2 (= *amount to*) **they ~ 700** son 700, hay 700; **the dead ~ed several hundred** el número de muertos ascendía a varios centena-

➤ LANGUAGE IN USE: nuisance A1 9.1

res; **the library ~s 30,000 books** la biblioteca cuenta con 30.000 libros
3 (= *include*) contar; **to ~ sb among one's friends** contar a algn entre sus amigos; **he ~ed Beethoven among his pupils** Beethoven era uno de sus discípulos; **to be ~ed among** figurar entre
4 (= *count in numbers*) contar; ✦**IDIOM his days are ~ed** tiene los días contados
Ⓒ VI **to ~ among** figurar entre
Ⓓ CPD ► **number cruncher*** N (= *machine*) procesador *m* de números; (= *person*) encargado/a *m/f* de hacer los números* ► **number crunching** N cálculo *m* numérico ► **number plate** N (*Brit Aut*) matrícula *f*, placa *f* (*esp LAm*), chapa *f* (de matrícula) (*S. Cone*) ► **numbers game**, **numbers racket** (*US*) N (= *lottery*) lotería *f*; (*illegal*) *lotería clandestina*; **to play the ~s game** jugar a la lotería; (*fig*) (*pej*) dar cifras ► **number theory** N teoría *f* numérica

**numbering** ['nʌmbərɪŋ] Ⓐ N numeración *f*
Ⓑ CPD ► **numbering machine** N numerador *m*

**numberless** ['nʌmbəlɪs] ADJ innumerable, sin número; **~ friends** un sinfín de amigos

**numbhead*** ['nʌmhed] N (*US*) tonto/a *m/f*, bobo/a *m/f*

**numbly** ['nʌmlɪ] ADV [*watch, gaze, say*] aturdido

**numbness** ['nʌmnɪs] N 1 (*lit*) **I had a feeling of ~ in my legs** se me habían dormido las piernas; (*from cold*) tenía las piernas entumecidas
2 (*fig*) (*from grief, fear, shock*) atontamiento *m*; **a feeling of ~ overcame me** me quedé atontado

**numbskull**, **numskull** ['nʌmskʌl] N zoquete* *m*, majadero* *m*; **you ~!** ¡majadero!

**numeracy** ['nju:mərəsɪ] N conocimientos *mpl* básicos de aritmética

**numeral** ['nju:mərəl] Ⓐ N número *m*
Ⓑ ADJ numeral

**numerate** ['nju:mərɪt] ADJ con conocimientos básicos de aritmética; **to be ~** tener conocimientos básicos de aritmética

**numeration** [,nju:mə'reɪʃən] N numeración *f*

**numerator** ['nju:məreɪtəʳ] N numerador *m*

**numeric** [nju'merɪk] Ⓐ ADJ numérico
Ⓑ CPD ► **numeric field** N campo *m* numérico ► **numeric keypad** N teclado *m* numérico

**numerical** [nju:'merɪkəl] ADJ numérico; **in ~ order** por orden numérico

**numerically** [nju:'merɪkəlɪ] ADV numéricamente; **~ superior to** con superioridad numérica a, superiores en cuanto a su número a

**numerological** [,nju:mərə'lɒdʒɪkəl] ADJ numerológico

**numerology** [,nju:mə'rɒlədʒɪ] N numerología *f*

**numerous** ['nju:mərəs] ADJ numeroso; **in ~ cases** en numerosos casos; **~ people believe that ...** mucha gente cree que ...

**numismatic** [,nju:mɪz'mætɪk] ADJ numismático

**numismatics** [,nju:mɪz'mætɪks] N numismática *f*

**numismatist** [nju:'mɪzmətɪst] N numismático/a *m/f*, numísmata *mf*

**numskull** ['nʌmskʌl] N = **numbskull**

**nun** [nʌn] N monja *f*, religiosa *f*; **to become a ~** hacerse monja, meterse (a) monja*

**nunciature** ['nʌnʃɪətjʊəʳ] N nunciatura *f*

**nuncio** ['nʌnʃɪəʊ] N (*also* **papal ~**) nuncio *m* apostólico

**nunnery** ['nʌnərɪ] N convento *m* de monjas

**NUPE** ['nju:pɪ] N ABBR (*Brit*) (*formerly*) = **National Union of Public Employees**

**nuptial** ['nʌpʃəl] ADJ nupcial

**nuptials** ['nʌpʃəlz] NPL (*hum*) nupcias *fpl*

**NUR** N ABBR (*Brit*) (*formerly*) = **National Union of Railwaymen**

**nurd*** [nɜ:d] N = **nerd**

**nurse** [nɜ:s] Ⓐ N 1 (*in hospital, clinic*) enfermero/a *m/f*; **male ~** enfermero *m*; **student ~** estudiante *mf* de enfermería; **veterinary ~** auxiliar *mf* de veterinaria; *see also* **staff¹ C**
2 (*children's*) niñera *f*; *see also* **wet D**
Ⓑ VT 1 [+ *patient*] cuidar, atender; **she ~d him back to health** lo cuidó hasta que se repuso; **to ~ a cold** curarse de un resfriado
2 [+ *baby*] (= *suckle*) amamantar; (= *cradle*) mecer
3 (*fig*) [+ *anger, grudge*] alimentar; [+ *hope*] abrigar; **to ~ one's constituency** (*Brit Parl*) cuidar de los intereses de los electores de su circunscripción electoral; **to ~ a business along** fomentar un negocio

**nursemaid**† ['nɜ:smeɪd] N niñera *f*, aya *f*; **to play ~ to sb** hacer de niñera de algn

**nursery** ['nɜ:srɪ] Ⓐ N 1 (*where small children are looked after*) guardería *f*, jardín *m* de infancia; (= *school*) parvulario *m*, escuela *f* de párvulos, escuela *f* infantil (*Sp*), kínder *m* (*LAm*); (= *room at home*) cuarto *m* del bebé, habitación *f* del bebé
2 (*Agr, Hort*) vivero *m*
3 (*Zool*) criadero *m*
Ⓑ CPD ► **nursery education** N educación *f* preescolar ► **nursery nurse** N puericultor(a) *m/f* ► **nursery rhyme** N canción *f* infantil ► **nursery school** N parvulario *m*, escuela *f* de párvulos, escuela *f* infantil (*Sp*), kínder *m* (*LAm*) ► **nursery schooling** N = **nursery education** ► **nursery school teacher** N = **nursery teacher** ► **nursery slopes** NPL (*Brit Ski*) pistas *fpl* para principiantes ► **nursery teacher** N maestro/a *m/f* de parvulario, maestro/a *m/f* de preescolar

**nurseryman** ['nɜ:srɪmən] N (*pl* **nurserymen**) horticultor *m*

**nursing** ['nɜ:sɪŋ] Ⓐ N 1 (= *career, course, profession*) enfermería *f*; **to go in for ~** hacerse enfermero/a, dedicarse a la enfermería
2 (= *care*) [*of patient*] asistencia *f*, cuidado *m*
3 (= *suckling*) lactancia *f*
Ⓑ CPD ► **nursing auxiliary** N (*Brit*) auxiliar *mf* de enfermería ► **nursing college** N escuela *f* de enfermería ► **nursing home** N (*for elderly*) hogar *m* de ancianos; (*for convalescents*) clínica *f* (particular) ► **nursing mother** N madre *f* que amamanta ► **nursing officer** N enfermero/a *m/f* ► **nursing staff** N personal *m* de enfermería

**nursling** ['nɜ:slɪŋ] N lactante *mf*, niño/a *m/f* de pecho

**nurture** ['nɜ:tʃəʳ] Ⓐ VT 1 (= *bring up*) criar, educar
2 (= *nourish*) nutrir, alimentar
Ⓑ N 1 (= *bringing-up*) educación *f*, crianza *f*; **nature or ~** naturaleza o educación
2 (= *nourishment*) nutrición *f*

**NUS** N ABBR (*Brit*) 1 = **National Union of Students**
2 (*formerly*) = **National Union of Seamen**

**NUT** N ABBR (*Brit*) = **National Union of Teachers**

**nut** [nʌt] Ⓐ N 1 (*Tech*) tuerca *f*; ✦**IDIOM the ~s and bolts of a scheme** los aspectos prácticos de un proyecto
2 (*Bot*) nuez *f*; ✦**IDIOM to be a hard** *or* **tough ~**: **it's a hard** *or* **tough ~ to crack** es un hueso duro de roer; **he's a tough ~** es un tipo duro
3 (*) (= *head*) coco* *m*; ✦**IDIOMS to do one's ~** (*Brit*) salirse de sus casillas*; **to be off one's ~** estar chiflado *or* chalado*; **you must be off your ~!** ¿tú estás chalado o qué?*
4 (*) (= *crazy person*) chiflado/a* *m/f*, chalado/a* *m/f*
5 **nuts**** (= *testicles*) cojones** *mpl*, huevos** *mpl*
6 **nuts!*** ¡narices!*
Ⓑ CPD ► **nut chocolate** N chocolate *m* de nueces ► **nut tree** N (= *hazel*) avellano *m*; (= *walnut*) nogal *m*

**nut-brown** ['nʌt'braʊn] ADJ café avellana *adj inv*; [*hair*] castaño claro

**nutcase*** ['nʌtkeɪs] N chiflado/a* *m/f*, chalado/a* *m/f*

**nutcracker** ['nʌtkrækəʳ] N cascanueces *m inv*; **The Nutcracker** (*Mus*) El Cascanueces

**nutcrackers** ['nʌt,krækəz] NPL cascanueces *m inv*; **a pair of ~** un cascanueces

**nuthatch** ['nʌthætʃ] N trepador *m*, trepatroncos *m*

**nuthouse**‡ ['nʌthaʊs] N (*pl* **nuthouses** ['nʌthaʊzɪz]) manicomio *m*

**nutmeg** ['nʌtmeg] N nuez *f* moscada

**nutrasweet**® ['nju:trəswi:t] N edulcorante *m*, sacarina *f*

**nutrient** ['nju:trɪənt] Ⓐ N nutriente *m*
Ⓑ ADJ nutritivo

**nutriment** ['nju:trɪmənt] N nutrimento *m*, alimento *m*

**nutrition** [nju:'trɪʃən] N nutrición *f*, alimentación *f*

**nutritional** [nju:'trɪʃənl] ADJ [*value*] nutritivo, nutricional

**nutritionist** [nju:'trɪʃənɪst] N nutricionista *mf*

**nutritious** [nju:'trɪʃəs], **nutritive** ['nju:trətɪv] ADJ nutritivo, alimenticio

**nuts*** [nʌts] ADJ chiflado*, chalado*; **to be ~ about sth/sb** estar chiflado por algo/algn*; **to drive sb ~** volver loco a algn; **to go ~** volverse loco

**nutshell** ['nʌtʃel] N cáscara *f* de nuez; ✦**IDIOM in a ~** en pocas palabras; **to put it in a ~** para decirlo en pocas palabras

**nutter**‡ ['nʌtəʳ] N (*Brit*) chiflado/a* *m/f*, chalado/a* *m/f*

**nutty** ['nʌtɪ] ADJ (*compar* **nuttier**; *superl* **nuttiest**) 1 [*cake*] con nueces; [*taste*] a nuez; [*sherry*] almendrado, avellanado; [*colour*] de nuez
2 (*) (= *crazy*) chiflado*; **to be ~ about sth** estar loco por algo*

**nuzzle** ['nʌzl] Ⓐ VT acariciar con el hocico
Ⓑ VI arrimarse

**NV** ABBR (*US*) = **Nevada**

**NVQ** N ABBR (*Brit*) = **National Vocational Qualification**

**NVQ**

*La* **National Vocational Qualification** *o* **NVQ** *es una titulación profesional dirigida sobre todo a personas que ya han entrado en el mundo laboral, aunque en algunos casos puede cursarse también durante el período escolar, a la vez que o en vez de algún otro título académico como los* **GCSEs** *o los* **A-levels**. *La evaluación se hace a través del trabajo práctico realizado durante el curso y a través de exámenes orales y escritos. Este sistema funciona en Inglaterra, Gales e Irlanda del Norte, mientras que en Escocia funciona un sistema similar, el llamado* **Scottish Vocational Qualification** *o* **SVQ**.
⇨ *Ver tb* GCSE, ADVANCED LEVELS; *see also* **SVQ**

**NW** ABBR (= **north-west**) NO

**NWT** ABBR (*Canada*) = **Northwest Territories**

**NY** ABBR (*US*) = **New York**

**NYC** ABBR (*US*) = **New York City**

**nylon** ['naɪlɒn] Ⓐ N [1] (= *fabric*) nilón *m*, nailon *m*
[2] **nylons** medias *fpl* de nilón *or* nailon
Ⓑ ADJ de nilón, de nailon

**nymph** [nɪmf] N ninfa *f*

**nymphet(te)** [nɪm'fet] N nínfula *f*

**nympho*** ['nɪmfəʊ] Ⓐ ADJ ninfómano
Ⓑ N ninfómana *f*

**nymphomania** [ˌnɪmfəʊ'meɪnɪə] N ninfomanía *f*

**nymphomaniac** [ˌnɪmfəʊ'meɪnɪæk] Ⓐ N ninfómana *f*
Ⓑ ADJ ninfómano

**NYSE** N ABBR (*US*) = **New York Stock Exchange**

**NZ**, **N. Zeal** ABBR = **New Zealand**

# O o

**O, o** [əʊ] Ⓐ N [1] (= *letter*) O, o *f*; **O for Oliver** O de Oviedo
[2] (= *number*) (*Telec etc*) cero *m*
Ⓑ EXCL (*poet*) ¡oh!
Ⓒ CPD ► **O Grade** N (*Scot Scol*) (*formerly*) ≈ bachillerato *m* elemental (*examen oficial que se solía realizar en el cuarto curso de secundaria*)
► **O level** N (*Brit Scol*) (*formerly*) ≈ bachillerato *m* elemental (*examen oficial que se solía realizar en el cuarto curso de secundaria*)

**o'** [əʊ] PREP (= **of**) de; *see also* **o'clock**

**o/a** ABBR = **on account**

**oaf** [əʊf] N zoquete* *mf*

**oafish** ['əʊfɪʃ] ADJ zafio

**oak** [əʊk] Ⓐ N roble *m*; (= *evergreen*) encina *f*; ✦***PROV*** **great ~s from little acorns grow** *las grandes cosas siempre suelen comenzar de forma modesta*
Ⓑ CPD [*table, furniture*] de roble ► **oak apple** N agalla *f* (de roble)

**oaken** ['əʊkən] ADJ (*liter*) de roble

**oakum** ['əʊkəm] N estopa *f* (de calafatear)

**oakwood** ['əʊkwʊd] N robledo *m*

**O & M** N ABBR = **Organization and Methods**

**OAP** N ABBR [1] = **old age pension**
[2] = **old age pensioner**

**OAPEC** [əʊ'eɪpɛk] N ABBR (= **Organization of Arab Petroleum-Exporting Countries**) OPAEP *f*

**oar** [ɔː'] N [1] (= *paddle*) remo *m*; **to ship the ~s** desarmar los remos; **to lie** *or* **rest on one's ~s** dejar de remar; (*fig*) descansar, dormir sobre sus laureles; ✦***IDIOM*** **to put** *or* **shove one's ~ in*** entrometerse, meter las narices*
[2] (= *person*) remero/a *m/f*; **to be a good ~** ser buen remero, remar bien

**oared** [ɔːd] ADJ (= *having oars*) provisto de remos

**-oared** [ɔːd] ADJ (*ending in compounds*) de ... remos; **eight-oared** de ocho remos

**oarlock** ['ɔːlɒk] N (*US*) tolete *m*, escálamo *m*, chumacera *f*

**oarsman** ['ɔːzmən] N (*pl* **oarsmen**) remero *m*

**oarsmanship** ['ɔːzmənʃɪp] N arte *m* de remar

**oarswoman** ['ɔːzˌwʊmən] N (*pl* **oarswomen**) remera *f*

**OAS** N ABBR (= **Organization of American States**) OEA *f*

**oasis** [əʊ'eɪsɪs] N (*pl* **oases** [əʊ'eɪsiːz]) (*lit, fig*) oasis *m inv*

**oast house** ['əʊsthaʊs] N (*pl* **oast houses** ['əʊsthaʊzɪz]) N secadero *m* para lúpulo

**oat bran** ['əʊt'bræn] N (*US*) salvado *m* de avena

**oatcake** ['əʊtkeɪk] N torta *f* de avena

**oaten** ['əʊtn] ADJ de avena

**oatfield** ['əʊtfiːld] N avenal *m*

**oath** [əʊθ] N (*pl* **oaths** [əʊðz]) [1] (= *solemn promise etc*) juramento *m*; **under ~** ◊ **on ~** bajo juramento; **to administer an ~ to sb** tomar juramento a algn; **to break one's ~** romper su juramento; **to put sb on ~** hacer prestar juramento a algn; **to swear on (one's) ~** jurar; **to take the ~** prestar juramento; **to take an ~ that ...** jurar que ...; **to take an ~ of allegiance** (*Mil*) jurar la bandera; *see also* **allegiance**
[2] (= *swear word*) palabrota *f*, grosería *f* (*esp LAm*), lisura *f* (*Andes, S. Cone*); (= *curse*) blasfemia *f*, maldición *f*

**oatmeal** ['əʊtmiːl] Ⓐ N harina *f* de avena
Ⓑ ADJ [*colour*] (color) avena *adj inv*

**oats** [əʊts] NPL avena *fsing*; ✦***IDIOMS*** **to be off one's ~** estar desganado, haber perdido el apetito; **to get one's ~** (*Brit*‡) echarse polvos (con regularidad)‡; *see also* **wild A1.2**

**OAU** N ABBR (= **Organization of African Unity**) OUA *f*

**OB** N ABBR (*TV*) = **outside broadcast**

**ob.** ABBR = **obit** (= *died*) m.

**Obadiah** [ˌəʊbə'daɪə] N Abdías

**obbligato** [ˌɒblɪ'gɑːtəʊ] (*Mus*) Ⓐ ADJ obligado
Ⓑ N (*pl* **obbligatos** *or* **obbligati**) obligado *m*

**obduracy** ['ɒbdjʊrəsɪ] N (= *stubbornness*) obstinación *f*, terquedad *f*; (= *inflexibility*) inflexibilidad *f*

**obdurate** ['ɒbdjʊrɪt] ADJ (= *stubborn*) obstinado, terco; (= *unyielding*) inflexible, firme

**OBE** N ABBR (*Brit*) (= **Officer of the Order of the British Empire**) *título ceremonial*; → HONOURS LIST

**obedience** [ə'biːdɪəns] Ⓐ N obediencia *f*; **to command ~** inspirar obediencia; **to owe ~ to sb** (*frm*) deber obediencia a algn; **to show ~ to sb/sth** obedecer a algn/algo; **in ~ to your orders** (*frm*) conforme a *or* en cumplimiento de sus órdenes; **in ~ to your wishes** (*frm*) obedeciendo a sus deseos
Ⓑ CPD ► **obedience training** N adiestramiento *m*

**obedient** [ə'biːdɪənt] ADJ obediente; **he was a very ~ child** era un niño muy obediente; **to be ~ to sth/sb** obedecer a algo/algn; **to be ~ to sb's wishes** obedecer los deseos de algn; **your ~ servant**† (*frm*) (*in letters*) su humilde servidor (*frm*)

**obediently** [ə'biːdɪəntlɪ] ADV obedientemente

**obeisance** [əʊ'beɪsəns] N (*frm*) [1] (= *homage*) homenaje *m*; **to do** *or* **make** *or* **pay ~ to** tributar homenaje a
[2] (= *bow etc*) reverencia *f*; (= *salutation*) saludo *m*

**obelisk** ['ɒbɪlɪsk] N obelisco *m*

**obese** [əʊ'biːs] ADJ obeso

**obeseness** [əʊ'biːsnɪs] N = **obesity**

**obesity** [əʊ'biːsɪtɪ] N obesidad *f*

**obey** [ə'beɪ] Ⓐ VT [+ *person*] obedecer; [+ *law*] observar, acatar; [+ *order*] cumplir; [+ *instruction*] seguir; [+ *summons*] acudir a; [+ *need, controls*] responder a; **I like to be ~ed** exijo obediencia
Ⓑ VI obedecer

**obfuscate** ['ɒbfəskeɪt] VT (*frm*) ofuscar

**obit*** ['ɒbɪt] N = **obituary A**

**obituary** [ə'bɪtjʊərɪ] Ⓐ N necrología *f*, obituario *m*
Ⓑ CPD ► **obituary column** N sección *f* necrológica ► **obituary notice** N necrología *f*, esquela *f* de defunción

**object**[1] ['ɒbdʒɪkt] Ⓐ N [1] (= *item*) objeto *m*; **I was forbidden to lift heavy ~s** tenía prohibido levantar objetos pesados; *see also* **sex C**
[2] (= *focus*) objeto *m*; **the economy was the ~ of heated discussion** la economía fue el objeto de una acalorada discusión; **the ~ of her hatred/love** el objeto de su odio/su amor; **she was an ~ of pity to all** era objeto de conmiseración para todos; **he became an ~ of ridicule** quedó en ridículo
[3] (= *aim*) objetivo *m*; **their main ~ was to make money** su principal objetivo era hacer dinero; **what's the ~ of doing that?** ◊ **what ~ is there in doing that?** ¿de qué sirve hacer eso?; **the ~ of the exercise is to raise money for charity** lo que se persigue con esto es recaudar dinero con fines benéficos; **that's the whole ~ of the exercise** de eso precisamente se trata; **with this ~ in mind** *or* **in view** con este objetivo *or* propósito en mente
[4] (= *obstacle*) **I want the best, money is no ~** quiero lo mejor, no importa cuánto cueste; **I want to have a great holiday, money is no ~** quiero tirarme unas vacaciones estupendas, el dinero no es problema; **money is no ~ to him** el dinero no es problema *or* obstáculo para él
[5] (*Gram*) complemento *m*; **direct/indirect ~** complemento *m* directo/indirecto
Ⓑ CPD ► **object clause** N (*Gram*) proposición *f* en función de complemento ► **object language** N (*Comput*) lengua *f* objeto ► **object lesson** N (*fig*) **it was an ~ lesson in how not to drive a car** fue un perfecto ejemplo de cómo no conducir un coche ► **object pronoun** N (*Gram*) pronombre *m* que funciona como objeto; **direct/indirect ~ pronoun** pronombre *m* que funciona como objeto directo/indirecto

**object**[2] [əb'dʒekt] Ⓐ VT objetar; **"you can't do that," he ~ed** —no puedes hacer eso —objetó; **he ~ed that there wasn't enough time** puso la objección de que *or* objetó que no tenían suficiente tiempo
Ⓑ VI [1] (= *disapprove*) oponerse; **I won't go**

**if you ~** no iré si te opones; **if you don't ~** si no tiene inconveniente; **to ~ to sth: a lot of people will ~ to the book** mucha gente se opondrá al libro; **I wouldn't ~ to a bite to eat** no diría que no a algo que comer; **to ~ to sb: she ~s to my friends** no le gustan mis amigos; **I would ~ to Paul but not to Robert as chairman** me opondría a que Paul fuera presidente, pero no a que lo fuera Robert; **to ~ to sb doing sth: he ~s to her drinking** no le gusta que beba; **do you ~ to my smoking?** ¿le molesta que fume?; **do you ~ to my going?** ¿te importa que vaya?
[2] (= *protest*) oponerse, poner objeciones; **he didn't ~ when ...** no su opuso *or* no puso objeciones cuando ...; **he ~ed in the strongest possible terms** se opuso de la manera más enérgica; **I ~!** (*frm*) ¡protesto!; **we ~ed strongly but were outvoted** nos opusimos enérgicamente pero perdimos la votación; **I ~ to that remark!** ¡ese comentario no lo tolero!
[3] (*Jur*) **the prosecution ~s to splitting the cases** la acusación se opone a dividir los casos; **the defence can ~ to three jurors** la defensa puede objetar a tres miembros del jurado

**objection** [əb'dʒekʃən] N [1] (= *aversion*) **do you have any ~ to my smoking?** ¿le molesta que fume?; **I have no ~ to people having a celebration, but ...** no tengo nada en contra de que la gente celebre cosas, pero ...
[2] (= *opposing view*) objeción *f*; (= *problem*) inconveniente *m*; **are there any ~s?** ¿alguna objeción?, ¿alguien en contra?; **what is your ~?** ¿qué objeción tienes?; **we have no ~ to the plan** no tenemos ninguna objeción al plan; **I have no ~** no tengo inconveniente; **do you have any ~ to my going?** ¿tienes algún inconveniente en que vaya (yo)?; **they had no ~ to our being present** no tuvieron ningún inconveniente en que *or* no pusieron ninguna objeción a que estuviéramos presentes; **she made no ~** no puso ninguna objeción; **it met with no ~** nadie se opuso; **to raise ~s (to sth)** poner objeciones (a algo); **I see no ~** no veo inconveniente
[3] (*Jur*) **objection!** ¡protesto!; **~ overruled!** no ha lugar a la protesta; **~ sustained!** ha lugar a la protesta

**objectionable** [əb'dʒekʃnəbl] ADJ [*person*] grosero, desagradable; [*behaviour, attitude, remark*] inaceptable; [*language*] (= *indecent*) grosero, soez; (= *offensive*) ofensivo; [*smell*] desagradable, molesto; **the language used in the programme was ~ to many viewers** el lenguaje que se usa en el programa les resultó ofensivo a muchos telespectadores; **I find your tone highly ~** su tono me resulta totalmente inaceptable *or* muy ofensivo

**objective** [əb'dʒektɪv] Ⓐ ADJ [1] (= *impartial*) [*person, view, assessment, opinion*] objetivo; **friends may not be able to be ~** puede que los amigos no sean capaces de ser objetivos; **to take an ~ look at sth** mirar algo desde un punto de vista objetivo
[2] (= *real*) [*evidence, facts*] objetivo
[3] (*Gram*) [*pronoun, genitive*] de complemento directo; **~ case** acusativo *m*
Ⓑ N [1] (= *aim*) objetivo *m*, propósito *m*; **if we achieve our ~** si alcanzamos nuestro objetivo, si conseguimos nuestro propósito; **military ~** objetivo *m* militar
[2] (*Phot*) objetivo *m*
[3] (*Gram*) acusativo *m*

**objectively** [əb'dʒektɪvlɪ] ADV [1] (= *impartially*) objetivamente, de manera objetiva; **stand back and look ~ at the problem** distánciate y estudia el problema objetivamente *or* de manera objetiva; **~, such criticism is hardly fair** objetivamente *or* desde un punto de vista objetivo, críticas semejantes no son lo que se dice justas
[2] (= *actually*) realmente; **whether this was ~ true or not, I felt it was** tanto si esto era realmente verdad como si no, yo creí que lo era

**objectivism** [əb'dʒektɪvɪzəm] N objetivismo *m*

**objectivity** [,ɒbdʒɪk'tɪvɪtɪ] N objetividad *f*

**objector** [əb'dʒektəʳ] N opositor(a) *m/f*; *see also* **conscientious**

**objurgate** ['ɒbdʒɜ:geɪt] VT (*frm*) increpar, reprender

**objurgation** [,ɒbdʒɜ:geɪʃən] N (*frm*) increpación *f*, reprensión *f*

**oblation** [əʊ'bleɪʃən] N (*Rel*) oblación *f*; (= *offering*) oblata *f*, ofrenda *f*

**obligate** ['ɒblɪgeɪt] VT (*frm*) **to ~ sb to do sth** obligar a algn a hacer algo; **to be ~d to do sth** estar obligado a hacer algo

**obligation** [,ɒblɪ'geɪʃən] N obligación *f*; **without ~** (*in advert*) sin compromiso; **"no obligation to buy"** "sin compromiso a comprar"; **it is your ~ to see that ...** le cumple a usted comprobar que + *subjun*; **to be under an ~ to sb/to do sth** estar comprometido con algn/a hacer algo; **to lay** *or* **put sb under an ~** poner a algn bajo una obligación; **to meet/fail to meet one's ~s** hacer frente a/ faltar a sus compromisos; **of ~** (*Rel*) de precepto

**obligatory** [ɒ'blɪgətərɪ] ADJ obligatorio; **to make it ~ for sb to do sth** hacer obligatorio que algn haga algo

**oblige** [ə'blaɪdʒ] VT [1] (= *compel*) obligar, forzar; **to ~ sb to do sth** obligar a algn a hacer algo; **to be ~d to do sth** estar *or* verse obligado a hacer algo; **you are not ~d to do it** no estás obligado a hacerlo
[2] (= *gratify*) complacer, hacer un favor a; **he did it to ~ us** lo hizo como favor *or* para complacernos; **to ~ sb with a match** hacer a algn el favor de ofrecerle una cerilla; **anything to ~!*** ¡cualquier cosa!, ¡con mucho gusto!; **to be ~d to sb for sth** (= *grateful*) estarle agradecido a algn por algo; (= *under obligation*) deber un favor a algn por algo; **much ~d!** ¡muchísimas gracias!, ¡muy agradecido!; **I should be much ~d if ...** agradecería que + *subjun*; **I am ~d to you for your help** le agradezco mucho su ayuda

**obligee** [,ɒblɪ'dʒi:] N (*Jur*) tenedor(a) *m/f* de una obligación

**obliging** [ə'blaɪdʒɪŋ] ADJ amable, atento; **she's a very ~ person** es una persona muy amable *or* muy atenta *or* muy solícita; **it was very ~ of them** fue muy amable de su parte

**obligingly** [ə'blaɪdʒɪŋlɪ] ADV amablemente, atentamente; **he very ~ helped us** nos ayudó muy amablemente *or* atentamente; **he ~ held the door open** sostuvo la puerta con mucha amabilidad; **the baby had been asleep, but he ~ opened his eyes now** el bebé había estado durmiendo, pero ahora amablemente abría los ojos

**oblique** [ə'bli:k] Ⓐ ADJ [1] [*angle etc*] oblicuo
[2] (*fig*) [*reference*] indirecto, tangencial; [*reply*] evasivo
Ⓑ N (*Typ*) oblicua *f*

**obliquely** [ə'bli:klɪ] ADV (*lit*) oblicuamente; (*fig*) indirectamente

**obliqueness** [ə'bli:knɪs] N [*of angle*] oblicuidad *f*; (*fig*) [*of reference*] lo indirecto, lo tangencial; [*of reply*] evasividad *f*

**obliquity** [ə'blɪkwɪtɪ] N = **obliqueness**

**obliterate** [ə'blɪtəreɪt] VT [1] (= *destroy*) arrasar con, destruir
[2] (= *blot out*) borrar; (= *hide*) ocultar

**obliteration** [ə,blɪtə'reɪʃən] N [1] (= *destruction*) arrasamiento *m*, destrucción *f*
[2] (= *occlusion*) eliminación *f*

**oblivion** [ə'blɪvɪən] N olvido *m*; **to cast into ~** echar al olvido; **to fall** *or* **sink into ~** caer en el olvido

**oblivious** [ə'blɪvɪəs] ADJ **~ of** *or* **to** inconsciente de; **he was ~ to the pain he caused** no se daba cuenta *or* era inconsciente del dolor que causaba

**oblong** ['ɒblɒŋ] Ⓐ ADJ rectangular, oblongo
Ⓑ N rectángulo *m*

**obloquy** ['ɒbləkwɪ] N (*frm*) (= *abuse*) injurias *fpl*, calumnia *f*; (= *shame*) deshonra *f*; **to cover sb with ~** llenar a algn de injurias

**obnoxious** [əb'nɒkʃəs] ADJ [*person, behaviour*] odioso, aborrecible; [*smell*] repugnante, asqueroso; **it is ~ to me to** + INFIN me repugna + *infin*, me es odioso + *infin*

**o.b.o.** ABBR (*US*) (= **or best offer**) abierto ofertas

**oboe** ['əʊbəʊ] N oboe *m*

**oboist** ['əʊbəʊɪst] N oboe *mf*

**obscene** [əb'si:n] Ⓐ ADJ [1] (= *indecent*) [*gesture, language, remark*] obsceno, soez; [*phone call, act*] obsceno, indecente
[2] (= *shocking*) [*profit, salary*] escandaloso
Ⓑ CPD ► **obscene publication** N (*Jur*) publicación *f* pornográfica ► **Obscene Publications Act** N (*Brit Jur*) ley *f* de las publicaciones pornográficas ► **Obscene Publications Squad** N (*Brit*) brigada *f* en contra de las publicaciones pornográficas

**obscenely** [əb'si:nlɪ] ADV [1] (= *indecently*) [*gesture, remark*] obscenamente; **to talk/write ~** decir/escribir obscenidades; **he was swearing ~** estaba soltando tacos y obscenidades
[2] (= *shockingly*) [*fat*] repugnantemente; [*rich, expensive*] escandalosamente; **she earns ~ large amounts of money** gana unas cantidades de dinero escandalosas

**obscenity** [əb'senɪtɪ] Ⓐ N [1] (= *indecency*) obscenidad *f*, indecencia *f*
[2] (= *word*) palabrota *f*, grosería *f* (*esp LAm*), lisura *f* (*Andes, S. Cone*); **to utter obscenities** proferir obscenidades
[3] (*fig*) **that thing is an ~** esa cosa es una aberración
Ⓑ CPD ► **the obscenity laws** NPL las leyes de obscenidad

**obscurantism** [,ɒbskjʊə'ræntɪzəm] N oscurantismo *m*

**obscurantist** [,ɒbskjʊə'ræntɪst] Ⓐ ADJ oscurantista
Ⓑ N oscurantista *mf*

**obscure** [əb'skjʊəʳ] Ⓐ ADJ [1] (= *not well-known*) [*book, artist, poet*] poco conocido, oscuro; [*village*] recóndito, perdido; **some ~ disease we had never heard of before** una enfermedad poco conocida de la que nunca habíamos oído hablar antes; **Norris himself has remained relatively ~** el mismo Norris sigue siendo hasta cierto punto un desconocido
[2] (= *not obvious*) [*word, jargon, terminology*] de difícil comprensión; [*origins*] oscuro, poco claro; **the meaning is ~** el significado es oscuro *or* poco claro; **for some ~ reason** por alguna extraña razón; **to make ~ references to sth** referirse de forma críptica a algo
[3] (= *indistinct*) [*shape, figure*] borroso
Ⓑ VT [1] (= *hide*) [+ *object, face, truth*] ocultar; **some clouds ~d the sun** algunas nubes ocultaron el sol; **the house is ~d by trees** la

➤ LANGUAGE IN USE: **objection 1** 9.2, 11.3 **obligation** 10.3 **oblige 1** 10.1, 10.2, 10.3

casa está escondida detrás de unos árboles; **my view was ~d by a lady in a large hat** una señora con un sombrero enorme no me dejaba ver; **his article ~s the facts** su artículo oscurece los hechos; **this news should not be allowed to ~ the fact that ...** no se debería permitir que esta noticia impida ver claramente que ..., no se debería permitir que esta noticia vele el hecho de que ...
2 (= *complicate*) complicar; **it served only to ~ the matter further** sirvío para complicar aun más el asunto

**obscurely** [əb'skjʊəlɪ] ADV 1 (= *out of the public eye*) [*live, die*] en la oscuridad
2 (= *cryptically*) [*describe*] de forma poco clara; [*argue, write*] de manera que confunde; [*refer, say*] de forma críptica

**obscurity** [əb'skjʊərɪtɪ] N 1 (= *the unknown*) oscuridad *f*; **to live in ~** vivir en la oscuridad; **she rose from ~ to be a leading name in fashion** salió de la nada para llegar a ser un nombre destacado del mundo de la moda; **the band faded into ~** el grupo cayó en el olvido
2 (= *complexity*) [*of language, idea*] oscuridad *f*; **obscurities** (*in a book*) puntos *mpl* oscuros
3 (*liter*) (= *darkness*) oscuridad *f*

**obsequies** ['ɒbsɪkwɪz] NPL (*frm*) exequias *fpl*

**obsequious** [əb'siːkwɪəs] ADJ servil, sumiso

**obsequiously** [əb'siːkwɪəslɪ] ADV servilmente, de forma sumisa

**obsequiousness** [əb'siːkwɪəsnɪs] N servilismo *m*, sumisión *f*

**observable** [əb'zɜːvəbl] ADJ [*benefit, consequence, effect*] visible; [*phenomenon*] observable, perceptible; [*rise, fall, improvement, increase*] apreciable, perceptible; **these are ~ facts** estos son hechos visibles; **the ~ universe** el universo visible; **there is no ~ difference** no hay ninguna diferencia apreciable *or* perceptible; **the same pattern is ~ in Georgia** la misma pauta puede apreciarse en Georgia

**observably** [əb'zɜːvəblɪ] ADV visiblemente

**observance** [əb'zɜːvəns] N 1 [*of rule etc*] observancia *f* (**of** de), cumplimiento *m* (**of** de); [*of customs, rites etc*] práctica *f*
2 (= *rite etc*) práctica *f*; (= *custom*) costumbre *f*; **religious ~s** prácticas *fpl* religiosas

**observant** [əb'zɜːvənt] ADJ 1 (= *watchful*) observador; (= *attentive*) atento; **the child is very ~** el niño es muy observador
2 (= *strict in obeying rules*) observante, cumplidor

**observation** [,ɒbzə'veɪʃən] Ⓐ N 1 (= *perception*) observación *f*; **he is under ~ in hospital** lo tienen en observación en el hospital; **the police are keeping him under ~** la policía lo tiene vigilado; **we can keep the valley under ~ from here** desde aquí dominamos el valle; **powers of ~** capacidad *fsing* de observación; **to escape ~** pasar inadvertido
2 (= *remark*) observación *f*, comentario *m*; **"Observations on Sterne"** "Apuntes *mpl* sobre Sterne"
3 [*of rule etc*] observancia *f*, cumplimiento *m*
Ⓑ CPD ► **observation car** N (*Rail*) vagón-mirador *m*, coche *m* panorámico ► **observation post** N (*Mil*) puesto *m* de observación ► **observation tower** N torre *f* de vigilancia

**observatory** [əb'zɜːvətrɪ] N observatorio *m*

**observe** [əb'zɜːv] VT 1 (= *see, notice*) observar, ver; **I ~d him steal the duck** vi cómo robaba el pato
2 (= *watch carefully, study*) observar, mirar; [+ *suspect*] vigilar; **now ~ this closely** ahora fijaos bien en esto
3 (= *remark*) observar, comentar; **"it looks like rain" — he ~d** —parece que va a llover —observó *or* comentó él; **I ~d to him that ...** le hice observar que ...; **as Jeeves ~d** como observó Jeeves
4 (= *obey*) [+ *rule, custom*] observar; [+ *Sabbath, silence*] guardar; **failure to ~ the law** incumplimiento *m* de la ley
5 [+ *anniversary*] celebrar

**observer** [əb'zɜːvəʳ] N observador(a) *m/f*

**obsess** [əb'ses] Ⓐ VT obsesionar
Ⓑ VI obsesionarse (**about, over** con, por)

**obsessed** [əb'sest] ADJ obsesionado; **you're ~!** ¡estás obsesionado!; **to be ~ with sb/sth** estar obsesionado con algn/algo; **he's ~ with the idea** está obsesionado con la idea, le obsesiona la idea; **he's ~ with cleanliness** está obsesionado con la limpieza, tiene obsesión *or* manía con la limpieza; **she's ~ with becoming rich** está obsesionada con (la idea de) hacerse rica

**obsession** [əb'seʃən] N obsesión *f*; **to become an ~** convertirse en una obsesión; **to have an ~ about sth** estar obsesionado con algo; **his ~ with her** su obsesión con ella; **his ~ with punctuality** su obsesión *or* manía con la puntualidad; **football is an ~ with him** está obsesionado con el fútbol, el fútbol es una obsesión para él

**obsessional** [əb'seʃənəl] ADJ [*behaviour, love, hatred, thought*] obsesivo; **to be ~ about sth** estar obsesionado con algo

**obsessive** [əb'sesɪv] Ⓐ ADJ [*behaviour, jealousy, interest, need*] obsesivo; [*love, gambler*] obsesivo, enfermizo; [*fear*] enfermizo; **his ~ tidiness was driving her crazy** su obsesión *or* manía con *or* por la limpieza la estaba sacando de quicio; **he was an ~ reader** la lectura era una obsesión para él; **to be ~ about sth** estar obsesionado con algo; **to become ~** [*person*] obsesionarse; [*thing*] volverse una obsesión; **to become ~ about sth** obsesionarse con algo; **dieting can become ~** hacer dieta puede volverse una obsesión
Ⓑ N (*Psych*) obsesivo/a *m/f*
Ⓒ CPD ► **obsessive compulsive disorder** N (*Psych*) trastorno *m* obsesivo-compulsivo ► **obsessive neurosis** N (*Psych*) neurosis *f inv* obsesiva

**obsessively** [əb'sesɪvlɪ] ADV [*work*] de (una) forma obsesiva; [*love, hate*] de (una) forma obsesiva, de (una) forma enfermiza; **to be ~ concerned about sth** estar preocupado de (una) forma obsesiva por algo; **she is ~ tidy** tiene obsesión *or* manía con *or* por la limpieza; **she was ~ devoted to her mother** tenía una devoción obsesiva por su madre

**obsidian** [ɒb'sɪdɪən] N obsidiana *f*

**obsolescence** [,ɒbsə'lesns] N caída *f* en desuso, obsolescencia *f*; **planned ~** obsolescencia *f* planificada

**obsolescent** [,ɒbsə'lesnt] ADJ que está cayendo en desuso; **to be ~** estar cayendo en desuso

**obsolete** ['ɒbsəliːt] ADJ [*weapon, equipment, machine*] obsoleto; [*attitude, idea, system*] obsoleto, anticuado; [*process, practice, word, law*] obsoleto, en desuso; [*ticket*] caduco; **to become ~** (*gen*) quedarse obsoleto, caer en desuso; [*ticket*] caducar

**obstacle** ['ɒbstəkl] Ⓐ N obstáculo *m*; (= *hindrance*) estorbo *m*, impedimento *m*; **one of the ~s is money** uno de los obstáculos *or* impedimentos es el dinero; **to be an ~ to sth/sb** ser un obstáculo para algo/algn; **to put an ~ in the way of sth/sb** crear dificultades *or* poner obstáculos a algo/algn; **that is no ~ to our doing it** eso no impide que lo hagamos; **~s to independence** los factores que dificultan la independencia
Ⓑ CPD ► **obstacle course** N pista *f* de obstáculos ► **obstacle race** N (*Sport*) carrera *f* de obstáculos

**obstetric** [ɒb'stetrɪk] ADJ obstétrico

**obstetrical** [ɒb'stetrɪkəl] ADJ = **obstetric**

**obstetrician** [,ɒbstə'trɪʃən] N tocólogo/a *m/f*, obstetra *mf*

**obstetrics** [ɒb'stetrɪks] NSING obstetricia *f*, tocología *f*

**obstinacy** ['ɒbstɪnəsɪ] N [*of person*] obstinación *f*, terquedad *f*; [*of resistance*] tenacidad *f*; [*of illness*] persistencia *f*

**obstinate** ['ɒbstɪnɪt] ADJ 1 (= *stubborn*) [*person*] obstinado, terco; **to be ~ about sth** obstinarse en algo, ser obstinado con algo
2 (= *tenacious*) [*resistance*] tenaz; [*illness*] persistente

**obstinately** ['ɒbstɪnɪtlɪ] ADV obstinadamente, tercamente

**obstreperous** [əb'strepərəs] ADJ [*person, behaviour*] escandaloso; **he became ~** empezó a desmandarse

**obstreperously** [əb'strepərəslɪ] ADV escandalosamente

**obstruct** [əb'strʌkt] Ⓐ VT 1 (= *block*) obstruir; [+ *pipe*] atascar; [+ *road*] cerrar, bloquear; [+ *view*] tapar
2 (= *hinder*) [+ *person*] estorbar, impedir; [+ *plan, progress etc*] dificultar, obstaculizar; (*Parl, Sport*) obstruir, bloquear
Ⓑ VI estorbar

**obstruction** [əb'strʌkʃən] N 1 (= *blockage*) obstrucción *f*; (*in pipe, road*) atasco *m*; (*Med*) oclusión *f*; **to cause an ~** estorbar; (*Aut*) obstruir el tráfico
2 (= *obstacle*) (*to progress*) dificultad *f*, obstáculo *m*
3 (*Ftbl*) obstrucción *f*, bloqueo *m*

**obstructionism** [əb'strʌkʃənɪzəm] N obstruccionismo *m*

**obstructionist** [əb'strʌkʃənɪst] Ⓐ ADJ obstruccionista
Ⓑ N obstruccionista *mf*

**obstructive** [əb'strʌktɪv] ADJ obstruccionista; **he's just being ~** está poniendo dificultades nada más

**obstructiveness** [əb'strʌktɪvnɪs] N obstruccionismo *m*

**obtain** [əb'teɪn] Ⓐ VT obtener, conseguir; (= *acquire*) adquirir; **his uncle ~ed the job for him** su tío le consiguió el puesto; **oil can be ~ed from coal** se puede extraer aceite del carbón
Ⓑ VI (*frm*) [*price, law*] regir; [*theory*] prevalecer, predominar; **the price which ~s now** el precio que rige ahora; **in the conditions then ~ing** en las condiciones que imperaban entonces; **that did not ~ in my day** en mis tiempos eso no era así

**obtainable** [əb'teɪnəbl] ADJ (= *on sale*) a la venta; (= *accessible*) asequible; **"obtainable at all chemists"** "de venta en todas las farmacias"; **it is no longer ~** ya no se puede conseguir

**obtrude** [əb'truːd] (*frm*) Ⓐ VT [+ *tongue etc*] sacar; **to ~ sth on sb** imponer algo a algn
Ⓑ VI [*person*] entrometerse; **he does not let his opinions ~** no hace gala de sus opiniones, no impone sus opiniones a los demás

**obtrusion** [əb'truːʒən] N (= *imposition*) [*of opinions*] imposición *f*; (= *interference, intrusion*) entrometimiento *m*, importunidad *f*

**obtrusive** [əb'truːsɪv] ADJ [*presence, person*] molesto; [*smell*] penetrante; [*colours*] llamativo; [*building*] demasiado prominente; **the back-**

**ground music was very ~** la música de fondo resultaba muy molesta; **that lamp/painting is too ~** esa lámpara/ese cuadro es demasiado prominente

**obtrusively** [əb'tru:sɪvlɪ] ADV [*do sth*] de (una) forma que resulta molesta

**obtuse** [əb'tju:s] ADJ [1] (*Math*) obtuso
[2] (= *stupid, insensitive*) [*person*] obtuso, torpe; [*remark*] desacertado, poco inteligente; **he can be very ~ at times** a veces puede ser muy obtuso; **now you're just being ~** te empeñas en no comprender

**obtuseness** [əb'tju:snɪs] N (*fig*) torpeza *f*, obtusidad *f*

**obverse** ['ɒbvɜ:s] (A) ADJ del anverso
(B) N anverso *m*; (*fig*) complemento *m*

**obviate** ['ɒbvɪeɪt] VT obviar, evitar; **to ~ the need for sth** evitar *or* ahorrar la necesidad de algo

**obvious** ['ɒbvɪəs] (A) ADJ [1] (= *clear, perceptible*) [*disadvantage, solution*] obvio, claro; [*danger*] evidente; [*question*] obvio; **to be ~ that** estar claro que, ser obvio *or* evidente que; **it's ~ that he's unhappy/we can't win** está claro *or* es evidente que es infeliz/no podemos ganar; **he isn't going to resign, that much is ~** no va a dimitir, eso está claro *or* es evidente; **it's ~, isn't it?** es obvio, ¿no?; **it was by no means ~ who would win** no estaba claro en absoluto quién iba a ganar; **her confusion was ~** era evidente que estaba confusa; **she made it very ~ that she didn't like him** dejó muy claro que no le gustaba, hizo patente que no le gustaba; **he's the ~ man for the job** es la persona obvia para el puesto; **it was painfully ~ that she hadn't studied for the exam** estaba clarísimo que no había estudiado para el examen; **it's perfectly ~ that he has no intention of coming** está perfectamente claro *or* es más que evidente que no tiene intención de venir; **for ~ reasons** por razones obvias *or* evidentes; **it's the ~ thing to do** está claro que es eso lo que hay que hacer; **it was ~ to everyone that it had been a mistake** todo el mundo se daba cuenta de que había sido un error; **it's not that ~ to me** para mí no está tan claro
[2] (= *unsubtle*) [*ploy*] evidente, obvio; [*lie*] descarado; [*symbolism*] poco sutil; **we mustn't be too ~ about it** no conviene que se nos note demasiado; **her rather ~ charms** sus encantos poco sutiles
(B) N **to state the ~** afirmar lo obvio

**obviously** ['ɒbvɪəslɪ] ADV [1] (= *clearly*) obviamente; **it's ~ the best** obviamente es el mejor, es evidente que es el mejor; **he was ~ very angry/tired** se notaba que estaba muy enfadado/cansado, estaba claro *or* era evidente *or* era obvio que estaba muy enfadado/cansado; **he was ~ not drunk** estaba claro *or* era evidente *or* era obvio que no estaba borracho; **he was not ~ drunk** no se le notaba que estaba borracho; **~, I am delighted** lógicamente *or* por supuesto, estoy encantado; **obviously!** ¡por supuesto!, ¡lógico!, ¡obvio!; **"aren't they coming?" — "~ not!"** —¿no vienen? —¡evidentemente no! *or* obviamente no!; **it's ~ true** está claro que es verdad
[2] (= *unsubtly*) burdamente; **she asked him rather too ~ where he had been** le preguntó sin mucha delicadeza (que) dónde había estado

**OC** N ABBR (= **Officer Commanding**) jefe *m*

**o/c** ABBR = **overcharge**

**ocarina** [,ɒkə'ri:nə] N ocarina *f*

**OCAS** N ABBR (= **Organization of Central American States**) ODECA *f*

**occasion** [ə'keɪʒən] (A) N [1] (= *particular time*) ocasión *f*; **(on) the first ~ that it happened** la primera vez que ocurrió; **that was the first ~ that we had met** ésa fue la ocasión en que nos conocimos; **this would be a good ~ to try it out** ésta sería una buena oportunidad *or* ocasión para probarlo; **on ~** de vez en cuando; **on one ~** una vez; **on other ~s** otras veces; **on previous ~s** en ocasiones previas; **on rare ~s** rara vez; **he went back on three separate ~s** volvió en tres ocasiones; **on that ~** esa vez, en aquella ocasión; **on the ~ of his retirement** con motivo de su jubilación; **as (the) ~ requires** si la ocasión lo requiere; **he was waiting for a suitable ~ to apologize** esperaba el momento adecuado para disculparse, esperaba una oportunidad *or* ocasión para disculparse; **to take (the) ~ to do sth** aprovechar la oportunidad para hacer algo
[2] (= *event*) acontecimiento *m*; **it was quite an ~** fue todo un acontecimiento; **what's the ~?** ¿qué se celebra?; **I wasn't dressed for the ~** no estaba vestida de forma adecuada para la ocasión; **to rise** *or* **be equal to the ~** ponerse a la altura de las circunstancias; **I keep it for special ~s** lo guardo para las grandes ocasiones; *see also* **sense A8**
[3] (= *reason*) razón *f*, motivo *m*; **there is no ~ for alarm** ◊ **there is no ~ to be alarmed** no hay razón *or* motivo para alarmarse; **should the ~ arise** ◊ **if the ~ arises** si se da el caso; **to give (sb) ~ to do sth** (= *opportunity*) dar ocasión a algn de hacer algo; (= *reason*) dar motivo a algn para hacer algo; **to give (sb) ~ for sth** (= *opportunity*) dar ocasión a algn para algo; (= *reason*) dar motivo a algn para algo; **to have ~ to do sth** (= *opportunity*) tener ocasión de hacer algo; (= *reason*) tener motivo para hacer algo; **you had no ~ to say that** no había necesidad de que dijeras eso, no había motivo para decir eso
(B) VT (*frm*) ocasionar (*frm*), causar; **losses ~ed by bad weather** pérdidas ocasionadas por el mal tiempo (*frm*), pérdidas causadas por el mal tiempo

**occasional** [ə'keɪʒənl] (A) ADJ [1] (= *infrequent*) [*lapse, meeting*] esporádico; [*rain, showers*] ocasional, aislado; **she made ~ visits to England** hacía alguna que otra visita a Inglaterra, hacía visitas esporádicas a Inglaterra; **I like the** *or* **an ~ cigarette** me gusta fumar un cigarrillo de vez en cuando; **I have the** *or* **an ~ drink** tomo una copa de vez en cuando; **they had passed the ~ car on the road** de vez en cuando pasaban algún coche en la carretera; **he smokes only the** *or* **a very ~ cigar** sólo muy de vez en cuando *or* muy de tarde en tarde se fuma un puro
[2] (*frm*) (= *created for special event*) [*poem, music*] compuesto especialmente para la ocasión; **it was written as an ~ piece for the Coronation** se escribió la pieza especialmente con ocasión de la coronación
(B) CPD ► **occasional table** N mesa *f* auxiliar ► **occasional worker** N (*US*) jornalero/a *m/f*, temporero/a *m/f*

**occasionally** [ə'keɪʒnəlɪ] ADV de vez en cuando, a veces, ocasionalmente (*frm*), cada cuando (*LAm*); **he ~ drinks wine but never beer** de vez en cuando *or* a veces bebe vino pero nunca cerveza; **very ~** muy de vez en cuando, muy de tarde en tarde; **we see each other (only) very ~** nos vemos (sólo) muy de vez en cuando *or* muy de tarde en tarde

**occident** ['ɒksɪdənt] N occidente *m*

**occidental** [,ɒksɪ'dentl] ADJ occidental

**occipital** [ɒk'sɪpɪtəl] ADJ occipital

**occiput** ['ɒksɪpʌt] N (*pl* **occiputs** *or* **occipita**) occipucio *m*

**occlude** [ɒ'klu:d] VT ocluir

**occluded front** [ɒ,klu:dɪd'frʌnt] N (*Met*) oclusión *f*, frente *m* ocluido

**occlusion** [ɒ'klu:ʒən] N oclusión *f*

**occlusive** [ɒ'klu:sɪv] (A) ADJ oclusivo
(B) N oclusiva *f*

**occult** [ɒ'kʌlt] (A) ADJ (= *mystic*) oculto; [*reason etc*] oculto, misterioso
(B) N **the ~** lo oculto; **to study the ~** dedicarse al ocultismo, estudiar las ciencias ocultas

**occultism** ['ɒkəltɪzəm] N ocultismo *m*

**occultist** ['ɒkəltɪst] N ocultista *mf*

**occupancy** ['ɒkjʊpənsɪ] N ocupación *f*; (= *tenancy*) inquilinato *m*; [*of post*] tenencia *f*

**occupant** ['ɒkjʊpənt] N [1] (= *tenant*) inquilino/a *m/f*
[2] [*of boat, car etc*] ocupante *mf*; **all the ~s were killed** perecieron todos los ocupantes *or* pasajeros
[3] [*of job, post*] titular *mf*

**occupation** [,ɒkjʊ'peɪʃən] N [1] (= *employment*) empleo *m*, profesión *f*; **what is his ~?** ¿cuál es su profesión?; **he's a joiner by ~** es carpintero de profesión; **it gives ~ to 50 men** emplea a 50 hombres, proporciona empleo a 50 hombres
[2] (= *pastime*) pasatiempo *m*; **a harmless enough ~** un pasatiempo inocente; **this will give some ~ to your mind** esto te mantendrá la mente ocupada
[3] (*Mil etc*) ocupación *f*; **army of ~** ejército *m* de ocupación; **the ~ of Paris** la ocupación de París; **under (military) ~** ocupado por el ejército
[4] [*of house etc*] tenencia *f*; **to be in ~** ocupar; **we found them already in ~** vimos que ya se habían instalado allí; **the house is ready for ~** la casa está lista para habitar; **a house unfit for ~** una casa inhabitable, una casa carente de las condiciones mínimas de habitabilidad
[5] [*of post, office*] tenencia *f*

**occupational** [,ɒkjʊ'peɪʃənl] (A) ADJ (*gen*) profesional
(B) CPD ► **occupational accident** N accidente *m* laboral ► **occupational disease** N enfermedad *f* profesional ► **occupational guidance** N orientación *f* profesional ► **occupational hazard** N [*of job*] riesgo *m* laboral; (*hum*) gaje *m* del oficio ► **occupational pension scheme** N plan *m* de jubilación ► **occupational risk** N = **occupational hazard** ► **occupational therapist** N terapeuta *mf* ocupacional ► **occupational therapy** N terapia *f* ocupacional ► **occupational training** N formación *f* profesional, formación *f* ocupacional

**occupier** ['ɒkjʊpaɪəʳ] N [*of house, land*] inquilino/a *m/f*; [*of post*] titular *mf*

**occupy** ['ɒkjʊpaɪ] VT [1] [+ *house*] habitar, vivir en; [+ *office, seat*] ocupar; **is this seat occupied?** ¿está ocupado este asiento?
[2] (*Mil etc*) ocupar; **in occupied France** en la Francia ocupada (por los alemanes)
[3] [+ *post, position*] ocupar
[4] (= *take up, fill*) [+ *space, time*] ocupar; **this job occupies all my time** este trabajo me ocupa *or* absorbe todo el tiempo; **he is occupied in research** se dedica a la investigación
[5] (= *keep busy*) ocupar; **to be occupied with sth/in doing sth** estar ocupado con algo/haciendo algo; **he is very occupied at the moment** está muy ocupado en este mo-

➤ LANGUAGE IN USE: **obvious A1** 15.1

mento; **she occupies herself by knitting** se entretiene haciendo punto

6 (*US Telec*) **to be occupied** estar comunicando

**occur** [əˈkɜːʳ] VI 1 (= *happen*) ocurrir, suceder; **to ~ again** volver a suceder, repetirse; **don't let it (ever) ~ again** que no se vuelva a repetir (nunca); **if a vacancy ~s** si se produce una vacante; **if the opportunity ~s** si se presenta la oportunidad

2 (= *be found*) darse, encontrarse; **the plant ~s all over Spain** la planta se da en todas partes en España

3 (= *come to mind*) **to ~ to sb** ocurrírsele a algn; **it ~s to me that …** se me ocurre que …; **it ~red to me to ask him** se me ocurrió preguntárselo; **such an idea would never have ~red to her** semejante idea jamás se le hubiera ocurrido *or* pasado por la mente

**occurrence** [əˈkʌrəns] N 1 (= *happening*) suceso *m*, hecho *m*; **it's an everyday ~** es cosa de todos los días, es un hecho cotidiano; **a common ~** un hecho frecuente; **that is a common ~** eso sucede a menudo

2 (= *existence*) existencia *f*; **its ~ in the south is well known** se sabe que existe en el sur; **its ~ here is unexpected** el hecho de que se dé *or* de que exista aquí es algo insólito

**ocean** [ˈəʊʃən] Ⓐ N océano *m*; **~s of*** (*fig*) la mar de*

Ⓑ CPD [*climate, region*] oceánico ► **ocean bed** N fondo *m* del océano ► **ocean cruise** N crucero *m* ► **ocean liner** N transatlántico *m*

**oceanarium** [ˌəʊʃəˈnɛərɪəm] N (*pl* **oceanariums** *or* **oceanaria** [ˌəʊʃəˈnɛərɪə]) oceanario *m*

**ocean-going** [ˈəʊʃənˌgəʊɪŋ] ADJ [*ship*] transatlántico

**Oceania** [ˌəʊʃɪˈeɪnɪə] N Oceanía *f*

**oceanic** [ˌəʊʃɪˈænɪk] ADJ oceánico

**oceanographer** [ˌəʊʃəˈnɒgrəfəʳ] N oceanógrafo/a *m/f*

**oceanographic** [ˌəʊʃənɒˈgræfɪk] ADJ oceanográfico

**oceanography** [ˌəʊʃəˈnɒgrəfɪ] N oceanografía *f*

**ocelot** [ˈəʊsɪlɒt] N ocelote *m*

**och** [ɒx] EXCL (*Scot*) ¡oh!

**ochre**, **ocher** (*US*) [ˈəʊkəʳ] N ocre *m*; **red ~** ocre *m* rojo, almagre *m*; **yellow ~** ocre *m* amarillo

**ochreous** [ˈəʊkrɪəs] ADJ de color ocre

**o'clock** [əˈklɒk] ADV 1 (*time*) **it is seven ~** son las siete; **it is one ~** es la una; **at nine ~ (exactly)** a las nueve (en punto); **it is just after two ~** son las dos pasadas, son un poco más de las dos; **it is nearly eight ~** son casi las ocho; **the six ~ (train/bus)** el (tren/autobús) de las seis; **the nine ~ news** las noticias de las nueve

2 (*Aer, Mil*) (*direction*) **aircraft approaching at five ~** se aproxima un aparato a las cinco

**OCR** N ABBR (*Comput*) 1 (= **optical character reader**) LOC *m*

2 (= **optical character recognition**) ROC *m*

**Oct.** ABBR (= **October**) oct.

**octagon** [ˈɒktəgən] N octágono *m*

**octagonal** [ɒkˈtægənl] ADJ octagonal

**octahedron** [ˈɒktəˈhiːdrən] N (*pl* **octahedrons** *or* **octahedra** [ˈɒktəˈhiːdrə]) octaedro *m*

**octal** [ˈɒktəl] Ⓐ ADJ octal

Ⓑ N octal *m*

**octane** [ˈɒkteɪn] Ⓐ N octano *m*

Ⓑ CPD ► **octane number**, **octane rating** N grado *m* octánico

**octave** [ˈɒktɪv] N (*Mus, Poetry*) octava *f*

**Octavian** [ɒkˈteɪvɪən] N Octavio

**octavo** [ɒkˈteɪvəʊ] Ⓐ ADJ en octavo

Ⓑ N (*pl* **octavos**) libro *m* en octavo

**octet**, **octette** [ɒkˈtet] N octeto *m*

**October** [ɒkˈtəʊbəʳ] N octubre *m*; *see* **July** *for usage*

**octogenarian** [ˌɒktəʊdʒɪˈnɛərɪən] Ⓐ ADJ octagenario

Ⓑ N octagenario/a *m/f*

**octopus** [ˈɒktəpəs] N (*pl* **octopuses**) pulpo *m*

**octosyllabic** [ˈɒktəʊsɪˈlæbɪk] ADJ octosílabo

**octosyllable** [ˈɒktəʊˈsɪləbl] N octosílabo *m*

**ocular** [ˈɒkjʊləʳ] ADJ ocular

**oculist** [ˈɒkjʊlɪst] N oculista *mf*

**OD**[1], **O/D** ABBR 1 = **on demand**

2 = **overdraft**

3 = **overdrawn**

**OD**[2]‡ [əʊˈdiː] = **overdose** Ⓐ N sobredosis *f*

Ⓑ VI 1 (*lit*) tomar una sobredosis

2 (*fig*) (*hum*) **to OD on TV** ver demasiada tele

**odalisk**, **odalisque** [ˈəʊdəlɪsk] N odalisca *f*

**odd** [ɒd] Ⓐ ADJ (*compar* **odder**; *superl* **oddest**)

1 (= *strange*) raro, extraño; **he's got rather ~ lately** recientemente se ha vuelto algo raro; **that's very ~, I could have sworn I'd left my keys here** qué raro *or* qué cosa más rara, juraría que había dejado aquí mis llaves; **how ~!** ¡qué raro!, ¡qué curioso!, ¡qué extraño!; **how ~ that we should meet here** qué raro *or* qué extraño que nos hayamos encontrado aquí; **it was ~ of him to leave suddenly like that** fue raro que se fuese así, tan de repente; **the ~ thing about it is …** lo raro *or* lo extraño que tiene es que …; **he says some ~ things** dice cosas muy raras *or* extrañas; → STRANGE, RARE

2 (= *occasional*) algún que otro; **he has written the ~ article** ha escrito algún que otro artículo; **there will be the ~ shower later** caerá algún que otro chaparrón más tarde; **he enjoys the ~ glass of champagne** le gusta tomar una copa de champán de vez en cuando, le gusta tomar alguna que otra copa de champán; **at ~ moments** en los ratos *or* momentos libres

3 (*Math*) [*number*] impar; **~ or even** par o impar

4 (= *unpaired*) [*shoe, sock*] desparejado, sin pareja; **you're wearing ~ socks** llevas los calcetines desparejados, llevas dos calcetines distintos

5 (= *extra, left over*) **to be the ~ one out** (= *be over*) ser el que sobra, estar de más; (= *be different*) ser distinto; **these clowns are all identical except one, which is the ~ one out?** estos payasos son todos iguales excepto uno, ¿cuál es distinto?; **but everybody will be wearing a tie, I don't want to be the ~ one** *or* **man out** pero todo el mundo va a llevar corbata, yo no quiero ser la excepción; **would you like the ~ penny?** ¿quiere el penique?; **£5 and some ~ pennies** cinco libras y algunos peniques; **any ~ piece of wood** cualquier trozo de madera; **an ~ piece of material** un retal; **an ~ scrap of paper** un trozo de papel

6 (*) (*with approximate numbers*) **30 ~** treinta y pico, treinta y tantos; **she must be 40 ~** debe tener cuarenta y tantos *or* y pico años; **£20 ~** unas 20 libras; **I haven't seen him for forty ~ years** llevo cuarenta y tantos *or* cuarenta y pico años sin verlo

Ⓑ ADV **he acted a bit ~ when I told him** reaccionó de forma rara cuando se lo dije

Ⓒ CPD ► **odd jobs** NPL trabajillos *mpl*; **he did some ~ jobs around the house for us** nos hizo algunos trabajillos *or* pequeños arreglos en la casa ► **odd lot** N (*St Ex*) cantidad *f* irregular (y normalmente pequeña) de acciones *or* valores

**oddball*** [ˈɒdbɔːl] Ⓐ N bicho *m* raro*, excéntrico/a *m/f*

Ⓑ ADJ raro, excéntrico

**oddbod*** [ˈɒdˌbɒd] N = **oddball**

**oddity** [ˈɒdɪtɪ] N 1 (= *odd thing*) cosa *f* rara; (= *odd trait*) manía *f*; **he has his oddities** tiene sus manías; **he's a real ~** es un tipo realmente raro; **one of the oddities of the situation** uno de los aspectos raros de la situación

2 (= *strangeness*) rareza *f*

**odd-job man** [ɒdˈdʒɒbˌmæn] N (*pl* **odd-job men**) *hombre que se dedica a hacer pequeños trabajos u arreglos*, manitas *m inv* (*Sp, Mex**)

**odd-looking** [ˈɒdˌlʊkɪŋ] ADJ de aspecto singular

**oddly** [ˈɒdlɪ] ADV [*behave, act*] de (una) manera rara, de (una) manera extraña, en forma extraña (*LAm*); **he's behaving very ~** se está comportando de (una) manera muy rara *or* extraña; **~ attractive/calm** extrañamente atractivo/tranquilo; **an ~ shaped room** una habitación con una forma rara *or* extraña; **they are ~ similar** tienen un extraño parecido; **~ enough, you're right** por extraño que parezca, tienes razón

**oddment** [ˈɒdmənt] N artículo *m* suelto; (*Brit Comm*) resto *m*; **oddments** [*of fabric*] retazos *mpl*, retales *mpl*

**oddness** [ˈɒdnɪs] N rareza *f*

**odds** [ɒdz] NPL 1 (*in betting*) puntos *mpl* de ventaja; **to give ~ of 3 to 1** ofrecer 3 puntos de ventaja a 1; **what ~ will you give me?** ¿cuánta ventaja me da?; **the ~ on the horse are 5 to 1** las apuestas al caballo están a 5 contra 1; **short/long ~** pocas/muchas probabilidades; **to lay ~ on sth** (*fig*) hacer apuestas sobre algo; ✦*IDIOM* **to pay over the ~** (*Brit*) pagar en demasía

2 (= *chances for or against*) probabilidades *fpl*; **the ~ are in his favour** lo tiene todo a su favor; **to fight against overwhelming ~** luchar con todo en contra; **to succeed against all the ~** tener éxito en contra de todas las predicciones; **the ~ are that …** lo más probable es que …; **the ~ are too great** llevamos mucha desventaja es; **the ~ are against it** es poco probable

3 (*) (= *difference*) **what's the ~?** ¿qué importa?, ¿qué más da?; **it makes no ~** da lo mismo, da igual; **it makes no ~ to me** me da igual

4 (= *variance, strife*) **to be at ~ with sb over sth** estar reñido *or* en desacuerdo con algn por algo; **to set two people at ~** enemistar a dos personas

5 **~ and ends** (= *bits and pieces*) trozos *mpl*, pedacitos *mpl*, corotos *mpl* (*Col, Ven*); [*of cloth etc*] retazos *mpl*, retales *mpl*; [*of food*] restos *mpl*, sobras *fpl*; **there were ~ and ends of machinery** había piezas sueltas de máquinas

6 **all the ~ and sods‡** todo quisque*, todo hijo de vecina*

**odds-on** [ˈɒdzˈɒn] Ⓐ ADJ **it's ~ he won't come** lo más probable es que no venga

Ⓑ CPD ► **odds-on favourite** N caballo *m* favorito, caballo *m* con puntos de ventaja; **he's ~ favourite for the job** él tiene las mejores posibilidades de ganar el puesto

**odd-sounding** [ˈɒdˌsaʊndɪŋ] ADJ [*name*] raro; **~ words** palabras que suenan raras

**ode** [əʊd] N oda *f*

**odious** ['əʊdɪəs] ADJ [*person, task*] odioso, detestable; [*behaviour, crime*] detestable; [*comparison*] odioso

**odiously** ['əʊdɪəslɪ] ADV odiosamente, de forma detestable

**odium** ['əʊdɪəm] N (*frm*) odio *m*; **to bring ~ on sb** hacer que algn sea odiado; **to incur the ~ of having done sth** suscitar el odio de la gente por haber hecho algo

**odometer** [ɒ'dɒmɪtəʳ] N (*US*) cuentakilómetros *m inv*

**odontologist** [,ɒdɒn'tɒlədʒɪst] N odontólogo/a *m/f*

**odontology** [,ɒdɒn'tɒlədʒɪ] N odontología *f*

**odor** ['əʊdəʳ] N (*US*) = **odour**

**odoriferous** [,əʊdə'rɪfərəs] ADJ odorífero

**odorless** ['əʊdəlɪs] ADJ (*US*) = **odourless**

**odorous** ['əʊdərəs] ADJ oloroso

**odour, odor** (*US*) ['əʊdəʳ] N olor *m* (**of** a); (*fig*) sospecha *f*; **bad ~** mal olor; **~ of sanctity** olor de santidad; ✦***IDIOMS*** **to be in bad ~** (= *bad repute*) tener mala fama; **to be in bad ~ with sb** estar mal con algn

**odourless, odorless** (*US*) ['əʊdəlɪs] ADJ inodoro

**Odysseus** [ə'dɪsjuːs] N Odiseo

**Odyssey** ['ɒdɪsɪ] N (*Myth*) Odisea *f*; **odyssey** (*fig*) odisea *f*

**OE** N ABBR (*Ling*) = **Old English**

**OECD** N ABBR (= **Organization for Economic Cooperation and Development**) OCDE *f*

**oecumenical** [,iːkjuː'menɪkəl] ADJ ecuménico

**oedema** [ɪ'diːmə] N (*pl* **oedemata** [ɪ'diːmətə]) edema *m*

**oedipal** ['iːdɪpl] ADJ [*conflict, situation*] edípico

**Oedipus** ['iːdɪpəs] Ⓐ N Edipo
Ⓑ CPD ► **Oedipus complex** N (*Psych*) complejo *m* de Edipo

**OEEC** N ABBR (= **Organization for European Economic Cooperation**) OECE *f*

**oenologist, enologist** (*US*) [iː'nɒlədʒɪst] N enólogo/a *m/f*

**oenology, enology** (*US*) [iː'nɒlədʒɪ] N enología *f*

**oenophile, enophile** (*US*) ['iːnəʊfaɪl] N enófilo/a *m/f*

**o'er** ['əʊəʳ] (*poet*) = **over**

**oesophagus, esophagus** (*US*) [iː'sɒfəgəs] N esófago *m*

**oestrogen, estrogen** (*US*) ['iːstrəʊdʒən] N estrógeno *m*

**oestrous, estrous** (*US*) ['iːstrəs] Ⓐ ADJ en celo
Ⓑ CPD ► **oestrous cycle** N ciclo *m* de celo

**oestrus, estrus** (*US*) ['iːstrəs] N estro *m*

**œuvre** ['ɜːvrə] N obra *f*

**of** [ɒv, əv] PREP [1] (*indicating possession*) de; **the house of my uncle** la casa de mi tío; **the love of God** el amor de Dios; **a friend of mine** un amigo mío; **it's no business of yours** aquí no te metas, no tienes que ver con esto
[2] (*objective genitive*) a, hacia; **hatred of injustice** odio a la injusticia; **love of country** el amor a la patria
[3] (*partitive etc*) de; **a pound of flour** una libra de harina; **how much of this do you need?** ¿cuánto necesitas de eso?; **there were four of them** eran cuatro; **all of them** todos ellos; **of the 12, two were bad** de los 12, dos estaban pasados; **you of all people ought to know** debieras saberlo más que nadie; **most of all** sobre todo, más que nada; **we're the best of friends** somos muy (buenos) amigos; **the book of books** el libro de los libros; **king of kings** rey de reyes
[4] (*indicating cause*) por, de; **out of fear** por temor; **out of anger** de rabia; **of itself** de por sí; **of necessity** por necesidad; **to die of pneumonia** morir de pulmonía
[5] (*agent*) **beloved of all** querido de todos; **it was rude of him to say that** fue de mala educación que dijese eso; **it was nice of him to offer** fue muy amable ofreciéndose; **that was very kind of you** fue muy amable de su parte
[6] (*indicating material*) de; **made of steel/paper** hecho de acero/papel
[7] (*descriptive*) de; **the City of New York** la ciudad de Nueva York; **a boy of eight** un niño de ocho años; **a man of great ability** un hombre de gran talento; **that idiot of a minister** ese idiota de ministro; **by the name of Green** llamado Green; **a real palace of a house** una casa que es un verdadero palacio; **a tragedy of her own making** una tragedia que ella misma había labrado, una tragedia de su propia cosecha; **bright of eye** de ojos claros; **hard of heart** duro de corazón
[8] (= *concerning*) de; **what do you think of him?** ¿qué piensas de él?; **what of it?** ¿y a ti qué (te) importa?, ¿y qué?
[9] (*indicating deprivation, riddance*) **loss of faith** pérdida de fe; **lack of water** falta de agua
[10] (*indicating separation in space or time*) de; **south of Glasgow** al sur de Glasgow; **it's a quarter of six** (*US*) son las seis menos cuarto, falta un cuarto para las seis (*LAm*)
[11] (*in time phrases*) **I go to the pub of an evening*** al pub suelo ir por las noches; **he died of a Friday** (*frm*) murió un viernes; **it was fine of a morning*** por la mañana hacía buen tiempo
[12] (*with certain verbs*) **to dream of sth** soñar con algo; **to judge of sth** juzgar algo, opinar sobre algo; **he was robbed of his watch** le robaron el reloj, se le robó el reloj; **to smell of sth** oler a algo

**off** [ɒf]

| | |
|---|---|
| [A] ADVERB | [E] INTRANSITIVE VERB |
| [B] ADJECTIVE | [F] TRANSITIVE VERB |
| [C] PREPOSITION | [G] COMPOUNDS |
| [D] NOUN | |

*When* ***off*** *is the second element in a phrasal verb, eg* ***get off, keep off, take off****, look up the verb. When it is part of a set combination, eg* ***off duty/work, far off****, look up the other word.*

Ⓐ ADVERB
[1] [*= distant*] **a place two miles ~** un lugar a dos millas (de distancia); **it landed not 50 metres ~** cayó a menos de 50 metros; **it's some way ~** está algo lejos; **noises ~** (*gen*) ruidos *mpl* de fondo; (*Theat*) efectos *mpl* sonoros; **a voice ~** una voz de fondo; (*Cine*) una voz en off
[2] [*in time*] **the game is 3 days ~** faltan 3 días para el partido
[3] [*= removed*] **the lid is ~** la tapa está quitada; **there are two buttons ~** faltan dos botones; **he had his coat ~** no llevaba el abrigo puesto; **with his shoes ~** descalzo, sin zapatos; **with his hat ~** con el sombrero quitado; **hats ~!** ¡descúbranse!; **hands ~!** ¡fuera las manos!, ¡sin tocar!; **~ with those wet socks!** ¡quítate esos calcetines mojados!; **~ with his head!** ¡que le corten la cabeza!
[4] [*= departing*] **to be ~** irse, marcharse; **it's time I was ~** es hora de irme, es hora de marcharme; **I must be ~** tengo que irme, tengo que marcharme; **I'm ~** me voy, me marcho; **I'm ~ to Paris** me voy a París, me marcho a París, salgo para París; **where are you ~ to?** ¿a dónde te vas?; **she's ~ at 4** sale del trabajo a las 4; **be ~!** ¡fuera de aquí!, ¡lárgate!; **they're ~!** (*race*) ¡ya salen!; **he's ~ fishing** ha ido a pescar; **~ with you!** (= *go away*) ¡fuera de aquí!, ¡lárgate!; (*affectionately*) ¡vete ya!; **~ we go!** ¡vamos!; **he's ~ on his favourite subject again** está otra vez dale que dale con su tema favorito*
[5] [*= not at work*] **to be ~** (= *away*) estar fuera, no estar; **Ana is ~ sick today** (= *indisposed*) Ana no ha venido a trabajar hoy porque está enferma; (= *with doctor's note*) Ana está de baja hoy; **she's ~ on Tuesdays** los martes no viene (a trabajar); **are you ~ this weekend?** ¿vas a estar fuera este fin de semana?; **to have** *or* **take a day ~** tomarse un día de descanso; **I've got this afternoon ~** tengo esta tarde libre; **he gets two days ~ each week** tiene dos días libres a la semana
[6] [*Elec, Mech, etc*] **to be ~** [*apparatus, radio, TV, light*] estar apagado; [*tap*] estar cerrado; [*water etc*] estar cortado; [*brake*] no estar puesto, estar quitado; [*machinery*] estar parado
[7] [*Comm*] **"10% off"** "descuento del 10 por ciento"; **I'll give you 5% ~** te hago el 5 por ciento de descuento, te hago un descuento del 5 por ciento
[8] [*in phrases*] **~ and on** de vez en cuando, a ratos; **right ~** ◊ **straight ~** inmediatamente, enseguida; **3 days straight ~** 3 días seguidos

Ⓑ ADJECTIVE
[1] [*Brit = bad*] **to be ~** [*fish, yoghurt, meat*] estar malo *or* pasado; [*milk*] estar cortado
[2] [*= cancelled*] **the game is ~** se ha cancelado el partido; **the talks are ~** se han cancelado las conversaciones; **sorry, but the party's ~** lo siento, pero no hay fiesta; **their engagement is ~** han roto el noviazgo; **salmon is ~** (*on menu*) ya no hay salmón, se acabó el salmón
[3] [** = not right*] **the timing is a bit ~** resulta un poco inoportuno; **it's a bit ~, isn't it?** (*fig*) eso no está muy bien ¿no?; **it was a bit ~, him leaving like that** no estuvo muy bien de su parte marcharse así; **I thought his behaviour was rather ~** me pareció que su forma de comportarse fue una salida de tono *or* estuvo fuera de lugar; **she's feeling rather ~** se siente bastante mal
[4] [*for money, supplies, time*] **how are you ~ for money?** ¿qué tal andas de dinero?; **how are you ~ for bread?** ¿qué tal andas de pan?; **how are we ~ for time?** ¿qué tal vamos de tiempo?; *see also* **badly 6, better B, well-off**
[5] [*Sport*] = **offside A**
[6] [*Elec, Mech etc*] **in the ~ position** en posición de apagado

Ⓒ PREPOSITION
[1] [*= from*] de; **to fall ~ a table** caer de una mesa; **to fall ~ a cliff** caer por un precipicio; **to eat ~ a dish** comer en un plato; **to dine ~ fish** cenar pescado
[2] [*= near*] **a street ~ the square** una calle que sale de la plaza; **a flat just ~ the high street** un piso junto a la calle mayor
[3] [*= away from*] **a house ~ the main road** una casa algo apartada de la carretera; **height ~ the ground** altura del suelo, altura sobre el suelo; **he ran towards the car and was 5 yards ~ it when ...** corrió hacia el coche y estaba a cinco metros de él cuando ...
[4] [*Naut*] **~ Portland Bill** a la altura de Portland Bill, frente a Portland Bill
[5] [*= missing from*] **there are two buttons ~ my coat** a mi chaqueta le faltan dos botones; **the lid was ~ the tin** la lata tenía la tapa

quitada

6 = *absent from* **he was ~ work for 3 weeks** estuvo sin poder ir a trabajar tres semanas; **to take 3 days ~ work** tomarse 3 días libres

7 *Comm* **to take 5% ~ the price** rebajar el precio en un cinco por ciento

8 = *not taking* **he's been ~ drugs for a year** hace un año que no prueba las drogas, dejó las drogas hace un año; **I'm ~ coffee** (= *not taking*) he dejado de tomar café; (= *disliking*) tengo aborrecido el café, no puedo ver el café; **to be ~ one's food** no tener apetito

Ⓓ NOUN

* = *start* comienzo *m*; (*Sport*) salida *f*; **at the ~** en la salida; **ready for the ~** listos para comenzar; (*Sport*) listos para salir

Ⓔ INTRANSITIVE VERB

*esp US** = *leave* largarse*

Ⓕ TRANSITIVE VERB

*US** = *kill* cargarse*, ventilarse*

Ⓖ COMPOUNDS

► **off day** N **to have an ~ day** tener un día malo ► **off season** N temporada *f* baja; **in the ~ season** fuera de temporada

**offal** [ˈɒfəl] N asaduras *fpl*, menudillos *mpl*

**off-beam*** [ˌɒfˈbiːm] ADJ [*statement, person*] desacertado

**offbeat** [ˈɒfˌbiːt] ADJ excéntrico, original

**Off-Broadway** [ˌɒfˈbrɔːdweɪ] ADJ *que no pertenece a las superproducciones de Broadway*

**OFF-BROADWAY**

***Off-Broadway** es el término que se utiliza en la jerga del teatro para referirse a las producciones teatrales de Nueva York que no se representan en los famosos escenarios de Broadway. La primera vez que se utilizó esta expresión fue en los años cincuenta, al hablar de obras de bajo presupuesto pero con gran originalidad de dramaturgos como Tennessee Williams o Edward Albee. Estas producciones - tanto las amateur como las más profesionales - suelen representarse en teatros con poco aforo y las entradas suelen ser bastante asequibles. También existe el término **off-off Broadway**, para referirse a los teatros que presentan obras aún más vanguardistas.*

**off-campus** [ˌɒfˈkæmpəs] (*Univ*) ADJ, ADV fuera del campus

**off-centre**, **off-center** (*US*) [ˌɒfˈsentəʳ] ADJ descentrado

**off-chance** [ˈɒftʃɑːns] N **(let's go) on the ~** (vamos) por si acaso; **he bought it on the ~ that it would come in useful** lo compró pensando que tal vez resultaría útil

**off-colour**, **off-color** (*US*) [ˌɒfˈkʌləʳ] ADJ 1 (*Brit*) (= *ill*) indispuesto, pachucho (*Sp**); **to feel/be ~** sentirse/estar indispuesto

2 [*joke, remark*] subido de tono

**offcut** [ˈɒfkʌt] N 1 trozo *m*

2 **offcuts** restos *mpl*, sobras *fpl*

**offence**, **offense** (*US*) [əˈfens] N 1 (= *crime*) delito *m*; (*moral*) pecado *m*, falta *f*; (*Sport*) falta *f*; **first ~** primer delito; **second ~** reincidencia *f*; **to commit an ~** cometer un delito; **it is an ~ to ...** está prohibido ..., se prohíbe ...

2 (= *insult*) ofensa *f*, agravio *m*; **no ~!** ◊ **no ~ meant** sin ánimo de ofender; **no ~ was intended** ◊ **he intended no ~** no tenía intención de ofender a nadie; **it is an ~ to the eye** hace daño a la vista; **to give** *or* **cause ~ (to sb)** ofender (a algn); **to take ~ (at sth)** ofenderse *or* sentirse ofendido (por algo)

▼**offend** [əˈfend] Ⓐ VT ofender; **to be ~ed** ofenderse; **he is easily ~ed** se ofende fácilmente; **don't be ~ed** no te vayas a ofender; **to be ~ed at or by sth** ofenderse por algo; **to become ~ed** ofenderse; **it ~s my ears/eyes** me hace daño al oído/a la vista; **to feel ~ed** sentirse ofendido; **to look ~ed** poner cara de ofendido; **to ~ reason** ir en contra de la razón; **it ~s my sense of justice** atenta contra mi sentido de la justicia

Ⓑ VI 1 (= *cause offence*) ofender; **scenes that may ~** escenas que pueden ofender; **to ~ against** [+ *good taste*] atentar contra; [+ *law*] infringir; **to ~ against God** pecar contra Dios

2 (*criminally*) (= *commit an offence*) cometer una infracción; (= *commit offences*) cometer infracciones; **girls are less likely to ~ than boys** las chicas son menos propensas a cometer infracciones que los chicos; **to ~ again** reincidir

**offender** [əˈfendəʳ] N 1 (= *lawbreaker*) delincuente *mf*; (*against traffic regulations etc*) infractor(a) *m/f*; **first ~** delincuente *mf* sin antecedentes penales

2 (*moral*) transgresor(a) *m/f*, pecador(a) *m/f*; **regarding air pollution, industry is the worst ~** en lo que se refiere a la contaminación atmosférica, la industria es la mayor culpable

3 (= *insulter*) ofensor(a) *m/f*

**offending** [əˈfendɪŋ] Ⓐ ADJ (*esp hum*) **the dentist proceeded to fill the ~ tooth** el dentista procedió a empastar el diente culpable; **the book was withdrawn for the ~ passages to be deleted** el libro fue retirado para eliminar los pasajes responsables de la controversia; **he put the ~ object out of sight** guardó el objeto causante del conflicto; **he put the ~ jacket back in the wardrobe** puso de nuevo en el armario la chaqueta que según parecía era un atentado contra el buen gusto

Ⓑ CPD ► **offending behaviour** N [*of criminal, delinquent*] conducta *f* delictiva

**offense** [əˈfens] N (*US*) = **offence**

**offensive** [əˈfensɪv] Ⓐ ADJ 1 (= *causing offence, unpleasant*) [*behaviour, book, joke*] ofensivo; [*remark, language*] ofensivo, insultante; [*smell*] muy desagradable; **to find sth/sb ~** encontrar algo/a algn ofensivo; **he doesn't mean to be ~** no pretende ofender; **to be ~ to sb** ofender a algn

2 (*Mil*) [*operation, action, capability*] ofensivo

3 (*Sport*) [*player, play*] de ataque

Ⓑ N (*Comm, Mil, Sport*) ofensiva *f*; **an advertising ~** una ofensiva publicitaria; **to be on the ~** estar a la ofensiva; **to go on the ~** pasar a la ofensiva, pasar al ataque; **to launch an ~** lanzar una ofensiva; **a sales ~** una ofensiva de ventas; **to take the ~** tomar la ofensiva

Ⓒ CPD ► **offensive weapon** N (*Jur*) arma *f* ofensiva; (*Mil*) arma *f* de ataque

**offensively** [əˈfensɪvlɪ] ADV 1 (= *abusively*) [*behave, shout*] de manera ofensiva, de modo ofensivo; **~ rude/sexist** de un grosero/sexista que ofende

2 (= *unpleasantly*) **to smell ~** tener un olor muy desagradable; **the music had become ~ loud** la música estaba ya tan alta que molestaba

3 (*Mil*) **to use/deploy sth ~** usar/hacer uso de algo para atacar; **~, they are superior to us** desde el punto de vista ofensivo, son superiores a nosotros

4 (*Sport*) **they played ~ in the first half** en la primera mitad realizaron un juego de ataque; **to be good/poor ~** ser bueno/malo en el ataque

▼**offer** [ˈɒfəʳ] Ⓐ N (*gen, Comm*) oferta *f*; **"offers over £25"** "ofertas a partir de 25 libras"; **"£50 or nearest offer"** "50 libras, negociable"; **he has had a good ~ for the house** le han hecho una buena oferta por la casa; **introductory ~** oferta *f* de lanzamiento; **to make (sb) an ~ (for sth)** hacer una oferta (a algn) (por algo); **they made me an ~ I couldn't refuse** me hicieron una oferta que no pude rechazar; **~s of help are flooding in** están lloviendo las ofertas de ayuda; **I accepted his ~ of a lift** acepté cuando se ofreció a llevarme en coche; **~ of marriage** propuesta *f* de matrimonio; **to be on ~** (*Comm*) estar de oferta; **"on offer this week"** "de oferta esta semana"; **it's the only entertainment on ~ in this town** es la única atracción en esta ciudad; **there are so many courses on ~** existe tal oferta de cursillos; **~ of peace** ◊ **peace ~** ofrecimiento *m* de paz; **I might take you up on that ~** puede que acepte tu oferta; **the house is under ~** tenemos una oferta para la casa pendiente de formalizar el contrato; *see also* **job C**, **open A8**, **share**, **special[1] D**

Ⓑ VT 1 (= *invite to*) **can I ~ you sth to drink?** ¿quieres tomar algo?; **"can I get you a drink?" she ~ed** —¿te sirvo algo? —preguntó ofreciéndose

2 (= *make available*) [+ *help, services, money*] ofrecer; [+ *information, advice*] dar, ofrecer; **to have a lot to ~** tener mucho que ofrecer; **to ~ sb sth** ◊ **~ sth to sb** ofrecer algo a algn; **the island has little to ~ the tourist** la isla no tiene mucho que ofrecer al turista; **I ~ed her a fair price for the land** le ofrecí un buen precio por el terreno; **to ~ to do sth** ofrecerse a hacer algo; **I ~ed to pay for her** me ofrecí a pagar lo suyo; **one of the group ~ed himself as spokesman** uno del grupo se prestó *or* se ofreció a ser el portavoz; **to ~ one's hand** (*to shake*) tender la mano

3 (= *express, make*) [+ *opinion*] expresar; [+ *comment, remark, suggestion*] hacer; **if I may ~ a suggestion ...** si me permite hacer una sugerencia ...; **to ~ an apology** ofrecer disculpas, disculparse; **he ~ed no explanation** no dio ninguna explicación; **the President has ~ed his sympathy to relatives** el presidente ha expresado sus condolencias a los familiares

4 (= *afford*) [+ *opportunity, prospect, solution*] ofrecer; **the country ~s a wealth of opportunities for investment** el país ofrece *or* brinda muchas oportunidades de inversión; **the hotel ~s magnificent views over the lake** el hotel tiene unas magníficas vistas al lago; **it seemed to ~ a solution to our problem** parecía ofrecer *or* brindar una solución a nuestro problema

5 (= *show*) **he ~ed no resistance** no opuso resistencia

6 (*Rel*) (*also* **~ up**) [+ *sacrifice*] ofrecer; **to ~ (up) a prayer for sb** rezar una oración por algn; **to ~ (up) a prayer to Saint Anthony** ofrecer *or* rezar una oración a San Antonio; **she ~ed (up) a silent prayer of thanks** rezó en silencio dando gracias

Ⓒ VI 1 (= *volunteer*) ofrecerse; **I could have done with some help but no one ~ed** me hubiera venido bien algo de ayuda pero nadie se ofreció

2 (= *become available*) presentarse; **she promised to do it when opportunity ~ed**

➤ LANGUAGE IN USE: offend A 18.4 offer B2 3

prometió hacerlo cuando se presentara la oportunidad
Ⓓ CPD ► **offer price** N (*St Ex*) precio *m* de oferta

**offering** [ˈɒfərɪŋ] N [1] (*gen*) ofrenda *f*; (= *gift*) regalo *m*
[2] (*Rel*) exvoto *m*; (= *sacrifice*) sacrificio *m*

**offertory** [ˈɒfətərɪ] Ⓐ N (*Rel*) (= *part of service*) ofertorio *m*; (= *collection*) colecta *f*
Ⓑ CPD ► **offertory box** N cepillo *m*

**offhand** [ɒfˈhænd] Ⓐ ADJ [1] (= *casual*) **he was very ~ about his achievements** no daba importancia a sus logros; **"it was nothing," he said in an ~ manner** —no fue nada —dijo como quitándole importancia; **"it could have been worse," said Hamish, in an ~ tone** —podría haber sido peor —dijo Hamish en tono despreocupado; **his attitude to work/punctuality is very ~** se toma el trabajo/la puntualidad muy a la ligera
[2] (= *cavalier*) displicente; **the next day he was very ~ with her** al día siguiente estuvo muy displicente con ella; **to treat sb in an ~ manner** tratar a algn con displicencia
Ⓑ ADV (= *without some thought*) sin pensarlo; **I can't tell you ~** no te lo puedo decir así de pronto *or* sin pensarlo un poco *or* (*LAm*) así nomás; **~, I'd say that there were around 40** así, a ojo, diría que eran unos cuarenta; **do you know ~ where the copies are kept?** ¿sabes por casualidad dónde se guardan las copias?; **do you know her phone number ~?** ¿te sabes de memoria su número de teléfono?

**offhanded** [ɒfˈhændɪd] ADJ = **offhand A**

**offhandedly** [ɒfˈhændɪdlɪ] ADV [1] (= *casually*) a la ligera; **he dealt with the whole matter very ~** trató todo el asunto muy a la ligera; **"we were just playing," I said as ~ as I could** —sólo estábamos jugando —dije en el tono más despreocupado que pude
[2] (= *cavalierly*) [*reply, behave*] displicentemente; **to treat sb ~** tratar a algn con displicencia

**offhandedness** [ɒfˈhændɪdnɪs] N [1] (= *casualness*) **the ~ with which he handled the matter** la forma tan a la ligera en la que trató el asunto
[2] (= *cavalier manner*) displicencia *f*

**office** [ˈɒfɪs] Ⓐ N [1] (= *place*) oficina *f*; (= *room*) despacho *m*; [*of lawyer*] bufete *m*; (*US*) [*of doctor*] consultorio *m*
[2] (= *part of organization*) sección *f*, departamento *m*; (= *ministry*) ministerio *m*; (= *branch*) sucursal *f*; *see also* **foreign B**, **head D**
[3] (= *public position*) cargo *m*; (= *duty, function*) función *f*; **it is my ~ to** + *infin* tengo el deber de + *infin*, me incumbe + *infin*; **to perform the ~ of sb** hacer las veces de algn; **to be in/hold ~** [*person*] desempeñar *or* ocupar un cargo; [*political party*] ocupar el poder; **to be out of ~** no estar en el poder; **to come into** *or* **take ~** [*person*] tomar posesión del cargo (**as** de); [*political party*] acceder al poder; **to leave ~** [*person*] dejar el cargo; [*government*] salir del poder; *see also* **remove A6**
[4] **offices** (*frm*) **through his good ~s** mediante sus buenos oficios; **through the ~s of** por mediación *or* medio de
[5] (*Rel*) oficio *m*; **Office for the Dead** oficio de difuntos
Ⓑ CPD de oficina ► **office automation** N ofimática *f*, buromática *f* ► **office bearer** N titular *mf* (de una cartera) ► **office block** N (*Brit*) bloque *m* de oficinas ► **office boy** N recadero *m*, mandadero *m* (*LAm*) ► **office building** N = **office block** ► **office equipment** N mobiliario *m* de oficina ► **office furniture** N mobiliario *m* de oficina ► **office holder** N funcionario/a *m/f* ► **office hours** NPL (*Brit*) horas *fpl* de oficina; (*US*) horas *fpl* de consulta ► **office job** N trabajo *m* de oficina ► **office manager** N gerente *mf* ► **Office of Fair Trading** N (*Brit*) *departamento encargado de mantener las normas comerciales establecidos* ► **office party** N fiesta *f* de la oficina ► **office staff** N personal *m* de oficina ► **office supplies** NPL material *m* de oficina ► **office worker** N (*gen*) oficinista *mf*; (= *civil servant etc*) funcionario/a *m/f*

**officer** [ˈɒfɪsəʳ] Ⓐ N [1] (*Mil, Naut, Aer*) oficial *mf*; **an ~ and a gentleman** un oficial y un caballero
[2] (= *official*) funcionario/a *m/f*; [*of company*] directivo(a) *m/f*; **the ~s of a company** los directivos *or* la junta directiva de una empresa
[3] (= *police officer*) policía *mf*, agente *mf* de policía; **excuse me, ~** perdone agente
Ⓑ VT (= *command*) mandar; [+ *staff*] proveer de oficiales; **to be well ~ed** tener buena oficialidad
Ⓒ CPD ► **officer of the day** N (*Mil*) oficial *mf* del día ► **officer of the watch** N (*Naut*) oficial *mf* de guardia ► **officers' mess** N comedor *m* de oficiales

**official** [əˈfɪʃəl] Ⓐ ADJ oficial; **is that ~?** ¿es oficial?, ¿se ha confirmado eso oficialmente?; **it's ~: working mothers are stressed** está confirmado: las madres que trabajan están estresadas; **the phone was answered by an ~ sounding voice** una voz con un tono oficioso contestó el teléfono; **~ channels** conductos *mpl* *or* vías *fpl* oficiales; **to do sth through (the) ~ channels** hacer algo por los conductos *or* vías oficiales; **"for official use only"** "sólo para uso oficial"
Ⓑ N (*in civil service*) funcionario/a *m/f*; (*elsewhere*) oficial *mf*; **government ~** funcionario/a *m/f* del estado; **trade union ~** representante *mf* sindical
Ⓒ CPD ► **official receiver** N síndico *m* ► **Official Secrets Act** N (*Brit*) *ley relativa a los secretos de Estado* ► **official strike** N huelga *f* oficial

**officialdom** [əˈfɪʃəldəm] N (*pej*) burocracia *f*

**officialese** [əˌfɪʃəˈliːz] N (*pej*) jerga *f* burocrática

**officially** [əˈfɪʃəlɪ] ADV oficialmente

**officiate** [əˈfɪʃɪeɪt] VI oficiar; **to ~ as Mayor** ejercer las funciones de alcalde; **to ~ at a marriage** oficiar un enlace *or* una boda

**officious** [əˈfɪʃəs] ADJ oficioso

**officiously** [əˈfɪʃəslɪ] ADV oficiosamente

**officiousness** [əˈfɪʃəsnɪs] N oficiosidad *f*

**offing** [ˈɒfɪŋ] N **to be in the ~** (*Naut*) haber a la vista; (*fig*) haber en perspectiva

**off-key** [ɒfˈkiː] Ⓐ ADJ desafinado
Ⓑ ADV desentonadamente, fuera de tono

**off-licence** [ˈɒfˌlaɪsəns] N (*Brit*) (= *shop*) bodega *f*, tienda *f* de licores (*LAm*)

**off-limits** [ɒfˈlɪmɪts] ADJ [1] (*US Mil*) prohibido, de acceso prohibido
[2] (*fig*) [*activity, substance*] prohibido

**off-line** [ɒfˈlaɪn] Ⓐ ADJ (*Comput*) off-line, fuera de línea; (= *switched off*) desconectado
Ⓑ ADV fuera de línea, off-line

**offload** [ˈɒfləʊd] VT [1] [+ *goods*] descargar; [+ *passengers*] desembarcar, hacer bajar
[2] (= *get rid of*) librarse de

**off-message** [ˈɒfˌmesɪdʒ] ADJ descentrado en cuanto al mensaje; **to be ~** no centrarse en el mensaje adecuado, transmitir el mensaje erróneo

**off-peak** [ɒfˈpiːk] Ⓐ ADJ (*gen*) fuera de las horas punta (*Sp*), fuera de las horas pico (*LAm*); [*tickets*] de menor demanda; [*holiday*] de temporada baja; [*times*] de tarifa reducida, valle *inv*; [*rate*] reducido, valle *inv*
Ⓑ ADV (*gen*) fuera de las horas punta, en horario de tarifa reducida; [*travel, have holiday*] en temporada baja; [*telephone, consume electricity*] en horas de menor consumo, en horario de tarifa reducida

**off-piste** [ɒfˈpiːst] ADJ, ADV fuera de pista

**offprint** [ˈɒfprɪnt] N separata *f*, tirada *f* aparte

**off-putting** [ˈɒfˌpʊtɪŋ] ADJ (= *dispiriting*) desalentador; (= *unpleasant*) [*taste, smell etc*] desagradable; [*behaviour*] desagradable, chocante; (= *unfriendly*) [*person*] difícil, poco amable; [*reception*] nada amistoso; **it's very ~ to see him do that** es muy desagradable verlo hacer eso

**off-road** [ˈɒfrəʊd] Ⓐ ADJ [*driving, racing*] todoterreno
Ⓑ CPD ► **off-road vehicle** N vehículo *m* todoterreno

**off-roader*** [ˈɒfrəʊdəʳ] N todoterreno *m*

**off-screen** [ˈɒfskriːn] (*Cine, TV*) Ⓐ ADJ real, en la vida privada
Ⓑ ADV fuera de la pantalla, en la vida privada

**off-season** [ˈɒfˌsiːzn] Ⓐ N temporada *f* baja; **I take my holidays (in the) ~** me voy de vacaciones en temporada baja
Ⓑ ADJ [*rates, prices*] de temporada baja
Ⓒ ADV [*travel, have holiday*] en temporada baja

**offset** [ˈɒfset] (*vb: pt, pp* **offset**) Ⓐ N [1] (= *counterbalancing factor*) compensación *f*
[2] (*Typ*) offset *m*
[3] (*Hort*) (= *layer*) acodo *m*; (= *bulb*) bulbo *m* reproductor
[4] (*Archit*) retallo *m*
Ⓑ VT [1] (= *compensate for*) compensar; **higher prices will be ~ by wage increases** los aumentos de precios serán compensados por incrementos salariales
[2] (= *counteract*) contrarrestar, contrapesar; **to ~ A against B** contrapesar A y B
Ⓒ CPD ► **offset lithography** N = **offset printing** ► **offset press** N prensa *f* offset ► **offset printing** N impresión *f* con offset

**offshoot** [ˈɒfʃuːt] N (*Bot*) vástago *m*; (*Comm*) rama *f*; (*fig*) ramificación *f*

**offshore** [ˌɒfˈʃɔːʳ] Ⓐ ADJ [1] (= *near the shore*) [*island*] cercano a la costa, del litoral; [*waters*] de la costa, del litoral; **~ fishing** pesca *f* de bajura
[2] (= *out at sea*) [*rig, platform, drilling*] offshore *adj inv*, costa afuera; [*well*] submarino; **~ oil** petróleo *m* de costa afuera; **~ oilfield** campo *m* petrolífero submarino
[3] (= *from land*) [*breeze*] que sopla de la tierra, terral
[4] (*Fin*) [*account, fund*] en un paraíso fiscal/en paraísos fiscales, offshore *inv* (*Tech*); **he has an ~ account** tiene una cuenta en un paraíso fiscal, tiene una cuenta offshore (*Tech*); **people with ~ accounts** la gente con cuentas en paraísos fiscales, la gente con cuentas offshore (*Tech*); **~ banking** operaciones *fpl* bancarias en paraísos fiscales; **~ investments** inversiones *fpl* en paraísos fiscales
Ⓑ ADV [1] (= *near the coast*) [*lie, anchor, fish*] cerca de la costa; **they were just ~** estaban en las inmediaciones de la costa
[2] (= *out at sea*) [*drill*] off-shore, costa afuera
[3] (= *away from the shore*) **the current carried him ~** la corriente lo alejaba de la costa *or* hacia el interior del mar; **they were rescued 20 miles ~** los rescataron a 20 millas de la costa

[4] (*Fin*) [*invest*] en un paraíso fiscal/en paraísos fiscales; **people who invest ~** la gente que invierte en paraísos fiscales

**offside** [ˌɒf'saɪd] Ⓐ ADJ [1] (*Sport*) [*player, goal*] en fuera de juego; **to be ~** estar fuera de juego, estar orsay *or* offside; **in an ~ position** fuera de juego; **the ~ rule** la regla de fuera de juego; **the ~ trap** la trampa de fuera de juego
[2] (*Aut*) [*door, verge, lane*] (= *left-hand*) del lado izquierdo, del lado del conductor; (*Brit*) (= *right-hand*) del lado derecho, del lado del conductor
Ⓑ ADV (*Sport*) en fuera de juego; **Wallace was caught ~** cogieron a Wallace en fuera de juego
Ⓒ N [1] (*Ftbl*) fuera de juego *m*, orsay *m*, offside *m*
[2] (*Aut*) (= *left-hand*) lado *m* izquierdo, lado del conductor; (*Brit*) (= *right-hand*) lado *m* derecho, lado *m* del conductor
Ⓓ EXCL ¡fuera de juego!, ¡orsay!, ¡offside!

**offspring** ['ɒfsprɪŋ] N (*pl inv*) descendencia *f*, prole* *f*; **to die without ~** morir sin dejar descendencia

**offstage** [ˌɒf'steɪdʒ] Ⓐ ADJ de entre bastidores Ⓑ ADV entre bastidores, fuera del escenario

**off-street parking** [ˌɒfstriːt'pɑːkɪŋ] N aparcamiento *m or* estacionamiento *m* fuera de la vía pública

**off-the-cuff** [ˌɒfðə'kʌf] Ⓐ ADJ [*remark*] espontáneo, dicho sin pensar; [*speech*] improvisado Ⓑ ADV de improviso

**off-the-job training** [ˌɒfðədʒɒb'treɪnɪŋ] N formación *f* fuera del trabajo

**off-the-peg** (*Brit*) [ˌɒfðə'peg] (*US*), **off-the-rack** ['ɒfðə'ræk] ADJ confeccionado, de percha

**off-the-record** [ˌɒfðə'rekəd] ADJ no oficial, extraoficial

**off-the-wall*** [ˌɒfðə'wɔːl] ADJ [*idea etc*] disparatado

**off-white** [ˌɒf'waɪt] ADJ de color hueso *adj inv*, blanquecino

**Ofgas** ['ɒfgæs] N ABBR (*Brit*) (= **Office of Gas Supply**) *organismo que controla a las empresas del gas en Gran Bretaña*

**Oflot** ['ɒflɒt] N ABBR (*Brit*) (= **Office of the National Lottery**) *organismo regulador de la lotería nacional en Gran Bretaña*, ≈ Organismo Nacional de Loterías y Apuestas del Estado, ≈ ONLAE *m* (*Sp*)

**Ofsted** ['ɒfsted] N ABBR = **Office for Standards in Education** (*Brit*) *organismo regulador de los centros escolares*

**OFT** N ABBR (*Brit*) = **Office of Fair Trading**

**oft** [ɒft] ADV (*poet*) = **often**; **many a time and ~** repetidas veces

**Oftel** ['ɒftel] N ABBR (*Brit*) (= **Office of Telecommunications**) *organismo que controla a las telecomunicaciones británicas*

▼**often** ['ɒfən] ADV a menudo, con frecuencia, seguido (*LAm*); **I've ~ wondered why you turned the job down** me he preguntado muchas veces *or* a menudo *or* con frecuencia por qué no aceptaste el trabajo; **it's not ~ that I ask you to help me** no es frecuente que te pida ayuda; **we ~ meet here** solemos reunirnos aquí; **do you ~ argue?** ¿discutís mucho?, ¿discutís muy a menudo?; **we visit her as ~ as possible** la visitamos tanto como nos es posible; **twice as ~ as** dos veces más que; **women consult doctors twice as ~ as men** las mujeres consultan a un médico dos veces más que los hombres; **as ~ as not** la mitad de las veces; **every so ~** (*of time*) de vez en cuando; (*of distance, spacing*) de trecho en trecho, cada cierta distancia; **we see each other every so ~** nos vemos de vez en cuando, nos vemos alguna que otra vez; **how ~?** (= *how many times*) ¿con qué frecuencia?; (= *at what intervals*) ¿cada cuánto?; **how ~ do you see him?** ¿cada cuánto lo ves?, ¿con qué *or* cuánta frecuencia lo ves?; **how ~ have I warned you that this would happen?** ¿cuántas veces te he advertido de que iba a pasar esto?; **how ~ she had asked herself that very question!** ¡cuántas veces se había hecho esa misma pregunta!; **he saw her less ~ now that she had a job** la veía con menos frecuencia ahora que tenía un trabajo; **more ~ than not** la mayoría de las veces, las más de las veces; **he's read it so ~ he knows it off by heart** lo ha leído tantas veces que se lo sabe de memoria; **(all) too ~** con demasiada frecuencia, demasiado a menudo, demasiadas veces; **you've been drunk on duty once too ~** ha estado borracho una y otra vez estando de servicio; **very ~** muchísimas veces, muy a menudo

➤ LANGUAGE IN USE: often 26.1

**oft-times** ['ɒftaɪmz] ADV (*liter*) a menudo

**Ofwat** ['ɒfwɒt] (*Brit*) N ABBR (= **Office of Water Services**) *organismo que controla a las empresas suministradoras de agua en Inglaterra y Gales*

**ogival** [əʊ'dʒaɪvəl] ADJ ojival

**ogive** ['əʊdʒaɪv] N ojiva *f*

**ogle** ['əʊgl] VT comerse con los ojos

**O-grade** ['əʊgreɪd] N ABBR (*Scot Scol*) (= **Ordinary grade**) ≈ BUP *m*

**ogre** ['əʊgəʳ] N ogro *m*

**OH** ABBR (*US*) = **Ohio**

**oh** [əʊ] EXCL [1] (*gen*) ¡ah!; **oh is he?** ¿en serio?; **oh dear, I've spilt the milk!** ¡ay, se me ha caído la leche!; **oh for a horse!** ¡quién tuviera un caballo!; **oh good!** ¡qué bien!; **oh no you don't!** ¡eso sí que no!, ¡de eso nada!; **oh really?** ¿no me digas?, ¿de veras?; **oh really!** ¡no puede ser!; **oh to be in Paris!** ¡ojalá estuviera en París!; **oh what a surprise!** ¡qué sorpresa!; **oh yes?** ¿ah sí?
[2] (= *cry of pain*) ¡ay!
[3] (*vocative*) **oh king!** ¡oh rey!

**ohm** [əʊm] N ohmio *m*, ohm *m*

**OHMS** ABBR (*Brit*) = **On Her** *or* **His Majesty's Service**

**OHP** N ABBR (= **overhead projector**) retroproyector *m*

**oik*** [ɔɪk] N (*Brit*) palurdo *m*, patán *m*

**oil** [ɔɪl] Ⓐ N [1] (*gen, also Aut*) aceite *m*; (= *holy oil*) crisma *f*, santo óleo *m*; **to check the ~** (*Aut etc*) revisar el nivel del aceite; ✦**IDIOMS to pour ~ on troubled waters** calmar los ánimos; **to pour ~ on the flames** echar más leña al fuego; *see also* **midnight**
[2] (*Geol*) (*as mineral*) petróleo *m*; **to strike ~** encontrar petróleo; (*fig*) encontrar un filón
[3] (*Art*) óleo *m*; **an ~ by Rembrandt** un óleo de Rembrandt; **to paint in ~s** pintar al óleo
Ⓑ VT lubricar, engrasar; ✦**IDIOMS to ~ the wheels** allanar el terreno; **to be well ~ed*** ir a la vela*
Ⓒ CPD ► **oil change** N (*Aut*) cambio *m* de aceite ► **oil colours** NPL (*Art*) óleos *mpl* ► **oil deposits** NPL (*Geol*) yacimientos *mpl* de petróleo ► **oil filter** N (*Aut*) filtro *m* de aceite ► **oil gauge** N (*Aut*) indicador *m* de(l) aceite ► **oil industry** N industria *f* del petróleo ► **oil lamp** N lámpara *f* de aceite, quinqué *m* ► **oil level** N nivel *m* del aceite ► **oil paint** N (*Art*) óleo *m*, pintura *f* al óleo ► **oil painting** N (*Art*) pintura *f* al óleo; **she's no ~ painting*** no es ninguna belleza ► **oil pipeline** N oleoducto *m* ► **oil platform** N plataforma *f* petrolífera ► **oil pollution** N contaminación *f* petrolífera ► **oil pressure** N (*Aut*) presión *f* del aceite ► **oil refinery** N refinería *f* de petróleo ► **oil rig** N torre *f* de perforación; (*Naut*) plataforma *f* de perforación submarina ► **oil slick** N (*large*) marea *f* negra; (*small*) mancha *f* de petróleo, capa *f* de petróleo (en el agua) ► **oil spill** N (= *act*) fuga *f* de petróleo; (= *substance*) = **oil slick** ► **oil stove** N (*for cooking*) cocina *f* de petróleo; (*for heating*) estufa *f* de petróleo ► **oil tanker** N petrolero *m* ► **oil terminal** N terminal *f* petrolífera ► **oil well** N pozo *m* de petróleo

**OFTEN**

### In statements

• When **often** means "on many occasions", you can usually translate it using **con frecuencia** or **a menudo**:

He often came to my house
***Venía con frecuencia** or **a menudo a mi casa***
She doesn't often get angry
***No se enfada con frecuencia** or **a menudo***
You are late too often
***Llegas tarde con demasiada frecuencia** or **demasiado a menudo***

• In informal contexts, particularly when **often** can be substituted by **a lot** or **much** with no change of meaning, **mucho** is an alternative translation:

He doesn't often come to see me
***No viene mucho a verme***
He often hangs out in this bar
***Para mucho en este bar***

• **Muchas veces** is another possible translation, but it should be used with the present only if the time, place or activity is restricted in some way:

I've often heard him talk about the need for this law
***Le he oído muchas veces hablar de la necesidad de esta ley***
It can often be difficult to discuss this subject with one's partner
***Muchas veces es difícil hablar con la pareja sobre este tema***

• When **often** describes a predictable, habitual or regular action, you can often translate it using the present or imperfect of **soler** as applicable:

In England it is often cold in winter
***En Inglaterra suele hacer frío en invierno***
I often have a glass of sherry before dinner
***Suelo tomar un jerez antes de cenar***
We often went out for a walk in the evening
***Solíamos salir por la tarde a dar un paseo***

• Use **soler** also when **often** means "in many cases":

This heart condition is often very serious
***Esta enfermedad cardíaca suele ser muy grave***

### In questions

• You can usually use **con frecuencia** in questions, though there are other possibilities:

How often do you go to Madrid?
***¿Con qué frecuencia vas a Madrid?***
Do you often go to Spain?
***¿Vas a España con frecuencia?, ¿Vas a menudo** or **mucho a España?***

*For further uses and examples, see main entry.*

**oil-based** ['ɔɪlbeɪst] ADJ [*product*] derivado del petróleo

**oil-burning** ['ɔɪlˌbɜːnɪŋ] ADJ (alimentado) al petróleo, de petróleo

**oilcake** ['ɔɪlkeɪk] N torta *f* de borujo, torta *f* de linaza

**oilcan** ['ɔɪlkæn] N aceitera *f*

**oilcloth** ['ɔɪlklɒθ] N hule *m*, encerado *m*

**oildrum** ['ɔɪldrʌm] N bidón *m* de aceite

**oiler** ['ɔɪləʳ] N 1 (= *ship*) petrolero *m*; (= *can*) lata *f* de aceite, lata *f* de lubricante; (= *person*) engrasador/a *m/f*
2 **oilers** (*US*) (= *clothes*) hule *m*

**oilfield** ['ɔɪlfi:ld] N yacimiento *m* petrolífero

**oil-fired** ['ɔɪlfaɪəd] Ⓐ ADJ de fuel-oil
Ⓑ CPD ► **oil-fired central heating** N calefacción *f* central al petróleo ► **oil-fired power-station** N central *f* térmica de fuel

**oiliness** ['ɔɪlɪnɪs] N 1 (= *greasiness*) [*of food*] lo aceitoso, lo grasiento; [*of skin, hair*] lo grasiento, lo graso; [*of substance*] oleaginosidad *f*
2 (*pej*) [*of manners, tone*] zalamería *f*, lo empalagoso

**oilman** ['ɔɪlmæn] N (*pl* **oilmen**) (= *worker*) petrolero *m*; (= *magnate*) magnate *m* del petróleo

**oilpan** ['ɔɪlpæn] N (*US Aut*) cárter *m*

**oilskin** ['ɔɪlskɪn] N 1 (= *oilcloth*) hule *m*, encerado *m*
2 **oilskins** (*Brit*) (= *clothes*) chubasquero *m*, impermeable *m*

**oily** ['ɔɪlɪ] Ⓐ ADJ (*compar* **oilier**; *superl* **oiliest**)
1 (= *greasy*) [*food*] aceitoso, grasiento, grasoso (*LAm*); [*hands, rag*] grasiento, lleno de aceite; [*skin, hair*] graso, grasoso (*LAm*); [*road, beach*] lleno de aceite; [*substance, liquid*] oleaginoso
2 (= *smarmy*) [*person, voice*] zalamero, empalagoso
Ⓑ CPD ► **oily fish** N (*Culin*) pescado *m* azul

**oink** [ɔɪŋk] Ⓐ VI gruñir
Ⓑ EXCL ¡oink!

**ointment** ['ɔɪntmənt] N ungüento *m*, pomada *f*

**OJT** N ABBR (*US*) (= **on-the-job training**) aprendizaje *m* en el trabajo

**OK**[1]* ['əʊ'keɪ] Ⓐ EXCL (= *all right*) ¡está bien!, ¡okey! (*LAm*); (= *yes*) ¡sí!; (= *understood*) ¡comprendo!; (= *I agree*) ¡vale!; (= *enough*) ¡basta ya!, ¡ya estuvo bueno! (*LAm*); **OK, OK!** ¡vale, vale!, ¡ya, ya!; **OK, the next item on the agenda is ...** bueno, el siguiente punto en el orden del día es ...
Ⓑ ADJ 1 (= *undamaged, in good health*) bien; **is the car OK?** ¿anda bien el coche?
2 (= *agreed*) **it's OK with** *or* **by me** yo estoy de acuerdo, por mí vale; **is it OK with you if ...?** ¿te importa si ...?, ¿te molesta que ...?; **OK it's difficult, but ...** estoy de acuerdo que es difícil pero ...; **I'm coming too, OK?** vengo yo también, ¿vale *or* (*LAm*) okey?
3 (= *acceptable*) **that may have been OK last year** eso puede haber estado bien el año pasado
4 (= *well provided for*) **are you OK for money/time?** ¿andas *or* (*esp LAm*) vas bien de dinero/tiempo?; **"do you want another drink?" — "I'm OK, thanks"** —¿te apetece otro trago? —no quiero más, gracias
5 (= *likeable*) **he's OK** ◊ **he's an OK guy** es un buen tipo*, es un tío majo (*Sp**)
Ⓒ ADV **he's doing OK** las cosas le van bien
Ⓓ N visto *m* bueno; **to give sth the OK** dar el visto bueno a algo, aprobar algo
Ⓔ VT dar el visto bueno a, aprobar

**OK**[2] ABBR (*US*) = **Oklahoma**

**okapi** [əʊ'kɑ:pɪ] N (*pl* **okapis** *or* **okapi**) okapi *m*

**okay*** [əʊ'keɪ] = **OK**[1]

**okey-doke(y)‡** [ˌəʊkɪ'dəʊk(ɪ)] EXCL bueno, vale*

**Okla** ABBR (*US*) = **Oklahoma**

**okra** ['əʊkrə] N kimbombó *m*

**old** [əʊld] Ⓐ ADJ (*compar* **older**; *superl* **oldest**)
1 (= *not young*) [*person*] viejo; (*more respectful*) mayor, anciano; [*animal*] viejo; [*civilization*] antiguo; **an ~ man** un viejo, un anciano; **an ~ woman** una vieja, una anciana; **he's a bit of an ~ woman** es un poco Doña Remilgos; **an ~ lady** una señora mayor *or* anciana; **a little ~ lady** una viejecita, una ancianita; **~ people** ◊ **~ folks*** los viejos; (*more respectful*) los ancianos, las personas mayores; **to live to be ~** llegar a una edad avanzada; **if I live to be that ~** si llego a esa edad; **to be ~ before one's time** hacerse mayor antes de tiempo; **to be ~ beyond one's years** ser maduro para la edad que se tiene; **he's ~ for his age** *or* **for his years** [*child*] es muy maduro para su edad; **that dress is too ~ for you** ese vestido es para alguien mayor que tú, ese vestido no es apropiado para tu edad; **to get** *or* **grow ~** envejecer; **he's afraid of getting** *or* **growing ~** tiene miedo a envejecer; **he's getting ~** se está haciendo viejo; **to get ~er** envejecer; **as we get ~er ...** según envejecemos ...; **to look ~** parecer viejo, estar avejentado; **she's not as ~ as she looks** no es tan vieja como parece; ✦*IDIOMS* **as ~ as Methuselah** más viejo que Matusalén; **he/she has an ~ head on young shoulders** es maduro/a para su edad; *see also* **dirty A4**, **fogey**, **fool A1**, **teach A2**
2 (*relating to ages*) **how ~ are you?** ¿cuántos años tienes?, ¿qué edad tienes?; **Laura is six weeks/months/years ~** Laura tiene seis semanas/meses/años; **she's three years ~ today** hoy cumple tres años; **he'll be six weeks ~ tomorrow** cumplirá seis semanas mañana; **a six-week-~ baby** un niño de seis semanas; **a five-year-~ (child)** un niño de cinco años; **the building is 300 years ~** el edificio tiene 300 años; **the company is a century ~** la compañía existe desde hace un siglo; **at ten months ~ she was already walking** cuando tenía diez meses ya andaba; **she is two years ~er than you** tiene dos años más que tú; **you'll understand when you are ~er** cuando seas mayor lo entenderás; **when you are ~er it's harder to change jobs** cuando eres mayor es más difícil cambiar de trabajo; **their ~est child** su hijo mayor; **she is the ~est** es la mayor; **she is the ~est teacher in the school** es la profesora de más edad del colegio; **to be ~ enough for sth/to do sth** tener edad para algo/para hacer algo; **she's ~ enough to go alone** ya tiene edad para ir sola; **he's ~ enough to know better** (*to have more sense*) a su edad debería tener más sentido común, ya es mayorcito para saber lo que está bien y lo que está mal; (*to behave better*) a su edad debería portarse mejor; **she's ~ enough to be your mother** con la edad que tiene, podría ser tu madre; **you're as ~ as you feel** eres tan viejo como te sientes; *see also* **generation**
3 (= *not new*) 3·1 (= *antique*) [*painting, book, building*] antiguo; [*wine*] añejo; **the ~ part of Glasgow** la parte vieja *or* antigua de Glasgow; ✦*IDIOMS* **to be as ~ as the hills** ◊ **be as ~ as Adam** ser de tiempos de Maricastaña, ser más viejo que el mundo; *see also* **chip A1**
3·2 [*clothes, furniture*] (= *tatty*) viejo; (= *worn*) usado, gastado; **it's too ~ to be any use** es demasiado viejo para servir de algo
4 (= *long-standing*) viejo; **he's an ~ friend of mine** es un viejo amigo mío; **that's an ~ problem** eso no es nada nuevo, eso ya viene de atrás; **it's a very ~ tradition/custom** es una vieja tradición/costumbre, es una tradición/costumbre antigua; **the ~ ways survived in some country areas** las viejas costumbres perduraron en algunas partes del campo; **an ~ family** una familia de abolengo; *see also* **score A4**
5 (= *former*) antiguo; **my ~ flat was very small** mi antiguo piso era muy pequeño; **the ~ country** la madre patria, la patria; **in the ~ days** antaño, en los viejos tiempos; **the good ~ days** los viejos tiempos; **it's not as good as our ~ one** no es tan bueno como el anterior; **my ~ school** mi antiguo *or* viejo colegio; **of the ~ school** (*fig*) de la vieja escuela; **for ~ times' sake** por los viejos tiempos
6 (*) (*expressing affection*) **here's ~ Peter coming** ahí viene el bueno de Peter; **good ~ Mike!** ¡este Mike!; **come on, ~ man!**† ¡venga hombre!; **she's a funny ~ thing** es rarita; **my** *or* **the ~ lady** *or* **woman** (= *mother*) mi *or* la vieja‡; (= *wife*) la parienta*; **my** *or* **the ~ man** (= *father*) mi *or* el viejo‡; (= *husband*) mi marido
7 (*) (*as intensifier*) **what a load of ~ rubbish!** ¡qué cantidad de chorradas!*; **any ~**: **any ~ thing will do** cualquier cosa sirve; **it's not just any ~ painting, it's a Rembrandt** no es un cuadro cualquiera, es un Rembrandt; **just put it any ~ where** ponlo en cualquier parte; **he leaves his things any ~ how** deja sus cosas de cualquier manera; **I parked the car any ~ how** aparqué el coche de cualquier manera; **we had a high ~ time** hacía tiempo que no nos divertíamos tanto; **it's the same ~ story** es la misma historia de siempre
Ⓑ N 1 **the ~** los viejos *mpl*, los ancianos *mpl*; **their music appeals to ~ and young alike** su música gusta tanto a jóvenes como a viejos; **the circus appeals to ~ and young alike** el circo gusta igualmente a grandes y pequeños
2 (*liter*) **of ~**: **to know sb of ~** conocer a algn desde hace tiempo; **knights/legends of ~** los caballeros/las leyendas de antaño (*liter*); **in days of ~** antaño (*liter*), en los tiempos antiguos
Ⓒ CPD ► **old age** N vejez *f*; **in one's ~ age** en la vejez; **perhaps I'm going soft in my ~ age** quizá me estoy ablandando al hacerme viejo *or* en la vejez; **he is unable to travel much because of ~ age** no puede viajar mucho debido a su edad; *see also* **ripe** ► **old age pension** N subsidio *m* de la tercera edad, pensión *f* ► **old age pensioner** N pensionista *mf*, jubilado/a *m/f* ► **the Old Bailey** N (*Brit*) *el tribunal de lo penal de más alto rango de Inglaterra* ► **the Old Bill‡** N (*Brit*) la poli*, la pasma (*Sp‡*) ► **old boy** N (= *former pupil*) ex-alumno *m*, antiguo alumno *m*; (†*) (= *old chap*) amigo *m* mío; **the ~-boy network** (*esp pej*) el amiguismo ► **the old brigade** N los veteranos ► **old campaigner** N veterano *m* ► **old chestnut*** N (= *joke*) broma *f* muy pasada; (= *story*) historia *f* muy pasada ► **Old Dominion** N (*US*) *el estado de Virginia* ► **Old English** N inglés *m* antiguo; → ANGLO-SAXON ► **Old English Sheepdog** N perro *m* pastor ovejero inglés ► **old flame** N antiguo amor *m* ► **old folks' home** N residencia *f* de ancianos ► **old girl** N (= *former pupil*) ex-alumna *f*, antigua alumna *f*; (= *elderly woman*) (*†) señora *f*, abuelita* *f* ► **Old Glory** N (*US*) *bandera de los Estados Unidos* ► **old gold** N oro *m* viejo ► **the old guard** N la vieja guardia ► **old hand** N veterano/a *m/f*; **he's an ~ hand at photography** es un veterano de la fotografía ► **old lag*** N (= *old prisoner*) (preso/a *m/f*) veterano/a *m/f*; (= *ex-prisoner*) ex-presidiario/a *m/f* ► **old maid** N (*pej*) solterona *f*; **she'll end up an ~ maid** se quedará para vestir santos ► **Old Man River** N (*US*) *el río Mississippi* ► **old master** N (= *work*) obra *f* maestra de la

pintura clásica; (= *painter*) gran maestro *m* de la pintura clásica ► **old money** N dinero *m* de familia ► **Old Nick*** N (*hum*) Pedro Botero (* *hum*) ► **old people's home** N residencia *f* de ancianos ► **old salt** N (*Naut*) viejo lobo *m* de mar ► **old school tie** N (*Brit*) (*lit*) *corbata con los colores representativos de la escuela a la que alguien ha asistido*; **the ~ school tie** (*fig*) el amiguismo ► **old soldier** N veterano *m*, excombatiente *m* ► **the Old South** N (*US*) el viejo sur ► **old stager** N veterano/a *m/f* ► **Old Testament** N Antiguo Testamento *m* ► **old wives' tale** N cuento *m* de viejas, patraña *f* ► **the Old World** N el Viejo Mundo, el Viejo Continente; *see also* **old-world**

**OLD**

### Position of "viejo" and "antiguo"

**Viejo** and **antiguo** can go either before or after the noun, depending on their meaning.

#### Viejo

- Put **viejo** *after* the noun when you are referring to age:

 ...boxes full of old clothes...
 ***...cajas llenas de ropa vieja...***
 Old cars are the ones that pollute the environment most
 ***Son los coches viejos los que más contaminan el medio ambiente***

- Put **viejo** *before* the noun when you mean **old** in the sense of "long-standing" or "well-established":

 They got in touch with an old friend
 ***Se pusieron en contacto con un viejo amigo***
 Many of the old customs have changed with the passing of time
 ***Muchas de las viejas costumbres han cambiado con el paso del tiempo***

#### Antiguo

- Generally put **antiguo** *after* the noun to translate **ancient** or **old** in the sense of "ancient":

 ...one of Canada's most beautiful old houses...
 ***...una de las más bellas casas antiguas de Canadá...***
 ...the old part of the town...
 ***...el barrio antiguo de la ciudad...***

- Put **antiguo** *before* the noun to translate **former** or **old** in the sense of "former":

 My old colleagues are no longer my friends
 ***Mis antiguos compañeros ya no son mis amigos***
 ...the former British colonies...
 ***...las antiguas colonias británicas...***

*For further uses and examples, see main entry.*

**olden** ['əʊldən] ADJ (†† *or poet*) antiguo; **in ~ times** *or* **days** antaño (*liter*), antiguamente

**old-established** ['əʊldɪ'stæblɪʃt] ADJ antiguo

**olde-worlde** ['əʊldɪ'wɜːldɪ] ADJ (*hum*) viejísimo, antiquísimo; **with ~ lettering** con letras al estilo antiguo; **a very ~ interior** un interior pintoresco de antaño; **Stratford is terribly ~** Stratford tiene sabor arcaico en exceso

**old-fashioned** ['əʊld'fæʃnd] ADJ [1] (= *outmoded*) [*thing*] anticuado, pasado de moda; [*person, attitude*] anticuado, chapado a la antigua; **good ~ honesty** la honestidad de toda la vida
[2] (*Brit*†) (= *disapproving*) **to give sb an ~ look** mirar a algn con extrañeza

**oldie*** ['əʊldɪ] N [1] (= *song*) melodía *f* del ayer; (= *joke*) chiste *m* anticuado
[2] (*Brit*) (= *old person*) vejete/a *m/f*

**oldish** ['əʊldɪʃ] ADJ algo viejo, más bien viejo, que va para viejo

**old-looking** ['əʊld,lʊkɪŋ] ADJ de aspecto viejo

**old-maidish** ['əʊld'meɪdɪʃ] ADJ (= *spinsterish*) de solterona; (= *fussy*) remilgado

**oldster** ['əʊldstəʳ] N (*US*) viejo/a *m/f*, anciano/a *m/f*

**old-style** ['əʊld'staɪl] ADJ antiguo, al estilo antiguo, a la antigua; **~ calendar** calendario *m* juliano

**old-time** ['əʊldtaɪm] Ⓐ ADJ de antaño
Ⓑ CPD ► **old-time dancing** N baile *m* antiguo, baile *m* de antaño

**old-timer** [,əʊld'taɪməʳ] N veterano/a *m/f*; (*US**) (= *old person*) viejo/a *m/f*, anciano/a *m/f*

**old-world** ['əʊld'wɜːld] ADJ [1] (= *traditional*) antiguo; [*style*] clásico; [*manners*] anticuado; **the ~ charm of Toledo** el sabor antiguo *or* arcaico de Toledo
[2] (*Geog*) del Viejo Mundo; *see also* **old C**

**OLE** N ABBR (*Comput*) = **object linking and embedding**

**oleaginous** [əʊlɪ'ædʒɪnəs] ADJ oleaginoso

**oleander** [,əʊlɪ'ændəʳ] N adelfa *f*

**oleo...** ['əʊlɪəʊ] PREFIX oleo...

**O-level** ['əʊ,levl] N (*Brit Scol*) (*formerly*) (= **Ordinary level**) ≈ BUP *m*

**olfactory** [ɒl'fæktərɪ] ADJ olfativo, olfatorio

**oligarchic** [,ɒlɪ'gɑːkɪk] ADJ oligárquico

**oligarchical** [,ɒlɪ'gɑːkɪkəl] ADJ = **oligarchic**

**oligarchy** ['ɒlɪgɑːkɪ] N oligarquía *f*

**oligo...** ['ɒlɪgəʊ] PREFIX oligo...

**Oligocene** ['ɒlɪgəʊsiːn] Ⓐ ADJ oligocénico
Ⓑ N **the ~** el Oligoceno

**oligopoly** [,ɒlɪ'gɒpəlɪ] N oligopolio *m*

**oligopsony** [,ɒlɪ'gɒpsənɪ] N oligopsonio *m*

**olive** ['ɒlɪv] Ⓐ N (= *fruit*) aceituna *f*, oliva *f*; (*also* **~ tree**) olivo *m*; **eating ~** aceituna *f* de mesa
Ⓑ ADJ (*also* **~-green**) [*complexion, skin, shirt, paint*] verde oliva *inv*
Ⓒ CPD ► **olive branch** N rama *f* de olivo; ✦***IDIOM*** **to hold out an ~ branch** hacer un gesto de paz ► **olive green** N verde *m* oliva ► **olive grove** N olivar *m* ► **olive grower** N oleicultor(a) *m/f* ► **olive growing** N oleicultura *f*; *see also* **olive-growing** ► **olive oil** N aceite *m* de oliva ► **olive tree** N olivo *m*

**olive-green** ['ɒlɪv'griːn] ADJ verde oliva; **~ uniforms** uniformes *mpl* verde oliva

**olive-growing** ['ɒlɪv,grəʊɪŋ] ADJ **~ region** región *f* olivera; *see also* **olive**

**Oliver** ['ɒlɪvəʳ] N Oliverio

**Olympia** [ə'lɪmpɪə] N Olimpia *f*

**Olympiad** [əʊ'lɪmpɪæd] N olimpíada *f*

**Olympian** [əʊ'lɪmpɪən] Ⓐ ADJ olímpico
Ⓑ N (*Sport*) olímpico/a *m/f*

**Olympic** [əʊ'lɪmpɪk] Ⓐ ADJ olímpico
Ⓑ N **the ~s** las Olimpiadas
Ⓒ CPD ► **the Olympic Games** NPL las Olimpiadas ► **Olympic medallist** N medallero/a *m/f* olímpico/a ► **Olympic torch** N antorcha *f* olímpica

**Olympus** [əʊ'lɪmpəs] N Olimpo *m*

**OM** N ABBR (*Brit*) (= **Order of Merit**) *título ceremonial*

**Oman** [əʊ'mɑːn] N Omán *m*

**Omani** [əʊ'mɑːnɪ] Ⓐ ADJ omaní
Ⓑ N omaní *mf*

**OMB** N ABBR (*US*) (= **Office of Management and Budget**) *servicio que asesora al presidente en materia presupuestaria*

**ombudsman** ['ɒmbʊdzmən] N (*pl* **ombudsmen**) ≈ defensor *m* del pueblo

**OMBUDSMAN**

*Se conoce con el nombre de* **ombudsman** *al funcionario encargado de investigar las quejas de los ciudadanos contra una institución determinada. En el Reino Unido, el* **ombudsman** *que se ocupa de los casos de administración fraudulenta en los ministerios del gobierno, el* **NHS** *y otros organismos institucionales es el* **Parliamentary Commissioner for Administration**. *Su jurisdicción se limita al área administrativa del gobierno, pero no afecta a su política o legislación. Otros* **ombudsmen** *se nombran para estudiar las quejas que provienen de los clientes de instituciones financieras, como por ejemplo el* **Banking ombudsman**, *el* **Building Societies ombudsman** *o el* **Insurance Ombudsman**. *En Estados Unidos, los* **ombudsmen** *llevan a cabo labores similares de investigación de instituciones, tanto en el sector público como en el privado.*

**omega** ['əʊmɪgə] N omega *f*

**omelet(te)** ['ɒmlɪt] N omellete *f*, tortilla *f* francesa, torta *f* de huevos (*Mex*); ✦***PROV*** **you can't make an ~ without breaking eggs** no se puede hacer tortillas sin romper huevos

**omen** ['əʊmen] N augurio *m*, presagio *m*; **it is a good ~ that ...** es un buen presagio que ...; **bird of ill ~** ave *f* de mal agüero

**ominous** ['ɒmɪnəs] ADJ [*development, event*] de mal agüero; [*silence*] que no augura nada bueno, que no presagia nada bueno; [*sound*] siniestro; [*cloud*] amenazador; [*tone*] (= *sinister*) amenazador; (= *worrying*) inquietante; **that's ~** eso es una mala señal; **it was an ~ sign** era una señal de mal agüero; **the silence was ~** el silencio no auguraba *or* no presagiaba nada bueno; **to look/sound ~** no augurar *or* presagiar nada bueno

**ominously** ['ɒmɪnəslɪ] ADV **"we have a problem," she said ~** —tenemos un problema —dijo en un tono que resultaba inquietante; **"I would not do that if I were you," he said ~** —yo que tú no haría eso —dijo con un tono inquietante *or* en tono amenazador; **the men marched ~ up the street** los hombres marchaban calle arriba de una forma que no presagiaba *or* auguraba nada bueno; **the thunder rumbled ~** los truenos retumbaban amenazadores; **Steve was ~ quiet** era inquietante lo tranquilo que estaba Steve; **the deadline was drawing ~ close** la fecha límite se acercaba amenazadora; **this sounded ~ like a declaration of war** esto guardaba un siniestro parecido con una declaración de guerra

**omission** [əʊ'mɪʃən] N (= *act of omitting*) omisión *f*; (= *mistake*) descuido *m*; **it was an ~ on my part** fue un descuido mío

**omit** [əʊ'mɪt] VT (*on purpose*) suprimir; (*by accident*) olvidarse de; [+ *person, person's name*] pasar por alto; **to ~ to do sth** (*on purpose*) omitir hacer algo, decidir no hacer algo; (*by accident*) olvidarse de hacer algo

**omni...** ['ɒmnɪ] PREFIX omni...

**omnibus** ['ɒmnɪbəs] Ⓐ N [1] (†) (= *bus*) ómnibus *m*, autobús *m*, camión *m* (*Mex*)
[2] (= *book*) antología *f*, tomo *m* de obras escogidas
Ⓑ ADJ general, para todo
Ⓒ CPD ► **omnibus edition** N (*Literat*) edición *f* antológica, edición *f* de obras escogi-

das; (*Brit TV, Rad*) programa *m* especial (*que incluye varios episodios*)

**omnidirectional** [ˌɒmnɪdɪˈrekʃənəl] ADJ omnidireccional

**omnipotence** [ɒmˈnɪpətəns] N omnipotencia *f*

**omnipotent** [ɒmˈnɪpətənt] ADJ omnipotente

**omnipresence** [ˈɒmnɪˈprezəns] N omnipresencia *f*

**omnipresent** [ˈɒmnɪˈprezənt] ADJ omnipresente

**omniscience** [ɒmˈnɪsɪəns] N omnisciencia *f*

**omniscient** [ɒmˈnɪsɪənt] ADJ omnisciente

**omnivore** [ˈɒmnɪvɔːʳ] N omnívoro/a *m/f*

**omnivorous** [ɒmˈnɪvərəs] ADJ omnívoro; **she is an ~ reader** es una lectora insaciable

**ON** ABBR (*Canada*) = **Ontario**

**on** [ɒn]

> When ***on*** *is the second element in a phrasal verb, eg* ***have on, get on, go on****, look up the verb. When it is part of a set combination, such as* ***broadside on, further on****, look up the other word.*

Ⓐ PREP 1 (*indicating place, position*) en, sobre; **on the ceiling** sobre el techo; **on the Continent** en Europa; **with her hat on her head** con el sombrero puesto; **on page two** en la página dos; **on the right** a la derecha; **on the high seas** en alta mar; **on all sides** por todas partes, por todos lados; **a house on the square** una casa en la plaza; **on the table** en *or* sobre la mesa; **a meal on the train** una comida en el tren; **hanging on the wall** colgado en la pared

2 (*indicating time*) **on Friday** el viernes; **on Fridays** los viernes; **on May 14th** el catorce de mayo; **on or about the 8th** el día 8 o por ahí; **on and after the 15th** el día 15 y a partir de la misma fecha; **on a day like this** (en) un día como éste; **on the next day** al día siguiente; **on some days it is** hay días cuando lo es; **on the evening of July 2nd** el 2 de julio por la tarde

3 (= *at the time of*) **on seeing him** al verlo; **on my arrival** al llegar, a mi llegada; **on my calling to him** al llamarle yo

4 (= *about, concerning*) sobre, acerca de; **a book on physics** un libro de *or* sobre física; **he lectured on Keats** dio una conferencia sobre Keats; **Eden on the events of 1956** lo que dice Eden acerca de los acontecimientos de 1956; **have you read Purnell on Churchill?** ¿has leído los comentarios de Purnell sobre Churchill?; **have you heard the boss on the new tax?** ¿has oído lo que dice el jefe acerca de la nueva contribución?; **while we're on the subject** como hablamos de esto

5 (= *towards, against*) **the march on Rome** la marcha sobre Roma; **an attack on the government** un ataque contra el gobierno

6 (= *earning, receiving*) **he's on £6,000 a year** gana seis mil libras al año; **a student on a grant** un estudiante con beca; **many live on less than that** muchos viven con menos

7 (= *taking, consuming*) **I'm on a milk diet** sigo un régimen lácteo; **he's back on drugs** ha vuelto a drogarse; **he's on heroin** está enganchado a la heroína; **I'm on three pills a day** tomo tres píldoras al día; *see also* **live on A**

8 (= *engaged in*) **I'm on a new project** trabajo sobre un nuevo proyecto; **we're on irregular verbs** estamos con los verbos irregulares; **he's away on business** está en viaje de negocios; **to be on holiday** estar de vacaciones; **the company is on tour** la compañía está en gira

9 (*indicating membership*) **he's on the committee** es miembro del comité; **he's on the permanent staff** es de plantilla

10 (= *playing*) **with Louis Armstrong on trumpet** con Louis Armstrong a la trompeta; **all the children play on the piano** todos los chicos saben tocar el piano; **he played it on the violin** lo tocó al violín

11 (*TV, Rad*) **on the radio** en *or* por la radio; **on television** en *or* por (la) televisión; **there's a good film on TV tonight** esta noche dan una buena película en la tele; **on video** en vídeo

12 (= *about one's person*) **I haven't any money on me** no llevo dinero encima

13 (= *after, according to*) **on this model** según este modelo

14 (= *compared to*) **prices are up on last year('s)** los precios han subido frente a los del año pasado

15 (= *at the expense of*) **this round's on me** esta ronda la pago yo, invito yo; **the tour was on the Council** la gira la pagó el Consejo, corrió el Consejo con los gastos de la gira; ✦***IDIOM*** **it's on the house** la casa invita

16 (*liter*) **woe on woe** dolor sobre dolor; **snow on snow** nieve y más nieve

17 (*phrases*) **on account of** a causa de; **on good authority** de buena tinta; **on his authority** con su autorización; **on average** por término medio; **to swear on the Bible** prestar juramento sobre la Biblia; **on a charge of murder** acusado de homicidio; **on foot** a pie; **on horseback** a caballo; **on pain of** so pena de; **on sale** de venta; **on the telephone** por teléfono; **on time** a la hora, a tiempo; *see also* **base B2**

Ⓑ ADV 1 (= *in place*) [*lid etc*] puesto; **the lid is on** la tapa está puesta; **it's not on properly** no está bien puesto; *see also* **screw on**

2 (*with clothes*) **to have one's boots on** llevar las botas puestas; **to have one's coat on** tener el abrigo puesto; **what's she got on?** ¿qué lleva puesto?, ¿cómo va vestida?; **she had not got much on** iba muy ligera de ropa

3 (*indicating time*) **from that day on** a partir de aquel día, de aquel día en adelante; **on and off** de vez en cuando, a intervalos; **it was well on in the evening** estaba ya muy entrada la tarde; **well on in June** bien entrado junio; **they talked well on into the night** hablaron hasta bien entrada la noche; **well on in years** entrado en años, que va para viejo; *see also* **further A1**, **later A2**

4 (*indicating continuation*) **to go/walk on** seguir adelante; **to read on** seguir leyendo; **he rambled on and on** estuvo dale que dale*, estuvo dale y dale (*esp LAm*); **and so on** (= *and the rest*) y demás; (= *etc*) etcétera; **on with the show!** ¡que empiece *or* continúe el espectáculo!; **on with the dancing girls!** ¡que salgan las bailarinas!

5 (*in phrases*) **what are you on about?*** ¿de qué (me) hablas?; **he's always on at me about it*** me está majando continuamente con eso*; *see also* **go on**

Ⓒ ADJ 1 (= *functioning, in operation*) **to be on** [*engine*] estar encendido, estar en marcha; [*switch*] estar encendido *or* conectado; [*machine*] estar encendido *or* funcionando; [*light*] estar encendido, estar prendido (*LAm*); [*TV set etc*] estar encendido, estar puesto, estar prendido (*LAm*); [*tap*] estar abierto; [*brake etc*] estar puesto, estar echado; **in the on position** [*tap*] abierto, en posición de abierto; (*Elec*) encendido, puesto, prendido (*LAm*)

2 (= *being performed, shown*) **the show is now on** ha comenzado el espectáculo; **the show is on in London** se ha estrenado el espectáculo en Londres; **the show was on for only two weeks** el show estuvo solamente 15 días en cartelera; **what's on at the cinema?** ¿qué ponen en el cine?; **what's on at the theatre?** ¿qué dan en el teatro?; **"what's on in London"** "cartelera de los espectáculos londinenses"; **the programme is on in a minute** el programa empieza dentro de un minuto; **there's a good film on tonight** hay una película buena esta noche

3 (= *taking place*) **is the meeting still on tonight?** ¿sigue en pie la reunión de esta noche?, ¿se lleva a cabo siempre la reunión de esta noche? (*LAm*); **the deal is on** se ha cerrado el trato

4 (= *arranged*) **have you got anything on this evening?** ¿tienes compromiso para esta noche?; **sorry, I've got something on tonight** lo siento, esta noche tengo un compromiso

5 (= *performing, working*) **to be on** [*actor*] estar en escena; **you're on in five minutes** sales en cinco minutos; **are you on next?** ¿te toca a ti la próxima vez?; **are you on tomorrow?** (= *on duty*) ¿trabajas mañana?, ¿estás de turno mañana?; **to have one day on and the next off** trabajar un día y el otro no

6 (*) (*indicating agreement, acceptance*) **you're on!** ¡te tomo la palabra!; **are you still on for dinner tomorrow night?** ¿sigo contando contigo para cenar mañana?; **that's not on** (*Brit*) eso no se hace, no hay derecho

Ⓓ EXCL ¡adelante!

**onanism** [ˈəʊnənɪzəm] N onanismo *m*

**on-board** [ˌɒnˈbɔːd] ADJ [*computer, entertainment*] de a bordo

**ONC** N ABBR (*Brit Scol*) (= **Ordinary National Certificate**) *título escolar*

**on-campus** [ˌɒnˈkæmpəs] (*Univ*) ADJ, ADV en el campus

**once** [wʌns] Ⓐ ADV 1 (= *on one occasion*) una vez; **you ~ said you'd never do that** una vez dijiste que nunca harías eso; **he walked away without looking back ~** se alejó caminando sin mirar atrás ni una sola vez; **~ a thief, always a thief** quien roba una vez roba veinte; **~ a smoker, always a smoker** el que es fumador no lo deja de ser nunca; **~ a week** una vez a la *or* por semana; **~ again** otra vez, una vez más; **~ and for all** de una vez (por todas); **we were here ~ before** ya estuvimos aquí una vez antes; **~ every two days** una vez cada dos días; **for ~** por una vez; **~ more** otra vez, una vez más; **more than ~** más de una vez; **it never ~ occurred to me** ni se me occurrió; **~ only** sólo una vez, una sola vez; **~ or twice** un par de veces, una o dos veces; **(every) ~ in a while** de vez en cuando, de cuando en cuando, cada cuando (*LAm*); *see also* **blue A1**

2 (= *formerly*) antes; **it had ~ been white** antes había sido blanco; **a ~ powerful nation** un país que antes *or* en su día había sido poderoso; **the ~ opulent city** la que en su día fuera una opulenta ciudad, la otrora opulenta ciudad (*frm*); **the ring ~ belonged to my father** el anillo había pertenecido en tiempos a mi padre; **~ when we were young** hace tiempo cuando éramos jóvenes; **Texas was ~ ruled by Mexico** Tejas estuvo en su tiempo gobernada por Méjico; **I knew him ~** le conocí hace tiempo; **~ upon a time there was/were** (*as start of story*) érase una vez, había una vez; **~ upon a time they used to hang people for stealing sheep** (= *in the old days*) hubo un tiempo en que solían ahorcar a la gente que robaba ovejas

3 **at ~** 3·1 (= *immediately*) inmediatamente;

(= *now*) ahora mismo; **remove from the heat and serve at ~** retirar del fuego y servir inmediatamente; **he read the letter at ~** leyó la carta inmediatamente *or* en seguida; **we'd better leave at ~** mejor que nos vayamos ahora mismo; **stop it at ~!** ¡deja de hacer eso ahora mismo *or* inmediatamente!

[3.2] (= *simultaneously*) a la vez, al mismo tiempo; **everybody was talking at ~** todo el mundo hablaba a la vez *or* al mismo tiempo; **his style is at ~ original and stimulating** su estilo es al mismo tiempo original y estimulante; **all at ~** (= *suddenly*) de repente, de pronto; (= *simultaneously*) a la vez, al mismo tiempo; **all at ~ she felt afraid** de repente *or* de pronto le entró miedo; **a number of things then happened all at ~** una serie de cosas sucedieron a la vez *or* al mismo tiempo; **don't eat it all at ~** no te lo comas todo de un golpe; **you don't have to pay it all at ~** no tienes que pagar todo de un golpe

Ⓑ CONJ una vez que; **~ you give him the chance** una vez que le des la oportunidad, si le das la oportunidad; **~ they finish, we can start** una vez que *or* en cuanto ellos terminen podemos empezar nosotros; **~ the sun had set, the air turned cold** en cuanto se ocultó el sol, el aire se volvió frío; **~ inside her flat, she opened the letter** una vez dentro del piso, abrió la carta

Ⓒ N **I met her just the ~** sólo la he visto una vez; **just this ~** esta vez sólo, esta vez nada más

**once-over*** ['wʌns,əʊvəʳ] N (= *search etc*) **to give sth/sb the ~** echar un vistazo a algo/algn; **they gave the house the ~** registraron superficialmente la casa

**oncologist** [ɒŋ'kɒlədʒɪst] N oncólogo/a *m/f*

**oncology** [ɒŋ'kɒlədʒɪ] N oncología *f*

**oncoming** ['ɒn,kʌmɪŋ] ADJ [1] [*car, traffic*] que viene en el sentido opuesto

[2] [*event*] que se aproxima, venidero

**on-costs** ['ɒn,kɒsts] NPL (*Brit Comm*) gastos *mpl* generales

**OND** N ABBR (*Brit Scol*) (= **Ordinary National Diploma**) *título escolar*

**one** [wʌn] Ⓐ ADJ [1] (= *number*) un/una; **~ man** un hombre; **~ man out of two** uno de cada dos hombres; **the baby is ~ (year old)** el bebé tiene un año; **it's ~ (o'clock)** es la una; **for ~ reason or another** por diferentes razones; **the last but ~** el penúltimo/la penúltima; **~ or two people** algunas personas; **that's ~ way of doing it** ésa es una forma *or* una de las maneras de hacerlo

[2] (*indefinite*) un/una; **~ day** un día, cierto día; **~ cold winter's day** un día frío de invierno; **~ hot July evening** una tarde de julio de mucho calor; **~ Pérez** un tal Pérez

[3] (= *sole*) único; **his ~ worry** su única preocupación; **the ~ way to do it** la única forma de hacerlo; **no ~ man could do it** ningún hombre podría hacerlo por sí solo; **the ~ and only difficulty** la única dificultad; **the ~ and only Charlie Chaplin** el único e incomparable Charlot

[4] (= *same*) mismo; **all in ~ direction** todos en la misma dirección; **it's all ~** es lo mismo; **it's all ~ to me** me da igual, me da lo mismo; **they are ~ and the same** son el mismo; **they are ~ and the same person** son la misma persona; **it is ~ and the same thing** es la misma cosa

[5] (= *united*) **God is ~** Dios es uno; **they all shouted as ~** todos gritaron a una; **to become ~** casarse; **to be ~ with sth** formar un conjunto con algo

Ⓑ N (= *figure*) uno *m*; **I belted him ~*** le di un guantazo; **~ and six(pence)** (*Brit*†) un chelín y seis peniques; **to be at ~ (with sb)** estar completamente de acuerdo (con algn); **to be at ~ with o.s.** estar en paz consigo mismo; **to go ~ better than sb** tomar la ventaja *or* la delantera a algn; **but John went ~ better** pero Juan lo hizo mejor; **she's cook and housekeeper in ~** es a la vez cocinera y ama de llaves; **it's made all in ~** está hecho en una sola pieza; **you've got it in ~!*** ¡y que lo digas!*; **in ~s and twos** en pequeños grupos; **they came in ~s and twos** vinieron uno a uno y en parejas; **to be ~ up** (*Sport etc*) llevar un punto/gol *etc* de ventaja; **that puts us ~ up** (*Sport etc*) eso nos da un punto/gol *etc* de ventaja; **to be ~ up on sb** llevar ventaja a algn; *see also* **fast A1**, **quick A3**, **road A2**

Ⓒ PRON [1] (*indefinite*) uno/una; **have you got ~?** ¿tienes uno?; **there is only ~ left** queda uno solamente; **his message is ~ of pessimism** su mensaje es pesimista, el suyo es un mensaje pesimista; **~ after the other** uno tras otro; **~ and all** todos sin excepción, todo el mundo; **~ by ~** uno tras otro, uno a uno; **I for ~ am not going** yo, por mi parte, no voy; **not ~** ni uno; **~ of them** uno de ellos; **any ~ of us** cualquiera de nosotros; **he's ~ of the group** es del grupo, forma parte del grupo; **he's ~ of the family now** ya es de la familia; **the ~ ..., the other ...** uno ..., el otro ...; **you can't buy ~ without the other** no se puede comprar el uno sin el otro; **price of ~** precio *m* de la unidad; **two for the price of ~** dos por el precio de uno; **~ or two** unos pocos

[2] (*specific*) **this ~** éste/ésta; **that ~** ése/ésa, aquél/aquélla; **this ~ is better than that ~** éste es mejor que ése; **which ~ do you want?** ¿cuál quieres?; **the white dress and the grey ~** el vestido blanco y el gris; **who wants these red ~s?** ¿quién quiere éstos colorados?; **what about this little ~?** ¿y éste pequeñito *or* (*esp LAm*) chiquito?; **that's a difficult ~** ésa sí que es difícil

[3] (*relative*) **the ~ who** ◊ **the ~ that** el/la que; **the ~s who** ◊ **the ~s that** los/las que; **they were the ~s who told us** ellos fueron quienes nos lo dijeron; **he looked like ~ who had seen a ghost** tenía el aspecto del que acababa de ver un fantasma; **to ~ who can read between the lines** para el que sabe leer entre líneas; **the ~ on the floor** el que está en el suelo; **~ more sensitive would have fainted** una persona de mayor sensibilidad se hubiera desmayado

[4] (= *person*) **he's a clever ~** es un taimado; **he's the troublesome ~** él es el revoltoso; **you are a ~!** ¡qué cosas dices/haces!; **our dear ~s** nuestros seres queridos; **the Evil One** el demonio; **you're a fine ~!*** ¡menuda pieza estás tú hecho!*; **he's ~ for the ladies** tiene éxito con las mujeres; **he's a great ~ for chess** es muy bueno al ajedrez; **he's a great ~ for arguing** es de los que les encanta discutir; **the little ~s** los pequeños, los chiquillos; **never a ~** ni uno siquiera; **he is not ~ to protest** no es de los que protestan; **he's not much of a ~ for sweets** no le gustan mucho los dulces

[5] **~ another**: **they kissed ~ another** se besaron (el uno al otro); **they all kissed ~ another** se besaron (unos a otros); **do you see ~ another much?** ¿se ven mucho?; **it's a year since we saw ~ another** hace un año que no nos vemos

[6] (*impers*) uno/una; **~ never knows** nunca se sabe; **~ must eat** hay que comer; **~ has ~'s pride** uno tiene cierto amor propio; **~'s life is not really safe** la vida de uno no tiene seguridad; **~'s opinion does not count** la opinión de uno no cuenta; **to cut ~'s finger** cortarse el dedo

**one-** [wʌn] PREFIX de un ..., de un solo ..., uni-, un-; **a ~line message** un mensaje de una sola línea; **a ~celled animal** un animal unicelular; **a ~day excursion** (*US*) un billete de ida y vuelta en un día

**one-act** ['wʌn'ækt] ADJ de un solo acto

**one-armed** ['wʌn'ɑːmd] Ⓐ ADJ manco

Ⓑ CPD ► **one-armed bandit*** N máquina *f* tragamonedas, máquina *f* tragaperras (*Sp*)

**one-eyed** ['wʌn'aɪd] ADJ tuerto

**one-handed** ['wʌn'hændɪd] Ⓐ ADV **to catch the ball ~** recoger la pelota con una sola mano

Ⓑ ADJ manco

**one-horse** ['wʌn'hɔːs] ADJ [1] [*carriage*] de un solo caballo

[2] (*) insignificante, de poca monta; **~ town** pueblucho* *m*

[3] **a ~ race** (*fig*) una contienda en la que no hay color, un paseo triunfal

**one-legged** ['wʌn'legɪd] ADJ con una sola pierna

**one-liner** [,wʌn'laɪnəʳ] N chiste *m* breve

**one-man** ['wʌn'mæn] Ⓐ ADJ [1] (= *solo*) individual; [*job*] para una sola persona; [*business*] llevado por una sola persona

[2] (= *monogamous*) **she's a ~ woman** es (una) mujer de un solo hombre

Ⓑ CPD ► **one-man band** N (*Mus*) hombre *m* orquesta; **it's a ~ band*** (*fig*) lo hace todo uno solo ► **one-man exhibition**, **one-man show** N exposición *f* individual

**oneness** ['wʌnnɪs] N (= *unity*) unidad *f*; (= *identity*) identidad *f*

**one-night stand** [,wʌnnaɪt'stænd] N [1] (*Theat*) función *f* de una sola noche, representación *f* única

[2] (*fig*) ligue *m* de una noche

**one-off*** ['wʌnɒf] (*Brit*) Ⓐ N intento *m* único; **it's a ~** es un caso único

Ⓑ ADJ [*appearance, exhibition, show*] aislado; [*payment*] único; **it was just a ~ job, I don't think there will be any more** fue un trabajo aislado, no creo que haya más de ese tipo

**one-on-one** [wʌnɒn'wʌn] ADJ, ADV (*US*) = **one-to-one**

**one-parent family** [,wʌnpɛərənt'fæmɪlɪ] N familia *f* monoparental

**one-party** [,wʌn'pɑːtɪ] ADJ [*state etc*] de partido único

**one-piece** [,wʌn'piːs] Ⓐ ADJ de una pieza

Ⓑ N (= *swimsuit*) bañador *m* de una pieza

**onerous** ['ɒnərəs] ADJ [*debt*] oneroso; [*task, duty*] pesado

**oneself** [wʌn'self] PRON [1] (*reflexive*) se; **to wash ~** lavarse

[2] (*for emphasis*) uno/a mismo/a; (*after prep*) sí mismo/a; **it's quicker to do it ~** es más rápido si lo hace uno mismo

[3] (*phrases*) **to be ~** (= *behave naturally*) conducirse con naturalidad; **to be by ~** estar solo *or* a solas; **to do sth by ~** hacer algo solo *or* por sí solo; **it's nice to have the museum to ~** es agradable tener el museo para uno mismo; **to look out for ~** mirar por sí; **to say to ~** decir para sí, decirse a uno mismo; **to see for ~** ver por sí mismo; **to talk to ~** hablar solo; ✦***IDIOM* to come to ~** volver en sí

**one-shot*** [,wʌnʃɒt] (*US*) N, ADJ = **one-off**

**one-sided** [,wʌn'saɪdɪd] ADJ [*view etc*] parcial; [*decision*] unilateral; [*contest*] desigual

**one-sidedness** [ˌwʌn'saɪdɪdnɪs] N [*of view etc*] parcialidad *f*; [*of decision*] carácter *m* unilateral; [*of contest*] desigualdad *f*

**one-stop shopping** [ˌwʌnstɒp'ʃɒpɪŋ] N tiendas *fpl* y servicios *mpl* bajo el mismo techo

**one-time** ['wʌntaɪm] ADJ antiguo, ex; **~ prime minister** ex primer ministro/a *m/f*; **~ butler to Lord Yaxley** antiguo mayordomo *m* de Lord Yaxley; **the ~ revolutionary** el otrora revolucionario

**one-to-one** ['wʌntə'wʌn], **one-on-one** (*US*) [wʌnɒn'wʌn] Ⓐ ADJ [*equivalence, correspondence*] exacto; [*relationship, conversation*] de uno a uno; [*meeting*] entre dos; [*teaching*] individual, individualizado; **on a ~ basis** [*teach*] individualmente; [*talk*] de uno a uno
Ⓑ ADV [*discuss, talk*] de uno a uno

**one-track** ['wʌntræk] ADJ (*Rail*) de vía única; **to have a ~ mind** no tener más que una idea en la cabeza

**one-two** ['wʌn'tuː] N 1 (*Brit Ftbl*) pared *f*; **to play a ~ with sb** hacer la pared con algn
2 (*Boxing*) un-dos *m*

**one-upmanship** [wʌn'ʌpmənʃɪp] N arte *m* de aventajar a los demás, arte *m* de llevar siempre la delantera

**one-way** ['wʌnweɪ] ADJ 1 [*street*] de dirección única, de sentido único (*esp LAm*); [*ticket*] de ida, sencillo (*Mex*); **~ journey** viaje *m* sin retorno; **"one-way traffic"** "dirección única", "dirección obligatoria"
2 (*fig*) [*admiration etc*] no correspondido

**one-woman** [ˌwʌn'wʊmən] Ⓐ ADJ 1 (= *solo*) individual; **~ business** empresa *f* dirigida por una sola mujer
2 (= *monogamous*) **he's a ~ man** es (un) hombre de una sola mujer
Ⓑ CPD ► **one-woman exhibition**, **one-woman show** N exposición *f* individual

**one-year** ['wʌnjɪəʳ] ADJ de *or* para un año; **~ unconditional warranty** garantía *f* incondicional de un año

**ongoing** ['ɒnˌgəʊɪŋ] ADJ (= *in progress*) en curso; (= *continuing*) en desarrollo; (= *current*) corriente

**onion** ['ʌnjən] Ⓐ N cebolla *f*; ✦**IDIOM to know one's ~s** (*Brit**) conocer a fondo su oficio, conocer el paño*
Ⓑ CPD de cebolla ► **onion dome** N (*Archit*) cúpula *f* bulbosa ► **onion johnny** N vendedor *m* ambulante de cebollas ► **onion rings** NPL aros *mpl* de cebolla rebozados ► **onion skin** N (= *paper*) papel *m* de cebolla ► **onion soup** N sopa *f* de cebolla

**onion-shaped** ['ʌnjənʃeɪpd] ADJ acebollado, con forma de cebolla

**on-line** ['ɒnlaɪn] Ⓐ ADJ (*Comput*) on-line, en línea; (= *switched on*) conectado
Ⓑ ADV on-line, en línea

**onlooker** ['ɒnˌlʊkəʳ] N espectador(a) *m/f*; (*esp pej*) mirón/ona *m/f*; **I was a mere ~** yo era un simple espectador

**only** ['əʊnlɪ] Ⓐ ADJ único; **your ~ hope is to hide** la única posibilidad que te queda es esconderte; **it's the ~ one left** es el único que queda; **"I'm tired" — "you're not the ~ one!"** —estoy cansado —¡no eres el único!; **the ~ thing I don't like about it is ...** lo único que no me gusta de esto es ...; *see also* **pebble**
Ⓑ ADV 1 (= *no more than*) sólo, solamente; **he's ~ ten** sólo *or* solamente tiene diez años; **we ~ have five** sólo *or* solamente tenemos cinco; **what, ~ five?** ¿cómo, cinco nada más?, ¿cómo, sólo *or* solamente cinco?
2 (= *merely*) **I'm ~ the porter** no soy más que el portero; **I'm ~ a porter** soy un simple portero; **I ~ touched it** no hice más que tocarlo; **it's ~ to be expected** cabe de esperar; **he raced onto the platform ~ to find the train pulling out** llegó corriendo al andén para encontrarse con que el tren estaba saliendo; **you ~ have to ask** ◊ **you have ~ to ask** no tienes más que pedirlo, sólo tienes que pedirlo; **it's ~ fair to tell him** lo mínimo que puedes hacer es decírselo; **I was ~ joking** lo he dicho en broma; **that ~ makes matters worse** eso sólo empeora las cosas; **I will ~ say that ...** diré solamente que ..., sólo diré que ...; **I ~ wish he were here now** ojalá estuviese ahora aquí
3 (= *exclusively*) sólo; **a ticket for one person ~** un billete para una persona sólo; **"members only"** "sólo socios"; **God ~ knows!*** ¡Dios sabe!; **~ time will tell** sólo el tiempo puede decirlo; **a women-~ therapy group** un grupo de terapia sólo para mujeres
4 (= *not until*) **I've ~ recently met him** hace poco que lo conocí
5 (= *no longer ago than*) **I saw her ~ yesterday** ayer mismo la vi, la vi ayer nomás (*LAm*), recién ayer la vi (*LAm*); **it seems like ~ yesterday that ...** parece que fue ayer cuando ...
6 (*in phrases*) **~ just**: **the hole was ~ just big enough** el agujero era lo justo; **I've ~ just arrived** acabo de llegar ahora mismo, no he hecho más que llegar; **it fits him, but ~ just** le cabe pero le queda muy justo; **not ~ ... but also**: **not ~ was he late but he also forgot the tickets** no sólo llegó tarde sino que además olvidó las entradas; **a machine that is not ~ efficient but looks good as well** una máquina que no sólo es eficaz sino también atractiva; **~ too**: **I'd be ~ too pleased to help** estaría encantado de *or* me encantaría poder ayudar(les); **it is ~ too true** por desgracia es verdad *or* cierto; **I knew ~ too well what would happen** sabía demasiado bien lo que iba a pasar; *see also* **if A5**
Ⓒ CONJ sólo que, pero; **it's a bit like my house, ~ nicer** es un poco como mi casa, sólo que *or* pero más bonita; **I would gladly do it, ~ I shall be away** lo haría de buena gana, sólo que *or* pero voy a estar fuera
Ⓓ CPD ► **only child** N hijo/a *m/f* único/a; *see also* **one A3**

**on-message** ['ɒnˌmesɪdʒ] ADJ centrado en el mensaje adecuado; **to be ~** centrarse en el mensaje adecuado, transmitir el mensaje adecuado

**o.n.o.** ABBR (= **or near(est) offer**) abierto ofertas

**on-off switch** [ˌɒnɒf'swɪtʃ] N botón *m* de conexión

**onomastic** [ˌɒnəʊ'mæstɪk] ADJ onomástico

**onomastics** [ˌɒnəʊ'mæstɪks] NSING onomástica *f*

**onomatopoeia** [ˌɒnəʊmætəʊ'piːə] N onomatopeya *f*

**onomatopoeic** [ˌɒnəʊmætəʊ'piːɪk] ADJ, **onomatopoetic** [ˌɒnəʊmætəʊpəʊ'etɪk] ADJ onomatopéyico

**onrush** ['ɒnrʌʃ] N [*of water*] oleada *f*; (*fig*) oleada *f*, avalancha *f*

**onrushing** ['ɒnˌrʌʃɪŋ] ADJ [*vehicle*] embalado, sin freno; [*water*] creciente; **the ~ tide of immigrants** la creciente oleada de inmigrantes

**on-screen** [ˌɒn'skriːn] Ⓐ ADJ 1 (*Comput etc*) en pantalla
2 (*Cine, TV*) [*romance, kiss*] cinematográfico
Ⓑ ADV (*Cine, TV*) en la pantalla

**onset** ['ɒnset] N (= *beginning*) principio *m*, comienzo *m*; [*of disease*] aparición *f*; **the ~ of winter** el comienzo del invierno

**onshore** ['ɒnʃɔːʳ] Ⓐ ADV tierra adentro
Ⓑ ADJ [*breeze*] que sopla del mar hacia la tierra

**onside** ['ɒnsaɪd] Ⓐ ADJ 1 (*Aut*) (*in Britain*) izquierdo; (*in most other countries*) derecho
2 (*Ftbl etc*) **to be ~** estar en posición correcta
Ⓑ N (*Aut*) (*in Britain*) lado *m* izquierdo; (*in most other countries*) lado *m* derecho

**on-site** ['ɒnˌsaɪt] ADJ in situ

**onslaught** ['ɒnslɔːt] N (*gen*) ataque *m*, arremetida *f*; **to make a furious ~ on a critic** atacar violentamente a un crítico

**on-street parking** [ˌɒnstriːt'pɑːkɪŋ] N aparcamiento *m* en la vía pública

**Ont.** ABBR (*Canada*) = **Ontario**

**on-the-job training** [ˌɒnðədʒɒb'treɪnɪŋ] N formación *f* en el trabajo, formación *f* sobre la práctica

**on-the-spot** ['ɒnðə'spɒt] ADJ [*decision*] instantáneo; [*investigation*] sobre el terreno; [*report*] inmediato; [*fine*] en el acto; **our ~ reporter** nuestro reportero en el lugar de los hechos

**onto** ['ɒntʊ] PREP 1 (= *on top of*) a, sobre, en, arriba de (*LAm*); **he got ~ the table** se subió a la mesa
2 (= *on track of*) **to be ~ sth** haber encontrado algo, seguir una pista interesante; **he knows he's ~ a good thing** sabe que ha encontrado algo que vale la pena; **the police are ~ the villain** la policía tiene una pista que le conducirá al criminal; **we're ~ them** les conocemos el juego; **they were ~ him at once** le calaron en seguida, le identificaron en el acto
3 (= *in touch with*) **I'll get ~ him about it** insistiré con él, se lo recordaré

**ontological** [ˌɒntə'lɒdʒɪkəl] ADJ ontológico

**ontology** [ɒn'tɒlədʒɪ] N ontología *f*

**onus** ['əʊnəs] N (*pl* **onuses**) responsabilidad *f*; **the ~ is upon the makers** la responsabilidad es de los fabricantes; **the ~ is upon him to prove it** es suya la responsabilidad de demostrarlo, le incumbe a él demostrarlo; **the ~ of proof is on the prosecution** le incumbe al fiscal probar la acusación

**onward** ['ɒnwəd] Ⓐ ADJ [*march etc*] progresivo, hacia adelante; [*flight, journey*] de conexión; [*connection*] posterior
Ⓑ ADV (*also* **~s**) adelante, hacia adelante; **from that time ~** desde entonces; **from the 12th century ~** desde el siglo doce en adelante, a partir del siglo doce; **~!** ¡adelante!

**onwards** ['ɒnwədz] ADV (*esp Brit*) = **onward B**

**onyx** ['ɒnɪks] N ónice *m*, ónix *m*

**oodles*** ['uːdlz] NPL **we have ~ (of)** tenemos cantidad *or* montones (de)*

**ooh** [uː] Ⓐ EXCL ¡oh!
Ⓑ VI exclamar con placer

**oolite** ['əʊəlaɪt] N oolito *m*

**oolitic** [ˌəʊə'lɪtɪk] ADJ oolítico

**oompah*** ['uːmpɑː] N chumpa *f*

**oomph*** [ʊmf] N brío *m*, marcha* *f*; **it will put the ~ back into your sex life** dará nuevos bríos a su vida sexual

**oophorectomy** [ˌəʊəfə'rektəmɪ] N ooforectomía *f*, ovariotomía *f*

**oops*** [ʊps] EXCL ¡ay!

**ooze** [uːz] Ⓐ N cieno *m*, limo *m*; [*of blood*] pérdida *f*, salida *f*
Ⓑ VI [*liquid*] rezumar(se); [*blood*] salir; (= *leak*) gotear

Ⓒ VT rezumar; (*fig*) rebosar; **the wound was oozing blood** la herida sangraba lentamente; **he simply ~s confidence** rebosa confianza

►**ooze away** VI + ADV rezumarse

►**ooze out** VI + ADV rezumarse

**op**[1]* [ɒp] N ABBR (*Med, Mil*) = **operation**

**op**[2] ABBR (*Mus*) = **opus**

**opacity** [əʊ'pæsɪtɪ] N [*of lens, substance*] opacidad *f*; [*of statement etc*] hermetismo *m*, ininteligibilidad *f*

**opal** ['əʊpəl] N ópalo *m*

**opalescence** [,əʊpə'lesns] N opalescencia *f*

**opalescent** [,əʊpə'lesnt] ADJ opalescente

**opaque** [əʊ'peɪk] ADJ [*glass, lens, substance*] opaco; [*statement etc*] poco claro, ininteligible

**op art** ['ɒpɑːt] N op-art *m*

**op.cit.** ['ɒp'sɪt] ABBR = **opere citato** (= *in the work cited*) ob. cit.

**OPEC** ['əʊpek] N ABBR (= **Organization of Petroleum-Exporting Countries**) OPEP *f*

**Op-Ed** ['ɒp'ed] (*esp US*) ADJ, N ABBR (*Press*) = **opposite editorial**; **~ (page)** página *f* de tribuna

**open** ['əʊpən] Ⓐ ADJ [1] (*gen*) [*book, grave, pores, wound etc*] abierto; [*bottle, tin etc*] destapado; **the book was ~ at page seven** el libro estaba abierto por la página siete; **the door is ~** la puerta está abierta; **to break a safe ~** forzar una caja fuerte; **to cut a bag ~** abrir una bolsa rajándola; **to fling** *or* **throw a door ~** abrir una puerta de golpe *or* de par en par; **wide ~** (*door etc*) abierto de par en par; ✦*IDIOM* **to welcome sb with ~ arms** dar la bienvenida *or* recibir a algn con los brazos abiertos; *see also* **book A1**, **arm A1**

[2] [*shop, bank etc*] abierto (al público); **the shop is still not ~** la tienda sigue cerrada

[3] (= *unfolded*) desplegado; (= *unfastened*) desabrochado; **the map was ~ on the table** el mapa estaba desplegado sobre la mesa; **with his shirt ~** (= *unbuttoned*) con la camisa desabotonada; **a shirt ~ at the neck** una camisa con el cuello desabrochado

[4] (= *not enclosed*) descubierto, abierto; [*car*] descapotable; **in the ~ air** al aire libre; **~ country** campo *m* raso; **on ~ ground** en un claro; (= *waste ground*) en un descampado; **~ sea** mar *m* abierto; **with ~ views** con amplias *or* extensas vistas

[5] (= *not blocked*) abierto, sin obstáculos; **the way to Paris lay ~** el camino de París quedaba abierto; **the speed permitted on the ~ road** la velocidad permitida circulando en carretera; **road ~ to traffic** carretera abierta al tráfico, vía libre

[6] (= *public, unrestricted*) [*championship, race, scholarship, ticket*] abierto; [*trial*] público; **books on ~ access** libros *mpl* en libre acceso; **in ~ court** en juicio público; **to keep ~ house** tener mesa franca *or* casa abierta; **we had an ~ invitation to visit them** nos habían invitado a visitarles cuando quisiéramos; **~ to the public on Mondays** abierto al público los lunes; **the competition is ~ to all** todos pueden participar en el certamen, el certamen se abre a todos; **membership is not ~ to women** la sociedad no admite a las mujeres

[7] (= *available, permissible*) **what choices are ~ to me?** ¿qué posibilidades *or* opciones me quedan?; **it is ~ to you to** + INFIN puedes perfectamente + *infin*, tienes derecho a + *infin*

[8] (= *not biased or prejudiced*) abierto; **to be ~ to sth**: **I am ~ to advice** escucho de buena gana los consejos; **I am ~ to offers** estoy dispuesto a recibir ofertas; **I am ~ to persuasion** se me puede convencer

[9] (= *declared, frank*) abierto; [*person, admiration*] franco; [*hatred*] declarado; **an ~ enemy of the Church** un enemigo declarado de la Iglesia; **to be in ~ revolt** estar en abierta rebeldía; **it's an ~ secret that ...** es un secreto a voces que ...; **to be ~ with sb** ser franco con algn

[10] (= *undecided*) por resolver, por decidir; [*race, contest*] muy abierto, muy igualado; **to leave the matter ~** dejar el asunto pendiente; **~ question** cuestión *f* pendiente *or* sin resolver; **it's an ~ question whether ...** está por ver si ...; *see also* **mind**

[11] (= *exposed, not protected*) abierto, descubierto; [*town*] abierto; (*Mil*) expuesto, vulnerable; **to be ~ to sth**: **it is ~ to criticism on several counts** se le puede criticar por diversas razones, es criticable desde diversos puntos de vista; **to lay o.s. ~ to criticism/attack** exponerse a ser criticado/atacado; **it is ~ to doubt whether ...** queda la duda sobre si ...; **~ to the elements** desprotegido, desabrigado; **~ to influence from advertisers** accesible a la influencia de los anunciantes; **it is ~ to question whether ...** es cuestionable que ...; **~ to every wind** expuesto a todos los vientos

Ⓑ N [1] **(out) in the ~** (= *out of doors*) al aire libre; (= *in the country*) en campo *m* raso *or* abierto; **to sleep (out) in the ~** dormir al raso, dormir a cielo abierto; **to bring a dispute (out) into the ~** hacer que una disputa llegue a ser del dominio público; **their true feelings came (out) into the ~** sus verdaderos sentimientos se dejaron adivinar; **why don't you come (out) into the ~ about it?** ¿por qué no lo declara abiertamente?

[2] (*Golf, Tennis*) **the Open** el (Torneo) Abierto, el Open

Ⓒ VT [1] (*gen*) [+ *eyes, case, letter etc*] abrir; [+ *parcel*] abrir, desenvolver; [+ *bottle etc*] destapar; [+ *legs*] abrir, separar; [+ *abscess*] cortar; [+ *pores*] dilatar; **I didn't ~ my mouth** ni abrí la boca, no dije ni pío

[2] [+ *shop*] (*for daily business*) abrir; (= *set up*) abrir, poner

[3] (= *unfold*) [+ *map*] desplegar, extender; [+ *newspaper*] desplegar

[4] (= *unblock*) **to ~ a road to traffic** abrir una carretera al público

[5] (= *begin*) [+ *conversation, debate, negotiations*] entablar, iniciar; **to ~ three hearts** (*Bridge*) abrir de tres corazones; **to ~ a bank account** abrir una cuenta en el banco; **to ~ the case** (*Jur*) exponer los detalles de la acusación; **to ~ fire** (*Mil*) romper *or* abrir el fuego

[6] (= *declare open, inaugurate*) inaugurar; **the exhibition was ~ed by the Queen** la exposición fue inaugurada por la Reina; **to ~ Parliament** abrir la sesión parlamentaria

[7] (= *reveal, disclose*) [+ *mind, heart*] abrir; [+ *feelings, intentions*] revelar; *see also* **mind A4**

[8] (= *make*) **to ~ a road through a forest** abrir una carretera a través de un bosque; **to ~ a hole in a wall** hacer un agujero en una pared

Ⓓ VI [1] [*door, flower*] abrirse; [*pores*] dilatarse; **the door ~ed** se abrió la puerta; **this room ~s into a larger one** este cuarto se comunica con *or* se junta con otro más grande; **a door that ~s onto the garden** una puerta que da al jardín; ✦*IDIOM* **the heavens ~ed** se abrieron los cielos

[2] (*for business*) [*shop, bank*] abrir; **the shops ~ at nine** las tiendas abren a las nueve

[3] (= *begin*) dar comienzo, iniciarse; [*speaker*] comenzar; (*Theat*) [*play*] estrenarse; (*Cards, Chess*) abrir; **the season ~s in June** la temporada comienza en junio; **when we ~ed in Bradford** (*Theat*) cuando dimos la primera representación en Bradford; **to ~ for the Crown** (*Jur*) exponer los detalles de la acusación, presentar los hechos en que se basa la acusación; **the play ~ed to great applause** el estreno de la obra fue muy aplaudido; **the book ~s with a long description** el libro empieza con una larga descripción; **to ~ with two hearts** (*Bridge*) abrir de dos corazones

Ⓔ CPD ► **open cheque** N (*Brit*) cheque *m* sin cruzar ► **open day** N día *m* abierto a todos ► **open letter** N carta *f* abierta ► **open market** N (*in town*) mercado *m* al aire libre; (*Econ*) mercado *m* libre, mercado *m* abierto; **he bought it on the ~ market** lo compró en el mercado público ► **open policy** N (*Insurance*) póliza *f* abierta ► **open prison** N cárcel *f* abierta ► **open sandwich** N sandwich *m* sin tapa, sandwich *m* abierto (*esp LAm*) ► **open shop** N (*Ind*) empresa *f* con personal agremiado y no agremiado ► **Open University** N (*Brit*) ≈ Universidad *f* Nacional de Enseñanza a Distancia ► **open verdict** N (*Jur*) juicio *m* en el que se determina el crimen sin designar el culpable

►**open out** Ⓐ VT + ADV abrir; (= *unfold*) [+ *map*] desplegar, extender

Ⓑ VI + ADV [1] [*flower*] abrirse

[2] [*passage, tunnel, street*] ensancharse; [*view, panorama*] extenderse

[3] (*fig*) (= *develop, unfold*) desarrollarse; [*new horizons*] abrirse

[4] (*Brit*) (*emotionally*) abrirse

►**open up** Ⓐ VT + ADV [1] [+ *box, jacket*] abrir; [+ *map*] extender, desplegar

[2] [+ *house, shop*] abrir

[3] [+ *new business*] abrir, poner

[4] [+ *route*] abrir; [+ *blocked road*] franquear, despejar; [+ *country*] explorar; [+ *secret, new vista*] revelar; [+ *new possibility*] crear; **to ~ up a market** abrirse un mercado, conquistar un mercado; **to ~ up a country for trade** incorporar un país al comercio; **when the oilfield was ~ed up** cuando se empezó a explotar el campo petrolífero

Ⓑ VI + ADV [1] [*flower*] abrirse; [*new shop, business*] abrir, inaugurarse; **~ up!** ¡abran!; (*police order*) ¡abran a la autoridad!

[2] (*fig*) [*prospects etc*] abrirse, desplegarse

[3] (*emotionally*) abrirse, confiarse

[4] (*Mil*) (= *start shooting*) romper el fuego

[5] (*) (= *accelerate*) [*car*] acelerar (a fondo)

**OPEN UNIVERSITY**

*La* **Open University** *o* **OU** *es el nombre que recibe en el Reino Unido la universidad a distancia para adultos, fundada en 1969. No se exigen requisitos formales de acceso para los primeros cursos y los alumnos estudian desde casa, con el apoyo de algunos programas de radio y televisión emitidos por la* **BBC**, *cursos por correspondencia y tutores en su localidad. Además, sobre todo en verano, se organizan algunos cursos a los que los alumnos tienen que asistir en persona.*

**open-air** [,əʊpn'ɛəʳ] ADJ al aire libre

**open-and-shut case** [,əʊpənənʃʌt'keɪs] N caso *m* claro, caso *m* evidente

**open-cast** ['əʊpən,ɑːst] ADJ **~ mining** minería *f* a cielo abierto

**open-door** [,əʊpən'dɔːʳ] ADJ **~ policy** política *f* de puerta abierta

**open-ended** [,əʊpən'endɪd] ADJ (*fig*) [*contract,*

*offer etc*] indefinido, sin plazo definido; [*discussion*] sin desarrollo preestablecido

**open-end trust** [ˌəʊpənend'trʌst] N (*US*) sociedad *f* inversionista

**opener** ['əʊpnəʳ] N [1] abridor *m*; (= *bottle opener*) sacacorchos *m inv*; (= *can opener*) abrelatas *m inv*
[2] (*Theat etc*) primer número *m*
[3] **for ~s** (*US**) de entrada

**open-eyed** [ˌəʊpn'aɪd] ADJ con los ojos abiertos; (= *amazed*) con ojos desorbitados

**open-handed** [ˌəʊpən'hændɪd] ADJ [1] (= *liberal*) liberal
[2] (= *generous*) generoso

**open-handedness** [ˌəʊpən'hændɪdnɪs] N (= *liberal attitude*) liberalidad *f*; (= *generosity*) generosidad *f*

**open-hearted** [ˌəʊpən'hɑːtɪd] ADJ franco, generoso

**open-heart surgery** [ˌ] N cirugía *f* a corazón abierto

**opening** ['əʊpnɪŋ] Ⓐ ADJ [*remark*] primer(o); [*ceremony, speech*] de apertura, inaugural; [*price*] inicial
Ⓑ N [1] (= *gap*) abertura *f*; (*in wall*) brecha *f*, agujero *m*; (*in clouds, trees*) claro *m*
[2] (= *beginning*) comienzo *m*, principio *m*; (*Cards, Chess*) apertura *f*; (= *first showing*) (*Theat*) estreno *m*; [*of exhibition*] inauguración *f*; [*of parliament*] apertura *f*
[3] (= *chance*) oportunidad *f*; (= *post*) puesto *m* vacante, vacante *f*; **to give one's opponent an ~** dar una oportunidad *or* (*LAm*) darle chance al adversario; **to give sb an ~ for sth** dar a algn la oportunidad de hacer algo
Ⓒ CPD ► **opening hours** NPL horas *fpl* de abrir ► **opening night** N (*Theat*) noche *f* de estreno; [*of club etc*] inauguración *f* ► **opening price** N cotización *f* de apertura ► **opening stock** N existencias *fpl* iniciales ► **opening time** N hora *f* de apertura

**openly** ['əʊpənlɪ] ADV (= *frankly*) abiertamente, francamente; (= *publicly*) públicamente

**open-minded** ['əʊpn'maɪndɪd] ADJ libre de prejuicios, de miras amplias; **I'm still ~ about it** no me he decidido todavía

**open-mindedness** ['əʊpn'maɪndɪdnɪs] N ausencia *f* de prejuicios, imparcialidad *f*

**open-mouthed** ['əʊpn'maʊðd] ADJ boquiabierto

**open-necked** ['əʊpn'nekt] ADJ sin corbata

**openness** ['əʊpnnɪs] N (= *frankness*) franqueza *f*

**open-plan** ['əʊpn,plæn] ADJ [*house, office etc*] sin tabiques, de planta abierta

**open-top** ['əʊpən,tɒp] ADJ [*car, bus*] descubierto

**openwork** ['əʊpnwɜːk] N (*Sew*) calado *m*, enrejado *m*

**opera**[1] ['ɒpərə] Ⓐ N ópera *f*
Ⓑ CPD ► **opera glasses** NPL gemelos *mpl* de teatro ► **opera hat** N clac *m* ► **opera house** N teatro *m* de la ópera ► **opera singer** N cantante *mf* de ópera

**opera**[2] ['ɒpərə] NPL *of* **opus**

**operable** ['ɒpərəbl] ADJ (*Med*) operable

**opera-goer** ['ɒpərə,gəʊəʳ] N aficionado/a *m/f* a la ópera

**operand** ['ɒpərænd] N operando *m*

**operate** ['ɒpəreɪt] Ⓐ VT [1] (= *work*) [+ *machine, vehicle, switchboard*] manejar; [+ *switch, lever*] accionar; **can you ~ this machine?** ¿sabes manejar esta máquina?; **this switch ~s a fan** este interruptor activa un ventilador
[2] (= *run, manage*) [+ *company*] dirigir; [+ *service*] ofrecer; [+ *system*] aplicar; [+ *mine, oil well, quarry*] explotar; **they ~ a system of flexible working hours** aplican un horario flexible de trabajo
Ⓑ VI [1] (= *function*) [*machine, system, principle, mind*] funcionar; [*person*] actuar, obrar; [*law*] regir; **she knows how to ~ in a crisis** sabe cómo actuar *or* obrar en los momentos difíciles; **we ~ on the principle that ...** partimos del principio de que ...; **special laws ~ in Northern Ireland** en Irlanda del Norte rigen leyes especiales
[2] (= *act, influence*) [*drug, propaganda*] actuar (**on** sobre); [*factors*] intervenir; **advertising ~s on the subconscious** la publicidad actúa sobre el subconsciente
[3] (= *carry on one's business*) [*person*] trabajar; [*company, factory, criminal, service*] operar; [*airport*] funcionar; **we shall be operating under difficult conditions** trabajaremos en unas condiciones difíciles; **we were operating at a loss** estábamos operando con déficit; **an airline operating out of Heathrow** una compañía aérea con base en Heathrow *or* que opera desde Heathrow; **a drug ring operating in New York** una red de narcotráfico que opera en Nueva York; **this service does not ~ on Sundays** este servicio no opera *or* no funciona los domingos; **all flights are operating normally** todos los vuelos están operando con normalidad
[4] (*Med*) operar; **to ~ on sb (for sth)** operar a algn (de algo); **she was ~d on for appendicitis** la operaron de apendicitis; **to ~ on sb's back/eyes** operar a algn de la espalda/de la vista

**operatic** [ˌɒpə'rætɪk] ADJ operístico

**operating** ['ɒpəreɪtɪŋ] Ⓐ ADJ [1] (*Comm*) [*budget, assets*] de explotación; **~ costs** *or* **expenses** gastos *mpl* de explotación; **~ loss** pérdida *f* de explotación; **~ profit** beneficio *m* de explotación
[2] (*Comput*) **~ system** sistema *m* operativo
[3] (*Tech*) **~ conditions** condiciones *fpl* de funcionamiento
Ⓑ CPD ► **operating room** N (*US Med*) = **operating theatre** ► **operating table** N (*Med*) mesa *f* de operaciones ► **operating theatre** N (*Med*) quirófano *m*, sala *f* de operaciones

**operation** [ˌɒpə'reɪʃən] Ⓐ N [1] (= *functioning*) funcionamiento *m*; **to be in ~** [*machine, system, business*] estar en funcionamiento *or* en marcha, estar funcionando; [*law*] ser vigente, estar en vigor; **to come into ~** [*machine, system*] entrar en funcionamiento; [*law*] entrar en vigor; **the system is designed to come into ~ in 2003** está previsto que el sistema entre en funcionamiento en 2003; **to put sth into ~** [+ *plan, factory*] poner algo en funcionamiento *or* en marcha
[2] (= *use*) [*of controls, machine*] manejo *m*; [*of system*] uso *m*
[3] (= *activity*) operación *f*; **United Nations peacekeeping ~s** las operaciones de paz de las Naciones Unidas; **our ~s in Egypt** [*of company*] nuestras operaciones en Egipto; [*of mine, oil well*] nuestras operaciones *or* explotaciones en Egipto; **moving house is an expensive ~** mudarse de casa resulta caro; *see also* **rescue C**
[4] (*Med*) operación *f*, intervención *f* quirúrgica (*frm*); **a liver ~** una operación de hígado; **will I need an ~?** ¿hará falta que me operen?; **to have** *or* (*frm*) **undergo an ~ for appendicitis** operarse de apendicitis; **to have** *or* (*frm*) **undergo an ~ to remove a tumour** someterse a una operación *or* una intervención quirúrgica para extirpar un tumor (*frm*); **to perform an ~ on sb** operar a algn
[5] (*Comm*) (= *business*) operación *f*
[6] (*Mil*) operación *f*; **Operation Torch** Operación Antorcha
[7] (*Fin, St Ex*) (= *transaction*) operación *f*; **~s on the Stock Exchange** las operaciones bursátiles, la actividad bursátil
[8] (*Math, Comput*) operación *f*
Ⓑ CPD ► **operation code** N código *m* de operación ► **operations research** N investigaciones *fpl* operativas *or* operacionales ► **operations room** N (*Police*) centro *m* de coordinación; (*Mil*) centro *m* de operaciones

**operational** [ˌɒpə'reɪʃənl] ADJ [1] (= *relating to operations*) [*control, plan*] operativo, de operaciones; [*problems, cost, expenses*] de funcionamiento; [*staff*] de servicio; **~ research** investigaciones *fpl* operacionales; **for ~ reasons** por necesidades operativas
[2] (= *ready for use or action*) [*aircraft, service, airport*] en funcionamiento; [*bus, train*] en servicio; [*troops*] operacional; **the bridge could be ~ in three years' time** el puente podría entrar en funcionamiento dentro de tres años; **to be fully ~** estar en pleno funcionamiento

**operative** ['ɒpərətɪv] Ⓐ ADJ [1] (*gen*) operativo; **the ~ word** la palabra clave
[2] (*Jur*) **to be ~** estar en vigor; **to become ~ from the 9th** entrar en vigor a partir del 9
[3] (*Med*) operatorio
Ⓑ N (= *worker*) obrero/a *m/f*; (*with a special skill*) operario/a *m/f*, obrero/a *m/f* especializado/a

**operator** ['ɒpəreɪtəʳ] N [1] [*of machine etc*] operario/a *m/f*; (= *machinist*) maquinista *mf*; (*Cine*) operador(a) *m/f*; (*Telec*) telefonista *mf*
[2] (*) (*fig*) **a smooth ~** (*in business*) un tipo hábil; (*in love*) un engatusador; **he's a very clever ~** es un tipo muy vivo*

**operetta** [ˌɒpə'retə] N zarzuela *f*, opereta *f*

**Ophelia** [ɒ'fiːlɪə] N Ofelia

**ophthalmia** [ɒf'θælmɪə] N oftalmía *f*

**ophthalmic** [ɒf'θælmɪk] ADJ oftálmico

**ophthalmologist** [ˌɒfθæl'mɒlədʒɪst] N oftalmólogo/a *m/f*

**ophthalmology** [ˌɒfθæl'mɒlədʒɪ] N oftalmología *f*

**ophthalmoscope** [ɒf'θælməskəʊp] N oftalmoscopio *m*

**opiate** ['əʊpɪɪt] N opiata *f*

**opine** [əʊ'paɪn] VI opinar

**opinion** [ə'pɪnjən] Ⓐ N [1] (= *belief, view*) opinión *f*; **what's your ~ of him?** ¿qué opinas de él?, ¿qué opinión te merece?; **what's your ~ of this book?** ¿qué opinas de este libro?, ¿qué opinión te merece este libro?; **well, that's my ~** por lo menos eso pienso yo; **to ask sb's ~ (on** *or* **about sth)** pedir a algn su opinión *or* parecer (sobre *or* acerca de algo); **when I want your ~ I'll ask for it!** ¡cuando quiera saber tu opinión, te la pediré!; **if you ask my ~, he's hiding something** mi opinión es que está ocultando algo; **there are differences of ~ as to what happened** hay discordancia *or* discrepancia de opiniones respecto a lo que pasó; **to form an ~ of sth/sb** formarse una opinión sobre algo/algn; **to have** *or* **hold an ~ on** *or* **about sth** tener una opinión sobre *or* acerca de algo; **many people have very strong ~s about this** mucha gente tiene opiniones muy definidas sobre *or* acerca de esto; **she held the ~ that ...** opinaba que ...; **to have a high** *or* **good ~ of sth/sb** tener un alto concepto de algo/algn, tener muy buena opinión de algo/algn; **to have a poor** *or* **low ~ of sth/sb** tener un bajo concepto de algo/algn, tener muy mala opi-

➤ LANGUAGE IN USE: opinion A1 6.1, 6.2, 6.3, 11.1, 26.1, 26.2

nión de algo/algn; **she has a very low ~ of herself** tiene un concepto muy bajo de sí misma; **I haven't much of an ~ of him** no tengo un alto concepto de él, no tengo muy buena opinión de él; **in my ~** en mi opinión, a mi juicio; **it's a matter of ~** es cuestión de opiniones; **to be of the ~ that ...** opinar que ...
[2] (= *judgment*) opinión *f*; **we need an expert ~** necesitamos la opinión de un experto; **could you give us your professional ~?** ¿nos puede dar su opinión (como) profesional?; **to seek a second ~** pedir una segunda opinión
[3] (= *the prevailing view*) opinión *f*; **he is in a position to influence ~** está en una posición en la que puede ejercer influencia sobre las opiniones; **medical ~ was divided over the case** la opinión médica estaba dividida con respecto al caso; **they are trying to turn world ~ against the United States** están intentando poner al mundo entero en contra de Estados Unidos; *see also* **consensus**, **public C**
Ⓑ CPD ► **opinion poll** N sondeo *m* (de opinión)

**opinionated** [əˈpɪnjəneɪtɪd] ADJ testarudo

**opium** [ˈəʊpɪəm] Ⓐ N opio *m*
Ⓑ CPD ► **opium addict** N opiómano/a *m/f* ► **opium addiction** N opiomanía *f* ► **opium den** N fumadero *m* de opio

**opossum** [əˈpɒsəm] N (*pl* **opossums** *or* **opossum**) zarigüeya *f*

**opp.** ABBR = **opposite**

**opponent** [əˈpəʊnənt] N adversario/a *m/f*, contrincante *mf*; (*in debate, discussion*) oponente *mf*, adversario/a *m/f*

**opportune** [ˈɒpətjuːn] ADJ [*arrival, event, remark*] oportuno; **at an ~ moment** *or* **time** en un momento oportuno

**opportunely** [ˈɒpətjuːnlɪ] ADV [*remark, intervene*] oportunamente; [*arrive, call*] en un momento oportuno

**opportunism** [ˌɒpəˈtjuːnɪzəm] N oportunismo *m*

**opportunist** [ˌɒpəˈtjuːnɪst] Ⓐ ADJ oportunista
Ⓑ N oportunista *mf*

**opportunistic** [ˌɒpətjʊˈnɪstɪk] ADJ oportunista

**opportunity** [ˈɒpəˈtjuːnɪtɪ] N oportunidad *f*, ocasión *f*; **at the earliest ~** en la primera oportunidad, cuanto antes; **equality of ~** igualdad *f* de oportunidades; **he criticized her at every ~** la criticaba siempre que se le presentaba la ocasión *or* en cuanto podía; **at the first ~** en la primera oportunidad, cuanto antes; **opportunities for promotion** oportunidades de promoción; **when I get the ~** cuando se me presente la oportunidad *or* la ocasión, cuando tenga ocasión; **we were given no ~ to prepare ourselves** no se nos ofreció la oportunidad *or* la ocasión de prepararnos; **given the ~, he'll watch TV all day** si le dejases, se pasaría el día entero viendo la tele; **to have the/an ~ to do sth** ◊ **have the/an ~ of doing sth** tener la oportunidad de hacer algo; **I haven't had an ~ of talking to him** no he tenido la oportunidad de hablar con él; **to miss one's ~** perder la oportunidad; **he never missed an ~ to criticize her** nunca dejaba pasar la oportunidad de criticarla; **to seize the/one's ~** aprovechar la oportunidad *or* ocasión; **to take the ~ to do sth** ◊ **take the ~ of doing sth** aprovechar la oportunidad *or* la ocasión para hacer algo; *see also* **equal D**, **job C**, **photo**

**oppose** [əˈpəʊz] VT [1] (= *disagree with*) oponerse a, estar en contra de; **67% are in favour of the measure and 33% ~ it** el 67% está a favor de la medida y el 33% restante se opone *or* está en contra; **they ~d the motion** se opusieron a la moción
[2] (= *combat*) luchar contra, combatir; **I have no wish to ~ progress** no deseo luchar contra *or* combatir el progreso; **he may decide to ~ him at the next election** puede que decida enfrentarse a él en las próximas elecciones

**opposed** [əˈpəʊzd] ADJ [1] (= *in disagreement*) **to be ~ to sth** oponerse a algo, estar en contra de algo; **he is strongly ~ to the use of force** se opone enérgicamente al uso de la fuerza, está totalmente en contra del uso de la fuerza; **they have diametrically ~ views on abortion** tienen opiniones diametralmente opuestas sobre el aborto
[2] **as ~ to** (= *rather than*) en vez de; (= *compared to*) a diferencia de; **why did you become a Republican, as ~ to a Democrat?** ¿por qué te hiciste republicano, en vez de demócrata?; **savings as ~ to investments** los ahorros a diferencia de las inversiones

**opposing** [əˈpəʊzɪŋ] ADJ [*views, ideas*] opuesto, contrario; [*team*] contrario; [*army*] enemigo; **we've always had ~ views on politics** nuestras ideas políticas siempre han sido opuestas *or* contrarias; **they found themselves on ~ sides in the war** en la guerra se encontraron luchando en bandos contrarios

**opposite** [ˈɒpəzɪt] Ⓐ ADV enfrente; **I looked at the director, sitting ~** miré al director que estaba sentado enfrente (de mí); **please fill in the box ~** por favor, rellene la casilla de al lado; **they live directly** *or* **immediately ~** viven justo enfrente
Ⓑ PREP (*also* **~ to**) [1] (= *across from*) frente a, enfrente de; **~ the library** frente a *or* enfrente de la biblioteca; **Lynn was sitting ~ him** Lynn estaba sentada frente a él *or* enfrente de él; **they sat ~ one another** se sentaron uno frente a(l) otro, se sentaron frente a frente
[2] (= *next to*) junto a, al lado de; **~ his name was a question mark** junto a *or* al lado de su nombre había una interrogación; **to play ~ sb** (*Theat*) aparecer junto a algn
Ⓒ ADJ [1] (*in position*) de enfrente; **the house ~** la casa de enfrente; **on the ~ bank** en la ribera opuesta; **on the ~ page** en la página opuesta *or* de al lado; **to be facing the ~ way** estar mirando al otro lado, estar de cara al otro lado
[2] (= *far*) [*end, corner*] opuesto; **we sat at ~ ends of the sofa** nos sentamos cada uno a un extremo del sofá, nos sentamos en extremos opuestos del sofá
[3] (= *contrary*) contrario, opuesto; **in the ~ direction** en dirección contraria *or* opuesta, en sentido contrario *or* opuesto; **it had the ~ effect** produjo el efecto contrario *or* opuesto; **~ number** homólogo/a *m/f*; **the ~ sex** el otro sexo, el sexo opuesto; **they were on ~ sides in the war** lucharon en bandos contrarios *or* opuestos en la guerra; **she presented the ~ view** presentó el punto de vista contrario *or* opuesto; **we take the ~ view** nosotros pensamos lo contrario
Ⓓ N **the ~** lo contrario; **she said the exact ~** ◊ **she said just the ~** dijo exactamente lo contrario; **my brother is just the ~** mi hermano es justo lo contrario; **it's the ~ of what we wanted** es lo contrario de lo que queríamos; **he says the ~ of everything I say** me lleva la contraria en todo; **quite the ~!** ¡todo lo contrario!; **the ~ is true** la verdad es todo lo contrario

**opposition** [ˌɒpəˈzɪʃən] Ⓐ N [1] (= *resistance*) resistencia *f*, oposición *f*; (= *people opposing*) oposición *f*; (*Sport*) (= *team*) equipo *m* contrario; **to advance a kilometre without ~** avanzar un kilómetro sin encontrar resistencia; **there is a lot of ~ to the new law** hay mucha oposición a la nueva ley; **he made his ~ known** indicó su disconformidad; **to be in ~** estar en la oposición; **in ~ to** (= *against*) en contra de; (= *unlike*) a diferencia de; **to start up a business in ~ to another** montar un negocio en competencia con otro; **to act in ~ to the chairman** obrar en oposición al presidente
[2] (*Brit Pol*) **the Opposition** los partidos de la oposición, la oposición; **leader of the Opposition** líder *mf* de la oposición; **the party in ~** el partido de la oposición
Ⓑ CPD [*member, party*] de la oposición ► **the Opposition benches** NPL los escaños de la Oposición, la Oposición

**oppositionist** [ˌɒpəˈzɪʃənɪst] N (*Pol*) militante *mf* de la oposición clandestina

**oppress** [əˈpres] VT [1] (*Mil, Pol etc*) oprimir; **the ~ed** los oprimidos
[2] [*heat, anxiety etc*] agobiar; **~ed with worry** angustiado/a

**oppression** [əˈpreʃən] N opresión *f*

**oppressive** [əˈpresɪv] ADJ [1] (= *unjust*) [*regime, law, system*] opresivo; [*tax*] gravoso
[2] (= *stifling*) [*heat, air, atmosphere*] sofocante, agobiante; [*mood, feeling, silence*] opresivo, agobiante; **the little room was ~** la pequeña habitación resultaba opresiva *or* agobiante

**oppressively** [əˈpresɪvlɪ] ADV [1] (= *unjustly*) [*rule, govern*] de manera opresiva, de modo opresivo
[2] (= *stiflingly*) **the room was ~ hot** en la habitación hacía un calor sofocante *or* agobiante; **it was ~ humid** hacía una humedad agobiante; **the city is ~ drab and grey** la ciudad es tan monótona y gris que resulta opresiva *or* agobiante

**oppressor** [əˈpresəʳ] N opresor(a) *m/f*

**opprobrious** [əˈprəʊbrɪəs] ADJ (*frm*) oprobioso

**opprobrium** [əˈprəʊbrɪəm] N (*frm*) oprobio *m*

**opt** [ɒpt] VI **to ~ for sth** optar por algo; **to ~ to do sth** optar por hacer algo

►**opt out** VI + ADV [1] (= *decide against*) **to ~ out of doing sth** optar por no hacer algo; **I think I'll ~ out of going** creo que optaré por no ir
[2] (= *withdraw*) retractarse

**optative** [ˈɒptətɪv] Ⓐ ADJ optativo
Ⓑ N optativo *m*

**optic** [ˈɒptɪk] ADJ óptico; **~ nerve** nervio *m* óptico

**optical** [ˈɒptɪkəl] ADJ óptico; **~ disk** disco *m* óptico; **~ fibre** fibra *f* óptica; **~ illusion** ilusión *f* óptica; **~ (character) reader** lector *m* óptico (de caracteres); **~ character recognition** reconocimiento *m* óptico de caracteres

**optician** [ɒpˈtɪʃən] N óptico/a *m/f*; **~'s** óptica *f*

**optics** [ˈɒptɪks] NSING óptica *f*

**optimal** [ˈɒptɪml] ADJ óptimo

**optimally** [ˈɒptɪməlɪ] ADV de manera óptima, óptimamente

**optimism** [ˈɒptɪmɪzəm] N optimismo *m*; **the Prime Minister has expressed ~ about the outcome of the talks** el primer ministro ha expresado su optimismo acerca del resultado de las negociaciones; **there is some cause for ~** hay algunas razones para ser optimistas

**optimist** [ˈɒptɪmɪst] N optimista *mf*; **he's the eternal ~** es el eterno optimista

**optimistic** [ˌɒptɪˈmɪstɪk] ADJ optimista; **to be ~ that** ser optimista respecto a que; **to be ~ about sth** ser optimista acerca de *or* con respecto a algo; **to keep** *or* **remain ~** mantener el optimismo; **to be in an ~ mood** sentirse optimista; **to end on an ~ note** terminar con una nota de optimismo; *see also* **cautiously**

**optimistically** [ˌɒptɪˈmɪstɪklɪ] ADV con optimismo

**optimization** [ˌɒptɪmaɪˈzeɪʃən] N optimización *f*

**optimize** [ˈɒptɪmaɪz] VT optimizar

**optimum** [ˈɒptɪməm] Ⓐ ADJ [*level, number*] óptimo; **in ~ conditions** en las condiciones óptimas *or* más favorables; **within the ~ time** dentro del tiempo ideal; **for ~ health** para gozar de buena salud
Ⓑ N (*pl* **optimums** *or* **optima** [ˈɒptɪmə]) **the ~** lo óptimo, lo mejor; **they are not functioning at their ~** no están funcionando lo mejor que pueden, no están funcionando al nivel óptimo

▼**option** [ˈɒpʃən] N [1] (= *choice*) opción *f*; **what are my ~s?** ¿qué opciones tengo?; **you have a number of ~s** tienes varias opciones; **I have no ~** no tengo más *or* otro remedio, no tengo otra opción; **she had no ~ but to leave** no tuvo más remedio que irse; **to have the ~ of doing sth** tener la posibilidad de hacer algo; **imprisonment without the ~ of bail** (*Jur*) prisión *f* preventiva; **to keep one's ~s open** no descartar ninguna posibilidad
[2] (*Comm*) opción *f*; **at the ~ of the purchaser** a opción del comprador; **stock ~** (*Fin*) compra *f* opcional de acciones; **to take out an ~ on another 100** suscribir una opción para la compra de otros 100; **with the ~ to buy** con opción de compra; **with an ~ on ten more aircraft** con opción para la compra de otros diez aviones
[3] (*Scol, Univ*) asignatura *f* optativa; **I'm doing geology as my ~** tengo geología como asignatura optativa

**optional** [ˈɒpʃənl] ADJ [*course, subject*] optativo, facultativo; [*part, accessory*] opcional; **that is completely ~** eso es completamente opcional; **~ extra** (*Aut*) accesorio *m* opcional, extra *m*; **"dress optional"** "no se requiere (ir de) etiqueta"

**optionally** [ˈɒpʃənlɪ] ADV opcionalmente

**optometrist** [ɒpˈtɒmətrɪst] N optometrista *mf*

**optometry** [ɒpˈtɒmətrɪ] N optometría *f*

**opt-out** [ˈɒptaʊt] Ⓐ ADJ [1] (*Brit*) [*school, hospital*] autónomo (*transferido de la administración local al gobierno central*)
[2] (*esp Brit*) **~ clause** cláusula *f* de exclusión voluntaria, claúsula *f* de no participación
Ⓑ N (*from agreement, treaty*) opción *f* de exclusión voluntaria, opción *f* de no participación

**opulence** [ˈɒpjʊləns] N opulencia *f*

**opulent** [ˈɒpjʊlənt] ADJ opulento

**opus** [ˈəʊpəs] N (*pl* **opuses** *or* **opera**) (*Mus*) opus *m*

**OR** Ⓐ ABBR = **operations** *or* **operational research**
Ⓑ ABBR [1] (*US*) = **Oregon**
[2] (*Sport*) = **Olympic record**

▼**or** [ɔːʳ] CONJ [1] (*giving alternative*) o; (*before o-, ho-*) u; (*between numerals*) ó; **would you like tea or coffee?** ¿quieres té o café?; **seven or eight** siete u ocho; **men or women** mujeres u hombres; **15 or 16** 15 ó 16; **let me go or I'll scream!** ¡suélteme, o me pongo a gritar!; **hurry up or you'll miss the bus** date prisa, que vas a perder el autobús; **rain or no rain, you've got to go** con lluvia o sin lluvia, tienes que ir; **not ... or ...** no ... ni ...; **he didn't write or telephone** no escribió ni telefoneó; **I don't eat meat or fish** no como carne ni pescado; **she can't dance or sing** no sabe bailar ni cantar; **20 or so** unos veinte, veinte más o menos; **an hour or so** una hora más o menos; **without relatives or friends** sin parientes ni amigos; *see also* **either C**, **else 4**
[2] (= *that is*) es decir; **botany, or the science of plants** botánica, es decir la ciencia que estudia las plantas; **or rather ...** o mejor dicho ..., o más bien ...

OR

**"U" and "ó" instead of "o"**

• While **or** is usually translated by **o**, use **u** instead before words beginning with **o** and **ho**:
...two or three photos...
***...dos o tres fotos...***
...for one reason or another...
***...por un motivo u otro...***
She was accused of parricide or homicide
***Se le acusó de parricidio u homicidio***
• Write **ó** instead of **o** between numerals to prevent confusion with zero:
...5 or 6...
***...5 ó 6...***
! Remember to use **ni** with negatives.
*For further uses and examples, see main entry.*

**o.r.** ABBR = **at owner's risk**

**oracle** [ˈɒrəkl] N oráculo *m*

**oracular** [ɒˈrækjʊləʳ] ADJ profético, fatídico

**oral** [ˈɔːrəl] Ⓐ ADJ [1] (= *spoken*) [*history, tradition, exam*] oral; (*Jur*) [*agreement, evidence*] verbal
[2] (*Med, Anat*) [*contraceptive, vaccine, sex*] oral; [*hygiene*] bucal
Ⓑ N examen *m* oral

**orally** [ˈɔːrəlɪ] ADV [1] (= *verbally*) verbalmente, oralmente
[2] (*Med*) por vía oral

**orange** [ˈɒrɪndʒ] Ⓐ N (= *fruit*) naranja *f*; (*also* **~ tree**) naranjo *m*; (= *colour*) naranja *m*; (= *orangeade*) naranjada *f* (*con burbujas*); (= *orange squash*) naranjada *f* (*sin burbujas*)
Ⓑ ADJ [1] (*in colour*) naranja *inv*, (de) color naranja *inv*; **bright ~** naranja fuerte *or* chillón, (de) color naranja fuerte *or* chillón
[2] (*in taste*) [*flavour*] a naranja
Ⓒ CPD ► **orange blossom** N azahar *m*, flor *f* de naranjo ► **orange box**, **orange crate** (*US*) N caja *f* de fruta ► **orange drink** N refresco *m* de naranja ► **orange flower water** N agua *f* de azahar ► **orange grove** N naranjal *m* ► **orange juice** N jugo *m* de naranja, zumo *m* de naranja (*Sp*) ► **orange marmalade** N mermelada *f* de naranja ► **orange peel** *or* **rind** N cáscara *f* de naranja ► **orange sauce** N salsa *f* de naranja ► **orange squash** N naranjada *f* (*sin burbujas*) ► **orange stick** N palito *m* de naranjo ► **orange tree** N naranjo *m*

**orangeade** [ˈɒrɪndʒˈeɪd] N (*natural*) naranjada *f*; (*fizzy*) refresco *m* de naranja

**orange-coloured**, **orange-colored** (*US*) [ˈɒrɪndʒˌkʌləd] ADJ naranja *inv*, (de) color naranja *inv*

**Orangeman** [ˈɒrɪndʒmən] N (*pl* **Orangemen**) *miembro de las logias protestantes de la Orden de Orange*

**orangery** [ˈɒrɪndʒərɪ] N invernadero *m* de naranjos

**orangey** [ˈɒrɪndʒɪ] ADJ naranjilla, anaranjado

**orang-outang** [ɔːˌræŋuːˈtæŋ] N = **orang-utan**

**orang-utan** [ɔːˌræŋuːˈtæn] N orangután *m*

**orate** [ɔːˈreɪt] VI (*hum*) perorar

**oration** [ɔːˈreɪʃən] N (= *speech*) discurso *m*; (= *peroration*) arenga *f*; **funeral ~** oración *f* fúnebre

**orator** [ˈɒrətəʳ] N orador(a) *m/f*

**oratorical** [ˌɒrəˈtɒrɪkəl] ADJ oratorio, retórico

**oratorio** [ˌɒrəˈtɔːrɪəʊ] N (*pl* **oratorios**) (*Mus*) oratorio *m*

**oratory**[1] [ˈɒrətərɪ] N (= *art of speaking*) oratoria *f*

**oratory**[2] [ˈɒrətərɪ] N (*Rel*) oratorio *m*

**orb** [ɔːb] N (= *sphere*) esfera *f*, globo *m*; (*in regalia*) orbe *m*

**orbit** [ˈɔːbɪt] Ⓐ N órbita *f*; **to be in/go into ~ (round the earth/moon)** estar en/entrar en órbita (alrededor de la tierra/luna); **it's outside my ~** (*fig*) está fuera de mi competencia, que da fuera de mi ámbito
Ⓑ VI [*satellite*] orbitar, girar; [*astronaut*] estar en órbita
Ⓒ VT [+ *earth, moon*] girar alrededor de

**orbital** [ˈɔːbɪtl] ADJ [1] (*Space*) orbital; **~ space station** estación *f* orbital
[2] (*Brit Aut*) **~ motorway/road** autopista *f*/carrera *f* de circunvalación

**orbiter** [ˈɔːbɪtəʳ] N (*Space*) orbitador *m*

**orchard** [ˈɔːtʃəd] N huerto *m*; **apple ~** manzanar *m*, manzanal *m*

**orchestra** [ˈɔːkɪstrə] Ⓐ N orquesta *f*; **symphony ~** orquesta *f* sinfónica; **string ~** orquesta *f* de cuerdas; **chamber ~** orquesta *f* de cámara
Ⓑ CPD ► **orchestra pit** N foso *m* de orquesta ► **orchestra stalls** NPL (*Theat*) luneta *fsing*, platea *fsing*

**orchestral** [ɔːˈkestrəl] ADJ orquestal

**orchestrate** [ˈɔːkɪstreɪt] VT [1] (*Mus*) orquestar
[2] (*fig*) [*rebellion*] tramar; [*campaign*] organizar

**orchestration** [ˌɔːkɪsˈtreɪʃən] N (*lit, fig*) orquestación *f*

**orchid** [ˈɔːkɪd] N orquídea *f*

**orchis** [ˈɔːkɪs] N orquídea *f*

**ordain** [ɔːˈdeɪn] Ⓐ VT [1] (= *order*) ordenar, decretar; [*God*] mandar, disponer; **it was ~ed that ...** se dispuso que ...
[2] (*Rel*) ordenar; **to ~ sb priest** ordenar a algn sacerdote; **to be ~ed** ordenarse
Ⓑ VI mandar, disponer; **as God ~s** según manda Dios, como Dios manda

**ordeal** [ɔːˈdiːl] N [1] (= *bad experience*) terrible experiencia *f*; **it was a terrible ~** fue una experiencia terrible; **after such an ~** después de tan terrible experiencia; **exams are an ~ for me** para mí los exámenes son un suplicio
[2] (*Hist*) ordalías *fpl*; **~ by fire** ordalías *fpl* del fuego

▼**order** [ˈɔːdəʳ] Ⓐ N [1] (= *sequence*) orden *m*; **in ~** en orden, por orden; **what ~ should these documents be in?** ¿en qué orden deben estar estos documentos?; **in alphabetical ~** por *or* en orden alfabético; **"cast in ~ of appearance"** (*Theat, Cine*) "por orden de aparición"; **in chronological ~** por orden cronológico; **in ~ of merit** ordenado según el mérito; **they are out of ~** están mal ordenados; **to get out of ~** desarreglarse; **put these in the right ~** ponga estos por orden; **in ~ of seniority** por orden de antigüedad; **word ~** orden *m* de las palabras; **they are in the wrong ~** están mal ordenados
[2] (= *system*) orden *m*; **a new political/social ~** un nuevo orden político/social; **she has no ~ in her life** lleva un régimen de vida muy desorganizado; **the old ~ is changing** el viejo orden está cambiando; **it is in the ~ of things** es ley de vida; **a new world ~** un nuevo orden mundial
[3] (= *good order*) buen estado *m*, orden *m*; **in**

~ (*legally*) en regla; [*room*] en orden, ordenado; **his papers are in ~** tiene los papeles en regla; **everything is in ~** todo está en regla; **is this passport in ~?** ¿este pasaporte está en regla?; **to put a matter in ~** arreglar un asunto; **to put one's affairs in ~** poner sus asuntos en orden; **in good ~** en buen estado, en buenas condiciones; **a machine in working** *or* **running ~** una máquina en buen estado; **to be out of ~** [*machine*] estar estropeado *or* (*LAm*) descompuesto; **the line is out of ~** (*Telec*) no hay línea, la línea no funciona; **"out of order"** "no funciona"
[4] (= *peace, control*) orden *m*; **the forces of ~** las fuerzas del orden; **to keep ~** mantener el orden; **she can't keep ~** es incapaz de imponer la disciplina, no puede hacerse obedecer; **to keep children in ~** mantener a los niños en orden
[5] (= *command*) orden *f*; [*of court etc*] sentencia *f*, fallo *m*; **~s are ~s** las órdenes no se discuten; **bankruptcy ~** orden *f* de quiebra; **by ~ of** por orden de; **Order in Council** (*Brit Parl*) Orden *f* Real; **~ of the court** sentencia *f* del tribunal; **deportation ~** orden *f* de deportación; **till further ~s** hasta nueva orden; **to give ~s** dar órdenes; **to give sb ~s to do sth** ordenar *or* mandar a algn hacer algo; **he gave the ~ for it to be done** ordenó que se hiciera; **to obey ~s** cumplir órdenes; **on the ~s of** a las órdenes de; **to take ~s from sb** recibir órdenes de algn; **I don't take ~s from anyone** a mí no me da órdenes nadie; **that's an ~!** ¡es una orden!; **under ~s** bajo órdenes; **we are under ~s not to allow it** tenemos orden de no permitirlo; **to be under the ~s of** estar bajo el mando de; ✦***IDIOM*** **to get one's marching ~s*** ser despedido; *see also* **starter A1**
[6] (= *correct procedure*) (*at meeting, Parliament etc*) orden *m*; **order (order)!** ¡orden!; **to call sb to ~** llamar a algn al orden; **to call the meeting to ~** abrir la sesión; **~ of the day** (*Mil*) orden del día; (*fig*) moda *f*, estilo *m* del momento; **strikes are the ~ of the day** las huelgas están a la orden del día; **to be in ~** [*action, request*] ser procedente; **a beer would be in ~** sería indicado tomarse una cerveza; **it seems congratulations are in ~!** ¡enhorabuena!; **is it in ~ for me to go to Rome?** ¿(le) es inconveniente si voy a Roma?; **it is not in ~ to discuss Ruritania** Ruritania está fuera de la cuestión; **to be out of ~*** (= *unacceptable*) [*remark*] estar fuera de lugar; [*person*] comportarse mal; **to rule a matter out of ~** decidir que un asunto no se puede discutir; **a point of ~** una cuestión de procedimiento
[7] (*Comm*) pedido *m*, encargo *m*; **we have it on ~ for you** está pedido para usted; **we will put it on ~ for you** se lo pediremos para usted al fabricante; **to place an ~ for sth with sb** encargar *or* hacer un pedido de algo a algn; **repeat ~** pedido *m* de repetición; **rush ~** pedido *m* urgente; **made to ~** hecho a medida; **we can't do things to ~** no podemos proveer en seguida todo cuanto se nos pide; ✦***IDIOM*** **that's rather a tall ~** eso es mucho pedir
[8] (*in restaurant*) **the waiter took our ~** el camarero tomó nota de lo que íbamos a comer; **an ~ of French fries** una ración de patatas fritas
[9] **in ~ to do sth** para *or* a fin de hacer algo; **in ~ that he may stay** para que pueda quedarse
[10] [*of society etc*] clase *f*, categoría *f*; (*Bio*) orden *m*; **Benedictine Order** Orden *f* de San Benito; **the present crisis is of a different ~** la crisis actual es de un orden distinto; **talents of the first ~** talentos *mpl* de primer orden; **holy ~s** órdenes *fpl* sagradas; **to be in/take (holy) ~s** ser/ordenarse sacerdote; **the lower ~s** las clases bajas *or* (*LAm*) populares; **of the ~ of 500** del orden de los quinientos; **something in** *or* **of** *or* (*US*) **on the ~ of £3,000** unos 3.000, alrededor de 3.000; **~ of magnitude** magnitud *f*
[11] (*Fin*) libranza *f*; (*postal*) giro *m*; **pay to the ~ of** páguese a la orden de
[12] (*Archit*) orden *m*; **Doric ~** orden *m* dórico
[13] **in short ~** (*US*) rápidamente
[14] (*Mil*) **in battle ~** en orden de batalla; **in close ~** en filas apretadas; **in marching ~** en orden de marchar
(B) VT [1] (= *command*) mandar, ordenar; **to ~ sb to do sth** mandar *or* ordenar a algn hacer algo; **to be ~ed to pay costs** ser condenado en costas; **he was ~ed to be quiet** le ordenaron que se callara; **he ~ed that the army should advance** ordenó que el ejército avanzara, dio órdenes de que el ejército avanzara; **the referee ~ed the player off the field** el árbitro expulsó al jugador del campo; **to ~ sb in/up** *etc* mandar entrar/subir *etc* a algn, hacer entrar/subir *etc* a algn; **are you ~ing me out of my own house?** ¿me estás echando de mi propia casa?
[2] (= *put in order*) ordenar, poner en orden; **they are ~ed by date/size** estan ordenados por fecha/tamaño
[3] (= *organize*) organizar, arreglar; **to ~ one's life properly** organizar bien su vida, vivir de acuerdo a cierto método
[4] [+ *goods, meal, taxi*] pedir, encargar; **to ~ a suit** mandar hacer un traje; **we ~ed steak and chips** pedimos un filete con patatas fritas
(C) VI (*in restaurant*) pedir; **are you ready to ~?** ¿han decidido qué van a pedir?
(D) CPD ► **order book** N (*Comm*) libro *m* de pedidos, cartera *f* de pedidos ► **order department** N (*Comm*) sección *f* de pedidos ► **order form** N (*Comm*) hoja *f* de pedido ► **order number** N (*Comm*) número *m* de pedido ► **order paper** N (*Brit Parl etc*) orden *m* del día; *see also* **garter**

►**order about, order around** VT + ADV dar órdenes a, mandonear*; **she was fed up with being ~ed about** estaba harta de que le dieran órdenes

►**order back** VT + ADV mandar volver

**ordered** ['ɔːdəd] ADJ ordenado, metódico, disciplinado

**ordering** ['ɔːdərɪŋ] N (*Comm*) pedido *m*

**orderliness** ['ɔːdəlɪnɪs] N orden *m*, método *m*, disciplina *f*

**orderly** ['ɔːdəlɪ] (A) ADJ [*queue, row, room*] ordenado; [*person, mind*] ordenado, metódico; [*crowd*] pacífico; [*class*] obediente, disciplinado; **in an ~ fashion** *or* **way** *or* **manner** de forma *or* manera ordenada
(B) N (*Mil*) ordenanza *mf*; (*Med*) celador(a) *m/f*
(C) CPD ► **orderly room** N (*Mil*) oficina *f*

**ordinal** ['ɔːdɪnl] (A) ADJ ordinal; **~ number** número *m* ordinal
(B) N ordinal *m*

**ordinance** ['ɔːdɪnəns] N decreto-ley *m*, reglamento *m*

**ordinand** ['ɔːdɪnænd] N ordenando *m*

**ordinarily** [ɔːdɪ'nɛərɪlɪ] ADV por lo común, generalmente

**ordinary** ['ɔːdnrɪ] (A) ADJ [1] (= *usual, normal*) [*milk, coffee*] normal, corriente; **it has 25 calories less than ~ ice cream** tiene 25 calorías menos que el helado normal *or* corriente; **my ~ doctor** el médico al que voy normalmente; **I'd rather wear my ~ clothes** prefiero usar mi ropa normal; **the heat made ~ life almost impossible** el calor hacía la vida normal casi imposible; **in ~ use** usado normalmente; **in the ~ way** normalmente
[2] (= *unremarkable, average*) normal y corriente; **it was just an ~ weekend for us** para nosotros no era más que un fin de semana cualquiera *or* un fin de semana normal y corriente; **he's a normal, ~ guy** es un tipo normal y corriente; **it's not what you'd call an ~ present** no es lo que se dice un regalo de todos los días; **an ~ citizen** un simple ciudadano, un ciudadano de a pie; **it was no ~ bar** no era un bar corriente; **your life since then must have seemed very ~** tu vida desde entonces debe de haberte parecido demasiado normal; **the meal was very ~** (*pej*) la comida fue bastante mediocre, la comida no fue nada del otro mundo *or* del otro jueves
(B) N **a man above the ~** un hombre fuera de serie, un hombre excepcional; **a cut above the ~** fuera de serie; **out of the ~** fuera de lo común, extraordinario
(C) CPD ► **ordinary degree** N (*Brit Univ*) diploma *m*, *título universitario de categoría inferior al Honours degree*; → DEGREE ► **Ordinary Grade** N (*Scot*) (*formerly*) *nivel medio de la enseñanza secundaria*, ≈ Bachillerato *m* Unificado y Polivalente (*Sp*) ► **Ordinary Level** N (*Brit*) (*formerly*) *nivel medio de la enseñanza secundaria*, ≈ Bachillerato *m* Unificado y Polivalente (*Sp*) ► **Ordinary National Certificate** N (*Brit*) ≈ diploma *m* de técnico especialista ► **Ordinary National Diploma** N (*Brit*) *diploma profesional*, ≈ diploma *m* de técnico especialista ► **ordinary seaman** N (*Brit Navy*) marinero *m* ► **ordinary shares** NPL acciones *fpl* ordinarias

**ordination** [,ɔːdɪ'neɪʃən] N (*Rel*) ordenación *f*

**ordnance** ['ɔːdnəns] (*Mil*) (A) N (= *guns*) artillería *f*; (= *supplies*) pertrechos *mpl* de guerra, material *m* de guerra
(B) CPD ► **Ordnance Corps** N Cuerpo *m* de Armamento y Material ► **ordnance factory** N fábrica *f* de artillería ► **Ordnance Survey** N (*Brit*) *servicio estatal de cartografía* ► **Ordnance Survey map** N (*Brit*) mapa *m* del servicio estatal de cartografía

**Ordovician** [,ɔːdəʊ'vɪʃɪən] ADJ ordoviciense

**ordure** ['ɔːdjʊəʳ] N (*lit, fig*) inmundicia *f*

**ore** [ɔːʳ] N mineral *m*, mena *f*; **copper ~** mineral *m* de cobre

**Ore.** ABBR (*US*) = **Oregon**

**ore-carrier** ['ɔːkærɪəʳ] N mineralero *m*

**Oreg.** ABBR (*US*) = **Oregon**

**oregano** [,ɒrɪ'gɑːnəʊ] (*US*) [ə'regənəʊ] N orégano *m*

**organ** ['ɔːgən] (A) N [1] (*Mus*) órgano *m*; (= *barrel organ*) organillo *m*
[2] (*Anat*) órgano *m*
[3] (= *mouthpiece*) [*of opinion*] órgano *m*, portavoz *mf*
(B) CPD ► **organ loft** N tribuna *f* del órgano, galería *f* del órgano ► **organ pipe** N cañón *m* de órgano ► **organ stop** N registro *m* de órgano

**organdie, organdy** (*US*) ['ɔːgəndɪ] N organdí *m*

**organ-grinder** ['ɔːgən,graɪndəʳ] N organillero/a *m/f*

**organic** [ɔː'gænɪk] ADJ [1] (= *living*) [*matter, waste*] orgánico; [*fertiliser*] orgánico, natural
[2] (= *not chemical*) [*farmer, farm, methods*] ecológico; [*vegetables, produce*] de cultivo biológico, biológico; [*meat*] ecológico; [*flour*] integral; [*wine, beer*] sin sustancias artificiales; ~

**food** alimentos *mpl* biológicos, alimentos *mpl* de cultivo biológico; **~ farming** agricultura *f* ecológica *or* biológica; **~ restaurant** restaurante *m* de cocina natural
[3] (*Chem*) orgánico; **~ chemistry** química *f* orgánica
[4] (*frm*) (= *natural*) [*growth, development, change*] natural; (= *united*) [*society, state, community*] orgánico

**organically** [ɔːˈgænɪkəlɪ] ADV [1] (*Agr*) [*grow, produce, farm*] biológicamente, sin utilizar pesticidas ni fertilizantes artificiales; **~ grown foods** alimentos *mpl* biológicos, alimentos *mpl* de cultivo biológico; **an ~ rich soil** un suelo orgánicamente rico
[2] (*Med*) **the surgeons could find nothing ~ wrong** los cirujanos no encontraban nada que estuviera mal desde el punto de vista físico
[3] (*fig*) [*grow, develop, integrate*] de forma natural

**organism** [ˈɔːgənɪzəm] N (*Bio*) organismo *m*

**organist** [ˈɔːgənɪst] N organista *mf*

**organization** [ˌɔːgənaɪˈzeɪʃən] Ⓐ N [1] (= *act*) organización *f*
[2] (= *body*) organización *f*, organismo *m*
Ⓑ CPD ► **organization chart** N organigrama *m*

**organizational** [ˌɔːgənaɪˈzeɪʃənl] ADJ organizativo

**organize** [ˈɔːgənaɪz] Ⓐ VT [1] (= *arrange*) [+ *event, activity*] organizar; **they ~d demonstrations against the closures** organizaron manifestaciones en contra de los cierres; **can you ~ some food for us?** ¿puedes encargarte de nuestra comida?; **I will ~ transport** yo me encargaré del transporte
[2] (= *put in order*) **she tried to ~ her thoughts** intentó ordenar *or* poner en orden sus pensamientos; **she ~s her time very well** administra muy bien su tiempo, se organiza muy bien (el tiempo); **she's always organizing people** siempre le está diciendo a la gente qué hacer; **stop trying to ~ my life** deja de intentar organizar mi vida; **to get (o.s.) ~d** ◊ **~ o.s.** organizarse
[3] (*Ind*) sindicar, organizar en sindicatos
Ⓑ VI [1] (= *make arrangements*) organizar; **we have ~d for every eventuality** lo hemos organizado todo para cualquier eventualidad; **he's ~d for us to meet the director** lo ha organizado para que nos reunamos con el director
[2] (*Ind*) sindicarse

**organized** [ˈɔːgənaizd] ADJ [1] (= *methodical*) [*person*] organizado; **it was ~ chaos** era un caos organizado *or* ordenado
[2] (= *planned*) [*crime, event, tour*] organizado
[3] (*Ind*) **~ labour** trabajadores *mpl or* obreros *mpl* sindicados

**organizer** [ˈɔːgənaɪzəʳ] N organizador(a) *m/f*

**organizing** [ˈɔːgənaizɪŋ] Ⓐ ADJ **she has excellent ~ ability** tiene una aptitud excelente para organizar; **the ~ principle** el principio organizador
Ⓑ CPD ► **organizing committee** N comité *m* organizador, comisión *f* organizadora

**organophosphate** [ɔːˌgənəʊˈfɒsfeɪt] N organofosfato *m*

**organza** [ɔːˈgænzə] N organza *f*, organdí *m* de seda

**orgasm** [ˈɔːgæzəm] Ⓐ N orgasmo *m*; **to bring sb to ~** hacer llegar al orgasmo a algn
Ⓑ VI tener un orgasmo, llegar al orgasmo

**orgasmic** [ɔːˈgæzmɪk] ADJ orgásmico

**orgiastic** [ˌɔːdʒɪˈæstɪk] ADJ orgiástico

**orgy** [ˈɔːdʒɪ] N (*lit, fig*) orgía *f*; **an ~ of destruction** una orgía de destrucción

**oriel** [ˈɔːrɪəl] N mirador *m*

**Orient** [ˈɔːrɪənt] N Oriente *m*

**orient** *etc* [ˈɔːrɪənt] VT = **orientate**

**oriental** [ˌɔːrɪˈentəl] Ⓐ ADJ oriental, de Oriente
Ⓑ N **Oriental**† oriental *mf*

**orientalism** [ˌɔːrɪˈentəlɪzəm] N orientalismo *m*

**orientalist** [ˌɔːrɪˈentəlɪst] Ⓐ ADJ orientalista
Ⓑ N orientalista *mf*

**orientate** [ˈɔːrɪenteɪt] VT orientar; (*fig*) encaminar; **to ~ o.s.** orientarse

**-orientated** [ˈɔːrɪenteɪtɪd] ADJ (*ending in compounds*) **career-orientated** orientado hacia una carrera; **commercially-orientated** orientado hacia el comercio

**orientation** [ˌɔːrɪenˈteɪʃən] Ⓐ N orientación *f*
Ⓑ CPD ► **orientation course** N curso *m* de orientación

**-oriented** [ˈɔːrɪentɪd] ADJ (*ending in compounds*) = **-orientated**

**orienteering** [ˌɔːrɪənˈtɪərɪŋ] N (= *sport*) carrera *f* con mapa y brújula

**orifice** [ˈɒrɪfɪs] N orificio *m*

**origami** [ˌɒrɪˈgɑːmɪ] N papiroflexia *f*

**origin** [ˈɒrɪdʒɪn] N [*of belief, rumour, language, person*] origen *m*; [*of river*] nacimiento *m*; **country of ~** país *m* de origen *or* de procedencia; **to be of humble ~** ◊ **have humble ~s** ser de origen humilde

**original** [əˈrɪdʒɪnl] Ⓐ ADJ [1] (= *first, earliest*) [*version, size, colour, owner, intention, idea*] original; [*inhabitants*] primero, primitivo; **of the ~ twenty, only twelve remained** de los veinte iniciales, sólo quedaban doce; **one of the ~ members** uno de los primeros miembros
[2] (= *not copied*) [*document, painting*] original; **an ~ Picasso** un Picasso original
[3] (= *unusual, creative*) [*person, idea*] original; **he's an ~ thinker** es un pensador original; **he has an ~ mind** tiene una mente original
Ⓑ N [1] (= *manuscript, painting, document*) original *m*; **he reads Homer in the ~** lee a Homero en versión original; **in the ~ French** en la versión original francesa
[2] (= *person*) **he was something of an ~** era un tanto original
Ⓒ CPD ► **original sin** N pecado *m* original

**originality** [əˌrɪdʒɪˈnælɪtɪ] N originalidad *f*

**originally** [əˈrɪdʒənəlɪ] ADV [1] (= *at first*) originariamente, en un principio; **~ they were in Athens** originariamente *or* en un principio estuvieron en Atenas; **Lucy had ~ intended to be a doctor** Lucy tenía inicialmente la intención de ser médico, Lucy en un principio tenía la intención de ser médico; **he's ~ from Armenia** es originario de Armenia
[2] (= *in an original way*) con originalidad, de manera original; **she dresses very ~** es muy original vistiendo, viste con mucha originalidad *or* de manera muy original; **it is quite ~ written** está escrito con bastante originalidad

**originate** [əˈrɪdʒɪneɪt] Ⓐ VT producir, originar; [*person*] idear, crear
Ⓑ VI **to ~ (from** *or* **in)** originarse (en), tener su origen (en); (= *begin*) empezar (en *or* con); **where did the fire ~?** ¿dónde se originó el incendio?; **these oranges ~ from Israel** estas naranjas son de Israel; **where do you ~ from?** ¿de dónde eres?; **with whom did the idea ~?** ¿quién tuvo la idea primero?

**originator** [əˈrɪdʒɪneɪtəʳ] N inventor(a) *m/f*, creador(a) *m/f*

**oriole** [ˈɔːrɪəʊl] N **golden ~** oropéndola *f*

**Orkneys** [ˈɔːknɪz], **Orkney Islands** [ˈɔːknɪˌaɪləndz] NPL **the ~** las (Islas) Órcadas

**Orlon®** [ˈɔːlɒn] N orlón® *m*

**ormolu** [ˈɔːməʊluː] N similor *m*, bronce *m* dorado

**ornament** Ⓐ [ˈɔːnəmənt] N (*gen*) adorno *m*, ornamento *m*; (= *vase etc*) objeto *m* de adorno, adorno *m*
Ⓑ [ˈɔːnəment] VT adornar

**ornamental** [ˌɔːnəˈmentl] ADJ decorativo, de adorno; (*Bot*) ornamental

**ornamentation** [ˌɔːnəmenˈteɪʃən] N (= *act*) ornamentación *f*, decoración *f*; (= *ornaments*) adornos *mpl*

**ornate** [ɔːˈneɪt] ADJ [*decor*] ornamentado; [*building, ceiling, vase, architectural style*] ornamentado, ricamente decorado; [*written style, language*] florido, recargado (*pej*); **the room is too ~ for my taste** la habitación está demasiado recargada para mi gusto

**ornately** [ɔːˈneɪtlɪ] ADV [*carved, painted, designed*] con muchos adornos, de manera elaborada; [*written*] en un estilo florido *or* (*pej*) recargado

**ornateness** [ɔːˈneɪtnɪs] N [*of decor, ceiling, building, vase*] lo ornamentado; [*of language*] lo florido, estilo *m* florido, recargamiento *m* (*pej*)

**ornithological** [ˌɔːnɪθəˈlɒdʒɪkəl] ADJ ornitológico

**ornithologist** [ˌɔːnɪˈθɒlədʒɪst] N ornitólogo/a *m/f*

**ornithology** [ˌɔːnɪˈθɒlədʒɪ] N ornitología *f*

**orphan** [ˈɔːfən] Ⓐ N huérfano/a *m/f*
Ⓑ ADJ huérfano
Ⓒ VT **to be ~ed** quedarse huérfano; **she was ~ed at the age of nine** quedó huérfana a los nueve años; **the children were ~ed by the accident** el accidente dejó huérfanos a los niños

**orphanage** [ˈɔːfənɪdʒ] N [1] (= *institution*) orfanato *m*, orfanatorio *m* (*Mex*)
[2] (= *state*) orfandad *f*

**Orpheus** [ˈɔːfiuːs] N Orfeo

**ortho...** [ˈɔːθəʊ] PREFIX orto...

**orthodontic** [ɔːθəʊˈdɒntɪk] ADJ de ortodoncia, ortodoncista

**orthodontics** [ˌɔːθəʊˈdɒntɪks] NSING ortodoncia *f*

**orthodontist** [ˌɔːθəʊˈdɒntɪst] N ortodoncista *mf*

**orthodox** [ˈɔːθədɒks] ADJ ortodoxo

**orthodoxy** [ˈɔːθədɒksɪ] N ortodoxia *f*

**orthographic** [ˌɔːθəˈgræfɪk] ADJ ortográfico

**orthographical** [ˌɔːθəˈgræfɪkəl] ADJ = **orthographic**

**orthography** [ɔːˈθɒgrəfɪ] N ortografía *f*

**orthopaedic**, **orthopedic** (*US*) [ˌɔːθəʊˈpiːdɪk] ADJ ortopédico; **~ surgeon** ortopedista *mf*, traumatólogo/a *m/f*; **~ surgery** cirujía *f* ortopédica

**orthopaedics**, **orthopedics** (*US*) [ˌɔːθəʊˈpiːdɪks] NSING ortopedia *f*

**orthopaedist**, **orthopedist** (*US*) [ˌɔːθəʊˈpiːdɪst] N ortopedista *mf*, traumatólogo/a *m/f*

**oryx** [ˈɒrɪks] N (*pl* **oryxes** *or* **oryx**) orix *m*, órix *m*

**OS** ABBR [1] (*Brit Geog*) (= **Ordnance Survey**) *servicio oficial de topografía*
[2] (*Brit Navy*) = **Ordinary Seaman**
[3] (*Hist*) (= **old style**) según el calendario juliano

**O/S** ABBR = **out of stock**

**o/s** ABBR (*Comm*) (= **outsize**) de tamaño extraordinario

**Oscar** [ˈɒskəʳ] N (*Cine*) Oscar *m*

**oscillate** ['ɒsɪleɪt] Ⓐ VI [1] (*Phys*) oscilar; [*compass, needle etc*] oscilar, fluctuar
[2] (*fig*) oscilar; **he ~s between boredom and keenness** pasa del aburrimiento al entusiasmo, oscila entre el aburrimiento y el entusiasmo
Ⓑ VT hacer oscilar

**oscillating** ['ɒsɪleɪtɪŋ] ADJ oscilante

**oscillation** [,ɒsɪ'leɪʃən] N [1] (*Phys*) oscilación *f*; [*of prices*] fluctuación *f*
[2] (*fig*) oscilación *f*

**oscillator** ['ɒsɪleɪtəʳ] N oscilador *m*

**oscillatory** [,ɒsɪ'leɪtərɪ] ADJ oscilatorio

**oscilloscope** [ɒ'sɪlə,skəʊp] N osciloscopio *m*

**osculate** ['ɒskjʊleɪt] (*hum*) Ⓐ VT besar
Ⓑ VI besar, besarse

**osculation** [,ɒskjʊ'leɪʃən] N (*hum*) ósculo *m*

**OSD** ABBR (*Rel*) (= **Order of Saint Dominic**) O.P.

**OSHA** N ABBR (*US*) = **Occupational Safety and Health Administration**

**osier** ['əʊʒəʳ] Ⓐ N mimbre *m or f*
Ⓑ CPD ► **osier bed** N mimbrera *f*

**Oslo** ['ɒzləʊ] N Oslo *m*

**osmium** ['ɒzmɪəm] N osmio *m*

**osmosis** [ɒz'məʊsɪs] N ósmosis *f inv*, osmosis *f inv*

**osmotic** [ɒz'mɒtɪk] ADJ osmótico

**osprey** ['ɒspreɪ] N pigargo *m*, quebrantahuesos *m inv*

**osseous** ['ɒsɪəs] ADJ óseo

**ossification** [,ɒsɪfɪ'keɪʃən] N osificación *f*

**ossify** ['ɒsɪfaɪ] Ⓐ VI (*lit*) osificarse; (*fig*) anquilosarse
Ⓑ VT osificar

**ossuary** ['ɒsjʊərɪ] N osario *m*

**OST** N ABBR (*US*) = **Office of Science and Technology**

**Ostend** [ɒs'tend] N Ostende *m*

**ostensible** [ɒs'tensəbl] ADJ aparente

**ostensibly** [ɒs'tensəblɪ] ADV aparentemente, en apariencia

**ostensive** [ɒ'stensɪv] ADJ ostensivo

**ostentation** [,ɒsten'teɪʃən] N ostentación *f*, boato *m*

**ostentatious** [,ɒsten'teɪʃəs] ADJ [*behaviour, car, clothes*] ostentoso; [*surroundings, style of living*] suntuoso, fastuoso

**ostentatiously** [,ɒsten'teɪʃəslɪ] ADV ostentosamente, con ostentación

**osteo...** ['ɒstɪəʊ] PREFIX osteo…

**osteoarthritis** ['ɒstɪəʊɑː'θraɪtɪs] N osteoartritis *f*

**osteomalacia** [,ɒstɪəʊmə'leɪʃɪə] N osteomalacia *f*

**osteomyelitis** [,ɒstɪəʊmaɪ'laɪtɪs] N osteomielitis *f*

**osteopath** ['ɒstɪəpæθ] N osteópata *mf*

**osteopathy** [,ɒstɪ'ɒpəθɪ] N osteopatía *f*

**osteoporosis** [,ɒstɪəʊpɔː'rəʊsɪs] N osteoporosis *f inv*

**ostler**†† ['ɒsləʳ] N (*esp Brit*) mozo *m* de cuadra

**ostmark** ['ɒstːmɑːk] N marco *m* de la antigua RDA

**ostracism** ['ɒstrəsɪzəm] N ostracismo *m*

**ostracize** ['ɒstrəsaɪz] VT condenar al ostracismo

**ostrich** ['ɒstrɪtʃ] N (*pl* **ostriches** *or* **ostrich**) avestruz *m*

**OT** N ABBR [1] (= **Old Testament**) A.T.
[2] (*Med*) = **occupational therapy**

**OTB** N ABBR (*US*) (= **off-track betting**) *apuestas ilegales hechas fuera del hipódromo*

**OTC** Ⓐ ADV ABBR (*Comm*) = **over the counter**
Ⓑ N ABBR (*Brit*) = **Officer Training Corps**

**OTE** NPL ABBR (*Brit*) (= **on-target earnings**) beneficios *mpl* según los objetivos

**Othello** [ə'θeləʊ] N Otelo

**other** ['ʌðəʳ] Ⓐ ADJ otro; **all the ~ books have been sold** todos los otros *or* los demás libros se han vendido; **the ~ five** los otros cinco; **the ~ day** el otro día; **every ~ day** cada dos días; **together with every ~ woman** así como todas las mujeres; **if there are no ~ questions …** si no hay más preguntas …; **the ~ one** el otro/la otra; **some actor or ~** un actor cualquiera; **~ people** los otros, los demás; **~ people have done it** otros lo han hecho; **some ~ people have still to arrive** todavía no han llegado todos, aún tienen que llegar algunos más; **~ people's property** la propiedad ajena; **~ people's ideas** las ideas ajenas; **on the ~ side of the street** al otro lado de la calle; **among ~ things she is a writer** entre otras cosas es escritora; **some ~ time** en otro momento, en otra ocasión; **there must be some ~ way of doing it** debe haber alguna otra forma de hacerlo
Ⓑ PRON **the ~** el otro/la otra; **the ~s** los otros/las otras, los/las demás; **the ~s are going but I'm not** los demás van, pero yo no; **some do, ~s don't** algunos sí, otros no; **and these five ~s** y estos otros cinco; **we must respect ~s' rights** hay que respetar los derechos ajenos; **one after the ~** uno tras otro; **among ~s** entre otros; **are there any ~s?** (*gen*) ¿hay algún otro?; (= *any unaccounted for*) ¿falta alguno?; (= *anybody unaccounted for*) ¿falta alguien?; **you and no ~** solamente tú; **no book ~ than this** ningún libro que no sea éste; **he had no clothes ~ than those he stood up in** no tenía más ropa que la que llevaba puesta; **it was no ~ than the bishop** fue el obispo en persona; **none ~ than** el mismísimo/la mismísima; **one or ~ of them will come** uno de ellos vendrá; **somebody or ~** alguien, alguno; **some fool or ~** algún tonto; *see also* **every 1**
Ⓒ ADV **somewhere or ~** en alguna parte, en algún lado; **~ than him** aparte de él; **he could not have acted ~ than he did** no le quedaba otro recurso que hacer lo que hizo; **I wouldn't wish him ~ than he is** no quisiera que fuera distinto de como es

**otherness** ['ʌðənɪs] N alteridad *f*

**otherwise** ['ʌðəwaɪz] Ⓐ CONJ (= *if not*) si no, de lo contrario; **let's go with them, ~ we shall have to walk** vámonos con ellos, si no *or* de lo contrario tendremos que ir a pie; **of course I'm interested, I wouldn't be here ~** claro que me interesa, si no *or* de lo contrario no estaría aquí
Ⓑ ADV [1] (= *another way, differently*) de otra manera; **it cannot be ~** (*frm*) no puede ser de otra manera; **they may be arrested or ~ persecuted** puede que los detengan o que los persigan de otra manera; **unless your doctor advises ~** a menos que el médico le recomiende otra cosa; **it's true, and nothing you can say will convince me ~** es verdad, y nada que puedas decir me convencerá de lo contrario; **she was ~ engaged** (*frm or hum*) tenía otro compromiso; **Miller, ~ known as Dusty** Miller, también conocido como Dusty; **until proven** *or* **proved ~** hasta que se demuestre lo contrario; **except where** *or* **unless ~ stated** (*frm*) salvo indicación de lo contrario (*frm*), a no ser que se indique lo contrario; **we had no reason to think ~** no teníamos motivo para creer otra cosa
[2] (= *in other respects*) aparte de esto, por lo demás; **it's an ~ excellent piece of work** aparte de esto *or* por lo demás es un trabajo excelente; **she was a little thinner, but ~ unchanged** estaba un poco más delgada, pero aparte de eso *or* por lo demás seguía igual
[3] (= *in other circumstances*) en otras circunstancias; **people who might ~ have died will live** gente que en otras circunstancias hubiera muerto, vivirá; **it's more expensive than I would ~ have bought** es más caro de lo que hubiera gastado normalmente
[4] (= *of another sort*) **he would do it by any means, legal or ~** lo haría por todos los medios, legales o no; **it may not be transmitted by any means, electronic or ~** está prohibida su transmisión por cualquier medio, ya sea electrónico o de otra clase

**other-worldly** ['ʌðə'wɜːldlɪ] ADJ [1] [*person*] muy espiritual
[2] [*experience*] (como) de otro mundo; [*being*] extraterrestre

**otiose** ['əʊtɪəʊs] ADJ ocioso, inútil

**otitis** [əʊ'taɪtɪs] N otitis *f*

**OTT*** ADJ ABBR = **over the top**

**otter** ['ɒtəʳ] N (*pl* **otters** *or* **otter**) nutria *f*

**Otto** ['ɒtəʊ] N Otón

**Ottoman** ['ɒtəmən] Ⓐ ADJ otomano
Ⓑ N otomano/a *m/f*

**ottoman** ['ɒtəmən] N (*pl* **ottomans**) otomana *f*

**OU** N ABBR (*Brit*) (= **Open University**) ≈ UNED *f*; → OPEN UNIVERSITY

**ouch** [aʊtʃ] EXCL ¡ay!

▼**ought**[1] [ɔːt] MODAL AUX VB [1] (*moral obligation*) deber; **I ~ to do it** debería hacerlo, debiera hacerlo; **one ~ not to do it** no se debiera hacer; **I ~ to have done it** debiera haberlo hecho; **you ~ to have warned me** me deberías haber avisado; **he ~ to have known** debía saberlo; **I thought I ~ to tell you** me creí en el deber de decírselo; **to behave as one ~** comportarse como se debe
[2] (*vague desirability*) **you ~ to go and see it** vale la pena ir a verlo; **you ~ to have seen him!** ¡tenías que haberle visto!
[3] (*probability*) deber; **he ~ to win** debería ganar; **that ~ to be enough** con eso debería ser suficiente; **he ~ to have arrived by now** debería de haber llegado ya

**ought**[2] [ɔːt] N = **aught**

**Ouija**® ['wiːdʒə] N (*also* **~ board**) tabla *f* de espiritismo

**ounce** [aʊns] N [1] (= *measure*) onza *f*; → IMPERIAL SYSTEM
[2] (*fig*) pizca *f*; **there's not an ~ of truth in it** en eso no hay ni una pizca de verdad; **if you had an ~ of common sense** si tuvieras una gota de sentido común

**our** [aʊəʳ] POSS ADJ (*with singular noun*) nuestro/a; (*with plural noun*) nuestros/as; **~ house** nuestra casa; **~ neighbours are very nice** nuestros vecinos son muy simpáticos; **we took off ~ coats** nos quitamos los abrigos; **they stole ~ car** nos robaron el coche

**ours** [aʊəz] POSS PRON (*referring to singular possession*) (el/la) nuestro/a; (*referring to plural possession*) (los/las) nuestros/as; **this house is ~** esta casa es nuestra; **a friend of ~** un amigo nuestro; **your car is much bigger than ~** vuestro coche es mucho más grande que el nuestro; **"our teachers are strict" — "~ are too"** —nuestros profesores son estrictos —los nuestros también

**ourselves** [,aʊə'selvz] PERS PRON [1] (*reflexive*) nos; **we couldn't see ~ in the photo** no podíamos vernos en la foto; **we really enjoyed**

➤ LANGUAGE IN USE: ought[1] 1, 2 2.2

~ nos divertimos mucho

[2] (*emphatic*) nosotros/as (mismos/as); (*after prep*) nosotros/as (mismos/as); **we built our garage ~** nos construimos el garaje nosotros mismos; **we went ~** fuimos en persona; **let's not talk about ~ any more** no hablemos más de nosotros (mismos); **we said to ~** nos dijimos

[3] (*phrases*) **we were talking among ~** hablábamos entre nosotros; **by ~** solos/as; **we prefer to be by ~** preferimos estar solos; **we did it (all) by ~** lo hicimos nosotros mismos

**oust** [aʊst] VT (*gen*) expulsar, echar; (*from house*) desahuciar, desalojar; **we ~ed them from the position** les hicimos abandonar su posición; **to ~ sb from a post** hacer que algn renuncie a un puesto

**out** [aʊt] Ⓐ ADV

*When **out** is the second element in a phrasal verb, eg **go out, put out, walk out**, look up the verb.*

[1] (= *not in*) fuera, afuera; **it's cold ~** fuera *or* afuera hace frío; **they're ~ in the garden** están fuera *or* afuera en el jardín; **to be ~** (= *not at home*) no estar (en casa); **Mr Green is ~** el señor Green no está *or* (*LAm*) no se encuentra; **he's ~ for the afternoon** no estará en toda la tarde; **he's ~ a good deal** pasa bastante tiempo fuera; **"way out"** "salida"; **to be ~ and about again** estar bien otra vez (*después de una enfermedad*); **to have a day ~** pasar un día fuera de casa; **~ you go!** ¡fuera!; **it's cold ~ here** hace frío aquí fuera; **the journey ~** el viaje de ida; **to have a night ~** salir por la noche (a divertirse); (*drinking*) salir de juerga *or* (*LAm*) de parranda; **to run ~** salir corriendo; **it's dark ~ there** está oscuro ahí fuera; **the tide is ~** la marea está baja; **~ with him!** ¡fuera con él!, ¡que le echen fuera!; *see also* **second[1] C3**

[2] (= *on strike*) **the railwaymen are ~** los ferroviarios están en huelga

[3] (*indicating distance*) **she's ~ in Kuwait** se fue a Kuwait, está en Kuwait; **the boat was ten km ~** el barco estaba a diez kilómetros de la costa; **three days ~ from Plymouth** (*Naut*) a tres días de Plymouth; **it carried us ~ to sea** nos llevó mar adentro

[4] **to be ~**: **when the sun is ~** cuando brilla el sol; **the dahlias are ~** las dalias están en flor; **to come ~**: **when the sun comes ~** cuando sale el sol; **the roses are coming ~** los rosales estan floreciendo

[5] (= *in existence*) que hay, que ha habido; **it's the biggest swindle ~*** es la mayor estafa que se ha conocido jamás; **when will the magazine be ~?** ¿cuándo sale la revista?; **the book is ~** se ha publicado el libro, ha salido el libro; **the film is now ~ on video** la película ya ha salido en vídeo

[6] (= *in the open*) conocido/a, fuera; **your secret's ~** tu secreto se ha descubierto *or* ha salido a la luz; **~ with it!** ¡desembucha!, ¡suéltalo ya!, ¡suelta la lengua! (*LAm*)

[7] (= *to or at an end*) terminado/a; **before the week was ~** antes de que terminara la semana

[8] [*lamp, fire, gas*] apagado/a; **all the lights are ~** todas las luces están apagadas; **"lights ~ at ten pm"** "se apagan las luces a las diez"; **my pipe is ~** se me ha apagado la pipa

[9] (= *not in fashion*) pasado/a de moda; **long dresses are ~** ya no se llevan los vestidos largos, los vestidos largos estan pasados de moda

[10] (= *not in power*) **now that the Liberals are ~** ahora que los liberales están fuera del poder

[11] (*Sport*) [*player*] fuera de juego; [*boxer*] fuera de combate; [*loser*] eliminado/a; **that's it, Liverpool are ~** ya está, Liverpool queda eliminado; **you're ~** (*in games*) quedas eliminado; **the ball is ~** el balón está fuera del terreno; **out!** ¡fuera!

[12] (*indicating error*) equivocado/a; **he was ~ in his reckoning** calculó mal; **I was not far ~** por poco acierto; **your watch is five minutes ~** su reloj lleva cinco minutos de atraso/de adelanto; **I'm two dollars ~** he perdido dos dólares en el cálculo

[13] (*indicating loudness, clearness*) en voz alta, en alto; **speak ~ (loud)!** ¡habla en voz alta *or* fuerte!; *see also* **right B1**, **straight B1**

[14] (*indicating purpose*) **he's ~ to make money** lo que busca es hacerse rico; **~ for** en busca de; **to be ~ for sth** buscar algo; **he's ~ for all he can get** busca sus propios fines, anda detrás de lo suyo; **they're ~ for trouble** quieren armar un escándalo

[15] **to be ~** (= *unconscious*) estar inconsciente; (= *drunk*) estar completamente borracho; (= *asleep*) estar durmiendo como un tronco; **he was ~ cold** estuvo completamente sin conocimiento; **I was ~ for some minutes** estuve inconsciente durante varios minutos, estuve varios minutos sin conocimiento

[16] **~ and away** con mucho

[17] (= *worn through*) **the coat is ~ at the elbows** la chaqueta está rota por los codos

Ⓑ **~ of** PREP

*When **out** is part of a set combination, eg **out of danger, out of proportion, out of sight**, look up the other word.*

[1] (= *outside, beyond*) fuera de; **~ of town** fuera de la ciudad; **he lives ~ of town** vive fuera de la ciudad; **three kilometres ~ of town** a tres kilómetros de la ciudad; **to go ~ of the house** salir de la casa; **to look ~ of the window** mirar por la ventana; **to throw sth ~ of a window** tirar algo por una ventana; **to turn sb ~ of the house** echar a algn de la casa; **we're well ~ of it*** de buena nos hemos librado; **♦IDIOM to feel ~ of it*** sentirse aislado *or* fuera de contacto; *see also* **danger A**, **proportion A1**, **range A5**, **season A2**, **sight A2**

[2] (*cause, motive*) por; **~ of curiosity** por curiosidad; **~ of respect for you** por el respeto que te tengo; **to do sth ~ of sympathy** hacer algo por compasión; *see also* **necessity**, **spite**

[3] (*origin*) de; **to copy sth ~ of a book** copiar algo de un libro; **to drink sth ~ of a cup** beber algo de una taza; **to take sth ~ of a drawer** sacar algo de un cajón; **a box made ~ of wood** una caja (hecha) de madera; **it was like something ~ of a nightmare** era como de una pesadilla; **a chapter ~ of a novel** un capítulo de una novela; **to read ~ of a novel** leer en una novela

[4] (= *from among*) de cada; **one ~ of every three smokers** uno de cada tres fumadores; **in nine cases ~ of ten** en nueve de cada diez casos

[5] (= *without*) sin; **we're ~ of petrol** nos hemos quedado sin gasolina; **we're ~ of milk** se nos ha acabado la leche; **it's ~ of stock** (*Comm*) está agotado; **to be ~ of hearts** (*Cards*) tener fallo a corazones; *see also* **breath A1**

[6] (*Animal husbandry*) **Blue Ribbon, by Black Rum ~ of Grenada** el caballo Blue Ribbon, hijo de Black Rum y de la yegua Grenada

Ⓒ N *see* **in 3**

Ⓓ VT (= *expose as homosexual*) revelar la homosexualidad de

Ⓔ VI **the truth will ~** se descubrirá la verdad; **murder will ~** el asesinato se descubrirá

**outa*** ['aʊtə] ABBR (*esp US*) = **out of**

**outage** ['aʊtɪdʒ] N (*esp US Elec*) apagón *m*, corte *m*

**out-and-out** ['aʊtən'aʊt] ADJ [1] (= *absolute*) [*liar, villain*] redomado, empedernido; [*defeat, lie*] absoluto

[2] (= *dedicated*) acérrimo

**outback** ['aʊtbæk] N (*in Australia*) despoblado *m*, campo *m*

**outbid** [aʊt'bɪd] (*pt, pp* **outbid**) VT pujar más alto que

**outboard** ['aʊtbɔːd] Ⓐ ADJ fuera borda

Ⓑ N **~ (motor)** motor *m* fuera borda *or* bordo

**outbound** ['aʊt,baʊnd] (*US*) Ⓐ ADV hacia fuera, hacia el exterior

Ⓑ ADJ que va hacia fuera, que va hacia el exterior; [*flight*] de ida

**outbox** [aʊt'bɒks] VT boxear mejor que

**outbreak** ['aʊtbreɪk] N [*of war*] declaración *f*; [*of hostilities*] comienzo *m*; [*of disease*] brote *m*; [*of crimes*] ola *f*; [*of violence*] arranque *m*; [*of spots*] erupción *f*; **a salmonella ~** un brote de salmonelosis; **at the ~ of war** al estallar la guerra

**outbuilding** ['aʊt,bɪldɪŋ] N (= *outhouse*) dependencia *f*; (= *shed*) cobertizo *m*, galpón *m* (*S. Cone*)

**outburst** ['aʊtbɜːst] N (*gen*) estallido *m*, explosión *f*; [*of anger*] arrebato *m*, arranque *m*; [*of applause*] salva *f*; **forgive my ~ last week** perdona que perdiera los estribos la semana pasada

**outcast** ['aʊtkɑːst] N (= *rejected person*) paria *mf*; (*in exile*) desterrado/a *m/f*; **he's a social ~** vive marginado por la sociedad

**outclass** [aʊt'klɑːs] VT aventajar a, superar

**outcome** ['aʊtkʌm] N (= *result*) resultado *m*; (= *consequences*) consecuencias *fpl*

**outcrop** ['aʊtkrɒp] Ⓐ N afloramiento *m*

Ⓑ VI aflorar

**outcry** ['aʊtkraɪ] N (= *protest*) protesta *f*, clamor *m*; (= *noise*) alboroto *m*; **to raise an ~ about sth** levantar fuertes protestas por algo; **there was a great ~** hubo fuertes protestas

**outdated** ['aʊt'deɪtɪd] ADJ anticuado, pasado de moda

**outdistance** [aʊt'dɪstəns] VT dejar atrás

**outdo** [aʊt'duː] (*pt* **outdid** [aʊt'dɪd]; *pp* **outdone** [aʊt'dʌn]) VT **to ~ sb (in sth)** superar a algn (en algo); **he was not to be ~ne** no quiso quedarse atrás; **not to be ~ne, he added …** ni corto ni perezoso, añadió que …

**outdoor** ['aʊtdɔːʳ] ADJ [*sports, work, market*] al aire libre; [*swimming pool, tennis court*] descubierto, al aire libre; [*clothes, shoes*] de calle; [*plant*] de exterior; **the ~ life** la vida al aire libre; **for ~ use** para uso al aire libre; **she's definitely the ~ type** es definitivamente una persona a la que le gusta estar al aire libre *or* a la que le gustan las actividades al aire libre

**outdoors** ['aʊt'dɔːz] Ⓐ ADV [1] (= *outside*) fuera; **go and play ~** id a jugar fuera; **to go ~** salir fuera; **~, there are three heated swimming pools** afuera, hay tres piscinas climatizadas

[2] (= *in the open air*) [*exercise, bathe*] al aire libre; [*sleep*] al raso

Ⓑ N campo *m* abierto; **the great ~** (*hum*) la naturaleza

**outer** ['aʊtəʳ] Ⓐ ADJ [1] (= *exterior*) [*layer, surface*] exterior; [*skin, shell*] de fuera; [*wall, door*] exterior, de fuera; [*garment*] externo; **remove the ~ leaves from the cabbage** quite las ho-

jas de la parte de fuera de la col; **the ~ world** el mundo exterior
[2] (= *peripheral*) [*edge, limit*] exterior; [*suburbs*] periférico, del extrarradio; **the ~ reaches of the solar system** los extremos del sistema solar
Ⓑ CPD ► **Outer Hebrides** NPL Hébridas *fpl* Exteriores ► **Outer London** N *área administrativa que comprende los barrios situados fuera del centro de Londres* ► **Outer Mongolia** N Mongolia *f* Exterior ► **outer space** N espacio *m* exterior, espacio *m* sideral

**outermost** ['aʊtəməʊst] ADJ [*place*] más extremo, más remoto; [*cover, layer*] más externo, más exterior

**outface** [aʊt'feɪs] VT desafiar

**outfall** ['aʊtfɔːl] N [*of drain*] desagüe *m*, desaguadero *m*; [*of river*] desembocadura *f*

**outfield** ['aʊtfiːld] N (*Sport*) parte *f* más lejana del campo; (*Baseball*) jardín *m*

**outfielder** ['aʊtfiːldəʳ] N (*Baseball, Cricket*) *jugador en el extremo del campo*

**outfit** ['aʊtfɪt] N [1] (= *clothes*) traje *m*; (= *uniform*) uniforme *m*; (= *costume*) conjunto *m*; **a cowboy ~** un traje de vaquero; **why are you wearing that ~?** ¿por qué te has trajeado así?
[2] (= *equipment*) equipo *m*; (= *tools*) juego *m* de herramientas; **a complete camper's ~** un equipo completo de campista
[3] (*) (= *organization*) grupo *m*, organización *f*; (*Mil*) unidad *f*, cuerpo *m*; **when I joined this ~** cuando vine a formar parte de esta unidad

**outfitter** ['aʊtfɪtəʳ] N camisero *m*; **gentlemen's ~'s** (= *shop*) tienda *f* de ropa para caballero; **sports ~'s** (= *shop*) tienda *f* de artículos deportivos

**outflank** [aʊt'flæŋk] VT (*Mil*) flanquear, rebasar; (*fig*) superar en táctica, burlar

**outflow** ['aʊtfləʊ] N efusión *f*; [*of capital etc*] fuga *f*, salida *f*; (*Mech*) tubo *m* de salida

**outfox** [aʊt'fɒks] VT ser más listo que

**outgeneral** [aʊt'dʒenərəl] VT superar en estrategia, superar en táctica

**outgo** ['aʊtgəʊ] N (*US*) gastos *mpl*

**outgoing** ['aʊt,gəʊɪŋ] ADJ [1] [*president*] saliente; [*government*] cesante; [*boat, train, mail*] de salida; [*flight*] de ida; [*tide*] que baja
[2] [*character*] extrovertido, sociable

**outgoings** ['aʊt,gəʊɪŋz] NPL gastos *mpl*

**outgrow** [aʊt'grəʊ] (*pt* **outgrew** [aʊt'gruː]; *pp* **outgrown** [aʊt'grəʊn]) VT (*lit*) crecer más que; [+ *habit etc*] perder con la edad; [+ *defect, illness*] curarse de ... con la edad; **to ~ one's clothes** quedarle pequeña la ropa a algn; **she has ~n her gloves** se le han quedado pequeños los guantes; **we've ~n all that** todo eso ha quedado ya atrás

**outgrowth** ['aʊt,grəʊθ] N excrecencia *f*; (*fig*) extensión *f*

**outguess** [aʊt'ges] VT adelantarse a, demostrar ser más rápido que

**outgun** [,aʊt'gʌn] VT (*Mil*) sobrepasar en potencia de fuego a; (*fig*) vencer

**outhouse** ['aʊthaʊs] N (*pl* **outhouses** ['aʊthaʊzɪz]) [1] (*Brit*) = **outbuilding**
[2] (*US*) (= *toilet*) retrete *m* fuera de la casa

**outing** ['aʊtɪŋ] N [1] (= *trip*) excursión *f*, paseo *m* (*LAm*); **everyone went on an ~ to Toledo** todos fueron de excursión a Toledo
[2] (= *walk*) paseo *m*; **I took a little ~** di un pequeño paseo, di una vuelta

**outlandish** [aʊt'lændɪʃ] ADJ [*appearance, clothes*] estrafalario, extravagante; [*behaviour, ideas*] extraño, disparatado; [*prices*] estrafalario

**outlast** [aʊt'lɑːst] VT durar más tiempo que; [+ *person*] sobrevivir a

**outlaw** ['aʊtlɔː] Ⓐ N (= *fugitive*) prófugo/a *m/f*, fugitivo/a *m/f*; (= *bandit*) bandido/a *m/f*, matrero/a *m/f* (*Andes, S. Cone*); (*in Westerns*) forajido/a *m/f*
Ⓑ VT proscribir; [+ *drug etc*] ilegalizar; [+ *practice etc*] declarar ilegal

**outlawry** ['aʊtlɔːrɪ] N bandolerismo *m*

**outlay** ['aʊtleɪ] N desembolso *m*, gastos *mpl*

**outlet** ['aʊtlet] Ⓐ N [1] (*for water etc*) salida *f*; (= *drain*) desagüe *m*, distribuidora *f*; [*of river*] desembocadura *f*
[2] (*Comm*) (= *shop*) tienda *f*; (= *agency*) sucursal *f*; (= *market*) mercado *m*, salida *f*; **to find an ~ for a product** encontrar una salida *or* un mercado para un producto
[3] (*US Elec*) toma *f*
[4] (*fig*) (*for emotion, talents etc*) desahogo *m*; **it provides an ~ for his energies** ofrece una válvula de escape para su energía
Ⓑ CPD (*Tech*) de salida; [*drain*] de desagüe; [*valve*] de escape

**outline** ['aʊtlaɪn] Ⓐ N [1] (= *shape*) contorno *m*, perfil *m*
[2] (= *draft*) [*of book, film, plan, theory*] esbozo *m*, boceto *m*; (= *summary*) [*of events, facts*] resumen *m*; **parliament gave ~ approval to the new law** el parlamento aprobó en principio el nuevo proyecto de ley; **I'll give you the broad** *or* **general ~ of what we mean to do** te voy a explicar a grandes rasgos lo que pensamos hacer, te voy a resumir lo que pensamos hacer; **in ~, the story goes like this** en resumen, la historia es así
Ⓑ VT [1] (= *sketch*) esbozar, bosquejar; (= *silhouette*) perfilar; **the mountain was ~d against the sky** la montaña se perfilaba *or* recortaba contra el cielo; **she ~s her eyes with a dark pencil** se perfila los ojos con un lápiz de ojos oscuro
[2] (= *summarize*) [+ *policy, situation, plan*] resumir, explicar a grandes rasgos
Ⓒ CPD ► **outline drawing** N esbozo *m*, bosquejo *m* ► **outline planning permission** N (*Brit*) (*for building*) permiso *m* provisional de obras ► **outline sketch** N = **outline drawing**

**outlive** [aʊt'lɪv] VT sobrevivir a; **the agreement has ~d its original purpose** el acuerdo ha durado más tiempo de lo que se había planeado; **she dropped men as soon as they ~d their usefulness** abandonaba a los hombres tan pronto como dejaban de resultarle útiles

**outlook** ['aʊtlʊk] N [1] (= *view*) vista *f*, perspectiva *f*
[2] (= *prospects*) perspectivas *fpl*, panorama *m*; **the ~ for the economy/the wheat crop is good** las perspectivas económicas/de la cosecha de trigo son favorables; **it's a grim ~** las perspectivas no son nada halagüeña
[3] (= *opinion*) punto *m* de vista; (*on life*) actitud *f*; **she has a very positive ~ on life** tiene una actitud muy positiva ante la vida; **his ~ is always pessimistic** su actitud siempre es pesimista; **a person with a broad ~** una persona de amplias miras
[4] (*Met*) **the ~ for next Saturday is sunny** la previsión para el próximo sábado es que hará sol

**outlying** ['aʊt,laɪɪŋ] ADJ (= *distant*) [*towns, villages*] remoto, lejano; (= *surrounding*) [*areas*] periférico; [*suburb*] periférico, circundante

**outmanoeuvre**, **outmaneuver** (*US*) [,aʊtmə'nuːvəʳ] VT (*Mil*) [+ *enemy*] superar tácticamente; (*fig*) [+ *opposition, competition*] superar a

**outmatch** [aʊt'mætʃ] VT superar, aventajar

**outmoded** [aʊt'məʊdɪd] ADJ = **outdated**

**outnumber** [aʊt'nʌmbəʳ] VT exceder en número, ser más numeroso que; **the actors ~ed the audience** había más actores que público; **we were ~ed ten to one** ellos eran diez veces más que nosotros

**out-of-bounds** [,aʊtəv'baʊndz] ADJ *see* **bound**[1]

**out-of-court** [aʊtəv'kɔːt] ADJ **an ~ settlement** un arreglo sin acudir a los tribunales

**out-of-date** ['aʊtəv'deɪt] ADJ [*ideas*] anticuado; [*clothes*] pasado de moda; [*passport, ticket*] caducado, vencido

**out-of-doors** ['aʊtəv'dɔːz] ADV = **outdoors A**

**out-of-pocket** ['aʊtəv'pɒkɪt] ADJ **~ expenses** gastos *mpl* varios

**out-of-school** [,aʊtəv'skuːl] ADJ **~ activities** actividades *fpl* extraescolares

**out-of-the-way** ['aʊtəvðə'weɪ] ADJ [1] (= *remote*) remoto, apartado; (= *inaccessible*) inaccesible
[2] (= *unusual*) poco conocido, poco común, poco corriente

**out-of-towner** [,aʊtəv'taʊnəʳ] N (*US*) forastero/a *m/f*

**outpace** [aʊt'peɪs] VT dejar atrás

**outpatient** ['aʊt,peɪʃənt] N paciente *mf* externo/a; **~s' department** sección *f* de pacientes externos *or* no hospitalizados

**outperform** ['aʊtpə'fɔːm] VT hacer mejor que, superar a; [*shares, investment fund*] dar mayores beneficios que

**outplay** [aʊt'pleɪ] VT jugar mejor que; **we were ~ed in every department** ellos resultaron ser mejores que nosotros en todos los aspectos del juego, nos dominaron por completo

**outpoint** [,aʊt'pɔɪnt] VT (*Boxing*) ganar por puntos a

**outpost** ['aʊtpəʊst] N [1] (*Mil*) avanzada *f*, puesto *m* avanzado
[2] (*fig*) avanzada *f*

**outpouring** ['aʊt,pɔːrɪŋ] N efusión *f*; **an ~ of emotion** una efusión de emoción; **the ~s of a sick mind** los desahogos de una mente enferma

**output** ['aʊtpʊt] Ⓐ N [*of factory*] producción *f*; [*of person, machine*] rendimiento *m*; (*Comput*) salida *f*; (*Elec*) potencia *f* de salida; **to raise ~** aumentar la producción
Ⓑ VT (*Comput*) imprimir
Ⓒ CPD ► **output bonus** N prima *f* por rendimiento ► **output device** N dispositivo *m* de salida

**outrage** [aʊt'reɪdʒ] Ⓐ N [1] (= *wicked, violent act*) atrocidad *f*; **bomb ~** atentado *m* (con bomba)
[2] (= *indecency*) ultraje *m*, escándalo *m*; (= *injustice*) atropello *m*, agravio *m*; **a public ~** un escándalo público; **an ~ against good taste** un atentado al buen gusto; **it's an ~!** ¡es un escándalo!, ¡qué barbaridad!; **to commit an ~ against** *or* **on sb** [*terrorists*] cometer un atentado contra algn
Ⓑ VT [+ *person*] ultrajar; [+ *standards, decency*] atentar contra; **it ~s justice** es un atentado a la justicia; **to be ~d by sth** indignarse ante algo

**outrageous** [aʊt'reɪdʒəs] ADJ [1] (= *shocking, intolerable*) [*conduct, decision, accusation*] escandaloso; [*price, demands*] exorbitante, escandaloso; [*act, crime*] atroz, monstruoso; **it's ~! I won't stand for it** ¡qué barbaridad! *or* ¡es es-

candaloso! no lo pienso consentir; **it is ~ that taxpayers will have to foot the bill** es escandaloso que sean los contribuyentes los que tengan que pagar
2 (= *extravagant*) [*clothes, fashion*] extravagante, estrafalario; [*idea, story*] estrambótico; **she has an ~ sense of humour** su sentido del humor es de escándalo; **he's ~!** ¡es increíble *or* imposible!

**outrageously** [aʊt'reɪdʒəslɪ] ADV 1 (= *shockingly, intolerably*) [*behave*] de manera escandalosa; **she flirted with him ~** era escandaloso cómo flirteaba con él, flirteaba de manera escandalosa con él
2 (= *extravagantly*) [*dress*] de forma extravagante, de forma estrafalaria
3 (= *extremely*) [*unfair, racist*] terriblemente; [*expensive*] escandalosamente; **his latest comedy is ~ funny** su última comedia es para desternillarse

**outran** [,aʊt'ræn] PT *of* **outrun**

**outrank** [aʊt'ræŋk] VT ser de rango superior a

**outré** ['u:treɪ] ADJ extravagante, estrafalarío

**outreach worker** ['aʊtri:tʃ,wɜ:kəʳ] N *funcionario dedicado a dar a conocer la existencia de ayudas sociales a las personas o grupos a quienes van dirigidas*

**outrider** ['aʊt,raɪdəʳ] N motociclista *mf* de escolta

**outrigger** ['aʊt,rɪgəʳ] N (= *beam, spar*) batanga *f*, balancín *m*; (= *rowlock*) portarremos *m* exterior; (= *boat*) bote *m* con batanga, bote *m* con portarremos exterior

**outright** [aʊt'raɪt] Ⓐ ADJ 1 (= *complete*) [*failure*] completo, total; [*winner, victory*] absoluto; [*lie*] descarado; [*owner*] absoluto (*sin hipotecas*); [*refusal, rejection*] rotundo, absoluto
2 (= *open, forthright*) franco; [*rudeness, hostility*] abierto, franco; [*contempt, scorn*] declarado; [*compliment*] sin ambages
Ⓑ ADV 1 (= *completely*) [*own*] en su totalidad; [*win*] de manera absoluta; [*refuse, reject*] rotundamente, de pleno; **to buy sth ~** comprar algo en su totalidad; **to reject an offer ~** rechazar una oferta de pleno; **they won the cup ~** ganaron la copa indiscutiblemente; **he was killed ~** murió en el acto
2 (= *openly, forthrightly*) abiertamente, francamente; **why don't you tell her ~?** ¿por qué no se lo dices abiertamente *or* francamente?; **to laugh ~ at sth** reírse abiertamente de algo

**outrun** [aʊt'rʌn] (*pt* **outran**; *pp* **outrun**) VT dejar atrás; (*fig*) exceder, sobrepasar

**outsell** [,aʊtsel] (*pt, pp* **outsold**) VT venderse más que; **this product ~s all the competition** este producto se vende más que todos los competidores

**outset** ['aʊtset] N principio *m*, comienzo *m*; **at the ~** al principio *or* comienzo; **from the ~** desde el principio *or* comienzo

**outshine** [aʊt'ʃaɪn] (*pt, pp* **outshone** [aʊt'ʃɒn]) VT (*fig*) eclipsar

**outside** ['aʊt'saɪd] Ⓐ ADV fuera, afuera (*esp LAm*); **to be/go ~** estar/salir fuera; **seen from ~** visto desde fuera
Ⓑ PREP (*also* **~ of**) 1 (= *not inside*) fuera de, afuera de (*LAm*); (= *beyond*) más allá de; **~ the city** fuera de la ciudad, en las afueras de la ciudad; **it's ~ the normal range** cae fuera del alcance normal; **the car ~ the house** el coche que está frente a la casa; **he waited ~ the door** esperó en la puerta
2 (= *not within*) fuera de; **this matter is ~ their jurisdiction** este asunto queda fuera de su competencia; **that's ~ our terms of reference** eso no entra dentro de nuestro cometido; **it's ~ my experience** no tengo experiencia en eso
Ⓒ ADJ 1 (= *exterior*) [*wall*] exterior; [*door*] que da a la calle; (= *outdoors*) [*patio, swimming pool*] descubierto, al aire libre; (= *alien*) [*influence*] externo; **~ broadcast** (*Rad, TV*) retransmisión *f* desde exteriores; **~ call** llamada *f* de fuera; **the ~ lane** (*Brit Aut*) el carril de la derecha; (*most other countries*) el carril de la izquierda; **~ line** (*Telec*) línea *f* exterior; **an ~ seat** un asiento al lado del pasillo; **his parents shielded him from the ~ world** sus padres le protegieron del mundo exterior
2 (= *unlikely*) **an ~ chance** una posibilidad remota
3 (= *of another organization, person*) **~ contractor** contratista *mf* independiente; **to get an ~ opinion** pedir una opinión independiente
Ⓓ N 1 (= *outer part*) exterior *m*, parte *f* exterior; **judging from the ~** a juzgar por las apariencias; **to open a window from the ~** abrir una ventana desde fuera; **on the ~** por fuera; **to overtake on the ~** (*Brit Aut*) adelantar *or* (*Mex*) rebasar por la derecha; (*most other countries*) adelantar *or* (*Mex*) rebasar por la izquierda
2 (= *maximum*) **at the (very) ~** a lo sumo, como máximo

**outside-forward** ['aʊtsaɪd'fɔ:wəd] N delantero/a *m/f* extremo/a

**outside-left** ['aʊtsaɪd'left] N extremo/a *m/f* izquierdo/a

**outsider** ['aʊt'saɪdəʳ] N 1 (= *stranger*) forastero/a *m/f*, desconocido/a *m/f*; (*pej*) intruso/a *m/f*
2 (= *independent*) persona *f* independiente, persona *f* ajena al asunto; **I'm an ~ in these matters** soy un profano en estos asuntos
3 (*in horse race*) caballo *m* que no figura entre los favoritos; (*in election*) candidato *m* poco conocido; (*pej*) segundón *m*

**outside-right** ['aʊtsaɪd'raɪt] N extremo/a *m/f* derecho/a

**outsize** ['aʊtsaɪz] ADJ [*clothes*] de talla muy grande; (= *huge*) enorme

**outskirts** ['aʊtskɜ:ts] NPL [*of town*] afueras *fpl*, alrededores *mpl*; [*of wood*] cercanías *fpl*

**outsmart** [aʊt'smɑ:t] VT **to ~ sb** ser más listo que algn; (= *deceive*) engañar a algn

**outsourcing** ['aʊtsɔ:sɪŋ] N (*Comm*) [*of labour*] *contratación de mano de obra que no pertenece a la empresa*; **the ~ of components** la adquisición de componentes de fuentes externas

**outspend** [aʊt'spend] (*pt, pp* **outspent**) VT **to ~ sb** gastar más que algn

**outspoken** [aʊt'spəʊkən] ADJ [*criticism*] franco, abierto; [*opponent, critic*] declarado; **to be ~** ser muy franco, no tener pelos en la lengua*

**outspokenly** [aʊt'spəʊkənlɪ] ADV francamente, abiertamente

**outspokenness** [aʊt'spəʊkənnɪs] N franqueza *f*

**outspread** ['aʊt'spred] ADJ [*wings*] extendido, desplegado; [*legs, feet*] extendido; **with ~ arms** con los brazos abiertos

**outstanding** [aʊt'stændɪŋ] ADJ 1 (= *exceptional*) [*person, achievement, contribution, feature*] destacado; [*beauty, performance, service*] excepcional, extraordinario; [*example*] sobresaliente; **he was the most ~ scientist of his generation** fue el científico más destacado de su generación; **an area of ~ natural beauty** una zona de excepcional belleza natural
2 (= *not settled*) [*issue, problem*] pendiente, por resolver; [*bill*] por cobrar; [*debt, balance, account*] pendiente; [*shares*] en circulación, en manos del público; **a lot of work is still ~** aún queda mucho trabajo pendiente *or* por hacer; **amount ~** saldo *m* pendiente

**outstandingly** [aʊt'stændɪŋlɪ] ADV [*beautiful, effective, well-written*] excepcionalmente, extraordinariamente; **an ~ gifted musician** un músico de excepcional *or* extraordinario talento; **she performed ~ well in the exam** hizo el examen extraordinariamente bien

**outstare** [,aʊt'stɛəʳ] VT **I ~d him** lo miré tan fijamente que tuvo que bajar *or* apartar la vista

**outstation** ['aʊt,steɪʃən] N dependencia *f*

**outstay** [aʊt'steɪ] VT quedarse más tiempo que; **to ~ one's welcome** quedarse más de lo debido; **I don't want to ~ my welcome** no quiero quedarme más de lo debido, no quiero abusar de su hospitalidad

**outstretched** ['aʊtstretʃt] ADJ [*arms, legs, hands, wings*] extendido

**outstrip** [aʊt'strɪp] VT dejar atrás, aventajar; (*fig*) aventajar, adelantarse a

**out-take** ['aʊt,teɪk] N trozo *m* de película desechado

**out-tray** ['aʊt,treɪ] N bandeja *f* de salida

**outturn** ['aʊttɜ:n] N (*US*) rendimiento *m*, producción *f*

**outvote** [aʊt'vəʊt] VT [+ *proposal*] rechazar (por mayoría de votos); [+ *party, person*] vencer (en la votación); **but I was ~d** pero en la votación perdí

**outward** ['aʊtwəd] Ⓐ ADJ 1 (= *going out*) [*flight, ship, freight*] de salida, de ida; [*movement*] hacia fuera; **on the ~ journey** en el viaje de ida
2 (= *exterior*) [*appearance etc*] exterior, externo; **with an ~ show of concern** haciendo gala de *or* (*LAm*) luciendo preocupación
Ⓑ ADV hacia fuera; **~ bound (from/for)** saliendo (de/con rumbo a); **the ship was ~ bound from/for Vigo** el barco salía de/iba con rumbo a Vigo

**outward-looking** ['aʊtwəd,lʊkɪŋ] ADJ [*person, organization, country*] abierto al exterior; [*policy, attitude*] abierto, expansivo

**outwardly** ['aʊtwədlɪ] ADV por fuera, aparentemente

**outwards** ['aʊtwədz] ADV (*esp Brit*) = **outward B**

**outwear** [aʊt'wɛəʳ] (*pt* **outwore**; *pp* **outworn**) VT
1 (= *last longer than*) durar más tiempo que
2 (= *wear out*) gastar

**outweigh** [aʊt'weɪ] VT pesar más que, tener mayor peso que; (*fig*) pesar más que; **the advantages ~ the disadvantages** las ventajas pesan más que *or* superan a las desventajas; **this ~s all other considerations** esto pesa más *or* tiene mayor peso que todos los demás factores

**outwit** [aʊt'wɪt] VT ser más listo que

**outwith** [,aʊt'wɪθ] PREP (*Scot*) *see* **outside B**

**outworker** ['aʊtwɜ:kəʳ] N *persona que trabaja en su propio domicilio*

**outworn** [aʊt'wɔ:n] Ⓐ PP *of* **outwear**
Ⓑ ADJ [*expression*] trillado, manido; [*idea, custom*] anticuado, caduco; [*joke, slogan*] muy viejo, muy visto; [*superstition*] viejo, antiguo

**ouzo** ['u:zəʊ] N ouzo *m*

**ova** ['əʊvə] NPL *of* **ovum**

**oval** ['əʊvəl] Ⓐ ADJ oval, ovalado; **the Oval Office** (*US*) el Despacho Oval
Ⓑ N óvalo *m*

**ovarian** [əʊ'vɛərɪən] ADJ ovárico

**ovary** ['əʊvərɪ] N ovario *m*

**ovate** ['əʊveɪt] ADJ aovado

**ovation** [əʊ'veɪʃən] N ovación *f*; **to give sb an ~** ovacionar a algn; **to receive an ~** ser ovacionado; **to give sb a standing ~** ponerse en pie *or* levantarse para ovacionar a algn; **she got a standing ~ from the audience** el público se puso en pie *or* se levantó para ovacionarla, el público puesto en pie la ovacionó

**oven** ['ʌvn] Ⓐ N horno *m*; **it's like an ~ in there** aquello es un horno
Ⓑ CPD ► **oven glove** N guante *m* para el horno, manopla *f* para el horno ► **oven tray** N bandeja *f* para horno

**ovenproof** ['ʌvnpru:f] ADJ [*dish*] refractario, (a prueba) de horno

**oven-ready** [,ʌvn'redɪ] ADJ listo para el horno

**ovenware** ['ʌvnwɛəʳ] N vajilla *f* refractaria

**over** ['əʊvəʳ]

| | |
|---|---|
| A ADVERB | C ADJECTIVE |
| B PREPOSITION | D NOUN |

*When* **over** *is the second element in a phrasal verb, eg* **come over, go over, start over, turn over**, *look up the verb.*

Ⓐ ADVERB
1 *= across* por encima, por arriba (*LAm*); **this one goes under and that one goes ~** éste pasa por debajo y ése por encima
2 *= here, there* **I'll be ~ at 7 o'clock** estaré ahí a las 7; **they're ~ for the day** han venido a pasar el día; **when you're next ~ this way** la próxima vez que pases por aquí

*With prepositions and adverbs* **over** *is usually not translated:*

**they're ~ from Canada for the summer** han venido desde Canadá a pasar el verano; **~ here** aquí; **how long have you lived ~ here?** ¿cuánto tiempo llevas viviendo aquí?; **when you're next ~ here** la próxima vez que vengas; **he's ~ in the States at the moment** en este momento está en Estados Unidos; **~ in the States, people reacted differently** (allí) en Estados Unidos la gente reaccionó de otra manera; **it's ~ on the other side of town** está al otro lado de la ciudad; **~ there** allí; **how long were you ~ there?** ¿cuánto tiempo estuviste allí?; **the next time you're ~ there** la próxima vez que vayas (allí); **the baby crawled ~ to its mother** el bebé gateó hacia su madre; **to drive ~ to the other side of town** ir en coche al otro lado de la ciudad; **~ to you!** (*to speak*) ¡te paso la palabra!; **so now it's ~ to you** (*to decide*) así que ahora te toca a ti decidir; **now ~ to our Paris correspondent** ahora damos paso a nuestro corresponsal en París
3 *indicating repetition* **it happened all ~ again** volvió a ocurrir, ocurrió otra vez; **to start (all) ~ again** volver a empezar; **~ and ~ (again)** repetidas veces, una y otra vez; **several times ~** varias veces seguidas; **we did it two or three times ~** lo volvimos a hacer dos o tres veces
4 *US = again* otra vez; **to do sth ~** volver a hacer algo, hacer algo otra vez
5 *= remaining* **there are three (left) ~** sobran *or* quedan tres; **there were two slices each and one (left) ~** había dos rebanadas para cada uno y sobraba una; **is there any cake left ~?** ¿queda *or* sobra (algo de) pastel?; **when they've paid the bills there's nothing (left) ~ for luxuries** después de pagar las facturas no les sobra *or* queda nada para caprichos; **4 into 29 goes 7 and 1 ~** 29 dividido entre 4 son 7 y me llevo 1
6 *= more* **sums of £50,000 and ~** cantidades iguales *or* superiores a 50.000 libras; **persons of 21 and ~** las personas de veintiún años para arriba
7 *Telec* **over!** ¡cambio!; **~ and out!** ¡cambio y corto!
8 *in set expressions* **~ against** (*lit*) contra; (*fig*) frente a; **~ against the wall** contra la pared; **the importance of faith ~ against good works** la importancia de la fe frente a las buenas obras; **the (whole) world ~** en *or* por todo el mundo, en el mundo entero

Ⓑ PREPOSITION
1 *indicating position* (= *situated above*) encima de, arriba de (*LAm*); (= *across*) por encima de, por arriba de (*LAm*); **there's a mirror ~ the washbasin** encima del lavabo hay un espejo; **a washbasin with a mirror ~ it** un lavabo con un espejo encima; **the water came ~ his knees** el agua le llegaba por encima de las rodillas; **the ball went ~ the wall** la pelota pasó por encima del muro; **to jump ~ sth** saltar por encima de algo; BUT **the bridge ~ the river** el puente sobre el río; **pour some sauce ~ it** échale un poco de salsa por encima; **I put a blanket ~ her** le eché una manta por encima; **she put an apron on ~ her dress** se puso un delantal encima del vestido; **to spread a sheet ~ sth** extender una sábana sobre *or* por encima de algo; *see also* **all C2, head A1, A2, hill A**
2 *= superior to* **he's ~ me (in the company)** está por encima mío (en la empresa)
3 *= on the other side of* **the bar ~ the road** el bar de enfrente; **it's ~ the river** está en la otra orilla del río; **the noise came from ~ the wall** el ruido venía del otro lado de la pared; **~ the page** en la página siguiente
4 *= more than* más de; **~ two hundred** más de doscientos; **well ~ 200 people** bastante más de 200 personas; **he must be ~ 60** debe de tener más de 60 años; **(the) ~-18s** los mayores de 18 años; **an increase of 5% ~ last year** un aumento del 5 por ciento respecto al año pasado; **spending has gone up by 7% ~ and above inflation** el gasto ha aumentado un 7% por encima de la inflación; **this was ~ and above his normal duties** eso iba más allá de sus deberes habituales; **~ and above normal requirements** además de los requisitos normales; **yes, but ~ and above that, we must …** sí, pero además de eso, debemos …; **~ and above the fact that …** además de que …; *see also* **well A2.1**
5 *= during* durante; **~ the last few years** durante los últimos años; **payments spread ~ some years** pagos espaciados durante varios años; **~ Christmas** durante las Navidades; **~ the winter** durante *or* en el invierno; **why don't we discuss it ~ dinner?** ¿por qué no vamos a cenar y lo hablamos?; **they talked ~ a cup of coffee** hablaron mientras se tomaban un café; **how long will you be ~ it?** ¿cuánto tiempo te va a llevar?; **he took** *or* **spent hours ~ the preparations** dedicó muchas horas a los preparativos; *see also* **linger 3**
6 *= because of* por; **to cry ~ sth** llorar por algo; **they fell out ~ money** se pelearon por una cuestión de dinero
7 *= about* sobre; **the two sides disagreed ~ how much should be spent** ambas partes discrepaban sobre cuánto debería gastarse
8 *= recovered from* **he's not ~ that yet** (*illness*) todavía no se ha repuesto de aquello; (*shock*) todavía no se ha repuesto de *or* sobrepuesto a aquello; **she's ~ it now** (*illness*) se ha repuesto de eso ya; **it'll take her years to get ~ it** (*shock*) tardará años en sobreponerse; **I hope you'll soon be ~ your cold** espero que se te pase pronto el resfriado, espero que te repongas pronto del resfriado; **she's still not ~ her last boyfriend** aún no ha olvidado a su último novio; **we're ~ the worst now** ya pasó lo peor
9 *indicating means of communication* por; **~ the telephone** por teléfono; **~ the loudspeaker** por los altavoces; **I heard it ~ the radio** lo escuché *or* oí por la radio
10 *= contrasted with* **the issue of quality ~ economy** la cuestión de la calidad en contraposición a la rentabilidad

Ⓒ ADJECTIVE
*= finished* **when *or* after the war is ~, we'll go …** cuando (se) acabe la guerra, nos iremos …; **I'll be happy when the exams are ~** seré feliz cuando (se) hayan acabado *or* terminado los exámenes; **our troubles are ~** (se) han acabado nuestros problemas; **the danger was soon ~** el peligro pasó pronto; **it's all ~** se acabó; **it's all ~ between us** lo nuestro se acabó; **I'll be glad when it's all ~ and done with** estaré contento cuando todo (se) haya acabado *or* terminado; **for us the incident was ~ and done with** nosotros dábamos el incidente por zanjado; **to get sth ~ and done with: if we've got to tell her, best get it ~ and done with** si tenemos que decírselo, cuanto antes (lo hagamos) mejor

Ⓓ NOUN
*Cricket* serie *f* de seis lanzamientos

**over...** ['əʊvəʳ] PREFIX 1 sobre…, super…; (= *too much*) demasiado; **~abundant** sobreabundante, superabundante; **~ambitious** demasiado ambicioso
2 (*with neg*) **I'm not ~keen on Szymanowski's music** no me entusiasma demasiado la música de Szymanowski

**overabundance** [,əʊvərə'bʌndəns] N sobreabundancia *f*, superabundancia *f*

**overabundant** [,əʊvərə'bʌndənt] ADJ sobreabundante, superabundante

**overachiever** [,əʊvərə'tʃi:vəʳ] N *persona que obtiene resultados más altos de lo esperado*

**overact** [,əʊvər'ækt] VI sobreactuar, exagerar (el papel)

**overacting** [,əʊvər'æktɪŋ] N sobreactuación *f*, exageración *f* (del papel)

**overactive** [,əʊvər'æktɪv] ADJ calenturienta; [*thyroid*] hiperactivo

**overage** ['əʊvərɪdʒ] N (*US Comm*) excedente *m* de mercancías

**over-age** [,əʊvər'eɪdʒ] ADJ demasiado mayor, mayor de la edad permitida

**overall**[1] Ⓐ ['əʊvərɔ:l] ADJ [*study, view*] de conjunto, global; [*width, length, cost*] total; **~ dimensions** (*Aut*) dimensiones *fpl* exteriores; **what was your ~ impression?** ¿cuál fue tu impresión general?
Ⓑ [,əʊvər'ɔ:l] ADV en conjunto, en su totalidad; **~, we are well pleased** en términos generales estamos muy contentos

**overall**[2] ['əʊvərɔ:l] N 1 (*esp Brit*) (= *protective overcoat*) guardapolvo *m*, bata *f*
2 **overalls** (*Brit*) (= *boiler suit*) mono *msing* (*Sp*), overol *msing* (*LAm*); (*US*) (= *dungarees*) peto *msing* (*Sp*), overol *msing* (*LAm*), mameluco *m* (*S. Cone*)

**overambitious** [,əʊvəræm'bɪʃəs] ADJ demasiado ambicioso

**overanxious** [,əʊvər'æŋkʃəs] ADJ 1 (= *worried*) demasiado preocupado
2 (= *eager*) **he was ~ to give a good impression** estaba demasiado preocupado por causar buena impresión; **I'm not ~ to go** tengo pocas ganas de ir

**overarching** [,əʊvər'ɑ:tʃɪŋ] ADJ [*question*] global; [*desire*] general

**overarm** ['əʊvərɑ:m] ADV [*throw, bowl*] por encima de la cabeza

**overate** [ˌəʊvəˈreɪt] PT *of* **overeat**

**overawe** [ˌəʊvərˈɔː] VT intimidar; **I was ~d by his presence** me sentía intimidado en su presencia; **I was ~d by the occasion** me sentía sobrecogido por la ocasión

**overbalance** [ˌəʊvəˈbæləns] Ⓐ VI [*person*] perder el equilibrio; [*boat, car*] volcar
Ⓑ VT [+ *person*] hacer perder el equilibrio; [+ *thing*] hacer volcar

**overbearing** [ˌəʊvəˈbeərɪŋ] ADJ (= *imperious*) imperioso, autoritario; (= *despotic*) despótico

**overbid** (*vb: pt, pp* **overbid**) Ⓐ [ˈəʊvəbɪd] N (*at auction*) mejor oferta *f*, mejor postura *f*; (*Bridge*) sobremarca *f*
Ⓑ [ˌəʊvəˈbɪd] VT (*at auction*) hacer mejor oferta que, pujar más que; (*Bridge*) marcar más que
Ⓒ [ˌəʊvəˈbɪd] VI (*Bridge*) hacer una sobremarca; (*foolishly*) declarar demasiado

**overbill** [ˌəʊvəˈbɪl] VT (*US*) = **overcharge A1**

**overblown** [ˌəʊvəˈbləʊn] ADJ **1** [*flower*] marchito, pasado
**2** [*style*] pomposo, pretencioso

**overboard** [ˈəʊvəbɔːd] ADV (*Naut*) por la borda; **to fall ~** caer al agua *or* por la borda; **man ~!** ¡hombre al agua!; ✦***IDIOM* to go ~: let's not go ~** no hay que exagerar, no nos pasemos*; **she went ~ with the lace and sequins** se pasó con los encajes y las lentejuelas*; **to go ~ for sb** volverse loco por algn

**overbold** [ˌəʊvəˈbəʊld] ADJ demasiado atrevido

**overbook** [ˌəʊvəˈbʊk] VT sobrecontratar

**overbooking** [ˌəʊvəˈbʊkɪŋ] N overbooking *m* (*reserva de habitaciones en un hotel, plazas en un vuelo etc, que sobrepasa al número real de las mismas*)

**overburden** [ˌəʊvəˈbɜːdn] VT sobrecargar; (*fig*) agobiar, abrumar; **~ed with worries** abrumado *or* agobiado por las preocupaciones

**overcall** [ˌəʊvəˈkɔːl] VT, VI = **overbid**

**overcame** [ˌəʊvəˈkeɪm] PT *of* **overcome**

**over-capacity** [ˌəʊvəkəˈpæsɪtɪ] N sobrecapacidad *f*

**overcapitalization** [ˌəʊvəkæpɪtəlaɪˈzeɪʃən] N sobrecapitalización *f*, capitalización *f* inflada

**overcapitalize** [ˌəʊvəˈkæpɪtəlaɪz] VI sobrecapitalizar

**overcast** [ˈəʊvəkɑːst] ADJ [*sky*] encapotado, cubierto; [*day*] nublado; **to grow ~** nublarse

**overcautious** [ˌəʊvəˈkɔːʃəs] ADJ demasiado cauteloso

**overcautiousness** [ˌəʊvəˈkɔːʃəsnɪs] N excesiva cautela *f*

**overcharge** [ˌəʊvəˈtʃɑːdʒ] Ⓐ VT **1** **to ~ sb for sth** cobrar a algn de más por algo
**2** (*Elec*) sobrecargar, poner una carga excesiva a
Ⓑ VI cobrar más de la cuenta

**overcoat** [ˈəʊvəkəʊt] N abrigo *m*, sobretodo *m*

**overcome** [ˌəʊvəˈkʌm] (*pt* **overcame**; *pp* **overcome**) Ⓐ VT **1** (= *conquer*) [+ *enemy, opposition*] vencer; [+ *problem, temptation, inhibitions*] superar, vencer; [+ *rage, fear, disgust*] superar, dominar; **the book is an account of how she overcame cancer** el libro describe cómo superó *or* venció el cáncer; **her curiosity finally overcame her shyness** finalmente, su curiosidad superó *or* venció su timidez
**2** (= *overwhelm*) [*feeling*] adueñarse de; [*sleep, fatigue*] vencer; **a sense of total inadequacy overcame him** una sensación de ineptitud total se adueñó de él; **sleep overcame him** lo venció el sueño; **to be ~ by sth: I was ~ by the heat** el calor me agobió, me sentí agobiado por el calor; **he was ~ by the smoke** el humo le impidió respirar; **she was quite ~ by the occasion** la ocasión la conmovió mucho; **~ by curiosity, he reached out to touch it** vencido *or* dominado por la curiosidad, extendió la mano para tocarlo; **to be ~ with sth: she was ~ with remorse** le abrumaba el remordimiento; **he was ~ with grief** estaba abrumado *or* postrado de dolor; **she was so ~ with emotion she couldn't answer** estaba tan conmovida que no podía responder; **you don't seem exactly ~ with joy** no parece que estés rebosante de alegría
Ⓑ VI vencer, triunfar; **we shall ~!** ¡venceremos!

> **WE SHALL OVERCOME**
>
> **We Shall Overcome** *(Venceremos) es el título de una canción cantada por los miembros del llamado* **US Civil Rights Movement** *(movimiento por los derechos civiles en Estados Unidos). Se cantaba sobre todo en los años 50 y 60 durante las protestas contra la discriminación racial y aún hoy la usan quienes protestan en contra de la injusticia.*

**overcommit** [ˌəʊvəkəˈmɪt] VT **to ~ o.s.** (*financially*) contraer cargas financieras en exceso; (*at work*) comprometerse a trabajar más de lo que se puede

**overcompensate** [ˌəʊvəˈkɒmpenˌseɪt] VI **to ~ for sth** compensar algo en exceso

**overcompensation** [ˌəʊvəkɒmpenˈseɪʃən] N compensación *f* excesiva

**overconfidence** [ˌəʊvəˈkɒnfɪdəns] N confianza *f* excesiva, exceso *m* de confianza

**overconfident** [ˌəʊvəˈkɒnfɪdənt] ADJ demasiado confiado (**of** en); (= *conceited*) presumido

**overconsumption** [ˌəʊvəkənˈsʌmpʃən] N superconsumo *m*, exceso *m* de consumo

**overcook** [ˌəʊvəˈkʊk] VT cocer demasiado, recocer

**overcritical** [ˌəʊvəˈkrɪtɪkəl] ADJ hipercrítico; **let's not be ~** seamos justos en nuestra crítica

**overcrowded** [ˌəʊvəˈkraʊdɪd] ADJ [*room, bus, train*] atestado de gente; [*road, suburb*] congestionado; [*city, country*] superpoblado; **they live in ~ conditions** viven hacinados

**overcrowding** [ˌəʊvəˈkraʊdɪŋ] N [*of housing, prison*] hacinamiento *m*; [*of bus, train*] abarrotamiento *m*; [*of town*] superpoblación *f*

**overdependence** [ˌəʊvədɪˈpendəns] N dependencia *f* excesiva

**overdependent** [ˌəʊvədɪˈpendənt] ADJ excesivamente dependiente (**on** de)

**overdeveloped** [ˌəʊvədɪˈveləpt] ADJ (*gen*) excesivamente desarrollado; (*Phot*) sobreprocesado, sobrerrevelado

**overdevelopment** [ˌəʊvədɪˈveləpmənt] N superdesarrollo *m*

**overdo** [ˌəʊvəˈduː] (*pt* **overdid** [ˌəʊvəˈdɪd]; *pp* **overdone**) VT **1** (= *exaggerate*) exagerar; (= *use to excess*) pasarse con*; **I overdid the garlic** me he pasado con el ajo*, se me ha ido la mano con el ajo*; **don't ~ the smoking** no fumes demasiado; **she rather ~es the scent** tiende a ponerse demasiado perfume; **to ~ it** *or* **things** (= *work too hard*) trabajar demasiado; (= *exaggerate*) exagerar; (*in description, sentiment etc*) cargar las tintas
**2** (= *cook too long*) cocer demasiado, recocer

**overdone** [ˌəʊvəˈdʌn] Ⓐ PP *of* **overdo**
Ⓑ ADJ (= *exaggerated*) exagerado; (= *overcooked*) recocido, muy hecho

**overdose** [ˈəʊvədəʊs] N Ⓐ N sobredosis *f inv*
Ⓑ VI tomar una sobredosis (**on** de); **she ~d on the chocolate** comió demasiado chocolate

**overdraft** [ˈəʊvədrɑːft] Ⓐ N (*Fin*) sobregiro *m*, giro *m* en descubierto; (*on account*) saldo *m* deudor; **to have an ~** tener la cuenta en descubierto
Ⓑ CPD ► **overdraft charges** NPL cargos *mpl* por descubierto ► **overdraft facility** N crédito *m* al descubierto ► **overdraft limit** N límite *m* del descubierto

**overdraw** [ˌəʊvəˈdrɔː] (*pt* **overdrew** [ˌəʊvəˈdruː]; *pp* **overdrawn** [ˌəʊvəˈdrɔːn]) VT girar en descubierto; **your account is ~n (by £50)** su cuenta tiene un saldo deudor (de 50 libras); **I'm ~n** tengo un descubierto

**overdress** [ˌəʊvəˈdres] VI vestirse con demasiada elegancia

**overdressed** [ˌəʊvəˈdrest] ADJ **to be ~** ir demasiado arreglado; **he makes me feel ~** me hace sentir como si fuera demasiado arreglado

**overdrive** [ˈəʊvədraɪv] N (*Aut*) superdirecta *f*; **to go into ~** (*fig*) ponerse *or* empezar a funcionar a toda marcha; **phones and fax machines went into ~ when the crisis struck** los faxes y teléfonos empezaron a funcionar a toda marcha *or* se dispararon cuando se produjo la crisis

**overdue** [ˌəʊvəˈdjuː] ADJ [*salary, wages*] atrasado; [*bill*] vencido y no pagado; [*train, plane*] retrasado, con retraso; **the plane was already ~** el avión ya iba retrasado *or* con retraso; **the train is 30 minutes ~** el tren tiene *or* lleva 30 minutos de retraso; **the baby is two weeks ~** el niño tenía que haber nacido hace quince días; **her period was ~** se le había atrasado la regla; **this book is five days ~** el plazo de préstamo de este libro venció hace cinco días; **that change was long ~** ese cambio tenía que haberse hecho hace tiempo; **that coat is long ~ for replacement** hace tiempo que tenía que haber reemplazado ese abrigo por uno nuevo

**over-eager** [ˌəʊvərˈiːgəʳ] ADJ [*person*] demasiado preocupado; [*efforts*] demasiado entusiasta; **to be ~ (to do sth)** estar demasiado preocupado (por hacer algo); **she was not ~ to help** tenía pocas ganas de ayudar

**overeat** [ˌəʊvərˈiːt] (*pt* **overate**; *pp* **overeaten** [ˈəʊvərˈiːtn]) VI comer en exceso

**overeating** [ˌəʊvərˈiːtɪŋ] N comida *f* excesiva

**overelaborate** [ˌəʊvərɪˈlæbərɪt] ADJ [*instructions, mechanism*] demasiado complicado; [*attempts*] demasiado esforzado; [*analysis*] rebuscado; [*courtesy*] estudiado

**overemphasis** [ˌəʊvərˈemfəsɪs] N énfasis *m* excesivo

**overemphasize** [ˌəʊvərˈemfəsaɪz] VT poner demasiado énfasis en

**overemphatic** [ˌəʊvərɪmˈfætɪk] ADJ demasiado enfático

**overemployment** [ˌəʊvərɪmˈplɔɪmənt] N superempleo *m*

**overenthusiastic** [ˌəʊvərɪnθjuːzɪˈæstɪk] ADJ demasiado entusiasta

**overenthusiastically** [ˌəʊvərɪnθuːzɪˈæstɪkəlɪ] ADV con demasiado entusiasmo

**overestimate** Ⓐ [ˌəʊvərˈestɪmɪt] N sobre(e)stimación *f*, estimación *f* excesiva; (*Fin*) presupuesto *m* excesivo
Ⓑ [ˌəʊvərˈestɪmeɪt] VT [+ *importance, value, cost, person*] sobre(e)stimar; **to ~ one's strength/ability** creerse uno más fuerte/capaz de lo que es

**overexcite** [ˌəʊvərɪkˈsaɪt] VT sobreexcitar

**overexcited** [ˌəʊvərɪk'saɪtɪd] ADJ sobreexcitado; (= *nervous*) muy nervioso

**overexcitement** [ˌəʊvərɪk'saɪtmənt] N sobre(e)xcitación *f*

**overexert** [ˌəʊvərɪg'zɜːt] VT **to ~ o.s.** hacer un esfuerzo excesivo

**overexertion** [ˌəʊvərɪg'zɜːʃən] N (= *effort*) esfuerzo *m* excesivo; (= *weariness*) fatiga *f*, agotamiento *m*

**overexpenditure** [ˌəʊvəɪks'pendɪtʃəʳ] N gasto *m* excesivo

**overexpose** [ˌəʊvərɪks'pəʊz] VT (*Phot*) sobreexponer

**overexposure** [ˌəʊvərɪks'pəʊʒəʳ] N sobre(e)xposición *f*; **~ to the sun** exposición *f* excesiva al sol; **their cause is suffering from ~ in the media** su caso está siendo afectado negativamente por aparecer demasiado en los medios de comunicación

**overextended** [ˌəʊvərɪk'stendɪd] ADJ [*person, organization*] desbordado (por las obligaciones)

**overfamiliar** [ˌəʊvəfə'mɪlɪəʳ] ADJ (= *too well-known*) demasiado conocido; **to get ~ with sb** tomarse demasiadas libertades *or* confianzas con algn

**overfeed** [ˌəʊvə'fiːd] (*pt, pp* **overfed** [ˌəʊvə'fed]) VT sobrealimentar, dar demasiado de comer a

**overfeeding** [ˌəʊvə'fiːdɪŋ] N sobrealimentación *f*

**overfishing** [ˌəʊvə'fɪʃɪŋ] N sobrepesca *f*, captura *f* abusiva (*de pescado*)

**overflight** ['əʊvəflaɪt] N sobrevuelo *m*

**overflow** Ⓐ ['əʊvəfləʊ] N (= *pipe*) desagüe *m*, tubo *m* de desagüe; (= *outlet, hole*) rebosadero *m*; (= *liquid*) exceso *m* de líquido, líquido *m* derramado; [*of people*] exceso *m*; **they made an extra room available for the ~ from the meeting** acomodaron otra sala para dar cabida al exceso de asistentes a la reunión
Ⓑ [ˌəʊvə'fləʊ] VI [*liquid*] rebosar, derramarse; [*container, room, hall*] rebosar; [*river*] desbordarse; **people ~ed from the hall into the streets outside** la gente desbordó la sala, inundando las calles del alrededor; **to fill a cup to ~ing** llenar una taza hasta rebosar; **the crowd filled the stadium to ~ing** el estadio estaba a rebosar de público; **she was ~ing with joy** estaba rebosante de alegría
Ⓒ [ˌəʊvə'fləʊ] VT [+ *banks*] desbordarse de, salir de; [+ *fields, surrounding area*] inundar
Ⓓ CPD ['əʊvəfləʊ] ► **overflow meeting** N reunión *f* para el exceso de público ► **overflow pipe** N desagüe *m*, tubo *m* de desagüe

**overfly** [ˌəʊvə'flaɪ] (*pt* **overflew** [ˌəʊvə'fluː]; *pp* **overflown** [ˌəʊvə'fləʊn]) VT sobrevolar

**overfond** [ˌəʊvə'fɒnd] ADJ **he's rather ~ of criticizing people** le gusta demasiado criticar a la gente; **she is not ~ of dogs** no le dislocan los perros, no se vuelve loca por los perros

**overfull** [ˌəʊvə'fʊl] ADJ demasiado lleno, rebosante (**of** de)

**overgenerous** [ˌəʊvə'dʒenərəs] ADJ [*person*] demasiado generoso; [*helping, portion*] excesivamente grande; **they were ~ in their praise of him** lo elogiaron con exceso

**overground** ['əʊvəgraʊnd] Ⓐ ADJ de superficie
Ⓑ ADV por la superficie, a cielo abierto

**overgrown** [ˌəʊvə'grəʊn] ADJ [1] [*garden*] descuidado, cubierto de malas hierbas; **~ with** cubierto *or* revestido de; **the path is quite ~ now** la senda está ya casi cubierta de vegetación
[2] [*child, adolescent*] demasiado grande para su edad; **he's just an ~ schoolboy** es como un niño grande

**overhand** ['əʊvəhænd] (*US*) Ⓐ ADJ [*stroke*] dado por encima de la cabeza
Ⓑ ADV por encima de la cabeza

**overhang** (*vb: pt, pp* **overhung**) Ⓐ ['əʊvəhæŋ] N proyección *f*; [*of roof*] alero *m*; (*in rock climbing*) saliente *m*, extraplomo *m*
Ⓑ [ˌəʊvə'hæŋ] VT sobresalir por encima de; **a beach overhung with palm trees** una playa sobre la que se inclinan las palmeras; **the mists that overhung the valley** la neblina que flotaba sobre el valle
Ⓒ [ˌəʊvə'hæŋ] VI sobresalir

**overhanging** [ˌəʊvə'hæŋɪŋ] ADJ [*cliff, rock*] saliente; [*branches, trees, balcony*] que sobresale

**overhastily** [ˌəʊvə'heɪstɪlɪ] ADV apresuradamente, precipitadamente

**overhasty** [ˌəʊvə'heɪstɪ] ADJ apresurado, precipitado

**overhaul** Ⓐ ['əʊvəhɔːl] N repaso *m* general, revisión *f*
Ⓑ [ˌəʊvə'hɔːl] VT [1] (= *check*) [+ *machine*] revisar, repasar, dar un repaso general a; [+ *plans etc*] volver a pensar, rehacer, replantear
[2] (= *overtake*) alcanzar, adelantarse a

**overhead** Ⓐ [ˌəʊvə'hed] ADV por lo alto, en alto, por encima de la cabeza; **a bird flew ~** pasó un pájaro
Ⓑ ['əʊvəhed] ADJ de arriba, encima de la cabeza; [*crane*] de techo; [*railway*] elevado, suspendido; [*camshaft*] en cabeza
Ⓒ ['əʊvəhed] N **~** (*US*) ◊ **~s** (*Brit*) gastos *mpl* generales
Ⓓ ['əʊvəhed] CPD ► **overhead cable** N línea *f* eléctrica aérea ► **overhead expenses** NPL gastos *mpl* generales ► **overhead kick** N chilena *f*, tijereta *f* ► **overhead light** N luz *f* de techo ► **overhead projector** N retroproyector *m*

**overhear** [ˌəʊvə'hɪəʳ] (*pt, pp* **overheard** [ˌəʊvə'hɜːd]) Ⓐ VT oír (por casualidad); **I couldn't help ~ing their conversation** no pude evitar oír su conversación; **she was ~d complaining** se la oyó quejarse
Ⓑ VI **be careful, someone might ~** ten cuidado, alguien podría oírnos

**overheat** [ˌəʊvə'hiːt] Ⓐ VT [1] (*lit*) recalentar, sobrecalentar; **to get ~ed** recalentarse
[2] (*Econ, fig*) sobrecalentar
Ⓑ VI recalentarse

**overheating** [ˌəʊvə'hiːtɪŋ] N recalentamiento *m* (*also fig, Econ*)

**overhung** [ˌəʊvə'hʌŋ] PT, PP *of* **overhang**

**overindulge** [ˌəʊvərɪn'dʌldʒ] Ⓐ VT [+ *child*] mimar, consentir; [+ *passion*] dar rienda suelta a, dejarse llevar por
Ⓑ VI excederse; **everyone ~s at Christmas** todo el mundo se excede en Navidades; **to ~ in alcohol** abusar del alcohol

**overindulgence** [ˌəʊvərɪn'dʌldʒəns] N [1] (= *excess*) abuso *m* (**in** de)
[2] (*with children*) exceso *m* de tolerancia (**towards** con)

**overindulgent** [ˌəʊvərɪn'dʌldʒənt] ADJ demasiado indulgente, demasiado blando (**toward, with** con)

**overinvestment** [ˌəʊvərɪn'vestmənt] N sobreinversión *f*

**overissue** ['əʊvərɪʃuː] (*St Ex*) Ⓐ N emisión *f* excesiva
Ⓑ VT emitir con exceso

**overjoyed** [ˌəʊvə'dʒɔɪd] ADJ lleno de alegría (**at** por), contentísimo (**at** de); **he was ~ at the news** no cabía en sí de contento con la noticia; **she will be ~ to see you** estará encantada de verte

**overkill** ['əʊvəkɪl] N [1] (*Mil*) capacidad *f* excesiva de destrucción
[2] (*fig*) **there is a danger of ~ here** corremos peligro de excedernos

**overladen** [ˌəʊvə'leɪdn] ADJ sobrecargado (**with** de)

**overland** Ⓐ [ˌəʊvə'lænd] ADV por tierra, por vía terrestre
Ⓑ ['əʊvəlænd] ADJ terrestre

**overlap** Ⓐ ['əʊvəlæp] N [1] (*lit*) superposición *f* (parcial)
[2] (*fig*) coincidencia *f* (parcial); **there is some ~ between the two categories** las dos categorías coinciden en parte
Ⓑ [ˌəʊvə'læp] VI [1] (*lit*) superponerse (parcialmente); **it is made of ~ping strips of bark** está hecho de tiras de corteza parcialmente superpuestas
[2] (*fig*) coincidir (en parte); **our jobs ~ in some areas** nuestros trabajos coinciden en parte
Ⓒ [ˌəʊvə'læp] VT colocar parcialmente unos sobre otros; **~ the tomato slices as you place them on the plate** coloque las rodajas de tomate en la fuente de manera que queden parcialmente cubiertas unas por otras

**overlay** (*pt, pp* **overlaid** [ˌəʊvə'leɪd]) Ⓐ [ˌəʊvə'leɪ] VT cubrir (**with** con), revestir (**with** de); **to get overlaid with** formarse una capa de, cubrirse con
Ⓑ ['əʊvəleɪ] N capa *f* sobrepuesta, revestimiento *m*; (= *applied decoration*) incrustación *f*; (*on map etc*) transparencia *f* superpuesta

**overleaf** [ˌəʊvə'liːf] ADV al dorso; **"see overleaf"** "véase al dorso"

**overlie** [ˌəʊvə'laɪ] VT recubrir

**overload** Ⓐ ['əʊvələʊd] N sobrecarga *f*
Ⓑ [ˌəʊvə'ləʊd] VT sobrecargar (**with** de); **to be ~ed with** estar sobrecargado de; (*with work*) estar agobiado de

**overlong** [ˌəʊvə'lɒŋ] ADJ demasiado largo

**overlook** [ˌəʊvə'lʊk] VT [1] [*building*] tener vista a, dar a; **the house ~s the park** la casa tiene vistas al parque; **the garden is not ~ed** el jardín no tiene ningún edificio al lado que lo domine
[2] (= *leave out*) pasar por alto; (= *not notice*) pasar por alto, no darse cuenta de; (= *tolerate*) pasar por alto, dejar pasar; (= *turn a blind eye to*) hacer la vista gorda a; **we'll ~ it this time** por esta vez lo pasaremos por alto *or* lo dejaremos pasar; **the plant is easily ~ed** es fácil pasar por alto *or* no ver la planta
[3] (= *watch over*) vigilar; (= *inspect*) inspeccionar, examinar

**overlord** ['əʊvəlɔːd] N (*feudal*) señor *m*; (= *leader*) jefe *m* supremo

**overlordship** ['əʊvəlɔːdʃɪp] N (*feudal*) señoría *f*; (= *leadership*) jefatura *f* suprema

**overly** ['əʊvəlɪ] ADV (*esp US*) demasiado; **he's not ~ fond of cucumber** no le gusta demasiado el pepino, no le vuelve loco el pepino

**overman** [ˌəʊvə'mæn] VT proveer exceso de mano de obra a; **an ~ned industry** una industria con exceso de mano de obra

**overmanning** [ˌəʊvə'mænɪŋ] N exceso *m* de mano de obra

**overmuch** [ˌəʊvə'mʌtʃ] Ⓐ ADV demasiado, en demasía
Ⓑ ADJ demasiado

**overnice** [ˌəʊvə'naɪs] ADJ melindroso, remilgado

**overnight** [ˌəʊvə'naɪt] Ⓐ ADV [1] (= *through the night*) **we drove ~** condujimos durante la no-

che; **we'd like to keep him in ~ for observation** nos gustaría que se quedase la noche en observación; **soak the beans ~** deje las judías a remojo toda la noche; **we stayed ~ in Pisa/at John's place** pasamos la noche en Pisa/en casa de John, hicimos noche en Pisa/en casa de John
2 (= *quickly*) [*disappear, spring up*] de la noche a la mañana; **the plants came up almost ~** las plantas salieron prácticamente de la noche a la mañana
Ⓑ ADJ 1 (= *night-time*) **~ accommodation is included** el precio de la estancia por la noche está incluido; **it involved a lot of ~ driving** supuso conducir muchas horas durante la noche; **an ~ journey** un viaje de noche; **to make an ~ journey** viajar de noche; **the operation requires an ~ stay in hospital** esta operación requiere que se quede una noche *or* que haga noche en el hospital; **we arrived in Rio after an ~ stop in Madrid** llegamos a Río tras hacer noche en Madrid
2 (= *quick*) [*change, transformation*] repentino; **the film that turned her into an ~ sensation** la película que la convirtió en una sensación de la noche a la mañana; **he became an ~ success in America** de la noche a la mañana, se convirtió en una estrella en América
Ⓒ CPD ► **overnight bag** N bolso *m* de viaje

**overoptimistic** [ˌəʊvərɒptɪˈmɪstɪk] ADJ demasiado optimista

**overparticular** [ˌəʊvəpəˈtɪkjʊləʳ] ADJ melindroso, escrupuloso en exceso; **he's not ~ about money** le importa poco el dinero; (*pej*) es poco escrupuloso en asuntos de dinero; **he's not ~ about hygiene** no es muy escrupuloso en cuestiones de higiene

**overpass** [ˈəʊvəpɑːs] N (*US*) paso *m* elevado *or* (*LAm*) a desnivel

**overpay** [ˌəʊvəˈpeɪ] (*pt, pp* **overpaid** [ˌəʊvəˈpeɪd]) VT [+ *person*] pagar demasiado a

**overpayment** [ˌəʊvəˈpeɪmənt] N pago *m* excesivo

**overplay** [ˌəʊvəˈpleɪ] VT [+ *issue, problem*] exagerar; **to ~ (one's hand)** pasarse, ir demasiado lejos

**overpopulated** [ˌəʊvəˈpɒpjʊleɪtɪd] ADJ superpoblado

**overpopulation** [ˌəʊvəpɒpjʊˈleɪʃən] N superpoblación *f*

**overpower** [ˌəʊvəˈpaʊəʳ] VT 1 (= *subdue physically*) dominar; (= *defeat*) [+ *enemy, opponent*] derrotar, vencer; **it took ten guards to ~ him** se necesitaron diez guardas para dominarlo *or* para poder con él
2 (*fig*) [*heat*] agobiar, sofocar; [*sound*] aturdir; [*emotion*] embargar; [*guilt, shame*] abrumar; [*sleep, tiredness*] vencer; [*flavour*] dominar; **a sudden dizziness ~ed him** un mareo repentino se apoderó de él; **that piece of furniture ~s the room** ese mueble domina la habitación; **I was ~ed by feelings of guilt** me sentía abrumado por un sentimiento de culpabilidad

**overpowering** [ˌəʊvəˈpaʊərɪŋ] ADJ 1 (= *very strong, intense*) [*smell*] penetrante, intensísimo; [*perfume*] embriagado; [*heat*] asfixiante, sofocante; [*sound*] ensordecedor; [*force*] arrollador; [*flavour*] fortísimo; [*desire*] irresistible; [*need*] acuciante; **the noise was ~** el ruido era ensordecedor
2 (= *intimidating*) [*person, manner*] apabullante, abrumador

**overpraise** [ˌəʊvəˈpreɪz] VT elogiar demasiado

**overprescribe** [əʊvəprɪsˈkraɪb] (*Pharm, Med*) Ⓐ VI recetar demasiados medicamentos Ⓑ VT recetar sin control

**overprice** [ˌəʊvəˈpraɪs] VT cargar demasiado sobre el precio de; **these goods are ~d** el precio de estas mercancías es excesivo, estas mercancías son demasiado caras para lo que son

**overprint** [ˌəʊvəˈprɪnt] Ⓐ N sobrecarga *f* Ⓑ VT sobrecargar (**with** de)

**overproduce** [ˌəʊvəprəˈdjuːs] VT, VI producir demasiado

**overproduction** [ˌəʊvəprəˈdʌkʃən] N superproducción *f*, exceso *m* de producción

**overprotect** [ˌəʊvəprəˈtekt] VT proteger demasiado

**overprotection** [ˌəʊvəprəˈtekʃən] N exceso *m* de protrección, sobreprotección *f*

**overprotective** [ˌəʊvəprəˈtektɪv] ADJ excesivamente protector

**overqualified** [ˌəʊvəˈkwɒlɪfaɪd] ADJ con titulación que excede la exigida

**overran** [ˌəʊvəˈræn] PT *of* **overrun**

**overrate** [ˌəʊvəˈreɪt] VT sobrevalorar, sobre(e)stimar; **I think his success has been ~d** creo que sus logros se han sobrevalorado *or* sobre(e)stimado

**overrated** [ˌəʊvəˈreɪtɪd] ADJ sobre(e)stimado, sobrevalorado

**overreach** [ˌəʊvəˈriːtʃ] VT **to ~ o.s.** ir más allá de las propias posibilidades; **the company has ~ed itself and made unwise investments** la compañía ha ido más allá de sus propias posibilidades y ha hecho inversiones poco sensatas

**overreact** [ˌəʊvərɪˈækt] VI reaccionar de manera exagerada

**overreaction** [ˌəʊvərɪˈækʃən] N reacción *f* exagerada

**overreliance** [ˌəʊvərɪˈlaɪəns] N dependencia *f* excesiva (**on** de)

**overreliant** [ˌəʊvərɪˈlaɪənt] ADJ **to be ~ on sth/sb** depender demasiado de algo/algn

**override** [ˌəʊvəˈraɪd] (*pt* **overrode**; *pp* **overridden** [ˌəʊvəˈrɪdn]) VT 1 (= *ignore*) hacer caso omiso de, ignorar; (= *cancel*) anular, invalidar; **the court can ~ all earlier decisions** el tribunal puede anular *or* invalidar cualquier toda decisión anterior; **this fact ~s all others** este hecho invalida todos los demás; **our protests were overridden** hicieron caso omiso de nuestras protestas, ignoraron nuestras protestas
2 (*Tech*) anular, invalidar

**overriding** [ˌəʊvəˈraɪdɪŋ] ADJ (*gen*) [*need, importance, reason*] primordial; [*principle*] fundamental

**overripe** [ˌəʊvəˈraɪp] ADJ demasiado maduro, pasado

**overrode** [ˌəʊvəˈrəʊd] PT *of* **override**

**overrule** [ˌəʊvəˈruːl] VT [+ *judgment, decision*] anular, invalidar; [+ *request*] denegar, rechazar; [+ *objection*] ignorar; **his suggestion was ~d** denegaron *or* rechazaron su propuesta; **but we were ~d** pero rechazaron nuestra propuesta; **"objection ~d"** (*Jur*) "objeción desestimada"

**overrun** Ⓐ [ˌəʊvəˈrʌn] (*pt* **overran**; *pp* **overrun**) VT 1 (*Mil*) [+ *country*] invadir; **the field is ~ with weeds** las malas hierbas han invadido el campo, el campo está cubierto de maleza; **the town is ~ with tourists** el pueblo está inundado de turistas
2 (= *exceed*) [+ *time limit*] rebasar, exceder
Ⓑ [ˌəʊvəˈrʌn] VI [*meeting, speech, TV programme*] exceder el tiempo previsto; **his speech overran by 15 minutes** su discurso se excedió al tiempo previsto en 15 minutos
Ⓒ [ˈəʊvərʌn] N (*on costs*) exceso *m* (en relación a lo previsto); **the project has suffered huge cost ~s** el proyecto ha excedido en mucho los costes previstos

**overscrupulous** [ˌəʊvəˈskruːpjʊləs] ADJ = **overparticular**

**overseas** [ˌəʊvəˈsiːz] Ⓐ ADV [*be, live*] en el extranjero, allende el mar (*liter*); **to go ~** ir al extranjero; **to travel ~** viajar por el extranjero; **visitors from ~** visitas *fpl* del extranjero; **to be posted ~** ser destinado al extranjero
Ⓑ ADJ [*student*] extranjero; [*duty, trade*] exterior; (*Mil*) [*service*] en el extranjero, en ultramar; **~ market** mercado *m* exterior; **a company with ~ interests** una empresa con intereses en el extranjero; **she was given an ~ posting/assignment** la destinaron al extranjero

**oversee** [ˌəʊvəˈsiː] (*pt* **oversaw** [ˌəʊvəˈsɔː]; *pp* **overseen** [ˌəʊvəˈsiːn]) VT supervisar

**overseer** [ˌəʊvəsɪəʳ] N (= *foreman*) capataz *mf*; (= *supervisor*) supervisor(a) *m/f*

**oversell** [ˌəʊvəˈsel] (*pt, pp* **oversold**) VT [+ *product*] hacer una propaganda excesiva a favor de; (*fig*) alabar en exceso

**oversensitive** [ˌəʊvəˈsensɪtɪv] ADJ hipersensible, demasiado susceptible

**oversexed** [ˌəʊvəˈsekst] ADJ de deseo sexual excesivo; (*hum or pej*) sexualmente obsesionado

**overshadow** [ˌəʊvəˈʃædəʊ] VT 1 (*lit*) hacer sombra a
2 (*fig*) eclipsar; **it was ~ed by greater events** fue eclipsado por sucesos de mayor trascendencia; **the event was ~ed by his death** su muerte ensombreció el acontecimiento

**overshoe** [ˈəʊvəʃuː] N chanclo *m*

**overshoot** [ˌəʊvəˈʃuːt] (*pt, pp* **overshot** [ˌəʊvəˈʃɒt]) VT [+ *destination*] ir más allá de; [+ *turning*] pasarse de; **to ~ the runway** salirse de la pista de aterrizaje; **we overshot (the target) by 40 tons** producimos 40 toneladas más de lo previsto; ✦**IDIOM to ~ (the mark)** pasarse de la raya, excederse

**oversight** [ˈəʊvəsaɪt] N 1 (= *omission*) descuido *m*; **it was an ~** fue un descuido; **by an ~** por descuido
2 (= *supervision*) supervisión *f*

**oversimplification** [ˌəʊvəsɪmplɪfɪˈkeɪʃən] N simplificación *f* excesiva

**oversimplify** [ˌəʊvəˈsɪmplɪfaɪ] VT simplificar demasiado

**oversize(d)** [ˌəʊvəˈsaɪz(d)] ADJ demasiado grande, descomunal; (*US*) [*clothes*] de talla muy grande

**oversleep** [ˌəʊvəˈsliːp] (*pt, pp* **overslept** [ˌəʊvəˈslept]) VI quedarse dormido, no despertar(se) a tiempo; **I overslept** me quedé dormido, no (me) desperté a tiempo

**overspend** [ˌəʊvəˈspend] (*pt, pp* **overspent** [ˌəʊvəˈspent]) Ⓐ VT **to ~ one's allowance** gastar más de lo que permite su asignación
Ⓑ VI gastar demasiado *or* más de la cuenta; **we have overspent by 50 dollars** hemos gastado 50 dólares de más *or* más de lo que debíamos

**overspending** [ˌəʊvəˈspendɪŋ] N gasto *m* excesivo

**overspill** [ˈəʊvəspɪl] N (= *population*) exceso *m* de población; **an ~ town** una ciudad satélite

**overstaffed** [ˌəʊvəˈstɑːft] ADJ con exceso de personal, con exceso de plantilla

**overstaffing** [ˌəʊvəˈstɑːfɪŋ] N exceso *m* de personal, exceso *m* de plantilla

**overstate** [ˌəʊvəˈsteɪt] VT exagerar; **to ~ one's case** exagerar sus argumentos

**overstatement** [ˌəʊvəˈsteɪtmənt] N exageración *f*

**overstay** [ˌəʊvəˈsteɪ] VT **to ~ one's leave** quedarse más tiempo de lo que la licencia permite; **to ~ one's welcome** quedarse más tiempo de lo debido; **I don't want to ~ my welcome** no quiero ser un pesado, no quiero abusar de su hospitalidad

**oversteer** [ˌəʊvəˈstɪəʳ] VI [*driver*] girar demasiado el volante

**overstep** [ˌəʊvəˈstep] VT (*fig*) [+ *boundary*] traspasar; [+ *authority*] excederse en el ejercicio de; **✦IDIOM to ~ the mark** pasarse de la raya, excederse

**overstock** [ˌəʊvəˈstɒk] VT abarrotar; **to be ~ed with** tener existencias excesivas de

**overstrain** [ˌəʊvəˈstreɪn] Ⓐ N fatiga *f* excesiva; (*nervous*) hipertensión *f*
Ⓑ VT [+ *person*] (= *tire*) fatigar excesivamente; (= *overstress*) provocar una hipertensión en; [+ *metal*] deformar, torcer; [+ *resources*] estirar; **to ~ o.s.** fatigarse excesivamente

**overstretch** [ˌəʊvəˈstretʃ] VT 1 (*lit*) [+ *muscles, legs*] forzar demasiado
2 (*fig*) [+ *resources, budget, finances*] estirar; [+ *abilities*] forzar demasiado; **to ~ o.s.** exigirse demasiado; (*financially*) ponerse en una situación (económica) comprometida

**overstrict** [ˌəʊvəˈstrɪkt] ADJ [*person*] demasiado estricto; [*regime, schedule*] excesivamente riguroso

**overstrike** [ˌəʊvəˈstraɪk] Ⓐ N (*on printer*) superposición *f*
Ⓑ VT superponer

**overstrung** [ˌəʊvəˈstrʌŋ] ADJ [*person*] sobre(e)xcitado, hipertenso; [*piano*] *con dos grupos de cuerdas que se cruzan formando un ángulo oblicuo*

**oversubscribed** [ˌəʊvəsəbˈskraɪbd] ADJ **the course is heavily ~** existe un exceso enorme de solicitudes para el curso; **the issue was ~** se pidieron más acciones de las que había; **the issue was ~ four times** la solicitud de acciones rebasó cuatro veces la cantidad de títulos ofrecidos

**oversupply** [ˌəʊvəsəˈplaɪ] VT proveer en exceso (**with** de); **we are oversupplied with cars** tenemos exceso de coches

**overt** [əʊˈvɜːt] ADJ [*racism, discrimination, hostility*] manifiesto, patente; [*criticism*] abierto, manifiesto; **there were no ~ signs of ...** no había signos manifiestos *or* patentes de ...

**overtake** [ˌəʊvəˈteɪk] (*pt* **overtook** [ˌəʊvəˈtʊk]; *pp* **overtaken** [ˌəʊvəˈteɪkən]) Ⓐ VT 1 (= *pass*) [+ *car*] adelantar, rebasar (*Mex*); [+ *runner*] adelantar, dejar atrás; [+ *competition, rival*] tomar la delantera a; **he doesn't want to be ~n** no quiere dejarse adelantar; **you can't ~ that car on the bend** no puedes adelantar ese coche en la curva; **we overtook a lorry near Burgos** cerca de Burgos adelantamos un camión; **Swift has ~n Metmark in steel production** Swift le ha tomado la delantera a Metmark en la producción de acero
2 (*fig*) pillar desprevenido; **we have been ~n by events** los sucesos nos pillaron desprevenidos *or* de sorpresa
Ⓑ VI (*Aut*) adelantar, rebasar (*Mex*); **"no overtaking"** "prohibido adelantar", "prohibido rebasar" (*Mex*)

**overtaking** [ˌəʊvəˈteɪkɪŋ] N (*Aut*) adelantamiento *m*, rebase *m* (*Mex*)

**overtax** [ˌəʊvəˈtæks] VT 1 (*Fin*) gravar en exceso
2 (*fig*) [+ *strength, patience*] agotar, abusar de; **to ~ o.s.** exigirse demasiado a sí mismo

**over-the-counter** [ˈəʊvəðəˈkaʊntəʳ] ADJ [*method*] limpio, honrado; **~ drugs** medicamentos *mpl* sin receta; **~ market** (*St Ex*) mercado *m* de acciones no cotizadas en la bolsa

**overthrow** [ˌəʊvəˈθrəʊ] (*vb: pt* **overthrew** [ˌəʊvəˈθruː]; *pp* **overthrown** [ˌəʊvəˈθrəʊn]) Ⓐ N [*of president, dictator, government*] derrocamiento *m*
Ⓑ VT [+ *system*] echar abajo, derribar; [+ *president, dictator, government*] derrocar

**overtime** [ˈəʊvətaɪm] Ⓐ N 1 (*Ind*) horas *fpl* extra(s); **to do/work ~** hacer/trabajar horas extra(s); **we shall have to work ~ to catch up** (*fig*) tendremos que esforzarnos al máximo para recuperar lo que hemos perdido; **your imagination has been working ~!** ¡tienes una imaginación demasiado activa!
2 (*US Sport*) prórroga *f*, tiempo *m* suplementario
Ⓑ CPD ► **overtime ban** N prohibición *f* de horas extra(s) ► **overtime pay** N pago *m* de horas extra(s)

**overtired** [ˌəʊvəˈtaɪəd] ADJ agotado

**overtly** [əʊˈvɜːtlɪ] ADV abiertamente

**overtone** [ˈəʊvətəʊn] N 1 (= *hint, element*) **a speech with a hostile ~** un discurso con cierto tono hostil; **the strike has political ~s** la huelga tiene un trasfondo político; **a play with religious ~s** una obra con connotaciones religiosas; **a wine with citrus ~s** un vino con un cierto sabor cítrico
2 (= *connotation*) [*of word, phrase*] connotación *f*
3 (= *insinuation*) insinuación *f*; **his behaviour was full of sexual ~s** no paraba de insinuarse
4 (*Mus*) armónico *m*

**overtop** [ˌəʊvəˈtɒp] VT descollar sobre

**overtrick** [ˈəʊvətrɪk] N baza *f* de más

**overtrump** [ˌəʊvəˈtrʌmp] VT contrafallar

**overture** [ˈəʊvətjʊəʳ] N 1 (*Mus*) obertura *f*
2 (*fig*) **to make ~s to sb** (*Pol, Comm*) hacer una propuesta a algn; (*sexual*) hacer insinuaciones a algn; **they had made ~s to Pan Am, but without success** le hicieron una propuesta a Pan Am, pero no se llegó a nada; **the government made peace ~s to the rebels** el gobierno les hizo una propuesta de paz a los rebeldes

**overturn** [ˌəʊvəˈtɜːn] Ⓐ VT [+ *car, boat, saucepan*] volcar; [+ *government*] derrocar, derribar; [+ *decision, ruling*] anular; **they managed to have the ruling ~ed** lograron hacer anular la decisión
Ⓑ VI [*car*] volcar, dar una vuelta de campana; [*boat*] zozobrar

**overuse** [ˌəʊvəˈjuːz] VT usar demasiado

**overvalue** [ˌəʊvəˈvæljuː] VT sobrevalorar

**overview** [ˈəʊvəvjuː] N visión *f* de conjunto

**overweening** [ˌəʊvəˈwiːnɪŋ] ADJ arrogante, presuntuoso, altivo; **~ pride** desmesurado orgullo *m*

**overweight** [ˌəʊvəˈweɪt] Ⓐ ADJ [*person*] gordo; **to be ~** [*parcel, luggage*] pesar demasiado, tener exceso de peso; [*person*] estar demasiado gordo; **he is 8 kilos ~** pesa 8 kilos de más; **the suitcase is a kilo ~** la maleta tiene un exceso de peso de un kilo
Ⓑ N exceso *m* de peso, sobrepeso *m*

**overwhelm** [ˌəʊvəˈwelm] VT 1 (= *defeat*) [+ *opponent, team*] arrollar, aplastar
2 (= *overcome*) [*difficulties, fear, loneliness*] abrumar; **sorrow ~ed him** estaba abrumado por el dolor; **try not to let panic ~ you** intenta que el pánico no se apodere de ti; **I felt ~ed by events/her** me sentía abrumado por los acontecimientos/por ella; **he was ~ed by their kindness** su amabilidad le dejó abrumado *or* le conmovió profundamente; **she was ~ed with grief** estaba sumida en la tristeza; **she was ~ed with joy** rebosaba de alegría
3 (= *inundate, overload*) (*with work*) abrumar, agobiar; (*with questions, requests, information*) atosigar; **you shouldn't ~ the customer with too much information** no deberías atosigar al cliente con demasiada información; **we have been ~ed with offers of help** nos han inundado las ofertas de ayuda

**overwhelming** [ˌəʊvəˈwelmɪŋ] ADJ [*defeat, victory*] arrollador, aplastante; [*success*] arrollador; [*majority*] abrumador, aplastante; [*heat*] agobiante; [*pressure, urge*] irresistible; [*desire*] irresistible, imperioso; [*emotion*] incontenible; **one's ~ impression is of heat** lo que más impresiona es el calor

**overwhelmingly** [ˌəʊvəˈwelmɪŋlɪ] ADV **they voted ~ for Blake** una mayoría aplastante *or* arrolladora votó por Blake, la inmensa mayoría votó por Blake; **the proposal was ~ defeated** la propuesta fue rechazada por una mayoría abrumadora *or* aplastante; **the legal profession is ~ male** en la abogacía la inmensa mayoría son hombres

**overwind** [ˌəʊvəˈwaɪnd] (*pt, pp* **overwound**) VT [+ *watch*] dar demasiada cuerda a

**overwork** [ˌəʊvəˈwɜːk] Ⓐ N agotamiento *m* por trabajo excesivo
Ⓑ VT [+ *person*] hacer trabajar demasiado; [+ *eye, part of body*] exigir un esfuerzo excesivo a; [+ *word, concept*] desgastar (*a base de utilizarlo en exceso*); **"ecological" has become the most ~ed adjective there is** "ecológico" se ha convertido en el adjetivo más desgastado *or* manido que hay
Ⓒ VI trabajar demasiado

**overwrite** [ˌəʊvəˈraɪt] (*pt* **overwrote** [ˌəʊvəˈrəʊt]; *pp* **overwritten** [ˌəʊvəˈrɪtn]) Ⓐ VT 1 exagerar; **this passage is overwritten** este pasaje tiene un estilo recargado
2 (*Comput*) sobreescribir
Ⓑ VI exagerar

**overwrought** [ˌəʊvəˈrɔːt] ADJ **to be ~** estar crispado

**overzealous** [ˌəʊvəˈzeləs] ADJ demasiado entusiasta

**Ovid** [ˈɒvɪd] N Ovidio

**oviduct** [ˈəʊvɪdʌkt] N oviducto *m*

**oviform** [ˈəʊvɪfɔːm] ADJ oviforme

**ovine** [ˈəʊvaɪn] ADJ ovino

**oviparous** [əʊˈvɪpərəs] ADJ ovíparo

**ovoid** [ˈəʊvɔɪd] Ⓐ ADJ ovoide
Ⓑ N ovoide *m*

**ovulate** [ˈɒvjʊleɪt] VI ovular

**ovulation** [ˌɒvjʊˈleɪʃən] N ovulación *f*

**ovule** [ˈəʊvjuːl] N óvulo *m*

**ovum** [ˈəʊvəm] N (*pl* **ova** [ˈəʊvə]) óvulo *m*

**ow** [aʊ] EXCL ¡ay!

**owe** [əʊ] Ⓐ VT (*gen*) deber; **to ~ sb £2** deber dos libras a algn; **I'll ~ it to you** te lo quedo a deber; **to ~ sb for a meal** deber a algn una comida; **he claims he is still ~d for the work** asegura que todavía se le debe dinero por el trabajo; **he ~s his life to a lucky chance** debe su vida a una casualidad; **he ~s his talent to his mother** le debe su talento a su madre; **to what do I ~ the honour of your visit?** ¿a qué debo el honor de su visita?; **you ~ it to yourself to come** venir es un deber que tienes contigo mismo; **I ~ it to**

**her to confess** mi deber con ella me obliga a confesarlo; **I think I ~ you an explanation** creo que es necesaria una explicación; *see also* **allegiance**
Ⓑ VI tener deudas; **he ~d for three coffees** debía tres cafés

**▼owing** ['əʊɪŋ] Ⓐ ADJ **how much is ~ to you now?** ¿cuánto se le debe ahora?; **I think an explanation is ~** creo que se debe dar una explicación
Ⓑ PREP **~ to** (= *due to*) debido a, a causa de; **~ to the bad weather** debido al mal tiempo; **it is ~ to lack of time** se debe a la falta de tiempo

**owl** [aʊl] N (= *barn owl*) lechuza *f*; (= *little owl*) mochuelo *m*; (= *long-eared owl*) búho *m*; (= *tawny owl*) cárabo *m*

**owlet** ['aʊlɪt] N mochuelo *m*

**owlish** ['aʊlɪʃ] ADJ [*look, eyes*] de búho; [*face*] solemne

**own¹** [əʊn] Ⓐ VT **1** (= *possess*) [+ *object, goods*] tener, poseer; [+ *land, house, company*] ser dueño de, poseer; **he ~s two tractors** tiene *or* posee dos tractores; **he ~s three newspapers** es dueño de tres periódicos; **do you ~ your own house?** ¿tienes casa propia?, ¿tienes una casa de tu propiedad?; **who ~s the newspaper?** ¿quién es el propietario *or* dueño del periódico?; **who ~s this pen?** ¿de quién es esta pluma?; **a cat nobody wants to ~** un gato que nadie quiere reclamar; **as if he ~ed the place** como si dueño del lugar; **you don't ~ me!** ¡no te pertenezco!
**2** (= *admit*) reconocer, admitir; **I ~ I was wrong** reconozco *or* admito que me equivoqué; **he ~ed the child as his** reconoció al niño como suyo
Ⓑ VI **to ~ to sth** confesar *or* reconocer algo

**►own up** VI + ADV confesar (**to sth** algo); **~ up!** ¡confiésalo!; **they ~ed up to having stolen the apples** confesaron haber robado las manzanas

**own²** [əʊn] Ⓐ ADJ propio; **the house has its ~ garage** la casa tiene garaje propio; **in her ~ house** en su propia casa; **it's all my ~ money** todo el dinero es mío
Ⓑ PRON **my/his/her** *etc* **~: the house is her ~** la casa es de su propiedad *or* le pertenece; **my time is my ~** dispongo de mi tiempo como quiero; **we all look after our ~** todos cuidamos lo nuestro; **he has a style all his ~** tiene un estilo muy suyo *or* propio; **I'm so busy I can scarcely call my time my ~** estoy tan ocupado que apenas dispongo de mi tiempo; **without a chair to call my ~** sin una silla que pueda decir que es mía; **can I have it for my ~?** ¿puedo quedarme con él?; **he made the theory his ~** hizo suya la teoría, adoptó la teoría; **she has money of her ~** tiene su propio dinero; **a place of one's ~** (una) casa propia; **I'll give you a copy of your ~** te daré una copia para ti; **for reasons of his ~** él sabrá por qué; **to be on one's ~** estar solo; **now we're on our ~** ya estamos solos *or* a solas; **if I can get him on his ~** si puedo hablar con él a solas; **to do sth on one's ~** (= *unaccompanied*) hacer algo por su cuenta; (= *unaided*) hacer algo solo *or* sin ayuda (de nadie); **you'll have a room of your very ~** tendrás una habitación para ti solo; **✦IDIOMS to get one's ~ back (on sb)** vengarse (de algn); **to come into one's ~**: **women came into their ~ during the Second World War** las mujeres no se hicieron valer hasta la Segunda Guerra Mundial; **his ideas really came into their ~ in the sixties** hasta los años sesenta no se valoraron de verdad sus ideas; **to hold one's ~** defenderse; (= *not give in*) no cejar, mantenerse firme; **he can hold his ~ with the best of them** no le va a la zaga ni al mejor de ellos; **I can hold my ~ in German** me defiendo en alemán; **✦PROV each to his ~** cada uno a lo suyo, cada cual a lo suyo
Ⓒ CPD **► own brand** N (*Comm*) marca *f* propia (*de un supermercado etc*); *see also* **own-brand** **► own goal** N (*Brit Sport*) autogol *m*; (*fig*) **the campaign was considered a public relations ~ goal for the government** la campaña se consideró un perjuicio que el gobierno se ha hecho a sí mismo *or* un gol que el gobierno se ha marcado a sí mismo en el ámbito de las relaciones públicas **► own label** N = **own brand**

**own-brand** ['əʊn,brænd] ADJ **~ products** productos *mpl* de marca propia (*de un supermercado etc*)

**owner** ['əʊnəʳ] Ⓐ N [*of goods*] dueño/a *m/f*; [*of land, property, company*] dueño/a *m/f*, propietario/a *m/f*; *see also* **home D**
Ⓑ CPD **► owner driver** N conductor(a) *m/f* propietario/a **► owner occupancy** N **there's a growing level of ~ occupancy** hay cada vez más propietarios de la vivienda **► owner occupier** N ocupante *mf* propietario/a

**ownerless** ['əʊnəlɪs] ADJ sin dueño

**owner-occupied** [,əʊnə'ɒkjʊpaɪd] ADJ (*Brit*) [*property, house*] ocupado por el dueño, ocupado por el propietario

**ownership** ['əʊnəʃɪp] N propiedad *f*; **they abolished private ~ of the means of production** abolieron la propiedad privada de los medios de producción; **the ~ of the land is in dispute** está en disputa la propiedad de la tierra; **"under new ownership"** "nuevo propietario", "nuevo dueño"; **under his ~ the business flourished** el negocio prosperó mientras fue de su propiedad

**own-label** [,əʊn'leɪbl] ADJ = **own-brand**

**ownsome*** ['əʊnsəm] N **on one's ~** a solas, solito*

**owt** [aʊt] N (*Brit dial*) algo, alguna cosa

**ox** [ɒks] N (*pl* **oxen**) buey *m*

**oxalic** [ɒk'sælɪk] ADJ **~ acid** ácido *m* oxálico

**oxblood** ['ɒksblʌd] ADJ de color rojo oscuro

**oxbow (lake)** ['ɒks,bəʊ('leɪk)] N lago *m* en forma de herradura

**Oxbridge** ['ɒksbrɪdʒ] N (*Brit*) Universidades de Oxford y Cambridge

**OXBRIDGE**

**Oxbridge** *se usa para hacer referencia a las universidades de* **Oxford** *y* **Cambridge**, *sobre todo cuando se quiere destacar el ambiente de privilegio al que se las asocia, originado por su posición como las dos universidades más antiguas y prestigiosas del Reino Unido y por el hecho de que muchos licenciados de* **Oxbridge** *suelen acabar en puestos muy influyentes del ámbito empresarial, político o diplomático. Muchos número de estudiantes de estas universidades todavía proviene de institutos privados, aunque ambas instituciones tratan de aumentar el número de alumnos de centros estatales.*

**oxcart** ['ɒkskɑ:t] N carro *m* de bueyes

**oxen** ['ɒksən] NPL *of* **ox**

**ox-eye daisy** [,ɒksaɪ'deɪzɪ] N margarita *f*

**Oxfam** ['ɒksfæm] N ABBR = **Oxford Committee for Famine Relief**

**OXFAM**

**Oxfam** *es una organización benéfica cuyas siglas significan en inglés* **Oxford Committee for Famine Relief**, *muy conocida por sus campañas para recaudar fondos, su trabajo de ayuda al Tercer Mundo y su intento de promocionar el uso de tecnología básica y de los recursos locales renovables. Además, el nombre* **Oxfam** *se asocia también a una cadena de tiendas gestionadas por esta organización, en las que se puede adquirir ropa y otros artículos de segunda mano, así como objetos hechos en talleres y cooperativas del Tercer Mundo.*

**oxford** ['ɒksfəd] N (*US*) zapato *m* (de tacón bajo)

**oxhide** ['ɒkshaɪd] N cuero *m* de buey

**oxidation** [,ɒksɪ'deɪʃən] N oxidación *f*

**oxide** ['ɒksaɪd] N óxido *m*

**oxidize** ['ɒksɪdaɪz] Ⓐ VT oxidar
Ⓑ VI oxidarse

**oxlip** ['ɒkslɪp] N prímula *f*

**Oxon** ABBR = **Oxfordshire**

**Oxon.** ['ɒksən] ADJ ABBR (*Brit*) = **Oxoniensis** (= *of Oxford*) de Oxford

**Oxonian** [ɒk'səʊnɪən] Ⓐ ADJ oxoniense
Ⓑ N oxoniense *mf*

**oxtail** ['ɒksteɪl] N **~ soup** sopa *f* de rabo de buey

**oxter** ['ɒkstəʳ] N (*Scot*) axila *f*

**oxyacetylene** ['ɒksɪə'setɪli:n] ADJ oxiacetilénico; **~ burner** *or* **lamp** *or* **torch** soplete *m* oxiacetilénico; **~ welding** soldadura *f* oxiacetilénica

**oxygen** ['ɒksɪdʒən] Ⓐ N oxígeno *m*; **✦IDIOM to give sb the ~ of publicity** hacer propaganda gratuita a algn
Ⓑ CPD **► oxygen mask** N máscara *f* de oxígeno, mascarilla *f* de oxígeno **► oxygen tent** N cámara *f* de oxígeno

**oxygenate** [ɒk'sɪdʒəneɪt] VT oxigenar

**oxygenation** [,ɒksɪdʒə'neɪʃən] N oxigenación *f*

**oxymoron** [,ɒksɪ'mɔ:rɒn] N (*pl* **oxymora** [,ɒksɪ'mɔ:rə]) oxímoron *m*

**oyez** [əʊ'jez] EXCL ¡oíd!

**oyster** ['ɔɪstəʳ] Ⓐ N ostra *f*; *see also* **world A1**
Ⓑ CPD **► oyster farm** N criadero *m* de ostras **► oyster shell** N concha *f* de ostra

**oysterbed** ['ɔɪstəbed] N criadero *m* de ostras, vivero *m* de ostras

**oystercatcher** ['ɔɪstə,kætʃəʳ] N ostrero *m*

**oz** ABBR = **ounce(s)**

**ozone** ['əʊzəʊn] Ⓐ N ozono *m*
Ⓑ CPD **► ozone hole** N agujero *m* de ozono **► ozone layer** N capa *f* de ozono

**ozone-friendly** ['əʊzəʊn'frendlɪ] ADJ que no daña la capa de ozono

**ozonosphere** [əʊ'zəʊnə,sfɪəʳ] N ozonosfera *f*

➤ LANGUAGE IN USE: **owing B** 17.1, 26.3

# P p

**P**[1], **p**[1] [piː] N (= *letter*) P, p *f*; **P for Peter** P de Pedro; ✦*IDIOM* **to mind** *or* **watch one's Ps and Qs*** cuidarse *or* tener mucho cuidado de no meter la pata*

**P**[2] ABBR = **parking**

**p**[2] ABBR [1] = **penny, pence**
[2] (= **page**) p., pág.

**P.** ABBR [1] (= **president**) P.
[2] (= **prince**) P.

**PA** Ⓐ N ABBR [1] = **personal assistant**
[2] = **public address system**
[3] = **Press Association**
Ⓑ ABBR [1] (*US*) = **Pennsylvania**
[2] (*Theat etc*) = **personal appearance**

**pa*** [pɑː] N papá* *m*

**p.a.** ABBR = **per annum** (= *yearly*) por año, al año

**PAC** N ABBR (*US*) = **political action committee**

**pace**[1] [ˈpeɪs] Ⓐ N [1] (= *step*) paso *m*; **I took a couple of ~s forward/back** di un par de pasos hacia delante/atrás; **the tiger was only a few ~s away** el tigre estaba a sólo unos pasos; **to go through one's ~s** [*performer*] demostrar de lo que se es capaz; **to put sb through his/her ~s** poner a algn a prueba; **to put a horse through its ~s** ejercitar un caballo
[2] (= *speed*) [2·1] (*when walking, running*) paso *m*, ritmo *m*; **I could hardly keep ~ (with him)** apenas podía seguirle el ritmo *or* el paso; **to set the ~** (*Sport*) marcar el paso *or* el ritmo; **they walked at a steady ~** ◊ **their ~ was steady** marchaban a un paso *or* ritmo constante; *see also* **quicken**, **slacken A**, **snail**, **walking C**
[2·2] (*fig*) ritmo *m*; **to do sth at one's own ~** hacer algo a su (propio) ritmo; **the economy is growing at a brisk ~** la economía está creciendo a un ritmo rápido; **the ~ of change/life** el ritmo de cambio/vida; **I can't keep ~ with events** no puedo seguir el ritmo de los acontecimientos; **salaries are not keeping ~ with inflation** los sueldos no avanzan al mismo ritmo *or* paso que la inflación, los sueldos no siguen el ritmo de la inflación; **her novels lack ~** el ritmo de sus novelas es demasiado lento; **this company is setting the ~ in new technology** esta empresa está marcando la pauta en nueva tecnología; **he can't stand** *or* **stay the ~** las cosas se desarrollan demasiado rápidamente para él; *see also* **force B5**
Ⓑ VT [1] (*anxiously*) **to ~ the floor** ir *or* andar de un lado para otro; **Harry was pacing the room** Harry iba *or* andaba de un lado para otro de la habitación
[2] (= *set pace of*) **to ~ sb** (*Sport*) marcar el ritmo a algn; **to ~ o.s.: it was a tough race and I had to ~ myself** era una carrera difícil y tuve que tener cuidado de no gastar toda mi energía al principio; **you should ~ yourself and not attempt too much at once** tienes que tomártelo poco a poco y no intentar hacer demasiado de una vez; **he knows how to ~ the action** (*Cine, Theat*) sabe cómo marcar el ritmo de la acción; **a fast-~d world/life** un mundo/una vida de ritmo trepidante; **a well-~d drama** un drama con el ritmo de la acción bien marcado
Ⓒ VI **Alan was pacing nervously** Alan se paseaba nervioso (de un lado para otro), Alan iba *or* andaba de un lado para otro nervioso; **to ~ back and forth** ◊ **~ up and down** ir *or* pasearse de un lado para otro
Ⓓ CPD ► **pace bowler** N (*Cricket*) *jugador de cricket que normalmente lanza la bola rápido* ► **pace bowling** N (*Cricket*) *lanzamiento rápido de la bola*

►**pace out**, **pace off** VT + ADV [+ *distance*] medir en *or* con pasos; **to ~ out ten metres** medir diez metros en *or* con pasos; **he ~d out the length of the field** midió la longitud del campo en *or* con pasos

**pace**[2] [ˈpeɪsɪ] PREP (*frm*) según, de acuerdo con

**pacemaker** [ˈpeɪsˌmeɪkəʳ] N [1] (*Med*) marcapasos *m inv*
[2] (*Sport*) liebre *f*
[3] (*in market, business*) = **pacesetter 2**

**pacer** [ˈpeɪsəʳ] N (*US Sport*) liebre *f*

**pacesetter** [ˈpeɪsˌsetəʳ] N [1] (*Sport*) liebre *f*
[2] (*in market, business*) persona *f* que marca la pauta

**pacey**, **pacy** [ˈpeɪsɪ] ADJ [1] [*production, thriller*] rápido, con buen ritmo
[2] (*Sport*) [*player*] rápido, con buen ritmo

**pachyderm** [ˈpækɪdɜːm] N paquidermo *m*

**Pacific** [pəˈsɪfɪk] Ⓐ ADJ pacífico; **the ~ region** la región del Pacífico
Ⓑ N **the ~ (Ocean)** el (Océano) Pacífico
Ⓒ CPD ► **the Pacific Rim** N los países de la Costa del Pacífico ► **Pacific Standard Time** N (*US*) hora *f* oficial de la región del Pacífico

**pacific** [pəˈsɪfɪk] ADJ pacífico

**pacifically** [pəˈsɪfɪkəlɪ] ADV pacíficamente

**pacification** [ˌpæsɪfɪˈkeɪʃən] N pacificación *f*

**pacifier** [ˈpæsɪfaɪəʳ] N (*US*) (= *dummy*) chupete *m*

**pacifism** [ˈpæsɪfɪzəm] N pacifismo *m*

**pacifist** [ˈpæsɪfɪst] Ⓐ ADJ pacifista
Ⓑ N pacifista *mf*

**pacify** [ˈpæsɪfaɪ] VT (= *calm*) [+ *person*] apaciguar, calmar; [+ *country*] pacificar; **we managed to ~ him eventually** por fin logramos apaciguarlo *or* calmarlo

**pack** [pæk] Ⓐ N [1] (= *packet*) (*gen*) paquete *m*; (*esp US*) [*of cigarettes*] paquete *m*, cajetilla *f*; (= *wrapping*) envase *m*; **a six-~ of beer** un paquete de seis cervezas; **she smokes a ~ and a half a day** fuma un paquete y medio *or* una cajetilla y media de tabaco al día; **for sell-by date see back of ~** para la fecha de caducidad ver el reverso del envase; *see also* **economy**, **information B**
[2] (*traveller's*) (*also* **backpack**) mochila *f*; (*on animal*) fardo *m*
[3] [*of cards*] baraja *f*; **a ~ of cards** una baraja de cartas; **the roof collapsed like a ~ of cards** el tejado se derrumbó como una baraja de cartas; **he told me a ~ of lies** me contó una sarta *or* (*LAm*) bola de mentiras; **it's a ~ of lies!** ¡es una sarta *or* (*LAm*) bola de mentiras!, ¡son todo mentiras!
[4] (= *dressing*) (*Med*) compresa *f*; **cold ~** compresa *f* fría; *see also* **face D**, **ice C**, **mud B**
[5] [*of hounds, dogs*] jauría *f*; [*of wolves*] manada *f*; **a ~ of hounds** una jauría (de perros); **a ~ of wolves** una manada de lobos
[6] [*of people*] [6·1] (= *bunch*) [*of tourists, reporters*] manada *f*; [*of idiots, fools*] hatajo *m*; **with a ~ of cameramen in hot pursuit** con una manada de cámaras pisándoles los talones; **they're like a ~ of kids** son como un hatajo de críos*; *see also* **rat C**
[6·2] [*of brownies, cubs*] patrulla *f*
[6·3] [*of runners, cyclists*] pelotón *m*; (*fig*) **they are way ahead of the ~ in electronic gadgetry** están muy a la cabeza del pelotón en materia de aparatos electrónicos
[7] (*Rugby*) **the ~** (= *forwards*) los delanteros; (= *scrum*) el pack
Ⓑ VT [1] (= *put in container*) [1·1] [+ *possessions*] (*in case, bag, etc*) **I decided to ~ a few things** decidí meter algunas cosas en la maleta; **have you ~ed the salt and pepper for the picnic?** ¿has metido *or* puesto la sal y la pimienta para el picnic?; **~ your things and get out!** ¡coge tus cosas *or* haz la maleta (con tus cosas) y lárgate de aquí!*
[1·2] [+ *goods, products for transport*] (*in package*) empaquetar; (*in crate, container*) embalar, empacar (*esp LAm*); **a job ~ing goods in a warehouse** un trabajo empaquetando *or* embalando artículos en un almacén; **he was ~ing plates and wine glasses into** *or* **in boxes** estaba metiendo *or* empaquetando platos y copas en cajas
[1·3] (*Comm*) (*in individual packaging*) envasar; **she spent the summer ~ing apricots** se pasó el verano envasando albaricoques; **they come ~ed in dozens** vienen en cajas de una docena
[2] (= *fill*) [+ *box, crate*] llenar; **he has a job ~ing boxes in a warehouse** trabaja en un almacén llenando cajas; **to ~ one's bags** (*lit*) hacer las maletas; **to ~ one's bags (and go** *or* **leave)** (*fig*) coger sus cosas e irse, coger sus cosas y largarse*; **to ~ one's/a (suit)case** hacer la maleta; **Eleanor was ~ing her trunk** Eleanor estaba metiendo sus cosas en el baúl; **a crate ~ed with books** una caja llena de li-

bros; **~ your shoes with paper so they don't lose their shape** mete papel en los zapatos para que no pierdan la forma

3 (= *fill tightly*) [+ *hall, stadium*] llenar a rebosar; **they ~ed the hall to see him** llenaron la sala a rebosar para verlo; **a fun-~ed holiday** unas vacaciones llenas *or* repletas de diversión; **to ~ a jury** *formar un jurado con personas que simpatizan con el interesado*; **a thrill-~ed evening** una tarde muy emocionante; *see also* **action-packed**

4 (= *press tightly*) **to ~ sth/sb into sth**: **we ~ed the children into the car** apretujamos a los niños en el coche; **they've ~ed enough information into this guide to satisfy every need** han incluído suficiente información en esta guía como para satisfacer las necesidades de todo el mundo; **to ~ sth round sth** encajar algo alrededor de algo; **to ~ earth round a plant** acollar una planta; *see also* **packed**

5 (*) (= *carry*) **he ~s a gun** lleva un revólver; **he ~s a powerful punch** (*lit*) pega duro; **this play ~s a powerful punch** esta es una obra con mucho impacto emocional; **drinks that ~ quite a punch** bebidas *fpl* que pegan fuerte

Ⓒ VI 1 (*lit*) 1·1 (= *do one's packing*) hacer la(s) maleta(s); **♦IDIOM to send sb ~ing*** [+ *visitor, caller*] echar a algn con cajas destempladas; (*from job*) despedir a algn sin contemplaciones

1·2 (= *fit*) caber; **these books will ~ easily into that box** estos libros cabrán bien en esa caja; **do you think all this will ~ into one suitcase?** ¿crees que todo esto cabrá *or* se podrá meter en una maleta?

2 (= *cram*) [*people*] **to ~ into a room/theatre** apiñarse *or* apretujarse en una habitación/un teatro; **the five of us ~ed into her Mini** los cinco nos apiñamos *or* apretujamos en su Mini, los cinco nos metimos apretujados en su Mini; **they ~ed round the speaker** se apiñaron *or* se apretujaron en torno al orador

3 (= *compact*) [*snow*] hacerse una masa compacta

Ⓓ CPD ► **pack animal** N bestia *f or* animal *m* de carga ► **pack ice** N banco *m* de hielo, masa *f* flotante de hielo ► **pack leader** N (*Rugby*) delantero/a *m/f* principal; (*fig*) líder *mf* de la panda *or* del grupo

► **pack away** Ⓐ VT + ADV (*lit*) guardar; **I ~ed the tools away** guardé las herramientas; **he can certainly ~ away food, can't he?*** da buena cuenta de la comida ¿verdad?*

Ⓑ VI + ADV dejarse guardar; **his umbrella wouldn't ~ away correctly** su paraguas no se dejaba guardar bien

► **pack down** Ⓐ VT + ADV (*gen*) apretar, comprimir; (*with feet*) apisonar

Ⓑ VI + ADV (*Rugby*) formar la melé *or* el scrum

► **pack in*** VT + ADV 1 (= *cram*) [+ *people*] **airlines make money by ~ing people in** las compañías aéreas hacen dinero metiendo a un montón de gente en los aviones; **they were ~ed in like sardines** estaban como sardinas en lata; **the show's ~ing them in** el espectáculo llena la sala al completo *or* a rebosar; **we ~ed a lot of sightseeing into those two days** metimos un montón de visitas turísticas en esos dos días

2 (= *stop doing*) [+ *job, activity*] dejar; **it's time we ~ed it in** ya es hora de dejarlo; **let's ~ it in for the day** dejémoslo por hoy; **~ it in!** ¡déjalo ya!

► **pack off** VT + ADV (= *send away*) largar*; **I ~ed him off in a taxi** lo despaché en un taxi, lo largué en un taxi*; **they ~ed him off to London** lo enviaron sin más a Londres; **to ~ a child off to bed/school** mandar a un niño a la cama/al colegio

► **pack out** VT + ADV [+ *stadium, hall*] llenar a rebosar, llenar hasta los topes*

► **pack up** Ⓐ VI + ADV 1 (*) (= *cease to function*) [*washing-machine, car*] estropearse, descomponerse (*esp Mex*); [*battery*] agotarse; [*engine*] averiarse, estropearse

2 (*) [*person*] 2·1 (= *stop activity*) **let's ~ up now** vamos a dejarlo *or* terminar ya

2·2 (= *collect things together*) recoger (mis, tus, sus *etc* cosas); **they just ~ed up and left** recogieron (sus cosas) y se marcharon

Ⓑ VT + ADV 1 (= *put away*) [+ *belongings*] recoger

2 (*) (= *give up*) dejar

**package** [ˈpækɪdʒ] Ⓐ N 1 (= *parcel, container*) paquete *m*

2 (*US*) (= *packet*) paquete *m*; **the ingredients were clearly listed on the ~** los ingredientes estaban enumerados claramente en el paquete

3 (*fig*) 3·1 (= *deal*) oferta *f*; **a generous remuneration ~** una generosa oferta de remuneración; **the ~ includes two nights in a hotel** la oferta incluye dos noches en un hotel

3·2 [*of measures, aid*] paquete *m*; **an economic aid ~** un paquete de ayuda económica; *see also* **rescue**

3·3 (= *holiday*) viaje *m* organizado, vacaciones *fpl* organizadas; **the price of a ~ has gone up by 8% since last year** el precio de un viaje organizado *or* de las vacaciones organizadas ha subido un 8% desde el año pasado

4 (*Comput*) paquete *m*; *see also* **software**

Ⓑ VT 1 (*US Comm*) (*also* **~ up**) (*in paper, packet*) empaquetar, embalar, empacar (*LAm*); (*in bottle, jar*) envasar; **~d foods** alimentos *mpl* envasados

2 (*fig*) presentar; **it depends how you ~ the proposal** depende de la forma en que presentes la propuesta

Ⓒ CPD ► **package deal** N (= *holiday*) viaje *m* organizado, vacaciones *fpl* organizadas; (= *deal*) oferta *f*; (= *agreement*) acuerdo *m* global ► **package holiday** (*Brit*), **package vacation** (*US*) N viaje *m* organizado, vacaciones *fpl* organizadas; **to go on** *or* **take a ~ holiday** hacer un viaje organizado ► **package store** N (*US*) *tienda con licencia para vender bebidas alcohólicas* ► **package tour** N viaje *m* organizado

**packager** [ˈpækɪdʒəʳ] N (*Publishing, TV*) productora *f*

**packaging** [ˈpækɪdʒɪŋ] Ⓐ N 1 (= *packet, box, etc*) embalaje *m*; (= *wrapping*) envoltorio *m*

2 (*Comm*) (= *presentation*) presentación *f*; **if the image and the ~ are right, consumers will buy anything** si la imagen y la presentación son las adecuadas, los clientes comprarán cualquier cosa

Ⓑ CPD ► **packaging company**, **packaging plant** N envasadora *f* ► **packaging industry** N industria *f* del empaquetado *or* del envase ► **packaging machine** N máquina *f* empaquetadora *or* envasadora ► **packaging material** N material *m* de envasado *or* de empaquetado

**packed** [pækt] Ⓐ ADJ 1 (= *crowded*) (*with people, vehicles*) lleno, repleto, a rebosar; (*more emph*) atestado; **the bus was ~ (with people)** el autobús estaba lleno *or* repleto *or* a rebosar *or* atestado (de gente); **the lecture was ~** la conferencia llenó la sala a rebosar; **the show played to ~ houses for 12 weeks** el espectáculo tuvo lleno completo durante 12 semanas; **the place was ~ (out)** el local estaba repleto *or* a tope* *or* hasta arriba*; *see also* **jam-packed**

2 (= *filled*) lleno, repleto; **crates ~ with books** cajones *mpl* de embalaje llenos *or* repletos de libros; **the book is ~ with interesting facts** el libro está lleno de datos interesantes; **~ full of sth** repleto de algo, completamente lleno de algo

3 (= *with luggage ready*) **she was ~ and ready to leave** ya había hecho la(s) maleta(s) y estaba lista para irse

4 (= *compressed*) [*snow*] **the snow was ~ hard** la nieve se había convertido en una masa compacta

Ⓑ CPD ► **packed lunch** N bolsa *f* de bocadillos; **I usually take a ~ lunch to work** me suelo preparar algo de comida y llevarla al trabajo, me suelo preparar unos bocadillos y llevarlos al trabajo

**packer** [ˈpækəʳ] N empacador(a) *m/f*

**packet** [ˈpækɪt] Ⓐ N 1 (= *carton*) cajita *f*; [*of cigarettes*] cajetilla *f*; [*of seeds, needles*] sobre *m*; [*of crisps etc*] bolsa *f*; (= *small parcel*) paquete *m*

2 (*fig*) **a new ~ of proposals** un paquete de nuevas propuestas; **a whole ~ of trouble** la mar de disgustos*

3 (*Brit**) (= *large sum*) dineral *m*; **to make a ~** ganar un dineral *or* una fortuna; **that must have cost a ~** eso habrá costado un dineral

4 (*Naut*) (*also* **~ boat**) paquebote *m*

Ⓑ CPD ► **packet switching** N (*Comput*) conmutación *f* de paquetes

**packhorse** [ˈpækhɔːs] N caballo *m* de carga

**packing** [ˈpækɪŋ] Ⓐ N 1 (*Comm*) (= *product wrapping, act of packing*) embalaje *m*; *see also* **postage**

2 [*of suitcase*] **to do one's ~** hacer la(s) maleta(s)

Ⓑ CPD ► **packing case** N cajón *m* de embalaje ► **packing density** N (*Comput*) densidad *f* de compacidad ► **packing department** N (*for mail, transport*) departamento *m* de embalaje ► **packing house** N envasadora *f* ► **packing list** N *lista de lo que se va a meter o ya se ha metido en la maleta* ► **packing plant** N envasadora *f* ► **packing slip** N hoja *f* de embalaje

**packsaddle** [ˈpækˌsædl] N albarda *f*

**pact** [pækt] N 1 (*between two people*) pacto *m*; **to make a ~ (with sb)** hacer un pacto (con algn); **to make a ~ with the Devil** hacer un pacto con el diablo; **to make a ~ (not) to do sth** acordar (no) hacer algo, pactar (no) hacer algo; *see also* **suicide**

2 (*Pol, Comm*) pacto *m*; (*esp Econ, Ind*) convenio *m*; **electoral ~** pacto *m* electoral; **non-aggression ~** pacto *m* de no agresión

**pacy** [ˈpeɪsɪ] ADJ = **pacey**

**pad**[1] [pæd] Ⓐ N 1 (*to prevent friction etc*) almohadilla *f*, cojinete *m*; (*for ink*) tampón *m*; (= *brake pad*) zapata *f*

2 (= *shoulder pad*) hombrera *f*; (= *knee pad*) rodillera *f*; (= *elbow pad*) codera *f*; (= *shin pad*) espinillera *f*

3 (= *note pad, writing pad*) bloc(k) *m*, cuaderno *m*; (= *blotting pad*) secafirmas *m*

4 (*for helicopter*) plataforma *f*; (= *launch pad*) plataforma *f* de lanzamiento

5 [*of animal's foot*] almohadilla *f*

Ⓑ VT 1 [+ *shoulders etc*] acolchonar, poner hombreras a; [+ *armour*] enguatar

2 (= *stuff*) rellenar; (*fig*) [+ *book, speech etc*] meter paja en

Ⓒ VI **to ~ about** andar *or* (*esp LAm*) caminar sin hacer ruido; **to ~ in** entrar sin hacer ruido

►**pad out** VT + ADV [+ *speech, essay*] meter paja en; **the essay was ~ded out with references to …** el trabajo estaba inflado de referencias a …

**pad²*** [pæd] N (= *home*) casa *f*; (= *flat*) piso *m*, departamento *m* (*LAm*); (= *room*) agujero* *m*, habitación *f*

**padded** ['pædɪd] Ⓐ ADJ [*bra*] reforzado; [*cell*] acolchonado; [*dashboard etc*] almohadillado; [*armour*] enguatado; [*envelope*] acolchado
Ⓑ CPD ► **padded shoulders** NPL hombreras *fpl*

**padding** ['pædɪŋ] N [1] (= *material*) relleno *m*, almohadilla *f*
[2] (*fig*) (*in speech etc*) paja *f*, borra *f*

**paddle** ['pædl] Ⓐ N [1] (= *oar*) zagual *m*, pala *f*, remo *m* (*LAm*); (= *blade of wheel*) paleta *f*; (= *wheel*) rueda *f* de paletas
[2] (*US*) (= *bat*) raqueta *f*
[3] **to go for** *or* **have a ~** ir a chapotear, ir a mojarse los pies
Ⓑ VT [1] [+ *boat*] remar con pala
[2] (*US**) (= *spank*) azotar, zurrar*
[3] **to ~ one's feet in the sea** mojarse los pies en el mar
Ⓒ VI [1] (*in boat*) remar con pala; **they ~d to the bank** dirigieron el bote a la orilla
[2] (= *walk in water*) mojarse los pies
Ⓓ CPD ► **paddle boat, paddle steamer** N vapor *m* de ruedas *or* paletas ► **paddle wheel** N rueda *f* de paletas

**paddling pool** ['pædlɪŋpu:l] N (*Brit*) piscina *f* para niños

**paddock** ['pædək] N (= *field*) potrero *m*; [*of racecourse*] paddock *m*; (*Motor racing*) parque *m*

**paddy¹** ['pædɪ] N (= *rice*) arroz *m*; (= *field*) arrozal *m*

**paddy²*** ['pædɪ] N (= *anger*) rabieta* *f*; **to get into a ~** coger una rabieta

**Paddy** ['pædɪ] N [1] (*familiar form*) *of* **Patrick**
[2] (*pej*, *) irlandés *m*

**paddy waggon*** ['pædɪ,wægən] N (*US*) coche *m* celular

**paddywhack*** ['pædɪwæk] N rabieta* *f*

**padlock** ['pædlɒk] Ⓐ N candado *m*
Ⓑ VT cerrar con candado

**padre** ['pɑ:drɪ] N (*Mil*) capellán *m* militar; (*Univ*) capellán *m* de colegio; (*in direct address*) padre

**paean** ['pi:ən] N himno *m* de alegría; **~s of praise** alabanzas *fpl*

**paederast** ['pedəræst] N = **pederast**

**paediatric, pediatric** (*US*) [,pi:dɪ'ætrɪk] Ⓐ ADJ de pediatría, pediátrico
Ⓑ CPD ► **paediatric ward** N sala *f* de pediatría

**paediatrician, pediatrician** (*US*) [,pi:dɪə'trɪʃən] N pediatra *mf*

**paediatrics, pediatrics** (*US*) [,pi:dɪ'ætrɪks] NSING pediatría *f*

**paedological, pedological** (*US*) [,pi:də'lɒdʒɪkl] ADJ pedológico

**paedology, pedology** (*US*) [pɪ'dɒlədʒɪ] N pedología *f*

**paedophile, pedophile** (*US*) ['pi:dəʊfaɪl] N pederasta *mf*, pedófilo/a *m/f*

**paedophilia, pedophilia** (*US*) [,pi:dəʊ'fɪlɪə] N pederastia *f*, pedofilia *f*

**pagan** ['peɪgən] Ⓐ ADJ pagano
Ⓑ N pagano/a *m/f*

**paganism** ['peɪgənɪzəm] N paganismo *m*

**page¹** [peɪdʒ] Ⓐ N [*of book, newspaper, etc*] página *f*; **see ~ 20** véase en la página 20; **a glorious ~ in our history** una página gloriosa de nuestra historia; **back ~** contraportada *f*; **the picture on the facing ~ shows …** el dibujo de la página de en frente muestra …; **financial ~** página *f* de economía *or* de negocios; **front ~** primera plana *f*, primera página *f*; **it made front ~ news** salió en primera plana *or* página; **on ~ 14** en la página 14; **over the ~** en la página siguiente; **a page three girl** (*Brit**) *una chica de las que aparecen en la página tres de los periódicos de prensa amarilla británicos*; *see also* **inside D1, title C, yellow E**
Ⓑ CPD ► **page break** N (*Comput*) salto *m* de página ► **page proofs** NPL (*Typ*) pruebas *fpl* de página

> **PAGE THREE**
> *Durante años, en la página tres del periódico* **The Sun**, *el diario sensacionalista de más venta en el Reino Unido, ha aparecido una foto a toda página de una chica en topless, conocida como la* **page three girl**. *De ahí que el término haya pasado a usarse también, en sentido extenso, para referirse a las modelos que posan semidesnudas en otros periódicos sensacionalistas.*

**page²** [peɪdʒ] Ⓐ N [1] (*also* **~boy**) (*in hotel*) botones *m inv*
[2] (*US*) (*at wedding*) paje *m*
[3] (*US*) (*in Congress*) mensajero *m*
[4] (*Hist*) escudero *m*
Ⓑ VT **to ~ sb** (*over public address*) llamar a algn por megafonía; (*with pager*) llamar a algn por el busca*

**-page** [peɪdʒ] ADJ (*ending in compounds*) **a 4-page pamphlet** un folleto de 4 páginas

**pageant** ['pædʒənt] N (= *show*) espectáculo *m*; (= *procession*) desfile *m*; **a ~ of Elizabethan times** una representación de la época isabelina en una serie de cuadros; **the town held a ~ to mark the anniversary** la ciudad organizó una serie de fiestas públicas para celebrar el aniversario

**pageantry** ['pædʒəntrɪ] N pompa *f*, boato *m*; **it was celebrated with much ~** se celebró con gran boato; **the ~ of the occasion** lo espectacular *or* vistoso del acontecimiento; **all the ~ of history** todo el esplendor de la historia

**pageboy** ['peɪdʒbɔɪ] N [1] (*in hotel*) botones *m inv*; (*Brit*) (*at wedding*) paje *m*
[2] (*also* **~ hairstyle**) estilo *m* paje

**pager** ['peɪdʒəʳ] N localizador *m*, busca* *m*

**paginate** ['pædʒɪneɪt] VT paginar

**pagination** [,pædʒɪ'neɪʃən] N paginación *f*; **without ~** sin paginar

**paging** ['peɪdʒɪŋ] Ⓐ N (*Comput*) paginación *f*
Ⓑ CPD ► **paging device** N localizador *m*, busca* *m*

**pagoda** [pə'gəʊdə] N pagoda *f*

**pah**† [pæ] EXCL ¡bah!

**paid** [peɪd] Ⓐ PT, PP *of* **pay**
Ⓑ ADJ [1] [*official*] asalariado, que recibe un sueldo; [*work*] remunerado, rentado (*S. Cone*); [*bill, holiday etc*] pagado; **a ~ hack** un escritor-zuelo a sueldo*
[2] **to put ~ to sth** (*Brit*) acabar con *or* poner fin a algo

**paid-up** ['peɪd'ʌp] Ⓐ ADJ [1] [*member*] con sus cuotas pagadas *or* al día
[2] (*Fin*) [*share*] liberado; **fully ~ share** acción *f* totalmente liberada
Ⓑ CPD ► **paid-up capital** N capital *m* pagado

**pail** [peɪl] N balde *m*, cubo *m*; (*child's*) cubito *m*

**pailful** ['peɪlfʊl] N cubo *m*, contenido *m* de un cubo

**paillasse** ['pælɪæs] N jergón *m*

**pain** [peɪn] Ⓐ N [1] (*physical*) dolor *m*; **she winced with ~** hizo una mueca de dolor; **where is the ~?** ¿dónde le duele?; **in order to ease the ~** para aliviar el dolor; **back/chest/muscle ~** dolor *m* de espalda/pecho/músculos; **I have a ~ in my leg** me duele la pierna; **to be in ~** sufrir dolor(es), tener dolor(es); **I was in excruciating ~** sufría *or* tenía unos dolores horribles; ♦**PROV no ~, no gain** el que algo quiere, algo le cuesta; *see also* **growing B, labour D, period B**
[2] (*mental*) dolor *m*; **his harsh words caused her much ~** sus duras palabras le causaron mucho dolor *or* la hicieron sufrir mucho
[3] (*) (= *nuisance*) **to be a ~** [*person*] ser un pesado*; [*situation*] ser una lata*, ser un rollo*; **he's a real ~** es un verdadero pesado*; **don't be such a ~!** ¡no fastidies!*, ¡no seas tan pesada!*; **what a ~!** ¡qué lata!*, ¡qué rollo!*; **he's a ~ in the arse** *or* (*US*) **ass*** es un coñazo*; **he's a ~ in the neck*** es insoportable
[4] **pains** (= *efforts*) **to be at ~s to do sth** esforzarse al máximo por hacer algo, intentar por todos los medios hacer algo; **for my ~s** después de todos mis esfuerzos; **to take ~s to do sth** poner especial cuidado en hacer algo; **he took infinite ~s with his job** se esmeraba *or* se esforzaba muchísimo en su trabajo; **I had taken great ~s with my appearance** me había esmerado *or* esforzado mucho con mi apariencia
[5] (= *penalty*) **on** *or* **under ~ of sth** bajo pena de algo, so pena de algo
Ⓑ VT (*mentally*) doler, hacer sufrir; **it ~s me to think of you struggling all alone** me duele pensar que estás luchando sola, pensar que estás luchando sola me hace sufrir; **it ~s me to tell you** me duele decírtelo; **it ~ed him that his father talked like that** le dolía que su padre hablara así
Ⓒ CPD ► **pain clinic** N unidad *f* del dolor ► **pain relief** N alivio *m* contra el dolor ► **pain threshold** N resistencia *f* al dolor

**pained** [peɪnd] ADJ [*expression*] dolorido, de dolor; [*voice*] afligido; **Frank gave him a ~ look** Frank le dirigió una mirada dolorida *or* de dolor

**painful** ['peɪnfʊl] ADJ [1] (*physically*) [*injury, swelling*] doloroso; **a slow and ~ death** una muerte lenta y dolorosa; **my ankle is still ~** todavía me duele el tobillo; **her wrist was ~ to the touch** la muñeca le dolía al tocarla; **was it very ~?** ¿te dolió mucho?; **he received a ~ blow on the back** recibió un golpe en la espalda que le causó un intenso dolor
[2] (*mentally*) [*memory, reminder, experience*] doloroso; [*task, decision*] penoso; **it will be a long and ~ process** será un proceso largo y doloroso *or* penoso; **his embarrassment was ~ to witness** daba pena ver lo abochornado que estaba; **it is my ~ duty to tell you that …** es mi penoso deber comunicarle que …, tengo el desagradable deber de comunicarle que …
[3] (*) (= *embarrassingly bad*) fatal*, de pena*; **her acting was so bad it was ~ to watch** su actuación era tan mala que daba vergüenza ajena presenciarla, su actuación era de pena*

**painfully** ['peɪnfəlɪ] ADV [1] (*lit*) **his tooth throbbed ~** la muela le producía un dolor punzante; **he felt the muzzle of the revolver dig ~ into his side** sintió el dolor que le causaba el revólver clavándose en el costado;

**I hope he dies slowly and ~** espero que tenga una muerte lenta y dolorosa
2 (*emphatic*) (= *extremely*) **to be ~ aware of sth/that ...** ser plenamente consciente de algo/de que ...; **it was ~ clear that ...** estaba penosamente claro que ...; **she was ~ shy/thin** era tan tímida/delgada que daba pena; **our economic recovery will be ~ slow** nuestra recuperación económica va a ser un proceso lento y penoso *or* doloroso
3 (= *laboriously*) con mucho trabajo *or* esfuerzo

**painkiller** [ˈpeɪnkɪləʳ] N analgésico *m*

**painkilling** [ˈpeɪn,kɪlɪŋ] ADJ [*drug*] analgésico

**painless** [ˈpeɪnlɪs] ADJ 1 (= *without pain*) indoloro, sin dolor; **~ childbirth** parto *m* sin dolor
2 (*fig*) (= *easy*) sin mayores dificultades

**painlessly** [ˈpeɪnlɪslɪ] ADV (= *without pain*) sin causar dolor; (*fig*) (= *easily*) fácilmente

**painstaking** [ˈpeɪnz,teɪkɪŋ] ADJ [*task, research etc*] esmerado, concienzudo; [*person*] meticuloso, esmerado

**painstakingly** [ˈpeɪnz,teɪkɪŋlɪ] ADV laboriosamente, concienzudamente, esmeradamente

**paint** [peɪnt] Ⓐ N 1 (= *substance*) pintura *f*; **a coat of ~** una mano depintura; **the ~ was flaking off the walls** la pintura de las paredes se estaba descascarillando; **"wet ~"** "(ojo,) recién pintado"; *see also* **face, finger C, gloss[2], oil C, poster B, spray A2, C**
2 **paints** pinturas *fpl*; **a box of ~s** una caja de pinturas
Ⓑ VT 1 (*Art*) [+ *picture, subject*] pintar; [+ *slogan, message*] escribir con pintura
2 (= *apply paint to*) [+ *wall, fence, etc*] pintar; **to ~ sth blue** pintar algo de azul; ✦*IDIOM* **to ~ the town red** irse de juerga *or* parranda*
3 (= *make up*) [+ *nails, lips*] pintarse; **she ~ed her fingernails red** se pintó las uñas rojas *or* de rojo; **to ~ one's face** pintarse, maquillarse
4 (*fig*) (= *portray*) describir, pintar; **to ~ a grim/gloomy/bleak picture of sth** describir algo en términos sombríos/deprimentes/desalentadores, pintar algo muy negro; **pro-democracy activists ~ quite a different picture of the situation** los activistas en pro de la democracia describen la situación en términos muy diferentes; **to ~ a rosy picture of sth** pintar algo de color de rosa; **to ~ a vivid picture of sth** describir algo gráficamente
5 **to ~ sth on** [+ *varnish, dye*] aplicar algo; **~ the solution on with a clean brush** aplicar la solución con un pincel limpio
6 (*Med*) **treatment involves ~ing the sores with iodine solution** el tratamiento requiere aplicar una solución de yodo en las heridas
Ⓒ VI pintar; **to ~ in oils** pintar al óleo; **to ~ in watercolours** pintar con acuarelas
Ⓓ CPD ► **paint remover** N quitapintura *f* ► **paint roller** N rodillo *m* (pintor) ► **paint scraper** N raspador *m* de paredes ► **paint spray** N pistola *f* (rociadora) de pintura ► **paint stripper** N (= *substance*) quitapintura *f*; (= *tool*) raspador *m* de paredes ► **paint thinner** N disolvente *m*

►**paint in** VT + ADV (= *add*) pintar

►**paint out** VT + ADV tapar con pintura

►**paint over** VT + ADV 1 = **paint out**
2 (= *repaint*) pintar otra vez encima, volver a pintar

**paintbox** [ˈpeɪntbɒks] N caja *f* de pinturas

**paintbrush** [ˈpeɪntbrʌʃ] N (*Art*) pincel *m*; (*for decorating*) brocha *f*

**painter[1]** [ˈpeɪntəʳ] N (*Art*) pintor(a) *m/f*; (= *decorator*) pintor(a) *m/f* de brocha gorda

**painter[2]** [ˈpeɪntəʳ] N (*Naut*) amarra *f*; **to cut the ~** (*lit*) cortar las amarras; (*fig*) independizarse

**painterly** [ˈpeɪntəlɪ] ADJ [*style, talents*] pictoricista

**painting** [ˈpeɪntɪŋ] N 1 (*Art*) (= *picture*) cuadro *m*, pintura *f*; (= *activity, genre*) pintura *f*; **to study ~** estudiar pintura; **French Impressionist ~** la pintura impresionista francesa; *see also* **oil C**
2 (= *decorating*) pintura *f*; **~ and decorating** pintura *f* y decoración

**paintpot** [ˈpeɪntpɒt] N bote *m* de pintura

**paintwork** [ˈpeɪntwɜːk] N pintura *f*

**pair** [pɛəʳ] Ⓐ N 1 (= *set*) [*of gloves, shoes, socks, etc*] par *m*; **these socks are not a ~** estos calcetines no son del mismo par; **a ~ of binoculars** unos prismáticos; **a ~ of glasses** *or* **spectacles** unas gafas, unos anteojos; **we need another ~ of hands** necesitamos otro par de manos; **I've only got one ~ of hands** sólo tengo dos manos; **a ~ of pyjamas** un pijama; **a ~ of scissors** unas tijeras, un par de tijeras; **six ~s of scissors** seis tijeras; **a ~ of trousers** un pantalón, unos pantalones, un par de pantalones
2 (= *group of 2 things*) pareja *f*; **a ~ of aces** una pareja de ases; **to arrange in ~s** [+ *glasses, chairs*] colocar de dos en dos; [+ *related words, pictures*] colocar en parejas; *see also* **heel[1]**
3 [*of people*] (= *group of 2*) par *m*; (= *couple*) pareja *f*; **a ~ of teenage boys were smoking** un par de quinceañeros estaban fumando; **a ~ of identical twins** una pareja de gemelos; **get out of my sight, the ~ of you!** ¡fuera de mi vista, los dos!; **the happy ~** la feliz pareja, los novios; **to do sth in ~s** hacer algo en parejas *or* de dos en dos; **those two make a right ~!** ¡vaya par!, ¡vaya pareja!; **they make an unlikely ~** forman una insólita pareja, hacen *or* forman una extraña pareja
4 [*of animals, birds*] pareja *f*; **a carriage and ~** un carruaje con dos caballos, un landó con dos caballos
5 (= *counterpart*) 5·1 (*gen*) pareja *f*; **can I try on the ~ to this please?** ¿puedo probarme la pareja, por favor?
5·2 (*Brit Parl*) *uno de los dos miembros de partidos opuestos que se ponen de acuerdo para ausentarse de una votación y, de esa forma, anularse mutuamente*
6 (*Sport*) **pairs** dobles *mpl*; **~s skating** patinaje *m* en parejas
Ⓑ VT 1 (*Zool*) aparear
2 (= *put together*) [+ *socks, gloves*] emparejar; **long skirts ~ed with knitted jackets** faldas *fpl* largas a juego *or* haciendo juego con rebecas de punto; **ginger biscuits are delicious ~ed with glasses of lemonade** las galletas de jengibre están buenísimas acompañadas de vasos de limonada; **to ~ sb with sb**: **trainees will be ~ed with experienced managers** a los aprendices se les pondrá formando pareja con gerentes con experiencia; **I was ~ed with Henry in the general knowledge competition** me pusieron formando pareja con *or* de compañero de Henry en el concurso de cultura general
Ⓒ VI 1 (*gen*) formar pareja(s) (**with** con); **when a Y chromosome ~s with an X chromosome** cuando el cromosoma Y forma pareja con el cromosoma X; **beer ~s well with many New Zealand dishes** la cerveza acompaña bien a muchos platos de Nueva Zelanda
2 (*Zool*) aparearse (**with** con), formar pareja(s) (**with** con)
Ⓓ CPD ► **pair bonding** N unión *f* de pareja, emparejamiento *m*

►**pair off** Ⓐ VT + ADV 1 (*as couple*) emparejar; **everyone was ~ed off** todo el mundo estaba emparejado *or* tenía pareja; **they are always trying to ~ her off** siempre están intentando buscarle pareja
2 (= *group in twos*) agrupar por parejas; **people are ~ed off according to their level of competence** se agrupa a las personas por parejas de acuerdo con su nivel de aptitud
Ⓑ VI + ADV 1 (*as a couple, team*) formar pareja(s)
2 (*Zool*) aparearse, formar pareja

►**pair up** Ⓐ VI + ADV formar pareja(s); **~ up with the person next to you** forme pareja con la persona de al lado
Ⓑ VT + ADV [+ *socks, shoes, gloves*] emparejar; [+ *people*] poner formando pareja; **in the final I was ~ed up with a French teacher** me pusieron formando pareja con un profesor de francés para la final

**pairing** [ˈpɛərɪŋ] N 1 (= *team*) pareja *f*, dúo *m*
2 (*Zool*) apareamiento *m*

**paisley** [ˈpeɪzlɪ] Ⓐ N (= *fabric, design*) cachemira *f*
Ⓑ CPD ► **paisley shawl** N chal *m* de cachemira

**pajamas** [pəˈdʒɑːməz] NPL (*US*) = **pyjamas**

**Paki**✱ [ˈpækɪ] N ABBR (*Brit offensive*) = **Pakistani**

**Pakistan** [,pɑːkɪsˈtɑːn] N Pakistán *m*, Paquistán *m*

**Pakistani** [,pɑːkɪsˈtɑːnɪ] Ⓐ ADJ pakistaní, paquistaní
Ⓑ N pakistaní *mf*, paquistaní *mf*

**pakora** [pəˈkɔːrə] N (*pl* **pakora** *or* **pakoras**) *plato indio consistente en bolas de cebolla fritas en pasta de harina de garbanzos*

**PAL** [pæl] N ABBR (*TV*) = **phase alternation line**

**pal*** [pæl] N amigo/a *m/f*, compinche* *mf*, cuate/a *m/f* (*Mex**), pata *mf* (*Peru**); **be a ~!** ¡venga, pórtate como un amigo!; **they're great ~s** son muy amigos; **old ~s' act** acto *m* de amiguismo*

►**pal up*** VI + ADV hacerse amigos; **to ~ up with sb** hacerse amigo de algn

**palace** [ˈpælɪs] Ⓐ N (*lit*) palacio *m*; (*fig*) (= *grand house etc*) palacio *m*; **the Palace has refused to comment** (*Brit*) la Casa Real se ha negado a hacer comentarios
Ⓑ CPD ► **palace revolution** N (*fig*) revolución *f* de palacio ► **palace spokesman** N portavoz *mf* de la Casa Real

**palaeographer** [,pælɪˈɒgrəfəʳ] N paleógrafo/a *m/f*

**palaeography** [,pælɪˈɒgrəfɪ] N paleografía *f*

**palaeolithic** [,pælɪəʊˈlɪθɪk] Ⓐ ADJ paleolítico
Ⓑ N **the Paleolithic** el Paleolítico

**palaeontologist** [ˈpælɪɒnˈtɒlədʒɪst] N paleontólogo/a *m/f*

**palaeontology** [,pælɪɒnˈtɒlədʒɪ] N paleontología *f*

**Palaeozoic** [,pælɪəʊˈzəʊɪk] (*Geol*) Ⓐ ADJ paleozoico
Ⓑ N **the ~** el Paleozoico

**palatable** [ˈpælətəbl] ADJ 1 (= *tasty*) sabroso, apetitoso; (= *just passable*) comible
2 (*fig*) aceptable (**to** a); **it may not be ~ to the government** puede no ser del gusto *or* agrado del gobierno

**palatal** [ˈpælətl] Ⓐ ADJ palatal
Ⓑ N palatal *f*

**palatalize** [ˈpælətəlaɪz] Ⓐ VT palatalizar
Ⓑ VI palatalizarse

**palate** ['pælɪt] N (*Anat*) paladar *m*; **to have a delicate ~** tener un paladar delicado; **to have no ~ for wine** no tener paladar para el vino; **I have no ~ for that kind of activity** no aguanto *or* no puedo tragar ese tipo de actividad; **hard ~** paladar *m*; **soft ~** velo *m* del paladar

**palatial** [pə'leɪʃəl] ADJ suntuoso, espléndido

**palatinate** [pə'lætɪnɪt] N palatinado *m*

**palaver*** [pə'lɑːvəʳ] Ⓐ N 1 (= *fuss*) jaleo *m*, desmadre* *m*; (= *trouble*) molestias *fpl*, trámites *mpl* engorrosos; (*US*) (= *chatter*) palabrería *f*; **what a ~!** ¡qué jaleo!; **why all the ~!** ¡no es para tanto!; **that ~ about the car** aquel jaleo que se armó con el coche; **can't we do it without a lot of ~?** ¿no podemos hacerlo sin meternos en tantos líos?*
2 (= *conference*) conferencia *f*, parlamento *m*
Ⓑ VI parlamentar

**pale¹** [peɪl] Ⓐ ADJ (*compar* **paler**; *superl* **palest**)
1 [*person, face*] (*naturally*) blanco; (*from illness, shock*) pálido; **she had ~ skin** tenía la piel muy blanca; **she looked ~** se la veía pálida; **you look very ~** estás muy pálido; **she was deathly ~** estaba pálida como la muerte; **to go** *or* **grow** *or* **turn ~** [*person*] palidecer, ponerse pálido; **her face went ~ with shock** paledeció *or* se puso pálida del susto
2 (= *not bright*) [*light, daylight*] tenue, pálido; [*moon*] pálido; **the ~ light of dawn** la tenue *or* pálida luz del alba; **a ~ imitation** una burda imitación
3 (= *not dark*) [*colour*] claro; **a ~ blue dress** un vestido azul claro
Ⓑ VI 1 [*person*] palidecer, ponerse pálido; **his face ~d with fear** palideció *or* se puso pálido de miedo
2 (*fig*) (= *seem insignificant*) **it ~s into insignificance beside ...** se vuelve insignificante en comparación con *or* al compararse con ...; **her beauty ~d beside her mother's** su belleza perdía esplendor al lado de la de su madre
Ⓒ CPD ► **pale ale** N (*Brit*) cerveza *f* rubia suave

**pale²** [peɪl] N (= *stake*) estaca *f*; ✦*IDIOM* **to be beyond the ~** ser inaceptable

**paleface** ['peɪlfeɪs] N rostropálido/a *m/f*; (*US*) blanco/a *m/f*

**pale-faced** [,peɪl'feɪst] ADJ pálido

**paleness** ['peɪlnɪs] N palidez *f*; [*of skin*] blancura *f*

**paleo-** *etc* ['pælɪəʊ] PREFIX = **palaeo-** *etc*

**Palestine** ['pælɪstaɪn] N Palestina *f*

**Palestinian** [,pæləs'tɪnɪən] Ⓐ ADJ palestino
Ⓑ N palestino/a *m/f*

**palette** ['pælɪt] Ⓐ N paleta *f*
Ⓑ CPD ► **palette knife** N espátula *f*

**palfrey** ['pɔːlfrɪ] N palafrén *m*

**palimony*** ['pælɪmənɪ] N alimentos *mpl* pagados a una ex compañera

**palimpsest** ['pælɪmpsest] N palimpsesto *m*

**palindrome** ['pælɪndrəʊm] N palíndromo *m*

**paling** ['peɪlɪŋ] N (= *stake*) estaca *f*; (= *fence*) estacada *f*, (em)palizada *f*

**palisade** [,pælɪ'seɪd] N 1 palizada *f*, estacada *f*
2 **palisades** (*US*) (= *cliffs*) acantilado *msing*

**pall¹** [pɔːl] N 1 (*on coffin*) paño *m* mortuorio; (*Rel*) (= *robe*) palio *m*
2 (*fig*) manto *m*, capa *f*; **a ~ of smoke** una cortina de humo; **to cast a ~ over sth** empañar algo

**pall²** [pɔːl] VI perder el interés (**on** para), dejar de gustar (**on** a); **it ~s after a time** después de cierto tiempo deja de gustar; **it never ~s** nunca pierde su interés; **I found the book ~ed** encontré que el libro empezaba a aburrirme

**palladium** [pə'leɪdɪəm] N paladio *m*

**pallbearer** ['pɔːl,bɛərəʳ] N portador(a) *m/f* del féretro

**pallet** ['pælɪt] Ⓐ N 1 (*for goods*) paleta *f*
2 (= *bed*) jergón *m*, catre *m*
Ⓑ CPD ► **pallet truck** N carretilla *f* elevadora de paletas

**palletization** [pælɪtaɪ'zeɪʃən] N paletización *f*

**palliasse** ['pælɪæs] N = **paillasse**

**palliate** ['pælɪeɪt] VT (*frm*) paliar, mitigar

**palliative** ['pælɪətɪv] Ⓐ ADJ paliativo, lenitivo
Ⓑ N paliativo *m*, lenitivo *m*

**pallid** ['pælɪd] ADJ pálido

**pallidness** ['pælɪdnɪs] N = **pallor**

**pallor** ['pæləʳ] N palidez *f*

**pally*** ['pælɪ] ADJ (*compar* **pallier**; *superl* **palliest**) **to be ~ with sb** ser muy amigo de algn; **they're very ~** son muy amigos

**palm¹** [pɑːm] Ⓐ N (*Bot*) (*also* **~ tree**) palma *f*, palmera *f*; (= *English sallow*) sauce *m*; (*as carried at Easter*) ramo *m*; **coconut ~** cocotero *m*
Ⓑ CPD ► **palm grove** N palmar *m*, palmeral *m* ► **palm oil** N aceite *m* de palma ► **Palm Sunday** N Domingo *m* de Ramos ► **palm tree** N palma *f*, palmera *f*

**palm²** [pɑːm] Ⓐ N (*Anat*) palma *f*; **to read sb's ~** leer la mano a algn; **you must cross the gipsy's ~ with silver** hay que pagar a la gitana con una moneda de plata; ✦*IDIOMS* **to grease sb's ~** untar la mano a algn; **to have sb in the ~ of one's hand** tener a algn en la palma de la mano; **to have an itching** *or* **itchy ~** ser muy codicioso; (= *be bribable*) estar dispuesto a dejarse sobornar
Ⓑ VT [+ *card*] escamotear

►**palm off*** VT + ADV **to ~ sth off on sb** encajar algo a algn*; **I managed to ~ the visitor off on John** le encajé la visita a Juan*; **I ~ed him off with the excuse that ...** me lo saqué de encima con la excusa de que ...

**palmcorder** ['pɑːmkɔːdəʳ] N videocámara *f* portátil, minicámara *f* de vídeo

**palmist** ['pɑːmɪst] N quiromántico/a *m/f*, palmista *mf*

**palmistry** ['pɑːmɪstrɪ] N quiromancia *f*

**palmtop** ['pɑːmtɒp] N (*also* **~ computer**) ordenador *m* de bolsillo, computador *m* *or* computadora *f* de bolsillo (*LAm*), palmtop *m*

**palmy** ['pɑːmɪ] ADJ próspero, feliz; **those ~ days** aquellos días tan prósperos

**palomino** [pælə'miːnəʊ] N (*pl* **palominos**) *caballo de color tostado con crin y cola blancas*

**palpable** ['pælpəbl] ADJ 1 (= *tangible*) palpable
2 (*fig*) [*lie, mistake*] obvio, patente

**palpably** ['pælpəblɪ] ADV 1 (*lit*) palpablemente
2 (*fig*) (= *manifestly*) **a ~ unjust sentence** una condena manifiestamente injusta; **that is ~ untrue** eso es a todas luces falso

**palpate** ['pælpeɪt] VT (*Med*) palpar

**palpitate** ['pælpɪteɪt] VI [*heart*] palpitar

**palpitating** ['pælpɪteɪtɪŋ] ADJ palpitante

**palpitation** [,pælpɪ'teɪʃən] N palpitación *f*; **to have ~s** tener palpitaciones

**palsied** ['pɔːlzɪd] ADJ paralítico

**palsy** ['pɔːlzɪ] N perlesía *f*, parálisis *f inv*

**paltry** ['pɔːltrɪ] (*compar* **paltrier**; *superl* **paltriest**) ADJ ínfimo, miserable; **for a few ~ pesetas** por unas miserables pesetas; **for some ~ reason** por alguna nimiedad

**pampas** ['pæmpəs] NPL pampa *fsing*; **the Pampas** la Pampa

**pamper** ['pæmpəʳ] VT mimar, consentir

**pampered** ['pæmpəd] ADJ [*child etc*] mimado, consentido; [*life*] regalado; **he had a ~ childhood** se crió entre algodones

**pamphlet** ['pæmflɪt] N (*informative, brochure*) folleto *m*; (*political, handed out in street*) volante *m*, panfleto *m*; (*Literat*) panfleto *m*

**pamphleteer** [,pæmflɪ'tɪəʳ] N folletista *mf*, panfletista *mf*

**pan¹** [pæn] Ⓐ N 1 (*for cooking*) cazuela *f*, cacerola *f*, olla *f* (*LAm*); (= *frying pan*) sartén *f* (*m in LAm*)
2 [*of scales*] platillo *m*; [*of lavatory*] taza *f*; [*of firearm*] cazoleta *f*; ✦*IDIOM* **to go down the ~**‡ irse al traste*
Ⓑ VT 1 [+ *gold*] lavar con batea
2 (*) (= *criticize*) [+ *play etc*] dejar por los suelos*
Ⓒ VI **to ~ for gold** cribar oro

►**pan out** VI + ADV resultar, salir (bien *etc*); **if it ~s out as we hope** si sale como nosotros lo esperamos; **it didn't ~ out at all well** no dio ningún resultado satisfactorio; **we must wait and see how it ~s out** tenemos que esperar hasta ver cómo sale esto

**pan²** [pæn] (*Cine*) Ⓐ VI tomar panorámicas *or* vistas pan
Ⓑ VT **a television camera ~ned the stadium** una cámara de televisión recorrió el estadio

**pan-** [pæn] PREFIX pan-; **~Arabic** panárabe

**panacea** [,pænə'sɪə] N panacea *f*

**panache** [pə'næʃ] N garbo *m*, gracia *f*; **to do sth with ~** hacer algo con garbo

**Pan-African** ['pæn'æfrɪkən] ADJ panafricano

**Pan-Africanism** ['pæn'æfrɪkənɪzəm] N panafricanismo *m*

**Panama** ['pænəmɑː] Ⓐ N Panamá *m*
Ⓑ CPD ► **Panama Canal** N Canal *m* de Panamá ► **Panama hat** N (sombrero *m* de) jipijapa *f*, panamá *m*

**Panamanian** [,pænə'meɪnɪən] Ⓐ ADJ panameño
Ⓑ N panameño/a *m/f*

**Pan-American** ['pænə'merɪkən] Ⓐ ADJ panamericano
Ⓑ CPD ► **Pan-American Union** N Unión *f* Panamericana

**Pan-Americanism** ['pænə'merɪkənɪzəm] N panamericanismo *m*

**Pan-Asian** ['pæn'eɪʃn] ADJ panasiático

**pancake** ['pænkeɪk] Ⓐ N tortita *f*, panqueque *m* (*LAm*); *see also* **flat¹**
Ⓑ CPD ► **Pancake Day** N (*Brit*) martes *m inv* de carnaval ► **pancake landing** N (*Aer*) aterrizaje *m* de panza ► **pancake roll** N (*Brit*) rollito *m* de primavera

**panchromatic** ['pænkrəʊ'mætɪk] ADJ pancromático

**pancreas** ['pæŋkrɪəs] N páncreas *m*

**pancreatic** [,pæŋkrɪ'ætɪk] ADJ pancreático

**panda** ['pændə] Ⓐ N panda *m*
Ⓑ CPD ► **panda car** N (*Brit*) coche *m* patrulla

**pandemic** [pæn'demɪk] Ⓐ ADJ pandémico
Ⓑ N pandemia *f*

**pandemonium** [,pændɪ'məʊnɪəm] N (= *chaos*) jaleo *m*, desmadre* *m*; **at this there was ~** en esto se armó un tremendo jaleo, en esto se armó las de Caín; **it's sheer ~!** ¡es un desmadre!*

**pander** ['pændəʳ] VI **to ~ to sb** consentir a algn; **to ~ to sb's desire for sth** complacer el deseo de algn por algo; **this is ~ing to the public's worst tastes** esto es condescender con los peores gustos del público

**p & h** ABBR (*US*) (= **postage and handling**) gastos *mpl* de envío

**P & L** N ABBR (= **profit and loss**) Pérd. y Gan.

**Pandora** [pænˈdɔːrə] N **~'s box** caja *f* de Pandora

**p & p** N ABBR (= **postage and packing**) gastos *mpl* de envío

**pandrop** [ˈpændrɒp] N (*Scot*) pastilla *f* de menta

**pane** [peɪn] N cristal *m*, vidrio *m*

**panegyric** [ˌpænɪˈdʒɪrɪk] N panegírico *m*

**panel** [ˈpænl] Ⓐ N [1] [*of wall*] panel *m*; [*of door*] entrepaño *m*; [*of ceiling*] artesón *m*
[2] [*of instruments, switches*] tablero *m*
[3] (*Sew*) paño *m*; (*Art*) tabla *f*
[4] [*of judges, in a competition*] jurado *m*; (*TV, Rad*) panel *m*
[5] (*Brit Med*) (*formerly*) lista *f* de pacientes
Ⓑ VT [+ *wall, door*] revestir con entrepaños de madera
Ⓒ CPD ► **panel beater** N carrocero/a *m/f* ► **panel beating** N chapistería *f* ► **panel discussion** N mesa *f* redonda ► **panel game** N programa *m* concurso para equipos ► **panel pin** N clavo *m* de espiga

**panelled, paneled** (*US*) [ˈpænld] ADJ con paneles

**panelling, paneling** (*US*) [ˈpænəlɪŋ] N paneles *mpl*

**panellist, panelist** (*US*) [ˈpænəlɪst] N miembro *mf* del jurado/de la mesa redonda

**Pan-European** [ˈpænˌjʊərəˈpiːən] ADJ paneuropeo

**pang** [pæŋ] N [1] (= *pain*) punzada *f*; **~s of childbirth** dolores *mpl* de parto; **~s of hunger** ◊ **hunger ~s** dolores *mpl* de hambre
[2] (*fig*) **I felt a ~ of conscience** me remordió la conciencia; **to feel a ~ of remorse** sentir remordimiento

**panhandle** [ˈpænhændl] (*US*) Ⓐ N (*Geog*) *faja angosta de territorio de un estado que entra en el de otro*
Ⓑ VI (*) (= *beg*) mendigar, pedir limosna

**panhandler*** [ˈpænhændləʳ] N (*US*) (= *beggar*) pordiosero/a *m/f*

**panic** [ˈpænɪk] (*vb: pt, pp* **panicked**) Ⓐ N [1] (= *fear*) pánico *m*; **an earthquake hit the capital, spreading ~ among the population** un terremoto azotó la capital, sembrando el pánico entre la población; **to be in a (state of) ~** ser presa del pánico; **I phoned my mum in a ~** llamé a mi madre muerto de miedo*, llamé a mi madre presa del pánico; **a patient rang me in a state of ~ because her baby had swallowed a key** me llamó una paciente muy asustada porque su hijo se había tragado una llave; **I was in a blind ~** estaba ofuscado por el pánico; **to flee in ~** huir aterrado, huir presa del pánico; **if I asked the simplest question, she would go into** *or* **get into a ~** si le hacía la pregunta más simple le entraba el pánico; **to send** *or* **throw sb into a ~: her sudden arrival threw him into a ~** su inesperada llegado hizo que le entrase el pánico; **the country was thrown into a ~** cundió el pánico en el país; **the explosion threw the crowd into a ~** la explosión provocó el pánico entre la multitud; ✦***IDIOM*** **it was ~ stations*** reinaba el pánico
[2] (*) (= *rush*) **there's no ~, tomorrow will do** no es que haya prisa, mañana vale; **we've had a bit of a ~ on here and it slipped my mind till now** hemos ido un poco de cabeza por aquí y se me ha olvidado hasta ahora
Ⓑ VI dejarse llevar por el pánico; **I refused to ~** me negué a dejarme llevar por el pánico; **industry is ~king about the recession** la recesión tiene a la industria presa del pánico; **don't ~!** ¡calma!, ¡cálmate!; **don't ~, sit still and keep calm** no te dejes llevar por el pánico, quédate sentado y mantén la calma
Ⓒ VT [+ *crowd, population*] provocar el pánico entre; [+ *person*] provocar *or* infundir el pánico en, llenar de pánico a; **the sound of the gun ~ked the elephants** el sonido del rifle provocó el pánico en *or* entre los elefantes; **he had been ~ked into the decision** había tomado la decisión impulsado por el pánico
Ⓓ CPD ► **panic attack** N ataque *m* de pánico; **to have a ~ attack** tener *or* sufrir un ataque de pánico ► **panic button** N (*lit*) botón *m* de alarma; **to press** *or* **hit** *or* **push the ~ button** (*fig*) perder el control *or* la calma ► **panic buying** N **~ buying has caused shortages of some foodstuffs** las compras provocadas por el pánico han provocado escasez de algunos alimentos ► **panic measures** NPL medidas *fpl* inducidas por el pánico ► **panic reaction** N reacción *f* motivada por el pánico

**panicky** [ˈpænɪkɪ] ADJ [*person, behaviour*] nervioso; [*decision, action*] motivado por el pánico *or* el nerviosismo; [*reaction*] nervioso, motivado por el pánico *or* el nerviosismo; **to get ~** dejarse llevar por el pánico

**panic-stricken** [ˈpænɪkˌstrɪkən] ADJ [*person*] presa del pánico, aterrorizado; [*behaviour*] causado *or* motivado por el pánico; **to be ~** ser presa del pánico, estar aterrorizado

**panjandrum** [pænˈdʒændrəm] N jefazo *m*, mandamás *m inv*; **he's the great ~** es el archipámpano

**pannier** [ˈpænɪəʳ] N (*for horse etc*) cuévano *m*; (*for cycle etc*) (*also* **~ bag**) cartera *f*, bolsa *f*

**panoply** [ˈpænəplɪ] N (= *armour*) panoplia *f*; (*fig*) (= *array*) despliegue *m*

**panorama** [ˌpænəˈrɑːmə] N panorama *m*

**panoramic** [ˌpænəˈræmɪk] Ⓐ ADJ panorámico
Ⓑ CPD ► **panoramic screen** N pantalla *f* panorámica ► **panoramic view** N visión *f* panorámica

**panpipes** [ˈpænpaɪps] NPL zampoña *f*

**pansy** [ˈpænzɪ] N [1] (*Bot*) pensamiento *m*
[2] (** *pej*) (= *homosexual man*) marica* *m* (*pej*)

**pant** [pænt] Ⓐ N (= *gasp*) jadeo *m*, resuello *m*
Ⓑ VI jadear, resollar; **to ~ for breath** jadear
Ⓒ VT (*also* **~ out**) decir jadeando, decir de manera entrecortada

►**pant for** VI + PREP (*fig*) suspirar por, anhelar; **he was ~ing for a drink** jadeaba de sed; **to ~ with desire for sth** desear algo ardientemente

**pantaloons** [ˈpæntəluːns] NPL (pantalones *mpl*) bombachos *mpl*

**pantechnicon** [pænˈteknɪkən] N (*Brit*) camión *m* de mudanzas

**pantheism** [ˈpænθiːɪzəm] N panteísmo *m*

**pantheist** [ˈpænθiːɪst] N panteísta *mf*

**pantheistic** [ˌpænθiːˈɪstɪk] ADJ panteísta

**pantheon** [ˈpænθɪən] N panteón *m*

**panther** [ˈpænθəʳ] N (*pl* **panthers** *or* **panther**) pantera *f*, jaguar *m* (*LAm*)

**panties** [ˈpæntɪz] NPL bragas *fpl* (*Sp*), calzones *mpl* (*LAm*); **a pair of ~** unas bragas, unos calzones (*LAm*)

**pantihose** [ˈpæntɪhəʊz] NPL = **pantyhose**

**panting** [ˈpæntɪŋ] N jadeo *m*

**panto*** [ˈpæntəʊ] N ABBR (*Brit Theat*) = **pantomime**

**pantomime** [ˈpæntəmaɪm] Ⓐ N [1] (*Theat*) (= *mime*) pantomima *f*; **to explain sth in ~** explicar algo por gestos
[2] (*Brit*) (*at Christmas*) revista *f* musical navideña
[3] (*Brit*) (*fig*) (= *farce*) **what a ~!** ¡qué farsa!; **it was a real ~** fue una verdadera comedia
Ⓑ CPD ► **pantomime dame** N (*Brit*) *papel femenino en comedia musical navideña, tradicionalmente interpretado por un hombre*

> **PANTOMIME**
>
> *Una* **pantomime**, *abreviada en inglés como* **panto**, *es una obra teatral que se representa normalmente en Navidades ante un público familiar. Suele estar basada en un cuento de hadas u otra historia conocida y en ella nunca faltan personajes como la dama* (**dame**), *papel que siempre interpreta un actor, el protagonista joven* (**principal boy**), *normalmente interpretado por una actriz, y el malvado* (**villain**). *Aunque es un espectáculo familiar dirigido fundamentalmente a los niños, en él se alienta la participación de todo el público y posee una gran dosis de humor para adultos.*

**pantry** [ˈpæntrɪ] N despensa *f*

**pants** [pænts] Ⓐ NPL (*Brit*) (*man's*) calzoncillos *mpl*; (*woman's*) bragas *fpl* (*Sp*), calzones *mpl* (*LAm*); (*US*) pantalones *mpl*; **a pair of ~** (*Brit*) (*man's*) unos calzoncillos; (*woman's*) unas bragas, unos calzones (*LAm*); (*US*) un pantalón, unos pantalones; ✦***IDIOMS*** **to bore the ~ off sb*** aburrir terriblemente a algn; **to catch sb with his ~ down*** pillar a algn desprevenido; **she wears the ~*** ella es la que manda
Ⓑ CPD ► **pants press** N (*US*) prensa *f* para pantalones

**pantsuit** [ˈpæntsuːt] N (*US*) traje *m* de chaqueta y pantalón

**panty girdle** [ˈpæntɪˌgɜːdl] N faja *f* pantalón

**pantyhose** [ˈpæntɪhəʊz] NPL (*esp US*) pantys *mpl*, pantimedias *fpl*

**Panzer** [ˈpæntsəʳ] Ⓐ N **the ~s** las tropas motorizadas
Ⓑ CPD motorizado ► **Panzer division** N división *f* motorizada

**pap** [pæp] N (*Culin*) papilla *f*, gachas *fpl*; (*fig*) (*pej*) bazofia* *f*

**papa** [pəˈpɑː] N papá *m*

**papacy** [ˈpeɪpəsɪ] N papado *m*, pontificado *m*

**papadum** [ˈpæpədəm] N torta *f* india

**papal** [ˈpeɪpəl] Ⓐ ADJ papal, pontificio
Ⓑ CPD ► **papal nuncio** N nuncio *m* apostólico

**paparazzi** [ˌpæpəˈrætsiː] N (*pl* **paparazzi**) paparazzi *mpl*

**papaya** [pəˈpaɪə] N (= *fruit*) papaya *f*; (= *tree*) árbol *m* de papaya

▼**paper** [ˈpeɪpəʳ] Ⓐ N [1] (= *material*) papel *m*; (= *wallpaper*) papel *m* pintado; **a piece of ~** un papel, una hoja (de papel); **to put sth down on ~** ◊ **commit sth to ~** poner algo por escrito; **on ~** (*fig*) en teoría, sobre el papel; **it's not worth the ~ it's written on** no vale para nada
[2] (= *newspaper*) periódico *m*, diario *m*; **to write to the ~ about sth** escribir una carta al director de un periódico sobre algo; **the ~s** los periódicos, la prensa; **to write for the ~s** colaborar en los periódicos, escribir artículos para los periódicos; **it came out in the ~s** salió en los periódicos
[3] **papers** (= *writings, documents*) papeles *mpl*; (= *identity papers*) documentación *f*, papeles *mpl*; **your ~s, please** la documentación, por favor; **Churchill's private ~s** los papeles personales de Churchill; **his divorce ~s**

**have just come through** han llegado los papeles de su divorcio; **ship's ~s** documentación *f* del barco
[4] (*Univ etc*) (= *essay*) ejercicio *m*, ensayo *m*; (= *exam*) examen *m*; **to do a good ~ in maths** hacer un buen examen de matemáticas; **to set a ~ in physics** poner un examen de física
[5] (*scholarly*) (*written*) artículo *m*; (*read aloud*) ponencia *f*, comunicación *f*; **we heard a good ~ on place names** escuchamos una buena ponencia sobre toponimia
[6] (*Parl*) documento *m* base; **a government ~ on European policy** un documento base gubernamental sobre política europea; *see also* **green D**, **white C**
(B) VT [+ *wall, room*] empapelar, tapizar (*Mex*)
(C) CPD de papel ► **paper advance** N (*on printer*) avance *m* de papel ► **paper bag** N bolsa *f* de papel; ✦*IDIOM* **he couldn't fight his way out of a ~ bag*** (*hum*) es un gallina* ► **paper chain** N cadeneta *f* de papel ► **paper chase** N rallye-paper *m* ► **paper clip** N clip *m*, sujetapapeles *m inv* ► **paper credit** N (*Fin*) papel *m* crédito ► **paper cup** N vaso *m* de cartón ► **paper currency** N papel *m* moneda ► **paper fastener** N grapa *f* ► **paper feed(er)** N alimentador *m* de papel ► **paper handkerchief**, **paper hankie** N pañuelo *m* de papel ► **paper industry** N industria *f* papelera ► **paper knife** N abrecartas *m inv* ► **paper lantern** N farolillo *m* de papel ► **paper loss** N (*Fin*) *pérdida que tiene lugar cuando baja el valor de una acción etc sin venderse ésta* ► **paper mill** N fábrica *f* de papel, papelera *f* ► **paper money** N (*gen*) papel *m* moneda; (= *banknotes*) billetes *mpl* de banco ► **paper profit** N (*Fin*) beneficio *m* no realizado ► **paper qualifications** NPL títulos *mpl* ► **paper round** N reparto *m* de periódicos; **to do a ~ round** repartir periódicos ► **paper shop** N (*Brit*) tienda *f* de periódicos, quiosco *m* ► **paper tape** N cinta *f* de papel ► **paper tiger** N (*fig*) tigre *m* de papel ► **paper tissue** N pañuelo *m* de papel, tisú *m* ► **paper towel** N toallita *f* de papel ► **paper trail** N (*esp US*) pruebas *fpl* documentales

►**paper over** VI + PREP [1] (*lit*) empapelar
[2] (*fig*) disimular; ✦*IDIOM* **to ~ over the cracks** (*Brit*) guardar las apariencias; *see also* **crack A1**

**paperback** ['peɪpəbæk] (A) N libro *m* en rústica; **in ~** en rústica
(B) CPD ► **paperback edition** N edición *f* rústica

**paperbacked** ['peɪpəbækt] ADJ en rústica

**paperbound** ['peɪpəbaʊnd] ADJ = **paperbacked**

**paperboy** ['peɪpəbɔɪ] N repartidor *m* de periódicos

**papergirl** ['peɪpəgɜːl] N repartidora *f* de periódicos

**paperhanger** ['peɪpəˌhæŋəʳ] N (*Brit*) empapelador(a) *m/f*

**paperless** ['peɪpəlɪs] ADJ sin papel; **the ~ society** la sociedad sin papel

**paper-thin** ['peɪpəˌθɪn] ADJ [*slice*] muy fino; (*iro*) casi transparente; [*wall*] de papel; (*fig*) [*majority, lead*] estrecho

**paperweight** ['peɪpəweɪt] N pisapapeles *m inv*

**paperwork** ['peɪpəwɜːk] N trabajo *m* administrativo; (*pej*) (= *bureaucracy*) papeleo* *m*

**papery** ['peɪpərɪ] ADJ parecido al papel

**papier-mâché** ['pæpɪeɪ'mæʃeɪ] (A) N cartón *m* piedra
(B) CPD de cartón piedra

➤ LANGUAGE IN USE: paper A4 26.1

**papist** ['peɪpɪst] (*pej*) (A) ADJ papista
(B) N papista *mf*

**papistry** ['peɪpɪstrɪ] N (*pej*) papismo *m*

**papoose** [pə'puːs] N [1] (= *baby*) niño/a *m/f* indio/a norteamericano/a
[2] (= *baby sling*) mochila *f* portabebés

**paprika** ['pæprɪkə] N pimentón *m*, paprika *f*

**Pap smear** ['pæpˌsmɪəʳ], **Pap test** ['pæpˌtest] N frotis *m* (cervical)

**Papua New Guinea** ['pæpjʊənjuː'gɪnɪ] N Papúa *f* Nueva Guinea, Nueva Guinea *f* Papúa

**Papua New Guinean** ['pæpjʊənjuː'gɪnɪən] (A) ADJ de Papúa Nueva Guinea, papú
(B) N papú *mf*

**papyrus** [pə'paɪərəs] N (*pl* **papyruses** *or* **papyri** [pə'paɪəraɪ]) papiro *m*

**par**[1] [pɑːʳ] (A) N [1] (*Fin*) par *f*; **to be above/below ~** estar sobre/bajo la par; **to be at ~** estar a la par
[2] (*Golf*) par *m*; **two over ~** dos sobre par; **five under ~** cinco bajo par
[3] (*fig*) **to be on a ~ with sth/sb** estar en pie de igualdad con algo/algn; **to place sth on a ~ with** parangonar *or* equiparar algo con; **to be under** *or* **below ~** (= *ill*) sentirse mal, estar indispuesto; **not to be up to ~** ser inferior a la calidad normal; ✦*IDIOM* **that's ~ for the course** eso es lo más normal
(B) CPD ► **par value** N (*Fin*) valor *m* a la par

**par**[2]* ABBR (*Press*) (= **paragraph**) párr.

**para** ABBR (= **paragraph**) párr.

**parable** ['pærəbl] N parábola *f*

**parabola** [pə'ræbələ] N parábola *f*

**parabolic** [ˌpærə'bɒlɪk] (A) ADJ parabólico
(B) CPD ► **parabolic aerial** N antena *f* parabólica

**paracetamol** [pærə'siːtəmɒl] N paracetamol *m*

**parachute** ['pærəʃuːt] (A) N paracaídas *m inv*
(B) VT lanzar en paracaídas; **to ~ food to sb** suministrar víveres a algn en paracaídas
(C) VI (*also* **~ down**) lanzarse *or* saltar en paracaídas; **to ~ to safety** salvarse utilizando el paracaídas
(D) CPD ► **parachute drop** N lanzamiento *m* en paracaídas ► **parachute jump** N salto *m* en paracaídas ► **parachute regiment** N regimiento *m* de paracaidistas

**parachutist** ['pærəʃuːtɪst] N paracaidista *mf*

**Paraclete** ['pærəkliːt] N **the ~** el Paráclito

**parade** [pə'reɪd] (A) N [1] (= *procession*) desfile *m*; (*Mil*) desfile *m*, parada *f*; [*of models*] desfile *m*, pase *m*; **to be on ~** (*Mil*) estar en formación; (*fig*) estar a la vista de todos; *see also* **fashion C**
[2] (*fig*) **a ~ of** (= *exhibition*) una exhibición de; (= *series*) una serie de; **to make a ~ of** (= *show off*) hacer alarde de
[3] (*esp Brit*) (= *road*) paseo *m*; **a ~ of shops** una calle de tiendas
(B) VT [1] [+ *troops*] hacer desfilar; [+ *streets*] recorrer, desfilar por; [+ *placard etc*] pasear (**through the streets** por las calles)
[2] (= *show off*) [+ *learning, wealth, new clothes*] hacer alarde de, lucir
(C) VI [1] (*Mil etc*) desfilar; **the strikers ~d through the town** los huelguistas desfilaron por la ciudad
[2] (*) pasearse; **she ~d up and down with the hat on** se paseaba de un lado a otro con el sombrero puesto, andaba de acá para allá luciendo el sombrero
(D) CPD ► **parade ground** N (*Mil*) plaza *f* de armas

►**parade about***, **parade around*** VI + ADV pavonearse

**paradigm** ['pærədaɪm] (A) N paradigma *m*
(B) CPD ► **paradigm shift** N cambio *m* de paradigma

**paradigmatic** [ˌpærədɪg'mætɪk] ADJ paradigmático

**paradise** ['pærədaɪs] N paraíso *m*; **this is ~!** ¡esto es el paraíso!; *see also* **fool**[1], **earthly A1**

**paradisiacal** [ˌpærədɪ'saɪəkəl] ADJ paradisíaco

**paradox** ['pærədɒks] N paradoja *f*

**paradoxical** [ˌpærə'dɒksɪkəl] ADJ paradójico

**paradoxically** [ˌpærə'dɒksɪkəlɪ] ADV paradójicamente

**paraffin** ['pærəfɪn] (A) N (*Brit*) (*also* **~ oil**) petróleo *m* (de alumbrado), queroseno *m*; (= *wax*) parafina *f*
(B) CPD ► **paraffin heater** N estufa *f* de parafina ► **paraffin lamp** N quinqué *m* ► **paraffin wax** N parafina *f*

**paraglider** ['pærəˌglaɪdəʳ] N [1] (= *person*) parapentista *mf*
[2] (= *object*) parapente *m*

**paragliding** ['pærəˌglaɪdɪŋ] N parapente *m*

**paragon** ['pærəgən] N modelo *m*, dechado *m*; **a ~ of virtue** un dechado de virtudes

**paragraph** ['pærəgrɑːf] (A) N párrafo *m*, (punto) acápite *m* (*LAm*); (*in law etc*) aparte *m*; (= *short article in newspaper*) suelto *m*; **"new ~"** "(punto y) aparte"
(B) VT dividir en párrafos

**Paraguay** ['pærəgwaɪ] N Paraguay *m*

**Paraguayan** [ˌpærə'gwaɪən] (A) ADJ paraguayo
(B) N paraguayo/a *m/f*

**parakeet** ['pærəkiːt] N perico *m*, periquito *m*

**paralanguage** ['pærəˌlæŋgwɪdʒ] N paralenguaje *m*

**paralegal** [ˌpærə'liːgəl] (A) N ayudante *mf* de abogado
(B) ADJ que trabaja como ayudante de abogado

**paralinguistic** [ˌpærəlɪŋ'gwɪstɪk] ADJ paralingüístico

**parallel** ['pærəlel] (A) ADJ [1] (*Geom*) paralelo (**to** a); (*Comput, Elec*) en paralelo; **in a ~ direction to** en dirección paralela a; **to run ~ to** ir en línea paralela a, correr paralelo con
[2] (*fig*) análogo (**to** a); **this is a ~ case to the last one** este caso es análogo al anterior
(B) N [1] (*Geom*) paralela *f*; **in ~** (*Elec*) en paralelo
[2] (*Geog*) paralelo *m*; **the 49th ~** el paralelo 49
[3] (*fig*) **a case without ~** un caso inaudito *or* único; **it has no ~ as far as I know** que yo sepa no tiene paralelo *or* no hay nada parecido; **to draw a ~ between X and Y** establecer un paralelo entre X y Y; **these things occur in ~** estas cosas corren parejas (**with** con), estas cosas ocurren paralelamente
(C) VT (*fig*) (= *compare*) comparar (**with** con); (= *equal*) igualar (**with** a); **it is ~ed by ...** es parejo a ..., tiene su paralelo en ...; **his talent ~s his brother's** su talento es comparable *or* parejo al de su hermano
(D) CPD ► **parallel bars** NPL (*Sport*) paralelas *fpl* ► **parallel printer** N impresora *f* en paralelo ► **parallel processing** N (*Comput*) procesamiento *m* en paralelo

**parallelepiped** [ˌpærəˌlelə'paɪped] N paralelepípedo *m*

**parallelism** ['pærəlelɪzəm] N paralelismo *m*

**parallelogram** [ˌpærə'leləʊgræm] N paralelogramo *m*

**Paralympic** [pærə'lɪmpɪk] (A) ADJ paralímpico
(B) **the Paralympics** NPL = **the Paralympic Games**

Ⓒ CPD ► **the Paralympic Games** NPL los juegos paralímpicos

**paralysation**, **paralyzation** (*US*) [ˌpærəlaɪˈzeɪʃən] N paralización *f*

**paralyse**, **paralyze** (*US*) [ˈpærəlaɪz] VT (*lit, fig*) paralizar; **to be ~d in both legs** estar paralizado de las dos piernas; **to be ~d with fright** estar paralizado de miedo; **the factory was ~d by the strike** la fábrica quedó paralizada por la huelga

**paralysis** [pəˈræləsɪs] N (*pl* **paralyses** [pəˈræləsiːz]) (*Med*) parálisis *f inv*; (*fig*) paralización *f*, parálisis *f inv*

**paralytic** [ˌpærəˈlɪtɪk] Ⓐ ADJ 1 (*Med*) paralítico
2 (*Brit*‡) (= *drunk*) como una cuba*
Ⓑ N paralítico/a *m/f*

**paralyzation** [ˌpærəlaɪˈzeɪʃən] N (*US*) = **paralysation**

**paralyze** [ˈpærəlaɪz] VT (*US*) = **paralyse**

**paramedic** [ˌpærəˈmedɪk] N paramédico/a *m/f*

**paramedical** [ˌpærəˈmedɪkəl] ADJ paramédico

**parameter** [pəˈræmɪtəʳ] N parámetro *m*

**paramilitary** [ˌpærəˈmɪlɪtərɪ] Ⓐ ADJ paramilitar
Ⓑ N paramilitar *mf*

**paramount** [ˈpærəmaʊnt] ADJ 1 (= *utmost*) sumo; **of ~ importance** de suma importancia
2 (= *of prime importance*) primordial; **solvency must be ~** la solvencia es primordial *or* lo más importante

**paramour** [ˈpærəmʊəʳ] N (*liter*) amante *mf*, querido/a *m/f*

**paranoia** [ˌpærəˈnɔɪə] N paranoia *f*

**paranoiac** [ˌpærəˈnɔɪɪk] Ⓐ ADJ paranoico
Ⓑ N paranoico/a *m/f*

**paranoid** [ˈpærənɔɪd] Ⓐ ADJ paranoide
Ⓑ N paranoico/a *m/f*

**paranormal** [ˌpærəˈnɔːməl] Ⓐ ADJ paranormal
Ⓑ N **the ~** lo paranormal

**parapet** [ˈpærəpɪt] N [*of balcony, roof*] pretil *m*, antepecho *m*; [*of fortification*] parapeto *m*; ✦***IDIOMS*** **to put one's head above the ~** (*Brit*) arriesgar el cuello; **to keep one's head below the ~** (*Brit*) mantenerse al margen

**paraphernalia** [ˈpærəfəˈneɪlɪə] N parafernalia *f*

**paraphrase** [ˈpærəfreɪz] Ⓐ N paráfrasis *f inv*
Ⓑ VT parafrasear

**paraplegia** [ˌpærəˈpliːdʒə] N paraplejía *f*

**paraplegic** [ˌpærəˈpliːdʒɪk] Ⓐ ADJ parapléjico
Ⓑ N parapléjico/a *m/f*

**parapsychological** [ˌpærəsaɪkəˈlɒdʒɪkəl] ADJ parapsicológico

**parapsychologist** [ˌpærəsaɪˈkɒlədʒɪst] N parapsicólogo/a *m/f*

**parapsychology** [ˌpærəsaɪˈkɒlədʒɪ] N parapsicología *f*

**Paraquat®** [ˈpærəkwɒt] N herbicida *m*

**Paras*** [ˈpærəz] NPL ABBR (= **Parachute Regiment**) paras* *mpl*, paracas* *mpl*

**parascending** [ˈpærəsendɪŋ] N *esquí acuático con paracaídas*; **to go ~** *hacer esquí acuático con paracaídas*

**parasite** [ˈpærəsaɪt] N (*lit, fig*) parásito/a *m/f* (**on** de)

**parasitic** [ˌpærəˈsɪtɪk] ADJ parásito, parasitario; **to be ~ on** ser parásito de

**parasitical** [ˌpærəˈsɪtɪkəl] ADJ = **parasitic**

**parasitism** [ˈpærəsɪtɪzəm] N parasitismo *m*

**parasitize** [ˈpærəsɪˌtaɪz] VT parasitar (en)

**parasitologist** [ˌpærəsaɪˈtɒlədʒɪst] N parasitólogo/a *m/f*

**parasitology** [ˌpærəsɪˈtɒlədʒɪ] N parasitología *f*

**parasol** [ˈpærəsɒl] N sombrilla *f*, parasol *m*

**parasuicide** [ˌpærəˈsuɪsaɪd] N parasuicidio *m*

**parataxis** [ˌpærəˈtæksɪs] N parataxis *f*

**paratrooper** [ˈpærətruːpəʳ] N paracaidista *mf*

**paratroops** [ˈpærətruːps] NPL paracaidistas *mpl*

**paratyphoid** [ˈpærəˈtaɪfɔɪd] N paratifoidea *f*

**parboil** [ˈpɑːbɔɪl] VT sancochar, cocer a medias

**Parcae** [ˈpɑːkiː] NPL **the ~** las Parcas

**parcel** [ˈpɑːsl] Ⓐ N 1 (= *package*) paquete *m*; **pass the ~** (*Brit*) *juego infantil en que los niños van desenvolviendo un paquete haciéndolo pasar de mano en mano*; *see also* **part A1**
2 [*of land*] parcela *f*, lote *m*
3 (*Brit**) (= *quantity*) **a ~ of nonsense** una sarta de disparates; **a ~ of idiots** una panda de idiotas*
Ⓑ CPD ► **parcel bomb** N paquete-bomba *m* ► **parcel office** N departamento *m* de paquetes ► **parcel post** N servicio *m* de paquetes postales

►**parcel out** VT + ADV repartir; [+ *land*] parcelar

►**parcel up** VT + ADV empaquetar; (*large size*) embalar

**parch** [pɑːtʃ] Ⓐ VT secar, resecar, agostar
Ⓑ VI secarse

**parched** [pɑːtʃt] ADJ [*land etc*] abrasado, reseco; (*) (= *thirsty*) reseco, muerto de sed; **I'm ~** me muero de sed

**parchment** [ˈpɑːtʃmənt] N pergamino *m*

**parchment-like** [ˈpɑːtʃməntˌlaɪk] ADJ apergaminado

**pardon** [ˈpɑːdn] Ⓐ N 1 perdón *m*; **to beg sb's ~** pedir perdón a algn; **I do beg your ~!** ¡perdone usted!, ¡disculpe! (*esp LAm*); **I beg your ~, but could you ...?** perdone *or* (*esp LAm*) disculpe la molestia, pero ¿podría usted ...?; **(I beg your) ~?** (= *what?*) ¿perdón?, ¿cómo?, ¿mande? (*Mex*)
2 (*Jur*) indulto *m*; **free ~** indulto *m* absoluto; **general ~** amnistía *f*
Ⓑ VT 1 (= *forgive*) perdonar, disculpar (*esp LAm*); **to ~ sb sth** perdonar algo a algn; **~ me, but could you ...?** perdone *or* (*esp LAm*) disculpe la molestia, pero ¿podría usted ...?; **~ me!** ¡perdone!, ¡ay, perdone!; **~ me?** (*US*) ¿perdón?, ¿cómo?, ¿mande? (*Mex*); **~ my mentioning it** siento tener que decirlo, perdone que se lo diga
2 (*Jur*) indultar

**pardonable** [ˈpɑːdnəbl] ADJ perdonable, disculpable

**pardonably** [ˈpɑːdnəblɪ] ADV **he was ~ angry** era fácil disculpar su enojo, se comprende fácilmente que se encolerizara

**pare** [pɛəʳ] VT [+ *nails*] cortar; [+ *fruit etc*] pelar

►**pare down** VT + ADV reducir; **to ~ sth down to the minimum** reducir algo al mínimo

**parent** [ˈpɛərənt] Ⓐ N padre *m*/madre *f*; **parents** padres *mpl*
Ⓑ ADJ **the ~ plant** la planta madre
Ⓒ CPD ► **parent company** N casa *f* matriz ► **parent teacher association** N asociación *f* de padres de familia y profesores

**parentage** [ˈpɛərəntɪdʒ] N familia *f*; **of humble ~** de nacimiento humilde; **of unknown ~** de padres desconocidos

**parental** [pəˈrentl] Ⓐ ADJ [*care etc*] de los padres
Ⓑ CPD ► **parental guidance** N los consejos de los padres ► **parental authority** N patria potestad *f*

**parenteral** [pæˈrentərəl] ADJ parenteral

**parenthesis** [pəˈrenθɪsɪs] N (*pl* **parentheses** [pəˈrenθɪsiːz]) paréntesis *m inv*; **in ~** entre paréntesis

**parenthetic** [ˌpærənˈθetɪk] ADJ = **parenthetical**

**parenthetical** [ˌpærənˈθetɪkəl] ADJ entre paréntesis

**parenthetically** [ˌpærənˈθetɪkəlɪ] ADV entre paréntesis

**parenthood** [ˈpɛərənthʊd] N paternidad *f*; **planned ~** planificación *f* familiar, paternidad *f* responsable

**parenting** [ˈpɛərəntɪŋ] N el ser padres; **shared ~** participación *f* conjunta en la vida familiar; **~ is a full-time occupation** el cuidar de los hijos es una labor de plena dedicación

**parer** [ˈpɛərəʳ] N pelalegumbres *m inv*

**par excellence** [ˌpɑːrˈeksəlɑ̃ːns] ADV por excelencia

**pariah** [ˈpærɪə] N paria *mf*

**parietal** [pəˈraɪɪtl] ADJ parietal

**paring knife** [ˈpɛərɪŋˌnaɪf] N cuchillo *m* de mondar

**parings** [ˈpɛərɪŋz] NPL [*of fruit, vegetables*] peladuras *fpl*; [*of nails*] trozos *mpl*

**pari passu** [ˈpærɪˈpæsuː] ADV a ritmo parecido, al igual; **~ with** a ritmo parecido al de, al igual que

**Paris** [ˈpærɪs] Ⓐ N París *m*
Ⓑ ADJ parisiense, parisino

**parish** [ˈpærɪʃ] Ⓐ N parroquia *f*
Ⓑ CPD parroquial, de la parroquia ► **parish church** N iglesia *f* parroquial ► **parish council** N concejo *m* parroquial ► **parish priest** N párroco *m* ► **parish register** N libro *m* parroquial

**parishioner** [pəˈrɪʃənəʳ] N feligrés/esa *m/f*

**parish-pump** [ˈpærɪʃˈpʌmp] ADJ (*Brit pej*) pueblerino, de campanario, de aldea; **~ attitude** mentalidad *f* pueblerina, espíritu *m* de campanario; **~ politics** política *f* pueblerina

**Parisian** [pəˈrɪzɪən] Ⓐ ADJ parisiense, parisino
Ⓑ N parisiense *mf*

**parity** [ˈpærɪtɪ] N (*Fin etc*) paridad *f*; [*of wages, conditions*] igualdad *f*; **exchange at ~** cambio *m* a la par

**park** [pɑːk] Ⓐ N 1 (= *public gardens*) parque *m*; *see also* **business B**, **science B**
2 (*Brit Sport**) (= *field*) campo *m*
Ⓑ VT 1 (*Aut*) aparcar (*Sp*), estacionar (*esp LAm*); **can I ~ my car here?** ¿puedo aparcar mi coche aquí?
2 (*) (= *put*) poner, dejar; **she ~ed herself on the sofa** se colocó en el sofá
Ⓒ VI (*Aut*) aparcar (*Sp*), estacionarse (*esp LAm*)
Ⓓ CPD ► **park keeper** N guardián/ana *m/f* (de parque), guardabosque *mf*

**parka** [ˈpɑːkə] N chaquetón *m* acolchado con capucha, anorak *m*

**park-and-ride** [ˌpɑːkəndˈraɪd] N *aparcamiento en estaciones periféricas conectadas con el transporte urbano colectivo*

**parking** [ˈpɑːkɪŋ] Ⓐ N aparcamiento *m* (*Sp*), parking *m*, estacionamiento *m* (*esp LAm*); **"parking for 50 cars"** "parking para 50 coches"; **"no parking"** "prohibido aparcar", "prohibido estacionarse" (*esp LAm*); **"ample parking available"** "amplio aparcamiento *or* (*LAm*) estacionamiento para coches"
Ⓑ CPD ► **parking attendant** N guardacoches *mf inv* ► **parking bay** N área *f* de aparcamiento *or* (*esp LAm*) estacionamiento de coches ► **parking lights** NPL luces *fpl* de estacionamiento ► **parking lot** N (*US*) aparcamiento *m* (*Sp*), (playa *f* de) estacionamiento *m* (*esp LAm*) ► **parking meter** N parquímetro *m* ► **parking offence** N infracción *f* por aparca-

miento *or* (*esp LAm*) estacionamiento indebido ► **parking permit** N permiso *m* de aparcamiento *or* (*esp LAm*) estacionamiento ► **parking place, parking space** N aparcamiento *m* (*Sp*), parking *m*, estacionamiento *m* (*esp LAm*) ► **parking ticket** N multa *f* por aparcamiento *or* (*esp LAm*) estacionamiento indebido ► **parking violation** N (*US*) = **parking offence**

**Parkinson's disease** [ˈpɑːkɪnsənzdɪ,ziːz] N enfermedad *f* de Parkinson

**Parkinson's law** [ˈpɑːkɪnsənz,lɔː] N ley *f* de Parkinson

**parkland** [ˈpɑːklænd] N parques *mpl*

**park-ride** [,pɑːkˈraɪd] N = **park-and-ride**

**parkway** [ˈpɑːkweɪ] N (*US*) alameda *f*

**parky*** [ˈpɑːkɪ] ADJ (*Brit*) **it's a bit ~** está haciendo fresco

**parlance** [ˈpɑːləns] N lenguaje *m*; **in common ~** en lenguaje corriente; **in technical ~** en lenguaje técnico

**parley** [ˈpɑːlɪ] Ⓐ N parlamento *m*
Ⓑ VI parlamentar (**with** con)

**parliament** [ˈpɑːləmənt] N parlamento *m*, ≈ Cortes *fpl* (*Sp*), ≈ Congreso *m* (*LAm*); (= *period between elections*) legislatura *f*; **to go into** *or* **enter ~** ser elegido diputado *or* senador

**parliamentarian** [,pɑːləmenˈtɛərɪən] Ⓐ ADJ parlamentario
Ⓑ N parlamentario/a *m/f*

**parliamentary** [,pɑːləˈmentərɪ] Ⓐ ADJ parlamentario
Ⓑ CPD ► **parliamentary agent** N agente *mf* parlamentario/a ► **parliamentary democracy** N democracia *f* parlamentaria ► **parliamentary election** N elecciones *fpl* parlamentarias ► **parliamentary government** N gobierno *m* parlamentario ► **parliamentary immunity** N inmunidad *f* parlamentaria ► **parliamentary privilege** N privilegio *m* parlamentario

**parlour, parlor** (*US*) [ˈpɑːləʳ] Ⓐ N (*in house*) sala *f*, salón *m*; **beauty ~** salón *m* de belleza; **ice-cream ~** heladería *f*
Ⓑ CPD ► **parlor car** N (*US*) coche-salón *m* ► **parlour game, parlor game** (*US*) N juego *m* de salón

**parlourmaid, parlormaid** (*US*) [ˈpɑːləmeɪd] N camarera *f*

**parlous** [ˈpɑːləs] ADJ [*state*] lamentable, crítico, pésimo

**Parma ham** [,pɑːməˈhæm] N jamón *m* de Parma

**Parma violet** [,pɑːməˈvaɪəlɪt] N violeta *f* de Parma

**Parmesan** [,pɑːmɪˈzæn] Ⓐ N parmesano *m*
Ⓑ CPD ► **Parmesan cheese** N queso *m* parmesano

**Parnassus** [pɑːˈnæsəs] N Parnaso *m*

**parochial** [pəˈrəʊkɪəl] ADJ (*Rel*) parroquial; (*pej*) (= *provincial*) provinciano; (= *narrow-minded*) de miras estrechas

**parochialism** [pəˈrəʊkɪəlɪzəm] N (*pej*) mentalidad *f* provinciana *or* pueblerina

**parodic** [pəˈrɒdɪk] ADJ paródico

**parodist** [ˈpærədɪst] N parodista *mf*

**parody** [ˈpærədɪ] Ⓐ N parodia *f*
Ⓑ VT parodiar

**parole** [pəˈrəʊl] Ⓐ N (= *word*) palabra *f* (de honor); (*Jur*) libertad *f* condicional; **to be on ~** estar en libertad condicional; **to break one's ~** quebrantar las condiciones impuestas por la libertad condicional; **to put sb on ~** poner a algn en libertad condicional
Ⓑ VT dejar en libertad condicional

**paroxysm** [ˈpærəksɪzəm] N paroxismo *m*; **she broke into a ~ of coughing** le dio un ataque muy fuerte de tos; **it sent him into ~s of mirth/rage** le hizo troncharse de risa/le produjo un ataque de ira

**parquet** [ˈpɑːkeɪ] N parquet *m*, parqué *m*

**parquetry** [ˈpɑːkɪtrɪ] N (= *floor*) entarimado *m*; (= *activity*) obra *f* de entarimado

**parricide** [ˈpærɪsaɪd] N [1] (= *act*) parricidio *m*
[2] (= *person*) parricida *mf*

**parrot** [ˈpærət] Ⓐ N loro *m*, papagayo *m*; **they repeated it like ~s** lo repitieron como loros; *see also* **sick A3**
Ⓑ VT [+ *words*] repetir como un loro

**parrot-cry** [ˈpærətkraɪ] N cantinela *f*, eslogan *m* (*que se repite mecánicamente*)

**parrot-fashion** [ˈpærət,fæʃən] ADV [*learn*] como un loro

**parry** [ˈpærɪ] VT (*Fencing*) parar; [+ *blow*] parar, desviar; [+ *attack*] rechazar, defenderse de; (*fig*) esquivar, eludir

**parse** [pɑːz] VT analizar (sintácticamente)

**parsec** [ˈpɑːsek] N parsec *m*

**Parsee** [pɑːˈsiː] N parsi *mf*

**parser** [ˈpɑːzəʳ] N analizador *m* sintáctico

**parsimonious** [,pɑːsɪˈməʊnɪəs] ADJ parco, excesivamente frugal

**parsimoniously** [,pɑːsɪˈməʊnɪəslɪ] ADV parcamente

**parsimony** [ˈpɑːsɪmənɪ] N parquedad *f*, excesiva frugalidad *f*

**parsing** [ˈpɑːzɪŋ] N análisis *m inv* sintáctico *or* gramatical

**parsley** [ˈpɑːslɪ] N perejil *m*

**parsnip** [ˈpɑːsnɪp] N chirivía *f*, pastinaca *f*

**parson** [ˈpɑːsn] Ⓐ N clérigo *m*, cura *m*; (*Protestant*) pastor *m*
Ⓑ CPD ► **parson's nose** N [*of chicken*] rabadilla *f*

**parsonage** [ˈpɑːsnɪdʒ] N casa *f* del párroco, parroquia *f*

**parsonical** [pɑːˈsɒnɪkəl] ADJ (*hum*) frailuno

**part** [pɑːt] Ⓐ N [1] (= *portion, proportion*) parte *f*; **the ~s of the body** las partes del cuerpo; **it was all ~ of the job** todo formaba parte del trabajo; **this was only ~ of the story** esta no era la historia completa, esto sólo era parte de la historia; **~ of me wanted to apologize** por un lado quería pedir perdón, una parte de mí quería pedir perdón; **it went on for the best ~ of an hour** continuó durante casi una hora; **you haven't heard the best ~ yet** todavía no has oído lo mejor; **in the early ~ of this century** a principios de este siglo; **the funny ~ of it is that nobody seemed to notice** lo gracioso es que nadie pareció darse cuenta; **a good ~ of sth** gran parte de algo; **in great ~** en gran parte; **in ~** en parte; **the book is good in ~s** hay partes del libro que son buenas, el libro es bueno en partes; **a large ~ of sth** gran parte de algo; **in large ~** en gran parte; **for the most ~** (*proportion*) en su mayor parte; (*number*) en su mayoría; (= *usually*) por lo general; **for the most ~, this is still unexplored terrain** en su mayor parte, este es un territorio aún no explorado; **the locals are, for the most ~, very friendly** los habitantes son, en su mayoría, muy simpáticos; **the work is, for the most ~, quite well paid** el trabajo está, por lo general, bastante bien pagado; ✦***IDIOMS*** **a man of (many) ~s** un hombre de muchas facetas; **to be ~ and parcel of sth** ser parte integrante de algo; **suffering and death are ~ and parcel of life** el sufrimiento y la muerte son parte integrante de la vida; *see also* **furniture, private C, sum 2**
[2] (= *measure*) parte *f*; **one ~ alcohol to two ~s water** una parte de alcohol por cada dos partes de agua; **mix together equal ~s of salt and flour** mezcle partes iguales de sal y harina
[3] (= *share, role*) **to do one's ~** poner de su parte; **he had no ~ in stealing it** no intervino *or* no participó en el robo; **work plays an important ~ in her life** el trabajo juega un papel importante en su vida; **to take ~ (in sth)** tomar parte (en algo), participar (en algo); **I want no ~ of this** no quiero tener nada que ver con esto
[4] (*Theat, Cine*) papel *m*; **to look the ~** vestir el cargo; **to play the ~ of Hamlet** hacer el papel de Hamlet; **he's just playing a ~** está fingiendo; *see also* **bit B**
[5] (= *region*) [*of city*] parte *f*, zona *f*; [*of country, world*] región *f*; **I don't know this ~ of London very well** no conozco esta parte *or* esta zona de Londres muy bien; **a lovely ~ of the country** una región hermosa del país; **what ~ of Spain are you from?** ¿de qué parte de España eres?; **delegates from all ~s of the country** delegados de todos los rincones del país; **in some ~s of the world** en algunas regiones del mundo; **in this/that ~ of the world** en esta/esa región; **in foreign ~s** en el extranjero; **in** *or* **round these ~s** por aquí, por estos pagos*; **he's not from these ~s** no es de por aquí
[6] (= *side*) **for my ~, I do not agree** en lo que a mí se refiere *or* por mi parte, no estoy de acuerdo; **to take sth in good ~** tomarse algo bien; **it was bad organization on their ~** fue mala organización por su parte; **to take sb's ~** ponerse de parte de algn, tomar partido por algn
[7] (*Mech*) pieza *f*; *see also* **moving, replacement B, spare D**
[8] (*Gram*) parte *f*; **~ of speech** parte *f* de la oración, categoría *f* gramatical; **what ~ of speech is "of"?** ¿qué parte de la oración es "de"?, ¿a qué categoría gramatical pertenece "de"?
[9] (*Mus*) parte *f*; **the soprano ~** la parte de soprano; **a song in four ~s** ◊ **a four-~ song** una canción a cuatro voces
[10] (= *instalment*) [*of journal*] número *m*; [*of serialized publication*] fascículo *m*; (*TV, Rad*) (= *episode*) parte *f*
[11] (*US*) (*in hair*) raya *f*; **side/center ~** raya *f* al lado/al medio
Ⓑ ADV (= *partly*) en parte; **it is ~ fiction and ~ fact** es en parte ficción y en parte realidad, contiene partes ficticias y partes reales; **the cake was ~ eaten** el pastel estaba empezado *or* medio comido; **she is ~ French** tiene algo de sangre francesa
Ⓒ VT [1] (= *separate*) separar; **it would kill her to be ~ed from him** le mataría estar separada de él; **market traders try to ~ the tourists from their money** los dueños de los puestos en los mercados intentan sacar dinero de los turistas; *see also* **company A2, death A1, fool A1**
[2] (= *open*) [+ *curtains*] abrir, correr; [+ *legs, lips*] abrir
[3] (= *divide*) **to ~ one's hair on the left/right** peinarse con raya a la izquierda/derecha; **his hair was ~ed at the side/in the middle** tenía raya al lado/al medio
Ⓓ VI [1] (= *separate*) [*people*] separarse; **they couldn't bear to ~** no soportaban la idea de separarse; **we ~ed on good terms** lo dejamos como amigos; **to ~ from sb** separarse de algn

2 (= *move to one side*) [*crowd, clouds*] apartarse
3 (= *open*) [*lips, curtains*] abrirse
4 (= *break*) [*rope*] romperse, partirse
Ⓔ CPD ► **part exchange** N **they take your old car in ~ exchange** aceptan tu coche viejo como parte del pago; **they offer ~ exchange on older vehicles** aceptan vehículos más antiguos como parte del pago de uno nuevo ► **part owner** N copropietario/a *m/f* ► **part payment** N pago *m* parcial; **to accept sth as ~ payment for sth** aceptar algo como parte del pago *or* como pago parcial de algo ► **part song** N canción *f* a varias voces

►**part with** VI + PREP [+ *possession*] desprenderse de, deshacerse de; [+ *person*] separarse de; [+ *money*] gastar, soltar*; **I hate ~ing with it** me duele tener que desprenderme *or* deshacerme de él; **she couldn't bear to ~ with the baby** fue incapaz de separarse del bebé

**partake** [pɑːˈteɪk] (*pt* **partook**; *pp* **partaken**) VI (*frm*) 1 (= *consume*) **to ~ of** [+ *food*] comer; [+ *drink*] beber
2 (= *participate*) **to ~ in an activity** tomar parte *or* participar en una actividad; **are you partaking?** ¿va a tomar parte?

**parterre** [pɑːˈteə] N (= *garden*) parterre *m*

**parthenogenesis** [ˈpɑːθɪnəʊˈdʒenɪsɪs] N partenogénesis *f inv*

**Parthenon** [ˈpɑːθənɒn] N Partenón *m*

**partial** [ˈpɑːʃəl] ADJ 1 (= *not complete*) parcial
2 (= *biased*) parcial (**towards** hacia)
3 **to be ~ to sth** (= *like*) tener debilidad por algo; **he's ~ to a cigar after dinner** le gusta fumarse un puro después de cenar

**partiality** [ˌpɑːʃɪˈælɪtɪ] N 1 (= *bias*) parcialidad *f* (**towards** hacia)
2 (= *liking*) debilidad *f* (**for, to** por), gusto *m* (**for, to** por)

**partially** [ˈpɑːʃəlɪ] ADV 1 (= *partly*) parcialmente, en parte
2 (= *with bias*) con parcialidad

**participant** [pɑːˈtɪsɪpənt] N (*in debate, fight, argument*) participante *mf*; (*in competition*) concursante *mf*

**participate** [pɑːˈtɪsɪpeɪt] VI participar, tomar parte (**in** en); **participating countries** países *mpl* participantes; **to ~ in a sport** practicar un deporte

**participation** [pɑːˌtɪsɪˈpeɪʃən] N participación *f* (**in** en); *see also* **audience**

**participative** [pɑːˈtɪsɪpətɪv] ADJ [*management, democracy*] participativo

**participatory** [pɑːtɪsɪˈpeɪtərɪ] ADJ [*democracy, sport*] participativo

**participial** [ˌpɑːtɪˈsɪpɪəl] ADJ participial

**participle** [ˈpɑːtɪsɪpl] N participio *m*; **past ~** participio *m* pasado *or* pasivo; **present ~** participio *m* activo *or* (de) presente

**particle** [ˈpɑːtɪkl] Ⓐ N 1 (*gen*) partícula *f*; [*of dust*] partícula *f*, grano *m*; (*fig*) pizca *f*; **there's not a ~ of truth in it** eso no tiene ni pizca de verdad
2 (*Fís, Gram*) partícula *f*
Ⓑ CPD ► **particle accelerator** N acelerador *m* de partículas ► **particle board** N (*US*) madera *f* aglomerada ► **particle physics** N física *f* de partículas

**parti-coloured**, **parti-colored** (*US*) [ˈpɑːtɪˌkʌləd] ADJ de diversos colores, multicolor, abigarrado

▼**particular** [pəˈtɪkjʊləʳ] Ⓐ ADJ 1 (= *special*) especial; **the flowers had been chosen with ~ care** se habían escogido las flores con especial cuidado; **she's a ~ friend of mine** es muy amiga mía; **is there anything ~ you want?** ¿quieres algo en particular *or* en concreto?; **to pay ~ attention to sth** prestar especial atención a algo; **nothing ~ happened** no pasó nada en especial
2 (= *specific*) **in this ~ case** en este caso concreto; **at this ~ point in time** en este preciso momento; **is there any ~ food you don't like?** ¿hay algún alimento en particular *or* en especial *or* en concreto que no te guste?; **the people living in a ~ area** la gente que vive en una zona determinada; **for no ~ reason** por ninguna razón especial *or* en particular *or* en concreto
3 (= *fussy*) **to be ~ about sth**: **he's very ~ about his food** es muy exigente con *or* especial para la comida; **I'm rather ~ about my friends** escojo mis amigos con cierto cuidado; **she's not very ~ about her appearance** no se preocupa mucho por su aspecto; **they weren't too ~ about where the money came from** no les importaba *or* preocupaba mucho de dónde viniera el dinero
4 (= *insistent*) **he was most ~ that I shouldn't go to any trouble** insistió mucho en que no me tomara ninguna molestia
Ⓑ N 1 (*frm*) (*usu pl*) (= *detail*) detalle *m*; **her account was accurate in every ~** su versión fue exacta en todos los detalles; **please give full ~s** se ruega hacer constar todos los detalles; **for further ~s apply to ...** para más información escriba a ...; **the nurse took her ~s** la enfermera le tomó sus datos personales
2 **in ~**: **I remember one incident in ~** recuerdo un incidente en particular *or* en concreto; **are you looking for anything in ~?** ¿busca usted algo en particular *or* en concreto?; **"are you doing anything tonight?" — "nothing in ~"** —¿vas a hacer algo esta noche? —nada en particular *or* en especial
3 **the ~** lo particular; *see* **general B2**

**particularity** [pəˌtɪkjʊˈlærɪtɪ] N particularidad *f*

**particularize** [pəˈtɪkjʊləraɪz] Ⓐ VT pormenorizar, especificar
Ⓑ VI entrar en detalles

**particularly** [pəˈtɪkjʊləlɪ] ADV 1 (= *especially*) especialmente; **in many countries, ~ France** en muchos países, especialmente *or* particularmente en Francia; **he ~ dislikes quiz shows** siente especial aversión por los concursos televisivos; **he was not ~ pleased** no se puso loco de contento que digamos; **"do you want to see it?" — "not ~"** —¿quieres verlo? —no especialmente
2 (= *specifically*) **do you want it ~ for tomorrow?** ¿lo necesitas expresamente *or* precisamente para mañana?

**parting** [ˈpɑːtɪŋ] Ⓐ ADJ de despedida; **his ~ words** sus palabras de despedida; **~ shot** (*fig*) golpe *m* de gracia
Ⓑ N 1 (= *separation*) separación *f*, despedida *f*; **the ~ of the ways** (*fig*) la encrucijada, el momento de la separación
2 (*in hair*) raya *f*; **side/centre ~** raya *f* al lado/al medio

**partisan** [ˌpɑːtɪˈzæn] Ⓐ ADJ (= *one-sided*) parcial; (= *of party*) partidista; (*Mil*) guerrillero
Ⓑ N partidario/a *m/f* (**of** de); (*Mil*) partisano/a *m/f*, guerrillero/a *m/f*
Ⓒ CPD ► **partisan warfare** N guerra *f* partisana

**partisanship** [ˌpɑːtɪˈzænʃɪp] N partidismo *m*

**partition** [pɑːˈtɪʃən] Ⓐ N 1 (= *wall*) tabique *m*
2 (*Pol*) partición *f*, división *f*
Ⓑ VT 1 (= *divide*) [+ *country*] partir, dividir; (= *share*) repartir (**among** entre)
2 [+ *room, area*] tabicar, dividir con tabiques

►**partition off** VT + ADV separar con tabiques

**partitive** [ˈpɑːtɪtɪv] ADJ partitivo

**partly** [ˈpɑːtlɪ] ADV en parte; **that is only ~ true** eso es verdad sólo en parte; **I am ~ to blame** en parte es culpa mía; **he is ~ responsible for this** en parte él es responsable de esto; **it was ~ destroyed** quedó parcialmente destruido; **the film is ~ a romance, ~ a comedy** la película es en parte romántica y en parte cómica, la película tiene partes románticas y partes cómicas

**partner** [ˈpɑːtnəʳ] Ⓐ N 1 (*in activity*) compañero/a *m/f*; **work with a ~ for this exercise** realizar este ejercicio con un compañero *or* en pareja; **~(s) in crime** (*lit, hum*) cómplice(s) *m(pl)*
2 (*in dance, tennis, golf, cards*) pareja *f*; (= *co-driver*) copiloto *mf*
3 (*Comm, Pol*) socio/a *m/f*; **junior ~** socio/a *m/f* menor; **senior ~** socio/a *m/f* principal, socio/a *m/f* mayoritario/a (*Sp*); *see also* **sleeping**, **trading B**
4 (*in relationship*) pareja *f*, compañero/a *m/f*; (*in sex*) pareja *f*; **marriage ~** cónyuge *mf* (*frm*); *see also* **sexual**
Ⓑ VT 1 (= *be partner of*) **to ~ sb in a waltz** bailar un vals con algn; **he ~ed her at bridge** jugó al bridge en pareja con ella, fue su pareja al bridge
2 (= *pair*) **to ~ sb with sb** juntar a algn con algn (como pareja)

**partnership** [ˈpɑːtnəʃɪp] Ⓐ N 1 (= *relationship*) asociación *f*; (= *couple*) relación *f* de pareja; **a stable, loving ~** una relación de pareja estable y llena de cariño; **our relationship wasn't just a marriage, it was a ~** nuestra relación no era sólo un matrimonio sino una asociación; **their ~ was based on mutual respect** su relación se basaba en el respeto mutuo; **the ~ between government and industry** la alianza entre el gobierno y la industria
2 (*Comm*) (= *company*) sociedad *f* colectiva; **to be in ~ with sb** estar asociado con algn; **to go** *or* **enter into ~ (with sb)** asociarse (con algn); **we work in ~ with our clients** trabajamos conjuntamente con nuestros clientes; *see also* **limited**
3 (= *position as partner*) **they've offered me a ~** me han ofrecido hacerme socio
Ⓑ CPD ► **partnership agreement** N contrato *m* de sociedad

**partook** [pɑːˈtʊk] PT of **partake**

**partridge** [ˈpɑːtrɪdʒ] N (*pl* **partridges** *or* **partridge**) perdiz *f*

**part-time** [ˈpɑːtˈtaɪm] Ⓐ ADV a tiempo parcial (*Sp*), medio tiempo (*LAm*); **to work ~** trabajar a tiempo parcial *or* (*LAm*) medio tiempo
Ⓑ ADJ [*worker, job*] de media jornada, a tiempo parcial (*Sp*), de medio tiempo (*LAm*)
Ⓒ N (*Ind*) jornada *f* reducida; **to be on ~** trabajar en horario de jornada reducida

**part-timer** [ˌpɑːtˈtaɪməʳ] N trabajador(a) *m/f* a tiempo parcial (*Sp*), trabajador(a) *m/f* a medio tiempo (*LAm*)

**parturition** [ˌpɑːtjʊəˈrɪʃən] N (*frm*) parturición *f*, parto *m*

**partway** [ˈpɑːtˌweɪ] ADV **~ through the week** a mitad de la semana; **the wood had been sawn ~ through** la madera había sido serrada parcialmente; **I'll walk ~ with you** caminaré un trozo contigo; **it goes ~ toward explaining his strange behaviour** explica en parte su extraño comportamiento; **we're only ~ into** *or* **through the work** hemos hecho sólo una parte del trabajo

▼**party** [ˈpɑːtɪ] Ⓐ N 1 (= *celebration*) fiesta *f*; **to give** *or* **have** *or* **throw a ~** dar *or* (*frm*) ofrecer

➤ LANGUAGE IN USE: **particular B1** 19.1 **party A1** 25.2, 25.3

una fiesta; ✦*IDIOM* **the ~'s over** se acabó la fiesta; *see also* **house C**

[2] (*Pol*) partido *m*; **to join a ~** afiliarse a un partido, hacerse miembro de un partido

[3] (= *group*) grupo *m*; **a ~ of tourists** un grupo de turistas; **we were only a small ~** éramos pocos, éramos un grupo pequeño

[4] (*in dispute, contract*) parte *f*; **the parties concerned** los interesados, las partes interesadas; **the guilty/injured/innocent ~** la parte culpable/perjudicada/inocente; **to be (a) ~ to sth**: **I will not be a ~ to any violence** no me voy a prestar a la violencia; **to be (a) ~ to an agreement** ser parte en un acuerdo; **to be (a) ~ to a crime** ser cómplice en un delito; **the parties to a dispute** las partes involucradas en una querella; *see also* **third D**, **warring**

Ⓑ VI (*) (= *go to parties*) ir a fiestas; (= *have a good time*) irse de juerga*, irse de marcha (*Sp**); **let's ~!** ¡vámonos de juerga!*, ¡vámonos de marcha! (*Sp**); **where shall we ~ tonight?** ¿a qué fiesta vamos esta noche?

Ⓒ CPD ► **party animal** N fiestero/a *m/f*, juerguista *mf* ► **party dress** N vestido *m* de fiesta ► **party line** N (*Telec*) línea *f* compartida; **the ~ line** (*Pol*) la línea del partido ► **party member** N miembro *m* del partido ► **party piece** N numerito *m* (de fiesta)*; **to do one's ~ piece** hacer su numerito* ► **party politics** NPL (*gen*) política *fsing* de partido; (*pej*) partidismo *msing* (*pej*), politiqueo *msing* (*pej*) ► **party pooper*** N aguafiestas *mf inv* ► **party spirit** N espíritu *m* festivo; **we entered into the ~ spirit** nos empezó a entrar el espíritu festivo ► **party wall** N pared *f* medianera

**party-goer** ['pɑːtɪ,gəʊə<sup>r</sup>] N (*gen*) asiduo/a *m/f* a fiestas; (*on specific occasion*) invitado/a *m/f*; **I'm not much of a ~** yo voy poco a las fiestas

**party-going** ['pɑːti,gəʊɪŋ] N **he spends his time ~ instead of working** se pasa el tiempo yendo a fiestas en lugar de trabajar

**partying*** ['pɑːtɪɪŋ] N **I'm not a great one for ~** no me gustan mucho las fiestas

**party political** [,pɑːtɪpə'lɪtɪkəl] ADJ [*advantage, issue*] de(l) partido; **~ broadcast** emisión *f* de propaganda política, ≈ espacio *m* electoral

**parvenu** ['pɑːvənjuː] N advenedizo/a *m/f*

**paschal** ['pɑːskəl] ADJ pascual; **the Paschal Lamb** el cordero pascual

**pas de deux** ['pɑːdə'dɜː] N paso *m* a dos

**pasha** ['pæʃə] N bajá *m*, pachá *m*

**pass** [pɑːs] Ⓐ N [1] (= *permit*) (*gen*) pase *m*; (*Mil*) permiso *m*, pase *m*; **bus ~** abono *m* or pase *m* de autobús; **overnight ~** permiso *m* or pase *m* de pernocta; **press ~** pase *m* de prensa; **rail ~** abono *m* or pase *m* de ferrocarril; **security ~** pase *m* de seguridad; **visitor's ~** pase *m* de visitas; **weekend ~** permiso *m* or pase *m* de fin de semana; *see also* **boarding**

[2] (*Sport*) pase *m*; **back ~** pase *m* hacia atrás; **forward ~** pase *m* adelantado

[3] (*in exam*) aprobado *m*; **a ~ in biology** un aprobado en biología; **to get a ~ (in sth)** aprobar (algo); **she got seven ~es** aprobó siete asignaturas

[4] (*by conjuror*) pase *m*; (*by aircraft*) pasada *f*

[5] (= *situation*) **things have come to a pretty ~** ¡hasta dónde hemos llegado!; **things had reached such a ~ that ...** las cosas habían llegado a tal extremo que ...

[6] (= *sexual approach*) **to make a ~ at sb*** tirarle a algn los tejos*, intentar ligar con algn*

[7] (*Geog*) puerto *m*, paso *m*; (*small*) desfiladero *m*; **mountain ~** puerto *m* or paso *m* de montaña

Ⓑ VT [1] (= *go past*) pasar; (= *go in front of*) pasar por delante de; (= *cross paths with*) cruzarse con; (*Aut*) (= *overtake*) adelantar, pasar, rebasar (*Mex*); **the road ~es a farmyard** la carretera pasa por un corral; **the procession ~ed the royal stand** el desfile pasó por delante de la tribuna de Sus Majestades; **I ~ed them on the stairs** me crucé con ellos en las escaleras; **they ~ed each other on the way** se cruzaron en el camino; **he looked the other way as he ~ed me** miró al otro lado cuando nos cruzamos; **he tried to ~ me on the inside** (*Aut*) intentó adelantarme or pasarme por la derecha; (*in UK*) intentó adelantarme or pasarme por la izquierda

[2] (= *surpass*) superar; **total membership has ~ed the six million mark** el número total de miembros supera los seis millones

[3] (= *cross*) [+ *barrier, frontier, customs*] cruzar; **not a word has ~ed my lips** de mí no ha salido una palabra, no he dicho ni una palabra

[4] (= *convey, transfer*) (*gen*) pasar; (*Sport*) [+ *ball*] pasar; **the gas is then ~ed along a pipe** el gas luego se pasa por una tubería; **to ~ sth down the line** pasar algo de mano en mano; **to ~ a dish round the table** pasar un plato entre todos los que están a la mesa; **to ~ sb sth** ◊ **~ sth to sb** pasar algo a algn; **~ me the salt, please** ¿me pasas or alcanzas la sal, por favor?; **my application was ~ed to another department** pasaron mi solicitud a otro departamento; *see also* **buck A3**, **parcel**, **word A4**

[5] (= *move in given direction*) pasar; **he ~ed his handkerchief over his face** se pasó el pañuelo por la cara; **to ~ a cloth over sth** limpiar algo con un paño; **he ~ed the rope round the axle/through the ring** pasó la cuerda por el eje/por el aro

[6] (= *spend*) [+ *time*] pasar; **it ~es the time** ayuda a pasar el rato; ✦*IDIOM* **to ~ the time of day with sb** charlar un rato con algn

[7] (= *not fail*) [+ *exam, essay, candidate*] aprobar; [+ *inspection*] pasar; **he has just ~ed his driving test** acaba de aprobar el examen de conducir; *see also* **fit¹ 2**, **muster**

[8] (*Cine*) [+ *film*] [*censor*] aprobar; **the censors felt they could not ~ the film** los censores sintieron que no podían aprobar la película; **the film failed to ~ the censors** la película no consiguió pasar la censura

[9] (= *approve*) [+ *law, bill motion*] aprobar

[10] (= *express*) [+ *remark, comment*] hacer; **it would be unfair to ~ comment on his private life** no sería justo hacer comentarios sobre su vida privada; **to ~ (an) opinion on sth** expresar una opinión acerca de algo; **to ~ sentence** (*Jur*) fallar, dictar sentencia; **to ~ sentence on sb** sentenciar or condenar a algn; *see also* **judgment**

[11] (*Med*) [+ *blood*] echar; **to ~ a stone** expulsar un cálculo; **to ~ a stool** realizar una deposición, defecar; **to ~ urine** orinar; **to ~ wind** expulsar ventosidades or una ventosidad (*frm*); *see also* **water A3**

[12] (*criminally*) [+ *counterfeit money, stolen goods*] pasar

Ⓒ VI [1] (= *go past*) pasar; (*Aut*) (= *overtake*) pasar, adelantar, rebasar (*Mex*); **I stood aside to let her ~** me puse a un lado para dejarle pasar; **we ~ed in the corridor** nos cruzamos en el pasillo; **the procession was still ~ing an hour later** seguían desfilando una hora más tarde; *see also* **ship A1**

[2] (= *move, go*) pasar; **to ~ behind/in front of sth/sb** pasar por detrás/por delante de algo/algn; **she ~ed right in front of me** pasó justo por delante mío or de mí; **messages ~ed back and forth between them** se intercambiaban mensajes entre sí, se mandaban mensajes el uno al otro; **~ down the bus please!** ¡vayan hacia el fondo del autobús, por favor!; **to ~ into oblivion** pasar al olvido; **control of the business ~ed out of my hands** la dirección de la empresa pasó a otras manos; **to ~ out of sight** perderse de vista; **the bullet ~ed through her shoulder** la bala le atravesó el hombro; **~ through the gate and turn left** cruce la verja y gire a la izquierda; **she knew what was ~ing through his mind** sabía lo que se le estaba pasando por la cabeza; **words ~ed between them** intercambiaron algunas palabras (fuertes)

[3] (= *be transferred*) pasar; **the estate ~ed to my brother** la herencia pasó a mi hermano

[4] (*Sport*) hacer un pase

[5] (= *happen*) **all that ~ed between them** todo lo que hubo entre ellos; **it came to ~ that ...** (*liter*) aconteció que ... (*liter*)

[6] (= *go by*) [*time, deadline*] pasar; **as the years ~ed** a medida que pasaban los años, con el paso de los años; **how time ~es!** ¡como pasa el tiempo!; **the months ~ed into years** los meses se convirtieron en años

[7] (= *disappear*) [*storm, pain, danger*] pasar; **it'll ~** eso pasará, eso se olvidará; **once the danger had ~ed** una vez pasado el peligro; **the old order is ~ing** el antiguo orden está desapareciendo; **the rain had ~ed** había dejado de llover

[8] (*in exam*) aprobar

[9] (= *be approved*) [*bill, amendment*] ser aprobado

[10] (= *be accepted*) pasar; **"will this do?" — "oh, it'll ~"** —¿esto servirá? —bueno, pasará; **what ~es in New York may not be good enough here** lo que es aceptable en Nueva York puede no serlo aquí; **to ~ for sth** pasar por algo; **she could easily ~ for 20** podría pasar fácilmente por una chica de 20 años; **or what ~es nowadays for a hat** o lo que pasa por or se llama sombrero hoy día; **let it ~** no hagas caso, pásalo por alto; **we can't let that ~!** ¡eso no lo podemos consentir or pasar por alto!; *see also* **unnoticed**

[11] (*at cards, in quiz*) **(I) pass!** ¡paso!; **I'm afraid I don't know, I'll have to ~ on that one** me temo que no lo sé, no puedo contestar esa pregunta; **I think I'll ~ on the hiking next time*** creo que la próxima vez voy a pasar de la excursión*

Ⓓ CPD ► **pass key** N llave *f* maestra ► **pass mark** N aprobado *m*, nota *f* de aprobado ► **pass rate** N índice *m* de aprobados

► **pass around**, **pass round** VT + ADV **a bottle of whisky was ~ed around** se pasaron una botella de whisky de mano en mano or de uno a otro; **you ~ round the biscuits** pasa las galletas entre todos; **to ~ round the hat** pasar la gorra

► **pass away** VI + ADV [1] (*euph*) (= *die*) fallecer
[2] (= *disappear*) desaparecer

► **pass by** Ⓐ VI + ADV [1] (= *go past*) pasar; **I was just ~ing by and I saw your car** estaba pasando por aquí y he visto tu coche; **she would beg from the people ~ing by** pedía limosna a la gente que pasaba

[2] [*time, occasion*] pasar; **as the hours ~ed by** a medida que pasaban las horas

Ⓑ VT + ADV **life has ~ed her by** la vida se le ha pasado sin enterarse, no ha disfrutado de la vida; **fortune seemed to have ~ed him by** la fortuna parecía haberle dejado de lado; **don't let this opportunity ~ you by** no dejes pasar (por alto) esta oportunidad

Ⓒ VI + PREP pasar por; **I'll ~ by your place to**

**pick you up** pasaré por tu casa para recogerte

►**pass down** Ⓐ VT + ADV [1] (= *transfer*) [+ *custom, disease, trait*] pasar, transmitir; [+ *inheritance*] pasar; **these beliefs were ~ed down from generation to generation** estas creencias se fueron pasando *or* transmitiendo de generación en generación; **it's been ~ed down through the family** se ha ido heredando en la familia; **the painting was ~ed down to my father and he ~ed it down to me** el cuadro lo heredó mi padre y luego me lo pasó a mí; **my clothes were always ~ed down from my elder sister** yo siempre heredaba la ropa de mi hermana mayor; **when you grow out of this coat you can ~ it down to your brother** cuando este abrigo te quede pequeño se lo puedes pasar *or* dar a tu hermano
[2] (= *convey downwards*) pasar; **he ~ed the bags down to me** me pasó las bolsas
Ⓑ VI + ADV [1] (= *be transferred*) [*custom*] pasar, transmitirse
[2] (= *be inherited*) **the farm ~ed down to me** yo heredé la granja

►**pass off** Ⓐ VI + ADV [1] (= *happen*) transcurrir; **it all ~ed off without incident** todo transcurrió sin percances
[2] (= *wear off*) [*headache, bad mood*] pasarse; **her headache ~ed off after an hour** el dolor de cabeza se le pasó una hora después
Ⓑ VT + ADV [1] (= *present as genuine*) **to ~ sth/sb off as sth** hacer pasar algo/a algn por algo; **he ~ed the girl off as his sister** hizo pasar a la chica por su hermana; **to ~ o.s. off as sth** hacerse pasar por algo; **she tried to ~ herself off as an 18-year-old** intentó hacerse pasar por una chica de 18 años
[2] (= *dismiss*) **he tried to ~ it off as a joke** intentó quitarle importancia haciendo ver que lo había dicho en broma

►**pass on** Ⓐ VT + ADV [1] (= *transfer*) [+ *information*] pasar, comunicar, dar; [+ *message*] (*written*) dar, pasar; (*spoken*) dar, comunicar; [+ *object*] pasar; [+ *disease*] [*person*] contagiar; [*animal*] transmitir; **I didn't want her to ~ her cold on to me** no quería que me contagiara el constipado; **they ~ the increase on to the consumer** hacen que el consumidor cargue con el incremento; **we ~ our savings on to the customer** los ahorros redundan en favor de nuestros clientes; **Sheila's having a party, ~ it on!*** Sheila va a dar una fiesta, ¡corre la voz!
[2] (= *put in contact*) [+ *person*] **to ~ sb on to sb** poner a algn en contacto con algn; (*on telephone*) poner a algn con algn; **I was ~ed on to another doctor** me mandaron a otro médico, me pusieron en contacto con otro médico; **I'll ~ you on to my supervisor** le pongo a mi supervisor
Ⓑ VI + ADV [1] (= *proceed*) pasar (**to** a); **they ~ed on to other matters** pasaron a discutir otros asuntos; **the man lowered his eyes and ~ed on** el hombre bajó la vista y pasó de largo
[2] (*euph*) (= *die*) fallecer

►**pass out** Ⓐ VI + ADV [1] (= *faint*) perder el conocimiento, desmayarse
[2] (*Mil*) graduarse
Ⓑ VT + ADV (= *distribute*) repartir

►**pass over** Ⓐ VI + ADV [1] (= *move overhead*) **a flock of geese ~ed over** una bandada de gansos voló por encima nuestro
[2] (= *cross over*) **we ~ed over into France under cover of night** cruzamos a Francia al amparo de la noche
[3] (*euph*) (= *die*) fallecer
Ⓑ VT + ADV [1] (= *omit*) pasar por alto, omitir; **he had ~ed over an important point** había pasado por alto *or* omitido un punto muy importante; **he was ~ed over for promotion** a la hora de los ascensos lo dejaron de lado
[2] (= *hand over*) dar, pasar; **~ over that butter, will you?** ¿me das *or* pasas la mantequilla?

►**pass round** VT + ADV = **pass around**

►**pass through** Ⓐ VI + ADV [1] (= *not stay*) estar de paso; **I'm just ~ing through** estoy de paso nada más
[2] (= *go through*) pasar; **he wouldn't let me ~ through without identification** no me dejaba pasar sin documentación
Ⓑ VI + PREP [+ *town, country, gap*] pasar por; [+ *phase, crisis*] pasar por, atravesar; [+ *barrier*] pasar

►**pass up** VT + ADV [1] (= *forgo*) echar a perder, desperdiciar; **an opportunity like this was too good to ~ up** una oportunidad así era demasiado buena para echarla a perder *or* desperdiciarla
[2] (*lit*) [+ *object*] pasar

**passable** ['pɑːsəbl] ADJ [1] (= *tolerable*) pasable
[2] [*road*] transitable

**passably** ['pɑːsəblɪ] ADV pasablemente; **he spoke ~ good French** hablaba francés bastante bien; **she's doing ~ well at school** los estudios le van bastante bien

**passage** ['pæsɪdʒ] Ⓐ N [1] (= *corridor*) pasillo *m*; (*between buildings, underground*) pasaje *m*; (= *alley*) callejón *m*; **a house full of secret ~s** una casa llena de pasadizos secretos
[2] (*Anat*) conducto *m*; **nasal ~s** conductos nasales; *see also* **back**
[3] (= *voyage*) travesía *f*, viaje *m*; (= *fare*) pasaje *m*; **to work one's ~** trabajar a bordo a cambio del pasaje
[4] (= *access, way through*) paso *m*; **his bodyguards forced a ~ through the crowds** sus guardaespaldas se abrieron camino *or* paso entre la muchedumbre; **their win has given them an easy ~ to the final** han llegado fácilmente a la final tras esta victoria; **free ~** paso *m* libre; **right of ~** derecho *m* de paso; **safe ~** salvoconducto *m*
[5] (= *progress*) paso *m*; **his ~ through life had not been easy** su paso por la vida no había sido fácil; **the opposition was giving the bill a rough ~ through Parliament** la oposición estaba obstruyendo la aprobación del proyecto de ley en el Parlamento; **the ~ of time** el paso del tiempo; **with the ~ of time** con el (paso del) tiempo; *see also* **bird B**
[6] (= *transition*) paso *m*; **one's ~ into womanhood/manhood** el paso de uno a la edad adulta; **the ~ of summer into autumn** el paso del verano al otoño; **the book charts her ~ into madness** el libro recoge su descenso a la locura; **to ease their ~ from a socialist to a market economy** para facilitar la transición *or* el paso de una economía socialista a una de mercado; *see also* **rite B**
[7] (= *section*) [*of book, music*] pasaje *m*
Ⓑ CPD ► **passage money**† N pasaje *m*

**passageway** ['pæsɪdʒweɪ] N (*in house*) pasillo *m*, corredor *m*; (*between buildings etc*) pasaje *m*

**passbook** ['pɑːsbʊk] N libreta *f* de ahorros

**passé** ['pæseɪ] ADJ pasado de moda

**passel** ['pæsəl] N (*US*) muchedumbre *f*

**passenger** ['pæsndʒə^r] Ⓐ N [1] pasajero/a *m/f*; *see also* **fellow B**, **foot C**
[2] (*pej*) parásito *m*; **I felt like a ~** me sentía como un parásito; **there's no room for ~s in this company** en esta empresa no hay lugar para los gandules
Ⓑ CPD [*jet, ship, train*] de pasajeros ► **passenger door** N (*Aut*) puerta *f* del pasajero ► **passenger list** N lista *f* de pasajeros ► **passenger miles** NPL millas-pasajero *fpl* ► **passenger seat** N (*Aut*) asiento *m* del pasajero

**passe-partout** ['pæspɑːtuː] N paspartú *m*, passe partout *m*

**passer-by** ['pɑːsə'baɪ] N (*pl* **passers-by**) transeúnte *mf*

**passim** ['pæsɪm] ADV passim

**passing** ['pɑːsɪŋ] Ⓐ ADJ [*fad*] pasajero; [*glance*] rápido, superficial; [*remark*] hecho de paso; **a ~ car** un coche que pasaba; **with each ~ day it gets more difficult** cada día se hace más difícil; **~ fancy** capricho *m*; **the story aroused no more than ~ interest** la noticia no despertó más que un interés pasajero; **the speech made only a ~ reference to the Middle East** el discurso hizo sólo una breve alusión a Oriente Medio; **he bears more than a ~ resemblance to Rock Hudson** su parecido con Rock Hudson es notable
Ⓑ N [1] (= *disappearance*) [*of custom, tradition*] desaparición *f*; (*euph*) (= *death*) fallecimiento *m*; **with the ~ of the years** con el paso de los años, conforme van pasando los años; **to mention sth in ~** mencionar algo de paso *or* pasada
[2] (*US Aut*) adelantamiento *m*
[3] (*Parl*) aprobación *f*
Ⓒ CPD ► **passing bell** N toque *m* de difuntos ► **passing lane** N (*US Aut*) carril *m* de adelantamiento ► **passing place** N (*Brit Aut*) apartadero *m* ► **passing shot** N (*Tennis*) tiro *m* pasado

**passing-out** [,pɑːsɪŋ'aʊt] Ⓐ N graduación *f*
Ⓑ CPD ► **passing-out parade** N desfile *m* de promoción

**passion** ['pæʃən] Ⓐ N [1] (= *love*) (*sexual, fig*) pasión *f*; **his ~ for accuracy** su pasión por la exactitud; **I have a ~ for shellfish** el marisco me apasiona; *see also* **crime B**
[2] (= *fervour, emotion*) pasión *f*; **he spoke with great ~** habló con gran pasión; **political ~s are running high** las pasiones políticas están caldeadas; **she has taken to golf with a ~** ha empezado a jugar al golf y le apasiona
[3] (= *anger*) cólera *f*, pasión *f*; **to be in a ~** estar encolerizado; **to do sth in a fit of ~** hacer algo en un arrebato *or* un arranque de cólera *or* pasión; **to fly into a ~** montar en cólera, encolerizarse
[4] (*Rel*) **the Passion** la Pasión; **the St John/St Matthew Passion** la Pasión según San Juan/San Mateo
Ⓑ CPD ► **passion fruit** N granadilla *f* ► **Passion play** N misterio *m* ► **Passion Sunday** N Domingo *m* de Pasión

**passionate** ['pæʃənɪt] ADJ [*affair, love, kiss*] apasionado; [*believer, supporter*] ardiente, ferviente; [*desire*] ardiente, vehemente; [*speech*] apasionado, vehemente; [*belief*] inquebrantable; [*interest*] enorme; **he is ~ in his desire to achieve this** tiene un deseo ardiente *or* vehemente de conseguir esto; **to be ~ about sth** ser un apasionado de algo; **we're both ~ gardeners** a los dos nos apasiona *or* entusiasma la jardinería; **she has a ~ hatred of conservatism** odia a muerte el conservadurismo

**passionately** ['pæʃənɪtlɪ] ADV [*love, embrace, kiss*] apasionadamente, con pasión; [*believe, desire*] ardientemente, fervientemente; **she argued ~ in his defence** abogó con vehemencia en su favor, lo defendió con vehemencia; **he was ~ devoted to his sister** sentía una devoción ciega por su hermana; **I was ~ in**

**love with him** estaba locamente enamorada de él, lo amaba apasionadamente *or* con pasión

**passionflower** ['pæʃən,flaʊəʳ] N pasionaria *f*

**passionless** ['pæʃənlɪs] ADJ [*relationship*] sin pasión, frío

**passive** ['pæsɪv] Ⓐ ADJ (*gen*) pasivo; (= *inactive*) inactivo
Ⓑ N (*Ling*) voz *f* pasiva
Ⓒ CPD ► **passive resistance** N resistencia *f* pasiva ► **passive smoking** N fumar *m* pasivo

**passively** ['pæsɪvlɪ] ADV pasivamente

**passiveness** ['pæsɪvnɪs] N, **passivity** [pæ'sɪvɪtɪ] N pasividad *f*

**Passover** ['pɑːsəʊvəʳ] N Pascua *f* (judía)

**passport** ['pɑːspɔːt] Ⓐ N pasaporte *m*; **the ~ to fame** el pasaporte a la fama; **the money was his ~ to a new life** el dinero le abrió las puertas a una nueva vida
Ⓑ CPD ► **passport control** N control *m* de pasaportes ► **passport holder** N **British ~ holder** titular *mf* de pasaporte británico ► **passport photo(graph)** N foto *f* de pasaporte

**password** ['pɑːswɜːd] N (*gen*) contraseña *f*, santo *m* y seña; (*Comput*) contraseña *f* de acceso

**past** [pɑːst] Ⓐ ADV [1] (*in place*) **she walked slowly ~** pasó despacio; **the days flew ~** los días pasaron volando; **to march ~** desfilar; **to run/rush ~** pasar corriendo/precipitadamente
[2] (*in time*) **it's ten ~** son y diez; **I've been waiting since half ~** llevo esperando desde y media
Ⓑ PREP [1] (*in place*) [1·1] (= *passing by*) por delante de; **we went ~ your house** pasamos por delante de tu casa; **we drove ~ a flock of sheep** pasamos al lado de un rebaño de ovejas con el coche
[1·2] (= *beyond*) más allá de; **just ~ the town hall** un poco más allá del Ayuntamiento; **it's the first house ~ the park** es la primera casa después del parque; **first you have to get ~ a fierce dog** antes de entrar vas a tener que vértelas con un perro fiero; **we couldn't get ~ the crowds of people** no pudimos abrirnos paso entre la muchedumbre; **she just pushed ~ me** pasó pegándome un empujón; **to run ~ sb** pasar a algn corriendo
[2] (*in time*) **quarter/half ~ four** las cuatro y cuarto/media; **at twenty ~ four** a las cuatro y veinte; **it's ~ twelve** son las doce pasadas; **it's long ~ the time he normally gets back** él normalmente hubiese llegado hace tiempo; **it's ~ your bedtime** ya tenías que estar durmiendo
[3] (= *beyond the limits of*) **he's ~ 40** tiene más de 40 años; **it's ~ mending** ya no tiene remedio; **it's ~ belief** es increíble; **I'm ~ caring** ya me trae sin cuidado; **it's ~ endurance** es intolerable; ✦*IDIOMS* **to be ~ it*** [*person*] estar para el arrastre*; **those jeans are a bit ~ it** esos vaqueros ya están como para jubilarlos*; **I wouldn't put it ~ him*** no me extrañaría en él, lo creo capaz hasta de eso
Ⓒ ADJ [1] (= *previous*) [*occasion*] anterior; **~ experience tells me not to trust him** sé por experiencia que no debo fiarme de él; **I'm not interested in his ~ life** no me interesa su pasado; **we must have met in a ~ life** seguro que nos hemos conocido en una vida anterior; **in ~ years** en años anteriores
[2] (= *former*) antiguo; **~ president of …** antiguo presidente de …, ex presidente de …; **her ~ and present pupils** sus alumnos de ayer y de hoy
[3] (= *most recent, last*) último; **the ~ few weeks have been hell** las últimas semanas han sido un verdadero infierno; **she has got worse in the ~ few days** su condición ha empeorado en los últimos días; **what has happened over the ~ week/year?** ¿qué ha pasado en la última semana/el último año?
[4] (= *over*) **all that is ~ now** todo eso ya ha pasado, todo eso ya ha quedado atrás; **what's ~ is ~** lo pasado, pasado (está); **those days are ~ now** aquellos tiempos pasaron ya; **for some time ~** de un tiempo a esta parte; **in times ~** antiguamente, antaño (*liter*)
[5] ✦*IDIOM* **to be a ~ master at (doing) sth** ser un maestro consumado en (hacer) algo
Ⓓ N [1] (= *past times*) **the ~** el pasado; **you mustn't dwell on the ~** no debes pensar demasiado en el pasado; **you can't change the ~** no puedes cambiar el pasado; **in the ~ it was considered bad manners to …** antes *or* antiguamente se consideraba de mala educación hacer …; **I've always done it like this in the ~** yo siempre lo he hecho así; **you're living in the ~** estás viviendo en el pasado; **it's a thing of the ~** pertenece a la historia
[2] [*of person*] pasado *m*; [*of place*] historia *f*; **a woman with a ~** una mujer con pasado; **a town with a ~** una ciudad con historia
[3] (*Ling*) pasado *m*, pretérito *m*
Ⓔ CPD ► **past participle** N (*Ling*) participio *m* pasado *or* pasivo ► **past perfect** N (*Ling*) pluscuamperfecto *m* ► **past tense** N (*Ling*) (tiempo *m*) pasado *m*

**pasta** ['pæstə] N pasta(s) *f(pl)*

**paste** [peɪst] Ⓐ N [1] (= *substance, consistency*) pasta *f*; (*Culin*) pasta *f*; (= *glue*) engrudo *m*, cola *f*; **anchovy ~** pasta *f* de anchoas; **fish ~** paté *m* de pescado; **tomato ~** concentrado *m* de tomate
[2] (= *diamond-like material*) estrás *m*; (= *costume jewellery*) bisutería *f*, joyas *fpl* de imitación *or* de fantasía; **it's only ~** es bisutería
Ⓑ VT [1] (= *put paste on*) engomar, encolar; (= *stick with paste*) pegar; **to ~ sth into/onto sth** pegar algo a algo; **to ~ sth to a wall** pegar algo a una pared
[2] (*) (= *beat*) pegar; (*Sport*) cascar*, dar una paliza a*
Ⓒ CPD [*jewellery*] (*lit*) de estrás; (*costume*) de fantasía

►**paste up** VT + ADV [+ *notice*] pegar; (*Typ*) armar

**pasteboard** ['peɪstbɔːd] Ⓐ N cartón *m*
Ⓑ CPD de cartón

**pastel** ['pæstəl] Ⓐ N [1] (= *crayon, colour*) pastel *m*; (= *drawing*) pintura *f* al pastel
[2] **pastels** (= *crayons*) pasteles *mpl*; (= *colours*) colores *mpl* pastel
Ⓑ ADJ [*colour, shade, blue*] pastel; [*drawing*] al pastel

**pastern** ['pæstɜːn] N cuartilla *f* (del caballo)

**pasteurization** [,pæstəraɪ'zeɪʃən] N paste(u)rización *f*

**pasteurize** ['pæstəraɪz] VT paste(u)rizar

**pasteurized** ['pæstəraɪzd] ADJ paste(u)rizado

**pastiche** [pæs'tiːʃ] N pastiche *m*, imitación *f*

**pastille** ['pæstɪl] N pastilla *f*

**pastime** ['pɑːstaɪm] N pasatiempo *m*

**pasting*** ['peɪstɪŋ] N paliza *f*; **to give sb a ~** dar una paliza a algn; **the city took a ~ during the war** la ciudad fue muy castigada durante la guerra; **he got a ~ from the critics** los críticos fueron muy duros con él

**pastor** ['pɑːstəʳ] N pastor(a) *m/f*

**pastoral** ['pɑːstərəl] Ⓐ ADJ [*care, economy*] pastoral; (*Rel*) pastoral; (*Literat*) pastoril; **~ letter** = **B**
Ⓑ N (*Rel*) pastoral *f*

**pastrami** [pə'strɑːmɪ] N *especie de embutido ahumado a base de carne de vaca con especias*

**pastry** ['peɪstrɪ] Ⓐ N (= *dough*) masa *f*; (= *cake*) pastel *m*
Ⓑ CPD ► **pastry board** N tabla *f* de amasar ► **pastry brush** N cepillo *m* de repostería ► **pastry case** N cobertura *f* de pasta ► **pastry cook** N pastelero/a *m/f*, repostero/a *m/f* ► **pastry cutter** N cortador *m* de masa ► **pastry shop** N pastelería *f*, repostería *f*

**pasturage** ['pɑːstjʊrɪdʒ] N = **pastureland**

**pasture** ['pɑːstʃəʳ] Ⓐ N (= *field*) pasto *m*, prado *m*; (= *pastureland*) tierra(s) *f(pl)* de pastoreo; **to put animals out to ~** apacentar *or* pastorear el ganado; **they're putting me out to ~** (*fig*) (*hum*) me echan al pasto (como a caballo viejo); ✦*IDIOM* **to seek ~s new** buscar nuevos horizontes
Ⓑ VT [+ *animals*] apacentar, pastorear; [+ *grass*] comer, pacer
Ⓒ VI pastar, pacer

**pastureland** ['pɑːstʃəlænd] N pradera *f*, tierra(s) *f(pl)* de pastoreo

**pasty**[1] ['pæstɪ] N (*Brit*) (= *pie*) pastel *m* (de carne), empanada *f*

**pasty**[2] ['peɪstɪ] ADJ [*substance*] pastoso; [*complexion*] pálido; **to look ~** estar pálido

**pasty-faced** ['peɪstɪ,feɪst] ADJ pálido, de cara pálida

**pat**[1] [pæt] Ⓐ N [1] (= *light blow*) palmadita *f*, golpecito *m*; (= *caress*) caricia *f*; **to give sb a ~ on the back** (*lit*) dar a algn una palmada en la espalda; (*fig*) felicitar a algn; **to give o.s. a ~ on the back** (*fig*) felicitarse a sí mismo
[2] [*of butter*] porción *f*
Ⓑ VT (= *touch*) [+ *hair, face etc*] tocar, pasar la mano por; (= *tap*) dar una palmadita en; [+ *child's head, dog*] acariciar

**pat**[2] [pæt] Ⓐ ADV **he knows it (off) ~** lo sabe al dedillo *or* de memoria; **he always has an excuse just ~** siempre tiene su excusa lista; **the answer came too ~** dio su respuesta con demasiada prontitud; ✦*IDIOM* **to stand ~** (*US*) mantenerse firme *or* en sus trece
Ⓑ ADJ [*answer*] fácil

**Pat** [pæt] N (*familiar form*) *of* **Patrick, Patricia**

**pat.** ABBR (= **patent(ed)**) pat.

**Patagonia** [,pætə'gəʊnɪə] N Patagonia *f*

**Patagonian** [,pætə'gəʊnɪən] Ⓐ ADJ patagón, patagónico
Ⓑ N patagón/ona *m/f*

**patch** [pætʃ] Ⓐ N [1] (= *mend*) (*on clothing*) remiendo *m*, parche *m*; (*on tyre, wound*) parche *m*; ✦*IDIOM* **this book's not a ~ on the other one*** este libro no tiene ni punto de comparación con el otro
[2] (= *stain*) mancha *f*; (= *small area*) pedazo *m*; **a ~ of oil** una mancha de aceite; **a ~ of blue sky** un pedazo de cielo azul, un claro; **a ~ of blue flowers** un área de flores azules; **the team is going through a bad ~** el equipo está pasando por una mala racha; **then we hit a bad ~ of road** dimos luego con un tramo de carretera bastante malo
[3] (= *piece of land*) parcela *f*, terreno *m*; *see also* **vegetable B**
[4] (*) (= *territory*) territorio *m*; **but this is their ~** pero éste es territorio de ellos; **they must get off our ~** tienen que largarse de nuestro territorio*
[5] (*Comput*) ajuste *m*
Ⓑ VT [+ *garment, hole*] remendar, poner re-

miendos a; **a pair of ~ed jeans** unos vaqueros con remiendos

►**patch together** VT + ADV [+ *solution, agreement, coalition, government*] improvisar

►**patch up** VT + ADV [+ *clothes*] remendar provisionalmente; [+ *car, machine*] arreglar provisionalmente; [+ *cut, wound*] vendar; [+ *marriage, relationship*] salvar; **the doctor soon ~ed him up** el doctor enseguida le curó las heridas; **to ~ things up (with sb)** hacer las paces (con algn); **they ~ed up their differences** resolvieron sus diferencias

**patchwork** ['pætʃwɜːk] Ⓐ N [1] labor *f* de retazos, arpillería *f* (*LAm*)
[2] (*fig*) **a ~ of fields** un mosaico de campos; **their policy is a ~ of half-measures** su política es un conjunto fragmentario de medias tintas
Ⓑ CPD ► **patchwork quilt** N edredón *m* de retazos multicolores

**patchy** ['pætʃɪ] ADJ (*compar* **patchier**; *superl* **patchiest**) [*performance*] desigual, poco uniforme; [*knowledge*] incompleto; [*clouds*] disperso; [*fog*] discontinuo

**pate**† [peɪt] N mollera *f*, testa *f*; **bald ~** calva *f*

**pâté** ['pæteɪ] N paté *m*

**patella** [pə'telə] N (*pl* **patellae** [pə'teliː]) rótula *f*

**paten** ['pætən] N patena *f*

**patent** ['peɪtənt] Ⓐ ADJ [1] (*frm*) (= *obvious*) patente, evidente
[2] (= *patented*) [*invention*] patentado
Ⓑ N patente *f*; **~ applied for** ◊ **~ pending** patente en trámite; **to take out a ~** obtener una patente
Ⓒ VT patentar
Ⓓ CPD ► **patent agent** N agente *mf* de patentes ► **Patent and Trademark Office** N (*US*) = **Patent Office** ► **patent law** N derecho *m* de patentes ► **patent leather** N charol *m* ► **patent medicine** N específico *m* ► **patent office** N oficina *f* de patentes ► **Patent Office** N (*Brit*) *registro de la propiedad industrial* ► **patent rights** NPL derechos *mpl* de patente

**patentable** ['peɪtəntəbl] ADJ patentable

**patentee** [ˌpeɪtən'tiː] N poseedor(a) *m/f* de patente

**patently** ['peɪtəntlɪ] ADV evidentemente; **to be ~ obvious** saltar a la vista, ser evidente; **a ~ untrue statement** una declaración de evidente falsedad

**patentor** ['peɪtəntə<sup>r</sup>] N *individuo u organismo que otorga una patente*

**pater**†* ['peɪtə<sup>r</sup>] N (*esp Brit*) **the ~** el viejo*

**paterfamilias** ['peɪtəfə'mɪlɪæs] N (*pl* **patresfamilias** [ˌpɑːtreɪzfə'mɪlɪæs]) padre *m* de familia

**paternal** [pə'tɜːnl] ADJ [1] (= *fatherly*) [*love, feelings*] paterno, paternal; [*authority*] paterno; [*pride*] de padre
[2] (= *on the father's side*) [*grandparent*] por parte de padre, paterno

**paternalism** [pə'tɜːnəlɪzəm] N paternalismo *m*

**paternalist** [pə'tɜːnəlɪst] ADJ paternalista

**paternalistic** [pəˌtɜːnə'lɪstɪk] ADJ paternalista

**paternally** [pə'tɜːnəlɪ] ADV paternalmente; **he said ~** dijo paternal

**paternity** [pə'tɜːnɪtɪ] Ⓐ N paternidad *f*
Ⓑ CPD ► **paternity leave** N permiso *m* por paternidad, licencia *f* de paternidad ► **paternity suit** N (*Jur*) litigio *m* de paternidad ► **paternity test** N prueba *f* de la paternidad

**paternoster** ['pætə'nɒstə<sup>r</sup>] N padrenuestro *m*

**path** [pɑːθ] N (*pl* **paths** [pɑːðz]) [1] (*also* **~way, footpath**) (= *track*) (*surfaced*) camino *m*; (*unsurfaced*) camino *m*, sendero *m*; **feet had worn a ~ in the rock** las pisadas habían formado un camino *or* un sendero sobre la piedra; **they hacked a ~ through the jungle** se abrieron camino a machetazos a través de la jungla; *see also* **cycle C**, **garden C**
[2] (= *course*) [*of person, vehicle*] camino *m*; [*of missile, sun, storm*] trayectoria *f*; **the earth's ~ round the sun** la trayectoria de la tierra alrededor del sol; **the hurricane destroyed everything in its ~** el huracán destruyó todo a su paso; **he stepped into the ~ of an oncoming car** se cruzó en el camino de un coche que se acercaba; *see also* **flight**
[3] (= *way forward*) paso *m*; **a group of reporters blocked his ~** un grupo de periodistas le cerraba el paso
[4] (*fig*) [4·1] (= *route*) camino *m*; **I hope never to cross ~s with him again** espero no volvérmelo a encontrar nunca, espero no volver a toparme con él nunca; **our ~s first crossed in Milan** nuestros caminos se cruzaron por primera vez en Milán, la primera vez que coincidimos fue en Milán; **these measures helped smooth the ~ to independence** estas medidas ayudaron a allanar *or* facilitar el camino hacia la independencia; ✦***IDIOM*** **to beat a ~ to sb's door** asediar a algn; *see also* **garden**, **primrose C**
[4·2] (= *course of action*) **I wouldn't go down that ~ if I were you** yo en tu lugar no haría eso

**pathetic** [pə'θetɪk] Ⓐ ADJ [1] (= *piteous*) [*sight*] patético, lastimoso; [*smile*] conmovedor; **it was ~ to see him like that** daba verdadera lástima *or* pena verlo así; **a ~ creature** un pobre infeliz
[2] (*) (= *useless*) [*excuse, attempt*] pobre; **it was a ~ performance** fue una actuación penosa *or* que daba pena; **~, isn't it?** da pena ¿no?
Ⓑ CPD ► **pathetic fallacy** N (*Literat*) engaño *m* sentimental, falacia *f* patética

**pathetically** [pə'θetɪklɪ] ADV [1] (= *piteously*) [*whimper, moan*] lastimeramente; [*say*] con voz lastimera; **~ thin/weak** tan delgado/débil que da/daba pena; **she was ~ grateful** su gratitud resultaba penosa
[2] (= *uselessly*) [*play, perform*] que da/daba pena; **a ~ inadequate answer** una respuesta patética

**pathfinder** ['pɑːθˌfaɪndə<sup>r</sup>] N explorador(a) *m/f*; (*Mil*) *avión o paracaidista que indica un objetivo militar dejando caer bengalas*

**pathogen** ['pæθəʊdʒen] N patógeno *m*

**pathogenic** [pæθə'dʒenɪk] ADJ patógeno

**pathological** [ˌpæθə'lɒdʒɪkəl] ADJ (*lit, fig*) patológico

**pathologically** [ˌpæθə'lɒdʒɪkəlɪ] ADV patológicamente; **to be ~ jealous** tener celos patológicos

**pathologist** [pə'θɒlədʒɪst] N patólogo/a *m/f*

**pathology** [pə'θɒlədʒɪ] N patología *f*

**pathos** ['peɪθɒs] N patetismo *m*

**pathway** ['pɑːθweɪ] N camino *m*, sendero *m*; = **path A1**

**patience** ['peɪʃəns] N [1] paciencia *f*; **my ~ is exhausted** se me ha acabado *or* agotado la paciencia; **you must have ~** hay que tener paciencia; **I have no ~ with you** ya no te aguanto más; **he has no ~ with fools** no soporta a los tontos; **to lose one's ~ (with sth/sb)** perder la paciencia (con algo/algn); **to try sb's ~** poner a prueba la paciencia de algn; ✦***IDIOMS*** **to have the ~ of a saint** tener más paciencia que un santo; **to possess one's soul in ~** armarse de paciencia
[2] (*Brit Cards*) solitario *m*; **to play ~** hacer un solitario

**patient**[1] ['peɪʃənt] ADJ [*person*] paciente; [*explanation*] detallado; **to be ~** tener paciencia; **you must be ~** hay que tener paciencia; **we have been ~ long enough!** ¡se nos está acabando *or* agotando la paciencia!; **to be ~ with sb** tener paciencia con algn

**patient**[2] ['peɪʃənt] Ⓐ N (*on doctor's list*) paciente *mf*; (*having medical treatment*) enfermo/a *m/f*; *see also* **cancer**, **mental**
Ⓑ CPD ► **patient care** N cuidado *m* de los enfermos

**patiently** ['peɪʃəntlɪ] ADV con paciencia, pacientemente

**patina** ['pætɪnə] N pátina *f*

**patio** ['pætɪəʊ] Ⓐ N patio *m*
Ⓑ CPD ► **patio doors** NPL puertas *fpl* que dan al patio

**patois** ['pætwɑː] N (*pl* **patois**) dialecto *m*, jerga *f*

**pat. pend.** ABBR = **patent pending**

**patriarch** ['peɪtrɪɑːk] N (*Rel*) patriarca *m*

**patriarchal** [ˌpeɪtrɪ'ɑːkəl] ADJ patriarcal

**patriarchy** ['peɪtrɪˌɑːkɪ] N patriarcado *m*

**Patricia** [pə'trɪʃə] N Patricia

**patrician** [pə'trɪʃən] Ⓐ ADJ patricio
Ⓑ N patricio/a *m/f*

**patricide** ['pætrɪsaɪd] N (= *crime*) patricidio *m*; (= *person*) patricida *mf*

**Patrick** ['pætrɪk] N Patricio

**patrimony** ['pætrɪmənɪ] N patrimonio *m*

**patriot** ['peɪtrɪət] N patriota *mf*

**patriotic** [ˌpætrɪ'ɒtɪk] ADJ patriótico

**patriotically** ['pætrɪ'ɒtɪkəlɪ] ADV patrióticamente

**patriotism** ['pætrɪətɪzəm] N patriotismo *m*

**patrol** [pə'trəʊl] Ⓐ N (*gen*) patrulla *f*; (= *night patrol*) ronda *f*; (*in Scouts*) patrulla *f*; **to be on ~** estar de patrulla
Ⓑ VT [+ *streets*] patrullar por; [+ *frontier*] patrullar; **the frontier is not ~led** la frontera no tiene patrullas
Ⓒ VI patrullar; **he ~s up and down** se pasea de un lado a otro
Ⓓ CPD ► **patrol boat** N patrullero *m*, (lancha *f*) patrullera *f* ► **patrol car** N (*Brit*) coche *m* patrulla ► **patrol leader** N jefe *m* de patrulla ► **patrol wagon** N (*US*) coche *m* celular

**patrolman** [pə'trəʊlmən] N (*pl* **patrolmen**) [1] (*US*) guardia *m*, policía *m*
[2] (*Aut*) *mecánico del servicio de ayuda en carretera*

**patrolwoman** [pə'trəʊlˌwʊmən] N (*pl* **patrolwomen**) (*US*) mujer *f* policía; (*Brit Aut*) *mecánica del servicio de ayuda en carretera*

**patron** ['peɪtrən] Ⓐ N [*of charity, society*] patrocinador(a) *m/f*; (*Comm*) [*of shop, hotel*] cliente/a *m/f*; **a ~ of the arts** un mecenas
Ⓑ CPD ► **patron saint** N patrono/a *m/f*

**patronage** ['pætrənɪdʒ] N (= *support*) patrocinio *m*; (= *clients*) clientela *f*; [*of the arts*] mecenazgo *m*; (*political*) apoyo *m*; (*Rel*) patronato *m*; **under the ~ of** patrocinado por, bajo los auspicios de

**patroness** ['peɪtrənes] N [*of enterprise*] patrocinadora *f*; [*of the arts*] mecenas *f*

**patronize** ['pætrənaɪz] VT [1] (= *treat condescendingly*) tratar con condescendencia
[2] (= *be customer of*) [+ *shop*] ser cliente de, comprar en; [+ *hotel, cinema*] frecuentar; [+ *services*] usar, utilizar; **the shop is well ~d** la tienda tiene mucha clientela, la tienda está muy acreditada
[3] (= *support*) [+ *enterprise*] patrocinar, apoyar

**patronizing** ['pætrənaɪzɪŋ] ADJ [*person, attitude*] condescendiente; **a few ~ remarks** unas cuantas observaciones dichas en tono condescendiente

**patronizingly** ['pætrənaɪzɪŋlɪ] ADV con condescendencia

**patronymic** [,pætrə'nɪmɪk] Ⓐ ADJ patronímico
Ⓑ N patronímico *m*

**patsy*** ['pætsɪ] N (*US*) bobo/a *m/f*, primo* *m*

**patten** ['pætn] N zueco *m*, chanclo *m*

**patter**[1]* ['pætə<sup>r</sup>] Ⓐ N (= *talk*) labia *f*; [*of salesman*] rollo* *m*, discursito* *m*; **the guy has some very clever ~** el tipo *or* (*Sp*) el tío tiene unos argumentos muy hábiles
Ⓑ VI (*also* **to ~ on**) charlar, parlotear (**about** de)

**patter**[2] ['pætə<sup>r</sup>] Ⓐ N [*of feet*] golpeteo *m*; [*of rain*] tamborileo *m*; **we shall soon hear the ~ of tiny feet** (*hum*) pronto habrá un niño en la casa
Ⓑ VI [*feet*] golpetear; (*rain*) golpetear, tamborilear; (*also* **to ~ about**) [*person, small animal*] corretear; **he ~ed over to the door** fue con pasos ligeros a la puerta

**pattern** ['pætən] Ⓐ N [1] (= *design*) dibujo *m*; **a fabric in** *or* **with a floral ~** una tela con un dibujo *or* diseño floral; **to draw a ~** hacer un dibujo
[2] (*Sew, Knitting*) patrón *m*, molde *m* (*S. Cone*)
[3] (*fig*) (= *system, order*) **a clear ~ began to emerge** empezaron a surgir unas pautas definidas; **behaviour ~** modelo *m* de comportamiento; **a healthy eating ~** unos hábitos alimenticios sanos; **the ~ of events** el curso de los hechos; **to follow a ~** seguir unas pautas; **my daily routine doesn't follow any set ~** mi rutina diaria no sigue unas pautas definidas; **it is following the usual ~** se está desarrollando como siempre *or* según las pautas; **a system of government on the British ~** un sistema de gobierno basado en el modelo británico; **it set a ~ for other conferences** marcó las pautas para otros congresos, creó el modelo para otros congresos; **sleep ~(s)** hábitos *mpl* de dormir; **weather ~(s)** condiciones *fpl* meteorológicas; **work ~(s)** costumbres *fpl* de trabajo
Ⓑ VT [1] (= *model*) **to ~ sth after** *or* **on sth**: **a building ~ed after a 14th century chapel** un edificio modelado sobre una capilla del siglo XIV; **action movies ~ed on Rambo** películas *fpl* de acción que siguen el modelo de Rambo
[2] (= *mark*) estampar
Ⓒ CPD ► **pattern book** N [*of wallpaper, fabrics*] muestrario *m*; (*Sew, Knitting*) libro *m* de patrones ► **pattern recognition** N reconocimiento *m* de formas

**patterned** ['pætənd] ADJ estampado

**patterning** ['pætənɪŋ] N diseño *m*, dibujo *m*

**pattern-maker** ['pætən'meɪkə<sup>r</sup>] N carpintero/a *m/f* modelista

**patty** ['pætɪ] N empanada *f*

**paucity** ['pɔːsɪtɪ] N escasez *f*, insuficiencia *f*

**Paul** [pɔːl] N Pablo; (= *Saint*) Pablo; (= *Pope*) Paulo; *see also* **John**

**Pauline**[1] ['pɔːlaɪn] ADJ **the ~ Epistles** las Epístolas de San Pablo

**Pauline**[2] ['pɔːliːn] N Paulina

**paunch** [pɔːntʃ] N panza* *f*, barriga* *f*; **to have a ~** tener panza*, ser barrigón*

**paunchy** ['pɔːntʃɪ] ADJ panzudo*, barrigudo*

**pauper** ['pɔːpə<sup>r</sup>] N pobre *mf*, indigente *mf*; **~'s grave** fosa *f* común

**pauperism** ['pɔːpərɪzəm] N pauperismo *m*

**pauperization** [,pɔːpəraɪ'zeɪʃən] N pauperización *f*, empobrecimiento *m*

**pauperize** ['pɔːpəraɪz] VT pauperizar, empobrecer

**pause** [pɔːz] Ⓐ N [1] (= *interruption*) pausa *f* (*also Mus*); (= *silence*) silencio *m*; (= *rest*) descanso *m*; **after a moment's ~ he went on speaking** tras una breve pausa continuó hablando; **there was a ~ while the rest came in** se hizo una pausa mientras entraban los demás; **there was a ~ for refreshments** hubo un descanso para tomar refrigerios; **there was an awkward ~ in the conversation** se produjo un silencio incómodo en medio de la conversación; **to give sb ~** ◊ **give ~ to sb** hacer vacilar a algn; **to give sb ~ for thought** dar que pensar a algn; **without (a) ~** sin interrupción
[2] (*on cassette-player*) botón *m* de pausa
Ⓑ VI (*in activity*) hacer un descanso; (*when speaking*) callarse (momentáneamente), detenerse; (*when moving*) detenerse; **we ~d for a break half-way through the afternoon** paramos a descansar a media tarde; **let's ~ here** hagamos un descanso aquí; **it made him ~** le hizo vacilar; **to ~ for breath** detenerse para tomar aliento
Ⓒ CPD ► **pause button** N botón *m* de pausa

**pave** [peɪv] VT (*gen*) pavimentar; (*with flagstones*) enlosar; (*with stones*) adoquinar, empedrar; (*with bricks*) enladrillar; **the streets are ~d with gold** se atan los perros con longaniza; ✦**IDIOM to ~ the way for sth/sb** preparar el terreno para algo/algn

**paved** [peɪvd] ADJ [*road*] asfaltado, pavimentado; (*with flagstones, tiles*) [*garden, courtyard, path*] enlosado

**pavement** ['peɪvmənt] Ⓐ N (*Brit*) acera *f*, vereda *f* (*LAm*), andén *m* (*CAm, Col*), banqueta *f* (*Mex*); (*US*) calzada *f*, pavimento *m*; **brick ~** enladrillado *m*; **stone ~** empedrado *m*, adoquinado *m*; **to leave the ~** (*US Aut*) salir de la calzada
Ⓑ CPD ► **pavement artist** N pintor(a) *m/f* callejero/a ► **pavement café** N café *m* con terraza, café *m* al aire libre

**pavilion** [pə'vɪlɪən] N (*for band*) quiosco *m*; (*Sport*) caseta *f*, vestuario *m*; (*at trade fair*) pabellón *m*

**paving** ['peɪvɪŋ] Ⓐ N [*of concrete*] pavimento *m*; [*of flagstones*] enlosado *m*; [*of stones*] adoquinado *m*, empedrado *m*; [*of brick*] enladrillado *m*
Ⓑ CPD ► **paving stone** N adoquín *m*, baldosa *f* (*LAm*); (= *flagstone*) losa *f*

**Pavlovian** [pæv'ləʊvɪən] ADJ pavloviano

**paw** [pɔː] Ⓐ N [1] [*of animal*] pata *f*; [*of cat*] garra *f*; [*of lion*] zarpa *f*, garra *f*
[2] (*) (= *hand*) manaza* *f*
Ⓑ VT [1] [*animal*] tocar con la pata; [*lion*] dar zarpazos a; **to ~ the ground** [*horse*] piafar
[2] (*pej*) (= *touch*) [+ *person*] manosear, tocar; (*amorously*) sobar; **stop ~ing me!** ¡fuera las manos!
Ⓒ VI **to ~ at sth** [*animal*] tocar algo con la pata; (*to wound*) dar zarpazos a algo

**pawl** [pɔːl] N trinquete *m*

**pawn**[1] [pɔːn] N (*Chess*) peón *m*; (*fig*) instrumento *m*; **they simply used me as a ~** se aprovecharon de mí como mero instrumento; **he was just a ~ in their game** era sólo un títere en sus manos

**pawn**[2] [pɔːn] Ⓐ N **to be in ~** estar en prenda, estar empeñado; **the country is in ~ to foreigners** el país está empeñado a extranjeros; **to leave** *or* **put sth in ~** dejar algo en prenda, empeñar algo
Ⓑ VT empeñar
Ⓒ CPD ► **pawn ticket** N papeleta *f* de empeño

**pawnbroker** ['pɔːn,brəʊkə<sup>r</sup>] N prestamista *mf*; **~'s = pawnshop**

**pawnshop** ['pɔːnʃɒp] N monte *m* de piedad, casa *f* de empeños

**pawpaw** ['pɔːpɔː] N [1] (*Brit*) = **papaya**
[2] (*US*) asimina *f*, chirimoya *f*

**pax** [pæks] N [1] **pax!** (*Brit*) ¡me rindo!
[2] (*Rel*) beso *m* de la paz

**pay** [peɪ] (*vb: pt, pp* **paid**) Ⓐ N (= *wages*) [*of professional person*] sueldo *m*; [*of worker*] salario *m*, sueldo *m*; [*of day labourer*] jornal *m*; (= *payment*) paga *f*; **the ~'s not very good** no pagan muy bien; **to draw** *or* **get one's ~** cobrar; **to be in sb's ~** estar al servicio de algn; **agents in the enemy's ~** agentes *mpl* al servicio del enemigo
Ⓑ VT [1] [+ *bill, duty, fee*] pagar; [+ *account*] liquidar; [+ *debt*] saldar, liquidar; [+ *employee, worker*] pagar a; **to ~ sb £10** pagar 10 libras a algn; **how much is there to ~?** ¿cuánto hay que pagar?; **to ~ sb to do a job** pagar a algn para que haga un trabajo; **"paid"** (*on receipted bill*) "pagado"; **to ~ sth on account** pagar algo a cuenta; **a badly paid worker** un obrero mal pagado; **to ~ cash (down)** pagar al contado; **I paid £5 for that record** pagué 5 libras por ese disco; **how much did you ~ for it?** ¿cuánto pagaste por él?, ¿cuánto te costó?; **that's what you're paid for** para eso te pagan; **it's a service that has to be paid for** es un servicio que hay que pagar; **to be** *or* **get paid on Fridays** cobrar los viernes; **when do you get paid?** ¿cuándo cobras?; **does your current account ~ interest?** ¿le rinde intereses su cuenta corriente?; **to ~ money into an account** ingresar dinero en una cuenta; **to ~ one's way** pagarse los gastos; *see also* **paid**
[2] (= *be profitable to*) **it wouldn't ~ him to do it** (*lit*) no le compensaría hacerlo; (*fig*) no le valdría la pena hacerlo; **but it paid him in the long run** pero a la larga le fue provechoso
[3] [+ *attention*] prestar (**to** a); [+ *homage*] rendir (**to** a); [+ *respects*] ofrecer, presentar; **to ~ sb a visit** *or* **call** ◊ **to ~ a visit to** *or* **a call on sb** ir a ver a algn; *see also* **heed**, **penalty A1**, **respect A1**
Ⓒ VI [1] pagar; **don't worry, I'll ~** no te preocupes, lo pago yo; **to ~ in advance** pagar por adelantado; **can I ~ by cheque?** ¿puedo pagar con cheque?; **to ~ for sth** pagar algo; **they paid for her to go** pagaron para que fuera; **to ~ in full** pagarlo todo, pagar la cantidad íntegra; **to ~ in instalments** pagar a plazos
[2] [*job*] **his job ~s well** tiene un buen sueldo, el trabajo le paga bien
[3] (= *be profitable*) [*business*] rendir, ser rentable; **the business doesn't ~** el negocio no es rentable; **it ~s to advertise** compensa hacer publicidad; **it ~s to be courteous/tell the truth** vale la pena ser cortés/decir la verdad; *see also* **crime**
[4] (*fig*) (= *suffer*) pagar; **she paid for it with her life** le costó la vida; **they made him ~ dearly for it** le hicieron pagarlo muy caro; **you'll ~ for this!** ¡me las pagarás!
Ⓓ CPD ► **pay as you earn** (*Brit*), **pay-as-you-go** (*US*) N retención *f* fiscal (hecha por la empresa) ► **pay award** N adjudicación *f* de aumento de salarios ► **pay bargaining** N negociación *f* salarial ► **pay bed** N cama *f* de pago ► **pay cheque** N cheque *m* de la paga; (= *salary*) sueldo *m* ► **pay desk** N caja *f*

► **pay dirt** N (*US*) grava *f* provechosa; ♦*IDIOM* **to hit** *or* **strike ~ dirt** dar con un filón de oro ► **pay envelope** N (*US*) sobre *m* de la paga ► **pay increase** N incremento *m* salarial ► **pay negotiations** NPL negociaciones *fpl* salariales ► **pay office** N caja *f*, pagaduría *f* ► **pay packet** N (*Brit*) sobre *m* de la paga ► **pay pause**† N congelación *f* de sueldos y salarios ► **pay phone** N (*Brit*) teléfono *m* público ► **pay policy** N política *f* salarial ► **pay rise** N incremento *m* salarial ► **pay round** N serie *f* de negociaciones salariales ► **pay scale** N escala *f* salarial ► **pay slip** N nómina *f*, hoja *f* salarial *or* de sueldo ► **pay station** N (*US*) teléfono *m* público ► **pay structure** N estructura *f* salarial ► **pay talks** NPL = **pay negotiations** ► **pay television** N televisión *f* de pago

►**pay back** VT + ADV [1] [+ *money*] devolver; (*frm*) restituir, reintegrar; [+ *loan*] pagar
[2] [+ *person*] **to ~ sb back for sth/doing sth**: **I'll ~ you back for the meal tomorrow** te devuelvo el dinero de la comida mañana; **I'll never be able to ~ you back for all you've done** nunca podré corresponderte por todo lo que has hecho; **I'll ~ you back for betraying me!** te voy a hacer pagar caro tu traición; **I'll ~ you back for this!** ¡me las vas a pagar!; ♦*IDIOM* **to ~ sb back in his own coin** pagar a algn con la misma moneda

►**pay in** (A) VT + ADV [+ *money*] ingresar, depositar; [+ *cheque*] ingresar, abonar
(B) VI + ADV (*at bank*) ingresar dinero

►**pay off** (A) VT + ADV [1] [+ *debt*] liquidar, saldar; [+ *mortgage*] amortizar; **to ~ sth off in instalments** pagar algo a plazos; **to ~ off old scores** ajustar cuentas
[2] (= *discharge*) [+ *workers, crew*] pagar y despedir
(B) VI + ADV merecer *or* valer la pena; **the gamble paid off** mereció *or* valió la pena arriesgarse; **his efforts paid off** sus esfuerzos merecieron *or* valieron la pena; **the investment paid off handsomely** la inversión bien mereció la pena *or* dió muy buenos frutos; **when do you think it will begin to ~ off?** ¿cuándo piensas que empezará a dar resultado?

►**pay out** (A) VT + ADV [1] [+ *money*] (*for purchase*) gastar, desembolsar; (*to shareholder, prizewinner*) pagar
[2] [+ *rope*] ir soltando
[3] (†) (*fig*) desquitarse con; **I'll ~ you out for this!** ¡me las pagarás!
(B) VI + ADV **to ~ out on a policy** pagar una póliza

►**pay up** (A) VT + ADV [+ *insurance premiums, subscription*] abonar; **first you must ~ up what you owe** primero debe abonar la deuda; **I was not worried because I knew my insurance policy was paid up** no estaba preocupada porque sabía que los pagos de mi póliza de seguros estaban al día
(B) VI + ADV pagar (lo que se debe); **~ up!** ¡a pagar!

**payable** [ˈpeɪəbl] ADJ pagadero; **~ to bearer** pagadero al portador; **~ on demand** pagadero a presentación *or* a vista; **to make a cheque ~ to sb** extender un cheque a favor de algn

**payback** [ˈpeɪbæk] (A) N restitución *f*
(B) CPD ► **payback period** N período *m* de restitución

**paycheck** [ˈpeɪtʃek] N (*US*) cheque *m* de la paga; (= *salary*) sueldo *m*

**payday** [ˈpeɪdeɪ] N día *m* de paga

**PAYE** N ABBR (*Brit*) = **pay as you earn**; *see* **pay D**

**payee** [peɪˈiː] N portador(a) *m/f*, tenedor(a) *m/f*; (*on cheque*) beneficiario/a *m/f*; **"account payee only"** (*on cheque*) "cuenta *f* nominal"

**payer** [ˈpeɪəʳ] N pagador(a) *m/f*; **slow ~** ◊ **bad ~** moroso/a *m/f*

**paying** [ˈpeɪɪŋ] (A) ADJ provechoso, rentable; **it's a ~ proposition** es un negocio provechoso
(B) CPD ► **paying bank** N banco *m* pagador ► **paying guest** N huésped(a) *m/f* (de pago), pensionista *mf*

**paying-in slip** [ˌpeɪɪŋˈɪnˌslɪp], **pay-in slip** [ˌpeɪˈɪnˌslɪp] N hoja *f* de ingreso

**payload** [ˈpeɪləʊd] N carga *f* útil

**paymaster** [ˈpeɪmɑːstəʳ] (A) N [1] (oficial *m*) pagador *m*
[2] (*pej*) **the ~s of terrorism** los mecenas del terrorismo
(B) CPD ► **Paymaster General** N (*Brit*) *encargado del departamento del ministerio de Hacienda a través del que se paga a los funcionarios públicos*

**payment** [ˈpeɪmənt] (A) N [1] [*of salary, debt, invoice*] pago *m*; (*for services*) remuneración *f*; **~ of this invoice is now due** ya hay que hacer efectivo el pago de esta factura; **I don't expect ~ for my help** no espero que me paguen por mi ayuda, no espero remuneración por mi ayuda; **as ~ for your help** como pago por tu ayuda; **in ~ for/of** en pago por/de; **to make a ~** efectuar un pago; **to make a ~ into one's account** hacer un depósito *or* (*Sp*) un ingreso en cuenta; **on ~ of £5** mediante pago de cinco libras, pagando cinco libras; **to present sth for ~** presentar algo para el cobro; *see also* **advance D**, **kind B2**, **maintenance B**
[2] (= *instalment*) plazo *m*; **ten monthly ~s of £50** diez plazos mensuales *or* diez mensualidades de 50 libras; **to fall behind with one's/the ~s** atrasarse en los pagos; **to keep up one's/the ~s** mantenerse al día con los pagos
[3] (*fig*) (= *reward*) recompensa *f*, retribución *f*; **a stream of abuse was the only ~ he received** la única recompensa *or* retribución que recibió fue una sarta de insultos
(B) CPD ► **payment card** N tarjeta *f* de pago

**payoff*** [ˈpeɪɒf] N [1] (= *payment*) pago *m*; [*of debt*] liquidación *f* (total)
[2] (= *reward*) recompensa *f*, beneficios *mpl*
[3] (= *vengeance*) ajuste *m* de cuentas, castigo *m*
[4] (= *bribe*) soborno *m*, coima *f* (*Andes, S. Cone*), mordida *f* (*CAm, Mex*)
[5] (= *final outcome, climax*) momento *m* decisivo, desenlace *m*

**payola*** [peɪˈəʊlə] N (*US*) soborno *m*, coima *f* (*Andes, S. Cone*), mordida *f* (*CAm, Mex*)

**payout** [ˈpeɪaʊt] N pago *m*; (= *share-out*) reparto *m*; (*in competition*) premio *m* en metálico; (*from insurance*) indemnización *f*

**pay-per-view** [ˌpeɪpəˈvjuː] ADJ de pago; **~ television** televisión *f* de pago

**payroll** [ˈpeɪrəʊl] (A) N nómina *f* (de sueldos); **to be on a firm's ~** estar en la nómina de una empresa; **he has 1000 people on his ~** tiene una nómina de 1000 empleados
(B) CPD ► **payroll tax** N impuesto *m* sobre la nómina

**PB** ABBR (*Sport*) (= **personal best**) marca *f* personal

**PBAB** ABBR = **please bring a bottle**

**PBS** N ABBR (*US*) = **Public Broadcasting Service**

**PBX** N ABBR (*Telec*) (= **private branch exchange**) *centralita para extensiones*

**PC** (A) N ABBR [1] (= **personal computer**) PC *m*, OP *m*
[2] (*Brit*) (= **police constable**) policía *mf*
[3] (*Brit*) = **Privy Councillor**
(B) ADJ ABBR (*) = **politically correct**

**pc** N ABBR = **postcard**

**p.c.** ABBR (= **per cent**) p.c.

**P/C, p/c** ABBR [1] (*St Ex*) (= **prices current**) cotizaciones *fpl*
[2] (*Comm*) = **petty cash**

**PCA** N ABBR [1] (*Brit*) = **Police Complaints Authority**
[2] = **Professional Chess Association**

**PCB** N ABBR [1] (= **printed circuit board**) TCI *f*
[2] (= **polychlorinated biphenyl**) PCB *m*

**PCC** N ABBR (*Brit*) = **Press Complaints Commission**

**PCFC** N ABBR = **Polytechnics and Colleges Funding Council**

**pcm** ADV ABBR (= **per calendar month**) p/mes

**PCP**® N ABBR [1] (*Drugs*) (= **phencyclidine**) fenciclidina *f*
[2] (*Med*) = **pneumocystis carinii pneumonia**

**PD** N ABBR (*US*) = **police department**

**pd** ABBR (= **paid**) pgdo.

**pdq*** ADV ABBR = **pretty damn quick**

**PDSA** N ABBR (*Brit*) = **People's Dispensary for Sick Animals**

**PDT** N ABBR (*US*) = **Pacific Daylight Time**

**PE** (A) N ABBR (= **physical education**) ed. física
(B) ABBR (*Canada*) = **Prince Edward Island**

**pea** [piː] (A) N guisante *m* (*Sp*), chícharo *m* (*CAm*), arveja *f* (*LAm*), alverja *f* (*LAm*); **sweet ~** guisante *m* de olor (*Sp*), clarín *m* (*Chile*); *see also* **like[1] A**
(B) CPD ► **pea soup** N sopa *f* de guisantes *etc*

**peace** [piːs] (A) N paz *f*; **to be at ~** (*euph*) (= *dead*) descansar en paz; **Egypt is at ~ with Israel** Egipto está en paz con Israel; **a world at ~** un mundo donde reine la paz *or* donde haya paz; **I am at ~ with my conscience** estoy en paz con mi conciencia; **to be at ~ with o.s.** estar en paz consigo mismo; **we come in ~**† (*also hum*) venimos en son de paz; **to disturb the ~** perturbar la paz; (*Jur*) alterar el orden público; **he gave her no ~ until she agreed** no la dejó tranquila *or* en paz hasta que accedió; **to hold** *or* **keep one's ~** guardar silencio; **speak now or forever hold your ~** hable ahora o calle para siempre; **to keep the ~** (*gen*) mantener la paz *or* el orden; (*Jur*) [*citizen*] respetar el orden público; [*police*] mantener el orden público; **to leave sb in ~** dejar a algn tranquilo *or* en paz; **to live in ~ (with sb)** vivir en paz (con algn); **to make ~ (with sb)** hacer las paces (con algn); **~ of mind** tranquilidad *f* (de espíritu); **anything for the sake of ~ and quiet** lo que sea por un poco de tranquilidad; **the ~ and quiet of the woods** la tranquilidad del bosque; **in times of ~** en tiempos de paz; *see also* **breach A1**, **rest[1] C1**
(B) CPD [*agreement, plan, settlement*] de paz; [*campaign, conference*] por la paz ► **peace camp** N campamento *m* por la paz ► **peace campaigner** N *persona que participa en una campaña por la paz* ► **peace conference** N conferencia *f* de paz ► **Peace Corps** N (*US*) Cuerpo *m* de la Paz ► **peace dividend** N beneficios *mpl* reportados por la paz ► **peace initiative** N iniciativa *f* de paz ► **peace movement** N movimiento *m* pacifista

➤ LANGUAGE IN USE: **payment A1** 20.1, 20.6, 20.7, 21.4

► **peace offering** N (*fig*) prenda *f* de paz ► **peace pipe** N pipa *f* de la paz ► **the peace process** N el proceso de paz ► **peace settlement** N acuerdo *m* de paz ► **peace sign** N señal *f* de paz ► **peace studies** NPL (*Univ*) estudios *mpl* de la paz ► **peace talks** NPL negociaciones *fpl* por la paz ► **peace treaty** N tratado *m* de paz

**peaceable** ['pi:səbl] ADJ pacífico

**peaceably** ['pi:səblɪ] ADV [*live, settle*] pacíficamente

**peaceful** ['pi:sfʊl] ADJ [1] (= *non-violent*) [*person, tribe, nation*] pacífico; [*demonstration, protest*] pacífico, no violento; **to live in ~ coexistence (with sb)** convivir pacíficamente (con algn); **to change society by** *or* **through ~ means** cambiar la sociedad por medios pacíficos; **to seek a ~ solution to a conflict** buscar una solución pacífica a un conflicto; **the ~ uses of atomic energy** los usos de la energía atómica para fines pacíficos
[2] (= *calm, untroubled*) [*place, life*] tranquilo; **on a ~ June evening** una tranquila tarde de junio; **it's very ~ here** este es un lugar muy tranquilo; **the streets are ~ after yesterday's fighting** las calles están tranquilas después de las confrontaciones de ayer; **they say it's a ~ way to go** dicen que es una forma de morir sin nada de sufrimiento *or* sin sufrir dolores; **she's had a ~ night** ha pasado buena noche

**peacefully** ['pi:sfəlɪ] ADV [1] (= *non-violently*) [*demonstrate, live, co-exist*] pacíficamente
[2] (= *calmly*) tranquilamente; **he was sleeping ~** dormía tranquilamente; **to die ~** morir sin sufrir

**peacefulness** ['pi:sfʊlnɪs] N (= *calmness*) tranquilidad *f*, paz *f*; (= *non-violent nature*) carácter *m* pacífico

**peacekeeper** ['pi:s,ki:pəʳ] N (*Mil*) tropas *fpl* encargadas de mantener la paz; **UN ~s** tropas *fpl* de las Naciones Unidas encargadas de mantener la paz

**peace-keeping** ['pi:s,ki:pɪŋ] Ⓐ N mantenimiento *m* de la paz
Ⓑ CPD ► **peace-keeping force(s)** N fuerzas *fpl* encargadas de mantener la paz ► **peace-keeping operation** N operación *f* para mantener la paz

**peace-loving** ['pi:s,lʌvɪŋ] ADJ amante de la paz

**peacemaker** ['pi:s,meɪkəʳ] N (= *pacifier*) pacificador(a) *m/f*; (= *conciliator*) conciliador(a) *m/f*

**peacemaking** ['pi:smeɪkɪŋ] Ⓐ N pacificación *f*, negociaciones *mpl* por la paz
Ⓑ ADJ [*efforts, process, role*] pacificador, de conciliación

**peacenik*** ['pi:snɪk] N pacifista *mf*, milikaka *mf* (*Sp*‡)

**peacetime** ['pi:staɪm] N tiempos *mpl* de paz

**peach** [pi:tʃ] Ⓐ N [1] (= *fruit*) melocotón *m* (*Sp*), durazno *m* (*LAm*); (= *tree*) melocotonero *m* (*Sp*), duraznero *m* (*LAm*)
[2] (*) **she's a ~** es un bombón *or* una monada*, es una belleza (*LAm*); **it's a ~ of a job** es un trabajo muy cómodo, es un chollo (*Sp**)
[3] (= *colour*) color *m* (de) melocotón *or* (*LAm*) durazno
Ⓑ ADJ de color melocotón *or* (*LAm*) durazno
Ⓒ CPD ► **peach tree** N melocotonero *m* (*Sp*), duraznero *m* (*LAm*)

**peacock** ['pi:kɒk] Ⓐ N (*pl* **peacocks** *or* **peacock**) pavo *m* real
Ⓑ CPD ► **peacock blue** N azul *m* (de) pavo real

**peacock-blue** [,pi:kɒk'blu:] ADJ azul *inv* (de) pavo real

**pea-green** ['pi:'gri:n] ADJ verde claro

**peahen** ['pi:hen] N pava *f* real

**peak** [pi:k] Ⓐ N [1] [*of mountain*] cumbre *f*, cima *f*; (= *mountain itself*) pico *m*; (= *point*) (*also of roof*) punta *f*; (*on graph*) pico *m*; **beat the egg whites until stiff ~s form** bata las claras de huevo a punto de nieve
[2] [*of cap*] visera *f*
[3] (= *high point*) [*of career, fame, popularity*] cumbre *f*, cúspide *f*; **during the ~ of the war in Nicaragua** cuando la guerra en Nicaragua era más intensa; **she died <u>at</u> the ~ of her career** murió cuando estaba en la cumbre *or* la cúspide de su carrera; **to be at the ~ of fitness** estar en condiciones óptimas, estar en plena forma; **coffee is at its ~ just after grinding** cuando mejor está el café es recién molido; **at the ~ of the morning rush hour** en el momento de mayor intensidad de la hora punta matinal; **the heyday of drugs has <u>passed</u> its ~** ya ha pasado la época de máximo apogeo de las drogas; **house prices <u>reached</u> a ~ in 1988** el precio de las viviendas alcanzó su nivel máximo en 1988; **computer technology has not yet reached its ~** la tecnología informática aún no ha alcanzado su cumbre *or* cúspide; **discontent had reached its ~** el descontento había alcanzado su momento crítico; **~s and <u>troughs</u>** auges *mpl* y depresiones *fpl*; *see also* **widow B**
Ⓑ VI [*temperatures*] alcanzar su punto más alto; [*inflation, sales*] alcanzar su nivel máximo; [*crisis*] alcanzar su momento crítico; [*career*] alcanzar su cumbre *or* su cúspide; [*sportsperson*] alcanzar su mejor momento
Ⓒ ADJ (*before noun*) **in ~ <u>condition</u>** (*athlete*) en óptimas condiciones, en plena forma; (*animal*) en óptimas condiciones; **~ <u>hours</u>** (*of traffic*) horas *fpl* punta; (*Elec*) horas *fpl* de mayor consumo; **~ <u>rate</u>** (*Telec*) tarifa *f* alta; **~ <u>season</u>** temporada *f* alta; **~ <u>time</u>** (*TV*) horas *fpl* de máxima audiencia; (*Telec, Elec*) horas *fpl* de máxima demanda; (= *rush hour*) horas *fpl* punta; **it is more expensive to call at ~ times** resulta más caro llamar durante las horas de máxima demanda; **~ <u>viewing</u> time** horas *fpl* de máxima audiencia

**peaked**[1] [pi:kt] ADJ **~ cap** gorra *f* de visera

**peaked**[2] [pi:kt] ADJ = **peaky**

**peak-time** ['pi:ktaɪm] ADJ (*Brit TV*) **a ~ television film** una película que se emite durante las horas de máxima audiencia; (*Telec*) **~ calls** llamadas *fpl* telefónicas durante las horas de máxima demanda

**peaky*** ['pi:kɪ] ADJ (*compar* **peakier**; *superl* **peakiest**) paliducho*; **to look ~** estar paliducho*

**peal** [pi:l] Ⓐ N (= *sound of bells*) repique *m*; **a ~ of bells** (= *set*) un carillón; **a ~ of thunder** un trueno; **the ~ of the organ** el sonido del órgano; **~s of laughter** carcajadas *fpl*
Ⓑ VT (*also* **~ out**) repicar, tocar a vuelo
Ⓒ VI [*church bell*] repicar, tocar a vuelo; [*doorbell, organ*] sonar

**peanut** ['pi:nʌt] Ⓐ N [1] cacahuete *m* (*Sp*), maní *m* (*LAm*), cacahuate *m* (*Mex*)
[2] **peanuts*** (= *very small amount*) una miseria*; **he gets paid ~s** le pagan una miseria
Ⓑ CPD ► **peanut butter** N mantequilla *f* or crema *f* de cacahuete (*Sp*), mantequilla *f* de maní (*LAm*), mantequilla *f* de cacahuate (*Mex*) ► **peanut oil** N aceite *m* de cacahuete (*Sp*), aceite *m* de maní (*LAm*), aceite *m* de cacahuate (*Mex*)

**peapod** ['pi:pɒd] N vaina *f* de guisante (*Sp*), vaina *f* de arveja (*LAm*), vaina *f* de chícharo (*CAm*)

**pear** [pɛəʳ] N (= *fruit*) pera *f*; (*also* **~ tree**) peral *m*

**pearl** [pɜ:l] Ⓐ N perla *f*; (= *mother-of-pearl*) nácar *m*, madreperla *f*; **~ of wisdom** (*fig*) joya *f* de sabiduría; **✦IDIOM to cast ~s before swine** echar margaritas a los cerdos
Ⓑ CPD [*earring, button*] de perla(s); (*in colour*) color de perla ► **pearl barley** N cebada *f* perlada ► **pearl diver** N pescador(a) *m/f* de perlas ► **pearl necklace** N collar *m* de perlas ► **pearl oyster** N ostra *f* perlífera

**pearl-grey** ['pɜ:l'greɪ] ADJ gris perla

**pearly** ['pɜ:lɪ] ADJ (*compar* **pearlier**; *superl* **pearliest**) [*teeth*] de perla; [*colour*] color de perla; **~ white/pink** blanco/rosa perla; **the Pearly Gates** (*hum*) las puertas del cielo

**pear-shaped** ['pɛəʃeɪpt] ADJ (*lit*) en forma de pera; **✦IDIOM to go ~** (*Brit**) irse a la porra*, fastidiarse*; **things started to go ~** las cosas empezaron a ir mal

**peasant** ['pezənt] Ⓐ N campesino/a *m/f*; (*pej*) palurdo/a *m/f*; **a ~ revolt** un levantamiento campesino *or* del campesinado
Ⓑ CPD ► **peasant farmer** N campesino *m* ► **peasant woman** N campesina *f*

**peasantry** ['pezəntrɪ] N campesinado *m*, campesinos *mpl*

**peashooter** ['pi:,ʃu:təʳ] N cerbatana *f*

**pea-souper*** ['pi:'su:pəʳ] N niebla *f* muy densa

**peat** [pi:t] Ⓐ N turba *f*
Ⓑ CPD ► **peat bog** N turbera *f*, turbal *m*

**peaty** ['pi:tɪ] ADJ (*compar* **peatier**; *superl* **peatiest**) turboso

**pebble** ['pebl] N guijarro *m*; **✦IDIOM you're not the only ~ on the beach*** no eres el único

**pebbledash** [,pebl'dæʃ] Ⓐ N enguijarrado *m*
Ⓑ VT enguijarrar

**pebbly** ['peblɪ] ADJ guijarroso

**pecan** ['pi:kæn] N pacana *f*

**peccadillo** [,pekə'dɪləʊ] N (*pl* **peccadillos** *or* **peccadilloes**) pecadillo *m*, falta *f* leve

**peccary** ['pekərɪ] N (*pl* **peccary** *or* **peccaries**) (*Zool*) saíno *m*, pecarí *m* (*LAm*), pécari *m* (*LAm*)

**peck**[1] [pek] Ⓐ N picotazo *m*; (= *kiss*) besito *m*, beso *m* rápido
Ⓑ VT picotear; (= *kiss*) dar un besito a, dar un beso rápido a
Ⓒ VI picotear; **to ~ at** [*bird*] picar; **he ~ed at his food** picaba la comida (con desgana)

**peck**[2] [pek] N *medida de áridos (= 9,087 litros)*; (*fig*) montón *m*; **he got himself in a ~ of trouble** se metió en un buen lío*

**pecker** ['pekəʳ] N [1] (*Brit**) **✦IDIOM to keep one's ~ up** no dejarse desanimar; **keep your ~ up!** ¡ánimo!
[2] (*US*‡) polla *f* (*Sp*‡)

**pecking order** ['pekɪŋ'ɔ:dəʳ] N (*fig*) jerarquía *f*

**peckish*** ['pekɪʃ] ADJ con ganas de comer algo; **I'm** *or* **I feel a bit ~** tengo ganas de comer algo

**pecs*** [peks] NPL ABBR (= **pectorals**) pectorales *mpl*

**pectin** ['pektɪn] N pectina *f*

**pectoral** ['pektərəl] Ⓐ ADJ pectoral
Ⓑ **pectorals** NPL (músculos *mpl*) pectorales *mpl*

**peculate** ['pekjʊleɪt] VI desfalcar

**peculation** [,pekjʊ'leɪʃən] N desfalco *m*, peculado *m*

**peculiar** [pɪ'kju:lɪəʳ] ADJ [1] (= *strange*) extraño, raro; **it's really most ~** es realmente extraño; **how very ~!** ¡qué extraño!, ¡qué raro!; **I'm feeling a bit ~** me siento algo raro, no me siento del todo bien; *see also* **funny A2**

2 (= *exclusive, special*) peculiar; **everyone has their own ~ likes and dislikes** cada uno tiene sus gustos y manías peculiares *or* particulares; **a species ~ to Africa** una especie que existe únicamente en África; **the style of dress ~ to that period in history** la forma de vestir peculiar *or* característica *or* propia de esa época de la historia; **this is not a problem ~ to Britain** éste no es un problema exclusivamente británico; **in his/her own ~ way** a su modo; **in her own ~ way she was very fond of him** a su modo le tenía mucho cariño

**peculiarity** [pɪˌkjʊlɪ'ærɪtɪ] N 1 (= *strangeness*) rareza *f*

2 (= *specific quality*) peculiaridad *f*; **it's a ~ of hers that she always wears black** ir vestida siempre de negro es una peculiaridad suya; **he has his peculiarities** tiene sus rarezas *or* manías

3 (= *unusual thing*) rasgo *m* singular; **his only ~ is a missing arm** su único rasgo singular es que le falta un brazo

**peculiarly** [pɪ'kju:lɪəlɪ] ADV 1 (= *strangely*) de forma rara; **he's been acting very ~** se ha estado comportando de una forma rarísima

2 (= *specifically*) típicamente, peculiarmente; **it's a ~ French trait** es un rasgo típicamente *or* peculiarmente francés

3 (= *unusually, exceptionally*) particularmente, especialmente; **he was ~ quiet that day** ese día estuvo particularmente *or* especialmente callado

**pecuniary** [pɪ'kju:nɪərɪ] ADJ (*frm*) [*advantage, benefit*] pecuniario

**pedagogic** [ˌpedə'gɒdʒɪk] ADJ = **pedagogical**

**pedagogical** [ˌpedə'gɒdʒɪkəl] ADJ pedagógico

**pedagogically** [ˌpedə'gɒdʒɪkəlɪ] ADV pedagógicamente

**pedagogue**, **pedagog** (*US*) ['pedəgɒg] N pedagogo/a *m/f*

**pedagogy** ['pedəgɒgɪ] N pedagogía *f*

**pedal** ['pedl] Ⓐ N pedal *m*; **loud ~** (*Mus*) pedal *m* fuerte; **soft ~** (*Mus*) sordina *f*

Ⓑ VI pedalear; **he was ~ling furiously** estaba dándole duro a los pedales

Ⓒ VT [+ *bicycle*] darle a los pedales de

Ⓓ CPD ► **pedal (bi)cycle** N bicicleta *f* a pedales ► **pedal bin** N cubo *m* de la basura con pedal ► **pedal boat** N = **pedalo** ► **pedal car** N cochecito *m* con pedales

**pedalo** ['pedələʊ] N (*pl* **pedalos** *or* **pedaloes**) patín *m* a pedal

**pedant** ['pedənt] N pedante *mf*

**pedantic** [pɪ'dæntɪk] ADJ pedante

**pedantically** [pɪ'dæntɪkəlɪ] ADV con pedantería

**pedantry** ['pedəntrɪ] N pedantería *f*

**peddle** ['pedl] VT (= *sell*) ir vendiendo (de puerta en puerta); [+ *drugs*] pasar*; (*fig*) [+ *ideas*] difundir

**peddler** ['pedlər] N (*US*) = **pedlar** *see also* **drug C**

**pederast** ['pedəræst] N pederasta *mf*

**pederasty** ['pedəræstɪ] N pederastia *f*

**pedestal** ['pedɪstl] Ⓐ N pedestal *m*, basa *f*; ✦***IDIOMS*** **to put sb on a ~** poner a algn sobre un pedestal; **to knock sb off his ~** bajar los humos *or* el copete a algn*

Ⓑ CPD ► **pedestal basin** N lavabo *m or* lavamanos *m inv* con pie central ► **pedestal desk** N escritorio *m* con cajones a ambos lados ► **pedestal lamp** N lámpara *f* de pie

**pedestrian** [pɪ'destrɪən] Ⓐ N peatón/ona *m/f*

Ⓑ ADJ (= *dull, commonplace*) [*style, speech*] prosaico, pedestre

Ⓒ CPD ► **pedestrian area** N = **pedestrian precinct** ► **pedestrian crossing** N (*Brit*) paso *m* de peatones ► **pedestrian precinct** N (*Brit*) zona *f* peatonal ► **pedestrian traffic** N circulación *f* de peatones ► **pedestrian zone** N (*US*) = **pedestrian precinct**

**pedestrianize** [pɪ'destrɪənaɪz] VT peatonizar; **~d street** calle *f* peatonal

**pediatric** *etc* [ˌpi:dɪ'ætrɪk] (*US*) = **paediatric** *etc*

**pedicure** ['pedɪkjʊər] N pedicura *f*, quiropedia *f*

**pedigree** ['pedɪgri:] Ⓐ N (= *lineage*) linaje *m*, genealogía *f*; [*of animal*] pedigrí *m*; (= *family tree*) árbol *m* genealógico; (= *document*) certificado *m* de genealogía; (*fig*) (= *record*) historial *m*

Ⓑ CPD (*lit*) de raza, de casta; (*fig*) certificado, garantizado

**pediment** ['pedɪmənt] N frontón *m*

**pedlar** ['pedlər] N vendedor(a) *m/f* ambulante, buhonero† *m*

**pedological** [ˌpi:də'lɒdʒɪkl] ADJ (*US*) = **paedological**

**pedology** [pɪ'dɒlədʒɪ] N (*US*) = **paedology**

**pedometer** [pɪ'dɒmɪtər] N podómetro *m*

**pedophile** ['pi:dəʊfaɪl] N (*US*) = **paedophile**

**pedophilia** ['pi:dəʊ'fɪlɪə] N (*US*) = **paedophilia**

**pee*** [pi:] Ⓐ N pipí* *m*; **to go for a ~** ir a hacer pipí*; **to have a ~** hacer pipí*

Ⓑ VI hacer pipí*; **the dog ~d on my shoe** el perro se me meó en el zapato*

Ⓒ VT **to ~ one's pants** hacerse pipí encima

**peek** [pi:k] Ⓐ N ojeada *f*, miradita *f*, mirada *f* furtiva; **to take** *or* **have a ~ at** echar una ojeada *or* miradita a; (*furtively*) echar una mirada furtiva a, mirar a hurtadillas

Ⓑ VI (= *glance*) echar una ojeada *or* miradita; (*furtively*) mirar (a hurtadillas); **no ~ing!** ¡sin mirar!; **I opened the door a crack and ~ed in/out** abrí la puerta un poquito y miré (a hurtadillas)

**peel** [pi:l] Ⓐ N (= *skin*) piel *f*; [*of citrus fruit*] cáscara *f*; [*of apple, potato*] piel *f*; (*removed*) [*of citrus fruit*] cáscaras *fpl*; [*of apple, potato*] peladuras *fpl*, mondas *fpl*

Ⓑ VT [+ *fruit, vegetable*] pelar; [+ *layer of paper*] quitar; **to ~ the bark from a tree** descortezar un árbol, quitar la corteza de un árbol

Ⓒ VI [*wallpaper*] despegarse, desprenderse; [*paint*] desconcharse; [*skin, person*] pelarse; **I'm ~ing** me estoy pelando

►**peel away** Ⓐ VI + ADV [*paint*] desconcharse; [*wallpaper*] despegarse, desprenderse; [*skin*] pelarse

Ⓑ VT + ADV quitar, despegar

►**peel back** VT + ADV quitar, despegar

►**peel off** Ⓐ VT + ADV [+ *layer, paper*] quitar, despegar; [+ *clothes*] quitarse rápidamente *or* lisamente

Ⓑ VI + ADV 1 (= *separate*) separarse (**from** de); (= *leave formation*) [*vehicle, plane*] despegarse; **he ~ed off to the east** se desvió hacia el este

2 (*) desnudarse rápidamente

**peeler** ['pi:lər] N 1 (*also* **potato ~**) pelapatatas *m inv*

2 (*Brit*††*) (= *policeman*) polizonte* *m*

**peelie-wally‡** ['pi:lɪ'wælɪ] ADJ **to be ~** (*Scot*) tener mala cara

**peeling** ['pi:lɪŋ] N (*Med*) [*of face etc*] descamación *f*; (*cosmetic trade*) peeling *m*; **peelings** [*of apple, potato*] peladuras *fpl*, mondas *fpl*; [*of citrus fruit*] cáscaras *fpl*

**peep¹** [pi:p] Ⓐ N ojeada *f*, miradita *f*; **to get a ~ at sth** lograr ver algo brevemente; **to take** *or* **have a ~ (at sth)** echar una ojeada *or* miradita (a algo)

Ⓑ VI 1 (= *look*) mirar rápidamente; (*furtively*) mirar furtivamente *or* a hurtadillas; **to ~ at** echar una ojeada *or* miradita a; **I lifted the lid and ~ed inside** levanté la tapa y eché una miradita; **he ~ed through the curtains** se asomó a ver por detrás de las cortinas; **to ~ through the window** asomarse a la ventana para mirar

2 (= *stick out*) asomar(se); **a head ~ed out** se asomó una cabeza; **the sun ~ed out from behind the clouds** el sol se asomó tras las nubes; **her shoes ~ed from beneath her skirt** los zapatos se le asomaban por debajo de la falda

**peep²** [pi:p] Ⓐ N 1 [*of bird*] pío *m*; [*of whistle*] silbido *m*

2 (*) **there hasn't been a ~ out of them** no han dicho ni pío*; **we can't get a ~ out of them** no les podemos sacar nada; **I don't want to hear ~ out of you!** ¡tú ni chistar!, ¡tú ni pío!*

Ⓑ VI piar

**peepers*** ['pi:pəz] NPL ojos *mpl*

**peephole** ['pi:phəʊl] N mirilla *f*, atisbadero *m*

**Peeping Tom** [ˌpi:pɪŋ'tɒm] N mirón *m*

**peepshow** ['pi:pʃəʊ] N (= *device*) mundonuevo *m*; (= *show*) vistas *fpl* sicalípticas, espectáculo *m* deshonesto

**peeptoe** ['pi:ptəʊ] ADJ [*sandal, shoe*] abierto

**peer¹** [pɪər] Ⓐ N 1 (= *noble*) par *m*, lord *m*; **he was made a life ~** le concedieron un título vitalicio

2 (= *equal*) (*in status*) par *mf*, igual *mf*; (*in age*) coetáneo/a *m/f*; **as a musician he has no ~** como músico no tiene par *or* igual; **children like to feel accepted by their ~s** a los niños les gusta sentirse aceptados por sus coetáneos

Ⓑ CPD ► **peer evaluation** N = **peer review** ► **peer group** N grupo *m* paritario ► **peer pressure**, **peer-group pressure** N presión *f* ejercida por los iguales *or* (*frm*) por el grupo paritario ► **peer review** N evaluación *f* por los iguales

**peer²** [pɪər] VI **to ~ at sth/sb** (*short-sightedly*) mirar algo/a algn con ojos de miope; (*closely*) escudriñar algo/a algn; **the old man ~ed at the book** el anciano miraba el libro con ojos de miope; **he ~ed at his reflection in the water** escudriñaba su reflejo en el agua; **we went up to the window and ~ed in** fuimos hasta la ventana y nos asomamos para ver lo que pasaba dentro; **to ~ into sb's face** escudriñar la cara a algn; **I ~ed over her shoulder** miré por encima de su hombro; **we ~ed over the wall** nos asomamos para mirar por encima de la pared

**peerage** ['pɪərɪdʒ] N nobleza *f*; **he was given a ~** le otorgaron un título de nobleza; **to marry into the ~** casarse con un título; **to be raised to the ~** obtener un título de nobleza

**peeress** ['pɪərɪs] N paresa *f*

**peerless** ['pɪəlɪs] ADJ sin par, incomparable

**peeve*** [pi:v] VT molestar, irritar

**peeved*** [pi:vd] ADJ picado*, molesto

**peevish** ['pi:vɪʃ] ADJ [*look, glance*] malhumorado; [*tone*] de irritación; **he gave her a ~ look** la miró malhumorado

**peevishly** ['pi:vɪʃlɪ] ADV malhumoradamente, con mal humor; **he said ~** dijo malhumorado

**peevishness** ['pi:vɪʃnɪs] N mal humor *m*

**peewee*** [pi:wi:] ADJ (*US*) diminuto, pequeñito

**peewit** ['pi:wɪt] N avefría *f*

**peg** [peg] Ⓐ N [1] (*in ground, tent peg*) estaca *f*; (= *clothes peg*) pinza *f*, broche *m* (*LAm*); (*Mus*) (= *tuning peg*) clavija *f*; (*in board game*) ficha *f*; (*in barrel*) estaquilla *f*; (*Croquet*) piquete *m*; (*Climbing*) clavija *f*; ✦*IDIOM* **to take** *or* **bring sb down a ~ (or two)*** bajar los humos *or* el copete a algn*; *see also* **square B1**
[2] (*for coat, hat*) gancho *m*, colgador *m*; **off the ~** (*Brit*) confeccionado, de confección; **an off-the-~ suit** un traje confeccionado *or* de confección; **he always buys clothes off the ~** siempre compra ropa confeccionada *or* de confección
[3] (= *pretext*) pretexto *m*; **use the new law as a ~ for the question** utiliza la nueva ley como pretexto para hacer la pregunta; **a ~ on which to hang a theory** un punto de apoyo para justificar una teoría
Ⓑ VT [1] (= *secure*) (*gen*) fijar; [+ *clothes*] (*on line*) tender; [+ *tent*] fijar con estacas, sujetar con estacas; *see also* **peg out**
[2] (*fig*) [2·1] (= *fix*) [+ *prices, wages*] fijar, estabilizar (**at, to** en); **the Bank wants to ~ rates at 9%** el banco quiere fijar *or* estabilizar las tasas en el 9%
[2·2] (= *link*) vincular (**to** a); **they continue to ~ their currencies to the dollar** siguen vinculando su moneda al dólar
[2·3] (*) (= *categorize*) [+ *person*] encasillar; **here you're ~ged by what you wear** aquí te encasillan por la ropa que llevas; **his accent ~ged him as an Englishman** su acento lo delataba como inglés
[2·4] **to ~ one's hopes on sth** depositar *or* cifrar sus esperanzas en algo
Ⓒ CPD ► **peg leg** N pata *f* de palo

►**peg away*** VI + ADV machacar*; **just keep ~ging away until you feel more confident** sigue machacando hasta que te sientas más seguro*; **to ~ away at sth** machacar algo*, darle duro a algo*

►**peg back** VT + ADV **Villa were ~ged back to a 1-1 draw** Villa perdió su ventaja y terminó empatado a uno

►**peg down** VT + ADV [1] (= *fasten down*) [+ *tent*] fijar con estacas, sujetar con estacas
[2] (= *force to agree*) **I ~ged him down to saying how much he wanted for it** conseguí que me dijera exactamente por cuánto lo quería vender; **I ~ged him down to £10 an hour** conseguí que aceptara 10 libras por hora

►**peg out*** Ⓐ VI + ADV (= *die*) estirar la pata*; (= *collapse*) caerse redondo*
Ⓑ VT + ADV (= *mark out*) [+ *area*] marcar con piquetes; (= *secure*) sujetar *or* fijar con estacas; (= *hang out*) [+ *clothes*] tender (con pinzas)

**Pegasus** ['pegəsəs] N Pegaso *m*

**pegboard** ['pegbɔːd] N tablero *m* de clavijas

**PEI** ABBR (*Canada*) = **Prince Edward Island**

**peignoir** ['peɪnwɑːʳ] N bata *f* (de señora), peinador *m*

**pejorative** [pɪ'dʒɒrətɪv] ADJ peyorativo, despectivo

**pejoratively** [pɪ'dʒɒrətɪvlɪ] ADV peyorativamente, de manera peyorativa, despectivamente

**peke*** [piːk] N pequinés/esa *m/f*

**Pekin** [piː'kɪn], **Peking** [piː'kɪŋ] N Pekín *m*

**pekinese** [ˌpiːkɪ'niːz], **pekingese** N pequinés/esa *m/f*

**pelagic** [pɪ'lædʒɪk] ADJ pelágico

**pelican** ['pelɪkən] Ⓐ N pelícano *m*
Ⓑ CPD ► **pelican crossing** N semáforo *m* sonoro

**pellagra** [pə'lægrə] N pelagra *f*

**pellet** ['pelɪt] N (= *little ball*) bolita *f*; (*for gun*) perdigón *m*; [*of fertilizer*] gránulo *m*; (*Med*) píldora *f*

**pell-mell** ['pel'mel] ADV [*rush*] en tropel, atropelladamente; **their belongings were piled ~ into the trucks** metieron de cualquier manera sus pertenencias en los camiones

**pellucid** [pe'luːsɪd] ADJ diáfano, cristalino

**pelmet** ['pelmɪt] N (*Brit*) galería *f* (para cubrir la barra de las cortinas)

**Peloponnese** [ˌpeləpə'niːs] N **the ~** el Peloponeso

**Peloponnesian** [ˌpeləpə'niːʃən] ADJ peloponense

**pelota** [pɪ'ləʊtə] Ⓐ N pelota *f* (vasca)
Ⓑ CPD ► **pelota player** N pelotari *mf*

**pelt¹** [pelt] Ⓐ VT **to ~ sb with eggs** arrojar *or* tirar huevos a algn; **to ~ sb with stones** apedrear a algn; **they ~ed him with questions** lo acribillaron a preguntas
Ⓑ VI [1] (= *fall fast*) **the rain is ~ing down*** está lloviendo a cántaros, está diluviando
[2] (*) (= *go fast*) **to go ~ing off** salir como un rayo
Ⓒ N **to go full ~** ir a todo correr, ir a toda pastilla*

**pelt²** [pelt] N (= *fur*) piel *f*; (= *skin*) pellejo *m*

**pelvic** ['pelvɪk] ADJ pélvico

**pelvis** ['pelvɪs] N (*pl* **pelvises** *or* **pelves**) pelvis *f*

**pen¹** [pen] Ⓐ N (= *fountain pen*) (pluma *f*) estilográfica *f*, pluma *f*, pluma *f* fuente (*LAm*); (= *ballpoint*) bolígrafo *m*; (= *felt tip*) rotulador *m*; **to live by the** *or* **one's ~** ganarse la vida escribiendo; **to put ~ to paper** ponerse a escribir; **to wield a ~** (*liter*) menear cálamo; *see also* **marker, slip A2**
Ⓑ VT [+ *letter, article, book*] escribir; [+ *poem, song*] componer
Ⓒ CPD ► **pen-and-ink drawing** N dibujo *m* a pluma ► **pen friend** N amigo/a *m/f* por correspondencia ► **pen name** N seudónimo *m*, nombre *m* de guerra ► **pen nib** N punta *f* (de pluma) ► **pen pal*** N = **pen friend** ► **pen wiper** N limpiaplumas *m inv*

**pen²** [pen] Ⓐ N [1] (= *enclosure*) (*for cattle*) corral *m*; (*for sheep*) redil *m*, aprisco *m*; (*for bulls*) toril *m*; (= *playpen*) parque *m* (de niño), corral *m*
[2] (*US**) (= *prison*) (*also* **penitentiary**) cárcel *f*, chirona *f* (*Sp**)
Ⓑ VT [+ *animal*] encerrar, acorralar; [+ *person*] **I've been ~ned in the kitchen all day** he estado metida en la cocina todo el día

►**pen in** VT + ADV [+ *animal*] encerrar, acorralar; **she was ~ned in by the crowd** se encontraba acorralada por la muchedumbre; **the French had the enemy ~ned in** los franceses tenían al enemigo cercado

►**pen up** VT + ADV [+ *animal*] = **pen in**

**pen³** [pen] N (*Orn*) cisne *m* hembra

**penal** ['piːnl] Ⓐ ADJ [1] [*reform, policy, system*] penal
[2] (= *harsh*) [*rate, charges*] muy gravoso, perjudicial
Ⓑ CPD ► **penal code** N código *m* penal ► **penal colony** N colonia *f* penal ► **penal servitude** N trabajos *mpl* forzados

**penalization** [ˌpiːnəlaɪ'zeɪʃən] N castigo *m*

**penalize** ['piːnəlaɪz] VT (= *punish*) castigar; (*by law*) penar; (*accidentally, unfairly*) perjudicar; (*Sport*) sancionar, penalizar; **to be ~d for a foul** ser penalizado por una falta; **we are ~d by not having a car** somos perjudicados por no tener coche; **the decision ~s those who …** la decisión perjudica a quienes …

**penalty** ['penəltɪ] Ⓐ N [1] (*Jur*) (= *punishment*) pena *f*, castigo *m*; (= *fine*) multa *f*; (*Comm*) recargo *m*; (*fig*) (= *disadvantage*) desventaja *f*; **there is a ~ for paying the loan off early** se cobra un recargo si se paga el préstamo antes de que venza; **"penalty £50"** "multa de 50 libras"; **telling the truth can have its penalties** decir la verdad puede tener sus desventajas; **the ~ for this is death** esto se castiga con la muerte; **on** *or* **under ~ of dismissal** so *or* bajo pena de ser despedido; **to pay the ~ (for** *or* **of sth/for doing sth)** pagar las consecuencias (de algo/de haber hecho algo); **we were paying the ~ of success** estábamos pagando las consecuencias del éxito; *see also* **death B**
[2] (*Ftbl*) penalti *m*, penalty *m*; (*Golf*) penalización *f*; (*Bridge*) multa *f*, castigo *m*; **there is a 7-second ~ for each error** se quitan 7 segundos por cada error; **the final was decided on penalties** la final se decidió con penaltis; **to take a ~** lanzar penalti *or* penalty
Ⓑ CPD ► **penalty area, penalty box** N (*Ftbl*) área *f* de castigo *or* de penalti *or* de penalty; (*Ice hockey*) banquillo *m* ► **penalty clause** N cláusula *f* penal ► **penalty corner** N (*Hockey*) córner *m* de penalti *or* penalty ► **penalty goal** N gol *m* de penalti *or* penalty ► **penalty kick** N penalti *m*, penalty *m* ► **penalty point** N (*on driving licence, in showjumping*) punto *m* de castigo ► **penalty shoot-out** N desempate *m* a penaltis ► **penalty spot** N punto *m* de penalti *or* penalty

**penance** ['penəns] N [1] (= *atonement*) penitencia *f*; **to do ~ for** hacer penitencia por
[2] (= *punishment*) castigo *m*

**pence** [pens] NPL *of* **penny**

**penchant** [ˌpɑ̃ːŋʃɑ̃ːŋ] N predilección *f* (**for** por), inclinación *f* (**for** hacia, por); **to have a ~ for** tener predilección por

**pencil** ['pensl] Ⓐ N lápiz *m*, lapicero *m*; (= *propelling pencil*) lapicero *m*; **to draw in ~** dibujar con lápiz; **to write in ~** escribir a lápiz; *see also* **eyebrow B**
Ⓑ VT (*also* **~ in**) escribir a lápiz; **a ~led note** una nota escrita a lápiz
Ⓒ CPD ► **pencil box** N cajita *f* para lápices ► **pencil case** N estuche *m* (para lápices), plumero *m*, plumier *m* (*Sp*) ► **pencil drawing** N dibujo *m* a lápiz ► **pencil sharpener** N sacapuntas *m inv* ► **pencil skirt** N falda *f* tubo ► **pencil torch** N linterna *f* muy fina

►**pencil in** VT + ADV apuntar (con lápiz); (*fig*) [+ *appointment*] apuntar con carácter provisional; **I'll ~ you in for Thursday** de momento te apunto para el jueves

**pendant** ['pendənt] N colgante *m*

**pending** ['pendɪŋ] Ⓐ ADJ pendiente; **to be ~** estar pendiente *or* en trámite; **and other matters ~** y otros asuntos todavía por resolver
Ⓑ PREP **~ the arrival of …** hasta que llegue …; **~ your decision** mientras se decida usted; **he has been suspended ~ further investigation** ha sido suspendido en espera de que continúe la investigación
Ⓒ CPD ► **pending tray** N cajón *m* de asuntos pendientes

**pendulous** ['pendjʊləs] ADJ colgante

**pendulum** ['pendjʊləm] N péndulo *m*

**Penelope** [pə'neləpɪ] N Penélope

**penes** ['piːniːz] NPL *of* **penis**

**penetrable** ['penɪtrəbl] ADJ penetrable

**penetrate** ['penɪtreɪt] Ⓐ VT [1] (= *go right through*) [+ *skin, armour*] penetrar (por), traspasar
[2] (*Mil*) [+ *defences*] infiltrar, penetrar; [+ *territory*] penetrar en
[3] (= *enter, infiltrate*) [+ *organization*] infiltrarse en; (*Comm*) [+ *market*] introducirse en, entrar

en
[4] (= *understand*) [+ *mystery*] penetrar; [+ *sb's mind, thoughts*] penetrar en
[5] (*during sex*) penetrar
Ⓑ VI (= *go right through*) atravesar; (= *spread, permeate*) [*idea, ideology*] trascender, infiltrarse; (= *get inside*) penetrar; (= *be understood*) entrar, penetrar; **to ~ into** [+ *territory*] penetrar en; **these ideas have ~d into our everyday life** estas ideas han trascendido a *or* se han infiltrado en nuestra vida cotidiana

**penetrating** ['penɪtreɪtɪŋ] ADJ [*eyes, sound*] penetrante; [*mind*] perspicaz

**penetratingly** ['penɪtreɪtɪŋlɪ] ADV de manera penetrante, con penetración

**penetration** [,penɪ'treɪʃən] N (*gen*) penetración *f*; [*of analysis, observation*] agudeza *f*

**penetrative** ['penɪtrətɪv] Ⓐ ADJ penetrante
Ⓑ CPD ► **penetrative sex** N relaciones *fpl* sexuales con penetración

**penguin** ['peŋgwɪn] N pingüino *m*

**penholder** ['pen,həʊldəʳ] N portaplumas *m inv*

**penicillin** [,penɪ'sɪlɪn] N penicilina *f*

**penile** ['pi:naɪl] ADJ del pene

**peninsula** [pɪ'nɪnsjʊlə] N península *f*

**peninsular** [pɪ'nɪnsjʊləʳ] ADJ peninsular; **the Peninsular War** la Guerra de Independencia

**penis** ['pi:nɪs] N (*pl* **penises** *or* **penes**) pene *m*

**penitence** ['penɪtəns] N penitencia *f*

**penitent** ['penɪtənt] Ⓐ ADJ arrepentido; (*Rel*) penitente
Ⓑ N penitente *mf*

**penitential** [,penɪ'tenʃəl] ADJ penitencial

**penitentiary** [,penɪ'tenʃərɪ] N (*esp US*) (= *prison*) penitenciaria *f*

**penitently** ['penɪtəntlɪ] N arrepentidamente, compungidamente; (*Rel*) penitentemente

**penknife** ['pennaɪf] N (*pl* **penknives**) navaja *f*, cortaplumas *m inv*

**penman** ['penmən] N (*pl* **penmen**) calígrafo *m*, pendolista *m*

**penmanship** ['penmənʃɪp] N caligrafía *f*

**Penn, Penna** ABBR (*US*) = **Pennsylvania**

**pennant** ['penənt] N banderín *m*; (*Naut*) gallardete *m*

**pennies** ['penɪz] NPL *of* **penny**

**penniless** ['penɪlɪs] ADJ [*aristocrat, immigrant*] sin dinero; **to be ~** no tener un céntimo *or* un centavo; **to be left ~** quedarse sin un céntimo *or* un centavo

**Pennine** ['penaɪn] N **the ~s** los (Montes) Peninos

**pennon** ['penən] N pendón *m*

**Pennsylvania** [,pensɪl'veɪnɪə] N Pensilvania *f*

**Penny** ['penɪ] N (*familiar form*) *of* **Penelope**

**penny** ['penɪ] Ⓐ N (= *value*) (*pl* **pence**) (= *coins*) (*pl* **pennies**) (*Brit*) penique *m*; (*US*) (= *cent*) centavo *m*; (*Spanish equivalent*) perra *f* gorda; **it costs five pence** cuesta cinco peniques; **I have five pennies** tengo cinco peniques; **I don't owe you a ~** no te debo nada; **it cost £500 but it was worth every ~** costó 500 libras, pero mereció la pena pagarlas; **£20, not a ~ more, not a ~ less** 20 libras, ni un penique más ni menos; **new ~** *penique del sistema monetario británico actual que es la centésima parte de una libra*; **old ~** *penique del sistema monetario británico antiguo equivalente a 0,4 peniques actuales*; **a ten-pence piece** *or* **coin** una moneda de diez peniques; ✦***IDIOMS*** **he turns up like a bad ~** está hasta en la sopa; **to count the pennies** mirar la peseta (*Sp*), mirar el dinero; **then the ~ dropped** por fin cayó en la cuenta; **he hasn't a ~ to his name** ◊ **he hasn't two pennies to rub together** no tiene dónde caerse muerto; **(a) ~ for your thoughts** ◊ **a ~ for them*** ¿en qué estás pensando?; **for two pence I'd tell her what I think of her** por menos de nada le digo lo que pienso de ella; **to be two** *or* **ten a ~** haberlo a montones; **he thinks jobs are two a ~** cree que hay trabajos a montones; **to watch the pennies** mirar la peseta (*Sp*), mirar el dinero; ✦***PROVS*** **in for a ~, in for a pound** de perdidos, al río; **take care of the pennies and the pounds will take care of themselves** muchos pocos hacen un montón; **a ~ saved is a ~ gained** si pagas aunque sea sólo una peseta menos, eso que te ahorras; *see also* **honest A2**, **pretty A1**, **spend A1**
Ⓑ CPD ► **penny arcade** N (*US*) galería *f* de máquinas tragaperras ► **penny black** N *primer sello de correos británico, que data del 1830* ► **penny dreadful** N *libro o revista escabroso o sensacionalista* ► **penny farthing** N velocípedo *m* ► **penny whistle** N flauta *f* metálica

**penny-a-liner** ['penɪə'laɪnəʳ] N escritorzuelo/a* *m/f* (*pej*), gacetillero/a *m/f* (*pej*)

**penny-in-the-slot machine** [,penɪɪnðə'slɒtmə,ʃi:n] N (máquina *f*) tragaperras *f inv*

**penny-pinching** ['penɪ,pɪntʃɪŋ] Ⓐ N tacañería *f*
Ⓑ ADJ [*person*] tacaño, avaro

**pennyweight** ['penɪweɪt] N *peso de 24 granos (= 1,555 gramos)*

**penny-wise** [,penɪ'waɪz] ADJ **to be ~** mirar el dinero; ✦***IDIOM*** **to be ~ and pound-foolish** mirar tanto el dinero que se acaba gastando un dineral

**pennyworth** ['penəθ] N (*Hist*) **a ~ of sweets** un penique de caramelos; ✦***IDIOM*** **to put in one's two ~** meter baza*; **you've had your two ~** tú metiste baza*

**penologist** [pi:'nɒlədʒɪst] N penalista *mf*, criminólogo/a *m/f*

**penology** [pi:'nɒlədʒɪ] N ciencia *f* penal, criminología *f*

**penpusher** ['pen,pʊʃəʳ] N (*Brit pej*) chupatintas* *m inv*

**pension**[1] ['penʃən] Ⓐ N pensión *f*; **to claim/draw one's** *or* **a ~** solicitar/estar cobrando una pensión; **to retire on a ~** jubilarse; **to retire on full ~** retirarse con toda la jubilación; **company ~** plan *m* de pensiones de la empresa; **disability/invalidity ~** pensión *f* de invalidez; **old age ~** (pensión *f* de) jubilación *f*, retiro *m*; **personal** *or* **private ~** plan *m* de pensiones personal; **retirement ~** retiro *m*, (pensión *f* de) jubilación *f*; **state ~** pensión *f* estatal; **war ~** pensión *f* de guerra; **widow's ~** pensión *f* de viudedad
Ⓑ VT (= *allow to retire*) jubilar; (= *give pension*) pagar una pensión a
Ⓒ CPD ► **pension benefits** NPL pensión *f*, *dinero que se cobra de la misma* ► **pension book** N libreta *f* de pensión ► **pension contributions** NPL aportaciones *mpl* a la pensión ► **pension fund** N fondo *m* de pensiones ► **pension plan, pension scheme** N plan *m* de pensiones ► **pension rights** NPL derechos *mpl* de pensión

►**pension off** VT + ADV (*lit*) jubilar; **isn't it time you ~ed off that car of yours?*** ¿no va siendo hora de que jubiles ese coche?*

**pension**[2] ['pɔ̃sjɔ̃] N (= *hotel*) pensión *f*

**pensionable** ['penʃənəbl] ADJ [*age*] de jubilación; [*post*] con derecho a pensión

**pensioner** ['penʃənəʳ] N pensionado/a *m/f*, pensionista *mf*; (= *old age pensioner*) jubilado/a *m/f*

**pensive** ['pensɪv] ADJ (*gen*) pensativo, meditabundo

**pensively** ['pensɪvlɪ] ADV pensativamente

**pent** [pent] ADJ *see* **pent-up**

**pentagon** ['pentəgən] N pentágono *m*; **the Pentagon** (*Washington*) el Pentágono

**pentagonal** [pen'tægənl] ADJ pentagonal

**pentagram** ['pentəgræm] N estrella *f* de cinco puntas

**pentameter** [pen'tæmɪtəʳ] N pentámetro *m*

**Pentateuch** ['pentətju:k] N Pentateuco *m*

**pentathlete** [pen'tæθli:t] N pentatleta *mf*

**pentathlon** [pen'tæθlən] N pentatlón *m*

**pentatonic** [,pentə'tɒnɪk] Ⓐ ADJ pentatónico
Ⓑ CPD ► **pentatonic scale** N escala *f* pentatónica

**Pentecost** ['pentɪkɒst] N (*Rel*) Pentecostés *m*

**Pentecostal** [,pentɪ'kɒstl] ADJ de Pentecostés

**Pentecostalism** [,pentɪ'kɒstlɪzəm] N pentecostalismo *m*

**penthouse** ['penthaʊs] N (*pl* **penthouses** ['penthaʊzɪz]) ático *m*

**Pentium processor**® [,pentɪəm'prəʊsesəʳ] N procesador *m* Pentium

**pent-up** ['pentʌp] ADJ [*rage*] contenido, reprimido; [*emotion, frustration, energy*] contenido; **~ demand** demanda *f* reprimida

**penult** [pɪ'nʌlt] N penúltima *f*

**penultimate** [pɪ'nʌltɪmɪt] ADJ penúltimo

**penumbra** [pɪ'nʌmbrə] N (*pl* **penumbras** *or* **penumbrae** [pɪ'nʌmbri:]) penumbra *f*

**penurious** [pɪ'njʊərɪəs] ADJ miserable, pobrísimo

**penury** ['penjʊrɪ] N miseria *f*, penuria *f*; **to live in ~** vivir en la penuria *or* miseria; **to be reduced to ~** quedarse en la miseria

**peon** ['pi:ən] N peón *m*

**peonage** ['pi:ənɪdʒ] N condición *f* de peón; (*fig*) servidumbre *f*, esclavitud *f*

**peony** ['pɪənɪ] N peonía *f*

**people** ['pi:pl] Ⓐ N [1] (*with pl vb*) [1·1] (*seen as a mass*) gente *f*; **what will ~ think?** ¿qué va a pensar la gente?; **they stole from ~'s houses** robaban las casas de la gente; **the place was full of ~** el local estaba lleno de gente; **country ~** la gente del campo; **I like the ~ here** la gente de aquí me cae bien; **here ~ quarrel a lot** aquí se riñe mucho; **they don't mix much with the local ~** no se tratan mucho con la gente del lugar; **what a lot of ~!** ¡cuánta gente!; **old ~** los ancianos, la gente mayor; **~ say that …** dicen que …, la gente dice que …; **young ~** los jóvenes, la gente joven
[1·2] (= *persons, individuals*) personas *fpl*; **20 ~** 20 personas; **millions of ~** millones *mpl* de personas; **~ are more important than animals** las personas son más importantes que los animales; **how many ~ are there in your family?** ¿cuántos sois en tu familia?; **he got a knighthood, him of all ~!** le han nombrado sir, ¡precisamente a él!; **you of all ~ should understand** tú deberías entenderlo mejor que nadie; **the ~ concerned** la gente *or* las personas en cuestión; **English ~** los ingleses; **two English ~** dos ingleses; **the gas ~ are coming tomorrow** los del gas vienen mañana; **~ like you are not welcome** no queremos gente como tú; **many ~ think that …** mucha gente cree que …, muchos creen que …; **most ~ like it** a la mayoría de la gente le gusta; **several ~ have told me** me lo han dicho varias personas; **some ~ are born lucky** hay gente que nace de pie, hay gente con suerte; **they're strange ~** son gente rara;

**what do you ~ think?** y ustedes ¿qué opinan?; *see also* **little[1] B**
[1·3] (= *inhabitants*) habitantes *mpl*; **Madrid has over four million ~** Madrid tiene más de cuatro millones de habitantes; **the ~ of London** los habitantes de Londres, los londinenses; **the ~ of Angola** los habitantes *or* la gente de Angola; **the ~ of this country are fed up** la gente de este país está harta; **a leader who will serve the country and its ~** un líder al servicio del país y de su gente
[1·4] (= *citizens, public*) pueblo *m*; **the ~** el pueblo; **the will of the ~** la voluntad popular *or* del pueblo; **the British ~** el pueblo británico; **the king and his ~** el rey y su pueblo *or* sus súbditos; **a ~'s army/democracy/republic** un ejército/una democracia/una república popular; **government by the ~** el gobierno del pueblo; **the ~ at large** el pueblo en general; **a man of the ~** un hombre del pueblo; **power to the ~** poder *m* para el pueblo; **a ~'s tribunal** un tribunal popular; ✦**IDIOM to go to the ~** consultar la opinión popular; *see also* **common A1**
[1·5] (= *family*) gente *f*, familia *f*; **my ~ come from the north** mi familia *or* mi gente es del norte; **have you met his ~?** ¿conoces a su familia?
[1·6] (= *colleagues*) **I asked one of our ~ in Boston to handle it** pedí a uno de los nuestros en Boston que se encargara de ello
[2] (*with sing vb*) (= *ethnic group*) pueblo *m*; **an oppressed ~** un pueblo oprimido; **the ~s of the former Soviet Union** los pueblos de la antigua Unión Soviética; **Spanish-speaking ~s** los pueblos *or* las gentes de habla hispana
Ⓑ VT poblar; **the country is ~d by nomads** el país está poblado *or* habitado por nómadas; **his novels are ~d with outlandish characters** sus novelas están pobladas de personajes extravagantes
Ⓒ CPD ► **people carrier** N monovolumen *m* ► **people mover** N (*US*) cinta *f* transbordadora, pasillo *m* móvil

**PEP** [pep] N ABBR (*Brit Fin*) = **personal equity plan**

**pep*** [pep] Ⓐ N energía *f*, dinamismo *m*
Ⓑ CPD ► **pep pill** N estimulante *m* ► **pep rally** N (*US*) *encuentro de motivación* ► **pep talk** N palabras *fpl* que motivan, palabras *fpl* para levantar la moral; **to give sb a ~ talk** hablar a algn para motivarle *or* levantarle la moral

►**pep up** VT + ADV [+ *person*] (= *encourage*) animar, estimular; (= *revive*) dar un nuevo impulso a; [+ *drink*] hacer más fuerte; **how to ~ up your love life** cómo dar un nuevo impulso a su vida amorosa

**PEP RALLY**

***Pep Rally*** *es un término usado en Estados Unidos para referirse a las concentraciones que se realizan antes de la celebración de un partido de fútbol americano o baloncesto en los institutos de enseñanza secundaria o en la universidad. En estas celebraciones, que tienen lugar uno o varios días antes del partido, participan animadores de grupo, una banda de música y tanto los jugadores como los entrenadores tienen que pronunciar unas palabras ante los demás. También se emplea a veces el término* ***Pep Rally*** *con referencia a los mítines políticos o a encuentros entre los miembros de una empresa para alentar la motivación entre sus afiliados o empleados por medio de la adulación pública o el anuncio de nuevos proyectos o de éxitos futuros.*

**pepper** ['pepəʳ] Ⓐ N [1] (= *spice*) pimienta *f*; **black/white ~** pimienta *f* negra/blanca; *see also* **cayenne**
[2] (= *vegetable*) pimiento *m*, pimentón *m* (*S. Cone*); **green ~** pimiento *m* verde, pimentón *m* verde (*LAm*); **red ~** (= *capsicum*) pimiento *m* rojo, pimiento *m* morrón, pimentón *m* rojo (*LAm*); *see also* **chili**
Ⓑ VT [1] (*lit*) echar *or* poner pimienta a, sazonar con pimienta
[2] (*fig*) [2·1] (= *bombard*) acribillar; **the walls were ~ed with bullet holes** las paredes habían sido acribilladas a balazos; **to ~ sth/sb with bullets** acribillar algo/a algn a balazos; **to ~ sb with questions** acribillar a algn a preguntas
[2·2] (= *sprinkle*) salpicar; **his English is heavily ~ed with Americanisms** su inglés está salpicado de americanismos; **to ~ a work with quotations** salpicar una obra de citas; **his hair is ~ed with grey** tiene el pelo salpicado de canas
Ⓒ CPD ► **pepper mill** N molinillo *m* de pimienta ► **pepper plant** N pimentero *m* ► **pepper pot, pepper shaker** (*US*) N pimentero *m* ► **pepper steak** N filete *m* a la pimienta

**peppercorn** ['pepəkɔːn] Ⓐ N grano *m* de pimienta
Ⓑ CPD ► **peppercorn rent** N alquiler *m* nominal

**peppermint** ['pepəmɪnt] N (*Bot*) menta *f*; (= *sweet*) caramelo *m* de menta; (= *lozenge*) pastilla *f* de menta; **~ flavour ice cream** helado *m* con sabor a menta

**pepperoni** [pepə'rəʊnɪ] N salchichón *m* a la pimienta, pepperoni *m*

**peppery** ['pepərɪ] ADJ (= *hot, sharp*) picante; (= *tasting of pepper*) con sabor a pimienta; (*fig*) (= *short-tempered*) enojadizo; **~ taste** sabor *m* a pimienta; (*hot, sharp*) sabor *m* picante

**pepsin** ['pepsɪn] N pepsina *f*

**peptic** ['peptɪk] Ⓐ ADJ péptico
Ⓑ CPD ► **peptic ulcer** N úlcera *f* péptica

**peptone** ['peptəʊn] N peptona *f*

**per** [pɜːʳ] PREP por; **~ annum** al año; **we shall proceed as ~ instructions** procederemos de acuerdo con las instrucciones; **as ~ invoice** de acuerdo con *or* según la factura; **£10 ~ dozen** 10 libras la docena; **30 miles ~ gallon** 30 millas por cada galón; **~ head** por cabeza; **~ head of population** por habitante; **60 miles ~ hour** 60 millas por hora; **~ person** por persona; **£15 ~ person ~ night** 15 libras por persona y por noche; **~ se** de por sí; **£7 ~ week** 7 libras a la semana; *see also* **per cent, usual A**

**perambulate** [pə'ræmbjʊleɪt] Ⓐ VT recorrer
Ⓑ VI pasearse, deambular

**perambulation** [pə,ræmbjʊ'leɪʃən] N (*frm, hum*) (= *stroll*) paseo *m*; (= *journey*) viaje *m*; (= *visit*) visita *f* de inspección

**perambulator**† [pə'ræmbjʊleɪtəʳ] N (*Brit frm*) cochecito *m* de niño

**perborate** [pə'bɔːreɪt] N perborato *m*

**per capita** [pə'kæpɪtə] Ⓐ ADV per cápita
Ⓑ CPD ► **per capita consumption** N consumo *m* per cápita; **the ~ consumption of alcohol** el consumo de alcohol per cápita ► **per capita income** N ingresos *mpl* per cápita

**perceive** [pə'siːv] VT [1] (= *see, hear*) percibir; (= *realize*) darse cuenta de, notar; **now I ~ that …** ahora veo que …; **do you ~ anything strange?** ¿notas algo raro?; **~d need/interest** necesidad *f*/interés *m* que se ha detectado
[2] (= *understand*) comprender; **I do not ~ how it can be done** no comprendo cómo se puede hacer
[3] (= *consider*) considerar; **their action may be ~d as a threat** su actuación puede considerarse *or* puede verse como una amenaza; **the things children ~ as being important** las cosas que los niños consideran importantes; **they ~ themselves as rebels** se ven a sí mismos como rebeldes, se consideran a sí mismos rebeldes

**per cent** [pə'sent] N por ciento; **20 ~** el 20 por ciento; **it has increased by eight ~** ha aumentado (en) un ocho por ciento; **there's a ten ~ discount** hay un descuento del diez por cien(to), hay un diez por ciento de descuento; **the population is 90 ~ Roman Catholic** el 90 por ciento de la población es católica; **a half (a) ~ cut in interest rates** un recorte de un cero coma cinco por ciento en los tipos de interés; **100 ~** cien por cien; **he's not feeling a hundred ~ today** hoy no se encuentra al cien por cien

**percentage** [pə'sentɪdʒ] Ⓐ N [1] (= *proportion*) porcentaje *m*; **what is the ~ of nitrogen in air?** ¿cuál es el porcentaje de nitrógeno en el aire?; **a large ~ of people are immune** un gran porcentaje de la gente es inmune; **the figure is expressed as a ~** la cifra está expresada en tantos por ciento; **on a ~ basis California lost more jobs than any other state** según los porcentajes California perdió más puestos de trabajo que ningún otro estado; **a high ~ are girls** un alto *or* elevado porcentaje son chicas; **in ~ terms** proporcionalmente
[2] (= *commission*) porcentaje *m*; **my ~ is deducted beforehand** mi porcentaje se deduce antes; **to get a ~ on all sales** recibir un tanto por ciento sobre todas las ventas; **on a ~ basis** a porcentaje
[3] (*) (= *rake-off*) tajada* *f*; **all they're after is their ~** lo único que buscan es llevarse una tajada*
[4] (= *advantage, benefit*) **there's no ~ in doing that** haciendo eso no se saca nada; **what ~ is there in it for me?** ¿y yo qué saco?
Ⓑ CPD ► **percentage increase** N aumento *m* porcentual ► **percentage point** N punto *m* porcentual ► **percentage sign** N signo *m* del tanto por ciento

**percentile** [pə'sentaɪl] N percentil *m*

**perceptible** [pə'septəbl] ADJ (= *appreciable*) sensible; (= *discernible*) perceptible

**perceptibly** [pə'septəblɪ] ADV (= *appreciably*) sensiblemente; (= *discernibly*) perceptiblemente; **it has improved ~** ha mejorado sensiblemente

**perception** [pə'sepʃən] N [1] (= *act*) percepción *f*; **it changes one's ~ of time** cambia la percepción que uno tiene del tiempo; **sense ~** percepción *f* sensorial
[2] (= *impression*) impresión *f*; **what is your ~ of the situation?** ¿qué impresión tienes de la situación?; **her ~ was that she had done sth wrong** tenía la impresión de haberse equivocado en algo; **the public ~ is that …** la gente tiene la impresión de que …
[3] (= *insight*) perspicacia *f*, agudeza *f*

**perceptive** [pə'septɪv] ADJ [*person*] perspicaz; [*remark*] perspicaz, agudo; [*function*] perceptivo

**perceptiveness** [pə'septɪvnɪs] N (= *insight*) perspicacia *f*, agudeza *f*; (= *ability to perceive*) facultad *f* perceptiva

**perceptual** [pə'septjʊəl] ADJ [*skills, problems*] de percepción, perceptual

**perch¹** [pɜːtʃ] Ⓐ N [*of bird*] percha *f*; (*fig*) [*of person*] posición *f* elevada; ✦*IDIOM* **to knock sb off his ~** bajar los humos *or* el copete a algn*
Ⓑ VT encaramar; **we ~ed the child on the wall** encaramamos al niño en la tapia; **the village is ~ed on a hilltop** el pueblo está encaramado en lo alto de una colina; **he ~ed his hat on his head** se colocó el sombrero en la cabeza
Ⓒ VI [*bird*] posarse (**on** en); [*person*] (= *sit*) sentarse (**on** en); (*high up*) encaramarse (**on** en); **she ~ed on the arm of my chair** se sentó en el brazo de mi sillón; **we ~ed in a tree to see the procession** nos encaramamos *or* subimos a un árbol para ver el desfile

**perch²** [pɜːtʃ] N (*pl* **perch, perches**) (= *fish*) perca *f*

**perch³** [pɜːtʃ] N *medida de longitud, = 5,029m*

**perchance** [pə'tʃɑːns] ADV (*liter*) (= *by chance*) por ventura, acaso; (= *perhaps*) acaso, tal vez; **to sleep, ~ to dream** dormir, acaso *or* tal vez soñar; **are they ~ afraid of me?** ¿acaso les doy miedo?

**percipient** [pə'sɪpɪənt] ADJ = **perceptive**

**percolate** ['pɜːkəleɪt] Ⓐ VT filtrar; [+ *coffee*] hacer (*en una cafetera de filtro*); **~d coffee** café *m* (de) filtro
Ⓑ VI [1] (*lit, fig*) filtrarse; **to ~ down to** filtrarse hasta; **to ~ through (sth)** [*water*] filtrarse (por algo); [*ideas*] propagarse (por algo); **these ideas may eventually ~ through to the top of the organization** puede que al final estas ideas se propaguen por la cúpula de la organización
[2] [*coffee*] hacerse (*en una cafetera de filtro*)

**percolator** ['pɜːkəleɪtəʳ] N cafetera *f* de filtro

**percussion** [pə'kʌʃən] Ⓐ N [1] (= *impact, noise*) percusión *f*
[2] (*Mus*) percusión *f*; **to play ~** ser percusionista
Ⓑ CPD ► **percussion cap** N cápsula *f* fulminante ► **percussion instrument** N instrumento *m* de percusión ► **percussion section** N percusión *f*, sección *f* de percusión

**percussionist** [pə'kʌʃənɪst] N percusionista *mf*

**per diem** ['pɜː'diːem] Ⓐ ADV por día
Ⓑ N (= *allowance*) complemento *m* para gastos diarios

**perdition** [pɜː'dɪʃən] N (*liter*) perdición *f*

**peregrination** [,perɪgrɪ'neɪʃən] N peregrinación *f*; **peregrinations** (*hum*) periplo *m*, peregrinaje *m*

**peregrine** ['perɪgrɪn] Ⓐ N halcón *m* común, neblí *m*
Ⓑ CPD ► **peregrine falcon** N halcón *m* peregrino

**peremptorily** [pə'rem*p*tərɪlɪ] ADV [*say, refuse*] en tono perentorio, en tono imperioso; **they were ~ sacked** los despidieron sin más

**peremptory** [pə'rem*p*tərɪ] ADJ [*tone*] perentorio, imperioso; [*person*] imperioso, autoritario

**perennial** [pə'renɪəl] Ⓐ ADJ (*Bot*) perenne; [*problem*] perenne, eterno; **~ youth** la juventud eterna; **it's a ~ complaint** es una queja constante
Ⓑ N (*Bot*) planta *f* perenne, planta *f* vivaz

**perennially** [pə'renɪəlɪ] ADV perennemente, constantemente; **they are ~ short of staff** les falta personal constantemente

**perestroika** [perə'strɔɪkə] N perestroika *f*

**perfect** ['pɜːfɪkt] Ⓐ ADJ [1] (= *faultless*) perfecto; **nobody is ~** nadie es perfecto; **everything was ~ on the day** ese día todo salió perfecto; **in ~ condition** en perfectas condiciones; **he spoke ~ English** ◊ **his English was ~** hablaba un inglés perfecto; **his Spanish is far from ~** su español dista mucho de ser perfecto; **you're in ~ health** se encuentra perfectamente de salud; *see also* **practice A1**, **word-perfect**
[2] (= *ideal*) [*moment, solution, place*] ideal, perfecto; **a job like that would be ~ for you** un trabajo como ése sería ideal *or* perfecto para ti; **Saturday morning would be ~** el sábado por la mañana sería ideal *or* perfecto; **he's the ~ man for the job** es el hombre idóneo *or* ideal *or* perfecto para el cargo; **his expertise made him the ~ choice** su experiencia hacía de él la persona idónea *or* ideal *or* perfecta; **in a ~ world** en un mundo ideal
[3] (= *exact*) perfecto; **a ~ circle** un círculo perfecto; **a ~ copy** una copia perfecta; **the jacket was a ~ fit** la chaqueta me estaba perfecta *or* me quedaba perfectamente; **my watch keeps ~ time** mi reloj siempre marca la hora exacta
[4] (= *absolute, utter*) **a ~ fool/stranger** un perfecto idiota/desconocido; **I have a ~ right to be here** estoy en el perfecto derecho de estar aquí; **she's a ~ pest** es una verdadera pesada*; **it makes ~ sense to me** me parece completamente *or* totalmente lógico
[5] (*Gram*) perfecto; *see also* **future A2**, **present C**, **past E**
[6] (*Mus*) [*fourth, fifth, octave*] perfecto; **a ~ fifth** una quinta perfecta
Ⓑ ['pɜːfɪkt] N (*Gram*) **the ~** el tiempo perfecto; *see also* **future A2**, **present C**, **past E**
Ⓒ [pə'fekt] VT perfeccionar; **she wanted to ~ her English** quería perfeccionar su inglés; **to ~ the art of doing sth** perfeccionar el arte de hacer algo
Ⓓ ['pɜːfɪkt] CPD ► **perfect number** N (*Math*) número *m* perfecto ► **perfect pitch** N (*Mus*) oído *m* perfecto; **to have ~ pitch** tener el oído perfecto

**perfectibility** [pə,fektɪ'bɪlɪtɪ] N perfectibilidad *f*

**perfectible** [pə'fektəbl] ADJ perfectible

**perfection** [pə'fekʃən] N perfección *f*; **the peak of ~** el súmmum de la perfección; **cooked to ~** cocinado a la perfección

**perfectionism** [pə'fekʃənɪzm] N perfeccionismo *m*

**perfectionist** [pə'fekʃənɪst] N perfeccionista *mf*

**perfective** [pə'fektɪv] Ⓐ ADJ [*aspect, verb*] perfectivo
Ⓑ N perfectivo *m*

**perfectly** ['pɜːfɪktlɪ] ADV [1] (= *very well*) perfectamente; **the plan worked ~** el plan salió perfectamente *or* a la perfección; **he is ~ placed to understand the situation** está en la posición perfecta para comprender la situación; **you timed your arrival ~** has llegado en el momento preciso; **one of the most ~ preserved medieval towns in the world** uno de los pueblos medievales mejor conservados del mundo
[2] (= *absolutely, entirely*) [*honest, frank, normal*] totalmente; **to be ~ honest, I hate classical music** si te soy totalmente sincero, odio la música clásica; **I'll be ~ frank with you** te voy a ser totalmente franco; **it's ~ disgusting!** ¡es verdaderamente asqueroso!; **I'm ~ all right** estoy perfectamente; **well, actually, we're ~ happy about it** pues, la verdad, no nos importa en absoluto; **there may be some ~ innocent explanation** puede que esto tenga una explicación totalmente inocente; **it is ~ possible to eat well on a diet** es muy posible alimentarse bien aunque se esté a régimen; **you'll be ~ safe here** aquí no correrás ni el más mínimo peligro; **we're ~ satisfied with this** estamos plenamente satisfechos con esto; **look, it's ~ simple** mira, es de lo más sencillo; **you know ~ well what my answer will be** bien sabes *or* sabes muy bien qué respuesta te voy a dar

**perfidious** [pɜː'fɪdɪəs] ADJ (*liter*) pérfido

**perfidiously** [pɜː'fɪdɪəslɪ] ADV (*liter*) pérfidamente

**perfidy** ['pɜːfɪdɪ] N (*liter*) perfidia *f*

**perforate** ['pɜːfəreɪt] VT perforar; **to ~ holes in sth** practicar agujeros en algo

**perforated** ['pɜːfəreɪtɪd] Ⓐ ADJ [*stamp*] dentado
Ⓑ CPD ► **perforated line** N línea *f* perforada ► **perforated ulcer** N (*Med*) úlcera *f* perforada

**perforation** [,pɜːfə'reɪʃən] N (*gen*) perforación *f*; [*of stamp*] perforado *m*

**perforce** [pə'fɔːs] ADV (*liter*) forzosamente

**perform** [pə'fɔːm] Ⓐ VT [1] (*Theat, Mus*) [+ *play*] representar; [+ *part, piece, song, dance*] interpretar; **it meant a lot to her to have her music ~ed here** significó mucho para ella el que interpretaran su música aquí; **she will ~ a series of sonatas by Mozart** interpretará *or* ejecutará varias sonatas de Mozart
[2] (= *carry out*) [+ *task, experiment, feat*] realizar, llevar a cabo; [+ *operation, autopsy*] practicar, realizar, llevar a cabo; [+ *duty*] cumplir con; [+ *function, role*] desempeñar, cumplir; [+ *rite, ritual, ceremony*] celebrar; [+ *miracle*] realizar, hacer; **they ~ed a great service to their country** prestaron un gran servicio a su país; **to ~ surgery** *or* **an operation on sb** operar a algn, practicar una operación quirúrgica a algn (*frm*)
Ⓑ VI [1] (*Theat, Mus*) [*entertainer, actor*] actuar; [*musician*] tocar; [*orchestra, pop group*] actuar, tocar; [*singer*] cantar; [*dancer*] bailar; [*trained animal*] hacer trucos, realizar trucos; **he ~ed brilliantly as Hamlet** interpretó brillantemente el papel de Hamlet, se lució en el papel de Hamlet; **the band will be ~ing live** el grupo actuará *or* tocará en concierto; **and ~ing for us tonight on the violin is Rebecca Hunt** y esta noche Rebecca Hunt nos tocará el violín
[2] (= *respond, behave*) [*vehicle, machine*] responder, funcionar; [*team, athlete, horse*] responder; [*investment, shares*] rendir; [*metal, material*] comportarse; [*worker*] (= *be productive*) rendir; (= *react*) responder; **how did the company ~ last year?** ¿qué resultados dio la empresa el año pasado?; **the party ~ed abysmally at the last election** el partido obtuvo unos resultados pésimos en las últimas elecciones; **he ~ed well at school** rendía en los estudios; **he did not ~ very well in his exams** no obtuvo muy buenos resultados en los exámenes, los exámenes no le salieron muy bien; **our economy has been ~ing well recently** últimamente, nuestra economía ha estado produciendo buenos resultados
[3] (*) (*esp hum*) (= *go to toilet*) [*child, dog*] hacer sus menesteres
[4] (*) (*sexually*) cumplir*

**performance** [pə'fɔːməns] Ⓐ N [1] (*Theat, Mus etc*) [1·1] (= *session*) (*Theat*) función *f*; (*Cine*) sesión *f*; **tonight's ~ will end at 9.45 pm** (*Theat*) la función de esta noche terminará a las 21.45; **the late ~** (*Theat*) la función de noche; (*Cine*) la sesión de noche; **two ~s nightly** (*Theat*) dos funciones *or* representaciones por noche; (*Cine*) dos sesiones por noche; **"no performance tonight"** "esta noche no hay función", "no hay representación esta noche"

1·2 (= *presentation*) [*of play, opera, ballet*] representación *f*; [*of piece of music*] interpretación *f*; **it has not had a ~ since 1950** (*Theat*) no se ha representado desde 1950; (*Mus*) no se ha interpretado desde 1950; **the play ran for over 300 ~s** la obra tuvo más de 300 representaciones; **first ~** estreno *m*; **video footage of the band in ~** unas secuencias en vídeo del grupo en concierto

1·3 (*by actor, singer*) actuación *f*, interpretación *f*; (*by pianist, orchestra*) interpretación *f*; (*by comedian*) actuación *f*; **his ~ as Don Juan was excellent** su actuación en el papel *or* su interpretación del papel de Don Juan fue excelente; **this will be her first ~ at Covent Garden** esta será su primera actuación en Covent Garden; *see also* **gala B**, **virtuoso**

2 (= *effectiveness*) [*of investment, worker*] rendimiento *m*; [*of currency*] comportamiento *m*; [*of team, athlete, racehorse*] actuación *f*; [*of company*] resultados *mpl*; [*of vehicle*] rendimiento *m*, performance *f* (*LAm*); [*of machine*] (= *productivity*) rendimiento *m*; (= *working*) funcionamiento *m*; **the ~ of the pound against the mark** el comportamiento de la libra con respecto al marco; **we judge people on ~ rather than age** juzgamos a las personas por su rendimiento y no por su edad; **the party's disastrous ~ in the elections** los pésimos resultados del partido en las elecciones; **Britain's poor economic ~ in the 1970s** el poco rendimiento de la economía británica en los setenta; **on past ~, an England victory seems unlikely** si nos basamos en las actuaciones anteriores, parece poco probable que Inglaterra vaya a ganar; **her poor ~ in French** su poco rendimiento en francés, sus malos resultados en francés; **he didn't put up a very good ~ in the exams** no obtuvo muy buenos resultados en los exámenes, los exámenes no le salieron muy bien; **the team gave** *or* **put up a poor ~** el equipo tuvo una actuación pobre; *see also* **high-performance**, **performance-related**

3 (= *execution*) [*of task*] realización *f*, ejecución *f*; [*of duty*] cumplimiento *m*; [*of function*] ejercicio *m*; [*of rite, ritual*] práctica *f*, celebración *f*; **she has to rely on others for the ~ of the simplest tasks** tiene que depender de otros para realizar *or* ejecutar las tareas más sencillas; **in the ~ of his duties** en el ejercicio de su cargo

4 (*) (= *bother, rigmarole*) follón* *m*, jaleo* *m*; **it's such a ~ getting here** llegar aquí supone tal follón *or* jaleo*; **what a ~ it is to get a visa!** ¡conseguir un visado es un verdadero follón *or* jaleo!*

5 (*) (= *fuss about nothing*) numero* *m*; **what a ~ she made of making the tea** vaya numero que montó para hacer el té*

6 (*Ling*) actuación *f*

Ⓑ CPD ► **performance art** N performance art *m* ► **performance car** N coche *m* de alto rendimiento ► **performance indicator** N (*Comm, Fin*) indicador *m* del rendimiento ► **performance target** N objetivo *m* de rendimiento

**performance-enhancing** [pəˈfɔːmənsɪn,-hɑːnsɪŋ] ADJ **~ drug** sustancia *f* que potencia el rendimiento

**performance-related** [pəˈfɔːmənsrɪˈleɪtɪd] ADJ [*bonus, scheme*] en relación con los resultados; **~ pay** remuneración *f* con arreglo al rendimiento

> ➤ LANGUAGE IN USE: **perhaps** 15.3

**performative** [pəˈfɔːmətɪv] N **~ (verb)** (verbo *m*) performativo *m*

**performer** [pəˈfɔːməʳ] N (*Theat*) actor/actriz *m/f*, artista *mf*; (*Mus*) intérprete *mf*; **a skilled ~ on the piano** un pianista experto; **this fund has been one of the best ~s in recent years** este fondo de inversiones ha sido de los que han dado mejores resultados en los últimos años; **he was a poor ~ at school** no le iba muy bien en el colegio

**performing** [pəˈfɔːmɪŋ] Ⓐ ADJ [*animal*] amaestrado

Ⓑ CPD ► **performing arts** NPL artes *fpl* de la interpretación

**perfume** [ˈpɜːfjuːm] Ⓐ N perfume *m*

Ⓑ VT [pəˈfjuːm] perfumar

**perfumery** [pəˈfjuːmərɪ] N perfumería *f*; (= *perfumes*) perfumes *mpl*

**perfunctorily** [pəˈfʌŋktərɪlɪ] ADV [*inspect*] superficialmente, someramente; [*reply*] a la ligera; [*kiss*] con indiferencia, mecánicamente

**perfunctory** [pəˈfʌŋktərɪ] ADJ [*inspection, glance*] superficial, somero; [*reply*] dado a la ligera; [*kiss*] indiferente, mecánico; **he gave a ~ performance** tocó *etc* por cumplir

**pergola** [ˈpɜːgələ] N pérgola *f*

▼ **perhaps** [pəˈhæps] ADV quizá(s), tal vez; **~ he'll come** quizá *or* tal vez venga, a lo mejor viene; **"will you be seeing her later?" — "perhaps"** —¿la vas a ver después? —a lo mejor *or* —tal vez *or* —puede que sí; **~ not** puede que no; **~ so** puede que sí, puede que así sea, quizá sea así; **there were ~ 50 people there** habría quizás unas 50 personas allí, puede que hubiese unas 50 personas allí

**peri...** [ˈperɪ] PREFIX peri…

**pericardium** [,perɪˈkɑːdɪəm] N (*pl* **pericardia** [,perɪˈkɑːdɪə]) pericardio *m*

**peridot** [ˈperɪdɒt] N peridotita *f*

**perigee** [ˈperɪdʒiː] N perigeo *m*

**peril** [ˈperɪl] N riesgo *m*, peligro *m*; **to be in ~** estar en *or* correr peligro; **she was in ~ of her life** su vida estaba en peligro, corría el riesgo *or* peligro de perder la vida; **do it at your ~** hágalo por su cuenta y riesgo

**perilous** [ˈperɪləs] ADJ peligroso, arriesgado; **it would be ~ to attempt it** sería peligroso *or* arriesgado intentarlo

**perilously** [ˈperɪləslɪ] ADV peligrosamente; **the film comes ~ close to kitsch** la película roza peligrosamente lo cursi; **he came ~ close to being caught** por poco lo agarran

**perimeter** [pəˈrɪmɪtəʳ] Ⓐ N perímetro *m*

Ⓑ CPD ► **perimeter fence** N valla *f* que rodea el recinto

**perinatal** [,perɪˈneɪtl] ADJ perinatal

**perineum** [,perɪˈniːəm] N (*pl* **perinea**) perineo *m*

**period** [ˈpɪərɪəd] Ⓐ N 1 (= *length of time*) período *m*; (= *time limit*) plazo *m*; (= *era*) época *f*; (= *stage*) (*in career, development etc*) etapa *f*; (*Sport*) tiempo *m*; **for a ~ of three weeks** durante (un período de) tres semanas; **within a three month ~** en tres meses, dentro de un plazo de tres meses; **for a limited ~** por un periodo limitado; **at that ~ (of my life)** en aquella época (de mi vida); **the holiday ~** el período de vacaciones; **the postwar ~** la posguerra; **the Victorian ~** la época victoriana; **a painting from his early ~** un cuadro de su primera época

2 (*Scol*) clase *f*, hora *f*; **we have two French ~s** tenemos dos clases *or* horas de francés

3 (*Gram*) período *m*; (= *full stop*) (*esp US*) punto *m*; **I said no, ~** he dicho que no, y punto

4 (= *menstruation*) período *m*, regla *f*; **I've got my ~** estoy con la regla

Ⓑ CPD ► **period cost** N costo *m* fijo ► **period dress** N traje(s) *mpl* de época ► **period furniture** N muebles *mpl* de época ► **period instrument** N instrumento *m* de época ► **period pain** N dolores *fpl* menstruales ► **period piece** N (= *film*) película *f* de época; (= *novel*) novela *f* de época

**periodic** [,pɪərɪˈɒdɪk] Ⓐ ADJ periódico

Ⓑ CPD ► **periodic table** N tabla *f* periódica

**periodical** [,pɪərɪˈɒdɪkəl] Ⓐ ADJ periódico

Ⓑ N revista *f*, publicación *f* periódica

Ⓒ CPD ► **periodicals library** N hemeroteca *f*

**periodically** [,pɪerɪˈɒdɪkəlɪ] ADV (= *at regular intervals*) periódicamente; (= *from time to time*) cada cierto tiempo, de vez en cuando

**periodicity** [,pɪərɪəˈdɪsɪtɪ] N periodicidad *f*

**periodontal** [perɪˈdɒntl] ADJ periodontal

**peripatetic** [,perɪpəˈtetɪk] ADJ [*salesman*] ambulante; [*teacher*] con trabajo en varios colegios; (*Philos*) peripatético; **to lead a ~ existence** cambiar mucho de domicilio, no tener residencia fija

**peripheral** [pəˈrɪfərəl] Ⓐ ADJ 1 (*Med*) [*vision*] periférico

2 (= *outer, surrounding*) [*area*] periférico, de la periferia

3 (= *minor*) [*role, concern*] secundario

Ⓑ N (*Comput*) periférico *m*, unidad *f* periférica

Ⓒ CPD ► **peripheral device** N dispositivo *m* periférico

**peripheralize** [pəˈrɪfərəlaɪz] VT marginar

**periphery** [pəˈrɪfərɪ] N periferia *f*

**periphrasis** [pəˈrɪfrəsɪs] N (*pl* **periphrases** [pəˈrɪfrəsiːz]) perífrasis *f inv*

**periphrastic** [,perɪˈfræstɪk] ADJ perifrástico

**periscope** [ˈperɪskəʊp] N periscopio *m*

**perish** [ˈperɪʃ] Ⓐ VI 1 [*person*] perecer, fallecer; **we shall do it or ~ in the attempt** lo conseguiremos o moriremos intentándolo; **he ~ed at sea** murió en el mar; **~ the thought!** ¡Dios me libre!

2 [*food, material*] deteriorarse, estropearse

Ⓑ VT deteriorar, estropear; **to be ~ed (with cold)*** estar helado*

**perishable** [ˈperɪʃəbl] Ⓐ ADJ perecedero

Ⓑ N **perishables** productos *mpl* perecederos

**perisher**†* [ˈperɪʃəʳ] N (*Brit*) tío* *m*; **you little ~!** ¡ay, tunante!*

**perishing** [ˈperɪʃɪŋ] ADJ 1 (*) (= *freezing*) **it's ~ (cold)** hace un frío de muerte*, hace un frío que pela*; **I'm ~** estoy helado*

2 (*Brit**) condenado*

**peristalsis** [,perɪˈstælsɪs] N (*pl* **peristalses** [,perɪˈstælsiːz]) peristalsis *f*

**peristyle** [ˈperɪstaɪl] N peristilo *m*

**peritoneum** [,perɪtəˈniːəm] N (*pl* **peritoneums** *or* **peritonea** [,perɪtəˈniːə]) peritoneo *m*

**peritonitis** [,perɪtəˈnaɪtɪs] N peritonitis *f*

**periwig** [ˈperɪwɪg] N peluca *f*

**periwinkle** [ˈperɪ,wɪŋkl] N (*Bot*) vincapervinca *f*; (*Zool*) caracol *m* de mar, bígaro *m*

**perjure** [ˈpɜːdʒəʳ] VT **to ~ o.s.** jurar en falso, perjurar

**perjured** [ˈpɜːdʒəd] ADJ [*evidence*] falso

**perjurer** [ˈpɜːdʒərəʳ] N perjuro/a *m/f*

**perjury** [ˈpɜːdʒərɪ] N perjurio *m*; **to commit ~** cometer perjurio

**perk**[1]* [pɜrk] N (= *money*) beneficio *m* adicional; **it's one of the ~s of the job** es uno de los incentivos *or* las ventajas del puesto; **there are no ~s in this job** en este puesto no hay nada aparte del sueldo; **company ~s** beneficios *mpl* corporativos

**perk²*** [pɜːk] VI = **percolate;** [*coffee*] filtrarse

►**perk up** Ⓐ VT + ADV [+ *person*] animar; **this will ~ you up!** ¡esto te animará!; **it ~s up the flavour of frozen vegetables** da vida a *or* anima las verduras congeladas
Ⓑ VI + ADV [*person*] reanimarse; (*in health*) sentirse mejor; **business is ~ing up** el negocio va mejorando; **ears ~ed up when his name was mentioned** todo el mundo aguzó el oído cuando se mencionó su nombre; **share prices ~ed up as a result of the deal** la cotización de las acciones aumentó como resultado del trato

**perkiness** [ˈpɜːkɪnɪs] N alegría *f*, vida *f*; (= *cheekiness*) frescura *f*

**perky** [ˈpɜːkɪ] ADJ (*compar* **perkier**; *superl* **perkiest**) (= *cheerful, bright*) alegre, animado; (= *cheeky*) fresco

**perm¹*** [pɜːm] Ⓐ N (*Brit*) permanente *f*; **she's got a ~** lleva permanente; **to have a ~** hacerse una permanente
Ⓑ VT **to ~ sb's hair** hacer una permanente a algn; **to have one's hair ~ed** hacerse una permanente

**perm²** [pɜːm] Ⓐ N ABBR = **permutation**
Ⓑ VTI ABBR = **permute**

**permafrost** [ˈpɜːməfrɒst] N permagel *m*

**permanence** [ˈpɜːmənəns] N permanencia *f*

**permanency** [ˈpɜːmənənsɪ] N permanencia *f*; (= *permanent arrangement*) arreglo *m* permanente

**permanent** [ˈpɜːmənənt] Ⓐ ADJ [1] (= *fixed, unchangeable*) [*limp*] permanente; [*damage*] irreparable; [*finish on steel*] inalterable; **we cannot make any ~ arrangements** no podemos arreglar las cosas de modo definitivo; **on a ~ basis** de forma permanente; **he has become a ~ fixture in her life** se ha convertido en una figura permanente en su vida
[2] (= *stable, lasting*) [*job*] estable, fijo; [*relationship*] estable; **they have made their ~ home in Paris** se han establecido de forma permanente en París; **I'm not ~ here** (*in job*) no estoy fijo aquí
[3] (= *constant*) continuo, permanente; **I lived in a ~ state of fear** vivía en un estado de miedo continuo *or* permanente
Ⓑ N (*US*) = **perm¹**
Ⓒ CPD ► **permanent address** N domicilio *m* permanente ► **permanent magnet** N imán *m* permanente ► **Permanent Secretary** N (*Brit Admin*) Secretario/a *m/f* Permanente (*alto cargo de la Administración en Gran Bretaña*) ► **permanent staff** N personal *m* de plantilla ► **Permanent Under-secretary** N (*Brit Admin*) Subsecretario/a *m/f* Permanente (*alto cargo de la Administración en Gran Bretaña*) ► **permanent wave** N permanente *f*

**permanently** [ˈpɜːmənəntlɪ] ADV [*live, go away, come back*] permanentemente; [*damage*] irreparablemente, de forma permanente; [*stain, disqualify, ban*] para siempre; **the accident left him ~ brain-damaged** el accidente le produjo un daño cerebral irreparable, el accidente le dejó dañado el cerebro para siempre; **his face seemed to be ~ fixed in a scowl** parecía tener siempre el ceño fruncido; **he is ~ drunk** está siempre *or* permanentemente borracho

**permanent-press** [ˌpɜːmənəntˈpres] ADJ [*trousers*] de raya permanente; [*skirt*] inarrugable

**permanganate** [pɜːˈmæŋgənɪt] N permanganato *m*; **~ of potash** permanganato *m* de potasio

**permeability** [ˌpɜːmɪəˈbɪlɪtɪ] N permeabilidad *f*

**permeable** [ˈpɜːmɪəbl] ADJ permeable

**permeate** [ˈpɜːmɪeɪt] Ⓐ VT [1] [*liquid*] penetrar, impregnar; [*smell*] impregnar; [*substance, chemical*] penetrar; **to be ~d with** estar impregnado de
[2] (*fig*) [*ideology, corruption*] estar presente en; **this way of thinking ~s all areas of society** esta forma de pensar está presente en *or* impregna todos los niveles sociales
Ⓑ VI [1] **to ~ through sth** [*liquid*] penetrar a través de algo, impregnar algo; [*smell*] impregnar algo; [*substance, chemical*] penetrar a través de algo
[2] (*fig*) [*ideology, corruption*] extenderse, propagarse (**through** por)

**permissible** [pəˈmɪsəbl] ADJ lícito; **it is not ~ to do that** no se permite hacer eso; **would it be ~ to say that ...?** ¿podríamos decir que ...?

▼**permission** [pəˈmɪʃən] N permiso *m*; **no ~ is needed** no hay que pedir permiso; **I'd like your ~ to go ahead with the deal** me gustaría que me diera permiso *or* su autorización para seguir adelante con el trato; **to ask (sb's) ~ to do sth** pedir permiso (a algn) para hacer algo; **by kind ~ of Pérez Ltd** con el permiso amablemente concedido por Pérez, S. A.; **"reprinted by ~ of the publisher"** reimprimido con permiso *or* autorización de la editorial; **to get ~ from sb (to do sth)** obtener permiso de algn (para hacer algo); **to give** *or* **grant ~ (for sth)** dar *or* conceder permiso (para algo); **to give** *or* **grant sb ~ (to do sth)** dar permiso a algn (para hacer algo); **you have my ~ to use the car** tienes mi permiso para utilizar el coche; **could I have ~ to leave early?** ¿podría salir antes?; **his widow was refused ~ to live in Britain** a su viuda se le negó el permiso de residencia en Gran Bretaña; **to seek ~ (from sb) to do sth** pedir permiso (a algn) para hacer algo; **with your ~** con su permiso; **he borrowed my car/left the country without ~** se llevó mi coche/se marchó del país sin permiso; *see also* **planning B**

**permissive** [pəˈmɪsɪv] ADJ (= *tolerant*) [*attitude, law*] permisivo; **the ~ society** la sociedad permisiva

**permissively** [pəˈmɪsɪvlɪ] ADV permisivamente

**permissiveness** [pəˈmɪsɪvnɪs] N permisividad *f*

**permit** Ⓐ [ˈpɜːmɪt] N (= *licence*) permiso *m*, licencia *f*; (= *pass*) pase *m*; (= *permission*) permiso *m*; **do you have a ~ to carry that gun?** ¿tienes permiso *or* licencia para llevar esa pistola?; **building ~** permiso *m* de de obras; *see also* **parking B, residence B D**
Ⓑ [pəˈmɪt] VT permitir; **I won't ~ it** no lo permitiré; **is smoking ~ted?** ¿se permite *or* está permitido fumar?, ¿se puede fumar?; **"smoking is not permitted on the car deck"** "está prohibido fumar *or* no se permite fumar en la cubierta de automóviles"; **the law ~s the sale of this substance** la ley autoriza *or* permite la venta de esta sustancia; **he ~ted himself one cigar a day** se permitía (fumar) un cigarro al día; **to ~ sb to do sth** permitir a algn hacer algo, permitir que algn haga algo; **~ me to give you some advice** (*frm*) permítame aconsejarle *or* que le aconseje; **if I may be ~ted to make a suggestion** (*frm*) si se me permite hacer una sugerencia, si me permite que haga una sugerencia
Ⓒ [pəˈmɪt] VI **if time ~s** si hay tiempo (suficiente); **weather ~ting** si el tiempo lo permite; **to ~ of sth** (*frm*) admitir algo, dar posibilidad a algo; **the crime ~s of no defence** el crimen no admite defensa alguna, el crimen no da posibilidad a defensa alguna
Ⓓ [ˈpɜːmɪt] CPD ► **permit holder** N titular *mf* de un permiso

**permutation** [ˌpɜːmjʊˈteɪʃən] N [1] (*Math*) [*of number*] permutación *f*
[2] (= *variety, combination*) combinación *f*

**permute** [pəˈmjuːt] VT permutar

**pernicious** [pɜːˈnɪʃəs] Ⓐ ADJ [1] [*idea, influence*] pernicioso; **the ~ custom of ...** la perniciosa *or* funesta costumbre de ...
[2] (*Med*) pernicioso
Ⓑ CPD ► **pernicious anaemia** N anemia *f* perniciosa

**perniciously** [pɜːˈnɪʃəslɪ] ADV perniciosamente

**pernickety*** [pəˈnɪkɪtɪ] ADJ [*person*] quisquilloso, remilgado; [*task*] delicado; **she's ~ about food** es exigente para la comida; **he's terribly ~ about punctuality** tiene la manía de la puntualidad

**peroration** [ˌperəˈreɪʃən] N (*frm, iro*) perorata *f*

**peroxide** [pəˈrɒksaɪd] Ⓐ N peróxido *m*
Ⓑ CPD ► **peroxide blonde** N rubia *f* de bote, rubia *f* oxigenada

**perpendicular** [ˌpɜːpənˈdɪkjʊləʳ] Ⓐ ADJ [1] (*Math*) perpendicular
[2] (*Archit*) *perteneciente al estilo gótico de los siglos XIV y XV en Gran Bretaña*
Ⓑ N perpendicular *f*; **to be out of (the) ~** salir de la perpendicular, no estar a plomo

**perpetrate** [ˈpɜːpɪtreɪt] VT cometer; (*Jur*) perpetrar

**perpetration** [ˌpɜːpɪˈtreɪʃən] N comisión *f*; (*Jur*) perpetración *f*

**perpetrator** [ˈpɜːpɪtreɪtəʳ] N autor(a) *m/f*, responsable *mf*

**perpetual** [pəˈpetjʊəl] Ⓐ ADJ (= *eternal*) [*youth*] eterno; [*smile, snow*] perpetuo; (= *continuous*) [*complaints*] continuo, constante; **he has a ~ grin on his face** tiene una sonrisa perpetua *or* permanente *or* (*hum*) perenne en la cara; **she is in a state of ~ anxiety** está en un perpetuo estado de preocupación; **it was a ~ reminder of her dependency on him** era un constante recordatorio de su dependencia de él; **his ~ nagging gets on my nerves** sus quejas constantes *or* continuas me ponen de los nervios
Ⓑ CPD ► **perpetual calendar** N calendario *m* perpetuo ► **perpetual motion** N movimiento *m* continuo

**perpetually** [pəˈpetjʊəlɪ] ADV (= *eternally*) permanentemente; (= *continually*) constantemente, continuamente; **we were ~ hungry** teníamos siempre hambre

**perpetuate** [pəˈpetjʊeɪt] VT perpetuar

**perpetuation** [pəˌpetjʊˈeɪʃən] N perpetuación *f*

**perpetuity** [ˌpɜːpɪˈtjuːɪtɪ] N perpetuidad *f*; **in ~** a perpetuidad

**Perpignan** [ˈpɜːpiːnjɒn] N Perpiñán *m*

**perplex** [pəˈpleks] VT (= *puzzle*) dejar perplejo; (= *confuse*) desconcertar, confundir; [+ *situation, issue*] complicar

**perplexed** [pəˈplekst] ADJ perplejo, confuso; **we were ~** nos quedamos perplejos, estábamos confusos; **to look ~** parecer confuso

**perplexedly** [pəˈpleksɪdlɪ] ADV perplejamente

**perplexing** [pəˈpleksɪŋ] ADJ [*person*] desconcertante; [*issue, question, problem*] complicado; **it's all very ~** es todo muy complicado

**perplexity** [pəˈpleksɪtɪ] N perplejidad *f*, confusión *f*

**per pro.** ABBR = **per procurationem** (= *by proxy*) p.p.

➤ LANGUAGE IN USE: **permission** 9.2, 9.4

**perquisite** ['pɜːkwɪzɪt] N beneficio *m* adicional, gaje *m*; **perquisites** gajes *mpl* y emolumentos *mpl*

**perry** ['perɪ] N sidra *f* de peras

**persecute** ['pɜːsɪkjuːt] VT perseguir; (= *harass*) acosar; **they were ~d under the Nazis** sufrieron persecución bajo los nazis; **to ~ sb with questions** acosar a algn con preguntas

**persecution** [ˌpɜːsɪ'kjuːʃən] Ⓐ N persecución *f*
Ⓑ CPD ► **persecution complex** N (*Psych*) complejo *m* persecutorio ► **persecution mania** N (*Psych*) manía *f* persecutoria

**persecutor** ['pɜːsɪkjuːtəʳ] N perseguidor(a) *m/f*

**Persephone** [pə'sefənɪ] N Perséfone *f*

**Perseus** ['pɜːsjuːs] N Perseo *m*

**perseverance** [ˌpɜːsɪ'vɪərəns] N perseverancia *f*

**persevere** [ˌpɜːsɪ'vɪəʳ] VI perseverar, persistir (**in** en); **to ~ with** perseverar con, continuar con

**persevering** [ˌpɜːsɪ'vɪərɪŋ] ADJ perseverante, tenaz

**perseveringly** [ˌpɜːsɪ'vɪərɪŋlɪ] ADV con perseverancia, perseverantemente

**Persia** ['pɜːʃə] N (*Hist*) Persia *f*

**Persian** ['pɜːʃən] Ⓐ ADJ persa
Ⓑ N [1] (= *person*) persa *mf*
[2] (*Ling*) persa *m*
Ⓒ CPD ► **Persian carpet** N alfombra *f* persa ► **Persian cat** N gato *m* persa ► **Persian Gulf** N Golfo *m* Pérsico ► **Persian lamb** N (= *animal*) oveja *f* caracul; (= *skin*) caracul *m*

**persiflage** [ˌpɜːsɪ'flɑːʒ] N burlas *fpl*, guasa* *f*

**persimmon** [pɜː'sɪmən] N placaminero *m*, caqui *m*

**persist** [pə'sɪst] VI [1] (= *continue to exist*) [*belief, rumour, symptoms*] persistir; **this sort of attitude ~s even today** este tipo de actitud persiste incluso hoy en día
[2] (= *insist*) **we shall ~ in our efforts to do it** seguiremos esforzándonos por hacerlo; **he ~s in calling me at all hours of the day** se empeña *or* insiste en llamarme a todas horas del día

**persistence** [pə'sɪstəns], **persistency** [pə'sɪstənsɪ] N [1] (= *tenacity*) perseverancia *f*; **as a reward for her ~** como premio a su perseverancia
[2] (= *continuing to exist*) [*of symptoms, disease*] persistencia *f*

**persistent** [pə'sɪstənt] Ⓐ ADJ [1] (= *tenacious*) [*person*] insistente; **he is most ~** es muy insistente
[2] (= *continuing*) [*rumours, rain, headache*] persistente; [*problem*] continuo, que persiste
[3] (= *repeated, constant*) [*questions, refusal, denial*] continuo, constante; **despite our ~ warnings** a pesar de nuestras continuas advertencias
Ⓑ CPD ► **persistent offender** N multirreincidente *mf*, delincuente *mf* habitual ► **persistent vegetative state** N estado *m* vegetativo persistente

**persistently** [pə'sɪstəntlɪ] ADV [1] (= *tenaciously*) persistentemente, con persistencia
[2] (= *continually*) constantemente; **he ~ refuses to help** se niega constantemente a prestar su ayuda; **the main problem is ~ high inflation** el principal problema es un nivel de inflación constantemente elevado

**persnickety*** [pə'snɪkɪtɪ] ADJ (*US*) = **pernickety**

**person** ['pɜːsn] N [1] (*pl* **people** *or* (*frm*) **persons**) (= *individual*) persona *f*; **who would be the best ~ to ask?** ¿quién es la persona más indicada para preguntarle?; **she is a very caring ~** es (una persona) muy comprensiva; **Jane was the last ~ to see him** Jane fue la última (persona) que lo vio; **I don't know of any such ~** no conozco a tal persona; **there is no such ~ as Father Christmas** no hay tal Papá Noel; **who is this Ford ~ she keeps talking about?** ¿quién es este tal Ford del que habla constantemente?; **the right of accused ~s to remain silent** (*frm*) el derecho de los acusados a no declarar; **two-~ households** viviendas *fpl* de dos personas; **I like him as a ~, but not as a politician** me gusta como persona, pero no como político; **a certain ~, who shall be nameless ...** (*hum*) cierta persona, a quien no voy a nombrar ... (*hum*); **to call sb ~ to ~** (*Telec*) llamar a algn de persona a persona; **murder by ~ or ~s unknown** (*Jur*) homicidio *m* a manos de persona *or* personas sin identificar; *see also* **people**, **per**, **single C**, **third D**, **young A1**, **person-to-person**
[2] (*pl* **persons**) (= *body, physical presence*) persona *f*; **crimes** *or* **offences against the ~** (*Jur*) crímenes *mpl or* ofensas *fpl* contra la persona; **to have a weapon concealed on** *or* **about one's ~** (*frm*) llevar encima una arma oculta; **in ~** en persona; **give it to him in ~** dáselo a él en persona; **he found one new problem in the ~ of Max Steel** encontró un nuevo problema en la persona de Max Steel
[3] (*pl* **people**) (*) (= *type*) **I'm not much of a city ~ myself** no soy de los que les gusta la ciudad*; **Steve is a cat ~** Steve es un amante de los gatos
[4] (*pl* **persons**) (*Gram*) persona *f*; **the first ~ singular** la primera persona del singular; **in the first/third ~** en primera/tercera persona

**persona** [pɜː'səʊnə] N (*pl* **personae** [pɜː'səʊnaɪ])
[1] (= *character*) personaje *m*
[2] (= *image*) imagen *f*
[3] **~ grata** persona *f* grata; **~ non grata** persona *f* no grata

**personable** ['pɜːsnəbl] ADJ bien parecido

**personage** ['pɜːsnɪdʒ] N personaje *m*

**personal** ['pɜːsnl] Ⓐ ADJ [1] (= *individual*) personal; **I will give it my ~ attention** me encargaré personalmente; **I know from ~ experience that it's not easy** sé por experiencia personal que no es fácil; **it's an attack on their ~ freedom** es un ataque contra su libertad personal; **he was a ~ friend** era un amigo íntimo *or* personal; **to have/take a ~ interest in sth** tener un interés personal en *or* por algo, interesarse personalmente en *or* por algo; **my ~ opinion is that ...** en mi opinión personal ...; **it is a matter of ~ preference** es una cuestión de preferencia personal; **are you willing to take ~ responsibility for her?** ¿estás dispuesto a responsabilizarte personalmente de ella?; **if you continue with this investigation you do so at great ~ risk** si continúa con esta investigación correrá usted un gran riesgo contra su persona; **to give sth the ~ touch** dar a algo el toque personal
[2] (= *private*) personal; **"personal"** (*on letter*) "confidencial"; **~ belongings** efectos *mpl or* cosas *fpl* personales; **they don't allow ~ calls on the office phone** no permiten que se hagan llamadas particulares en el teléfono de la oficina; **she refused to discuss her ~ life** se negó a discutir su vida personal *or* privada; **this was a ~ matter, something between us two** este era un asunto personal, algo entre nosotros dos; **for ~ reasons** por razones personales; **~ space** espacio *m* vital; **to invade sb's ~ space** acercarse demasiado a algn; **two telephones, one for ~ use and the other for business** dos teléfonos, uno para uso personal y el otro para los negocios
[3] (= *in person*) [*visit, interview*] en persona; **to make a ~ appearance** hacer acto de presencia
[4] (= *against the person*) [*abuse, insult*] de carácter personal; **there's no need to get ~** no hace falta llevar las cosas al terreno personal; **they are suing for ~ injury** van a denunciar por daños contra la persona; **I have nothing ~ against him** no tengo nada personal en contra suya; **to ask ~ questions** hacer preguntas personales *or* de carácter personal; **to make ~ remarks (about sb)** hacer comentarios de carácter personal acerca de *or* sobre algn
[5] (= *physical*) personal; **~ appearance** aspecto *m* (físico); **~ cleanliness** aseo *m* personal; **~ hygiene** higiene *f* personal
Ⓑ N (*US Journalism*) (= *advert*) anuncio *m* en la sección de citas
Ⓒ CPD ► **personal account** N (*Fin*) cuenta *f* personal ► **personal allowance** N (*for tax*) desgravación *f* personal ► **personal assets** NPL bienes *mpl* muebles ► **personal assistant** N ayudante *mf* personal (**to** de); ► **personal best** N (*Sport*) marca *f* personal ► **personal column** N (*Brit*) (*for births, deaths and marriages*) (páginas *fpl*) sociales *fpl* (y necrológicas); (*for lonely hearts*) (sección *f* de) anuncios *mpl* personales ► **personal computer** N ordenador *m or* (*LAm*) computadora *f* personal ► **personal effects** NPL efectos *mpl* personales ► **personal foul** N falta *f* personal ► **personal identification number** N número *m* de identificación personal ► **personal income** N ingresos *mpl* personales ► **personal income tax** N impuesto *m* sobre la renta de las personas físicas ► **personal loan** N préstamo *m* personal ► **personal organizer** N (*paper*) agenda *f* personal; (*electronic*) agenda *f* personal electrónica ► **personal pronoun** N pronombre *m* personal ► **personal property** N (*Jur*) bienes *mpl* (muebles); (*private*) cosas *fpl* personales ► **personal secretary** N secretario/a *m/f* personal ► **personal security** N (= *safety*) seguridad *f* personal; (*on loan*) garantía *f* personal ► **personal stereo** N Walkman® *m*, equipo *m* de música personal ► **personal trainer** N preparador(a) *m/f*

**personality** [ˌpɜːsə'nælɪtɪ] Ⓐ N [1] (= *nature*) personalidad *f*; **she reached the top through sheer force of ~** alcanzó la cima simplemente gracias a su fuerte personalidad; *see also* **dual B**, **multiple C**, **split E**
[2] (= *charisma*) personalidad *f*; **a woman of great ~** una mujer de gran personalidad; **some people find him lacking in ~** algunos encuentran que le falta personalidad
[3] (= *celebrity*) figura *f*, personalidad *f*; **politicians and other prominent personalities** políticos *mpl* y otras prominentes figuras *or* personalidades; **a well-known TV ~** una conocida figura de la TV; **a sports** *or* **sporting ~** una figura de los deportes
[4] (= *remarkable person*) personaje *m*; **the old fellow is a real ~** el viejo es todo un personaje
[5] **personalities** (= *personal remarks*) personalismos *mpl*; **the debate degenerated into personalities** el debate degeneró y se entró en personalismos
Ⓑ CPD ► **personality clash** N incompatibilidad *f* de caracteres ► **personality cult** N culto *m* a la personalidad ► **personality disorder** N trastornos *mpl* mentales ► **personality**

**test** N test *m* psicotécnico ► **personality trait** N rasgo *m* de personalidad

**personalize** ['pɜːsənəlaɪz] VT [1] [+ *garment, accessory*] marcar con iniciales
[2] [+ *argument, issue*] llevar al terreno de lo personal

**personalized** ['pɜːsənəlaɪzd] ADJ [*garment, accessory*] con las iniciales; [*stationery*] con membrete; [*service*] personalizado, individualizado; **a ~ exercise programme** un programa de ejercicios personalizado; **~ number plate** *matrícula personalizada, que contiene, por ejemplo, las iniciales del propietario*

**personally** ['pɜːsnəlɪ] ADV [1] (= *individually*) personalmente; **~ I think that ...** personalmente creo que ...; **I wasn't referring to you ~** no me estaba refiriendo a ti personalmente; **I know her ~** la conozco personalmente; **I hold you ~ responsible for what has happened/for her safety** lo declaro responsable personalmente de lo que ha ocurrido/de su seguridad
[2] (= *in person*) en persona, personalmente; **the manager saw me ~** el gerente habló conmigo en persona *or* personalmente
[3] (= *unkindly*) **I didn't mean it ~** no pretendía ofenderte; **don't take it too ~** no te lo tomes a mal

**personalty** ['pɜːsnltɪ] N bienes *mpl* muebles

**personate** ['pɜːsəneɪt] VT (= *impersonate*) hacerse pasar por; (*Theat*) hacer el papel de

**personification** [pɜːˌsɒnɪfɪ'keɪʃən] N personificación *f*; **he is the ~ of evil/kindness** es el mal personificado/la amabilidad personificada, es la personificación del mal/de la amabilidad

**personify** [pɜː'sɒnɪfaɪ] VT (= *epitomize*) personificar; (= *represent as person*) personificar; **he is greed personified** es la codicia personificada *or* en persona, es la personificación de la codicia; **he personified the spirit of resistance** encarnó el espíritu de la resistencia

**personnel** [ˌpɜːsə'nel] Ⓐ N [1] (= *staff*) personal *m*
[2] (= *department*) departamento *m* de personal, sección *f* de personal; **head of ~** jefe/a *m/f* de personal
[3] (*Mil*) personal *m*; **military ~** personal *m* militar; *see also* **antipersonnel**
Ⓑ CPD ► **personnel agency** N agencia *f* de personal ► **personnel carrier** N vehículo *m* militar para transporte de tropas; **armoured** *or* (*US*) **armored ~ carrier** camión *m* blindado ► **personnel department** N departamento *m* de personal, sección *f* de personal ► **personnel director** N director(a) *m/f* de personal ► **personnel file** N historial *m* personal ► **personnel management** N administración *f* de personal, gestión *f* de personal ► **personnel manager** N jefe/a *m/f* de personal ► **personnel officer** N jefe/a *m/f* de personal (*subordinado al "personnel manager" si lo hay*) ► **personnel policy** N política *f* en materia de personal ► **personnel record** N historial *m* personal

**person-to-person** [ˌpɜːsntə'pɜːsn] ADJ **~ call** (*Telec*) llamada *f* (de) persona a persona

**perspective** [pə'spektɪv] N [1] (*lit*) [1·1] (*Art*) perspectiva *f*; **to be in/out of ~** estar/no estar en perspectiva
[1·2] (= *view*) vista *f*
[2] (*fig*) perspectiva *f*; **it has given him a new ~ on life** le ha dado una nueva perspectiva *or* visión de la vida; **I would like to offer a historical ~** me gustaría ofrecer una perspectiva histórica; **from our ~** desde nuestro punto de vista; **let's get things in ~** pongamos las cosas en su sitio; **he gets things out of ~** ve las cosas distorsionadas; **to keep sth in ~** guardar algo en su justa medida; **to look at** *or* **see sth in ~** mirar *or* ver algo en su justa medida; **it helped me put things into ~** me ayudó a ver las cosas con cierta perspectiva *or* en su justa medida; **that puts things in a different ~** eso le da otro cariz a las cosas; **try to keep a sense of ~** trata de ser objetivo

**Perspex**® ['pɜːspeks] N (*esp Brit*) plexiglás® *m*

**perspicacious** [ˌpɜːspɪ'keɪʃəs] ADJ (*frm*) perspicaz

**perspicacity** [ˌpɜːspɪ'kæsɪtɪ] N (*frm*) perspicacia *f*

**perspicuity** [ˌpɜːspɪ'kjʊːɪtɪ] N (*frm*) perspicuidad *f*

**perspicuous** [ˌpə'spɪkjʊəs] ADJ (*frm*) perspicuo

**perspiration** [ˌpɜːspə'reɪʃən] N transpiración *f* (*frm*), sudor *m*; **beads of ~** gotas *fpl* de sudor; **to be bathed in ~** estar bañado en sudor, estar todo sudoroso

**perspire** [pəs'paɪəʳ] VI transpirar (*frm*), sudar; **to ~ freely** transpirar *or* sudar mucho

**perspiring** [pəs'paɪərɪŋ] ADJ sudoroso

**persuadable** [pə'sweɪdəbl] ADJ influenciable, persuasible; **he may be ~** quizá lo podamos persuadir

**persuade** [pə'sweɪd] VT convencer, persuadir (*frm*); **they would not be ~d** no había quien los convenciera *or* persuadiera; **she is easily ~d** se deja convencer *or* persuadir fácilmente; **she didn't need any persuading** no hizo falta insistirle, no hizo falta que la persuadieran *or* convencieran; **he is not ~d of the need for electoral reform** la necesidad de una reforma electoral no lo convence; **to ~ sb that** convencer a algn de que; **I am ~d that ...** estoy convencido de que ...; **he tried to ~ himself that it did not matter** intentó convencerse de que no tenía importancia; **to ~ sb to do sth** convencer a algn de que *or* para que haga algo, persuadir a algn para que haga algo; **I wanted to help but they ~d me not to** quise ayudar pero me convencieron de que *or* para que no lo hiciera, quise ayudar pero me persuadieron para que no lo hiciera

**persuasion** [pə'sweɪʒən] N [1] (= *act*) persuasión *f*; **his powers of ~ were formidable** sus dotes de persuasión *or* convicción eran extraordinarios; **all he needs is a little gentle** *or* **friendly ~** (*lit, fig*) sólo hace falta aplicarle unas suaves técnicas de persuasión; **I wouldn't need much ~ to stop working nights** costaría poco convencerme de *or* para que dejara de trabajar por la noche
[2] (= *belief*) (*Rel*) creencia *f*; (*Pol*) ideología *f*; **sport brings people of all races and ~s together** el deporte une a la gente de todas las razas y creencias; **politicians of every ~** políticos *mpl* de todas las ideologías; **I'm not of that ~** no soy de esa opinión, no es ésa mi opinión

**persuasive** [pə'sweɪsɪv] ADJ [*person, voice, tone*] persuasivo; [*argument, evidence*] convincente

**persuasively** [pə'sweɪsɪvlɪ] ADV de modo persuasivo

**persuasiveness** [pə'sweɪsɪvnɪs] N persuasiva *f*

**PERT** [pɜːt] N ABBR = **programme evaluation and review technique**

**pert** [pɜːt] ADJ [1] (= *coquettish*) [*young woman, hat*] coqueto
[2] (= *neat, firm*) [*nose*] respingón; [*breasts*] levantado
[3] (= *rude*) [*reply*] un tanto descarado

**pertain** [pɜː'teɪn] VI (*frm*) **to ~ to** (= *concern*) concernir a, estar relacionado con; (= *belong to*) pertenecer a; (= *be the province of*) incumbir a; **and other matters ~ing to it** y otros asuntos relacionados

**pertinacious** [ˌpɜːtɪ'neɪʃəs] ADJ pertinaz

**pertinaciously** [ˌpɜːtɪ'neɪʃəslɪ] ADV con pertinacia

**pertinacity** [ˌpɜːtɪ'næsɪtɪ] N pertinacia *f*

**pertinence** ['pɜːtɪnəns] N pertinencia *f*

**pertinent** ['pɜːtɪnənt] ADJ [*information, facts*] pertinente; **evidence ~ to the case** pruebas *f* pertinentes al *or* que guardan relación con el caso; **that is not ~ to the discussion** eso no es pertinente a *or* no está relacionado con la discusión; **he asked some very ~ questions** hizo unas preguntas muy pertinentes

**pertinently** ['pɜːtɪnəntlɪ] ADV [*say, reply*] oportunamente, con tino; **where had he learned all this, or, more ~, why had he remembered it?** ¿dónde había aprendido todo esto, o, lo que es más importante, por qué lo recordó?

**pertly** ['pɜːtlɪ] ADV [*reply*] descaradamente; [*sit, pose*] con coquetería

**pertness** ['pɜːtnɪs] N [1] [*of sb's figure*] elegancia *f*
[2] [*of reply*] descaro *m*

**perturb** [pə'tɜːb] VT [1] (= *distress*) inquietar, preocupar; **we are all very ~ed** estamos todos muy inquietos *or* preocupados; **he didn't seem in the least ~ed** no parecía estar inquieto *or* preocupado en lo más mínimo
[2] (= *disturb*) [+ *calm, harmony*] perturbar

**perturbation** [ˌpɜːtɜː'beɪʃən] N [1] (= *distress*) inquietud *f*, preocupación *f*
[2] (= *disturbance*) (*esp Phys, Astron*) perturbación *f*

**perturbing** [pə'tɜːbɪŋ] ADJ inquietante, preocupante

**Peru** [pə'ruː] N Perú *m*

**perusal** [pə'ruːzəl] N examen *m*; **after a brief/careful ~ of the document** tras un somero/detenido examen del documento, tras una somera/detenida lectura del documento; **a copy is enclosed for your ~** adjunta se ha enviado una copia para que la examine

**peruse** [pə'ruːz] VT [+ *book, menu*] leer detenidamente, examinar con detenimiento; [+ *crowd*] examinar con detenimiento; [+ *exhibition*] ver con detenimiento

**Peruvian** [pə'ruːvɪən] Ⓐ ADJ peruano
Ⓑ N peruano/a *m/f*
Ⓒ CPD ► **Peruvian bark** N quina *f*

**perv‡** [pɜːv] N pervertido/a *m/f*

**pervade** [pɜː'veɪd] VT [*smell*] extenderse por; [*light*] difundirse por; [*feeling, atmosphere*] impregnar; [*influence, ideas*] extenderse por; **the smell of burnt food ~d the whole house** el olor a comida quemada se extendió por toda la casa; **this prejudice ~s our society** este prejuicio está extendido en nuestra sociedad; *see also* **all-pervading**

**pervasive** [pɜː'veɪsɪv] ADJ [*smell*] penetrante; [*feeling, influence*] dominante; [*superstition, belief, presence*] generalizado

**perverse** [pə'vɜːs] ADJ (= *contrary*) retorcido; (= *obstinate*) terco, contumaz; (= *wicked*) perverso; **human nature is ~** el hombre es perverso por naturaleza; **I took a ~ pleasure in his predicament** verlo en un aprieto me producía un placer perverso

**perversely** [pə'vɜːslɪ] ADV (= *irrationally*) sin ninguna lógica; (= *obstinately*) tercamente; (= *wickedly*) con perversidad

➤ LANGUAGE IN USE: **personally 1** 6.2, 12.1

**perverseness** [pəˈvɜːsnɪs] N = **perversity**

**perversion** [pəˈvɜːʃən] N (*Med, Psych*) perversión *f*; [*of justice*] deformación *f*; [*of truth, facts*] tergiversación *f*

**perversity** [pəˈvɜːsɪtɪ] N (= *contrariness*) contrariedad *f*; (= *obstinacy*) terquedad *f*, contumacia *f*

**pervert** Ⓐ [pəˈvɜːt] VT 1 (= *corrupt*) pervertir
2 (= *twist*) [+ *words*] torcer, desvirtuar; [+ *facts, truth*] distorsionar, tergiversar; **to ~ the course of justice** (*Jur*) torcer el curso de la justicia
Ⓑ [ˈpɜːvɜːt] N pervertido/a *m/f*

**perverted** [pəˈvɜːtɪd] ADJ (*all senses*) pervertido

**pervious** [ˈpɜːvɪəs] ADJ permeable (**to** a)

**peseta** [pəˈsetə] N peseta *f*

**pesky*** [ˈpeskɪ] ADJ (*compar* **peskier**; *superl* **peskiest**) (*US*) molesto

**peso** [ˈpeɪsəʊ] N peso *m*

**pessary** [ˈpesərɪ] N pesario *m*

**pessimism** [ˈpesɪmɪzəm] N pesimismo *m*

**pessimist** [ˈpesɪmɪst] N pesimista *mf*

**pessimistic** [ˌpesɪˈmɪstɪk] ADJ pesimista; **he is ~ about the future** es pesimista en lo que al futuro se refiere

**pessimistically** [ˌpesɪˈmɪstɪkəlɪ] ADV con pesimismo

**pest** [pest] Ⓐ N 1 (*Zool*) plaga *f*; (= *insect*) insecto *m* nocivo; (= *animal*) animal *m* dañino, animal *m* nocivo
2 (*fig*) (= *person*) pelma *mf* (*Sp**), pelmazo/a *m/f* (*Sp**), fregón/ona *m/f* (*LAm**); (= *thing*) lata* *f*, fastidio *m*; **what a ~ that child is!** ¡cómo me fastidia ese niño!; **it's a ~ having to go** es una lata tener que ir*
Ⓑ CPD ► **pest control** N lucha *f* contra las plagas de insectos y ratas ► **pest control officer** N funcionario/a *m/f* del departamento de lucha contra plagas de insectos y ratas

**pester** [ˈpestəʳ] VT molestar, fregar (*LAm*); **is this man ~ing you?** ¿la está molestando este hombre?; **he's always ~ing me** siempre me está dando la lata*; **she ~ed me for the book** estuvo dando la lata para que le prestara el libro*; **he ~s me with his questions** me fastidia con sus preguntas; **to ~ sb to do sth** dar la lata a algn para que haga algo*

**pesticide** [ˈpestɪsaɪd] N pesticida *m*

**pestilence** [ˈpestɪləns] N pestilencia *f*, peste *f*

**pestilent** [ˈpestɪlənt] ADJ 1 (= *infected, diseased*) apestado
2 (*) (= *annoying*) latoso*

**pestilential** [ˌpestɪˈlenʃəl] ADJ 1 [*disease*] mortal; [*smell*] pestilente
2 (*) (= *annoying*) latoso*

**pestle** [ˈpesl] N mano *f* (de mortero)

**pesto** [ˈpestəʊ] N pesto *m*

**pet**[1] [pet] Ⓐ N 1 (= *animal*) animal *m* doméstico, mascota *f*; **have you got a ~?** ¿tenéis algún animal en casa?; **family/household ~** animal *m* doméstico; **to keep sth as a ~** tener algo como animal doméstico *or* mascota; **"no pets allowed"** "no se admiten animales"
2 (= *favourite*) preferido/a *m/f*; **she's teacher's ~** es la preferida de la profesora, es la enchufada de la profesora*
3 (*) (*as term of address*) cielo *m*, amor *m*; **come here, (my) ~** ven aquí mi cielo *or* amor
4 (*) (= *lovable person*) cielo *m*; **be a ~ and fetch me my glasses** sé un cielo y alcánzame las gafas; **he's rather a ~** es un cielo
Ⓑ ADJ 1 [*animal*] **she keeps two ~ snakes** tiene dos serpientes en casa; **he had a ~ monkey which had been trained to do tricks** tenía un mono domesticado al que habían enseñado a hacer gracias; **he lives alone with his ~ dog** vive solo con su perro; **he was always hanging around her like a ~ dog** iba siempre con ella como un perro mascota
2 (= *favourite*) [*theory, project*] preferido, favorito; **once she gets onto her ~ subject there's no stopping her** una vez empieza con su tema preferido *or* predilecto no hay quien la pare; **~ hate** ◊ **~ aversion** pesadilla *f*; **my ~ hate is smoking** lo que más detesto es el tabaco, el tabaco es mi pesadilla; **~ name** nombre *m* cariñoso; (= *short form*) diminutivo *m* cariñoso
Ⓒ VT 1 (= *indulge*) mimar, consentir
2 (= *fondle*) acariciar
Ⓓ VI (*sexually*) sobarse, acariciarse
Ⓔ CPD ► **pet door** N (*US*) gatera *f* ► **pet food** N comida *f* para animales ► **pet owner** N dueño/a *m/f* de animal ► **pet shop, pet store** (*US*) N pajarería *f*

**pet**[2] [pet] N **to be in a ~** estar enfurruñado; **to get into a ~** enfurruñarse

**petal** [ˈpetl] N pétalo *m*

**petard** [peˈtɑːd] N petardo *m*; ♦ ***IDIOM* he was hoist with his own ~** le salió el tiro por la culata*

**Pete** [piːt] N (*familiar form*) *of* **Peter** Perico; **for ~'s sake!*** ¡por (el amor de) Dios!

**peter**[1] [ˈpiːtəʳ] VI **to ~ out** [*supply*] irse agotando; [*conversation*] irse acabando; [*road, stream*] perderse, desaparecer; [*interest, excitement*] desvanecerse, decaer; [*plan*] quedar en nada; [*song, noise, voice*] apagarse; **the road ~ed out into a track** la carretera dio paso a un camino, la carretera se transformó en camino

**peter**[2]** [ˈpiːtəʳ] N (*US*) verga** *f*, picha** *f*

**peter**[3]* [ˈpiːtəʳ] N (= *safe*) caja *f* de caudales; (= *cell*) celda *f*

**Peter** [ˈpiːtəʳ] N Pedro; **~ the Great** Pedro el Grande; **~ Rabbit** el Conejo Peter; ♦ ***IDIOM* to rob ~ to pay Paul** desnudar a un santo para vestir a otro

**Peter Pan** [ˌpiːtəˈpæn] N Peter Pan *m*, niño *m* eterno

**pethidine** [ˈpeθɪdiːn] N petidina *f*

**petit bourgeois** [ˌpetɪˈbʊəʒwɑː] Ⓐ ADJ pequeñoburgués
Ⓑ N pequeñoburgués/esa *m/f*

**petite** [pəˈtiːt] ADJ chiquita

**petite bourgeoisie** [pəˌtiːtˌbʊəʒwɑːˈziː] N pequeña burguesía *f*

**petit four** [ˌpetɪˈfɔː] N pastelito *m* de mazapán

**petition** [pəˈtɪʃən] Ⓐ N 1 (= *list of names*) petición *f*; **to sign a ~** firmar una petición
2 (*frm*) (= *request*) solicitud *f*; (*Jur*) demanda *f*; (= *entreaty*) súplica *f*; **~ for divorce** demanda *f* de divorcio; **to file a ~** presentar una demanda
Ⓑ VT [+ *authorities*] solicitar a; (*Jur*) [+ *court*] elevar una petición a; **to ~ sb to do sth** (*Jur*) elevar una petición a algn para que haga algo
Ⓒ VI **to ~ for sth** (*gen*) solicitar algo; (*Jur*) elevar una petición pidiendo algo; **to ~ for divorce** presentar una demanda de divorcio

**petitioner** [pəˈtɪʃnəʳ] N (*gen*) peticionario/a *m/f*; (*Jur*) demandante *mf*

**petits pois** [ˈpetiːˈpwa] NPL petits pois *mpl*, *guisantes pequeños y dulces*

**Petrarch** [ˈpetrɑːk] N Petrarca

**Petrarchan** [peˈtrɑːkən] ADJ petrarquista

**Petrarchism** [ˈpetrɑːkɪzəm] N petrarquismo *m*

**petrel** [ˈpetrəl] N petrel *m*, paíño *m*

**petrifaction** [ˌpetrɪˈfækʃən], **petrification** [ˌpetrɪfɪˈkeɪʃən] N petrificación *f*

**petrified** [ˈpetrɪfaɪd] ADJ petrificado

**petrify** [ˈpetrɪfaɪ] Ⓐ VT 1 (*lit*) petrificar; **to become petrified** petrificarse
2 (*fig*) aterrorizar, horrorizar; **we were petrified** nos quedamos aterrorizados *or* horrorizados; **to be petrified with fear** estar muerto de miedo; **she's petrified of losing** le aterroriza *or* horroriza perder
Ⓑ VI petrificarse

**petro...** [ˈpetrəʊ] PREFIX petro...

**petrochemical** [ˌpetrəʊˈkemɪkəl] Ⓐ ADJ petroquímico
Ⓑ N **petrochemicals** productos *mpl* petroquímicos

**petrodollar** [ˈpetrəʊˌdɒləʳ] N petrodólar *m*

**petrol** [ˈpetrəl] (*Brit*) Ⓐ N gasolina *f*, nafta *f* (*Arg*), bencina *f* (*Chile*); (*for lighter*) bencina *f*; **4-star ~** gasolina *f* súper; **to run out of ~** quedarse sin gasolina
Ⓑ CPD ► **petrol bomb** N bomba *f* de gasolina ► **petrol can** N bidón *m* de gasolina ► **petrol engine** N motor *m* de gasolina ► **petrol (filler) cap** N tapón *m* del depósito ► **petrol gauge** N indicador *m* de nivel de gasolina ► **petrol pump** N (*at garage*) surtidor *m* de gasolina; (*in engine*) bomba *f* de gasolina ► **petrol station** N gasolinera *f*, estación *f* de servicio, bencinera *f* (*Chile*), surtidor *m* (*Bol*), grifo *m* (*Peru*) ► **petrol tank** N depósito *m* de gasolina ► **petrol tanker** N camión *m* cisterna

**petroleum** [pɪˈtrəʊlɪəm] Ⓐ N petróleo *m*
Ⓑ CPD ► **petroleum jelly** N vaselina *f* ► **petroleum products** NPL derivados *mpl* del petróleo

**petrology** [peˈtrɒlɪdʒɪ] N petrología *f*

**petticoat** [ˈpetɪkəʊt] N enagua(s) *f(pl)*; (= *slip*) combinación *f*

**pettifogging** [ˈpetɪfɒgɪŋ] ADJ [*detail*] insignificante, nimio; [*lawyer*] pedante; [*suggestion*] hecho para entenebrecer el asunto

**pettily** [ˈpetɪlɪ] ADV mezquinamente

**pettiness** [ˈpetɪnɪs] N (= *small-mindedness*) mezquindad *f*, estrechez *f* de miras; (= *triviality*) insignificancia *f*, nimiedad *f*

**petting*** [ˈpetɪŋ] N caricias *fpl*, manoseo *m* (*pej*), magreo *m* (*Sp** *pej*)

**pettish** [ˈpetɪʃ] ADJ malhumorado

**petty** [ˈpetɪ] Ⓐ ADJ (*compar* **pettier**; *superl* **pettiest**) 1 (= *trivial*) [*detail*] insignificante, nimio; [*squabble, rivalry, concerns*] pequeño, trivial
2 (= *minor*) [*offence*] menor
3 (= *small-minded, spiteful*) mezquino; **you're being very ~ about it** te estás portando de manera muy mezquina
Ⓑ CPD ► **petty cash** N dinero *m* para gastos menores, caja *f* chica* ► **petty cash book** N libro *m* de caja auxiliar ► **petty crime** N delito *m* menor ► **petty larceny** N robo *m* de menor cuantía ► **petty officer** N suboficial *mf* de marina ► **petty sessions** NPL tribunal *msing* de primera instancia ► **petty theft** N robo *m* de poca monta ► **petty thief** N ladrón/ona *m/f* de poca monta

**petulance** [ˈpetjʊləns] N mal humor *m*, irritabilidad *f*

**petulant** [ˈpetjʊlənt] ADJ [*person, voice, tone*] malhumorado, irritable; [*gesture*] malhumorado, de irritación

**petulantly** [ˈpetjʊləntlɪ] ADV de mal humor, con irritación; **"I'm too busy!" she said ~** —¡estoy demasiado ocupada! —dijo malhumorada *or* irritada

**petunia** [pɪ'tju:nɪə] N petunia *f*

**pew** [pju:] N (*in church*) banco *m* (de iglesia); **take a ~!*** (*hum*) ¡siéntate!

**pewter** ['pju:tər] Ⓐ N peltre *m*
Ⓑ CPD de peltre

**peyote** [peɪ'əʊtɪ] N peyote *m*

**PFC** ABBR (*US Mil*) = **private first class**

**pfennig** ['fenɪg] N pfennig *m*

**PFI** N ABBR (*Brit*) (= **private finance initiative**) *plan de incentivos y potenciación de la iniciativa privada en el sector público*

**PFLP** N ABBR (= **Popular Front for the Liberation of Palestine**) FPLP *m*

**PG** ABBR [1] (*Cine*) (*film censor's rating*) (= **Parental Guidance**) ≈ menores acompañados
[2] = **paying guest**

**PGA** N ABBR = **Professional Golfers' Association**

**PGCE** N ABBR (*Brit*) (= **Postgraduate Certificate in Education**) ≈ C.A.P. *m*

**PH** ABBR (*US Mil*) (= **Purple Heart**) *decoración otorgada a los heridos de guerra*

**pH** ABBR (= **potential of hydrogen**) pH *m*

**PHA** N ABBR (*US*) = **Public Housing Administration**

**phagocyte** ['fægəʊsaɪt] N fagocito *m*

**phalange** ['fælændʒ] N falange *f*; **the Phalange** (*in Spain*) la Falange

**phalangist** [fæ'lændʒɪst] Ⓐ ADJ falangista
Ⓑ N falangista *mf*

**phalanx** ['fælæŋks] N (*pl* **phalanges** [fæ'lændʒi:z]) falange *f*

**phalarope** ['fælərəʊp] N falaropo *m*

**phallic** ['fælɪk] ADJ fálico

**phallus** ['fæləs] N (*pl* **phalluses** *or* **phalli** ['fælaɪ]) falo *m*

**phantasm** ['fæntæzəm] N fantasma *m*

**phantasmagoria** [,fæntæzmə'gɔ:rɪə] N fantasmagoría *f*

**phantasmagoric** [,fæntæzmə'gɒrɪk] ADJ fantasmagórico

**phantasy** ['fæntəzɪ] N fantasía *f*

**phantom** ['fæntəm] Ⓐ N fantasma *m*
Ⓑ CPD [*form, shape*] fantasmal; [*bank account*] fantasma ► **phantom limb** N extremidad *f* imaginaria ► **phantom pregnancy** N embarazo *m* psicológico ► **phantom ship** N buque *m* fantasma

**Pharaoh** ['fɛərəʊ] N Faraón *m*

**Pharisaic** [,færɪ'seɪɪk], **Pharisaical** [,færɪ'seɪɪkəl] ADJ farisaico

**Pharisee** ['færɪsi:] N fariseo *m*

**pharmaceutical** [,fɑ:mə'sju:tɪkəl] Ⓐ ADJ farmacéutico
Ⓑ N producto *m* farmacéutico

**pharmacist** ['fɑ:məsɪst] N farmacéutico/a *m/f*; **to go to the ~'s** ir a la farmacia

**pharmacological** [,fɑ:məkə'lɒdʒɪkəl] ADJ farmacológico

**pharmacologist** [,fɑ:mə'kɒlədʒɪst] N farmacólogo/a *m/f*

**pharmacology** [,fɑ:mə'kɒlədʒɪ] N farmacología *f*

**pharmacopoeia**, **pharmacopeia** (*US also*) [,fɑ:məkə'pi:ə] N farmacopea *f*

**pharmacy** ['fɑ:məsɪ] N farmacia *f*

**pharyngitis** [,færɪn'dʒaɪtɪs] N faringitis *f*

**pharynx** ['færɪŋks] N (*pl* **pharynxes** *or* **pharynges** [fæ'rɪndʒi:z]) faringe *f*

**phase** [feɪz] Ⓐ N [1] etapa *f*, fase *f*; **she'll get over it, it's just a ~ (she's going through)** se le pasará, es algo pasajero; **a passing ~** una etapa pasajera; **to be in ~** (*Tech, Elec*) estar en fase; **to be out of ~** (*Tech, Elec*) estar fuera de fase *or* desfasado; (*fig*) estar desfasado; **their policies were increasingly out of ~ with a rapidly changing society** su política estaba cada vez más desfasada en una sociedad que cambiaba con rapidez
[2] (*Astron*) fase *f*; **the ~s of the moon** las fases de la luna
Ⓑ VT [1] (= *introduce gradually*) escalonar, llevar a cabo de forma escalonada; **the redundancies will be ~d over two years** los despidos se llevarán a cabo de forma escalonada durante dos años
[2] (= *coordinate*) organizar; **~d development** desarrollo *m* por etapas; **~d withdrawal** retirada *f* progresiva

►**phase in** VT + ADV [+ *change, increase*] introducir progresivamente

►**phase out** VT + ADV [+ *machinery, product*] retirar progresivamente; [+ *job*] eliminar por etapas; [+ *subsidy*] eliminar progresivamente; [+ *production*] parar progresivamente; [+ *factory, plant*] cerrar progresivamente

**phase-in** ['feɪzɪn] N introducción *f* progresiva; **~ period** periodo *m* de introducción progresiva

**phase-out** ['feɪzaʊt] N retirada *f* progresiva

**phatic** ['fætɪk] ADJ fático

**PhD** N ABBR = **Doctor of Philosophy** (= *qualification*) doctorado *m*; (= *person*) doctor(a) *m/f* en filosofía; **to have a ~ in ...** tener un doctorado en ...; → DEGREE

**pheasant** ['feznt] N faisán *m*

**phenobarbitone** ['fi:nəʊ'bɑ:bɪtəʊn] N fenobarbitona *f*

**phenol** ['fi:nɒl] N fenol *m*

**phenomena** [fɪ'nɒmɪnə] NPL *of* **phenomenon**

**phenomenal** [fɪ'nɒmɪnl] ADJ [*memory, success, strength*] extraordinario; [*speed*] espectacular

**phenomenally** [fɪ'nɒmɪnəlɪ] ADV extraordinariamente; **to be ~ successful** tener un éxito extraordinario

**phenomenological** [fə,nɒmənə'lɒdʒɪkəl] ADJ fenomenológico

**phenomenologist** [fə,nɒmə'nɒlədʒɪst] N fenomenólogo/a *m/f*

**phenomenology** [fɪ'nɒmɪ'nɒlədʒɪ] N fenomenología *f*

**phenomenon** [fɪ'nɒmɪnən] N (*pl* **phenomenons** *or* **phenomena**) fenómeno *m*

**pheromone** ['ferəməʊn] N feromona *f*

**phew** [fju:] EXCL ¡uf!, ¡puf!

**phial** ['faɪəl] N ampolla *f*, redoma *f*

**Phi Beta Kappa** [,faɪbeɪtə'kæpə] N (*US Univ*) *asociación de antiguos alumnos sobresalientes*

> **PHI BETA KAPPA**
>
> *La sociedad honorífica* **Phi Beta Kappa** *fue fundada en Estados Unidos en 1776 para estudiantes universitarios con aptitudes académicas sobresalientes. Los miembros se eligen durante el tercer o cuarto año de sus estudios y el nombre proviene de las iniciales griegas que forman el lema de la asociación:* **philosophia biou kubernetes** (**la filosofía como motor de vida**)*. A cada miembro se lo conoce como un* **Phi Beta Kappa** *o un* **Phi Beta Kappa student**.

**Phil** [fɪl] N (*familiar form*) *of* **Philip**

**Philadelphia** [,fɪlə'delfɪə] N Filadelfia *f*

**philander** [fɪ'lændər] VI flirtear, ejercer de Don Juan (**with** con)

**philanderer** [fɪ'lændərər] N Don Juan *m*, tenorio *m*

**philandering** [fɪ'lændərɪŋ] Ⓐ ADJ que le gusta flirtear, que le gusta ejercer de Don Juan
Ⓑ N flirteo *m*

**philanthropic** [,fɪlən'θrɒpɪk] ADJ filantrópico

**philanthropist** [fɪ'lænθrəpɪst] N filántropo/a *m/f*

**philanthropy** [fɪ'lænθrəpɪ] N filantropía *f*

**philatelic** [,fɪlə'telɪk] ADJ filatélico

**philatelist** [fɪ'lætəlɪst] N filatelista *mf*

**philately** [fɪ'lætəlɪ] N filatelia *f*

**...phile** [faɪl] SUFFIX ...filo; (*eg*) **francophile** francófilo/a *m/f*

**philharmonic** [fɪlɑ:'mɒnɪk] ADJ filarmónico; **the Berlin Philharmonic (Orchestra)** la (Orquesta) Filarmónica de Berlín

**...philia** ['fɪlɪə] SUFFIX ...filia; (*eg*) **francophilia** francofilia *f*

**Philip** ['fɪlɪp] N Felipe

**philippic** [fɪ'lɪpɪk] N filípica *f*

**Philippine** ['fɪlɪpi:n] Ⓐ ADJ filipino
Ⓑ N filipino/a *m/f*

**Philippines** ['fɪlɪpi:nz] NPL **the ~** (las) Filipinas *fpl*; **the Philippine Islands** las Islas Filipinas

**Philistine** ['fɪlɪstaɪn] Ⓐ ADJ [1] (*lit*) filisteo
[2] (*fig*) inculto
Ⓑ N [1] (*lit*) filisteo/a *m/f*
[2] (*fig*) inculto/a *m/f*

**philistinism** ['fɪlɪstɪnɪzəm] N filisteísmo *m*

**Phillips screw**® [,fɪlɪps'skru:] N tornillo *m* de cabeza cruciforme

**Phillips screwdriver**® [,fɪlɪps'skru:draɪvər] N destornillador *m* cruciforme

**philological** [,fɪlə'lɒdʒɪkəl] ADJ filológico

**philologist** [fɪ'lɒlədʒɪst] N filólogo/a *m/f*

**philology** [fɪ'lɒlədʒɪ] N filología *f*

**philosopher** [fɪ'lɒsəfər] N filósofo/a *m/f*; **~'s stone** piedra *f* filosofal

**philosophic** [,fɪlə'sɒfɪk] ADJ = **philosophical**

**philosophical** [,fɪlə'sɒfɪkəl] ADJ filosófico; **she was ~ about the delay** se tomó el retraso con filosofía

**philosophically** [,fɪlə'sɒfɪkəlɪ] ADV [*important, disputable*] filosóficamente; (= *from a philosophical point of view*) desde el punto de vista filosófico; (= *with resignation*) [*accept*] con filosofía; **to be ~ inclined** *or* **minded** tener inclinaciones filosóficas

**philosophize** [fɪ'lɒsəfaɪz] VI filosofar

**philosophy** [fɪ'lɒsəfɪ] N filosofía *f*; **her ~ of life** su filosofía de la vida

**philtre**, **philter** (*US*) ['fɪltər] N filtro *m*

**phiz*** [fɪz] N jeta* *f*

**phlebitis** [flɪ'baɪtɪs] N flebitis *f*

**phlebotomy** [flɪ'bɒtəmɪ] N flebotomía *f*

**phlegm** [flem] N [1] (*Med*) (= *mucus*) flema *f*
[2] (= *equanimity*) flema *f*

**phlegmatic** [fleg'mætɪk] ADJ flemático

**phlegmatically** [fleg'mætɪkəlɪ] ADV con flema; **he said ~** dijo flemático

**phlox** [flɒks] N (*pl* **phlox** *or* **phloxes**) flox *m*

**Phnom Penh**, **Pnom Penh** ['nom'pen] N Phnom Penh *m*

**...phobe** [fəʊb] SUFFIX ...fobo; (*eg*) **francophobe** francófobo/a *m/f*

**phobia** ['fəʊbɪə] N fobia *f*

**...phobia** ['fəʊbɪə] SUFFIX ...fobia; (*eg*) **anglophobia** anglofobia *f*

**phobic** ['fəʊbɪk] ADJ fóbico

**Phoebus** ['fi:bəs] N Febo

**Phoenicia** [fɪ'nɪʃɪə] N Fenicia *f*

**Phoenician** [fɪ'nɪʃɪən] Ⓐ ADJ fenicio
Ⓑ N fenicio/a *m/f*

**phoenix** ['fi:nɪks] N fénix *m*

**phone** [fəʊn] Ⓐ N teléfono *m*; **the ~ hasn't stopped ringing all afternoon** el teléfono no ha dejado de sonar toda la tarde; **he can't come to the ~ just now** ahora no puede ponerse *or* venir al teléfono; **by ~** por teléfono; **to get off the ~** colgar (el teléfono); **to be on the ~** (*Brit*) (= *have a telephone*) tener teléfono; (= *be in conversation*) estar hablando por teléfono; **who was that on the ~?** ¿con quién estabas hablando por teléfono?; **there's someone on the ~ for you** te llama alguien por teléfono, hay alguien al teléfono que quiere hablar contigo; **I spent an hour on the ~ trying to sort things out** me pasé una hora al teléfono intentando resolver las cosas; **Dennis sounded very excited on the ~** Dennis parecía muy entusiasmado por teléfono; **he immediately got on the ~ to his solicitor** llamó por teléfono a su abogado inmediatamente; **I can't talk about it over the ~** no puedo hablar de ello por teléfono; **public ~** teléfono *m* público; **to put down the ~** colgar el teléfono; *see also* **car B**, **mobile**, **pay D**
Ⓑ VT [+ *person*] llamar (por teléfono); [+ *number*] llamar a; **to ~ the hospital/office** llamar al hospital/a la oficina; **I have to ~ Helsinki again** tengo que hablar con Helsinki otra vez; **I tried phoning the emergency number** intenté llamar al número de emergencia; **write to us or ~ 0171 586 4034** escríbanos o llámenos al 0171 586 4034
Ⓒ VI llamar (*por teléfono*); **she ~d to say she would be late** llamó para decir que llegaría tarde; **shall I ~ for a taxi?** ¿llamo a un taxi?, ¿quieres que llame a *or* pida un taxi?
Ⓓ CPD ► **phone bill** N cuenta *f* del teléfono, factura *f* del teléfono; **he ran up a £240 ~ bill** gastó 240 libras de teléfono ► **phone book** N guía *f* (telefónica); **she's not in the ~ book** su número no viene en la guía ► **phone booth** N cabina *f* (telefónica) ► **phone box** N (*Brit*) cabina *f* (telefónica) ► **phone call** N llamada *f* (telefónica); **there's a ~ call for you** tienes una llamada (telefónica); **to make a ~ call** hacer una llamada (telefónica) ► **phone company** N compañía *f* telefónica ► **phone line** N línea *f* de telefóno; **the ~ lines are busy** las líneas de telefóno están ocupadas ► **phone number** N número *m* de teléfono; **we need your daytime ~ number** nos hace falta un número de teléfono en el que se lo pueda contactar durante el día ► **phone tapping** N intervención *f* telefónica, pinchazo *m* de teléfono*

►**phone back** Ⓐ VT + ADV (= *return call of*) llamar; (= *call again*) volver a llamar
Ⓑ VI + ADV (= *return call*) llamar; (= *call again*) volver a llamar; **they asked you to ~ back - urgently** te pidieron que llamaras - urgentemente; **he's not here, could you ~ back tomorrow?** no está aquí, ¿podría volver a llamar mañana?

►**phone down** VI + ADV **just wait while I ~ down to reception** espere un momento mientras llamo (abajo) a la recepción

►**phone in** Ⓐ VI + ADV llamar; **listeners can ~ in with their views** los oyentes pueden llamar para expresar sus puntos de vista; **~ in to base if you change your plans** si cambia de planes, llame por teléfono para comunicárselo a la base; **you could always ~ in sick** siempre podrías llamar diciendo que estás enfermo
Ⓑ VT + ADV **she had ~d in a message for Wade to call her** había llamado dejando un mensaje para Wade de que la llamara; **our reporter ~d in this account of what had happened** nuestro reportero nos mandó por teléfono esta versión de lo ocurrido; **you can ~ in your order on 0898 060606** puede hacer su pedido llamando al 0898 060606

►**phone out** VI + ADV llamar al exterior

►**phone round** Ⓐ VI + ADV llamar a varios sitios
Ⓑ VI + PREP **he ~d round all his friends** llamó a todos sus amigos

►**phone through** Ⓐ VT + ADV **~ through your order on our special credit card line** haga su pedido por teléfono a través de nuestra línea especial para tarjetas de crédito
Ⓑ VI + ADV llamar; **I still haven't managed to ~ through to my wife** aún no he conseguido llamar a mi esposa

►**phone up** Ⓐ VT + ADV llamar; **I must ~ her up tonight** debo llamarla esta noche
Ⓑ VI + ADV llamar

**phonecard** ['fəʊnkɑ:d] N tarjeta *f* telefónica

**phone-in** ['fəʊnɪn] N (*also* **~ programme**) (*Brit*) *programa de radio or televisión con participación telefónica del público*

**phoneme** ['fəʊni:m] N fonema *m*

**phonemic** [fəʊ'ni:mɪk] ADJ fonémico

**phonetic** [fəʊ'netɪk] ADJ fonético

**phonetically** [fəʊ'netɪkəlɪ] ADV fonéticamente

**phonetician** [,fəʊnɪ'tɪʃən] N fonetista *mf*

**phonetics** [fəʊ'netɪks] N fonética *f*

**phoney***, **phony*** (*US also*) ['fəʊnɪ] Ⓐ ADJ [*moustache*] falso, postizo; [*name, document, smile*] falso; [*accent*] fingido; **there's sth ~ about it** esto huele a camelo*; **the ~ war** (*1939*) la guerra ilusoria
Ⓑ N (*pl* **phoneys**) (= *person*) farsante* *mf*; (= *thing*) falsificación *f*

**phonic** ['fɒnɪk] ADJ fónico

**phono...** ['fəʊnəʊ] PREFIX fono...

**phonograph** ['fəʊnəgrɑ:f] N (*US*) fonógrafo *m*, tocadiscos *m inv*

**phonological** [,fəʊnə'lɒdʒɪkəl] ADJ fonológico

**phonologically** [,fəʊnə'lɒdʒɪklɪ] ADV fonológicamente

**phonologist** [fə'nɒlədʒɪst] N fonólogo/a *m/f*

**phonology** [fəʊ'nɒlədʒɪ] N fonología *f*

**phony** ['fəʊnɪ] (*US*) = **phoney**

**phooey*** ['fu:ɪ] EXCL (= *rubbish*) ¡bobadas!; (*annoyance*) ¡qué tonto soy!; (*disappointment*) ¡ay!

**phosgene** ['fɒzdʒi:n] N fosgeno *m*

**phosphate** ['fɒsfeɪt] N fosfato *m*

**phosphene** ['fɒsfi:n] N fosfeno *m*

**phosphide** ['fɒsfaɪd] N fosfito *m*

**phosphine** ['fɒsfi:n] N fosfino *m*

**phosphoresce** [,fɒsfə'res] VI fosforecer

**phosphorescence** [,fɒsfə'resns] N fosforescencia *f*

**phosphorescent** [,fɒsfə'resnt] ADJ fosforescente

**phosphoric** [fɒs'fɒrɪk] ADJ fosfórico

**phosphorous** ['fɒsfərəs] ADJ fosforoso

**phosphorus** ['fɒsfərəs] N fósforo *m*

**photo** ['fəʊtəʊ] Ⓐ N (*pl* **photos**) foto *f*; **to take a ~** hacer *or* (*esp LAm*) sacar una foto; **I took a ~ of the bride and groom** les hice una foto a los novios
Ⓑ CPD ► **photo booth** N cabina *f* de fotos, fotomatón *m* (*Sp*) ► **photo opportunity**, **photo session** N = **photocall**

**photo...** ['fəʊtəʊ] PREFIX [1] (= *relating to photography*) foto...; **~-montage** fotomontaje *m*
[2] (= *relating to light*) foto...; **~synthesis** fotosíntesis *f*

**photocall** ['fəʊtəʊkɔ:l] N sesión *f* de fotos

**photochemical** [,fəʊtəʊ'kemɪkəl] ADJ fotoquímico

**photocompose** [,fəʊtəʊkəm'pəʊz] VT fotocomponer

**photocomposer** [,fəʊtəʊkəm'pəʊzə^r] N fotocomponedora *f*

**photocomposition** [,fəʊtəʊkɒmpə'zɪʃən] N fotocomposición *f*

**photocopier** ['fəʊtəʊ'kɒpɪə^r] N fotocopiadora *f*

**photocopy** ['fəʊtəʊ,kɒpɪ] Ⓐ N fotocopia *f*
Ⓑ VT fotocopiar

**photocopying** ['fəʊtəʊ,kɒpɪɪŋ] N **to do some ~** hacer algunas fotocopias; **the ~ of this publication is forbidden without prior permission** se prohíbe fotocopiar esta publicación sin permiso previo

**photocoverage** ['fəʊtəʊ,kʌvərɪdʒ] N reportaje *m* gráfico

**photodisk** ['fəʊtəʊ,dɪsk] N fotodisco *m*

**photoelectric** ['fəʊtəʊɪ'lektrɪk] Ⓐ ADJ fotoeléctrico
Ⓑ CPD ► **photoelectric cell** N célula *f* fotoeléctrica

**photoelectron** [,fəʊtəʊɪ'lektrɒn] N fotoelectrón *m*

**photoengrave** [,fəʊtəʊɪn'greɪv] VT fotograbar

**photoengraving** ['fəʊtəʊen'greɪvɪŋ] N fotograbado *m*

**photo-finish** ['fəʊtəʊ'fɪnɪʃ] N resultado *m* comprobado por fotocontrol; (*fig*) final *m* muy reñido

**Photofit**® ['fəʊtəʊfɪt] N (*Brit*) (*also* **~ picture**) retrato *m* robot

**photoflash** ['fəʊtəʊflæʃ] N flash *m*

**photogenic** [,fəʊtəʊ'dʒenɪk] ADJ fotogénico

**photograph** ['fəʊtəgræf] Ⓐ N fotografía *f*, foto *f*; **it's a very good ~ of her** es una fotografía muy buena de ella; **to take a ~ (of sth/sb)** hacer *or* (*esp LAm*) sacar una foto (a algo/algn); **he takes a good ~*** (= *is photogenic*) es fotogénico, sale bien en las fotos; *see also* **aerial C**, **black A1**, **passport B**
Ⓑ VT fotografiar, hacer *or* (*esp LAm*) sacar una foto(grafía) a; **I hate being ~ed** odio que me hagan fotos; **"~ed by Paul Smith"** "fotografía de Paul Smith"
Ⓒ VI **to ~ well** ser fotogénico
Ⓓ CPD ► **photograph album** N álbum *m* de fotos

**photographer** [fə'tɒgrəfə^r] N fotógrafo/a *m/f*; **an amateur ~** un fotógrafo amateur; **he's a keen ~** es muy aficionado a la fotografía; **a ~'s** (= *shop*) una tienda de fotografía; *see also* **press D**

**photographic** [,fəʊtə'græfɪk] ADJ fotográfico; **to have a ~ memory** tener una memoria fotográfica

**photographically** [,fəʊtə'græfɪkəlɪ] ADV fotográficamente

**photography** [fə'tɒgrəfɪ] N fotografía *f*

**photogravure** [,fəʊtəgrə'vjʊə^r] N fotograbado *m*

**photojournalism** [,fəʊtəʊ'dʒɜ:nəlɪzəm] N fotoperiodismo *m*

**photojournalist** [,fəʊtəʊ'dʒɜ:nəlɪst] N fotoperiodista *mf*

**photokit** ['fəʊtəʊkɪt] N retrato *m* robot

**photolitho** [,fəʊtəʊ'laɪθəʊ] N fotolito *m*

**photolithograph** [,fəʊtəʊ'lɪθə,grɑ:f] N grabado *m* fotolitográfico

**photolithography** [ˌfəʊtəʊlɪˈθɒgrəfɪ] N fotolitografía *f*

**photometer** [fəˈtɒmɪtəʳ] N fotómetro *m*

**photometric** [ˌfəʊtəˈmetrɪk] ADJ fotométrico

**photometry** [fəʊˈtɒmɪtrɪ] N fotometría *f*

**photomontage** [ˌfəʊtəʊmɒnˈtɑːʒ] N fotomontaje *m*

**photon** [ˈfəʊtɒn] N fotón *m*

**photosensitive** [ˌfəʊtəʊˈsensɪtɪv] ADJ fotosensible

**photosensitivity** [ˌfəʊtəʊsensɪˈtɪvɪtɪ] N fotosensibilidad *f*

**photosensitize** [ˌfəʊtəʊˈsensɪˌtaɪz] VT fotosensibilizar

**photosetting** [ˈfəʊtəʊˌsetɪŋ] Ⓐ N fotocomposición *f*
Ⓑ CPD ► **photosetting machine** N fotocompositora *f*

**photostat**† [ˈfəʊtəʊstæt] Ⓐ N (= *machine*) fotocopiadora *f*; (= *photocopy*) fotocopia *f*
Ⓑ VT fotocopiar

**photosynthesis** [ˌfəʊtəʊˈsɪnθəsɪs] N fotosíntesis *f*

**phototropism** [ˈfəʊtəʊˈtrəʊpɪzəm] N fototropismo *m*

**phototype** [ˈfəʊtəʊˌtaɪp] N fototipo *m*

**phototypesetting** [ˌfəʊtəʊˈtaɪpˌsetɪŋ] N (*US Typ*) fotocomposición *f*

**phototypography** [ˌfəʊtəʊtaɪˈpɒgrəfɪ] N fototipografía *f*

**photovoltaic** [ˌfəʊtəʊvɒlˈteɪɪk] Ⓐ ADJ fotovoltaico
Ⓑ CPD ► **photovoltaic cell** N célula *f* fotovoltaica

**phrasal** [ˈfreɪzəl] Ⓐ ADJ frasal
Ⓑ CPD ► **phrasal verb** N verbo *m* con preposición *or* adverbio

**phrase** [freɪz] Ⓐ N [1] (*Gram, Mus*) frase *f*; **noun/verb ~** frase *f* nominal/verbal
[2] (= *expression*) frase *f*; **she had picked up some useful ~s** había aprendido algunas frases útiles; **I think, to use** *or* **to borrow your ~, that …** creo que, usando tus propias palabras, …
[3] (= *idiom*) locución *f*, giro *m*; *see also* **catch D**, **coin B**, **set B1**, **stock C2**, **turn A15**
Ⓑ VT [1] (*orally*) expresar, formular; **I should have ~d that better** debería haberlo expresado *or* formulado mejor
[2] (*in writing*) redactar, expresar; **can we ~ that differently?** ¿podemos redactar *or* expresar eso de otro modo?; **a carefully ~d letter** una carta redactada con cuidado
[3] (*Mus*) frasear
Ⓒ CPD ► **phrase book** N libro *m* de frases ► **phrase marker** N (*Ling*) marcador *m* de frase ► **phrase structure** N (*Ling*) estructura *f* de frase

**phraseology** [ˌfreɪzɪˈɒlədʒɪ] N fraseología *f*

**phrasing** [ˈfreɪzɪŋ] N (= *act*) redacción *f*; [*of question*] formulación *f*; (= *style*) estilo *m*, términos *mpl*; (*Mus*) fraseo *m*; **the ~ is rather unfortunate** la forma en que está expresado es bastante desafortunada

**phrenetic** [frɪˈnetɪk] ADJ frenético

**phrenic** [ˈfrenɪk] ADJ (*Anat*) diafragmático

**phrenologist** [frɪˈnɒlədʒɪst] N frenólogo/a *m/f*

**phrenology** [frɪˈnɒlədʒɪ] N frenología *f*

**phthisis** [ˈθaɪsɪs] N tisis *f*

**phut*** [fʌt] ADJ **to go ~** estropearse, hacer kaput*; (*fig*) fracasar

**phyla** [ˈfaɪlə] NPL *of* **phylum**

**phylactery** [fɪˈlæktərɪ] N filacteria *f*

**phylloxera** [ˌfɪlɒkˈsɪərə] N filoxera *f*

**phylum** [ˈfaɪləm] N (*pl* **phyla**) (*Bio*) filo *m*, phylum *m*

**physic**†† [ˈfɪzɪk] N medicina *f*

**physical** [ˈfɪzɪkəl] Ⓐ ADJ [1] (= *of the body*) [*condition, disability, contact, violence*] físico; [*punishment*] corporal
[2] (= *material*) [*properties, characteristics*] físico; [*world*] material; **~ environment** entorno *m* físico; **~ evidence** pruebas *fpl* materiales; **it's a ~ impossibility** es materialmente imposible; **his ~ presence repelled her** su mera presencia le repugnaba
[3] (= *involving physical contact, effort*) físico; **he's a very ~ man** es un hombre que recurre mucho al contacto físico; **rugby is a very ~ sport** el rugby es un deporte muy físico *or* con mucho contacto físico; **there was some very ~ play from both teams** hubo mucho juego duro por parte de los dos equipos; **he has been ordered not to do any ~ work** le han dicho que no haga ninguna clase de trabajo que requiera esfuerzo físico; **to get ~** (*sexually*) pasar al plano físico; (= *be rough*) emplear la fuerza física, llegar a las manos*
[4] (= *of physics*) físico; **the ~ sciences** las ciencias físicas
Ⓑ N (*also* **~ examination**) reconocimiento *m* físico
Ⓒ CPD ► **physical chemistry** N fisicoquímica *f* ► **physical education** N educación *f* física ► **physical examination** N reconocimiento *m* físico ► **physical exercise** N ejercicio *m* (físico) ► **physical fitness** N (buena) forma *f* física; **a ~ fitness programme** un programa de ejercicios físicos ► **physical geography** N geografía *f* física ► **physical jerks*** NPL (*Brit*) gimnasia *fsing*, ejercicios *mpl* (físicos) ► **physical therapist** N (*US*) fisioterapeuta *mf* ► **physical therapy** N (*US*) fisioterapia *f* ► **physical training** N entrenamiento *m*, ejercicio *m* (físico)

**physically** [ˈfɪzɪkəlɪ] ADV físicamente; **I don't find him ~ attractive** no me parece físicamente atractivo; **it's very ~ demanding work** es un trabajo que requiere mucho esfuerzo físico; **you need to be ~ fit to attempt this climb** tienes que estar en buena forma (física) para intentar esta escalada; **it's ~ impossible** es materialmente imposible; **he had to be ~ removed from the premises** lo tuvieron que sacar del local por la fuerza; **the thought of food made me ~ sick** sólo pensar en comer me daba náuseas

**physician** [fɪˈzɪʃən] N médico/a *m/f*

**physicist** [ˈfɪzɪsɪst] N físico/a *m/f*

**physics** [ˈfɪzɪks] NSING física *f*

**physio*** [ˈfɪzɪəʊ] N (*Sport*) = **physiotherapist**; (*Brit*) = **physiotherapy**

**physio…** [ˈfɪzɪəʊ] PREFIX fisio…

**physiognomy** [ˌfɪzɪˈɒnəmɪ] N fisonomía *f*

**physiological** [ˈfɪzɪəˈlɒdʒɪkəl] ADJ fisiológico

**physiologically** [ˈfɪzɪəˈlɒdʒɪkəlɪ] ADV fisiológicamente

**physiologist** [ˌfɪzɪˈɒlədʒɪst] N fisiólogo/a *m/f*

**physiology** [ˌfɪzɪˈɒlədʒɪ] N fisiología *f*

**physiotherapist** [ˌfɪzɪəˈθerəpɪst] N fisioterapeuta *mf*

**physiotherapy** [ˌfɪzɪəˈθerəpɪ] N fisioterapia *f*

**physique** [fɪˈziːk] N físico *m*

**phytobiology** [ˌfaɪtəʊbaɪˈɒlədʒɪ] N fitobiología *f*

**phytofagous** [faɪˈtɒfəgəs] ADJ fitófago

**phytopathology** [ˌfaɪtəʊpəˈθɒlədʒɪ] N fitopatología *f*

**pi** [paɪ] N (*pl* **pis**) (*Math*) pi *f*

**pianist** [ˈpɪənɪst] N pianista *mf*

**piano** [ˈpjɑːnəʊ] Ⓐ N (*pl* **pianos**) piano *m*
Ⓑ CPD ► **piano accordion** N acordeón-piano *m* ► **piano concerto** N concierto *m* para piano ► **piano duet** N pieza *f* para piano a cuatro manos ► **piano lesson** N lección *f* de piano ► **piano piece** N pieza *f* para piano ► **piano player** N pianista *mf* ► **piano stool** N taburete *m* de piano ► **piano teacher** N profesor(a) *m/f* de piano ► **piano tuner** N afinador(a) *m/f* de pianos

**pianoforte** [ˌpjɑːnəʊˈfɔːtɪ] N = **piano**

**pianola®** [pɪəˈnəʊlə] N pianola *f*

**piastre**, **piaster** (*US*) [pɪˈæstəʳ] N piastra *f*

**piazza** [pɪˈætsə] N (*US*) pórtico *m*, galería *f*; (= *square*) plaza *f*

**pic*** [pɪk] (*pl* **pics, pix**) N ABBR [1] = **picture** (= *photo*) foto *f*
[2] (= *movie*) película *f*
[3] **pics** (= *cinema*) cine *m*; **to go to the ~s** ir al cine

**pica** [ˈpaɪkə] N (*Med, Vet*) pica *f*; (*Typ*) cícero *m*

**picador** [ˈpɪkədɔː] N picador *m*

**Picardy** [ˈpɪkədɪ] N Picardía *f*

**picaresque** [ˌpɪkəˈresk] ADJ picaresco

**picayune*** [ˌpɪkəˈjuːn] (*US*) ADJ insignificante, de poca monta

**piccalilli** [ˈpɪkəˌlɪlɪ] N legumbres *fpl* en escabeche, encurtidos *mpl* picantes

**piccaninny**† [ˈpɪkəˌnɪnɪ] N negrito/a *m/f*

**piccolo** [ˈpɪkələʊ] N (*pl* **piccolos**) flautín *m*, píccolo *m*

**pick** [pɪk] Ⓐ N [1] (= *choice*) **to have one's ~ of sth** escoger *or* elegir lo que uno quiere de algo; **take your ~!** ¡escoja *or* elija lo que quiera!; **take your ~ of** *or* **from ten luxury hotels** escoja *or* elija el que quiera de entre diez hoteles de lujo
[2] (= *best*) **the ~ of sth** lo mejor de algo, la flor y nata de algo; **the ~ of the bunch** *or* **the crop** (*fig*) lo mejor de grupo
[3] (*also* **~axe**) (= *tool*) pico *m*, piqueta *f*
[4] (*US*) (= *plectrum*) púa *f*; *see also* **toothpick**
Ⓑ VT [1] (= *choose*) (*gen*) escoger, elegir; [+ *team, candidate*] seleccionar; **~ a card, any card** escoge *or* elige una carta, cualquiera; **to ~ a fight (with sb)** (*lit*) buscar pelea *or* pleito (con algn); (*fig*) (= *argue*) discutir (con algn); **to ~ one's way through/across sth** abrirse camino cuidadosamente a través de algo; **to ~ a winner** (*lit*) escoger *or* elegir un ganador; (*fig*) escoger bien; **I think she ~ed a winner with her new boyfriend** creo que con su nuevo novio escogió bien; *see also* **quarrel A**
[2] (= *gather*) [+ *flowers, fruit, tea, cotton*] coger, recoger (*LAm*); **to go strawberry ~ing** ir a coger fresas
[3] (= *lift, remove*) **to ~ sth off the ground** recoger algo del suelo; **let me ~ that bit of fluff off your collar** deja que te quite esa pelusa del cuello; **to ~ o.s. off the floor** *or* **ground** levantarse del suelo; **to ~ names out of a hat** sacar nombres de un sombrero
[4] (= *make*) [+ *hole*] hacer; *see also* **hole A1**
[5] [+ *scab, spot*] toquetear; [+ *lock*] forzar *or* abrir con ganzúa; [+ *guitar, banjo*] puntear; **to ~ sb's brains** exprimir el coco a algn*; **their bones had been ~ed clean by the birds** los pájaros habían dejado limpios los huesos; **to ~ one's nose** hurgarse la nariz; **to ~ sb's pocket** robar algo a algn del bolsillo; **to ~ one's teeth** mondarse *or* escarbarse los dientes; *see also* **bone A1**, **piece A1**
Ⓒ VI [1] (= *choose*) escoger, elegir; **to ~ and choose** ponerse a escoger *or* elegir, ser muy exigente; **you can't ~ and choose** no puedes

ponerte a escoger *or* elegir, no puedes ser muy exigente

2 (= *examine*) **dogs ~ through the garbage on the streets** los perros hurgan en *or* por la basura de las calles; *see also* **pick over**

►**pick at** VI + PREP 1 (= *toy with*) **try not to ~ at your spots** intenta no toquetearte las espinillas; **to ~ at one's food** comer con poca gana, picar la comida

2 (= *criticize*) **she used to ~ at everything** solía meterse con todo *or* ponerle faltas a todo

3 (*US**) = **pick on 2**

►**pick off** VT + ADV 1 (= *remove*) [+ *leaves, fluff, paint*] quitar; [+ *scab*] arrancar

2 (= *shoot*) cargarse*, liquidar*; (= *eliminate*) [+ *opponents*] acabar uno a uno con

►**pick on** VI + PREP 1 (= *choose, single out*) escoger, elegir; **I can't think why he ~ed on that wallpaper** no logro entender por qué escogió *or* eligió ese papel para la pared; **they ~ed on me to go and tell him** me escogieron *or* eligieron a mí para que se lo dijera; **why ~ on me?** ¿por qué yo (y no otro)?

2 (*) (= *harass*) meterse con*; **stop ~ing on me** deja de meterte conmigo*; **~ on someone your own size!** ¡métete con alguien de tu tamaño!*

►**pick out** VT + ADV 1 (= *choose*) elegir, escoger; **~ out two or three you would like to keep** elige *or* escoge dos o tres con los que te gustaría quedarte

2 (= *single out*) escoger; **there are so many great pianists it's difficult to ~ one out** hay tantos grandes pianistas que es difícil escoger a uno

3 (= *draw out*) sacar; **I took the hat and ~ed out a raffle ticket** cogí el sombrero y saqué uno de los boletos de la rifa

4 (= *discern*) distinguir; **I could just ~ out the letters ALG** sólo podía distinguir y con dificultad, las letras ALG

5 (= *identify*) reconocer; **can you ~ me out in this photo?** ¿eres capaz de reconocerme en esta foto?

6 (= *highlight*) resaltar; **the name is ~ed out in gold letters** el nombre está resaltado en letras doradas; **his headlights ~ed out the cyclist in front** los faros de su coche iluminaron al ciclista que tenía delante

7 (= *play*) [+ *tune*] tocar de oído

►**pick over** VT + ADV **~ over the raspberries** escoge las frambuesas que estén mejor; **she was ~ing over the shirts in the sale** estaba seleccionando las camisas en las rebajas; **it's no good ~ing over the past** de nada sirve remover el pasado

►**pick up** Ⓐ VT + ADV 1 (= *lift*) [+ *box, suitcase, cat*] levantar; [+ *dropped object*] recoger, coger; (= *take hold of*) tomar, coger, agarrar (*LAm*); **I saw her fall and ran to ~ her up** la vi caerse y corrí a levantarla; **that child is always wanting to be ~ed up** ese niño siempre quiere que lo cojan *or* (*LAm*) levanten; **she bent to ~ up her glove** se agachó para recoger *or* coger su guante; **she ~ed up a pencil and fiddled with it** tomó *or* cogió *or* (*LAm*) agarró un lápiz y se puso a enredar con él; **you can't ~ up a newspaper these days without reading about her** últimamente no puedes coger *or* (*LAm*) agarrar un periódico que no hable de ella; **to ~ up the bill** *or* **tab (for sth)*** pagar la cuenta (de algo); **to ~ o.s. up** (*lit*) levantarse, ponerse de pie; (*fig*) recuperarse, reponerse; *see also* **piece A1**

2 (= *collect*) [+ *person*] recoger, ir a buscar (*esp LAm*); (= *give lift to*) [+ *hitch-hiker, passenger*] recoger, coger; **did you ~ up my laundry?** ¿recogiste mi colada?

3 (= *learn*) [+ *language, skill*] aprender; [+ *accent, habit*] coger, agarrar (*LAm*), adquirir (*frm*); **you'll soon ~ it up again** pronto lo volverás a aprender; **I ~ed up a bit of news about him today** hoy me enteré de algunas cosas sobre él

4 (= *buy*) comprar; (= *find*) [+ *bargain*] encontrar; (= *catch*) [+ *disease*] coger, agarrar (*LAm*), pillar*; **an old car he ~ed up for £250** un coche viejo que compró por 250 libras; **I'll ~ up some beer on the way back** compraré unas cervezas a la vuelta; **I may ~ up some useful ideas for my book** puede que encuentre algunas ideas útiles para mi libro

5 (*) (= *earn, gain*) ganar, sacarse; **she ~s up £400 a week** gana *or* se saca 400 libras a la semana; **it ~ed up the best musical award** ganó *or* se llevó el premio al mejor musical; **to ~ up speed** acelerar, coger velocidad, tomar velocidad (*LAm*)

6 (*) (*sexually*) ligarse a*; **are you trying to ~ me up?** ¿estás intentando ligar conmigo?

7 (*Rad, TV*) [+ *station, channel*] captar, coger; (*Tech*) [+ *signal*] captar, registrar; **we can ~ up Italian television** podemos captar *or* coger la televisión italiana

8 (= *notice, detect*) **he ~ed up ten misprints** encontró diez erratas; **she ~ed up every mistake** no se le escapó ni un error; **I had no difficulty ~ing up the signals he was sending me** (*fig*) no tuve problemas para captar las indirectas que me estaba mandando; *see also* **scent A3**

9 (= *resume*) [+ *conversation, narrative*] continuar; [+ *relationship*] reanudar; *see also* **thread A1**

10 (= *focus on*) **I'd like to ~ up the point David made** quisiera volver al punto que planteó David; **the papers ~ed up the story** los periódicos publicaron la historia

11 (= *reprimand*) reñir, reprender; **she ~ed him up for using bad language** le riñó *or* le reprendió por decir palabrotas

12 (= *correct*) **he ~ed me up on my grammar** me señaló diversas faltas de gramática; **if I may ~ you up on that point** si me permites corregirte en ese punto

13 (= *rescue*) recoger, rescatar

14 (= *arrest*) detener

15 (= *revive*) [+ *person*] reanimar; **this tonic will soon ~ you up** este tónico te reanimará pronto

16 (*US**) (= *tidy*) [+ *room, house*] recoger

Ⓑ VI + ADV 1 (= *improve*) [*conditions, weather, sales*] mejorar; [*market, economy*] reponerse; [*business, trade*] ir mejor; [*prices*] volver a subir; **the game ~ed up in the second half** el partido mejoró en el segundo tiempo

2 (= *increase*) [*wind*] levantarse

3 (= *continue*) **to ~ up where one left off** [+ *activity, conversation, relationship*] continuar donde se había dejado

4 (= *notice, react to*) **I was getting nervous and he ~ed up on that** me estaba poniendo nervioso y él lo captó *or* se dió cuenta; **the press did not ~ up on it** la prensa no reaccionó ante la noticia

5 (*) (= *become involved with*) **to ~ up with sb** juntarse con algn; **she's ~ed up with a bad crowd** se ha juntado con una gente no muy recomendable

6 (= *tidy up*) **to ~ up after sb** ir recogiendo detrás de algn; **he expects me to ~ up after him** espera que vaya recogiendo detrás suyo

**pickaback** ['pɪkəbæk] N, ADV = **piggyback**

**pick-and-mix** [,pɪkn'mɪks] ADJ = **pick 'n' mix**

**pickaxe, pickax** (*US*) ['pɪkæks] N pico *m*, piqueta *f*

**picked** [pɪkt] ADJ escogido, selecto

**picker** ['pɪkəʳ] N [*of fruit, tea*] recolector(a) *m/f*

**picket** ['pɪkɪt] Ⓐ N 1 (= *stake*) estaca *f*

2 (= *strikers*) piquete *m*; (*Mil*) (= *sentry*) piquete *m*; (= *group*) pelotón *m*

Ⓑ VT [+ *factory*] poner piquetes a la puerta de, piquetear (*LAm*)

Ⓒ VI formar piquetes, piquetear (*LAm*)

Ⓓ CPD ► **picket duty** N **to be on ~ duty** estar de guardia ► **picket fence** N estacada *f*, cerca *f* ► **picket line** N piquete *m*; **to cross a ~ line** no hacer caso de un piquete

**picketing** ['pɪkɪtɪŋ] N formación *f* de piquetes

**picking** ['pɪkɪŋ] N 1 [*of fruit etc*] recolección *f*, cosecha *f*; (= *act of choosing*) elección *f*, selección *f*

2 **pickings** (= *leftovers*) restos *mpl*, sobras *fpl*; (= *profits*) ganancias *fpl*; **there are rich ~s for bargain hunters at these sales** en esta liquidación hay pingües beneficios para los que van a la caza de gangas

**pickle** ['pɪkl] Ⓐ N 1 (= *condiment*) (*also* **~s**) encurtidos *mpl*; (= *liquid*) escabeche *m*

2 (*) (= *plight*) lío* *m*, apuro *m*, aprieto *m*; **to be in a ~** estar en un apuro *or* aprieto; **to get into a ~** meterse en un lío*

Ⓑ VT encurtir, escabechar

**pickled** ['pɪkld] Ⓐ ADJ 1 [*food*] escabechado, encurtido, en conserva

2 **to be ~*** (= *drunk*) estar jumado*

Ⓑ CPD ► **pickled onions** NPL cebollas *fpl* en vinagre ► **pickled herrings** NPL arenques *mpl* en escabeche ► **pickled walnuts** NPL nueces *fpl* adobadas

**picklock** ['pɪklɒk] N ganzúa *f*

**pick-me-up** ['pɪkmiːʌp] N estimulante *m*; (= *drink*) bebida *f* tonificante; (*Med*) tónico *m*, reconstituyente *m*; **he tends to pop into the pub on the way home for a ~** suele pasarse por el pub de camino a casa para ponerse a tono; **this bath oil is the ideal ~ after a hard day at work** esta esencia de baño te deja como nuevo después de un día duro de trabajo

**pick 'n' mix** [,pɪkn'mɪks] ADJ [*selection*] misceláneo; (*also* **~ counter**) *mostrador de caramelos variados*

**pickpocket** ['pɪk,pɒkɪt] N carterista *mf*, bolsista *mf* (*Mex*)

**pick-up** ['pɪkʌp] Ⓐ N 1 (*Mus*) 1·1 (*on instrument*) pastilla *f*; (*on microphone*) toma *f* de sonidos

1·2 (*also* **~ arm**) brazo *m* (del tocadiscos)

2 (*also* **~ truck**) furgoneta *f*, camioneta *f*

3 (= *collection*) **to make a ~** [*truck driver, drug runner*] recoger algo; **the bus made three ~s** el autobús hizo tres paradas para recoger a gente

4 (= *recovery*) (*in economy, trade, sales*) mejora *f*; (*in prices*) subida *f*

5 (*) (= *pick-me-up*) estimulante *m*

6 (*) (*sexual*) **to him it was just a ~** él no quería más que ligar con ella*; **a ~ joint** un garito de ligue*

7 (*Aut*) (= *acceleration*) facilidad *f* de aceleración

Ⓑ CPD ► **pick-up joint*** N bar *m* de ligoteo* ► **pick-up point** N (*for people*) parada *f*; (*for goods*) punto *m* de recogida

**picky*** ['pɪkɪ] ADJ (*US*) 1 (= *critical*) criticón

2 (= *choosy*) melindroso, quisquilloso

**picnic** ['pɪknɪk] (*vb: pt, pp* **picnicked**) Ⓐ N comida *f* en el campo, picnic *m* (*esp LAm*); **to go on a ~** ir de picnic, ir a comer al campo;

**we found a nice place for a ~** encontramos un buen sitio para comer al aire libre; **it was no ~*** (= *unpleasant*) fue muy desagradable; (= *difficult*) no fue nada fácil
Ⓑ VI comer en el campo; **we ~ked by the river** merendamos junto al río
Ⓒ CPD ▸ **picnic basket** N cesta *f or* (*LAm*) canasta *f* de la merienda *or* comida *etc* ▸ **picnic site** N lugar *m* destinado para picnics

**picnicker** [ˈpɪknɪkəʳ] N excursionista *mf*

**Pict** [pɪkt] N picto/a *m/f*

**Pictish** [ˈpɪktɪʃ] Ⓐ ADJ picto
Ⓑ N picto *m*

**pictogram** [ˈpɪktəʊɡræm] N pictograma *m*

**pictograph** [ˈpɪktəɡrɑːf] N [1] (= *record, chart*) pictografía *f*
[2] (*Ling*) (= *symbol*) pictograma *m*; (= *writing*) pictografía *f*

**pictorial** [pɪkˈtɔːrɪəl] Ⓐ ADJ (*Art*) pictórico; [*record, history*] gráfico; [*magazine*] ilustrado
Ⓑ N revista *f* ilustrada

**pictorially** [pɪkˈtɔːrɪəlɪ] ADV (= *from a pictorial point of view*) pictóricamente; [*represent*] gráficamente, por imágenes

**picture** [ˈpɪktʃəʳ] Ⓐ N [1] (*Art*) (= *print, engraving*) cuadro *m*; (= *drawing*) dibujo *m*; (= *painting*) cuadro *m*, pintura *f*; (= *portrait*) retrato *m*; **to draw a ~ (of sth/sb)** hacer un dibujo (de algo/algn); **to paint a ~ (of sth/sb)** pintar un cuadro (de algo/algn); **he painted a black ~ of the future** nos pintó un cuadro muy negro del porvenir; **to paint sb's ~** pintar un retrato de algn, pintar a algn; ✦***PROVS*** **every ~ tells a story** detrás de cada imagen hay una historia; **a ~ is worth a thousand words** una imagen vale más que mil palabras; *see also* **pretty A1**
[2] (= *photo*) foto *f*, fotografía *f*; **to take a ~ of sth/sb** hacer *or* (*esp LAm*) sacar una foto a algo/algn; **we all had our ~s taken** todos nos hicimos *or* (*esp LAm*) sacamos fotos
[3] (= *illustration*) (*in book*) ilustración *f*; (*in magazine*) ilustración *f*, foto *f*
[4] (= *personification*) **he looked the ~ of health** era la salud personificada
[5] (= *wonderful sight*) **the garden is a ~ in June** el jardín es una preciosidad en junio; **his face was a ~** ¡vaya cara que puso!, ¡vieras *or* hubieras visto su cara! (*LAm*)
[6] (= *situation*) panorama *m*; **the overall ~ is encouraging** el panorama general es alentador; **you have to look at the whole ~** tienes que considerar la situación *or* el panorama en conjunto; **where do I come** *or* **fit into the ~?*** ¿qué pinto yo *or* dónde encajo yo en todo esto?*, ¿cuál es mi papel en todo esto?; **to get the ~*** comprender; **I get the ~** ya comprendo; **do you get the ~?** ¿te enteras?*, ¿lo captas?*; **he was a bit unsure in the job at first but he soon got the ~** al principio no se sentía muy seguro de cómo hacer su trabajo pero pronto le cogió el truco*; **to put sb in the ~ (about sth)** poner a algn al corriente *or* al tanto (de algo)
[7] (= *idea*) **these figures give the general ~** estas cifras ofrecen una idea general *or* una visión de conjunto; **I have a ~ in my mind of how I want it to look** tengo una imagen mental del aspecto que quiero que tenga
[8] (*TV*) imagen *f*
[9] (*esp US Cine*) película *f*; (*Brit*†) **the ~s** el cine; **to go to the ~s** ir al cine; *see also* **motion D**
Ⓑ VT [1] (= *imagine*) imaginarse; **I never ~d you as a family man** nunca te imaginé *or* te vi como hombre de familia; **~ the scene** figuraos la escena; **~ yourself lying on the beach** imagínate que estás tumbado en la playa
[2] (= *portray*) (*in painting, film, novel*) representar; (*in photograph*) **his wife, ~d with him above** su mujer, que figura con él en la foto de arriba; **the documentary ~d the police as good-natured fools** el documental pintaba a la policía como si fueran un hatajo de tontos con buen corazón, el documental representaba a la policía como un hatajo de tontos con buen corazón
Ⓒ CPD ▸ **picture book** N libro *m* ilustrado ▸ **picture frame** N marco *m* ▸ **picture gallery** N (= *shop*) galería *f* de arte; (= *museum*) museo *m* de pintura, pinacoteca *f*; (*in stately home*) galería *f* de cuadros ▸ **picture hat** N pamela *f* ▸ **picture house**† N cine *m* ▸ **picture palace**† N cine *m* ▸ **picture postcard** N (tarjeta *f*) postal *f* ▸ **picture rail** N *moldura para colgar cuadros* ▸ **picture tube** N (*TV*) tubo *m* de imagen ▸ **picture window** N ventanal *m*

**picturegoer** [ˈpɪktʃəˌɡəʊəʳ] N aficionado/a *m/f* al cine

**picture-in-picture** [ˌpɪktʃərɪnˈpɪktʃəʳ] N (*TV, Comput*) imagen *f* dentro de la imagen

**picture-postcard** [ˌpɪktʃəˈpəʊstkɑːd] ADJ [*village*] de postal

**picturesque** [ˌpɪktʃəˈresk] ADJ (= *quaint*) [*village*] pintoresco; [*name, title*] pintoresco, peculiar; (= *vivid*) [*language*] expresivo, vívido

**picturesquely** [ˌpɪktʃəˈresklɪ] ADV de modo pintoresco

**picturesqueness** [ˌpɪktʃəˈresknɪs] N [*of village*] lo pintoresco, pintoresquismo *m*; [*of language, description*] expresividad *f*

**piddle*** [ˈpɪdl] Ⓐ N **to have a ~** hacer pipí *or* pis*
Ⓑ VI hacer pipí*, hacer pis*

**piddling*** [ˈpɪdlɪŋ] ADJ ridículo, irrisorio

**pidgin** [ˈpɪdʒɪn] N (*also* **~ English**) (*formerly*) *lengua franca (inglés-chino) comercial del Lejano Oriente*; **he used his ~ French to chat up the girls** recurrió a su francés macarrónico para ligar con las chicas*

**pie** [paɪ] Ⓐ N [*of fruit*] tarta *f*, pay *m* (*LAm*); [*of meat, fish etc*] (= *large*) pastel *m*; (= *small*) empanada *f*; ✦***IDIOMS*** **it's as easy as ~*** es pan comido*; **it's all ~ in the sky** son castillos en el aire, es pura ilusión; **to eat humble ~** tragarse el orgullo y pedir perdón, morder el polvo; *see also* **finger A1**
Ⓑ CPD ▸ **pie chart** N (*Math, Comput*) gráfico *m* de sectores, gráfico *m* circular

**piebald** [ˈpaɪbɔːld] Ⓐ ADJ pío, picazo
Ⓑ N caballo *m* pío, picazo *m*

**piece** [piːs] Ⓐ N [1] (= *fragment*) trozo *m*, pedazo *m*; **to come to ~s** hacerse pedazos, romperse; **to fall to ~s** caerse a pedazos, romperse; **my watch lay in ~s on the pavement** mi reloj quedó destrozado en la acera, mi reloj quedó en la acera hecho pedazos; **his life lay in ~s** su vida estaba destrozada; **a ~ of sth**: **a ~ of bread** un trozo *or* un pedazo de pan; **a ~ of cake** una porción *or* un trozo de tarta; **another ~ of cake?** ¿quieres más tarta?; **a ~ of cheese/glass** un trozo de queso/cristal; **a ~ of paper** un trozo *or* una hoja de papel, un papel; **a ~ of string** un trozo de cuerda, un cabo; **a ~ of toast** una tostada; **I've got a ~ of grit in my eye** tengo una mota en el ojo; **(all) in one ~**: **the vase is still in one ~** el jarrón sigue intacto; **we got back all in one ~** llegamos sanos y salvos; **he had a nasty fall but he's still in one ~** sufrió una mala caída pero no le pasó nada; **it is made (all) in one ~** está hecho de una sola pieza; **to pick** *or* **pull sth to ~s** [+ *argument, theory*] echar por tierra algo; **to smash (sth) to ~s**: **the glass fell off the table and smashed to ~s** el vasó se cayó de la mesa y se hizo añicos; **I smashed the vase to ~s** rompí el jarrón en mil pedazos, hice el jarrón añicos; **the boat was smashed to ~s on the rocks** el barco se estrelló contra las rocas y se hizo añicos; ✦***IDIOMS*** **to go to ~s** [*person*] (= *break down*) quedar deshecho, quedar hecho pedazos; (= *lose one's grip*) desquiciarse; **she went to ~s when Arnie died** quedó deshecha *or* hecha pedazos cuando Arnie murió; **every time he's faced with a problem he goes to ~s** cada vez que se ve ante un problema se desquicia *or* el pánico se apodera de él; **it's a ~ of cake*** es pan comido*; **to give sb a ~ of one's mind** decir cuatro verdades a algn, cantar las cuarenta a algn*; **he got a ~ of my mind** le dije cuatro verdades, le canté las cuarenta*; **to pick up the ~s**: **they always leave me to pick up the ~s** siempre me toca sacarles las castañas del fuego, siempre dejan que sea yo el que pague los platos rotos; **she never picked up the ~s after her fiancé died** nunca logró superar la muerte de su prometido, nunca rehizo realmente su vida después de la muerte de su prometido; *see also* **action A4**, **nasty A4**, **thrill**
[2] (= *part, member of a set*) pieza *f*; **~ by ~** pieza por *or* a pieza; **it comes to ~s** se desmonta, es desmontable; **(all) of a ~**: **Dostoyevsky's life and work are of a ~** la vida y las obras de Dostoyevsky son uno y lo mismo; **Amy was putting the ~s together now** ahora Amy estaba juntando *or* atando los cabos; **to take sth to ~s** desmontar *or* desarmar algo
[3] (*as suffix*) **a four-~ band** un grupo de cuatro músicos; **a three-~ suit** un traje con chaleco; **a three-~ suite** un juego de sofá y dos butacas, un tresillo (*Sp*); **a fifteen-~ tea set** un juego de té de quince piezas
[4] (= *item*) **a ~ of advice** un consejo; **to sell sth by the ~** vender algo suelto; **a ~ of clothing** una prenda (de vestir); **a ~ of equipment** un aparato; **a ~ of evidence** una prueba; **a ~ of furniture** un mueble; **a ~ of information** un dato; **a ~ of legislation** una ley; **you are allowed two ~s of luggage** se le permite llevar dos bultos; **a ~ of news** una noticia; **your essay was a sloppy ~ of work** tu redacción deja mucho que desear; *see also* **history**, **land A2**
[5] (= *instance*) **it was a ~ of luck** fue una suerte; **what a ~ of luck you called round** qué suerte que te hayas pasado por aquí
[6] (= *composition*) (*Press*) artículo *m*; (*Mus, Art, Theat*) pieza *f*; **a piano ~** una pieza para piano; ✦***IDIOM*** **to say one's ~** decir uno lo que tiene que decir; *see also* **museum**, **party C**, **period B**
[7] (*Mil*) **artillery ~s** ◊ **~s of artillery** piezas *fpl* de artillería
[8] (*in chess*) pieza *f*; (*in draughts, backgammon*) ficha *f*
[9] (= *coin*) moneda *f*; **a 10 pence ~** una moneda de 10 peniques; **a ~ of eight** un real de a ocho
[10] (*US**) (= *distance*) **his place is down the road a ~** su casa está un poco más allá bajando la calle
[11] (†* *offensive*) (= *woman*) tipa* *f*, tía *f* (*Sp**); **a nice little ~** una tía buena (*Sp**), una tipaza*
Ⓑ CPD ▸ **piece rate** N (*Comm*) tarifa *f* por pieza; **they are on ~ rates** les pagan por pieza *or* a destajo

►**piece together** VT + ADV [+ *jigsaw puzzle, events*] reconstruir; [+ *plan, strategy*] concebir; **she ~d together the torn-up letter** reconstruyó la carta que estaba hecha pedazos; **we eventually ~d together what had happened** por fin logramos atar todos los cabos de lo que había pasado

**pièce de résistance** [ˌpjɛsdərezɪs'tɑ̃:s] N [*of programme, exhibition*] atracción *f* principal; (*on menu*) plato *m* principal; [*of author, director*] (= *novel, film*) obra *f* maestra; **his ~ was a goal in the 89th minute** dio la campanada con un gol en el minuto 89

**piecemeal** ['pi:smi:l] Ⓐ ADV (= *gradually*) poco a poco, por partes; (= *unsystematically*) de manera poco sistemática
Ⓑ ADJ [*approach, reform*] poco sistemático; **a ~ solution** una solución de compromiso

**piecework** ['pi:swɜ:k] N trabajo *m* a destajo; **to be on/do ~** trabajar a destajo

**pieceworker** ['pi:swɜ:kəʳ] N destajista *mf*

**piecrust** ['paɪkrʌst] Ⓐ N (= *base*) fondo *m* de masa; (= *top*) tapa *f* de masa
Ⓑ CPD ► **piecrust pastry** N (*US*) pasta *f* quebradiza

**pied** [paɪd] ADJ [*horse*] pío, picazo; [*bird*] pinto; **the Pied Piper of Hamelin** el flautista de Hamelin

**pied-à-terre** [ˌpjeɪdɑ:'tɛəʳ] N (*pl* **pieds-à-terre** [ˌpjeɪdɑ:'tɛəʳ]) segunda vivienda *f* (*en una ciudad*)

**Piedmont** ['pi:dmɒnt] N Piamonte *m*

**Piedmontese** [ˌpi:dmɒn'ti:z] Ⓐ ADJ piamontés
Ⓑ N piamontés/esa *m/f*

**pie-eyed*** ['paɪ'aɪd] ADJ como una cuba*, jumado*

**pier** [pɪəʳ] N 1 (= *amusement centre*) *paseo marítimo situado como zona de ocio sobre un muelle o malecón*; (= *landing-stage*) embarcadero *m*, muelle *m*
2 (*Archit*) pilar *m*, columna *f*; [*of bridge*] estribo *m*, pila *f*

**pierce** [pɪəs] VT (= *puncture*) perforar; (= *go right through*) atravesar, traspasar; (= *make hole in*) agujerear; (*fig*) [*sound*] desgarrar, penetrar; **the broken rib ~d his lung** la costilla rota le perforó el pulmón; **the thorn ~d his heel** la espina se le clavó en el talón; **the dagger ~d her heart/the armour** el puñal le atravesó el corazón/atravesó la armadura; **to ~ a hole in sth** hacer un agujero en algo; **to have one's ears ~d** hacerse los agujeros de las orejas; **a nail ~d the tyre** un clavo pinchó el neumático; **a cry ~d the silence** un grito desgarró *or* penetró el silencio; **a light ~d the darkness** una luz hendió la oscuridad; **the cold ~d their bones** el frío les penetraba hasta los huesos; **the news ~d him to the heart** la noticia le hirió en el alma

**piercing** ['pɪəsɪŋ] ADJ penetrante, agudo; [*eyes, gaze*] penetrante; [*cry*] desgarrador; [*wind*] cortante; [*cold*] penetrante; [*pain*] punzante

**piercingly** ['pɪəsɪŋlɪ] ADV [*stare*] de modo penetrante; [*blow*] de modo cortante; **it was ~ cold** el frío se te metía hasta los huesos

**pierhead** ['pɪəhed] N punta *f* del muelle

**pierrot** ['pɪərəʊ] N pierrot *m*

**pietism** ['paɪətɪzəm] N piedad *f*, devoción *f*; (*pej*) beatería *f*, mojigatería *f*

**pietistic** [paɪə'tɪstɪk] ADJ (*pej*) pietista, beato, mojigato

**piety** ['paɪətɪ] N piedad *f*, devoción *f*; (= *affected piety*) beatería *f*

**piffle*** ['pɪfl] N tonterías *fpl*, paparruchas* *fpl*; **piffle!** ¡tonterías!, ¡bobadas!

**piffling*** ['pɪflɪŋ] ADJ [*dispute, task*] de poca monta, insignificante; [*excuse*] absurdo, ridículo; [*sum, amount*] ridículo, irrisorio

**pig** [pɪg] Ⓐ N 1 cerdo *m*, chancho *m* (*LAm*); **roast ~** lechón *m* asado *or* al horno; **wild ~** cerdo *m* de monte; ✦**IDIOMS he made a right ~'s ear of it*** le salió muy mal, le salió un verdadero churro (*Sp**), le salió una auténtica cagada‡; **in a ~'s eye!** (*US**) ¡ni hablar!; **when ~s (learn to) fly** cuando las ranas críen pelos; **to buy a ~ in a poke** comprar algo a ciegas; **to sell sb a ~ in a poke** dar gato por liebre a algn
2 (*) (= *person*) (*dirty, nasty*) cerdo/a* *m/f*, puerco/a* *m/f*, chancho/a* *m/f* (*LAm*); (*greedy*) comilón/ona* *m/f*, tragón/ona* *m/f*; **you ~!** (*hum*) ¡bandido!; ✦**IDIOM to make a ~ of o.s.** darse un atracón*, ponerse las botas*
3 (‡) (= *policeman*) poli* *m*; **the ~s** la poli*, la pasma (*Sp*‡), la cana (*S. Cone*‡)
4 (*) (= *sth difficult or unpleasant*) **it was a ~ of a job** fue un trabajo de lo más puñetero*; **this car's a ~ to start** a este puñetero coche le cuesta lo suyo arrancar*
5 (*Metal*) lingote *m*
Ⓑ VT **to ~ it** vivir como cerdos
Ⓒ CPD ► **pig iron** N hierro *m* en lingotes

►**pig out*** VI + ADV **to ~ out (on sth)** darse un atracón *or* ponerse las botas (de algo)*

**pig-breeding** ['pɪg,bri:dɪŋ] N cría *f* de cerdos

**pigeon** ['pɪdʒən] Ⓐ N 1 (*gen*) paloma *f*; (*as food*) pichón *m*; *see also* **clay B**
2 (*) **that's his ~** allá él; **it's not my ~** eso no tiene que ver conmigo
Ⓑ CPD ► **pigeon fancier** N colombófilo/a *m/f* ► **pigeon fancying** N colombofilia *f* ► **pigeon house, pigeon loft** N palomar *m* ► **pigeon post** N correo *m* de palomas; **by ~ post** por paloma mensajera ► **pigeon shooting** N tiro *m* de pichón

**pigeonhole** ['pɪdʒənhəʊl] Ⓐ N casilla *f*; (= *set of pigeonholes*) casillero *m*, casillas *fpl*
Ⓑ VT (= *classify*) encasillar, clasificar; (= *store away*) archivar; (= *shelve*) dar carpetazo a

**pigeon-toed** ['pɪdʒən'təʊd] ADJ **to be ~** tener los pies torcidos hacia dentro

**piggery** ['pɪgərɪ] N 1 (= *pig farm*) granja *f* porcina
2 (= *pigsty*) pocilga *f*, porqueriza *f*
3 (= *greediness*) glotonería *f*

**piggish** ['pɪgɪʃ] ADJ (*in manners*) cochino, puerco; (= *greedy*) glotón; (= *stubborn*) tozudo, testarudo

**piggy** ['pɪgɪ] Ⓐ N cerdito *m*, chanchito *m* (*LAm*); **to play ~ in the middle** jugar al balón prisionero; ✦**IDIOM to be ~ in the middle** (= *powerless to act, influence*) estar entre dos fuegos
Ⓑ ADJ **with little ~ eyes** con ojos pequeños como de cerdo
Ⓒ CPD ► **piggy bank** N hucha *f* (*Sp*) (en forma de cerdito), alcancía *f* (*LAm*)

**piggyback** ['pɪgɪbæk] Ⓐ N **to give sb a ~** llevar a algn a cuestas
Ⓑ ADV **to carry sb ~** llevar a algn a cuestas

**pigheaded** ['pɪg'hedɪd] ADJ [*person*] terco, testarudo; [*attitude*] obstinado

**pigheadedly** ['pɪg'hedɪdlɪ] ADV tercamente

**pigheadedness** ['pɪg'hedɪdnɪs] N terquedad *f*, testarudez *f*

**pig-ignorant*** [ˌpɪg'ɪgnərənt] ADJ bruto

**piglet** ['pɪglɪt] N cerdito *m*, lechón *m*, chanchito *m* (*LAm*)

**pigman** ['pɪgmæn] N (*pl* **pigmen**) porquerizo *m*, porquero *m*

**pigmeat** ['pɪgmi:t] N carne *f* de cerdo

**pigment** ['pɪgmənt] N pigmento *m*

**pigmentation** [ˌpɪgmən'teɪʃən] N pigmentación *f*

**pigmented** [pɪg'mentɪd] ADJ pigmentado

**pigmy** ['pɪgmɪ] ADJ, N = **pygmy**

**pigpen** ['pɪgpen] N (*US*) = **pigsty**

**pigskin** ['pɪgskɪn] N piel *f* de cerdo, cuero *m* de chancho (*LAm*)

**pigsty** ['pɪgstaɪ] N pocilga *f*, porqueriza *f*

**pigswill** ['pɪgswɪl] N bazofia *f* (*also fig*)

**pigtail** ['pɪgteɪl] N (= *plait*) trenza *f*; (*of Chinese, bullfighter etc*) coleta *f*

**pike¹** [paɪk] N (*Mil*) pica *f*

**pike²** [paɪk] N (*pl* **pike** *or* **pikes**) (= *fish*) lucio *m*

**pikeman** ['paɪkmən] N (*pl* **pikemen**) (*Hist*) piquero *m*

**piker‡** ['paɪkəʳ] N (*US*) (= *stingy person*) agarrado/a* *m/f*, roñoso/a* *m/f*; (= *unimportant person*) pelagatos* *mf inv*; (= *coward*) gallina* *mf*

**pikestaff** ['paɪkstɑ:f] N *see* **plain A1**

**pilaf(f)** ['pɪlæf] N *plato oriental a base de arroz*

**pilaster** [pɪ'læstəʳ] N pilastra *f*

**Pilate** ['paɪlət] N Pilatos

**pilau** [pɪ'laʊ] N = **pilaf(f)**

**pilchard** ['pɪltʃəd] N sardina *f*

**pile¹** [paɪl] Ⓐ N 1 (= *heap*) [*of books, clothes*] montón *m*; **to put things in a ~** amontonar cosas, juntar cosas en un montón; **the building was reduced to a ~ of rubble** el edificio quedó reducido a un montón *or* una pila de escombros
2 (*) (= *large amount*) montón* *m*; **I've got ~s of work to do** tengo un montón *or* tengo montones de trabajo que hacer*
3 (*) (= *fortune*) dineral* *m*, fortuna *f*; **he made a ~ on this deal** ganó un dineral *or* una fortuna con el trato, se hizo de oro con el trato; **he made his ~ in oil** hizo su fortuna con el petróleo
4 (* *hum*) (= *building*) mole *f* (*hum*); **some stately ~ in the country** una mole de casa *or* un caserón en el campo
5 (*Phys*) pila *f*; *see also* **atomic**
Ⓑ VT amontonar, apilar; **he ~d the plates onto the tray** amontonó *or* apiló los platos en la bandeja; **we ~d more coal on the fire** echamos más carbón al fuego; **the tables were ~d high with food** en las mesas había montones *or* montañas de comida; **her hair was ~d high on her head** llevaba el pelo recogido con un tocado alto; **I ~d the children into the car*** metí a los niños apretujados en el coche
Ⓒ VI (*) 1 (= *squeeze*) **we all ~d into the car** nos metimos todos apretujados en el coche; **we ~d off the bus** salimos en avalancha *or* en tropel del autobús; **they ~d onto the bus** se metieron apretujados en el autobús
2 (= *attack*) **they ~d into him** se abalanzaron sobre él
3 (= *crash*) **his car ~d into the tree** su coche se estrelló contra el árbol; **12 cars had ~d into each other** 12 coches se habían estrellado en cadena

►**pile in*** VI + ADV 1 (= *get in*) **~ in!** ¡súbanse como puedan!
2 (= *intervene*) lanzarse al ataque

►**pile off*** VI + ADV [*people*] salir en avalancha *or* en tropel

►**pile on*** Ⓐ VI + ADV (= *crowd on*) meterse a empujones, meterse apretujados
Ⓑ VT + ADV **he ~d on more branches** echó más ramas; **they really ~ the work on, don't they?** te dan muchísimo trabajo, ¿ver-

dad?; **to ~ on the agony** multiplicar el martirio*; **he does rather ~ it on*** es un exagerado; **they were piling it on** estaban exagerando; *see also* **pressure A2**

►**pile out*** VI + ADV [*people*] salir en avalancha *or* en tropel

►**pile up** Ⓐ VI + ADV [1] (= *accumulate*) [*work*] amontonarse, acumularse; **black clouds were piling up on the horizon** el horizonte se estaba cargando *or* se llenaba de nubes negras
[2] (= *crash*) [*vehicle*] estrellarse, chocar; [*vehicles*] estrellarse en cadena, chocar en cadena
Ⓑ VT + ADV [1] (= *put in heap*) [+ *books, clothes*] apilar, amontonar
[2] (= *accumulate*) [+ *possessions*] acumular; [+ *debts*] acumular, llenarse de

**pile²** [paɪl] Ⓐ N (*Constr*) pilote *m*, pilar *m*
Ⓑ CPD ► **pile driver** N martinete *m* ► **pile dwelling** N (*Hist*) vivienda *f* construida sobre pilotes

**pile³** [paɪl] N [*of carpet, cloth*] pelo *m*; *see also* **shag⁴**

**piles** [paɪlz] NPL (*Med*) almorranas *fpl*, hemorroides *fpl*

**pile-up*** [ˈpaɪlʌp] N (*Aut*) accidente *m* múltiple, choque *m* en cadena; **there was a ~ on the motorway** chocaron varios coches en cadena en la autopista, hubo un accidente múltiple en la autopista

**pilfer** [ˈpɪlfəʳ] Ⓐ VT ratear*, hurtar, robar; (*esp by servant*) robar, sisar (*Sp**)
Ⓑ VI ratear*, robar cosas

**pilferage** [ˈpɪlfərɪdʒ] N ratería* *f*, hurto *m*, robo *m*

**pilferer** [ˈpɪlfərəʳ] N ratero/a* *m/f*, ladronzuelo/a* *m/f*

**pilfering** [ˈpɪlfərɪŋ] N ratería* *f*, hurto *m*, robo *m*

**pilgrim** [ˈpɪlgrɪm] Ⓐ N peregrino/a *m/f*, romero/a *m/f*
Ⓑ CPD ► **the Pilgrim Fathers** NPL los primeros colonos de Nueva Inglaterra

**PILGRIM FATHERS**

*Los* **Pilgrim Fathers** *fueron un grupo de puritanos que abandonaron Inglaterra en 1620 huyendo de las persecuciones religiosas y que, después de cruzar el Atlántico en el* **Mayflower**, *fundaron una colonia en Nueva Inglaterra (New Plymouth, Massachusetts), dando así comienzo a la colonización británica en Norteamérica. Se los considera como los fundadores de Estados Unidos y el éxito de su primera cosecha se conmemora cada año en el Día de Acción de Gracias (***Thanksgiving Day***).*

⇨ *Ver tb* THANKSGIVING

**pilgrimage** [ˈpɪlgrɪmɪdʒ] N peregrinación *f*; **to go on a ~** ◊ **make a ~ (to)** ir de peregrinación (a)

**piling** [ˈpaɪlɪŋ] N (= *post*) pilote *m*

**pill** [pɪl] Ⓐ N [1] (*Med, fig*) píldora *f*, pastilla *f*; **to take a ~** tomar una píldora; ✦**IDIOM to sugar** *or* **sweeten the ~** dorar la píldora; *see also* **bitter A1, pop C2**
[2] (= *contraceptive*) **the ~** la píldora (anticonceptiva); **to be on/take the ~** tomar la píldora (anticonceptiva); **to go on/come off the ~** empezar a/dejar de tomar la píldora; **birth control** *or* **contraceptive ~** píldora *f* anticonceptiva
Ⓑ CPD ► **pill bottle** N frasco *m* de pastillas

**pillage** [ˈpɪlɪdʒ] Ⓐ N pillaje *m*, saqueo *m*
Ⓑ VT, VI saquear

**pillar** [ˈpɪləʳ] Ⓐ N pilar *m*, columna *f*; **a ~ of smoke** una columna de humo; **the Pillars of Hercules** las Columnas de Hércules; **~ of salt** (*Bible*) estatua *f* de sal; **a ~ of the church** (*fig*) un pilar de la iglesia; ✦**IDIOMS to be a ~ of strength** ser firme como una roca; **to go from ~ to post** ir de la Ceca a la Meca
Ⓑ CPD ► **pillar box** N (*Brit*) buzón *m*

**pillar-box red** [ˌpɪləbɒksˈred] Ⓐ ADJ carmesí *inv*
Ⓑ N carmesí *m*

**pillbox** [ˈpɪlbɒks] N (*Med*) pastillero *m*; (*Mil*) fortín *m*; (*also* **~ hat**) casquete *m* (*gorro*)

**pillion** [ˈpɪljən] Ⓐ N (*also* **~ seat**) asiento *m* trasero
Ⓑ ADV **to ride ~** ir en el asiento trasero
Ⓒ CPD ► **pillion passenger** N pasajero/a *m/f* de atrás

**pillock**⁑ [ˈpɪlək] N (*Brit*) imbécil *mf*, gili *mf* (*Sp**)

**pillory** [ˈpɪlərɪ] Ⓐ N picota *f*
Ⓑ VT poner en ridículo

**pillow** [ˈpɪləʊ] Ⓐ N almohada *f*
Ⓑ VT apoyar; **she ~ed her head on my shoulder** apoyó la cabeza en mi hombro
Ⓒ CPD ► **pillow fight** N lucha *f* de almohadas ► **pillow talk** N conversaciones *fpl* de alcoba

**pillowcase** [ˈpɪləʊkeɪs], **pillowslip** [ˈpɪləʊslɪp] N funda *f* de almohada

**pilot** [ˈpaɪlət] Ⓐ N [1] (*Aer*) piloto *mf*; *see also* **airline B, automatic C, fighter B, test D**
[2] (*Naut*) práctico *mf*, piloto *mf*
[3] = **pilot light**
[4] = **pilot programme**
Ⓑ VT [1] (*Aer, Naut*) pilotar, pilotear (*esp LAm*)
[2] (*fig*) (= *guide*) conducir; (= *test*) [+ *scheme*] poner a prueba; **he ~ed the negotiations through** condujo las negociaciones a buen fin; **to ~ a bill through the House** asegurar la aprobación de un proyecto de ley
Ⓒ CPD [*project, scheme*] piloto *inv*, experimental ► **pilot boat** N barco *m* del práctico ► **pilot episode** N (*TV*) episodio *m* piloto ► **pilot error** N **the airline blamed ~ error for the crash** la compañía achacó el accidente a un error del piloto ► **pilot fish** N pez *m* piloto ► **pilot house** N (*Naut*) timonera *f* ► **pilot's licence** N licencia *f* de piloto ► **pilot light** N piloto *m* ► **pilot officer** N oficial *m* piloto ► **pilot plant** N (*Ind*) planta *f* de prueba, planta *f* piloto ► **pilot programme** N (*TV*) programa *m* piloto ► **pilot study** N estudio *m* piloto ► **pilot whale** N calderón *m* negro

**pimento** [pɪˈmentəʊ] N (*pl* **pimentos**) pimiento *m*, pimentón *m* morrón (*S. Cone*)

**pimp** [pɪmp] Ⓐ N proxeneta *m* (*frm*), chulo *m* (de putas) (*Sp**), cafiche *m* (*S. Cone**)
Ⓑ VI **to ~ for sb** ejercer de proxeneta de algn

**pimpernel** [ˈpɪmpənel] N murajes *mpl*, pimpinela *f*

**pimple** [ˈpɪmpl] N (*gen*) grano *m*; (*on face*) espinilla *f*; **she came out in ~s** le salieron granos

**pimply** [ˈpɪmplɪ] ADJ (*compar* **pimplier**; *superl* **pimpliest**) lleno de granos, cubierto de granos; **a ~ youth** (*fig*) un mozalbete, un mocoso (*pej*)

**PIMS** N ABBR = **personal information management system**

**PIN** [pɪn] N ABBR = **personal identification number**; **~ number** NPI *m*

**pin** [pɪn] Ⓐ N [1] (*Sew*) alfiler *m*; (*also* **safety ~**) imperdible *m*, seguro *m* (*CAm, Mex*); (*also* **hairpin**) horquilla *f*; (*also* **hatpin**) alfiler *m* (de sombrero); (= *brooch*) alfiler *m*; (*also* **drawing ~**) chincheta *f*, chinche *m or f* (*LAm*); (*also* **clothes ~**) (*US*) pinza *f* (de la ropa); **~s and needles** hormigueo *msing*; ✦**IDIOMS to be on ~s and needles** (*US*) estar hecho un manojo de nervios, estar en *or* sobre ascuas; **you could have heard a ~ drop** se oía el vuelo de una mosca; **like a new ~** ◊ **as neat as a (new) ~** (= *clean*) como una patena, limpio como un espejo; (= *tidy*) pulcro y muy ordenado; **for two ~s I'd knock his head off*** por menos de nada le rompería la crisma; **it doesn't matter two ~s to me** ◊ **I don't care two ~s** me importa un rábano *or* comino*; *see also* **bobby pin, lapel, panel C**
[2] (*Tech*) [*of metal*] clavija *f*; [*of wood*] espiga *f*, clavija *f*; (= *bolt*) perno *m*; (= *cotter*) chaveta *f*
[3] (*Elec*) [*of plug*] polo *m*; **three-~ plug** clavija *f* de tres polos, clavija *f* tripolar
[4] (*Med*) (*in limb*) clavo *m*
[5] (*on grenade*) anilla *f*
[6] (*Bowls*) bolo *m*; (*Golf*) banderín *m*
[7] **pins** (*hum*, *) (= *legs*) patas* *fpl*, bielas⁑ *fpl*
Ⓑ VT [1] [+ *fabric, seam, hem*] prender *or* sujetar con alfileres; **there was a note ~ned on** *or* **to the door** había una nota clavada en la puerta; **to ~ a medal to sb's uniform** prender una medalla al uniforme de algn; **she had ~ned her hair into a bun** se había hecho un moño con horquillas
[2] (*Tech*) (*with bolt*) sujetar (con perno)
[3] (*fig*) **to ~ one's hopes on sth/sb** cifrar *or* depositar sus esperanzas en algo/algn; **the Democrats are ~ning their hopes on the next election** los demócratas tienen cifradas sus esperanzas en las próximas elecciones; **you can't ~ the blame on me** no podéis cargarme con la culpa; **they're trying to ~ the murder on us** tratan de culparnos del asesinato; **there was nothing they could ~ on him** no podían acusarlo *or* culparlo de nada
[4] (= *immobilize*) **two men ~ned him to the floor** dos hombres lo sujetaron en el suelo; **his arms were ~ned to his sides** llevaba los brazos sujetos a los costados; **they ~ned me against the wall** me sujetaron contra la pared
Ⓒ CPD ► **pin money** N dinero *m* para gastos menores ► **pin table** N millón *m*, flíper *m*

►**pin back** VT + ADV [+ *fabric*] doblar hacia atrás y sujetar con alfileres; [+ *hair*] recogerse; [+ *window, door*] sujetar; (*Med*) [+ *ears, skin*] operarse de; ✦**IDIOM to ~ one's ears back*** escuchar muy atento

►**pin down** VT + ADV [1] (= *fasten or hold down*) sujetar; **he ~ned me down by my wrists** me sujetó por las muñecas; **I was ~ned down by a fallen tree** quedé atrapado bajo un árbol caído
[2] (*fig*) [2·1] (= *oblige to be specific*) **to ~ sb down** hacer que algn concrete; **she is really hard to ~ down** es difícil hacerla concretar; **the minister refused to be ~ned down on the timing of the reforms** el ministro no quiso comprometerse a dar fechas específicas para las reformas; **you can't ~ him down to a date** es imposible lograr que nos dé una fecha concreta
[2·2] (= *identify*) [+ *problem*] identificar; [+ *concept*] precisar, definir; [+ *reason*] dar con; [+ *date*] precisar; **the idea is rather hard to ~ down** es un concepto difícil de precisar *or* definir; **there's something wrong but I can't ~ it down** algo va mal pero no sé exactamente qué
[3] (*Mil*) [+ *troops*] atrapar; **our men were ~ned down by artillery fire** nuestros hom-

bres se vieron atrapados por fuego de artillería

►**pin on** VT + ADV prender, poner

►**pin together** VT + ADV [+ *fabric pieces, papers*] sujetar, prender

►**pin up** VT + ADV [+ *notice*] poner, pegar; [+ *clothing*] recoger con alfileres; (*with safety pin*) recoger con imperdible; [+ *hem*] sujetar con alfileres; [+ *hair*] recoger (con horquilla)

**pina colada** ['piːnəkə'lɑːdə] N piña *f* colada

**pinafore** ['pɪnəfɔːʳ] Ⓐ N (= *overall, apron*) delantal *m*, mandil *m*
Ⓑ CPD ► **pinafore dress** N jumper *m*, pichi *m* (*Sp*)

**pinball** ['pɪnbɔːl] N (*also* **~ machine**) millón *m*, flíper *m*; **to play ~** jugar al millón *or* al flíper

**pince-nez** ['pɛːnsneɪ] NPL quevedos *mpl*

**pincer** ['pɪnsəʳ] Ⓐ N [1] (*Zool*) pinza *f*
[2] (*Tech*) **pincers** tenazas *fpl*, pinzas *fpl*; **a pair of ~s** unas tenazas
Ⓑ CPD ► **pincer movement** N (*Mil*) movimiento *m* de pinza *or* tenaza

**pinch** [pɪntʃ] Ⓐ N [1] (*with fingers*) pellizco *m*; **to give sb a ~ on the arm** dar a algn un pellizco en el brazo, pellizcar el brazo a algn
[2] (= *small quantity*) pizca *f*; **a ~ of salt** una pizca de sal; **a ~ of snuff** un polvo de rapé; ✦***IDIOM*** **to take sth with a ~ of salt** tomarse algo con reservas, no creerse algo a pies juntillas
[3] (*fig*) apuro *m*; **at a ~** en caso de apuro *or* necesidad; **if it comes to the ~** en un caso extremo; ✦***IDIOM*** **to feel the ~** (empezar a) pasar apuros *or* estrecheces; **to feel the ~ of poverty** saber lo que significa ser pobre
Ⓑ VT [1] (*with fingers*) pellizcar; [*shoe*] apretar; **to ~ one's finger in the door** pillarse el dedo en la puerta; **to ~ off** *or* **out** *or* **back a bud** arrancar un brote con los dedos
[2] (*) (= *steal*) robar, birlar*, guindar (*Sp**); **I had my pen ~ed** me robaron la pluma, me birlaron la pluma*; **he ~ed that idea from Shaw** esa idea la robó de Shaw; **he ~ed Mike's girl** le pisó *or* levantó la novia a Mike*
[3] (*) (= *arrest*) pescar*, coger, agarrar (*LAm*); **he got ~ed for a parking offence** lo pescaron en una infracción de aparcamiento*, le metieron un paquete por aparcamiento indebido*
Ⓒ VI [*shoe*] apretar; **to ~ and scrape** privarse de lo necesario; **they ~ed and scraped to send her to college** se privaron de muchas cosas para poder enviarla a la universidad

**pinchbeck** ['pɪntʃbek] Ⓐ N similor *m*
Ⓑ CPD de similor; (*fig*) falso

**pinched** ['pɪntʃt] ADJ [1] (= *drawn*) **to look ~** tener un aspecto demacrado; **to be ~ with cold** estar aterido de frío
[2] (= *short*) **to be ~ for money** andar escaso de dinero; **we're very ~ for space** tenemos muy poco espacio

**pinch-hit** ['pɪntʃhɪt] VI (*US*) batear de suplente; (*fig*) **to ~ for sb** sustituir a algn en un apuro

**pinchpenny**† ['pɪntʃpenɪ] ADJ tacaño

**pincushion** ['pɪn,kʊʃən] N acerico *m*, almohadilla *f*

**Pindar** ['pɪndəʳ] N Píndaro

**Pindaric** [pɪn'dærɪk] ADJ pindárico

**pine¹** [paɪn] Ⓐ N pino *m*
Ⓑ CPD ► **pine cone** N piña *f* ► **pine grove** N pinar *m* ► **pine kernel** N piñón *m* ► **pine marten** N marta *f* ► **pine needle** N aguja *f* de pino ► **pine nut** N piñón *m* ► **pine tree** N pino *m*

**pine²** [paɪn] VI (*also* **to ~ away**) consumirse, languidecer; **to ~ for sth/sb** suspirar por algo/algn

**pineal body** ['pɪnɪəl,bɒdɪ], **pineal gland** ['pɪnɪəl,glænd] N glándula *f* pineal

**pineapple** ['paɪn,æpl] N piña *f*, ananá(s) *m* (*LAm*)

**pinewood** ['paɪnwʊd] N pinar *m*

**ping** [pɪŋ] Ⓐ N (*on striking*) sonido *m* metálico; [*of bullet*] silbido *m*; [*of bell*] tintín *m*
Ⓑ VI (*on striking*) producir un sonido metálico; [*bullet*] silbar; [*bell*] tintinear, hacer tintín

**ping-pong**® ['pɪŋpɒŋ] Ⓐ N ping-pong® *m*, tenis *m* de mesa
Ⓑ CPD ► **ping-pong ball** N pelota *f* de ping-pong

**pinhead** ['pɪnhed] N [1] (*lit*) cabeza *f* de alfiler
[2] (* *pej*) (= *idiot*) mentecato *m*, cabeza *f* de chorlito*

**pinhole** ['pɪnhəʊl] Ⓐ N agujero *m* de alfiler
Ⓑ CPD ► **pinhole camera** N cámara *f* de agujero de alfiler

**pinion¹** ['pɪnjən] Ⓐ N (*poet*) ala *f*
Ⓑ VT [+ *bird*] cortar las alas a; [+ *person*] atar los brazos a; **he was ~ed against the wall** lo tenían inmovilizado contra la pared

**pinion²** ['pɪnjən] N (*Mech*) piñón *m*

**pink¹** [pɪŋk] Ⓐ N [1] (= *colour*) rosa *m*, rosado *m* (*LAm*); **~ doesn't suit her** el rosa no le sienta bien; ✦***IDIOMS*** **to be in the ~** (= *healthy*) rebosar salud; (= *happy*) estar feliz y contento; **to be in the ~ of condition** estar en perfecto estado; *see also* **dusty 2**, **rose B**, **salmon C**, **shocking B**
[2] (*Bot*) clavel *m*, clavelina *f*
[3] (*Snooker*) bola *f* rosa
Ⓑ ADJ (*compar* **pinker**; *superl* **pinkest**) [1] (= *colour*) (*gen*) (color de) rosa, rosado (*LAm*); [*cheeks, face*] sonrosado; **we painted the nursery ~** pintamos el cuarto de los niños de rosa; **their little faces were ~ with excitement** tenían las caritas encendidas de entusiasmo; **his face was ~ with rage** estaba rojo de furia; **his cheeks were flushed ~ from the wine** el vino le había sonrosado las mejillas; **to turn** *or* **go ~** [*person*] (*with embarrassment*) ponerse colorado, sonrojarse; [*sky, liquid*] ponerse rosa; **she turned ~ with pleasure** se sonrojó de placer; *see also* **tickle A3**
[2] (*Pol**) rojillo*
[3] (*) (= *gay*) [*pound, vote*] homosexual, gay *inv*
Ⓒ CPD ► **pink gin** N ginebra *f* con angostura ► **pink grapefruit** N *variedad de pomelo de pulpa rojiza* ► **pink lady** N pink lady *m* ► **pink salmon** N salmón *m* del Pacífico ► **pink slip** N (*US*) notificación *f* de despido

**pink²** [pɪŋk] Ⓐ VT (*Sew*) rematar con tijeras dentadas; (= *make holes in*) [+ *fabric*] calar; (*Fencing*) herir levemente
Ⓑ VI (*Brit Aut*) [*engine*] picar

**pinkeye** ['pɪŋkaɪ] N (*Med*) conjuntivitis *f* aguda

**pinkie*** ['pɪŋkɪ] N (*Scot, US*) (dedo *m*) meñique *m*

**pinking** ['pɪŋkɪŋ] N (*Brit Aut*) piqueteo *m*

**pinking shears** ['pɪŋkɪŋ,ʃɪəz] NPL tijeras *fpl* dentadas

**pinkish** ['pɪŋkɪʃ] ADJ rosáceo; (*Pol*) rojillo*

**pinko*** ['pɪŋkəʊ] (*Pol pej*) Ⓐ ADJ rojillo*
Ⓑ N (*pl* **pinkos** *or* **pinkoes**) rojillo/a* *m/f*

**pinnace** ['pɪnɪs] N pinaza *f*

**pinnacle** ['pɪnəkl] N (*Archit*) pináculo *m*; (= *peak*) [*of rock*] punta *f*; [*of mountain*] cumbre *f*, cima *f*; (*fig*) cumbre *f*, cúspide *f*; **the ~ of fame/success** la cumbre *or* la cúspide de la fama/del éxito

**pinny*** ['pɪnɪ] N = **pinafore**

**Pinocchio** [pɪ'nɒkɪəʊ] N Pinocho

**pinpoint** ['pɪnpɔɪnt] Ⓐ N [*of light*] puntito *m*
Ⓑ VT (= *identify*) [+ *location, source, problem*] identificar, determinar; [+ *cause*] precisar, señalar con precisión; **it's difficult to ~ when it first started happening** resulta difícil precisar cuándo empezó a ocurrir por primera vez; **we ~ed the issues that need priority attention** determinamos qué cuestiones necesitan atención prioritaria

**pinprick** ['pɪnprɪk] N (*lit*) pinchazo *m*; (*fig*) pequeña molestia *f*

**pinstripe** ['pɪnstraɪp] Ⓐ ADJ de raya diplomática
Ⓑ N (= *suit*) traje *m* de raya diplomática; (= *fabric*) tela *f* de raya diplomática; (= *stripe*) raya *f* diplomática
Ⓒ CPD ► **pinstripe suit** N traje *m* de raya diplomática

**pint** [paɪnt] N [1] (= *measure*) pinta *f* (*(Brit) = 0,57 litros; (US) = 0,47 litros*); → IMPERIAL SYSTEM
[2] (*Brit**) [*of beer*] **a ~** una cerveza; **to go for a ~** salir a tomar una cerveza; **we had a few ~s** bebimos *or* (*LAm*) tomamos unas cervezas, bebimos unas cañas (*Sp*), bebimos *or* (*LAm*) tomamos unas cuantas*

**pinta*** ['paɪntə] N pinta *f* de leche

**pintail** ['pɪnteɪl] N ánade *m* rabudo

**pinto bean** ['pɪntəʊbiːn] N judía *f* *or* alubia *f* pinta

**pint-size(d)*** ['paɪntsaɪz(d)] ADJ diminuto, pequeñito*

**pin-up** ['pɪnʌp] Ⓐ N *foto o póster de un famoso, de una chica atractiva, etc.*
Ⓑ CPD ► **pin-up girl** N chica *f* de revista (*modelo*)

**pinwheel** ['pɪn,wiːl] N (*esp US*) rueda *f* catalina

**pioneer** [,paɪə'nɪəʳ] Ⓐ N (= *explorer*) explorador(a) *m/f*, pionero/a *m/f*; (= *early settler*) colonizador(a) *m/f*, pionero/a *m/f*; (= *initiator*) pionero/a *m/f*, precursor(a) *m/f*; (*Mil*) zapador(a) *m/f*; **he was a ~ in the study of bats** fue uno de los primeros en estudiar los murciélagos
Ⓑ VT [+ *technique*] ser el/la primero/a en utilizar; **he ~ed the use of vitamin B in the treatment of mental illness** fue el primero en utilizar la vitamina B para el tratamiento de enfermedades mentales
Ⓒ VI explorar, abrir nuevos caminos
Ⓓ CPD ► **pioneer corps** N cuerpo *m* de zapadores ► **pioneer work** N trabajo *m* pionero

**pioneering** [,paɪə'nɪərɪŋ] ADJ [*work, research, study, surgeon*] pionero, innovador

**pious** ['paɪəs] ADJ piadoso, pío; (*pej*) beato; **~ hopes** vanas esperanzas *fpl*

**piously** ['paɪəslɪ] ADV piadosamente, devotamente; (*pej*) vanamente

**pip¹** [pɪp] N [1] (*Bot*) pepita *f*, pepa *f* (*esp LAm*); (*on card, dice*) punto *m*; (*Brit Mil**) (*on uniform*) estrella *f*; (*on radar screen*) señal *f*
[2] (= *sound*) bip *m*, pitido *m*; **the ~s** (*Telec*) la señal; **wait till you hear the ~s** espere a que oiga la señal

**pip²**†* [pɪp] (*Brit*) N ✦***IDIOM*** **to give sb the ~** sacar de quicio a algn; **it's enough to give you the ~** es para volverse loco; **he's got the ~** está de muy mal humor

**pip³** [pɪp] VT ✦***IDIOM*** **to be ~ped at** *or* **to the post** (*Brit**) perder por un pelo*; **Baby Boy ~ped Omar at** *or* **to the post** Baby Boy le ganó a Omar por un pelo*

**pipe** [paɪp] Ⓐ N [1] (= *tube*) tubo *m*, caño *m*; (*larger, system of pipes*) tubería *f*, cañería *f*; **a length of copper ~** una tubería de cobre; *see also* **overflow D**, **waste E**

[2] (*Mus*) [*of organ*] cañón *m*, tubo *m*; (= *wind instrument*) flauta *f*, caramillo *m*; **pipes** (*also* **bagpipes**) gaita *f*; (*boatswain's*) silbato *m*; **the ~s of Pan** la flauta de Pan; **to play the ~s** tocar la gaita
[3] (*smoker's*) pipa *f*, cachimba *f* (*esp LAm*); **✦*IDIOM* put that in your ~ and smoke it!*** ¡chúpate ésa!*; *see also* **peace B**
Ⓑ VT [1] (= *convey*) [+ *water*] canalizar por tuberías; [+ *gas*] llevar por gasoducto; [+ *oil*] llevar por oleoducto; **sewage from the villages is ~d into the river** las aguas residuales de los pueblos son canalizadas y vertidas al río; **most of the houses here don't have ~d water** la mayoría de las casas aquí no tienen agua corriente; **the oil is ~d across the desert** el petróleo es conducido a través del desierto por un oleoducto
[2] (= *broadcast*) [+ *music*] emitir; **~d music** música *f* ambiental, hilo *m* musical (*Sp*)
[3] (= *play*) [+ *tune*] tocar (en flauta *or* gaita); **they ~d the admiral aboard** con el silbato avisaron al almirante de que subiera a bordo
[4] (*Culin*) [+ *cake*] adornar con manga; [+ *icing, cream*] poner con manga; **to ~ cream on a cake** adornar una tarta con nata *or* (*LAm*) crema usando la manga
[5] (*Sew*) ribetear con cordoncillo; **a jacket ~d with blue at the seams** una chaqueta con cordoncillo azul en las costuras
[6] (= *say*) decir con voz de pito; (= *sing*) cantar con tono agudo; **"but I want to help," she ~d** —pero es que yo quiero ayudar —dijo ella con voz de pito
Ⓒ VI (*Mus*) tocar el caramillo/la flauta/la gaita; (*Naut*) tocar el silbato; [*bird*] trinar
Ⓓ CPD ► **pipe band** N banda *f* de gaiteros ► **pipe bomb** N *bomba de mano casera en forma de tubo* ► **pipe cleaner** N (escobilla *f*) limpiapipas *m inv* ► **pipe dream** N sueño *m* imposible ► **pipe organ** N órgano *m* de tubos ► **pipe rack** N soporte *m* para pipas ► **pipe smoker** N fumador(a) *m/f* de pipa ► **pipe stem** N cañón *m* de la pipa ► **pipe tobacco** N tabaco *m* de pipa

►**pipe down*** VI + ADV callarse, cerrar el pico*; **~ down, will you!** ¡cerrad ya el pico!*

►**pipe up*** Ⓐ VI + ADV meter baza*, saltar; **then somebody ~d up with another question** y entonces alguien metió baza con otra pregunta*
Ⓑ VT + ADV soltar de sopetón*; **"can I come too?" ~d up a little voice** —¿puedo ir yo también? —soltó de sopetón una vocecilla

**pipeclay** ['paɪpkleɪ] Ⓐ N albero *m*
Ⓑ VT blanquear con albero

**pipefitter** ['paɪp,fɪtəʳ] N fontanero/a *m/f*

**pipeful** ['paɪpfʊl] N pipa *f*; **a ~ of tobacco** una pipa de tabaco

**pipeline** ['paɪplaɪn] N (*for water*) tubería *f*, cañería *f*; (*for oil*) oleoducto *m*; (*for gas*) gasoducto *m*; **✦*IDIOM* it's in the ~** está en proyecto, se está tramitando; **a sequel to the series is in the ~** ya hay planes para una segunda parte de la serie

**piper** ['paɪpəʳ] N (*on bagpipes*) gaitero/a *m/f*; **✦*PROV* he who pays the ~ calls the tune** quien paga, manda

**pipette** [pɪ'pet] N pipeta *f*

**pipework** ['paɪpwɜːk] N tuberías *fpl*, cañerías *fpl*

**piping** ['paɪpɪŋ] Ⓐ N [1] (*in house, building*) tubería *f*, cañería *f*; **two metres of copper ~** dos metros de tubería de cobre
[2] (*Mus*) música *f* de gaita/de flauta, sonido *m* del caramillo; [*of bird*] trinar *m*, trinos *mpl*
[3] (*Sew*) ribete *m*, cordoncillo *m*
Ⓑ ADJ [*voice*] agudo
Ⓒ ADV **~ hot** bien caliente

**pipistrelle** [,pɪpɪ'strel] N pipistrelo *m*

**pipit** ['pɪpɪt] N bisbita *f*, pitpit *m*

**pipkin** ['pɪpkɪn] N ollita *f* de barro

**pippin** ['pɪpɪn] N camuesa *f*, manzana *f* reineta

**pipsqueak** ['pɪpskwiːk] N fantoche *m*, pintamonas* *mf inv*

**piquancy** ['piːkənsɪ] N lo fuerte, gusto *m* fuerte; [*of situation*] chispa *f*, gracia *f*

**piquant** ['piːkənt] ADJ [*taste*] fuerte; [*humour*] corrosivo, ácido; [*situation*] con chispa, con gracia

**piquantly** ['piːkəntlɪ] ADV (*of taste*) con fuerza; (= *interestingly, provocatively*) con chispa

**pique** [piːk] Ⓐ N resentimiento *m*; **to be in a ~** estar resentido; **to do sth in a fit of ~** hacer algo por resentimiento *or* por despecho
Ⓑ VT [1] (= *offend*) **I was ~d at his refusal to acknowledge me** me ofendió que se negara a saludarme
[2] (= *arouse*) [+ *interest, appetite*] despertar; [+ *curiosity*] picar

**piquet** [pɪ'ket] N piquet *m*

**piracy** ['paɪərəsɪ] N (*lit*) piratería *f*; [*of book*] publicación *f* pirata; [*of tape, video, software*] reproducción *f* pirata

**piranha** [pɪ'rɑːnə] N piraña *f*

**pirate** ['paɪərɪt] Ⓐ N pirata *mf* (*also in publishing*)
Ⓑ VT [+ *book, tape, video, software*] piratear
Ⓒ CPD pirata *inv* ► **pirate broadcasting, pirate radio** N emisión *f* pirata ► **pirate radio station** N emisora *f* pirata

**pirated** ['paɪərɪtɪd] ADJ [*book, tape, video, software*] pirata *inv*, pirateado

**piratical** [paɪ'rætɪkəl] ADJ pirático

**pirouette** [,pɪrʊ'et] Ⓐ N pirueta *f*
Ⓑ VI piruetear

**Piscean** ['paɪsɪən] N **to be a ~** ser Piscis

**Pisces** ['paɪsiːz] N [1] (= *sign, constellation*) Piscis *m*
[2] (= *person*) Piscis *mf*; **he's (a) ~** es Piscis

**piss**** [pɪs] Ⓐ N (= *urine*) meados** *mpl*; (= *act*) meada** *f*; **to have** *or* **take a ~** mear**, echar una meada**; **to take the ~ out of sb** (*Brit*) tomar el pelo a algn, cachondearse de algn (*Sp**); **it's ~ easy** *or* **a piece of ~** (*Brit*) está tirado*, está chupado (*Sp**)
Ⓑ VI mear**; **it's ~ing with rain** *or* **~ing down** (*Brit*) están cayendo chuzos de punta*
Ⓒ VT **to ~ o.s.** mearse (encima)**; **to ~ o.s. (laughing** *or* **with laughter)** (*Brit*) mearse de (la) risa**
Ⓓ CPD ► **piss artist**** N (*Brit*) borracho/a *m/f*, curda‡ *mf*

►**piss about****, **piss around**** Ⓐ VI + ADV [1] (*Brit*) (= *play the fool*) hacer el tonto, hacer el indio (*Sp**)
[2] (= *waste time*) perder el tiempo
Ⓑ VT + ADV [+ *treat flippantly*] jugar con; **all they do is ~ me about, I want the truth** no hacen más que jugar conmigo, quiero que me digan la verdad

►**piss off**** Ⓐ VT + ADV reventar*, cabrear‡, joder**; **it really ~es me off when he does that** me revienta cuando hace eso*, me cabrea cuando hace eso‡, me jode cuando hace eso**; **he's feeling ~ed off** (= *depressed*) está fastidiado*, está jodido**; (= *fed up*) está hasta las narices*, está hasta los cojones**; **to be ~ed off (with sth/sb)** estar hasta las narices (de algo/algn)*, estar hasta los cojones (de algo/algn)**, estar cabreado (por algo/con algn)‡
Ⓑ VI + ADV (= *go away*) largarse*; **~ off!** ¡vete a la mierda!**, ¡vete al cuerno!*

**pissed‡** [pɪst] ADJ [1] **to be ~** (*Brit*) (= *drunk*) estar mamado‡; **to be as ~ as a newt** *or* **a fart** ◊ **be ~ out of one's mind** tener un buen pedo‡, estar (borracho) como una cuba*
[2] (*US*) **to be ~ (at sth/sb)** (= *angry*) estar cabreado (por algo/con algn)‡, estar de mala leche (por algo/con algn)**

**piss-take‡** ['pɪsteɪk] N broma *f*, tomadura *f* de pelo*

**piss-up**** ['pɪsʌp] N (*Brit*) juerga *f* de borrachera; **✦*IDIOM* he couldn't organize a ~ in a brewery** no tiene ni pajolera idea de cómo organizar algo*

**pistachio** [pɪs'tɑːʃɪəʊ] N (*pl* **pistachios**) pistacho *m*; (= *tree*) pistachero *m*; (= *colour*) color *m* de pistacho

**piste** [piːst] N (*Ski*) pista *f*

**pistil** ['pɪstɪl] N pistilo *m*

**pistol** ['pɪstl] Ⓐ N pistola *f*, revólver *m*; **at ~ point** a punta de pistola
Ⓑ CPD ► **pistol shot** N pistoletazo *m*; **to be within ~ shot** estar a tiro de pistola

**pistol-whip** ['pɪstlwɪp] VT golpear con una pistola

**piston** ['pɪstən] Ⓐ N pistón *m*, émbolo *m*; (*Mus*) pistón *m*, llave *f*
Ⓑ CPD ► **piston engine** N motor *m* a pistón ► **piston ring** N aro *m or* segmento *m* de pistón ► **piston rod** N biela *f* ► **piston stroke** N carrera *f* del émbolo

**piston-engined** ['pɪstən,endʒɪnd] ADJ con motor de pistón

**pit[1]** [pɪt] Ⓐ N [1] (= *hole in ground*) hoyo *m*, foso *m*; (*as grave*) fosa *f*; (*as trap*) trampa *f*; (*fig*) abismo *m*; **he felt himself in a ~ of despair** se hallaba sumido en un abismo de desesperación; **the ~** (= *hell*) el infierno; **the ~ of hell** lo más profundo del infierno; **the ~ of one's stomach** la boca del estómago; *see also* **bear[1]**, **clay**, **gravel**, **snake**
[2] (*Min*) mina *f* (de carbón); (= *quarry*) cantera *f*; **to go down the ~(s)** (*lit*) bajar a la mina; (= *start work there*) ir a trabajar a la mina
[3] (*Aut*) (*also* **inspection ~**) foso *m* de reparación
[4] **the ~s** [4·1] (*Motor racing*) los boxes
[4·2] (*US**) **to be in the ~s** [*person, economy*] estar por los suelos*
[4·3] (*Brit*) (= *awful*) **this town really is the ~s** este pueblo es para echarse a llorar; **he's the ~s** es insoportable
[5] (*Brit Theat*) **the ~** el patio de butacas, la platea; *see also* **orchestra B**
[6] (*for cockfighting*) cancha *f*, reñidero *m*
[7] (*US St Ex*) parquet *m* de la Bolsa; **the cotton ~** la bolsa del algodón
[8] (= *small depression*) [*in metal, glass*] muesca *f*, marca *f*; (*on face*) marca *f*, picadura *f*
[9] (*Brit**) (= *bed*) catre* *m*, piltra *f* (*Sp**)
Ⓑ VT [1] (= *mark*) [+ *surface*] picar, marcar; **a car ~ted with rust** un coche con marcas de óxido; **his face was ~ted with pockmarks** tenía la cara picada de viruelas; **the tarmac was ~ted with craters** la calzada estaba llena de hoyos
[2] (*fig*) **her argument is ~ted with flaws** su argumento está plagado de defectos
Ⓒ CPD ► **pit bull (terrier)** N pit bull terrier *m*, bull terrier *m* de pelea ► **pit closure** N cierre *m* de pozos (mineros) ► **pit lane** N (*Motor racing*) recta *f* de boxes ► **pit pony** N *poney usado antiguamente en las minas* ► **pit stop** N (*Motor racing*) entrada *f* en boxes; (*) (*on journey*) parada *f* en ruta; **to make a ~**

**stop** (*Motor racing*) entrar en boxes; (*) (*on journey*) hacer una parada ► **pit worker** N minero/a *m/f*

►**pit against** VT + PREP enfrentar con; **the war ~ted American against American** la guerra enfrentó a americanos con americanos; **salesmen are ~ted against each other** a los vendedores se los enfrenta; **he was ~ting himself against the authorities** se estaba enfrentando a las autoridades; **to ~ one's strength against sb** medir sus fuerzas con algn; **to ~ one's wits against sb** poner a prueba su inteligencia frente a algn; **here is your chance to ~ your wits against the experts** es tu oportunidad de poner a prueba tu inteligencia frente a los expertos

**pit²** [pɪt] (*US*) Ⓐ N (*US*) (*in fruit*) pepita *f*, hueso *m*, pepa *f* (*esp LAm*)
Ⓑ VT deshuesar, quitar el hueso a

**pitapat** ['pɪtə'pæt] ADV **to go ~** [*feet, rain*] golpetear; **my heart went ~** el corazón me latía con fuerza

**pitch¹** [pɪtʃ] Ⓐ N [1] (*esp Brit Ftbl, Cricket, Hockey*) (= *area of play*) campo *m*, cancha *f* (*LAm*)
[2] (*Baseball*) (= *throw*) lanzamiento *m*, tiro *m*
[3] [*of note, voice, instrument*] tono *m*; *see also* **concert C, perfect D, queer C**
[4] (*esp Brit*) [*of market trader*] puesto *m*; [*of homeless person*] sitio *m*
[5] (= *height, degree*) extremo *m*, punto *m*; **matters reached such a ~ that …** las cosas llegaron a tal extremo *or* a tal punto que …; **excitement is at a high ~** la emoción está al rojo vivo; *see also* **fever B**
[6] (*) (= *sales talk*) rollo* *m*; **she stood up and made her ~** se levantó y soltó su rollo; **he made a ~ for the women's vote** procuró hacerse con *or* acaparar los votos de las mujeres; *see also* **sale B**
[7] (= *slope*) (*gen*) grado *m* de inclinación; [*of roof*] pendiente *f*
[8] (*Naut*) cabezada *f*
Ⓑ VT [1] (= *throw*) [+ *ball*] lanzar; [+ *person*] arrojar; **he was ~ed off his horse** salió disparado del caballo; **the impact ~ed her over the handlebars** el impacto la arrojó por encima del manillar
[2] (*Mus*) [+ *note*] dar; [+ *instrument*] graduar el tono de
[3] (= *present*) **it must be ~ed at the right level for the audience** el tono ha de ajustarse al público; **today he ~ed the plan to business leaders** hoy presentó el plan ante los dirigentes de negocios; **to ~ one's aspirations too high** picar demasiado *or* muy alto; **you're ~ing it a bit high!** *or* **strong!** ¡estás recargando las tintas!
[4] (= *set up*) [+ *tent*] armar, montar; **to ~ camp** acampar, montar el campamento
Ⓒ VI [1] (= *fall*) [*person*] caer, caerse; **he ~ed head-first over the wall** se cayó *or* cayó de cabeza por el muro; **the ball ~ed in front of him** la pelota cayó delante de él *or* vino a parar a sus pies; **the aircraft ~ed into the sea** el avión se precipitó en el mar; **to ~ forward: the passengers ~ed forward as the coach stopped** los pasajeros salieron despedidos hacia adelante cuando se paró el autocar; **he went down on his knees, then ~ed forward** se cayó *or* cayó de rodillas y luego de bruces
[2] (*Naut, Aer*) cabecear; **the ship was ~ing and rolling** *or* **tossing** el barco cabeceaba de un lado para otro
[3] (*Baseball*) lanzar; ✦***IDIOM*** **to be in there ~ing** (*esp US**) seguir en la brecha*, seguir al pie del cañón*
Ⓓ CPD ► **pitch pipe** N (*Mus*) diapasón *m* ► **pitch shot** N (*Golf*) pitch *m*

►**pitch in*** VI + ADV [1] (= *start to eat*) empezar a comer; **~ in!** ¡venga, a comer!
[2] (= *start work*) **we all ~ed in together** todos nos pusimos manos a la obra, todos nos pusimos a trabajar juntos
[3] (= *cooperate*) echar una mano, arrimar el hombro; **we all ~ed in to help** todos echamos una mano, todos arrimamos el hombro; **the company has ~ed in with a pledge of £50,000** la compañía ha contribuido con un donativo de 50,000 libras

►**pitch into** Ⓐ VI + PREP [1] (= *start*) [+ *food*] atacar; **they ~ed into the work with enthusiasm** se pusieron a trabajar con entusiasmo
[2] (= *attack*) (*physically*) atacar, arremeter contra; (*verbally*) criticar, arremeter contra
Ⓑ VT + PREP **to ~ sb into sth** lanzar a algn a algo; **this ~ed him into the political arena** esto lo lanzó al mundillo de la política

►**pitch up** VI + ADV aparecer

**pitch²** [pɪtʃ] Ⓐ N (= *tar*) brea *f*, pez *f*; **it was ~ black outside** afuera estaba oscuro como boca de lobo; **his face was ~ black with coal dust** tenía la cara toda tiznada de polvo de carbón
Ⓑ CPD ► **pitch pine** N (= *wood*) pino *m* de tea

**pitch-and-putt** [ˌpɪtʃən'pʌt] N minigolf *m*

**pitch-and-toss** ['pɪtʃən'tɒs] N (juego *m* de) cara *f* o cruz, chapas *fpl*

**pitch-black** ['pɪtʃ'blæk] ADJ [*night*] oscuro como boca de lobo; [*water, sea*] muy oscuro

**pitchblende** ['pɪtʃblend] N pec(h)blenda *f*

**pitch-dark** ['pɪtʃ'dɑːk] ADJ oscuro como boca de lobo

**pitched** [pɪtʃt] ADJ **~ battle** (*Mil, fig*) batalla *f* campal; **a ~ roof** un tejado a dos aguas

**pitcher¹** ['pɪtʃəʳ] N (*esp US*) (= *jar*) cántaro *m*, jarro *m*

**pitcher²** ['pɪtʃəʳ] N (*Baseball*) pítcher *mf*, lanzador(a) *m/f*; → BASEBALL

**pitchfork** ['pɪtʃfɔːk] Ⓐ N horca *f*
Ⓑ VT (*fig*) (= *thrust unwillingly or unexpectedly*) **he was ~ed into the job** le encasquetaron el trabajo, lo metieron en el trabajo a la fuerza; **she was ~ed onto the front pages from total obscurity** saltó del más absoluto anonimato a las primeras planas de los periódicos

**piteous** ['pɪtɪəs] ADJ [*cry*] lastimero; [*expression, story*] lastimoso; **it was a ~ sight** daba lástima verlo

**piteously** ['pɪtɪəslɪ] ADV lastimeramente

**pitfall** ['pɪtfɔːl] N (*fig*) (= *danger*) peligro *m*; (= *problem*) dificultad *f*, escollo *m*; **there are many ~s ahead** hay muchos peligros por delante; **it's a ~ for the unwary** es una trampa para los imprudentes; **how to avoid the ~s involved in buying a house** cómo evitar las dificultades *or* los escollos que conlleva la compra de una casa; **"Pitfalls of English"** "Escollos *mpl* del Inglés"

**pith** [pɪθ] N (*Bot*) *parte interna blanquecina (endocarpo) de la cáscara de los cítricos*, blanco *m* de la cáscara; (*fig*) (= *core*) meollo *m*

**pithead** ['pɪthed] N bocamina *f*

**pithiness** ['pɪθɪnɪs] N (= *terseness*) lo sucinto, concisión *f*

**pithy** ['pɪθɪ] ADJ (*compar* **pithier**; *superl* **pithiest**) (*Bot*) con mucho blanco en la cáscara; (*fig*) (= *terse*) [*statement, comment, style*] sucinto, conciso

**pitiable** ['pɪtɪəbl] ADJ [*condition*] lastimoso; [*attempt*] penoso; **age had reduced him to a ~ figure** la edad lo había reducido a una figura digna de compasión

**pitiably** ['pɪtɪəblɪ] ADV [*low, small, weak*] lamentablemente

**pitiful** ['pɪtɪfʊl] ADJ [1] (= *moving to pity*) [*sight*] lastimoso, penoso; [*cry*] lastimero
[2] (= *contemptible*) [*efforts*] lamentable; [*sum, amount*] irrisorio
[3] (= *dreadful*) pésimo, lamentable; **it was a ~ performance** fue una actuación pésima *or* lamentable

**pitifully** ['pɪtɪfəlɪ] ADV [1] (= *pathetically*) lastimosamente; **she was ~ thin** estaba tan delgada que daba lástima; **she was crying most ~** lloraba que daba lástima
[2] (= *contemptibly*) lamentablemente; **~ inadequate supplies** equipamiento *m* de una pobreza lamentable

**pitiless** ['pɪtɪlɪs] ADJ [*enemy*] despiadado; [*sun, storm*] implacable

**pitilessly** ['pɪtɪlɪslɪ] ADV despiadadamente; [*shine*] [*sun, light*] implacablemente

**pitman** ['pɪtmən] N (*pl* **pitmen**) (*Brit*) minero *m*

**piton** ['piːtɒn] N pitón *m*, clavija *f* de escala

**pit-prop** ['pɪtprɒp] N puntal *m*, peón *m*

**pitta** ['pɪtə] ADJ (*also* **~ bread**) pan *m* árabe

**pittance** ['pɪtəns] N miseria *f*; **she gets paid a ~** le pagan una miseria

**pitted** ['pɪtɪd] ADJ [1] [*skin*] picado (de viruelas); [*surface*] picado
[2] (*US*) [*fruit*] deshuesado, sin hueso

**pitter-patter** ['pɪtə'pætəʳ] = **patter²**

**pituitary** [pɪ'tjuːɪtərɪ] Ⓐ ADJ pituitario
Ⓑ N glándula *f* pituitaria
Ⓒ CPD ► **pituitary gland** N glándula *f* pituitaria

**pity** ['pɪtɪ] Ⓐ N [1] piedad *f*, compasión *f*; **to feel (no) ~ for sb** (no) sentir compasión por algn; **have ~ on us** ten piedad de nosotros; **to move sb to ~** mover a algn a compasión, dar lástima a algn; **I did it out of ~ for him** se lo hice por compasión; **for ~'s sake!** ¡por piedad!; (*less seriously*) ¡por el amor de Dios!; **to take ~ on sb** compadecerse *or* apiadarse de algn
[2] (= *cause of regret*) lástima *f*, pena *f*; **what a ~!** ¡qué lástima!, ¡qué pena!; **what a ~ he didn't see it** ¡qué pena que no lo viera!; **more's the ~** desgraciadamente, pero ¿qué le vamos a hacer?; **it is a ~ that …** es una lástima que + *subjun*, es una pena que + *subjun*; **it is a ~ that you can't come** es una lástima *or* una pena que no puedas venir; **the ~ of it was that …** lo lamentable fue que …, lo peor del caso fue que …; **it is a thousand pities that …** es muy de lamentar que + *subjun*
Ⓑ VT compadecer(se de), tener lástima a; **I think he is more to be pitied than feared** yo creo que da más lástima que miedo; **I don't want you to ~ me** no quiero que me tengas lástima; **I ~ you when she finds out!** ¡pobre de ti cuando se entere!

**pitying** ['pɪtɪɪŋ] ADJ (= *compassionate*) [*look, smile*] lleno de compasión, compasivo; (= *contemptuous*) [*look, smile*] de desprecio

**pityingly** ['pɪtɪɪŋlɪ] ADV (= *compassionately*) compasivamente, con lástima; (= *contemptuously*) con desprecio

**Pius** ['paɪəs] N Pío

**pivot** ['pɪvət] Ⓐ N (*Mil, Tech*) pivote *m*; (*fig*) eje *m* (central); **she is the ~ around which the community revolves** ella es el eje sobre el que gira toda la comunidad
Ⓑ VT (= *mount on pivot*) montar sobre un pivote; (= *cause to turn*) hacer girar; **he ~ed it**

**on his hand** lo hizo girar sobre la mano

Ⓒ VI girar (**on** sobre); **she ~ed in front of the mirror** se dio una vuelta frente al espejo; **to ~ on sth** (*fig*) girar alrededor de algo, depender de algo

**pivotal** ['pɪvətl] ADJ (*fig*) central, fundamental

**pix*** [pɪks] = **pics**

**pixel** ['pɪksel] N (*Comput*) pixel *m*, punto *m*

**pixie** ['pɪksɪ] Ⓐ N duendecillo *m*

Ⓑ CPD ► **pixie hat**, **pixie hood** N caperucita *f*

**pizza** ['piːtsə] N pizza *f*

**piz(z)azz*** [pə'zæz] N energía *f*, dinamismo *m*

**pizzeria** [ˌpiːtsə'rɪə] N pizzería *f*

**pizzicato** [ˌpɪtsɪ'kɑːtəʊ] ADJ, ADV pizzicato

**pkt** ABBR (= **packet**) paquete *m*

**Pl.** ABBR (= **Place**) Plaza *f*

**PL a/c** ABBR = **profit and loss account**

**placard** ['plækɑːd] Ⓐ N (*on wall*) cartel *m*; (= *sign, announcement*) letrero *m*; (*carried in demonstration*) pancarta *f*

Ⓑ VT **the wall is ~ed all over** la pared está llena de carteles; **the flats are ~ed as luxury residences** los pisos *or* (*LAm*) los departamentos aparecen anunciados como viviendas de lujo

**placate** [plə'keɪt] VT aplacar, apaciguar

**placatory** [plə'keɪtərɪ] ADJ [*act, gesture, smile*] apaciguador

**place** [pleɪs] Ⓐ N [1] (*gen*) lugar *m*, sitio *m*; **this is the ~** éste es el lugar, aquí es; **we came to a ~ where ...** llegamos a un lugar donde ...; **the furniture was all over the ~** los muebles estaban todos manga por hombro; **we're all over the ~** tenemos un lío que no nos aclaramos; **in another** *or* **some other ~** en otra parte; **any ~ will do** cualquier lugar vale *or* sirve; **it all began to fall into ~** todo empezó a tener sentido; **when the new law/system is in ~** cuando la nueva ley/el nuevo sistema entre en vigor; **a blue suit, worn in ~s** un traje azul, raído a retazos; **the snow was a metre deep in ~s** había tramos *or* trozos en que la nieve cubría un metro; **this is no ~ for you** éste no es sitio para ti; **there was no ~ to hide** no había donde esconderse; **to run in ~** (*US*) correr en parada; **it must be some ~ else** (*US*) estará en otra parte; **a ~ in the sun** (*fig*) una posición envidiable

[2] (*specific*) lugar *m*; **~ of amusement** lugar *m* de diversión; **~ of birth** lugar *m* de nacimiento; **~ of business** [*of employment*] lugar *m* de trabajo; (= *office*) oficina *f*, despacho *m*; (= *shop*) comercio *m*; **~ of refuge** refugio *m*, asilo *m*; **~ of residence** domicilio *m*, residencia *f*; **~ of worship** templo *m*, lugar *m* de culto

[3] (= *town, area*) lugar *m*, sitio *m*; **it's a small ~** es un pueblo pequeño; **to go ~s** (*US*) (= *travel*) viajar, conocer mundo; **he's going ~s*** (*fig*) llegará lejos; **we like to go ~s at weekends** durante los fines de semana nos gusta salir de excursión; **from ~ to ~** de un sitio a otro; **he drifted from ~ to ~, from job to job** iba de un sitio a otro, de trabajo en trabajo

[4] (= *house*) casa *f*; (= *building*) sitio *m*; **his ~ in the country** su casa de campo; **they have a new ~ now** tienen una nueva casa ya; **we were at Peter's ~** estuvimos en casa de Pedro, estuvimos donde Pedro*; **come to our ~** ven (a visitarnos) a casa; **my ~ or yours?** ¿en mi casa o en la tuya?; **I helped him out when he had no ~ to go** yo le eché una mano cuando no tenía donde ir; **there's a new pizza ~ in town** han abierto un sitio de pizzas en el centro; **I must be mad, working in this ~** debo de estar loca para trabajar en este sitio *or* lugar

[5] (*in street names*) plaza *f*

[6] (= *proper or natural place*) sitio *m*, lugar *m*; **does this have a ~?** ¿tiene esto un sitio determinado?; **this isn't the ~ to discuss politics** no es el lugar más indicado para hablar de política; **his troops were in ~** sus tropas estaban en su sitio; **he checked that his tie was in ~** comprobó que llevaba bien puesta *or* colocada la corbata; **the final arrangements are now in ~** ya se han ultimado los preparativos que faltaban; **everything in its ~** cada cosa en su lugar; **to hold sth in ~** sujetar algo en su lugar; **to put sth back in its ~** devolver algo a su sitio; **to be out of ~** estar fuera de lugar; **it looks out of ~ here** aquí parece que está fuera de (su) lugar; **that remark was quite out of ~** aquella observación estaba fuera de lugar; **I feel rather out of ~ here** me siento como que estoy de más aquí, aquí me siento un poco fuera de lugar; **to laugh in** *or* **at the right ~** reírse en el momento oportuno

[7] (*in book*) página *f*; **to find/lose one's ~** encontrar/perder la página; **to mark one's ~** poner una marca (de por dónde se va) en un libro

[8] (= *seat*) asiento *m*; (*in cinema, theatre*) localidad *f*; (*at table*) cubierto *m*; (*in queue*) turno *m*; (*in school, university, on trip*) plaza *f*; (*in team*) puesto *m*; **are there any ~s left?** ¿quedan plazas?; **is this ~ taken?** ¿está ocupado este asiento?; **he managed to keep his ~ in the team** logró conservar su puesto en el equipo; **a university ~** una plaza en la universidad; **to change ~s with sb** cambiar de sitio con algn; **to give ~ to** dar paso a; **to lay an extra ~ for sb** poner otro cubierto para algn; **to lose one's ~** (*in queue*) perder su turno

[9] (= *job, vacancy*) puesto *m*; **his uncle found him a ~ in the firm** su tío le buscó un puesto en la compañía; **~s for 500 workers** 500 puestos de trabajo; **to seek a ~ in publishing** buscarse una colocación *or* un puesto en una casa editorial

[10] (= *position*) lugar *m*; **it is not my ~ to do it** no me toca a mí hacerlo; **put yourself in my ~** ponte en mi lugar; **if I were in your ~** yo en tu lugar, yo que tú; **your ~ is to obey orders** lo tuyo es obedecer órdenes; **I wouldn't mind changing ~s with her!** ¡no me importaría estar en su lugar!; **friends in high ~s** amigos *mpl* bien situados; **to know one's ~** saber cuál es su lugar; **racism has no ~ here** aquí no hay sitio para el racismo; **she occupies a special ~ in the heart of the British people** ocupa un rincón especial en el corazón del pueblo británico; **to take the ~ of sth/sb** sustituir *or* suplir algo/a algn; **nobody could ever take his ~** nadie sería capaz de sustituirlo; **I was unable to go so Sheila took my ~** yo no pude ir, así que Sheila lo hizo por mí

[11] (*in series, rank*) posición *f*, lugar *m*; **to work sth out to three ~s of decimals** calcular algo hasta las milésimas *or* hasta con tres decimales; **Madrid won, with Bilbao in second ~** ganó Madrid, con Bilbao en segunda posición *or* segundo lugar; **she took second ~ in the race/Latin exam** quedó la segunda en la carrera/el examen de Latín; **he didn't like having to take second ~ to his wife in public** delante de la gente no le gustaba quedar en un segundo plano detrás de su mujer; **for her, money takes second ~ to job satisfaction** para ella un trabajo gratificante va antes que el dinero; **✦IDIOM to put sb in his ~** poner a algn en su lugar, bajar los humos a algn*

[12] (*other phrases*) **in the first/second ~** en primer/segundo lugar; **in ~ of** en lugar de, en vez de; **to take ~** tener lugar; **the marriage will not now take ~** ahora la boda no se celebrará, ahora no habrá boda; **there are great changes taking ~** están ocurriendo *or* se están produciendo grandes cambios

Ⓑ VT [1] (= *put*) (*gen*) poner; (*more precisely*) colocar; **she ~d the dish on the table** puso el plato en la mesa; **~ the mask over your nose and mouth** colóquese la mascarilla sobre la nariz y la boca; **to ~ a matter in sb's hands** dejar un asunto en manos de algn; **the drought is placing heavy demands on the water supply** la sequía está poniendo en serios apuros al suministro de agua; **his job ~s heavy demands on him** su trabajo le exige mucho; **unemployment ~s a great strain on families** el desempleo somete a las familias a una fuerte presión

[2] (= *give, attribute*) [+ *blame*] echar (**on** a); [+ *responsibility*] achacar (**on** a); [+ *importance*] dar, otorgar (*more frm*) (**on** a); **I had no qualms about placing my confidence in him** no tenía ningún reparo en depositar mi confianza en él; **they ~ too much emphasis on paper qualifications** le dan demasiada importancia a los títulos; **we should ~ no trust in that** no hay que fiarse de eso

[3] (= *situate*) situar, ubicar; **the house is well ~d** la casa está bien situada; **we are better ~d than a month ago** estamos en mejor situación que hace un mes; **he is well ~d to see it all** está en una buena posición para observarlo todo; **we are well ~d to attack** estamos en una buena posición para atacar; **how are you ~d for money?** ¿qué tal andas de dinero?

[4] (*Comm*) [+ *order*] hacer; [+ *goods*] colocar; (*Fin*) [+ *money, funds*] colocar, invertir; **goods that are difficult to ~** mercancías *fpl* que no encuentran salida; **to ~ an advert in a paper** poner un anuncio en un periódico; **to ~ a contract for machinery with a French firm** firmar un contrato con una compañía francesa para adquirir unas máquinas; **to ~ an order (for sth) (with sb)** hacer un pedido (de algo) (a algn); *see also* **bet C1**

[5] (= *find employment for*) [*agency*] encontrar un puesto a, colocar; [*employer*] ofrecer empleo a, colocar; (= *find home for*) colocar; **the child was ~d with a loving family** el niño fue (enviado) a vivir con una familia muy cariñosa

[6] (*of series, rank*) colocar, clasificar; **to be ~d** (*in horse race*) llegar colocado; **they are currently ~d second in the league** actualmente ocupan el segundo lugar de la clasificación; **Vigo is well ~d in the League** Vigo tiene un buen puesto en la Liga; **she was ~d in the top group for maths** en matemáticas la colocaron en el grupo de los mejores

[7] (= *recall, identify*) recordar; (= *recognize*) reconocer; (= *identify*) identificar, ubicar (*LAm*); **I can't ~ her** no recuerdo de dónde la conozco, no la ubico (*LAm*)

Ⓒ VI (*US*) (*in race, competition*) **to ~ second** quedar segundo, quedar en segundo lugar

Ⓓ CPD ► **place card** N *tarjeta que indica el lugar de alguien en la mesa* ► **place kick** N (*Rugby*) puntapié *m* colocado; (*Ftbl*) tiro *m* libre ► **place mat** N bajoplato *m*, salvamanteles *m inv* individual ► **place name** N topónimo *m*; **place names** (*as study, in general*) toponimia *f*; **the ~ names of Aragon** la toponimia aragonesa ► **place setting** N cubierto *m*

**placebo** [plə'si:bəʊ] Ⓐ N (*pl* **placebos** *or* **placeboes**) placebo *m*
Ⓑ CPD ► **placebo effect** N efecto *m* placebo

**placeman** ['pleɪsmæn] N (*pl* **placemen**) (*Brit pej*) adlátere *mf*, hombre *m* de confianza

**placement** ['pleɪsmənt] N (= *positioning*) colocación *f* (*Comm*), emplazamiento *m*; **students come to our company on work ~s** en la empresa tenemos estudiantes en prácticas

**placenta** [plə'sentə] N (*pl* **placentas** *or* **placentae** [plə'senti:]) placenta *f*

**placid** ['plæsɪd] ADJ [*person*] apacible, plácido; [*face*] tranquilo, sosegado; [*water*] apacible, tranquilo

**placidity** [plə'sɪdɪtɪ] N placidez *f*, apacibilidad *f*, tranquilidad *f*

**placidly** ['plæsɪdlɪ] ADV [*sit*] plácidamente, apaciblemente; [*say, reply*] tranquilamente, sosegadamente

**placing** ['pleɪsɪŋ] N (= *act*) colocación *f*; (= *placing in league, rank*) puesto *m*, clasificación *f*

**plagal** ['pleɪgəl] ADJ plagal

**plagiarism** ['pleɪdʒɪərɪzəm] N plagio *m*

**plagiarist** ['pleɪdʒɪərɪst] N plagiario/a *m/f*

**plagiarize** ['pleɪdʒɪəraɪz] VT plagiar

**plague** [pleɪg] Ⓐ N (= *disease*) peste *f*; (*fig*) plaga *f*, fastidio *m*; **a ~ of rats** una plaga de ratas; **the ~** la peste; **to avoid sth/sb like the ~** huir de algo/algn como de la peste, evitar algo a toda costa
Ⓑ VT (*lit*) infestar; (*fig*) plagar; [+ *person*] atormentar; **the area is ~d with malaria** la zona está infestada de malaria; **the thought has been plaguing me** la idea me viene atormentando; **the project has been ~d with problems from the beginning** el proyecto se ha visto plagado de problemas desde el comienzo; **a country ~d by recession** un país asolado por la recesión; **to ~ sb with questions** acosar a algn con preguntas

**plague-ridden** ['pleɪg,rɪdn], **plague-stricken** ['pleɪg,strɪkən] ADJ apestado

**plaguey*** ['pleɪgɪ] ADJ latoso*, engorroso

**plaice** [pleɪs] N (*pl* **plaice** *or* **plaices**) platija *f*

**plaid** [plæd] Ⓐ N (= *cloth*) tela *f* escocesa *or* a cuadros; (= *cloak*) manta *f* escocesa, plaid *m*
Ⓑ CPD [*skirt, trousers, shirt*] escocés

**plain** [pleɪn] Ⓐ ADJ (*compar* **plainer**; *superl* **plainest**) [1] (= *clear, obvious*) claro, evidente; **it is ~ that** es evidente *or* obvio que, está claro que; **to make sth ~ (to sb)** poner algo de manifiesto (a algn), dejar algo claro; **you have made your feelings ~** has puesto tus sentimientos de manifiesto, has dejado claros tus sentimientos; **her guilt was ~ to see** saltaba a la vista que era culpable; ✦**IDIOM it's as ~ as a pikestaff** *or* **as the nose on your face** *or* **as day*** está más claro que el agua
[2] (= *outspoken, honest*) franco; **I shall be ~ with you** le hablaré con toda franqueza, seré franco con usted; **let me be ~ with you** déjeme que le hable claramente *or* sin rodeos, permítame que le hable con franqueza (*frm*); **~ dealing** negocios *mpl* limpios
[3] (= *unadorned*) [*answer*] franco; [*living*] sencillo, sin lujo; [*food, cooking*] sencillo, corriente; [*language, style*] sencillo, llano; [*envelope*] en blanco; [*paper*] liso; [*fabric*] de un solo color, liso; **he drank ~ water** bebió agua nada más; **they're very ~ people** es gente muy sencilla *or* llana; **she used to be ~ Miss Jones** antes se llamaba la Srta. Jones sin más; **it's just ~ common sense** es de sentido común; **in ~ clothes** [*policeman*] (vestido) de civil *or* paisano; **in ~ English** *or* **language** (= *understandably*) en lenguaje claro *or* sencillo; (= *frankly*) (hablando) sin rodeos; **the ~ truth** la verdad lisa y llana; ✦**IDIOM it's ~ sailing from now on*** a partir de ahora es pan comido*
[4] (= *not pretty*) poco atractivo; **she's terribly ~** no es nada atractiva; ✦**IDIOM to be a ~ Jane** ser una chica poco atractiva, ser más bien fea
Ⓑ ADV [1] (*) (= *completely*) **he's ~ wrong** no tiene razón, y punto; **it's just ~ stupid** es una ridiculez absoluta *or* total
[2] (= *simply*) claramente, con toda claridad; **I can't put it ~er than that** más claramente no lo puedo decir, no lo puedo decir con más claridad; **he told me quite ~ that ...** me dijo claramente *or* con toda claridad que ...
Ⓒ N [1] (*Geog*) llanura *f*, llano *m*; **the Great Plains** (*US*) las Grandes Llanuras
[2] (*Knitting*) punto *m* sencillo
Ⓓ CPD ► **plain chocolate** N chocolate *m* amargo *or* sin leche ► **plain flour** N harina *f* sin levadura

**plainchant** ['pleɪntʃɑ:nt] N = **plainsong**

**plain-clothes** ['pleɪn'kləʊðz] ADJ **~ policeman** policía *mf* de civil *or* de paisano

**plainly** ['pleɪnlɪ] ADV [1] (= *clearly*) **~ I was not welcome** estaba claro *or* era evidente *or* era obvio que no era bienvenido; **I can remember it all quite ~** lo recuerdo con todo detalle *or* perfectamente
[2] (= *frankly*) **to put it ~, he's not wanted** hablando claro *or* sin rodeos, él sobra; **to speak ~ to sb** hablar claro a algn, hablar a algn sin rodeos
[3] (= *simply*) con sencillez, sencillamente; **she dresses ~** viste con sencillez *or* sencillamente

**plainness** ['pleɪnnɪs] N [1] (= *clarity*) claridad *f*; (= *frankness*) franqueza *f*; (= *simplicity*) sencillez *f*
[2] (= *unattractiveness*) falta *f* de atractivo

**plainsman** ['pleɪnzmən] N (*pl* **plainsmen**) llanero *m*, hombre *m* de la llanura

**plainsong** ['pleɪnsɒŋ] N canto *m* llano

**plain-spoken** ['pleɪn'spəʊkən] ADJ franco, llano

**plaintiff** ['pleɪntɪf] N demandante *mf*, querellante *mf*

**plaintive** ['pleɪntɪv] ADJ lastimero, quejumbroso

**plaintively** ['pleɪntɪvlɪ] ADV lastimeramente, con dolor

**plait** [plæt] (*esp Brit*) Ⓐ N trenza *f*; **in ~s** trenzado, en trenzas; **she wears her hair in ~s** lleva trenzas
Ⓑ VT trenzar

▼**plan** [plæn] Ⓐ N [1] (= *scheme*) proyecto *m*, plan *m*; **~ of action** ◊ **action ~** plan *m* de acción; **~ of attack/campaign** (*Mil, fig*) plan *m* de ataque/de campaña; **to draw up a ~** elaborar un proyecto, hacer *or* redactar un plan; **an exercise ~** una tabla *or* un programa de ejercicios; **a five-year ~** un plan quinquenal; **to make ~s for the future** hacer planes *or* planear para el futuro; **a peace ~** un proyecto *or* un plan de paz; *see also* **business**, **instalment**, **master**, **pension**
[2] (= *idea, intention*) plan *m*; **do you have any ~s for the weekend?** ¿tienes planes para el fin de semana?; **the ~ is to come back later** pensamos volver más tarde; **there are ~s to modernize the building** tienen planeado modernizar el edificio; **if everything goes according to ~** si todo sale como está previsto *or* planeado; **the best ~ is to call first** lo mejor es llamar primero; **a change of ~** un cambio de planes; **to change one's ~s** cambiar de planes
[3] (= *diagram, map*) plano *m*; *see also* **seating**
[4] (= *outline*) [*of story, essay*] esquema *m*
[5] (*Archit, Tech*) (*often pl*) plano *m*
Ⓑ VT [1] (= *organize*) [+ *schedule, event, crime*] planear; [+ *party, surprise*] preparar; [+ *route*] planificar, planear; [+ *essay*] hacer un esquema de, planear; [+ *family*] planificar; **as ~ned** según lo previsto, como estaba planeado; **things didn't work out as ~ned** las cosas no salieron según lo previsto *or* como estaban planeadas
[2] (= *intend*) **I had been ~ning a trip to New York** había estado pensando en *or* planeando un viaje a Nueva York; **how long do you ~ to stay?** ¿cuánto tiempo piensas quedarte?; **what do you ~ to do after college?** ¿qué tienes pensado hacer después de la universidad?, ¿qué te has propuesto hacer después de la universidad?
[3] (= *design*) diseñar; **the art of ~ning a garden** el arte de diseñar un jardín
Ⓒ VI hacer planes; **to ~ ahead** planear con antelación; **to ~ for sth**: **it is advisable to ~ for retirement** es aconsejable que se hagan planes para la jubilación; **to ~ for the future** hacer planes *or* planear para el futuro; **I hadn't ~ned for so many people** no había contado con que viniese tanta gente

►**plan on** VI + PREP [1] (= *intend*) **to ~ on doing sth** tener pensado hacer algo; **I don't ~ on dying just yet** (*iro*) todavía no tengo pensado morirme; **we're ~ning on getting married in July** tenemos pensado casarnos en julio
[2] (= *expect*) contar con; **I hadn't ~ned on the bad weather** no había contado con el mal tiempo

►**plan out** VT + ADV planear detalladamente; **I haven't even ~ned out the route yet** todavía no he planeado la ruta detalladamente; **he's got it all ~ned out** lo tiene todo planeado *or* planificado

**planchette** [plɑ:n'ʃet] N tabla *f* de escritura espiritista

**plane** [pleɪn] Ⓐ N [1] (= *aeroplane, airplane*) avión *m*; **to go by ~** ir en avión; **to send goods by ~** enviar mercancías por avión
[2] (*Art, Math, Constr*) plano *m*; **vertical/horizontal ~** plano *m* vertical/horizontal
[3] (*fig*) nivel *m*; **he seems to exist on another ~** parece vivir en otro nivel *or* en una esfera distinta; **on the ideological ~** en el plano ideológico; **she tried to lift the conversation onto a higher ~** trató de llevar la conversación a un nivel más elevado
[4] (= *tool*) (= *small*) cepillo *m* (de carpintero); (= *large*) garlopa *f*
[5] (*Bot*) (*also* **~ tree**) plátano *m*
Ⓑ ADJ (*Geom*) plano; **a ~ surface** una superficie plana
Ⓒ VT cepillar; **to ~ sth down** cepillar *or* desbastar algo
Ⓓ VI [*bird, glider*] planear; [*boat, car*] deslizarse
Ⓔ CPD ► **plane crash** N accidente *m* de avión ► **plane geometry** N geometría *f* plana ► **plane ticket** N billete *m* *or* pasaje *m* de avión

**planet** ['plænɪt] N planeta *m*; **the ~ Earth** el planeta Tierra

**planetarium** [,plænɪ'tɛərɪəm] N (*pl* **planetariums** *or* **planetaria** [,plænɪ'tɛərɪə]) planetario *m*

**planetary** ['plænɪtərɪ] ADJ planetario

**plangent** ['plændʒənt] ADJ plañidero

**plank** [plæŋk] Ⓐ N [1] [*of wood*] tabla *f*, tablón *m*; **deck ~s** tablazón *fsing* de la cubierta; **to walk the ~** pasear por la tabla (sobre los tibu-

➤ LANGUAGE IN USE: plan A1 8.1 B2 8.2

rones); ✦***IDIOM*** **to be as thick as two short ~s*** ser más bruto que un arado*

[2] (*fig*) [*of policy*] punto *m*

Ⓑ VT [1] **to ~ sth down** tirar algo violentamente, arrojar algo violentamente; **to ~ o.s. down** sentarse *etc* de modo agresivo

[2] (*Naut*) [+ *hull, deck*] entablar, entarimar

**planking** ['plæŋkɪŋ] N tablas *fpl*, tablaje *m*; (*Naut*) tablazón *f* de la cubierta

**plankton** ['plæŋktən] N plankton *m*

**planned** [plænd] ADJ [*economy*] dirigido; [*development, redundancy*] programado; [*crime, murder*] premeditado; [*pregnancy*] deseado; *see also* **parenthood**

**planner** ['plænəʳ] N planificador(a) *m/f*; *see also* **town**

**planning** ['plænɪŋ] Ⓐ N planificación *f*; **the trip needs careful ~** hay que planear bien el viaje; **we're still in the ~ stage(s)** *or* **at the ~ stage** estamos todavía en la etapa de la planificación; *see also* **family B**, **town B**

Ⓑ CPD [*committee, department, process*] de planificación ► **planning board** N (*US*) comisión *f* planificadora ► **planning officer** N funcionario/a *m/f* de urbanismo ► **planning permission** N permiso *m* de obra ► **planning regulations** N normas *fpl* urbanísticas

**plant** [plɑːnt] Ⓐ N [1] (*Bot*) planta *f*

[2] (*no pl*) (= *machinery*) maquinaria *f*; (*fixed*) instalaciones *fpl*; **heavy ~** maquinaria *f* pesada

[3] (= *factory*) fábrica *f*, planta *f*; (= *power station*) planta *f*, central *f*

[4] (*) (= *misleading evidence*) **it's a ~** esto es una trampa para incriminarnos

[5] (*) (= *infiltrator*) infiltrado/a *m/f*, espía *mf*

Ⓑ VT [1] (*Bot*) [+ *tree, flower, crop*] plantar; [+ *seed, garden, field*] sembrar; **to ~ sth with sth** sembrar algo de algo; **the field is ~ed with wheat** el campo está sembrado de trigo; **they plan to ~ the area with grass and trees** tienen pensado plantar la zona de árboles y poner césped

[2] (= *put*) **he stood with his feet ~ed apart** se quedó de pie con los pies separados; **he ~ed himself right in her path** se le plantó en el camino*, se plantó en mitad de su camino*; **to ~ an idea in sb's mind** meter a algn una idea en la cabeza; **to ~ a kiss on sb's cheek** plantar un beso en la mejilla a algn*; **she ~ed a punch right on his nose** le plantó un puñetazo en la nariz*

[3] (*furtively*) [+ *bomb, evidence*] colocar, poner; [+ *informer, spy*] poner, infiltrar; **to ~ sth on sb** colocar algo a algn para incriminarle

Ⓒ VI plantar

Ⓓ CPD ► **plant life** N vida *f* vegetal, las plantas ► **plant pot** N maceta *f*, tiesto *m*

►**plant out** VT + ADV [+ *seedlings*] trasplantar

**plantain** ['plæntɪn] N llantén *m*, plátano *m* (*LAm*)

**plantation** [plæn'teɪʃən] N [*of tea, sugar etc*] plantación *f*; (= *large estate*) hacienda *f*; [*of trees*] arboleda *f*; [*of young trees*] plantel *m*; (*Hist*) colonia *f*

**planter** ['plɑːntəʳ] N (= *person*) plantador(a) *m/f*; (= *plantation owner*) hacendado/a *m/f* (*esp LAm*); (*Hist*) (= *settler*) colono/a *m/f*; (= *machine*) plantadora *f*; (= *plantpot*) tiesto *m*, maceta *f*

**planting** ['plɑːntɪŋ] Ⓐ N **flooding has delayed ~** las inundaciones han retrasado la plantación

Ⓑ CPD ► **planting season** N estación *f* de plantar

**plaque** [plæk] N (= *plate*) placa *f*; (*on teeth*) sarro *m*, placa *f* (dental)

**plash** [plæʃ] (*liter*) = **splash**

**plasm** ['plæzəm] N = **plasma**

**plasma** ['plæzmə] N plasma *m*

**plaster** ['plɑːstəʳ] Ⓐ N [1] (*Constr*) yeso *m*; (= *layer on wall*) enlucido *m*

[2] (*Med*) (*for broken limb*) escayola *f*, yeso *m* (*LAm*); **with his leg in ~** con la pierna escayolada *or* (*LAm*) enyesada

[3] (*Brit*) (= *sticking plaster*) esparadrapo *m*, tirita *f*, curita *f* (*LAm*)

[4] **~ of Paris** yeso *m* mate

Ⓑ VT [1] (*Constr*) enyesar; [+ *wall*] enyesar, enlucir; **to ~ over a hole** llenar *or* tapar un hoyo con yeso

[2] (= *cover*) cubrir, llenar; **to ~ a wall with posters** cubrir *or* llenar una pared de carteles; **the children came back ~ed with mud** los niños volvieron cubiertos de lodo

[3] (= *stick*) pegar; **to ~ posters on a wall** pegar carteles en una pared; **the story was ~ed all over the front page** el reportaje llenaba toda la primera plana

[4] (*) dar una paliza a*

Ⓒ CPD [*model, statue*] de yeso ► **plaster cast** N (*Med*) escayola *f*, enyesado *m* (*LAm*); (= *model, statue*) vaciado *m* de yeso

**plasterboard** ['plɑːstəbɔːd] N cartón *m* de yeso, pladur® *m* (*Sp*)

**plastered*** ['plɑːstəd] ADJ (= *drunk*) **to be ~** estar como una cuba*, estar tomado (*LAm**); **to get ~** ponerse como una cuba*

**plasterer** ['plɑːstərəʳ] N yesero/a *m/f*, enlucidor(a) *m/f*

**plastering** ['plɑːstərɪŋ] N enlucido *m*

**plastic** ['plæstɪk] Ⓐ N [1] plástico *m*; **to be made of ~** ser de plástico

[2] **plastics** (materiales *mpl*) plásticos *mpl*

[3] (= *credit cards*) plástico *m*

Ⓑ ADJ [1] (= *made of plastic*) [*container*] de plástico

[2] (= *flexible*) plástico

[3] (*pej*, *) (= *artificial*) [*smile*] falso, de plástico; [*person*] de plástico, superficial

Ⓒ CPD ► **the plastic arts** NPL las artes plásticas ► **plastic bag** N bolsa *f* de plástico ► **plastic bullet** N bala *f* de goma ► **plastic explosive** N goma *f* dos ► **plastic mac** N (*Brit*) impermeable *m* ► **plastic money** N dinero *m* de plástico ► **plastic sheeting** N plástico *m* en planchas ► **plastics industry** N industria *f* del plástico ► **plastic surgeon** N cirujano/a *m/f* plástico/a ► **plastic surgery** N cirugía *f* plástica *or* estética; **to have ~ surgery** hacerse la cirugía plástica *or* estética

**Plasticine**® ['plæstɪsiːn] N plastelina® *f*, plastilina® *f*, arcilla *f* de modelar

**plasticity** [plæs'tɪsɪtɪ] N plasticidad *f*

**Plate** [pleɪt] N **the River ~** el Río de la Plata

**plate** [pleɪt] Ⓐ N [1] (= *flat dish*) plato *m*; [*of metal etc*] lámina *f*, plancha *f*; (*for church collection*) platillo *m*; (= *plateful*) plato *m*; ✦***IDIOMS*** **to hand sth to sb on a ~*** ofrecer algo a algn en bandeja (de plata); **to have a lot on one's ~*** estar muy atareado

[2] (*on cooker*) quemador *m*, fuego *m*; (= *warming plate*) plancha *f* (eléctrica)

[3] (= *silverware etc*) vajilla *f*; **gold/silver ~** vajilla *f* de oro/plata

[4] (= *plaque*) (*on wall, door*) placa *f*

[5] [*of microscope*] placa *f*

[6] (*Aut*) (= *number plate*) matrícula *f*, placa *f*

[7] (= *dental plate*) dentadura *f* (postiza)

[8] (= *book illustration*) lámina *f*, grabado *m*

[9] (*Geol*) placa *f*

[10] (*Horse racing*) (= *prize*) premio *m*

[11] (*US Baseball*) plato *m*; **to go to the ~** entrar a batear

[12] **plates** (*Brit*‡) (= *feet*) tachines‡ *mpl*

Ⓑ VT [1] (*with gold*) dorar; (*with silver*) platear; (*with nickel*) niquelar; *see also* **chromium-plated**

[2] (*with armour*) blindar

Ⓒ CPD ► **plate armour**, **plate armor** (*US*) N blindaje *m* ► **plate glass** N vidrio *m* cilindrado, cristal *m* cilindrado (*Sp*), luna *f* ► **plate rack** N escurreplatos *m inv* ► **plate tectonics** N (*Geol*) tectónica *f* de placas ► **plate warmer** N calentador *m* de platos

**plateau** ['plætəʊ] N (*pl* **plateaus** *or* **plateaux** ['plætəʊz]) [1] (*Geog*) meseta *f*; **high ~** (*in LAm*) altiplano *m*

[2] (*fig*) estancamiento *m*, punto *m* muerto

**plated** ['pleɪtɪd] ADJ [1] [*metal, jewellery*] chapado (**with** en); (*with nickel*) niquelado

[2] (= *armoured*) blindado

**plateful** ['pleɪtfʊl] N plato *m*

**plateholder** ['pleɪt,həʊldəʳ] N (*Phot*) portaplacas *m inv*

**platelayer** ['pleɪt,leɪəʳ] N obrero *m* (de ferrocarriles)

**platelet** ['pleɪtlɪt] N plaqueta *f*

**platen** ['plætən] N rodillo *m*

**platform** ['plætfɔːm] Ⓐ N [1] (*gen*) (= *structure*) plataforma *f*; (*roughly-built*) tarima *f*, tablado *m*; [*of oil rig*] plataforma *f* base; [*of bus*] plataforma *f*; (*for band etc*) estrado *m*; (*at meeting*) plataforma *f*, tribuna *f*; **last year they shared a ~** el año pasado ocuparon la misma tribuna

[2] (*Rail*) andén *m*, vía *f*; **the 5.15 is at** *or* **on ~ eight** el tren de las 5.15 está en la vía número ocho

[3] (*fig*) (*to express one's views*) plataforma *f*

[4] (*Pol*) programa *m*

[5] **platforms*** = **platform shoes**

Ⓑ CPD ► **platform shoes** NPL zapatos *mpl* de plataforma ► **the platform speakers** NPL los oradores de la tribuna ► **platform ticket** N (*Brit Rail*) billete *m or* (*LAm*) boleto *m* de andén

**plating** ['pleɪtɪŋ] N (= *layer of metal*) capa *f* metálica; **silver ~** plateado *m*; **gold ~** dorado *m*; **nickel ~** niquelado *m*; *see also* **armour C**

**platinum** ['plætɪnəm] Ⓐ N platino *m*

Ⓑ CPD ► **platinum blonde** N (= *colour*) rubio *m* platino; (= *woman*) rubia *f* platino; **~ blond(e) hair** pelo *m* rubio platino

**platitude** ['plætɪtjuːd] N tópico *m*, lugar *m* común; **it is a ~ to say that ...** es un tópico decir que ...

**platitudinize** [,plætɪ'tjuːdɪnaɪz] VI decir tópicos

**platitudinous** [,plætɪ'tjuːdɪnəs] ADJ [*speech*] lleno de lugares comunes; [*speaker*] aficionado a los lugares comunes, que peca por exceso de tópicos

**Plato** ['pleɪtəʊ] N Platón

**platonic** [plə'tɒnɪk] Ⓐ ADJ platónico

Ⓑ CPD ► **platonic love** N amor *m* platónico

**Platonism** ['pleɪtənɪzəm] N platonismo *m*

**Platonist** ['pleɪtənɪst] N platonista *mf*

**platoon** [plə'tuːn] N (*Mil*) pelotón *m*, sección *f*

**platter** ['plætəʳ] N [1] (*esp US*) (= *dish*) fuente *f*

[2] (= *meal, course*) plato *m*; **a cheese ~** una tabla de quesos

[3] (*US**) (= *record*) disco *m*

**platypus** ['plætɪpəs] N ornitorrinco *m*

**plaudits** ['plɔːdɪts] NPL aplausos *mpl*

**plausibility** [,plɔːzə'bɪlɪtɪ] N [*of argument*] verosimilitud *f*; [*of person*] credibilidad *f*; **his ~ is such that ...** habla tan bien que ...

**plausible** ['plɔːzəbl] ADJ [*argument etc*] verosímil, plausible; [*person*] convincente

**plausibly** [ˈplɔːzəblɪ] ADV de modo verosímil, de forma plausible; **he tells it most ~** lo cuenta de la manera más verosímil

**play** [pleɪ] Ⓐ N [1] (= *recreation*) juego *m*; **to be at ~** estar jugando; **to do/say sth in ~** hacer/decir algo en broma
[2] (*Sport*) juego *m*; (= *move, manoeuvre*) jugada *f*, movida *f*; **neat ~** una bonita jugada; **a clever piece of ~** una hábil jugada; **~ began at three o'clock** el partido empezó a las tres; **to be in ~** [*ball*] estar en juego; **to be out of ~** [*ball*] estar fuera de juego; *see also* **fair**[1], **foul E**
[3] (*Theat*) obra *f* (de teatro), pieza *f*; **plays** teatro *msing*; **the ~s of Lope** las obras dramáticas de Lope, el teatro de Lope; **radio/television ~** obra *f* para radio/televisión; **to be in a ~** [*actor*] actuar en una obra; *see also* **radio**
[4] (*Tech etc*) juego *m*; **there's not enough ~ in the rope** la cuerda no da lo suficiente; **there's too much ~ in the clutch** el embrague tiene demasiada holgura *or* va demasiado suelto
[5] (*fig*) (= *interaction*) **the ~ of light on the water** el rielar de la luz sobre el agua; **the ~ of light and dark in this picture** el efecto de luz y sombra en este cuadro; **the free ~ of market forces** la libre interacción de los mercados; **the ~ of ideas in the film is fascinating** el abanico de ideas en la película es fascinante
[6] (*fig phrases*) **to bring** *or* **call into ~** poner en juego; **to come into ~** entrar en juego; **to make a ~ for sth/sb** intentar conseguir algo/conquistar a algn; **to make (a) great ~ of sth** insistir en algo, hacer hincapié en algo; **a ~ on words** un juego de palabras
Ⓑ VT [1] [+ *football, tennis, chess, bridge, cards, board game etc*] jugar a; [+ *game, match*] jugar, disputar; **do you ~ football?** ¿juegas al fútbol?; **what position does he ~?** ¿de qué juega?; **to ~ centre-forward/centre-half etc** jugar de delantero centro/medio centro etc; **they ~ed him in goal** lo pusieron en la portería; **to ~ a game of tennis** jugar un partido de tenis; **to ~ a game of cards (with sb)** echar una partida de cartas (con algn); **the children were ~ing a game in the garden** los niños estaban jugando (a un juego) en el jardín; **don't ~ games with me!** (*fig*) ¡no me vengas con jueguecitos!, ¡no trates de engañarme!; ✦***IDIOMS*** **to ~ the field*** (= *have many girlfriends, boyfriends*) darse al ligue*; **to ~ the game** (= *get involved*) tomar parte, mojarse*; (= *play fair*) acatar las normas
[2] [+ *team, opponent*] jugar contra; **I ~ed him twice** jugué contra él dos veces; **last time we ~ed Sunderland ...** la última vez que jugamos contra Sunderland ...; **to ~ sb at chess** jugar contra algn al ajedrez; **I'll ~ you for the drinks** quien pierde paga
[3] [+ *card*] jugar; [+ *ball*] golpear; [+ *chess piece etc*] mover; [+ *fish*] dejar que se canse, agotar; **he ~ed the ball into the net** (*Tennis*) estrelló *or* golpeó la pelota contra la red; **to ~ the market** (*St Ex*) jugar a la bolsa; ✦***IDIOMS*** **to ~ one's cards right** *or* **well** jugar bien sus cartas; **he ~ed his ace** sacó el as que llevaba escondido en la manga; **to ~ ball (with sb)** (= *cooperate*) colaborar (con algn)
[4] (= *perform*) [+ *role, part*] hacer, interpretar; [+ *work*] representar; (= *perform in*) [+ *town*] actuar en; **what part did you ~?** ¿qué papel tuviste?; **when we ~ed "Hamlet"** cuando representamos "Hamlet"; **when I ~ed Hamlet** cuando hice el papel de Hamlet; **we shall be ~ing the West End** pondremos la obra en el West End; **when we last ~ed Blackpool** cuando actuamos la última vez en Blackpool; **let's ~ it for laughs** hagámoslo de manera burlesca; **to ~ the peacemaker/the devoted husband** (*fig*) hacer el papel de pacificador/de marido amantísimo; **we could have ~ed it differently** (*fig*) podríamos haber actuado de otra forma; ✦***IDIOMS*** **to ~ it cool*** mantener el tipo, actuar como si nada; **to ~ (it) safe** obrar con cautela, ser prudente; *see also* **book A1**, **fool A1**, **trick A1**
[5] (*Mus etc*) [+ *instrument, note*] tocar; [+ *tune, concerto*] tocar, interpretar (*more frm*); [+ *tape, CD*] poner, tocar; **to ~ the piano/violin** tocar el piano/el violín; **they ~ed the 5th Symphony** tocaron *or* (*more frm*) interpretaron la Quinta Sinfonía; **they were ~ing Beethoven** tocaban *or* (*more frm*) interpretaban algo de Beethoven; **I can't ~ a note** no tengo ni idea de música
[6] (= *direct*) [+ *light, hose*] dirigir; **to ~ hoses on a fire** dirigir mangueras sobre un incendio; **to ~ a searchlight on an aircraft** dirigir un reflector hacia un avión, hacer de un avión el blanco de un reflector
Ⓒ VI [1] (= *amuse o.s.*) [*child*] jugar; [*puppy, kitten etc*] jugar, juguetear; **to go out to ~** salir a jugar; **to ~ with a stick** juguetear con un palo; **to ~ with an idea** dar vueltas a una idea, barajar una idea; **to ~ with one's food** comiscar; **to ~ with fire** (*fig*) jugar con fuego; **he's got money to ~ with** tiene dinero de sobra; **how much time/money do we have to ~ with?** ¿con cuánto tiempo/dinero contamos?, ¿de cuánto tiempo/dinero disponemos?; **he's just ~ing with you** se está burlando de ti; **to ~ with o.s.*** (*euph*) tocarse, masturbarse
[2] (*Sport, at game, gamble*) jugar; **play!** ¡listo!; **who ~s first?** ¿quién juega primero?; **are you ~ing today?** ¿tu juegas hoy?; **I've not ~ed for a long time** hace mucho tiempo que no juego; **England are ~ing against Scotland in the final** Inglaterra jugará contra *or* se enfrentará a Escocia en la final; **to ~ at chess** jugar al ajedrez; **they're ~ing at soldiers** están jugando a (los) soldados; **he's just ~ing at it** lo hace para pasar el tiempo nada más; **the little girl ~s at being a woman** la niña juega a ser mujer; **what are you ~ing at?*** pero ¿qué haces?, ¿qué te pasa?; **to ~ by the rules** (*fig*) acatar las normas; **to ~ fair** jugar limpio; **he ~s for Liverpool** juega en el Liverpool; **to ~ for money** jugar por dinero; **to ~ for high stakes** (*lit*) apostar muy alto; (*fig*) poner mucho en juego; **to ~ in defence/goal** (*Sport*) jugar de defensa/de portero; **he ~ed into the trees** (*Golf*) mandó la bola a la zona de árboles; ✦***IDIOMS*** **to ~ for time** tratar de ganar tiempo; **to ~ into sb's hands** hacer el juego a algn; **to ~ to one's strengths** sacar partido a sus cualidades
[3] (*Mus*) [*person*] tocar; [*instrument, record etc*] sonar; **do you ~?** ¿sabes tocar?; **a record was ~ing in the background** de fondo sonaba un disco; **when the organ ~s** cuando suena el órgano; **will you ~ for us?** ¿nos tocas algo?; **to ~ on the piano** tocar el piano; **to ~ to sb** tocar para algn
[4] (*Theat, Cine*) (= *act*) actuar; **to ~ in a film** trabajar en una película; **we have ~ed all over the South** hemos representado en todas partes del Sur; **the film now ~ing at the Odeon** la película que se exhibe *or* proyecta en el Odeon; ✦***IDIOMS*** **to ~ hard to get** hacerse de rogar; [*woman*] hacerse la difícil; **to ~ dead** hacerse el muerto; *see also* **gallery**
[5] (= *move about, form patterns*) correr; **the sun was ~ing on the water** rielaba el sol sobre el agua; **a smile ~ed on his lips** una sonrisa le bailaba en los labios
[6] [*fountain*] correr, funcionar
Ⓓ CPD ► **play clothes** NPL ropa *f* para jugar ► **play reading** N lectura *f* (de una obra dramática)

►**play about** VI + ADV = **play around**

►**play along** Ⓐ VI + ADV **to ~ along (with sb)** (*fig*) seguir el juego (a algn)
Ⓑ VT + ADV **to ~ sb along** (*fig*) dar largas a algn*

►**play around** VI + ADV [1] (*also* **~ about**) [*children*] jugar, divertirse
[2] (*) (= *sleep around*) dormir con cualquiera
[3] **to ~ around** *or* **about with sth** (= *fiddle with*) juguetear con algo; (= *tamper with*) toquetear algo; **I ~ed around with the programme till it worked** ensayé el programa de varias maneras hasta hacerlo funcionar bien; **to ~ around with an idea** dar vueltas a una idea, barajar una idea

►**play back** VT + ADV [+ *tape*] poner

►**play down** VT + ADV (= *downplay*) minimizar, quitar importancia a

►**play in** VT + ADV [1] **the band ~ed the procession in** tocaba la orquesta mientras entraba el desfile
[2] (*Sport etc*) **to ~ o.s. in** acostumbrarse a las condiciones de juego

►**play off** Ⓐ VT + ADV **to ~ one person off against another** enfrentar a una persona con otra
Ⓑ VI + ADV (*Sport*) jugar un partido de desempate

►**play on** Ⓐ VI + PREP (= *take advantage of*) aprovecharse de, explotar; **to ~ on sb's emotions** jugar con las emociones de algn; **to ~ on sb's credulity** explotar la credulidad de algn; **to ~ on words** jugar con las palabras; **to ~ on sb's nerves** (= *be irritating*) afectar los nervios a algn
Ⓑ VI + ADV (*Mus*) seguir tocando; (*Sport*) seguir jugando; **~ on!** ¡adelante!

►**play out** VT + ADV [1] (= *enact*) llevar a cabo; [+ *fantasy etc*] realizar; **they are ~ing out a drama of revenge** están representando un drama de venganza
[2] **to be ~ed out** [*person, argument*] estar agotado
[3] **the organ ~ed the congregation out** el órgano iba tocando mientras salían los fieles

►**play over, play through** VT + ADV **to ~ a piece of music over** *or* **through** tocar una pieza entera

►**play up** Ⓐ VI + ADV [1] (*Brit**) (= *cause trouble*) [*children*] dar guerra*; **the car is ~ing up** el coche no anda bien; **my stomach is ~ing up again** el estómago me está dando problemas otra vez, mi estómago vuelve a darme problemas
[2] (*) (= *flatter*) **to ~ up to sb** halagar a algn, dar coba a algn (*Sp**)
[3] (*Sport*†) jugar mejor, jugar con más ánimo; **~ up!** ¡ánimo!, ¡aúpa!
Ⓑ VT + ADV [1] (*Brit**) (= *cause trouble to*) **to ~ sb up** dar la lata a algn (*Sp**), fregar a algn (*LAm**); **the kids ~ her up dreadfully** los chavales *or* (*LAm*) los chicos le dan guerra de mala manera*; **his rheumatism is ~ing him up** el reúma le está fastidiando
[2] (= *exaggerate*) exagerar, encarecer

►**play upon** VI + PREP = **play on A**

**play-act** [ˈpleɪækt] VI (*lit*) hacer teatro, actuar; (*fig*) (= *pretend*) hacer teatro

**play-acting** ['pleɪ,æktɪŋ] N (*lit*) actuación *f* teatral; (*fig*) teatro *m*, comedia *f*; **this is mere ~** (*fig*) esto es puro teatro, esto no es más que una comedia

**play-actor** ['pleɪ,æktəʳ] N (*lit, fig*) actor *m*, actriz *f*

**playback** ['pleɪbæk] N repetición *f*, reproducción *f*; (*TV etc*) playback *m*, previo *m*

**playbill** ['pleɪbɪl] N cartel *m*

**playboy** ['pleɪbɔɪ] N playboy *m*

**player** ['pleɪəʳ] N [1] (*Sport*) jugador(a) *m/f*; **football ~** jugador(a) *m/f* de fútbol, futbolista *mf*
[2] (*Theat*) actor *m*, actriz *f*
[3] (*Mus*) músico/a *m/f*; **violin/piano ~** violinista *mf*/pianista *mf*

**playfellow** ['pleɪ,feləʊ] N compañero/a *m/f* de juego

**playful** ['pleɪfʊl] ADJ [*person*] juguetón; [*mood*] alegre; [*remark*] dicho en broma, festivo

**playfully** ['pleɪfəlɪ] ADV (= *full of fun*) alegremente; (= *in jest*) en broma; (*as part of game*) jugando, en juego; **he said ~** dijo guasón

**playfulness** ['pleɪfʊlnɪs] N [*of person*] carácter *m* juguetón; [*of mood*] alegría *f*; [*of remark*] guasa *f*, tono *m* guasón

**playgoer** ['pleɪ,gəʊəʳ] N aficionado/a *m/f* al teatro; **we are regular ~s** vamos con regularidad al teatro

**playground** ['pleɪgraʊnd] N (*in school*) patio *m* de recreo; (*fig*) [*of millionaires*] paraíso *m*, lugar *m* favorito

**playgroup** ['pleɪ,gru:p] N jardín *m* de infancia, guardería *f*, kinder *m* (*LAm*)

**playhouse** ['pleɪhaʊs] N (*pl* **playhouses** ['plaɪhaʊzɪz]) [1] (= *theatre*) teatro *m*
[2] (*for children*) casa *f* de muñecas

**playing** ['pleɪɪŋ] Ⓐ N [1] (*Sport*) juego *m*; **~ in the wet is tricky** es difícil jugar cuando llueve
[2] (*Mus*) **the orchestra's ~ of the symphony was uninspired** la interpretación que hizo la orquesta de la sinfonía fue poco inspirada; **there was some fine ~ in the violin concerto** el concierto de violín estuvo muy bien interpretado
Ⓑ CPD ► **playing card** N naipe *m* ► **playing field** N campo *m* or (*LAm*) cancha *f* de deportes

**playlet** ['pleɪlɪt] N obra *f* corta de teatro

**playlist** ['pleɪlɪst] N (*Rad*) lista *f* discográfica

**playmaker** ['pleɪmeɪkəʳ] N (*Sport*) *jugador encargado de facilitar buenas jugadas a sus compañeros*

**playmate** ['pleɪmeɪt] N compañero/a *m/f* de juego

**play-off** ['pleɪɒf] N (*Sport*) (partido *m* de) desempate *m*; [*of top teams in league*] liguilla *f*

**playpen** ['pleɪpen] N parque *m*, corral *m*

**playroom** ['pleɪrʊm] N cuarto *m* de juego

**playschool** ['pleɪ,sku:l] N = **playgroup**

**plaything** ['pleɪθɪŋ] N (*lit, fig*) juguete *m*

**playtime** ['pleɪtaɪm] N (*Scol*) (hora *f* de) recreo *m*

**playwright** ['pleɪraɪt] N dramaturgo/a *m/f*

**plaza** ['plɑ:zə] N [1] (= *public square*) plaza *f*
[2] (*US*) (= *motorway services*) zona *f* de servicios; (= *toll*) peaje *m*

**PLC, plc** N ABBR (*Brit*) (= **public limited company**) S.A.

**plea** [pli:] Ⓐ N [1] (= *entreaty*) súplica *f*, petición *f*; **he made a ~ for mercy** pidió clemencia
[2] (= *excuse*) pretexto *m*, disculpa *f*
[3] (*Jur*) alegato *m*, defensa *f*; **a ~ of insanity** un alegato de desequilibrio mental; **a ~ of guilty/not guilty** una declaración de culpabilidad/inocencia; **to enter a ~ of innocent** declararse inocente
Ⓑ CPD ► **plea bargaining** N (*Jur*) *acuerdo táctico entre fiscal y defensor para agilizar los trámites judiciales*

**plead** [pli:d] (*pt, pp* **pleaded, pled** (*esp US*)) Ⓐ VT [1] (= *argue*) **to ~ sb's cause** hablar por algn, interceder por algn; **to ~ sb's case** (*Jur*) defender a algn en juicio
[2] (*as excuse*) aducir, pretextar; **to ~ that** aducir or pretextar que; **to ~ ignorance** aducir or pretextar desconocimiento; **to ~ poverty** aducir or pretextar falta de medios económicos; **he ~ed certain difficulties** adujo or pretextó la existencia de ciertas dificultades
Ⓑ VI [1] (= *beg*) suplicar, rogar; **I ~ed and ~ed but it was no use** le supliqué mil veces pero de nada sirvió; **to ~ with sb (to do sth)** suplicar a algn (que haga algo); **to ~ with sb for sth** rogar a algn que conceda algo; **the village has ~ed for a new bridge for ten years** hace diez años que el pueblo viene reclamando un nuevo puente
[2] (*Jur*) (*as defendant*) presentar declaración; (*as barrister*) abogar; **how do you ~?** ¿cómo se declara el acusado?; **to ~ guilty/not guilty** declararse culpable/inocente

**pleading** ['pli:dɪŋ] Ⓐ N (= *entreaties*) súplicas *fpl*; (*Jur*) alegatos *mpl*; **special ~** argumentos *mpl* especiosos
Ⓑ ADJ [*tone etc*] suplicante, de súplica

**pleasant** ['pleznt] ADJ [1] (= *agreeable*) [*place, experience, smell, taste, voice*] agradable; [*surprise*] grato, agradable; [*face*] agradable, simpático; **it's very ~ here** aquí se está muy bien; **it made a ~ change from our usual holiday** supuso un agradable cambio respecto a nuestras vacaciones habituales; **~ dreams!** ¡que sueñes con los angelitos!; **~-looking** de aspecto agradable
[2] (= *friendly*) [*person*] agradable, simpático; [*style*] agradable; **he has a ~ manner** es agradable or simpático or amable; **try and be a bit more ~ to your sister** procura ser un poco más agradable con tu hermana

**pleasantly** ['plezntlɪ] ADV [*say*] amablemente, en tono agradable; **the evening passed ~ enough** la velada fue bastante agradable; **the room was ~ furnished** la habitación estaba amueblada con gusto; **it was ~ warm** hacía un calor agradable; **we were ~ surprised** fue una grata or agradable sorpresa para nosotros; **I was feeling ~ drowsy** tenía una agradable or placentera sensación de somnolencia

**pleasantness** ['plezntnɪs] N (= *agreeableness*) amenidad *f*, lo agradable; (= *friendliness*) simpatía *f*, amabilidad *f*

**pleasantry** ['plezntrɪ] N [1] (= *joke*) chiste *m*, broma *f*
[2] (= *polite remark*) cumplido *m*; **to exchange pleasantries** intercambiar los cumplidos de rigor

**please** [pli:z] Ⓐ EXCL **please!** ¡por favor!; (*as protest*) ¡por Dios!; **(yes,) ~** sí, gracias; **can you pass the salt, ~** me pasas la sal, por favor; **~ don't cry!** ¡no llores, (te lo pido) por favor!; **~ don't interfere, Boris** haz el favor de no meterte, Boris, no te metas, Boris, por favor; **~ be seated** (*said by interviewer, doctor, etc*) siéntese; (*said over intercom, in plane, theatre, etc*) les rogamos tomen asiento; **~ accept this book** le ruego acepte este libro; **oh, ~! not that song again!** ¡oh no! ¡esa canción otra vez no por favor!; **"may I?" — "~ do"** —¿puedo? —¡por supuesto! or —¡cómo no!; **"please do not smoke"** "se ruega no fumar"
Ⓑ VI [1] (= *like, prefer*) querer; **he does whatever he ~s** hace lo que quiere or lo que le place; **she can live where she ~s** puede vivir donde quiera or donde le plazca; **as you ~** como quieras; **do as you ~** haz lo que quieras, haz lo que te dé la gana*; **she came over casually as you ~ and picked up my diary*** se acercó con toda la tranquilidad del mundo y cogió mi agenda; **gentlemen, if you ~!** (*frm*) señores, por favor, señores, si son tan amables; **he wanted ten, if you ~!** quería llevarse diez, ¡a quién se le ocurre!, quería llevarse diez, ¡qué cara!*; **we'll have none of that language if you ~!** ¡mucho cuidadito con usar ese lenguaje!
[2] (= *cause satisfaction*) **we aim to ~** nuestro objetivo es complacer; **to be anxious or eager to ~** tener muchas ansias de quedar bien; **a gift that is sure to ~** un regalo que siempre gusta, un regalo que de seguro gustará
Ⓒ VT [1] (= *give pleasure to*) agradar, complacer; (= *satisfy*) complacer; **I did it just to ~ you** lo hice únicamente para agradarte or complacerte; **you can't ~ all of the people all of the time** no se puede complacer a todo el mundo todo el tiempo; **music that ~s the ear** una música grata al oído; **she is easily ~d** se contenta con cualquier cosa; **he is hard to ~** es difícil de contentar or complacer; **there's no pleasing him** no hay manera de contentarlo; **~ yourself!** ¡haz lo que quieras!, ¡haz lo que te dé la gana!*
[2] (*frm*) (= *be the will of*) **may it ~ Your Majesty** sea ésta la voluntad de su Majestad
Ⓓ N **she just took it without so much as a ~ or a thank you** lo cogió sin ni siquiera dignarse a pedirlo por favor ni a dar las gracias

**pleased** [pli:zd] ADJ [1] **to be ~** (= *happy*) estar contento; (= *satisfied*) estar satisfecho; **we will be ~ to answer any questions** contestaremos, encantados or con mucho gusto, todas sus preguntas; **I am ~ to hear it** me alegra saberlo; **~ to meet you!** mucho gusto (en conocerlo), encantado (de conocerlo); **we are ~ to inform you that ...** nos complace or nos es grato comunicarle que ...; **I'm so ~ you could make it** cómo me alegro de que hayas podido venir; **he wasn't too ~ that I had sold it** no le hizo mucha gracia que lo hubiese vendido; **to be ~ about/at sth: I am ~ at the decision** me alegro de la decisión; **we were ~ at the news** la noticia nos alegró; **I'm not very ~ about it** no me hace mucha gracia; **I'm really ~ for you** me alegro mucho por ti; **what are you looking so ~ about?** ¿a qué se debe esa cara de alegría?; **to be ~ with sb/sth** estar contento con algn/algo; **he was ~ with my progress** estaba contento con or satisfecho de mis progresos; **he is/looks very ~ with himself** está/parece estar muy satisfecho de sí mismo or consigo mismo; **you needn't look so ~ with yourself** esa cara de satisfacción que tienes sobra; *see also* **Punch**
[2] (*with noun*) **he glanced at her with a ~ smile** la miró, sonriendo satisfecho; **there was a look of ~ surprise on her face** se le veía en la cara que se había llevado una grata or agradable sorpresa

**pleasing** ['pli:zɪŋ] ADJ [*manner*] agradable; [*news*] grato; [*result*] satisfactorio; **aesthetically ~** agradable desde el punto de vista estético; **~ to the ear/eye** grato or agradable al oído/a la vista

➤ LANGUAGE IN USE: please A 4 pleased 1 13, 24.1

**pleasingly** ['pliːzɪŋlɪ] ADV **the surface was ~ smooth to the touch** la superficie era lisa y agradable *or* grata al tacto

**pleasurable** ['pleʒərəbl] ADJ agradable, grato

**pleasurably** ['pleʒərəblɪ] ADV agradablemente, deleitosamente; **we were ~ surprised** para nosotros fue una grata sorpresa

▼**pleasure** ['pleʒəʳ] Ⓐ N [1] (= *satisfaction*) placer *m*, gusto *m*; (= *happiness*) alegría *f*; **to be fond of ~** ser amante de los placeres; **sexual ~** placer *m* sexual; **my ~!** ◊ **the ~ is mine!** (*frm*) (*returning thanks*) ¡de nada!, ¡no hay de qué! (*esp LAm*); **what ~ can you find in shooting partridges?** ¿qué placer encuentras en matar perdices?; **to do sth for ~** hacer algo por gusto *or* placer; **is this trip for business or ~?** ¿este viaje es de negocios o de placer?; **to get ~ from sth** disfrutar con algo; **to give sb ~** dar gusto a algn; **if it gives you any ~** si te gusta; **I have much ~ in informing you that …** tengo el gran placer de comunicarles que …; **may I have the ~?** (*frm*) (*at dance*) ¿quiere usted bailar?; **Mr and Mrs Brown request the ~ of your company** (*frm*) (*on invitation*) los Sres. Brown tienen el placer de solicitar su asistencia; **to take ~ in books** disfrutar leyendo; **I take great ~ in watching them grow** disfruto muchísimo viéndolos crecer; **to take ~ in teasing sb** disfrutar tomándo el pelo a algn; **with ~** con mucho gusto

[2] (= *source of pleasure*) placer *m*, gusto *m*; **it's a real ~** es un verdadero placer; **all the ~s of London** todos los placeres de Londres; **it's a ~ to see her** da gusto verla; **it's a ~ to know that …** es un motivo de satisfacción saber que …

[3] (*frm*) (= *will*) voluntad *f*; **what is your ~, sir?** ¿en qué puedo servirle, señor?, ¿qué manda el señor?; **at sb's ~** según la voluntad de algn; **to be detained during her Majesty's ~** (*Jur*) quedar encarcelado a disposición del Estado

Ⓑ VT (*sexually*) dar placer a; **to ~ o.s.** (*euph*) (= *masturbate*) masturbarse

Ⓒ CPD ► **pleasure boat**, **pleasure craft** N barco *m* de recreo ► **pleasure cruise** N crucero *m* de recreo ► **pleasure ground** N parque *m* de atracciones ► **pleasure seeker** N hedonista *mf* ► **pleasure steamer** N vapor *m* de recreo ► **pleasure trip** N viaje *m* de placer

**pleasure-loving** ['pleʒə,lʌvɪŋ], **pleasure-seeking** ['pleʒə,siːkɪŋ] ADJ hedonista

**pleat** [pliːt] Ⓐ N pliegue *m*, doblez *m*; [*of skirt*] tabla *f*

Ⓑ VT plisar, plegar

**pleb*** [pleb] (*Brit*) Ⓐ N plebeyo/a *m/f*; **the ~s** la plebe

Ⓑ ADJ plebeyo, aplebeyado

**plebeian** [plɪ'biːən] Ⓐ ADJ plebeyo; (*pej*) ordinario

Ⓑ N plebeyo/a *m/f*

**plebiscite** ['plebɪsɪt] N plebiscito *m*

**plectrum** ['plektrəm] N (*pl* **plectrums** *or* **plectra** ['plektrə]) púa *f*, plectro *m*

**pled** [pled] (*US*) PT, PP *of* **plead**

**pledge** [pledʒ] Ⓐ N [1] (= *promise, assurance*) (*gen*) compromiso *m*, promesa *f*; [*of money*] promesa *f* de donación; **a company's ~ of satisfaction to its customers** el compromiso *or* la promesa por parte de una empresa de satisfacer a sus clientes; **he received ~s of support from more than 100 MPs** más de 100 parlamentarios se comprometieron a *or* prometieron apoyarlo; **the Pledge of Allegiance** (*US*) ≈ la jura de la bandera; **to break a ~** romper una promesa; **to give (sb) a ~ to do sth** prometer (a algn) hacer algo; **to honour** *or* **keep a ~** cumplir una promesa; **the government will honour its ~s** el gobierno cumplirá sus promesas, el gobierno hará honor a sus compromisos; **to make (sb) a ~ to do sth** prometer (a algn) hacer algo; **he made a ~ not to raise taxes** prometió no subir los impuestos; ✦*IDIOM* **to sign** *or* **take the ~†*** (*hum*) jurar renunciar al alcohol

[2] (= *token*) **he sent his brother as a ~ of his sincerity** envió a su hermano en señal *or* como muestra de su sinceridad

[3] (= *surety*) prenda *f*, garantía *f*; (*left in pawn*) prenda *f*

[4] (= *toast*) brindis *m inv*

[5] (*US Univ*) *promesa que hace un estudiante universitario en los Estados Unidos para convertirse en miembro de una hermandad*

Ⓑ VT [1] (= *promise*) [+ *money, donation*] prometer; **the government has ~d that it will not increase taxes** el gobierno ha prometido no subir los impuestos; **to ~ to do sth** prometer hacer algo; **to ~ o.s. to do sth** comprometerse a hacer algo; **to ~ (one's) support (for sth/sb)** comprometerse a prestar apoyo (a algo/algn); **I am ~d to secrecy** he jurado *or* prometido guardar (el) secreto; *see also* **allegiance**

[2] (= *give as security*) [+ *property*] entregar como garantía; [+ *one's word*] dar

[3] (= *pawn*) empeñar, dejar en prenda

[4] (*US Univ*) [+ *fraternity*] hacerse miembro de

> **PLEDGE OF ALLEGIANCE**
>
> *El* **Pledge of Allegiance** *es un juramento de lealtad a la nación, considerado como un elemento de gran importancia en la educación norteamericana. Fue escrito en 1892 y desde entonces lo recitan diariamente todos los alumnos estadounidenses (especialmente en los centros de educación primaria) mirando a la bandera y con la mano en el corazón.*

**Pleiades** ['plaɪədiːz] NPL Pléyades *fpl*

**plenary** ['pliːnərɪ] Ⓐ ADJ plenario; **in ~ session** en sesión plenaria

Ⓑ N (*also* **~ paper**) ponencia *f* en sesión plenaria, ponencia *f* general

**plenipotentiary** [,plenɪpə'tenʃərɪ] Ⓐ ADJ plenipotenciario

Ⓑ N plenipotenciario/a *m/f*

**plenitude** ['plenɪtjuːd] N plenitud *f*

**plenteous** ['plentɪəs] ADJ (*frm*) = **plentiful**

**plentiful** ['plentɪfʊl] ADJ [*wildlife, game, hair*] abundante; **a ~ supply of …** un suministro abundante de …; **eggs are now ~** *or* **in ~ supply** ahora hay abundancia de huevos, ahora abundan los huevos

**plentifully** ['plentɪfəlɪ] ADV en abundancia, abundantemente

**plenty** ['plentɪ] Ⓐ N abundancia *f*; **in ~** en abundancia; **the land of ~** la tierra de la abundancia

Ⓑ PRON [1] (= *lots*) **that's ~, thanks** ¡así basta, gracias!; **she's got ~ to do** tiene muchas cosas que hacer, tiene un montón que hacer*; **there are ~ like me** hay mucha gente *or* hay muchos como yo; **there's ~ more where that came from** aún queda más de esto

[2] **~ of** (= *much, a good deal of*) mucho/a; (= *many*) muchos/as; **it takes ~ of courage** requiere mucho valor; **they have ~ of money** tienen mucho dinero; **we've got ~ of time to get there** tenemos tiempo de sobra para llegar; **I've got ~ of work to be getting on with** tengo trabajo más que suficiente para empezar; **drink ~ of fluids** beba muchos líquidos; **there are ~ of them** los hay en cantidad; **~ of people are self-employed nowadays** hoy en día hay mucha gente que trabaja de autónomo; **we see ~ of Mum and Dad** vemos a mis padres con frecuencia, vemos mucho a mis padres

Ⓒ ADV (*esp US**) **it's ~ big enough** es bastante grande; **we like it ~** nos gusta mucho

**plenum** ['pliːnəm] N (*pl* **plenums** *or* **plena**) pleno *m*

**pleonasm** ['pliːənæzəm] N pleonasmo *m*

**pleonastic** [plɪə'næstɪk] ADJ pleonástico

**plethora** ['pleθərə] N plétora *f*

**plethoric** [ple'θɒrɪk] ADJ pletórico

**pleurisy** ['plʊərɪsɪ] N pleuresía *f*, pleuritis *f*

**Plexiglas**® ['pleksɪglɑːs] N plexiglás® *m*

**pliability** [,plaɪə'bɪlɪtɪ] N (*also fig*) flexibilidad *f*

**pliable** ['plaɪəbl] ADJ (*also fig*) flexible

**pliant** ['plaɪənt] ADJ (*fig*) dócil, flexible

**pliers** ['plaɪəz] NPL alicates *mpl*; **a pair of ~** unos alicates

**plight**[1] [plaɪt] N situación *f* grave; **the country's economic ~** la grave situación económica del país; **the ~ of the shellfish industry** la crisis de la industria marisquera; **to be in a sad** *or* **sorry ~** estar en un estado lamentable

**plight**[2]† [plaɪt] VT [+ *word*] dar, empeñar; **to ~ one's troth** prometerse, dar su palabra de casamiento (**to** a)

**plimsoll** ['plɪmsəl] Ⓐ N (*Brit*) zapatilla *f* de tenis, playera *f*

Ⓑ CPD ► **Plimsoll line**, **Plimsoll mark** N (*Naut*) línea *f* de máxima carga

**plinth** [plɪnθ] N plinto *m*

**Pliny** ['plɪnɪ] N Plinio; **~ the Elder** Plinio el Viejo; **~ the Younger** Plinio el Joven

**PLO** N ABBR (= **Palestine Liberation Organization**) OLP *f*

**plod** [plɒd] Ⓐ N [1] **to go at a steady ~** caminar a un ritmo lento pero constante

[2] **it's a long ~ to the village** hay mucho camino hasta llegar al pueblo

Ⓑ VT **we ~ded our way homeward** volvimos penosamente hacia casa

Ⓒ VI [1] (*lit*) andar con paso pesado; **to ~ along** *or* **on** ir andando con paso lento; **keep ~ding!** ¡ánimo!, ¡no os dejéis desanimar!

[2] (*fig*) (*at work etc*) **to ~ away at a task** seguir dándole a un trabajo; **we must ~ on** tenemos que seguir trabajando

**plodder*** ['plɒdəʳ] N *trabajador diligente pero lento*

**plodding** ['plɒdɪŋ] ADJ [*pace*] lento y pesado; [*student, worker*] más aplicado que brillante

**plonk**[1] [plɒŋk] (*esp Brit*) Ⓐ N (= *sound*) golpe *m* seco, ruido *m* seco; **it fell with a ~ to the floor** cayó al suelo con un ruido seco

Ⓑ ADV (*) **he went ~ into the stream** cayó ¡zas! en el arroyo; **it landed ~ on his cheek** le dio de lleno en la mejilla; **~ in the middle** justo en el medio

Ⓒ VT (*) [1] (*Mus*) puntear

[2] (*also* **~ down**) dejar caer; **to ~ o.s. down** dejarse caer

Ⓓ EXCL (*) plaf

**plonk**[2]* [plɒŋk] N (*Brit*) (= *wine*) vino *m* peleón*

**plonker**‡ ['plɒŋkəʳ] N (*Brit*) imbécil *mf*, gilipollas *mf inv* (*Sp*‡)

**plop** [plɒp] Ⓐ N plaf *m*

Ⓑ VI hacer plaf

Ⓒ VT (*also* **to ~ down**) arrojar dejando oír un plaf

Ⓓ EXCL plaf

➤ LANGUAGE IN USE: pleasure A2 3

**plosive** ['plәʊsɪv] Ⓐ ADJ explosivo
Ⓑ N explosiva *f*

**plot¹** [plɒt] N (*Agr*) parcela *f*, terreno *m*; [*of vegetables, flowers etc*] cuadro *m*; **a ~ of grass** un cuadro de césped; **a ~ of land** (*gen*) un terreno; (*for building*) un solar, un lote (*esp LAm*); **a vegetable ~** un cuadro de hortalizas

**plot²** [plɒt] Ⓐ N [1] (= *conspiracy*) complot *m*, conjura *f*
[2] (*Literat, Theat*) trama *f*, argumento *m*; ✦***IDIOMS*** **to lose the ~*** perderse, perder el hilo; **the ~ thickens** la cosa se complica
Ⓑ VT [1] (*on graph etc*) [+ *progress, course, position*] trazar; **to ~ A against Z** trazar A como función de Z
[2] [+ *downfall, ruin etc*] urdir, fraguar
Ⓒ VI maquinar, conspirar; **to ~ to do sth** conspirar para hacer algo

►**plot out** VT + ADV [+ *course, route*] trazar; [+ *strategy, plan*] marcar, trazar

**plotless** ['plɒtlɪs] ADJ [*film, play, novel*] sin argumento, carente de argumento

**plotter¹** ['plɒtәʳ] N (= *conspirator*) conspirador(a) *m/f*

**plotter²** ['plɒtәʳ] N (*Comput*) trazador *m* (de gráficos)

**plotting** ['plɒtɪŋ] Ⓐ N intrigas *fpl*, maquinaciones *fpl*
Ⓑ CPD ► **plotting board** N tablero *m* trazador ► **plotting paper** N (*US*) papel *m* cuadriculado ► **plotting table** N mesa *f* trazadora

**plough**, **plow** (*US*) [plaʊ] Ⓐ N (*Agr*) arado *m*; **the Plough** (*Astron*) el Carro, la Osa Mayor
Ⓑ VT [1] (*Agr*) arar
[2] (*fig*) **to ~ money into a project** invertir (grandes cantidades de) dinero en un proyecto; **to ~ one's way through the snow** abrirse paso con dificultad por la nieve; **to ~ one's way through a book** leer un libro con dificultad; **I ~ed my way through it eventually** por fin acabé de leerlo pero resultó pesadísimo
[3] (*Brit Univ*†*) dar calabazas a*, cargar (*Sp**); **I was ~ed in German** ◊ **they ~ed me in German** me dieron calabazas en alemán*
Ⓒ VI [1] (*Agr*) arar
[2] (*fig*) **the car ~ed into the wall** el coche dio fuerte(mente) contra la pared; **the lorry ~ed into the crowd** el camión se metió en la multitud; **to ~ through the mud** abrirse camino con dificultad a través del lodo
[3] (*Brit Univ*†*) **I ~ed again** volvieron a suspenderme *or* (*LAm*) reprobarme, volvieron a cargarme (*Sp**)
Ⓓ CPD ► **plough horse** N caballo *m* de labranza

►**plough back** VT + ADV [+ *profits*] reinvertir

►**plough in**, **plough under** VT + ADV cubrir arando, enterrar arando

►**plough up** VT + ADV [+ *field*] arar, roturar; [+ *bushes etc*] arrancar con el arado; [+ *pathway*] hacer desaparecer arando; **the train ~ed up the track for 100 metres** el tren destrozó unos 100 metros de vía

**ploughing**, **plowing** (*US*) ['plaʊɪŋ] N arada *f*; **~ back of profits** reinversión *f* de ganancias

**ploughland**, **plowland** (*US*) ['plaʊlænd] N tierra *f* de labrantío, tierra *f* labrantía

**ploughman**, **plowman** (*US*) ['plaʊmәn] Ⓐ N (*pl* **ploughmen**) arador *m*, labrador *m*
Ⓑ CPD ► **ploughman's lunch** N (*Brit*) pan *m* con queso y cebolla

**ploughshare**, **plowshare** (*US*) ['plaʊʃɛәʳ] N reja *f* del arado

**plover** ['plʌvәʳ] N chorlito *m*

**plow** *etc* [plaʊ] (*US*) = **plough** *etc*

**ploy** [plɔɪ] N truco *m*, estratagema *f*

**PLP** N ABBR (*Brit*) = **Parliamentary Labour Party**

**PLR** N ABBR (*Brit Admin*) = **Public Lending Right**

**pluck** [plʌk] Ⓐ N [1] (= *tug*) tirón *m*
[2] (= *courage*) valor *m*, ánimo *m*; (= *guts*) agallas *fpl*; **it takes ~ to do that** hace falta mucho valor para hacer eso; **he's got plenty of ~** tiene muchas agallas; **I didn't have the ~ to own up** no tuve el valor para confesar
Ⓑ VT [+ *fruit, flower*] (*liter*) arrancar; [+ *bird*] desplumar; [+ *guitar*] pulsar, puntear; **to ~ one's eyebrows** depilarse las cejas; **the helicopter ~ed him from the sea** el helicóptero lo recogió del mar; **it's an idea I've just ~ed out of the air** es una idea que he tenido al vuelo; **he was ~ed from obscurity to star in the show** fue rescatado del anonimato para protagonizar el espectáculo
Ⓒ VI **to ~ at** tirar de, dar un tirón a; **to ~ at sb's sleeve** tirar a algn de la manga

►**pluck off**, **pluck out** VT + ADV arrancar con los dedos, arrancar de un tirón

►**pluck up** VT + ADV (= *summon up*) **to ~ up (one's) courage** armarse de valor; **to ~ up the courage to do sth** armarse de valor para hacer algo

**pluckily** ['plʌkɪlɪ] ADV valientemente

**pluckiness** ['plʌkɪnɪs] N (= *courage*) valor *m*, ánimo *m*; (= *guts*) agallas *fpl*

**plucky** ['plʌkɪ] ADJ (*compar* **pluckier**; *superl* **pluckiest**) valiente, valeroso

**plug** [plʌg] Ⓐ N [1] (*in bath, basin, barrel, for leak*) tapón *m*; **a ~ of cotton wool** un tampón (de algodón); ✦***IDIOM*** **to pull the ~ on sth***: **the bank pulled the ~ on my overdraft** el banco me cerró el grifo del descubierto
[2] (*Elec*) (*on flex, apparatus*) enchufe *m*, clavija *f*; (= *socket*) toma *f* de corriente; (*Telec*) clavija *f*; (*Aut*) (= *spark plug*) bujía *f*; **2-/3-pin ~** clavija *f* bipolar/tripolar, clavija *f* de dos/tres polos
[3] [*of tobacco*] rollo *m*, tableta *f* (de tabaco de mascar)
[4] (*) (= *piece of publicity*) publicidad *f*; **to give sth/sb a ~** dar publicidad a algo/algn; **to get/put in a ~ for a product** lograr anunciar un producto (de modo solapado)
Ⓑ VT [1] (*also* **~ up**) [+ *hole*] llenar, tapar; [+ *leak*] cubrir; (*Archit*) rellenar; **~ this cloth into the hole** tapa el agujero con este trapo; **to ~ a tooth** empastar una muela; **to ~ a loophole** (*fig*) cerrar una escapatoria; **to ~ the drain on the reserves** (*fig*) acabar con la pérdida de reservas
[2] (= *insert*) introducir; **to ~ a lead into a socket** enchufar un hilo en una toma
[3] (*) (= *publicize*) dar publicidad a
[4] (*) (= *advocate, put forward*) insistir *or* hacer hincapié en; **he's been ~ging that line for years** hace años que viene diciendo lo mismo
[5] (‡) (= *hit*) pegar; (= *shoot*) pegar un tiro a

►**plug away*** VI + ADV **to ~ away (at sth)** perseverar (en algo), darle (a algo)*

►**plug in** Ⓐ VT + ADV (*Elec*) enchufar, conectar; **to ~ in a radio** conectar una radio
Ⓑ VI + ADV [1] (*Elec*) enchufar
[2] (*) (*fig*) ponerse en la onda*; **to ~ in to** ponerse en la onda de*, sintonizar con

►**plug up** VT + ADV (= *fill*) tapar, taponar

**plug-and-play** [,plʌgәn'pleɪ] ADJ (*Comput*) fácil de conectar

**plughole** ['plʌghәʊl] N desagüe *m*, desaguadero *m*; ✦***IDIOM*** **to go down the ~*** irse al traste; **all that work has gone down the ~** todo ese trabajo se ha ido al traste

**plug-in** ['plʌg'ɪn] ADJ (*Elec*) enchufable, con enchufe

**plug-ugly*** [,plʌg'ʌglɪ] ADJ feísimo, horrendo

**plum** [plʌm] Ⓐ N [1] (= *fruit*) ciruela *f*; (*also* **~ tree**) ciruelo *m*; ✦***IDIOM*** **to speak with** *or* **have a ~ in one's mouth** (*Brit* hum*) hablar muy engoladamente
[2] (= *colour*) color *m* ciruela *or* (*LAm*) guinda
[3] (*fig*) (*) **it's a real ~ (of a) job** es un trabajo fantástico, es un chollo (*Sp**)
Ⓑ CPD ► **plum pudding** N pudín *m or* budín *m* de pasas ► **plum tomato** N tomate *m* pera

**plumage** ['plu:mɪdʒ] N plumaje *m*

**plumb** [plʌm] Ⓐ N plomo *m*
Ⓑ ADJ vertical, a plomo
Ⓒ ADV [1] (= *vertically*) verticalmente, a plomo
[2] (*US**) (= *wholly*) totalmente, completamente; **~ crazy** completamente loco; **he's ~ stupid** es un tonto perdido
[3] **~ in the middle** en el mismo *or* (*Mex*) mero centro; **it hit him ~ on the nose** le dio de lleno en las narices
Ⓓ VT [1] (= *descend to*) sondar
[2] (*fig*) sondear; **to ~ the depths of the human mind** penetrar en las profundidades de la mente humana; **to ~ the depths of despair** conocer la mayor desesperación
[3] (= *connect plumbing in*) [+ *building*] instalar la fontanería de, instalar las tuberías de
Ⓔ CPD ► **plumb bob** N plomo *m* ► **plumb line** N plomada *f*

►**plumb in** VT + ADV conectar (con el suministro de agua)

**plumbago** [plʌm'beɪgәʊ] N (*pl* **plumbagos**) plombagina *f*

**plumber** ['plʌmәʳ] Ⓐ N fontanero/a *m/f*, plomero/a *m/f* (*LAm*), gasfitero/a *m/f* (*Chile*)
Ⓑ CPD ► **plumber's helper** (*US*), **plumber's mate** (*Brit*) N (= *tool*) desatascador *m* de fregaderos; (= *assistant*) ayudante *mf or* aprendiz *mf* de fontanero

**plumbic** ['plʌmbɪk] ADJ plúmbico, plúmbeo

**plumbing** ['plʌmɪŋ] N [1] (= *craft*) fontanería *f*, plomería *f* (*LAm*), gasfitería *f* (*Chile*)
[2] (= *piping*) tuberías *fpl*, cañerías *fpl*; (= *bathroom fittings*) aparatos *mpl* sanitarios

**plume** [plu:m] Ⓐ N (= *feather*) pluma *f*; (*on helmet*) penacho *m*; (*fig*) [*of smoke etc*] columna *f*, hilo *m*
Ⓑ VT **the bird ~s itself** el ave se limpia *or* se arregla las plumas

**plumed** [plu:md] ADJ [*hat*] con plumas; [*helmet*] empenachado

**plummet** ['plʌmɪt] Ⓐ N plomada *f*
Ⓑ VI [*bird, plane etc*] caer en picado *or* (*LAm*) en picada; [*temperature, price, sales*] bajar de golpe; [*spirits, morale*] caer a plomo

**plummeting** ['plʌmɪtɪŋ] ADJ [*prices, profits, sales*] que cae(n) en picado *or* (*LAm*) en picada; [*popularity*] que se va a pique; [*temperatures*] que baja(n) drásticamente

**plummy*** ['plʌmɪ] ADJ (*compar* **plummier**; *superl* **plummiest**) (*Brit*) [*voice*] engolado

**plump¹** [plʌmp] Ⓐ ADJ (*compar* **plumper**; *superl* **plumpest**) [*person*] relleno, rollizo; [*face*] lleno, rollizo; [*baby*] rechoncho; [*animal*] gordo; [*fruit, vegetable*] gordo, orondo
Ⓑ VT (= *fatten*) engordar; (= *swell*) hinchar

►**plump up** VT + ADV (= *cause to swell*) hinchar; [+ *pillow*] mullir

**plump²** [plʌmp] Ⓐ ADV de lleno; **it fell ~ on the roof** cayó de lleno en el techo; **to run ~ into sb** dar de cara con algn
Ⓑ VI (= *fall*) caer pesadamente, dejarse caer pesadamente

►**plump down** Ⓐ VT + ADV dejar caer; **to ~ o.s. down** desplomarse, dejarse caer pesadamente
Ⓑ VI + ADV **to ~ down on to a chair** desplomarse en un sillón, dejarse caer pesadamente en un sillón

►**plump for*** VI + PREP (= *choose*) decidirse por, optar por; (= *vote for*) votar por

**plumpness** ['plʌmpnɪs] N [*of person*] lo rollizo, gordura *f*; [*of face*] lo regordete, lo rollizo; [*of fruit, vegetable*] gordura *f*, lo orondo

**plunder** ['plʌndəʳ] Ⓐ N (= *act*) pillaje *m*, saqueo *m*; (= *loot*) botín *m*
Ⓑ VT pillar, saquear; [+ *tomb*] robar; [+ *safe*] robar (el contenido de); **they ~ed my cellar** me saquearon la bodega

**plunderer** ['plʌndərəʳ] N saqueador(a) *m/f*

**plundering** ['plʌndərɪŋ] N saqueo *m*

**plunge** [plʌndʒ] Ⓐ N [1] (= *dive*) (*from bank etc*) salto *m*; (*under water*) zambullida *f*; (*by professional diver*) inmersión *f*; (= *bathe*) baño *m*; **the diver rested after each ~** el buzo descansaba después de cada inmersión; **he had a ~ before breakfast** se fue a bañar antes de desayunar
[2] (*fig*) (*of currency etc*) caída *f* repentina, desplome *m*; ✦*IDIOM* **to take the ~** aventurarse, dar el paso decisivo; (*hum*) (= *get married*) decidir casarse; **I took the ~ and bought it** me armé de valor y lo compré
[3] (*) (= *rash investment*) inversión *f* arriesgada
Ⓑ VT [1] (= *immerse*) sumergir, hundir (**into** en); **he ~d his hands into the water** hundió las manos en el agua
[2] (= *thrust*) arrojar; **he ~d his hand into his pocket** metió la mano bien dentro del bolsillo; **to ~ a dagger into sb's chest** clavar un puñal en el pecho de algn
[3] (*fig*) **to ~ a room into darkness** sumir un cuarto en la oscuridad; **New York was suddenly ~d into darkness** Nueva York se encontró de repente sumida en la oscuridad; **we were ~d into gloom by the news** la noticia nos hundió en la tristeza; **to ~ sb into debt** arruinar a algn
Ⓒ VI [1] (= *dive*) arrojarse, tirarse; (*into water*) lanzarse, zambullirse; **then the submarine ~d** luego el submarino se sumergió; **she ~d into ten metres of water** se zambulló en diez metros de agua
[2] (= *fall*) caer, hundirse; [*road, cliff*] precipitarse; **he ~d to his death** tuvo una caída mortal; **he ~d from a fifth storey window** (= *threw himself*) se arrojó desde una ventana del quinto piso; (= *fell*) cayó desde una ventana del quinto piso; **the aircraft ~d into the sea off Dover** el avión cayó al *or* se precipitó en el mar a la altura de Dover
[3] [*ship*] cabecear; [*horse*] corcovear
[4] [*share prices, currency etc*] desplomarse; **to ~ into debt** sumirse en un mar de deudas
[5] (*fig*) (= *rush*) lanzarse, precipitarse; **to ~ forward** precipitarse hacia adelante; **to ~ into one's work** sumirse en el trabajo; **to ~ heedlessly into danger** meterse alegremente en un peligro; **he ~d into a monologue on Plato** se puso a soltar *or* emprendió un monólogo sobre Platón

►**plunge in** Ⓐ VT + ADV [+ *head, hands*] (= *immerse*) sumergir, hundir; (= *thrust*) hundir
Ⓑ VI + ADV [1] (*into water*) zambullirse
[2] (*fig*) (= *rush*) lanzarse

**plunger** ['plʌndʒəʳ] N (*Tech*) émbolo *m*; (*for clearing drain*) desatascador *m*

**plunging** ['plʌndʒɪŋ] ADJ **~ neckline** escote *m* muy bajo

**plunk** [plʌŋk] N (*US*) = **plonk**[1]

**pluperfect** ['pluː'pɜːfɪkt] N (*Ling*) pluscuamperfecto *m*

**plural** ['plʊərəl] Ⓐ ADJ plural; **the ~ form of the noun** la forma del sustantivo en plural
Ⓑ N plural *m*; **in the ~** en (el) plural

**pluralism** ['plʊərəlɪzəm] N pluralismo *m*

**pluralist** ['plʊərəlɪst] Ⓐ ADJ pluralista
Ⓑ N pluralista *mf*

**pluralistic** [,plʊərə'lɪstɪk] ADJ pluralista

**plurality** [,plʊə'rælɪtɪ] N pluralidad *f*; **by a ~ of votes** por mayoría (simple) de votos

**plus** [plʌs] Ⓐ PREP [1] (*Math*) más, y; **3 ~ 4** 3 más 4; **we're ~ 500** (*Bridge*) tenemos una ventaja de 500 puntos
[2] (= *in addition to*) **~ what I have to do already** además de lo que ya tengo que hacer
Ⓑ ADJ [1] (*Math, Elec*) positivo; **a ~ factor** (*fig*) un factor a favor
[2] **twenty ~** veinte y pico, veintitantos; **two pounds ~** dos libras y algo más, más de dos libras; **on earnings of £40,000 ~** de un sueldo de 40,000 libras en adelante
Ⓒ N [1] (*Math*) (= *plus sign*) signo *m* (de) más, signo *m* de sumar
[2] (*fig*) (= *advantage*) punto *m* a favor; **that is a ~ for him** es un punto a su favor
Ⓓ CONJ (= *moreover*) además; **~ we haven't got the money** además, no tenemos el dinero
Ⓔ CPD ► **plus fours** NPL pantalones *mpl* de golf, pantalones *mpl* holgados de media pierna ► **plus sign** N signo *m* (de) más, signo *m* de sumar

**plush** [plʌʃ] Ⓐ N (= *fabric*) felpa *f*
Ⓑ ADJ afelpado; (*fig*) de mucho lujo

**plushy*** ['plʌʃɪ] ADJ de mucho lujo

**Plutarch** ['pluːtɑːk] N Plutarco

**Pluto** ['pluːtəʊ] N (*Astron, Myth*) Plutón *m*

**plutocracy** [,pluː'tɒkrəsɪ] N plutocracia *f*

**plutocrat** ['pluːtəʊkræt] N plutócrata *mf*

**plutocratic** [,pluːtəʊ'krætɪk] ADJ plutocrático

**plutonium** [pluː'təʊnɪəm] N plutonio *m*

**pluviometer** [,pluːvɪ'ɒmɪtəʳ] N pluviómetro *m*

**ply** [plaɪ] Ⓐ VT [1] [+ *needle, tool*] manejar, emplear; [+ *oars*] emplear; [+ *river, route*] navegar por; (*liter*) [+ *sea*] navegar por, surcar (*liter*); **to ~ one's trade** ejercer su profesión
[2] **to ~ sb for information** importunar a algn pidiéndole información; **to ~ sb with questions** acosar a algn con preguntas; **to ~ sb with drink** no parar de ofrecer de beber a algn
Ⓑ VI **to ~ between** ir y venir de; **to ~ for hire** ir en busca de clientes

**-ply** [plaɪ] ADJ (*ending in compounds*) **three-ply wood** madera *f* de tres capas; **three-ply wool** lana *f* de tres cabos

**plywood** ['plaɪwʊd] N madera *f* contrachapada

**PM** N ABBR [1] (*Brit*) = **Prime Minister**
[2] (*Jur, Med*) = **post mortem**

**pm** ADV ABBR (= **post meridiem**) p.m., de la tarde

**PMG** N ABBR [1] (*Brit*) = **Paymaster General**
[2] = **Postmaster General**

**PMS** N ABBR (= **premenstrual syndrome**) SPM *m*

**PMT** N ABBR (= **premenstrual tension**) SPM *m*

**PN, P/N** N ABBR (= **promissory note**) pagaré *m*

**PND** N ABBR = **postnatal depression**

**pneumatic** [njuː'mætɪk] Ⓐ ADJ neumático
Ⓑ CPD ► **pneumatic drill** N taladradora *f* neumática

**pneumoconiosis** [,njuːməʊ,kəʊnɪ'əʊsɪs] N neumoconiosis *f*

**pneumonia** [njuː'məʊnɪə] N pulmonía *f*, neumonía *f*

**Pnom Penh** ['nɒm'pen] N = **Phnom Penh**

**PO** N ABBR [1] (= **Post Office**) oficina *f* de correos; **PO Box** apdo., aptdo., CP (*LAm*)
[2] (*Aer*) (= **Pilot Officer**) oficial *m* piloto
[3] (*Naut*) (= **Petty Officer**) suboficial *m* de marina

**po*** [pəʊ] N (*Brit*) orinal *m*

**p.o.** N ABBR (*Brit*) (= **postal order**) g.p., g/p

**POA** Ⓐ N ABBR (*Brit*) (= **Prison Officers' Association**) *sindicato de empleados de cárcel*
Ⓑ ABBR (*Comm*) (= **price on application**) el precio a solicitud

**poach**[1] [pəʊtʃ] VT (*Culin*) [+ *egg*] escalfar; [+ *fish etc*] hervir

**poach**[2] [pəʊtʃ] Ⓐ VT [1] (= *hunt*) cazar en vedado; (= *fish*) pescar en vedado
[2] (*fig*) (*) (= *steal*) birlar*, quitar
Ⓑ VI (= *hunt*) cazar furtivamente; (= *fish*) pescar furtivamente; ✦*IDIOM* **to ~ on sb's preserves** *or* **territory** invadir *or* pisar el terreno a algn

**poached** [pəʊtʃt] ADJ [*egg*] escalfado; [*fish etc*] hervido

**poacher**[1] ['pəʊtʃəʳ] N (= *person*) cazador(a) *m/f* furtivo/a; **~ turned gamekeeper** (*Brit*) (*fig*) *persona que abandona una actividad para hacer todo lo contrario*

**poacher**[2] ['pəʊtʃəʳ] N (*for eggs*) escalfador *m*

**poaching** ['pəʊtʃɪŋ] N caza *f*/pesca *f* furtiva

**POB** ABBR (= **post office box**) apdo

**pochard** ['pəʊtʃəd] N porrón *m* común

**pock** [pɒk] N (= *pustule*) pústula *f*; (*also* **~mark**) (= *scar*) picadura *f*, hoyuelo *m*

**pocked** [pɒkt] ADJ = **pockmarked**

**pocket** ['pɒkɪt] Ⓐ N [1] (*in trousers etc*) bolsillo *m*, bolsa *f* (*Mex*); **with his hands in his ~s** con las manos (metidas) en los bolsillos; ✦*IDIOMS* **to have sth/sb in one's ~** tener algo/a algn en el bolsillo; **to line one's ~s** forrarse; **to live in each other's** *or* **one another's ~s** (*Brit*) vivir el uno para el otro, no dejarse ni a sol ni a sombra; **to put one's hand in one's ~** echar mano al bolsillo; *see also* **pick B5**
[2] (*fig*) (= *finances, budget*) **to have deep ~s** tener muchos posibles, tener las espaldas bien cubiertas; **that hurts his ~** eso le duele en el bolsillo; **to be in ~** salir ganando; **to be £5 in ~** haber ganado 5 libras; **to be out of ~** salir perdiendo; **to be £5 out of ~** haber perdido 5 libras
[3] (*Billiards*) tronera *f*
[4] (*fig*) (= *restricted area, space*) **~ of resistance** foco *m* de resistencia; **~ of warm air** bolsa *f* de aire caliente
Ⓑ VT [1] (*lit*) meter *or* guardar en el bolsillo; ✦*IDIOM* **to ~ one's pride** aguantarse, tragarse el orgullo
[2] (*Billiards*) entronerar
[3] (*fig*) (= *gain, steal*) embolsar; **he ~ed half the takings** se embolsó la mitad de la recaudación
Ⓒ CPD de bolsillo ► **pocket battleship** N acorazado *m* de bolsillo ► **pocket calculator** N calculadora *f* de bolsillo ► **pocket diary** N agenda *f* de bolsillo ► **pocket edition** N edición *f* de bolsillo ► **pocket handkerchief** N pañuelo *m* (de bolsillo) ► **pocket money** N dinero *m* para gastos (personales); (*children's*) dinero *m* de bolsillo

**pocketbook** ['pɒkɪtbʊk] N [1] (= *notebook*) cuaderno *m*

**2** (*US*) (= *handbag*) bolso *m*, cartera *f* (*LAm*); (= *wallet*) cartera *f*, billetero *m*; (= *purse*) monedero *m*

**pocketful** [ˈpɒkɪtfʊl] N (*pl* **pocketfuls**) **a ~ of nuts** un bolsillo (lleno) de nueces

**pocketknife** [ˈpɒkɪtnaɪf] N (*pl* **pocketknives**) navaja *f*

**pocket-size(d)** [ˈpɒkɪtsaɪz(d)] ADJ de bolsillo

**pockmark** [ˈpɒkmɑːk] N picadura *f*, hoyuelo *m*

**pockmarked** [ˈpɒkmɑːkt] ADJ [*face*] picado de viruelas; [*surface*] marcado de hoyos; **to be ~ with** estar marcado *or* acribillado de

**POD** ABBR = **payment on delivery**

**pod** [pɒd] N vaina *f*

**podgy*** [ˈpɒdʒɪ] ADJ (*compar* **podgier**; *superl* **podgiest**) (*esp Brit*) gordinflón*; [*face*] mofletudo*

**podiatrist** [pɒˈdiːətrɪst] N (*US*) pedicuro/a *m/f*

**podiatry** [pɒˈdiːətrɪ] N (*US*) pedicura *f*

**podium** [ˈpəʊdɪəm] N (*pl* **podiums, podia** [ˈpəʊdɪə]) podio *m*

**POE** ABBR **1** = **port of embarkation**
**2** = **port of entry**

**poem** [ˈpəʊɪm] N (*short*) poesía *f*; (*long, narrative*) poema *m*; **Lorca's ~s** las poesías de Lorca, la obra poética de Lorca

**poet** [ˈpəʊɪt] Ⓐ N poeta *mf*
Ⓑ CPD ► **poet laureate** N (*pl* **poets laureate**) poeta *mf* laureado/a

**POET LAUREATE**

*El poeta de la Corte, denominado* **Poet Laureate**, *ocupa un puesto vitalicio al servicio de la Casa Real británica. Era tradición que escribiera poemas conmemorativos para ocasiones oficiales, aunque hoy día esto es poco frecuente. El primer poeta así distinguido fue Ben Jonson, en 1616.*

**poetaster** [ˌpəʊɪˈtæstəʳ] N poetastro *m*

**poetess**† [ˈpəʊɪtes] N poetisa *f*

**poetic** [pəʊˈetɪk] Ⓐ ADJ poético
Ⓑ CPD ► **poetic justice** N justicia *f* divina ► **poetic licence, poetic license** (*US*) N licencia *f* poética

**poetical** [pəʊˈetɪkəl] ADJ poético

**poetically** [pəʊˈetɪkəlɪ] ADV poéticamente

**poeticize** [pəʊˈetɪsaɪz] VT (= *enhance*) poetizar, adornar con detalles poéticos; (= *translate into verse*) hacer un poema *or* una versión poética de

**poetics** [pəʊˈetɪks] NSING poética *f*

**poetry** [ˈpəʊɪtrɪ] Ⓐ N poesía *f*; ✦***IDIOM* ~ in motion** poesía *f* en movimiento
Ⓑ CPD ► **poetry magazine** N revista *f* de poesía ► **poetry reading** N recital *m or* lectura *f* de poesías

**po-faced*** [ˌpəʊˈfeɪst] ADJ que mira con desaprobación, severo

**pogrom** [ˈpɒgrəm] N pogrom *m*

**poignancy** [ˈpɔɪnjənsɪ] N patetismo *m*

**poignant** [ˈpɔɪnjənt] ADJ conmovedor, patético

**poignantly** [ˈpɔɪnjəntlɪ] ADV [*describe, write, speak*] de modo conmovedor

**poinsettia** [pɔɪnˈsetɪə] N flor *f* de pascua

**point** [pɔɪnt] Ⓐ N **1** (*Geom*) (= *dot*) punto *m*; (= *decimal point*) punto *m* decimal, coma *f*; **two ~ six (2.6)** dos coma seis (2,6)
**2** (*on scale, thermometer*) punto *m*; **boiling/freezing ~** punto de ebullición/congelación; **the thermometer went up three ~s** el termómetro subió tres grados; **the index is down three ~s** el índice bajó tres enteros; **the shares went down two ~s** las acciones bajaron dos enteros
**3** (*on compass*) cuarta *f*, grado *m*; **from all ~s of the compass** desde los cuatro rincones del mundo
**4** [*of needle, pencil, knife etc*] punta *f*; [*of pen*] puntilla *f*; **to put a ~ on a pencil** sacar punta a un lápiz; **a star with five ~s** una estrella de cinco puntas; **at the ~ of a sword** a punta de espada; **with a sharp ~** puntiagudo; ✦***IDIOM* not to put too fine a ~ on it** (= *frankly*) hablando sin rodeos
**5** (= *place*) punto *m*, lugar *m*; **he had reached the ~ of resigning** había llegado al punto de la dimisión; **this was the low/high ~ of his career** este fue el momento más bajo/el momento cumbre de su carrera; **at all ~s** por todas partes, en todos los sitios; **delivered free to all ~s in Spain** entrega gratuita en cualquier punto de España; **the train stops at Carlisle and all ~s south** el tren para en Carlisle y todas las estaciones al sur; **at this ~** (*in space*) aquí, allí; (*in time*) en este *or* aquel momento; **when it comes to the ~** en el momento de la verdad; **when it came to the ~ of paying …** cuando llegó la hora de pagar …, a la hora de pagar …; **there was no ~ of contact between them** no existía ningún nexo de unión entre ellos; **to be on** *or* **at the ~ of death** estar a punto de morir; **~ of departure** (*lit, fig*) punto *m* de partida; **~ of entry** (*into a country*) punto *m* de entrada, paso *m* fronterizo; **from that ~ on …** de allí en adelante …; **to reach the ~ of no return** (*lit, fig*) llegar al punto sin retorno; **to be on the ~ of doing sth** estar a punto de hacer algo; **abrupt to the ~ of rudeness** tan brusco que resulta grosero; **up to a ~** (= *in part*) hasta cierto punto, en cierta medida; **at the ~ where the road forks** donde se bifurca el camino
**6** (= *counting unit*) (*in Sport, test*) punto *m*; **~s against** puntos *mpl* en contra; **~s for** puntos *mpl* a favor; **to win on ~s** ganar por puntos; **to give sth/sb ~s out of ten** dar a algo/algn un número de puntos sobre diez; **to score ten ~s** marcar diez puntos
**7** (= *most important thing*) **the ~ is that …** el caso es que …; **that's the whole ~** ◊ **that's just the ~!** ¡eso es!, ¡ahí está!; **the ~ of the joke/story** la gracia del chiste/cuento; **to be beside the ~** no venir al caso; **it is beside the ~ that …** no importa que + *subjun*; **do you get the ~?** ¿entiendes por dónde voy *or* lo que quiero decir?; **to miss the ~** no comprender; **that's not the ~** esto no viene al caso, no es eso; **to get off the ~** salirse del tema; **his remarks were to the ~** sus observaciones venían al caso; **an argument very much to the ~** un argumento muy a propósito; **that is hardly to the ~** eso apenas hace al caso; **to come** *or* **get to the ~** ir al grano; **to get back to the ~** volver al tema; **to keep** *or* **stick to the ~** no salirse del tema; **to speak to the ~** (= *relevantly*) hablar acertadamente, hablar con tino
**8** (= *purpose, use*) [*of action, visit*] finalidad *f*, propósito *m*; **it gave ~ to the argument** hizo ver la importancia del argumento; **there's little ~ in telling him** no merece la pena *or* no tiene mucho sentido decírselo; **there's no ~ in staying** no tiene sentido quedarse; **a long story that seemed to have no ~ at all** una larga historia que no parecía venir al caso en absoluto; **to see the ~ of sth** encontrar *or* ver sentido a algo, entender el porqué de algo; **I don't see the ~ of** *or* **in doing that** no veo qué sentido tiene hacer eso; **what's the ~?** ¿para qué?, ¿a cuento de qué?; **what's the ~ of** *or* **in trying?** ¿de qué sirve intentar?
**9** (= *detail, argument*) punto *m*; **the ~s to remember are …** los puntos a retener son los siguientes …; **to carry** *or* **gain** *or* **win one's ~** salirse con la suya; **five-~ plan** proyecto *m* de cinco puntos; **to argue ~ by ~** razonar punto por punto; **in ~ of fact** en realidad, el caso es que; **I think she has a ~** creo que tiene un poco de razón; **you've got** *or* **you have a ~ there!** ¡tienes razón!, ¡es cierto! (*LAm*); **the ~ at issue** el asunto, el tema en cuestión; **to make one's ~** convencer; **you've made your ~** nos *etc* has convencido; **he made the following ~s** dijo lo siguiente; **to make the ~ that …** hacer ver *or* comprender que …; **to make a ~ of doing sth** ◊ **make it a ~ to do sth** poner empeño en hacer algo; **on this ~** sobre este punto; **on that ~** en cuanto a eso; **on that ~ we agree** sobre eso estamos de acuerdo; **to differ on a ~** no estar de acuerdo en un particular; **to press the ~** insistir (**that** en que); **to stretch a ~** hacer una excepción; **I take your ~** acepto lo que dices; **~ taken!** ¡de acuerdo!
**10** **~ of view** punto *m* de vista; **from the ~ of view of** desde el punto de vista de; **to see** *or* **understand sb's ~ of view** comprender el punto de vista de algn; **to look at a matter from all ~s of view** considerar una cuestión bajo todos sus aspectos; **to come round to sb's ~ of view** adoptar el criterio de algn
**11** (= *matter*) cuestión *f*; **~ of detail** detalle *m*; **~ of honour** cuestión *f or* punto *m* de honor; **~ of interest** punto *m* interesante; **~ of law** cuestión *f* de derecho; **~ of order** cuestión *f* de procedimiento; **a ~ of principle** una cuestión de principios
**12** (= *characteristic*) cualidad *f*; **what ~s should I look for?** ¿qué puntos debo buscar?; **bad ~s** cualidades *fpl* malas; **good ~s** cualidades *fpl* buenas; **he has his ~s** tiene algunas cualidades buenas; **tact isn't one of his strong ~s** la discreción no es uno de sus (puntos) fuertes; **it was always his strong ~** siempre ha sido su punto fuerte; **weak ~** flaco *m*, punto *m* flaco, punto *m* débil
**13** **points** (*Brit Rail*) agujas *fpl*; (*Aut*) platinos *mpl*
**14** (*Brit Elec*) (*also* **power ~**) toma *f* de corriente, tomacorriente *m* (*S. Cone*)
**15** (*Geog*) punta *f*, promontorio *m*, cabo *m*
**16** (*Typ*) (= *punctuation mark*) punto *m*; **9 ~ black** (*Typ*) negritas *fpl* del cuerpo 9
**17** (*Ballet*) (*usu pl*) punta *f*; **to dance on ~s** bailar sobre las puntas
Ⓑ VT **1** (= *aim, direct*) apuntar (**at** a); **to ~ a gun at sb** apuntar a algn con un fusil; **to ~ one's finger at sth/sb** señalar con el dedo algo/a algn; **to ~ one's toes** hacer puntas; **he ~ed the car towards London** puso el coche rumbo a Londres; ✦***IDIOM* to ~ the finger at sb** señalar con el dedo a algn
**2** (= *indicate, show*) señalar, indicar; **would you ~ me in the direction of the town hall?** ¿me quiere decir dónde está el ayuntamiento?; **we ~ed him in the right direction** le indicamos el camino; **to ~ the moral that …** subrayar la moraleja de que …; **to ~ the way** (*lit, fig*) señalar el camino
**3** (*Constr*) [+ *wall*] rejuntar
**4** [+ *text*] puntuar; [+ *Hebrew etc*] puntar
Ⓒ VI **1** (*lit*) señalar; **to ~ at** *or* **towards sth/sb** (*with finger*) señalar algo/a algn con el dedo; **the car isn't ~ing in the right direction** el coche no va en la dirección correcta; **it ~s (to the) north** apunta hacia el norte; **the hands ~ed to midnight** las agujas marcaba las 12

► LANGUAGE IN USE: point A5 26.3 A9 26.1 A11 26.2

2 (*fig*) (= *indicate*) indicar; **everything ~s that way** todo parece indicarlo; **this ~s to the fact that ...** esto indica que ...; **the evidence ~s to her** las pruebas indican que ella es la culpable; **everything ~s to his success** todo anuncia su éxito; **everything ~s to the festival being a lively one** el festival se anuncia animado
3 **to ~ to sth** (= *call attention to*) señalar algo
4 [*dog*] mostrar la caza, parar
Ⓓ CPD ► **point duty** N (*Brit Police*) control *m* de la circulación; **to be on ~ duty** dirigir la circulación *or* el tráfico ► **point of reference** N punto *m* de referencia ► **point of sale** N punto *m* de venta ► **points decision** N (*Boxing*) decisión *f* a los puntos ► **points failure** N (*Brit Rail*) fallo *m* en el sistema de agujas ► **points system** N (*gen*) sistema *m* de puntos; (*Aut*) *sistema de penalización por las infracciones cometidas por un conductor que puede llevar a determinadas sanciones (p. ej. la retirada del permiso de conducir)* ► **points victory, points win** N victoria *f* a los puntos; *see also* **point-of-sale**

► **point out** VT + ADV 1 (= *show*) señalar; **to ~ out sth to sb** señalar algo a algn
2 (= *explain*) señalar; **to ~ out sb's mistakes** señalar los errores de algn; **to ~ out that** señalar que; **to ~ out to sb the advantages of a car** señalar *or* hacer notar a algn las ventajas de tener coche; **may I ~ out that ...** permítaseme observar que ...

► **point up** VT + ADV subrayar, destacar

**point-blank** ['pɔɪnt'blæŋk] Ⓐ ADJ 1 [*shot*] (hecho) a quemarropa; **at ~ range** a bocajarro, a quemarropa
2 [*question*] directo; [*refusal*] rotundo, categórico
Ⓑ ADV [*shoot*] a bocajarro, a quemarropa; [*demand*] tajantemente, categóricamente; [*refuse*] rotundamente, categóricamente; **to ask sb sth ~** preguntar algo a algn a quemarropa

**point-by-point** ['pɔɪntbaɪ'pɔɪnt] ADJ punto por punto

**pointed** ['pɔɪntɪd] ADJ 1 (*lit*) [*chin, nose, shoes*] puntiagudo; [*stick*] de punta afilada; [*hat*] de pico; (*Archit*) [*arch, window, roof*] apuntado, ojival
2 (*fig*) [*remark*] mal intencionado; [*criticism*] mordaz; [*question*] directo; [*look*] penetrante; **the book makes ~ reference to his numerous affairs** el libro hace alusiones directas a sus numerosas aventuras amorosas

**pointedly** ['pɔɪntɪdlɪ] ADV [*say*] intencionadamente; [*ask*] sin rodeos, directamente; **he was staring ~ at the clock** miraba fijamente al reloj sin ocultar su prisa (*or* aburrimiento, *etc*); **she ~ ignored him** lo ignoró intencionadamente *or* aposta; **he was ~ left off the guest list** se lo excluyó de la lista de invitados intencionadamente

**pointer** ['pɔɪntəʳ] N 1 (= *indicator*) indicador *m*, aguja *f*; [*of balance*] fiel *m*
2 (= *stick*) puntero *m*
3 (= *dog*) perro *m* de muestra
4 (= *clue, indication*) indicación *f*, pista *f*; **it is a ~ to a possible solution** es una indicación *or* pista para una posible solución; **there is at present no ~ to the outcome** por ahora nada indica qué resultado tendrá; **this is a ~ to the guilty man** es una pista que conducirá al criminal
5 (= *advice*) consejo *m*

**pointillism** ['pwæntɪlɪzəm] N puntillismo *m*

**pointing** ['pɔɪntɪŋ] N (*Constr*) (= *action*) rejuntado *m*; (= *mortar*) juntas *fpl*

➤ LANGUAGE IN USE: point out 2 26.1, 26.2, 26.3

**pointless** ['pɔɪntlɪs] ADJ 1 (= *useless*) inútil; **it is ~ to complain** es inútil quejarse, de nada sirve quejarse
2 (= *motiveless*) sin motivo, inmotivado; **an apparently ~ crime** en apariencia, un crimen inmotivado
3 (= *meaningless*) sin sentido; **a ~ existence** una vida sin sentido, una vida que carece de propósito

**pointlessly** ['pɔɪntlɪslɪ] ADV (= *vainly*) inútilmente; (= *without motive*) sin motivo

**pointlessness** ['pɔɪntlɪsnɪs] N falta *f* de sentido, inutilidad *f*; **the ~ of war** la insensatez de la guerra

**point-of-sale** [,pɔɪntəv'seɪl] ADJ [*advertising etc*] en el punto de venta

**pointsman** ['pɔɪntsmən] N (*pl* **pointsmen**) (*Rail*) encargado *m* del cambio de agujas

**point-to-point** ['pɔɪnttə'pɔɪnt] N (*also* **~ race**) *carrera de caballos a campo traviesa*

**pointy*** ['pɔɪntɪ] ADJ [*hat, ears, shoes*] picudo, puntiagudo

**poise** [pɔɪz] Ⓐ N 1 (= *balance*) equilibrio *m*
2 (= *carriage of head, body*) porte *m*; **she dances with such ~** baila con tal elegancia *or* tal garbo
3 (= *composure or dignity of manner*) elegancia *f*, aplomo *m*; **she does it with great ~** lo hace con el mayor aplomo; **he lacks ~** le falta confianza en sí mismo *or* aplomo
Ⓑ VT 1 (= *hold ready or balanced*) equilibrar, balancear; **the rock was ~d on the edge of the cliff** la roca se balanceaba al borde del precipicio; **the hawk was ~d in the air, about to swoop on its prey** el águila se cernía inmóvil en el aire, a punto de caer sobre su presa; **a waitress approached, pencil ~d** se acercó una camarera, lápicero en ristre; **he remained ~d between life and death** permanecía debatiéndose entre la vida y la muerte
2 **to be ~d** (*fig*) (= *ready, all set*) estar listo; **they are ~d to attack** *or* **for the attack** están listos para atacar

**poised** [pɔɪzd] ADJ (= *self-possessed*) sereno, ecuánime

**poison** ['pɔɪzn] Ⓐ N (*lit, fig*) veneno *m*; **to die of ~** morir envenenado; **to take ~** envenenarse; **they hate each other like ~** se odian a muerte; ✦*IDIOM* **what's your ~?*** (*hum*) ¿qué toma?
Ⓑ VT 1 envenenar; (*chemically*) intoxicar; **the wells were ~ed** habían echado sustancias tóxicas a los pozos
2 (*fig*) envenenar, emponzoñar; **to ~ sb's mind (against sth/sb)** envenenar la mente de algn (contra algo/algn); **a ~ed chalice** (*esp Brit*) un arma de doble filo
Ⓒ CPD ► **poison gas** N gas *m* tóxico ► **poison ivy** N (= *plant*) hiedra *f* venenosa; (= *rash*) urticaria *f* ► **poison oak** N (= *plant*) zumaque *m* venenoso; (*loosely*) = **poison ivy** ► **poison pen letter** N anónimo *m* ofensivo

**poisoner** ['pɔɪznəʳ] N envenenador(a) *m/f*

**poisoning** ['pɔɪznɪŋ] N (*lit, fig*) envenenamiento *m*, intoxicación *f*; **to die of ~** morir envenenado *or* intoxicado

**poisonous** ['pɔɪznəs] ADJ 1 [*snake etc*] venenoso; [*substance, plant, fumes etc*] tóxico
2 (*fig*) (= *damaging*) pernicioso; (= *very bad*) horrible, malísimo; **this ~ propaganda** esta propaganda perniciosa; **the play was ~** la obra fue horrible; **he's a ~ individual** es una persona odiosa

**poke**[1] [pəʊk] Ⓐ N 1 (= *jab*) empujón *m*, empellón *m*; (*with elbow*) codazo *m*; (*with poker*) hurgonada *f*, hurgonazo *m*; **he gave me a ~ in the ribs** (*with finger*) me hincó el dedo en las costillas; (*with elbow*) me dio un codazo en las costillas; **to give the fire a ~** atizar la lumbre, remover la lumbre
2 **to have a ~** (*Brit***) (= *have sex*) echar(se) un polvo**
Ⓑ VT 1 (= *jab with stick, finger etc*) pinchar, clavar; [+ *fire*] hurgar, atizar, remover; **to ~ sb in the ribs** hincar el dedo a algn en las costillas; **to ~ sb with a stick** dar a algn un empujón con un palo; **you nearly ~d me in the eye with that!** ¡casi me saltas un ojo con eso!
2 (= *thrust*) introducir; **to ~ a rag into a tube** meter un trapo en un tubo; **to ~ a stick into a crack** meter un palo en una grieta; **to ~ a stick into the ground** clavar un palo en el suelo; **to ~ one's head out (of a window)** sacar *or* asomar la cabeza (por una ventana); *see also* **nose A1**
3 [+ *hole*] hacer; **to ~ a hole in a picture** hacer un agujero en un cuadro
4 **to ~ fun at sb** reírse de algn
5 (*US**) (= *punch*) pegar un puñetazo a
Ⓒ VI **to ~ at sth with a stick** hurgar algo con un bastón

► **poke about*, poke around*** VI + ADV (*in drawers, attic etc*) fisgonear, hurgar; (*round shops*) curiosear; (*pej*) fisgar, hacer indagaciones a hurtadillas; **we spent a day poking about in the shops** pasamos un día curioseando en las tiendas; **and now you come poking about!** ¡y ahora te metes a husmear!*

► **poke out** Ⓐ VI + ADV (= *stick out*) salir
Ⓑ VT + ADV **you almost ~d my eye out** casi me saltas el ojo

**poke**[2] [pəʊk] N (*esp Scot*) (= *bag*) saco *m*, bolsa *f*; *see also* **pig**

**poker**[1] ['pəʊkəʳ] N (*for fire*) atizador *m*, hurgón *m*

**poker**[2] ['pəʊkəʳ] N (*Cards*) póker *m*, póquer *m*; ✦*IDIOM* **to have a ~ face** tener una cara impasible, tener una cara de póker; *see also* **stiff A3**

**poker-faced** ['pəʊkə'feɪst] ADJ de cara impasible, con cara de póquer; **they looked on ~** miraron impasibles *or* sin expresión

**poky** ['pəʊkɪ] ADJ (*compar* **pokier**; *superl* **pokiest**) (*pej*) **a ~ room** un cuartucho*; **a ~ town** un pueblucho*

**Polack**** ['pəʊlæk] N (*pej*) polaco/a *m/f*

**Poland** ['pəʊlənd] N Polonia *f*

**polar** ['pəʊləʳ] Ⓐ ADJ (*Elec, Geog*) polar
Ⓑ CPD ► **polar bear** N oso *m* polar ► **polar (ice) cap** N casquete *m* polar ► **Polar Circle** N Círculo *m* Polar

**polarity** [pəʊ'lærɪtɪ] N 1 (*Elec, Phys*) polaridad *f*
2 (*frm*) (*fig*) (*between tendencies, opinions, people*) polaridad *f*

**polarization** [,pəʊləraɪ'zeɪʃən] N 1 (*Elec, Phys*) polarización *f*
2 (*frm*) (*fig*) [*of tendencies, opinions, people*] polarización *f*

**polarize** ['pəʊləraɪz] Ⓐ VT polarizar
Ⓑ VI polarizarse

**Polaroid®** ['pəʊlərɔɪd] Ⓐ ADJ Polaroid®
Ⓑ N 1 (*also* **~ camera**) Polaroid® *f*; (= *photograph*) foto *f* de Polaroid®
2 **Polaroids** (*also* **~ sunglasses**) gafas *fpl* de sol antirreflectantes

**pole**[1] [pəʊl] Ⓐ N 1 (= *rod*) palo *m*; (= *flag pole*) asta *f*; (= *telegraph pole*) poste *m*; (= *tent-pole*) mástil *m*; (= *curtain pole*) barra *f*; (*for gymnastics*) percha *f*; (*for vaulting, punting*) pértiga *f*, garrocha *f* (*LAm*); (*for fencing*) estaca *f*; [*of cart*] vara *f*, lanza *f*; ✦*IDIOM* **to be up the**

~†* estar chiflado*
**2** (= *archaic measure*) *medida de longitud, equivalente a 5,029 m*
Ⓑ VT [+ *punt etc*] impeler con pértiga
Ⓒ CPD ► **pole bean** N (*US*) judía *f* trepadora ► **pole position** N (*Motor racing*) posición *f* de cabeza en la parrilla de salida, pole *f*; (*fig*) posición *f* de ventaja ► **pole vault** N salto *m* de pértiga ► **pole vaulter** N saltador(a) *m/f* de pértiga, pertiguista *mf* ► **pole vaulting** N salto *m* de pértiga; *see also* **pole-vault**

**pole**[2] [pəʊl] Ⓐ N (*Elec, Geog, Astron*) polo *m*; **North/South Pole** Polo *m* Norte/Sur; **from ~ to ~** de polo a polo; ✦***IDIOM* to be ~s apart** ser polos opuestos
Ⓑ CPD ► **Pole Star** N Estrella *f* Polar

**Pole** [pəʊl] N polaco/a *m/f*

**poleaxe, poleax** (*US*) ['pəʊlæks] VT desnucar; (*) (*fig*) pasmar, aturdir

**polecat** ['pəʊlkæt] N (*pl* **polecats** *or* **polecat**) (*Brit*) turón *m*; (*US*) mofeta *f*

**Pol. Econ., pol. econ.** N ABBR = **political economy**

**polemic** [pɒ'lemɪk] Ⓐ ADJ polémico
Ⓑ N polémica *f*

**polemical** [pɒ'lemɪkəl] ADJ polémico

**polemicist** [pɒ'lemɪsɪst] N polemista *mf*

**polemics** [pɒ'lemɪks] NSING polémica *f*

**pole-vault** ['pəʊlvɔːlt] VI saltar con pértiga

**police** [pə'liːs] Ⓐ NPL policía *fsing*; **to join the ~** hacerse policía; **more than a hundred ~ were called in** más de cien policías hicieron acto de presencia
Ⓑ VT [+ *frontier*] vigilar, patrullar por; [+ *area*] mantener el orden público en; [+ *process*] vigilar, controlar; **the frontier is ~d by UN patrols** la frontera la vigilan las patrullas de la ONU; **the area used to be ~d by Britain** la zona estaba antes bajo control de Gran Bretaña
Ⓒ CPD de policía ► **police brutality** N violencia *f* policial ► **police captain** N (*US*) subjefe *mf* ► **police car** N coche *m* de policía ► **police constable** N (*Brit*) guardia *mf*, policía *mf* ► **police court** N tribunal *m* de policía, tribunal *m* correccional ► **police custody** N **in ~ custody** bajo custodia policial ► **police department** N (*US*) policía *f* ► **police dog** N perro *m* policía ► **police escort** N escolta *f* policial ► **police force** N cuerpo *m* de policía ► **police inspector** N inspector(a) *m/f* de policía ► **police officer** N guardia *mf*, policía *mf* ► **police protection** N protección *f* policial ► **police record** N antecedentes *mpl* penales ► **police state** N estado *m* policía ► **police station** N comisaría *f* ► **police work** N trabajo *m* policial *or* de la policía

**policeman** [pə'liːsmən] N (*pl* **policemen**) guardia *m*, policía *m*

**policewoman** [pə'liːs,wʊmən] N (*pl* **policewomen**) mujer *f* policía

**policing** [pə'liːsɪŋ] N [*of area*] mantenimiento *m* del orden público *or* del servicio de policía; [*of process*] vigilación *f*, control *m*

**policy**[1] ['pɒlɪsɪ] Ⓐ N **1** (*gen, principles*) política *f*; [*of party, at election*] programa *m*; [*of newspaper*] normas *fpl* de conducta; **it's a matter of ~** es cuestión de política; **that's not my ~** ése no es mi sistema; **to change one's ~** cambiar de táctica; **it is a good/bad ~** es buena/mala táctica; **it would be contrary to public ~ to do this** iría en contra del interés nacional hacer esto
**2** (†) (= *prudence, prudent procedure*) discreción *f*; **it is ~ to wait a few days** es prudente esperar unos días
Ⓑ CPD ► **policy decision** N decisión *f* de principio ► **policy statement** N declaración *f* de política

**policy**[2] ['pɒlɪsɪ] N (*also* **insurance ~**) póliza *f*; **to take out a ~** sacar una póliza, hacerse un seguro

**policy-holder** ['pɒlɪsɪ,həʊldə^r] N (*Insurance*) asegurado/a *m/f*

**policy-maker** ['pɒlɪsɪ,meɪkə^r] N diseñador(a) *m/f* de políticas

**policy-making** ['pɒlɪsɪ,meɪkɪŋ] Ⓐ N elaboración *f* de la política a seguir
Ⓑ ADJ [*body, process*] que organiza la política a seguir; [*role*] en la organización de la política a seguir

**polio** ['pəʊlɪəʊ] N poliomielitis *f*, polio *f*

**poliomyelitis** ['pəʊlɪəʊmaɪə'laɪtɪs] N poliomielitis *f*

**Polish** ['pəʊlɪʃ] Ⓐ ADJ polaco
Ⓑ N **1** (*Ling*) polaco *m*
**2** **the ~** (= *people*) los polacos

**polish** ['pɒlɪʃ] Ⓐ N **1** (= *shoe polish*) betún *m*, bola *f* (*Mex*); (= *furniture polish, floor polish*) cera *f*; (= *metal polish*) líquido *m* para limpiar metales; (= *nail polish*) esmalte *m or* laca *f* (para las uñas)
**2** (= *act*) **my shoes need a ~** mis zapatos necesitan una limpieza; **to give sth a ~** dar brillo a algo
**3** (= *shine*) lustre *m*, brillo *m*; **high ~** lustre *m* brillante; **the buttons have lost their ~** los botones han perdido su brillo *or* se han deslustrado; **to put a ~ on sth** sacar brillo a algo; **the water takes the ~ off** el agua quita el brillo
**4** (*fig*) (= *refinement*) refinamiento *m*; [*of artistry etc*] elegancia *f*; **he lacks ~** le falta refinamiento
Ⓑ VT **1** (*gen*) pulir; [+ *shoes*] limpiar, lustrar (*esp LAm*), bolear (*Mex*), embolar (*Chile*); [+ *floor, furniture*] encerar; [+ *pans, metal, silver*] pulir; (*mechanically, industrially*) pulimentar
**2** (*fig*) (*also* **~ up**) (= *improve*) perfeccionar; [+ *manners*] refinar; [+ *style etc*] pulir, limar; [+ *one's Spanish etc*] pulir, perfeccionar

► **polish off*** VT + ADV [+ *work, food, drink*] despacharse; [+ *person etc*] liquidar*

► **polish up** VT + ADV = **polish B2**

**polished** ['pɒlɪʃt] ADJ **1** (*lit*) [*metal, wood*] pulido
**2** (*fig*) [*style etc*] pulido, elegante; [*person*] culto, refinado; [*manners*] refinado

**polisher** ['pɒlɪʃə^r] N (= *person*) pulidor(a) *m/f*; (= *machine*) enceradora *f*

**polishing machine** ['pɒlɪʃɪŋmə,ʃiːn] N pulidor *m*; (*for floors*) enceradora *f*

**Politburo** ['pɒlɪtbjʊərəʊ] N Politburó *m*

**polite** [pə'laɪt] ADJ [*person*] cortés, educado; [*smile*] cortés, amable; [*request*] cortés; **he was very ~ to me** fue muy cortés *or* educado conmigo; **I was too ~ to ask** no pregunté por educación *or* cortesía; **he said he liked it but I think he was just being ~** dijo que le gustaba pero creo que lo hizo sólo por cumplir; **it's ~ to ask permission** es de buena educación pedir permiso; **it's not ~ to stare** es una falta de educación *or* es de mala educación quedarse mirando a la gente; **his speech received ~ applause** su discurso recibió el aplauso de rigor *or* cortesía; **that's not the sort of thing you do in ~ company** ése no es el tipo de cosa que harías entre gente educada *or* fina; **they sat there making ~ conversation** estaban ahí sentados, dando conversación para quedar bien; **he showed a ~ interest in my work** mostró interés en mi trabajo sólo por cumplir; **in ~ society** en la buena sociedad; **that's not a very ~ thing to say** esas cosas no se dicen; **I was trying to think of a ~ way to say no** buscaba una forma de decir "no" sin ofender; **"cosy" is the ~ word for the flat's dimensions** (*iro*) siendo generoso, podría decirse que las dimensiones del piso lo hacen acogedor

**politely** [pə'laɪtlɪ] ADV **1** (= *courteously*) [*ask, listen, refuse*] cortésmente; [*smile*] cortésmente, amablemente; **I sent them a ~ worded letter** les mandé una carta muy correcta
**2** (= *out of politeness*) por cortesía; **I ~ overlooked his bad manners** por cortesía, pasé por alto su falta de educación

**politeness** [pə'laɪtnɪs] N cortesía *f*, educación *f*; **to do sth out of ~** hacer algo por cortesía

**politic** ['pɒlɪtɪk] ADJ prudente

**political** [pə'lɪtɪkəl] Ⓐ ADJ **1** (*gen*) político
**2** (= *politically aware*) **she was always very ~** siempre tuvo mucha conciencia política; **I'm not ~** no me interesa mucho la política; **the play is very ~** esta obra tiene mucho contenido político
**3** (= *expedient, tactical*) estratégico
Ⓑ CPD ► **political asylum** N asilo *m* político ► **political correctness** N progresismo *m* ideológico ► **political correspondent** N corresponsal *mf* político/a ► **political economy** N economía *f* política ► **political editor** N editor(a) *m/f* político/a ► **political levy** N impuesto *m* político ► **political prisoner** N preso/a *m/f* político/a ► **political process** N proceso *m* político ► **political science** N ciencias *fpl* políticas ► **political scientist** N experto/a *m/f* en ciencias políticas

**politically** [pə'lɪtɪkəlɪ] ADV políticamente; **~ correct** [*person, attitude, terminology*] políticamente correcto; **~ incorrect** políticamente incorrecto

**POLITICALLY CORRECT**

*Se dice que una persona o su comportamiento es* **politically correct** *o* **PC** *cuando sus actitudes o palabras no reflejan ningún desprecio o insulto hacia grupos minoritarios o con algún tipo de desventaja física o social, tales como disminuidos físicos o psíquicos, minorías étnicas, homosexuales, mujeres, etc. Los que propugnan el uso de este tipo de lenguaje y actitud políticamente correctos creen que con ello desafían los valores que la sociedad occidental ha tratado de imponer sobre el resto del mundo a lo largo de la historia. Sin embargo, el término* **politically correct** *se emplea también de forma irónica por las personas que se burlan de este tipo de lenguaje y actitudes por considerarlas excesivas. Entre las expresiones políticamente correctas, algunas de las más conocidas son:* **Native American** *en vez de* **Red Indian** *(indio americano),* **visually impaired** *en vez de* **blind** *(ciego) y* **vertically challenged** *en vez de* **short** *(bajo).*

**politician** [,pɒlɪ'tɪʃən] N político/a *m/f*

**politicization** [pə,lɪtɪsaɪ'zeɪʃən] N politización *f*

**politicize** [pə'lɪtɪsaɪz] VT politizar

**politicking** ['pɒlɪtɪkɪŋ] N (*pej*) politiqueo *m*

**politico*** [pə'lɪtɪkəʊ] N (*pl* **politicos**) político *mf*

**politics** ['pɒlɪtɪks] Ⓐ NSING (= *subject, career*) política *f*; **to go into ~** dedicarse a la política, meterse en política*; **to talk ~** hablar de

política
Ⓑ NPL [1] (= *views*) postura *fsing* política; **office ~** relaciones *fpl* de poder en la oficina; *see also* **sexual B**
[2] (= *political aspects*) **the ~ of health care** la política *or* los aspectos políticos de la asistencia médica

**polity** ['pɒlɪtɪ] N (= *form of government*) gobierno *m*, forma *f* de gobierno; (= *politically organized state*) estado *m*

**polka** ['pɒlkə] Ⓐ N (*pl* **polkas**) (= *dance*) polca *f*
Ⓑ CPD ► **polka dot** N dibujo *m* de puntos

**poll** [pəʊl] Ⓐ N [1] (= *voting*) votación *f*; (= *election*) elecciones *fpl*; **in the ~ of 1945** en las elecciones de 1945; **a ~ was demanded** exigieron una votación, insistieron en que se llevara a cabo una votación; **to head the ~** obtener la mayoría de los votos; **to take a ~ on sth** someter algo a votación; **a ~ was taken among those present** se llevó a cabo una votación entre los asistentes
[2] (= *total votes*) votos *mpl*, votación *f*; **there was a ~ of 84%** el 84% del electorado acudió a las urnas; **the candidate achieved a ~ of 5000 votes** el candidato obtuvo 5000 votos; **the ~ has been a heavy one** ha votado un elevado porcentaje del electorado
[3] **polls** (= *voting place*) urnas *fpl*; **to go to the ~s** acudir a las urnas
[4] (= *opinion poll*) encuesta *f*, sondeo *m*; (*Telec*) interrogación *f*; **to take a ~** hacer una encuesta; *see also* **Gallup poll**
Ⓑ VT [1] [+ *votes*] obtener; **he ~ed only 50 votes** obtuvo solamente 50 votos
[2] (*in opinion poll*) encuestar; **1068 people were ~ed** encuestaron a 1068 personas
[3] (= *remove horns from*) [+ *cattle*] descornar
Ⓒ VI **he ~ed badly** obtuvo pocos votos, tuvo escaso apoyo; **we expect to ~ well** esperamos obtener muchos votos
Ⓓ CPD ► **poll rating** N resultado *m* obtenido en las encuestas ► **poll tax** N (contribución *f* de) capitación *f*; (*Brit*) (*formerly*) impuesto *m* municipal por cabeza

**pollack** ['pɒlək] N (*pl* **pollacks** *or* **pollack**) abadejo *m*

**pollard** ['pɒləd] Ⓐ N árbol *m* desmochado
Ⓑ VT desmochar

**pollen** ['pɒlən] Ⓐ N polen *m*
Ⓑ CPD ► **pollen allergy** N alergia *f* polínica ► **pollen count** N recuento *m* polínico ► **pollen grain** N grano *m* de polen

**pollinate** ['pɒlɪneɪt] VT polinizar

**pollination** [,pɒlɪ'neɪʃən] N polinización *f*

**pollinator** ['pɒlɪneɪtə^r] N (*Zool*) polinizador(a) *m/f*

**polling** ['pəʊlɪŋ] Ⓐ N votación *f*; **~ will be on Thursday** las elecciones se celebrarán el jueves, se votará el jueves; **~ has been heavy** ha votado un elevado porcentaje de los electores
Ⓑ CPD ► **polling booth** N cabina *f* electoral ► **polling day** N día *m* de las elecciones ► **polling place** N (*US*) = **polling station** ► **polling station** N centro *m* electoral

**polliwog** ['pɒlɪwɒg] N (*US Zool*) renacuajo *m*

**pollster** ['pəʊlstə^r] N encuestador(a) *m/f*

**pollutant** [pə'lu:tənt] N contaminante *m*, agente *m* contaminador

**pollute** [pə'lu:t] VT [1] contaminar, polucionar; **to become ~d** contaminarse (**with** de)
[2] (*fig*) corromper

**polluter** [pə'lu:tə^r] N contaminador(a) *m/f*

**pollution** [pə'lu:ʃən] Ⓐ N [1] contaminación *f*, polución *f*
[2] (*fig*) corrupción *f*
Ⓑ CPD ► **pollution control** N control *m* de la contaminación ► **pollution levels** NPL niveles *mpl* de contaminación

**Pollyanna** [pɒlɪ'ænə] N optimista *mf* redomado/a

**pollywog** ['pɒlɪwɒg] N = **polliwog**

**polo** ['pəʊləʊ] Ⓐ N (*Sport*) polo *m*
Ⓑ CPD ► **polo neck (sweater)** N (jersey *m* de) cuello *m* vuelto *or* cisne ► **polo shirt** N polo *m*

**polonaise** [,pɒlə'neɪz] N polonesa *f*

**polo-necked** ['pəʊləʊnekt] ADJ con cuello cisne *or* vuelto

**polonium** [pə'ləʊnɪəm] N polonio *m*

**poltergeist** ['pɔ:ltəgaɪst] N duende *m*

**poltroon**†† [pɒl'tru:n] N cobarde *mf*

**poly*** ['pɒlɪ] N (*Brit*) = **polytechnic**

**poly...** [pɒlɪ] PREFIX poli..., multi...

**polyandrous** [,pɒlɪ'ændrəs] ADJ poliándrico

**polyandry** ['pɒlɪændrɪ] N poliandria *f*

**polyanthus** [,pɒlɪ'ænθəs] N prímula *f*, primavera *f*, hierba *f* de San Pablo mayor

**poly bag*** ['pɒlɪbæg] N bolsa *f* de plástico *or* polietileno

**polychromatic** [,pɒlɪkrəʊ'mætɪk] ADJ policromo

**polyester** [,pɒlɪ'estə^r] Ⓐ N poliéster *m*
Ⓑ ADJ de poliéster

**polyethylene** [,pɒlɪ'eθəli:n] N polietileno *m*

**polygamist** [pɒ'lɪgəmɪst] N polígamo *m*

**polygamous** [pɒ'lɪgəməs] ADJ polígamo

**polygamy** [pɒ'lɪgəmɪ] N poligamia *f*

**polygenesis** [,pɒlɪ'dʒenɪsɪs] N poligénesis *f*

**polyglot** ['pɒlɪglɒt] Ⓐ ADJ políglota
Ⓑ N polígloto/a *m/f*

**polygon** ['pɒlɪgən] N polígono *m*

**polygonal** [pɒ'lɪgənl] ADJ poligonal

**polygraph** ['pɒlɪgrɑ:f] N polígrafo *m*, detector *m* de mentiras

**polyhedron** [,pɒlɪ'hi:drən] N (*pl* **polyhedrons** *or* **polyhedra** [,pɒlɪ'hi:drə]) poliedro *m*

**polymath** ['pɒlɪmæθ] N polímata *mf*, erudito/a *m/f*

**polymer** ['pɒlɪmə^r] N polímero *m*

**polymerization** ['pɒlɪmərar'zeɪʃən] N polimerización *f*

**polymorphic** [,pɒlɪ'mɔ:fɪk] ADJ polimorfo

**polymorphism** [,pɒlɪ'mɔ:fɪzəm] N polimorfismo *m*

**Polynesia** [,pɒlɪ'ni:zɪə] N Polinesia *f*

**Polynesian** [,pɒlɪ'ni:zɪən] Ⓐ ADJ polinesio
Ⓑ N polinesio/a *m/f*

**polynomial** [,pɒlɪ'nəʊmɪəl] Ⓐ ADJ polinomio
Ⓑ N polinomio *m*

**polyp** ['pɒlɪp] N (*Med*) pólipo *m*

**Polyphemus** [,pɒlɪ'fi:məs] N Polifemo

**polyphonic** [,pɒlɪ'fɒnɪk] ADJ (*Mus*) polifónico

**polyphony** [pə'lɪfənɪ] N polifonía *f*

**polypropylene** [,pɒlɪ'prɒpɪli:n] N polipropileno *m*

**polypus** ['pɒlɪpəs] N (*pl* **polypi** ['pɒlɪpaɪ]) (*Zool*) pólipo *m*

**polysemic** [,pɒlɪ'si:mɪk], **polysemous** [pɒ'lɪsəməs] ADJ polisémico

**polysemy** [pɒ'lɪsəmɪ] N polisemia *f*

**polystyrene** [,pɒlɪ'staɪri:n] Ⓐ N (*esp Brit*) poliestireno *m*
Ⓑ ADJ de poliestireno

**polysyllabic** ['pɒlɪsɪ'læbɪk] ADJ polisílabo

**polysyllable** ['pɒlɪ,sɪləbl] N polisílabo *m*

**polytechnic** [,pɒlɪ'teknɪk] N (*Brit*) (*formerly*) escuela *f* politécnica, politécnico *m*

**polytheism** ['pɒlɪθi:ɪzəm] N politeísmo *m*

**polytheistic** [,pɒlɪθi:'ɪstɪk] ADJ politeísta

**polythene** ['pɒlɪθi:n] (*Brit*) Ⓐ N polietileno *m*
Ⓑ CPD ► **polythene bag** N bolsa *f* de plástico *or* polietileno

**polyunsaturate** [,pɒlɪʌn'sætʃərɪt] N poliinsaturado *m*

**polyunsaturated** [,pɒlɪʌn'sætʃəreɪtɪd] ADJ poliinsaturado

**polyurethane** [,pɒlɪ'jʊərɪθeɪn] N poliuretano *m*

**polyvalent** [pə'lɪvələnt] ADJ polivalente

**polyvinyl** ['pɒlɪvaɪnl] N polivinilo *m*

**pom^1*** [pɒm] N = **pommy**

**pom^2*** [pɒm] N (= *dog*) perro *m* de Pomerania, lulú *mf* (de Pomerania)

**pomade** [pə'mɑ:d] N pomada *f*

**pomander** [pəʊ'mændə^r] N *recipiente de porcelana que contiene hierbas aromáticas*

**pomegranate** ['pɒməgrænɪt] N (= *fruit*) granada *f*; (= *tree*) granado *m*

**pomelo** ['pɒmɪ,ləʊ] N (*pl* **pomelos**) pomelo *m*

**Pomeranian** [,pɒmə'reɪnɪən] N (= *dog*) pomeranio *m*

**pommel** ['pʌml] Ⓐ N pomo *m*
Ⓑ VT = **pummel**

**pommy*** ['pɒmɪ] (*Australia pej*) Ⓐ ADJ inglés
Ⓑ N inglés/esa *m/f*

**pomp** [pɒmp] N pompa *f*; **~ and circumstance** pompa *f* y solemnidad

**Pompeii** [pɒm'peɪɪ] N Pompeya *f*

**Pompey** ['pɒmpɪ] N Pompeyo

**pom-pom** ['pɒmpɒm], **pom-pon** ['pɒmpɒn] N (*on hat etc*) borla *f*, pompón *m*

**pomposity** [pɒm'pɒsɪtɪ] N pomposidad *f*

**pompous** ['pɒmpəs] ADJ [*person*] pretencioso; [*occasion*] ostentoso; [*language*] ampuloso, inflado

**pompously** ['pɒmpəslɪ] ADV [*strut, stride*] pomposamente; [*reply, speak*] pomposamente, ampulosamente

**ponce‡** [pɒns] (*Brit*) N [1] (= *pimp*) proxeneta *m*, chulo *m* (*Sp**)
[2] (*pej*) (= *homosexual*) marica* *m*

►**ponce about‡**, **ponce around‡** VI + ADV (*Brit*) chulear*

**poncho** ['pɒntʃəʊ] N (*pl* **ponchos**) poncho *m*, manta *f*, ruana *f* (*Col, Ven*), sarape *m* (*Mex*), jorongo *m* (*Mex*)

**poncy‡** ['pɒnsi] ADJ (*Brit*) cursi*

**pond** [pɒnd] Ⓐ N (= *natural*) charca *f*; (*artificial*) estanque *m*; ✦**IDIOM he's a big fish** *or* (*US*) **big frog in a small ~** es el tuerto en el país de los ciegos, es un reyezuelo (*en algún lugar o en algo poco importante*)
Ⓑ CPD ► **pond life** N fauna *f* de las charcas/estanques ► **pond weed** N planta *f* acuática

**ponder** ['pɒndə^r] Ⓐ VT considerar, sopesar
Ⓑ VI reflexionar *or* meditar (**on, over** sobre)

**ponderable** ['pɒndərəbl] ADJ ponderable

**ponderous** ['pɒndərəs] ADJ pesado

**ponderously** ['pɒndərəslɪ] ADV pesadamente; [*say etc*] en tono pesado, lentamente y con énfasis

**pone** [pəʊn] N (*US*) pan *m* de maíz

**pong*** [pɒŋ] (*Brit*) Ⓐ N peste *f*
Ⓑ VI apestar

**pongy*** ['pɒŋɪ] ADJ (*Brit*) foche*, maloliente

**poniard** ['pɒnjəd] N (= *liter*) puñal *m*

**pontiff** ['pɒntɪf] N pontífice *m*

**pontifical** [pɒn'tɪfɪkəl] ADJ pontificio, pontifical; (*fig*) dogmático, autoritario

**pontificate** Ⓐ [pɒn'tɪfɪkɪt] N (*Rel*) pontificado *m*
Ⓑ [pɒn'tɪfɪkeɪt] VI pontificar

**Pontius Pilate** ['pɒnʃəs'paɪlət] N Poncio Pilato

**pontoon¹** [pɒn'tu:n] Ⓐ N pontón *m*
Ⓑ CPD ► **pontoon bridge** N puente *m* de pontones

**pontoon²** [pɒn'tu:n] N (*Brit Cards*) veintiuna *f*

**pony** ['pəʊnɪ] Ⓐ N [1] poney *m*, potro *m*
[2] (*Brit*‡) ≈ 25 libras
[3] (*US**) (*Scol*) chuleta* *f*
Ⓑ CPD ► **pony trekking** N excursión *f* en poney

**ponytail** ['pəʊnɪteɪl] N cola *f* de caballo, coleta *f*

**poo**‡ [pu:] (*Brit baby talk*) Ⓐ N caca‡ *f*; **to do a ~** hacer caca‡
Ⓑ VT **to ~ one's pants** hacerse caca encima*
Ⓒ VI hacer caca*

**pooch*** [pu:tʃ] N perro *m*

**poodle** ['pu:dl] N caniche *mf*

**poof**‡ [pʊf] N (*Brit pej*) maricón** *m*

**poofter**‡ ['pʊftəʳ] N (*Brit pej*) = **poof**

**poofy**‡ ['pʊfɪ] ADJ (*Brit pej*) de maricón**

**pooh** [pu:] Ⓐ EXCL ¡bah!
Ⓑ N, VT, VI = **poo**

**pooh-pooh** [pu:'pu:] VT despreciar; [+ *proposal etc*] rechazar con desdén; [+ *danger etc*] menospreciar, negar la importancia de

**pool¹** [pu:l] Ⓐ N [1] (*natural*) charca *f*; (*artificial*) estanque *m*; (= *swimming pool*) piscina *f*, alberca *f* (*Mex*), pileta *f* (de natación) (*S. Cone*); (*in river*) pozo *m*
[2] [*of spilt liquid*] charco *m*; (*fig*) [*of light*] foco *m*
Ⓑ CPD ► **pool attendant** N encargado/a *m/f* de la piscina

**pool²** [pu:l] Ⓐ N [1] (= *common fund*) fondo *m* (común); (*Cards*) polla *f*
[2] (= *supply, source*) reserva *f*; [*of genes etc*] fondo *m*, reserva *f*; **an untapped ~ of ability** una reserva de inteligencia no utilizada; *see also* **car B**, **typing B**
[3] **the ~s** (*Brit*) (= *football pools*) las quinielas (*Sp*); **to do the (football) ~s** hacer las quinielas
[4] (= *form of snooker*) billar *m* americano; **to shoot ~** (*US*) jugar al billar americano; ✦***IDIOM* that's dirty ~** (*US**) eso no es jugar limpio
[5] (*Comm*) fondos *mpl* comunes; (*US*) (= *monopoly, trust*) consorcio *m*; **coal and steel ~** comunidad *f* de carbón y acero
Ⓑ VT juntar, poner en común
Ⓒ CPD ► **pool hall, pool room** N sala *f* de billar ► **pool table** N mesa *f* de billar

**poop¹** [pu:p] (*Naut*) Ⓐ N popa *f*
Ⓑ CPD ► **poop deck** N toldilla *f*, castillo *m* de popa

**poop²**‡ [pu:p] N (= *excrement*) caca‡ *f*

**poop³*** [pu:p] N (*US*) (= *information*) onda* *f*, información *f*

**pooped**‡ [pu:pt] ADJ **to be ~** (*esp US*) (= *tired*) estar hecho polvo*; (= *drunk*) estar ajumado*

**pooper-scooper*** ['pu:pə,sku:pəʳ], **poopscoop*** ['pu:psku:p] N caca-can* *m*

**poo-poo**‡ ['pu:'pu:] N caca‡ *f*

**poor** [pʊəʳ] Ⓐ ADJ (*compar* **poorer**; *superl* **poorest**) [1] (= *not rich*) [*person, family, country*] pobre; **a ~ woman** una mujer pobre; **a ~ man** un pobre; **~ people** gente *f* pobre, personas *fpl* pobres; **pewter was the ~ man's silver** el peltre era la plata de los pobres; **they thought that cinema was a** *or* **the ~ relation of theatre** pensaban que el cine era el pariente pobre del teatro; **to be the ~er (for sth)**: **the nation is the ~er for her death** la nación ha sufrido una gran pérdida con su muerte; **it left me £5 the ~er** me dejó con 5 libras de menos; ✦***IDIOM* to be as ~ as a church mouse** ser más pobre que las ratas
[2] (= *inferior, bad*) [*goods, service*] malo, de mala calidad; **the wine was ~** el vino era malo *or* de mala calidad; **Britain's ~ economic performance** el bajo rendimiento económico obtenido por Gran Bretaña; **she has a very ~ attendance record** su expediente es muy malo en lo que a asistencia se refiere; **they had made a ~ job of it** habían hecho una chapuza*; **to be a ~ imitation of sth** ser una burda *or* pobre imitación de algo; **his decision shows ~ judgment** su decisión denota poco juicio; **to have a ~ opinion of sb** tener un concepto poco favorable de algn; **to come a ~ second (to sth/sb)**: **he came a ~ second in the final race** quedó el segundo en la carrera final, a bastante distancia del primero; **his family comes a ~ second to his career** su familia queda relegada a segundo lugar tras su carrera
[3] (= *deficient*) [*memory*] malo; [*soil*] pobre, estéril; [*harvest*] pobre, escaso; **I had a ~ education** la educación que recibí no fue muy buena; **many people eat a ~ diet** mucha gente tiene una dieta pobre; **"poor"** (*Scol*) (*as mark*) "deficiente"; **soils that are ~ in zinc** suelos que son pobres en zinc *or* que tienen bajo contenido en zinc
[4] (= *untalented*) **he was a ~ actor** era un actor flojo; **I'm a ~ traveller** lo de viajar no lo llevo muy bien; **she was a very ~ swimmer** no era buena nadadora; **to be ~ at maths** no ser muy bueno en matemáticas; **we are ~ at marketing ourselves** no somos muy buenos a la hora de darnos publicidad
[5] (= *unfortunate*) pobre; **the ~ child was hungry** el pobre niño tenía hambre; **~ little thing!** ¡pobrecito!, ¡pobre criaturita!; **~ (old) you!** ◊ **you ~ (old) thing!** ¡pobrecito!; **~ Mary's lost all her money** la pobre María ha perdido todo su dinero; **he's very ill, ~ chap** está grave el pobre; **a ~ little rich girl** una pobre niña rica; *see also* **devil A2**
Ⓑ NPL **the ~** los pobres; **the rural/urban ~** los pobres de las zonas rurales/urbanas
Ⓒ CPD ► **poor box** N cepillo *m* de las limosnas ► **poor law** N (*Hist*) ley *f* de asistencia pública ► **poor white** N (*US*) *persona pobre de raza blanca*; *see also* **relief A4**

> **POOR**
>
> **Position of "pobre"**
>
> You should generally put **pobre** *after* the noun when you mean **poor** in the sense of "not rich" and *before* the noun in the sense of "unfortunate":
>
> It's a poor area
> ***Es una región pobre***
> The poor boy was trembling
> ***El pobre chico estaba temblando***
>
> *For further uses and examples, see main entry.*

**poorhouse** ['pʊəhaʊs] N (*pl* **poorhouses** ['pʊəhaʊzɪz]) asilo *m* de los pobres

**poorly** ['pʊəlɪ] Ⓐ ADV [1] (= *badly*) [*designed, equipped*] mal; **the shares have performed ~** el rendimiento de las acciones ha sido bajo; **to do ~**: **she did ~ in history** sacó mala nota en historia; **she did ~ at school** sacaba malas notas en el colegio; **the room/road was ~ lit** la habitación/la carretera estaba mal iluminada; **the job was ~ paid** el trabajo estaba mal pagado; **he was ~ paid** le pagaban poco; **his army was ~ trained** su ejército estaba poco capacitado
[2] (= *meagrely, shabbily*) pobremente; **to be ~ dressed** ir pobremente vestido
Ⓑ ADJ (*esp Brit*) (= *ill*) enfermo; **to be/feel ~** estar/encontrarse mal, estar/encontrarse pachucho *or* malucho*; **to look ~** tener mal aspecto

**poorness** ['pʊənɪs] N [1] (= *poverty*) pobreza *f*
[2] (= *poor quality*) mala calidad *f*; **~ of spirit** apocamiento *m*, mezquindad *f*

**poor-spirited** ['pʊə'spɪrɪtɪd] ADJ apocado, mezquino

**poove**‡ [pu:v] N (*Brit*) = **poof**

**pop¹** [pɒp] Ⓐ N [1] (= *sound*) pequeño estallido *m*; [*of cork*] taponazo *m*; [*of fastener etc*] ruido *m* seco; (= *imitative sound*) ¡pum!
[2] (*) (= *drink*) refresco *m*, gaseosa *f* (*Sp*)
[3] (= *try*) **to have** *or* **take a ~ at (doing) sth*** probar (a hacer) algo
[4] **to have** *or* **take a ~ at sth/sb*** (= *criticize*) criticar algo/a algn
[5] **the drinks go for $3.50 a ~** (*esp US**) las bebidas son a 3.50 dólares cada una
Ⓑ ADV **to go ~** [*balloon*] reventar, hacer ¡pum!; [*cork*] salir disparado, hacer ¡pum!
Ⓒ VT [1] [+ *balloon*] hacer reventar; [+ *cork*] hacer saltar; ✦***IDIOM* to ~ one's clogs** (*Brit* hum*) estirar la pata*
[2] (*) (= *put*) poner (rápidamente); **to ~ sth into a drawer** meter algo (rápidamente) en un cajón; **to ~ pills** drogarse (con pastillas); ✦***IDIOM* to ~ the question** declararse
[3] (‡) (= *pawn*) empeñar
Ⓓ VI [1] [*balloon*] reventar; [*cork*] saltar, salir disparado; **there were corks ~ping all over** los tapones saltaban por todas partes; **to make sb's eyes ~** (*fig*) dejar a algn con los ojos fuera de órbita; **his eyes nearly ~ped out of his head** (*in amazement*) se le saltaban los ojos; **my ears ~ped on landing** al aterrizar se me taponaron los oídos
[2] (*) (= *go quickly or suddenly*) **we ~ped over to see them** fuimos a hacerles una breve visita; **let's ~ round to Joe's** vamos un momento a casa de Joe

►**pop back*** Ⓐ VT + ADV [+ *lid etc*] poner de nuevo, volver a poner
Ⓑ VI + ADV volver un momento

►**pop in*** VI + ADV entrar un momento; **to ~ in to see sb** pasar por casa de algn; **I just ~ped in** no tuve la intención de quedarme; **I just ~ped in to say hello** sólo vine a saludarte

►**pop off*** VI + ADV [1] (= *die*) estirar la pata*
[2] (= *leave*) irse, marcharse

►**pop on*** VT + ADV [+ *light, oven*] poner, encender; [+ *kettle*] poner (a calentar); [+ *clothing*] ponerse (de prisa); **I'll just ~ my hat on** voy a ponerme el sombrero

►**pop out*** Ⓐ VT + ADV **she ~ped her head out** asomó de repente la cabeza
Ⓑ VI + ADV salir un momento; **he ~ped out for some cigarettes** salió un momento a comprar cigarrillos; **he ~ped out from his hiding place** salió de repente de su escondite

►**pop up*** VI + ADV aparecer inesperadamente

**pop²*** [pɒp] = **popular** Ⓐ N (música *f*) pop *m*; **to be top of the ~s** ser el número uno en la lista de éxitos
Ⓑ CPD [*music, song, singer, concert, group*] pop *inv* ► **pop art** N pop-art *m*, arte *f* pop ► **pop star** N estrella *f* de la música pop

**pop³*** [pɒp] N (*esp US*) (= *dad*) papá* *m*

**POP** ABBR [1] = **publish or perish**
[2] = **Post Office Preferred**

**pop.** ABBR (= **population**) h.

**popcorn** [ˈpɒpkɔːn] N palomitas *fpl* de maíz, alborotos *mpl* (*S. Cone, Peru*), cabritas *fpl* (*S. Cone, Peru*)

**pope** [pəʊp] N papa *m*; **Pope John XXIII** el Papa Juan XXIII

**popemobile*** [ˈpəʊpməʊˌbiːl] N papamóvil *m*

**popery** [ˈpəʊpərɪ] N (*pej*) papismo *m*; **no ~!** ¡abajo el papa!, ¡papa no!

**pop-eyed** [ˈpɒpˈaɪd] ADJ (*permanently*) de ojos saltones *or* desorbitados; **they were ~ with amazement** se les desorbitaron los ojos con el asombro; **they looked at me ~** me miraron con los ojos desorbitados

**popgun** [ˈpɒpgʌn] N pistola *f* de juguete (de aire comprimido)

**popinjay**† [ˈpɒpɪndʒeɪ] N pisaverde *mf*

**popish** [ˈpəʊpɪʃ] ADJ (*pej*) papista

**poplar** [ˈpɒpləʳ] N (*black*) chopo *m*, álamo *m*; (*white*) álamo *m* blanco

**poplin** [ˈpɒplɪn] N popelina *f*

**popmobility** [ˌpɒpməʊˈbɪlɪtɪ] N gym-jazz *m*

**poppa*** [ˈpɒpə] N (*US*) papá* *m*

**poppadum** [ˈpɒpədəm] N = **papadum**

**popper** [ˈpɒpəʳ] N [1] (*Brit**) (= *press-stud*) corchete *m*

[2] (*Drugs**) *cápsula de nitrito amílico*

**poppet*** [ˈpɒpɪt] N (*Brit*) encanto *m*, cielo *m*; **yes, my ~** sí, hija, sí, querida; **she is a ~** es un cielo; **the boss is a ~** el jefe es un encanto

**poppy** [ˈpɒpɪ] Ⓐ N amapola *f*

Ⓑ CPD ► **Poppy Day** N (*Brit*) *día en el que se recuerda a las caídos en las dos guerras mundiales* ► **poppy seed** N semilla *f* de amapola

**POPPY DAY**

**Poppy Day** *es la expresión coloquial para referirise al* **Remembrance Day** *o* **Remembrance Sunday**, *día en que se recuerdan los caídos en las dos grandes guerras mundiales del siglo XX. La celebración se hace el segundo domingo de noviembre y en los días que preceden a este día se venden amapolas de papel con el fin de recaudar fondos destinados a las instituciones de caridad que prestan ayuda a los veteranos de guerra y a sus familias. Las amapolas representan las que florecieron en los campos franceses, donde tantos soldados perecieron durante la Primera Guerra Mundial.*

⇨ LEGION

**poppycock*** [ˈpɒpɪkɒk] N paparruchas* *fpl*, tonterías *fpl*; **poppycock!** ¡paparruchas!*

**Popsicle®** [ˈpɒpsɪkl] N (*US*) polo *m* (*Sp*), paleta *f* (helada) (*LAm*)

**popsy**‡ [ˈpɒpsɪ] N chica *f*

**populace** [ˈpɒpjʊlɪs] N (*gen*) pueblo *m*; (= *mob*) populacho *m*, turba *f*

**popular** [ˈpɒpjʊləʳ] Ⓐ ADJ [1] (= *well-liked*) **the show is proving very ~** el espectáculo está gozando de mucho éxito *or* goza de mucha popularidad; **I'm not very ~ in the office just now** en este momento no gozo de mucha simpatía en la oficina; **this is one of our most ~ lines** (*Comm*) esta es una de nuestras líneas más vendidas; **to be ~ with sb**: **he's ~ with the girls** tiene éxito con las chicas; **I'm not very ~ with her at the moment** en este momento no soy santo de su devoción; **she's very ~ with her colleagues** goza de mucha simpatía entre sus colegas; **the area is ~ with holidaymakers** es una zona muy frecuentada por los turistas

[2] (= *fashionable*) de moda; **long skirts are ~ this year** las faldas largas están de moda este año

[3] (= *widespread*) [*image, belief*] generalizado; **contrary to ~ belief** *or* **opinion** en contra de *or* contrario a lo que comúnmente se cree; **by ~ demand** *or* **request** a petición del público, respondiendo a la demanda general; **it's a ~ misconception that …** mucha gente piensa equivocadamente que …

[4] (= *of the people*) [*unrest, support*] popular; [*uprising*] popular, del pueblo; **he has great ~ appeal** goza del favor del público; **~ feeling is against him** el sentir popular *or* del pueblo está en su contra; **~ opinion** la opinión general

[5] (= *appealing to the layman*) [*culture, music, art, version*] popular

Ⓑ CPD ► **popular front** N frente *m* popular ► **the popular press** N la prensa popular ► **the popular vote** N el voto popular

**popularist** [ˈpɒpjʊlərɪst] ADJ popularista

**popularity** [ˌpɒpjʊˈlærɪtɪ] N popularidad *f*; **to gain** *or* **grow in ~** gozar de una popularidad cada vez mayor

**popularization** [ˈpɒpjʊləraɪˈzeɪʃən] N (= *making well-liked, acceptable*) popularización *f*; (= *making available*) vulgarización *f*

**popularize** [ˈpɒpjʊləraɪz] VT [1] (= *make well-liked, acceptable*) popularizar

[2] (= *make available to the people*) divulgar

**popularly** [ˈpɒpjʊləlɪ] ADV [1] (= *generally*) **it is ~ thought that …** comúnmente se cree que …; **Albert, ~ known as Bertie** Albert, corrientemente conocido como Bertie

[2] (= *by the people*) **the country's first ~ elected president** el primer presidente del país que ha sido elegido por el pueblo

**populate** [ˈpɒpjʊleɪt] VT poblar

**population** [ˌpɒpjʊˈleɪʃən] Ⓐ N [1] (= *inhabitants*) población *f*; **what is the ~ of Mexico?** ¿qué población tiene México?, ¿cuántos habitantes hay en México?; **they go to the cinema more often than the general ~** van al cine con más frecuencia que la población en general; **75% of the male ~** el 75% de la población masculina; **the student ~** la población estudiantil; *see also* **prison B**

[2] (= *settling*) población *f*

Ⓑ CPD ► **population centre** N núcleo *m or* centro *m* de población ► **population control** N control *m* demográfico ► **population density** N densidad *f* de población ► **population explosion** N explosión *f* demográfica ► **population growth** N crecimiento *m* demográfico

**populism** [ˈpɒpjʊlɪzəm] N populismo *m*

**populist** [ˈpɒpjʊlɪst] Ⓐ ADJ populista

Ⓑ N populista *mf*

**populous** [ˈpɒpjʊləs] ADJ populoso; **the most ~ city in the world** la ciudad más populosa del mundo

**pop-up** [ˈpɒpʌp] ADJ **~ book** libro *m* con historietas o escenas plegables; **~ toaster** tostador *m* automático

**porage** [ˈpɒrɪdʒ] N = **porridge**

**porcelain** [ˈpɔːslɪn] Ⓐ N porcelana *f*

Ⓑ CPD de porcelana

**porch** [pɔːtʃ] N [*of church*] pórtico *m*; [*of house*] porche *m*, portal *m*; (*US*) (= *veranda*) porche *m*, terraza *f*

**porcine** [ˈpɔːsaɪn] ADJ porcino, porcuno

**porcupine** [ˈpɔːkjʊpaɪn] Ⓐ N puerco *m* espín

Ⓑ CPD ► **porcupine fish** N pez *m* globo

**pore¹** [pɔːʳ] N (*Anat, Zool*) poro *m*

**pore²** [pɔːʳ] VI **to ~ over sth** escudriñar algo; **we ~d over it for hours** lo estudiamos durante horas y horas

**pork** [pɔːk] Ⓐ N carne *f* de cerdo *or* puerco *or* (*LAm*) chancho

Ⓑ CPD ► **pork butcher** N charcutero/a *m/f*, chanchero/a *m/f* (*LAm*) ► **pork chop** N chuleta *f* de cerdo *or* puerco ► **pork pie** N (*Culin*) empanada *f* de carne de cerdo; (*Brit*‡) = **porky B** ► **pork sausage** N salchicha *f* de cerdo *or* puerco ► **pork scratchings** NPL chicharrones *mpl*

**porker** [ˈpɔːkəʳ] N cerdo *m*, cochino *m*

**porky** [ˈpɔːkɪ] Ⓐ ADJ (*) gordo, gordinflón*

Ⓑ N (*Brit*‡) (= *lie*) (*also* **~ pie**) bola* *f*, mentira *f*

**porn*** [pɔːn] Ⓐ N pornografía *f*, porno* *m*; **hard/soft ~** pornografía *f* dura/blanda

Ⓑ CPD [*magazine, video, actor*] porno* *inv* ► **porn merchant** N traficante *mf* en pornografía ► **porn shop** N tienda *f* de pornografía

**porno*** [ˈpɔːnəʊ] ADJ = **porn**

**pornographer** [pɔːˈnɒgrəfəʳ] N pornografista *mf*

**pornographic** [ˌpɔːnəˈgræfɪk] ADJ pornográfico

**pornography** [pɔːˈnɒgrəfɪ] N pornografía *f*

**porosity** [pɔːˈrɒsɪtɪ] N porosidad *f*

**porous** [ˈpɔːrəs] ADJ poroso

**porousness** [ˈpɔːrəsnɪs] N porosidad *f*

**porphyria** [pɔːˈfɪrɪə] N porfirismo *m*

**porphyry** [ˈpɔːfɪrɪ] N pórfido *m*

**porpoise** [ˈpɔːpəs] N (*pl* **porpoise** *or* **porpoises**) marsopa *f*, puerco *m* de mar

**porridge** [ˈpɒrɪdʒ] Ⓐ N [1] (*Culin*) avena *f* (cocida), ≈ atole *m* (*Mex*); (*baby's*) papilla *f*

[2] **to do two years' ~** (*Brit**) pasar dos años a la sombra*

Ⓑ CPD ► **porridge oats** NPL copos *mpl* de avena

**port¹** [pɔːt] Ⓐ N [1] (= *harbour*) puerto *m*; **to come** *or* **put into ~** tomar puerto; **to leave ~** hacerse a la mar, zarpar; **~ of call** puerto *m* de escala; **his next ~ of call was the chemist's** (*fig*) luego fue a la farmacia; **where is your next ~ of call?** (*fig*) ¿adónde va ahora?; **~ of entry** puerto *m* de entrada; ✦**IDIOM any ~ in a storm** la necesidad carece de ley

[2] (= *city or town with a port*) puerto *m*

Ⓑ CPD portuario ► **port authority** N autoridad *f* portuaria ► **port dues** NPL derechos *mpl* de puerto ► **port facilities** NPL facilidades *fpl* portuarias

**port²** [pɔːt] (*Naut, Aer*) Ⓐ N (*also* **~ side**) babor *m*; **the sea to ~** la mar a babor; **land to ~!** ¡tierra a babor!

Ⓑ ADJ de babor; **on the ~ side** a babor

Ⓒ VT **to ~ the helm** poner el timón a babor, virar a babor

**port³** [pɔːt] N [1] (*Naut*) (= *porthole*) portilla *f*

[2] (*Comput*) puerta *f*, puerto *m*, port *m*

[3] (*Mech*) lumbrera *f*

[4] (*Mil*††) tronera *f*

**port⁴** [pɔːt] N (= *wine*) oporto *m*

**portability** [ˌpɔːtəˈbɪlɪtɪ] N (*esp Comput*) portabilidad *f*; [*of software*] transferibilidad *f*

**portable** [ˈpɔːtəbl] Ⓐ ADJ portátil

Ⓑ N máquina *f*/televisor *m etc* portátil

**portage** [ˈpɔːtɪdʒ] N porteo *m*

**Portakabin®** [ˈpɔːtəˌkæbɪn] N (*gen*) caseta *f* prefabricada; (= *extension to office etc*) anexo *m* prefabricado; (= *works office etc*) barracón *m* de obras

**portal** [ˈpɔːtl] N portal *m*

**portcullis** [pɔːtˈkʌlɪs] N rastrillo *m*

**portend** [pɔːˈtend] VT (*liter*) augurar, presagiar; **what does this ~?** ¿qué significa esto?

**portent** [ˈpɔːtent] N [1] (= *omen*) augurio *m*,

presagio *m*; **a ~ of doom** un presagio de la catástrofe
[2] (= *prodigy*) portento *m*

**portentous** [pɔː'tentəs] ADJ [1] (= *ominous, prodigious*) portentoso
[2] (= *pompous*) pomposo

**portentously** [pɔː'tentəslɪ] ADV [1] (= *ominously*) portentosamente
[2] (= *pompously*) pomposamente

**porter** ['pɔːtəʳ] Ⓐ N [1] (*Rail, Aer*) maletero *m*, mozo *m* de cuerda *or* de estación, changador *m* (*S. Cone*); (*US Rail*) mozo *m* de los coches-cama, camarero *m* (*LAm*); (*touting for custom*) mozo *m* de cuerda
[2] (*Brit*) [*of hotel, office etc*] portero/a *m/f*
[3] (= *Sherpa*) porteador *m*
[4] (*in hospital*) camillero/a *m/f*
[5] (†) (= *beer*) cerveza *f* negra
Ⓑ CPD ► **porter's lodge** N portería *f*, conserjería *f*

**porterage** ['pɔːtərɪdʒ] N porte *m*

**porterhouse** ['pɔːtəhaʊs] N (*pl* **porterhouses** ['pɔːtəhaʊzɪz]) [1] (*Brit*) (*also* **~ steak**) biftec *m* de filete
[2] (††) mesón *m*

**portfolio** [pɔːt'fəʊlɪəʊ] Ⓐ N (*pl* **portfolios**) (= *file*) carpeta *f*; [*of artist, designer*] carpeta *f*, portfolio *m*; [*of business, politician*] cartera *f*; **~ of shares** cartera *f* de acciones; **minister without ~** ministro/a *m/f* sin cartera
Ⓑ CPD ► **portfolio management** N (*Fin*) administración *f* de la cartera de acciones

**porthole** ['pɔːthəʊl] N portilla *f*

**Portia** ['pɔːʃə] N Porcia

**portico** ['pɔːtɪkəʊ] N (*pl* **porticoes** *or* **porticos**) pórtico *m*

**portion** ['pɔːʃən] Ⓐ N [1] (= *part, piece*) porción *f*, parte *f*; [*of food*] ración *f*; [*of cake*] porción *f*, trozo *m*
[2] (= *quantity, in relation to a whole*) porción *f*, porcentaje *m*
[3] (*also* **marriage ~**) dote *f*
Ⓑ VT (*also* **~ out**) repartir, dividir

**portliness** ['pɔːtlɪnɪs] N gordura *f*, corpulencia *f*

**portly** ['pɔːtlɪ] ADJ grueso, corpulento

**portmanteau** [pɔːt'mæntəʊ] Ⓐ N (*pl* **portmanteaus, portmanteaux** [pɔːt'mæntəʊz]) baúl *m* de viaje
Ⓑ CPD ► **portmanteau word** N palabra *f* combinada

**Porto Rico** [,pɔːtəʊ'riːkəʊ] *etc* = **Puerto Rico** *etc*

**portrait** ['pɔːtrɪt] Ⓐ N retrato *m*; **to have one's ~ painted** ◊ **sit for one's ~** hacerse un retrato
Ⓑ CPD ► **portrait format** N (*Comput, Publishing*) formato *m* vertical ► **portrait gallery** N museo *m* de retratos, galería *f* iconográfica ► **portrait painter** N retratista *mf*

**portraitist** ['pɔːtrɪtɪst] N retratista *mf*

**portraiture** ['pɔːtrɪtʃəʳ] N (= *portrait*) retrato *m*; (= *portraits collectively*) retratos *mpl*; (= *art of portraiture*) arte *m* de retratar; **Spanish ~ in the 16th century** retratos *mpl* españoles del siglo XVI

**portray** [pɔː'treɪ] VT [1] (= *paint etc portrait of*) retratar
[2] (= *describe, paint etc*) representar, pintar

**portrayal** [pɔː'treɪəl] N [1] (*Art*) retrato *m*
[2] (= *description*) descripción *f*, representación *f*; **a most unflattering ~** una representación nada halagadora *or* favorecedora

**portress** ['pɔːtrɪs] N portera *f*

**Portugal** ['pɔːtjʊgəl] N Portugal *m*

**Portuguese** [,pɔːtjʊ'giːz] Ⓐ ADJ portugués
Ⓑ N (*pl* **Portuguese**) [1] (= *person*) portugués/esa *m/f*
[2] (*Ling*) portugués *m*
Ⓒ CPD ► **Portuguese man-of-war** N (*Zool*) *especie de medusa*

**POS** N ABBR (= **point of sale**) punto *m* de venta

**pos.** ABBR = **positive**

**pose** [pəʊz] Ⓐ N [1] [*of body*] postura *f*, actitud *f*
[2] (*fig*) afectación *f*, pose *f*; **it's only a ~** es pura pose
Ⓑ VT [1] (= *position*) hacer posar; **he ~d the model in the position he wanted** hizo que la modelo posara como él quería
[2] [+ *problem, question, difficulty*] plantear; [+ *threat*] representar, encerrar
Ⓒ VI [1] (= *place o.s.*) colocarse; (*for artist etc*) posar; **she once ~d for Picasso** una vez posó para Picasso
[2] (*affectedly*) presumir, hacer pose
[3] **to ~ as** (= *pretend to be*) hacerse pasar por; (= *disguise o.s. as*) disfrazarse de

**Poseidon** [pə'saɪdən] N Poseidón

**poser*** ['pəʊzəʳ] N [1] (= *problem*) problema *m* *or* pregunta *f* difícil
[2] (= *person*) = **poseur**

**poseur** [pəʊ'zɜːʳ] N persona *f* afectada

**posh*** [pɒʃ] Ⓐ ADJ (*compar* **posher**; *superl* **poshest**) (= *high-class*) elegante, pijo (*Sp**); (= *affected*) [*accent etc*] afectado; [*wedding etc*] de mucho rumbo; [*school*] de buen tono; **a ~ car/hotel** un coche/un hotel de lujo; **~ people** gente *f* bien; **it's a very ~ neighbourhood** es un barrio de lo más elegante
Ⓑ ADV **to talk ~** hablar con acento afectado

►**posh up*** VT + ADV **to ~ a place up** procurar que un local parezca más elegante, renovar la pintura *etc* de un local; **it's all ~ed up** está totalmente renovado, se ha reformado por completo; **to ~ o.s. up** arreglarse, ataviarse, emperejilarse

**posing pouch** ['pəʊzɪŋ,paʊtʃ] N tanga *m*, marcapaquete* *m*

**posit** ['pɒzɪt] VT proponer como principio (**that** que), postular

▼**position** [pə'zɪʃən] Ⓐ N [1] (= *location*) [*of object, person*] posición *f*; [*of house, town*] situación *f*, ubicación *f* (*LAm*); **the ship radioed its ~** el barco transmitió su posición por radio; **the house is in a very exposed ~** la casa está situada *or* (*LAm*) ubicada en un lugar muy expuesto; **to be in ~** estar en su sitio; **to get into ~** ponerse en posición; **the troops are moving into ~** las tropas están ocupando posiciones; **to be out of ~** [*object*] estar desplazado *or* desencajado; (*Sport*) [*player*] estar fuera de sitio; **to take up ~(s)**: **troops have taken up ~s near the border** las tropas se han apostado cerca de la frontera; **he took up his usual ~ in front of the fire** ocupó su sitio *or* lugar habitual frente a la chimenea; **I took up my lookout ~ on the bow** ocupé mi puesto *or* posición de vigilancia en la proa
[2] (= *posture*) (*gen*) posición *f*, postura *f*; (*sexual*) postura *f*; **to change (one's) ~** cambiar de posición *or* postura; **he had raised himself to a sitting ~** se había incorporado
[3] (*Sport*) **what ~ do you play (in)?** ¿de qué juegas?
[4] (*Mil*) [*of troops*] posición *f*; (*for gun*) emplazamiento *m*; **the enemy ~s** las posiciones enemigas *or* del enemigo
[5] (*in race, competition*) puesto *m*, posición *f*, lugar *m*; (*in class, league*) puesto *m*; **he finished in third ~** terminó en tercer puesto *or* lugar, terminó en tercera posición; *see also* **pole C**
[6] (*in society*) posición *f*; **she gave up career, social ~, everything** renunció a su profesión, a su posición social, a todo
[7] (= *post*) (*gen*) puesto *m*; (*high-ranking*) cargo *m*; **a high ~ in government** un alto cargo en el gobierno; **to take up a ~** aceptar un puesto; **a ~ of trust** un puesto de confianza
[8] (= *situation, circumstance*) situación *f*; **this is the ~** la situación es ésta; **it puts me in a rather difficult ~** me pone en una situación bastante delicada; **the country's economic ~** la situación económica del país; **put yourself in my ~** ponte en mi lugar; **(if I were) in his ~, I'd say nothing** yo que él *or* yo en su lugar no diría nada; **what is my legal ~?** desde el punto de vista legal, ¿cuál es mi situación?; **we are in a strong negotiating ~** estamos en una buena posición para negociar; **what's the ~ on deliveries/sales?** ¿cuál es la situación respecto a las entregas/ventas?; **they were in a ~ to help** su situación les permitía ayudar; **he's in no ~ to criticize** no es quién para criticar, él no está en condiciones de criticar; *see also* **consider A1**, **jockey C**
[9] (= *opinion*) postura *f* (**on** con respecto a); **you must make your ~ clear** tienes que dejar clara tu postura; **what is our ~ on Greece?** ¿cuál es nuestra nuestra política *or* postura con respecto a Grecia?
[10] (= *window*) (*in bank, post office*) ventanilla *f*; **"~ closed"** "ventanilla cerrada"
Ⓑ VT [1] (= *place in position*) [+ *furniture, object*] colocar; [+ *police, troops*] apostar; **soldiers have been ~ed around the building** se han apostado soldados rodeando el edificio; **to ~ o.s.** (*lit*) colocarse, situarse; (*fig*) (= *take a stance*) adoptar una postura; **France is ~ing itself for offensive action** Francia está adoptando una postura de ataque
[2] (*Sport*) [+ *ball, shuttlecock*] colocar
[3] **to be ~ed** (= *located*) [3·1] (*lit*) **the house was strategically ~ed** la casa estaba situada *or* ubicada de forma estratégica; **it was a difficult shot from where she was ~ed** era un tiro difícil desde donde estaba situada *or* colocada
[3·2] (*fig*) **he is well ~ed to act as intermediary** está en una buena posición para hacer de intermediario

**positive** ['pɒzɪtɪv] Ⓐ ADJ [1] (= *sure, certain*) seguro; **you don't sound very ~** no pareces estar muy seguro; **"are you sure?" — "yes, ~"** —¿estás seguro? —segurísimo *or* —no me cabe la menor duda; **he's ~ about it** está seguro de ello; **we have ~ proof that ...** tenemos pruebas concluyentes de que ...; *see* **proof A1**
[2] (= *affirmative, constructive*) [*attitude, view, influence*] positivo; [*criticism*] constructivo; [*person*] que tiene una actitud positiva; **she's a ~ sort of person** es una persona que tiene una actitud positiva; **I think this news is a ~ sign** creo que esta noticia es prometedora; **she made a very ~ impression with us** nos causó muy buena impresión; **to take ~ action** tomar medidas firmes; **~ discrimination** discriminación *f* positiva; **on the ~ side** en el lado positivo; **~ vetting** investigación *f* de antecedentes
[3] (= *real*) [*disgrace, disadvantage*] verdadero, auténtico; **he's a ~ nuisance** es un verdadero *or* auténtico pelmazo*
[4] (*Elec, Phot, Ling*) positivo; (*Med*) [*result*] positivo; (*Math*) [*number*] positivo; **~ cash flow** flujo *m* positivo de caja
Ⓑ N (= *plus point*) aspecto *m* positivo; (*Phot*)

➤ LANGUAGE IN USE: **position** A7 19.1 A9 6.2

positivo *m*; (*Math*) número *m* positivo, valor *m* positivo; **the ~s outweigh the negatives** los aspectos positivos tienen más peso que *or* superan a los negativos; **to give a false ~** (*Med*) dar un resultado positivo falso
Ⓒ ADV **to test ~** dar positivo; **you have to think ~** hay que ser positivo

**positively** ['pɒzɪtɪvlɪ] ADV [1] (= *with certainty*) [*guarantee*] con seguridad; (= *categorically*) [*refuse*] tajantemente; **the body has been ~ identified** se ha hecho una identificación definitiva del cadáver
[2] (= *affirmatively*) [*respond, act*] de manera positiva; **most employees view the new system ~** la mayoría de los empleados ha reaccionado favorablemente al nuevo sistema, la mayoría de los empleados ve el nuevo sistema con buenos ojos; **you must think and act ~** debes tener una actitud positiva; **they are contributing ~ to the development of their community** están participando activamente en el desarrollo de su comunidad
[3] (*) (= *really, absolutely*) [*amazed, delighted*] realmente, verdaderamente; **the food was ~ disgusting!** ¡la comida daba auténtico *or* verdadero asco!, ¡la comida era realmente *or* verdaderamente asquerosa!; **this is ~ the last time I'm going to tell you** está sí que es la última vez que te lo digo; **Miguel knows ~ nothing about business** Miguel no sabe absolutamente nada de negocios
[4] (*Elec*) **a ~ charged ion** un ión con carga positiva

**positivism** ['pɒzɪtɪvɪzəm] N positivismo *m*

**positivist** ['pɒzɪtɪvɪst] Ⓐ ADJ positivista
Ⓑ N positivista *mf*

**positron** ['pɒzɪ,trɒn] N positrón *m*

**poss*** [pɒs] Ⓐ ADJ ABBR = **possible**; **as soon as ~** cuanto antes, lo más pronto posible
Ⓑ ADV ABBR = **possibly**

**posse** ['pɒsɪ] N (*esp US*) pelotón *m*

**possess** [pə'zes] VT [1] (= *have*) tener, poseer; (= *own*) [+ *property*] poseer, ser dueño de; **it ~es many advantages** tiene *or* posee muchas ventajas; **to ~ a large collection** poseer una gran colección; **to ~ o.s. of** (*frm*) tomar posesión de; (*violently*) apoderarse de; **✦IDIOM to ~ o.s.** *or* **one's soul in patience** (*liter or hum*) armarse de paciencia
[2] (= *control, take over*) **to be ~ed by an idea** estar poseído por una idea; **whatever can have ~ed you?** ¿cómo se te ocurrió?; **what can have ~ed you to think like that?** ¿cómo has podido pensar así?

**possessed** [pə'zest] ADJ poseso, poseído; **to be ~ by demons** estar poseso *or* poseído por los demonios; **like one ~** como un poseído

**possession** [pə'zeʃən] Ⓐ N [1] (= *act, state*) posesión *f*; **to come into ~ of** adquirir; **to come** *or* **pass into the ~ of** pasar a manos de; **to get ~ of** [+ *building, property*] ganar derecho de entrada a; **to get/have ~ of the ball** (*Sport*) hacerse con/tener el balón; **to have sth in one's ~** tener algo (en su posesión *or* sus manos); **to be in ~ of sth** estar en posesión de algo; **to be in full ~ of one's faculties** estar en pleno uso de sus facultades mentales; **to be in the ~ of** estar en posesión *or* manos de; **to take ~ of sth** (*Jur*) tomar posesión de algo; (*by force*) apoderarse de algo; **a house with vacant ~** una casa (que se vende) desocupada; **"with vacant ~"** "llave en mano"; **✦PROV ~ is nine points** *or* **tenths of the law** la posesión es lo que cuenta
[2] (= *thing possessed*) posesión *f*; **possessions** posesiones *fpl*, bienes *mpl*; **Spain's overseas ~s** las posesiones de España en ultramar
[3] (*illegal*) [*of drugs*] posesión *f*; **~ of arms** tenencia *f* de armas
[4] (*by devil*) posesión *f*
Ⓑ CPD ► **possession order** N (*Brit Jur*) orden *f* de posesión

**possessive** [pə'zesɪv] Ⓐ ADJ [1] [*person*] posesivo; [*love etc*] dominante, tiránico; **to be ~ about sth/towards sb** ser posesivo con algo/algn
[2] (*Ling*) posesivo
Ⓑ N (*Ling*) posesivo *m*
Ⓒ CPD ► **possessive pronoun** N pronombre *m* posesivo

**possessively** [pə'zesɪvlɪ] ADV **she slipped her arm into his ~** le tomó del brazo de manera posesiva

**possessiveness** [pə'zesɪvnɪs] N posesividad *f*

**possessor** [pə'zesər] N poseedor(a) *m/f*, dueño/a *m/f*; **to be the proud ~ of sth** ser el orgulloso dueño *or* poseedor de algo

**possibility** [,pɒsə'bɪlɪtɪ] N [1] (= *chance, likelihood*) posibilidad *f*; **is there any ~ (that) they could help?** ¿hay alguna posibilidad de que nos ayuden?; **there is a strong ~ I'll be late** es muy posible que me retrase, hay muchas posibilidades de que me retrase; **beyond/within the bounds of ~**: **it is within the bounds of ~** está dentro de lo posible; **it is not beyond the bounds of ~ that he'll succeed** cabe dentro de lo posible *or* no es imposible que lo consiga; **there is no ~ of his agreeing to it** no existe ninguna posibilidad de que lo consienta; *see also* **distinct A2**
[2] (= *option*) posibilidad *f*; **the possibilities are endless** hay infinidad de posibilidades; **she's a strong ~ for the nomination** tiene muchas posibilidades de ser nominada
[3] (*usu pl*) (= *potential*) **the scheme has real possibilities** es un plan que promete, es un plan de gran potencial; **it's a job with great possibilities** es un trabajo con mucho futuro *or* porvenir

**possible** ['pɒsəbl] Ⓐ ADJ [1] (= *feasible*) posible; **she scored seven points out of a ~ nine** obtuvo siete puntos de los nueve posibles; **will it be ~ for me to leave early?** ¿hay algún inconveniente en que me vaya antes de la hora?; **as ... as ~**: **try to make the lesson as interesting as ~** trata de que la lección sea lo más interesante posible; **you must practise as much as ~** debes practicar todo lo que puedas *or* todo lo posible; **as soon as ~** cuanto antes, lo antes posible; **we provide the best ~ accommodation for our students** nuestros estudiantes disponen del mejor de los alojamientos; **if (at all) ~** si es posible, a ser posible; **to make sth ~**: **improvements made ~ by new technology** mejoras *fpl* que la nueva tecnología ha hecho posible; **he made it ~ for me to go to Spain** gracias a él pude ir a España; **the new legislation would make it ~ for alcohol to be sold on Sundays** la nueva legislación posibilitaría la venta de alcohol los domingos; **I meant it in the nicest ~ way** lo dije con la mejor de las intenciones; **we will help whenever ~** ayudaremos siempre y cuando sea posible, ayudaremos siempre que podamos; **where ~** ◊ **wherever ~** donde sea posible; **they have joined the job market at the worst ~ time** se han incorporado al mercado de trabajo en el peor momento posible *or* en el peor de los momentos; *see also* **world A1**, **as C**, **far A2**
[2] (= *likely*) posible; **a ~ candidate** un posible candidato
[3] (= *conceivable*) posible; **what ~ motive could she have?** ¿qué motivo puede tener?; **there is no ~ excuse for his behaviour** su comportamiento no tiene excusa que valga; **it is ~ that he'll come** es posible que venga, puede (ser) que venga; **it's just ~ he may still be there** existe una pequeña posibilidad de que siga allí
Ⓑ N [1] (*) (= *suitable person*) (*for job*) candidato/a *m/f*; **he's a ~ for Saturday's match** es posible que juegue en el partido del sábado
[2] **the ~** lo posible

**possibly** ['pɒsəblɪ] ADV [1] (= *feasibly, conceivably*) **if I ~ can** si me es posible, si puedo; **I go as often as I ~ can** voy siempre que puedo, voy lo más a menudo posible; **how can I ~ come tomorrow?** ¿cómo voy a poder venir mañana?; **could you ~ come another day?** ¿le sería posible venir otro día?, ¿podría venir otro día?; **I can't ~ eat all this** me es totalmente imposible comer todo esto; **I couldn't ~ allow it** de ninguna manera lo voy a permitir; **it can't ~ be true!** ¡no puede ser verdad!; **she will do everything she ~ can to help you** hará todo lo que esté en su mano *or* todo lo que pueda para ayudarte; **he never does it if he can ~ help it** siempre que puede evitarlo lo evita
[2] (= *perhaps*) **"will you be able to come?" — "possibly"** —¿podrás venir? —es posible *or* —puede que sí; **~ not** puede que no; **of the 200 who apply, ~ five may be accepted** de los 200 solicitantes, tal vez se elija a cinco

**possum** ['pɒsəm] N (*US*) zarigüeya *f*; **✦IDIOM to play ~** (= *sleeping*) fingir estar dormido; (= *dead*) hacerse el muerto

**post**[1] [pəʊst] Ⓐ N [1] [*of wood, metal*] poste *m*; (*also* **goalpost**) poste *m* (de la portería); (*for fencing, marking*) estaca *f*; *see also* **bedpost**, **deaf A1**, **doorpost**, **pillar A**
[2] (*Sport*) **the starting/finishing ~** el poste de salida/llegada; **the winning ~** la meta; **✦IDIOM to be left at the ~** quedar muy en desventaja; *see also* **first A**, **pip**[3]
Ⓑ VT [1] (= *put up*) [+ *bill, notice*] (*also* **~ up**) poner; **"post no bills"** "prohibido fijar carteles"
[2] (= *announce*) [+ *exam results*] hacer público, sacar; **to ~ sth/sb (as) missing** dar algo/a algn por desaparecido
[3] (*Comm*) (*also* **~ up**) [+ *transaction*] anotar, registrar; (*US St Ex*) [+ *profit, loss*] registrar
[4] (= *inform*) **to keep sb ~ed (on** *or* **about sth)** tener *or* mantener a algn al corriente *or* al tanto *or* informado (de algo)
[5] (*US Sport*) [+ *time, score*] registrar, obtener
[6] (*Internet*) enviar por correo electrónico
Ⓒ CPD ► **post hole** N agujero *m* de poste

**post**[2] [pəʊst] Ⓐ N [1] (*Brit*) (= *mail service*) correo *m*; **by ~** *or* **through the ~** por correo; **first-class ~** correo *m* preferente; **your cheque is in the ~** su cheque está en el correo; **second-class ~** correo *m* normal; *see also* **first-class B**, **registered B**, **return A1**
[2] (= *letters*) correo *m*; **is there any ~ for me?** ¿hay correo para mí?
[3] (= *office*) correos *m*; (= *mailbox*) buzón *m*; **to drop** *or* **put sth in the ~** echar algo al correo *or* al buzón; **to drop or put sth in the ~ to sb** enviar *or* mandar algo a algn
[4] (= *collection*) recogida *f*; (= *delivery*) entrega *f*; **the ~ goes at 8.30** la recogida del correo es a las 8.30, recogen el correo a las 8.30; **the ~ is late** el correo se ha retrasado; **to catch the ~** echar el correo antes de la recogida; **first ~** (= *collection*) primera recogida *f*; (= *delivery*) primer reparto *m*, primera en-

➤ LANGUAGE IN USE: **possibility 1** 15.3 **possible A1** 15.3 **possibly** 16.3 **post**[2] **A1** 20.3

trega *f*; **last** ~ (= *collection*) última recogida; **to miss the** ~ no llegar a tiempo para la recogida del correo; **maybe it will arrive in the second** ~ puede que llegue en el segundo reparto

5 (= *cost*) gastos *mpl* de envío; ~ **and packing** gastos *mpl* de envío

6 (*Hist*) (= *rider*) correo *m*; (= *coach*) posta *f*

Ⓑ VT (= *send by post*) (*also* ~ **off**) mandar *or* enviar por correo; (*Brit*) (= *put in mailbox*) echar al correo *or* al buzón; **this was ~ed on Monday** esto se echó al correo *or* al buzón el lunes; **to ~ sth to sb** mandar *or* enviar algo a algn por correo

Ⓒ CPD ► **post horn** N corneta *f* del correo ► **post office** N oficina *f* de correos, correos *m*, correo *m* (*LAm*); **I'm going to the ~ office** voy a correos, voy al correo (*LAm*) ► **the Post Office** N ≈ la Dirección General de Correos ► **post office box** N apartado *m* de correos, casilla *f* (postal *or* de correo(s)) (*LAm*) ► **Post Office Savings Bank** N ≈ Caja *f* Postal de Ahorros ► **post office worker** N empleado/a *m/f* de correos

**post³** [pəʊst] Ⓐ N 1 (= *job*) (*gen*) puesto *m*; (*high-ranking*) cargo *m*; **she's been offered a research** ~ le han ofrecido un puesto *or* un trabajo de investigadora; **to hold a** ~ (*gen*) ocupar un puesto; (*high-ranking*) ocupar un cargo; **to take up one's** ~ (*gen*) ocupar el puesto; (*high-ranking*) entrar en funciones, ocupar el cargo; **she resigned to take up a ~ at the university** dimitió porque consiguió un puesto en la universidad

2 (*Mil*) (= *place of duty, stronghold*) puesto *m*; (*for gun*) emplazamiento *m*; **at one's** ~ en su puesto; **border** *or* **frontier** ~ puesto *m* fronterizo; **first** ~ (toque *m* de) diana *f*; **last** ~ (toque *m* de) retreta *f*; *see also* **border C**, **command C**, **customs B**, **observation B**

Ⓑ VT 1 (*Mil*) [+ *sentry, guard*] apostar

2 (*Brit*) (= *send*) [+ *diplomat, soldier*] destinar; **to ~ sb abroad** destinar a algn al extranjero

3 (*US Jur*) [+ *collateral*] pagar; **to ~ bail** pagar la fianza

Ⓒ CPD ► **post exchange** N (*US Mil*) economato *m* militar, cooperativa *f* militar

**POST** N ABBR = **point-of-sale terminal**

**post...** [pəʊst] PREFIX post..., pos...

**postage** ['pəʊstɪdʒ] Ⓐ N franqueo *m*, porte *m*; ~ **and packing** gastos *mpl* de envío; ~ **due** a pagar; ~ **paid** porte *m* pagado

Ⓑ CPD ► **postage meter** N (*US*) franqueadora *f* ► **postage rates** NPL tarifa *fsing* de correo ► **postage stamp** N sello *m* (de correos), estampilla *f* (*LAm*), timbre *m* (*Mex*)

**postal** ['pəʊstəl] Ⓐ ADJ postal

Ⓑ CPD ► **postal area**, **postal district** N distrito *m* postal ► **postal charges** NPL = **postal rates** ► **postal order** N (*Brit*) giro *m* postal ► **postal rates** NPL tarifa *fsing* de correo ► **postal service** N servicio *m* postal ► **postal survey** N encuesta *f* por correo ► **postal system** N sistema *m* postal, correo *m* ► **postal vote** N voto *m* postal ► **postal worker** N empleado/a *m/f* de correos

**postbag** ['pəʊstbæg] N (*Brit*) (= *sack*) saco *m* postal; (= *letters*) correspondencia *f*, cartas *fpl*; **it arrived in my** ~ llegó en mi correo; **he received a heavy** ~ recibió muchas cartas

**postbox** ['pəʊstbɒks] N (*Brit*) buzón *m*

**postcard** ['pəʊstkɑːd] N (tarjeta *f*) postal *f*

**postcode** ['pəʊstkəʊd] N (*Brit*) código *m* postal

**post-coital** [pəʊst'kəʊɪtəl] ADJ de después del coito

**postdate** ['pəʊst'deɪt] VT poner una fecha posterior a

**postdated** ['pəʊst'deɪtɪd] ADJ [*cheque*] con fecha posterior

**post-doctoral** ['pəʊst'dɒktərəl] Ⓐ ADJ posdoctoral

Ⓑ CPD ► **post-doctoral fellow** N becario/a *m/f* posdoctoral ► **post-doctoral fellowship** N beca *f* posdoctoral

**poster** ['pəʊstə^r] Ⓐ N cartel *m*, póster *m*, afiche *m* (*LAm*)

Ⓑ CPD ► **poster artist**, **poster designer** N cartelista *mf* ► **poster paint** N pintura *f* al agua

**poste restante** ['pəʊst'restɑːnt] N (*esp Brit*) lista *f* de correos, poste *f* restante (*LAm*)

**posterior** [pɒs'tɪərɪə^r] Ⓐ ADJ (*frm*) posterior

Ⓑ N (* *hum*) trasero* *m*

**posterity** [pɒs'terɪtɪ] N posteridad *f*

**postern** ['pəʊstɜːn] N postigo *m*

**post-free** ['pəʊst'friː] ADJ, ADV (con) porte pagado, libre de franqueo

**postglacial** ['pəʊst'gleɪsɪəl] ADJ posglacial

**postgrad*** ['pəʊst'græd] = **postgraduate**

**postgraduate** ['pəʊst'grædjʊɪt] (*Brit*) Ⓐ N posgraduado/a *m/f*

Ⓑ CPD ► **postgraduate course** N curso *m* para (pos)graduados ► **postgraduate study**, N **postgraduate studies** NPL estudios *mpl* de posgrado

**post-haste**† ['pəʊst'heɪst] ADV a toda prisa, con toda urgencia

**posthumous** ['pɒstjʊməs] ADJ póstumo

**posthumously** ['pɒstjʊməslɪ] ADV póstumamente, con carácter póstumo

**postie*** ['pəʊstɪ] N (*Brit*) cartero/a *m/f*

**postilion** [pəs'tɪlɪən] N postillón *m*

**post-imperial** ['pəʊstɪm'pɪərɪəl] ADJ posimperial

**post-impressionism** ['pəʊstɪm'preʃənɪzəm] N posimpresionismo *m*

**post-impressionist** ['pəʊstɪm'preʃənɪst] Ⓐ ADJ posimpresionista

Ⓑ N posimpresionista *mf*

**post-industrial** [,pəʊstɪn'dʌstrɪəl] ADJ posindustrial

**posting** ['pəʊstɪŋ] N 1 (*Brit Mil etc*) destino *m*

2 (*Fin*) asiento *m*, traspaso *m* al libro mayor

**postman** ['pəʊstmən] Ⓐ N (*pl* **postmen**) (*Brit*) cartero *m*

Ⓑ CPD ► **postman's knock** N (= *game*) *juego de niños en que el que se intercambia un beso por una carta imaginaria*

**postmark** ['pəʊstmɑːk] Ⓐ N matasellos *m inv*; **date as** ~ según fecha del matasellos

Ⓑ VT matasellar; **it is ~ed "León"** lleva el matasellos de León

**postmaster** ['pəʊst,mɑːstə^r] Ⓐ N administrador *m* de correos

Ⓑ CPD ► **postmaster general** N (*Brit*) director *m* general de correos

**postmistress** ['pəʊst,mɪstrɪs] N administradora *f* de correos

**postmodern** ['pəʊst'mɒdən] ADJ posmoderno

**postmodernism** ['pəʊst'mɒdənɪzəm] N posmodernismo *m*

**postmodernist** ['pəʊst'mɒdənɪst] Ⓐ ADJ posmodernista

Ⓑ N posmodernista *mf*

**post-mortem** ['pəʊst'mɔːtəm] N (*gen*) autopsia *f*; **to carry out a** ~ practicar una autopsia; **to hold a ~ on sth** (*fig*) analizar los resultados de algo, hacer el balance de algo

**post-natal** ['pəʊst'neɪtl] Ⓐ ADJ postnatal, pos(t)parto

Ⓑ CPD ► **post-natal depression** N depresión *f* pos(t)parto

**post-operative** [,pəʊst'ɒpərətɪv] ADJ posoperativo

**post-paid** ['pəʊst'peɪd] ADV porte pagado, franco de porte

**postpartum** [pəʊst'pɑːtəm] Ⓐ N postparto, posparto

Ⓑ CPD ► **postpartum depression** N depresión *f* pos(t)parto

**postpone** [pəʊst'pəʊn] VT aplazar, postergar (*LAm*); **mightn't it be better to ~ it?** ¿no sería mejor aplazarlo?; **to ~ sth for a month** aplazar algo por un mes; **it has been ~d till Tuesday** ha sido aplazado hasta el martes

**postponement** [pəʊst'pəʊnmənt] N aplazamiento *m*

**postpositive** [pəʊst'pɒzɪtɪv] ADJ pospositivo

**postprandial** ['pəʊst'prændɪəl] ADJ [*speech, talk etc*] de sobremesa; [*walk etc*] que se da después de comer

**postproduction** [,pəʊstprə'dʌkʃən] Ⓐ N actividad *f* posterior a la producción

Ⓑ CPD [*costs etc*] que sigue a la producción

**postscript** ['pəʊsskrɪpt] N (*to letter*) posdata *f*; (*fig*) epílogo *m*; **there is a ~ to this story** esta historia tiene epílogo

**poststructuralism** ['pəʊst'strʌktʃərəlɪzəm] N postestructuralismo *m*

**poststructuralist** [,pəʊst'strʌktʃərəlɪst] Ⓐ ADJ postestructuralista *inv*

Ⓑ N postestructuralista *mf*

**postulant** ['pɒstjʊlənt] N postulante/a *m/f*

**postulate** Ⓐ ['pɒstjʊlɪt] N postulado *m*

Ⓑ ['pɒstjʊleɪt] VT postular

**postulation** [,pɒstjʊ'leɪʃən] N postulación *f*

**postural** ['pɒstʃərəl] ADJ [*habits, exercises*] postural

**posture** ['pɒstʃə^r] Ⓐ N postura *f*, actitud *f*

Ⓑ VI (*pej*) adoptar una postura afectada

**posturing** ['pɒstʃə'rɪŋ] N pose *f*; **the threat to dispatch troops is mere** ~ la amenaza de enviar tropas no es mas que una pose de cara al exterior; **there was a lot of political ~ going on** había mucho de fingimiento en las declaraciones políticas

**postviral syndrome** [pəʊst'vaɪərəl'sɪndrəʊm] N síndrome *m* posvírico

**postvocalic** [,pəʊstvəʊ'kælɪk] ADJ posvocálico

**post-war** ['pəʊst'wɔː^r] ADJ de la posguerra; **the ~ period** la pos(t)guerra

**postwoman** ['pəʊst,wʊmən] N (*pl* **postwomen**) (*Brit*) cartera *f*

**posy** ['pəʊzɪ] N ramillete *m*

**pot¹** [pɒt] Ⓐ N 1 (*for cooking*) cazuela *f*, olla *f* (*LAm*); (*for jam*) tarro *m*, pote *m* (*S. Cone*); (*for flowers*) tiesto *m*, maceta *f*; (= *teapot*) tetera *f*; (= *coffee pot*) cafetera *f*; (= *chamber pot*) orinal *m*; (= *piece of pottery*) cacharro *m*; **~s and pans** batería *fsing* de cocina, cacharros *mpl*; ♦***IDIOMS*** **to keep the ~ boiling** (= *earn living*) ganarse la vida; (= *make things progress*) mantener las cosas en marcha; **to go to ~*** irse al traste*; **that's the ~ calling the kettle black** el puchero le dijo a la sartén —apártate que me tiznas

2 (= *potful*) cazuela *f*; **a ~ of coffee for two** café *m* para dos; **to make a ~ of tea** hacer el té

3 (*Cards*) pozo *m*; (*esp US*) (= *kitty*) bote *m*

4 **pots*** (= *lots*) **we have ~s of it** tenemos montones*; **to have ~s of money** estar forrado de dinero*

5 (*Sport**) (= *prize*) copa *f*

6 (*Snooker, Billiards*) billa *f*

➤ LANGUAGE IN USE: post³ A1 19.4, 19.5

7 (*) (= *shot*) **he took a ~ at the wolf** disparó contra el lobo
8 (*) (= *stomach*) panza* *f*, barriga *f*
Ⓑ VT 1 [+ *jam, meat, etc*] conservar en tarros
2 [+ *plant*] poner en tiesto *or* maceta; (*also* **to ~ up**) [+ *seedling*] enmacetar
3 (*Snooker, Billiards*) meter en la tronera
4 (*) (= *shoot*) [+ *duck, pheasant*] matar
Ⓒ VI (= *shoot*) **to ~ at sb** disparar sobre algn
Ⓓ CPD ► **pot belly** N (*from overeating*) panza* *f*; (*from malnutrition*) barriga *f* hinchada ► **pot cheese** N (*US*) ≈ requesón *m* ► **pot herb** N hierba *f* aromática ► **pot luck** N **to take ~ luck** conformarse con lo que haya ► **pot plant** N planta *f* de interior ► **pot roast** N carne *f* asada a la cazuela ► **pot shot*** N tiro *m* al azar; **to take a ~ shot at sth** disparar contra algo al azar; *see also* **pot-bellied**, **pot-roast**

**pot²*** [pɒt] N (= *marijuana*) maría* *f*, chocolate* *m*, mota *f* (*LAm**)

**potable** ['pəʊtəbl] ADJ potable

**potash** ['pɒtæʃ] N potasa *f*

**potassium** [pə'tæsɪəm] Ⓐ N potasio *m*
Ⓑ CPD ► **potassium cyanide** N cianuro *m* de potasio ► **potassium nitrate** N nitrato *m* de potasio ► **potassium sulphate** N sulfato *m* potásico

**potations** [pəʊ'teɪʃənz] NPL (*frm*) libaciones *fpl*

**potato** [pə'teɪtəʊ] Ⓐ N (*pl* **potatoes**) patata *f*, papa *f* (*LAm*); **baked ~** patata *f* al horno; **~es in their jackets** patatas *fpl* con su piel; *see also* **hot C**, **small A1**, **sweet C**
Ⓑ CPD ► **potato beetle** N dorífora *f*, escarabajo *m* de la patata *or* (*LAm*) papa ► **potato blight** N roña *f* de la patata *or* (*LAm*) papa ► **potato cake** N croqueta *f* de patata *or* (*LAm*) papa ► **potato chip** N (*US*) = **potato crisp** ► **potato crisp** N patata *f* frita, papa *f* frita (*LAm*) ► **potato field** N patatal *m* ► **potato masher** N *utensilio para aplastar las patatas al hacer puré* ► **potato peeler** N pelapatatas *m inv*, pelapapas *m inv* (*LAm*) ► **potato salad** N ensalada *f* de patatas *or* (*LAm*) papas

**pot-bellied** ['pɒt,belɪd] ADJ (*from overeating*) barrigón*; (*from malnutrition*) de vientre hinchado

**potboiler** ['pɒt,bɔɪləʳ] N obra *f* (mediocre) (*escrita para ganar dinero*)

**pot-bound** ['pɒtbaʊnd] ADJ **this plant is ~** esta planta ya no cabe en la maceta, esta planta ha crecido demasiado para esta maceta

**poteen** [pɒ'tiːn, pɒ'tʃiːn] N aguardiente *m*, whiskey *m* (*irlandés, destilado ilegalmente*)

**potency** ['pəʊtənsɪ] N potencia *f*; [*of drink*] fuerza *f*; [*of remedy*] eficacia *f*; (*Physiol*) potencia *f*

**potent** ['pəʊtənt] ADJ potente, poderoso; [*drink*] fuerte; [*remedy*] eficaz

**potentate** ['pəʊtənteɪt] N potentado *m*

**potential** [pə'tenʃəl] Ⓐ ADJ en potencia; **~ earnings** ganancias *fpl* potenciales; **a ~ prime minister** un primer ministro en ciernes; **a ~ threat** una posible amenaza
Ⓑ N 1 (= *possibilities*) potencial *m*; (= *ability*) capacidad *f*; **to have ~** mostrar gran potencial; **the war ~ of this country** el potencial bélico de este país; **our ~ for increasing production** nuestras posibilidades de incrementar la producción; **he hasn't yet realized his full ~** todavía no ha desarrollado plenamente su potencial; **to have the ~ to do sth** [*person*] tener aptitudes *or* capacidad para hacer algo; **the meeting has the ~ to be a watershed** la reunión puede llegar a ser un acontecimiento decisivo
2 (*Elec, Math, Phys*) potencial *m*

**potentiality** [pə,tenʃɪ'ælɪtɪ] N potencialidad *f*

**potentially** [pə'tenʃəlɪ] ADV en potencia, potencialmente

**potentiate** [pə'tenʃɪ,eɪt] VT (*frm*) potenciar

**pother** ['pɒðəʳ] N lío *m*; **all this ~!** ¡qué lío!; **to make a ~ about sth** armar un lío a causa de algo

**pothole** ['pɒthəʊl] N 1 (*in road*) bache *m*
2 (*Geol*) marmita *f* de gigante, gruta *f*; (*loosely*) cueva *f*, caverna *f*, profunda gruta *f*

**pot-holed** ['pɒt,həʊld] ADJ [*road*] lleno de baches

**potholer** ['pɒthəʊləʳ] N (*Brit*) espeleólogo/a *m/f*

**potholing** ['pɒthəʊlɪŋ] N (*Brit*) espeleología *f*; **to go ~** hacer espeleología; (*on specific occasion*) ir de espeleología

**pothunter*** ['pɒthʌntəʳ] N cazador(a) *m/f* de premios

**potion** ['pəʊʃən] N poción *f*, pócima *f*

**potpourri** [pəʊ'pʊərɪ] N (*pl* **potpourris**) 1 (= *flowers*) flores *fpl* secas aromáticas, popurrí *m*
2 [*of music, writing*] popurrí *m*

**pot-roast** ['pɒtrəʊst] VT asar

**potsherd** ['pɒt,ʃɜːd] N tiesto *m*, casco *m*

**potted** ['pɒtɪd] ADJ 1 [*food*] conservado en tarros; [*plant*] en tiesto, en maceta
2 (= *shortened*) [*history, version*] resumido

**potter¹** ['pɒtəʳ] Ⓐ N alfarero/a *m/f*; (*artistic*) ceramista *mf*
Ⓑ CPD ► **potter's clay** N arcilla *f* de alfarería ► **potter's field** N (*US*) cementerio *m* de pobres ► **potter's wheel** N torno *m* de alfarero

**potter²** ['pɒtəʳ] VI (*Brit*) entretenerse haciendo un poco de todo; **I ~ed round the house all day** estuve todo el día en casa haciendo un poco de todo; **we ~ed round the shops** nos paseamos por las tiendas

► **potter about, potter around** VI + ADV (*Brit*) **he likes ~ing about in the garden** le gusta entretenerse haciendo pequeños trabajos en el jardín

► **potter along** VI + ADV (*Brit*) hacerse el remolón*; **we ~ along** vamos tirando*

**pottery** ['pɒtərɪ] N 1 (= *craft*) alfarería *f*; (= *art*) cerámica *f*
2 (= *pots*) cerámica *f*; [*of fine quality*] loza *f*; **a piece of ~** una cerámica
3 (= *workshop*) alfar *m*, alfarería *f*

**potting compost** ['pɒtɪŋ,kɒmpɒst] N compost *m* para macetas

**potting shed** ['pɒtɪŋʃed] N cobertizo *m* de enmacetar

**potty¹*** ['pɒtɪ] N orinal *m* de niño, bacinica *f* (*LAm*)

**potty²*** ['pɒtɪ] ADJ (*compar* **pottier**; *superl* **pottiest**) (*Brit*) 1 (= *mad*) chiflado*; **she's ~ about him** anda loca por él*, se chifla por él*; **you must be ~!** ¡tú estás loco!; **to drive sb ~** volver loco a algn; **it's enough to drive you ~** es para volverse loco
2 (= *small*) insignificante, miserable

**potty-trained** ['pɒtɪ,treɪnd] ADJ (*Brit*) que ya no necesita pañales

**potty-training** ['pɒtɪtreɪnɪŋ] N (*Brit*) *adiestramiento de los niños pequeños en el uso del orinal para hacer sus necesidades*

**pouch** [paʊtʃ] N (*for tobacco*) petaca *f*; (*for ammunition*) cartuchera *f*; (*hunter's*) morral *m*; (*Zool, Anat*) bolsa *f*

**pouf(fe)** [puːf] N 1 (= *seat*) puf(f) *m*
2 (*Brit‡*) = **poof**

**poulterer** ['pəʊltərəʳ] N (*Brit*) pollero/a *m/f*; **~'s (shop)** pollería *f*

**poultice** ['pəʊltɪs] Ⓐ N cataplasma *f*, emplasto *m*
Ⓑ VT poner una cataplasma a, emplastar (**with** con)

**poultry** ['pəʊltrɪ] Ⓐ N (*alive*) aves *fpl* de corral; (*as food*) aves *fpl*
Ⓑ CPD ► **poultry breeding** N avicultura *f* ► **poultry dealer** N recovero/a *m/f*, pollero/a *m/f* ► **poultry farm** N granja *f* avícola ► **poultry farmer** N avicultor(a) *m/f* ► **poultry farming** N avicultura *f* ► **poultry house** N gallinero *m* ► **poultry keeper** N = **poultry farmer** ► **poultry keeping** N = **poultry farming** ► **poultry shop** N (*US*) pollería *f*

**pounce** [paʊns] Ⓐ N salto *m*, ataque *m*; (*by bird*) calada *f*
Ⓑ VI abalanzarse (**on** sobre); [*bird*] calarse; **to ~ on sth/sb** (*lit*) abalanzarse sobre algo/algn, echarse encima de algo/algn; **to ~ on sb's mistake** saltar sobre el error de algn

**pound¹** [paʊnd] Ⓐ N 1 (= *weight*) libra *f* (= *453,6gr*); **half a ~** media libra; **two dollars a ~** dos dólares la libra; **they sell it by the ~** lo venden por libras; ✦***IDIOM* to demand one's ~ of flesh** exigir todo lo que le corresponde a uno; → IMPERIAL SYSTEM
2 (= *money*) libra *f*; **one ~ sterling** una libra esterlina; **the ~** (*Econ*) la libra esterlina
Ⓑ CPD ► **pound coin** N moneda *f* de una libra ► **pound note** N billete *m* de una libra

**pound²** [paʊnd] Ⓐ VT 1 (*strike*) 1·1 (*with fists*) [+ *door, table*] aporrear, golpear; **he ~ed the table with his fist** aporreó *or* golpeó la mesa con el puño; **to ~ one's fists against sth** golpear algo con los puños; **to ~ sth to pieces (with one's fists)** destrozar algo (a puñetazos *or* con los puños)
1·2 (*with hammer*) martillear; (*with other instrument*) golpear; **he ~ed the stake into the ground with a rock** clavó la estaca en la tierra golpeándola con una piedra; **to ~ sth to pieces (with a hammer)** destrozar algo (a martillazos); **they ~ed him into a pulp with their sticks** lo molieron a palos
1·3 [*sea, waves*] azotar, batir contra; **the waves ~ed the boat to pieces** las olas batieron contra el bote hasta destrozarlo
1·4 (*Mil*) **day after day long-range artillery ~ed the city** día tras día fuego de artillería de largo alcance cayó sobre la ciudad causando estragos; **the bombs ~ed the city to rubble** las bombas redujeron la ciudad a escombros
2 (*Culin*) [+ *herbs, spices*] machacar; [+ *garlic, mixture*] machacar, majar; [+ *meat*] golpear; [+ *dough*] trabajar
3 (= *thump*) [+ *piano, typewriter*] aporrear; ✦***IDIOMS* to ~ the beat*** rondar las calles (como policía); **to ~ the pavement(s)** (*US**) patear las calles*
Ⓑ VI 1 (= *throb, pulsate*) [*head*] estar a punto de estallar; [*heart*] palpitar; [*music*] retumbar; **the blood ~ed in his ears** podía oír el pulso de la sangre en los oídos; **his heart ~ed with fear/joy/excitement** el corazón le palpitaba de miedo/de alegría/de emoción
2 (= *strike*) **the sea ~ed against** *or* **on the rocks** el mar azotaba las rocas *or* batía contra las rocas; **somebody began ~ing at** *or* **on the door** alguien empezó a aporrear la puerta; **we listened to the rain ~ing on the roof** oíamos la lluvia cayendo con fuerza sobre el tejado
3 (= *move heavily*) **he was ~ing along the road** corría con paso pesado *or* pesadamente por la carretera; **to ~ up/down the stairs**

subir/bajar las escaleras con paso pesado *or* pesadamente; **the train ~ed past** el tren pasó retumbando

►**pound out** VT + ADV **he was ~ing out a tune on the piano** aporreaba una canción en el piano; **the drums ~ed out the good news** los redobles de los tambores lanzaron a los cuatro vientos la buena noticia

**pound³** [paʊnd] N (= *enclosure*) (*for dogs*) perrera *f*; (*for cars*) depósito *m* de coches

**poundage** ['paʊndɪdʒ] N *impuesto or comisión que se exige por cada libra esterlina or de peso*

**-pounder** ['paʊndəʳ] N (*ending in compounds*) **four-pounder** (= *fish*) pez *m* de cuatro libras; **twenty-five-pounder** (*Mil*) cañón *m* de veinticinco

**pounding** ['paʊndɪŋ] N [1] (= *noise*) [*of feet, hooves*] pisadas *fpl*; [*of guns*] martilleo *m*; [*of sea, waves*] embate *m*; [*of heart*] palpitaciones *fpl*, latidos *mpl* violentos; **suddenly there was a furious ~ on the door** de repente empezaron a aporrear furiosamente la puerta
[2] (= *pummelling*) (*from shells, bombs*) bombardeo *m*; **the city took a ~ last night** la ciudad fue muy castigada en el bombardeo de anoche
[3] (*) (*fig*) (= *thrashing*) **Barcelona gave us a real ~** el Barcelona nos dio una paliza de las buenas*; **to take a ~** sufrir una (dura) derrota

**pour** [pɔːʳ] Ⓐ VT [1] (= *serve*) servir; **shall I ~ the tea?** ¿sirvo el té?; **to ~ sb a drink** ◊ **~ a drink for sb** servir una copa a algn; **he ~ed himself some coffee** se sirvió café
[2] (= *tip*) [+ *liquid*] verter, echar; [+ *salt, powder*] echar; **I ~ed the milk down the sink** vertí *or* eché la leche por el fregadero; **he ~ed some wine into a glass** vertió *or* echó un poco de vino en un vaso; **~ the sauce over the meat** vierta *or* eche la salsa sobre la carne; *see also* **cold A1**, **oil A1**, **scorn A**
[3] (= *invest*) **they are ~ing millions into the Olympics** están invirtiendo millones en las Olimpiadas; **to ~ money into a project** invertir grandes cantidades de dinero en un proyecto; **we can't go on ~ing money into this project** no podemos seguir invirtiendo ese caudal en este proyecto
Ⓑ VI [1] (= *serve*) servir; **shall I ~?** ¿sirvo?
[2] (= *tip*) **this teapot doesn't ~ very well** es difícil servir con esta tetera
[3] (= *flow*) **water was ~ing down the walls** el agua caía a raudales por las paredes; **tears ~ed down his face** las lágrimas le resbalaban por la cara; **water ~ed from the broken pipe** el agua salía a raudales de la tubería rota; **blood ~ed from the wound** la sangre salía a borbotones de la herida; **water came ~ing into the room** el agua entraba a raudales en el cuarto; **the sweat was ~ing off him** sudaba a chorros
[4] (*Met*) **it's ~ing (with rain)** está lloviendo a cántaros, está diluviando; *see also* **pour down**, **rain B1**
[5] (*fig*) **smoke was ~ing from the window** grandes bocanadas de humo salían de la ventana; **passionate German prose ~ed from her lips** apasionadas palabras de prosa alemana le brotaban de los labios; **refugees ~ed into the country** entraban grandes cantidades de refugiados en el país; **sunshine ~ed into the room** el sol entraba a raudales en la habitación; **cars ~ed off the ferry** muchísimos coches salían del transbordador; **cars are ~ing off the assembly lines** grandes cantidades de coches están saliendo de las cadenas de montaje; *see also* **pour out**

►**pour away** VT + ADV tirar; **he had to ~ the wine away** tuvo que tirar el vino

►**pour down** Ⓐ VI + ADV **it/the rain was ~ing down** llovía a cántaros; **the sun ~ed down on them** el sol les daba de lleno; *see also* **pour B3**
Ⓑ VT + PREP *see* **pour A2**

►**pour forth** (*liter*) Ⓐ VT + ADV (*lit*) [+ *smoke*] echar; (*fig*) [+ *words, abuse*] soltar; **the washing machine was ~ing forth water at an alarming rate** el agua se salía de la lavadora a una velocidad alarmante
Ⓑ VI + ADV (*lit*) [*smoke, gas*] salir en grandes cantidades; [*water, liquid*] salir a raudales; [*blood*] salir a borbotones; (*fig*) [*words, criticisms*] manar

►**pour in** Ⓐ VI + ADV [1] (*lit*) **water was ~ing in** estaba entrando agua a raudales; **sunshine ~ed in from the courtyard** desde el patio el sol entraba a raudales en la habitación
[2] (*fig*) [*people*] (*to country, area*) llegar a raudales; (*to shop, office*) entrar a raudales; **letters ~ed in from their fans** les llovían cartas de sus admiradores, llegaban avalanchas de cartas de sus admiradores; **as the results ~ed in ...** a medida que llegaba la avalancha de resultados ...
Ⓑ VT + ADV [1] (*lit*) [+ *liquid*] (*into mixture*) añadir; (*into container*) echar; **next, ~ in the milk** luego, añada la leche
[2] (*fig*) **we can't keep ~ing in capital** no podemos seguir invirtiendo tanto capital *or* ese caudal

►**pour off** Ⓐ VT + ADV (= *throw away*) tirar; (= *put aside*) apartar; **~ off the excess fat** tire el exceso de grasa; **~ off half the quantity** aparte la mitad
Ⓑ VI + PREP *see* **pour B3, B5**

►**pour out** Ⓐ VT + ADV [1] (= *serve*) [+ *tea, milk, cornflakes*] servir; **shall I ~ you out some tea?** ◊ **shall I ~ out some tea for you?** ¿te sirvo té?
[2] (= *emit*) [+ *smoke, fumes*] arrojar
[3] (= *produce*) **the factory ~s out hundreds of cars a day** la fábrica produce cientos de coches al día
[4] (*fig*) [+ *anger, emotion*] desahogar; [+ *words, abuse*] soltar; **he ~ed out a torrent of abuse (against them)** (les) soltó un torrente de insultos; **to ~ out one's feelings (to sb)** desahogarse (con algn); **to ~ out one's heart to sb** desahogarse con algn, abrir su corazón a algn; **to ~ it all out** contarlo todo; **to ~ it all out to sb** contárselo todo a algn
Ⓑ VI + ADV [1] (*lit*) [*water, liquid*] salir a raudales; [*blood*] salir a borbotones; **he smashed the window and smoke ~ed out** rompió la ventana y salieron grandes bocanadas de humo
[2] (= *come out in large numbers*) [*people, crowds*] salir en tropel; **the doors opened and thousands of fans ~ed out** las puertas se abrieron y miles de seguidores salieron en tropel; **they ~ed out into the streets** invadieron las calles
[3] (= *gush out*) [*words*] brotar de la boca, manar de la boca; **once she started speaking, the ideas came ~ing out** una vez empezó a hablar, le fluyeron las ideas; **the words came ~ing out** las palabras brotaban *or* manaban de su boca; **once he started to talk it all came ~ing out** una vez empezó a hablar, ya se desahogó del todo

**pouring** ['pɔːrɪŋ] ADJ [1] [*custard, cream etc*] líquido
[2] [*rain*] torrencial; **we queued in the ~ rain for hours** hicimos cola durante horas bajo la lluvia torrencial

**pout** [paʊt] Ⓐ N puchero *m*, mohín *m*
Ⓑ VI hacer pucheros, hacer un mohín
Ⓒ VT **"never!" she ~ed** —¡nunca! —dijo con gesto mohíno; **to ~ one's lips** hacer pucheros, hacer un mohín

**poverty** ['pɒvətɪ] Ⓐ N [1] (= *state of being poor*) pobreza *f*; **absolute/extreme/relative ~** pobreza *f* absoluta/extrema/relativa; **to live/die in ~** vivir/morir en la pobreza; *see also* **abject 3**, **grinding 2**, **plead A2**, **vow A**
[2] (= *lack*) pobreza *f*, escasez *f*; **~ of resources** pobreza *f or* escasez *f* de recursos; **~ of ideas** pobreza *f* de ideas; **~ of imagination** pobreza *f or* falta *f* de imaginación
[3] (= *poor quality*) [*of soil*] pobreza *f*
Ⓑ CPD ► **poverty line**, **poverty level** (*US*) N umbral *m* de pobreza; **to be** *or* **live above/below the ~ line** *or* **level** vivir por encima/por debajo del umbral de pobreza; **to be** *or* **live on the ~ line** vivir en el umbral de pobreza, vivir al borde de la pobreza ► **poverty trap** N (*Brit*) trampa *f* de la pobreza

**poverty-stricken** ['pɒvətɪˌstrɪkn] ADJ [*person*] muy pobre, indigente; [*area*] muy pobre; **to be ~** estar en la miseria

**POW** N ABBR = **prisoner of war**

**powder** ['paʊdəʳ] Ⓐ N polvo *m*; (= *face powder, talcum powder*) polvos *mpl*; (= *gun powder*) pólvora *f*; **a fine white ~** un polvillo blanco; **to grind sth to (a) ~** reducir algo a polvo; ✦*IDIOM* **to keep one's ~ dry** no gastar la pólvora en salvas, reservarse para mejor ocasión
Ⓑ VT [1] (= *reduce to powder*) pulverizar, reducir a polvo
[2] (= *dust*) (*with face powder, talcum powder*) empolvar; (*Culin*) (*with flour, icing sugar*) espolvorear (**with** de); **to ~ one's nose** (*lit*) empolvarse la nariz; (*euph*) ir al baño; **the ground was ~ed with snow** el terreno estaba salpicado de nieve
Ⓒ VI pulverizarse, hacerse polvo
Ⓓ CPD ► **powder blue** N azul *m* pálido ► **powder compact** N polvera *f* ► **powder horn** N chifle *m*, cuerno *m* de pólvora ► **powder keg** N barril *m* de pólvora; **the country is a ~ keg** el país es un polvorín ► **powder magazine** N santabárbara *f* ► **powder puff** N borla *f* ► **powder room** N tocador *m*, aseos *mpl* (de señora); **"powder room"** "señoras"

**powder-blue** ['paʊdə'bluː] ADJ azul pálido

**powdered** ['paʊdəd] Ⓐ ADJ en polvo
Ⓑ CPD ► **powdered milk** N leche *f* en polvo ► **powdered sugar** N (*US*) azúcar *m* glasé, azúcar *m* en polvo, azúcar *m* flor (*S. Cone*)

**powdering** ['paʊdərɪŋ] N [*of dust, sawdust*] fina capa *f*; [*of snow*] leve capa *f*

**powdery** ['paʊdərɪ] ADJ [*substance*] pulverulento; [*snow*] en polvo; [*surface*] polvoriento

**power** [paʊəʳ] Ⓐ N [1] (= *control*) poder *m*; (*physical strength*) fuerza *f*; **to have ~ over sb** tener poder sobre algn; **to have sb in one's ~** tener a algn en su poder; **to be in sb's ~** estar en poder de algn; **to have the ~ of life and death over sb** tener poder para decidir sobre la vida de algn; ✦*IDIOM* **more ~ to your elbow!*** ¡qué tengas éxito!
[2] (*Pol*) poder *m*, poderío *m*; **to be in ~** estar en el poder; **to come to ~** subir al poder; **to fall from ~** perder el poder; **~ to the people!** ¡el pueblo al poder!
[3] (*Mil*) (= *capability*) potencia *f*, poderío *m*; **a nation's air/sea ~** la potencia aérea/naval de un país, el poderío aéreo/naval de un país
[4] (= *authority*) poder *m*, autoridad *f*; **she has the ~ to act** tiene poder *or* autoridad para

actuar; **they have no ~ in economic matters** carecen de autoridad en asuntos económicos; **it was seen as an abuse of his ~** se percibió como un abuso de poder por su parte; **~ of attorney** (*Jur*) poder *m*, procuración *f*; **that is beyond** *or* **outside my ~(s)** eso no es de mi competencia; **to exceed one's ~s** excederse en el ejercicio de sus atribuciones *or* facultades; **he has full ~s to negotiate a solution** goza de plenos poderes para negociar una solución; **~ of veto** derecho *m* de veto; **that does not fall within my ~(s)** eso no es de mi competencia

[5] (= *ability, capacity*) **it is beyond his ~ to save her** no está dentro de sus posibilidades salvarla, no puede hacer nada para salvarla; **~s of concentration** capacidad *f* de concentración; **to be at the height of one's ~s** estar en plenitud de facultades; **~s of imagination** capacidad *f* imaginativa; **to do all** *or* **everything in one's ~ to help sb** hacer todo lo posible por ayudar a algn; **~s of persuasion** poder *m* de persuasión *or* convicción; *see also* **purchasing B**

[6] (= *mental faculty*) facultad *f*; **his ~s are failing** decaen sus facultades; **mental ~s** facultades *fpl* mentales; **the ~ of speech** la facultad del habla

[7] (= *nation*) potencia *f*; **the Great Powers** las grandes potencias; **one of the great naval ~s** una de las grandes potencias navales; **the leaders of the major world ~s** los líderes de las principales potencias mundiales

[8] (= *person in authority*) **he's a ~ in the land** es de los que mandan en el país; **they are the real ~ in the government** son los que ostentan el auténtico poder en el gobierno; **the Church is no longer the ~ it was** la Iglesia ha dejado de tener el poder que tenía; **the ~s that be** las autoridades, los que mandan; **the ~s of darkness** *or* **evil** las fuerzas del mal; ✦***IDIOM*** **the ~ behind the throne** la eminencia gris

[9] (= *forcefulness*) [*of argument*] fuerza *f*; **the ~ of love/thought** el poder del amor/del intelecto; **a painting of great ~** un cuadro de gran impacto, un cuadro que causa honda impresión

[10] [*of engine, machine*] potencia *f*, fuerza *f*; [*of telescope*] aumento *m*; (= *output*) rendimiento *m*; **microwave on full ~ for one minute** póngalo con el microondas a plena potencia durante un minuto; **engines at half ~** motores *mpl* a medio gas *or* a media potencia; **magnifying ~** capacidad *f* de aumento, número *m* de aumentos; **the ship returned to port under her own ~** el buque volvió al puerto impulsado por sus propios motores

[11] (= *source of energy*) energía *f*; (= *electric power*) electricidad *f*; **they cut off the ~** cortaron la corriente; **nuclear ~** energía *f* nuclear

[12] (*Math*) potencia *f*; **7 to the ~ (of) 3** 7 elevado a la 3ª potencia, 7 elevado al cubo; **to the nth ~** a la enésima potencia

[13] (*) (= *a lot of*) **that holiday did me a ~ of good** esas vacaciones me hicieron mucho bien; **her words did their morale a ~ of good** sus palabras les levantaron un montón la moral; **the new training methods have done their game a ~ of good** el nuevo método de entrenamiento ha supuesto una notable mejoría en su juego

Ⓑ VT **a plane ~ed by four jets** un avión propulsado por cuatro motores a reacción; **a racing car ~ed by a 4.2 litre engine** un coche de carreras impulsado por un motor de 4,2 litros; **a car ~ed by electricity** un coche eléctrico; **the electric lighting is ~ed by a generator** un generador se encarga de alimentar el alumbrado eléctrico; *see also* **-powered**

Ⓒ CPD ► **power base** N base *f* de poder ► **power broker** N (*Pol*) poder *m* en la sombra ► **power cable** N cable *m* de energía eléctrica ► **power cut** N (*Brit*) corte *m* de luz *or* de corriente, apagón *m* ► **power dressing** N moda *f* de ejecutivo ► **power drill** N taladro *m* eléctrico, taladradora *f* eléctrica ► **power failure** N fallo *m* del suministro eléctrico ► **power game** N (*esp Pol*) juego *m* del poder ► **power line** N línea *f* de conducción eléctrica, cable *m* de alta tensión ► **power outage** (*US*) N = **power cut** ► **power pack** N transformador *m* ► **power plant** N (= *generator*) grupo *m* electrógeno; (*US*) = **power station** ► **power play** N (*Sport*) demostración *f* de fuerza (en el juego ofensivo); (*from temporary suspension*) superioridad *f* (en el ataque); (*fig*) (= *use of power*) maniobra *f* de poder, demostración *f* de fuerza; (= *power struggle*) lucha *f* por el poder ► **power point** N (*Brit Elec*) enchufe *m*, toma *f* de corriente ► **power politics** N política *fsing* de fuerza ► **power saw** N motosierra *f*, sierra *f* mecánica ► **power shovel** N excavadora *f* ► **power station** N central *f* eléctrica, usina *f* eléctrica (*S. Cone*) ► **power steering** N (*Aut*) dirección *f* asistida ► **power structure** N estructura *f* del poder ► **power struggle** N lucha *f* por el poder ► **power supply** N suministro *m* eléctrico ► **power surge** N (*Elec*) subida *f* de tensión ► **power tool** N herramienta *f* eléctrica ► **power unit** N grupo *m* electrógeno ► **power workers** NPL trabajadores *mpl* del sector energético

►**power up** VT + ADV [+ *computer etc*] encender, conectar

**power-assisted** [ˈpaʊərəˌsɪstɪd] ADJ **~ brakes** servofrenos *mpl*; **~ steering** dirección *f* asistida

**powerboat** [ˈpaʊəˌbəʊt] N lancha *f* a motor, motora *f*

**powerboating** [ˈpaʊəˌbəʊtɪŋ] N motonáutica *f*

**power-driven** [ˈpaʊədrɪvn] ADJ [*machinery*] a motor; [*tool*] eléctrico

**powered** [ˈpaʊəd] ADJ con motor; **the invention of ~ flight** la invención del vuelo a *or* con motor

**-powered** [ˈpaʊəd] ADJ (*ending in compounds*) **battery-powered** a pilas; **wind-powered** impulsado por el viento, que funciona con energía eólica

**powerful** [ˈpaʊəfʊl] ADJ [1] (= *influential, controlling*) [*person, government, force, influence*] poderoso; *see also* **all-powerful**

[2] (= *physically strong*) [*person*] fuerte, fornido; [*animal, physique, arms, muscles*] fuerte

[3] (= *having great force or power*) [*engine, magnet, computer, explosive*] potente; [*kick, explosion, smell*] fuerte; [*voice*] potente, fuerte; [*swimmer*] resistente

[4] (= *having a strong effect*) [*drug*] potente; [*emotion*] intenso, profundo; [*argument*] poderoso, convincente; [*performance, film, novel*] impactante, que deja huella; [*speech*] conmovedor; **he gave a ~ performance** su actuación fue impactante *or* de las que deja huella; **we have ~ evidence for this** tenemos pruebas contundentes de esto; **this information is a ~ weapon against the government** esta información es un arma potente contra el gobierno

**powerfully** [ˈpaʊəfəlɪ] ADV [*affect*] profundamente; [*speak, argue, express*] de forma convincente; [*hit, strike*] con fuerza; **it smelled ~ of sage** tenía un fuerte olor a salvia; **to be ~ built** ser fornido, ser de complexión fuerte

**powerhouse** [ˈpaʊəhaʊs] N (*pl* **powerhouses** [ˈpaʊəhaʊzɪz]) [1] (*lit*) central *f* eléctrica

[2] (*fig*) **the town is the industrial ~ of Germany** el pueblo es el centro neurálgico de la industria alemana; **he's a ~ of ideas** es una fuente inagotable de ideas; **a hulking great ~ of a man** una auténtica mole de hombre*

**powerless** [ˈpaʊəlɪs] ADJ impotente; **I felt ~ to resist** no tuve fuerzas para resistir, no pude resistir; **we are ~ to help you** no podemos hacer nada para ayudarle; **they are ~ in the matter** no tienen autoridad para intervenir en el asunto

**powerlessness** [ˈpaʊəlɪsnɪs] N impotencia *f*

**power-sharing** [ˈpaʊəˌʃɛərɪŋ] Ⓐ N reparto *m* del poder

Ⓑ CPD [*arrangement, agreement*] de reparto del poder; **a ~ government** un gobierno de poder compartido

**powwow** [ˈpaʊwaʊ] Ⓐ N [*of North American Indians*] *asamblea de indígenas norteamericanos*; (*) (*fig*) asamblea *f*, reunión *f*; **we had a family ~ about it** hubo una asamblea *or* reunión familiar para discutirlo

Ⓑ VI [*North American Indians*] (*also fig*) reunirse en asamblea

**pox*** [pɒks] N **the ~** (= *VD*) (la) sífilis; (= *smallpox*) (la) viruela; **a ~ on them!**†† ¡malditos sean!

**poxy**‡ [ˈpɒksɪ] ADJ (*Brit*) puñetero‡

**pp** ABBR [1] = **per procurationem** (= *by proxy*) p.p.

[2] = **parcel post**

[3] = **post paid**

[4] = **prepaid**

**pp.** ABBR (= **pages**) págs

**PPE** ABBR (= **philosophy, politics, economics**) *grupo de asignaturas de la Universidad de Oxford*

**ppm** ABBR (= **parts per million**) ppm

**PPP** N ABBR = **personal pension plan**

**PPS** N ABBR [1] (*Brit*) = **Parliamentary Private Secretary**

[2] (= **post postscriptum**) posdata *f* adicional

**PPV** ABBR (= **pay-per-view**) de pago

**PQ** ABBR (*Canada*) = **Province of Quebec**

**PR** Ⓐ N ABBR [1] (*Pol*) = **proportional representation**

[2] (*Comm*) (= **public relations**) R.P., RRPP *fpl*

Ⓑ ABBR (*US*) = **Puerto Rico**

**Pr.** ABBR (= **prince**) P.

**practicability** [ˌpræktɪkəˈbɪlɪtɪ] N viabilidad *f*, factibilidad *f*

▼ **practicable** [ˈpræktɪkəbl] ADJ practicable, viable, factible

**practical** [ˈpræktɪkəl] Ⓐ ADJ [1] (= *not theoretical*) práctico; **the ~ applications of this research** las aplicaciones prácticas de estas investigaciones; **I did better in the written exam than in the ~ test** la prueba escrita me salió mejor que la práctica; **for all ~ purposes** a efectos prácticos; **in ~ terms** en términos prácticos; **to put one's knowledge to ~ use** hacer uso de *or* poner en práctica sus conocimientos; **the information was of no ~ use** la información no tenía ninguna utilidad práctica

[2] (= *sensible*) [*person*] práctico; **let's be ~ (about this)** seamos prácticos (con respecto a esto)

[3] (= *feasible*) factible; **what's the most ~ way of doing this?** ¿cuál es la forma más

➤ LANGUAGE IN USE: practicable 16.3

factible de hacer esto?
[4] (= *useful, functional*) [*clothing, suggestion, guide*] práctico; **shoes which are both ~ and stylish** zapatos *mpl* que son prácticos y a la vez tienen estilo; **his clothes weren't very ~ for wet weather** su ropa no era muy práctica *or* apropiada *or* adecuada para la lluvia
[5] (= *virtual*) **it's a ~ certainty** es casi seguro
Ⓑ N (*Scol, Univ*) (= *exam*) examen *m* práctico; (= *lesson*) práctica *f*
Ⓒ CPD ► **practical joke** N broma *f*; **to play a ~ joke on sb** gastar una broma a algn ► **practical joker** N bromista *mf* ► **practical nurse** N (*US*) enfermero/a *m/f* práctica *or* sin título

**practicality** [ˌpræktɪ'kælɪtɪ] N [*of design, model*] utilidad *f*; [*of scheme, project*] lo factible; [*of person*] sentido *m* práctico; **practicalities** detalles *mpl* prácticos

**practically** ['præktɪklɪ] ADV [1] (= *almost*) casi, prácticamente; **~ everybody** casi todos, prácticamente todos; **the town was ~ deserted** el pueblo estaba casi *or* prácticamente desierto; **there has been ~ no rain** apenas ha llovido, casi no ha llovido; **you've eaten ~ nothing** apenas has comido, casi no has comido; **it ~ killed me** por poco me mata, casi me mata; **this disease has been ~ eliminated** esta enfermedad ha sido erradicada casi completamente
[2] (= *sensibly*) con sentido práctico; **"how can we pay for it?" Bertha asked ~** —¿cómo vamos a pagarlo? —preguntó Bertha con sentido práctico
[3] (= *in practical terms*) **we are interested in how this might be used ~** nos interesa saber cómo se podría usar en la práctica, estamos interesados en las aplicaciones prácticas de esto; **what this means ~ is unclear** se desconocen las ramificaciones prácticas de esto, se desconoce lo que esto supondría en la práctica; **the work this term is more ~ based** el trabajo de este trimestre es más práctico; **~ speaking** en la práctica

**practice** ['præktɪs] Ⓐ N [1] (= *custom, tradition*) costumbre *f*, práctica *f*; (= *procedure*) práctica *f*; **ancient pagan ~s** las antiguas costumbres *or* prácticas paganas; **the ~ of sending young offenders to prison** la práctica de enviar a prisión a los menores que han cometido un delito; **it is not our ~ to do that** no tenemos por norma hacer eso; **unfair trade ~s** prácticas *fpl* de comercio desleales; **it is bad ~** no es una práctica recomendable; **these mistakes do not point to bad ~ in general** estos errores no apuntan a deficiencias en los métodos que se practican; **it is common ~ among modern companies to hire all their office equipment** entre las empresas modernas es una práctica muy extendida alquilar todo su material y mobiliario de oficina; **it is good ~ to interview several candidates before choosing one** es una práctica recomendable entrevistar a varios aspirantes antes de decidirse por uno; **to make a ~ of doing sth** acostumbrar a hacer algo; **it is normal** *or* **standard ~ for newspapers not to disclose such details** los periódicos tienen por norma no revelar ese tipo de detalles; **this procedure has become standard ~ in most hospitals** en la mayoría de los hospitales este procedimiento se ha convertido en norma; *see also* **business B**, **restrictive**, **sharp A3**
[2] (= *experience, drilling*) práctica *f*; **I need more ~** (= *practical experience*) necesito más práctica; (= *to practise more*) necesito practicar más; **it takes years of ~** requiere años de práctica; **he does six hours' piano ~ a day** practica el piano seis horas al día; **I haven't got a job yet but the interviews are good ~** aún no tengo trabajo pero las entrevistas me sirven de práctica; **skating's just a matter of ~** aprender a patinar es sólo cuestión de práctica; **to be out of ~** (*at sport*) no estar en forma; **it gets easier with ~** resulta más fácil con la práctica; **✦PROV ~ makes perfect** la práctica hace al maestro; *see also* **target C**, **teaching B**
[3] (*Sport*) (= *training session*) sesión *f* de entrenamiento, entrenamiento *m*
[4] (= *rehearsal*) ensayo *m*; **choir ~** ensayo *m* de coro
[5] (= *reality*) práctica *f*; **we must combine theory with ~** tenemos que combinar la teoría con la práctica; **in ~** en la práctica; **to put sth into ~** poner algo en práctica
[6] (= *exercise*) [6·1] [*of profession*] ejercicio *m*; **the ~ of medicine** el ejercicio de la medicina; **to be in ~ (as a doctor/lawyer)** ejercer (de médico/abogado); **he is no longer in ~** ya no ejerce; **to go into ~** (*Med*) empezar a ejercer de médico; **to set up in ~** (*Med*) poner consulta; (*Jur*) poner bufete; **to set up in ~ as a doctor/solicitor** establecerse de *or* como médico/abogado
[6·2] [*of religion*] práctica *f*
[7] (= *premises, firm*) (*Jur*) bufete *m*; (*Med*) consultorio *m*, consulta *f*; (*veterinary, dental*) clínica *f*; **a new doctor has just joined the ~** acaba de llegar un médico nuevo al consultorio; *see also* **family B**, **general C**, **group D**, **private C**
Ⓑ VT, VI (*US*) = **practise**
Ⓒ CPD ► **practice flight** N vuelo *m* de entrenamiento ► **practice match** N partido *m* de entrenamiento ► **practice run** N (*Sport*) carrera *f* de entrenamiento ► **practice session** N (*Sport*) sesión *f* de entrenamiento; (*Scol, Mus*) ensayo *m*

**practiced** ['præktɪst] ADJ (*US*) = **practised**

**practicing** ['præktɪsɪŋ] ADJ (*US*) = **practising**

**practise**, **practice** (*US*) ['præktɪs] Ⓐ VI [1] (*to improve skill*) (*Sport*) entrenar; (*Theat*) ensayar; (*Mus*) practicar; **he ~s for two hours every evening** entrena/ensaya/practica durante dos horas todas las tardes; **I've been practising with a ball on my own** he estado entrenando por mi cuenta con un balón; **I need someone to ~ on** necesito practicar con algn
[2] (= *work professionally*) [*lawyer, doctor*] ejercer; **to ~ as a doctor/lawyer** ejercer de *or* como médico/abogado
Ⓑ VT [1] (= *put into practice*) [+ *medicine*] practicar; [+ *law*] ejercer; [+ *self-denial, one's religion, method*] practicar; **✦IDIOM to ~ what one preaches** predicar con el ejemplo
[2] (= *work on*) (*Sport*) practicar; [+ *piano, language, technique*] practicar; [+ *song, speech*] ensayar; **I need to ~ my backhand** necesito practicar el revés; **~ giving your speech in front of a mirror** ensaye su discurso delante de un espejo; **I ~d my Spanish on her** practiqué el español con ella

**practised**, **practiced** (*US*) ['præktɪst] ADJ [*politician, surgeon, climber*] experto; **to be ~ in the art of (doing) sth** ser un experto en el arte de (hacer) algo; **with a ~ eye** con ojo experto

**practising**, **practicing** (*US*) ['præktɪsɪŋ] ADJ [*lawyer, physician, teacher*] que ejerce como tal; [*Catholic, Muslim*] practicante; **he's a ~ homosexual** mantiene relaciones homosexuales

**practitioner** [præk'tɪʃənəʳ] N [1] [*of an art, a science*] practicante *mf*
[2] (*Med*) médico/a *m/f*; *see also* **general C**

**praesidium** [prɪ'sɪdɪəm] N (*Pol*) presidio *m*

**praetorian** [prɪ'tɔːrɪən] Ⓐ ADJ pretoriano
Ⓑ CPD ► **praetorian guard** N guardia *f* pretoriana

**pragmatic** [præg'mætɪk] ADJ pragmático

**pragmatically** [præg'mætɪklɪ] ADV pragmáticamente

**pragmatics** [præg'mætɪks] NSING pragmática *f*; **the ~ of the job in hand** las tareas prácticas del trabajo a realizar

**pragmatism** ['prægmətɪzəm] N pragmatismo *m*

**pragmatist** ['prægmətɪst] N pragmatista *mf*

**Prague** [prɑːg] N Praga *f*

**prairie** ['prɛərɪ] Ⓐ N pradera *f*, llanura *f*, pampa *f* (*LAm*); **the Prairies** (*US*) las Grandes Llanuras
Ⓑ CPD ► **prairie dog** N perro *m* de las praderas ► **prairie oyster** N (*US*) *huevo crudo y sazonado que se toma en una bebida alcohólica* ► **prairie wolf** N coyote *m*

**praise** [preɪz] Ⓐ N [1] (= *approval, acclaim*) elogios *mpl*, alabanzas *fpl*; **I have nothing but ~ for her** merece todos mis elogios *or* alabanzas; **it's beyond ~** está por encima de todo elogio; **he is full of ~ for the medical staff** se deshace en elogios para con el personal médico; **let's give ~ where ~ is due** elogiemos a quienes se lo merecen; **to heap ~ on sb** colmar a algn de alabanzas; **that is high ~ indeed** eso sí que es un elogio de verdad; **he spoke in ~ of their achievements** elogió sus logros; **to be loud in ~ of** *or* **in one's ~s of sth** deshacerse en elogios para con algo; *see also* **damn A1**, **lavish A2**, **sing A**
[2] (*Rel*) alabanza *f*; **a hymn of ~** un himno de alabanza; **~ be to God!** ¡alabado sea Dios!; **let us give ~ (un)to the Lord** alabemos al Señor
Ⓑ VT [1] (= *applaud*) alabar, elogiar; **to ~ the virtues of sth** alabar *or* elogiar las virtudes de algo; **✦IDIOM to ~ sb to the skies** poner a algn por las nubes *or* los cielos; *see also* **sky**
[2] (*Rel*) alabar; **to ~ God** *or* **the Lord** alabar a Dios *or* al Señor

**praiseworthily** ['preɪzˌwɜːðɪlɪ] ADV loablemente, de modo digno de elogio

**praiseworthiness** ['preɪzˌwɜːðɪnɪs] N lo loable, mérito *m*

**praiseworthy** ['preɪzˌwɜːðɪ] ADJ [*conduct, effort, attempt*] loable, digno de elogio

**praline** ['prɑːliːn] N praliné *m*

**pram** [præm] N (*Brit*) cochecito *m* (*de niño*)

**prance** [prɑːns] VI [*horse*] hacer cabriolas; [*person*] (*proudly*) pavonearse; (*gaily*) brincar, saltar; **he came prancing into the room** entró pavoneándose en la habitación

►**prance about**, **prance around** VI + ADV andar pavoneándose; **she was prancing around with nothing on** iba pavoneándose sin nada encima

**prang**†* [præŋ] VT (*Brit*) (= *crash*) [+ *car*] tener un accidente con; [+ *plane*] estrellar

**prank** [præŋk] N broma *f*; **a student ~** una broma estudiantil; **a childish ~** una travesura, una diablura; **to play a ~ on sb** gastar una broma a algn

**prankish** ['præŋkɪʃ] ADJ travieso, pícaro

**prankster** ['præŋkstəʳ] N bromista *mf*

**praseodymium** [ˌpreɪzɪəʊ'dɪmɪəm] N praseodimio *m*

**prat‡** [præt] (*Brit*) N (= *ineffectual person*) inútil* *mf*; (= *fool*) imbécil *mf*; **you ~!** ¡imbécil!

**prate**† [preɪt] VI parlotear, charlar; **to ~ about** hablar sin tasa de

**pratfall*** ['prætfɔ:l] N (*esp US*) culada* *f*, caída *f* de culo*; (*fig*) (= *blunder*) metedura *f* de pata*

**prating**† ['preɪtɪŋ] ADJ parlanchín

**prattle** ['prætl] Ⓐ N parloteo *m*, cotorreo *m*; (*child's*) balbuceo *m*
Ⓑ VI parlotear, cotorrear; [*child*] balbucear

**prawn** [prɔ:n] Ⓐ N (*esp Brit*) (*medium*) gamba *f*, camarón *m* (*esp LAm*); (*small*) camarón *m*, quisquilla *f* (*Sp*); (= *Dublin Bay prawn, large prawn*) langostino *m*
Ⓑ CPD ► **prawn cocktail** N cóctel *m* de gambas

**pray** [preɪ] Ⓐ VI (= *say prayers*) rezar, orar; **let us ~** oremos; **to ~ to God** rogar a Dios; **to ~ for sth/sb** rezar *or* rogar por algo/algn; **to ~ for sb's soul** rezar por el alma de algn; **we ~ed for rain** rezamos para que lloviera; **she's past ~ing for!*** ¡con ella ya no hay nada que hacer!, ¡no tiene salvación!
Ⓑ VT rogar, suplicar; **let me go, I ~ you!** (*liter*) ¡suélteme, se lo suplico!; **to ~ sb to do sth** rogar a algn que haga algo; **we ~ that it won't happen** rezamos para que no ocurra; **I was ~ing that he wouldn't notice** le pedía a Dios que no lo notara
Ⓒ EXCL **~ be seated** (*frm*) siéntense, por favor; **~ tell me ...** (*frm*) le ruego decirme ...; **and what, ~, were you doing last night?** (*hum*) ¿y qué estabas tú haciendo anoche, si puede saberse?

**prayer** [prɛəʳ] Ⓐ N 1 (*Rel*) oración *f*, rezo *m*; (= *entreaty*) oración *f*, plegaria *f*; **a ~ for peace** una oración por la paz; **Lord, hear our ~** Señor, escucha nuestras plegarias *or* súplicas; **the Book of Common Prayer** la liturgia de la Iglesia Anglicana; **to be at one's ~s** estar rezando; **they offered (up) ~s of thanks** ofrecían rezos en acción de gracias; **to say one's ~s** orar, rezar; **say a ~ for me** reza por mí; **he didn't have a ~*** no tenía ni la menor posibilidad
2 (*as service*) oficio *m*; **morning/evening ~(s)** oficio *m* de maitines/vísperas
Ⓑ CPD ► **prayer beads** NPL rosario *m* ► **prayer book** N devocionario *m*, misal *m* ► **prayer mat** N alfombra *f* de rezo ► **prayer meeting** N reunión *f* de oraciones

**praying mantis** [,preɪɪŋ'mæntɪs] N mantis *f inv* religiosa

**pre...** [pri:] PREFIX 1 (= *before*) **~-Columbian** precolombino; **I had a ~-breakfast swim** me di un baño antes del desayuno
2 (= *beforehand*) **a ~-recorded interview** una entrevista pregrabada

**preach** [pri:tʃ] Ⓐ VT 1 (*Rel*) predicar; **to ~ a sermon** dar un sermón; **to ~ the gospel** predicar el Evangelio
2 [+ *virtues*] predicar; [+ *patience*] aconsejar; *see also* **practise B1**
Ⓑ VI predicar; **to ~ at sb** sermonear a algn, dar un sermón a algn; ✦***IDIOM*** **to ~ to the converted** querer convertir a los que ya lo están

**preacher** ['pri:tʃəʳ] N [*of sermon*] predicador(a) *m/f*; (*US*) (= *minister*) pastor(a) *m/f*

**preachify*** ['pri:tʃɪfaɪ] VI sermonear largamente

**preaching** ['pri:tʃɪŋ] N predicación *f*; (*pej*) sermoneo *m*

**preachy*** ['pri:tʃɪ] ADJ [*person*] dado a sermonear; [*style, speech*] de predicador

**preamble** [pri:'æmbl] N preámbulo *m*

**preamplifier** [,pri:'æmplɪfaɪəʳ] N preamplificador *m*

**prearrange** [,pri:ə'reɪndʒ] VT arreglar de antemano

**prearranged** [,pri:ə'reɪndʒd] ADJ [*time, location, signal*] convenido; [*meeting*] fijado

**prearrangement** [,pri:ə'reɪndʒmənt] N **by ~** por previo acuerdo

**prebend** ['prebənd] N (= *stipend*) prebenda *f*; (= *person*) prebendado *m*

**prebendary** ['prebəndərɪ] N prebendado *m*

**precarious** [prɪ'kɛərɪəs] ADJ [*health, position*] precario; **they are in a ~ financial situation** se hallan en una situación económica precaria; **it could upset the ~ balance of the peace negotiations** podría alterar el precario equilibrio de las negociaciones de paz

**precariously** [prɪ'kɛərɪəslɪ] ADV precariamente

**precariousness** [prɪ'kɛərɪəsnɪs] N precariedad *f*

**precast concrete** [,pri:kɑ:st'kɒnkri:t] N hormigón *m* precolado

**precaution** [prɪ'kɔ:ʃən] N precaución *f*; **as a ~** como precaución, para mayor seguridad; **to take ~s** (*gen*) tomar precauciones; (= *use contraceptive*) usar anticonceptivos, tomar precauciones; **to take the ~ of doing sth** tomar la precaución de hacer algo; **he took the ~ of hiding the letter** tomó la precaución de esconder la carta

**precautionary** [prɪ'kɔ:ʃənərɪ] ADJ preventivo, de precaución; **as a ~ measure** como medida preventiva *or* de precaución

**precede** [prɪ'si:d] VT (*in space, time, rank*) preceder, anteceder; **he let me ~ him through the door** me dejó pasar por la puerta a mí primero; **the concert was ~d by a talk** el concierto vino precedido de una charla; **his reputation had ~d him** su reputación jugaba en contra de él; **for a month preceding this** durante un mes anterior a esto

**precedence** ['presɪdəns] N (*in rank*) precedencia *f*; (*in importance*) prioridad *f*; **in order of ~** (= *rank*) por orden de precedencia; (= *importance*) por orden de prioridad; **to take ~ over sth/sb** tener prioridad/precedencia sobre algo/algn; **this question must take ~ over all others** este asunto tiene prioridad con respecto a todos los demás; **they give ~ to people with language skills** le dan prioridad a la gente con idiomas

**precedent** ['presɪdənt] N precedente *m* (*also Jur*); **according to ~** de acuerdo con los precedentes; **against all ~** contra todos los precedentes; **without ~** sin precedentes; **to break with ~** romper con todo precedente; **to establish** *or* **set a ~ (for sth)** sentar un precedente (para algo)

**preceding** [prɪ'si:dɪŋ] ADJ [*day, week, month, year*] anterior; [*chapter, paragraph, sentence*] precedente, anterior

**precentor** [prɪ'sentəʳ] N chantre *m*

**precept** ['pri:sept] N precepto *m*

**preceptor** [prɪ'septəʳ] N preceptor *m*

**pre-Christian** [pri:'krɪstʃən] ADJ precristiano

**precinct** ['pri:sɪŋkt] N 1 (= *area*) recinto *m*; (*US Pol*) distrito *m* electoral, circunscripción *f*; (*US*) [*of police*] distrito *m* policial; **shopping ~** centro *m* comercial; **pedestrian ~** zona *f* peatonal
2 **precincts** (= *grounds, premises*) límites *mpl*; (= *environs*) alrededores *mpl*; [*of cathedral etc*] recinto *msing*; **within the ~s of** dentro de los límites de

**preciosity** [,presɪ'ɒsɪtɪ] N (*frm*) preciosidad *f*

**precious** ['preʃəs] Ⓐ ADJ 1 (= *costly*) [*jewel, stone*] precioso; [*commodity, resource*] preciado; [*possession*] muy valioso; **we're wasting ~ time** estamos desperdiciando un tiempo precioso
2 (= *treasured*) preciado; **she savoured the ~ moments they spent together** saboreó esos momentos preciados que pasaron juntos; **her friendship is very ~ to me** aprecio *or* valoro mucho su amistad; **the book is very ~ to me** para mí el libro tiene gran valor
3 (= *artificial, affected*) [*person*] preciosista, afectado; [*style*] rebuscado
4 (*iro*) **I couldn't care less about your ~ golf clubs** me traen sin cuidado tus queridos palos de golf (*iro*)
Ⓑ ADV (*) **~ little/few** bien poco/pocos; **~ little has been gained** se ha logrado muy poco
Ⓒ N **(my) ~!**† ¡querida!
Ⓓ CPD ► **precious metal** N metal *m* precioso ► **precious stone** N piedra *f* preciosa

**precipice** ['presɪpɪs] N precipicio *m*, despeñadero *m*

**precipitance** [prɪ'sɪpɪtəns] N (*frm*) = **precipitancy**

**precipitancy** [prɪ'sɪpɪtənsɪ] N (*frm*) precipitación *f*

**precipitate** Ⓐ [prɪ'sɪpɪtɪt] ADJ precipitado, apresurado
Ⓑ [prɪ'sɪpɪteɪt] VT 1 (= *bring on*) precipitar, provocar; **an illness ~d by stress** una enfermedad provocada por el estrés; **the decision ~d her resignation** la decisión precipitó su dimisión
2 (= *hurl*) lanzar; **the civil war ~d the country into chaos** la guerra civil sumió al país en el caos
3 (*Chem*) precipitar; (*Met*) condensar
Ⓒ VI [prɪ'sɪpɪteɪt] (*Chem*) precipitarse; (*Met*) condensarse
Ⓓ [prɪ'sɪpɪtɪt] N (*Chem*) precipitado *m*

**precipitately** [prɪ'sɪpɪtɪtlɪ] ADV precipitadamente

**precipitation** [prɪ,sɪpɪ'teɪʃən] N (*all senses*) precipitación *f*; **the average annual ~** (*Met*) la media anual de precipitaciones

**precipitous** [prɪ'sɪpɪtəs] ADJ 1 (= *steep*) escarpado, cortado a pico
2 (= *hasty*) precipitado, apresurado

**precipitously** [prɪ'sɪpɪtəslɪ] ADV 1 (= *steeply*) **the road fell away ~** la carretera descendía vertiginosamente; **prices have dropped ~** los precios han caído vertiginosamente
2 (= *hastily*) precipitadamente, apresuradamente

**précis** ['preɪsi:] Ⓐ N (*pl* **précis**) resumen *m*
Ⓑ VT hacer un resumen de, resumir

▼**precise** [prɪ'saɪs] ADJ 1 (= *exact*) [*description, figure, measurements*] exacto; [*instructions*] preciso; [*details, information*] concreto; **he didn't give a ~ date** no precisó la fecha; **the timing had to be very ~** había que calcular el tiempo con mucha precisión; **there were five, to be ~** para ser exacto *or* preciso, fueron cinco; **can you be more ~?** ¿puedes ser más concreto?; **at that ~ moment** en ese preciso instante; **it achieved the ~ opposite of what we intended** con ello se consiguió exactamente *or* justamente lo contrario de lo que queríamos
2 (= *meticulous*) meticuloso

▼**precisely** [prɪ'saɪslɪ] ADV 1 (= *exactly*) exactamente; **we have ~ 17 minutes before the train leaves** tenemos exactamente 17 minutos antes de que salga el tren; **at four o'clock ~** ◊ **at ~ four o'clock** a las cuatro en punto; **precisely!** ¡exactamente!, ¡efectivamente!; **~ what was it that you wanted?** ¿qué era lo que quería usted exactamente?
2 (= *expressly*) precisamente; **he liked her ~ because of her forthrightness** le caía bien

➤ LANGUAGE IN USE: precise 1 26.3 precisely 1 26.3

precisamente por lo franca que era
[3] (= *with precision*) [*calculate, measure*] con precisión
[4] (= *meticulously*) meticulosamente

**preciseness** [prɪ'saɪsnɪs] N [1] (= *exactness*) precisión *f*, exactitud *f*
[2] (= *meticulousness*) meticulosidad *f*, puntualidad *f*

**precision** [prɪ'sɪʒən] Ⓐ N (*gen*) precisión *f*; [*of calculations*] exactitud *f*; **~-made** [*product, instrument*] hecho con precisión
Ⓑ CPD ► **precision bombing** N bombardeo *m* de precisión ► **precision engineering** N ingeniería *f* de precisión ► **precision instrument** N instrumento *m* de precisión

**preclude** [prɪ'klu:d] VT (= *prevent*) impedir; [+ *possibility*] excluir; **this does not ~ the possibility of ...** esto no excluye *or* quita la posibilidad de ...; **so as to ~ all doubt** para disipar cualquier duda; **we are ~d from doing that** nos vemos imposibilitados para hacer eso

**precocious** [prɪ'kəʊʃəs] ADJ precoz

**precociously** [prɪ'kəʊʃəslɪ] ADV de modo precoz, con precocidad

**precociousness** [prɪ'kəʊʃəsnɪs], **precocity** [prɪ'kɒsɪtɪ] N precocidad *f*

**precognition** [ˌpri:kɒg'nɪʃən] N precognición *f*

**pre-Columbian** ['pri:kə'lʌmbɪən] ADJ precolombino

**preconceived** ['pri:kən'si:vd] ADJ preconcebido

**preconception** ['pri:kən'sepʃən] N (= *idea*) preconcepción *f*, idea *f* preconcebida

**preconcerted** ['pri:kən'sɜ:tɪd] ADJ preconcertado

**precondition** ['pri:kən'dɪʃən] N condición *f* previa

**precook** [ˌpri:'kʊk] VT precocinar

**precooked** [ˌpri:'kʊkt] ADJ precocinado

**precool** ['pri:'ku:l] VT preenfriar

**precursor** [pri:'kɜ:sər] N precursor(a) *m/f*

**precursory** [prɪ'kɜ:sərɪ] ADJ preliminar

**predate** ['pri:'deɪt] VT (= *put earlier date on*) poner fecha anterior a, antedatar; (= *precede*) preceder, ser anterior a

**predator** ['predətər] N (= *animal*) depredador *m*; (= *bird*) ave *f* de presa, ave *f* rapaz

**predatory** ['predətərɪ] ADJ [*animal*] depredador; [*bird*] de presa, rapaz; [*person*] rapaz; [*look*] devorador

**predecease** ['pri:dɪ'si:s] VT (*frm*) morir antes que

**predecessor** ['pri:dɪsesər] N predecesor(a) *m/f*, antecesor(a) *m/f*

**predestination** [pri:ˌdestɪ'neɪʃən] N predestinación *f*

**predestine** [pri:'destɪn] VT predestinar; **to be ~d to do sth** estar predestinado a hacer algo

**predetermination** ['pri:dɪˌtɜ:mɪ'neɪʃən] N predeterminación *f*

**predetermine** ['pri:dɪ'tɜ:mɪn] VT (*Philos, Rel*) predeterminar; (= *arrange beforehand*) determinar de antemano

**predicament** [prɪ'dɪkəmənt] N apuro *m*, aprieto *m*; **to be in a ~** (= *in a fix*) estar en un apuro *or* un aprieto; (= *puzzled*) hallarse en un dilema; **what a ~ to be in!** ¡qué lío!

**predicate** Ⓐ ['predɪkɪt] N (*Ling*) predicado *m*
Ⓑ ['predɪkeɪt] VT [1] **to be ~d (up)on** estar basado en, partir de
[2] (= *imply*) implicar

**predicative** [prɪ'dɪkətɪv] ADJ predicativo

**predicatively** [prɪ'dɪkətɪvlɪ] ADV predicativamente

**predict** [prɪ'dɪkt] VT predecir, pronosticar, prever; **"it'll end in disaster," he ~ed** —será un desastre, —predijo *or* —pronosticó; **the ~ed fall in interest rates has not materialized** la bajada de los tipos de interés que estaba prevista aún no se ha materializado; **the motion was passed, as ~ed** la moción se aprobó como se había previsto *or* pronosticado; **I can't ~ the future** no puedo predecir *or* prever el futuro; **he ~ed a brilliant future for the child** le predijo un futuro brillante al niño; **to ~ that** predecir que, pronosticar que; **nobody can ~ what will happen** nadie puede predecir lo que va a pasar

**predictability** [prɪdɪktə'bɪlɪtɪ] N previsibilidad *f*

**predictable** [prɪ'dɪktəbl] ADJ [*result, outcome*] previsible; **his reaction was ~** su reacción era de esperar; **the contents of the report were entirely ~** el contenido del informe era totalmente previsible; **people were so ~** era tan fácil prever las reacciones de la gente; **you're so ~!** (= *always saying the same*) ¡siempre sales con las mismas!*; (= *always behaving the same*) ¡siempre estás igual!; **you men are so ~** siempre se sabe lo que los hombres vais a hacer/decir *etc*

**predictably** [prɪ'dɪktəblɪ] ADV [*behave, say, react*] como era de esperar; **his father was ~ furious** ◊ **~, his father was furious** como era de esperar, su padre estaba furioso; **~ enough, share prices fell** de manera previsible *or* como era de esperar, el precio de las acciones bajó

**prediction** [prɪ'dɪkʃən] N [1] (= *forecast*) (*by expert, layman*) predicción *f*; (*by clairvoyant, oracle*) vaticinio *m*, profecía *f*; **their ~ that house prices would fall** su predicción de que el precio de la vivienda iba a bajar; **there were dire ~s that thousands would die of malnutrition** hubo predicciones alarmantes de que miles de personas morirían por desnutrición; **to make a ~ about sth** pronosticar *or* predecir algo
[2] (= *act*) **weather ~ has never been a perfect science** pronosticar el tiempo nunca ha sido una ciencia exacta

**predictive** [prɪ'dɪktɪv] ADJ [*powers, ability*] de predicción

**predictor** [prɪ'dɪktər] N indicador *m*

**predigested** [ˌpri:daɪ'dʒestɪd] ADJ predigerido

**predilection** [ˌpri:dɪ'lekʃən] N predilección *f*; **to have a ~ for** tener predilección por

**predispose** ['pri:dɪs'pəʊz] VT predisponer; **some people are ~d to diabetes** hay gente propensa *or* predispuesta a la diabetes; **I was ~d to believe him** tenía predisposición a creerle

**predisposition** ['pri:ˌdɪspə'zɪʃən] N predisposición *f*

**predominance** [prɪ'dɒmɪnəns] N [1] (= *dominance*) primacía *f*; [*of flavour*] predominio *m*
[2] (= *greater number*) predominio *m*; **the ~ of women in the labour force** el predominio de mujeres entre los trabajadores

**predominant** [prɪ'dɒmɪnənt] ADJ [*role, opinion, image*] predominante, preponderante; [*flavour, colour*] predominante; **the disease is much more ~ in women** la enfermedad es mucho más predominante en las mujeres

**predominantly** [prɪ'dɒmɪnəntlɪ] ADV (= *mainly*) predominantemente; (= *in the majority*) en su mayoría; **the emphasis is ~ on languages** se hace hincapié predominantemente en los idiomas; **a population of ~ Italian residents** una población en su mayoría de residentes italianos

**predominate** [prɪ'dɒmɪneɪt] VI predominar (**over** sobre)

**predominately** [prɪ'dɒmɪnətlɪ] = **predominantly**

**pre-eclampsia** [ˌpri:ɪ'klæmpsɪə] N pre-eclampsia *f*

**preemie*** ['pri:mɪ] N (*US Med*) bebé *m* prematuro

**pre-eminence** [pri:'emɪnəns] N preeminencia *f*

**pre-eminent** [pri:'emɪnənt] ADJ preeminente

**pre-eminently** [pri:'emɪnəntlɪ] ADV **his family were ~ farmers** su familia era fundamentalmente campesina; **home ownership is a ~ middle-class concern** la adquisición de la vivienda es una inquietud muy propia de la clase media; **it is also, and perhaps ~, a place of recreation** es además, y tal vez principalmente, un lugar de esparcimiento

**pre-empt** [pri:'empt] VT [1] [+ *person, attack, opposition*] adelantarse a, anticiparse a; **we found they had ~ed us in buying it** encontramos que se nos habían adelantado a comprarlo; **I did it to ~ any family arguments** lo hice para evitar discusiones familiares
[2] (*esp US*) [+ *public land*] *ocupar para ejercer la opción de compra prioritaria*

**pre-emption** [pri:'empʃən] N [1] (*Mil*) prevención *f*, anticipación *f*
[2] (*Jur*) derecho *m* preferencial (de compra)

**pre-emptive** [pri:'emptɪv] Ⓐ ADJ [*measure*] preventivo; [*claim*] por derecho de prioridad, preferente
Ⓑ CPD ► **pre-emptive bid** N oferta *f* hecha con intención de excluir cualquier otra ► **pre-emptive right** N derecho *m* preferencial ► **pre-emptive strike** N ataque *m* preventivo

**preen** [pri:n] VT [+ *feathers*] arreglarse con el pico; **to ~ itself** [*bird*] arreglarse las plumas con el pico; **to ~ o.s.** [*person*] pavonearse, atildarse; **to ~ o.s. on** enorgullecerse de, jactarse de

**pre-establish** ['pri:ɪs'tæblɪʃ] VT establecer de antemano

**pre-established** ['pri:ɪs'tæblɪʃt] ADJ establecido de antemano

**pre-exist** ['pri:ɪg'zɪst] VI preexistir

**pre-existence** ['pri:ɪg'zɪstəns] N preexistencia *f*

**pre-existent** ['pri:ɪg'zɪstənt] ADJ preexistente

**prefab*** ['pri:fæb] N casa *f* prefabricada

**prefabricate** ['pri:'fæbrɪkeɪt] VT prefabricar

**prefabricated** ['pri:'fæbrɪkeɪtɪd] ADJ prefabricado

**preface** ['prefɪs] Ⓐ N prólogo *m*, prefacio *m*
Ⓑ VT [+ *book*] prologar; **he ~d this by saying that ...** a modo de prólogo a esto dijo que ..., introdujo este tema diciendo que ...; **the book is ~d by an essay** el libro tiene un ensayo a modo de prólogo; **he has the irritating habit of prefacing his sentences with ...** tiene la molesta costumbre de comenzar las frases con ...

**prefaded** [ˌpri:'feɪdɪd] ADJ [*jeans*] desteñido de origen

**prefatory** ['prefətərɪ] ADJ (*frm*) [*remarks, article, note*] preliminar, introductorio

**prefect** ['pri:fekt] N [1] (*Brit Scol*) monitor(a) *m/f*
[2] (*Admin*) (*esp in France*) prefecto *m*

**prefecture** ['pri:fektjʊər] N prefectura *f*

▼**prefer** [prɪˈfɜːʳ] Ⓐ VT [1] (= *like better*) preferir (**to** a); **she ~s coffee to tea** prefiere el café al té; **which do you ~?** ¿cuál prefieres?, ¿cuál te gusta más?; **I ~red it the way it was** lo prefería tal como estaba; **"qualifications ~red but not essential"** "ser titulado es una ventaja pero no un requisito"; **to ~ doing sth** preferir hacer algo; **I ~ walking to going by car** prefiero ir andando *or* (*LAm*) caminando a ir en coche; **I'd ~ it if you didn't come with me** preferiría que no vinieras conmigo; **I much ~ Scotland** Escocia me gusta mucho más; **to ~ that** preferir que + *subjun*; **we'd ~ that this visit be kept confidential** preferimos que esta visita se mantenga en secreto; **to ~ to do sth** preferir hacer algo; **"will you do it?" — "I'd ~ not to"** —¿lo harás? —preferiría no hacerlo; **he may ~ to discuss it with friends rather than with his family** puede que prefiera hablarlo con amigos a hacerlo con su familia; **to ~ sb to do sth** preferir que algn haga algo; **would you ~ me to drive?** ¿preferirías que condujera yo?
[2] (*Jur*) **to ~ charges (against sb)** presentar cargos (contra algn); **our client may decide to ~ charges of assault** puede que nuestro cliente decida presentar cargos por agresión
[3] (*esp Rel*) (= *promote*) ascender; (= *appoint*) nombrar; **he was ~red to the see of Toledo** lo nombraron arzobispo de Toledo
Ⓑ VI preferir; **as you ~** como usted quiera, como usted prefiera; **if you ~, we could leave it till tomorrow** si usted quiere *or* lo prefiere, lo podemos dejar para mañana

**preferable** [ˈprefərəbl] ADJ preferible (**to** a)

**preferably** [ˈprefərəblɪ] ADV de preferencia, preferentemente; **a large, ~ non-stick, frying pan** una sartén grande, preferentemente *or* a ser posible antiadherente

**preference** [ˈprefərəns] Ⓐ N [1] (= *greater liking or favour*) preferencia *f*; **he expressed a ~ for red wine** mostró su preferencia por el vino tinto; **she has a ~ for older men** prefiere a *or* tiene preferencia por los hombres maduros; **for ~** de preferencia; **in ~ to sth** antes que algo, más que algo
[2] (= *thing preferred*) **what is your ~?** ¿qué prefieres?; **I have no ~** no tengo preferencia
[3] (= *priority*) **to give ~ to sth/sb** dar prioridad a algo/algn; **to give sth ~ over sth else** anteponer algo a otra cosa
Ⓑ CPD ► **preference share** N (*Fin*) acción *f* preferente, acción *f* privilegiada

**preferential** [ˌprefəˈrenʃəl] ADJ preferente, preferencial; **on ~ terms** con condiciones preferenciales; **to give a country ~ trade status** dar a un país un estatus comercial preferente

**preferentially** [ˌprefəˈrenʃəlɪ] ADV de manera preferente, de manera preferencial

**preferment** [prɪˈfɜːmənt] N (*esp Rel*) (= *promotion*) ascenso *m*, promoción *f*; (= *nomination*) nombramiento *m* (**to** a); **to get ~** ser ascendido

**preferred** [prɪˈfɜːd] Ⓐ ADJ [1] (*gen*) preferido; **his ~ method of travel** su medio de transporte preferido; **our ~ method of payment is cash** preferimos pagar en efectivo
[2] (*Fin*) [*creditor*] privilegiado
Ⓑ CPD ► **preferred stock** N (*US Fin*) acciones *fpl* preferentes *or* privilegiadas

**prefiguration** [ˌpriːfɪgəˈreɪʃən] N prefiguración *f*

**prefigure** [priːˈfɪgəʳ] VT prefigurar

**prefix** [ˈpriːfɪks] Ⓐ N [*of word*] prefijo *m*; [*of phone number*] prefijo *m*
Ⓑ [priːˈfɪks] VT [1] (= *introduce*) introducir; **to ~ a statement with …** encabezar una declaración con …
[2] (*Ling*) adjuntar un prefijo a

**preflight** [ˈpriːˈflaɪt] ADJ anterior al despegue

**preggers*** [ˈpregəz] ADJ **to be ~** estar con bombo*

**pregnancy** [ˈpregnənsɪ] Ⓐ N [*of woman*] embarazo *m*; [*of animal*] preñez *f*; *see also* **phantom B**
Ⓑ CPD ► **pregnancy test** N prueba *f* del embarazo

**pregnant** [ˈpregnənt] ADJ [1] (*lit*) [1·1] [*woman*] embarazada; **to be ~** estar embarazada; **to be six months ~** estar embarazada de seis meses; **to become** *or* **get ~ (by sb)** quedarse embarazada (de algn); **Tina was ~ with their first son** Tina estaba embarazada de su primer hijo; *see also* **heavily 1**
[1·2] [*animal*] preñado
[2] (*fig*) elocuente, significativo; **a ~ pause** una pausa elocuente *or* significativa; **~ with sth** cargado *or* preñado de algo

**preheat** [ˈpriːˈhiːt] VT precalentar

**prehensile** [prɪˈhensaɪl] ADJ prensil

**prehistoric** [ˈpriːhɪsˈtɒrɪk] ADJ prehistórico

**prehistory** [ˈpriːˈhɪstərɪ] N prehistoria *f*

**preignition** [ˌpriːɪgˈnɪʃən] N preignición *f*

**prejudge** [ˈpriːˈdʒʌdʒ] VT prejuzgar

**prejudice** [ˈpredʒʊdɪs] Ⓐ N [1] (= *biased opinion*) prejuicio *m*; **there's a lot of racial ~** hay muchos prejuicios raciales; **~ against women is widespread** los prejuicios machistas son moneda corriente; **to have a ~ against/in favour of sth/sb** estar predispuesto en contra de/a favor de algo/algn; **we all have our ~s** todos tenemos nuestros prejuicios; **he is quite without ~ in this matter** sobre esto no tiene ningún prejuicio
[2] (*Jur*) (= *injury, detriment*) perjuicio *m*; **to the ~ of** con perjuicio de, con menoscabo de; **without ~** (*Jur*) sin detrimento de sus propios derechos; **without ~ to** sin perjuicio de
Ⓑ VT [1] (= *bias*) predisponer, prevenir (**against** contra)
[2] (= *damage*) perjudicar; **to ~ one's chances** perjudicar sus posibilidades

**prejudiced** [ˈpredʒʊdɪst] ADJ [*view*] parcial, interesado; **he's very ~** tiene muchos prejuicios; **to be ~ against sth/sb** estar predispuesto en contra de algo/algn; **to be ~ in favour of sth/sb** estar predispuesto a favor de algo/algn

**prejudicial** [ˌpredʒʊˈdɪʃəl] ADJ perjudicial (**to** para); **it would be ~ to her career** sería perjudicial para *or* perjudicaría a su carrera

**prelate** [ˈprelɪt] N prelado *m*

**prelim** [ˈpriːlɪm] N ABBR = **preliminary**

**preliminary** [prɪˈlɪmɪnərɪ] Ⓐ ADJ preliminar
Ⓑ N [1] prolegómeno *m*; **a background check is normally a ~ to a presidential appointment** la comprobación del historial personal es normalmente un prolegómeno al nombramiento de presidente; **let's dispense with the preliminaries and get down to business** dejémonos de prolegómenos *or* preámbulos y vayamos al grano
[2] (*Sport*) fase *f* previa

**prelude** [ˈpreljuːd] Ⓐ N preludio *m* (*also Mus*) (**to** de)
Ⓑ VT preludiar

**premarital** [ˈpriːˈmærɪtl] Ⓐ ADJ prematrimonial
Ⓑ CPD ► **premarital sex** N relaciones *fpl* prematrimoniales

**premature** [ˈprematʃʊəʳ] ADJ [*baby, ageing, baldness*] prematuro; [*ejaculation*] precoz; **it would be ~ to conclude that …** sería prematuro deducir que …; **he was (born) five weeks ~** nació con cinco semanas de antelación; **I think you're being a little ~** creo que te estás adelantando a los acontecimientos

**prematurely** [ˈprematʃʊəlɪ] ADV prematuramente, antes de tiempo; **to be born ~** nacer prematuramente

**pre-med** [ˈpriːmed] Ⓐ N (*Brit*) = **premedication**
Ⓑ ADJ (*US*) = **premedical**; **~ course** curso *m* preparatorio para ingresar en la Facultad de Medicina

**premedication** [ˌpriːmedɪˈkeɪʃən] N premedicación *f*, medicación *f* previa

**premeditate** [priːˈmedɪteɪt] VT premeditar

**premeditated** [priːˈmedɪteɪtɪd] ADJ premeditado

**premeditation** [priːˌmedɪˈteɪʃən] N premeditación *f*

**premenstrual** [ˌpriːˈmenstrʊəl] Ⓐ ADJ premenstrual
Ⓑ CPD ► **premenstrual syndrome** N síndrome *m* premenstrual ► **premenstrual tension** N tensión *f* premenstrual

**premier** [ˈpremɪəʳ] Ⓐ ADJ primero, principal
Ⓑ N (= *prime minister*) primer(a) ministro/a *m/f*; (= *president*) presidente/a *m/f*
Ⓒ CPD ► **Premier League** N (*Brit Ftbl*) primera división *f*, división *f* de honor

**première** [ˌpremɪˈɛəʳ] Ⓐ N estreno *m*; **world ~** estreno *m* mundial; **the film had its ~** se estrenó la película
Ⓑ VT estrenar

**premiership** [ˈpremɪəʃɪp] N cargo *m* del primer ministro, puesto *m* de primer ministro; (= *period in office*) mandato *m*

▼**premise** [ˈpremɪs] Ⓐ N [1] (= *hypothesis*) premisa *f*
[2] **premises** (*gen*) local *msing*; (= *shop, restaurant, hotel*) establecimiento *m*; (= *building*) edificio *m*; **they're moving to new ~s** se trasladan de local; **there is a doctor on the ~s at all times** hay un médico a todas horas en el edificio; **for consumption on the ~s** para consumirse en el local; **licensed ~s** local *msing* autorizado para la venta de bebidas alcohólicas; **to see sb off the ~s** echar a algn del local *or* establecimiento
Ⓑ VT (*frm*) **to be ~d on** estar basado en, tener como premisa

**premium** [ˈpriːmɪəm] Ⓐ N [1] (*Insurance*) prima *f*
[2] (= *surcharge*) recargo *m*; **people will pay a ~ for quality** (*fig*) la gente está dispuesta a pagar más para adquirir calidad
[3] (= *bonus*) prima *f*
[4] (*US*) (= *gasoline*) súper *f*
[5] (*in phrases*) **to be at a ~** (*Comm*) estar por encima de la par; (= *be scarce*) estar muy solicitado; **space is at a ~ in our house** en casa no nos sobra espacio; **to sell sth at a ~** vender algo con prima; **to put** *or* **place a ~ on sth** (= *value*) valorar mucho algo; (= *make valuable*) hacer que suba el valor de algo; (= *make important*) hacer que se dé más importancia a algo; **I put a high ~ on privacy** valoro mucho la intimidad; **population pressure put land at a ~** la presión demográfica hizo que subiera el valor de la tierra; **the risk of disease puts a ~ on hygiene** el riesgo de enfermedad hace que se dé más importancia a la higiene
Ⓑ ADJ [1] (= *top quality*) [*brand, product*] de calidad superior, de primera calidad; **~ gasoline** (*US*) (gasolina *f*) súper *f*
[2] (= *higher than normal*) **~ price** precio *m* con prima, precio *m* más elevado; **~ rate** tarifa *f* de primas

➤ LANGUAGE IN USE: prefer A1 7.1, 7.4 premise A1 26.3

Ⓒ CPD ► **premium bond** N (*Brit*) *bono del estado que permite participar en una lotería nacional*

**premium-rate** ['pri:mɪəm,reɪt] ADJ (*Telec*) con aplicación de la máxima tarifa

**premolar** [pri:'məʊləʳ] N premolar *m*

**premonition** [,premə'nɪʃən] N presentimiento *m*, premonición *f*; **to have a ~ that …** presentir que …

**premonitory** [prɪ'mɒnɪtərɪ] ADJ (*frm*) premonitorio

**prenatal** ['pri:'neɪtl] ADJ prenatal

**prenuptial** [,pri:'nʌpʃəl] Ⓐ ADJ prematrimonial, prenupcial
Ⓑ CPD ► **prenuptial agreement** N contrato *m* matrimonial

**preoccupation** [pri:,ɒkjʊ'peɪʃən] N preocupación *f*; **keeping warm was his main ~** su principal preocupación *or* lo que más le preocupaba era no pasar frío; **she was too busy with her own ~s to notice** estaba demasiado ensimismada en sus cosas para darse cuenta; **his incessant ~ with his appearance** su constante obsesión *or* preocupación por el aspecto

**preoccupied** [pri:'ɒkjʊpaɪd] ADJ (= *worried*) preocupado; (= *absorbed, distracted*) ensimismado, absorto; **he was too ~ to notice** estaba demasiado ensimismado *or* absorto para darse cuenta; **to be ~ about sth** estar preocupado por algo; **to be ~ with sth**: **Britain was ~ with the war in France** a Gran Bretaña le preocupaba la guerra en Francia; **you're too ~ with winning** estás demasiado obsesionado por ganar

**preoccupy** [pri:'ɒkjʊpaɪ] VT preocupar

**pre-op*** ['pri:'ɒp] ADJ preoperatorio; **~ medication** medicación *f* preoperatoria

**preordain** ['pri:ɔ:'deɪn] VT predestinar

**preordained** ['pri:ɔ:'deɪnd] ADJ predestinado

**pre-owned** ['pri:'əʊnd] ADJ seminuevo

**prep** [prep] Ⓐ ABBR (*Brit Scol*) = **preparation** (= *work*) tareas *fpl*, deberes *mpl*; (= *period*) tiempo *m* de estudio, hora *f* de los deberes
Ⓑ VI (*US**) **to ~ for** prepararse para; (*Scol*) hacer el curso de preparación para (*los estudios universitarios*)
Ⓒ VT (*US**) preparar; **to ~ o.s.** prepararse
Ⓓ CPD ► **prep school** N (*Brit*) *see* **preparatory B**

**prepack** [,pri:'pæk], **prepackage** [,pri:'pækɪdʒ] VT preempaquetar

**prepacked** [,pri:'pækt], **prepackaged** [,pri:'pækɪdʒd] ADJ (pre)empaquetado

**prepaid** [,pri:'peɪd] ADJ pagado con antelación; (*Comm*) [*order*] abonado por adelantado, pagado por adelantado; (*Fin*) [*interest*] cobrado por adelantado; [*envelope*] con franqueo pagado; **carriage ~** porte *m* pagado, franco de porte

**preparation** [,prepə'reɪʃən] N [1] (= *prior activity, development*) preparación *f*; **few things distracted him from the ~ of his lectures** pocas cosas le distraían de la preparación de sus clases; **the person responsible for food ~** la persona encargada de preparar la comida; **education should be a ~ for life** la educación debería servir de preparación para la vida; **her latest novel has been four years in ~** lleva cuatro años preparando su última novela; **he is learning French in ~ for his new job** está aprendiendo francés para prepararse para su nuevo trabajo
[2] **preparations** preparativos *mpl* (**for** para, de **I helped with the ~s for the party** ayudé con los preparativos para *or* de la fiesta; **to make ~s (for sth/to do sth)** hacer preparativos (para algo/para hacer algo); **he'll have to make ~s for the funeral** tendrá que hacer los preparativos del *or* para el funeral
[3] (*Culin, Pharm*) (= *substance*) preparado *m*
[4] (*Brit*) (*in public schools*) (= *homework*) deberes *mpl*

**preparatory** [prɪ'pærətərɪ] Ⓐ ADJ preparatorio, preliminar; **~ to** como preparación para, antes de
Ⓑ CPD ► **preparatory school** N (*Brit*) *escuela privada para niños de 6 a 13 años*; (*US*) colegio *m* privado

> **PREPARATORY SCHOOL**
>
> *En el Reino Unido una* **preparatory school** *o* **prep school** *es una escuela privada de educación primaria, normalmente no mixta, para alumnos de edades comprendidas entre los 6 y los 13 años. Estos centros exigen uniforme y su objetivo es preparar a los alumnos para que prosigan su formación en centros privados.*
> *En Estados Unidos una* **preparatory** *o* **prep school** *es un centro privado de enseñanza secundaria que prepara a sus alumnos para su ingreso en la universidad. Tanto en el Reino Unido como en Estados Unidos las* **preparatory schools** *se asocian con las clases sociales más pudientes y privilegiadas. La palabra* **preppy**, *usada como sustantivo o adjetivo, designa a los alumnos de las* **prep schools** *estadounidenses o la forma de vestir y apariencia pulcra, discreta y conservadora que normalmente se les atribuye.*

**prepare** [prɪ'pɛəʳ] Ⓐ VT [+ *meal, lesson, defence*] preparar; [+ *report*] redactar, preparar; [+ *plan, strategy*] idear, preparar; **to ~ sb for sth** preparar a algn para algo; **he had a tutor to ~ him for the exam** tenía un profesor particular para que lo preparara para el examen; **nothing could have ~d me for this** nada hubiera podido ponerme en guardia contra esto; **she tried to ~ her children for her death** intentó preparar a sus hijos para su muerte *or* para que aceptaran su muerte; **to ~ o.s. for sth** prepararse para algo; **~ yourself for a shock** (*good*) prepárate para una sorpresa; (*bad*) prepárate para lo peor; **to ~ sth for sb** preparar algo a algn; **they had ~d a room for him** le habían preparado una habitación; **✦IDIOM to ~ the ground** *or* **way (for sth/sb)** preparar el terreno (para algo/algn)
Ⓑ VI prepararse; **to ~ for sth** prepararse para algo; **to ~ for an examination** prepararse para un examen; **we must ~ for war** tenemos que prepararnos para la guerra; **I think you'd better ~ for the worst** creo que deberías prepararte para lo peor; **to ~ to do sth** prepararse para hacer algo

**prepared** [prɪ'pɛəd] ADJ [1] (= *ready*) preparado; **I am ~ for anything** estoy preparado para cualquier eventualidad; **we were ~ for it** íbamos preparados; **we were not ~ for this** esto no lo esperábamos, no contábamos con esto; **"be ~"** (*motto*) ¡siempre listos!; **to be ~ for the worst** estar preparado para lo peor
[2] (= *made earlier*) [2·1] [*statement, answer*] preparado
[2·2] (*Culin*) **supermarkets now stock ~ salads** ahora los supermercados venden ensaladas listas para comer *or* ensaladas preparadas; **~ foods** platos *m* precocinados, productos *mpl* previamente elaborados
[3] (= *willing*) **to be ~ to do sth** estar dispuesto a hacer algo; **he was ~ to be broadminded** estaba dispuesto a ser tolerante

**preparedness** [prɪ'pɛərɪdnɪs] N preparación *f*, estado *m* de preparación; **military ~** preparación *f* militar

**prepay** ['pri:'peɪ] (*pt, pp* **prepaid**) VT (*Comm*) [+ *order*] abonar por adelantado, pagar por adelantado; (*Fin*) [+ *interest*] cobrar por adelantado; [+ *envelope*] emitir con franqueo pagado

**prepayment** ['pri:'peɪmənt] N pago *m* por adelantado, pago *m* anticipado

**preponderance** [prɪ'pɒndərəns] N preponderancia *f*, predominio *m*

**preponderant** [prɪ'pɒndərənt] ADJ preponderante, predominante

**preponderantly** [prɪ'pɒndərəntlɪ] ADV preponderantemente, predominantemente, de modo predominante

**preponderate** [prɪ'pɒndəreɪt] VI (*frm*) preponderar, predominar

**preposition** [,prepə'zɪʃən] N (*Ling*) preposición *f*

**prepositional** [,prepə'zɪʃənl] ADJ preposicional

**prepositionally** [,prepə'zɪʃənəlɪ] ADV como preposición

**prepossess** [,pri:pə'zes] VT (= *preoccupy*) preocupar; (= *bias, impress favourably*) predisponer

**prepossessing** [,pri:pə'zesɪŋ] ADJ agradable, atractivo; **not very ~** no muy atractivo

**preposterous** [prɪ'pɒstərəs] ADJ absurdo, ridículo

**preposterously** [prɪ'pɒstərəslɪ] ADV absurdamente

**preposterousness** [prɪ'pɒstərəsnɪs] N lo absurdo

**preppie***, **preppy*** ['prepɪ] (*US*) Ⓐ ADJ de muy buen tono
Ⓑ N [1] (= *prep school student*) *alumno de colegio secundario privado*
[2] (= *rich kid*) niño/a *m/f* bien, niño/a *m/f* pera*, pijo/a* *m/f*

**pre-prandial** [,pri:'prændɪəl] ADJ (*frm, hum*) **a ~ drink** un aperitivo

**preprepared** [,pri:prɪ'pɛəd] ADJ prepreparado

**preproduction** [,pri:prə'dʌkʃən] Ⓐ N preproducción *f*
Ⓑ CPD ► **preproduction model** N prototipo *m* ► **preproduction trial** N ensayo *m* con prototipo

**preprogramme**, **preprogram** (*esp US*) [,pri:'prəʊgræm] VT preprogramar

**preprogrammed**, **preprogramed** (*US*) [,pri:'prəʊgræmd] ADJ preprogramado

**prepubescent** [,pri:pju:'besənt] ADJ prepúber

**prepuce** ['pri:pju:s] N prepucio *m*

**prequel** ['pri:kwəl] N *película hecha para ser la primera parte de otra aparecida antes*

**pre-Raphaelite** ['pri:'ræfəlaɪt] Ⓐ ADJ prerrafaelista
Ⓑ N prerrafaelista *mf*

**prerecord** ['pri:rɪ'kɔ:d] VT grabar de antemano, pregrabar

**prerecorded** [,pri:rɪ'kɔ:dɪd] ADJ pregrabado, grabado de antemano

**pre-release** ['pri:rɪ'li:s] Ⓐ ADJ (*Cine*) [*copy*] promocional; [*publicity*] previo al estreno, promocional
Ⓑ CPD ► **pre-release showing** N preestreno *m*

**prerequisite** ['pri:'rekwɪzɪt] Ⓐ N requisito *m* indispensable, condición *f* previa; **a maths degree is a ~ for the job** la titulación en matemáticas es requisito indispensable para el

> ➤ LANGUAGE IN USE: **prepared 3** 3, 12.2

puesto; **it's an essential ~ to success as an actor** es una condición *or* requisito indispensable para triunfar como actor
Ⓑ ADJ previamente necesario

**prerogative** [prɪˈrɒgətɪv] N prerrogativa *f*; **he can refuse if he wants to, that's his ~** puede negarse si quiere, está en su derecho

**Pres** ABBR (= **President**) Presidente/a *m/f*

**presage** [ˈpresɪdʒ] (*liter*) Ⓐ N presagio *m*
Ⓑ VT presagiar

**Presbyterian** [ˌprezbɪˈtɪərɪən] Ⓐ ADJ presbiteriano
Ⓑ N presbiteriano/a *m/f*

**Presbyterianism** [ˌprezbɪˈtɪərɪənɪzəm] N presbiterianismo *m*

**presbytery** [ˈprezbɪtərɪ] N casa *f* parroquial; (*Archit*) presbiterio *m*

**preschool** [ˈpriːˈskuːl] Ⓐ ADJ preescolar
Ⓑ CPD ► **preschool education** N educación *f* preescolar

**prescience** [ˈpresɪəns] N clarividencia *f*

**prescient** [ˈpresɪənt] ADJ [*person, remark*] clarividente; [*dream*] profético

**prescribe** [prɪˈskraɪb] Ⓐ VT [1] (= *lay down, order*) prescribir, ordenar; **in the ~d way** en conformidad con lo prescrito; **~d books** lecturas *fpl* obligatorias; **the ~d punishment** la pena establecida *or* prescrita
[2] [+ *medicine*] recetar; **to ~ sth for sb** ◊ **~ sb sth** [+ *medicine*] recetar algo a algn; **the doctor ~d a course of antibiotics for me** el médico me recetó antibióticos; **he ~d complete rest** recomendó reposo absoluto; **the ~d dose** la dosis prescrita; **what do you ~?** ¿qué me recomienda?
Ⓑ VI (*Med*) recetar

**prescription** [prɪˈskrɪpʃən] Ⓐ N [1] (*Med*) receta *f*; **to make up** *or* (*US*) **fill a ~** preparar una receta; **"only available on prescription"** "de venta únicamente bajo receta"; *see also* **write A1**
[2] (*Jur*) prescripción *f*
Ⓑ CPD ► **prescription charges** NPL (*Brit*) precio *msing* de las recetas ► **prescription lenses** NPL (*US*) lentillas *fpl* graduadas

**prescriptive** [prɪˈskrɪptɪv] ADJ (*Jur*) [*title*] legal; (= *sanctioned by custom*) sancionado por la costumbre; (*Gram*) normativo

**prescriptivism** [prɪˈskrɪptɪˌvɪzəm] N prescriptivismo *m*

**presealed** [ˈpriːˈsiːld] ADJ precintado

**pre-select** [priːsɪˈlekt] VT preseleccionar

**presence** [ˈprezns] N [1] [*of person*] (*in place*) presencia *f*; (*at function*) asistencia *f* (**at** a); **he was aware of her ~** era consciente de su presencia; **your ~ is requested** se ruega su asistencia; **to grace** *or* **honour sb with one's ~** (*also iro*) honrar a algn con su presencia; **in sb's ~** en presencia de algn, delante de algn; **he said it in the ~ of witnesses** lo dijo en presencia de *or* delante de testigos; **I felt comfortable in her ~** me sentía cómodo en su presencia *or* con ella; **to make one's ~ felt** hacerse notar *or* sentir
[2] (*Mil, Police*) presencia *f*; **military ~** presencia *f* militar; **there was a massive police ~ at the match** hubo una importante presencia policial en el partido
[3] (= *bearing, personality*) presencia *f*; **he had tremendous physical ~** tenía mucha presencia; *see also* **stage C**
[4] [*of thing, substance*] presencia *f*; **the ~ of a carcinogen in the water** la presencia de un carcinógeno en el agua; **metal rusts in the ~ of oxygen** el metal se oxida en presencia de oxígeno
[5] **~ of mind** presencia *f* de ánimo; **to have the ~ of mind to do sth** tener la suficiente presencia de ánimo como para hacer algo, tener la presencia de ánimo de hacer algo
[6] (*ghostly*) presencia *f*

**present**[1] [ˈpreznt] Ⓐ ADJ [1] [*person*] **to be ~** (*in place*) estar presente; (*at function*) asistir, estar presente; **he insisted on being ~** se empeñó en estar presente *or* en asistir; **the whole family was ~** estaba toda la familia presente; **how many others were ~?** ¿cuántos más había?, ¿cuántos más estuvieron presentes?; **nobody else was ~** no había nadie más, nadie más estuvo presente; **is there a doctor ~?** ¿hay un médico (presente)?; **present!** ¡presente!; **ssh! there are ladies ~** ¡sss! hay señoras delante; **to be ~ at** [+ *function*] asistir a, estar presente en; [+ *scene, accident*] presenciar; **~ company excepted** exceptuando a los presentes; **all ~ and correct** (*Mil*) todos presentes; (*hum*) somos todos los que estamos y estamos todos los que somos; **those ~** los presentes
[2] **to be ~** [*thing, substance*] encontrarse; **in some areas, fluoride is naturally ~ in the water supply** en algunas zonas, el flúor se encuentra de forma natural en el agua; **to be ever ~** estar siempre presente
[3] (= *current*) actual; **how long have you been in your ~ job?** ¿cuánto tiempo llevas en tu puesto actual?; **in its ~ form** en su forma actual; **the ~ government** el actual gobierno; **from Roman times to the ~ day** desde los tiempos romanos hasta nuestros días; **this tradition has continued to the ~ day** esta tradición sigue vigente; **a solution to the problems of the ~ day** una solución a los problemas actuales *or* de nuestros días; **at the ~ time** (= *at this instant*) en este momento; (= *currently*) actualmente, hoy día; **(up) to the ~ time** hasta nuestros días, hasta los tiempos actuales; *see also* **present-day**
[4] (*Gram*) presente
Ⓑ N [1] (= *present time*) **the ~** el presente; **for the ~** de momento, por lo pronto; **that will be all for the ~** de momento *or* por lo pronto esto es todo; **I'll say goodbye for the ~** me despido hasta la próxima; **up to the ~** hasta ahora; ✦**IDIOM to live for the ~** vivir el momento; ✦**PROV (there's) no time like the ~** no dejes para mañana lo que puedas hacer hoy
[2] **at ~** (= *at this instant*) en este momento; (= *currently*) ahora, actualmente; **Mr Young isn't here at ~** el Sr. Young no está aquí en este momento; **I don't want to get married at ~** de momento no me quiero casar; **as things are at ~** como están las cosas ahora, como están las cosas actualmente
[3] (*Gram*) (tiempo *m*) presente *m*
[4] (*Jur*) **by these ~s** por los aquí presentes
Ⓒ CPD ► **the present continuous** N el presente continuo ► **the present indicative** N el presente de indicativo ► **present participle** N participio *m* activo, participio *m* (de) presente ► **the present perfect** N el pretérito perfecto ► **the present simple** N el presente simple ► **the present subjunctive** N el presente de subjuntivo ► **the present tense** N el (tiempo) presente

**present**[2] [ˈpreznt] N (= *gift*) regalo *m*, obsequio *m* (*frm*), presente *m* (*frm, liter*); **it's for a ~** es para (un) regalo; **she gave me the book as a ~** me regaló el libro; **it was a ~ from Dad** era un regalo de papá; **to give sb a ~** hacer un regalo a algn; **to make sb a ~ of sth** regalar algo a algn; (*fig*) dar algo a algn medio regalado, servir algo a algn en bandeja; *see also* **birthday**, **Christmas**, **wedding**

**present**[3] [prɪˈzent] Ⓐ VT [1] (= *give*) [1·1] [+ *prize, award*] entregar, hacer entrega de; **to ~ sth to sb** entregar algo a algn, hacer entrega de algo a algn; **they have ~ed a petition to Parliament** han hecho entrega de *or* han presentado una petición al parlamento
[1·2] [+ *gift*] **to ~ sb with sth** ◊ **~ sth to sb** regalar algo a algn, obsequiar a algn con algo (*more frm*), obsequiar algo a algn (*LAm*)
[2] (= *introduce*) presentar; **may I ~ Miss Clark?** ◊ **allow me to ~ Miss Clark** (*frm*) permítame presentarle a *or* le presento a la Srta. Clark; **it gives me great pleasure to ~ ...** es para mí un honor *or* placer presentarles a ...; **he ~ed Jane to his mother** presentó a Jane a su madre; **to be ~ed at court** (*Brit Jur*) ser presentado en la corte
[3] (= *offer formally*) **to ~ one's apologies (to sb)** presentar sus excusas (ante algn); **to ~ one's compliments (to sb)** presentar *or* ofrecer sus saludos (a algn); **to ~ one's credentials (to sb)** [*diplomat*] presentar sus credenciales (ante algn)
[4] (= *show*) [+ *documents, tickets*] presentar, mostrar
[5] (= *put forward, communicate*) [+ *report, proposal, evidence*] presentar; [+ *case, argument*] exponer; (*Parl*) [+ *bill*] presentar; **figures can be ~ed in many ways** hay muchas maneras de presentar las cifras; **the party has to ~ a more professional image** el partido debe presentar *or* proyectar una imagen más profesional; **she ~ed her plan to the meeting** expuso su proyecto a la reunión
[6] (= *pose*) [+ *challenge*] representar; [+ *opportunity*] presentar, ofrecer; [+ *sight*] ofrecer; **if you are old, getting fit can ~ a challenge** si es usted mayor, ponerse en forma puede representar un reto; **the bay ~s a magnificent sight** la bahía ofrece una vista maravillosa; **the boy ~s a problem** el chico nos plantea un problema; **the patrol ~ed an easy target** la patrulla era un blanco fácil
[7] (= *provide, confront*) **to ~ sb with sth: the author ~s us with a vivid chronicle of contemporary America** el autor nos brinda *or* ofrece una vívida crónica de la América contemporánea; **she bought a new car and ~ed me with the bill** se compró un coche nuevo y me pasó la factura; **to ~ sb with a daughter/son** (*frm, hum*) ofrecer a algn una hija/un hijo
[8] (= *represent, portray*) presentar; **the report ~s her in a favourable light** el informe presenta una imagen favorable de ella
[9] (*Comm*) (= *tender, submit*) [+ *bill*] presentar, pasar; [+ *cheque*] presentar; **the cheque was ~ed for payment on 24th** el cheque se presentó para el cobro el día 24
[10] (*Rad, TV*) [+ *programme*] presentar; (*Theat*) [+ *play*] presentar, ofrecer el montaje de; (*Art*) [+ *exhibition*] exponer, presentar; **~ing Garbo as Mimi** con Garbo en el papel de Mimi
[11] (*Mil*) **to ~ arms** presentar las armas; **~ arms!** ¡presenten armas!
[12] **to ~ o.s.** [*person*] presentarse; **how you ~ yourself is extremely important** la manera de presentarse es muy importante; **to ~ o.s. as sth: he ~s himself as a moderate, but he's not** se define a sí mismo como un moderado, pero no lo es; **she's thinking of ~ing herself as a candidate** está pensando en presentarse como candidata; **to ~ o.s. for examination** presentarse a (un) examen; **to ~ o.s. for (an) interview** presentarse a una entrevista

13 **to ~ itself** [*opportunity, problem*] surgir, presentarse; **a problem has ~ed itself** ha surgido *or* se ha presentado un problema

Ⓑ VI (*Med*) **to ~ with sth** [*patient*] presentarse con algo; **to ~ with** *or* **as sth** [*condition*] presentarse en forma de algo

**presentable** [prɪ'zentəbl] ADJ presentable; **are you ~?** (= *dressed*) ¿estás visible?; **to make sth ~** arreglar algo; **I must go and make myself ~** voy a arreglarme un poco

**presentably** [prɪ'zentəblɪ] ADV **~ dressed** vestido de manera presentable

**presentation** [ˌprezən'teɪʃən] Ⓐ N 1 (= *act of presenting*) presentación *f*; (*Jur*) [*of case*] exposición *f*; **on ~ of the voucher** al presentar el vale

2 (*TV, Rad*) producción *f*; (*Theat*) representación *f*

3 (= *ceremony*) ceremonia *f* de entrega; (= *gift*) obsequio *m*; **to make the ~** hacer la presentación; **to make sb a ~ on his retirement** hacer un obsequio a algn con ocasión de su jubilación

Ⓑ CPD ► **presentation case** N estuche *m* de regalo ► **presentation copy** N ejemplar *m* con dedicatoria del autor

**presentational** [ˌprezən'teɪʃənəl] ADJ relativo a la presentación; **from a ~ point of view** desde el punto de vista de la presentación

**present-day** ['preznt'deɪ] ADJ actual, de hoy (en día); **~ Spain** la España actual *or* de hoy (en día)

**presenter** [prɪ'zentəʳ] N (*Rad*) locutor(a) *m/f*; (*TV*) presentador/a *m/f*

**presentiment** [prɪ'zentɪmənt] N presentimiento *m*; **to have a ~ about sth** tener un presentimiento acerca de algo; **to have a ~ that ...** tener el presentimiento de que ..., presentir que ...

**presently** ['prezntlɪ] ADV 1 (= *shortly*) dentro de poco, al rato; **you'll feel better ~** enseguida te sentirás mejor; **~, he woke up** poco después se despertó

2 (*US*) (= *now*) en este momento, actualmente; **they're ~ on tour** actualmente están de gira

**preservation** [ˌprezə'veɪʃən] Ⓐ N [*of antiquities, food*] conservación *f*; [*of wildlife, land, buildings*] conservación *f*, preservación *f*; [*of order, democracy*] mantenimiento *m*; **in a good state of ~** en buen estado, bien conservado

Ⓑ CPD ► **preservation order** N orden *f* de preservación ► **preservation society** N (*Brit*) sociedad *f* para la preservación

**preservative** [prɪ'zɜːvətɪv] Ⓐ N (*Culin*) conservante *m*

Ⓑ CPD [*function, substance*] conservante

**preserve** [prɪ'zɜːv] Ⓐ VT 1 (= *keep in existence*) [+ *endangered species, jobs, language*] proteger, preservar; [+ *customs, silence, reputation*] conservar, mantener; [+ *sense of humour, memory*] conservar; **we will do everything to ~ (the) peace** haremos todo lo posible por mantener la paz; **as a doctor, it was my duty to ~ life** como médico, era mi deber salvar vidas; **to ~ sb's anonymity** mantener a algn en el anonimato

2 (= *keep from decay*) [+ *object, environment, meat*] conservar; **perfectly ~d medieval houses** casas *fpl* medievales en perfecto estado; **to ~ one's looks** conservar el atractivo; **to ~ the status quo** mantener el statu quo; **the body was ~d in ice** el cuerpo se conservaba en hielo; *see also* **aspic, well-preserved**

3 (*esp Brit Culin*) (= *bottle, pickle, etc*) [+ *fruit*] hacer conservas de; [+ *meat, fish*] conservar; **peppers and chillies may be ~d in oil** los pimientos y los chiles se pueden conservar en aceite; **to ~ sth in salt** conservar algo en sal

4 (= *protect*) 4·1 (*gen*) proteger; **to ~ sth from/against sth** proteger algo de algo; **paint the metal to ~ it from corrosion** pinte el metal para protegerlo de la corrosión

4·2 (*in prayers, wishes*) **may God ~ you** que Dios os ampare; **God** *or* **Heaven** *or* **saints ~ us!** ¡que Dios nos ampare!; **heaven ~ us from little boys** (*hum*) que Dios nos proteja de los niños

5 (*for private hunting, fishing*) [+ *game*] proteger

Ⓑ N 1 (*Culin*) 1·1 (= *jam*) mermelada *f*, confitura *f*; (= *bottled fruit, chutney*) conserva *f*; **damson ~** mermelada *f or* confitura *f* de ciruela damascena

1·2 **preserves** conservas *fpl*

2 (= *restricted area*) 2·1 (*Hunting*) coto *m*, vedado *m*; (*for wildlife*) reserva *f*; *see also* **game D, wildlife B**

2·2 (*fig*) dominio *m*; **banking has remained almost exclusively a male ~** la banca sigue siendo casi exclusivamente del dominio masculino; **they are poaching on my ~** están invadiendo mi terreno

**preserved** [prɪ'zɜːvd] ADJ [*fruit, ginger*] en conserva; **you can use either fresh or ~ fruit** puede usar fruta fresca o en conserva *or* de lata; **~ foods** (*in bottles*) comida *f* en conserva; (*in cans*) comida *f* en conserva, comida *f* de lata

**preset** ['priː'set] (*pt, pp* **preset**) VT programar

**preshrunk** ['priː'ʃrʌŋk] ADJ ya lavado

**preside** [prɪ'zaɪd] VI presidir; **to ~ at** *or* **over a meeting/ceremony** presidir una reunión/ceremonia; **he ~d over the reunification of Germany** condujo la reunificación alemana; **a statue of him ~s over the main square of the town** una estatua suya preside la plaza mayor de la ciudad; **the presiding judge** el juez/la jueza presidente de sala

**presidency** ['prezɪdənsɪ] N 1 (= *office*) [*of country, organization, company*] presidencia *f*; **he is to be nominated for the ~** lo van a nombrar candidato a la presidencia

2 (= *period of office*) [*of country*] mandato *m* presidencial, presidencia *f*; [*of organization, company*] presidencia *f*, periodo *m* de gestión en la presidencia

**president** ['prezɪdənt] N [*of country, company, organization*] presidente/a *m/f*; (*US Univ*) rector(a) *m/f*; **~-elect** presidente/a *m/f* electo/a

► **President's list** N (*US Univ*) lista *f* de honor académica; → DEAN'S LIST

**presidential** [ˌprezɪ'denʃəl] Ⓐ ADJ [*palace, adviser, candidate*] presidencial; **~ election(s)** elecciones *fpl* presidenciales; **he will make his first ~ decision today** hoy tomará su primera decisión como presidente; **his ~ hopes** sus esperanzas de convertirse en presidente

Ⓑ CPD ► **presidential guard** N guardia *f* presidencial

**presidium** [prɪ'sɪdɪəm] N (*Pol*) presidio *m*

**press** [pres]

| | |
|---|---|
| A NOUN | D COMPOUNDS |
| B TRANSITIVE VERB | E PHRASAL VERBS |
| C INTRANSITIVE VERB | |

Ⓐ NOUN

1 **Publishing** 1·1 (= *newspapers collectively*) prensa *f*; **to get** *or* **have a good/bad ~** (*lit, fig*) tener buena/mala prensa; **the ~** (= *newspapers, journalists*) la prensa; **I saw it in the ~** lo vi en la prensa; **the ~ reported that ...** la prensa informó que ...; **member of the ~** periodista *mf*, miembro *mf* de la prensa; **the national/local ~** la prensa nacional/regional; *see also* **free A4, gutter B**

1·2 (*also* **printing ~**) imprenta *f*; **to go to ~** entrar en prensa; **correct at the time of going to ~** correcto en el momento de impresión; **hot off the ~(es)** recién salido de la imprenta; **to be in ~** estar en prensa; **to pass sth for ~** aprobar algo para la prensa; **to set the ~es rolling** poner las prensas en marcha

1·3 (= *publishing firm*) editorial *f*

2 **= touch** (*with hand*) apretón *m*; **at the ~ of a button** con sólo apretar un botón

3 **with iron** **to give sth a ~** planchar algo; **this skirt needs a ~** esta falda necesita un planchado

4 **= apparatus, machine** (*for wine, olives, cheese, moulding*) prensa *f*; (*also* **trouser ~**) prensa *f* para planchar pantalones; (*for racket*) tensor *m*; **hydraulic ~** prensa *f* hidráulica; *see also* **cider B, printing B**

5 **= crush** apiñamiento *m*, agolpamiento *m*; **he lost his hat in the ~ to get out** perdió el sombrero en el apiñamiento *or* agolpamiento que se produjo a la salida

6 **Weightlifting** presa *f*

7 **= cupboard** armario *m*

Ⓑ TRANSITIVE VERB

1 **= push, squeeze** 1·1 [+ *button, switch, doorbell*] pulsar, apretar; [+ *hand, trigger*] apretar; [+ *accelerator*] pisar; **select the option required, then ~ "enter"** escoja la opción que desee, y luego pulse *or* apriete "intro"; **he ~ed his face against the window** apretó la cara contra el cristal; **she ~ed herself against me/the wall** se apretó contra mí/contra la pared; **she ~ed a note into his hand** le metió un billete en la mano; **she ~ed the lid on (to) the box** cerró la caja apretando la tapa; **he ~ed her to him** la atrajo hacia sí; **Dobbs ~ed his hand to his heart** Dobbs se llevó la mano al corazón; **he ~ed the revolver to Sally's head** le puso a Sally el revólver en la cabeza; **he ~ed his fingertips together** juntó las yemas de los dedos; ♦**IDIOM to ~ the flesh** (*US**) ir estrechando manos a diestro y siniestro

1·2 (*painfully*) apretujar; **as the crowd moved back he found himself ~ed up against a wall** a medida que la multitud retrocedía, se vio apretujado contra una pared

2 **using press** [+ *grapes, olives, flowers*] prensar

3 **= iron** [+ *clothes*] planchar

4 **Tech** (= *make*) [+ *machine part*] prensar; [+ *record, disk*] imprimir

5 **= pressurize** presionar; **he didn't need much ~ing** no hubo que presionarle mucho; **when ~ed, she conceded the point** cuando la presionaron, les dio la razón; **to ~ sb for sth** exigir algo de algn; **to ~ sb for an answer** exigir una respuesta de algn; **he did not ~ her for further details** no le exigió más detalles; **to ~ sb for payment** insistir en que algn pague, exigir a algn el pago de lo que se debe; **to ~ sb into doing sth** obligar a algn a hacer algo; **I found myself ~ed into playing football with the children** me vi obligado a jugar al fútbol con los niños; **to ~ sb to do sth** (= *urge*) insistir en que algn haga algo; (= *pressurize*) presionar a algn para que haga algo; **he ~ed me to have a drink with him** insistió en que tomase una copa con él; **he didn't ~ her to go back to work** no la presionó para que volviera a trabajar; **the trade unions are ~ing him to stand firm** los sindicatos le están presionando para que se mantenga firme; *see also* **pressed**

[6] [= *insist*] **don't ~ me on this point** no me insistas sobre este punto; **she smiles coyly when ~ed about her private life** cuando insisten en querer saber sobre su vida privada, sonríe con coquetería; **he was being ~ed by creditors** le acosaban los acreedores
[7] [= *force*] **to ~ sth on sb** insistir en que algn acepte algo; **food and cigarettes were ~ed on him** le estuvieron ofreciendo insistentemente comida y cigarros
[8] **to be ~ed into service**: **we were all ~ed into service** todos tuvimos que ponernos a trabajar; **the town hall has been ~ed into service as a school** se han visto obligados a usar el ayuntamiento como escuela; **Kenny had been ~ed into service to guard the door** habían convencido a Kenny para que vigilara la puerta
[9] [= *pursue*] [+ *claim*] insistir en; [+ *demand*] exigir; **his officials have visited Washington to ~ their case for economic aid** sus representantes han ido a Washington para hacer presión a favor de la ayuda económica; **to ~ charges (against sb)** presentar cargos (contra algn); **the champion failed to ~ home his advantage** el campeón no supo aprovechar su ventaja; **to ~ home an attack** sacar el máximo partido de un ataque; **I shan't ~ the point** no insistiré más sobre eso; *see also* **suit A4**

Ⓒ INTRANSITIVE VERB
[1] [= *exert pressure*] apretar; **does it hurt when I ~ here?** ¿le duele cuando le aprieto aquí?; **I felt something hard ~ into my back** noté la presión de algo duro que se apretaba contra mi espalda; **the bone was ~ing on a nerve** el hueso estaba pinzando un nervio
[2] [= *move, push*] **he ~ed against her** se apretó contra ella; **his leg ~ed against her thigh** su pierna se apretaba contra su muslo; **the crowd ~ed round him** la muchedumbre se apiñó en torno a él; **he ~ed through the crowd** se abrió paso entre la muchedumbre; **the audience ~ed towards the exit** el público se apresuró hacia la salida
[3] [= *urge, agitate*] **to ~ for sth** exigir algo, insistir en algo; **he will ~ for the death penalty in this case** en este caso va a insistir en *or* exigir la pena de muerte; **a protest march in the capital to ~ for new elections** una marcha de protesta en la capital para exigir otras elecciones; **police may now ~ for changes in the law** puede que ahora la policía presione para que cambien las leyes; **to ~ for sb to resign** exigir la dimisión de algn, insistir en que algn dimita; **time is ~ing** el tiempo apremia
[4] [= *weigh heavily*] **to ~ on sb** pesar sobre algn; **the weight of guilt ~ed on her** el sentimiento de culpabilidad pesaba sobre ella

Ⓓ COMPOUNDS
► **press agency** N agencia *f* de prensa
► **press agent** N encargado/a *m/f* de prensa
► **press attaché** N agregado/a *m/f* de prensa
► **press baron** N magnate *m* de la prensa
► **press box** N tribuna *f* de prensa ► **press briefing** N rueda *f* de prensa, conferencia *f* de prensa ► **press card** N pase *m* de periodista, carnet *m* de prensa ► **press clipping** N = **press cutting** ► **press conference** N rueda *f* de prensa, conferencia *f* de prensa; **to call a ~ conference** convocar una rueda *or* una conferencia de prensa; **to hold a ~ conference** celebrar una rueda *or* una conferencia de prensa ► **press corps** N prensa *f* acreditada ► **press coverage** N cobertura *f* periodística; **it's had a lot of ~ coverage** ha tenido mucha cobertura periodística ► **press cutting** N recorte *m* (de periódico) ► **press gallery** N tribuna *f* de prensa ► **press gang** N (*Hist*) leva *f* ► **press office** N oficina *f* de prensa ► **press officer** N agente *mf* de prensa ► **press photographer** N fotógrafo/a *m/f* de prensa ► **press release** N comunicado *m* de prensa; **to issue** *or* **put out a ~ release** publicar un comunicado de prensa ► **press report** N nota *f* de prensa, reportaje *m* de prensa ► **press run** N (*US*) tirada *f* ► **press secretary** N secretario/a *m/f* de prensa ► **press stud** N (*Brit*) automático *m*, broche *m* de presión ► **press view** N preestreno *m* (para prensa)

Ⓔ PHRASAL VERBS
►**press ahead** VI + ADV seguir adelante (**with** con)
►**press back** VT + ADV [+ *crowd, enemy*] obligar a retroceder; **he ~ed himself back against the wall** se apretó contra la pared
►**press down** Ⓐ VT + ADV (= *depress*) [+ *button, knob, switch*] apretar, presionar; (= *flatten*) presionar hacia abajo; **seal the edges by ~ing them down** cierre los lados presionándolos hacia abajo, cierre los lados apretándolos; **he ~ed the lid down tight** apretó la tapa con fuerza
Ⓑ VI + ADV **to ~ down on sth** (*gen*) presionar algo, hacer presión sobre algo; (*on pedal, accelerator*) pisar algo
►**press forward** VI + ADV [1] (= *push forward*) [*crowd*] avanzar en masa; [*individual*] abrirse camino (a base de empujones); [*troops*] avanzar
[2] (= *advance*) seguir adelante (**with** con); **they have decided to ~ forward with their economic reforms** han decidido seguir adelante con las reformas económicas
►**press on** VI + ADV (*with work, journey*) seguir adelante (**with** con), continuar (**with** con)

**press-button** ['pres,bʌtn] N, ADJ = **push-button**

**pressed** [prest] ADJ **to be ~ for money/time** andar muy escaso de dinero/tiempo; *see also* **hard-pressed**

**press-gang** ['presgæŋ] VT **to ~ sb into doing sth** forzar a algn a hacer algo

**pressing** ['presɪŋ] ADJ [*matter, problem*] urgente; [*request, invitation*] insistente

**pressman** ['presmæn] N (*pl* **pressmen**) [1] (*Brit*) periodista *m*
[2] (*US*) tipógrafo *m*

**pressmark** ['presmɑːk] N (*Brit*) signatura *f*

**press-up** ['presʌp] N (*Brit*) flexión *f*

**pressure** ['preʃəʳ] Ⓐ N [1] (*lit*) [1·1] (*Phys, Tech, Met*) presión *f*; **a ~ of 200kg to the square metre** una presión de 200kg por metro cuadrado; **oil/water ~** presión *f* del aceite/del agua; **at full ~** (*Tech*) a toda presión; **high/low ~** alta/baja presión *f*; **could you check the tyre ~?** ¿me puede mirar la presión de los neumáticos?; **under ~** a presión; *see also* **atmospheric B**, **blood B**, **diastolic**, **high-pressure**, **systolic**
[1·2] (*from hand, foot, etc*) presión *f*; **he felt the ~ of her hand on his shoulder** notó la presión de su mano en el hombro; **it took a bit of ~ to make the lid close** se tuvo que hacer un poco de fuerza para cerrar la tapa; **to apply** *or* **put ~ (up)on sth** hacer *or* ejercer presión sobre algo
[2] (*fig*) presión *f*; **because of parental ~** debido a la presión de los padres; **I left the job because I couldn't stand the ~** dejé el trabajo porque no aguantaba la presión; **the ~s of modern life** las presiones de la vida moderna; **to bring ~ to bear on sb (to do sth)** (*frm*) ejercer presión sobre algn (para que haga algo); **to put ~ on sb (to do sth)** presionar a algn (para que haga algo); **it will put intense ~ on our already overstretched resources** supondrá una gran carga sobre nuestros recursos, ya apurados al máximo; **to put the ~ on ◊ pile on the ~*** apretar los tornillos*; **it will take some of the ~ off me** me aliviará un poco la carga; **the cut in interest rates will take the ~ off sterling** la reducción de los tipos de interés eliminará la presión existente sobre la libra esterlina; **~ of time prevented her from dealing with all the problems** el apremio del tiempo no le permitió tratar todos los problemas; **they were aware of the ~ of time** eran conscientes de que el tiempo se les echaba encima; **under ~**: **to act/work under ~** obrar/trabajar bajo presión; **he is under ~ to sign the agreement** le están presionando para que firme el acuerdo; **the head resigned under ~ from parents** el director dimitió presionado por los padres; **he's under a lot of ~** está bajo mucha presión, está sometido a mucha presión; **I was unable to go due to ~ of work** no pude ir por razones de trabajo; *see also* **peer B**
Ⓑ VT (= *pressurize*) presionar; **to ~ sb to do sth** presionar a algn para que haga algo; **to ~ sb into doing sth** obligar a algn a hacer algo
Ⓒ CPD ► **pressure cabin** N (*Aer, Space*) cabina *f* presurizada ► **pressure cooker** N (*lit*) olla *f* a presión, olla *f* exprés; (*fig*) polvorín *m*; **the country is a political ~ cooker** el país es un polvorín político ► **pressure feed** N tubo *m* de alimentación a presión ► **pressure gauge** N manómetro *m* ► **pressure group** N grupo *m* de presión ► **pressure pan** N (*US*) = **pressure cooker** ► **pressure point** N (*Anat*) punto *m* de presión ► **pressure suit** N traje *m* de presión compensada

**pressure-cook** ['preʃə,kʊk] VT cocinar en olla a presión, cocinar en olla exprés

**pressurize** ['preʃəraɪz] VT [1] (*Phys, Tech*) presurizar
[2] (*fig*) presionar; **to ~ sb to do sth** presionar a algn para que haga algo; **to ~ sb into doing sth** obligar a algn a hacer algo

**pressurized** ['preʃəraɪzd] ADJ [1] (*lit*) [*cabin, aircraft*] presurizado; [*chamber, container*] cerrado a presión; **~ water reactor** reactor *m* de agua a presión
[2] (*fig*) **the island provides an escape from today's ~ world** la isla permite escapar del cúmulo de tensiones que es el mundo actual; **to feel ~** sentirse presionado

**Prestel®** ['prestel] N videotex *m*

**prestidigitation** ['prestɪ,dɪdʒɪ'teɪʃən] N prestidigitación *f*

**prestige** [pres'tiːʒ] N prestigio *m*

**prestigious** [pres'tɪdʒəs] ADJ prestigioso

**presto** ['prestəʊ] ADV **hey ~!** ¡abracadabra!

**prestressed** ['priː'strest] ADJ **~ concrete** hormigón *m* pretensado

**presumably** [prɪ'zjuːməblɪ] ADV **~ he'll let us know** supongo *or* me imagino que nos avisará; **"will they be coming later?" — "presumably"** —¿vendrán más tarde? —es de suponer

**presume** [prɪ'zjuːm] Ⓐ VT [1] (= *suppose*) suponer, presumir; **his death must be ~d** es de suponer que ha muerto, hay que presumir que ha muerto; **to ~ that ...** suponer que ...; **it may be ~d that ...** es de suponer que ...; **to**

**~ sb to be innocent** suponer que algn es inocente; **Dr Livingstone, I ~** Dr Livingstone según creo
2 (= *venture*) **to ~ to do sth** atreverse a hacer algo; **I wouldn't ~ to question your judgement** no me atrevería a poner en duda su buen criterio; **if I may ~ to advise you** si me permite ofrecerle un consejo
Ⓑ VI 1 (= *suppose*) suponer
2 (= *take liberties*) **to ~ on sb's friendship** abusar de la amistad de algn; **you ~ too much** no sabes lo que pides, pides demasiado

**presumption** [prɪ'zʌmpʃən] N 1 (= *arrogance*) presunción *f*; (= *liberty-taking*) atrevimiento *m*; **pardon my ~** le ruego perdone mi atrevimiento
2 (= *thing presumed*) suposición *f*, presunción *f*; **the ~ is that ...** se supone que ..., es de suponer que ...

**presumptive** [prɪ'zʌmptɪv] Ⓐ ADJ [*heir*] presunto
Ⓑ CPD ► **presumptive evidence** N pruebas *fpl* presuntivas

**presumptuous** [prɪ'zʌmptjʊəs] ADJ atrevido; **in that I was rather ~** en eso fui algo atrevido; **it would be ~ of me to express an opinion** sería osado por mi parte expresar una opinión

**presumptuously** [prɪ'zʌmptjʊəslɪ] ADV con atrevimiento, con osadía

**presumptuousness** [prɪ'zʌmptjʊəsnɪs] N (= *arrogance*) presunción *f*; (= *liberty-taking*) atrevimiento *m*

**presuppose** [ˌpriːsə'pəʊz] VT presuponer

**presupposition** [ˌpriːsʌpə'zɪʃən] N presuposición *f*

**pre-tax** [ˌpriː'tæks] ADJ bruto; **~ profits** beneficios *mpl* brutos *or* preimpositivos

**pre-teen** [ˌpriː'tiːn] (*US*) Ⓐ ADJ preadolescente
Ⓑ NPL **the ~s** los preadolescentes

**pretence, pretense** (*US*) [prɪ'tens] N 1 (= *make-believe*) fingimiento *m*, simulación *f*; **to make a ~ of doing sth** fingir hacer algo; **it's all a ~** todo es fingido
2 (= *claim*) pretensión *f*; **to make no ~ to learning** no pretender ser erudito
3 (= *pretext*) pretexto *m*; **on** *or* **under the ~ of doing sth** so pretexto de hacer algo; *see also* **false A2**
4 (= *display*) ostentación *f*; **without ~** ◊ **devoid of all ~** sin ostentación

**pretend** [prɪ'tend] Ⓐ VT 1 (= *feign*) fingir, simular; **to ~ that ...** (querer) hacer creer que ...; **he's ~ing that he can't hear** finge no oír; **let's ~ that I'm the doctor and you're the nurse** (*child language*) yo era el médico y tú eras la enfermera; **to ~ to do sth** fingir hacer algo; **to ~ to be asleep** hacerse el dormido, fingir estar dormido; **to ~ to be mad** fingirse loco; **he ~s to be a poet** se las da de poeta, se dice poeta; **to ~ to go away** fingir marcharse; **to ~ not to be listening** hacerse el distraído; **to ~ not to understand** hacerse el desentendido
2 (= *claim*) pretender; **I don't ~ to know the answer** no pretendo saber la respuesta; **I don't ~ to understand art** no pretendo entender de arte
Ⓑ VI 1 (= *feign*) fingir; **she is only ~ing** es de mentira; **we're only ~ing** (*to child*) es de mentirijillas*; **let's ~** imaginémoslo; **let's not ~ to each other** no nos engañemos uno a otro
2 (= *claim*) **to ~ to the throne** pretender el trono; **to ~ to intelligence** afirmar tener inteligencia, pretender ser inteligente
Ⓒ ADJ (*) de mentira, fingido; **~ money*** dinero *m* de juego

**pretended** [prɪ'tendɪd] ADJ pretendido

**pretender** [prɪ'tendəʳ] N pretendiente *mf*; **~ to the throne** pretendiente *mf* al trono; **the Young Pretender** el joven Pretendiente

**pretense** [prɪ'tens] N (*US*) = **pretence**

**pretension** [prɪ'tenʃən] N 1 (= *claim*) pretensión *f*; **to have ~s to culture** tener pretensiones de cultura, pretender ser culto
2 (= *pretentiousness*) presunción *f*, pretenciosidad *f*

**pretentious** [prɪ'tenʃəs] ADJ (= *affected*) pretencioso; (= *ostentatious and vulgar*) cursi

**pretentiously** [prɪ'tenʃəslɪ] ADV con pretenciosidad

**pretentiousness** [prɪ'tenʃəsnɪs] N (= *affectedness*) pretenciosidad *f*; (= *vulgar ostentation*) cursilería *f*

**preterite** ['pretərɪt] N (*Ling*) pretérito *m*

**preterm** [ˌpriː'tɜːm] Ⓐ ADJ prematuro
Ⓑ ADV prematuramente

**preternatural** [ˌpriːtə'nætʃrəl] ADJ preternatural

**preternaturally** [ˌpriːtə'nætʃrəlɪ] ADV (*frm*) preternaturalmente

**pretext** ['priːtekst] N pretexto *m*, excusa *f*; **it's just a ~** no es más que un pretexto *or* una excusa; **on** *or* **under the ~ of doing sth** so pretexto *or* con la excusa de hacer algo

**pretorian** [prɪ'tɔːrɪən] ADJ = **praetorian**

**prettify** ['prɪtɪfaɪ] VT (*pej*) [+ *person*] emperifollar; [+ *object, place*] engalanar, adornar con mucho boato; [+ *facts, situation*] dulcificar

**prettily** ['prɪtɪlɪ] ADV [*smile, blush*] de forma encantadora; [*sit*] con gracia; [*arrange, lay out*] con elegancia; **~ patterned** con un diseño elegante *or* bonito; **her daughters were always ~ dressed** sus hijas siempre iban muy guapas *or* preciosas

**pretty** ['prɪtɪ] Ⓐ ADJ (*compar* **prettier**; *superl* **prettiest**) 1 (= *attractive*) [*dress, object, baby*] bonito, mono*, lindo (*LAm*); [*girl*] bonito, guapo, lindo (*LAm*); [*name, smile*] bonito, lindo (*LAm*); **what a ~ hat!** ¡qué sombrero más bonito!, ¡qué sombrero más mono!*, ¡qué monada de sombrero!*; **I'm not just a ~ face you know** para que te enteres, no soy tonta; **it'll cost you a ~ penny*** te va a costar un ojo de la cara *or* un dineral; **it was not a ~ sight** no era nada agradable de ver; ✦**IDIOM she was as ~ as a picture** era preciosa; **the garden was as ~ as a picture** el jardín era de foto; *see also* **pass A5**
2 (*) (= *large*) [*sum*] bonito*, importante
3 (*iro*) bueno; **a ~ mess you've got us into!** ¡en vaya *or* menudo *or* buen lío nos has metido!*
Ⓑ ADV bastante; **he got ~ cross** se enfadó bastante; **I have a ~ fair** *or* **good idea who did it** estoy casi seguro de quién lo hizo; **it sounds ~ far-fetched to me** me parece bastante inverosímil; **she got ~ good marks** sacó unas notas bastante buenas; **~ damn** *or* **damned quick*** bien pronto; **he's ~ damn stupid*** es bien estúpido; **it's ~ much the same** es mas o menos igual, es prácticamente lo mismo; **he goes there ~ nearly every day** va allí casi *or* prácticamente todos los días; **~ well**: **I'm ~ well finished** ya casi he terminado; **that's ~ well everything** eso es todo más o menos; *see also* **sit A1**
Ⓒ N (*as excl*) **gee up, my ~!** (*to horse*) ¡arre, caballito!; **I'll get you, my ~!** (*threatening*) ¡de mí no te escapas, preciosa *or* bonita!
► **pretty up** VT + ADV = **prettify**

**pretty-pretty*** [ˌprɪtɪ'prɪtɪ] ADJ (*pej*) **he's very ~** es un guapito de cara*; **she's very ~** es una niña mona*

**pretzel** ['pretsl] N galleta *f* salada

**prevail** [prɪ'veɪl] VI 1 (= *gain mastery*) prevalecer; **finally good sense ~ed** por fin se impuso el buen sentido; **eventually peace ~ed** al final se restableció la paz; **to ~ against** *or* **over one's enemies** triunfar sobre los enemigos
2 (= *be current*) [*views, opinions*] predominar; (= *be in fashion*) estar de moda, estar en boga; **the conditions that now ~** las condiciones que ahora imperan
3 (= *persuade*) **to ~ (up)on sb to do sth** convencer a algn para que haga algo; **he was eventually ~ed upon to do it** por fin lograron convencerlo de que lo hiciera; **she could not be ~ed upon** fue imposible persuadirla, no se convenció

**prevailing** [prɪ'veɪlɪŋ] ADJ [*opinion, wind*] predominante; [*price*] imperante; **the ~ fashion** la moda actual, la moda reinante; **under ~ conditions** bajo las condiciones actuales

**prevalence** ['prevələns] N 1 (= *dominance*) predominio *m*
2 (= *frequency*) frecuencia *f*

**prevalent** ['prevələnt] ADJ 1 (= *dominant*) dominante
2 (= *widespread*) extendido
3 (= *fashionable*) de moda; (= *present-day*) actual

**prevaricate** [prɪ'værɪkeɪt] VI andar con rodeos

**prevarication** [prɪˌværɪ'keɪʃən] N evasivas *fpl*

**prevent** [prɪ'vent] VT 1 (= *avert*) (*by taking precautions*) [+ *accident, disaster, death, war, pregnancy*] prevenir, evitar; [+ *illness*] prevenir; **we want to ~ a recurrence of yesterday's violence** queremos evitar que la violencia desplegada ayer se repita, queremos prevenir *or* evitar una repetición de la violencia desplegada ayer
2 (= *impede, put a stop to*) [+ *crime, corruption*] impedir; [+ *attempt*] prevenir, impedir; **installations to ~ any attempt to escape** instalaciones *fpl* para prevenir *or* impedir cualquier intento de huida; **bodyguards ~ed his attempt to shoot the president** unos guardaespaldas hicieron fracasar su intento de disparar al presidente; **to ~ the spread of AIDS/nuclear weapons** impedir la propagación del SIDA/la proliferación de las armas nucleares; **to ~ sb (from) doing sth** ◊ **~ sb's doing sth** impedir que algn haga algo; **I can't ~ him (from) leaving the country** ◊ **I can't ~ his leaving the country** no puedo impedir que se vaya del país; **don't let this ~ you from going** no dejes que esto te impida ir; **she bit her lip to ~ herself from crying out** se mordió el labio para no gritar

**preventable** [prɪ'ventəbl] ADJ evitable

**preventative** [prɪ'ventətɪv] = **preventive**

**prevention** [prɪ'venʃən] N prevención *f*; **the role of diet in cancer ~** el papel que desempeña la dieta en la prevención del cáncer; **the Government's commitment to crime ~** la dedicación del gobierno a la prevención de la delincuencia; **Society for the Prevention of Cruelty to Children/Animals** Sociedad *f* Protectora de Niños/Animales; ✦**PROV ~ is better than cure** más vale prevenir que curar

**preventive** [prɪ'ventɪv] Ⓐ ADJ preventivo
Ⓑ N 1 (*Med*) (= *drug*) *medicamento que previene una enfermedad*
2 (= *measure*) **fasting is sometimes recommended as a ~ against cancer** a veces se recomienda el ayuno como medida preventiva contra el cáncer

Ⓒ CPD ► **preventive dentistry** N odontología *f* preventiva ► **preventive detention** N arresto *m* preventivo ► **preventive measure** N medida *f* preventiva ► **preventive medicine** N medicina *f* preventiva

**preview** ['priːvjuː] Ⓐ N [*of film*] preestreno *m*; **to give sb a ~ of sth** (*fig*) permitir a algn ver algo de antemano; **to have a ~ of sth** (*fig*) ver algo con anticipación, lograr ver algo antes que otros
Ⓑ VT preestrenar

**previous** ['priːvɪəs] Ⓐ ADJ [1] (= *former, earlier*) [*night, day, year, page*] anterior; [*experience*] previo; **we met by ~ arrangement** nos reunimos acordando una cita previa *or* mediante cita previa; **I have a ~ engagement** tengo un compromiso previo; **in a ~ incarnation** *or* **life** en una vida anterior; **on ~ occasions** en ocasiones anteriores; **the car has had two ~ owners** el coche ha pasado por dos manos; **in ~ years** los años anteriores; *see also* **conviction 1**
[2] (* *hum*) (= *hasty*) prematuro; **this seems somewhat ~** esto parece algo prematuro; **you were a bit ~ in inviting him** te has precipitado un poco invitándole
Ⓑ PREP **~ to: in the five years ~ to 1992** durante los cinco años anteriores a 1992; **~ to that she had worked in London** antes de eso había trabajado en Londres

**previously** ['priːvɪəslɪ] ADV (= *earlier, formerly*) antes, anteriormente; (= *in advance*) con antelación, previamente; **as ~ mentioned** como se ha mencionado antes *or* anteriormente; **~, the country had been divided in two** antes *or* anteriormente, el país había estado dividido en dos partes; **she read out a ~ prepared speech** leyó un discurso que había preparado con antelación *or* previamente

**prewar** ['priː'wɔːʳ] ADJ de antes de la guerra; **the ~ period** la preguerra

**prewash** ['priːwɒʃ] N prelavado *m*

**prey** [preɪ] Ⓐ N (*lit, fig*) presa *f*, víctima *f*; **beast of ~** animal *m* de rapiña; **bird of ~** ave *f* de rapiña; **to be (a) ~ to** ser víctima de; **she is ~ to irrational fears** (*fig*) es presa de temores irracionales; **he fell (a) ~ to the disease** fue víctima de la enfermedad
Ⓑ VI **to ~ on** [+ *animals*] (= *attack*) cazar; (= *feed on*) alimentarse de; [+ *person*] vivir a costa de; **rabbits are ~ed on by foxes** los conejos son presa de los zorros; **to ~ on sb's mind** traer preocupado *or* obsesionar a algn; **doubts ~ed on him** le obsesionaban las dudas; **the tragedy so ~ed on his mind that ...** la tragedia le obsesionó de tal modo que ...

**prezzie*** ['prezɪ] N (= *present*) regalo *m*

**price** [praɪs] Ⓐ N [1] (*Comm*) precio *m*; **an increase in the ~ of petrol** un aumento en el precio de la gasolina; **we pay top ~s for gold and silver** pagamos los mejores precios por el oro y la plata; **who knows what the ~ will be in six months** quién sabe qué precio tendrá dentro de seis meses; **that's my ~, take it or leave it** eso es lo que pido, o lo tomas o lo dejas; **you can get it at a ~** se puede conseguir, pero pagando; **it's not for sale at any ~** no está a la venta a ningún precio; **their loyalty cannot be bought at any ~** su lealtad no tiene precio; **at a reduced ~** a (un) precio reducido, con rebaja; **at today's ~s** a los precios actuales; **it is beyond ~** no tiene precio; **for a ~: he'll do it for a ~** él lo hará, pero será caro, lo hará si le pagan; **you can get anything you want for a ~** puedes conseguir todo lo que quieras pagando; **he would kill a man for the ~ of a packet of cigarettes** mataría a un hombre por el precio de una cajetilla de tabaco; **two for the ~ of one** (*lit, fig*) dos al *or* por el precio de uno; **can you give me a ~ for putting in a new window?** ¿cuánto me cobraría usted por colocar una ventana nueva?; **to go down** *or* **come down** *or* **fall in ~** bajar de precio; **to go up** *or* **rise in ~** subir de precio; **he got a good ~ for it** sacó una buena suma por ello; **everyone has their ~** todos tenemos un precio; **he's got** *or* **there's a ~ on his head** se ha puesto precio a su cabeza; **to name one's ~** fijar el precio, decir cuánto se quiere; **to put a ~ on sth** poner precio a algo; **you can't put a ~ on friendship** la amistad no tiene precio; **if the ~ is right: he is prepared to make a comeback if the ~ is right** está dispuesto a volver si se le paga bien; **as long as the ~ is right, property will sell** si está a un buen precio, la propiedad se vende; **what ~ all his promises now?** (*iro*) ¿de qué sirven todas sus promesas ahora?; *see also* **closing B**, **cut-price**, **fixed B**, **half-price**, **retail E**
[2] (*Fin, St Ex*) (= *quotation*) cotización *f*; **stock ~s fell again on Wall Street** las cotizaciones en bolsa bajaron de nuevo en Wall Street
[3] (*Betting*) (= *odds*) puntos *mpl* de ventaja; **✦IDIOM what ~ ...?*** (= *what's the betting*) ¿qué apuestas ...?; **what ~ she'll change her mind?** ¿qué apuestas a que cambia de opinión?; **what ~ war?** ¿qué apuestas a que estallará la guerra?
[4] (= *sacrifice*) precio *m*; **that's the ~ we have to pay for progress** ◊ **that's the ~ of progress** es el precio que tenemos que pagar por el progreso; **to pay the ~ (for sth)** cargar con *or* pagar las consecuencias (de algo); **fame comes at a ~** la fama se paga cara; **he's famous now, but at what a ~!** ahora es famoso, ¡pero a qué precio! *or* ¡pero lo ha pagado caro!; **at any ~** (*with affirmative*) a toda costa; **they want peace at any ~** quieren la paz a toda costa; (*with negative*) **a concert I wasn't going to miss at any ~** un concierto que no me iba a perder por nada del mundo; **to pay a high** *or* **heavy ~ for sth** pagar algo muy caro; **that's a small ~ to pay for independence/for keeping him happy** eso es poco sacrificio a cambio de la independencia/de tenerlo contento
Ⓑ VT [1] (= *fix price of*) **retailers usually ~ goods by adding 100% to the wholesale ~** los minoristas normalmente ponen precio a sus productos añadiendo un cien por cien al precio de coste, los minoristas normalmente cargan un cien por cien al precio de coste de sus productos; **tickets, ~d £20, are now available** las entradas ya están a la venta a un precio de 20 libras; **it was ~d too high/low** su precio era demasiado alto/bajo; **this stylish fryer, competitively ~d at £29.99, can help you create new dishes** por sólo £29.99, esta elegante freidora puede ayudarle a crear nuevos platos; **there is a very reasonably ~d menu** hay un menú a un precio muy razonable; **✦IDIOM to ~ sb out of the market** hacer que algn pierda competitividad (*rebajando uno sus precios artificialmente*); **the restaurant has ~d itself out of the market** el restaurante ha subido demasiado los precios y ha perdido su competitividad en el mercado; **you'll ~ yourself out of a job if you go on demanding so much money** como sigas exigiendo tanto dinero, pondrás en peligro tu trabajo
[2] (= *label with price*) **the tins of salmon weren't clearly ~d** el precio de la latas de salmón no estaba claro *or* claramente indicado; **it was ~d at £15** estaba marcado a un precio de 15 libras
[3] (= *estimate value of*) calcular el valor de; **it was ~d at £1,000** estaba valorado en mil libras
[4] (= *find out price of*) comprobar el precio de
Ⓒ CPD ► **price bracket** N **he's looking for a property in the £70,000 ~ bracket** está buscando una vivienda que cueste alrededor de las setenta mil libras; **that is the normal ~ bracket for one of his creations** ése es el precio normal de *or* eso es lo que se paga normalmente por una de sus creaciones; **a traditional restaurant in the middle ~ bracket** un restaurante tradicional con precios de un nivel medio (dentro de la escala) ► **price control** N control *m* de precios; **to impose ~ controls** aplicar control de precios ► **price cut** N rebaja *f* ► **price cutting** N reducción *f* de precios ► **price-earnings ratio** N (*Fin*) relación *f* precio ganancias ► **price fixing** N fijación *f* de precios ► **price freeze** N congelación *f* de precios ► **price increase** N subida *f* de precio ► **price index** N (*Brit*) índice *m* de precios; *see also* **consumer B** ► **price inflation** N inflación *f* de los precios ► **price level** N nivel *m* de precios ► **price limit** N tope *m*, precio *m* tope ► **price list** N lista *f* de precios ► **price range** N **there are lots of good products in all ~ ranges** hay gran cantidad de productos de buena calidad en una amplia gama de precios; **in the medium** *or* **middle ~ range** dentro de un nivel medio de la escala de precios; **the upper/lower end of the ~ range** el nivel más alto/bajo en la escala de precios; **(with)in/out of one's ~ range** dentro de/fuera de las posibilidades de uno; **the hotel was somewhat out of my ~ range** el hotel estaba un tanto fuera de mis posibilidades ► **price rigging** N fijación *f* fraudulenta de precios; **they were accused of ~ rigging** se les acusó de amañar los precios ► **price ring** N cártel *m* (para la fijación de precios) ► **price rise** N = **price increase** ► **prices and incomes policy** N política *f* de precios y salarios, política *f* de precios y rentas ► **price support** N subsidio *m* de precios ► **price tag** N (*lit*) etiqueta *f* (del precio); (*fig*) precio *m*; **it doesn't justify the ~ tag of £17.5 million** no justifica un precio de 17,5 millones de libras ► **price war** N guerra *f* de precios

►**price down** VT + ADV rebajar

►**price up** VT + ADV aumentar el precio de

**-priced** [praɪst] ADJ (*ending in compounds*) **high-priced** muy caro; *see also* **low-priced**

**priceless** ['praɪslɪs] ADJ [1] [*picture, jewel*] inestimable
[2] (*) (= *amusing*) divertidísimo; **it was ~!** ¡fue para morirse de risa!*

**pricey*** ['praɪsɪ] ADJ (*compar* **pricier**; *superl* **priciest**) (*Brit*) carito*, caro

**pricing** ['praɪsɪŋ] Ⓐ N fijación *f* de precios
Ⓑ CPD ► **pricing policy** N política *f* tarifaria

**prick** [prɪk] Ⓐ N [1] (= *act, sensation*) (*with pin, needle*) pinchazo *m*; [*of insect*] picadura *f*; [*of spur*] espolada *f*; (*with goad*) aguijonazo *m*; **~s of conscience** remordimientos *mpl*; **✦IDIOM to kick against the ~s** dar coces contra el aguijón
[2] (**) (= *penis*) polla *f* (*Sp***), picha *f* (*Sp***), pija *f* (*esp LAm***), pinga *f* (*esp LAm***)
[3] (**) (= *person*) gilipollas *mf inv* (*Sp**), cojudo/a *m/f* (*Bol, Peru*), boludo/a *m/f* (*Arg, Bol*)
Ⓑ VT [1] (= *puncture*) [*person, needle*] pinchar; [*insect*] picar; (*with spur*) dar con las espuelas a; **to ~ one's finger (with** *or* **on sth)** pin-

charse el dedo (con algo)
[2] (= *goad*) aguijar
[3] (= *make hole in*) agujerear; (= *mark with holes*) marcar con agujerillos
[4] **it ~ed his conscience** le remordía la conciencia
Ⓒ VI = **prickle C**
► **prick out** VT + ADV (*Hort*) plantar
► **prick up** Ⓐ VT + ADV **to ~ up one's ears** (*lit, fig*) aguzar el oído, parar la oreja (*LAm*)
Ⓑ VI + ADV **the dog's ears ~ed up** al perro se le levantaron *or* aguzaron las orejas; **his ears ~ed up** (*fig*) aguzó el oído, pegó la oreja*

**pricked** [prɪkt] ADJ [*wine*] picado

**prickings** ['prɪkɪŋz] NPL **~ of conscience** remordimientos *mpl*

**prickle** ['prɪkl] Ⓐ N [1] (*on plant, animal*) espina *f*
[2] (= *sensation*) picor *m*, comezón *f*
Ⓑ VT picar
Ⓒ VI picar, hormiguear; **my eyes are prickling** me pican los ojos; **I could feel my skin prickling** me escocía la piel

**prickly** ['prɪklɪ] Ⓐ ADJ (*compar* **pricklier**; *superl* **prickliest**) [1] (= *spiky*) espinoso
[2] (*fig*) [*person*] enojadizo; **he's rather ~ about that** sobre ese tema es algo quisquilloso
Ⓑ CPD ► **prickly heat** N (*Med*) sarpullido *m* (causado por exceso de calor) ► **prickly pear** N (= *plant*) chumbera *f*, nopal *m* (*LAm*); (= *fruit*) higo *m* chumbo, tuna *f* (*LAm*)

**pride** [praɪd] Ⓐ N [1] (= *pleasure, satisfaction*) orgullo *m*; **civic/national ~** orgullo *m* cívico/nacional; **it is a source of ~ to us that ...** es para nosotros un motivo de orgullo el que ...; **to take (a) ~ in sth/in doing sth**: **he takes a ~ in his appearance** se preocupa mucho por su aspecto; **she could take no ~ in what she had done** no podía enorgullecerse *or* estar orgullosa de lo que había hecho; **we take ~ in offering you the highest standards** nos enorgullecemos *or* estamos orgullosos de ofrecerle la mejor calidad; ✦***IDIOM*** **to have** *or* **take ~ of place** (*lit, fig*) ocupar el lugar de honor; **the photo takes ~ of place on the mantlepiece** la foto ocupa el lugar de honor en la repisa de la chimenea
[2] (= *conceit*) orgullo *m*, soberbia *f*, arrogancia *f*; ✦***PROV*** **~ comes** *or* **goes before a fall** más dura será la caída
[3] (= *self-respect*) orgullo *m*, amor *m* propio; **false ~** presuntuosidad *f*; **I wouldn't ask him any favours, I have my ~** no le pediría ningún favor, tengo mi orgullo *or* amor propio; **to hurt** *or* **wound sb's ~** herir a algn en su amor propio; *see also* **swallow A2**
[4] (= *source of pride*) orgullo *m*; **he's the ~ of the family** es el orgullo de la familia; **his roses are his ~ and joy** sus rosas son su orgullo
[5] [*of lions*] manada *f*
Ⓑ VT **to ~ o.s. on sth: he ~s himself on his punctuality** se precia de ser puntual; **she ~s herself on not owning a TV** está orgullosa de no tener televisor

**priest** [priːst] N (*gen, pagan*) sacerdote *m*; (*Christian*) sacerdote *m*, cura *m*; **woman ~** diaconisa *f*; *see also* **high D**, **ordain A2**, **parish B**

**priestess** ['priːstɪs] N sacerdotisa *f*; *see also* **high D**

**priesthood** ['priːsthʊd] N (= *function*) sacerdocio *m*; (= *priests collectively*) clero *m*; **to enter the ~** ordenarse sacerdote

**priestly** ['priːstlɪ] ADJ sacerdotal

**prig** [prɪg] N gazmoño/a *m/f*, mojigato/a *m/f*

**priggish** ['prɪgɪʃ] ADJ gazmoño, mojigato

**priggishness** ['prɪgɪʃnɪs] N gazmoñería *f*, mojigatería *f*

**prim** [prɪm] ADJ (*compar* **primmer**; *superl* **primmest**) (*also* **~ and proper**) (= *formal*) formal, estirado; (= *demure*) remilgado, cursi; (= *prudish*) mojigato, gazmoño

**primacy** ['praɪməsɪ] N primacía *f*

**prima donna** ['priːmə'dɒnə] N (*pl* **prima donna** *or* **prima donnas**) primadonna *f*, diva *f*; (*fig*) persona *f* difícil, persona *f* de reacciones imprevisibles

**primaeval** [praɪ'miːvl] ADJ (*Brit*) = **primeval**

**prima facie** ['praɪmə'feɪʃɪ] Ⓐ ADV a primera vista
Ⓑ ADJ suficiente a primera vista; **~ evidence** prueba *f* semiplena; **to have a ~ case** (*Jur*) tener razón a primera vista; **he has a ~ case** (*fig*) a primera vista parece que tiene razón; **there are ~ reasons why ...** hay suficientes razones que justifican el que + *subjun*

**primal** ['praɪməl] ADJ (= *first in time*) original; (= *first in importance*) principal; **~ scream** grito *m* primal

**primarily** ['praɪmərɪlɪ] ADV (= *chiefly*) ante todo, principalmente

**primary** ['praɪmərɪ] Ⓐ ADJ [1] (= *chief, main*) [*reason, purpose, source*] principal; **our ~ concern is the well-being of our children** nuestra mayor *or* principal preocupación es el bienestar de nuestros hijos; **that is not the ~ reason** ésa no es la razón principal
[2] (= *fundamental*) primordial; **to be of ~ importance** ser de primordial importancia
[3] (= *first*) primario
[4] (*esp Brit Scol*) (= *elementary*) primario
Ⓑ N [1] (*US*) (*also* **~ election**) elección *f* primaria, primaria *f*
[2] (= *colour*) color *m* primario
[3] = **primary school**
Ⓒ CPD ► **primary colour** N color *m* primario ► **primary education** N (*esp Brit*) enseñanza *f* primaria, educación *f* primaria ► **primary election** N (*US*) elección *f* primaria, primaria *f* ► **primary products** NPL productos *mpl* primarios ► **primary school** N (*Brit*) escuela *f* primaria; (*US*) escuela *f* primaria (de primer ciclo) (*6-9 años*) ► **primary storage** N almacenamiento *m* primario ► **primary teacher** N (*also* **~ school teacher**) (*Brit*) profesor(a) *m/f* de enseñanza primaria, maestro/a *m/f*

> **PRIMARIES**
>
> *Las elecciones primarias* (**primaries**) *sirven para preseleccionar a los candidatos de los partidos demócrata* (**Democratic**) *y republicano* (**Republican**) *durante la campaña que precede a las elecciones a Presidente de Estados Unidos. Se inician en New Hampshire y tienen lugar en 35 estados entre los meses de febrero y junio. El número de votos obtenidos por cada candidato determina el número de delegados que votarán en el congreso general* (**National Convention**) *de julio y agosto, en el que se decide el candidato definitivo de cada partido.*

**primate** ['praɪmeɪt] N [1] (*Zool*) primate *m*
[2] (*Rel*) primado *m*

**prime** [praɪm] Ⓐ ADJ [1] (= *major, main*) [*cause, objective, target*] principal; **the/a ~ cause of stress in the workplace** la principal causa/una de las principales causas de estrés en el trabajo; **the ~ candidate to take over his job is May Reid** May Reid es la candidata con más posibilidades de sustituirle en el puesto; **our ~ concern is public safety** nuestra mayor *or* principal preocupación es la seguridad ciudadana; **to be of ~ importance** ser de primordial importancia, ser de fundamental importancia; **he's the ~ suspect** es el principal sospechoso
[2] (= *top-quality, excellent*) [*real estate, property*] de primera; [*ingredient, cut*] de primera (calidad); **to be in ~ condition** [*cattle, fruit, car*] estar en perfecto estado; [*athlete*] estar en plena forma; **~ quality beef** carne *f* de vaca de primera (calidad); **~ rib(s)** costillas *fpl* de primera (calidad); **a ~ site** un lugar privilegiado
[3] (= *classic*) perfecto; **a ~ example of what to avoid** un perfecto ejemplo de lo que se debe evitar
[4] (*Math*) [*number*] primo
Ⓑ N [1] (= *best years*) **when trade unionism was in its ~** cuando el sindicalismo estaba en su apogeo; **to be in one's ~** *or* **in the ~ of life** [*person*] estar en la flor de la vida; **to be cut off** *or* **cut down in one's ~** morir en la flor de la vida; **he's past his ~** ya ha dejado atrás los mejores años de su vida; **the hotel was past its ~** (*hum*) el hotel ya había dejado atrás sus días de gloria
[2] (*Rel*) prima *f*
Ⓒ VT [1] (*prior to painting*) imprimar, preparar; (*with primer*) aplicar una capa de imprimación a; (*with undercoat*) aplicar una capa de (pintura) base a; (*with anticorrosive*) aplicar una capa de pintura anticorrosiva a
[2] (*prior to use*) [+ *gun, pump*] cebar; **he ~d the bomb to go off at ten** cebó la bomba para que explotara a las diez; ✦***IDIOM*** **to ~ the pump** sacar las cosas adelante; **he was willing to ~ the pump by offering finance** estaba dispuesto a ofrecerse a financiarlo para que saliera adelante; **public investment is the best way of priming the pump of economic activity** la inversión pública es la mejor forma de promover la actividad ecónomica
[3] (= *prepare*) [+ *student, politician, soldier*] preparar; **she came well ~d for the interview** vino a la entrevista bien preparada; **they had been ~d to expect the worst** se les había preparado para lo peor; **to keep troops ~d for combat** tener a las tropas listas para el combate; **he had been ~d to say that** le habían dado instrucciones para que dijera eso
[4] (*with drink*) **he arrived well ~d** llegó ya bien bebido; **he ~d himself for the interview with a stiff whisky** se tomó un whisky fuerte como preparación para la entrevista
Ⓓ CPD ► **prime cost** N coste *m* neto, coste *m* de producción ► **prime factor** N factor *m* primordial, factor *m* principal ► **the prime meridian** N (*Geog*) el meridiano de Greenwich ► **prime minister** N primer(a) ministro/a *m/f* ► **prime ministership** N (= *period of office*) mandato *m* como primer ministro; (= *office*) cargo *m* de(l) primer ministro ► **prime mover** N (= *person*) promotor(a) *m/f*; (*Philos*) primer motor *m*; **a ~ mover in Middle East events** una de las promotoras de los acontecimientos en el Oriente Medio ► **prime number** N (*Math*) número *m* primo ► **prime rate** N tipo *m* de interés preferencial; **~ lending rate** tipo *m* de interés preferencial sobre los préstamos ► **prime time** N (*TV*) horas *fpl* de máxima *or* mayor audiencia; **the programme was repeated in ~ time** el programa se repitió a una de las horas de máxima *or* mayor audiencia; *see also* **prime-time**

**prime ministerial** [,praɪmmɪnɪs'tɪərɪəl] ADJ [*decision, appointment*] del primer ministro; [*talks*] entre los primeros ministros

**primer** ['praɪmə^r] N [1] (= *textbook*) manual *m* básico; **a French ~** un manual básico de fran-

cés, un manual de francés elemental
[2] (= *basic reader*) abecedario *m*
[3] (= *paint*) pintura *f* base, imprimación *f*
[4] [*of bomb*] iniciador *m*

**prime-time** ['praɪmtaɪm] ADJ de máxima audiencia, de mayor audiencia; **the documentary will be broadcast on ~ television** el documental se emitirá por televisión durante las horas de máxima *or* mayor audiencia

**primeval** [praɪ'mi:vəl] ADJ primitivo

**priming** ['praɪmɪŋ] Ⓐ N preparación *f*; [*of pump*] cebo *m*; (*Art*) primera capa *f*
Ⓑ CPD ► **priming device** N iniciador *m*

**primitive** ['prɪmɪtɪv] Ⓐ ADJ (*gen*) primitivo; (= *old-fashioned*) anticuado; (= *basic*) rudimentario, básico; (= *uncivilized*) inculto; (= *sordid*) miserable; (*Art*) primitivo
Ⓑ N (*Art*) (= *artist*) primitivista *mf*; (= *work*) obra *f* primitivista

**primly** ['prɪmlɪ] ADV (= *demurely*) remilgadamente, con remilgo; (= *prudishly*) con gazmoñería

**primness** ['prɪmnɪs] N (= *formality*) formalidad *f*, lo estirado; (= *demureness*) remilgo *m*, cursilería *f*; (= *prudishness*) mojigatería *f*, gazmoñería *f*

**primogeniture** [,praɪməʊ'dʒenɪtʃə^r] N (*frm*) primogenitura *f*

**primordial** [praɪ'mɔ:dɪəl] ADJ primordial

**primp** [prɪmp] = **prink**

**primrose** ['prɪmrəʊz] Ⓐ N [1] (*Bot*) primavera *f*
[2] (= *colour*) color *m* amarillo pálido
Ⓑ ADJ (*also* **~ yellow**) amarillo pálido
Ⓒ CPD ► **primrose path** N caminito *m* de rosas

**primula** ['prɪmjʊlə] N (*Bot*) prímula *f*

**Primus (stove)**® ['praɪməs(stəʊv)] N (*esp Brit*) cocina *f* de camping, camping-gas® *m*

**prince** [prɪns] Ⓐ N príncipe *m*; **Prince Charles** el príncipe Carlos; **Prince Charming** el Príncipe Azul, el Príncipe Encantador; **the Prince of Darkness** el príncipe de las tinieblas; **the Prince of Wales** el Príncipe de Gales (*heredero del trono del Reino Unido, equivalente al Príncipe de Asturias en España*); *see also* **crown C**
Ⓑ CPD ► **Prince Consort** N príncipe *m* consorte ► **Prince Regent** N príncipe *m* regente

**princely** ['prɪnslɪ] ADJ (*lit*) principesco; (*fig*) magnífico, espléndido; **a ~ gesture** un gesto magnífico, un gesto digno de un príncipe; **the ~ sum of five dollars** (*iro*) la bonita suma de cinco dólares

**princess** [prɪn'ses] N (= *royal*) princesa *f*; **Princess Victoria** la Princesa Victoria; **the Princess Royal** la princesa real; **the Princess of Wales** la Princesa de Gales; *see also* **crown C**

**principal** ['prɪnsɪpəl] Ⓐ ADJ [1] [*reason, cause, source*] principal; **our ~ concern is the well-being of our children** nuestra mayor *or* principal preocupación es el bienestar de nuestros hijos
[2] (*Mus*) primero
[3] (*Fin*) **~ amount** capital *m* principal, principal *m*
Ⓑ N [1] [*of school, college*] director(a) *m/f*; (*Univ*) rector(a) *m/f*
[2] (*Theat*) protagonista *mf* principal
[3] (*Mus*) primer(a) instrumentista *mf*
[4] (*Fin*) capital *m*, principal *m*; **~ and interest** el principal y los intereses
Ⓒ CPD ► **principal boy** N (*Brit Theat*) joven héroe *m* (*papel de actriz en la "pantomime" navideña*); → PANTOMIME

**principality** [,prɪnsɪ'pælɪtɪ] N principado *m*

**principally** ['prɪnsɪpəlɪ] ADV principalmente

▼**principle** ['prɪnsəpl] N (*gen, Sci*) principio *m*; **the basic ~s of physics** los principios básicos de física; **the ~ that ...** el principio según el cual ...; **to lay it down as a ~ that ...** sentar el principio de que ...; **it is** *or* **it goes against my ~s** va (en) contra (de) mis principios; **to go back to first ~s** volver a los principios (fundamentales); **to argue from first ~s** construir un argumento sobre los principios (fundamentales); **to have high ~s** tener principios nobles; **in ~** en principio; **to reach an agreement in ~** llegar a un acuerdo de principio *or* en principio; **I make it a ~ never to lend money** tengo por norma no prestar nunca dinero, yo, por principio, nunca presto dinero; **as a matter of ~** por principio; **it's a matter of ~** es cuestión de principios; **a man/woman of (high) ~s** un hombre/una mujer de principios (nobles); **on ~** por principio, por una cuestión de principios; **it's the ~ of the thing** es cuestión de principios; *see also* **guiding**

**principled** ['prɪnsɪpld] ADJ [*person*] de fuertes principios; [*behaviour, stand*] basado en fuertes principios

**prink** [prɪŋk] Ⓐ VT acicalar
Ⓑ VI acicalarse

**print** [prɪnt] Ⓐ N [1] (*Typ*) (= *letters*) letra *f*; (= *printed matter*) texto *m* impreso; **I can't read this ~, it's too small** no puedo leer esta letra, es demasiado pequeña; **columns of tiny ~** columnas *fpl* de letra pequeña *or* menuda; **it presents the reader with solid masses of ~** enfrenta al lector con largos párrafos de texto (impreso) ininterrumpido; **in bold ~** en negrita; **the fine ~** la letra pequeña *or* menuda; **to be in ~** (= *be published*) estar publicado; (= *be available*) estar a la venta; **to appear in ~** [*work*] publicarse; **the first time the term appeared in ~ was in 1530** la primera vez que apareció el término en una publicación fue en 1530; **to get into ~** publicarse; **in large ~** con letra grande; **to be out of ~** estar agotado; **to go out of ~** agotarse; **to rush into ~** lanzarse a publicar; **in small ~** con letra pequeña *or* menuda; **read the small ~ before you sign** lea la letra pequeña *or* menuda antes de firmar
[2] (= *mark, imprint*) [*of foot, finger, tyre*] huella *f*, marca *f*; (= *fingerprint*) huella *f* digital, huella *f* dactilar; **to take sb's ~s** tomar las huellas digitales *or* dactilares a algn
[3] (= *fabric*) estampado *m*; **a cotton ~** un estampado de algodón; *see also* **floral B**
[4] (*Art*) (= *etching, woodcut, lithograph*) grabado *m*; (= *reproduction*) reproducción *f*
[5] (*Phot, Cine*) copia *f*; *see also* **contact C**
Ⓑ VT [1] (= *set in print*) [+ *letters, text*] imprimir; [+ *money*] emitir; **they ~ed 300 copies** hicieron una tirada de 300 ejemplares; **~ed in England** impreso en Inglaterra; **~ed by** impreso por; **to ~ sth on** *or* **onto sth** estampar algo en algo
[2] (= *write in block letters*) escribir con *or* en letra de imprenta, escribir con *or* en letra de molde; **~ it in block capitals** escríbalo con *or* en mayúsculas
[3] (*Phot*) [+ *negative*] imprimir; [+ *photo*] sacar una copia de; [+ *copy*] sacar
[4] (*fig*) grabar; **her face was ~ed in my mind** su cara se me había quedado grabada en la mente
Ⓒ VI [*person*] escribir con *or* en letra de imprenta, escribir con *or* en letra de molde; [*machine*] imprimir; [*negative*] salir; **the book is ~ing now** el libro está en la imprenta en este momento
Ⓓ CPD ► **print dress** N vestido *m* estampado ► **print journalist** N periodista *mf* de prensa escrita ► **print media** NPL medios *mpl* de comunicación impresos ► **print reporter** N (*US*) = **print journalist** ► **print run** N tirada *f* ► **print shop** N (*Typ*) imprenta *f*; (= *art shop*) tienda *f* de grabados ► **print union** N sindicato *m* de tipógrafos ► **print worker** N tipógrafo/a *m/f*

►**print off** VT + ADV imprimir

►**print out** VT + ADV (*Comput*) imprimir

**printable** ['prɪntəbl] ADJ imprimible

**printed** ['prɪntɪd] ADJ [1] (*Publishing*) impreso; **the ~ book** el libro impreso; **~ matter** impresos *mpl*; **the ~ page** el impreso; **~ papers** impresos *mpl*; **~ paper rate** (*Brit*) tarifa *f* de impreso; **the ~ word** la palabra impresa
[2] (*Textiles*) estampado; **a ~ cotton fabric** una tela de algodón estampada
[3] (*Electronics*) **~ circuit** circuito *m* impreso; **~ circuit board** placa *f* de circuito impreso

**printer** ['prɪntə^r] N [1] (= *person*) impresor(a) *m/f*; **~'s ink** tinta *f* de imprenta; **~'s mark** pie *m* de imprenta
[2] (*Comput*) (= *machine*) impresora *f*

**printhead** ['prɪnthed] N cabeza *f* impresora

**printing** ['prɪntɪŋ] Ⓐ N [1] (= *process*) impresión *f*; **fourth ~** cuarta impresión *f*
[2] (= *craft, industry*) imprenta *f*; **"16th century ~ in Toledo"** "La imprenta en Toledo en el siglo XVI"
[3] (= *block writing*) letras *fpl* de molde; (= *characters, print*) letra *f*
[4] (= *quantity printed*) tirada *f*; **a ~ of 500 copies** una tirada de 500 ejemplares
Ⓑ CPD ► **printing frame** N prensa *f* de copiar ► **printing ink** N tinta *f* de imprenta ► **printing office** N imprenta *f* ► **printing press** N prensa *f* ► **printing queue** N cola *f* de impresión ► **printing works** NSING imprenta *f*

**printmaking** ['prɪntmeɪkɪŋ] N grabado *m*

**printout** ['prɪntaʊt] N (*Comput*) copia *f* impresa, listado *m*

▼**prior**[1] ['praɪə^r] Ⓐ ADJ [1] (= *previous*) previo; **I have a ~ engagement** tengo un compromiso previo; **to have a ~ claim to** *or* **on sth/sb**: **there are others who have a ~ claim on my time** hay otros a los que tengo que dedicar mi tiempo que tienen prioridad *or* están antes; **she felt that her past connection with him gave her a ~ claim to him** le parecía que su pasada relación le daba ciertos derechos sobre él; **without ~ notice/warning** sin previo aviso
[2] (= *earlier*) [*week, month, year*] anterior; **in ~ years** en años anteriores
Ⓑ ADV (*frm*) **~ to sth** anterior *or* previo a algo; **~ to doing sth** antes de hacer algo; **~ to (his) leaving he hid the money** antes de marchar, escondió el dinero; **in the years ~ to his death** en los años anteriores *or* previos a su muerte; **~ to that day we had not met** antes de ese día no nos conocíamos, hasta ese día no nos conocimos; **~ to this/that** antes de esto/eso
Ⓒ ADV (*US*) antes; **it happened two days ~** ocurrió dos días antes

**prior**[2] ['praɪə^r] N (*Rel*) prior *m*

**prioress** ['praɪərɪs] N priora *f*

**prioritize** [praɪ'ɒrɪtaɪz] VT (*esp US*) priorizar

**priority** [praɪ'ɒrɪtɪ] Ⓐ N [1] (= *precedence*) prioridad *f*; **to give sth/sb ~** ◊ **give ~ to sth/sb** dar prioridad a algo/algn; **to give sth (a) high/low ~** dar mucha/poca importancia a algo; **to give sth top ~** dar máxima prioridad a algo; **housing must be given top ~** el problema de la vivienda debe tener máxima prioridad; **to have** *or* **take ~ (over sth/sb)** tener

➤ LANGUAGE IN USE: **principle** 26.1 **prior**[1] **A1** 25.2

prioridad (sobre algo/algn); **in (strict) order of ~** por (estricto) orden de prioridad

2 (= *concern, aim*) prioridad *f*; **try to decide what your priorities are** intenta establecer tu orden de prioridades; **it should be a ~ for all of us** tiene que ser prioridad de todos nosotros, debería ser lo más importante *or* lo principal para todos nosotros; **to set spending priorities** repartir los gastos por orden de prioridad; **our first ~ is to cut costs** nuestra máxima prioridad es reducir los gastos; **she made it clear where her priorities lay** dejó bien claro cuáles eran sus prioridades; **to be high/low on sb's list of priorities** ocupar un lugar alto/bajo en el orden de prioridades de algn; **my number one** *or* **top ~** lo más importante para mí; **we must get our priorities right** tenemos que tener claro cuáles son nuestras prioridades, tenemos que tener claro qué es lo más importante *or* lo principal para nosotros

3 (*on highway*) preferencia *f* de paso; **drivers on the right have ~** los conductores de la derecha tienen preferencia de paso

Ⓑ CPD ► **priority case** N caso *m* prioritario ► **priority share** N acción *f* prioritaria ► **priority treatment** N trato *m* preferente

**priory** [ˈpraɪərɪ] N priorato *m*

**prise** [praɪz] VT **to ~ sth off** levantar algo haciendo palanca; **to ~ sth open** abrir algo haciendo palanca; **we had to ~ the secret out of him** tuvimos que sacarle el secreto a la fuerza; **to ~ sb out of his post** lograr que algn renuncie a su puesto, desahuciar a algn; **to ~ a lid up** levantar una tapa haciendo palanca

**prism** [ˈprɪzəm] N (*Geom, Tech*) prisma *m*

**prismatic** [prɪzˈmætɪk] ADJ prismático

**prison** [ˈprɪzn] Ⓐ N 1 (= *place*) cárcel *f*, prisión *f*; **to be in ~** estar en la cárcel, estar en prisión; **to go to ~ for five years** (= *be sentenced*) ser condenado a cinco años de cárcel *or* prisión; (= *be imprisoned*) pasar cinco años en la cárcel *or* en prisión; **to put sb in ~** encarcelar a algn; **to release sb from ~** poner a algn en libertad, excarcelar a algn (*frm*); **to send sb to ~** (= *imprison*) encarcelar a algn; **to send sb to ~ for two years** (= *sentence*) condenar a algn a dos años de prisión; *see also* **maximum A1**, **open E**

2 (= *imprisonment*) prisión *f*, cárcel *f*; **are there alternatives to ~?** ¿existen alternativas a la prisión *or* cárcel?

Ⓑ CPD ► **prison break** N fuga *f* (de la cárcel) ► **prison camp** N campamento *m* para prisioneros ► **prison cell** N celda *f* de la cárcel *or* prisión ► **prison governor** N director(a) *m/f* de (la) prisión ► **prison life** N vida *f* en la cárcel ► **prison officer** N carcelero/a *m/f* ► **prison population** N número *m* de reclusos ► **prison riot** N motín *m* carcelario ► **prison sentence** N (*Brit*) condena *f*; *see also* **serve A4** ► **the prison service** N los servicios penitenciarios ► **prison system** N sistema *m* penitenciario ► **prison term** N (*US*) = **prison sentence** ► **prison van** N coche *m* celular ► **prison visitor** N visitante *mf* de la prisión ► **prison warden** N (*US*) = **prison governor** ► **prison yard** N patio *m* de (la) cárcel

**prisoner** [ˈprɪznəʳ] N 1 (*under arrest*) detenido/a *m/f*; (*in court*) acusado/a *m/f*; (*convicted*) preso/a *m/f*, reo/a *m/f*; (*Mil*) prisionero/a *m/f*; **~ of conscience** preso/a *m/f* de conciencia; **to hold sb ~** detener a algn; **to keep sb (a) ~** tener retenido a algn, tener prisionero a algn; **to take sb ~** tomar preso a algn, hacer prisionero a algn; **~ of war** prisionero/a *m/f* de guerra, preso/a *m/f* de guerra; **+IDIOM to take no ~s** no andarse con miramientos, ir a por todas; *see also* **bar A6**, **political B**

2 (*fig*) preso/a *m/f*, prisionero/a *m/f*

**prisoner-of-war camp** [ˌprɪznərəvwɔːˈkæmp] N campamento *m* para prisioneros de guerra

**prissy*** [ˈprɪsɪ] ADJ (*compar* **prissier**; *superl* **prissiest**) remilgado

**pristine** [ˈprɪstaɪn] ADJ prístino

**prithee**†† [ˈprɪðiː] EXCL le ruego

**privacy** [ˈprɪvəsɪ] Ⓐ N intimidad *f*; **they respected each other's ~** cada uno respetaba la intimidad del otro; **there is no ~** no se tiene intimidad; **in ~** en la intimidad; **in the ~ of one's own home** en la intimidad del hogar; **to invade sb's ~** invadir la intimidad *or* privacidad de algn; **lack of ~** falta *f* de intimidad

Ⓑ CPD ► **Privacy Act** N ≈ Ley *f* del Derecho a la Intimidad ► **privacy law** N ley *f* del derecho a la intimidad

**private** [ˈpraɪvɪt] Ⓐ ADJ 1 (= *not public*) [*conversation, visit, land, matter*] privado; [*letter, reason, opinion*] personal; [*language*] secreto; [*thoughts, grief, fantasy*] íntimo; **it was a ~ wedding** ◊ **the wedding was ~** la boda se celebró en la intimidad; **"private"** (*on door*) "privado"; (*on envelope*) "confidencial"; **"private and confidential"** "confidencial"; **"private fishing"** "coto *m* de pesca"; **"private parking"** "aparcamiento *m or* (*LAm*) estacionamiento *m* privado"; **it's a silly ~ joke of ours** es un chiste tonto que sólo nosotras entendemos; **to keep sth ~** [+ *beliefs*] no hablar de algo; [+ *opinions, views, doubts*] guardarse algo, reservarse algo; **I have always kept my political beliefs ~** nunca he hablado de mis ideas políticas; **he was diagnosed with AIDS in 1994 but kept it ~** en 1994 le diagnosticaron SIDA pero lo mantuvo en secreto; **I want to keep this ~** quiero que esto quede entre nosotros; **I've always tried to keep my ~ life ~** [*famous person*] siempre he intentado mantener mi vida privada alejada de la mirada del público; [*ordinary person*] siempre he intentado mantener mi vida privada fuera del alcance de los demás; **to be in ~ ownership** ser propiedad privada; **he's a very ~ person** es una persona muy reservada; *see also* **strictly 3**

2 (= *own, individual*) [*car, house, lesson, room*] particular; [*bank account*] personal; **76 bedrooms, all with ~ bathrooms** 76 habitaciones, cada una con su baño particular; **in a** *or* **one's ~ capacity** a título personal; **for your ~ information** únicamente para su información; **for ~ use** para el uso personal

3 (= *independent*) [*medicine, education, finance*] privado; [*school*] privado, particular; [*patient, tutor, teacher*] particular; **a ~ hospital** una clínica (privada), un hospital privado *or* particular; **he decided to take on ~ pupils** decidió dar clases particulares; **to go ~** [*patient*] ir por lo privado; [*dentist, doctor*] establecerse de forma privada; [*company*] dejar de cotizar en bolsa

4 (= *secluded*) [*place*] retirado; **is there somewhere we can be ~?** ¿hay algún sitio donde podamos hablar en privado?

Ⓑ N 1 (*Mil*) soldado *mf* raso; **Private Jones** el soldado Jones; **Private Jones!** ¡Jones!

2 **in ~: could I talk to you in ~?** ¿te puedo hablar en privado?; **I have been told in ~ that ...** me han dicho confidencialmente *or* en confianza que ...; **the committee sat in ~** la comisión se reunió a puerta(s) cerrada(s) *or* en privado; **the wedding was held in ~** la boda se celebró en la intimidad; **what people do in ~ is up to them** lo que cada uno haga en su vida privada es asunto suyo

3 **privates*** (*euph, hum*) partes *fpl* pudendas

Ⓒ CPD ► **private citizen** N (*Jur*) particular *mf* ► **private company** N empresa *f* privada, compañía *f* privada ► **private detective** N detective *mf* privado/a ► **private enterprise** N (= *industry*) el sector privado; (= *initiative*) la iniciativa privada; **new employment laws which will hamper ~ enterprise** nuevas leyes *fpl* laborales que van a dificultar el crecimiento del sector privado ► **private enterprise economy** N economía *f* capitalista, economía *f* de mercado ► **private eye** N (*US**) detective *mf* privado/a ► **private finance initiative** N (*Brit*) *plan de incentivos y potenciación de la iniciativa privada en el sector público* ► **private health care** N servicio *m* médico privado ► **private health insurance** N seguro *m* médico privado ► **private hearing** N (*Jur*) vista *f* a puertas cerradas ► **private hotel** N hotel *m* privado ► **private income** N rentas *fpl* ► **private individual** N (*Jur*) particular *mf* ► **private investigator** N investigador(a) *m/f* privado/a ► **private law** N derecho *m* privado ► **private life** N vida *f* privada; **in ~ life** en su vida privada ► **private limited company** N sociedad *f* limitada ► **private line** N (*Telec*) línea *f* particular ► **private means** NPL rentas *fpl*; **a man of ~ means** un hombre que vive de sus rentas ► **private member**, **Private Member** N (*Brit Parl*) diputado/a *m/f* sin responsabilidades de gobierno ► **Private Member's Bill** N *proyecto de ley presentado por un diputado a título personal*; **to introduce a Private Member's Bill** presentar un proyecto de ley a título personal ► **private parts** NPL (*euph, hum*) partes *fpl* pudendas ► **private patient** N paciente *mf* privado/a ► **private pension** N pensión *f* personal ► **private pension plan** N plan *m* de pensiones personal ► **private pension scheme** N = **private pension plan** ► **private practice** N (*Med*) consulta *f* privada; **to be in ~ practice** (*Med*) ejercer la medicina de forma privada; **he decided to set up in ~ practice** decidió establecerse como médico privado ► **private property** N propiedad *f* privada ► **private property rights** NPL derechos *mpl* de propiedad ► **private prosecution** N (*Jur*) demanda *f* civil; **to bring a ~ prosecution against sb** presentar una demanda civil contra algn ► **private school** N escuela *f* privada, escuela *f* particular ► **private secretary** N secretario/a *m/f* particular ► **the private sector** N el sector privado ► **private soldier** N soldado *mf* raso ► **private view**, **private viewing** N visita *f* privada (a una exposición)

**privateer** [ˌpraɪvəˈtɪəʳ] N corsario *m*

**privately** [ˈpraɪvɪtlɪ] ADV 1 (= *not publicly*) en privado; **many politicians ~ admit that ...** en privado, muchos políticos admiten que ...; **the country may be publicly supporting sanctions while ~ violating them** puede que oficialmente el país esté apoyando las sanciones mientras que extraoficialmente las esté infringiendo; **is there anywhere where we can talk ~?** ¿hay algún sitio donde podamos hablar en privado?; **senior officials from the two sides met ~** altos funcionarios de ambas partes se reunieron en privado *or* a puerta(s) cerrada(s); **~ he was furious at the prime minister's decision** aunque no lo demostró, estaba furioso con la decisión del primer ministro; **I tried to be understanding but ~ I was very angry with her** intenté ser comprensiva pero por dentro estaba muy enfadada con ella; **the Foreign Office was ~ appalled** extraoficialmente, el Ministerio de Exterior estaba horrorizado

2 (= *independently*) **one in every four of these operations is now done ~** ahora una de cada cuatro operaciones de este tipo se hace en clínicas privadas; **he is being ~ educated** va a un colegio privado *or* particular; **~ financed projects** proyectos *mpl* de financiación privada; **~ funded organizations** organizaciones *fpl* fundadas por particulares; **~ owned land** tierras *fpl* que son propiedad privada

**privation** [praɪˈveɪʃən] N 1 (= *poverty*) miseria *f*, estrechez *f*; **to live in ~** vivir en la miseria
2 (= *hardship, deprivation*) privación *f*; **to suffer many ~s** pasar muchos apuros

**privative** [ˈprɪvətɪv] Ⓐ ADJ privativo
Ⓑ N privativo *m*

**privatization** [ˌpraɪvətaɪˈzeɪʃən] N privatización *f*

**privatize** [ˈpraɪvətaɪz] VT privatizar

**privatizing** [ˈpraɪvətaɪzɪŋ] N privatización *f*

**privet** [ˈprɪvɪt] Ⓐ N alheña *f*
Ⓑ CPD ► **privet hedge** N seto *m* vivo

**privilege** [ˈprɪvɪlɪdʒ] Ⓐ N 1 (= *prerogative*) privilegio *m*; (*Jur, Parl*) inmunidad *f*; **members enjoy special ~s** los miembros gozan de privilegios especiales; **as the oldest son, he has certain ~s** como hijo mayor tiene ciertos privilegios; **that's your ~** estás en tu derecho; **to have parliamentary ~** gozar de inmunidad parlamentaria
2 (= *honour*) privilegio *m*, honor *m*; **I had the ~ of meeting her** tuve el privilegio *or* el honor de conocerla
Ⓑ VT 1 (= *favour*) privilegiar
2 **to be ~d to do sth** tener el privilegio *or* el honor de hacer algo; **I am ~d to call him a friend** tengo el privilegio *or* el honor de poder decir que es amigo mío

**privileged** [ˈprɪvɪlɪdʒd] Ⓐ ADJ 1 (= *advantaged*) [*position, life*] privilegiado; **for a ~ few** para unos pocos privilegiados *or* afortunados
2 (= *secret*) [*information*] confidencial
3 (*Jur*) [*communication*] privilegiado; [*document*] confidencial
Ⓑ N **the ~** los privilegiados

**privily** [ˈprɪvɪlɪ] ADV [*speak*] privadamente, en privado; [*tell*] confidencialmente

**privy** [ˈprɪvɪ] Ⓐ ADJ **to be ~ to sth** estar al tanto *or* enterado de algo
Ⓑ N retrete *m*, baño *m* (*LAm*)
Ⓒ CPD ► **Privy Council** N (*Brit*) consejo *m* privado (del monarca), ≈ Consejo *m* de Estado ► **Privy Councillor** N (*Brit*) consejero/a *m/f* privado/a (del monarca), ≈ consejero/a *m/f* de Estado ► **Privy Purse** N (*Brit*) gastos *mpl* personales del monarca

**PRIVY COUNCIL**

*El consejo de asesores de la Corona, conocido como* **Privy Council**, *tuvo su origen en la época de los normandos, y fue adquiriendo mayor importancia hasta ser substituido en 1688 por el actual Consejo de Ministros* **Cabinet**. *Hoy día sigue existiendo con un carácter fundamentalmente honorífico que se concede de forma automática a los ministros del gobierno, así como a otras personalidades políticas, eclesiásticas y jurídicas.*

**prize¹** [praɪz] Ⓐ N 1 (*in competition, lottery*) premio *m*; **to win a ~** (*in competition*) ganar un premio; **she won a ~ in the lottery** le tocó la lotería; **he won first ~** (*in race, competition*) se llevó el primer premio; (*in lottery*) le tocó el gordo; **to carry off the ~** ◊ **win the ~** ganar el premio; *see also* **booby B**, **cash C**, **consolation B**, **Nobel**, **star D**
2 (*Sport*) (= *trophy*) trofeo *m*; (= *money*) premio *m*
3 (*fig*) premio *m*, galardón *m* (*frm*)
4 (*Naut*) presa *f*
Ⓑ ADJ 1 (= *outstanding*) de primera, de primera clase; **a ~ idiot*** un tonto de remate*
2 (= *prizewinning*) [*entry, rose*] galardonado, premiado; (*fig*) digno de premio
Ⓒ VT apreciar mucho, estimar mucho; **to ~ sth highly** estimar algo en mucho; **a ~d possession** un bien preciado
Ⓓ CPD ► **prize court** N (*Naut*) tribunal *m* de presas marítimas ► **prize day** N (*Scol*) día *m* de reparto de premios ► **prize draw** N sorteo *m* con premio, tómbola *f* ► **prize fight** N (*Boxing*) partido *m* (de boxeo) profesional ► **prize fighter** N boxeador *m* profesional ► **prize fighting** N boxeo *m* profesional ► **prize money** N (= *cash*) premio *m* en metálico; (*Boxing*) bolsa *f*; (*Naut*) parte *f* de presa ► **prize ring** N (*Boxing*) ring *m*

**prize²** [praɪz] VT (*US*) = **prise**

**prize-giving** [ˈpraɪzˌgɪvɪŋ] N reparto *m* de premios

**prizewinner** [ˈpraɪzˌwɪnəʳ] N premiado/a *m/f*

**prizewinning** [ˈpraɪzˌwɪnɪŋ] ADJ premiado

**pro¹** [prəʊ] Ⓐ PREFIX 1 (= *in favour of*) pro, en pro de; **~-Soviet** pro-soviético; **~-Spanish** hispanófilo; **~-European** europeísta; **they were terribly ~-Franco** eran unos franquistas furibundos, eran partidarios acérrimos de Franco
2 **~ rata** *see* **pro rata**
3 **~ tem** ◊ **~ tempore** *see* **pro tem**
Ⓑ N **the ~s and cons** los pros y los contras; **we are weighing up the ~s and the cons** estamos estudiando los pros y los contras

**pro²*** [prəʊ] N profesional *mf*

**pro³*** [prəʊ] N (= *prostitute*) puta *f*

**PRO** N ABBR 1 (= **Public Record Office**) Archivo *m* Nacional
2 = **public relations officer**

**pro-abortion** [ˌprəʊəˈbɔːʃən] ADJ pro-aborto, proabortista

**pro-abortionist** [ˌprəʊəˈbɔːʃənɪst] N proabortista *mf*

**probabilistic** [ˌprɒbəbəˈlɪstɪk] ADJ probabilístico

**probability** [ˌprɒbəˈbɪlɪtɪ] N (*also Math*) probabilidad *f*; **the ~ is that ...** es probable que ... + *subjun*; **we calculated the probabilities of it happening** calculamos la probabilidad *or* las probabilidades de que ocurriera; **in all ~ he won't turn up** lo más probable es que no aparezca; **there is little ~ of anyone finding out** es muy poco probable que alguien se entere

**probable** [ˈprɒbəbl] ADJ 1 (= *likely*) probable; **wet roads were a ~ cause of the accident** una causa probable del accidente eran las carreteras mojadas; **it is ~ that ...** es probable que ... + *subjun*
2 (= *credible*) verosímil; **her story didn't sound very ~ to me** su historia no me pareció muy verosímil

**probably** [ˈprɒbəblɪ] ADV probablemente; **she ~ forgot** se habrá olvidado, seguramente se ha olvidado, probablemente se haya olvidado; **he will ~ come** es probable que venga; **~ not** puede que no, quizá no; **very ~, but ...** es muy posible *or* bien puede ser, pero ...

**probate** [ˈprəʊbɪt] Ⓐ N (*Jur*) validación *f* de un testamento, validación *f* testamentaria; **to value sth for ~** evaluar algo para la validación testamentaria
Ⓑ CPD ► **probate court** N tribunal *m* de testamentarías

**probation** [prəˈbeɪʃən] Ⓐ N (*Jur*) libertad *f* condicional; **to be on ~** estar en libertad condicional; (*in employment*) estar a prueba; **to put sb on ~** poner a algn en libertad provisional; (*fig*) asignar a algn un período a prueba; **to take sth on ~** (= *as a trial*) tomar algo a prueba; **release on ~** libertad *f* a prueba
Ⓑ CPD ► **probation officer** N *funcionario que vigila a las personas que están en libertad condicional*

**probationary** [prəˈbeɪʃnərɪ] Ⓐ ADJ de prueba
Ⓑ CPD ► **probationary period** N (*Jur*) período *m* de libertad condicional; (*fig*) período *m* de prueba

**probationer** [prəˈbeɪʃnəʳ] N (*Jur*) persona *f* en libertad condicional; (*Med*) aprendiz *mf* de ATS (*Sp*), aprendiz *mf* de enfermero/a; (*Rel*) novicio/a *m/f*

**probe** [prəʊb] Ⓐ N 1 (*Med*) sonda *f*
2 (= *rocket*) cohete *m*, proyectil *m*; (*also* **space ~**) sonda *f* espacial
3 (= *inquiry*) investigación *f*; **a ~ into the drug traffic** una investigación del tráfico de drogas
Ⓑ VT 1 [+ *hole, crack*] (*with instrument, probe*) sondear; (*with hands*) palpar, tantear
2 (*Med*) sondar
3 (= *explore*) explorar
4 (= *investigate*) investigar; **the policeman kept probing me** el policía siguió sondeándome; **to ~ a mystery** investigar un misterio
Ⓒ VI investigar; **to ~ into sb's past** investigar el pasado de algn; **you should have ~d more deeply** deberías haber llevado a cabo una investigación más a fondo

**probing** [ˈprəʊbɪŋ] Ⓐ ADJ [*question*] agudo, penetrante
Ⓑ N 1 (*with probe, instrument*) sondeo *m*; (*with hands*) palpación *f*, tanteo *m*
2 (= *investigation*) investigación *f*
3 (= *exploration*) exploración *f*

**probity** [ˈprəʊbɪtɪ] N probidad *f*

**problem** [ˈprɒbləm] Ⓐ N (*gen*) (*also Math*) problema *m*; **what's the ~?** ¿cuál es el problema?; **that's your ~** eso es problema tuyo; **it's not my ~** no es problema mío; **loneliness isn't the ~** el problema no está en *or* no es la soledad; **the ~ is that she can't cook** el problema es que no sabe cocinar; **his ~ is that he's never satisfied** su problema es que nunca está satisfecho; **he has a drink ~** tiene problemas con la bebida, bebe demasiado; **she has a serious drug ~** tiene graves problemas con las drogas; **this will not solve America's drug ~** esto no solucionará el problema de las drogas en América; **the real ~ for the police is the lack of funding** el verdadero problema de la policía es la escasez de fondos; **that presents a big ~ for schools** eso supone un gran problema para las escuelas; **he shouldn't have a** *or* **any ~ finding a job** no le será difícil encontrar trabajo; **phone me if you have any ~s** llámame si tienes cualquier problema; **I had no ~ getting a mortgage** no tuve problemas para conseguir una hipoteca; **he's having ~s deciding what subjects to study** le está costando decidir qué asignaturas estudiar; **do you have a ~ with that?*** ¿te molesta?; **I have no ~ with the ordination of women**

➤ LANGUAGE IN USE: probably 15.2 problem A 13, 26.1, 26.3

no tengo nada en contra de la ordenación de las mujeres; **health ~s** problemas *mpl* de salud; **to have a heart ~** tener problemas de corazón; **the housing ~** el problema de la vivienda; **no ~!*** (= *of course*) ¡claro!, ¡cómo no!; (= *it doesn't matter*) ¡no importa!, ¡no hay problema!; **the ~ of how to fund education** el problema de cómo financiar la enseñanza; **we've still got the ~ of what to give them for lunch** aún nos queda por solucionar el problema de qué darles para comer; **to have a weight ~** tener problemas de peso; **the ~ with men is that ...** lo malo de los hombres es que ...
Ⓑ CPD ► **problem case** N (*Med, Sociol*) caso *m* difícil ► **problem child** N niño/a *m/f* problemático/a ► **problem drinker** N **he's a ~ drinker** tiene problemas con la bebida ► **problem drinking** N **his ~ drinking is wrecking his marriage** sus problemas con la bebida están destrozando su matrimonio ► **problem family** N familia *f* con problemas ► **problem page** N consultorio *m* sentimental ► **problem play** N drama *m* de tesis ► **problem solving** N resolución *f* de problemas

**problematic** [,prɒblɪ'mætɪk] ADJ problemático; **it is ~ whether ...** es dudoso si ...

**problematical** [,prɒblɪ'mætɪkəl] ADJ = **problematic**

**proboscis** [prəʊ'bɒsɪs] N (*pl* **proboscises** *or* **probocides** [prəʊ'bɒsɪdi:z]) probóscide *f*, trompa *f*; (* *hum*) trompa* *f*

**procedural** [prə'si:djʊrəl] Ⓐ ADJ relativo al procedimiento; (*Jur*) procesal; **a ~ question** una cuestión de procedimiento
Ⓑ N (*also* **police ~**) (= *novel*) novela *f* policíaca; (= *film*) película *f* policíaca

**procedure** [prə'si:dʒə^r] N [1] (*gen*) procedimiento *m*; **what is the ~ for emergencies?** ¿cuál es el procedimiento a seguir *or* cómo se procede en caso de emergencia?; **the usual ~ is to write a letter** lo que se hace por lo general es escribir una carta; **the correct ~ would be to ...** lo correcto sería ... + *infin*; *see also* **complain B**, **disciplinary**, **selection B**
[2] (*Admin*) trámites *mpl*; **what's the ~ for obtaining a visa?** ¿qué trámites *or* gestiones hay que hacer para conseguir un visado?

**proceed** [prə'si:d] Ⓐ VI [1] (*frm*) (= *go*) [*person, vehicle*] avanzar; [*plan, project*] desarrollarse; [*events*] transcurrir; **he was ~ing along the road** avanzaba por la calle; **things are ~ing according to plan** las cosas se están desarrollando conforme estaban previstas; **the march ~ed without incident** la marcha transcurrió sin incidentes
[2] (= *go on, continue*) seguir, continuar; **proceed!** ¡siga!, ¡continúe!, ¡proceda! (*frm*); **to ~ on one's way** seguir *or* continuar su camino; **before we ~ any further** antes de seguir adelante; **to ~ to sth: let us ~ to the next item** pasemos al siguiente punto; **to ~ to blows** llegar a las manos; (*to place*) **we ~ed to London** proseguimos viaje a Londres; **we ~ed to the bar** nos dirijimos al bar; **to ~ to do sth** pasar a hacer algo; **she ~ed to outline my duties** pasó a hacerme un esquema de mis obligaciones; **he ~ed to drink the lot** acto seguido comenzó a bebérselo todo; **to ~ with sth** seguir adelante con algo; **they did not ~ with the charges against him** no siguieron adelante con los cargos contra él; **~ with your work** sigan con su trabajo
[3] (= *act*) proceder, obrar; **we should ~ with caution** debemos proceder *or* obrar con precaución
[4] (*frm*) (= *arise*) **to ~ from sth**: **sounds ~ed from the box** unos ruidos procedían *or* provenían *or* venían de la caja; **this ~s from ignorance** esto proviene de la ignorancia
[5] (*Jur*) **to ~ against sb** demandar a algn
Ⓑ VT (= *say*) proseguir; **"well," she ~ed** —bueno —prosiguió

**proceeding** [prə'si:dɪŋ] N [1] (= *action, course of action*) proceder *m*; **a somewhat dubious ~** un proceder sospechoso
[2] (*Jur*) proceso *m*; **a criminal ~** un proceso criminal
[3] **proceedings** (= *event*) acto *msing*; (= *record*) [*of learned society*] actas *fpl*; **the ~s began at seven o'clock** el acto comenzó a las siete; **hecklers attempted to disrupt the ~s** hubo gente que intentó perturbar el desarrollo del acto *or* de la reunión; **Proceedings of the Royal Society** Actas *fpl* de la Real Sociedad
[4] **proceedings** (*esp Jur*) (= *measures*) medidas *fpl*; **legal ~s** proceso *msing*; **to take ~s (to do sth)** (*Jur*) abrir un proceso (para hacer algo); **to start (legal) ~s (against sb)** (*Jur*) entablar pleito *or* una demanda (contra algn); *see also* **divorce D**, **institute B**

**proceeds** ['prəʊsi:dz] NPL [*of sale, transaction*] ganancias *fpl*; [*of insurance policy*] dinero *m* de una póliza; **all ~ will go to charity** toda la recaudación se destinará a obras benéficas; **he stole a wallet and got drunk on the ~** robó una cartera y se emborrachó con lo que sacó

**process**[1] ['prəʊses] Ⓐ N [1] (= *series of developments*) proceso *m*; **the production ~** el proceso de producción; **the ~es of government** los trámites gubernamentales; **the ageing ~** el envejecimiento; **I got what I wanted but made a lot of enemies in the ~** conseguí lo que quería pero a costa de crearme muchos enemigos; **in the ~ of: it is in (the) ~ of construction** está en (vías de) construcción; **we are in the ~ of moving house** estamos en medio de una mudanza; *see also* **due A3**, **elimination A**
[2] (= *specific method*) proceso *m*, procedimiento *m*; **the Bessemer ~** el proceso de Bessemer
[3] (*Jur*) (= *action*) proceso *m*; (= *summons*) citación *f*; **to bring a ~ against sb** demandar a algn; **to serve a ~ on sb** notificar una citación a algn
[4] (*Anat, Bot, Zool*) protuberancia *f*
Ⓑ VT [1] (= *treat*) [+ *raw materials*] procesar; [+ *food*] (*industrially*) procesar, tratar; (*with food processor*) pasar por el robot de cocina; **to ~ sth into sth** procesar algo para convertirlo en algo
[2] (= *deal with*) [+ *application, claim, order*] tramitar; [+ *applicants*] atender
[3] (*Comput*) procesar
[4] (*Phot*) revelar
Ⓒ CPD ► **process server** N agente *mf* judicial

**process**[2] [prə'ses] VI (*Brit frm*) (= *go in procession*) desfilar; (*Rel*) ir en procesión

**processed** ['prəʊsest], **process** (*US*) ['prəʊses] Ⓐ ADJ [*food*] procesado
Ⓑ CPD ► **processed** *or* (*US*) **process cheese** N queso *m* fundido

**processing** ['prəʊsesɪŋ] Ⓐ N [*of raw materials*] procesamiento *m*, tratamiento *m*; [*of food*] procesamiento *m*; [*of application, claim, order*] tramitación *f*; (*Comput*) procesamiento *m*; (*Phot*) revelado *m*
Ⓑ CPD ► **processing plant** N planta *f* de procesamiento ► **processing unit** N unidad *f* de proceso

**procession** [prə'seʃən] N [*of people, cars etc*] desfile *m*; (= *ceremonial, funeral*) cortejo *m*; (*Rel*) procesión *f*; **to go** *or* **walk in ~** desfilar; (*Rel*) ir en procesión

**processional** [prə'seʃənl] ADJ procesional

**processor** ['prəʊsesə^r] N (*Comput*) procesador *m*, unidad *f* de proceso; (*also* **food ~**) robot *m* de cocina

**pro-choice** [,prəʊ'tʃɔɪs] ADJ en favor de la libertad de elección

**proclaim** [prə'kleɪm] VT [1] (= *announce*) [+ *independence*] proclamar, declarar; **to ~ sb king** proclamar a algn rey; **to ~ one's innocence** declararse inocente; **to ~ one's loyalty to sb** declararse leal a algn; **to ~ one's support for sb** declarar que se apoya a algn
[2] (= *reveal*) revelar, anunciar; **their faces ~ed their guilt** su culpabilidad se revelaba en las caras

**proclamation** [,prɒklə'meɪʃən] N (= *act*) proclamación *f*; (= *document*) proclama *f*

**proclivity** [prə'klɪvɪtɪ] N propensión *f*, proclividad *f* (**for, towards** a); **sexual proclivities** tendencias *fpl* sexuales

**proconsul** [,prəʊ'kɒnsəl] N procónsul *m*

**procrastinate** [prəʊ'kræstɪneɪt] VI dejar las cosas para más tarde, aplazar las cosas; **to ~ over a decision** aplazar una decisión, buscar pretextos para no tomar una decisión; **stop procrastinating!** ¡hazlo ya!, ¡deja de buscar pretextos para no hacerlo!

**procrastination** [prəʊ,kræstɪ'neɪʃən] N indecisión *f*, falta *f* de resolución; **after months of ~** tras meses de indecisión

**procrastinator** [prəʊ,kræstɪ'neɪtə^r] N **he's too much of a ~** tiene una tendencia exagerada a dejar las cosas para más tarde

**procreate** ['prəʊkrɪeɪt] VT, VI procrear

**procreation** [,prəʊkrɪ'eɪʃən] N procreación *f*

**Procrustean** [prəʊ'krʌstɪən] ADJ de Procusto

**Procrustes** [prəʊ'krʌsti:z] N Procusto

**proctor** ['prɒktə^r] Ⓐ N (*Jur*) procurador(a) *m/f*; (*Brit Univ*) censor(a) *m/f* (*oficial que cuida de la disciplina*); (*US Univ*) (= *invigilator*) celador(a) *m/f*
Ⓑ VT, VI (*US*) (= *invigilate*) vigilar

**procurable** [prə'kjʊərəbl] ADJ (*frm*) asequible; **easily ~** muy asequible

**procurator** ['prɒkjʊreɪtə^r] Ⓐ N procurador(a) *m/f*
Ⓑ CPD ► **Procurator Fiscal** N (*Scot*) fiscal *mf*

**procure** [prə'kjʊə^r] Ⓐ VT [1] (*frm*) (= *obtain*) obtener, conseguir; **to ~ sb sth** ◊ **~ sth for sb** conseguir *or* procurar algo para algn; **to ~ some relief** conseguir cierto alivio
[2] (*frm*) (= *achieve*) [+ *freedom*] lograr, gestionar; **to ~ sb's release** lograr *or* gestionar la liberación de algn
[3] (*for prostitution*) procurar
Ⓑ VI dedicarse al proxenetismo

**procurement** [prə'kjʊəmənt] Ⓐ N obtención *f*
Ⓑ CPD ► **procurement agency** N agencia *f* de aprovisionamiento ► **procurement price** N precio *m* al productor

**procurer** [prə'kjʊərə^r] N proxeneta *m*, alcahuete *m*

**procuress** [prə'kjʊərɪs] N alcahueta *f*, proxeneta *f*

**procuring** [prə'kjʊərɪŋ] N proxenetismo *m*

**prod** [prɒd] Ⓐ N [1] (= *push*) empujón *m*; (*with elbow*) codazo *m*; (= *jab*) pinchazo *m*; **to give sb a ~** dar un pinchazo a algn; **he needs an occasional ~** (*fig*) hay que darle un empujón de vez en cuando
[2] (*also* **cattle ~**) aguijada *f*, picana *f* (*LAm*)

Ⓑ VT (= *push*) empujar; (*with elbow*) codear, dar un codazo a; (= *jab*) pinchar, punzar; (*with goad*) agujar; **he needs to be ~ded all the time** (*fig*) hay que pincharlo *or* empujarlo constantemente; **to ~ sb into doing sth** instar a algn a hacer algo

Ⓒ VI **he ~ded at the fire with a stick** atizó el fuego con un palo; **she ~ded gingerly at the sleeping dog** sacudió levemente y con cautela al perro que dormía

**prodigal** [ˈprɒdɪgəl] Ⓐ ADJ pródigo; **~ of** (*frm*) pródigo con; **the ~ son** el hijo pródigo
Ⓑ N despilfarrador(a) *m/f*

**prodigality** [ˌprɒdɪˈgælɪtɪ] N prodigalidad *f*

**prodigious** [prəˈdɪdʒəs] ADJ [*amount, quantity*] enorme, ingente; [*appetite*] enorme; [*memory, energy*] prodigioso; **she is a ~ reader** lee una barbaridad*

**prodigiously** [prəˈdɪdʒəslɪ] ADV [*grow, read, eat*] una barbaridad*; **to be ~ talented** tener un talento prodigioso

**prodigy** [ˈprɒdɪdʒɪ] N prodigio *m*; **child ~** ◊ **infant ~** niño/a *m/f* prodigio

**produce** Ⓐ [prəˈdjuːs] VT [1] (= *yield*) [+ *coal, crop, electricity, sound*] producir; [+ *milk*] [*farm*] producir; [*cow*] dar; [+ *interest*] rendir, producir; [+ *profit, benefits*] producir, reportar; **the plant ~s three harvests a year** la planta da tres cosechas al año; **friction ~s heat** la fricción produce calor; **oil-producing countries** países *mpl* productores de petróleo
[2] (= *manufacture*) [+ *cars, weapons, drugs*] fabricar, producir
[3] (= *create*) [+ *novel*] escribir; [+ *magazine*] publicar; [+ *musical work*] componer; **she has ~d consistently good work at school** su trabajo escolar siempre ha sido bueno; **he is the most creative novelist this century has ~d** es el novelista más creativo que nos ha dado este siglo; **with this symphony he has ~d a masterpiece** ha compuesto una obra maestra con esta sinfonía
[4] (= *give birth to*) [+ *offspring*] [*animal*] parir; [*woman*] tener, dar a luz a; [*parents*] tener
[5] (= *bring out, supply*) [+ *gift, handkerchief, gun*] sacar; [+ *ticket, documents, evidence, proof*] presentar; [+ *argument*] dar, presentar; [+ *witness*] nombrar; [+ *meal*] preparar; **when challenged he ~d a knife** cuando se le paró sacó una navaja
[6] (*Cine, Theat*) [+ *film, play, show*] producir; (*TV, Rad*) realizar; (*Publishing*) [+ *magazine*] publicar; (*Mus*) [+ *record*] producir
[7] (= *cause*) [+ *symptoms*] producir, causar; [+ *response*] provocar, producir; **it ~d a sensation of drowsiness** producía *or* causaba una sensación de somnolencia; **the photographer used a special lens to ~ that effect** el fotógrafo usó una lente especial para producir ese efecto; **by combining the two kinds of paint you can ~ some interesting effects** combinando las dos clases de pintura puedes conseguir efectos interesantes; **you may find that just threatening this course of action will ~ the desired effect** puedes encontrarte con que amenazar este procedimiento producirá el efecto deseado; **she is optimistic that his visit could ~ results** piensa que su visita podría surtir efecto
[8] (*Geom*) [+ *line, plane*] prolongar
Ⓑ [prəˈdjuːs] VI [1] [*mine, oil well, factory*] producir; [*land, tree*] dar fruto(s); [*cow*] dar leche; [*person*] rendir
[2] (*Theat, Cine*) producir; (*TV, Rad*) realizar
Ⓒ [ˈprɒdjuːs] N (*Agr*) productos *mpl* agrícolas, productos *mpl* del campo; **"produce of Turkey"** "producto *m* de Turquía"; **"produce of more than one country"** "producto *m* elaborado en varios países"; *see also* **dairy B**, **farm D**
Ⓓ [ˈprɒdjuːs] CPD ► **produce counter** N (*US*) mostrador *m* de verdura ► **produce store** N (*US*) verdulería *f*

**producer** [prəˈdjuːsəʳ] N [1] [*of oil, coal, ore, crop*] productor(a) *m/f*; [*of product*] fabricante *mf*
[2] (*Theat*) director(a) *m/f* de escena; (*Cine*) productor(a) *m/f*; (*TV*) realizador(a) *m/f*, productor(a) *m/f*

**-producing** [prəˈdjʊsɪŋ] ADJ (*ending in compounds*) productor de ...; **oil-producing** productor de petróleo

**product** [ˈprɒdʌkt] Ⓐ N [1] (*Comm, Ind*) producto *m*; **consumer ~s** productos *mpl* de consumo; **food ~s** productos *mpl* alimenticios; *see also* **end D**, **finished 2**, **gross E**, **waste E**
[2] (*fig*) producto *m*, fruto *m*; **it is the ~ of his imagination** es producto de su imaginación; **she is the ~ of a broken home** es el clásico producto de un hogar deshecho
[3] (*Math, Chem*) producto *m*
Ⓑ CPD ► **product development** N creación *f* de nuevos productos ► **product liability** N responsabilidad *f* del fabricante ► **product line** N línea *f* de productos ► **product manager** N product manager *mf* ► **product placement** N emplazamiento *m* ► **product range** N gama *f* de productos ► **product research** N investigación *f* del producto ► **product specification** N descripción *f* del producto

**production** [prəˈdʌkʃən] Ⓐ N [1] (= *making*) producción *f*; (= *manufacture*) producción *f*, fabricación *f*; **the factory is in full ~** la fábrica trabaja a plena capacidad; **the car is due to go into ~ later this year** está previsto que el coche empiece a fabricarse este año; **this model went out of ~ in 1974** este modelo dejó de fabricarse en 1974; **to put sth into ~** lanzar algo a la producción; **to take sth out of ~** [+ *product*] dejar de fabricar algo; [+ *land*] dejar de cultivar algo; *see also* **mass² D**
[2] (= *output*) (*Ind, Agr*) producción *f*; (*Art, Literat*) obra *f*; **the firm exports 90% of its ~** la empresa exporta el 90% de lo que produce *or* de su producción; **industrial/oil ~** producción *f* industrial/de aceite
[3] (= *act of showing*) presentación *f*; **on ~ of this card** al presentar esta tarjeta
[4] (*Media*) [4·1] (= *act of producing*) (*Theat*) producción *f*, puesta *f* en escena; (*Cine, TV, Rad*) realización *f*; **the series goes into ~ in March** la serie empezará a realizarse en marzo
[4·2] (= *play, film, programme*) (*Theat*) representación *f*, montaje *m*; (*Cine, TV*) producción *f*; **the opera has yet to receive its first ~** no se ha hecho nunca una representación *or* montaje de la ópera, la ópera nunca se ha representado; ♦ *IDIOM* **to make a ~ out of sth*** montar un show por algo*; **he made a real ~ out of it!** ¡montó un verdadero show!*
Ⓑ CPD [*process, department, costs, quota*] de producción ► **production agreement** N (*US*) acuerdo *m* de productividad ► **production assistant** N (*Cine, TV*) ayudante *mf* de realización ► **production company** N (*TV*) (compañía *f*) productora *f* ► **production line** N cadena *f* de fabricación *or* montaje ► **production manager** N (*Ind*) jefe/a *m/f* de producción; (*Cine, TV*) jefe/a *m/f* de realización ► **production run** N serie *f* de producción

**productive** [prəˈdʌktɪv] ADJ [1] (= *efficient*) [*worker, land, industry*] productivo; **the factory is not yet fully ~** la fábrica todavía no trabaja a plena capacidad; **to be ~ of sth** (*frm*) producir algo, generar algo
[2] (= *fruitful*) [*meeting, discussion*] fructífero; **I spent a ~ morning in the library** he tenido una mañana muy fructífera *or* provechosa en la biblioteca

**productively** [prəˈdʌktɪvlɪ] ADV [*use resources*] de manera productiva; [*spend time*] provechosamente

**productivity** [ˌprɒdʌkˈtɪvɪtɪ] Ⓐ N productividad *f*
Ⓑ CPD ► **productivity agreement**, **productivity deal** N (*Brit*) acuerdo *m* sobre productividad ► **productivity bonus** N prima *f* de productividad *or* rendimiento

**Prof.**, **prof.¹** [prɒf] N ABBR (= **professor**) Prof.

**prof.²** ADJ ABBR = **professional**

**prof*** [prɒf] N profe* *mf*

**profanation** [ˌprɒfəˈneɪʃən] N profanación *f*

**profane** [prəˈfeɪn] Ⓐ ADJ [1] (= *secular*) profano
[2] (= *irreverent*) [*person, language*] blasfemo
Ⓑ VT profanar

**profanity** [prəˈfænɪtɪ] N (= *blasphemy*) blasfemia *f*; (= *oath*) blasfemia *f*; **to utter a string of profanities** soltar una sarta de blasfemias

**profess** [prəˈfes] VT [1] (*Rel*) [+ *faith, religion*] profesar
[2] (= *state*) [+ *innocence*] declarar; [+ *regret, surprise*] manifestar; [+ *ignorance*] confesar; **he ~es a belief in the equality of women** se precia *or* presume de creer en la igualdad de las mujeres
[3] (= *claim*) pretender; **I do not ~ to be an expert** no pretendo ser experto; **he ~es to be 25** dice *or* afirma tener 25 años; **he ~es to know all about it** afirma estar enterado de ello; **to ~ o.s. satisfied** declararse satisfecho; **to ~ o.s. unable to do sth** declararse incapaz de hacer algo

**professed** [prəˈfest] ADJ (*Rel*) profeso; (= *self-declared*) declarado; (*pej*) (= *supposed*) supuesto, ostensible

**professedly** [prəˈfesɪdlɪ] ADV (= *openly*) declaradamente; (*pej*) (= *supposedly*) supuestamente

**profession** [prəˈfeʃən] N [1] (= *calling*) profesión *f*, oficio *m*; **by ~** de profesión; **he is an engineer by ~** es ingeniero de profesión; **the oldest ~** (*euph*) el oficio más viejo
[2] (= *body of people*) profesión *f*, cuerpo *m* profesional; **the ~s** las profesiones, los cuerpos profesionales; **to enter** *or* **join a ~** entrar a formar parte de una profesión *or* un cuerpo profesional; **the legal ~** el cuerpo de abogados; **the liberal ~s** las profesiones liberales; **the medical ~** la profesión médica, el cuerpo médico; **the teaching ~** el cuerpo docente; **a member of the teaching ~** un miembro del cuerpo docente; **to enter the teaching ~** entrar en la docencia *or* la enseñanza; *see also* **caring A**
[3] (= *declaration*) declaración *f*, manifestación *f*; **~ of faith** profesión *f* de fe

**professional** [prəˈfeʃənl] Ⓐ ADJ [1] (= *non-amateur*) [*sport, sportsperson, musician*] profesional; [*soldier*] de carrera; **she's a ~ singer** es cantante profesional; **he plays ~ football** se dedica al fútbol profesional; **that boy's a ~ trouble-maker*** (*iro, hum*) ese niño es un alborotador profesional; **to seek** *or* **take ~ advice** consultar a un profesional; **before spending any money you ought to seek ~ advice** deberías consultar a un profesional antes de gastar nada de dinero; **I have sought ~ advice and have been advised to go ahead with the case** he consultado a un abogado y me ha aconsejado seguir adelante

con el caso; **she needs ~ help for her depression** necesita ayuda de un profesional para superar su depresión; **to turn** *or* **go ~** hacerse profesional, profesionalizarse
2 (= *employed in a profession*) **the flat is ideal for the ~ single person** el piso es idóneo para el profesional soltero
3 (= *relating to a profession*) profesional; **he began his ~ life as an accountant** se inició en su vida profesional como contable; **his ~ conduct has come under scrutiny** se está investigando su conducta profesional
4 (= *appropriate to a professional*) **I was impressed by his ~ approach** su profesionalidad me causó muy buena impresión; **that wasn't a very ~ thing to do** eso no fue propio de un profesional, eso fue una falta de profesionalidad
5 (= *competent, skilled*) **it was a very ~ performance** fue una representación hecha con mucha profesionalidad; **a ~ job** obra *f* de un profesional *or* experto; **you could tell the burglary was a ~ job** se veía que el robo fue obra de un profesional *or* de un experto; **you've done a really ~ job of the decorating** has pintado la casa como un verdadero profesional *or* experto
Ⓑ N 1 (= *non-amateur*) profesional *mf*
2 (= *person employed in a profession*) profesional *mf*; **health ~** profesional *mf* de la medicina
3 (= *expert*) profesional *mf*, experto/a *m/f*; **the killing was the work of a ~** el asesinato fue obra de un profesional *or* de un experto; **Brenner was no ordinary thief, but a true ~** Brenner no era un ladrón cualquiera, sino un verdadero profesional *or* experto; **golf ~** golfista *mf* profesional
Ⓒ CPD ► **professional charges** NPL honorarios *mpl* profesionales ► **the professional classes** NPL la gente de carrera ► **professional fees** NPL honorarios *mpl* profesionales ► **professional foul** N falta *f* profesional ► **professional liability** N responsabilidad *f* profesional ► **professional misconduct** N falta *f* de ética profesional; **he was found guilty of ~ misconduct** se le declaró culpable de falta de ética profesional ► **professional practice** N (= *method*) práctica *f* profesional; (= *career*) vida *f* profesional; **the ~ practice of homoeopathy** la práctica profesional de la homeopatía; **in his ~ practice he had come across many patients with similar symptoms** en su vida profesional había atendido a muchos pacientes con síntomas parecidos; **it is not good ~ practice** no es apropiado en el ejercicio de la profesión ► **professional qualification** N título *m* profesional ► **professional school** N (*US*) escuela *f* profesional superior ► **professional services** NPL servicios *mpl* prestados por profesionales ► **professional skills** NPL técnicas *fpl* de la profesión ► **professional standing** N reputación *f* profesional ► **professional training** N formación *f* profesional

**professionalism** [prəˈfeʃnəlɪzəm] N profesionalismo *m*

**professionally** [prəˈfeʃnəlɪ] ADV 1 (*Sport, Mus*) [*play, sing*] profesionalmente; **he is known ~ as X** se le conoce profesionalmente como X
2 (= *in a professional capacity*) profesionalmente; **I only knew her ~** sólo la traté profesionalmente; **to be ~ qualified** tener el título profesional
3 (= *expertly*) con profesionalidad, profesionalmente
4 (= *by an expert*) [*made, built*] por un profesional *or* un experto; **I advise you to have it done ~** te aconsejo que lo dejes en manos de un profesional *or* experto
5 (= *as befits a professional*) con profesionalidad; **she conducts her business very ~** lleva sus negocios con mucha profesionalidad

**professor** [prəˈfesəʳ] N 1 (*Brit, US Univ*) catedrático/a *m/f* (*de universidad*); **Professor Cameron** el catedrático Cameron; **he is a ~ of economics** es catedrático de economía; **full ~** catedrático/a *m/f* (*de universidad*); *see also* **assistant B, associate E**
2 (*US*) (= *teacher*) profesor(a) *m/f* (universitario/a); **a science ~** un profesor de ciencias

**professorial** [ˌprɒfəˈsɔːrɪəl] ADJ [*post, career*] de catedrático; [*tone, manner*] magistral

**professorship** [prəˈfesəʃɪp] N cátedra *f*; **to be appointed to a ~** ser nombrado a *or* obtener una cátedra

**proffer** [ˈprɒfəʳ] VT [+ *gift*] ofrecer; [+ *advice, help*] brindar, ofrecer; [+ *congratulations*] dar; **he ~ed his hand** me/le alargó la mano

**proficiency** [prəˈfɪʃənsɪ] Ⓐ N habilidad *f*, competencia *f*; **reading ~** habilidad *f or* competencia *f* como lector; **language ~** dominio *m* del idioma; **Cambridge Certificate of Proficiency** *diploma de inglés como lengua extranjera*
Ⓑ CPD ► **proficiency test** N prueba *f* de aptitud

**proficient** [prəˈfɪʃənt] ADJ competente (**at, in** en); **as you become more ~** según te vas haciendo más competente; **she was already ~ in German** tenía ya un gran dominio del alemán, dominaba ya el alemán

**profile** [ˈprəʊfaɪl] Ⓐ N 1 (= *side view, outline*) perfil *m*; **in ~** de perfil
2 (= *description, portrait*) reseña *f*, perfil *m*; (*TV programme*) perfil *m*; *see also* **customer B**
3 (= *public image*) **her work with the Fund has given her a very high ~** la labor que ha realizado para el Fondo ha dado gran relieve a su figura *or* la ha lanzado a un primer plano; **military men continued to have a high ~ in the administration** los militares seguían ocupando una posición destacada en la administración; **to keep** *or* **maintain a low ~** tratar de pasar desapercibido; **to raise the ~ of sth/sb** realzar la imagen de algo/algn; *see also* **high-profile**
Ⓑ VT 1 (= *show in profile*) perfilar
2 (= *describe*) [+ *situation, candidate*] describir; [+ *person's life*] hacer un perfil de

**profit** [ˈprɒfɪt] Ⓐ N 1 (*Comm*) ganancias *fpl*, beneficios *mpl*, utilidades *fpl* (*LAm*); **a 32% rise in ~s** un aumento del 32% en las ganancias *or* los beneficios; **at a ~**: **to operate at a ~** ser rentable; **to sell (sth) at a ~** vender (algo) obteniendo una ganancia; **to make a ~** obtener ganancias *or* beneficios; **they made a ~ of two million** obtuvieron unas ganancias *or* unos beneficios de dos millones; **to make a ~ on** *or* **out of sth** obtener beneficios de algo; **to show a ~** registrar beneficios *or* ganancias; **to turn a ~** obtener ganancias *or* beneficios; **with ~s policy** (*Insurance*) póliza *f* con beneficios; *see also* **interim C, trading B**
2 (*fig*) utilidad *f*, beneficio *m*; **I could see no ~ in antagonizing them** no veía qué utilidad *or* beneficio tenía el enfadarles; **to turn sth to (one's) ~** sacar provecho *or* beneficio de algo
Ⓑ VI 1 (*financially*) obtener ganancia, obtener beneficio
2 (*fig*) **to ~ by** *or* **from sth** aprovecharse de algo; **we do not want to ~ from someone else's misfortunes** no queremos aprovecharnos de las desgracias de otros; **I can't see how he hopes to ~ (by it)** no veo qué espera sacar (de ello)
Ⓒ VT († *also frm or liter*) **it will ~ him nothing** no le servirá de nada
Ⓓ CPD ► **profit and loss account** N cuenta *f* de pérdidas y ganancias ► **profit margin** N margen *m* de beneficios ► **profit motive** N afán *m* de lucro

**profitability** [ˌprɒfɪtəˈbɪlɪtɪ] N rentabilidad *f*

**profitable** [ˈprɒfɪtəbl] ADJ (*Comm*) lucrativo; (= *economic to run*) rentable; (*fig*) (= *beneficial*) provechoso; **a ~ investment** una inversión lucrativa; **the line is no longer ~** la línea ya no es rentable; **a most ~ trip** un viaje sumamente provechoso; **you would find it ~ to read this** te beneficiarías de leer esto, te sería útil leer esto

**profitably** [ˈprɒfɪtəblɪ] ADV (*Comm*) [*run*] de forma rentable, obteniendo beneficios; [*sell*] con ganancia; (*fig*) (= *beneficially*) provechosamente

**profiteer** [ˌprɒfɪˈtɪəʳ] Ⓐ N especulador(a) *m/f*; **war ~** *persona que especula en tiempo de guerra*
Ⓑ VI especular, obtener ganancias excesivas

**profiteering** [ˌprɒfɪˈtɪərɪŋ] N especulación *f*

**profitless** [ˈprɒfɪtlɪs] ADJ inútil

**profitlessly** [ˈprɒfɪtlɪslɪ] ADV inútilmente

**profit-making** [ˈprɒfɪtˌmeɪkɪŋ] ADJ (= *profitable*) rentable; (= *aiming to make profit*) [*organization*] con fines lucrativos; *see also* **non-profit-making**

**profit-related** [ˈprɒfɪtrəˈleɪtɪd] ADJ [*pay, bonus*] proporcional a los beneficios

**profit-seeking** [ˈprɒfɪtˌsiːkɪŋ] ADJ [*activity*] con fines lucrativos

**profit-sharing** [ˈprɒfɪtˌʃɛərɪŋ] N reparto *m* de los beneficios

**profit-taking** [ˈprɒfɪtˌteɪkɪŋ] N (*St Ex*) venta *f* con beneficios, *venta de acciones tras una subida de precios en el mercado o antes de que se produzca una bajada de los mismos*

**profligacy** [ˈprɒflɪɡəsɪ] N (= *dissoluteness*) libertinaje *m*; (= *extravagance*) prodigalidad *f*, despilfarro *m*

**profligate** [ˈprɒflɪɡɪt] Ⓐ ADJ (= *dissolute*) libertino, disoluto; (= *extravagant*) despilfarrador, derrochador
Ⓑ N (= *degenerate*) libertino/a *m/f*; (= *spendthrift*) despilfarrador(a) *m/f*

**pro-form** [ˈprəʊˌfɔːm] N (*Ling*) pro forma *f*

**pro forma** [ˌprəʊˈfɔːmə] Ⓐ ADJ [*compliance, implementation*] puramente formal
Ⓑ CPD ► **pro forma invoice** N factura *f* detallada que precede a la entrega ► **pro forma letter** N carta *f* estándar

**profound** [prəˈfaʊnd] ADJ 1 (= *deep, intense*) [*emotion, silence*] profundo; [*effect, influence, changes*] profundo, grande
2 (= *meaningful*) [*ideas, thoughts*] profundo; [*person*] de ideas profundas; [*book, writing*] profundo; **her first novel is very ~** su primera novela es muy profunda

**profoundly** [prəˈfaʊndlɪ] ADV profundamente; **I was ~ affected by her ideas/her death** sus ideas me afectaron/su muerte me afectó profundamente; **he apologized ~ when he discovered his mistake** se deshizo en disculpas cuando se dio cuenta de su error; **to be ~ deaf** ser totalmente sordo; **I am ~ grateful to all the people who helped us** les estoy profundamente agradecido a todos los que nos ayudaron; **people are ~ ignorant about the law** la gente no sabe absolutamente nada acerca de la legislación

**profundity** [prəˈfʌndɪtɪ] N (*frm*) profundidad *f*

**profuse** [prəˈfjuːs] ADJ [*vegetation*] profuso, abundante; [*sweating*] copioso; [*bleeding*] intenso; **to be ~ in one's apologies** deshacerse en disculpas

**profusely** [prəˈfjuːslɪ] ADV [*grow*] con profusión, en abundancia; **he apologized ~** se deshizo en disculpas; **she thanked me ~** me dio las gracias efusivamente; **to sweat/bleed ~** sudar/sangrar profusamente *or* copiosamente

**profusion** [prəˈfjuːʒən] N profusión *f*, abundancia *f*; **there was a ~ of wines to choose from** había una gran profusión *or* abundancia de vinos de entre los que elegir; **orchids bloomed in ~** las orquídeas florecieron profusamente *or* en abundancia; **a ~ of colour** un derroche de color, una gran profusión de color

**prog.*** [prɒg] (*Brit TV etc*) N ABBR (= **programme**) programa *m*

**progenitor** [prəʊˈdʒenɪtəʳ] N progenitor *m*

**progeny** [ˈprɒdʒɪnɪ] N progenie *f*

**progesterone** [prəʊˈdʒestərəʊn] N progesterona *f*

**prognosis** [prɒgˈnəʊsɪs] N (*pl* **prognoses** [prɒgˈnəʊsiːz]) (*Med*) pronóstico *m*

**prognostic** [prɒgˈnɒstɪk] N pronóstico *m*

**prognosticate** [prɒgˈnɒstɪkeɪt] VT pronosticar

**prognostication** [prɒg,nɒstɪˈkeɪʃən] N (= *act, art*) pronosticación *f*; (= *forecast*) pronóstico *m*

**program**, **programme** [ˈprəʊgræm] (*Comput*)
Ⓐ N programa *m*
Ⓑ VT programar; **to ~ sth to do sth** programar algo para que haga algo
Ⓒ VI programar

**programmable** [prəʊˈgræməbl] ADJ programable

**programme**, **program** (*esp US*) [ˈprəʊgræm]
Ⓐ N [1] (= *plan, schedule*) programa *m*; **Iraq's nuclear weapons ~** el programa iraquí de armamento nuclear; **a training ~ for the unemployed** un programa de formación para los parados; **a ~ of meetings, talks and exhibitions** un programa de reuniones, discursos y exposiciones; **what's (on) the ~ for today?** ¿qué planes *or* programa tenemos para hoy?; *see also* **detoxification B**, **space C**
[2] (*US Univ*) (= *syllabus*) plan *m* de estudios, programa *m*; (= *course*) curso *m*
[3] (*TV, Rad*) programa *m*; **television ~** programa *m* de televisión; *see also* **magazine 2**
[4] (= *performance details*) programa *m*; **they've put together an interesting ~ for tonight's concert** han conseguido reunir los elementos necesarios para un interesante programa de concierto esta noche; **can I have a look at the ~?** ¿puedo echarle un vistazo al programa?
[5] (*Comput*) = **program**
[6] (*on washing machine*) programa *m*
Ⓑ VT [1] (= *arrange*) programar, planear; **the broadcast was ~d for Sunday** la emisión estaba programada para el domingo
[2] (*Comput*) = **program**
[3] (*Elec, fig*) programar; **to ~ sth to do sth** programar algo para que haga algo; **to be ~d (to do sth)** [*machine, person*] estar programado (para hacer algo)
Ⓒ VI (*Comput*) = **program**
Ⓓ CPD ► **programme maker** N (*TV*) realizador(a) *m/f* de televisión ► **programme music** N música *f* de programa ► **programme notes** NPL descripción *f* del programa (*en un concierto*)

**programmed**, **programed** (*US*) [ˈprəʊgræmd] Ⓐ ADJ programado
Ⓑ CPD ► **programmed learning**, **programmed teaching** N enseñanza *f* programada

**programmer**, **programer** (*US*) [ˈprəʊgræməʳ] N programador(a) *m/f*

**programming**, **programing** (*US*) [ˈprəʊgræmɪŋ] Ⓐ N programación *f*
Ⓑ CPD ► **programming environment** N entorno *m* de programación ► **programming language** N lenguaje *m* de programación

**progress** Ⓐ [ˈprəʊgres] N [1] (= *forward movement*) avance *m*; **heavy snow slowed our ~** la espesa capa de nieve dificultó nuestro avance *or* nos retrasó; **we are making good ~** estamos avanzando rápidamente
[2] (= *development*) [*of activity, student*] progresos *mpl*; [*of events*] marcha *f*, desarrollo *m*; [*of patient*] evolución *f*; [*of disease*] curso *m*, evolución *f*; **he briefed us on the ~ of the talks** nos informó sobre la marcha *or* el desarrollo de las negociaciones; **keep me informed on the patient's ~** manténganme informado de la evolución del paciente; **he came in to check on my ~** vino para ver cómo iba progresando; **to make ~** (*gen*) hacer progresos, progresar; [*patient*] mejorar; **China has made significant ~ in human rights** China ha hecho muchos progresos en lo que respecta a derechos humanos; **the two sides have made little ~ towards agreement** las dos partes apenas han avanzado hacia un acuerdo; **to make good/slow ~** avanzar rápidamente/lentamente; *see also* **chart B**
[3] (= *innovation*) progreso *m*; **it was all done in the name of ~** todo se hizo con la excusa del progreso
[4] (= *course*) **in ~**: **the game was already in ~** había comenzado ya el partido; **negotiations are still in ~** aún se están manteniendo las negociaciones; **I went to see the work in ~** fui a ver cómo marchaba el trabajo; **"silence: exam in progress"** "silencio: examen"
Ⓑ [prəˈgres] VI [1] (= *go forward*) [*work*] avanzar; [*events*] desarrollarse; [*disease*] evolucionar; **things are ~ing slowly** las cosas avanzan lentamente; **as the game ~ed** a medida que avanzaba *or* iba desarrollándose el partido; **as the evening ~ed** a medida que avanzaba la noche; **to ~ to sth**: **he started sketching, then ~ed to painting** empezó haciendo bosquejos para luego pasar a pintar; **she has ~ed to a senior nursing position** ha ascendido a enfermera de rango superior
[2] (= *improve*) [*student*] hacer progresos; [*patient*] mejorar; **her French is ~ing in leaps and bounds** avanza a pasos agigantados en francés
Ⓒ [prəˈgres] VT (= *advance*) seguir adelante con
Ⓓ [ˈprəʊgres] CPD ► **progress report** N (*Admin*) informe *m* sobre la marcha del trabajo; (*Med*) informe *m* médico; (*Scol*) informe *m* sobre el progreso del alumno

**progression** [prəˈgreʃən] N [1] [*of disease, career*] evolución *f*; [*of events*] desarrollo *m*; **arithmetical/geometric ~** progresión *f* aritmética/geométrica; **her ~ from awkward teenager to superstar** su evolución *or* paso de adolescente difícil a superestrella; **it's a natural ~** es lógico
[2] (*Mus*) progresión *f*; **chord ~** progresión *f* de acordes

**progressive** [prəˈgresɪv] Ⓐ ADJ [1] (= *increasing*) progresivo
[2] (*Pol*) progresista
Ⓑ N (= *person*) progresista *mf*

**progressively** [prəˈgresɪvlɪ] ADV progresivamente, poco a poco; **it diminishes ~** disminuye progresivamente *or* poco a poco; **it's getting ~ better** va mejorando poco a poco

**progressiveness** [prəˈgresɪvnɪs] N carácter *m* progresista

**prohibit** [prəˈhɪbɪt] VT [1] (= *forbid*) prohibir; **to ~ sb from doing sth** prohibir a algn hacer algo; **"it is prohibited to feed the animals"** "se prohíbe dar de comer a los animales"; **"smoking prohibited"** "se prohíbe *or* está prohibido fumar"; **~ed area** zona *f* prohibida
[2] (= *prevent*) **to ~ sb from doing sth** impedir a algn hacer algo; **his health ~s him from swimming** su salud le impide nadar

**prohibition** [,prəʊɪˈbɪʃən] N prohibición *f*; **Prohibition** (*US*) la ley seca, la Prohibición

**prohibitionism** [,prəʊɪˈbɪʃənɪzəm] N prohibicionismo *m*

**prohibitionist** [,prəʊɪˈbɪʃənɪst] Ⓐ ADJ prohibicionista
Ⓑ N prohibicionista *mf*

**prohibitive** [prəˈhɪbɪtɪv] ADJ prohibitivo

**prohibitively** [prəˈhɪbɪtɪvlɪ] ADV **the car is ~ expensive** el precio del coche es prohibitivo, el coche es imposiblemente caro

**prohibitory** [prəˈhɪbɪtərɪ] ADJ prohibitorio

**project** Ⓐ [ˈprɒdʒekt] N [1] (= *scheme, plan*) proyecto *m*
[2] (*Scol, Univ*) trabajo *m*
[3] (*also* **housing ~**) (*US*) urbanización *f or* barrio *m* de viviendas protegidas; *see also* **housing B**
Ⓑ [prəˈdʒekt] VT [1] (= *estimate*) [+ *costs, expenditure*] hacer una proyección de
[2] (= *forecast*) prever; **the population of Britain is ~ed to rise slowly over the next ten years** se prevé que la población de Gran Bretaña aumentará lentamente durante los próximos diez años; **a ~ed deficit of 2 million dollars** un déficit previsto de 2 millones de dólares
[3] (= *plan*) (*usu passive*) **there were demonstrations against his ~ed visit** hubo manifestaciones en contra de su programada *or* prevista visita; **it stood in the path of a ~ed motorway** estaba situado en un lugar por donde estaba previsto que pasara una autopista
[4] (= *throw, send forward*) [+ *object*] (*frm*) lanzar; [+ *light*] proyectar; **the impact ~ed him forward onto the windscreen** con el impacto salió despedido contra el parabrisas; **to ~ one's voice** [*singer, actor*] proyectar la voz
[5] (= *show*) [+ *slide, image*] proyectar
[6] (= *communicate, represent*) [+ *image, personality*] proyectar; **he ~ed himself as the ideal family man** daba la imagen del hombre de familia ideal
[7] (*Psych*) **I ~ my own rage/fear onto the children** proyecto mi propia cólera/mi propio miedo en los niños
[8] (*Math*) proyectar
Ⓒ [prəˈdʒekt] VI [1] (= *jut out*) sobresalir; **a spit of land ~ed out from the shore** una lengua de tierra sobresalía de la orilla
[2] (= *communicate, enunciate*) proyectarse; **his voice ~s very well** su voz se proyecta muy bien
Ⓓ [ˈprɒdʒekt] CPD ► **project management** N administración *f* de proyectos ► **project manager** N director(a) *m/f* de proyecto

**projectile** [prəˈdʒektaɪl] N proyectil *m*

**projecting** [prəˈdʒektɪŋ] ADJ [*nail, branch*] saliente; [*cheekbones*] marcado, prominente; [*teeth*] salido, hacia fuera

**projection** [prəˈdʒekʃən] Ⓐ N [1] [*of image, voice*] proyección *f*; *see also* **astral B**
[2] (= *overhang*) saliente *m*, resalto *m*; (= *knob*) protuberancia *f*
[3] (= *forecast*) (*Fin*) pronóstico *m*
[4] (*in cartography*) proyección *f*
[5] (*Psych*) proyección *f*
Ⓑ CPD ► **projection room** N (*Cine*) cabina *f* de proyección

**projectionist** [prəˈdʒekʃnɪst] N (*Cine*) operador(a) *m/f* (de proyector), proyeccionista *mf*

**projector** [prəˈdʒektəʳ] N (*Cine*) proyector *m*

**prolapse** [ˈprəʊlæps] N (*Med*) prolapso *m*

**prole*** [prəʊl] N (*Brit*) proletario/a *m/f*; **the ~s** los proletarios

**proletarian** [ˌprəʊləˈtɛərɪən] Ⓐ ADJ proletario
Ⓑ N proletario/a *m/f*

**proletarianize** [ˌprəʊləˈtɛərɪənaɪz] VT proletarizar

**proletariat** [ˌprəʊləˈtɛərɪət] N proletariado *m*

**pro-life** [ˌprəʊˈlaɪf] ADJ pro-vida

**proliferate** [prəˈlɪfəreɪt] VI proliferar

**proliferation** [prəˌlɪfəˈreɪʃən] N proliferación *f*; **nuclear ~** proliferación *f* de armas nucleares

**prolific** [prəˈlɪfɪk] ADJ prolífico

**prolix** [ˈprəʊlɪks] ADJ prolijo

**prolixity** [prəʊˈlɪksɪtɪ] N prolijidad *f*

**prologue, prolog** (*US*) [ˈprəʊlɒg] N (*lit, fig*) prólogo *m* (**to** de)

**prolong** [prəˈlɒŋ] VT [+ *visit, life, war, recession*] prolongar, alargar; ✦***IDIOM*** **to ~ the agony**: **this is just ~ing the agony** esto es sólo prolongar la agonía

**prolongation** [ˌprəʊlɒŋˈgeɪʃən] N prolongación *f*

**prolonged** [prəˈlɒŋd] ADJ [*absence, silence, period, struggle, exposure*] prolongado; **~ use of the drug may lead to liver damage** un prolongado uso del medicamento puede ocasionar una lesión hepática; **there was ~ applause** el público aplaudió durante varios minutos

**PROM** N ABBR (*Comput*) = **Programmable Read Only Memory**

**prom** [prɒm] N [1] (*Brit**) (= *promenade*) paseo *m* marítimo
[2] (*Brit**) = **promenade concert**
[3] (*US*) *baile de gala bajo los auspicios de los alumnos de un colegio*

> **PROM**
>
> *En Gran Bretaña el término* **prom** *es la forma abreviada de* **promenade concert**, *y hace referencia a un concierto de música clásica en el que una parte del público permanece de pie en una zona del auditorio reservada al efecto. La serie de conciertos de este tipo más conocida es la que se celebra cada verano en el* **Royal Albert Hall** *de Londres, y que tuvo su origen en 1895 a partir de una idea del director de orquesta Henry Wood. Actualmente convertidos en una institución nacional, destaca entre todas las actuaciones la llamada* **Last Night of the Proms** *en la que se interpretan piezas de carácter patriótico, entre otras de repertorio.*
> *En Estados Unidos un* **prom** *es un baile de gala que se celebra para los alumnos de un centro de educación secundaria o universitaria. De todos estos bailes el más famoso es el* **senior prom**, *al que asisten los alumnos del último año de una* **high school** *y que se considera un acontecimiento de gran importancia para los adolescentes estadounidenses. Los alumnos acuden normalmente con su pareja y visten de etiqueta: esmoquin los chicos y traje de noche las chicas.*

**promenade** [ˌprɒmɪˈnɑːd] Ⓐ N [1] (= *act*) paseo *m*
[2] (= *avenue*) paseo *m*, avenida *f*
[3] (*at seaside*) paseo *m* marítimo
Ⓑ VI pasearse
Ⓒ VT pasear
Ⓓ CPD ► **promenade concert** N *concierto en el que una parte del público permanece de pie*
► **promenade deck** N cubierta *f* de paseo

**Prometheus** [prəˈmiːθjuːs] N Prometeo

**prominence** [ˈprɒmɪnəns] N [1] (= *importance*) importancia *f*; **to bring sth/sb to ~** hacer que algo/algn destaque *or* resalte; **to come (in)to** *or* **rise to ~** [*idea, subject*] adquirir importancia; [*person*] empezar a ser conocido; **he came to ~ in the Cuba affair** se le empezó a conocer cuando lo de Cuba; **to give ~ to sth** hacer que algo destaque *or* resalte
[2] (= *conspicuousness*) prominencia *f*; **it was set in bold type to give it ~** para que destacara, aparecía en negrita
[3] (= *hill*) prominencia *f*

**prominent** [ˈprɒmɪnənt] ADJ [1] (= *projecting*) [*nose*] prominente; [*cheekbones*] marcado, prominente; [*teeth*] salido, hacia fuera; [*eyes*] saltón
[2] (= *conspicuous*) destacado, prominente; **put it in a ~ place** ponlo en un lugar destacado *or* prominente, ponlo donde salte a la vista; **the question of Bosnia was very ~ in their minds** la cuestión de Bosnia estaba muy presente en sus mentes
[3] (= *important*) [*person*] destacado, prominente; [*position, role*] prominente, importante, destacado; **she is ~ in London society** es una figura destacada *or* prominente en la buena sociedad londinense; **to play a ~ part** *or* **role in sth** jugar un papel prominente *or* importante *or* destacado en algo

**prominently** [ˈprɒmɪnəntlɪ] ADV [1] (= *conspicuously*) **to display sth ~** exponer algo muy a la vista; **the newspapers had carried the story ~** los periódicos habían publicado la historia en grandes titulares
[2] (= *outstandingly*) **he figured ~ in the case** desempeñó un papel prominente *or* importante *or* destacado en el juicio

**promiscuity** [ˌprɒmɪsˈkjuːɪtɪ] N promiscuidad *f*

**promiscuous** [prəˈmɪskjʊəs] ADJ promiscuo

**promiscuously** [prəˈmɪskjʊəslɪ] ADV promiscuamente

**promise** [ˈprɒmɪs] Ⓐ N [1] (= *pledge*) promesa *f*; **a ~ is a ~** lo prometido es deuda; **~s, ~s!** (*iro*) ¡mucho prometer y poco hacer!; **is that a ~?** ¿me lo prometes?; **to break one's ~** no cumplir su promesa, faltar a su promesa; **to hold** *or* **keep sb to his ~** obligar a algn a cumplir su promesa, hacer que algn cumpla su promesa; **to keep a/one's ~** cumplir una/su promesa; **to make (sb) a ~** hacer una promesa (a algn); **I made him a ~ that I'd come and visit him** le hice la promesa de que *or* le prometí que vendría a visitarlo; **I might do it but I'm not making any ~s** puede que lo haga, pero no prometo nada; **~ of marriage** palabra *f* de matrimonio; **to release sb from his ~** absolver a algn de su promesa; **the party has received many ~s of support** al partido se le ha prometido mucho apoyo; *see also* **lick B**
[2] (= *hope, prospect*) **full of ~** muy prometedor; **she fulfilled** *or* **lived up to the ~ she'd shown in the '84 Olympics** demostró estar a la altura de lo que prometía en las Olimpiadas del 84; **America held (out) the ~ of a new life** América representaba la promesa de una nueva vida, América daba esperanzas de una nueva vida; **a young man of ~** un joven que promete; **she showed considerable ~ as a pianist** prometía mucho como pianista
Ⓑ VT [1] (= *pledge*) prometer; **the ~d aid had not been sent** no se había enviado la ayuda prometida; **to ~ (sb) that** prometer (a algn) que; **I ~d that I'd go** prometí que iría; **~ me you won't tell her** prométeme que no se lo dirás; **to ~ (sb) to do sth** prometer (a algn) hacer algo; **you must ~ me to do as I say** tienes que prometerme que harás lo que yo te diga; **he ~d faithfully to return it** dio su palabra de que lo devolvería; **I ~d myself I would go and visit her** me prometí que iría a visitarla; **buy that new dress you've been promising yourself** cómprate ese nuevo vestido que te habías hecho el propósito de comprarte; **she telephoned, as ~d** llamó, tal y como había prometido; **to ~ sb sth** ◊ **~ sth to sb** prometer dar algo a algn; ✦***IDIOMS*** **to ~ sb the earth** *or* **the moon** prometer el oro y el moro a algn; **the Promised Land** la Tierra Prometida
[2] (= *forecast, augur*) augurar; **their policies ~ little for the future** su política no augura un futuro muy prometedor; **those clouds ~ rain** esas nubes amenazan lluvia; **it ~s to be hot today** el día se presenta caluroso; **the debate ~s to be lively** el debate se presenta animado
[3] (= *assure*) prometer, jurar; **there's no-one here, I ~ you** no hay nadie aquí, te lo prometo *or* juro
Ⓒ VI [1] (= *pledge*) prometer; **"(do you) ~?" — "all right, I ~"** —¿lo prometes? —bueno, lo prometo; **I can't ~ but I'll try** no te prometo nada, pero haré lo que pueda; **"I can't make it" — "but you ~d!"** —no puedo —¡pero lo habías prometido!
[2] (= *augur*) **to ~ well**: **such a good beginning ~s well for the future** un principio tan bueno resulta muy prometedor *or* augura un buen futuro

**promising** [ˈprɒmɪsɪŋ] ADJ [*student*] prometedor; [*future, prospect*] esperanzador, halagüeño; **a ~ young man** un joven que promete; **two ~ candidates** dos candidatos buenos; **it doesn't look very ~** no promete mucho, no parece muy prometedor

**promisingly** [ˈprɒmɪsɪŋlɪ] ADV de manera prometedora; **United began ~, with a goal in the second minute** el United tuvo un principio prometedor, con un gol en el segundo minuto

**promissory note** [ˈprɒmɪsərɪˌnəʊt] N (*esp US*) pagaré *m*

**promontory** [ˈprɒməntrɪ] N promontorio *m*

**promote** [prəˈməʊt] VT [1] (*in rank*) [1·1] [+ *employee*] ascender; **to be ~d** ser ascendido; **I got ~d from editor to editorial director** me ascendieron de redactor a jefe de redacción
[1·2] (*Mil*) ascender; **he was ~d (to) colonel** *or* **to the rank of colonel** lo ascendieron a coronel
[1·3] (*Sport*) [+ *team*] ascender; **Tarifa was ~d to the first division** el Tarifa subió *or* ascendió a primera división
[1·4] (*US Scol*) [+ *pupil*] **I failed to get ~d and had to redo my year** no conseguí aprobar y tuve que repetir el curso
[2] (= *encourage*) [+ *trade, cooperation, peace*] promover, fomentar; [+ *growth*] estimular; [+ *sales, campaign, project, cause*] promover; (*Parl*)

[+ *bill*] presentar; **he has spent much of his fortune promoting the arts** ha gastado gran parte de su fortuna promoviendo las artes; **he was accused of promoting his own interests** se le acusó de promover sus propios intereses

3 (= *advertise*) [+ *product*] promocionar, dar publicidad a; **they will do a British tour to ~ their second album** harán una gira por Gran Bretaña para promocionar su segundo álbum; **the island is being ~d as a tourist destination** se está dando publicidad a la isla como centro de interés turístico

4 (= *organize, put on*) [+ *concert, event*] organizar

5 (*Chem*) [+ *reaction*] provocar

**promoter** [prəˈməʊtəʳ] N (*gen*) promotor(a) *m/f*; (= *backer*) patrocinador(a) *m/f*; (*Boxing*) empresario/a *m/f*

**promotion** [prəˈməʊʃən] Ⓐ N 1 (*in rank*) 1·1 [*of employee*] ascenso *m*, promoción *f*; **to get ~** ser ascendido (**to** a); **if I get ~, I have to move offices** si me ascienden, tengo que trasladarme de oficina; **to move up the ~ ladder** subir en el escalafón

1·2 (*Sport*) ascenso *m*; **they narrowly missed ~** por muy poco no han ascendido a otra división; **to win ~** ser promovido, ascender

1·3 (*US Scol*) ascenso *m*

2 (= *encouragement*) [*of trade, peace*] fomento *m*, promoción *f*; [*of campaign, project*] apoyo *m*

3 (= *organization*) [*of concert, event*] organización *f*

4 (= *publicity, advertising*) promoción *f*; (= *advertising campaign*) campaña *f* (de promoción); **special ~** oferta *f* de promoción; *see also* **sales B**

Ⓑ CPD ► **promotion prospects** NPL perspectivas *fpl* de ascenso ► **promotions manager** *or* **director** N director(a) *m/f* encargado/a de promoción

**promotional** [prəˈməʊʃənl] ADJ promocional, de promoción

**prompt** [prɒmpt] Ⓐ ADJ 1 (= *speedy*) [*delivery, reply, service*] rápido; **it is not too late, but ~ action is needed** no es demasiado tarde pero hay que actuar inmediatamente *or* es necesario tomar medidas inmediatas; **if it hadn't been for her ~ action, we would all have drowned** si no hubiera sido porque reaccionó con mucha rapidez, nos hubiéramos ahogado todos; **they were ~ to offer their services** ofrecieron sus servicios inmediatamente *or* rápidamente; **the company was ~ in its response to these accusations** la empresa reaccionó inmediatamente ante estas acusaciones, la empresa reaccionó con prontitud a estas acusaciones

2 (= *punctual*) puntual; **she is always ~ and efficient** siempre es puntual y eficiente; **please be ~** se ruega puntualidad; **there is a discount for ~ payment** se hace un descuento por prontitud en el pago

Ⓑ ADV [*start, arrive*] puntualmente; **at two o'clock ~** a las dos en punto

Ⓒ VT 1 (= *motivate*) empujar; **I was ~ed by a desire to see justice done** me movía el deseo de ver que se hiciera justicia; **to ~ sb to do sth** mover *or* incitar a algn a hacer algo; **what ~ed you to do it?** ¿qué te movió *or* incitó a hacerlo?; **I felt ~ed to protest** me vi forzado *or* empujado a protestar

2 (= *give rise to*) [+ *thought, question*] dar lugar a; [+ *reply, reaction, speculation*] provocar, dar lugar a; **it has ~ed questions about his suitability** ha dado lugar a que se cuestione su idoneidad; **what ~ed that question?** ¿cuál fue el motivo de esa pregunta?; **my choice was ~ed by a number of considerations** hay varias consideraciones que han influido en mi elección

3 (= *help with speech*) apuntar; **don't ~ her!** ¡no le apuntes!, ¡no le soples cosas al oído!*

4 (*Theat*) apuntar; **she had to be ~ed three times** tuvieron que apuntarle tres veces

Ⓓ VI (*Theat*) apuntar

Ⓔ N 1 (= *suggestion, reminder*) apunte *m*, palabra *f* clave (*que ayuda a recordar*)

2 (*Theat*) (= *person*) apuntador(a) *m/f*; **to give sb a ~** apuntar a algn; **I had to be given a ~** me tuvieron que apuntar

3 (*Comput*) aviso *m*

Ⓕ CPD ► **prompt box** N (*Theat*) concha *f* (del apuntador) ► **prompt side** N (*Theat*) lado *m* izquierdo (del actor)

**prompter** [ˈprɒmptəʳ] N (*Theat*) apuntador(a) *m/f*

**prompting** [ˈprɒmptɪŋ] N **without ~** (*lit*) sin tener que consultar el texto; (= *on one's own initiative*) por iniciativa propia, motu propio; **the ~s of conscience** los escrúpulos de la conciencia

**promptitude** [ˈprɒmptɪtjuːd] N = **promptness**

**promptly** [ˈprɒmptlɪ] ADV (= *immediately*) inmediatamente; (= *fast*) [*pay, deliver, reply*] rápidamente, con prontitud; (= *punctually*) [*start, arrive*] en punto, puntualmente; **they left ~ at six** partieron a las seis en punto; **he flopped onto the sofa and ~ fell asleep** se dejó caer en el sofá y se durmió inmediatamente

**promptness** [ˈprɒmptnɪs] N (= *punctuality*) puntualidad *f*; (= *speed*) rapidez *f*, prontitud *f*

**promulgate** [ˈprɒməlgeɪt] VT [+ *law, decree, constitution*] promulgar; [+ *idea, doctrine*] promulgar

**promulgation** [ˌprɒməlˈgeɪʃən] N [*of law, decree, constitution*] promulgación *f*; [*of idea, doctrine*] promulgación *f*

**prone** [prəʊn] ADJ 1 (= *face down*) **to be ~** estar postrado (boca abajo)

2 (= *liable*) **to be ~ to do sth** ser propenso *or* tener tendencia a hacer algo; **to be ~ to sth** ser propenso a algo

**proneness** [ˈprəʊnnɪs] N propensión *f*, predisposición *f* (**to** a)

**prong** [prɒŋ] N [*of fork*] punta *f*, diente *m*

**-pronged** [prɒŋd] ADJ (*ending in compounds*) **three-pronged** [*fork*] de tres puntas *or* dientes; [*attack*] por tres flancos

**pronominal** [prəʊˈnɒmɪnl] ADJ pronominal

**pronoun** [ˈprəʊnaʊn] N (*Ling*) pronombre *m*

**pronounce** [prəˈnaʊns] Ⓐ VT 1 [+ *letter, word*] pronunciar; **how do you ~ it?** ¿cómo se pronuncia?; **the "k" in "knee" is not ~d** la "k" de "knee" no se pronuncia

2 (= *declare*) declarar; **they ~d him unfit to plead** lo declararon incapaz de defenderse; **he was ~d dead** se dictaminó que estaba muerto; **"I now ~ you man and wife"** —y ahora os declaro marido y mujer; **to ~ o.s. for/against sth** declararse a favor de/en contra de algo; **to ~ sentence** (*Jur*) pronunciar *or* dictar sentencia

Ⓑ VI **to ~ in favour of/against sth** pronunciarse a favor de/en contra de algo; **to ~ on sth** pronunciarse sobre algo

**pronounceable** [prəˈnaʊnsəbl] ADJ pronunciable

**pronounced** [prəˈnaʊnst] ADJ (= *marked*) [*tendency, influence*] marcado; [*limp*] fuerte, pronunciado; [*accent*] fuerte

**pronouncement** [prəˈnaʊnsmənt] N declaración *f*

**pronto*** [ˈprɒntəʊ] ADV en seguida

**pronunciation** [prəˌnʌnsɪˈeɪʃən] N pronunciación *f*

**proof** [pruːf] Ⓐ N 1 (= *evidence*) prueba(s) *f(pl)*; **do you have any ~ of this?** ¿tienes pruebas de esto?; **it is ~ that he is innocent** eso prueba su inocencia; **as (a)** *or* **in ~ of** como *or* en prueba de; **the burden of ~ is** *or* **falls on him** sobre él recae la tarea de demostrar su inocencia; **by way of ~** a modo de prueba; **to give** *or* **show ~ of sth/that ...** demostrar algo/que ...; **you will need ~ of identity** necesitará algo que acredite su identidad; **to be living ~ of sth** ser prueba viviente de algo; **~ positive** prueba *f* concluyente; **to obtain a refund you must produce ~ of purchase** para cualquier devolución necesitará el comprobante de compra

2 (= *test, trial*) prueba *f*; **to put sth to the ~** poner algo a prueba; ✦**PROV the ~ of the pudding (is in the eating)** para saber si algo es bueno hay que probarlo

3 (*Typ, Phot*) prueba *f*; **to correct** *or* **read the ~s** corregir las pruebas; *see also* **galley B, page¹ B**

4 [*of alcohol*] graduación *f* (alcohólica); **it is 70 degrees ~** tiene una graduación del 40%; (*US*) tiene una graduación del 35%; **over ~** con una graduación alcohólica superior al 57,1%; **under** *or* **below ~** con una graduación alcohólica inferior al 57,1%

5 (= *security, safeguard*) protección *f* (**against** contra); **knowledge is no ~ against certain kinds of disaster** el saber no es protección contra ciertas clases de desastre

6 (*Math, Geom*) prueba *f*

Ⓑ ADJ 1 [*alcohol*] de graduación normal

2 (= *secure*) **to be ~ against sth** estar a prueba de algo; **it is ~ against moisture** está a prueba de la humedad; **I'm not ~ against temptation** no soy insensible a la tentación

Ⓒ VT 1 [+ *fabric, tent*] impermeabilizar

2 (= *proofread*) corregir las pruebas de

Ⓓ CPD ► **proof copy** N copia *f* para la lectura de pruebas ► **proof sheet** N (*Typ, Phot*) prueba *f* ► **proof spirit** N (*Brit, Canada*) licor *m* de graduación normal ► **proof stage** N fase *f* de lectura de pruebas; **to be at ~ stage** estar en la fase de lectura de pruebas

**-proof** [pruːf] ADJ (*ending in compounds*) **bomb~** a prueba de bombas; **bullet~** a prueba de balas; **inflation~ pension** pensión *f* que no se ve afectada por la inflación; *see also* **child-proof, fireproof, foolproof** *etc*

**proofread** [ˈpruːfriːd] (*pt, pp* **proofread** [ˈpruːfred]) VT corregir las pruebas de

**proofreader** [ˈpruːfˌriːdəʳ] N corrector(a) *m/f* de pruebas

**proofreading** [ˈpruːfˌriːdɪŋ] N corrección *f* de pruebas

**prop¹** [prɒp] Ⓐ N 1 (*lit*) (*Archit, Min*) puntal *m*; (*for clothesline*) palo *m*; (*Naut*) escora *f*; (*) (*Aer*) (*also* **propeller**) hélice *f*; (*Rugby*) (*also* **~ forward**) pilier *m*; (*Theat*) (*also* **property**) accesorio *m*; **props** accesorios *mpl*, at(t)rezzo *msing*

2 (*fig*) sostén *m*, apoyo *m*

Ⓑ VT (= *support*) apuntalar; (= *rest, lean*) apoyar; (*fig*) sostener, apoyar; **to ~ a ladder against a wall** apoyar una escalera contra una pared; **the door was ~ped open with a bucket** habían puesto un cubo para que no se cerrara la puerta

Ⓒ CPD ► **prop shaft*** N (*Aer*) (*also* **propeller shaft**) árbol *m* de la hélice

►**prop up** VT + ADV **1** (*lit*) [+ *roof, structure*] apuntalar; **I ~ped him up with pillows** le puse almohadas para que se recostara; **she ~ped herself up on one elbow** se enderezó apoyándose en el codo; **he can usually be found ~ping up the bar** (*hum*) te lo encuentras siempre en el bar empinando el codo*
**2** (*fig*) [+ *economy, currency, regime*] respaldar; **the company was ~ped up by a big loan** la compañía recibió el apoyo *or* el respaldo de un préstamo cuantioso, se respaldó a la compañía con un préstamo cuantioso

**prop²** ABBR (*Comm*) = **proprietor**

**propaganda** [ˌprɒpəˈgændə] Ⓐ N propaganda *f*
Ⓑ CPD [*leaflet, campaign*] de propaganda

**propagandist** [ˌprɒpəˈgændɪst] N propagandista *mf*

**propagandize** [prɒpəˈgændaɪz] Ⓐ VT [+ *doctrine*] propagar; [+ *person*] hacer propaganda a
Ⓑ VI hacer propaganda

**propagate** [ˈprɒpəgeɪt] Ⓐ VT propagar
Ⓑ VI propagarse

**propagation** [ˌprɒpəˈgeɪʃən] N propagación *f*

**propane** [ˈprəʊpeɪn] N propano *m*

**propel** [prəˈpel] VT [+ *vehicle, rocket*] impulsar, propulsar; **to ~ sth/sb along** impulsar algo/a algn; **they ~led him into the room** lo llevaron dentro de la habitación; (*more violently*) lo metieron en la habitación de un empujón

**propellant, propellent** [prəˈpelənt] N propulsor *m*; (= *aerosol etc*) propelente *m*

**propeller** [prəˈpeləʳ] Ⓐ N hélice *f*
Ⓑ CPD ► **propeller shaft** N (*Aer*) árbol *m* de la hélice; (*Aut*) árbol *m or* eje *m* de transmisión; (*Naut*) eje *m* portahélice

**propelling pencil** [prəˈpelɪŋˈpensl] N lapicero *m*, portaminas *m inv*

**propensity** [prəˈpensɪtɪ] N propensión *f* (**to** a)

**proper** [ˈprɒpəʳ] Ⓐ ADJ **1** (= *right, suitable*) [*equipment, tools*] apropiado, adecuado; **that's not really the ~ tool for the job** ésa no es la herramienta apropiada *or* adecuada para el trabajo; **at the ~ time** en el momento oportuno; **that's not the ~ way to do it** así no se hace; **you'll have to apply for a permit in the ~ way** tendrás que solicitar el permiso por las vías establecidas
**2** (= *correct*) **it was the ~ thing to say** fue lo que había que decir; **do as you think ~** haz lo que te parezca bien; **I thought it ~ to inform you** pensé que debía informarte; *see also* **right A1**
**3** (= *actual, real*) propiamente dicho; **in the city ~** en la ciudad propiamente dicha, en la ciudad en sí; **he's never had a ~ job** nunca ha tenido un trabajo serio; **forget nouvelle cuisine, give me ~ food, any day** olvida la nueva cocina, dame todos los días comida como Dios manda; **in the ~ sense of the word** en el sentido estricto de la palabra
**4** (*) (= *complete, downright*) verdadero; **I felt a ~ idiot** me sentí como un perfecto *or* verdadero idiota; **we got a ~ beating** nos dieron una paliza de las buenas
**5** (= *seemly*) [*person, behaviour*] correcto; **it wasn't considered ~ for a man to show his emotions** no se consideraba correcto *or* no estaba bien visto que un hombre mostrase sus emociones
**6** (= *prim and proper*) correcto y formal
**7** (= *peculiar, characteristic*) propio (**to** de)
Ⓑ ADV (*Brit**) **he was ~ upset about it** estaba verdaderamente *or* realmente disgustado por ello; **she's a ~ stuck-up young lady** es una joven bien creída; *see also* **good A19**
Ⓒ CPD ► **proper fraction** N (*Math*) fracción *f* propia ► **proper name, proper noun** N nombre *m* propio

**properly** [ˈprɒpəlɪ] ADV **1** (= *suitably, adequately*) adecuadamente, apropiadamente; **the staff are not ~ trained** el personal no está adecuadamente *or* apropiadamente capacitado; **not ~ dressed** (*for occasion*) no vestido de la manera adecuada; (*for activity*) no vestido de la manera apropiada; **I had not eaten ~ for the past few days** hacía unos días que no comía como es debido
**2** (= *correctly*) [*function, work*] bien; **sit up ~!** (*to child*) ¡siéntate como es debido!; **if you don't sit up ~ you can damage your back** si no te sientas correctamente, puedes fastidiarte la espalda; **if you can't behave ~ I'll have to take you home** si no te portas bien, tendremos que irnos a casa; **to do sth ~** hacer algo bien *or* como es debido; **we haven't got the money to do the job ~** no tenemos dinero para hacer bien el trabajo *or* para hacer el trabajo como es debido; **~ speaking** hablando con propiedad, propiamente dicho; **the process is not ~ understood** no se sabe exactamente en qué consiste el proceso
**3** (= *in seemly fashion*) correctamente; **to behave ~** portarse correctamente; **she very ~ refused** se negó a ello e hizo bien
**4** (*) (= *really, thoroughly*) verdaderamente; **we were ~ ashamed/puzzled** estábamos verdaderamente avergonzados/confundidos

**propertied** [ˈprɒpətɪd] ADJ adinerado, acaudalado; **the ~ classes** la clase acaudalada

**property** [ˈprɒpətɪ] Ⓐ N **1** (= *possession*) propiedad *f*; **whose ~ is this?** ¿de quién es esto?, ¿a quién pertenece esto?; **it doesn't seem to be anyone's ~** no parece que tenga dueño; **she left her ~ to her daughter** dejó sus bienes a su hija; **common ~** propiedad *f* de todos; **government ~** propiedad *f* del gobierno; **personal ~** efectos *mpl or* objetos *mpl* personales; **you treat me as your personal ~** me tratas como si fuera de tu propiedad; **public ~** (= *land*) bien *m* público; **her success made her public ~ overnight** su éxito la convirtió en un personaje público de la noche a la mañana; **that news is public ~** eso lo saben todos ya, esa noticia es ya del dominio público; **he was charged with receiving stolen ~** se le acusó de comerciar con objetos robados; *see also* **intellectual C, lost C**
**2** (= *land*) **2·1** (= *piece of land*) propiedad *f*, terreno *m*; **get off my ~** salga de mi propiedad; **"private property"** "propiedad *f* privada"
**2·2** (= *real estate*) propiedades *fpl*; **he owns ~ in Ireland** tiene propiedades en Irlanda; **a man/woman of ~** un hombre/una mujer acomodado/a; *see also* **real D**
**3** (= *building*) propiedad *f*, inmueble *m*
**4** (= *ownership*) propiedad *f*
**5** (= *phenomenon*) fenómeno *m*, estrella *f*; **he has become the hottest ~ in football** se ha convertido en el fenómemo futbolístico más importante
**6** (*Theat*) accesorio *m*; **properties** accesorios *mpl*, at(t)rezzo *msing*
**7** (= *quality*) (*gen pl*) propiedad *f*; **this plant has healing properties** esta planta tiene propiedades curativas
Ⓑ CPD ► **property company** N compañía *f* inmobiliaria ► **property developer** N promotor(a) *m/f* inmobiliario/a ► **property insurance** N seguro *m* inmobiliario ► **property law** N ley *f* de la propiedad inmobiliaria ► **property manager** N (*Theat*) accesorista *mf*, at(t)rezzista *mf* ► **property market, property mart** N mercado *m* inmobiliario ► **property mistress** N (*Theat*) accesorista *f*, at(t)rezzista *f* ► **property owner** N (*rural*) terrateniente *mf*; (*urban*) dueño/a *m/f* de propiedades ► **property page(s)** N(PL) sección *f* de ventas de inmuebles y viviendas (*de un periódico*) ► **property rights** NPL derechos *mpl* sobre la propiedad ► **property speculation** N especulación *f* inmobiliaria ► **property speculator** N especulador(a) *m/f* inmobiliario/a ► **property tax** N impuesto *m* sobre la propriedad

**prophecy** [ˈprɒfɪsɪ] N profecía *f*

**prophesy** [ˈprɒfɪsaɪ] VT (= *foretell*) profetizar; (= *predict*) predecir, vaticinar

**prophet** [ˈprɒfɪt] N profeta *m*; **a ~ of doom** (*fig*) un(a) catastrofista, un(a) agorero/a*

**prophetess** [ˈprɒfɪtɪs] N profetisa *f*

**prophetic** [prəˈfetɪk] ADJ profético

**prophetically** [prəˈfetɪkəlɪ] ADV proféticamente

**prophylactic** [ˌprɒfɪˈlæktɪk] Ⓐ ADJ profiláctico
Ⓑ N (= *contraceptive*) profiláctico *m*

**prophylaxis** [ˌprɒfɪˈlæksɪs] N profilaxis *f*

**propinquity** [prəˈpɪŋkwɪtɪ] N (*frm*) (= *nearness*) propincuidad *f*; (= *kinship*) consanguinidad *f*, parentesco *m*

**propitiate** [prəˈpɪʃɪeɪt] VT propiciar

**propitiation** [prəˌpɪʃɪˈeɪʃən] N propiciación *f*

**propitiatory** [prəˈpɪʃɪətərɪ] ADJ propiciatorio, conciliatorio

**propitious** [prəˈpɪʃəs] ADJ propicio, favorable

**propitiously** [prəˈpɪʃəslɪ] ADV de modo propicio, bajo signo propicio, favorablemente

**proponent** [prəˈpəʊnənt] N defensor(a) *m/f*

**proportion** [prəˈpɔːʃən] Ⓐ N **1** (= *ratio*) proporción *f*; **the ~ of blacks to whites** la proporción entre negros y blancos; **in/out of ~** proporcionado/desproporcionado; **to be in/out of ~ (to one another)** estar en/no guardar proporción (el uno con el otro); **to be in/out of ~ to** *or* **with sth** estar en/no guardar proporción con algo; **and the rest in ~** y lo demás en proporción; (*Comm*) y lo demás a prorrata; **in due ~** en su justa medida; **in ~ as** a medida que; **to see sth in ~** (*fig*) ver algo en su justa medida; **it has been magnified out of all ~** (*fig*) se ha exagerado mucho; **sense of ~** (*fig*) sentido *m* de la medida
**2** (= *part, amount*) parte *f*; **in equal ~s** por partes iguales; **what ~ is in private hands?** ¿qué porción queda en manos de particulares?
**3** **proportions** (= *size*) dimensiones *fpl*
Ⓑ VT **to ~ sth to sth** [+ *charge, cost*] adecuar algo a algo; **well-~ed** [*room*] de buenas proporciones; [*woman's figure*] bien proporcionado; [*man's figure*] bien armado

**proportional** [prəˈpɔːʃənl] Ⓐ ADJ proporcional (**to** a), en proporción (**to** con); **X is not ~ to Y** X no guarda proporción con Y
Ⓑ CPD ► **proportional representation** N (*Pol*) representación *f* proporcional ► **proportional spacing** N (*on printer*) espaciado *m* proporcional

**proportionality** [ˌprəpɔːʃəˈnælɪtɪ] N proporcionalidad *f*

**proportionally** [prəˈpɔːʃnəlɪ] ADV proporcionalmente

**proportionate** [prəˈpɔːʃnɪt] ADJ proporcionado (**to** a)

**proportionately** [prəˈpɔːʃnɪtlɪ] ADV proporcionadamente, en proporción

**proposal** [prəˈpəʊzl] N **1** (= *offer, suggestion*) (*gen*) propuesta *f*, proposición *f*; (= *written submission*) propuesta *f*; **they have rejected the latest peace ~** han rechazado la última propuesta de paz; **to make sb an indecent ~** hacer una proposición deshonesta a algn; **let me make a ~** permítame hacer una propuesta *or* proposición; **I made the ~ that we should adjourn the meeting** propuse que levantásemos la sesión; **to put forward a ~** presentar una propuesta; **an advert asking for writers to submit ~s for a new TV series** un anuncio pidiendo a los escritores que mandaran propuestas para una nueva serie televisiva

2 (*also* **~ of marriage**) proposición *f* de matrimonio, propuesta *f* de matrimonio

**propose** [prəˈpəʊz] Ⓐ VT 1 (= *suggest*) 1·1 (*gen*) proponer; **the idea was first ~d in 1789** la idea se propuso por primera vez en 1789; **what do you ~?** ¿qué propones?; **to ~ sth to sb** proponer algo a algn; **to ~ doing sth**: **I ~ writing her a letter** (= *I suggest I write*) me propongo escribirle una carta; (= *I suggest that someone writes*) yo propongo que se le escriba una carta; **to ~ that** proponer que + *subjun*; **I ~ that we go and see her** propongo que vayamos a verla

1·2 (*in meeting, parliament*) [+ *amendment*] proponer; [+ *motion*] presentar

1·3 **to ~ marriage to sb** proponer a algn en matrimonio, hacer una proposición *or* propuesta de matrimonio a algn

1·4 **to ~ sb's health** beber a la salud de algn, brindar por algn; **to ~ a toast (to sb)** proponer un brindis (por algn)

2 (= *nominate*) **he ~d Smith as** *or* **for chairman** propuso a Smith como presidente; **to ~ sb for membership of a club** proponer a algn como socio de un club

3 (= *intend*) **to ~ to do sth** ◊ **~ doing sth** pensar hacer algo; **I do not ~ to discuss this matter any further** no pienso hablar más de este asunto; **what do you ~ doing?** ¿qué piensas hacer?

Ⓑ VI 1 (= *offer marriage*) **to ~ to sb** proponer a algn en matrimonio, hacer una proposición de matrimonio a algn; **have you ~d yet?** ¿le has propuesto en matrimonio ya?, ¿le has hecho una proposición de matrimonio ya?

2 ✦*PROV* **man ~s, God disposes** el hombre propone y Dios dispone

**proposed** [prəˈpəʊzd] ADJ **the ~ motorway** la autopista que se propone, la autopista propuesta; **your ~ solution** la solución que propusiste

**proposer** [prəˈpəʊzəʳ] N [*of motion*] proponente *mf*

**proposition** [ˌprɒpəˈzɪʃən] Ⓐ N 1 (= *proposal*) proposición *f*, propuesta *f*; **to make sb a ~** proponer algo a algn

2 (= *enterprise*) proposición *f*; **working as a freelance can be an attractive ~** trabajar por cuenta propia puede ser una proposición atractiva; **economically, it is not a viable ~** desde el punto de vista económico, no es una proposición viable

3 (= *opponent*) adversario/a *m/f*, contrincante *mf*; **he's a tough ~** es un adversario *or* contrincante fuerte

4 (*sexual*) **she had received a number of unwanted sexual ~s** había sido objeto de varias proposiciones sexuales no deseadas

5 (*Math, Logic*) proposición *f*

Ⓑ VT hacer proposiciones deshonestas a

**propound** [prəˈpaʊnd] VT (*frm*) [+ *ideas etc*] exponer, plantear

**proprietary** [prəˈpraɪətərɪ] Ⓐ ADJ propietario; (*Comm*) patentado

Ⓑ CPD ► **proprietary brand** N marca *f* comercial ► **proprietary goods** NPL artículos *mpl* de marca ► **proprietary interest** N interés *m* patrimonial ► **proprietary name** N nombre *m* propietario

**proprietor** [prəˈpraɪətəʳ] N [*of shop, hotel etc*] dueño/a *m/f*; [*of land*] propietario/a *m/f*

**proprietorial** [prəˌpraɪəˈtɔːrɪəl] ADJ [*attitude etc*] protector

**proprietorship** [prəˈpraɪətəʃɪp] N propiedad *f*, posesión *f*

**proprietress** [prəˈpraɪətrɪs] N [*of shop, hotel etc*] dueña *f*

**propriety** [prəˈpraɪətɪ] N 1 (= *decency*) decoro *m*, decencia *f*; **breach of ~** ofensa *f* contra el decoro, incorrección *f*; **the proprieties** los cánones sociales; **to observe the proprieties** atenerse a los cánones sociales

2 (= *appropriateness*) conveniencia *f*

**propulsion** [prəˈpʌlʃən] N propulsión *f*; *see also* **jet D**

**pro rata** [ˌprəʊˈrɑːtə] Ⓐ ADV a prorrateo; **the money will be shared out ~** el dinero será repartido a prorrateo, se prorrateará el dinero

Ⓑ ADJ a prorrateo; **a ~ agreement** (*US*) un acuerdo a prorrateo

**prorate** [ˈprəʊreɪt] (*US*) Ⓐ N prorrata *f*

Ⓑ VT prorratear

**prorogation** [ˌprəʊrəˈgeɪʃən] N prorrogación *f*

**prorogue** [prəˈrəʊg] VT prorrogar

**prosaic** [prəʊˈzeɪɪk] ADJ (= *dull*) prosaico

**prosaically** [prəʊˈzeɪɪkəlɪ] ADV prosaicamente

**Pros. Atty.** ABBR (*US*) = **prosecuting attorney**

**proscenium** [prəʊˈsiːnɪəm] Ⓐ N (*pl* **prosceniums** *or* **proscenia** [prəʊˈsiːnɪə]) proscenio *m*

Ⓑ CPD ► **proscenium arch** N embocadura *f* ► **proscenium box** N palco *m* de proscenio

**proscribe** [prəʊsˈkraɪb] VT proscribir

**proscription** [prəʊsˈkrɪpʃən] N proscripción *f*

**prose** [prəʊz] Ⓐ N 1 (*Literat*) prosa *f*

2 (*Scol*) (*also* **~ translation**) texto *m* para traducir; (*also* **~ composition**) traducción *f* inversa

Ⓑ CPD ► **prose poem** N poema *m* en prosa ► **prose writer** N prosista *mf*

**prosecute** [ˈprɒsɪkjuːt] Ⓐ VT 1 (*Jur*) (= *try*) procesar, enjuiciar; (= *punish*) sancionar; [+ *claim*] demandar en juicio; [+ *case*] llevar a los tribunales; **to ~ sb for theft** procesar a algn por robo; **to be ~d for a traffic offence** ser procesado por una infracción de tráfico; **"trespassers will be prosecuted"** "se procederá contra los intrusos"; **the lawyer who will ~ the case** el/la fiscal

2 (*frm*) (= *carry on*) proseguir, llevar adelante

Ⓑ VI (*Jur*) interponer una acción judicial; **prosecuting attorney** (*US*) fiscal *mf*; **prosecuting counsel** (*Brit*) fiscal *mf*

**prosecution** [ˌprɒsɪˈkjuːʃən] Ⓐ N 1 (*Jur*) (= *act, proceedings*) proceso *m*, juicio *m*; (*in court*) (= *case, side*) acusación *f*; **counsel for the ~** fiscal *mf*; **to bring** *or* **start a ~ against sb** entablar juicio *or* una acción judicial contra algn

2 (*frm*) (= *furtherance*) prosecución *f*; **in the ~ of his duty** en el cumplimiento de su deber

Ⓑ CPD ► **prosecution witness** N testigo *mf* de cargo

**prosecutor** [ˈprɒsɪkjuːtəʳ] N (*Jur*) abogado/a *m/f* de la acusación; (*also* **public ~**) fiscal *mf*

**proselyte** [ˈprɒsɪlaɪt] Ⓐ N prosélito/a *m/f*

Ⓑ VT, VI (*US*) = **proselytize**

**proselytism** [ˈprɒsɪlɪtɪzəm] N proselitismo *m*

**proselytize** [ˈprɒsɪlɪtaɪz] Ⓐ VI ganar prosélitos

Ⓑ VT [+ *person*] convertir

**prosody** [ˈprɒsədɪ] N métrica *f*

**prospect** Ⓐ [ˈprɒspekt] N 1 (= *outlook*) perspectiva *f*; **it was a daunting/pleasant ~** era una perspectiva desalentadora/agradable; **the ~s look grim** las perspectivas son desalentadoras; **~s for the harvest are poor** el panorama se anuncia más bien negro para la cosecha; **she was excited at the ~ of the China trip** estaba entusiasmada con la perspectiva de irse a China; **he was terrified at the ~** la perspectiva le aterraba; **to face the ~ of sth** ◊ **be faced with the ~ of sth** verse ante la perspectiva de algo; **faced with the ~ of bankruptcy he committed suicide** ante la perspectiva de la ruina, se suicidó; **in ~** en perspectiva; **to have sth in ~** tener algo en perspectiva

2 (= *possibility*) posibilidad *f*; **the job held out the ~ of rapid promotion** el trabajo ofrecía la posibilidad de ascender con rapidez; **there is little ~ of his coming** hay pocas posibilidades de que venga; **he has little ~ of success/of succeeding** tiene pocas posibilidades de tener éxito; **I see no ~ of that (happening)** eso no lo creo probable; **he didn't relish the ~ of having to look for another job** no le entusiasmaba la posibilidad de tener que buscar otro trabajo

3 **prospects** (= *future possibilities*) porvenir *m*, futuro *m*; **a job with no ~s** un trabajo sin porvenir, un trabajo sin (perspectivas de) futuro; **what are his ~s?** ¿qué perspectivas de futuro tiene?; **job/promotion ~s** perspectivas *fpl* de trabajo/ascenso; **future ~s** perspectivas *fpl* de futuro; **she has good ~s** tiene buen porvenir *or* un buen futuro

4 (†) (= *view*) panorama *m*, vista *f*; **a ~ of Toledo** un panorama de Toledo, una vista de Toledo

5 (= *prospective candidate, champion, etc*) **the company is not an attractive ~ for shareholders** la empresa no representa una opción *or* posibilidad atractiva para los accionistas; **the man who is Britain's best ~ for a gold medal in the Olympics** el hombre que tiene mayores posibilidades de conseguir una medalla de oro para Gran Bretaña en las Olimpiadas; **Steve is a great ~ for the future of British chess** Steve promete muchísimo para el futuro del ajedrez británico; **a salesman who considers everybody a ~** un vendedor que considera a todo el mundo como un potencial comprador

6 (= *marriage partner*) partido *m*; **he's/she's not much of a ~ for her/him** no es muy buen partido para ella/él

7 (*Min*) *zona donde es probable que haya yacimientos de minerales*

Ⓑ [prəsˈpekt] VT [+ *area, land*] hacer prospecciones en, prospectar

Ⓒ [prəsˈpekt] VI hacer prospecciones, prospectar; **oil companies are ~ing near here** las compañías petrolíferas están haciendo prospecciones *or* prospectando cerca de aquí; **to ~ for gold** buscar oro

**prospecting** [prəsˈpektɪŋ] N (*Min*) prospección *f*

**prospective** [prəsˈpektɪv] ADJ 1 (= *likely, possible*) [*customer, candidate*] posible

2 (= *future*) [*son-in-law, home, legislation*] futuro; [*heir*] presunto

**prospector** [prəsˈpektəʳ] N buscador(a) *m/f*, cateador(a) *m/f* (*LAm*); **gold ~** buscador(a) *m/f* de oro; **oil ~s** prospectores *mpl* petroleros

**prospectus** [prəsˈpektəs] N prospecto *m*

**prosper** [ˈprɒspəʳ] Ⓐ VI prosperar, medrar

Ⓑ VT (*frm*) favorecer, fomentar

**prosperity** [prɒsˈperɪtɪ] N prosperidad *f*

**prosperous** ['prɒspərəs] ADJ próspero

**prosperously** ['prɒspərəslɪ] ADV prósperamente

**prostaglandin** [,prɒstə'glændɪn] N prostaglandina *f*

**prostate** ['prɒsteɪt] N (*also* ~ **gland**) próstata *f*

**prosthesis** [prɒs'θiːsɪs] N (*pl* **prostheses** [prɒs'θiːsiːz]) prótesis *f*

**prosthetic** [prɒs'θetɪk] ADJ prostético

**prostitute** ['prɒstɪtjuːt] Ⓐ N prostituto/a *m/f*; **to become a ~** prostituirse
Ⓑ VT (*fig*) prostituir; **to ~ o.s.** prostituirse

**prostitution** [,prɒstɪ'tjuːʃən] N (*lit, fig*) prostitución *f*

**prostrate** Ⓐ ['prɒstreɪt] ADJ [1] (*lit*) boca abajo, postrado; (*Bot*) procumbente
[2] (*fig*) [*nation, country etc*] abatido; (= *exhausted*) postrado, abatido (**with** por)
Ⓑ [prɒs'treɪt] VT (*lit*) postrar; (*fig*) postrar, abatir; **to be ~d by grief** estar postrado por el dolor; **to ~ o.s.** (*lit, fig*) postrarse

**prostration** [prɒs'treɪʃən] N postración *f*; (*fig*) postración *f*, abatimiento *m*

**prosy** ['prəʊzɪ] ADJ (*compar* **prosier**; *superl* **prosiest**) prosaico, aburrido, monótono

**Prot***, **prot*** [prɒt] N ABBR (*pej*) = **Protestant**

**protagonist** [prəʊ'tægənɪst] N protagonista *mf*

**protean** ['prəʊtɪən] ADJ proteico

**protect** [prə'tekt] VT proteger (**against** contra; **from** de); **~ed species** especie *f* protegida

**protection** [prə'tekʃən] Ⓐ N [1] (*gen*) protección *f*, amparo *m*; **to be under sb's ~** estar bajo la protección de algn, estar amparado por algn
[2] (*Insurance, Ind, Jur*) protección *f*; **the policy offers ~ against ...** la póliza protege contra ...
[3] (= *contraception*) anticonceptivo *m*; **they didn't use any ~** no usaron ningún anticonceptivo, no se han cuidado
Ⓑ CPD ► **protection factor** N [*of sun cream*] factor *m* de protección ► **protection money** N **he pays 200 dollars a week ~ money** paga 200 dólares de protección a la semana ► **protection racket** N chantaje *m*

**protectionism** [prə'tekʃənɪzəm] N proteccionismo *m*

**protectionist** [prə'tekʃənɪst] Ⓐ ADJ proteccionista
Ⓑ N proteccionista *mf*

**protective** [prə'tektɪv] Ⓐ ADJ [1] (*physically*) [*layer, covering*] protector; [*clothing*] de protección
[2] (*emotionally*) [*attitude, gesture*] protector; **Becky's fiercely ~ father, John** John, el padre de Becky, que tiene/tenía una actitud terriblemente protectora hacia ella; **to be ~ of sth** proteger algo; **to be/feel ~ towards** *or* **of sb** tener una actitud protectora hacia algn; **he's very ~ towards his little sister** tiene una actitud muy protectora hacia su hermanita, protege mucho a su hermanita
[3] (*Econ*) [*tariffs*] proteccionista
Ⓑ CPD ► **protective cream** N crema *f* protectora ► **protective custody** N detención *f* preventiva

**protectively** [prə'tektɪvlɪ] ADV en actitud protectora, en actitud de protección

**protectiveness** [prə'tektɪvnɪs] N actitud *f* protectora

**protector** [prə'tektəʳ] N [1] (= *defender*) protector(a) *m/f*
[2] (= *protective wear*) protector *m*

**protectorate** [prə'tektərɪt] N protectorado *m*

**protectress** [prə'tektrɪs] N protectora *f*

**protégé** ['prɒteʒeɪ] N protegido *m*, ahijado *m*

**protégée** ['prɒteʒeɪ] N protegida *f*, ahijada *f*

**protein** ['prəʊtiːn] Ⓐ N proteína *f*
Ⓑ CPD ► **protein content** N contenido *m* proteínico

**protein-rich** ['prəʊtiːnrɪtʃ] ADJ rico en contenido proteínico

**pro tem** ['prəʊ'tem], **pro tempore†** ['prəʊ'tempərɪ] Ⓐ ADV provisionalmente; **he's replacing the chairman ~** sustituye provisionalmente al presidente
Ⓑ ADJ interino; **the ~ chairman** el presidente interino; **on a ~ basis** de manera provisional

**protest** Ⓐ ['prəʊtest] N (*gen*) protesta *f*; (= *complaint*) queja *f*; **under ~** bajo protesta; **I'll do it but under ~** lo haré pero que conste mi protesta; **to make a ~** hacer una protesta
Ⓑ [prə'test] VT [1] (= *complain*) protestar; **to ~ that** protestar diciendo que
[2] (*US*) (= *complain about*) protestar de
[3] (= *dispute*) poner reparos a
[4] (= *affirm*) [+ *one's love*] declarar, afirmar; **he ~ed his innocence** declaró enérgicamente su inocencia
Ⓒ [prə'test] VI protestar; **to ~ at** *or* **against** protestar de
Ⓓ ['prəʊtest] CPD ► **protest demonstration, protest march** N manifestación *f* *or* marcha *f* (de protesta) ► **protest movement** N movimiento *m* de protesta, movimiento *m* contestatario ► **protest song** N canción *f* (de) protesta ► **protest vote** N voto *m* de protesta

**Protestant** ['prɒtɪstənt] Ⓐ ADJ protestante
Ⓑ N protestante *mf*

**Protestantism** ['prɒtɪstəntɪzəm] N protestantismo *m*

**protestation** [,prɒtes'teɪʃən] N [1] (= *affirmation*) [*of love, loyalty etc*] afirmación *f*, declaración *f*
[2] (= *protest*) protesta *f*

**protester, protestor** [prə'testəʳ] N protestador(a) *m/f*; (*on march, in demonstration etc*) manifestante *mf*

**proto...** ['prəʊtəʊ] PREFIX proto...

**protocol** ['prəʊtəkɒl] N protocolo *m*

**proton** ['prəʊtɒn] N protón *m*

**protoplasm** ['prəʊtəʊplæzəm] N protoplasma *m*

**prototype** ['prəʊtəʊtaɪp] N prototipo *m*

**prototypical** [,prəʊtə'tɪpɪkəl] ADJ prototípico

**protozoan** [,prəʊtə'zəʊən] Ⓐ N (*pl* **protozoa** [,prəʊtə'zəʊə]) (*Bio*) protozoo *m*
Ⓑ ADJ protozoico

**protozoon** [,prəʊtə'zəʊən] N = **protozoan A**

**protract** [prə'trækt] VT prolongar

**protracted** [prə'træktɪd] ADJ prolongado, (excesivamente) largo

**protraction** [prə'trækʃən] N prolongación *f*

**protractor** [prə'træktəʳ] N transportador *m*

**protrude** [prə'truːd] Ⓐ VI salir, sobresalir
Ⓑ VT sacar fuera

**protruding** [prə'truːdɪŋ] ADJ saliente, sobresaliente; [*eye, tooth*] saltón

**protrusion** [prə'truːʒən] N saliente *m*, protuberancia *f*

**protuberance** [prə'tjuːbərəns] N protuberancia *f*, saliente *m*

**protuberant** [prə'tjuːbərənt] ADJ protuberante, saliente; [*eye, tooth*] saltón

**proud** [praʊd] ADJ (*compar* **prouder**; *superl* **proudest**) [1] (= *satisfied*) [*person*] orgulloso; [*expression, smile*] de orgullo; **he is the ~ father of a baby girl** es el orgulloso padre de una nena; **to be ~ that** estar *or* sentirse orgulloso de (que); **I'm ~ that I did it on my own** estoy *or* me siento orgulloso de haberlo hecho solo; **to be ~ to do sth: I'm ~ to call her my friend** me enorgullece que sea mi amiga; **we are ~ to present ...** tenemos el honor de presentarles ...; **it was his ~ boast that he had never had a proper job** era un motivo de muchísimo orgullo para él el no haber tenido nunca un trabajo serio, presumía orgulloso de no haber tenido nunca un trabajo serio; **it makes you ~ to be a parent, doesn't it?** te hace sentirte orgulloso de ser padre, ¿verdad?; **to be ~ of sth/sb** estar orgulloso de algo/algn; **I'm working-class and ~ of it** soy de clase obrera y estoy orgulloso de ello; **that's nothing to be ~ of!** ¡esto no es motivo de orgullo!; **I'm not very ~ of myself** no estoy muy orgulloso *or* satisfecho de mí mismo; **I hope you're ~ of yourself!** (*iro*) ¡estarás orgulloso!; **♦IDIOM to do sb/o.s. ~*: the team have done their country ~** el equipo ha sido motivo de orgullo para su país; **his honesty did him ~** su honradez decía mucho en su favor; **the hotel did them ~** el hotel los trató a cuerpo de rey; **she did herself ~ in the piano competition** se lució en el concurso de piano
[2] (= *self-respecting*) [*people, nation*] digno
[3] (*pej*) (= *arrogant*) orgulloso, soberbio; **she's ~ and stubborn** es orgullosa *or* soberbia y terca; **he was flustered, but too ~ to show it** estaba nervioso pero era demasiado orgulloso para demostrarlo; **don't be too ~ to ask for help** no dejes que el orgullo te impida pedir ayuda; **I don't mind sitting on the floor, I'm not ~** no me importa sentarme en el suelo, no soy orgulloso, no me importa sentarme en el suelo, no se me caen los anillos*
[4] (= *causing pride*) [*day, moment*] glorioso, de orgullo; [*history, reputation*] glorioso; [*possession, tradition*] preciado; **the locket was my ~est possession** el guardapelo era mi bien más preciado *or* mi mayor tesoro
[5] (= *splendid, imposing*) espléndido, imponente
[6] (*Brit*) (= *protruding*) **to be/stand ~ (of sth)** sobresalir (de algo); **that screw's still a bit ~ of the surface** ese tornillo aún sobresale un poco de la superficie

**proudly** ['praʊdlɪ] ADV (= *with satisfaction*) con orgullo; (= *arrogantly*) arrogantemente, con arrogancia; (= *splendidly, impressively*) de forma imponente; **he ~ showed me his drawing** orgulloso, me enseñó su dibujo, me enseñó con orgullo su dibujo

**prove** [pruːv] (*pt* **proved**; *pp* **proved** *or* **proven**)
Ⓐ VT [1] (= *give proof of*) [+ *theory, statement*] demostrar, probar; (*one's love, loyalty, strength*) demostrar; **my son was murdered, and I'm going to ~ it** a mi hijo lo asesinaron, y voy a demostrarlo *or* probarlo; **can you ~ it?** ¿lo puede demostrar *or* probar?; **statistics never ~ anything** las estadísticas nunca prueban *or* demuestran nada; **you say you love me, so ~ it** dices que me quieres, pues demuéstralo *or* pruébalo; **he wanted to ~ his love for her** quería demostrar su amor por ella; **you can't ~ anything against me** usted no tiene ninguna prueba en mi contra, usted no puede demostrar *or* probar nada en mi contra; **it just ~s how stupid he is** simplemente demuestra *or* prueba lo tonto que es; **to ~ sb's innocence** ◊ **~ sb innocent** demostrar *or* probar la inocencia de algn; **to ~ one's point** demostrar que uno está en lo cierto *or* tiene razón; **she took him to court just to ~ a point** lo llevó a los tribunales simplemente para demostrar *or* probar que estaba en lo cierto *or* que ella tenía razón; **to ~ sb right** demostrar que algn tiene razón; **he was ~d**

> **LANGUAGE IN USE:** prosperous 23.2 protest C 14

**right in the end** al fin se demostró que tenía razón; **it's been scientifically ~n** *or* **~d** se ha probado *or* demostrado científicamente, ha sido probado *or* demostrado científicamente; **to ~ that** demostrar que, probar que; **that ~s that she did it** eso demuestra *or* prueba que ella lo hizo; **she wants to ~ to herself that she can still hold down a job** quiere demostrarse a sí misma que todavía puede mantener un trabajo; **what are you trying to ~?** ¿qué intentas demostrar *or* probar?; **it's difficult to ~ what's going on** es difícil demostrar *or* probar lo que está pasando; **whether he was right remains to be ~d** aún falta por demostrar *or* probar si tenía razón; **to ~ sb wrong** demostrar que algn está equivocado; **everyone said that we would fail but we ~d them wrong** todo el mundo decía que fracasaríamos, pero demostramos que estaban equivocados; **she attempted to ~ their theory wrong** intentó encontrar pruebas que demostraran que su teoría estaba equivocada; **✦IDIOM the exception ~s the rule** la excepción confirma la regla

[2] (= *verify*) comprobar; **you can ~ how effective this method is by trying it out yourself** puede comprobar la eficacia de este método probándolo usted mismo

[3] **to ~ o.s.** demostrar lo que uno vale; **you don't need to ~ yourself** no tienes que demostrar lo que vales; **he has ~d himself worthy of our trust** ha demostrado ser digno de nuestra confianza; **he has ~d himself to be a successful manager** ha demostrado ser un gerente eficaz

[4] (= *test out*) poner a prueba, someter a prueba

[5] (*Jur*) **to ~ a will** homologar un testamento

(B) VI [1] (= *turn out*) resultar; **it ~d (to be) useful** resultó (ser) útil; **if it ~s (to be) otherwise** si resulta (ser) lo contrario; **it may ~ difficult to secure funding** puede que resulte difícil conseguir fondos; **the news ~d false** resultó que la noticia era falsa; **the temptation ~d too much for her** la tentación resultó demasiado grande para ella, no pudo resistir la tentación

[2] (*Culin*) [*dough*] leudarse

**proven** ['pru:vən] (A) PP *of* **prove**

(B) ADJ [1] (*gen*) [*formula, method*] de eficacia probada; [*abilities*] probado; **it's a ~ fact that ...** está probado *or* demostrado que ..., es un hecho comprobado que ...

[2] ['prəʊvən] (*Scot Jur*) **the case was found not ~** el acusado fue absuelto por falta de pruebas

**provenance** ['prɒvɪnəns] N procedencia *f*

**Provençal** [,prɒvɑ:n'sɑ:l] (A) ADJ provenzal

(B) N [1] (= *person*) provenzal *mf*

[2] (*Ling*) provenzal *m*

**Provence** [prɒ'vɑ:ns] N Provenza *f*

**provender** ['prɒvɪndəʳ] N (*frm*) forraje *m*; (*hum*) provisiones *fpl*, comida *f*

**proverb** ['prɒvɜ:b] N refrán *m*, proverbio *m*

**proverbial** [prə'vɜ:bɪəl] ADJ proverbial

**proverbially** [prə'vɜ:bɪəlɪ] ADV proverbialmente

**provide** [prə'vaɪd] (A) VT [1] (= *supply*) [1·1] [+ *materials, food*] proporcionar, suministrar; [+ *money, information, evidence*] proporcionar, facilitar; [+ *service*] prestar; **please place your litter in the receptacle ~d** por favor hagan uso de los recipientes que les hemos proporcionado *or* suministrado para depositar la basura; **the meeting ~d an opportunity to talk** la reunión les brindó *or* ofreció la oportunidad de hablar; **candidates must ~ their own pencils** los candidatos deben traer sus propios lápices; **to ~ sth for sb/sth: I will ~ food for everyone** proveeré a todo el mundo de comida, proporcionaré *or* daré comida a todo el mundo; **it ~s accommodation for five families** provee a cinco familias de alojamiento, da *or* proporciona alojamiento a cinco familias; **the company ~s free health care for its employees** la empresa presta asistencia médica gratis a sus empleados; **it ~s shade for the cows** les da sombra a las vacas; **they've asked the United Nations to ~ protection for civilians** han pedido a las Naciones Unidas que faciliten protección a la población civil; **to ~ funding/money for sth** proporcionar *or* facilitar fondos/dinero para algo; **to ~ a solution (to sth)** ofrecer una solución (a algo)

[1·2] **to ~ sb with sth** [+ *materials, food*] proveer a algn de algo, suministrar algo a algn; [+ *money, information, details*] proporcionar *or* facilitar algo a algn; [+ *service*] proporcionar algo a algn; [+ *means*] facilitar algo a algn; [+ *opportunity*] brindar algo a algn; **it ~s the plant with a continuous flow of nutrients** provee a la planta de *or* suministra a la planta un flujo continuo de nutrientes; **it ~d her with the opportunity she needed** le brindó la oportunidad que necesitaba

[1·3] **to ~ o.s. with sth** proveerse de algo; **plants produce sugars and starch to ~ themselves with energy** las plantas producen azúcares y almidón para proveerse de energía; **he had forgotten to ~ himself with an alibi** se le había olvidado buscarse una coartada

[2] (= *have available*) estar provisto de; **the field ~s plenty of space for a car park** el campo está provisto de muchísimo espacio para un aparcamiento de coches; **the car is ~d with a heater** el coche está provisto de un calentador

[3] (= *stipulate*) **the law ~s that ...** la ley estipula *or* dispone que ...

(B) VI **✦IDIOM the Lord will ~** Dios proveerá; *see also* **provide for**

►**provide against** VI + PREP (*frm*) [*person*] tomar precauciones contra, precaverse de; [*policy, insurance*] proporcionar protección contra, proporcionar cobertura contra

►**provide for** VI + PREP [1] (*financially*) [1·1] (= *support*) [+ *person, family*] mantener; **parents are expected to ~ for their children** se espera que los padres mantengan a sus hijos

[1·2] (= *make provision for*) **he wanted to see that the children were well ~d for** quería asegurarse de que las necesidades de los niños estaban bien cubiertas; **his wife was left well ~d for in his will** en el testamento dejó a su mujer bien asegurado; **they are well ~d for** tienen medios de sobra; **individuals are encouraged to ~ for themselves by buying private insurance** se anima a las personas a que se aseguren el futuro *or* que hagan previsiones para el futuro comprando un seguro privado

[2] (= *take care of*) prever; **the 50 employers which best ~ for the needs of women** los 50 empresarios que mejor preven las necesidades de las mujeres; **we have ~d for that** eso lo hemos previsto; **it's impossible to ~ for all eventualities** es imposible prever todas las eventualidades *or* tomar precauciones contra toda eventualidad

[3] (*Jur*) (= *make possible*) **the accord ~s for greater police co-operation** en el acuerdo se preve una mayor colaboración por parte de la policía; **the Act ~s for financial penalties to be imposed on all offenders** la ley estipula que se impongan multas a todos los transgresores; **as ~d for in the 1990 contract** de acuerdo con lo estipulado en el contrato de 1990

**provided** [prə'vaɪdɪd] CONJ **~ (that)** con tal (de) que, a condición de que

**providence** ['prɒvɪdəns] N providencia *f*; **Providence** Divina Providencia *f*

**provident** ['prɒvɪdənt] (A) ADJ providente, previsor, próvido

(B) CPD ► **provident fund** N fondo *m* de previsión ► **provident society** N (*Brit*) sociedad *f* de socorro mutuo, mutualidad *f*

**providential** [,prɒvɪ'denʃəl] ADJ providencial; (= *fortunate*) afortunado, milagroso

**providentially** [,prɒvɪ'denʃəlɪ] ADV providencialmente; (= *fortunately*) afortunadamente, milagrosamente

**providently** ['prɒvɪdəntlɪ] ADV próvidamente

**provider** [prə'vaɪdəʳ] N proveedor(a) *m/f*

**providing** [prə'vaɪdɪŋ] CONJ = **provided**

**province** ['prɒvɪns] N [1] (*Geog*) provincia *f*; **they live in the ~s** viven en provincias

[2] (*fig*) (= *area of knowledge, activity etc*) esfera *f*, campo *m*; (= *jurisdiction etc*) competencia *f*; **it's not within my ~** no es de mi competencia

[3] (*Rel*) arzobispado *m*

**provincial** [prə'vɪnʃəl] (A) ADJ provincial, de provincia; (*pej*) pueblerino, provinciano

(B) N (*usu pej*) provinciano/a *m/f*

**provincialism** [prə'vɪnʃəlɪzəm] N provincialismo *m*

**proving ground** ['pru:vɪŋ,graʊnd] N terreno *m* de prueba

**provision** [prə'vɪʒən] (A) N [1] (= *act of providing*) [*of funds, accommodation, jobs*] provisión *f*; [*of food, water*] suministro *m*, abastecimiento *m*; [*of service, care*] prestación *f*; **~ of adequate toilet facilities on the site is essential** es esencial que la obra esté provista de aseos adecuados; **the ~ of care for the elderly** la prestación de asistencia social a los ancianos; **to get in** *or* **lay in a ~ of coal** abastecerse de carbón

[2] (= *amount, number provided*) **nursery ~ is usually poor in country areas** la provisión de guarderías es generalmente escasa en las zonas rurales, suele haber pocas guarderías en las zonas rurales; **there is inadequate housing ~ for the poor** la provisión de viviendas para los pobres es insuficiente; **they have cut their ~ of grants to research students** han reducido la cantidad de ayudas destinadas a la investigación; **recent government policies have squeezed welfare ~** las recientes medidas gubernamentales han reducido las prestaciones en materia de bienestar social

[3] (= *arrangements*) [3·1] (*gen*) previsiones *fpl*; **to make ~ for sth/sb** hacer previsiones para algo/algn; **the government had made no ~ for the refugees** el gobierno no había hecho previsiones para los refugiados

[3·2] (= *financial arrangements*) provisiones *fpl*; **to make ~ for sth/sb: you must make ~ for your old age** debes hacer provisiones para la vejez; **to make ~ for one's family** asegurar el porvenir de su familia; **she would find some way of making proper ~ for her baby** ya encontraría alguna manera de proveer para su bebé; **he has made financial ~ for his son's education** ha hecho provisiones económicas para la educación de su hijo; **the state makes ~ for people without alternative resources** el estado hace provisiones para la gente que no tiene otras fuentes de ingreso; **he made no ~ in his will for his only child**

**Violet** no incluyó a su única hija, Violet, en el testamento

[4] **provisions** (= *food*) provisiones *fpl*, víveres *mpl*

[5] (= *stipulation*) estipulación *f*, disposición *f*; **under** *or* **according to the ~s of the treaty** en virtud de las estipulaciones *or* disposiciones del tratado; **there is no ~ for this in the rules** ◊ **the rules make no ~ for this** las reglas no disponen en previsión de esto; **it comes within the ~s of this law** está comprendido dentro de lo estipulado por esta ley, está comprendido dentro de las estipulaciones *or* disposiciones de esta ley

[6] (= *condition, proviso*) condición *f*; **with the ~ that** con la condición de que; **she approved, with one ~: that ...** dio su aprobación con una condición: que ...

Ⓑ VT aprovisionar, abastecer; **to be ~ed with sth** (*frm*) estar provisto de algo

**provisional** [prəˈvɪʒənl] Ⓐ ADJ provisional, provisorio (*LAm*)

Ⓑ N **Provisional** (*Pol*) (*in Ireland*) Provisional *mf* (*miembro de la tendencia activista del IRA*); **the Provisionals** = **the Provisional IRA**

Ⓒ CPD ► **provisional driving licence** N (*Brit*) permiso *m* de conducción provisional (*Sp*), licencia *f* provisional (*esp LAm*); → DRIVING LICENCE/DRIVER'S LICENSE ► **the Provisional IRA** N el IRA provisional

**provisionally** [prəˈvɪʒnəlɪ] ADV provisionalmente

**proviso** [prəˈvaɪzəʊ] N (*pl* **provisos** *or* **provisoes**) (*gen*) salvedad *f*; **with the ~ that ...** a condición de que ...

**Provo*** [ˈprəʊvəʊ] N = **provisional B**

**provocation** [ˌprɒvəˈkeɪʃən] N provocación *f*; **she acted under ~** reaccionó a una provocación; **to suffer great ~** sufrir una gran provocación

**provocative** [prəˈvɒkətɪv] ADJ [1] (= *inflammatory*) [*remark, behaviour*] provocador; [*act*] de provocación, provocador

[2] (= *thought-provoking*) [*book, film*] sugestivo, que hace reflexionar; [*title*] sugestivo

[3] (= *seductive*) [*person*] seductor; [*clothing, look, smile*] provocativo

**provocatively** [prəˈvɒkətɪvlɪ] ADV [1] (= *aggressively*) [*act, behave*] de modo provocador; [*say*] provocadoramente

[2] (= *seductively*) [*dress, smile*] de forma provocativa

**provoke** [prəˈvəʊk] VT [1] (= *cause*) [+ *reaction, response*] provocar; [+ *violence*] provocar, causar; [+ *crisis*] causar

[2] (= *rouse, move*) incitar, mover (**to** a); **it ~d us to action** nos incitó a obrar; **it ~d the town to revolt** incitó la ciudad a sublevarse; **to ~ sb into doing sth** incitar a algn a hacer algo

[3] (= *anger*) provocar, irritar; **he is easily ~d** se irrita por cualquier cosa, se le provoca fácilmente

**provoking** [prəˈvəʊkɪŋ] ADJ irritante; **how very ~!** ¡qué fastidio!

**provost** [ˈprɒvəst] Ⓐ N (*Univ*) rector(a) *m/f*; (*Scot*) alcalde/esa *m/f*

Ⓑ CPD ► **provost marshal** N capitán *m* preboste

**prow** [praʊ] N (*Naut*) proa *f*

**prowess** [ˈpraʊɪs] N [1] (= *skill*) habilidad *f*, capacidad *f*

[2] (= *courage*) valor *m*

**prowl** [praʊl] Ⓐ N ronda *f* (en busca de presa, botín *etc*); **to be on the ~** merodear, rondar

Ⓑ VI (*also* **~ about** *or* **around**) rondar, merodear; **he ~s round the house at night** (*outside*) ronda la casa de noche; (*inside*) se pasea por la casa de noche

Ⓒ VT **to ~ the streets** rondar las calles

Ⓓ CPD ► **prowl car** N (*US Police*) coche-patrulla *m*

**prowler** [ˈpraʊləʳ] N merodeador(a) *m/f*

**prox.** ABBR (= **proximo**) pr.fr.

**proximity** [prɒkˈsɪmɪtɪ] N proximidad *f*; **in ~ to** cerca *or* en las cercanías de

**proximo** [ˈprɒksɪməʊ] ADV (*Comm*) del mes próximo; **before the 7th ~** antes del 7 del mes que viene

**proxy** [ˈprɒksɪ] Ⓐ N (= *power*) poder *m*; (= *person*) apoderado/a *m/f*; **by ~** por poderes; **to be married by ~** casarse por poderes

Ⓑ CPD ► **proxy vote** N voto *m* por poderes

**Prozac®** [ˈprəʊzæk] N Prozac® *m*

**PRP** N ABBR (*Brit*) [1] (= **performance-related pay**) *sistema salarial que incluye un plus de productividad*

[2] (= **profit-related pay**) *sistema salarial en el que los empleados reciben un porcentaje de los beneficios de la empresa*

**PRS** N ABBR (= **Performing Rights Society**) *sociedad de derechos de autor*, ≈ SGAE *f*

**prude** [pru:d] N gazmoño/a *m/f*, mojigato/a *m/f*

**prudence** [ˈpru:dəns] N prudencia *f*

**prudent** [ˈpru:dənt] ADJ cauteloso, prudente

**prudential** [prʊˈdenʃəl] ADJ prudencial

**prudently** [ˈpru:dəntlɪ] ADV prudentemente, con prudencia

**prudery** [ˈpru:dərɪ] N remilgo *m*, mojigatería *f*, gazmoñería *f*

**prudish** [ˈpru:dɪʃ] ADJ gazmoño, remilgado

**prudishness** [ˈpru:dɪʃnɪs] N = **prudery**

**prune¹** [pru:n] N [1] (= *fruit*) ciruela *f* pasa

[2] (*) (= *person*) bobo/a *m/f*, majadero/a* *m/f*

**prune²** [pru:n] VT [+ *tree, branches*] podar; (*fig*) reducir, recortar

►**prune away** VT + ADV [+ *branches*] podar; (*fig*) [+ *words*] cortar

**pruning** [ˈpru:nɪŋ] Ⓐ N [*of tree, branches*] poda *f*

Ⓑ CPD ► **pruning hook** N, **pruning knife** N, **pruning shears** NPL podadera *f*

**prurience** [ˈprʊərɪəns] N salacidad *f*, lascivia *f*

**prurient** [ˈprʊərɪənt] ADJ salaz, lascivo

**Prussia** [ˈprʌʃə] N Prusia *f*

**Prussian** [ˈprʌʃən] Ⓐ ADJ prusiano

Ⓑ N prusiano/a *m/f*

Ⓒ CPD ► **Prussian blue** N azul *m* de Prusia

**prussic acid** [ˌprʌsɪkˈæsɪd] N ácido *m* prúsico

**pry¹** [praɪ] VI (= *snoop*) fisgonear, curiosear; (= *spy*) atisbar; **to ~ into sb's affairs** (entro)meterse en los asuntos de algn; **to ~ into sb's secrets** curiosear en los secretos de algn

**pry²** [praɪ] VT (*US*) = **prise**

**prying** [ˈpraɪɪŋ] ADJ (= *nosy*) fisgón; (= *meddling*) entrometido

**PS** N ABBR [1] (= **postscript**) P.D.

[2] = **private secretary**

**psalm** [sɑ:m] N salmo *m*

**psalmist** [ˈsɑ:mɪst] N salmista *m*

**psalmody** [ˈsælmədɪ] N salmodia *f*

**psalter** [ˈsɔ:ltəʳ] N salterio *m*

**PSAT** N ABBR (*US*) = **Preliminary Scholastic Aptitude Test**

**PSBR** N ABBR (*Econ*) (= **public sector borrowing requirement**) *necesidades de endeudamiento del sector público*

**psephologist** [seˈfɒlədʒɪst] N psefólogo/a *m/f*

**psephology** [seˈfɒlədʒɪ] N psefología *f*

**pseud*** [sju:d] N (*Brit*) farsante *mf*

**pseudo*** [ˈsju:dəʊ] ADJ farsante, fraudulento; [*person*] fingido; [*person's character*] artificial, afectado

**pseudo...** [ˈsju:dəʊ] PREFIX seudo...; **a ~-artist** un seudo artista

**pseudonym** [ˈsju:dənɪm] N seudónimo *m*

**pseudonymous** [sju:ˈdɒnɪməs] ADJ seudónimo

**pshaw**† [pʃɔ:] EXCL ¡bah!

**psi¹** ABBR (= **pounds per square inch**) ≈ kg/cm²

**psi²** [saɪ] NPL (= *psychic phenomena*) fenómenos *mpl* paranormales

**psittacosis** [ˌsɪtəˈkəʊsɪs] N psitacosis *f*

**psoriasis** [səˈraɪəsɪs] N soriasis *f*

**psst** [pst] EXCL ¡oye!, ¡eh!

**PST** N ABBR (*US*) = **Pacific Standard Time**

**PSV** N ABBR (= **public service vehicle**) vehículo *m* de servicio público

**psych*** [saɪk] VT [1] (= *make uneasy*) (*also* **~ out**) poner nervioso; **that doesn't ~ me** no me da ni frío ni calor, me tiene sin cuidado

[2] (= *prepare psychologically*) (*also* **~ up**) mentalizar

[3] (= *guess, anticipate*) [+ *reactions etc*] adivinar, anticipar

►**psych out*** VT + ADV [1] (= *make uneasy*) poner nervioso

[2] (*US*) (= *analyse, work out*) [+ *person*] calar*; **I ~ed it all out for myself** me di cuenta de por dónde iban los tiros*

►**psych up*** VT + ADV **to get o.s. ~ed up for sth** mentalizarse para algo; **he was all ~ed up to start, when ...** ya estaba mentalizado para empezar, cuando ...

**psych...** [saɪk] PREFIX psic..., psiqu..., sic..., siqu...

**Psyche** [ˈsaɪkɪ] N Psique *f*

**psyche** [ˈsaɪkɪ] N (*Psych*) psique *f*, psiquis *f*

**psychedelic** [ˌsaɪkəˈdelɪk] ADJ psicodélico

**psychiatric** [ˌsaɪkɪˈætrɪk] ADJ psiquiátrico

**psychiatrist** [saɪˈkaɪətrɪst] N psiquiatra *mf*

**psychiatry** [saɪˈkaɪətrɪ] N psiquiatría *f*

**psychic** [ˈsaɪkɪk] Ⓐ ADJ (*also* **~al**) [1] (= *supernatural*) psíquico

[2] (= *telepathic*) telepático; **you must be ~!*** ¿cómo lo adivinaste?; **I'm not ~!*** ¡no soy adivino!*

[3] (*Psych*) psíquico

Ⓑ N (= *person*) vidente *mf*

**psychical** [ˈsaɪkɪkəl] ADJ = **psychic A**

**psycho*** [ˈsaɪkəʊ] N psicópata *mf*

**psycho...** [ˈsaɪkəʊ] PREFIX psico...

**psychoactive** [ˌsaɪkəʊˈæktɪv] ADJ **~ drug** droga *f* psicoactiva

**psychoanalyse**, **psychoanalyze** (*US*) [ˌsaɪkəʊˈænəlaɪz] VT psicoanalizar

**psychoanalysis** [ˌsaɪkəʊəˈnælɪsɪs] N psicoanálisis *m*

**psychoanalyst** [ˌsaɪkəʊˈænəlɪst] N psicoanalista *mf*

**psychoanalytic** [ˌsaɪkəʊænəˈlɪtɪk] ADJ psicoanalítico

**psychoanalytical** [ˌsaɪkəʊænəˈlɪtɪkəl] ADJ = **psychoanalytic**

**psychoanalyze** [ˌsaɪkəʊˈænəlaɪz] VT (*US*) = **psychoanalyse**

**psychobabble*** [ˈsaɪkəʊˌbæbl] N verborrea *f*, jerga *f* de psicólogos

**psychodrama** [ˈsaɪkəʊˌdrɑ:mə] N psicodrama *m*

**psychodynamics** [ˌsaɪkəʊdaɪˈnæmɪks] NSING psicodinámica *f*

**psychokinesis** [ˌsaɪkəʊkɪˈniːsɪs] N psicoquinesis *f*

**psychokinetic** [ˌsaɪkəʊkɪˈnetɪk] ADJ psicoquinético

**psycholinguistic** [ˌsaɪkəʊlɪŋˈgwɪstɪk] ADJ psicolingüístico

**psycholinguistics** [ˌsaɪkəʊlɪŋˈgwɪstɪks] NSING psicolingüística *f*

**psychological** [ˌsaɪkəˈlɒdʒɪkəl] Ⓐ ADJ psicológico; **it's only ~*** son cosas de la imaginación*
Ⓑ CPD ► **psychological block** N bloqueo *m* psicológico ► **psychological make-up** N perfil *m* psicológico ► **psychological moment** N momento *m* psicológico ► **psychological profile** N perfil *m* psicológico ► **psychological profiling** N trazado *m* del perfil psicológico ► **psychological warfare** N guerra *f* psicológica

**psychologically** [ˌsaɪkəˈlɒdʒɪkəlɪ] ADV psicológicamente

**psychologist** [saɪˈkɒlədʒɪst] N psicólogo/a *m/f*

**psychology** [saɪˈkɒlədʒɪ] N psicología *f*

**psychometric** [ˈsaɪkəʊˈmetrɪk] ADJ psicométrico

**psychometrics** [ˈsaɪkəʊˈmetrɪks] NSING psicometría *f*

**psychometry** [saɪˈkɒmɪtrɪ] N psicometría *f*

**psychomotor** [ˈsaɪkəʊˈməʊtəʳ] ADJ psicomotor

**psychoneurosis** [ˈsaɪkəʊnjʊəˈrəʊsɪs] N (*pl* **psychoneuroses** [ˈsaɪkəʊnjʊəˈrəʊsiːz]) psiconeurosis *f inv*

**psychopath** [ˈsaɪkəʊpæθ] N psicópata *mf*

**psychopathic** [ˌsaɪkəʊˈpæθɪk] ADJ psicopático

**psychopathology** [ˈsaɪkəʊpəˈθɒlədʒɪ] N psicopatología *f*

**psychosexual** [ˌsaɪkəʊˈseksjʊəl] ADJ psicosexual

**psychosis** [saɪˈkəʊsɪs] N (*pl* **psychoses** [saɪˈkəʊsiːz]) psicosis *f inv*

**psychosocial** [ˈsaɪkəʊˈsəʊʃəl] ADJ psicosocial

**psychosociological** [ˈsaɪkəʊˌsəʊsɪəˈlɒdʒɪkəl] ADJ psicosociológico

**psychosomatic** [ˈsaɪkəʊsəʊˈmætɪk] ADJ psicosomático

**psychosurgery** [ˌsaɪkəʊˈsɜːdʒərɪ] N psicocirugía *f*

**psychotherapist** [ˌsaɪkəʊˈθerəpɪst] N psicoterapeuta *mf*

**psychotherapy** [ˌsaɪkəʊˈθerəpɪ] N psicoterapia *f*

**psychotic** [saɪˈkɒtɪk] Ⓐ ADJ psicótico
Ⓑ N psicótico/a *m/f*

**psychotropic** [ˌsaɪkəʊˈtrɒpɪk] ADJ psicotrópico

**PT**† N ABBR (= **physical training**) gimnasia *f*, cultura *f* física

**Pt** ABBR (*Geog*) (= **Point**) Pta.

**pt** ABBR [1] = **part**
[2] = **pint(s)**
[3] = **point**
[4] (*Comm*) = **payment**

**P/T** ABBR = **part-time**

**PTA** N ABBR [1] (= **Parent-Teacher Association**) ≈ APA *f*
[2] (*Brit*) (= **Prevention of Terrorism Act**) *ley antiterrorista*

**ptarmigan** [ˈtɑːmɪgən] N (*pl* **ptarmigans** *or* **ptarmigan**) perdiz *f* blanca

**Pte** ABBR (*Mil*) = **Private**

**pterodactyl** [ˌterəʊˈdæktɪl] N pterodáctilo *m*

**PTO** ABBR (= **please turn over**) sigue

**Ptolemaic** [ˌtɒləˈmeɪɪk] ADJ **~ system** sistema *m* de Tolomeo, sistema *m* tolemaico

**Ptolemy** [ˈtɒləmɪ] N Tolomeo

**ptomaine** [ˈtəʊmeɪn] Ⓐ N (p)tomaína *f*
Ⓑ CPD ► **ptomaine poisoning** N envenenamiento *m* (p)tomaínico

**PTSD** N ABBR = **post-traumatic stress disorder**

**PTV** N ABBR (*US*) [1] = **pay television**
[2] = **public television**

**pub** [pʌb] (*Brit*) Ⓐ N pub *m*, bar *m*
Ⓑ CPD ► **pub crawl** N **to go on a ~ crawl*** ir de chateo *or* de parranda (de bar en bar)*

**pub.** ABBR = **published**

**puberty** [ˈpjuːbətɪ] N pubertad *f*

**pubes**¹ [ˈpjuːbiːz] NPL vello *m* púbico

**pubescence** [pjuːˈbesəns] N pubescencia *f*

**pubescent** [pjuːˈbesənt] Ⓐ ADJ pubescente
Ⓑ N pubescente *mf*

**pubic** [ˈpjuːbɪk] Ⓐ ADJ púbico
Ⓑ CPD ► **pubic hair** N vello *m* púbico

**pubis** [ˈpjuːbɪs] N (*pl* **pubes**) pubis *m inv*

**public** [ˈpʌblɪk] Ⓐ ADJ [1] (= *of the State*) público; **they can hire expensive lawyers at ~ expense** pueden contratar abogados caros a costa de los contribuyentes; **to run for/hold ~ office** presentarse como candidato a/ostentar un cargo público; **the ~ purse** el erario público
[2] (= *of, for, by everyone*) público; **they want to deflect ~ attention from the real issues** quieren desviar la opinión pública de los verdaderos problemas; **to be in the ~ eye** ser objeto del interés público; **he has kept his family out of the ~ eye** ha mantenido a su familia alejada de la atención pública; **I have decided to resign in the ~ interest** en el interés de los ciudadanos, he decidido dimitir; **in a bid to gain ~ support** en un intento de hacerse con el apoyo de la gente; ✦**IDIOM ~ enemy number one** enemigo *m* público número uno
[3] (= *open, not private*) [*statement, meeting*] público; [*appearance*] en público; **it's too ~ here** aquí estamos demasiado expuestos al público, aquí no tenemos intimidad; **can we talk somewhere less ~?** ¿podemos hablar en algún sitio más privado *or* menos expuesto al público?; **to become ~** [*news, fact*] hacerse público; **to be in the ~ domain** (= *not secret*) ser de dominio público; **to go ~** (*Comm*) empezar a cotizar en bolsa; **they decided to go ~ about their relationship*** decidieron revelar su relación a la prensa *or* al público; **it is ~ knowledge** ya es de dominio público; **to retire from ~ life** retirarse de la vida pública; **to lead an active ~ life** llevar una vida pública activa; **to make sth ~** hacer público algo, publicar algo
[4] (= *well-known*) **a ~ figure** un personaje público
Ⓑ N [1] (= *people*) **the ~** el público; **the house is open to the ~** la casa está abierta al público; **the general ~** el gran público; **a member of the ~** un ciudadano
[2] (= *open place*) **in ~** en público
[3] (= *devotees*) público *m*; **she couldn't disappoint her ~** no podía decepcionar a su público; **the reading/sporting ~** los aficionados a la lectura/al deporte; **the viewing ~** los telespectadores
Ⓒ CPD ► **public access television** N (*US*) *televisión abierta al público* ► **public address system** N (sistema *m* de) megafonía *f*, altavoces *mpl*, altoparlantes *mpl* (*LAm*) ► **public affairs** NPL actividades *fpl* públicas ► **public assistance** N (*US*) asistencia *f* pública; **to be on ~ assistance** recibir asistencia pública ► **public bar** N bar *m* ► **public body** N organismo *m* público ► **public company** N empresa *f* pública ► **public convenience** N (*Brit frm*) servicios *mpl*, aseos *mpl* públicos ► **public debt** N deuda *f* pública, deuda *f* del Estado ► **public defender** N (*US*) defensor(a) *m/f* de oficio ► **public enquiry** N (*Brit*) = **public inquiry** ► **public expenditure** N gasto *m* (del sector) público ► **public health** N salud *f* pública, sanidad *f* pública ► **public health inspector** N inspector/a *m/f* de salud *or* sanidad pública ► **Public Health Service** N (*US*) ≈ Seguridad *f* Social, *servicio público de asistencia sanitaria* ► **public holiday** N fiesta *f* nacional, fiesta *f* oficial, (día *m*) feriado *m* (*LAm*) ► **public house** N (*Brit frm*) bar *m* ► **public inquiry** N investigación *f* oficial ► **public law** N (= *discipline, body of legislation*) derecho *m* público; (*US*) (= *piece of legislation*) ley *f* pública ► **public library** N biblioteca *f* pública ► **public limited company** N sociedad *f* anónima ► **public nuisance** N (*Jur*) molestia *f* pública; **he's a ~ nuisance** siempre está causando problemas *or* molestias; **to cause a ~ nuisance** alterar el orden público ► **public opinion** N opinión *f* pública ► **public opinion poll** N sondeo *m* (de la opinión pública) ► **public property** N (= *land, buildings*) dominio *m* público; (*fig*) **he couldn't handle being ~ property** no podía soportar ser un personaje público; **his private life is ~ property** su vida privada es de dominio público ► **public prosecutor** N fiscal *mf*; **the Public Prosecutor's Office** la fiscalía; → ATTORNEY ► **Public Record Office** N (*Brit*) archivo *m* nacional ► **public relations** NPL relaciones *fpl* públicas; **the police action was a ~ relations disaster** la actuación de la policía fue desastrosa para su imagen; **it's just a ~ relations exercise** es sólo una operación publicitaria *or* de relaciones públicas ► **public relations officer** N encargado/a *m/f* de relaciones públicas ► **public school** N (*Brit*) colegio *m* privado; (= *boarding school*) internado *m* privado; (*US*) escuela *f* pública ► **the public sector** N el sector público; **60,000 ~-sector jobs must be cut** se deben eliminar 60.000 puestos de funcionario *or* en el sector público ► **public servant** N funcionario/a *m/f* ► **public service** N (= *Civil Service*) administración *f* pública; (*usu pl*) (= *community facility*) servicio *m* público; **she will be remembered for a lifetime of ~ service** se la recordará por cómo entregó su vida al servicio de la comunidad; **in doing this they were performing a ~ service** con esto estaban haciendo un servicio a la comunidad; **~ service announcement** comunicado *m* de interés público; **~ service jobs** puestos *mpl* de funcionario *or* en el sector público; **~ service vehicle** vehículo *m* de servicio público; **~ service worker** funcionario/a *m/f* ► **public speaker** N orador(a) *m/f*; **she is a good ~ speaker** habla muy bien en público, es una buena oradora ► **public speaking** N oratoria *f* ► **public spending** N gasto *m* (del sector) público ► **public television** N (*US*) cadenas *fpl* públicas (de televisión) ► **public transport, public transportation** (*US*) N transporte(s) *m(pl)* público(s); **to ban smoking on ~ transport** prohibir fumar en los medios de transporte público ► **public utility** N empresa *f* del servicio público ► **public works** NPL obras *fpl* públicas

**PUBLIC ACCESS TELEVISION**

*En Estados Unidos, el término* **Public Access Television** *hace referencia a una serie de cadenas no comerciales de televisión por cable* *que emiten programas de ámbito local o programas dedicados a organizaciones humanitarias sin ánimo de lucro. Entre sus emisiones se incluyen charlas sobre actividades escolares, programas sobre aficiones diversas e incluso discursos de organizaciones racistas. Estas emisiones de acceso público se crearon para dar cabida a temas de interés local e impedir que los canales por cable estuvieran dominados por unos cuantos privilegiados. En virtud de la Ley de Emisiones por Cable, el* **Cable Act** *de 1984, cualquier población en que haya algún canal por cable puede obligar a los propietarios de dicho canal a que instalen una cadena adicional de acceso público y provean el equipo, el estudio, los medios técnicos y el personal necesarios para la emisión.*

**publican** ['pʌblɪkən] N [1] (*Brit*) dueño/a *m/f* or encargado/a *m/f* de un pub *or* bar
[2] (*Bible*) publicano *m*

**publication** [,pʌblɪ'keɪʃən] Ⓐ N (= *act*) publicación *f*, edición *f*; (= *published work*) publicación *f*; **this is not for ~** esto no está destinado a la publicación
Ⓑ CPD ► **publication date** N fecha *f* de publicación ► **publication details** NPL detalles *mpl* de publicación

**publicist** ['pʌblɪsɪst] N publicista *mf*

**publicity** [pʌb'lɪsɪtɪ] Ⓐ N [1] publicidad *f*
[2] (*Comm*) (= *advertising, advertisements*) publicidad *f*, propaganda *f*
Ⓑ CPD ► **publicity agent** N agente *mf* de publicidad ► **publicity campaign** N campaña *f* publicitaria ► **publicity manager** N director(a) *m/f* de publicidad ► **publicity stunt** N truco *m* publicitario

**publicity-seeking** [pʌb'lɪsɪtɪ,si:kɪŋ] Ⓐ ADJ [*stunt, ruse*] publicitario; [*person*] con motivos publicitarios
Ⓑ N **she accused the lawyers of ~** acusó a los abogados de albergar motivos publicitarios

**publicity-shy** [pʌb'lɪsɪtɪ,ʃaɪ] ADJ reacio a la publicidad

**publicize** ['pʌblɪsaɪz] VT [1] (= *make public*) publicar, divulgar
[2] (= *advertise*) anunciar, hacer propaganda de

**publicly** ['pʌblɪklɪ] ADV [*acknowledge, criticize, accuse*] públicamente, en público; [*announce, state, humiliate*] públicamente; [*funded*] con fondos públicos; **land and buildings that are ~ owned** tierras *fpl* y edificios *mpl* que son propiedad pública *or* del Estado; **this information should be made ~ available** esta información se debería hacer pública

**public-spirited** ['pʌblɪk'spɪrɪtɪd] ADJ [*act*] de espíritu cívico, solidario; [*person*] lleno de civismo, consciente del bien público

**publish** ['pʌblɪʃ] VT [1] [*newspaper*] [+ *article, photograph*] publicar; [*publisher*] [+ *book*] publicar, editar; [*publisher*] [+ *author*] publicar las obras de; [*author*] [+ *book*] publicar; **"~ed weekly"** "semanario"
[2] (= *make public*) [+ *list, information*] divulgar, hacer público

**publisher** ['pʌblɪʃəʳ] N (= *person*) editor(a) *m/f*; (= *firm*) editorial *f*

**publishing** ['pʌblɪʃɪŋ] Ⓐ N (= *trade*) industria *f* editorial; **he's in ~** publica libros, está con una casa editorial
Ⓑ CPD ► **publishing company**, **publishing house** N (casa *f*) editorial *f*

**puce** [pju:s] Ⓐ N color *m* castaño rojizo
Ⓑ ADJ de color castaño rojizo; (*with shame etc*) colorado

**puck¹** [pʌk] N (= *imp*) duende *m* (malicioso)

**puck²** [pʌk] N (*Sport*) puck *m*, disco *m*

**pucker** ['pʌkəʳ] Ⓐ N arruga *f*; (*Sew*) frunce *m*, fruncido *m*; (*accidentally formed*) buche *m*
Ⓑ VT (*also* **to ~ up**) arrugar; [+ *brow, material*] fruncir
Ⓒ VI (*also* **to ~ up**) arrugarse, formar buches

**puckish** ['pʌkɪʃ] ADJ malicioso, juguetón

**pud*** [pʊd] N (*Brit*) = **pudding**

**pudding** ['pʊdɪŋ] Ⓐ N (= *steamed pudding*) pudín *m*, budín *m*; (*Brit*) (= *dessert*) postre *m*; *see also* **black D**
Ⓑ CPD ► **pudding basin** N (*Brit*) cuenco *m* ► **pudding rice** N arroz *m* redondo

**puddingstone** ['pʊdɪŋstəʊn] N (*Geol*) pudinga *f*

**puddle** ['pʌdl] Ⓐ N charco *m*
Ⓑ VT (*Tech*) pudelar

**pudenda** [pju:'dendə] NPL (*frm*) partes *fpl* pudendas

**pudgy** ['pʌdʒɪ] ADJ = **podgy**

**puerile** ['pjʊəraɪl] ADJ pueril

**puerility** [pjʊə'rɪlɪtɪ] N puerilidad *f*

**puerperal** [pjʊ(:)'ɜ:pərəl] Ⓐ ADJ puerperal
Ⓑ CPD ► **puerperal fever** N fiebre *f* puerperal ► **puerperal psychosis** N psicosis *f inv* puerperal

**Puerto Rican** ['pwɜ:təʊ'ri:kən] Ⓐ ADJ puertorriqueño
Ⓑ N puertorriqueño/a *m/f*

**Puerto Rico** ['pwɜ:təʊ'ri:kəʊ] N Puerto Rico *m*

**puff** [pʌf] Ⓐ N [1] [*of breathing, engine*] resoplido *m*; [*of air*] soplo *m*; [*of wind*] racha *f*, ráfaga *f*; [*of smoke*] bocanada *f*; (*on cigarette, pipe*) chupada *f*; **I'm out of ~*** estoy sin aliento
[2] (= *powder puff*) borla *f*
[3] (*Culin*) **cream ~** petisú *m*, pastel *m* de crema
[4] (*) (= *advert*) bombo* *m*
[5] (*Drugs‡*) canabis *m*
Ⓑ VT [1] (= *blow*) soplar; [+ *pipe etc*] chupar; **to ~ smoke** echar bocanadas de humo; **to ~ smoke in sb's face** echar humo a la cara de algn
[2] (*also* **~ up**) (= *inflate*) hinchar, inflar (*LAm*)
Ⓒ VI [1] (= *breathe heavily*) jadear, resoplar; **to ~ (away) at** *or* **on one's pipe** chupar la pipa
[2] **the train ~ed into/out of the station** el tren entró en/salió de la estación echando humo
Ⓓ CPD ► **puff adder** N víbora *f* puff ► **puff paste** N (*US*) = **puff pastry** ► **puff pastry** N hojaldre *m* ► **puff sleeves** NPL mangas *fpl* filipinas

►**puff along** VI + ADV [*train*] avanzar bufando; [*person*] correr jadeando

►**puff away** VI + ADV *see* **puff C**

►**puff out** VT + ADV [1] [+ *smoke etc*] echar, arrojar, despedir
[2] [+ *cheeks, chest, sails*] hinchar, inflar (*LAm*); [+ *feathers*] erizar

►**puff up** Ⓐ VT + ADV [1] (= *inflate*) [+ *tyre etc*] hinchar, inflar (*LAm*)
[2] = **puff out 2**
[3] (*) (*fig*) dar bombo a; **to ~ o.s. up** darse bombo, engreírse
Ⓑ VI + ADV hincharse

**puffball** ['pʌfbɔ:l] N bejín *m*, pedo *m* de lobo

**puffed** [pʌft] ADJ [1] (*also* **~ up**) [*eye*] hinchado; **his face was all ~ (up)** tenía la cara hinchada; **to be ~ up with pride** (*fig*) hincharse de orgullo
[2] **I'm ~ (out)*** (= *out of breath*) me quedé sin aliento

**puffer*** ['pʌfəʳ] N locomotora *f*

**puffin** ['pʌfɪn] N frailecillo *m*

**puffiness** ['pʌfɪnɪs] N hinchazón *f*

**puffy** ['pʌfɪ] ADJ (*compar* **puffier**; *superl* **puffiest**) [*eye etc*] hinchado

**pug** [pʌg] Ⓐ N (*also* **~ dog**) doguillo *m*
Ⓑ CPD ► **pug nose** N nariz *f* chata; *see also* **pug-nosed**

**pugilism** ['pju:dʒɪlɪzəm] N pugilato *m*, pugilismo *m*

**pugilist** ['pju:dʒɪlɪst] N púgil *m*, pugilista *m*

**pugnacious** [pʌg'neɪʃəs] ADJ pugnaz, agresivo

**pugnaciously** [pʌg'neɪʃəslɪ] ADV con pugnacidad, agresivamente

**pugnacity** [pʌg'næsɪtɪ] N pugnacidad *f*, agresividad *f*

**pug-nosed** ['pʌg'nəʊzd] ADJ de nariz chata

**puke‡** [pju:k] Ⓐ N [1] (= *vomited matter*) vómito *m*
[2] **to have a ~** = **B**
Ⓑ VI (*also* **~ up**) devolver; **it makes me (want to) ~** (*fig*) me da asco
Ⓒ VT (*also* **~ up**) devolver*, vomitar

**pukka*** ['pʌkə] ADJ (*Brit*) (= *real*) auténtico, genuino; (= *posh*) esnob, elegante, lujoso

**pulchritude** ['pʌlkrɪtju:d] N (*frm, liter*) belleza *f*

**pulchritudinous** [,pʌlkrɪ'tju:dɪnəs] ADJ (*frm or liter*) bello

**PULITZER**

*Los premios* **Pulitzer** *se conceden anualmente en Estados Unidos a trabajos periodísticos, literarios y musicales excepcionales, y gozan de un enorme prestigio. En periodismo se conceden trece premios, entre ellos los destinados al periodismo de investigación y crítica. En literatura existen seis categorías, entre las que destacan las de novela, poesía y teatro. Los premios llevan el nombre del editor periodístico norteamericano* **Joseph Pulitzer** *(1847—1911), quien inicialmente aportó el dinero de los premios.*

**pull** [pʊl] Ⓐ N [1] (= *tug*) tirón *m*, jalón *m* (*LAm*); (*with oar etc*) golpe *m*; **give the rope a ~** tira de la cuerda; **suddenly it gave a ~** de repente dio un tirón
[2] [*of moon, magnet, sea etc*] (fuerza *f* de) atracción *f*; [*of current*] fuerza *f*, ímpetu *m*; (*fig*) (= *attraction*) atracción *f*; **the ~ of the south** la atracción del Sur, lo atractivo del Sur
[3] (*) (= *influence*) enchufe* *m*, palanca *f* (*LAm**); (= *advantage*) ventaja *f*; **he has ~ in the right places** tiene influencia donde hace falta; **they have a ~ over us now** ahora nos llevan ventaja; **he has a slight ~** tiene una pequeña ventaja
[4] (*at pipe, cigarette*) chupada *f*; (*at drink*) trago *m*; **he took a ~ at his pipe** le dio una chupada a la pipa; **he took a ~ from the bottle** tomó un trago de la botella, dio un tiento a la botella (*Sp*)
[5] (= *journey, drive etc*) **it was a long ~** fue mucho camino *or* trecho; **we had a long ~ up the hill** nos costó mucho trabajo subir la cuesta
[6] (= *handle of drawer etc*) tirador *m*; [*of bell*] cuerda *f*
[7] (*Typ*) primeras pruebas *fpl*
[8] (*Brit**) **to be on the ~** estar de ligue (*Sp**), estar chequeando (*LAm**)
Ⓑ VT [1] (= *draw, drag*) tirar de, jalar (*LAm*); **to ~ a door shut/open** cerrar/abrir una puerta de un tirón *or* (*LAm*) jalón; **the engine ~s six coaches** la locomotora arrastra seis vagones; **~ your chair over** acerca la silla; **his**

**ideas ~ed me the same way** sus ideas me llevaron por el mismo camino; *see also* **punch A2**, **weight A1**

[2] (= *tug*) tirar de, jalar (*LAm*); [+ *trigger*] apretar; [+ *oar*] tirar de; [+ *boat*] remar; (*Naut*) [+ *rope*] halar, jalar; [+ *tooth*] sacar; [+ *weeds*] arrancar; **to ~ sb's hair** tirar *or* (*LAm*) jalar de los pelos a algn; ✦*IDIOM* **~ the other one (it's got bells on)!*** ¡cuéntaselo a tu abuela!*; *see also* **leg A1**

[3] (= *extract, draw out*) sacar, arrancar; [+ *beer*] servir; **to ~ a gun on sb** amenazar a algn con una pistola; *see also* **rank A1**

[4] (= *injure*) **to ~ a muscle** sufrir un tirón en un músculo

[5] [+ *ball*] (*at golf, etc*) golpear oblicuamente (a la izquierda)

[6] (*Typ*) imprimir

[7] (*) (= *cancel*) [+ *TV programme*] suspender

[8] (*) (= *carry out, do*) **what are you trying to ~?** ¿qué quieres conseguir?, ¿qué es lo que pretendes con esto?; **to ~ a fast one** *or* **a trick on sb** jugar una mala pasada a algn

[9] (*) (= *attract*) **this will really ~ the punters** esto seguramente atraerá clientela; **he knows how to ~ the birds** (*Brit*) sabe ligar con las chicas*

Ⓒ VI [1] tirar, jalar (*LAm*); **to ~ at** *or* **on a rope** tirar de una cuerda; **the car is ~ing to the right** el coche tira hacia la derecha; **the car isn't ~ing very well** el coche no tira

[2] **to ~ at** *or* **on one's pipe** dar chupadas a la pipa; **to ~ at a bottle** tomar un trago *or* (*Sp*) dar un tiento a una botella

[3] (= *move*) [*vehicle*] ir; [*oarsmen etc*] remar; **he ~ed sharply to one side to avoid the lorry** torció bruscamente a un lado para no chocar con el camión; **the car ~ed slowly up the hill** el coche subía despacio la cuesta; **the train ~ed into the station** el tren entró en la estación; **he ~ed alongside the kerb** se acercó al bordillo; **it ~ed to a stop** se paró; **we ~ed for the shore** remamos hacia la orilla

[4] (*Brit**) ligar*, pillar (cacho) (*Sp**)

Ⓓ CPD ► **pull ring**, **pull tab** N anilla *f*

►**pull about** VT + ADV (= *handle roughly*) maltratar, manosear

►**pull ahead** VI + ADV (*in race etc*) tomar la delantera; (*in poll, contest*) ponerse por delante; **to ~ ahead of sth/sb** (*in race etc*) tomar la delantera a algo/algn, dejar atrás algo/a algn; (*in poll, contest*) ponerse por delante de algo/algn

►**pull along** VT + ADV arrastrar; **to ~ o.s. along** arrastrarse

►**pull apart** Ⓐ VT + ADV [1] (= *separate*) separar; (= *take apart*) desmontar

[2] (*fig*) (*) (= *search thoroughly*) registrar de arriba abajo, revolver

[3] (*fig*) (*) (= *criticize*) deshacer, hacer pedazos

Ⓑ VI + ADV **they ~ apart easily** se separan fácilmente

►**pull away** Ⓐ VT + ADV arrancar, quitar

Ⓑ VI + ADV [1] [*vehicle*] (= *move off*) salir, arrancar; **he soon ~ed away from the others** (*in race*) pronto dejó atrás a los demás

[2] (= *draw back*) **to ~ away from sb** apartarse bruscamente de algn

[3] **to ~ away at the oars** tirar (enérgicamente) de los remos

►**pull back** Ⓐ VT + ADV [1] [+ *lever etc*] tirar hacia sí; [+ *curtains*] descorrer

[2] (*Sport**) **to ~ one back** remontar un gol

Ⓑ VI + ADV [1] (= *refrain*) contenerse

[2] (*Mil*) (= *withdraw*) retirarse

►**pull down** VT + ADV [1] (= *lower*) [+ *blinds etc*] bajar; **he ~ed his hat down** se caló el sombrero, se encasquetó el sombrero*

[2] (= *cause to fall*) [+ *person*] hacer caer, tumbar

[3] (= *demolish*) derribar, demoler; (*fig*) [+ *government*] derribar

[4] (= *weaken*) debilitar; **the mark in chemistry ~s her down** la nota de química es la que la perjudica *or* la que le baja la media

[5] (*US**) (= *earn*) ganar

►**pull in** Ⓐ VT + ADV [1] [+ *claws*] retraer; [+ *net*] recoger; [+ *rope*] cobrar

[2] (= *rein in*) [+ *horse*] sujetar

[3] (*) (= *attract*) [+ *crowds*] atraer; **the film is ~ing them in** la película atrae un público numeroso, la película es muy popular; **this will ~ them in** esto les hará venir en masa

[4] (*) (= *take into custody*) detener

[5] (*) (= *earn*) ganar

Ⓑ VI + ADV (= *enter*) (*into station, harbour*) llegar; (*into driveway*) entrar; (= *stop, park*) parar

►**pull off** Ⓐ VT + ADV [1] (= *remove*) quitar, arrancar; [+ *clothes*] quitarse (de prisa)

[2] (*) (= *cause to succeed*) [+ *plan etc*] llevar a cabo, conseguir; [+ *deal*] cerrar, concluir con éxito; **to ~ it off** lograrlo

Ⓑ VI + ADV **we ~ed off into a lay-by** (*Aut*) salimos de la carretera y paramos en un apartadero

Ⓒ VT + PREP **the buses were ~ed off the road at once** en seguida los autobuses dejaron de circular

Ⓓ VI + PREP **we ~ed off the road into a lay-by** salimos de la carretera y paramos en un apartadero

►**pull on** VT + ADV [+ *gloves etc*] ponerse (de prisa)

►**pull out** Ⓐ VT + ADV [1] (= *take out*) (*from pocket, drawer*) sacar; (*from ground*) arrancar; [+ *tooth*] sacar, extraer; (= *pull outwards*) [+ *lever etc*] tirar hacia fuera; **to ~ sb out of a river** sacar a algn de un río; **to ~ sb out of a hole** sacar a algn de un hoyo (a estirones)

[2] (= *withdraw*) retirar; **everybody was ~ed out on strike** todos fueron llamados a la huelga

Ⓑ VI + ADV [1] (*Aut, Rail*) (= *come out*) salir; **the red car ~ed out from behind that black one** el coche rojo salió de detrás de aquel negro; **he ~ed out and disappeared into the traffic** arrancó y se perdió en el tráfico

[2] (*Mil*) (= *withdraw*) retirarse (**from** de)

[3] (= *leave*) salir, partir; **we're ~ing out** nos marchamos ya

[4] **it ~s out easily** [*drawer etc*] sale fácilmente

►**pull over** Ⓐ VT + ADV [1] (= *bring closer*) [+ *chair*] acercar

[2] (= *topple*) volcar

[3] (*Police*) [+ *car, driver*] parar

Ⓑ VI + ADV (*Aut*) hacerse a un lado

►**pull round** Ⓐ VT + ADV **to ~ sb round** [+ *unconscious person*] reanimar a algn

Ⓑ VI + ADV [*unconscious person*] reanimarse, volver en sí

►**pull through** Ⓐ VI + ADV (*from illness*) reponerse, recobrar la salud; (*from difficulties etc*) reponerse

Ⓑ VT + ADV **to ~ sb through** [+ *crisis*] sacar a algn del apuro; [+ *illness*] ayudar a algn a reponerse

►**pull together** Ⓐ VT + ADV [1] **let me ~ together the threads of my argument** permítanme atar los cabos de mi razonamiento; **he has ~ed the team together** gracias a él los jugadores han recuperado su espíritu de equipo

[2] **to ~ o.s. together** calmarse, tranquilizarse; **~ yourself together!** ¡cálmate!

Ⓑ VI + ADV (*fig*) (= *cooperate*) ir todos a una

►**pull up** Ⓐ VT + ADV [1] (= *raise by pulling*) levantar, subir; [+ *socks etc*] subir

[2] (= *bring closer*) [+ *chair*] acercar

[3] (= *uproot*) sacar, arrancar; ✦*IDIOM* **to ~ up one's roots** desarraigarse

[4] (= *stop*) parar; [+ *horse*] refrenar; **the police ~ed him up for speeding** la policía lo paró por sobrepasar el límite de velocidad

[5] (= *scold*) regañar

[6] (= *strengthen*) fortalecer; **it has ~ed the pound up** ha fortalecido la libra; **his mark in French has ~ed him up** la nota de francés le ha subido la media

Ⓑ VI + ADV [1] (= *stop*) detenerse, parar; (*Aut*) parar(se)

[2] (= *restrain o.s.*) contenerse

**pull-back** [ˈpʊlbæk] N (*Mil*) retirada *f*

**pull-down** [ˈpʊl,daʊn] ADJ **~ menu** menú *m* desplegable

**pullet** [ˈpʊlɪt] N polla *f*, pollita *f*

**pulley** [ˈpʊlɪ] N polea *f*

**pull-in** [ˈpʊl,ɪn] N (*Brit Aut*) (= *lay-by*) apartadero *m*; (*for food*) café *m* de carretera, restaurante *m* de carretera

**Pullman®** [ˈpʊlmən] N (*pl* **Pullmans**) [1] (*Brit*) (*also* **~ carriage**) vagón *m* de primera clase

[2] (*US*) (*also* **~ car**) coche *m* cama

**pull-off** [ˈpʊlɒf] N (*US Aut*) apartadero *m*

**pull-out** [ˈpʊlaʊt] Ⓐ N [1] (*in magazine*) suplemento *m* separable

[2] (*Mil etc*) retirada *f*

Ⓑ CPD [*magazine section*] separable; [*table leaf etc*] extensible

**pullover** [ˈpʊləʊvəʳ] N (*esp Brit*) jersey *m*, suéter *m*, chompa *f* (*Peru, Bol*)

**pullulate** [ˈpʌljʊleɪt] VI pulular

**pull-up** [ˈpʊlʌp] N [1] (*Brit*) = **pull-in**

[2] (*US*) = **press-up**

**pulmonary** [ˈpʌlmənərɪ] ADJ pulmonar

**pulp** [pʌlp] Ⓐ N [1] (= *paper pulp, wood pulp*) pasta *f*, pulpa *f*; (*for paper*) pulpa *f* de madera; **to reduce sth to ~** hacer algo papilla; **a leg crushed to ~** (*fig*) una pierna hecha trizas; **to beat sb to a ~*** (*fig*) dar a algn una tremenda paliza, hacer a algn papilla*

[2] [*of fruit, vegetable*] pulpa *f*

Ⓑ VT reducir a pulpa

Ⓒ CPD ► **pulp literature** N literatura *f* barata ► **pulp magazine** N revista *f* amarilla

**pulping** [ˈpʌlpɪŋ] N reducción *f* a pulpa

**pulpit** [ˈpʊlpɪt] N púlpito *m*

**pulpy** [ˈpʌlpɪ] ADJ [1] pulposo

[2] (*) [*literature*] para tirar, de bajísima calidad

**pulsar** [ˈpʌlsɑːʳ] N pulsar *m*

**pulsate** [pʌlˈseɪt] VI vibrar, palpitar

**pulsating** [pʌlˈseɪtɪŋ] ADJ [1] [*heart*] palpitante; [*music*] vibrante

[2] (*fig*) (= *exciting*) palpitante, excitante

**pulsation** [pʌlˈseɪʃən] N pulsación *f*, latido *m*

**pulse**[1] [pʌls] Ⓐ N (*Anat*) pulso *m*; (*Phys*) pulsación *f*; (*fig*) [*of drums, music*] ritmo *m*, compás *m*; **to take sb's ~** tomar el pulso a algn; ✦*IDIOM* **he keeps his finger on the company's ~** está tomando constantemente el pulso a la compañía, se mantiene al tanto de lo que pasa en la compañía

Ⓑ VI pulsar, latir

Ⓒ CPD ► **pulse beat** N latido *m* del pulso ► **pulse rate** N frecuencia *f* del pulso

**pulse²** [pʌls] N (*Bot, Culin*) legumbre *f*

**pulverization** [ˌpʌlvəraɪˈzeɪʃən] N pulverización *f*

**pulverize** [ˈpʌlvəraɪz] VT pulverizar; (*fig*) hacer polvo; (*) (= *thrash*) hacer polvo a*

**puma** [ˈpjuːmə] N puma *m*

**pumice** [ˈpʌmɪs], **pumice stone** [ˈpʌmɪsstəʊn] N piedra *f* pómez

**pummel** [ˈpʌml] VT aporrear, apalear

**pummelling, pummeling** (*US*) [ˈpʌməlɪŋ] N **to take a ~** (*lit*) recibir una paliza, llevarse una paliza; (*fig*) (*in debate etc*) recibir un vapuleo; (*in match etc*) recibir una paliza*

**pump¹** [pʌmp] Ⓐ N [1] (*for liquid, gas, air*) bomba *f*; **foot/hand ~** bomba *f* de pie/de mano; *see also* **bicycle B**, **bilge B**, **petrol B**, **suction B**
[2] (*also* **petrol ~**) surtidor *m* de gasolina
[3] (= *act of pumping*) **I gave the tyre a quick ~** le metí un poco de aire al neumático, inflé un poco el neumático; **after a few ~s water came gushing forth** después de darle a la bomba un par de veces, empezó a salir agua a borbotones
Ⓑ VT [1] (*lit*) [1·1] (*with a pump*) bombear; **gas is ~ed from under the sea bed** el gas se bombea desde el fondo del mar; **to ~ sth dry** [+ *well, river, lake*] secar algo, dejar algo seco; **the tank was ~ed full of water each day** el tanque se llenaba de agua todos los días; **to ~ gas** (*US*) echar *or* meter gasolina; **oil is ~ed into the house from a tank outside** el combustible se bombea a la casa desde un depósito que hay fuera; **a respirator ~ed oxygen into her lungs** un respirador le bombeaba oxígeno a los pulmones; **to ~ air into a tyre** inflar un neumático; **the factory just ~s its waste into the river** la fábrica simplemente vierte sus residuos al río; **they are ~ing oil out of the wrecked tanker** están bombeando el petróleo del buque cisterna siniestrado; **the heart ~s blood round the body** el corazón hace circular la sangre por el cuerpo; **to ~ sb's stomach** hacer un lavado de estómago a algn; ✦**IDIOM to ~ sb dry** dejar a algn seco
[1·2] (*Naut*) **to ~ (out) the bilges** achicar la sentina
[2] (*fig*) **we can't go on ~ing money into this project** no podemos seguir metiendo tanto dinero en *or* inyectándole tanto dinero a este proyecto; **he ~ed five bullets into her head** le metió cinco balas en la cabeza; **to ~ sb full of drugs** atiborrar a algn de drogas; **to ~ sb full of lead*** acribillar *or* coser a algn a balazos*; *see also* **prime C2**
[3] (= *move up and down*) [+ *pedal*] pisar repetidamente; [+ *handle*] darle repetidamente a; **he ~ed the accelerator** pisó repetidamente el pedal del acelerador, se puso a darle al pedal del acelerador; **to ~ sb's hand/arm** dar un fuerte apretón de manos a algn; ✦**IDIOM to ~ iron*** hacer pesas
[4] (*) (= *question*) **I ~ed him discreetly about his past** le sonsaqué discretamente todo lo que pude acerca de su pasado, le tiré de la lengua discretamente acerca de su pasado*; **to ~ sb for information** sonsacar información a algn
Ⓒ VI [1] [*person*] [1·1] (*at pump*) **here's a bucket, get ~ing!** aquí tienes un balde, ¡a trabajar la bomba!
[1·2] (*on lever*) **he was ~ing away on the lever** estaba moviendo la palanca de arriba abajo sin parar
[1·3] (*on pedal*) **he was ~ing away, trying to get the car to start** pisaba repetidamente el pedal, intentando arrancar el coche
[2] [*pump, machine*] **the machine is ~ing (away) all the time** la máquina de bombeo está en funcionamiento constantemente; **the piston was ~ing up and down** el émbolo subía y bajaba
[3] [*heart*] (= *circulate blood*) bombear la sangre; (= *beat*) latir; [*blood, adrenaline*] correr por las venas
[4] [*liquid*] **the oil was ~ing along the pipeline** el petróleo corría por el tubo; **blood ~ed from the severed artery** la sangre salía a borbotones de la arteria cortada
Ⓓ CPD ► **pump attendant** N encargado/a *m/f* de la gasolinera ► **pump house** N sala *f* de bombas ► **pump price** N [*of petrol*] precio *m* de la gasolina ► **pump room** N sala *f* de bombas

►**pump in** VT + ADV [1] (*lit*) (*with pump*) bombear, meter *or* introducir con una bomba; (*with other device*) bombear; **~ some more air in** bombea más aire, introduce *or* mete más aire (con la bomba); **they are having water ~ed in from surrounding areas** se les está bombeando agua de las zonas colindantes
[2] (*fig*) [+ *money*] inyectar

►**pump out** Ⓐ VT + ADV [1] (= *extract, remove*) [+ *oil, water*] bombear, extraer *or* sacar con una bomba
[2] (= *empty*) [+ *boat*] achicar el agua de; [+ *flooded cellar, building*] sacar el agua de; **it's no fun having your stomach ~ed out** un lavado de estómago no es nada divertido
[3] (= *produce, emit*) [3·1] (*lit*) despedir; **the pipe was ~ing out raw sewage** el tubo estaba despidiendo aguas residuales sin tratar; **cars which ~ out deadly exhaust fumes** los coches que despiden gases letales
[3·2] (*fig*) (*) **the country is investing a lot of money into ~ing out more oil** el país está invirtiendo mucho dinero para producir más petróleo; **this station ~s out music 24 hours a day** esta cadena emite música las veinticuatro horas del día; **he ~s out articles each week** cada semana saca un artículo detrás de otro como si nada
Ⓑ VI + ADV manar; **oil was ~ing out from the ruptured tanks** el petróleo manaba de las cisternas rotas

►**pump up** VT + ADV [1] (= *inflate*) [+ *tyre*] hinchar, inflar (*LAm*)
[2] (= *carry up*) [+ *water, oil*] bombear; **water is ~ed up from springs** se bombea el agua de los manantiales
[3] (*) (= *increase*) [+ *prices, profits*] inflar; **to ~ up the economy** reactivar la economía
[4] (= *enhance*) mejorar; **we need to ~ up his image** tenemos que mejorar su imagen
[5] (= *inspire*) [+ *person*] animar; [+ *morale*] subir, levantar

**pump²** [pʌmp] N (*esp Brit*) (= *sports shoe*) zapatilla *f*; (*esp US*) (= *dancing shoe*) bailarina *f*; (= *slip-on shoe*) zapato *m* de salón

**pump-action shotgun** [ˌpʌmpækʃənˈʃɒtgʌn] N escopeta *f* de pistón

**pumper** [ˈpʌmpəʳ] N (*US*) coche *m* bomba

**pumpernickel** [ˈpʌmpənɪkl] N pan *m* de centeno entero

**pumping station** [ˈpʌmpɪŋˌsteɪʃən] N (*for water*) estación *f* de bombeo; (*for oil*) estación *f* de bombeo de crudo

**pumpkin** [ˈpʌmpkɪn] N (= *vegetable*) calabaza *f*, zapallo *m* (*Andes, S. Cone*); (= *plant*) calabacera *f*

**pump-priming** [ˈpʌmpˈpraɪmɪŋ] N (*fig*) inversión *f* inicial con carácter de estímulo; (*US*) *inversión estatal en nuevos proyectos que se espera beneficien la economía*

**pun** [pʌn] Ⓐ N juego *m* de palabras (**on** sobre), retruécano *m*, albur *m* (*Mex*)
Ⓑ VI hacer un juego de palabras (**on** sobre), alburear (*Mex*)

**Punch** [pʌntʃ] Ⓐ N (*Theat*) Polichinela *m*; ✦**IDIOM to be as pleased as ~** estar como unas pascuas
Ⓑ CPD ► **Punch and Judy show** N teatro *m* de títeres

**punch¹** [pʌntʃ] Ⓐ N [1] (= *tool*) [1·1] (*for making holes*) (*in leather, etc*) punzón *m*; (*in paper*) perforadora *f*; (*in ticket*) máquina *f* de picar
[1·2] (*for stamping design*) troquel *m*, cuño *m*
[1·3] (*for driving in nails*) clavadora *f*
[2] (= *blow*) puñetazo *m*; **he floored him with one ~** lo derribó de un solo puñetazo; **body ~** (*Boxing*) puñetazo *m* en el cuerpo; **a ~ in the face** un puñetazo en la cara; **to land a ~** asestar un puñetazo; **a ~ on** *or* **in the nose** un puñetazo en la nariz; **he packs a ~*** pega duro*; **to swing** *or* **throw a ~** soltar un puñetazo; **to take a ~** recibir un puñetazo; ✦**IDIOM to pull one's ~es** andarse con miramientos; **he didn't pull any ~es** no se mordió la lengua; *see also* **knockout B**
[3] (*fig*) (= *vigour*) empuje *m*, garra *f*; **he has ~** tiene empuje *or* garra; **think of a phrase that's got some ~ to it** piensa una frase que tenga garra
Ⓑ VT [1] (= *perforate*) (*with tool*) [+ *paper, card, metal*] perforar; [+ *leather*] punzar; [+ *ticket*] picar; (*also* **~ out**) (*with die*) troquelar; (= *stamp*) [+ *design*] estampar; **~ed card** tarjeta *f* perforada; **to ~ the clock** fichar; **to ~ a hole in sth** (*in leather, paper, metal*) hacer un agujero a algo; **they ~ed holes in Arsenal's defence** encontraron huecos en la defensa del Arsenal; **~ed tape** cinta *f* perforada
[2] (= *hit*) (*with fist*) dar un puñetazo a; **to ~ sb in the stomach/on the nose** dar un puñetazo a algn en el estómago/la nariz; **to ~ sb in the face** ◊ **~ sb's face** dar un puñetazo a algn en la cara; **she ~ed the air in triumph** agitaba los brazos, triunfante; **I ~ed the ball into the net** metí el balón en la red de un manotazo; **he ~ed his fist through the glass** atravesó el cristal de un puñetazo; **he ~ed the wall angrily** golpeó la pared furioso
[3] (= *press*) [+ *button, key*] presionar
[4] (*US*) **to ~ cattle** aguijonear al ganado
Ⓒ VI pegar (puñetazos); **come on, you can ~ harder than that!** ¡venga, que puedes pegar con más fuerza!; **to ~ at sb** dar *or* pegar un puñetazo a algn
Ⓓ CPD ► **punch bag** N (*Brit*) saco *m* de arena ► **punch card** N tarjeta *f* perforada ► **punch line** N remate *m* ► **punch operator** N operador(a) *m/f* de máquina perforadora

►**punch in** Ⓐ VT + ADV [1] (= *beat up*) **to ~ sb's face/head in*** romper la cara/la crisma a algn*
[2] (= *key in*) [+ *code, number*] teclear; **you have to ~ the code in first** primero hay que teclear *or* introducir el código
Ⓑ VI + ADV (*on time clock*) fichar

►**punch out** Ⓐ VT + ADV [1] (*with tool*) [+ *hole*] perforar; (*with die*) [+ *machine parts*] troquelar
[2] [+ *number, code*] teclear; **I picked up the phone and ~ed out a number** descolgué el teléfono y tecleé un número
[3] (*) (*with fist*) [+ *person*] pegar
Ⓑ VI + ADV (*on time clock*) fichar al salir

**punch²** [pʌntʃ] N (= *drink*) ponche *m*

**punchball** ['pʌntʃbɔːl] N [1] (*Brit*) pera *f*, punching-ball *m*
[2] (*US*) (= *game*) *tipo de béisbol que se juega sin bate*

**punchbowl** ['pʌntʃbəʊl] N ponchera *f*

**punch-drunk** ['pʌntʃ'drʌŋk] ADJ (*fig*) aturdido; **to be ~** estar grogui*

**puncher** ['pʌntʃəʳ] N [1] (= *tool*) perforadora *f*; (*for leather*) punzón *m*
[2] (= *boxer etc*) **he's a hard ~** pega fuerte

**punching bag** ['pʌntʃɪŋbæg] N (*US*) = **punch bag**

**punch-up*** ['pʌntʃʌp] N (*Brit*) pelea *f*, refriega *f*

**punchy*** ['pʌntʃɪ] ADJ (*compar* **punchier**; *superl* **punchiest**) [*person etc*] de empuje, con garra; [*phrase*] con garra; [*remark*] incisivo, contundente; [*style*] vigoroso

**punctilio** [pʌŋk'tɪlɪəʊ] N (*pl* **punctilios**) (*frm*) puntillo *m*, etiqueta *f*

**punctilious** [pʌŋk'tɪlɪəs] ADJ puntilloso, quisquilloso

**punctiliously** [pʌŋk'tɪlɪəslɪ] ADV de modo puntilloso

**punctual** ['pʌŋktjʊəl] ADJ puntual; **you're very ~** (*now*) llegaste en punto; (*usually*) siempre llegas puntual; **"please be ~"** "se ruega la mayor puntualidad"

**punctuality** [,pʌŋktjʊ'ælɪtɪ] N puntualidad *f*

**punctually** ['pʌŋktjʊəlɪ] ADV puntualmente, en punto; **the bus arrived ~** el autobús llegó puntualmente *or* a la hora; **~ at six o'clock** a las seis en punto

**punctuate** ['pʌŋktjʊeɪt] VT (*Ling*) puntuar; **his speech was ~d by applause** los aplausos interrumpieron repetidamente su discurso

**punctuation** [,pʌŋktjʊ'eɪʃən] Ⓐ N (*Ling*) puntuación *f*
Ⓑ CPD ► **punctuation mark** N signo *m* de puntuación

**puncture** ['pʌŋktʃəʳ] Ⓐ N (*in tyre, balloon*) pinchazo *m*, ponchadura *f* (*Mex*); (*in skin*) perforación *f*; (*Aut*) pinchazo *m*, ponchadura *f* (*Mex*); **I have a ~** se me ha pinchado *or* (*Mex*) ponchado un neumático *or* (*esp LAm*) una llanta; **I had a ~ on the motorway** tuve un pinchazo en la autopista
Ⓑ VT [+ *tyre*] pinchar, ponchar (*Mex*); [+ *skin*] perforar; **this ~d his confidence** esto destruyó su confianza; **we'll see if it ~s his pride** veremos si esto le baja los humos
Ⓒ VI pincharse, poncharse (*Mex*)

**pundit** ['pʌndɪt] N experto/a *m/f*

**pungency** ['pʌndʒənsɪ] N [*of smell, flavour*] acritud *f*; [*of remark*] mordacidad *f*

**pungent** ['pʌndʒənt] ADJ [*smell, flavour*] acre; [*remark, style*] mordaz

**pungently** ['pʌndʒəntlɪ] ADV [*smell*] acremente; [*remark, write*] mordazmente

**Punic** ['pjuːnɪk] Ⓐ ADJ púnico
Ⓑ N púnico *m*

**punish** ['pʌnɪʃ] VT [1] castigar; **to ~ sb for sth/for doing sth** castigar a algn por algo/ por hacer algo; **they were severely ~ed for their disobedience** los castigaron severamente por su desobediencia
[2] (*fig*) (*) maltratar

**punishable** ['pʌnɪʃəbl] ADJ (*gen*) punible; (*Jur*) punible, sancionable; **a ~ offence** una infracción penada *or* sancionada por la ley; **a crime ~ by death** un delito castigado con la pena de muerte

**punishing** ['pʌnɪʃɪŋ] Ⓐ ADJ [*race, schedule*] duro, agotador
Ⓑ N castigo *m*; (*fig*) castigo *m*, malos tratos *mpl*; **to take a ~** recibir una paliza*; [*car, furniture etc*] recibir muchos golpes

**punishment** ['pʌnɪʃmənt] N [1] (= *punishing, penalty*) castigo *m*; **to make the ~ fit the crime** determinar un castigo acorde con la gravedad del crimen; **to take one's ~** aceptar el castigo
[2] (*fig*) (*) malos tratos *mpl*; **to take a lot of ~** (*Sport*) recibir una paliza*; [*car, furniture etc*] recibir muchos golpes

**punitive** ['pjuːnɪtɪv] ADJ punitivo; (*Jur*) [*damages*] punitorio

**Punjabi** [pʌn'dʒɑːbɪ] Ⓐ ADJ punjabí
Ⓑ N [1] (*Ling*) punjabí *m*
[2] (= *person*) punjabí *mf*

**punk** [pʌŋk] Ⓐ N [1] (= *person*) (*also* **~ rocker**) punki *mf*, punk *mf*; (= *music*) (*also* **~ rock**) música *f* punk, punk *m*
[2] (*US**) (= *hoodlum*) rufián *m*, matón *m* (*LAm*)
Ⓑ CPD ► **punk rock** N música *f* punk, punk *m*; **a ~ rock band** un grupo punk

**punnet** ['pʌnɪt] N (*Brit*) canastilla *f*

**punster** ['pʌnstəʳ] N persona *f* aficionada a los juegos de palabras, equivoquista *mf*

**punt**[1] [pʌnt] Ⓐ N (= *boat*) batea *f*
Ⓑ VT [+ *boat*] impulsar (con percha); [+ *ball*] dar un puntapié a
Ⓒ VI **to go ~ing** ir a pasear en batea

**punt**[2] [pʌnt] VI (= *bet*) apostar

**punt**[3] [pʌnt] Ⓐ N puntapié *m* de volea
Ⓑ VT dar un puntapié de volea a

**punt**[4] [pʊnt] N (= *currency*) libra *f* (irlandesa)

**punter** ['pʌntəʳ] (*esp Brit*) N [1] (*Brit Racing*) (= *gambler*) jugador(a) *m/f*, apostador(a) *m/f*
[2] (*) (= *customer*) cliente *mf*; [*of prostitute*] cliente *mf*; **the ~(s)** (*Brit*) (= *customer, member of public*) el público

**puntpole** ['pʌntpəʊl] N percha *f*, pértiga *f* (de batea)

**puny** ['pjuːnɪ] ADJ (*compar* **punier**; *superl* **puniest**) enclenque, endeble

**PUP** N ABBR (*Brit*) = **Progressive Unionist Party**

**pup** [pʌp] Ⓐ N (= *young*) [*of dog*] cachorro/a *m/f*; [*of other animal*] cría *f*; **seal ~** cría *f* de foca; ✦***IDIOM*** **to sell sb a ~** dar a algn gato por liebre
Ⓑ VI [*bitch*] parir

**pupa** ['pjuːpə] N (*pl* **pupae** ['pjuːpiː]) crisálida *f*

**pupate** ['pjuːpeɪt] VI crisalidar

**pupil**[1] ['pjuːpl] N [1] (*in school*) alumno/a *m/f*, educando/a *m/f* (*frm*); **last year ~ numbers increased by 46,100** el año pasado hubo un aumento de 46.100 en el número total de alumnos; **~-teacher ratio** proporción *f* de alumnos por maestro; *see also* **teacher-pupil ratio**
[2] [*of musician, artist etc*] alumno/a *m/f*, discípulo/a *m/f*

**pupil**[2] ['pjuːpl] N (*Anat*) pupila *f*

**puppet** ['pʌpɪt] Ⓐ N (*lit*) títere *m*, marioneta *f*; (*fig*) títere *m*
Ⓑ CPD ► **puppet government**, **puppet régime** N gobierno *m* títere ► **puppet show** N teatro *m* de títeres *or* marionetas ► **puppet theatre**, **puppet theater** (*US*) N = **puppet show**

**puppeteer** [,pʌpɪ'tɪəʳ] N titiritero/a *m/f*

**puppetry** ['pʌpɪtrɪ] N títeres *mpl*, arte *m* del titiritero

**puppy** ['pʌpɪ] Ⓐ N cachorro/a *m/f*, perrito/a *m/f*
Ⓑ CPD ► **puppy fat** N gordura *f* infantil ► **puppy love** N amor *m* juvenil

**purblind** ['pɜːblaɪnd] ADJ cegato; (*fig*) ciego, falto de comprensión

**purchase** ['pɜːtʃɪs] Ⓐ N [1] (= *act, object*) compra *f*, adquisición *f*; **to make a ~** hacer una compra, efectuar una adquisición (*frm*)
[2] (= *grip*) agarre *m*, asidero *m*; (= *leverage*) palanca *f*; **I got a ~ on the rope and pulled** me agarré de la cuerda y tiré; **I was trying to get a ~ on the cliff face** estaba intentando agarrarme a la pared del acantilado; **the wheels can't get a ~ on this surface** los neumáticos no se adhieren bien a esta superficie
Ⓑ VT (*frm*) comprar, adquirir; **to ~ sth from sb** comprar algo a algn; **he ~d his freedom at a great price** pagó muy cara su libertad
Ⓒ CPD ► **purchase order** N orden *f* de compra ► **purchase price** N precio *m* de compra ► **purchase tax** N (*Brit*) (*formerly*) impuesto *m* sobre la venta

**purchaser** ['pɜːtʃɪsəʳ] N comprador(a) *m/f*

**purchasing** ['pɜːtʃɪsɪŋ] Ⓐ N compra *f*
Ⓑ CPD ► **purchasing department** N departamento *m* de compras ► **purchasing officer** N agente *mf* de compra ► **purchasing power** N [*of person, currency*] poder *m* adquisitivo

**purdah** ['pɜːdə] N (*in India etc*) reclusión *f* femenina; **to be in ~** (*fig*) estar en cuarentena

**pure** [pjʊəʳ] Ⓐ ADJ (*compar* **purer**; *superl* **purest**)
[1] (= *unadulterated*) [*wool, alcohol, substance*] puro; [*silk*] natural; **a ~ wool jumper** un jersey de lana pura; **it's blackmail, ~ and simple** esto es chantaje, lisa y llanamente
[2] (= *clean, clear*) [*air, water, sound, light*] puro
[3] (= *sheer*) [*pleasure, luck, coincidence, speculation*] puro; **the whole story was ~ invention** todo fue puro cuento; **by ~ chance** por pura casualidad
[4] (= *theoretical*) puro; **~ mathematics/science** matemáticas *fpl*/ciencias *fpl* puras
[5] (= *virgin, blameless*) puro; **~ in** *or* **of heart** (*liter*) limpio de corazón; **~ in mind and body** de mente y cuerpo puros; ✦***IDIOM*** **as ~ as the driven snow** puro como la nieve
Ⓑ CPD ► **pure vowel** N vocal *f* simple

> **PURE**
>
> **Position of "puro"**
>
> You should generally put **puro** after the noun when you mean **pure** in the sense of "uncontaminated" or "unadulterated" and before the noun in the sense of "sheer" or "plain":
>
> ...pure olive oil...
> ***...aceite puro de oliva...***
> It's pure coincidence
> ***Es pura coincidencia***
>
> *For further uses and examples, see main entry.*

**purebred** ['pjʊə'bred] Ⓐ ADJ [*horse*] de pura sangre; [*dog*] de raza
Ⓑ N animal *m* de raza; (= *horse*) pura sangre *mf*, purasangre *mf*

**purée** ['pjʊəreɪ] N (*Culin*) puré *m*; **apple ~** puré *m* de manzana; **tomato ~** puré *m* de tomate, concentrado *m* de tomate

**purely** ['pjʊəlɪ] ADV (= *wholly*) puramente; **their relationship was ~ physical** su relación era puramente física; **it is not a ~ physical illness** no es simplemente una enfermedad orgánica; **we met ~ by accident** nos conocimos por pura casualidad; **~ and simply** lisa y llanamente

**pure-minded** ['pjʊə'maɪndɪd] ADJ de mente pura

**pureness** ['pjʊənɪs] N pureza *f*

**purgation** [pɜː'geɪʃən] N purgación *f*

**purgative** ['pɜːgətɪv] Ⓐ ADJ (*Med*) purgante,

purgativo
Ⓑ N (*Med*) purgante *m*

**purgatory** [ˈpɜːgətərɪ] N (*Rel, fig*) purgatorio *m*; **it was ~!** ¡fue un purgatorio!

**purge** [pɜːdʒ] Ⓐ N (*all senses*) purga *f*, depuración *f*
Ⓑ VT (*all senses*) purgar, depurar

**purification** [ˌpjʊərɪfɪˈkeɪʃən] N [*of air*] purificación *f*; [*of water*] depuración *f*

**purifier** [ˈpjʊərɪfaɪəʳ] N [*of air*] purificador *m*; [*of water*] depurador *m*

**purify** [ˈpjʊərɪfaɪ] VT [+ *air*] purificar; [+ *water*] depurar; [+ *metal*] acrisolar, refinar

**purism** [ˈpjʊərɪzəm] N purismo *m*

**purist** [ˈpjʊərɪst] N purista *mf*

**puritan** [ˈpjʊərɪtən] Ⓐ ADJ puritano
Ⓑ N puritano/a *m/f*

**puritanical** [ˌpjʊərɪˈtænɪkəl] ADJ puritano

**puritanism** [ˈpjʊərɪtənɪzəm] N puritanismo *m*

**purity** [ˈpjʊərɪtɪ] N pureza *f*

**purl** [pɜːl] Ⓐ N punto *m* del revés
Ⓑ VT hacer punto del revés; **"~ two"** "dos del revés"

**purler*** [ˈpɜːləʳ] N **to come a ~** caer pesadamente, caer aparatosamente; (*fig*) fracasar estrepitosamente, darse un batacazo*

**purlieus** [ˈpɜːljuːz] NPL (*frm, hum*) alrededores *mpl*, inmediaciones *fpl*

**purloin** [pɜːˈlɔɪn] VT (*frm or hum*) robar

**purple** [ˈpɜːpl] Ⓐ ADJ morado; **to go ~ (in the face)** enrojecer; **Purple Heart** (*US Mil*) *decoración otorgada a los heridos de guerra*; **~ heart** (píldora *f* de) anfetamina *f*; **~ prose** prosa *f* de estilo inflado
Ⓑ N (= *colour*) púrpura *f*, morado *m*
Ⓒ VT purpurar

**purplish** [ˈpɜːplɪʃ] ADJ purpurino, algo purpúreo

**purport** (*frm*) Ⓐ [ˈpɜːpət] N [1] (= *meaning*) significado *m*, sentido *m*
[2] (= *purpose*) intención *f*
Ⓑ [pɜːˈpɔːt] VT **to ~ to be** pretender ser

**purportedly** [pɜːˈpɔːtɪdlɪ] ADV supuestamente

**purpose** [ˈpɜːpəs] Ⓐ N [1] (= *intention*) propósito *m*, objetivo *m*; **we all shared a common ~** todos teníamos el mismo propósito *or* objetivo; **she has a ~ in life** tiene un objetivo *or* una meta *or* un norte en la vida; **what was your ~ in going?** ¿con qué intención fuiste?; **"purpose of visit"** (*on official form*) "motivo *m* del viaje"; **I put that there for a ~** he puesto eso ahí a propósito *or* por una razón; **this is good enough for our ~s** esto sirve para nuestros fines; **he exploited her talent for his own ~s** explotó su talento en beneficio propio; **for all practical ~s** en la práctica; **for the ~s of this meeting** para los fines de esta reunión; **for the ~ of doing sth** con el fin de hacer algo; **on ~** a propósito, adrede; **with the ~ of** con el fin de; *see also* **intent B**
[2] (= *use*) uso *m*, utilidad *f*; **what is the ~ of this tool?** ¿qué uso *or* utilidad tiene esta herramienta?; **it wasn't designed for this ~** no se diseñó para este fin *or* uso; **to good ~** provechosamente; **it was all to no ~** todo fue inútil *or* en vano; **you can adapt it to your own ~s** lo puede adaptar a sus necesidades; **it serves no useful ~** no tiene uso práctico, no tiene utilidad práctica; *see also* **serve A2**
[3] (= *determination*) resolución *f*, determinación *f*; **to have a sense of ~** tener un rumbo en la vida; **he has no sense of ~** no tiene rumbo en la vida; **she has great strength of ~** tiene muchísima resolución *or* determinación, es muy resuelta; *see also* **infirm**
Ⓑ VT (†) **to ~ doing sth/to do sth** proponerse *or* planear hacer algo

**purpose-built** [ˌpɜːpəsˈbɪlt] ADJ construido especialmente

**purposeful** [ˈpɜːpəsfʊl] ADJ [*look, expression*] de determinación; [*manner, walk*] resuelto, decidido; [*work, activity*] con sentido

**purposefully** [ˈpɜːpəsfəlɪ] ADV resueltamente

**purposefulness** [ˈpɜːpəsfʊlnɪs] N resolución *f*

**purposeless** [ˈpɜːpəslɪs] ADJ [*person's character*] irresoluto; [*person's state*] indeciso; [*act*] sin propósito, sin objeto, sin finalidad

**purposely** [ˈpɜːpəslɪ] ADV a propósito, adrede, expresamente; **a ~ vague statement** una declaración realizada en términos vagos a propósito *or* adrede *or* expresamente

**purposive** [ˈpɜːpəsɪv] ADJ = **purposeful**

**purr** [pɜːʳ] Ⓐ N ronroneo *m*
Ⓑ VI [*cat, engine*] ronronear
Ⓒ VT (= *say*) susurrar, decir suavemente

**purse** [pɜːs] Ⓐ N [1] (*Brit*) (*for money*) monedero *m*; **a well-lined ~** una bolsa llena; **it is beyond my ~** mis recursos no llegan a tanto, está fuera de mi alcance; **✦IDIOM to hold the ~ strings** administrar el dinero; *see also* **public A1**, **silk C**
[2] (*US*) (= *handbag*) bolso *m*, cartera *f* (*LAm*)
[3] (= *sum of money as prize*) premio *m* en metálico
Ⓑ VT **to ~ one's lips** fruncir los labios
Ⓒ CPD ► **purse snatcher** N (*US*) carterista *mf*

**purser** [ˈpɜːsəʳ] N (*Naut*) comisario/a *m/f*

**pursuance** [pəˈsjuːəns] N (*frm*) **in ~ of** [+ *plan, goal*] para la consecución de; [+ *duty*] en cumplimiento de

**pursuant** [pəˈsjuːənt] ADV (*frm*) **~ to** de acuerdo con, conforme a

**pursue** [pəˈsjuː] VT [1] (= *chase*) perseguir, seguir; **they were being ~d by enemy planes** los aviones enemigos los perseguían *or* los seguían; **she was often ~d by fans** a menudo la perseguían *or* la acosaban sus admiradores; **he has been ~d by bad luck all his life** se ha visto perseguido por la mala suerte toda su vida
[2] (= *engage in*) [+ *interests, career*] dedicarse a; [+ *studies, war, talks*] proseguir; [+ *profession*] ejercer, dedicarse a
[3] (= *continue with*) [+ *course of action*] seguir; [+ *policy, reform*] aplicar; **he had been pursuing his own inquiries** había estado haciendo sus propias averiguaciones; **we have decided not to ~ the matter further** hemos decidido no seguir adelante con el asunto
[4] (= *strive for*) [+ *aim, objective, peace*] luchar por; [+ *happiness, pleasure*] buscar; [+ *success, fame*] perseguir, buscar; [+ *rights*] reivindicar

**pursuer** [pəˈsjuːəʳ] N perseguidor(a) *m/f*

**pursuit** [pəˈsjuːt] Ⓐ N [1] (= *chase*) caza *f*, persecución *f*; (*fig*) [*of pleasure, happiness, knowledge*] busca *f*, búsqueda *f*; **the ~ of wealth** el afán de riqueza; **in (the) ~ of sth/sb** en busca de algo/algn; **to set out in ~ of sb** salir en busca de algn; **with two policemen in hot ~** con dos policías pisándole los talones
[2] (= *occupation*) **outdoor ~s** actividades *fpl* al aire libre; **literary ~s** intereses *mpl* literarios, actividades *fpl* literarias; **leisure ~s** pasatiempos *mpl*
Ⓑ CPD ► **pursuit plane** N avión *m* de caza

**purulence** [ˈpjʊərʊləns] N purulencia *f*

**purulent** [ˈpjʊərʊlənt] ADJ purulento

**purvey** [pɜːˈveɪ] VT (*frm*) proveer, suministrar, abastecer

**purveyance** [pɜːˈveɪəns] N (*frm*) provisión *f*, suministro *m*, abastecimiento *m*

**purveyor** [pɜːˈveɪəʳ] N (*frm*) proveedor(a) *m/f*, abastecedor(a) *m/f*

**purview** [ˈpɜːvjuː] N (*frm*) ámbito *m*, esfera *f*; **it comes within the ~ of the law** esta dentro del ámbito *or* la esfera de la ley

**pus** [pʌs] N pus *m*

**push** [pʊʃ] Ⓐ N [1] (= *shove*) empujón *m*; **with one ~** de un empujón; **the car needs a ~** hay que empujar el coche; **at the ~ of a button** con sólo apretar *or* pulsar un botón; **to give sth/sb a ~** dar a algo/algn un empujón
[2] (*Brit**) **to get the ~**: **he got the ~** [*worker*] lo pusieron de patitas en la calle*, lo echaron; [*lover*] ella lo plantó*, ella lo dejó; **to give sb the ~** [+ *worker*] poner a algn de patitas en la calle*, echar a algn; [+ *lover*] plantar a algn*, dejar a algn
[3] (= *effort*) esfuerzo *m*; **in its ~ for economic growth ...** en su esfuerzo por desarrollar la economía ...
[4] (= *encouragement*) empujoncito* *m*; **we need a ~ to take the first step** necesitamos un empujoncito para dar el primer paso*
[5] (*Mil*) (= *offensive*) ofensiva *f*; **the allied ~ into occupied Kuwait** la ofensiva de los aliados en la zona ocupada de Kuwait
[6] (*) **at a ~** a duras penas; **if** *or* **when it comes to the ~** en último caso, en el peor de los casos; **✦IDIOM when ~ comes to shove** a la hora de la verdad
[7] (= *dynamism*) dinamismo *m*, empuje *m*, energía *f*; **he's got no ~** no tiene empuje, le falta energía; **he's a man with plenty of ~** es hombre de empuje
Ⓑ VT [1] (= *shove, move by pushing*) empujar; **don't ~ me!** ¡no me empujes!; **to ~ sb against a wall** empujar a algn contra una pared; **she ~ed him down the stairs** lo empujó escaleras abajo; **to ~ sb into a room** hacer entrar a algn en una habitación de un empujón; **to ~ a car into the garage** empujar un coche dentro del garaje; **to ~ one's finger into a hole** introducir el dedo en un agujero; **he ~ed the book into my hand** me metió el libro en la mano; **to ~ sb off the pavement** echar a algn de la acera a empujones; **he ~ed the books off the table** tiró los libros de la mesa de un empujón; **they ~ed the car off the cliff** empujaron el coche por el acantilado; **to ~ a door open/shut** abrir/cerrar una puerta empujándola *or* de un empujón; **he ~ed the thought to the back of his mind** intentó quitárselo de la cabeza; **to ~ one's way through the crowd** abrirse paso a empujones por la multitud; **he ~ed his head in through the window** metió la cabeza por la ventana; **he ~ed the box under the table** empujó *or* metió la caja debajo de la mesa
[2] (= *press*) [+ *button etc*] apretar, pulsar
[3] (*fig*) [3·1] (= *press, advance*) [+ *trade*] fomentar; [+ *product*] promover; **to ~ home one's advantage** aprovechar la ventaja; **don't ~ your luck!*** ¡no te pases!*, ¡no desafíes a la suerte!
[3·2] (= *put pressure on*) **when we ~ed her, she explained it all** cuando la presionamos, nos lo explicó todo; **don't ~ her too far** no te pases con ella*; **to ~ sb for payment** ejercer presión sobre algn para que pague; **to ~ sb into doing sth** obligar a algn a hacer algo; **I was ~ed into it** me obligaron a ello; **that's ~ing it a bit*** eso es pasarse un poco*, eso es demasiado; **to ~ o.s.** (*in exercise, work etc*) esforzarse; **to be ~ed for time/money** andar justo de tiempo/escaso de dinero; **to ~ sb to do sth** presionar a algn para que haga algo; **we'll be (hard) ~ed to finish it** tendremos grandes dificultades para terminarlo
[4] (*) [+ *drugs*] pasar*
[5] (*) **he's ~ing 50** raya en los 50

➤ LANGUAGE IN USE: purpose A1 18.4

Ⓒ VI [1] (= *press*) empujar; **don't ~!** ¡no empujes!; **"push"** (*on door*) "empujar"; (*on bell*) "pulsar"; **he ~ed past me** pasó por mi lado dándome un empujón; **she ~ed through the crowd** se abrió paso entre la multitud a empujones
[2] (*fig*) (= *make demands*) **he ~es too much** insiste demasiado; **they're ~ing for better conditions** hacen campaña para mejorar sus condiciones (de trabajo)
[3] (*Mil*) avanzar; **to ~ into enemy territory** avanzar en territorio enemigo

►**push about***, **push around*** VT + ADV (*fig*) (= *bully*) intimidar; **he's not one to be ~ed around** no se deja intimidar, no se deja mandonear*; **he likes ~ing people around** le gusta mandonear*, le gusta dar órdenes a la gente

►**push ahead** VI + ADV (= *make progress*) seguir adelante; **to ~ ahead with a plan** seguir adelante con un proyecto

►**push along** Ⓐ VT + ADV [1] [+ *object*] empujar
[2] [+ *work*] acelerar, agilizar
Ⓑ VI + ADV (*) (= *leave*) marcharse

►**push aside** VT + ADV [+ *person, chair*] apartar, hacer a un lado; (*fig*) [+ *objection, suggestion*] hacer caso omiso de

►**push at** VI + PREP [+ *door etc*] empujar

►**push away** VT + ADV [+ *plate*] apartar; [+ *person*] apartar a un lado; (*more violently*) apartar de un empujón

►**push back** VT + ADV [+ *hair etc*] echar hacia atrás; [+ *enemy, crowd*] hacer retroceder; **he's ~ing back the frontiers of knowledge** está ampliando las fronteras del saber

►**push down** Ⓐ VI + ADV (= *press down*) apretar
Ⓑ VT + ADV [1] (= *press down*) apretar
[2] (= *knock over*) derribar
[3] (*fig*) [+ *prices, value*] hacer bajar

►**push forward** Ⓐ VI + ADV [1] (*Mil*) avanzar
[2] **to ~ forward with a plan** seguir adelante con un proyecto
Ⓑ VT + ADV [+ *person, object*] empujar hacia adelante; [+ *plan, work*] llevar adelante; **he tends to ~ himself forward** (*fig*) suele hacerse notar

►**push in** Ⓐ VT + ADV [1] [+ *screw etc*] introducir (a la fuerza)
[2] (= *break*) [+ *window, door*] romper
[3] [+ *person*] (*in lake etc*) empujar al agua
Ⓑ VI + ADV [1] (*in queue*) colarse
[2] (*fig*) (= *interfere*) entrometerse

►**push off** Ⓐ VT + ADV [1] [+ *top etc*] quitar a la fuerza; [+ *person*] (*off wall etc*) hacer caer; [+ *object*] (*involuntarily*) tirar; (*intentionally*) hacer caer
[2] (*Naut*) desatracar
Ⓑ VI + ADV [1] (*Naut*) desatracarse
[2] (*) (= *leave*) marcharse; **~ off!** ¡lárgate!*
[3] **the top ~es off** la tapa se quita empujando

►**push on** Ⓐ VI + ADV (= *carry on*) continuar; (*on journey*) seguir adelante; **to ~ on with sth** continuar con algo; **we ~ed on to the camp** seguimos hasta el campamento; **they ~ed on another five km** avanzaron cinco km más; **it's time we were ~ing on** es hora de ponernos en camino
Ⓑ VT + ADV [1] [+ *lid etc*] poner a la fuerza
[2] (*fig*) (= *incite, urge on*) animar, alentar

►**push out** Ⓐ VT + ADV [1] (*of room, house*) echar a empujones; (*of car*) sacar a empujones
[2] (*fig*) [+ *employee, member*] echar, expulsar
[3] [+ *tentacle etc*] sacar, extender
[4] (*) (= *produce*) [+ *information, products*] producir
[5] (*Naut*) [+ *boat*] desatracar
Ⓑ VI + ADV [*root etc*] extenderse

►**push over** VT + ADV [1] (= *cause to fall*) hacer caer, derribar
[2] (= *knock over*) [+ *chair, table*] volcar

►**push through** Ⓐ VT + ADV [1] (*through door, hole*) introducir, meter; **I ~ed my way through** me abrí paso a empujones
[2] (= *get done quickly*) [+ *deal*] expeditar, apresurar; (*Parl*) [+ *bill*] hacer aprobar
Ⓑ VT + PREP [1] (*lit*) **he ~ed me through the door** me hizo entrar/salir (por la puerta) de un empujón; **he ~ed his hand through the bars** sacó la mano por entre los barrotes; **to ~ one's way through the crowd** abrirse paso a empujones entre la multitud
[2] (*Parl*) **the government ~ed the bill through Parliament** el gobierno hizo que el parlamento aprobara el proyecto de ley
Ⓒ VI + ADV [*plant*] abrirse paso
Ⓓ VI + PREP (*through crowd*) abrirse paso por

►**push to** VT + ADV [+ *door*] cerrar

►**push up** VT + ADV [1] [+ *lever, window*] levantar, subir; *see also* **daisy A**
[2] (*fig*) (= *raise, increase*) [+ *price, value*] hacer subir

**push-bike** ['pʊʃbaɪk] N (*Brit*) bicicleta *f*, bici* *f*

**push-button** ['pʊʃ,bʌtn] Ⓐ N pulsador *m*, botón *m* (de control *etc*)
Ⓑ CPD de mando de botón; **with ~ control** con mando de botón ► **push-button warfare** N guerra *f* a control remoto

**pushcart** ['pʊʃkɑːt] N carretilla *f* de mano

**pushchair** ['pʊʃtʃɛəʳ] N (*Brit*) sillita *f* de paseo

**pusher*** ['pʊʃəʳ] N [1] [*of drugs*] camello* *mf*, traficante *mf*
[2] (= *ambitious person*) ambicioso/a *m/f*

**pushful** ['pʊʃfʊl] ADJ (= *dynamic*) emprendedor, dinámico, enérgico; (= *ambitious*) ambicioso; (*pej*) agresivo

**pushfulness** ['pʊʃfʊlnɪs] N (= *dynamism*) empuje *m*, dinamismo *m*, espíritu *m* emprendedor; (= *ambition*) ambición *f*; (*pej*) agresividad *f*

**pushing** ['pʊʃɪŋ] ADJ = **pushful**

**pushover*** ['pʊʃ,əʊvəʳ] N **it's a ~** está tirado*; **he was a ~** era fácil convencerlo *or* sonsacarlo *etc*; **I'm a ~ when a woman asks me** no resisto cuando me lo pide una mujer

**push-pull circuit** [,pʊʃpʊl'sɜːkɪt] N circuito *m* de contrafase, circuito *m* equilibrado

**push-rod** ['pʊʃrɒd] N (*Aut*) barra *f* de presión

**push-up** ['pʊʃʌp] N (*US*) = **press-up**

**pushy*** ['pʊʃɪ] ADJ (*pej*) agresivo, avasallador, prepotente (*esp LAm*)

**pusillanimity** [,pjuːsɪlə'nɪmɪtɪ] N pusilanimidad *f*

**pusillanimous** [,pjuːsɪ'lænɪməs] ADJ pusilánime

**puss*** [pʊs] N (= *cat*) minino* *m*, gatito *m*; **Puss in Boots** El Gato con Botas

**pussy** ['pʊsɪ] Ⓐ N [1] (*also* **~cat**) (* *child language*) minino* *m*, gatito *m*
[2] (**) (= *female genitals*) coño** *m*
Ⓑ CPD ► **pussy willow** N sauce *m*

**pussycat** ['pʊsɪkæt] N (*child language*) minino* *m*, gatito *m*

**pussyfoot*** ['pʊsɪfʊt] VI (*esp US*) (*also* **~ around**) andar sigilosamente; (*fig*) no decidirse

**pustule** ['pʌstjuːl] N pústula *f*

**put** [pʊt] (*pt, pp* **put**)

| | |
|---|---|
| [A] TRANSITIVE VERB | [C] COMPOUND |
| [B] INTRANSITIVE VERB | [D] PHRASAL VERBS |

Ⓐ TRANSITIVE VERB

> *For set combinations consisting of* **put** + *noun, eg* ***put a price on, put a strain on, put an end to, put at risk, put out of business, put in touch with*** *look up the noun. For* **put** + *adverb/preposition combinations, see also phrasal verbs.*

[1] [= ***place, thrust***] [1·1] (*physically*) poner; (*with precision*) colocar; (= *insert*) meter, introducir (*more frm*); (= *leave*) dejar; **I ~ a serviette by each plate** puse *or* coloqué una servilleta junto a cada plato; **~ it in the drawer** ponlo en el cajón; **she ~ the chairs in a circle** puso *or* colocó las sillas en círculo; **shall I ~ milk in your coffee?** ¿te pongo leche en el café?; **you haven't ~ any salt in it** no le has puesto nada de sal; **to ~ an advertisement in the paper** poner un anuncio en el periódico; **he ~ a coin in the slot** puso *or* metió *or* (*more frm*) introdujo una moneda en la ranura; **he ~ the letter in his pocket** se metió la carta en el bolsillo; **he ~ the ball in the net** metió el balón en la red; **to ~ sb in a home** ingresar a algn en una residencia; **you should ~ your money in a bank** deberías poner *or* (*more frm*) depositar el dinero en un banco; **I ~ a sheet of paper into the typewriter** puse *or* coloqué una hoja de papel en la máquina de escribir; **I ~ my hand into the sack** metí la mano en el saco; **he ~ his keys on the table** puso *or* dejó las llaves en la mesa; **I ~ some more coal on the fire** puse *or* eché más carbón en el fuego; **she ~ her head on my shoulder** apoyó *or* recostó la cabeza en mi hombro; **my brother ~ me on the train** mi hermano me dejó en el tren; **to ~ a button on a shirt** coser un botón en una camisa; **she ~ her head out of the window** asomó la cabeza por la ventana; **he ~ his hand over his mouth** se tapó la boca con la mano, se puso la mano en la boca; **he ~ his head round the door** asomó la cabeza por la puerta; **~ it there!*** (*handshake*) ¡chócala!*; **I ~ my fist through the window** rompí la ventana con el puño; **she ~ a bullet through his head** le metió una bala por la cabeza; **he ~ the shell to his ear** se puso *or* se acercó la concha al oído; ✦***IDIOMS*** **~ yourself in my place** ponte en mi lugar; **I didn't know where to ~ myself*** creí que me moría de vergüenza, no sabía dónde meterme; *see also* **bed A1**, **flight**[2], **stay A1.1**
[1·2] (*with abstract nouns*)

> *Some* **put** + *noun combinations require a more specific Spanish verb. For very set combinations look up the noun.*

**the syllabus ~s a lot of emphasis on languages** el programa (de estudios) hace *or* pone mucho énfasis en los idiomas; **I wouldn't ~ any faith in what he says** yo no creería lo que dice, yo no tendría ninguna confianza en lo que dice; **you can ~ that idea out of your head** ya te puedes quitar esa idea de la cabeza; **this ~s the responsibility on drivers to be aware of the law** esto responsabiliza a los conductores de estar enterados de la ley; *see also* **blame A**, **figure A6**, **trust A1**, **tax A1**
[2] [= ***cause to be***] poner; **to ~ sb in a good/bad mood** poner a algn de buen/mal humor; **this ~s me in a very awkward position** esto me pone *or* deja en una situación muy difícil; **his win today ~s him in second place overall** la victoria de hoy le pone *or* coloca en segunda posición en la clasificación general; **to ~ sb in charge of sth** poner a algn a cargo de algo; **to ~ sb on a diet** poner a algn a dieta *or* a régimen; **the doctor has ~ me on**

**antibiotics** el doctor me ha recetado antibióticos

3 *= cause to undertake* **to ~ sb to sth: it ~ us to a lot of extra expense** nos supuso muchos gastos adicionales; **I don't want to ~ you to any trouble** no quiero causarte ninguna molestia; **she ~ him to work immediately** lo puso a trabajar en seguida

4 *= express* decir; **I don't quite know how to ~ this** la verdad, no sé cómo decir esto; **you can ~ all that in two words** todo eso se puede decir en dos palabras; **as Shakespeare ~s it** como dice Shakespeare; **to ~ it bluntly** para decirlo claramente, hablando en plata*; **I find it hard to ~ into words** me resulta difícil expresarlo con palabras; **to ~ sth into French** traducir algo al francés; **how shall I ~ it?** ¿cómo lo diría?; **let me ~ it this way ...** digámoslo de esta manera ..., por decirlo de alguna manera ...; **to ~ it another way, it'll save you three hours** por decirlo de otra manera, te ahorrará tres horas; **try ~ting it another way** trata de decirlo de otra manera; **to ~ it simply** para decirlo sencillamente

5 *= write* poner, escribir; **what do you want me to ~?** ¿qué quieres que ponga *or* escriba?; **~ your name at the top of the paper** ponga *or* escriba su nombre en la parte superior del papel; **~ the title in capital letters** pon *or* escribe el título en letras mayúsculas; **to ~ sth in writing** poner algo por escrito; **I've ~ you on the waiting list** le he puesto en la lista de espera; **~ it on my account** (*Comm*) cárguelo a mi cuenta; **he ~ a line through the offending paragraph** tachó el párrafo controvertido; **to ~ one's signature to sth** firmar algo

6 *= invest* invertir; **to ~ money into a company** invertir dinero en una compañía; **he ~ all his savings into the project** invirtió todos sus ahorros en el proyecto; **I ~ most of the money into shares** invertí la mayor parte del dinero en acciones; **I've ~ a lot of time and effort into this** he invertido un montón de tiempo y esfuerzo en esto, le he dedicado a esto mucho tiempo y esfuerzo; **she has ~ a lot into the relationship** se ha esforzado mucho en su relación; **"I'm not getting much out of this course" — "well, you're not ~ting much into it, are you?"** —no estoy sacando mucho de este curso —tampoco es que te estés esforzando mucho, ¿no?

7 *= contribute* **to ~ sth towards sth** contribuir (con) algo hacia algo; **I'll pay for the bike but you'll have to ~ something towards it** yo pagaré la bici pero tú tienes que contribuir con algo; **I'm going to ~ the money towards a holiday** voy a poner *or* guardar el dinero para unas vacaciones

8 *= expound, submit* [+ *views*] expresar, exponer; **this will give people an opportunity to ~ their views** esto dará a la gente la oportunidad de expresar *or* exponer sus puntos de vista; **he ~s the case for a change in the law** plantea *or* expone argumentos a favor de un cambio en la ley; **she ~s a convincing case** presenta *or* da argumentos convincentes; **the proposal was ~ before Parliament** la propuesta se presentó ante el parlamento; **to ~ sth to sb**: **how will you ~ it to him?** ¿cómo se lo vas a decir *or* comunicar?; **~ it to him gently** díselo suavemente; **I ~ it to you that ...** les sugiero que ...; **to ~ a question to sb** hacer una pregunta a algn; **the chairman ~ the proposal to the committee** el presidente sometió la propuesta a votación en el comité; **we shall have to ~ it to our members** tendremos que someterlo a la votación de nuestros miembros

9 *= estimate* **they ~ the loss at around £50,000** calcularon *or* valoraron las pérdidas en unas 50.000 libras; **his fortune is ~ at 3 billion** se calcula *or* valora su fortuna en 3 billones; **the number of dead was ~ at 6,000** se calculó *or* estimó el número de muertos en 6.000; **I would ~ him at 40** diría que tiene unos 40 años; **some ~ the figure as high as 20,000** algunos estiman que la cifra llega hasta 20.000

10 *= rank* **he ~ himself above the law** creía estar por encima de la ley; **I wouldn't ~ him among the greatest poets** yo no le pondría entre los más grandes poetas; **we should never ~ money before happiness** no deberíamos nunca anteponer el dinero a la felicidad; **I ~ the needs of my children before anything else** para mí las necesidades de mis hijos van por delante de todo lo demás *or* son más importantes que todo lo demás; **she has always ~ her career first** para ella su carrera siempre ha sido lo primero

11 *= set* **she ~ my brother against me** puso a mi hermano en contra mía; **to ~ a watch to the right time** poner un reloj en hora; **to ~ the words to music** poner música a la letra

12 *= throw* **to ~ the shot** (*Sport*) lanzar el peso

13 *St Ex* (*= offer to sell*) [+ *stock, security*] declararse vendedor de

14 *= bet* *see* **put on**

Ⓑ INTRANSITIVE VERB

*Naut* **to ~ into port** entrar a puerto; **the ship ~ into Southampton** el barco entró a *or* en Southampton; **to ~ to sea** hacerse a la mar

Ⓒ COMPOUND

► **put option** N (*St Ex*) opción *f* de venta a precio fijado

Ⓓ PHRASAL VERBS

►**put about** Ⓐ VT + ADV 1 (*esp Brit*) [+ *rumour*] hacer correr; **to ~ it about that ...** hacer correr el rumor de que ...

2 (*Naut*) [+ *ship*] hacer virar

3 (*) **he's ~ting it about a bit** (*sexually*) se está ofreciendo a todo quisque*; **to ~ o.s. about** (*= make o.s. noticed*) hacerse notar

Ⓑ VI + ADV (*Naut*) cambiar de rumbo, virar

►**put across** VT + ADV 1 (*= communicate*) [+ *idea*] comunicar; [+ *meaning*] hacer entender; **he finds it hard to ~ his ideas across** le cuesta comunicar sus ideas; **the play ~s the message across very well** la obra transmite el mensaje muy bien; **to ~ o.s. across** (*= present o.s.*) presentarse; **it all depends on how you ~ yourself across** todo depende de cómo te presentes a ti mismo; **to ~ o.s. across well** saber presentarse bien; **he ~s himself across as a sympathetic, caring person** da la impresión de ser una persona comprensiva, compasiva; **to ~ sth across to sb** (*= explain*) explicar algo a algn; (*= convey*) hacer entender algo a algn

2 **to ~ one across on sb*** engañar a algn

►**put aside** VT + ADV 1 (*= lay down*) dejar a un lado, poner a un lado; **he ~ the letter aside to read later** dejó *or* puso a un lado la carta para leerla más tarde

2 (*= save*) [+ *money*] ahorrar, guardar; [+ *time*] reservar; [+ *food*] apartar; **to have money ~ aside** tener ahorros

3 (*in shop*) [+ *goods*] guardar, reservar, apartar; **could you ~ one aside for me?** ¿me podría guardar *or* reservar *or* apartar uno?

4 (*= ignore*) [+ *differences, feelings*] dejar de lado; [+ *fears*] apartar, desechar

5 (*= sacrifice*) [+ *career, personal interest*] sacrificar

►**put away** VT + ADV 1 (*in proper place*) [+ *clothes, toys, books*] guardar, poner en su sitio; [+ *shopping*] guardar, colocar; [+ *car*] poner en el garaje; **~ that knife away!** ¡pon ese cuchillo en su sitio!

2 (*) (*= confine*) (*in prison*) meter en la cárcel, encerrar; (*in asylum*) encerrar en un manicomio

3 (*= save*) [+ *money*] ahorrar, guardar

4 (*) (*= consume*) [+ *food, drink*] tragarse*, zamparse*; **he can certainly ~ it away** ése sí sabe comer

5 (*= reject*) [+ *thought*] desechar, descartar; [+ *wife*] repudiar

6 (*Sport*) (*= score with*) [+ *ball*] meter, marcar; (*US*) (*= beat*) ganar a

7 = **put down A10**

►**put back** Ⓐ VT + ADV 1 (*= replace*) poner otra vez en su sitio; (*in pocket, drawer etc*) volver a guardar; **~ it back when you've finished** ponlo otra vez en su sitio cuando hayas terminado; **~ that back!** ¡deja eso en su sitio *or* donde estaba!; **the fresh air will ~ the colour back in your cheeks** el aire fresco te devolverá el color a las mejillas

2 (*= postpone*) aplazar, posponer; **the meeting has been ~ back till 2 o'clock** la reunión ha sido aplazada hasta las 2

3 (*= delay*) [+ *development, progress*] retrasar, atrasar; **this will ~ us back 10 years** esto nos retrasará 10 años; **he has been ~ back a class** *or* **year** (*Scol*) tiene que repetir el curso

4 (*= change*) [+ *clock*] **to ~ a clock back one hour** atrasar *or* retrasar un reloj una hora; **don't forget to ~ your clocks back on Saturday** el sábado no olviden atrasar *or* retrasar los relojes; **♦*IDIOM*** **you can't ~ the clock back** no se puede volver al pasado

5 (*= move back*) **he ~ his head back and roared with laughter** echó hacia atrás la cabeza y se puso a reír a carcajadas

6 (*= reinvest*) [+ *money, profits*] reinvertir (**into** en); **the government didn't ~ enough money back into the economy** el gobierno no reinvirtió suficiente dinero en la economía

7 (*) (*= drink*) beber, beberse; **he's already ~ back seven gins** se ha bebido ya siete copitas de ginebra

Ⓑ VI + ADV (*Naut*) volver, regresar; **to ~ back to port** volver *or* regresar a puerto

►**put back on** VT + ADV [+ *clothes, glasses*] volver a ponerse; **he ~ his trousers back on** volvió a ponerse los pantalones

►**put behind** VT + PREP 1 (*and forget*) **you must ~ all that behind you now** ahora debes olvidar todo eso

2 (*providing support*) **they're ~ting their money and expertise behind the scheme** están apoyando el plan con dinero y experiencia

►**put by** VT + ADV 1 (*= save*) ahorrar; **to have money ~ by** tener ahorros

2 (*in shop*) guardar, reservar, apartar; **I had it ~ by for you** se lo tenía guardado *or* reservado *or* apartado

►**put down** Ⓐ VT + ADV 1 [+ *object*] (*= leave*) dejar; (*= let go of*) soltar; [+ *telephone*] colgar; [+ *passenger*] dejar (bajar), dejar (apearse); **she ~ her glass down and stood up** dejó el vaso y se levantó; **I'll ~ these bags down for a minute** voy a dejar estas bolsas en el suelo un momento; **~ it down!** ¡déjalo!, ¡suéltalo!; **once I started the book I couldn't ~ it down** una vez que empecé el libro no podía dejarlo *or* dejar de leerlo; **~ me down!** ¡bájame!; **the pilot wanted to ~ the plane down**

**in Boston** el piloto quería aterrizar en Boston; *see also* **foot A1**, **root A3**

2 (= *lay*) [+ *carpets, poison, trap*] poner, colocar

3 (= *lower*) [+ *blinds, hand*] bajar

4 (= *close*) [+ *umbrella, parasol*] cerrar

5 (= *write down*) [+ *ideas*] anotar, apuntar; [+ *name on list*] poner, inscribir; **I've ~ down a few ideas** he anotado *or* apuntado algunas ideas; **I've ~ you down as unemployed** lo he inscrito *or* apuntado como desempleado; **~ me down for £15** apúntame 15 libras; **~ me down for two, please** por favor, apúntame dos; **he's ~ his son down for Eton** ha inscrito a su hijo en Eton (*internado privado*); **I'll ~ you down for the interview on Radio 4, ok?** te apunto para la entrevista en Radio 4, ¿vale?; **I've ~ myself down for the computer course** me he inscrito para el curso de informática; **to ~ sth down in writing** *or* **on paper** poner algo por escrito; **~ it down on my account** (*Comm*) cárguelo a mi cuenta

6 (= *suppress*) [+ *revolt*] reprimir, sofocar

7 (= *reduce in rank*) degradar; (*Sport etc*) pasar a una división inferior

8 (*) (= *criticize, snub*) hacer de menos, rebajar; **he's always ~ting me down in front of my friends** siempre me está haciendo de menos *or* rebajando delante de mis amigos; **to ~ o.s. down** hacerse de menos, rebajarse; **you must stop ~ting yourself down** debes dejar de hacerte de menos *or* rebajarte

9 (= *pay*) **to ~ down a deposit** dejar un depósito; **she ~ down £500 on the car** dejó una señal *or* un anticipo de 500 libras para el coche

10 (*Brit euph*) **to have an animal ~ down** sacrificar a un animal

11 (= *put to bed*) [+ *baby*] acostar, poner a dormir

12 (= *table*) [+ *motion, amendment*] presentar

13 (= *store in cellar*) [+ *wine*] poner en cava

Ⓑ VI + ADV (*Aer*) aterrizar

►**put down as** VT + PREP **to ~ sb down as sth** catalogar a algn como algo; **I had ~ him down as a complete fool** lo tenía catalogado como un tonto perdido; **I would ~ her down as about 30** le daría unos 30 años, debe tener unos 30 años

►**put down to** VT + PREP **to ~ sth down to sth** atribuir algo a algo; **I ~ it down to his inexperience** lo atribuí a su inexperiencia

►**put forth** VT + ADV 1 (*liter*) [+ *leaves, roots, buds*] echar; [+ *hand*] tender, extender

2 (*frm*) = **put forward 1**

►**put forward** VT + ADV 1 (= *propose*) [+ *theory, idea*] presentar; [+ *plan, proposal*] presentar, proponer; [+ *suggestion*] hacer; [+ *argument*] presentar; [+ *opinion*] dar; [+ *name, candidate*] proponer; **to ~ o.s. forward for a job** presentarse como candidato para un puesto

2 (= *make earlier*) [+ *clock, meeting, starting time*] adelantar; **to ~ a clock forward one hour** adelantar un reloj una hora; **don't forget to ~ your clocks forward tonight** esta noche no olviden adelantar sus relojes; **the meeting was ~ forward (by half an hour) to 2 pm** la reunión se adelantó (media hora) a las 2 de la tarde

►**put in** Ⓐ VT + ADV 1 (*inside box, drawer, room*) meter; **she packed the camera but forgot to ~ the film in** cogió la cámara pero se le olvidó (meter) la película; **he ~ his head in at the window** metió la cabeza por la ventana; **I'll ~ some more sugar in** voy a poner más azúcar

2 (= *plant*) [+ *plants*] plantar; [+ *seeds*] sembrar

3 (*to garage, repair shop*) [+ *car*] **I've ~ the car in for repairs** he llevado el coche a que lo reparen

4 (= *install*) [+ *central heating, double glazing*] instalar, poner

5 (= *include*) (*in book, speech*) incluir; (= *add*) agregar; **why don't you ~ a few jokes in?** ¿por qué no incluyes algunos chistes?; **did you ~ in your reasons for wanting to go?** ¿pusiste *or* incluiste las razones por las que quieres irte?

6 (= *interject*) interponer; **"I can't go either," ~ in James** —yo tampoco puedo ir —interpuso James

7 (= *submit*) [+ *request*] presentar; **to ~ in a claim for damages/expenses** presentar una demanda por daños/gastos; **to ~ sb in for an award** proponer a algn para un premio; **to ~ one's name in for sth** inscribirse para algo; **to ~ in a plea of not guilty** declararse inocente; *see also* **appearance A1**

8 (*Pol*) [+ *party, government, candidate*] elegir, votar a

9 (= *devote, expend*) [+ *time*] dedicar; **she ~s in an hour a day at the piano** le dedica al piano una hora al día; **I've ~ in a lot of time on it** le he dedicado mucho tiempo a esto, he empleado mucho tiempo en esto; **I ~ in a couple of hours gardening** dediqué un par de horas a trabajar en el jardín, me pasé un par de horas trabajando en el jardín

10 (= *work*) trabajar; **can you ~ in a few hours at the weekend?** ¿puede trabajar unas horas el fin de semana?; **he ~s in at least 40 hours a week** trabaja por lo menos 40 horas a la semana; **you've ~ in a good day's work** has trabajado bien hoy

Ⓑ VI + ADV (*Naut*) hacer escala (**at** en)

Ⓒ VT + PREP *see* **put A**

►**put in for** VI + PREP [+ *promotion, transfer, pay rise, divorce*] solicitar; **I've ~ in for a new job** he solicitado otro empleo

►**put off** Ⓐ VT + ADV 1 (= *postpone, delay*) [+ *departure, appointment, meeting, decision*] aplazar, posponer; **he ~ off writing the letter** pospuso *or* aplazó el escribir la carta; **I keep ~ting it off** no hago más que aplazarlo; **we shall have to ~ the guests off** tendremos que decir a los invitados que no vengan; **it's no good ~ting it off** (*sth unwelcome*) no tiene sentido eludirlo más; ♦*PROV* **don't ~ off until tomorrow what you can do today** no dejes para mañana lo que puedes hacer hoy

2 (= *discourage*) **her brusque manner ~s some people off** desanima a la gente con sus maneras tan bruscas; **he's not easily ~ off** no es fácil apartarlo de su propósito, no es de los que se desaniman fácilmente

3 (= *distract*) distraer; **stop ~ting me off!** ¡deja ya de distraerme!

4 (= *dissuade*) disuadir

5 (= *fob off*) dar largas a; **to ~ sb off with an excuse** dar largas a algn con excusas; **she ~ him off with vague promises** le dio largas con vagas promesas

6 (= *switch off*) apagar

7 (= *set down*) [+ *passenger*] dejar; (*forcibly*) hacer bajar

8 (*esp liter*) (= *cast off*) **once you ~ off that uniform you'll need a job** en cuanto dejes ese uniforme necesitarás un trabajo

Ⓑ VT + PREP 1 (= *cause not to like, want*) **it almost ~ me off opera for good** casi mató mi gusto por la ópera para siempre; **you quite ~ me off my meal** me has quitado el apetito; **it ~ me off going to Greece** me quitó las ganas de ir a Grecia

2 (= *dissuade from*) **we tried to ~ him off the idea** intentamos quitarle la idea de la cabeza, intentamos disuadirlo; **I tried to ~ her off going by herself** intenté convencerla de que no fuera sola

3 (*Brit*) (= *distract from*) *see* **stroke A5**, **scent A3**

Ⓒ VI + ADV (*Naut*) hacerse a la mar, salir (**from** de)

►**put on** Ⓐ VT + ADV 1 [+ *one's coat, socks, hat*] ponerse; [+ *ointment, cream*] ponerse, aplicarse (*more frm*); **to ~ on one's make-up** ponerse maquillaje, maquillarse

2 (= *add, increase*) **he's ~ on 3 kilos** ha engordado 3 kilos; **to ~ on speed** acelerar, cobrar velocidad; **to ~ on weight** engordar; **he has ~ on a lot of weight** ha engordado mucho

3 (= *organize*) [+ *concert*] presentar; [+ *exhibition*] montar; [+ *play*] representar, poner en escena; [+ *extra bus, train*] poner; **we're ~ting on "Bugsy Malone"** vamos a representar "Bugsy Malone"

4 (= *assume*) [+ *expression, air*] adoptar; **to ~ on a French accent** fingir (tener) un acento francés; **there's no need to ~ on an act, just be yourself** no tienes por qué fingir, sé tú mismo; **to ~ on an innocent expression** poner cara de inocente; **she's not ill, she's just ~ting it on** no está enferma, es puro teatro *or* está fingiendo; **she ~ on a show of enthusiasm** fingió entusiasmo; **the party ~ on a show of unity** el partido presentó una fachada de unidad; *see also* **air A3**

5 (*Telec*) **"is John there, please?" — "I'll ~ him on"** —¿por favor, está John? —le pongo; **can you ~ me on to Mr Smith please** póngame con *or* (*esp LAm*) me comunica con el Sr. Smith, por favor

6 (= *switch on, start*) [+ *light, radio*] encender, prender (*LAm*); [+ *CD, tape, music*] poner; [+ *vegetables*] (= *begin to cook*) poner (a cocer); (= *begin to heat*) poner (a calentar); **shall I ~ the heating on?** ¿enciendo la calefacción?; **to ~ the brakes on** frenar; **to ~ the kettle on** poner agua a hervir

7 [+ *clock*] adelantar; **to ~ a clock on one hour** adelantar un reloj una hora; **don't forget to ~ the clocks on tonight** esta noche no olviden adelantar los relojes

8 (*esp US**) (= *deceive*) engañar; **you're ~ting me on, aren't you?** me estás tomando el pelo, ¿verdad?

Ⓑ VT + PREP 1 (= *add to*) **the proposal would ~ 5p on (to) a litre of petrol** la propuesta aumentaría en 5 peniques el litro de gasolina; **they ~ £2 on (to) the price** añadieron 2 libras al precio

2 (= *bet on*) **to ~ money on a horse** apostar dinero a un caballo, jugarse dinero en un caballo; **he ~ £20 on Black Beauty to win** apostó *or* se jugó 20 libras a que Black Beauty ganaba; ♦*IDIOMS* **I wouldn't ~ money on it!** yo no apostaría dinero!; **he'll be back, I'd ~ money on it** volverá, me apuesto lo que quieras

►**put onto, put on to** VT + PREP **to ~ sb onto sth/sb** 1 (= *inform about*) **who ~ the police onto him?** ¿quién lo denunció a la policía?; **somebody ~ the Inland Revenue onto his tax evasion** alguien informó a Hacienda de su evasión de impuestos

2 (= *put in touch with*) **can you ~ me onto a good dentist?** ¿me puede recomendar un buen dentista?; **Sue ~ us onto you** Sue nos dio su nombre; **a fellow journalist ~ me onto the story** un compañero periodista me informó *or* me dio la pista de la historia; *see also* **put on A5**

►**put out** Ⓐ VT + ADV [1] (= *place outside*) [+ *rubbish*] sacar; [+ *cat*] sacar fuera, dejar afuera; **he ~ the cat out for the night** sacó al gato a que pasara la noche fuera, dejó al gato fuera para que pasara la noche; **to ~ the clothes out to dry** sacar la ropa a secar; *see also* **pasture A**
[2] (= *eject*) [+ *squatter, tenant, troublemaker*] echar, expulsar
[3] (= *stretch out, push out*) [+ *hand*] alargar, tender; [+ *arm*] alargar, extender; [+ *tongue, claws, horns*] sacar; [+ *leaves, shoots*] echar; **he ~ out his arm to protect himself** se protegió con el brazo, puso el brazo para protegerse; **to ~ one's head out of a window** asomar la cabeza por una ventana; *see also* **feeler**
[4] (= *lay out in order*) [+ *cards, chessmen, chairs*] disponer, colocar; [+ *clothes, best china*] sacar, poner
[5] (= *publish*) [+ *book*] publicar, sacar; [+ *record*] sacar; [+ *appeal, statement, propaganda*] hacer; [+ *warning*] dar; (= *broadcast*) [+ *programme*] transmitir; (= *circulate*) [+ *rumour*] hacer circular, hacer correr; **they have ~ out a press release denying the allegations** han desmentido las alegaciones en un comunicado de prensa, han emitido un comunicado de prensa negando las alegaciones
[6] (= *extinguish*) [+ *light, cigarette, fire*] apagar; **it took them five hours to ~ out the fire** tardaron cinco horas en apagar el incendio
[7] (= *annoy, upset*) enfadar, enojar (*LAm*); **he was very ~ out at finding her there** se enfadó mucho al encontrarla allí; **she looked very ~ out** parecía muy enfadada; **he's a bit ~ out that nobody came** le sentó mal que no viniera nadie
[8] (= *disconcert*) desconcertar; **he didn't seem at all ~ out by the news** no parecía estar en absoluto desconcertado por las noticias
[9] (= *inconvenience*) molestar; **to ~ o.s. out**: **she really ~ herself out for us** se tomó muchas molestias por nosotros; **don't ~ yourself out, will you!** (*iro*) ¡tú, sobre todo, no hagas nada!; **I don't want to ~ you out** no quiero molestarle; **you mustn't ~ yourself out** no debes molestarte; **are you sure I'm not ~ting you out?** ¿está seguro de que no le causo ningún inconveniente?
[10] (= *render incorrect*) [+ *calculations*] desbaratar, echar por tierra
[11] (*Sport*) (= *eliminate*) [+ *team, contestant*] eliminar (**of** de); **a knee injury ~ him out of the first two games** una lesión de rodilla lo eliminó de los primeros dos partidos
[12] (= *dislocate*) [+ *shoulder, knee*] dislocar; **I ~ my back out lifting that box** me he hecho polvo la espalda levantando esa caja
[13] (= *give anaesthetic to*) anestesiar, dormir
[14] (= *lend*) [+ *money*] prestar; **to ~ money out at interest** prestar dinero con intereses
[15] (= *subcontract*) **to ~ sth out to tender** sacar algo a concurso *or* a licitación; **to ~ work out to contract** sacar una obra a contrata
[16] (*Naut*) [+ *boat*] echar al mar
Ⓑ VI + ADV [1] (*Naut*) salir, zarpar (**from** de); **to ~ out to sea** hacerse a la mar
[2] (*US*‡) (= *agree to sex*) acceder, consentir

►**put over** VT + ADV [1] = **put across 1**
[2] **to ~ one over on sb*** (= *deceive*) engañar a algn, dar a algn gato por liebre*

►**put through** Ⓐ VT + ADV [1] (= *make, complete*) [+ *plan, reform, change*] llevar a cabo; [+ *deal*] cerrar; [+ *proposal*] hacer aceptar; **we ~ through 2,000 orders a week** despachamos 2.000 pedidos a la semana
[2] (*Telec*) (= *connect*) [+ *call, caller*] pasar; **don't ~ any calls through for the next hour** no pases ninguna llamada en la próxima hora; **I'm ~ting you through now** ahora le paso *or* pongo; **who? Martha? all right, ~ her through** ¿quién? ¿Marta? bueno, ponme con ella; **can you ~ me through to Miss Blair, please** por favor, póngame *or* (*esp LAm*) me comunica con la Srta. Blair
Ⓑ VT + PREP [1] (*by providing finance*) **she ~ two sons through university** mandó a dos hijos a la universidad
[2] (= *make suffer*) **she didn't want to ~ him through another ordeal like that** no quiso hacerle pasar por otra prueba tan dura como esa; **they really ~ him through it at the interview** se las hicieron pasar mal en la entrevista, se las hicieron pasar canutas en la entrevista*; ✦**IDIOM to ~ sb through hell*** hacérselas pasar canutas a algn*; *see also* **pace A1**

►**put together** VT + ADV [1] (= *place together*) poner juntos, juntar; **~ your feet together** pon los pies juntos, junta los pies; **don't ~ those two together, they fight** no pongas a esos dos juntos que se pelean; **if all the cigars in the world were ~ together end to end** si se unieran uno tras otro todos los puros del mundo; **~ your hands together now for …** démosle una calurosa bienvenida a …; ✦**IDIOM she's worth more than all the others ~ together** vale más que todos los demás juntos; *see also* **head A2**, **two B**
[2] (= *assemble*) [+ *model kit, piece of furniture*] armar, montar; [+ *meal*] preparar; [+ *collection*] juntar, reunir; [+ *team*] reunir, formar; **he took it apart piece by piece and ~ it back together again** lo desmontó pieza a pieza y lo volvió a montar otra vez; **the furniture had been ~ together out of old crates** habían hecho los muebles con viejos cajones de embalaje
[3] (= *formulate*) [+ *plan, scheme*] formular, preparar; [+ *publication*] preparar; **she ~ together a convincing defence of her client** preparó una defensa de su cliente muy convincente; **he can't even ~ two sentences together** no sabe ni siquiera enhilar dos frases seguidas; **I need a few minutes to ~ my thoughts together** necesito unos minutos para pensarme las cosas un poco

►**put up** Ⓐ VT + ADV [1] (= *raise, lift up*) [+ *window, blinds*] subir; [+ *hand*] levantar; [+ *flag, sail*] izar; [+ *collar*] subirse; **if you have any questions, ~ your hand up** quien tenga alguna pregunta que levante la mano; **~ 'em up!*** [+ *hands*] (*in surrender*) ¡manos arriba!; [+ *fists*] ¡pelea!; *see also* **back A1.2**, **foot 1**
[2] (= *hang up*) [+ *picture, decorations*] colgar; [+ *notice, sign*] poner
[3] (= *erect*) [+ *building, wall*] construir, levantar; [+ *statue, monument*] erigir, levantar; [+ *fence, barrier*] poner; [+ *tent*] montar; [+ *umbrella*] abrir; [+ *ladder*] montar, poner; **to ~ one's hair up** recogerse el pelo; (*stylishly*) hacerse un peinado alto
[4] (= *send up*) [+ *satellite*] lanzar, mandar
[5] (= *increase*) [+ *price, tax, sb's temperature, blood pressure*] aumentar, subir; **that ~s the total up to over 1,000** con eso el total asciende a más de 1.000
[6] (= *offer*) [+ *reward, prize, prayer*] ofrecer; [+ *resistance*] oponer; **the horse ~ up an excellent performance in today's race** el caballo hizo un papel excelente en la carrera de hoy; **he didn't ~ up much of a fight** *or* **struggle** no se resistió mucho, no opuso mucha resistencia; **to ~ sth up for sale/auction** poner algo a la venta/a subasta, vender/subastar algo; **to ~ a child up for adoption** ofrecer un niño en adopción
[7] (= *provide*) [+ *money*] poner, dar; **to ~ up the money for sth** poner *or* dar el dinero para algo
[8] (= *give accommodation to*) alojar, hospedar; **we need volunteers to ~ up the visitors** se necesitan voluntarios para alojar *or* hospedar a los visitantes; **can you ~ me up for the night?** ¿me puedo quedar (en tu casa) esta noche?
[9] (= *present, put forward*) [+ *plan, petition*] presentar; [+ *proposal, suggestion*] hacer; [+ *argument, case, defence*] presentar; [+ *candidate*] proponer (**for** para); **he ~ up a spirited defence of the bill in Parliament** hizo una vehemente defensa del proyecto de ley en el parlamento; **we ~ him up for chairman** lo propusimos para presidente
[10] (= *preserve*) [+ *fruit*] conservar
Ⓑ VI + ADV [1] (= *stay*) hospedarse, alojarse; **we ~ up for the night at a hotel** esa noche nos alojamos *or* hospedamos en un hotel
[2] (*Pol*) (= *offer o.s.*) **to ~ up for president** presentarse a presidente; **to ~ up for the Greens** presentarse como candidato de los Verdes

►**put upon** VI + PREP **to ~ upon sb** (= *inconvenience*) molestar a algn, incomodar a algn; (= *impose on*) abusar de la amabilidad de algn

►**put up to** VT + PREP (= *incite*) **to ~ sb up to sth: they said that she had ~ him up to the murder** dijeron que ella le había incitado *or* instigado al asesinato; **somebody must have ~ him up to it** alguien ha debido sugerírselo; **who ~ you up to this?** ¿quién te ha hecho hacer esto?

▼ ►**put up with** VI + PREP aguantar; **I can't ~ up with it any longer** ya no (lo) aguanto más; **you'll just have to ~ up with it** tendrás que aguantarte; **he has a lot to ~ up with** tiene que aguantar un montón; **she ~s up with a lot** es muy tolerante, tiene mucho aguante

**putative** ['pju:tətɪv] ADJ supuesto; [*relation*] putativo

**put-down*** ['pʊt,daʊn] N (= *act*) humillación *f*; (= *words*) frase *f* despectiva

**put-in** ['pʊt,ɪn] N (*Rugby*) introducción *f*

**put-on*** ['pʊt,ɒn] Ⓐ ADJ (= *feigned*) fingido
Ⓑ N (= *pretence*) teatro* *m*; (= *hoax*) broma *f* (de mal gusto)

**putrefaction** [,pju:trɪ'fækʃən] N putrefacción *f*

**putrefy** ['pju:trɪfaɪ] Ⓐ VI pudrirse
Ⓑ VT pudrir

**putrescence** [pju:'tresns] N pudrición *f*

**putrescent** [pju:'tresnt] ADJ putrefacto

**putrid** ['pju:trɪd] ADJ [1] (= *rotten*) putrefacto, podrido
[2] [*stench*] hediondo, pestilente

**putsch** [pʊtʃ] N golpe *m* de estado

**putt** [pʌt] Ⓐ N putt *m*
Ⓑ VT golpear
Ⓒ VI golpear la bola

**putter**[1] ['pʌtə^r] N putter *m*

**putter**[2] ['pʌtə^r] VI (*US*) = **potter**[2]

**putting** ['pʌtɪŋ] Ⓐ N minigolf *m*
Ⓑ CPD ► **putting green** N (= *miniature golf*) campo *m* de minigolf; (*on golf course*) green *m*

**putty** ['pʌtɪ] Ⓐ N masilla *f*; ✦**IDIOM to be ~ in sb's hands** ser el muñeco de algn
Ⓑ CPD ► **putty knife** N espátula *f* para masilla

**put-up** ['pʊtʌp] ADJ **~ job*** chanchullo* *m*; **it**

➤ LANGUAGE IN USE: put up with 14

**was a ~ job to give him the post** fue un chanchullo para darle el puesto*

**put-upon** ['pʊtə,pɒn] ADJ **she's feeling very ~** cree que los demás la están explotando

**put-you-up** ['pʊtjʊ,ʌp] N (*Brit*) cama *f* plegable, sofá-cama *m*

**puzzle** ['pʌzl] Ⓐ N [1] (= *game, jigsaw*) rompecabezas *m inv*; (= *crossword*) crucigrama *m* [2] (= *mystery*) misterio *m*, enigma *m*; (= *riddle*) acertijo *m*, adivinanza *f*; **it's a real ~** es un verdadero misterio *or* enigma
Ⓑ VT dejar perplejo, desconcertar; **that properly ~d him** eso lo dejó totalmente perplejo
Ⓒ VI **to ~ about** *or* **over** dar vueltas (en la cabeza) a
Ⓓ CPD ► **puzzle book** N libro *m* de puzzles

►**puzzle out** VT + ADV **to ~ sth out** descifrar algo; **we're still trying to ~ out why he did it** seguimos tratando de comprender por qué lo hizo

**puzzled** ['pʌzld] ADJ perplejo; **you look ~!** ¡te has quedado perplejo!; **he gave her a ~ look** la miró perplejo; **to be ~ about sth** no entender algo; **I am ~ to know why** no llego a comprender por qué, no acabo de entender por qué

**puzzlement** ['pʌzlmənt] N perplejidad *f*

**puzzler** ['pʌzləʳ] N misterio *m*, enigma *m*

**puzzling** ['pʌzlɪŋ] ADJ desconcertante; **it is ~ that ...** es raro *or* curioso que ...

**PVC** N ABBR (= **polyvinyl chloride**) PVC *m*

**PVS** N ABBR [1] = **postviral syndrome** [2] (= **persistent vegetative state**) estado *m* vegetativo persistente

**Pvt.** ABBR (*US Mil*) = **Private**

**PW** N ABBR [1] (*US Mil*) = **prisoner of war** [2] (*Brit*) = **policewoman**

**pw** ABBR (= **per week**) por semana, a la semana

**PWR** N ABBR = **pressurized water reactor**

**PX** N ABBR (*US Mil*) (= **Post Exchange**) *economato militar*

**pygmy** ['pɪgmɪ] Ⓐ N pigmeo/a *m/f*; (*fig*) enano/a *m/f*
Ⓑ CPD pigmeo; (*fig*) miniatura, minúsculo

**pyjamas** [pɪ'dʒɑːməz] NPL pijama *msing*, piyama *msing* (*LAm*); **a pair of ~** un pijama

**pylon** ['paɪlən] N (*Elec*) torre *f* de conducción eléctrica

**pyorrhoea**, **pyorrhea** (*US*) [,paɪə'rɪə] N piorrea *f*

**pyramid** ['pɪrəmɪd] Ⓐ N pirámide *f*
Ⓑ CPD ► **pyramid selling** N venta *f* piramidal

**pyramidal** [pɪ'ræmɪdl] ADJ piramidal

**pyre** ['paɪəʳ] N pira *f*; (*fig*) hoguera *f*

**Pyrenean** [,pɪrə'niːən] ADJ pirenaico, pirineo

**Pyrenees** [,pɪrə'niːz] NPL **the ~** el Pirineo, los Pirineos

**pyrethrum** [paɪ'riːθrəm] N piretro *m*

**pyretic** [paɪ'retɪk] ADJ pirético

**Pyrex®** ['paɪreks] Ⓐ N pyrex® *m*, pirex® *m*
Ⓑ CPD [*bowl, dish*] de pyrex® *or* pirex®

**pyrites** [paɪ'raɪtiːz] N (*pl* **pyrites**) pirita *f*

**pyro...** ['paɪərəʊ] PREFIX piro...

**pyromania** [,paɪrəʊ'meɪnɪə] N piromanía *f*

**pyromaniac** [,paɪərəʊ'meɪnɪæk] N pirómano/a *m/f*

**pyrotechnic** [,paɪərəʊ'teknɪk] ADJ pirotécnico

**pyrotechnics** [,paɪərəʊ'teknɪks] NSING pirotecnia *f*

**Pyrrhic** ['pɪrɪk] ADJ **~ victory** victoria *f* pírrica

**Pyrrhus** ['pɪrəs] N Pirro

**Pythagoras** [paɪ'θægərəs] N Pitágoras

**Pythagorean** [paɪ,θægə'riːən] ADJ pitagóreo

**python** ['paɪθən] N pitón *f*

**Pythonesque** [,paɪθə'nesk] ADJ pitonesco, del estilo de Monty Python

**pyx** [pɪks] N píxide *f*

**pzazz*** [pə'zæz] N = **piz(z)azz**

# Q q

**Q**[1], **q** [kjuː] N (= *letter*) Q, q *f*; **Q for Queen** Q de Quebec

**Q**[2] ABBR 1 = **Queen**
2 (= **question**) P

**Qatar** [kæˈtɑːʳ] N Qatar *m*, Katar *m*

**QC** N ABBR (*Brit*) = **Queen's Counsel**

> **QC/KC**
>
> *QC o* **KC***, abreviaturas de* **Queen's** *o* **King's Counsel***, es el título que se les da a los abogados de más alto rango en el Reino Unido. Los letrados denominados* **barristers** *(o* **advocates** *en Escocia) que hayan practicado la abogacía durante al menos diez años pueden solicitar este título al* **Lord Chancellor***, quien a su vez los recomienda a la Corona para su designación. Pasar a ser un* **QC** *o* **KC** *se conoce como* **taking silk** *(recibir la seda), haciendo referencia al material de la túnica que llevan estos letrados.*
> ⇨ *Ver tb* LAWYERS

**QE2** [ˌkjuːiːˈtuː] N ABBR (*Brit Naut*) = **Queen Elizabeth II**

**QED** ABBR (*Math*) (= **quod erat demonstrandum**) QED

**QM** ABBR = **Quartermaster**

**qr** ABBR = **quarter(s)**

**qt** ABBR = **quart(s)**

**q.t.*** [kjuːˈtiː] ABBR = **quiet**; **on the ~** a hurtadillas

**qty** ABBR (= **quantity**) ctdad

**Qu.** ABBR = **Queen**

**qua** [kweɪ] PREP (*frm*) en cuanto, como; **let us consider man ~ animal** consideremos al hombre en cuanto animal

**quack**[1] [kwæk] Ⓐ N [*of duck*] graznido *m*
Ⓑ VI [*duck*] graznar

**quack**[2]* [kwæk] Ⓐ N charlatán/ana *m/f*; (= *doctor*) curandero/a *m/f*; (*pej*) matasanos* *mf inv*
Ⓑ CPD [*remedy*] de curandero ► **quack doctor** N medicucho/a* *m/f*, curandero/a *m/f*

**quackery** [ˈkwækərɪ] N charlatanismo *m*; (*Med*) curanderismo *m*

**quack-quack** [ˈkwækˈkwæk] N cuac cuac *m*

**quad** [kwɒd] Ⓐ ABBR 1 (*Archit**) *see* **quadrangle 2**
2 (*) = **quadruplet**
3 = **quadruple**
4 (*Typ*) cuadratín *m*
Ⓑ CPD ► **quad bike** N *motocicleta de cuatro ruedas*

**Quadragesima** [ˌkwɒdrəˈdʒesɪmə] N Cuadragésima *f*

**quadrangle** [ˈkwɒdræŋgl] N 1 (*Geom*) (*with 4 angles*) cuadrilátero *m*, cuadrángulo *m*
2 (= *courtyard*) patio *m*

**quadrangular** [kwɒˈdræŋgjʊləʳ] ADJ cuadrangular

**quadrant** [ˈkwɒdrənt] N cuadrante *m*

**quadraphonic** [ˌkwɒdrəˈfɒnɪk] ADJ cuatrifónico

**quadratic** [kwɒˈdrætɪk] ADJ [*equation*] cuadrático, de segundo grado

**quadrature** [ˈkwɒdrətʃəʳ] N cuadratura *f*

**quadrennial** [kwɒˈdrenɪəl] ADJ cuatrienal

**quadrilateral** [ˌkwɒdrɪˈlætərəl] Ⓐ ADJ cuadrilátero
Ⓑ N cuadrilátero *m*

**quadrille** [kwəˈdrɪl] N cuadrilla *f*

**quadripartite** [ˈkwɒdrɪˈpɑːtaɪt] ADJ cuadripartido

**quadriplegia** [ˌkwɒdrɪˈpliːdʒə] N cuadriplegia *f*, tetraplegia *f*

**quadriplegic** [ˌkwɒdrɪˈpliːdʒɪk] Ⓐ ADJ cuadripléjico, tetrapléjico
Ⓑ N cuadripléjico/a *m/f*, tetrapléjico/a *m/f*

**quadrivium** [kwɒˈdrɪvɪəm] N cuadrivio *m*

**quadroon** [kwɒˈdruːn] N cuarterón *m*

**quadrophonic** [ˌkwɒdrəˈfɒnɪk] ADJ = **quadraphonic**

**quadruped** [ˈkwɒdrʊped] N cuadrúpedo *m*

**quadruple** Ⓐ [ˈkwɒdrʊpl] ADJ cuádruple, cuádruplo; **in ~ time** (*Mus*) en compás de cuatro por cuatro
Ⓑ [ˈkwɒdrʊpl] N cuádruple *m*, cuádruplo *m*
Ⓒ [kwɒˈdruːpl] VT cuadruplicar
Ⓓ [kwɒˈdruːpl] VI cuadruplicarse

**quadruplet** [kwɒˈdruːplɪt] N cuatrillizo/a *m/f*

**quadruplicate** Ⓐ [kwɒˈdruːplɪkɪt] ADJ cuadruplicado
Ⓑ [kwɒˈdruːplɪkɪt] N **in ~** por cuadruplicado
Ⓒ [kwɒˈdruːplɪkeɪt] VT cuadruplicar

**quaestor**, **questor** (*US*) [ˈkwiːstəʳ] N cuestor *m*

**quaff** [kwɒf] VT († *or hum*) beber(se), zamparse*

**quagmire** [ˈkwægmaɪəʳ] N cenagal *m*, lodazal *m*; (*fig*) atolladero *m*, cenagal *m*

**quail**[1] [kweɪl] N (*pl* **quail** *or* **quails**) (= *bird*) codorniz *f*

**quail**[2] [kweɪl] VI (= *cower*) temblar (**at** ante); **her heart ~ed** se le encogió el corazón

**quaint** [kweɪnt] ADJ (*compar* **quainter**; *superl* **quaintest**) 1 (= *picturesque*) [*building, street, village*] pintoresco
2 (= *odd*) [*custom, notion*] curioso; [*person*] peculiar, poco corriente; **how ~!** ¡qué curioso!

**quaintly** [ˈkweɪntlɪ] ADV 1 (= *charmingly*) [*decorated*] pintorescamente; **the building was ~ old-fashioned** el edificio parecía anticuado y pintoresco
2 (= *oddly*) **the ~ named town of Normal** el pueblo denominado con el curioso nombre de Normal; **this may seem a ~ old-fashioned idea** puede que esta idea parezca extraña y anticuada; **he described it ~ as …** le dio la curiosa calificación de …

**quaintness** [ˈkweɪntnɪs] N 1 (= *picturesqueness*) [*of place, object*] lo pintoresco
2 (= *oddness*) [*of custom, word, idea, question*] lo curioso

**quake** [kweɪk] Ⓐ VI [*person*] (= *shake*) temblar; (*inwardly*) estremecerse; **to ~ with fright** temblar de miedo; **he was quaking at the knees** le temblaban las piernas; **I ~d at the prospect** esa posibilidad me hizo estremecer
Ⓑ N (*) (= *earthquake*) terremoto *m*, temblor *m*

**Quaker** [ˈkweɪkəʳ] Ⓐ ADJ cuáquero
Ⓑ N cuáquero/a *m/f*

**Quakerism** [ˈkweɪkərɪzəm] N cuaquerismo *m*

**qualification** [ˌkwɒlɪfɪˈkeɪʃən] N 1 (= *diploma*) título *m*; **he left school without any ~s** dejó la escuela sin sacarse ningún título; **what are his ~s?** ¿qué títulos tiene?; **a teaching ~** un título de profesor; **vocational ~s** títulos *mpl* de formación profesional
2 (*for a post*) requisito *m*; **she doesn't have the ~s for the post** no reúne los requisitos para el puesto; **the ~s for membership** lo que se requiere para ser socio
3 (= *description*) calificación *f*
4 (*Sport*) clasificación *f*; **they missed ~ for the finals** no consiguieron clasificarse para la final
5 (= *reservation*) reserva *f*; (= *modification*) salvedad *f*; **without ~** sin reserva; **this is true, with the ~ that …** esto es verdad, con la salvedad de que …; **by way of ~, I should point out that …** quisiera hacer la salvedad de que …

**qualified** [ˈkwɒlɪfaɪd] Ⓐ ADJ 1 (*in subject*) (*having exam passes, certificates*) titulado; **a ~ engineer** un ingeniero titulado; **~ ski instructors** instructores *mpl* de esquí titulados; **to be ~ to do sth** (*having passed exams*) estar titulado para hacer algo; (*having right expertise*) estar cualificado para hacer algo; **he was by far the best ~ for the task** era con mucho el mejor cualificado para la tarea; **a group of highly ~ young people** un grupo de jóvenes altamente cualificados; **a newly ~ accountant** un contable recién licenciado; **newly ~ drivers** conductores *mpl* que acaban de sacarse el carné; **to be properly ~** tener los títulos necesarios; **it can be difficult to find suitably ~ staff** a veces es difícil encontrar personal adecuadamente cualificado
2 (= *equipped, capable*) **to be ~ to do sth** estar capacitado para hacer algo; **I don't feel ~ to judge that** no me siento capacitado

para juzgar eso; **no one is better ~ than María to do this** nadie está mejor capacitada que María para hacer esto
3 (= *eligible*) **to be ~ to vote** reunir los requisitos necesarios para votar; **you are not ~ to receive benefit** usted no reúne los requisitos necesarios para recibir ayuda del estado
4 (= *limited*) **he gave it his ~ approval** lo aprobó con reservas; **the committee gave a ~ endorsement to the plan** el comité aprobó el plan bajo ciertas condiciones; **it was a ~ success** fue un éxito relativo; **to give ~ support to sth** apoyar algo con reservas
Ⓑ CPD ► **qualified majority voting** N votación *f* de mayoría mínima ► **qualified voter** N elector(a) *m/f* habilitado/a

**qualifier** [ˈkwɒlɪfaɪəʳ] N 1 (*Sport*) (= *person*) clasificado/a *m/f*; (= *match, heat, round*) eliminatoria *f*
2 (*Gram*) calificador *m*

**qualify** [ˈkwɒlɪfaɪ] Ⓐ VI 1 (= *gain qualification*) (*degree*) terminar la carrera, sacar el título, recibirse (*LAm*); (*professional exams*) obtener la licencia para ejercer (como profesional); **to ~ as an engineer** sacar el título de ingeniero
2 (= *meet criteria*) 2·1 **to ~ as sth**: **it may ~ as a medical expense** puede que cuente como gastos médicos; **to ~ as disabled, he must …** para ser declarado minusválido, tiene que …; **he hardly qualifies as a poet** apenas se le puede calificar de poeta
2·2 **to ~ for sth** (= *be eligible*) tener derecho a (recibir) algo; **she doesn't ~ for a grant** no tiene derecho a una beca, no puede optar a una beca
3 (*Sport*) clasificarse (**for** para); **she qualified third** se clasificó en tercer lugar; **the winner qualifies for the second round** el ganador se clasifica para la segunda vuelta
Ⓑ VT 1 (= *give qualifications, knowledge to*) **to ~ sb to do sth** capacitar a algn para hacer algo; **the basic course does not ~ you to practise as a therapist** el curso básico no le capacita para ejercer de terapeuta; **to ~ sb for sth** capacitar a algn para algo
2 (= *make eligible*) **your age may ~ you for a special discount** puede que tu edad te dé derecho a un descuento especial; **that doesn't ~ him to speak on this** eso no le da derecho a hablar sobre esto
3 (= *modify*) [+ *statement*] matizar; (= *limit*) [+ *support, conclusion*] condicionar; **I think you should ~ that remark** creo que deberías matizar ese comentario
4 (= *describe*) 4·1 (*gen*) calificar (**as** de); **some of her statements could be qualified as racist** algunos de sus comentarios se podrían calificar de racistas
4·2 (*Gram*) calificar a; **the adjective qualifies the noun** el adjetivo califica al sustantivo

**qualifying** [ˈkwɒlɪfaɪɪŋ] ADJ 1 (*Univ, Sport*) [*exam, round, game*] eliminatorio; [*team, contestant*] clasificado; **~ heat** prueba *f* clasificatoria; **he failed to achieve the ~ time** (*Sport*) no consiguió el tiempo mínimo requerido para la clasificación; **after a four-month ~ period he will be able to play in the team** después del periodo de cuatro meses estipulado como requisito, podrá formar parte del equipo
2 (*Gram*) calificativo

**qualitative** [ˈkwɒlɪtətɪv] ADJ cualitativo

**qualitatively** [ˈkwɒlɪtətɪvlɪ] ADV [*different, new*] cualitativamente, desde un punto de vista cualitativo

**quality** [ˈkwɒlɪtɪ] Ⓐ N 1 (= *standard, high standard*) calidad *f*; **of good/high ~** de buena/alta calidad; **of poor/low ~** de mala/baja calidad; **a top-~ hotel** un hotel de primera calidad; **the ~ of life** la calidad de vida; **he has real ~** tiene verdadera calidad; **a product of ~** un producto de calidad; ✦**PROV ~ is more important than quantity** la calidad es más importante que la cantidad, lo que importa es la calidad, no la cantidad
2 (= *personal attribute*) cualidad *f*; **one of his good qualities** una de sus buenas cualidades; **one of his bad qualities** uno de sus defectos; **leadership qualities** cualidades *fpl* de líder
3 (= *physical property*) propiedad *f*; **the nutritional qualities of fruit** las propiedades nutritivas de la fruta
4 (= *nature, character*) cualidad *f*; **a childlike ~** una cualidad infantil
5 (= *tone*) [*of sound, voice*] timbre *m*, tono *m*
6 **the qualities** (*Brit Press**) la prensa seria, los periódicos serios
Ⓑ CPD [*product, work*] de calidad; [*newspaper*] serio; **a ~ carpet** una alfombra de calidad ► **quality control** N control *m* de calidad ► **the quality papers** NPL los periódicos serios ► **the quality press** N la prensa seria; → TABLOIDS AND BROADSHEETS ► **quality time** N *tiempo dedicado a la familia y a los amigos*; **I need to spend some ~ time with my children** necesito pasar tiempo disfrutando con mis hijos; **if you don't spend ~ time studying you won't learn very much** si no dedicas tiempo en serio a estudiar no aprenderás mucho

**qualm** [kwɑːm] N 1 (= *scruple*) escrúpulo *m*; **he had no ~s about throwing them out on the street** no tuvo ningún escrúpulo para echarlos a la calle
2 (= *misgiving*) duda *f*; **she signed it without a ~** no tuvo ninguna duda al firmarlo; **he had ~s about their trustworthiness** tenía dudas acerca de su honradez; **I would have no ~s about doing the same again** no dudaría en hacer lo mismo otra vez
3 (*Med*) náusea *f*, mareo *m*

**quandary** [ˈkwɒndərɪ] N (= *dilemma*) dilema *m*; (= *difficult situation*) apuro *m*; **to be in a ~** estar en un dilema; **he was in a ~ about whether to accept** estaba en un dilema sobre si aceptar o no; **this put him in a ~** esto lo puso en un dilema; **to get sb out of a ~** sacar a algn de un apuro

**quango** [ˈkwæŋgəʊ] N (*Brit*) (= **quasi-autonomous non-governmental organization**) ONG *f*, *organización no gubernamental cuasi autónoma*

> **QUANGO**
>
> *El término* **quango**, *que corresponde a las siglas de* **quasi-autonomous non-governmental organization**, *se empezó a usar en el Reino Unido para referirse a organizaciones tales como la* **Equal Opportunities Commission** *o la* **Race Relations Board**, *que fueron establecidas por el gobierno pero que no dependen de ningún ministerio. Algunos* **quangos** *poseen funciones ejecutivas, mientras que otros son meramente consultivos. La práctica de poner demasiadas responsabilidades en manos de* **quangos** *ha sido criticada debido al hecho de que sus miembros son a menudo nombrados a dedo por el gobierno y no tienen la obligación de responder de sus actividades ante el electorado.*

**quanta** [ˈkwɒntə] NPL *of* **quantum**

**quantifiable** [ˈkwɒntɪfaɪəbl] ADJ cuantificable

**quantifier** [ˈkwɒntɪfaɪəʳ] N cuantificador *m*

**quantify** [ˈkwɒntɪfaɪ] VT cuantificar

**quantitative** [ˈkwɒntɪtətɪv] ADJ cuantitativo

**quantitatively** [ˈkwɒntɪtətɪvlɪ] ADV cuantitativamente

**quantity** [ˈkwɒntɪtɪ] Ⓐ N cantidad *f*; **in large quantities** ◊ **in ~** en grandes cantidades; **unknown ~** incógnita *f*
Ⓑ CPD ► **quantity discount** N descuento *m* por cantidad ► **quantity mark** N signo *m* prosódico ► **quantity surveyor** N aparejador(a) *m/f*

**quantum** [ˈkwɒntəm] Ⓐ N (*pl* **quanta**) cuanto *m*, quantum *m*
Ⓑ CPD ► **quantum leap** N salto *m* espectacular ► **quantum mechanics** NSING mecánica *f* cuántica ► **quantum number** N número *m* cuántico ► **quantum physics** NSING física *f* cuántica ► **quantum theory** N teoría *f* cuántica

**quarantine** [ˈkwɒrəntiːn] Ⓐ N cuarentena *f*; **to be in ~** estar en cuarentena; **to place a dog in ~** poner un perro en cuarentena
Ⓑ VT poner en cuarentena

**quark** [kwɑːk] N (*Phys*) quark *m*

**quarrel** [ˈkwɒrəl] Ⓐ N (= *argument*) riña *f*, pelea *f*; **to have a ~ with sb** reñir *or* pelearse con algn; **I have no ~ with you** no tengo nada en contra de usted, no tengo queja de usted; **to pick a ~** buscar pelea *or* pleito; **to pick a ~ with sb** meterse con algn, buscar pelea *or* pleito con algn; **to take up sb's ~** ponerse de la parte de algn
Ⓑ VI reñir, pelearse; **we ~led and I never saw him again** reñimos y no volví a verlo; **they ~led about** *or* **over money** riñeron por cuestión de dinero; **to ~ with sb** reñir con algn; **I can't ~ with that** eso no lo discuto; **what we ~ with is …** en lo que discrepamos *or* no estamos de acuerdo es …

**quarrelling**, **quarreling** (*US*) [ˈkwɒrəlɪŋ] N riñas *fpl*, disputas *fpl*, peleas *fpl*; **there was constant ~** había riñas *or* disputas *or* peleas continuas

**quarrelsome** [ˈkwɒrəlsəm] ADJ pendenciero, peleón*

**quarrelsomeness** [ˈkwɒrəlsəmnɪs] N espíritu *m* pendenciero

**quarrier** [ˈkwɒrɪəʳ] N cantero *m*

**quarry**[1] [ˈkwɒrɪ] N (*Hunting*) presa *f*; (*fig*) presa *f*, víctima *f*

**quarry**[2] [ˈkwɒrɪ] Ⓐ N (= *mine*) cantera *f*
Ⓑ VT sacar, extraer
Ⓒ VI explotar una cantera, extraer piedra de una cantera; **to ~ for marble** abrir una cantera en busca de mármol
Ⓓ CPD ► **quarry tile** N baldosa *f* (no vidriada)

►**quarry out** VT + ADV sacar, extraer

**quarryman** [ˈkwɒrɪmən] N (*pl* **quarrymen**) cantero *m*, picapedrero *m*

**quart** [kwɔːt] N (*gen*) cuarto *m* de galón (*Brit* = *1,136 litros; US = 0,946 litros*); ✦**IDIOM you're trying to get a ~ into a pint pot** está claro que no cabe

**quarter** [ˈkwɔːtəʳ] Ⓐ N 1 (= *fourth part*) [*of kilo, kilometre, second*] cuarto *m*; [*of price, population*] cuarta parte *f*; **a ~ of a mile** un cuarto de milla; **a ~ (of a pound) of tea** un cuarto de libra de té; **for a ~ of the price** por la cuarta parte del precio; **to divide sth into ~s** dividir algo en cuartos *or* en cuatro; **the tank was only a ~ full** el depósito sólo estaba a un cuarto de su capacidad; **it's a ~ gone already** ya se ha gastado la cuarta parte; **I'm a ~ Spanish** tengo una cuarta parte de sangre española

2 (*in time*) cuarto *m*; **a ~ of an hour/century** un cuarto de hora/siglo; **an hour and a ~** una hora y cuarto; **three ~s of an hour** tres cuartos de hora; **it's a ~ past** *or* (*US*) **after seven** son las siete y cuarto; **it's a ~ to** *or* (*US*) **of seven** son las siete menos cuarto, es un cuarto para las siete (*LAm*)
3 (*specific fourth parts*) 3·1 (*US, Canada*) (= *25 cents*) (moneda f de) cuarto *m* de dólar
3·2 [*of year*] trimestre *m*; **to pay by the ~** pagar trimestralmente *or* al trimestre *or* cada tres meses
3·3 [*of moon*] cuarto *m*; **when the moon is in its first/last ~** cuando la luna está en cuarto creciente/menguante
4 (= *part of town*) barrio *m*; **the business ~** el barrio comercial; **the old ~** el casco viejo *or* antiguo
5 (= *direction, area*) **protest is growing in some ~s** las protestas aumentan en algunos círculos; **from all ~s** de todas partes; **at close ~s** de cerca; **he fired two shots at close ~s** disparó dos tiros a quemarropa; **they are spread over the four ~s of the globe** se extienden por todos los rincones *or* por todas partes del mundo; **help came from an unexpected ~** la ayuda nos llegó de un lugar inesperado
6 (*Naut, Geog*) [*of compass*] cuarta *f*; **the port/starboard ~** [*of ship*] la aleta de babor/estribor; **the wind was from the port ~** el viento soplaba de babor; **the wind is in the right ~** el viento sopla en dirección favorable
7 (*Heraldry*) cuartel *m*
8 (*frm*) (= *mercy*) clemencia *f*; **they knew they could expect no ~** sabían que no podían esperar clemencia; **to give (sb) no ~** no dar cuartel (a algn)
9 **quarters** (= *accommodation*) 9·1 (*for staff*) (= *building, section*) dependencias *fpl*; (= *rooms*) cuartos *mpl*, habitaciones *fpl*; **the servants' ~s** las dependencias del servicio; **they're living in very cramped ~s** viven hacinados; **the cramped ~s of the space capsule** el reducido espacio de la cápsula espacial; *see also* **living D**
9·2 (*Mil*) (= *barracks*) cuartel *msing*; (*also* **sleeping ~s**) barracones *mpl*; **the crew's/officers' ~s** (*on ship*) las dependencias de la tripulación/de los oficiales; *see also* **married B**
Ⓑ ADJ cuarto; **he has a ~ share** tiene una cuarta parte; **a ~ pound/century** un cuarto de libra/siglo
Ⓒ VT 1 (= *divide into four*) [+ *apple, potato*] cortar en cuatro (trozos); [+ *carcass, body*] descuartizar; *see also* **hang A3.1**
2 (*Mil*) acuartelar, alojar; **our soldiers are ~ed in Ramsey** nuestros soldados están acuartelados en Ramsey
3 (= *range over*) [*person*] recorrer; **to ~ the ground** [*dog*] buscar olfateando; [*bird*] escudriñar el terreno
Ⓓ CPD ► **quarter day** N (*gen*) *primer día del trimestre*; (*Fin*) *el día del vencimiento de un pago trimestral* ► **quarter light** N (*Brit Aut*) ventanilla *f* direccional ► **quarter note** N (*US Mus*) negra *f* ► **quarter tone** N cuarto *m* de tono ► **quarter turn** N cuarto *m* de vuelta

**quarterback** ['kwɔːtəbæk] N (*US Ftbl*) mariscal *mf* de campo

**quarterdeck** ['kwɔːtədek] N alcázar *m*

**quarter-final** ['kwɔːtə,faɪnl] N cuarto *m* de final

**quarter-finalist** ['kwɔːtə'faɪnəlɪst] N cuartofinalista *mf*

**quarter-hour** ['kwɔːtə'aʊəʳ] N cuarto *m* de hora

**quarter-hourly** ['kwɔːtə'aʊəlɪ] Ⓐ ADV cada cuarto de hora
Ⓑ ADJ **at ~ intervals** cada cuarto de hora

**quartering** ['kwɔːtərɪŋ] N (*Heraldry*) cuartel *m*

**quarterly** ['kwɔːtəlɪ] Ⓐ ADV trimestralmente, cada tres meses
Ⓑ ADJ trimestral
Ⓒ N publicación *f* trimestral

**quartermaster** ['kwɔːtə,mɑːstəʳ] Ⓐ N intendente *m*
Ⓑ CPD ► **quartermaster general** N intendente *m* general ► **quartermaster sergeant** N ≈ brigada *m*

**quartern** ['kwɔːtən] Ⓐ N cuarta *f*
Ⓑ CPD ► **quartern loaf** N pan *m* de cuatro libras

**quarterstaff** ['kwɔːtəstɑːf] N (*Hist*) barra *f*

**quartet, quartette** [kwɔː'tet] N (*gen, Mus*) cuarteto *m*

**quartile** ['kwɔːtaɪl] N cuartil *m*

**quarto** ['kwɔːtəʊ] Ⓐ ADJ [*volume*] en cuarto; [*paper*] tamaño *m* holandesa
Ⓑ N libro *m* en cuarto

**quartz** ['kwɔːts] Ⓐ N cuarzo *m*
Ⓑ CPD ► **quartz clock** N reloj *m* de cuarzo ► **quartz crystal** N cristal *m* de cuarzo ► **quartz lamp** N lámpara *f* de cuarzo ► **quartz watch** N reloj *m* de cuarzo

**quartzite** ['kwɔːtsaɪt] N cuarcita *f*

**quasar** ['kweɪzɑːʳ] N cuasar *m*, quásar *m*

**quash** ['kwɒʃ] VT 1 [+ *rebellion*] sofocar
2 [+ *proposal*] rechazar; [+ *verdict*] anular, invalidar

**quasi-** ['kweɪzaɪ, 'kwɑːzɪ] PREFIX cuasi-; **~religious** cuasi-religioso; **~revolutionary** cuasi-revolucionario

**quatercentenary** [,kwɒtəsen'tiːnərɪ] N cuarto centenario *m*

**quaternary** [kwə'tɜːnərɪ] Ⓐ ADJ cuaternario
Ⓑ N cuaternario *m*

**quatrain** ['kwɒtreɪn] N cuarteto *m*, estrofa *f* de cuatro versos

**quaver** ['kweɪvəʳ] Ⓐ N (*when speaking*) temblor *m*; (*Mus*) (= *trill*) trémolo *m*; (*Brit*) (= *note*) corchea *f*; **with a ~ in her voice** con voz trémula
Ⓑ VI [*voice*] temblar
Ⓒ VT **"yes," she ~ed** —sí —dijo con voz trémula *or* temblorosa
Ⓓ CPD ► **quaver rest** N (*Brit*) pausa *f* de corchea

**quavering** ['kweɪvərɪŋ] ADJ trémulo, tembloroso

**quavery** ['kweɪvərɪ] ADJ = **quavering**

**quay** [kiː] N muelle *m*; **on the ~** en el muelle

**quayside** ['kiːsaɪd] N muelle *m*

**Que.** ABBR (*Canada*) = **Quebec**

**queasiness** ['kwiːzɪnɪs] N 1 (= *nausea*) náuseas *fpl*, sensación *f* de mareo; **the anaesthetic may cause a little ~** la anestesia puede producirle ligeras náuseas *or* una ligera sensación de mareo; **a feeling of ~** una sensación de mareo
2 (= *unease*) intranquilidad *f*

**queasy** ['kwiːzɪ] ADJ (*compar* **queasier**; *superl* **queasiest**) 1 (= *nauseous*) [*stomach*] revuelto; **his stomach was ~** tenía el estómago revuelto; **to be** *or* **feel ~** tener náuseas; **the food made her (feel) ~** la comida le revolvió el estómago; **the slight rocking made her feel ~** el ligero balanceo la mareó; **it made him (feel) ~ to watch it** se mareó al verlo, verlo le revolvió el estómago
2 (= *uneasy*) intranquilo; **I had a ~ feeling about the whole thing** todo este asunto me inquietaba *or* me hacía sentirme intranquilo

**Quebec** [kwɪ'bek] N Quebec *m*

**queen** [kwiːn] Ⓐ N 1 (= *monarch*) reina *f*; (*Chess*) reina *f*; (*Cards*) dama *f*; (*in Spanish pack*) caballo *m*; **she was ~ to Charles II** era la reina de Carlos II
2 (*Zool*) (*also* **~ bee**) abeja *f* reina; (= *ant*) hormiga *f* reina
3 (‡) marica‡ *m* (*pej*)
Ⓑ VT (*Chess*) [+ *pawn*] coronar; ✦*IDIOM* **to ~ it** conducirse como una reina; (*fig*) pavonearse
Ⓒ VI (*Chess*) ser coronado
Ⓓ CPD ► **Queen's Bench** N (*Brit*) *departamento del Tribunal Supremo de Justicia* ► **queen mother** N reina *f* madre ► **Queen's Counsel** N (*Brit*) abogado *mf* (*de categoría superior*); → QC/KC

**QUEEN'S/KING'S SPEECH**

*En el Reino Unido, el* **Queen's** *o* **King's Speech** *es el discurso que el monarca dirige cada año a las dos cámaras del Estado en la apertura del nuevo curso parlamentario. El discurso se retransmite por radio y televisión y es preparado por el gobierno, ya que en él se indican las directrices del programa de gobierno para el curso que comienza, así como la nueva legislación que se introducirá ese año. Para seguir con la tradición, en este discurso el monarca sigue refiriéndose al gobierno como* **my government**.

**queenly** ['kwiːnlɪ] ADJ [*manner, bearing*] regio; [*responsibilities*] de reina

**queer** [kwɪəʳ] Ⓐ ADJ (*compar* **queerer**; *superl* **queerest**) 1 (= *odd*) raro, extraño; **there's something ~ going on** pasa algo raro *or* extraño; **there was a ~ noise coming from the kitchen** había un ruido raro en la cocina; **to be ~ in the head*** andar mal de la cabeza*; ✦*IDIOM* **to be in Queer Street** (*Brit**) estar en apuros
2 (*Brit*†) (= *ill*) **to feel ~** no sentirse bien, encontrarse mal; **to come over ~** ponerse malo
3 (†‡ *pej*) (= *homosexual*) maricón‡, marica‡
Ⓑ N (‡ *pej*) (= *homosexual*) maricón‡ *m*, marica‡ *m*
Ⓒ VT ✦*IDIOM* **to ~ sb's pitch** fastidiar a algn

**queer-bashing‡** ['kwɪə,bæʃɪŋ] N **to go in for ~** atacar a homosexuales

**queer-looking** ['kwɪə,lʊkɪŋ] ADJ [*animal, plant, insect*] de aspecto extraño

**queerly** ['kwɪəlɪ] ADV [*behave, laugh, dress*] de modo raro *or* extraño, de forma rara *or* extraña

**queerness** ['kwɪənɪs] N (= *oddness*) lo raro, lo extraño

**queer-sounding** ['kwɪə,saʊndɪŋ] ADJ [*name*] raro

**quell** [kwel] VT [+ *uprising*] sofocar; [+ *opposition*] sobreponerse a, dominar; [+ *fears*] desechar

**quench** [kwentʃ] VT [+ *flames, thirst*] apagar; [+ *hope*] matar, sofocar; [+ *desire*] satisfacer; [+ *enthusiasm, passion*] enfriar

**quenchless** ['kwentʃlɪs] ADJ inapagable

**quern** [kwɜːn] N molinillo *m* de mano

**querulous** ['kwerʊləs] ADJ quejumbroso

**querulously** ['kwerʊləslɪ] ADV quejumbrosamente; [*say*] en tono quejumbroso

**query** ['kwɪərɪ] Ⓐ N 1 (= *question*) pregunta *f*; (*fig*) (= *doubt*) duda *f*, interrogante *m or f*; **if you have any queries, please do not hesitate to call** si tiene alguna pregunta, no dude en llamar; **there are many queries about his suitability for the job** hay muchos interrogantes acerca de su idoneidad para el puesto

2 (*Gram*) (= *question mark*) signo *m* de interrogación
Ⓑ VT (= *ask*) preguntar; (= *doubt*) dudar de, expresar dudas acerca de; (= *disagree with, dispute*) cuestionar, poner en duda; (*Comput*) interrogar; **to ~ sb about sth** preguntar a algn sobre algo; **to ~ whether ...** dudar si ...; **I would ~ that** dudo si eso es cierto, tengo mis dudas acerca de eso; **no one queried my decision** nadie cuestionó *or* puso en duda mi decisión; **they queried the bill** pidieron explicaciones sobre la factura; **do you ~ the evidence?** ¿tiene dudas acerca del testimonio?
Ⓒ CPD ► **query language** N lenguaje *m* de interrogación

**quest** [kwest] Ⓐ N (*lit, fig*) búsqueda *f* (**for** de); **to go in ~ of** ir en busca de
Ⓑ VI **to ~ for sth** buscar algo

**question** ['kwestʃən] Ⓐ N 1 (= *query*) (*also in exam*) pregunta *f*; **(are there) any ~s?** ¿(hay) alguna pregunta?; **to ask (sb) a ~** hacer una pregunta (a algn); **ask yourself this ~** hágase esta pregunta; **what a ~ to ask!** ¡vaya preguntita!; **there's a reward for the painting's return, no ~s asked** se ofrece una recompensa sin preguntas por la devolución del cuadro; **ask me no ~s and I'll tell you no lies** más vale que no me preguntes; **"why didn't you appoint him a year ago?" — "good ~"** — ¿por qué no lo nombraste hace un año? —buena pregunta *or* —eso me pregunto yo; **he posed three ~s** hizo *or* planteó tres preguntas; **to put a ~ to sb** (*frm*) hacer una pregunta a algn; **to put down a ~ to** *or* **for sb** (*Parl*) formular una pregunta a algn; **to obey orders without ~** obedecer órdenes sin rechistar; ♦**IDIOM the 64,000 dollar ~** la pregunta del millón; *see also* **leading B, open A10, A11, personal A4, pop C2, trick C**
2 (= *matter, issue*) cuestión *f*; **the Palestinian ~** la cuestión palestina; **that is the ~** de eso se trata, esa es la cuestión; **that is not the ~** no se trata de eso, no es cuestión de eso; **at the time in ~** a la hora en cuestión; **it is not simply a ~ of money** no se trata simplemente de dinero, no es una simple cuestión de dinero; **this raises the ~ of her suitability** esto plantea la cuestión de si es la persona adecuada; **it's only a ~ of time before he finds out** sólo es cuestión de tiempo que se entere; *see also* **beg A1**
3 (= *possibility*) posibilidad *f*; **there is no ~ of outside help** no hay posibilidad de ayuda externa; **there can be no ~ of your resigning** su dimisión no se puede admitir; **it's out of the ~!** ¡imposible!, ¡ni hablar!; **an interest rate cut is out of the ~** un recorte de los tipos de interés es imposible
4 (= *doubt*) duda *f*; **there is no ~ about it** no cabe la menor duda de esto; **as a manager, her ability is beyond ~** como directora, su capacidad está fuera de toda duda; **to bring** *or* **call sth into ~** poner algo en duda; **my integrity has been brought** *or* **called into ~** mi integridad se ha puesto en duda; **to be in ~** estar en duda; **your professional ability is not in ~** no es tu capacidad como profesional lo que se pone en duda; **his findings pose ~s about the future of these drugs** sus descubrimientos hacen que se planteen preguntas sobre el futuro de estas drogas; **this disaster raises ~s about air safety in the region** con el desastre se ha puesto en duda la seguridad aérea en la zona; **the ~ remains (as to) whether he can be trusted** la duda *or* la cuestión sigue siendo si se puede confiar en él; **the ~ remains: how did she escape?** la pregunta sigue ahí: ¿cómo escapó?; **there is some ~ as to whether he will sign** hay *or* existen ciertas dudas sobre si firmará; **without ~** sin duda, indudablemente
5 (*at meeting*) cuestión *f*, asunto *m*; **to move the previous ~** plantear la cuestión previa; **to put the ~ (to a vote)** someter la moción a votación
Ⓑ VT 1 (= *interrogate*) [+ *exam candidate, interviewee*] hacer preguntas a; [+ *suspect*] interrogar; (*Parl*) [+ *minister, secretary*] interpelar; **you will be ~ed on one of three topics** se te harán preguntas sobre uno de tres temas; **a suspect is being ~ed by police** la policía está interrogando a un sospechoso; **they ~ed him about his past** le hicieron preguntas *or* le preguntaron acerca de su pasado; **the minister was ~ed about his statement to Parliament** se interpeló al ministro sobre su declaración ante el Parlamento
2 (= *doubt*) [+ *honesty, loyalty, motives*] dudar de, poner en duda; [+ *decision, beliefs*] poner en duda, cuestionar
Ⓒ CPD ► **question mark** N (*lit*) signo *m* de interrogación; (*fig*) interrogante *m or f*; **a big ~ mark hangs over his future** se plantea un enorme interrogante sobre su futuro ► **question master** N interrogador *m* ► **question tag** N coletilla *f* interrogativa ► **question time** N (*Brit Parl*) sesión *f* de interpelaciones a los ministros

**questionable** ['kwestʃənəbl] ADJ 1 (= *uncertain, debatable*) [*assumption, significance, value*] discutible, cuestionable; **it is ~ whether ...** es discutible si ...
2 (= *morally dubious*) [*behaviour, method, practice*] cuestionable; **in ~ taste** de dudoso gusto

**questionary** ['kwestʃənərɪ] N cuestionario *m*, encuesta *f*

**questioner** ['kwestʃənəʳ] N interrogador(a) *m/f*; (*at meeting*) interpelante *mf*

**questioning** ['kwestʃənɪŋ] Ⓐ ADJ [*tone, mind*] inquisitivo, inquisidor; **she gave him a ~ look** le lanzó una mirada inquisitiva *or* inquisidora
Ⓑ N 1 (= *interrogation*) interrogatorio *m*; **he is wanted for ~ by police** la policía requiere su presencia para someterlo a un interrogatorio
2 (= *doubting*) cuestionamiento *m*, puesta *f* en duda

**questioningly** ['kwestʃənɪŋlɪ] ADV de manera inquisitiva *or* inquisidora

**questionnaire** [,kwestʃə'nɛəʳ] N cuestionario *m*

**questor** ['kwi:stəʳ] N (*US*) = **quaestor**

**queue** [kju:] (*esp Brit*) Ⓐ N cola *f*; **to form a ~** ◊ **stand in a ~** hacer cola; **to jump the ~** colarse*, saltarse la cola
Ⓑ VI (*also* **~ up**) hacer cola; **to ~ for three hours** pasar tres horas haciendo cola; **we ~d for tickets** hicimos cola para comprar entradas

**queue-jump** ['kju:,dʒʌmp] VI (*Brit*) colarse*

**queue-jumper** ['kju:,dʒʌmpəʳ] N (*Brit*) colón/ona* *m/f*

**queue-jumping** ['kju:,dʒʌmpɪŋ] N (*Brit*) colarse *m*; **~ will not be tolerated** no se permitirá que nadie se cuele

**quibble** ['kwɪbl] Ⓐ N (= *trivial objection*) objeción *f* de poca monta; **he dismissed their objections as mere ~s** desestimó sus objeciones como si se trataran de simples nimiedades; **the deal was held up by some legal ~** se retrasó el acuerdo a causa de una pequeña objeción de carácter legal
Ⓑ VI hacer objeciones de poca monta; **he always ~s** es un quisquilloso; **to ~ over** *or* **about sth** discutir por algo sin importancia; **I'm not going to ~ over 20 pence** no voy a discutir por 20 peniques; **there's no point in quibbling about who's right and who's wrong** no sirve de nada discutir por quién tiene razón y quién no

**quibbler** ['kwɪbləʳ] N quisquilloso/a *m/f*

**quibbling** ['kwɪblɪŋ] Ⓐ ADJ quisquilloso
Ⓑ N objeciones *fpl* de poca monta

**quiche** [ki:ʃ] N quiche *m*

**quick** [kwɪk] Ⓐ ADJ (*compar* **quicker**; *superl* **quickest**) 1 (= *fast*) [*method, movement*] rápido; **this is the ~est way to do it** ésta es la forma más rápida de hacerlo; **it's ~er by train** es más rápido ir en tren; **be ~!** ¡rápido!, ¡date prisa!, ¡apúrate! (*LAm*); **to be ~ to do sth** hacer algo rápidamente; **he was ~ to see the possibilities** vio rápidamente las posibilidades; **his opponents were ~ to point out that ...** sus adversarios señalaron rápidamente que ...; **to be ~ to act** obrar con prontitud; **to be ~ to anger** enfadarse con facilidad; **to be ~ to take offence** ofenderse por nada; **and be ~ about it!** ¡y date prisa!, ¡y apúrate! (*LAm*); **~ march!** (*Mil*) ¡marchando, ar!; **at a ~ pace** a un paso rápido; **he made a ~ recovery** se recuperó rápidamente; **in ~ succession** en rápida sucesión; **to have a ~ temper** tener un genio vivo; **he's a ~ worker** trabaja rápido, es un trabajador rápido; *see also* **draw A4, mark² A6, uptake 1**
2 (= *with minimal delay*) [*answer, decision*] rápido; **we must have a ~ answer** necesitamos una respuesta rápida; **we are hoping for a ~ end to the bloodshed** esperamos que el derramamiento de sangre acabe pronto; **a ~ fix** una solución fácil; **the price has been reduced for a ~ sale** han reducido el precio para venderlo pronto
3 (= *not lengthy*) [*meal*] rápido; **he gave me a ~ kiss on the cheek** me dio un besito en la mejilla; **let's have a ~ look at that*** déjame echarle un vistazo rápido a eso; **to have a ~ one*** (= *drink*) tomarse un trago; **can I have a ~ word (with you)?** ¿puedo hablar un segundo contigo?, ¿podemos hablar un segundo?
4 (= *sharp*) [*person*] listo; [*wit*] agudo; [*mind, reflexes*] ágil, rápido; **he is very ~ at maths** es muy rápido para las matemáticas; **to have a ~ eye for sth** captar *or* coger algo al vuelo
Ⓑ N 1 (*Anat*) **the ~**: **her nails were bitten down to the ~** se había mordido las uñas hasta dejárselas como muñones; ♦**IDIOM to cut sb to the ~** herir a algn en lo vivo
2 (†† *liter*) **the ~ and the dead** los vivos y los muertos
Ⓒ ADV deprisa, rápido; **~!** ¡deprisa!, ¡rápido!; **I left as ~ as I could** me fui lo más rápido *or* deprisa que pude; **come as ~ as you can** ven cuanto antes; ♦**IDIOM as ~ as a flash** como un rayo *or* relámpago

**quick-acting** ['kwɪk'æktɪŋ] ADJ de acción rápida

**quick-change** ['kwɪk'tʃeɪndʒ] ADJ (*Theat*) **~ artist** transformista *mf*

**quick-drying** ['kwɪk'draɪɪŋ] ADJ [*paint, varnish*] de secado rápido

**quick-eared** ['kwɪk'ɪəd] ADJ de oído fino

**quicken** ['kwɪkən] Ⓐ VT (= *speed up*) acelerar, apresurar; **to ~ one's pace** apretar *or* acelerar el paso
Ⓑ VI [*breathing, pulse*] acelerarse; [*interest*] acrecentarse, avivarse; [*embryo*] empezar a moverse; **the pace ~ed** se aceleró el paso; **men's hearts ~ed whenever she appeared**

➤ LANGUAGE IN USE: question A1 26.1 A2 26.1, 26.2, 26.3 A3 12.3 B2 26.3 questionable 26.3

cuando aparecía ella se les aceleraba el pulso a los hombres

**quick-eyed** [ˈkwɪkˈaɪd] ADJ de vista aguda

**quick-fire** [ˈkwɪkfaɪəʳ] ADJ *[gun]* de tiro rápido; *[question]* rápido, hecho a quemarropa

**quick-firing** [ˈkwɪk,faɪərɪŋ] ADJ de tiro rápido

**quick-freeze** [ˈkwɪkˈfriːz] VT congelar rápidamente

**quickie*** [ˈkwɪkɪ] N (= *question*) pregunta *f* cortita*; (= *drink*) copita* *f*; (= *sex*) polvito* *m*; **to have a ~** (= *drink*) tomarse una copita*; (= *sex*) echarse un polvito*

**quicklime** [ˈkwɪklaɪm] N cal *f* viva

**quickly** [ˈkwɪklɪ] ADV [1] (= *fast*) *[move, work]* deprisa, rápidamente; **I'm working as ~ as I can** estoy trabajando lo más rápido *or* lo mas rápidamente que puedo, no puedo trabajar más deprisa; **he talks too ~ for me to understand** habla demasiado deprisa y no le entiendo
[2] (= *with minimal delay*) *[arrive, answer, react]* en seguida, con prontitud (*more frm*); **the police were ~ on the scene** la policía llegó en seguida; **they answered ~** contestaron pronto; **success ~ followed** el éxito llegó en seguida *or* muy poco después; **come as ~ as you can** ven cuanto antes
[3] (= *not lengthily*) *[embrace, smile]* rápidamente; **he glanced ~ at the note** echó un vistazo rápido a la nota

**quickness** [ˈkwɪknɪs] N [1] (= *speed*) rapidez *f*, velocidad *f*; **his ~ on his feet** su velocidad
[2] (= *lack of delay*) prontitud *f*
[3] (= *sharpness*) agudeza *f*; **~ of mind** rapidez *f*, agilidad *f* mental

**quicksand** [ˈkwɪksænd] N arenas *fpl* movedizas

**quickset** [ˈkwɪkset] Ⓐ ADJ compuesto de plantas vivas (*esp de espinos*)
Ⓑ N (= *slip*) plantón *m*; (= *hawthorn*) espino *m*; (= *hedge*) seto *m* vivo (*esp de espinos*)

**quick-setting** [ˈkwɪk,setɪŋ] ADJ **~ glue** pegamento *m* rápido

**quick-sighted** [ˈkwɪkˈsaɪtɪd] ADJ de vista aguda; (*fig*) perspicaz

**quicksilver** [ˈkwɪk,sɪlvəʳ] Ⓐ N azogue *m*, mercurio *m*
Ⓑ ADJ (*fig*) *[moods, temperament]* inconstante, caprichoso
Ⓒ VT azogar

**quickstep** [ˈkwɪkstep] N (= *dance*) *baile formal a ritmo rápido*

**quick-tempered** [ˈkwɪkˈtempəd] ADJ de genio vivo, irascible

**quick-witted** [ˈkwɪkˈwɪtɪd] ADJ agudo, perspicaz; **that was very ~ of you** en eso fuiste muy agudo

**quid**[1]* [kwɪd] N (*Brit*) libra *f* (esterlina); **three ~** tres libras; ✦***IDIOM*** **to be ~s in** haber ganado bastante

**quid**[2] [kwɪd] N *[of tobacco]* mascada *f* (de tabaco)

**quiddity** [ˈkwɪdɪtɪ] N (*Philos*) esencia *f*; (= *quibble*) sutileza *f*, sofistería *f*

**quid pro quo** [ˈkwɪdprəʊˈkwəʊ] N (*pl* **quid pro quos**) compensación *f* (**for** por)

**quiescence** [kwaɪˈesns] N (*frm*) inactividad *f*, quietud *f*

**quiescent** [kwaɪˈesnt] ADJ (*frm*) inactivo, quieto

**quiet** [ˈkwaɪət] Ⓐ ADJ (*compar* **quieter**; *superl* **quietest**) [1] (= *not loud*) *[engine]* silencioso; *[music]* tranquilo, suave; *[tone]* bajo, quedo (*liter*); *[laughter]* suave; **he said in a ~ voice** dijo en (un) tono bajo
[2] (= *silent*) [2·1] *[person]* callado; **to be ~** estar callado; **you're very ~ today** hoy estás muy callado; **be ~!** ¡cállate!, ¡silencio!; **to go ~** quedarse callado; **to keep** *or* **stay ~** (= *say nothing*) quedarse callado; (= *not make a noise*) no hacer ruido; **to keep ~ about sth** no decir nada acerca de algo; **to keep sb ~: they paid him £1,000 to keep him ~** le pagaron 1000 libras para que se callara; **that book should keep him ~ for a while** ese libro le tendrá entretenido durante un rato; **I gave him a biscuit to keep him ~** le di una galleta para que estuviese entretenido
[2·2] **to keep sth ~: keep it ~** no se lo digas a nadie; **he managed to keep the whole thing ~** consiguió que nadie se enterara del asunto; **the government has tried to keep the matter ~** el gobierno ha intentado mantener el asunto en secreto
[2·3] *[place]* silencioso; **it was dark and the streets were ~** era de noche y las calles estaban silenciosas; **isn't it ~!** ¡qué silencio!; ✦***IDIOM*** **it was ~ as the grave** había un silencio sepulcral
[3] (= *peaceful, not busy*) *[life, night, village, area]* tranquilo; **they lead a ~ life** llevan una vida tranquila; **he'll do anything for a ~ life** hará lo que sea para que lo dejen en paz; **the patient has had a ~ night** el paciente ha pasado una noche tranquila; **this town is too ~ for me** esta ciudad es demasiado tranquila para mí; **the shops will be ~er today** las tiendas estarán más tranquilas hoy, hoy habrá menos jaleo en las tiendas; **business is ~ at this time of year** hay poco movimiento en esta época; **everybody needs a ~ time** todo el mundo necesita un rato de tranquilidad; **those were ~ times** aquél fue un tiempo de tranquilidad; ✦***IDIOM*** **all ~ on the Western front** no hay moros en la costa
[4] (= *calm, placid*) *[person]* callado; *[temperament]* tranquilo, sosegado; *[dog, horse]* manso; **my daughter is a very ~ girl** mi hija es una chica muy callada; **we have very ~ neighbours** tenemos unos vecinos muy tranquilos
[5] (= *discreet*) *[manner, decor, style]* discreto; *[clothes, dress]* discreto, no llamativo; *[colour]* suave, apagado; *[despair]* callado; *[optimism]* comedido; *[ceremony]* íntimo; **the decoration was in ~ good taste** la decoración era de un gusto discreto; **with ~ humour he said ...** con un humor discreto dijo ...; **we had a ~ lunch/supper** comimos/cenamos en la intimidad; **it was a ~ funeral/wedding** el funeral/la boda se celebró en la intimidad; **to have a ~ dig at sb** burlarse discretamente de algn; **we had a ~ laugh over it** nos reímos en privado; **I'll have a ~ word with him** hablaré discretamente con él
Ⓑ N [1] (= *silence*) silencio *m*; **let's have complete ~ for a few minutes** vamos a tener unos minutos de completo silencio; **in the ~ of the night** en el silencio de la noche; **on the ~** a escondidas
[2] (= *peacefulness*) tranquilidad *f*; **there was a period of ~ after the fighting** hubo un periodo de tranquilidad tras los enfrentamientos; *see also* **peace A4**
Ⓒ VT (*US*) = **quieten A**
Ⓓ VI (*US*) = **quieten B**

**quieten** [ˈkwaɪətn] Ⓐ VT (*also* **~ down**) (= *calm*) calmar, tranquilizar; (*fig*) (= *silence*) [+ *fears*] acallar; **he managed to ~ the crowd** logró calmar a la multitud
Ⓑ VI (*also* **~ down**) (= *calm down*) calmarse, tranquilizarse; (= *fall silent*) callarse; (*fig*) (*after unruly youth etc*) calmarse, sentar cabeza; (*after rage*) tranquilizarse

**quietism** [ˈkwaɪɪtɪzəm] N quietismo *m*

**quietist** [ˈkwaɪɪtɪst] N quietista *mf*

**quietly** [ˈkwaɪətlɪ] ADV [1] (= *not loudly*) *[say, whisper]* en voz baja; *[sing]* en voz baja, suavemente; *[drink, leave, walk, come in]* silenciosamente, sin hacer ruido; **this part should be played ~** (*Mus*) esta parte hay que tocarla bajo
[2] (= *silently*) en silencio; **she said nothing, but listened ~** no dijo nada, sino que escuchó en silencio
[3] (= *peacefully, calmly*) *[play, read]* tranquilamente; **I was ~ drinking a cup of coffee** estaba tomando café tranquilamente; **he refused to go ~** se negó a irse pacíficamente; **are you coming ~ or are you going to make trouble?** ¿nos acompaña usted pacíficamente o va a causar problemas?; **the house is ~ situated in attractive parkland** la casa está situada en una tranquila zona con jardines; **I'm ~ confident about the future** aunque no lo exteriorice, soy optimista respecto al futuro; **he was ~ content** estaba contento y tranquilo
[4] (= *discreetly*) discretamente; **the president's plan had been ~ shelved** habían dejado de lado discretamente el plan del presidente; **she lives ~ in Suffolk** vive discretamente en Suffolk; **to be ~ dressed** vestirse con discreción; **he slipped off ~** se marchó sin que nadie lo notara; **let's get married ~** casémonos en la intimidad; **we dined ~ at home** cenamos en la intimidad del hogar

**quietness** [ˈkwaɪətnɪs] N [1] (= *softness*) *[of voice, music]* suavidad *f*
[2] (= *silence*) silencio *m*
[3] (= *calm*) tranquilidad *f*

**quietude** [ˈkwaɪətjuːd] N quietud *f*

**quietus** [kwaɪˈiːtəs] N (*pl* **quietuses**) (*liter*) golpe *m* de gracia; (= *death*) muerte *f*; (*Comm*) quitanza *f*, finiquito *m*

**quiff** [kwɪf] N copete *m*

**quill** [kwɪl] Ⓐ N (= *feather*) pluma *f* de ave; (= *part of feather*) cañón *m* de pluma; *[of porcupine, hedgehog]* púa *f*; (= *pen*) pluma *f* (de ganso); (= *bobbin*) canilla *f*
Ⓑ CPD ► **quill pen** N pluma *f* (de ganso)

**quilt** [kwɪlt] Ⓐ N edredón *m*; (*Brit*) (*also* **continental ~**) edredón *m* (nórdico)
Ⓑ VT acolchar

**quilted** [ˈkwɪltɪd] ADJ acolchado

**quilting** [ˈkwɪltɪŋ] N (= *material*) tela *f* acolchada; (= *act, quilted work*) acolchado *m*

**quim**** [kwɪm] N coño** *m*

**quin*** [kwɪn] N (*Brit*) = **quintuplet**

**quince** [kwɪns] Ⓐ N membrillo *m*
Ⓑ CPD ► **quince cheese**, **quince jelly** N (dulce *m* de) membrillo *m*

**quincentenary** [,kwɪnsenˈtiːnərɪ] N quinto centenario *m*

**quinine** [kwɪˈniːn] N quinina *f*

**Quinquagesima** [,kwɪŋkwəˈdʒesɪmə] N Quincuagésima *f*

**quinquennial** [kwɪŋˈkwenɪəl] ADJ quinquenal

**quinquennium** [kwɪŋˈkwenɪəm] N (*pl* **quinquennia** [kwɪŋˈkwenɪə]) quinquenio *m*

**quinsy** [ˈkwɪnzɪ] N angina *f*

**quint*** [kwɪnt] N (*US*) quintillizo/a *m/f*

**quintessence** [kwɪnˈtesns] N quintaesencia *f*

**quintessential** [,kwɪntɪˈsenʃəl] ADJ quintaesencial

**quintet**, **quintette** [kwɪnˈtet] N (*gen*) quinteto *m*

**quintuple** Ⓐ [ˈkwɪntjʊpl] ADJ quíntuplo
Ⓑ [ˈkwɪntjʊpl] N quíntuplo *m*
Ⓒ [kwɪnˈtjuːpl] VT quintuplicar
Ⓓ [kwɪnˈtjuːpl] VI quintuplicarse

**quintuplet** [kwɪn'tju:plɪt] N quintillizo/a *m/f*

**quip** [kwɪp] Ⓐ N ocurrencia *f*, salida *f*
Ⓑ VT **"you'll have to go on a diet!" he ~ped** —¡tendrás que ponerte a dieta! —dijo bromeando
Ⓒ VI bromear

**quire** ['kwaɪəʳ] N mano *f* (de papel)

**quirk** [kw3:k] N [1] (= *oddity*) rareza *f*; **it's just one of his little ~s** es una de sus rarezas; **by some ~ of fate/nature** por algún capricho del destino/de la naturaleza; **a statistical ~** una anomalía estadística
[2] (*Art, Mus*) (= *flourish*) floritura *f*

**quirkiness** ['kw3:kɪnɪs] N rareza *f*

**quirky** ['kw3:kɪ] ADJ (*compar* **quirkier**; *superl* **quirkiest**) [*humour, behaviour, style*] raro, peculiar; [*person*] raro, estrafalario

**quisling** ['kwɪzlɪŋ] N colaboracionista *mf*

**quit** [kwɪt] (*pt, pp* **quit, quitted**) Ⓐ VT [1] (= *cease*) **to ~ doing sth** (*esp US*) dejar de hacer algo; **to ~ work** (*during job*) suspender el trabajo, dejar de trabajar; (*at end of day*) salir del trabajo; **~ stalling!** (*esp US**) ¡déjate de evasivas!; **~ fooling!** ¡déjate de tonterías!
[2] (= *leave*) [+ *place*] abandonar, salir de; [+ *premises*] desocupar; (*Comput*) [+ *application*] abandonar; **to ~ one's job** dejar el trabajo, renunciar a su puesto
Ⓑ VI (*esp US*) (= *go away*) irse, marcharse; (= *resign*) dimitir, renunciar; (= *stop work*) suspender el trabajo, dejar de trabajar; (= *give up*) (*in game, task*) abandonar; (*Comput*) terminar, abandonar; **I ~!** ¡lo dejo!; (*from job*) ¡renuncio!; **I've been given notice to ~** he recibido una notificación de desahucio
Ⓒ ADJ **to be ~ of sth/sb** haberse librado de algo/algn

**quite** [kwaɪt] ADV [1] (= *completely*) totalmente, completamente; **~ new** completamente nuevo; **I'm not ~ sure** no estoy del todo seguro; **I ~ agree with you** estoy totalmente de acuerdo contigo; **it's ~ clear that this plan won't work** está clarísimo que este plan no va a funcionar; **that's ~ enough for me** eso me basta a mí; **that'll be ~ enough of that!** ¡ya está bien!; **I can ~ believe that ...** no me cuesta creer que ...; **I ~ understand** comprendo perfectamente; **I don't ~ understand it** no acabo de entenderlo; **they are ~ simply the best** son simple y llanamente los mejores; **~ frankly, I can't stand him** para ser totalmente sincero, no lo aguanto; **you could ~ easily have killed yourself** podrías haberte matado con toda facilidad; **that's not ~ right** eso no es totalmente cierto; **he has not ~ recovered yet** no se ha repuesto todavía del todo; **it was ~ three months since she had called**† habían pasado por lo menos tres meses desde que llamó; **he's ~ grown up now** ahora está hecho todo un hombre
[2] (= *exactly*) exactamente; **it's not ~ what we wanted** no es exactamente lo que queríamos; **we don't ~ know** no sabemos exactamente; **it's not ~ the same** no es exactamente lo mismo; **~ (so)!** ¡así es!, ¡exacto!; **not ~ as many as last time** no tantos como la última vez
[3] (= *rather*) bastante; **it's ~ good/important** es bastante bueno/importante; **"how was the film?" — "~ good"** —¿qué tal la película? —bastante bien; **it was ~ a surprise** me sorprendió bastante; **it was ~ a shock** fue bastante chocante; **~ a lot** bastante; **I've been there ~ a lot** he ido allí bastante; **~ a lot of money** bastante dinero; **it costs ~ a lot to go abroad** es bastante caro salir al extranjero
[4] (*emphatic use*) **that's ~ a car!** ¡vaya coche!; **~ a hero** todo un héroe (*also iro*); **there were ~ a few people there** había bastante gente allí; **~ suddenly, everything went black** de golpe, todo se volvió oscuro

**Quito** ['ki:təʊ] N Quito *m*

**quits** [kwɪts] ADJ **to be ~ with sb** estar en paz con algn; **now we're ~!** ¡ahora estamos en paz!; **to call it ~** (= *give up*) rendirse; **let's call it ~** (*in argument*) hagamos las paces; (*when settling bill*) digamos que quedamos en paz

**quitter*** ['kwɪtəʳ] N (*pej*) rajado/a* *m/f*; **he's no ~** no es un rajado*

**quiver**[1] ['kwɪvəʳ] N [*of arrows*] carcaj *m*, aljaba *f*

**quiver**[2] ['kwɪvəʳ] Ⓐ N (= *trembling*) estremecimiento *m*
Ⓑ VI [*person,*] temblar, estremecerse (**with** de); [*voice, eyelids*] temblar

**qui vive** [ki:'vi:v] N ✦**IDIOM to be on the ~** estar alerta

**Quixote** ['kwɪksət] N Quijote; **Don ~** don Quijote

**quixotic** [kwɪk'sɒtɪk] ADJ quijotesco

**quixotically** [kwɪk'sɒtɪkəlɪ] ADV de manera quijotesca; [*behave*] como un quijote

**quixotism** ['kwɪksətɪzəm] N quijotismo *m*

**quiz** [kwɪz] Ⓐ N (*pl* **quizzes**) (*TV, Rad*) concurso *m*; (*in magazine*) encuesta *f*; (*US*) test *m*, prueba *f*
Ⓑ VT (= *interrogate*) interrogar (**about** sobre)
Ⓒ CPD ► **quiz master** N moderador *m* ► **quiz programme, quiz show** N programa *m* concurso

**quizzical** ['kwɪzɪkəl] ADJ [*glance*] burlón, socarrón

**quizzically** ['kwɪzɪkəlɪ] ADV **he looked at me ~** me miró de manera burlona, me miró socarronamente

**quod**‡ [kwɒd] N (*Brit*) chirona‡ *f*, cárcel *f*

**quoin** [kɔɪn] N (= *angle*) esquina *f*, ángulo *m*; (= *stone*) piedra *f* angular; (*Typ*) cuña *f*

**quoit** [kwɔɪt] N aro *m*, tejo *m*; **quoits** juego *msing* de los aros; **to play ~s** jugar a los aros

**quondam**†† ['kwɒndæm] ADJ antiguo

**quorate** ['kwɔ:reɪt] ADJ (*esp Brit*) **the meeting was not ~** no había quórum en la reunión

**Quorn**® [kwɔ:n] N *alimento a base de proteínas vegetales*

**quorum** ['kwɔ:rəm] N quórum *m*; **what number constitutes a ~?** ¿cuántos constituyen quórum?

**quot.** ABBR = **quotation**

**quota** ['kwəʊtə] Ⓐ N (*gen*) cuota *f*; (*Comm etc*) cupo *m*, contingente *m*; [*of production*] cuota *f*, cupo *m*; **a fixed ~** un cupo fijo; **import ~** cupo *m* de importación; **I've done my ~ of chores** he hecho mi parte de las tareas; **I didn't get my full ~ of sleep last night** anoche no dormí las horas que necesito
Ⓑ CPD ► **quota system** N sistema *m* de cuotas

**quotable** ['kwəʊtəbl] ADJ citable, digno de citarse; (*Fin*) cotizable

**quotation** [kwəʊ'teɪʃən] Ⓐ N [1] (= *words, line*) cita *f*; **dictionary of ~s** diccionario *m* de citas famosas
[2] (= *act of quoting*) **he has a fondness for ~** le encanta citar
[3] (*Comm*) (= *estimate*) presupuesto *m*; **shop around for the best insurance ~** pregunte en varias agencias hasta que encuentre la póliza más barata
[4] (*St Ex*) cotización *f*
Ⓑ CPD ► **quotation marks** NPL comillas *fpl*; **in ~ marks** (*lit, fig*) entre comillas; **I use the term "good" in ~ marks** utilizo el término "bueno" entre comillas; **single/double ~ marks** comillas *fpl* simples/dobles

**quote** [kwəʊt] Ⓐ VT [1] (= *cite*) [+ *writer, line, passage, source*] citar; **to ~ my aunt ...** para citar a mi tía ..., como decía mi tía ...; **you can ~ me** puedes decir que te lo he dicho yo; **don't ~ me on that** no te lo puedo decir a ciencia cierta; **he is ~d as saying that ...** se le atribuye haber dicho que ...
[2] (= *mention*) [+ *example*] dar, citar; [+ *reference number*] indicar; **to ~ sth/sb as an example (of sth)** poner algo/a algn como ejemplo (de algo)
[3] (*Comm*) (= *estimate*) **he ~d/I was ~d a good price** me dio un presupuesto *or* precio muy razonable
[4] (*Fin*) [+ *shares, company, currency*] cotizar (**at** a); **last night, Hunt shares were ~d at 346 pence** anoche las acciones Hunt cotizaron a 346 peniques; **it is not ~d on the Stock Exchange** no se cotiza en la Bolsa; **~d company** empresa *f* que cotiza en Bolsa
Ⓑ VI [1] (= *recite, repeat*) citar; **to ~ from the Bible** citar de la Biblia; **he said, and I ~, ...** dijo, y cito sus propias palabras, ...
[2] (*Comm*) **to ~ for sth** hacer un presupuesto de algo, presupuestar algo; **I got several firms to ~ for the building work** pedí a varias empresas que me hicieran un presupuesto de *or* me presupuestaran la obra
Ⓒ N (*) [1] (= *line, passage*) cita *f*
[2] (*Comm*) (= *estimate*) presupuesto *m*
[3] (*St Ex*) cotización *f*
[4] **quotes** (= *inverted commas*) comillas *fpl*; **in ~s** entre comillas
Ⓓ EXCL **she said, ~, "he was as drunk as a lord", unquote** sus palabras textuales fueron: —estaba como una cuba; **she died in a, ~, "accident", unquote** murió en un accidente, entre comillas *or* por así decirlo; **"quote"** (*in dictation*) "comienza la cita"

**quoth**†† [kwəʊθ] VI **~ I** dije yo; **~ he** dijo él

**quotidian** [kwəʊ'tɪdɪən] ADJ (*liter*) cotidiano

**quotient** ['kwəʊʃənt] N cociente *m*

**q.v.** ABBR = **quod vide** (= **which see**) véase, q.v.

**qwerty keyboard** [ˌkw3:tɪ'ki:bɔ:d] N teclado *m* QWERTY

# R r

**R¹, r¹** [ɑːʳ] N (= *letter*) R, r *f*; **R for Robert** R de Ramón; **the three Rs** (= *reading, writing and arithmetic*) *lectura, escritura y aritmética*; → THREE RS

**R², r²** Ⓐ ABBR [1] (*Brit*) (= **Rex**) R
[2] (*Brit*) (= **Regina**) R
[3] (*Geog*) (= **river**) R
[4] (= **right**) dcha, der, der°
[5] = **Réaumur (scale)**
[6] (*US Pol*) = **Republican**
Ⓑ ADJ ABBR (*US Cine*) (= **restricted**) ≈ sólo mayores

**®** N ABBR (= **registered trade mark**) ®

**RA** N ABBR [1] (*Brit*) (= **Royal Academy of Arts**) ≈ Real Academia *f* de Bellas Artes
[2] (*Brit*) (= **Royal Academician**) ≈ miembro *mf* de la Real Academia de Bellas Artes
[3] (*Mil*) = **Royal Artillery**
[4] = **Rear Admiral**

**RA - ROYAL ACADEMY OF ARTS**

*La* **Royal Academy of Arts** *o* **RA** *es la más famosa de las fundaciones de arte británicas. Con sede en Londres, la* **Royal Academy** *presenta exposiciones de artistas modernos y de todas las épocas, y también imparte algunas clases a futuros artistas. Cada verano tiene lugar la* **Summer Exhibition**, *que es la mayor exposición abierta de arte contemporáneo en el mundo. Cualquier artista puede enviar su trabajo y la selección final de obras concentra una amplia gama de estilos, tanto de artistas conocidos como de principiantes. Los artistas miembros de la* **Royal Academy of Arts** *pueden escribir las iniciales* **RA** *después de sus nombres, como si de un título académico se tratase.*

**RAAF** N ABBR = **Royal Australian Air Force**

**Rabat** [rəˈbɑːt] N Rabat *m*

**rabbi** [ˈræbaɪ] N rabino/a *m/f*; (*before name*) rabí *m*; **chief ~** gran rabino

**rabbinical** [rəˈbɪnɪkəl] ADJ rabínico

**rabbit** [ˈræbɪt] Ⓐ N (*pl* **rabbit** *or* **rabbits**) conejo *m*; *see also* **Welsh**
Ⓑ VI **to go ~ing** ir a cazar conejos
Ⓒ CPD ► **rabbit burrow** N madriguera *f* ► **rabbit ears*** NPL (*US TV*) antena *f* de cuernos ► **rabbit hole** N madriguera *f* ► **rabbit hutch** N conejera *f* ► **rabbit punch** N golpe *m* de nuca ► **rabbit warren** N conejera *f*, madriguera *f*

►**rabbit on*** VI + ADV enrollarse*

**rabble** [ˈræbl] N (= *disorderly crowd*) gentío *m*, muchedumbre *f*, mogollón *m* (*Sp**); **the ~** (= *uncultured people*) la chusma; **a ~ of** una multitud turbulenta de

**rabble-rouser** [ˈræbl,raʊzəʳ] N demagogo/a *m/f*, agitador(a) *m/f*

**rabble-rousing** [ˈræblˈraʊzɪŋ] Ⓐ N demagogia *f*, agitación *f*
Ⓑ ADJ demagógico

**Rabelaisian** [,ræbəˈleɪzɪən] ADJ rabelasiano

**rabid** [ˈræbɪd] ADJ [*dog*] rabioso; (*fig*) [*person*] fanático

**rabies** [ˈreɪbiːz] NSING rabia *f*; **a dog with ~** un perro rabioso

**RAC** N ABBR (*Brit*) [1] (*Aut*) (= **Royal Automobile Club**) ≈ RACE *m* (*Sp*)
[2] (*Mil*) = **Royal Armoured Corps**

**raccoon** [rəˈkuːn] N (*pl* **raccoon** *or* **raccoons**) mapache *m*

**race¹** [reɪs] Ⓐ N [1] (= *contest*) (*lit, fig*) carrera *f*; **it was a ~ to finish it in time** lo hicimos a la carrera para terminarlo a tiempo; **the ~ for the White House** la carrera hacia la Casa Blanca; **the election will be a very close ~** las elecciones van a estar muy reñidas; **a ~ against time/the clock** (*fig*) una carrera contra el tiempo/contra reloj; **the arms ~** la carrera armamentista; **boat ~** regata *f*; **cycle ~** carrera *f* ciclista; **horse ~** carrera *f* de caballos; **the ~ is on to find a donor** ha comenzado la carrera en busca de un donante; **to run (in) a ~** tomar parte en una carrera, participar en una carrera; **you ran a good ~** corriste muy bien; **the ~s** (= *horse races*) las carreras (de caballos); **to go to the ~s** ir a las carreras
[2] (= *swift current*) corriente *f* fuerte
Ⓑ VT [1] (= *enter in race*) [+ *horse*] presentar; [+ *car*] correr con; **they ~ vintage cars** hacen carreras de coches antiguos
[2] (= *run against*) echarle una carrera a; **(I'll) ~ you home!** ¡te echo una carrera hasta casa!
[3] **to ~ an engine** acelerar un motor al máximo
Ⓒ VI [1] (= *compete*) [*driver, athlete, horse*] correr, competir; **to ~ against sb** competir con algn (en una carrera)
[2] (= *go fast*) correr, ir a toda velocidad; **we ~d to get back home for eight o'clock** nos dimos prisa para estar en casa para las ocho; **to ~ against time/the clock (to do sth)** (*fig*) trabajar contra reloj (para hacer algo); **to ~ ahead** ponerse a la cabeza; **he ~d down the street** bajó la calle corriendo *or* a toda velocidad; **we ~d for a taxi** corrimos a coger un taxi; **he ~d past us** nos pasó a toda velocidad *or* a toda carrera; **he ~d through the paperwork as quickly as he could** hizo el papeleo todo lo rápido que pudo
[3] [*pulse, heart*] acelerarse; [*engine*] embalarse; **her heart ~d uncontrollably** el corazón se le aceleró descontrolado, el corazón le latía a un ritmo descontrolado; **my mind was racing** los pensamientos me invadían la mente
Ⓓ CPD ► **race car** N (*US*) coche *m* de carreras ► **race (car) driver** N (*US*) piloto *mf* de carreras, corredor(a) *m/f* de coches ► **race meeting** N (*Brit*) carreras *fpl* (de caballos)

**race²** [reɪs] Ⓐ N (= *racial origin*) raza *f*; **discrimination on the grounds of ~** discriminación *f* por la raza *or* por motivos raciales; **people of mixed ~** (*esp of Indian and white descent*) gente *f* mestiza; (*of black and white descent*) gente *f* mulata; **the human ~** la raza humana, el género humano; **they looked on us as a ~ apart** nos consideraban otra casta
Ⓑ CPD ► **race hatred** N odio *m* racial, racismo *m* ► **race issue** N asunto *m* racial; **a committee was set up to tackle ~ issues** se formó un comité para hacer frente a los asuntos *or* los problemas raciales ► **race relations** NPL relaciones *fpl* interraciales ► **race riot** N disturbio *m* racial

**racecard** [ˈreɪskɑːd] N programa *m* de carreras

**racecourse** [ˈreɪskɔːs] N hipódromo *m*

**racegoer** [ˈreɪsgəʊəʳ] N (*Brit*) aficionado/a *m/f* a las carreras

**racehorse** [ˈreɪshɔːs] N caballo *m* de carreras

**raceme** [ˈræsiːm] N racimo *m*

**racer** [ˈreɪsəʳ] N (= *runner*) corredor(a) *m/f*; (= *horse*) caballo *m* de carreras; (= *car*) coche *m* de carreras; (= *bike*) bicicleta *f* de carreras

**racetrack** [ˈreɪstræk] N (*for runners*) pista *f*; (*for horses*) hipódromo *m*; (*for cars*) circuito *m* de carreras; (*for cycles*) velódromo *m*

**Rachel** [ˈreɪtʃəl] N Raquel

**rachitic** [ræˈkɪtɪk] ADJ raquítico

**racial** [ˈreɪʃəl] Ⓐ ADJ racial
Ⓑ CPD ► **racial discrimination** N discriminación *f* racial ► **racial integration** N integración *f* racial

**racialism** [ˈreɪʃəlɪzəm] N (*esp Brit*) racismo *m*

**racialist** [ˈreɪʃəlɪst] (*esp Brit*) Ⓐ ADJ racista
Ⓑ N racista *mf*

**racially** [ˈreɪʃəlɪ] ADV racialmente; **children of ~ mixed parents** hijos *mpl* de padres de distintas razas

**raciness** [ˈreɪsɪnɪs] N lo picante

**racing** [ˈreɪsɪŋ] Ⓐ N carreras *fpl*; **greyhound/horse ~** carreras *fpl* de galgos/caballos; **motor ~** carreras *fpl* automovilísticas *or* de coches; **the ~ world** el mundo de las carreras (de caballos); *see also* **flat D**
Ⓑ CPD ► **racing bicycle**, **racing bike** N bicicleta *f* de carreras ► **racing calendar** N calendario *m* de carreras (de caballos) ► **racing car** N coche *m* de carreras ► **racing circuit** N autódromo *m*, pista *f* de carreras ► **racing commentator** N comentarista *mf* hípico/a ► **racing correspondent** N corresponsal *mf* hípico/a ► **racing cyclist** N corredor/a *m/f*

ciclista ► **racing driver** N piloto *mf* de carreras, corredor(a) *m/f* de carreras de coches ► **racing man** N (*horse racing*) aficionado *m* a las carreras (de caballos) ► **racing pigeon** N paloma *f* de carreras ► **racing yacht** N yate *m* de regatas

**racism** ['reɪsɪzəm] N racismo *m*

**racist** ['reɪsɪst] Ⓐ ADJ racista
Ⓑ N racista *mf*

**rack**[1] [ræk] Ⓐ N 1 (= *dish rack*) escurridor *m*, escurreplatos *m inv*; (= *clothes rack*) perchero *m*, percha *f*; (= *luggage rack*) (*Rail*) portaequipajes *m inv*, rejilla *f*; (= *roof rack*) baca *f*, portaequipajes *m inv*, parrilla *f* (*Andes*); (= *mechanical rack*) cremallera *f*; **to buy clothes off the ~** (*US*) comprar ropa de percha
2 (*for torture*) potro *m*; **to be on the ~** (*fig*) estar en ascuas
3 (*Snooker, Pool*) triángulo *m*
Ⓑ VT 1 [*pain*] atormentar; [*cough*] sacudir; **to be ~ed by remorse** estar atormentado por el remordimiento; **to be ~ed by pains** estar atormentado por el dolor; ✦*IDIOM* **to ~ one's brains** devanarse los sesos
2 [+ *wine*] (*also* **~ off**) trasegar
Ⓒ CPD ► **rack railway** N ferrocarril *m* de cremallera ► **rack rent** N alquiler *m* exorbitante

►**rack up** VT + ADV (= *accumulate*) acumular

**rack**[2] [ræk] N **to go to ~ and ruin** [*building*] echarse a perder, venirse abajo; [*business*] arruinarse, tronar (*LAm*); [*country*] arruinarse; [*person*] dejarse ir

**rack-and-pinion** [,rækənd'pɪnjən] Ⓐ N (*Tech*) cremallera *f* y piñón
Ⓑ CPD ► **rack-and-pinion steering** N cremallera *f*, piñón *m*

**racket**[1] ['rækɪt] N (*Sport*) raqueta *f*

**racket**[2] ['rækɪt] Ⓐ N 1 (= *din*) [*of machine, engine*] estruendo *m*; (= *loud voices*) follón *m*, bulla *f*; **to kick up** *or* **make a ~** armar follón *or* bulla; **you never heard such a ~!** ¡menudo follón había!, ¡menuda bulla había!
2 (= *organized fraud*) estafa *f*; **the drug ~** el tráfico de drogas; **he was in on the ~** era de los que organizaron la estafa
Ⓑ VI (*make noise*) (*also* **~ about**) hacer ruido, armar un jaleo

**racketeer** [,rækɪ'tɪəʳ] N (*esp US*) estafador(a) *m/f*

**racketeering** [,rækɪ'tɪərɪŋ] N chantaje *m* sistematizado, crimen *m* organizado

**racking** ['rækɪŋ] ADJ [*pain*] atroz

**raconteur** [,rækɒn'tɜːʳ] N anecdotista *mf*

**racoon** [rə'kuːn] N = **raccoon**

**racquet** ['rækɪt] N = **racket**[1]

**racy** ['reɪsɪ] ADJ (*compar* **racier**; *superl* **raciest**) [*style, speech, humour*] picante

**rad**⁑ [ræd] ADJ (*esp US*) = **radical**

**RADA** ['rɑːdə] N ABBR (*Brit*) (= **Royal Academy of Dramatic Art**) ≈ C.D.N. *m*

**radar** ['reɪdɑːʳ] Ⓐ N radar *m*
Ⓑ CPD ► **radar scanner** N antena *f* giratoria de radar ► **radar screen** N pantalla *f* de radar ► **radar station** N estación *f* de radar ► **radar trap** N trampa *f* de radar

**raddled** ['rædld] ADJ depravado, decaído

**radial** ['reɪdɪəl] Ⓐ ADJ 1 [*engine, tyre*] radial
2 (*Med*) radial, del radio
Ⓑ N (*also* **~ tyre**) neumático *m* radial

**radiance** ['reɪdɪəns] N 1 (= *glow*) [*of face, personality, beauty*] lo radiante
2 (*liter*) (= *brightness*) [*of sun, colour, light*] resplandor *m*
3 (*Phys*) radiancia *m*

**radiant** ['reɪdɪənt] Ⓐ ADJ 1 (= *glowing*) [*smile, person, complexion*] radiante; **to look ~** estar radiante; **~ with joy** radiante *or* rebosante de alegría; **~ with health** rebosante de salud
2 (*liter*) (= *bright*) [*sunshine*] resplandeciente; [*colour*] radiante; **bathed in ~ sunshine** bañado en un sol radiante; **~ white robes** batas de un blanco radiante
3 (*Phys*) [*heat, light, energy*] radiante
Ⓑ N (*Astron, Math, Phys*) radiante *m*

**radiantly** ['reɪdɪəntlɪ] ADV 1 (= *glowingly*) **to smile ~ at sb** dirigir una sonrisa radiante a algn; **he smiled ~** sonrió radiante; **she was ~ beautiful** era de una belleza deslumbrante; **she was/looked ~ happy** estaba radiante *or* rebosante de felicidad
2 (*liter*) (= *brightly*) **to shine ~** resplandecer

**radiate** ['reɪdɪeɪt] Ⓐ VT (*lit, fig*) radiar, irradiar
Ⓑ VI **to ~ from** [*lines, streets*] partir de; **light ~d from an opening in the tunnel roof** la luz se difundía por una abertura en el techo del túnel; **lines that ~ from the centre** líneas que parten del centro; **hostility ~d from him** irradiaba hostilidad

**radiation** [,reɪdɪ'eɪʃən] Ⓐ N radiación *f*
Ⓑ CPD ► **radiation sickness** N enfermedad *f* por radiación ► **radiation therapy** N radioterapia *f*, terapia *f* por radiaciones ► **radiation treatment** N tratamiento *m* por radiaciones

**radiator** ['reɪdɪeɪtəʳ] Ⓐ N (*all senses*) radiador *m*
Ⓑ CPD ► **radiator cap** N tapa *f* de radiador ► **radiator grille** N rejilla *f* de radiador

**radical** ['rædɪkəl] Ⓐ ADJ 1 (*Pol*) [*idea, organization*] radical; [*person*] radical, de ideas radicales; **she's very ~** es muy radical, es de *or* tiene ideas muy radicales; **a ~ feminist** una feminista radical
2 (= *extreme, major*) [*change, measures, surgery, reduction*] radical; [*advance*] innovador
Ⓑ N (*Pol*) radical *mf*; (*Bot, Chem, Ling, Math*) radical *m*

**radicalism** ['rædɪkəlɪzəm] N (*Pol*) radicalismo *m*

**radicalize** ['rædɪkə,laɪz] VT radicalizar

**radically** ['rædɪkəlɪ] ADV [*differ, change, improve, reduce, affect*] radicalmente, de forma radical; [*different, changed, new*] radicalmente; **to disagree with sb ~** estar en total desacuerdo con algn; **there's something ~ wrong with his knee** hay algo en su rodilla que no marcha bien en absoluto; **his assessment of the situation had been ~ wrong** su valoración de la situación había sido totalmente equivocada

**radicle** ['rædɪkl] N (*Bot*) radícula *f*; (*Chem*) radical *m*

**radii** ['reɪdɪaɪ] NPL *of* **radius**

**radio** ['reɪdɪəʊ] Ⓐ N 1 (= *set*) radio *f*; **over the ~** por radio; **on the ~** en *or* por la radio; **to talk on the ~** hablar por la radio
2 (*Telec*) radio *f*, radiofonía *f*; **by ~** por radio
Ⓑ VI **to ~ to sb** enviar un mensaje a algn por radio; **to ~ for help** pedir socorro por radio
Ⓒ VT [+ *information, news*] radiar, transmitir por radio
Ⓓ CPD ► **radio alarm clock** N radio-reloj *m* despertador ► **radio announcer** N locutor(a) *m/f* de radio ► **radio astronomy** N radioastronomía *f* ► **radio beacon** N radiofaro *m* ► **radio beam** N radiofaro *m* ► **radio broadcast** N emisión *f* de radio ► **radio cab** N = **radio taxi** ► **radio cassette (player)** N (*esp Brit*) radiocasete *m* ► **radio communication, radio contact** N comunicación *f* por radio ► **radio engineer** N radiotécnico *mf* ► **radio engineering** N radiotécnica *f* ► **radio frequency** N frecuencia *f* de radio ► **radio ham** N radioaficionado/a *m/f* ► **radio link** N enlace *m* radiofónico ► **radio mast** N torre *f* de radio ► **radio network** N cadena *f* *or* red *f* de emisoras ► **radio operator** N radiotelegrafista *mf* ► **radio play** N obra *f* de teatro para la radio ► **radio programme, radio program** (*US*) N programa *m* de radio ► **radio set** N radio *f* ► **radio silence** N silencio *m* radiofónico ► **radio station** N emisora *f* (de radio) ► **radio taxi** N radiotaxi *m* ► **radio telephone** N radioteléfono *m* ► **radio telescope** N radiotelescopio *m* ► **radio tower** N = **radio mast** ► **radio transmitter** N radiotransmisor *m* ► **radio wave** N onda *f* de radio

**radio...** ['reɪdɪəʊ] PREFIX radio...

**radioactive** ['reɪdɪəʊ'æktɪv] Ⓐ ADJ radiactivo, radioactivo
Ⓑ CPD ► **radioactive waste** N residuos *mpl* radiactivos

**radioactivity** ['reɪdɪəʊæk'tɪvɪtɪ] N radiactividad *f*, radioactividad *f*

**radiobiology** [,reɪdɪəʊbaɪ'ɒlədʒɪ] N radiobiología *f*

**radiocarbon** [,reɪdɪəʊ'kɑːbən] Ⓐ N radiocarbono *m*
Ⓑ CPD ► **radiocarbon analysis** N análisis *m inv* por radiocarbono ► **radiocarbon dating** N datación *f* por radiocarbono ► **radiocarbon test** N test *m* por radiocarbono

**radio-controlled** ['reɪdɪəʊkən'trəʊld] ADJ [*car*] teledirigido

**radiogram** ['reɪdɪəʊgræm] N 1 (*Brit*) (= *combined radio and gramophone*) radiogramola *f*
2 (†) (= *message*) radiograma *m*, radiotelegrama *m*
3 (= *X-ray picture*) radiografía *f*

**radiograph** ['reɪdɪəʊgrɑːf] Ⓐ N radiografía *f*
Ⓑ VT radiografiar

**radiographer** [,reɪdɪ'ɒgrəfəʳ] N radiógrafo/a *m/f*

**radiography** [,reɪdɪ'ɒgrəfɪ] N radiografía *f*

**radioisotope** ['reɪdɪəʊ'aɪsətəʊp] N radioisótopo *m*

**radiolocation** [,reɪdɪəʊlə'keɪʃən] N radiolocalización *f*

**radiological** [,reɪdɪə'lɒdʒɪkəl] ADJ radiológico

**radiologist** [,reɪdɪ'ɒlədʒɪst] N radiólogo/a *m/f*

**radiology** [,reɪdɪ'ɒlədʒɪ] N radiología *f*

**radiopager** ['reɪdɪəʊ,peɪdʒəʳ] N localizador *m*

**radioscopy** [,reɪdɪ'ɒskəpɪ] N radioscopia *f*

**radiotelephony** [,reɪdɪəʊtə'lefənɪ] N radiotelefonía *f*

**radiotherapist** [,reɪdɪəʊ'θerəpɪst] N radioterapeuta *mf*

**radiotherapy** [,reɪdɪəʊ'θerəpɪ] N radioterapia *f*

**radish** ['rædɪʃ] N rábano *m*

**radium** ['reɪdɪəm] N radio *m*

**radius** ['reɪdɪəs] N (*pl* **radiuses, radii**) radio *m*; **within a ~ of 50 miles** en un radio de 50 millas

**radix** ['reɪdɪks] N (*pl* **radixes, radices** ['reɪdɪsiːz]) (*Bot, Gram*) raíz *f*; (*Math*) base *f*

**radon** ['reɪdɒn] N (*also* **~ gas**) radón *m*

**RAF** N ABBR = **Royal Air Force**

**raffia** ['ræfɪə] N rafia *f*

**raffish** ['ræfɪʃ] ADJ disipado, disoluto

**raffle** ['ræfl] Ⓐ N rifa *f*, sorteo *m*
Ⓑ VT [+ *object*] rifar, sortear; **ten bottles will be ~d for charity** se rifarán *or* se sortearán diez botellas con fines benéficos
Ⓒ CPD ► **raffle ticket** N papeleta *f* de rifa

**raft** [rɑːft] N [1] (*Naut*) balsa *f*
[2] (*) (= *quantity*) cantidad *f*, montón* *m*; (= *set*) serie *f*

**rafter** [ˈrɑːftəʳ] N viga *f*, cabrio *m*; **the ~s** (*loosely*) el techo

**rag**[1] [ræg] Ⓐ N [1] (= *piece of cloth*) trapo *m*; **rags** (= *old clothes*) harapos *mpl*, trapos *mpl* viejos; **to be in ~s** andar *or* estar en harapos; **dressed in ~s** cubierto de harapos; **from ~s to riches** de pobre a rico; **to feel like a wet ~*** estar hecho un trapo; ✦*IDIOMS* **to put on one's glad ~s** vestirse de domingo; **to chew the ~** (*US**) (= *chat*) charlar, pasar el rato; (= *argue*) discutir; **it's like a red ~ to a bull** no hay nada que más le enfurezca; **to lose one's ~** (*Brit**) perder los estribos
[2] (*) (= *newspaper*) periodicucho* *m*, periódico *m* de mala muerte*
Ⓑ CPD ► **rag doll** N muñeca *f* de trapo ► **the rag trade*** N la industria de la confección

**rag**[2] [ræg] Ⓐ N (= *practical joke*) broma *f* pesada; (*Univ*) (= *parade*) fiesta *f* benéfica (de estudiantes)
Ⓑ VT (= *tease*) tomar el pelo a*; **they were ~ging him about his new tie** le estaban tomando el pelo con la corbata nueva*
Ⓒ VI guasearse, bromear; **I was only ~ging** lo dije en broma, era sólo una broma
Ⓓ CPD ► **rag week** N semana *f* de funciones benéficas (estudiantiles)

> **RAG WEEK**
>
> *Los universitarios británicos suelen organizar cada año lo que llaman* **rag week**. *Es costumbre que, durante esa semana, los estudiantes se disfracen y salgan así vestidos a la calle, pidiendo dinero a los transeúntes con el fin de recaudar fondos para fines benéficos.*

**ragamuffin** [ˈrægəˌmʌfɪn] N granuja *mf*

**rag-and-bone man** [ˌrægənˈbəʊnmæn] N (*pl* **rag-and-bone men**) (*Brit*) trapero *m*

**ragbag** [ˈrægbæg] N (= *mixture*) mezcolanza *f*; (*Sew*) bolsa *f* de recortes; **it's a ~ of a book** es un libro muy farragoso, el libro es todo un fárrago

**rage** [reɪdʒ] Ⓐ N [1] (= *anger*) furia *f*, cólera *f*, ira *f* (**at** *or* **over sth** ante algo); **he attacked her in a drunken ~** la agredió en un ataque de furia *or* cólera *or* ira causado por la bebida; **in a fit of ~** en un ataque de furia *or* cólera *or* ira; **to fly** *or* **go into a ~** montar en cólera, ponerse hecho una furia; **to be in a ~** estar furioso; **she was trembling with ~** temblaba de furia *or* cólera *or* ira; **he was white with ~** estaba blanco de cólera *or* ira; *see also* **road B**
[2] (= *fashion*) furor *m*; **the ~ for designer jeans** el furor por los vaqueros de diseño exclusivo; **to be all the ~** hacer furor
Ⓑ VI [*person*] estar furioso; [*fire*] propagarse con furia; [*epidemic*] propagarse causando estragos; [*battle*] proseguir con furia; [*wind, storm*] bramar; [*sea*] enfurecerse, embravecerse; **she was raging, but she kept her tone cool** estaba furioso pero conservaba un tono calmado; **outside the storm still ~d** fuera la tempestad seguía bramando; **the battle ~d for three months** la batalla prosiguió con furia durante tres meses; **the debate ~d the whole day long** el airado debate prosiguió el día entero; **to ~ against sth** protestar furiosamente contra algo; **to ~ against sb** estar furioso con algn; **the sound of the sea raging against the rocks** el sonido del mar chocando enfurecido *or* embravecido contra las rocas; **to ~ at sth** estar furioso ante algo; **my mum ~d at the doctor** mi madre se puso como una fiera con el médico; **controversy is raging over her new economic policy** hay una encendida polémica en torno a su nueva política económica; **an infection was raging through her body** una infección se propagaba por su cuerpo causando estragos
Ⓒ VT **"it's none of your business," he ~d** —no es asunto tuyo —dijo enfurecido

**-rage** N (*ending in compounds*) **air/parking/ trolley-rage** conducta *f* agresiva en los aviones/al estacionar/en el supermercado

**ragged** [ˈrægɪd] Ⓐ ADJ [1] (= *in tatters*) [*dress, clothes*] andrajoso, hecho jirones; [*person*] andrajoso, harapiento; [*cuff*] deshilachado; ✦*IDIOM* **to run sb ~*** hacer sudar tinta *or* la gota gorda a algn; **they ran themselves ~** sudaron tinta *or* la gota gorda
[2] (= *untidy*) [*beard*] descuidado, desgreñado; [*animal's coat*] desgreñado
[3] (= *uneven*) [*edge*] mellado, irregular; [*rock*] recortado; [*hole, line*] irregular; [*coastline*] accidentado, recortado; **~ clouds** jirones *mpl* de nubes
[4] (= *disorganized*) [*performance*] desigual, irregular; [*queue*] desordenado; [*line, procession*] confuso, desordenado; **a ~ band of men** un grupo desordenado de hombres; **the orchestra sounded rather ~ in places** la orquesta tocaba de forma algo irregular en algunas partes
[5] (*Typ*) **~ left** margen *m* izquierdo irregular; **~ right** margen derecho irregular
Ⓑ CPD ► **ragged robin** N (*Bot*) flor *f* del cuclillo

**raggedly** [ˈrægɪdlɪ] ADV **he was ~ dressed** iba vestido con andrajos *or* harapos; **they marched ~ up and down** marchaban arriba y abajo de forma desordenada

**raging** [ˈreɪdʒɪŋ] Ⓐ ADJ [1] (= *fierce*) [*temper*] furioso, rabioso; [*debate*] acalorado; [*nationalist, feminist*] acérrimo, a ultranza; [*nationalism*] enfervorizado; **he was in a ~ temper** estaba muy furioso; **to be ~ mad** estar loco de furia *or* ira
[2] (= *violent*) [*storm, thunder, blizzard*] violento, rugiente; [*wind, torrent*] enfurecido, rugiente; [*sea*] embravecido, enfurecido, rugiente; [*fire*] violento
[3] (= *intense*) [*temperature, fever, inflation*] altísimo; [*illness, headache, toothache*] atroz; [*thirst*] horroroso; **to be a ~ success** tener un éxito tremendo
Ⓑ N [*of person*] furia *f*; **for a few moments he continued his ~** continuó dando rienda suelta a su furia durante un rato; **I couldn't hear her over the ~ of the sea** no podía oírla por el rugir del mar

**raglan** [ˈræglən] Ⓐ N raglán *m*
Ⓑ CPD ► **raglan sleeve** N manga *f* raglán

**ragman** [ˈrægmæn] N (*pl* **ragmen**) trapero *m*

**ragout** [ræˈguː] N guisado *m*

**ragpicker** [ˈrægpɪkəʳ] N trapero *m*

**rag-tag*** [ˈrægˌtæg] N, **rag-tag and bobtail*** [ˌrægtægənˈbɒbteɪl] N chusma *f*

**ragtime** [ˈrægtaɪm] N (*Mus*) ragtime *m*; **in ~** sincopado

**ragweed** [ˈrægwiːd] N ambrosía *f*

**ragwort** [ˈrægwɜːt] N hierba *f* cana, zuzón *m*, hierba *f* de Santiago

**raid** [reɪd] Ⓐ N [1] (*into territory, across border*) incursión *f* (**into** en); (*on specific target*) asalto *m* (**on** a); **to carry out** *or* **make a ~ on sth** asaltar algo
[2] (*by air*) ataque *m* (aéreo) (**on** contra), bombardeo *m* (**on** de); **only five aircraft returned from the ~** solamente cinco aviones regresaron después del ataque *or* bombardeo; *see also* **air D**
[3] (*by police*) redada *f*; **a police ~** una redada policial; *see also* **dawn**, **drug C**
[4] (*Brit*) (*by criminals*) asalto *m* (**on** a); **a bank ~** un asalto a un banco; **there was a ~ on the jeweller's last night** anoche fue asaltada la joyería; *see also* **ram**, **smash-and-grab raid**
Ⓑ VT [1] (*by land*) [+ *village*] asaltar; [+ *territory*] invadir, hacer una incursión en
[2] (*by air*) atacar, bombardear
[3] [*police*] llevar a cabo una redada en
[4] (*Brit*) [*criminals*] [+ *bank*] asaltar
[5] (*fig*) (*hum*) **shall we ~ the larder?** ¿asaltamos la despensa?; **the boys ~ed the orchard** los muchachos robaron en el huerto
Ⓒ VI hacer incursiones; **they ~ed deep into enemy territory** hicieron incursiones bien adentrados en territorio enemigo

**raider** [ˈreɪdəʳ] N [1] (*across frontier*) invasor(a) *m/f*
[2] (*in bank etc*) asaltante *mf*
[3] (= *plane*) bombardero *m*
[4] (= *ship*) buque *m* corsario

**raiding party** [ˈreɪdɪŋˌpɑːtɪ] N grupo *m* de ataque

**rail**[1] [reɪl] Ⓐ N [1] (= *handrail*) (*on stairs, bridge, balcony*) baranda *f*, barandilla *f*, pasamanos *m inv*; (*for curtains*) riel *m*; (*on ship*) barandilla *f*; (*for feet*) apoyo *m* para los pies; (= *fence*) valla *f*, cerco *m*
[2] (*for train*) carril *m*, riel *m*; **rails** vía *fsing*; **to go off** *or* **come off** *or* **leave the ~s** [*train*] descarrilar; **to send sth by ~** enviar algo por ferrocarril; **to travel by ~** viajar por ferrocarril *or* en tren; ✦*IDIOM* **to go off the ~s*** [*person*] descarrilarse
[3] **rails** (*Fin*) acciones *fpl* de sociedades ferroviarias
Ⓑ CPD ► **rail accident** N accidente *m* de ferrocarril, accidente *m* ferroviario ► **rail journey** N viaje *m* por ferrocarril *or* en tren ► **rail strike** N huelga *f* de ferroviarios ► **rail system** N red *f* ferroviaria, sistema *m* ferroviario ► **rail traffic** N tráfico *m* por ferrocarril ► **rail travel** N viajes *mpl* por ferrocarril *or* en tren ► **rail worker** N (*Brit*) ferroviario/a *m/f*, ferrocarrilero/a *m/f* (*Mex*); *see also* **pass A1**

►**rail off** VT + ADV [+ *land, pond*] cercar con una barandilla, poner barandilla a

**rail**[2]† [reɪl] VI (*frm*) **to ~ against sth** clamar contra algo; **to ~ at sb** recriminar a algn, recriminarle algo a algn, recriminar a algn por hacer algo

**rail**[3] [reɪl] N (*Orn*) rascón *m*

**railcar** [ˈreɪlkɑːʳ] N automotor *m*

**railcard** [ˈreɪlkɑːd] N carnet *m* para obtener descuento en los ferrocarriles; **family ~** carnet *m* de familia (*para viajes en tren*); **student's ~** carnet *m* de estudiante (*para viajes en tren*)

**railhead** [ˈreɪlhed] N estación *f* terminal, cabeza *f* de línea

**railing** [ˈreɪlɪŋ] N baranda *f*, barandilla *f*, pasamanos *m inv*; **~s** verja *fsing*, enrejado *msing*

**raillery** [ˈreɪlərɪ] N burlas *fpl*, chanzas *fpl*

**railroad** [ˈreɪlrəʊd] Ⓐ N (*US*) = **railway**
Ⓑ VT (*fig*) **to ~ sb into doing sth** obligar apresuradamente a algn a hacer algo; **to ~ a bill through Parliament** hacer que se apruebe un decreto de ley sin discutirse; **to ~ sth through** llevar algo a cabo muy precipitadamente

**railroader** [ˈreɪlrəʊdəʳ] N (*US*) = **railwayman**

**railway** [ˈreɪlweɪ] (*Brit*) Ⓐ N (= *system*) ferrocarril *m*, ferrocarriles *mpl*; (*as track*) vía *f*, vía *f* férrea

Ⓑ CPD ► **railway bridge** N puente *m* de ferrocarril ► **railway carriage** N vagón *m*, coche *m* (de ferrocarril) ► **railway engine** N máquina *f*, locomotora *f* ► **railway line** N (= *route*) línea *f* ferroviaria *or* de ferrocarril; (= *track*) vía *f* (férrea) ► **railway network** N red *f* ferroviaria ► **railway porter** N mozo *m* ► **railway station** N estación *f* (de ferrocarril) ► **railway timetable** N horario *m* de trenes ► **railway track** N vía *f* (férrea) ► **railway yard** N cochera *f*

**railwayman** ['reɪlweɪmən] N (*pl* **railwaymen**) (*Brit*) ferroviario *m*, ferrocarrilero *m* (*Mex*)

**raiment** ['reɪmənt] N (= *liter*) vestido *m*, vestimenta *f*

**rain** [reɪn] Ⓐ N (*Met*) lluvia *f*; **in the ~** bajo la lluvia; **a walk in the ~** un paseo bajo la lluvia; **he left his bike out in the ~** dejó la bicicleta bajo la lluvia; **don't go out in the ~** no salgas, que está lloviendo; **if the ~ keeps off** si no llueve; **it looks like ~** parece que va a llover; **come in out of the ~!** ¡entra, que te vas a mojar!; **the ~s** la época de las lluvias; **come ~ or shine** (*lit*) llueva o haga sol; (*fig*) pase lo que pase; *see also* **right A5**
Ⓑ VI [1] (*Met*) llover; **it's ~ing** está lloviendo; **it ~s a lot here** aquí llueve mucho; ♦***IDIOM*** **to ~ on sb's parade** (*esp US*) aguar la fiesta a algn; ♦***PROVS*** **it never ~s but it pours** las desgracias nunca vienen solas; **it ~s on the just as well as on the unjust** la lluvia cae sobre los buenos como sobre los malos
[2] (*fig*) **ash ~ed from the sky** llovía ceniza
Ⓒ VT llover; **hereabouts it ~s soot** por aquí llueve hollín; **to ~ blows on sb** llover golpes sobre algn; ♦***IDIOM*** **it's ~ing cats and dogs** está lloviendo a cántaros
Ⓓ CPD ► **rain belt** N zona *f* de lluvias ► **rain check** N (*US Sport*) *contraseña para usar otro día en caso de cancelación por lluvia*; **I'll take a ~ check*** (*fig*) de momento, paso ► **rain cloud** N nube *f* de lluvia, nubarrón *m* ► **rain forest** N (*also* **tropical ~ forest**) pluviselva *f*, selva *f* tropical ► **rain gauge** N pluviómetro *m* ► **rain hood** N capucha *f* impermeable

►**rain down** VI + ADV llover; **blows ~ed down on him** llovieron sobre él los golpes

►**rain off, rain out** (*US*) VT + ADV **the match was ~ed off** el partido se canceló por lluvia

**rainbow** ['reɪnbəʊ] Ⓐ N arco *m* iris
Ⓑ CPD ► **the rainbow coalition** N la coalición multicolor ► **rainbow trout** N trucha *f* arco iris

**raincoat** ['reɪnkəʊt] N gabardina *f*, impermeable *m*

**raindrop** ['reɪndrɒp] N gota *f* de lluvia

**rainfall** ['reɪnfɔːl] N precipitación *f*; (= *quantity*) lluvia *f*, cantidad *f* de lluvia; **the region has three inches of ~ a year** la región recibe tres pulgadas de lluvia al año

**raininess** ['reɪnɪnɪs] N lo lluvioso, pluviosidad *f*

**rainless** ['reɪnlɪs] ADJ sin lluvia, seco

**rainproof** ['reɪnpruːf] ADJ impermeable

**rainstorm** ['reɪnstɔːm] N aguacero *m*, chaparrón *m*

**rainwater** ['reɪnwɔːtəʳ] N agua *f* de lluvia

**rainwear** ['reɪnwɛəʳ] N ropa *f* para la lluvia, ropa *f* impermeable

**rainy** ['reɪnɪ] Ⓐ ADJ (*compar* **rainier**; *superl* **rainiest**) [*climate*] lluvioso; [*day*] de lluvia, lluvioso; **it was so ~ yesterday** llovió tanto ayer; ♦***IDIOM*** **to keep** *or* **save sth for a ~ day** [+ *object*] guardar algo para una ocasión más propicia; [+ *money*] ahorrar algo para cuando lleguen tiempos peores
Ⓑ CPD ► **rainy season** N época *f* de las lluvias

**raise** [reɪz] Ⓐ VT [1] (= *lift*) [+ *fallen object, weight, hand*] levantar, alzar; [+ *hat*] levantarse; [+ *blinds, window*] subir; [+ *flag*] izar; [+ *dust*] levantar; [+ *wreck*] sacar a flote; [+ *camp, siege, embargo*] levantar; **to ~ one's eyebrows** (*lit*) arquear las cejas; **her behaviour ~d a lot of eyebrows** (*fig*) su comportamiento escandalizó a mucha gente; **to ~ one's eyes** alzar la vista *or* la mirada, levantar los ojos *or* la vista; **to ~ one's glass to sth/sb** brindar por algo/algn; **he ~d his hands in horror/surrender** levantó *or* alzó las manos horrorizado/rindiéndose; **to ~ o.s.** levantarse, alzarse; **to ~ o.s. into a sitting position** incorporarse; *see also* **curtain, hand A10, hell A1, hope A1, roof, sight A4, spirit A7.1, stake A1**
[2] (= *make higher*) subir; **the rain has ~d the water level in the river** la lluvia ha subido el nivel del agua del río
[3] (= *increase*) [+ *prices, salaries, taxes*] aumentar, subir; [+ *temperature*] subir, aumentar, elevar; [+ *standard, level*] subir; [+ *age limit*] extender; [+ *awareness, consciousness*] aumentar; **to ~ standards in education** subir el nivel de la enseñanza; **to ~ the school leaving age** extender la edad de escolarización mínima obligatoria; **we want to ~ the profile of rugby** queremos realzar la imagen del rugby; **don't you ~ your voice to me!** ¡no me levantes *or* alces la voz!
[4] [+ *person*] (*in rank*) ascender (**to** a); *see also* **peerage**
[5] (= *erect*) [+ *building, statue*] erigir, levantar
[6] (= *bring up*) [+ *child, livestock*] criar; [+ *crop*] cultivar; **the house where she was ~d** la casa donde se crió; **I want to settle down, maybe ~ a family** quiero asentarme, y quizá tener una familia
[7] (= *produce*) [+ *laugh*] provocar; [+ *doubts, fears*] suscitar; [+ *suspicion*] levantar, despertar; [+ *cry*] dar; [+ *bump*] causar; [+ *blister*] levantar; **his speech ~d a cheer from the crowd** su discurso suscitó una ovación del público; **his forlorn attempts to ~ a few laughs** sus intentos desesperados por provocar unas cuantas risas; **she could barely ~ a smile** apenas pudo sonreír; **to ~ suspicion in sb's mind** levantar *or* despertar las sospechas de algn
[8] (= *present, put forward*) [+ *question, point, possibility*] plantear; [+ *subject*] sacar; [+ *complaint*] presentar; **I'll ~ the point with them** se lo mencionaré; **you'll have to ~ that with the director** tendrás que plantearle *or* comentarle eso al director; **to ~ objections to sth** poner objeciones *or* peros a algo; **this ~s the prospect of civil war** esto plantea la posibilidad de una guerra civil; **he gets embarrassed whenever the subject is ~d** se pone violento cada vez que se saca el tema
[9] (= *get together*) [+ *funds, money*] recaudar; [+ *capital*] movilizar; [+ *loan*] conseguir, obtener; [+ *army*] reclutar; **they couldn't ~ his bail** no pudieron reunir el dinero de su fianza; **they ~d a loan against the house** consiguieron un préstamo con la casa como garantía; **to ~ money for charity** recaudar dinero con fines benéficos; *see also* **mortgage**
[10] (*Cards*) **I'll ~ you!** ¡subo la apuesta!; **I'll ~ you £10** te subo 10 libras más; *see also* **bid, stake A1**
[11] (= *contact*) (*by phone*) localizar; (*by radio*) contactar con, localizar; **we tried to ~ him on the radio** intentamos contactar con él *or* localizarlo por radio
[12] (= *conjure*) [+ *spirits*] evocar; **to ~ sb from the dead** resucitar a algn, levantar a algn de entre los muertos
[13] (*Math*) [+ *total*] elevar; **2 ~d to the power 3 is 8** 2 elevado a la tercera potencia es 8
Ⓑ N (*esp US*) (*in salary*) aumento *m*, subida *f*; (*in taxes*) subida *f*

►**raise up** VT + ADV (= *lift*) levantar, alzar; **to ~ o.s. up into a sitting position** incorporarse; **he ~d himself up on one elbow** se apoyó en un codo; **he has ~d himself up from nothing** ha salido de la nada; **to ~ sb up from poverty** sacar a algn de la pobreza, ayudar a algn a salir de la miseria

**raised** [reɪzd] ADJ [*platform*] elevado; [*temperature, blood pressure, level*] alto, elevado; [*voice*] exaltado; (= *in relief*) en relieve; **I could hear ~ voices in the next room** oía voces exaltadas en la habitación de al lado

**raisin** ['reɪzən] N pasa *f*, uva *f* pasa

**raison d'être** ['reɪzɔːn'dɛːtr] N razón *f* de ser

**Raj** [rɑːdʒ] N **the British ~** el imperio británico (en la India)

**rajah** ['rɑːdʒə] N rajá *m*

**rake**[1] [reɪk] Ⓐ N (= *garden rake*) rastrillo *m*
Ⓑ VT [1] (*Agr etc*) [+ *sand, leaves, soil*] rastrillar; [+ *fire*] hurgar
[2] (= *strafe*) [+ *ship, file of men*] barrer

►**rake in** VT + ADV [1] [+ *gambling chips*] recoger
[2] (*) **they ~d in a profit of £100** sacaron 100 libras de ganancia; **he ~s in £50 on every deal** se toma una tajada de 50 libras de cada negocio*; **he must be raking it in** está acuñando dinero

►**rake off** VT + ADV [1] (*lit*) quitar con el rastrillo
[2] (* *pej*) [+ *share of profits, commission*] sacar

►**rake over** VT + ADV [+ *flowerbed*] rastrillar; (*fig*) [+ *memories, past*] remover

►**rake together** VT + ADV reunir *or* recoger con el rastrillo; (*fig*) [+ *money*] reunir; **we managed to ~ a team together** por fin logramos formar un equipo

►**rake up** VT + ADV [+ *subject*] sacar a relucir; [+ *memories, the past*] remover; **why did you have to ~ that up?** ¿para qué has vuelto a mencionar eso?

**rake**[2] [reɪk] N (= *dissolute man*) calavera *m*; **old ~** viejo *m* verde

**rake**[3] [reɪk] Ⓐ N (*Archit, Naut*) inclinación *f*
Ⓑ VT inclinar

**rake-off*** ['reɪkɒf] N comisión *f*, tajada* *f*

**rakish** ['reɪkɪʃ] ADJ [1] (= *dissolute*) [*person*] libertino, disoluto
[2] **at a ~ angle** echado de lado

**rakishly** ['reɪkɪʃlɪ] ADV (*of hat etc*) echado al lado

**rally**[1] ['rælɪ] Ⓐ N [1] (= *mass meeting*) (*gen*) concentración *f*; (*with speeches*) mitin *m*; **there was a ~ in Trafalgar Square** hubo una concentración en Trafalgar Square
[2] (*Aut*) (= *competition*) rally *m*; **the Monte Carlo Rally** el Rally de Montecarlo
[3] (*Tennis*) intercambio *m* de golpes
[4] (*Fin*) (= *revival*) recuperación *f*
[5] (*Med*) (= *recovery*) recuperación *f*; (= *improvement*) mejora *f*
[6] (*Mil*) repliegue *m*
Ⓑ VT [1] (= *gather*) (*Pol*) concentrar; (*Mil*) reunir
[2] (= *exhort, unite in spirit*) levantar el ánimo de, fortalecer el espíritu de; (*fig*) [+ *strength, spirits*] recobrar
Ⓒ VI [1] (= *gather in support*) **to ~ to** *or* **behind sb** ◊ **to sb's side** *or* **support** solidarizarse con algn; **to ~ to the call** acudir a la llamada

[2] (*in demonstration*) concentrarse, reunirse
[3] (*Mil*) reorganizarse
[4] (*Fin, Med*) (= *recover*) recuperarse; (= *improve*) mejorar
[5] (*Aut*) (= *compete*) competir en rallys
Ⓓ CPD ► **rally car** N coche *m* de rally ► **rally driver** N piloto *m* de rally

►**rally round, rally around** Ⓐ VI + ADV **everyone must ~ round** todos tenemos que cooperar; **we all rallied round to help** todos nos juntamos para ayudar
Ⓑ VI + PREP **to ~ round sb** reunirse en torno a algn, solidarizarse con algn

**rally**$^{2}$ [ˈrælɪ] VT (= *tease*) tomar el pelo a

**rallying** [ˈrælɪɪŋ] CPD ► **rallying call, rallying cry** N llamamiento *m* (*para reanimar la resistencia etc*) ► **rallying point** N (*Pol, Mil*) punto *m* de reunión

**RAM** [ræm] Ⓐ N ABBR (*Comput*) (= **random access memory**) RAM *f*
Ⓑ CPD ► **RAM chip** N chip *m* de RAM

**ram** [ræm] Ⓐ N [1] (*Zool*) carnero *m*
[2] (*Astron*) Aries *m*
[3] (*Mil*) ariete *m*
Ⓑ VT [1] (= *force*) **to ~ a hat down on one's head** incrustarse el sombrero; **to ~ clothes into a case** meter la ropa a la fuerza en una maleta; **to ~ a nail into a wall** incrustar un clavo en una pared; **to ~ sth into a hole** meter algo a la fuerza en un agujero; **to be ~med up against sth** estar apretado contra algo; **they ~ their ideas down your throat** (*fig*) te hacen tragar sus ideas a la fuerza; **we had Campoamor ~med into us at school** tuvimos que darnos un atracón de Campoamor en el colegio
[2] (= *collide with*) (*deliberately*) embestir contra; (*Naut*) embestir con el espolón; (*accidentally*) chocar con *or* contra; **the thieves ~med a police car** los ladrones embistieron contra un coche de la policía; **the car ~med the lamppost as it slid off the road** el coche se metió contra la farola al salirse de la carretera
Ⓒ CPD ► **ram raid*** N robo *m* (*rompiendo el escaparate etc con un coche*) ► **ram raider*** N ladrón/ona *m/f* (*que entra en el establecimiento rompiendo el escaparate etc con un coche*)

**Ramadan** [ˌræməˈdæn] N ramadán *m*

**ramble** [ˈræmbl] Ⓐ N paseo *m*, excursión *f*; **to go for a ~** dar un paseo
Ⓑ VI [1] (= *walk*) pasear; **we spent a week rambling in the hills** pasamos una semana de excursión en la montaña *or* la sierra
[2] (*in speech*) divagar, perder el hilo; **he just ~d on and on** siguió divagando
[3] [*river*] formar meandros; [*plant*] trepar, enredarse

**rambler** [ˈræmbləʳ] N [1] (*Brit*) (= *hiker*) excursionista *mf* (a pie)
[2] (*Bot*) trepadora *f*; (= *rose*) = **rambling rose**

**rambling** [ˈræmblɪŋ] Ⓐ ADJ [1] (= *straggling*) [*plant*] trepador
[2] (= *wandering, incoherent*) [*speech, book*] farragoso, inconexo
[3] (= *sprawling*) [*house*] laberíntico
Ⓑ N [1] (= *walking*) excursionismo *m* a pie
[2] **ramblings** desvaríos *mpl*, divagaciones *fpl*
Ⓒ CPD ► **rambling rose** N rosal *m* trepador

**rambunctious*** [ræmˈbʌŋkʃəs] ADJ (*US*) bullicioso, pendenciero

**RAMC** N ABBR (*Brit*) = **Royal Army Medical Corps**

**ramification** [ˌræmɪfɪˈkeɪʃən] N ramificación *f*; **with numerous ~s** con innumerables ramificaciones; **in all its ~s** en toda su complejidad

**ramify** [ˈræmɪfaɪ] VI ramificarse

**ramjet** [ˈræmdʒet] N estatorreactor *m*

**rammer** [ˈræməʳ] N (*for roadmaking*) pisón *m*; (*for rifle*) baqueta *f*

**ramp** [ræmp] N (= *incline*) rampa *f*; (*on road*) rampa *f*, desnivel *m*

**rampage** [ræmˈpeɪdʒ] Ⓐ N **to go on the ~** desbocarse, desmandarse
Ⓑ VI desmandarse; **the crowd ~d through the market** la multitud corrió alocada por el mercado

**rampancy** [ˈræmpənsɪ] N (= *uncontrolled lust*) desenfreno *m*; (= *aggression*) agresividad *f*; [*of foliage*] exuberancia *f*; [*of disease, inflation, crime*] predominio *m*

**rampant** [ˈræmpənt] ADJ [1] (= *uncontrolled*) [*lust*] desenfrenado; [*inflation*] galopante
[2] (= *prevailing*) difundido, de uso común; **anarchism is ~ here** aquí el anarquismo está muy extendido
[3] (*Bot*) (= *overgrowing*) [*flower, plant*] exuberante
[4] (*Heraldry*) **the lion ~** el león rampante

**rampart** [ˈræmpɑːt] N (= *earthwork*) terraplén *m*; (= *city wall*) muralla *f*; (*fig*) (= *bulwark*) baluarte *m*, defensa *f*; **the ~s of York** la muralla de York

**ramrod** [ˈræmrɒd] N baqueta *f*

**ramshackle** [ˈræmˌʃækl] ADJ (= *tumbledown*) [*house*] destartalado; [*car*] desvencijado

**ram's-horn** [ˈræmzhɔːn] N cuerno *m* de carnero

**RAN** N ABBR = **Royal Australian Navy**

**ran** [ræn] PT *of* **run**

**ranch** [rɑːntʃ] Ⓐ N rancho *m*, hacienda *f* (de ganado) (*LAm*), estancia *f* (*S. Cone*)
Ⓑ CPD ► **ranch hand** N peón *m* ► **ranch house** N casa *f* de rancho

**rancher** [ˈrɑːntʃəʳ] N ganadero/a *m/f*, ranchero/a *m/f*

**ranching** [ˈrɑːntʃɪŋ] N ganadería *f*

**rancid** [ˈrænsɪd] ADJ rancio

**rancidity** [rænˈsɪdɪtɪ] N, **rancidness** [ˈrænsɪdnɪs] N rancidez *f*, ranciedad *f*

**rancor** [ˈræŋkəʳ] N (*US*) = **rancour**

**rancorous** [ˈræŋkərəs] ADJ rencoroso

**rancour, rancor** (*US*) [ˈræŋkəʳ] N rencor *m*

**rand** [rænd] N rand *m*

**R & B** [ˌɑːrənˈbiː] N ABBR = **Rhythm and Blues**

**R & D** [ˌɑːrənˈdiː] N ABBR (= **research and development**) I. y D., I + D

**randiness*** [ˈrændɪnɪs] N cachondez* *f*

**random** [ˈrændəm] Ⓐ ADJ [1] (= *haphazard*) [*arrangement*] hecho al azar; **a ~ selection** una selección hecha al azar; **a wall built of ~ stones** un muro hecho con piedras elegidas al azar
[2] (= *capricious, indiscriminate*) caprichoso; **a ~ shot** un disparo hecho sin apuntar, una bala perdida
[3] (*Statistics, Maths*) [*sample, distribution*] aleatorio
Ⓑ N **at ~** al azar; **we picked the number at ~** elegimos el número al azar; **to talk at ~** hablar sin pesar las palabras; **to hit out at ~** repartir golpes por todos lados
Ⓒ CPD ► **random access** N (*Comput*) acceso *m* aleatorio ► **random access memory** N (*Comput*) memoria *f* de acceso aleatorio

**randomize** [ˈrændəmaɪz] VT aleatorizar

**randomly** [ˈrændəmlɪ] ADV **~ chosen** elegido al azar

**randomness** [ˈrændəmnɪs] N aleatoriedad *f*

**R & R** N ABBR (*US Mil*) (= **rest and recreation**) descanso *m*

**randy*** [ˈrændɪ] ADJ (*compar* **randier**; *superl* **randiest**) (*Brit*) (= *aroused*) caliente*, cachondo**, arrecho (*esp LAm**); **to feel ~** estar caliente*, estar cachondo**

**rang** [ræŋ] PT *of* **ring**$^{2}$

**range** [reɪndʒ] Ⓐ N [1] [*of mountains*] cadena *f*; **a ~ of hills** una cadena de colinas; **a ~ of mountains** una cadena montañosa *or* de montañas, una cordillera; **the Absaroka Range** la cordillera Absaroka; *see also* **mountain**
[2] (= *extent*) **there is a wide ~ of ability in the class** los niveles de aptitud en la clase varían mucho; **your weight is within the normal ~** su peso está dentro de lo normal; **all this was beyond her ~ of experience** todo esto estaba fuera de su campo de experiencia; **the full ~ of his work is on view** se expone su obra en todo su ámbito; *see also* **age, price C**
[3] (*Mus*) [*of instrument, voice*] registro *m*
[4] (= *selection, variety*) [4·1] (*gen*) variedad *f*; **there was a wide ~ of opinions** había gran variedad de opiniones, las opiniones variaban mucho; **a wide ~ of colours** una amplia gama de colores; **they come in a ~ of sizes** vienen en varios *or* diversos tamaños; **she has a wide ~ of interests** tiene muchos y diversos intereses; **there was a whole ~ of options open to us** frente a nosotros se abría un amplio abanico de posibilidades
[4·2] (*Comm*) (= *product line*) línea *f*; (= *selection*) gama *f*, selección *f*; **the new autumn ~** la nueva línea de otoño; **we stock a full ~ of wines** tenemos una selección *or* gama completa de vinos; *see also* **product B**
[5] [*of gun, missile*] alcance *m*; [*of plane, ship*] autonomía *f*, radio *m* de acción; [*of car*] autonomía *f*; [*of transmitter*] radio *m* de acción; **a gun with a ~ of three miles** un cañón con un alcance de tres millas; **within ~ (of sth/sb)** a tiro (de algo/algn); **to come within ~ (of sth/sb)** ponerse a tiro (de algo/algn); **out of ~ (of sth/sb)** fuera del alcance (de algo/algn); **~ of vision** campo *m* visual
[6] (= *distance from target*) distancia *f*; **at close ~** de cerca, a corta distancia; **at long ~** de lejos, a larga distancia; **to find the/one's ~** determinar la distancia a la que está el objetivo
[7] (*Bot, Zool*) [*of species*] (zona *f* de) distribución *f*
[8] (*esp US Agr*) pradera *f*, pampa *f* (*S. Cone*), llano *m* (*esp Ven*)
[9] (*for shooting*) campo *m* de tiro; *see also* **rifle**$^{2}$
[10] (*also* **kitchen ~**) fogón *m*
Ⓑ VT [1] (= *line up, place*) (*lit*) alinear; **chairs were ~d against one wall** las sillas estaban alineadas frente a una pared; **~d left/right** [*text*] alineado/a a la izquierda/derecha; **most of the party is ~d against him** la mayoría de los miembros del partido se ha alineado en contra suya
[2] (*liter*) (= *rove*) [+ *country*] recorrer; **to ~ the seas** surcar los mares
[3] **to ~ a gun on sth/sb** apuntar un cañón a algo/algn
Ⓒ VI [1] (= *extend*) extenderse; **the search ~d over the whole country** se llevó a cabo la búsqueda por todo el país; **the conversation ~d over many issues** la conversación abarcó muchos temas; **his eye ~d over the horizon** escudriñó el horizonte; *see also* **wide-ranging**
[2] (= *vary within limits*) **prices ~ from £3 to £9** los precios varían de 3 a 9 libras, los precios oscilan entre las 3 y las 9 libras; **the**

**women ~d in age from 14 to 40** la edad de las mujeres iba de los 14 a los 40 años *or* oscilaba entre los 14 y los 40 años
[3] (= *wander*) **hyenas ~ widely in search of carrion** las hienas recorren muchos lugares en busca de carroña; **animals ranging through the jungle** animales vagando por *or* merodeando por la jungla
[4] (*Bot*) darse; (*Zool*) distribuirse
[5] [*gun*] **it ~s over 300 miles** tiene un alcance de trescientas millas

**-range** [reɪndʒ] ADJ (*ending in compounds*) **intermediate-range missile** misil *m* de medio alcance; **short-range missile** misil *m* de corto alcance

**rangefinder** [ˈreɪndʒˌfaɪndəʳ] N (*Mil, Phot*) telémetro *m*

**ranger** [ˈreɪndʒəʳ] N [1] (= *Girl Guide*) exploradora *f*
[2] (= *forest ranger*) guardabosques *mf inv*

**Rangoon** [ræŋˈguːn] N Rangún *m*

**rangy** [ˈreɪndʒɪ] ADJ alto y delgado

**rank**[1] [ræŋk] Ⓐ N [1] (= *status*) rango *m*, categoría *f*; (*Mil*) grado *m*, rango *m*; **a writer of the first ~** un escritor de primera categoría; **persons of ~** gente de calidad; **their ~s range from lieutenant to colonel** sus graduaciones van de teniente a coronel; **to attain the ~ of major** ser ascendido a comandante, llegar a(l grado de) comandante; **✦*IDIOM* to pull ~*** aprovecharse de tener un rango superior
[2] (*Mil*) fila *f*; **the ~s** la tropa; **to <u>break</u> ~(s)** romper filas; **to <u>close</u> ~s** (*Mil*) (*fig*) cerrar filas; **the ~ and <u>file</u>** (*Mil*) los soldados rasos; (*Pol*) la base; **I've <u>joined</u> the ~s of the unemployed** soy un parado más; **to <u>reduce</u> sb to the ~s** degradar a algn a soldado raso; **to <u>rise</u> from the ~s** ascender desde soldado raso
[3] (= *row*) fila *f*, hilera *f*, línea *f*; **the ~s of poplars** las hileras de álamos; **in serried ~s** en filas apretadas
[4] (*also* **taxi ~**) parada *f* de taxis
Ⓑ VT clasificar; **he's ~ed third in the United States** está clasificado tercero en los Estados Unidos; **I ~ him sixth** yo lo pongo en sexto lugar; **where would you ~ him?** ¿qué posición le darías?; **I ~ her <u>among</u> …** yo la pongo entre …; **he was ~ed <u>as</u> (being) …** se le consideraba …; **to ~ A <u>with</u> B** igualar A y B, poner A y B en el mismo nivel
Ⓒ VI **to ~ fourth** ocupar el cuarto lugar; **where does she ~?** ¿qué posición ocupa?; **to ~ <u>above</u> sb** ser superior a *or* sobrepasar a algn; **to ~ <u>among</u> …** figurar entre …; **to ~ <u>as</u>** equivaler a; **to ~ <u>high</u>** ocupar una posición privilegiada; **to ~ <u>second</u> to sb** tener el segundo lugar después de algn; **to ~ <u>with</u>** ser igual a
Ⓓ CPD **as a ~ and file policeman I must say …** como policía de filas, debo decir …

**rank**[2] [ræŋk] ADJ [1] (*Bot*) [*plants*] exuberante; [*garden*] muy poblado
[2] (= *smelly*) maloliente, apestoso; **to smell ~** oler mal
[3] (= *utter*) [*hypocrisy, injustice etc*] manifiesto, absoluto; [*beginner, outsider*] completo, puro; **that's ~ nonsense!** ¡puras tonterías!; **he's a ~ liar** es un mentiroso redomado

**ranker** [ˈræŋkəʳ] N (*Mil*) (= *officer*) oficial *m* patatero*

**ranking** [ˈræŋkɪŋ] Ⓐ ADJ (*esp US*) superior
Ⓑ N [1] ránking *m*; (*Mil*) graduación *f*
[2] **rankings** (*Sport*) clasificación *fsing*, ránking *msing*

**rankle** [ˈræŋkl] VI doler; **the fact that he won still ~s with me** todavía me duele *or* me molesta el hecho de que él haya ganado

**rankly** [ˈræŋklɪ] ADV (*Bot*) con exuberancia

**rankness** [ˈræŋknɪs] N [1] (*Bot*) exuberancia *f*
[2] (= *bad smell*) mal olor *m*
[3] [*of injustice*] enormidad *f*

**ransack** [ˈrænsæk] VT [1] (= *search*) registrar de arriba abajo; **they ~ed the house for arms** registraron la casa de arriba abajo buscando armas
[2] (= *pillage*) saquear; [+ *house, shop*] desvalijar; **the place had been ~ed** el lugar había sido saqueado

**ransom** [ˈrænsəm] Ⓐ N rescate *m*; **to hold sb to ~** pedir un rescate por algn; (*fig*) poner a algn entre la espada y la pared; *see also* **king A1**
Ⓑ VT rescatar; (*Rel*) redimir
Ⓒ CPD ► **ransom demand** N petición *f* de rescate ► **ransom money** N rescate *m*, dinero *m* exigido a cambio del rehén

**ransoming** [ˈrænsəmɪŋ] N rescate *m*

**rant** [rænt] Ⓐ VI (= *declaim*) vociferar; **to ~ at sb** (= *be angry*) despotricar contra algn; **to ~ on about sb** (*angrily*) echar pestes de algn; **he ~ed and raved for hours** despotricó durante varias horas
Ⓑ N diatriba *f*

**ranting** [ˈræntɪŋ] Ⓐ N lenguaje *m* declamatorio; **for all his ~** por mucho que despotrique
Ⓑ ADJ campanudo, declamatorio

**ranunculus** [rəˈnʌŋkjʊləs] N (*pl* **ranunculuses, ranunculi** [rəˈnʌŋkjʊlaɪ]) ranúnculo *m*

**rap** [ræp] Ⓐ N [1] golpecito *m*, golpe *m* seco; **there was a ~ at the door** llamaron (suavemente) a la puerta; **to give sb a ~ on** *or* **over the knuckles** (*lit*) dar a algn en los nudillos; (*fig*) echar un rapapolvo a algn
[2] (= *blame*) **to take the ~*** pagar los platos rotos*; **to take the ~ for sth** cargar con la culpa de algo
[3] (*esp US**) (= *charge*) acusación *f*; **murder ~** acusación *f* de homicidio; **to beat the ~** (lograr) ser absuelto
[4] (*Mus*) rap *m*
[5] (*esp US**) **to have a ~ with sb** charlar con algn
Ⓑ VT golpetear, dar un golpecito en; **to ~ sb's knuckles** ◊ **~ sb on the knuckles** (*lit*) dar a algn en los nudillos; (*fig*) echar un rapapolvo a algn
Ⓒ VI [1] (= *knock*) **to ~ at the door** llamar a la puerta
[2] (*US**) (= *chat*) charlar
[3] (*Mus*) hacer rap

►**rap out** VT + ADV [+ *order*] espetar

**rapacious** [rəˈpeɪʃəs] ADJ rapaz

**rapaciously** [rəˈpeɪʃəslɪ] ADV con rapacidad

**rapacity** [rəˈpæsɪtɪ] N rapacidad *f*

**rape**[1] [reɪp] Ⓐ N [1] [*of woman, man*] violación *f*; [*of minor*] estupro *m* (*frm*); **attempted ~** intento *m* de violación; *see also* **marital**
[2] (*fig*) destrucción *f*; **the ~ of Poland** la destrucción de Polonia
Ⓑ VT [+ *man, woman*] violar; [+ *minor*] estuprar (*frm*)

**rape**[2] [reɪp] Ⓐ N (*Bot*) colza *f*
Ⓑ CPD ► **rape oil** N = **rapeseed oil**

**rapeseed** [ˈreɪpsiːd] Ⓐ N semilla *f* de colza
Ⓑ CPD ► **rapeseed oil** N aceite *m* de colza

**Raphael** [ˈræfeɪəl] N Rafael

**rapid** [ˈræpɪd] ADJ rápido

**rapidity** [rəˈpɪdɪtɪ] N rapidez *f*

**rapidly** [ˈræpɪdlɪ] ADV rápidamente, rápido

**rapids** [ˈræpɪdz] NPL (*in river*) rápidos *mpl*

**rapier** [ˈreɪpɪəʳ] N estoque *m*

**rapine** [ˈræpaɪn] N rapiña *f*

**rapist** [ˈreɪpɪst] N violador(a) *m/f*

**rapping** [ˈræpɪŋ] N [1] (= *knocking*) golpecitos *mpl*, golpes *mpl* secos; (*at door*) llamadas *fpl*, aldabadas *fpl*
[2] (*Mus*) rap *m*

**rapport** [ræˈpɔːʳ] N [1] (= *relationship*) relación *f*; **I have a good ~ with him** tengo muy buena relación con él, me entiendo muy bien con él; **he has established a good ~ with the customers** ha entablado buenas relaciones con los clientes
[2] (= *understanding*) **there was an instant ~ between them** enseguida congeniaron

**rapprochement** [ræˈprɒʃmɑ̃ːŋ] N acercamiento *m*

**rapscallion**†† [ræpˈskælɪən] N (*also hum*) bribón *m*, golfo *m*

**rapt** [ræpt] ADJ **they were sitting with ~ attention** estaban sentados prestando mucha atención; **he drew ~ audiences** cautivaba al público, dejaba al público embelesado; **with a ~ expression on his face** con cara de embeleso; **Claud was staring at me, ~** Claud me miraba fijamente, absorto *or* embelesado

**rapture** [ˈræptʃəʳ] N éxtasis *m inv*; **to be in ~s** estar extasiado, extasiarse; **to go into ~s over sth** extasiarse por algo

**rapturous** [ˈræptʃərəs] ADJ [*applause*] entusiasta; [*look*] extasiado

**rapturously** [ˈræptʃərəslɪ] ADV [*applaud*] con entusiasmo; [*look*] con embeleso

**rare** [rɛəʳ] Ⓐ ADJ (*compar* **rarer**; *superl* **rarest**) [1] (= *uncommon, infrequent*) [*item, book*] raro; [*plant, animal*] poco común; [*ability, opportunity*] excepcional; [*case, occurrence*] poco frecuente; **it is ~ to find that …** es raro encontrarse con que …; **it is ~ for her to come** es raro que venga; **she had a ~ <u>beauty</u>** tenía una belleza singular; **with very ~ <u>exceptions</u>** con muy raras excepciones; **in a moment of ~ <u>generosity</u>** en un momento de inusitada generosidad; **to <u>grow</u> ~(r)** [*animals, plants*] volverse menos común; [*visits*] hacerse más raro; **on the ~ <u>occasions</u> when he spoke** en las poquísimas ocasiones en las que hablaba; **it is a ~ <u>sight</u>** es algo que no se ve frecuentemente; **to have a ~ old <u>time</u>**†* pasárselo pipa*; → STRANGE, RARE
[2] (= *rarefied*) [*air, atmosphere*] enrarecido
[3] (*Culin*) [*steak, meat*] vuelta y vuelta, poco hecho (*Sp*)
Ⓑ CPD ► **rare earth** N tierra *f* rara

**rarebit** [ˈrɛəbɪt] N **Welsh ~** pan *m* con queso tostado

**rarefaction** [ˌrɛərɪˈfækʃən] N rarefacción *f*

**rarefied** [ˈrɛərɪfaɪd] ADJ enrarecido

**rarefy** [ˈrɛərɪfaɪ] Ⓐ VT enrarecer
Ⓑ VI enrarecerse

**rarely** [ˈrɛəlɪ] ADV casi nunca, rara vez, raramente; **that ~ happens** casi nunca *or* rara vez sucede eso; **that method is ~ satisfactory** ese método no es satisfactorio casi nunca; **it is ~ found here** aquí se encuentra con poca frecuencia

**rareness** [ˈrɛənɪs] N rareza *f*

**raring** [ˈrɛərɪŋ] ADJ **to be ~ to do sth** tener muchas ganas de hacer algo; **to be ~ to go** tener muchas ganas de empezar

**rarity** [ˈrɛərɪtɪ] N [1] rareza *f*
[2] (= *rare thing*) rareza *f*, cosa *f* rara; **it's a ~ here** aquí es una rareza *or* una cosa rara

**rascal** [ˈrɑːskəl] N (= *scoundrel*) granuja *mf*; (= *child*) granuja *mf*, pillo *m*

**rascally** [ˈrɑːskəlɪ] ADJ granuja, bribón; **a ~ trick** una triquiñuela, una artimaña

**rash¹** [ræʃ] N 1 (*Med*) sarpullido *m*, erupción *f* (cutánea); **I've got a ~ on my chest** tengo un sarpullido *or* una erupción en el pecho; **she came out in a ~** le salieron ronchas en la piel
2 (= *spate*) racha *f*, avalancha *f*; **a ~ of complaints** una avalancha *or* una multitud de quejas

**rash²** [ræʃ] ADJ [*act, statement*] temerario, precipitado; [*person*] temerario, imprudente; **that was very ~ of you** en eso has sido muy temerario *or* imprudente

**rasher** [ˈræʃəʳ] N **a ~ of bacon** una loncha de beicon

**rashly** [ˈræʃlɪ] ADV temerariamente

**rashness** [ˈræʃnɪs] N [*of actions*] temeridad *f*, precipitación *f*; [*of person*] temeridad *f*, imprudencia *f*

**rasp** [rɑːsp] Ⓐ N 1 (= *tool*) escofina *f*, raspador *m*
2 (= *sound*) chirrido *m*; [*of voice*] tono *m* áspero
Ⓑ VT 1 (*with file*) raspar, escofinar
2 (= *speak*) (*also* **~ out**) decir con voz áspera; [+ *order*] espetar
Ⓒ VI hacer un sonido desapacible

**raspberry** [ˈrɑːzbərɪ] N 1 (= *fruit*) frambuesa *f*
2 **to blow a ~*** hacer una pedorreta*

**rasping** [ˈrɑːspɪŋ] ADJ [*voice*] áspero; [*noise*] chirriante

**Rasta*** [ˈræstə], **Rastafarian** [ˌræstəˈfɛərɪən] Ⓐ ADJ rastafario
Ⓑ N rastafario/a *m/f*

**rat** [ræt] Ⓐ N 1 (*Zool*) rata *f*; ✦**IDIOM I smell a ~** aquí hay gato encerrado, aquí se está tramando algo; **he could smell a ~** se olió algo sospechoso, le olió a gato encerrado
2 (= *person*) **you dirty ~!*** ¡canalla!*
3 (*as exclamation*) **~s!** (*Brit**) ¡narices!*
Ⓑ VI 1 (*) **to ~ on sb** (= *inform on*) chivarse de algn; (= *desert*) abandonar a algn; **to ~ on a deal** rajarse de un negocio
2 (= *catch rats*) cazar ratas, matar ratas
Ⓒ CPD ► **rat pack** N (= *journalists*) paparazzi *mpl* ► **rat poison** N matarratas *m inv* ► **the rat race** N la lucha por la supervivencia, la competencia; **it's a ~ race** es un mundo muy competitivo ► **rat run*** N (*Brit Aut*) *calle residencial usada por los conductores para evitar atascos* ► **rat trap** N trampa *f* para ratas, ratonera *f*

**ratable** [ˈreɪtəbl] ADJ = **rateable**

**rat-a-tat** [ˌrætəˈtæt], **rat-a-tat-tat** [ˌrætəˌtætˈtæt] N (*at door*) golpecitos *mpl*; (*imitating sound*) ¡toc, toc!; [*of machine-gun*] martilleo *m*

**ratcatcher** [ˈrætˌkætʃəʳ] N cazarratas *mf inv*, cazador(a) *m/f* de ratas

**ratchet** [ˈrætʃɪt] Ⓐ N (*Tech*) trinquete *m*
Ⓑ CPD ► **ratchet wheel** N rueda *f* de trinquete

►**ratchet up** Ⓐ VT + ADV incrementar
Ⓑ VI + ADV incrementarse, sufrir un incremento

**rate¹** [reɪt] Ⓐ N 1 (= *proportion, ratio*) **birth ~** índice *m or* tasa *f* de natalidad, natalidad *f*; **death ~** índice *m or* tasa *f* de mortalidad, mortalidad *f*; **the failure/success ~ for this exam is high** el índice de suspensos/aprobados en este examen es alto; **at a ~ of** a razón de; **it is increasing at a** *or* **the ~ of 5% a year** está aumentando a razón de un 5% al año; **at a** *or* **the ~ of three a minute** a razón de tres por minuto; *see also* **crime, divorce D, first-rate, second-rate, third-rate, metabolic, suicide**
2 (= *speed*) (*gen*) velocidad *f*; [*of work*] ritmo *m*; **the population is growing at an alarming ~** la población crece a una velocidad alarmante; **at any ~** (= *at least*) al menos, por lo menos; (= *anyway*) en todo caso; **he is the least appealing, to me at any ~** es el menos atractivo, al menos *or* por lo menos para mí; **I don't know what happened, at any ~ she didn't turn up** no sé lo que pasó, el caso es que *or* en todo caso no se presentó; **~ of climb** (*Aer*) velocidad *f* de subida; **~ of flow** [*of electricity, water*] velocidad *f* de flujo; **at a ~ of knots*** [*of person, vehicle*] a toda pastilla*; **at this ~** a este paso; **if things go on at this ~** si las cosas siguen marchando a este paso; **at the ~ you're going, you'll be dead before long** al paso que vas no vas a durar mucho; *see also* **growth B, heart B**
3 (= *price*) (*for tickets*) precio *m*; [*of hotel, telephone service*] tarifa *f*; **there is a reduced ~ for children under 12** a los niños menores de 12 años se les hace un descuento, hay una tarifa reducida para niños menores de 12 años; **calls cost 36p per minute cheap ~** el precio de la llamada es de 36 peniques el minuto, dentro de la tarifa barata; **they were paid a ~ of £5 an hour** les pagaban a razón de 5 libras la hora; **the ~ for the job** el sueldo que corresponde al trabajo; **~s of pay** sueldos *mpl*; *see also* **postage, postal, peak C, standard C**
4 (*Fin*) [*of stocks*] cotización *f*; **bank ~** tipo *m* de interés bancario; **exchange ~** ◊ **~ of exchange** (tipo *m* de) cambio *m*; **inflation ~** ◊ **~ of inflation** tasa *f* de inflación; **interest ~** ◊ **~ of interest** tipo *m or* tasa *f* de interés; **~ of return** tasa *f* de rentabilidad *or* rendimiento; *see also* **basic, fixed-rate, mortgage, tax**
5 **rates** (*Brit*) (*formerly*) (= *local tax*) contribución *fsing* municipal, impuesto *msing* municipal; **we pay £900 in ~s** pagamos 900 libras de contribuciones; *see also* **water D**
Ⓑ VT 1 (= *rank*) **how do you ~ her?** ¿qué opinas de ella?; **how do you ~ his performance on a scale of one to ten?** ¿cuántos puntos le darías a su actuación en una escala del uno al diez?; **she is ~d fifth in the world** ocupa el quinto lugar en la clasificación mundial; **to ~ sth/sb highly: I ~ the book highly** tengo muy buena opinión del libro; **I ~ him highly** lo tengo en muy alta estima; **the most highly ~d player in English football** el jugador mejor considerado del fútbol inglés; *see also* **X-rated, zero-rated**
2 (= *consider, regard*) considerar; **I ~ him among my friends** le considero un amigo; **I ~ him among my best three pupils** lo tengo por uno de mis tres mejores alumnos; **most ~d it a hit** la mayoría de la gente lo consideraba un éxito; **I ~ myself as fairly fit** considero que estoy bastante en forma
3 (*) (= *regard as good*) **I don't ~ your chances** creo que tienes pocas posibilidades; **he didn't ~ the movie at all** no concedió ningún mérito a la película; **I don't ~ him (as a composer)** no le valoro (como compositor)
4 (= *deserve*) merecer(se); **I think he ~s a pass (mark)** creo que (se) merece un aprobado; **it didn't ~ a mention** no lo consideraron digno de mención; **in those crowded streets he wouldn't ~ a second glance** en esas calles llenas de gente pasaría desapercibido
5 (*Brit*) (*for local tax*) [+ *property*] tasar, valorar (**at** en)
Ⓒ VI 1 (= *perform, measure up*) **how did he ~?** ¿qué tal lo hizo?, ¿qué tal se portó?
2 **to ~ as: it must ~ as one of the most boring films around** debe de estar considerada una de las películas más aburridas del momento
Ⓓ CPD ► **rate rebate** N (*Brit*) (*formerly*) devolución *f* de contribución municipal

**rate²** [reɪt] VT (*liter*) regañar, reñir

**-rate** [reɪt] ADJ (*ending in compounds*) *see* **first-rate, second-rate, third-rate**

**rateable** [ˈreɪtəbl] Ⓐ ADJ (*Brit*) [*property*] susceptible de pagar contribución
Ⓑ CPD ► **rateable value** N (*Brit*) (*formerly*) valor *m* catastral

**rate-capping** [ˈreɪtˌkæpɪŋ] N (*Brit Pol*) (*formerly*) *limitación de la contribución municipal impuesta por el Estado*

**ratepayer** [ˈreɪtpeɪəʳ] N (*Brit*) (*formerly*) contribuyente *mf*

▼**rather** [ˈrɑːðəʳ] Ⓐ ADV 1 (*preference*) **we decided to camp, ~ than stay at a hotel** decidimos acampar, en lugar de quedarnos en un hotel; **I'll stay ~ than go alone** prefiero quedarme a ir solo; **I'd ~ have this one than that** prefiero éste a aquél; **"would you like a sweet?" — "I'd ~ have an apple"** — ¿quieres un caramelo? —preferiría una manzana; **would you ~ stay here?** ¿prefieres quedarte?; **I'd ~ stay in tonight** preferiría no salir esta noche; **I'd ~ he didn't come to the party** preferiría que no viniera a la fiesta; **anything ~ than that!** (*hum*) ¡cualquier cosa menos eso!; **play anything ~ than that** toca cualquier cosa que no sea eso; **I'd ~ not** prefiero no hacerlo; **I'd ~ not say** prefiero no decirlo; **"I'm going to have it out with the boss" — "~ you than me!"** —voy a planteárselo al jefe —¡allá tú!
2 (= *somewhat*) algo, un poco; **he looks ~ like his mother** se parece un poco a su madre; **I feel ~ more happy today** hoy me siento algo más contento; **I ~ suspected as much** me lo sospechaba; **I ~ think he won't come** me inclino a creer que no vendrá; **that is ~ too dear** es algo caro (para mí *etc*)
3 (= *quite*) bastante; **it's a ~ difficult task** ◊ **it's ~ a difficult task** es una tarea bastante difícil; **we were ~ tired** estábamos bastante cansados; **I was ~ disappointed** quedé bastante decepcionado; **he did ~ well in the exam** le fue bastante bien en el examen; **"isn't she pretty?" — "yes, she is ~"** —¿es guapa, eh? —sí, bastante; **"are you keen to go?" — "yes, I am ~"** —¿tienes ganas de ir? —sí que quiero; **there's ~ a lot** hay bastante; **£20! that's ~ a lot!** ¡20 libras! ¡es bastante caro!; **I've got ~ a lot of homework to do** tengo muchos deberes que hacer; **it's ~ a pity** es una pena *or* lástima
4 (= *more accurately*) **~ it is a matter of money** antes es cuestión de dinero, es al contrario *or* más bien cuestión de dinero; **or ~** o mejor dicho, es decir; **a car, or ~ an old banger** un coche, o mejor dicho, un trasto viejo
Ⓑ EXCL (†) ¡ya lo creo!, ¡cómo no! (*LAm*); **"would you like some?" — "rather!"** ¿quieres algo de esto? — ¡ya lo creo! *or* ¡por supuesto!

**ratification** [ˌrætɪfɪˈkeɪʃən] N ratificación *f*

**ratify** [ˈrætɪfaɪ] VT [+ *treaty, agreement*] ratificar

**rating¹** [ˈreɪtɪŋ] N 1 (= *ranking*) **Labour's ~s in the polls are high** las encuestas demuestran que el partido laborista goza de un alto nivel de popularidad; **each wine was given a ~ out of ten** cada vino recibió una puntuación del uno al diez; **jobs which have a low ~ on**

➤ LANGUAGE IN USE: rather A1 4, 7.4, 26.3 A4 26.3

**the social scale** los trabajos que ocupan una posición baja en la escala social; *see also* **credit C**, **poll D**

[2] **ratings** (*TV, Rad*) índice *msing* de audiencia; **~s war** *guerra por alcanzar el mayor índice de audiencia*

[3] (*= act of valuing*) tasación *f*, valuación *f*

[4] (*Brit Naut*) (*= sailor*) marinero *m*; (*class*) [*of ship*] clase *f*; **a naval ~** un marinero; *see also* **octane**

**rating²** ['reɪtɪŋ] N reprensión *f*

**ratio** ['reɪʃɪəʊ] N razón *f*; **in the ~ of 2 to 1** a razón de 2 a 1; **in inverse ~** en proporción *or* razón inversa; **in direct ~ to** en proporción *or* razón directa con; **the ~ of wages to raw materials** la relación entre los sueldos y las materias primas

**ratiocinate** [rætɪ'ɒsɪneɪt] VI (*frm*) raciocinar

**ratiocination** [ˌrætɪɒsɪ'neɪʃən] N (*frm*) raciocinación *f*

**ration** ['ræʃən] Ⓐ N (*= portion*) ración *f*, porción *f*; **rations** (*Mil etc*) víveres *mpl*, suministro *msing*; **to be on ~** [*bread, milk*] estar racionado; **to be on short ~s** andar escaso de víveres; **when they put bread on the ~** cuando racionaron el pan; **it's off the ~ now** ya no está racionado; **to draw one's ~s** recibir los víveres

Ⓑ VT (*also* **~ out**) racionar; **they are ~ed to one kilo a day** están racionados a un kilo por día

Ⓒ CPD ► **ration book**, **ration card** N cartilla *f* de racionamiento

**rational** ['ræʃənl] Ⓐ ADJ [1] (*= logical*) [*argument, explanation*] racional, lógico; **the ~ thing to do would be to …** lo lógico *or* racional sería …

[2] (*= reasonable*) razonable; **let's be ~ about this** seamos razonables

[3] (*= sane*) [*person*] sensato, cuerdo; **he seemed quite ~** parecía estar perfectamente sensato *or* cuerdo

Ⓑ CPD ► **rational number** N (*Math*) número *m* racional

**rationale** [ræʃə'nɑːl] N base *f*, fundamento *m*; **the ~ of** *or* **behind sth** la razón fundamental de algo

**rationalism** ['ræʃnəlɪzəm] N racionalismo *m*

**rationalist** ['ræʃnəlɪst] Ⓐ ADJ racionalista

Ⓑ N racionalista *mf*

**rationalistic** [ˌræʃnə'lɪstɪk] ADJ racionalista

**rationality** [ˌræʃə'nælɪtɪ] N racionalidad *f*

**rationalization** [ˌræʃnəlaɪ'zeɪʃən] N [1] [*of ideas etc*] racionalización *f*

[2] (*= reorganization*) reconversión *f*, reorganización *f*; **industrial ~** reconversión *f* industrial, reorganización *f* industrial

**rationalize** ['ræʃnəlaɪz] VT [1] [*+ ideas etc*] racionalizar

[2] (*= reorganize*) [*+ industry etc*] reconvertir, reorganizar

[3] (*Math*) quitar los radicales a, racionalizar

**rationally** ['ræʃnəlɪ] ADV racionalmente

**rationing** ['ræʃnɪŋ] N racionamiento *m*

**rats'-tails** [ˌræts'teɪlz] NPL greñas *fpl*

**rattan** [rə'tæn] N rota *f*, junco *m* *or* caña *f* de Indias

**rat-tat-tat** [ˌrættæt'tæt] N = **rat-a-tat(-tat)**

**rattle** ['rætl] Ⓐ N [1] (*= sound*) [*of cart, train, gunfire*] traqueteo *m*; [*of window, chains, stone in tin*] ruido *m*; [*of hail, rain*] tamborileo *m*; (*in throat*) estertor *m*; **there was an ominous ~ coming from the engine** del motor provenía un ruido que no presagiaba nada bueno; **death ~** estertor *m* de la muerte

[2] (*= instrument*) (*child's*) sonajero *m*, sonajas *fpl*; [*of football fan etc*] carraca *f*, matraca *f*

Ⓑ VT [1] (*= shake*) **the wind ~d the window** el viento hizo vibrar la ventana; **he ~d the tin** agitó la lata (*haciendo sonar lo que tenía dentro*); **he banged on the table, rattling the cups** golpeó la mesa, haciendo que las tazas tintinearan; **she ~d the door handle** sacudió el picaporte de la puerta; **the monkey was rattling the bars of his cage** el mono estaba sacudiendo los barrotes de la jaula; **✦IDIOM to ~ sb's cage** hacer la Pascua a algn

[2] (*) (*= disconcert*) [*+ person*] desconcertar; **to get ~d** ponerse nervioso, perder la calma; **to get sb ~d** poner nervioso a algn, hacer que algn pierda la calma

Ⓒ VI [1] (*= make sound*) [*cart, train*] traquetear; [*window, chains, stone in tin*] sonar, hacer ruido; [*teeth*] castañetear; [*hail, rain*] tamborilear

[2] (*) (*= travel*) **we were rattling along at 50m.p.h.** íbamos traqueteando a 50 millas por hora

► **rattle away*** VI + ADV = **rattle on**

► **rattle off** VT + ADV [*+ names, statistics*] recitar de un tirón *or* de una tirada

► **rattle on*** VI + ADV parlotear (sin parar); **I let him ~ on about the virtues of double glazing** le dejé que parloteara ensalzando las virtudes del doble acristalamiento

► **rattle through*** VI + PREP **she ~d through the translation in about ten minutes** hizo la traducción volando en unos diez minutos, se cepilló la traducción en unos diez minutos*

**rattler*** ['rætləʳ] N (*esp US*) = **rattlesnake**

**rattlesnake** ['rætlsneɪk] N serpiente *f* de cascabel, yarará *f* (*Andes*)

**rattletrap*** ['rætltræp] Ⓐ ADJ desvencijado

Ⓑ N armatoste *m*

**rattling** ['rætlɪŋ] Ⓐ ADJ **at a ~ pace** muy rápidamente, a gran velocidad

Ⓑ ADV **~ good** (*esp Brit**) realmente estupendo*

**ratty*** ['rætɪ] ADJ (*compar* **rattier**; *superl* **rattiest**)

[1] (*Brit*) (*= bad-tempered*) **to be/get ~** estar/ponerse de malas; **he was pretty ~ about it** se picó mucho por ello

[2] (*US*) (*= shabby*) andrajoso

**raucous** ['rɔːkəs] ADJ (*= harsh*) ronco; (*= loud*) chillón, estridente

**raucously** ['rɔːkəslɪ] ADV (*= harshly*) roncamente; (*= loudly*) en tono chillón, estridentemente

**raucousness** ['rɔːkəsnɪs] N (*= harshness*) ronquedad *f*; (*= loudness*) estridencia *f*

**raunchy*** ['rɔːntʃɪ] ADJ (*compar* **raunchier**; *superl* **raunchiest**) [*story, film, song*] picante, atrevido; [*person*] sexy, provocativo; [*clothing*] atrevido, provocativo

**ravage** ['rævɪdʒ] Ⓐ N **ravages** estragos *mpl*; **the ~s of time** los estragos del tiempo

Ⓑ VT hacer estragos; **the plague ~d the town** la peste hizo estragos en el pueblo; **the region was ~d by floods** las inundaciones causaron estragos en la región, la región fue asolada por las inundaciones; **a body ~d by disease** un cuerpo desfigurado por la enfermedad; **a picture ~d by time** un cuadro muy deteriorado por el tiempo

**rave** [reɪv] Ⓐ VI [1] (*= be delirious*) delirar, desvariar; (*= talk wildly*) desvariar

[2] (*= talk furiously*) despotricar; **to ~ at sb** despotricar contra algn

[3] (*= talk enthusiastically*) **to ~ about sth** entusiasmarse por algo; **they ~d about the film** pusieron la película por las nubes; **to ~ about sb** pirrarse por algn*

Ⓑ N (*Brit**) fiesta *f* acid*

Ⓒ CPD ► **rave review** N reseña *f* entusiasta; **the play got ~ reviews** los críticos pusieron la obra por las nubes

**rave-in*** ['reɪvɪn] N orgía *f*

**ravel** ['rævəl] VT enredar, enmarañar (*also fig*)

**raven** ['reɪvn] Ⓐ N cuervo *m*

Ⓑ ADJ [*hair*] negro

**raven-haired** [ˌreɪvn'hɛəd] ADJ de pelo negro

**ravening** ['rævnɪŋ] ADJ rapaz, salvaje

**ravenous** ['rævənəs] ADJ [1] (*= starving*) hambriento; **I'm ~!** ¡me comería un toro!; **he was ~** tenía un hambre canina

[2] (*= voracious*) voraz

**ravenously** ['rævənəslɪ] ADV vorazmente; **to be ~ hungry** tener un hambre canina

**raver*** ['reɪvəʳ] N (*Brit*) juerguista* *mf*, marchoso/a‡ *m/f*

**rave-up*** ['reɪvʌp] N (*Brit*) juerga* *f*

**ravine** [rə'viːn] N barranco *m*, quebrada *f* (*esp LAm*)

**raving** ['reɪvɪŋ] Ⓐ ADJ **he's a ~ lunatic** está loco de remate

Ⓑ ADV **you must be ~ mad!** ¡tú estás loco de atar!

**ravings** ['reɪvɪŋz] NPL delirio *msing*, desvarío *msing*

**ravioli** [ˌrævɪ'əʊlɪ] N ravioles *mpl*, ravioli *mpl*

**ravish** ['rævɪʃ] VT [1] (*= charm*) encantar, embelesar

[2] (*liter*) (*= carry off*) raptar, robar; (*= rape*) violar

**ravisher††** ['rævɪʃəʳ] N (*liter*) (*= captor*) raptor *m*; (*= rapist*) violador *m*

**ravishing** ['rævɪʃɪŋ] ADJ [*smile*] encantador; [*woman*] bellísimo; **you look ~** estás deslumbrante

**ravishingly** ['rævɪʃɪŋlɪ] ADV encantadoramente; **~ beautiful** enormemente bello

**ravishment** ['rævɪʃmənt] N (*liter*) [1] (*= enchantment*) embeleso *m*, éxtasis *m inv*

[2] (*liter*) (*= capture*) rapto *m*, robo *m*; (*= rape*) violación *f*

**raw** [rɔː] Ⓐ ADJ [1] (*= uncooked*) [*meat, vegetable, egg*] crudo

[2] (*= unprocessed*) [*sugar*] sin refinar; [*spirit*] puro; [*silk*] crudo, salvaje; [*cotton*] en rama, sin refinar; [*ore*] bruto; [*rubber*] sin tratar, puro; [*sewage*] sin tratar; **~ data** datos *mpl* sin procesar; **~ materials** materias *fpl* primas

[3] (*= sore*) [*wound*] abierto; **to be red and ~** estar en carne viva; **his hands were ~ from the weather** tenía las manos en carne viva a causa del tiempo; **her throat felt ~** se notaba la garganta muy irritada; **~ flesh** carne *f* viva; **his wife's words touched a ~ nerve** las palabras de su mujer le dieron donde más le dolía *or* le dieron en lo más sensible

[4] (*= basic*) [*anger, hate, ambition*] puro; **he spoke with ~ emotion** habló con verdadero sentimiento; **the ~ energy of a teenager** la energía en bruto de un adolescente; **he has ~ talent, but it lacks proper direction** tiene el talento en bruto, pero no sabe canalizarlo

[5] (*= harsh*) [*wind*] cortante, fuerte; [*weather, night*] crudo

[6] (*= inexperienced*) [*person, troops*] novato, inexperto; **they're still very ~** todavía están muy verdes; **a ~ recruit** (*Mil*) quinto *m*, soldado *mf* raso; (*fig*) novato/a *m/f*

[7] (*) (*= unfair*) **a ~ deal: he got a ~ deal** le trataron injustamente; **he's got a ~ deal from life** la vida lo ha tratado mal

[8] (*= coarse*) [*humour*] crudo

Ⓑ N **it got** *or* **touched him on the ~** (*fig*) lo hirió en lo más vivo, lo hirió donde más le dolía; **life/nature in the ~** la vida/naturaleza tal cual; **in the ~*** (= *naked*) en cueros*, en pelotas*

**rawboned** ['rɔː'bəʊnd] ADJ huesudo

**rawhide** ['rɔːhaɪd] Ⓐ N (*US*) cuero *m* de vaca Ⓑ CPD de cuero crudo

**Rawlplug®** ['rɔːlplʌg] N taco *m*

**rawness** ['rɔːnɪs] N [1] (= *uncooked state*) crudeza *f* [2] (= *inexperience*) inexperiencia *f*

**ray**[1] [reɪ] N [1] [*of light, heat, sun*] rayo *m*; *see also* **X-ray** [2] (*fig*) (= *trace*) **a ~ of hope** un rayo de esperanza

**ray**[2] [reɪ] N (= *fish*) raya *f*; *see also* **stingray**

**ray**[3] [reɪ] N (*Mus*) re *m*

**Ray** [reɪ] N (*familiar form*) *of* **Raymond**

**Raymond** ['reɪmənd] N Raimundo, Ramón

**rayon** ['reɪɒn] N rayón *m*

**raze** [reɪz] VT (*also* **~ to the ground**) arrasar, asolar

**razor** ['reɪzə^r] Ⓐ N (*open*) navaja *f*, chaveta *f* (*Peru*); (*safety*) maquinilla *f* de afeitar; **electric ~** máquina *f* de afeitar; **it's on a ~'s edge** está en un brete
Ⓑ CPD ► **razor blade** N hoja *f or* cuchilla *f* de afeitar ► **razor burn** N erosión *f* cutánea ► **razor cut** N (*Hairdressing*) corte *m* a la navaja

**razorbill** ['reɪzəbɪl] N alca *f* común

**razor-sharp** ['reɪzə'ʃɑːp] ADJ [*edge*] muy afilado; [*mind*] agudo, perspicaz

**razor-strop** ['reɪzəstrɒp] N suavizador *m*

**razz*** [ræz] VT (*US*) tomar el pelo a*

**razzle*** ['ræzl] N **to be/go on the ~** estar/ir de juerga*

**razzle-dazzle*** [ˌræzl'dæzl] N [1] = **razzle** [2] = **razzmatazz**

**razzmatazz*** [ˌræzmə'tæz] N bombo *m* publicitario

**RC** ABBR = **Roman Catholic**

**RCAF** N ABBR = **Royal Canadian Air Force**

**RCMP** N ABBR = **Royal Canadian Mounted Police**

**RCN** N ABBR = **Royal Canadian Navy**

**RD** ABBR (*US*) = **rural delivery**

**Rd** ABBR (= **road**) c/, ctra

**R/D** ABBR (= **refer to drawer**) *protestar este cheque por falta de fondos*

**RDA** N ABBR = **recommended daily allowance** *or* **amount**

**RDC** N ABBR [1] = **Rural District Council** [2] = **regional distribution centre**

**re**[1] [riː] PREP (*Comm*) (= *concerning*) relativo a, respecto a; **re my previous account** con referencia a mi cuenta anterior

**re**[2] [reɪ] N (*Mus*) re *m*

**RE** N ABBR [1] (*Brit Scol*) (= **religious education**) ed. religiosa [2] (*Brit Mil*) = **Royal Engineers**

**re...** [riː] PREFIX re...

**reabsorb** ['riːəb'zɔːb] VT reabsorber

**reabsorption** ['riːəb'zɔːpʃən] N reabsorción *f*

**reach** [riːtʃ] Ⓐ VT [1] (= *get as far as*) [+ *place, person, stage, point, age*] llegar a; [+ *speed, level*] alcanzar, llegar a; **to ~ the terrace you have to cross the garden** para llegar a *or* hasta la terraza tienes que cruzar el jardín; **the door is ~ed by a long staircase** se llega a la puerta por una larga escalera; **your letter ~ed me this morning** su carta me llegó esta mañana; **by the time I ~ed her she was dead** cuando llegué a donde estaba, la encontré muerta; **to ~ 40 (years old)** llegar a los 40; **when you ~ my age** cuando llegues a mi edad; **we hope to ~ a wider audience** esperamos llegar a un público más variado; **not a sound ~ed our ears** ningún sonido llegó a nuestros oídos; **to ~ home** llegar a casa; **I ~ed a point where I was ready to give up** llegué a un punto en el que estaba dispuesto a tirar la toalla; **she ~ed the semi-finals** llegó hasta las semifinales; *see also* **peak A3**, **point A5**
[2] (= *achieve*) [+ *goal, target*] lograr; [+ *agreement, compromise*] llegar a; [+ *decision*] tomar; **they failed to ~ agreement** no consiguieron llegar a un acuerdo; **have they ~ed a decision yet?** ¿han tomado ya una decisión?; **to ~ perfection** lograr la perfección
[3] (= *extend to*) llegar a; **it doesn't ~ the bottom** no llega al fondo; **her dress ~es the floor** el vestido le llega a *or* hasta el suelo; **the cancer had already ~ed her liver** el cáncer ya le había llegado al hígado; **he ~es her shoulder** le llega al *or* por el hombro; *see also* **far-reaching**
[4] (= *stretch to*) alcanzar; **he is tall enough to ~ the top shelf** es lo suficientemente alto como para alcanzar el estante de arriba del todo
[5] (= *pass*) alcanzar; **can you ~ me (over) the oil?** ¿me alcanzas el aceite por favor?; **can you ~ me (down) that case?** ¿me alcanzas esa maleta por favor?
[6] (= *contact*) [+ *person*] ponerse en contacto con, contactar; **you can ~ me at my hotel** puedes ponerte en contacto conmigo *or* contactarme en el hotel; **you can always ~ me at the office** siempre puedes ponerte en contacto conmigo en la oficina; **to ~ sb by telephone** ponerse en contacto con *or* contactar a algn por teléfono; **the village cannot be ~ed by telephone** no hay comunicación telefónica con el pueblo
[7] (*US Jur*) (= *suborn*) [+ *witness*] sobornar
Ⓑ VI [1] (= *stretch out hand*) alargar la mano (**for sth** para tomar *or* coger algo); **he ~ed across the desk and shook my hand** me tendió la mano por encima del escritorio y estrechó la mía; **she ~ed for the bottle** alargó la mano para tomar *or* coger la botella; **~ for the sky!** (*US**) ¡arriba las manos!; **she ~ed into her bag and pulled out a gun** metió la mano en el bolso y sacó una pistola; **he ~ed up and put the book on the shelf** alargó la mano y puso el libro en el estante; ✦*IDIOM* **to ~ for the stars** apuntar muy alto
[2] (= *extend*) [*land*] extenderse; [*clothes, curtains, water level*] llegar; (*fig*) (*in time*) remontarse; **their land ~es to the sea** sus tierras se extienden hasta el mar; **her skirt ~ed down to the ground** la falda le llegaba al *or* hasta el suelo; **the water ~ed up to the windows** el agua llegaba a las ventanas; **it ~es back to 1700** se remonta a 1700; **it's a tradition that ~es back (for) centuries** es una tradición que se remonta a varios siglos
[3] (= *stretch far enough*) [*person*] alcanzar; [*cable, hose*] llegar; **can you ~?** ¿alcanzas?; **it won't ~** no va a llegar
Ⓒ N [1] alcance *m*; **beyond (the) ~ of sth/sb: the price is beyond the ~ of ordinary people** el precio está fuera del alcance de la gente corriente; **she was beyond (the) ~ of human help** estaba desahuciada; **this subject is beyond his ~** este tema le viene grande; **beyond the ~ of the law** fuera del alcance de la ley; **to have a long ~** [*boxer, tennis player*] tener brazos largos; **out of ~** fuera del alcance; **the gun lay just out of ~** la pistola estaba justo fuera de su alcance; **keep all medicines out of ~ of children** mantenga todos los medicamentos fuera del alcance de los niños; **within sb's ~** al alcance (de la mano) de algn; **the rope was just within (her) ~** la cuerda estaba justo a su alcance *or* al alcance de su mano; **at last his goal was within ~** por fin el objetivo que tenía estaba a su alcance, por fin tenía su objetivo al alcance de la mano; **cars are within everyone's ~ nowadays** ahora los coches están al alcance (del bolsillo) de cualquiera; **within easy ~** a mano, cerca; **the shops are within easy ~** las tiendas están cerca *or* a mano; **it's within easy ~ by bus** en autobús queda cerca, se puede acceder fácilmente en autobús; **a house within easy ~ of the station** una casa cerca de la estación, una casa bien situada con respecto a la estación; **within ~ of sth** cerca de algo
[2] [*of river, canal*] (= *short stretch*) tramo *m*; **the upper/lower ~es of the Amazon** (= *larger area*) la cuenca alta/baja del Amazonas; **the outer ~es of the solar system** los límites exteriores del sistema solar; **the highest ~es of government** los escalafones más altos del gobierno

►**reach out** Ⓐ VI + ADV [1] (= *stretch out hand*) = **reach B1**
[2] (= *try and get*) **to ~ out for sth: babies will ~ out for brightly coloured objects** los bebés alargan la mano hacia objetos de colores vivos; **it is important that we can ~ out for help when we need it** es importante que podamos tender la mano en busca de ayuda cuando la necesitemos
[3] **to ~ out to sb** (= *communicate with*) llegar a algn; (= *ask for support*) recurrir *or* acudir a algn; **we need to ~ out to new audiences** tenemos que llegar a nuevos públicos
Ⓑ VT + ADV [+ *hand*] alargar, extender

**reachable** ['riːtʃəbl] ADJ [*place*] accesible; [*object*] asequible; [*goal*] alcanzable, accesible; [*person*] accesible; **she is ~ at ...** se la puede localizar en ...

**reach-me-down** ['riːtʃmɪˌdaʊn] Ⓐ ADJ [*ideas*] común y corriente; [*clothes*] usado, de segunda mano
Ⓑ **reach-me-downs** NPL ropa *fsing* usada

**react** [riː'ækt] VI [1] (*gen*) reaccionar; **to ~ against sth/sb** reaccionar contra algo/algn; **companies have ~ed by increasing their prices** la reacción de las empresas ha sido subir los precios, las empresas han reaccionado subiendo los precios; **to ~ on sth/sb** afectar algo/a algn; **alcohol always ~ed badly on him** el alcohol siempre le afectaba negativamente, siempre tenía una reacción mala con el alcohol; **to ~ to** [+ *news, situation*] reaccionar ante; [+ *foreign substance*] reaccionar a; **to ~ to sb** reaccionar *or* responder ante algn
[2] (*Chem, Phys*) reaccionar (**with** con); **to ~ together** tener una reacción conjunta, reaccionar conjuntamente

**reaction** [riː'ækʃən] N [1] (= *response*) reacción *f*; **what was his ~ to your suggestion?** ¿cuál fue su reacción a tu sugerencia?, ¿cómo reaccionó frente a tu sugerencia?; **it produced no ~** no surtió efecto; **some foods cause allergic ~s** algunos alimentos provocan reacciones alérgicas
[2] **reactions** (= *reflexes*) reacciones *fpl*; **his ~s were slow because he'd been drinking** tardaba en reaccionar porque había estado bebiendo
[3] (*Pol pej*) reacción *f*; **the forces of ~** las fuerzas de la reacción, las fuerzas reacciona-

rias

[4] (*Chem*) reacción *f*

**reactionary** [riːˈækʃənrɪ] Ⓐ ADJ reaccionario Ⓑ N reaccionario/a *m/f*

**reactivate** [riːˈæktɪveɪt] VT reactivar

**reactivation** [riːˌæktɪˈveɪʃən] N reactivación *f*

**reactive** [riːˈæktɪv] ADJ reactivo

**reactor** [riːˈæktəʳ] N reactor *m*; **nuclear ~** reactor *m* nuclear

**read** [riːd] (*pt, pp* **read** [red]) Ⓐ VT [1] [+ *book, poem, story, music, sign*] leer; [+ *author*] leer a; **can you ~ Russian?** ¿sabes leer en ruso?; **she can't ~ music** no sabe leer música; **I can't ~ your writing** no entiendo tu letra, no puedo leer tu letra; **for "boon" ~ "bone"** en lugar de "boon" léase "bone"; **I ~ "good" as "mood"** al leer confundí "good" con "mood"; **to ~ sth to sb** ◊ **to ~ sb sth** leer algo a algn; **to ~ sth to o.s.** leer algo para sí mismo; **to ~ sb's lips** leer los labios a algn; **~ my lips** (*fig*) fíjate bien en lo que digo; **to ~ the news** leer las noticias; **to ~ sb to sleep** leerle a algn hasta que se quede dormido; **to ~ o.s. to sleep** leer hasta quedarse dormido; **✦IDIOM to take sth as ~** dar algo por sentado; **to take the minutes as ~** (*in meeting*) dar las actas por leídas; *see also* **riot**

[2] (*esp Brit Univ*) (= *study*) **to ~ chemistry** estudiar química, cursar estudios de química

[3] (= *interpret*) [+ *map, meter, thermometer*] leer; [+ *information, remarks, expression, situation*] interpretar; [+ *person*] entender; **the same information can be ~ in different ways** la misma información se puede interpretar de varias formas; **I've never been able to ~ him** nunca he sido capaz de entenderle; **this is how I ~ the situation** así es como yo interpreto *or* veo la situación; **I ~ the disappointment in her face** le noté la decepción en la cara; **to ~ sth as sth** interpretar algo como algo; **to ~ the future** leer *or* adivinar el porvenir; **to ~ sb's hand** *or* **palm** leerle la mano a algn; **to ~ sth into sth**: **you're ~ing too much into it** le estás dando demasiada importancia; **to ~ into a sentence what is not there** ver en una frase un significado que no tiene; **to ~ sb's mind** *or* **thoughts** leerle el pensamiento a algn, adivinar el pensamiento a algn; *see also* **book A1**

[4] (*Telec*) **do you ~ me?** ¿me oye?; **I ~ you loud and clear** le oigo perfectamente

[5] (= *say, indicate*) [*notice*] decir; [*thermometer, instrument*] indicar, marcar; **it should ~ "friends" not "fiends"** debería decir *or* poner "friends", no "fiends"; **the sign on the bus ~ "private, not in service"** el letrero del autobús decía *or* en el letrero del autobús ponía "privado, fuera de servicio"

[6] (*Comput*) leer

Ⓑ VI [1] [*person*] leer; **to ~ about sth/sb** leer sobre *or* acerca de algo/algn; **I ~ about it in the papers** lo leí en los periódicos; **I've ~ about him** he leído sobre *or* acerca de él; **I'm ~ing about Napoleon** me estoy documentando sobre Napoleón, estoy leyendo acerca de Napoleón; **to ~ aloud** leer en voz alta; **the ~ing public** el público que lee; **to ~ silently** leer para sí; **to ~ through sth** leer algo de principio a fin; **I've ~ through your letter very carefully** he leído tu carta minuciosamente de principio a fin; **to ~ to sb**: **he ~ to us from the Bible** nos leyó extractos de la Biblia; **my daughter asked me to ~ to her** mi hija me pidió que le leyera un libro; **I like being ~ to** me gusta que me lean; **to ~ to o.s.** leer para sí; **✦IDIOM to ~ between the lines** leer entre líneas

[2] (= *give impression*) **the book ~s well** el libro está bien escrito; **it would ~ better if you put …** quedaría mejor si pusieras …; **it ~s very awkwardly** al leerlo suena muy raro; **his article ~s like an official report** su artículo está escrito como un informe oficial

[3] (= *say, indicate*) decir; **the text ~s as follows** el texto dice lo siguiente

[4] (= *study*) estudiar; **to ~ for the Bar** estudiar Derecho (para hacerse abogado); **to ~ for a degree** hacer una carrera, estudiar la licenciatura

Ⓒ N lectura *f*; **I like a good ~** me gusta leer un buen libro; **it's a good ~** es un libro que se disfruta leyendo; **I was having a quiet ~ in the garden** leía tranquilamente en el jardín; **can I have a ~ of your paper?** ¿puedo echarle un vistazo a tu periódico?

Ⓓ CPD ► **read head** N (*Comput*) cabezal *m* lector

►**read back** Ⓐ VT + ADV volver a leer; **can you ~ it back to me?** ¿puedes volvérmelo a leer?

Ⓑ VI + ADV **I was ~ing back over my notes** estaba releyendo *or* repasando mis apuntes

►**read off** VT + ADV [+ *numbers, items on list*] leer (uno a uno)

►**read on** VI + ADV seguir leyendo

►**read out** VT + ADV (*gen*) leer (en voz alta); (*Comput*) leer; **please ~ it out** por favor, léalo en voz alta; **shall I ~ them out?** ¿los leo (en voz alta)?

►**read over** VT + ADV repasar, volver a leer

►**read through** VT + ADV leer (entero); **tell him to ~ it through first** dile que primero lo lea entero; **I have ~ through your letter** he leído tu carta de cabo a rabo

►**read up** Ⓐ VT + ADV [+ *subject*] estudiar; [+ *notes*] repasar

Ⓑ VI + ADV **to ~ up for an exam** estudiar *or* repasar para un examen; **to ~ up on sth** leer sobre algo, ponerse al tanto de algo

**readability** [ˌriːdəˈbɪlɪtɪ] N legibilidad *f* (*also Comput*); [*of style*] amenidad *f*, interés *m*

**readable** [ˈriːdəbl] ADJ [*writing*] legible; [*book etc*] entretenido, que puede leerse

**readdress** [ˈriːəˈdres] VT [+ *letter*] cambiar la dirección de

**reader** [ˈriːdəʳ] N [1] (= *person who reads*) lector(a) *m/f*; (*in library*) usuario/a *m/f*; **he's a great ~** lee mucho, es muy aficionado a la lectura; **I'm not much of a ~** leo poco, no me interesan mucho los libros; *see also* **lay**[3]

[2] (*also* **publisher's ~**) lector(a) *m/f*; *see also* **proofreader**

[3] (*Univ*) profesor(a) *m/f* adjunto/a

[4] (= *schoolbook*) (*to teach reading*) libro *m* de lectura; (= *anthology*) antología *f*

[5] (= *machine*) máquina *f* lectora, aparato *m* lector; *see also* **microfiche**, **optical**

**readership** [ˈriːdəʃɪp] N [1] número *m* de lectores

[2] (*Brit Univ*) *puesto de profesor adjunto*

**readily** [ˈredɪlɪ] ADV [1] (= *willingly*) [*accept, admit*] de buena gana; **he had ~ agreed to do the job** había accedido de buena gana a hacer el trabajo

[2] (= *easily*) [*accessible*] fácilmente; **they are ~ available** se pueden adquirir fácilmente; **I could ~ understand her anxiety** entendía perfectamente su ansiedad; **her confusion was ~ apparent** (*frm*) se advertía su confusión de inmediato

**readiness** [ˈredɪnɪs] N [1] (= *willingness*) buena disposición *f*; **his ~ to help us** su buena disposición para ayudarnos

[2] (= *preparedness*) **we laid the tables in ~ for the guests** preparamos las mesas para la llegada de los invitados; **equipment that is kept in ~ for an emergency** material que se mantiene listo *or* preparado para una emergencia; **to hold o.s. in ~ (for sth)** mantenerse listo (para algo)

[3] (= *sharpness*) **~ of wit** viveza *f* de ingenio

**reading** [ˈriːdɪŋ] Ⓐ N [1] (= *activity*) lectura *f*; **suggestions for further ~** sugerencias de lecturas suplementarias; **I only know about it from ~** todo lo que sé sobre ello es a través de lo que he leído

[2] (*also* **~ matter**) **the book is** *or* **makes interesting ~** el libro es *or* resulta interesante; **I'd prefer some light ~** preferiría algo fácil *or* ameno de leer, preferiría algo que no sea muy pesado de leer

[3] (= *interpretation*) interpretación *f*; (*Cine, Theat*) [*of part*] lectura *f*; **my ~ of the situation is this** así es como yo interpreto *or* veo la situación

[4] (*on thermometer, instrument*) lectura *f*; **to give a true/false ~** [*instrument*] marcar bien/mal; **~s of more than 40°C are common** es normal que los termómetros marquen más de 40°C; **to take a ~ of sth** hacer una lectura de algo, leer algo

[5] (= *passage*) lectura *f*

[6] (= *recital*) [*of play, poem*] recital *m*; *see also* **play D**, **poetry**

[7] (*Parl*) [*of bill*] lectura *f*; **the bill has had its first ~** el proyecto de ley ha pasado por su primera lectura; **to give a bill a second ~** leer un proyecto de ley por segunda vez

[8] (*Jur*) [*of will, banns*] lectura *f*

[9] (= *knowledge*) **a person of wide ~** una persona muy leída

Ⓑ ADJ **the ~ public** el público que lee, el público lector; **he's a great ~ man** es un hombre que lee mucho, es hombre muy aficionado a la lectura

Ⓒ CPD ► **reading age** N nivel *m* de lectura; **he has a ~ age of eight** tiene el nivel de lectura de un niño de ocho años ► **reading book** N libro *m* de lectura ► **reading glasses** NPL gafas *fpl* para leer ► **reading knowledge** N **she has a ~ knowledge of Spanish** sabe leer el español ► **reading lamp**, **reading light** N lámpara *f* para leer, lámpara *f* portátil ► **reading list** N lista *f* de lecturas ► **reading matter**, **reading material** N material *m* de lectura ► **reading room** N sala *f* de lectura ► **reading speed** N velocidad *f* de lectura

**readjust** [ˈriːəˈdʒʌst] Ⓐ VT reajustar Ⓑ VI reajustarse

**readjustment** [ˈriːəˈdʒʌstmənt] N reajuste *m*

**readmit** [ˈriːədˈmɪt] VT readmitir, volver a admitir

**read-only memory** [ˌriːdəʊnlɪˈmemərɪ] N (*Comput*) memoria *f* muerta, memoria *f* de sola lectura

**read-out** [ˈriːdaʊt] N lectura *f* de salida

**read-write** [ˌriːdˈraɪt] CPD ► **read-write head** N cabeza *f* de lectura-escritura ► **read-write window** N ventana *f* de lectura-escritura

**ready** [ˈredɪ] Ⓐ ADJ (*compar* **readier**; *superl* **readiest**) [1] (= *prepared*) [1·1] (*physically*) listo; **your glasses will be ~ in a fortnight** sus gafas estarán listas dentro de quince días, tendrá sus gafas listas dentro de quince días; **(are you) ~?** ¿(estás) listo?; **~ when you are!** ¡cuando quieras!; **~, steady, go!** ¡preparados, listos, ya!; **to be ~ to do sth** estar listo para hacer algo; **~ to serve** [*food*] listo para servir; **to be ~ for sth** estar listo para algo; **everything is ~ for the new arrival** todo está listo *or* dispuesto para la llegada del bebé; **~ for use** listo para usar; **the doctor's ~ for you**

**now** el doctor ya puede verlo; **to get (o.s.) ~** prepararse, arreglarse; **to get ~ for school/ bed** prepararse para ir al colegio/a la cama; **to get** *or* **make sth ~** preparar algo; **he was getting the children ~ to go out** estaba arreglando a los niños para salir; **I'll have everything ~** lo tendré todo listo; **I had my camera ~** tenía la cámara preparada; **to hold o.s. ~ (for sth)** mantenerse listo (para algo); **~ and waiting** a punto
[1·2] (*mentally, emotionally*) preparado; **I was all ~ with a prepared statement** me había preparado bien con una declaración hecha de antemano; **she wanted a baby but didn't feel ~ yet** quería un bebé, pero todavía no se sentía preparada; **she had her excuses ~** tenía sus excusas preparadas; **to be ~ to do sth** estar preparado para hacer algo; **she's not ~ to take on that kind of responsibility** no está preparada para asumir tanta responsabilidad; **I'm ~ to face him now** ahora me siento con ánimos para enfrentarme a él; **are you ~ to order?** (*in restaurant*) ¿desean pedir ya?; **to be ~ for sth** estar preparado para algo; **to be ~ for anything** estar preparado para lo que sea, estar dispuesto a lo que sea; **I'm ~ for a drink** me muero por beber algo; **I'm ~ for (my) bed** yo ya tengo sueño; **to be ~ with an excuse** tener preparada una excusa; **to be ~ with a joke** tener una broma a punto
[2] (*= available*) disponible
[3] (*= willing*) dispuesto; **to be ~ to do sth** estar dispuesto a hacer algo; **to be only too ~ to do sth** estar más que dispuesto a hacer algo
[4] (*= quick*) [*solution, explanation, smile*] fácil; [*wit*] agudo, vivo; [*market*] muy receptivo; **to have a ~ answer/excuse (for sth)** tener una respuesta/escusa a punto (para algo); **don't be so ~ to criticize** no te des tanta prisa en criticar; **one advantage of this model is the ~ availability of spare parts** una de las ventajas de este modelo es que se pueden obtener recambios fácilmente; **to ensure a ~ supply of fresh herbs, why not try growing your own?** para contar siempre con una provisión de hierbas ¿por qué no cultivarlas tú mismo?
[5] (*= on the point of*) **to be ~ to do sth** estar a punto de hacer algo; **we were ~ to give up there and then** estábamos a punto de abandonar sin más
Ⓑ N [1] **at the ~** listo, preparado; **with rifles at the ~** con los fusiles listos *or* preparados para disparar; **pencil at the ~** lápiz en ristre, lápiz en mano; **riot police were at the ~** la policía antidisturbios estaba lista *or* preparada para actuar
[2] **the readies*** (*= cash*) la pasta*, la plata (*LAm**), la lana (*LAm**)
Ⓒ VT (*frm*) (*= prepare*) [*+ object*] disponer, preparar (**for** para); **to ~ o.s.** (*for news, an event, a struggle*) disponerse, prepararse; (*for a party etc*) arreglarse (**for** para)
Ⓓ CPD ► **ready cash, ready money** N dinero *m* en efectivo ► **ready meal** N comida *f* precocinada *or* preparada ► **ready reckoner** N tabla *f* de equivalencias

**ready-cooked** ['redɪ'kʊkt] ADJ precocinado, preparado

**ready-made** ['redɪ'meɪd] ADJ [*clothes, curtains*] confeccionado, ya hecho; [*meal, sauce*] precocinado, preparado; [*excuses, ideas*] preparado; **we can't expect to find a ~ solution for our problems** no podemos esperar que la solución a nuestros problemas nos llegue como caída del cielo; **a ~ basis for negotiations** una base para las negociaciones muy oportuna; **you can buy your greenhouse ~** puede comprar un invernadero ya prefabricado

**ready-mixed** [,redɪ'mɪkst] ADJ [*concrete*] mezclado de antemano, ya preparado; [*cake*] de sobre

**ready-to-serve** [,redɪtə'sɜːv] ADJ preparado

**ready-to-wear** [,redɪtə'wɛəʳ] ADJ [*clothes*] confeccionado, listo para llevar

**reaffirm** ['riːə'fɜːm] VT [*+ loyalty, affection etc*] reafirmar, reiterar

**reaffirmation** ['riːæfə'meɪʃən] N reafirmación *f*, reiteración *f*

**reafforest** ['riːə'fɒrɪst] VT (*Brit*) repoblar de árboles

**reafforestation** ['riːə,fɒrɪs'teɪʃən] N (*Brit*) repoblación *f* forestal

**reagent** [riː'eɪdʒənt] N (*Chem*) reactivo *m*

**real** [rɪəl] Ⓐ ADJ [1] (*= true*) [*reason, surprise, talent, achievement, progress*] verdadero; [*power*] efectivo, verdadero; [*cost, income*] real; [*threat, hardship*] serio, verdadero; **Tina was not their ~ mother** Tina no era su verdadera madre; **you're a ~ friend** eres un verdadero amigo; (*iro*) ¡vaya un amigo estás hecho!; **the only ~ car accident that I've ever had** el único accidente de coche de verdad que he tenido jamás; **we have no ~ reason to suspect him** no tenemos ninguna razón en particular para sospechar de él; **it came as no ~ surprise to him** no le sorprendió en absoluto; **now, that's a ~ paella!** ¡esto sí que es una paella (de verdad)!; **get ~!*** ¡baja de las nubes!; **there was ~ concern that the children were in danger** la gente estaba realmente preocupada por que los niños estuvieran en peligro; **I was never in any ~ danger** nunca estuve realmente en peligro; **the danger was very ~** el peligro era muy real; **there was no ~ evidence that ...** no había pruebas contundentes de que ...; **my ~ home is in London** mi verdadera casa *or* mi casa de verdad está en Londres; **he showed ~ interest in science** se mostraba verdaderamente interesado por la ciencia; **in ~ life** en la vida real, en la realidad; **~ life just isn't like that** lo que pasa es que la vida real no es así; **a ~ live film star** una estrella de cine en carne y hueso; **a ~ man** un hombre de verdad, todo un hombre; **she's in ~ pain** le duele de verdad; **it's a ~ problem** es un verdadero problema; **in ~ terms** en términos reales; **to be in ~ trouble** estar metido en un buen lío*; **the ~ world** el mundo real
[2] (*= not fake*) [*gold*] de ley, auténtico; [*leather, diamond*] auténtico; [*flowers*] de verdad; [*silk*] puro; [*cream*] fresco; **~ coffee** café de cafetera, café de verdad; **it was caviar, the ~ McCoy*** era caviar del auténtico; **this diamond's the ~ thing** *or* **the ~ McCoy*** este diamante es auténtico; **this isn't the ~ thing, it's just a copy** esto no es auténtico *or* genuino, es sólo una copia; **this was definitely love, the ~ thing** esto era amor de verdad
[3] (*= great*) verdadero; **it's a ~ shame** es una verdadera vergüenza; **this dessert is a ~ treat** este postre es un verdadero gustazo; **to make ~ money** ganar dinero de verdad
Ⓑ ADV (*US**) (*= really*) muy; **he wrote some ~ good stories** escribió unos relatos muy buenos *or* buenísimos; **we had a ~ good time** lo pasamos realmente bien; **it's ~ heavy** pesa mucho
Ⓒ N **for ~*** de veras, de verdad; **is this guy for ~?** ¿de qué va este tío?*; **are you for ~?** ¿me estás tomando el pelo?*
Ⓓ CPD ► **real ale** N cerveza *f* de barril tradicional ► **real assets** NPL propiedad *fsing* inmueble, bienes *mpl* raíces ► **real estate** N (*US*) bienes *mpl* raíces, bienes *mpl* inmuebles ► **real property** N = **real estate** ► **real time** N (*Comput*) tiempo *m* real

**realign** [riːə'laɪn] VT [*+ currency*] realinear; **to ~ o.s. with** (*Pol*) realinearse con

**realignment** [riːə'laɪnmənt] N [*of currency*] (*also Pol*) realineamiento *m*

**realism** ['rɪəlɪzəm] N realismo *m*

**realist** ['rɪəlɪst] N realista *mf*

**realistic** [rɪə'lɪstɪk] ADJ [*person, approach, painting*] realista; [*price*] razonable; **let's be ~** seamos realistas; **we had no ~ chance of winning** no teníamos posibilidades reales de ganar

**realistically** [rɪə'lɪstɪkəlɪ] ADV [*think, consider, describe*] de manera realista; **~ minded people** la gente que piensa de manera realista; **the best we can ~ expect is ...** lo mejor que podemos esperar, siendo realistas, es ...; **it just isn't ~ possible** siendo realistas, es sencillamente imposible; **her designs are ~ priced** sus diseños tienen un precio razonable; **~, he had little chance of winning** siendo realistas, tenía pocas posibilidades de ganar

**reality** [riː'ælɪtɪ] N [1] (*= real world*) realidad *f*; **let's get back to ~** volvamos a la realidad
[2] (*= fact, truth*) realidad *f*; **the harsh ~ of daily life** la cruda realidad de la vida diaria; **let's stick to realities** atengámonos a la realidad; **to become (a) ~** convertirse en realidad; **in ~** (*= actually*) en realidad
[3] (*= trueness to life*) realismo *m*

**realizable** ['rɪəlaɪzəbl] ADJ [*goal, ambition*] alcanzable; [*plan*] realizable, factible

**realization** [,rɪəlaɪ'zeɪʃən] N [1] (*= comprehension*) comprensión *f*, entendimiento *m*; **she awoke to the ~ that ...** cayó en la cuenta de que ...
[2] (*= completion*) realización *f*

**realize** ['rɪəlaɪz] VT [1] (*= comprehend, become aware of*) darse cuenta de; **he ~d his mistake and went back** se dio cuenta de su error y volvió; **once I ~d how it was done** una vez que caí en la cuenta de cómo se hacía; **then I ~d what had happened** entonces me di cuenta de lo que había pasado, entonces comprendí lo que había pasado; **to ~ that** darse cuenta de que, comprender que; **I began to ~ that it would be impossible** empecé a darme cuenta de que sería imposible, empecé a comprender que sería imposible
[2] (*= know*) darse cuenta de; **without realizing it** sin darse cuenta; **I ~ it's difficult, but ...** (ya) sé que es difícil, pero ..., comprendo *or* entiendo que es difícil, pero ...; **yes, I ~ that!** ¡sí, ya me doy cuenta!, ¡sí, ya me hago cargo!; **do you ~ what you've done?** ¿te das cuenta de lo que has hecho?
[3] (*= carry out*) [*+ plan*] llevar a cabo; **my worst fears were ~d** mis mayores temores se hicieron realidad; **to ~ one's hopes/ambitions** hacer realidad sus esperanzas/ambiciones; **to ~ one's potential** desarrollar al máximo su potencial
[4] (*Comm*) (*= convert into cash*) [*+ assets*] realizar; (*= produce*) [*+ profit*] producir; [*+ savings*] hacer; **the sale of the house ~d £250,000** la venta de la casa generó 250.000 libras

**real-life** [,rɪəl'laɪf] ADJ de la vida real, auténtico

**reallocate** [riː'æləˌkeɪt] VT [*+ resources, land, time*] redistribuir

**reallocation** [,riːælə'keɪʃən] N [*resources, land, time*] redistribución *f*

**really** ['rɪəlɪ] Ⓐ ADV [1] (*as intensifier*) (= *very*) **it's ~ ugly** es feísimo, es feo de verdad; **a ~ good film** una película buenísima *or* verdaderamente buena; **you ~ must see it** no puedes perdértelo; **I ~ ought to go** de verdad que me tengo que ir; **I'm very sorry, I ~ am** lo siento mucho, de veras; **I ~ don't know** de verdad que no lo sé; **this time we're ~ done for*** esta vez sí que la hemos hecho*, esta vez la hemos hecho de verdad*; *see also* **something A2**
[2] (= *genuinely*) **I don't ~ know** en realidad no lo sé; **what ~ happened?** ¿qué fue lo que pasó en realidad *or* realmente?; **has he ~ gone?** ¿de verdad que *or* es cierto que se ha ido?; **she's quite pretty ~** la verdad es que es bastante guapa; **"would you like to go?" — "not ~"** —¿te gustaría ir? —la verdad es que no mucho
Ⓑ EXCL **really?: "he left an hour ago" — "really?"** (*expressing doubt*) —se marchó hace una hora —¿de verdad? *or* —¿de veras?; **"I was in Mexico last month" — "really?"** (*expressing interest*) —estuve en Méjico el mes pasado —¿ah sí?; **"she's getting divorced again" — "really!"** (*in surprise, disbelief*) —se va a divorciar otra vez —¡no me digas!; **I'm fine, ~** (*in assurance*) estoy bien, de verdad; **(well) ~!** (*in disapproval*) ¡de verdad!; **(well) ~! it's too bad of him** ¡pero bueno! *or* ¡de verdad!, vaya una forma de comportarse la suya

**realm** [relm] N (*lit, Jur*) reino *m*; (*fig*) (= *field*) esfera *f*, campo *m*; **in the ~s of fantasy** en el reino de la fantasía; **in the ~ of the possible** dentro de lo posible; **in the ~ of speculation** en la esfera de la especulación

**realtor** ['rɪəltɔːʳ] N (*US*) corredor(a) *m/f* de bienes raíces

**realty** ['rɪəltɪ] N bienes *mpl* raíces

**ream¹** [riːm] N [*of paper*] resma *f*; **reams*** (*fig*) montones *mpl*

**ream²** [riːm] VT (*Tech*) (*also* **~ out**) escariar

**reamer** ['riːməʳ] N escariador *m*

**reanimate** [riː'ænɪmeɪt] VT reanimar

**reap** [riːp] VT (*Agr*) (= *cut*) segar; (= *harvest*) cosechar, recoger; **to ~ what one has sown** (*fig*) recoger lo que uno ha sembrado; **who ~s the reward?** ¿quién se lleva los beneficios?

**reaper** ['riːpəʳ] N [1] (= *person*) segador(a) *m/f*
[2] (= *machine*) segadora *f*, agavilladora *f*

**reaping** ['riːpɪŋ] Ⓐ N siega *f*
Ⓑ CPD ► **reaping hook** N hoz *f*

**reappear** ['riːə'pɪəʳ] VI reaparecer, volver a aparecer

**reappearance** ['riːə'pɪərəns] N reaparición *f*

**reapply** ['riːə'plaɪ] Ⓐ VI hacer una nueva solicitud, presentar una nueva solicitud; **he reapplied for a transfer** volvió a solicitar traslado, hizo *or* presentó una nueva solicitud de traslado
Ⓑ VT [+ *paint, varnish*] dar otra capa de

**reappoint** ['riːə'pɔɪnt] VT volver a nombrar

**reappointment** ['riːə'pɔɪntmənt] N nuevo nombramiento *m*

**reapportion** ['riːə'pɔːʃən] VT volver a repartir (**among** entre)

**reappraisal** ['riːə'preɪzəl] N revaluación *f*

**reappraise** ['riːə'preɪz] VT reevaluar

**rear¹** [rɪəʳ] Ⓐ N [1] (= *back part*) parte *f* trasera, parte *f* posterior; (*esp of building*) parte *f* de atrás; **the car behind skidded into his ~** el coche que venía detrás patinó, chocando contra la parte trasera *or* posterior del suyo; **the ~ of the train** la parte trasera *or* posterior del tren, los últimos vagones del tren; **from the ~ he looked just like everybody else** por detrás parecía como todo el mundo
[2] [*of procession*] cola *f*, final *m*; [*of battle formation*] retaguardia *f*; **to attack the enemy from the ~** atacar al enemigo por la retaguardia
[3] (*) (= *buttocks*) trasero* *m*
[4] (*in phrases*) **at** *or* **in the ~** [*of vehicle*] en la parte trasera; [*of building*] en la parte trasera *or* de atrás; [*of procession*] en la cola, al final; **there is a garden at** *or* (*US*) **in the ~ of the house** detrás de la casa hay un jardín; **he sat in the ~ of the taxi** se sentó en el asiento de atrás del taxi; **to bring up the ~** cerrar la marcha; **to the ~** (*gen*) detrás, en la parte trasera *or* de atrás; (*Mil*) en la retaguardia; **a house with a patio to the ~** una casa con un patio detrás, una casa con un patio en la parte trasera *or* de atrás; **to be well to the ~** quedar muy atrás; **to the ~ of** detrás de; **to the ~ of the house was open countryside** detrás de la casa había campo abierto
Ⓑ ADJ (*gen*) de atrás, trasero
Ⓒ CPD ► **rear admiral** N contraalmirante *mf* ► **rear door** N (*in building, of vehicle*) puerta *f* trasera *or* de atrás ► **rear end** N [*of vehicle*] parte *f* trasera *or* posterior; (* *hum*) (= *buttocks*) trasero* *m* ► **rear gunner** N artillero *m* de cola ► **rear light** N piloto *m*, luz *f* trasera, calavera *f* (*Mex*) ► **rear seat** N asiento *m* trasero *or* de atrás ► **rear wheel** N rueda *f* trasera *or* de atrás; **~-wheel drive** tracción *f* trasera ► **rear window** N [*of building*] ventana *f* de atrás; [*of vehicle*] luneta *f* trasera, cristal *m* de atrás

**rear²** [rɪəʳ] Ⓐ VT [1] (= *raise, bring up*) [+ *children, animals*] criar; **an audience ~ed on a diet of pop music** un público que ha crecido oyendo música pop; *see also* **hand-rear**
[2] (= *raise*) levantar, alzar; **fascism/jealousy ~s its ugly head again** el fascismo/la envidia vuelve a levantar la cabeza
[3] (= *build*) erigir
Ⓑ VI (*also* **to ~ up**) [1] (*on hind legs*) [*horse*] empinarse; (*in fright*) encabritarse
[2] (= *rise steeply*) [*building, mountain, wave*] alzarse, erguirse; **the mountains ~ed up on each side** las montañas se alzaban *or* se erguían a cada lado

**rear-engined** ['rɪər,endʒɪnd] ADJ con motor trasero

**rearguard** ['rɪəgɑːd] Ⓐ N (*Mil*) retaguardia *f*
Ⓑ CPD ► **rearguard action** N combate *m* para cubrir una retirada; **to fight a ~ action** (*fig*) resistir en lo posible

**rearm** ['riː'ɑːm] Ⓐ VT rearmar
Ⓑ VI rearmarse

**rearmament** ['riː'ɑːməmənt] N rearme *m*

**rearmost** ['rɪəməʊst] ADJ trasero, último de todos

**rear-mounted** ['rɪə'maʊntɪd] ADJ **~ engine** motor *m* trasero *or* posterior

**rearrange** ['riːə'reɪndʒ] VT [+ *meeting, appointment*] cambiar de fecha/hora; [+ *furniture*] cambiar de sitio

**rearrangement** ['riːə'reɪndʒmənt] N [*of meeting*] cambio *m* de fecha/hora; [*of furniture*] (= *act*) cambio *m* de sitio; (= *effect*) nueva disposición *f*

**rear-view mirror** [,rɪəvjuː'mɪrəʳ] N (*Aut*) (espejo *m*) retrovisor *m*

**rearward** ['rɪəwəd] Ⓐ ADJ trasero, de atrás, posterior
Ⓑ ADV hacia atrás

**rearwards** ['rɪəwədz] ADV = **rearward B**

▼ **reason** ['riːzn] Ⓐ N [1] (= *motive*) razón *f*, motivo *m*; **the only ~ (that) I went was because I was told to** la única razón por la que *or* el único motivo por el que fui fue porque me dijeron que lo hiciera; **who would have a ~ to want to kill her?** ¿quién podría tener motivos para matarla?; **we have ~ to believe that …** (*frm*) tenemos motivos para creer que …; **he had every ~ to be upset** estaba disgustado y con razón; **there seems to be no ~ to stay** parece que no hay razón *or* motivo para quedarse; **by ~ of** en virtud de; **the ~ for (doing) sth: the ~ for my going** *or* **my ~ for going** la razón por la que *or* el motivo por el que me marcho; **she is my ~ for living** ella es mi razón de ser; **for ~s best known to himself** por motivos que sólo él sabe; **for no ~** sin motivo, sin razón; **for personal/health ~s** por motivos personales/de salud; **for some ~** por la razón *or* el motivo que sea; **for this ~** por esta razón, por eso; **all the more ~ why you should not sell it** razón de más para que no lo vendas; **if he doesn't come I shall want to know the ~ why** si no viene tendrá que explicarme por qué; **I see no ~ why we shouldn't win** no veo razón por la que *or* motivo por el que no debiéramos ganar; **with good ~** con razón; **without ~** sin razón, sin motivo; **not without ~** no sin razón; *see also* **rhyme**
[2] (= *faculty*) razón *f*; **only mankind is capable of ~** sólo el ser humano es capaz de razonar; **to lose one's ~** perder la razón
[3] (= *good sense*) sentido *m* común, sensatez *f*; **the Age of Reason** la Edad de la Razón; **beyond (all) ~: I resented his presence beyond all ~** su presencia me molestaba de una forma inexplicable *or* fuera de toda lógica; **to listen to ~** atender a razones; **to see ~** entrar en razón; **he tried to make her see ~** intentó hacerla entrar en razón; **the voice of ~** la voz de la razón; **within ~** dentro de lo razonable; *see also* **appeal, stand C12**
Ⓑ VT razonar; **I called him, ~ing that I had nothing to lose** me dije que no tenía nada que perder así que lo llamé; **ours (is) not to ~ why** no es responsabilidad nuestra saber el porqué
Ⓒ VI razonar, discurrir

► **reason out** VT + ADV [+ *argument, answer*] razonar; [+ *problem*] resolver razonándolo; **she had felt the same as he did, until ~ing it out** opinaba como él hasta que se paró a pensarlo con un poco de lógica

► **reason with** VI + PREP **to ~ with sb** razonar con algn (para convencerle); **she was in no mood to be ~ed with** no estaba de humor como para que razonaran con ella; **there's no ~ing with him** no hay forma de razonar con él

▼ **reasonable** ['riːznəbl] ADJ [1] (= *sensible, fair*) [*person, decision, explanation, request*] razonable; [*behaviour*] sensato; **I kept my voice calm and ~** mantuve un tono de voz calmado y de persona razonable; **be ~!** ¡sé razonable!; **it is ~ to suppose that …** es razonable suponer que …; **beyond (a** *or* **any) ~ doubt** sin que quede lugar a dudas; **to use ~ force** (*Jur*) hacer uso moderado de la fuerza; **~ grounds** motivos *mpl* fundados; **within a ~ time** dentro de un plazo de tiempo razonable
[2] (= *acceptable*) [*amount, distance, price, offer*] razonable; [*standard, results*] aceptable; **there was a ~ chance of finding a peaceful solution** existían bastantes posibilidades de encontrar una solución pacífica; **this suit is very ~** este traje no es nada caro *or* no está nada mal de precio

**reasonableness** ['riːznəblnɪs] N [*of person, request, offer, behaviour*] lo razonable

➤ LANGUAGE IN USE: **reason A1** 17.1, 26.3 **reasonable 1** 26.3

**reasonably** ['ri:znəblɪ] ADV [1] (= *sensibly*) [*discuss, expect, suppose*] razonablemente; [*behave*] de manera razonable; **he acted very ~** obró de manera muy razonable; **he argued, quite ~, that ...** argumentó, con toda la razón, que ...; **~ priced clothes** ropa a precios razonables
[2] (= *fairly*) [*good, happy, sure, safe*] bastante; **a ~ accurate report** un informe bastante exacto, más o menos; **~ well** bastante bien, dentro de lo que cabe

**reasoned** ['ri:znd] ADJ [*argument*] razonado; **well-~** bien argumentado

**reasoning** ['ri:znɪŋ] (A) N razonamiento *m*, lógica *f*; **I don't see the ~ behind this decision** no veo la lógica *or* el razonamiento que hay detrás de esta decisión; **this line of ~ is supported by recent figures** estos argumentos están respaldados por cifras recientes
(B) ADJ racional

**reassemble** ['ri:ə'sembl] (A) VT [1] (*Tech*) montar de nuevo, volver a armar
[2] [+ *people*] volver a reunir
(B) VI [1] [*people*] volver a reunirse, juntarse de nuevo
[2] (*Parl*) volver a celebrar una sesión

**reassembly** [,ri:ə'semblɪ] N [1] (*Tech*) nuevo montaje *m*
[2] (*Parl*) inauguración *f* de la nueva sesión, nueva sesión *f*

**reassert** ['ri:ə'sɜ:t] VT [+ *authority, influence*] reafirmar

**reassertion** [,ri:ə'sɜ:ʃən] N reafirmación *f*

**reassess** ['ri:ə'ses] VT [+ *situation*] estudiar de nuevo, reestudiar; [+ *tax*] calcular de nuevo; **we shall have to ~ the situation** tendremos que estudiar de nuevo *or* reestudiar la situación

**reassessment** [,ri:ə'sesmənt] N [*of situation*] nuevo estudio *m*; (*Fin*) revaloración *f*

**reassurance** ['ri:ə'ʃʊərəns] N consuelo *m*, confianza *f*; **sometimes we all need ~** hay veces cuando todos necesitamos que se nos anime nuestra confianza

**reassure** ['ri:ə'ʃʊə^r] VT tranquilizar; **we ~d her that everything was OK** le aseguramos que todo iba bien; **she felt ~d in the morning** por la mañana ya se sentía más tranquila, por la mañana ya había recuperado la confianza

**reassuring** ['ri:ə'ʃʊərɪŋ] ADJ (= *pacifying*) tranquilizador; (= *encouraging*) alentador; **to make ~ noises** (*fig*) hacer comentarios tranquilizadores; **it is ~ to know that ...** (me) tranquiliza saber que ..., es tranquilizador saber que ...

**reassuringly** ['ri:ə'ʃʊərɪŋlɪ] ADV de modo tranquilizador; **he spoke ~** nos tranquilizó con sus palabras; **a ~ strong performance** una actuación cuya fuerza nos alentó; **he was now in ~ familiar surroundings** el entorno era ahora familiar y le hacía sentirse más tranquilo

**reawaken** ['ri:ə'weɪkən] (A) VT volver a despertar
(B) VI volver a despertarse, despertarse

**reawakening** ['ri:ə'weɪknɪŋ] N despertar *m*

**REB** N ABBR (= **Revised English Bible**) *versión revisada de la Biblia*

**rebarbative** [rɪ'bɑ:bətɪv] ADJ (*frm*) repugnante, repelente

**rebate** ['ri:beɪt] N [1] (= *discount*) rebaja *f*, descuento *m*
[2] (= *money back*) reembolso *m*, devolución *f*

**Rebecca** [rɪ'bekə] N Rebeca

**rebel** ['rebl] (A) N rebelde *mf*; **I was a bit of a ~ at school** era un poco rebelde en el colegio
(B) [rɪ'bel] VI (= *rise up*) rebelarse, sublevarse; (= *refuse to conform*) rebelarse; **to ~ against sth/sb** rebelarse contra algo/algn; **at the sight of all that food, his stomach ~led** su estómago se rebeló al ver tanta comida; **I tried to get up but my legs ~led** intenté levantarme pero mis piernas se negaron *or* no me respondieron las piernas
(C) ADJ [*forces, soldiers, factions*] rebelde
(D) CPD ► **rebel leader** N cabecilla *mf*

**rebellion** [rɪ'beljən] N rebelión *f*, sublevación *f*

**rebellious** [rɪ'beljəs] ADJ rebelde

**rebelliousness** [rɪ'beljəsnɪs] N rebeldía *f*

**rebind** ['ri:'baɪnd] (*pt, pp* **rebound**) VT [1] (*with string etc*) volver a atar
[2] [+ *book, volume*] reencuadernar

**rebirth** ['ri:'bɜ:θ] N (*gen*) renacimiento *m*; (= *re-emergence*) resurgimiento *m*

**reboot** [,ri:'bu:t] VT, VI (*Comput*) reinicializar, reiniciar

**rebore** ['ri:'bɔ:^r] (*Tech*) (A) N rectificado *m*
(B) VT rectificar

**reborn** ['ri:'bɔ:n] PP **to be ~** renacer

**rebound** ['ri:baʊnd] (A) N **on the ~** (*Sport*) de rebote; **she hit the ball on the ~** dio al balón de rebote; **she married him on the ~** se casó con él por despecho
(B) [rɪ'baʊnd] VI rebotar

►**rebound on** VI + PREP estallar en la cara de

**rebroadcast** ['ri:'brɔ:dkɑ:st] (A) N retransmisión *f*
(B) VT retransmitir

**rebuff** [rɪ'bʌf] (A) N desaire *m*, rechazo *m*; **to meet with a ~** sufrir un desaire *or* rechazo
(B) VT rechazar, desairar

**rebuild** ['ri:'bɪld] (*pt, pp* **rebuilt**) VT reconstruir

**rebuilding** ['ri:'bɪldɪŋ] N reconstrucción *f*

**rebuilt** ['ri:'bɪlt] PT, PP *of* **rebuild**

**rebuke** [rɪ'bju:k] (A) N reprimenda *f*, reproche *m*
(B) VT reprender, reprochar; **to ~ sb for having done sth** reprender a algn por haber hecho algo, reprochar a algn haber hecho algo

**rebus** ['ri:bəs] N (*pl* **rebuses**) jeroglífico *m*

**rebut** [rɪ'bʌt] VT rebatir, impugnar

**rebuttal** [rɪ'bʌtl] N refutación *f*, impugnación *f*

**recalcitrance** [rɪ'kælsɪtrəns] N terquedad *f*, contumacia *f* (*frm*)

**recalcitrant** [rɪ'kælsɪtrənt] ADJ recalcitrante, contumaz (*frm*)

**recall** [rɪ'kɔ:l] (A) N [1] (= *recollection*) recuerdo *m*; (= *ability to remember*) memoria *f*; **those days are gone beyond ~** aquellos días pasaron al olvido; **he has no ~ of what he did** no recuerda nada de lo que hizo; **to have total ~** tener una memoria infalible
[2] (= *calling back*) [*of Parliament*] convocatoria *f* extraordinaria; (*Mil*) [*of troops*] nueva convocatoria *f*
[3] (= *withdrawal*) [*of ambassador*] retirada *f*; [*of defective product*] retirada *f* (del mercado); (*US*) [*of elected official*] destitución *f*; (*Mil*) [*of troops*] retirada *f*; **to sound the ~** tocar la retirada, tocar retreta
(B) VT [1] (= *call back*) [+ *Parliament*] convocar en sesión extraordinaria; [+ *ambassador, capital*] retirar; [+ *sports player*] volver a llamar; [+ *library book*] reclamar; [+ *defective product*] retirar (*del mercado*); (*Mil*) (= *call up*) llamar; (*US Pol*) (= *dismiss*) destituir
[2] (= *remember*) recordar; **I can't ~ exactly what we agreed** no recuerdo exactamente en qué quedamos; **I don't ~ saying that** no recuerdo haber dicho eso; **I seem to ~ that ...** creo recordar que ...
[3] (= *bring to mind*) recordar a; **it ~s the time when ...** recuerda a aquella ocasión en la que ...
[4] (*Comput*) volver a llamar
(C) VI recordar; **I'm sorry, I don't ~** lo siento, no recuerdo; **as I ~ ...** según recuerdo ..., que yo recuerde ...

**recant** [rɪ'kænt] (A) VT retractar, desdecir
(B) VI retractarse, desdecirse

**recantation** ['ri:kæn'teɪʃən] N retractación *f*

**recap*** ['ri:kæp] (A) N recapitulación *f*, resumen *m*
(B) VI (= *sum up*) recapitular, resumir

**recapitulate** [,ri:kə'pɪtjʊleɪt] (A) VT [+ *argument, facts*] recapitular, resumir
(B) VI recapitular, resumir

**recapitulation** ['ri:kə,pɪtjʊ'leɪʃən] N recapitulación *f*, resumen *m*

**recapture** ['ri:'kæptʃə^r] (A) VT [+ *prisoner*] volver a detener; [+ *town*] reocupar, reconquistar (*Hist*); [+ *memory, scene*] hacer revivir, recordar
(B) N [*of prisoner*] detención *f*; [*of town*] reocupación *f*, reconquista *f* (*Hist*)

**recast** ['ri:'kɑ:st] (*pt, pp* **recast**) (A) VT [1] (*Theat*) [+ *play*] hacer un nuevo reparto para
[2] (*Tech*) refundir
(B) N (*Tech*) refundición *f*

**recce*** ['rekɪ] (*Brit*) (A) N ABBR (*Mil*) (= **reconnaissance**) reconocimiento *m*
(B) VT (*Mil*) (= **reconnoitre**) reconocer

**recd., rec'd** ABBR (*Comm*) (= **received**) rbdo

**recede** [rɪ'si:d] VI [*tide, flood*] bajar; [*person etc*] volverse atrás; [*view*] alejarse; [*danger*] disminuir; [*chin*] retroceder; **his hair is receding** tiene entradas

**receding** [rɪ'si:dɪŋ] (A) ADJ [*prospect*] que va disminuyendo; [*tide*] que va bajando; [*forehead*] huidizo, achatado; [*chin*] (hundida) hacia atrás
(B) CPD ► **receding hairline** N entradas *fpl*

▼**receipt** [rɪ'si:t] (A) N [1] (= *act of receiving*) recepción *f*, recibo *m*; **to acknowledge ~ of** acusar recibo de; **on ~ of** al recibo de, al recibir; **on ~ of these goods** al recibo de *or* al recibir estas mercancías; **I am in ~ of your letter** (*frm*) he recibido su carta, obra su carta en mi poder (*more frm*); **pay on ~** pago *m* contra entrega *or* al recibo
[2] (= *document*) recibo *m*; **please give me a ~** haga el favor de darme un recibo
[3] **receipts** (= *money taken*) recaudación *fsing*
(B) VT [+ *goods*] dar recibo por; [+ *bill*] poner el "recibí" en
(C) CPD ► **receipt book** N libro *m* talonario

**receivable** [rɪ'si:vəbl] (A) ADJ (*Comm*) por cobrar, a cobrar
(B) **receivables** NPL cuentas *fpl* por cobrar

**receive** [rɪ'si:v] (A) VT [1] (= *get*) [+ *letter, gift, money, visit, salary, sacrament*] recibir; [+ *stolen goods*] comerciar con; (*Tennis*) [+ *ball, service*] recibir; **all contributions will be gratefully ~d** todas las contribuciones que nos lleguen serán bien recibidas; **she ~d the Nobel Peace Prize in 1989** le otorgaron el premio Nobel de la Paz en 1989; **I never ~d her message** nunca llegué a recibir su mensaje, nunca me llegó su mensaje; **she ~d no support from her colleagues** sus colegas no la apoyaron; **he ~d a wound in the leg** resultó herido en la pierna, sufrió una herida en la pierna; **he ~d a blow to the head** recibió un golpe en la cabeza; **a bowl to ~ the liquid that drains off** un cuenco para recoger el líquido que se escurra; **"received with thanks"** (*Comm*) "recibí"; **their plans ~d a**

➤ LANGUAGE IN USE: receipt A1 20.4, 20.5, 20.6

**setback** sus planes sufrieron un revés; **she is receiving treatment for eczema** está siendo tratada de eczema; **he ~d hospital treatment for cuts to the face** fue tratado en el hospital de unos cortes que tenía en la cara; **he ~d a life sentence** lo sentenciaron a cadena perpetua; **he ~d a suspended sentence** le suspendieron la condena

2 (= *greet*) [+ *visitors*] recibir; [+ *guests*] recibir, acoger; [+ *publication, idea, performance*] acoger; **to be well ~d** [*book, idea*] tener buena acogida; **his suggestion was not well ~d** su sugerencia no tuvo buena acogida; **her book was well ~d** su libro tuvo buena acogida

3 (= *admit*) [+ *new member*] admitir; **to ~ sb into the Church** acoger a algn en el seno de la Iglesia

4 (*Rad, TV*) [+ *transmission*] recibir; **are you receiving me?** ¿me recibe?

Ⓑ VI 1 (= *get*) recibir; ✦*PROV* **it is better to give than to ~** más vale dar que recibir

2 (*Jur*) (= *buy and sell stolen goods*) comerciar con artículos robados

3 (*Tennis*) recibir

4 (*frm*) (*socially*) recibir; **the Duchess ~s on Thursdays** la duquesa recibe los jueves

5 (*Rad, TV*) recibir; **whisky two receiving!** ¡aquí whisky two, te recibo!

**received** [rɪ'si:vd] ADJ [*opinion*] aceptado; [*wisdom*] popular; **the ~ wisdom is that ...** la creencia popular es que ...; **it came to represent ~ wisdom in classical Marxist theory** llegó a ser parte de lo que se daba por sentado en la teoría marxista clásica; → ENGLISH

**receiver** [rɪ'si:vəʳ] N 1 (= *recipient*) [*of gift, letter*] destinatario/a *m/f*; [*of stolen goods*] comerciante *mf* (*de artículos robados*); (*Psych*) receptor(a) *m/f*

2 (*Telec*) auricular *m*; **to pick up** *or* **lift the ~** coger *or* levantar el auricular; **to put down** *or* **replace the ~** colgar el auricular

3 (*Rad, TV*) receptor *m*

4 (= *liquidator*) (*also* **official ~**) síndico/a *m/f*; **to call in the ~(s)** entrar en liquidación

5 (*US Ftbl*) receptor(a) *m/f*; **wide ~** receptor(a) *m/f* abierto/a

**receivership** [rɪ'si:vəʃɪp] N **to go into ~** entrar en liquidación

**receiving** [rɪ'si:vɪŋ] Ⓐ N recepción *f*; [*of stolen goods*] receptación *f*, encubrimiento *m*

Ⓑ ADJ ✦*IDIOM* **to be on** *or* **at the ~ end (of sth)*** ser el blanco *or* la víctima (de algo)

Ⓒ CPD ► **receiving set** N receptor *m*, radiorreceptor *m*

**recension** [rɪ'senʃən] N recensión *f*

**recent** ['ri:snt] ADJ [*event, survey, trip, photograph, history*] reciente; **his most ~ book** su libro más reciente; **a ~ acquaintance** un conocido de hace poco tiempo; **a ~ arrival** (= *person*) un recién llegado; **~ developments in Biology** los últimos avances en el campo de la biología; **in the ~ past** en los últimos tiempos, en un pasado reciente; **in ~ years** en los últimos años

**recently** ['ri:sntlɪ] ADV 1 (= *not long ago*) recientemente, hace poco, recién (*LAm*); **until ~** hasta hace poco; **it is only very ~ that I started painting** empecé a pintar hace muy poco *or* apenas nada; **as ~ as 1998 he was living in London** aún en 1998, todavía vivía él en Londres; **it was discovered as ~ as 1903** se descubrió hace apenas nada, en 1903

2 (= *lately*) últimamente, recientemente; **I haven't heard from her ~** últimamente *or* recientemente no he sabido nada de ella; **just ~ he's been acting strangely** últimamente se ha estado comportando de un modo extraño

3 (*before pp*) recién; **~ arrived** recién llegado

**receptacle** [rɪ'septəkl] N (*frm*) receptáculo *m*, recipiente *m*

▼**reception** [rɪ'sepʃən] Ⓐ N 1 (= *act of receiving*) recepción *f*, recibimiento *m*

2 (= *welcome*) acogida *f*; **to get a warm ~** tener buena acogida, ser bien recibido

3 (= *social function*) recepción *f*; **the ~ will be at a big hotel** la recepción tendrá lugar en un gran hotel; *see also* **wedding**

4 (*Rad etc*) recepción *f*

5 (*esp Brit*) (*also* **~ desk**) recepción *f*; **please leave your key at ~** por favor dejen la llave en recepción

6 (*Educ*) clase *f* de primer año

Ⓑ CPD ► **reception centre**, **reception center** (*US*) N centro *m* de recepción ► **reception class** N (*Educ*) clase *f* de primer año ► **reception desk** N (*esp Brit*) (*in hotel, hospital etc*) mostrador *m* de recepción, recepción *f* ► **reception room** N (*esp Brit*) sala *f* de visitas

**receptionist** [rɪ'sepʃənɪst] N recepcionista *mf*

**receptive** [rɪ'septɪv] ADJ receptivo

**receptiveness** [rɪ'septɪvnɪs] N, **receptivity** [rɪsep'tɪvɪtɪ] N receptividad *f*

**recess** [rɪ'ses] Ⓐ N 1 (*Jur, Pol*) (= *cessation of business*) clausura *f*; (*US Jur*) (= *short break*) descanso *m*; (*esp US Scol*) recreo *m*; **parliament is in ~** la sesión del parlamento está suspendida

2 (*Archit*) hueco *m*, nicho *m*

3 (= *secret place*) escondrijo *m*; (*fig*) la parte más oculta; **in the ~es of his mind** en los recovecos de su mente, en lo más oculto de su mente

Ⓑ VI (*US Jur, Parl*) prorrogarse, suspenderse la sesión

**recession** [rɪ'seʃən] N 1 (*Econ*) recesión *f*; **to be in ~** estar en recesión *or* retroceso

2 (*frm*) (= *receding*) retroceso *m*

**recessional** [rɪ'seʃənl] N himno *m* de fin de oficio

**recessive** [rɪ'sesɪv] ADJ recesivo

**recharge** ['ri:'tʃɑ:dʒ] VT [+ *battery*] recargar, volver a cargar; **to ~ one's batteries** (*fig*) ponerse las pilas

**rechargeable** [rɪ'tʃɑ:dʒəbl] ADJ recargable

**recherché** [rə'ʃɛəʃeɪ] ADJ rebuscado

**rechristen** ['ri:'krɪsn] VT (*Rel*) rebautizar; (= *rename*) poner nuevo nombre a; **they have ~ed the boat "Gloria"** han puesto al barco el nuevo nombre de "Gloria"

**recidivism** [rɪ'sɪdɪvɪzəm] N reincidencia *f*

**recidivist** [rɪ'sɪdɪvɪst] N reincidente *mf*

**recipe** ['resɪpɪ] Ⓐ N receta *f* (de cocina); **a ~ for** (*also fig*) una receta para; **it's a ~ for disaster** es una forma segura de buscarse problemas

Ⓑ CPD ► **recipe book** N libro *m* de cocina, recetario *m*

**recipient** [rɪ'sɪpɪənt] N [*of letter, gift*] destinatario/a *m/f*

**reciprocal** [rɪ'sɪprəkəl] Ⓐ ADJ recíproco, mutuo

Ⓑ N (*Math*) recíproca *f*

**reciprocally** [rɪ'sɪprəkəlɪ] ADV recíprocamente, mutuamente

**reciprocate** [rɪ'sɪprəkeɪt] Ⓐ VT [+ *good wishes*] intercambiar, devolver; **and this feeling is ~d** y compartimos este sentimiento; **her kindness was not ~d** su amabilidad no fue correspondida

Ⓑ VI 1 (*gen*) corresponder; **but they did not ~** pero ellos no correspondieron a esto; **he ~d with a short speech** pronunció un breve discurso a modo de contestación

2 (*Mech*) oscilar, alternar

**reciprocation** [rɪˌsɪprə'keɪʃən] N reciprocidad *f*, correspondencia *f*; **there was no ~ of his generosity** su generosidad no fue correspondida

**reciprocity** [ˌresɪ'prɒsɪtɪ] N reciprocidad *f*

**recital** [rɪ'saɪtl] N (*Mus*) recital *m*; (= *story*) relato *m*

**recitation** [ˌresɪ'teɪʃən] N [*of poetry*] recitación *f*; [*of facts*] relación *f*

**recitative** [ˌresɪtə'ti:v] Ⓐ ADJ recitativo

Ⓑ N recitado *m*

**recite** [rɪ'saɪt] Ⓐ VT [+ *poetry*] recitar; [+ *story*] relatar; [+ *list*] enumerar; **she ~d her troubles all over again** volvió a detallar todas sus dificultades

Ⓑ VI recitar

**reckless** ['reklɪs] ADJ [*person*] (= *rash*) temerario; (= *wild*) descabellado; (= *thoughtless*) imprudente; [*speed*] peligroso; [*statement*] inconsiderado; **~ driving** conducción *f* temeraria; **he's a ~ driver** conduce temerariamente

**recklessly** ['reklɪslɪ] ADV (= *rashly*) temerariamente; (= *thoughtlessly*) imprudentemente; **to drive ~** conducir temerariamente; **to spend ~** derrochar dinero

**recklessness** ['reklɪsnɪs] N (= *rashness*) temeridad *f*; (= *thoughtlessness*) imprudencia *f*; **the ~ of youth** la temeridad de la juventud; **the ~ of her driving** su modo imprudente de conducir

**reckon** ['rekən] Ⓐ VT 1 (= *calculate*) calcular; **prices are ~ed to be about 2% up on last year** se calcula que los precios han subido en un 2% comparados con respecto al año pasado

2 (= *consider*) considerar; **he is ~ed to be Spain's top conductor** está considerado como el mejor director de orquesta de España

3 (*) (= *think*) creer; **she'll come, I ~** creo *or* me parece que vendrá, se me hace que vendrá (*Mex*); **you ~?** ¿tú crees?, ¿te parece a ti?; **I ~ so** eso creo, creo *or* me parece que sí; **I ~ he must be about 40** calculo que debe estar rondando los 40; **what do you ~ our chances are?** ¿qué posibilidades crees *or* te parece que tenemos?

4 (= *plan, expect*) **to ~ to do sth** contar con poder hacer algo, esperar poder hacer algo; **they ~ to sell most of them abroad** cuentan con *or* esperan poder vender la mayoría en el extranjero

Ⓑ VI (= *count*) contar; **~ing from today** contando a partir de hoy

►**reckon in** VT + ADV tener en cuenta, incluir

►**reckon on** VI + PREP contar con; **you can ~ on 30 people** puedes contar con 30 personas; **to ~ on (sth/sb) doing sth: I'd ~ed on doing that tomorrow** había contado con (que iba a) hacer eso mañana; **I hadn't ~ed on the police arriving** no había contado con que llegara la policía

►**reckon up** VT + ADV (= *calculate, add up*) calcular

►**reckon with** VI + PREP 1 (= *take into account*) contar con, tener en cuenta; **there were factors we had not ~ed with** había factores con los que no habíamos contado, había factores que no habíamos tenido en cuenta; **we hadn't ~ed with having to walk** no habíamos contado con tener que ir a pie; *see also* **force A3**

2 (= *contend with*) vérselas con; **if you offend him you'll have the whole family to ~**

➤ LANGUAGE IN USE: **reception** A3 25.1, 25.2

**with** si le ofendes tendrás que vértelas con toda la familia

►**reckon without** VI + PREP no contar con, no tener en cuenta; **I had ~ed without her brother** no había contado con *or* tenido en cuenta a su hermano

**reckoning** ['reknɪŋ] N [1] (= *calculation*) cálculo *m*; **according to my ~** según mis cálculos; **to be out in one's ~** errar en el cálculo; **to come into the ~** entrar en los cálculos; **by any ~** a todas luces
[2] (= *bill*) cuenta *f*; **to pay the ~** pagar la cuenta
[3] **day of ~** (*fig*) ajuste *m* de cuentas
[4] (*Naut*) *see* **dead D**

**reclaim** [rɪ'kleɪm] Ⓐ VT [1] [+ *throne, title*] reclamar; [+ *language, culture*] recuperar; [+ *inheritance, rights*] reclamar, reivindicar; [+ *baggage*] recoger, reclamar; **she ~ed her British skating title yesterday** ayer reclamó su título británico de patinaje; **you may be eligible to ~ income tax** puede que tenga derecho a que le devuelvan parte de lo que ha pagado del impuesto sobre la renta; **he intended to ~ the money as expenses** tenía pensado cargarlo a la cuenta de la compañía; **the town is gradually being ~ed by the desert** el desierto está reclamando poco a poco el terreno a la ciudad
[2] (= *salvage*) [+ *land*] (*gen*) aprovechar; (*from sea*) ganar al mar; [+ *swamp*] sanear; [+ *materials*] recuperar, reciclar
Ⓑ N *see* **baggage**

**reclaimable** [rɪ'kleɪməbl] ADJ [*land*] recuperable; [*materials, by-products*] recuperable, reciclable

**reclamation** [,reklə'meɪʃən] N [1] [*of land*] *acción de ganarle terreno al mar o de recuperar tierras pantanosas*; **land ~ scheme/project** un proyecto para ganarle terreno al mar/ recuperar tierras pantanosas
[2] [*of materials*] recuperación *f*, reciclaje *m*

**recline** [rɪ'klaɪn] Ⓐ VI recostarse, reclinarse
Ⓑ VT [+ *head*] recostar, reclinar

**reclining** [rɪ'klaɪnɪŋ] Ⓐ ADJ [*seat*] reclinable; [*figure, statue*] yacente
Ⓑ CPD ► **reclining chair** N sillón *m* reclinable; (*Med*) silla *f* de extensión

**recluse** [rɪ'klu:s] N solitario/a *m/f*

**reclusion** [rɪ'klu:ʒən] N reclusión *f*, soledad *f*

**reclusive** [rɪ'klu:zɪv] ADJ dado a recluirse, solitario

**recognition** [,rekəg'nɪʃən] N [1] (= *identification, recollection*) reconocimiento *m*; **he gazed blankly at her, then ~ dawned** la miró sin comprender, entonces cayó en la cuenta de quién era; **the bodies were mutilated beyond** *or* **out of (all) ~** los cuerpos estaban tan mutilados que resultaba imposible reconocerlos; **she has changed beyond ~** ha cambiado tanto que está irreconocible; *see also* **optical, speech**
[2] (= *acknowledgement*) reconocimiento *m*; **she hasn't got the ~ she deserves** no ha recibido el reconocimiento que se merece; **there is a growing ~ that ...** hay cada vez más gente que admite que ...; **in ~ of** en reconocimiento de; **the awards he won in ~ of his work** los premios que ganó en reconocimiento del trabajo realizado

**recognizable** ['rekəgnaɪzəbl] ADJ reconocible; **it is ~ as ...** se le reconoce *or* identifica como ...

**recognizance** [rɪ'kɒgnɪzəns] N (*esp US Jur*) obligación *f* contraída; (= *sum*) fianza *f*; **to enter into ~s to** + *infin* comprometerse legalmente a + *infin*

▼**recognize** ['rekəgnaɪz] VT [1] (= *know again*) reconocer; **I hardly ~d myself** apenas me reconocía *or* me conocía a mí mismo; **he was ~d by two policemen** lo reconocieron dos policías
[2] (= *acknowledge*) reconocer, admitir; **are these qualifications ~d in other European countries?** ¿están estos títulos reconocidos en otros países europeos?; **we do not ~ your claim** no reconocemos su derecho a reclamarlo; **they ~ Bosnia as an independent nation** reconocen a Bosnia como nación independiente
[3] (*US*) (= *give right to speak*) **the Chair ~s Mr White** el Sr. White tiene la palabra

**recognized** ['rekəgnaɪzd] ADJ [1] (= *acknowledged*) (*gen*) reconocido, conocido; [*expert*] reconocido; **it is a ~ fact that ...** es un hecho conocido que ....
[2] (= *accredited*) [*institution, qualifications*] acreditado

**recoil** [rɪ'kɔɪl] Ⓐ VI [*person*] echarse atrás, retroceder; [*gun*] dar un culatazo; **to ~ from sth** retroceder *or* dar marcha atrás ante algo; **to ~ from doing sth** rehuir hacer algo; **to ~ in fear** retroceder espantado
Ⓑ N (*at disgusting sight*) retroceso *m*; [*of gun*] culatazo *m*

**recoilless** [rɪ'kɔɪllɪs] ADJ [*gun*] sin retroceso

**recollect** [,rekə'lekt] Ⓐ VT recordar, acordarse de
Ⓑ VI recordar, acordarse

**recollection** [,rekə'lekʃən] N recuerdo *m*; **to the best of my ~** que yo recuerde

**recommence** ['ri:kə'mens] Ⓐ VT reanudar, recomenzar, volver a comenzar
Ⓑ VI reanudarse, recomenzar, volver a comenzar

▼**recommend** [,rekə'mend] VT [1] (= *advocate, speak well of*) recomendar; **to ~ sb for a job** recomendar a algn para un trabajo; **she comes highly ~ed (by Anne)** viene muy bien recomendada (por Anne); **I don't ~ the pizza** no recomiendo la pizza; **the town has much/little to ~ it** el pueblo tiene mucho/ poco atractivo
[2] (= *advise*) recomendar, aconsejar; **what do you ~ for a sore throat?** ¿qué recomienda para el dolor de garganta?; **the ~ed daily intake is ...** el consumo diario recomendado *or* aconsejado es ...; **this method is not to be ~ed** este método no es nada recomendable *or* aconsejable; **to ~ doing sth** recomendar *or* aconsejar hacer algo; **the doctor ~ed that he (should) stay in bed** el médico le recomendó *or* aconsejó que guardara cama; **to ~ sb to do sth** recomendar *or* aconsejar a algn hacer algo *or* que haga algo; **I would ~ against going on your own** le recomendaría *or* aconsejaría no ir solo *or* que no fuera solo; **~ed retail price** precio *m* de venta al público recomendado
[3] (*frm*) (= *commit*) [+ *person, soul*] encomendar; **I ~ him to your keeping** se lo encomiendo

**recommendable** [,rekə'mendəbl] ADJ recomendable

**recommendation** [,rekəmen'deɪʃən] N [1] (= *endorsement*) recomendación *f*; *see also* **letter**
[2] (= *suggestion, proposal*) recomendación *f*, sugerencia *f*; **it is my ~ that it should be destroyed** recomiendo que se destruya; **to make ~s** hacer recomendaciones *or* sugerencias; **to do sth on sb's ~** *or* **on the ~ of sb** hacer algo por recomendación *or* consejo de algn, hacer algo siguiendo la recomendación *or* consejo de algn
[3] (= *statement*) recomendación *f*
[4] (= *good point*) **his good looks were his only ~** su buena presencia era lo único que le salvaba *or* su único atractivo

**recommendatory** [,rekə'mendətərɪ] ADJ recomendatorio

**recompense** ['rekəmpens] Ⓐ N (*gen*) recompensa *f*; (*financial*) indemnización *f*
Ⓑ VT (*gen*) recompensar; (*financially*) indemnizar

**reconcilable** ['rekənsaɪləbl] ADJ conciliable, reconciliable

**reconcile** ['rekənsaɪl] VT [1] (= *reunite*) [+ *persons*] reconciliar; **to be ~d (with)** estar reconciliado (con); **the couple are now ~d** la pareja está ahora reconciliada
[2] (= *make compatible*) [+ *theories, ideals*] conciliar; **she ~d the conflicting pressures of motherhood and career** concilió las exigencias contrapuestas de la maternidad y de una profesión
[3] (= *settle*) [+ *differences*] resolver; **you must try and ~ your differences** tenéis que intentar resolver vuestras diferencias
[4] (= *resign*) **what ~d him to it was ...** lo que hizo que lo aceptara fue ...; **to become ~d to sth** aceptar algo, resignarse a algo; **to ~ o.s. to sth** resignarse a algo
[5] [+ *accounts*] hacer cuadrar, conciliar (*frm*)

**reconciliation** [,rekənsɪlɪ'eɪʃən] N [1] (= *reuniting*) reconciliación *f*; **to bring about a ~** lograr una reconciliación
[2] (= *making compatible*) [*of theories, ideals*] conciliación *f*
[3] [*of accounts*] conciliación *f*

**recondite** [rɪ'kɒndaɪt] ADJ (*frm*) recóndito

**recondition** ['ri:kən'dɪʃən] VT reacondicionar

**reconnaissance** [rɪ'kɒnɪsəns] Ⓐ N reconocimiento *m*; **to make a ~** reconocer *or* explorar el terreno, hacer un reconocimiento del terreno
Ⓑ CPD ► **reconnaissance flight** N vuelo *m* de reconocimiento

**reconnoitre**, **reconnoiter** (*US*) [,rekə'nɔɪtəʳ] (*Mil*) Ⓐ VT reconocer, explorar
Ⓑ VI hacer un reconocimiento

**reconquer** ['ri:'kɒŋkəʳ] VT reconquistar

**reconquest** ['ri:'kɒŋkwest] N reconquista *f*; **the Reconquest** [*of Spain*] la Reconquista

**reconsider** ['ri:kən'sɪdəʳ] Ⓐ VT reconsiderar, repensar
Ⓑ VI reconsiderar, repensar

**reconsideration** ['ri:kən,sɪdə'reɪʃən] N reconsideración *f*; **on ~** después de volver sobre ello

**reconstitute** ['ri:'kɒnstɪtju:t] VT [+ *events*] (= *piece together*) reconstituir; **~d food** alimentos *mpl* reconstituidos

**reconstitution** ['ri:,kɒnstɪ'tju:ʃən] N reconstitución *f*

**reconstruct** ['ri:kən'strʌkt] VT [+ *building*] reconstruir; [+ *crime, scene of crime*] reconstituir

**reconstruction** ['ri:kən'strʌkʃən] N reconstrucción *f*

**reconvene** [,ri:kən'vi:n] Ⓐ VT reconvocar
Ⓑ VI [*committee, jury etc*] reunirse

**reconvert** ['ri:kən'vɜ:t] VT volver a convertir (**to** en)

**record** ['rekɔ:d] Ⓐ N [1] (= *report, account*) (*gen*) documento *m*; (= *note*) nota *f*, apunte *m*; [*of meeting*] acta *f*; [*of attendance*] registro *m*; (*Jur*) [*of case*] acta *f*; **it is the earliest written ~ of this practice** es el documento escrito más antiguo que registra esta costumbre; **there is no ~ of it** no hay constancia de ello, no consta en ningún sitio; **the highest**

➤ LANGUAGE IN USE: recognize 2 26.3 recommend 1, 2 2.2, 19.4

**temperatures since ~s began** las temperaturas más altas que se han registrado hasta la fecha; **for the ~**: **for the ~, I disagree** no estoy de acuerdo, que conste; **will you tell us your full name for the ~, please?** ¿podría decirnos su nombre completo para que quede constancia?; **to keep** *or* **make a ~ of sth** apuntar algo, tomar nota de algo; **it is a matter of (public) ~ that …** hay constancia de que …; **off the ~** [*statement, comment*] extraoficial; [*speak, say*] extraoficialmente; **this is strictly off the ~** esto es estrictamente extraoficial; **he told me off the ~** me dijo confidencialmente *or* extraoficialmente; **on ~**: **there is no similar example on ~** no existe constancia de nada semejante; **the police had kept his name on ~** la policía lo había fichado; **the highest temperatures on ~** las temperaturas más altas que se han registrado hasta la fecha; **to be/have gone on ~ as saying that …** haber declarado públicamente que …; **to place** *or* **put sth on ~** hacer constar algo, dejar constancia de algo; **just to put** *or* **set the ~ straight, let me point out that …** simplemente para que quede claro, permítanme señalar que …; *see also* **off-the-record**

2 (= *memorial*) testimonio *m*; **the First World War is a ~ of human folly** la primera Guerra Mundial es un testimonio de la locura humana

3 (*Comput*) registro *m*

4 **records** (= *files*) archivos *mpl*; **according to our ~s, you have not paid** según nuestros datos, usted no ha pagado; **public ~s** archivos *mpl* públicos

5 (= *past performance*) 5·1 (*in work*) **to have a good ~ at school** tener un buen expediente escolar; **the airline has a good safety ~** la compañía aérea tiene un buen historial en materia de seguridad; **his past ~ is against him** su historial obra en perjuicio suyo; **a country's human rights ~** el historial *or* la trayectoria de un país en materia de derechos humanos; **he left behind a splendid ~ of achievements** ha dejado atrás una magnífica hoja de servicios; *see also* **track D**

5·2 (*Med*) historial *m*; **the result will go on your medical ~** el resultado se incluirá en su historial médico

5·3 (*also* **criminal ~**) antecedentes *mpl* (penales); **he's got a clean ~** no tiene antecedentes (penales); **he's got a ~ as long as my arm** tiene un historial más largo que un día sin pan; **~ of previous convictions** antecedentes penales; *see also* **police**

5·4 (*Mil*) hoja *f* de servicios; **war ~** historial *m* de guerra

6 (*Sport etc*) récord *m*; **the long jump ~** el récord del salto de longitud; **to beat** *or* **break the ~** batir el récord; **the film broke box office ~s** la película batió récords de taquilla; **he won a place in the ~ books** se ganó un lugar en el libro de los récords; **to hold the ~ (for sth)** tener *or* ostentar el récord (de algo); **to set a ~ (for sth)** establecer un récord (de algo); *see also* **world B**

7 (= *disc*) disco *m*; **to cut** *or* **make a ~** grabar un disco; **on ~** en disco; *see also* **long-playing**

Ⓑ ADJ récord, sin precedentes; **in ~ time** en un tiempo récord; **share prices closed at a ~ high** la bolsa cerró con los precios más altos jamás registrados

Ⓒ [rɪˈkɔːd] VT 1 (= *set down*) [+ *facts*] registrar; [+ *events*] (*in journal, diary*) tomar nota de; [+ *protest, disapproval*] hacer constar, dejar constancia de; **the fastest speed ever ~ed** la mayor velocidad jamás registrada; **shares ~ed a 16% fall** las acciones registraron una bajada de un 16%; **it is not ~ed anywhere** no consta en ninguna parte; **her letters ~ the details of diplomatic life in China** sus cartas dejan constancia de los detalles de la vida diplomática en China; **history ~s that …** la historia cuenta que …

2 (= *show*) [*instrument*] registrar, marcar

3 [+ *sound, images, data*] grabar

4 (*Comput*) grabar

Ⓓ [rɪˈkɔːd] VI (*on tape, film etc*) grabar; **his voice does not ~ well** su voz no sale bien en las grabaciones

Ⓔ [ˈrekɔːd] CPD ► **record breaker** N (= *woman*) plusmarquista *f*; (= *man*) recordman *m*, plusmarquista *m* ► **record card** N ficha *f* ► **record company** N casa *f* discográfica ► **record holder** N (= *woman*) plusmarquista *f*; (= *man*) recordman *m*, plusmarquista *m*; **she is the world 800 metre ~ holder** tiene *or* ostenta el récord mundial de los 800 metros, es la plusmarquista mundial de los 800 metros ► **record keeping** N archivación *f* ► **record library** N discoteca *f* ► **record player** N tocadiscos *m inv* ► **record producer** N productor(a) *m/f* discográfico/a ► **record token** N vale *m* para discos

**record-breaking** [ˈrekɔːd,breɪkɪŋ] ADJ [*person, team*] batidor del récord; [*effort, run*] récord

**recorded** [rɪˈkɔːdɪd] ADJ 1 [*music, programme*] grabado

2 [*history*] escrito, documentado; **it is a ~ fact that …** hay constancia de que …; **~ delivery** (*Brit Post*) servicio *m* de entrega con acuse de recibo

**recorder** [rɪˈkɔːdəʳ] N 1 (= *tape recorder*) casete *m* (*Sp*), grabadora *f* (*LAm*); (*reel-to-reel*) magnetófono *m*; (= *video recorder*) vídeo *m*, video *m* (*LAm*)

2 (*Jur*) juez *mf* municipal

3 (*Mus*) (= *instrument*) flauta *f* dulce

4 (= *person*) registrador(a) *m/f*, archivero/a *m/f*; **he was a faithful ~ of the facts** registró puntualmente los hechos

**recording** [rɪˈkɔːdɪŋ] Ⓐ N 1 (= *tape, disc*) grabación *f*; **to make a ~ (of sth)** realizar una grabación (de algo); *see also* **sound D**, **tape C**, **video C**

2 (= *act*) [*of sound, images*] grabación *f*; [*of facts*] registro *m*

Ⓑ CPD ► **the Recording Angel** N *el ángel que registra las acciones buenas o malas de los hombres* ► **recording artist** N artista *mf* dedicado/a a la grabación ► **recording density** N densidad *f* de grabación ► **recording equipment** N equipo *m* de grabación ► **the recording industry** N la industría discográfica ► **recording session** N sesión *f* de grabación ► **recording studio** N estudio *m* de grabación ► **recording tape** N cinta *f* de grabación, cinta *f* magnetofónica ► **recording van** N camión *m* de grabación

**recordist** [rɪˈkɔːdɪst] N (*Cine, TV*) sonista *mf*

**recount** [ˈriːˈkaʊnt] VT contar, relatar

**re-count** [ˈriːkaʊnt] Ⓐ N [*of votes etc*] recuento *m*; **to have a ~** someter los votos a un segundo escrutinio

Ⓑ [riːˈkaʊnt] VT volver a contar

**recoup** [rɪˈkuːp] VT recobrar, recuperar

**recourse** [rɪˈkɔːs] N **to have ~ to** recurrir a

**recover** [rɪˈkʌvəʳ] Ⓐ VT 1 (= *regain*) [+ *faculty*] recuperar, recobrar (*frm*); **he fought to ~ his balance** luchó por recuperar *or* (*frm*) recobrar el equilibrio; **to ~ consciousness** recobrar el conocimiento; **~ing himself with a masterly effort he resumed his narrative** reponiéndose *or* sobreponiéndose con un esfuerzo sobrehumano, terminó su narración; *see also* **composure**

2 (= *retrieve*) [+ *bodies, wreck*] rescatar; [+ *debt*] cobrar; [+ *stolen property, costs, losses, investment*] recuperar; (*Jur*) [+ *money*] recuperar; [+ *property*] reivindicar, recuperar; (*Comput*) [+ *data*] recobrar, recuperar; **to ~ damages from sb** ser indemnizado por daños y perjuicios por algn

3 (= *reclaim*) [+ *materials*] recuperar

Ⓑ VI 1 (*after accident, illness*) reponerse, recuperarse, restablecerse (**from** de); (*after shock, blow*) sobreponerse, reponerse (**from** de); **he ~ed from being 4-2 down to reach the semi-finals** se recuperó tras ir perdiendo 4-2 y llegó a las semifinales

2 (*Fin*) [*currency*] recuperarse, restablecerse; [*shares, stock market*] volver a subir; [*economy*] reactivarse

**re-cover** [ˈriːˈkʌvəʳ] VT [+ *chair, sofa*] tapizar de nuevo; [+ *book*] forrar de nuevo

**recoverable** [rɪˈkʌvərəbl] ADJ recuperable; (*at law*) reivindicable

**recovery** [rɪˈkʌvərɪ] Ⓐ N 1 (*after accident, illness*) recuperación *f*, restablecimiento *m* (*frm*); (*after shock, blow*) recuperación *f*; (*Fin*) [*of currency*] recuperación *f*; (*Econ*) reactivación *f*; **her chances of ~ are not good** no tiene muchas posibilidades de recuperarse; **to be in ~** (*from addiction*) estar en rehabilitación; **to make a ~** recuperarse, restablecerse; **she has made a full ~** se ha recuperado *or* restablecido completamente; **prices made a slow ~** las cotizaciones tardaron en restablecerse; **to be on the road** *or* **way to ~** (*Med*) estar camino de la recuperación; (*Econ*) estar camino de la reactivación

2 (= *retrieval*) [*of bodies, wreck*] rescate *m*; [*of debt*] cobro *m*; [*of stolen property*] recuperación *f*; (*Jur*) [*of money*] recuperación *f*; [*of property*] reivindicación *f*, recuperación *f*; (*Comput*) [*of data*] recuperación *f*; **an action for ~ of damages** una demanda por daños y perjuicios

3 (= *reclaiming*) [*of materials*] recuperación *f*

Ⓑ CPD ► **recovery room** N (*Med*) sala *f* de posoperatorio ► **recovery service** N (*Aut*) servicio *m* de rescate ► **recovery ship**, **recovery vessel** N nave *f* de salvamento ► **recovery time** N tiempo *m* de recuperación ► **recovery vehicle** N (*Aut*) grúa *f* ► **recovery ward** N (*Med*) sala *f* de posoperatorio

**recreant††** [ˈrekrɪənt] Ⓐ N cobarde *mf*

Ⓑ ADJ cobarde

**re-create** [ˈriːkrɪˈeɪt] VT (= *create again*) recrear, volver a crear

**recreation** [,rekrɪˈeɪʃən] Ⓐ N 1 (= *amusement*) (*also Scol*) recreo *m*

2 (= *reconstruction*) reconstrucción *f*; (*Theat*) recreación *f*; (= *representation*) representación *f*

Ⓑ CPD ► **recreation centre**, **recreation center** (*US*) N centro *m* de recreo ► **recreation ground** N campo *m* de deportes ► **recreation room** N salón *m* de recreo

**recreational** [,rekrɪˈeɪʃənəl] Ⓐ ADJ [*activity*] recreativo; [*drug*] de placer

Ⓑ CPD ► **recreational facilities** NPL facilidades *fpl* de recreo ► **recreational vehicle** N (*US*) caravana *f or* rulota *f* pequeña

**recreative** [ˈrekrɪ,eɪtɪv] ADJ recreativo

**recriminate** [rɪˈkrɪmɪneɪt] VI recriminar

**recrimination** [rɪ,krɪmɪˈneɪʃən] N recriminación *f*

**recross** [ˈriːˈkrɒs] VT, VI volver a cruzar

**recrudesce** [,riːkruːˈdes] VI (*liter*) recrudecer

**recrudescence** [ˌriːkruːˈdesns] N (*liter*) recrudescencia *f*, recrudecimiento *m*

**recrudescent** [ˌriːkruːˈdesnt] ADJ (*liter*) recrudescente

**recruit** [rɪˈkruːt] Ⓐ N (*Mil*) recluta *mf*; (*to organization*) adquisición *f*; **Janet is our latest ~** (*hum*) Janet es nuestra última adquisición *or* nuestro último fichaje*; **new ~** (*Mil*) nuevo recluta; (*to organization*) nuevo/a *m/f*; **raw ~** (*Mil*) quinto *m*, soldado *mf* raso; (*fig*) novato/a *m/f*
Ⓑ VT [1] (= *enlist*) (*Mil*) reclutar; [+ *staff*] contratar; [+ *new members*] buscar; **he was ~ed into the army at 18** lo reclutaron con 18 años; **they ~ed me to help** me reclutaron para que ayudara
[2] (= *obtain, seek out*) [+ *help*] reclutar; [+ *talent*] buscar
Ⓒ VI (*Mil*) alistar reclutas; (*Comm*) reclutar gente; **I am ~ing for staff now** ahora estoy reclutando personal para la plantilla

**recruiting** [rɪˈkruːtɪŋ] Ⓐ N reclutamiento *m*
Ⓑ CPD ► **recruiting office** N caja *f* de reclutas ► **recruiting officer** N oficial *mf* de reclutamiento

**recruitment** [rɪˈkruːtmənt] Ⓐ N (*Mil*) reclutamiento *m*; [*of staff*] contratación *f*
Ⓑ CPD ► **recruitment agency** N agencia *f* de colocaciones

**rec't** ABBR = **receipt**

**rectal** [ˈrektəl] ADJ rectal

**rectangle** [ˈrekˌtæŋgl] N rectángulo *m*

**rectangular** [rekˈtæŋgjʊləʳ] ADJ rectangular

**rectifiable** [ˈrektɪfaɪəbl] ADJ rectificable

**rectification** [ˌrektɪfɪˈkeɪʃən] N rectificación *f*

**rectifier** [ˈrektɪfaɪəʳ] N (*Elec, Chem etc*) rectificador *m*; (*Mech*) rectificadora *f*

**rectify** [ˈrektɪfaɪ] VT rectificar

**rectilinear** [ˌrektɪˈlɪnɪəʳ] ADJ rectilíneo

**rectitude** [ˈrektɪtjuːd] N (*frm*) rectitud *f*

**rector** [ˈrektəʳ] N (*Rel*) párroco *m*; (*Univ etc*) rector(a) *m/f*

**rectory** [ˈrektərɪ] N casa *f* del párroco

**rectum** [ˈrektəm] N (*pl* **rectums, recta**) (*Anat*) recto *m*

**recumbent** [rɪˈkʌmbənt] ADJ [*figure, statue*] yacente; [*person*] recostado, acostado

**recuperate** [rɪˈkuːpəreɪt] Ⓐ VI recuperarse, reponerse, restablecerse; **to ~ after an illness** recuperarse *or* reponerse de una enfermedad; **to be recuperating from sth** estar convaleciente de algo
Ⓑ VT [+ *losses*] recuperar

**recuperation** [rɪˌkuːpəˈreɪʃən] N (*Med*) recuperación *f*, restablecimiento *m*; [*of losses*] recuperación *f*

**recuperative** [rɪˈkuːpərətɪv] ADJ [*powers, medicine*] recuperativo

**recur** [rɪˈkɜːʳ] VI (= *happen again*) [*pain, illness*] producirse de nuevo; [*event, mistake, theme*] repetirse; [*difficulty, opportunity*] volver a presentarse; **the idea ~s constantly in his work** la idea se repite constantemente en su obra

**recurrence** [rɪˈkʌrəns] N [*of event, mistake, theme*] repetición *f*; (*Med*) reaparición *f*, recurrencia *f*

**recurrent** [rɪˈkʌrənt] ADJ [*problem, feature*] repetido, constante; (*Anat, Med*) recurrente; **it is a ~ theme** es un tema constante *or* que se repite a menudo

**recurring** [rɪˈkɜːrɪŋ] Ⓐ ADJ (*Math*) **3.3333 ~** 3,3 periódico puro
Ⓑ CPD ► **recurring decimal** N decimal *m* periódico

**recusant** [ˈrekjʊzənt] Ⓐ ADJ recusante
Ⓑ N recusante *mf*

**recyclable** [ˌriːˈsaɪkləbl] ADJ reciclable

**recycle** [ˌriːˈsaɪkl] VT reciclar

**recycling** [ˌriːˈsaɪklɪŋ] Ⓐ N reciclado *m*, reciclaje *m*
Ⓑ CPD ► **recycling plant** N planta *f* de reciclado *or* reciclaje

**red** [red] Ⓐ ADJ (*compar* **redder**; *superl* **reddest**)
[1] (*gen*) [*apple, sweater, lips, pen*] rojo, colorado; [*flower, sky*] rojo; [*wine*] tinto; **the traffic lights are ~** el semáforo está en rojo; **his eyes were ~** (*from crying*) tenía los ojos rojos; **the ~ evening sun** el sol rojizo del atardecer; **bright ~** rojo fuerte *or* chillón; **dark ~** rojo oscuro; **deep ~** rojo intenso; **to have ~ hair** ser pelirrojo; ✦*IDIOMS* **it's like a ~ rag to a bull** es lo que más le saca de quicio; **to roll out the ~ carpet for sb** recibir a algn por todo lo alto *or* a bombo y platillo; **to give sb the ~ carpet treatment** tratar a algn a cuerpo de rey; **not a ~ cent** (*US**) ni una gorda*; ✦*PROV* **~ sky at night, shepherd's delight, ~ sky in the morning, shepherd's warning** el cielo rojo por la noche es señal de buen tiempo, el cielo rojo por la mañana de mal tiempo; *see also* **paint B2**
[2] (= *flushed*) [*face, cheeks*] (*with shame*) sonrojado; (*with anger*) rojo; (*with embarrassment*) rojo, colorado; **to be ~ in the face** (*from anger, exertion, heat*) estar rojo, tener la cara encendida (*liter*); (*from embarrassment*) estar rojo *or* colorado, tener la cara encendida (*liter*); **to go ~ in the face** (*from anger, exertion, heat*) ponerse rojo *or* colorado; (*with embarrassment*) ponerse colorado; (*with shame*) sonrojarse; ✦*IDIOM* **to go** *or* **turn as ~ as a beetroot** ponerse como un tomate
[3] (*Pol* pej*) rojo; ✦*PROV* **better ~ than dead** más vale el vivir bajo los comunistas que morir luchando contra ellos
Ⓑ N [1] (= *colour*) (color *m*) rojo *m*; **to be dressed in ~** ir vestido de rojo; **it was underlined in ~** estaba subrayado en rojo; ✦*IDIOMS* **to be in the ~** [*account, firm*] estar en números rojos; **I'm £100 in the ~** tengo un descubierto de 100 libras en el banco; **to go into** *or* **get into the ~** contraer deudas; **to get out of the ~** liquidar las deudas; **to see ~** sulfurarse, salirse de sus casillas; **this makes me see ~** esto me saca de quicio
[2] (*Pol* pej*) (= *person*) rojo/a *m/f*; ✦*IDIOM* **~s under the bed*** la amenaza comunista
[3] (= *red wine*) tinto *m*
Ⓒ CPD ► **red admiral** N vanesa *f* roja ► **red alert** N alerta *f* roja; **to be on ~ alert** estar en alerta roja ► **the Red Army** N el Ejército Rojo ► **red blood cell** N glóbulo *m* rojo ► **red cabbage** N col *f* lombarda, lombarda *f* ► **red card** N (*Ftbl*) tarjeta *f* roja; **to show sb the ~ card** sacar a algn la tarjeta roja; (*fig*) (= *reprimand*) llamar al orden a algn, amonestar a algn; (= *force to resign*) destituir a algn ► **red cedar** N cedro *m* rojo ► **red cell** N glóbulo *m* rojo ► **Red China** N China *f* comunista ► **red corpuscle** N corpúsculo *m* rojo ► **Red Cross** N Cruz *f* Roja ► **red deer** N ciervo *m* común ► **red ensign** N (*Naut*) enseña *f* roja ► **red eye** N (*Phot*) ojo *m* rojo; *see also* **redeye** ► **red flag** N (*on beach, etc*) bandera *f* roja ► **red giant** N (*Astron*) gigante *m* rojo ► **red heat** N calor *m* rojo ► **red herring** N (*fig*) pista *f* falsa, despiste *m* ► **Red Indian** N piel roja *mf* ► **red lead** N minio *m* ► **red light** N (*Aut*) luz *f* roja; **to go through a ~ light** saltarse un semáforo en rojo; *see also* **red-light district** ► **red meat** N carne *f* roja ► **red mullet** N salmonete *m* ► **red pepper** N (= *capsicum*) pimiento *m* rojo, pimiento *m* morrón, pimentón *m* rojo (*LAm*); (= *powder*) pimienta *f* de cayena ► **Red Riding Hood** N (*also* **Little Red Riding Hood**) Caperucita *f* Roja ► **red salmon** N salmón *m* rojo ► **Red Sea** N Mar *m* Rojo ► **red sea bream** N besugo *m* (rojo) ► **red setter** N setter *m* irlandés ► **red snapper** N pargo *m* ► **red spider mite** N arador *m* *or* ácaro *m* de la sarna ► **Red Square** N (*in Moscow*) Plaza *f* Roja ► **red squirrel** N ardilla *f* roja ► **red tape** N trámites *mpl*, papeleo *m* ► **red wine** N vino *m* tinto, tinto *m*

**redact** [rɪˈdækt] VT redactar

**redaction** [rɪˈdækʃən] N redacción *f*

**red-berried** [ˈredˈberɪd] ADJ con bayas rojas

**red-blooded** [ˈredˈblʌdɪd] ADJ (*fig*) viril

**redbreast** [ˈredbrest] N (= *bird*) petirrojo *m*; **robin ~** petirrojo *m*

**redbrick** [ˈredbrɪk] ADJ [*university*] *construido en el siglo XIX y fuera de Londres*; [*building*] de ladrillo

> **REDBRICK UNIVERSITY**
>
> *El término* **redbrick university** *se aplica a las universidades británicas construidas en los grandes centros urbanos industriales como Birmingham, Liverpool o Manchester a finales del siglo XIX o principios del XX. Deben su nombre a que sus edificios son normalmente de ladrillo, a diferencia de las universidades tradicionales de Oxford y Cambridge, cuyos edificios suelen ser de piedra.*

**redcap** [ˈredkæp] N [1] (*Brit Mil**) policía *mf* militar
[2] (*US Rail*) mozo *m* de estación

**red-card** [redˈkɑːd] VT (*Sport*) expulsar, mostrar la tarjeta roja a

**redcoat** [ˈredkəʊt] N (*Hist*) *soldado inglés del siglo XVIII etc*

**redcurrant** [ˈredˈkʌrənt] N (= *fruit*) grosella *f* roja; (= *bush*) grosellero *m* rojo

**redden** [ˈredn] Ⓐ VT enrojecer, teñir de rojo
Ⓑ VI [1] [*sky, leaves*] enrojecerse, ponerse rojo
[2] [*person*] (= *blush*) ponerse colorado, ruborizarse; (*with anger*) ponerse rojo *or* colorado

**reddish** [ˈredɪʃ] ADJ [*colour, hair*] rojizo

**redecorate** [ˈriːˈdekəreɪt] VT [+ *room, house*] redecorar, renovar el decorado de; (*with paint*) pintar de nuevo; (*with wallpaper*) volver a empapelar

**redecoration** [riːˌdekəˈreɪʃən] N renovación *f*

**redeem** [rɪˈdiːm] VT (*Rel*) [+ *sinner*] redimir; (= *buy back*) [+ *pawned goods*] desempeñar; (*Fin*) [+ *debt, mortgage*] amortizar; (= *fulfil*) [+ *promise, obligation*] cumplir; (= *compensate for*) [+ *fault*] expiar; **to ~ o.s.** redimirse

**redeemable** [rɪˈdiːməbl] ADJ (*Comm*) reembolsable; (*Fin*) amortizable

**Redeemer** [rɪˈdiːməʳ] N (*Rel*) Redentor *m*

**redeeming** [rɪˈdiːmɪŋ] ADJ **I see no ~ feature in it** no le encuentro ninguna cosa buena *or* ningún punto favorable; **~ virtue** virtud *f* compensadora

**redefine** [ˌriːdɪˈfaɪn] VT redefinir

**redemption** [rɪˈdempʃən] Ⓐ N (*Rel*) redención *f*; (*Fin*) amortización *f*; **to be beyond** *or* **past ~** (*fig*) no tener remedio
Ⓑ CPD ► **redemption price** N precio *m* de retroventa ► **redemption value** N valor *m* de rescate

**redemptive** [rɪˈdemptɪv] ADJ redentor

**redeploy** [ˈriːdɪˈplɔɪ] VT [+ *troops, forces*] cambiar de destino; [+ *resources*] disponer de otro modo, reorganizar; [+ *workers, staff*] (*at existing location*) redistribuir, adscribir; (*to new location*) cambiar de oficina/sucursal, *etc*

**redeployment** ['ri:dɪ'plɔɪmənt] N (= *rearrangement*) disposición *f* nueva; (= *redistribution*) redistribución *f*; (*Mil*) cambio *m* de destino

**redevelop** [,ri:dɪ'veləp] VT [+ *land, site*] reurbanizar; [+ *building, property*] remodelar

**redevelopment** [,ri:dɪ'veləpmənt] N [*of land, site*] reurbanización *f*; [*of building, property*] remodelación *f*

**redeye*** ['red,aɪ] N (*esp US*) (= *night flight*) (*also* **~ flight**) vuelo *m* de noche

**red-eyed** ['red'aɪd] ADJ con los ojos enrojecidos

**red-faced** ['red'feɪst] ADJ (*lit*) con la cara roja; (*fig*) (= *ashamed*) ruborizado, avergonzado; (*with anger*) con la cara encendida *or* colorada *or* roja (*de ira*)

**red-haired** ['red'hɛəd] ADJ pelirrojo

**red-handed** ['red'hændɪd] ADJ ✦**IDIOM to catch sb ~** pillar *or* coger *or* (*LAm*) agarrar a algn con las manos en la masa

**redhead** ['redhed] N pelirrojo/a *m/f*

**red-headed** ['red'hedɪd] ADJ pelirrojo

**red-hot** ['red'hɒt] ADJ [1] (*lit*) [*iron, poker*] candente
[2] (*) (*fig*) [2·1] (= *up to the moment*) [*news, information*] de última hora
[2·2] (= *very sharp*) [*cardplayer, tennis player etc*] de primera categoría
[2·3] (= *very popular*) muy de moda

**redial** [ri:'daɪəl] Ⓐ VT volver a marcar
Ⓑ VI volver a marcar el número
Ⓒ N **automatic ~** marcación *f* automática

**redirect** ['ri:daɪ'rekt] VT [+ *letter*] remitir; [+ *energies*] emplear de otro modo; [+ *traffic*] desviar, dirigir por otra ruta

**rediscover** ['ri:dɪs'kʌvəʳ] VT redescubrir, volver a descubrir

**rediscovery** ['ri:dɪs'kʌvərɪ] N redescubrimiento *m*

**redistribute** ['ri:dɪs'trɪbju:t] VT distribuir de nuevo, volver a distribuir

**redistribution** ['ri:,dɪstrɪ'bju:ʃən] N redistribución *f*

**red-letter** ['red'letəʳ] ADJ **~ day** (*fig*) (= *memorable day*) día *m* señalado; **~ version** (*of Bible*) *edición de la Biblia con la palabra de Jesucristo impresa en rojo*

**red-light district** [,red'laɪtdɪstrɪkt] N zona *f* de tolerancia, barrio *m* chino (*Sp*)

**redneck** ['rednek] N (*US*) campesino *m* blanco de los estados del Sur

**redness** ['rednɪs] N [*of skin, hair*] rojez *f*

**redo** ['ri:'du:] (*pt* **redid**; *pp* **redone**) VT rehacer, volver a hacer

**redolence** ['redəʊləns] N fragancia *f*, perfume *m*

**redolent** ['redəʊlənt] ADJ **~ of** oliente *or* con fragancia a; **to be ~ of** (*fig*) recordar, hacer pensar en

**redouble** [ri:'dʌbl] Ⓐ VT [1] (= *intensify*) [+ *activity, effort*] redoblar, intensificar
[2] (*Bridge*) redoblar
Ⓑ VI [1] (= *intensify*) redoblarse, intensificarse
[2] (*Bridge*) redoblar

**redoubt** [rɪ'daʊt] N reducto *m*; **the last ~ of** el último reducto de

**redoubtable** [rɪ'daʊtəbl] ADJ temible

**redound** [rɪ'daʊnd] VI **to ~ upon sb** repercutir sobre algn; **to ~ to sb's credit** redundar en beneficio de algn

**redraft** ['ri:'drɑ:ft] VT redactar de nuevo

**redraw** ['ri:'drɔ:] (*pt* **redrew**; *pp* **redrawn**) VT [+ *picture*] volver a dibujar; [+ *map, plan*] volver a trazar

**redress** [rɪ'dres] Ⓐ N (= *compensation*) compensación *f*, indemnización *f*; (*for offence*) reparación *f*; (= *satisfaction*) desagravio *m*; **to seek ~ for** solicitar compensación por; **in such a case you have no ~** en tal caso usted no tiene derecho a compensación
Ⓑ VT (= *compensate for*) reparar, indemnizar; [+ *offence*] reparar; [+ *fault*] remediar; **to ~ the balance** equilibrar la balanza

**redshank** ['redʃæŋk] N archibebe *m*

**redskin** ['redskɪn] N piel roja *m*

**redstart** ['redstɑ:t] N colirrojo *m* real

**reduce** [rɪ'dju:s] Ⓐ VT [1] (= *decrease*) [+ *number, costs, expenditure, inflation*] reducir; [+ *price*] rebajar; (*Ind*) [+ *output*] reducir, recortar; [+ *speed, heat, visibility*] disminuir; [+ *temperature*] bajar; [+ *stress, tension*] reducir, disminuir; [+ *pain*] aliviar; **it ~s the risk of heart disease (by 20%)** disminuye el riesgo de enfermedades cardíacas (en un 20%); **"reduce speed now"** "disminuya la velocidad"
[2] (= *cut price of*) [+ *goods*] rebajar
[3] (= *make smaller*) [+ *drawing*] reducir; (*Med*) [+ *swelling*] bajar; (*Culin*) [+ *sauce*] reducir
[4] (= *bring to specified state*) **to ~ sb to despair** llevar a algn a la desesperación; **to ~ sb to tears** hacer llorar a algn; **to be ~d to penury** estar sumido en la miseria; **to ~ sth to ashes/rubble** reducir algo a cenizas/escombros; **to ~ sb to silence** hacer callar a algn; **we were ~d to begging on the streets** nos vimos obligados a mendigar por las calles; *see also* **minimum**
[5] (= *capture, subjugate*) tomar, conquistar
[6] (*Mil*) (= *demote*) degradar; **to ~ sb to the ranks** degradar a algn a soldado raso
[7] (= *simplify*) reducir; **to ~ an argument to its simplest form** reducir un argumento a su esencia
[8] (*Math*) [+ *equation, expression*] reducir
[9] (*Chem*) reducir
Ⓑ VI [1] (= *decrease*) reducirse, disminuir
[2] (*Culin*) espesarse
[3] (= *slim*) adelgazar

**reduced** [rɪ'dju:st] ADJ [1] (= *lower*) [*numbers, cost, expenditure*] reducido; [*price*] reducido, rebajado; **at a ~ rate** con una tarifa reducida *or* rebajada, con rebaja *or* descuento; **non-smokers have a ~ risk of heart disease** los no fumadores tienen menos riesgo de contraer enfermedades cardíacas; **I had to get used to living on a ~ income** me tuve que acostumbrar a vivir con pocos ingresos; **"reduced to clear"** "rebajas por liquidación"
[2] (= *smaller*) [*size*] reducido; **French troops will have a ~ role in the area** las tropas francesas desempeñarán un papel poco importante en la zona; **on a ~ scale** a escala reducida
[3] (= *straitened*) **to be living in ~ circumstances** (*frm, hum*) pasar necesidades *or* estrecheces

**reducible** [rɪ'dju:səbl] ADJ reducible

**reduction** [rɪ'dʌkʃən] N [1] (*in size, number, costs, expenditure*) reducción *f*; **a 15% ~ in costs** una reducción del 15% por ciento en los costes; **there has been no ~ in demand** no ha disminuido la demanda; **we have had to make ~s in the budget** hemos tenido que recortar el presupuesto
[2] (*in price*) rebaja *f*; **a 50% ~** una rebaja del 50%
[3] (*Mil*) (*in rank*) degradación *f*
[4] (= *simplification*) reducción *f*
[5] (*Phot*) copia *f* reducida
[6] (*Math*) reducción *f*
[7] (*Chem*) reducción *f*
[8] (= *capture, subjugation*) toma *f*, conquista *f*

**redundance** [rɪ'dʌndəns] N redundancia *f*

**redundancy** [rɪ'dʌndənsɪ] (*Brit*) Ⓐ N [1] (= *state of being superfluous*) exceso *m*, superfluidad *f*
[2] (*Brit*) [*of worker*] despido *m*; (*among workers*) desempleo *m*; *see also* **compulsory**, **voluntary**
Ⓑ CPD ► **redundancy compensation**, **redundancy payment** N indemnización *f* por desempleo

**redundant** [rɪ'dʌndənt] ADJ [1] (= *superfluous*) superfluo; **to be ~** estar de más
[2] (*Gram*) redundante
[3] (*Brit*) [*worker*] sin trabajo, parado; **to be made ~** ser despedido (*por reducción de plantilla*), quedar sin trabajo; **he was made ~ in 1999** lo despidieron en 1999, quedó sin trabajo en 1999; **automation may make some workers ~** la automatización puede hacer que varios obreros pierdan sus puestos

**reduplicate** [rɪ'dju:plɪkeɪt] VT reduplicar

**reduplication** [rɪ,dju:plɪ'keɪʃən] N reduplicación *f*

**reduplicative** [rɪ'dju:plɪkətɪv] ADJ reduplicativo

**redwing** ['redwɪŋ] N malvís *m*

**redwood** ['redwʊd] N (= *tree*) secoya *f*

**redye** ['ri:'daɪ] VT reteñir, volver a teñir

**re-echo** ['ri:'ekəʊ] Ⓐ VT repetir, resonar con
Ⓑ VI [*sound*] resonar; (*fig*) repercutirse

**reed** [ri:d] Ⓐ N [1] (*Bot*) junco *m*, caña *f*; **broken ~** (*fig*) persona *f* quemada
[2] (*Mus*) (*in mouthpiece*) lengüeta *f*
[3] (= *pipe*) caramillo *m*
Ⓑ CPD ► **reed bed** N juncal *m*, cañaveral *m* ► **reed bunting** N verderón *m* común ► **reed instrument** N instrumento *m* de lengüeta ► **reed mace** N anea *f*, espadaña *f* ► **reed stop** N registro *m* de lengüetas ► **reed warbler** N carricero *m* común

**re-edit** ['ri:'edɪt] VT reeditar

**re-educate** ['ri:'edjʊkeɪt] VT reeducar

**re-education** ['ri:,edjʊ'keɪʃən] N reeducación *f*

**reedy** ['ri:dɪ] ADJ (*compar* **reedier**; *superl* **reediest**) [1] [*place*] lleno de cañas, cubierto de juncos
[2] [*voice, tone, instrument*] aflautado

**reef**[1] [ri:f] N (*Geog*) arrecife *m*

**reef**[2] [ri:f] Ⓐ N (= *sail*) rizo *m*; **to let out a ~** largar rizos; (*fig*) aflojar el cinturón; **to take in a ~** tomar rizos; (*fig*) apretarse el cinturón
Ⓑ VT arrizar
Ⓒ CPD ► **reef knot** N nudo *m* de rizo

**reefer**[1] ['ri:fəʳ] N (= *jacket*) chaquetón *m*

**reefer**[2]* ['ri:fəʳ] N (= *joint*) porro* *m*

**reek** [ri:k] Ⓐ N tufo *m*, hedor *m* (**of** a)
Ⓑ VI [1] (= *smell*) **to ~ of sth** apestar a algo; **he comes home simply ~ing** (*of drink*) vuelve a casa que apesta a alcohol; **this ~s of treachery** (*fig*) esto huele a traición; **she ~s with affectation** (*fig*) su afectación es inaguantable
[2] (= *smoke*) humear, vahear

**reel** [ri:l] Ⓐ N [1] (*for cable, hose*) rollo *m*; (*for tape recorder, in fishing*) carrete *m*; (*for thread*) carrete *m*, bobina *f*; (*Phot*) (*for small camera*) carrete *m*, rollo *m*; [*of cine film*] cinta *f*; *see also* **cotton**, **inertia-reel**
[2] (*Mus*) (= *dance*) baile escocés
Ⓑ VT (= *wind*) [+ *thread, fishing line, film, tape*] enrollar, devanar
Ⓒ VI [1] (= *sway, stagger*) tambalear(se); **he**

**was sent ~ing by a blow to the head** un golpe en la cabeza hizo que se tambaleara; **he was ~ing about drunkenly** caminaba tambaleándose, caminaba haciendo eses*; **he lost his balance and ~ed backwards** perdió el equilibrio y se fue para atrás
[2] (= *be shaken*) **our troops were ~ing under the enemy bombardment** nuestras tropas sufrían el impacto del bombardeo enemigo; **I'm still ~ing from the shock** todavía no me he recuperado del susto
[3] (= *spin*) [*mind, head, brain*] dar vueltas; **the room ~ed before her eyes** la habitación le daba vueltas

►**reel in** VT + ADV [+ *fish*] sacar del agua (enrollando el sedal); [+ *line*] recoger, ir cobrando

►**reel off** VT + ADV [+ *statistics, list of names*] recitar de un tirón

**re-elect** ['riːɪ'lekt] VT reelegir

**re-election** ['riːɪ'lekʃən] N reelección *f*

**re-eligible** ['riː'elɪdʒəbl] ADJ reelegible

**reel-to-reel** ['riːltə'riːl] ADJ **~ tape-recorder** grabadora *f* de carrete

**re-emerge** ['riːɪ'mɜːdʒ] VI volver a salir

**re-employ** [ˌriːɪm'plɔɪ] VT volver a emplear

**re-enact** ['riːɪ'nækt] VT [1] (*Parl*) [+ *legislation*] volver a promulgar
[2] (*Theat*) volver a representar; [+ *crime, battle*] reconstruir

**re-enactment** [ˌriːɪ'næktmənt] N reconstrucción *f*

**re-engage** ['riːɪn'geɪdʒ] VT contratar de nuevo

**re-enlist** ['riːɪn'lɪst] VI reengancharse, alistarse de nuevo

**re-enter** ['riː'entəʳ] Ⓐ VI [1] volver a entrar
[2] **to ~ for an exam** volver a presentarse a un examen, presentarse de nuevo a un examen
Ⓑ VT (= *return to*) [+ *room, building, country*] volver a entrar en, entrar de nuevo en; [+ *hospital*] reingresar en, ingresar de nuevo en; [+ *data*] reintroducir en; **to ~ the Earth's atmosphere** volver a penetrar *or* reentrar en la atmósfera terrestre

**re-entry** ['riː'entrɪ] N (*to hospital*) reingreso *m*; (*into politics etc*) [*of spacecraft*] reentrada *f*; **the house has been bolted to prevent ~** han atrancado la puerta para evitar que se vuelva a entrar en ella

**re-equip** ['riːɪ'kwɪp] VT equipar de nuevo (**with** con)

**re-erect** [ˌriːɪ'rekt] VT reerigir

**re-establish** ['riːɪs'tæblɪʃ] VT restablecer

**re-establishment** ['riːɪs'tæblɪʃmənt] N restablecimiento *m*

**reeve¹** [riːv] VT (*Naut*) [+ *rope, cable*] (= *fasten*) asegurar (con cabo); (= *thread*) pasar por un ojal

**reeve²** [riːv] N (*Hist*) juez *mf* local

**re-examination** ['riːɪgˌzæmɪ'neɪʃən] N reexaminación *f*

**re-examine** ['riːɪg'zæmɪn] VT [+ *facts, evidence*] reexaminar, repasar; (*Jur*) [+ *witness*] volver a interrogar

**re-export** ['riː'ekspɔːt] Ⓐ VT reexportar
Ⓑ N reexportación *f*

**ref¹*** [ref] N (*Sport*) árbitro/a *m/f*

**ref²** PREP ABBR [1] (= **with reference to**) respecto de
[2] (*in letter-head*) (= **reference**) ref.

**reface** ['riː'feɪs] VT revestir de nuevo (**with** de)

**refashion** ['riː'fæʃən] VT formar de nuevo, rehacer

**refectory** [rɪ'fektərɪ] N refectorio *m*

**refer** [rɪ'fɜːʳ] Ⓐ VT [1] (= *send, direct*) remitir; **to ~ sth to sb** remitir algo a algn; **I have to ~ it to my boss** tengo que remitírselo a mi jefe, tengo que consultarlo con mi jefe; **to ~ a dispute to arbitration** someter *or* remitir una disputa al arbitraje; **the case has been ~red to the Supreme Court** han diferido el caso al Tribunal Supremo; **the decision has been ~red to us** la decisión se ha dejado a nuestro juicio; **to ~ sb to sth/sb**: **I ~red him to the manager** lo envié a que viera al gerente; **the doctor ~red me to a specialist** el médico me mandó a un especialista; **the reader is ~red to page 15** remito al lector a la página 15; **"refer to drawer"** (*on cheque*) "devolver al librador"
[2] (= *ascribe*) atribuir; **he ~s his mistake to tiredness** el error lo achaca a su cansancio, atribuye el error a su cansancio; **he ~s the painting to the 14th century** atribuye el cuadro al siglo XIV
[3] (*Brit Univ*) [+ *student*] suspender
[4] (*Med*) **~red pain** dolor *m* reflejo
Ⓑ VI **to ~ to** [1] (= *relate to*) referirse a; **this ~s to you all** esto se refiere a todos ustedes, esto va para todos ustedes; **the rules do not ~ to special cases** las normas no son aplicables a los casos especiales
[2] (= *allude to*) referirse a; **I am not ~ring to you** no me estoy refiriendo a ti; **I ~ to your letter of 1st May** con relación a su carta con fecha del uno de mayo
[3] (= *mention*) mencionar; **he never ~s to that evening** nunca menciona aquella noche
[4] (= *consult*) consultar; **she had to ~ to her notes** tuvo que consultar sus apuntes; **please ~ to section three** véase la sección tres
[5] (= *describe*) **he ~red to her as his assistant** cuando se refería a ella la llamaba su ayudante; **this kind of art is often ~red to as "minimal art"** este tipo de arte a menudo se denomina "arte minimalista"

►**refer back** Ⓐ VT + ADV [+ *matter, decision*] volver a remitir; [+ *person*] volver a mandar; **the case was ~red back to the Court of Appeal** el caso se volvió a remitir al Tribunal de Apelación; **the pharmacist may ~ you back to your doctor** puede que el farmacéutico te vuelva a mandar al médico de cabecera
Ⓑ VI + ADV **to ~ back to sth**: **you should ~ back to your notes** deberías volver a consultar tus apuntes; **~ back to the table in chapter seven** véase de nuevo el recuadro del capítulo siete

**referable** [rɪ'fɜːrəbl] ADJ **~ to** (= *related to*) relacionado con; (= *attributable to*) atribuible a; (= *classifiable as*) que se puede clasificar como

**referee** [ˌrefə'riː] Ⓐ N [1] (*in dispute, Sport*) árbitro/a *m/f*
[2] (*Brit*) (*for application, post*) avalista *mf*, persona *f* que avala; **Pérez has named you as a ~** Pérez dice que usted está dispuesto a avalarle
[3] [*of learned paper*] evaluador(a) *m/f*
Ⓑ VT [1] [+ *game*] dirigir, arbitrar en
[2] [+ *learned paper*] evaluar
Ⓒ VI arbitrar, hacer de árbitro

▼**reference** ['refrəns] Ⓐ N [1] (= *act of referring*) consulta *f*; **an index is included for ease of ~** *or* **for easy ~** se incluye un índice para facilitar la consulta; **it was agreed without ~ to me** se acordó sin consultarme; **for future ~, please note that ...** por si importa en el futuro, obsérvese que ...; **I'll keep it for future ~** lo guardo por si hace falta consultarlo en el futuro
[2] (= *allusion*) alusión *f*, referencia *f*; **I can't find any ~ to him in the files** no encuentro nada que haga referencia a él en los archivos; **he does this by ~ to the same principles** hace esto tomando como referencia los mismos principios; **without ~ to any particular case** sin referirse a ningún caso (en) concreto; **with particular ~ to ...** con referencia especial a ...; **he spoke without any ~ to you** habló sin mencionarte para nada; **to make ~ to sth/sb** hacer referencia a algo/algn, hacer alusión a algo/algn; *see also* **passing**
[3] (= *identifying source*) (*in text*) referencia *f*, remisión *f*; (= *citation*) referencia *f*; (*Comm*) (*in letter, catalogue*) (*also* **~ number**) número *m* de referencia; (*on map*) indicación *f*; (*Typ*) (*also* **~ mark**) llamada *f*; **"~ XYZ2"** "número de referencia: XYZ2"; **to look up a ~** (*in book*) buscar una referencia; (*on map*) seguir las coordenadas; *see also* **cross-reference**, **grid**
[4] (= *testimonial*) (= *document*) referencia *f*, informe *m*; (= *person*) garante *mf*, fiador(a) *m/f*; **she has good ~s** tiene buenas referencias, tiene buenos informes; **the firm offered to give her a ~** la empresa se ofreció a darle referencias *or* informes; **to take up (sb's) ~s** pedir referencias *or* informes (de algn); *see also* **character**, **credit**
[5] (= *remit*) *see* **frame A4**, **point D**, **term A6.1**
Ⓑ VT [1] (= *provide references for*) [+ *book*] dotar de referencias a
[2] (= *refer to*) [+ *source*] citar
Ⓒ CPD [*material, tool, room*] de consulta
► **reference book** N libro *m* de consulta
► **reference group** N (*Sociol*) grupo *m* de estudio ► **reference library** N biblioteca *f* de consulta ► **reference mark** N llamada *f*
► **reference number** N número *m* de referencia ► **reference point** N punto *m* de referencia ► **reference price** N (*Agr*) precio *m* de referencia

**referendum** [ˌrefə'rendəm] N (*pl* **referendums**, **referenda** [ˌrefə'rendə]) referéndum *m*; **to call a ~** convocar un referéndum; **to hold a ~** celebrar un referéndum; **to hold a ~ on sth** someter algo a referéndum

**referral** [rɪ'fɜːrəl] N [1] (*Med, Psych*) **ask your GP for a ~ to a clinical psychologist** pídale a su médico que le envíe a un psicólogo clínico; **letter of ~** volante *m* médico
[2] (*to higher authority*) remisión *f*
[3] (*Jur*) [*of case*] remisión *f*

**refill** ['riːfɪl] Ⓐ N recambio *m*; (*for pencil*) mina *f*; **would you like a ~?** ¿te pongo más vino etc?, ¿otro vaso?
Ⓑ [ˌriː'fɪl] VT [+ *lighter, pen*] recargar; [+ *glass*] volver a llenar

**refinance** [rɪ'faɪnæns] VT refinanciar

**refine** [rɪ'faɪn] Ⓐ VT [1] [+ *sugar, oil*] refinar; [+ *fats*] clarificar; [+ *metal*] refinar, afinar
[2] (= *improve*) [+ *design, technique, machine*] perfeccionar; [+ *methods*] refinar; [+ *style*] limar, purificar; [+ *behaviour, style of writing*] pulir, refinar
Ⓑ VI **to ~ upon sth** (= *improve*) refinar algo, mejorar algo; (= *discuss*) discutir algo con mucha sutileza

**refined** [rɪ'faɪnd] ADJ [1] (= *purified*) [*sugar, flour*] refinado
[2] (= *sophisticated*) [*clothes, manners, sense of humour*] fino, refinado
[3] (= *subtle, polished*) [*style of writing*] elegante, pulido

**refinement** [rɪ'faɪnmənt] N [1] [*of person, language*] refinamiento *m*; [*of manners*] educación *f*, finura *f*; [*of style*] elegancia *f*, urbani-

➤ LANGUAGE IN USE: **reference A2** 21.1

dad *f*; **a person of some ~** una persona fina
2 (= *improvement*) mejora *f*; (*in machine*) perfeccionamiento *m*
3 (= *subtle detail*) [*of language*] sutileza *f*; **that is a ~ of cruelty** eso es ser más cruel todavía; **with every possible ~ of cruelty** con las formas más refinadas de la crueldad

**refiner** [rɪˈfaɪnəʳ] N refinador *m*

**refinery** [rɪˈfaɪnərɪ] N refinería *f*

**refit** [ˈriːˈfɪt] Ⓐ N (*gen*) reparación *f*, compostura *f*; (*Naut*) reparación *f*
Ⓑ VT (*gen*) reparar, componer; (*Naut*) reparar
Ⓒ VI (*Naut*) repararse

**refitment** [ˈriːˈfɪtmənt] N (*gen*) reparación *f*, compostura *f*; (*Naut*) reparación *f*

**refitting** [ˈriːˈfɪtɪŋ] N = **refitment**

**reflate** [ˌriːˈfleɪt] VT [+ *economy*] reflacionar

**reflation** [riːˈfleɪʃən] N reflación *f*

**reflationary** [riːˈfleɪʃnərɪ] ADJ reflacionario

**reflect** [rɪˈflekt] Ⓐ VT 1 [+ *light, image*] reflejar; **plants ~ed in the water** plantas reflejadas en el agua; **I saw him/myself ~ed in the mirror** lo vi/me vi reflejado en el espejo
2 [+ *situation, emotion, opinion*] reflejar, hacerse eco de; **the difficulties are ~ed in his report** las dificultades se reflejan en su informe, el informe se hace eco de las dificultades; **the speech ~s credit on him** el discurso le hace honor; **to bask in ~ed glory** disfrutar de la gloria ajena
3 (= *say*) reflexionar; **"the war has educated many of us," he ~ed** —la guerra nos ha concienciado a muchos —reflexionó; **he ~ed that life had not treated him so badly** pensándolo bien, la vida no le había tratado tan mal
Ⓑ VI 1 **to ~ off sth** [*light, heat*] reflejarse en algo; [*sound*] salir rebotado de algo
2 (= *think, meditate*) reflexionar, pensar; **~ before you act** reflexione antes de obrar; **if we but ~ a moment** sí sólo reflexionamos un instante; **to ~ on sth** reflexionar *or* meditar sobre algo
3 **to ~ on** *or* **upon sth/sb: it ~s on all of us** eso tiende a perjudicarnos *or* desprestigiarnos a todos; **it ~s on her reputation** eso pone en tela de juicio su reputación; **to ~ well on** *or* **upon sb** hacer honor a algn; **to ~ badly on** *or* **upon sb** decir poco en favor de algn; **it will ~ badly on the university** eso dará una imagen poco favorable de la universidad

**reflection** [rɪˈflekʃən] N 1 [*of light*] (= *act*) reflexión *f*; (= *image*) reflejo *m*; **the ~ of the light in the mirror** el reflejo de la luz en el espejo; **a pale ~ of former glories** un ligero reflejo de glorias pasadas; **to see one's ~ in a shop window** verse reflejado en un escaparate
2 (= *thought*) meditación *f*, reflexión *f*; **on ~** pensándolo bien; **without due ~** sin pensarlo lo suficiente; **mature ~ suggests that …** una meditación más profunda indica que …
3 (= *aspersion, doubt*) tacha *f*, descrédito *m*; **this is no ~ on your work** esto no significa crítica alguna a su trabajo; **this is no ~ on your honesty** esto no dice nada en contra de su honradez, esto no es ningún reproche a su honradez; **to cast ~s on sb** reprochar a algn
4 (= *idea*) pensamiento *m*, idea *f*; **"Reflections on Ortega"** "Meditaciones sobre Ortega"

**reflective** [rɪˈflektɪv] ADJ 1 [*surface*] brillante, lustroso
2 (= *meditative*) pensativo, reflexivo
3 **to be ~ of** reflejar

**reflectively** [rɪˈflektɪvlɪ] ADV pensativamente; **he said ~** dijo pensativo; **she looked at me ~** me miró pensativa

**reflector** [rɪˈflektəʳ] N 1 (*Aut*) (*also* **rear ~**) reflector *m inv*
2 (= *telescope*) reflector *m*

**reflex** [ˈriːfleks] Ⓐ ADJ reflejo; (*Math*) [*angle*] de reflexión; **~ camera** (*Phot*) cámara *f* reflex
Ⓑ N reflejo *m*

**reflexive** [rɪˈfleksɪv] Ⓐ ADJ (*Ling*) [*verb, pronoun*] reflexivo
Ⓑ N (*Ling*) (= *pronoun*) pronombre *m* reflexivo; (= *verb*) verbo *m* reflexivo

**reflexively** [rɪˈfleksɪvlɪ] ADV reflexivamente

**reflexology** [ˌriːflekˈsɒlədʒɪ] N reflexología *f*, reflejoterapia *f*

**refloat** [ˈriːˈfləʊt] VT [+ *ship*] poner a flote

**reflux** [ˈriːflʌks] N reflujo *m*

**reforest** [ˈriːˈfɒrɪst] VT repoblar de árboles

**reforestation** [ˈriːˌfɒrɪsˈteɪʃən] N repoblación *f* forestal

**reform** [rɪˈfɔːm] Ⓐ N reforma *f*; *see also* **land**
Ⓑ VT [+ *law, institution, person*] reformar; [+ *conduct*] corregir
Ⓒ VI [*person*] reformarse
Ⓓ CPD ► **Reform Jew** N judío/a *m/f* reformista ► **Reform Judaism** N judaísmo *m* reformista ► **reform law** N ley *f* de reforma ► **reform movement** N movimiento *m* de reforma ► **reform school** N (*US*) reformatorio *m*

**re-form** [ˈriːˈfɔːm] Ⓐ VT volver a formar, reconstituir
Ⓑ VI [*organization, party*] volver a formarse, reconstituirse; (*Mil*) rehacerse

**reformat** [ˈriːˈfɔːmæt] VT reformatear

**reformation** [ˌrefəˈmeɪʃən] N reformación *f*; **the Reformation** (*Rel*) la Reforma

**reformatory** [rɪˈfɔːmətərɪ] N (*Brit*) reformatorio *m*

**reformed** [rɪˈfɔːmd] ADJ reformado; **he's a ~ character these days** últimamente se ha reformado

**reformer** [rɪˈfɔːməʳ] N reformista *mf*, reformador(a) *m/f*

**reformist** [rɪˈfɔːmɪst] Ⓐ ADJ reformista
Ⓑ N reformista *mf*

**refract** [rɪˈfrækt] VT refractar

**refracting** [rɪˈfræktɪŋ] ADJ **~ telescope** telescopio *m* de refracción, telescopio *m* refractor

**refraction** [rɪˈfrækʃən] N refracción *f*

**refractive** [rɪˈfræktɪv] ADJ refractivo

**refractor** [rɪˈfræktəʳ] N refractor *m*

**refractoriness** [rɪˈfræktərɪnɪs] N obstinación *f*

**refractory** [rɪˈfræktərɪ] ADJ 1 (= *obstinate*) obstinado
2 (*Tech*) refractario

**refrain**[1] [rɪˈfreɪn] N (*Mus*) estribillo *m*; **his constant ~ is …** siempre está con la misma canción …

**refrain**[2] [rɪˈfreɪn] VI **to ~ from sth/from doing sth** abstenerse de algo/de hacer algo; **I couldn't ~ from laughing** no pude contener la risa

**refresh** [rɪˈfreʃ] VT [*drink, sleep, bath*] refrescar; **to ~ sb's memory** refrescar la memoria a algn; **to ~ o.s.** refrescarse, tomar un refresco

**refresher** [rɪˈfreʃəʳ] Ⓐ N 1 (= *drink*) refresco *m*
2 (*Jur*) honorarios *mpl* suplementarios
Ⓑ CPD ► **refresher course** N curso *m* de actualización

**refreshing** [rɪˈfreʃɪŋ] ADJ 1 (*lit*) [*drink*] refrescante
2 (*fig*) **it's ~ to hear some new ideas** da gusto escuchar nuevas ideas; **it's a ~ change to find this** es alentador encontrar esto

**refreshingly** [rɪˈfreʃɪŋlɪ] ADV **she's ~ honest** da gusto ver lo honesta que es; **his style of writing is ~ different** tiene un estilo distinto, lo cual resulta muy grato

**refreshment** [rɪˈfreʃmənt] Ⓐ N (= *food*) piscolabis *m*; (= *drink*) (*non-alcoholic*) refresco *m*; (*alcoholic*) copa *f*; **refreshments** refrigerio *msing*, comida *fsing* liviana; **"~s will be served"** "se servirá un refrigerio"; **to take some ~** tomar algo, comer *or* beber *etc*
Ⓑ CPD ► **refreshment bar** N chiringuito *m* de refrescos ► **refreshment room** N (*Rail*) cantina *f*, comedor *m* ► **refreshment stall, refreshment stand** N puesto *m* de refrescos

**refrigerant** [rɪˈfrɪdʒərənt] N refrigerante *m*

**refrigerate** [rɪˈfrɪdʒəreɪt] VT refrigerar

**refrigeration** [rɪˌfrɪdʒəˈreɪʃən] N refrigeración *f*

**refrigerator** [rɪˈfrɪdʒəreɪtəʳ] Ⓐ N frigorífico *m*, nevera *f*, refrigeradora *f* (*LAm*)
Ⓑ CPD ► **refrigerator lorry** N camión *m* frigorífico ► **refrigerator ship** N buque *m* frigorífico

**refuel** [ˈriːˈfjʊəl] Ⓐ VI [*tank, plane*] repostar
Ⓑ VT llenar de combustible; [+ *speculation*] renovar, volver a despertar

**refuelling, refueling** (*US*) [ˈriːˈfjʊəlɪŋ] Ⓐ N reabastecimiento *m* de combustible
Ⓑ CPD ► **refuelling stop** N escala *f* para repostar

**refuge** [ˈrefjuːdʒ] N (= *shelter*) refugio *m*; (= *shelter for climbers*) albergue *m*; (= *hut*) albergue *m*; (*fig*) amparo *m*, abrigo *m*; **God is my ~** Dios es mi amparo; **to seek ~** buscar refugio, buscar dónde guarecerse; **to take ~** ponerse al abrigo, guarecerse; **to take ~ in sth** refugiarse en algo; (*fig*) recurrir a algo

**refugee** [ˌrefjʊˈdʒiː] Ⓐ N refugiado/a *m/f*; **~ from justice** prófugo/a *m/f* de la justicia
Ⓑ CPD ► **refugee camp** N campamento *m* para refugiados ► **refugee status** N estatus *m inv* de refugiado

**refulgence** [rɪˈfʌldʒəns] N refulgencia *f*

**refulgent** [rɪˈfʌldʒənt] ADJ refulgente

**refund** [ˈriːfʌnd] Ⓐ N (= *act*) devolución *f*; (= *amount*) reembolso *m*
Ⓑ [rɪˈfʌnd] VT devolver, reembolsar

**refundable** [rɪˈfʌndəbl] ADJ reembolsable

**refurbish** [ˈriːˈfɜːbɪʃ] VT [+ *building, paintwork*] restaurar; [+ *literary work*] refundir

**refurnish** [ˈriːˈfɜːnɪʃ] VT amueblar de nuevo

**refusal** [rɪˈfjuːzəl] N 1 negativa *f*; **she brushed aside my ~s** hizo caso omiso de mis negativas; **he didn't take her ~ seriously** no tomó en serio su negativa; **he was shot for his ~ to obey orders** lo mataron de un tiro por negarse a obedecer órdenes; **I'm giving you/you have first ~ (on the house)** le daré/tendrá prioridad en la compra (de la casa); **a flat ~** una negativa rotunda; **her request met with a flat ~** su solicitud fue rechazada de plano
2 [*of application*] denegación *f*
3 (*by horse*) **the horse had two ~s** el caballo se plantó dos veces

▼ **refuse**[1] [rɪˈfjuːz] Ⓐ VT 1 (= *decline*) [+ *offer, chance*] rechazar, rehusar; [+ *applicant*] rechazar; **it was an offer he couldn't ~** era una oferta que no podía rechazar *or* rehusar; **the patient has the right to ~ treatment** el paciente tiene derecho a negarse a someterse a tratamiento; **he was devastated when she ~d him** estaba desolado cuando ella lo rechazó; **she ~d their invitation to stay to dinner** rechazó *or* no aceptó su invitación para

➤ LANGUAGE IN USE: **refuse**[1] **A1, 2** 8.4, 9.5, 12.2, 12.3

quedarse a cenar; **he never ~s a drink** nunca dice que no a una copa; **to ~ to do sth** [*person*] negarse a hacer algo; **he ~d to comment after the trial** se negó a *or* rehusó hacer comentarios después del juicio; **my legs ~d to function** mis piernas se negaban a funcionar
2 (= *not grant*) [+ *request, permission*] (*gen*) negar; (*officially*) denegar; **the police ~d permission for the march** la policía denegó el permiso *or* les negó el permiso para hacer la marcha; **to ~ sb sth** (*gen*) negar algo a algn; (*officially*) denegar algo a algn; **they were ~d permission to leave** les negaron autorización para salir; **I was ~d entry to Malawi** me denegaron la entrada a Malaui; **they can ~ her nothing** no le pueden negar nada
Ⓑ VI 1 [*person*] negarse; **I don't see how I can ~** no veo cómo puedo negarme
2 [*horse*] plantarse

**refuse²** ['refju:s] Ⓐ N 1 (= *rubbish*) basura *f*, desperdicios *mpl*; **garden ~** desperdicios *mpl* del jardín; **household ~** basura *f* doméstica, residuos *mpl* domésticos
2 (= *industrial waste*) desechos *mpl*, residuos *mpl*
Ⓑ CPD ► **refuse bin** N cubo *m or* (*LAm*) bote *m or* tarro *m* de la basura ► **refuse chute** N rampa *f* de desperdicios, rampa *f* de la basura ► **refuse collection** N recogida *f* de basura ► **refuse collector** N basurero *m* ► **refuse disposal** N eliminación *f* de basuras ► **refuse disposal unit** N triturador *m* de basura ► **refuse dump** N = **refuse tip** ► **refuse lorry** N camión *m* de la basura ► **refuse tip** N vertedero *m*, basural *m* (*LAm*)

**refutable** [rɪ'fju:təbl] ADJ refutable

**refutation** [,refjʊ'teɪʃən] N refutación *f*

**refute** [rɪ'fju:t] VT refutar, rebatir

**reg.** [redʒ] Ⓐ N ABBR (*Brit**) = **registration number**
Ⓑ ADJ ABBR = **registered**

**regain** [rɪ'geɪn] VT recobrar, recuperar; [+ *breath*] cobrar; **to ~ consciousness** recobrar el conocimiento, volver en sí

**regal** ['ri:gəl] ADJ regio, real

**regale** [rɪ'geɪl] VT (= *entertain*) entretener; (= *delight*) divertir; **to ~ sb on oysters** agasajar a algn con ostras; **he ~d the company with a funny story** para entretener a la compañía les contó un chiste; **to ~ o.s. on** *or* **with sth** regalarse con algo, darse el lujo de algo

**regalia** [rɪ'geɪlɪə] NPL (= *royal trappings*) atributos *mpl*; (*gen*) (= *insignia*) insignias *fpl*

**regally** ['ri:gəlɪ] ADV regiamente; (*pej*) con pompa regia

**▼ regard** [rɪ'gɑ:d] Ⓐ N 1 (= *relation*) respecto *m*, aspecto *m*; **in** *or* **with ~ to** con respecto a; **with ~ to your letter of 25th June** con respecto a su carta del 25 de junio; **government policy with ~ to immigration** la política del gobierno con respecto a la inmigración *or* en materia de inmigración; **I was right in one ~** tenía razón en un aspecto; **in this/that ~** en este/ese aspecto, a este/ese respecto
2 (= *esteem*) estima *f*, respeto *m*; **my ~ for him** la estima *or* el respeto que le tengo; **to have a high** *or* **great ~ for sb** ◊ **hold sb in high ~** tener a algn en gran estima, tener un gran concepto de algn; **out of ~ for** por respeto a; *see also* **self-regard**
3 (= *attention, consideration*) **it should be done with a proper ~ for safety** debería hacerse prestándole la atención debida a la seguridad; **having ~ to** teniendo en cuenta; **he shows little ~ for their feelings** muestra poca consideración por sus sentimientos; **they have no ~ for human life** no tienen *or* muestran ningún respeto a la vida humana; **without ~ to/for sth: without ~ to race, creed or sex** sin considerar *or* sin tener en cuenta la raza, la religión o el sexo; **without ~ for her own safety** sin reparar en *or* tener en cuenta su propia seguridad
4 **regards** (*in messages*) recuerdos *mpl*, saludos *mpl*; **(give my) ~s to Yvonne** (dele) recuerdos a Yvonne, salude a Yvonne de mi parte; **(with) kind/best ~s** (*as letter ending*) saludos; **he sends his ~s** os manda recuerdos *or* saludos
5 (*liter*) (= *gaze*) mirada *f*
Ⓑ VT 1 (= *look at*) (*liter*) contemplar, observar; (*fig*) (= *view*) mirar; **to ~ sb with suspicion** mirar a algn con recelo
2 (= *consider*) considerar; **he is ~ed as Britain's foremost composer** se lo considera *or* está considerado el compositor más importante de Gran Bretaña; **we don't ~ it as necessary** no lo consideramos necesario, no nos parece necesario; **would you ~ yourself as a feminist?** ¿se considera usted feminista?
3 (= *esteem*) **he was a highly ~ed scholar** era un académico muy respetado *or* de mucha reputación
4 (= *concern*) tratar, tocar; **the next item ~s the proposed merger** el siguiente punto trata *or* toca la fusión propuesta; **as ~s** en *or* por lo que respecta a, en *or* por lo que se refiere a, en cuanto a

**regardful** [rɪ'gɑ:dfʊl] ADJ **~ of** atento a

**regarding** [rɪ'gɑ:dɪŋ] PREP con respecto a, en relación con; (*introducing sentence*) en *or* por lo que respecta a, en *or* por lo que se refiere a; **he refused to divulge any information ~ the man's whereabouts** rehusó facilitar cualquier información con respecto a *or* en relación con el paradero del hombre; **and other things ~ money** y otras cosas relativas al dinero

**regardless** [rɪ'gɑ:dlɪs] Ⓐ ADJ **~ of** sin reparar en; **buy it ~ of the cost** cómpralo, cueste lo que cueste; **they shot them all ~ of rank** los fusilaron a todos sin miramientos a su graduación; **we did it ~ of the consequences** lo hicimos sin tener en cuenta las consecuencias
Ⓑ ADV a pesar de todo, pase lo que pase; **he went on ~** continuó a pesar de todo; **carry** *or* **press on ~!** ¡a seguir, sin reparar en las consecuencias!

**regatta** [rɪ'gætə] N regata *f*

**regd** ADJ ABBR 1 (*Comm*) = **registered**
2 (*Post*) = **registered**

**regency** ['ri:dʒənsɪ] Ⓐ N regencia *f*
Ⓑ CPD ► **Regency furniture** N mobiliario *m* Regencia, mobiliario *m* estilo Regencia

**regenerate** Ⓐ [rɪ'dʒenəreɪt] VT regenerar
Ⓑ [rɪ'dʒenərɪt] ADJ regenerado

**regeneration** [rɪ,dʒenə'reɪʃən] N regeneración *f*

**regenerative** [rɪ'dʒenərətɪv] ADJ regenerador

**regent** ['ri:dʒənt] Ⓐ ADJ **prince ~** príncipe *m* regente
Ⓑ N regente *mf*

**reggae** ['regeɪ] N (*Mus*) reggae *m*

**regicide** ['redʒɪsaɪd] N 1 (= *act*) regicidio *m*
2 (= *person*) regicida *mf*

**régime, regime** [reɪ'ʒi:m] N 1 (*Pol*) régimen *m*; **the ancien ~** el antiguo régimen; **under the Nazi ~** bajo el régimen de los nazis
2 (= *system, programme*) régimen *m*

**regimen** ['redʒɪmən] N régimen *m*

**regiment** ['redʒɪmənt] Ⓐ N (*Mil*) regimiento *m*; (*fig*) ejército *m*, batallón *m*; **a whole ~ of mice** todo un ejército *or* batallón de ratones
Ⓑ ['redʒɪment] VT (*fig*) [+ *life*] reglamentar; **trees planted in ~ed rows** árboles plantados en hileras perfectamente alineadas

**regimental** [,redʒɪ'mentl] Ⓐ ADJ (*Mil*) de regimiento; (*fig*) militar; **~ sergeant major** ≈ brigada *m* de regimiento; **with ~ precision** con precisión militar
Ⓑ NPL **~s** (*Mil*) uniforme *msing*

**regimentation** [,redʒɪmen'teɪʃən] N reglamentación *f*

**Reginald** ['redʒɪnld] N Reinaldo, Reginaldo

**region** ['ri:dʒən] N 1 [*of country, human body*] región *f*, zona *f*; **the densely populated coastal ~** la región *or* zona costera densamente poblada; **Asia and the Pacific ~** Asia y la región del Pacífico; **the pelvic ~** la región *or* la zona pélvica; **a pain in the ~ of my kidneys** un dolor a la altura de los riñones; **the ~s** (= *provinces*) las provincias
2 (= *field, sphere*) campo *m*; **and here we enter a ~ of moral ambiguity** y aquí entramos en un campo de ambigüedad moral
3 **in the ~ of** (= *approximately*) aproximadamente, alrededor de; **it will cost in the ~ of £6 million** costará aproximadamente *or* alrededor de 6 millones de libras; **I would say she's in the ~ of 40** yo diría que ronda los 40, yo diría que tiene unos 40 años

**regional** ['ri:dʒənl] Ⓐ ADJ [*conflicts, autonomy, government, accent*] regional
Ⓑ CPD ► **regional authority** N autoridad *f* regional ► **regional council** N (*Scot*) consejo *m* regional ► **regional development** N (*Brit Admin*) desarrollo *m* regional ► **regional development grant** N subsidio *m* para el desarrollo regional ► **regional planning** N planificación *f* regional

**regionalism** ['ri:dʒənəlɪzəm] N regionalismo *m*

**regionalist** ['ri:dʒənəlɪst] Ⓐ ADJ regionalista
Ⓑ N regionalista *mf*

**register** ['redʒɪstəʳ] Ⓐ N 1 (= *list*) (*in hotel*) registro *m*; (*in school*) lista *f*; [*of members*] lista *f*, registro *m*; **the ~ of births, marriages and deaths** el registro civil; **to call** *or* **take the ~** pasar lista; *see also* **electoral**, **parish**
2 (*Mus*) [*of instrument, voice*] registro *m*
3 (*Ling*) registro *m*; **there's a difference of** *or* **in ~ between the two terms** existe una diferencia de registro entre los dos términos
4 (*also* **cash ~**) caja *f* registradora
5 (*Tech*) (= *gauge of speed, numbers*) indicador *m*
6 (= *air vent*) rejilla *f* de ventilación
7 (*Comput*) registro *m*
Ⓑ VT 1 (= *record*) [+ *fact, figure*] registrar, hacer constar; [+ *birth, marriage, death*] registrar, inscribir; [+ *company, property*] registrar; [+ *car, ship*] matricular, registrar; [+ *letter*] certificar; **are you ~ed with a doctor?** ¿está inscrito en la lista de pacientes de algún médico?; **to be ~ed to vote** estar inscrito en el censo electoral; **to be ~ed blind/disabled** estar registrado como ciego/minusválido
2 (= *show*) [+ *reading*] marcar, indicar; [+ *improvement, reduction*] experimentar; **the petrol gauge was ~ing empty** el indicador de gasolina marcaba *or* indicaba que el depósito estaba vacío; **production has ~ed a big fall** la producción ha experimentado un descenso considerable
3 (= *express*) [+ *emotion*] manifestar, mostrar; [+ *protest, support*] expresar, manifestar; [+ *complaint*] presentar; **he ~ed no surprise** no manifestó *or* mostró sorpresa alguna
Ⓒ VI 1 (= *sign on*) (*with agency, for course or conference*) inscribirse; (*at hotel*) registrarse; (*Univ*) [*student*] matricularse, inscribirse; **to ~ with a doctor** inscribirse en la lista de un

► LANGUAGE IN USE: **regard** A1 26.2

médico; **to ~ as unemployed** registrarse como parado; **to ~ with the police** dar parte a la policía; **to ~ to vote** inscribirse *or* registrarse en el censo electoral

[2] (*) (= *be understood*) **it doesn't seem to have ~ed with her** no parece haber hecho mella en ella; **when it finally ~ed** cuando por fin cayó en la cuenta

[3] (= *show*) [*reading*] ser detectado; [*emotion*] manifestarse; **surprise ~ed on her face** la sorpresa se manifestó en su cara

Ⓓ CPD ► **register office** N = **registry office**

**registered** [ˈredʒɪstəd] Ⓐ ADJ [*letter*] certificado; [*student, car*] matriculado; [*voter*] inscrito; **to be a ~ Democrat/Republican** (*US Pol*) estar inscrito como votante demócrata/republicano

Ⓑ CPD ► **registered charity** N sociedad *f* benéfica legalmente constituida ► **registered company** N sociedad *f* legalmente constituida ► **registered mail** N = **registered post** ► **registered nurse** N (*US*) enfermero/a *m/f* titulado/a ► **registered office** N domicilio *m* social ► **registered post** N (*Brit*) servicio *m* de entrega con acuse de recibo ► **registered trademark** N marca *f* registrada

**registrar** [ˌredʒɪsˈtrɑːʳ] N [1] [*of births, marriages, deaths*] secretario/a *m/f* del registro civil

[2] (*Univ*) secretario/a *m/f* general

[3] (*Med*) interno/a *m/f*

[4] [*of society*] secretario/a *m/f*

**registration** [ˌredʒɪsˈtreɪʃən] Ⓐ N [1] (*for course, conference, of voter*) inscripción *f*; (*Univ*) [*of student*] matriculación *f*, inscripción *f*; [*of company, property, trademark, dog, gun*] registro *m*; [*of car*] matriculación *f*; [*of ship*] matriculación *f*, abanderamiento *m*

[2] (= *number*) (*Aut, Naut, Univ*) matrícula *f*

Ⓑ CPD ► **registration document** N (*Brit Aut*) documento *m* de matriculación ► **registration fee** N (*Univ*) matrícula *f*; (*for agency*) cuota *f* de inscripción ► **registration form** N formulario *m* de inscripción ► **registration number** N (*Brit Aut*) matrícula *f* ► **registration tag** N (*US Aut*) (placa *f* de) matrícula *f*

**registry** [ˈredʒɪstrɪ] Ⓐ N registro *m*, archivo *m*; (*Univ*) secretaría *f* general; **servants' ~** agencia *f* de colocaciones

Ⓑ CPD ► **registry office** N registro *m* civil; **to get married at a ~ office** casarse por lo civil; **it was a ~ office wedding** fue una boda por lo civil

**Regius** [ˈriːdʒjəs] ADJ (*Brit Univ*) regio

**regress** Ⓐ [rɪˈgres] VI retroceder

Ⓑ [ˈriːgres] N regreso *m*

**regression** [rɪˈgreʃən] N regresión *f*

**regressive** [rɪˈgresɪv] ADJ regresivo

**regret** [rɪˈgret] Ⓐ N [1] (= *sorrow*) pena *f*, pesar *m*; **she accepted his resignation with ~** aceptó su dimisión con pena *or* pesar; **the President expressed his ~ for the deaths of civilians** el presidente expresó su pesar *or* dolor por las muertes de los civiles; **my one** *or* **only ~ is that I didn't see her before she died** lo único que siento *or* lamento es no haberla visto antes de que muriera; **I felt no ~ at giving up my work** no sentí dejar el trabajo; **much to my ~** ◊ **to my great ~** con gran pesar mío

[2] (= *remorse*) remordimiento(s) *m(pl)*; **I felt a pang of ~** me entraron remordimientos; **I have no ~s** no me arrepiento de nada

[3] **regrets** (= *excuses*) excusas *fpl*, disculpas *fpl*; **to send one's ~s** excusarse *or* mandar sus disculpas (por no poder acudir)

Ⓑ VT [1] (= *apologize for, be sorry for*) [+ *death, inconvenience, error*] lamentar; **we ~ any inconvenience caused by the delay** lamentamos cualquier inconveniente que les pueda haber causado el retraso; **it is to be ~ted that he did not act sooner** lo lamentable es que no actuó antes; **the President ~s (that) he cannot see you today** el presidente lamenta *or* siente no poder verle hoy; **we ~ to inform you that ...** lamentamos tener que informarle que ...; **her lack of co-operation is nothing new, I ~ to say** lamento decir que su falta de cooperación no es algo nuevo; **we ~ having to do this, but it is necessary** lamentamos *or* sentimos tener que hacer esto, pero es necesario; **he ~ted what had happened** lamentó lo ocurrido

[2] (= *rue*) [+ *decision*] arrepentirse de, lamentar; **you won't ~ it!** ¡no te arrepentirás!, ¡no lo lamentarás!; **he ~s saying it** se arrepiente de *or* lamenta haberlo dicho; **he was ~ting that he had asked the question** se arrepentía de *or* lamentaba haber hecho la pregunta; **I don't ~ what I did** no me arrepiento de *or* lamento lo que hice; **to live to ~ sth** arrepentirse de *or* lamentar algo más tarde

> ➤ LANGUAGE IN USE: regret B1 18.2

**regretful** [rɪˈgretfʊl] ADJ arrepentido, pesaroso; **to be ~ that ...** lamentar que + *subjun*; **he was most ~ about it** lo lamentó profundamente; **we are not ~ about leaving** no nos pesa tener que partir

**regretfully** [rɪˈgretfəlɪ] ADV (= *sadly*) con pesar; **"I'm sorry that I am unable to go", he said ~** —lamento no poder ir —dijo con pesar; **she spoke ~** habló con sentimiento; **~ I have to tell you that ...** siento tener que decirles que ...

**regrettable** [rɪˈgretəbl] ADJ lamentable; **it is ~ that** es lamentable que + *subjun*, es de lamentar que + *subjun*

**regrettably** [rɪˈgretəblɪ] ADV (= *unfortunately*) desgraciadamente, lamentablemente; **there were ~ few replies** fue una lástima que hubiera tan pocas respuestas

**regroup** [ˈriːˈgruːp] Ⓐ VT reagrupar; (*Mil*) reorganizar

Ⓑ VI reagruparse; (*Mil*) reorganizarse

**regrouping** [ˈriːˈgruːpɪŋ] N reagrupación *f*

**Regt.** ABBR (= **Regiment**) regto

**regular** [ˈregjʊləʳ] Ⓐ ADJ [1] (= *symmetrical*) [*shape, pattern*] (*also Math*) regular; **he has ~ features** es de facciones regulares

[2] (= *even*) [*surface, teeth*] uniforme, parejo (*esp LAm*)

[3] (= *recurring at even intervals*) [*pulse, flights, breathing, order*] regular; **to take ~ exercise** hacer ejercicio con regularidad; **at ~ intervals** (*in time*) con regularidad; (*in space*) a intervalos regulares; **the doctor examined the baby at ~ intervals** el médico examinaba al bebé con regularidad; **the signs were placed at ~ intervals along the beach** las señales estaban situadas a intervalos regulares a lo largo de la playa; **it's important to eat ~ meals** es importante comer con regularidad; **he placed a ~ order with us** nos hizo un pedido regular; **to make ~ use of sth** usar algo con regularidad; **to be in ~ use** utilizarse de manera regular; ✦**IDIOM as ~ as clockwork** como un cronómetro, como un reloj

[4] (= *habitual, customary*) [*visitor, customer, reader, listener*] habitual, asiduo; [*doctor, partner*] habitual; [*action, procedure*] acostumbrado, normal; **they are ~ churchgoers** van a misa con regularidad *or* con asiduidad; **our ~ waiter** el camarero que nos sirve normalmente; **it's past his ~ bedtime** ya ha pasado su hora normal de acostarse; **on a ~ basis** con regularidad; **to be in ~ employment** tener un trabajo fijo; **the ~ staff** el personal habitual; **to have a ~ time for doing sth** tener hora fija para hacer algo, hacer algo siempre a la misma hora

[5] (= *unvarying*) **a man of ~ habits** un hombre metódico, un hombre ordenado (en sus costumbres); **to keep ~ hours** llevar una vida ordenada

[6] (= *frequent*) frecuente; **I have to make ~ trips to France** tengo que viajar a Francia con frecuencia, tengo que hacer viajes frecuentes a Francia; **to be in** *or* **to have ~ contact with sb** mantener *or* tener un contacto frecuente con algn; **it's a ~ occurrence** pasa con frecuencia, es algo frecuente

[7] (*Mil*) [*soldier, army*] profesional, de carrera

[8] (*Ling*) [*verb etc*] regular

[9] (*) (*as intensifier*) **a ~ bore** un auténtico pesado; **a ~ feast** un verdadero banquete; **he's a ~ fool** es un verdadero idiota; **a ~ nuisance** = **a regular bore**

[10] (*US*) (= *ordinary, normal*) normal; **I'm just a ~ guy** no soy más que un tío normal (y corriente); **~ fries** porción *f* mediana de patatas fritas; **~ gasoline** gasolina *f* normal; **~ size** tamaño *m* normal

[11] (*) (= *not constipated*) **to be ~** hacer de vientre con regularidad

[12] (*) (*in menstruation*) **I'm quite ~** mi periodo es bastante regular

Ⓑ N [1] (= *customer*) (*in pub, bar*) cliente *mf* habitual, parroquiano/a *m/f*; **one of the ~s at the club** un asiduo del club; **he's a ~ on the programme** es un invitado habitual del programa

[2] (*Mil*) militar *mf* de carrera

[3] (*US*) (= *petrol*) gasolina *f* normal

**regularity** [ˌregjʊˈlærɪtɪ] N regularidad *f*

**regularize** [ˈregjʊləraɪz] VT (= *standardize*) [+ *activities, procedure*] regularizar, estandarizar; (= *make official*) [+ *situation*] formalizar, regularizar

**regularly** [ˈregjʊləlɪ] ADV [1] (= *at regular arranged times*) [*exercise, visit*] con regularidad; [*meet, use*] regularmente, con regularidad

[2] (= *frequently*) frecuentemente, con frecuencia, a menudo; **the shop is ~ featured in fashion magazines** la tienda aparece frecuentemente *or* con frecuencia *or* a menudo en revistas de moda; **he's ~ late** llega tarde con frecuencia *or* a menudo

[3] (= *at evenly spaced intervals*) a intervalos regulares; **beeches were planted ~ along the avenue** había hayas plantadas a intervalos regulares *or* cada cierta distancia a lo largo de la avenida

[4] (*Ling*) **a ~ declined noun** un sustantivo de declinación regular

**regulate** [ˈregjʊleɪt] VT [1] (= *control*) [+ *expenditure, prices, temperature, level, pressure*] regular; **a well-~d life** una vida ordenada

[2] (= *make rules for*) [+ *industry, products*] regular; **a new body to ~ TV advertising** un nuevo organismo que regula la publicidad que se emite por televisión; *see also* **self-regulating**

[3] (*Tech*) [+ *machine, mechanism*] regular

**regulation** [ˌregjʊˈleɪʃən] Ⓐ N [1] (= *rule*) norma *f*; **fire ~s** normas *fpl* de seguridad contraincendios; **safety ~s** normas *fpl* de seguridad; **it's against (the) ~s** va contra las normas *or* el reglamento; *see also* **rule**

[2] (= *control*) (*no pl*) [*of industry, products, prices, temperature, level, pressure*] regulación *f*; **a body responsible for the ~ of independent television** un organismo regulador responsable de las cadenas de televisión independientes; *see also* **self-regulation**

[3] (*Tech*) [*of machine, mechanism*] regulación *f*, reglaje *m*
Ⓑ CPD (= *statutory*) [*dress, size, haircut*] reglamentario

**regulative** ['regjʊlətɪv] ADJ reglamentario

**regulator** ['regjʊleɪtəʳ] N [1] (*Tech*) regulador *m*
[2] (= *person, organization*) *persona u organización que regula oficialmente un sector de los negocios o la industria*

**regulatory** ['regjʊ,leɪtərɪ] ADJ regulador

**Regulo®** ['regjʊləʊ] N (*Brit*) *número del mando de temperatura de un horno a gas*

**regurgitate** [rɪ'gɜ:dʒɪteɪt] Ⓐ VT regurgitar; (*fig*) repetir maquinalmente
Ⓑ VI regurgitar

**regurgitation** [rɪ'gɜ:dʒɪ'teɪʃən] N regurgitación *f*; (*fig*) reproducción *f* maquinal

**rehab:** ['ri:hæb] N = **rehabilitation**

**rehabilitate** [,ri:ə'bɪlɪteɪt] VT [+ *offenders, drug addicts*] rehabilitar

**rehabilitation** ['ri:ə,bɪlɪ'teɪʃən] Ⓐ N rehabilitación *f*
Ⓑ CPD ► **rehabilitation centre** N centro *m* de rehabilitación

**rehash** ['ri:hæʃ] Ⓐ N (*gen*) refrito *m*
Ⓑ [,ri:'hæʃ] VT [+ *book, speech*] hacer un refrito de; [+ *food*] recalentar

**rehearsal** [rɪ'hɜ:səl] N (*Mus, Theat*) ensayo *m*; (= *enumeration*) enumeración *f*, repetición *f*; **it was just a ~ for bigger things to come** fue como un ensayo para las empresas mayores que vendrían después

**rehearse** [rɪ'hɜ:s] Ⓐ VT (*Mus, Theat*) ensayar; (= *enumerate*) enumerar, repetir
Ⓑ VI (*Mus, Theat*) ensayar

**reheat** [,ri:'hi:t] VT recalentar

**rehouse** ['ri:'haʊz] VT [+ *family*] dar una nueva vivienda a; **200 families have been ~d** 200 familias tienen vivienda nueva ya

**reification** [,ri:ɪfɪ'keɪʃən] N cosificación *f*

**reify** ['ri:ɪ,faɪ] VT cosificar

**reign** [reɪn] Ⓐ N [*of king, queen*] reinado *m*; (*fig*) dominio *m*; **in** *or* **under the ~ of Queen Elizabeth II** bajo el reinado de la Reina Isabel II; **~ of terror** régimen *m* de terror; **the ~ of the miniskirt** la moda de la minifalda; **her ~ as champion came to an end** su reino *or* hegemonía como campeona terminó
Ⓑ VI [*king, queen*] reinar; (*fig*) (= *prevail*) predominar; **total silence ~ed** reinaba el silencio más absoluto; ✦***PROV*** **it is better to ~ in hell than serve in heaven** más vale ser cabeza de ratón que cola de león

**reigning** ['reɪnɪŋ] ADJ [*monarch*] reinante, actual; (*fig*) predominante, que impera; **~ champion** campeón *m* actual

**reimburse** [,ri:ɪm'bɜ:s] VT **to ~ sb for sth** reembolsar a algn por algo

**reimbursement** [,ri:ɪm'bɜ:smənt] N reembolso *m*

**reimpose** ['ri:ɪm'pəʊz] VT volver a imponer, reimponer

**rein** [reɪn] N (*usu pl*) rienda *f*; **the ~s of government** (*fig*) las riendas del gobierno; **to draw ~** detenerse, tirar de la rienda (*also fig*); **to keep a tight ~ on sb** (*fig*) refrenar a algn; **we must keep a tight ~ on expenditure** tenemos que restringir los gastos; **to give sb free ~** (*fig*) dar rienda suelta a algn

►**rein back** VT + ADV refrenar

►**rein in** Ⓐ VT + ADV refrenar
Ⓑ VI + ADV detenerse

**reincarnate** [,ri:ɪn'kɑ:neɪt] VT reencarnar; **to be ~d** reencarnar, volver a encarnar

**reincarnation** ['ri:ɪnkɑ:'neɪʃən] N reencarnación *f*

**reindeer** ['reɪndɪəʳ] N (*pl* **reindeer, reindeers**) reno *m*

**reinforce** [,ri:ɪn'fɔ:s] VT (*gen, fig*) reforzar; [+ *concrete*] armar

**reinforced** [,ri:ɪn'fɔ:st] ADJ reforzado; **~ concrete** hormigón *m* armado

**reinforcement** [,ri:ɪn'fɔ:smənt] N [1] (= *act*) refuerzo *m*
[2] (*Mil*) **reinforcements** refuerzos *mpl*

**reinsert** ['ri:ɪn'sɜ:t] VT volver a insertar *or* introducir

**reinstate** ['ri:ɪn'steɪt] VT [+ *suppressed passage*] reincorporar, incluir de nuevo (**in** a); [+ *dismissed worker*] reincorporar, volver a emplear; [+ *dismissed official*] restituir a su puesto

**reinstatement** ['ri:ɪn'steɪtmənt] N [*of suppressed passage*] reincorporación *f*, restitución *f* (**in** a); [*of dismissed worker*] reincorporación *f* al puesto; [*of dismissed official*] restitución *f* en el puesto

**reinsurance** ['ri:ɪn'ʃʊərəns] N reaseguro *m*

**reinsure** ['ri:ɪn'ʃʊəʳ] VT reasegurar

**reintegrate** ['ri:'ɪntɪgreɪt] VT reintegrar; (*socially*) reinsertar (**into** en)

**reintegration** ['ri:ɪntɪ'greɪʃən] N reintegración *f*; (*socially*) reinserción *f*

**reinter** ['ri:ɪn'tɜ:ʳ] VT enterrar de nuevo

**reinvent** [,ri:ɪn'vent] VT [1] ✦***IDIOM*** **to ~ the wheel** reinventar la rueda
[2] **to ~ o.s.** reinventarse

**reinvest** ['ri:ɪn'vest] VT reinvertir, volver a invertir

**reinvestment** ['ri:ɪn'vestmənt] N reinversión *f*

**reinvigorate** ['ri:ɪn'vɪgəreɪt] VT vigorizar, infundir nuevo vigor a; **to feel ~d** sentirse con nuevas fuerzas, sentirse vigorizado

**reissue** ['ri:'ɪʃju:] Ⓐ VT [+ *stamp*] volver a emitir; [+ *recording*] reeditar; [+ *film*] reestrenar; [+ *book*] [*publisher*] reimprimir, reeditar; [*library*] renovar
Ⓑ N [1] (= *act*) [*of stamp*] reemisión *f*; [*of recording*] reedición *f*; [*of film*] reestreno *m*; [*of book*] reimpresión *f*, reedición *f*
[2] (= *stamp*) nueva emisión *f*; (= *recording*) reedición *f*; (= *film*) reestreno *m*; (= *book*) reimpresión *f*, reedición *f*

**reiterate** [ri:'ɪtəreɪt] VT [+ *statement*] reiterar, repetir; **I must ~ that ...** quiero recalcar que ...

**reiteration** [ri:ɪtə'reɪʃən] N reiteración *f*, repetición *f*

**reiterative** [ri:'ɪtərətɪv] ADJ reiterativo

**reject** [rɪ'dʒekt] Ⓐ VT [1] (= *refuse, turn down*) [+ *application*] (*for job*) rechazar; (*for asylum, citizenship*) denegar, rechazar; [+ *candidate, offer, manuscript, sb's advances*] rechazar; [+ *bad coin, damaged goods*] rechazar, no aceptar; [+ *plea*] ignorar, hacer caso omiso de
[2] (= *dismiss*) [+ *suggestion, possibility, solution*] descartar, rechazar; [+ *motion, plan, proposal*] rechazar; [+ *argument*] rechazar, no aceptar; [+ *accusation*] negar; **the proposal was ~ed by a narrow margin** la propuesta fue rechazada por un escaso margen; **she ~ed accusations that ...** negó las acusaciones de que ...
[3] (= *disown*) [+ *person*] rechazar; **to feel ~ed** (*emotionally*) sentirse rechazado; (*socially*) sentirse marginado, sentirse rechazado
[4] (*Med*) [+ *food, tissue, new organ*] [*body*] rechazar
Ⓑ ['ri:dʒekt] N [1] (= *person*) **society's ~s** los marginados de la sociedad
[2] (= *unwanted thing*) desecho *m*
[3] (*Comm*) (= *product*) artículo *m* defectuoso
Ⓒ ['ri:dʒekt] CPD (*Comm, Ind*) [*goods*] defectuoso

**rejection** [rɪ'dʒekʃən] Ⓐ N (*gen*) rechazo *m*; [*of help*] denegación *f*; **to meet with a ~** sufrir una repulsa; **the novel has already had three ~s** ya han rechazado la novela tres veces
Ⓑ CPD ► **rejection slip** N (*Publishing*) nota *f* de rechazo

**rejoice** [rɪ'dʒɔɪs] Ⓐ VI [1] (= *be happy*) alegrarse, regocijarse (*liter*) (**at, about** de); **let us not ~ too soon** no echemos las campanas al vuelo demasiado pronto, conviene no alegrarse demasiado pronto
[2] (*hum, iro*) **he ~s in the name of Marmaduke** luce el nombre de Marmaduke
Ⓑ VT alegrar, regocijar (*liter*); **to ~ that ...** alegrarse de que + *subjun*

**rejoicing** [rɪ'dʒɔɪsɪŋ] N [1] (*general, public*) fiestas *fpl*; **the ~ lasted far into the night** continuaron las fiestas hasta una hora avanzada
[2] **rejoicings** (= *festivities*) regocijo *msing*, júbilo *msing*

**rejoin**[1] ['ri:'dʒɔɪn] Ⓐ VT (= *join again*) reincorporarse a
Ⓑ VI reincorporarse

**rejoin**[2] [rɪ'dʒɔɪn] VT (= *retort*) replicar

**rejoinder** [rɪ'dʒɔɪndəʳ] N (= *retort*) réplica *f*; **as a ~ to ...** como contestación a ...

**rejuvenate** [rɪ'dʒu:vɪneɪt] VT rejuvenecer

**rejuvenating** [rɪ'dʒu:vɪneɪtɪŋ] ADJ [*effect*] rejuvenecedor

**rejuvenation** [rɪ,dʒu:vɪ'neɪʃən] N rejuvenecimiento *m*

**rekindle** ['ri:'kɪndl] VT [1] [+ *fire*] volver a encender
[2] (*fig*) [+ *enthusiasm, hatred*] reanimar, reavivar

**relapse** [rɪ'læps] Ⓐ N (*Med*) recaída *f*; **to have** *or* **suffer a ~** sufrir una recaída
Ⓑ VI [1] (*Med*) recaer
[2] (= *revert*) **to ~ into sth**: **he ~d into his old ways** volvió a las andadas; **he ~d into his usual state of depression** volvió a sumirse en su habitual estado de depresión; **she had ~d into silence** había vuelto a sumirse en el silencio; **he ~d into a coma** volvió a entrar en coma

**relate** [rɪ'leɪt] Ⓐ VT [1] (= *tell*) [+ *story*] contar, relatar; [+ *conversation*] relatar, referir; **she ~d details of the meeting to her boss** le relató *or* refirió a su jefe detalles de la reunión; **history ~s that he landed here in AD 470** la historia cuenta *or* relata que desembarcó aquí en el año 470 AD; **sad to ~** aunque sea triste decirlo; **strange to ~** aunque parezca mentira, por extraño que parezca
[2] (= *establish relation between*) **to ~ sth to sth** relacionar algo con algo; **they ~ what they read to their own experiences** relacionan lo que leen con sus propias experiencias
Ⓑ VI [1] (= *communicate*) relacionarse, comunicarse; **how you ~ depends on the kind of person you are** cómo te relacionas *or* te comunicas depende del tipo de persona que eres
[2] **to ~ to (sth/sb)** [2.1] (= *form a relationship with*) **to ~ to sb** relacionarse con algn; **he is unable to ~ to other people** no es capaz de relacionarse con otras personas
[2.2] (= *understand, identify with*) **to ~ to sth/sb** identificarse con algo/algn; **I can ~ to that*** yo eso lo entiendo*, yo me identifico con eso; **women ~ more to this than men** las muje-

res comprenden esto mejor que los hombres; **it's important for children to have brothers and sisters they can ~ to** es importante que los niños tengan hermanos y hermanas con los que puedan identificarse

2·3 (= *connect with*) **to ~ to sth** relacionarse con algo; **the way that words in a sentence ~ to each other** la manera en la que las palabras de una frase se relacionan las unas con las otras; **relating to** (*as prep*) relativo a, referente a, relacionado con

2·4 (= *appertain to*) **to ~ to sth** referirse a algo, estar relacionado con algo, tener que ver con algo; **most of the enquiries ~ to debt** la mayoría de las preguntas se refieren a deudas *or* tienen que ver con deudas; **this ~s to what I said yesterday** esto se refiere a *or* está relacionado con lo que dije ayer

**related** [rɪˈleɪtɪd] ADJ 1 (= *connected*) [*subject*] relacionado, afín; [*language*] afín; [*issue, problem, offence*] relacionado; **this murder is not ~ to the other** este asesinato no está relacionado con el otro; **pay rises are ~ to performance** los aumentos de sueldo guardan relación con el rendimiento; **the two events are not ~** los dos sucesos no guardan relación

2 (= *attached by family*) 2·1 [*people*] **they are ~** son parientes, están emparentados; **are you two ~?** ¿sois familia?, ¿sois parientes?; **we are closely/distantly ~** somos parientes cercanos/lejanos; **are you ~ to the prisoner?** ¿es usted pariente del prisionero?; **the two women aren't ~ to each other** las dos mujeres no están emparentadas; **to be ~ to sb by** *or* **through marriage** ser pariente político de algn

2·2 [*animals, plants*] **termites are closely ~ to cockroaches** las termitas son de la misma familia que las cucarachas

**-related** [rɪˈleɪtɪd] ADJ (*ending in compounds*) **football-related hooliganism** gamberrismo *m* relacionado con el fútbol

**relation** [rɪˈleɪʃən] N 1 (= *relationship*) relación *f* (**to, with** con); **the ~ between A and B** la relación entre A y B; **to bear little/no ~ to sth** tener poco/no tener nada que ver con algo; **it bears no ~ to the facts** no tiene que ver con los hechos; **to bear a certain ~ to ...** guardar cierta relación con ...; **to have little/no ~ to sth** tener poco/no tener nada que ver con algo; **the story has little ~ to historical fact** la versión tiene poco que ver con los hechos históricos; **in ~ to** (= *compared to*) en relación con, con relación a; (= *in connection with*) en lo que se refiere a; **Proust in ~ to the French novel** Proust en relación con la novela francesa; **doubts that parents may have in ~ to their children's education** dudas que los padres pudieran tener en lo que se refiere a la ecucación de sus hijos

2 (= *relative*) pariente *mf*, familiar *mf*; **friends and ~s** amigos *mpl* y familiares *mpl*; **all my ~s came** vinieron todos mis parientes, vino toda mi familia; **close ~** pariente *mf* cercano/a; **this grape is a close ~ to the Gamay** esta uva es de la misma familia que la uva Gamay; **distant ~** pariente *mf* lejano/a; **she's no ~** no es parienta mía; **what ~ is she to you?** ¿qué parentesco tiene contigo?; *see also* **blood B**, **poor A1**

3 (= *contact*) **relations** relaciones *fpl*; **good ~s** buenas relaciones *fpl*; **~s are rather strained** las relaciones están algo tirantes; **to break off ~s with sb** romper (relaciones) con algn; **we have broken off ~s with Ruritania** hemos roto las relaciones con Ruritania; **we have business ~s with them** tenemos relaciones comerciales con ellos; **diplomatic ~s** relaciones *fpl* diplomáticas; **to enter into ~s with sb** establecer relaciones con algn; **to establish ~s with sb** establecer relaciones con algn; **international ~s** relaciones *fpl* internacionales; **to have sexual ~s with sb** tener relaciones sexuales con algn; *see also* **industrial**, **public C**, **race**[2]

4 (= *narration*) relato *m*, relación *f*, narración *f*

**relational** [rɪˈleɪʃənl] ADJ relacional

**relationship** [rɪˈleɪʃənʃɪp] N 1 (*between persons*) (*gen*) relación *f*; (*sexual*) relación *f*, relaciones *fpl*; **the mother-child ~** la relación madre-hijo; **our ~ lasted five years** nuestras relaciones continuaron durante cinco años; **they have a beautiful ~** (*US*) tienen una relación de amistad muy bonita; **a business ~** una relación comercial; **to have a ~ with sb** (*gen*) tener relación con algn; (*sexual*) tener relaciones *or* una relación con algn; *see also* **love-hate**

2 (*between things*) relación *f*; **the ~ of A to B** ◊ **the ~ between A and B** la relación entre A y B; **to see a ~ between two events** ver una relación entre dos sucesos

3 (*between countries*) relación *f*; **Britain's special ~ with the USA** la especial relación entre Gran Bretaña y EE. UU.

4 (= *kinship*) parentesco *m*; **what is your ~ to the prisoner?** ¿qué parentesco hay entre usted y el acusado?

**relative** [ˈrelətɪv] Ⓐ ADJ 1 (= *comparative*) [*safety, peace, comfort, ease*] relativo; **her ~ lack of experience** su relativa falta de experiencia; **he is a ~ newcomer** es relativamente nuevo; **it's all ~** todo es relativo; **in ~ terms** relativamente; **petrol consumption is ~ to speed** el consumo de gasolina está en relación con la velocidad; **there is a shortage of labour ~ to demand** hay escasez de trabajadores en relación con la demanda

2 (= *respective*) **the ~ merits of the two systems** los méritos de cada uno de los dos sistemas

3 (= *relevant*) **~ to** relativo a, concerniente a; **the documents ~ to the problem** la documentación relativa *or* concerniente al problema

4 (*Ling*) relativo; **~ clause** oración *f* subordinada relativa, oración *f* (subordinada) de relativo; **~ pronoun** pronombre *m* relativo

5 (*Mus*) relativo

Ⓑ N pariente *mf*, familiar *mf*; **friends and ~s** amigos *mpl* y familiares; **a close/distant ~** un pariente cercano/lejano

**relatively** [ˈrelətɪvlɪ] ADV [*few, small, slow*] relativamente; **~ speaking** relativamente; **the tests are ~ easy to carry out** las pruebas se pueden llevar a cabo con relativa facilidad

**relativism** [ˈrelətɪvɪzəm] N relativismo *m*

**relativist** [ˈrelətɪvɪst] N relativista *mf*

**relativistic** [ˌrelətɪvˈɪstɪk] ADJ relativista

**relativity** [ˌreləˈtɪvɪtɪ] N relatividad *f*

**relaunch** [ˈriːˈlɔːntʃ] VT [+ *plan, career*] relanzar

**relaunching** [ˈriːˈlɔːntʃɪŋ] N relanzamiento *m*

**relax** [rɪˈlæks] Ⓐ VT [+ *person, body, part of body*] relajar; [+ *discipline, rules, controls*] relajar; [+ *standards*] dejar que bajen; **to ~ one's muscles** relajar los músculos; **to ~ one's grip** *or* **hold on sth** dejar de agarrarse de *or* a algo tan apretadamente, soltar algo; (*fig*) ejercer menor control sobre algo

Ⓑ VI 1 [*person*] (= *rest, lose inhibitions*) relajarse; (= *calm down*) relajarse, tranquilizarse; (= *amuse oneself*) esparcirse, expansionarse; **I like to ~ with a book** me gusta relajarme leyendo; **~! everything's fine** ¡tranquilízate! todo está bien; **we ~ed in the sun of Majorca** nos relajamos bajo el sol de Mallorca; **I find it difficult to ~ with her** me resulta difícil estar relajado cuando estoy con ella

2 [*person, body, muscles*] relajarse; **his face ~ed into a smile** relajó la cara y sonrió; **we must not ~ in our efforts** es preciso no cejar en nuestros esfuerzos (**to** + *infin* por + *infin*)

**relaxant** [rɪˈlæksənt] N (= *drug*) relajante *m*

**relaxation** [ˌriːlækˈseɪʃən] N 1 (= *loosening*) [*of discipline*] relajación *f*, relajamiento *m*

2 (= *rest*) descanso *m*, relajación *f*; **to get some ~** esparcirse, expansionarse; **to seek ~ in painting** esparcirse dedicándose a la pintura

3 (= *amusement*) recreo *m*, distracción *f*; **a favourite ~ of the wealthy** un pasatiempo favorito de los ricos

**relaxed** [rɪˈlækst] ADJ (*gen*) relajado; **in a ~ atmosphere** en un clima de distensión; **he always seems so ~** siempre parece tan sosegado; **try to be more ~** procura ser más tranquilo

**relaxing** [rɪˈlæksɪŋ] ADJ relajante

**relay** [ˈriːleɪ] Ⓐ N 1 [*of workmen*] turno *m*; [*of horses*] posta *f*; **to work in ~s** trabajar por turnos, ir relevándose en el trabajo

2 (*Sport*) (*also* **~ race**) carrera *f* de relevos; **the 400 metres ~** los 400 metros relevos

3 (*Tech*) relé *m*

4 (*Rad, TV*) repetidor *m*

Ⓑ VT 1 (*Rad, TV*) [+ *concert, football match*] retransmitir

2 (= *pass on*) transmitir, pasar; **to ~ a message to sb** transmitir *or* pasar un mensaje a algn

Ⓒ CPD ► **relay station** N (*Elec*) estación *f* repetidora

**re-lay** [ˈriːˈleɪ] VT [+ *carpet*] volver a colocar; [+ *cable, rail*] volver a tender

**release** [rɪˈliːs] Ⓐ N 1 (= *liberation*) [*of prisoner, hostage*] liberación *f*, puesta *f* en libertad; [*of convict*] excarcelación *f*, puesta *f* en libertad; **his ~ came through on Monday** se aprobó su excarcelación el lunes, la orden de su puesta en libertad llegó el lunes; **on his ~ from prison he ...** al salir de la cárcel ...; **complications have delayed his ~ from hospital** ciertas complicaciones han impedido que se le dé de alta todavía; *see also* **day**

2 (*fig*) (= *relief*) alivio *m*; **death came as a merciful ~** la muerte fue una bendición *or* un gran alivio

3 (= *issue*) [*of film*] estreno *m*; [*of record, video*] puesta *f* en venta; [*of book*] puesta *f* en venta *or* circulación; [*of news*] publicación *f*; **to be on general ~** exhibirse en todos los cines

4 (= *record, book, film, video*) **their new ~ is called ...** su nuevo disco se llama ...; **the pick of this month's video ~s** las mejores novedades en vídeo *or* (*LAm*) video de este mes; **new ~s** (= *records*) novedades *fpl* discográficas; (= *films*) nuevas producciones *fpl*; (= *books*) nuevas publicaciones *fpl*; *see also* **press D**

5 (= *making available*) [*of documents*] publicación *f*; [*of funds*] cesión *f*

6 (= *emission*) [*of gas, smoke*] escape *m*, emisión *f*; [*of hormones*] secreción *f*; **a sudden ~ of creative energy** un estallido de energía creadora

7 (*Tech, Phot*) (= *catch*) disparador *m*; *see also* **shutter**

8 (*Jur*) [*of right, property*] cesión *f*

Ⓑ VT 1 (= *set free*) [+ *prisoner, hostage*] poner en libertad, liberar; [+ *convict*] excarcelar, poner en libertad; [+ *patient*] dar de alta; [+ *victim*] (*from wreckage*) liberar; [+ *animal*] soltar, dejar en libertad; [+ *person*] (*from obligation*) eximir; **she was ~d from hospital after treatment** le dieron de alta del hospital después de un tratamiento; **they ~d him to go to a new post** permitieron que se fuera a ocupar un nuevo puesto; **to ~ sb from a debt** eximir a algn de una deuda, condonar una deuda a algn (*frm*); **she ~d him from all his vows** lo eximió de cumplir todas sus promesas; **the bird was ~d into the wild** el pájaro fue devuelto a su hábitat natural; *see also* **bail**

2 (= *issue*) [+ *film*] estrenar; [+ *record, video*] sacar, poner a la venta; [+ *book*] publicar; [+ *news, report, information, statement*] hacer público, dar a conocer; **the police have ~d the names of the victims** la policía ha hecho públicos *or* dado a conocer los nombres de las víctimas

3 (= *make available*) [+ *documents*] facilitar; [+ *funds*] facilitar, ceder

4 (= *emit*) [+ *gas, smoke, heat, energy*] despedir, emitir; [+ *hormones*] secretar, segregar

5 (= *let go*) [+ *sb's hand, arm*] soltar; (*Tech*) [+ *spring, clasp, catch*] soltar; (*Phot*) [+ *shutter*] disparar; **to ~ one's grip** *or* **hold (on sth/sb): he ~d his grip on my arm** me soltó el brazo; **the state has to ~ its hold on the economy** el estado tiene que soltar las riendas de la economía

6 (= *let out, give vent to*) [+ *anger, frustration*] descargar, dar rienda suelta a; [+ *creativity*] sacar a flote; [+ *memories*] desatar, desencadenar; [+ *tension*] relajar; **your book has ~d a flood of memories** tu libro ha desatado *or* desencadenado una lluvia de recuerdos

7 (*Aut*) [+ *brake*] soltar

8 (*Jur*) [+ *right, property*] ceder

**relegate** ['relɪgeɪt] VT 1 (= *demote*) [+ *person, old furniture*] relegar; **the news had been ~d to the inside pages** la noticia había sido relegada a las páginas interiores

2 (*Brit Sport*) [+ *team*] **they were ~d to the second division** bajaron *or* descendieron a segunda división

**relegation** [ˌrelɪ'geɪʃən] N (= *demotion*) relegación *f*; (*Brit Sport*) descenso *m*

**relent** [rɪ'lent] VI 1 (= *show compassion*) ablandarse, aplacarse

2 (= *let up*) [*person*] descansar; (*fig*) [*weather*] mejorar

**relentless** [rɪ'lentlɪs] ADJ 1 (= *heartless*) [*cruelty*] cruel, despiadado

2 (= *persistent*) [*hard work*] incesante; **with ~ severity** con implacable severidad; **he is quite ~ about it** en esto se muestra totalmente implacable

**relentlessly** [rɪ'lentlɪslɪ] ADV 1 (= *heartlessly*) cruelmente, despiadadamente

2 (= *persistently*) sin descanso; **he presses on ~** avanza implacable

**relet** ['riː'let] (*pt, pp* **relet**) VT [+ *flat, house*] realquilar

**relevance** ['reləvəns] N pertinencia *f*, relevancia *f*; **matters of doubtful ~** asuntos de dudosa pertinencia *or* relevancia; **what is the ~ of that?** y eso ¿tiene que ver (con lo que estamos discutiendo)?

**relevancy** ['reləvənsɪ] N = **relevance**

**relevant** ['reləvənt] ADJ [*information, facts, document, page*] pertinente; **they had all the ~ information at their disposal** tenían toda la información pertinente a su disposición; **Shakespeare's plays are still ~ today** las obras de Shakespeare tienen aún trascendencia hoy en día; **he talked to the ~ officials to see what could be done** habló con los oficiales competentes para ver qué se podía hacer; **applicants need a year's ~ experience** los solicitantes necesitan tener un año de experiencia en el campo; **~ to: details ~ to this affair** detalles relacionados con *or* concernientes a este asunto; **information which may be ~ to this case** información que puede ser relevante para este caso; **that's not ~ to the case** eso no viene al caso; **your question is not ~ to the issues we're discussing** tu pregunta no guarda relación con lo que estamos discutiendo

**reliability** [rɪˌlaɪə'bɪlɪtɪ] N 1 (= *dependability*) [*of person, firm*] seriedad *f*, formalidad *f*; [*of car, method*] fiabilidad *f*; **they have a reputation for good service and ~** tienen fama de dar un buen servicio y ser formales

2 (= *trustworthiness*) [*of facts*] verosimilitud *f*; [*of information, figures, account*] fiabilidad *f*; **we have doubts about the ~ of the results** dudamos de la fiabilidad de los resultados

**reliable** [rɪ'laɪəbl] ADJ 1 (= *dependable*) [*person, firm*] digno de confianza, formal; [*ally*] en el que se puede confiar; [*car*] seguro, fiable; [*method*] de fiar; **she's very ~** puedes confiar completamente en ella, es una persona muy formal; **they provide a cheap and ~ service** proporcionan un servicio barato y fiable

2 (= *trustworthy*) [*information, figures, guide, indicator*] fiable; [*evidence, report, description, account*] fidedigno; [*memory*] de fiar; **~ sources** fuentes *fpl* fidedignas

**reliably** [rɪ'laɪəblɪ] ADV **I am ~ informed that ...** sé de fuentes fidedignas que ...; **equipment that works ~ in most conditions** equipo que funciona sin fallos en la mayoría de las condiciones; **stars whose distances we can ~ measure** estrellas cuyas distancias podemos medir con cierta precisión

**reliance** [rɪ'laɪəns] N **~ on sth** (= *trust*) confianza *f* en algo; (= *dependence*) dependencia *f* de algo; **our excessive ~ on him** nuestra excesiva dependencia con respecto de él, el que dependamos tanto de él; **you can place no ~ on that** no hay que fiarse de eso, no hay que tener confianza en eso

**reliant** [rɪ'laɪənt] ADJ **to be ~ on sth/sb** depender de algo/algn

**relic** ['relɪk] N (*Rel*) reliquia *f*; (*fig*) vestigio *m*

**relict††** ['relɪkt] N viuda *f*

**relief** [rɪ'liːf] Ⓐ N 1 (*from pain, anxiety*) alivio *m*; **that's a ~!** ¡qué alivio!; **the news came as a great ~ to her parents** la noticia fue un gran alivio para sus padres; **there was a sense of ~ that the war was finally over** todos sintieron un gran alivio cuando se supo que la guerra había terminado por fin; **the ~ of nasal congestion** el alivio de la congestión nasal; **to bring** *or* **give** *or* **provide ~ from sth** aliviar algo; **drugs provide ~ from the pain** las drogas alivian el dolor; **to heave** *or* **breathe a sigh of ~** dar un suspiro de alivio; **to our (great) ~, she accepted** para (gran) alivio nuestro, aceptó; **she almost wept with** *or* **in ~** casi lloró del alivio que sintió

2 (*from monotony*) **it's a ~ to get out of the office once in a while** es un respiro salir de la oficina de vez en cuando; **by way of light ~** a modo de diversión; *see also* **comic**

3 (= *aid*) auxilio *m*, ayuda *f*; **disaster ~** *auxilio a las víctimas de una catástrofe*; **~ efforts have been hampered by the rains** la lluvia ha dificultado las operaciones de auxilio; *see also* **famine**

4 (= *state welfare*) **to be on** *or* **get ~** (*US*) recibir prestaciones de la seguridad social; **poor ~** (*Brit Hist*) socorro *m*, beneficencia *f*

5 (*Mil*) [*of town*] liberación *f*

6 (*Art, Geog*) relieve *m*; **in ~** en relieve; **in high/low ~** en alto/bajo relieve; **to stand out in (bold** *or* **sharp** *or* **stark) ~ against sth** (*lit, fig*) contrastar dramáticamente con algo; **to throw** *or* **bring sth into (sharp) ~** (*fig*) poner algo de relieve, hacer resaltar algo; *see also* **bas-relief**

7 (= *replacement*) relevo *m*, sustituto *m*

8 (= *exemption*) (*from taxation*) desgravación *f*; *see also* **debt**

9 (*Jur*) desagravio *m*

Ⓑ CPD [*train, bus*] de reemplazo; [*typist, secretary*] suplente; [*work, worker, agency, organization, convoy*] de ayuda, de auxilio ► **relief driver** N conductor(a) *m/f* de relevo ► **relief fund** N fondo *m* de auxilio (a los damnificados) ► **relief map** N mapa *m* físico *or* de relieve; (*3-D*) mapa *m* en relieve ► **relief road** N carretera *f* de descongestión ► **relief supplies** NPL provisiones *fpl* de auxilio ► **relief troops** NPL tropas *fpl* de relevo

**relieve** [rɪ'liːv] VT 1 (= *alleviate*) [+ *sufferings, pain, headache*] aliviar; [+ *burden*] aligerar; [+ *tension, boredom, anxiety*] disipar, aliviar; **to feel ~d** sentirse aliviado; **to ~ the boredom of the journey** para que el viaje se haga menos aburrido; **the plain is ~d by an occasional hill** de vez en cuando una colina rompe con la monotonía de la llanura

2 (= *ease*) [+ *person's mind*] tranquilizar; **it ~s me to hear it** me tranquiliza saberlo

3 [+ *feelings, anger*] desahogar; **to ~ one's feelings** desahogarse; **I ~d my feelings in a letter** me desahogué escribiendo una carta

4 **to ~ o.s.** (= *go to lavatory*) ir al baño, hacer pis*

5 (= *release*) **to ~ sb of a duty** exonerar a algn de un deber; **to ~ sb of a post** destituir a algn; **he was ~d of his command** fue relevado de su mando; **let me ~ you of your coat** permítame tomarle el abrigo; **to ~ sb of his wallet** (*hum*) quitar la cartera a algn, robar la cartera a algn

6 (*Mil*) [+ *city*] descercar, socorrer; [+ *troops*] relevar; **I'll come and ~ you at six** vengo a las seis a relevarte

7 **to ~ the poor** (= *help*) socorrer a los pobres

**religion** [rɪ'lɪdʒən] N (= *belief*) religión *f*; **football is like a ~ with him** el fútbol es su religión; **it's against my ~ to do that** hacer eso es contrario a mis creencias religiosas, hacer eso va contra mi religión; **to get ~*** darse a la religión

**religiosity** [rɪˌlɪdʒɪ'ɒsɪtɪ] N religiosidad *f*

**religious** [rɪ'lɪdʒəs] Ⓐ ADJ 1 [*beliefs, leader, service, life*] religioso; [*practice*] de la religión, religioso; [*war*] de religión, religioso; **for ~ reasons** por razones religiosas; **she's deeply ~** es profundamente religiosa; **~ freedom** libertad *f* de culto

2 (*fig*) (= *meticulous*) **~ attention to detail** una atención minuciosa para los detalles

Ⓑ N **the ~** las personas religiosas, los religiosos

Ⓒ CPD ► **religious education**, **religious instruction** N enseñanza *f* religiosa

**religiously** [rɪ'lɪdʒəslɪ] ADV 1 (*Rel*) **a ~ diverse country** un país con diversidad religiosa *or* de religiones; **~ minded people** gente con inclinaciones religiosas; **~ motivated** motivado por la religión

2 (= *meticulously*) religiosamente

**religiousness** [rɪ'lɪdʒəsnɪs] N religiosidad *f*

**reline** ['riː'laɪn] VT reforrar, poner nuevo forro a

**relinquish** [rɪ'lɪŋkwɪʃ] VT [+ *claim, right*] renunciar a; [+ *control*] ceder; [+ *post*] renunciar a, dimitir de; **to ~ one's grip on sth** (*lit*) soltar algo

**relinquishment** [rɪ'lɪŋkwɪʃmənt] N [*of claim, right*] renuncia *f*; [*of post*] dimisión *f*

**reliquary** ['relɪkwərɪ] N relicario *m*

**relish** ['relɪʃ] Ⓐ N 1 (= *distinctive flavour*) sabor *m*
2 (= *gusto, enthusiasm*) entusiasmo *m*; **to do sth with ~** hacer algo de buena gana; **to eat sth with ~** comer algo con apetito; **hunting has no ~ for me now** ya no disfruto tanto cazando
3 (= *sauce*) salsa *f*
Ⓑ VT 1 (= *taste, savour*) [+ *a good meal*] saborear
2 (= *like*) **I don't ~ the idea of staying up all night** no me hace gracia la idea de estar levantado toda la noche

**relive** ['riː'lɪv] VT [+ *past*] revivir; **to ~ old memories** rememorar los recuerdos

**reload** ['riː'ləʊd] VT recargar, volver a cargar

**relocate** ['riːləʊ'keɪt] Ⓐ VT [+ *factory, employees*] trasladar, reubicar (*LAm*)
Ⓑ VI trasladarse

**relocation** [,riːləʊ'keɪʃən] Ⓐ N traslado *m*, nueva ubicación *f*
Ⓑ CPD ► **relocation package** N prima *f* de traslado

**reluctance** [rɪ'lʌktəns] N reticencia *f*, renuencia *f* (*frm*); **her ~ to allow it was understandable** era comprensible que se mostrase reacia *or* reticente a permitirlo, su reticencia *or* (*frm*) renuencia a permitirlo era comprensible; **to show ~ (to do sth)** mostrarse reacio *or* reticente *or* (*frm*) renuente (a hacer algo), mostrar reticencia *or* (*frm*) renuencia (a hacer algo); **with ~** con reticencia, a regañadientes; **to make a show of ~** aparentar reticencia, aparentar estar reticente

**reluctant** [rɪ'lʌktənt] ADJ [*person*] reacio, reticente, renuente (*frm*); [*praise*] a regañadientes; **the case was hampered by ~ witnesses** testigos reacios a colaborar obstaculizaron el caso; **I would make a ~ secretary** yo trabajaría como secretario con desgana *or* a regañadientes; **the ~ dragon** el dragón que no quería; **he indicated his ~ acceptance of the proposals** indicó que aceptaba las propuestas con reservas; **he left with Bernstein's ~ consent** se fue con el consentimiento que Bernstein le había dado a regañadientes *or* muy a su pesar; **he took the ~ decision to stop production** tomó la decisión, muy a su pesar, de parar la producción; **to be ~ to do sth: she was ~ to ask for help** se mostraba reacia a pedir ayuda; **we were ~ to sell the house** éramos reacios a vender la casa, nos resistíamos a vender la casa

**reluctantly** [rɪ'lʌktəntlɪ] ADV [*agree, accept*] de mala gana, a regañadientes; **he ~ accepted their advice** aceptó sus consejos de mala gana *or* a regañadientes

**rely** [rɪ'laɪ] VI **to ~ (up)on sth/sb** (= *depend on*) depender de algo/algn; (= *count on*) contar con algo/algn; (= *trust*) confiar en algo/algn, fiarse de algo/algn; **he had gradually come to ~ on her** había llegado poco a poco a depender de ella; **can we ~ on your help?** ¿podemos contar con tu ayuda?; **she'll come, you can ~ upon it** vendrá, con eso puedes contar, vendrá, cuenta con ello; **you can't ~ on the trains/the weather** no se puede uno fiar de los trenes/del tiempo; **to ~ (up)on sth/sb for sth** depender de algo/algn para algo; **the island relies on tourism for its income** la isla depende del turismo como fuente de ingresos; **to ~ (up)on sth/sb to do sth: we are ~ing on you to do it** contamos con usted para hacerlo; **you can ~ on him to be late** puedes tener por seguro *or* ten por seguro que va a llegar tarde; **can I ~ on you to behave?** ¿puedo confiar en que te vas a comportar?, ¿puedo fiarme de que te vas a comportar?

➤ LANGUAGE IN USE: remember A1 26.1

**REM** [rem] N ABBR 1 (*Physiol*) (= **rapid eye movement**) movimiento *m* rápido del ojo
2 (*Phys*) = **roentgen equivalent man**

**remain** [rɪ'meɪn] VI 1 (= *be left*) quedar; **little now ~s of the old city** poco queda ya del casco antiguo; **the few pleasures that ~ to me** los pocos placeres que me quedan; **much ~s to be done** queda mucho por hacer; **nothing ~s to be said** no queda nada por decir, no hay nada más que decir; **nothing ~s but to accept** no queda más remedio que aceptar; **it only ~s to thank you** sólo queda darle las gracias; **that ~s to be seen** eso está por ver
2 (= *continue to be*) seguir, continuar; **the problem ~s unsolved** el problema sigue *or* continúa sin resolverse; **he ~ed a formidable opponent** siguió *or* continuó siendo un rival formidable; **to ~ seated/standing** permanecer sentado/de pie; **to ~ faithful to sb** seguir *or* permanecer fiel a algn; **they ~ed silent** permanecieron en silencio; **the government ~ed in control** el gobierno mantuvo *or* sostuvo el control; **the two men have ~ed friends** los dos hombres han seguido siendo amigos; **if the weather ~s fine** si el tiempo sigue bueno; **the fact ~s that …** (*referring to previous statement*) no es menos cierto que …, sigue siendo un hecho que …
3 (= *stay*) quedarse; **we ~ed there three weeks** nos quedamos allí tres semanas; **to ~ behind** (*gen*) quedarse; (*after school*) quedarse después de las clases
4 (*in letters*) **I ~, yours faithfully** le saluda atentamente

**remainder** [rɪ'meɪndə^r] Ⓐ N 1 (= *part left over*) resto *m*; **the ~ of the debt** el resto de la deuda; **during the ~ of the day** durante el resto del día; **the ~ would not come** los otros *or* los demás no quisieron venir
2 (*Math*) resto *m*
3 **remainders** (*Comm*) artículos *mpl* no vendidos; (= *books*) restos *mpl* de edición
Ⓑ VT [+ *copies of book*] saldar

**remaining** [rɪ'meɪnɪŋ] ADJ **the three ~ hostages** los tres rehenes restantes *or* que quedaban; **he is her only ~ relative** él es el único pariente que le queda; **the ~ passengers** los otros *or* los demás pasajeros

**remains** [rɪ'meɪnz] NPL [*of building*] restos *mpl*; [*of food*] sobras *fpl*, restos *mpl*; **the ~ of the picnic** los restos *or* las sobras del picnic; **human ~** restos *mpl* humanos; **Roman ~** ruinas *fpl* romanas

**remake** Ⓐ [,riː'meɪk] VT rehacer, volver a hacer
Ⓑ ['riːmeɪk] N (*Cine*) nueva versión *f*

**remand** [rɪ'mɑːnd] (*Jur*) Ⓐ N **to be on ~** estar en prisión preventiva
Ⓑ VT [+ *case*] remitir; **to ~ sb in custody** poner a algn en prisión preventiva; **to ~ sb on bail** libertar a algn bajo fianza
Ⓒ CPD ► **remand centre** N cárcel *f* transitoria ► **remand home** N cárcel *f* transitoria para menores ► **remand wing** N galería *f* de prisión preventiva

**remark** [rɪ'mɑːk] Ⓐ N 1 (= *comment*) comentario *m*, observación *f*; **to let sth pass without ~** dejar pasar algo sin (hacer) comentario; **after some introductory ~s** tras unos comentarios introductorios; **to make a ~** hacer un comentario *or* una observación; **she made the ~ that** observó que; **to make** *or* **pass ~s about sb** (*usu pej*) hacer comentarios sobre algn; *see also* **personal A4**
2 (= *notice*) **worthy of ~** digno de mención
Ⓑ VT 1 (= *say*) comentar, observar; **to ~ that** comentar que, observar que, decir que; **"it's a pity," she ~ed** —es una lástima —dijo
2 (= *notice*) observar, notar
Ⓒ VI (= *comment*) **to ~ on sth** hacer observaciones sobre algo

**remarkable** [rɪ'mɑːkəbl] ADJ [*person, success, ability, performance*] extraordinario; [*achievement, recovery, progress*] notable, extraordinario; [*results*] excelente, extraordinario; [*story*] singular; **what's ~ about that?** no sé qué tiene eso de extraordinario; **~ for sth** notable por algo; **his statement was ~ for its clarity** su declaración fue notable por su claridad; **a teacher ~ for her patience** un profesor que destaca por su paciencia; **it's ~ how quickly children grow up** es extraordinario lo rápido que crecen los niños; **he's a most ~ man** es un hombre extraordinario; **we have made ~ progress** hemos realizado notables *or* extraordinarios progresos; **it is ~ that** es sorprendente que + *subjun*; **it was ~ to see how quickly she recovered** fue sorprendente *or* extraordinario lo pronto que se recuperó; **what's ~ to me is that so many people came** lo que me parece sorprendente es que viniera tanta gente

**remarkably** [rɪ'mɑːkəblɪ] ADV [*similar, beautiful, cheap*] extraordinariamente; [*well, quickly*] increíblemente; **the factory had, ~, escaped the bombing** la fábrica, increíblemente, no resultó dañada en el bombardeo; **~ few people** un número increíblemente escaso de personas; **there have been ~ few complaints** sorprendentemente, ha habido muy pocas quejas; **the general standard was ~ high** el nivel general era notablemente alto; **he looked ~ like his father** guardaba un parecido extraordinario con su padre; **it tastes ~ good** tiene un sabor extraordinario

**remarriage** ['riː'mærɪdʒ] N segundo casamiento *m*

**remarry** ['riː'mærɪ] VI volver a casarse; **she remarried three years ago** se volvió a casar hace tres años

**rematch** ['riː,mætʃ] N partido *m* de vuelta, revancha *f*

**remediable** [rɪ'miːdɪəbl] ADJ remediable

**remedial** [rɪ'miːdɪəl] Ⓐ ADJ (*Med*) reparador; (*fig*) correctivo
Ⓑ CPD ► **remedial course** N curso *m* correctivo ► **remedial education** N educación *f* especial ► **remedial teaching** N enseñanza *f* de los niños *etc* con dificultades

**remedy** ['remədɪ] Ⓐ N (*gen*) remedio *m*; **a good ~ for a sore throat** un buen remedio para el dolor de garganta; **to be past ~** (*Med, fig*) no tener remedio; **there's no ~ for that** eso no tiene remedio; **the best ~ for that is to protest** eso se remedia protestando; **to have no ~ at law** no tener recurso legal
Ⓑ VT (*Med*) [+ *illness*] curar; (*fig*) [+ *situation*] remediar; **that's soon remedied** eso es fácil remediarlo, eso queda arreglado fácilmente

▼ **remember** [rɪ'membə^r] Ⓐ VT 1 (= *recall*) [+ *person, fact, promise*] acordarse de, recordar; **don't you ~ me?** ¿no se acuerda usted de mí?, ¿no me recuerda?; **I can never ~ phone numbers** tengo muy mala memoria para los

números de teléfono, soy incapaz de recordar números de teléfono; **I don't ~ a thing about it** no recuerdo ni un solo detalle de ello; **I ~ seeing it** ◊ **I ~ having seen it** me acuerdo de *or* recuerdo haberlo visto, me acuerdo de *or* recuerdo que lo vi; **I seem to ~ (that) you used to do the same** si mal no recuerdo, tú hacías lo mismo; **I don't ~ what he looks like** no me acuerdo de *or* no recuerdo cómo es; **I ~ him as tall and slim** lo recuerdo alto y delgado; **give me something to ~ you by** dame algún recuerdo tuyo; **so I gave him sth to ~ me by** (*fig*) así que le di algo para que no me olvidara *or* para que se acordara de mí; **she will be ~ed for her wonderful sense of humour** se la recordará por su maravilloso sentido del humor; **it was a night to ~** fue una noche memorable *or* inolvidable
[2] (*= bear in mind*) recordar, tener presente; **~ that he carries a gun** recuerda *or* ten presente que lleva una pistola; **that's worth ~ing** eso merece la pena recordarlo; **it is worth ~ing that …** merece la pena recordar que …
[3] (*= not forget*) acordarse de; **have you ~ed your passport?** ¿te has acordado del pasaporte *or* de traer el pasaporte?; **she always ~s the children at Christmas** siempre se acuerda de los niños por Navidad; **to ~ sb in one's prayers** rezar por algn; **to ~ sb in one's will** mencionar a algn en el testamento; **she ~ed to do it** se acordó de hacerlo; **~ to turn out the light** no te olvides de apagar la luz; **~ what happened before** no te olvides *or* acuérdate de lo que pasó antes
[4] (*= commemorate*) recordar; **today we ~ those who gave their lives in the war** hoy recordamos a aquellos que dieron sus vidas en la guerra
[5] (*with wishes*) **she asks to be ~ed to you all** manda recuerdos a todos; **~ me to your family** dale recuerdos a tu familia, saluda a tu familia de mi parte
Ⓑ VI [1] (*= recall*) acordarse, recordar; **do you ~?** ¿te acuerdas?, ¿recuerdas?; **try to ~!** ¡haz memoria!, ¡intenta acordarte!; **I don't** *or* **can't ~** no me acuerdo, no recuerdo; **as I ~, you said you would pay** que yo recuerde *or* si mal no recuerdo, tú dijiste que pagarías; **it was a cold day, as you will ~** era un día de frío, como recordarás; **as far as I (can) ~** que yo recuerde; **not as far as I ~** no que yo recuerde; **as far back as** *or* **for as long as I can ~** desde siempre; **if I ~ right(ly)** si mal no recuerdo, si la memoria no me falla
[2] (*= not forget*) acordarse; **I asked you to get some stamps, did you ~?** te pedí que compraras sellos, ¿te acordaste?; **I'll try to ~** intentaré acordarme, intentaré no olvidarme *or* que no se me olvide

**remembrance** [rɪˈmembrəns] Ⓐ N (*= remembering*) recuerdo *m*; **~s** recuerdos *mpl*; **in ~ of** en conmemoración de; **I have no ~ of it** no lo recuerdo en absoluto
Ⓑ CPD ► **Remembrance Day, Remembrance Sunday** N (*Brit*) *día en el que se recuerda a los caídos en las dos guerras mundiales*; → POPPY DAY

▼**remind** [rɪˈmaɪnd] VT recordar a; **thank you for ~ing me** gracias por recordármelo; **to ~ sb that** recordar a algn que; **customers are ~ed that …** se recuerda a los clientes que …; **to ~ sb to do sth** recordar a algn que haga algo; **~ me to fix an appointment** recuérdame que ponga una cita; **you have to keep ~ing him to do it** hay que recordárselo constantemente; **need I ~ you who he is?** ¿tengo que recordarte quién es?; **to ~ sb about sth** recordar algo a algn; **don't forget to ~ her about the party** no te olvides de recordarle lo de la fiesta; **don't ~ me!*** ¡no me lo recuerdes!; **to ~ sb of sth** recordar algo a algn; **that ~s me of last time** eso me recuerda la última vez; **she ~s me of Anne** me recuerda a Anne; **to ~ o.s.**: **I have to ~ myself to relax** tengo que recordarme a mí mismo que debo relajarme; **he's only a boy, I ~ed myself** no es más que un niño, me recordé; **that ~s me!** ¡a propósito!; **I saw John today, which ~s me …** hoy vi a John, a propósito …; → REMEMBER

**REMEMBER**

**"acordarse de" or "recordar"?**

- Both **acordarse de** and **recordar** can be used to translate **to remember** (used transitively), provided the object of **remember** is not another verb. **Recordar** is becoming less common, however, in everyday informal contexts:
  Do you remember where he lives?
  ***¿Te acuerdas de dónde vive?, ¿Recuerdas dónde vive?***
- Use **acordarse de** + **INFINITIVE** to translate **to remember to** + **VERB**:
  Did you remember to close the door?
  ***¿Te acordaste de cerrar la puerta?***

! Don't use **recordar** for **remembering to do sth**.

- Use **recordar** + **PERFECT INFINITIVE/CLAUSE** or **acordarse de** + **CLAUSE** to translate **to remember** + **-ING**:
  I remember closing the door
  ***Recuerdo haber cerrado*** *or* ***Recuerdo que cerré*** *or* ***Me acuerdo de que cerré la puerta***

**NOTE: Recordar** also translates **remind**:
I must remind Richard to pay the rent
***Tengo que recordarle a Richard que pague el alquiler***

*For further uses and examples, see main entry.*

**reminder** [rɪˈmaɪndəʳ] Ⓐ N [1] (*= letter etc*) notificación *f*, aviso *m*; **we will send a ~** le enviaremos un recordatorio; **it's a gentle ~** es una advertencia amistosa
[2] (*= memento*) recuerdo *m*; **it's a ~ of the good old days** recuerda los buenos tiempos pasados
Ⓑ CPD ► **subscription reminder card** N tarjeta *f* recordatoria de renovación de suscripción

**reminisce** [ˌremɪˈnɪs] VI recordar, rememorar

**reminiscence** [ˌremɪˈnɪsəns] N (*= act*) reminiscencia *f*; (*= individual recollection*) recuerdo *m*

**reminiscent** [ˌremɪˈnɪsənt] ADJ [1] (*= nostalgic*) nostálgico; **to be in a ~ mood** ponerse nostálgico
[2] **to be ~ of** recordar; **that bit is ~ of Rossini** ese trozo recuerda a *or* tiene reminiscencia de Rossini; **that's ~ of another old joke** eso suena a otro conocido chiste

**reminiscently** [ˌremɪˈnɪsəntlɪ] ADV **he spoke ~** habló pensando en el pasado

**remiss** [rɪˈmɪs] ADJ negligente, descuidado; **I have been very ~ about it** he sido muy negligente *or* descuidado en eso; **it was ~ of me** fue un descuido de mi parte

**remission** [rɪˈmɪʃən] N [1] (*Rel*) (*= forgiveness*) remisión *f*, perdón *m*; (*gen*) (*= annulment*) exoneración *f*; **~ of sins** remisión *or* perdón de los pecados
[2] (*Brit*) (*= shortening of prison sentence*) disminución *f* de pena
[3] (*Med*) **to be in ~** [*sick person*] haberse recuperado (temporalmente); [*disease*] remitir, estar en fase de remisión

**remissness** [rɪˈmɪsnɪs] N negligencia *f*, descuido *m*

**remit** [ˈriːmɪt] Ⓐ N (*Brit*) (*= area of responsibility*) competencia *f*; (*= terms of reference*) [*of committee etc*] cometido *m*
Ⓑ [rɪˈmɪt] VT [1] (*= pay by sending*) [*+ amount due*] remitir
[2] (*= refer*) [*+ decision*] remitir
[3] (*Rel*) (*= forgive*) [*+ sins*] perdonar, remitir
[4] (*= let off*) [*+ debt*] remitir; **three months of the sentence were ~ted** se le redujo la pena en tres meses
Ⓒ [rɪˈmɪt] VI disminuir, reducirse

**remittal** [rɪˈmɪtl] N (*Jur*) remisión *f*

**remittance** [rɪˈmɪtəns] Ⓐ N (*= payment*) pago *m*, giro *m*
Ⓑ CPD ► **remittance advice** N aviso *m* de pago

**remittee** [rɪmɪˈtiː] N consignatario/a *m/f*

**remittent** [rɪˈmɪtənt] ADJ [*fever etc*] remitente

**remitter** [rɪˈmɪtəʳ] N remitente *mf*

**remnant** [ˈremnənt] Ⓐ N (*= remainder*) resto *m*, remanente *m*; (*= scrap of cloth*) retal *m*
Ⓑ CPD ► **remnant day** N (*Comm*) día *m* de venta de restos de serie ► **remnant sale** N venta *f* de restos de serie, liquidación *f* total

**remodel** [ˈriːˈmɒdl] VT remodelar

**remold** [ˈriːˈməʊld] N, VT (*US*) = **remould**

**remonstrance** [rɪˈmɒnstrəns] N (*frm*) (*= complaint, protest*) protesta *f*, queja *f*

**remonstrate** [ˈremənstreɪt] VI (*= protest*) protestar, quejarse; (*= argue*) discutir; **to ~ about sth** protestar contra algo, poner reparos a algo; **to ~ with sb** reconvenir a algn

**remorse** [rɪˈmɔːs] N (*= regret*) remordimiento *m*; **without ~** sin remordimientos; **to feel ~** arrepentirse

**remorseful** [rɪˈmɔːsfʊl] ADJ (*= regretful*) arrepentido

**remorsefully** [rɪˈmɔːsfəlɪ] ADV con remordimiento; **he said ~** dijo arrepentido

**remorsefulness** [rɪˈmɔːsfʊlnɪs] N remordimiento *m*

**remorseless** [rɪˈmɔːslɪs] ADJ [1] (*= merciless*) despiadado
[2] (*= relentless*) [*advance, progress*] implacable, inexorable

**remorselessly** [rɪˈmɔːslɪslɪ] ADV [1] (*= mercilessly*) [*pursue, tease*] despiadadamente, de forma despiadada
[2] (*= relentlessly*) implacablemente, inexorablemente; **the spread of the virus is continuing ~** el virus continúa propagándose implacablemente, la propagación del virus continúa implacable

**remorselessness** [rɪˈmɔːslɪsnɪs] N [1] (*= mercilessness*) lo despiadado
[2] (*= relentlessness*) lo implacable, inexorabilidad *f*

**remote** [rɪˈməʊt] Ⓐ ADJ (*compar* **remoter**; *superl* **remotest**) [1] (*= distant*) [*village, spot, area*] remoto, apartado; [*star, galaxy*] lejano, remoto; [*relative, ancestor, descendant*] lejano; **in the ~st parts of Africa** en las partes más remotas *or* más apartadas de África; **the ~ past/future** el pasado/futuro remoto; **~ antiquity** la antigüedad remota; **it's ~ from any towns** está muy lejos *or* muy apartado de cualquier ciudad; **events which seem ~ from our daily lives** hechos que parecen muy alejados de nuestras vidas cotidianas; **a village ~ from the world** un pueblo apartado del mundo
[2] (*= removed*) lejano, remoto; **villages where the war seemed ~** pueblos donde la guerra parecía algo lejano *or* remoto; **to be ~**

► LANGUAGE IN USE: remind 20.7

**from sth** estar alejado de algo; **these events seem ~ from contemporary life** estos sucesos parecen estar alejados de la vida contemporánea; **what he said was rather ~ from the subject in hand** lo que dijo no tenía mucha relación con el tema que se trataba
3 (= *aloof*) [*person, manner, voice*] distante
4 (= *slight*) [*possibility, chance, prospect, hope*] remoto; [*risk, resemblance*] ligero; [*connection*] remoto; **I haven't the ~st idea** no tengo ni la más remota idea
5 (= *remote-controlled*) a distancia
Ⓑ N (*also* **~ control**) mando *m* a distancia, telemando *m*
Ⓒ CPD ► **remote access** N (*Comput*) acceso *m* remoto ► **remote control** N (= *system*) control *m* remoto; (= *device*) mando *m* a distancia, telemando *m* ► **remote learning** N (*Educ*) educación *f* a distancia ► **remote sensing** N detección *f* a distancia

**remote-controlled** [rɪˈməʊtkənˈtrəʊld] ADJ [*toy aircraft etc*] teledirigido

**remotely** [rɪˈməʊtlɪ] ADV 1 (= *distantly*) en un lugar apartado; **they are ~ related** son parientes lejanos; **to be ~ situated** estar situado en un lugar apartado
2 (= *slightly*) [*connected, possible*] remotamente; **it wasn't even ~ amusing** no era ni por asomo divertido; **he isn't even ~ interested in opera** no está ni siquiera remotamente interesado en la ópera; **he failed to say anything ~ interesting** no consiguió decir nada mínimamente interesante; **I've never seen anything ~ like it** nunca he visto nada (ni) remotamente parecido; **it's not even ~ likely** de eso no hay la más remota posibilidad; **he'll eat anything that looks ~ edible** es capaz de comerse cualquier cosa con un mínimo aspecto de comestible; **the struggle to maintain anything ~ resembling decent standards** la lucha por mantener algo que se pareciera aunque fuera de lejos a unos niveles decentes
3 (= *in a detached manner*) [*say, behave*] de forma distante
4 (= *by remote control*) [*control*] a distancia; [*detonate*] por control remoto

**remoteness** [rɪˈməʊtnɪs] N 1 (*in space*) [*of galaxy, village, house*] lo remoto
2 (*in time*) [*of period, age*] lo lejano
3 (= *aloofness*) **he found her ~ hard to cope with** no llevaba bien que ella fuese tan distante; **her ~ from everyday life** su alejamiento de la vida diaria

**remould**, **remold** (*US*) [ˌriːˈməʊld] Ⓐ VT recauchutar
Ⓑ [ˈriːməʊld] N neumático *m* recauchutado, llanta *f* recauchutada (*LAm*)

**remount** [ˈriːˈmaʊnt] Ⓐ VT (*gen*) montar de nuevo en, volver a montar en
Ⓑ VI montar de nuevo, volver a montar
Ⓒ N (*Mil etc*) remonta *f*

**removable** [rɪˈmuːvəbl] ADJ 1 (= *detachable*) movible; [*collar etc*] de quita y pon
2 (*from job*) amovible

**removal** [rɪˈmuːvəl] Ⓐ N (= *transfer*) traslado *m*; [*of word etc*] supresión *f*; (*esp Brit*) (*to new house*) mudanza *f*; (*fig*) (= *murder*) eliminación *f*; **his ~ to a new post** su traslado a un nuevo puesto; **the ~ of this threat** la eliminación de esta amenaza
Ⓑ CPD ► **removal allowance** N (*Brit*) subvención *f* de mudanza ► **removal expenses** NPL (*Brit*) gastos *mpl* de traslado de efectos personales ► **removal man** N mozo *m* de mudanzas ► **removal van** N (*Brit*) camión *m* de mudanzas

**remove** [rɪˈmuːv] Ⓐ VT 1 (= *take away*) [+ *object*] quitar; [+ *documents, evidence*] llevarse; **~ the pan from the heat** quite la cacerola del fuego; **to ~ a child from school** sacar *or* quitar a un niño de la escuela; **the demonstrators were forcibly ~d by police** (*from building*) la policía echó a los manifestantes a la fuerza; **to ~ o.s.** irse, marcharse; **kindly ~ yourself at once** haga el favor de irse *or* marcharse inmediatamente; **to ~ sth/sb to** trasladar *or* llevar algo/a algn a; **her body had been ~d to the mortuary** habían trasladado *or* llevado su cuerpo al tanatorio
2 (= *take off*) quitar; [+ *one's clothing, make-up*] quitarse; **first ~ the lid** primero quite la tapa; **he ~d his jacket** se quitó la chaqueta; **he ~d his hat** se quitó el sombrero, se descubrió; **she had the tattoo ~d from her arm** se fue a que le quitaran *or* se quitó el tatuaje del brazo
3 (= *take out*) [+ *object*] sacar; (*Med*) [+ *organ, tumour*] extirpar, quitar; [+ *bullet*] extraer, quitar; **~ the cake from the oven** saque la tarta del horno
4 (= *delete*) [+ *word, sentence, paragraph*] suprimir, quitar; [+ *name from list*] quitar, tachar (**from** de)
5 (= *get rid of*) [+ *obstacle, threat, waste, problem*] eliminar; [+ *doubt, suspicion*] disipar; [+ *fear*] acabar con; [+ *stain*] quitar; **an agreement on removing trade barriers** un acuerdo sobre la eliminación de las barreras comerciales; **products that ~ unwanted hair** productos que eliminan *or* quitan el vello superfluo
6 (= *dismiss*) [+ *person*] (*from post*) destituir; **to ~ sb from office** destituir a algn de su cargo; **to ~ sb from power** destituir a algn del poder
Ⓑ VI (*Brit frm*) (= *move house*) mudarse, trasladarse, cambiarse (*Mex*) (**to** a)
Ⓒ N **this is but one ~ from disaster** esto raya en la catástrofe, esto está a un paso de la catástrofe; **this is several ~s from our official policy** esto dista *or* se aparta mucho de nuestra política oficial; **it's a far ~ from …** dista mucho de …; **at a** *or* **one ~** de lejos; **to experience a foreign culture, albeit at a ~** vivir una cultura extranjera, aunque sea de lejos

**removed** [rɪˈmuːvd] ADJ **to be far ~ from sth** distar *or* apartarse mucho de algo; **his political views are far ~ from theirs** sus ideas políticas distan *or* se apartan mucho de las de ellos; **an indifference not far ~ from contempt** una indiferencia rayana con *or* que rayaba en el desprecio; **first cousin once ~** (= *parent's cousin*) tío/a *m/f* segundo/a; (= *cousin's child*) sobrino/a *m/f* segundo/a, hijo/a *m/f* de primo carnal

**remover** [rɪˈmuːvəʳ] N 1 (= *person*) agente *mf* de mudanzas
2 (= *substance*) **make-up ~** desmaquillador *m*, desmaquillante *m*; **nail polish ~** quitaesmalte *m*; **stain ~** quitamanchas *m inv*

**remunerate** [rɪˈmjuːnəreɪt] VT remunerar

**remuneration** [rɪˌmjuːnəˈreɪʃən] N remuneración *f*

**remunerative** [rɪˈmjuːnərətɪv] ADJ remunerativo

**Renaissance** [rəˈneɪsɑːns] (*Art, Hist*) Ⓐ N **the ~** el Renacimiento; **the 12th century ~** el renacimiento del siglo XII
Ⓑ CPD renacentista, del Renacimiento

**renaissance** [rəˈneɪsɑːns] N renacimiento *m*; **a spiritual ~** un renacimiento *or* despertar espiritual

**renal** [ˈriːnl] Ⓐ ADJ (*Anat*) renal
Ⓑ CPD ► **renal failure** N insuficiencia *f* renal

**rename** [ˈriːˈneɪm] VT poner nuevo nombre a; **they have ~d it "Mon Repos"** le han puesto el nuevo nombre de "Mon Repos"

**renascence** [rɪˈnæsns] N = **renaissance**

**renascent** [rɪˈnæsnt] ADJ renaciente, que renace

**renationalization** [ˈriːˌnæʃnəlaɪˈzeɪʃən] N renacionalización *f*

**renationalize** [ˈriːˈnæʃnəlaɪz] VT renacionalizar

**rend** [rend] (*pt, pp* **rent**) VT 1 (*poet*) (= *tear*) rasgar, desgarrar; (= *split*) hender; **to ~ sth in twain** partir algo por medio, hender algo; **to ~ one's clothes** rasgar *or* desgarrar su ropa
2 (*fig*) **a cry rent the air** un grito cortó el aire

**render** [ˈrendəʳ] VT 1 (*frm*) (= *give*) [+ *honour*] dar, rendir; [+ *service, assistance*] dar, prestar; **to ~ good for evil** devolver bien por mal; **to ~ thanks to sb** dar las gracias a algn; **~ unto Caesar …** al César lo que es del César (y a Dios lo que es de Dios); **to ~ an account of one's stewardship** dar cuenta de su gobierno, justificar su conducta durante su mando; **to ~ an account to God** dar cuenta de sí ante Dios
2 (*frm*) (= *make*) dejar, volver; **the accident ~ed him blind** el accidente lo dejó ciego; **to ~ sth useless** inutilizar algo
3 (= *interpret*) [+ *sonata etc*] interpretar; [+ *role, play*] representar, interpretar; (= *translate*) [+ *text*] traducir; **no photograph could adequately ~ the scene** ninguna fotografía podría reproducir con justicia la escena
4 (*Culin*) (*also* **~ down**) derretir
5 (*Constr*) enlucir
6 (*Comm*) **to ~ an account** pasar factura; **to account ~ed** según factura anterior

►**render down** VT + ADV [*fat*] derretir

►**render up** VT + ADV [+ *one's/sb's soul*] entregar; **the earth ~s up its treasures** la tierra rinde sus tesoros

**rendering** [ˈrendərɪŋ] N (= *translation*) traducción *f*; [*of song, role*] interpretación *f*; **her ~ of the sonata** su interpretación de la sonata; **an elegant ~ of Machado** una elegante versión de Machado

**rendezvous** [ˈrɒndɪvuː] Ⓐ N (*pl* **rendezvous** [ˈrɒndɪvuːz]) 1 (= *date*) cita *f*; (= *meeting*) reunión *f*; **to have a ~ with sb** tener una cita con algn; **~ in space** ◊ **space ~** cita espacial; **to make a ~ with another ship at sea** efectuar un enlace con otro buque en el mar
2 (= *meeting-place*) lugar *m* de reunión
Ⓑ VI reunirse, encontrarse; [*spaceship*] tener un encuentro en el espacio (**with** con); **we will ~ at eight** nos reuniremos a las ocho; **the ships will ~ off Vigo** los buques efectuarán el enlace a la altura de Vigo

**rendition** [renˈdɪʃən] N (*Mus*) interpretación *f*

**renegade** [ˈrenɪgeɪd] Ⓐ ADJ renegado
Ⓑ N renegado/a *m/f*

**renege** [rɪˈniːg] VI faltar a su palabra; **to ~ on a promise** no cumplir una promesa

**renew** [rɪˈnjuː] VT 1 (= *restore*) renovar; **skin ~s itself every 28 days** la piel se renueva *or* se regenera cada 28 días
2 (= *resume*) [+ *negotiations, relations*] reanudar; **the storm ~ed itself with a vengeance** la tormenta volvió aún peor, se recrudeció la tormenta; **to ~ the attack** (*Mil*) volver al ataque; **he ~ed his attack on government policy** volvió a arremeter contra la política del gobierno; **to ~ one's efforts (to do sth)** volver a esforzarse (por hacer algo), reanudar

sus esfuerzos (por hacer algo) (*frm*); *see also* **acquaintance**
3 (= *extend date of*) [+ *contract, passport, subscription, library book*] renovar; [+ *lease, loan*] renovar, prorrogar
4 (= *reaffirm*) [+ *promise, vow*] renovar
5 (= *replace*) [+ *component*] cambiar; [+ *supplies*] reponer

**renewable** [rɪ'nju:əbl] ADJ [*contract*] renovable; [*energy, resources*] no perecedero

**renewal** [rɪ'nju:əl] N 1 (= *reinvigoration*) renacimiento *m*; **there was a ~ of faith in the old values** hubo un renacimiento de la fe en viejos valores; **a spiritual ~** un renacimiento espiritual, una renovación espiritual
2 (= *renovation*) renovación *f*; **a housing ~ programme** un programa de renovación de viviendas; **urban ~** renovación *f* urbanística
3 (= *restarting*) [*of negotiations, relations*] reanudación *f*; [*of attack, hostilities*] recrudecimiento *m*
4 (= *revalidation*) [*of contract, passport, subscription, library book*] renovación *f*; [*of lease, loan*] prórroga *f*, renovación *f*; **his contract is up for ~** le toca que le renueven el contrato

**renewed** [rɪ'nju:d] ADJ [*enthusiasm*] renovado; [*outbreaks*] nuevo; **with ~ enthusiasm** con renovado entusiasmo; **with ~ strength** con fuerzas renovadas, con nuevas fuerzas; **~ outbreaks of violence** nuevos brotes de violencia; **there have been ~ calls for his resignation** se ha vuelto a pedir su dimisión; **there have been ~ attempts/efforts to reach agreement** se han reanudado los intentos/esfuerzos por llegar a un acuerdo; **there has been a ~ interest in …** se ha renovado el interés por …

**rennet** ['renɪt] N cuajo *m*

**renounce** [rɪ'naʊns] Ⓐ VT [*right, inheritance, offer etc*] renunciar; [*plan, post, the world etc*] renunciar a
Ⓑ VI (*Cards*) renunciar

**renouncement** [rɪ'naʊnsmənt] N renuncia *f*

**renovate** ['renəʊveɪt] VT (= *renew*) renovar; (= *restore*) restaurar

**renovation** [,renəʊ'veɪʃən] N [*of house, building*] restauración *f*

**renown** [rɪ'naʊn] N renombre *m*, fama *f*

**renowned** [rɪ'naʊnd] ADJ renombrado, famoso; **it is ~ for …** es famoso por …, es célebre por …

**rent¹** [rent] Ⓐ N alquiler *m*, arriendo *m* (*LAm*); **we pay £350 in ~** pagamos 350 libras de alquiler; **to build flats for ~** construir pisos para alquilarlos; **"for rent"** (*US*) "se alquila"
Ⓑ VT [+ *house, TV, car*] alquilar, arrendar (*LAm*); **to ~ a flat from sb** alquilar un piso a algn, arrendar un departamento a algn (*LAm*); **to ~ a house (out) to sb** alquilar una casa a algn; **it is ~ed out at £400 a week** está alquilado a 400 libras por semana
Ⓒ CPD ► **rent book** N (*for accommodation*) librito *m* del alquiler ► **rent boy*** N chapero‡ *m* ► **rent collector** N recaudador(a) *m/f* de alquileres ► **rent control** N control *m* de alquileres ► **rent rebate** N devolución *f* de alquiler ► **rent roll** N lista *f* de alquileres, total *m* de ingresos por alquileres

**rent²** [rent] Ⓐ PT, PP *of* **rend**
Ⓑ N (= *tear*) rasgón *m*, rasgadura *f*; (= *split*) abertura *f*, raja *f*, hendedura *f*; (*fig*) escisión *f*, cisma *m*

**rental** ['rentl] Ⓐ N [*of car, TV etc*] (= *hire*) alquiler *m*; (*Brit*) (= *cost*) alquiler *m*, arriendo *m* (*LAm*); **car ~ is included in the price** el alquiler del coche está incluído en el precio
Ⓑ CPD ► **rental car** N (*US*) coche *m* de alquiler ► **rental value** N valor *m* de alquiler

**rent-a-mob*** ['rentəmɒb] N (*Brit*) turba *f* alquilada

**rent-controlled** ['rentkən,trəʊld] ADJ **a ~ flat** un piso *or* (*LAm*) un departamento de alquiler controlado

**rent-free** ['rent'fri:] Ⓐ ADJ [*house etc*] exento de alquiler
Ⓑ ADV **to live ~** ocupar una casa sin pagar alquiler

**rentier** ['rɒntɪeɪ] N rentista *mf*

**renting** ['rentɪŋ] N arrendamiento *m*

**renumber** ['ri:'nʌmbəʳ] VT volver a numerar

**renunciation** [rɪ,nʌnsɪ'eɪʃən] N renuncia *f*

**reoccupy** ['ri:'ɒkjʊpaɪ] VT volver a ocupar

**reopen** ['ri:'əʊpən] Ⓐ VT 1 [+ *shop, theatre, border, route*] volver a abrir, reabrir
2 [+ *negotiations, relations, investigation, debate*] reanudar; **to ~ a case** [*police*] reabrir un caso; [*prosecutor, judge*] revisar un proceso; **to ~ old wounds** reabrir viejas heridas
Ⓑ VI [*shop, theatre*] volverse a abrir; [*negotiations*] reanudarse; **school ~s on the 8th** el nuevo curso comienza el día 8

**re-opening** ['ri:'əʊpnɪŋ] N 1 [*of shop, theatre, border, route*] reapertura *f*
2 [*of negotiations, relations, investigation, debate*] reanudación *f*; (*Jur*) [*of case*] revisión *f*

**reorder** ['ri:'ɔ:dəʳ] VT 1 (*Comm*) volver a pedir
2 (= *rearrange*) [+ *objects*] ordenar de nuevo, volver a poner en orden

**reorganization** ['ri:,ɔ:gənaɪ'zeɪʃən] N reorganización *f*

**reorganize** ['ri:'ɔ:gənaɪz] Ⓐ VT reorganizar
Ⓑ VI reorganizarse

**rep¹** [rep] N (= *fabric*) reps *m*

**rep²*** [rep] Ⓐ N (*Comm*) (= **representative**) viajante *mf*, agente *mf*; [*of union etc*] representante *mf*
Ⓑ VI **to ~ for** ser agente de

**rep³*** [rep] N (*Theat*) = **repertory**

**Rep.** ABBR 1 (= **Republic**) Rep.
2 (*US Pol*) = **Republican**
3 (*US Pol*) = **Representative**

**repack** ['ri:'pæk] VT [+ *object*] reembalar, reenvasar, devolver a su caja *etc*; [+ *suitcase*] volver a hacer

**repaid** [ri:'peɪd] PT, PP *of* **repay**

**repaint** ['ri:'peɪnt] VT repintar; **to ~ sth blue** repintar algo de azul

**repair¹** [rɪ'pɛəʳ] Ⓐ N 1 (= *act*) reparación *f*, arreglo *m*; **she had taken her car in for ~s** había llevado el coche al taller; **to be beyond ~** (*lit, fig*) no tener arreglo; **the chair is broken beyond ~** la silla no tiene arreglo; **"closed for repairs"** "cerrado por obras", "cerrado por reforma"; **"(shoe) repairs while you wait"** "arreglamos zapatos al momento", "reparaciones de calzado en el acto"; *see also* **road**
2 (= *state*) **to be in bad** *or* **poor ~** ◊ **be in a bad** *or* **poor state of ~** estar en mal estado; **to be in good ~** ◊ **be in a good state of ~** estar en buen estado
Ⓑ VT 1 (= *mend*) [+ *car, machinery, roof*] arreglar, reparar; [+ *clothes, shoes, road*] arreglar
2 (= *heal*) **they wish to ~ relations with the West** quieren cerrar la brecha *or* conciliarse con Occidente
3 (= *rectify*) [+ *wrong*] reparar
Ⓒ CPD ► **repair job** N arreglo *m*, reparación *f*; **they've done a superb ~ job on my car** me han arreglado el coche estupendamente ► **repair shop** N taller *m* de reparaciones; **auto ~ shop** (*US*) taller *m* mecánico; **bicycle ~ shop** taller *m* de reparación de bicicletas ► **repair work** N arreglos *mpl*, reparaciones *fpl*

**repair²** [rɪ'pɛəʳ] VI (*frm*) (= *go*) **to ~ to** dirigirse a; **we all ~ed to a restaurant** todos nos dirigimos a un restaurante

**repairable** [rɪ'pɛərəbl] ADJ reparable

**repairer** [rɪ'pɛərəʳ] N reparador(a) *m/f*

**repairman** [rɪ'pɛəmæn] N (*pl* **repairmen**) (*US*) reparador *m*

**repaper** ['ri:'peɪpəʳ] VT empapelar de nuevo

**reparable** ['repərəbl] ADJ = **repairable**

**reparation** [,repə'reɪʃən] N reparación *f*; **to make ~ to sb for sth** indemnizar a algn por algo

**repartee** [,repɑ:'ti:] N réplicas *fpl* agudas

**repass** ['ri:'pɑ:s] VT repasar

**repast** [rɪ'pɑ:st] N (*liter*) comida *f*

**repatriate** Ⓐ [ri:'pætrɪeɪt] VT repatriar
Ⓑ [ri:'pætrɪət] N repatriado/a *m/f*

**repatriation** [ri:,pætrɪ'eɪʃən] N repatriación *f*

**repay** [ri:'peɪ] (*pt, pp* **repaid**) VT [+ *money*] reembolsar, devolver; [+ *debt*] liquidar, pagar; [+ *person*] reembolsar, pagar; [+ *kindness etc*] devolver, corresponder a; [+ *visit*] devolver, pagar; **to ~ sb in full** pagar *or* devolver a algn todo lo que se le debe; **how can I ever ~ you?** ¿podré corresponderle alguna vez?; **I don't know how I can ever ~ you** no sé cómo podré devolverle el favor; **it ~s study** vale la pena estudiarlo; **it ~s a visit** vale la pena visitarlo; **it ~s reading** vale la pena leerlo

**repayable** [ri:'peɪəbl] ADJ reembolsable; **~ on demand** reembolsable a petición; **~ in ten instalments** a pagar en diez cuotas; **£5 deposit not ~** desembolso inicial de 5 libras no reembolsable; **the money is ~ on the 5th of June** el dinero ha de ser devuelto el 5 de junio

**repayment** [ri:'peɪmənt] Ⓐ N [*of expenses*] reembolso *m*; **now he asks for ~** ahora pide que se le devuelva el dinero; **in six ~s of £8** en seis cuotas de 8 libras cada uno; **mortgage ~s** los pagos de la hipoteca
Ⓑ CPD ► **repayment schedule** N plan *m* de amortización

**repeal** [rɪ'pi:l] Ⓐ VT revocar, abrogar
Ⓑ N revocación *f*, abrogación *f*

**repeat** [rɪ'pi:t] Ⓐ VT 1 (= *say or do again*) repetir; [+ *thanks*] reiterar, volver a dar; [+ *demand, request, promise*] reiterar; (*Scol*) [+ *year, subject*] repetir; **could you ~ that, please?** ¿podría repetir (eso), por favor?; **this offer cannot be ~ed** esta oferta no se repetirá; **the pattern is ~ed on the collar and cuffs** el dibujo se repite en el cuello y en los puños; **~ after me, I must not steal** repetid conmigo, no debo robar; **could history ~ itself?** ¿se podría repetir la historia?; **to ~ o.s.** repetirse; **at the risk of ~ing myself** con el peligro de repetirme
2 (= *divulge*) contar; **don't ~ this to anybody** no le cuentes esto a nadie
3 (= *recite*) recitar
4 (*esp Brit TV*) [+ *programme*] repetir; [+ *series*] repetir, reponer; **the programme will be ~ed on Monday** el programa se repetirá el lunes
Ⓑ VI 1 (= *say or do again*) repetir; **we are not, I ~, not going to give up** no vamos, repito, no vamos a ceder; **lather the hair, rinse and ~** aplicar al cabello formando espuma, aclarar y repetir la operación

2 (*) [*food*] repetir*; **radishes ~ on me** me repite el rábano*
3 (*Math*) [*number*] repetirse
Ⓒ N 1 repetición *f*; **in order to prevent a ~ of the tragedy** para evitar la repetición de la tragedia, para evitar que la tragedia se repita
2 (*esp Brit TV*) [*of programme*] repetición *f*; [*of series*] repetición *f*, reposición *f*; **it can be seen tonight at eight, with a ~ on Monday** se podrá ver esta noche a las ocho y será repetido el lunes
3 (*Mus*) repetición *f*
Ⓓ CPD ► **repeat mark(s)** N(PL) (*Mus*) símbolo(s) *m(pl)* de repetición ► **repeat offender** N delincuente *mf* reincidente ► **repeat performance** N (*Theat, fig*) repetición *f*; **he will give a ~ performance on Friday** hará una repetición el viernes, repetirá la función el viernes; **I don't want a ~ performance of your behaviour last time** que no se repita tu comportamiento de la útima vez ► **repeat prescription** N (*Brit*) receta *f* renovada ► **repeat sign** N (*Mus*) = **repeat mark**

**repeated** [rɪ'pi:tɪd] ADJ [*attacks, warnings, attempts*] repetido; [*requests, demands*] reiterado; [*criticism*] constante; **there have been ~ calls for his resignation** se ha pedido su dimisión reiteradamente *or* repetidas veces

**repeatedly** [rɪ'pi:tɪdlɪ] ADV repetidamente, reiteradamente, repetidas veces; **he has ~ denied the allegations** ha desmentido repetidamente *or* reiteradamente *or* repetidas veces las acusaciones; **they tried ~ to free her** hubo repetidos intentos de liberarla; **he ~ broke the rules** infringía las reglas constantemente

**repeater** [rɪ'pi:tə^r] N 1 (= *watch*) reloj *m* de repetición; (= *rifle*) rifle *m* de repetición
2 (*US Jur*) reincidente *mf*

**repeating** [rɪ'pi:tɪŋ] ADJ [*clock, rifle*] de repetición; [*pattern*] repetido; (*Math*) periódico

**repechage** [ˌrepɪ'ʃɑ:ʒ] N repesca *f*

**repel** [rɪ'pel] Ⓐ VT 1 (= *force back*) repeler, rechazar
2 (= *disgust*) repugnar, dar asco a; **he ~s me** me da asco, me repugna; **it ~s me to have to** + INFIN me repugna tener que + *infin*
Ⓑ VI repelerse mutuamente

**repellant** [rɪ'pelənt] N = **repellent B**

**repellent** [rɪ'pelənt] Ⓐ ADJ 1 (= *disgusting*) repugnante, asqueroso
2 **it is ~ to insects** (= *drives away*) ahuyenta los insectos
Ⓑ N (*also* **insect ~**) repelente *m* contra insectos

**repent** [rɪ'pent] Ⓐ VI arrepentirse (**of** de)
Ⓑ VT arrepentirse de

**repentance** [rɪ'pentəns] N arrepentimiento *m*

**repentant** [rɪ'pentənt] ADJ arrepentido

**repeople** ['ri:'pi:pl] VT repoblar

**repercussion** [ˌri:pə'kʌʃən] N repercusión *f*; **~s** (*fig*) repercusiones *fpl*; **as for the political ~s** en cuanto a las repercusiones políticas; **it had great ~s in France** tuvo gran resonancia en Francia

**repertoire** ['repətwɑ:^r] N [*of songs, jokes*] repertorio *m*

**repertory** ['repətərɪ] Ⓐ N (= *stock*) repertorio *m*
Ⓑ CPD ► **repertory company** N compañía *f* de repertorio ► **repertory theatre**, **repertory theater** (*US*) N teatro *m* de repertorio

**repetition** [ˌrepɪ'tɪʃən] N repetición *f*

**repetitious** [ˌrepɪ'tɪʃəs] ADJ = **repetitive**

**repetitive** [rɪ'petɪtɪv] Ⓐ ADJ repetitivo, reiterativo; **the book is a bit ~** el libro tiene sus repeticiones
Ⓑ CPD ► **repetitive strain injury**, **repetitive stress injury** N *lesión en las muñecas y los brazos sufrida por teclistas*

**rephrase** [ri:'freɪz] VT expresar de otro modo, decir con otras palabras

**repine** [rɪ'paɪn] VI (*liter*) quejarse (**at** de), afligirse (**at** por)

**replace** [rɪ'pleɪs] VT 1 (= *put back*) volver a colocar; **~ the cap after use** vuelva a colocar la tapa después de usarlo; **he ~d the letter in his pocket** se volvió a meter la carta en el bolsillo; **to ~ the receiver** colgar (el auricular)
2 (= *get replacement for*) [+ *object*] reponer; [+ *person*] sustituir, reemplazar; **the body has to ~ lost fluid** el cuerpo tiene que reponer los líquidos perdidos; **we will ~ the broken glasses** repondremos *or* pagaremos los vasos rotos; **they are not going to ~ her when she leaves** cuando se vaya no van sustituirla *or* reemplazarla, no van a poner a nadie en su lugar cuando se vaya
3 (= *put in place of*) **to ~ sth with sth** sustituir algo por algo; **the airline is replacing its DC10s with Boeing 747s** la compañía aérea está sustituyendo los DC10 por Boeings 747; **to ~ sb with sth/sb** sustituir a algn por algo/algn, reemplazar a algn por *or* con algo/algn; **many workers are being ~d by machines** están sustituyendo a muchos trabajadores por máquinas, están reemplazando a muchos trabajadores por *or* con máquinas
4 (= *take the place of*) [+ *thing*] sustituir; [+ *person*] sustituir, reemplazar; **chopped chives can ~ the parsley** el perejil se puede sustituir por cebolletas picadas; **he ~d Evans as managing director** sustituyó *or* reemplazó a Evans en el puesto de director gerente; **nobody could ever ~ him in my heart** nadie podrá jamás ocupar su lugar en mi corazón
5 (= *change*) cambiar; **the battery needs replacing** hay que cambiar la pila

**replaceable** [rɪ'pleɪsəbl] ADJ reemplazable, sustituible; **it will not easily be ~** no será fácil encontrar uno igual; **he will not easily be ~** no será fácil encontrar un sustituto

**replacement** [rɪ'pleɪsmənt] Ⓐ N 1 (= *putting back*) reposición *f*; (= *substituting*) sustitución *f* (**by, with** por); *see also* **hormone**
2 (= *substitute*) 2·1 (= *person*) sustituto/a *m/f*, suplente *mf* (**for** de)
2·2 (= *thing*) **it took three days to find a ~** tardaron tres días en encontrar un repuesto; **you can get a ~ if the goods are faulty** le damos uno nuevo si el artículo está defectuoso
Ⓑ CPD ► **replacement cost** N costo *m* de sustitución ► **replacement engine** N motor *m* de repuesto ► **replacement part** N repuesto *m* ► **replacement value** N valor *m* de sustitución

**replant** ['ri:'plɑ:nt] VT replantar

**replay** [ˌri:'pleɪ] (*esp Brit*) Ⓐ VT (*Sport*) [+ *match*] volver a jugar; (*Mus*) volver a tocar; [+ *tape*] volver a poner
Ⓑ [ˌri:'pleɪ] VI (*Sport*) volver a jugar
Ⓒ ['ri:pleɪ] N [*of match*] repetición *f* de un partido; **there will be a ~ on Friday** el partido se volverá a jugar el viernes; *see also* **action C**

**replenish** [rɪ'plenɪʃ] VT [+ *tank etc*] rellenar, llenar de nuevo; [+ *stocks*] reponer

**replenishment** [rɪ'plenɪʃmənt] N [*of tank*] rellenado *m*; [*of stocks*] reposición *f*

**replete** [rɪ'pli:t] ADJ (*liter*) repleto, lleno (**with** de)

**repletion** [rɪ'pli:ʃən] N (*liter*) saciedad *f*, repleción *f*; **to eat to ~** comer realmente bien

**replica** ['replɪkə] N réplica *f*, reproducción *f*

**replicate** ['replɪˌkeɪt] VT reproducir exactamente

**reply** [rɪ'plaɪ] Ⓐ N 1 (*spoken, written*) respuesta *f*, contestación *f*; **he has had 12 replies to his ad** han contestado 12 personas a su anuncio; **I sent a ~ to her letter this morning** contesté *or* respondí a su carta esta mañana; **"reply paid"** "no necesita sello", "a franquear en destino"; **~-paid envelope** sobre *m* a franquear en destino; **in ~** en respuesta; **in ~ to your letter** en respuesta a *or* contestando a su carta; **he had nothing to say in ~** no tenía nada que responder *or* contestar; **there's no ~** (*Telec*) no contestan; **to make no ~ (to sth)** no responder (a algo), no contestar (algo); **she made no ~ except to nod** su única reacción fue asentir con la cabeza
2 (= *reaction, response*) reacción *f*, respuesta *f*; **a loud sob was his only ~** un fuerte sollozo fue su única reacción *or* respuesta
3 (*abrupt*) réplica *f*
4 (*Jur*) réplica *f*
Ⓑ VI 1 responder, contestar; **to ~ to sb** contestar *or* responder a algn; **to ~ to sth** responder *or* contestar a algo; **to ~ to a letter** contestar (a) una carta; **the police replied with tear gas** la policía respondió con gas lacrimógeno
2 (*Jur*) replicar
Ⓒ VT 1 (*gen*) responder, contestar; **he replied that this was impossible** respondió *or* contestó que esto era imposible
2 (*abruptly*) replicar

**repoint** [ri:'pɔɪnt] VT rejuntar

**repointing** [ri:'pɔɪntɪŋ] N rejuntamiento *m*

**repopulate** ['ri:'pɒpjʊleɪt] VT repoblar

**repopulation** ['ri:ˌpɒpjʊ'leɪʃən] N repoblación *f*

**report** [rɪ'pɔ:t] Ⓐ N 1 (= *account*) informe *m*; (*Press, Rad, TV*) reportaje *m*, crónica *f*; (= *piece of news*) noticia *f*; **there were no ~s of casualties** no se anunciaron víctimas; **to give** *or* **make** *or* **present a ~ (on sth)** presentar un informe (sobre algo); *see also* **law**, **progress D**
2 (*Brit*) (*also* **school ~**) boletín *m or* cartilla *f* de notas; (*US*) (= *assignment*) trabajo *m*; **to get a good/bad ~** sacar buenas/malas notas
3 (= *rumour*) rumor *m*; **according to ~(s)** según se dice
4 (*liter*) (= *reputation*) reputación *f*, fama *f*; **a person of good ~** una persona de buena reputación *or* fama
5 (= *bang*) estallido *m*; (= *shot*) disparo *m*
Ⓑ VT 1 (= *state, make known*) **it is ~ed from Berlin that ...** comunican *or* se informa desde Berlín que ...; **nothing to ~** sin novedad
2 (*Press, TV, Rad*) [+ *event*] informar acerca de, informar sobre
3 (= *allege*) **she is ~ed to be in Italy** se dice que está en Italia; **he is ~ed to have said that ...** parece que dijo que ...
4 (= *notify*) [+ *crime*] denunciar, dar parte de; [+ *accident*] dar parte de; **13 people were ~ed killed** hubo informes de que murieron 13 personas; **to ~ sb missing** denunciar la desaparición de algn, declarar a algn desaparecido
5 (= *denounce*) [+ *person*] denunciar; **to ~ sb (to sb) (for sth)** denunciar a algn (a algn) (por algo); **he ~ed her to the Inland Revenue for not paying her taxes** la denunció

a Hacienda por no pagar impuestos
[6] **~ed speech** estilo *m* indirecto
(C) VI [1] (= *make report*) presentar un informe
[2] (*Press, TV, Rad*) (*gen*) informar; (*as reporter*) ser reportero/a; **he ~ed for the Daily Echo for 40 years** durante 40 años fue reportero del "Daily Echo"; **this is Jim Dale ~ing from Chicago** aquí Jim Dale (informando) desde Chicago; **to ~ on sth** informar sobre algo
[3] (= *present oneself*) presentarse; **when you arrive, ~ to the receptionist** cuando llegue, preséntese en recepción; **he has to ~ to the police every five days** tiene que personarse *or* presentarse en la comisaría cada cinco días; **to ~ for duty** (*Mil*) presentarse para el servicio; **to ~ sick** darse de baja por enfermedad
[4] **to ~ to sb** (= *be responsible to*) estar bajo las órdenes de algn; **he ~s to the marketing director** está bajo las órdenes del director de márketing; **who do you ~ to?** ¿quién es tu superior *or* tu jefe?
(D) CPD ► **report card** N (*US Scol*) boletín *m* *or* cartilla *f* de notas ► **report stage** N (*Brit Parl*) **the bill has reached** *or* **is at the ~ stage** se están debatiendo los informes de las comisiones sobre el proyecto de ley

►**report back** (A) VI + ADV [1] (= *give report*) (*gen*) informar; (*officially*) presentar un informe
[2] (= *return*) volver (a presentarse); **~ back at six o'clock** vuelva (a presentarse) a las seis
(B) VT + ADV **my every move was ~ed back to my superiors** se informaba a mis superiores de todo lo que hacía

**reportage** [ˌrepɔːˈtɑːʒ] N (= *news report*) reportaje *m*; (= *technique*) periodismo *m*

**reportedly** [rɪˈpɔːtɪdlɪ] ADV según se dice; **he is ~ living in Australia** se dice que está viviendo en Australia

**reporter** [rɪˈpɔːtəʳ] N (*Press*) periodista *mf*, reportero/a *m/f*; (*TV, Rad*) locutor(a) *m/f*

**reporting** [rɪˈpɔːtɪŋ] (A) N (*Press, TV, Rad*) cobertura *f*, reportajes *mpl*; **her ~ of the war in Bosnia** su cobertura *or* sus reportajes de la guerra en Bosnia
(B) CPD ► **reporting restrictions** NPL (*Press, TV, Rad*) restricciones *fpl* informativas

**repose** [rɪˈpəʊz] (*frm*) (A) N (= *rest, sleep*) reposo *m*, descanso *m*; (= *calm*) calma *f*, tranquilidad *f*
(B) VI (= *rest, be buried*) reposar, descansar; **to ~ on** descansar sobre
(C) VT [1] (= *lay*) reposar, descansar
[2] (= *put*) **to ~ confidence in sb** depositar confianza en algn

**repository** [rɪˈpɒzɪtərɪ] N depósito *m*; **furniture ~** guardamuebles *m inv*

**repossess** [ˈriːpəˈzes] VT recobrar; **to ~ o.s. of sth** recobrar algo, volver a tomar algo

**repossession** [ˌriːpəˈzeʃən] N recuperación *f* (*de un artículo no pagado*)

**repot** [riːˈpɒt] VT poner en nueva maceta, cambiar de maceta

**reprehend** [ˌreprɪˈhend] VT reprender

**reprehensible** [ˌreprɪˈhensɪbl] ADJ reprensible, censurable

**reprehensibly** [ˌreprɪˈhensɪblɪ] ADV censurablemente

**reprehension** [ˌreprɪˈhenʃən] N reprensión *f*

**represent** [reprɪˈzent] VT [1] (= *stand for, symbolize*) representar
[2] (= *act or speak for*) [+ *client, country*] representar a; [+ *company*] ser agente de; [+ *change, achievement*] representar; **he ~s nobody but himself** no representa a nadie sino a sí mismo; **his early work is well ~ed in the exhibition** sus primeros trabajos están bien representados en la exposición, su primera época está bien representada
[3] (*frm*) (= *convey, explain*) presentar, describir; **you ~ed it falsely to us** usted nos lo describió falsamente; **it has been ~ed to us that ...** se ha pretendido que ..., se nos ha dicho que ...; **the goods are not as ~ed** las mercancías no son como nos las describieron

**re-present** [ˈriːprɪˈzent] VT volver a presentar

**representation** [ˌreprɪzenˈteɪʃən] N [1] (*gen, Pol*) representación *f*; **to make false ~s** describir algo falsamente
[2] (= *protest*) **to make ~s to sb** levantar una protesta a algn; **to make ~s about sth** quejarse de algo; *see also* **proportional**

**representational** [ˌreprɪzenˈteɪʃənəl] ADJ (*Art*) figurativo

**representative** [ˌreprɪˈzentətɪv] (A) ADJ representativo (**of** de); **these figures are more ~** estas cifras son más representativas; **~ government** gobierno *m* representativo; **a person not fully ~ of the group** una persona que no representa adecuadamente el grupo
(B) N [1] (*gen*) representante *mf*
[2] (*esp Brit Comm*) viajante *mf*
[3] (*US Pol*) **Representative** ≈ diputado/a *m/f*; **the House of Representatives** la cámara de Representantes, ≈ el Senado

**repress** [rɪˈpres] VT reprimir

**repressed** [rɪˈprest] ADJ reprimido

**repression** [rɪˈpreʃən] N (*gen, Psych*) represión *f*

**repressive** [rɪˈpresɪv] ADJ represivo

**reprieve** [rɪˈpriːv] (A) N [1] (*Jur*) indulto *m*; [*of sentence*] conmutación *f*; **to win a last-minute ~** ser indultado a última hora
[2] (= *delay*) aplazamiento *m*, alivio *m* temporal; **the building got a ~** se retiró la orden de demoler el edificio
(B) VT [1] (*Jur*) indultar; **to ~ sb from death** suspender la pena de muerte de algn
[2] (*fig*) salvar

**reprimand** [ˈreprɪmɑːnd] (A) N reprimenda *f*
(B) VT reprender, regañar

**reprint** [ˈriːprɪnt] (A) N reimpresión *f*, reedición *f*
(B) [ˌriːˈprɪnt] VT reimprimir

**reprisal** [rɪˈpraɪzəl] N represalia *f*; **to take ~s** tomar represalias; **as a ~ for** como represalia por; **by way of ~** a modo de represalia

**reproach** [rɪˈprəʊtʃ] (A) N reproche *m*; **above** *or* **beyond ~** intachable, irreprochable; **that is a ~ to us all** es un reproche a todos nosotros; **poverty is a ~ to civilization** la pobreza es una vergüenza para la sociedad; **term of ~** término *m* oprobioso
(B) VT **to ~ sb for sth** reprochar algo a algn; **to ~ o.s. for sth** reprocharse algo; **you have no reason to ~ yourself** no tienes motivos para reprocharte (nada)

**reproachful** [rɪˈprəʊtʃfʊl] ADJ [*look etc*] de reproche, de acusación

**reproachfully** [rɪˈprəʊtʃfəlɪ] ADV [*look*] con reproche; [*speak*] en tono acusador

**reprobate** [ˈreprəʊbeɪt] N réprobo/a *m/f*

**reprobation** [ˌreprəʊˈbeɪʃən] N reprobación *f*

**reprocess** [ˌriːˈprəʊses] VT reprocesar

**reprocessing** [ˌriːˈprəʊsesɪŋ] (A) N reprocesamiento *m*
(B) CPD ► **reprocessing plant** N planta *f* de reprocesamiento

**reproduce** [ˌriːprəˈdjuːs] (A) VT reproducir
(B) VI (*Bio*) reproducirse

**reproduction** [ˌriːprəˈdʌkʃən] (A) N [1] (= *act of reproducing*) reproducción *f*; (= *copy*) copia *f*, reproducción *f*
[2] (*Bio*) reproducción *f*
(B) CPD ► **reproduction furniture** N muebles *mpl* antiguos de imitación

**reproductive** [ˌriːprəˈdʌktɪv] ADJ reproductor

**reprography** [rɪˈprɒgrəfɪ] N reprografía *f*

**reproof** [ˌriːˈpruːf] N reprobación *f*, regaño *m*; **to administer a ~ to sb** reprender a algn

**re-proof** [ˌriːˈpruːf] VT [+ *garment*] impermeabilizar de nuevo

**reproval** [rɪˈpruːvəl] N reprobación *f*

**reprove** [rɪˈpruːv] VT **to ~ sb for sth** reprobar a algn por algo

**reproving** [rɪˈpruːvɪŋ] ADJ reprobador, lleno de reproches

**reprovingly** [rɪˈpruːvɪŋlɪ] ADV [*speak*] en tono reprobador, con reprobación; **she looked at me ~** me miró severa, me reprendió con la mirada

**reptile** [ˈreptaɪl] N reptil *m*

**reptilian** [repˈtɪlɪən] (A) ADJ reptil
(B) N reptil *m*

**Repub.** ABBR [1] = **Republic**
[2] = **Republican**

**republic** [rɪˈpʌblɪk] N república *f*

**republican** [rɪˈpʌblɪkən] (A) ADJ republicano
(B) N republicano/a *m/f*

**republicanism** [rɪˈpʌblɪkənɪzəm] N republicanismo *m*

**republication** [ˈriːˌpʌblɪˈkeɪʃən] N reedición *f*

**republish** [ˈriːˈpʌblɪʃ] VT reeditar

**repudiate** [rɪˈpjuːdɪeɪt] VT [1] (= *deny*) [+ *charge*] rechazar, negar
[2] (= *refuse to recognize*) [+ *debt, treaty*] negarse a reconocer, desconocer; [+ *attitude, values, wife, violence*] repudiar

**repudiation** [rɪˌpjuːdɪˈeɪʃən] N [1] (= *denial*) rechazo *m*, negación *f*
[2] (= *refusal to recognize*) [*of debt, treaty*] negativa *f* a reconocer, desconocimiento *m*; [*of attitude, values, wife, violence*] repudio *m*

**repugnance** [rɪˈpʌgnəns] N repugnancia *f*

**repugnant** [rɪˈpʌgnənt] ADJ repugnante; **it is ~ to me** me repugna

**repulse** [rɪˈpʌls] (A) VT (*gen*) rechazar
(B) N rechazo *m*; **to suffer a ~** ser rechazado

**repulsion** [rɪˈpʌlʃən] N [1] (= *disgust*) repulsión *f*, repugnancia *f*
[2] (= *rejection*) rechazo *m*

**repulsive** [rɪˈpʌlsɪv] ADJ repulsivo, repugnante

**repulsively** [rɪˈpʌlsɪvlɪ] ADV de modo repulsivo, de modo repugnante; **~ ugly** tan feo que da/daba *etc* asco

**repulsiveness** [rɪˈpʌlsɪvnɪs] N lo repulsivo, lo repugnante

**repurchase** [ˈriːˈpɜːtʃɪs] (A) N readquisición *f*
(B) VT readquirir, volver a comprar

**reputable** [ˈrepjʊtəbl] ADJ [*firm, brand*] acreditado, de confianza; [*person*] honroso, formal

**reputation** [ˌrepjʊˈteɪʃən] N reputación *f*, fama *f*; **to have a bad ~** tener mala fama; **of good ~** de buena fama; **he has a ~ for being awkward** tiene fama de difícil; **the hotel has a ~ for good food** el hotel es célebre por su buena comida; **to live up to one's ~** merecer la reputación; **to ruin a girl's ~** acabar con la buena reputación de una joven

**repute** [rɪˈpjuːt] (A) N reputación *f*, renombre *m*; **a firm of ~** una casa acreditada; **a café of ill ~** un café con mala fama; **a house of ill ~** (*euph*) una casa de mala fama; **to hold sb in (high) ~** tener un alto concepto de algn; **his skill was held in high ~** su destreza era muy estimada; **by ~** según la opinión común, se-

gún se dice; **to know sb by ~ only** conocer a algn sólo por su reputación *or* de oídas nada más
Ⓑ VT **he is ~d to be very fast** se dice que es muy rápido; **she is ~d to be the world's best** tiene fama de ser la mejor del mundo

**reputed** [rɪ'pju:tɪd] ADJ [1] (= *supposed*) supuesto, presunto
[2] (= *well known*) renombrado

**reputedly** [rɪ'pju:tɪdlɪ] ADV según dicen

▼**request** [rɪ'kwest] Ⓐ N (*gen*) solicitud *f*; (= *plea*) petición *f*; **at the ~ of** a petición de; **by ~** a petición; **to play a record by ~** tocar un disco a petición de un oyente; **by popular ~** por petición popular, a petición del público; **a ~ for help** una petición de socorro; **to grant sb's ~** acceder al ruego de algn; **it is much in ~** tiene mucha demanda, está muy solicitado; **to make a ~ for sth** pedir algo; **on ~** a solicitud
Ⓑ VT pedir, solicitar; **to ~ sb to do sth** pedir a algn hacer algo; **to ~ sth of sb** pedir algo a algn; **"visitors are requested not to talk"** "se ruega a los visitantes respetar el silencio"
Ⓒ CPD ► **request (bus) stop** N parada *f* discrecional ► **request programme** N (*Rad*) programa *m* con peticiones de discos

**requiem** ['rekwɪem] N réquiem *m*

▼**require** [rɪ'kwaɪəʳ] VT [1] (= *need*) necesitar; **is there anything you ~?** ¿necesita usted algo?; **this plant ~s watering frequently** esta planta hay que regarla con frecuencia; **we will do all that is ~d** haremos todo lo que haga falta; **as (and when) ~d** cuando haga falta; **I am willing to give evidence if ~d** estoy dispuesto a testificar si se requiere *or* si es necesario
[2] (= *call for, take*) [+ *patience, effort*] requerir; **it ~s a lot of patience** requiere mucha paciencia
[3] (= *ask, demand*) **it's not up to the standard I ~** no tiene el nivel que yo exijo; **your presence is ~d** se requiere su presencia; **what qualifications are ~d?** ¿qué títulos se requieren?; **to ~ that: the law ~s that safety belts be worn** la ley exige que se usen los cinturones de seguridad; **to ~ sb to do sth** exigir que algn haga algo; **the course ~s you to be bilingual** el curso exige que seas bilingüe; **as ~d by law** como *or* según exige la ley; **find out what is ~d of you** averigua qué es lo que te piden

**required** [rɪ'kwaɪəd] ADJ [1] (= *necessary*) necesario; **cut the wood to the ~ length** corte la madera del largo que se necesite; **he couldn't raise the ~ amount of money** no pudo recaudar los fondos necesarios; **the qualities ~ for the job** las cualidades que se requieren para el puesto
[2] (= *fixed*) establecido; **within the ~ time** dentro del plazo establecido
[3] (= *compulsory*) [*reading*] obligatorio

**requirement** [rɪ'kwaɪəmənt] N [1] (= *need*) necesidad *f*; **our ~s are few** nuestras necesidades son pocas, necesitamos poco
[2] (= *condition*) requisito *m*; **Latin is a ~ for the course** el latín es un requisito para este curso, para este curso se exige el latín; **it is one of the ~s of the contract** es una de las estipulaciones del contrato; **to meet all the ~s for sth** reunir todos los requisitos para algo

**requisite** ['rekwɪzɪt] Ⓐ ADJ = **required**
Ⓑ N requisito *m*; **office ~s** material *msing* de oficina; **toilet ~s** artículos *mpl* de tocador

**requisition** [,rekwɪ'zɪʃən] Ⓐ N (*Mil*) requisa *f*, requisición *f*; (= *formal request*) solicitud *f*
Ⓑ VT (*Mil*) requisar; (= *formally request*) solicitar

**requital** [rɪ'kwaɪtl] N (*frm*) (= *repayment*) compensación *f*; (= *revenge*) desquite *m*

**requite** [rɪ'kwaɪt] VT (*frm*) (= *make return for*) compensar, recompensar; **to ~ sb's love** corresponder al amor de algn; **that love was not ~d** ese amor no fue correspondido

**reran** [,ri:'ræn] PT *of* **rerun**

**reread** [,ri:'ri:d] (*pt, pp* **reread** [,ri:'red]) VT releer, volver a leer

**reredos** ['rɪədɒs] N (*pl* **reredoses**) retablo *m*

**reroute** [,ri:'ru:t] VT desviar; **the train was ~d through Burgos** el tren pasó por Burgos al ser desviado de su ruta habitual

**rerun** (*vb: pt* **reran**; *pp* **rerun**) Ⓐ ['ri:rʌn] N repetición *f*; (*Theat*) reestreno *m*, reposición *f*
Ⓑ [,ri:'rʌn] VT [+ *race*] correr de nuevo; (*Theat*) reestrenar, reponer

**resale** [,ri:'seɪl] Ⓐ N reventa *f*; **"not for ~"** "prohibida la venta"
Ⓑ CPD ► **resale price maintenance** N mantenimiento *m* del precio de venta ► **resale value** N valor *m* de reventa

**resat** [,ri:'sæt] PT, PP *of* **resit**

**reschedule** [,ri:'ʃedju:l, (*US*) ,ri:'skedju:l] VT [+ *meeting, visit, trip, programme*] cambiar la fecha/hora de; [+ *train service etc*] cambiar el horario de; [+ *repayments, debt*] renegociar; [+ *plans, course*] volver a planificar

**rescheduling** [,ri:'ʃedju:lɪŋ, (*US*) ,ri:'skedju:lɪŋ] N [*of meeting, visit, trip, programme*] cambio *m* de fecha/hora; [*of debt*] renegociación *f*

**rescind** [rɪ'sɪnd] VT [+ *contract*] rescindir; [+ *order*] anular; (*Jur*) abrogar

**rescission** [rɪ'sɪʒən] N [*of contract*] rescisión *f*; [*of order*] anulación *f*; (*Jur*) abrogación *f*

**rescue** ['reskju:] Ⓐ N rescate *m*, salvamento *m*; **the hero of the ~ was ...** el héroe del rescate *or* salvamento fue ...; **to come/go to sb's ~** acudir en auxilio de algn, socorrer a algn; **to the ~!** ¡al socorro!; **Batman to the ~!** ¡Batman acude a la llamada!
Ⓑ VT salvar, rescatar; **three men were ~d** se salvaron tres hombres; **they waited three days to be ~d** esperaron tres días hasta ser rescatados; **to ~ sb from death** salvar a algn de la muerte; **the ~d man is in hospital** el hombre rescatado está en el hospital
Ⓒ CPD ► **rescue attempt** N tentativa *f* de salvamento, tentativa *f* de rescate ► **rescue dig** N excavación *f* de urgencia ► **rescue operations** NPL operaciones *fpl* de salvamento, operaciones *fpl* de rescate ► **rescue package** N (*Pol, Comm*) paquete *m* de medidas urgentes ► **rescue party** N equipo *m* de salvamento, equipo *m* de rescate ► **rescue services** NPL servicios *mpl* de rescate, servicios *mpl* de salvamento ► **rescue team** N = **rescue party** ► **rescue vessel** N buque *m* de salvamento ► **rescue work** N operación *f* de salvamento, operación *f* de rescate

**rescuer** ['reskjʊəʳ] N salvador(a) *m/f*

**research** [rɪ'sɜ:tʃ] Ⓐ N investigación *f*, investigaciones *fpl* (**in, into** de); **~ and development** investigación *f* y desarrollo *m*; **atomic ~** investigaciones *fpl* atómicas; **our ~ shows that ...** nuestras investigaciones demuestran que ...; **a piece of ~** una investigación; *see also* **market D**
Ⓑ VI hacer investigaciones; **to ~ into sth** investigar algo
Ⓒ VT investigar; **to ~ an article** preparar el material para un artículo, reunir datos para escribir un artículo; **a well ~ed book** un libro bien documentado; **a well ~ed study** un estudio bien preparado
Ⓓ CPD ► **research establishment** N instituto *m* de investigación ► **research fellow** N investigador(a) *m/f* ► **research grant** N beca *f* de investigación ► **research laboratory** N laboratorio *m* de investigación ► **research staff** N personal *m* investigador ► **research student** N estudiante *mf* investigador(a) ► **research team** N equipo *m* de investigación ► **research work** N trabajo(s) *m(pl)* de investigación ► **research worker** N investigador(a) *m/f*

**researcher** [rɪ'sɜ:tʃəʳ] N investigador(a) *m/f*

**reseat** [,ri:'si:t] VT [+ *chair*] poner nuevo asiento a

**resection** [ri:'sekʃən] N [1] (*Survey*) triangulación *f*
[2] (*Med*) resección *f*

**resell** ['ri:'sel] (*pt, pp* **resold**) VT revender

**resemblance** [rɪ'zembləns] N semejanza *f*, parecido *m*; **to bear a strong ~ to sb** parecerse mucho a algn, estar clavado a algn; **to bear no ~ to sb** no parecerse en absoluto a algn; **there is no ~ between them** los dos no se parecen en absoluto; **there is hardly any ~ between this version and the one I gave you** apenas existe parecido entre esta versión y la que te di

**resemble** [rɪ'zembl] VT parecerse a; **he doesn't ~ his father** no se parece a su padre; **they do ~ one another** sí se parecen el uno al otro

**resent** [rɪ'zent] VT **I ~ that!** ¡me molesta *or* me ofende que digas eso!; **he ~s my being here** le molesta que esté aquí; **I ~ your tone** encuentro tu tono ofensivo; **he ~ed my promotion** le molestaba que me hubiesen ascendido; **he ~s having lost his job** no lleva bien lo de haber perdido el trabajo, le amarga haber perdido el trabajo; **he ~ed the fact that I married her** le molestaba que me hubiese casado con ella; **she ~s having to look after her mother** le amarga tener que cuidar de su madre; **I ~ed him because he was her favourite** tenía celos de él porque era su preferido

**resentful** [rɪ'zentfʊl] ADJ [*person*] resentido; [*tone*] resentido, de resentimiento; [*look, air*] de resentimiento; **he watched them, envious and ~** los observaba, con envidia y resentimiento; **to be** *or* **feel ~ about/at sth** estar resentido por algo; **he felt ~ about his dismissal** estaba resentido porque lo habían despedido; **he was ~ at the way he had been treated** estaba resentido por la forma en que lo habían tratado; **to be** *or* **feel ~ of sb: she was ~ of her sister, who was cleverer than her** tenía celos de su hermana, que era más inteligente que ella; **to be ~ of sb's success** tener envidia del éxito de algn; **he still felt ~ towards her because she had rejected him** todavía estaba resentido con ella porque lo había rechazado

**resentfully** [rɪ'zentfəlɪ] ADV [*look, behave*] con resentimiento; **he said ~** dijo resentido *or* con resentimiento

**resentment** [rɪ'zentmənt] N resentimiento *m*, rencor *m* (**about** por); **I feel no ~ towards him** no le guardo rencor, no estoy resentido con él

**reservation** [,rezə'veɪʃən] Ⓐ N [1] (= *booking*) reserva *f*; (= *seat*) plaza *f* reservada; (= *table in restaurant*) mesa *f* reservada; **to make a ~ in a hotel** reservar una habitación en un hotel
[2] (= *doubt*) reserva *f*, duda *f*; **I had ~s about it** tenía ciertas dudas sobre ese punto; **with certain ~s** con ciertas reservas; **to accept sth without ~** aceptar algo sin reserva

➤ LANGUAGE IN USE: **request A** 12.3 **B** 20.2 **require 2, 3** 10.1

3 (*in contract*) salvedad *f*; (*in argument*) distingo *m*
4 (= *area of land*) reserva *f*
5 (*on road*) mediana *f*, franja *f* central; *see also* **central C**
Ⓑ CPD ► **reservation desk** N (*Brit*) (*in airport, hotels etc*) mostrador *m* de reservas; (*US*) (= *hotel reception desk*) recepción *f*

**reserve** [rɪˈzɜːv] Ⓐ N 1 [*of money, fuel, minerals*] reserva *f*; **to have sth in ~** tener algo de reserva; **to have a ~ of strength** tener una reserva de fuerzas; **to keep sth in ~** guardar algo en reserva; **there are untapped ~s of energy** hay fuentes de energía sin explotar todavía; **Spain possesses half the world's ~s of pyrites** España posee la mitad de las reservas mundiales de piritas
2 (*Mil*) **the ~** la reserva
3 (*esp Brit Sport*) reserva *mf*, suplente *mf*; **to play in** *or* **with the ~s** jugar en el segundo equipo
4 (= *land*) reserva *f*; (*also* **game ~**) coto *m* (de caza); (*also* **nature ~**) reserva *f* natural
5 (= *restriction*) **without ~** sin reserva
6 (= *hiding one's feelings*) reserva *f*; **without ~** sin reserva
Ⓑ VT 1 (= *book, set aside*) reservar; **that's being ~d for me** eso está reservado para mí; **did you ~ the tickets?** ¿has reservado los billetes?; **to ~ the right to do sth** reservarse el derecho de hacer algo; **to ~ one's strength** conservar las fuerzas; **I'm reserving myself for later** me reservo para más tarde
2 (*Jur*) aplazar; **I ~ judgment on this** me reservo el juicio en este asunto; **the judge ~d sentence** el juez difirió la sentencia
Ⓒ CPD ► **reserve currency** N divisa *f* de reserva ► **reserve fund** N fondo *m* de reserva ► **reserve petrol tank** (*Brit*), **reserve gas tank** (*US*) N depósito *m* de gasolina de reserva ► **reserve player** N suplente *mf* ► **reserve price** N (*Brit*) precio *m* mínimo (*fijado en una subasta*) ► **reserve team** N (*Brit Sport*) equipo *m* de reserva

**reserved** [rɪˈzɜːvd] ADJ [*person, behaviour, room, table, seat*] reservado; **to be ~ about sth** ser reservado acerca de algo

**reservedly** [rɪˈzɜːvɪdlɪ] ADV con reserva

**reservist** [rɪˈzɜːvɪst] N (*Mil*) reservista *mf*

**reservoir** [ˈrezəvwɑːʳ] N 1 (= *lake*) embalse *m*, represa *f* (*LAm*); (= *tank*) depósito *m*; **natural underground ~** depósito *m* subterráneo natural
2 (*fig*) [*of strength, experience*] reserva *f*

**reset** [ˈriːˈset] (*vb: pt, pp* **reset**) Ⓐ VT [+ *machine*] reajustar; [+ *printing press*] recomponer; [+ *computer*] reinicializar; [+ *bone*] volver a encajar; [+ *jewel*] reengastar
Ⓑ CPD ► **reset switch** N conmutador *m* de reajuste

**resettle** [ˈriːˈsetl] Ⓐ VT [+ *persons*] reasentar; [+ *land*] repoblar
Ⓑ VI reasentarse

**resettlement** [ˈriːˈsetlmənt] N [*of people*] reasentamiento *m*; [*of land*] nueva colonización *f*, repoblación *f*

**reshape** [ˈriːˈʃeɪp] VT [+ *clay, vase*] remodelar; [+ *policy, constitution*] reformar; [+ *organization*] reorganizar

**reshuffle** [ˈriːˈʃʌfl] Ⓐ N (*Pol*) remodelación *f*; **Cabinet ~** remodelación *f* del gabinete
Ⓑ VT 1 [+ *cards*] volver a barajar
2 [+ *cabinet, board of directors*] remodelar

**reside** [rɪˈzaɪd] VI (*frm*) residir, vivir; **to ~ in** *or* **with** (*fig*) residir en; **the problem ~s there** ahí radica el problema

**residence** [ˈrezɪdəns] Ⓐ N 1 (= *stay*) permanencia *f*, estancia *f* (*LAm*); **after six months' ~** después de seis meses de permanencia; **to take up ~** (*in house*) instalarse; (*in country*) establecerse; **in ~** residente; **when the students are in ~** cuando están los estudiantes; **there is a doctor in ~** hay un médico interno; **artist in ~** artista *mf* residente; **writer in ~** escritor(a) *m/f* residente
2 (= *home*) residencia *f*, domicilio *m*; **"town and country ~s for sale"** "se venden fincas urbanas y rurales"; **the minister's official ~** la residencia oficial del ministro
3 (*Univ*) (*also* **hall of ~**) colegio *m* mayor
Ⓑ CPD ► **residence permit** N permiso *m* de residencia

**residency** [ˈrezɪdənsɪ] N residencia *f*

**resident** [ˈrezɪdənt] Ⓐ ADJ 1 [*person, Comput*] residente; [*population*] permanente; [*doctor, servant*] interno; [*bird*] no migratorio; **to be ~ in a town** tener domicilio fijo en una ciudad; **we were ~ there for some years** residimos allí durante varios años
2 (*Comput*) residente
Ⓑ N [*of hotel, guesthouse*] huésped *mf*; [*of area, in block of flats*] vecino/a *m/f*; (*in country*) residente *mf*; **~s' association** asociación *f* de vecinos; **the ~s got together to protest** los vecinos se reunieron para protestar

**residential** [ˌrezɪˈdenʃəl] ADJ [*area*] residencial; [*work*] interno

**residual** [rɪˈzɪdjʊəl] Ⓐ ADJ residual
Ⓑ N **residuals** derechos *mpl* residuales de autor

**residuary** [rɪˈzɪdjʊərɪ] ADJ residual; **~ legatee** legatario/a *m/f* universal

**residue** [ˈrezɪdjuː] N 1 (= *remainder*) resto *m*, residuo *m*; **a ~ of bad feeling** un residuo de rencor, un rencor que queda
2 (*Jur*) bienes *mpl* residuales
3 (*Chem*) residuo *m*

**residuum** [rɪˈzɪdjʊəm] N (*pl* **residua**) residuo *m*

**resign** [rɪˈzaɪn] Ⓐ VT [+ *office, post*] dimitir de, renunciar a; [+ *claim, task*] renunciar a; **to ~ a task to others** ceder un cometido a otros; **when he ~ed the leadership** cuando dimitió de *or* renunció a la jefatura; **to ~ o.s. to (doing) sth** resignarse a (hacer) algo; **I ~ed myself to never seeing her again** me resigné a no volverla a ver nunca más
Ⓑ VI 1 dimitir, renunciar; **to ~ in favour of sb** renunciar en favor de algn
2 (*Chess*) abandonar

**resignation** [ˌrezɪgˈneɪʃən] N 1 (= *act*) dimisión *f*, renuncia *f*; **to offer** *or* **send in** *or* **hand in** *or* **submit one's ~** presentar la dimisión
2 (= *state*) resignación *f* (**to** a); **to await sth with ~** esperar algo resignado, esperar algo con resignación

**resigned** [rɪˈzaɪnd] ADJ resignado (**to** a)

**resignedly** [rɪˈzaɪnɪdlɪ] ADV con resignación

**resilience** [rɪˈzɪlɪəns] N (*Tech*) elasticidad *f*; (*fig*) resistencia *f*

**resilient** [rɪˈzɪlɪənt] ADJ (*Tech*) elástico; (*fig*) resistente

**resin** [ˈrezɪn] N resina *f*

**resinous** [ˈrezɪnəs] ADJ resinoso

**resist** [rɪˈzɪst] Ⓐ VT (= *oppose*) resistir(se) a; (= *be unaffected by*) resistir; **to ~ arrest** resistirse a ser detenido, oponer resistencia a la policía; **they ~ed the attack vigorously** resistieron vigorosamente el ataque; **we ~ this change** nos oponemos a este cambio; **to ~ temptation** resistir la tentación; **I couldn't ~ buying it** no me resistí a comprarlo; **I can't ~ saying that ...** no puedo resistir al impulso de decir que ...; **I can't ~ squid** me vuelven loco los calamares; **she can't ~ sweets** no puede resistirse a los dulces
Ⓑ VI resistir

**resistance** [rɪˈzɪstəns] Ⓐ N (*gen*) resistencia *f*; **the Resistance** (*Pol*) la Resistencia; **to offer ~** oponer resistencia (**to** a); **to have good ~ to disease** tener mucha resistencia a la enfermedad; **to take the line of least ~** seguir la ley del mínimo esfuerzo
Ⓑ CPD ► **resistance fighter** N militante *mf* de la Resistencia ► **resistance movement** N (movimiento *m* de) resistencia *f* ► **resistance worker** N militante *mf* de la Resistencia

**resistant** [rɪˈzɪstənt] ADJ resistente (**to** a)

**resistible** [rɪˈzɪstɪbl] ADJ resistible

**resistor** [rɪˈzɪstəʳ] N resistor *m*

**resit** (*vb: pt, pp* **resat**) (*Brit*) Ⓐ [ˈriːsɪt] N reválida *f*
Ⓑ [ˈriːˈsɪt] VT [+ *exam*] presentarse otra vez a; [+ *subject*] recuperar, examinarse otra vez de
Ⓒ [ˌriːˈsɪt] VI presentarse otra vez, volver a examinarse

**reskill** [ˌriːˈskɪl] (*Ind*) Ⓐ VI reciclarse (*laboralmente*)
Ⓑ VT reciclar (*laboralmente*)

**resold** [ˌriːˈsəʊld] PT, PP *of* **resell**

**resole** [ˌriːˈsəʊl] VT sobresolar, remontar

**resolute** [ˈrezəluːt] ADJ [*person*] resuelto, decidido; [*opposition, refusal, faith*] firme; **to take ~ action** actuar con resolución *or* firmeza; **I am ~ in my opposition to these proposals** me opongo firmemente a estas propuestas; **the government is ~ in countering terrorism** el gobierno lucha con firmeza contra el terrorismo

**resolutely** [ˈrezəluːtlɪ] ADV [*stride*] resueltamente; [*stare*] con resolución; [*refuse, resist*] firmemente, con firmeza; [*act*] con resolución, con determinación; **to be ~ opposed to sth** ◊ **stand ~ against sth** oponerse firmemente *or* con firmeza a algo

**resoluteness** [ˈrezəluːtnɪs] N resolución *f*, determinación *f*

**resolution** [ˌrezəˈluːʃən] N 1 (= *determination*) resolución *f*, determinación *f*; **to show ~** mostrarse resuelto *or* determinado
2 (= *solving*) resolución *f*
3 (= *motion*) (*gen*) resolución *f*, proposición *f*; (*Parl*) acuerdo *m*; **to pass a ~** tomar un acuerdo; **to put a ~ to a meeting** someter una moción a votación
4 (= *resolve*) propósito *m*; **good ~s** buenos propósitos *mpl*; **New Year ~s** buenos propósitos *mpl* para el Año Nuevo; **to make a ~ to do sth** resolverse a hacer algo
5 (*Chem*) resolución *f*
6 (*Comput*) definición *f*

**resolvable** [rɪˈzɒlvəbl] ADJ soluble

**resolve** [rɪˈzɒlv] Ⓐ N 1 (= *resoluteness*) resolución *f*; **unshakeable ~** resolución *f* inquebrantable
2 (= *decision*) propósito *m*; **to make a ~ to do sth** resolverse a hacer algo
Ⓑ VT 1 (= *find solution to*) resolver, solucionar; **this will ~ your doubts** esto solucionará sus dudas; **the problem is still not ~d** el problema está por resolver
2 (= *decide*) resolver, decidir; **to ~ that ...** acordar que ...; **it was ~d that ...** se acordó que ...
Ⓒ VI 1 (= *separate*) resolverse (**into** en); **the question ~s into four parts** la cuestión se resuelve en cuatro partes
2 (= *decide*) **to ~ on sth** optar por algo, re-

➤ LANGUAGE IN USE: **reserve B1** 21.4

solverse por algo; **to ~ on doing sth** acordar hacer algo; **to ~ to do sth** resolverse a hacer algo

**resolved** [rɪ'zɒlvd] ADJ **to be ~ to do sth** estar resuelto a hacer algo

**resonance** ['rezənəns] N resonancia *f*

**resonant** ['rezənənt] ADJ [*sound*] resonante

**resonate** ['rezəneɪt] VI resonar (**with** de)

**resonator** ['rezəneɪtə^r] N resonador *m*

**resorption** [rɪ'zɔːpʃən] N resorción *f*

**resort** [rɪ'zɔːt] Ⓐ N [1] (= *recourse*) recurso *m*; **as a last ~** ◊ **in the last ~** como último recurso; **without ~ to force** sin recurrir a la fuerza

[2] (= *place*) lugar *m* de reunión; **holiday ~** (= *area, town*) lugar *m* turístico; (= *complex, hotel*) complejo *m* turístico; **it is a ~ of thieves** es lugar frecuentado por los ladrones, es donde se reúnen los ladrones; *see also* **seaside**

Ⓑ VI [1] (= *have recourse to*) recurrir (**to** a); **to ~ to violence** recurrir a la violencia; **then they ~ed to throwing stones** pasaron luego a tirar piedras; **then you ~ to me for help** así que acudes a mí a pedir ayuda

[2] (= *frequent, visit*) **to ~ to** frecuentar

**resound** [rɪ'zaʊnd] VI [*sound*] resonar; [*place*] **the valley ~ed with shouts** resonaron los gritos por el valle; **the house ~ed with laughter** resonaron las risas por toda la casa

**resounding** [rɪ'zaʊndɪŋ] ADJ [*noise*] sonoro; [*victory, success*] resonante; [*failure*] estrepitoso

**resoundingly** [rɪ'zaʊndɪŋlɪ] ADV **to defeat sb ~** obtener una victoria resonante sobre algn

**resource** [rɪ'sɔːs] Ⓐ N [1] (= *expedient*) recurso *m*, expediente *m*

[2] **resources** (= *wealth, goods*) recursos *mpl*; **financial ~s** recursos *mpl* financieros; **natural ~s** recursos *mpl* naturales; **to be at the end of one's ~s** haber agotado sus recursos; **to leave sb to his own ~s** (*fig*) dejar que algn se apañe como pueda; **those ~s are as yet untapped** esos recursos quedan todavía sin explotar

[3] (= *resourcefulness*) inventiva *f*

Ⓑ VT proveer fondos para; **we are ~d by Pentos** nuestra fuente de fondos es Pentos; **they are generously ~d** son tratados generosamente en cuanto a la provisión de fondos; **an inadequately ~d project** un proyecto insuficientemente financiado

**resourceful** [rɪ'sɔːsfʊl] ADJ ingenioso, con iniciativa

**resourcefully** [rɪ'sɔːsfəlɪ] ADV ingeniosamente, mostrando tener iniciativa

**resourcefulness** [rɪ'sɔːsfʊlnɪs] N ingenio *m*, iniciativa *f*

**re-sow** [,riː'səʊ] VT resembrar, volver a sembrar

**re-sowing** [,riː'səʊɪŋ] N resembrado *m*

**respect** [rɪs'pekt] Ⓐ N [1] (= *consideration*) respeto *m*, consideración *f*; **she has no ~ for other people's feelings** no respeta los sentimientos de los demás; **out of ~ for sth/sb** por respeto a algo/algn, por consideración hacia algo/algn; **I didn't mention it, out of ~ for Alan** no lo mencioné por respeto a *or* por consideración hacia Alan; **to treat sb with ~** tratar a algn respetuosamente *or* con respeto; **the drink is quite strong so treat it with ~** la bebida es bastante fuerte, así que ten cuidado; **without ~ to the consequences** sin tener en cuenta las consecuencias

[2] (= *admiration, esteem*) respeto *m*; **to command ~** imponer respeto, hacerse respetar; **to earn** *or* **gain sb's ~** ganarse el respeto de algn; **we have the greatest ~ for him** le respetamos muchísimo; **she is held in great ~ by her employees** sus empleados le tienen mucho respeto, sus empleados la respetan mucho; **show some ~!** ¡un poco de respeto!; **to win sb's ~** ganarse el respeto de algn; **with (all due) ~** con el debido respeto; **with all due ~, you have no experience in this field** con el debido respeto *or* con todo el respeto del mundo, no tienes experiencia en este campo

[3] **respects** respetos *mpl* (*frm*), recuerdos *mpl*, saludos *mpl*; **give my ~s to everyone** da recuerdos *or* saludos a todos de mi parte; **to pay one's ~s to sb** (*frm*) presentar sus respetos a algn; **to pay one's last ~s to sb** presentar mis/tus/sus *etc* últimos respetos a algn; **John sends his ~s** John os manda recuerdos *or* saludos

[4] (= *point, detail*) aspecto *m*, sentido *m*; **in all ~s** en todos los aspectos *or* sentidos; **in certain ~s** hasta cierto punto, en cierta medida, en cierto modo; **in every ~** en todos los aspectos *or* sentidos; **their policies differ in one ~** sus políticas difieren en un aspecto; **in other ~s** por lo demás; **in some/many ~s** en algunos/muchos aspectos *or* sentidos; **in this ~** en este sentido

[5] (= *reference, regard*) respecto *m*; **in ~ of** (*frm*) respecto a *or* de; **with ~ to** (*frm*) en lo que respecta a, con respecto a

Ⓑ VT [1] (= *esteem*) respetar; **I want him to ~ me as a career woman** quiero que me respete como mujer de carrera; **I ~ him as a musician** lo respeto como músico

[2] (= *have consideration for*) [+ *wishes, privacy, opinions*] respetar

[3] (= *observe*) [+ *law, treaty*] acatar

[4] **as ~s** por lo que respecta a, en lo concerniente a

**respectability** [rɪs,pektə'bɪlɪtɪ] N respetabilidad *f*

**respectable** [rɪs'pektəbl] ADJ [1] (= *deserving respect*) respetable; **for perfectly ~ reasons** por motivos perfectamente legítimos

[2] (= *of fair social standing, decent*) respetable, decente; **that's not ~** eso no es respetable *or* decente; **that skirt isn't ~** esa falda no es decente; **a ~ family** una familia respetable; **~ people** gente *f* bien; **in ~ society** en la buena sociedad

[3] [*amount*] apreciable; **at a ~ distance** a una distancia prudente; **she lost a ~ sum** perdió una cantidad respetable

[4] (= *passable*) **we made a ~ showing** lo hicimos más o menos bien; **his work is ~ but not brilliant** su obra es aceptable pero no increíble; **my marks were quite ~** mis notas eran bastante decentes

**respectably** [rɪs'pektəblɪ] ADV [1] (= *decently*) [*dress, behave*] respetablemente, decentemente

[2] (= *quite well*) aceptablemente

**respected** [rɪs'pektɪd] ADJ respetado; **a much ~ person** una persona muy respetada

**respecter** [rɪs'pektə^r] N **to be no ~ of persons** no hacer distinción de personas

**respectful** [rɪs'pektfʊl] ADJ respetuoso

**respectfully** [rɪs'pektfəlɪ] ADV respetuosamente

**respectfulness** [rɪs'pektfʊlnɪs] N respetuosidad *f*, acatamiento *m*

**respecting** [rɪs'pektɪŋ] PREP en lo que concierne a, con respecto a

**respective** [rɪs'pektɪv] ADJ respectivo

**respectively** [rɪs'pektɪvlɪ] ADV respectivamente

**respiration** [,respɪ'reɪʃən] N respiración *f*

**respirator** ['respɪreɪtə^r] N [1] (*Med*) respirador *m*

[2] (*Mil*) (= *gas mask*) careta *f* antigás

**respiratory** [rɪs'pɪrətərɪ] ADJ respiratorio; **~ tract** vías *fpl* respiratorias

**respire** [rɪs'paɪə^r] Ⓐ VI respirar

Ⓑ VT respirar

**respite** ['respaɪt] N (*gen*) respiro *m*, tregua *f*; (*Jur*) prórroga *f*, plazo *m*; **without ~** sin descanso; **to get no ~** no tener alivio, no poder descansar; **we got no ~ from the heat** el calor apenas nos dejó respirar; **they gave us no ~** no nos dejaron respirar

**resplendence** [rɪs'plendəns] N resplandor *m*, refulgencia *f*

**resplendent** [rɪs'plendənt] ADJ resplandeciente, refulgente; **to be ~** resplandecer, refulgir; **she looked ~ in that new dress** estaba espléndida con ese vestido nuevo; **the car is ~ in green** el coche estaba resplandeciente pintado de verde

**respond** [rɪs'pɒnd] VI [1] (= *answer*) contestar, responder

[2] (= *be responsive*) responder, reaccionar (**to** a); **it ~s to sunlight** reacciona a la luz solar, es sensible a la luz solar; **to ~ to treatment** responder al tratamiento; **the cat ~s to kindness** el gato es sensible a los buenos tratos

**respondent** [rɪs'pɒndənt] N (*Jur*) demandado/a *m/f*; (*to questionnaire*) persona *f* que responde al cuestionario *or* que rellena el cuestionario

**response** [rɪs'pɒns] Ⓐ N [1] (= *answer*) (*gen*) contestación *f*, respuesta *f*; (*to charity appeal*) acogida *f*; **his only ~ was to yawn** por toda respuesta dio un bostezo; **in ~ to** como respuesta a; **in ~ to many requests ...** accediendo a muchos ruegos ...; **we got a 73% ~** respondió el 73 por ciento; **we had hoped for a bigger ~ from the public** habíamos esperado más correspondencia *or* una mayor respuesta del público; **it found no ~** no encontró eco alguno; **it met with a generous ~** tuvo una generosa acogida

[2] (*Rel*) responsorio *m*

[3] (= *reaction*) reacción *f*; **the ~ was not favourable** la reacción no fue favorable

Ⓑ CPD ► **response time** N tiempo *m* de respuesta

▼ **responsibility** [rɪs,pɒnsə'bɪlɪtɪ] N [1] (= *liability*) responsabilidad *f*; **he has accepted** *or* **admitted ~ for the tragedy** ha aceptado ser responsable de la tragedia; **the group which claimed ~ for the attack** el grupo que reivindicó el atentado; **joint ~** responsabilidad *f* conjunta; **to place** *or* **put the ~ for sth on sb** hacer a algn responsable de algo, hacer que la responsabilidad de algo recaiga sobre algn; **shared ~** responsabilidad *f* compartida; **the company takes no ~ for objects left here** la empresa no asume responsabilidad por los objetos que se dejen aquí, la empresa no se responsabiliza de los objetos que se dejen aquí; *see also* **diminished**

[2] (= *duty, obligation*) responsabilidad *f*; **that's his ~** eso es responsabilidad suya; **she's not your ~** ella no es responsabilidad tuya, ella no está bajo tu responsabilidad; **it's a big ~ for him** supone una gran responsabilidad para él; **it's my ~ to lock up** cerrar es responsabilidad mía, yo soy el responsable de cerrar; **she didn't want to take on more responsibilities** no quería asumir más responsabilidades; **you have a ~ to your family** tienes una responsabilidad con *or* hacia tu familia

[3] (= *authority, accountability*) responsabilidad *f*; **she wants a position with more ~** quiere un puesto de mayor responsabilidad; **to have ~ for sth** ser responsable de algo; **to take**

➤ LANGUAGE IN USE: **responsibility 1** 18.3, 20.5

**on/take over (the) ~ for sth** asumir la responsabilidad de algo, responsabilizarse de algo, hacerse responsable de algo
[4] (= *maturity*) responsabilidad *f*; **try to show some ~** a ver si somos más responsables; **he has no sense of ~** no tiene ningún sentido de la responsabilidad

**▼responsible** [rɪsˈpɒnsəbl] ADJ [1] (= *accountable*) responsable; **those ~ will be punished** se castigará a los responsables; **who is ~ if anything goes wrong?** ¿quién es el responsable si algo sale mal?; **to be ~ for sth**: **he is not ~ for his actions** no es responsable de sus actos; **who is ~ for this?** ¿quién es el responsable de esto?; **who was ~ for the delay?** ¿quién tiene la culpa del retraso?; **to hold sb ~ for sth** hacer a algn responsable de algo, responsabilizar a algn de algo; **to be ~ to sb (for sth)** ser responsable ante algn (de algo)
[2] (= *in charge of*) **to be ~ for sth/sb**: **the children were ~ for tidying their own rooms** los niños tenían la responsabilidad *or* eran responsables de ordenar sus habitaciones; **she is ~ for 40 children** tiene a su cargo 40 niños; **the secretary is ~ for taking the minutes** la secretaria se hace cargo de levantar el acta
[3] (= *sensible*) [*person*] serio, responsable; [*behaviour, attitude*] responsable; **to act in a ~ fashion** obrar de forma responsable *or* con responsabilidad; **that wasn't very ~ of you!** ¡eso ha sido una falta de responsabilidad por tu parte!
[4] (= *important*) [*post, job*] de responsabilidad

**responsibly** [rɪsˈpɒnsəblɪ] ADV de forma responsable, responsablemente, con responsabilidad

**responsive** [rɪsˈpɒnsɪv] ADJ [1] (= *sensitive*) sensible; **to be ~ to sth** ser sensible a algo
[2] (= *interested*) (*gen*) interesado; [*audience*] que reacciona con entusiasmo, que reacciona con interés; **he was not very ~** apenas dio muestras de interés

**responsiveness** [rɪsˈpɒnsɪvnɪs] N [1] (= *sensitivity*) sensibilidad *f* (**to** a)
[2] (= *interest*) grado *m* de reacción (**to** a)

**rest¹** [rest] Ⓐ N [1] (= *repose*) descanso *m*; **I need a ~** necesito descansar, me hace falta un descanso; **to be at ~** (= *not moving*) estar en reposo; (*euph*) (= *dead*) descansar; **to come to ~** [*ball, vehicle, person*] pararse, detenerse; [*bird, insect, eyes, gaze*] posarse; **her eyes came to ~ on the book** su mirada se posó en el libro; **day of ~** día *m* de descanso; **I need a ~ from gardening** me hace falta descansar de la jardinería; **try to get some ~** intenta descansar; **to give sth a ~** dejar algo (por un tiempo); **I think you ought to give football a ~** creo que deberías dejar el fútbol por un tiempo; **give it a ~!*** ¡déjalo ya!, ¡vale ya!*; **to have a ~** tomarse un descanso; **why don't you have a ~?** (= *take a break*) ¿por qué no te tomas un descanso?; (= *lie down*) ¿por qué no descansas un rato?; **to have a good night's ~** dormir bien; **to lay sb to ~** enterrar a algn; **to lay** *or* **put sth to ~** [+ *theory*] enterrar algo; **his speech should lay those fears to ~** su discurso debería acabar con *or* enterrar esos temores; **to take a ~** = **to have a rest** *see also* **bed C**, **change A1**, **mind A1**, **wicked**
[2] (*Mus*) silencio *m*
[3] (= *support*) apoyo *m*, soporte *m*; (*Billiards*) soporte *m*; (*Telec*) horquilla *f*
Ⓑ VT [1] (= *give rest to*) descansar; **try to ~ the ankle as much as possible** intente descansar el tobillo lo más que pueda; **the horses have to be ~ed** hay que dejar descansar a los caballos; **I feel very ~ed** me siento muy descansado; **to ~ o.s.** descansar; **God ~ his soul!** ¡Dios le acoja en su seno!
[2] (= *support*) apoyar (**on** en, sobre; **against** contra); **~ the ladder against the tree** apoya la escalera contra el árbol; **to ~ one's hand on sb's shoulder** apoyar la mano en el hombro de algn
[3] (= *settle*) **to ~ one's eyes/gaze on sth** posar la mirada en algo
[4] (*Jur*) **to ~ one's case** concluir su alegato; **I ~ my case** concluyo mi alegato; (*fig*) (*hum*) he dicho
Ⓒ VI [1] (= *repose*) descansar; **go back to bed and ~** vuelve a la cama y descansa; **the waves never ~** las olas no descansan nunca; **he won't ~ until he finds out the truth** no descansará hasta que descubra la verdad; **may he ~ in peace** (*euph*) que en paz descanse; *see also* **laurel**
[2] (= *lean, be supported*) [*person*] apoyarse (**on** en); [*roof, structure*] estar sostenido (**on** por); (*fig*) [*responsibility*] pesar (**on** sobre); **he ~ed on his spade for a while** se apoyó en la pala un rato; **his head was ~ing on her shoulder** tenía la cabeza apoyada en su hombro; **her arm ~ed on my chair** su brazo estaba apoyado en mi silla; **her elbows were ~ing on the table** tenía los codos apoyados en la mesa; **the ladder was ~ing against the wall** la escalera estaba apoyada contra la pared; **a heavy responsibility ~s on him** sobre él pesa una grave responsabilidad
[3] (= *alight*) [*eyes, gaze*] posarse; **his eyes ~ed on me** su mirada se posó en mí
[4] (= *depend, be based*) [*argument, case*] basarse (**on** en); [*sb's future*] depender (**on** de); **the future of the country ~s on how we teach our children** el futuro del país depende de la enseñanza que demos a nuestros hijos
[5] (= *be, remain*) quedar; **we cannot let the matter ~ there** no podemos permitir que la cosa quede ahí; **the decision ~s with her** ◊ **it ~s with her to decide** la decisión la tiene que tomar ella, ella es la que tiene que decidir, la decisión es suya; *see also* **assure**, **easy A2**
[6] (*Theat euph*) **to be ~ing** no tener trabajo
[7] (*Jur*) **the defence/prosecution ~s** la defensa/el fiscal concluye su alegato
Ⓓ CPD ► **rest area** N (*Aut*) área *f* de descanso ► **rest cure** N cura *f* de reposo ► **rest home** N residencia *f* de ancianos, asilo *m* (de ancianos) ► **rest room** N (*US*) servicios *mpl*, baño(s) *m(pl)* (*LAm*) ► **rest stop** N (= *pause*) parada *f* para descansar, parada *f* de descanso; (*Aut*) = **rest area**

►**rest up*** (*esp US*) VI + ADV descansar

**rest²** [rest] N **the ~** (= *remainder*) [*of money, food, month*] el resto; [*of people, things*] el resto, los/las demás; **I'm taking the ~ of the week off** me tomaré el resto *or* lo que queda de la semana libre; **the dog ate the ~** el perro se comió el resto *or* lo que sobró; **you go home — I'll do the ~** tú vete a casa, yo hago lo demás *or* lo que queda; **I'll take half of the money — you keep the ~** yo me llevo la mitad del dinero, tú te quedas con el resto; **the ~ of the money** el resto del dinero; **all the ~ of the money** todo lo que sobró del dinero; **they left the ~ of the meal untouched** no tocaron el resto de la comida; **the ~ stayed outside** los demás se quedaron fuera; **the ~ of us will wait here** los demás esperaremos aquí; **the ~ of the boys** los otros chicos, los demás chicos; **he was as drunk as the ~ of them** estaba tan borracho como los demás; **the ~ of them couldn't care less** a los demás *or* a los otros les trae sin cuidado; **what shall we give the ~ of them?** ¿qué les daremos a los otros?; **the ~ of the soldiers** los otros soldados, los demás soldados; **I will take this book and you keep the ~** yo me llevo este libro y tú quédate con los demás; **all the ~ of the books** todos los demás libros, todos los otros libros; **it was just another grave like all the ~** no era más que otra tumba, como todas las demás *or* todas las otras; **and all the ~ (of it)*** etcétera, etcétera*; **he was from a wealthy family, went to Eton, Oxford and all the ~ of it** era de familia rica, estudió en Eton, Oxford etcétera, etcétera*; **she was a deb and all the ~ of it*** era debutante y todo lo demás; **(as) for the ~** por lo demás; **only there did his age show, for the ~, he might have been under seventy** sólo en eso se le notaba la edad, por lo demás, podía haber tenido menos de setenta años; *see also* **history**

**restart** [ˈriːˈstɑːt] Ⓐ VT [+ *book, drawing*] empezar de nuevo, volver a empezar; [+ *negotiations, meeting*] reanudar; [+ *engine*] volver a arrancar
Ⓑ VI [*meeting etc*] empezar de nuevo, reanudarse

**restate** [ˌriːˈsteɪt] VT [1] (= *repeat*) [+ *argument*] repetir, reafirmar; [+ *case*] volver a exponer; [+ *problem*] volver a plantear
[2] (= *change terms of*) [+ *argument*] modificar

**restatement** [ˌriːˈsteɪtmənt] N [*of argument*] repetición *f*, reafirmación *f*; [*of case*] nueva exposición *f*; [*of problem*] nuevo planteamiento *m*

**restaurant** [ˈrestərɒŋ] Ⓐ N restaurante *m*
Ⓑ CPD ► **restaurant car** N (*Brit*) coche-comedor *m*

**restaurateur** [ˌrestərəˈtɜːr] N dueño/a *m/f* de un restaurante, restaurador(a) *m/f*

**restful** [ˈrestfʊl] ADJ descansado, tranquilo

**restfully** [ˈrestfəlɪ] ADV reposadamente, sosegadamente

**resting place** [ˈrestɪŋpleɪs] N (*also* **last** *or* **final ~**) última morada *f*

**restitution** [ˌrestɪˈtjuːʃən] N [1] (= *return*) restitución *f*; **to make ~ of sth to sb** restituir algo a algn, devolver algo a algn
[2] (= *compensation*) **to make ~ to sb for sth** indemnizar a algn por algo

**restive** [ˈrestɪv] ADJ [*person, audience, voters*] inquieto; [*horse*] nervioso, inquieto; **to get ~** [*person*] impacientarse; [*horse*] ponerse nervioso *or* inquieto

**restiveness** [ˈrestɪvnɪs] N [*of person*] inquietud *f*, malestar *m*; [*of horse*] nerviosismo *m*, inquietud *f*

**restless** [ˈrestlɪs] ADJ [1] (= *unsettled*) [*person*] inquieto, intranquilo; [*mind*] intranquilo; **he's the ~ sort** es de los inquietos, es de los que no saben quedarse quietos; **to feel ~** sentirse intranquilo; **I had a ~ night** pasé muy mala noche, no dormí bien
[2] (= *fidgety*) inquieto; **to become** *or* **get** *or* **grow ~** inquietarse, impacientarse
[3] (= *discontented*) [*crowd, mob*] agitado
[4] (*liter*) (= *moving*) [*wind, sea, clouds*] agitado

**restlessly** [ˈrestlɪslɪ] ADV nerviosamente; **he paced ~ around the room** se paseaba nerviosamente de un lado a otro de la habitación; **she moved ~ in her sleep** se movió inquieta mientras dormía

**restlessness** [ˈrestlɪsnɪs] N [1] (= *unsettled feeling*) agitación *f*, inquietud *f*
[2] (= *fidgety feeling*) agitación *f*
[3] (= *discontent*) agitación *f*

➤ LANGUAGE IN USE: **responsible 1** 26.3

**restock** [ˈriːˈstɒk] Ⓐ VT [+ *larder*] reabastecer; [+ *pond*] repoblar (**with** de)
Ⓑ VI **we ~ed with Brand X** renovamos las existencias con la Marca X

**restoration** [ˌrestəˈreɪʃən] N 1 [*of money, possession*] devolución *f*, restitución *f* (*frm*)
2 [*of relations, links, order*] restablecimiento *m*; [*of confidence*] devolución *f*; [*of monarchy, democracy*] restauración *f*
3 [*of building, painting, antique*] restauración *f*
4 (*Brit Hist*) **the Restoration** la Restauración (*época que comienza con la restauración de Carlos II en el trono británico*)

**restorative** [rɪsˈtɔːrətɪv] Ⓐ ADJ reconstituyente
Ⓑ N reconstituyente *m*

**restore** [rɪsˈtɔːʳ] VT 1 (= *give back*) [+ *money, possession*] devolver, restituir (*frm*); **to ~ sth to sb** devolver algo a algn, restituir algo a algn (*frm*)
2 (= *re-establish, reinstate*) [+ *relations, links, order*] restablecer; [+ *monarch, president, democracy*] restaurar; [+ *confidence, strength*] devolver; [+ *tax, law*] reimplantar, volver a implantar; **order was soon ~d** pronto se restableció el orden; **to ~ sb's sight** devolver la vista a algn; **to ~ sb's strength** devolver las fuerzas a algn; **to ~ sb to health/life** devolver la salud a algn/reanimar a algn; **his supporters want to ~ him to power** sus partidarios quieren conseguir que vuelva al poder; **the investment needed to ~ these depressed areas to life** la inversión que se necesita para reactivar estas zonas deprimidas
3 [+ *building, painting, antique*] restaurar; **to ~ sth to its original state** *or* **condition** restituir *or* devolver algo a su estado original

**restorer** [rɪsˈtɔːrəʳ] N 1 (= *person*) restaurador(a) *m/f*
2 (= *hair restorer*) loción *f* capilar, regenerador *m* del cabello

**restrain** [rɪsˈtreɪn] VT 1 (= *hold back*) refrenar; (= *repress*) reprimir; (= *dissuade*) disuadir; (= *prevent*) impedir; (= *inhibit*) cohibir; **to ~ sb from doing sth** (= *dissuade*) disuadir a algn de hacer algo; (= *physically prevent*) impedir a algn hacer algo; **kindly ~ your friend** haga el favor de refrenar a su amigo
2 (= *contain*) contener; (= *confine*) encerrar; **I managed to ~ my anger** logré contener mi enojo; **to ~ o.s.** contenerse; **to ~ o.s. from doing sth** dominarse para que no haga algo; **but I ~ed myself** pero me contuve, pero me dominé; **please ~ yourself!** ¡por favor, cálmese!

**restrained** [rɪsˈtreɪnd] ADJ [*person*] cohibido; [*style*] reservado; **he was very ~ about it** estuvo muy comedido

**restraint** [rɪsˈtreɪnt] N 1 (= *check*) restricción *f*; (= *control*) control *m*; (= *check on wages*) moderación *f*; **a ~ on trade** una restricción sobre el comercio; **a ~ on free enterprise** una limitación de la libre empresa; **to be under a ~** estar cohibido; **to fret under a ~** impacientarse por una restricción; **to put sb under a ~** refrenar a algn; (*Jur*) imponer una restricción legal a algn; **without ~** sin restricción
2 (= *constraint*) [*of manner*] reserva *f*; [*of character*] moderación *f*, comedimiento *m*
3 (= *self-control*) autodominio *m*, control *m* de sí mismo; **he showed great ~** mostró poseer un gran autodominio

**restrict** [rɪsˈtrɪkt] VT [+ *visits, price rise*] limitar; [+ *authority, freedom*] restringir, limitar; **the plant is ~ed to Andalusia** la planta está restringida a Andalucía; **his output is ~ed to novels** su producción se limita a las novelas; **to ~ o.s. to sth** limitarse a algo; **I ~ myself to the facts** me limito a exponer los hechos; **nowadays I ~ myself to a litre a day** hoy día me limito a beber un litro diario

**restricted** [rɪsˈtrɪktɪd] ADJ 1 (= *prohibited*) vedado, prohibido; **~ area** (*Mil*) zona *f* prohibida
2 (= *limited*) limitado; **~ area** (*Brit Aut*) zona *f* de velocidad limitada; **he has rather a ~ outlook** (*fig*) es de miras estrechas
3 (= *kept small*) [*area, circulation*] reducido; [*distribution*] restringido; **~ document** documento *m* de circulación restringida; **~ market** mercado *m* restringido

**restriction** [rɪsˈtrɪkʃən] N restricción *f*, limitación *f*; **without ~ as to ...** sin restricción de ...; **to place ~s on the sale of a drug** poner limitaciones a la venta de una droga; **to place ~s on sb's liberty** restringir la libertad de algn

**restrictive** [rɪsˈtrɪktɪv] ADJ restringido, limitado; **~ practices** (*Brit*) prácticas *fpl* restrictivas

**restring** [ˌriːˈstrɪŋ] (*pt, pp* **restrung** [ˌriːˈstrʌŋ]) VT [+ *pearls, necklace*] ensartar de nuevo; [+ *violin, racket*] poner nuevas cuerdas a; [+ *bow*] poner una nueva cuerda a

**restructure** [ˌriːˈstrʌktʃəʳ] VT reestructurar

**restructuring** [ˌriːˈstrʌktʃərɪŋ] N reestructuración *f*

**restrung** [ˌriːˈstrʌŋ] PT, PP *of* **restring**

**restyle** [ˌriːˈstaɪl] VT [*car*] remodelar, remozar; **I asked her to ~ my hair** le pedí que me hiciera otro corte de pelo, le pedí que me hiciera un corte de pelo diferente

**result** [rɪˈzʌlt] Ⓐ N 1 (= *outcome*) resultado *m*; **this oven gives better ~s** este horno da mejores resultados; **he followed his own advice, with disastrous ~s** hizo lo que le pareció, con consecuencias desastrosas *or* resultados desastrosos; **as a ~** por consiguiente; **as a ~ of** como *or* a consecuencia de; **he died as a ~ of his injuries** murió como *or* a consecuencia de las heridas; **to achieve/produce the desired ~** lograr/producir los resultados deseados; **with the ~ that ...** con la consecuencia de que ...; **without ~** sin resultado; **✦IDIOM to get a ~** (*Brit**) (= *succeed*) obtener resultados*; *see also* **end**
2 [*of election, race, match*] resultado *m*; **the election ~s** los resultados de las elecciones; **her exam ~s were excellent** en los exámenes sacó unas notas excelentes; **the football ~s** los resultados de los partidos de fútbol
3 (*Math*) resultado *f*
4 **results** 4·1 (= *favourable outcome*) resultados *mpl*; **to get ~s**: **if they don't get ~s, heads will begin to roll** como no obtengan resultados, empezarán a cortar cabezas; **if a child sees that crying gets ~s he will take advantage of that** si un niño ve que llorar le da resultado se aprovechará de ello
4·2 (*St Ex*) resultados *mpl*; **half-year ~s** resultados *mpl* semestrales
Ⓑ VI resultar; **a saving in cost would ~** se obtendría como resultado un ahorro en los costos; **the fire had ~ed from carelessness** el incendio fue resultado de un descuido; **to ~ in sth**: **it ~ed in his death** le acarreó la muerte, tuvo como resultado su muerte; **it ~ed in a large increase** dio como resultado un aumento apreciable; **it didn't ~ in anything useful** no dio ningún resultado útil; **such behaviour may ~ in dismissal** semejante comportamiento puede acarrear el despido

**resultant** [rɪˈzʌltənt] ADJ resultante

**resume** [rɪˈzjuːm] Ⓐ VT 1 (= *start again*) [+ *meeting, negotiations, session*] reanudar; [+ *office*] reasumir; **to ~ one's seat** volver al asiento; **to ~ one's work** reanudar el trabajo; **"now then," he ~d** —ahora bien —dijo reanudando la conversación *or* su discurso
2 (= *sum up*) resumir
Ⓑ VI [*class, meeting*] reanudarse

**résumé** [ˈreɪzjuːmeɪ] N 1 (= *summary*) resumen *m*
2 (*US*) (= *curriculum vitae*) currículum *m* (vitae)

**resumption** [rɪˈzʌmpʃən] N (*gen*) reanudación *f*; (= *continuation*) continuación *f*; **on the ~ of the sitting** al reanudarse la sesión

**resurface** [ˈriːˈsɜːfɪs] Ⓐ VT (*gen*) revestir; [+ *road*] rehacer el firme de
Ⓑ VI [*submarine*] volver a la superficie; [*person*] reaparecer

**resurgence** [rɪˈsɜːdʒəns] N resurgimiento *m*

**resurgent** [rɪˈsɜːdʒənt] ADJ resurgente, renaciente

**resurrect** [ˌrezəˈrekt] VT resucitar

**resurrection** [ˌrezəˈrekʃən] N (*Rel*) Resurrección *f*; (*fig*) resurrección *f*

**resuscitate** [rɪˈsʌsɪteɪt] VT resucitar

**resuscitation** [rɪˌsʌsɪˈteɪʃən] N resucitación *f*

**resuscitator** [rɪˈsʌsɪteɪtəʳ] N resucitador *m*

**ret.** ABBR = **retired**

**retail** [ˈriːteɪl] Ⓐ N venta *f* al por menor, venta *f* al detalle
Ⓑ ADV **to buy/sell sth ~** comprar/vender algo al por menor, comprar/vender algo al detalle
Ⓒ VT 1 (*Comm*) vender al por menor, vender al detalle
2 [+ *gossip*] repetir; [+ *story*] contar
Ⓓ VI (*Comm*) **to ~ at** tener precio de venta al público de
Ⓔ CPD ► **retail business** N comercio *m* al por menor, comercio *m* al detalle ► **retail dealer** N comerciante *mf* al por menor, detallista *mf* ► **retail outlet** N punto *m* de venta al por menor, punto *m* de venta al detalle ► **retail park** N *zona de hipermercados* ► **retail price** N precio *m* de venta al público ► **retail price index** N índice *m* de precios al consumo ► **retail sales** NPL ventas *fpl* al detalle ► **retail trade** N comercio *m* al por menor, comercio *m* detallista ► **retail trader** N = **retail dealer**

**retailer** [ˈriːteɪləʳ] N comerciante *mf* al por menor, detallista *mf*

**retain** [rɪˈteɪn] VT 1 (= *hold back*) retener; (= *keep in one's possession*) guardar, quedarse con; (= *keep in memory*) recordar, retener
2 (= *sign up*) [+ *lawyer*] contratar

**retained** [rɪˈteɪnd] ADJ **~ earnings** beneficios *mpl* retenidos; **~ profit** beneficios *mpl* retenidos

**retainer** [rɪˈteɪnəʳ] N 1 (= *servant*) criado/a *m/f*; **family ~** ◊ **old ~** viejo criado *m* (*que lleva muchos años sirviendo en la misma familia*)
2 (= *fee*) anticipo *m*; (= *payment on flat, room*) depósito *m*, señal *f* (*para que se guarde el piso etc*)

**retaining** [rɪˈteɪnɪŋ] ADJ **~ wall** muro *m* de contención

**retake** (*vb: pt* **retook**; *pp* **retaken**) Ⓐ [ˈriːteɪk] N (*Cine*) repetición *f*
Ⓑ [ˌriːˈteɪk] VT 1 (*Mil*) volver a tomar
2 (*Cine*) repetir, volver a tomar
3 [+ *exam*] presentarse segunda vez a; [+ *subject*] examinarse otra vez de

**retaliate** [rɪˈtælɪeɪt] VI (= *respond*) responder; (*Mil*) tomar represalias; **to ~ against sth/sb**

➤ LANGUAGE IN USE: result A1 17.1, 26.3 B 26.3

tomar represalias contra algo/algn; **they ~d by bombing Israeli ports** tomaron represalias bombardeando los puertos israelíes; **she ~d by switching the television off** su respuesta fue apagar el televisor, respondió apagando el televisor

**retaliation** [rɪ,tælɪ'eɪʃən] N (*Mil*) represalias *fpl*; (= *revenge*) represalia *f*; **he sulks as a form of ~** su forma de desquitarse es enfurruñarse; **in** *or* **by way of ~ (for sth)**: **he was executed in ~ for a raid on their headquarters** lo ejecutaron como represalia por el asalto de su sede

**retaliatory** [rɪ'tælɪətərɪ] ADJ de represalia; **~ raid** ataque *m* de represalia; **to take ~ measures** tomar represalias

**retard** [rɪ'tɑːd] Ⓐ VT retardar, retrasar
Ⓑ ['riːtɑːd] N (*US*‡) atrasado/a *m/f* mental*

**retarded** [rɪ'tɑːdɪd] Ⓐ ADJ retardado, retrasado
Ⓑ NPL **the ~** los retrasados (mentales)

**retch** [retʃ] VI tener arcadas

**retching** ['retʃɪŋ] N esfuerzo *m* por vomitar

**retd** ABBR = **retired**

**retell** ['riː'tel] (*pt, pp* **retold**) VT volver a contar

**retention** [rɪ'tenʃən] N retención *f* (*also Med*)

**retentive** [rɪ'tentɪv] ADJ retentivo; **a ~ memory** una buena memoria

**retentiveness** [rɪ'tentɪvnɪs] N retentiva *f*, poder *m* de retención

**rethink** ['riː'θɪŋk] (*vb: pt, pp* **rethought**) Ⓐ N **to have a ~** volver a pensarlo
Ⓑ VT reconsiderar

**reticence** ['retɪsəns] N reticencia *f*, reserva *f*

**reticent** ['retɪsənt] ADJ reticente, reservado; **he has been very ~ about it** ha tratado el asunto con la mayor reserva

**reticently** ['retɪsəntlɪ] ADV con reticencia, con reserva

**reticle** ['retɪkl] N retículo *m*

**reticulate** [rɪ'tɪkjʊlɪt] ADJ reticular

**reticulated** [rɪ'tɪkjʊleɪtɪd] ADJ = **reticulate**

**reticule** ['retɪkjuːl] N 1 (*Opt*) retículo *m*
2 (*Hist*) (= *bag*) ridículo *m*

**retina** ['retɪnə] N (*pl* **retinas** *or* **retinae** ['retɪniː]) (*Anat*) retina *f*

**retinue** ['retɪnjuː] N séquito *m*, comitiva *f*

**retire** [rɪ'taɪəʳ] Ⓐ VI 1 (= *give up work*) [*worker*] retirarse; (*at age limit*) jubilarse, retirarse; [*professional sportsperson, military officer*] retirarse; **she is retiring from professional tennis this year** se retira del tenis profesional este año; **she ~d on a good pension** se jubiló *or* se retiró con una buena pensión; **he ~d to the South of France** se jubiló *or* se retiró y se fue a vivir al sur de Francia
2 (*frm*) (= *withdraw*) retirarse; **the jury has ~d to consider its verdict** el jurado se ha retirado a deliberar para dar su veredicto; **to ~ from public life** retirarse de *or* abandonar la vida pública
3 (*frm*) (= *go to bed*) acostarse, retirarse (*frm*); **to ~ to bed** ◊ **~ for the night** ir a dormir, ir a acostarse
4 (*Sport*) [*competitor*] abandonar, retirarse; [*horse*] retirarse; **he ~d in the fifth lap with engine trouble** abandonó *or* se retiró en la quinta vuelta debido a problemas con el motor
5 (*Mil*) [*troops, army*] retirarse
Ⓑ VT 1 (*from work, service*) [+ *worker*] jubilar; (*Mil*) [+ *officer*] retirar; **he was compulsorily ~d** le dieron la jubilación forzosa, le obligaron a jubilarse
2 (*Horse racing*) [+ *horse*] retirar; (*Baseball*) [+ *batter*] eliminar
3 (*Fin*) [+ *bond*] redimir
4 (*Mil*) [+ *troops, army*] retirar

**retired** [rɪ'taɪəd] ADJ (*from work*) (*gen*) jubilado, retirado; (*esp Mil*) retirado; **I've been ~ since 1996** me jubilé en 1996; **a ~ person** un jubilado/una jubilada; **a lot of ~ people come here** aquí vienen muchos jubilados

**retiree** [rɪ'taɪə,riː] N (*US*) jubilado/a *m/f*

**retirement** [rɪ'taɪəmənt] Ⓐ N 1 (= *state of being retired*) retiro *m*; **to live in ~** vivir en el retiro; **to spend one's ~ growing roses** dedicarse a cultivar rosas después de la jubilación; **how will you spend your ~?** ¿qué piensa hacer cuando se jubile?
2 (= *act of retiring*) (*gen*) jubilación *f*; (*esp Mil*) retiro *m*
3 (*Mil*) (= *withdrawal*) retirada *f*
Ⓑ CPD ► **retirement age** N edad *f* de jubilación; (*Mil*) edad *f* de retiro ► **retirement benefit** N prestaciones *fpl* por jubilación ► **retirement pay, retirement pension** N jubilación *f*; (*Mil*) retiro *m*

**retiring** [rɪ'taɪərɪŋ] ADJ 1 [*chairman, president*] saliente; [*age*] de jubilación
2 (= *shy*) reservado, retraído

**retook** [,riː'tʊk] PT *of* **retake**

**retort** [rɪ'tɔːt] Ⓐ N 1 (= *answer*) réplica *f*
2 (*Chem*) retorta *f*
Ⓑ VT replicar; **he ~ed that ...** replicó que ...

**retouch** ['riː'tʌtʃ] VT retocar

**retrace** [riː'treɪs] VT [+ *path*] desandar; [+ *sb's journey etc*] seguir las huellas de; (*in memory*) recordar, ir recordando, rememorar; **to ~ one's steps** (*lit, fig*) desandar lo andado

**retract** [rɪ'trækt] Ⓐ VT 1 [+ *statement*] retractar, retirar
2 (= *draw in*) [+ *claws*] retraer; [+ *head*] meter; (*Tech*) [+ *undercarriage etc*] replegar
Ⓑ VI 1 (= *apologize*) retractarse, desdecirse; **he refuses to ~** se niega a retractarse *or* desdecirse
2 (= *be drawn in*) retraerse, meterse; (*Tech*) replegarse

**retractable** [rɪ'træktəbl] ADJ retractable; (*Tech*) replegable, retráctil

**retraction** [rɪ'trækʃən] N retractación *f*, retracción *f*

**retrain** ['riː'treɪn] Ⓐ VT [+ *workers*] reciclar, recapacitar, reconvertir
Ⓑ VI reciclarse, reconvertirse

**retraining** ['riː'treɪnɪŋ] N reciclaje *m*, recapacitación *f*

**retransmit** ['riːtrænz'mɪt] VT retransmitir

**retread** ['riːtred] Ⓐ N (= *tyre*) neumático *m* recauchutado, llanta *f* recauchutada, llanta *f* reencauchada (*LAm*)
Ⓑ [,riː'tred] VT [+ *tyre*] recauchutar, reencauchar (*CAm*)

**re-tread** [,riː'tred] VT [+ *path etc*] volver a pisar

**retreat** [rɪ'triːt] Ⓐ N 1 (*Mil*) (= *withdrawal*) retirada *f*; (*fig*) vuelta *f* atrás, marcha *f* atrás; **the ~ from Mons** la retirada de Mons; **to beat the ~** dar el toque de retreta; **to beat a ~** retirarse, batirse en retirada; (*fig*) emprender la retirada; **to beat a hasty ~** (*fig*) retirarse en desorden; **the government is in ~ on this issue** en este asunto el gobierno se está echando atrás; **this represents a ~ from his promise** con esto se está volviendo atrás de su promesa; **to be in full ~** retirarse en masa, retirarse en todo el frente
2 (= *place*) (*also Rel*) retiro *m*, refugio *m*; (= *state*) retraimiento *m*, apartamiento *m*
Ⓑ VI 1 (*Mil, Rel*) (= *move back*) retirarse; **they ~ed to Dunkirk** se retiraron a Dunquerque
2 (= *draw back*) retroceder; **the waters are ~ing** las aguas están bajando

**retrench** [rɪ'trentʃ] Ⓐ VT reducir, cercenar
Ⓑ VI economizar, hacer economías

**retrenchment** [rɪ'trentʃmənt] N 1 (*frm*) (= *cutting back*) racionalización *f* de gastos, recorte *m* de gastos
2 (*Mil*) empalizada *f* interior

**retrial** ['riː'traɪəl] N [*of person*] nuevo juicio *m*; [*of case*] revisión *f*

**retribution** [,retrɪ'bjuːʃən] N justo castigo *m*, pena *f* merecida

**retributive** [rɪ'trɪbjʊtɪv] ADJ castigador, de castigo

**retrievable** [rɪ'triːvəbl] ADJ recuperable; [*error etc*] reparable

**retrieval** [rɪ'triːvəl] N 1 (*Comput*) recuperación *f*; **data ~** recuperación *f* de datos
2 (= *recovery*) recuperación *f*; **beyond ~** irrecuperable
3 (*Hunting*) cobra *f*

**retrieve** [rɪ'triːv] VT 1 (= *get back*) [+ *object*] recuperar, recobrar; (*Hunting*) cobrar; **to ~ sth from the water** rescatar algo del agua; **she ~d her handkerchief** recogió su pañuelo, volvió a tomar su pañuelo
2 (= *put right*) [+ *error etc*] reparar, subsanar; [+ *fortunes*] reparar
3 (*fig*) (= *rescue*) [+ *situation*] salvar; **we shall ~ nothing from this disaster** no salvaremos nada de esta catástrofe
4 (*Comput, Psych*) [+ *information*] recuperar

**retriever** [rɪ'triːvəʳ] N perro *m* cobrador

**retro...** ['retrəʊ] PREFIX retro...

**retroactive** [,retrəʊ'æktɪv] ADJ retroactivo

**retrofit** ['retrəʊfɪt] VT actualizar el diseño de

**retroflex** ['retrəʊfleks] ADJ vuelto hacia atrás

**retrograde** ['retrəʊgreɪd] ADJ (*fig*) [*step, measure*] retrógrado

**retrogress** [,retrəʊ'gres] VI 1 (= *recede*) retroceder
2 (*fig*) (= *degenerate*) empeorar, degenerar, decaer

**retrogression** [,retrəʊ'greʃən] N retroceso *m*, retrogradación *f*

**retrogressive** [,retrəʊ'gresɪv] ADJ retrógrado

**retrorocket** ['retrəʊ'rɒkɪt] N retrocohete *m*

**retrospect** ['retrəʊspekt] N retrospección *f*, mirada *f* retrospectiva; **in ~** retrospectivamente; **in ~ it seems a happy time** volviendo la vista atrás parece haber sido un período feliz

**retrospection** [,retrəʊ'spekʃən] N retrospección *f*, consideración *f* del pasado

**retrospective** [,retrəʊ'spektɪv] Ⓐ ADJ retrospectivo; [*law etc*] retroactivo, de efecto retroactivo
Ⓑ N (*Art*) (exposición *f*) retrospectiva *f*

**retrospectively** [,retrəʊ'spektɪvlɪ] ADV (*gen*) retrospectivamente; (*Admin, Jur*) de modo retroactivo, con efecto retroactivo

**retroussé** [rə'truːseɪ] ADJ **~ nose** nariz *f* respingona

**retrovirus** ['retrəʊ,vaɪrəs] N retrovirus *m inv*

**retry** ['riː'traɪ] VT (*Jur*) [+ *person*] procesar de nuevo, volver a procesar; [+ *case*] rever

**retune** [,riː'tjuːn] Ⓐ VT [+ *musical instrument*] afinar de nuevo; [+ *engine*] poner a punto de nuevo; [+ *radio, video recorder*] volver a sintonizar
Ⓑ ['riːtjuːn] N [*of engine*] nueva puesta *f* a punto

▼ **return** [rɪ'tɜːn] Ⓐ N 1 (= *going/coming back*) vuelta *f*, regreso *m*; **the ~ home** la vuelta *or* el regreso a casa; **the ~ to school** la vuelta *or* el

➤ LANGUAGE IN USE: **return A1** 20.3, 26.6

regreso al colegio; **he advocates a ~ to Victorian values** aboga por una vuelta *or* un regreso a los valores victorianos; **their ~ to power** su vuelta *or* retorno al poder; **many happy ~s (of the day)!** ¡feliz cumpleaños!, ¡felicidades!; **he has not ruled out the possibility of making a ~ to football** no ha descartado la posibilidad de volver al fútbol; **on my ~** a mi vuelta, a mi regreso; **by ~ (of) post** *or* (*US*) **by ~ mail** a vuelta de correo; *see also* **point A5**

2 (= *reappearance*) [*of symptoms, pain*] reaparición *f*; [*of doubts, fears*] resurgimiento *m*; **there was no ~ of the symptoms** los síntomas no volvieron a aparecer, los síntomas no reaparecieron

3 (= *giving back*) [*of thing taken away*] devolución *f*, restitución *f* (*frm*); [*of thing borrowed*] devolución *f*; (*Comm*) [*of merchandise*] devolución *f*; [*of money*] reembolso *m*, devolución *f*; **they are demanding the ~ of their lands** exigen la devolución *or* (*frm*) la restitución de sus tierras; **he appealed for the ~ of the hostages** hizo un llamamiento pidiendo la liberación de los rehenes; *see also* **sale**

4 (= *thing returned*) (*Comm*) (= *merchandise*) devolución *f*; (= *theatre, concert ticket*) devolución *f*, entrada *f* devuelta; (= *library book*) libro *m* devuelto; **it's sold out but you might get a ~ on the night** se han agotado las localidades, pero puede que consiga una entrada devuelta *or* una devolución la misma noche de la función

5 (*Fin*) (= *profit*) ganancia *f*; (*from investments, shares*) rendimiento *m*; **he is looking for quick ~s** está buscando rendimiento rápido *or* ganancias rápidas; **they want to get some ~ on their investment** quieren obtener cierto rendimiento de su inversión; **~ on capital** rendimiento del capital; *see also* **diminishing, rate A4**

6 (= *reward, exchange*) **in ~** a cambio; **they had nothing to give in ~** no tenían nada que dar a cambio; **in ~ for this service** a cambio de este servicio

7 **returns** (= *figures*) estadísticas *fpl* (**for** de); (= *election results*) resultados *mpl* (del escrutinio); **early ~s show Dos Santos with 52% of the vote** los primeros resultados del escrutinio muestran que Dos Santos tiene un 52% de los votos; *see also* **tax C**

8 (= *answer*) (*in surveys*) respuesta *f*, declaración *f*

9 (*Parl*) [*of member*] (= *election*) elección *f*; (= *reelection*) reelección *f*

10 (*also* **~ ticket**) billete *m* de ida y vuelta, billete *m* redondo (*Mex*); *see also* **day 2**

11 (*Sport*) devolución *f*; **~ of serve** *or* **service** devolución *f* del servicio *or* saque, resto *m*

12 = **return key**

13 = **carriage return**; *see* **carriage**

Ⓑ VT 1 (= *give back*) [+ *item*] devolver, regresar (*LAm*), restituir (*frm*); [+ *favour, sb's visit, telephone call, blow*] devolver; [+ *kindness, love*] corresponder a; [+ *greeting, look, gaze*] devolver, responder a; **they never ~ my calls** nunca me devuelven las llamadas; **to ~ good for evil** devolver bien por mal; **to ~ the compliment** devolver el cumplido; **to ~ fire** (*Mil*) devolver el fuego, responder a los disparos; **"return to sender"** "devuélvase al remitente"

2 (= *put back*) volver a colocar; **we ~ed the books to the shelf** volvimos a colocar los libros en el estante

3 (*Sport*) [+ *ball*] devolver; (*Tennis*) devolver, restar; (*Bridge*) [+ *suit of cards*] devolver

4 (= *declare*) [+ *income, details*] declarar; **to ~ a verdict** emitir *or* pronunciar un veredicto, emitir un fallo; **they ~ed a verdict of guilty/not guilty** lo declararon culpable/inocente

5 (*Pol*) (= *elect*) elegir, votar a; (= *reelect*) reelegir; **to ~ sb to power** reelegir a algn

6 (*Fin*) [+ *profit, income*] reportar, rendir

7 (= *reply*) responder, contestar

Ⓒ VI 1 (= *go/come back*) volver, regresar; **he left home, never to ~** se marchó de casa, para no volver *or* regresar jamás; **to ~ home** volver *or* regresar a casa; **to ~ to** [+ *place*] volver *or* regresar a; [+ *activity, state*] volver a; **I ~ed to my hotel** volví *or* regresé a mi hotel; **things have ~ed to normal** las cosas han vuelto a la normalidad; **to ~ to a task** volver a una tarea; **to ~ to a theme** volver sobre un tema; **to ~ to what we were talking about, …** volviendo al asunto del que estábamos hablando, …

2 (= *reappear*) [*symptoms*] volver a aparecer, reaparecer; [*doubts, fears, suspicions*] volver a surgir, resurgir; **his good spirits ~ed** renació su alegría

3 (*Jur*) revertir (**to** a); **on my father's death the farm ~ed to my brother** al morir mi padre, la granja revirtió a mi hermano

Ⓓ CPD [*journey, flight*] de regreso, de vuelta ► **return address** N señas *fpl* del remitente ► **return fare** N billete *m* de ida y vuelta, billete *m* redondo (*Mex*) ► **return game** N = **return match** ► **return key** N (*Comput*) tecla *f* de retorno ► **return match** N (*Brit Sport*) partido *m* de vuelta ► **return ticket** N (*Brit*) billete *m* de ida y vuelta *or* (*Mex*) redondo

**returnable** [rɪ'tɜ:nəbl] ADJ restituible; [*deposit*] reintegrable, reembolsable; [*bottle*] retornable; (*Jur*) devolutivo; (= *on approval*) a prueba; **~ empties** envases *mpl* a devolver; **the book is ~ on the 14th** el libro deberá estar de vuelta el 14; **the deposit is not ~** no se reembolsa el depósito

**returnee** [rɪtɜ:'ni:] N retornado/a *m/f*

**returner** [rɪ'tɜ:nəʳ] N (*Brit Ind*) *persona que regresa al mundo laboral tras un periodo de inactividad*

**returning officer** [rɪ'tɜ:nɪŋ,ɒfɪsəʳ] N (*Pol*) escrutador(a) *m/f*

**reunification** ['ri:,ju:nɪfɪ'keɪʃən] N reunificación *f*

**reunify** ['ri:'ju:nɪfaɪ] VT reunificar

**reunion** [ri:'ju:njən] N reencuentro *m*, reunión *f*

**reunite** ['ri:ju:'naɪt] Ⓐ VT (*often passive*) (volver a) reunir; **eventually the family was ~d** por fin la familia volvió a verse unida; **she was ~d with her husband** volvió a verse al lado de su marido

Ⓑ VI (volver a) reunirse

**re-usable** [,ri:'ju:zəbl] ADJ reutilizable, que se puede volver a emplear

**re-use** [,ri:'ju:z] VT volver a usar, reutilizar

**rev*** [rev] (*Aut etc*) Ⓐ N revolución *f*

Ⓑ VT (*also* **to ~ up**) [+ *engine*] girar

Ⓒ VI (*also* **to ~ up**) girar (rápidamente); **the plane was ~ving up** se aceleraban los motores del avión

**Rev.** ABBR (= **Reverend**) R, Rdo, Rvdo; **the ~*** (*Catholic*) el padre, el cura; (*Protestant*) el pastor

**revaluation** [ri:,væljʊ'eɪʃən] N revaluación *f*, revalorización *f*

**revalue** ['ri:'vælju:] VT [+ *property, currency*] revaluar, revalorizar

**revamp** [,ri:'væmp] Ⓐ VT modernizar, renovar

Ⓑ N ['ri:væmp] modernización *f*, renovación *f*

**revanchism** [rɪ'væntʃɪzəm] N revanchismo *m*

**revanchist** [rɪ'væntʃɪst] Ⓐ ADJ revanchista

Ⓑ N revanchista *mf*

**Revd.** ABBR (= **Reverend**) R, Rdo, Rvdo; **the ~*** (*Catholic*) el padre, el cura; (*Protestant*) el pastor

**reveal** [rɪ'vi:l] VT 1 (= *uncover*) revelar, dejar al descubierto

2 (= *show*) [*survey, test*] poner de manifiesto; (= *make public*) [*person*] revelar; [+ *feelings*] exteriorizar; **I cannot ~ to you what he said** no puedo revelarte *or* contarte lo que dijo; **on that occasion he ~ed great astuteness** en aquella ocasión desplegó gran astucia; **he ~ed himself to be** *or* **as …** demostró ser …

**revealing** [rɪ'vi:lɪŋ] ADJ (*gen*) revelador

**revealingly** [rɪ'vi:lɪŋlɪ] ADV de modo revelador

**reveille** [rɪ'vælɪ] N (*Mil*) (toque *m* de) diana *f*

**revel** ['revl] Ⓐ VI 1 (= *make merry*) ir de juerga *or* de parranda

2 (= *delight*) **to ~ in sth/doing sth** gozar de algo/haciendo algo

Ⓑ N **revels** (*liter*) jolgorio *msing*, jarana *fsing*; (*organized*) fiestas *fpl*, festividades *fpl*; **let the ~s begin!** ¡que comience la fiesta!; **the ~s lasted for three days** continuaron las fiestas durante tres días

**revelation** [,revə'leɪʃən] N revelación *f*; **(Book of) Revelations** el Apocalipsis; **it was a ~ to me** fue una revelación para mí

**reveller, reveler** (*US*) ['revləʳ] N juerguista *mf*, parrandero/a *m/f*; (= *drunk*) borracho/a *m/f*

**revelry** ['revlrɪ] N juerga *f*, parranda *f*, jarana *f*; (*organized*) fiestas *fpl*, festividades *fpl*; **the spirit of ~** el espíritu de festivo

**revenge** [rɪ'vendʒ] Ⓐ N venganza *f*; **in ~** para vengarse (**for** de); **to get one's ~ (for sth)** vengarse (de algo); **to take ~ on sb for sth** vengarse de algn por algo

Ⓑ VT vengar, vengarse de; **to ~ o.s. on sb** ◊ **be ~d on sb** vengarse de *or* en algn

**revengeful** [rɪ'vendʒfʊl] ADJ vengativo

**revengefully** [rɪ'vendʒfəlɪ] ADV vengativamente

**revenger** [rɪ'vendʒəʳ] N vengador(a) *m/f*

**revenue** ['revənju:] Ⓐ N (= *profit, income*) ingresos *mpl*, rentas *fpl*; (*on investments*) rédito *m*; [*of country*] rentas *fpl* públicas; *see also* **inland**

Ⓑ CPD ► **revenue account** N cuenta *f* de ingresos presupuestarios ► **revenue expenditure** N gasto *m* corriente ► **revenue stamp** N timbre *m* fiscal

**reverberate** [rɪ'vɜ:bəreɪt] VI 1 [*sound*] resonar, retumbar; **the sound ~d in the distance** el sonido resonaba *or* retumbaba a lo lejos; **the valley ~d with the sound** el ruido resonaba *or* retumbaba por el valle

2 (*fig*) [*news, protests etc*] tener amplia resonancia, tener una fuerte repercusión

3 (*Tech*) [*light*] reverberar

**reverberation** [rɪ,vɜ:bə'reɪʃən] N 1 [*of sound*] retumbo *m*, eco *m*

2 **reverberations** (*fig*) [*of news, protests etc*] consecuencias *fpl*

3 [*of light*] reverberación *f*

**reverberator** [rɪ'vɜ:bəreɪtəʳ] N reverberador *m*

**revere** [rɪ'vɪəʳ] VT venerar; **a ~d figure** una figura venerada

**reverence** ['revərəns] Ⓐ N 1 (= *respect*) reverencia *f*

2 (*Rel*) **Your Reverence** Reverencia

Ⓑ VT (*frm*) (= *revere*) venerar

**reverend** ['revərənd] Ⓐ ADJ (*in titles*) reverendo; **right** *or* **very ~** reverendísimo; **Reverend Mother** reverenda madre *f*

Ⓑ N (*) (*Catholic*) padre *m*, cura *m*; (*Protestant*) pastor *m*

**reverent** ['revərənt] ADJ reverente

**reverential** [ˌrevə'renʃəl] ADJ reverencial

**reverently** ['revərəntlɪ] ADV reverentemente, con reverencia

**reverie** ['revərɪ] N ensueño *m*; **to be lost in ~** estar absorto, estar ensimismado

**revers** [rɪ'vɪəʳ] N (*pl* **revers** [rɪ'vɪəz]) solapa *f*

**reversal** [rɪ'vɜːsəl] N [1] (= *change*) [*of order, roles*] inversión *f*; [*of policy*] cambio *m* de rumbo; [*of decision etc*] revocación *f*
[2] (= *setback*) revés *m*, contratiempo *m*

**reverse** [rɪ'vɜːs] Ⓐ ADJ [1] [*order*] inverso; [*direction*] contrario, opuesto; **the ~ side** (*of coin, medal*) el reverso; (*of sheet of paper*) el dorso; **in ~ order** en orden inverso
[2] (*Aut*) [*gear*] de marcha atrás
Ⓑ N [1] (= *opposite*) **the ~** lo contrario; **no, quite the ~!** no, ¡todo lo contrario!; **but the ~ is true** pero es al contrario; **it was the ~ of what we had expected** fue todo lo contrario de lo que habíamos esperado; **his remarks were the ~ of flattering** sus observaciones eran poco halagüeñas, todo lo contrario; **it's the same process in ~** es el mismo proceso al revés
[2] (= *face*) [*of coin*] reverso *m*; [*of paper etc*] dorso *m*; [*of cloth*] revés *m*
[3] (*Aut*) (*also* **~ gear**) marcha *f* atrás; **to go** *or* **change into ~** dar marcha atrás; **to put a car into ~** dar marcha atrás a un coche; **my luck went into ~** mi suerte dio marcha atrás
[4] (= *setback*) revés *m*, contratiempo *m*; (= *defeat*) derrota *f*
Ⓒ VT [1] (= *invert order of*) invertir, invertir el orden de; (= *turn other way*) volver al revés; [+ *arms*] llevar a la funerala; **to ~ A and B** invertir el orden de A y B, anteponer B a A
[2] (= *change*) [+ *opinion*] cambiar completamente de; [+ *decision*] revocar, anular, cancelar
[3] (*Brit Telec*) **to ~ the charges** cobrar al número llamado, llamar a cobro revertido
[4] (*esp Brit*) [+ *car, train etc*] dar marcha atrás a; **he ~d the car into the garage** dio marcha atrás para entrar en el garaje; **he ~d the car into a pillarbox** al dar marcha atrás chocó con un buzón
Ⓓ VI (*esp Brit Aut*) dar marcha atrás; **I ~d into a van** al dar marcha atrás choqué con una furgoneta
Ⓔ CPD ► **reverse charge call** N (*Brit Telec*) llamada *f* a cobro revertido ► **reverse discrimination** N (*US*) discriminación *f* positiva ► **reverse turn** N (*Aut*) vuelta *f* al revés ► **reverse video** N (*Comput*) vídeo *m* inverso

**reverse-engineer** [rɪˌvɜːsenʒɪ'nɪəʳ] VT (*Comput*) aplicar un proceso de retroingeniería a

**reversible** [rɪ'vɜːsəbl] ADJ reversible

**reversing** [rɪ'vɜːsɪŋ] Ⓐ N marcha *f* atrás
Ⓑ CPD ► **reversing light** N (*Aut*) luz *f* de marcha atrás

**reversion** [rɪ'vɜːʃən] N (*also Bio, Jur*) reversión *f*; **~ to type** reversión *f* al tipo, salto *m* atrás

**reversionary** [rɪ'vɜːʃnərɪ] ADJ reversionario, reversible

**revert** [rɪ'vɜːt] VI [1] (= *return*) volver; **to ~ to a subject** volver a un tema; **~ing to the matter under discussion ...** volviendo al tema de la discusión ...
[2] (*Jur*) revertir (**to** a)
[3] (*Bio*) saltar atrás; **to ~ to type** (*Bio*) saltar atrás en la cadena natural; (*fig*) volver por donde solía, volver a ser el mismo/la misma de antes

**revetment** [rɪ'vetmənt] N revestimiento *m*

**revictual** ['riː'vɪtl] Ⓐ VT reabastecer
Ⓑ VI reabastecerse

**review** [rɪ'vjuː] Ⓐ N [1] (= *survey, taking stock*) examen *m*, análisis *m inv*; [*of research etc*] evaluación *f*; **the annual ~ of expenditure** el examen anual de los gastos; **salaries are under ~** los sueldos están sujetos a revisión; **we shall keep your case under ~** volveremos a considerar su caso
[2] (*Mil*) [*of troops*] revista *f*; **the Spithead Review** la revista naval de Spithead; **the general passed the troops in ~** el general pasó revista a las tropas; **the troops passed in ~ before the general** las tropas desfilaron en revista ante el general
[3] (*Jur*) (= *revision*) revisión *f*; **when the case comes up for ~** cuando el asunto se someta a revisión; **the sentence is subject to ~ in the high court** la sentencia puede volver a ser vista en el tribunal supremo
[4] (= *critique*) crítica *f*, reseña *f*; **the play got good ~s** la obra fue bien recibida por los críticos
[5] (= *journal*) revista *f*
[6] (*Theat*) revista *f*
Ⓑ VT [1] (= *take stock of*) examinar, analizar; [+ *research etc*] evaluar; **we will ~ the position in a month** volveremos a estudiar la situación dentro de un mes; **we shall have to ~ our policy** tendremos que reconsiderar nuestra política
[2] (*Mil*) [+ *troops*] pasar revista a
[3] (*Jur*) (= *reconsider*) [+ *case*] revisar
[4] (= *write review of*) reseñar, hacer una crítica de
[5] (*US Scol*) repasar
Ⓒ CPD ► **review copy** N ejemplar *m* para reseñar

**reviewer** [rɪ'vjuːəʳ] N [*of book, concert*] crítico/a *m/f*

**revile** [rɪ'vaɪl] VT insultar, injuriar

**revise** [rɪ'vaɪz] Ⓐ VT [1] (= *alter*) [+ *estimate, figures*] corregir; [+ *offer*] reconsiderar; [+ *schedule*] ajustar; **to ~ one's opinion of sb** cambiar de opinión sobre algn; **to ~ sth upward(s)** ajustar *or* revisar algo al alza
[2] (= *amend, update*) [+ *text, dictionary*] revisar; [+ *proofs*] corregir
[3] (*Brit Scol*) [+ *subject, notes*] repasar
Ⓑ VI (*Brit*) (*for exams*) repasar

**revised** [rɪ'vaɪzd] ADJ [*text, plan, procedure*] revisado; [*version, figure, estimate*] corregido; [*offer*] reconsiderado; [*schedule*] ajustado; **~ edition** edición *f* revisada; **Revised Standard Version** *versión revisada en 1953 de la biblia anglicana*; **Revised Version** (*Brit*) *versión revisada en 1885 de la biblia anglicana*

**reviser** [rɪ'vaɪzəʳ] N revisor(a) *m/f*, refundidor(a) *m/f*; (*Typ*) corrector(a) *m/f*

**revision** [rɪ'vɪʒən] N [1] (*for exams*) repaso *m*; **I need two weeks for ~** necesito dos semanas para repasar
[2] (= *amendment, updating*) [*of text, dictionary*] revisión *f*; [*of proofs*] corrección *f*
[3] (= *alteration*) [*of estimate, figures*] corrección *f*; [*of offer*] reconsideración *f*; [*of schedule*] ajuste *m*
[4] (= *revised version*) edición *f* revisada

**revisionism** [rɪ'vɪʒənɪzəm] N revisionismo *m*

**revisionist** [rɪ'vɪʒənɪst] Ⓐ ADJ revisionista
Ⓑ N revisionista *mf*

**revisit** ['riː'vɪzɪt] VT volver a visitar; **"Brideshead Revisited"** "Retorno *m* a Brideshead"

**revitalize** ['riː'vaɪtəlaɪz] VT revitalizar, revivificar

**revival** [rɪ'vaɪvəl] N [1] (= *bringing back*) [*of custom, usage*] recuperación *f*; [*of old ideas*] resurgimiento *m*
[2] (= *coming back*) [*of custom, usage*] vuelta *f*; [*of old ideas*] renacimiento *m*; **the Revival of Learning** (*Hist*) el Renacimiento
[3] (*from illness, faint*) reanimación *f*
[4] (*Theat*) [*of play*] reposición *f*

**revivalism** [rɪ'vaɪvəˌlɪzəm] N (*Rel*) evangelismo *m*

**revivalist** [rɪ'vaɪvəlɪst] Ⓐ N evangelista *mf*; (= *preacher*) predicador(a) *m/f* evangelista
Ⓑ CPD ► **revivalist meeting** N reunión *f* evangelista

**revive** [rɪ'vaɪv] Ⓐ VT [1] [+ *person*] (*to life, spirits*) reanimar; **this will ~ you** esto te reanimará
[2] [+ *fire*] avivar; [+ *old customs*] restablecer, recuperar; [+ *hopes, suspicions*] despertar; [+ *accusation*] volver a, volver a hacer; **to ~ sb's courage** infundir nuevos ánimos a algn
[3] (*Theat*) [+ *play*] reponer
Ⓑ VI [1] [*person*] (*from faint*) reanimarse, volver en sí; (*from tiredness, shock etc*) reponerse, recuperarse; (*from apparent death*) revivir
[2] [*hope, emotions*] renacer; [*business, trade*] reactivarse; **interest in Gongora has ~d** ha renacido el interés por Góngora; **the pound has ~d** la libra se ha recuperado; **his courage ~d** recobró su fortaleza de ánimo

**revivify** [riː'vɪvɪfaɪ] VT revivificar

**revocation** [ˌrevə'keɪʃən] N revocación *f*

**revoke** [rɪ'vəʊk] Ⓐ N (*Cards*) renuncio *m*
Ⓑ VT (*gen*) revocar; [+ *licence*] suspender
Ⓒ VI (*Cards*) renunciar

**revolt** [rɪ'vəʊlt] Ⓐ N (= *insurrection*) levantamiento *m*, revuelta *f*, sublevación *f*; (= *rejection of authority*) rebelión *f*; **a popular ~** un levantamiento *or* una revuelta popular; **southern cities are in (open) ~ against the regime** las ciudades del sur se han sublevado contra el régimen; **students are in (open) ~ against the new examination system** los estudiantes se han rebelado contra el nuevo sistema de exámenes; **to rise (up) in ~** sublevarse, rebelarse
Ⓑ VT (= *disgust*) dar asco a, repugnar; **I was ~ed by the sight** la escena me dio asco *or* me repugnó
Ⓒ VI (= *rebel*) sublevarse, rebelarse (**against** contra)

**revolting** [rɪ'vəʊltɪŋ] ADJ (= *disgusting*) [*smell, taste, sight, habit, person*] repugnante, asqueroso; [*behaviour, story*] repugnante; [*place, weather*] asqueroso; [*colour, dress*] horroroso, repelente; **it smells/tastes ~** tiene un olor/sabor repugnante, huele/sabe que da asco

**revoltingly** [rɪ'vəʊltɪŋlɪ] ADV [*dirty, fat, greasy*] repugnantemente, asquerosamente; [*ugly*] horrorosamente; [*sentimental*] empalagosamente; **they're ~ rich** son tan ricos que da asco, son asquerosamente ricos

**revolution** [ˌrevə'luːʃən] N [1] (*Pol, fig*) revolución *f*
[2] (= *turn*) revolución *f*, vuelta *f*; (*Tech*) rotación *f*, giro *m*; **~s per minute** revoluciones por minuto
[3] (*Astron*) (= *orbit*) revolución *f*; (*on axis*) rotación *f*

**revolutionary** [ˌrevə'luːʃənərɪ] Ⓐ ADJ (*gen*) revolucionario
Ⓑ N (*Pol*) revolucionario/a *m/f*

**revolutionize** [ˌrevə'luːʃənaɪz] VT revolucionar

**revolve** [rɪ'vɒlv] Ⓐ VT girar, hacer girar; (*fig*) (*in the mind*) dar vueltas a, meditar
Ⓑ VI girar, dar vueltas; (*Astron*) revolverse; **to ~ around** (*lit*) girar alrededor de; (*fig*) girar en

torno a; **everything ~s round him** todo gira en torno a él; **the discussion ~d around three topics** el debate se centró en tres temas

**revolver** [rɪ'vɒlvəʳ] N revólver *m*

**revolving** [rɪ'vɒlvɪŋ] Ⓐ ADJ [*bookcase, stand etc*] giratorio
Ⓑ CPD ► **revolving credit** N crédito *m* rotativo ► **revolving door** N puerta *f* giratoria; **the ~ door of the justice system** (*fig*) el círculo vicioso del sistema judicial; **the ~ door of senior executives** (*fig*) los constantes vaivenes laborales de los altos ejecutivos, el baile de nombres constante entre los altos ejecutivos ► **revolving presidency** N presidencia *f* rotativa ► **revolving stage** N (*Theat*) escena *f* giratoria

**revue** [rɪ'vju:] N (*Theat*) (teatro *m* de) revista *f* or variedades *fpl*

**revulsion** [rɪ'vʌlʃən] N [1] (= *disgust*) repugnancia *f*, asco *m*; (*Med*) revulsión *f*
[2] (= *sudden change*) reacción *f*, cambio *m* repentino

**reward** [rɪ'wɔ:d] Ⓐ N recompensa *f*, premio *m*; (*for finding sth*) gratificación *f*; **as a ~ for** en recompensa de, como premio a; **"£50 reward"** "50 libras de recompensa"; **a ~ will be paid for information about …** se recompensará al que dé alguna información acerca de …
Ⓑ VT recompensar; (*fig*) premiar; **to ~ sb for his services** recompensar a algn por sus servicios; **she ~ed me with a smile** me premió con una sonrisa; **it might ~ your attention** podría valer la pena ir a verlo; **the case would ~ your investigation** le valdría la pena investigar el asunto

**rewarding** [rɪ'wɔ:dɪŋ] ADJ gratificante

**rewind** ['ri:'waɪnd] VT [+ *cassette, videotape*] rebobinar; [+ *watch*] dar cuerda a; [+ *wool etc*] devanar

**rewinding** ['ri:'waɪndɪŋ] N [*of cassette, videotape*] rebobinado *m*

**rewire** ['ri:'waɪəʳ] VT [+ *house*] rehacer la instalación eléctrica de

**reword** ['ri:'wɜ:d] VT expresar en otras palabras

**rework** [ri:'wɜ:k] VT [+ *novel, piece of writing*] refundir; [+ *idea*] repensar, reelaborar; [+ *song, schedule*] rehacer

**rewrite** [,ri:'raɪt] (*pt* **rewrote** [,ri:'rəʊt]; *pp* **rewritten** [,ri:'rɪtn]) Ⓐ VT reescribir; [+ *text*] rehacer, refundir
Ⓑ ['ri:raɪt] N nueva versión *f*, refundición *f*

**Reykjavik** ['reɪkjəvi:k] N Reykjavik *m*

**RFD** N ABBR (*US Post*) = **rural free delivery**

**RFU** N ABBR (*Brit*) = **Rugby Football Union**; → RUGBY

**RGN** N ABBR = **Registered General Nurse**

**Rgt** ABBR (= **Regiment**) regto.

**Rh** Ⓐ N ABBR (= **Rhesus**) Rh
Ⓑ CPD ► **Rh factor** N factor *m* Rh

**r.h.** ABBR (= **right hand**) der., der[a]

**rhapsodic** [ræp'sɒdɪk] ADJ (*Mus*) rapsódico; (*fig*) extático, locamente entusiasmado

**rhapsodize** ['ræpsədaɪz] VI **to ~ over sth** extasiarse ante algo, entusiasmarse por algo

**rhapsody** ['ræpsədɪ] N [1] (*Mus*) rapsodia *f*
[2] (*fig*) transporte *m* de admiración; **to be in rhapsodies** estar extasiado; **to go into rhapsodies over** extasiarse por

**rhea** ['ri:ə] N ñandú *m*

**Rhenish** ['renɪʃ] Ⓐ ADJ renano
Ⓑ N vino *m* del Rin

**rhenium** ['ri:nɪəm] N renio *m*

**rheostat** ['ri:əʊstæt] N reóstato *m*

**rhesus** ['ri:səs] Ⓐ N [1] (= *monkey*) macaco *m* de la India
[2] (*Med*) **~ negative** Rh negativo, Rhesus negativo; **~ positive** Rh positivo, Rhesus positivo
Ⓑ CPD ► **rhesus baby** N bebé *m* con factor Rhesus ► **rhesus factor** N (*Med*) factor *m* Rhesus ► **rhesus monkey** N macaco *m* de la India

**rhetic** ['ri:tɪk] ADJ rético

**rhetoric** ['retərɪk] N retórica *f*

**rhetorical** [rɪ'tɒrɪkəl] ADJ retórico; **~ question** pregunta *f* retórica

**rhetorically** [rɪ'tɒrɪkəlɪ] ADV retóricamente; **I speak ~** hablo en metáfora

**rhetorician** [,retə'rɪʃən] N retórico/a *m/f*

**rheumatic** [ru:'mætɪk] Ⓐ ADJ reumático
Ⓑ N (= *person*) reumático/a *m/f*
Ⓒ CPD ► **rheumatic fever** N fiebre *f* reumática

**rheumaticky*** [ru:'mætɪkɪ] ADJ reumático

**rheumatics*** [ru:'mætɪks] NSING reúma *m*, reumatismo *m*

**rheumatism** ['ru:mətɪzəm] N reumatismo *m*

**rheumatoid** ['ru:mətɔɪd] Ⓐ ADJ reumatoideo
Ⓑ CPD ► **rheumatoid arthritis** N reúma *m* articular

**rheumatologist** [,ru:mə'tɒlədʒɪst] N reumatólogo/a *m/f*

**rheumatology** [,ru:mə'tɒlədʒɪ] N reumatología *f*

**rheumy** ['ru:mɪ] ADJ [*eyes*] legañoso, pitañoso

**Rhine** [raɪn] Ⓐ N **the ~** el Rin
Ⓑ CPD ► **Rhine wine** N vino *m* blanco del Rin

**Rhineland** ['raɪnlənd] N Renania *f*

**rhinestone** ['raɪn,stəʊn] N diamante *m* de imitación

**rhino** ['raɪnəʊ] N ABBR (*pl* **rhino** *or* **rhinoes**) = **rhinoceros**

**rhinoceros** [raɪ'nɒsərəs] N (*pl* **rhinoceros** *or* **rhinoceroses**) rinoceronte *m*

**rhinoplasty** ['raɪnəʊplæstɪ] N rinoplastia *f*

**rhizome** ['raɪzəʊm] N rizoma *m*

**Rhodes** [rəʊdz] N Rodas *f*

**Rhodesia** [rəʊ'di:ʒə] N (*Hist*) Rodesia *f*

**Rhodesian** [rəʊ'di:ʒən] (*Hist*) Ⓐ ADJ rodesiano
Ⓑ N rodesiano/a *m/f*

**rhodium** ['rəʊdɪəm] N rodio *m*

**rhododendron** [,rəʊdə'dendrən] N rododendro *m*

**rhomb** [rɒm] N = **rhombus**

**rhomboid** ['rɒmbɔɪd] Ⓐ ADJ romboidal
Ⓑ N romboide *m*

**rhombus** ['rɒmbəs] N (*pl* **rhombuses** *or* **rhombi**) rombo *m*

**Rhone** [rəʊn] N **the ~** el Ródano

**rhubarb** ['ru:bɑ:b] Ⓐ N [1] (*Bot, Culin*) ruibarbo *m*
[2] (*Theat*) *palabra que se repite para representar la conversación callada en escenas de comparsas*
Ⓑ CPD [*jam, pie, tart*] de ruibarbo

**rhyme** [raɪm] Ⓐ N [1] (= *identical sound*) rima *f*; ✦**IDIOM without ~ or reason** sin ton ni son
[2] (= *poem*) poesía *f*, versos *mpl*; **in ~** en verso
Ⓑ VI rimar; **to ~ with sth** rimar con algo
Ⓒ VT rimar
Ⓓ CPD ► **rhyme scheme** N esquema *m* de la rima, combinación *f* de rimas

**rhymed** [raɪmd] ADJ rimado

**rhymer** ['raɪməʳ] N, **rhymester** ['raɪmstəʳ] N rimador(a) *m/f*

**rhyming** ['raɪmɪŋ] Ⓐ ADJ [*couplet, verse*] rimado
Ⓑ CPD ► **rhyming slang** N argot *m* basado en rimas (*p.ej, "apples and pears" = "stairs"*)

**RHYMING SLANG**

*El* **rhyming slang** (**jerga rimada**) *es un tipo muy peculiar de jerga que usan los habitantes de un barrio en el este de Londres, los* (**cockneys**), *en la que una palabra o frase determinada se sustituye por otra que rima con ella; por ejemplo, dicen* **apples and pears** *en vez de* **stairs**. *Puede resultar muy confuso para las personas que no lo conocen bien, sobre todo porque, además, muchas veces se establece un doble juego de palabras en el que la palabra que rima no se dice; por ejemplo,* **butcher's hook** *quiere decir* **look**, *pero a menudo sólo se dice* **butcher's**, *como en la frase* **let's have a butcher's**. *El uso de algunas de estas expresiones se ha extendido al inglés coloquial habitual, como* **use your loaf**, *donde* **loaf**, *que viene de* **loaf of bread**, *quiere decir* **head**.

⇨ *Ver tb* COCKNEY

**rhythm** ['rɪðəm] Ⓐ N ritmo *m*; **~ and blues** (*Mus*) rhythm and blues *m*
Ⓑ CPD ► **rhythm guitar** N guitarra *f* rítmica ► **rhythm method** N [*of contraception*] método *m* de Ogino-Knaus ► **rhythm section** N (*Mus*) sección *f* rítmica

**rhythmic** ['rɪðmɪk], **rhythmical** ['rɪðmɪkəl] ADJ rítmico, acompasado

**rhythmically** ['rɪðmɪkəlɪ] ADV rítmicamente, de forma rítmica

**RI** Ⓐ N ABBR (*Scol*) (= **religious instruction**) ed. religiosa
Ⓑ ABBR = **Rhode Island**

**rib** [rɪb] Ⓐ N [1] (*Anat, Culin*) costilla *f*
[2] [*of umbrella*] varilla *f*; [*of leaf*] nervio *m*; (*Knitting*) cordoncillo *m*; (*Archit*) nervadura *f*; (*Naut*) costilla *f*, cuaderna *f*
Ⓑ VT (*) (= *tease*) tomar el pelo a, mofarse de
Ⓒ CPD ► **rib cage** N tórax *m*

**RIBA** N ABBR = **Royal Institute of British Architects**

**ribald** ['rɪbəld] ADJ [*jokes, laughter*] verde, colorado (*LAm*); [*person*] irreverente, procaz

**ribaldry** ['rɪbəldrɪ] N [1] [*of jokes*] chocarrería *f*; [*of person*] procacidad *f*
[2] (= *jokes etc*) cosas *fpl* verdes, cosas *fpl* obscenas

**ribbed** [rɪbd] ADJ **~ sweater** jersey *m* de cordoncillo

**ribbing** ['rɪbɪŋ] N (*in fabric*) cordoncillos *mpl*; (*Archit*) nervaduras *fpl*

**ribbon** ['rɪbən] Ⓐ N (*gen*) cinta *f*; (*for hair*) moña *f*, cinta *f*; (*Mil*) galón *m*; **to tear sth to ~s** (*lit*) hacer algo trizas; (*fig*) hacer algo pedazos
Ⓑ CPD ► **ribbon development** N urbanización *f* a lo largo de una carretera

**riboflavin** [,raɪbəʊ'fleɪvɪn] N riboflavina *f*

**ribonucleic** [,raɪbəʊnju:'kleɪɪk] ADJ **~ acid** ácido *m* ribonucleico

**rib-tickler*** ['rɪb'tɪkləʳ] N (*Brit*) chiste *m* desternillante*

**rice** [raɪs] Ⓐ N arroz *m*
Ⓑ CPD ► **rice paddy** N (*US*) arrozal *m* ► **rice paper** N papel *m* de arroz ► **rice pudding** N arroz *m* con leche ► **rice wine** N vino *m* de arroz

**ricefield** ['raɪsfi:ld] N arrozal *m*

**rice-growing** ['raɪs,grəʊɪŋ] ADJ arrocero

**rich** [rɪtʃ] Ⓐ ADJ (*compar* **richer**; *superl* **richest**)
[1] (= *wealthy*) [*person, country*] rico; **to be-**

**come** *or* **get** *or* **grow ~(er)** hacerse (más) rico, enriquecerse (más); **to get ~ quick** hacer fortuna *or* enriquecerse rápidamente; ♦*IDIOMS* **to be as ~ as Croesus** nadar en la abundancia; **for ~er, for poorer** en la riqueza y en la pobreza; *see also* **get-rich-quick, strike B6**

2 (= *abundant*) [*variety, source*] grande; [*deposit, harvest*] abundante; [*reward*] generoso; **seaweed is a ~ source of iodine** las algas son una gran fuente de yodo; **to be ~ in** [+ *flora, fauna*] tener abundancia de, tener gran riqueza de; [+ *natural resources, nutrients, protein*] ser rico en; **the island is ~ in history** la isla tiene mucha historia; **to be ~ in detail** ser rico *or* (*frm*) profuso en detalles; **the story is ~ in comic and dramatic detail** la historia es rica en *or* abunda en detalles cómicos y dramáticos; **a style ~ in metaphors** un estilo en el que abundan las metáforas; *see also* **pickings**

3 (= *full*) [*life, experience, history*] rico

4 (= *fertile*) [*soil*] rico, fértil

5 (= *heavy, concentrated*) [*food, sauce*] sustancioso (*que contiene mucha grasa, azúcar, etc*); (*pej*) pesado, fuerte; [*coffee*] con mucho sabor; [*wine*] generoso; **it's too ~ for me** es muy pesado (*or* dulce *or* grasiento *etc*) para mí; **this chocolate gateau is very ~** esta tarta de chocolate llena mucho, esta tarta de chocolate es muy empalagosa *or* pesada (*pej*)

6 (= *intense*) [*colour*] vivo, cálido; [*sound, smell*] intenso

7 (= *mellow*) [*voice*] sonoro

8 (= *luxurious*) [*tapestries*] lujoso; [*velvet*] exquisito

9 (*) (= *laughable*) **that's ~!** ¡mira por dónde!*; **that's ~, coming from her!** ¡ella no es quién para hablar!, ¡tiene gracia que sea ella la que diga eso!

Ⓑ NPL **the ~** los ricos; **the ~ and famous** los ricos y famosos

Ⓒ CPD ► **rich tea biscuit** N galleta *f* (*que se toma con una taza de té*)

**Richard** ['rɪtʃəd] N Ricardo; **~ (the) Lionheart** Ricardo Corazón de León

**riches** ['rɪtʃɪz] NPL riqueza *fsing*

**richly** ['rɪtʃlɪ] ADV 1 (= *generously*) [*rewarded*] generosamente; [*illustrated*] profusamente; **we were ~ rewarded** fuimos generosamente recompensados; **a boy ~ endowed with talent** un chico dotado de un enorme talento; **a ~ endowed library** una biblioteca con abundantes fondos

2 (= *ornately*) [*decorated, furnished*] suntuosamente, lujosamente; **a ~ adorned chair** una silla con exquisitos adornos; **~ patterned fabrics** telas con ricos estampados

3 (= *strongly*) **~ coloured fabrics** telas de colores vivos; **a ~ flavoured sauce** una salsa de sabor fuerte; **the flowers are ~ scented** las flores tienen un perfume intenso

4 (= *intensely*) **the work is ~ rewarding** el trabajo es sumamente *or* enormemente gratificante; **she ~ deserves it** se lo tiene bien merecido; **the success they so ~ deserve** el éxito que tanto merecen

**richness** ['rɪtʃnɪs] N 1 (= *wealth*) [*of person, culture*] riqueza *f*

2 (= *abundance*) [*of variety*] lo enorme; [*of deposits, harvest*] abundancia *f*; **~ in vitamins** riqueza *f* en vitaminas

3 (= *fullness*) [*of life, experience*] riqueza *f*

4 (= *fertility*) [*of soil*] fertilidad *f*

5 (= *heaviness*) [*of food*] lo sustancioso; (*pej*) pesadez *f*

6 (= *intensity*) [*of colour*] viveza *f*; [*of sound, smell*] intensidad *f*

7 (= *mellowness*) [*of voice*] sonoridad *f*

**Richter scale** ['rɪxtə,skeɪl] N (*Geol*) escala *f* Richter

**rick**[1] [rɪk] (*Agr*) Ⓐ N almiar *m*

Ⓑ VT almiarar, amontonar

**rick**[2] [rɪk] VT = **wrick**

**rickets** ['rɪkɪts] NSING raquitismo *m*

**rickety** ['rɪkɪtɪ] ADJ 1 (= *wobbly*) tambaleante, inseguro; [*old car*] desvencijado

2 (*Med*) raquítico

**rickshaw** ['rɪkʃɔː] N *carrito de estilo oriental tirado por un hombre*

**ricochet** ['rɪkəʃeɪ] Ⓐ N [*of stone, bullet*] rebote *m*

Ⓑ VI rebotar (**off** de)

**rictus** ['rɪktəs] N (*pl* **rictus** *or* **rictuses**) rictus *m*

**rid** [rɪd] (*pt, pp* **rid, ridded**) VT **to be ~ of sth/sb: she was glad to be ~ of him** estaba contenta de haberse librado de él, estaba contenta de habérselo quitado de encima*; **will I never be ~ of these debts?** ¿me libraré alguna vez de estas deudas?, ¿me quitaré algún día estas deudas de encima?*; **to be well ~ of sb** haber hecho bien en librarse de algn; **to get ~ of** [+ *unwanted item*] deshacerse de; [+ *habit*] quitarse; [+ *rats, smell, waste, corruption*] eliminar; (= *sell*) vender, deshacerse de; **he denied helping him get ~ of evidence** negó haberle ayudado a deshacerse de las pruebas; **I've been trying to get ~ of this headache all day** he estado intentando quitarme esta jaqueca todo el día; **you need to get ~ of that excess weight** tienes que eliminar todos esos kilos de más; **to get ~ of sb** librarse de algn; [+ *tedious person*] quitarse a algn de encima*; (*euph*) (= *kill*) deshacerse de algn, eliminar a algn; **you won't get ~ of me that easily** no te librarás *or* desharás de mí tan fácilmente; **to ~ o.s. of sth/sb: I couldn't ~ myself of the feeling that I was being watched** no me podía librar de la sensación de que alguien me estaba vigilando; **I can't seem to ~ myself of the habit** no me puedo quitar la costumbre; **to ~ sth/sb of sth: I couldn't ~ my mind of these thoughts** no podía quitarme estos pensamientos de la cabeza; **we want to ~ the world of this disease** queremos erradicar esta enfermedad en el mundo, queremos librar a la humanidad de esta enfermedad

**riddance** ['rɪdəns] N **good ~ (to bad rubbish)!*** (*pej*) ¡vete con viento fresco!; **and good ~ to him!** ¡que se pudra!

**ridden** ['rɪdn] PP *of* **ride**; **a horse ~ by ...** un caballo montado por ...

**riddle**[1] ['rɪdl] N (= *word puzzle*) acertijo *m*, adivinanza *f*; (= *mystery*) enigma *m*, misterio *m*; (= *person etc*) enigma *m*; **to ask sb a ~** proponer un acertijo a algn; **to speak in ~s** hablar en clave

**riddle**[2] ['rɪdl] Ⓐ N (= *sieve*) criba *f*, criba *f* gruesa; (= *potato sorter etc*) escogedor *m*

Ⓑ VT 1 (= *sieve*) cribar; [+ *potatoes etc*] pasar por el escogedor

2 **to ~ with** [+ *bullets etc*] acribillar a; **the house is ~d with damp** la casa tiene humedad por todas partes; **the organization is ~d with communists** el organismo está plagado de comunistas; **the army is ~d with subversion** el ejército está infectado de elementos subversivos

**ride** [raɪd] (*vb: pt* **rode**; *pp* **ridden**) Ⓐ N 1 (= *journey*) paseo *m*; (= *car ride*) vuelta *f* en coche; (= *bike ride*) paseo en bicicleta; (= *horse ride*) paseo a caballo; (*esp US*) (= *free ride*) viaje *m* gratuito; **the ~ of the Valkyries** la cabalgata de las valquirias; **it's my first ~ in a Rolls** es la primera vez que viajo en un Rolls; **he gave me a ~ into town** (*in car*) me llevó en coche a la ciudad, me dio aventón hasta la ciudad (*Mex*); **to get a ~: I got a ~ all the way to Bordeaux** un automovilista me llevó todo hasta Burdeos; **to go for a ~** (*in car, on bike, on horse*) dar una vuelta, pasear; **it was a rough ~** fue un viaje bastante incómodo; **to give sb a rough ~** (*fig*) hacer pasar un mal rato a algn; **to take a ~ in a helicopter** dar un paseo en helicóptero; **to take sb for a ~** (*in car*) dar una vuelta en coche a algn; (*) (= *make fool of*) tomarle el pelo a algn; (*) (= *swindle*) dar gato por liebre a algn; (*US**) (= *kill*) mandar a algn al otro barrio*; ♦*IDIOMS* **to be taken for a ~*** hacer el primo*; **to come/go along for the ~** apuntarse por gusto

2 (= *distance travelled*) viaje *m*, recorrido *m*; **it's only a short ~** es poco camino; **it's a ten-minute ~ on the bus** son diez minutos en autobús *or* (*Mex*) en camión; **it's a 70p ~ from the station** el viaje desde la estación cuesta 70 peniques

3 (*at fairground*) (= *attraction*) atracción *f*; (= *trip*) viaje *m*; **"50p a ride"** "50 peniques por persona"

4 (= *path*) vereda *f*

Ⓑ VT 1 [+ *horse*] montar; [+ *bicycle*] montar en, ir en, andar en; **to ~ an elephant** ir montado en un elefante; **he rode his horse into town** fue a caballo hasta la ciudad; **he rode his horse into the shop** entró a caballo en la tienda; **to ~ a horse hard** castigar mucho a un caballo; **can you ~ a bike?** ¿sabes montar en bicicleta?; **it has never been ridden** hasta ahora nadie ha montado en él; **he rode it in two races** lo corrió en dos carreras

2 [+ *distance*] **we rode ten km yesterday** recorrimos diez kilómetros ayer

3 **to ~ a good race** hacer bien una carrera, dar buena cuenta de sí (en una carrera)

4 (*esp US**) **to ~ sb** tenerla tomada con algn, no dejar en paz a algn; **to ~ sb hard** exigir mucho a algn, darle duro a algn*; **don't ~ him too hard** no seas demasiado severo con él; **to ~ an idea to death** explotar una idea con demasiado entusiasmo, acabar con una idea a fuerza de repetirla demasiado

5 (*Naut*) [+ *waves*] hender, surcar

Ⓒ VI 1 (*on horse*) montar; **to ~ on an elephant** ir montado en un elefante; **can you ~?** ¿sabes montar a caballo?; **she ~s every day** monta todos los días; **to ~ astride** montar a horcajadas; **to ~ like mad** correr como el demonio; **he ~s for a different stable** monta para otra cuadra

2 (*in car*) ir, viajar; **to ~ on a bus/in a car/in a train** viajar en autobús/en coche/en tren; **some rode but I had to walk** algunos fueron en coche pero yo tuve que ir a pie

3 (*with prep, adv*) **he rode straight at me** arremetió contra mí; **to ~ home on sb's shoulders** ser llevado a casa en los hombros de algn; **to ~ over/through** andar a caballo *etc* por/a través de; **we'll ~ over to see you** vendremos a verte; **to ~ to Jaén** ir (a caballo) a Jaén; **he rode up to me** se me acercó a caballo

4 **to ~ at anchor** (*Naut*) estar fondeado

5 (*fig*) **the moon was riding high in the sky** la luna estaba en lo alto del cielo; ♦*IDIOMS* **to be riding high** [*person*] estar alegre, estar en la cumbre de la felicidad; **he's riding high at the moment** por ahora lo va muy bien; **to let things ~** dejar que las cosas sigan su curso

►**ride about, ride around** VI + ADV pasearse a caballo/en coche/en bicicleta *etc*

►**ride away** VI + ADV alejarse, irse, partir

►**ride back** VI + ADV volver (a caballo, en bicicleta *etc*)

►**ride behind** VI + ADV ir después, caminar a la zaga; (= *in rear seat*) ir en el asiento de atrás; (= *on same horse*) cabalgar a la grupa

►**ride by** VI + ADV pasar (*a caballo, en bicicleta etc*)

►**ride down** VT + ADV 1 (= *trample*) atropellar
2 (= *catch up with*) coger, alcanzar

►**ride off** VI + ADV alejarse, irse, partir; **they rode off in pursuit** se marcharon a caballo en persecución

►**ride on** VI + ADV seguir adelante

►**ride out** VT + ADV (*Naut*) [+ *storm*] capear, aguantar; (*fig*) [+ *crisis*] sobrevivir, sobreponerse a

►**ride up** VI + ADV 1 [*horseman, motorcyclist etc*] llegar, acercarse
2 [*skirt, dress*] subirse

**rider** [ˈraɪdəʳ] N 1 (= *horserider*) jinete *mf*; **I'm not much of a ~** apenas sé montar; **he's a fine ~** es un jinete destacado
2 (= *cyclist*) ciclista *mf*; (= *motorcyclist*) motociclista *mf*, motorista *mf*; (*US Aut*) pasajero/a *m/f*, viajero/a *m/f*
3 (= *additional clause*) aditamento *m*; **with the ~ that ...** a condición de que ...; **I must add the ~ that ...** debo añadir que ...

**ridge** [rɪdʒ] Ⓐ N [*of hills, mountains*] cadena *f*; [*of nose*] puente *m*, caballete *m*; [*of roof*] caballete *m*; (*Agr*) caballón *m*; (= *crest of hill*) cumbre *f*, cresta *f*; (*Met*) **~ of high/low pressure** línea *f* de presión alta/baja
Ⓑ CPD ► **ridge pole** N (*on tent*) caballete *m*, cumbrera *f* ► **ridge tent** N tienda *f* canadiense ► **ridge tile** N teja *f* de caballete

**ridgeway** [ˈrɪdʒweɪ] N ruta *f* de las crestas

**ridicule** [ˈrɪdɪkjuːl] Ⓐ N irrisión *f*, burla *f*; **to expose sb to public ~** exponer a algn a la mofa pública; **to hold sth/sb up to ~** poner algo/a algn en ridículo; **to lay o.s. open to ~** exponerse al ridículo
Ⓑ VT dejar *or* poner en ridículo, ridiculizar

▼**ridiculous** [rɪˈdɪkjʊləs] ADJ [*idea etc*] ridículo, absurdo; **to look ~** [*person*] estar ridículo; [*thing*] ser ridículo; **to make o.s. (look) ~** ponerse en ridículo; **don't be ~!** ¡no seas ridículo!, no digas tonterías *or* chorradas*; **~!** ◊ **how ~!** ¡qué ridículo!, ¡qué estupidez!

**ridiculously** [rɪˈdɪkjʊləslɪ] ADV 1 (= *stupidly*) de forma ridícula
2 (*fig*) (= *disproportionately etc*) absurdamente, ridículamente; **it is ~ easy** es absurdamente *or* ridículamente fácil

**ridiculousness** [rɪˈdɪkjʊləsnɪs] N ridiculez *f*

**riding** [ˈraɪdɪŋ] Ⓐ N equitación *f*; **I like ~** me gusta montar a caballo
Ⓑ CPD ► **riding boots** NPL botas *fpl* de montar ► **riding breeches** NPL pantalones *mpl* de montar ► **riding crop** N fusta *f* ► **riding habit** N amazona *f*, traje *m* de montar ► **riding jacket** N chaqueta *f* de montar ► **riding master** N profesor *m* de equitación ► **riding school** N escuela *f* de equitación ► **riding stables** NPL cuadras *fpl* ► **riding whip** N = **riding crop**

**rife** [raɪf] ADJ **to be ~** [*problem*] ser muy común; [*rumours, speculation, fears*] abundar, proliferar; [*disease*] hacer estragos; [*unemployment, crime*] abundar, hacer estragos; [*racism, corruption*] estar muy extendido; **smallpox was still ~** la viruela aún hacía estragos; **(to be) ~ with sth**: **countries ~ with Aids** países plagados de sida, países donde el sida hace estragos; **it is ~ with mistakes** está plagado de errores; **the whole industry is ~ with corruption** la corrupción reina *or* está muy extendida en todo el sector; **the whole town is ~ with rumours** en la ciudad proliferan los rumores; **a region ~ with unemployment** una región donde abunda el paro *or* donde el paro hace estragos; **the media is ~ with speculation about ...** los medios de comunicación no dejan de especular acerca de ..., en los medios de comunicación abundan *or* proliferan las especulaciones acerca de ...

**riffle** [ˈrɪfəl] VT (*also* **~ through**) hojear; **to ~ (through) a book** hojear (rápidamente) un libro

**riff-raff** [ˈrɪfræf] N gentuza *f*, chusma *f*; **and all the ~ of the neighbourhood** y todos los sinvergüenzas del barrio

**rifle**[1] [ˈraɪfl] VT (= *search*) desvalijar; **to ~ a case** desvalijar una maleta; **the house had been ~d** habían saqueado la casa; **they ~d the house in search of money** saquearon la casa en busca de dinero; **to ~ sb's pockets** vaciar los bolsillos a algn

►**rifle through** VI + PREP rebuscar en, revolver

**rifle**[2] [ˈraɪfl] Ⓐ N 1 (= *gun*) rifle *m*, fusil *m*
2 **the Rifles** (= *regiment*) los fusileros, el regimiento de fusileros
Ⓑ VT (*Tech*) estriar, rayar
Ⓒ CPD ► **rifle butt** N culata *f* de rifle ► **rifle fire** N fuego *m* de fusilería ► **rifle range** N (*Mil*) campo *m* de tiro; (*at fair*) barraca *f* de tiro al blanco ► **rifle shot** N tiro *m* de fusil; **within ~ shot** a tiro de fusil

**rifled** [ˈraɪfld] ADJ (*Tech*) estriado, rayado

**rifleman** [ˈraɪflmən] N (*pl* **riflemen**) fusilero *m*

**rifling** [ˈraɪflɪŋ] N (*Tech*) estría *f*, estriado *m*, rayado *m*

**rift** [rɪft] N 1 (= *fissure*) grieta *f*, fisura *f*; (*in clouds*) claro *m*
2 (*fig*) ruptura *f*, desavenencia *f*; (*in relations etc*) grieta *f*; (*in political party*) escisión *f*, cisma *m*

**rig** [rɪg] Ⓐ N 1 (*Naut*) aparejo *m*
2 (*also* **oil ~**) (*on land*) torre *f* de perforación; (*at sea*) plataforma *f* petrolífera
3 (†*) (= *outfit*) (*also* **~ out**) vestimenta *f*, atuendo *m*
Ⓑ VT 1 (*Naut*) [+ *ship*] aparejar, equipar
2 (= *fix dishonestly*) [+ *election, competition*] amañar; [+ *prices*] manipular; **the government had got it all ~ged** el gobierno lo había arreglado todo de modo fraudulento; **to ~ the market** (*Comm*) manipular la lonja *or* la bolsa; **it was ~ged*** hubo tongo*

►**rig out** VT + ADV 1 (*Naut*) proveer (**with** de), equipar (**with** con)
2 (*) (= *dress*) ataviar, vestir; **to ~ sb out in sth** ataviar *or* vestir a algn de algo; **to be ~ged out in a new dress** lucir un vestido nuevo

►**rig up** VT + ADV (= *build*) improvisar; (*fig*) (= *arrange*) organizar, trabar; **we'll see what we can ~ up** veremos si podemos arreglar algo

**rigger** [ˈrɪgəʳ] N (*Naut*) aparejador *m*; (*Aer*) mecánico *m*

**rigging** [ˈrɪgɪŋ] N (*Naut*) jarcia *f*, aparejo *m*

▼**right** [raɪt] Ⓐ ADJ 1 (= *morally good, just*) justo; **it is not ~ that he should pay for their mistake** no es justo que él pague por su error; **it is/seems only ~ that she should get the biggest share** es/me parece justo que ella reciba la mayor parte, está/me parece bien que ella reciba la mayor parte; **it doesn't seem ~ that his contribution should not be acknowledged** parece injusto que no se reconozca su aportación; **it's not ~!** ¡no hay derecho!; **I thought it ~ to ask permission first** me pareció conveniente preguntarle antes, pensé que debía preguntarle antes; **would it be ~ for me to ask him?** ¿debería preguntárselo?; **it is only ~ and proper that people should know what is going on** lo suyo es que la gente sepa lo que pasa; **to do the ~ thing** ◊ **do what is ~** hacer lo correcto, actuar correctamente; **to do the ~ thing by sb** portarse como es debido con algn; **doing the ~ thing by a pregnant girlfriend meant marrying her** hacer lo que Dios manda con una novia embarazada significaba casarse con ella
2 (= *suitable*) [*tool, clothes*] apropiado, adecuado; [*time*] oportuno; **to choose the ~ moment for sth/to do sth** elegir el momento oportuno para algo/para hacer algo; **that's the ~ attitude!** ¡haces bien!; **I haven't got the ~ clothes for a formal dinner** no tengo ropa apropiada *or* adecuada para una cena de etiqueta; **you're not using the ~ tool for the job** no estás empleando la herramienta apropiada *or* adecuada para el trabajo; **he's the ~ man for the job** es el hombre más indicado para el cargo; **I don't think he's the ~ sort of person for you** me parece que no es la persona que te conviene; **they holiday in all the ~ places** toman sus vacaciones en todos los sitios que están de moda; **the balance of humour and tragedy is just ~** el equilibrio entre humor y tragedia es perfecto; **she's just ~ for the job** es la persona perfecta para el puesto; **the flat is just ~ for me** el piso es justo lo que necesito; **"is there too much salt in it?" — "no, it's just ~"** — ¿tiene demasiada sal? —no, está en su punto justo; **Mr Right** el novio soñado, el marido ideal; **to know the ~ people** tener enchufes *or* (*LAm*) palanca; **he knows all the ~ people** tiene enchufes *or* (*LAm*) palanca en todas partes; **I just happened to be in the ~ place at the ~ time** dio la casualidad de que estaba en el sitio adecuado en el momento adecuado; **if the price is ~** si el precio es razonable; **he's on the ~ side of 40** tiene menos de 40 años; **to say the ~ thing** decir lo que hay que decir, tener las palabras justas; **we'll do it when the time is ~** lo haremos en el momento oportuno *or* a su debido tiempo; **the ~ word** la palabra exacta *or* apropiada
3 (= *correct*) correcto, exacto; **~ first time!** ¡exactamente!, ¡exacto!; **"she's your sister?" — "that's ~!"** —¿es tu hermana? —¡eso es! *or* ¡así es! *or* ¡exacto!; **that's ~! it has to go through that hole** ¡eso es! tiene que pasar por ese agujero; **she said she'd done it, isn't that ~, mother?** dijo que lo había hecho ¿no es así, madre? *or* ¿a que sí, madre?; **you mean he offered to pay? is that ~, Harry?** ¿dices que se ofreció a pagar? ¿es eso cierto, Harry?; **and quite ~ too!** ¡y con razón!; **am I ~ for the station?** ¿por aquí se va a la estación?, ¿voy bien (por aquí) para la estación?; **the ~ answer** la respuesta correcta; (*Math*) (*to problem*) la solución correcta; **~ you are!*** ¡vale!, ¡muy bien!; **I was beginning to wonder whether I had the ~ day** empezaba a preguntarme si me habría equivocado de día; **to get sth ~** (= *guess correctly*) acertar en algo; (= *do properly*) hacer algo bien; **I got the date ~ but not the time** acerté en la fecha pero me equivoqué de hora; **it's vital that we get the timing ~** es esencial que escojamos bien el momento; **you didn't get it ~, so you lose five points** no acertaste *or* te equivocaste, así que pierdes cinco puntos;

➤ LANGUAGE IN USE: **ridiculous** 12.2, 14 **right** A3 26.3

let's get it ~ this time! ¡a ver si esta vez nos sale bien!; we must get it ~ this time esta vez tenemos que hacerlo bien *or* nos tiene que salir bien; is this the ~ house? ¿es ésta la casa?; he can't even sing the ~ notes no sabe ni dar las notas bien; are you sure you've got the ~ number? (*Telec*) ¿seguro que es ése el número?; to put sb ~ sacar a algn de su error; (*unpleasantly*) enmendar la plana a algn; I'm confused, and I wanted you to put me ~ tengo dudas y quisiera que tú me las aclararas; if you tell the story wrong the child will soon put you ~ si te equivocas al contar la historia, el niño enseguida te corrige *or* te saca de tu error; to put a clock ~ poner un reloj en hora; to put a mistake ~ corregir *or* rectificar un error; is this the ~ road for Segovia? ¿es éste el camino de Segovia?, ¿por aquí se va a Segovia?; are we on the ~ road? ¿vamos por buen camino?, ¿vamos bien por esta carretera?; it's not the ~ shade of green no es el tono de verde que yo busco; the ~ side of the fabric el (lado) derecho de la tela; is the skirt the ~ size? ¿va bien la falda de talla?; it's not the ~ size/length no vale de talla/de largo; the ~ time la hora exacta; is that the ~ time? ¿es ésa la hora?; do you have the ~ time? ¿tienes hora buena?, ¿sabes qué hora es exactamente?; ✦IDIOM to get on the ~ side of sb (*fig*) congraciarse con algn

[4] (= *in the right*) to be ~ to do sth hacer bien en hacer algo; you were ~ to come to me has hecho bien en venir a verme; to be ~ [*person*] tener razón, estar en lo cierto; you're quite ~ ◊ you're dead ~* tienes toda la razón; how ~ you are! ¡qué razón tienes!; to be ~ about sth/sb: you were ~ about there being none left tenías razón cuando decías que no quedaba ninguno; you were ~ about Peter, he's totally unreliable tenías razón en lo de Peter *or* con respecto a Peter: no hay quien se fíe de él; am I ~ in thinking that we've met before? si no me equivoco ya nos conocemos ¿no?; you were ~ in calling the doctor, it was appendicitis hiciste bien en llamar al médico, era apendicitis

[5] (= *in order*) I don't feel quite ~ no me siento del todo bien; I knew something wasn't ~ when she didn't call as usual supe que algo no iba bien cuando no llamaba como de costumbre; his leg hasn't been ~ since the accident tiene la pierna mal desde el accidente; my stereo still isn't ~ mi equipo sigue sin ir bien; it will all come ~ in the end todo se arreglará al final; she's not quite ~ in the head no está en sus cabales; to be in one's ~ mind en su sano juicio; to put sth/sb ~: I hope the garage can put the car ~ espero que me sepan arreglar el coche en el taller; you've offended her but it's not too late to put things ~ la has ofendido pero aún puedes arreglarlo; it's nothing a night's sleep won't put ~ no es nada que no se arregle durmiendo toda la noche de un tirón; a couple of aspirin will put me ~ con un par de aspirinas me pondré bien; that's soon put ~ eso se arregla fácilmente, eso tiene fácil arreglo; all's ~ with the world todo va bien; ✦IDIOM to be/feel as ~ as rain encontrarse perfectamente; she'll be as ~ as rain in a few days en unos pocos días se repondrá completamente de esto

[6] (= *not left*) derecho; I'd give my ~ arm to know daría cualquier cosa *or* todo el oro del mundo por saberlo; we are a ~ of centre party somos un partido de centro derecha; ✦IDIOM it's a case of the ~ hand not knowing what the left hand is doing es uno de esos casos en que la mano derecha no sabe lo que hace la izquierda

[7] (*Math*) [*angle*] recto

[8] (*Brit**) (*as intensifier*) (= *complete*) he's a ~ idiot es un auténtico idiota; I felt a ~ twit me sentí como un verdadero imbécil; she made a ~ mess of it lo hizo fatal*, le salió un buen churro (*Sp**); you're a ~ one to talk (*iro*) mira quién habla; *see also* Charlie

[9] *see* all right

Ⓑ ADV [1] (= *directly, exactly*) ~ away en seguida, ahora mismo, ahorita (mismo) (*Mex, Andes*); it happened ~ before our eyes ocurrió delante de nuestros propios ojos; she was standing ~ behind/in front of him estaba justo detrás/delante de él; ~ here aquí mismo *or* (*CAm*) mero; he was standing ~ in the middle of the road estaba justo en el centro *or* (*CAm*) en el mero centro de la calle; ~ now (= *immediately*) ahora mismo; (= *at the moment*) (justo) ahora; I want this done ~ now quiero que se haga esto ahora mismo; she's busy ~ now ahora mismo *or* justo ahora está ocupada; he could tell ~ off that I was a foreigner reconoció de inmediato que yo era extranjero; to go ~ on seguir todo derecho; ~ on!*† ¡eso es!, ¡de acuerdo!; he (just) went ~ on talking siguió hablando como si nada; it hit him ~ on the chest le dio de lleno en el pecho; she should come ~ out and say so debería ser clara y decirlo; it fell ~ on top of me me cayó justo encima

[2] (= *immediately*) justo, inmediatamente; I'll do it ~ after dinner lo haré justo *or* inmediatamente después de cenar; I'll be ~ back vuelvo en seguida; come ~ in! ¡ven aquí dentro!; I'll be ~ over voy en seguida; I had to decide ~ then tenía que decidirme allí mismo

[3] (= *completely*) we were sat ~ at the back estábamos sentados atrás del todo; we'll have to go ~ back to the beginning now ahora habrá que volver al principio del todo; he put his hand in ~ to the bottom introdujo la mano hasta el mismo fondo; their house is ~ at the end of the street su casa está justo al final de la calle; she was a very active old lady, ~ to the end fue una anciana muy activa hasta el final; to go ~ to the end of sth ir hasta el final de algo; to push sth ~ in meter algo hasta el fondo; there is a fence ~ round the house hay una valla que rodea la casa por completo; to read a book ~ through leer un libro hasta el final; you could see ~ through her blouse se le transparentaba la blusa; he filled it ~ up lo llenó del todo

[4] (= *correctly*) bien, correctamente; you did ~ to/not to invite them hiciste bien en invitarlos/en no invitarlos; to understand sb ~ entender bien a algn; if I remember ~ si mal no recuerdo, si no me falla la memoria; it's him, ~ enough! ¡seguro que es él!

[5] (= *fairly*) to do ~ by sb portarse como es debido con algn; don't worry about the pay, John will see you ~ no te preocupes por el sueldo, John se encargará de que te paguen lo que te corresponde; to treat sb ~ tratar bien a algn; *see also* serve

[6] (= *properly, satisfactorily*) bien; you're not doing it ~ no lo estás haciendo bien; I felt nothing was going ~ for me sentía que nada me iba bien; nothing goes ~ with them nada les sale bien

[7] (= *not left*) a la derecha; he looked neither left nor ~ no miró a ningún lado; eyes ~! (*Mil*) ¡vista a la derecha!; to turn ~ torcer a la derecha; ~ (about) turn! ¡media vuelta a la derecha!; *see also* left[2]

[8] (*as linker*) ~, who's next? a ver, ¿quién va ahora?; ~ then, let's begin! ¡empecemos, pues!

[9] (*in titles*) the Right Honourable Edmund Burke el Excelentísimo Señor Edmund Burke; the Right Honourable member for Huntingdon Su Señoría el diputado por Huntingdon; my Right Honourable friend mi honorable amigo; Right Reverend Reverendísimo

Ⓒ N [1] (= *what is morally right, just*) ~ and wrong el bien y el mal; I don't know the ~s of the matter no sé quién tiene razón en el asunto; to know ~ from wrong saber distinguir el bien del mal; by ~s the house should go to me lo suyo *or* lo propio es que la casa me correspondiera a mí; to be in the ~ tener razón, estar en lo cierto; to put *or* set sth to ~s arreglar algo; this government will put the country to ~s este gobierno va a arreglar el país; to set *or* put the world to ~s arreglar el mundo; to have ~ on one's side tener la razón de su parte; *see also* wrong C

[2] (= *prerogative*) derecho *m*; they have a ~ to privacy tienen derecho a la *or* su intimidad; people have the ~ to read any kind of material they wish la gente tiene derecho a leer lo que desee; you had no ~ to take it no tenías (ningún) derecho a llevártelo; what gives you the ~ *or* what ~ have you got to criticize me? ¿qué derecho tienes tú a criticarme?; who gave you the ~ to come in here? ¿quién te ha dado permiso para entrar aquí?; as of ~ por derecho propio; by ~ of por *or* en razón de; by what ~ do you make all the decisions? ¿con qué derecho tomas tú todas las decisiones?; to own sth in one's own ~ poseer algo por derecho propio; she's a celebrity in her own ~ now ahora es una celebridad por méritos propios; the baby is a person in his own ~ el bebé es una persona de pleno derecho; ~ to reply derecho *m* de réplica; ~ of way derecho *m* de paso; (*Aut etc*) (= *precedence*) prioridad *f*; *see also* abode, assembly, exercise, reserve B1

[3] rights derechos *mpl*; civil ~s derechos *mpl* civiles; film ~s derechos *mpl* cinematográficos; human ~s derechos *mpl* humanos; insist on your legal ~s hazte valer tus derechos legales; they don't have voting ~s no tienen derecho al voto *or* de voto; to be (well) within one's ~s estar en su derecho; you'd be well within your ~s to refuse to cooperate estarías en tu derecho a negarte a cooperar; women's ~s derechos de la mujer; "all rights reserved" "es propiedad", "reservados todos los derechos"

[4] (= *not left*) derecha *f*; reading from ~ to left leyendo de derecha a izquierda; to keep to the ~ (*Aut*) circular por la derecha; "keep to the right" "manténgase a la derecha"; our house is the second on the ~ nuestra casa es la segunda a *or* de la derecha; on *or* to my ~ a mi derecha

[5] (*Pol*) the ~ la derecha; to be on *or* to the ~ of sth/sb (*Pol*) estar a la derecha de algo/algn; he's further to the ~ than I am es más de derecha *or* (*Sp*) de derechas que yo

[6] (= *right turn*) it's the next ~ after the lights es la próxima a la derecha después del semáforo; to take *or* make a ~ girar a la derecha

[7] (*Boxing*) (= *punch*) derechazo *m*; (= *right hand*) derecha *f*

Ⓓ VT (= *put straight*) [+ *crooked picture*] enderezar; (= *correct*) [+ *mistake*] corregir; [+ *injustice*] reparar; (= *put right way up*) [+ *vehicle, person*] enderezar; he tried to ~ himself but the leg was broken intentó ponerse de pie pero tenía la pierna rota; to ~ itself [*vehicle*]

➤ LANGUAGE IN USE: right A4 11.1 C2 10.4

enderezarse; [*situation*] rectificarse; **to ~ a** **wrong** deshacer un agravio, reparar un daño
Ⓔ CPD ► **right angle** N ángulo *m* recto; **to be at ~ angles (to sth)** estar en *or* formar ángulo recto (con algo) ► **right back** N (*Sport*) (= *player*) lateral *mf* derecho/a; (= *position*) lateral *m* derecho ► **right half** N (*Sport*) medio *m* (volante) derecho ► **rights issue** N emisión *f* de acciones ► **right turn** N **to take** *or* **make a ~ turn** (*Aut*) girar a la derecha; (*Pol*) dar un giro a la derecha ► **right wing** N (*Pol*) derecha *f*; *see also* **right-wing** (*Sport*) (= *position*) ala *f* derecha

**right-angled** [ˈraɪtˌæŋgld] ADJ [*bend, turning*] en ángulo recto; (*Math*) [*triangle*] rectángulo

**righteous** [ˈraɪtʃəs] Ⓐ ADJ [1] (= *virtuous*) [*person, conduct*] honrado, recto
[2] (= *self-righteous*) [*tone, manner*] de superioridad moral; **her ~ manner irritated him** su aire de superioridad moral lo irritaba
[3] (= *justified*) [*indignation, anger*] justificado, justo
Ⓑ N **the ~** (*Bible*) los justos

**righteously** [ˈraɪtʃəslɪ] ADV [1] (= *virtuously*) honradamente, rectamente
[2] (= *self-righteously*) con un aire de superioridad moral; [*say*] con un tono de superioridad moral
[3] (= *justifiably*) justamente; **to be ~ indignant/angry** estar justamente indignado/enfadado

**righteousness** [ˈraɪtʃəsnɪs] N [1] (= *virtuousness*) rectitud *f*; **moral ~** rectitud *f* moral; **to keep to/stray from the path of ~** mantenerse en el/apartarse del camino recto
[2] (= *self-righteousness*) aire *m* de superioridad moral

**rightful** [ˈraɪtfʊl] ADJ [*owner, heir to throne*] legítimo; **~ claimant** derechohabiente *mf*

**rightfully** [ˈraɪtfəlɪ] ADV legítimamente, por derecho; **she's inherited the money which is ~ hers** ha heredado el dinero que legítimamente *or* por derecho le pertenece; **it's something that's taken very seriously, and ~ so** es algo que se ha tomado muy en serio y con razón

**right-hand** [ˈraɪthænd] Ⓐ ADJ derecho; **~ side** derecha *f*; **~ turn** (*Aut*) giro *m* a la derecha
Ⓑ CPD ► **right-hand drive** N (*Aut*) conducción *f* por la derecha ► **right-hand man** N (= *personal aide*) brazo *m* derecho

**right-handed** [ˈraɪtˈhændɪd] ADJ [*person*] que usa la mano derecha, diestro; [*tool*] para la mano derecha

**right-hander** [ˌraɪtˈhændəʳ] N (*Sport*) diestro/a *m/f*

**right-ho***, **right-oh*** [ˌraɪtˈhəʊ] EXCL (*Brit*) ¡vale!, ¡bien!

**rightism** [ˈraɪtɪzəm] N (*Pol*) derechismo *m*

**rightist** [ˈraɪtɪst] (*Pol*) Ⓐ ADJ derechista
Ⓑ N derechista *mf*

**rightly** [ˈraɪtlɪ] ADV [1] (= *correctly*) [*fear, suspect*] con razón; [*assume*] sin equivocarse; [*act, behave*] correctamente, bien; **they ~ feared that she had caught tuberculosis** se temían, y con razón, que había cogido tuberculosis; **the credit for this achievement ~ belongs to her** el mérito por este logro le pertenece a ella con todas las de la ley *or* en justicia le pertenece a ella; **as she ~ points out, more research is needed** como muy bien ella señala, hace falta una mayor investigación; **he ~ points out that these problems are connected** señala con acierto *or* con razón que estos problemas están relacionados; **quite ~** con toda la razón; **if I remember ~** si mal no recuerdo, si no me falla la memoria; **as he (so) ~ said ...** como bien dijo él ...
[2] (= *justifiably*) con (toda la) razón; **they are ~ regarded as the best in the world** se les considera, con (toda la) razón, los mejores del mundo; **and ~ so** y con (toda la) razón; **her colleagues were ~ upset by her dismissal** sus colegas estaban disgustados por su dimisión y con razón, sus colegas estaban, con toda justificación, disgustados por su dimisión; **~ or wrongly** con razón o sin ella, justa o injustamente
[3] (= *really*) **I don't ~ know** no sé exactamente; **I can't ~ say** no lo puedo decir con seguridad

**right-minded** [ˈraɪtˈmaɪndɪd] ADJ (= *decent*) honrado; (= *sensible*) prudente

**rightness** [ˈraɪtnɪs] N (= *correctness*) exactitud *f*; (= *justice*) justicia *f*

**right-thinking** [ˈraɪtˈθɪŋkɪŋ] ADJ = **right-minded**

**rightward** [ˈraɪtwəd] Ⓐ ADJ [*movement etc*] a *or* hacia la derecha
Ⓑ ADV [*move etc*] a *or* hacia la derecha

**rightwards** [ˈraɪtwədz] ADV (*Brit*) = **rightward B**

**right-wing** [ˈraɪtˈwɪŋ] ADJ (*Pol*) derechista, de derechas; *see also* **right**

**right-winger** [ˈraɪtˈwɪŋəʳ] N [1] (*Pol*) derechista *mf*
[2] (*Sport*) jugador(a) *m/f* de la banda derecha

**rigid** [ˈrɪdʒɪd] ADJ [1] (= *stiff*) [*material*] rígido, tieso; **to be ~ with fear** estar paralizado de miedo; ✦*IDIOM* **to be bored ~*** estar aburrido *or* aburrirse como una ostra*
[2] (= *strict*) [*rules*] riguroso, estricto
[3] (= *inflexible*) [*person, ideas*] inflexible, intransigente; **he is quite ~ about it** es bastante inflexible *or* intransigente sobre ese punto

**rigidity** [rɪˈdʒɪdɪtɪ] N [1] (= *stiffness*) [*of material*] rigidez *f*
[2] (= *strictness*) [*of rules*] rigor *m*
[3] (= *inflexibility*) [*of person, ideas*] inflexibilidad *f*, intransigencia *f*

**rigidly** [ˈrɪdʒɪdlɪ] ADV [1] (= *stiffly*) rígidamente
[2] (= *strictly*) estrictamente
[3] (= *inflexibly*) con inflexibilidad, con intransigencia; **he is ~ opposed to it** está totalmente en contra de esto

**rigmarole** [ˈrɪgmərəʊl] N (= *process*) galimatías *m inv*, lío *m*; (= *paperwork etc*) trámites *mpl*, papeleo *m*

**rigor** [ˈrɪgəʳ] N (*US*) = **rigour**

**rigor mortis** [ˈrɪgəˈmɔːtɪs] N rigidez *f* cadavérica

**rigorous** [ˈrɪgərəs] ADJ riguroso

**rigorously** [ˈrɪgərəslɪ] ADV rigurosamente

**rigour**, **rigor** (*US*) [ˈrɪgəʳ] N (= *severity*) rigor *m*; [*of climate*] rigores *mpl*; **the full ~ of the law** el máximo rigor de la ley

**rig-out*** [ˈrɪgaʊt] N (= *clothes*) atuendo *m*, atavío *m*

**rile*** [raɪl] VT sulfurar*, reventar*; **there's nothing that ~s me more** no hay nada que me reviente más*; **it ~s me terribly** me irrita muchísimo

**Riley** [ˈraɪlɪ] N ✦*IDIOM* **to live the life of ~** (*Brit**) darse buena vida

**rill** [rɪl] N (= *liter*) arroyo *m*, riachuelo *m*

**rim** [rɪm] N [*of cup etc*] borde *m*; [*of wheel*] llanta *f*; [*of spectacles*] montura *f*; [*of dirt etc*] cerco *m*; **the ~ of the sun** el borde del sol

**rime**[1] [raɪm] N (*poet*) rima *f*

**rime**[2] [raɪm] N (*liter*) (= *frost*) escarcha *f*

**rimless** [ˈrɪmlɪs] ADJ [*spectacles*] sin aros

**rimmed** [rɪmd] ADJ **~ with ...** con un borde de ...; **glasses ~ with gold** gafas *fpl* con montura dorada

**rind** [raɪnd] N [*of fruit*] cáscara *f*; [*of cheese, bacon*] corteza *f*

**ring**[1] [rɪŋ] Ⓐ N [1] (*on finger*) (*plain*) anillo *m*; (*jewelled*) anillo *m*, sortija *f*; (*in nose*) arete *m*, aro *m*; (*on bird's leg, for curtain*) anilla *f*; (*for napkin*) servilletero *m*; (*on stove*) quemador *m*, hornillo *m*; (*for swimmer*) flotador *m*; **rings** (*Gymnastics*) anillas *fpl*; **electric ~** quemador *m* eléctrico, hornillo *m* eléctrico; **gas ~** fuego *m* de gas; **onion ~s** aros *mpl* de cebolla rebozados; **pineapple ~s** rodajas *fpl* de piña; *see also* **diamond**, **engagement**, **key**, **nose**, **piston**, **signet**, **wedding**
[2] (= *circle*) [*of people*] círculo *m*; (*in game, dance*) corro *m*; [*of objects*] anillo *m*; (*in water*) onda *f*; (*around planet, on tree, of smoke*) anillo *m*; (*around bathtub*) cerco *m*; **to stand/sit in a ~** ponerse/sentarse en círculo; **a ~ of hills** un anillo de colinas; **he always leaves a dirty ~ round the bath** siempre deja un cerco de suciedad en la bañera; **to have ~s round one's eyes** tener ojeras; **the ~s of Saturn** los anillos de Saturno; ✦*IDIOM* **to run ~s round sb** dar mil vueltas a algn*; *see also* **smoke**
[3] (= *group*) [*of criminals, drug dealers*] banda *f*, red *f*; [*of spies*] red *f*; (*Comm*) cartel *m*, cártel *m*; *see also* **drug**, **spy**, **vice**[1]
[4] (*Boxing*) (= *arena*) cuadrilátero *m*, ring *m*; (*at circus*) pista *f*; (= *bullring*) ruedo *m*, plaza *f*; (*at horse race*) cercado *m*, recinto *m*; (*in livestock market*) corral *m* (de exposiciones); **the ~** (*fig*) el boxeo; ✦*IDIOM* **to throw** *or* **toss one's hat** *or* **cap into the ~** echarse *or* lanzarse al ruedo; *see also* **show**
Ⓑ VT [1] (= *surround*) rodear, cercar; **the building was ~ed by police** la policía rodeaba *or* cercaba el edificio; **the town is ~ed by hills** la ciudad está rodeada de colinas
[2] [+ *bird*] anillar
[3] (= *mark with ring*) poner un círculo a
Ⓒ CPD ► **ring binder** N carpeta *f* de anillas *or* (*LAm*) anillos ► **ring finger** N (dedo *m*) anular *m* ► **ring main** N (*Elec*) red *f* de suministro *or* abastecimiento ► **ring road** N (*Brit*) carretera *f* de circunvalación, ronda *f*, periférico *m* (*LAm*) ► **ring spanner** N llave *f* dentada

**ring**[2] [rɪŋ] (*vb: pt* **rang**; *pp* **rung**) Ⓐ N [1] (= *sound*) [*of bell*] toque *m* de timbre; (*louder, of alarm*) timbrazo *m*; [*of voice*] timbre *m*; (*metallic sound*) sonido *m* metálico; **there was a ~ at the door** llamaron al timbre de la puerta, sonó el timbre de la puerta; **he answered the telephone on the first ~** contestó el teléfono al primer pitido; **the familiar ~ of her voice** el timbre familiar de su voz; **the ~ of sledge runners on the ice** el sonido metálico de los trineos sobre el hielo
[2] (*Brit Telec*) **to give sb a ~** llamar a algn (por teléfono), dar un telefonazo *or* un toque a algn*; **I'll give you a ~** te llamo, te doy un telefonazo *or* un toque*
[3] (= *nuance*) **the name has a (certain) ~ to it** el nombre tiene algo; **his laugh had a hollow ~ to it** su risa tenía algo de superficial, su risa sonaba (a) superficial; **that has the ~ of truth about it** eso suena a cierto
Ⓑ VT [1] [+ *doorbell, buzzer, handbell, church bell*] tocar; ✦*IDIOMS* **that ~s a bell (with me)** eso me suena; **it doesn't ~ any bells** no me suena; **to ~ the changes**: **you could ~ the changes by substituting ground almonds** podrías cambiar *or* variar sustituyendo la almendra molida; **he decided to ~ the changes after his side's third consecutive defeat** decidió cambiar de táctica tras la ter-

➤ LANGUAGE IN USE: **rightly** 26.3 **ring**[2] **C1** 27

cera derrota consecutiva de su equipo; *see also* **alarm**

2 (*Brit Telec*) [+ *house, office, number*] llamar a; [+ *person*] llamar (por teléfono) a; **you must ~ the hospital** tienes que llamar al hospital

Ⓒ VI 1 (= *make sound*) [*doorbell, alarm, telephone*] sonar; [*church bell*] sonar, repicar, tañer (*liter*); ✦**IDIOM to ~ off the hook** (*US*) [*telephone*] sonar constantemente, no parar de sonar

2 (= *use bell*) llamar; **you rang, madam?** ¿me llamó usted, señora?; **to ~ at the door** llamar a la puerta; **to ~ for sth: we'll ~ for some sugar** llamaremos para pedir azúcar; **to ~ for sb** llamar para que venga algn; **"please ring for attention"** "rogamos toque el timbre para que le atiendan"

3 (*Brit*) (= *telephone*) llamar (por teléfono); **could someone ~ for a taxi?** ¿podría alguien llamar a un taxi?

4 (= *echo*) (*gen*) resonar; [*ears*] zumbar; **the valley rang with cries** los gritos resonaron por el valle; **his words were ~ing in my head** sus palabras resonaban en mi cabeza; **the news set the town ~ing** la noticia causó furor en la ciudad; **the town rang with his praises** por toda la ciudad no se oían más que alabanzas suyas; ✦**IDIOM to ~ true/false/hollow** sonar a cierto/falso/hueco; **his suddenly friendly tone rang false** su tono amistoso tan repentino sonaba a falso; **her story just didn't ~ true** la historia no parecía verdad

►**ring back** (*Brit Telec*) Ⓐ VT + ADV (= *ring again*) volver a llamar; (= *return sb's call*) llamar; **could you ask him to ~ me back?** ¿le podría decir que me llame?

Ⓑ VI + ADV (= *ring again*) volver a llamar; (= *return call*) llamar; **can you ~ back later?** ¿puede volver a llamar más tarde?

►**ring down** VT + ADV [+ *curtain*] bajar; ✦**IDIOM to ~ down the curtain on sth** poner punto final a algo

►**ring in** Ⓐ VT + ADV anunciar; ✦**IDIOM to ~ in the New Year** celebrar el año nuevo; *see also* **ring out**

Ⓑ VI + ADV 1 (*Brit Telec*) llamar (por teléfono); **I rang in to say I was ill** llamé (por teléfono) para decir que estaba enfermo

2 (*US Ind*) fichar (al entrar)

►**ring off** VI + ADV (*Brit Telec*) colgar

►**ring out** Ⓐ VI + ADV 1 [*bell*] sonar, repicar; [*shot*] oírse, sonar; [*voice*] oírse

2 (*US Ind*) fichar (al salir)

Ⓑ VT + ADV **to ~ out the old year** (*lit*) tocar las campanas para señalar el fin del año; (*fig*) despedir el ano; **~ out the old, ~ in the new** que suenen las campanas para despedir al año viejo y recibir el nuevo año

►**ring round, ring around** Ⓐ VI + ADV (*Brit Telec*) llamar (por teléfono); **if you ~ round, you can usually get a good deal** si llamas a varios sitios, generalmente se consiguen gangas

Ⓑ VI + PREP (*Brit Telec*) **I'll ~ round my friends** llamaré a mis amigos

►**ring up** Ⓐ VI + ADV (*Brit Telec*) llamar (por teléfono)

Ⓑ VT + ADV 1 (*Brit Telec*) **to ~ sb up** llamar a algn (por teléfono)

2 [+ *curtain*] subir, levantar; ✦**IDIOM to ~ up the curtain on sth** dar comienzo a algo, iniciar algo

3 (*on cash-register*) [+ *amount, purchase*] registrar; (*fig*) [+ *sales, profits, losses*] registrar

**ring-a-ring-a-roses** [ˈrɪŋəˈrɪŋəˈrəʊzɪz] N corro *m*; **to play ~** jugar al corro

**ringbolt** [ˈrɪŋbəʊlt] N perno *m* con anillo; (*Naut*) cáncamo *m*

**ringdove** [ˈrɪŋdʌv] N paloma *f* torcaz

**ringer** [ˈrɪŋəʳ] N 1 (= *bell ringer*) campanero/a *m/f*

2 (*) (*also* **dead ~**) doble *mf*, viva imagen *f*; **he is a (dead) ~ for the President** se le parece en todo al presidente

3 (*US Horse racing*) caballo *m* sustituido

**ringing**[1] [ˈrɪŋɪŋ] N (*Orn*) anillado *m*, anillamiento *m*

**ringing**[2] [ˈrɪŋɪŋ] Ⓐ ADJ 1 (*lit*) [*telephone*] que suena *or* sonaba *etc*; **~ tone** (*Brit Telec*) señal *f* de llamada

2 (= *resounding*) [*voice*] sonoro, resonante; [*declaration*] grandilocuente; [*endorsement, condemnation*] enérgico; **in ~ tones** en tono enérgico

Ⓑ N [*of large bell*] repique *m*, tañido *m* (*liter*); [*of handbell*] campanilleo *m*; [*of electric bell*] toque *m*; [*of telephone*] timbre *m*, pitidos *mpl*; (*in ears*) zumbido *m*

**ringleader** [ˈrɪŋˌliːdəʳ] N cabecilla *mf*

**ringlet** [ˈrɪŋlɪt] N rizo *m*, tirabuzón *m*

**ringmaster** [ˈrɪŋˌmɑːstəʳ] N maestro *m* de ceremonias

**ring-pull** [ˈrɪŋpʊl] (*Brit*) Ⓐ N anilla *f*

Ⓑ CPD ► **ring-pull can** N lata *f* (*de refrescos, cerveza, etc*)

**ringside** [ˈrɪŋsaɪd] Ⓐ N **to be at the ~** estar junto al cuadrilátero

Ⓑ CPD ► **ringside seat** N butaca *f* de primera fila; **to have a ~ seat** (*fig*) verlo todo desde muy cerca

**ringway** [ˈrɪŋweɪ] N (*US*) = **ring road**; *see* **ring**[1]

**ringworm** [ˈrɪŋwɜːm] N tiña *f*

**rink** [rɪŋk] N (*for ice-skating*) pista *f* de hielo; (*for roller-skating*) pista *f* de patinaje

**rinse** [rɪns] Ⓐ N 1 [*of clothes*] aclarado *m*; [*of dishes etc*] enjuague *m*; **to give one's stockings a ~** aclarar las medias

2 (= *hair colouring*) reflejo *m*; **to give one's hair a blue ~** dar reflejos azules al pelo

Ⓑ VT 1 [+ *dishes, clothes*] aclarar, enjuagar; [+ *mouth*] lavar, enjuagar; **to ~ one's hands** aclararse *or* enjuagarse las manos

2 (= *colour*) [+ *hair*] dar reflejos a

►**rinse out** VT + ADV [+ *dirt*] lavar; [+ *cup*] enjuagar; [+ *one's mouth*] enjuagarse

**Rio de Janeiro** [ˌriːəʊdədʒəˈnɪərəʊ] N Río *m* de Janeiro

**riot** [ˈraɪət] Ⓐ N 1 (= *uprising*) disturbio *m*, motín *m*; (*in prison*) amotinamiento *m*, sublevación *f*; **there was nearly a ~** hubo casi un motín; **to put down a ~** controlar un disturbio

2 (*fig*) **a ~ of colour** un derroche de color; ✦**IDIOM to run ~** (= *go out of control*) desmandarse; (= *spread*) extenderse por todas partes, cubrirlo todo; **to let one's imagination run ~** dejar volar la imaginación

3 (*) (*fig*) (= *wild success*) exitazo *m*; **it was a ~!** ¡fue divertidísimo!, ¡fue la monda!*; **he's a ~!** ¡es un tipo desternillante!, ¡te mondas de risa con él!

Ⓑ VI amotinarse

Ⓒ CPD ► **riot act** N ✦**IDIOM to read sb the ~ act*** leerle la cartilla a algn ► **riot gear** N uniforme *m* antidisturbios ► **riot police** N policía *f* antidisturbios ► **riot shield** N escudo *m* antidisturbios ► **riot squad** N = **riot police**

**rioter** [ˈraɪətəʳ] N amotinado/a *m/f*

**riotous** [ˈraɪətəs] ADJ 1 [*person, mob*] amotinado; [*assembly*] desordenado, alborotado

2 (= *wild, exciting*) [*party, living*] desenfrenado, alborotado; (= *very funny*) [*comedy*] divertidísimo; **it was a ~ success** obtuvo un éxito ruidoso; **we had a ~ time** nos divertimos una barbaridad

**riotously** [ˈraɪətəslɪ] ADV bulliciosamente, ruidosamente; **~ funny** divertidísimo

**RIP** ABBR = **requiescat in pace** (= *may he etc rest in peace*) q.e.p.d., D.E.P., E.P.D.

**rip** [rɪp] Ⓐ N rasgón *m*, desgarrón *m*

Ⓑ VT rasgar, desgarrar; **to ~ open** [+ *envelope, parcel, wound*] abrir desgarrando; **to ~ sth to pieces** hacer algo trizas

Ⓒ VI 1 [*cloth*] rasgarse, desgarrarse

2 (*) (*fig*) **to ~ along** volar, ir a todo gas; **to let ~** desenfrenarse; **to let ~ at sb** arremeter contra algn; **let her ~!** ¡más rápido!, ¡más gas!*

►**rip off** VT + ADV 1 (*lit*) arrancar

2 (‡) (= *overcharge, cheat*) estafar

3 (‡) (= *steal*) [+ *object*] pulir‡, birlar*; (= *copy*) [+ *idea, book, film*] calcar, plagiar

►**rip out** VT + ADV arrancar

►**rip through** VI + PREP **the fire/explosion ~ped through the house** el incendio/la explosión arrasó la casa; **the jet ~ped through the sky** el jet surcaba veloz el cielo

►**rip up** VT + ADV hacer pedazos; **the train ~ped up 100 metres of track** el tren destrozó 100 metros de la vía

**riparian** [raɪˈpɛərɪən] Ⓐ ADJ ribereño

Ⓑ N ribereño/a *m/f*

**ripcord** [ˈrɪpkɔːd] N (*Aer*) cuerda *f* de apertura

**ripe** [raɪp] ADJ (*compar* **riper**; *superl* **ripest**) 1 [*fruit etc*] maduro; **to be ~ for picking** estar bastante maduro para poderse coger; **to grow ~** madurar

2 (*fig*) listo; **to be ~ for sth** [*person*] estar dispuesto a algo; [*situation etc*] estar listo para algo; **the country is ~ for revolution** la revolución está a punto de estallar en el país; **the company is ~ for a takeover** la empresa está en su punto para un cambio de dueño; **to live to a ~ old age** llegar a muy viejo; **until/when the time is ~** hasta/en un momento oportuno

3 (*) [*language*] grosero, verde; [*smell*] fuerte, desagradable; **that's pretty ~!** ¡eso no se puede consentir!

**ripen** [ˈraɪpən] Ⓐ VT [+ *fruit, cheese, corn*] madurar

Ⓑ VI [*fruit, cheese, corn*] madurar

**ripeness** [ˈraɪpnɪs] N madurez *f*

**rip-off**‡ [ˈrɪpɒf] N 1 (= *swindle*) **it's a ~!** ¡es una estafa *or* un robo!

2 (= *imitation*) [*of film, song etc*] plagio *m*, copia *f*

**riposte** [rɪˈpɒst] Ⓐ N 1 (= *retort*) réplica *f*

2 (*Fencing*) estocada *f*

Ⓑ VI replicar (con agudeza)

**ripper** [ˈrɪpəʳ] N **Jack the Ripper** Juanito el Destripador

**ripping***† [ˈrɪpɪŋ] ADJ (*Brit*) estupendo*, bárbaro*

**ripple** [ˈrɪpl] Ⓐ N (= *small wave*) onda *f*, rizo *m*; (= *sound*) murmullo *m*; **a ~ of excitement** un susurro *or* murmullo de emoción; **a ~ of applause** unos cuantos aplausos

Ⓑ VT ondular, rizar

Ⓒ VI rizarse; **the crowd ~d with excitement** el público se estremeció emocionado

Ⓓ CPD ► **ripple effect** N reacción *f* en cadena, efecto *m* dominó; **to have a ~ effect** pro-

➤ LANGUAGE IN USE: RIP 24.5

vocar una reacción en cadena, tener un efecto dominó

**rip-roaring*** [ˈrɪpˌrɔːrɪŋ] ADJ [*party*] desmadrado*, animadísimo; [*speech*] apasionado, violento; [*success*] clamoroso

**riptide** [ˈrɪptaɪd] N aguas *fpl* revueltas

**RISC** N ABBR (*Comput*) [1] = **reduced instruction set computer**
[2] = **reduced instruction set computing**

**rise** [raɪz] (*vb: pt* **rose**; *pp* **risen**) Ⓐ N [1] (= *upward movement*) subida *f*, ascenso *m*; [*of tide*] subida *f*; [*of river*] crecida *f*; (*in tone, pitch*) subida *f*, elevación *f*; **a rapid ~ in sea level** una rápida subida del nivel del mar; **the gentle ~ and fall of his breathing** el ligero movimiento de su pecho al inspirar y espirar; ✦***IDIOMS* to get a ~ out of sb*** chinchar a algn*; **to take the ~ out of sb*** tomar el pelo a algn*
[2] (= *increase*) (*in number, rate, value*) aumento *m*; (*in price, temperature*) subida *f*, aumento *m*; (*Brit*) (*in salary*) aumento *m* (de sueldo); **to ask for a ~** pedir un aumento (de sueldo); **he was given a 30% pay ~** le dieron un aumento de sueldo del 30%; **they got a ~ of 50 dollars** les aumentaron el sueldo en 50 dólares; **a ~ in interest rates** un aumento de los tipos de interés; **prices are on the ~** los precios están subiendo
[3] (*fig*) (= *advancement*) ascenso *m*, subida *f*; (= *emergence*) desarrollo *m*; **his meteoric ~ to fame** su ascenso meteórico *or* su subida meteórica a la fama; **Napoleon's ~ to power** el ascenso *or* la subida de Napoleón al poder; **the ~ of the middle class** el desarrollo de la clase media; **the ~ and fall of** [*of organization*] el auge y (la) decadencia de; [*of person*] el ascenso y (la) caída de; **the ~ and fall of the empire** el auge y (la) decadencia del imperio; **nazism was on the ~ in Europe** el nazismo estaba creciendo en Europa
[4] (= *small hill*) colina *f*, loma *f*; (= *upward slope*) cuesta *f* (arriba), pendiente *f*; [*of stairs*] subida *f*
[5] (= *origin*) [*of river*] nacimiento *m*; **to give ~ to** [+ *innovation*] dar origen a; [+ *problems, impression*] causar; [+ *interest, ideas*] suscitar; [+ *speculation, doubts, suspicion, fear*] suscitar, dar lugar a
Ⓑ VI [1] (= *get up*) (*from bed*) levantarse; (= *stand up*) ponerse de pie, levantarse; (= *rear up*) [*building, mountain*] elevarse, alzarse; **to ~ early** madrugar, levantarse temprano; **he rose to greet us** se levantó para recibirnos; **the mountains rose up before him** las montañas se elevaban *or* se alzaban frente a él; **the horse rose on its hind legs** el caballo se alzó sobre sus patas traseras; **to ~ from the dead** resucitar; **to ~ to one's feet** ponerse de pie; **~ and shine!** ¡levántate y espabila!; **to ~ from (the) table** levantarse de la mesa; *see also* **ash²**
[2] (= *get higher*) [*sun, moon*] salir; [*smoke, mist, balloon*] subir, ascender, elevarse (*liter*); [*dust, spray, theatre curtain*] levantarse; [*water, tide, level, aircraft, lift*] subir; [*dough, cake*] aumentar, subir; [*river*] crecer; [*hair*] ponerse de punta; **the plane rose to 4,000 metres** el avión subió a 4.000 metros; **his eyebrows rose at the sight of her** al verla se le arquearon las cejas; **her actions caused a few eyebrows to ~** sus acciones causaron cierto escándalo; **her eyes rose to meet mine** alzó la mirada y se encontró con la mía; **the fish are rising well** los peces están picando bien; **to ~ above** (*fig*) [+ *differences, poverty*] superar; [+ *prejudice*] estar por encima de; **to ~ to the bait** (*lit, fig*) picar *or* morder el anzuelo; **to ~ to the surface** (*lit*) salir a la superficie; (*fig*) [*tensions, contradictions*] surgir, aflorar; **it is a time when these tensions may ~ to the surface** es un momento en el que puede que surjan *or* afloren estas tensiones; *see also* **challenge**, **occasion**
[3] (= *increase*) [*price, temperature, pressure*] subir, aumentar; [*number, amount, tension*] aumentar; [*barometer, stocks, shares*] subir; [*wind*] arreciar, levantarse; [*sound*] hacerse más fuerte; **it has ~n 20% in price** su precio ha subido *or* aumentado en un 20%; **new houses are rising in value** las viviendas nuevas se están revalorizando; **unemployment was rising** el paro aumentaba; **the noise rose to almost unbearable levels** el ruido se hizo tan fuerte que era casi insoportable; **her voice rose in anger** levantó *or* alzó la voz enfadada
[4] [*ground*] subir (en pendiente)
[5] (*in rank*) ascender; **he rose to colonel** ascendió a coronel; **he rose to be president** llegó a ser presidente; **she rose to the top of her profession** llegó a la cumbre de su profesión; **to ~ in sb's estimation** ganar en la estima de algn; **to ~ from nothing** salir de la nada; **to ~ from** *or* **through the ranks** (*Mil*) ascender de soldado raso; *see also* **prominence**
[6] (= *improve*) [*standards*] mejorar; **our spirits rose** nos animamos; **it could cause expectations to ~** podría hacer que las expectativas crecieran
[7] (= *come forth*) **a loud gasp rose from the audience** el público soltó un grito ahogado; **laughter rose from the audience** entre el público estallaron las risas; **from the people, a cheer rose up** la gente empezó a vitorear todos a una; **she could feel a blush rising to her cheeks** sentía que se le subía el color a las mejillas, sentía que se le subían los colores; **tears rose to his eyes** se le saltaron las lágrimas; **a feeling of panic was rising in him** empezó a entrarle una sensación de pánico
[8] (= *originate*) [*river*] nacer
[9] (= *rebel*) (*also* **~ up**) sublevarse, levantarse (**against** contra); **the people rose (up) against their oppressors** el pueblo se sublevó *or* levantó contra sus opresores; **to ~ (up) in arms** alzarse en armas; **to ~ (up) in revolt** sublevarse, rebelarse
[10] (= *adjourn*) [*parliament, court*] levantar la sesión; **the House rose at 2a.m.** se levantó la sesión parlamentaria a las 2 de la madrugada

**risen** [ˈrɪzn] PT, PP *of* **rise**

**riser** [ˈraɪzəʳ] N [1] **to be an early/late ~** ser madrugador(a)/dormilón/ona
[2] [*of stair*] contrahuella *f*

**risibility** [ˌrɪzɪˈbɪlɪtɪ] N risibilidad *f*

**risible** [ˈrɪzɪbl] ADJ risible

**rising** [ˈraɪzɪŋ] Ⓐ ADJ [1] (= *increasing*) [*number, quantity*] creciente; [*prices etc*] en aumento, en alza; (*Fin*) [*trend*] alcista; **the ~ number of murders** el creciente número de homicidios; **with ~ alarm** con creciente alarma
[2] (= *getting higher*) [*sun, moon*] naciente; [*ground*] en pendiente; [*tide*] creciente; **the house stood on ~ ground** la casa estaba construída sobre una pendiente
[3] (*fig*) (= *promising*) prometedor; **~ politician** político *m* en alza; **the ~ generation** las nuevas generaciones
Ⓑ ADV (*) (= *almost*) casi; **he's ~ 12** pronto tendrá 12 años
Ⓒ N [1] (= *uprising*) rebelión *f*, sublevación *f*
[2] [*of river*] nacimiento *m*; [*of sun etc*] salida *f*
[3] **on the ~ of the House** (*Parl*) al suspenderse la sesión
Ⓓ CPD ► **rising damp** N humedad *f* de paredes ► **rising star** N (*fig*) (= *person*) figura *f* emergente

▼**risk** [rɪsk] Ⓐ N [1] (*gen*) riesgo *m*; **it's not worth the ~** no merece la pena correr el riesgo; **there is an element of ~** hay un componente de riesgo; **there's too much ~ involved** supone demasiados riesgos; **the benefits outweigh the ~s** los beneficios son mayores que los riesgos; **the building is a fire ~** el edificio es un peligro en caso de un incendio; **a health/security ~** un peligro para la salud/la seguridad; **at ~**: **the children most at ~** los niños que corren más riesgo *or* peligro; **up to 25,000 jobs are at ~** hay hasta 25.000 trabajos que peligran *or* que están en peligro; **to put sth at ~** poner algo en peligro; **at the ~ of** a riesgo de; **at the ~ of seeming stupid** a riesgo de parecer estúpido; **at the ~ of one's life** con peligro de su vida, arriesgando la vida; **there is no ~ of his coming** *or* **that he will come** no hay peligro de que venga; **there is little ~ of infection** el riesgo *or* peligro de infección es pequeño; **at one's own ~** por su cuenta y riesgo; **at (the) owner's ~** bajo la responsabilidad del dueño; **you run the ~ of being dismissed** corres el riesgo de que te despidan; **I can't take the ~** no me puedo exponer *or* arriesgar a eso, no puedo correr ese riesgo; **that's a ~ you'll have to take** ése es un riesgo que vas a tener que correr; **you're taking a big ~** te estás arriesgando mucho; *see also* **calculated**
[2] (*Fin, Insurance*) riesgo *m*; **insured against all ~s** asegurado contra *or* a todo riesgo; **a bad/good ~**: **you may be turned down as a bad ~** puede que te rechacen por constituir un riesgo inadmisible; **she is considered a good ~** a sus ojos constituye un riesgo admisible; *see also* **all-risks**, **high-risk**, **low-risk**
Ⓑ VT [1] (= *put at risk*) arriesgar, poner en peligro; **she ~ed her life for me/to save me** arriesgó su vida por mí/por rescatarme, puso en peligro su vida por mí/por rescatarme; **to ~ everything** arriesgarlo todo; **I'm ~ing my job by saying this** estoy arriesgando *or* poniendo en peligro el puesto al decir esto; **he ~ed all his savings on the project** arriesgó todos sus ahorros en el proyecto; *see also* **life**, **neck**
[2] (= *run the risk of*) correr el riesgo de, arriesgarse a; **I don't want to ~ another accident** no quiero correr el riesgo de *or* arriesgarme a *or* exponerme a otro accidente; **to ~ losing/being caught** correr el riesgo de perder/ser cogido, arriesgarse a perder/ser cogido
[3] (= *venture, take a chance on*) arriesgarse a; **shall we ~ it?** ¿nos arriesgamos?; **I'll ~ it** me arriesgo, me voy a arriesgar; **I can't ~ it** no me puedo arriesgar (a eso); **I ~ed a glance behind me** me arriesgué a mirar hacia atrás; **she won't ~ coming today** no va a arriesgarse a venir hoy
Ⓒ CPD ► **risk capital** N capital *m* riesgo ► **risk factor** N factor *m* de riesgo; **smoking is a ~ factor for** *or* **in heart disease** fumar constituye un factor de riesgo en las enfermedades cardíacas ► **risk management** N gestión *f* de riesgos

**riskiness** [ˈrɪskɪnɪs] N peligro *m*, lo arriesgado, lo riesgoso (*LAm*); **in view of the ~ of the plan** visto lo peligroso del plan

**risky** [ˈrɪskɪ] ADJ (*compar* **riskier**; *superl* **riskiest**)
[1] (= *dangerous*) [*venture, plan, investment*] arriesgado, riesgoso (*LAm*); **investing on the stock market is a ~ business** invertir en

➤ LANGUAGE IN USE: risk A1 2.3

bolsa supone muchos riesgos
[2] = **risqué**

**risotto** [rɪˈzɒtəʊ] N (*Culin*) risotto *m*, arroz *m* a la italiana

**risqué** [ˈriːskeɪ] ADJ [*humour, joke*] subido de tono

**rissole** [ˈrɪsəʊl] N (*Brit Culin*) ≈ croqueta *f*

**rite** [raɪt] Ⓐ N rito *m*; (= *funeral rites*) exequias *fpl*; **"The Rite of Spring"** "La Consagración de la Primavera"; *see also* **last A3**
Ⓑ CPD ► **rite of passage** N rito *m* de paso, rito *m* de tránsito; *see also* **rite(s)-of-passage**

**rite(s)-of-passage** [ˌraɪt(s)əvˈpæsɪdʒ] ADJ **a ~ novel** una novela iniciática; *see also* **rite**

**ritual** [ˈrɪtjʊəl] Ⓐ ADJ [1] [*dancing, murder*] ritual
[2] (*fig*) (= *conventional*) consabido; **in the ~ phrase** en la expresión consagrada
Ⓑ N [1] (*Rel*) (*Christian*) ritual *m*, ceremonia *f*; (*non-Christian*) rito *m*
[2] (*fig*) (= *custom*) rito *m*, ritual *m*

**ritualism** [ˈrɪtjʊəlɪzəm] N ritualismo *m*

**ritualist** [ˈrɪtjʊəlɪst] N ritualista *mf*

**ritualistic** [ˌrɪtjʊəˈlɪstɪk] ADJ ritualista; (*fig*) consagrado, sacramental

**ritually** [ˈrɪtjʊəlɪ] ADV ritualmente

**ritzy*** [ˈrɪtsɪ] ADJ (*compar* **ritzier**; *superl* **ritziest**) [*car, house*] de lujo

**rival** [ˈraɪvəl] Ⓐ ADJ [*team, firm*] rival, contrario; [*claim, attraction*] competidor
Ⓑ N rival *mf*, contrario/a *m/f*; **to be sb's closest ~** ser el rival más cercano de algn
Ⓒ VT competir con, rivalizar con

**rivalry** [ˈraɪvəlrɪ] N rivalidad *f*, competencia *f*; **to enter into ~ with sb** empezar a competir con algn

**riven** [ˈrɪvən] ADJ, PT, PP (*liter*) rajado, hendido; **~ by** desgarrado por, dividido por, escindido por

**river** [ˈrɪvəʳ] Ⓐ N río *m*; **up/down ~** río arriba/abajo; **up ~ from Toledo** aguas arriba de Toledo; ✦***IDIOM*** **to sell sb down the ~*** traicionar a algn
Ⓑ CPD ► **river basin** N cuenca *f* de río ► **river fish** N pez *m* de río ► **river fishing** N pesca *f* de río ► **river mouth** N desembocadura *f* del río ► **river police** N brigada *f* fluvial ► **river traffic** N tráfico *m* fluvial

**riverbank** [ˈrɪvəbæŋk] Ⓐ N orilla *f*, ribera *f*
Ⓑ ADJ ribereño

**riverbed** [ˈrɪvəbed] N lecho *m* (del río)

**riverine** [ˈrɪvəraɪn] ADJ fluvial, ribereño

**River Plate** [ˌrɪvəˈpleɪt] Ⓐ N Río *m* de la Plata
Ⓑ ADJ rioplatense

**riverside** [ˈrɪvəsaɪd] Ⓐ N orilla *f*, ribera *f*
Ⓑ ADJ ribereño

**rivet** [ˈrɪvɪt] Ⓐ N remache *m*
Ⓑ VT [1] (*Tech*) remachar
[2] (*fig*) (= *grasp*) [+ *attention*] captar; (= *fasten*) [+ *eyes, attention, gaze*] (*on sth/sb*) fijar; **it ~ed our attention** nos llamó fuertemente la atención, lo miramos fascinados; **to be ~ed to sth** tener los ojos puestos en algo

**riveter** [ˈrɪvɪtəʳ] N remachador(a) *m/f*

**riveting, rivetting** [ˈrɪvɪtɪŋ] Ⓐ N (*Tech*) remachado *m*
Ⓑ ADJ (= *fascinating*) fascinante, cautivador

**Riviera** [ˌrɪvɪˈɛərə] N (*French*) Riviera *f* (francesa), Costa *f* Azul; (*Italian*) Riviera *f* italiana

**rivulet** [ˈrɪvjʊlɪt] N riachuelo *m*, arroyuelo *m*

**Riyadh** [rɪˈjɑːd] N Riyadh *m*

**RK** N ABBR (*Scol*) (= **Religious Knowledge**) ed. religiosa

**RL** N ABBR = **Rugby League**

**Rly** ABBR (= **Railway**) ferrocarril, f.c., FC

**RM** N ABBR (*Brit Mil*) = **Royal Marines**

**RMT** N ABBR (*Brit*) = **National Union of Rail, Maritime and Transport Workers**

**RN** N ABBR [1] (*Brit Mil*) = **Royal Navy**
[2] (*US*) = **registered nurse**

**RNA** N ABBR (= **ribonucleic acid**) ARN *m*

**RNAS** N ABBR (*Brit*) = **Royal Naval Air Services**

**RNLI** N ABBR (= **Royal National Lifeboat Institution**) *servicio de lanchas de socorro*

**RNR** N ABBR (*Brit Mil*) = **Royal Naval Reserve**

**RNVR** N ABBR = **Royal Naval Volunteer Reserve**

**RNZAF** N ABBR = **Royal New Zealand Air Force**

**RNZN** N ABBR = **Royal New Zealand Navy**

**roach** [rəʊtʃ] N (*pl* **roach** *or* **roaches**) [1] (= *fish*) gobio *m*
[2] (*US*) (= *cockroach*) cucaracha *f*
[3] (*Drugs*‡) cucaracha‡ *f*

**road** [rəʊd] Ⓐ N [1] (*residential: Road*) calle *f*; (= *main road*) carretera *f*; (= *route*) camino *m*; (= *surface*) firme *m*; (= *roadway, not pavement*) calzada *f*; **at the 23rd kilometre on the Valencia ~** en el kilómetro 23 de la carretera de Valencia; **"road narrows"** "estrechamiento de la calzada"; **"road up"** "cerrado por obras"; **across the ~** al otro lado de la calle; **she lives across the ~ from us** vive en frente de nosotros; **by ~** por carretera; **to hold the ~** [*car*] agarrar, tener buena adherencia; **to be off the ~** [*car*] estar fuera de circulación; **to be on the ~** (= *be travelling*) estar en camino; (*Comm*) ser viajante de comercio; (*Mus, Theat*) estar de gira; **the dog was wandering on the ~** el perro iba andando por mitad de la calzada; **he shouldn't be allowed on the ~** no deberían permitirle conducir; **my car is on the ~ again** he vuelto a poner mi coche en circulación; **to take the ~** ponerse en camino (**to X** para ir a X); **to take to the ~** [*tramp*] ponerse en camino; **the ~ to Teruel** el camino de Teruel
[2] (*fig*) **somewhere along the ~** tarde o temprano; **our relationship has reached the end of the ~** nuestras relaciones han llegado al punto final; **to be on the right ~** ir por buen camino; **the ~ to success** el camino del éxito; **he's on the ~ to recovery** se está reponiendo; **we're on the ~ to disaster** vamos camino del desastre; ✦***IDIOM*** **one for the ~*** la penúltima; **to have one for the ~*** tomarse la penúltima (copa); ✦***PROV*** **the ~ to hell is paved with good intentions** con buenas intenciones no basta; *see also* **Rome**
[3] (*) (*fig*) (= *way*) **to get out of the ~** quitarse de en medio
[4] **roads** (*Naut*) (= *roadstead*) rada *fsing*
Ⓑ CPD ► **road accident** N accidente *m* de tráfico, accidente *m* de circulación, accidente *m* de tránsito (*LAm*) ► **road book** N libro *m* de mapas e itinerarios ► **road bridge** N puente *m* de carretera ► **road construction** N construcción *f* de carreteras ► **road haulage** N transporte *m* por carretera ► **road haulier** N (= *company*) compañía *f* de transporte por carretera; (= *person*) transportista *mf* ► **road hump** N banda *f* sonora, banda *f* de desaceleración ► **road junction** N empalme *m* ► **road manager** N (*Mus*) encargado/a *m/f* del transporte del equipo ► **road map** N mapa *m* de carreteras ► **road metal** N grava *f*, lastre *m* ► **road movie** N película *f* de carretera, road movie *f* ► **road pricing** N (*Brit*) *sistema electrónico que permite el cobro de peaje a conductores en ciertas carreteras* ► **road race** N carrera *f* en carretera ► **road racer** N (*Cycling*) ciclista *mf* de fondo en carretera ► **road rage*** N *conducta agresiva de los conductores* ► **road repairs** NPL obras *fpl* en la vía ► **road roller** N apisonadora *f* ► **road safety** N seguridad *f* vial ► **road sense** N conocimiento *m* de la carretera ► **road sign** N señal *f* de tráfico ► **road sweeper** N (= *person*) barrendero/a *m/f*; (= *vehicle*) máquina *f* barrendera ► **road tax** N impuesto *m* de rodaje ► **road test** N prueba *f* en carretera ► **road traffic accident** N = **road accident** ► **road transport** N transportes *mpl* por carretera ► **road trial** N = **road test** ► **road user** N usuario/a *m/f* de la vía pública ► **road vehicle** N vehículo *m* de motor, vehículo *m* de carretera

**roadbed** [ˈrəʊdbed] N (*US*) [*of road*] firme *m*; [*of railroad*] capa *f* de balasto

**roadblock** [ˈrəʊdblɒk] N control *m*, barricada *f*, retén *m* (*LAm*)

**roadhog** [ˈrəʊdhɒg] N loco(a) *m/f* del volante

**roadhouse** [ˈrəʊdhaʊs] N (*pl* **roadhouses** [ˈrəʊdhaʊzɪz]) (*US*) albergue *m* de carretera, motel *m*

**roadie*** [ˈrəʊdɪ] N (*Mus*) *encargado del transporte y montaje del equipo de un grupo de música*

**roadmaking** [ˈrəʊdˌmeɪkɪŋ] N construcción *f* de carreteras

**roadman** [ˈrəʊdmæn] (*pl* **roadmen**) N peón *m* caminero

**roadmender** [ˈrəʊdmendəʳ] N = **roadman**

**roadshow** [ˈrəʊdʃəʊ] N (*Theat*) compañía *f* teatral en gira; (*Rad*) programa *m* itinerante

**roadside** [ˈrəʊdsaɪd] Ⓐ N borde *m* de la carretera, orilla *f* del camino (*LAm*)
Ⓑ CPD de carretera ► **roadside inn** N fonda *f* de carretera ► **roadside repairs** NPL reparaciones *fpl* al borde de la carretera ► **roadside restaurant** N (*US*) café-restaurante *m* (de carretera)

**roadstead** [ˈrəʊdsted] N (*Naut*) rada *f*

**roadster** [ˈrəʊdstəʳ] N (= *car*) coche *m* de turismo; (= *bicycle*) bicicleta *f* de turismo

**roadway** [ˈrəʊdweɪ] N calzada *f*

**roadworks** [ˈrəʊdwɜːks] NPL obras *fpl* (*en la calzada*)

**roadworthy** [ˈrəʊdˌwɜːðɪ] ADJ [*car etc*] en buen estado (para circular)

**roam** [rəʊm] Ⓐ VT [+ *streets etc*] rondar, vagar por
Ⓑ VI [*person etc*] vagar, errar; [*thoughts*] divagar

► **roam about, roam around** VI + ADV andar sin rumbo fijo

**roamer** [ˈrəʊməʳ] N hombre *m* errante, andariego *m*; (= *tramp*) vagabundo *m*

**roaming** [ˈrəʊmɪŋ] N vagabundeo *m*; (*as tourist etc*) excursiones *fpl*, paseos *mpl*

**roan** [rəʊn] Ⓐ ADJ ruano
Ⓑ N caballo *m* ruano

**roar** [rɔːʳ] Ⓐ N [1] [*of animal*] rugido *m*, bramido *m*; [*of person*] rugido *m*; [*of crowd*] clamor *m*; [*of laughter*] carcajada *f*; **with great ~s of laughter** con grandes carcajadas; **he said with a ~** dijo rugiendo
[2] (= *loud noise*) estruendo *m*, fragor *m*; [*of fire*] crepitación *f*; [*of river, storm etc*] estruendo *m*
Ⓑ VI [1] [*animal*] rugir, bramar; [*crowd, audience*] clamar; **to ~ (with laughter)** reírse a carcajadas; **this will make you ~** con esto os vais a morir de risa; **to ~ with pain** rugir de dolor
[2] [*guns, thunder*] retumbar; **the lorry ~ed past** el camión pasó ruidosamente
Ⓒ VT rugir, decir a gritos; **to ~ one's disap-**

**proval** manifestar su disconformidad a gritos; **he ~ed out an order** lanzó una orden a voz en grito; **to ~ o.s. hoarse** ponerse ronco gritando, gritar hasta enronquecerse

**roaring** ['rɔːrɪŋ] A ADJ **in front of a ~ fire** ante un fuego bien caliente; **it was a ~ success** fue un tremendo éxito; **to do a ~ trade** hacer muy buen negocio
B ADV (*Brit**) **he was ~ drunk** estaba borracho y despotricaba
C CPD ► **the Roaring Forties** NPL (*Geog*) los cuarenta rugientes

**roast** [rəʊst] A N asado *m*
B ADJ asado; [*coffee*] torrefacto, tostado; **~ beef** rosbif *m*
C VT [1] [+ *meat*] asar; [+ *coffee*] tostar
[2] (*fig*) **the sun which was ~ing the city** el sol que achicharraba la ciudad; **to ~ one's feet by the fire** asarse los pies junto al fuego; **to ~ o.s. in the sun** tostarse al sol
[3] **to ~ sb*** (= *criticize*) criticar a algn, censurar a algn; (= *scold*) desollar vivo a algn
D VI [*meat*] asarse; (*fig*) [*person*] tostarse; **we ~ed there for a whole month** nos asamos allí durante un mes entero

**roaster** ['rəʊstəʳ] N [1] (= *implement*) asador *m*, tostador *m*
[2] (= *bird*) pollo *m* para asar

**roasting** ['rəʊstɪŋ] A ADJ [1] [*chicken etc*] para asar
[2] (*) (= *hot*) [*day, heat*] abrasador
B N [1] (*Culin*) asado *m*; [*of coffee*] tostadura *f*, tueste *m*
[2] **to give sb a ~*** (= *criticize*) criticar a algn, censurar a algn; (= *scold*) desollar vivo a algn
C CPD ► **roasting jack, roasting spit** N asador *m*

**rob** [rɒb] VT robar; [+ *bank etc*] atracar; **to ~ sb of sth** [+ *money etc*] robar algo a algn; (*fig*) [+ *happiness etc*] quitar algo a algn; **I've been ~bed!** ¡me han robado!; **we were ~bed!** (*Sport**) ¡nos robaron el partido!; *see also* **Peter**

**robber** ['rɒbəʳ] A N ladrón/ona *m/f*; (= *bank-robber*) atracador(a) *m/f*; (= *highwayman*) salteador *m* (de caminos); (= *brigand*) bandido *m*
B CPD ► **robber baron** N (*pej*) magnate *mf* desaprensivo/a

**robbery** ['rɒbərɪ] N robo *m*; **~ with violence** (*Jur*) robo *m* a mano armada, atraco *m*, asalto *m*; **it's daylight ~!*** ¡es una estafa!, ¡es un robo a mano armada!

**robe** [rəʊb] A N (= *ceremonial garment*) traje *m* de ceremonia, túnica *f*; (= *bathrobe*) bata *f*; (= *christening robe*) traje *m* del bautizo; (*lawyer's, academic's etc*) toga *f*; (*monk's*) hábito *m*; (*priest's*) sotana *f*; **robes** traje *msing* de ceremonia, traje *msing* talar
B VT **to ~ sb in black** vestir a algn de negro; **to appear ~d in a long dress** aparecer vestido de un traje largo; **to ~ o.s.** vestirse

**Robert** ['rɒbət] N Roberto

**robin** ['rɒbɪn] N (= *bird*) petirrojo *m*

**robot** ['rəʊbɒt] N robot *m*

**robotic** [rəʊ'bɒtɪk] ADJ [*equipment, arm etc*] robótico; (*fig*) de robot, robotizado

**robotics** [rəʊ'bɒtɪks] NSING robótica *f*

**robust** [rəʊ'bʌst] ADJ [1] (= *solid, hardy*) [*person, constitution*] robusto, fuerte; [*plant*] robusto; [*material, design, object*] resistente, sólido; [*economy*] fuerte; **the chair didn't look very ~** la silla no parecía muy sólida; **to have a ~ appetite** tener buen apetito; **to be in ~ health** tener una salud de hierro
[2] (= *vigorous*) [*defence*] enérgico, vigoroso; [*sense of humour*] saludable; **to make a ~ defence of sth** defender algo enérgicamente *or* vigorosamente
[3] (= *strong*) [*flavour, aroma, wine*] fuerte

**robustly** [rəʊ'bʌstlɪ] ADV [1] (= *solidly*) **to be ~ built** [*person*] ser de constitución robusta *or* fuerte; **to be ~ built** *or* **made** [*thing*] estar sólidamente construido
[2] (= *vigorously*) [*oppose, attack, defend*] enérgicamente, vigorosamente
[3] (= *strongly*) **a ~ flavoured red wine** un vino tinto con un sabor fuerte

**robustness** [rəʊ'bʌstnɪs] N [1] (= *strength*) [*of person, plant*] robustez *f*; [*of material, design, object*] solidez *f*
[2] (= *vigour*) [*of defence, attack*] lo enérgico, vigor *m*

**rock¹** [rɒk] A N [1] (= *substance*) roca *f*; (= *crag, rock face*) peñasco *m*, peñón *m*; (= *large stone, boulder*) roca *f*; (*US*) (= *small stone*) piedra *f*; (*in sea*) escollo *m*, roca *f*; **hewn out of solid ~** tallado en la roca viva; **they were drilling into solid ~** estaban perforando rocas vivas; **porous/volcanic ~** roca porosa/volcánica; **the Rock (of Gibraltar)** el Peñón (de Gibraltar); **an outcrop of ~** un peñasco, un peñón; **"danger: falling rocks"** "desprendimiento de rocas"
[2] (*in phrases*) **to be at ~ bottom** [*person, prices, morale, confidence*] estar por los suelos, haber tocado fondo; **prices are at ~ bottom** los precios están por los suelos *or* han tocado fondo; **morale in the armed forces was at ~ bottom** los ánimos en las fuerzas armadas habían tocado fondo *or* estaban por los suelos; **to hit** *or* **reach ~ bottom** [*person, prices*] tocar fondo; **to go on(to) the ~s** = **to run on(to) the rocks**; **~ hard** duro como una piedra; **it dries ~ hard in less than an hour** en menos de una hora se seca hasta quedarse duro como una piedra; **he's like a ~, I totally depend on him** es mi pilar *or* puntal, dependo totalmente de él; **whisky on the ~s** whisky con hielo; **to run on(to) the ~s** (*Naut*) chocar contra los escollos, encallar en las rocas; **~ solid** (*lit, fig*) sólido como una roca; **the pound was ~ solid against the mark** la libra permanecía sólida como una roca frente al marco; *see also* **rock-solid**; **he held the gun ~ steady** sujetó la pistola con pulso firme; ✦**IDIOMS to be on the ~s*** (= *be broke*) no tener un céntimo, estar sin blanca (*Sp**); (= *fail*) [*marriage*] andar fatal*; **his business went on the ~s last year** su negocio se fue a pique *or* se hundió el año pasado; **to be between** *or* **be caught between a ~ and a hard place** estar entre la espada y la pared; *see also* **hard, solid**
[3] (*Brit*) (= *sweet*) palo *m* de caramelo; **a stick of ~** un palo de caramelo
[4] (*) (= *diamond*) diamante *m*; **rocks** piedras *fpl*, joyas *fpl*
[5] (*) (= *drug*) crack *m*
[6] (*esp US*) **rocks‡** ✦**IDIOM to get one's ~s off** echar un polvo‡
B CPD ► **rock cake, rock bun** N *bollito con frutos secos* ► **rock candy** N (*US*) palo *m* de caramelo ► **rock carving** N escultura *f* rupestre ► **rock climber** N escalador(a) *m/f* (de rocas) ► **rock climbing** N (*Sport*) escalada *f* en rocas; **to go ~ climbing** ir a escalar en roca ► **rock crystal** N cristal *m* de roca ► **rock face** N vertiente *f* rocosa, pared *f* de roca ► **rock fall** N desprendimiento *m* de rocas ► **rock formation** N formación *f* rocosa ► **rock garden** N jardín *m* de roca *or* de rocalla ► **rock painting** N pintura *f* rupestre ► **rock plant** N planta *f* rupestre *or* de roca ► **rock pool** N charca *f* (de agua de mar) entre rocas ► **rock rose** N jara *f*, heliantemo *m* ► **rock salmon** N (*Brit*) cazón *m* ► **rock salt** N sal *f* gema *or* mineral *or* sin refinar

**rock²** [rɒk] A VT [1] (= *swing to and fro*) [+ *child*] acunar; [+ *cradle*] mecer; **she ~ed the child in her arms** acunó al niño en sus brazos; **to ~ o.s. in a chair** mecerse en una silla; **to ~ a child to sleep** arrullar a un niño
[2] (= *shake*) (*lit, fig*) sacudir; **his death ~ed the fashion business** su muerte sacudió *or* convulsionó al mundo de la moda; *see also* **boat**
B VI [1] (*gently*) mecerse, balancearse; **the ship ~ed gently on the waves** el buque se mecía *or* se balanceaba suavemente en las olas; **his body ~ed from side to side with the train** su cuerpo se mecía *or* se balanceaba de un lado a otro con el movimiento del tren; **he ~ed back on his heels** apoyando los talones, se inclinó hacia atrás
[2] (*violently*) [*ground, vehicle, building*] sacudirse; **the theatre ~ed with laughter** las risas estremecieron el teatro; **the audience ~ed with laughter** el público se rió a carcajada limpia
[3] (= *dance*) bailar rock
C N (*Mus*) (*also* **~ music**) rock *m*, música *f* rock; **heavy/soft ~** rock *m* duro/blando
D CPD ► **rock and roll** N rocanrol *m*, rock and roll *m*; **to do the ~ and roll** bailar el rocanrol *or* el rock and roll; *see also* **rock-and-roll** ► **rock band** N grupo *m* de rock ► **rock concert** N concierto *m* de rock ► **rock festival** N festival *m* de rock ► **rock group** N grupo *m* de rock ► **rock music** N rock *m*, música *f* rock ► **rock musical** N musical *m* de rock ► **rock musician** N músico/a *m/f* de rock ► **rock 'n' roll** N = **rock and roll** ► **rock star** N estrella *f* de rock

**rock-and-roll** [,rɒkən'rəʊl] ADJ **a ~ band/singer** un grupo/cantante de rocanrol *or* rock and roll; *see also* **rock²**

**rock-bottom** [,rɒk'bɒtəm] A N fondo *m*, parte *f* más profunda
B ADJ **~ prices** precios *mpl* mínimos, precios *mpl* tirados

**rocker** ['rɒkəʳ] N [1] [*of cradle etc*] balancín *m*; (*US*) (= *chair*) mecedora *f*, mecedor *m* (*LAm*); ✦**IDIOM to be off one's ~‡** estar majareta*
[2] (*Mus*) (= *person*) rockero/a *m/f*

**rockery** ['rɒkərɪ] N jardín *m* de roca *or* de rocalla

**rocket¹** ['rɒkɪt] A N [1] (*Mil*) cohete *m*; (= *space rocket*) cohete *m* espacial
[2] (= *firework*) cohete *m*
[3] (*Brit**) (*fig*) **to get a ~ from sb** recibir una peluca de algn; **to give sb a ~ (for the mistake)** echar un rapapolvo a algn (por el error)
B VI **to ~ upwards** subir como un cohete; **to ~ to the moon** ir en cohete a la luna; **to ~ to fame** ascender vertiginosamente a la fama; **prices have ~ed** los precios han subido vertiginosamente
C VT (*Mil*) atacar con cohetes
D CPD ► **rocket attack** N ataque *m* con cohetes ► **rocket launcher** N lanzacohetes *m inv* ► **rocket propulsion** N propulsión *f* a cohete ► **rocket range** N base *f* de lanzamiento de cohetes ► **rocket science** N astronáutica *f* (de cohetes); **this isn't ~ science*** para esto no hay que saber latín ► **rocket scientist** N ingeniero/a *m/f* astronáutico/a; **it doesn't take a ~ scientist to …*** no hace falta ser una lumbrera para …

**rocket²** ['rɒkɪt] N (*Bot*) oruga *f*

**rocket-propelled** ['rɒkɪtprə,peld] ADJ propulsado por cohete(s)

**rocketry** ['rɒkɪtrɪ] N cohetería *f*

**rockfish** ['rɒkfɪʃ] N (*pl* **rockfish** *or* **rockfishes**) pez *m* de roca

**rock-hard** [ˌrɒk'hɑːd] ADJ [*ground*] duro como la roca; [*chair, bed*] duro como una piedra

**Rockies** ['rɒkɪz] NPL = **Rocky Mountains**; *see* **rocky**[1]

**rocking** ['rɒkɪŋ] Ⓐ N balanceo *m*
Ⓑ CPD ► **rocking chair** N mecedora *f*, mecedor *m* (*LAm*) ► **rocking horse** N caballito *m* de balancín

**rock 'n' roll** [ˌrɒkən'rəʊl] N = **rock and roll**; *see* **rock**[2]

**rock-solid** [ˌrɒk'sɒlɪd] ADJ sólido

**rocky**[1] ['rɒkɪ] Ⓐ ADJ (*compar* **rockier**; *superl* **rockiest**) [*substance*] (duro) como la piedra; [*slope etc*] rocoso
Ⓑ CPD ► **Rocky Mountains** NPL Montañas *fpl* Rocosas

**rocky**[2] ['rɒkɪ] ADJ (*compar* **rockier**; *superl* **rockiest**) (= *shaky, unsteady*) inestable, bamboleante; (*fig*) [*situation*] inseguro, inestable; [*government etc*] débil

**rococo** [rəʊ'kəʊkəʊ] Ⓐ ADJ rococó
Ⓑ N rococó *m*

**Rod** [rɒd] N, **Roddy** ['rɒdɪ] N (*familiar forms*) *of* **Roderick, Rodney**

**rod** [rɒd] N 1 [*of wood*] vara *f*; [*of metal*] barra *f*; (= *fishing rod*) caña *f*; (= *curtain rod*) barra *f*; (= *connecting rod*) biela *f*; (*Survey*) jalón *m*; ✦*IDIOMS* **to rule with a ~ of iron** gobernar con mano de hierro; **to make a ~ for one's own back** hacer algo que después resultará contraproducente; ✦*PROV* **spare the ~ and spoil the child** quien bien te quiere te hará llorar; *see also* **spare C3**
2 (= *measure*) *medida de longitud = 5,029 metros*
3 (*US**) (= *gun*) pipa* *f*, pistola *f*
4 (*US Aut**) = **hotrod**

**rode** [rəʊd] PT *of* **ride**

**rodent** ['rəʊdənt] N roedor *m*

**rodeo** ['rəʊdɪəʊ] N rodeo *m*, charreada *f* (*Mex*)

**Roderick** ['rɒdərɪk] N Rodrigo; **~, the last of the Goths** Rodrigo el último godo

**rodomontade** [ˌrɒdəmɒn'teɪd] N fanfarronada *f*

**roe**[1] [rəʊ] N (*pl* **roe** *or* **roes**) [*of fish*] **hard ~** hueva *f*; **soft ~** lecha *f*

**roe**[2] [rəʊ] N (*also* **~ deer**) (*male*) corzo *m*; (*female*) corza *f*

**roebuck** ['rəʊbʌk] N (= *male roe deer*) corzo *m*

**rogation** [rəʊ'geɪʃən] (*Rel*) Ⓐ N **rogations** rogativas *fpl*
Ⓑ CPD ► **Rogation Days** NPL Rogativas *fpl* de la Ascensión ► **Rogation Sunday** N Domingo *m* de la Ascensión

**Roger** ['rɒdʒə^r] N Rogelio; **~!** (*Telec etc*) ¡bien!, ¡de acuerdo!

**roger*** ['rɒdʒə^r] VT joder**

**rogue** [rəʊg] Ⓐ N 1 (= *thief etc*) pícaro/a *m/f*, pillo/a *m/f*; (*hum*) granuja *mf*; **you ~!** ¡canalla!
2 (*Zool*) animal *m* solitario, animal *m* apartado de la manada
Ⓑ ADJ 1 (*Zool*) [*lion, male*] solitario, apartado de la manada; **~ elephant** elefante *m* solitario (y peligroso)
2 (*Bio, Med*) [*gene*] defectuoso
3 (= *maverick*) [*person*] que va por libre, inconformista; [*company*] sin escrúpulos; **~ cop*** (= *criminal*) policía *mf* corrupto/a
Ⓒ CPD ► **rogue's gallery** N fichero *m* de delincuentes

**roguery** ['rəʊgərɪ] N picardía *f*, truhanería *f*; (= *mischief*) travesuras *fpl*, diabluras *fpl*; **they're up to some ~** están haciendo alguna diablura

**roguish** ['rəʊgɪʃ] ADJ [*child*] travieso; [*look, smile etc*] pícaro

**roguishly** ['rəʊgɪʃlɪ] ADV [*look, smile etc*] con malicia; **she looked at me ~** me miró picaruela

**ROI** N ABBR 1 (= **return on investments**) rendimiento *m* de las inversiones
2 = **Republic of Ireland**

**roil** [rɔɪl] (*esp US*) Ⓐ VI [*water*] enturbiarse
Ⓑ VT (*fig*) agitar; **to ~ the waters** enturbiar *or* agitar las aguas

**roister** ['rɔɪstə^r] VI jaranear

**roisterer** ['rɔɪstərə^r] N jaranero/a *m/f*, juerguista *mf*

**Roland** ['rəʊlənd] N Roldán, Rolando

**role** [rəʊl] Ⓐ N (*Theat, fig*) papel *m*; **to cast sb in the ~ of** (*Theat, fig*) dar a algn el papel de; **to play a ~** (*Theat*) hacer un papel; (*fig*) desempeñar un papel (**in** en); **supporting ~** papel *m* secundario
Ⓑ CPD ► **role model** N modelo *m* a imitar ► **role play(ing)** N juego *m* de roles ► **role reversal** N inversión *f* de papeles

**roll** [rəʊl] Ⓐ N 1 [*of paper, cloth, wire, tobacco*] rollo *m*; [*of banknotes*] fajo *m*; **a ~ of film** un carrete *or* un rollo de fotos; **a ~ of wallpaper** un rollo de papel pintado; **~s of fat** (*gen*) rollos *mpl or* pliegues *mpl* de grasa; (*on stomach*) michelines *mpl* (*hum*)
2 [*of bread*] panecillo *m*, bolillo *m* (*Mex*); **a ~ and butter** un panecillo *or* (*Mex*) bolillo con mantequilla; *see also* **sausage**, **Swiss**
3 (= *list*) lista *f*; **to have 500 pupils on the ~** tener inscritos a 500 alumnos; **membership ~** ◊ **~ of members** lista *f* de miembros; **to call the ~** pasar lista; **falling ~s** *disminución en el número de alumnos inscritos*; **~ of honour** ◊ **honor ~** (*US*) lista de honor
4 (= *sound*) [*of thunder, cannon*] retumbo *m*; [*of drum*] redoble *m*; **there was a ~ of drums** se oyó un redoble de tambores
5 [*of gait*] contoneo *m*, bamboleo *m*; [*of ship, plane*] balanceo *m*
6 (= *act of rolling*) revolcón *m*; **the horse was having a ~ on the grass** el caballo se estaba revolcando en la hierba; ✦*IDIOM* **a ~ in the hay*** (*euph*) un revolcón*; **to have a ~ in the hay (with sb)*** (*euph*) darse un revolcón *or* revolcarse (con algn)*
7 [*of dice*] tirada *f*; ✦*IDIOM* **to be on a ~** estar en racha, tener una buena racha
Ⓑ VT 1 (= *send rolling*) [+ *ball*] hacer rodar; **to ~ the dice** tirar los dados
2 (= *turn over*) **~ the meat in the breadcrumbs** rebozar la carne con el pan rallado; **I ~ed her onto her back** la puse boca arriba
3 (= *move*) **I ~ed the trolley out of the way** empujé el carro para quitarlo del medio; **to ~ sth between one's fingers** hacer rodar algo entre los dedos; **to ~ one's eyes** poner los ojos en blanco
4 (= *make into roll*) [+ *cigarette*] liar; **he ~ed himself in a blanket** se enrolló en una manta; **she ~ed her sweater into a pillow** hizo una bola con el jersey para usarlo como almohada; **she is trainer and manager ~ed into one** es entrenadora y representante a la vez; **it's a kitchen and dining room ~ed into one** es una cocina comedor; **to ~ one's r's** pronunciar fuertemente las erres; **to ~ one's tongue** enrollar la lengua; *see also* **ball**[1]
5 (= *flatten*) [+ *road*] apisonar; [+ *lawn, pitch*] pasar el rodillo por, apisonar; [+ *pastry, dough*] estirar; [+ *metal*] laminar
6 (*US**) (= *rob*) atracar
Ⓒ VI 1 (= *go rolling*) ir rodando; (*on ground, in pain*) revolcarse; **the ball ~ed into the net** el balón entró rodando en la red; **the children were ~ing down the slope** los niños iban rodando cuesta abajo; **it ~ed under the chair** desapareció *or* rodó debajo de la silla; **it went ~ing downhill** fue rodando cuesta abajo; **the horse ~ed in the mud** el caballo se revolcó en el barro; ✦*IDIOMS* **to be ~ing in the aisles*** estar muerto de risa; **they're ~ing in money*** ◊ **they're ~ing in it*** están forrados*; *see also* **ball**[1], **head A1**
2 (= *move*) **the bus ~ed to a stop** el autobús se paró; **the tanks ~ed into the city** los tanques entraron en la ciudad; **the convoy ~ed slowly along the road** el convoy avanzaba lentamente por la carretera; **newspapers were ~ing off the presses** los periódicos estaban saliendo de las prensas; **tears ~ed down her cheeks** las lágrimas le corrían *or* caían por la cara; **the waves were ~ing onto the beach** las olas batían contra la playa; **his eyes ~ed wildly** los ojos se le ponían en blanco y parpadeaba descontroladamente; *see also* **tongue**
3 (= *turn over*) [*person, animal*] **he ~ed off the sofa** se dio la vuelta y se cayó del sofá; **she ~ed onto her back** se puso boca arriba
4 (*fig*) [*land*] ondular; **vast plains ~ed into the distance** las vastas llanuras se perdían en la distancia
5 (= *operate*) [*camera*] rodar; [*machine*] funcionar, estar en marcha; **the presses are ~ing again** las prensas están funcionando *or* en marcha otra vez; **I couldn't think of anything to say to get the conversation ~ing** no se me ocurría nada para empezar la conversación; **his first priority is to get the economy ~ing again** su mayor prioridad es volver a sacar la economía a flote
6 (= *sound*) [*thunder*] retumbar; [*drum*] redoblar
7 (= *sway*) (*in walking*) contonearse, bambolearse; (*Naut*) balancearse
Ⓓ CPD ► **roll bar** N (*Aut*) barra *f* antivuelco ► **roll call** N lista *f*; **to take (a) ~ call** pasar lista

►**roll about, roll around** VI + ADV [*ball, coin*] rodar de un lado a otro; [*person, dog*] revolcarse; [*ship*] balancearse

►**roll around** VI + ADV 1 (*fig*) [*time, event*] llegar; **I was eager for five o'clock to ~ around** tenía muchas ganas de que llegaran las cinco; **by the time the next election ~s around** para cuando sean las próximas elecciones
2 = **roll about**

►**roll away** Ⓐ VT + ADV [+ *trolley, bed*] apartar, quitar; [+ *carpet*] enrollar, quitar
Ⓑ VI + ADV 1 [*ball*] alejarse (rodando), irse (rodando); [*person*] apartarse (rodando); [*clouds, mist*] disiparse
2 (*fig*) [*years*] esfumarse; [*landscape*] **grassland ~ing away to the horizon** praderas que se pierden en el horizonte

►**roll back** Ⓐ VT + ADV 1 [+ *carpet*] enrollar; [+ *bedcovers*] echar para atrás
2 (*fig*) [+ *taxes*] reducir, bajar; [+ *enemy*] hacer retroceder; **the government's attempts to ~ back the welfare state** los intentos por parte del gobierno de reducir el estado del bienestar; **to ~ back the years** retroceder en el tiempo, volver atrás en el tiempo
Ⓑ VI + ADV [*clouds, mist*] disiparse; [*eyes*] ponerse en blanco

►**roll by** VI + ADV [*vehicle, clouds, time, years*] pasar

►**roll down** VT + ADV [+ *sleeve, stockings, car window, shutter*] bajar

►**roll in** Ⓐ VI + ADV [1] (*) [*money, letters*] llover, llegar a raudales; [*person*] aparecer; **offers of help continued to ~ in** seguían lloviendo ofertas de ayuda, seguían llegando ofertas de ayuda a raudales; **he ~ed in at 2a.m.** apareció a las 2 de la mañana
[2] [*waves, cloud, mist*] llegar; **the waves came ~ing in** llegaban grandes olas a la playa
Ⓑ VT + ADV [+ *trolley, barrel*] llevar (rodando)

►**roll off** VI + ADV caerse (*rodando*)

►**roll on** VI + ADV [1] (= *go by*) [*time*] pasar
[2] (= *carry on*) [*event*] continuar; **the bombardment of Iraq could ~ on indefinitely** el bombardeo de Iraq podría continuar indefinidamente
[3] (*Brit**) (= *arrive quickly*) **~ on the summer!** ¡que llegue pronto el verano!; **~ on Friday!** ¡que llegue pronto el viernes!

►**roll out** VT + ADV [1] [+ *barrel, trolley*] sacar (rodando); (*Comm*) [+ *product*] sacar *or* lanzar (al mercado)
[2] [+ *pastry*] extender con el rodillo *or* uslero (*Andes*); [+ *carpet, map*] desenrollar; [+ *metal*] laminar; **to ~ out the red carpet** sacar la alfombra roja
[3] [+ *statistics*] soltar una retahíla de

►**roll over** Ⓐ VI + ADV [*object, vehicle*] (*180°*) volcar, voltearse (*LAm*); (*360°*) (*once*) dar una vuelta de campana; (*several times*) dar vueltas de campana; [*person, animal*] darse la vuelta; **she ~ed over onto her back** se dio la vuelta poniéndose boca arriba; **the dog ~ed over with his paws in the air** el perro se dio la vuelta quedándose patas arriba; **we ~ed over and over down the slope** rodamos cuesta abajo
Ⓑ VT + ADV [1] [+ *object*] volver; [+ *body*] poner boca arriba
[2] [+ *debt*] refinanciar

►**roll past** VI + ADV [*cart, procession*] pasar

►**roll up** Ⓐ VI + ADV [1] [*vehicle*] llegar, acercarse
[2] (*) [*person*] presentarse, aparecer; **you can't ~ up half way through the rehearsal** no puedes presentarte *or* aparecer en mitad del ensayo; **~ up, ~ up!** ¡acérquense!, ¡vengan todos!
[3] **to ~ up in a ball** [*hedgehog*] hacerse un ovillo *or* una bola
Ⓑ VT + ADV [1] (= *close*) [+ *map*] enrollar; [+ *umbrella*] cerrar; [+ *car window*] subir
[2] **to ~ up one's sleeves** remangarse, arremangarse
[3] (= *wrap*) enrollar; **to ~ sth up in paper** enrollar algo en un papel, envolver algo en papel; **to ~ o.s. up in a blanket** envolverse en una manta
[4] (= *form*) **to ~ o.s. up into a ball** hacerse un ovillo

**rollaway** ['rəʊləweɪ] N (*US*) (*also* **~ bed**) cama *f* desmontable *or* abatible (sobre ruedas)

**rollback** ['rəʊlbæk] N (*US*) [1] (= *reduction*) (*in taxes, prices*) reducción *f*; [*of rights*] restricción *f*
[2] (= *reversal*) [*of decision*] revocación *f*

**rolled** [rəʊld] ADJ [*umbrella*] cerrado; **~ gold** oro *m* chapado; **a ~ gold bracelet** una pulsera chapada en oro; **~ oats** copos *mpl* de avena; **~ r's** (*Ling*) erres *fpl* vibrantes

**roller** ['rəʊləʳ] Ⓐ N [1] (*Agr, Tech*) rodillo *m*; (= *road-roller*) apisonadora *f*; (= *caster*) ruedecilla *f*; (*for hair*) rulo *m*
[2] (= *wave*) ola *f* grande
Ⓑ CPD ► **roller bandage** N venda *f* enrollada ► **roller blind** N (*Brit*) persiana *f* enrollable ► **roller coaster** N montaña *f* rusa ► **roller skate** N patín *m* (de ruedas) ► **roller towel** N toalla *f* de rodillo *or* sin fin; *see also* **roller-skate**, **roller-skating**

**roller-skate** ['rəʊlə,skeɪt] VI ir en patines de ruedas

**roller-skating** ['rəʊlə,skeɪtɪŋ] N patinaje *m* sobre ruedas

**rollick** ['rɒlɪk] VI (= *play*) jugar; (= *amuse o.s.*) divertirse

**rollicking** ['rɒlɪkɪŋ] Ⓐ ADJ alegre, divertido; **we had a ~ time** nos divertimos una barbaridad; **it was a ~ party** fue una fiesta animadísima; **it's a ~ farce** es una farsa de lo más divertido
Ⓑ N **to give sb a ~** (*Brit**) poner a algn como un trapo*

**rolling** ['rəʊlɪŋ] Ⓐ ADJ [*waves*] fuerte; [*sea*] agitado; [*ship*] que se balancea; [*countryside, hills*] ondulado; **bring the water to a ~ boil** esperar a que el agua alcance su verdadero punto de ebullición; **to walk with a ~ gait** andar bamboleándose; **a ~ programme of privatization** un programa de privatización escalonado; ♦**IDIOM he's a ~ stone** es muy inquieto, es culo de mal asiento*; ♦**PROV a ~ stone gathers no moss** piedra movediza nunca moho la cobija
Ⓑ ADV **he was ~ drunk*** estaba tan borracho que se caía, estaba borracho como una cuba*
Ⓒ N (*Naut*) balanceo *m*
Ⓓ CPD ► **rolling mill** N taller *m* de laminación ► **rolling pin** N rodillo *m* (de cocina), uslero *m* (*Andes*) ► **rolling stock** N material *m* rodante *or* móvil

**rollmop** ['rəʊlmɒp] N arenque *m* adobado

**roll-neck** ['rəʊlnek] N (*Brit*) jersey *m* cuello cisne

**roll-on** ['rəʊlɒn] Ⓐ N [1] (= *girdle*) faja *f* elástica, tubular *m*
[2] (= *deodorant*) = **roll-on deodorant**
Ⓑ CPD ► **roll-on deodorant** N desodorante *m* roll-on, bola *f* desodorante

**roll-on-roll-off** [,rəʊlɒnrəʊl'ɒf] ADJ **~ facility** facilidad *f* para la carga y descarga autopropulsada; **~ ship** ro-ro *m*

**roll-top desk** ['rəʊltɒp'desk] N buró *m*, escritorio *m* de tapa rodadera

**roly-poly** ['rəʊlɪ'pəʊlɪ] Ⓐ N (*Brit*) (*also* **~ pudding**) brazo *m* de gitano
Ⓑ ADJ regordete

**ROM** [rɒm] N ABBR (= **Read-Only Memory**) ROM *f*

**romaine** [rəʊ'meɪn] N (*US, Canada*) (*also* **~ lettuce**) lechuga *f* romana, lechuga *f* cos

**Roman** ['rəʊmən] Ⓐ ADJ romano
Ⓑ N (*person*) romano/a *m/f*
Ⓒ CPD ► **Roman alphabet** N alfabeto *m* romano ► **Roman candle** N candela *f* romana ► **Roman Catholicism** N catolicismo *m* ► **Roman law** N derecho *m* romano ► **Roman nose** N nariz *f* aguileña ► **Roman numeral** N número *m* romano

**roman** ['rəʊmən] N (*Typ*) tipo *m* romano

**Roman Catholic** [,rəʊmən'kæθəlɪk] Ⓐ ADJ católico (apostólico y romano)
Ⓑ N católico/a *m/f* (apostólico/a y romano/a)

**romance** [rəʊ'mæns] Ⓐ N [1] (= *love affair*) romance *m*, idilio *m*, amores *mpl*; **their ~ lasted exactly six months** su romance *or* idilio duró exactamente seis meses, sus amores duraron exactamente seis meses; **a young girl waiting for ~** una joven que espera su primer amor; **I've finished with ~** para mí no más amores
[2] (= *romantic character*) lo romántico, lo poético; (= *picturesqueness*) lo pintoresco; **the ~ of travel** lo romántico del viajar; **the ~ of history** lo atractivo *or* lo poético de la historia; **the ~ of the sea** el encanto del mar
[3] (= *tale*) novela *f* (sentimental), cuento *m* (de amor); (*medieval*) libro *m* de caballerías, poema *m* caballeresco; (*Mus*) romanza *f*
[4] (*Ling*) **Romance** romance *m*
Ⓑ ADJ [*language*] romance
Ⓒ VI soñar, fantasear

**Romanesque** [,rəʊmə'nesk] ADJ (*Archit*) románico

**Romania** [rəʊ'meɪnɪə] N Rumania *f*, Rumanía *f*

**Romanian** [rəʊ'meɪnɪən] Ⓐ ADJ rumano
Ⓑ N [1] (= *person*) rumano/a *m/f*
[2] (*Ling*) rumano *m*

**Romanic** [rəʊ'mænɪk] ADJ = **Romanesque**

**romanize** ['rəʊmənaɪz] VT romanizar

**Romansch** [rəʊ'mænʃ] Ⓐ ADJ rético
Ⓑ N [1] rético/a *m/f*
[2] (*Ling*) rético *m*

**romantic** [rəʊ'mæntɪk] Ⓐ ADJ romántico
Ⓑ N romántico/a *m/f*

**romantically** [rəʊ'mæntɪkəlɪ] ADV románticamente, de modo romántico

**romanticism** [rəʊ'mæntɪsɪzəm] N romanticismo *m*

**romanticist** [rəʊ'mæntɪsɪst] N **he's a bit of a ~** es un romántico

**romanticize** [rəʊ'mæntɪsaɪz] Ⓐ VT sentimentalizar
Ⓑ VI fantasear

**Romany** ['rɒmənɪ] Ⓐ ADJ gitano
Ⓑ N [1] gitano/a *m/f*
[2] (*Ling*) romaní *m*, lengua *f* gitana; (*in Spain*) caló *m*

**Rome** [rəʊm] N [1] Roma *f*; ♦**PROVS all roads lead to ~** todos los caminos llevan a Roma; **~ was not built in a day** no se ganó Zamora en una hora; **when in ~ (do as the Romans do)** donde fueres, haz lo que vieres
[2] (*Rel*) la Iglesia, el catolicismo; **Manning turned to ~** Manning se convirtió al catolicismo

**Romeo** ['rəʊmɪəʊ] N Romeo

**Romish** ['rəʊmɪʃ] ADJ (*pej*) católico

**romp** [rɒmp] Ⓐ N retozo *m*; **to have a ~** retozar; **the play was just a ~** la obra era una farsa alegre nada más; ♦**IDIOM to have a ~ in the hay*** darse un revolcón en el pajar *or* en la hierba*
Ⓑ VI retozar; [*lambs etc*] brincar, correr alegremente; **she ~ed through the examination** no tuvo problema alguno para aprobar el examen; **to ~ home** (= *win easily*) ganar fácilmente

**rompers** ['rɒmpəz] NPL mono *msing*, pelele *msing*

**Romulus** ['rɒmjʊləs] N Rómulo

**rondeau** ['rɒndəʊ] N (*pl* **rondeaux** ['rɒndəʊz]) (*Literat*) rondó *m*

**rondo** ['rɒndəʊ] N (*Mus*) rondó *m*

**Roneo®** ['rəʊnɪəʊ] VT reproducir con multicopista

**rood** [ru:d] N cruz *f*, crucifijo *m*

**roodscreen** ['ru:dskri:n] N reja *f* entre la nave y el coro

**roof** [ru:f] Ⓐ N (*pl* **roofs**) [*of building*] tejado *m* (*esp Sp*), techo *m* (*esp LAm*); [*of car etc*] techo *m*; **flat ~** azotea *f*; **to have a ~ over one's head** tener dónde cobijarse; **the ~ of heaven** la bóveda celeste; **the ~ of the mouth** el paladar; **to live under the same ~** vivir bajo el mismo techo; **prices are going through the ~** los precios están por las nubes; ♦**IDIOMS he**

**hit the ~*** se subió por las paredes*; **to lift the ~** *(Brit)* ◊ **raise the ~** (= *protest*) poner el grito en el cielo; **when the staff arrived the infant was still raising the ~** cuando el personal llegó, el niño todavía estaba llorando a grito pelado; **the cheers and roars of approval lifted the pavilion ~** el pabellón se vino abajo con los vivas y los gritos de aprobación

Ⓑ VT (*also* **~ in, ~ over**) techar, poner techo a; **it is ~ed in wood** tiene techo de madera; **to ~ a hut in** *or* **with wood** poner techo de madera a una caseta

Ⓒ CPD ► **roof garden** N azotea *f* con flores y plantas ► **roof rack** N *(esp Brit Aut)* baca *f*, portamaletas *m inv*, portaequipajes *m inv*, parrilla *f (LAm)*

**roofing** ['ru:fɪŋ] Ⓐ N (= *roof*) techumbre *f*; (= *roofing material*) material *m* para techado

Ⓑ CPD ► **roofing felt** N fieltro *m* para techar

**roofless** ['ru:flɪs] ADJ sin techo

**rooftop** ['ru:ftɒp] Ⓐ N techo *m*; *(with flat roof)* azotea *f*; ✦**IDIOM we will proclaim it from the ~s** lo proclamaremos a los cuatro vientos

Ⓑ CPD ► **rooftop restaurant** N restaurante *m* de azotea

**rook**[1] [rʊk] Ⓐ N *(Orn)* grajo *m*

Ⓑ VT (= *swindle*) estafar, timar; **you've been ~ed** te han estafado *or* timado

**rook**[2] [rʊk] N *(Chess)* torre *f*

**rookery** ['rʊkərɪ] N colonia *f* de grajos

**rookie** ['rʊkɪ] *(US)* N [1] *(Mil*)* novato/a *m/f*, bisoño/a *m/f*

[2] *(Sport)* debutante *mf (en la temporada)*

▼**room** [rʊm] Ⓐ N [1] *(in house, hotel)* habitación *f*, cuarto *m*, pieza *f (esp LAm)*, recámara *f (Mex)*, ambiente *m (Arg)*; *(large, public)* sala *f*; **in ~ 504** *(hotel)* en la habitación número 504; **double ~** habitación *f etc* doble; **furnished ~** cuarto *m* amueblado; **ladies' ~** servicios *mpl* de señoras; **this is my ~** ésta es mi habitación; **single ~** habitación *f* individual

[2] **rooms** (= *lodging*) alojamiento *msing*; **they've always lived in ~s** siempre han vivido de alquiler; **he has ~s in college** tiene un cuarto en el colegio

[3] (= *space*) sitio *m*, espacio *m*, campo *m (Andes)*; **is there ~?** ¿hay sitio?; **there's plenty of ~** hay sitio de sobra; **is there ~ for this?** ¿cabe esto?, ¿hay cabida para esto?; **is there ~ for me?** ¿quepo yo?, ¿hay sitio para mí?; **to make ~ for sb** hacer sitio a algn; **make ~!** ¡abran paso!; **there's no ~ for anything else** no cabe más; **standing ~ only!** no queda asiento

[4] *(fig)* **there is no ~ for doubt** no hay lugar a dudas; **to leave ~ for imponderables** dar cabida a un margen de imponderables; **there is ~ for improvement** esto se puede mejorar todavía

Ⓑ VI *(US)* **to ~ with three other students** estar en una pensión con otros tres estudiantes, compartir un piso *or (LAm)* un departamento con otros tres estudiantes; **to ~ with a landlady** alojarse en casa de una señora

Ⓒ CPD ► **room clerk** N *(US)* recepcionista *mf* (de hotel) ► **room divider** N (= *screen*) biombo *m*; (= *wall*) tabique *m* ► **room service** N *(in hotel)* servicio *m* de habitaciones ► **room temperature** N temperatura *f* ambiente

**-roomed** [rʊmd] ADJ *(ending in compounds)* de ... piezas; **seven-roomed** de siete piezas

**roomer** ['rʊmər] N *(US)* inquilino/a *m/f*

**roomette** [ru:'met] N *(US)* departamento *m* de coche-cama

**roomful** ['rʊmfʊl] N **a ~ of priests** un cuarto lleno de curas; **they have Picassos by the ~** tienen salas enteras llenas de cuadros de Picasso

**roominess** ['rʊmɪnɪs] N espaciosidad *f*, amplitud *f*; *[of garment]* holgura *f*

**rooming house** ['rʊmɪŋhaʊs] N *(pl* **rooming houses** ['rʊmɪŋ,haʊzɪz]) *(US)* pensión *f*

**roommate** ['rʊmmeɪt] N compañero/a *m/f* de cuarto

**roomy** ['rʊmɪ] ADJ *(compar* **roomier**; *superl* **roomiest**) *(flat, cupboard etc)* amplio, espacioso; *(garment)* holgado

**roost** [ru:st] Ⓐ N *(gen)* percha *f*; (= *hen roost*) gallinero *m*; ✦**IDIOM to rule the ~** llevar la batuta

Ⓑ VI [1] *(lit)* dormir posado

[2] *(fig)* **now his policies have come home to ~** ahora su política produce su fruto amargo, ahora se están viendo los malos resultados de su política; **these measures only camouflaged the real problem, now the chickens are coming home to ~** estas medidas no eran más que una manera de camuflar el problema y ahora se vuelven contra nosotros, estas medidas sólo camuflaban el problema y ahora se ve que fueron pan para hoy y hambre para mañana

**rooster** ['ru:stər] N *(esp US)* gallo *m*

**root** [ru:t] Ⓐ N [1] *(Bot)* raíz *f*; **the plant's ~ system** las raíces de la planta; **to pull sth up by the ~s** arrancar algo de raíz; **to take ~** echar raíces, arraigar; ✦**IDIOM ~ and branch** completamente, del todo; **they aimed to eliminate Marxism ~ and branch** su objetivo era erradicar el marxismo, su objetivo era acabar con el marxismo de raíz; **a ~ and branch overhaul of the benefits system** una revisión completa *or* de cabo a rabo del sistema de prestaciones

[2] *(Bio) [of hair, tooth]* raíz *f*

[3] (= *origin*) *[of problem, word]* raíz *f*; **the ~ of the problem is that ...** la raíz del problema es que ...; **her ~s are in Manchester** tiene sus raíces en Manchester; **she has no ~s** no tiene raíces; **to pull up one's ~s** levantar raíces; **to put down ~s in a country** echar raíces en un país; **to take ~** *[idea]* arraigarse; *see also* **money**

[4] *(Math)* **square ~** raíz *f* cuadrada

[5] *(Ling)* raíz *f*, radical *m*

Ⓑ VT [1] *(Bot)* [+ *plant*] hacer arraigar

[2] *(fig)* **to be ~ed to the spot** quedar paralizado; **a deeply ~ed prejudice** un prejuicio muy arraigado

Ⓒ VI [1] *(Bot)* *[plant]* echar raíces, arraigar

[2] (= *search*) *[animal]* hozar, hocicar; **I was ~ing through some old photos the other day** el otro día estaba husmeando entre viejas fotos

Ⓓ CPD ► **root beer** N *(US) bebida refrescante elaborada a base de raíces* ► **root cause** N causa *f* primordial ► **root crops** NPL cultivos *mpl* de tubérculos ► **root ginger** N raíz *f* de jengibre ► **root vegetable** N tubérculo *m* comestible ► **root word** N *(Ling)* palabra *f* que es raíz *or* radical de otras

►**root about, root around** VI + ADV *[pig]* hozar, hocicar; *[person]* (= *search*) andar buscando por todas partes; (= *investigate*) investigar; **to ~ around for sth** andar buscando algo

►**root for*** VI + PREP [+ *team*] animar *(con gritos y pancartas)*; [+ *cause*] hacer propaganda por, apoyar a

►**root out** VT + ADV [+ *plant*] arrancar (de raíz), desarraigar; (= *find*) desenterrar, encontrar; (= *do away with*) acabar con, arrancar de raíz, extirpar

►**root through** VI + PREP [1] *[pig]* hocicar

[2] *(fig)* examinar, explorar

►**root up** VT + ADV [+ *plant, tree*] arrancar (de raíz), desarraigar

**rootless** ['ru:tlɪs] ADJ *[person etc]* desarraigado

**rootstock** ['ru:tstɒk] N rizoma *m*

**rope** [rəʊp] Ⓐ N cuerda *f*, soga *f*, mecate *m (Mex)*; *(Naut)* (= *hawser*) maroma *f*, cable *m*; *(in rigging)* cabo *m*; *(hangman's)* dogal *m*; *[of pearls]* collar *m*; *[of onions etc]* ristra *f*; **the ~s** *(Boxing)* las cuerdas; **to jump** *or* **skip ~** *(US)* saltar a la comba; **there were three of us on the ~** *(Mountaineering)* éramos tres los encordados; ✦**IDIOMS to give sb more ~** dar a algn mayor libertad de acción; **if you give him enough ~ he'll hang himself** déjale actuar y él se condenará a sí mismo; **to know/learn the ~s** estar/ponerse al tanto; **to be on the ~s** estar en las cuerdas; **I'll show you the ~s** te voy a mostrar cómo funciona todo; **to be at the end of one's ~** *(esp US)* no poder soportarlo más, no aguantar más

Ⓑ VT atar *or (LAm)* amarrar con (una) cuerda; *(US)* [+ *animal*] coger *or (LAm)* agarrar con lazo; **to ~ two things together** atar dos cosas con una cuerda; **they ~d themselves together** *(Mountaineering)* se encordaron; **there were four climbers ~d together** había cuatro escaladores que formaban una cordada *or* iban encordados

Ⓒ CPD ► **rope burn** N quemadura *f* por fricción ► **rope ladder** N escala *f* de cuerda ► **rope trick** N truco *m* de la cuerda

►**rope in*** VT + ADV **they managed to ~ in their friends** consiguieron arrastrar a sus amigos; **to ~ sb in (to do sth)** enganchar a algn (para que haga algo)

►**rope off** VT + ADV acordonar; **to ~ off an area** acordonar un espacio, cercar un espacio con cuerdas

►**rope up** VI + ADV *[climbers]* encordarse, formar una cordada

**ropemaker** ['rəʊp,meɪkər] N cordelero/a *m/f*

**ropewalker** ['rəʊp,wɔ:kər] N funámbulo/a *m/f*, volatinero/a *m/f*

**ropy***, **ropey*** ['rəʊpɪ] *(Brit)* ADJ *(compar* **ropier**; *superl* **ropiest**) (= *off colour*) pachucho*, chungo*; (= *weak*) *[plan, argument etc]* nada convincente, flojo; (= *sinewy*) *[muscles, arms]* fibroso; **I feel a bit ropey** me siento un poco chungo*, no me siento del todo bien; **this car looks a bit ropey** este coche parece una auténtica tartana*

**RORO, RO/RO** ['rəʊrəʊ] ABBR = **roll-on-roll-off**

**rosary** ['rəʊzərɪ] N *(Rel)* rosario *m*; **to say the/one's ~** rezar el rosario

**rose**[1] [rəʊz] Ⓐ N [1] *(Bot)* (= *flower*) rosa *f*; (= *bush, tree*) rosal *m*; **the Wars of the Roses** *(Brit Hist)* la Guerra de las Dos Rosas; **wild ~** rosal silvestre; ✦**IDIOMS all ~s***: **it's all ~s among them by the end of the film** al final de la película todo es maravilloso entre ellos; **life isn't all ~s** la vida no es un lecho de rosas; **to come up ~s** salir a pedir de boca; **the fresh air will soon put the ~s back in your cheeks** el aire fresco te devolverá rápidamente el color a las mejillas; **an English ~** una belleza típicamente inglesa; **an English ~ complexion** un cutis de porcelana; ✦**PROV there's no ~ without a thorn** no hay rosa sin espina; *see also* **bed**, **Christmas**, **damask**, **tea**

[2] (= *colour*) rosa *m*

[3] *(on shower)* alcachofa *f*; *(on watering can)* alcachofa *f*, roseta *f*

[4] *(Archit)* (*also* **ceiling ~**) roseta *f*, rosetón *m*

Ⓑ ADJ (= *rose-coloured*) (de color de) rosa *inv*,

➤ LANGUAGE IN USE: **room** A1 21.4

rosado; **~ pink** rosado, rosa; **~ red** rojo de rosa
Ⓒ CPD ► **rose bush** N rosal *m* ► **rose garden** N rosaleda *f* ► **rose grower** N cultivador(a) *m/f* de rosas ► **rose petal** N pétalo *m* de rosa ► **rose quartz** N cuarzo *m* rosa ► **rose tree** N rosal *m* ► **rose window** N (*Archit*) rosetón *m*

**rose²** [rəʊz] PT *of* **rise**

**Rose** [rəʊz] N Rosa

**rosé** ['rəʊzeɪ] Ⓐ ADJ rosado
Ⓑ N rosado *m*

**roseate** ['rəʊzɪɪt] ADJ róseo, rosado

**rosebay** ['rəʊzbeɪ] N adelfa *f*

**rosebed** ['rəʊzbed] N rosaleda *f*

**rosebowl** ['rəʊzbəʊl] N jarrón *m or* florero *m* para rosas

**rosebud** ['rəʊzbʌd] N capullo *m or* botón *m* de rosa

**rose-coloured**, **rose-colored** (*US*) ['rəʊz,kʌləd] ADJ color de rosa; ✦*IDIOM* **to see everything through ~ spectacles** verlo todo color de rosa

**rosehip** ['rəʊzhɪp] Ⓐ N escaramujo *m*
Ⓑ CPD ► **rosehip syrup** N jarabe *m* de escaramujo

**rosemary** ['rəʊzmərɪ] N (= *herb*) romero *m*

**rose-pink** [,rəʊz'pɪŋk] ADJ rosado, rosa

**rose-red** [,rəʊz'red] ADJ color rojo de rosa

**rosette** [rəʊ'zet] N (*Archit*) rosetón *m*; (= *emblem*) escarapela *f*; (= *prize*) premio *m*

**rosewater** ['rəʊz,wɔːtəʳ] N agua *f* de rosas

**rosewood** ['rəʊzwʊd] N palo *m* de rosa, palisandro *m*

**Rosicrucian** [,rəʊzɪ'kruːʃən] Ⓐ N rosacruz *mf*
Ⓑ ADJ rosacruz

**rosin** ['rɒzɪn] N colofonia *f*

**ROSPA** ['rɒspə] N ABBR = **Royal Society for the Prevention of Accidents**

**roster** ['rɒstəʳ] Ⓐ N lista *f*; **duty ~** lista *f* de turnos
Ⓑ VT distribuir tareas entre; **to be ~ed for sth/to do sth** tener asignado algo/hacer algo

**rostrum** ['rɒstrəm] N (*pl* **rostrums** *or* **rostra** ['rɒstrə]) Ⓐ N tribuna *f*
Ⓑ CPD ► **rostrum cameraman** N (*TV*) cámara-truca *m*

**rosy** ['rəʊzɪ] ADJ (*compar* **rosier**; *superl* **rosiest**)
1 [*cheeks*] sonrosado; [*colour*] rosáceo
2 (*fig*) [*future, prospect*] prometedor, halagüeño

**rot** [rɒt] Ⓐ N 1 (= *process*) putrefacción *f*; (= *substance*) podredumbre *f*; ✦*IDIOMS* **the ~ set in** la decadencia comenzó, todo empezó a decaer; **to stop the ~** cortar el problema de raíz, cortar por lo sano
2 (*esp Brit**) (= *nonsense*) tonterías *fpl*, babosadas *fpl* (*LAm*); **oh ~!** ◊ **what ~!** ¡qué tonterías!; **don't talk ~!** ¡no digas bobadas!
Ⓑ VT pudrir, descomponer
Ⓒ VI pudrirse, descomponerse; **to ~ in jail** pudrirse en la cárcel; **you can ~ for all I care!** ¡que te pudras!

► **rot away** VI + ADV pudrirse, descomponerse; **it had ~ted away with the passage of time** con el tiempo se había pudrido *or* descompuesto; **it had quite ~ted away** se había pudrido *or* descompuesto del todo

**rota** ['rəʊtə] N (*esp Brit*) lista *f* (de tareas)

**Rotarian** [rəʊ'tɛərɪən] Ⓐ ADJ rotario
Ⓑ N rotario/a *m/f*

**rotary** ['rəʊtərɪ] Ⓐ ADJ [*movement*] giratorio; [*blade*] rotativo, giratorio
Ⓑ CPD ► **Rotary Club** N Sociedad *f* Rotaria ► **rotary press** N prensa *f* rotativa

**rotate** [rəʊ'teɪt] Ⓐ VT hacer girar, dar vueltas a; [+ *crops*] alternar, cultivar en rotación; [+ *staff*] alternar; (*Comput*) [+ *graphics*] rotar, girar; **to ~ A and B** alternar A con B
Ⓑ VI girar, dar vueltas; [*staff*] alternarse

**rotating** [rəʊ'teɪtɪŋ] ADJ [*blade*] rotativo, giratorio; [*presidency*] rotatorio

**rotation** [rəʊ'teɪʃən] N rotación *f*; **~ of crops** rotación de cultivos; **in ~** por turnos; **orders are dealt with in strict ~** los pedidos se sirven por riguroso orden

**rotational** [rəʊ'teɪʃənəl] ADJ rotacional

**rotatory** [rəʊ'teɪtərɪ] ADJ rotativo

**rotavate** ['rəʊtəveɪt] VT trabajar con motocultor

**Rotavator**® ['rəʊtəveɪtəʳ] N (*Brit*) motocultor *m*

**rote** [rəʊt] Ⓐ N **by ~** de memoria; **to learn sth by ~** aprender algo a fuerza de repetirlo
Ⓑ CPD ► **rote learning** N **~ learning was the fashion** era costumbre aprender las cosas a fuerza de repetirlas

**rotgut**⁑ ['rɒtgʌt] N (*pej*) matarratas *m inv*

**rotisserie** [rəʊ'tɪsərɪ] N rotisserie *f*

**rotor** ['rəʊtəʳ] Ⓐ N rotor *m*
Ⓑ CPD ► **rotor arm** N (*Aut*) rotor *m* ► **rotor blade** N paleta *f* de rotor

**Rototiller**® ['rəʊtəʊtɪləʳ] N (*US*) motocultor *m*

**Rotovator**® ['rəʊtəveɪtəʳ] N (*Brit*) motocultor *m*

**rotproof** ['rɒtpruːf] ADJ a prueba de putrefacción, imputrescible

**rotten** ['rɒtn] Ⓐ ADJ 1 (*gen*) podrido; [*food*] pasado; [*tooth*] cariado, podrido; [*wood*] carcomido, podrido; **to smell ~** oler a podrido; *see also* **apple**
2 (*fig*) [*system, government*] corrompido; (*) (= *of bad quality*) pésimo, fatal*; **it's a ~ novel** es una novela pésima *or* malísima; **his English is ~** tiene un inglés fatal*; **how ~ for you!** ¡cuánto te compadezco!, ¡lo que habrás sufrido!; **he's ~ <u>at</u> chess** para el ajedrez es un desastre; **I <u>feel</u> ~** (= *ill*) me encuentro fatal*; (= *mean*) me siento culpable; **they made me suffer <u>something</u> ~*** me hicieron pasarlas negras; **what a ~ <u>thing</u> to do!** ¡qué maldad!; **what a ~ thing to happen!** ¡qué mala suerte!; **to be ~ <u>to</u> sb*** portarse como un canalla con algn; **what ~ <u>weather</u>!** ¡qué tiempo de perros!; **he's ~ <u>with</u> money** está podrido de dinero*
Ⓑ ADV (⁑) malísimamente, fatal*; **they played real ~** jugaron fatal*

**rottenly*** ['rɒtnlɪ] ADV **to behave ~ to sb** portarse como un canalla con algn

**rottenness** ['rɒtnnɪs] N podredumbre *f*; (*fig*) corrupción *f*

**rotter**†* ['rɒtəʳ] N (*Brit*) caradura* *mf*, sinvergüenza *mf*; **you ~!** ¡canalla!

**rotting** ['rɒtɪŋ] ADJ podrido, que se está pudriendo

**rotund** [rəʊ'tʌnd] ADJ [*person*] corpulento, rotundo

**rotunda** [rəʊ'tʌndə] N rotonda *f*

**rotundity** [rəʊ'tʌndɪtɪ] N corpulencia *f*

**rouble**, **ruble** (*US*) ['ruːbl] N rublo *m*

**roué** ['ruːeɪ] N libertino *m*

**Rouen** ['ruːɑ̃ːŋ] N Ruán *m*

**rouge** [ruːʒ] Ⓐ N colorete *m*, carmín *m*
Ⓑ VT **to ~ one's cheeks** ponerse colorete

**rough** [rʌf] Ⓐ ADJ (*compar* **rougher**; *superl* **roughest**) 1 (= *coarse*) [*surface, texture*] áspero, rugoso; [*skin*] áspero; [*cloth*] basto; [*hand*] calloso; ✦*IDIOM* **to give sb the ~ edge** *or* **side of one's tongue*** echar una buena bronca a algn
2 (= *uneven*) [*terrain*] accidentado, escabroso; [*road*] desigual, lleno de baches; [*track, ground*] desigual; [*edge*] irregular; **he'll be a good salesman once we knock off the ~ edges** será un buen vendedor una vez que lo hayamos pulido un poco
3 (= *harsh, unpleasant*) [*voice, sound*] ronco; [*wine*] áspero; [*life*] difícil, duro; [*climate, winter*] duro, severo
4 (= *not gentle*) [*behaviour, person, voice, manner*] brusco; [*words, tone*] severo, áspero; [*play, sport, game*] violento; [*neighbourhood, area*] malo, peligroso; **you're too ~** eres demasiado bruto; **he's a ~ <u>customer</u>** es un tipo peligroso; **to <u>get</u> ~** [*person*] ponerse bruto; [*game*] volverse violento; **children's toys must be able to withstand a lot of ~ <u>handling</u>** los juguetes de niños tienen que ser resistentes porque con frecuencia los tratan sin ningún cuidado; **he got ~ <u>justice</u>** recibió un castigo duro pero apropiado; **~ <u>stuff</u>*** violencia *f*; **there were complaints of ~ <u>treatment</u> at the hands of the police** hubo quejas de malos tratos a manos de la policía; **he came in for some ~ treatment in the press** fue objeto de duras críticas por parte de la prensa; **to be ~ <u>with</u> sb** ser brusco con algn; **to be ~ with sth** ser brusco con algo
5 (= *stormy*) [*sea*] agitado, encrespado; [*wind*] violento; [*weather*] tormentoso, tempestuoso; **we had a ~ <u>crossing</u>** el barco se movió mucho durante la travesía; **to <u>get</u> ~** [*sea*] embravecerse
6 (= *unpolished, crude*) [*person*] tosco, rudo; [*manners, speech*] tosco; [*shelter, table, tunic*] tosco, basto; [*gemstone*] en bruto; ✦*IDIOM* **he's a ~ diamond** es un diamante en bruto
7 (*) (= *hard, tough*) duro; **things are ~ now, but they will get better** las cosas están un poco difíciles ahora pero mejorarán; **to be ~ <u>on</u> sb** [*situation*] ser duro para algn; [*person*] ser duro con algn; **parents' divorce can be really ~ on children** el divorcio de los padres puede ser muy duro para los niños; **don't be so ~ on him, it's not his fault** no seas tan duro con él, no es culpa suya; **it's a bit ~ on him to have to do all the housework** no es muy justo que él tenga que hacer todo el trabajo de la casa; **to give sb a ~ <u>ride</u>** *or* **a ~ <u>time</u>** hacérselo pasar mal a algn; **to have a ~ time (of it)** pasarlo mal; ✦*IDIOM* **when the going gets ~** cuando las cosas se ponen feas
8 (*Brit**) (= *ill*) **"how are you?" — "a bit ~"** —¿cómo estás? —no muy bien; **to <u>feel</u> ~** encontrarse mal; **to <u>look</u> ~** tener muy mal aspecto *or* muy mala cara
9 (= *approximate*) [*calculation, estimate, description, outline*] aproximado; [*translation*] hecho a grandes rasgos, aproximado; **I would say 50 at a ~ <u>guess</u>** diría que 50 aproximadamente; **as a ~ <u>guide</u>, it should take about ten minutes** llevará unos diez minutos más o menos, llevará aproximadamente diez minutos; **can you give me a ~ <u>idea</u> of how long it will take?** ¿puedes darme una idea aproximada *or* más o menos una idea de cuánto tiempo llevará?
10 (= *preparatory*) [*work*] de preparación, preliminar; **~ <u>book</u>** cuaderno *m* de borrador; **~ <u>copy</u>** ◊ **~ <u>draft</u>** borrador *m*; **~ <u>paper</u>** papel *m* de borrador; **~ <u>plan</u>** ◊ **~ <u>sketch</u>** bosquejo *m*, boceto *m*
Ⓑ ADV **to <u>live</u> ~** vivir sin las comodidades más básicas; **to <u>play</u> ~** jugar duro; **to <u>sleep</u> ~** dormir a la intemperie; ✦*IDIOM* **to cut up ~***: **she cut up ~ when she discovered what had been going on** se puso hecha una furia cuando descubrió lo que había estado pasando
Ⓒ N 1 (= *person*) matón *m*, tipo *m* duro

[2] (= *draft*) borrador *m*; **we'll do it in ~ first** lo haremos primero en borrador
[3] ♦*IDIOM* **to take the ~ with the smooth** tomar las duras con las maduras
[4] (*Golf*) rough *m*, zona *f* de matojos
Ⓓ VT **to ~ it** vivir sin comodidades
Ⓔ CPD ► **rough puff pastry** N hojaldre *m*

►**rough in** VT + ADV [+ *shape, figure, outline*] esbozar, bosquejar

►**rough out** VT + ADV [+ *plan*] esbozar, bosquejar

►**rough up** VT + ADV [1] [+ *hair*] despeinar
[2] (*) **to ~ sb up** dar una paliza a algn

**roughage** ['rʌfɪdʒ] N (*for animals*) forraje *m*; (*for people*) alimentos *mpl* ricos en fibra

**rough-and-ready** ['rʌfən'redɪ] ADJ [*person*] tosco, burdo, basto; [*structure*] tosco, basto; [*accommodation*] humilde, sencillo; [*method*] improvisado

**rough-and-tumble** ['rʌfən'tʌmbl] N **the ~ play of young boys** las peleíllas *or* riñas de los chavales; **the ~ of life** los vaivenes de la vida; **the ~ of politics** los avatares *or* los altibajos de la política

**roughcast** ['rʌfkɑːst] N mezcla *f* gruesa

**roughen** ['rʌfn] Ⓐ VT [+ *skin*] poner áspero, dejar áspero; [+ *surface*] raspar; (*Carpentry*) desbastar
Ⓑ VI [*skin*] ponerse áspero; [*sea*] embravecerse; [*voice*] volverse ronco, enronquecer

**rough-hewn** ['rʌf'hjuːn] ADJ toscamente labrado; (*fig*) tosco, inculto

**roughhouse*** ['rʌfhaʊs] N (*pl* **roughhouses** ['rʌfhaʊzɪz]) trifulca* *f*, riña *f* general, reyerta *f*

**roughly** ['rʌflɪ] ADV [1] (= *approximately*) [*equal*] aproximadamente, más o menos; **he was ~ the same age/height as me** tenía aproximadamente *or* más o menos la misma edad/altura que yo; **~ similar** más o menos parecido; **~ translated** traducido a grandes rasgos *or* de forma aproximada
[2] (= *generally*) [*describe, outline*] en líneas generales, más o menos; **they fall ~ into two categories** en términos generales se dividen en dos categorías; **~ speaking, it means an increase of 10%** en líneas generales, supone un incremento del 10%; **~ speaking, it acts as a transformer** viene a actuar más o menos como un transformador; **~ speaking, his job is that of an administrator** su trabajo es, por así decirlo, de administrador
[3] (= *not gently*) [*push*] bruscamente; [*play*] de forma violenta; [*speak, order*] con brusquedad; **to treat sth/sb ~** tratar mal algo/tratar a algn con brusquedad
[4] (= *crudely*) [*constructed, built, carved*] toscamente; **to sketch sth ~** hacer un bosquejo de algo
[5] (*Culin*) [*chop*] en trozos grandes; [*slice*] en rodajas grandes

**roughneck*** ['rʌfnek] N (*US*) duro *m*, matón *m*

**roughness** ['rʌfnɪs] N [*of hands, surface*] aspereza *f*; [*of sea*] agitación *f*, encrespamiento *m*; [*of road*] desigualdad *f*; [*of person*] (= *brusqueness*) brusquedad *f*; (= *crudeness*) tosquedad *f*; (= *violence*) violencia *f*

**roughrider** ['rʌf,raɪdəʳ] N domador(a) *m/f* de caballos

**roughshod** ['rʌfʃɒd] ADV **to ride ~ over sth/sb** pisotear algo/a algn; **he thinks he can ride ~ over the wishes of the majority** se cree que puede saltarse a la torera *or* pisotear la voluntad de la mayoría

**rough-spoken** ['rʌf'spəʊkən] ADJ malhablado

**roulette** [ruː'let] N ruleta *f*

**Roumania** *etc* [ruː'meɪnɪə] = **Romania** *etc*

**round** [raʊnd]

> When *round* is an element in a phrasal verb, eg *ask round, call round, rally round*, look up the verb.

Ⓐ ADJ (*compar* **rounder**; *superl* **roundest**) (*gen*) redondo; [*sum, number*] redondo; **a ~ dozen** una docena redonda; **in ~ figures** *or* **numbers** en números redondos
Ⓑ ADV **the park is eight miles ~** el parque tiene un perímetro de ocho millas; **there is a fence all ~** está rodeado por un cercado; **it would be better all ~ if we didn't go** (*in every respect*) sería mejor en todos los sentidos que no fuéramos; (*for all concerned*) sería mejor para todos que no fuéramos; **all year ~** (durante) todo el año; **drinks all ~!** ¡pago la ronda para todos!; **we shook hands all ~** todos nos dimos la mano; **to ask sb ~** invitar a algn a casa *or* a pasar (por casa); **we were ~ at my sister's** estábamos en casa de mi hermana; **we'll be ~ at the pub** estaremos en el bar; **the wheels go ~** las ruedas giran *or* dan vuelta; **it flew round and round** voló dando vueltas; **the long way ~** el camino más largo; **it's a long way ~** es mucho rodeo; **the other/wrong way ~** al revés
Ⓒ PREP [1] (*of place etc*) alrededor de; **we were sitting ~ the table/fire** estábamos sentados alrededor de la mesa/en torno a la chimenea; **the wall ~ the garden** el muro que rodea el jardín; **a walk ~ the town** un paseo por la ciudad; **all the people ~ about** toda la gente alrededor; **all ~ the house** (*inside*) por toda la casa; (*outside*) alrededor de toda la casa; **she's 36 inches ~ the bust** tiene 90 de busto *or* de pecho; **~ the clock** (= *at any time*) a todas horas, a cualquier hora; (= *non-stop*) permanentemente, día y noche, las 24 horas del día; **~ the corner** a la vuelta de la esquina; **are you from ~ here?** ¿eres de por aquí?; **to look ~ the shop** echar una mirada por la tienda; **wear it ~ your neck** llévalo en el cuello; **he sells them ~ the pubs** los vende de bar en bar; **when you're ~ this way** cuando pases por aquí; **a trip ~ the world** un viaje alrededor del mundo
[2] (*esp Brit*) (= *approximately*) (*also* **~ about**) alrededor de, más o menos; **~ four o'clock** a eso de las cuatro; **~ about £50** alrededor de 50 libras, 50 libras más o menos; **somewhere ~ Derby** cerca de Derby; **somewhere ~ that sum** esa cantidad más o menos
[3] (= *using as theme*) **it's written ~ the Suez episode** tiene por tema principal el episodio de Suez
Ⓓ N [1] (= *circle*) círculo *m*; (= *slice*) tajada *f*, rodaja *f*; **a ~ of sandwiches** (*Brit*) un sandwich; **a ~ of toast** una tostada
[2] [*of postman, milkman etc*] recorrido *m*; [*of watchman*] ronda *f*; **the watchman was doing his ~** el vigilante estaba de ronda; **the story is going the ~s that ...** se dice *or* se rumorea que ...; **she did** *or* **went** *or* **made the ~s of the agencies** visitó *or* recorrió todas las agencias; **the story went the ~s of the club** el chiste se contó en todos los corrillos del club; **the doctor's on his ~s** el médico está haciendo sus visitas
[3] (*Boxing*) asalto *m*, round *m*; (*Golf*) partido *m*, recorrido *m*, vuelta *f*; (*Showjumping*) recorrido *m*; (*Cards*) (= *game*) partida *f*; (*in tournament*) vuelta *f*; **to have a clear ~** hacer un recorrido sin penalizaciones; **the first ~ of the elections** la primera vuelta de las elecciones
[4] [*of drinks*] ronda *f*; **whose ~ is it?** ¿a quién le toca (pagar)?; **it's my ~** yo invito, me toca a mí; **~ of ammunition** cartucho *m*, bala *f*, tiro *m*; **~ of applause** salva *f* de aplausos; **let's have a ~ of applause for ...** demos un fuerte aplauso a ...; **~ of shots** descarga *f*
[5] (= *series*) **the first ~ of negotiations** la primera ronda de negociaciones; **life was one long ~ of parties** la vida consistía en una sucesión constante de fiestas
[6] (= *routine*) **the daily ~** la rutina cotidiana
[7] **in the ~** (*Theat*) circular, en redondo
[8] (*Mus*) canon *m*
Ⓔ VT [1] (= *make round*) [+ *lips, edges*] redondear
[2] (= *go round*) [+ *corner*] doblar, dar la vuelta a; (*Naut*) doblar; **the ship ~ed the headland** el buque dobló el promontorio
Ⓕ CPD ► **round arch** N arco *m* de medio punto ► **round dance** N baile *m* en corro ► **round robin** N (= *request*) petición *f* firmada en rueda; (= *protest*) protesta *f* firmada en rueda ► **Round Table** N (*Hist*) Mesa *f* Redonda ► **round trip** N viaje *m* de ida y vuelta; **~ trip ticket** (*US*) billete *m* de ida y vuelta

►**round down** VT + ADV [+ *price etc*] redondear (rebajando)

►**round off** VT + ADV acabar, rematar; **to ~ off the evening** dar el remate a la fiesta

►**round on, round upon** VI + PREP volverse en contra de

►**round up** VT + ADV [+ *cattle*] acorralar, rodear; [+ *friends*] reunir; [+ *criminals*] coger, agarrar (*LAm*); [+ *figures*] redondear por arriba

**roundabout** ['raʊndəbaʊt] Ⓐ ADJ indirecto; **by a ~ way** dando un rodeo, por una ruta alternativa; **to speak in a ~ way** ir con rodeos, hablar con circunloquios
Ⓑ N [1] (*Brit*) (*at fair*) tiovivo *m*; (*in playground*) carrusel *m*, *plataforma giratoria que se instala en parques infantiles para que los niños la empujen y se monten*
[2] (*Brit Aut*) cruce *m* giratorio, glorieta *f*, rotonda *f* (*S. Cone*), redoma *f* (*Carib*)

**rounded** ['raʊndɪd] ADJ [1] (= *curved*) [*shape, hills, hips, shoulders*] redondeado; [*face*] redondo, relleno; [*handwriting*] redondo
[2] (= *complete, mature*) [*style, film, book*] pulido, maduro; [*individual*] maduro, equilibrado; [*character*] (*in novel etc*) bien desarrollado; [*education*] completo; [*flavour*] equilibrado
[3] (= *resonant*) [*vowel*] redondeado; **the beautifully ~ tone of the clarinet** el tono profundo y lleno de belleza del clarinete
[4] (*Culin*) [*tablespoon, dessertspoon*] casi colmado

**roundelay** ['raʊndɪleɪ] N (= *song*) canción *f* que se canta en rueda; (= *dance*) baile *m* en círculo

**rounders** ['raʊndəz] NSING (*Brit*) *juego similar al béisbol*

**round-eyed** ['raʊnd'aɪd] ADJ, ADV **to look at sb ~** mirar a algn con los ojos desorbitados

**round-faced** ['raʊnd'feɪst] ADJ de cara redonda

**Roundhead** ['raʊndhed] N (*Brit Hist*) cabeza *f* pelada

**roundhouse** ['raʊndhaʊs] N (*pl* **roundhouses** ['raʊndhaʊzɪz]) [1] (*Rail*) cocherón *m* circular, rotonda *f* para locomotoras
[2] (*Naut*††) chupeta *f*

**roundly** ['raʊndlɪ] ADV [*condemn, criticize*] duramente; [*reject, deny*] categóricamente, rotundamente; **he was ~ defeated in the election** sufrió una derrota aplastante en las elecciones

**round-necked** ['raʊnd,nekt] ADJ **~ pullover** jersey *m* de cuello cerrado *or* redondo

**roundness** ['raʊndnɪs] N redondez *f*, rotundidad *f*

**round-shouldered** ['raʊnd'ʃəʊldəd] ADJ cargado de espaldas

**roundsman** ['raʊndzmən] N (*pl* **roundsmen**) (*Brit*) repartidor *m or* proveedor *m* casero

**round-the-clock** ['raʊndðə'klɒk] ADJ (*surveillance etc*) de veinticuatro horas

**round-up** ['raʊndʌp] N (*Agr*) rodeo *m*; [*of suspects etc*] detención *f*; (*by police*) redada *f*; **a ~ of the latest news** un resumen de las últimas noticias

**roundworm** ['raʊndwɜːm] N lombriz *f* intestinal

**rouse** [raʊz] Ⓐ VT [+ *person*] despertar; [+ *interest*] despertar, suscitar; [+ *anger*] provocar; **to ~ sb from sleep** despertar a algn; **it ~d the whole house** despertó a todo el mundo; **to ~ sb to action** mover a algn a actuar; **to ~ sb to fury** enfurecer a algn; **to ~ o.s.** despertarse; **to ~ o.s. to do sth** animarse a hacer algo; **he ~d himself from his lazy contemplation of the scene** salió del ensimismamiento indiferente con el que contemplaba la escena
Ⓑ VI despertar, despertarse

**rousing** ['raʊzɪŋ] ADJ [*applause*] caluroso; [*song*] vivo, lleno de vigor; [*speech*] conmovedor; [*welcome*] emocionado, entusiasta

**Roussillon** [ruːsɪjɑ̃ŋ] N Rosellón *m*

**roustabout*** ['raʊstəbaʊt] N (*US*) peón *m*

**rout**[1] [raʊt] Ⓐ N (= *defeat*) derrota *f* aplastante; (= *flight*) desbandada *f*, fuga *f* desordenada
Ⓑ VT aplastar, derrotar aplastantemente; **the enemy was ~ed** (= *defeated*) el enemigo fue aplastado; (= *put to flight*) el enemigo salió en desbandada

**rout**[2] [raʊt] VI (*also* **~ about**) (= *search*) hurgar
► **rout out** VT + ADV [1] (= *force out*) **to ~ sb out** hacer salir a algn; **to ~ sb out of bed** sacar a algn de la cama
[2] (= *search for*) buscar; (= *discover*) desenterrar

**route** [ruːt] Ⓐ N [1] (*gen*) ruta *f*, camino *m*; [*of bus*] recorrido *m*; [*of ship*] rumbo *m*, derrota *f*; (= *itinerary*) itinerario *m*; (= *direction*) rumbo *m*; **Route 31** (*US*) Ruta 31; **the ~ to the coast** el camino de la costa; **to go by a new ~** seguir una ruta nueva; **shipping ~** vía *f* marítima; **air ~** ruta *f* aérea
[2] (*US*) [ruːt, raʊt] (= *delivery round*) recorrido *m*
Ⓑ VT fijar el itinerario de; (*Comput*) encaminar; **the train is now ~d through Derby** ahora el tren pasa por Derby
Ⓒ CPD ► **route map** N mapa *m* de carreteras ► **route march** N marcha *f* de entrenamiento

**routine** [ruː'tiːn] Ⓐ N [1] (= *normal procedure*) rutina *f*; **the daily ~** la rutina diaria; **the school ~** la rutina escolar; **she went through the ~ of introducing everyone** hizo las presentaciones de rigor; **as a matter of ~** como parte de la rutina; **people entering the country are asked certain questions as a matter of ~** como parte de la rutina a la gente que entra en el país se le hacen ciertas preguntas; **schoolchildren were tested for tuberculosis as a matter of ~** de forma rutinaria *or* rutinariamente se les hacía a los alumnos la prueba de la tuberculosis
[2] (*esp Theat*) número *m*; **dance ~** número *m* de baile; **exercise ~** tabla *f* de ejercicios
[3] (= *spiel*) **he gave me the old ~ about his wife not understanding him*** me vino con la historia de siempre de que su mujer no le entendía; **he went through his sales ~** metió el típico rollo de vendedor
[4] (*Comput*) rutina *f*
Ⓑ ADJ [*test, check-up, maintenance, inspection*] de rutina; [*matter, problem*] rutinario; [*work*] habitual, de rutina; **to make ~ enquiries** hacer averiguaciones rutinarias *or* de rutina; **it's just ~** es cosa de rutina; **reports of thefts had become almost ~** las denuncias de robos se habían convertido en algo casi habitual; **on a ~ basis** de forma rutinaria

**routinely** [ruː'tiːnlɪ] ADV [*use, check*] de forma rutinaria, rutinariamente; **the drug is ~ used to treat depression** el fármaco es utilizado rutinariamente para el tratamiento de la depresión; **she ~ works a 60-hour week** trabajar 60 horas por semana forma parte de su rutina

**routing** ['ruːtɪŋ] N (*Comput*) encaminamiento *m*

**rove** [rəʊv] Ⓐ VT vagar *or* errar por, recorrer
Ⓑ VI vagar, errar; **his eye ~d over the room** recorrió la habitación con la vista

**rover** ['rəʊvər] N vagabundo/a *m/f*

**roving** ['rəʊvɪŋ] ADJ (= *wandering*) errante; [*salesman*] ambulante; [*ambassador*] itinerante; [*reporter*] volante, sin puesto fijo; [*disposition*] andariego; **to have a ~ commission** (*fig*) tener vía libre para investigar donde sea necesario; **he has a ~ eye** se le van los ojos tras las faldas

**row**[1] [rəʊ] Ⓐ N (= *line*) fila *f*, hilera *f*; (*Theat etc*) fila *f*; [*of books, houses etc*] hilera *f*, fila *f*; (*in knitting*) pasada *f*, vuelta *f*; **in a ~** en fila; **in the front ~** en primera fila, en la fila uno; **in the fourth ~** en la cuarta fila, en la fila cuatro; **he killed four in a ~** mató cuatro seguidos, mató cuatro uno tras otro; **for five days in a ~** durante cinco días seguidos
Ⓑ CPD ► **row house** N (*US*) casa *f* adosada

**row**[2] [rəʊ] Ⓐ N (= *trip*) paseo *m* en bote de remos; **to go for a ~** pasearse *or* hacer una excursión en bote; **it was a hard ~ to the shore** nos costó llegar a la playa remando
Ⓑ VT [+ *boat*] remar; [+ *person*] llevar en bote; **you ~ed a good race** habéis remado muy bien; **he ~ed the Atlantic** cruzó el Atlántico a remo; **to ~ sb across a river** llevar a algn en bote al otro lado de un río; **can you ~ me out to the yacht?** ¿me lleva en bote al yate?
Ⓒ VI remar; **to ~ hard** esforzarse remando, hacer fuerza de remos; **he ~ed for Oxford** remó en el bote de Oxford; **to ~ against sb** competir con algn en una regata a remo; **we ~ed for the shore** remamos hacia la playa, nos dirigimos remando hacia la playa; **to ~ across a river** cruzar un río a remo; **to ~ round an island** dar la vuelta a una isla remando *or* a remo

**row**[3] [raʊ] (*esp Brit*) Ⓐ N [1] (= *noise*) ruido *m*, bulla* *f*; **the ~ from the engine** el ruido del motor; **it makes a devil of a ~** hace un ruido de todos los demonios; **hold your ~!** ◊ **stop your ~!** ¡cállate!
[2] (= *dispute*) bronca *f*, pelea *f*; **to have a ~** reñir, pelearse (*LAm*); **now don't let's start a ~** no riñamos; **the ~ about wages** la disputa acerca de los salarios
[3] (= *fuss, disturbance, incident*) jaleo *m*, escándalo *m*, lío *m*, follón *m* (*Sp*), bronca *f* (*esp LAm*); **what's the ~ about?** ¿a qué se debe el lío?; **to kick up** *or* **make a ~*** armar un lío; (= *protest*) poner el grito en el cielo
[4] (= *scolding*) regaño *m*, regañina *f*; **to get into a ~** ganarse una regañina (**for** por); **you'll get into a ~** te van a regañar
Ⓑ VI reñir, pelear (*LAm*); **they're always ~ing** siempre están riñendo; **to ~ with sb** reñir *or* pelearse con algn

**rowan** ['raʊən] N (*also* **~ tree**) serbal *m*; (= *berry*) serba *f*

**rowboat** ['rəʊbəʊt] N (*US*) = **rowing boat**

**rowdiness** ['raʊdɪnɪs] N escándalo *m*, alboroto *m*

**rowdy** ['raʊdɪ] Ⓐ ADJ (*compar* **rowdier**; *superl* **rowdiest**) [*person*] (= *loud*) escandaloso; (= *quarrelsome*) pendenciero; [*meeting etc*] alborotado, agitado
Ⓑ N (= *person*) (= *loud*) escandaloso/a *m/f*; (= *quarrelsome*) pendenciero/a *m/f*

**rowdyism** ['raʊdɪɪzəm] N disturbios *mpl*

**rower** ['rəʊər] N remero/a *m/f*

**rowing** ['rəʊɪŋ] Ⓐ N remo *m*
Ⓑ CPD ► **rowing boat** N (*Brit*) barca *f* de remos, bote *m* de remos ► **rowing club** N club *m* de remo ► **rowing machine** N máquina *f* de remo

**rowlock** ['rɒlək] N (*esp Brit*) tolete *m*, escálamo *m*, chumacera *f*

**royal** ['rɔɪəl] Ⓐ ADJ [1] real; **His/Her Royal Highness** Su Alteza Real; **the ~ "we"** el plural mayestático
[2] (= *splendid*) magnífico, espléndido, regio; **to have a right ~ time** pasarlo en grande
Ⓑ N (*) personaje *m* real, miembro *mf* de la familia real; **the ~s*** la realeza
Ⓒ CPD ► **the Royal Academy (of Arts)** N (*Brit*) la Real Academia (de Bellas Artes); → RA - ROYAL ACADEMY OF ARTS ► **the Royal Air Force** N las Fuerzas Aéreas Británicas ► **royal blue** N azul *m* marino intenso; *see also* **royal-blue** ► **Royal Commission** N (*Brit*) Comisión *f* Real ► **the Royal Engineers** NPL (*Brit*) el Cuerpo de Ingenieros ► **the royal family** N la familia real ► **the royal household** N la casa real ► **royal line** N familia *f* real, casa *f* real ► **the Royal Navy** N la Marina Británica ► **Royal Society** N (*Brit*) ≈ Real Academia *f* de Ciencias

**royal-blue** [ˌrɔɪəl'bluː] ADJ azul marino intenso; *see also* **royal**

**royalism** ['rɔɪəlɪzəm] N sentimiento *m* monárquico, monarquismo *m*

**royalist** ['rɔɪəlɪst] Ⓐ ADJ monárquico
Ⓑ N monárquico/a *m/f*

**royally** ['rɔɪəlɪ] ADV (*fig*) magníficamente, espléndidamente

**royalty** ['rɔɪəltɪ] N [1] realeza *f*, familia *f* real; **in the presence of ~** estando presente un miembro de la familia real, en presencia de la realeza; **a shop patronized by ~** una tienda que visita la familia real, una tienda donde la familia real hace compras
[2] (= *payment*) (*also* **royalties**) (*on books*) derechos *mpl* de autor; (*gen*) regalías *fpl*, royalti(e)s *mpl* (*LAm*)

**rozzer‡** ['rɒzər] N (*Brit*) poli* *mf*, guindilla *mf* (*Sp‡*), cana *mf* (*S. Cone‡*), tira *mf* (*Mex‡*)

**RP** Ⓐ N ABBR (*Brit Ling*) (= **Received Pronunciation**) *pronunciación estándar del inglés*; → ENGLISH, HOME COUNTIES
Ⓑ ABBR (*Post*) (= **reply paid**) CP

**RPI** N ABBR (= **Retail Price Index**) IPC *m*

**RPM** N ABBR = **resale price maintenance**

**rpm** N ABBR (= **revolutions per minute**) r.p.m.

**RR** ABBR (*US*) (= **Railroad**) FC, f.c.

**RRP** N ABBR (= **recommended retail price**) PVP *m*

**RSA** N ABBR [1] = **Republic of South Africa**
[2] (*Brit*) = **Royal Society of Arts**
[3] = **Royal Scottish Academy**

**RSC** N ABBR (*Brit*) = **Royal Shakespeare Company**

**RSC - ROYAL SHAKESPEARE COMPANY**

*La* **Royal Shakespeare Company** *o* **RSC** *es una compañía de teatro británica fundada en*

*1960 en Stratford-Upon-Avon, el lugar de nacimiento de William Shakespeare. Además de esta sede, la compañía cuenta en la actualidad con otro teatro en el complejo Barbican de Londres y, aunque están especializados en la representación de obras de Shakespeare, también ponen en escena obras de otros dramaturgos clásicos y contemporáneos. En los últimos años la* **RSC** *ha dedicado la mitad del año a hacer giras por todo el Reino Unido, lo que ha acrecentado aún más su popularidad, con la que ya contaba dada la fama internacional que han alcanzado sus representaciones.*

**RSI** N ABBR = **repetitive strain injury**

**RSM** N ABBR = **Regimental Sergeant Major**

**RSPB** N ABBR (*Brit*) = **Royal Society for the Protection of Birds**

**RSPCA** N ABBR (*Brit*) = **Royal Society for the Prevention of Cruelty to Animals**

**RSV** N ABBR = **Revised Standard Version**

**RSVP** ABBR = **répondez s'il vous plaît** (= *please reply*) S.R.C.

**rt** ABBR = **right**

**RTA** N ABBR = **road traffic accident**

**Rt Hon.** ABBR (*Brit*) (= **Right Honourable**) *título honorífico de diputado*

**Rt Rev.** ABBR (= **Right Reverend**) Rmo.

**RU** N ABBR = **Rugby Union**

**rub** [rʌb] Ⓐ N [1] (*gen*) **to give sth a ~** frotar algo; **to give one's shoes a ~ (up)** limpiar los zapatos; **to give the silver a ~** sacar brillo a la plata; **to give sb's back a ~** frotar la espalda de algn
[2] (*fig*) **there's the ~** ahí está el problema, ésa es la dificultad; **the ~ is that ...** el problema es que ...
Ⓑ VT (= *apply friction*) frotar; (*hard*) restregar, estregar; (*Med etc*) friccionar; (*to clean*) limpiar frotando; (= *polish*) sacar brillo a; **to ~ one's hands together** frotarse las manos; **to ~ sth dry** secar algo frotándolo; **to ~ a surface bare** alisar una superficie a fuerza de frotarla; **to ~ a cream into the skin** frotar la piel con una crema
Ⓒ VI **to ~ against/on sth** rozar algo

►**rub along*** VI + ADV (*Brit*) ir tirando; **I can ~ along in Arabic** me defiendo en árabe; **to ~ along with sb** llevarse *or* entenderse bastante bien con algn

►**rub away** VT + ADV (= *wipe away*) quitar frotando; (= *wear off*) desgastar

►**rub down** Ⓐ VT + ADV [1] [+ *body*] secar frotando; [+ *horse*] almohazar
[2] [+ *door, wall etc*] lijar
Ⓑ VI + ADV [*person*] secarse frotándose con una toalla

►**rub in** Ⓐ VT + ADV [1] [+ *ointment, cream*] aplicar frotando
[2] (*) **don't ~ it in!** ¡no me lo refriegues por las narices!
Ⓑ VT + PREP ✦*IDIOM* **to ~ sb's nose in it** *or* **in the dirt** restregarle algo a algn por las narices

►**rub off** Ⓐ VI + ADV [*dirt*] quitarse (frotando); [*writing, pattern*] borrarse; [*paint*] quitarse; **to ~ off on sb** (*fig*) pegarse a algn; **some of their ideas have ~bed off on him** se le han pegado algunas de sus ideas, ha hecho suyas algunas de sus ideas
Ⓑ VT + ADV [+ *writing, pattern*] borrar; [+ *dirt etc*] quitar (frotando); [+ *paint*] quitar

►**rub out** Ⓐ VT + ADV [1] (= *erase*) borrar
[2] (‡) (= *kill*) **to ~ sb out** cargarse a algn*
Ⓑ VI + ADV borrarse; **it ~s out easily** es fácil de quitar, se borra fácilmente

►**rub up** VT + ADV pulir, sacar brillo a; ✦*IDIOM* **to ~ sb up the wrong way** buscar las cosquillas a algn

**rub-a-dub** ['rʌbə'dʌb] N rataplán *m*

**rubber**[1] ['rʌbəʳ] Ⓐ N [1] (= *material*) goma *f*, caucho *m*, hule *m* (*LAm*), jebe *m* (*Col, Peru*)
[2] (*Brit*) (= *eraser*) goma *f* de borrar
[3] (*esp US*‡) (= *condom*) condón *m*, goma *f*
[4] (*Mech etc*) paño *m* de pulir
Ⓑ CPD [*ball, dinghy, gloves, boots*] de goma *etc*
► **rubber band** N goma *f*, gomita *f* ► **rubber boots** NPL (*US*) botas *fpl* de agua, botas *fpl* altas de goma ► **rubber bullet** N bala *f* de goma ► **rubber cement** N adhesivo *m* de goma ► **rubber cheque*** N (*Brit*) cheque *m* sin fondos ► **rubber dinghy** N lancha *f* neumática ► **rubber gloves** NPL guantes *mpl* de goma ► **rubber goods** NPL artículos *mpl* de goma ► **rubber industry** N industria *f* del caucho, industria *f* cauchera ► **rubber plant** N ficus *m inv* ► **rubber plantation** N cauchal *m* ► **rubber raft** N balsa *f* neumática ► **rubber ring** N (*for swimming*) flotador *m* ► **rubber solution** N disolución *f* de goma ► **rubber stamp** N estampilla *f* de goma; *see also* **rubber-stamp** ► **rubber tree** N árbol *m* gomero *or* de caucho

**rubber**[2] ['rʌbəʳ] N (*Cards*) partida *f*

**rubberize** ['rʌbəraɪz] VT engomar, cauchutar

**rubberized** ['rʌbəraɪzd] ADJ engomado, cauchutado, cubierto de goma

**rubberneck*** ['rʌbənek] (*US*) Ⓐ N mirón/ona *m/f*
Ⓑ VI curiosear

**rubber-stamp** [ˌrʌbə'stæmp] VT (*officially*) aprobar con carácter oficial; (*fig*) (= *without questioning*) aprobar maquinalmente; *see also* **rubber**

**rubbery** ['rʌbərɪ] ADJ gomoso, parecido a la goma

**rubbing** ['rʌbɪŋ] Ⓐ N [1] (= *act*) frotamiento *m*
[2] (= *brass rubbing*) calco *m*
Ⓑ CPD ► **rubbing alcohol** N (*US*) alcohol *m*

**rubbish** ['rʌbɪʃ] Ⓐ N [1] basura *f*
[2] (*) (*fig*) (= *goods, film etc*) basura *f*, birria *f*, porquería *f*; (*spoken, written*) tonterías *fpl*, disparates *mpl*; **he talks a lot of ~** no dice más que tonterías; **the book is ~** la novela es una basura
Ⓑ ADJ **to be ~ at sth** (*Brit**) (= *useless*) no tener ni idea de algo*, ser un negado* *or* (*Sp**) un manta en algo
Ⓒ VT (*) poner por los suelos
Ⓓ CPD ► **rubbish bin** N (*Brit*) cubo *m* de la basura, basurero *m* ► **rubbish chute** N rampa *f* de la basura ► **rubbish collection** N recogida *f* de basuras, recolección *f* de la basura ► **rubbish dump, rubbish heap** N basurero *m*, vertedero *m*, basural *m* (*LAm*)

**rubbishy*** ['rʌbɪʃɪ] ADJ (*esp Brit*) [*goods*] de pacotilla; [*film, novel etc*] que no vale para nada, malísimo

**rubble** ['rʌbl] N escombros *mpl*; **the town was reduced to ~** el pueblo quedó reducido a escombros

**rub-down** ['rʌbdaʊn] N (*gen*) masaje *m*, friega *f*; (*drying*) secada *f* con toalla; **to give o.s. a ~** secarse frotándose con una toalla

**rube**‡ [ru:b] N (*US*) patán *m*, palurdo *m*

**rubella** [rʊ'belə] N rubéola *f*

**Rubicon** ['ru:bɪkən] N Rubicón *m*; **to cross the ~** pasar el Rubicón

**rubicund** ['ru:bɪkənd] ADJ rubicundo

**rubidium** [ru:'bɪdɪəm] N rubidio *m*

**ruble** ['ru:bl] N (*US*) = **rouble**

**rubric** ['ru:brɪk] N rúbrica *f*

**ruby** ['ru:bɪ] Ⓐ N rubí *m*
Ⓑ ADJ (*in colour*) color rubí
Ⓒ CPD [*necklace, ring*] de rubí(es)

**RUC** N ABBR (= **Royal Ulster Constabulary**) *Policía de Irlanda del Norte*

**ruck**[1] [rʌk] N (*Racing*) grueso *m* del pelotón; (*Rugby*) melé *f*; (*fig*) gente *f*, común personas *fpl* corrientes; **to get out of the ~** empezar a destacar, adelantarse a los demás

**ruck**[2] [rʌk] Ⓐ N (*in clothing etc*) arruga *f*
Ⓑ VT (*also* **to ~ up**) arrugar
Ⓒ VI arrugarse

**ruckle** ['rʌkl] N, VT, VI = **ruck**[2]

**rucksack** ['rʌksæk] N (*esp Brit*) mochila *f*

**ruckus*** ['rʌkəs] N (*pl* **ruckuses**) (*US*) = **ructions**

**ructions** ['rʌkʃənz] N lío* *m*, follón *m*, jaleo *m*; **there will be ~** se va a armar la gorda

**rudder** ['rʌdəʳ] N (*Naut, Aer*) timón *m*

**rudderless** ['rʌdəlɪs] ADJ sin timón

**ruddiness** ['rʌdɪnɪs] N [*of complexion*] rubicundez *f*; [*of sky*] lo rojizo

**ruddy** ['rʌdɪ] ADJ (*compar* **ruddier**; *superl* **ruddiest**) [1] [*complexion*] rubicundo, coloradote; [*sky*] rojizo
[2] (*Brit*†‡ *euph*) maldito, condenado*

**rude** [ru:d] ADJ (*compar* **ruder**; *superl* **rudest**) [1] (= *impolite*) [*person*] grosero, maleducado; [*remark*] grosero; **to be ~ to sb** ser grosero con algn; **it's ~ to stare** mirar fijamente es de mala educación; **it was ~ of you to ignore him** ignorarlo fue una grosería por tu parte; **he was ~ about her new dress** hizo comentarios poco halagüeños respecto a su vestido nuevo; **how ~!** ¡qué poca educación!, ¡qué grosero!
[2] (= *indecent*) [*gesture*] grosero, obsceno; [*joke, song*] verde, colorado (*LAm*); **a ~ word** una grosería, una mala palabra
[3] (*liter*) (= *primitive*) [*shelter, table*] tosco, rudimentario; [*tool, device, implement*] burdo, rudimentario
[4] (*liter*) (= *unexpected and unpleasant*) **a ~ awakening** una sorpresa muy desagradable; **a ~ shock** un golpe inesperado
[5] (*liter*) (= *vigorous*) **to be in ~ health** gozar de muy buena salud, estar más sano que un roble

**rudely** ['ru:dlɪ] ADV [1] (= *impolitely*) [*say, interrupt, stare*] groseramente; [*push*] bruscamente; **before I was so ~ interrupted** antes de que me interrumpieran tan groseramente *or* de forma tan grosera
[2] (= *crudely*) [*carved, shaped*] toscamente, de forma rudimentaria
[3] (= *unexpectedly*) bruscamente; **she was ~ awakened** la despertaron bruscamente; (*fig*) le dieron una sorpresa muy desagradable

**rudeness** ['ru:dnɪs] N [1] (= *impoliteness*) [*of person, behaviour*] grosería *f*, falta *f* de educación; [*of reply, remark*] falta *f* de educación
[2] (= *obscenity*) grosería *f*
[3] (= *primitiveness*) [*of shelter, table*] tosquedad *f*, lo rudimentario; [*of tool, device, implement*] lo burdo, lo rudimentario

**rudiment** ['ru:dɪmənt] N (*Bio*) rudimento *m*; **rudiments** rudimentos *mpl*, primeras nociones *fpl*

**rudimentary** [ˌru:dɪ'mentərɪ] ADJ (*gen*) rudimentario; (*Bio*) rudimental; **he has ~ Latin** tiene las primeras nociones de latín, sabe un poquito de latín

**rue**[1] [ru:] VT arrepentirse de, lamentar; **you shall ~ it** te arrepentirás de haberlo hecho; **I ~ the day when I did it** ojalá no lo hubiera hecho nunca; **he lived to ~ it** vivió para arrepentirse

➤ LANGUAGE IN USE: RSVP 25.2

**rue²** [ruː] N (*Bot*) ruda *f*

**rueful** [ˈruːfʊl] ADJ (= *sorrowful*) triste; (= *repentant*) arrepentido

**ruefully** [ˈruːfəlɪ] ADV (= *sorrowfully*) tristemente; (= *with repentance*) con arrepentimiento

**ruefulness** [ˈruːfʊlnɪs] N (= *sorrowfulness*) tristeza *f*; (= *repentance*) arrepentimiento *m*

**ruff¹** [rʌf] N 1 (*Dress*) gorguera *f*, gola *f*
2 (*Orn, Zool*) collarín *m*

**ruff²** [rʌf] (*Cards*) Ⓐ N 1 (= *game*) *viejo juego de cartas similar al whist*
2 (= *act of trumping*) fallo *m*
Ⓑ VT fallar

**ruffian** [ˈrʌfɪən] N rufián *m*

**ruffianly** [ˈrʌfɪənlɪ] ADJ brutal

**ruffle** [ˈrʌfl] Ⓐ N arruga *f*; (*Sew*) volante *m* fruncido; (= *ripple*) rizo *m*
Ⓑ VT [+ *surface of water*] agitar, rizar; [+ *hair*] despeinar; [+ *feathers*] erizar; [+ *fabric*] fruncir; [+ *bedclothes*] arrugar; **nothing ~s him** no se altera por nada; **she wasn't at all ~d** no se perturbó en lo más mínimo; ✦***IDIOMS*** **to ~ sb's feathers** herir las susceptibilidades de algn; **to smooth sb's ~d feathers** alisar las plumas erizadas de algn

**rug** [rʌg] N 1 (= *floor-mat*) alfombrilla *f*, tapete *m*; ✦***IDIOM*** **to pull the ~ from under sb** *or* **sb's feet** mover la silla para que algn se caiga
2 (*esp Brit*) (= *wrap*) manta *f*; **travel(ling) ~** manta *f* de viaje
3 (* *hum*) (= *wig*) peluquín *m*

**rugby** [ˈrʌgbɪ] Ⓐ N (*also* **~ football**) rugby *m*
Ⓑ CPD [*player, match*] de rugby ► **rugby league** N rugby *m* a trece

**RUGBY**

*Se cree que el rugby comenzó a jugarse en el colegio* **Rugby** *de Inglaterra en 1823. Sin embargo, cuando la* **Rugby Football Union** *estableció las reglas de este deporte, el juego profesional quedó prohibido, por lo que un grupo decidió formar el* **Rugby League**, *lo que dio origen a dos tipos distintos de rugby. El* **Rugby League** *se juega con 13 jugadores por equipo, tiene sus propias reglas y sistema de tanteo y sus jugadores pueden ser profesionales. Se juega sobre todo en el norte de Inglaterra y Australia.*
*Por su parte, el* **Rugby Union** *se juega con equipos compuestos por 15 jugadores y es un deporte muy popular en todo el mundo. El carácter amateur de esta versión del rugby se mantuvo hasta 1995, año en que la Federación Internacional de este deporte (***International Rugby Board***) decidió permitir que los jugadores y directivos pudiesen cobrar. Como deporte escolar en el Reino Unido, el rugby es frecuente en los colegios privados, mientras que, en los colegios públicos, el fútbol es el deporte más extendido.*

**rugged** [ˈrʌgɪd] ADJ 1 (= *rough*) [*terrain, landscape*] accidentado, escabroso; [*coastline, mountains*] escarpado; **the ~ beauty of the island** la belleza violenta de la isla
2 (= *strongly built, angular*) [*features*] duro; [*man*] de rasgos duros
3 (= *tough*) [*personality, character*] duro, áspero; [*conditions*] duro; [*individualism*] fuerte; [*determination*] inquebrantable; **hill farmers are a ~ breed** los ganaderos de las montañas son una raza dura de pelar
4 (= *unrefined*) [*manners, character*] tosco, rudo
5 (= *durable*) [*machine, clothing*] resistente; [*construction*] fuerte, resistente

**ruggedness** [ˈrʌgɪdnɪs] N [*of terrain*] lo accidentado, lo escabroso; [*of coastline*] lo escarpado; [*of features*] dureza *f*; [*of character*] (= *toughness*) aspereza *f*; (= *lack of refinement*) tosquedad *f*, rudeza *f*; [*of conditions*] dureza *f*; [*of machine, clothing, construction*] resistencia *f*

**rugger*** [ˈrʌgəʳ] N (*Brit*) = **rugby**

**ruin** [ˈruːɪn] Ⓐ N 1 (= *building*) ruina *f*; **the ~s of a castle** las ruinas *or* los restos de un castillo; **to fall into ~** convertirse en ruinas; **the town lay** *or* **was in ~s** la ciudad estaba en ruinas
2 (*fig*) ruina *f*, perdición *f*; **he faced the prospect of financial ~** se enfrentaba a la posibilidad de la ruina económica *or* de acabar en la bancarrota; **her hopes were in ~s** sus esperanzas estaban destruidas; **my life/career is in ~s** mi vida/carrera está destruida *or* arruinada; **drink will be his ~** *or* **the ~ of him** el alcohol será su ruina *or* su perdición; **the country has gone to ~** el país se ha arruinado; *see also* **rack²**
Ⓑ VT 1 (= *destroy*) [+ *reputation, career, life*] arruinar, destruir; [+ *hopes*] destruir, echar por tierra; [+ *plans*] estropear, echar por tierra; **it ~ed his chances of playing in the final** dio al traste con sus posibilidades de jugar en la final
2 (= *spoil*) [+ *clothes, car*] estropear, destrozar; [+ *meal, event, eyesight*] estropear; **look at my dress, it's ~ed!** mira mi vestido, ¡está destrozado!; **don't eat that now, you'll ~ your appetite** no te comas eso ahora, se te quitarán las ganas de comer; **their chatter ~ed my enjoyment of the concert** su charla no me dejó disfrutar del concierto
3 [+ *person*] (*financially*) arruinar; (*morally*) perder; **what ~ed him was gambling** lo que le perdió fue el juego, el juego fue su ruina

**ruination** [ˌruːɪˈneɪʃən] N ruina *f*, perdición *f*

**ruined** [ˈruːɪnd] ADJ [*building*] en ruinas; [*reputation, career, life*] arruinado; [*hopes*] defraudado; [*plans*] frustrado

**ruinous** [ˈruːɪnəs] ADJ ruinoso

**ruinously** [ˈruːɪnəslɪ] ADV ruinosamente; **~ expensive** carísimo, de lo más caro

**rule** [ruːl] Ⓐ N 1 (= *regulation*) regla *f*, norma *f*; **rules** [*of competition*] bases *fpl*; **it's the ~s** son las reglas, ésa es la norma; **the ~s of the game** las reglas del juego; **the ~s of chess** las reglas del ajedrez; **school ~s** reglamento *msing* escolar; **it's a ~ that all guests must vacate their rooms by 10a.m.** por norma los clientes tienen que dejar la habitación antes de las 10 de la mañana; **running is against the ~s** ◊ **it's against the ~s to run** está prohibido correr; **to break the ~s** infringir las reglas *or* las normas *or* el reglamento; **to make the ~s** dictar las normas; **in my job I'm allowed to make my own ~s** en mi trabajo se me permite decidir cómo se hacen las cosas; **to play by the ~s** (*fig*) obedecer las reglas *or* las normas; **I couldn't stand a life governed by ~s and regulations** no soportaría una vida llena de reglas y normas; **~s of the road** normas *fpl or* reglamento *m* de tráfico *msing see also* **bend B1**, **golden**, **ground**, **work B1**
2 (= *guiding principle*) regla *f*; **~ of three** (*Math*) regla *f* de tres; **~ of thumb** regla *f* general; **as a ~ of thumb, a bottle of wine holds six glasses** por regla general, una botella de vino da para seis vasos; **I just do it by ~ of thumb** lo hago simplemente siguiendo mi criterio
3 (= *habit, custom*) norma *f*; **short haircuts became the ~** el pelo corto se convirtió en la norma; **as a (general) ~** por regla general, en general, normalmente; **he makes it a ~ to get up early** tiene por norma *or* por sistema levantarse temprano; *see also* **exception**
4 (= *government*) gobierno *m*; (= *reign*) reinado *m*; **military/one-party ~** gobierno *m* militar/unipartidista; **the ~ of law** el imperio de la ley; **under British ~** bajo el dominio británico; **under the ~ of Louis XV** bajo el reinado de Luis XV
5 (*for measuring*) regla *f*
Ⓑ VT 1 (= *govern*) gobernar; ✦***IDIOM*** **to ~ the roost** llevar la batuta
2 (= *dominate, control*) controlar, dominar; **you shouldn't let work ~ your life** no deberías permitir que el trabajo controlara *or* dominara tu vida; **Mars ~s Aries** Aries está bajo la influencia de Marte; *see also* **heart A2**
3 (*esp Jur*) (= *declare*) dictaminar; **the court has ~d the strike to be illegal** el tribunal ha dictaminado que la huelga es ilegal; **the motion was ~d out of order** se decidió que la moción no procedía
4 (= *draw*) [+ *line*] trazar; (= *draw lines on*) [+ *paper*] reglar; *see also* **ruled**
Ⓒ VI 1 (= *govern*) gobernar; [*monarch*] reinar; **to ~ over sth/sb** gobernar algo/a algn; **the king ~d over his subjects wisely** el rey gobernaba a sus súbditos con sabiduría; **the British ~d over a vast empire** los británicos poseyeron un vasto imperio; **the ancient dynasties that ~d over China** las viejas dinastías que reinaban en China; **one god who ~s over all mankind** un dios que tiene poder sobre toda la humanidad; *see also* **rod**
2 (= *prevail*) reinar; **United ~s OK** (*in graffiti*) ¡aúpa United!, ¡arriba United!
3 (= *decide*) [*chairman, president*] decidir, resolver; [*judge, jury*] fallar; **to ~ against sth/sb** fallar *or* resolver en contra de algo/algn; **to ~ in favour of sth/sb** fallar en *or* a favor de algo/algn, resolver en *or* a favor de algo/algn; **to ~ on sth** fallar *or* resolver *or* decidir en algo
Ⓓ CPD ► **rule book** N reglamento *m*; **we'll do it by** *or* **go by the ~ book** lo haremos de acuerdo con las normas

►**rule off** VT + ADV 1 (*with ruler*) separar con una línea
2 (*Comm*) [+ *account*] cerrar

►**rule out** VT + ADV 1 (= *exclude*) [+ *action, possibility*] descartar, excluir; [+ *candidate*] excluir; **military intervention has not been ~d out** no se ha descartado una intervención militar; **a back injury has ~d him out of the match** una lesión en la espalda lo ha excluido del partido; **the age limit ~s him out** el límite de edad lo excluye, queda excluido por el límite de edad
2 (= *make impossible*) hacer imposible, imposibilitar; **the TV was on, effectively ruling out conversation** la televisión estaba puesta, lo que de hecho hacía imposible *or* imposibilitaba toda conversación

**RULE BRITANNIA**

**Rule Britannia** *es una canción patriótica que data de 1740. La letra, escrita por el poeta escocés James Thomson, celebra el control marítimo del que Gran Bretaña disfrutaba en aquella época. Aunque algunos critican el tono excesivamente chovinista de la canción,* **Rule Britannia** *aún se canta en algunas celebraciones de carácter patriótico, como la* **Last Night of the Proms**. *El estribillo reza así:* **Rule Britannia, Britannia rule the waves, Britons never never never shall be slaves.**
⇨ *Ver tb* PROM

**ruled** [ruːld] ADJ [*paper*] de rayas, pautado

**ruler** [ˈruːləʳ] N [1] (= *person*) gobernante *mf*; (= *monarch*) soberano/a *m/f*
[2] (*for measuring*) regla *f*

**ruling** [ˈruːlɪŋ] Ⓐ ADJ [1] (= *governing*) [*class, body*] dirigente; [*party*] en el poder; [*monarch*] reinante; **~ planet** (*Astrol*) planeta *m* dominante
[2] (= *predominant*) [*passion, factor*] dominante
[3] (*Fin*) [*price*] que rige, vigente
Ⓑ N (*Jur*) fallo *m*, resolución *f*; (*Admin, Sport*) decisión *f*; **to give a ~ on a dispute** fallar en una disputa

**rum¹** [rʌm] Ⓐ N (= *drink*) ron *m*
Ⓑ CPD ► **rum toddy** N *ron con agua caliente y azúcar*

**rum²*†** [rʌm] ADJ (*Brit*) raro

**Rumania** *etc* [ruːˈmeɪnɪə] = **Romania** *etc*

**rumba** [ˈrʌmbə] N rumba *f*

**rumble¹** [ˈrʌmbl] Ⓐ N [*of traffic etc*] ruido *m* sordo, retumbo *m*, rumor *m*; [*of thunder etc*] estruendo *m*; [*of tank, heavy vehicle*] estruendo *m*; **~s of discontent** murmullos *mpl* de descontento
Ⓑ VI [*thunder*] retumbar; [*guns*] hacer un ruido sordo; [*stomach*] sonar, hacer ruidos; **the train ~d past** el tren pasó con estruendo
Ⓒ CPD ► **rumble seat** N (*US Aut*) asiento *m* trasero exterior ► **rumble strip** N banda *f* sonora

►**rumble on** VI + ADV (*Brit*) [*argument, scandal*] colear, seguir coleando; **he ~d on another half-hour*** se enrolló media hora más*

**rumble²*** [ˈrʌmbl] VT (*Brit*) calar, pillar; **we've been ~d** nos han calado *or* pillado; **I soon ~d what was going on** pronto me olí lo que estaban haciendo

**rumbling** [ˈrʌmblɪŋ] N = **rumble¹ A**

**rumbustious*** [rʌmˈbʌstʃəs] ADJ (*Brit*) bullicioso, ruidoso

**ruminant** [ˈruːmɪnənt] Ⓐ ADJ rumiante
Ⓑ N rumiante *m*

**ruminate** [ˈruːmɪneɪt] Ⓐ VI (*lit, fig*) rumiar; **to ~ on sth** rumiar algo
Ⓑ VT (*lit, fig*) rumiar

**rumination** [ˌruːmɪˈneɪʃən] N (= *act*) rumia *f*; (= *thought*) meditación *f*, reflexión *f*

**ruminative** [ˈruːmɪnətɪv] ADJ [1] (*Bio*) rumiante
[2] (*fig*) pensativo, meditabundo

**ruminatively** [ˈruːmɪnətɪvlɪ] ADV pensativamente; **"I hope so", he said ~** —espero que sí —dijo pensativo

**rummage** [ˈrʌmɪdʒ] Ⓐ VI hurgar; **he ~d in his pocket and produced a key** hurgando en el bolsillo sacó una llave; **to ~ about** revolverlo todo, buscar revolviéndolo todo; **to ~ about in a drawer** hurgar *or* revolver en un cajón
Ⓑ N (*US*) (= *clothes*) ropa *f* usada; (= *bric-à-brac*) objetos *mpl* usados
Ⓒ CPD ► **rummage sale** N (*US*) venta *f* de objetos usados (*con fines benéficos*)

**rummy¹*** [ˈrʌmɪ] Ⓐ ADJ (*Brit*) = **rum²**
Ⓑ N (*US**) (= *drunk*) borracho/a *m/f*

**rummy²** [ˈrʌmɪ] N (*Cards*) rummy *m*

**rumour, rumor** (*US*) [ˈruːməʳ] Ⓐ N rumor *m*; **~ has it that …** se rumorea que …, corre la voz de que …
Ⓑ VT **it is ~ed that …** se rumorea que …, corre la voz de que …; **he is ~ed to be rich** se rumorea que es rico

**rump** [rʌmp] Ⓐ N [1] (*Anat*) [*of horse etc*] ancas *fpl*, grupa *f*; [*of bird*] rabadilla *f*; (*) [*of person*] trasero *m*; (*Culin*) cuarto *m* trasero, cadera *f*
[2] (*esp Brit*) [*of party etc*] parte *f* que queda; **there's just a ~ left** quedan solamente unos pocos
Ⓑ CPD ► **rump steak** N filete *m* de lomo de vaca *or* (*LAm*) de res

**rumple** [ˈrʌmpl] VT arrugar; [+ *hair*] despeinar

**rumpus*** [ˈrʌmpəs] Ⓐ N (*pl* **rumpuses**) lío* *m*, jaleo *m*; **to kick up a ~** armar un lío* *or* un jaleo
Ⓑ CPD ► **rumpus room** N (*US*) cuarto *m* de los niños, cuarto *m* de juegos

**run** [rʌn] (*vb: pt* **ran**; *pp* **run**) Ⓐ N [1] (= *act of running*) carrera *f*; **at a ~** corriendo, a la carrera; **to go at a steady ~** correr a un paso regular; **to break into a ~** echar a correr, empezar a correr; **to go for/have a ~ before breakfast** (salir a) correr antes del desayuno; **to make a ~ for it** (= *escape*) darse a la fuga, huir; (= *move quickly*) echarse a correr; **we shall have to make a ~ for it** tendremos que correr; **to be on the ~** (*from police*) estar huido de la justicia, ser fugitivo; **a prisoner on the ~** un preso fugado; **he's on the ~ from prison** (se) escapó *or* se fugó de la cárcel; **he's on the ~ from his creditors** se está escapando de sus acreedores; **to keep sb on the ~** mantener a algn en constante actividad; **we've got them on the ~** (*Mil etc*) los hemos puesto en fuga; (*fig*) están casi vencidos; ✦***IDIOM* to give sb a ~ for their money** hacer sudar a algn; **he's had a good ~ (for his money)*** (*on sb's death*) ha tenido una vida larga y bien aprovechada
[2] (= *outing in car etc*) vuelta *f*, paseo *m*, excursión *f*; **let's go for a ~ down to the coast** vamos a dar una vuelta por la costa
[3] (= *journey*) viaje *m*; (*Aer, Rail etc*) (= *route*) ruta *f*, línea *f*; **it's a short ~ in the car** es un breve viaje en coche; **it's a 30-minute ~ by bus** en autobús se tarda 30 minutos; **the Calais ~** la ruta de Calais; **the Plymouth-Santander ~** la línea Plymouth-Santander, el servicio de Plymouth a Santander; **the boat no longer does that ~** el barco ya no hace esa ruta
[4] (= *sequence*) serie *f*; **in the long ~** a la larga; **a ~ of luck** una racha de suerte; **a ~ of bad luck** una racha *or* temporada de mala suerte; **in the short ~** a plazo corto; **a ~ of five wins** una racha de cinco victorias
[5] (*Theat, TV*) temporada *f*; **the play had a long ~** la obra se mantuvo mucho tiempo en cartelera; **when the London ~ was over** al terminarse la serie de representaciones en Londres
[6] (= *generality*) **the common ~** lo común y corriente; **it stands out from the general ~ of books** destaca de la generalidad de los libros
[7] (= *trend*) **the ~ of the market** la tendencia del mercado; **they scored against the ~ of play** marcaron un gol cuando menos se podía esperar
[8] (*Comm, Fin*) (= *increased demand*) gran demanda *f*; **there was a ~ on sugar** el azúcar tenía mucha demanda; **a ~ on the banks** una gran demanda de fondos en los bancos; **a ~ on sterling** una gran demanda de libras esterlinas
[9] (*for animals*) corral *m*; **ski ~** pista *f* de esquí
[10] (*Cards*) escalera *f*
[11] (*Cricket, Baseball*) carrera *f*; **to make** *or* **score a ~** hacer *or* anotar(se) una carrera; → CRICKET
[12] (*Publishing*) **a ~ of 5,000 copies** una tirada de 5.000 ejemplares
[13] (*in tights*) carrera *f*
[14] (*Mus*) carrerilla *f*
[15] (*Aer etc*) (= *raid*) ataque *m*; **a bombing ~** un bombardeo
[16] (*US Pol*) (= *bid for leadership*) carrera *f*, campaña *f*
[17] (= *access, use*) **they gave us the ~ of their garden** nos dejaron usar su jardín; **to have the ~ of sb's house** tener el libre uso de la casa de algn
[18] **to have the ~s*** andar muy suelto*, tener cagalera‡
Ⓑ VT [1] (*gen*) correr; **she ran 20km** corrió 20km; **to ~ the 100 metres** participar en *or* correr los 100 metros lisos; **let things ~ their course** (*fig*) deja que las cosas sigan su curso; **to ~ errands** hacer recados; **to ~ a horse** correr un caballo; **to ~ a race** participar en una carrera; **the race is ~ over four km** la carrera se hace sobre una distancia de cuatro km; **you ran a good race** corriste muy bien; ✦***IDIOMS* to ~ sb close** casi alcanzar a algn, ir pisando los talones a algn; **to ~ it close** *or* **fine** dejarse muy poco tiempo; **to be ~ off one's feet** estar ocupadísimo; *see also* **mile**
[2] (= *take, drive*) **to ~ a boat ashore** varar una embarcación; **this will ~ you into debt** esto te endeudará; **I'll ~ you home** te llevo a casa; **to ~ a car into a lamppost** estrellar un coche contra un farol; **to ~ sb into town** llevar a algn (en coche) a la ciudad; **the sheriff ran him out of town** el sheriff lo echó del pueblo
[3] (= *put, move*) **to ~ a comb through one's hair** peinarse rápidamente; **to ~ one's eye over a letter** echar un vistazo a una carta; **to ~ a fence round a field** poner una valla alrededor de un campo; **to ~ one's fingers through sb's hair** pasar los dedos por el pelo de algn; **let me ~ this idea past you** (*US*) a ver qué piensas de esta idea; **to ~ a pipe through a wall** pasar un tubo por una pared; **to ~ water into a bath** hacer correr agua en un baño, llenar un baño de agua; **to ~ one's words together** comerse las palabras, hablar atropelladamente
[4] (= *organize etc*) [+ *business, hotel etc*] dirigir, llevar; [+ *country*] gobernar; [+ *campaign, competition*] organizar; **she's the one who really ~s everything** la que en realidad lo dirige todo es ella; **the school ~s courses for foreign students** la escuela organiza cursos para estudiantes extranjeros; **to ~ the house for sb** llevar la casa a algn; **a house which is easy to ~** una casa de fácil manejo; **he wants to ~ my life** quiere organizarme la vida; **they ran a series of tests on the product** llevaron a cabo *or* efectuaron una serie de pruebas con el producto
[5] (*esp Brit*) (= *operate, use*) [+ *car*] tener; [+ *machine*] hacer funcionar, hacer andar; [+ *train*] poner; (*Comput*) [+ *programme*] ejecutar; **to ~ a new bus service** poner en funcionamiento un nuevo servicio de autobuses; **we don't ~ a car** no tenemos coche; **he ~s two cars** tiene dos coches; **the car is very cheap to ~** el coche gasta muy poco *or* tiene muy pocos gastos de mantenimiento; **you can ~ this machine on gas** puedes hacer funcionar esta máquina a gas; **you can ~ it on** *or* **off the mains** funciona con corriente de la red; **they ran an extra train** pusieron un tren suplementario
[6] (= *enter in contest*) **the liberals are not ~ning anybody this time** esta vez los liberales no tienen candidato; **to ~ a candidate** presentar (un) candidato; **to ~ a horse** correr un caballo
[7] (= *publish*) [+ *report, story*] publicar, imprimir

8 (= *smuggle*) [+ *guns, whisky*] pasar de contrabando
9 (= *not stop for*) **to ~ a blockade** saltarse un bloqueo, burlar un bloqueo; **to ~ a stoplight** (*US*) saltarse un semáforo en rojo; *see also* **gauntlet**, **risk**, **temperature**
Ⓒ VI 1 (*gen*) correr; (*in race*) competir, correr, tomar parte; (= *flee*) huir; **to ~ across the road** cruzar la calle corriendo; **to ~ down the garden** correr por el jardín; **to ~ downstairs** bajar la escalera corriendo; **to ~ for a bus** correr tras el autobús; **we shall have to ~ for it** (= *move quickly*) tendremos que correr; (= *escape*) habrá que darse a la fuga; **to ~ for all one is worth** ◊ **~ like the devil** correr a todo correr; **~ for your lives!** ¡sálvese el que pueda!; **to ~ to help sb** correr al auxilio de algn; **to ~ to meet sb** correr al encuentro de algn; **he ran up to me** se me acercó corriendo; **he ran up the stairs** subió la escalera corriendo; **✦IDIOM he's trying to ~ before he can walk** (*Brit*) quiere empezar la casa por el tejado
2 (*of bus service etc*) **the train ~s between Glasgow and Edinburgh** el tren circula entre Glasgow y Edimburgo; **the bus ~s every 20 minutes** hay un autobús cada 20 minutos; **there are no trains ~ning to Toboso** no hay servicio de trenes a Toboso; **steamers ~ daily between the two ports** hay servicio diario de vapores entre los dos puertos; **that train does not ~ on Sundays** ese tren no circula los domingos
3 (*Naut*) **to ~ aground** encallar; **to ~ before the wind** navegar con viento a popa
4 (= *function*) funcionar; **the car is not ~ning well** el coche no funciona bien; **you mustn't leave the engine ~ning** no se debe dejar el motor en marcha; **the lift isn't ~ning** el ascensor no funciona; **it ~s off the mains** funciona con corriente de la red; **it ~s on petrol** funciona con gasolina, tiene motor de gasolina; **things did not ~ smoothly for them** (*fig*) las cosas no les fueron bien
5 (= *extend*) 5·1 (*in time*) **the contract has two years left to ~** al contrato le quedan dos años de duración; **the contract ran for seven years** el contrato duró siete años; **it ~s in the family** [*characteristic*] viene de familia; [*disease*] es algo genético; **the play ran for two years** la obra estuvo dos años en cartelera; **the play ran for 200 performances** la obra tuvo 200 representaciones seguidas; **the programme ran for an extra ten minutes** el programa se prolongó diez minutos, el programa duró diez minutos de más; **the sentences will ~ concurrently** las condenas se cumplirán al mismo tiempo; **it ~s through the whole history of art** afecta toda la historia del arte, se observa en toda la historia del arte
5·2 (*in space*) **he has a scar ~ning across his chest** tiene una cicatriz que le atraviesa el pecho; **the road ~s along the river** la carretera va a lo largo del río; **a fence ~s along that side** hay una cerca por ese lado; **the road ~s by our house** la carretera pasa delante de nuestra casa; **the path ~s from our house to the station** el sendero va de nuestra casa a la estación; **this street ~s into the square** esta calle desemboca en la plaza; **a balcony ~s round the hall** una galería se extiende a lo largo del perímetro de la sala; **the city has walls ~ning right round it** la ciudad está completamente rodeada por una muralla; **the ivy ~s up the wall** la hiedra trepa por la pared
6 (= *flow*) correr; (*Med*) [*sore*] supurar; **your bath is ~ning** tienes el baño llenándose; **blood ran from the wound** la sangre manaba de la herida, la herida manaba sangre; **to ~ dry** [*river, well*] secarse; [*resources*] agotarse; **the milk ran all over the floor** la leche se derramó por todo el suelo; **money simply ~s through his fingers** es un manirroto; **his nose was ~ning** le moqueaba la nariz; **my pen ~s** mi pluma gotea; **the river ~s for 300 miles** el río corre 300 millas; **the river ~s into the sea** el río desemboca en el mar; **you left the tap ~ning** dejaste abierto el grifo *or* (*LAm*) abierta la llave; **the tears ran down her cheeks** las lágrimas le corrían por las mejillas; **when the tide is ~ning strongly** cuando sube la marea rápidamente; **the streets were ~ning with water** el agua corría por las calles; **we were ~ning with sweat** chorreábamos (de) sudor
7 [*colour*] correrse, desteñirse; **the colours have ~** los colores se han corrido *or* desteñido; **colours that will not ~** colores que no (se) destiñen *or* que no se corren
8 (= *melt*) derretirse; **my ice cream is ~ning** mi helado se está derritiendo
9 (= *go*) **a rumour ran through the town** corrió la voz por la ciudad; **a ripple of excitement ran through the crowd** una ola de entusiasmo hizo vibrar *or* estremeció a la multitud; **that tune keeps ~ning through my head** esa melodía la tengo metida en la cabeza; **the thought ran through my head that ...** se me ocurrió pensar que ...; *see also* **seed A1**, **wild B2**
10 (= *be*) **the train is ~ning late** el tren lleva retraso; **I'm ~ning a bit late** se me está haciendo un poco tarde; **the service usually ~s on time** el servicio generalmente es puntual; *see also* **high B**, **low[1] A4**
11 (*Pol*) (= *stand for election*) presentarse como candidato/a; **are you ~ning?** ¿vas a presentar tu candidatura?; **to ~ against sb** medirse con algn, enfrentarse a algn; **to ~ for office** presentarse como candidato a un cargo
12 (= *say*) **so the story ~s** así dice el cuento; **the text ~s like this** el texto dice así, el texto reza así
13 [*stocking*] hacerse una carrera
14 (*Comput*) ejecutarse

►**run about** VI + ADV = **run around**

►**run across** VI + PREP (= *encounter*) [+ *person*] tropezar con, encontrarse con; [+ *object*] encontrar, topar(se) con

►**run after** VI + PREP (= *to catch up*) correr tras; (= *chase*) perseguir; (*fig*) [+ *women, men*] correr detrás de, perseguir

►**run along** VI + ADV **~ along now!** (*to child*) ¡hala, vete!; (*to children*) ¡idos ya!

►**run around** VI + ADV ir corriendo de aquí para allá; **I've been ~ning around all day trying to get everything ready** llevo todo el día corriendo de aquí para allá para que todo esté listo; **to ~ around with** (*fig*) [+ *person*] salir con; [+ *group*] andar con, juntarse con

►**run at** VI + PREP lanzarse sobre, precipitarse sobre

►**run away** VI + ADV 1 [*prisoner*] escaparse, fugarse; **don't ~ away, I need your advice** no te escapes, que necesito que me des tu opinión; **to ~ away from home** huir de casa; **to ~ away from one's responsibilities** evadir sus responsabilidades
2 [*water*] correr

►**run away with** VI + PREP 1 [+ *money, jewels etc*] llevarse; [+ *person*] fugarse con; **don't ~ away with the idea that ...** (*fig*) no te vayas a imaginar que ...
2 (= *control*) **he let his imagination ~ away with him** se dejó llevar por su imaginación; **don't let your feelings ~ away with you** no te dejes dominar por las emociones
3 (= *win easily*) **to ~ away with a race** ganar fácilmente una carrera
4 (= *use up*) [+ *funds, resources*] comerse; **it simply ~s away with the money** es que se come todo el dinero

►**run back** Ⓐ VT + ADV 1 [+ *film, tape*] rebobinar
2 (= *drive*) [+ *person*] llevar (a su casa *etc*) en coche
Ⓑ VI + ADV volver corriendo

►**run down** Ⓐ VT + ADV 1 (*Aut*) (= *knock down*) atropellar; (*Naut*) hundir
2 (*esp Brit*) (= *reduce*) [+ *production*] ir reduciendo; [+ *supplies*] agotar
3 (= *find*) localizar, encontrar; (= *catch up with*) alcanzar; (= *capture*) coger, cazar
4 (= *disparage*) menospreciar
Ⓑ VI + ADV [*battery*] acabarse, gastarse, agotarse; [*car battery*] descargarse; [*supplies*] agotarse; **the spring has ~ down** se ha acabado la cuerda

►**run in** VT + ADV 1 (*Brit*) [+ *new machine*] rodar, hacer funcionar; (*Aut*) **"running in"** "en rodaje"
2 (*) (= *arrest*) detener

►**run into** VI + PREP 1 (= *encounter*) [+ *person*] tropezar con, encontrarse con; [+ *problems*] tropezar con; **to ~ into debt** contraer deudas, endeudarse; **the negotiations have ~ into difficulties** ha habido dificultades que han entorpecido *or* obstaculizado las negociaciones
2 (= *collide with*) **the car ran into the lamppost** el coche chocó contra el farol; **the two cars ran into each other** chocaron los dos coches
3 (= *merge*) **the colours have ~ into each other** se han mezclado *or* desteñido los colores
4 (= *amount to*) elevarse a, ascender a; **the cost will ~ into millions** el coste se elevará a *or* ascenderá a varios millones

►**run off** Ⓐ VI + ADV 1 [*prisoner*] escaparse, fugarse; **don't ~ off, I need your advice** no te escapes, que necesito que me des tu opinión
2 (= *drain away*) [*water*] correr
Ⓑ VT + ADV 1 (= *print*) [+ *copies*] tirar; [+ *photocopies*] hacer, sacar; (= *recite*) enumerar rápidamente; **he ran off the opera in six weeks** (*music*) compuso toda la ópera en sólo seis semanas; (*lyrics*) escribió el libreto de la ópera en sólo seis semanas
2 (= *drain away*) [+ *water etc*] vaciar, dejar salir

►**run off with** VI + PREP = **run away with**

►**run on** Ⓐ VI + ADV 1 (= *continue*) prolongarse; **the film ran on too long** la película duraba *or* se prolongaba demasiado; **the list ran on and on** la lista era interminable
2 (*) (= *talk*) seguir hablando
3 (*Typ*) continuar sin dejar espacio
Ⓑ VT + ADV (*Typ*) unir al párrafo anterior
Ⓒ VI + PREP **the conversation ran on wine** el tema de la conversación era el vino; **my thoughts ran on Mary**† mi pensamiento se concentró en Mary

►**run out** Ⓐ VI + ADV 1 [*person etc*] salir corriendo; [*liquid*] irse
2 (= *come to an end*) [*time, food, money*] acabarse; [*contract*] vencer; [*supplies*] agotarse; **when the money ~s out** cuando se acabe el dinero; **my patience is ~ning out** se me está agotando la paciencia, estoy perdiendo la paciencia; **their luck ran out** se les acabó la

suerte
Ⓑ VT + ADV [+ *rope*] soltar, ir dando

►**run out of** VI + PREP [+ *food, money*] quedarse sin; **I've ~ out of petrol** me he quedado sin gasolina, se me acabó la gasolina; **I'm afraid we've ~ out of time** me temo que no nos queda más tiempo *or* que se nos ha acabado el tiempo; **I ran out of patience** se me acabó la paciencia

►**run out on** VI + PREP (= *abandon*) abandonar; **she ran out on her husband** abandonó a su marido; **you're not going to ~ out on us now?** ¿no nos irás a dejar tirados?

►**run over** Ⓐ VI + ADV [1] (= *overflow*) [*liquid*] rebosar, derramarse; [*cup, saucepan etc*] rebosar(se), desbordarse
[2] (*in time*) durar más de la cuenta, pasarse del tiempo; **the show ran over by five minutes** la función duró cinco minutos más de la cuenta; **this text ~s over by 200 words** este texto tiene 200 palabras más de lo permitido
Ⓑ VI + PREP (= *read quickly*) leer (por encima), echar un vistazo a; (= *go through again*) repasar; (= *rehearse*) volver a hacer, volver a ensayar; **I'll ~ over your part with you** repasaremos juntos tu papel
Ⓒ VT + ADV (*Aut*) atropellar

►**run through** Ⓐ VI + PREP [1] (= *use up*) (*gen*) consumir; [+ *money*] gastar
[2] (= *read quickly*) leer (por encima), echar un vistazo a
[3] (= *rehearse*) [+ *play*] ensayar; (= *recapitulate*) repasar; **let's ~ through the chorus bit again** ensayemos otra vez la parte del coro; **let's just ~ through that again** vamos a repasarlo otra vez
Ⓑ VT + ADV (*with sword etc*) traspasar, atravesar

►**run to** VI + PREP [1] (= *extend to*) **the talk ran to two hours** la charla se extendió a dos horas; **the book has ~ to 20 editions** el libro ha alcanzado 20 ediciones; **the book will ~ to 700 pages** el libro tendrá 700 páginas en total
[2] (= *amount to*) elevarse a, ascender a; **the cost ran to hundreds of pounds** el coste se elevó a *or* ascendió a cientos de libras
[3] (= *be enough for*) alcanzar para; **my salary won't ~ to a car** mi sueldo no alcanza para un coche
[4] (= *afford*) permitirse; **I can't ~ to a second holiday** no me puedo permitir (el lujo de) otras vacaciones; **we can't possibly ~ to a grand piano** no podemos permitirnos *or* nos es imposible comprar un piano de cola

►**run up** Ⓐ VT + ADV [1] [+ *debt*] contraer; [+ *account*] crear, hacerse; **she had ~ up a huge bill at the hairdresser's** tenía acumulada una factura enorme de peluquería
[2] [+ *dress etc*] hacer rápidamente
[3] [+ *flag*] izar
Ⓑ VI + ADV *see* **run C1**
Ⓒ VI + PREP *see* **run C6**

►**run up against** VI + PREP [+ *problem etc*] tropezar con; **to ~ up against sb** tener que habérselas con algn

**runabout** [ˈrʌnəbaʊt] N [1] (*Aut*) coche *m* pequeño
[2] (*Rail etc*) billete *m* kilométrico

**runaround** [ˈrʌnəraʊnd] N ✦*IDIOM* **to give sb the ~*** traer a algn al retortero

**runaway** [ˈrʌnəweɪ] Ⓐ ADJ [*prisoner, slave*] fugitivo; [*soldier*] desertor; [*horse*] desbocado; [*lorry*] sin frenos, fuera de control; [*inflation*] galopante, desenfrenado; [*success*] arrollador; [*victory*] aplastante, abrumador; [*marriage*] clandestino, fugitivo
Ⓑ N (= *person*) fugitivo/a *m/f*; (= *horse*) caballo *m* desbocado

**rundown** [ˈrʌndaʊn] N [1] (= *slowing down, reduction*) [*of industry etc*] cierre *m* gradual; [*of activity, production*] disminución *f*, reducción *f*
[2] (= *résumé*) resumen *m* (**on** de); **to give sb a ~** poner a algn al tanto

**run-down** [ˈrʌnˈdaʊn] ADJ [*battery*] agotado, gastado; [*car battery*] descargado; [*building*] destartalado, ruinoso; [*organization*] en decadencia; [*health*] debilitado; **to be ~** [*person*] estar pachucho*, no encontrarse bien

**rune** [ruːn] N runa *f*

**rung**[1] [rʌŋ] N escalón *m*, peldaño *m*

**rung**[2] [rʌŋ] PP *of* **ring**[2]

**runic** [ˈruːnɪk] ADJ rúnico

**run-in** [ˈrʌnɪn] N [1] (= *approach*) etapa *f* previa
[2] (*) (= *argument*) altercado *m*
[3] (*in contest, election*) desempate *m*
[4] (= *rehearsal*) ensayo *m*
[5] (*Typ*) palabras *fpl* insertadas en un párrafo

**runlet** [ˈrʌnlɪt] N, **runnel** [ˈrʌnl] N arroyuelo *m*

**runner** [ˈrʌnəʳ] Ⓐ N [1] (= *athlete*) corredor(a) *m/f*; (= *horse*) (*in race*) caballo *m*; (= *messenger*) mensajero/a *m/f*; (*Mil*) ordenanza *mf*; (*Fin*) corredor(a) *m/f*
[2] (= *wheel*) ruedecilla *f*; [*of sledge, aircraft*] patín *m*; [*of skate*] cuchilla *f*
[3] (= *carpet*) alfombra *f* de pasillo; (= *table runner*) tapete *m*
[4] (*Bot*) tallo *m* rastrero, estolón *m*
[5] ✦*IDIOM* **to do a ~*** largarse* (*sin pagar*)
Ⓑ CPD ► **runner bean** N (*Brit*) judía *f* (escarlata), habichuela *f*

**runner-up** [ˈrʌnərˈʌp] N (*pl* **runners-up**) subcampeón/ona *m/f*, segundo/a *m/f*

**running** [ˈrʌnɪŋ] Ⓐ ADJ [1] (= *flowing*) [*water*] corriente; [*tap*] abierto; [*stream*] de agua corriente; **hot and cold ~ water** agua corriente caliente y fría
[2] (= *continuous*) continuo; **a ~ battle** (*lit*) continuos enfrentamientos *mpl*; (*fig*) una lucha continua; **a ~ commentary (on sth)** (*TV, Rad*) un comentario en directo (sobre algo); **we can do without a ~ commentary on the plot, thank you!** (*iro*) ¡podemos pasar perfectamente sin que nos cuentes el argumento de la película a cada paso!; **a ~ joke** una broma continua; *see also* **long-running**
[3] (*Med*) [*nose*] que moquea; [*sore*] que supura
Ⓑ ADV **for five days ~** durante cinco días seguidos *or* consecutivos; **for the third year ~, the weather was awful** por tercer año consecutivo el tiempo era horroroso
Ⓒ N [1] (= *management*) [*of business, organization, school*] gestión *f*, dirección *f*; [*of country*] gestión *f*
[2] (= *operation*) [*of machine, car*] funcionamiento *m*, marcha *f*; **to be in ~ order** [*vehicle*] estar en buen estado
[3] (= *activity, sport*) **~ is not allowed in the school corridors** no está permitido correr por los pasillos del colegio; **his hobby is ~** le gusta correr; **~ gear** ropa *f* de correr; **he started professional ~ eight years ago** empezó a correr profesionalmente hace ocho años
[4] (*fig*) **to be in the ~ for sth**: **she's in the ~ for promotion** tiene posibilidades de que la asciendan; **to make the ~** (*esp Brit Sport*) ir a la cabeza; (*fig*) tomar la iniciativa; **to be out of the ~** (*lit, fig*) estar fuera de combate; **his illness put him out of the ~ for the presidency** su enfermedad lo ha dejado fuera de combate en lo que respecta a la presidencia, su enfermedad ha acabado con sus posibilidades de conseguir la presidencia; **he's out of the ~ for the job now** ahora no tiene posibilidades de conseguir el trabajo
Ⓓ CPD ► **running board** N (*Aut*) estribo *m* ► **running costs, running expenses** NPL (*esp Brit*) [*of business*] gastos *mpl* corrientes; [*of car*] gastos *mpl* de mantenimiento ► **running head** N (*Typ, Comput*) título *m* de página ► **running in** N (*Aut*) rodaje *m* ► **running jump** N (*Sport*) salto *m* con carrerilla; **to take a ~ jump** (*lit*) saltar tomando carrerilla; ✦*IDIOM* **he can (go) take a ~ jump!*** ¡puede irse a la porra!* ► **running mate** N (*US Pol*) [*of presidential candidate*] candidato/a *m/f* a la vicepresidencia ► **running repairs** NPL reparaciones *fpl* provisionales ► **running shoe** N zapatilla *f* de correr *or* de deporte ► **running stitch** N (*countable*) puntada *f* de bastilla; (*uncountable*) bastilla *f* ► **running total** N suma *f* parcial; **to keep a ~ total (of sth)** llevar la cuenta del total (de algo) ► **running track** N pista *f* (de atletismo)

**runny** [ˈrʌnɪ] ADJ (*compar* **runnier**; *superl* **runniest**) [*substance*] líquido; [*eyes*] lloroso; **I don't like my boiled egg to be ~** no me gustan los huevos cocidos poco hechos; **I've got a ~ nose** no paro de moquear

**run-off** [ˈrʌnɒf] Ⓐ N [1] (*Sport*) carrera *f* de desempate; (*Pol*) desempate *m*, segunda vuelta *f*
[2] (*Agr*) escorrentía *f*
Ⓑ CPD ► **run-off water** N aguas *fpl* de escorrentía

**run-of-the-mill** [ˈrʌnəvðəˈmɪl] ADJ (= *ordinary*) común y corriente, corriente y moliente; (= *mediocre*) mediocre

**runproof** [ˈrʌnpruːf] ADJ [*mascara*] que no se corre; [*tights*] indesmallable

**runt** [rʌnt] N (*also fig*) redrojo *m*, enano *m*; **you little ~!** ¡canalla!

**run-through** [ˈrʌnθruː] N ensayo *m*

**run-up** [ˈrʌnʌp] N [1] (*Brit*) (*to election etc*) período *m* previo (**to** a)
[2] (*Sport*) carrerilla *f*

**runway** [ˈrʌnweɪ] Ⓐ N [1] (*Aer*) pista *f* (de aterrizaje)
[2] (*US Theat etc*) pasarela *f*
Ⓑ CPD ► **runway lights** NPL balizas *fpl*

**rupee** [ruːˈpiː] N rupia *f*

**rupture** [ˈrʌptʃəʳ] Ⓐ N (*Med*) hernia *f*; (*fig*) ruptura *f*
Ⓑ VT [1] causar una hernia en, quebrarse; **to ~ o.s.** causarse una hernia, herniarse; (*fig*) (*hum*) herniarse
[2] (*fig*) romper, destruir

**rural** [ˈrʊərəl] ADJ rural; **~ development** desarrollo *m* rural; **~ planning** planificación *f* rural

**ruse** [ruːz] N ardid *m*, treta *f*, estratagema *f*

**rush**[1] [rʌʃ] Ⓐ N (*Bot*) junco *m*
Ⓑ CPD ► **rush basket** N cesto *m* de mimbre ► **rush light** N vela *f* de junco ► **rush mat** N estera *f* ► **rush matting** N estera *f*, esterilla *f*

**rush**[2] [rʌʃ] Ⓐ N [1] (= *act of rushing*) **there was a ~ for the door** se precipitaron todos hacia la puerta; **the gold ~** la fiebre del oro; **two were injured in the ~** hubo dos heridos en el tumulto; **the annual ~ to the beaches** la desbandada de todos los años hacia las playas
[2] (= *hurry*) prisa *f*, apuro *m* (*LAm*); **what's all the ~ about?** ¿por qué tanta prisa?; **we had a ~ to get it ready** tuvimos que darnos prisa *or* (*LAm*) apurarnos para tenerlo listo; **is there any ~ for this?** ¿corre prisa esto?; **it got lost in the ~** con el ajetreo se perdió; **I'm in a ~** tengo prisa *or* (*LAm*) apuro; **I did it in a ~** lo

hice deprisa, lo hice muy apurada (*LAm*); **it all happened in a ~** todo pasó deprisa y corriendo; **he's in no ~** no tiene prisa alguna *or* (*LAm*) apuro ninguno
[3] (= *current, torrent*) **a ~ of warm air** una ráfaga de aire caliente; **a ~ of water** un torrente de agua; **a ~ of words** un torrente de palabras; **the words came out in a ~** las palabras salieron a borbotones
[4] (*Comm*) demanda *f*; **we've had a ~ of orders** ha habido una enorme demanda de pedidos; **the Christmas ~** la actividad frenética de las Navidades; **a ~ for tickets** una enorme demanda de entradas; **there has been a ~ on suntan lotion** ha habido una enorme demanda de crema bronceadora
[5] (*US Ftbl*) carga *f*
[6] **rushes** (*Cine*) primeras pruebas *fpl*
Ⓑ VT [1] [+ *person*] meter prisa a, apurar (*LAm*); **don't ~ me!** ¡no me metas prisa!, ¡no me apures! (*LAm*); **I hate being ~ed** no aguanto que me metan prisa, no aguanto que me apuren (*LAm*); **to ~ sb into (doing) sth**: **she knew he was trying to ~ her into a decision** sabía que trataba de meterle prisa *or* (*LAm*) apurarla para que se decidiera; **don't be ~ed into signing anything** no dejes que te hagan firmar deprisa y corriendo, no dejes que te metan prisa *or* (*LAm*) que te apuren para firmar; **we were ~ed off our feet** estábamos hasta arriba de trabajo*
[2] [+ *work, job*] hacer con mucha prisa *or* a la carrera; **I ~ed my lunch** comí el almuerzo a toda prisa *or* a todo correr *or* a la carrera; **I'm not going to ~ things** no voy a precipitarme
[3] (= *carry, take*) **reinforcements were ~ed to the scene** mandaron rápidamente refuerzos al lugar del incidente; **he was ~ed (off) to hospital** lo llevaron al hospital con la mayor urgencia; **please ~ me my free copy** por favor, mándenme la copia gratuita tan pronto como puedan
[4] (= *attack*) [+ *building, enemy positions*] asaltar, atacar; [+ *opponent, barrier, stage*] abalanzarse sobre
[5] (*) (= *charge*) soplar*, clavar*
Ⓒ VI [1] (= *run*) **to ~ by** = **to rush past**; **to ~ downstairs** bajar la escalera corriendo *or* a toda prisa; **to ~ past** pasar a toda velocidad; **everyone ~ed to the windows** todos corrieron *or* se precipitaron hacia las ventanas; **neighbours ~ed to his aid** los vecinos corrieron en su ayuda; **I ~ed to her side** corrí a su lado; **to ~ upstairs** subir la escalera corriendo *or* a toda prisa
[2] (= *hurry*) **I must ~** me voy corriendo; **don't ~!** ¡con calma!; **I was ~ing to finish it** me daba prisa *or* (*LAm*) me estaba apurando por terminarlo; **people are ~ing to buy the book** la gente corre a comprar el libro; **the blood ~ed to her cheeks** *or* **face** enrojeció violentamente; **to ~ to conclusions** sacar conclusiones precipitadas; **the train went ~ing into the tunnel** el tren entró en el túnel a toda velocidad; **he will not ~ into any decisions** no tomará ninguna decisión precipitada; **the sound of ~ing water** el sonido de agua corriendo con fuerza; *see also* **headlong**
Ⓓ CPD ► **rush hour** N hora *f* punta, hora *f* pico (*LAm*); **~ hour traffic** tráfico *m* de hora punta *or* (*LAm*) de hora pico ► **rush job** N (= *urgent*) trabajo *m* urgente; (= *too hurried*) trabajo *m* hecho deprisa y corriendo ► **rush order** N pedido *m* urgente

►**rush about, rush around** VI + ADV correr de un lado a otro, correr de acá para allá

►**rush at** VI + PREP [1] (= *run towards*) [+ *door, exit*] precipitarse hacia; [+ *person*] abalanzarse sobre
[2] (= *hurry*) **you tend to ~ at things** sueles precipitarte al hacer las cosas

►**rush away** VI + ADV irse corriendo, largarse a toda prisa*; **don't go ~ing away!** ¡no te vayas tan deprisa!

►**rush in** VI + ADV (*lit*) entrar corriendo, entrar a toda prisa; (*fig*) precipitarse; **before you ~ in, get some advice** no te precipites, pide consejo; *see also* **fool**

►**rush off** VI + ADV irse corriendo, largarse a toda prisa*; **don't ~ off!** ¡no te vayas tan deprisa!; **don't ~ off and buy the first one you see** no vayas corriendo y compres el primero que veas

►**rush out** Ⓐ VT + ADV [+ *book*] publicar a toda prisa; [+ *statement*] hacer público a toda prisa
Ⓑ VI + ADV salir corriendo

►**rush over** VI + ADV ir/venir corriendo

►**rush through** Ⓐ VI + PREP [+ *meal*] comer a toda prisa *or* a todo correr; [+ *work, job*] hacer a toda prisa *or* a todo correr *or* a la carrera; [+ *place*] pasar a toda velocidad; **we ~ed through dinner** cenamos a toda prisa *or* a todo correr *or* a la carrera; **the orchestra ~ed through the Mozart** la orquesta impuso un ritmo demasiado rápido a la pieza de Mozart
Ⓑ VT + ADV [+ *legislation*] aprobar a toda prisa; (*Comm*) [+ *order, supplies*] despachar rápidamente

►**rush up** VI + ADV = **rush over**

**rushed** [rʌʃt] ADJ **I didn't feel ~ or under pressure** no sentí que me estuvieran metiendo prisa *or* presionando, no me sentí presionado *or* (*LAm*) apurado; **breakfast had been a ~ affair** habíamos desayunado a toda prisa *or* a todo correr *or* a la carrera

**rushy** ['rʌʃɪ] ADJ juncoso

**rusk** [rʌsk] N (*esp Brit*) (*esp for babies*) galleta *f*, bizcocho *m* tostado

**russet** ['rʌsɪt] Ⓐ N (= *colour*) color *m* rojizo *or* bermejo
Ⓑ ADJ (*in colour*) rojizo, bermejo

**Russia** ['rʌʃə] N Rusia *f*

**Russian** ['rʌʃən] Ⓐ ADJ ruso
Ⓑ N [1] (= *person*) ruso/a *m/f*
[2] (*Ling*) ruso *m*
Ⓒ CPD ► **Russian roulette** N ruleta *f* rusa ► **Russian salad** N ensaladilla *f* (rusa), ensalada *f* rusa

**Russki***, **Russky*** ['rʌskɪ] ADJ, N (*esp US pej, hum*) = **Russian**

**rust** [rʌst] Ⓐ N (= *action*) oxidación *f*; (= *substance*) orín *m*, herrumbre *f*, óxido *m*; (= *colour*) color *m* herrumbre *or* de orín; (*Agr*) roya *f*
Ⓑ VI oxidarse, aherrumbrarse
Ⓒ VT oxidar, aherrumbrar
Ⓓ CPD ► **the Rust Belt** N (*US*) el cinturón industrial; → SUNBELT

**rust-coloured**, **rust-colored** (*US*) ['rʌst,kʌləd] ADJ de color herrumbre *or* de orín

**rusted** ['rʌstɪd] ADJ oxidado, aherrumbrado

**rustic** ['rʌstɪk] Ⓐ ADJ [*pursuits*] rústico, del campo; [*restaurant, cottage*] rústico, de campo; [*style*] rústico; [*setting, atmosphere*] rústico, campestre
Ⓑ N aldeano/a *m/f*

**rusticate** ['rʌstɪkeɪt] Ⓐ VT (*Brit Univ*) suspender temporalmente
Ⓑ VI rusticar

**rustication** [,rʌstɪ'keɪʃən] N (*Brit Univ*) suspensión *f* temporal

**rusticity** [rʌs'tɪsɪtɪ] N rusticidad *f*

**rustiness** ['rʌstɪnɪs] N [1] herrumbre *f*, lo aherrumbrado
[2] (*fig*) falta *f* de práctica

**rustle**[1] ['rʌsl] Ⓐ N [*of leaves, wind*] susurro *m*; [*of paper*] crujido *m*; [*of silk, dress*] frufrú *m*, crujido *m*
Ⓑ VT [+ *leaves*] hacer susurrar; [+ *paper*] mover ligeramente, hacer crujir
Ⓒ VI [*leaves*] susurrar; [*paper*] crujir; [*silk, dress*] hacer frufrú

**rustle**[2] ['rʌsl] VT (= *steal*) robar, abigear (*Mex*)

►**rustle up*** VT + ADV (= *find*) encontrar, dar con; (= *obtain*) conseguir, (lograr) reunir; (= *make*) [+ *meal*] improvisar, preparar; **I'll see what I can ~ up** veré lo que hay; **can you ~ up some coffee?** ¿podrías hacernos un café?

**rustler** ['rʌslər] N ladrón/ona *m/f* de ganado, abigeo/a *m/f* (*Mex*)

**rustless** ['rʌstlɪs] ADJ inoxidable

**rustling**[1] ['rʌslɪŋ] N = **rustle**[1] **A**

**rustling**[2] ['rʌslɪŋ] N (*US*) (*also* **cattle ~**) robo *m* de ganado, abigeato *m* (*Mex*)

**rustproof** ['rʌstpru:f] Ⓐ ADJ inoxidable
Ⓑ VT tratar contra la corrosión

**rustproofing** ['rʌst,pru:fɪŋ] N tratamiento *m* anticorrosión

**rust-resistant** ['rʌstrɪ,zɪstənt] ADJ anticorrosivo, antioxidante

**rusty** ['rʌstɪ] ADJ (*compar* **rustier**; *superl* **rustiest**) [1] oxidado, herrumbrado, herrumbroso; [*colour*] de orín
[2] (*fig*) **my Greek is pretty ~** me falta práctica en griego, tengo el griego muy olvidado

**rut**[1] [rʌt] N surco *m*, rodera *f*, rodada *f*; ✦*IDIOMS* **to be in/get into a ~** ser/hacerse esclavo de la rutina; **I need to change jobs, I'm in a ~ here** necesito cambiar de trabajo, aquí me estoy anquilosando *or* estancando; **to get out of the ~** salir de la rutina

**rut**[2] [rʌt] Ⓐ N (*Bio*) celo *m*; **to be in ~** estar en celo
Ⓑ VI (= *be in rut*) estar en celo; (= *begin to rut*) caer en celo

**rutabaga** [,ru:tə'beɪgə] N (*US*) nabo *m* sueco, naba *f*

**ruthenium** [ru:'θi:nɪəm] N rutenio *m*

**ruthless** ['ru:θlɪs] ADJ [*person, act*] despiadado, cruel; [*efficiency, determination*] inquebrantable, implacable; [*opponent, enemy*] implacable

**ruthlessly** ['ru:θlɪslɪ] ADV [*exploit, suppress, kill*] despiadadamente; [*hunt down*] implacablemente, inexorablemente

**ruthlessness** ['ru:θlɪsnɪs] N crueldad *f*

**rutted** ['rʌtɪd] ADJ lleno de baches

**rutting** ['rʌtɪŋ] Ⓐ ADJ (*Bio*) en celo
Ⓑ CPD ► **rutting season** N época *f* de celo

**rutty** ['rʌtɪ] ADJ lleno de baches

**RV** N ABBR [1] (*Bible*) (= **Revised Version**) *versión revisada de la Biblia*
[2] (*US*) = **recreational vehicle**

**Rwanda** [rʊ'ændə] N Ruanda *f*

**Rwandan** [rʊ'ændən] Ⓐ ADJ ruandés
Ⓑ N ruandés/esa *m/f*

**rye** [raɪ] Ⓐ N (= *grain, grass*) centeno *m*
Ⓑ CPD ► **rye bread** N pan *m* de centeno ► **rye (whisky)** N whisky *m* de centeno

**ryegrass** ['raɪgrɑ:s] N ballico *m*, césped *m* inglés

# S s

**S¹**, **s¹** [es] N (*letter*) S, s *f*; **S for sugar** S de Soria; **S-bend** curva *f* en S

**S²** ABBR 1 (= **south**) S
2 (= **Saint**) Sto., Sta., S.
3 (*US Scol*) (= **satisfactory**) suficiente

**s²** ABBR 1 = **second**
2 = **son**
3 (*Brit Fin*†) = **shilling(s)**

**SA** N ABBR 1 = **South Africa**
2 = **South America**
3 = **South Australia**

**Saar** [zɑːʳ] N Sarre *m*

**sab*** [sæb] N (*Brit*) *persona que se opone activamente a deportes que, como la caza, impliquen el sacrificio de animales*

**sabbatarian** [ˌsæbəˈtɛərɪən] Ⓐ ADJ sabatario
Ⓑ N sabatario/a *m/f, partidario/a de guardar estrictamente el domingo*

**Sabbath** [ˈsæbəθ] N (*Jewish*) sábado *m*; (*Christian*) domingo *m*; *see also* **keep A11**

**sabbatical** [səˈbætɪkəl] Ⓐ ADJ (*Rel*) sabático
Ⓑ N (*also* **~ year**) año *m* sabático

**saber** [ˈseɪbəʳ] N (*US*) = **sabre**

**saber-rattler** [ˈseɪbəˌrætləʳ] N (*US*) = **sabre-rattler**

**saber-rattling** [ˈseɪbəˌrætlɪŋ] N (*US*) = **sabre-rattling**

**sable** [ˈseɪbl] Ⓐ N (= *fur*) marta *f* cibelina *or* cebellina; (= *colour*) negro *m*
Ⓑ ADJ negro

**sabot** [ˈsæbəʊ] N zueco *m*

**sabotage** [ˈsæbətɑːʒ] Ⓐ N sabotaje *m*; **an act of ~** un acto de sabotaje
Ⓑ VT (*also fig*) sabotear

**saboteur** [ˌsæbəˈtɜːʳ] N saboteador(a) *m/f*

**sabre**, **saber** (*US*) [ˈseɪbəʳ] N sable *m*

**sabre-rattler**, **saber-rattler** (*US*) [ˈseɪbəˌrætləʳ] N *alguien que hace alarde de un poder militar que generalmente no tiene*

**sabre-rattling**, **saber-rattling** (*US*) [ˈseɪbəˌrætlɪŋ] N *alarde de un poder militar que generalmente no se tiene*

**sac** [sæk] N (*Anat, Bio*) saco *m*

**saccharin**, **saccharine** [ˈsækərɪn] Ⓐ N sacarina *f*
Ⓑ ADJ sacarino; (*fig*) (= *sentimental*) azucarado, empalagoso

**sacerdotal** [ˌsæsəˈdəʊtl] ADJ sacerdotal

**sachet** [ˈsæʃeɪ] N [*of shampoo, ketchup, sugar, coffee*] sobrecito *m*, bolsita *f*

**sack¹** [sæk] Ⓐ N 1 (= *bag*) 1·1 (*Brit*) (*for coal, grain*) saco *m*; **a ~ of potatoes** un saco de patatas; ✦*IDIOM* **to look like a ~ of potatoes** parecer un saco de patatas
1·2 (*US*) (*for shopping*) bolsa *f* de papel
2 (*) (*from job*) **to get the ~** ser despedido; **he got the ~** lo despidieron; **to give sb the ~** despedir *or* echar a algn
3 (*esp US*‡) (= *bed*) **the ~** la cama, el sobre*; **to hit the ~** echarse a dormir
Ⓑ VT 1 (= *put into sacks*) ensacar, meter en sacos
2 (*) (= *dismiss*) despedir; **he was ~ed** lo despidieron; **to be ~ed for doing sth** ser despedido por hacer algo
Ⓒ CPD ► **sack dress** N vestido *m* tipo saco ► **sack race** N carrera *f* de sacos

**sack²** [sæk] (*liter*) Ⓐ N (= *plundering*) saqueo *m*
Ⓑ VT (= *lay waste*) saquear

**sackbut** [ˈsækbʌt] N (*Mus*) sacabuche *m*

**sackcloth** [ˈsækklɒθ] N arpillera *f*; **to wear ~ and ashes** ponerse el hábito de penitencia, ponerse cenizas en la cabeza

**sackful** [ˈsækfʊl] N saco *m*, contenido *m* de un saco

**sacking¹** [ˈsækɪŋ] N 1 (= *cloth*) arpillera *f*
2 (*) (= *dismissal*) despido *m*

**sacking²** [ˈsækɪŋ] N (*Mil*) (= *plundering*) saqueo *m*

**sacra** [ˈsækrə] NPL *of* **sacrum**

**sacral** [ˈseɪkrəl] ADJ sacral

**sacrament** [ˈsækrəmənt] N (*Rel*) sacramento *m*; **to receive the Holy Sacrament** comulgar

**sacramental** [ˌsækrəˈmentl] ADJ sacramental

**sacred** [ˈseɪkrɪd] ADJ (= *holy*) [*shrine, object*] sagrado; **~ places** lugares *mpl* sagrados; **~ music** música *f* sacra; **~ to the memory of …** consagrado a la memoria de …; **a ~ promise** (*fig*) una promesa solemne; **is nothing ~?** ¿ya no se respeta nada?; **~ cow*** (*lit, fig*) vaca *f* sagrada; **the Sacred Heart** el Sagrado Corazón

**sacredness** [ˈseɪkrɪdnɪs] N lo sagrado

**sacrifice** [ˈsækrɪfaɪs] Ⓐ N (*lit, fig*) sacrificio *m*; **to offer sth in ~** ofrecer algo como sacrificio; **no ~ was too great** todo sacrificio merecía la pena; **to make ~s (for sb)** hacer sacrificios (por algn), sacrificarse (por algn); **the ~ of the mass** el sacrificio de la misa; **to sell sth at a ~** vender algo con pérdida
Ⓑ VT (*lit, fig*) sacrificar; (*Comm*) vender con pérdida; **she ~d everything for me** lo ha sacrificado todo por mí; **to ~ o.s. (for sb/sth)** sacrificarse (por algn/algo); **accuracy should never be ~d to speed** nunca debería sacrificarse la exactitud por la rapidez

**sacrificial** [ˌsækrɪˈfɪʃəl] ADJ sacrificatorio; **~ lamb** chivo *m* expiatorio

**sacrilege** [ˈsækrɪlɪdʒ] N (*lit, fig*) sacrilegio *m*

**sacrilegious** [ˌsækrɪˈlɪdʒəs] ADJ sacrílego

**sacrist** [ˈsækrɪst] N = **sacristan**

**sacristan** [ˈsækrɪstən] N sacristán *m*

**sacristy** [ˈsækrɪstɪ] N sacristía *f*

**sacrosanct** [ˈsækrəʊsæŋkt] ADJ (*lit, fig*) sacrosanto

**sacrum** [ˈsækrəm] N (*pl* **sacra**) (*Anat*) sacro *m*

**SAD** [sæd] N ABBR = **seasonal affective disorder**

**sad** [sæd] Ⓐ ADJ (*compar* **sadder**; *superl* **saddest**) 1 (= *unhappy*) [*person, eyes, smile*] triste; **I'm ~ that I won't be able to play football any more** estoy triste porque no voy a poder volver a jugar al fútbol, me entristece no poder volver a jugar al fútbol; **we were ~ about** *or* **at the news of her illness** nos entristeció *or* nos apenó enterarnos de su enfermedad; **to become ~** entristecerse, ponerse triste; **to feel ~** sentirse triste, estar triste; **to grow ~** = **to become sad**; **to be ~ at heart** estar profundamente triste, tener el corazón oprimido; **to make sb ~** entristecer *or* poner triste a algn; **he left a ~der and a wiser man** cuando se marchó era un hombre escarmentado
2 (= *distressing*) [*story, occasion, loss*] triste; [*news*] malo, triste; **it is my ~ duty to inform you that …** tengo el penoso deber de informarle de que …; **the ~ fact** *or* **truth is that …** la triste realidad es que …; **how ~!** ¡qué triste!, ¡qué pena!; **it is ~ to see such expertise wasted** es lamentable *or* da pena ver tanta pericia echada a perder; **it was a ~ sight** era una triste escena
3 (= *deplorable*) [*situation, state of affairs*] lamentable, penoso; **it's a ~ business** es un asunto lamentable; **a ~ mistake** un error lamentable; **~ to say** lamentablemente
4 (*pej*) (= *pathetic*) [*performance, attempt, joke*] penoso; **what ~ people they must be if they have to complain about a little innocent fun** si se quejan de que la gente lo pase bien un rato es realmente como para tenerles pena
Ⓑ CPD ► **sad sack*** N (*US*) inútil* *mf*

> **SAD**
>
> **Position of "triste"**
>
> You should generally put **triste** after the noun when translating **sad** in the sense of "unhappy", and before the noun in the sense of "distressing":
>
> He always seemed a sad little boy
> ***Siempre pareció un niño triste***
> ...the sad reality...
> ***...la triste realidad...***
>
> *For further uses and examples, see main entry.*

**sadden** [ˈsædn] VT entristecer; **it ~s me** me entristece mucho, me da (mucha) pena

**saddle** [ˈsædl] Ⓐ N 1 [*of bicycle*] silla *f*; [*of horse*] silla *f* de montar; **Red Rum won with Stack in the ~** ganó Red Rum montado por Stack; **to be in the ~** (*fig*) estar en el poder
2 (*Culin*) **~ of lamb** cuarto *m* (trasero) de cordero
3 [*of hill*] collado *m*

Ⓑ VT 1 (*also* ~ **up**) [+ *horse*] ensillar
2 (*) (= *lumber*) **to ~ sb with sth** cargar a algn con algo; **now we're ~d with it** ahora tenemos que cargar con ello; **to get ~d with sth** tener que cargar con algo; **to ~ o.s. with sth** cargar con algo

**saddle-backed** ['sædlbækt] ADJ (*Zool*) ensillado

**saddlebag** ['sædlbæg] N alforja *f*

**saddlebow** ['sædlbəʊ] N arzón *m* delantero

**saddlecloth** ['sædlklɒθ] N sudadero *m*

**saddler** ['sædləʳ] N talabartero/a *m/f*, guarnicionero/a *m/f*

**saddlery** ['sædlərɪ] N talabartería *f*, guarnicionería *f*

**saddle-sore** ['sædl,sɔːʳ] ADJ **he was ~** le dolían las posaderas de tanto montar

**saddo*** ['sædəʊ] (*pl* **saddos** *or* **saddoes**) (*Brit*)
Ⓐ ADJ penoso, patético
Ⓑ N mamarracho/a* *m/f*

**sadism** ['seɪdɪzəm] N sadismo *m*

**sadist** ['seɪdɪst] N sadista *mf*

**sadistic** [sə'dɪstɪk] ADJ sádico

**sadly** ['sædlɪ] ADV 1 (= *sorrowfully*) [*say, smile*] con tristeza, tristemente
2 (= *regrettably*) desgraciadamente, lamentablemente; **~, we don't have much chance of winning** desgraciadamente *or* lamentablemente, no tenemos muchas posibilidades de ganar; **his uncle, who ~ died** su tío, que tristemente *or* desgraciadamente falleció; **it is a ~ familiar pattern** es un hecho por desgracia familiar; **~ for him** lamentablemente *or* desgraciadamente para él
3 (= *severely*) **their education has been ~ neglected** han descuidado su educación de forma lamentable; **to be ~ lacking in sth** ser muy deficiente en algo; **he will be ~ missed** se le echará mucho de menos; **you are ~ mistaken** estás muy equivocado; **to be ~ in need of sth** necesitar imperiosamente algo

**sadness** ['sædnɪs] N tristeza *f*

**sadomasochism** [,seɪdəʊ'mæsə,kɪzəm] N sadomasoquismo *m*

**sadomasochist** [,seɪdəʊ'mæsəkɪst] N sadomasoquista *mf*

**sadomasochistic** [,seɪdəʊ,mæsə'kɪstɪk] ADJ sadomasoquista

**s.a.e.** N ABBR 1 (= **stamped addressed envelope**) *sobre con las propias señas de uno y con sello*
2 = **self-addressed envelope**

**safari** [sə'fɑːrɪ] Ⓐ N safari *m*; **to be on ~** estar de safari
Ⓑ CPD ► **safari jacket** N chaqueta *f* de safari, sahariana *f* ► **safari park** N (*Brit*) safari park *m*

**safe** [seɪf] Ⓐ ADJ (*compar* **safer**; *superl* **safest**)
1 (= *not in danger*) [*person*] a salvo, seguro; [*object*] seguro; **you'll be ~ here** aquí no correrás peligro, aquí estarás a salvo; **your pearls will be quite ~ in the bank** tus perlas estarán totalmente seguras en el banco; **to feel ~** sentirse seguro; **to be ~ from** [+ *attack, predator, sarcasm*] estar a salvo de; [+ *contamination*] estar libre de; **to keep sth ~** guardar algo (en lugar seguro); **I'll keep it ~ for you** yo te lo guardo; **where can I put this to keep it ~?** ¿dónde puedo poner esto para que esté seguro?; **the secret is ~ with me** guardaré el secreto; **the documents are ~ with him** cuidará bien de los documentos, con él los documentos están en buenas manos; ✦*IDIOMS* **~ and sound** sano y salvo; **as ~ as houses** completamente seguro; ✦*PROV* **better ~ than sorry** más vale prevenir que curar
2 (= *not dangerous*) [*ladder, load, vehicle, option*] seguro; [*method, handling*] seguro, fiable; [*structure, bridge*] sólido; [*investment*] seguro, sin riesgo; [*level*] que no entraña riesgo; **the ~ disposal of hazardous wastes** la eliminación sin riesgos de residuos peligrosos; **is nuclear power ~?** ¿es segura la energía nuclear?; **these stairs are not very ~** esta escalera no es muy segura; **don't walk on the ice, it isn't ~** no andes por el hielo, es peligroso; **keep your alcohol consumption within ~ limits** mantén tu consumo de alcohol dentro de los límites de seguridad; **it's not ~ to go out after dark** es peligroso salir de noche; **it's ~ to eat** se puede comer sin peligro; **it's ~ to say that ...** se puede decir sin miedo a equivocarse que ...; **it's ~ to assume that ...** cabe suponer con bastante seguridad que ...; **it might be ~r to wait** puede que sea mejor esperar; **it is a ~ assumption that she was very disappointed** a buen seguro que estaba muy decepcionada; **it's a ~ bet!** ¡es cosa segura!; **to keep a ~ distance from sth** mantenerse a una distancia prudencial de algo; (*when driving*) mantener la distancia de seguridad con algo; **to follow sb at a ~ distance** seguir a algn manteniendo cierta distancia; **to be a ~ driver** conducir con prudencia *or* con cuidado; **a team of experts made the building ~** un equipo de expertos se ocupó de que el edificio no constituyese un peligro; **a ~ margin** un margen de seguridad; **just to be on the ~ side** para mayor seguridad, por si acaso; **the ~st thing is to ...** lo más seguro es + *infin*; **he's ~ with children** [*man*] es de fiar con los niños; [*dog*] no es un peligro para los niños
3 (= *secure*) [*environment, neighbourhood, harbour*] seguro; **to be in ~ hands** estar a salvo, estar en buenas manos; **to keep sth in a ~ place** guardar algo en un lugar seguro; ✦*IDIOM* **a ~ pair of hands** (*Brit*) una persona competente
4 (= *trouble-free*) [*arrival, delivery*] sin problemas; [*landing*] sin riesgo, sin peligro; **~ journey!** ¡buen viaje!; **have a ~ journey home!** ¡que llegues bien (a casa)!; **~ passage** paso *m* franco, libre tránsito *m*; **the ~ return of the hostages** la vuelta de los rehenes sanos y salvos
Ⓑ N (*for valuables*) caja *f* fuerte; (*for meat*) fresquera *f*
Ⓒ ADV **to play (it) ~** ir a lo seguro, no arriesgarse
Ⓓ CPD ► **safe deposit** N (= *vault*) cámara *f* acorazada; (= *box*) (*also* **~ deposit box**) caja *f* fuerte, caja *f* de seguridad ► **safe haven** N refugio *m* seguro ► **safe house** N piso *m* franco ► **the safe period*** N (*Med*) el periodo de infertilidad ► **safe seat** N (*esp Brit Pol*) **it was a ~ Conservative seat** era un escaño prácticamente seguro para los conservadores, el escaño estaba prácticamente asegurado para los conservadores ► **safe sex** N sexo *m* seguro *or* sin riesgo

**safe-blower** ['seɪf,bləʊəʳ] N, **safe-breaker** ['seɪf,breɪkəʳ] N ladrón/ona *m/f* de cajas fuertes

**safe-conduct** ['seɪf'kɒndəkt] N salvoconducto *m*

**safe-cracker** ['seɪf,krækəʳ] N (*US*) ladrón/ona *m/f* de cajas fuertes

**safeguard** ['seɪfgɑːd] Ⓐ N resguardo *m*; **as a ~ against ...** como defensa contra ...
Ⓑ VT proteger, resguardar

**safe-keeping** [,seɪf'kiːpɪŋ] N custodia *f*; **in his ~** bajo su custodia; **to put into ~** poner a buen recaudo *or* bajo custodia

**safely** ['seɪflɪ] ADV 1 (= *without danger*) **it can ~ be frozen for months** se puede congelar sin ningún problema *or* sin peligro durante varios meses; **you can walk about quite ~ in this town** no se corre peligro andando por esta ciudad, no es peligroso andar por esta ciudad; **drive ~!** conduce con prudencia *or* cuidado; **I can ~ say that ...** puedo afirmar con toda seguridad *or* sin miedo a equivocarme que ...
2 (= *without incident*) [*land, return*] (*gen*) sin ningún percance; (*in the midst of danger*) sano y salvo; **to arrive ~** llegar bien, llegar sin ningún percance
3 (= *securely*) **all the doors were ~ shut** todas las puertas estaban bien cerradas; **to put sth away ~** guardar algo en un lugar seguro; **she was ~ tucked up in bed** estaba bien metidita en la cama; **the dogs were ~ locked in the van** los perros estaban encerrados en la furgoneta, donde no podían hacer daño; **he's ~ through to the semi-final** ya se ha asegurado el paso a las semifinales; **now that the exams are ~ out of the way we can relax a bit** ahora que no tenemos la preocupación de los exámenes podemos relajarnos un poco

**safeness** ['seɪfnɪs] N seguridad *f*

**safety** ['seɪftɪ] Ⓐ N seguridad *f*; **our primary concern is ~** nuestra principal preocupación es la seguridad; **for his (own) ~** por su seguridad; **people worry about the ~ of nuclear energy** a la gente le preocupa que la energía nuclear no sea segura; **they helped the survivors to ~** ayudaron a los sobrevivientes a ponerse a salvo; **he sought ~ in flight** intentó ponerse a salvo huyendo; **to ensure sb's ~** garantizar la seguridad de algn; **~ first!** ¡lo primero es la seguridad!; **there's ~ in numbers** cuantos más, menos peligro; **in a place of ~** en un lugar seguro; **to reach ~** ponerse a salvo; **for ~'s sake** para mayor seguridad; **with complete ~** con la mayor seguridad; *see also* **road B**
Ⓑ CPD ► **safety belt** N cinturón *m* de seguridad ► **safety catch** N (*on gun*) seguro *m*; (*on bracelet*) cierre *m* de seguridad ► **safety chain** N (*on bracelet*) cadena *f* de seguridad ► **safety curtain** N (*in theatre*) telón *m* de seguridad ► **safety deposit box** N caja *f* fuerte, caja *f* de seguridad ► **safety device** N dispositivo *m* de seguridad ► **safety factor** N factor *m* de seguridad ► **safety glass** N vidrio *m* inastillable *or* de seguridad ► **safety harness** N arnés *m* de seguridad ► **safety helmet** N casco *m* de protección ► **safety inspector** N (*at workplace*) inspector(a) *m/f* de seguridad en el trabajo ► **safety lamp** N [*of miner*] lámpara *f* de seguridad ► **safety lock** N seguro *m*, cerradura *f* de seguridad ► **safety margin** N margen *m* de seguridad ► **safety match** N fósforo *m* *or* (*Sp*) cerilla *f* de seguridad ► **safety measure** N medida *f* de seguridad *or* de precaución ► **safety mechanism** N (*lit, fig*) mecanismo *m* de seguridad ► **safety net** N (*in circus*) red *f* de seguridad; (*fig*) protección *f* ► **safety officer** N encargado/a *m/f* de seguridad ► **safety pin** N imperdible *m* (*Sp*), seguro *m* (*CAm, Mex*) ► **safety precaution** N medida *f* de seguridad *or* de precaución ► **safety rail** N barandilla *f* ► **safety razor** N maquinilla *f* de afeitar ► **safety regulations** NPL normas *fpl* de seguridad ► **safety valve** N válvula *f* de seguridad *or* de escape; (*fig*) válvula *f* de escape, desahogo *m*

**saffron** ['sæfrən] Ⓐ N (= *powder*) azafrán *m*; (=

*colour*) color *m* azafrán
Ⓑ ADJ azafranado, color azafrán

**sag** [sæg] Ⓐ VI [*roof, awning etc*] combarse; [*bed*] hundirse; [*shoulders*] encorvarse; [*rope*] aflojarse; [*prices*] bajar; **his spirits ~ged** le flaquearon los ánimos, se desanimó
Ⓑ N (*in roof, ceiling*) combadura *f*

**saga** ['sɑːgə] N (*Hist*) saga *f*; (= *novel*) serie *f* (de novelas); (*fig*) epopeya *f*; **he told me the whole ~ of what had happened** me contó toda la odisea *or* historia de lo ocurrido

**sagacious** [sə'geɪʃəs] ADJ (*frm*) [*person, remark*] sagaz

**sagaciously** [sə'geɪʃəslɪ] ADV (*frm*) sagazmente

**sagacity** [sə'gæsɪtɪ] N (*frm*) sagacidad *f*

**sage**[1] [seɪdʒ] Ⓐ ADJ (= *wise*) sabio; (= *sensible*) cuerdo
Ⓑ N sabio/a *m/f*

**sage**[2] [seɪdʒ] Ⓐ N (= *herb*) salvia *f*
Ⓑ CPD ► **sage and onion stuffing** N relleno *m* de cebolla con salvia ► **sage green** ADJ verde salvia *inv* N verde *m* salvia

**sagebrush** ['seɪdʒbrʌʃ] N (*US*) artemisa *f*; **the Sagebrush State** Nevada

**sagely** ['seɪdʒlɪ] ADV (= *wisely*) sabiamente; (= *sensibly*) con cordura

**sagging** ['sægɪŋ] ADJ [*ground*] hundido; [*beam*] combado; [*cheek*] fofo; [*rope*] flojo; [*gate, hemline, breasts*] caído; [*shoulders*] encorvado

**Sagittarius** [,sædʒɪ'tɛərɪəs] N 1 (= *sign, constellation*) Sagitario *m*
2 (= *person*) Sagitario *mf*; **she's (a) ~** es Sagitario

**sago** ['seɪgəʊ] Ⓐ N sagú *m*
Ⓑ CPD ► **sago palm** N palmera *f* sagú

**Sahara** [sə'hɑːrə] N Sáhara *m*; **the ~ Desert** el (desierto del) Sáhara

**Sahel** [sɑː'hel] N Sahel *m*

**sahib** ['sɑːhɪb] N (*India*) 1 señor *m*; **Smith Sahib** (el) señor Smith
2 (*hum*) caballero *m*; **pukka ~** caballero *m* de verdad

**said** [sed] Ⓐ PT, PP *of* **say**
Ⓑ ADJ dicho; **the ~ animals** dichos animales; **the ~ general** dicho general

**Saigon** [saɪ'gɒn] N Saigón *m*

**sail** [seɪl] Ⓐ N 1 (*Naut*) (= *cloth*) vela *f*; **the age of ~** la época de la navegación a vela; **in** *or* **under full ~** a toda vela, a vela llena; **to lower the ~s** arriar las velas; **to set ~** [*ship, person*] hacerse a la vela, zarpar; **we set ~ from Portsmouth** nos hicimos a la vela en Portsmouth; **to set ~ for Liverpool** zarpar hacia Liverpool, hacerse a la vela con rumbo a Liverpool; **to take in the ~s** amainar las velas; **under ~** a vela; ♦***IDIOM*** **to take the wind out of sb's ~s** bajarle los humos a algn
2 (*Naut*) (= *trip*) paseo *m* en barco; **it's three days' ~ from here** desde aquí se tarda tres días en barco; **to go for a ~** dar una vuelta en barco
3 (*Naut*) (= *boat*) (*pl* **sail**) barco *m* de vela, velero *m*; **20 ~** 20 veleros
4 [*of windmill*] aspa *f*
Ⓑ VT [+ *boat, ship*] gobernar; **to ~ the Atlantic** cruzar el Atlántico; **he ~s his own boat** tiene barco propio; **they ~ed the ship to Cadiz** fueron con el barco a Cádiz; ♦***IDIOM*** **to ~ the (seven) seas** navegar (en alta mar)
Ⓒ VI 1 (*Naut*) [*boat, ship, person*] navegar; **to ~ at 12 knots** navegar a 12 nudos, ir a 12 nudos; **we ~ed into harbour** entramos a puerto; **we ~ed into Lisbon** llegamos a Lisboa; **to ~ round the world** dar la vuelta al mundo en barco; **to ~ round a headland** doblar un cabo; **to ~ up the Tagus** navegar por el Tajo, subir el Tajo; ♦***IDIOM*** **to ~ close to the wind** pisar terreno peligroso
2 (*Naut*) (= *leave*) zarpar, salir; **the boat ~s at eight o'clock** el barco zarpa *or* sale a las ocho; **we ~ for Australia soon** pronto zarpamos *or* salimos hacia Australia; **she ~s on Monday** zarpa *or* sale el lunes
3 (*fig*) **she ~ed into the room** entró majestuosamente en la sala; **the plate ~ed over my head** el plato voló por encima de mi cabeza

►**sail into*** VI + PREP **to ~ into sb** (= *scold*) poner a algn como un trapo*; (= *attack*) arremeter contra algn, atacar a algn

►**sail through** VI + PREP [+ *life, situation*] pasar sin esfuerzo por; [+ *exam, driving test*] no tener problemas para aprobar; **don't worry, you'll ~ through it** no te preocupes, todo te resultará facilísimo

**sailboard** ['seɪlbɔːd] N plancha *f* de windsurf

**sailboarder** ['seɪlbɔːdə'] N windsurfista *mf*

**sailboarding** ['seɪlbɔːdɪŋ] N windsurf *m*, surf *m* a vela

**sailboat** ['seɪlbəʊt] N (*US*) = **sailing boat**

**sailcloth** ['seɪlklɒθ] N lona *f*

**sailfish** ['seɪlfɪʃ] N aguja *f* de mar, pez *m* vela

**sailing** ['seɪlɪŋ] Ⓐ N 1 (*Sport*) vela *f*, navegación *f* a vela; **to go ~** hacer vela; ♦***IDIOM*** **to be plain ~**: **now it's all plain ~** ahora es coser y cantar; **it's not exactly plain ~** no es muy sencillo que digamos
2 (*Naut*) (= *departure*) salida *f*
Ⓑ CPD ► **sailing boat** N velero *m*, barco *m* de vela ► **sailing date** N fecha *f* de salida (*de un barco*) ► **sailing orders** NPL últimas instrucciones *fpl* (*dadas al capitán de un buque*) ► **sailing ship** N velero *m*, buque *m* de vela ► **sailing time** N hora *f* de salida (*de un barco*)

**sailmaker** ['seɪl,meɪkə'] N velero *m*

**sailor** ['seɪlə'] Ⓐ N marinero *m*; **to be a bad ~** marearse fácilmente; **to be a good ~** no marearse
Ⓑ CPD ► **sailor hat** N sombrero *m* de marinero ► **sailor suit** N traje *m* de marinero (*de niño*)

**sainfoin** ['sænfɔɪn] N pipirigallo *m*

▼**saint** [seɪnt] N 1 santo/a *m/f*; **~'s day** fiesta *f* (de santo); **All Saints' Day** día *m* de Todos los Santos (*1 noviembre*); **my mother was a ~** (*fig*) mi madre era una santa; **she's no ~** (*iro*) ella no es una santa, que digamos
2 (*in names*) **Saint John** San Juan; **Saint Bernard** (= *dog*) perro *m* de San Bernardo; **Saint Elmo's fire** fuego *m* de Santelmo; **Saint Kitts** (*in West Indies*) San Cristóbal; **Saint Patrick's Day** el día *or* la fiesta de San Patricio; **Saint Theresa** Santa Teresa; **Saint Vitus' dance** baile *m* de San Vito; *see also* **valentine**
3 (*as name of church*) **they were married at Saint Mark's** se casaron en la iglesia de San Marcos

**sainted** ['seɪntɪd] ADJ [*martyr*] canonizado; [*wife, mother*] santo, bendito; (*of dead*) que en gloria esté; **my ~ aunt!***† (*hum*) ¡caray!*

**sainthood** ['seɪnthʊd] N santidad *f*

**saint-like** ['seɪntlaɪk] ADJ = **saintly**

**saintliness** ['seɪntlɪnɪs] N santidad *f*

**saintly** ['seɪntlɪ] ADJ (*compar* **saintlier**, *superl* **saintliest**) (*gen*) santo; (= *pious*) pío; (*pej*) santurrón

**sake**[1] [seɪk] N **for the ~ of sb/sth** por algn/algo; **for the ~ of the children** por (el bien de) los niños; **(just) for the ~ of it** (sólo) porque sí; **he was talking just for the ~ of it** estaba hablando por hablar; **a film with a lot of violence thrown in just for the ~ of it** una película con mucha violencia añadida que no venía a cuento; **for the ~ of argument** digamos, pongamos por caso; **art for art's ~** el arte por el arte; **for goodness ~!** ¡por el amor de Dios!; **for God's ~!** ◊ **for heaven's ~!** ¡por Dios!; **for my ~** por mí; **for old times' ~** por los viejos tiempos; **for your own ~** por tu propio bien; **she likes this kind of music for its own ~** le gusta este tipo de música por sí misma; **for the ~ of peace** para garantizar la paz; **to talk for the ~ of talking** hablar por hablar; *see also* **Pete**, **safety A**

**sake**[2] ['sɑːkɪ] N sake *m*, saki *m*

**sal** [sæl] Ⓐ N sal *f*
Ⓑ CPD ► **sal ammoniac** N sal *f* amoníaca ► **sal volatile** N sal *f* volátil

**salaam** [sə'lɑːm] Ⓐ N zalema *f*
Ⓑ VI hacer zalemas

**salability** [,seɪlə'bɪlɪtɪ] N (*US*) = **saleability**

**salable** ['seɪləbl] ADJ (*US*) = **saleable**

**salacious** [sə'leɪʃəs] ADJ (*frm*) salaz

**salaciousness** [sə'leɪʃəsnɪs] N, **salacity** [sə'læsɪtɪ] N (*frm*) salacidad *f*

**salad** ['sæləd] Ⓐ N ensalada *f*; **fruit ~** ensalada *f* de frutas, macedonia *f* de frutas (*Sp*); **Russian ~** ensaladilla *f* (rusa), ensalada *f* rusa
Ⓑ CPD ► **salad bowl** N ensaladera *f* ► **salad cream** N (*Brit*) mayonesa *f* ► **salad days** NPL juventud *fsing* ► **salad dish** N ensaladera *f* ► **salad dressing** N aliño *m* ► **salad oil** N aceite *m* para ensaladas

**salamander** ['sælə,mændə'] N salamandra *f*

**salami** [sə'lɑːmɪ] N salami *m*, salame *m* (*S. Cone*)

**salaried** ['sælərɪd] ADJ [*person*] asalariado; [*position*] retribuido, con sueldo

▼**salary** ['sælərɪ] Ⓐ N salario *m*, sueldo *m*; **"~ negotiable"** "salario *or* sueldo a convenir"
Ⓑ CPD ► **salary bracket** N categoría *f* salarial ► **salary earner** N asalariado/a *m/f* ► **salary package** N paquete *m* salarial ► **salary range** N gama *f* de salarios ► **salary review** N revisión *f* de sueldos ► **salary scale** N escala *f* salarial ► **salary structure** N estructuración *f* salarial

**sale** [seɪl] Ⓐ N 1 [*of item, object, house*] venta *f*; **newspaper ~s have fallen** ha descendido la venta de periódicos; **~ and lease back** venta y arrendamiento al vendedor; **is it for ~?** ¿está en venta?; **the house is for ~** la casa está en venta, esta casa se vende; **it's not for ~** no está en venta; **to put a house up for ~** poner una casa en venta; **"for sale"** "se vende"; **to be on ~** (*Brit*) estar a la venta; (*US*) estar rebajado; **on ~ at all fishmongers** de venta en todas las pescaderías; **it's going cheap for a quick ~** se ofrece a bajo precio porque se tiene prisa en venderlo; **it found a ready ~** se vendió pronto; **on a ~ or return basis** en depósito
2 (= *event*) rebajas *fpl*; **there's a ~ on at Harrods** en Harrods están de rebajas; **"sale"** (*in shop window*) "rebajas"; **clearance ~** liquidación *f* (total); **he bought a leather jacket in a ~** compró una chaqueta de cuero en unas rebajas; **the January ~s** las rebajas de enero; **the ~s are on** hay rebajas
3 (= *auction*) subasta *f*; *see also* **jumble C**
Ⓑ CPD ► **sale goods** NPL artículos *mpl* rebajados ► **sale item** N artículo *m* rebajado ► **sale price** N (= *cost*) precio *m* de venta; (= *reduced cost*) precio *m* rebajado, precio *m* de rebaja ► **sales agent** N agente *mf* de ventas ► **sales assistant** N (*Brit*) dependiente/a *m/f* ► **sales brochure** N folleto *m* publicitario ► **sales budget** N presupuesto *m* de ventas

➤ LANGUAGE IN USE: **saint 1** 23.3 **salary A** 19.2

► **sales campaign** N campaña *f* de promoción y venta ► **sales check** N (*US*) hoja *f* de venta ► **sales clerk** N (*US*) dependiente/a *m/f* ► **sales conference** N conferencia *f* de ventas ► **sales department** N sección *f* de ventas ► **sales drive** N promoción *f* de ventas ► **sales executive** N ejecutivo/a *m/f* de ventas ► **sales figures** NPL cifras *fpl* de ventas ► **sales force** N personal *m* de ventas ► **sales forecast** N previsión *f* de ventas ► **sales invoice** N factura *f* de ventas ► **sales leaflet** N folleto *m* publicitario ► **sales ledger** N libro *m* de ventas ► **sales literature** N folletos *mpl* de venta ► **sales manager** N jefe/a *m/f* de ventas ► **sales meeting** N reunión *f* de ventas ► **sales office** N oficina *f* de ventas ► **sales pitch*** N rollo *m* publicitario* ► **sales promotion** N campaña *f* de promoción de ventas ► **sales rep**, **sales representative** N representante *mf*, agente *mf* comercial ► **sales resistance** N resistencia *f* a comprar ► **sales slip** N (*US*) (= *receipt*) hoja *f* de venta ► **sales talk** N jerga *f* de vendedor ► **sales tax** N (*US*) impuesto *m* sobre las ventas ► **sale value** N valor *m* comercial, valor *m* en el mercado

**saleability** [ˌseɪləˈbɪlɪtɪ] N vendibilidad *f*

**saleable**, **salable** (*US*) [ˈseɪləbl] ADJ vendible

**saleroom** [ˈseɪlrʊm] N (*Brit*) sala *f* de subastas

**salesgirl** [ˈseɪlzɡɜːl] N dependienta *f*, vendedora *f*

**salesman** [ˈseɪlzmən] N (*pl* **salesmen**) (*in shop*) dependiente *m*, vendedor *m*; (= *traveller*) viajante *m*, representante *m*; **a car ~** un vendedor de coches; **an insurance ~** un representante de seguros; **"Death of a Salesman"** "La muerte de un viajante"

**salesmanship** [ˈseɪlzmənʃɪp] N arte *m* de vender

**salesperson** [ˈseɪlzˌpɜːsn] N (*esp US*) vendedor(a) *m/f*, dependiente/a *m/f*

**salesroom** [ˈseɪlzrʊm] N (*US*) = **saleroom**

**saleswoman** [ˈseɪlzwʊmən] N (*pl* **saleswomen**) (*in shop*) dependienta *f*, vendedora *f*; (= *traveller*) viajante *f*, representante *f*; **an insurance ~** una representante de seguros

**salient** [ˈseɪlɪənt] Ⓐ ADJ [1] [*angle*] saliente [2] (*fig*) sobresaliente; **the most ~ feature** el aspecto más notable; **~ points** puntos *mpl* principales
Ⓑ N saliente *m*

**salina** [səˈliːnə] N [1] (= *marsh etc, saltworks*) salina *f*
[2] (= *mine*) mina *f* de sal, salina *f*

**saline** [ˈseɪlaɪn] ADJ salino; **~ drip** gota-a-gota *m* salino

**salinity** [səˈlɪnɪtɪ] N salinidad *f*

**saliva** [səˈlaɪvə] N saliva *f*

**salivary gland** [ˈsælɪvərɪˌɡlænd] N glándula *f* salival

**salivate** [ˈsælɪveɪt] VI salivar

**salivation** [ˌsælɪˈveɪʃən] N salivación *f*

**sallow¹** [ˈsæləʊ] ADJ amarillento, cetrino

**sallow²** [ˈsæləʊ] N (*Bot*) sauce *m* cabruno

**sallowness** [ˈsæləʊnɪs] N lo amarillo, lo cetrino

**Sallust** [ˈsæləst] N Salustio

**Sally** [ˈsælɪ] N (*familiar form*) *of* **Sarah**

**sally** [ˈsælɪ] Ⓐ VI **to ~ forth** *or* **out** salir airado
Ⓑ N salida *f*; **to make a ~** hacer una salida

**Sally Army*** [ˌsælɪˈɑːmɪ] N (*Brit*) = **Salvation Army**

**salmon** [ˈsæmən] Ⓐ N (*pl* **salmons** *or* **salmon**) [1] (= *fish*) salmón *m*
[2] (= *colour*) color *m* salmón
Ⓑ ADJ color salmón *inv*, asalmonado
Ⓒ CPD ► **salmon farm** N piscifactoría *f* de salmónidos ► **salmon fishing** N pesca *f* del salmón ► **salmon pink** N color *m* salmón, color *m* asalmonado ► **salmon river** N río *m* salmonero ► **salmon steak** N filete *m* de salmón ► **salmon trout** N trucha *f* asalmonada

**salmonella** [ˌsælməˈnelə] N (*pl* **salmonellae** [ˌsælməˈneliː]) salmonela *f*; **~ food-poisoning** salmonelosis *f*

**salmonellosis** [ˌsælmənеˈləʊsɪs] N salmonelosis *f*

**Salome** [səˈləʊmɪ] N Salomé

**salon** [ˈsælɒn] N salón *m*; **hair ~** salón *m* de peluquería; **beauty ~** salón *m* de belleza

**saloon** [səˈluːn] Ⓐ N [1] (*Brit*) (= *car*) turismo *m*
[2] (= *room*) **billiard/dancing ~** sala *f or* salón *m* de billar/de baile
[3] (*US*) (= *bar*) taberna *f*, bar *m*, cantina *f* (*esp Mex*)
[4] (*on ship*) salón *m*
Ⓑ CPD ► **saloon car** N (*Brit*) turismo *m*

**salopettes** [ˌsæləˈpets] NPL peto *msing* de esquiar

**salsify** [ˈsælsɪfɪ] N (*Bot*) salsifí *m*

**SALT** [sɔːlt] N ABBR = **Strategic Arms Limitation Talks**

**salt** [sɔːlt] Ⓐ N [1] (*Culin*) sal *f*; ✦**IDIOMS the ~ of the earth** la sal de la tierra; **to take sth with a pinch** *or* **grain of ~** no tomarse algo al pie de la letra; **to rub ~ into the wound** poner sal en la llaga; **he's worth his ~** es una persona que vale
[2] (*Med*) **salts** sales *fpl*; ✦**IDIOM like a dose of ~s*** en un santiamén*, en menos que canta un gallo*
Ⓑ VT (= *flavour*) salar; (= *preserve*) conservar en sal; [+ *road*] poner sal en, tratar con sal
Ⓒ ADJ [*meat, water, taste*] salado; **it's very ~** está muy salado
Ⓓ CPD ► **salt beef** N carne *f* de vaca salada ► **salt fish** N pescado *m* salado, pescado *m* en salazón ► **salt flats** NPL salinas *fpl* ► **salt lake** N lago *m* de agua salada ► **salt marsh** N saladar *m*, salina *f* ► **salt mine** N mina *f* de sal ► **salt pan** N salina *f* ► **salt shaker** N salero *m* ► **salt spoon** N cucharita *f* de sal ► **salt water** N agua *f* salada; *see also* **salt-water**

►**salt away** VT + ADV ahorrar, ocultar para uso futuro

►**salt down** VT + ADV conservar en sal, salar

**saltcellar** [ˈsɔːltˌseləʳ] N salero *m*

**salted** [ˈsɔːltɪd] ADJ salado, con sal

**salt-free** [ˈsɔːltfriː] ADJ sin sal

**saltiness** [ˈsɔːltɪnɪs] N [1] (= *salty flavour*) sabor *m* a sal, salobridad *f*
[2] (= *salinity*) salinidad *f*

**saltings** [ˈsɔːltɪŋz] NPL saladar *msing*

**saltpetre**, **saltpeter** (*US*) [ˈsɔːltˌpiːtəʳ] N salitre *m*

**saltwater** [ˈsɔːltˌwɔːtəʳ] ADJ [*fish etc*] de agua salada

**saltworks** [ˈsɔːltwɜːks] N salinas *fpl*

**salty** [ˈsɔːltɪ] ADJ [*taste*] salado

**salubrious** [səˈluːbrɪəs] ADJ (*frm*) (= *healthy*) saludable, salubre; (*fig*) (= *desirable, pleasant*) [*district etc*] salubre

**salubrity** [səˈluːbrɪtɪ] N salubridad *f*

**salutary** [ˈsæljʊtərɪ] ADJ (= *healthy*) saludable; (= *beneficial*) conveniente

**salutation** [ˌsæljʊˈteɪʃən] N salutación *f*, saludo *m*

**salute** [səˈluːt] Ⓐ N (*Mil*) (*with hand*) saludo *m*; (*with guns*) salva *f*; **to take the ~** responder al saludo (*en un desfile militar*); **to fire a ~ of 21 guns for sb** saludar a algn con una salva de 21 cañonazos
Ⓑ VT [1] (*Mil etc*) saludar, hacer un saludo
[2] (*fig*) (= *acclaim*) aclamar
Ⓒ VI saludar, hacer un saludo

**Salvadoran** [ˌsælvəˈdɔːrən], **Salvadorean**, **Salvadorian** [ˌsælvəˈdɔːrɪən] Ⓐ ADJ salvadoreño
Ⓑ N salvadoreño/a *m/f*

**salvage** [ˈsælvɪdʒ] Ⓐ N [1] (= *rescue*) [*of ship etc*] salvamento *m*
[2] (= *things rescued*) objetos *mpl* salvados; (*for re-use*) material *m* reutilizable
[3] (= *fee*) derechos *mpl* de salvamento
Ⓑ VT [1] (= *save*) salvar; **to ~ sth from the wreckage** salvar algo de las ruinas
[2] (*fig*) [+ *sth from theory, policy etc*] rescatar; [+ *pride, reputation*] (= *manage to keep*) conservar; (= *regain*) recuperar, salvar
Ⓒ CPD ► **salvage fee** N derechos *mpl* de salvamento ► **salvage operation** N operación *f* de rescate, operación *f* de salvamento ► **salvage value** N valor *m* de desecho ► **salvage vessel** N buque *m* de salvamento

**salvation** [sælˈveɪʃən] Ⓐ N salvación *f*
Ⓑ CPD ► **Salvation Army** N Ejército *m* de Salvación

**salvationist** [sælˈveɪʃnɪst] N miembro *mf* del Ejército de Salvación

**salve¹** [sælv] Ⓐ VT (= *soothe*) **to ~ one's conscience** descargar la conciencia
Ⓑ N (*lit*) pomada *f* bálsamica; (*fig*) bálsamo *m*

**salve²** [sælv] VT (*Naut etc*) (= *salvage*) salvar

**salver** [ˈsælvəʳ] N bandeja *f*

**salvia** [ˈsælvɪə] N salvia *f*

**salvo¹** [ˈsælvəʊ] N (*pl* **salvos** *or* **salvoes**) (*Mil*) salva *f*; **a ~ of applause** una salva de aplausos

**salvo²** [ˈsælvəʊ] N (*pl* **salvos**) (*Jur*) salvedad *f*, reserva *f*

**Salzburg** [ˈsæltsbɜːɡ] N Salzburgo *m*

**SAM** [sæm] N ABBR = **surface-to-air missile**

**Sam** [sæm] N (*familiar form*) *of* **Samuel**; **~ Browne (belt)** correaje *m* de oficial

**Samaritan** [səˈmærɪtn] Ⓐ N **the Good ~** el buen samaritano; **to call the ~s** (*organization*) llamar al teléfono de la esperanza
Ⓑ ADJ samaritano

**samarium** [səˈmɛərɪəm] N samario *m*

**samba** [ˈsæmbə] N samba *f*

**sambo**** [ˈsæmbəʊ] N (*pej*) negro/a *m/f*

✓**same** [seɪm] Ⓐ ADJ mismo; **two different photographs of the ~ man** dos fotografías diferentes del mismo hombre; **he and Tom were exactly the ~ age** Tom y él tenían exactamente la misma edad; **he will never be the ~ again** nunca volverá a ser el mismo; **the two houses are the ~** las dos casas son iguales; **it's always the ~** siempre pasa lo mismo; **it's not the ~ at all** no es en absoluto lo mismo; **for the ~ reason** por la misma razón; **if it's all the ~ to you*** si a ti te da igual *or* lo mismo; **we sat at the ~ table as usual** nos sentamos en la (misma) mesa de siempre; **the carpet was the ~ colour as the wall** la moqueta era del mismo color que la pared; **the price is the ~ as last year** el precio es el mismo que el año pasado; **their house is almost the ~ as ours** su casa es casi igual a *or* que la nuestra; **"how's Derek?" — "~ as usual/ever"** —¿qué tal está Derek? —como siempre; **the ~ day** el mismo día; **~ day delivery** entrega *f* en el mismo día; **~ difference*** lo mismo da*; **they are much the ~** son más o menos iguales; **they ask the ~**

➤ LANGUAGE IN USE: **same** **A** 5.2 **B** 5.2, 5.3

**old questions** siempre hacen las mismas preguntas, hacen las mismas preguntas de siempre; **the ~ one** el mismo; **the ~ ones** los mismos; **one and the ~ person** la misma persona; **it comes to the ~ thing** viene a ser lo mismo; **at the ~ time** (= *at once*) al mismo tiempo, a la vez; (= *on the other hand*) por otro lado; **the very ~ day/person** justo ese mismo día/esa misma persona; **in the ~ way** de la misma manera *or* forma; **do you still feel the ~ way about me?** ¿aún sientes lo mismo por mí?; **do you still feel the ~ way about it?** ¿sigues pensando lo mismo?, ¿lo sigues viendo de la misma forma?; **to go the ~ way as sth/sb** (*fig*) (*pej*) seguir el mismo camino que algo/algn; *see also* **boat A**, **breath A1**, **language A1**, **mind A6**, **story A1**, **tar B**, **token A**, **wavelength**

Ⓑ PRON 1 **the ~** lo mismo; **I'd do the ~ again** volvería a hacer lo mismo, haría lo mismo otra vez; **I don't feel the ~ about it as I did** ya no lo veo de la misma forma; **I still feel the ~ about you** sigo sintiendo lo mismo por ti; **the ~ again!** (*in bar etc*) ¡otra de lo mismo!; **the ~ is true of the arts** lo mismo se puede decir de las artes; **all** *or* **just the ~** (*as adverb*) (= *even so*) de todas formas *or* maneras; **no, but thanks all the ~** no, pero de todas formas, gracias; **I want the best for him, the ~ as you** quiero lo mejor para él, igual que tú; **the ~ goes for you** eso también va por ti; **~ here!*** ¡yo también!; **one and the ~** el mismo/la misma; **(and the) ~ to you!*** (*returning insult*) ¡lo mismo digo!; (*returning good wishes*) ¡igualmente!; **"Mr. Smith?" — "the very ~!"** —¿el Sr. Smith? —¡el mismo!

2 (*Comm*) **for repair of door and repainting of ~** reparación de la puerta y pintar la misma

**sameness** ['seɪmnɪs] N (= *similarity*) igualdad *f*, identidad *f*; (= *monotony*) monotonía *f*, uniformidad *f*

**Sammy** ['sæmɪ] N (*familiar form*) *of* **Samuel**

**Samoa** [sə'məʊə] N Samoa *f*

**Samoan** [sə'məʊən] Ⓐ ADJ samoano
Ⓑ N samoano/a *m/f*

**samosa** [sə'məʊsə] N (*pl* **samosas** *or* **samosa**) samosa *f*

**samovar** [,sæməʊ'vɑːʳ] N samovar *m*

**sampan** ['sæmpæn] N sampán *m*

**sample** ['sɑːmpl] Ⓐ N 1 (= *example*) muestra *f*; **send in a ~ of your artwork** envíe una muestra de sus ilustraciones
2 (*Med, Bot, Zool*) [*of substance*] muestra *f*; **a blood/urine ~** una muestra de sangre/orina; **to take a ~** tomar una muestra
3 (*Comm*) [*of product*] muestra *f*; **free ~** muestra *f* gratuita
Ⓑ VT 1 (= *try out*) [+ *food, drink*] probar; **the chance to ~ a different way of life** la oportunidad de probar un modo de vida distinto
2 (= *take samples*) tomar muestras de
3 (*Statistics*) muestrear
Ⓒ CPD ► **sample book** N muestrario *m* ► **sample pack** N paquete *m* de muestra ► **sample survey** N estudio *m* de muestras

**sampler** ['sɑːmpləʳ] N 1 (= *person*) catador(a) *m/f*
2 (*Sew*) dechado *m*

**sampling** ['sɑːmplɪŋ] N muestreo *m*

**Samson** ['sæmsn] N Sansón

**Samuel** ['sæmjʊəl] N Samuel

**San Andreas Fault** [,sænæn,dreɪəs'fɔːlt] N falla *f* de San Andrés

**sanatorium** [,sænə'tɔːrɪəm] N (*pl* **sanatoriums** *or* **sanatoria** [,sænə'tɔːrɪə]) sanatorio *m*

**sanctification** [,sæŋktɪfɪ'keɪʃən] N santificación *f*

**sanctify** ['sæŋktɪfaɪ] VT santificar

**sanctimonious** [,sæŋktɪ'məʊnɪəs] ADJ mojigato, santurrón

**sanctimoniously** [,sæŋktɪ'məʊnɪəslɪ] ADV con mojigatería, con santurronería; **she said ~** dijo con mojigatería *or* santurronería

**sanctimoniousness** [,sæŋktɪ'məʊnɪəsnɪs] N mojigatería *f*, santurronería *f*

**sanction** ['sæŋkʃən] Ⓐ N 1 (= *approval*) permiso *m*, autorización *f*
2 (= *penalty*) sanción *f*; (*esp Pol*) **sanctions** sanciones *fpl*; **to impose economic ~s on** *or* **against** imponer sanciones económicas a *or* contra
Ⓑ VT 1 (= *approve, authorize*) sancionar, autorizar
2 (= *penalize*) sancionar
Ⓒ CPD ► **sanction busting** N ruptura *f* de sanciones

**sanctity** ['sæŋktɪtɪ] N (= *sacredness*) lo sagrado; (= *inviolability*) inviolabilidad *f*

**sanctuary** ['sæŋktjʊərɪ] N (*Rel*) santuario *m*; (*fig*) (= *refuge*) asilo *m*; (*for wildlife*) reserva *f*; **to seek ~** acogerse a sagrado; **to seek ~ in** refugiarse en; **to seek ~ with** acogerse a

**sanctum** ['sæŋktəm] N (*pl* **sanctums** *or* **sancta**) lugar *m* sagrado; (*fig*) sancta sanctorum *m*; *see also* **inner A1**

**sand** [sænd] Ⓐ N 1 (= *substance*) arena *f*; **grains of ~** granos *mpl* de arena; ✦***IDIOM*** **the ~s are running out** queda poco tiempo
2 **sands** (= *beach*) playa *fsing*; [*of desert*] arenas *fpl*
Ⓑ VT 1 [+ *road*] echar arena a
2 (*also* **~ down**) [+ *wood etc*] lijar; [+ *floor*] pulir
Ⓒ CPD ► **sand bar** N barra *f* de arena, banco *m* de arena ► **sand dune** N duna *f* ► **sand martin** N avión *m* zapador

**sandal** ['sændl] N sandalia *f*, guarache *m* *or* huarache *m* (*Mex*); **a pair of ~s** unas sandalias

**sandalwood** ['sændlwʊd] N sándalo *m*

**sandbag** ['sændbæg] Ⓐ N saco *m* de arena
Ⓑ VT proteger con sacos de arena

**sandbank** ['sændbæŋk] N banco *m* de arena

**sandblast** ['sændblɑːst] VT [+ *building*] limpiar con chorro de arena

**sandbox** ['sændbɒks] N (*US*) cajón *m* de arena

**sandboy** ['sændbɔɪ] N ✦***IDIOM*** **to be as happy as a ~** estar como unas pascuas

**sandcastle** ['sænd,kɑːsl] N castillo *m* de arena

**sander** ['sændəʳ] N (= *tool*) (*gen*) lijadora *f*; (*for floor*) pulidora *f*

**sandglass** ['sændglɑːs] N reloj *m* de arena

**sanding** ['sændɪŋ] N [*of road*] enarenamiento *m*; [*of floor*] pulimiento *m*; (= *sandpapering*) lijamiento *m*

**S & L** N ABBR (*US Fin*) = **savings and loan association**

**sandlot** ['sændlɒt] (*US*) Ⓐ N *terreno en una ciudad que se usa para el béisbol etc*
Ⓑ ADJ (*Sport*) de barrio, de vecindad; **~ baseball** béisbol *m* de barrio

**S & M** Ⓐ N ABBR = **sadomasochism**
Ⓑ ADJ (= **sadomasochistic**) sadomasoca*

**sandman** ['sændmæn] N (*pl* **sandmen**) *ser imaginario que hace que los niños se duerman trayéndoles sueño*

**sandpaper** ['sænd,peɪpəʳ] Ⓐ N papel *m* de lija
Ⓑ VT lijar

**sandpiper** ['sænd,paɪpəʳ] N andarríos *m*, lavandera *f*

**sandpit** ['sændpɪt] N (*esp Brit*) *recinto de arena para juegos infantiles*

**sandshoes** ['sændʃuːz] NPL playeras *fpl*, tenis *mpl*

**sandstone** ['sændstəʊn] N arenisca *f*

**sandstorm** ['sændstɔːm] N tempestad *f* de arena

**sandwich** ['sænwɪdʒ] Ⓐ N (*with French bread*) bocadillo *m* (*Sp*), sandwich *m* (*esp LAm*), emparedado *m* (*esp LAm*); (*with sliced bread*) sandwich *m*
Ⓑ VT (*also* **~ in**) [+ *person, appointment etc*] intercalar; **to ~ sth between two things** hacer un hueco para algo entre dos cosas
Ⓒ CPD ► **sandwich bar** N bar *m* de bocadillos, bocadillería *f* ► **sandwich board** N cartelón *m* (*que lleva el hombre-anuncio*) ► **sandwich course** N (*Univ etc*) *programa que intercala períodos de estudio con prácticas profesionales* ► **sandwich man** N (*pl* **sandwich men**) hombre-anuncio *m*

**sandworm** ['sændwɜːm] N gusano *m* de arena

**sandy** ['sændɪ] ADJ (*compar* **sandier**; *superl* **sandiest**) 1 [*beach*] arenoso
2 (*in colour*) [*hair*] rubio

**sane** [seɪn] ADJ (*compar* **saner**; *superl* **sanest**) [*person*] cuerdo; [*judgment etc*] sabio, sensato

**sanely** ['seɪnlɪ] ADV sensatamente

**Sanforized®** ['sænfəraɪzd] ADJ sanforizado®

**sang** [sæŋ] PT *of* **sing**

**sangfroid** ['sɑ̃ːŋ'frwɑː] N sangre *f* fría

**sanguinary** ['sæŋgwɪnərɪ] ADJ (*frm*) 1 (= *bloodthirsty*) sanguinario
2 (= *bloody*) [*battle*] sangriento

**sanguine** ['sæŋgwɪn] ADJ (*fig*) optimista

**sanguineous** [sæŋ'gwɪnɪəs] ADJ sanguíneo

**sanitarium** [,sænɪ'tɛərɪəm] N (*pl* **sanitariums** *or* **sanitaria** [,sænɪ'tɛərɪə]) (*esp US*) = **sanatorium**

**sanitary** ['sænɪtərɪ] ADJ (= *clean*) higiénico; (= *for health protection*) de sanidad; **~ towel** (*Brit*) ◊ **~ napkin** (*US*) compresa *f*, paño *m* higiénico; **~ engineer** ingeniero/a *m/f* sanitario/a; **~ inspector** inspector(a) *m/f* de sanidad

**sanitation** [,sænɪ'teɪʃən] Ⓐ N (= *science*) higiene *f*; (= *plumbing*) instalación *f* sanitaria
Ⓑ CPD ► **sanitation department** N (*US*) departamento *m* de limpieza y recogida de basuras

**sanitize** ['sænɪtaɪz] VT sanear; **to ~ the image of war** dar una imagen aséptica de la guerra

**sanitized** ['sænɪtaɪzd] ADJ saneado

**sanity** ['sænɪtɪ] N [*of person*] cordura *f*, juicio *m*; [*of judgment*] sensatez *f*; **to lose one's ~** perder el juicio *or* la razón; **to be restored to ~** ◊ **return to ~** recobrar el juicio *or* la razón; **fortunately ~ prevailed** afortunadamente prevaleció el sentido común

**sank** [sæŋk] PT *of* **sink**[1]

**San Marino** [,sænmə'riːnəʊ] N San Marino *m*

**Sanskrit** ['sænskrɪt] Ⓐ ADJ sánscrito
Ⓑ N sánscrito *m*

**sans serif** [,sæn'serɪf] N grotesca *f*

**Santa Claus** [,sæntə'klɔːz] N Papá Noel *m*, San Nicolás *m*

**Santiago** [,sæntɪ'ɑːgəʊ] N (*in Chile*) Santiago *m* (de Chile); (*in Spain*) **~ de Compostela** Santiago *m* (de Compostela)

**sap**[1] [sæp] N (*Bot*) savia *f*

**sap**[2] [sæp] Ⓐ N (*Mil*) (= *trench*) zapa *f*
Ⓑ VT (= *undermine*) minar; (= *weaken*) debilitar; (= *exhaust*) agotar (las fuerzas de)

**sap**[3]* [sæp] N (= *fool*) bobo/a *m/f*; **you ~!** ¡bobo!

**sapling** ['sæplɪŋ] N árbol *m* joven

**sapper** ['sæpəʳ] N (*Brit Mil*) zapador *m*
**sapphire** ['sæfaɪəʳ] Ⓐ N zafiro *m*
Ⓑ CPD [*ring, necklace*] de zafiro ► **sapphire blue** N azul *m* zafiro ► **sapphire (blue) sky** N cielo *m* azul zafiro
**sappiness** ['sæpɪnɪs] N jugosidad *f*
**sappy[1]** ['sæpɪ] ADJ (*Bot*) lleno de savia, jugoso
**sappy[2]‡** ['sæpɪ] ADJ (= *foolish*) bobo
**SAR** N ABBR = **Search and Rescue**
**saraband** ['særəbænd] N zarabanda *f*
**Saracen** ['særəsn] Ⓐ ADJ sarraceno
Ⓑ N sarraceno/a *m/f*
**Saragossa** [,særə'gɒsə] N Zaragoza *f*
**Sarah** ['sɛərə] N Sara
**sarcasm** ['sɑːkæzəm] N sarcasmo *m*
**sarcastic** [sɑː'kæstɪk] ADJ [*person, remark*] sarcástico
**sarcastically** [sɑː'kæstɪkəlɪ] ADV con sarcasmo, sarcásticamente
**sarcoma** [sɑː'kəʊmə] N (*pl* **sarcomas** *or* **sarcomata** [sɑː'kəʊmətə]) sarcoma *m*
**sarcophagus** [sɑː'kɒfəgəs] N (*pl* **sarcophaguses** *or* **sarcophagi** [sɑː'kɒfəgaɪ]) sarcófago *m*
**sardine** [sɑː'diːn] N (*pl* **sardine** *or* **sardines**) sardina *f*; **packed in like ~s** como sardinas en lata
**Sardinia** [sɑː'dɪnɪə] N Cerdeña *f*
**Sardinian** [sɑː'dɪnɪən] Ⓐ ADJ sardo
Ⓑ N sardo/a *m/f*
**sardonic** [sɑː'dɒnɪk] ADJ [*humour, laugh*] sardónico; [*person*] sarcástico, burlón; [*tone*] burlón; **she gave a ~ smile** sonrió con sarcasmo *or* con aire burlón
**sardonically** [sɑː'dɒnɪkəlɪ] ADV [*smile*] con sarcasmo, con aire burlón; [*say*] con sarcasmo
**sarge*** [sɑːdʒ] N = **sergeant**; **yes, ~** sí, mi sargento
**sari** ['sɑːrɪ] N sari *m*
**sarky‡** ['sɑːkɪ] ADJ = **sarcastic**
**sarnie*** ['sɑːnɪ] N (*Brit*) bocata* *f*
**sarong** [sə'rɒŋ] N sarong *m*
**sarsaparilla** [,sɑːsəpə'rɪlə] N zarzaparrilla *f*
**sartorial** [sɑː'tɔːrɪəl] ADJ relativo al vestido; **~ elegance** elegancia *f* en el vestido; **~ taste** gusto *m* en vestidos
**SAS** N ABBR (*Brit Mil*) = **Special Air Service**
**SASE, s.a.s.e.** N ABBR (*US*) (= **self-addressed stamped envelope**) *sobre con las propias señas de uno y con sello*
**sash[1]** [sæʃ] N [*of dress etc*] faja *f*
**sash[2]** [sæʃ] Ⓐ N (= *window sash*) bastidor *m* de ventana, marco *m* de ventana
Ⓑ CPD ► **sash cord** N cuerda *f* de ventana (de guillotina) ► **sash window** N ventana *f* de guillotina
**sashay*** [sæ'ʃeɪ] VI pasearse; **to ~ off** largarse*
**Sask.** ABBR (*Canada*) = **Saskatchewan**
**sass*** [sæs] (*US*) Ⓐ N réplicas *fpl*, descoco *m*
Ⓑ VT **to ~ sb** replicar a algn
**sassafras** ['sæsəfræs] N sasafrás *m*
**Sassenach** ['sæsənæx] N (*Scot sometimes pej*) inglés/esa *m/f*
**sassy*** ['sæsɪ] ADJ (*US*) fresco, descarado
**SAT** N ABBR (*US Educ*) = **Scholastic Aptitude Test**
**sat** [sæt] PT, PP *of* **sit**
**Sat.** N ABBR (= **Saturday**) sáb.
**Satan** ['seɪtn] N Satanás *m*
**satanic** [sə'tænɪk] ADJ satánico
**Satanism** ['seɪtənɪzəm] N satanismo *m*
**Satanist** ['seɪtənɪst] Ⓐ N satanista *mf*
Ⓑ ADJ = **satanic**

➤ LANGUAGE IN USE: satisfy 1 13

**satchel** ['sætʃəl] N cartera *f*, mochila *f* (*S. Cone*)
**sate** [seɪt] VT saciar, hartar
**sateen** [sæ'tiːn] N satén *m*
**satellite** ['sætəlaɪt] Ⓐ N [1] (*artificial*) satélite *m*; **by** *or* **via ~** vía satélite
[2] (*natural*) satélite *m*; **the ~s of Jupiter** los satélites de Júpiter
[3] (*Pol*) (= *country, organisation*) satélite *m*; **Russia and its former ~s** Rusia y sus antiguos estados satélite
Ⓑ CPD ► **satellite broadcast** N retransmisión *f* vía satélite ► **satellite broadcasting** N retransmisión *f* vía satélite ► **satellite channel** N canal *m* de retransmisión por vía satélite ► **satellite country** N país *m* satélite ► **satellite dish** N antena *f* parabólica para TV por satélite ► **satellite link** N conexión *f* vía satélite ► **satellite technology** N tecnología *f* de retransmisiones vía satélite ► **satellite television** N televisión *f* vía satélite ► **satellite town** N ciudad *f* satélite ► **satellite transmission** N retransmisión *f* vía satélite ► **satellite TV** N TV *f* vía satélite
**satiate** ['seɪʃɪeɪt] VT (*with food*) hartar; (*with pleasures*) saciar
**satiated** ['seɪʃɪeɪtɪd] ADJ (*with food*) harto; (*with pleasures*) saciado
**satiation** [,seɪʃɪ'eɪʃən] N, **satiety** [sə'taɪətɪ] N (*with food*) hartura *f*; (*with pleasures*) saciedad *f*
**satin** ['sætɪn] Ⓐ N satén *m*, raso *m*
Ⓑ ADJ [*dress, blouse etc*] de satén; [*paper, finish*] satinado
**satinwood** ['sætɪnwʊd] N madera *f* satinada de las Indias, doradillo *m*, satín *m*
**satiny** ['sætɪnɪ] ADJ satinado
**satire** ['sætaɪəʳ] N sátira *f* (**on** contra)
**satiric** [sə'tɪrɪk] ADJ satírico
**satirical** [sə'tɪrɪkəl] ADJ satírico
**satirically** [sə'tɪrɪkəlɪ] ADV satíricamente
**satirist** ['sætərɪst] N (= *writer*) escritor(a) *m/f* satírico/a; (= *cartoonist*) caricaturista *mf*
**satirize** ['sætəraɪz] VT satirizar
**satisfaction** [,sætɪs'fækʃən] N [1] (= *contentment*) satisfacción *f*; **has it been done to your ~?** ¿se ha hecho a su gusto?; **it gives me every ~ …** es para mí una gran satisfacción …; **to demand ~** pedir satisfacción; **to express one's ~ at a result** expresar su satisfacción con un resultado, declararse satisfecho con un resultado
[2] [*of debt*] pago *m*, liquidación *f*
**satisfactorily** [,sætɪs'fæktərɪlɪ] ADV de modo satisfactorio
**satisfactory** [,sætɪs'fæktərɪ] ADJ (= *pleasing*) satisfactorio; (= *sufficient*) adecuado
▼ **satisfy** ['sætɪsfaɪ] VT [1] (= *make content*) satisfacer, dejar satisfecho; **it completely satisfies me** me satisface del todo, me ha dejado totalmente satisfecho; **he's never satisfied** no está nunca contento *or* satisfecho; **we are very satisfied with it** estamos muy satisfechos con ello, nos satisface en grado sumo; **you'll have to be satisfied with that** tendrás que contentarte con eso; **to ~ o.s. with sth** contentarse con algo
[2] (= *convince*) convencer; **to ~ sb that …** convencer a algn de que …; **I am not satisfied that …** no estoy convencido de que …; **to ~ o.s. that …** convencerse de que …
[3] (= *fulfil*) satisfacer, cumplir; **to ~ the examiners** recibir la aprobación del tribunal examinador; **to ~ the requirements** cumplir los requisitos
[4] (= *pay off*) [+ *debt*] pagar, liquidar

**satisfying** ['sætɪsfaɪɪŋ] ADJ [*result etc*] satisfactorio; [*food, meal*] que satisface, que llena
**satsuma** [,sæt'suːmə] N satsuma *f*
**saturate** ['sætʃəreɪt] VT empapar, saturar (**with** de); **to be ~d with** (*fig*) estar empapado de; **to ~ o.s. in** (*fig*) empaparse en
**saturated** ['sætʃəreɪtɪd] ADJ (= *soaking wet*) empapado; **~ fat** grasa *f* saturada
**saturation** [,sætʃə'reɪʃən] Ⓐ N saturación *f*
Ⓑ CPD ► **saturation bombing** N bombardeo *m* por saturación ► **saturation diving** N buceo *m* de saturación ► **saturation point** N **to reach ~ point** (*Chem, fig*) alcanzar el punto de saturación
**Saturday** ['sætədɪ] Ⓐ N sábado *m*; *see* **Tuesday** *for usage*
Ⓑ CPD ► **Saturday job** N **I've got a ~ job** tengo un trabajo los sábados
**Saturn** ['sætən] N Saturno *m*
**Saturnalia** [,sætə'neɪlɪə] NPL (*pl* **Saturnalia** *or* **Saturnalias**) saturnales *fpl*
**saturnine** ['sætənaɪn] ADJ saturnino
**satyr** ['sætəʳ] N sátiro *m*
**sauce** [sɔːs] Ⓐ N [1] (*savoury*) salsa *f*; (*sweet*) crema *f*; **tomato ~** salsa *f* de tomate; (= *ketchup*) salsa *f* de tomate, ketchup *m*; **chocolate ~** crema *f* de chocolate; **✦PROV what's ~ for the goose is ~ for the gander** lo que es bueno para uno es bueno para el otro; *see also* **apple B, cheese C, cranberry B, mint[2] B, orange C, soya B, white C**
[2] (†*) (= *impudence*) frescura *f*, descaro *m*; **what ~!** ¡qué frescura!; **none of your ~!** ¡eres un fresco!*
[3] (*US‡*) (= *drink*) **the ~** la bebida, la priva (*Sp‡*); **to hit the ~** ◊ **to be on the ~** empinar el codo*, darle a la bebida, darle a la priva (*Sp‡*)
Ⓑ CPD ► **sauce boat** N salsera *f*
**saucepan** ['sɔːspən] N cacerola *f*, cazo *m*, olla *f* (*esp LAm*)
**saucer** ['sɔːsəʳ] N platillo *m*
**saucily** ['sɔːsɪlɪ] ADV [*reply etc*] con frescura, con descaro
**sauciness** ['sɔːsɪnɪs] N frescura *f*, descaro *m*
**saucy*** ['sɔːsɪ] ADJ (*compar* **saucier**; *superl* **sauciest**) [1] (= *cheeky*) [*person*] fresco, descarado; **don't be ~!** ¡qué fresco!
[2] (*esp Brit*) [*joke, humour, postcard, photo*] picante; [*clothes*] provocativo
**Saudi** ['saʊdɪ] Ⓐ ADJ saudí, saudita
Ⓑ N saudí *mf*, saudita *mf*
**Saudi Arabia** ['saʊdɪə'reɪbɪə] N Arabia *f* Saudí, Arabia *f* Saudita
**Saudi Arabian** ['saʊdɪə'reɪbɪən] ADJ, N = **Saudi**
**sauerkraut** ['saʊəkraʊt] N chucrut *m*, chucrú *m*
**Saul** [sɔːl] N Saúl
**sauna** ['sɔːnə] N sauna *f* (*m in Cono Sur*)
**saunter** ['sɔːntəʳ] Ⓐ N paseo *m* tranquilo; **to go for a ~ around the park** pasearse *or* (*LAm*) caminar por el parque
Ⓑ VI pasearse, deambular (*LAm*); **to ~ in/out** entrar/salir sin prisa; **to ~ up and down** pasearse para arriba y para abajo; **he ~ed up to me** se acercó a mí con mucha calma
**saurian** ['sɔːrɪən] N saurio *m*
**sausage** ['sɒsɪdʒ] Ⓐ N (*to be cooked*) salchicha *f*; (= *salami, mortadella etc*) embutido *m*, fiambre *m*; **not a ~** (*Brit**) ¡ni un botón!*, ¡nada de nada!
Ⓑ CPD ► **sausage dog*** N perro *m* salchicha* ► **sausage machine** N máquina *f* de hacer salchichas ► **sausage meat** N carne *f* de salchicha ► **sausage roll** N (*esp Brit*) *masa de hojaldre con una salchicha en su interior*

**sauté** ['səʊteɪ] Ⓐ ADJ salteado; **~ potatoes** patatas *fpl* salteadas
Ⓑ VT saltear

**savage** ['sævɪdʒ] Ⓐ ADJ [1] (= *ferocious*) [*animal, attack*] feroz, salvaje; [*person*] salvaje; [*blow*] violento; [*war, criticism, remark*] despiadado; **to have a ~ temper** tener un carácter muy violento
[2] (= *primitive*) [*custom, tribe*] salvaje, primitivo
[3] (= *drastic*) [*cuts, reductions*] drástico, radical
Ⓑ N salvaje *mf*; *see also* **noble C**
Ⓒ VT [1] (= *injure*) atacar salvajemente; **two children have been ~d by an alsatian** dos niños fueron salvajemente atacados por un pastor alemán
[2] (= *criticize*) atacar ferozmente *or* despiadadamente; **she was ~d by the press** la prensa la atacó ferozmente *or* despiadadamente, la prensa se ensañó con ella

**savagely** ['sævɪdʒlɪ] ADV [1] (= *ferociously*) [*beat, attack*] salvajemente, violentamente; [*fight*] violentamente; [*say*] con crueldad, despiadadamente; **a ~ funny film** una película brutalmente divertida; **the ~ beautiful scenery** el paisaje de belleza salvaje
[2] (= *severely*) [*criticise, attack*] despiadadamente
[3] (= *drastically*) [*cut, edit*] drásticamente, radicalmente

**savageness** ['sævɪdʒnɪs] N = **savagery 1, 3**

**savagery** ['sævɪdʒrɪ] N [1] (= *violence*) [*of attack, blow*] ferocidad *f*, violencia *f*; [*of criticism*] saña *f*, ferocidad *f*; **the sheer ~ of war** el puro salvajismo *or* la pura brutalidad de la guerra
[2] (= *primitiveness*) salvajismo *m*, estado *m* salvaje
[3] (= *drastic nature*) [*of cuts, reductions*] radicalidad *f*, carácter *m* drástico

**savannah** [sə'vænə] N sabana *f*, pampa *f* (*S. Cone*), llanos *mpl* (*Ven*)

**savant** ['sævənt] N (*frm*) sabio/a *m/f*, erudito/a *m/f*

**save**[1] [seɪv] Ⓐ VT [1] (= *rescue*) [+ *person in danger*] rescatar, salvar; [+ *lives, jobs*] salvar; (*Rel*) [+ *soul*] salvar; **she wants to ~ the world** quiere salvar el mundo; **firefighters were unable to ~ the children** los bomberos no pudieron rescatar *or* salvar a los niños; **they accepted a pay cut to ~ their jobs** han aceptado una reducción de sueldo para salvar sus puestos de trabajo; **to ~ the day: reinforcements sent by the Allies ~d the day** los refuerzos que enviaron los Aliados los sacaron del apuro; **to ~ face** guardar las apariencias; **to ~ sth/sb from sth/doing sth: he ~d the company from bankruptcy** salvó a la empresa de la bancarrota; **he ~d me from falling/drowning** me salvó de caerme/de morir ahogado, impidió que me cayera/que muriera ahogado; **you have to ~ these people from themselves** tienes que salvar a esta gente del daño de sus propias acciones; **to ~ sb's life** salvar la vida a algn; **I can't sing to ~ my life** soy una negada para cantar*; **I put out a hand to ~ myself** estiré el brazo y me agarré con la mano para salvarme de una caída; **to ~ the situation** = **to save the day**; **✦IDIOMS to ~ one's bacon** *or* **one's (own) skin*** salvar el pellejo*; **all he's bothered about is saving his own skin** lo único que le importa es salvar el pellejo*; **to ~ sb's ass** *or* **butt** (*esp US***) salvar el pellejo a algn*
[2] (= *preserve, conserve*) **to ~ a building for posterity** conservar un edificio para la posteridad; **I'm saving my voice for the concert** estoy reservando la voz para el concierto; **to ~ o.s. for sth** reservarse para algo; **God ~ the Queen!** ¡Dios salve *or* guarde a la Reina!; **to ~ one's strength (for sth)** conservar *or* reservar (las) fuerzas (para algo)
[3] (= *keep, put aside*) (*gen*) guardar; [+ *money*] (*also* **~ up**) ahorrar; **to ~ sb sth** ◊ **to ~ sth for sb** guardar algo a algn; **we've ~d you a piece of cake** te hemos guardado un pedazo de tarta; **to ~ sth till last** guardar algo para el final; **he ~d the best till last, scoring two goals in the final ten minutes** guardó lo mejor para el final, marcando dos goles en los últimos diez minutos; **~ me a seat** guárdame un asiento; **if you ~ six tokens you get a free book** si junta *or* reúne seis vales, recibirá un libro gratis
[4] (= *not spend*) [+ *time*] ahorrar, ganar; [+ *money*] ahorrar; [+ *trouble*] evitar, ahorrar; **we did it to ~ time** lo hicimos para ahorrar *or* ganar tiempo; **it ~d us a lot of trouble** nos evitó *or* ahorró muchas molestias; **it will ~ me an hour** ganaré una hora; **that way you ~ £10** así (te) ahorras 10 libras; **it ~s fuel** economiza *or* ahorra combustible; **to ~ sb (from) sth/doing sth: it ~s me (from) having to make a decision** me ahorra *or* evita tener que tomar una decisión; **I'll take him, it'll ~ you the journey** yo lo llevaré, así te ahorras *or* evitas el viaje; **✦IDIOM ~ your breath** no gastes saliva (en balde)
[5] (*Sport*) [+ *penalty, shot*] parar; **to ~ a goal** hacer una parada, parar un disparo a gol
[6] (*Comput*) archivar, guardar
Ⓑ VI [1] (*also* **~ up**) ahorrar; **he's saving for a new bike** está ahorrando (dinero) para (comprarse) una bici nueva
[2] (= *economize*) **to ~ on sth: to ~ on petrol** ahorrar gasolina; **the new system ~s on staff time** el nuevo sistema economiza el tiempo del personal; **appliances that ~ on housework** aparatos que aligeran las tareas domésticas
[3] (*US*) (= *keep*) [*food*] conservarse, aguantar*
Ⓒ N (*Sport*) parada *f*; **to make a ~** hacer una parada

> **SAVE THE CHILDREN**
>
> **Save the Children** *es una organización benéfica fundada en el Reino Unido en 1919 para ayudar a los niños que sufrieron las secuelas de la Revolución Rusa y de la Segunda Guerra Mundial. Hoy en día se dedica a ofrecer ayuda de emergencia a los niños de todo el mundo que sufren de inanición o son víctimas de los efectos de guerras y desastres naturales y desarrolla proyectos a largo plazo para mejorar la higiene, la nutrición y la educación, además de luchar para que los gobiernos den prioridad a los derechos de los niños.*

**save**[2] [seɪv] PREP (*liter*) salvo; **all ~ one** todos excepto *or* menos uno; **~ for** excepto; **~ that ...** excepto que ...

**saveloy** ['sævəlɔɪ] N frankfurt *m*

**saver** ['seɪvəʳ] N [1] (= *person*) (*having account*) ahorrador(a) *m/f*; (*by nature*) persona *f* ahorrativa, persona *f* ahorradora
[2] (= *ticket*) billete-abono *m*

**saving** ['seɪvɪŋ] Ⓐ N [1] (= *putting aside*) ahorro *m*; **a policy to encourage ~ and investment** una política para fomentar el ahorro y la inversión; **regular ~ is the best provision for the future** ahorrar con regularidad es la mejor manera de hacer previsiones para el futuro
[2] (= *economy*) ahorro *m*; **this price represents a ~ of £100** este precio supone un ahorro de 100 libras; **we must make ~s** tenemos que economizar *or* hacer economías; **this ticket enables you to make a ~ on standard rail fares** este billete le supondrá un ahorro con respecto a las tarifas de tren normales
[3] **savings** ahorros *mpl*; **she has ~s of £3,000** sus ahorros suman 3.000 libras, tiene ahorradas 3.000 libras; **life ~s** los ahorros de toda una vida
Ⓑ ADJ **~ grace: his only ~ grace was that ...** lo único que lo salvaba era que ...
Ⓒ PREP (= *apart from*) salvo, excepto
Ⓓ CPD ► **savings account** N cuenta *f* de ahorros ► **savings and loan association** N (*US*) sociedad *f* de ahorro y préstamo ► **savings bank** N caja *f* de ahorros ► **savings bond** N bono *m* de ahorros ► **savings book** N cartilla *f* *or* libreta *f* de ahorros ► **savings certificate** N bono *m* de ahorros ► **savings stamp** N sello *m* de ahorros

**saviour**, **savior** (*US*) ['seɪvjəʳ] N salvador(a) *m/f*; **Saviour** Salvador *m*

**savoir-faire** ['sævwɑː'fɛəʳ] N desparpajo *m*

**savor** *etc* ['seɪvəʳ] (*US*) = **savour** *etc*

**savory**[1] ['seɪvərɪ] N (*Bot*) tomillo *m* salsero

**savory**[2] ['seɪvərɪ] (*US*) = **savoury**

**savour**, **savor** (*US*) ['seɪvəʳ] Ⓐ N sabor *m*, gusto *m*; **to add ~ to sth** dar sabor a algo; **it has lost its ~** ha perdido su sabor
Ⓑ VT saborear

**savouriness**, **savoriness** (*US*) ['seɪvərɪnɪs] N lo sabroso, buen sabor *m*

**savourless**, **savorless** (*US*) ['seɪvəlɪs] ADJ soso, insípido

**savoury**, **savory** (*US*) ['seɪvərɪ] Ⓐ ADJ [1] (= *appetizing*) sabroso
[2] (= *not sweet*) salado
[3] (*fig*) **it's not a very ~ district** no es un barrio muy respetable; **it's not a very ~ subject** no es un tema muy apto
Ⓑ N entremés *m* salado

**Savoy** [sə'vɔɪ] N Saboya *f*

**savoy** [sə'vɔɪ] N berza *f* de Saboya

**savvy*** ['sævɪ] Ⓐ N inteligencia *f*
Ⓑ VT comprender; **~?** ¿comprende?

**saw**[1] [sɔː] (*vb: pt* **sawed**; *pp* **sawed** *or* **sawn**) Ⓐ N (= *tool*) sierra *f*
Ⓑ VT serrar
Ⓒ VI **to ~ through** cortar con (una) sierra
Ⓓ CPD ► **saw edge** N filo *m* dentado *or* de sierra

►**saw away** Ⓐ VT + ADV quitar con la sierra
Ⓑ VI + ADV **she was ~ing away at the violin** iba rascando el violín

►**saw off** VT + ADV cortar con la sierra

►**saw up** VT + ADV cortar con la sierra

**saw**[2] [sɔː] PT *of* **see**[1]

**saw**[3] [sɔː] N (= *saying*) refrán *m*, dicho *m*

**sawbench** ['sɔːbentʃ] N (*US*) caballete *m* para serrar

**sawbones†*** ['sɔːbəʊnz] N (*pej*) matasanos *m inv*

**sawbuck** ['sɔːbʌk] N (*US*) caballete *m* para serrar

**sawdust** ['sɔːdʌst] N serrín *m*, aserrín *m*

**sawed-off shotgun** [,sɔːdɒf'ʃɒtgʌn] N (*US*) = **sawn-off shotgun**

**sawfish** ['sɔːfɪʃ] N (*pl* **sawfish** *or* **sawfishes**) pez *m* sierra

**sawhorse** ['sɔːhɔːs] N caballete *m*

**sawmill** ['sɔːmɪl] N aserradero *m*

**sawn** [sɔːn] PP *of* **saw**[1]

**sawn-off shotgun** [ˌsɔːnɒfˈʃɒtɡʌn] N (*Brit*) escopeta *f* de cañones recortados

**sawyer** [ˈsɔːjəʳ] N aserrador *m*

**sax*** [sæks] N saxo* *m*

**saxhorn** [ˈsækshɔːn] N bombardino *m*

**saxifrage** [ˈsæksɪfrɪdʒ] N saxífraga *f*

**Saxon** [ˈsæksn] Ⓐ ADJ sajón
Ⓑ N 1 (= *person*) sajón/ona *m/f*
2 (*Ling*) sajón *m*

**Saxony** [ˈsæksənɪ] N Sajonia *f*

**saxophone** [ˈsæksəfəʊn] N saxofón *m*, saxófono *m*

**saxophonist** [ˌsækˈsɒfənɪst] N saxofonista *mf*, saxofón *mf*

**say** [seɪ] (*vb: pt, pp* **said**) Ⓐ VT, VI 1 [*person*] (= *speak, tell*) decir; **"hello," he said** —hola —dijo; **what did you ~?** ¿qué dijiste?; **he said to me that ...** me dijo que ...; **to ~ to o.s.** decir para sí; **he said (that) he'd do it** dijo que él lo haría; **she said (that) I was to give you this** me pidió que te diera esto; **I ~ (that) we should go** yo digo que nos vayamos; **~ after me** repite lo que digo yo; **to ~ sth again** repetir algo; **to ~ goodbye to sb** despedirse de algn; **to ~ good morning/goodnight to sb** dar los buenos días/las buenas noches a algn; **to ~ mass** decir misa; **I've nothing more to ~** se acabó; **let's ~ no more about it** se acabó el asunto; **I must ~ (that) I disapprove of the idea** la verdad es que no me parece bien la idea; **I must ~ she's very pretty** tengo que *or* debo reconocer que es muy guapa; **it's difficult, I must ~** es difícil, lo confieso; **to ~ no** decir que no; **to ~ no to a proposal** rechazar una propuesta; **I wouldn't ~ no** (*Brit**) me encantaría; **to ~ a prayer** rezar; **that's what I ~** eso digo yo, lo mismo digo yo; **I will ~ this about him, he's bright** reconozco (a pesar de todo) que es listo; **to ~ yes** decir que sí; **to ~ yes to a proposal** aceptar una propuesta
2 (= *show on dial*) marcar; (= *show in print*) poner, decir; **my watch ~s three o'clock** mi reloj marca las tres; **it ~s 30 degrees** marca 30 grados; **it ~s here that it was built in 1066** aquí pone *or* dice que se construyó en 1006; **the rules ~ that ...** según las reglas ..., en las reglas pone ...
3 (*in phrases*) **when all is said and done** al fin y al cabo, a fin de cuentas; **she has nothing to ~ for herself** no tiene conversación, nunca abre la boca; **what have you got to ~ for yourself?** ¿y tú, qué dices?; **he never has much to ~ for himself** habla poco; **that doesn't ~ much for him** eso no es una gran recomendación para él; **it ~s much for his courage that he stayed** el que permaneciera allí demuestra su valor; **it's not for me to ~** no me toca a mí decir; **to ~ the least** para no decir más; **~ what you like about her hat, she's charming** dígase lo que se quiera acerca de su sombrero, es encantadora; **that's ~ing a lot** y eso es algo; **his suit ~s a lot about him** su traje dice mucho de él; **though I ~ it or so myself** aunque soy yo el que lo dice; **there's no ~ing what he'll do** quién sabe lo que hará; **I'd rather not ~** prefiero no decir (nada); **it's an original, not to ~ revolutionary, idea** la idea es original y hasta revolucionaria; **to ~ nothing of the rest** sin hablar de lo demás; **would you really ~ so?** ¿lo crees de veras?; **that is to ~** o sea, es decir; **what do** *or* **would you ~ to a walk?** ¿le apetece *or* se le antoja un paseo?; **what would you ~ to that?** ¿qué contestas a eso?; **it goes without ~ing that ...** ni que decir tiene que ..., huelga decir que ...; **that goes without ~ing** eso cae de su peso; ✦**IDIOM what he ~s goes** aquí manda él
4 (*impersonal use*) **it is said that ...** ◊ **they ~ that ...** se dice que ..., dicen que ...; **he is said to have been the first** dicen que fue el primero; **it's easier said than done** del dicho al hecho hay gran trecho; **there's a lot to be said for it/for doing it** hay mucho que decir a su favor/a favor de hacerlo; **it must be said that ...** hay que decir *or* reconocer que ...; **there's something to be said for it/for doing it** hay algo que decir a su favor/a favor de hacerlo; **there's something to be said on both sides** hay algo que decir en pro y en contra; **no sooner said than done** dicho y hecho
5 (*in exclamations*) **say!** (*esp US*) ◊ **I'll ~!*** ◊ **I should ~ so!*** ◊ **you can ~ that again!*** ¡ya lo creo!, ¡exacto!; **you don't ~!*** (*often hum*) ¡no me digas!; **enough said!** ¡basta!; **I say!** (*Brit*) (*calling attention*) ¡oiga!; (*in surprise, appreciation*) ¡vaya!, ¡anda!; **~ no more!** ¡basta!, ¡ni una palabra más!; **so you ~!** ¡eso es lo que tú dices!; **well said!** ¡muy bien dicho!; **you've said it!*** ¡exacto!, ¡tú lo dijiste!
6 (= *suppose*) suponer, decir, poner; **(let's) ~ it's worth £20** supongamos *or* digamos *or* pon que vale 20 libras; **I should ~ it's worth about £100** yo diría que vale unas cien libras; **shall we ~ Tuesday?** ¿quedamos en el martes?; **shall we ~ £5?** ¿convenimos en 5 libras?; **we sell it at ~ £25** pongamos que lo vendemos por 25 libras; **we were going at ~ 80kph** íbamos a 80kph más o menos
Ⓑ N **to have one's ~** dar su opinión; **I've had my ~** yo he dado mi opinión *or* he dicho lo que pensaba; **to have a ~ in the matter** tener voz y voto; **if I had had a ~ in it** si hubieran pedido mi parecer *or* opinión; **to have no ~ in the matter** no tener voz en capítulo; **let him have his ~!** ¡que hable él!

**SAYE** ABBR = **save as you earn**

▼**saying** [ˈseɪɪŋ] N dicho *m*, refrán *m*; **it's just a ~** es un refrán, es un dicho; **as the ~ goes** como dice el refrán

**say-so*** [ˈseɪsəʊ] N (= *authority*) **on whose ~?** ¿autorizado por quién?, ¿con permiso de quién?; **it depends on his ~** tiene que darle el visto bueno

**SBA** N ABBR (*US*) = **Small Business Administration**

**SBU** N ABBR = **strategic business unit**

**SC** ABBR (*US*) 1 = **Supreme Court**
2 = **South Carolina**

**s/c, s.c.** ABBR = **self-contained**

**scab** [skæb] N 1 (*Med*) costra *f*
2 (*Vet*) roña *f*
3 (* *pej*) (= *strikebreaker*) esquirol *mf*, rompehuelgas *mf inv*

**scabbard** [ˈskæbəd] N vaina *f*, funda *f*

**scabby** [ˈskæbɪ] ADJ 1 [*skin, knee etc*] lleno de costras
2 (*Vet*) roñoso

**scabies** [ˈskeɪbiːz] NSING sarna *f*

**scabious¹** [ˈskeɪbɪəs] ADJ (*Med*) sarnoso

**scabious²** [ˈskeɪbɪəs] N (*Bot*) escabiosa *f*

**scabrous** [ˈskeɪbrəs] ADJ escabroso

**scads*** [skædz] NPL montones* *mpl*; **we have ~ of it** lo tenemos a montones*, tenemos montones de eso*

**scaffold** [ˈskæfəld] N 1 (*Constr*) (*also* **~ing**) andamio *m*, andamiaje *m*
2 (*for execution*) patíbulo *m*, cadalso *m*

**scaffolding** [ˈskæfəldɪŋ] N andamio *m*, andamiaje *m*

**scag‡** [skæg] N (= *heroin*) caballo‡ *m*

**scalawag*** [ˈskæləwæg] N (*US*) = **scallywag**

**scald** [skɔːld] Ⓐ N escaldadura *f*
Ⓑ VT (*gen*) escaldar; [+ *milk*] calentar; ✦**IDIOM to run like a ~ed cat** (*Brit**) correr como gato escaldado, correr como alma que lleva el diablo*

**scalding** [ˈskɔːldɪŋ] ADJ **it's ~ (hot)** está hirviendo *or* (*LAm*) que arde; **the soup is ~** la sopa está muy caliente

**scale¹** [skeɪl] Ⓐ N [*of fish, reptile etc*] escama *f*; (= *flake*) [*of rust, chalk*] hojuela *f*; [*of skin*] escama *f*; (*inside kettle, boiler*) costra *f*; (*on teeth*) sarro *m*
Ⓑ VT [+ *fish*] quitar las escamas a, escamar; (*Tech*) raspar; [+ *teeth*] quitar el sarro a
Ⓒ VI (*also* **to ~ off**) [*skin*] descamarse

**scale²** [skeɪl] N 1 (= *weighing device*) (*often pl*) balanza *f*; (*for heavy weights*) báscula *f*; **bathroom ~(s)** báscula *f* (de baño); **a kitchen ~** ◊ **a pair of kitchen ~s** una balanza de cocina; **he tips the ~s at 70 kilos** pesa 70 kilos; **to turn** *or* **tip the ~s (in sb's favour/against sb)** inclinar la balanza (a favor de algn/en contra de algn)
2 [*of balance*] platillo *m*

**scale³** [skeɪl] Ⓐ N 1 (= *size, extent*) (*gen*) escala *f*; [*of problem, disaster*] magnitud *f*, escala *f*; **he likes to do things on a grand ~** le gusta hacer las cosas a gran escala *or* por todo lo alto *or* a lo grande; **on a large ~** a gran escala; **they were engaged in fraud on a massive ~** estaban realizando un fraude a gran escala *or* de gran envergadura; **on a national ~** a escala nacional; **on a small ~** a pequeña escala; **borrowing on this ~ will bankrupt the country** el país va a caer en la bancarrota si sigue aceptando préstamos de esta magnitud
2 (= *graduated system*) (*gen, for salaries*) escala *f*; **~ of charges** (lista *f* de) tarifas *fpl*; **the Richter ~** la escala de Richter; **the social ~** la escala *or* jerarquía social; *see also* **pay, sliding**
3 (= *ratio, proportion*) [*of map, model*] escala *f*; **on a ~ of 1cm to 5km** con una escala de 1cm a 5km; **to be out of ~ (with sth)** no guardar proporción (con algo); **the drawing is not to ~** el dibujo no está a escala; **to draw sth to ~** dibujar algo a escala
4 (*Mus*) escala *f*
Ⓑ VT [+ *wall*] trepar a, escalar; [+ *tree*] trepar a; [+ *mountain*] escalar
Ⓒ CPD ► **scale drawing** N dibujo *m* a escala
► **scale model** N modelo *m* a escala

►**scale back** VT + ADV (= *reduce*) [+ *production, operations, demands, plan*] recortar

►**scale down** VT + ADV 1 (= *make proportionately smaller*) reducir a escala; **it is a ~d down replica of the real building** es una réplica del edificio a escala reducida, es una maqueta del edificio
2 (= *reduce*) = **scale back**

►**scale up** VT + ADV 1 (= *make proportionately bigger*) aumentar a escala
2 (= *increase*) [+ *operations*] ampliar

**scallion** [ˈskæljən] N cebolleta *f* (para ensalada), cebollita *f* (*LAm*)

**scallop** [ˈskɒləp] Ⓐ N 1 (*Zool*) venera *f*
2 (*Sew*) festón *m*, onda *f*
Ⓑ VT 1 (*Culin*) guisar en conchas
2 (*Sew*) festonear
Ⓒ CPD ► **scallop shell** N venera *f*

**scallywag*** [ˈskælɪwæg] N (= *child*) diablillo *m*, travieso/a *m/f*; (= *rogue*) pillín/ina *m/f*; **you little ~!** ¡ay pillín!

**scalp** [skælp] Ⓐ N cuero *m* cabelludo; (*as trophy*) cabellera *f*; **to demand sb's ~** (*fig*) exigir la cabeza de algn

➤ LANGUAGE IN USE: saying 26.2

Ⓑ VT [1] (*lit*) arrancar la cabellera de; **he'll ~ you if he finds out!*** ¡si se entera, te arranca la cabellera!
[2] (*US**) [+ *tickets*] revender
Ⓒ VI (*US**) revender

**scalpel** ['skælpəl] N escalpelo *m*

**scalper*** ['skælpəʳ] N (*US*) revendedor(a) *m/f*

**scalping*** ['skælpɪŋ] N (*US*) reventa *f*

**scaly** ['skeɪlɪ] ADJ (*compar* **scalier**; *superl* **scaliest**) escamoso

**scam*** [skæm] N estafa *f*, timo *m*

**scamp¹*** [skæmp] N = **scallywag**

**scamp²** [skæmp] VT [+ *one's work etc*] chapucear, frangollar

**scamper** ['skæmpəʳ] VI escabullirse; **to ~ in/out** entrar/salir corriendo; **to ~ along** ir corriendo

►**scamper about** VI + ADV corretear

►**scamper away**, **scamper off** VI + ADV escabullirse

**scampi** ['skæmpɪ] N gambas *fpl* rebozadas

**scan** [skæn] Ⓐ VT [1] (= *inspect closely*) escudriñar; [+ *horizon etc*] otear; (*Comput*) examinar, explorar
[2] (= *glance at*) echar un vistazo a
[3] (*Radar*) explorar, registrar
[4] (*Poetry*) [+ *verse*] medir, escandir
Ⓑ VI [*poetry*] estar bien medido; **it does not ~** no está bien medido
Ⓒ N (*Med*) exploración *f* con un escáner; **to go for a ~** ◊ **have a ~** hacerse un escáner

**scandal** ['skændl] N [1] (= *public furore*) escándalo *m*; **it caused** *or* **created a ~** causó escándalo; **he was involved in a sex/drugs ~** estuvo involucrado en un escándalo sexual/de drogas
[2] (= *disgraceful state of affairs*) vergüenza *f*; **it's a ~!** ◊ **what a ~!** ¡qué vergüenza!
[3] (= *gossip*) chismes *mpl*; **it's just ~** no son más que habladurías *or* chismes; **she reads all the ~ in the tabloid press** se lee todos los chismes de los periódicos sensacionalistas; **there's a lot of ~ going round about her** circulan muchos chismes sobre ella; **the local ~** los chismes del pueblo *or* del barrio *etc*; **the latest ~** lo último en cotilleo; **to talk ~** murmurar, contar chismes

**scandalize** ['skændəlaɪz] VT escandalizar; **she was ~d** se escandalizó

**scandalmonger** ['skændl,mʌŋgəʳ] N chismoso/a *m/f*

**scandalous** ['skændələs] ADJ [*behaviour, story, price*] escandaloso; **to reach ~ proportions** alcanzar proporciones escandalosas; **it's simply ~!** ¡es un escándalo!; **it's ~ that ...** es vergonzoso que ...; **~ talk** habladurías *fpl*, chismes *mpl*

**scandalously** ['skændələslɪ] ADV escandalosamente

**Scandinavia** [,skændɪ'neɪvɪə] N Escandinavia *f*

**Scandinavian** [,skændɪ'neɪvɪən] Ⓐ ADJ escandinavo
Ⓑ N escandinavo/a *m/f*

**scandium** ['skændɪəm] N escandio *m*

**scanner** ['skænəʳ] N [1] (*Med*) escáner *m*, scanner *m*; (*also* **ultra-sound ~**) ecógrafo *m*
[2] (*Comput*) (*in airports*) escáner *m*
[3] (*Radar*) antena *f* direccional

**scanning** ['skænɪŋ] Ⓐ N (*Med*) visualización *f* radiográfica
Ⓑ CPD ► **scanning device** N detector *m*

**scansion** ['skænʃən] N [*of poetry*] escansión *f*

**scant** [skænt] ADJ (*compar* **scanter**; *superl* **scantest**) escaso; **it measures a ~ 2cm** mide dos centímetros escasos; **to pay ~ attention to sth** prestar escasa atención a algo; **a ~ tablespoon of sugar** una cucharada rasa de azúcar

**scantily** ['skæntɪlɪ] ADV insuficientemente; **~ clad** *or* **dressed** ligero de ropa; **~ provided with ...** con escasa cantidad de ...

**scantiness** ['skæntɪnɪs] N escasez *f*, insuficiencia *f*

**scanty** ['skæntɪ] ADJ (*compar* **scantier**; *superl* **scantiest**) [*meal etc*] insuficiente; [*clothing*] ligero; [*evidence*] insuficiente; [*information*] insuficiente, escaso

**scapegoat** ['skeɪpgəʊt] N cabeza *f* de turco, chivo *m* expiatorio; **to be a ~ for** pagar el pato por, pagar los cristales rotos por

**scapegrace**† ['skeɪpgreɪs] N pícaro *m*, bribón *m*

**scapula** ['skæpjʊlə] N (*pl* **scapulas** *or* **scapulae** ['skæpjʊli:]) escápula *f*

**scar¹** [skɑːʳ] Ⓐ N (*Med*) cicatriz *f*; (*fig*) (*on building, landscape etc*) huella *f*; **it left a deep ~ on his mind** dejó una huella profunda en su ánimo
Ⓑ VT dejar una cicatriz en; (*fig*) marcar, rayar; **he was ~red with many wounds** tenía cicatrices de muchas heridas; **he was ~red for life** quedó marcado para toda la vida; **the walls are ~red with bullets** las balas han dejado marca en las paredes
Ⓒ VI (= *leave a scar*) cicatrizar; (*also* **~ over**) (= *heal*) cicatrizarse

**scar²** [skɑːʳ] N (*Geog*) (= *crag*) paraje *m* rocoso, pendiente *f* rocosa

**scarab** ['skærəb] N escarabajo *m*

**scarce** ['skɛəs] Ⓐ ADJ (*compar* **scarcer**; *superl* **scarcest**) [*reserves, resources*] escaso; **to be ~** [*doctors, food, resources*] escasear; [*money*] escasear, faltar; **jobs were very ~ in those days** en aquella época escaseaban los puestos de trabajo; **paintings of this quality are ~** no abundan los cuadros de esta calidad; **to grow** *or* **become ~** volverse escaso, escasear; **to make o.s. ~*** largarse*, esfumarse*
Ⓑ ADV (†) = **scarcely**

**scarcely** ['skɛəslɪ] ADV (= *barely*) apenas; **~ anybody** casi nadie; **I can ~ believe it** apenas puedo creerlo, casi no puedo creerlo; **~ ever** casi nunca; **I ~ know what to say** no sé qué puedo decir; **he was ~ more than a boy** era apenas un niño; **we could ~ refuse** ¿cómo podíamos negarnos?, difícilmente podíamos negarnos; **it is ~ surprising that ...** no es ni mucho menos sorprendente que ...; **he's ~ what you'd call a cordon bleu chef** (*iro*) no es precisamente un maestro de la cocina; **the car had ~ drawn to a halt when ...** apenas se había parado el coche cuando ...

**scarceness** ['skɛəsnɪs] N *see* **scarcity**

**scarcity** ['skɛəsɪtɪ] Ⓐ N (= *shortage*) [*of money, food, resources*] escasez *f*, carestía *f*; [*of doctors, teachers*] escasez *f*
Ⓑ CPD ► **scarcity value** N **it has ~ value** tiene valor por lo escaso que es

**scare** ['skɛəʳ] Ⓐ N [1] (= *fright*) susto *m*; **to cause a ~** sembrar el pánico; **to give sb a ~** dar un susto *or* asustar a algn; **what a ~ you gave me!** ¡qué susto me diste!; **we got a bit of a ~** nos pegamos un susto, tuvimos un sobresalto
[2] (= *panic, threat*) **bomb ~** amenaza *f* de bomba; **the invasion ~** (= *panic*) el pánico de la invasión; (= *rumours*) los rumores alarmistas de una invasión
Ⓑ VT [1] (= *frighten*) asustar; **you ~d me!** ¡me has asustado!; **to ~ sb to death*** darle un susto de muerte a algn; **to ~ the hell** *or* **life out of sb*** darle un susto de muerte a algn; **to ~ sb stiff*** darle un susto de muerte a algn
[2] **to be ~d** (= *frightened*) tener miedo, estar asustado; **don't be ~d** no tengas miedo, no te asustes; **we were really ~d** teníamos mucho miedo, estábamos muy asustados; **to be ~d to do sth** tener miedo de hacer algo; **she was too ~d to talk** estaba demasiado asustada para poder hablar, no podía hablar del susto; **to be ~d to death*** estar muerto de miedo; **to be ~d of sb/sth**: **he's ~d of women** tiene miedo a las mujeres; **are you ~d of him?** ¿le tienes miedo?; **I'm ~d of spiders** les tengo miedo a *or* me dan miedo las arañas; **to be ~d of doing sth** tener miedo de hacer algo; **to be ~d stiff*** estar muerto de miedo; **to be ~d out of one's wits*** estar muerto de miedo
Ⓒ VI **he doesn't ~ easily** no se asusta fácilmente
Ⓓ CPD ► **scare campaign** N campaña *f* alarmista, campaña *f* de intimidación ► **scare story** N **it's only a ~ story** se trata de un reportaje alarmista

►**scare away**, **scare off** VT + ADV espantar, ahuyentar

**scarecrow** ['skɛəkrəʊ] N espantapájaros *m inv*, espantajo *m*

**scared** ['skɛəd] ADJ *see* **scare B**

**scaredy-cat*** ['skɛədɪ,kæt] N miedica* *mf*

**scarehead*** ['skɛəhed] N (*US Press*) titulares *mpl* sensacionales

**scaremonger** ['skɛəmʌŋgəʳ] N alarmista *mf*

**scaremongering** ['skɛə,mʌŋgərɪŋ] N alarmismo *m*

**scarf** [skɑːf] N (*pl* **scarfs** *or* **scarves**) (*woollen, for neck*) bufanda *f*; (= *headscarf*) pañuelo *m*

**scarface** ['skɑːfeɪs] N (*as nickname*) caracortada *mf*

**scarify** ['skɛərɪfaɪ] VT (*Med, Agr*) escarificar; (*fig*) despellejar, desollar, criticar severamente

**scarifying** ['skɛərɪfaɪɪŋ] ADJ [*attack etc*] mordaz, severo

**scarlatina** [,skɑːlə'tiːnə] N escarlatina *f*

**scarlet** ['skɑːlɪt] Ⓐ N escarlata *f*
Ⓑ ADJ color escarlata, colorado (*LAm*); **~ fever** escarlatina *f*; **~ pimpernel** (*Bot*) pimpinela *f*; **~ runner** judía *f* escarlata; **to blush ~** ◊ **turn ~** enrojecer, ponerse colorado; **he was ~ with rage** se puso rojo de furia

**scarp** [skɑːp] N escarpa *f*, declive *m*

**scarper*** ['skɑːpəʳ] VI (*Brit*) largarse*

**scarves** [skɑːvz] NPL *of* **scarf**

**scary*** ['skɛərɪ] ADJ (*compar* **scarier**; *superl* **scariest**) [*face, house, person, monster*] que da miedo; [*moment*] espeluznante; **it was really ~** daba verdadero miedo; **a ~ film** una película de miedo; **that's a ~ thought** ésa es una idea espeluznante

**scat¹*** [skæt] EXCL ¡zape!, ¡fuera de aquí!

**scat²** [skæt] N (*Mus*) *modalidad de jazz en la que el cantante emite sonidos inconexos en lugar de palabras enteras*

**scathing** ['skeɪðɪŋ] ADJ [*criticism, article, remark*] mordaz; [*look*] feroz; **he was ~ about our trains** hizo comentarios mordaces sobre nuestros trenes; **he was pretty ~** dijo cosas bastante duras; **to make a ~ attack on sb/sth** atacar mordazmente a algn/algo

**scathingly** ['skeɪðɪŋlɪ] ADV mordazmente; **he spoke ~ of ...** habló mordazmente *or* con mordacidad de ...

**scatological** [,skætə'lɒdʒɪkəl] ADJ escatológico

**scatology** [skæ'tɒlədʒɪ] N escatología *f*

**scatter** ['skætəʳ] Ⓐ VT [1] (= *strew around*) [+ *crumbs, papers etc*] esparcir, desparramar; [+ *seeds*] sembrar a voleo, esparcir; **the flowers were ~ed about on the floor** las flores estaban desparramadas por el suelo; **the floor was ~ed with flowers** en el suelo había flores desparramadas
[2] (= *disperse*) [+ *clouds*] dispersar; [+ *crowd*] dispersar; **her relatives are ~ed about the world** sus familiares se encuentran dispersos por el mundo
Ⓑ VI [*crowd*] dispersarse; **the family ~ed to distant parts** la familia se dispersó por lugares alejados
Ⓒ N (*Math, Tech*) dispersión *f*; **a ~ of houses** unas casas dispersas; **a ~ of raindrops** unas gotas dispersas de lluvia
Ⓓ CPD ► **scatter cushions** NPL almohadones *mpl*

**scatterbrain*** ['skætəbreɪn] N cabeza *mf* de chorlito

**scatterbrained*** ['skætəbreɪnd] ADJ (= *scatty*) atolondrado, ligero de cascos

**scattered** ['skætəd] ADJ disperso; **the village is very ~** las casas del pueblo son muy dispersas; **~ showers** chubascos *mpl* dispersos

**scattering** ['skætərɪŋ] N **a ~ of books** unos cuantos libros aquí y allá

**scattiness*** ['skætɪnɪs] N (*Brit*) ligereza *f* de cascos, atolondramiento *m*

**scatty*** ['skætɪ] ADJ (*Brit*) ligero de cascos, atolondrado; **to drive sb ~** volver majareta a algn*

**scavenge** ['skævɪndʒ] Ⓐ VT [+ *streets*] limpiar las calles de, recoger la basura de
Ⓑ VI remover basuras, pepenar (*Mex*); **to ~ for food** andar buscando comida (entre la basura)

**scavenger** ['skævɪndʒəʳ] N [1] (= *person*) persona *f* que rebusca en las basuras, pepenador(a) *m/f* (*Mex*)
[2] (*Zool*) (= *animal*) animal *m* carroñero; (= *bird*) ave *f* de carroña; (= *insect*) insecto *m* de carroña

**Sc.D.** N ABBR = **Doctor of Science**

**SCE** N ABBR = **Scottish Certificate of Education**

**scenario** [sɪ'nɑːrɪəʊ] N [1] (*Theat*) argumento *m*; (*Cine*) guión *m*
[2] (*fig*) escenario *m*

**scenarist** ['siːnərɪst] N guionista *mf*

**scene** [siːn] Ⓐ N [1] (*Theat, Cine, TV, Literat*) escena *f*; **Act I, Scene 1** acto I, escena 1; **a bedroom ~** una escena de dormitorio; **behind the ~s** (*lit, fig*) entre bastidores; **the big ~ in the film** la principal escena de la película; **indoor ~** interior *m*; **love ~s** escenas *fpl* de amor; **outdoor ~** exterior *m*; **the ~ is set in a castle** la escena tiene lugar en un castillo; **to set the ~ for a love affair** crear el ambiente para una aventura sentimental; **now let our reporter set the ~ for you** ahora permitan que nuestro reportero les describa la escena
[2] (= *sight*) escena *f*; **it was an amazing ~** era una escena asombrosa; **it was a ~ of utter destruction** la escena *or* el panorama era de destrucción total; **there were ~s of violence** hubo escenas de violencia
[3] (= *view*) vista *f*, panorama *m*; (= *landscape*) paisaje *m*; **the ~ from the top is marvellous** desde la cumbre la vista es maravillosa *or* el panorama es maravilloso; **the ~ spread out before you** el panorama que tienes delante; **it is a lonely ~** es un paisaje solitario
[4] (= *place*) escenario *m*, lugar *m*; **the ~s of one's early life** los lugares frecuentados por uno en su juventud; **to appear** *or* **come on the ~** llegar; **when I came on the ~** cuando llegué; **he appeared unexpectedly on the ~** se presentó inesperadamente; **I need a change of ~** necesito un cambio de aires; **the ~ of the crime** el lugar *or* escenario del crimen; **to disappear from the ~** desaparecer (de escena); **the ~ of the disaster** el lugar de la catástrofe; **the police were soon on the ~** la policía no tardó en acudir al lugar de los hechos; (*Mil*) **the ~ of operations** el teatro de operaciones
[5] (= *sphere of activity*) **to be part of the Madrid ~** formar parte de la movida madrileña*; **the music ~** la escena musical; **it's not my ~*** no me interesa *or* llama la atención; **the political ~ in Spain** el panorama político español; **to disappear from the political ~** desaparecer de la escena política; **the pop ~** el mundo del pop
[6] (= *painting, drawing*) escena *f*; **country ~s** escenas *fpl* campestres
[7] (*) (= *fuss*) escena *f*, escándalo *m*, bronca *f* (*esp LAm*); **try to avoid a ~** procura que no se monte una escena *or* el número*; **I hate ~s** detesto las escenas *or* los escándalos; **to make a ~** hacer *or* montar una escena, montar un número*; **she had a ~ with her husband** riñó con su marido
[8] (= *display of emotion*) **there were emotional ~s as the hostages appeared** hubo escenas de emoción cuando aparecieron los rehenes; **their argument ended in an ugly ~** su discusión acabó mal; **there were unhappy ~s at the meeting** en la reunión pasaron cosas nada agradables
Ⓑ CPD ► **scene change** N (*Theat*) cambio *m* de escena ► **scene painter** N (= *designer*) escenógrafo/a *m/f*; (= *workman*) pintor(a) *m/f* (de paredes) ► **scene shift** N cambio *m* de escena ► **scene shifter** N tramoyista *mf*

**scenery** ['siːnərɪ] N [1] (= *landscape*) paisaje *m*
[2] (*Theat*) decorado *m*

**scenic** ['siːnɪk] ADJ [1] (*gen*) pintoresco; **an area of ~ beauty** una región de bellos paisajes; **~ railway** (= *miniature railway*) *tren pequeño que hace recorridos turísticos por un recinto*; (*Brit*) (= *roller coaster*) montaña *f* rusa; **~ road** carretera *f* que recorre lugares pintorescos
[2] (*Theat*) escénico, dramático

**scenography** [siː'nɒgrəfɪ] N escenografía *f*

**scent** [sent] Ⓐ N [1] (= *smell*) [*of flowers, perfume*] perfume *m*, fragancia *f*; [*of food*] aroma *m*
[2] (*esp Brit*) (= *perfume, toilet water*) perfume *m*, fragancia *f*
[3] (*Hunting etc*) rastro *m*, pista *f*; **to be on the ~** (*also fig*) seguir el rastro *or* la pista; **to pick up/lose the ~** (*also fig*) encontrar/perder el rastro *or* la pista; **to put** *or* **throw sb off the ~** (*fig*) despistar a algn
Ⓑ VT [1] (= *make sth smell nice*) perfumar (**with** de)
[2] (= *smell*) olfatear; (*fig*) [+ *danger, trouble etc*] presentir, sentir; **to ~ sth out** olfatear *or* husmear algo
Ⓒ CPD ► **scent bottle** N (*esp Brit*) frasco *m* de perfume ► **scent spray** N atomizador *m* (de perfume), pulverizador *m* (de perfume)

**scented** ['sentɪd] ADJ perfumado

**scentless** ['sentlɪs] ADJ inodoro

**scepter** ['septəʳ] N (*US*) = **sceptre**

**sceptic, skeptic** (*US*) ['skeptɪk] N escéptico/a *m/f*

**sceptical, skeptical** (*US*) ['skeptɪkəl] ADJ escéptico (**of, about** acerca de); **he was ~ about it** se mostró escéptico acerca de ello, tenía dudas sobre ello

**sceptically, skeptically** (*US*) ['skeptɪkəlɪ] ADV con escepticismo

**scepticism, skepticism** (*US*) ['skeptɪsɪzəm] N escepticismo *m*

**sceptre, scepter** (*US*) ['septəʳ] N cetro *m*

**schedule** ['ʃedjuːl, (*US*) 'skedjuːl] Ⓐ N [1] (= *timetable*) [*of work, visits, events*] programa *m*, calendario *m*; [*of trains, buses*] horario *m*; (*TV, Rad*) (*often pl*) programación *f*; **a busy/punishing ~** un programa *or* calendario apretado/agotador, una agenda apretada/agotadora; **we are working to a very tight ~** tenemos un programa *or* calendario de trabajo muy apretado; **the strike could threaten Christmas ~s** la huelga podría afectar a la programación de Navidad; **everything went according to ~** todo sucedió según se había previsto; **the work is behind/ahead of ~** el trabajo lleva retraso/va adelantado (con respecto al programa *or* calendario); **I was running one hour behind ~** llevaba una hora de retraso con respecto a mi agenda; **the train arrived on/ahead of ~** el tren llegó a la hora prevista/antes de lo previsto
[2] (= *list*) [*of contents, goods, charges*] lista *f*
[3] (*Jur*) inventario *m*
Ⓑ VT (= *programme, timetable*) [+ *meeting*] programar, fijar; [+ *TV programmes*] programar; [+ *trains, planes*] programar el horario de; **the meeting is ~d for seven o'clock** *or* **to begin at seven o'clock** la reunión está programada *or* fijada para las siete; **the plane is ~d for two o'clock** *or* **to land at two o'clock** la hora de llegada prevista del avión es a las dos; **an election was ~d for last December** se habían programado *or* planeado unas elecciones para el pasado mes de diciembre; **you are ~d to speak for 20 minutes** según el programa hablarás durante 20 minutos; **I have nothing ~d for Friday** no tengo nada programado *or* planeado para el viernes; **I've ~d an appointment with the doctor** he pedido hora con el médico; **a second attempt to ~ a presidential debate has failed** ha fracasado un segundo intento de fijar una fecha para el debate presidencial; **this building is ~d for demolition** se ha previsto la demolición de este edificio; **as ~d** según lo previsto, de acuerdo con lo previsto

**scheduled** ['ʃedjuːld, (*US*) 'skedjuːld] Ⓐ ADJ [*date, time*] previsto, programado; [*meeting, visit*] programado; **at the ~ time** a la hora prevista *or* programada; **a week before the ~ date** una semana antes de lo previsto *or* programado
Ⓑ CPD ► **scheduled building** N edificio *m* protegido ► **scheduled flight** N vuelo *m* regular ► **scheduled stop** N parada *f* programada; (*Aer*) escala *f* programada

**scheduling** ['ʃedjuːlɪŋ, (*US*) 'skedjuːlɪŋ] N [*of event, visit, meeting*] organización *f*; [*of TV programmes*] programación *f*; (*Comput*) planificación *f*; **the ~ of classes** la programación del horario de clases

**Scheldt** [ʃelt] N Escalda *m*

**schema** ['skiːmə] N (*pl* **schemata** ['skiːmətə]) esquema *m*

**schematic** [skɪ'mætɪk] ADJ esquemático

**schematically** [skɪ'mætɪkəlɪ] ADV esquemáticamente

**scheme** [skiːm] Ⓐ N [1] (= *project*) plan *m*, proyecto *m*; (= *plan*) plan *m*; **a road-widening ~** un plan de ensanchamiento de calzadas
[2] (= *idea*) idea *f*; **it's not a bad ~*** no es

mala idea; **it's some crazy ~ of his** es otro de sus proyectos alocados
[3] (= *programme*) programa *m*; **a ~ of work** un programa de trabajo
[4] (= *structure*) esquema *m*; **colour ~** combinación *f* de colores; **pension ~** sistema *m* de pensión; **man's place in the ~ of things** el puesto del hombre en el diseño divino; **in the government's ~ of things there is no place for protest** la política del gobierno no deja espacio para la protesta
[5] (= *conspiracy*) intriga *f*; (*crafty*) ardid *m*; **it's a ~ to get him out of the way** es una jugada para quitarle de en medio
Ⓑ VI intrigar (**to do** para hacer); **they're scheming to get me out** están intrigando para expulsarme; **their opponents were scheming against them** sus adversarios estaban conspirando contra ellos
Ⓒ VT proyectar; (*pej*) tramar, urdir

**schemer** ['ski:məʳ] N (*pej*) intrigante *mf*

**scheming** ['ski:mɪŋ] Ⓐ ADJ (*pej*) maquinador, intrigante
Ⓑ N conspiración *f*, maquinación *f*

**scherzo** ['skɜ:tsəʊ] N (*pl* **scherzos** *or* **scherzi** ['skɜ:tsi:]) scherzo *m*

**schism** ['sɪzəm, 'skɪzəm] N cisma *m*

**schismatic** [sɪz'mætɪk, skɪz'mætɪk] Ⓐ ADJ cismático
Ⓑ N cismático/a *m/f*

**schismatical** [sɪz'mætɪkəl, skɪz'mætɪkəl] ADJ cismático

**schist** [ʃɪst] N esquisto *m*

**schizo*** ['skɪtsəʊ] N esquizo/a* *m/f*

**schizoid** ['skɪtsɔɪd] Ⓐ ADJ esquizoide
Ⓑ N esquizoide *mf*

**schizophrenia** [,skɪtsəʊ'fri:nɪə] N esquizofrenia *f*

**schizophrenic** [,skɪtsəʊ'frenɪk] Ⓐ ADJ esquizofrénico
Ⓑ N esquizofrénico/a *m/f*

**schlemiel***, **schlemihl*** [ʃlə'mi:l] N (*US*) (= *clumsy person*) persona *f* desmañada; (= *unlucky person*) persona *f* desgraciada

**schmaltz*** [ʃmɔ:lts] N sentimentalismo *m*, sensiblería *f*

**schmaltzy*** ['ʃmɔ:ltsɪ] ADJ sentimental, sensiblero

**schmuck*** [ʃmʌk] N (*US*) imbécil *mf*

**schnapps** [ʃnæps] N schnapps *m*

**schnozzle*** ['ʃnɒzəl] N (*esp US*) napia* *f*, nariz *f*

**scholar** ['skɒləʳ] N [1] (= *learned person*) sabio/a *m/f*; (= *expert*) estudioso/a *m/f*, experto/a *m/f*; **a famous Dickens ~** un conocido especialista en Dickens; **I'm no ~** yo apenas sé nada, yo no soy nada intelectual
[2] † (= *pupil*) alumno/a *m/f*; (= *scholarship holder*) becario/a *m/f*; **he's never been much of a ~** nunca fue muy aficionado a los libros; **~'s list** (*US Univ*) *lista de honor académica*; → DEAN'S LIST

**scholarly** ['skɒləlɪ] ADJ (= *studious*) erudito, estudioso; (= *pedantic*) pedante

**scholarship** ['skɒləʃɪp] Ⓐ N [1] (= *learning*) erudición *f*
[2] (= *money award*) beca *f*
Ⓑ CPD ► **scholarship holder** N becario/a *m/f*

**scholastic** [skə'læstɪk] Ⓐ ADJ [1] (= *educational*) escolar; **~ books** libros *mpl* escolares; **the ~ year** el año escolar; **the ~ profession** el magisterio; **Scholastic Aptitude Test** (*US*) examen *m* de acceso a la universidad
[2] (= *relative to scholasticism*) escolástico
Ⓑ N escolástico *m*

**scholasticism** [skə'læstɪsɪzəm] N escolasticismo *m*

**school**[1] [sku:l] Ⓐ N [1] (*for children*) [1·1] (= *institution*) escuela *f*, colegio *m*; **what did you learn at ~ today?** ¿qué has aprendido hoy en el colegio?; **to be at ~** asistir a la escuela; **which ~ were you at?** ¿a qué colegio fue?; **we have to be at ~ by nine** tenemos que estar en el colegio a las nueve; **you weren't at ~ yesterday** ayer faltaste a la clase; **to go to ~** ir a la escuela; **which ~ did you go to?** ¿a qué colegio fue?; **to leave ~** terminar el colegio; *see also* **primary C**, **secondary B**, **high D**
[1·2] (= *lessons*) clase *f*; **after ~** después de clase; **there's no ~ today** hoy no hay clase; **~ starts again in September** las clases empiezan de nuevo en septiembre
[2] (*Univ*) [2·1] (= *faculty*) facultad *f*; **art ~** Facultad *f* de bellas artes; **School of Languages** departamento *m* de lenguas modernas; **law ~** Facultad *f* de derecho; **medical ~** Facultad *f* de medicina
[2·2] (*US*) (= *university*) universidad *f*; **I went back to ~ at 35** a los 35 años volví a la universidad
[3] (= *group of artists, writers, thinkers*) escuela *f*; **the Dutch ~** la escuela holandesa; **Plato and his ~** Platón y su escuela, Platón y sus discípulos
[4] (*specialist*) escuela *f*; **~ of art** escuela *f* de bellas artes; **~ of dancing** escuela *f* de baile; **~ of motoring** autoescuela *f*, escuela *f* de manejo (*LAm*); **~ of music** academia *f* de música, conservatorio *m*; *see also* **ballet B**, **driving C**, **riding B**
[5] (*in expressions*) **I am not of that ~** yo no soy de esa opinión, yo no pertenezco a esa escuela; **I am not of the ~ that …** yo no soy de los que …; **of the old ~** (*fig*) de la vieja escuela; **~ of thought** (*fig*) corriente *f* de opinión
Ⓑ VT [+ *horse*] amaestrar; [+ *person*] educar, instruir; [+ *reaction, voice etc*] dominar; **he has been well ~ed** ha recibido una buena educación; **to ~ sb in sth** educar *or* instruir a algn en algo; **to ~ sb to do sth** preparar a algn para hacer algo; **to ~ o.s.** instruirse; **to ~ o.s. in patience** aprender a tener paciencia
Ⓒ CPD ► **school age** N edad *f* escolar; **~-age child** niño *m* en edad escolar ► **school attendance** N asistencia *f* a la escuela; **~ attendance officer** *inspector de educación encargado de problemas relacionados con la falta de asistencia o el bajo rendimiento de los alumnos* ► **school bus** N autobús *m* escolar ► **school dinner** N comida *f* escolar, comida *f* de colegio ► **school doctor** N médico *mf* de escuela ► **school fees** NPL matrícula *fsing* (escolar) ► **school friend** N amigo/a *m/f* de clase ► **school holidays** NPL vacaciones *fpl* escolares ► **school hours** NPL **during ~ hours** durante las horas de clase ► **school inspector** N inspector(a) *m/f* de enseñanza ► **school leaver** N persona *f* que termina la escuela ► **school life** N vida *f* escolar ► **school lunch** N comida *f* escolar, comida *f* de colegio; **to take ~ lunches** comer *or* almorzar en la escuela ► **school meal** N comida *f* provista por la escuela ► **school outing** N **to go on a ~ outing to the zoo** ir de visita al zoo con el colegio ► **school playground** N (*Brit*) patio *m* (de recreo) ► **school report** N boletín *m* escolar ► **school time** N = **school hours** ► **school trip** N = **school outing** ► **school uniform** N uniforme *m* escolar ► **school yard** N (*US*) = **school playground** ► **school year** N año *m* escolar

**school**[2] [sku:l] N [*of fish, dolphins, whales*] banco *m*

**schoolbag** ['sku:lbæg] N bolso *m*, cabás *m*

**schoolbook** ['sku:lbʊk] N libro *m* de texto (escolar)

**schoolboy** ['sku:lbɔɪ] Ⓐ N alumno *m* (de escuela), colegial *m*
Ⓑ CPD ► **schoolboy slang** N jerga *f* de colegial

**schoolchild** ['sku:ltʃaɪld] N (*pl* **schoolchildren**) alumno/a *m/f*, colegial(a) *m/f*

**schooldays** ['sku:ldeɪz] NPL años *mpl* del colegio

**schoolfellow** ['sku:l,feləʊ] N compañero/a *m/f* de clase

**schoolgirl** ['sku:lgɜ:l] Ⓐ N colegiala *f*
Ⓑ CPD ► **schoolgirl complexion** N cutis *m* de colegiala ► **schoolgirl crush*** N enamoramiento *m* de colegiala

**schoolhouse** ['sku:lhaʊs] N (*US*) (*pl* **schoolhouses**) escuela *f*

**schooling** ['sku:lɪŋ] N (= *education*) instrucción *f*, enseñanza *f*; (= *studies*) estudios *mpl*; **compulsory ~** escolaridad *f* obligatoria; **he had little formal ~** apenas asistió a la escuela

**school-leaving age** [,sku:l'li:vɪŋ,eɪdʒ] N edad *f* en que se termina la escuela; **to raise the ~** aumentar la edad de escolaridad obligatoria

**schoolman** ['sku:lmən] N (*pl* **schoolmen**) (*Philos*) escolástico *m*

**schoolmarm*** ['sku:lmɑ:m] N (*pej*) institutriz *f*

**schoolmaster** ['sku:l,mɑ:stəʳ] N maestro *m* (de escuela), profesor *m* (de escuela)

**schoolmate** ['sku:lmeɪt] N compañero/a *m/f* de clase

**schoolmistress** ['sku:l,mɪstrɪs] N maestra *f* (de escuela), profesora *f* (de escuela)

**schoolroom** ['sku:lrʊm] N aula *f*, sala *f* de clase

**schoolteacher** ['sku:l,ti:tʃəʳ] N (*gen*) maestro/a *m/f* (de escuela), profesor(a) *m/f* (de escuela)

**schoolteaching** ['sku:l,ti:tʃɪŋ] N enseñanza *f*

**schoolwork** ['sku:lwɜ:k] N trabajo *m* de clase

**schooner** ['sku:nəʳ] N [1] (*Naut*) goleta *f*
[2] (*for sherry*) copa *f* grande

**schwa**, **schwah** [ʃwɑ:] N vocal *f* neutra

**sciatic** [saɪ'ætɪk] ADJ ciático

**sciatica** [saɪ'ætɪkə] N (*Med*) ciática *f*

**science** ['saɪəns] Ⓐ N ciencia *f*; **the natural/social ~s** las ciencias naturales/sociales; **the ~s** las ciencias; **it's a real ~*** es una verdadera ciencia; **to blind sb with ~** impresionar *or* deslumbrar a algn citándole muchos datos científicos
Ⓑ CPD de ciencias ► **science fiction** N ciencia-ficción *f* ► **science park** N zona *f* de ciencias ► **science teacher** N profesor(a) *m/f* de ciencias

**scientific** [,saɪən'tɪfɪk] ADJ científico

**scientifically** [,saɪən'tɪfɪkəlɪ] ADV científicamente

**scientist** ['saɪəntɪst] N científico/a *m/f*

**scientologist** [,saɪən'tɒlədʒɪst] N cientólogo/a *m/f*

**scientology** [,saɪən'tɒlədʒɪ] N cienciología *f*, cientología *f*

**sci-fi*** ['saɪfaɪ] N ABBR = **science-fiction**

**Scillies** ['sɪlɪz] NPL, **Scilly Isles** ['sɪlɪ,aɪlz] NPL Islas *fpl* Sorlinga

**scimitar** ['sɪmɪtəʳ] N cimitarra *f*

**scintillate** ['sɪntɪleɪt] VI centellear, chispear; (*fig*) brillar

**scintillating** ['sɪntɪleɪtɪŋ] ADJ [*wit, conversation,*

*company*] chispeante, brillante; [*jewels, chandelier*] relumbrante

**scion** ['saɪən] N (*Bot, fig*) vástago *m*; **~ of a noble family** vástago *m* de una familia noble

**Scipio** ['skɪpɪəʊ] N Escipión

**scissors** ['sɪzəz] Ⓐ NPL tijeras *fpl*; **a pair of ~** unas tijeras
Ⓑ CPD ► **scissors jump** N tijera *f* ► **scissors kick** N chilena *f*, tijereta *f*

**sclerosis** [sklɪ'rəʊsɪs] N (*pl* **scleroses** [sklɪ'rəʊsiːz]) (*Med*) esclerosis *f*; *see also* **multiple C**

**SCM** N ABBR (*Brit*) = **State-Certified Midwife**

**scoff** [skɒf] Ⓐ VI mofarse, burlarse (**at sb/sth** de algn/algo); **my friends ~ed at the idea** mis amigos se mofaron *or* se burlaron de la idea
Ⓑ VT (*) (= *eat*) zamparse*, papearse*; **she ~ed the lot** se lo zampó todo; **my brother ~ed all the sandwiches** mi hermano se zampó todos los bocadillos

**scoffer** ['skɒfəʳ] N mofador(a) *m/f*

**scoffing** ['skɒfɪŋ] N mofas *fpl*, burlas *fpl*

**scold** [skəʊld] Ⓐ VT reñir, regañar (**for** por)
Ⓑ N (= *woman*) virago *f*

**scolding** ['skəʊldɪŋ] N reprimenda *f*, regañina *f*

**scoliosis** [ˌskəʊlɪ'əʊsɪs] N escoliosis *f*

**scollop** ['skɒləp] = **scallop**

**sconce** [skɒns] N candelabro *m* de pared

**scone** [skɒn] N bollo *m* (inglés)

**scoop** [skuːp] Ⓐ N [1] (*for flour*) pala *f*; (*for ice cream, water*) cucharón *m*; (= *quantity scooped*) palada *f*, cucharada *f*
[2] (*by newspaper*) exclusiva *f*; (*Comm**) golpe *m* financiero, pelotazo* *m*; **to make a ~** (*Press*) dar una exclusiva; (*Comm*) ganar un dineral de golpe y porrazo*, dar el pelotazo*; **it was a ~ for the paper** fue un gran éxito para el periódico; **we brought off the ~** logramos un triunfo con la exclusiva
Ⓑ VT [1] (= *pick up*) recoger
[2] (*Comm*) [+ *profit*] sacar; (*Comm, Press*) [+ *competitors*] adelantarse a; (*Press*) [+ *exclusive story*] publicar en exclusiva; **we ~ed the other papers** quedamos por encima de los demás periódicos con nuestra exclusiva
[3] [+ *prize, award*] hacerse con, obtener

►**scoop out** VT + ADV (*with scoop*) sacar con pala; (*with spoon*) sacar con cuchara; [+ *water*] achicar; [+ *hollow*] excavar, ahuecar

►**scoop up** VT + ADV recoger

**scoot*** [skuːt] VI (*also* **~ away, ~ off**) largarse*, rajarse (*LAm*); **~!** ¡lárgate!*; **I must ~** tengo que marcharme

**scooter** ['skuːtəʳ] N (*child's*) patinete *m*; (*adult's*) moto *f*, escúter *m*, motoneta *f* (*LAm*)

**scope** [skəʊp] N (= *opportunity*) (*for action etc*) libertad *f*, oportunidades *fpl*; (= *range*) [*of law, activity*] ámbito *m*; [*of responsibilities*] ámbito *m*; (= *capacity*) [*of person, mind*] alcance *m*; (= *room*) (*for manoeuvre etc*) esfera *f* de acción, campo *m* de acción; **a programme of considerable ~** un programa de gran alcance; **the ~ of the new measures must be defined** conviene delimitar el campo de aplicación de las nuevas medidas; **it is beyond her ~** está fuera de su alcance; **it is beyond the ~ of this book** está fuera del ámbito del presente libro; **to extend the ~ of one's activities** ampliar su campo de actividades; **there is plenty of ~ for** hay bastante campo para; **this should give you plenty of ~ for your talents** esto ha de darte grandes posibilidades para explotar tus talentos; **to give sb full ~** dar carta blanca a algn; **I'm looking for a job with more ~** busco un puesto que ofrezca más posibilidades; **it is outside my ~** eso está fuera de mi alcance; **it is within her ~** está a su alcance; **it is within the ~ of this book** está dentro del ámbito del presente libro

**scorbutic** [skɔː'bjuːtɪk] ADJ escorbútico

**scorch** [skɔːtʃ] Ⓐ N (*also* **~ mark**) quemadura *f*
Ⓑ VT (= *burn*) quemar; [*sun*] abrasar; (= *singe*) chamuscar; [+ *plants, grass*] quemar, secar; **~ed earth policy** política *f* de tierra quemada
Ⓒ VI [1] [*linen*] chamuscarse; [*grass*] agostarse, secarse
[2] **to ~ along** (*Brit**) ir volando, correr a gran velocidad

**scorcher*** ['skɔːtʃəʳ] N (= *hot day*) día *m* abrasador

**scorching** ['skɔːtʃɪŋ] ADJ (*also* **~ hot**) [*heat, day, sun*] abrasador; [*sand*] que quema; **it's a ~ day** hoy hace un día abrasador; **it's ~ hot** hace un calor tremendo; **a few ~ remarks** algunas observaciones mordaces

**score** [skɔːʳ] Ⓐ N [1] (*in game, match*) (= *result*) resultado *m*; (= *goal*) gol *m*, tanto *m*; (*at cards, in test, competition*) puntuación *f*, puntaje *m* (*LAm*); **there's no ~ yet** están a cero; (*in commentary*) no se ha abierto el marcador todavía; **there was no ~ at half-time** en el primer tiempo no hubo goles; **what's the ~?** ¿cómo van?, ¿cómo va el marcador?; **the final ~ was 4-1** el resultado final fue 4 a 1; **we give each entry a ~ out of ten** damos una puntuación *or* (*LAm*) un puntaje de uno a diez a cada participante; **he missed a chance to make the ~ 1-1** perdió la oportunidad de empatar a 1 *or* de igualar el marcador a 1; **with the ~ at 40-0 she has three match points** con 40-0 a su favor, tiene tres bolas de partido; **to keep (the) ~** (*Sport*) llevar la cuenta; (*Cards*) sumar los puntos
[2] **the ~*** (= *situation*) **what's the ~?** ¿qué pasa?, ¿qué hubo? (*Mex, Chile*); **you know the ~** ya estás al cabo de la calle *or* de lo que pasa*, ya estás al tanto
[3] (= *subject*) **you've got no worries on that ~** en ese sentido *or* aspecto no tienes por qué preocuparte
[4] (= *dispute*) **to have a ~ to settle with sb** tener cuentas pendientes con algn; **to settle** *or* **pay off old ~s (with sb)** saldar las cuentas pendientes (con algn)
[5] (*Mus*) partitura *f*; [*of show, play*] música *f*; [*of film*] banda *f* sonora (original); **film ~** banda *f* sonora (original); **piano ~** partitura para piano; **vocal ~** partitura para voz
[6] (= *line*) (*on card*) raya *f*, línea *f*; (= *scratch*) (*on wood*) marca *f*, muesca *f*
[7] (= *twenty*) veintena *f*; **three ~ years and ten** (*liter*) 70 años; **~s of people** montones de gente*, muchísima gente; **bombs were falling by the ~** caían bombas a mansalva
Ⓑ VT [1] (*Sport*) [+ *points*] conseguir, anotarse (*LAm*), apuntarse (*LAm*); [+ *runs*] hacer; [+ *goal, try*] marcar; **they went five games without scoring a point** en cinco partidos no consiguieron *or* no se anotaron un solo punto; **to ~ a hit** (*Shooting*) dar en el blanco; **to ~ a run** (*Baseball*) hacer una carrera
[2] (*in exam, test, competition*) [+ *marks, points*] sacar; **to ~ 75% in an exam** sacar 75 sobre 100 en un examen; **she ~d well in the test** sacó *or* obtuvo buena nota en el test; **if you answered yes, ~ five points** si contestó "sí", saca *or* suma cinco puntos
[3] [+ *success, victory*] conseguir; **he's certainly ~d a hit with the voters/with his latest novel** no cabe la menor duda de que ha impresionado a los votantes/ha tenido mucho éxito con su última novela; **to ~ points off sb** aventajarse con respecto a algn
[4] (*Mus*) [+ *piece*] instrumentar, orquestar
[5] (= *cut*) [+ *meat*] hacer unos pequeños cortes en; (= *mark*) [+ *line*] marcar; **her face was weathered, ~d with lines** su rostro estaba curtido y surcado de arrugas
[6] (*) [+ *drugs*] conseguir, comprar, pillar (*Sp**)
Ⓒ VI [1] (*Sport*) marcar; **no one has ~d yet** aún no ha marcado nadie; (*in commentary*) aún no se ha abierto el marcador; **he has failed to ~ this season** no ha marcado esta temporada; **that's where he ~s (over the others)** (*fig*) en eso es en lo que tiene más ventaja (sobre los demás)
[2] (= *keep score*) (*Sport*) llevar la cuenta; (*Cards*) sumar los puntos
[3] (*) (= *buy drugs*) conseguir, pillar (*Sp**); **to ~ with sb** (= *have sex*) acostarse con algn; (= *get off with*) ligarse a algn
Ⓓ CPD ► **score draw** N (*Ftbl*) empate *m*; **no-~ draw** empate *m* a cero

►**score off, score out, score through** VT + ADV [+ *text*] tachar

**scoreboard** ['skɔːbɔːd] N marcador *m*

**scorebook** ['skɔːbʊk] N cuaderno *m* de tanteo

**scorecard** ['skɔːkɑːd] N (*Golf*) tarjeta *f* donde se apuntan los resultados

**scorekeeper** ['skɔːˌkiːpəʳ] N tanteador(a) *m/f*

**scoreless** ['skɔːlɪs] ADJ **~ draw** empate *m* a cero

**scorer** ['skɔːrəʳ] N (= *person keeping score*) persona *f* que va apuntando los resultados; (= *player*) (*also* **goal ~**) él/la *m/f* que marca un gol *etc*; **he is top ~ in the league** es el principal goleador en la liga, ha marcado más goles que ningún otro en la liga; **the ~s were Juan and Pablo** marcaron los goles Juan y Pablo

**scoresheet** ['skɔːʃiːt] N acta *f* de tanteo

**scoring** ['skɔːrɪŋ] N [1] (*Sport*) (= *keeping score*) tanteo *m*
[2] (= *act of scoring*) **Evans opened the ~ in the third minute** Evans abrió el marcador en el tercer minuto; **he has a good ~ record** marca muchos goles *or* tantos
[3] (*Mus*) orquestación *f*

**scorn** ['skɔːn] Ⓐ N desprecio *m*, menosprecio *m*; **to pour ~ on sth** ◊ **laugh sth to ~** ridiculizar algo
Ⓑ VT despreciar, menospreciar; **to ~ to do sth** no dignarse a hacer algo

**scornful** ['skɔːnfʊl] ADJ desdeñoso, despreciativo; **to be ~ about sth** desdeñar algo

**scornfully** ['skɔːnfəlɪ] ADV desdeñosamente, con desprecio

**Scorpio** ['skɔːpɪəʊ] N [1] (= *sign, constellation*) Escorpión *m*
[2] (= *person*) Escorpión *mf*; **I'm (a) ~** soy Escorpión

**scorpion** ['skɔːpɪən] N alacrán *m*, escorpión *m*

**Scot** [skɒt] N escocés/esa *m/f*

**Scotch** [skɒtʃ] Ⓐ ADJ **~ broth** sopa *f* de verduras; **~ egg** (*esp Brit*) huevo *m* cocido rodeado de carne de salchicha y rebozado; **~ mist** llovizna *f*; **~ tape®** (*esp US*) cinta *f* adhesiva, scotch *m* (*LAm*), durex *m* (*Mex*); **~ terrier** terrier *m* escocés; **~ whisky** = **Scotch B**
Ⓑ N (= *whisky*) whisky *m* escocés, scotch *m*

**scotch** [skɒtʃ] Ⓐ VT [+ *attempt, plan*] frustrar; [+ *rumour, claim*] acallar
Ⓑ N (= *wedge*) calza *f*, cuña *f*

**scot-free** ['skɒt'friː] ADJ **to get off ~** (= *unpunished*) salir impune; (= *unhurt*) salir ileso

**Scotland** ['skɒtlənd] Ⓐ N Escocia *f*
Ⓑ CPD ► **Scotland Yard** N *oficina central de la policía de Londres*

**Scots** [skɒts] Ⓐ ADJ escocés; **a ~ accent** un acento escocés; **~ pine** pino *m* escocés
Ⓑ N (*Ling*) escocés *m*

**Scotsman** ['skɒtsmən] N (*pl* **Scotsmen**) escocés *m*

**Scotswoman** ['skɒts,wʊmən] N (*pl* **Scotswomen**) escocesa *f*

**Scotticism** ['skɒtɪsɪzəm] N giro *m* escocés, escocesismo *m*

**Scottie** ['skɒtɪ] N (= *dog*) terrier *m* escocés

**Scottish** ['skɒtɪʃ] ADJ escocés; **a ~ accent** un acento escocés; **~ Office** Ministerio *m* de Asuntos Escoceses; **the ~ Parliament** el Parlamento Escocés

**scoundrel** ['skaʊndrəl] N sinvergüenza *mf*

**scoundrelly**† ['skaʊndrəlɪ] ADJ canallesco, vil

**scour** ['skaʊəʳ] Ⓐ VT [1] [+ *pan, floor*] fregar, restregar (*esp LAm*); [+ *channel*] limpiar
[2] (= *search*) registrar; **we ~ed the countryside for him** hicimos una batida por el campo buscándole
Ⓑ VI **to ~ about for sth** buscar algo por todas partes

►**scour out** VT + ADV [+ *pan etc*] fregar, restregar (*esp LAm*); [+ *channel*] limpiar; **the river had ~ed out part of the bank** el río se había llevado una parte de la orilla

**scourer** ['skaʊrəʳ] N (= *pad*) estropajo *m*; (= *powder*) limpiador *m*, quitagrasas *m inv*

**scourge** [skɜːdʒ] Ⓐ N (*lit, fig*) azote *m*; **the ~ of malaria** el azote del paludismo; **the ~ of war** el azote de la guerra; **it is the ~ of our times** es la plaga de nuestros tiempos; **God sent it as a ~** Dios lo envió como castigo
Ⓑ VT (*lit*) azotar, flagelar; (*fig*) hostigar

**scouring pad** ['skaʊrɪŋpæd] N estropajo *m*

**scouring powder** ['skaʊrɪŋpaʊdəʳ] N limpiador *m* (en polvos), quitagrasas *m inv* (en polvo)

**Scouse*** [skaʊs] Ⓐ ADJ de Liverpool
Ⓑ N [1] nativo/a *m/f* de Liverpool, habitante *mf* de Liverpool
[2] (*Ling*) dialecto *m* de Liverpool

**scout** [skaʊt] Ⓐ N [1] (= *person*) (*Mil*) explorador(a) *m/f*; (*also* **boy ~**) muchacho *m* explorador; **(talent) ~** (*Sport, Cine, Theat*) cazatalentos *mf inv*
[2] (*) (= *reconnaissance*) reconocimiento *m*; (= *search*) búsqueda *f*; **to have a ~ round** reconocer *or* explorar el terreno; **we'll have a ~ (round) for it** (*fig*) lo buscaremos
Ⓑ VI (= *explore*) explorar; (*Mil*) reconocer el terreno; **to ~ for sth** buscar algo
Ⓒ CPD ► **scout car** N (*Mil*) vehículo *m* de reconocimiento

►**scout about, scout around, scout round** VI + ADV (*Mil*) ir de reconocimiento, reconocer el terreno; **to ~ around for sth** (*Mil*) hacer un reconocimiento *or* explorar buscando algo; (*fig*) buscar algo

**scouting** ['skaʊtɪŋ] N actividades *fpl* de los exploradores

**scoutmaster** ['skaʊt,mɑːstəʳ] N jefe *m* de exploradores

**scow** [skaʊ] N gabarra *f*

**scowl** [skaʊl] Ⓐ N ceño *m* fruncido; **he said with a ~** dijo con el ceño fruncido
Ⓑ VI fruncir el ceño, fruncir el entrecejo; **to ~ at sb** mirar a algn con el ceño fruncido, mirar a algn frunciendo el ceño *or* el entrecejo

**scowling** ['skaʊlɪŋ] ADJ ceñudo

**SCR** N ABBR (*Brit Univ*) = **senior common room**

**scrabble** ['skræbl] Ⓐ VI **to ~ about** *or* **around for sth** revolver todo buscando algo; **she was scrabbling about in the coal** andaba rebuscando por entre el carbón
Ⓑ N **Scrabble®** (*game*) Scrabble® *m*

**scrag** [skræg] Ⓐ N pescuezo *m*
Ⓑ VT [+ *animal*] torcer el pescuezo a; (*) [+ *person*] dar una paliza a

**scragginess** ['skrægɪnɪs] N flaqueza *f*

**scraggy** ['skrægɪ] ADJ (*compar* **scraggier**; *superl* **scraggiest**) flacucho

**scram*** [skræm] VI largarse*, rajarse (*LAm*); **~!** ¡lárgate!*

**scramble** ['skræmbl] Ⓐ VI [1] **to ~ up/down** subir gateando/bajar con dificultad; **to ~ out** salir con dificultad; **we ~d through the hedge** nos abrimos paso con dificultad a través del seto; **to ~ for** [+ *coins, seats*] luchar entre sí por, pelearse por; (*fig*) [+ *jobs*] pelearse por
[2] (*Sport*) **to go scrambling** hacer motocross
Ⓑ VT [1] (*Culin*) revolver; **~d eggs** huevos *mpl* revueltos
[2] (*Telec*) [+ *message*] cifrar; (*TV*) codificar
[3] [+ *aircraft*] hacer despegar con urgencia (*por alarma*)
Ⓒ N [1] (= *rush*) lucha *f*, pelea *f* (**for** por)
[2] (*Sport*) (= *motorcycle meeting*) carrera *f* de motocross
[3] (= *climb*) subida *f*; (= *outing*) excursión *f* de montaña (*por terreno escabroso etc*)

**scrambler** ['skræmbləʳ] N [1] (*Telec*) emisor *m* de interferencias
[2] (= *motorcyclist*) motociclista *mf* de motocross

**scrambling** ['skræmblɪŋ] N [1] (*Sport*) motocross *m* campo a través
[2] (*TV*) codificación *f*

**scran*‡** [skræn] N (*Brit*) comida *f*

**scrap¹** [skræp] Ⓐ N [1] (= *small piece*) pedacito *m*; [*of newspaper*] recorte *m*; [*of material*] retal *m*, retazo *m*; (*fig*) pizca *f*; **it's a ~ of comfort** es una migaja de consolación; **a ~ of conversation** un fragmento de conversación; **a few ~s of news** unos fragmentos de noticias; **there is not a ~ of truth in it** no hay ni un ápice de verdad en eso, no tiene nada de cierto; **not a ~ of proof** ni la más mínima prueba; **not a ~ of use** sin utilidad alguna; **not a ~!** ¡ni pizca!, ¡en absoluto!; **a ~ of paper** un trocito de papel
[2] **scraps** (= *leftovers*) restos *mpl*, sobras *fpl*; **the dog feeds on ~s** el perro come de las sobras de la mesa
[3] (*also* **~ metal**) chatarra *f*, desecho *m* de hierro; **what is it worth as ~?** ¿cuánto vale como chatarra?; **to sell a ship for ~** vender un barco como chatarra
Ⓑ VT [+ *car, ship etc*] chatarrear, convertir en chatarra; [+ *old equipment etc*] tirar; [+ *idea, plan etc*] desechar, descartar; **we had to ~ that idea** tuvimos que descartar *or* desechar esa idea; **in the end the plan was ~ped** al final se desechó *or* se descartó el plan
Ⓒ CPD ► **scrap dealer** N chatarrero/a *m/f* ► **scrap heap** N montón *m* de desechos; **this is for the ~ heap** esto es para tirar; **to throw sth on the ~ heap** (*fig*) desechar *or* descartar algo; **I was thrown on the ~ heap at the age of 50** me dieron la patada cuando tenía 50 años; **workers are being thrown on the ~ heap** los obreros van al basurero; **to be on the ~ heap** [*person*] no tener nada a que agarrarse; **he ended up on the ~ heap** se quedó sin nada a que agarrarse ► **scrap iron** N chatarra *f*, hierro *m* viejo ► **scrap merchant** N chatarrero/a *m/f* ► **scrap metal** N chatarra *f* ► **scrap paper** N pedazos *mpl* de papel suelto (*que se utilizan para borrador*) ► **scrap value** N valor *m* como chatarra; **its ~ value is £30** como chatarra vale 30 libras ► **scrap yard** N chatarrería *f*; (*for cars*) cementerio *m* de coches

**scrap²*** [skræp] Ⓐ N (= *fight*) riña *f*, pelea *f*; **there was a ~ outside the pub** hubo una riña *or* pelea a la salida del pub; **to get into** *or* **have a ~ with sb** reñir *or* pelearse con algn
Ⓑ VI reñir, pelearse (**with sb** con algn); **they were ~ping in the street** se estaban peleando en la calle

**scrapbook** ['skræpbʊk] N álbum *m* de recortes

**scrape** [skreɪp] Ⓐ N [1] (= *act*) raspado *m*, raspadura *f*; (= *sound*) chirrido *m*; (= *mark*) arañazo *m*, rasguño *m*; **to give sth a ~** raspar algo, limpiar algo raspándolo; **to give one's knee a ~** rasguñarse la rodilla
[2] (*fig*) lío *m*, aprieto *m*; **to get into/out of a ~** meterse en/salir de un lío *or* aprieto; **to get sb out of a ~** sacar a algn de un lío *or* aprieto
Ⓑ VT [+ *knee, elbow*] arañarse, rasguñarse; (= *clean*) [+ *vegetables*] raspar, limpiar; [+ *walls, woodwork*] raspar; **to ~ on/along/against sth** arrastrar en/a lo largo de/contra algo; **the lorry ~d the wall** el camión rozó el muro; **to ~ one's boots** limpiarse las botas; **to ~ one's plate clean** dejar completamente limpio el plato; **to ~ a living** sacar lo justo para vivir; **the ship ~d the bottom** el barco rozó el fondo; **to ~ one's feet across the floor** arrastrar los pies por el suelo; ♦**IDIOM to ~ the bottom of the barrel** tocar fondo
Ⓒ VI (= *make sound*) chirriar; (= *rub*) **to ~ (against)** pasar rozando; **to ~ past** pasar rozando; **we just managed to ~ through the gap** nos costó pasar por la abertura sin tocar las paredes

►**scrape along*** VI + ADV (*financially*) sacar lo justo para vivir; (= *live*) ir tirando; **I can ~ along in Arabic** me defiendo en árabe

►**scrape away** Ⓐ VT + ADV raspar, quitar raspando
Ⓑ VI + ADV **to ~ away at the violin** ir rascando el violín

►**scrape off** Ⓐ VT + ADV raspar, quitar raspando
Ⓑ VT + PREP raspar de

►**scrape out** VT + ADV [+ *contents*] remover raspando

►**scrape through** Ⓐ VI + ADV (= *succeed*) lograr hacer algo por los pelos; **I just ~d through** aprobé por los pelos
Ⓑ VI + PREP [+ *narrow gap*] pasar muy justo por; **to ~ through an exam** aprobar un examen por los pelos

►**scrape together** VT + ADV (*fig*) reunir poco a poco; **we managed to ~ enough money together** logramos reunir suficiente dinero

►**scrape up** VT + ADV (*fig*) reunir poco a poco; **to ~ up an acquaintance with sb** trabar amistad con algn

**scraper** ['skreɪpəʳ] N (= *tool*) raspador *m*, rascador *m*; (*on doorstep*) limpiabarros *m inv*

**scraperboard** ['skreɪpəbɔːd] N *cartulina entintada sobre la cual se realiza un dibujo rascando la capa de tinta*

**scrapings** ['skreɪpɪŋz] NPL raspaduras *fpl*; **~ of the gutter** (*fig*) hez *fsing* de la sociedad

**scrappy** ['skræpɪ] ADJ (*compar* **scrappier**; *superl* **scrappiest**) [*essay etc*] deshilvanado; [*knowledge, education*] incompleto; [*meal*] hecho con sobras

**scratch** ['skrætʃ] Ⓐ N [1] (= *mark*) (*on skin*) arañazo *m*, rasguño *m*; (*on surface, record*) raya *f*; **it's just a ~** es sólo un rasguño, nada más; **the cat gave her a ~** el gato la arañó; **he**

**hadn't a ~ on him** no tenía ni un arañazo; **to have a good ~** rascarse con ganas
[2] (= *noise*) chirrido *m*
[3] **to start from ~** (*fig*) partir de *or* empezar desde cero; **we shall have to start from ~ again** tendremos que partir nuevamente de cero, tendremos que comenzar desde el principio otra vez; **to be** *or* **come up to ~** cumplir con los requisitos; **to bring/keep sth up to ~** poner/mantener algo en buenas condiciones
(B) VT [1] (*with claw, nail etc*) rasguñar, arañar; (*making sound*) rascar, raspar; [+ *surface, record*] rayar; (= *scramble, dig*) escarbar; **you'll ~ the worktop with that knife** vas a rayar la encimera con ese cuchillo; **the glass of this watch cannot be ~ed** el cristal de este reloj no se raya; **he ~ed his hand on a rose bush** se arañó la mano en un rosal; **the lovers ~ed their names on the tree** los amantes grabaron sus nombres en el árbol; *see also* **surface A1**
[2] (*to relieve itch*) rascarse; **he ~ed his head** se rascó la cabeza; **she ~ed the dog's ear** le rascó la oreja al perro; **✦IDIOM you ~ my back and I'll ~ yours** un favor con favor se paga
[3] (= *cancel*) [+ *meeting, game*] cancelar; (= *cross off list*) [+ *horse, competitor*] tachar, borrar; **to ~ sb off a list** tachar a algn de una lista
[4] (*Comput*) borrar
(C) VI [*person, dog etc*] rascarse; [*hens*] escarbar; [*pen*] rascar; [*clothing*] rascar, picar; **stop ~ing!** ¡deja de rascarte!; **the dog ~ed at the door** el perro arañó la puerta
(D) CPD [*competitor*] sin ventaja ► **scratch card** N tarjeta *f* de "rasque y gane" ► **scratch file** N (*Comput*) fichero *m* de trabajo ► **scratch meal** N comida *f* improvisada ► **scratch score** N (*Golf*) puntuación *f* par ► **scratch tape** N cinta *f* reutilizable ► **scratch team** N equipo *m* improvisado

►**scratch out** VT + ADV (*from list*) borrar, tachar; **to ~ sb's eyes out** sacarle los ojos a algn

**scratchpad** ['skrætʃpæd] N (*US*) bloc *m* (*para apuntes o para borrador*)

**scratchy** ['skrætʃɪ] ADJ (*compar* **scratchier**; *superl* **scratchiest**) [*fabric*] que rasca *or* pica; [*pen*] que rasca; [*writing*] flojo, irregular

**scrawl** [skrɔːl] (A) N garabatos *mpl*; **I can't read her ~** no puedo leer sus garabatos; **the word finished in a ~** la palabra terminaba en un garabato
(B) VT garabatear; **to ~ a note to sb** garabatear una nota a algn; **a wall ~ed all over with rude words** una pared llena de palabrotas
(C) VI garabatear, hacer garabatos

**scrawny** ['skrɔːnɪ] ADJ (*compar* **scrawnier**; *superl* **scrawniest**) [*neck, limb*] flaco; [*animal*] escuálido, descarnado

**scream** [skriːm] (A) N [1] (= *yell*) grito *m*; (*high-pitched*) chillido *m*; (*stronger*) alarido *m*; **a ~ of agony** un grito *or* alarido de dolor; **a ~ of delight** un grito de alegría; **the ~ of the eagle** el chillido del águila; **to give a ~** pegar un grito, soltar un grito; **a ~ of joy** un grito de alegría; **there were ~s of laughter** hubo sonoras carcajadas; **to let out a ~** = **to give a scream**; **his voice rose to a ~** levantó la voz y empezó a gritar; **a ~ of terror** un grito *or* alarido de terror
[2] [*of machinery, brakes*] chirrido *m*
[3] (*) (*fig*) **it was a ~** fue la monda*, fue para morirse de la risa; **he's a ~** es graciosísimo, es de lo más chistoso, es la monda*
(B) VT [1] [+ *abuse, orders*] gritar; **they started ~ing abuse at us** nos empezaron a insultar a voz en grito, nos empezaron a gritar insultos; **✦IDIOM to ~ blue murder** (= *protest*) poner el grito en el cielo
[2] [*headlines*] **"650 dead," ~ed the headlines** 650 muertos rezaban los enormes titulares
(C) VI [*person*] chillar, gritar; [*baby*] berrear; **if I hear one more joke about my hair, I shall ~** una palabra más acerca de mi pelo y me pongo a gritar; **they dragged him ~ing out of the shop** lo tuvieron que sacar de la tienda a rastras; **I was kept awake by a ~ing baby** me tenía despierto un niño que no hacía más que berrear; **to ~ at sb** gritar a algn; **to ~ for help** pedir ayuda a gritos; **to ~ in** *or* **with pain** pegar *or* soltar un grito de dolor, gritar de dolor; **I must have ~ed out in my sleep** debí de chillar *or* gritar entre sueños; **the headline ~ed out from the page** el titular saltaba a la vista; **to ~ with laughter** reírse a carcajada limpia

**screamingly*** ['skriːmɪŋlɪ] ADV **a ~ funny joke** un chiste de lo más divertido; **it was ~ funny** fue para morirse de risa*

**scree** ['skriː] N pedregal *m* (*en una ladera*)

**screech** [skriːtʃ] (A) N [*of brakes, tyres*] chirrido *m*; [*of person*] grito *m*; [*of animal*] chillido *m*
(B) VI [*brakes, tyres*] chirriar; [*person*] gritar, chillar; [*animal*] chillar

**screech-owl** ['skriːtʃaʊl] N lechuza *f*

**screed*** [skriːd] NPL rollo *m*; **to write ~s** estar venga a escribir, escribir hojas y hojas

**screen** [skriːn] (A) N [1] (= *physical barrier*) (*in room*) biombo *m*; (*on window, door*) (*to keep out mosquitos*) mosquitera *f*; (*for fire*) pantalla *f*; (*in front of VDU*) filtro *m*
[2] (*Cine, TV, Radar, Comput*) [*of television, computer, in cinema, for slides*] pantalla *f*; **radar ~** pantalla *f* de radar; **she was the ideal mother, both on and off ~** era la madre ideal, tanto dentro como fuera de la pantalla; **to write for the ~** escribir para el cine; **stars of the ~** estrellas *fpl* de la pantalla, estrellas *fpl* de cine; **the big/small ~** la pantalla grande/pequeña
[3] (*fig*) **a ~ of trees** una pantalla de árboles; **a ~ of smoke** una cortina de humo
[4] (*Mil*) cortina *f*
(B) VT [1] **to ~ (from)** (= *hide*) (*from view, sight*) ocultar *or* tapar (de); (= *protect*) proteger (de); **the house is ~ed (from view) by trees** la casa queda oculta detrás de los árboles; **he ~ed his eyes with his hand** se puso la mano sobre los ojos a modo de pantalla; **in order to ~ our movements from the enemy** para impedir que el enemigo pudiera ver nuestros movimientos
[2] (= *show*) [+ *film*] proyectar; [+ *TV programme*] emitir; (*for the first time*) estrenar; [+ *novel etc*] adaptar para el cine, hacer una versión cinematográfica de
[3] (= *sieve*) [+ *coal*] tamizar
[4] (*for security*) [+ *suspect, applicant*] investigar; **he was ~ed by Security** Seguridad le investigó, estuvo sometido a investigaciones de Seguridad
[5] (*Med*) **to ~ sb for sth** hacer una exploración a algn buscando algo
[6] [+ *telephone calls*] filtrar
(C) CPD ► **screen actor** N actor *m* de cine ► **screen actress** N actriz *f* de cine ► **screen door** N puerta *f* con mosquitera ► **screen editing** N (*Comput*) corrección *f* en pantalla ► **screen memory** N (*Comput*) memoria *f* de la pantalla ► **screen rights** NPL derechos *mpl* cinematográficos ► **screen test** N prueba *f* cinematográfica ► **screen writer** N guionista *mf*

►**screen off** VT + ADV tapar

►**screen out** VT + ADV [+ *light, noise*] eliminar, filtrar

**screening** ['skriːnɪŋ] N [1] [*of film*] proyección *f*; [*of TV programme*] emisión *f*; (*for the first time*) estreno *m*
[2] (*for security*) investigación *f*
[3] (*Med*) [*of person*] exploración *f*

**screenplay** ['skriːnpleɪ] N guión *m*

**screw** [skruː] (A) N [1] tornillo *m*; **✦IDIOMS he's got a ~ loose*** le falta un tornillo; **to put the ~s on sb*** apretar las clavijas a algn, presionar a algn
[2] (*Aer, Naut*) hélice *f*
[3] (*) (= *prison officer*) carcelero/a *m/f*
[4] (**) (= *sexual intercourse*) polvo** *m*
(B) VT [1] [+ *screw*] atornillar; [+ *nut*] apretar; [+ *lid*] dar vueltas a, enroscar; **to ~ sth down** fijar algo con tornillos; **to ~ sth to the wall** fijar algo a la pared con tornillos; **to ~ sth (in) tight** atornillar algo bien fuerte; **to ~ money out of sb*** sacarle dinero a algn; **to ~ the truth out of sb*** arrancarle la verdad a algn
[2] (**) (= *have sex with*) joder**; **~ the cost, it's got to be done!** (*fig*) ¡a la porra el gasto, tiene que hacerse!
[3] (*) (= *defraud*) timar, estafar
(C) VI (**) joder**, echar un polvo**, coger (*LAm***), chingar (*Mex***)
(D) CPD ► **screw top** N tapa *f* de tornillo; *see also* **screw-top**

►**screw around**** VI + ADV ligar*

►**screw off** (A) VT + ADV desenroscar
(B) VI + ADV desenroscarse; **the lid ~s off** la tapadera se desenrosca

►**screw on** (A) VT + ADV [1] (*with screws*) **to ~ sth on to a board** fijar algo en un tablón con tornillos; **he's got his head ~ed on** sabe cuántas son cinco
[2] (*by twisting*) **to ~ on a lid** enroscar una tapa; **~ the lid on tightly** enrosca *or* mete bien la tapa
(B) VI + ADV [1] (*with screws*) **it ~s on here** se fija aquí con tornillos
[2] (*by twisting*) **the lid ~s on** la tapa se cierra a rosca *or* enroscándose

►**screw together** (A) VI + ADV juntarse con tornillos
(B) VT + ADV armar (con tornillos)

►**screw up** (A) VT + ADV [1] [+ *paper, material*] arrugar; **to ~ up one's eyes** arrugar el entrecejo; **to ~ up one's face** torcer la cara; **to ~ up one's courage** (*fig*) armarse de valor; **to ~ o.s. up to do sth** armarse de valor para hacer algo
[2] [+ *screw*] atornillar; [+ *nut*] apretar; **to ~ sth up tight** atornillar algo bien fuerte
[3] (*) (= *ruin*) fastidiar, joder**, fregar (*LAm*), chingar (*Mex***); **the experience really ~ed him up** la experiencia lo dejó completamente hecho polvo
(B) VI + ADV [1] (*by turning*) **it will ~ up tighter than that** se puede apretar todavía más
[2] (*US**) **he really ~ed up this time** esta vez sí que lo fastidió *or* (*LAm*) fregó

**screwball*** ['skruːbɔːl] (*esp US*) (A) ADJ excéntrico, estrafalario
(B) N chiflado/a* *m/f*, chalado/a* *m/f*, tarado/a *m/f* (*esp LAm**)

**screwdriver** ['skruːˌdraɪvəʳ] N [1] (= *tool*) destornillador *m*, desarmador *m* (*Mex*)
[2] (= *drink*) destornillador *m*

**screw-top** ['skruːtɒp] ADJ, **screw-topped** ['skruːtɒpt] ADJ [*bottle, jar*] de rosca; *see also* **screw**

**screw-up*** ['skru:ʌp] N lío* *m*, embrollo *m*, cacao* *m*

**screwy*** ['skru:ɪ] ADJ (*compar* **screwier**; *superl* **screwiest**) (= *mad*) chiflado, tarado (*LAm*)

**scribble** ['skrɪbl] Ⓐ N garabatos *mpl*; **I can't read his ~** no consigo leer sus garabatos; **a wall covered in ~s** una pared llena de garabatos
Ⓑ VT garabatear; **to ~ sth down** garabatear algo; **to ~ one's signature** garabatear la firma, firmar a toda prisa; **a word ~d on a wall** una palabra garabateada en una pared; **a sheet of paper ~d (over) with notes** una hoja de papel emborronada de notas
Ⓒ VI garabatear

**scribbler** ['skrɪbləʳ] N escritorzuelo/a *m/f*

**scribbling** ['skrɪblɪŋ] Ⓐ N garabato *m*
Ⓑ CPD ► **scribbling pad** N bloc *m* (*para apuntes o para borrador*)

**scribe** [skraɪb] N [*of manuscript*] escribiente/a *m/f*; (*Bible*) escriba *m*

**scrimmage** ['skrɪmɪdʒ] N [1] (= *fight*) escaramuza *f*
[2] (*US Sport*) = **scrum**

**scrimp** [skrɪmp] VI **to ~ and save** hacer economías, apretarse el cinturón

**scrimpy** ['skrɪmpɪ] ADJ [*person*] tacaño; [*supply etc*] escaso

**scrimshank*** ['skrɪmʃæŋk] VI (*Brit Mil*) racanear*, hacer el rácano*

**scrimshanker*** ['skrɪm,ʃæŋkəʳ] N (*Brit Mil*) rácano* *m*

**scrip** [skrɪp] N (*Fin*) vale *m*, abonaré *m*

**script** [skrɪpt] Ⓐ N [1] (*Cine*) guión *m*; **film ~** guión *m*; (*Theat, TV, Rad*) argumento *m*
[2] (= *system of writing*) escritura *f*; (= *handwriting*) letra *f*; (= *typeface*) fuente *f*, tipo *m* de letra; **Arabic/Gothic ~** escritura *f* árabe/gótica
[3] (*in exam*) escrito *m*
Ⓑ VT [+ *film*] escribir el guión de; [+ *play*] escribir el argumento de; **the film was not well ~ed** la película no tenía un buen guión
Ⓒ CPD ► **script editor** N (*Cine, TV*) revisor(a) *m/f* de guión ► **script girl** N (*Cine*) script *f*, anotadora *f*

**scripted** ['skrɪptɪd] ADJ (*Rad, TV*) escrito

**scriptural** ['skrɪptʃərəl] ADJ escriturario, bíblico

**Scripture** ['skrɪptʃəʳ] N [1] (*also* **Holy ~**) Sagrada Escritura *f*
[2] (*Scol*) (= *subject, lesson*) Historia *f* Sagrada

**scriptwriter** ['skrɪpt,raɪtəʳ] N guionista *mf*

**scrofula** ['skrɒfjʊlə] N escrófula *f*

**scrofulous** ['skrɒfjʊləs] ADJ escrofuloso

**scroll** [skrəʊl] Ⓐ N [1] (= *roll of parchment*) rollo *m*; (= *ancient manuscript*) manuscrito *m*; **the Dead Sea ~s** los manuscritos del Mar Muerto; **~ of fame** lista *f* de la fama
[2] (*Archit*) voluta *f*
Ⓑ VT (*Comput*) desplazar
Ⓒ CPD ► **scroll key** N (*Comput*) tecla *f* de desplazamiento

►**scroll down** Ⓐ VT + ADV desplazar hacia abajo
Ⓑ VI + ADV desplazarse hacia abajo

►**scroll up** Ⓐ VT + ADV desplazar hacia arriba
Ⓑ VI + ADV desplazarse hacia arriba

**scrolling** ['skrəʊlɪŋ] N (*Comput*) desplazamiento *m*

**Scrooge** [skru:dʒ] N el avariento típico (*personaje del "Christmas Carol" de Dickens*)

**scrotum** ['skrəʊtəm] N (*pl* **scrotums** *or* **scrota** ['skrəʊtə]) escroto *m*

**scrounge*** [skraʊndʒ] Ⓐ N **to be on the ~ (for sth)** ir sacando (algo) de gorra; **to have a ~ round for sth** ir por ahí pidiendo algo
Ⓑ VT gorronear*, gorrear*; **I ~d a ticket** gorroneé una entrada; **to ~ sth from sb** gorronear algo a algn; **can I ~ a drink from you?** ¿me invitas a un trago?*
Ⓒ VI **to ~ on** *or* **off sb** vivir a costa de algn; **to ~ around for sth** ir por ahí pidiendo algo

**scrounger*** ['skraʊndʒəʳ] N gorrón/ona *m/f*, sablista *mf*

**scrub**[1] [skrʌb] Ⓐ N (*Bot*) (= *undergrowth*) monte *m* bajo, maleza *f*; (= *bushes*) matas *fpl*, matorrales *mpl*
Ⓑ CPD ► **scrub fire** N incendio *m* de monte bajo

**scrub**[2] [skrʌb] Ⓐ N fregado *m*, restregado *m* (*esp LAm*); **to give sth a (good) ~** fregar *or* restregar algo (bien); **it needs a hard ~** hay que fregarlo *or* restregarlo con fuerza
Ⓑ VT [1] (= *clean*) [+ *floor, hands etc*] fregar; **to ~ sth clean** fregar *or* restregar algo hasta que quede limpio
[2] (*) (= *cancel*) cancelar, anular; **let's ~ it** bueno, lo borramos
Ⓒ CPD ► **scrub brush** N (*US*) cepillo *m* de fregar

►**scrub away** VT + ADV [+ *dirt*] quitar restregando; [+ *stain*] quitar frotando

►**scrub down** VT + ADV [+ *room, wall*] fregar; **to ~ o.s. down** fregarse

►**scrub off** Ⓐ VT + ADV [+ *mark, stain*] quitar cepillando; [+ *name*] tachar
Ⓑ VT + PREP quitar de

►**scrub out** VT + ADV [+ *stain*] limpiar restregando; [+ *pan*] fregar; [+ *name*] tachar

►**scrub up** VI + ADV [*doctor, surgeon*] lavarse

**scrubber**[1] ['skrʌbəʳ] N (*also* **pan ~**) estropajo *m*

**scrubber**[2]‡ ['skrʌbəʳ] N (*Brit*) (= *whore*) putilla‡ *f*

**scrubbing brush** ['skrʌbɪŋ,brʌʃ] N cepillo *m* de fregar

**scrubby** ['skrʌbɪ] ADJ [1] [*person*] achaparrado, enano
[2] [*land*] cubierto de maleza

**scrubland** ['skrʌblænd] N monte *m* bajo, maleza *f*

**scrubwoman** ['skrʌb,wʊmən] N (*pl* **scrubwomen**) (*US*) fregona *f*

**scruff** [skrʌf] N [1] **by the ~ of the neck** del cogote
[2] (*) (= *untidy person*) dejado/a *m/f*

**scruffily** ['skrʌfɪlɪ] ADV **~ dressed** mal vestido, vestido con desaliño

**scruffiness** ['skrʌfɪnɪs] N (= *untidiness*) desaliño *m*; (= *dirtiness*) suciedad *f*

**scruffy** ['skrʌfɪ] ADJ (*compar* **scruffier**; *superl* **scruffiest**) [*person, appearance*] desaliñado, dejado; [*clothes*] desaliñado; [*building*] destartalado; **he looks ~** tiene aspecto descuidado

**scrum** [skrʌm] Ⓐ N (*Rugby*) melé *f*; **loose ~** melé *f* abierta *or* espontánea; **set ~** melé *f* cerrada *or* ordenada
Ⓑ CPD ► **scrum half** N medio *m* de melé

►**scrum down** VI + ADV formar la melé (cerrada *or* ordenada)

**scrummage** ['skrʌmɪdʒ] N = **scrum A**

**scrumptious*** ['skrʌmpʃəs] ADJ delicioso, sabrosísimo

**scrunch** [skrʌntʃ] VT (*also* **to ~ up**) ronzar

**scruple** ['skru:pl] Ⓐ N escrúpulo *m*; **a person of no ~s** una persona sin escrúpulos; **he is entirely without ~s** no tiene conciencia; **to have no ~s about ...** no tener escrúpulos acerca de ...; **to make no ~ to do sth** no tener escrúpulos para hacer algo
Ⓑ VI (*frm*) **not to ~ to do sth** no vacilar en hacer algo

**scrupulous** ['skru:pjʊləs] ADJ escrupuloso (**about** en cuanto a)

**scrupulously** ['skru:pjʊləslɪ] ADV escrupulosamente; **~ honest/clean** sumamente honrado/limpio

**scrupulousness** ['skru:pjʊləsnɪs] N escrupulosidad *f*

**scrutineer** [,skru:tɪ'nɪəʳ] N escrutador(a) *m/f*

**scrutinize** ['skru:tɪnaɪz] VT [+ *work etc*] escudriñar; [+ *votes*] efectuar el escrutinio de

**scrutiny** ['skru:tɪnɪ] N (= *examination*) examen *m* detallado; (*Pol*) [*of votes*] escrutinio *m*, recuento *m*; **under the ~ of sb** bajo la mirada de algn; **under his ~ she felt nervous** bajo su mirada se sintió nerviosa; **to keep sb under close ~** vigilar a algn de cerca; **to submit sth to a close ~** someter algo a un detallado *or* cuidadoso examen; **it does not stand up to ~** no resiste un examen

**SCSI** ['skʌzɪ] N ABBR (*Comput*) (= **small computer systems interface**) SCSI *m or f*, *controlador de dispositivos de entrada y salida de alta velocidad de transferencia*

**scuba** ['sku:bə] ADJ **~ diving** submarinismo *m*; **~ suit** traje *m* de submarinismo

**scud** [skʌd] VI **to ~ along** correr (llevado por el viento), deslizarse rápidamente; **the clouds were ~ding across the sky** las nubes pasaban rápidamente a través del cielo; **the ship ~ded before the wind** el barco iba viento en popa

**scuff** [skʌf] Ⓐ VT [+ *shoes, floor*] rayar, marcar; [+ *feet*] arrastrar
Ⓑ VI andar arrastrando los pies
Ⓒ CPD ► **scuff marks** NPL rozaduras *fpl*

**scuffle** ['skʌfl] Ⓐ N refriega *f*
Ⓑ VI tener una refriega (**with sb** con algn); **to ~ with the police** tener una refriega con la policía

**scull** [skʌl] Ⓐ N espadilla *f*
Ⓑ VT remar (*con espadilla*)
Ⓒ VI remar (*con espadilla*)

**scullery** ['skʌlərɪ] Ⓐ N (*esp Brit*) trascocina *f*, fregadero *m*
Ⓑ CPD ► **scullery maid** N fregona *f*

**sculpt** [skʌlpt] Ⓐ VT esculpir
Ⓑ VI esculpir

**sculptor** ['skʌlptəʳ] N escultor(a) *m/f*

**sculptress** ['skʌlptrɪs] N escultora *f*

**sculptural** ['skʌlptʃərəl] ADJ escultural

**sculpture** ['skʌlptʃəʳ] Ⓐ N escultura *f*
Ⓑ VT = **sculpt**
Ⓒ VI = **sculpt**

**scum** [skʌm] N [1] (*on liquid*) espuma *f*; (*on pond*) verdín *m*
[2] (*pej*) (= *people*) escoria *f*; **the ~ of the earth** la escoria de la tierra
[3] (*‡ *pej*) = **scumbag**

**scumbag*‡** ['skʌm,bæg] N cabronazo* *m*, borde‡ *mf*

**scummy** ['skʌmɪ] ADJ [1] [*liquid*] lleno de espuma; [*pond*] cubierto de verdín
[2] (‡ *pej*) canallesco, vil

**scupper** ['skʌpəʳ] Ⓐ N (*Naut*) imbornal *m*
Ⓑ VT [1] (*Naut*) abrir los imbornales de, barrenar
[2] (*Brit**) [+ *plan*] echar por tierra

**scurf** [skɜ:f] N caspa *f*

**scurfy** ['skɜ:fɪ] ADJ casposo

**scurrility** [skʌ'rɪlɪtɪ] N lo difamatorio, lo calumnioso

**scurrilous** ['skʌrɪləs] ADJ [*gossip, allegations, article*] difamatorio, calumnioso; [*publication*] calumnioso; **to make a ~ attack on sb** calumniar a algn, difamar a algn

**scurrilously** ['skʌrɪləslɪ] ADV con calumnias

**scurry** ['skʌrɪ] VI (= *run*) ir corriendo; (= *hurry*) apresurarse, apurarse (*LAm*); **to ~ along** ir corriendo; **to ~ for shelter** correr para ponerse al abrigo; **to ~ away** *or* **off** escabullirse

**scurvy** ['skɜːvɪ] Ⓐ ADJ vil, canallesco
Ⓑ N escorbuto *m*

**scut** [skʌt] N rabito *m* (*esp de conejo*)

**scutcheon** ['skʌtʃən] N = **escutcheon**

**scuttle**[1] ['skʌtl] VT [1] [+ *ship*] barrenar
[2] (*fig*) [+ *hopes, plans*] dar al traste con, echar por tierra

**scuttle**[2] ['skʌtl] VI (= *run*) echar a correr; **to ~ away** *or* **off** escabullirse; **to ~ along** correr, ir a toda prisa; **we must ~** tenemos que marcharnos

**scuttle**[3] ['skʌtl] N (*for coal*) cubo *m*, carbonera *f*

**scuzzy**‡ ['skʌzɪ] ADJ (*esp US*) cutre*

**Scylla** ['sɪlə] N **~ and Charybdis** Escila y Caribdis

**scythe** [saɪð] Ⓐ N guadaña *f*
Ⓑ VT guadañar, segar

**SD** ABBR (*US*) = **South Dakota**

**S.Dak.** ABBR (*US*) = **South Dakota**

**SDI** N ABBR (= **Strategic Defense Initiative**) IDE *f*

**SDLP** N ABBR (*Northern Irl Pol*) = **Social Democratic and Labour Party**

**SDP** N ABBR (*Brit Pol*) (*formerly*) = **Social Democratic Party**

**SDR** N ABBR (= **special drawing rights**) DEG *mpl*

**SE** ABBR (= **southeast**) SE

**sea** [siː] Ⓐ N [1] (= *not land*) mar *m* (*or f in some phrases*); **(out) at ~** en alta mar; **to spend three years at ~** pasar tres años navegando; **to remain two months at ~** estar navegando durante dos meses, pasar dos meses en el mar; **beside the ~** a la orilla del mar, junto al mar; **beyond the ~s** más allá de los mares; **from beyond the ~s** desde más allá de los mares; **to go by ~** ir por mar; **a house by the ~** una casa junto al mar *or* a la orilla del mar; **heavy ~(s)** mar agitado *or* picado; **to ship a heavy ~** ser inundado por una ola grande; **on the high ~s** en alta mar; **on the ~** (*boat*) en alta mar; **rough ~(s)** mar agitado *or* picado; **to sail the ~s** navegar los mares; **the seven ~s** todos los mares del mundo; **in Spanish ~s** en aguas españolas; **the little boat was swept out to ~** la barquita fue arrastrada mar adentro; **to go to ~** [*person*] hacerse marinero; **to put (out) to ~** [*sailor, boat*] hacerse a la mar, zarpar; **to stand out to ~** apartarse de la costa; ✦***IDIOM*** **to be all at ~ (about** *or* **with sth)** estar en un lío (por algo); ✦***PROV*** **worse things happen at ~** cosas peores ocurren por ahí; *see also* **north**
[2] (*fig*) **a ~ of blood** un río *or* mar de sangre; **a ~ of corn** un mar de espigas; **a ~ of faces** un mar de caras; **a ~ of flame** un mar de llamas; **a ~ of troubles** un mar de penas
Ⓑ CPD ► **sea air** N aire *m* de mar ► **sea anemone** N anémona *f* de mar ► **sea bass** N corvina *f* ► **sea bathing** N baño *m* en el mar ► **sea battle** N batalla *f* naval ► **sea bed** N fondo *m* del mar, lecho *m* marino (*frm*) ► **sea bird** N ave *f* marina ► **sea boot** N bota *f* de marinero ► **sea bream** N besugo *m* ► **sea breeze** N brisa *f* marina ► **sea captain** N capitán *m* de barco ► **sea change** N (*fig*) viraje *m*, cambio *m* radical ► **sea chest**† N cofre *m* ► **sea coast** N litoral *m*, costa *f* marítima ► **sea cow** N manatí *m* ► **sea crossing** N travesía *f* ► **sea dog** N (*lit, fig*) lobo *m* de mar ► **sea fight** N combate *m* naval ► **sea fish** N pez *m* marino ► **sea front** N paseo *m* marítimo ► **sea green** N verde mar *m*; *see also* **sea-green** ► **sea horse** N caballito *m* de mar, hipocampo *m* ► **sea kale** N col *f* marina ► **sea lamprey** N lamprea *f* marina ► **sea lane** N ruta *f* marítima ► **sea legs** NPL **to find one's ~ legs** mantener el equilibrio (en barco) ► **sea level** N nivel *m* del mar; **800 metres above ~ level** 800 metros sobre el nivel del mar ► **sea lion** N león *m* marino ► **sea mist** N bruma *f* marina ► **sea perch** N perca *f* de mar ► **sea power** N potencia *f* naval ► **sea room** N espacio *m* para maniobrar ► **sea route** N ruta *f* marítima ► **sea salt** N sal *f* marina ► **sea serpent** N serpiente *f* de mar ► **sea shanty** N saloma *f* ► **sea transport** N transporte *m* por mar, transporte *m* marítimo ► **sea trip** N viaje *m* por mar ► **sea trout** N trucha *f* marina, reo *m* ► **sea urchin** N erizo *m* de mar ► **sea wall** N malecón *m*, rompeolas *m inv* ► **sea water** N agua *f* de mar ► **sea wrack** N algas *fpl* (en la playa)

**seaboard** ['siːbɔːd] N (*US*) litoral *m*

**seaborne** ['siːbɔːn] ADJ transportado por mar

**seafarer** ['siːˌfɛərəʳ] N marinero *m*

**seafaring** ['siːˌfɛərɪŋ] Ⓐ ADJ [*community*] marinero; [*life*] de marinero; **~ man** marinero *m*
Ⓑ N (*also* **~ life**) vida *f* de marinero

**seafood** ['siːfuːd] Ⓐ N marisco *m*, mariscos *mpl*
Ⓑ CPD ► **seafood cocktail** N cóctel *m* de marisco(s) ► **seafood restaurant** N marisquería *f*

**seagirt** ['siːgɜːt] ADJ (*liter*) rodeado por el mar

**seagoing** ['siːˌgəʊɪŋ] ADJ marítimo

**sea-green** ['siːgriːn] ADJ verdemar

**seagull** ['siːgʌl] N gaviota *f*

**seal**[1] [siːl] Ⓐ N (*Zool*) foca *f*
Ⓑ CPD ► **seal cull, seal culling** N matanza *f* (selectiva) de focas
Ⓒ VI **to go ~ing** ir a cazar focas

**seal**[2] [siːl] Ⓐ N [1] (= *official stamp*) sello *m*; **the papal/presidential ~** el sello papal/presidencial; **they have given their ~ of approval to the proposed reforms** han dado el visto bueno a *or* han aprobado las reformas que se planean; **it has the Royal Academy's ~ of approval** cuenta con la aprobación *or* el visto bueno de la Real Academia; **~ of quality** sello *or* marchamo *m* de calidad; **this set the ~ on their friendship/on her humiliation** esto selló su amistad/remató su humillación; **under my hand and ~** (*frm*) firmado y sellado por mí
[2] [*of envelope, parcel, exterior of bottle, jar*] precinto *m*; (*inside lid of jar*) aro *m* de goma; (*on fridge door*) cierre *m* de goma; (*on door, window*) burlete *m*; **the ~ on the windows is not very good** estas ventanas no cierran bien
[3] (*Rel*) **the ~ of the confessional** el secreto de confesión
Ⓑ VT [1] (= *close*) [+ *envelope*] cerrar; [+ *package, coffin*] precintar; [+ *border*] cerrar; **a ~ed envelope** un sobre cerrado; *see also* **lip A1, sign B1**
[2] (= *stop up, make airtight*) [+ *container*] tapar *or* cerrar herméticamente; [+ *surface*] sellar; **the wood is ~ed with several coats of varnish** la madera se sella con varias capas de barniz
[3] (= *enclose*) **to ~ sth in sth**: **~ the letter in a blank envelope** mete la carta en un sobre en blanco y ciérralo; **~ in airtight containers** guárdelos en recipientes herméticos
[4] (*fig*) (= *confirm*) [+ *bargain, deal*] sellar; [+ *victory*] decidir; [+ *sb's fate*] decidir, determinar; **that goal ~ed the match** ese gol decidió *or* determinó el resultado del partido
[5] (*Culin*) [+ *meat*] sofreír a fuego vivo (*para que no pierda el jugo*)

►**seal in** VT + ADV conservar; **this ~s in the flavour** esto conserva el sabor

►**seal off** VT + ADV [+ *building, room*] cerrar; [+ *area, road*] acordonar

►**seal up** VT + ADV [+ *letter, parcel, building, tunnel*] precintar; [+ *window, door*] condenar, precintar; [+ *hole*] rellenar, tapar

**sealant** ['siːlənt] N (= *device*) sellador *m*, tapador *m*; (= *substance*) silicona *f* selladora

**sealer** ['siːləʳ] N (= *person*) cazador(a) *m/f* de focas; (= *boat*) barco *m* para la caza de focas

**sealing** ['siːlɪŋ] N caza *f* de focas

**sealing wax** ['siːlɪŋwæks] N lacre *m*

**sealskin** ['siːlskɪn] N piel *f* de foca

**seam** [siːm] Ⓐ N [1] (*Sew*) costura *f*; **to fall** *or* **come apart at the ~s** descoserse; **to be bursting at the ~s** [*dress etc*] estar a punto de reventar por las costuras; (*fig*) (*) [*room etc*] estar a rebosar
[2] (*Welding*) juntura *f*
[3] (*Geol*) filón *m*, veta *f*
Ⓑ VT (*Sew*) coser; (*Tech*) juntar

**seaman** ['siːmən] N (*pl* **seamen**) marinero *m*, marino *m*

**seamanlike** ['siːmənlaɪk] ADJ de buen marinero

**seamanship** ['siːmənʃɪp] N náutica *f*

**seamless** ['siːmlɪs] ADJ (*Sew*) sin costura; (*Tech*) sin soldadura

**seamstress** ['semstrɪs] N costurera *f*

**seamy*** ['siːmɪ] ADJ (*compar* **seamier**; *superl* **seamiest**) sórdido, insalubre; **the ~ side** (*fig*) el revés de la medalla

**seance, séance** ['seɪɑːns] N sesión *f* de espiritismo

**seapiece** ['siːpiːs] N (*Art*) marina *f*

**seaplane** ['siːpleɪn] N hidroavión *m*

**seaport** ['siːpɔːt] N puerto *m* de mar

**SEAQ** ['siːˌæk] N ABBR = **Stock Exchange Automated Quotations**

**sear** [sɪəʳ] VT (= *wither*) secar, marchitar; (*Med*) cauterizar; [*pain etc*] punzar; (= *scorch*) chamuscar, quemar; **it was ~ed into my memory** me quedó grabado en la memoria

►**sear through** VI + PREP [+ *walls, metal*] penetrar a través de

**search** [sɜːtʃ] Ⓐ N [1] (= *hunt*) búsqueda *f* (**for** de); **after a long ~ I found the key** después de mucho buscar, encontré la llave; **police launched a massive ~ for the killer** la policía ha emprendido una enorme operación de búsqueda para encontrar al asesino; **the ~ for peace** la búsqueda de la paz; **to conduct a ~** = **to make a search**; **in ~ of** en busca de; **they come to the city in ~ of work** vienen a la ciudad en busca de trabajo; **we went in ~ of a restaurant** fuimos a buscar un restaurante; **to make a ~** llevar a cabo una búsqueda; **~ and rescue** búsqueda y rescate
[2] (= *inspection*) [*of building, place*] registro *m*; [*of records*] inspección *f*; **she had to submit to a body ~** tuvo que dejar que la registraran *or* cachearan; **police made a thorough ~ of the premises** la policía registró todo el local
[3] (*Comput*) búsqueda *f*
[4] (*Brit Jur*) *comprobación de datos de un inmueble en el registro de la propiedad*; **to get a (local authority) ~ done** ≈ sacar una nota simple en el registro de la propiedad (*Sp*)
Ⓑ VT [1] [+ *building, luggage, pockets*] registrar, catear (*Mex*); [+ *person*] registrar, cachear, catear (*Mex*); **to ~ sth/sb (for sth/sb)**: **he ~ed**

**his pockets for change** se miró los bolsillos en busca de monedas; **she ~ed the kitchen drawers for her keys** buscó las llaves en los cajones de la cocina; **I ~ed the whole house for food** he revuelto toda la casa en busca de comida; **we ~ed the entire office but the file didn't turn up** registramos la oficina de arriba abajo pero no encontramos el archivo; **they were ~ed for weapons as they left** los registraron *or* cachearon *or* (*Mex*) catearon a la salida para ver si llevaban armas; **to ~ high and low (for sth/sb)** remover el cielo y la tierra (en busca de algo/algn); **~ me!*** ¡yo qué sé!, ¡ni idea!

2 (= *scan*) [+ *documents, records*] examinar; **his eyes ~ed the sky for the approaching helicopter** escudriñó el cielo en busca del helicóptero que se acercaba; **his eyes ~ed my face for any sign of guilt** sus ojos escudriñaban mi rostro en busca de algún rastro de culpabilidad; **to ~ one's conscience** examinar (uno) su conciencia; **to ~ one's memory** hacer memoria

3 (*Comput*) buscar en

Ⓒ VI buscar; **to ~ after truth/happiness** buscar la verdad/la felicidad; **to ~ for sth/sb** buscar algo/a algn; **we ~ed everywhere for the missing keys** buscamos las llaves que faltaban en todas partes; **they are ~ing for a solution to the crisis** están buscando una solución a la crisis; **to ~ through sth (for sth)**: **rescuers ~ed through the rubble for survivors** los del equipo de rescate buscaron supervivientes entre los escombros; **he ~ed through our passports** examinó nuestros pasaportes

Ⓓ CPD ► **search engine** N (*Internet*) buscador *m*, portal *m* ► **search party** N pelotón *m* de búsqueda ► **search warrant** N orden *f* de registro

► **search about, search around** VI + ADV buscar por todas partes

► **search out** VT + ADV **I ~ed him out in the coffee break** fui a buscarlo durante la pausa para el café; **if you can ~ out a copy, it is worth reading** si encuentras un ejemplar, merece la pena que lo leas; **~ out the less well-known wines** trate de descubrir los vinos menos conocidos

**searcher** [ˈsɜːtʃəʳ] N buscador(a) *m/f*

**searching** [ˈsɜːtʃɪŋ] ADJ [*look, glance*] inquisitivo; [*eyes*] penetrante; [*question, mind*] perspicaz; [*examination*] exhaustivo; [*test*] duro; **you need to ask yourself some ~ questions** te hace falta hacerte de verdad ciertas preguntas

**searchingly** [ˈsɜːtʃɪŋlɪ] ADV [*look, ask*] inquisitivamente

**searchlight** [ˈsɜːtʃlaɪt] N reflector *m*, proyector *m*

**searing** [ˈsɪərɪŋ] ADJ [*heat*] ardiente; [*pain*] agudo; [*criticism*] mordaz, acerbo

**seascape** [ˈsiːskeɪp] N (*Art*) paisaje *m* marino

**seashell** [ˈsiːʃel] N concha *f* marina

**seashore** [ˈsiːʃɔːʳ] N (= *beach*) playa *f*; (*gen*) orilla *f* del mar; **by** *or* **on the ~** en la playa, a la orilla del mar

**seasick** [ˈsiːsɪk] ADJ mareado; **to get** *or* **be ~** marearse (*en barco*)

**seasickness** [ˈsiːsɪknɪs] N mareo *m* (*al estar en una embarcación*)

**seaside** [ˈsiːsaɪd] Ⓐ N (= *beach*) playa *f*; (= *shore*) orilla *f* del mar; **we want to go to the ~** queremos ir a la playa; **to take the family to the ~ for a day** llevar a la familia a pasar un día a la playa; **at the ~** en la playa

Ⓑ CPD [*hotel*] de playa, en la playa; [*town*] costero, costeño ► **seaside holidays** NPL **we like ~ holidays** nos gusta pasar las vacaciones en la playa *or* costa, nos gusta veranear junto al mar ► **seaside resort** N *lugar de veraneo en la playa*

**season** [ˈsiːzn] Ⓐ N 1 (= *period of the year*) estación *f*; **the four ~s** las cuatro estaciones; **what's your favourite ~?** ¿cuál es tu estación preferida?; **at this ~** en esta época del año; **the dry/rainy ~** la temporada de secas/de lluvias

2 (*for specific activity*) temporada *f*; **for a ~** durante una temporada; **we did a ~ at La Scala** (*Theat*) representamos en la Scala durante una temporada; **did you have a good ~?** ¿qué tal la temporada?; **"Season's Greetings"** "Felices Pascuas"; **the busy ~** la temporada alta; **the Christmas ~** las navidades; **the closed ~** (*Hunting*) la veda; **the fishing/football ~** la temporada de pesca/de fútbol; **at the height of the ~** en plena temporada; **during the holiday ~** en la temporada de vacaciones; **to be in ~** [*fruit*] estar en sazón; [*animal*] estar en celo; **the London ~** la temporada social de Londres; **the open ~** (*Hunting*) la temporada de caza *or* de pesca; **to be out of ~** estar fuera de temporada

3 (*liter*) (= *appropriate time*) **for everything there is a ~** todo tiene su momento; **in due ~** a su tiempo; **it was not the ~ for jokes** no era el momento oportuno para chistes; **a word in ~** una palabra a propósito; **in ~ and out of ~** a tiempo y a destiempo

Ⓑ VT 1 (*Culin*) sazonar, condimentar (**with** con); **~ to taste** sazonar a gusto; **a speech ~ed with wit** un discurso salpicado de agudezas

2 [+ *wood, timber*] curar

Ⓒ CPD ► **season ticket** N (*Theat, Rail, Sport*) abono *m* ► **season ticket holder** N abonado/a *m/f*

**seasonable** [ˈsiːznəbl] ADJ [*weather*] propio de la estación

**seasonal** [ˈsiːzənl] Ⓐ ADJ [*work, labour, migration*] de temporada, estacional; [*changes, variations*] estacional; [*fruit, vegetable*] del tiempo, de temporada; [*migrant*] temporal; **the tourism business is ~** el negocio del turismo es de temporada

Ⓑ CPD ► **seasonal adjustment** N (*Econ, Pol*) ajuste *m* estacional, desestacionalización *f*; **prices rose 0.2% in July, after ~ adjustments** tras eliminar las fluctuaciones estacionales se vio que los precios subieron un 0,2% en julio, las cifras desestacionalizadas demostraron una subida de los precios del 0,2% en julio ► **seasonal affective disorder** N trastorno *m* afectivo estacional ► **seasonal worker** N temporero/a *m/f*

**seasonally** [ˈsiːzənəlɪ] ADV **~ adjusted figures** cifras *fpl* desestacionalizadas

**seasoned** [ˈsiːznd] ADJ 1 (*Culin*) [*food*] sazonado, condimentado

2 (= *matured*) [*wood, timber*] curado; [*wine*] maduro

3 (*fig*) [*soldier*] aguerrido, veterano; [*worker, actor*] experimentado; [*player*] experimentado, curtido; [*traveller*] curtido, con muchos kilómetros a sus espaldas; **she's a ~ campaigner** es una veterana de las campañas, está curtida en mil y una campañas

**seasong** [ˈsiːsɒŋ] N canción *f* de marineros; (= *shanty*) saloma *f*

**seasoning** [ˈsiːznɪŋ] N 1 (*for food*) aliño *m*, condimentos *mpl*; **with a ~ of jokes** con un aliño de chistes

2 [*of wood, timber*] cura *f*

**seat** [siːt] Ⓐ N 1 (= *place to sit*) asiento *m*; (*in cinema, theatre*) butaca *f*, asiento *m*; (*in car, plane, train, bus*) asiento *m*; (*on cycle*) sillín *m*, asiento *m*; **is this ~ free?** ¿está libre este asiento?; **the back ~ of the car** el asiento trasero del coche; **save me a ~** guárdame un sitio *or* asiento; **he used the log as a ~** usaba el tronco de silla; **do have** *or* **take a ~** siéntese por favor, tome asiento por favor (*frm*); **to take one's ~** sentarse, tomar asiento; **please take your ~s for supper** la cena está servida; **✦IDIOM to take a back ~** mantenerse al margen; **his private life takes a back ~ to the problems of the company** su vida privada ocupa un segundo lugar después de los problemas de la compañía; *see also* **driving C, hot D**

2 [*of chair, toilet*] asiento *m*

3 (= *ticket*) (*Theat, Cine, Sport*) localidad *f*, entrada *f*; (*for plane, train, bus*) plaza *f*; **we need two ~s on the first available flight** necesitamos dos plazas en el primer vuelo disponible; **are there any ~s left?** (*Theat, Cine, Sport*) ¿quedan localidades *or* entradas?; (*on plane*) ¿quedan plazas?

4 (*Pol*) (*in parliament*) escaño *m*, curul *f* (*Col*); (= *constituency*) circunscripción *f* electoral; **she kept/lost her ~ in the election** retuvo/perdió su escaño en las elecciones; *see also* **safe D**

5 (*on board, committee*) puesto *m*; **to have a ~ on the board** ser miembro de la junta directiva

6 [*of trousers*] fondillos *mpl*; **✦IDIOM to do sth by the ~ of one's pants** hacer algo guiado por el instinto

7 (= *centre*) [*of government*] sede *f*; [*of family*] residencia *f*, casa *f* solariega; **family ~** casa *f* solariega; **~ of learning** (*liter*) centro *m* de estudios, templo *m* del saber (*liter*)

8 (= *source*) [*of infection, problem*] foco *m*

9 (= *buttocks*) (*euph*) trasero* *m*, posaderas* *fpl*

10 [*of rider*] **to have a good ~** montar bien; **to keep one's ~** mantenerse sobre el caballo; **to lose one's ~** caer del caballo

Ⓑ VT 1 [+ *person*, + *child, invalid*] sentar; **they ~ guests at a different table every day** todos los días ponen a los invitados en mesas diferentes; **please remain ~ed** por favor permanezcan sentados (*frm*); **please be ~ed** tome asiento por favor (*frm*); **to ~ o.s.** sentarse, tomar asiento (*frm*)

2 (= *hold*) [*hall, vehicle*] tener cabida para; **the bus ~s 53 people** el autobús tiene cabida para 53 personas (sentadas), el autobús tiene 53 plazas *or* asientos; **the car ~s five** caben cinco personas en el coche, el coche tiene cabida para cinco personas; **the theatre ~s 900** el teatro tiene un aforo de 900 localidades, el teatro tiene cabida para 900 personas; **the table can ~ 20 comfortably** en la mesa caben 20 personas cómodamente

3 (*Mech*) [+ *valve, bearing*] asentar, ajustar

4 (*fig*) **deeply ~ed attitudes** actitudes *fpl* muy arraigadas

Ⓒ CPD ► **seat back** N respaldo *m* del asiento ► **seat belt** N cinturón *m* de seguridad; **he wasn't wearing a ~ belt** no llevaba puesto el cinturón de seguridad; **fasten your ~ belts** (*Aer*) abróchense el cinturón de seguridad; **put your ~ belt on** (*Aut*) póngase el cinturón de seguridad

**-seater** [ˈsiːtəʳ] (*ending in compounds*) Ⓐ N **a two-seater** (= *car etc*) un coche *etc* de dos asientos

Ⓑ ADJ **a ten-seater plane** un avión de diez plazas, un avión con capacidad para diez personas

**seating** ['si:tɪŋ] Ⓐ N asientos *mpl*
Ⓑ CPD ► **seating accommodation** N plazas *fpl*, asientos *mpl* ► **seating arrangements** NPL = **seating plan** ► **seating capacity** N número *m* de asientos, cabida *f* ► **seating plan** N disposición *f* de los asientos

**SEATO** ['si:təʊ] N ABBR (= **Southeast Asia Treaty Organization**) OTASE *f*

**seaward** ['si:wəd] Ⓐ ADJ de hacia el mar, de la parte del mar; **on the ~ side** en el lado del mar
Ⓑ ADV hacia el mar; **to ~** en la dirección del mar

**seawards** ['si:wədz] ADV (*esp Brit*) = **seaward B**

**seaway** ['si:weɪ] N vía *f* marítima

**seaweed** ['si:wi:d] N alga *f*

**seaworthiness** ['si:,wɜ:ðɪnɪs] N navegabilidad *f*

**seaworthy** ['si:,wɜ:ðɪ] ADJ en condiciones de navegar

**sebaceous** [sɪ'beɪʃəs] ADJ sebáceo

**SEC** N ABBR (*US*) = **Securities and Exchange Commission**

**sec*** [sek] N ABBR = **second**

**Sec.** ABBR (= **Secretary**) Sec., Srio., Sria.

**SECAM** ['si:kæm] N ABBR (*TV*) (= **séquentiel à mémoire**) SECAM *m*

**secant** ['si:kənt] N secante *f*

**secateurs** [,sekə'tɜ:z] NPL podadera *fsing*

**secede** [sɪ'si:d] VI separarse, escindirse (**from** de)

**secession** [sɪ'seʃən] N secesión *f*, separación *f* (**from** de)

**secessionist** [sɪ'seʃnɪst] Ⓐ ADJ secesionista, separatista
Ⓑ N secesionista *mf*, separatista *mf*

**secluded** [sɪ'klu:dɪd] ADJ retirado, apartado

**seclusion** [sɪ'klu:ʒən] N aislamiento *m*; **to live in ~** vivir aislado

**second**[1] ['sekənd] Ⓐ ADJ [1] (*gen*) segundo; **they have a ~ home in Oxford** tienen otra casa en Oxford, en Oxford tienen una segunda vivienda; **will you have a ~ cup?** ¿quieres otra taza?; **give him a ~ chance** dale otra oportunidad; **you won't get a ~ chance** no tendrás otra oportunidad; **in ~ gear** (*Aut*) en segunda (velocidad); **it's ~ nature to her** lo hace sin pensar; **for some of us swimming is not ~ nature** para muchos de nosotros nadar no es algo que nos salga hacer de forma natural; **violence was ~ nature to him** la violencia era parte de su naturaleza; **he had practised until it had become ~ nature** había practicado hasta que le salía con naturalidad; **to ask for a ~ opinion** pedir una segunda opinión; **to be/lie in ~ place** estar/encontrarse en segundo lugar *or* segunda posición; **to have ~ sight** tener clarividencia, ser clarividente; **Charles the Second** (*spoken form*) Carlos Segundo; (*written form*) Carlos II; **without a** *or* **with hardly a ~ thought** sin pensarlo dos veces; **I didn't give it a ~ thought** no volví a pensar en ello; **to have ~ thoughts (about sth/about doing sth)** tener sus dudas (sobre algo/si hacer algo); **I'm having ~ thoughts about hiring him** tengo mis dudas sobre si contratarle; **on ~ thoughts ...** pensándolo bien ...; **for the ~ time** por segunda vez; **fatherhood ~ time around has not been easy for him** volver a ser padre no le ha resultado fácil; **to be ~ to none** no tener rival, ser inigualable; **Bath is ~ only to Glasgow as a tourist attraction** Bath es la atracción turística más popular aparte de Glasgow, sólo Glasgow gana en popularidad a Bath como atracción turística; **to get one's ~ wind** conseguir recobrar fuerzas; *see also* **floor A**
[2] (*Mus*) segundo; **I played ~ clarinet** era segundo clarinete; *see also* **fiddle A1**
Ⓑ ADV [1] (*in race, competition, election*) en segundo lugar; **to come/finish ~** quedar/llegar en segundo lugar *or* segunda posición; **in popularity polls he came ~ only to Nelson Mandela** en los sondeos era el segundo más popular por detrás de Nelson Mandela
[2] (= *secondly*) segundo, en segundo lugar
[3] (*before superl adj*) **the ~ tallest building in the world** el segundo edificio más alto del mundo; **the ~ largest fish** el segundo pez en tamaño, el segundo mayor pez; **this is the ~ largest city in Spain** ocupa la segunda posición entre las ciudades más grandes de España
Ⓒ N [1] (*in race, competition*) **he came a good/poor ~** quedó segundo a poca/gran distancia del vencedor; **studying for his exams comes a poor ~ to playing football** prepararse los exámenes no tiene ni de lejos la importancia que tiene jugar al fútbol; **I feel I come a poor ~ in my husband's affections to our baby daughter** tengo la sensación de que mi marido vuelca todo su cariño en la pequeña y a mí me tiene olvidada; *see also* **close B1**
[2] (*Aut*) segunda velocidad *f*; **in ~** en segunda (velocidad)
[3] (= *assistant*) (*in boxing*) segundo *m*, cuidador *m*; (*in duel*) padrino *m*; **~s out!** ¡segundos fuera!
[4] (*Brit Univ*) **Lower/Upper Second** *calificación que ocupa el tercer/segundo lugar en la escala de las que se otorgan con un título universitario*; → DEGREE
[5] **seconds** [5·1] (*Comm*) artículos *mpl* con defecto de fábrica; **these dresses are slight ~s** estos vestidos tienen pequeños defectos de fábrica
[5·2] (*Culin*) **will you have ~s?** ¿quieres más?; **I went back for ~s** volví a repetir
Ⓓ VT [1] [+ *motion, speaker, nomination*] apoyar, secundar; **I'll ~ that*** lo mismo digo yo, estoy completamente de acuerdo
[2] [sɪ'kɒnd] [+ *employee*] trasladar temporalmente; [+ *civil servant*] enviar en comisión de servicios (*Sp*)
Ⓔ CPD ► **second childhood** N segunda infancia *f*; **he's in his ~ childhood** está en su segunda infancia ► **the Second Coming** N (*Rel*) el segundo Advenimiento ► **second generation** N segunda generación *f* ► **second half** N (*Sport*) segundo tiempo *m*, segunda parte *f*; (*Fin*) segundo semestre *m* (*del año económico*) ► **second house** N (*Theat*) segunda función *f* ► **second language** N segunda lengua *f*; **English as a ~ language** inglés como segunda lengua ► **second lieutenant** N (*in army*) alférez *mf*, subteniente *mf* ► **second mate**, **second officer** N (*in Merchant Navy*) segundo *m* de a bordo ► **second mortgage** N segunda hipoteca *f* ► **second person** N (*Gram*) segunda persona *f*; **the ~ person singular/plural** la segunda persona del singular/plural ► **the Second World War** N la Segunda Guerra Mundial; *see also* **cousin**

**second**[2] ['sekənd] Ⓐ N (*in time, Geog, Math*) segundo *m*; **just a ~!** ◊ **half a ~!*** ¡un momento!, ¡momentito! (*esp LAm*); **I'll be with you in (just) a ~** un momento y estoy contigo; **in a split ~** en un instante, en un abrir y cerrar de ojos; **the operation is timed to a split ~** la operación está concebida con la mayor precisión en cuanto al tiempo; **it won't take a ~** es cosa de un segundo, es un segundo nada más; **at that very ~** en ese mismo instante
Ⓑ CPD ► **second hand** N [*of clock*] segundero *m*

**secondary** ['sekəndərɪ] Ⓐ ADJ [1] (= *less important*) [*character, role, effect, source*] secundario; **of ~ importance** de importancia secundaria, de segundo orden; **the cost is a ~ consideration** el coste es un factor secundario *or* de interés secundario; **my desire to have children was always ~ to my career** el deseo de tener hijos siempre se vio supeditado a mi carrera, el deseo de tener hijos siempre ocupó un lugar secundario en relación con mi carrera
[2] (*Educ*) [*education*] secundario; [*schooling, student, teacher*] de enseñanza secundaria; **after five years of ~ education** tras cinco años de educación *or* enseñanza secundaria; **subjects taught at ~ level** materias impartidas en los ciclos de educación *or* enseñanza secundaria
Ⓑ N [1] (*Univ etc*) (= *minor subject*) asignatura *f* menor
[2] (*also* **~ school**) centro *m or* instituto *m* de enseñanza secundaria;
→ COMPREHENSIVE SCHOOLS
[3] (*Med*) (*also* **~ tumour**) tumor *m* secundario
Ⓒ CPD ► **secondary action** N (*Pol*) movilizaciones *fpl* de apoyo ► **secondary cancer** N (*Med*) metástasis *f inv* ► **secondary education** N educación *f or* enseñanza *f* secundaria, segunda enseñanza *f* ► **secondary era** N (*Geol*) era *f* secundaria ► **secondary explosion** N explosión *f* por simpatía ► **secondary infection** N (*Med*) infección *f* secundaria ► **secondary modern (school)** N (*Brit*) (*formerly*) *instituto de enseñanza secundaria que centraba su actividad docente más en conocimientos prácticos y tecnológicos que en la formación académica* ► **secondary picket(ing)** N piquete *m* secundario (*en centros relacionados con el sector o fábrica en huelga*) ► **secondary production** N producción *f* secundaria ► **secondary road** N carretera *f* secundaria ► **secondary school** N centro *m or* instituto *m* de enseñanza secundaria; → COMPREHENSIVE SCHOOLS ► **secondary storage** N almacenamiento *m* secundario ► **secondary tumour** N = **B3**

**second-best** ['sekənd'best] Ⓐ N segundo *m*
Ⓑ ADV **to come off ~** quedar en segundo lugar
Ⓒ ADJ segundo; **our ~ car** nuestro coche número dos

**second-class** ['sekənd'klɑ:s] Ⓐ ADJ [*compartment, carriage*] de segunda clase; **~ citizen** ciudadano/a *m/f* de segunda clase; **~ degree** (*Univ*) licenciatura *f* con media de notable; **~ hotel** hotel *m* de segunda; **~ mail** ◊ **~ post** correo *m* de segunda clase; **a ~ return to London** (*Rail*) un billete de ida y vuelta a Londres en segunda; **~ seat** (*Rail*) asiento *m* de *or* en segunda; **~ stamp** sello *m* para correo ordinario; **~ ticket** billete *m* de segunda clase
Ⓑ ADV **to send sth ~** enviar algo por segunda clase; **to travel ~** viajar en segunda

**seconder** ['sekəndə'] N *el/la que apoya una moción*

**second-hand** ['sekənd'hænd] Ⓐ ADJ (*gen*) de segunda mano; [*car*] usado, de segunda mano; **~ bookseller** librero/a *m/f* de viejo; **~ bookshop** librería *f* de viejo; **~ clothes** ropa *f* usada *or* de segunda mano; **~ information**

información *f* de segunda mano; ~ **shop** tienda *f* de segunda mano, bazar *m* (*Mex*), cambalache *m* (*S. Cone*)
Ⓑ ADV **to buy sth** ~ comprar algo de segunda mano; **I heard it only** ~ yo lo supe solamente por otro; **she heard it** ~ **from her friend** se enteró por su amiga

**second-in-command** ['sekəndɪnkə'mɑːnd] N segundo/a *m/f* de a bordo

**secondly** ['sekəndlɪ] ADV en segundo lugar

**secondment** [sɪ'kɒndmənt] N traslado *m*; **on** ~ trasladado, destacado; **she is on** ~ **to section B** ha sido trasladada temporalmente a la sección B, está destacada en la sección B

**second-rate** ['sekənd'reɪt] ADJ de segunda fila; **some** ~ **writer** algún escritor de segunda fila

**secrecy** ['siːkrəsɪ] N secreto *m*; **in** ~ en secreto, a escondidas; **in the strictest** ~ de manera totalmente confidencial, en el más absoluto secreto; **I was told in the strictest** ~ se me dijo de manera totalmente confidencial; **to swear sb to** ~ hacer que algn jure no revelar algo; **there's no** ~ **about it** no es ningún secreto; **there was an air of** ~ **about her** la rodeaba un halo de misterio; *see also* **shroud B2**, **veil A**

**secret** ['siːkrɪt] Ⓐ ADJ [*plan, ingredient, admirer, mission*] secreto; [*information, document*] secreto, confidencial; [*drinker, drug addict*] a escondidas; **it's all highly** ~ todo es de lo más secreto; **to keep sth** ~ mantener algo en secreto; **to keep sth** ~ **from sb** ocultar algo a algn; **they held a** ~ **meeting** mantuvieron una reunión en secreto
Ⓑ N secreto *m*; **the** ~**s of nature** los misterios de la naturaleza; **to do sth in** ~ hacer algo en secreto *or* a escondidas; **to be in on the** ~ estar en el secreto, estar al corriente; **to keep a** ~ guardar un secreto; **to keep sth a** ~ **from sb** ocultar algo a algn; **to let sb into a/the** ~ contar *or* revelar a algn un/el secreto; **it's no** ~ **that ...** no es ningún secreto que ...; **there's no** ~ **about it** esto no tiene nada de secreto; **to have no** ~**s from sb** no tener secretos para algn; **to make no** ~ **of sth** no ocultar algo; **to remain a** ~ seguir siendo un secreto; **to tell sb a** ~ contar un secreto a algn; **the** ~: **the** ~ **is to** (+ *INFIN*) el secreto consiste en + *infin*; **the** ~ **of success** el secreto del éxito; *see also* **open A9**, **state C**
Ⓒ CPD ► **secret agent** N agente *mf* secreto/a, espía *mf* ► **secret drawer** N cajón *m* secreto *or* oculto ► **secret police** N policía *f* secreta ► **secret service** N servicio *m* secreto ► **secret society** N sociedad *f* secreta ► **secret weapon** N (*lit, fig*) arma *f* secreta

**secretarial** [ˌsekrə'tɛərɪəl] ADJ ~ **college** colegio *m* de secretariado; ~ **course** curso *m* de secretariado; ~ **services** servicios *mpl* de secretaría; ~ **school** = **secretarial college**; ~ **skills** técnicas *fpl* de secretaría; ~ **work** trabajo *m* de secretario

**secretariat** [ˌsekrə'tɛərɪət] N secretaría *f*, secretariado *m*

**secretary** ['sekrətrɪ] Ⓐ N 1 (= *profession*) secretario/a *m/f*
2 (*Pol*) ministro/a *m/f*; **Secretary of State** (*Brit*) Ministro/a *m/f* (**for** de); (*US*) Ministro/a *m/f* de Asuntos Exteriores
Ⓑ CPD ► **secretary pool** N (*US*) servicio *m* de mecanógrafos

**secretary-general** ['sekrətrɪ'dʒenərəl] N (*pl* **secretaries-general**) secretario-general/secretaria-general *m/f*

**secretaryship** ['sekrətrɪʃɪp] N secretaría *f*, secretariado *m*

**secrete** [sɪ'kriːt] VT 1 (*Med*) secretar, segregar
2 (= *hide*) ocultar, esconder

**secretion** [sɪ'kriːʃən] N 1 (*Med*) secreción *f*
2 (= *hiding*) ocultación *f*

**secretive** ['siːkrətɪv] ADJ [*person*] reservado, callado; [*behaviour*] reservado; [*organization*] hermético; **to be** ~ **about sth** ser reservado con respecto a algo

**secretively** ['siːkrətɪvlɪ] ADV 1 (= *furtively*) [*behave, smile*] con mucho secreto
2 (= *in secret*) a escondidas

**secretiveness** ['siːkrətɪvnɪs] N **she knew that something was up because of the children's** ~ supo que pasaba algo porque los niños actuaban con mucho secreto

**secretly** ['siːkrɪtlɪ] ADV [*meet, plan, film*] en secreto, a escondidas; [*marry*] en secreto; [*hope, want*] en el fondo; **she was** ~ **relieved/pleased** en su fuero interno sintió alivio/estaba contenta

**sect** [sekt] N secta *f*

**sectarian** [sek'tɛərɪən] Ⓐ ADJ sectario
Ⓑ N sectario/a *m/f*

**sectarianism** [sek'tɛərɪənɪzəm] N sectarismo *m*

**section** ['sekʃən] Ⓐ N 1 (= *part*) [*of pipeline, road*] tramo *m*; [*of self-assembly item*] pieza *f*, parte *f*; [*of orange etc*] gajo *m*; [*of book, text*] parte *f*; [*of code, law*] artículo *m*; [*of document, report*] apartado *m*, punto *m*; [*of orchestra*] sección *f*; [*of country*] región *f*; [*of community, opinion*] sector *m*; [*of town*] (*Brit*) sector *m*, zona *f*; (*US*) (= *district*) barrio *m*; **the ship was transported in** ~**s** el barco fue trasladado por partes; **the bookcase comes in** ~**s** la estantería viene desmontada (en piezas *or* partes); **the first-class** ~ **of the train** los vagones de primera clase del tren; **passports** ~ sección *f* de pasaportes; **the sports/finance** ~ [*of newspaper*] la sección de deportes/economía; **in all** ~**s of the public** en todos los sectores del público; *see also* **brass C**, **string C**, **percussion B**, **woodwind**
2 (= *cut*) (*in diagram, dissection*) sección *f*, corte *m*; **cross** ~ (*lit*) sección *f* transversal; **the research was compiled using a cross** ~ **of the British population** el estudió se realizó utilizando un sector representativo de la población británica
3 (*Med*) (*also* **Caesarean** ~) *see* **Caesarean**
Ⓑ VT 1 (= *divide*) partir, trocear
2 [+ *mentally ill person*] internar en un psiquiátrico
Ⓒ CPD ► **section mark** N párrafo *m*
► **section off** VT + ADV cortar, seccionar

**sectional** ['sekʃənl] ADJ 1 [*bookcase etc*] desmontable
2 [*interests*] particular
3 [*diagram*] en corte

**sectionalism** ['sekʃənəlɪzəm] N faccionalismo *m*

**sector** ['sektəʳ] N 1 (*Econ, Ind*) sector *m*; **the public** ~ el sector público; *see also* **voluntary C**
2 (*Mil*) sector *m*
3 (*Geom*) sector *m*

**secular** ['sekjʊləʳ] ADJ [*authority*] laico; [*writings, music*] profano; [*priest*] secular, seglar; ~ **school** escuela *f* laica

**secularism** ['sekjʊlərɪzəm] N laicismo *m*

**secularization** [ˌsekjʊləraɪ'zeɪʃən] N secularización *f*

**secularize** ['sekjʊləraɪz] VT secularizar

**secure** [sɪ'kjʊəʳ] Ⓐ ADJ 1 (= *firm, solid*) [*knot, rope, hold*] seguro; [*door, window, lock, bolt*] bien cerrado; [*structure, foothold*] firme; [*ladder*] bien sujeto; [*base, foundation*] sólido; **to have a** ~ **foothold in a market** tener un punto de apoyo firme en un mercado
2 (= *safe*) [*job, place, building*] seguro; [*position*] garantizado; [*career, future*] asegurado; **to be** ~ **against sth** = **to be secure from sth**; **to be financially** ~ tener seguridad económica; **to be** ~ **from sth** estar protegido contra algo; **I want to make my home** ~ **against burglars** quiero proteger mi casa contra los ladrones; **to make an area** ~ hacer de una zona un lugar seguro
3 (*emotionally*) [*person*] seguro; [*relationship, environment*] estable; **children need a** ~ **home life** los niños necesitan un ambiente estable en el hogar; **to be emotionally** ~ tener estabilidad emocional; **to feel** ~ **(about sth)** sentirse seguro (con respecto a algo); **to make sb feel** ~ hacer a algn sentirse seguro; ~ **in the knowledge that** seguro de que, confiado de que
Ⓑ VT 1 (= *make fast*) [+ *rope*] sujetar bien; (*to floor etc*) afianzar; [+ *load*] asegurar; [+ *door, window*] cerrar bien; (= *tie up*) [+ *person, animal*] atar, amarrar (*LAm*); **a shawl** ~**d at the neck by a brooch** un chal sujeto a la altura del cuello con un broche
2 (= *make safe*) [+ *home, building*] proteger (**against** de, contra; **from** de, contra); [+ *career, future*] asegurar
3 (*frm*) (= *obtain*) [+ *job, peace, freedom, support*] conseguir, obtener; **they have not got enough evidence to** ~ **a conviction** no tienen suficientes pruebas para conseguir que lo condenen; **a win that** ~**d them a place in the final** una victoria que les aseguró un puesto en la final; **to** ~ **victory** conseguir la victoria
4 (*Fin*) [+ *loan, debt*] garantizar; **you can** ~ **the loan against your home** puedes poner la casa como garantía *or* aval del préstamo; ~**d creditor** acreedor(a) *m/f* con garantía; ~**d debt** deuda *f* garantizada; ~**d loan** préstamo *m* con garantía
5 (*Mil*) (= *capture*) tomar, capturar
Ⓒ CPD ► **secure accommodation** N (*Brit Jur*) *centro de prevención contra la delincuencia* ► **secure unit** N (*Brit*) (*for young offenders, mental patients*) unidad *f* de seguridad

**securely** [sɪ'kjʊəlɪ] ADV 1 (= *firmly*) [*fasten, lock, fix, tie*] bien; **it is** ~ **fastened** está bien abrochado
2 (= *safely*) firmemente; **he remains** ~ **in power** permanece firmemente afincado en el poder; ~ **established** firmemente establecido

**security** [sɪ'kjʊərɪtɪ] Ⓐ N 1 (= *precautions*) seguridad *f*; **for** ~ **reasons** ◊ **for reasons of** ~ por razones de seguridad; **the Queen's visit has been marked by tight** ~ la visita de la reina se ha visto caracterizada por estrechas medidas de seguridad; *see also* **maximum A**
2 (= *safety*) 2·1 (*from harm or loss*) seguridad *f*; **the** ~ **of the passengers on the aircraft** la seguridad de los pasajeros a bordo del avión; ~ **of tenure** (*in one's job*) seguridad *f* en el cargo; [*of tenant*] derecho *m* de ocupación (*de un inmueble*); *see also* **job C**, **national C**
2·2 (*from worry*) seguridad *f*, estabilidad *f*; **emotional/financial** ~ estabilidad *f* emocional/económica, seguridad *f* en el plano emocional/económico; *see also* **false A1**
3 (= *guarantee*) garantía *f*, aval *m*; **to lend money on** ~ prestar dinero con un aval *or* bajo fianza; **to stand** *or* **go** ~ **for sb** salir garante *or* avalista de algn, avalar a algn
4 **securities** valores *mpl*, títulos *mpl*; **government securities** bonos *mpl* del Estado
Ⓑ CPD ► **security agreement** N (*Fin*) acuer-

➤ LANGUAGE IN USE: secondly 26.2

do *m* de garantía ► **securities market** N (*Fin*) mercado *m* bursátil ► **securities portfolio** N cartera *f* de valores ► **security alarm** N alarma *f* de seguridad ► **security blanket** N (*Psych*) manta *f* de seguridad ► **security check** N control *m* de seguridad ► **Security Council** N Consejo *m* de Seguridad; **the Security Council of the United Nations** el Consejo de Seguridad de las Naciones Unidas ► **security firm** N empresa *f* de seguridad ► **security forces** NPL fuerzas *fpl* de seguridad ► **security guard** N guarda *mf* jurado ► **security leak** N filtración *f* de información secreta ► **security measures** NPL medidas *fpl* de seguridad ► **security officer** N (*Mil, Naut*) oficial *mf* de las fuerzas de seguridad; (*Comm, Ind*) encargado/a *m/f* de seguridad ► **security police** N policía *f* de seguridad ► **security precaution** N precaución *f* ► **security risk** N riesgo *m* para la seguridad ► **security system** N sistema *m* de seguridad ► **security vetting** N acreditación *f* por la Seguridad

**Secy.** ABBR (= **Secretary**) Sec., Srio., Sria.

**sedan** [sɪ'dæn] N 1 (*also* ~ **chair**) silla *f* de manos
2 (*US Aut*) sedán *m*

**sedate** [sɪ'deɪt] Ⓐ ADJ (*compar* **sedater**; *superl* **sedatest**) serio, formal
Ⓑ VT (*Med*) sedar

**sedately** [sɪ'deɪtlɪ] ADV seriamente, formalmente

**sedateness** [sɪ'deɪtnɪs] N seriedad *f*

**sedation** [sɪ'deɪʃən] N sedación *f*; **under ~** bajo sedación

**sedative** ['sedətɪv] Ⓐ ADJ sedante
Ⓑ N sedante *m*

**sedentary** ['sedntrɪ] ADJ sedentario

**sedge** [sedʒ] N junco *m*, juncia *f*

**sediment** ['sedɪmənt] N (*in liquids, boiler*) sedimento *m*, poso *m*; (*Geol*) sedimento *m*

**sedimentary** [,sedɪ'mentərɪ] ADJ sedimentario

**sedimentation** [,sedɪmen'teɪʃən] N sedimentación *f*

**sedition** [sə'dɪʃən] N sedición *f*

**seditious** [sə'dɪʃəs] ADJ sedicioso

**seduce** [sɪ'dju:s] VT (*sexually*) seducir; **to ~ sb into doing sth** (*fig*) engatusar *or* convencer a algn para que haga algo; **to ~ sb from his duty** apartar a algn de su deber

**seducer** [sɪ'dju:səʳ] N seductor(a) *m/f*

**seduction** [sɪ'dʌkʃən] N (= *act*) seducción *f*; (= *attraction*) tentación *f*

**seductive** [sɪ'dʌktɪv] ADJ [*person, voice, clothes, perfume*] seductor; [*smile*] seductor, provocativo; [*offer*] tentador, atractivo

**seductively** [sɪ'dʌktɪvlɪ] ADV [*smile, behave, look at, dress*] de modo seductor, de manera seductora; [*say*] en tono seductor

**seductiveness** [sɪ'dʌktɪvnɪs] N [*of person, look, clothes, smile*] seducción *f*; [*of offer*] atractivo *m*

**seductress** [sɪ'dʌktrɪs] N seductora *f*

**sedulous** ['sedjʊləs] ADJ asiduo, diligente

**sedulously** ['sedjʊləslɪ] ADV asiduamente, diligentemente

▼ **see**[1] [si:] (*pt* **saw**; *pp* **seen**) VT, VI 1 (*gen*) ver; **I saw him yesterday** lo vi ayer; **I can't ~** no veo nada; **to ~ sb do** *or* **doing sth** ver a algn hacer algo; **I saw him coming** lo vi venir; **(go and) ~ who's at the door** ve a ver quién llama (a la puerta); **he was ~n to fall** se le vio caer; **I saw it done in 1988** lo vi hacer en 1988; **"see page eight"** "véase la página ocho"; **did you ~ that Queen Anne is dead?** ¿has oído que ha muerto la reina Ana?; **he's ~n it all** está de vuelta de todo; **there was nobody to be ~n** no se veía ni nadie; **there was not a house to be ~n** no se veía ni una sola casa; **as you can ~** como ves; **as far as the eye can ~** hasta donde alcanza la vista; **from here you can ~ for miles** desde aquí se ve muy lejos; **I'll ~ him damned first** antes le veré colgado; **I never thought I'd ~ the day when …** nunca pensé ver el día en que …; **this car has ~n better days** este coche ha conocido mejores tiempos; **this dress isn't fit to be ~n** este vestido no se puede ver; **he's not fit to be ~n in public** no se le puede presentar a los ojos del público; **~ for yourself** velo tú; **I'll go and ~** voy a ver; **now ~ here!** (*in anger*) ¡mira!, ¡oiga!, ¡escuche!; **I ~ nothing wrong in it** no le encuentro nada malo; **I don't know what she ~s in him** no sé lo que encuentra en él; **I ~ in the paper that …** sale en el periódico que …; **let me ~** ◊ **let's ~** (= *show me/us*) a ver; (= *let me/us think*) vamos a ver; **she's certainly ~ing life** es seguro que está viendo muchas cosas; **we'll not ~ his like again** no veremos otro como él; **he's ~n a lot of the world** ha visto mucho mundo; **so I ~** ya lo veo; **I must be ~ing things*** estoy viendo visiones; **I can't ~ to read** no veo lo suficiente para leer; **can you ~ your way to helping us?** (*fig*) ¿nos hace el favor de ayudarnos?; **we'll ~** ya veremos, a ver; **I'll ~ what I can do** veré si puedo hacer algo; **she won't ~ 40 again** los 40 ya no los cumple
2 (= *visit, meet*) ver, visitar; (= *have an interview with*) tener una entrevista con, entrevistarse con; **the minister saw the Queen yesterday** el ministro se entrevistó *or* tuvo una entrevista con la Reina ayer; **I'm afraid I can't ~ you tomorrow** lamento no poder verle mañana; **I want to ~ you about my daughter** quiero hablar con usted acerca de mi hija; **what did he want to ~ you about?** ¿qué asunto quería discutir contigo?, ¿qué motivo tuvo su visita?; **we'll be ~ing them for dinner** vamos a cenar con ellos; **to ~ the doctor** ir a ver al médico, consultar al médico; **you need to ~ a doctor** tienes que ir a ver *or* consultar a un médico; **to go and ~ sb** ir a ver a algn; (*a friend*) visitar a algn; **we don't ~ much of them nowadays** ahora les vemos bastante poco; **~ you!*** chau*; **~ you on Sunday!** ¡hasta el domingo!; **~ you tomorrow!** ¡hasta mañana!; **~ you later!** ¡hasta luego!; **~ you soon!** ¡hasta pronto!
3 (= *understand, perceive*) entender; **I ~** lo veo; **I ~!** ya entiendo; **this is how I ~ it** éste es mi modo de entenderlo, yo lo entiendo así; **I saw only too clearly that …** percibí claramente que …; **it's all over, ~?*** se acabó, ¿entiendes?; **I can't** *or* **don't ~ why/how** *etc* **…** no veo *or* entiendo por qué/cómo *etc* …; **I don't ~ it, myself** yo no creo que sea posible; **he's dead, don't you ~?** está muerto, ¿me entiendes?; **the Russians ~ it differently** los rusos lo miran desde otro punto de vista, el criterio de los rusos es distinto; **I fail to ~ how** no comprendo *or* entiendo cómo; **as far as I can ~** por lo visto, por lo que yo veo; **the way I ~ it** a mi parecer
4 (= *accompany*) acompañar; **he was so drunk we had to ~ him to bed** estaba tan borracho que tuvimos que llevarle a la cama; **to ~ sb to the door** acompañar a algn a la puerta; **to ~ sb home** acompañar a algn a casa; **may I ~ you home?** ¿puedo acompañarte a casa?
5 (= *try*) procurar; **~ if …** ve a ver si …, mira a ver si …
6 (= *imagine*) imaginarse; **I can just ~ him as a teacher** me lo imagino de profesor; **I don't ~ her as a minister** no la veo *or* no me la imagino de ministra; **I can't ~ myself doing that** no me imagino con capacidad para hacer eso; **I can't really ~ myself being elected** en realidad no creo que me vayan a elegir; **I can't ~ him winning** me parece imposible que gane
7 (= *ensure*) **to ~ (to it) that** procurar que + *subjun*; **~ that he has all he needs** procura que tenga todo lo que necesita; **to ~ that sth is done** procurar que algo se haga; **~ that you have it ready for Monday** procura tenerlo listo para el lunes; **~ that it does not happen again** y que no vuelva a ocurrir

► **see about** VI + PREP 1 (= *deal with*) ocuparse de; **I'll ~ about it** yo me ocupo *or* me encargo de eso; **he came to ~ about our TV** vino a ver nuestra televisión
2 (= *consider*) pensar; **I'll ~ about it** lo veré, lo pensaré; **we'll ~ about that!** ¡eso está por ver!; **we must ~ about getting a new car** tenemos que pensar en comprar un nuevo coche

► **see in** Ⓐ VT + ADV [+ *person*] hacer entrar, hacer pasar; **to ~ the New Year in** celebrar *or* festejar el Año Nuevo
Ⓑ VI + ADV **he was trying to ~ in** se esforzaba por ver el interior

► **see into** VI + PREP (= *study, examine*) investigar, examinar

► **see off** VT + ADV 1 (= *say goodbye to*) despedir, despedirse de; **we went to ~ him off at the station** fuimos a despedirnos de él *or* a despedirlo a la estación
2 (*) (= *defeat*) vencer; (= *destroy*) acabar con
3 (*) (= *send away*) **the policeman saw them off** el policía les dijo que se fueran

► **see out** Ⓐ VT + ADV 1 (= *survive*) sobrevivir a; **we wondered if he would ~ the month out** nos preguntábamos si viviría hasta el fin del mes; **to ~ a film out** quedarse hasta el final de una película
2 (= *take to the door*) acompañar hasta la puerta; **I'll ~ myself out*** no hace falta que me acompañe hasta la puerta
Ⓑ VI + ADV **we shan't be able to ~ out** no podremos ver el exterior

► **see over** VI + PREP recorrer

► **see through** Ⓐ VI + PREP [+ *person, behaviour*] calar; **I can ~ right through him** lo tengo calado; **I saw through him at once** lo calé enseguida, enseguida lo vi venir; **to ~ through a mystery** penetrar un misterio
Ⓑ VT + ADV [+ *project, deal*] llevar a cabo; **don't worry, we'll ~ it through** no te preocupes, nosotros lo llevaremos a cabo; **we'll ~ him through** nosotros le ayudaremos; **£100 should ~ you through** tendrás bastante con 100 libras
Ⓒ VT + PREP **this money should ~ you through your stay in Egypt** este dinero te bastará para tu estancia en Egipto

► **see to** VI + PREP (= *deal with*) atender a; (= *take care of*) ocuparse de, encargase de; **the shower isn't working, can you ~ to it please?** la ducha se ha estropeado ¿podrías ocuparte *or* encargarte de eso?; **please ~ to it that …** por favor procura que …; **the rats saw to that** las ratas se encargaron de eso

**see**[2] [si:] N (*Rel*) sede *f*; [*of archbishop*] arzobispado *m*; [*of bishop*] obispado *m*; **the Holy See** la Santa Sede

**seed** [si:d] Ⓐ N 1 (*Bot*) [*of plant*] semilla *f*, simiente *f*; (*inside fruit*) pepita *f*; [*of grain*] grano *m*; **poppy ~s** semillas *fpl* de amapola; **to go** *or* **run to ~** (*lit*) granar, dar en grana; (*fig*) ir a

➤ LANGUAGE IN USE: see[1] 3 26.2

menos; **he's really gone to ~** se ha echado a perder, ha ido cada vez a peor; *see also* **sesame B**, **sunflower B**

[2] (*Sport*) (= *player, team*) cabeza *mf* de serie; **she's the number one ~** es cabeza de serie número uno; **she's the first ~** es la primera cabeza de serie

[3] (*fig*) [*of idea etc*] germen *m*; **to sow ~s of doubt in sb's mind** sembrar la duda en la mente de algn

[4] (*euph*) (= *semen*) simiente *f*; (= *offspring*) descendencia *f*

Ⓑ VT [1] (= *plant with seeds*) sembrar (**with** de)

[2] (= *remove seed of*) [+ *raisins, grapes*] despepitar

[3] (*Sport*) clasificar como cabeza de serie; **the US are ~ed number one** Estados Unidos parte como cabeza de serie número uno

Ⓒ VI (*Bot*) (= *form seeds*) granar, dar en grana; (= *shed seeds*) dejar caer semillas

Ⓓ CPD ► **seed box** N caja *f* de simientes, semillero *m* ► **seed corn** N (*lit*) trigo *m* de siembra ► **seed drill** N sembradora *f* ► **seed merchant** N vendedor(a) *m/f* de semillas ► **seed pearl** N aljófar *m* ► **seed pod** N vaina *f* ► **seed potato** N patata *f* or (*LAm*) papa *f* de siembra ► **seed time** N siembra *f* ► **seed tray** N = **seed box**

**seedbed** ['si:dbed] N semillero *m*

**seedcake** ['si:dkeɪk] N torta *f* de alcaravea

**seedily** ['si:dɪlɪ] ADV [*dress*] andrajosamente, desastradamente

**seediness** ['si:dɪnɪs] N (= *shabbiness*) [*of hotel, nightclub*] sordidez *f*, cutrez *f* (*Sp**); [*of clothes*] lo raído, cutrez *f* (*Sp**); [*of person*] pinta *f* desastrada

**seedless** ['si:dlɪs] ADJ sin semillas

**seedling** ['si:dlɪŋ] N planta *f* de semillero

**seedsman** ['si:dzmən] N (*pl* **seedsmen**) = **seed merchant**

**seedy** ['si:dɪ] ADJ (*compar* **seedier**; *superl* **seediest**) [1] (= *shabby*) [*hotel, nightclub*] sórdido, de mala muerte*, cutre (*Sp**); [*clothes*] raído, cutre (*Sp**); [*person*] de pinta desastrada; **a ~-looking bar** un bar sórdido, un bar de mala muerte*, un bar cutre (*Sp**)

[2] (= *unwell*) **I'm feeling ~** tengo un poco de mal cuerpo; **he looks a bit ~** tiene mala cara

**seeing** ['si:ɪŋ] Ⓐ CONJ **~ (that)** visto que, en vista de que

Ⓑ N ✦*PROV* **~ is believing** ver para creer

**seek** [si:k] (*pt, pp* **sought**) Ⓐ VT [1] (= *look for*) [+ *work, refuge*] buscar; [+ *candidate*] solicitar; [+ *honour*] ambicionar; **he has been sought in many countries** se le ha buscado en muchos países; **it is much sought after** está muy cotizado; **to ~ death** buscar la muerte; **the reason is not far to ~** no es difícil indicar la causa; **to ~ shelter (from)** buscar abrigo (de)

[2] (= *ask for*) pedir, solicitar; **to ~ advice from sb** pedir consejo a algn; **the couple sought a second opinion** la pareja quiso tener una segunda opinión

[3] (*frm*) (= *attempt*) **to ~ to do sth** tratar de *or* procurar hacer algo

Ⓑ VI (*frm*) **to ~ after** *or* **for** buscar

►**seek out** VT + ADV buscar

**seeker** ['si:kəʳ] N buscador(a) *m/f*

▼ **seem** [si:m] VI parecer; **he ~s capable** parece capaz; **he ~ed absorbed in ...** parecía estar absorto en ...; **he ~ed to be in difficulty** parecía tener dificultades; **the shop ~ed to be closed** parecía que la tienda estaba cerrada; **she ~s not to want to go** parece que no quiere ir; **what ~s to be the trouble?** ¿qué pasa?; **I ~ to have heard that before** me parece que ya me contaron eso antes; **it ~s that ...** parece que ...; **it ~s you have no alternative** parece que no te queda otra alternativa; **it ~s she's getting married** por lo visto se casa; **I can't ~ to do it** me parece imposible hacerlo; **that ~s like a good idea** parece una buena idea; **it ~s not** parece que no; **it ~s so** parece que sí; **so it ~s** así parece; **there ~s to be a problem** parece que hay un problema; **there ~s to be a mistake** parece que hay un error; **it ~s to me/him that ...** me/le parece que ...; **how did he ~ to you?** ¿qué te pareció?

**seeming** ['si:mɪŋ] Ⓐ ADJ aparente

Ⓑ N apariencia *f*; **to all ~** según todas las apariencias

**seemingly** ['si:mɪŋlɪ] ADV según parece, aparentemente; **it is ~ finished** según parece *or* aparentemente está terminado; **there has ~ been a rise in inflation** parece que ha habido un aumento de la inflación; **"he's left then?" — "~"** —¿o sea que se ha ido? —eso parece

**seemliness** ['si:mlɪnɪs] N (*frm*) decoro *m*, decencia *f*

**seemly** ['si:mlɪ] ADJ (*compar* **seemlier**; *superl* **seemliest**) (*frm*) [*behaviour, language, dress*] decoroso, decente

**seen** [si:n] PP *of* **see**[1]

**seep** [si:p] VI filtrarse; **to ~ through/into/from** filtrarse *or* colarse por/en/de

►**seep away** VI + ADV escurrirse

►**seep in** VI + ADV filtrarse

►**seep out** VI + ADV escurrirse

**seepage** ['si:pɪdʒ] N filtración *f*

**seer** [sɪəʳ] N vidente *mf*

**seersucker** ['sɪə,sʌkəʳ] N sirsaca *f*

**seesaw** ['si:sɔ:] Ⓐ N (= *apparatus, game*) subibaja *m*, balancín *m*

Ⓑ ADJ [*movement*] oscilante, de vaivén; **~ motion** movimiento *m* oscilante *or* de vaivén

Ⓒ VI columpiarse; (*fig*) vacilar

**seethe** [si:ð] VI [1] (*lit*) borbotear, hervir

[2] (*fig*) **he's seething** está furioso; **to ~ with anger** estar furioso

**see-through** ['si:θru:] ADJ transparente

**segment** Ⓐ N ['segmənt] (*gen*) segmento *m*; [*of citrus fruit*] gajo *m*; (*Geom*) [*of circle*] segmento *m*

Ⓑ [seg'ment] VT [+ *circle, society, journey, market*] segmentar; [+ *citrus fruit*] desgajar, separar en gajos

Ⓒ [seg'ment] VI segmentarse

**segmentation** [,segmən'teɪʃən] N segmentación *f*

**segregate** ['segrɪgeɪt] VT segregar, separar (**from** de); **to be ~d from** estar separado de

**segregated** ['segrɪgeɪtɪd] ADJ segregado, separado

**segregation** [,segrɪ'geɪʃən] N segregación *f*, separación *f*; **racial ~** la segregación racial

**segregationist** [,segrɪ'geɪʃnɪst] N segregacionista *mf*

**Seine** [seɪn] N Sena *m*

**seine** [seɪn] N jábega *f*

**seismic** ['saɪzmɪk] ADJ sísmico

**seismograph** ['saɪzməgrɑ:f] N sismógrafo *m*

**seismography** [saɪz'mɒgrəfɪ] N sismografía *f*

**seismologist** [saɪz'mɒlədʒɪst] N sismólogo/a *m/f*

**seismology** [saɪz'mɒlədʒɪ] N sismología *f*

**seize** [si:z] Ⓐ VT [1] (= *physically take hold of*) coger, agarrar; **to ~ hold of sth/sb** coger *or* agarrar algo/a algn; **to ~ sb by the arm** coger *or* agarrar a algn por el brazo

[2] (= *capture*) [+ *person*] detener; [+ *territory*] apoderarse de; [+ *power*] tomar, hacerse con

[3] (*Jur*) (= *confiscate*) [+ *property*] incautar, embargar

[4] (= *kidnap*) secuestrar

[5] (*fig*) [+ *opportunity*] aprovechar; **to be ~d with fear/rage** estar sobrecogido por el miedo/la cólera; **he was ~d with a desire to leave** el deseo de marcharse se apoderó de él

Ⓑ VI *see* **seize up**

►**seize on** VI + PREP = **seize upon**

►**seize up** VI + ADV [*machine, limbs*] agarrotarse

►**seize upon** VI + PREP [+ *chance*] aprovechar; [+ *idea*] fijarse en

**seizure** ['si:ʒəʳ] N [1] [*of goods*] embargo *m*, incautación *f*; [*of person*] secuestro *m*; [*of land, city, ship*] toma *f*

[2] (*Med*) ataque *m*; **to have a ~** sufrir un ataque

**seldom** ['seldəm] ADV rara vez, pocas veces, casi nunca; **it ~ rains here** aquí rara vez llueve, aquí llueve pocas veces, aquí no llueve casi nunca; **~, if ever** rara vez *or* pocas veces, si es que alguna

**select** [sɪ'lekt] Ⓐ VT [+ *team, candidate*] seleccionar; [+ *book, gift etc*] escoger, elegir; **~ed works** obras *fpl* escogidas

Ⓑ ADJ [*school, restaurant, club*] selecto, exclusivo; [*tobacco, wine, audience*] selecto; **a ~ group of people** un grupo selecto de personas; **a very ~ neighbourhood** un barrio de muy buen tono; **a ~ few** una minoría privilegiada

Ⓒ CPD ► **select committee** N comité *m* de investigación

**selection** [sɪ'lekʃən] Ⓐ N [1] (= *act of choosing*) elección *f*

[2] (= *person/thing chosen*) elección *f*, selección *f*; **~s from** (*Mus, Literat*) selecciones de

[3] (= *range, assortment*) surtido *m*, selección *f*; **the widest ~ on the market** el más amplio surtido *or* la más amplia selección del mercado

Ⓑ CPD ► **selection committee** N (*esp Pol*) comisión *f* de nombramiento ► **selection procedure**, **selection process** N proceso *m* de selección ► **selection test** N prueba *f* de selección

**selective** [sɪ'lektɪv] ADJ selectivo; **one has to be ~** hay que escoger

**selectively** [sɪ'lektɪvlɪ] ADV selectivamente

**selectivity** [sɪlek'tɪvɪtɪ] N selectividad *f*

**selector** [sɪ'lektəʳ] N (= *person*) seleccionador(a) *m/f*; (*Tech*) selector *m*

**selenium** [sɪ'li:nɪəm] N selenio *m*

**self** [self] N (*pl* **selves**) uno/a mismo/a *m/f*; **the ~** el yo; **my better ~** mi lado bueno; **my former ~** el que era; **my true ~** mi verdadero yo; **he's quite his old ~ again** vuelve a ser el que era; **if your good ~ could possibly ...**† (*also hum*) si usted tuviera la suprema amabilidad de ...; **he thinks of nothing but ~** no piensa más que en sí mismo

**self-** [self] PREFIX auto..., ... de sí mismo

**self-abasement** [,selfə'beɪsmənt] N rebajamiento *m* de sí mismo, autodegradación *f*

**self-absorbed** [,selfəb'zɔ:bd] ADJ ensimismado

**self-abuse**† [,selfə'bju:s] N (*euph*) masturbación *f*

**self-acting** [,self'æktɪŋ] ADJ automático

**self-addressed** [,selfə'drest] ADJ **~ envelope** (*Brit*) ◊ **~ stamped envelope** (*US*) sobre *m* con dirección propia

> ➤ LANGUAGE IN USE: **seem** 15.2, 16.3

**self-adhesive** [ˌselfəd'hiːzɪv] ADJ [*envelope, label, tape*] autoadhesivo, autoadherente

**self-advertisement** [ˌselfəd'vɜːtɪsmənt] N autobombo *m*

**self-aggrandizement** [ˌselfə'grændɪzmənt] N autobombo *m*

**self-analysis** [ˌselfə'næləsɪs] N autoanálisis *m*

**self-apparent** [ˌselfə'pærənt] ADJ evidente, patente

**self-appointed** [ˌselfə'pɔɪntɪd] ADJ que se ha nombrado a sí mismo

**self-appraisal** [ˌselfə'preɪzl] N autovaloración *f*

**self-assertion** [ˌselfə'sɜːʃən] N asertividad *f*

**self-assertive** [ˌselfə'sɜːtɪv] ADJ asertivo

**self-assertiveness** [ˌselfə'sɜːtɪvnɪs] N asertividad *f*

**self-assessment** [ˌselfə'sesmənt] N **1** autoevaluación *f*
**2** (*Brit Tax*) autoliquidación *f*

**self-assurance** [ˌselfə'ʃʊərəns] N confianza *f* en sí mismo

**self-assured** [ˌselfə'ʃʊəd] ADJ seguro de sí mismo

**self-awareness** [ˌselfə'weənɪs] N conocimiento *m* or conciencia *f* de sí mismo

**self-catering** [ˌself'keɪtərɪŋ] ADJ **~ apartment** apartamento *m* con acceso a cocina (*p.ej. en unas vacaciones organizadas*); **~ holiday** vacaciones *fpl* en piso *or* chalet *or* casita con cocina propia

**self-centred**, **self-centered** (*US*) [ˌself'sentəd] ADJ egocéntrico

**self-cleaning** [ˌself'kliːnɪŋ] ADJ [*oven etc*] autolimpiable

**self-closing** [ˌself'kləʊzɪŋ] ADJ de cierre automático

**self-coloured**, **self-colored** (*US*) [ˌself'kʌləd] ADJ de color uniforme, unicolor

**self-command** [ˌselfkə'mɑːnd] N dominio *m* sobre sí mismo, autodominio *m*

**self-complacent** [ˌselfkəm'pleɪsənt] ADJ satisfecho de sí mismo

**self-composed** [ˌselfkəm'pəʊzd] ADJ sereno, dueño de sí mismo

**self-composure** [ˌselfkəm'pəʊʒəʳ] N serenidad *f*, dominio *m* de sí mismo

**self-conceit** [ˌselfkən'siːt] N presunción *f*, vanidad *f*, engreimiento *m*

**self-conceited** [ˌselfkən'siːtɪd] ADJ presumido, vanidoso, engreído

**self-confessed** [ˌselfkən'fest] ADJ confeso

**self-confidence** [ˌself'kɒnfɪdəns] N confianza *f* en sí mismo; **I lost all my ~** perdí toda la confianza en mí mismo

**self-confident** [ˌself'kɒnfɪdənt] ADJ seguro de sí mismo, lleno de confianza en sí mismo

**self-congratulation** [ˌselfkənˌgrætjʊ'leɪʃən] N autofelicitación *f*

**self-conscious** [ˌself'kɒnʃəs] ADJ cohibido, tímido; **she was really ~ at first** al principio estaba muy cohibida; **she was ~ about her height** estaba acomplejada por su estatura

**self-consciously** [ˌself'kɒnʃəslɪ] ADV cohibidamente, tímidamente

**self-consciousness** [ˌself'kɒnʃəsnɪs] N timidez *f*, inseguridad *f*

**self-contained** [ˌselfkən'teɪnd] ADJ [*flat*] con entrada propia, independiente; [*person*] autónomo, autosuficiente

**self-contradiction** [ˌselfkɒntrə'dɪkʃən] N contradicción *f* en sí

**self-contradictory** [ˌselfkɒntrə'dɪktərɪ] ADJ que se contradice a sí mismo, que lleva implícita una contradicción

**self-control** [ˌselfkən'trəʊl] N dominio *m* de sí mismo, autocontrol *m*; **to exercise one's ~** contenerse, dominarse; **to lose one's ~** no poder contenerse *or* dominarse

**self-controlled** [ˌselfkən'trəʊld] ADJ sereno; **she's very ~** tiene mucho autocontrol

**self-correcting** [ˌselfkə'rektɪŋ] ADJ autocorrector

**self-critical** [ˌself'krɪtɪkl] ADJ autocrítico

**self-criticism** [ˌself'krɪtɪsɪzəm] N autocrítica *f*

**self-deception** [ˌselfdɪ'sepʃən] N engaño *m* de sí mismo; **this is mere ~** esto es engañarse a sí mismo

**self-defeating** [ˌselfdɪ'fiːtɪŋ] ADJ contraproducente

**self-defence**, **self-defense** (*US*) [ˌselfdɪ'fens] Ⓐ N autodefensa *f*, defensa *f* propia; **she killed him in ~** lo mató en defensa propia; **to act in ~** obrar en defensa propia
Ⓑ CPD ► **self-defence classes** NPL clases *fpl* de defensa personal

**self-delusion** [ˌselfdɪ'luːʒən] N autoengaño *m*

**self-denial** [ˌselfdɪ'naɪəl] N abnegación *f*

**self-denying** [ˌselfdɪ'naɪɪŋ] ADJ abnegado; **~ ordinance** resolución *f* abnegada

**self-destruct** [ˌselfdɪs'trʌkt] VI autodestruirse

**self-destruction** [ˌselfdɪs'trʌkʃən] N suicidio *m*; [*of weapon*] autodestrucción *f*

**self-destructive** [ˌselfdɪs'trʌktɪv] ADJ autodestructivo

**self-determination** [ˌselfdɪˌtɜːmɪ'neɪʃən] N autodeterminación *f*

**self-determined** [ˌselfdɪ'tɜːmɪnd] ADJ autodeterminado

**self-discipline** [ˌself'dɪsɪplɪn] N autodisciplina *f*

**self-disciplined** [ˌself'dɪsɪplɪnd] ADJ autodisciplinado

**self-doubt** [ˌself'daʊt] N desconfianza *f* de sí mismo

**self-drive hire** [ˌselfdraɪv'haɪəʳ] N (*Brit Aut*) alquiler *m* sin chófer

**self-educated** [ˌself'edjʊkeɪtɪd] ADJ autodidacta

**self-effacement** [ˌselfɪ'feɪsmənt] N modestia *f*, humildad *f*

**self-effacing** [ˌselfɪ'feɪsɪŋ] ADJ modesto, humilde

**self-employed** [ˌselfɪm'plɔɪd] ADJ autónomo, que trabaja por cuenta propia; **to be ~** ser autónomo, trabajar por cuenta propia; **the ~** los trabajadores autónomos, los que trabajan por cuenta propia

**self-employment** [ˌselfɪm'plɔɪmənt] N trabajo *m* autónomo, trabajo *m* por cuenta propia

**self-esteem** [ˌselfɪs'tiːm] N amor *m* propio

**self-evident** [ˌself'evɪdənt] ADJ manifiesto, patente

**self-examination** [ˌselfɪgˌzæmɪ'neɪʃən] N autoexamen *m*; (*Rel*) examen *m* de conciencia

**self-explanatory** [ˌselfɪks'plænɪtərɪ] ADJ que se explica por sí mismo *or* solo

**self-expression** [ˌselfɪks'preʃən] N autoexpresión *f*

**self-filling** [ˌself'fɪlɪŋ] ADJ de relleno automático

**self-financing** [ˌselffaɪ'nænsɪŋ] Ⓐ N autofinanciación *f*, autofinanciamiento *m*
Ⓑ ADJ autofinanciado

**self-fulfilling** [ˌselffʊl'fɪlɪŋ] ADJ **~ prophecy** profecía *f* que por su propia naturaleza contribuye a cumplirse

**self-fulfilment**, **self-fulfillment** (*US*) [ˌselffʊl'fɪlmənt] N realización *f* de los más íntimos deseos de uno, realización *f* completa de la potencialidad de uno

**self-governing** [ˌself'gʌvənɪŋ] ADJ autónomo

**self-government** [ˌself'gʌvəmənt] N autonomía *f*, autogobierno *m*

**self-help** [ˌself'help] Ⓐ N autosuficiencia *f*
Ⓑ CPD [*book, method, measures*] de autoayuda
► **self-help group** N grupo *m* de apoyo mutuo

**self-image** [ˌself'ɪmɪdʒ] N autoimagen *f*, imagen *f* de sí mismo

**self-importance** [ˌselfɪm'pɔːtəns] N prepotencia *f*

**self-important** [ˌselfɪm'pɔːtənt] ADJ prepotente

**self-imposed** [ˌselfɪm'pəʊzd] ADJ [*punishment etc*] autoimpuesto, voluntario

**self-improvement** [ˌselfɪm'pruːvmənt] N autosuperación *f*

**self-induced** [ˌselfɪn'djuːst] ADJ autoinducido

**self-indulgence** [ˌselfɪn'dʌldʒəns] N excesos *mpl* (*en el comer etc*), falta *f* de moderación

**self-indulgent** [ˌselfɪn'dʌldʒənt] ADJ que se permite excesos

**self-inflicted** [ˌselfɪn'flɪktɪd] ADJ [*wound*] autoinfligido, infligido a sí mismo

**self-interest** [ˌself'ɪntrɪst] N interés *m* propio

**self-interested** [ˌself'ɪntrɪstɪd] ADJ que actúa en interés propio, egoísta

**selfish** ['selfɪʃ] ADJ egoísta

**selfishly** ['selfɪʃlɪ] ADV con egoísmo, de modo egoísta

**selfishness** ['selfɪʃnɪs] N egoísmo *m*

**self-justification** [ˌselfˌdʒʌstɪfɪ'keɪʃən] N autojustificación *f*

**self-knowledge** [ˌself'nɒlɪdʒ] N conocimiento *m* de sí mismo

**selfless** ['selflɪs] ADJ desinteresado

**selflessly** ['selflɪslɪ] ADV desinteresadamente

**selflessness** ['selflɪsnɪs] N desinterés *m*

**self-loading** [ˌself'ləʊdɪŋ] ADJ autocargador, de autocarga

**self-locking** [ˌself'lɒkɪŋ] ADJ de cierre automático

**self-love** [ˌself'lʌv] N egoísmo *m*, narcisismo *m*

**self-made** [ˌself'meɪd] ADJ **~ man** hombre *m* que ha llegado a su posición actual por sus propios esfuerzos, hijo *m* de sus propias obras

**self-management** [ˌself'mænɪdʒmənt] N autogestión *f*

**self-mockery** [ˌself'mɒkərɪ] N burla *f* de sí mismo

**self-neglect** [ˌselfnɪ'glekt] N abandono *m* de sí mismo

**self-opinionated** [ˌselfə'pɪnjəneɪtɪd] ADJ terco

**self-perpetuating** [ˌselfpə'petjʊeɪtɪŋ] ADJ que se autoperpetúa

**self-pity** [ˌself'pɪtɪ] N autocompasión *f*

**self-pitying** [ˌself'pɪtɪɪŋ] Ⓐ ADJ autocompasivo
Ⓑ N autocompasión *f*

**self-pollination** [ˌselfpɒlɪ'neɪʃən] N autopolinización *f*

**self-portrait** [ˌself'pɔːtrɪt] N autorretrato *m*

**self-possessed** [ˌselfpə'zest] ADJ sereno, dueño de sí mismo

**self-possession** [ˌselfpə'zeʃən] N serenidad *f*, autodominio *m*

**self-praise** [ˌself'preɪz] N autobombo *m*

**self-preservation** [ˌselfprezə'veɪʃən] N autopreservación *f*, propia conservación *f*

**self-proclaimed** [ˌselfprə'kleɪmd] ADJ autoproclamado

**self-propelled** [ˌselfprə'peld] ADJ autopropulsado, automotor (*fem: automotriz*)

**self-raising flour** ['self,reɪzɪŋ'flaʊəʳ] N (*Brit*) harina *f* con levadura *or* (*Andes, S. Cone*) leudante

**self-regard** [,selfrɪ'gɑːd] N amor *m* propio; (*pej*) egoísmo *m*

**self-regulating** [,self'regjʊleɪtɪŋ] ADJ de regulación automática

**self-regulation** [,selfregjʊ'leɪʃən] N autorregulación *f*

**self-regulatory** [,self'regjʊlətərɪ] ADJ autorregulado

**self-reliance** [,selfrɪ'laɪəns] N independencia *f*, autosuficiencia *f*

**self-reliant** [,selfrɪ'laɪənt] ADJ independiente, autosuficiente

**self-reproach** [,selfrɪ'prəʊtʃ] N remordimiento *m*

**self-respect** [,selfrɪs'pekt] N amor *m* propio

**self-respecting** [,selfrɪs'pektɪŋ] ADJ que tiene amor propio

**self-restraint** [,selfrɪs'treɪnt] N = **self-control**

**self-righteous** [,self'raɪtʃəs] ADJ santurrón, farisaico, creído (*LAm*)

**self-righteousness** [,self'raɪtʃəsnɪs] N santurronería *f*, farisaísmo *m*

**self-rising flour** ['self,raɪzɪŋ'flaʊəʳ] N (*US*) = **self-raising flour**

**self-rule** [,self'ruːl] N autonomía *f*

**self-sacrifice** [,self'sækrɪfaɪs] N abnegación *f*

**self-sacrificing** [,self'sækrɪfaɪsɪŋ] ADJ abnegado

**self-same** ['selfseɪm] ADJ mismo, mismísimo

**self-satisfaction** [,selfsætɪs'fækʃən] N satisfacción *f* de sí mismo

**self-satisfied** [,self'sætɪsfaɪd] ADJ satisfecho de sí mismo

**self-sealing** [,self'siːlɪŋ] ADJ [*envelope*] autoadhesivo, autopegado

**self-seeking** [,self'siːkɪŋ] Ⓐ ADJ egoísta
Ⓑ N egoísmo *m*

**self-service** [,self'sɜːvɪs] Ⓐ ADJ de autoservicio
Ⓑ CPD ► **self-service laundry** N lavandería *f* de autoservicio ► **self-service restaurant** N autoservicio *m*, self-service *m*

**self-serving** [,self'sɜːvɪŋ] ADJ egoísta, interesado

**self-starter** [,self'stɑːtəʳ] N [1] (*Aut*) arranque *m* automático
[2] (*Comm etc*) persona *f* dinámica

**self-styled** [,self'staɪld] ADJ supuesto, sedicente

**self-sufficiency** [,selfsə'fɪʃənsɪ] N [*of person*] independencia *f*, confianza *f* en sí mismo; (*economic*) autosuficiencia *f*

**self-sufficient** [,selfsə'fɪʃənt] ADJ [*person*] independiente, seguro de sí mismo; (*economically*) autosuficiente

**self-supporting** [,selfsə'pɔːtɪŋ] ADJ económicamente independiente

**self-taught** [,self'tɔːt] ADJ autodidacta

**self-test** [,self'test] N (*Comput*) Ⓐ N autocomprobación *f*
Ⓑ VI autocomprobarse

**self-willed** [,self'wɪld] ADJ terco, voluntarioso

**self-winding watch** ['self,waɪndɪŋ'wɒtʃ] N reloj *m* de cuerda automática

**sell** [sel] (*pt, pp* **sold**) Ⓐ VT vender; **do you ~ flowers?** ¿vende flores?; **to ~ sth to sb** vender algo a algn; **he sold it to me** me lo vendió; **I was sold this in London** me vendieron esto en Londres; **you've been sold*** (*fig*) te han dado gato por liebre; **to ~ sth for £1** vender algo por una libra; **he doesn't ~ himself very well** no es capaz de causar buena impresión, no convence mucho; **to ~ sb an idea** (*fig*) convencer a algn de una idea; **to be sold on sth/sb*** estar cautivado por algo/algn; **I'm not exactly sold on the idea** no me entusiasma la idea, para mí la idea deja mucho que desear; **to ~ sb into slavery** vender a algn como esclavo; ♦**IDIOM to ~ sb down the river** traicionar a algn
Ⓑ VI [1] [*merchandise*] venderse; **these ~ at 15p** éstos se venden a 15 peniques; **this line just isn't ~ing** esta línea no tiene demanda; **it ~s well** se vende bien; **the idea didn't ~** (*fig*) la idea no convenció
[2] (= *person*) **the owner seemed a bit reluctant to ~** parecía que el dueño estaba un poco reacio a vender
Ⓒ N (*Comm*) *see* **hard C, soft B**

►**sell back** VT + ADV **to ~ sth back to sb** revender algo a algn

►**sell off** VT + ADV [+ *stocks and shares*] vender; [+ *goods*] liquidar

►**sell out** Ⓐ VI + ADV [1] [*tickets, goods*] agotarse; **the tickets sold out in three hours** las entradas se agotaron en tres horas; **football matches often ~ out in advance** en los partidos de fútbol a menudo se venden todas las entradas antes del partido; **"could I buy some sun cream?" — "sorry, we've sold out"** —¿me puede dar bronceador? —lo siento, no nos queda; **to ~ out of sth** vender todas las existencias de algo; **we've sold out of bananas** no nos quedan plátanos, hemos agotado las existencias de plátanos
[2] (*fig*) claudicar, venderse, transar (*LAm*)
[3] (*US*) = **sell up A**
Ⓑ VT + ADV [1] [+ *goods*] agotar las existencias de, venderlo todo; **the tickets are all sold out** los billetes están agotados; **stocks of umbrellas are sold out** las existencias de paraguas están agotadas; **we are sold out of bread** se terminó el pan, no nos queda pan
[2] [+ *person*] traicionar; [+ *compromise*] transigir, transar (*LAm*)

►**sell up** Ⓐ VI + ADV (*esp Brit*) liquidarse, venderlo todo
Ⓑ VT + ADV vender

**sell-by date** ['selbaɪ,deɪt] N fecha *f* de caducidad

**seller** ['seləʳ] N [1] (= *person who sells*) vendedor(a) *m/f*; (= *dealer*) comerciante *mf* (**of** en); **~'s market** mercado *m* favorable al vendedor
[2] (= *item*) **a good ~** un artículo que se vende bien

**selling** ['selɪŋ] Ⓐ N venta *f*, el vender; **a career in ~** una carrera en ventas
Ⓑ CPD ► **selling point** N punto *m* fuerte ► **selling price** N precio *m* de venta *or* (*LAm*) de menudeo ► **selling rate** N (*Fin*) precio *m* de venta medio

**selloff** ['selɒf] N (*Econ*) liquidación *f*, venta *f*; [*of public company*] privatización *f*

**Sellotape®** ['seləʊteɪp] Ⓐ N cinta *f* adhesiva, celo *m*, Scotch® *m* (*esp LAm*), Durex® *m* (*LAm*)
Ⓑ VT pegar con cinta adhesiva *etc*

**sellout** ['selaʊt] N [1] (*Theat*) lleno *m*, éxito *m* de taquilla
[2] (= *betrayal*) claudicación *f*, traición *f*

**seltzer water** ['seltsə,wɔːtəʳ] N agua *f* de seltz

**selvage, selvedge** ['selvɪdʒ] N (*Sew*) orillo *m*, bordo *m*

**selves** [selvz] NPL of **self**

**semantic** [sɪ'mæntɪk] ADJ semántico

**semantically** [sɪ'mæntɪkəlɪ] ADV semánticamente

**semanticist** [sɪ'mæntɪsɪst] N semasiólogo/a *m/f*, semantista *mf*

**semantics** [sɪ'mæntɪks] NSING semántica *f*

**semaphore** ['seməfɔːʳ] Ⓐ N semáforo *m*
Ⓑ VT comunicar por semáforo

**semblance** ['sembləns] N apariencia *f*; **when they have restored the country to some ~ of order** cuando hayan devuelto al país cierta apariencia de normalidad; **without a ~ of regret** sin mostrar ningún remordimiento; **without a ~ of fear** sin dar señal alguna de miedo; **to put on a ~ of sorrow** procurar mostrarse *or* parecer triste

**seme** [siːm] N sema *m*

**semen** ['siːmən] N semen *m*

**semester** [sɪ'mestəʳ] N (*esp US*) semestre *m*

**semi*** ['semɪ] N [1] (*Brit*) (*also* **~-detached house**) casa *f* con una pared medianera
[2] = **semi-final**
[3] (*US*) (*also* **~-trailer**) trailer *m*

**semi...** ['semɪ] PREFIX semi..., medio...

**semi-automatic** [,semɪ,ɔːtə'mætɪk] Ⓐ ADJ semiautomático
Ⓑ N arma *f* semiautomática

**semi-basement** ['semɪ'beɪsmənt] N semisótano *m*

**semibreve** ['semɪbriːv] N (*Brit*) semibreve *f*

**semicircle** ['semɪ,sɜːkl] N semicírculo *m*

**semicircular** ['semɪ'sɜːkjʊləʳ] ADJ semicircular

**semi-colon** ['semɪ'kəʊlən] N punto y coma *m*

**semiconductor** [,semɪkən'dʌktəʳ] N semiconductor *m*

**semi-conscious** ['semɪ'kɒnʃəs] ADJ semiconsciente

**semi-consonant** ['semɪ'kɒnsənənt] N semiconsonante *f*

**semi-darkness** ['semɪ'dɑːknɪs] N **in the semi-darkness** en la casi oscuridad

**semi-detached** ['semɪdɪ'tætʃt] Ⓐ ADJ **~ house** (*Brit*) casa *f* con una pared medianera
Ⓑ N = **semi-detached house**

**semi-final** ['semɪ'faɪnl] N semifinal *f*; **they went out in the ~s** los eliminaron en las semifinales

**semi-finalist** ['semɪ'faɪnəlɪst] N semifinalista *mf*

**semi-finished** [,semɪ'fɪnɪʃt] ADJ [*product*] semiacabado, semielaborado

**semi-literate** [,semɪ'lɪtərɪt] ADJ semialfabetizado

**seminal** ['semɪnl] ADJ [1] (*Physiol*) [*fluid, liquid*] seminal
[2] (*fig*) [*idea, work, event, study*] seminal

**seminar** ['semɪnɑːʳ] N (*Univ*) (= *class*) clase *f*, seminario *m*; (= *conference*) congreso *m*

**seminarian** [,semɪ'nɛərɪən] N, **seminarist** ['semɪnərɪst] N seminarista *m*

**seminary** ['semɪnərɪ] N seminario *m*

**semi-official** ['semɪə'fɪʃəl] ADJ semioficial

**semiology** [,semɪ'ɒlədʒɪ] N semiología *f*

**semiotic** [,semɪ'ɒtɪk] ADJ semiótico

**semiotics** [,semɪ'ɒtɪks] NSING semiótica *f*

**semi-precious** ['semɪ,preʃəs] ADJ semiprecioso; **semiprecious stone** piedra *f* semipreciosa

**semi-quaver** ['semɪ,kweɪvəʳ] N (*Brit*) semicorchea *f*

**semi-skilled** ['semɪ'skɪld] ADJ semicalificado, semicualificado (*Sp*); [*work*] para persona semicalificada *or* (*Sp*) semicualificada

**semi-skimmed milk** [,semɪskɪmd'mɪlk] N leche *f* semidesnatada, leche *f* semidescremada (*LAm*)

**Semite** ['siːmaɪt] N semita *mf*

**Semitic** [sɪ'mɪtɪk] ADJ semítico

**semitone** ['semɪtəʊn] N semitono *m*

**semi-trailer** ['semɪ'treɪləʳ] N (*US*) trailer *m*

**semi-vowel** ['semɪ'vaʊəl] N semivocal *f*

**semolina** [ˌseməˈliːnə] N sémola *f*

**sempiternal** [ˌsempɪˈtɜːnl] ADJ sempiterno

**sempstress** [ˈsempstrɪs] N costurera *f*

**SEN** N ABBR (*Brit*) (*formerly*) = **State-Enrolled Nurse**

**Sen.** ABBR 1 = **Senior**
2 (*US Pol*) = **Senator**
3 (*US Pol*) = **Senate**

**sen.** ABBR = **senior**

**senate** [ˈsenɪt] N 1 (*Pol*) senado *m*; **the Senate** (*US*) el Senado; → CABINET, CONGRESS
2 (*Univ*) consejo *m* universitario

**senator** [ˈsenɪtəʳ] N (*Pol*) senador(a) *m/f*; → CONGRESS

**senatorial** [ˌsenəˈtɔːrɪəl] ADJ senatorial

**send** [send] (*pt, pp* **sent**) Ⓐ VT 1 (= *dispatch*) [+ *letter, parcel, money, telegram*] mandar, enviar; **please ~ me further details** ruego me mande *or* me envíe más detalles; **I wrote the letter but didn't ~ it** escribí la carta pero no la eché al correo; **Jan ~s her apologies** Jan pide que la disculpen *or* excusen; **I had some flowers sent to her** le mandé *or* envié unas flores; **to ~ sb one's love** mandar recuerdos a algn; **he sent word that he wished to discuss peace** avisó *or* (*LAm*) mandó (a) decir que quería hablar de hacer las paces; ✦***PROV*** **these things are sent to try us** esto es que Dios *or* el Señor nos pone a prueba
2 (= *cause to go*) [+ *person*] mandar; [+ *troops*] mandar, enviar; **they sent him here to help** lo mandaron para que nos ayudara, lo mandaron a ayudarnos; **to ~ a child to bed/to school** mandar a un niño a la cama/a la escuela; **to ~ sb for sth: I sent her for some bread** la mandé a comprar pan *or* (*Sp*) a por pan; **they sent me for an X-ray** me mandaron a hacerme una radiografía; **to ~ sb home** mandar a algn a casa; (*from abroad*) repatriar a algn; **to ~ sb to prison** mandar a algn a la cárcel; **he was sent to prison for seven years** fue condenado a siete años de cárcel; ✦***IDIOMS*** **to ~ sb to Coventry** hacer el vacío a algn; **to ~ sb packing** mandar a algn a freír espárragos*
3 (= *convey*) [+ *signal*] enviar, mandar
4 (= *propel*) **he sent the ball into the back of the net** lanzó *or* mandó el balón al fondo de la red; **the blow sent him sprawling** el golpe lo tumbó; **it has sent prices through the roof** ha hecho que los precios se pongan por las nubes *or* se disparen; **to ~ sth/sb flying** mandar algo/a algn volando por los aires; *see also* **shiver**[1] **A**
5 (= *drive*) **their music sent the fans wild** su música volvía locos a los fans; **my attempt sent him into fits of laughter** le entró un ataque de risa al ver cómo lo intentaba; **the rain sent us indoors** la lluvia nos obligó a meternos en casa; **the sight sent her running to her mother** lo que vio la hizo ir corriendo a su madre; **his lessons used to ~ me to sleep** me solía quedar dormido en sus clases
6 (*) (= *enthral*) **that tune ~s me** esa melodía me chifla*; **he ~s me** me vuelve loca
Ⓑ VI **she sent to say that …** mandó *or* envió un recado diciendo que …, mandó (a) decir que … (*LAm*); **we shall have to ~ to France for reinforcements** tendremos que pedir *or* (*LAm*) mandar a pedir refuerzos a Francia

►**send away** Ⓐ VI + ADV **to ~ away for sth** escribir pidiendo algo, pedir algo por correo
Ⓑ VT + ADV 1 [+ *person*] (= *dismiss*) despachar; (= *send to another place*) mandar; **I ordered the servants to ~ him away** ordené a los criados que lo despacharan; **I was sent away to boarding school at 13** me mandaron a un internado a los 13 años; **please don't ~ me away again** por favor no me vuelvas a pedir que me vaya; *see also* **flea A**
2 [+ *goods*] mandar, enviar; **it will have to be sent away to be repaired** habrá que mandarlo *or* enviarlo a que lo arreglen

►**send back** VT + ADV [+ *person*] hacer volver, hacer regresar; [+ *goods*] mandar de vuelta, devolver; [+ *ball*] devolver

►**send down** VT + ADV 1 (= *cause to go down*) [+ *prices*] provocar la bajada de, hacer bajar; [+ *diver*] mandar, enviar
2 (*Brit Univ*) (= *expel*) expulsar
3 (*) (= *imprison*) meter en la cárcel; **he was sent down for two years** lo condenaron a dos años de cárcel

►**send for** VI + PREP 1 [+ *person*] mandar a buscar, mandar llamar; **the manager sent for me** el jefe mandó a buscarme *or* me mandó llamar
2 [+ *catalogue, information*] escribir pidiendo, pedir por correo

►**send forth** VT + ADV (*liter*) [+ *smoke etc*] emitir, arrojar; [+ *sparks*] lanzar; **to ~ sb forth into the world** enviar a algn a vivir en el mundo

►**send in** VT + ADV [+ *report, application, competition entry*] mandar, enviar; [+ *resignation*] presentar; [+ *troops, reinforcements*] enviar, mandar; [+ *visitor*] hacer pasar; **~ him in!** ¡que pase!

►**send off** Ⓐ VI + ADV = **send away A**
Ⓑ VT + ADV 1 [+ *letter, parcel*] mandar, enviar; [+ *goods*] despachar, expedir
2 [+ *person*] mandar; (= *say goodbye to*) despedir; **they sent the children off to play** mandaron a los niños a jugar
3 (*Sport*) [+ *player*] expulsar; **he got sent off for swearing** lo expulsaron por decir palabrotas

►**send on** VT + ADV 1 [+ *letter*] remitir, reexpedir; [+ *luggage, document, report*] remitir; [+ *person*] mandar; **an advance guard was sent on ahead with the news** mandaron a una avanzadilla por delante con la noticia
2 (*Sport*) [+ *substitute*] mandar a jugar

►**send out** Ⓐ VI + ADV **to ~ out for sth: we sent out for sandwiches** mandamos a alguien a traer *or* (*Sp*) a por unos sándwiches
Ⓑ VT + ADV 1 (= *dispatch*) [+ *invitations, circulars, scout, envoy*] mandar, enviar; [+ *person*] (*on errand*) mandar; **I sent him out to get a paper** lo mandé a comprar un periódico
2 (= *dismiss*) echar; **she was sent out for talking** la echaron (de clase) por hablar
3 (= *emit*) [+ *smoke*] despedir; [+ *signal*] emitir; (*Bot*) [+ *shoot*] echar

►**send round** VT + ADV (= *dispatch*) [+ *item*] mandar, enviar; [+ *person*] mandar; **can you ~ someone round to fix it?** ¿puede mandar a alguien a arreglarlo *or* para que lo arregle?; **we'll ~ a car round to pick you up** mandaremos un coche a recogerlo; **I'll have it sent round to you** haré que te lo manden *or* envíen

►**send up** VT + ADV 1 (= *cause to rise*) [+ *rocket, balloon,*] lanzar; [+ *smoke, dust, spray*] despedir; [+ *prices*] provocar la subida de, hacer subir
2 (= *dispatch*) **~ him up!** ¡que suba!; **I'll have some coffee sent up** mandaré *or* pediré que me suban café
3 (*Brit**) (= *parody*) burlarse de, parodiar
4 (= *blow up*) volar

➤ LANGUAGE IN USE: **send A1** 20.1, 20.3, 21.1, 21.3

**sender** [ˈsendəʳ] N 1 (*Post*) remitente *mf*
2 (*Elec*) transmisor *m*

**sending-off** [ˌsendɪŋˈɒf] N (*Sport*) expulsión *f*

**send-off** [ˈsendɒf] N despedida *f*; **they gave him a rousing ~** le hicieron una gran despedida

**send-up*** [ˈsendʌp] N (*Brit*) parodia *f*

**Seneca** [ˈsenɪkə] N Séneca

**Senegal** [ˌsenɪˈgɔːl] N el Senegal

**Senegalese** [ˌsenɪgəˈliːz] Ⓐ ADJ senegalés
Ⓑ N senegalés/esa *m/f*

**senile** [ˈsiːnaɪl] Ⓐ ADJ senil; **to go ~** empezar a chochear; **to have gone ~** padecer debilidad senil
Ⓑ CPD ► **senile dementia** N demencia *f* senil

**senility** [sɪˈnɪlɪtɪ] N senilidad *f*

**senior** [ˈsiːnɪəʳ] Ⓐ ADJ 1 (*in age*) mayor; **he is ~ to me by five years** (*frm*) es cinco años mayor que yo, tiene cinco años más que yo; **Douglas Fairbanks Senior** Douglas Fairbanks padre; **~ pupils** los alumnos de los cursos más avanzados
2 (*in rank*) [*position, rank*] superior; [*partner, executive, officer*] mayoritario; (*in length of service*) de más antigüedad; **he is ~ to me in the firm** es mi superior en la compañía; **~ management** los altos directivos
Ⓑ N 1 (*in age*) mayor *mf*; **he is my ~** es mayor que yo; **he's my ~ by two years** es dos años mayor que yo, tiene dos años más que yo
2 (*in rank*) superior *mf*, socio/a *m/f* más antiguo/a; **he's my ~** es mi superior
3 (*Scol*) alumno/a *m/f* de los cursos más avanzados; (*US*) estudiante *mf* del último año; → GRADE
4 (*US*) = **senior citizen**
Ⓒ CPD ► **senior citizen** N jubilado/a *m/f*, persona *f* de la tercera edad ► **senior high school** N (*US*) ≈ instituto *m* de enseñanza superior (*Sp*), ≈ preparatoria *f* (*Mex*) ► **senior partner** N socio/a *m/f* mayoritario/a ► **senior school** N instituto *m* de enseñanza secundaria ► **the Senior Service** N (*Brit*) la marina

**seniority** [ˌsiːnɪˈɒrɪtɪ] N antigüedad *f*

**senna** [ˈsenə] N sena *f*

**sensation** [senˈseɪʃən] N 1 (= *feeling*) sensación *f*; **to have a dizzy ~** tener (una) sensación de mareo; **to lose all ~ in one's arm** perder la sensibilidad en el brazo
2 (= *impression*) sensación *f*; **to have the ~ of doing sth** tener la sensación de estar haciendo algo; **I had the ~ that I was being watched** tenía la sensación de que me estaban observando
3 (= *excitement, success*) sensación *f*; **to be a ~** ser un éxito; **it was a ~ in New York** en Nueva York causó sensación; **to cause** *or* **create a ~** causar sensación

**sensational** [senˈseɪʃənl] ADJ 1 [*event*] sensacional; [*fashion*] que causa sensación; **~ murder** espectacular asesinato *m*
2 [*film, novel, newspaper*] sensacionalista; **he gave a ~ account of the accident** hizo un relato sensacionalista del accidente
3 (*) (= *marvellous*) sensacional, fantástico

**sensationalism** [senˈseɪʃnəlɪzəm] N sensacionalismo *m*

**sensationalist** [senˈseɪʃnəlɪst] Ⓐ ADJ sensacionalista
Ⓑ N sensacionalista *mf*

**sensationalize** [senˈseɪʃnəlaɪz] VT sensacionalizar, presentar en términos sensacionales

**sensationally** [senˈseɪʃnəlɪ] ADV [*report, describe*] sensacionalmente; **it was ~ successful**

tuvo un éxito sensacional; **it was ~ popular** era increíblemente popular

**sense** [sens] Ⓐ N [1] (*bodily*) sentido *m*; **~ of hearing/smell/taste/touch** sentido *m* del oído/olfato/gusto/tacto; **~ of sight** sentido *m* de la vista; **to have a keen ~ of smell** tener un (sentido del) olfato muy agudo; **sixth ~** sexto sentido
[2] (= *feeling*) sensación *f*; **I was overcome by a ~ of failure** me invadió una sensación de fracaso; **I felt a terrible ~ of guilt** me invadió un tremendo sentimiento de culpa *or* culpabilidad; **I felt a terrible ~ of loss** sentí un tremendo vacío; **have you no ~ of shame?** ¿es que no tienes vergüenza?; **there is a ~ of space in his paintings** sus cuadros transmiten una sensación de espacio; **I lost all ~ of time** perdí la noción del tiempo
[3] (= *good judgement*) sentido *m* común; **she has more ~ than to go out on her own** tiene el suficiente sentido común como para no salir sola; **I thought you would have had more ~** pensé que eras más sensato *or* tenías más sentido común; **he has more money than ~** le sobra dinero pero le falta sentido común; **he had the ~ to call the doctor** tuvo bastante sentido común como para llamar al médico; **to make sb see ~** hacer que algn entre en razón; **to talk ~** hablar con sentido común, hablar con juicio
[4] **to make ~** (= *be advisable*) ser conveniente; (= *be comprehensible, logical*) tener sentido; **it makes ~ to eat a balanced diet** es conveniente llevar una dieta equilibrada; **it makes ~ to me** a mí me parece lógico; **it doesn't make ~** *or* **it makes no ~** no tiene sentido; **to make ~ of sth: I could make no ~ of what he was saying** no entendía nada de lo que decía, no podía sacar nada en claro de lo que decía
[5] (= *point, use*) sentido *m*; **what's the ~ of having another meeting?** ¿qué sentido tiene celebrar otra reunión?; **there's no ~ in making people unhappy** no tiene sentido disgustar a la gente
[6] **senses** (= *sanity*) **I hope this warning will bring him to his ~s** espero que esta advertencia le haga entrar en razón; **to come to one's ~s** entrar en razón; **no-one in his right ~s would do that** nadie (que esté) en su sano juicio haría eso; **have you taken leave of your ~s?** ¿has perdido el juicio?
[7] (= *meaning*) (*gen*) sentido *m*; (*in dictionary*) acepción *f*, significado *m*; **it has several ~s** tiene varias acepciones *or* varios significados; **in what ~ are you using the word?** ¿qué significado le das a la palabra?; **in a ~** en cierto modo; **in every ~ (of the word)** en todos los sentidos (de la palabra); **in the full ~ of that word** en toda la extensión de la palabra; **in no ~ can it be said that ...** de ninguna manera se puede decir que ...; **in one ~** en cierto modo; **in the strict/true ~ of the word** en el sentido estricto/en el verdadero sentido de la palabra
[8] (= *awareness*) sentido *m*; **she has very good business ~** tiene muy buen ojo para los negocios; **~ of direction** sentido *m* de la orientación; **she has a strong ~ of duty** tiene un arraigado sentido del deber; **~ of humour** sentido *m* del humor; **they have an exaggerated ~ of their own importance** se creen bastante más importantes de lo que son; **where's your ~ of occasion?** tienes que estar a la altura de las circunstancias *or* la ocasión; **we must keep a ~ of proportion about this** no debemos darle a esto más importancia de la que tiene; **one must have some ~ of right and wrong** uno tiene que tener cierta noción de lo que está bien y lo que está mal; **~ of self** (señas *fpl* de) identidad *f*; **he has no ~ of timing** es de lo más inoportuno; **she needs to regain a ~ of her own worth** necesita recuperar la confianza en sí misma
[9] (= *opinion*) opinión *f*; **what is your ~ of the mood of the electorate?** ¿qué opinión le merece el clima que se respira entre el electorado?
Ⓑ VT [1] (= *suspect, intuit*) presentir; **he looked about him, sensing danger** miró a su alrededor, presintiendo peligro; **to ~ that** notar que; **he ~d that he wasn't wanted** notó que estaba de más
[2] (= *be conscious of*) percibir; **the horse can ~ your fear** el caballo percibe si tienes miedo
[3] (= *realize*) darse cuenta de
Ⓒ CPD ► **sense organ** N órgano *m* sensorial

**senseless** ['senslɪs] ADJ [1] [*waste, violence etc*] sin sentido; **it is ~ to protest** no tiene sentido protestar
[2] (= *unconscious*) sin sentido, inconsciente; **he was lying ~ on the floor** yacía sin sentido *or* inconsciente en el suelo; **to knock sb ~** derribar a algn y dejarle sin sentido; **he fell ~ to the floor** cayó al suelo sin sentido

**senselessly** ['senslɪslɪ] ADV sin sentido

**senselessness** ['senslɪsnɪs] N falta *f* de sentido

**sensibility** [,sensɪ'bɪlɪtɪ] N [1] sensibilidad *f* (**to** a)
[2] **sensibilities** susceptibilidad *fsing*

**sensible** ['sensəbl] ADJ [1] (= *having good sense*) sensato; **she's a very ~ girl** es una chica muy sensata; **be ~!** ¡sé sensato!; **it would be ~ to check first** lo más sensato sería comprobarlo antes
[2] (= *reasonable*) [*act*] prudente; [*decision, choice*] lógico; [*clothing, shoes*] práctico; **that is very ~ of you** en eso haces muy bien, me parece muy lógico; **try to be ~ about it** procura ser razonable
[3] (†) (= *appreciable*) apreciable, perceptible
[4] (†) (= *aware*) **to be ~ of** ser consciente de, darse cuenta de; **I am ~ of the honour you do me** soy consciente del honor que se me hace

**sensibleness** ['sensəblnɪs] N [1] (= *good sense*) sensatez *f*
[2] (= *reasonableness*) [*of actions*] prudencia *f*; [*of decision, choice*] lógica *f*; [*of clothing*] lo práctico

**sensibly** ['sensəblɪ] ADV (= *carefully*) con sensatez; (= *wisely*) prudentemente; **she acted very ~** obró muy prudentemente; **he ~ answered that ...** contestó con tino que ...; **try to behave ~** intenta comportarte como es debido

**sensitive** ['sensɪtɪv] ADJ [1] (= *emotionally aware, responsive*) [*person*] sensible; [*story, novel, film*] lleno de sensibilidad; **to be ~ to sth** ser sensible a algo, ser consciente de algo
[2] (= *touchy*) [*person*] susceptible; **to be ~ about sth: young people are very ~ about their appearance** a los jóvenes les preocupa mucho su aspecto; **he is deeply ~ to criticism** es muy susceptible a las críticas
[3] (= *delicate*) [*issue, subject*] delicado; [*region, area*] conflictivo; **this is politically very ~** esto es muy conflictivo *or* muy delicado desde el punto de vista político
[4] (= *confidential*) [*document, report, information*] confidencial
[5] (= *easily affected*) [*skin*] delicado, sensible; [*teeth*] sensible
[6] (= *highly responsive*) [*instrument*] sensible; (*Phot*) [*paper, film*] sensible; (*Fin*) [*market*] volátil; **to be ~ to light/heat** ser sensible a la luz/al calor

**sensitively** ['sensɪtɪvlɪ] ADV (= *sympathetically*) con sensibilidad

**sensitiveness** ['sensɪtɪvnɪs] N *see* **sensitivity**

**sensitivity** [,sensɪ'tɪvɪtɪ] N [1] (= *emotional awareness*) sensibilidad *f* (**to** a)
[2] (= *touchiness*) susceptibilidad *f* (**to** a)
[3] (= *delicate nature*) [*of issue, subject*] lo delicado
[4] (= *confidentiality*) [*of document, information*] carácter *m* confidencial, confidencialidad *f*
[5] [*of skin, teeth*] sensibilidad *f* (**to** a)
[6] (= *responsiveness*) [*of instrument, film*] sensibilidad *f*

**sensitize** ['sensɪtaɪz] VT sensibilizar

**sensitized** ['sensɪtaɪzd] ADJ sensibilizado

**sensor** ['sensəʳ] N sensor *m*

**sensory** ['sensərɪ] Ⓐ ADJ sensorial, sensorio
Ⓑ CPD ► **sensory deprivation** N aislamiento *m* sensorial

**sensual** ['sensjʊəl] ADJ sensual

**sensualism** ['sensjʊəlɪzəm] N sensualismo *m*

**sensualist** ['sensjʊəlɪst] N sensualista *mf*

**sensuality** [,sensjʊ'ælɪtɪ] N sensualidad *f*

**sensually** ['sensjʊəlɪ] ADV sensualmente

**sensuous** ['sensjʊəs] ADJ sensual, sensorio

**sensuousness** ['sensjʊəsnɪs] N sensualidad *f*

**sent** [sent] PT, PP *of* **send**

**sentence** ['sentəns] Ⓐ N [1] (*Ling*) frase *f*, oración *f*; **he writes very long ~s** escribe frases *or* oraciones larguísimas; **what does this ~ mean?** ¿qué significa esta frase *or* oración?
[2] (*Jur*) sentencia *f*, fallo *m*; **a ~ of ten years** una condena de diez años; **the judge gave him a six-month ~** el juez le condenó a seis meses de prisión; **the death ~** la pena de muerte; **under ~ of death** condenado a la pena de muerte; **he got a life ~** fue condenado a cadena perpetua; **a long ~** una larga condena; **to pass ~ on sb** (*lit, fig*) condenar a algn (a una pena); **he got a five-year prison ~** se le condenó a cinco años de prisión; **to serve one's ~** cumplir su condena
Ⓑ VT condenar (**to** a); **to ~ sb to life imprisonment** condenar a algn a cadena perpetua; **to ~ sb to death** condenar a muerte a algn
Ⓒ CPD ► **sentence structure** N estructura *f* de la frase

**sententious** [sen'tenʃəs] ADJ sentencioso

**sententiously** [sen'tenʃəslɪ] ADV sentenciosamente

**sententiousness** [sen'tenʃəsnɪs] N sentenciosidad *f*, estilo *m* sentencioso

**sentient** ['senʃənt] ADJ sensitivo, sensible

**sentiment** ['sentɪmənt] N [1] (= *feeling*) sentimiento *m*
[2] (= *opinion, thought*) opinión *f*, juicio *m*; **those are my ~s too** ése es mi criterio también, así lo pienso yo también
[3] (= *sentimentality*) sentimentalismo *m*, sensiblería *f*; **to wallow in ~** nadar en el sentimentalismo *or* la sensiblería

**sentimental** [,sentɪ'mentl] ADJ sentimental; (*pej*) sentimental, sensiblero; **to have ~ value** tener un valor sentimental

**sentimentalism** [,sentɪ'mentəlɪzəm] N sentimentalismo *m*

**sentimentalist** [,sentɪ'mentəlɪst] N persona *f* sentimental

**sentimentality** [,sentɪmen'tælɪtɪ] N sentimentalismo *m*, sensiblería *f*

**sentimentalize** [,sentɪ'mentəlaɪz] Ⓐ VT senti-

mentalizar, imbuir de sentimiento
Ⓑ VI dejarse llevar por el sentimentalismo

**sentimentally** [ˌsentɪˈmentəlɪ] ADV de modo sentimental; [*say*] en tono sentimental

**sentinel** [ˈsentɪnl] N centinela *mf*

**sentry** [ˈsentrɪ] Ⓐ N centinela *mf*, guardia *mf*
Ⓑ CPD ► **sentry box** N garita *f* de centinela ► **sentry duty** N **to be on ~ duty** estar de guardia ► **sentry go** N turno *m* de centinela; **to be on ~ go** estar de guardia

**Seoul** [səʊl] N Seúl *m*

**Sep.** ABBR (= **September**) sep., set.

**sepal** [ˈsepəl] N sépalo *m*

**separable** [ˈsepərəbl] ADJ separable

**separate** [ˈseprɪt] Ⓐ ADJ (= *apart*) separado; (= *different*) distinto, diferente; (= *distant*) apartado, retirado; **"with separate toilet"** "con inodoro separado"; **could we have ~ bills?** queremos cuentas individuales, ¿podemos pagar por separado?; **under ~ cover** por separado; **~ from** (= *apart from*) separado de; (= *different from*) distinto de; **that's a ~ issue** esa es una cuestión aparte; **they live very ~ lives** viven independientes uno de otro; **it was discussed at a ~ meeting** se trató en otra reunión *or* reunión aparte; **on ~ occasions** en diversas ocasiones; **the children have ~ rooms** los niños tienen cada uno su habitación; **they sleep in ~ rooms** duermen en habitaciones distintas; **I wrote it on a ~ sheet** lo escribí en una hoja aparte; **we sat at ~ tables** nos sentamos en mesas distintas; **they went their ~ ways** fueron cada uno por su lado
Ⓑ N **separates** (= *clothes*) coordinados *mpl*
Ⓒ [ˈsepəreɪt] VT (= *keep apart*) separar; (= *set aside*) apartar; (= *divide*) dividir, partir; (= *distinguish*) distinguir; **police moved in to ~ the two groups** la policía intervino para separar a los dos grupos; **to ~ truth from error** separar lo falso de lo verdadero, distinguir entre lo falso y lo verdadero; **he is ~d from his wife** está separado de su mujer
Ⓓ [ˈsepəreɪt] VI separarse; **her parents ~d last year** sus padres se separaron el año pasado

►**separate off** VT + ADV separar

►**separate out** VT + ADV (= *set apart*) apartar

**separately** [ˈseprɪtlɪ] ADV por separado

**separation** [ˌsepəˈreɪʃən] N separación *f*

**separatism** [ˈsepərətɪzəm] N separatismo *m*

**separatist** [ˈsepərətɪst] Ⓐ ADJ separatista
Ⓑ N separatista *mf*

**separator** [ˈsepəreɪtəʳ] N separador *m*

**Sephardi** [seˈfɑːdɪ] N (*pl* **Sephardim** [seˈfɑːdɪm]) sefardí *mf*, sefardita *mf*

**Sephardic** [seˈfɑːdɪk] ADJ sefardí, sefardita

**sepia** [ˈsiːpɪə] Ⓐ N (= *colour, ink*) sepia *f*
Ⓑ CPD color sepia

**sepoy** [ˈsiːpɔɪ] N cipayo *m*

**sepsis** [ˈsepsɪs] N sepsis *f*

**Sept.** ABBR (= **September**) sep., set.

**September** [sepˈtembəʳ] N setiembre *m*, septiembre *m*; *see* **July** *for usage*

**septet** [sepˈtet] N septeto *m*

**septic** [ˈseptɪk] Ⓐ ADJ séptico; **to become** *or* **go** *or* **turn ~** infectarse
Ⓑ CPD ► **septic poisoning** N septicemia *f* ► **septic tank** N fosa *f* séptica, pozo *m* séptico

**septicaemia, septicemia** (*US*) [ˌseptɪˈsiːmɪə] N septicemia *f*

**septuagenarian** [ˌseptjʊədʒɪˈnɛərɪən] Ⓐ ADJ septuagenario
Ⓑ N septuagenario/a *m/f*

**Septuagesima** [ˌseptjʊəˈdʒesɪmə] N Septuagésima *f*

**Septuagint** [ˈseptjʊədʒɪnt] N versión *f* de los setenta

**septuplet** [sepˈtjʊplɪt] N septillizo/a *m/f*

**sepulchral** [sɪˈpʌlkrəl] ADJ sepulcral (*also fig*)

**sepulchre, sepulcher** (*US*) [ˈsepəlkəʳ] N (*poet*) sepulcro *m*; **whited ~** sepulcro *m* blanqueado

**sequel** [ˈsiːkwəl] N 1 (= *film, book*) continuación *f*
2 (= *consequence*) consecuencia *f*, resultado *m*; **it had a tragic ~** tuvo un resultado trágico

**sequence** [ˈsiːkwəns] N 1 (= *order*) orden *m*; **in ~** en orden; **in historical ~** en orden cronológico; **logical ~** secuencia *f* lógica; **to arrange things in ~** ordenar cosas secuencialmente
2 (= *series*) serie *f*; **a ~ of events** una serie de acontecimientos
3 (*Cine*) secuencia *f*; **the best ~ in the film** la mejor secuencia de la película
4 (*Cards*) escalera *f*

**sequential** [sɪˈkwenʃəl] Ⓐ ADJ secuencial
Ⓑ CPD ► **sequential access** N (*Comput*) acceso *m* en serie

**sequester** [sɪˈkwestəʳ] VT 1 (= *isolate, shut up*) aislar
2 (*Jur*) [+ *property*] secuestrar, confiscar

**sequestered** [sɪˈkwestəd] ADJ 1 (= *isolated*) aislado, remoto
2 [*property*] secuestrado, confiscado

**sequestrate** [sɪˈkwestreɪt] VT secuestrar

**sequestration** [ˌsiːkwesˈtreɪʃən] N secuestración *f*

**sequin** [ˈsiːkwɪn] N lentejuela *f*

**sequinned, sequined** [ˈsiːkwɪnd] ADJ con lentejuelas, cubierto de lentejuelas

**sequoia** [sɪˈkwɔɪə] N secoya *f*

**seraglio** [seˈrɑːlɪəʊ] N serallo *m*

**seraph** [ˈserəf] N (*pl* **seraphs** *or* **seraphim** [ˈserəfɪm]) serafín *m*

**seraphic** [səˈræfɪk] ADJ seráfico

**Serb** [sɜːb] N serbio/a *m/f*

**Serbia** [ˈsɜːbɪə] N Serbia *f*

**Serbian** [ˈsɜːbɪən] Ⓐ ADJ serbio
Ⓑ N serbio/a *m/f*

**Serbo-Croat** [ˈsɜːbəʊˈkrəʊæt], **Serbo-Croatian** [ˈsɜːbəʊkrəʊˈeɪʃən] Ⓐ ADJ serbocroata
Ⓑ N 1 (= *person*) serbocroata *mf*
2 (*Ling*) serbocroata *m*

**SERC** N ABBR (*Brit*) = **Science and Engineering Research Council**

**sere** [sɪəʳ] ADJ seco, marchito

**serenade** [ˌserəˈneɪd] Ⓐ N serenata *f*, mañanitas *fpl* (*Mex*)
Ⓑ VT dar una serenata a, cantar las mañanitas a (*Mex*)

**serendipity** [ˌserənˈdɪpɪtɪ] N serendipia *f*

**serene** [səˈriːn] ADJ sereno

**serenely** [səˈriːnlɪ] ADV con serenidad, con calma; **"no," he said ~** —no —dijo con serenidad *or* calma; **~ indifferent to the noise** sin molestarse en lo más mínimo por el ruido

**serenity** [sɪˈrenɪtɪ] N serenidad *f*

**serf** [sɜːf] N siervo/a *m/f* (*de la gleba*)

**serfdom** [ˈsɜːfdəm] N servidumbre *f* (*de la gleba*); (*fig*) servidumbre *f*

**serge** [sɜːdʒ] N sarga *f*

**sergeant** [ˈsɑːdʒənt] Ⓐ N 1 (*Mil*) sargento *mf*; **yes, ~** sí, mi sargento
2 (*Pol*) oficial *mf* de policía
Ⓑ CPD ► **sergeant major** N sargento *mf* mayor

**serial** [ˈsɪərɪəl] Ⓐ N (*in magazine*) novela *f* por entregas; (*on TV, radio*) serial *m* (*f in Cono Sur*), serie *f*; (= *soap opera*) (*on TV*) telenovela *f*; (*on radio*) radio-novela *f*
Ⓑ CPD ► **serial access** N acceso *m* en serie ► **serial interface** N interface *m* (*sometimes f*) en serie ► **serial killer** N asesino/a *m/f* (*que comete crímenes en serie*) ► **serial killing** N asesinatos *mpl* en serie, cadena *f* de asesinatos ► **serial number** N [*of goods, machinery, banknotes etc*] número *m* de serie ► **serial printer** N impresora *f* en serie ► **serial rights** NPL derechos *mpl* de publicación por entregas

**serialization** [ˌsɪərɪəlaɪˈzeɪʃən] N [*of novel etc*] (*on TV*) serialización *f*; (*in magazine*) publicación *f* por entregas

**serialize** [ˈsɪərɪəlaɪz] VT (= *publish*) publicar por entregas; (= *show on TV*) televisar por entregas; **it has been ~d in the papers** ha aparecido en una serie de entregas en los periódicos

**serially** [ˈsɪərɪəlɪ] ADV en serie

**seriatim** [ˌsɪərɪˈeɪtɪm] ADV (*frm*) en serie

**sericulture** [ˌserɪˈkʌltʃəʳ] N sericultura *f*

**series** [ˈsɪərɪz] Ⓐ N (*pl* **series**) 1 (*gen, TV*) serie *f*; [*of lectures, films*] ciclo *m*; **a ~ of events** una serie de acontecimientos
2 (*Math*) serie *f*, progresión *f*
3 (*Elec*) **to connect in ~** conectar en serie
Ⓑ CPD ► **series producer** N (*TV*) productor(a) *m/f* de la serie

**series-wound** [ˈsɪərɪzˈwaʊnd] ADJ arrollado en serie

▼**serious** [ˈsɪərɪəs] ADJ 1 (= *in earnest, not frivolous*) [*person*] serio, formal; [*expression, discussion, newspaper, music*] serio; **a rather ~ girl** una chica bastante seria *or* formal; **are you ~?** ¿lo dices en serio?; **you can't be ~!** no lo dices en serio, ¿verdad?; **gentlemen, let's be ~** señores, un poco de formalidad; **to be ~ about sth/sb**: **she's ~ about her studies** se toma sus estudios en serio; **are you ~ about giving up the job?** ¿hablas en serio de dejar el trabajo?; **he is ~ about his threat** sus amenazas van en serio; **he's ~ about leaving home** está decidido a irse de casa; **is she ~ about him?** ¿va ella en serio con él?; **they haven't made a ~ attempt to solve the problem** no han intentado realmente resolver el problema; **the ~ business of running the country** la importante tarea de gobernar el país; **eating shellfish is a ~ business in France** comer marisco no es algo que se tome a la ligera en Francia; **to give ~ consideration to sth** considerar algo seriamente; **to take a ~ interest in sth** interesarse seriamente por algo; **don't look so ~!** ¡no te pongas tan serio!; **on a more ~ note** pasando a un tema más serio; **all ~ offers considered** cualquier oferta (que sea) seria se tendrá en cuenta; **to give ~ thought to sth** considerar algo seriamente; *see also* **deadly B**
2 (= *grave*) [*problem, consequences, situation*] grave, serio; [*danger, illness, injury, mistake*] grave; **the patient's condition is ~** el paciente está grave; **to have ~ doubts about sth** tener serias dudas sobre algo; **to get ~** [*shortage, epidemic, drought*] convertirse en un serio *or* grave problema; **things are getting ~** la situación se está poniendo seria; **she is in ~ trouble** está en serios apuros
3 (*) **she's earning ~ money** no está ganando ninguna tontería*

**seriously** [ˈsɪərɪəslɪ] ADV 1 (= *in earnest*) [*think, consider*] seriamente; [*speak*] seriamente, en serio; **yes, but ~ …** sí, pero en serio …; **we**

➤ LANGUAGE IN USE: serious 1 12.1

**are ~ considering emigrating** estamos considerando seriamente la posibilidad de emigrar; **do you ~ expect me to believe that?** ¿esperas en serio que me lo crea?, ¿de verdad esperas que me lo crea?; **~?** ¿en serio?, ¿de verdad?; **to take sth/sb ~** tomar algo/a algn en serio; **to take o.s. too ~** tomarse a sí mismo demasiado en serio

2 (= *badly*) [*damage, affect*] seriamente, gravemente; [*injured, wounded*] gravemente; **no-one was ~ hurt** nadie resultó gravemente herido; **he is ~ ill** está grave, está gravemente enfermo; **the pilot realized that something was ~ wrong** el piloto se dio cuenta de que algo iba realmente mal *or* de que pasaba algo muy grave

3 (*) (= *really*) **a hotel like the Grand is ~ expensive** un hotel como el Grand es caro de verdad*; **he's ~ into body-building** está metido a tope en el culturismo*

**seriousness** ['sɪərɪəsnɪs] N 1 (= *earnestness*) [*of suggestion, publication, occasion, voice*] seriedad *f*; [*of report, information, account*] fiabilidad *f*; **in all ~** hablando en serio

2 (= *gravity*) [*of situation, problem, threat, damage*] gravedad *f*, seriedad *f*; [*of illness, injury, mistake*] gravedad *f*

**sermon** ['sɜːmən] N sermón *m*; **the Sermon on the Mount** el Sermón de la Montaña; **to give sb a ~** (*fig*) (*pej*) sermonear a algn, echar un sermón a algn

**sermonize** ['sɜːmənaɪz] Ⓐ VT sermonear
Ⓑ VI sermonear

**serology** [sɪ'rɒlədʒɪ] N serología *f*

**seropositive** [ˌsɪərəʊ'pɒzɪtɪv] ADJ seropositivo

**serotonin** [ˌserəʊ'təʊnɪn] N serotonina *f*

**serous** ['sɪərəs] ADJ seroso

**serpent** ['sɜːpənt] N (*poet*) serpiente *f*, sierpe *f* (*liter*)

**serpentine** ['sɜːpəntaɪn] Ⓐ ADJ serpentino
Ⓑ N (*Min*) serpentina *f*

**SERPS** [sɜːps] N ABBR (*Brit*) = **state earnings-related pension scheme**

**serrated** [se'reɪtɪd] ADJ serrado, dentellado

**serration** [se'reɪʃən] N borde *m* dentado

**serried** ['serɪd] ADJ apretado; **in ~ ranks** en filas apretadas

**serum** ['sɪərəm] N (*pl* **serums** *or* **sera**) suero *m*; **blood ~** suero *m* sanguíneo

**servant** ['sɜːvənt] Ⓐ N 1 (*domestic*) criado/a *m/f*, sirviente/a *m/f*, muchacho/a *m/f*, mucamo/a *m/f* (*S. Cone*); **the ~s** (*collectively*) la servidumbre

2 (*fig*) servidor(a) *m/f*; **your devoted ~** ◊ **your humble ~** un servidor, servidor de usted; **your obedient ~** (*in letters*) suyo afmo., atento y seguro servidor; *see also* **civil B**

Ⓑ CPD ► **servant girl** N criada *f*

**serve** [sɜːv] Ⓐ VT 1 (= *work for*) [+ *employer, God, country*] servir a; **he ~d his country well** sirvió dignamente a la patria, prestó valiosos servicios a la patria

2 (= *be used for, be useful as*) servir; **that ~s to explain ...** eso sirve para explicar ...; **it ~s its/my purpose** viene al caso; **it ~s you right** te lo mereces, te lo tienes merecido, te está bien empleado; **it ~d him right for being so greedy** se lo mereció por ser tan glotón, le está bien empleado por glotón; **if my memory ~s me right** si la memoria no me falla

3 (*in shop, restaurant*) [+ *customer*] servir, atender; [+ *food, meal*] servir; **to ~ sb with hors d'oeuvres** servir los entremeses a algn; **are you being ~d, madam?** ¿le están atendiendo, señora?; **dinner is ~d** la cena está servida; **they ~d cod as halibut** hicieron pasar bacalao por halibut; **main courses are ~d with vegetables or salad** el plato principal se sirve acompañado de verduras o ensalada

4 (= *complete*) cumplir, hacer; **to ~ an apprenticeship** hacer el aprendizaje; **to ~ ten years in the army** servir diez años en el ejército; **to ~ a prison sentence** ◊ **~ time (in prison)** cumplir una condena *or* una pena de cárcel

5 (*Jur*) [+ *writ, summons*] entregar; **to ~ a summons on sb** entregar una citación a algn

6 (*Travel*) **in towns ~d by this line** en las ciudades por donde pasa esta línea; **these villages used to be ~d by buses** antes en estos pueblos había servicio de autobuses

7 (*Culin*) (= *be enough for*) **this recipe ~s six** esta receta es (suficiente) para seis personas

8 (*Tennis etc*) **to ~ the ball** servir (la bola), sacar; **he ~d 17 double faults** hizo 17 dobles faltas

Ⓑ VI 1 [*servant, soldier*] servir; **he is not willing to ~** no está dispuesto a ofrecer sus servicios; **to ~ on a committee/jury** ser miembro de una comisión/un jurado; **to ~ on the council** ser concejal; **to ~ in parliament** ser diputado

2 (*at mealtime*) servir; **shall I ~?** ¿sirvo?; **to ~ at table** servir en la mesa

3 (*in shop*) atender

4 (= *be useful*) **to ~ for** *or* **as** servir de; **it will ~** servirá para el caso; **it ~s to show that ...** sirve para demostrar que ...

5 (*Tennis*) sacar

Ⓒ N (*Tennis etc*) servicio *m*, saque *m*; **whose ~ is it?** ¿quién saca?, ¿de quién es el servicio?; **he has a strong ~** tiene un servicio *or* saque muy fuerte

►**serve out** VT + ADV 1 (= *complete*) [+ *term of office, sentence*] cumplir
2 (= *dish up*) [+ *food*] servir

►**serve up** VT + ADV 1 [+ *food, drink*] servir
2 (*fig*) **he ~d that up as an excuse*** eso lo ofreció como excusa

**server** ['sɜːvəʳ] N 1 (*Rel*) monaguillo *m*
2 (*Tennis*) jugador(a) *m/f* que tiene el saque *or* servicio
3 [*of food*] camarero/a *m/f*, mesero/a *m/f* (*LAm*), mero/a *m/f* (*Mex*)
4 (*Comput*) servidor *m*
5 (= *cutlery*) cubierto *m* de servir; (= *tray*) bandeja *f*, charola *f* (*Mex*)

**service** ['sɜːvɪs] Ⓐ N 1 (= *work*) 1·1 (= *period of work*) trabajo *m*; **he retired after 50 years' ~** se jubiló después de 50 años de trabajo; **a middle manager with over 20 years ~** un mando medio con más de 20 años de antigüedad (en la empresa); **he saw ~ in Egypt** combatió en Egipto; **he never saw active ~** nunca estuvo en servicio activo

1·2 (= *work provided*) servicio *m*; **the company has a reputation for good ~** la empresa tiene fama de dar un buen servicio (a los clientes); **they offered their ~s free of charge** ofrecieron sus servicios gratuitamente; **they provide a 24-hour ~** proporcionan un servicio de 24 horas

1·3 (*domestic*) **to be in ~** ser criado/a, servir; **she was in ~ at Lord Olton's** era criada *or* servía en casa de Lord Olton; **to go into ~ (with sb)** entrar a servir (en casa de algn)

2 (= *organization, system*) servicio *m*; **the diplomatic ~** el servicio diplomático; **they are attempting to maintain essential ~s** están intentando mantener en funcionamiento los servicios mínimos; **the postal ~** el servicio postal; **rail ~s were disrupted by the strike** el servicio ferroviario se vio afectado por la huelga; **the train ~ to Pamplona** el servicio de trenes a Pamplona; *see also* **secret C**, **social C**

3 (= *help, use*) servicio *m*; **he was knighted for his ~s to industry** le concedieron el título de Sir por sus servicios a la industria; **he died in the ~ of his country** murió en acto de servicio a su patria; **this machine will give years of ~** esta máquina durará años; **Tristram Shandy, at your ~!** ¡Tristram Shandy, para servirle *or* a sus órdenes!; **I am at your ~** estoy a su disposición; **to be of ~** ayudar, servir; **how can I be of ~?** ¿en qué puedo ayudar *or* servir?; **the new buses were brought into ~ in 1995** los autobuses nuevos entraron en servicio en 1995; **to come into ~** [*vehicle, weapon*] entrar en servicio; **to do sth/sb a ~: you have done me a great ~** me ha hecho un gran favor, me ha sido de muchísima ayuda; **they do their country/profession no ~** no hacen ningún favor a su patria/profesión; **to be out of ~** (*Mech*) no funcionar, estar fuera de servicio; *see also* **community B**

4 (*in hotel, restaurant, shop*) servicio *m*; **"service not included"** "servicio no incluido"; *see also* **room C**

5 **services** (*Econ*) (= *tertiary sector*) sector *m* terciario *or* (de) servicios; (*on motorway*) área *f* de servicio

6 (*Mil*) **~ life didn't suit him** la vida militar no le pegaba; **the Services** las fuerzas armadas; *see also* **military C**, **national C**

7 (*Rel*) (= *mass*) misa *f*; (*other*) oficio *m* (religioso); **I usually go to morning ~** normalmente voy a la misa *or* al oficio matinal; *see also* **funeral B**, **wedding B**

8 (*Aut, Mech*) revisión *f*; **the car is in for a ~** están revisando el coche, están haciendo una revisión al coche; **to send one's car in for a ~** mandar el coche a revisar

9 (= *set of crockery*) vajilla *f*; **dinner ~** vajilla *f*; **tea ~** juego *m* *or* servicio *m* de té

10 (*Tennis*) servicio *m*, saque *m*; **a break of ~** una ruptura de servicio; **to break sb's ~** romper el servicio a *or* de algn; **to hold/lose one's ~** ganar/perder el servicio

Ⓑ VT 1 [+ *car*] revisar, hacer la revisión a; [+ *appliance*] realizar el mantenimiento de

2 [+ *organization, committee, customers*] dar servicio a, proveer de servicios a

3 [+ *debt*] pagar el interés de

Ⓒ CPD ► **service area** N (*on motorway*) área *f* de servicio ► **service charge** N (*in restaurant*) servicio *m*; [*of flat*] gastos *mpl* de comunidad *or* de escalera (*Sp*), gastos *mpl* comunes (*LAm*) ► **service elevator** N (*US*) = **service lift** ► **service engineer** N técnico/a *m/f* (de mantenimiento) ► **service families** NPL familias *fpl* de miembros de las fuerzas armadas ► **service flat** N (*Brit*) *piso o apartamento con servicio de criada y conserje* ► **service hatch** N ventanilla *f* de servicio ► **service industry** N (= *company*) empresa *f* de servicios; **the ~ industry** *or* **industries** el sector terciario *or* (de) servicios ► **service lift** N montacargas *m inv* ► **service line** N (*Tennis*) línea *f* de servicio *or* saque ► **service provider** N (*Internet*) proveedor *m* de (acceso a) Internet, proveedor *m* de servicios ► **service road** N vía *f* de acceso *or* de servicio ► **service sector** N (*Econ*) sector *m* terciario *or* (de) servicios ► **service station** N gasolinera *f*, estación *f* de servicio, bencinera *f* (*Chile*), grifo *m* (*Peru*) ► **service tree** N serbal *m* ► **service wife** N esposa *f* de un miembro de las fuerzas armadas

**serviceable** ['sɜːvɪsəbl] ADJ (= *practical*) [*clothes*

*etc*] práctico; (= *lasting*) duradero; (= *usable, working*) utilizable

**serviceman** [ˈsɜːvɪsmən] N (*pl* **servicemen**) militar *m*

**servicewoman** [ˈsɜːvɪs,wʊmən] N (*pl* **servicewomen**) (mujer) militar *f*

**servicing** [ˈsɜːvɪsɪŋ] N [*of car*] revisión *f*; [*of appliance*] mantenimiento *m*; [*of debt*] pago *m* del interés de

**serviette** [,sɜːvɪˈet] Ⓐ N servilleta *f*
Ⓑ CPD ► **serviette ring** N servilletero *m*

**servile** [ˈsɜːvaɪl] ADJ servil

**servility** [sɜːˈvɪlɪtɪ] N servilismo *m*

**serving** [ˈsɜːvɪŋ] Ⓐ ADJ [*officer*] en activo
Ⓑ N [*of meal*] servicio *m*
Ⓒ CPD ► **serving cart** N (*US*) ► **serving trolley** N (*Brit*) carrito *m* ► **serving dish** N plato *m* de servir

**servitude** [ˈsɜːvɪtjuːd] N servidumbre *f*

**servo** [ˈsɜːvəʊ] N servo *m*

**servoassisted** [ˈsɜːvəʊəˈsɪstɪd] ADJ servoasistido

**sesame** [ˈsesəmɪ] Ⓐ N 1 (*Bot*) sésamo *m*
2 (*Literat*) **open ~!** ¡ábrete sésamo!
Ⓑ CPD ► **sesame oil** N aceite *m* de sésamo ► **sesame seeds** NPL semillas *fpl* de sésamo

**sesquipedalian** [,seskwɪpɪˈdeɪlɪən] ADJ sesquipedal, polisilábico; **~ word** palabra *f* kilométrica

**sessile** [ˈsesaɪl] ADJ sésil

**session** [ˈseʃən] N 1 (= *meeting, sitting, Comput*) sesión *f*; **I had a long ~ with her** tuve una larga entrevista con ella; *see also* **jam D, photo B, recording B**
2 (*Scol, Univ*) (= *year*) año *m* académico, curso *m*
3 (*Pol, Jur*) sesión *f*; **to be in ~** estar en sesión, estar reunido; **to go into secret ~** celebrar una sesión secreta

**sessional** [ˈseʃənl] ADJ [*exam*] de fin de curso

**sestet** [sesˈtet] N sexteto *m*

**set** [set] (*vb: pt, pp* **set**) Ⓐ N 1 (= *matching series*) [*of golf clubs, pens, keys*] juego *m*; [*of books, works*] colección *f*; [*of tools*] equipo *m*, estuche *m*; [*of gears*] tren *m*; [*of stamps*] serie *f*; (*Math*) conjunto *m*; **the sofa and chairs are only sold as a ~** el sofá y los sillones no se venden por separado; **a chess ~** un ajedrez; **I need one more to make up the complete ~** me falta uno para completar la serie; **a complete ~ of Jane Austen's novels** una colección completa de las novelas de Jane Austen; **a ~ of crockery** una vajilla; **a ~ of cutlery** una cubertería; **they are sold in ~s** se venden en juegos completos; **a ~ of kitchen utensils** una batería de cocina; **it makes a ~ with those over there** hace juego con los que ves allá; **~ of teeth** dentadura *f*; **a train ~** un tren eléctrico
2 (*Tennis*) set *m*; **she was leading 5-1 in the first ~** iba ganando 5 a 1 en el primer set
3 (*Elec*) aparato *m*; (*Rad*) aparato *m* de radio; (*TV*) televisor *m*, televisión *f*
4 (*Theat*) decorado *m*; (*Cine*) plató *m*; **to be on the ~** estar en plató
5 (*Hairdressing*) **to have a shampoo and ~** hacerse lavar y marcar el pelo
6 (*often pej*) (= *group*) grupo *m*, pandilla *f*; (= *clique*) camarilla *f*; **we're not in their ~** no formamos parte de su grupo; **they're a ~ of thieves** son unos ladrones; **they form a ~ by themselves** forman un grupo aparte; **the fast ~** la gente de vida airada; **the literary ~** los literatos, la gente literaria; **the smart ~** el mundo elegante, los elegantes; *see also* **jet² D**
7 (*Brit Scol*) clase *f*; **the mathematics ~** la clase de matemáticas
8 ✦*IDIOM* **to make a dead ~ at sb** (= *pick on*) emprenderla resueltamente con algn, escoger a algn como víctima; (*amorously*) proponerse conquistar a algn
9 (= *disposition*) [*of tide, wind*] dirección *f*; [*of fabric*] caída *f*; [*of dress*] corte *m*, ajuste *m*; [*of head*] porte *m*, manera *f* de llevar; [*of saw*] triscamiento *m*; *see also* **mind-set**
10 (*Hort*) planta *f* de transplantar; **onion ~s** cebollitas *fpl* de transplantar
Ⓑ ADJ 1 (= *fixed*) [*price, purpose*] fijo; [*smile*] forzado; [*opinions*] inflexible, rígido; [*talk*] preparado de antemano; [*expression*] hecho; [*date, time*] señalado; (*Scol*) [*books, subjects*] obligatorio; [*task*] asignado; **to be ~ in one's ways/opinions** tener costumbres/opiniones profundamente arraigadas; **~ books** (*Scol, Univ*) lecturas *mpl* obligatorias; **with no ~ limits** sin límites determinados; **~ menu** menú *m*, comida *f* corrida (*Mex*); **a ~ phrase** una frase hecha; **~ piece** (*Art*) grupo *m*; (= *fireworks*) cuadro *m*; (*Literat etc*) escena *f* importante; (*Sport*) jugada *f* ensayada, jugada *f* de pizarra; **he gave us a ~ speech** pronunció un discurso preparado de antemano; **he has a ~ speech for these occasions** para estas ocasiones tiene un discurso estereotipado; **at a ~ time** a una hora señalada; **there is no ~ time for it** para eso no hay hora fija; **there's no ~ way to do it** no hay una forma establecida *or* determinada de hacerlo
2 (= *determined*) resuelto, decidido; **to be (dead) ~ against (doing) sth** estar (completamente) opuesto a (hacer) algo; **to be ~ in one's purpose** tener un propósito firme, mantenerse firme en su propósito; **to be (dead) ~ on (doing) sth** estar (completamente) decidido a *or* empeñado en (hacer) algo; **since you are so ~ on it** puesto que te empeñas en ello, puesto que estás decidido a hacerlo
3 (= *ready*) listo; **to be all ~ to do sth** estar listo para hacer algo; **to be all ~ for** estar listo para; **all ~?** ¿(estás) listo?; **the scene was ~ for ...** (*fig*) todo estaba listo para ...
4 (*Culin*) **the fruit is ~** el fruto está formado; **the jelly is ~** la gelatina está cuajada
5 (= *disposed*) **the tide is ~ in our favour** la marea fluye para llevarnos adelante; (*fig*) la tendencia actual nos favorece, llevamos el viento en popa; **the wind is ~ strong from the north** el viento sopla recio del norte
Ⓒ VT 1 (= *place, put*) poner; **~ the chairs by the window** pon las sillas junto a la ventana; **she ~ the dish before me** puso el plato delante de mí; **to ~ a plan before a committee** exponer un plan ante una comisión; **the film/scene is ~ in Rome** la película/escena se desarrolla *or* está ambientada en Roma; **to ~ fire to sth** ◊ **~ sth on fire** prender fuego a algo; **a novel ~ in Madrid** una novela ambientada en Madrid; **to ~ places for 14** poner cubiertos para 14 personas; **to ~ a poem to music** poner música a un poema; **what value do you ~ on it?** ¿en cuánto lo valoras?; (*fig*) ¿qué valor tiene para ti?
2 (= *arrange*) poner, colocar; (= *adjust*) [+ *clock*] poner en hora; [+ *mechanism*] ajustar; [+ *hair*] marcar, fijar; [+ *trap*] armar; **bricks ~ in mortar** ladrillos puestos en argamasa; **the alarm clock is ~ for seven** el despertador está puesto para las siete; **I ~ the alarm for seven o'clock** puse el despertador a las siete; **I'll ~ your room** (*US*) voy a limpiar y arreglar su habitación; **to ~ the table** poner la mesa; **he ~s his watch by Big Ben** pone su reloj en hora por el Big Ben; *see* **sail A1**
3 (= *mount*) [+ *gem*] engastar, montar
4 (*Med*) [+ *broken bone*] encajar, reducir
5 (*Typ*) [+ *type*] componer
6 (= *fix, establish*) [+ *date, limit*] fijar, señalar; [+ *record*] establecer; [+ *fashion*] imponer; [+ *dye, colour*] fijar; **to ~ a course for** salir rumbo a; **to ~ one's heart on sth** tener algo como máximo deseo; **to ~ limits to sth** señalar límites a algo; **the meeting is ~ for Tuesday** (*US*) la reunión se celebrará el martes; **to ~ a period of three months** señalar un plazo de tres meses; **to ~ a record of ten seconds** establecer un récord de diez segundos; **the world record was ~ last year** el récord mundial se estableció el año pasado; **to ~ a time for a meeting** fijar una hora para una reunión; *see also* **example**
7 (= *assign*) [+ *task*] dar; **to ~ Lorca for 2001** poner una obra de Lorca en el programa de estudios para 2001; **Cela is not ~ this year** este año Cela no figura en el programa; **to ~ an exam in French** preparar un examen de francés; **to ~ sb a problem** dar a algn un problema que resolver; **to ~ sb a task** dar a algn una tarea que hacer
8 (= *cause to start*) **the noise ~ the dogs barking** el ruido hizo ladrar a los perros; **to ~ a fire** (*US*) provocar un incendio; **to ~ sth going** poner algo en marcha; **to ~ sb laughing** hacer reír a algn; **to ~ everyone talking** dar que hablar a todos; **it ~ me thinking** me puso a pensar; **to ~ sb to work** poner a algn a trabajar
9 (= *cause to pursue*) **to ~ a dog on sb** azuzar un perro contra algn; **I was ~ on by three dogs** me atacaron tres perros; **we ~ the police on to him** le denunciamos a la policía; **what ~ the police on the trail?** ¿qué puso a la policía sobre la pista?
10 (= *make solid*) [+ *cement*] solidificar, endurecer; [+ *jelly*] cuajar
Ⓓ VI 1 (= *go down*) [*sun, moon*] ponerse; **the sun was ~ting** se estaba poniendo el sol
2 (= *go hard*) [*concrete, glue*] endurecerse; (*fig*) [*face*] congelarse
3 (*Med*) [*broken bone, limb*] componerse
4 (*Culin*) [*jelly, jam*] cuajarse
5 (= *begin*) **to ~ to work** ponerse a trabajar
Ⓔ CPD ► **set designer** N (*Theat*) director(a) *m/f* de arte, decorador(a) *m/f* ► **set point** N (*Tennis*) punto *m* de set ► **set square** N escuadra *f*; (*with 2 equal sides*) cartabón *m*

►**set about** VI + PREP 1 (= *begin*) [+ *task*] empezar; **to ~ about doing sth** ponerse a hacer algo
2 (= *attack*) atacar, agredir

►**set against** VT + PREP 1 (= *turn against*) **to ~ sb against sb** enemistar a algn contra algn; **to ~ sb against sth** hacer que algn coja aversión por algo; **he is very ~ against it** se opone rotundamente a ello
2 (= *balance against*) comparar con

►**set apart** VT + ADV (*lit*) separar (**from** de); **his genius ~ him apart from his contemporaries** destacó de entre sus contemporáneos a causa de su genialidad

►**set aside** VT + ADV 1 (= *separate*) [+ *book, work*] poner aparte, apartar
2 (= *save*) [+ *money, time*] reservar, guardar
3 (= *put to one side*) [+ *differences, quarrels*] dejar de lado
4 (= *reject*) [+ *proposal*] rechazar; [+ *petition*] desestimar; [+ *law, sentence, will*] anular
5 (= *put away*) poner a un lado

►**set back** VT + ADV 1 (= *retard*) [+ *project, process*] retrasar; [+ *clocks*] atrasar; **this has ~ us back some years** esto nos ha retrasado varios años
2 (= *place apart*) apartar; **a house ~ back**

**from the road** una casa apartada de la carretera

3 (*) (= *cost*) costar; **the dinner ~ me back £40** la cena me costó 40 libras

4 (= *replace*) devolver a su lugar

►**set by** VT + ADV (= *save*) reservar, guardar

►**set down** VT + ADV 1 (= *put down*) [+ *object*] dejar; [+ *passenger*] bajar, dejar; **to ~ sth down on the table** poner algo sobre la mesa

2 (= *record*) poner por escrito; **to ~ sth down in writing** *or* **on paper** poner algo por escrito

►**set forth** Ⓐ VT + ADV (= *expound*) [+ *theory*] exponer, explicar; (= *display*) mostrar

Ⓑ VI + ADV = **set out A**

►**set in** VI + ADV [*bad weather*] establecerse; [*winter, rain, snow*] empezar; [*night*] caer; **the rain has ~ in for the night** la lluvia continuará toda la noche; **the rain has really ~ in now** ahora está lloviendo de verdad; **the reaction ~ in after the war** la reacción se afianzó después de la guerra

►**set off** Ⓐ VI + ADV (= *leave*) salir, partir (*esp LAm*); **we ~ off for London at nine o'clock** salimos para Londres a las nueve; **to ~ off on a journey** salir de viaje

Ⓑ VT + ADV 1 (= *start*) provocar, desencadenar; **that was what ~ off the riot** eso fue lo que provocó *or* desencadenó el motín; **to ~ sb off** (*laughing*) hacer reír a algn; (*talking*) hacer que algn se ponga a hablar; **that really ~ him off** (*angrily*) aquello le puso furioso; **that ~ him off (all over) again** (*angrily*) eso le provocó de nuevo

2 (= *trigger off*) [+ *burglar alarm*] hacer sonar; [+ *bomb*] hacer estallar, explotar; [+ *mechanism*] hacer funcionar

3 (= *enhance*) hacer resaltar; **the black ~s off the red** el negro hace resaltar *or* pone de relieve el rojo; **her dress ~s off her figure** el vestido le realza la figura

4 (= *balance*) contraponer; **to ~ off profits against losses** contraponer las ganancias a las pérdidas; **these expenses are ~ off against tax** estos gastos son desgravables

►**set on** VI + PREP (= *attack*) (*physically, verbally*) agredir, atacar; **he was ~ on by four of them** fue agredido *or* atacado por cuatro de ellos

►**set out** Ⓐ VI + ADV salir, partir (*esp LAm*) (**for** para; **from** de); **we ~ out for London at nine o'clock** salimos para Londres a las nueve; **to ~ out in search of sth/sb** salir en busca de algo/algn; **to ~ out to do sth** proponerse hacer algo; **what are you ~ting out to do?** ¿qué os proponéis?, ¿cuál es vuestro objetivo?; **we did not ~ out to do that** no teníamos esa intención al principio

Ⓑ VT + ADV 1 (= *display*) [+ *goods*] exponer

2 (= *present*) [+ *reasons, ideas*] presentar, exponer

►**set to** VI + ADV 1 (= *start*) empezar; (= *start working*) ponerse (resueltamente) a trabajar; (= *start eating*) empezar a comer (con buen apetito); **to ~ to and do sth** ponerse a trabajar para hacer algo; **~ to!** ¡a ello!

2 **they ~ to with their fists** empezaron a pegarse, se liaron a golpes

►**set up** Ⓐ VI + ADV **to ~ up in business** establecerse en un negocio; **to ~ up (in business) as a baker** establecerse de panadero

Ⓑ VT + ADV 1 (= *place in position*) [+ *chairs, tables etc*] disponer, colocar; [+ *statue, monument*] levantar, erigir; [+ *fence*] construir, poner; **to ~ up camp** acampar

2 (= *start*) [+ *school, business, company*] establecer, fundar; [+ *committee*] poner en marcha; [+ *inquiry*] constituir; [+ *fund*] crear; [+ *government*] establecer, instaurar; [+ *record*] establecer; [+ *precedent*] sentar; [+ *infection*] causar, producir; **to ~ up house** establecerse, poner casa; **to ~ up shop** (*Comm*) poner (un) negocio; **to ~ sb up in business** poner un negocio a algn, establecer a algn; **he ~ her up in a flat** la instaló en un piso *or* (*LAm*) departamento; **now he's ~ up for life** ahora tiene el porvenir asegurado

3 (= *pose*) **to ~ o.s. up as sth** presumir de algo, hacérselas de algo

4 (*) (= *frame*) tender una trampa a

5 (*) (= *lure into a trap*) engañar, llevar al huerto a*

6 (*) (= *fix, rig*) [+ *fight*] amañar, apañar

7 (= *equip*) equipar, proveer (**with** de); **to be well ~ up for** estar bien provisto de, tener buena provisión de

8 (*Typ*) componer

9 (= *raise*) [+ *cry*] levantar, lanzar, dar; [+ *protest*] levantar, formular

►**set upon** VI + PREP = **set on**

**set-aside** ['setəsaɪd] N (*Agr*) retirada *f* de tierras, abandono *m* de tierras; **~ land** tierra *f* en barbecho

**setback** ['setbæk] N revés *m*; **to suffer a ~** sufrir un revés

**setscrew** ['setskru:] N tornillo *m* de presión

**settee** [se'ti:] Ⓐ N sofá *m*

Ⓑ CPD ► **settee bed** N sofá-cama *m*

**setter** ['setə[r]] N 1 (= *dog*) setter *m*, perro *m* de muestra

2 [*of puzzle etc*] autor(a) *m/f*

3 (= *person*) [*of gems*] engastador(a) *m/f*

4 = **typesetter 1**

**setting** ['setɪŋ] Ⓐ N 1 [*of novel etc*] escenario *m*; (= *scenery*) marco *m*; [*of jewels*] engaste *m*, montura *f*

2 (*Mus*) arreglo *m*

3 [*of controls*] ajuste *m*

4 [*of sun*] puesta *f*

5 [*of bone*] encaje *m*, reducción *f*

6 (*Typ*) composición *f*

Ⓑ CPD ► **setting lotion** N fijador *m* (para el pelo)

**setting-up** ['setɪŋ'ʌp] N 1 (= *erection*) [*of monument*] erección *f*

2 (= *foundation*) [*of institution, company*] fundación *f*, establecimiento *m*

3 (*Typ*) composición *f*

**settle**[1] ['setl] Ⓐ VT 1 (= *resolve*) [+ *dispute, problem*] resolver; **several points remain to be ~d** quedan varios puntos por resolver; **the result was ~d in the first half** el resultado se decidió en el primer tiempo; **to ~ a case** *or* **claim out of court** llegar a un acuerdo sin recurrir a los tribunales; **the terms were ~d by negotiation** se acordaron las condiciones mediante una negociación; **~ it among yourselves!** ¡arregladlo entre vosotros!; **so that's ~d then** así que ya está decidido; **it's all ~d — we're going in June** ya está decidido — nos vamos en junio; **that ~s it! — you're not going** ¡no hay más que hablar! *or* ¡pues ya está! — tú te quedas; **the couple have ~d their differences** la pareja ha resuelto sus diferencias

2 (= *make comfortable*) [+ *person*] poner cómodo, acomodar; **to ~ an invalid for the night** poner cómodo *or* acomodar a un enfermo para que duerma (por la noche); **to get (sb) ~d: I'd just got the baby ~d when ...** acababa de acostar al bebé cuando ...; **it took a long time to get ~d in our new home** nos costó mucho instalarnos en la nueva casa; **to ~ o.s.** ponerse cómodo, acomodarse; **she ~d herself at the desk** se puso cómoda *or* se acomodó delante de la mesa

3 (= *place*) [+ *object*] colocar; [+ *gaze*] posar

4 (= *colonize*) [+ *land*] colonizar

5 (= *calm*) [+ *nerves*] calmar, sosegar; [+ *doubts*] disipar, desvanecer; [+ *stomach*] asentar

6 (= *pay*) [+ *bill*] pagar; [+ *debt*] saldar, liquidar

7 (= *put in order*) [+ *affairs*] poner en orden; **to ~ one's affairs** poner en orden sus asuntos

8 (*) (= *deal with*) [+ *person*] **I'll soon ~ him** ya me encargaré de ponerlo en su sitio*; **that ~d him** con eso se le acabó la tontería*

9 (*Jur*) asignar; **to ~ sth on sb** asignar algo a algn

Ⓑ VI 1 (= *establish o.s.*) (*in a house*) instalarse; (*in a country*) establecerse; [*first settlers*] establecerse; **she visited Paris in 1974 and eventually ~d there** visitó París en 1974 y finalmente decidió establecerse allí

2 (= *come to rest*) [*bird, insect*] posarse; [*dust*] asentarse; [*snow*] cuajar; **a deep gloom had ~d on the party** un profundo pesimismo se había apoderado del grupo; **my eyes ~d on her immediately** al momento mi mirada se fijó en ella

3 (= *sink*) [*sediment*] depositarse; [*building*] asentarse; **the boat slowly ~d in the mud** poco a poco el bote se hundió en el barro

4 (= *separate*) [*liquid*] reposar

5 (= *get comfortable*) (*in chair*) arrellanarse; (*in new job, routine*) adaptarse, establecerse; **he ~d deeper into the cushions** se arrellanó entre los cojines; **I couldn't ~ to anything** no me podía concentrar en nada, no lograba ponerme a hacer nada

6 (= *calm down*) [*weather*] estabilizarse, asentarse; [*conditions, situation*] volver a la normalidad, normalizarse; [*nerves*] calmarse; *see also* **dust A1**

7 (= *reach an agreement*) llegar a un acuerdo *or* arreglo; **they ~d with us for £12,000** lo arreglamos extrajudicialmente y nos pagaron 12.000 libras

8 (= *pay*) **I'll ~ with you on Friday** te pagaré el viernes, ajustaremos cuentas el viernes

►**settle down** Ⓐ VI + ADV 1 (= *get comfortable*) ponerse cómodo, acomodarse; **I ~d down in my favourite chair** me puse cómodo *or* me acomodé *or* me arrellané en mi silla preferida; **they ~d down to wait** se prepararon para la espera

2 (= *apply o.s.*) **to ~ down to sth: after dinner, he ~d down to a video** después de cenar se puso a ver un vídeo; **I couldn't get the children to ~ down to work** no conseguía que los niños se pusieran a trabajar

3 (= *calm down*) calmarse, tranquilizarse

4 (= *adopt a stable life*) echar raíces; **I'm not ready to ~ down yet** aún no estoy listo para echar raíces; **why don't you ~ down and get married?** ¿por qué no sientas cabeza y te casas?*

5 (= *get back to normal*) [*situation*] volver a la normalidad, normalizarse; **things are beginning to ~ down** las cosas empiezan a volver a la normalidad

Ⓑ VT + ADV 1 (= *make comfortable*) poner cómodo, acomodar; **he ~d the children down for the night** acostó a los niños; **why don't you help Philippa unpack and ~ her down?** ¿por qué no le ayudas a Philippa a deshacer las maletas e instalarse?

2 (= *calm down*) calmar, tranquilizar; **I turned on the TV to ~ them down** encendí la tele para calmarlos *or* tranquilizarlos

►**settle for** VI + PREP [1] (= *accept*) conformarse con; **don't ~ for second best** confórmate sólo con lo mejor; **I won't ~ for less** no me conformo con menos; **to ~ for £250** convenir en aceptar 250 libras
[2] (= *choose*) decidirse por, escoger

►**settle in** VI + ADV (*in new home, hotel*) instalarse; (*in new job, school*) adaptarse; **he's settling in well at his new school** se está adaptando bien a la nueva escuela; **are you all ~d in?** ¿ya estás instalado?

►**settle on** VI + PREP (= *choose*) decidirse por, escoger

►**settle up** VI + ADV ajustar cuentas (**with sb** con algn); **I'll pay for everything and we can ~ up later** yo pagaré todo y ya ajustaremos cuentas después

**settle**[2] ['setl] N banco *m*, escaño *m* (*a veces con baúl debajo*)

**settled** ['setld] ADJ [1] (= *fixed, established*) [*ideas, opinions*] fijo; [*order, rhythm*] estable; [*team*] fijo, estable; **a ~ social order** un orden social estable; **the first ~ civilization** la primera civilización estable; **to feel ~** (*in a place, job*) sentirse adaptado; **to get ~** adaptarse, amoldarse
[2] (= *colonized*) **the eastern ~ regions of the country** los poblados *or* asentamientos permanentes de las regiones del este del país
[3] [*weather*] estable, asentado

⅄**settlement** ['setlmənt] N [1] (= *payment*) [*of claim, bill, debt*] liquidación *f*; (= *dowry*) dote *f*; **please find enclosed my cheque in full ~ of ...** adjunto le remito el talón a cuenta de la total liquidación de ...
[2] (= *agreement*) acuerdo *m*; **to reach a ~** llegar a un acuerdo; **to secure a peace ~** alcanzar un acuerdo de paz
[3] (= *colony, village*) colonia *f*, poblado *m*; (= *archaeological site*) asentamiento *m*
[4] (= *act of settling persons*) establecimiento *m*; [*of land*] colonización *f*
[5] (*Jur*) (= *sum of money*) **she accepted an out-of-court ~ of £4000** aceptó una compensación de 4000 libras a cambio de no seguir adelante con el juicio

**settler** ['setlər] N colonizador(a) *m/f*

**set-to*** ['set'tu:] N (= *fight*) pelea *f*; (= *quarrel*) agarrada* *f*, bronca* *f*

**setup*** ['setʌp] N [1] (= *way sth is organised*) sistema *m*; **it's an odd ~ here** aquí todo es en un plan raro; **you have to know the ~** hay que conocer el tinglado; **what's the ~?** ¿cuál es el sistema?, ¿cómo está organizado?; **he's joining our ~** formará parte de nuestro equipo
[2] (*) (= *trick, trap*) trampa *f*, montaje* *m*

**seven** ['sevn] (A) ADJ siete; **the ~ wonders of the world** las siete maravillas del mundo; **the ~ deadly sins** los siete pecados capitales; **the ~-year itch*** *sensación de monotonía y aburrimiento a los siete años de estar con la misma pareja*
(B) N siete *m*; *see* **five** *for usage*

**sevenfold** ['sevnfəʊld] (A) ADJ séptuplo
(B) ADV siete veces

**seventeen** ['sevn'ti:n] (A) ADJ diecisiete, diez y siete
(B) N diecisiete *m*; *see* **five** *for usage*

**seventeenth** ['sevn'ti:nθ] (A) ADJ decimoséptimo; **the ~ century** el siglo diecisiete
(B) N (*in series*) decimoséptimo/a *m/f*; (= *fraction*) decimoséptima parte *f*; *see* **fifth** *for usage*

**seventh** ['sevnθ] (A) ADJ séptimo; **Seventh Cavalry** (*US*) Séptimo *m* de Caballería
(B) N [1] (*in series*) séptimo/a *m/f*; (= *fraction*) séptima parte *f*; *see* **fifth** *for usage*
[2] (*Mus*) (= *interval*) séptima *f*

**seventieth** ['sevntiiθ] (A) ADJ septuagésimo
(B) N (*in series*) septuagésimo/a *m/f*; (= *fraction*) septuagésima parte *f*; *see* **fifth** *for usage*

**seventy** ['sevntı] (A) ADJ setenta
(B) N setenta *m*; *see* **fifty** *for usage*

**sever** ['sevər] (A) VT cortar; (*fig*) [+ *relations, communications*] romper
(B) VI [*rope etc*] cortarse

**several** ['sevrəl] (A) ADJ [1] (*in number*) varios; **~ times** varias veces; **~ hundred people** varios cientos de personas
[2] (*frm*) (= *separate*) diverso; **their ~ occupations** sus diversas ocupaciones; **they went their ~ ways** tomaron cada uno su camino
(B) PRON varios; **~ of them wore hats** varios (de ellos) llevaban sombrero

**severally** ['sevrəlı] ADV (*frm*) [1] (= *separately, individually*) por separado, individualmente
[2] (= *respectively*) respectivamente

**severance** ['sevərəns] (A) N ruptura *f*; (*Ind*) despido *m*
(B) CPD ► **severance pay** N indemnización *f* por despido

**severe** [sı'vıər] ADJ (*compar* **severer**; *superl* **severest**) [1] (= *serious*) [*problem, consequence, damage*] grave, serio; [*injury, illness*] grave; [*defeat, setback, shortage*] serio; [*blow, reprimand*] fuerte, duro; [*pain, headache*] fuerte; **I suffered from ~ bouts of depression** padecía profundas *or* serias depresiones; **many families suffered ~ hardship as a consequence** muchas familias sufrieron enormes penurias a consecuencia de ello; **we have been under ~ pressure to cut costs** nos han presionado mucho para reducir gastos; **to suffer a ~ loss of blood** sufrir gran pérdida de sangre; **~ losses** (*Fin*) enormes *or* cuantiosas pérdidas *fpl*
[2] (= *harsh*) [*weather, conditions, winter*] duro, riguroso; [*cold*] extremo; [*storm, flooding, frost*] fuerte
[3] (= *strict*) [*person, penalty*] severo; [*discipline*] estricto; **I was his ~st critic** yo era su crítico más severo; **to be ~ with sb** ser severo con algn
[4] (= *austere*) [*person, appearance, expression*] severo, adusto; [*clothes, style*] austero; [*hairstyle*] (de corte) serio; [*architecture*] sobrio

**severely** [sı'vıəlı] ADV [1] (= *seriously*) [1·1] (*with verb*) [*damage, disrupt, hamper*] seriamente; [*limit, restrict*] severamente; [*injure, affect*] gravemente; **the competitors were ~ tested by the conditions** las condiciones meteorológicas habían supuesto una dura prueba para los participantes
[1·2] (*with adj*) [*ill, disabled*] gravemente; [*depressed, disturbed*] profundamente
[2] (= *harshly*) [*punish, reprimand, criticize*] duramente, con severidad; [*look*] con severidad
[3] (= *austerely*) [*dress*] austeramente

**severity** [sı'verıtı] N [1] (= *seriousness*) [*of illness*] gravedad *f*, seriedad *f*; [*of pain*] intensidad *f*; [*of attack*] dureza *f*
[2] (= *strictness*) [*of character, criticism*] severidad *f*
[3] (= *harshness*) [*of weather, conditions, winter*] rigor *m*

**Seville** [sə'vıl] (A) N Sevilla *f*
(B) CPD ► **Seville orange** N naranja *f* amarga ► **Seville orange tree** N (*Brit*) naranjo *m* amargo

**Sevillian** [sə'vılıən] (A) ADJ sevillano
(B) N sevillano/a *m/f*

**sew** [səʊ] (*pt* **sewed**; *pp* **sewn, sewed**) (A) VT **to ~ a button on** *or* **onto sth** coser un botón en algo
(B) VI coser

►**sew up** VT + ADV (*gen*) coser; (*mend*) remendar; **it's all ~n up*** (*fig*) está todo arreglado

**sewage** ['sju:ıdʒ] (A) N aguas *fpl* residuales *or* cloacales
(B) CPD ► **sewage disposal** N depuración *f* de aguas residuales *or* cloacales ► **sewage farm**, N **sewage works** NSING estación *f* depuradora ► **sewage system** N alcantarillado *m*

**sewer** ['sjʊər] N alcantarilla *f*, albañal *m*, cloaca *f*; **to have a mind like a ~** tener la mente podrida

**sewerage** ['sjʊərıdʒ] N alcantarillado *m*; (*as service on estate etc*) saneamiento *m*

**sewing** ['səʊıŋ] (A) N (*activity, object*) costura *f*
(B) CPD ► **sewing basket** N cesta *f* de costura ► **sewing machine** N máquina *f* de coser ► **sewing silk** N torzal *m*, seda *f* de coser

**sewn** [səʊn] PP *of* **sew**

**sex** [seks] (A) N [1] (= *gender*) sexo *m*; **inequalities between the ~es** desigualdades entre los sexos; **the fair** *or* **gentle ~** (*euph*) el sexo débil, el bello sexo; **the opposite ~** el sexo opuesto; **the weaker ~** (*euph, pej*) el sexo débil
[2] (= *sexual activities*) sexo *m*; (= *sexual intercourse*) relaciones *fpl* sexuales; **the film contains no ~ or violence** la película no contiene escenas eróticas *or* de sexo o de violencia; **to have ~** tener relaciones sexuales (**with** con)
[3] (= *sex organ*) sexo *m*, genitales *mpl*
(B) VT [+ *animal, bird*] sexar, determinar el sexo de
(C) CPD ► **the sex act** N el acto sexual, el acto ► **sex appeal** N atractivo *m* sexual, sex-appeal *m* ► **sex change** N cambio *m* de sexo ► **sex change operation** N operación *f* de cambio de sexo ► **sex crime** N (= *criminality*) delitos *mpl* sexuales, delitos *mpl* contra la honestidad (*Jur*), delitos *mpl* contra la libertad sexual (*Jur*); (= *single crime*) delito *m* (de naturaleza) sexual, delito *m* contra la honestidad (*Jur*), delito *m* contra la libertad sexual (*Jur*) ► **sex discrimination** N discriminación *f* por cuestión de sexo ► **sex drive** N libido *f*, líbido *f*, apetito *m* sexual; **to have a high/low ~ drive** tener la libido *or* líbido alta/baja, tener mucho/poco apetito sexual ► **sex education** N educación *f* sexual ► **sex game** N juego *m* erótico ► **sex hormone** N hormona *f* sexual ► **sex life** N vida *f* sexual ► **sex machine** N (*hum*) máquina *f* de hacer el amor, bestia *mf* en la cama ► **sex maniac** N maníaco/a *m/f* sexual ► **sex object** N objeto *m* sexual ► **sex offender** N delincuente *mf* sexual ► **sex organ** N órgano *m* sexual ► **sex partner** N compañero/a *m/f* (de cama), pareja *f* ► **sex scene** N escena *f* erótica, escena *f* de sexo ► **sex shop** N sex-shop *m* ► **sex symbol** N sex-símbol *mf* ► **sex therapist** N sexólogo/a *m/f*, terapeuta *mf* sexual ► **sex therapy** N terapia *f* sexual ► **sex tourism** N turismo *m* sexual

**sexagenarian** [,seksədʒı'neərıən] (A) ADJ sexagenario
(B) N sexagenario/a *m/f*

**Sexagesima** [,seksə'dʒesımə] N Sexagésima *f*

**sex-crazed** ['sekskreızd] ADJ obsesionado por el sexo

**sexed** [sekst] ADJ **to be highly ~** tener un apetito sexual muy alto

**sexiness** ['seksınıs] N [1] (= *sexual attractiveness*) [*of person, voice, eyes, underwear*] erotismo *m*, atractivo *m* sexual
[2] (= *interest in sex*) excitación *f* sexual, libido

► LANGUAGE IN USE: settlement 1 20.6

*f* alta
[3] (= *eroticism*) [*of film, scene, book*] erotismo *m*
[4] (*) (= *excitement*) gancho* *m*, interés *m*

**sexism** ['seksɪzəm] N sexismo *m*

**sexist** ['seksɪst] Ⓐ ADJ sexista
Ⓑ N sexista *mf*

**sexless** ['sekslɪs] ADJ (= *not interested in sex*) asexuado, desprovisto de instinto sexual; (= *not sexually attractive*) desprovisto de atractivo sexual; (*Bio*) sin sexo, asexual; **a ~ marriage** un matrimonio sin sexo

**sex-linked** ['seks'lɪŋkt] ADJ (*Bio*) ligado al sexo

**sex-mad*** [,seks'mæd] ADJ obsesionado por el sexo

**sexologist** [sek'sɒlədʒɪst] N sexólogo/a *m/f*

**sexology** [sek'sɒlədʒɪ] N sexología *f*

**sexpot*** ['sekspɒt] N (*hum*) cachonda *f*

**sex-starved** ['seksstɑːvd] ADJ sexualmente frustrado

**sextant** ['sekstənt] N sextante *m*

**sextet(te)** [seks'tet] N (*Mus*) (= *players, composition*) sexteto *m*

**sexton** ['sekstən] N sacristán *m*

**sextuplet** ['sekstjʊplɪt] N sextillizo/a *m/f*

**sexual** ['seksjʊəl] Ⓐ ADJ sexual; **she's very ~** es muy sensual
Ⓑ CPD ► **sexual abuse** N abuso *m* sexual ► **sexual assault** N atentado *m* contra el pudor ► **sexual discrimination** N discriminación *f* a base de sexo ► **sexual harassment** N acoso *m* sexual ► **sexual intercourse** N relaciones *fpl* sexuales; **to have ~ intercourse (with sb)** tener relaciones sexuales (con algn) ► **sexual orientation** N orientación *f* sexual ► **sexual partner** N pareja *f* sexual ► **sexual politics** NPL política *fsing* sexual ► **the sexual revolution** N la revolución sexual

**sexuality** [,seksjʊ'ælɪtɪ] N sexualidad *f*

**sexually** ['seksjʊəlɪ] ADV sexualmente; **to be ~ abused** ser víctima de abusos sexuales; **to be ~ active** ser sexualmente activo; **to become** *or* **get ~ aroused** excitarse sexualmente; **to be ~ assaulted** ser víctima de una agresión sexual; **to be ~ explicit** contener imágenes de sexo explícito; **to be ~ harrassed** sufrir acoso sexual; **to be ~ involved with sb** mantener relaciones sexuales con algn; **~ mature** sexualmente maduro; **~ transmitted disease** enfermedad *f* de transmisión sexual

**sexy** ['seksɪ] ADJ (*compar* **sexier**; *superl* **sexiest**)
[1] (= *sexually attractive*) sexy; **you look very ~ in that dress** estás muy sexy con ese vestido
[2] (= *interested in sex*) sensual; **to make sb feel ~** excitar a algn, hacer que algn se excite
[3] (= *erotic*) [*film, scene, book*] erótico
[4] (*) (= *exciting*) [*issue, subject, object*] excitante

**Seychelles** [seɪ'ʃelz] NPL Seychelles *fpl*

**sez‡** [sez] = **says**; **~ you!** ¡lo dices tú!

**SF** N ABBR [1] = **science fiction**
[2] (*Pol*) = **Sinn Féin**

**SFA** N ABBR [1] (= **Scottish Football Association**) ≈ AFE *f*
[2] (‡) = **sweet Fanny Adams**

**SFO** N ABBR (*Brit*) = **Serious Fraud Office**

**SG** N ABBR (*US*) (= **Surgeon General**) jefe *mf* del servicio federal de sanidad

**sgd** ABBR = **signed**

**Sgt** ABBR = **Sergeant**

**sh** [ʃ] EXCL ¡chitón!, ¡chist!

**shabbily** ['ʃæbɪlɪ] ADV [1] [*dress*] desaliñadamente, pobremente
[2] [*treat*] fatal, vilmente

**shabbiness** ['ʃæbɪnɪs] N [1] [*of dress, person*] desaliño *m*, pobreza *f*
[2] [*of treatment*] injusticia *f*, vileza *f*

**shabby** ['ʃæbɪ] ADJ (*compar* **shabbier**; *superl* **shabbiest**) [1] [*building*] desvencijado; [*clothes*] andrajoso; (*also* **~-looking**) [*person*] andrajoso, desaliñado
[2] [*treatment*] injusto, vil; [*behaviour*] poco honrado; [*excuse*] poco convincente; **a ~ trick** una mala jugada

**shabby-looking** ['ʃæbɪ,lʊkɪŋ] ADJ [*person*] andrajoso, desaliñado; [*hotel, room*] desvencijado

**shack** [ʃæk] N choza *f*, jacal *m* (*CAm, Mex*)

►**shack up‡** VI + ADV **to ~ up with sb** arrejuntarse con algn*; **to ~ up together** arrejuntarse*, vivir arrejuntados*

**shackle** ['ʃækl] Ⓐ VT [+ *prisoner*] poner grilletes a, poner grillos a; (= *obstruct*) echar trabas a
Ⓑ **shackles** NPL (= *chains*) grilletes *mpl*, grillos *mpl*; (*fig*) (= *obstruction*) trabas *fpl*

**shad** [ʃæd] N (*pl* **shad** *or* **shads**) sábalo *m*

**shade** [ʃeɪd] Ⓐ N [1] (= *area of darkness*) sombra *f*; **in the ~** a la sombra; **35 degrees in the ~** 35 grados a la sombra; **to put sb in the ~** (*fig*) hacer sombra a algn; **to put sth in the ~** (*fig*) dejar algo en la sombra
[2] [*of colour*] tono *m*, matiz *m*; (*fig*) [*of meaning, opinion*] matiz *m*; **all ~s of opinion are represented** está representada la gama entera de opiniones
[3] (*Art*) sombra *f*
[4] **shades*** (= *sunglasses*) gafas *fpl* de sol
[5] (= *lampshade*) pantalla *f*; (= *eye-shade*) visera *f*; (*US*) (= *blind*) persiana *f*
[6] (= *small quantity*) poquito *m*, tantito *m* (*LAm*); **just a ~ more** un poquito más
[7] (*liter*) (= *ghost*) fantasma *m*
[8] (= *reminder*) **~s of Professor Dodd!** ¡eso recuerda al profesor Dodd!
Ⓑ VT [1] (= *protect from light*) dar sombra a; **the beaches are ~d by palm trees** las palmeras dan sombra a las playas; **she put up her hand to ~ her eyes (from the sun)** levantó la mano para protegerse los ojos (del sol)
[2] (*Art*) (= *shade in*) sombrear

►**shade away** VI + ADV = **shade off B**

►**shade in** VT + ADV sombrear

►**shade off** Ⓐ VT + ADV (*Art*) [+ *colours*] degradar
Ⓑ VI + ADV cambiar poco a poco (**into** hasta hacerse), transformarse gradualmente (**into** en); **blue that ~s off into black** azul que se transforma *or* se funde gradualmente en negro

**shadeless** ['ʃeɪdlɪs] ADJ sin sombra, privado de sombra

**shadiness** ['ʃeɪdɪnɪs] N [1] (= *shade*) sombra *f*, lo umbroso
[2] (*) (= *dubiousness*) [*of person*] dudosa honradez *f*; [*of deal*] lo turbio, carácter *m* turbio

**shading** ['ʃeɪdɪŋ] N [1] [*of colour*] sombreado *m*
[2] (*fig*) [*of meaning*] matiz *m*

**shadow** ['ʃædəʊ] Ⓐ N [1] (= *dark shape*) sombra *f*; (= *darkness*) oscuridad *f*, tinieblas *fpl*; **in the ~** a la sombra; **five o'clock ~** barba *f* de ocho horas; **doctors have discovered a ~ on his lung** los médicos le han detectado una sombra *or* mancha en el pulmón; **to cast a ~ over sth** (*fig*) ensombrecer algo; **to live in the ~ of sth/sb** vivir eclipsado por algo/algn
[2] (*) (= *tail*) perseguidor(a) *m/f*; **to put a ~ on sb** hacer seguir a algn
[3] (*fig*) (= *faithful companion*) sombra *f*
[4] (*Pol*) *miembro de la oposición con un cargo análogo al de ministro*; **Clarke flung at his ~ the accusation that he was a "tabloid politician"** Clarke lanzó a su homólogo en la oposición la acusación de ser un "político sensacionalista"
[5] (*fig*) (= *small amount*) [*of doubt, suspicion*] atisbo *m*, asomo *m*, sombra *f*; **I never had a** *or* **the ~ of a doubt that he was right** jamás tuve el menor asomo *or* atisbo *or* la menor sombra de duda de que tenía razón; **without a ~ of a doubt** sin (la menor) sombra de duda
[6] (= *vestige*) sombra *f*; **he is a ~ of the man he used to be** no es ni sombra de lo que era; **a ~ of his former self** la sombra de lo que fue
Ⓑ VT [1] (= *follow*) seguir y vigilar; **I was ~ed all the way home** me siguieron hasta mi casa
[2] (= *darken*) ensombrecer, oscurecer; **the hood ~ed her face** la capucha ensombrecía *or* oscurecía su rostro
Ⓒ CPD ► **shadow cabinet** N (*Brit Pol*) consejo *m* de ministros de la oposición; **the ~ Foreign Secretary** el portavoz parlamentario de la oposición en materia de asuntos extranjeros ► **shadow Chancellor** N (*Brit Pol*) responsable *mf* *or* portavoz *mf* de Economía y Hacienda de la oposición

**shadow-box** ['ʃædəʊbɒks] VI boxear con un adversario imaginario; (*fig*) disputar con un adversario imaginario

**shadow-boxing** ['ʃædəʊ,bɒksɪŋ] N boxeo *m* con un adversario imaginario; (*fig*) disputa *f* con un adversario imaginario

**shadowy** ['ʃædəʊɪ] ADJ [1] (= *ill-lit*) oscuro, tenebroso; (= *blurred*) indistinto, vago, indefinido; **a ~ form** un bulto, una sombra
[2] (= *mysterious*) oscuro, misterioso; **the ~ world of espionage** el oscuro *or* misterioso mundo del espionaje

**shady** ['ʃeɪdɪ] ADJ (*compar* **shadier**; *superl* **shadiest**) [1] (= *shaded*) [*place*] sombreado; **it's ~ here** aquí hay sombra; **under a ~ tree** a la sombra de un árbol frondoso
[2] (*) (= *dubious*) [*person*] dudoso; [*deal*] turbio, chueco (*Mex**)

**shaft** [ʃɑːft] Ⓐ N [1] (= *stem, handle*) [*of arrow, spear*] astil *m*; [*of tool, golf club etc*] mango *m*; [*of cart etc*] vara *f*; **a ~ of light** un rayo de luz; **drive ~** (*Tech*) árbol *m* motor
[2] [*of mine, lift etc*] pozo *m*
Ⓑ VT (**‡) (= *have sex with*) joder**‡**; **we'll be ~ed if that happens** como pase eso estamos jodidos**‡**

**shag**[1] [ʃæg] N tabaco *m* picado

**shag**[2] [ʃæg] N (*Orn*) cormorán *m* moñudo

**shag**[3]**‡** [ʃæg] (*Brit*) Ⓐ N polvo**‡** *m*; **to have a ~**‡** echar un polvo**‡**
Ⓑ VT joder**‡**
Ⓒ VI joder**‡**

**shag**[4] [ʃæg] N (= *carpet*) tripe *m*

**shagged**‡** [ʃægd] ADJ (*also* **~ out**) hecho polvo*

**shaggy** ['ʃægɪ] ADJ (*compar* **shaggier**; *superl* **shaggiest**) [*hair, beard, mane*] greñudo; [*fur, eyebrows, animal*] peludo; [*carpet, rug*] de mucho pelo; [*person*] melenudo, greñudo; **~ dog story** chiste *m* largo y pesado

**shagreen** [ʃæ'griːn] N chagrín *m*, zapa *f*

**Shah** [ʃɑː] N cha *m*

**shake** [ʃeɪk] (*vb*: *pt* **shook**; *pp* **shaken**) Ⓐ N [1] (= *act of shaking*) sacudida *f*; **to give sth/sb a ~**: **she gave the tin a ~** agitó la lata; **I gave the boy a good ~** zarandeé *or* sacudí bien al chico; **she declined the drink with a ~ of her head** rechazó la copa moviendo la cabeza *or* con un movimiento de la cabeza; **he**

**gave a puzzled ~ of his head** movió la cabeza confundido; **✦IDIOMS in two ~s*** ◊ **in a brace of ~s*** en un santiamén*, en un abrir y cerrar de ojos*; **no great ~s*: he's no great ~s as a swimmer** *or* **at swimming*** no es nada del otro mundo *or* del otro jueves nadando*
[2] **the shakes** el tembleque*, la tembladera*; **to get the ~s: I got a bad case of the ~s** me entró un tembleque* *or* una tembladera* muy fuerte; **to have the ~s** tener el tembleque* *or* la tembladera*
[3] (*also* **milkshake**) batido *m*
[4] (*= small amount*) [*of liquid*] chorro *m*; [*of salt, sugar*] pizca *f*
Ⓑ VT [1] (*= agitate*) [*+ bottle, tin, dice, cocktail*] agitar; [*+ towel, duster*] sacudir; [*+ head*] mover; [*+ building*] hacer temblar, sacudir; [*+ person*] zarandear, sacudir; **"shake well before use"** "agítese bien antes de usar"; **a fit of coughing that shook his entire body** un ataque de tos que le sacudió *or* le estremeció todo el cuerpo; **high winds shook the trees** fuertes vientos sacudieron los árboles; **to ~ hands** estrecharse la mano; **to ~ hands with sb** estrechar la mano a algn; **to ~ one's head** (*in refusal*) negar con la cabeza; (*in disbelief*) mover la cabeza con gesto incrédulo; (*in dismay*) mover la cabeza con gesto de disgusto; **I shook the snow off my coat** me sacudí la nieve del abrigo; **to ~ o.s.: the dog shook itself** el perro se sacudió; **she tried to hug him but he shook himself free** intentó abrazarlo pero él se la sacudió de encima; **she shook some change out of her purse** sacudió el monedero para sacar calderilla; **✦IDIOM ~ a leg!*** ¡ponte las pilas!*, ¡muévete!*
[2] (*= wave*) [*+ stick, paper*] blandir, agitar; **to ~ one's finger at sb** señalar a algn agitando el dedo; **to ~ one's fist at sb** amenazar a algn con el puño
[3] (*fig*) (*= weaken*) [*+ faith*] debilitar; [*+ resolve*] afectar; (*= impair, upset, shock*) afectar; (*= disconcert*) desconcertar; **the firm's reputation has been badly ~n** la reputación de la empresa se ha visto muy afectada; **he was ~n by the news of her death** la noticia de su muerte lo afectó mucho *or* lo conmocionó; **he needs to be ~n out of his smugness** necesita que se le bajen esos humos; **it shook me rigid** me dejó pasmado *or* helado; **seven days that shook the world** siete días que conmocionaron al mundo
Ⓒ VI [1] (*= tremble*) [*ground, building*] temblar, estremecerse; [*person, animal, voice*] temblar; **I was shaking all over** me temblaba todo el cuerpo; **he was shaking with rage/fear/cold** estaba temblando de rabia/miedo/frío; **her voice shook with rage** la voz le temblaba de rabia; **to ~ with laughter** caerse de risa; **✦IDIOM to ~ like a leaf** temblar como un flan *or* una hoja
[2] **to ~ on sth: the two men shook on it** los dos hombres cerraron el trato con un apretón de manos; **let's ~ on it** venga esa mano

►**shake down** Ⓐ VT + ADV [1] [*+ fruit, snow*] hacer caer, sacudir; [*+ thermometer*] agitar (*para bajar la temperatura*)
[2] (*US**) **to ~ sb down** (*= rob*) sacar dinero a algn, estafar *or* timar a algn; **they shook him down for 5,000 dollars** le sacaron 5.000 dólares; (*= search*) **to ~ sb down for weapons** cachear a algn en busca de armas
Ⓑ VI + ADV (*) [1] (*= settle for sleep*) acostarse, echarse a dormir
[2] (*= settle in*) adaptarse; **I'll give them a few weeks to see how they ~ down** les daré unas semanas para ver cómo se adaptan

➤ LANGUAGE IN USE: shall 1 3

►**shake off** VT + ADV [1] (*lit*) [*+ water, snow, dust*] sacudir; **he grabbed my arm, I shook him off** me agarró por el brazo, yo me lo sacudí de encima
[2] (*fig*) [*+ pursuer*] zafarse de, dar esquinazo a; [*+ illness*] deshacerse de, librarse de; [*+ cold, habit*] quitarse (de encima); [*+ depression*] salir de

►**shake out** VT + ADV [*+ tablecloth, bedding, rug*] sacudir; **I took off my boot and shook out a stone** me quité la bota y la sacudí para sacar una piedra; **she pulled her hat off and shook out her hair** se quitó el sombrero y se soltó el pelo

►**shake up** VT + ADV [1] [*+ bottle*] agitar; [*+ pillow*] sacudir
[2] (*= upset*) conmocionar; **she was badly ~n up** estaba muy conmocionada *or* afectada; **he was ~n up but not hurt** estaba en estado de shock, pero ileso
[3] (*= rouse, stir*) [*+ person*] espabilar, despabilar
[4] (*= reform*) [*+ company*] reorganizar, reestructurar; [*+ system*] reformar; **you need to ~ up your ideas a bit!** ¡tienes que replantearte las ideas!

**shakedown** [ˈʃeɪkdaʊn] N [1] (*= shaking*) sacudida *f*
[2] (*Brit*) (*= bed*) camastro *m*, cama *f* improvisada
[3] (*) (*before noun*) **a ~ cruise/flight** una travesía/un vuelo de prueba
[4] (*US**) (*= swindle*) estafa *f*, timo *m*; (*= search*) **to give sth a ~** registrar algo

**shaken** [ˈʃeɪkən] PP *of* **shake**

**shake-out** [ˈʃeɪkaʊt] N [*of company*] reorganización *f*, reestructuración *f*; [*of workforce*] reducción *f*

**shaker** [ˈʃeɪkəʳ] N (*= cocktail shaker*) coctelera *f*

**Shakespeare** [ˈʃeɪkspɪəʳ] N Shakespeare, Chéspir

**Shakespearian** [ʃeɪksˈpɪərɪən] ADJ shakespeariano

**shake-up** [ˈʃeɪkʌp] N [*of company, system*] reorganización *f*, reestructuración *f*; **today a cabinet ~ was announced** hoy se anunció una reestructuración *or* remodelación del gabinete ministerial

**shakily** [ˈʃeɪkɪlɪ] ADV [*speak*] con voz temblorosa; [*walk*] con paso vacilante; [*write*] con mano temblorosa; **the play started ~** el principio de la obra fue flojo

**shakiness** [ˈʃeɪkɪnɪs] N [1] (*= trembling*) [*of person, legs*] temblor *m*
[2] [*of table, chair, building etc*] (*= wobbliness*) inestabilidad *f*
[3] (*= weakness*) [*of person*] debilidad *f*
[4] (*fig*) (*= uncertainty*) [*of health, memory*] fragilidad *f*, precariedad *f*; [*of finances*] precariedad *f*; [*of knowledge*] deficiencia *f*

**shaking** [ˈʃeɪkɪŋ] N [1] (*= trembling*) temblor *m*
[2] (*= jolting*) **to give sb a good ~** zarandear bien a algn, sacudir violentamente a algn

**shako** [ˈʃækəʊ] N (*pl* **shakos** *or* **shakoes**) chacó *m*

**shaky** [ˈʃeɪkɪ] ADJ (*compar* **shakier**; *superl* **shakiest**) [1] (*= trembling*) [*person, legs*] tembloroso
[2] (*= wobbly*) inestable, poco firme
[3] (*= weak*) [*person*] débil
[4] (*fig*) (*= uncertain*) [*health, memory*] frágil, precario; [*finances*] precario; [*knowledge*] deficiente, flojo; **my Spanish is rather ~** mi español es bastante flojo

**shale** [ʃeɪl] Ⓐ N esquisto *m*
Ⓑ CPD ► **shale oil** N petróleo *m* de esquisto

▼**shall** [ʃæl] AUX VB [1] (*used to form 1st person in future tense and questions*) **I ~ go** yo iré; **no I ~ not (come)** ◊ **no I shan't (come)** no, yo no (vendré *or* voy a venir); **~ I go now?** ¿me voy ahora?; **let's go in, ~ we?** ¿entramos?; **~ we let him?** ¿se lo permitimos?; **~ we hear from you soon?** ¿te pondrás en contacto pronto?
[2] (*in commands, emphatic*) **you ~ pay for this!** ¡me las vas a pagar!; **"but I wanted to see him" — "and so you ~"** —pero quería verle —y le vas a ver

**shallot** [ʃəˈlɒt] N chalote *m*

**shallow** [ˈʃæləʊ] Ⓐ ADJ (*compar* **shallower**; *superl* **shallowest**) [1] (*gen*) poco profundo, playo (*S. Cone*); [*dish etc*] llano; **the ~ end** (*of swimming pool*) la parte poco profunda
[2] [*breathing*] superficial
[3] [*person, mind, character*] superficial; [*argument, novel, film*] superficial, trivial
Ⓑ **shallows** NPL bajío *msing*, bajos *mpl*

**shallowness** [ˈʃæləʊnɪs] N [1] [*of water, pool*] poca profundidad *f*
[2] [*of breathing*] superficialidad *f*
[3] [*of person*] superficialidad *f*

**shalt††** [ʃælt] VB 2ND PERS SING *of* **shall**

**sham** [ʃæm] Ⓐ ADJ falso, fingido
Ⓑ N [1] (*= imposture*) farsa *f*; **it was all a ~** fue una farsa, fue pura pantalla (*Mex*)
[2] (*= person*) impostor/a *m/f*
Ⓒ VT fingir, simular; **to ~ illness** fingirse enfermo
Ⓓ VI fingir, fingirse; **he's just ~ming** lo está fingiendo

**shamateur*** [ˈʃæmətəʳ] N amateur *mf* fingido/a

**shamble** [ˈʃæmbl] VI (*also* **~ along**) andar arrastrando los pies; **he ~d across to the window** fue arrastrando los pies a la ventana

**shambles** [ˈʃæmblz] NSING (*= scene of confusion*) desorden *m*, confusión *f*; **this room is a ~!** ¡esta habitación está hecha un desastre!; **the place was a ~** el lugar quedó hecho pedazos; **the game was a ~** el partido fue desastroso

**shambolic*** [ʃæmˈbɒlɪk] ADJ caótico

**shame** [ʃeɪm] Ⓐ N [1] (*= guilt*) vergüenza *f*, pena *f* (*LAm*); **she has no sense of ~** no tiene vergüenza ninguna; **to put sb to ~** (*fig*) poner a algn en evidencia; **to put sth to ~** (*fig*) dejar algo en la sombra; **the ~ of it!** ¡qué vergüenza!; **~ (on you)!** ¡qué vergüenza!, ¡vergüenza debería darte!
[2] (*= loss of respect*) deshonra *f*; **to bring ~ upon sb** deshonrar a algn
[3] (*= pity*) lástima *f*, pena *f*; **it's a ~ that ...** es una lástima *or* pena que + *subjun*; **what a ~!** ¡qué lástima!, ¡qué pena!
Ⓑ VT [1] (*= cause to feel shame*) avergonzar; **to ~ sb into/out of doing sth** hacer avergonzarse a algn para que haga/no haga algo
[2] (*= cause loss of respect for*) deshonrar

**shamefaced** [ˈʃeɪmfeɪst] ADJ avergonzado, apenado (*LAm*)

**shamefacedly** [ˈʃeɪmfeɪsɪdlɪ] ADV con vergüenza, apenadamente (*LAm*)

**shamefacedness** [ˈʃeɪmfeɪstnɪs] N vergüenza *f*, pena *f* (*LAm*)

**shameful** [ˈʃeɪmfʊl] ADJ vergonzoso; **how ~!** ¡qué vergüenza!

**shamefully** [ˈʃeɪmfəlɪ] ADV vergonzosamente; **~ ignorant** tan ignorante que da/daba vergüenza; **they are ~ underpaid** se les paga terriblemente mal, tienen un sueldo de vergüenza

**shamefulness** [ˈʃeɪmfʊlnɪs] N vergüenza *f*, lo vergonzoso

**shameless** [ˈʃeɪmlɪs] ADJ descarado, desvergonzado

**shamelessly** [ˈʃeɪmlɪslɪ] ADV descaradamente, desvergonzadamente

**shamelessness** [ˈʃeɪmlɪsnɪs] N descaro *m*, desvergüenza *f*

**shaming** [ˈʃeɪmɪŋ] ADJ vergonzoso; **this is too ~!** ¡qué vergüenza!

**shammy*** [ˈʃæmɪ] N gamuza *f*

**shampoo** [ʃæmˈpuː] Ⓐ N champú *m*; **a ~ and set** un lavado y marcado
Ⓑ VT [+ *carpet*] lavar con champú; **I ~ my hair twice a week** me lavo el pelo dos veces por semana

**shamrock** [ˈʃæmrɒk] N trébol *m*

**shandy** [ˈʃændɪ] N cerveza *f* con gaseosa, clara *f* (*Sp*)

**shandygaff** [ˈʃændɪ,gæf] N (*US*) = **shandy**

**Shanghai** [ʃæŋˈhaɪ] N Shanghai *m*

**shanghai*** [ʃæŋˈhaɪ] VT **to ~ sb** (*Naut††*) narcotizar *or* emborrachar a algn y llevarle como marinero; (*fig*) secuestrar a algn

**Shangri-la** [ˈʃæŋrɪˈlɑː] N jauja *f*, paraíso *m* terrestre

**shank** [ʃæŋk] N (= *part of leg*) caña *f*; (= *bird's leg*) zanca *f*; (*Bot*) tallo *m*; (= *handle*) mango *m*; **shanks*** piernas *fpl*; ✦*IDIOM* **to go on** *or* **by Shanks's pony** (*hum*) ir en el coche de San Francisco, ir a golpe de calcetín

**shan't** [ʃɑːnt] = **shall not**

**shanty¹** [ˈʃæntɪ] N (*Brit*) (*also* **sea ~**) saloma *f*

**shanty²** [ˈʃæntɪ] N chabola *f*, jacal *m* (*Mex*), bohío *m* (*CAm*), callampa *f* (*Chile*)

**shantytown** [ˈʃæntɪ,taʊn] N chabolas *fpl* (*Sp*), villa *f* miseria (*Mex*), (población *f*) callampa *f* (*Chile*), ciudad *f* perdida (*Mex*), colonia *f* proletaria (*Mex*), pueblo *m* joven (*Peru*), cantegriles *mpl* (*Uru*), ranchitos *mpl* (*Ven*)

**SHAPE** [ʃeɪp] N ABBR (= **Supreme Headquarters Allied Powers Europe**) *cuartel general de las fuerzas aliadas en Europa*

**shape** [ʃeɪp] Ⓐ N 1 (= *outline*) forma *f*, figura *f*; (= *figure*) [*of person*] silueta *f*, figura *f*; **what ~ is it?** ¿de qué forma es?; **all ~s and sizes** todas las formas; **universities come in all ~s and sizes** (*fig*) hay universidades de todo tipo; **it is rectangular in ~** es de forma rectangular; **in the ~ of ...** (*fig*) en forma de ...; **to bend** *or* **twist sth into ~** dar forma a algo doblándolo; **to hammer sth into ~** dar forma a algo a martillazos; **to lose its ~** [*sweater etc*] perder la forma; **to bend** *or* **twist sth out of ~** deformar algo doblándolo; **to take ~** cobrar forma; **to take the ~ of sth** cobrar *or* tomar la forma de algo
2 (= *undefined object*) forma *f*, bulto *m*; (= *striking object*) figura *f*; **a ~ loomed up out of the fog/darkness** una forma *or* un bulto surgió de la niebla/la oscuridad; **the great grey ~ of a tank rolled out of the village** la imponente figura gris de un tanque salió del pueblo
3 (= *nature, appearance*) estructura *f*, configuración *f*; **the future ~ of industry** la futura estructura *or* configuración de la industria; **I can't bear gardening in any ~ or form** no aguanto la jardinería bajo ningún concepto; **the ~ of things to come** lo que nos depara el mañana; **to take ~** tomar forma
4 (= *mould*) molde *m*; **use star ~s to cut out the biscuits** utilice moldes en forma de estrella para cortar las galletas
5 (= *condition*) forma *f* (física), estado *m* físico; **to be in bad ~** [*person*] estar en mala forma (física); [*object*] estar en mal estado; **to be in good ~** [*person*] estar en buena forma (física); [*object*] estar en buen estado; **to be in ~** [*person*] estar en buena forma; **to get o.s. into ~** ponerse en forma; **to keep in ~** mantenerse en forma; **to knock** *or* **lick sth/sb into ~** (*fig*) poner algo/a algn a punto; **to be out of ~** [*person*] estar en mala forma; **to whip sth/sb into ~** = **to knock** *or* **lick sth/sb into shape**
Ⓑ VT 1 (*lit*) (= *mould*) dar forma a, formar
2 (*fig*) (= *influence, determine*) conformar, determinar; **the forces that have ~d the 20th century** los elementos que han conformado *or* configurado el siglo XX; **democracy is shaping the future of Western Europe** la democracia está determinando el futuro de Europa Occidental
3 (= *prepare*) [+ *plan*] trazar; **to ~ a plan of action** trazar un plan de acción

►**shape up** VI + ADV 1 (= *progress*) [*person*] ir, marchar; [*campaign, plan*] desarrollarse; **how are the new staff shaping up?** ¿cómo va *or* marcha el personal nuevo?; **to ~ up well** ir bien, marchar bien; **it's shaping up as one of the most intensive sales campaigns ever** se perfila *or* se está desarrollando como una de las campañas de ventas más agresiva de la historia; **it's shaping up to be a terrible winter** (*esp US*) promete ser un invierno muy crudo, ya se perfila como un invierno muy crudo
2 (= *improve*) (*esp US*) espabilarse, enmendarse; **you'd better ~ up or you won't have a job!** ¡más vale que te espabiles o no tendrás trabajo!; ✦*IDIOM* **~ up or ship out!** (*esp US**) ¡o te pones las pilas o te largas!*
3 (= *get fit*) (*esp US*) ponerse en forma

**-shaped** [ʃeɪpt] ADJ (*ending in compounds*) en forma de ...; **heart-shaped** en forma de corazón; *see* **pear-shaped**

**shapeless** [ˈʃeɪplɪs] ADJ sin forma definida, informe (*frm*)

**shapelessness** [ˈʃeɪplɪsnɪs] N falta *f* de forma definida, lo informe (*frm*)

**shapeliness** [ˈʃeɪplɪnɪs] N [*of object*] proporción *f*; [*of woman*] figura *f* bonita, buen cuerpo *m*

**shapely** [ˈʃeɪplɪ] ADJ [*object*] proporcionado, bien formado; [*woman*] con una bonita figura, de buen cuerpo; **~ legs** piernas torneadas

**shard** [ʃɑːd] N tiesto *m*, casco *m*, fragmento *m*

**share¹** [ʃɛəʳ] Ⓐ N 1 (= *portion*) parte *f*, porción *f*; **a ~ of** *or* **in the profits** una proporción de las ganancias; **how much will my ~ be?** ¿cuánto me corresponderá a mí?; **your ~ is £5** te tocan 5 libras; **to do one's (fair) ~ (of sth)** hacer lo que a uno le toca *or* corresponde (de algo); **he doesn't do his ~** no hace todo lo que debiera, no hace todo lo que le toca *or* corresponde; **to have a ~ in sth** participar en algo; **we've had our ~ of misfortunes** hemos sufrido bastante infortunio, hemos sufrido lo nuestro; **market ~** cuota *f* del mercado; **to take a ~ in doing sth** hacer su parte en algo; ✦*IDIOM* **the lion's ~** la parte del león
2 (*Fin*) acción *f*
Ⓑ VT 1 (= *split, divide*) [+ *resource, benefit*] repartir, dividir, partir; **would you like to ~ the bottle with me?** ¿quieres compartir la botella conmigo?; **a ~d room** una habitación compartida
2 (= *accept equally*) [+ *duty, responsibility, task*] compartir, corresponsabilizarse de; **to ~ the blame** [*one person*] aceptar su parte de culpa; [*more than one person*] corresponsabilizarse de la culpa
3 (= *have in common*) [+ *characteristic, quality*] compartir, tener en común; [+ *experience, opinion*] compartir; **two nations who ~ a common language** dos naciones que tienen en común *or* comparten la misma lengua; **I do not ~ that view** no comparto ese criterio
4 (= *tell, relate*) [+ *piece of news, thought*] contar, compartir, hacer partícipe de (*frm*) (**with** a); **it can be beneficial to ~ your feelings with someone you trust** puede resultar beneficioso compartir *or* contar tus sentimientos a alguien de confianza
Ⓒ VI compartir (**with** con); **I ~ with three other women** (*room, flat, etc*) vivo con otras tres mujeres; **to ~ in sth** participar en algo; ✦*IDIOM* **~ and ~ alike** todos por igual
Ⓓ CPD ► **share capital** N capital *m* social en acciones ► **share certificate** N (certificado *m* *or* título *m* de una) acción *f* ► **share index** N índice *m* de la Bolsa ► **share issue** N emisión *f* de acciones ► **share offer** N oferta *f* de acciones ► **share option** N *plan de compra de acciones de una empresa por sus empleados (a precios ventajosos)* ► **share premium** N prima *f* de emisión ► **share price** N precio *m* de las acciones

►**share out** VT + ADV repartir, distribuir

**share²** [ʃɛəʳ] N (*Agr*) (= *ploughshare*) reja *f*

**sharecropper** [ˈʃɛə,krɒpəʳ] N (*esp US*) aparcero/a *m/f*, mediero/a *m/f* (*Mex*)

**sharecropping** [ˈʃɛə,krɒpɪŋ] N (*esp US*) aparcería *f*

**shared** [ʃɛəd] ADJ (*gen*) compartido; [*facilities etc*] comunitario

**shareholder** [ˈʃɛə,həʊldəʳ] N accionista *mf*

**shareholding** [ˈʃɛə,həʊldɪŋ] N accionariado *m*

**share-out** [ˈʃɛəraʊt] N reparto *m*

**shark** [ʃɑːk] N 1 (= *fish*) tiburón *m*
2 (*) (= *swindler*) estafador(a) *m/f*

**sharkskin** [ˈʃɑːkskɪn] N zapa *f*

**sharon** [ˈʃærən] N (*also* **~ fruit**) sharon *m*

**sharp** [ʃɑːp] Ⓐ ADJ (*compar* **sharper**; *superl* **sharpest**) 1 (= *not blunt*) [*edge*] afilado; [*needle*] puntiagudo; **to have a ~ point** ser muy puntiagudo; **the stick ended in a ~ point** el palo acababa en una punta afilada; ✦*IDIOM* **to be at the ~ end*** estar en primera línea de fuego; **they are living at the ~ end of the recession** son los que se llevan la peor parte de la recesión, son los más afectados por la recesión
2 (= *abrupt, acute*) [*bend, angle*] cerrado; [*rise, drop, turn by car*] brusco; **he made a ~ turn to the left** giró bruscamente a la izquierda
3 (*of person*) (= *alert*) avispado, perspicaz; (= *unscrupulous*) listo, vivo; [*mind*] agudo, perspicaz; **you'll have to be ~er than that** tendrás que espabilarte; **he's as ~ as they come** es de lo más listo *or* vivo; **his ~ eyes spotted a free seat** sus ojos de lince vieron un asiento libre; **I have to keep a ~ eye on him** con él tengo que estar ojo avizor; **~ practice** artimañas *fpl*; ✦*IDIOM* **to be as ~ as a needle** ser más listo que el hambre
4 (= *brusque*) [*retort*] seco, cortante; [*rebuke, tone*] áspero, severo; [*tongue*] afilada, mordaz; **to have a ~ tongue** tener la lengua afilada, tener una lengua viperina; **to be ~ with sb** ser seco *or* cortante con algn
5 (= *strong*) [*taste*] ácido; [*smell, cheese*] fuerte
6 (= *clear, well-defined*) [*outline, image*] nítido; [*contrast*] claro, marcado; [*sound*] claro; [*features*] marcado, anguloso; **these issues have been brought into ~ focus by the economic crisis** la crisis económica ha situado estos temas en primer plano
7 (= *intense*) [*pain*] agudo; [*cold, wind*] cortante; [*frost*] fuerte; **a ~ blow to the head** un fuerte golpe en la cabeza; **with a ~ cry she jumped back** soltando un grito agudo retrocedió de un salto

➤ LANGUAGE IN USE: **share¹** **B3** 12.1

[8] (*) (= *stylish*) [*suit*] elegante; **he was a ~ dresser** vestía con mucha elegancia
[9] (*Mus*) (= *raised a semitone*) sostenido; (= *too high*) demasiado alto; **C ~** do *m* sostenido
Ⓑ ADV [1] (= *quickly, abruptly*) **and be** *or* **look ~ about it!** ¡y date prisa!; **look ~!** ¡rápido!, ¡apúrate! (*LAm*); **to pull up ~** parar en seco; **you turn ~ left at the lights** al llegar al semáforo se tuerce muy cerrado a la izquierda
[2] (= *precisely*) en punto; **at five o'clock ~** a las cinco en punto
[3] (*Mus*) demasiado alto; **she was singing/playing ~** cantaba/tocaba demasiado alto
Ⓒ N [1] (*Mus*) sostenido *m*
[2] (= *con artist*) estafador(a) *m/f*; (= *card-sharp*) fullero/a *m/f*, tramposo/a *m/f*

**sharp-edged** ['ʃɑ:p'edʒd] ADJ afilado, de filo cortante

**sharpen** ['ʃɑ:pən] Ⓐ VT [1] (= *make sharp*) [+ *tool, blade*] afilar; [+ *pencil*] sacar punta a, afilar; **to ~ sth to a point** afilar algo hasta sacarle punta
[2] (= *intensify, increase*) [+ *reactions*] agudizar; [+ *resolve*] aumentar; [+ *contrast*] marcar; [+ *appetite*] abrir; [+ *skills*] mejorar; **this will ~ awareness of other people's needs** esto hará que se tome más conciencia de las necesidades de los demás; **to ~ one's wits** espabilarse
[3] (= *make clearer*) [+ *image*] definir, hacer más nítido
Ⓑ VI [*voice*] volverse más agudo; [*desire*] avivarse; [*pain*] agudizarse

►**sharpen up** Ⓐ VT + ADV [+ *person*] espabilar; **to ~ up one's act** enmendarse
Ⓑ VI + ADV [*person*] espabilarse

**sharpener** ['ʃɑ:pnəʳ] N (*for pencil*) sacapuntas *m inv*; (*for knife*) afilador *m*

**sharper** ['ʃɑ:pəʳ] N (= *con artist*) estafador(a) *m/f*; (= *card-sharp*) fullero/a *m/f*, tramposo/a *m/f*

**sharp-eyed** ['ʃɑ:p'aɪd] ADJ de vista aguda

**sharp-faced** ['ʃɑ:p'feɪst] ADJ, **sharp-featured** ['ʃɑ:p'fi:tʃəd] ADJ de facciones angulosas

**sharpish*** ['ʃɑ:pɪʃ] ADV (= *quickly*) rapidito*; **it needs to be ready ~** hay que hacerlo rapidito

**sharply** ['ʃɑ:plɪ] ADV [1] (= *abruptly*) [*fall, rise, turn, brake*] bruscamente; **the road turned ~ left** la carretera giraba bruscamente hacia la izquierda; **he drew in his breath ~** inspiró bruscamente
[2] (= *clearly*) marcadamente, claramente; **this attitude contrasts ~ with his caring image** esta actitud contrasta marcadamente *or* claramente con su imagen de hombre humanitario; **the party is ~ divided over this issue** el partido está claramente dividido con respecto a este asunto
[3] (= *brusquely*) con aspereza; **he spoke to me quite ~** me habló con bastante aspereza
[4] (= *severely*) [*criticize*] severamente, con dureza
[5] (= *hard*) fuertemente; **the ball struck him ~ on the head** la pelota le golpeó fuertemente en la cabeza

**sharpness** ['ʃɑ:pnɪs] N [1] [*of knife, point*] lo afilado; [*of edge*] lo afilado, lo cortante
[2] (= *abruptness*) [*of bend*] lo cerrado; [*of turn*] brusquedad *f*
[3] (= *clarity*) [*of outline, image*] nitidez *f*, definición *f*; [*of contrast*] lo marcado
[4] (= *keenness*) [*of mind*] perspicacia *f*, agudeza *f*; [*of reflexes*] rapidez *f*; **his eyes hadn't lost any of their ~** sus ojos no habían perdido nada de su agudeza
[5] (= *severity*) [*of pain*] agudeza *f*, intensidad *f*; [*of remark, tone*] aspereza *f*; [*of tongue*] mordacidad *f*; **there was a note of ~ in his voice** se notaba cierta aspereza en su tono; **there is a ~ in the air** empieza a notarse el frío
[6] [*of taste*] acidez *f*

**sharpshooter** ['ʃɑ:pˌʃu:təʳ] N (*esp US*) tirador(a) *m/f* de primera

**sharp-sighted** ['ʃɑ:p'saɪtɪd] ADJ = **sharp-eyed**

**sharp-tempered** [ˌʃɑ:p'tempəd] ADJ de genio arisco

**sharp-tongued** ['ʃɑ:p'tʌŋd] ADJ de lengua mordaz

**sharp-witted** ['ʃɑ:p'wɪtɪd] ADJ perspicaz, despabilado

**shat**** [ʃæt] PT, PP *of* **shit**

**shatter** ['ʃætəʳ] Ⓐ VT [1] (= *break*) romper en pedazos *or* añicos, hacer pedazos *or* añicos
[2] (*fig*) **to ~ sb's health/hopes** quebrantar la salud/frustrar las esperanzas de algn; **I was ~ed to hear it** al saberlo quedé estupefacto; **she was ~ed by his death** su muerte la dejó destrozada
Ⓑ VI [1] (= *break*) hacerse pedazos, hacerse añicos
[2] (*fig*) [*health*] quebrantarse; [*hopes*] frustrarse

**shattered** ['ʃætəd] ADJ [1] (*) (= *exhausted*) hecho polvo*
[2] (= *grief-stricken*) trastornado, destrozado; (= *aghast, overwhelmed*) abrumado, confundido

**shattering** ['ʃætərɪŋ] ADJ [*attack, defeat*] aplastante; [*experience, news*] pasmoso; **it was a ~ blow to his hopes** deshizo sus esperanzas

**shatterproof** ['ʃætəpru:f] ADJ inastillable

**shave** [ʃeɪv] (*vb: pt* **shaved**; *pp* **shaved**, **shaven**)
Ⓐ N **to have a ~** afeitarse, rasurarse (*esp LAm*); **to have a close** *or* **narrow ~** (*fig*) salvarse de milagro *or* por los pelos; **that was a close ~!** ¡qué poco le ha faltado!, ¡(ha sido) por los pelos!
Ⓑ VT [+ *person, face*] afeitar, rasurar (*esp LAm*); [+ *wood*] cepillar; (*fig*) (= *skim, graze*) pasar rozando; **to ~ (off) one's beard** afeitarse la barba; **to ~ one's legs** afeitarse las piernas
Ⓒ VI [*person*] afeitarse, rasurarse (*esp LAm*)

►**shave off** VT + ADV **to ~ off one's beard** afeitarse la barba

**shaven** ['ʃeɪvn] Ⓐ PP (††) *of* **shave**
Ⓑ ADJ afeitado

**shaver** ['ʃeɪvəʳ] N [1] (*electric*) máquina *f* de afeitar, rasuradora *f* eléctrica (*LAm*)
[2] **young ~*†** muchachuelo *m*, rapaz *m*, chaval* *m*

**Shavian** ['ʃeɪvɪən] ADJ shaviano, típico de G. B. Shaw

**shaving** ['ʃeɪvɪŋ] Ⓐ N [1] (= *act of shaving*) afeitado *m*; **~ is a nuisance** afeitarse es una lata
[2] (= *piece of wood, metal etc*) viruta *f*
Ⓑ CPD ► **shaving brush** N brocha *f* de afeitar ► **shaving cream** N crema *f* de afeitar ► **shaving foam** N espuma *f* de afeitar ► **shaving lotion** N loción *f* para el afeitado ► **shaving mirror** N espejo *m* de tocador (de aumento) ► **shaving soap** N jabón *m* de afeitar ► **shaving stick** N barra *f* de jabón de afeitar

**shawl** [ʃɔ:l] N chal *m*, rebozo *m* (*LAm*)

**shawm** [ʃɔ:m] N chirimía *f*

**she** [ʃi:] Ⓐ PERS PRON [1] (*emphatic, to avoid ambiguity*) ella; **we went to the cinema but ~ didn't** nosotros fuimos al cine pero ella no; **it's ~ who ...** es ella quien ...; **you've got more money than ~ has** tienes más dinero que ella

*Don't translate the subject pronoun when not emphasizing or clarifying:*

**~'s very nice** es muy maja; **~'s a teacher** es profesora
[2] (*frm*) **~ who wishes to ...** quien desee ..., la que desee ...
Ⓑ N **it's a ~** (= *animal*) es hembra; (= *baby*) es una niña
Ⓒ CPD ► **she-bear** N osa *f* ► **she-cat** N gata *f*

**sheaf** [ʃi:f] N (*pl* **sheaves**) (*Agr*) gavilla *f*; [*of arrows*] haz *m*; [*of papers*] fajo *m*, manojo *m*

**shear** [ʃɪəʳ] (*pt* **sheared**; *pp* **sheared**, **shorn**) Ⓐ VT [+ *sheep*] esquilar; **to be shorn of sth** (*fig*) quedar pelado de algo, quedar sin algo
Ⓑ VI (= *give way*) partirse, romperse

►**shear off** Ⓐ VT + ADV cortar; **the machine ~ed off two fingers** la máquina le cortó *or* (*frm*) cercenó dos dedos
Ⓑ VI + ADV (= *break off*) partirse, romperse

►**shear through** VI + PREP cortar

**shearer** ['ʃɪərəʳ] N esquilador(a) *m/f*

**shearing** ['ʃɪərɪŋ] Ⓐ N esquileo *m*; **shearings** lana *fsing* esquilada
Ⓑ CPD ► **shearing machine** N esquiladora *f*

**shears** [ʃɪəz] NPL (*for sheep*) tijeras *fpl* de esquilar; (*for hedges*) tijeras *fpl* de podar; (*for metals*) cizalla *fsing*

**shearwater** ['ʃɪəˌwɔ:təʳ] N pardela *f*

**sheath** [ʃi:θ] Ⓐ N (*pl* **sheaths** [ʃi:ðz]) [1] (*for sword*) vaina *f*, funda *f*
[2] (*around cable*) cubierta *f*
[3] (*Bio*) vaina *f*
[4] (= *contraceptive*) preservativo *m*
Ⓑ CPD ► **sheath dress** N vestido *m* tubo ► **sheath knife** N cuchillo *m* de monte

**sheathe** [ʃi:ð] VT envainar, enfundar (**in** en)

**sheathing** ['ʃi:ðɪŋ] N revestimiento *m*, cubierta *f*

**sheaves** [ʃi:vz] NPL *of* **sheaf**

**Sheba** ['ʃi:bə] N Sabá; **Queen of ~** reina *f* de Sabá

**shebang*** [ʃə'bæŋ] N **the whole ~** (= *the whole thing*) todo el tinglado*

**shebeen** [ʃɪ'bi:n] N (*Irl, South Africa*) bar *m* clandestino

**shed**[1] [ʃed] (*pt, pp* **shed**) VT [1] (= *get rid of*) [+ *clothes, fur, leaves, skin*] despojarse de; [+ *jobs*] suprimir, recortar; **our dog ~s hair all over the carpet** nuestro perro va soltando pelo por toda la moqueta; **to ~ one's clothes** desvestirse, quitarse la ropa, despojarse de la ropa (*frm*); **the roof is built to ~ water** el techo está construido para que el agua no quede en él; **the lorry ~ its load** la carga cayó del camión; **to ~ one's inhibitions** desinhibirse
[2] [+ *tears, blood*] derramar; **the ~ding of innocent blood** el derramamiento de sangre inocente; **those heroes that ~ their blood in the cause of freedom** aquellos héroes que entregaron sus vidas en pro de la libertad
[3] (= *send out*) [+ *warmth*] dar; [+ *light*] echar; **✦IDIOM to ~ light on sth** (*fig*) arrojar luz sobre algo

**shed**[2] [ʃed] N (*in garden*) cobertizo *m*, galpón *m* (*S. Cone*); (*for cattle*) establo *m*; (*Ind, Rail*) nave *f*

**she'd** [ʃi:d] = **she would, she had**

**sheen** [ʃi:n] N brillo *m*, lustre *m*

**sheeny** ['ʃi:nɪ] ADJ brillante, lustroso

**sheep** [ʃi:p] Ⓐ N (*pl inv*) oveja *f*; **✦IDIOMS to be the black ~ of the family** ser la oveja negra de la familia; **to make ~'s eyes at sb** mirar a algn con ojos de cordero; **we must sort**

**out** *or* **separate the ~ from the goats** tenemos que apartar *or* separar el grano de la paja
Ⓑ CPD ► **sheep dip** N (baño *m*) desinfectante *m* para ovejas ► **sheep farm** N granja *f* de ovejas, granja *f* ovina, granja *f* de ganado lanar ► **sheep farmer** N criador(a) *m/f* de ganado lanar, ganadero/a *m/f* de ovejas ► **sheep farming** N ganadería *f* ovina *or* lanar, cría *f* de ganado ovino *or* lanar ► **sheep run** N pasto *m* de ovejas, dehesa *f* de ovejas ► **sheep track** N cañada *f* (de pastoreo) ► **sheep worrying** N acoso *m* de ovejas

**sheepdog** [ˈʃi:pdɒg] N perro *m* pastor

**sheepfold** [ˈʃi:pfəuld] N redil *m*, aprisco *m*

**sheepish** [ˈʃi:pɪʃ] ADJ avergonzado

**sheepishly** [ˈʃi:pɪʃlɪ] ADV avergonzadamente

**sheepishness** [ˈʃi:pɪʃnɪs] N vergüenza *f*

**sheepmeat** [ˈʃi:pmi:t] N carne *f* de oveja

**sheepshearer** [ˈʃi:pˌʃɪərəʳ] N [1] (= *person*) esquilador(a) *m/f*
[2] (= *machine*) esquiladora *f*

**sheepskin** [ˈʃi:pskɪn] N piel *f* de carnero

**sheepwalk** [ˈʃi:pwɔ:k] N = **sheep run**

**sheer**[1] [ʃɪəʳ] Ⓐ ADJ (*compar* **sheerer**; *superl* **sheerest**) [1] (= *absolute*) puro, absoluto; **by ~ accident** ◊ **by ~ chance** de pura casualidad; **in ~ desperation** en último extremo; **by ~ hard work** gracias simplemente al trabajo; **the ~ impossibility of ...** la total imposibilidad de ...; → PURE
[2] (= *transparent*) transparente, fino
[3] (= *precipitous*) escarpado
Ⓑ ADV **it falls ~ to the sea** baja sin obstáculo alguno hasta el mar; **it rises ~ for 100 metres** se levanta verticalmente unos 100 metros

►**sheer off** VI + ADV (*Naut*) [*ship*] desviarse; (*fig*) largarse

**sheer**[2] [ʃɪəʳ] VI **to ~ away from a topic** desviarse de un tema, evitar hablar de un tema

**sheet** [ʃi:t] Ⓐ N [1] (*also* **bedsheet**) sábana *f*
[2] [*of metal, glass, plastic*] lámina *f*
[3] [*of paper*] hoja *f*; [*of labels, stamps, stickers*] pliego *m*, hoja *f*; **an information ~** una hoja informativa; ✦*IDIOM* **to start again with a clean ~** hacer borrón y cuenta nueva
[4] [*of ice, water*] capa *f*; **a ~ of flame** una cortina de fuego; **the rain was coming down in ~s** estaba cayendo una cortina de agua *or* lluvia, llovía a mares
[5] (*Naut*) escota *f*
[6] (*Press*) periódico *m*
[7] ✦*IDIOM* **to keep a clean ~** (*Brit Ftbl*) mantener la portería imbatida, no encajar ningún gol
Ⓑ CPD ► **sheet anchor** N (*Naut*) ancla *f* de la esperanza ► **sheet bend** N nudo *m* de escota, vuelta *f* de escota ► **sheet feed** N alimentador *m* de papel ► **sheet ice** N capa *f* de hielo ► **sheet lightning** N fucilazo *m* ► **sheet metal** N metal *m* en lámina ► **sheet music** N hojas *fpl* de partitura

**sheeting** [ˈʃi:tɪŋ] N (= *cloth*) lencería *f* para sábanas; (= *metal*) laminado *m* metálico, chapa *f* metálica

**sheik(h)** [ʃeɪk] N jeque *m*

**sheik(h)dom** [ˈʃeɪkdəm] N reino *m* *or* territorio *m* de un jeque

**shekel** [ˈʃekl] N (*Hist, Bible etc*) siclo *m*; **shekels*** pasta* *fsing*, parné‡ *msing*

**sheldrake** [ˈʃeldreɪk] N, **shelduck** [ˈʃeldʌk] N tadorna *f*

**shelf** [ʃelf] Ⓐ N (*pl* **shelves**) [1] (*fixed to wall, in shop*) estante *m*, balda *f*; (*in cupboard*) tabla *f*, anaquel *m*; (*in oven*) parrilla *f*; **to buy a product off the ~** comprar un producto ya hecho; ✦*IDIOM* **to be (left) on the ~** [*proposal etc*] quedar arrinconado; (*) [*woman*] quedarse para vestir santos
[2] (= *edge*) (*in rock face*) saliente *m*; (*underwater*) plataforma *f*
Ⓑ CPD ► **shelf life** N (*Comm*) tiempo *m* de durabilidad antes de la venta; ✦*IDIOM* **most pop stars have a very short ~ life** la mayoría de las estrellas del pop son flor de un día *or* tienen una carrera efímera ► **shelf mark** N (*in library*) código *m* ► **shelf space** N cantidad *f* de estanterías (*para exponer la mercancía*)

**she'll** [ʃi:l] = **she will, she shall**

**shell** [ʃel] Ⓐ N [1] [*of egg, nut*] cáscara *f*; [*of tortoise, turtle*] caparazón *m*, carapacho *m*; [*of snail, shellfish*] concha *f*, caracol *m* (*LAm*); [*of pea*] vaina *f*; [*of coconut*] cáscara *f* leñosa; ✦*IDIOMS* **to come out of one's ~** (*fig*) salir del caparazón *or* (*LAm*) carapacho; **to crawl** *or* **go into one's ~** (*fig*) encerrarse *or* meterse en su concha, encerrarse *or* meterse en su caparazón
[2] [*of building, vehicle, ship*] armazón *m or f*, casco *m*
[3] (= *artillery round*) obús *m*, proyectil *m*; (*US*) [*of shotgun*] cartucho *m*
[4] (*Culin*) [*of pie, flan*] masa *f*
Ⓑ VT [1] [+ *peas*] pelar, desvainar; [+ *nuts*] pelar, descascarar; [+ *mussels, cockles*] quitar la concha a; [+ *prawns*] pelar; [+ *eggs*] quitar la cáscara a; **~ed prawns** gambas *fpl* peladas; ✦*IDIOM* **it's like** *or* **as easy as ~ing peas** es pan comido, es coser y cantar
[2] (*Mil*) bombardear
Ⓒ CPD ► **shell game** N (*US*) (*lit*) (= *trick*) *juego consistente en adivinar en cuál de tres cubiletes se esconde un objeto*, triles‡ *fpl*; (*fig*) (= *fraud*) artimaña *f* ► **shell hole** N *hoyo que forma un obús al explotar* ► **shell shock** N neurosis *f inv* de guerra ► **shell suit** N *tipo de chandal*

►**shell out*** Ⓐ VI + ADV (= *pay*) soltar el dinero
Ⓑ VT + ADV [+ *money*] desembolsar; **to ~ out for sth** desembolsar para pagar algo

**shellac** [ʃəˈlæk] N goma *f* (laca *f*)

**shelled** [ʃeld] ADJ **~ nuts** nueces *fpl* sin cáscara

**shellfire** [ˈʃelˌfaɪəʳ] N = **shelling**

**shellfish** [ˈʃelfɪʃ] N (*pl* **shellfish**) (*Zool*) crustáceo *m*; (*as food*) marisco(s) *m(pl)*

**shelling** [ˈʃelɪŋ] N bombardeo *m*

**shellproof** [ˈʃelpru:f] ADJ a prueba de bombas

**shell-shocked** [ˈʃelʃɒkt] ADJ que padece neurosis de guerra

**shelter** [ˈʃeltəʳ] Ⓐ N [1] (= *protection*) protección *f*, refugio *m*; **there was no ~ from the rain/sun** no había dónde protegerse de la lluvia/del sol; **to seek ~ (from)** (*rain, sun*) buscar dónde protegerse (de); (*persecution*) buscar dónde refugiarse (de); **to take ~** refugiarse, guarecerse; **we took ~ from the storm in a cave** nos refugiamos *or* nos cobijamos de la tormenta en una cueva
[2] (= *accommodation*) alojamiento *m*; **to seek ~ for the night** buscar dónde pasar la noche
[3] (= *construction*) (*on mountain*) refugio *m*, albergue *m*; (*for homeless people, battered women*) refugio *m*, centro *m* de acogida; **bus ~** marquesina *f* de autobús; **air-raid ~** refugio *m* antiaéreo
Ⓑ VT [1] (= *protect*) proteger (**from** de); **a spot ~ed from the wind** un sitio protegido *or* al abrigo del viento
[2] (*fig*) proteger (**from** de); **you can't ~ your children from the outside world forever** no se puede proteger a nuestros hijos del mundo exterior eternamente
[3] (= *hide*) [+ *fugitive, criminal*] esconder, ocultar, dar asilo a
Ⓒ VI refugiarse, guarecerse (**from** de); **to ~ from the rain** refugiarse *or* guarecerse de la lluvia; **to ~ behind sth** (*fig*) escudarse en *or* tras algo, ampararse en algo

**sheltered** [ˈʃeltəd] ADJ [*harbour, valley, garden*] protegido; [*industry*] protegido (contra la competencia extranjera); **a ~ environment** (*fig*) un ambiente protegido; **~ housing** residencia *f* vigilada (*para ancianos*); **she has led a very ~ life** ha tenido una vida muy protegida

**shelve** [ʃelv] Ⓐ VT (= *postpone*) dar carpetazo a
Ⓑ VI (= *slope away*) formar declive

**shelves** [ʃelvz] NPL *of* **shelf**

**shelving** [ˈʃelvɪŋ] N estantería *f*

**shemozzle*** [ʃəˈmɒzl] N (*Brit*) (= *confusion*) lío* *m*; (= *dispute*) bronca *f*, follón* *m*

**shenanigans*** [ʃəˈnænɪgənz] NPL (= *trickery*) chanchullos* *mpl*; (= *mischief*) correrías* *fpl*, travesuras *fpl*; (= *rowdy fun*) bromas *fpl*

**shepherd** [ˈʃepəd] Ⓐ N [1] pastor *m*; **the Good Shepherd** el Buen Pastor
[2] (*also* **~ dog**) perro *m* pastor
Ⓑ VT **to ~ children across a road** llevar niños a través de una calle, cruzar a los niños la calle; **to ~ sb in/out** acompañar a algn al entrar/salir; **to ~ sb around** hacer de guía para algn
Ⓒ CPD ► **shepherd boy** N zagal *m* ► **shepherd's pie** N pastel *m* de carne con patatas

**shepherdess** [ˈʃepədɪs] N pastora *f*, zagala *f*

**sherbert** [ˈʃɜ:bɜ:t] N = **sherbet**

**sherbet** [ˈʃɜ:bət] N [1] (*Brit*) (= *powder*) polvos *mpl* azucarados
[2] (*US*) (= *water ice*) sorbete *m*

**sherd** [ʃɜ:d] N = **shard**

**sheriff** [ˈʃerɪf] N (*in US*) alguacil *m*, sheriff *m*; (*in England*) gobernador *m* civil; (*in Scotland*) juez *mf*

**Sherpa** [ˈʃɜ:pə] N (*pl* **Sherpas** *or* **Sherpa**) sherpa *mf*

**sherry** [ˈʃerɪ] N jerez *m*

**she's** [ʃi:z] = **she is, she has**

**Shetland** [ˈʃetlənd] Ⓐ N las Islas Shetland
Ⓑ CPD ► **the Shetland Islands, the Shetland Isles, the Shetlands** NPL las Islas Shetland ► **Shetland pony** N pony *m* de (las) Shetland ► **Shetland wool** N lana *f* de las Shetland

**shew††** [ʃəu] VTI = **show**

**shewn††** [ʃəun] PP *of* **show**

**shhh** [ʃ:] EXCL ¡chitón!

**Shia, Shiah** [ˈʃi:ə] Ⓐ N [1] (= *doctrine*) chiísmo *m*
[2] (= *follower*) (*also* **~ Muslim**) chiíta *mf*
Ⓑ ADJ chiíta

**shiatsu** [ʃi:ˈætsu:] N shiatsu *m*, digitopuntura *f*

**shibboleth** [ˈʃɪbəleθ] N (*Bible*) lema *m*, santo *m* y seña; (*fig*) dogma *m* hoy desacreditado, doctrina *f* que ha quedado anticuada

**shield** [ʃi:ld] Ⓐ N [1] (*armour*) (*also Her*) escudo *m*; (*Tech*) (*on machine etc*) blindaje *m*, capa *f* protectora
[2] (*US*) (= *badge*) [*of policeman*] placa *f*
Ⓑ VT proteger; **to ~ sb from sth** proteger a algn de algo; **to ~ one's eyes** taparse los ojos

**shieling** [ˈʃi:lɪŋ] N (*Scot*) (= *pasture*) pasto *m*, prado *m*; (= *hut*) choza *f*, cabaña *f*

**shift** [ʃɪft] Ⓐ N [1] (= *change*) cambio *m*; **there has been a ~ in attitudes on the part of consumers** ha habido un cambio de actitud por parte de los consumidores; **a ~ in weather patterns** un cambio en el comportamiento del tiempo; **there was a ~ in the wind** el viento cambió de dirección, se produjo un

cambio de dirección del viento; **the ~ to a market economy** la transición hacia una economía de mercado; **some have problems making the ~ from one culture to another** algunos tienen problemas al hacer el cambio de una cultura a otra; **✦IDIOM to make ~ with/without sth** arreglárselas con/sin algo
[2] (= *period of work*) turno *m*; (= *group of workers*) tanda *f*; **day/night ~** turno *m* de día/noche; **to work (in) ~s** trabajar por turnos; **I work an eight-hour ~** trabajo *or* hago turnos de ocho horas
[3] (*US Aut*) (= *gear shift*) palanca *f* de cambio
[4] (= *dress*) vestido *m* suelto; (= *undergarment*) combinación *f*, viso *m*
[5] (*Geol*) desplazamiento *m*
Ⓑ VT [1] (= *change*) [+ *opinion, tactics, policy*] cambiar; **the result ~ed the balance of power in their favour** el resultado cambió el equilibrio político *or* inclinó la balanza del poder a su favor; **to ~ one's ground** cambiar de opinión *or* parecer; **to ~ one's position** cambiar de postura
[2] (= *transfer*) **she ~ed her weight to the other leg** cambió el peso a la otra pierna, volcó su peso sobre la otra pierna; **voters ~ed their allegiance** los votantes trasladaron su lealtad a otro partido; **to ~ the blame onto sb else** cargar a otro con la culpa, echar la culpa a otro; **they're trying to ~ the blame** intentan cargar a otro con la culpa, intentan echar *or* pasar la culpa a otro; **he ~ed his gaze to me** pasó a fijarse en mí
[3] (= *move*) mover; **he ~ed the chair closer to the bed** movió la silla acercándola a la cama; **to ~ scenery** (*Theat*) cambiar el decorado; **~ yourself!*** ¡quítate del medio *or* de en medio!, ¡muévete!
[4] (= *sell*) [+ *stock*] deshacerse de, vender
[5] (= *get rid of*) [+ *cold*] quitarse (de encima); [+ *stain*] quitar
[6] (*US Aut*) [+ *gear*] cambiar de
Ⓒ VI [1] (= *move*) [*person*] moverse; [*load, cargo*] correrse; **he ~ed uncomfortably in his seat** se removía incómodo en la silla; **she ~ed from one foot to the other** cambiaba de un pie a otro
[2] (= *change, transfer*) [*wind*] cambiar de dirección; [*attitudes, mood*] cambiar; **world attention has ~ed away from China** el foco de atención mundial se ha alejado de China; **the emphasis now has ~ed to preventive medicine** ahora se hace más hincapié en la medicina preventiva; **the scene ~s to Burgos** la escena se traslada a Burgos; **we couldn't get him to ~** no logramos hacerle cambiar de actitud
[3] (*) (= *move quickly*) volar; **that car was really ~ing** ¡ese coche corría que volaba *or* que se las pelaba!*
[4] (*US Aut*) **to ~ into high/low gear** cambiar a una velocidad más alta/baja; **the presidential campaign has ~ed into high gear** la campaña por la presidencia se ha acelerado
[5] **to ~ for o.s.** arreglárselas solo
Ⓓ CPD ► **shift key** N tecla *f* de mayúsculas ► **shift lock** N tecla *f* de bloqueo de mayúsculas (*Sp*), tecla *f* fijamayúsculas (*LAm*) ► **shift system** N [*of work*] sistema *m* de turnos ► **shift register** N registro *m* de desplazamiento ► **shift work** N trabajo *m* por turnos ► **shift worker** N trabajador(a) *m/f* por turnos

►**shift along** VI + ADV = **shift over**

►**shift around, shift about** Ⓐ VI + ADV **his men ~ed around nervously** sus hombres se movían nerviosos de un lado para otro
Ⓑ VT + ADV [+ *objects*] mover, cambiar de sitio

►**shift over*** VI + ADV correrse; **can you ~ over a bit?** ¿puedes correrte un poco a ese lado?

►**shift up** = **shift over**

**shiftily** [ˈʃɪftɪlɪ] ADV furtivamente, sospechosamente

**shiftiness** [ˈʃɪftɪnɪs] N [*of person, behaviour*] lo sospechoso; [*of look*] lo furtivo

**shifting** [ˈʃɪftɪŋ] ADJ [*sand*] movedizo; [*winds*] cambiante; [*values, attitudes*] cambiante; **his constantly ~ moods** sus cambios de humor constantes

**shiftless** [ˈʃɪftlɪs] ADJ holgazán, perezoso, flojo (*esp LAm*)

**shiftlessness** [ˈʃɪftlɪsnɪs] N holgazanería *f*, pereza *f*, flojera (*esp LAm*) *f*

**shifty** [ˈʃɪftɪ] ADJ (*compar* **shiftier**; *superl* **shiftiest**) [*look*] furtivo; [*person, behaviour*] sospechoso

**shifty-eyed** [ˈʃɪftɪˈaɪd] ADJ de mirada furtiva

**Shiite, Shi'ite** [ˈʃiːaɪt] Ⓐ N chiíta *mf*
Ⓑ ADJ chiíta

**shillelagh** [ʃəˈleɪlə, ʃəˈleɪlɪ] N (*Irl*) cachiporra *f*

**shilling** [ˈʃɪlɪŋ] N (*Brit*) chelín *m*

**shilly-shally** [ˈʃɪlɪˌʃælɪ] VI vacilar, titubear

**shilly-shallying** [ˈʃɪlɪˌʃælɪɪŋ] N vacilación *f*, titubeos *mpl*

**shimmer** [ˈʃɪməʳ] Ⓐ N luz *f* trémula, brillo *m*
Ⓑ VI rielar, relucir

**shimmering** [ˈʃɪmərɪŋ] ADJ, **shimmery** [ˈʃɪmərɪ] ADJ reluciente

**shimmy** [ˈʃɪmɪ] N [1] (= *dance*) shimmy *m*
[2] (*Aut*) (= *vibration*) vibraciones *fpl*
[3] (= *chemise*) camisa *f* (*de mujer*)

**shin** [ʃɪn] Ⓐ N espinilla *f*; (*Brit*) [*of meat*] jarrete *m*
Ⓑ VI **to ~ up/down a tree** trepar a/bajar de un árbol

**shinbone** [ˈʃɪnbəʊn] N tibia *f*

**shindig‡** [ˈʃɪndɪg] N juerga* *f*, guateque *m*

**shindy‡** [ˈʃɪndɪ] N (= *noise*) conmoción *f*, escándalo *m*; (= *brawl*) jaleo *m*, bronca *f*; **✦IDIOM to kick up a ~** armar un jaleo *or* una bronca

**shine** [ʃaɪn] (*vb: pt, pp* **shone**) Ⓐ N (= *brilliance*) brillo *m*, lustre *m*; **to give sth a ~** sacar brillo a algo; **to take the ~ off sth** (*lit*) deslustrar algo; (*fig*) deslucir algo, quitar a algo su encanto; **✦IDIOM come rain or ~** haga el tiempo que haga; **to take a ~ to sb*** tomar simpatía por algn
Ⓑ VT [1] (*pt, pp* **shined**) (= *polish*) sacar brillo a, pulir
[2] **to ~ a light on sth** echar luz sobre algo
Ⓒ VI [1] [*sun, light etc*] brillar; [*metal*] relucir; **the sun is shining** brilla el sol; **the metal shone in the sun** el metal relucía al sol; **her face shone with happiness** su cara irradiaba felicidad
[2] (*fig*) [*student etc*] destacar, sobresalir; **to ~ at English** destacar *or* sobresalir en inglés

►**shine down** VI + ADV [*sun, moon, stars*] brillar

**shiner*** [ˈʃaɪnəʳ] N (= *black eye*) ojo *m* a la funerala

**shingle** [ˈʃɪŋgl] N [1] (*on beach*) guijarros *mpl*
[2] (*on roof*) tablilla *f*
[3] (*US*) (= *signboard*) placa *f*; **to hang out one's ~** (*fig*) montar *or* abrir la oficina
[4] (†) (= *hairstyle*) corte *m* a lo garçon

**shingles** [ˈʃɪŋglz] NPL (*Med*) herpes *msing* (zoster)

**shingly** [ˈʃɪŋglɪ] ADJ guijarroso

**shinguard** [ˈʃɪngɑːd] N espinillera *f*

**shininess** [ˈʃaɪnɪnɪs] N brillo *m*

**shining** [ˈʃaɪnɪŋ] ADJ [*surface, light*] brillante; [*face*] radiante; [*hair*] brillante, lustroso; [*eyes*] brillante, chispeante; **✦IDIOM a ~ example** un ejemplo perfecto

**shinpad** [ˈʃɪnpæd] N espinillera *f*

**Shintoism** [ˈʃɪntəʊɪzəm] N sintoísmo *m*

**shinty** [ˈʃɪntɪ] N (*Scot*) *especie de hockey*

**shiny** [ˈʃaɪnɪ] ADJ (*compar* **shinier**; *superl* **shiniest**) brillante

**ship** [ʃɪp] Ⓐ N [1] (= *sea-going vessel*) (*gen*) barco *m*; (*for carrying cargo*) (*also Mil*) buque *m*, navío *m*; **Her** *or* **His Majesty's Ship Victory** el buque *or* navío Victory de la Marina Real Británica; **to abandon ~** abandonar el barco; **on board ~** a bordo; **by ~** en barco, por barco; **the good ~ Beagle** el buque Beagle, el Beagle; **to jump ~** abandonar el barco, desertar; **to take ~ for** embarcarse para; **✦IDIOMS when my ~ comes in** (*fig*) cuando lleguen las vacas gordas; **~s that pass in the night** personas que pasan por la vida y desaparecen; **the ~ of the desert** (= *the camel*) el camello
[2] (= *aircraft, spacecraft*) nave *f*
Ⓑ VT [1] (= *transport*) enviar, consignar; **to ~ sth/sb in** traer algo/a algn; **to ~ sth/sb off** (*lit*) enviar algo/a algn; **he ~ped all his sons off to boarding school*** (*fig*) mandó a todos sus hijos a un internado; **to ~ sth/sb out** enviar algo/a algn; **a new engine had to be ~ped out to them** hubo que enviarles un nuevo motor
[2] (*Naut*) **we are ~ping water** estamos haciendo agua, nos está entrando agua
[3] [+ *oars*] desarmar
Ⓒ CPD ► **ship broker** N agente *mf* marítimo/a ► **ship canal** N canal *m* de navegación ► **ship chandler, ship's chandler** N proveedor *m* de efectos navales, abastecedor *m* de buques ► **ship's company** N tripulación *f* ► **ship's doctor** N médico *m* de a bordo ► **ship's manifest** N manifiesto *m* del buque ► **ship-to-shore radio** N radio *f* de barco a costa

**shipboard** [ˈʃɪpbɔːd] N **on ~** a bordo

**shipbreaker** [ˈʃɪpˌbreɪkəʳ] N desguazador *m*

**shipbuilder** [ˈʃɪpˌbɪldəʳ] N constructor(a) *m/f* de buques

**shipbuilding** [ˈʃɪpˌbɪldɪŋ] N construcción *f* marina

**shipload** [ˈʃɪpləʊd] N cargamento *m*

**shipmate** [ˈʃɪpmeɪt] N compañero/a *m/f* de tripulación

**shipment** [ˈʃɪpmənt] N (= *act*) transporte *m*, embarque *m*; (= *load*) consignación *f*; (= *quantity*) cargamento *m*, remesa *f*

**shipowner** [ˈʃɪpˌəʊnəʳ] N naviero/a *m/f*, armador(a) *m/f*

**shipper** [ˈʃɪpəʳ] N (= *company*) empresa *f* naviera

**shipping** [ˈʃɪpɪŋ] Ⓐ N [1] (= *ships*) barcos *mpl*, buques *mpl*; (= *fleet*) flota *f*; **a danger to ~** un peligro para la navegación
[2] (= *transporting*) transporte *m* (en barco), embarque *m*; (= *sending*) envío *m*
Ⓑ CPD ► **shipping agent** N agente *mf* marítimo/a ► **shipping company, shipping line** N compañía *f* naviera ► **shipping instructions** NPL instrucciones *fpl* de embarque ► **shipping lane** N ruta *f* de navegación

**shipshape** [ˈʃɪpʃeɪp] ADJ en buen orden; **all ~ and Bristol fashion** (*Brit*) todo limpio y en su sitio

**shipwreck** [ˈʃɪprek] Ⓐ N (= *event*) naufragio *m*; (= *wrecked ship*) buque *m* naufragado, nave *f* *or* embarcación *f* naufragada
Ⓑ VT **to be ~ed** naufragar; **~ed on a desert island** [*vessel*] naufragado en una isla desierta; [*person*] náufrago en una isla desierta; **a**

**~ed person** un náufrago; **a ~ed sailor** un marinero náufrago; **a ~ed vessel** un buque naufragado

**shipwright** ['ʃɪpraɪt] N carpintero *m* de navío

**shipyard** ['ʃɪpjɑːd] N astillero *m*

**shire** [ʃaɪəʳ] Ⓐ N (*Brit*) condado *m*
Ⓑ CPD ► **shire horse** N ≈ percherón/ona *m/f*

**shirk** [ʃɜːk] Ⓐ VT [+ *duty*] esquivar, zafarse de
Ⓑ VI gandulear

**shirker** ['ʃɜːkəʳ] N gandul(a) *m/f*, flojo/a *m/f* (*LAm*)

**shirr** [ʃɜːʳ] VT 1 (*Sew*) fruncir
2 (*US*) **~ed eggs** huevos *mpl* al plato

**shirring** ['ʃɜːrɪŋ] N (*Sew*) frunce *m*

**shirt** [ʃɜːt] Ⓐ N camisa *f*; ✦***IDIOMS*** **to put one's ~ on a horse** (*fig*) (*Betting*) apostarlo todo a un caballo; **keep your ~ on!*** (*fig*) ¡no te sulfures!*, ¡cálmate!
Ⓑ CPD ► **shirt button** N botón *m* de la camisa ► **shirt collar** N cuello *m* de camisa ► **shirt front** N pechera *f* ► **shirt pocket** N bolsillo *m* de la camisa ► **shirt sleeves** NPL **to be in (one's) ~ sleeves** estar en mangas de camisa ► **shirt tail** N faldón *m* (de camisa)

**shirtdress** ['ʃɜːtdres] N camisa *f* vestido

**shirtless** ['ʃɜːtlɪs] ADJ sin camisa, descamisado

**shirtwaist** ['ʃɜːtweɪst] N (*US*) blusa *f* (de mujer)

**shirty** ['ʃɜːtɪ] ADJ (*compar* **shirtier**; *superl* **shirtiest**) **he was pretty ~ about it*** no le gustó nada, no le cayó en gracia

**shish kebab** ['ʃiːʃkə'bæb] N = **kebab**

**shit**** [ʃɪt] (*vb: pt, pp* **shit** *or* **shat**) Ⓐ N 1 (= *excrement*) mierda** *f*; **to have** *or* **take a ~** cagar**; **to have the ~s** tener el vientre descompuesto; **~!** ¡mierda!**, ¡joder!**, ¡carajo! (*esp LAm***); **tough ~!** ¡mala suerte!; ✦***IDIOM*** **to beat the ~ out of sb** darle hostias a algn*, hostiar a algn*; *see also* **fan A**
2 (= *trouble*) **to be in the ~** estar bien jodido(s)**; **he landed us in the ~** nos dejó bien jodidos**
3 (= *nonsense*) gilipolleces** *fpl*; ✦***IDIOM*** **no ~?** (= *seriously?*) ¡no (me) jodas!**, ¿de verdad?
4 (= *stuff*) mierdas** *fpl*, historias* *fpl*, cosas *fpl*
5 (= *person*) mierda** *mf*
Ⓑ VI cagar**
Ⓒ VT cagar**; **to ~ o.s.** cagarse**; ✦***IDIOM*** **to ~ bricks** (*from fear*) cagarse de miedo**

**shite**** [ʃaɪt] N (*Brit*) = **shit**

**shitlist**** ['ʃɪtlɪst] N lista *f* negra

**shitty**** ['ʃɪtɪ] ADJ (*compar* **shittier**; *superl* **shittiest**) 1 (*lit*) lleno de mierda**
2 (*fig*) (= *crappy*) de mierda**

**shiver¹** ['ʃɪvəʳ] Ⓐ N (*with cold*) tiritón *m*; [*of horror etc*] escalofrío *m*; **it sent ~s down my spine** me dio escalofríos; **it gives me the ~s** (*fear*) me da horror; **to get the ~s** (*fear*) aterrorizarse, sentir escalofríos de miedo
Ⓑ VI (*with cold*) tiritar; (*with emotion*) temblar, estremecerse

**shiver²** ['ʃɪvəʳ] Ⓐ VT (= *break*) romper, hacer añicos
Ⓑ VI romperse, hacerse añicos

**shivery** ['ʃɪvərɪ] ADJ (= *feverish*) destemplado; (= *shaking*) estremecido; (= *sensitive to cold*) friolero, friolento (*LAm*)

**shoal¹** [ʃəʊl] N [*of fish*] banco *m*

**shoal²** [ʃəʊl] N (= *sandbank etc*) banco *m* de arena, bajío *m*, bajo *m*

**shock¹** [ʃɒk] Ⓐ N 1 (*emotional*) conmoción *f*, golpe *m*, impresión *f*; (= *start*) susto *m*; **the ~ killed him** la impresión le mató; **the ~ was too much for him** la impresión fue demasiado para él; **to come as a ~** resultar sorprendente *or* asombroso, causar estupefacción; **it comes as a ~ to hear that ...** resulta sorprendente *or* asombroso saber que ..., causa estupefacción saber que ...; **frankly, this has all come as a bit of a ~** con toda franqueza, para mí esto ha sido un duro golpe; **to get a ~** llevarse *or* pegarse un susto; **to give sb a ~** dar un susto a algn; **what a ~ you gave me!** ¡qué susto me diste!, ¡me has asustado!; **pale with ~** lívido del susto
2 (*lit*) (= *impact*) sacudida *f*; (*fig*) (= *shakeup*) choque *m*, sacudida *f*; **the ~ of the explosion was felt five miles away** la sacudida de la explosión se sintió a una distancia de cinco millas; **~ resistant** antichoque; **it was a ~ to the establishment** sacudió el sistema, fue un serio golpe para el sistema
3 (*Elec*) descarga *f*; **she got a ~ from the refrigerator** la nevera le dio una descarga *or* un calambre
4 (*Med*) shock *m*, postración *f* nerviosa; **to be suffering from ~ ◊ be in (a state of) ~** estar en estado de shock, padecer una postración nerviosa
5 **shocks*** (*Aut*) (*also* **~ absorbers**) amortiguadores *mpl*
Ⓑ VT 1 (= *startle*) sobresaltar, asustar; **to ~ sb into doing sth** dar una sacudida a algn para animarle a hacer algo
2 (= *affect emotionally*) (= *upset*) conmover, chocar; (= *offend*) escandalizar; **it ~s me that people are so narrow-minded** me choca que la gente sea tan cerrada; **easily ~ed** que se escandaliza por nada
Ⓒ VI causar escándalo, chocar; **this film is not intended to ~** esta película no pretende escandalizar a nadie
Ⓓ CPD ► **shock absorber** N (*Aut*) amortiguador *m* ► **shock tactics** NPL (*lit*) (*Mil*) táctica *fsing* de choque; (*fig*) provocación *f*; **to use ~ tactics** (*fig*) recurrir a la provocación, provocar ► **shock therapy, shock treatment** N (*Med*) (*also* **electric ~ treatment**) tratamiento *m* por electrochoque ► **shock troops** NPL guardias *mpl* de asalto ► **shock wave** N onda *f* de choque

**shock²** [ʃɒk] N (*also* **~ of hair**) mata *f* de pelo

**shock³** [ʃɒk] (*Agr*) Ⓐ N tresnal *m*, garbera *f*
Ⓑ VT poner en tresnales

**shockable** ['ʃɒkəbl] ADJ **she's very ~** se escandaliza por poca *or* por cualquier cosa

**shocked** [ʃɒkt] ADJ 1 (= *horrified*) espantado; (= *surprised*) estupefacto; **I was ~ at the verdict** el veredicto me dejó espantado; **don't look so ~!** ¡no pongas esa cara de sorpresa!; **there was a ~ silence** hubo un silencio de estupefacción; **the jury listened to the tape in ~ silence** el jurado escuchaba la cinta enmudecido por el espanto
2 (= *outraged, offended*) escandalizado; **~ listeners/viewers rang up in their thousands** miles de oyentes/espectadores llamaron escandalizados

**shocker*** ['ʃɒkəʳ] N 1 **it's a ~** es horrible, es un desastre; **he's a ~** es un sinvergüenza
2 (*Literat*) (= *cheap book*) novelucha *f*

**shock-headed** ['ʃɒk'hedɪd] ADJ melenudo

**shocking** ['ʃɒkɪŋ] Ⓐ ADJ 1 (= *extremely bad*) [*weather, performance, handwriting*] pésimo, espantoso; **she has ~ taste** tiene un pésimo gusto; **to be in a ~ state** estar en un pésimo estado, estar en un estado penoso
2 (= *appalling*) [*news, sight, murder*] espeluznante, espantoso; **the ~ truth** la sobrecogedora verdad
3 (= *outrageous*) [*book, film, act*] escandaloso; **it was ~ how badly paid these young girls were** era de escándalo *or* era escandaloso lo mal que se pagaba a estas chicas; **it's ~ to think that ...** escandaliza pensar que ...
Ⓑ CPD ► **shocking pink** N rosa *m* estridente, rosa *m* fosforito

**shockingly** ['ʃɒkɪŋlɪ] ADV 1 (*with adj*) [*bad, expensive*] terriblemente
2 (*with verb*) [*behave*] terriblemente mal, fatal; [*age, change*] de manera espantosa

**shockproof** ['ʃɒkpruːf] ADJ [*watch*] antichoque; (*) (*fig*) [*person*] que no se escandaliza por nada

**shod** [ʃɒd] PT, PP *of* **shoe**

**shoddily** ['ʃɒdɪlɪ] ADV **~ made** chapucero, hecho chapuceramente; **~ built** mal hecho, mal construido; **she was very ~ treated by him** él la trató fatal

**shoddiness** ['ʃɒdɪnɪs] N [*of merchandise, product*] baja calidad *f*; [*of work, service*] chapucería *f*

**shoddy** ['ʃɒdɪ] Ⓐ ADJ (*compar* **shoddier**; *superl* **shoddiest**) [*merchandise, product*] de baja calidad, de pacotilla; [*work, service*] chapucero
Ⓑ N (= *cloth*) paño *m* burdo de lana; (= *wool*) lana *f* regenerada; (*as waste, fertilizer*) desechos *mpl* de lana

**shoe** [ʃuː] (*vb: pt, pp* **shod**) Ⓐ N 1 (= *footwear*) zapato *m*; (*for horse*) herradura *f*; **to put on one's ~s** ponerse los zapatos, calzarse (*frm*); **to take off one's ~s** quitarse los zapatos, descalzarse (*frm*); ✦***IDIOMS*** **I wouldn't like to be in his ~s** no quisiera estar en su lugar *or* pellejo; **if I were in your ~s** si yo estuviese en tu lugar, yo que tú; **to step into sb's ~s** pasar a ocupar el puesto de algn; **to be waiting for dead men's ~s** *esperar a que muera algn (para pasar luego a ocupar su puesto)*
2 (*Aut*) (*also* **brake ~**) zapata *f*
Ⓑ VT [+ *horse*] herrar
Ⓒ CPD ► **shoe box** N caja *f* de zapatos ► **shoe brush** N cepillo *m* para zapatos ► **shoe cream** N crema *f* de zapatos, crema *f* para el calzado ► **shoe leather** N cuero *m* para zapatos; ✦***IDIOM*** **to wear out one's ~ leather** gastarse el calzado; **I wore out a lot of ~ leather ◊ it cost me a lot in ~ leather** tuve que andar lo mío, tuve que recorrer mucho camino ► **shoe polish** N betún *m*, lustre *m* (*LAm*) ► **shoe repairer** N zapatero/a *m/f* remendón/ona ► **shoe repairs** NPL reparación *fsing* de zapatos, reparación *fsing* de calzado ► **shoe shop** N zapatería *f*

**shoeblack**† ['ʃuːblæk] N limpiabotas *mf inv*, lustrabotas *mf inv* (*LAm*)

**shoeblacking** ['ʃuː,blækɪŋ] N betún *m*, lustre *m* (*LAm*)

**shoehorn** ['ʃuːhɔːn] N calzador *m*

**shoelace** ['ʃuːleɪs] N cordón *m*, pasador *m* (*Andes*)

**shoemaker** ['ʃuː,meɪkəʳ] N zapatero/a *m/f*

**shoeshine** ['ʃuːʃaɪn] Ⓐ N **to have a ~** hacerse limpiar los zapatos
Ⓑ CPD ► **shoeshine boy, shoeshine man** N limpiabotas *m inv*, lustrabotas *m inv* (*LAm*), bolero *m* (*Mex*), embolador *m* (*Col*)

**shoestring** ['ʃuːstrɪŋ] Ⓐ N (*US*) cordón *m*, lazo *m*; ✦***IDIOM*** **to do sth on a ~** hacer algo con muy poco dinero; **to live on a ~** vivir muy justo
Ⓑ CPD ► **shoestring budget** N presupuesto *m* muy limitado

**shoetree** ['ʃuːtriː] N horma *f*

**shone** [ʃɒn] PT, PP *of* **shine**

**shoo** [ʃuː] Ⓐ EXCL ¡fuera!, ¡zape!, ¡ándale! (*Mex*)
Ⓑ VT (*also* **~ away, ~ off**) ahuyentar, espantar

**shoo-in*** [ˈʃuːɪn] N (*US*) **it's a ~** es cosa de coser y cantar; **he's a ~ for the presidency** es el favorito para hacerse con la presidencia, es el más firme candidato a la presidencia

**shook** [ʃʊk] PT *of* **shake**

**shoot** [ʃuːt] (*vb: pt, pp* **shot**) Ⓐ N [1] (*Bot*) brote *m*, retoño *m*
[2] (*Cine*) rodaje *m*; (*Phot*) sesión *f* fotográfica
[3] (= *shooting party*) cacería *f*, partida *f* de caza; (= *preserve*) coto *m* de caza, vedado *m* de caza; (= *competition*) concurso *m* de tiro al blanco, certamen *m* de tiro al blanco
Ⓑ VT [1] (= *wound*) pegar un tiro a; (= *kill*) matar de un tiro; (*more brutally*) matar a tiros; (= *execute*) fusilar; (= *hunt*) cazar; **she shot her husband** pegó un tiro a su marido; **you'll get me shot!*** ¡me van a asesinar *or* matar por tu culpa!*; **he was shot as a spy** lo fusilaron por espía; **to ~ sb dead** matar a algn de un tiro *or* a tiros; **we often go ~ing rabbits at the weekend** solemos ir a cazar conejos los fines de semana; **he was shot in the leg** una bala le hirió en la pierna; **he had been shot through the heart** la bala le había atravesado el corazón; ✦*IDIOM* **to ~ o.s. in the foot** cavar su propia fosa sin darse cuenta
[2] (= *launch*) [+ *bullet, gun, arrow*] disparar; [+ *missile*] lanzar
[3] (= *propel*) [+ *object*] lanzar (**at** hacia); **the impact shot them forward** el impacto hizo que salieran despedidos hacia delante; **the volcano shot lava high into the air** el volcán despidió *or* arrojó lava por los aires
[4] (*fig*) [+ *glance, look*] lanzar; [+ *smile*] dedicar; [+ *ray of light*] arrojar, lanzar; **she shot me a sideways glance** me lanzó una mirada de reojo, me miró de reojo; **he began ~ing questions at her** empezó a acribillarla a preguntas; ✦*IDIOMS* **to ~ the breeze** *or* **bull** (*US*⁑) darle a la lengua*; **to ~ a line** (*Brit**) marcarse un farol*; **to ~ one's mouth off*** irse de la lengua*, hablar más de la cuenta*; *see also* **bolt A1**
[5] (*Cine*) rodar, filmar; (*Phot*) [+ *subject of picture*] tomar, sacar
[6] (= *speed through*) **to ~ the lights** (*Aut**) saltarse un semáforo en rojo; **to ~ the rapids** sortear *or* salvar los rápidos
[7] (= *close*) [+ *bolt*] correr
[8] (= *play*) **to ~ dice/pool** (*US*) jugar a los dados/al billar
[9] (*) (= *inject*) [+ *drugs*] inyectarse, chutarse*, pincharse*
Ⓒ VI [1] (*with gun*) disparar, tirar; (= *hunt*) cazar; **to ~ at sth/sb** disparar a algo/algn; **to go ~ing** ir de caza; **to ~ to kill** disparar a matar, tirar a matar; **~-to-kill policy** programa *m* de tirar a matar
[2] (*in ball games*) (*gen*) tirar; (*Ftbl*) disparar, chutar; **to ~ at goal** tirar a gol, chutar; **to ~ wide** fallar el tiro, errar el tiro
[3] (= *move rapidly*) **she shot ahead to take first place** se adelantó rápidamente para ponerse en primer puesto; **to ~ by** = **to shoot past**; **the car shot forward** el coche salió disparado hacia delante; **flames shot 100ft into the air** las llamas saltaron por los aires a 100 pies de altura; **he shot out of his chair/out of bed** salió disparado de la silla/de la cama; **to ~ past** pasar como un rayo; **the car shot past us** el coche pasó como un rayo *or* una bala; **to ~ to fame/stardom** lanzarse a la fama/al estrellato; **the pain went ~ing up his arm** un dolor punzante le subía por el brazo
[4] (*Bot*) (= *produce buds*) brotar; (= *germinate*) germinar
[5] (*Cine*) rodar, filmar; (*Phot*) sacar la foto, disparar
[6] (*US**) (*in conversation*) **shoot!** ¡adelante!, ¡dispara!
Ⓓ EXCL (* *euph*) **oh ~!** ¡caracoles!*, ¡mecachis! (*Sp**)

►**shoot away** Ⓐ VT + ADV = **shoot off A2**
Ⓑ VI + ADV [1] (*Mil*) seguir tirando
[2] (= *move*) partir como una bala, salir disparado

►**shoot back** Ⓐ VT + ADV devolver rápidamente, devolver en el acto
Ⓑ VI + ADV [1] (*Mil*) devolver el tiro, responder con disparos
[2] (= *move*) volver como una bala (**to** a)

►**shoot down** VT + ADV [+ *aeroplane*] derribar; [+ *person*] matar a tiros, balear (*LAm*); (*fig*) [+ *argument*] echar por tierra

►**shoot off** Ⓐ VT + ADV [1] [+ *gun*] disparar; *see also* **mouth A**
[2] **he had a leg shot off** un disparo le cercenó una pierna
Ⓑ VI + ADV = **shoot away B2**

►**shoot out** Ⓐ VT + ADV [1] (= *eject*) [+ *sparks*] arrojar, soltar
[2] (= *move rapidly*) [+ *hand*] sacar rápidamente
[3] (*with gun*) [+ *lights*] apagar a tiros; [+ *windows, tyres*] coser a tiros; **to ~ it out** (*lit, fig*) resolverlo a tiros
Ⓑ VI + ADV (= *come out suddenly*) [*person, animal*] salir disparado; **his hand shot out and grabbed a cake** alargó la mano rápidamente y agarró un pastel

►**shoot up** Ⓐ VI + ADV [1] (= *move upwards rapidly*) [*prices, value, temperature*] dispararse; [*hand, head*] alzarse de repente; [*eyebrows*] arquearse de repente; [*smoke, flames, water*] salir disparado; **every hand in the classroom shot up** todas las manos de la clase se alzaron de repente, todo el mundo en la clase alzó la mano de repente
[2] (= *grow quickly*) [*plant*] crecer rápidamente; **your son's shot up over the last few months** tu hijo ha dado un estirón en estos últimos meses*
[3] (*) [*drug user*] chutarse*, pincharse*
Ⓑ VT + ADV [1] [+ *town, district*] barrer a tiros *or* balazos; [+ *vehicle*] coser a tiros *or* balazos; **he's pretty badly shot up, but he'll live** ha recibido bastantes tiros, pero sobrevivirá
[2] (*) [+ *drugs*] chutarse*, pincharse*

**shoot-em-up*** [ˈʃuːtəmʌp] ADJ [*film*] de tiros; (*Comput*) [*game*] de acción

**shooter** [ˈʃuːtəʳ] N [1] (⁑) (= *gun*) arma *f* (de fuego)
[2] (*also* **target ~**) tirador(a) *m/f*

**shooting** [ˈʃuːtɪŋ] Ⓐ N [1] (= *shots*) tiros *mpl*, disparos *mpl*; (= *continuous shooting*) tiroteo *m*, balacera *f* (*LAm*)
[2] (= *murder*) asesinato *m*; (= *execution*) fusilamiento *m*
[3] [*of film*] rodaje *m*, filmación *f*
[4] (*esp Brit*) (= *hunting*) caza *f*; **good ~!** (*said as congratulation*) ¡buen tiro!; (*said before hunt*) ¡buena caza!
[5] (*Sport*) tiro *m* al blanco
Ⓑ ADJ [*pain*] punzante
Ⓒ CPD ► **shooting box** N pabellón *m* de caza ► **shooting brake**† N (*Brit Aut*) (= *estate car*) furgoneta *f*, rubia *f*, camioneta *f* ► **shooting gallery** N barraca *f* de tiro al blanco ► **shooting incident** N tiroteo *m*, balacera *f* (*LAm*) ► **shooting iron**† N (*US*) arma *f* (de fuego) ► **shooting jacket** N chaquetón *m* ► **shooting lodge** N = **shooting box** ► **shooting match** N concurso *m* de tiro al blanco, certamen *m* de tiro al blanco; **the whole ~ match*** (= *the whole thing*) todo el tinglado* ► **shooting party** N partida *f* de caza, cacería *f* ► **shooting range** N campo *m* de tiro ► **shooting spree** N **to go on a ~ spree** ir por ahí disparando a la gente ► **shooting star** N estrella *f* fugaz ► **shooting stick** N bastón *m* taburete ► **shooting war** N guerra *f* a tiros

**shoot-out** [ˈʃuːtaʊt] N [1] tiroteo *m*, balacera *f* (*LAm*)
[2] (*Sport*) *see* **penalty B**

**shop** [ʃɒp] Ⓐ N [1] (*Comm*) (= *store*) tienda *f*; (= *workshop*) taller *m*; **the ~s** las tiendas, los comercios; **he's just gone (round) to the ~s** acaba de salir a comprar; **it's not available in the ~s** no se encuentra *or* se comercializa en las tiendas; **shop!**† ¿quién despacha?; **butcher's ~** carnicería *f*; **a repair ~** un taller de reparaciones; **to set up ~** montar un negocio, establecerse; **to shut up ~** cerrar; **to talk ~*** hablar de trabajo, hablar de negocios; ✦*IDIOM* **all over the ~**⁑ en *or* por todas partes; *see also* **barber, betting B, flower C, sweet C, video C**
[2] (*Brit**) (= *act of shopping*) compra *f*; **the weekly ~** la compra de la semana
Ⓑ VI comprar, hacer las compras; **I hate ~ping in supermarkets** odio hacer (las) compras en los supermercados; **to go ~ping** ir de compras *or* de tiendas
Ⓒ VT (⁑) (= *inform on*) delatar
Ⓓ CPD ► **shop assistant** N (*Brit*) dependiente/a *m/f*, empleado/a *m/f* de una tienda ► **shop floor** N (*lit*) taller *m*; (*bigger*) planta *f* de producción; **to work on the ~ floor** trabajar en la producción, ser obrero/a de la producción; **the ~ floor (workers)** los obreros ► **shop front** N fachada *f* de la tienda ► **shop steward** N (*Ind*) enlace *mf* sindical ► **shop talk*** N charla *f* sobre el trabajo ► **shop window** N escaparate *m*, vitrina *f*, vidriera *f* (*S. Cone*)

►**shop around** VI + ADV (*lit*) comparar precios; (*fig*) andar a la caza y captura; **she was ~ping around for the perfect partner** andaba a la caza y captura del novio ideal

**shopaholic*** [ˌʃɒpəˈhɒlɪk] N comprador(a) *m/f* obsesivo/a, adicto/a *m/f* a las compras

**shopfitter** [ˈʃɒpˌfɪtəʳ] N (*esp Brit*) instalador(a) *m/f* comercial

**shopgirl** [ˈʃɒpgɜːl] N (*Brit*) dependienta *f*, empleada *f* (*de una tienda*) (*LAm*)

**shopkeeper** [ˈʃɒpˌkiːpəʳ] N tendero/a *m/f*

**shoplift** [ˈʃɒplɪft] Ⓐ VI hurtar en tiendas
Ⓑ VT robar en una tienda, hurtar en una tienda

**shoplifter** [ˈʃɒpˌlɪftəʳ] N ratero/a *m/f*, ladrón/a *m/f* (de tiendas)

**shoplifting** [ˈʃɒpˌlɪftɪŋ] N ratería *f*

**shopper** [ˈʃɒpəʳ] N [1] (= *person*) comprador(a) *m/f*; (= *customer*) cliente *mf*
[2] (= *bag*) bolsa *f* de compras; (*on wheels*) carrito *m* de la compra

**shopping** [ˈʃɒpɪŋ] Ⓐ N (= *act of buying*) compra *f*; (= *goods bought*) compras *fpl*; **I like ~** me gusta ir de tiendas; **to do the ~** hacer la compra; **to go ~** ir de tiendas *or* de compras
Ⓑ CPD ► **shopping bag** N bolsa *f* de compras ► **shopping basket** N cesta *f*, canasta *f* (*LAm*) ► **shopping cart** N (*US*) = **shopping trolley** ► **shopping centre**, **shopping center** (*US*) N (*Brit*) centro *m* comercial

► **shopping list** N lista *f* de compras ► **shopping mall** N (*esp US*) centro *m* comercial ► **shopping precinct** N (*Brit*) centro *m* comercial ► **shopping trip** N viaje *m* de compras ► **shopping trolley** N (*Brit*) carrito *m* de la compra

**shop-soiled** ['ʃɒpsɔɪld] ADJ deteriorado

**shopwalker** ['ʃɒp,wɔ:kəʳ] N (*Brit*) vigilante/a *m/f*

**shopworn** ['ʃɒpwɔ:n] ADJ (*US*) = **shop-soiled**

**shore[1]** [ʃɔ:ʳ] Ⓐ N [1] [*of sea, lake*] orilla *f*; **the eastern ~s of Lake Tanganyika** la orilla oriental del lago Tanganika; **we were now a few hundred yards from ~** ahora nos hallábamos a unos cientos de yardas de la orilla *or* de la costa; **on ~** en tierra

[2] **shores** [*of country*] (*liter*) tierras *fpl*; **he will soon be leaving these ~s** pronto abandonará estas tierras

Ⓑ CPD ► **shore bird** N ave *f* zancuda ► **shore leave** N (*Naut*) permiso *m* para bajar a tierra ► **shore patrol** N (*US Naut*) patrulla *f* costera

**shore[2]** [ʃɔ:ʳ] Ⓐ VT **to ~ up** (*lit*) apuntalar; (*fig*) apoyar, reforzar, sostener

Ⓑ N (= *prop*) puntal *m*

**shoreline** ['ʃɔ:laɪn] N línea *f* de la costa

**shoreward** ['ʃɔ:wəd] ADV hacia la costa, hacia la playa

**shorewards** ['ʃɔ:wədz] ADV (*esp Brit*) = **shoreward**

**shorn** [ʃɔ:n] PP *of* **shear**

▼**short** [ʃɔ:t] Ⓐ ADJ (*compar* **shorter**; *superl* **shortest**) [1] (*in length, distance, duration*) [*message, journey, hair, skirt*] corto; [*person*] bajo, chaparro (*CAm, Mex*); [*vowel, syllable*] breve; [*memory*] malo, flaco; **the ~est route** la ruta más corta; **February is a ~ month** febrero es un mes corto; **it was a great holiday, but too ~** fueron unas vacaciones estupendas, pero demasiado cortas; **she's quite ~** es bastante baja; **the ~ answer is that …** en pocas palabras la razón es que …; **to have a ~ back and sides** llevar el pelo corto por detrás y por los lados; **a ~ break** un pequeño descanso; **the days are getting ~er** los días se vuelven más cortos; **time is getting ~er** nos queda poco tiempo; **to win by a ~ head** (*Racing*) ganar por una cabeza escasa; **to be ~ in the leg** [*person*] tener las piernas cortas; **these trousers are a bit ~ in the leg** estos pantalones tienen la pierna algo pequeña; **at ~ notice** con poco tiempo de antelación; **in ~ order** en breve, en seguida; **to take ~ steps** dar pequeños pasos; **in the ~ term** a corto plazo; **a ~ time ago** hace poco; **to work ~ time** ◊ **be on ~ time** (*Ind*) trabajar una jornada reducida; **to take a ~ walk** dar un paseo corto; **a ~ way off** a poca distancia, no muy lejos; **a few ~ words** algunas palabritas; ✦***IDIOMS*** **that was ~ and sweet** eso fue corto y bueno; **to make ~ work of sth** despachar algo

[2] (= *insufficient*) escaso; **I'm £3 ~** me faltan 3 libras; **it's two kilos ~** faltan dos kilos; **bananas are very ~** escasean los plátanos, casi no hay plátanos; **I'm a bit ~ at the moment*** en este momento ando un poco corto *or* escaso de dinero; **to be ~ of sth** andar falto *or* escaso de algo; **we're ~ of petrol** andamos escasos de gasolina; **we're not ~ of volunteers** se han ofrecido muchos voluntarios, no andamos escasos de voluntarios; **to be ~ of breath** estar sin aliento; **to give sb ~ change** no darle el cambio completo a algn; **to give ~ measure to sb** dar de menos a algn; **gold is in ~ supply** escasea el oro, hay escasez de oro; **~ ton** (*US*) (= *2,000lb*) tonelada *f* corta; **to give ~ weight to sb** dar de menos a algn; *see* **supply**

[3] **~ of** (= *less than*): **~ of blowing it up** a menos que lo volemos, a no ser que lo volemos; **~ of murder I'll do anything** lo haré todo menos matar; **not far ~ of £100** poco menos de 100 libras; **it's little ~ of madness** dista poco de la locura; **nothing ~ of total surrender** nada menos que la rendición incondicional; **it's nothing ~ of robbery** es nada menos que un robo; **nothing ~ of a bomb would stop him** fuera de una bomba nada le impediría; **nothing ~ of a miracle can save him** sólo un milagro le puede salvar, se necesitaría un milagro para salvarle

[4] (= *concise*) corto, breve; **~ and to the point** corto y bueno; **"Pat" is ~ for "Patricia"** "Patricia" se abrevia en "Pat"; **Rosemary is called "Rose" for ~** a Rosemary le dicen "Rose" para abreviar; **"TV" is ~ for "television"** "TV" es abreviatura de "televisión"; **in ~** en pocas palabras, en resumen; **in ~, the answer is no** en una palabra, la respuesta es no; *see also* **long[1] C1**

[5] (= *curt*) [*reply, manner*] brusco, seco; **to have a ~ temper** ser de mal genio, tener mal genio *or* mal carácter *or* corto de genio; **to be ~ with sb** tratar a algn con sequedad; *see also* **shrift**

[6] [*pastry*] quebradizo

Ⓑ ADV [1] (= *suddenly, abruptly*) en seco; **to stop ~** ◊ **pull up ~** pararse en seco

[2] (*insufficiency*) **to come ~ of** no alcanzar; **to cut sth ~** suspender algo; **they had to cut ~ their holiday** tuvieron que interrumpir sus vacaciones; **to fall ~ of** no alcanzar; **to fall ~ of the target** no alcanzar el blanco, no llegar al blanco; **to fall ~ of expectations** no cumplir las esperanzas; **it falls far ~ of what we require** dista mucho de satisfacer nuestras exigencias; **production has fallen ~ by 100 tons** la producción arroja un déficit de 100 toneladas; **to go ~ of** pasarse sin; **no one goes ~ in this house** en esta casa nadie padece hambre; **we never went ~ (of anything) as children** no nos faltó nada de niños; **we're running ~ of bread** tenemos poco pan, se nos acaba el pan (*LAm*); **we ran ~ of petrol** se nos acabó la gasolina, quedamos sin gasolina; **to sell ~** vender al descubierto; **to sell sb ~** (*lit*) engañar a algn en un negocio; (*fig*) menospreciar a algn; **to stop ~ of** (*lit*) detenerse antes de llegar a; **I'd stop ~ of murder** (*fig*) menos matar, haría lo que fuera; **to be taken ~** necesitar urgentemente ir al wáter

[3] (= *except*) **~ of apologizing …** fuera de pedirle perdón …

Ⓒ N [1] (*Elec*) = **short-circuit A**

[2] (*Brit**) (= *drink*) bebida *f* corta

[3] (*Cine*) cortometraje *m*; *see also* **shorts**

Ⓓ VTI (*Elec*) = **short-circuit B, C**

Ⓔ CPD ► **short cut** N atajo *m* ► **short list** N lista *f* de candidatos preseleccionados ► **short sight** N miopía *f*; **to have ~ sight** ser míope, ser corto de vista ► **short story** N cuento *m*; **~ story writer** escritor(a) *m/f* de cuentos ► **short wave** N (*Rad*) onda *f* corta

**shortage** ['ʃɔ:tɪdʒ] N [1] (= *lack*) escasez *f*, falta *f*; **a water ~** escasez *or* falta de agua; **~ of staff** escasez *or* falta de personal; **the housing ~** la crisis de la vivienda; **there is no ~ of advice** no es que falten consejos, no faltan los consejos

[2] (= *state of deficiency*) escasez *f*; **in times of ~** en las épocas de escasez

**shortbread** ['ʃɔ:tbred] N *especie de mantecada*

**shortcake** ['ʃɔ:tkeɪk] N [1] (*Brit*) *especie de mantecada*

[2] (*US*) torta *f* de frutas

**short-change** ['ʃɔ:t'tʃeɪndʒ] VT **to ~ sb** no dar el cambio completo a algn; (*fig*) defraudar a algn; **to do this is to ~ the project** (*esp US*) hacer esto es tratar inadecuadamente el proyecto

**short-circuit** ['ʃɔ:t'sɜ:kɪt] (*Elec*) Ⓐ N cortocircuito *m*

Ⓑ VT [1] (*Elec*) provocar un cortocircuito en

[2] (*fig*) (= *bypass*) evitar (la necesidad de pasar por)

Ⓒ VI hacer un cortocircuito

**shortcomings** ['ʃɔ:tkʌmɪŋz] NPL defectos *mpl*

**shortcrust pastry** ['ʃɔ:tkrʌst'peɪstrɪ] N (*Brit*) pasta *f* quebradiza

**short-dated** ['ʃɔ:t'deɪtɪd] ADJ (*Fin*) a corto plazo

**shorten** ['ʃɔ:tn] Ⓐ VT (*gen*) acortar; [+ *journey etc*] acortar, abreviar; [+ *rations etc*] reducir

Ⓑ VI (*gen*) acortarse, reducirse; **the days are ~ing** los días se están acortando; **the odds have ~ed** los puntos de ventaja se han reducido

**shortening** ['ʃɔ:tnɪŋ] N [1] (= *making shorter*) (*gen*) acortamiento *m*; [*of rations etc*] reducción *f*

[2] (*esp US Culin*) manteca *f*, grasa *f*

**shortfall** ['ʃɔ:tfɔ:l] N (*in profits*) déficit *m* (**in** en); (*in payments, savings*) disminución *f* (**in** de); (*in numbers*) insuficiencia *f* (**in** de); **~ in earnings** ingresos *mpl* insuficientes; **there is a ~ of £5,000** faltan 5.000 libras; **the ~ of £5,000** las 5.000 libras que faltan; **there is a ~ of 200 in the registrations for this course** hay 200 matriculaciones menos para este curso

**short-haired** ['ʃɔ:t'hɛəd] ADJ pelicorto

**shorthand** ['ʃɔ:thænd] Ⓐ N taquigrafía *f*; **to take ~** escribir en taquigrafía; **to take sth down in ~** escribir algo taquigráficamente

Ⓑ CPD ► **shorthand note** N nota *f* taquigráfica ► **shorthand notebook** N cuaderno *m* de taquigrafía ► **shorthand speed** N palabras *fpl* por minuto (en taquigrafía) ► **shorthand typing** N taquimecanografía *f* ► **shorthand typist** N taquimecanógrafo/a *m/f* ► **shorthand writer** N taquígrafo/a *m/f*

**short-handed** ['ʃɔ:t'hændɪd] ADJ falto de mano de obra/personal

**short-haul** ['ʃɔ:thɔ:l] ADJ de corto recorrido

**shortie*** ['ʃɔ:tɪ] N = **shorty**

**shortish** ['ʃɔ:tɪʃ] ADJ [*person*] más bien bajo, bajito; [*novel, play, film*] más bien corto

**short-list** ['ʃɔ:t'lɪst] VT **to ~ sb** preseleccionar a algn, poner a algn en la lista de candidatos a entrevistar

**short-lived** ['ʃɔ:t'lɪvd] ADJ (*fig*) [*happiness*] efímero

**shortly** ['ʃɔ:tlɪ] ADV [1] (= *soon*) dentro de poco, en breve (*frm*), ahorita (*Mex*); **she's going to London ~** irá a Londres dentro de poco; **details will be released ~** los detalles se comunicarán en breve; **we'll be along ~** iremos enseguida; **~ before/after** poco antes/después; **~ before twelve** poco antes de las doce

[2] (= *curtly*) bruscamente, secamente

**shortness** ['ʃɔ:tnɪs] N [1] (*in length, distance*) lo corto; [*of message etc*] brevedad *f*; [*of person*] baja estatura *f*; **because of the ~ of my memory** debido a mi mala memoria; **~ of sight** miopía *f*; **~ of breath** falta *f* de aliento, respiración *f* difícil

[2] (= *curtness*) brusquedad *f*, sequedad *f*

➤ LANGUAGE IN USE: **short A4** 26.1

**short-range** ['ʃɔːt'reɪndʒ] ADJ [*gun*] de corto alcance; [*aircraft*] de autonomía limitada, de corto radio en acción

**short-run** ['ʃɔːtrʌn] ADJ breve, de alcance limitado

**shorts** ['ʃɔːts] NPL pantalones *mpl* cortos; **a pair of ~** un pantalón corto, unos pantalones cortos

**short-sighted** ['ʃɔːt'saɪtɪd] ADJ 1 (*lit*) miope, corto de vista
2 (*fig*) [*person*] miope, con poca visión (de futuro); [*measure etc*] con poca visión (de futuro)

**short-sightedly** ['ʃɔːt'saɪtɪdlɪ] ADV 1 (*lit*) con ojos de miope
2 (*fig*) con poca visión (de futuro)

**short-sightedness** ['ʃɔːt'saɪtɪdnɪs] N 1 (*lit*) miopía *f*
2 (*fig*) falta *f* de visión (de futuro)

**short-sleeved** ['ʃɔːtsliːvd] ADJ de manga corta

**short-staffed** [ˌʃɔːt'stɑːft] ADJ falto de personal

**short-tempered** ['ʃɔːt'tempəd] ADJ irritable

**short-term** ['ʃɔːttɜːm] ADJ a corto plazo; **a ~ loan** un préstamo a plazo corto; **~ car park** zona *f* de estacionamiento limitado

**short-time** ['ʃɔːt'taɪm] Ⓐ ADJ **~ working** trabajo *m* de horario reducido; **to be on ~ working** trabajar jornadas reducidas *or* de horarios reducidos
Ⓑ ADV **to work ~** trabajar jornadas reducidas *or* de horarios reducidos

**short-wave** ['ʃɔːtˌweɪv] ADJ (*Rad*) de onda corta

**short-winded** ['ʃɔːt'wɪndɪd] ADJ corto de resuello

**shorty*** ['ʃɔːtɪ] N persona *f* bajita

**shot** [ʃɒt] Ⓐ PT, PP *of* **shoot**
Ⓑ N 1 (= *act of shooting*) tiro *m*; (*causing wound*) balazo *m*; (= *sound*) tiro *m*, disparo *m*; **his ~ missed** erró el tiro; **he received a ~ in the leg** recibió un balazo en la pierna; **two ~s rang out** se oyeron dos tiros *or* disparos; **a ~ across the bows** (*lit, fig*) un cañonazo de advertencia; **there was an exchange of ~s** hubo un tiroteo; **to fire a ~ at sth/sb** disparar a algo/disparar a *or* sobre algn; **he fired two ~s into her head** le disparó dos tiros a la cabeza; **they surrendered without a ~ being fired** se rindieron sin ofrecer resistencia; **he was off like a ~** salió disparado *or* como un rayo; **I'd do it like a ~ if I had the chance** no dudaría en hacerlo si se me presentara la oportunidad; **I was over there like a ~** en un segundo me presenté allí; **to take a ~ at sth/sb** (*lit*) pegar un tiro a algo/algn; (*fig*) atacar algo/a algn; *see also* **long¹ D, parting A**
2 (= *missile*) bala *f*, proyectil *m*; (= *shotgun pellets*) perdigones *mpl*; (*Athletics*) peso *m*; **to put the ~** lanzar el peso
3 (= *person*) tirador(a) *m/f*; **he's a bad/good ~** es un mal/buen tirador; *see also* **big C, hotshot**
4 (*Ftbl*) tiro *m*; (*Golf, Tennis*) golpe *m*; (*Snooker*) golpe *m*, jugada *f*; (= *throw*) tirada *f*, echada *f*; **he missed two ~s at goal** falló dos tiros a puerta; **good ~!** ¡buen tiro!; ✦**IDIOM to call the ~s** mandar, llevar la voz cantante
5 (= *attempt*) tentativa *f*, intento *m*; **just give it your best ~** limítate a hacerlo lo mejor que puedas; **to have a ~ at sth** intentar algo; **I don't think there's much chance of persuading her but I'll have a ~ at it** no creo que haya muchas posibilidades de convencerla pero probaré *or* lo intentaré; **do you want another ~ at it?** ¿quieres volver a intentarlo?, ¿quieres volver a probar?; ✦**IDIOM a ~ in the dark** un palo de ciego, una tentativa a ciegas
6 (= *turn to play*) **it's your ~** te toca (a ti)
7 (= *injection*) inyección *f*; (= *dose*) dosis *f inv*; [*of alcohol*] trago *m*; (*) [*of drug*] pico* *m*, chute* *m*; **a ~ of rum** un trago de ron; ✦**IDIOM a ~ in the arm***: **it's a ~ in the arm for the peace process** es una importante ayuda para el proceso de paz; **the economy needs a ~ in the arm** la economía necesita estímulo
8 (*Phot*) foto *f*; (*Cine*) toma *f*, plano *m*
Ⓒ ADJ 1 (= *suffused*) **~ silk** seda *f* tornasolada; **his story is ~ through with inconsistencies** su narración está plagada de incongruencias; **black marble ~ through with red veins** mármol negro con vetas rojas
2 (*) (= *rid*) ✦**IDIOM to get ~ of sth/sb** deshacerse *or* librarse de algo/algn
3 (*) (= *exhausted*) [*person, nerves*] deshecho, hecho polvo*; **what little confidence he had is ~ to pieces** la poca seguridad que tenía en sí mismo se ha ido al traste
Ⓓ CPD ► **shot put** N (*Sport*) lanzamiento *m* de pesos ► **shot putter** N lanzador(a) *m/f* de pesos

**shotgun** ['ʃɒtgʌn] Ⓐ N escopeta *f*
Ⓑ CPD ► **shotgun marriage, shotgun wedding** N casamiento *m* a la fuerza; **to have a ~ wedding** casarse a la fuerza, casarse de penalty*

**▼should** [ʃʊd] AUX VB, MODAL AUX VB 1 (*used to form conditional tense*) **I ~ go if they sent for me** iría si me llamasen; **~ I be out at the time** ◊ **if I ~ be out at the time** si estoy fuera en ese momento; **I ~n't be surprised if …** no me sorprendería si …; **I ~ have liked to …** me hubiera gustado …, quisiera haber …; **thanks, I ~ like to** gracias, me gustaría; **I ~n't like to say** prefiero no decirlo; **I ~ think so** supongo que sí; **I ~ be so lucky!** ¡ojalá!
2 (*duty, advisability, desirability*) deber; **all cars ~ carry a first-aid kit** todos los coches deberían llevar un botiquín; **you ~ take more exercise** deberías hacer más ejercicio; **I ~ have been a doctor** yo debería haber sido médico; **you ~n't do that** no deberías hacerlo, más vale no hacer eso; **I ~n't if I were you** yo que tú no lo haría; **he ~ know that …** debiera *or* debería saber que …; **all is as it ~ be** todo está en regla; **…, which is as it ~ be** …, como es razonable, …, que es como tiene que ser; **why ~ I?** ¿por qué lo voy a hacer?, ¿por qué tengo que hacerlo?; **why ~ he (have done it)?** ¿por qué lo iba a hacer?, ¿por qué tenía que hacerlo?; **why ~ you want to know?** ¿por qué has de saberlo tú?
3 (*statements of probability*) deber de; **he ~ pass his exams** debería de aprobar los exámenes; **they ~ have arrived by now** deben (de) haber llegado ya; **he ~ be there by now** ya debería estar allí; **they ~ arrive tomorrow** deberán *or* deben (de) llegar mañana; **that ~n't be too hard** eso no debería ser muy difícil; **I ~ have told you before** tendría que *or* debería habértelo dicho antes; **this ~ be good** esto promete ser bueno
4 (*subjunctive uses*) **… and who ~ I bump into but Mike?** … ¿y con quién crees que me encuentro? ¡pues con Mike!; **he ordered that it ~ be done** mandó que se hiciera

**shoulder** ['ʃəʊldəʳ] Ⓐ N 1 (*Anat*) hombro *m*; **to have broad ~s** (*lit*) ser ancho de espaldas; (*fig*) tener mucho aguante; **they carried him ~ high** le llevaron a hombros; **he was carried out on their ~s** le sacaron a hombros; **all the responsibilities fell on his ~s** tuvo que cargar con todas las responsabilidades; **to look over one's ~** mirar por encima del hombro; **to look over sb's ~** (*lit*) mirar por encima del hombro de algn; (*fig*) vigilar a algn; **to carry sth over one's ~** llevar algo en hombros; **to stand ~ to ~** estar hombro con hombro; ✦**IDIOMS to give sb the cold ~** dar de lado a algn; **to cry on sb's ~** desahogarse con algn; **to put one's ~ to the wheel** arrimar el hombro; **to rub ~s with sb** codearse con algn; **to give sb sth straight from the ~** decir algo a algn sin rodeos; *see also* **round-shouldered**
2 [*of coat etc*] hombro *m*; **padded ~s** hombreras *fpl*
3 [*of meat*] lomo *m*
4 [*of hill, mountain*] lomo *m*
5 [*of road*] arcén *m*
Ⓑ VT 1 (= *carry*) llevar al hombro; (*pick up*) poner al hombro; **~ arms!** ¡armas al hombro!
2 (*fig*) [+ *burden, responsibility*] cargar con; **to ~ the blame** cargar con la culpa
3 (= *push*) **to ~ sb aside** apartar a algn a un lado de un empujón; **to ~ one's way through** abrirse paso a empujones
Ⓒ CPD ► **shoulder bag** N bolso *m* de bandolera ► **shoulder blade** N omóplato *m* ► **shoulder flash** N (*Mil*) charretera *f* ► **shoulder holster** N pistolera *f* ► **shoulder joint** N articulación *f* del hombro ► **shoulder pad** N hombrera *f* ► **shoulder patch** N = **shoulder flash** ► **shoulder strap** N tirante *m*; [*of satchel*] bandolera *f*; (*Mil*) dragona *f*

**shoulderknot** ['ʃəʊldənɒt] N dragona *f*, charretera *f*

**shoulder-length** ['ʃəʊldəˌleŋθ] ADJ que llega hasta los hombros

**shouldn't** ['ʃʊdnt] = **should not**

**should've** ['ʃʊdv] = **should have**

**shout** [ʃaʊt] Ⓐ N 1 (= *loud cry*) grito *m*; **a ~ of anger** un grito de ira; **there were ~s of applause** hubo grandes aplausos; **to give sb a ~** pegar un grito a algn*, avisar a algn; **give me a ~ when you've finished** pégame un grito* *or* avísame cuando hayas terminado; **a ~ of joy** un grito de alegría; **there were ~s of laughter** hubo grandes carcajadas; **a ~ of pain** un grito de dolor; **a ~ of protest** un grito de protesta; ✦**IDIOM he's still in with a ~*** todavía tiene una posibilidad de ganar
2 (*Brit**) (= *round of drinks*) ronda *f*; **it's my ~ — what are you drinking?** me toca pagar esta ronda — ¿qué tomáis?
Ⓑ VT gritar; **to ~ abuse at sb** insultar a algn a gritos; **to ~ o.s. hoarse** gritar hasta quedarse ronco; **he ~ed a warning** pegó un grito de advertencia
Ⓒ VI (= *cry out*) gritar; **I had to ~ to make myself heard** tenía que gritar para que se me oyese; **his goal gave the fans something to ~ about** su gol les dio motivo a los hinchas para que gritaran; **to ~ at sb** gritar a algn; **his parents were ~ing at each other** sus padres estaban discutiendo a gritos; **to ~ for sth/sb** pedir algo a gritos/llamar a algn a gritos; **I ~ed for help** pedí socorro a gritos; **she ~ed for Jane to come** llamó a Jane a gritos para que viniera; **to ~ with glee/joy** gritar de alegría; **to ~ with laughter** reírse a carcajadas

**►shout down** VT + ADV [+ *person*] abuchear, hacer callar a gritos

**►shout out** Ⓐ VT + ADV gritar, decir a voz en grito; **we ~ed out our thanks** gritamos las gracias, dimos las gracias a gritos; **they ~ed out greetings** gritaron los saludos, nos saludaron a gritos
Ⓑ VI + ADV gritar, dar un grito, pegar un grito*

➤ LANGUAGE IN USE: **should 2** 1.1, 2.2, 10.3, 14

**shouting** ['ʃaʊtɪŋ] Ⓐ N gritos *mpl*, vocerío *m*; **within ~ distance (of sth)** a tiro de piedra (de algo); ✦*IDIOM* **it's all over bar the ~** ya es asunto concluido
Ⓑ CPD ► **shouting match** N pelea *f or* riña *f* de gallos; **the TV debate turned into a ~ match** el debate televisado se convirtió en una pelea *or* riña de gallos

**shove** [ʃʌv] Ⓐ N empujón *m*; **to give sth/sb a ~** dar un empujón a algo/algn; **give it a good ~** dale un buen empujón
Ⓑ VT [1] (= *push*) empujar; **he ~d everyone aside** apartó a un lado a todo el mundo a empujones; **she ~d her plate away** apartó su plato de un empujón; **~ the table back against the wall** empuja la mesa contra la pared; **his friends ~d him forward** sus amigos le empujaron hacia adelante; **to ~ sth/sb in** meter a algo/algn a empujones; **they ~d the car over the cliff** fueron empujando el coche hasta que cayó por el acantilado
[2] (*) (= *put*) poner, meter; **~ it here** ponlo aquí; **~ another record on** pon otro disco; **~ it over to me** trae pa'acá*
Ⓒ VI empujar, dar empujones; **stop shoving!*** ¡deja de empujar!

►**shove about, shove around** VT + ADV [1] (*lit*) [+ *object, person*] empujar de un lado a otro
[2] (*) (= *bully*) tiranizar

►**shove off** Ⓐ VI + ADV [1] (*Naut*) alejarse del muelle *etc*
[2] (*) (= *leave*) largarse, marcharse; **~ off!** ¡lárgate!*
Ⓑ VT + ADV **to ~ a boat off** echar afuera un bote

►**shove out** VT + ADV **to ~ a boat out** echar afuera un bote

►**shove over, shove up** VI + ADV correrse; **~ over!** ¡córrete!

**shovel** ['ʃʌvl] Ⓐ N pala *f*; **mechanical ~** pala *f* mecánica, excavadora *f*
Ⓑ VT mover con pala; **to ~ earth into a pile** amontonar tierra con una pala; **to ~ coal on to a fire** añadir carbón a la lumbre con pala; **they were ~ling out the mud** estaban sacando el lodo con palas; **he was ~ling food into his mouth*** se zampaba la comida

►**shovel up** VT + ADV [+ *coal etc*] levantar con una pala; [+ *snow*] quitar con pala

**shovelboard** ['ʃʌvlbɔːd] N juego *m* de tejo

**shoveler** ['ʃʌvləʳ] N [1] (*Orn*) espátula *f* común, pato *m* cuchareta
[2] (= *tool*) paleador *m*

**shovelful** ['ʃʌvlfʊl] N paletada *f*

**show** [ʃəʊ] (*vb: pt* **showed**; *pp* **shown**) Ⓐ N [1] (= *showing*) demostración *f*, manifestación *f*; **~ of hands** votación *f* a mano alzada; **an impressive ~ of power** una impresionante exhibición de poder; **a ~ of strength** una demostración de fuerza
[2] (= *exhibition*) exposición *f*; [*of trade*] feria *f*; **agricultural ~** feria *f* agrícola; **fashion ~** pase *m* de modelos; **motor ~** salón *m* del automóvil; **to be on ~** estar expuesto; *see also* **flower C, horse B, Lord Mayor C**
[3] (= *sight*) **the garden is a splendid ~** el jardín es un espectáculo; **the dahlias make a fine ~** las dalias están espléndidas
[4] (*Theat*) [4·1] (= *performance*) espectáculo *m*, función *f*; **to go to a ~** ir al teatro; **the last ~ starts at 11** la última función empieza a las 11; **there is no ~ on Sundays** el domingo no hay función; **to stage a ~** montar un espectáculo
[4·2] (*fig*) **bad ~!** ¡malo!; **good ~!*** ¡muy bien hecho!; **to put up a good ~*** dar buena cuenta de sí, hacer un buen papel; **on with the ~!** ◊ **the ~ must go on!** ¡que siga el espectáculo!; **to put up a poor ~*** no dar buena cuenta de sí, hacer un mal papel; **it's a poor ~*** es una vergüenza; ✦*IDIOMS* **to give the ~ away** (*deliberately*) tirar de la manta; (*involuntarily*) clarearse; **let's get this ~ on the road** echémosnos a la carretera; **to steal the ~** acaparar toda la atención
[5] (*Rad, TV*) programa *m*; **a radio ~** un programa de radio
[6] (= *outward appearance*) apariencia *f*; **it's all ~ with him** en su caso todo es apariencia, todo lo hace para impresionar; **to do sth for ~** hacer algo para impresionar; **it's just for ~** (*behaviour*) es para impresionar nada más; (*object*) (= *for decoration*) es sólo un adorno; (= *not real*) es de adorno; **the party made a ~ of unity at its conference** el partido presentó una fachada de gran unidad en su congreso; **to make a ~ of resistance** fingir resistencia
[7] (= *affected display*) alarde *m*; **to make a great ~ of sympathy** hacer un gran alarde de compasión
[8] (*) (= *organization*) **who's in charge of this ~?** ¿quién manda aquí?; **this is my ~** aquí mando yo; **he runs the ~** manda él, él es el amo
Ⓑ VT [1] (*gen*) enseñar, mostrar; **to ~ sb sth** ◊ **~ sth to sb** enseñar *or* mostrar algo a algn; **have I ~n you my hat?** ¿te he enseñado *or* mostrado ya mi sombrero?; **he ~ed me his new car** me enseñó *or* mostró su nuevo coche; **to ~ o.s.: she won't ~ herself here again** no volverá a dejarse ver por aquí; **come on, ~ yourself!** vamos, ¡sal de ahí!; **it ~s itself in his speech** se revela en su forma de hablar, se le nota en el habla; **to ~ one's cards** *or* **one's hand** (*lit*) poner las cartas boca arriba; (*fig*) descubrir el juego; **don't ~ your face here again** no te vuelvas a dejar ver por aquí; **she likes to ~ her legs** le gusta enseñar *or* (*frm*) hacer exhibición de sus piernas; **he had nothing to ~ for his trouble** no vió recompensado su esfuerzo, no le lució nada el esfuerzo; **to ~ one's passport** mostrar *or* presentar su pasaporte
[2] (= *exhibit*) [+ *paintings*] exhibir; [+ *goods*] exponer; [+ *film*] proyectar, pasar; [+ *slides*] proyectar; (*Theat*) representar, dar*; **to ~ a picture at the Academy** exhibir un cuadro en la Academia; **to ~ a film at Cannes** proyectar una película en Cannes; **the film was first ~n in 1968** la película se estrenó en 1968
[3] (= *indicate*) [*dial, gauge, instrument*] marcar; **the speedometer ~s a speed of ...** el velocímetro marca ...; **it ~s 200 degrees** marca *or* indica 200 grados; **the motorways are ~n in black** las autopistas están marcadas en negro; **the clock ~s two o'clock** el reloj marca las dos; **the figures ~ a rise** las cifras arrojan un aumento; **as ~n in the illustration** como se ve en el grabado; **to ~ a loss/profit** (*Comm*) arrojar un saldo negativo/positivo
[4] (= *demonstrate*) demostrar; **to ~ that ...** demostrar que ..., hacer ver que ...; **it just goes to ~ (that) ...** queda demostrado (que) ...; **I ~ed him that this could not be true** le hice ver *or* demostré que esto no podía ser cierto; **this ~s him to be a coward** esto deja manifiesto lo cobarde que es, esto demuestra que es un cobarde; **I'll ~ him!*** ¡ya va a ver!, ¡ese se va a enterar!; **to ~ what one is made of** demostrar de lo que uno es capaz
[5] (= *express, manifest*) demostrar; **to ~ one's affection** demostrar su cariño; **she ~ed great courage** demostró gran valentía; **to ~ his disagreement, he ...** para mostrar su disconformidad, él ...; **he ~ed no fear** no demostró tener miedo, no mostró ningún miedo; **her face ~ed her happiness** se le veía la felicidad en la cara; **she ~ed great intelligence** demostró ser muy inteligente, mostró gran inteligencia; **she ~ed no reaction** no acusó reacción alguna; **the choice of dishes ~s excellent taste** la selección de platos demuestra *or* muestra un gusto muy fino
[6] (= *reveal*) **she's beginning to ~ her age** ya empieza a aparentar su edad; **white shoes soon ~ the dirt** los zapatos blancos pronto dejan ver la suciedad; **to ~ o.s. incompetent** descubrir su incompetencia, mostrarse incompetente
[7] (= *direct, conduct*) **to ~ sb to the door** acompañar a algn a la puerta; **to ~ sb the door** (*fig*) echar a algn con cajas destempladas; **to ~ sb into a room** hacer que pase algn, hacer entrar a algn en un cuarto; **I was ~n into a large hall** me hicieron pasar a un vestíbulo grande; **to ~ sb over** *or* **round a house** enseñar a algn una casa; **they ~ed us round the garden** nos mostraron *or* enseñaron el jardín; **who is going to ~ us round?** ¿quién actuará de guía?, ¿quién será nuestro guía?; **to ~ sb to his seat** acompañar a algn a su asiento; **to ~ sb the way** señalar el camino a algn
Ⓒ VI [1] [*stain, emotion, underskirt*] notarse, verse; **it doesn't ~** no se ve, no se nota; **your slip's ~ing** se te ve la combinación; **fear ~ed on her face** se le notaba *or* (*frm*) manifestaba el miedo en la cara; **don't worry, it won't ~** no te preocupes, no se notará; **"I've never been riding before" — "it ~s"** —nunca había montado a caballo antes —se nota; **the tulips are beginning to ~** empiezan a brotar los tulipanes
[2] [*film*] **there's a horror film ~ing at the Odeon** están pasando *or* (*LAm*) dando una película de horror en el Odeón
[3] (= *demonstrate*) **it just goes to ~ that ...!** ¡hay que ver que ...!
[4] (*esp US*) (*also* **~ up**) (= *arrive*) venir, aparecer
Ⓓ CPD ► **show bill** N cartel *m* ► **show biz***, **show business** N el mundo del espectáculo ► **show home, show house** N (*Brit*) casa *f* modelo ► **show jumper** N participante *mf* en concursos de saltos *or* de hípica ► **show jumping** N concursos *mpl* de saltos *or* de hípica ► **show ring** N pista *f* de exhibición ► **show trial** N proceso *m* organizado con fines propagandísticos ► **show window** N escaparate *m*

►**show in** VT + ADV hacer pasar; **~ him in!** ¡que pase!

►**show off** Ⓐ VI + ADV presumir, darse tono; **to ~ off in front of one's friends** presumir *or* darse tono delante de las amistades; **stop ~ing off!** ¡no presumas!
Ⓑ VT + ADV [1] [+ *beauty etc*] hacer resaltar, destacar
[2] (*pej*) (= *display*) hacer alarde de, ostentar

►**show out** VT + ADV acompañar a la puerta

►**show through** VI + ADV verse

►**show up** Ⓐ VI + ADV [1] (= *be visible*) verse, notarse
[2] (*) (= *arrive*) venir, aparecer; **he ~ed up late as usual** vino *or* apareció tarde, como de costumbre
Ⓑ VT + ADV [1] [+ *visitor etc*] hacer subir; **~ him up!** ¡hazle subir!
[2] (= *reveal*) [+ *defect*] poner de manifiesto; **he was ~n up as an imposter** se demostró que era un impostor; **the bright lighting**

**~ed up her scars** el alumbrado hizo resaltar sus cicatrices
3 (= *embarrass*) dejar en ridículo, poner en evidencia; **please don't ~ me up!** por favor, no me hagas quedar en ridículo *or* no me pongas en evidencia

**showboat** [ˈʃəʊbəʊt] Ⓐ N barco-teatro *m*
Ⓑ VI (*) alardear, fardar (*Sp**), vacilar (*Sp**)

**showcase** [ˈʃəʊkeɪs] Ⓐ N (*in shop, museum*) vitrina *f*
Ⓑ VT (*fig*) (= *exhibit, display*) exhibir, mostrar; **the festival ~s an impressive line-up of previously banned work** el festival exhibe *or* muestra una impresionante selección de obras anteriormente prohibidas; **an album which also ~s her strong singing voice** un disco que también sirve de escaparate a *or* para su portentosa voz
Ⓒ CPD ► **showcase project** N proyecto *m* modelo

**showdown** [ˈʃəʊdaʊn] N enfrentamiento *m* (final); **to have a ~ with sb** enfrentarse con algn; **if it comes to a ~** si llega a producirse un conflicto; **the Suez ~** la crisis de Suez

**shower** [ˈʃaʊəʳ] Ⓐ N 1 [*of rain*] chubasco *m*, chaparrón *m*; **scattered ~s** chubascos dispersos
2 (*fig*) [*of arrows, stones, blows etc*] lluvia *f*
3 (*in bathroom*) ducha *f*, regadera *f* (*Mex*); **to have** *or* **take a ~** ducharse, tomar una ducha
4 (*Brit* pej*) (= *people*) **what a ~!** ¡que montón de inútiles!
5 (*US*) (= *party*) fiesta *f* de obsequio; *see also* **baby D**
Ⓑ VT (*fig*) **they ~ed gifts (up)on the queen** colmaron a la reina de regalos; **he was ~ed with invitations** le llovieron invitaciones; **to ~ sb with honours ◊ ~ honours on sb** colmar a algn de honores
Ⓒ VI 1 (= *rain*) caer un chaparrón *or* chubasco
2 (= *take a shower*) ducharse, tomar una ducha
Ⓓ CPD ► **shower cap** N gorro *m* de baño ► **shower curtain** N cortina *f* de ducha ► **shower gel** N gel *m* de baño ► **shower head** N alcachofa *f* de la ducha ► **shower tray** N plato *m* de la ducha ► **shower unit** N ducha *f*

**showerbath**† [ˈʃaʊəbɑːθ] N (*pl* **showerbaths** [ˈʃaʊəbɑːðz]) ducha *f*; **to take a ~** ducharse, tomar una ducha

**showerproof** [ˈʃaʊəpruːf] ADJ impermeable

**showery** [ˈʃaʊərɪ] ADJ [*weather*] lluvioso; [*day*] lluvioso, de lluvia; **it will be ~ tomorrow** mañana habrá chubascos *or* chaparrones*

**showgirl** [ˈʃəʊgɜːl] N corista *f*

**showground** [ˈʃəʊgraʊnd] N recinto *m* ferial, real *m* de la feria

**showily** [ˈʃəʊɪlɪ] ADV ostentosamente

**showiness** [ˈʃəʊɪnɪs] N ostentación *f*

**showing** [ˈʃəʊɪŋ] N 1 [*of film*] proyección *f*, pase *m*; [*of paintings etc*] exposición *f*; **a private ~** [*of film*] un pase privado; [*of paintings*] una exposición a puertas cerradas; **a second ~ of "The Blue Angel"** un reestreno de "El Ángel Azul"
2 (= *performance*) actuación *f*; **the poor ~ of the team** la pobre actuación del equipo

**showing-off** [ˌʃəʊɪŋˈɒf] N 1 (= *displaying*) lucimiento *m*
2 (*pej*) presunción *f*

**showman** [ˈʃəʊmən] N (*pl* **showmen**) (*at fair, circus*) empresario *m*; **he's a real ~!** (*fig*) ¡es todo un número *or* espectáculo!

**showmanship** [ˈʃəʊmənʃɪp] N (*fig*) espectacularidad *f*, teatralidad *f*

**shown** [ʃəʊn] PP *of* **show**

**show-off*** [ˈʃəʊɒf] N presumido/a *m/f*, fantasmón/ona *m/f* (*Sp**)

**showpiece** [ˈʃəʊpiːs] N (= *centrepiece*) joya *f*, lo mejor; **the ~ of the exhibition is ...** la joya *or* lo mejor de la exposición es ...; **this vase is a real ~** este florero es realmente excepcional

**showplace** [ˈʃəʊpleɪs] N lugar *m* de interés turístico; **Granada is a ~** Granada es un lugar de interés turístico, Granada es ciudad monumental

**showroom** [ˈʃəʊrʊm] N (*Comm*) sala *f* de muestras; (*Art*) sala *f* de exposición, galería *f* de arte; **in ~ condition** en excelentes condiciones, como nuevo

**showstopper*** [ˈʃəʊˌstɒpəʳ] N sensación *f*; **to be a ~** quitar el hipo*, causar sensación

**showy** [ˈʃəʊɪ] ADJ (*compar* **showier**; *superl* **showiest**) ostentoso

**shpt** ABBR (*Comm*) (= **shipment**) e/

**shrank** [ʃræŋk] PT *of* **shrink**

**shrapnel** [ˈʃræpnl] N metralla *f*

**shred** [ʃred] Ⓐ N [*of cloth*] jirón *m*; [*of paper*] tira *f*; **without a ~ of clothing on** sin nada de ropa encima; **if you had a ~ of decency** si usted tuviese un mínimo de honradez; **you haven't got a ~ of evidence** no tienes la más mínima prueba; **in ~s** (*lit, fig*) hecho jirones *or* trizas; **her dress hung in ~s** su vestido estaba hecho jirones *or* trizas; **to tear sth to ~s** (*lit, fig*) hacer algo trizas; **to tear an argument to ~s** hacer pedazos *or* trizas un argumento; **the crowd will tear him to ~s** la gente le hará pedazos; **there isn't a ~ of truth in it** eso no tiene ni pizca *or* chispa de verdad
Ⓑ VT [+ *paper*] hacer trizas, triturar; [+ *food*] despedazar

**shredder** [ˈʃredəʳ] N (*for documents, papers*) trituradora *f*; (*for vegetables*) picadora *f*

**shrew** [ʃruː] N 1 (*Zool*) musaraña *f*
2 (*fig*) (*pej*) (= *woman*) arpía *f*, fiera *f*; **"The Taming of the Shrew"** "La fierecilla domada"

**shrewd** [ʃruːd] ADJ (*compar* **shrewder**; *superl* **shrewdest**) [*person, politician, businessperson*] astuto, sagaz; [*observer, glance, look*] perspicaz; [*remark, observation*] sagaz, perspicaz; [*eyes*] perspicaz, inteligente; [*assessment*] muy acertado; [*investment*] inteligente; **it was seen as a ~ political move** se vio como una hábil *or* astuta maniobra política; **I can make a ~ guess at how many people were there** estoy casi seguro de acertar si digo cuánta gente había allí; **she had a ~ idea** *or* **suspicion (that) ...** estaba casi segura de que ...; **I've got a pretty ~ idea of what's going on here** ya me puedo imaginar lo que está pasando aquí; **she's very ~ in matters of money** es un lince para cuestiones de dinero; **to be a ~ judge of character** tener buen ojo para juzgar a la gente; **that was very ~ of you** en eso has sido muy perspicaz

**shrewdly** [ˈʃruːdlɪ] ADV [*say, ask, point out*] sagazmente; [*reason*] con perspicacia, con sagacidad; [*act*] hábilmente, con astucia; [*invest*] inteligentemente; **she had ~ guessed the reason for his absence** había adivinado astutamente la razón de su ausencia, se había dado cuenta hábilmente de la razón de su ausencia

**shrewdness** [ˈʃruːdnɪs] N [*of person*] astucia *f*, sagacidad *f*; [*of assessment, reasoning*] lo acertado; [*of remark, observation*] sagacidad *f*, perspicacia *f*; [*of plan*] lo inteligente

**shrewish** [ˈʃruːɪʃ] ADJ regañón, de mal genio

**shriek** [ʃriːk] Ⓐ N chillido *m*, grito *m* agudo; **a ~ of pain** un grito de dolor; **with ~s of laughter** con grandes carcajadas
Ⓑ VI chillar; **to ~ with laughter/pain** chillar de risa/dolor; **the colour just ~s at you** es un color de lo más chillón
Ⓒ VT gritar; **"I hate you!" she ~ed** —¡te odio! —gritó; **to ~ abuse at sb** lanzar improperios contra algn

**shrieking** [ˈʃriːkɪŋ] Ⓐ ADJ [*child*] chillón
Ⓑ N chillidos *mpl*, gritos *mpl*

**shrift** [ʃrɪft] N **to give sb short ~** despachar a algn sin rodeos; **he gave that idea short ~** mostró su completa disconformidad con tal idea; **he got short ~ from the boss** el jefe se mostró poco compasivo con él; **he'll get short ~ from me!** ¡que no venga a mí a pedir compasión!

**shrike** [ʃraɪk] N alcaudón *m*

**shrill** [ʃrɪl] Ⓐ ADJ (*compar* **shriller**; *superl* **shrillest**) [*voice*] chillón, agudo; [*sound*] estridente, agudo
Ⓑ VT gritar (con voz estridente)
Ⓒ VI chillar

**shrillness** [ˈʃrɪlnɪs] N [*of voice*] lo chillón, lo agudo; [*of sound*] estridencia *f*, lo agudo

**shrilly** [ˈʃrɪlɪ] ADV de modo estridente

**shrimp** [ʃrɪmp] Ⓐ N 1 (*Zool*) camarón *m*
2 (*fig*) enano/a *m/f*
Ⓑ VI **to go ~ing** pescar camarones
Ⓒ CPD ► **shrimp cocktail** N cóctel *m* de camarones ► **shrimp sauce** N salsa *f* de camarones

**shrine** [ʃraɪn] N (*Rel*) (= *tomb*) sepulcro *m*; (= *sacred place*) lugar *m* sagrado

**shrink** [ʃrɪŋk] (*pt* **shrank**; *pp* **shrunk**) Ⓐ VI 1 (= *get smaller*) encogerse; **to ~ in the wash** encogerse al lavar; **"will not ~"** "no se encoge", "inencogible"; **to ~ away to nothing** reducirse a nada, desaparecer
2 (*also* **~ away, ~ back**) retroceder, echar marcha atrás; **I ~ from doing it** no me atrevo a hacerlo; **he did not ~ from touching it** no vaciló en tocarlo
Ⓑ VT encoger; **to ~ a part on** (*Tech*) montar una pieza en caliente
Ⓒ N (*) (= *psychiatrist*) psiquiatra *mf*

**shrinkage** [ˈʃrɪŋkɪdʒ] N (*gen*) encogimiento *m*; (*Tech*) (= *contraction*) contracción *f*; (*Comm*) (*in shops*) pérdidas *fpl*

**shrinking** [ˈʃrɪŋkɪŋ] Ⓐ ADJ [*clothes*] que encoge(n); [*resources etc*] que escasea(n)
Ⓑ CPD ► **shrinking violet** N (*fig*) tímido/a *m/f*, vergonzoso/a *m/f*

**shrink-wrap** [ˈʃrɪŋkræp] VT empaquetar *or* envasar al calor

**shrink-wrapped** [ˈʃrɪŋkræpt] ADJ empaquetado *or* envasado al calor

**shrink-wrapping** [ˈʃrɪŋkræpɪŋ] N envasado *m* al calor

**shrivel** [ˈʃrɪvl] (*also* **~ up**) Ⓐ VT [+ *plant etc*] marchitar, secar; [+ *skin*] arrugar
Ⓑ VI [*plant etc*] marchitarse, secarse; [*skin etc*] arrugarse

**shrivelled, shriveled** (*US*) [ˈʃrɪvld] ADJ [*plant etc*] marchito, seco; [*skin*] arrugado, apergaminado; **to have a ~ skin** tener la piel arrugada

**shroud** [ʃraʊd] Ⓐ N 1 (*around corpse*) sudario *m*, mortaja *f*; **the Shroud of Turin** la Sábana Santa de Turín, el Santo Sudario de Turín
2 (*fig*) **a ~ of mystery** un velo *or* halo de misterio
3 **shrouds** (*Naut*) obenques *mpl*
Ⓑ VT 1 [+ *corpse*] amortajar
2 (*fig*) velar, cubrir; **the castle was ~ed in**

**mist** el castillo estaba envuelto en niebla; **the whole thing is ~ed in mystery** el asunto está envuelto en un halo de misterio; **the whole affair is ~ed in secrecy** el asunto se mantiene en secreto

**Shrovetide** [ˈʃrəʊvtaɪd] N carnestolendas *fpl*

**Shrove Tuesday** [ˈʃrəʊvˈtjuːzdɪ] N martes *m inv* de Carnaval (*en que en Inglaterra se sirven hojuelas*)

**shrub** [ʃrʌb] N arbusto *m*

**shrubbery** [ˈʃrʌbərɪ] N arbustos *mpl*

**shrug** [ʃrʌg] Ⓐ N encogimiento *m* de hombros; **he said with a ~** dijo encogiéndose de hombros
Ⓑ VT **to ~ one's shoulders** encogerse de hombros
Ⓒ VI encogerse de hombros

►**shrug off** VT + ADV no hacer caso de; **he just ~ged it off** se encogió de hombros y no hizo caso; **you can't just ~ that off** no puedes negarle la importancia que tiene

**shrunk** [ʃrʌŋk] PP *of* **shrink**

**shrunken** [ˈʃrʌŋkən] ADJ encogido

**shtoom*** [ʃtʊm] ADJ **to keep ~ (about sth)** no decir ni mu (de algo)*, no decir esta boca es mía (sobre algo)*

**shuck** [ʃʌk] Ⓐ N [1] (= *husk*) vaina *f*, hollejo *m*
[2] (*US*) [*of shellfish*] concha *f* (de marisco)
[3] **~s!** ¡cáscaras!
Ⓑ VT [1] [+ *peas etc*] desenvainar
[2] (*US*) [+ *shellfish*] desbullar

**shudder** [ˈʃʌdəʳ] Ⓐ VI [*person*] estremecerse (**with** de); [*machinery*] vibrar; **the car ~ed to a halt** el coche paró a sacudidas; **I ~ to think** (*fig*) sólo pensarlo me da horror
Ⓑ N [*of person*] estremecimiento *m*, escalofrío *m*; [*of machinery*] vibración *f*, sacudida *f*; **it gave a ~** dio una sacudida; **a ~ ran through her** se estremeció; **she realized with a ~ that ...** se estremeció al darse cuenta de que ...; **it gives me the ~s** me da escalofríos

**shuffle** [ˈʃʌfl] Ⓐ N [1] **to walk with a ~** caminar arrastrando los pies
[2] (*Cards*) **to give the cards a ~** barajar (las cartas); **whose ~ is it?** ¿a quién le toca barajar?
Ⓑ VT [1] [+ *feet*] arrastrar
[2] (= *mix up*) [+ *papers*] revolver, traspapelar; [+ *cards*] barajar
[3] (= *move*) **to ~ sb aside** apartar a algn, relegar a algn a un puesto menos importante
Ⓒ VI [1] (= *walk*) arrastrar los pies; **to ~ about** moverse de un lado para otro; **to ~ in/out** entrar/salir arrastrando los pies
[2] (*Cards*) barajar

►**shuffle off** Ⓐ VI + ADV marcharse arrastrando los pies
Ⓑ VT + ADV [+ *garment*] despojarse de; (*fig*) [+ *responsibility*] rechazar; **to ~ sth off** deshacerse de algo

**shuffleboard** [ˈʃʌflbɔːd] N juego *m* de tejo

**shufti, shufty*** [ˈʃʊftɪ] N (*Brit*) ojeada *f*; **let's have a ~** a ver, déjame ver; **we went to take a ~** fuimos a echar un vistazo

**shun** [ʃʌn] VT [1] (= *reject*) [+ *person*] rechazar; **to feel ~ned by the world** sentirse rechazado por la gente
[2] (= *avoid*) [+ *work*] evitar; [+ *publicity*] rehuir; **to ~ doing sth** evitar hacer algo

**shunt** [ʃʌnt] Ⓐ VT [1] (*Rail*) cambiar de vía, shuntar
[2] (*fig*) **to ~ sb about** enviar a algn de acá para allá; **the form was ~ed about between different departments** la solicitud fue enviada de departamento a departamento (sin que nadie la atendiese); **we were ~ed about all day** nos tuvieron dando vueltas todo el día; **to ~ sb aside** apartar a algn, relegar a algn a un puesto menos importante; **he was ~ed into retirement** lograron con maña que se jubilase
Ⓑ VI **to ~ to and fro** trajinar de acá para allá

**shunter** [ˈʃʌntəʳ] N (*Brit*) guardagujas *mf inv*

**shunting** [ˈʃʌntɪŋ] Ⓐ N cambio *m* de vía
Ⓑ CPD ► **shunting engine** N locomotora *f* de maniobra ► **shunting yard** N estación *f* de maniobras

**shush** [ʃʊʃ] Ⓐ EXCL ¡chis!, ¡chitón!
Ⓑ VT (*) callar, hacer callar

**shut** [ʃʌt] (*pt, pp* **shut**) Ⓐ VT cerrar; **~ the door/window please** cierra la puerta/ventana por favor; **to find the door ~** encontrar que la puerta está cerrada; **they ~ the door in his face** le dieron con la puerta en las narices; **to ~ one's fingers in the door** pillarse los dedos en la puerta
Ⓑ VI cerrarse; **what time do the shops ~?** ¿a qué hora cierran las tiendas?; **we ~ at five** cerramos a las cinco; **the lid doesn't ~** la tapa no cierra (bien)

►**shut away** VT + ADV encerrar; **to ~ o.s. away** encerrarse; **he ~s himself away all day in his room** permanece encerrado todo el día en su habitación

►**shut down** Ⓐ VI + ADV cerrarse; **the cinema ~ down last year** el cine cerró el año pasado
Ⓑ VT + ADV [+ *lid, business, factory*] cerrar; [+ *machine*] apagar; (*by law*) clausurar

►**shut in** VT + ADV (= *enclose*) encerrar; (= *surround*) cercar, rodear; **to feel ~ in** sentirse encerrado; **the runner was ~ in** el atleta se encontró tapado, al atleta se le cerró el paso

►**shut off** VT + ADV [1] (= *stop*) [+ *water, power*] cortar, cerrar; [+ *engine, machine*] apagar
[2] (= *isolate*) aislar (**from** de); **to be ~ off from** estar aislado de

►**shut out** VT + ADV (= *leave outside*) dejar fuera; (= *put outside*) sacar; (= *close door on*) cerrar la puerta a; (= *keep out*) excluir; (= *block*) tapar

►**shut to** Ⓐ VT + ADV cerrar
Ⓑ VI + ADV cerrarse

►**shut up** Ⓐ VI + ADV (*) (= *be quiet*) callarse; **~ up!** ¡cállate!; ♦***IDIOM* to ~ up like a clam** callarse como un muerto
Ⓑ VT + ADV [1] (= *close*) cerrar
[2] (= *enclose*) encerrar
[3] (*) (= *silence*) callar, hacer callar

**shutdown** [ˈʃʌtdaʊn] N [1] [*of factory, shop, business*] cierre *m*
[2] (*Ftbl*) (*also* **winter ~**) *suspensión temporal de la actividad futbolística durante las semanas más inclementes del invierno*

**shut-eye*** [ˈʃʌtaɪ] N sueño *m*; **to get some ~** echar un sueñecito*

**shut-in** [ˈʃʌtɪn] ADJ encerrado

**shutoff** [ˈʃʌtɒf] N interruptor *m*

**shutout** [ˈʃʌtaʊt] Ⓐ N [1] (*US*) (= *lockout*) cierre *m* patronal
[2] (*Brit Sport*) **the goalkeeper had ten successive ~s** el portero salió imbatido en diez partidos sucesivos
Ⓑ CPD ► **shutout bid** N declaración *f* aplastante ► **shutout record** N récord *m* de imbatibilidad

**shutter** [ˈʃʌtəʳ] Ⓐ N [1] (*on window*) contraventana *f*, postigo *m*; **to put up the ~s** [*shop*] cerrar del todo; (*fig*) abandonar; (*Sport**) no arriesgar
[2] (*Phot*) obturador *m*
Ⓑ CPD ► **shutter release** N (*Phot*) disparador *m* ► **shutter speed** N velocidad *f* de obturación

**shuttered** [ˈʃʌtəd] ADJ [*house, window*] (= *fitted with shutters*) con contraventanas; (= *with shutters closed*) con las contraventanas cerradas; **the windows were ~** (= *had shutters*) las ventanas tenían contraventana(s); (= *had shutters closed*) las ventanas tenían las contraventanas cerradas

**shuttle** [ˈʃʌtl] Ⓐ N [1] (*for weaving, sewing*) lanzadera *f*
[2] (*Aer*) puente *m* aéreo; (= *plane, train etc*) servicio *m* regular de enlace; **air ~** puente *m* aéreo
[3] (*Space*) (*also* **space ~**) lanzadera *f or* transbordador *m* espacial
[4] (*) (*in badminton*) (= *shuttlecock*) volante *m*
Ⓑ VI [*person*] (= *go regularly*) ir y venir (**between** entre)
Ⓒ VT (= *transport*) transportar, trasladar
Ⓓ CPD ► **shuttle flight** N vuelo *m* de puente aéreo ► **shuttle diplomacy** N viajes *mpl* diplomáticos ► **shuttle service** N servicio *m* regular de enlace

**shuttlecock** [ˈʃʌtlkɒk] N (*Badminton*) volante *m*

**shy**[1] [ʃaɪ] Ⓐ ADJ (*compar* **shyer**; *superl* **shyest**)
[1] (= *nervous*) [*person*] vergonzoso, tímido; [*smile*] tímido; [*animal*] asustadizo, huraño; **he was too ~ to talk to anyone** era demasiado tímido para hablar con nadie; **come on, don't be ~!** ¡venga, no seas tímido *or* no tengas vergüenza!; **she went all ~ when asked to give her opinion** le dio vergüenza cuando le preguntaron su opinión, le dio corte cuando le preguntaron su opinión (*Sp**); **they may feel ~ about talking to her** puede que les dé vergüenza hablar con ella, puede que les dé corte hablar con ella (*Sp**); **she's ~ of cameras** se siente cohibida delante de las cámaras; **don't be ~ of telling them what you think** no tengas miedo decirles lo que piensas; **to be ~ with people** ser tímido con la gente, sentirse cohibido con la gente; *see also* **bite B1, camera-shy, fight C3, gun-shy**
[2] **~ of** (*US*): **we're $65,000 ~ of the $1 million that's needed** (= *short of*) nos faltan 65.000 dólares para el millón de dólares que se necesitan; **he's two months ~ of 70** le faltan dos meses para cumplir 70 años; **he passed away two days ~ of his 95th birthday** murió a dos días de cumplir los 95 años
Ⓑ VI [*horse*] asustarse, espantarse (**at** de)

►**shy away** VI + ADV [1] (*lit*) [*horse*] asustarse, espantarse; [*person*] asustarse
[2] (*fig*) **to ~ away from sth** huir *or* rehuir de algo; **to ~ away from doing sth** tener miedo a hacer algo

**shy**[2] [ʃaɪ] (*Brit*) N (= *throw*) tirada *f*; **50 pence a ~** 50 peniques la tirada; **to have a ~ at sth** intentar dar a algo

**shyly** [ˈʃaɪlɪ] ADV tímidamente, con timidez

**shyness** [ˈʃaɪnɪs] N [*of person, smile*] timidez *f*; [*of animal*] lo asustadizo

**shyster*** [ˈʃaɪstəʳ] N (*esp US*) tramposo/a *m/f*, estafador(a) *m/f*; (= *lawyer*) picapleitos *mf inv* sin escrúpulos*

**SI** N ABBR = **Système Internationale (d'unités)** (= *system of metric units*) sistema *m* métrico internacional

**Siam** [saɪˈæm] N (*formerly*) Siam *m*

**Siamese** [ˌsaɪəˈmiːz] Ⓐ N [1] (= *person*) siamés/esa *m/f*
[2] (*Ling*) siamés *m*
[3] (= *cat*) gato *m* siamés
Ⓑ ADJ siamés
Ⓒ CPD ► **Siamese cat** N gato *m* siamés ► **Siamese twins** NPL hermanos/as *mpl/fpl* siameses/esas

**SIB** N ABBR (*Brit*) = **Securities and Investments Board**

**Siberia** [saɪˈbɪərɪə] N Siberia *f*

**Siberian** [saɪˈbɪərɪən] Ⓐ ADJ siberiano
Ⓑ N siberiano/a *m/f*

**sibilant** [ˈsɪbɪlənt] Ⓐ ADJ sibilante
Ⓑ N sibilante *f*

**sibling** [ˈsɪblɪŋ] Ⓐ N hermano/a *m/f*
Ⓑ CPD ► **sibling rivalry** N rivalidad *f* entre hermanos

**Sibyl** [ˈsɪbɪl] N Sibila

**sibyl** [ˈsɪbɪl] N sibila *f*

**sibylline** [ˈsɪbɪlaɪn] ADJ sibilino

**sic** [sɪk] ADV sic

**Sicilian** [sɪˈsɪlɪən] Ⓐ ADJ siciliano
Ⓑ N [1] (= *person*) siciliano/a *m/f*
[2] (*Ling*) siciliano *m*

**Sicily** [ˈsɪsɪlɪ] N Sicilia *f*

**sick** [sɪk] Ⓐ ADJ (*compar* **sicker**; *superl* **sickest**)
[1] (= *ill*) [*person*] enfermo; [*animal*] malo, enfermo; **your uncle is very ~** tu tío está muy enfermo; **to call in ~** = **to phone in sick**; **to fall ~**† enfermar, caer enfermo; **to go ~** faltar por estar enfermo (*al colegio, trabajo, etc*); (*with a medical certificate*) estar de baja; **to make sb look ~** (*US*) (*fig*) (= *appear inferior*) hacer parecer poca cosa a algn; **the Romanians made our team look ~** los rumanos dejaron a nuestro equipo muy atrás, el equipo rumano era como para darle complejo a nuestro equipo*; **to be off ~** faltar por estar enfermo (*al colegio, trabajo, etc*); (*with a medical certificate*) estar de baja; **she phoned in ~** llamó para decir que estaba enferma; ✦**IDIOM to be ~ at heart**† (*also liter*) (= *despondent*) estar angustiado; *see also* **worried 1**, **worry**
[2] **to be ~** (*Brit*) (= *vomit*) devolver, vomitar; **to feel ~** (*Brit*) (= *nauseous*) tener ganas de devolver *or* de vomitar, tener náuseas; **flying makes me feel ~** ir en avión me produce mareo *or* náuseas; **to make sb ~** (*lit*) hacer devolver *or* vomitar a algn; **to make o.s. ~** (*deliberately*) hacerse vomitar *or* devolver; **you'll make yourself ~ if you eat all those sweets** te vas a poner malo si comes todos esos caramelos; ✦**IDIOM to be as ~ as a dog*** echar las tripas‡, echar la primera papilla‡; *see also* **airsick**, **seasick**, **travel-sick**
[3] (= *fed up*) **to be ~ of (doing) sth** estar harto de (hacer) algo*; **to be ~ and tired** *or* **~ to death of (doing) sth** estar hasta la coronilla de (hacer) algo*, estar más que harto de (hacer) algo*; **to be ~ of the sight of sb** estar más que harto de algn*; ✦**IDIOM to be as ~ as a parrot** (*Brit**) sentirse fatal
[4] (= *disgusted*) **I feel ~ about the way she was treated** me asquea la forma en que la trataron; **it makes me ~ the way they waste our money** me pone enferma ver la manera en que malgastan nuestro dinero; **she's never without a boyfriend, makes you ~, doesn't it?*** siempre tiene algún novio, da rabia ¿no?*; **it's enough to make you ~** es como para sacarle a uno de quicio, es como para desesperarse; **you make me ~!** ¡me das asco!; **it makes me ~ to my stomach** me revienta, me da ganas de vomitar
[5] (*pej*) (= *morbid*) [*joke, act*] de mal gusto; [*person, mind, sense of humour*] morboso
Ⓑ N [1] **the ~** los enfermos
[2] (*Brit*) (= *vomit*) vómito *m*, devuelto *m*
Ⓒ CPD ► **sick bag** N bolsa *f* para el mareo ► **sick building syndrome** N síndrome *m* del edificio enfermo ► **sick leave** N **to be on ~ leave** tener permiso *or* (*Sp*) baja por enfermedad ► **sick list** N lista *f* de enfermos; **to be on the ~ list** estar de permiso *or* (*Sp*) de baja por enfermedad ► **sick note** N justificante *m* por enfermedad ► **sick pay** N *pago que se percibe mientras se está con permiso por enfermedad*, baja *f* (*Sp*)

►**sick up*** VT + ADV (*Brit*) vomitar, devolver

**sickbay** [ˈsɪkbeɪ] N enfermería *f*

**sickbed** [ˈsɪkbed] N lecho *m* de enfermo

**sicken** [ˈsɪkn] Ⓐ VT [1] (= *make ill*) poner enfermo
[2] (*fig*) (= *revolt*) dar asco; **it ~s me** me da asco; **it ~s me to think I missed the party** me enferma pensar que me perdí la fiesta
Ⓑ VI caer enfermo, enfermarse; **to be ~ing for** (= *show signs of*) mostrar síntomas de; (= *miss*) echar de menos, echar a faltar; **I ~ at the sight of blood** (el) ver sangre me da náuseas

**sickening** [ˈsɪknɪŋ] [1] (= *disgusting*) [*sight, smell*] nauseabundo, asqueroso; [*cruelty, crime*] espeluznante, repugnante; [*waste*] indignante, escandaloso; **a ~ feeling of failure** una asqueante *or* insoportable sensación de fracaso; **a ~ feeling of panic** un sensación de pánico atenazadora
[2] (*) (= *annoying*) [*person, behaviour, situation*] odioso, exasperante
[3] (= *unpleasant*) [*blow, crunch*] tremendo; **with a ~ thud** con un golpetazo tremendo

**sickeningly** [ˈsɪknɪŋlɪ] ADV [*familiar*] tremendamente; **~ violent/polite** asquerosamente violento/cortés; **it is ~ sweet** es realmente empalagoso; **he made it all look ~ easy** él hacía que todo pareciera tremendamente fácil; **he seems ~ happy** parece tan feliz que da asco; **he stood at the top of a ~ steep gully** estaba subido en la cima de un barranco empinadísimo; **the ship was rolling ~** el barco daba tumbos de acá para allá

**sickle** [ˈsɪkl] N hoz *f*

**sickle-cell anaemia**, **sickle-cell anemia** (*US*) [ˈsɪkl,seləˈniːmɪə] N anemia *f* de células falciformes, drepanocitosis *f*

**sickliness** [ˈsɪklɪnɪs] N [1] (= *ill health, feebleness*) lo enfermizo; (= *paleness*) palidez *f*; (= *weakness*) debilidad *f*
[2] (= *sweetness*) lo empalagoso

**sickly** [ˈsɪklɪ] ADJ (*compar* **sicklier**; *superl* **sickliest**) [1] [*person*] (= *unwell, feeble*) enfermizo, enclenque; (= *pale*) pálido; [*smile*] forzado; [*plant*] débil
[2] (= *cloying*) [*taste, smell*] empalagoso; **~ sweet** dulzón

**sick-making*** [ˈsɪkmeɪkɪŋ] ADJ asqueroso

**sickness** [ˈsɪknɪs] Ⓐ N [1] (= *illness*) enfermedad *f*; **after several months of ~ he was able to return to work** después de varios meses de enfermedad pudo regresar al trabajo; **in ~ and in health** en la salud y en la enfermedad
[2] (= *feeling of nausea*) náuseas *fpl*; (= *vomiting*) vómitos *mpl*; *see also* **altitude B**, **mountain B**, **travel D**
Ⓑ CPD ► **sickness benefit** N subsidio *m* de enfermedad; **to be on ~ benefit** recibir el subsidio de enfermedad

**sickroom** [ˈsɪkrʊm] N cuarto *m* del enfermo

**side** [saɪd] Ⓐ N [1] [*of person*] lado *m*, costado *m*; **at** *or* **by sb's ~** (*lit*) al lado de algn; (*fig*) en apoyo a algn; **the assistant was at** *or* **by his ~** el ayudante estaba a su lado; **he had the telephone by his ~** tenía el teléfono a su lado; **by the ~ of** al lado de; **to sit by sb's ~** estar sentado al lado de algn; **~ by ~** uno al lado del otro; **we sat ~ by ~** nos sentamos uno al lado del otro; **to sit ~ by ~ with sb** estar sentado al lado de algn; **to sleep on one's ~** dormir de costado; **to split one's ~s** desternillarse de risa
[2] [*of animal*] ijar *m*, ijada *f*; **~ of bacon/beef** (*Culin*) lonja *f* de tocino/vaca *or* (*LAm*) res
[3] (= *edge*) [*of box, square, building etc*] lado *m*; [*of boat, vehicle*] costado *m*; [*of hill*] ladera *f*, falda *f*; [*of lake*] orilla *f*; [*of road, pond*] borde *m*; **a house on the ~ of a mountain** una casa en la ladera de una montaña; **by the ~ of the lake** a la orilla del lago; **the car was abandoned at the ~ of the road** el coche estaba abandonado al borde de la carretera; **on the other ~ of the road** al otro lado de la calle; **he was driving on the wrong ~ of the road** iba por el lado contrario de la carretera
[4] (= *face, surface*) [*of box, solid figure, paper, record etc*] cara *f*; **please write on both ~s of the paper** escribir en ambas caras del papel; **play ~ A** pon la cara A; **what's on the other ~?** [*of record*] ¿qué hay a la vuelta?; **right ~ up** boca arriba; **wrong ~ up** boca abajo; **to be wrong ~ out** estar al revés; ✦**IDIOMS let's look at the other ~ of the coin** veamos el revés de la medalla; **these are two ~s of the same coin** son dos caras de la misma moneda; **the other ~ of the picture** el reverso de la medalla
[5] (= *aspect*) lado *m*, aspecto *m*; **to see only one ~ of the question** ver sólo un lado *or* aspecto de la cuestión; **to hear both ~s of the question** escuchar los argumentos en pro y en contra; **on one ~ ..., on the other ...** por una parte ..., por otra ...
[6] (= *part*) lado *m*; **from all ~s** de todas partes, de todos lados; **on all ~s** por todas partes, por todos lados; **on both ~s** por ambos lados; **to look on the bright ~** ser optimista; **from every ~** de todas partes, de todos lados; **the left-hand ~** el lado izquierdo; **on the mother's ~** por parte de la madre; **to make a bit (of money) on the ~*** ganar algún dinero extra, hacer chapuzas (*Sp*); **to move to one ~** apartarse, ponerse de lado; **to take sb on** *or* **to one ~** apartar a algn; **to put sth to** *or* **on one ~ (for sb)** guardar algo (para algn); **leaving that to one ~ for the moment, ...** dejando eso a un lado por ahora, ...; **it's the other ~ of Illescas** está más allá de Illescas; **to be on the right ~ of 30** no haber cumplido los 30 años; **to be on the right ~ of sb** caerle bien a algn; **to get on the right ~ of sb** procurar congraciarse con algn; **to keep on the right ~ of sb** congraciarse *or* quedar bien con algn; **the right-hand ~** el lado derecho; **it's on the right-hand ~** está a mano derecha; **to be on the safe ~ ...** para estar seguro ..., por si acaso ...; **let's be on the safe ~** atengámonos a lo más seguro; **it's this ~ of Segovia** está más acá de Segovia; **it won't happen this ~ of Christmas** no será antes de Navidades; **from ~ to ~** de un lado a otro; **to be on the wrong ~ of 30** haber cumplido los 30 años; ✦**IDIOMS to be on the wrong ~ of sb** caerle mal a algn; **to get on the wrong ~ of sb** ponerse a malas con algn; **to get out of bed on the wrong ~** levantarse con el pie izquierdo
[7] (*fig*) **the weather's on the cold ~** el tiempo es algo frío; **it's a bit on the large ~** es algo *or* (*LAm*) tantito grande; **the results are on the poor ~** los resultados son más bien mediocres
[8] (= *team*) (*Sport*) equipo *m*; **to change ~s** pasar al otro bando; (*opinion*) cambiar de opinión; **to choose ~s** seleccionar el equipo; **to let the ~ down** (*Sport*) dejar caer a los suyos; (*fig*) decepcionar; **he's on our ~** (*fig*) es de los

nuestros; **whose ~ are you on?** ¿a quiénes apoyas?; **I'm on your ~** yo estoy de tu parte; **with a few concessions on the government ~** con algunas concesiones por parte del gobierno; **to be on the ~ of sth/sb** ser partidario de algo/algn; **to have age/justice on one's ~** tener la juventud/la justicia de su lado; **our ~ won** ganaron los nuestros; **to pick ~s** seleccionar el equipo; **to take ~s (with sb)** tomar partido (con algn); **to take sb's ~** ponerse de parte de algn

9 (*Pol*) (= *party*) partido *m*

10 (*Brit**) (= *conceit, superiority*) tono *m*, postín* *m*; **there's no ~ about** *or* **to him** ◊ **he's got no ~** no presume, no se da aires de superioridad; **to put on ~** darse tono

Ⓑ VI (*in argument*) **to ~ against sb** tomar el partido contrario a algn, alinearse con los que se oponen a algn; **to ~ with sb** ponerse de parte de algn; **I'm siding with nobody** yo no tomo partido

Ⓒ CPD ► **side arms** NPL armas *fpl* de cinto ► **side dish** N plato *m* adicional (servido con el principal) ► **side door** N puerta *f* de al lado ► **side drum** N tamboril *m* ► **side effect** N efecto *m* secundario ► **side entrance** N entrada *f* lateral ► **side glance** N mirada *f* de soslayo ► **side issue** N cuestión *f* secundaria ► **side plate** N platito *m* (*para el pan, ensalada, etc*) ► **side road** N carretera *f* secundaria ► **side saddle** N silla *f* de amazona; *see also* **side-saddle** ► **side street** N calle *f* lateral ► **side table** N trinchero *m* ► **side view** N perfil *m* ► **side whiskers** NPL patillas *fpl*

**sideboard** ['saɪdbɔːd] N aparador *m*

**sideboards** ['saɪdbɔːdz] NPL (*Brit*), **sideburns** ['saɪdbɜːnz] NPL patillas *fpl*

**sidecar** ['saɪdkɑːʳ] N sidecar *m*

**-sided** ['saɪdɪd] ADJ (*ending in compounds*) de ... caras, de ... aspectos; **three-sided** de tres caras; **many-sided** de muchos aspectos

**side-face** ['saɪdfeɪs] ADJ, ADV de perfil

**side-foot** ['saɪdfʊt] VT [+ *ball, shot*] lanzar con el interior del pie

**sidekick*** ['saɪdkɪk] N secuaz* *mf*

**sidelight** ['saɪdlaɪt] N 1 (*Aut*) luz *f* lateral

2 (*fig*) detalle *m* incidental, información *f* incidental (**on** relativo a)

**sideline** ['saɪdlaɪn] Ⓐ N 1 (*Ftbl, Tennis etc*) línea *f* de banda; **to be on the ~s** (*Sport*) estar fuera del terreno de juego, estar en la banda; (*fig*) estar al margen

2 (*Rail*) apartadero *m*, vía *f* secundaria

3 (*Comm*) actividad *f* suplementaria; **it's just a ~** (*fig*) es un pasatiempo, nada más

Ⓑ VT (*esp US*) marginar; **we won't be ~d** no permitimos que se nos margine; **he was ~d by injury the whole season** quedó fuera del equipo durante toda la temporada debido a una lesión

**sidelong** ['saɪdlɒŋ] Ⓐ ADV de costado

Ⓑ ADJ [*glance*] de soslayo, de reojo

**sidereal** [saɪ'dɪːrɪəl] ADJ sidéreo

**side-saddle** ['saɪd,sædl] ADV **to ride ~** montar a la amazona

**sideshow** ['saɪdʃəʊ] N (*at fair*) atracción *f* secundaria

**sideslip** ['saɪdslɪp] N (*Aer*) deslizamiento *m* lateral

**side-slipping** ['saɪd,slɪpɪŋ] N (*Ski*) derrapaje *m*

**sidesman** ['saɪdzmən] N (*pl* **sidesmen**) (*Brit Rel*) acólito *m*

**side-splitting*** ['saɪd,splɪtɪŋ] ADJ para reírse a carcajadas, para morirse de risa

**sidestep** ['saɪdstep] Ⓐ VT [+ *problem, question*] eludir, esquivar; **he neatly ~ped the question** eludió *or* esquivó hábilmente la pregunta

Ⓑ VI (*Boxing etc*) dar un quiebro, fintar, dar una finta (*LAm*)

Ⓒ N 1 (= *step*) paso *m* hacia un lado

2 (= *dodge*) esquivada *f*

**sidestroke** ['saɪdstrəʊk] N natación *f* de costado

**sideswipe** ['saɪdswaɪp] N (*also fig*) golpe *m* de refilón

**sidetrack** ['saɪdtræk] Ⓐ VT [+ *person*] despistar; [+ *discussion*] conducir por cuestiones de poca importancia; **I got ~ed** me despisté

Ⓑ N (*Rail*) apartadero *m*, vía *f* muerta; (*fig*) cuestión *f* secundaria

**sidewalk** ['saɪdwɔːk] N (*US*) (= *pavement*) acera *f*, vereda *f* (*LAm*), andén *m* (*CAm, Col*), banqueta *f* (*Mex*)

**sidewards** ['saɪdwədz] ADV = **sideways B**

**sideways** ['saɪd,weɪz] Ⓐ ADJ (*gen*) de lado, lateral; [*look*] de reojo, de soslayo

Ⓑ ADV **to step ~** hacerse a un lado; **to walk/move ~** andar/moverse de lado; **to look ~** mirar de reojo, mirar de soslayo; **it goes** *or* **fits in ~** se mete de lado *or* de costado; **~ on** de perfil

**sidewind** ['saɪdwɪnd] N viento *m* lateral

**siding** ['saɪdɪŋ] N (*Rail*) apartadero *m*, vía *f* muerta

**sidle** ['saɪdl] VI **to ~ up (to sb)** acercarse furtivamente (a algn); **to ~ in/out** entrar/salir furtivamente

**Sidon** ['saɪdən] N Sidón *m*

**SIDS** N ABBR (*Med*) = **sudden infant death syndrome**

**siege** [siːdʒ] Ⓐ N cerco *m*, sitio *m*; **to lay ~ to** cercar, sitiar; **to raise the ~** levantar el cerco

Ⓑ CPD ► **siege economy** N economía *f* de sitio ► **siege mentality** N **to have a ~ mentality** tener manía persecutoria ► **siege warfare** N guerra *f* de sitio *or* asedio

**sienna** [sɪ'enə] N siena *f*

**Sierra Leone** [sɪ'ɛərəlɪ'əʊn] N Sierra *f* Leona

**Sierra Leonean** [sɪ'ɛərəlɪ'əʊnɪən] Ⓐ ADJ sierraleonés

Ⓑ N sierraleonés/esa *m/f*

**siesta** [sɪ'estə] N siesta *f*; **to have** *or* **take a ~** dormir la siesta

**sieve** [sɪv] Ⓐ N (*for liquids*) colador *m*; (*for solids*) criba *f*, tamiz *m*

Ⓑ VT [+ *liquid*] colar; [+ *flour, soil*] cribar, tamizar

**sift** [sɪft] Ⓐ VT [+ *flour, soil*] cerner, tamizar

Ⓑ VI **to ~ through** (*fig*) examinar cuidadosamente

**sigh** [saɪ] Ⓐ N [*of person*] suspiro *m*; [*of wind*] susurro *m*, gemido *m*; **to give** *or* **heave a ~** dar un suspiro; **to breathe a ~ of relief** suspirar aliviado, dar un suspiro de alivio

Ⓑ VI [*person*] suspirar; [*wind*] susurrar; **to ~ for** suspirar por

**sighing** ['saɪɪŋ] N [*of person*] suspiros *mpl*; [*of wind*] susurro *m*

**sight** [saɪt] Ⓐ N 1 (= *eyesight*) vista *f*; **to have good ~** tener buena vista; **I'm losing my ~** estoy perdiendo la vista; **to have poor ~** tener mala vista; **to regain one's ~** recobrar la vista

2 (= *act of seeing*) vista *f*; **I can't bear the ~ of blood** no aguanto la vista de la sangre; **I can't stand the ~ of him** no le puedo ver; **at ~** a la vista; **at first ~** a primera vista; **it was love at first ~** fue un flechazo; **I know her by ~** la conozco de vista; **it came into ~** apareció; **to catch ~ of sth/sb** divisar algo/a algn; **to be in ~** estar a la vista (**of** de); **to keep sth in ~** no perder de vista algo; **our goal is in ~** ya vemos la meta; **we are in ~ of victory** estamos a las puertas de la victoria; **to find favour in sb's ~** [*plan etc*] ser aceptable a algn; [*person*] merecerse la aprobación de algn; **to lose ~ of sth/sb** perder algo/a algn de vista; **to lose ~ of sb** (*fig*) perder contacto con algn; **to lose ~ of the fact that ...** no tener presente el hecho de que ...; **to be lost to ~** desaparecer, perderse de vista; **to shoot on ~** disparar sin previo aviso; **to be out of ~** no estar a la vista; **keep out of ~!** ¡que no te vean!; **not to let sb out of one's ~** no perder a algn de vista; **to drop out of ~** desaparecer; **out of ~** (*US**) fabuloso*; **to buy sth ~ unseen** comprar algo sin verlo; **to be within ~** estar a la vista (**of** de); **to have sth within ~** tener algo a la vista; **we were within ~ of the coast** teníamos la costa a la vista; ✦***PROV* out of ~, out of mind** ojos que no ven, corazón que no siente

3 (= *spectacle*) espectáculo *m*; **it was an amazing ~** era un espectáculo asombroso; **his face was a ~!** ¡había que ver su cara!; (*after injury etc*) ¡había que ver el estado en que quedaba su cara!; **I must look a ~** debo parecer horroroso, ¿no?; **doesn't she look a ~ in that hat!** ¡con ese sombrero parece un espantajo!; **what a ~ you are!** ¡qué adefesio!; **the ~s** los lugares de interés turístico; **to see** *or* **visit the ~s of Madrid** visitar los lugares de interés turístico de Madrid, hacer turismo por Madrid; **it's not a pretty ~** no es precisamente bonito; **it's a sad ~** es una cosa triste; ✦***IDIOM* it's a ~ for sore eyes** da gusto verlo

4 (*on gun*) (*often pl*) mira *f*, alza *f*; **in one's ~s** en la línea de tiro; ✦***IDIOMS* to lower one's ~s** renunciar a algunas de sus aspiraciones; **to raise one's ~s** volverse más ambicioso, apuntar más alto; **to set one's ~s on sth/doing sth** aspirar a *or* ambicionar algo/hacer algo; **to set one's ~s too high** ser demasiado ambicioso

5 (*) (= *a great deal*) **this is a ~ better than the other one** éste no tiene comparación con el otro; **he's a ~ too clever** es demasiado listo; **it's a ~ dearer** es mucho más caro

Ⓑ VT 1 (*Naut*) [+ *land*] ver, divisar; [+ *bird, rare animal*] observar, ver; [+ *person*] ver

2 (= *aim*) **to ~ a gun** apuntar un cañón (**at, on** a)

Ⓒ CPD ► **sight draft** N letra *f* a la vista ► **sight translation** N traducción *f* oral *or* a libro abierto

**sighted** ['saɪtɪd] Ⓐ ADJ vidente

Ⓑ NPL **the ~** los que pueden ver, las personas videntes

**-sighted** ['saɪtɪd] ADJ (*ending in compounds*) **short-sighted** corto de vista, miope; **long-sighted** hipermétrope

**sighting** ['saɪtɪŋ] N observación *f*; **further ~s of the missing girl have been reported** se sabe que la chica desaparecida ha sido vista en más ocasiones

**sightless** ['saɪtlɪs] ADJ ciego, invidente

**sightly** ['saɪtlɪ] ADJ **not very ~** no muy agradable para la vista

**sight-read** ['saɪtriːd] (*pt, pp* **sight-read**) (*Mus*) Ⓐ VT repentizar

Ⓑ VI repentizar

**sight-reading** ['saɪt,riːdɪŋ] N (*Mus*) repentización *f*, acción *f* de repentizar

**sightseeing** ['saɪt,siːɪŋ] N turismo *m*; **to go ~** ◊ **do some ~** hacer turismo

**sightseer** ['saɪt,siːəʳ] N turista *mf*, excursionista *mf*

**sight-singing** ['saɪt,sɪŋɪŋ] N ejecución *f* a la primera lectura

**sign** [saɪn] Ⓐ N [1] (= *indication*) señal *f*, indicio *m*; (*Med*) síntoma *m*; **it's a ~ of rain** es señal *or* indicio de lluvia; **he searched for a ~ of recognition on her face** buscó en su rostro una señal *or* muestra de reconocimiento; **there was no ~ of him anywhere** no había ni rastro de él; **there was no ~ of life** no había señales *or* rastro de vida; **it was seen as a ~ of weakness** se interpretaba como una muestra *or* señal de flaqueza; **at the first ~ of a cold, take vitamin C** al primer indicio de un resfriado, tome vitamina C; **it's a good/bad ~** es buena/mala señal; **to show ~s of sth/doing sth** dar muestras *or* señales de algo/de hacer algo; **the economy is beginning to show ~s of recovery** la economía está dando muestras *or* señales de recuperarse; **the storm showed no ~ of abating** la tormenta no daba muestras *or* señales de calmarse; **that's a sure ~ he's feeling better** es una señal inconfundible de que se encuentra mejor; **it's a ~ of the times** es señal de los tiempos que vivimos
[2] (= *gesture*) seña *f*; **to communicate by ~s** hablar *or* comunicarse por señas; **he gave the victory ~** hizo la seña de victoria; **to make a ~ to sb** hacer una seña a algn; **he made a ~ for them to leave** les hizo una seña para que se marcharan; **to make the ~ of the Cross** hacerse la señal de la cruz, santiguarse; **to make the ~ of the Cross over sth** bendecir algo
[3] (= *notice*) letrero *m*; (= *road sign*) señal *f* (de tráfico); (= *direction indicator*) indicador *m*; (= *shop sign*) letrero *m*, rótulo *m*; (*US*) (*carried in demonstration*) pancarta *f*; **exit ~** letrero *m* de salida; **a no-entry ~** una señal de prohibición de entrada; **a give way ~** una señal de ceda el paso
[4] (= *written symbol*) símbolo *m*; (*Math, Mus, Astrol*) signo *m*; **the text was full of strange ~s and symbols** el texto estaba lleno de símbolos extraños; **what ~ are you?** ¿de qué signo eres?; **plus/minus ~** signo de más/menos
Ⓑ VT [1] [+ *contract, agreement, treaty*] firmar; **she ~s herself B. Smith** firma con el nombre B. Smith; **Sue Townsend will be ~ing her new book** Sue Townsend firmará autógrafos en su nuevo libro; **to ~ one's name** firmar; **~ed and sealed** firmado y lacrado, firmado y sellado
[2] (= *recruit*) [+ *player*] fichar, contratar; [+ *actor, band*] contratar
[3] (= *use sign language*) **the programme is ~ed for the hearing-impaired** el programa incluye traducción simultánea al lenguaje de signos para aquellos con discapacidades auditivas
Ⓒ VI [1] (*with signature*) firmar; **~ here please** firme aquí, por favor; *see also* **dotted line**
[2] (= *be recruited*) (*Sport*) firmar un contrato; **he has ~ed for** *or* **with Arsenal** ha firmado un contrato con el Arsenal, ha fichado por el Arsenal (*Sp*)
[3] (= *signal*) hacer señas; **to ~ to sb to do sth** hacer señas a algn para que haga algo; **he ~ed to me to wait** me hizo señas para que esperara
[4] (= *use sign language*) hablar con señas
Ⓓ CPD ► **sign language** N lenguaje *m* por señas; **to talk in ~ language** hablar por señas ► **sign painter**, **sign writer** N rotulista *mf*

►**sign away** VT + ADV [+ *rights*] ceder; **he ~ed away his soul to the devil** entregó su alma al diablo

►**sign for** VI + PREP [+ *item*] firmar el recibo de

►**sign in** Ⓐ VI + ADV (*at hotel*) firmar el registro (al entrar), registrarse; (*at work*) firmar la entrada
Ⓑ VT + ADV (*at club*) [+ *visitor*] firmar por

►**sign off** VI + ADV [1] (*ending activity*) terminar; (*ending letter*) despedirse; (*Rad, TV*) cerrar el programa, despedirse
[2] (*Brit*) (*as unemployed*) darse de baja en el paro, quitarse del paro

►**sign on** Ⓐ VI + ADV (*Brit*) (*as unemployed*) registrarse como desempleado; (*as employee*) firmar un contrato; (*Mil*) (= *enlist*) alistarse
Ⓑ VT + ADV [+ *employee*] contratar; (*Sport*) [+ *player*] fichar, contratar; (*Mil*) [+ *soldier*] reclutar

►**sign out** Ⓐ VI + ADV [*hotel guest*] firmar el registro (al marcharse); [*employee, visitor*] firmar la salida
Ⓑ VT + ADV [+ *item*] **you must ~ all books out** tiene que firmar al retirar cualquier libro

►**sign over** VT + ADV [+ *property, rights*] ceder; **she ~ed the house over to her son** cedió la casa a su hijo, puso la casa a nombre de su hijo

►**sign up** Ⓐ VI + ADV (= *be recruited*) (*as employee*) firmar un contrato; (= *register*) registrarse; (*Sport*) [*player*] fichar (**with, for** por); (*Mil*) alistarse; **to ~ up for a course** inscribirse en un curso
Ⓑ VT + ADV [+ *employee*] contratar; (*Sport*) [+ *player*] fichar, contratar; (*Mil*) [+ *soldier*] reclutar; **the party desperately needed to ~ up new members** el partido necesitaba conseguir urgentemente nuevos afiliados

**signal** ['sɪgnl] Ⓐ N señal *f*; (*Telec*) señal *f*, tono *m*; (*TV, Rad*) sintonía *f*; **it was the ~ for revolt** fue la señal para la sublevación; **to give the ~ for** dar la señal de *or* para; **to make a ~ to sb** hacer una señal a algn; **railway ~s** semáforos *mpl* de ferrocarril; **traffic ~s** semáforo *msing*
Ⓑ VT [1] [+ *message*] comunicar por señales; **to ~ sb to do sth** hacer señas a algn para que haga algo; **to ~ that ...** comunicar por señas que ...; **to ~ one's approval** hacer una seña de aprobación; **to ~ sb on/through** dar a algn la señal de pasar; **to ~ a train** anunciar por señales la llegada de un tren; **the train is ~led** la señal indica la llegada del tren; **to ~ a left-/right-hand turn** (*Aut*) indicar un giro a la izquierda/derecha
[2] (= *signify*) señalar
Ⓒ VI (*gen*) dar una señal; (*with hands*) hacer señas; **to ~ to sb to do sth** hacer señas a algn para que haga algo; **to ~ to sb that ...** comunicar a algn por señas que ...; **to ~ before stopping** hacer una señal antes de parar
Ⓓ ADJ (*frm*) notable, señalado, insigne
Ⓔ CPD ► **signal book** N (*Naut*) código *m* de señales ► **signal box** N (*Rail*) garita *f* de señales ► **signal flag** N bandera *f* de señales ► **signal lamp** N reflector *m* *or* lámpara *f* de señales

**signalize** ['sɪgnəlaɪz] VT distinguir, señalar

**signally** ['sɪgnəlɪ] ADV notablemente, señaladamente; **he has ~ failed to do it** ha sufrido un notable fracaso al tratar de hacerlo

**signalman** ['sɪgnlmən] N (*pl* **signalmen**) (*Rail*) guardavía *mf*

**signatory** ['sɪgnətərɪ] Ⓐ ADJ firmante, signatario; **the ~ powers to an agreement** las potencias firmantes *or* signatarias de un acuerdo
Ⓑ N firmante *mf*, signatario/a *m/f*

**signature** ['sɪgnətʃəʳ] Ⓐ N [1] [*of person*] firma *f*; **to put one's ~ to sth** firmar algo
[2] (*Mus*) armadura *f*
Ⓑ CPD ► **signature tune** N (*Brit*) sintonía *f* de apertura (*de un programa*)

**signboard** ['saɪnbɔːd] N (*small*) letrero *m*; (*large*) cartelera *f*; (*for adverts*) valla *f* publicitaria

**signer** ['saɪnəʳ] N firmante *mf*

**signet** ['sɪgnɪt] Ⓐ N sello *m*
Ⓑ CPD ► **signet ring** N sello *m*

**significance** [sɪg'nɪfɪkəns] N [1] (= *meaning*) **she gave him a look full of ~** le dirigió una mirada muy significativa *or* elocuente
[2] (= *importance*) importancia *f*; **can we attach any ~ to this promise?** ¿podemos darle importancia a esta promesa?; **to be of some ~** ser importante; **to be of no ~** no tener ninguna importancia

**significant** [sɪg'nɪfɪkənt] ADJ [1] (= *important*) [*number, event, achievement, part, development*] importante; [*effect, amount, improvement, sum of money, victory*] considerable; [*contribution, reduction, increase*] significativo, considerable; [*difference*] significativo; [*change*] importante, considerable; [*factor, impact, step*] significativo, importante; **it is ~ that ...** es significativo que ...; **Japan has made ~ progress in reducing pollution** Japón ha dado un gran paso adelante en la reducción de la contaminación; **~ other** (= *partner*) pareja *f*
[2] (= *meaningful*) [*look, gesture, tone of voice*] significativo, elocuente; **could this be ~ of a change of heart?** ¿podría esto suponer un cambio de idea?

**significantly** [sɪg'nɪfɪkəntlɪ] ADV [1] (= *considerably*) (*with adj*) [*higher, lower, better, reduced*] considerablemente; (*with verb*) [*change, improve, reduce, increase*] de forma significativa, considerablemente
[2] (= *notably*) **~, most of them are Scottish** es significativo que la mayoría sean escoceses; **they have ~ different ideas** sus ideas son notablemente distintas
[3] (= *meaningfully*) **she looked at me ~** me lanzó una mirada significativa *or* elocuente

**signify** ['sɪgnɪfaɪ] Ⓐ VT [1] (= *mean*) querer decir, significar; **what does it ~?** ¿qué quiere decir?, ¿qué significa?
[2] (= *make known*) indicar; **to ~ one's approval** indicar su aprobación
Ⓑ VI **it does not ~** no importa; **in the wider context it does not ~** en el contexto más amplio no tiene importancia

**signing** ['saɪnɪŋ] N [1] [*of letter, contract, treaty etc*] firma *f*
[2] (*Sport*) fichaje *m*
[3] (= *sign language*) lenguaje *m* por señas

**signpost** ['saɪnpəʊst] Ⓐ N poste *m* indicador
Ⓑ VT indicar; **the road is well ~ed** la carretera tiene buena señalización, la carretera está bien señalizada

**signposting** ['saɪnpəʊstɪŋ] N señalización *f*

**Sikh** [siːk] Ⓐ ADJ sij
Ⓑ N sij *mf*

**silage** ['saɪlɪdʒ] N ensilaje *m*

**silence** ['saɪləns] Ⓐ N [1] (= *absence of speech*) silencio *m*; **a two minutes' ~** dos minutos de silencio; **~!** ¡silencio!; **they stood in ~** permanecieron en silencio; **in dead** *or* **complete ~** en silencio absoluto; **there was ~ on the matter** no se hizo comentario alguno sobre la cuestión; **to pass over sth in ~** silenciar algo; **to reduce sb to ~** dejar a algn sin argumentos; ✦***PROVS*** **~ is golden** en boca cerrada no entran moscas; **~ gives** *or* **means** *or* **lends consent** quien calla otorga

2 (= *absence of sound*) silencio *m*; **a sudden shot broke the ~** un disparo repentino rompió el silencio
3 (= *unwillingness to communicate*) silencio *m*; **he broke his ~ for the first time yesterday** rompió su silencio ayer por primera vez
Ⓑ VT 1 (= *quieten*) [+ *person, crowd*] hacer callar, acallar; [+ *bells, guns, cries*] silenciar, acallar; **to ~ one's conscience** acallar la conciencia
2 (= *put a stop to*) [+ *criticism, fears, doubts*] acallar, silenciar; **he ~d his critics** silenció a sus críticos
3 (= *kill*) eliminar

**silencer** ['saɪlənsəʳ] N (*Aut, on gun*) silenciador *m*

**silent** ['saɪlənt] Ⓐ ADJ 1 (= *noiseless, soundless*) **to be ~** [*person*] quedarse callado; [*place, room, street*] estar en silencio; **the law is ~ on this point** la ley no se pronuncia a este respecto; **to fall ~** [*person*] quedarse callado; [*room*] quedar en silencio; **the guns have fallen ~** el tiroteo ha cesado, las armas han quedado en silencio (*liter*); **to lie ~** [*factory, machine*] permanecer parado; **the ~ majority** la mayoría silenciosa; **~ partner** (*US*) socio/a *m/f* comanditario/a; **I've remained ~ for too long on this issue** he guardado silencio sobre este asunto por demasiado tiempo; **you have the right to remain ~** tiene derecho a permanecer callado, no está obligado a responder; **to give sb the ~ treatment** hacer el vacío a algn; **to bear ~ witness to sth** ser mudo testigo de algo; **✦IDIOM to be as ~ as the grave** *or* **tomb** estar silencioso como una tumba
2 (= *wordless*) [*prayer, march, vigil*] silencioso; [*contempt, protest*] mudo; **she looked at him in ~ contempt** le miró con mudo desprecio; **~ tears ran down her cheeks** las lágrimas le corrían silenciosas por la cara; **to pay ~ tribute to sb** homenajear en silencio a algn
3 (*Cine*) [*film, movie*] mudo; **the ~ screen** el cine mudo
4 (*Ling*) [*letter*] mudo; **the "k" in knee is ~** la "k" en "knee" es muda *or* no se pronuncia
Ⓑ N **the ~s** (*Cine*) las películas mudas; (*as genre*) el cine mudo

**silently** ['saɪləntlɪ] ADV 1 (= *without speaking*) en silencio; **she ~ cursed her bad luck** maldijo calladamente su mala suerte; **I vowed ~ never to mention it again** juré para mis adentros no volver a mencionarlo
2 (= *without making noise*) silenciosamente

**silhouette** [ˌsɪluːˈet] Ⓐ N silueta *f*; **in ~** en silueta
Ⓑ VT **to be ~d against sth** destacarse *or* perfilarse en *or* contra algo

**silica** ['sɪlɪkə] N sílice *f*

**silicate** ['sɪlɪkɪt] N silicato *m*

**siliceous** [sɪ'lɪʃəs] ADJ silíceo

**silicon** ['sɪlɪkən] Ⓐ N silicio *m*
Ⓑ CPD ► **silicon carbide** N carburo *m* de silicio ► **silicon chip** N chip *m or* plaqueta *f* de silicio

**silicone** ['sɪlɪkəʊn] N silicona *f*

**silicosis** [ˌsɪlɪ'kəʊsɪs] N silicosis *f*

**silk** [sɪlk] Ⓐ N 1 seda *f*
2 (*Brit Jur*) (= *barrister*) abogado/a *m/f* superior; **to take ~** (*Brit*) ser ascendido a la abogacía superior; → QC/KC
Ⓑ **silks** NPL (*Racing*) colores *mpl*
Ⓒ CPD [*blouse, scarf*] de seda; **✦IDIOM you can't make a ~ purse out of a sow's ear** aunque la mona se vista de seda, mona se queda ► **silk finish** N **with a ~ finish** (*cloth, paintwork*) satinado ► **silk hat** N sombrero *m* de copa ► **silk industry** N industria *f* sedera ► **silk thread** N hilo *m* de seda

**silken** ['sɪlkən] ADJ 1 (= *of silk*) de seda; (= *like silk*) sedoso, sedeño
2 (= *suave*) [*manner, voice*] suave, mimoso

**silkiness** ['sɪlkɪnɪs] N 1 [*of fabric*] sedosidad *f*, lo sedoso
2 [*of manner, voice*] suavidad *f*, lo mimoso

**silkmoth** ['sɪlkmɒθ] N mariposa *f* de seda

**silk-raising** ['sɪlkˌreɪzɪŋ] N sericultura *f*

**silk-screen printing** [ˌsɪlkskriːn'prɪntɪŋ] N serigrafía *f*

**silkworm** ['sɪlkwɜːm] N gusano *m* de seda

**silky** ['sɪlkɪ] ADJ (*compar* **silkier**; *superl* **silkiest**) 1 [*material*] sedoso; [*sound, voice*] suave; **a ~ sheen** un brillo sedoso; **~ smooth** *or* **soft** suave como la seda
2 (*fig*) [*skills*] fino, depurado; **a ~ gear change** un suave cambio de marchas

**sill** [sɪl] N 1 (= *windowsill*) alféizar *m*
2 (*Aut*) umbral *m*

**silliness** ['sɪlɪnɪs] N (= *quality*) estupidez *f*; (= *act*) tontería *f*

**silly** ['sɪlɪ] ADJ (*compar* **sillier**; *superl* **silliest**) (= *stupid*) [*person*] tonto, bobo, sonso *or* zonzo (*LAm*); [*act, idea*] absurdo; (= *ridiculous*) ridículo; **how ~ of me!** ◊ **~ me!** ¡qué tonto *or* bobo soy!; **that was ~ of you** ◊ **that was a ~ thing to do** eso que hiciste fue muy tonto *or* bobo, fue una tontería *or* estupidez por tu parte; **don't be ~** no seas tonto *or* bobo; **I feel ~ in this hat** me siento ridículo con este sombrero; **to knock sb ~*** dar una paliza a algn; **the blow knocked him ~** el golpe le dejó tonto *or* sin sentido; **to laugh o.s. ~*** desternillarse de risa*; **you look ~ carrying that fish** pareces tonto llevando ese pez; **to make sb look ~** poner a algn en ridículo; **~ season** temporada *f* boba, canícula *f*; **I've done a ~ thing** he hecho una tontería, he sido un tonto

**silo** ['saɪləʊ] N (*pl* **silos**) (*gen*) silo *m*

**silt** [sɪlt] N sedimento *m*, aluvión *m*

►**silt up** Ⓐ VI + ADV obstruirse (con sedimentos)
Ⓑ VT + ADV obstruir (con sedimentos)

**silting** [sɪltɪŋ] N (*also* **~ up**) obstrucción *f* con sedimentos

**silver** ['sɪlvəʳ] Ⓐ N 1 (= *metal*) plata *f*; (= *silverware, silver cutlery*) plata *f*, vajilla *f* de plata
2 (= *money*) monedas *fpl* de plata, monedas *fpl* plateadas; **"have you got any ~?" — "sorry, only notes and coppers"** —¿tienes monedas de plata? —no, sólo billetes y monedas de cobre; **£2 in ~** 2 libras en monedas de plata
Ⓑ ADJ 1 (= *made of silver*) [*ring, cutlery*] de plata
2 (*in colour*) plateado; [*car*] gris plata *inv*; *see also* **spoon A1**, **cloud A**
Ⓒ VT [+ *metal*] platear; [+ *mirror*] azogar; [+ *hair*] blanquear
Ⓓ VI [*hair*] blanquear
Ⓔ CPD ► **silver beet** N (*US*) acelga *f* ► **silver birch** N abedul *m* plateado ► **silver coin** N moneda *f* de plata ► **silver fir** N abeto *m* blanco, pinabete *m* ► **silver foil** N papel *m* de aluminio *or* plata ► **silver fox** N zorro *m* plateado ► **silver gilt** N plata *f* dorada ► **silver jubilee** N vigésimo quinto aniversario *m* ► **silver lining** N (*fig*) resquicio *m* de esperanza ► **silver medal** N medalla *f* de plata ► **silver medallist** N medallero/a *m/f* de plata ► **silver paper** N papel *m* de plata ► **silver plate** N (= *material*) plateado *m*; (= *objects*) vajilla *f* plateada; *see also* **silver-plate** ► **the silver screen** N la pantalla cinematográfica ► **silver tongue** N **to have a ~ tongue** (*fig*) tener un pico de oro ► **the Silver State** N (*US*) Nevada *f* ► **silver wedding** N bodas *fpl* de plata

**silverfish** ['sɪlvəfɪʃ] N (*pl* **silverfish**) lepisma *f*

**silver-grey** ['sɪlvə'greɪ] ADJ gris perla

**silver-haired** ['sɪlvə'hɛəd] ADJ de pelo entrecano

**silver-plate** [ˌsɪlvə'pleɪt] VT platear

**silver-plated** [ˌsɪlvə'pleɪtɪd] ADJ plateado

**silversmith** ['sɪlvəsmɪθ] N platero/a *m/f*; **~'s (shop)** platería *f*

**silver-tongued** ['sɪlvə'tʌŋd] ADJ elocuente, con pico de oro

**silverware** ['sɪlvəwɛəʳ] N plata *f*, vajilla *f* de plata

**silvery** ['sɪlvərɪ] ADJ [*colour*] plateado; [*sound, voice*] argentino

**silviculture** ['sɪlvɪˌkʌltʃəʳ] N silvicultura *f*

**simian** ['sɪmɪən] ADJ símico

**similar** ['sɪmɪləʳ] ADJ 1 parecido, similar, semejante; **they are of a ~ colour** son de un color parecido *or* similar; **they were of a ~ age** eran más o menos de la misma edad; **to be ~ in shape/size** tener una forma parecida *or* similar, tener un tamaño parecido *or* similar, parecerse en la forma *or* el tamaño; **to be ~ to** parecerse a, ser parecido *or* similar *or* semejante a
2 (*Geom*) semejante

**similarity** [ˌsɪmɪ'lærɪtɪ] N 1 (*uncountable*) (= *resemblance*) parecido *m*, semejanza *f*; **there is no ~ between them** no existe ningún parecido *or* ninguna semejanza entre ellos; **any ~ is purely coincidental** cualquier parecido es pura coincidencia; **the ~ ends there** el parecido no va más allá
2 (*countable*) (= *feature in common*) semejanza *f*, rasgo *m* común, similitud *f*

**similarly** ['sɪmɪləlɪ] ADV (= *equally*) igualmente; (= *in a like manner*) de modo parecido, de manera parecida, de modo *or* manera similar; **and ~, …** y del mismo modo, …, y asimismo, …

**simile** ['sɪmɪlɪ] N símil *m*

**similitude** [sɪ'mɪlɪtjuːd] N similitud *f*, semejanza *f*

**simmer** ['sɪməʳ] Ⓐ VT cocer a fuego lento
Ⓑ VI hervir a fuego lento; (*fig*) estar a punto de estallar
Ⓒ N **to be/keep on the ~** hervir a fuego lento

►**simmer down*** VI + ADV (*fig*) calmarse, tranquilizarse; **~ down!** ¡cálmate!

**Simon** ['saɪmən] N Simón

**simony** ['saɪmənɪ] N simonía *f*

**simp*** [sɪmp] N (*US*) bobo/a *m/f*

**simper** ['sɪmpəʳ] Ⓐ N sonrisa *f* afectada
Ⓑ VI sonreír con afectación
Ⓒ VT **"yes," she ~ed** —sí —dijo sonriendo afectada

**simpering** ['sɪmpərɪŋ] ADJ (= *affected*) afectado; (= *foolish*) atontado

**simperingly** ['sɪmpərɪŋlɪ] ADV (= *affectedly*) afectadamente; (= *foolishly*) tontamente

**simple** ['sɪmpl] Ⓐ ADJ (*compar* **simpler**; *superl* **simplest**) 1 (= *uncomplicated*) [*problem, idea, task*] sencillo, simple; **there is no ~ answer** no existe una respuesta sencilla; **nothing could be ~r** no hay nada más simple; **it's as ~ as that** la cosa es así de sencilla; **it's not as ~ as you think** no es tan sencillo como piensas; **it should be a ~ enough job** no debería ser un trabajo difícil; **keep it ~** no lo compliques; **in ~ terms** en lenguaje sencillo; **the ~st**

➤ LANGUAGE IN USE: similar 1 5.2

**thing would be to phone** lo más sencillo sería llamar por teléfono; **to be ~ to make/use** ser sencillo de hacer/usar
[2] (= *mere*) simple; **a ~ phone call could win you a week's holiday in Florida** con una simple llamada de teléfono podría ganar una semana de vacaciones en Florida; **by the ~ fact that ...** por el simple hecho de que ...; **to be a ~ matter of doing sth** ser simplemente una cuestión de hacer algo
[3] (= *elementary*) simple; **a ~ act of kindness** un simple acto de bondad; **the ~ fact is ...** la pura realidad es ...; **for the ~ reason that ...** por la simple razón de que ...; **the ~ truth** la pura verdad; *see also* **pure A1**
[4] (= *not fussy*) [*dress, style, food*] sencillo
[5] (= *unsophisticated*) [*person, life, pleasures, pursuits*] sencillo; **these are ~ people** son gente sencilla; **the ~ things in** *or* **of life** las cosas sencillas de la vida
[6] (*) (= *mentally retarded*) simple
[7] (*Chem, Bio, Bot, Med*) simple
[8] (*Gram*) [*sentence, tense*] simple
Ⓑ CPD ► **simple division** N división *f* simple ► **simple equation** N ecuación *f* de primer grado ► **simple fraction** N fracción *f* simple ► **simple interest** N interés *m* simple ► **simple majority** N (*Pol*) mayoría *f* simple ► **Simple Simon** N tontorrón *m*, simplón *m*, alma *m* de cántaro (*Sp*) ► **simple tense** N (*Gram*) tiempo *m* simple

**simple-hearted** ['sɪmpl'hɑːtɪd] ADJ candoroso, ingenuo

**simple-minded** ['sɪmpl'maɪndɪd] ADJ ingenuo, simple; **I'm not so ~** no soy tan ingenuo; **in their ~ way** a su modo ingenuo

**simple-mindedness** ['sɪmpl'maɪndɪdnɪs] N ingenuidad *f*, simpleza *f*

**simpleton** ['sɪmpltən] N inocentón/ona *m/f*, simplón/ona *m/f*

**simplicity** [sɪm'plɪsɪtɪ] N [1] (= *uncomplicated nature*) [*of solution, idea, plan*] sencillez *f*, simplicidad *f*; **it's ~ itself** es la sencillez personificada
[2] (= *unpretentiousness*) [*of dress, style, food*] sencillez *f*
[3] (= *ingenuousness*) [*of person, way of life*] simpleza *f*

**simplifiable** ['sɪmplɪfaɪəbl] ADJ simplificable

**simplification** [,sɪmplɪfɪ'keɪʃən] N simplificación *f*

**simplify** ['sɪmplɪfaɪ] VT simplificar

**simplistic** [sɪm'plɪstɪk] ADJ simplista

**simply** ['sɪmplɪ] ADV [1] (= *in a simple way*) [*dress, furnish*] sencillamente; [*speak, explain*] en términos sencillos; **to put it ~ ...** hablando claro ...
[2] (= *merely, just*) simplemente; **~ add hot water and stir** simplemente, añada agua caliente y remueva; **I ~ said that ...** sólo dije que ...
[3] (*emphatic*) (= *absolutely*) simplemente; **he ~ refused to listen to me** se negó simplemente a escucharme; **it ~ isn't possible** sencillamente no es posible; **that is ~ not true** eso sencillamente, no es verdad; **she's quite ~ the best** sin ninguna duda es la mejor; **I thought her performance was ~ marvellous/awful** su actuación me pareció francamente maravillosa/terrible; **you ~ MUST come!** ¡no dejes de venir!

**simulacrum** [,sɪmjʊ'leɪkrəm] N (*pl* **simulacra** [,sɪmjʊ'leɪkrə]) simulacro *m*

**simulate** ['sɪmjʊleɪt] VT simular

**simulated** ['sɪmjʊ,leɪtɪd] ADJ [*surprise, shock*] fingido, simulado; **~ attack** simulacro *m* de ataque; **~ leather** cuero *m* de imitación

**simulation** [,sɪmjʊ'leɪʃən] N simulación *f*

**simulator** ['sɪmjʊleɪtəʳ] N simulador *m*

**simulcast** ['sɪməl,kɑːst] Ⓐ N emisión *f* simultánea por radio y televisión
Ⓑ VT emitir simultáneamente por radio y televisión

**simultaneity** [,sɪməltə'niːətɪ] N simultaneidad *f*

**simultaneous** [,sɪməl'teɪnɪəs] Ⓐ ADJ simultáneo
Ⓑ CPD [*interpreting, translation, processing*] simultáneo ► **simultaneous equation** N ecuación *f* simultánea

**simultaneously** [,sɪməl'teɪnɪəslɪ] ADV simultáneamente, a la vez

**sin** [sɪn] Ⓐ N pecado *m*; **~s of omission/commission** pecados *mpl* por omisión/acción; **mortal ~** pecado *m* mortal; **for my ~s** por mis pecados; **it would be a ~ to do that** (*Rel*) sería un pecado hacer eso; (*fig*) sería un crimen hacer eso; **to fall into ~** caer en el pecado; **to live in ~†** (*unmarried*) vivir amancebados, vivir en el pecado; *see also* **ugly A1**
Ⓑ VI pecar; **he was more ~ned against than ~ning** era más bien el ofendido que (no) el ofensor
Ⓒ CPD ► **sin bin*** N (*Sport*) banquillo *m* de los expulsados ► **sin tax*** N (*US*) impuesto *m* sobre el tabaco y/o el alcohol

**Sinai** ['saɪnɪaɪ] Ⓐ N Sinaí *m*; **Mount ~** el monte Sinaí
Ⓑ CPD ► **the Sinai Desert** N el desierto del Sinaí

**Sinbad** ['sɪnbæd] N Simbad; **~ the Sailor** Simbad el marino

**▼since** [sɪns] Ⓐ ADV desde entonces; **I haven't seen him ~** desde entonces no lo he vuelto a ver; **ever ~** desde entonces; **not long ~** ◊ **a short time ~** hace poco; **a long time ~** hace mucho (tiempo); **her parents have long ~ died** sus padres hace tiempo que fallecieron, sus padres fallecieron tiempo ha (*frm*); **the time for talking has long ~ passed** la hora de hablar ya pasó hace tiempo
Ⓑ PREP desde; **~ Monday** desde el lunes; **~ Christmas** desde Navidad; **~ then** desde entonces; **I've been waiting ~ ten** espero desde las diez; **ever ~ then ...** desde entonces ...; **ever ~ that ...** desde aquello ...; **~ that day he has been a changed man** desde *or* a partir de ese día es un hombre nuevo; **how long is it ~ the accident?** ¿cuánto tiempo ha pasado desde el accidente?; **~ arriving** desde que llegué, desde mi llegada
Ⓒ CONJ [1] (= *from the time that*) desde que; **~ I arrived** desde que llegué; **I haven't seen her ~ she left** no la he visto desde que se fue; **I've been wearing glasses ~ I was three** llevo gafas desde los tres años; **it's a week ~ he left** hace una semana que se fue, se fue hace una semana; **it's a few years ~ I've seen them** hace varios años que no los veo; **ever ~ I've been here** desde que estoy aquí
[2] (= *as, because*) ya que, puesto que, como; **~ you can't come** ya que no puedes venir, como no puedes venir, puesto que no puedes venir; **~ you're tired, let's stay at home** ya que *or* puesto que *or* como estás cansado vamos a quedarnos en casa; **~ he is Spanish** ya que *or* como *or* puesto que es español, siendo él español (*frm*)

➤ LANGUAGE IN USE: since C2 17.1, 26.3

**sincere** [sɪn'sɪəʳ] ADJ sincero (**about sth** sobre algo, con respecto a algo); **my ~ good wishes** mi más sincera enhorabuena; **it is my ~ belief that ...** creo sinceramente que ...; **to be ~ in one's desire to do sth** *or* **in wanting to do sth** desear *or* querer sinceramente hacer algo

**sincerely** [sɪn'sɪəlɪ] ADV [1] (= *genuinely*) [*hope, believe, regret, say*] sinceramente; **his ~ held religious beliefs** sus sinceras creencias religiosas
[2] (*in letters*) **Yours ~** (*Brit*) ◊ **Sincerely yours** (*US*) (le saluda) atentamente

**SINCE**

### Time

- When **since** is followed by a noun or noun phrase, you can usually translate it as **desde**:

  Spain has changed a lot since Franco's death
  ***España ha cambiado mucho desde la muerte de Franco***

- When **since** is followed by a verb phrase, use **desde que** instead:

  Since I saw you a fortnight ago a lot of things have happened
  ***Desde que te vi hace quince días han pasado muchas cosas***

**!** Use the *present tense* in Spanish to describe a situation that started in the past and has continued up to now (present perfect or present perfect continuous in English):

  I have been here since this morning
  ***Estoy aquí*** *or* ***Llevo aquí desde esta mañana***
  They've been waiting since nine o'clock
  ***Están esperando*** *or* ***Llevan esperando desde las nueve***
  He has been taking more exercise since he talked to his doctor
  ***Hace más ejercicio desde que habló con el médico***

**NOTE:** But the *perfect tense* is used in Spanish when the verb is in the negative:

  I haven't seen her since she left
  ***No la he visto desde que se fue***

- Translate **since then** *or* **ever since** using **desde entonces**:

  She came home at five and has been studying ever since
  ***Llegó a casa a las cinco y está estudiando desde entonces***

- Translate **long since** using **hace tiempo** (+ **que** + PAST TENSE) or **hacía tiempo** (+ **que** + PAST/PAST PERFECT) as relevant:

  His wife has long since died
  ***Hace tiempo que murió su mujer, Su mujer murió hace tiempo***

### Meaning "as", "because"

- In formal contexts you can usually translate **since** using **ya que** *or* **puesto que**. In more everyday Spanish, use **como**, which must go at the beginning of the sentence:

  They could not afford the house since they were not earning enough
  ***No podían pagar la casa puesto que*** *or* ***ya que no ganaban bastante***
  Since I hadn't heard from you, I decided to give you a call
  ***Como no sabía nada de ti, decidí llamarte***

*For further uses and examples, see main entry.*

**sincerity** [sɪn'serɪtɪ] N sinceridad *f*; **in all ~** con toda sinceridad

**sine** [saɪn] N (*Math*) seno *m*

**sinecure** ['saɪnɪkjʊəʳ] N sinecura *f*

**sine qua non** ['saɪnɪkweɪ'nɒn] N sine qua non *m*

**sinew** ['sɪnjuː] N [1] (= *tendon*) tendón *m*; (*fig*) (= *strength*) nervio *m*, vigor *m*
[2] **sinews** (= *muscles*) músculos *mpl*

**sinewy** ['sɪnjuːɪ] ADJ [1] (= *muscular*) [*person*]

musculoso, fibroso; [*body, arms, muscles*] nervudo, fibroso
2 (*Culin*) [*of meat*] fibroso, con mucho nervio
3 (= *vigorous*) [*music, performance, writing, style*] brioso, vigoroso

**sinfonietta** [ˌsɪnfənˈjetə] N sinfonieta *f*

**sinful** [ˈsɪnfʊl] ADJ [*act, thought*] pecaminoso; [*person*] pecador; [*town etc*] inmoral, depravado; (*fig*) (= *disgraceful*) escandaloso

**sinfully** [ˈsɪnfəlɪ] ADV de modo pecaminoso

**sinfulness** [ˈsɪnfʊlnɪs] N [*of behaviour, way of life*] pecaminosidad *f*

**sing** [sɪŋ] (*pt* **sang**; *pp* **sung**) Ⓐ VT [+ *song, words*] cantar; (*fig*) (= *intone*) entonar; **~ us a song!** ¡cántanos una canción!; **the words are sung to the tune of ...** la letra se canta con la melodía de ...; **she ~s alto** canta contralto; **to ~ a child to sleep** arrullar a un niño, adormecer a un niño cantando; **✦IDIOMS to ~ sb's praises** cantar las alabanzas de algn; **to ~ a different tune** ver las cosas de otro color; *see also* **heart A2**
Ⓑ VI 1 [*person, bird*] cantar; **"what do you do for a living?" — "I ~"** —¿a qué te dedicas? —canto *or* —soy cantante; **to ~ to/for sb** cantar a algn; **to ~ to o.s.** cantar solo; **they sang to the accompaniment of the piano** cantaban acompañados del piano
2 [*wind, kettle*] silbar; [*ears*] zumbar
3 (*US**) (*fig*) (= *act as informer*) cantar*; (= *confess*) confesar

►**sing along** VI + ADV **he invited the audience to ~ along** invitó al publico a cantar (a coro) con él; **I like records that get people ~ing along** me gustan los discos en que la gente corea las canciones; **to ~ along with** *or* **to a song** corear una canción; **to ~ along with** *or* **to a record/the radio** cantar con un disco/la radio; **the audience was ~ing along to his latest hit** el público cantaba a coro *or* coreaba su último éxito

►**sing out** Ⓐ VI + ADV (*lit*) cantar con voz fuerte; (*fig*) pegar un grito*; **if you want anything, just ~ out** si quieres algo no tienes más que pegarme un grito*
Ⓑ VT + ADV vocear; **"hello! I'm back," he sang out cheerfully** —¡hola! estoy de vuelta —voceó alegre

►**sing up** VI + ADV cantar más fuerte; **~ up!** ¡más fuerte!

**sing.** ABBR = **singular**

**Singapore** [ˌsɪŋgəˈpɔːʳ] N Singapur *m*

**Singaporean** [ˌsɪŋgəˈpɔːrɪən] Ⓐ ADJ de Singapur
Ⓑ N nativo/a *m/f* *or* habitante *mf* de Singapur

**singe** [sɪndʒ] Ⓐ VT (*gen*) chamuscar, quemar; [+ *hair*] quemar las puntas de
Ⓑ N (*also* **~ mark**) quemadura *f*

**singer** [ˈsɪŋəʳ] N cantante *mf*

**Singhalese** [ˌsɪŋgəˈliːz] Ⓐ ADJ cingalés
Ⓑ N 1 (= *person*) cingalés/esa *m/f*
2 (*Ling*) cingalés *m*

**singing** [ˈsɪŋɪŋ] Ⓐ N 1 (= *act of singing*) canto *m*; **she is studying ~** estudia canto; **the ~ stopped** dejaron de cantar; **his ~ was atrocious** cantaba pésimamente, cantaba fatal*; **they stood for the ~ of the Internationale** se pusieron de pie para cantar la Internacional
2 [*of kettle*] silbido *m*; (*in ears*) zumbido *m*
Ⓑ CPD ► **singing lesson** N lección *f* de canto ► **singing teacher** N profesor(a) *m/f* de canto ► **singing telegram** N telegrama *m* cantado ► **singing voice** N **to have a good ~ voice** tener una buena voz para cantar

**single** [ˈsɪŋgl] Ⓐ ADJ 1 (*before noun*) (= *one only*) solo; **in a ~ day** en un solo día; **we heard a ~ shot** oímos un solo disparo; **our team won by a ~ point** nuestro equipo ganó por un solo punto
2 (*before noun*) (*emphatic*) **we didn't see a ~ car that afternoon** no vimos ni un solo coche esa tarde; **not a ~ one was left** no quedó ni uno; **it rained every ~ day** no dejó de llover ni un solo día, llovió todos los días sin excepción; **I did not doubt her sincerity for a ~ moment** no dudé de su sinceridad ni por un momento; **not a** *or* **one ~ person came to her aid** ni una sola persona fue a ayudarla; **the ~ biggest problem** el problema más grande; **the US is the ~ biggest producer of carbon dioxide** los EEUU son los mayores productores de carbón; **I couldn't think of a ~ thing to say** no se me ocurría nada que decir
3 (*before noun*) (= *individual*) **he gave her a ~ rose** le dio una rosa; **a ~ diamond** un solitario
4 (*before noun*) (= *not double*) [*bed, sheet, room*] individual; [*garage*] para un solo coche; [*whisky, gin, etc*] sencillo; [*bloom*] simple; **a ~ knot** un nudo sencillo; *see also* **figure A5**
5 (= *unmarried*) [*person*] soltero; [*mother, father*] sin pareja; [*life*] de soltero; *see also* **single-parent**
6 (*before noun*) (*Brit*) (= *one-way*) [*ticket, fare*] de ida
Ⓑ N 1 (*in hotel*) (*also* **~ room**) habitación *f* individual
2 (*Brit*) (*also* **~ ticket**) billete *m* de ida
3 (= *record*) sencillo *m*, single *m*
4 (*Cricket*) (= *one run*) tanto *m*
5 (*Brit*) (= *pound coin or note*) billete *m* *or* moneda *f* de una libra; (*US*) (= *dollar note*) billete *m* de un dólar
6 **singles** 6·1 (*Tennis etc*) individuales *mpl*; **the men's ~s** los individuales masculinos
6·2 (= *unmarried people*) solteros *mpl*
Ⓒ CPD ► **single combat** N combate *m* singular; **in ~ combat** en combate singular ► **single cream** N (*Brit*) crema *f* de leche líquida, nata *f* líquida (*Sp*) ► **single density disk** N disco *m* de densidad sencilla ► **single European currency** N moneda *f* europea ► **single file** N **in ~ file** en fila india ► **single honours** N *licenciatura universitaria en la que se estudia una sola especialidad* ► **single lens reflex (camera)** N cámara *f* réflex de una lente ► **single malt (whisky)** N whisky *m* de malta ► **single market** N mercado *m* único ► **single parent** N (= *woman*) madre *f* sin pareja; (= *man*) padre *m* sin pareja; **the rising number of ~ parents** el número cada vez mayor de padres sin pareja ► **singles bar** N bar *m* para solteros ► **single spacing** N (*Typ*) interlineado *m* simple; **in ~ spacing** a espacio sencillo ► **single supplement**, **single person supplement**, **single room supplement** N (*in hotel*) recargo *m* por reserva individual ► **single transferable vote** N (*Pol*) **~ transferable vote system** sistema *m* del voto único transferible

►**single out** VT + ADV (= *choose*) elegir; (= *distinguish*) hacer resaltar; **he was ~d out to lead the team** fue elegido para ser capitán del equipo; **to ~ out plants** entresacar plantas

**single-barrelled** [ˌsɪŋglˈbærəld] ADJ [*gun*] de cañón único

**single-breasted** [ˌsɪŋglˈbrestɪd] ADJ recto

**single-cell** [ˌsɪŋglˈsel] ADJ unicelular

**single-celled** [ˌsɪŋglˈseld] ADJ = **single-cell**

**single-chamber** [ˌsɪŋglˈtʃeɪmbəʳ] ADJ unicameral

**single-decker** [ˌsɪŋglˈdekəʳ] N autobús *m* de un solo piso

**single-engined** [ˌsɪŋglˈendʒɪnd] ADJ monomotor

**single-entry** [ˌsɪŋglˈentrɪ] Ⓐ N partida *f* simple
Ⓑ CPD ► **single-entry book-keeping** N contabilidad *f* por partida simple

**single-family** [ˌsɪŋglˈfæmlɪ] ADJ unifamiliar

**single-figure** [ˌsɪŋglˈfɪgəʳ] ADJ **~ inflation** inflación *f* por debajo del 10%

**single-handed** [ˌsɪŋglˈhændɪd] ADJ, ADV sin ayuda

**single-hearted** [ˌsɪŋglˈhɑːtɪd] ADJ 1 (= *loyal*) sincero, leal
2 (= *single-minded*) resuelto, firme

**single-masted** [ˌsɪŋglˈmɑːstɪd] ADJ de palo único

**single-minded** [ˌsɪŋglˈmaɪndɪd] ADJ resuelto, firme

**single-mindedness** [ˌsɪŋglˈmaɪndɪdnɪs] N resolución *f*, firmeza *f*

**singleness** [ˈsɪŋglnɪs] N **~ of purpose** resolución *f*, firmeza *f*

**single-parent** [ˈsɪŋglˌpɛərənt] ADJ **~ family** familia *f* monoparental; **~ household** hogar *m* sin pareja, familia *f* monoparental

**single-party** [ˌsɪŋglˈpɑːtɪ] ADJ [*state etc*] de partido único

**single-seater** [ˌsɪŋglˈsiːtəʳ] Ⓐ ADJ **~ aeroplane** monoplaza *m*
Ⓑ N monoplaza *m*

**single-sex school** [ˌsɪŋgseksˈskuːl] N escuela *f* para sólo niños *or* sólo niñas

**single-sided disk** [ˌsɪŋgsaɪdɪdˈdɪsk] N disco *m* de una cara

**single-space** [ˈsɪŋglˈspeɪs] VT [+ *text*] mecanografiar a espacio sencillo

**singlet** [ˈsɪŋglɪt] N camiseta *f* sin mangas, camiseta *f* de tirantes, playera *f* (*LAm*)

**singleton** [ˈsɪŋgltən] N (*Bridge*) semifallo *m* (**in** a)

**single-track** [ˈsɪŋglˈtræk] ADJ de vía única

**singly** [ˈsɪŋglɪ] ADV (= *separately*) por separado; (= *one at a time*) uno por uno

**singsong** [ˈsɪŋˌsɒŋ] Ⓐ ADJ [*voice, tone*] cantarín
Ⓑ N (*Brit*) (= *songs*) concierto *m* improvisado; (= *sound*) sonsonete *m*; **to get together for a ~** reunirse para cantar (*canciones populares, folklóricas etc*)

**singular** [ˈsɪŋgjʊləʳ] Ⓐ ADJ 1 (*Ling*) singular; **a ~ noun** un sustantivo en singular
2 (= *extraordinary*) singular, excepcional; **a most ~ occurrence** un suceso de lo más singular *or* excepcional; **how very ~!** ¡qué raro!
Ⓑ N singular *m*; **in the ~** en singular

**singularity** [ˌsɪŋgjʊˈlærɪtɪ] N (= *extraordinariness*) singularidad *f*, lo excepcional

**singularly** [ˈsɪŋgjʊləlɪ] ADV (= *extraordinarily*) extraordinariamente, singularmente; **he was ~ unhelpful** no se mostró dispuesto a ayudar en absoluto; **a ~ inappropriate remark** una observación de lo más inoportuno

**Sinhalese** [ˌsɪŋəˈliːz] = **Singhalese**

**sinister** [ˈsɪnɪstəʳ] ADJ siniestro; **a ~-looking man** un hombre de apariencia siniestra

**sink[1]** [sɪŋk] (*pt* **sank**; *pp* **sunk**) Ⓐ VT 1 (= *submerge*) [+ *ship*] hundir; (*fig*) (= *destroy*) [+ *person*] hundir; [+ *project*] acabar con, dar al traste con; [+ *theory*] destruir, acabar con; **to be sunk*** estar perdido
2 (= *open up*) [+ *mineshaft*] abrir, excavar; [+ *hole*] hacer, excavar; [+ *well*] perforar, abrir
3 (= *bury, lay*) 3·1 [+ *pipe*] enterrar; [+ *foundations*] echar; **to ~ a post two metres into**

**the ground** fijar un poste dos metros bajo tierra; **she sunk her face into her hands** hundió la cara en las manos; **his eyes were sunk deep into their sockets** tenía los ojos hundidos

3·2 (*fig*) **to be sunk in thought** estar absorto en mis *etc* pensamientos, estar ensimismado; **to be sunk in depression** estar sumido en la depresión

4 (= *forget*) [+ *feelings*] ahogar; ✦**IDIOM let's ~ our differences** hagamos las paces, olvidemos nuestras diferencias

5 (= *dig in*) [+ *knife*] hundir, clavar; [+ *teeth*] hincar; **I sank my knife into the cheese** hundí *or* clavé el cuchillo en el queso; **he sank his teeth into my arm** me hincó los dientes en el brazo

6 (= *invest*) **to ~ money in** *or* **into sth** invertir dinero en algo

7 (*Brit**) [+ *drink*] tragarse*

8 (*Sport*) [+ *ball, putt*] embocar

Ⓑ VI 1 [*ship, object*] hundirse; **the body sank to the bottom of the lake** el cadáver se hundió en el fondo del lago; **the yeast ~s to the bottom in beer** la levadura se deposita en el fondo de la cerveza; **to ~ out of sight** desaparecer; **to ~ without trace** (*fig*) desaparecer sin dejar rastro; ✦**IDIOM to leave sb to ~ or swim** abandonar a algn a su suerte; **we're all in the same boat and we ~ or swim together** todos estamos en la misma situación, y una de dos: o nos hundimos o salimos a flote juntos

2 (= *subside*) [*building, land*] hundirse; [*flood waters*] bajar de nivel; [*sun*] ponerse

3 (= *slump*) [*person*] **to ~ into a chair** arrellanarse en una silla, dejarse caer en una silla; **to ~ to one's knees** caer de rodillas; **I sank into a deep sleep** caí en un sueño profundo; **she would sometimes ~ into depression** a veces se sumía en la depresión; **he sank deeper into debt** se hundió más y más en las deudas; **to ~ into poverty** hundirse *or* caer en la miseria; **my heart sank** se me cayó el alma a los pies; **her spirits sank lower and lower** tenía la moral cada vez más baja

4 (= *deteriorate*) [*sick person*] **he's ~ing fast** está cada vez peor

5 (= *fall*) (*in amount, value*) **the shares have sunk to three dollars** las acciones han bajado a tres dólares; **he has sunk in my estimation** ha bajado en mi estima; **his voice sank to a whisper** su voz se redujo a un susurro

►**sink back** VI + ADV (= *slump*) (*into chair*) arrellanarse, ponerse cómodo; **I sank back onto the pillows** me puse cómodo en las almohadas

►**sink down** VI + ADV [*building*] ceder, hundirse; [*post*] hundirse, clavarse; **to ~ down into a chair** apoltronarse *or* arrellanarse en un sillón; **to ~ down on one's knees** caer de rodillas, arrodillarse; **he sank down (out of sight) behind the bush** se agachó detrás del matorral

►**sink in** VI + ADV 1 (= *penetrate*) penetrar; **in time the water ~s in** con el tiempo el agua va penetrando

2 (*) (*fig*) **she paused to let the news ~ in** hizo una pausa para que pudieran asimilar la noticia; **it hasn't sunk in that he's gone forever** aún no ha asimilado *or* asumido el hecho de que se ha ido para siempre

**sink²** [sɪŋk] Ⓐ N (*in kitchen*) fregadero *m*, pila *f*; (*in bathroom*) lavabo *m*

Ⓑ ADJ [*estate*] degradado, deprimido; [*school*] con un nivel muy bajo

Ⓒ CPD ► **sink tidy** N *recipiente para lavavajillas, jabón y estropajos* ► **sink unit** N fregadero *m*

**sinker** [ˈsɪŋkəʳ] N 1 (*Fishing*) (= *lead*) plomo *m*

2 (*US**) (= *doughnut*) donut *m*

**sinking** [ˈsɪŋkɪŋ] Ⓐ N (= *shipwreck*) hundimiento *m*

Ⓑ ADJ 1 (= *foundering*) **a ~ ship** (*lit*) un barco que se hunde; (*fig*) (= *cause*) una causa en declive *or* que va a pique; (= *organization*) una organización en declive *or* que va a pique

2 **with a ~ feeling she picked the phone up** con una sensación de ansiedad contestó el teléfono; **that ~ feeling** esa sensación de ansiedad *or* desazón; **with a ~ heart** entristecido

3 (*Fin*) **a ~ pound/dollar** una libra/un dólar cayendo en picado

Ⓒ CPD ► **sinking fund** N (*Fin*) fondo *m* de amortización

**sinless** [ˈsɪnlɪs] ADJ libre de pecado, inmaculado

**sinner** [ˈsɪnəʳ] N pecador(a) *m/f*

**Sino...** [ˈsaɪnəʊ] PREFIX sino..., chino...

**Sinologist** [ˌsaɪˈnɒlədʒɪst] N sinólogo/a *m/f*

**Sinology** [ˌsaɪˈnɒlədʒɪ] N sinología *f*

**sinuosity** [ˌsɪnjʊˈɒsɪtɪ] N sinuosidad *f*

**sinuous** [ˈsɪnjʊəs] ADJ (*gen*) sinuoso; [*road*] serpenteante, con muchos rodeos

**sinus** [ˈsaɪnəs] N (*pl* **sinuses**) (*Anat*) seno *m*

**sinusitis** [ˌsaɪnəˈsaɪtɪs] N sinusitis *f*

**sip** [sɪp] Ⓐ N sorbo *m*

Ⓑ VT sorber, beber a sorbos

Ⓒ VI (*also* **to ~ at**) sorber, beber a sorbitos

**siphon** [ˈsaɪfən] Ⓐ N sifón *m*

Ⓑ VT (*also* **~ off, ~ out**) sacar con sifón; (*fig*) [+ *traffic, funds*] desviar

**sir** [sɜːʳ] N señor *m*; **Sirs** (*US*) muy señores nuestros; **yes, ~** sí, señor; **Dear Sir** (*in letter*) muy señor mío, estimado señor; **Sir Winston Churchill** Sir Winston Churchill

**sire** [ˈsaɪəʳ] Ⓐ N (*Zool*) padre *m*; **Sire**†† (*to monarch*) Señor *m*

Ⓑ VT ser el padre de; **he ~d 49 children** tuvo 49 hijos

**siren** [ˈsaɪərən] N (*all senses*) sirena *f*

**Sirius** [ˈsɪrɪəs] N Sirio

**sirloin** [ˈsɜːlɔɪn] N solomillo *m*

**sirocco** [sɪˈrɒkəʊ] N siroco *m*

**sis*** [sɪs] N = **sister**

**sisal** [ˈsaɪsəl] N (= *material*) sisal *m*, henequén *m* (*LAm*); (= *fibre*) pita *f*, sisal *m*

**sissy*** [ˈsɪsɪ] N 1 (= *effeminate*) marica* *m*, mariquita* *m*; **the last one's a ~!** ¡maricón el último!*

2 (= *coward*) gallina* *f*

**sister** [ˈsɪstəʳ] Ⓐ N 1 (= *relation*) hermana *f*; **my little ~** mi hermana pequeña; **my brothers and ~s** mis hermanos

2 (*Brit Med*) (*also* **nursing ~**) enfermera *f* jefe

3 (*Rel*) hermana *f*; (*before name*) sor *f*; **the Sisters of Charity** las Hermanas de la Caridad

4 (*US*) **listen ~!*** ¡mira, hermana!, ¡mira, tía *or* colega! (*Sp**)

Ⓑ CPD ► **sister city** N (*US*) ciudad *f* gemela ► **sister college** N colegio *m* hermano ► **sister company** N empresa *f* hermana, empresa *f* asociada ► **sister nation** N nación *f* hermana ► **sister organization** N organización *f* hermana ► **sister ship** N barco *m* gemelo

**sisterhood** [ˈsɪstəhʊd] N hermandad *f*

**sister-in-law** [ˈsɪstərɪnlɔː] N (*pl* **sisters-in-law**) cuñada *f*

**sisterly** [ˈsɪstəlɪ] ADJ de hermana

**Sistine** [ˈsɪstiːn] ADJ **the ~ Chapel** la Capilla Sixtina

**Sisyphus** [ˈsɪsɪfəs] N Sísifo

**sit** [sɪt] (*pt, pp* **sat**) Ⓐ VI 1 (= *be seated*) [*person*] estar sentado; [*bird*] estar posado; [*hen*] (*on eggs*) empollar; **she was ~ting at her desk** estaba sentada delante de su mesa; **don't just ~ there, do something!** ¡no te quedes ahí sentado, haz algo!; **are you ~ting comfortably?** ¿estás cómodo (en la silla)?; **that's where I ~** ése es mi sitio; **to ~ at home all day** pasar todo el día en casa (sin hacer nada); **they were ~ting in a traffic jam for two hours** estuvieron dos horas metidos en un atasco sin moverse; **we're ~ting on a fortune here** estamos ante una mina de oro; **he sat over his books all night** pasó toda la noche con sus libros; **to ~ still/straight** estarse *or* (*LAm*) quedarse quieto/ponerse derecho (en la silla); **will you ~ still!** ¡te quieres estar *or* quedar quieto (en la silla)!; **to ~ and wait** esperar sentado; ✦**IDIOMS to be ~ting pretty*** estar bien colocado *or* situado; **to ~ tight**: **"~ tight, I'll be right back"** —no te muevas, ahora vuelvo; **we'll just have to ~ tight till we hear from him** tendremos que esperar sin hacer nada hasta recibir noticias suyas; *see also* **fence A1**

2 (= *sit down*) sentarse; (= *alight*) [*bird*] posarse; **~ by me** siéntate a mi lado, siéntate conmigo; **~!** (*to dog*) ¡quieto!

3 (*Art, Phot*) (= *pose*) **to ~ for a painter/a portrait** posar para un pintor/un retrato

4 (*Educ*) **to ~ for an examination** presentarse a un examen

5 (*Brit Pol*) **to ~ for Bury** representar a Bury, ser diputado de *or* por Bury; **to ~ in Parliament** ser diputado, ser miembro del Parlamento; *see also* **sit on 1**

6 (= *be in session*) [*assembly*] reunirse, celebrar sesión; **the House sat all night** la sesión de la Cámara duró toda la noche; *see also* **judg(e)ment**

7 (= *be situated*) [*object*] estar colocado; [*building*] estar situado; **the house ~s next to a stream** la casa está situada junto a un arroyo; **the hat sat awkwardly on her head** llevaba el sombrero mal puesto; **the car sat in the garage for over a year** el coche estuvo aparcado en el garaje más de un año

8 (= *weigh*) **that pie ~s heavy on the stomach** esa empanada es muy indigesta; **it sat heavy on his conscience** le pesaba en la conciencia, le producía remordimientos de conciencia; **her years ~ lightly on her** los años apenas han dejado huella en ella

9 (= *be compatible*) **his authoritarian style did not ~ well with their progressive educational policies** su estilo autoritario era poco compatible con la política educativa activa de ellos

10 (= *to fit*) [*clothing*] sentar; **to ~ well/badly (on sb)** sentar bien/mal (a algn)

11 (= *babysit*) cuidar a los niños

Ⓑ VT 1 [+ *person*] sentar; [+ *object*] colocar; **she sat the vase on the windowsill** colocó el jarrón sobre la repisa de la ventana; **to ~ a child on one's knee** sentar a un niño sobre las rodillas; **he sat himself on the edge of the bed** se sentó en el borde de la cama

2 (= *have capacity for*) **this table ~s 12 (people)** en esta mesa caben 12 (personas); **the concert hall ~s 2,000 (people)** el auditorio tiene cabida *or* capacidad para 2.000 personas

3 [+ *exam, test*] presentarse a; **to ~ an examination in French** presentarse a un examen de francés, examinarse de francés

►**sit around** VI + ADV **we can't have you ~ting around wasting your life** no podemos dejar que desperdicies tu vida sin hacer nada; **I'm tired of ~ting around waiting for him** estoy aburrida de esperar sentada a que venga; **we sat around talking** pasamos el tiempo charlando

►**sit back** VI + ADV [1] (*in seat*) recostarse; **just ~ back and enjoy the show** póngase cómodo y disfrute del espectáculo; **she sat back on her heels** se sentó en cuclillas
[2] (*fig*) **we can't just ~ back and do nothing** no podemos quedarnos cruzados de brazos sin hacer nada; **to ~ back and take stock** hacer una pausa y reflexionar

►**sit down** Ⓐ VI + ADV (= *take a seat*) sentarse; **do ~ down!** ¡siéntese por favor!; **we sat down to a huge meal** nos sentamos a darnos un auténtico banquete; **to be ~ting down** estar sentado
Ⓑ VT + ADV [+ *person*] sentar; **I sat him down and gave him a drink** lo senté y le di de beber; **~ yourself down and tell me all about it** siéntate y cuéntamelo todo

►**sit in** VI + ADV [1] (= *observe*) estar presente; **they said I could ~ in on the meeting/the discussions** me dijeron que podía asistir a la reunión/a los debates (como observador)
[2] (= *substitute*) sustituir; **to ~ in for sb** sustituir a algn
[3] [*students, workers*] hacer una sentada, ocupar las aulas/la fábrica *etc*

►**sit on** VI + PREP [1] (= *be member of*) [+ *jury, committee*] ser miembro de, formar parte de
[2] (*) (= *keep secret*) [+ *news, information*] ocultar, callar; (= *delay taking action on*) [+ *document, application, plan*] no dar trámite a, dar carpetazo a*
[3] (*) (= *silence*) [+ *person*] hacer callar; (= *oppress*) [+ *opponents, dissent*] reprimir a, silenciar; **he won't be sat on** no quiere callar, no da su brazo a torcer

►**sit out** VT + ADV [1] (= *not take part in*) [+ *dance*] no bailar; (*Sport*) [+ *game, event*] no participar en; **let's ~ this dance out** no bailemos esta vez
[2] (= *endure*) aguantar; **he decided to ~ the war out in Brussels** decidió aguantar en Bruselas hasta que terminara la guerra; **to ~ it out** aguantarse

►**sit through** VI + PREP **I wouldn't want to have to ~ through that film again** no me gustaría tener que volver a ver esa película otra vez; **it was the most boring speech he'd ever had to ~ through** fue el discurso más aburrido que jamás tuvo que escuchar *or* aguantar

►**sit up** Ⓐ VI + ADV [1] (= *straighten o.s.*) ponerse derecho, enderezarse; (*after lying*) incorporarse; **~ up straight!** ¡ponte derecho!, ¡enderézate!; **when someone was killed they finally began to ~ up and take notice of the situation** tuvo que morir alguien para que finalmente decidieran tomar cartas en la situación; **he knew the offer of money would make them ~ up and take notice** sabía que la oferta de dinero conseguiría hacerles prestar atención; **a defeat like that makes you ~ up and think** una derrota como ésa te da en qué pensar
[2] (= *stay up late*) **they often ~ up late, talking** a menudo trasnochan, hablando; **I sat up all night trying to work it out** me quedé toda la noche levantado intentando descifrarlo; **I'll be late back so don't ~ up for me** volveré tarde así que no me esperes levantado; **to ~ up with a child** pasar la noche en vela con un niño; **I sat up with her for most of the night** estuve con ella casi toda la noche, haciéndole compañía
Ⓑ VT + ADV [+ *doll, baby*] sentar; [+ *patient, invalid*] incorporar

►**sit upon*** VI + PREP = **sit on**

**sitar** [sɪ'tɑːʳ] N sitar *m*

**sitcom*** ['sɪtkɒm] N (*Rad, TV*) (*also* **situation comedy**) comedia *f* de situación

**sit-down** ['sɪtdaʊn] Ⓐ ADJ [*meal*] servido en la mesa; **they gave us a ~ lunch** nos ofrecieron un almuerzo servido en la mesa; **~ protest** sentada *f*; **~ strike** huelga *f* de brazos caídos, sentada *f*
Ⓑ N **I must have a ~*** tengo que sentarme a descansar un rato

**site** [saɪt] Ⓐ N [1] (= *place*) sitio *m*, lugar *m*; (= *location*) situación *f*; (= *scene*) escenario *m*; (*for building*) solar *m*, terreno *m*; (*archaeological*) yacimiento *m*; **the ~ of the accident** el lugar del accidente; **the ~ of the battle** el escenario de la batalla; **a late Roman ~** un emplazamiento romano tardío; **building ~** obra *f*; **burial ~** necrópolis *f inv*; **camp ~** camping *m*
[2] (*Internet*) = **website**
Ⓑ VT situar, ubicar (*esp LAm*); **a badly ~d building** un edificio mal situado

**sit-in** ['sɪtɪn] N (= *protest, demonstration*) encierro *m*, ocupación *f*; (= *strike*) huelga *f* de brazos caídos, sentada *f*

**siting** ['saɪtɪŋ] N (= *position*) situación *f*; (= *placement*) emplazamiento *m*; **the ~ of new industries** la localización de las nuevas industrias

**Sits Vac.** [,sɪts'væk] N ABBR = **Situations Vacant**

**sitter** ['sɪtəʳ] N [1] (*Art*) modelo *mf*
[2] (= *babysitter*) babysitter *mf*, canguro *mf* (*Sp*)
[3] (*) cosa *f* fácil; **it was a ~** (*Sport**) fue un gol que se canta*; **you missed a ~*** erraste un tiro de lo más fácil

**sitting** ['sɪtɪŋ] Ⓐ N [1] (= *session*) (*Pol, Art etc*) sesión *f*; (*in canteen*) turno *m*; **second ~ for lunch** segundo turno de comedor; **to eat it all at one ~** comérselo todo de una sentada; **to read a book in one ~** leer un libro de un tirón
[2] (*Zool*) [*of eggs*] nidada *f*
Ⓑ ADJ (*also* **~ down**) sentado; **a ~ bird** una ave que está posada *or* inmóvil; **a ~ hen** una gallina clueca
Ⓒ CPD ► **sitting duck*** N (*fig*) blanco *m* facilísimo ► **sitting member** N miembro *mf* actual *or* en funciones ► **sitting room** N (= *living room*) sala *f*, cuarto *m* de estar, salón *m*, living *m* (*LAm*); (= *space*) **~ and standing room** sitio *m* para sentarse y para estar de pie ► **sitting tenant** N inquilino/a *m/f* en posesión

**situate** ['sɪtjʊeɪt] VT situar, ubicar (*esp LAm*); **a pleasantly ~d house** una casa bien situada *or* ubicada; **the bank is ~d in the high street** el banco está situado *or* ubicado *or* se encuentra en la calle principal; **how are you ~d for money?** (*fig*) ¿cómo vas *or* andas de dinero?

**situation** [,sɪtjʊ'eɪʃən] Ⓐ N [1] (= *position*) situación *f*, ubicación *f* (*esp LAm*)
[2] (= *circumstances*) situación *f*; **to save the ~** salvar la situación
[3] (= *job*) empleo *m*, vacante *f*; **"situations vacant"** "ofertas de empleo"; **"situations wanted"** "demandas de empleo"
Ⓑ CPD ► **situation comedy** N (*TV, Rad*) comedia *f* de situación

**sit-up** ['sɪtʌp] N abdominal *m*

**six** [sɪks] Ⓐ ADJ seis
Ⓑ N [1] seis *m*; ✦*IDIOMS* **to be (all) at ~es and sevens** [*person*] estar confuso; [*things*] estar en desorden; **it's ~ of one and half a dozen of the other*** ◊ **it's ~ and half a dozen*** da lo mismo, da igual; **~ of the best** (*Brit*) seis azotes *mpl* (*castigo escolar*); **to knock sb for ~*** dejar pasmado a algn
[2] (*Cricket*) seis *m*, *golpe de bate que lanza la bola sin botar fuera del terreno y sirve para anotarse seis carreras*; **to hit a ~** batear un seis, hacer seis carreras de un golpe; **he hit three ~es** bateó tres seises; *see* **five** *for usage*

**six-eight time** [,sɪkseɪt'taɪm] N **in ~** en un compás de seis por ocho

**sixfold** ['sɪksfəʊld] Ⓐ ADJ séxtuplo
Ⓑ ADV seis veces

**six-footer** ['sɪks'fʊtəʳ] N hombre *m or* mujer *f* que mide seis pies

**six-pack** ['sɪkspæk] N paquete *m* de seis

**sixpence** ['sɪkspəns] N (*Brit*) (*formerly*) seis peniques *mpl*

**sixpenny**† ['sɪkspənɪ] ADJ (*Brit*) de seis peniques; (*pej*) insignificante, inútil

**six-shooter** ['sɪks'ʃuːtəʳ] N revólver *m* de seis tiros

**sixteen** ['sɪks'tiːn] Ⓐ ADJ dieciséis, diez y seis; **she was sweet ~** tenía dieciséis años y estaba en la flor de la vida
Ⓑ N dieciséis *m*, diez y seis *m*; *see* **five** *for usage*

**sixteenth** ['sɪks'tiːnθ] Ⓐ ADJ decimosexto
Ⓑ N (*in series*) decimosexto/a *m/f*; (= *fraction*) dieciseisavo *m*, decimosexta parte *f*; *see* **fifth** *for usage*

**sixth** [sɪksθ] Ⓐ ADJ sexto
Ⓑ N (*in series*) sexto/a *m/f*; (= *fraction*) sexto *m*, sexta parte *f*; *see* **fifth** *for usage*
Ⓒ CPD ► **sixth form** N clase *f* de alumnos del sexto año (*de 16 a 18 años de edad*) ► **sixth former** N alumno/a *m/f* de 16 a 18 años

**sixth-form college** [,sɪksθfɔːm'kɒlɪdʒ] N instituto *m* para alumnos de 16 a 18 años

**sixtieth** ['sɪkstɪɪθ] Ⓐ ADJ sexagésimo
Ⓑ N (*in series*) sexagésimo/a *m/f*; (= *fraction*) sexagésima parte *f*, sesentavo *m*; **the ~ anniversary** el sesenta aniversario; *see* **fifth** *for usage*

**sixty** ['sɪkstɪ] Ⓐ ADJ sesenta
Ⓑ N sesenta *m*; **to be in one's sixties** tener sesenta y tantos años, ser sesentón; *see* **fifty** *for usage*

**sixtyish** ['sɪkstɪɪʃ] ADJ de unos sesenta años; **she must be ~** debe andar por los sesenta

**size**[1] [saɪz] Ⓐ N [*of object, place*] tamaño *m*; [*of person*] talla *f*, estatura *f*; [*of garments*] talla *f*, medida *f*; [*of shoes, gloves*] número *m*; (= *scope*) [*of problem*] magnitud *f*, envergadura *f*; **plates of various ~s** platos de varios tamaños; **it's the ~ of a brick** es del tamaño de un ladrillo; **the skirt is two ~s too big** la falda es dos tallas grande; **a hall of immense ~** una sala de vastas dimensiones; **try this (on) for ~** prueba esto a ver si te conviene; **they're all of a ~** tienen todos el mismo tamaño; **it's quite a ~** es bastante grande; **I take ~ nine** (*shoes*) uso *or* tengo el número nueve; **I take ~ 14** (*blouse etc*) uso *or* tengo la talla 14; **to cut sth to ~** cortar algo al tamaño que se necesita; **what ~ is the room?** ¿de qué tamaño *or* (*LAm*) qué tan grande es el cuarto?; **what ~ are you?** ¿qué talla usas *or* tienes?, ¿de qué talla eres?; **what ~ shoes do you take?** ¿qué número (de zapato) calzas *or* gastas?; **what ~ shirt do you take?** ¿qué talla de camisa tiene *or* es la de usted?; **he's about your**

~ tiene más o menos tu talla; **✦IDIOMS that's about the ~ of it** eso es lo que puedo decirle acerca del asunto, es más o menos eso; **to cut sb down to ~*** bajar los humos a algn
Ⓑ VT clasificar según el tamaño

**►size up** VT + ADV [+ *problem, situation*] evaluar, apreciar; [+ *person*] **they looked at each other, sizing each other up** se miraban el uno al otro, intentando formarse *or* hacerse un juicio; (*for a fight*) se miraban el uno al otro, tratando de medir sus fuerzas; **I've got her all ~d up** la tengo calada; **I can't quite ~ him up** no consigo hacerme una idea clara de cómo es

**size²** [saɪz] Ⓐ N (*for plaster, paper*) cola *f*; (*for cloth*) apresto *m*
Ⓑ VT [+ *plaster, paper*] encolar; [+ *cloth*] aprestar

**sizeable** ['saɪzəbl] ADJ [*sum of money etc*] considerable, importante; [*object*] bastante grande; **it's quite a ~ house** es una casa bastante grande; **a ~ sum** una cantidad importante

**sizeably** ['saɪzəblɪ] ADV considerablemente

**-sized** [saɪzd] ADJ (*ending in compounds*) de tamaño ...

**sizzle** ['sɪzl] VI chisporrotear; (*in frying*) crepitar (al freírse)

**sizzler*** ['sɪzləʳ] N día *f* de calor sofocante

**sizzling** ['sɪzlɪŋ] Ⓐ ADJ [*heat*] sofocante; [*shot etc*] fulminante
Ⓑ N chisporroteo *m*, crepitación *f*

**S.J.** ABBR (= **Society of Jesus**) C. de J.

**SK** ABBR (*Canada*) = **Saskatchewan**

**skate¹** [skeɪt] N (= *fish*) raya *f*

**skate²** [skeɪt] Ⓐ N patín *m*; **✦IDIOM get your ~s on!*** ¡date prisa!
Ⓑ VI patinar; **it went skating across the floor** se deslizó velozmente sobre el suelo

**►skate around, skate over, skate round** VI + PREP [+ *problem, issue*] pasar por alto de, pasar por encima de

**skateboard** ['skeɪtbɔːd] N monopatín *m*

**skateboarder** ['skeɪtbɔːdəʳ] N monopatinador(a) *m/f*

**skateboarding** ['skeitbɔːdɪŋ] N monopatinaje *m*; **to go ~** montar en monopatín

**skater** ['skeɪtəʳ] N patinador(a) *m/f*

**skating** ['skeɪtɪŋ] Ⓐ N patinaje *m*; **do you like ~?** ¿te gusta patinar?; **to go ~** ir a patinar
Ⓑ CPD ► **skating rink** N (*for ice skating*) pista *f* de hielo; (*for roller skating*) pista *f* de patinaje

**skedaddle*** [skɪ'dædl] VI escabullirse, salir pitando*; **they ~d in all directions** huyeron por todos lados

**skein** [skeɪn] N madeja *f*; **a tangled ~** (*fig*) un asunto enmarañado

**skeletal** ['skelɪtl] ADJ [1] (*Anat*) [*structure, development*] óseo, del esqueleto; [*remains*] de huesos; **~ structure** *or* **system** esqueleto *m*, sistema *m* óseo
[2] (= *emaciated*) [*person, body*] esquelético; [*face*] enjuto
[3] (= *schematic*) [*timetable*] reducido

**skeleton** ['skelɪtn] Ⓐ N [*of person*] esqueleto *m*; [*of building*] armazón *f*, armadura *f*; (= *structure*) estructura *f*; [*of novel, report*] esquema *m*, bosquejo *m*; **✦IDIOM ~ in the cupboard** secreto *m* de familia
Ⓑ CPD [*service*] mínimo; [*outline*] esquemático ► **skeleton key** N llave *f* maestra ► **skeleton staff** N **with a ~ staff** con un personal mínimo

**skeptic** *etc* ['skeptɪk] (*US*) = **sceptic** *etc*

**sketch** [sketʃ] Ⓐ N [1] (= *drawing*) dibujo *m*; (= *preliminary drawing*) esbozo *m*, bosquejo *m*; (= *rough drawing*) croquis *m inv*; (= *plan*) borrador *m*, esquema *m*
[2] (*Theat*) sketch *m*
Ⓑ VT (*gen*) (= *draw*) dibujar; [+ *preliminary drawing, plan etc*] bosquejar, esbozar
Ⓒ VI hacer bosquejos
Ⓓ CPD ► **sketch map** N croquis *m inv* ► **sketch pad** N = **sketching pad**

**►sketch in** VT + ADV [+ *details*] explicar; **he ~ed in the details for me** me explicó los detalles

**sketchbook** ['sketʃbʊk] N bloc *m* de dibujos

**sketchily** ['sketʃɪlɪ] ADV incompletamente

**sketching** ['sketʃɪŋ] Ⓐ N dibujo *m*, arte *m* de dibujar
Ⓑ CPD ► **sketching pad** N bloc *m* de dibujos

**sketchy** ['sketʃɪ] ADJ (*compar* **sketchier**; *superl* **sketchiest**) incompleto, sin detalles

**skew** [skjuː] Ⓐ N **to be on the ~** estar desviado, estar sesgado
Ⓑ ADJ sesgado, oblicuo, torcido
Ⓒ VT sesgar, desviar
Ⓓ VI (*also* **to ~ round**) desviarse, ponerse al sesgo, torcerse

**skewbald** ['skjuːbɔːld] Ⓐ ADJ pintado, con pintas
Ⓑ N pinto *m*

**skewed** ['skjuːd] ADJ sesgado, torcido (*also fig*)

**skewer** ['skjʊəʳ] Ⓐ N pincho *m*, broqueta *f*, brocheta *f*
Ⓑ VT ensartar, espetar

**skew-whiff*** [ˌskjuː'wɪf] ADJ (*Brit*) (= *twisted*) torcido, chueco (*LAm*)

**ski** [skiː] Ⓐ N (*pl* **skis** *or* **ski**) esquí *m*; **a pair of ~s** unos esquís
Ⓑ VI esquiar; **to go ~ing** practicar el esquí, (ir a) esquiar; **to ~ down** bajar esquiando
Ⓒ CPD ► **ski boot** N bota *f* de esquí ► **ski instructor** N instructor(a) *m/f* de esquí, monitor(a) *m/f* de esquí ► **ski jump** N (= *action*) salto *m* con esquís; (= *course*) pista *f* de salto ► **ski jumper** N saltador(a) *m/f* de esquí ► **ski jumping** N salto *m* de esquí ► **ski lift** N telesquí *m*, telesilla *m or f* ► **ski mask** N (*US*) pasamontaña(s) *m (inv)* ► **ski pants** NPL pantalones *mpl* de esquí ► **ski pole** N bastón *m* ► **ski rack** N baca *f* portaesquís ► **ski resort** N estación *f* de esquí ► **ski run** N pista *f* de esquí ► **ski slope** N pista *f* de esquí ► **ski stick** N bastón *m* ► **ski suit** N traje *m* de esquiar ► **ski trousers** NPL pantalones *mpl* de esquí

**skid** [skɪd] Ⓐ N [1] (*Aut etc*) patinazo *m*, resbalón *m*
[2] (*Aer*) patín *m*; **✦IDIOMS to grease the ~s** (*US**) engrasar el mecanismo; **to put the ~s under sb** deshacerse de algn con maña; **her marriage/career is on the ~s** su matrimonio/carrera se está yendo al garete, su matrimonio/carrera está cayendo en picado
Ⓑ VI (*Aut*) patinar; [*person, object*] deslizarse, resbalarse; **it went ~ding across the floor** se deslizó velozmente sobre el suelo; **to ~ into** dar con *or* contra; **I ~ded into a tree** patiné y di contra un árbol, de un patinazo di contra un árbol; **the car ~ded to a halt** el coche patinó y paró
Ⓒ CPD ► **skid row*** N (*US*) *calles donde se refugian los borrachos, drogadictos, etc*

**skiddoo*** [skɪ'duː] VI (*US*) largarse*

**skidlid*** ['skɪdlɪd] N casco *m* protector (de motorista)

**skidmark** ['skɪdmɑːk] N huella *f* de un patinazo

**Ski-Doo®** [skɪ'duː] N motonieve *f*

**skidproof** ['skɪdpruːf] ADJ a prueba de patinazos

**skier** ['skɪːəʳ] N esquiador(a) *m/f*

**skiff** [skɪf] N esquife *m*

**skiing** ['skiːɪŋ] Ⓐ N esquí *m*; **do you like ~?** ¿te gusta esquiar?; **to go ~** ir a esquiar
Ⓑ CPD ► **skiing holiday** N vacaciones *fpl* de esquí; **to go on a ~ holiday** irse de vacaciones a esquiar ► **skiing resort** N estación *f* de esquí

**skilful, skillful** (*US*) ['skɪlfʊl] ADJ hábil, diestro (**at, in** en)

**skilfully, skillfully** (*US*) ['skɪlfəlɪ] ADV hábilmente, con destreza

**skilfulness, skillfulness** (*US*) ['skɪlfʊlnɪs] N habilidad *f*, destreza *f*

**skill** [skɪl] N [1] (= *ability*) (*gen*) habilidad *f*; (*technical*) destreza *f*; **diamond-cutting requires considerable ~** tallar diamantes requiere mucha destreza; **his ~ in battle** su destreza en el campo de la batalla; **his ~ as a fundraiser came in useful** su habilidad para recaudar fondos resultó útil; **a job that matches her ~s** un trabajo que se ajusta a sus aptitudes; **his lack of ~ in dealing with people** su inaptitud *or* falta de capacidad para tratar con la gente; **a game of ~** un juego de habilidad; **we need someone with proven management ~s** necesitamos a alguien con probadas dotes directivas; **technical ~(s)** conocimientos *mpl* técnicos
[2] (= *technique*) técnica *f*; **to learn new ~s** aprender nuevas técnicas; **the basic ~s of reading and writing** los conocimientos básicos de lectura y escritura; **communication ~s** habilidad *f or* aptitud *f* para comunicarse; **language ~s** (*with foreign languages*) habilidad *f* para hablar idiomas; **he seemed to lack the most basic social ~s** carecía totalmente de don de gentes

**skilled** [skɪld] ADJ [1] [*person*] (= *specialized*) especializado; (= *skilful*) experto, hábil, diestro; **she is a ~ negotiator** es una negociadora muy experta *or* hábil *or* diestra; **~ craftsmen are employed in the restoration work** el trabajo de restauración lo realizan artesanos especializados; **he is ~ at** *or* **in dealing with children** tiene muy buena mano con los niños
[2] [*worker*] cualificado (*esp Sp*), calificado (*esp LAm*), especializado; **~ labour** *or* (*US*) **labor** mano *f* de obra cualificada (*esp Sp*), mano *f* de obra calificada (*esp LAm*), mano *f* de obra especializada
[3] [*job, work*] especializado

**skillet** ['skɪlɪt] N sartén *f* pequeña, sartén *m* pequeño (*LAm*)

**skillful** *etc* ['skɪlfʊl] ADJ (*US*) = **skilful** *etc*

**skim** [skɪm] Ⓐ VT [1] [+ *milk*] desnatar, descremar; [+ *soup, liquid*] espumar; **to ~ the cream off the milk** quitar la nata a la leche, desnatar la leche; **~med milk** leche *f* descremada *or* desnatada
[2] (= *graze*) [+ *surface*] rozar; **to ~ the ground** [*plane, bird etc*] volar a ras de la tierra
[3] [+ *stone*] hacer cabrillas con, hacer el salto de la rana con
[4] (*fig*) [+ *subject*] tratar superficialmente
Ⓑ VI **to ~ across/along the ground** pasar rozando la tierra; **to ~ through a book** (*fig*) echar una ojeada *or* hojear a un libro

**►skim off** VT + ADV [+ *cream, grease*] desnatar; **they ~med off the brightest pupils** separaron a la flor y nata de los alumnos

**skimmer** ['skɪməʳ] N (*Orn*) picotijera *m*, rayador *m*

**skimp** [skɪmp] Ⓐ VT [+ *material etc*] escatimar; [+ *work*] chapucear; [+ *praise*] ser tacaño en *or* con

Ⓑ VI economizar; **to ~ on fabric/work/food** escatimar tela/trabajo/alimento

**skimpily** ['skɪmpɪlɪ] ADV [*serve, provide*] escasamente; [*live*] mezquinamente

**skimpy** ['skɪmpɪ] ADJ (*compar* **skimpier**; *superl* **skimpiest**) [*skirt etc*] breve; [*allowance, meal*] escaso, mezquino

**skin** [skɪn] Ⓐ N [1] [*of person*] piel *f*; [*of face*] cutis *m*; (= *complexion*) tez *f*; **to wear wool next to one's ~** llevar prenda de lana sobre la piel; ✦**IDIOMS to be ~ and bone** estar en los huesos; **he's nothing but ~ and bone** está en los huesos; **to jump out of one's ~** llevarse un tremendo susto; **it's no ~ off my nose*** a mí ni me va ni me viene, me da igual *or* lo mismo; **to save one's ~** salvar el pellejo; **by the ~ of one's teeth** por los pelos; **to have a thick/thin ~** ser poco sensible/muy susceptible; **to get under sb's ~** (= *annoy*) irritar *or* molestar a algn; **I've got you under my ~*** no puedo dejar de pensar en ti

[2] [*of animal*] piel *f*, pellejo *m*; (*as hide*) piel *f*, cuero *m*

[3] [*of fruit, vegetable*] piel *f*, cáscara *f*; (*discarded*) mondaduras *fpl*

[4] (= *crust*) (*on paint, milk pudding*) nata *f*

[5] (*for wine*) odre *m*

[6] (*Aer, Naut*) revestimiento *m*

[7] (*) = **skinhead**

[8] (*Drugs*‡) (= *cigarette paper*) papelillo* *m*, papel *m* de fumar

Ⓑ VT [1] [+ *animal*] despellejar, desollar; **I'll ~ him alive!** (*fig*) ¡lo voy a matar!*, ¡lo voy a desollar vivo!; ✦**IDIOMS to keep one's eyes ~ned for sth*** andar ojo alerta por algo; **there's more than one way to ~ a cat** cada uno tiene su manera de hacer las cosas, cada maestrillo tiene su librillo

[2] [+ *fruit*] pelar, quitar la piel a; [+ *tree*] descortezar

[3] (= *graze*) **to ~ one's knee/elbow** desollarse la rodilla/el codo

[4] (‡) (= *steal from*) despellejar, esquilmar

Ⓒ CPD ► **skin cancer** N cáncer *m* de piel ► **skin colour** N (= *colour of one's skin*) color *m* de la piel; (= *shade*) color *m* natural ► **skin disease** N enfermedad *f* de la piel ► **skin diver** N buceador(a) *m/f*, buzo *mf*, submarinista *mf* ► **skin diving** N buceo *m*, submarinismo *m* ► **skin flick*** N película *f* porno* ► **skin freshener** N tónico *m* para la piel ► **skin game*** N (*US*) estafa *f* ► **skin graft(ing)** N injerto *m* de piel ► **skin trade*** N publicación *f* de revistas porno ► **skin wound** N herida *f* superficial

**skin-deep** ['skɪn'di:p] ADJ superficial; *see also* **beauty A1**

**skinflick**‡ ['skɪnflɪk] N película *f* porno*

**skinflint** ['skɪnflɪnt] N tacaño/a *m/f*, roñoso/a *m/f*

**skinful*** ['skɪnfʊl] N **to have had a ~** estar borracho/a *or* (*LAm*) tomado/a

**skinhead** ['skɪnhed] N cabeza *mf* rapada

**-skinned** [skɪnd] ADJ (*ending in compounds*) de piel ...; **dark-skinned** de piel morena; **rough-skinned** de piel áspera

**skinny** ['skɪnɪ] ADJ (*compar* **skinnier**; *superl* **skinniest**) flaco

**skint** [skɪnt] ADJ **to be ~*** estar sin cuartos, estar pelado

**skin-tight** ['skɪntaɪt] ADJ muy ajustado

**skip¹** [skɪp] Ⓐ N salto *m*, brinco *m*

Ⓑ VI [1] (= *jump*) brincar, saltar; **to ~ with joy** dar brincos *or* saltos de alegría, brincar *or* saltar de alegría; **to ~ in/out** entrar/salir dando brincos; **he ~ped out of the way** se apartó de un salto; **to ~ off** (*fig*) largarse, rajarse (*LAm*)

[2] (*with a rope*) saltar a la comba

[3] (*fig*) **to ~ over sth** pasar algo por alto, saltarse algo; **to ~ from one thing to another** saltar de un tema a otro; **the book ~s about a lot** el libro da muchos saltos

Ⓒ VT (*fig*) [+ *meal, lesson, page*] saltarse; **to ~ lunch** saltarse el almuerzo, no almorzar; **you should never ~ breakfast** no debes saltarte nunca el desayuno; **to ~ school** hacer novillos, hacer la rabona; **let's ~ it!*** ¡basta de eso!

Ⓓ CPD ► **skip rope** N (*US*) = **skipping rope**

**skip²** [skɪp] N (*Brit*) (= *container*) contenedor *m* de basuras

**skipper** ['skɪpəʳ] Ⓐ N (*Sport*) capitán/ana *m/f*; (*Naut*) capitán/ana *m/f*, patrón/a *m/f*; **well, you're the ~** bueno, tú eres el jefe

Ⓑ VT [+ *boat*] capitanear, patronear; [+ *team*] capitanear

**skipping** ['skɪpɪŋ] Ⓐ N comba *f*

Ⓑ CPD ► **skipping rope** N (*Brit*) cuerda *f*, comba *f*

**skirl** [skɜ:l] N (*Scot*) **the ~ of the pipes** el son *or* la música de la gaita

**skirmish** ['skɜ:mɪʃ] Ⓐ N escaramuza *f*, refriega *f*; (*fig*) roce *m*; **to have a ~ with** (*fig*) tener un roce con

Ⓑ VI pelear

**skirmisher** ['skɜ:mɪʃəʳ] N escaramuzador(a) *m/f*

**skirt** [skɜ:t] Ⓐ N falda *f*, pollera *f* (*LAm*); [*of coat etc*] faldón *m*; **flared/split/straight ~** falda *f* acampanada/pantalón/estrecha *or* recta

Ⓑ VT (*also* **~ around**) rodear, dar la vuelta a; (*fig*) (= *avoid*) esquivar; **we ~ed Seville to the north** pasamos al norte de Sevilla

Ⓒ VI **to ~ around** = **B**

Ⓓ CPD ► **skirt length** N tela *f* suficiente para una falda

**skirting** ['skɜ:tɪŋ] N, **skirting board** ['skɜ:tɪŋ,bɔ:d] N zócalo *m*, cenefa *f*

**skit** [skɪt] N (*Theat*) sátira *f* (**on** de)

**skitter** ['skɪtəʳ] VI **to ~ across the water/along the ground** [*bird*] volar rozando el agua/el suelo; [*stone*] saltar por encima del agua/por el suelo

**skittish** ['skɪtɪʃ] ADJ (= *capricious*) caprichoso, delicado; (= *nervous*) [*horse etc*] nervioso, asustadizo; (= *playful*) juguetón

**skittishly** ['skɪtɪʃlɪ] ADV (= *capriciously*) caprichosamente; (= *nervously*) nerviosamente; (= *playfully*) de modo juguetón

**skittle** ['skɪtl] Ⓐ N bolo *m*; **~s** el juego de bolos; **to play ~s** jugar a los bolos

Ⓑ CPD ► **skittle alley** N bolera *f*

**skive**‡ [skaɪv] (*Brit*) Ⓐ VI (= *not work*) gandulear*, haraganear*; (= *disappear*) escabullirse, escaquearse*, rajarse (*LAm**)

Ⓑ N **to be on the ~** ◊ **have a good ~** gandulear, no hacer nada

►**skive off**‡ Ⓐ VI + ADV (*Brit*) (= *not work*) gandulear*, haraganear*; (= *disappear*) escabullirse, escaquearse*, rajarse (*LAm**)

Ⓑ VI + PREP **to ~ off school** hacer novillos, hacer la rabona

**skiver**‡ ['skaɪvəʳ] N (*Brit*) gandul(a) *m/f*

**skivvy*** ['skɪvɪ] N (*pej*) esclava *f* del hogar

**skua** ['skju:ə] N págalo *m*

**skulduggery***† [skʌl'dʌgərɪ] N trampas *fpl*, embustes *mpl*; **a piece of ~** una trampa, un embuste

**skulk** [skʌlk] VI esconderse; **to ~ about** esconderse

**skull** [skʌl] N calavera *f*; (*Med*) cráneo *m*; **~ and crossbones** (= *flag*) la bandera pirata; **I can't get it into his (thick) ~ that ...** no hay quien le meta en la cabeza que ...

**skullcap** ['skʌlkæp] N (*gen*) gorro *m*; [*of priest*] solideo *m*

**skunk** [skʌŋk] N (*pl* **skunk** *or* **skunks**) (*Zool*) mofeta *f*, zorrillo *m* (*LAm**); **you ~!** (*fig*) ¡canalla!

**sky** [skaɪ] N cielo *m*; **under blue skies** bajo un cielo azul; **the skies over England** el cielo en Inglaterra; **to praise sb to the skies** poner a algn por las nubes; **the ~'s the limit*** (*fig*) no hay límite; **out of a clear blue ~** (*fig*) de repente, inesperadamente

**sky-blue** ['skaɪ'blu:] Ⓐ ADJ celeste, azul celeste

Ⓑ N azul *m* celeste

**skydive** ['skaɪdaɪv] Ⓐ N caída *f* libre

Ⓑ VI saltar en caída libre

**skydiver** ['skaɪdaɪvəʳ] N paracaidista *mf* de caída libre, paracaidista *mf* acrobático/a

**skydiving** ['skaɪdaɪvɪŋ] N caída *f* libre, paracaidismo *m* acrobático

**sky-high** ['skaɪ'haɪ] ADV por las nubes; **prices have gone ~** los precios están por las nubes; **he hit the ball ~** mandó el balón por los aires; *see also* **blow² 3**

**skyjack*** ['skaɪdʒæk] VT [+ *plane*] atracar, piratear

**skyjacking*** ['skaɪdʒækɪŋ] N atraco *m* aéreo, piratería *f* aérea

**skylab** ['skaɪlæb] N skylab *m*, laboratorio *m* espacial

**skylark** ['skaɪlɑ:k] Ⓐ N (= *bird*) alondra *f*

Ⓑ VI (*fig*) (*) hacer travesuras

**skylight** ['skaɪlaɪt] N tragaluz *m*, claraboya *f*

**skyline** ['skaɪlaɪn] N (= *horizon*) horizonte *m*; [*of city*] contorno *m*, perfil *m*

**skyrocket** ['skaɪ,rɒkɪt] Ⓐ N cohete *m*

Ⓑ VI subir (como un cohete); (*fig*) [*prices etc*] ponerse por las nubes, dispararse

**skyscraper** ['skaɪ,skreɪpəʳ] N rascacielos *m inv*

**skytrain** ['skaɪtreɪn] N puente *m* aéreo

**skyward** ['skaɪwəd] ADV hacia el cielo

**skywards** ['skaɪwədz] ADV (*esp Brit*) = **skyward**

**skyway** ['skaɪweɪ] N ruta *f* aérea

**skywriting** ['skaɪ,raɪtɪŋ] N publicidad *f* aérea

**SL** N ABBR = **source language**

**slab** [slæb] N [1] [*of stone*] losa *f*

[2] (*in mortuary*) plancha *f* de mármol, tabla *f* de mármol

[3] [*of chocolate*] tableta *f*; [*of cake etc*] trozo *m*, tajada *f*; [*of meat*] tajada *f* (gruesa)

**slack** [slæk] Ⓐ ADJ (*compar* **slacker**; *superl* **slackest**) [1] (= *not tight or firm*) flojo

[2] (= *lax*) descuidado, negligente; (= *lazy*) perezoso, vago, flojo; **to be ~ about one's work** desatender su trabajo, ser negligente en su trabajo; **to be ~ about** *or* **in doing sth** dejar de hacer algo por desidia

[3] (*Comm*) [*market*] flojo, encalmado; [*period*] de inactividad; [*season*] muerto; **business is ~** hay poco movimiento *or* poca actividad en el negocio; **demand was ~** hubo poca demanda

Ⓑ N [1] (= *part of rope etc*) comba *f*; **to take up the ~** tensar una cuerda; **to take up the ~ in the economy** utilizar toda la capacidad productiva de la economía

[2] (= *coal*) cisco *m*

[3] (*Comm*) (= *period*) período *m* de inactividad; (= *season*) estación *f* muerta; *see also* **slacks**

Ⓒ VI (*) gandulear, holgazanear; **he's been ~ing** ha sido muy gandul

Ⓓ VT = **slacken A**

►**slack off** VI + ADV, VT + ADV = **slacken off**

**slacken** ['slækn] Ⓐ VT [+ *reins*] aflojar; (*fig*) [+ *policy*] aflojar; **he ~ed his grip on her wrist** dejó de apretarle tan fuerte la muñeca; **to ~ one's pace** aflojar el paso; **to ~ speed** [*person*] aflojar el paso; [*vehicle*] disminuir la velocidad
Ⓑ VI 1 (= *loosen*) [*rope*] aflojarse; [*muscle*] ponerse flácido
2 (= *reduce*) [*activity, demand*] disminuir, bajar; [*trade*] decaer; [*wind, rain*] amainar; **business tends to ~ in summer** el comercio tiende a decaer en verano
►**slacken off** (*esp Brit*) Ⓐ VI + ADV 1 (= *be less active*) [*person*] aflojar el ritmo (de trabajo, de juego, *etc*); **their game ~ed off in the second half** su juego perdió ímpetu en la segunda mitad
2 (= *reduce*) [*demand, production*] disminuir, bajar
Ⓑ VT + ADV [+ *rope*] aflojar
►**slacken up** VI + ADV = **slacken off A1**

**slackening** ['slæknɪŋ] N 1 (= *loosening*) [*of rope*] aflojamiento *m*; [*of muscles*] pérdida *f* de tensión
2 (= *reduction in amount, intensity*) disminución *f*; **there must be no ~ of vigilance/discipline** no debe bajarse la guardia/relajarse la disciplina

**slacker*** ['slækəʳ] N holgazán/ana *m/f*, vago/a *m/f*, gandul(a) *m/f*

**slackly** ['slæklɪ] ADV 1 (*lit*) [*hang*] flojamente
2 (*fig*) [*work*] sin poner cuidado, negligentemente

**slackness** ['slæknɪs] N 1 [*of rope etc*] flojedad *f*, lo flojo
2 [*of person*] (= *laxity*) descuido *m*, negligencia *f*; (= *laziness*) pereza *f*, vaguedad *f*
3 (*Comm*) flojedad *f*, inactividad *f*

**slacks** [slæks] NPL pantalones *mpl*

**slag¹** [slæg] Ⓐ N (*Min*) escoria *f*
Ⓑ CPD ► **slag heap** N escorial *m*

**slag²‡** [slæg] N (*Brit pej*) (= *slut*) puta* *f*, ramera *f*
►**slag off‡** VT + ADV (*esp Brit*) (= *criticize*) poner como un trapo*

**slain** [sleɪn] Ⓐ PP *of* **slay**
Ⓑ NPL **the ~** los caídos *mpl*

**slake** [sleɪk] VT 1 [+ *one's thirst*] apagar, aplacar
2 (*Chem*) [+ *lime*] apagar; **~d lime** cal *f* muerta

**slalom** ['slɑ:ləm] N eslálom *m*, slalom *m*

**slam** [slæm] Ⓐ N 1 [*of door*] portazo *m*; **to close the door with a ~** dar un portazo, cerrar la puerta de un portazo
2 (*Bridge*) slam *m*; **grand ~** gran slam *m*; **small ~** pequeño slam *m*
Ⓑ VT 1 (= *strike*) **to ~ the door** dar un portazo, cerrar (la puerta) de un portazo; **to ~ sth shut** cerrar algo de golpe; **to ~ sth (down) on the table** dejar de golpe algo sobre la mesa, estampar algo sobre la mesa; **to ~ on the brakes** dar un frenazo; **he ~med the ball into the net** disparó la pelota a la red
2 (*) (= *criticize*) vapulear, criticar severamente
3 (*) (= *defeat*) cascar*, dar una paliza a*
4 (‡) **to get ~med** agarrarse una buena curda *or* melopea*
Ⓒ VI 1 [*door*] cerrarse de golpe, cerrarse de un portazo; **the door ~med shut** *or* **to** la puerta se cerró de golpe *or* de un portazo
2 **to ~ into/against sth** estrellarse contra algo
►**slam down** VT + ADV **to ~ sth down on the table** dejar de golpe algo sobre la mesa, estampar algo sobre la mesa

**slammer‡** ['slæməʳ] N trena‡ *f*, talego‡ *m*

**slander** ['slɑ:ndəʳ] Ⓐ N (*gen*) calumnia *f*; (*Jur*) difamación *f*; **they have been spreading ~s about the company** han estado levantando calumnias sobre la empresa; **to sue sb for ~** demandar a algn por difamación
Ⓑ VT (*gen*) calumniar; (*Jur*) difamar; **they have ~ed my name/reputation** han deshonrado mi nombre/han manchado mi reputación

**slanderer** ['slɑ:ndərəʳ] N calumniador(a) *m/f*, difamador(a) *m/f*

**slanderous** ['slɑ:ndərəs] ADJ calumnioso, difamatorio

**slanderously** ['slɑ:ndərəslɪ] ADV calumniosamente

**slang** [slæŋ] Ⓐ N (*gen*) argot *m*, jerga *f*; [*of a group, trade etc*] jerga *f*; **to talk ~** hablar en argot *or* jerga; **that word is ~** esa palabra es del argot
Ⓑ ADJ argótico, jergal; **~ word** palabra *f* del argot, palabra *f* argótica *or* jergal
Ⓒ VT (*) (= *insult, criticize*) poner verde a, injuriar; **a ~ing match** una disputa a voces

**slangily*** ['slæŋɪlɪ] ADV **to talk ~** hablar con mucho argot *or* mucha jerga

**slangy*** ['slæŋɪ] ADJ (*compar* **slangier**; *superl* **slangiest**) [*person*] que usa mucho argot, que usa mucha jerga; [*style etc*] argótico, jergal

**slant** [slɑ:nt] Ⓐ N 1 (*gen*) inclinación *f*, sesgo *m*; (= *slope*) pendiente *f*, cuesta *f*; **to be on the ~** estar inclinado, estar sesgado
2 (*fig*) (= *point of view*) punto *m* de vista, interpretación *f*; **what is your ~ on this?** ¿cuál es su punto de vista sobre esto?, ¿cómo interpreta usted esto?; **to get a ~ on a topic** pedir pareceres sobre un asunto; **the situation is taking on a new ~** la situación está tomando un nuevo giro
Ⓑ VT inclinar, sesgar; **to ~ a report** (*fig*) enfocar una cuestión de manera parcial
Ⓒ VI inclinarse, sesgarse; **the light ~ed in at the window** la luz entraba oblicuamente por la ventana

**slant-eyed** ['slɑ:nt'aɪd] ADJ de ojos almendrados

**slanting** ['slɑ:ntɪŋ] ADJ inclinado, sesgado

**slantwise** ['slɑ:ntwaɪz] ADJ oblicuamente, al sesgo

**slap** [slæp] Ⓐ N palmada *f*, manotada *f*; **a ~ on the back** un espaldarazo; **to give sb a ~ on the back** (*fig*) felicitar a algn; **a ~ in the face** una bofetada, un bofetón; (*fig*) un desaire; **they were having a bit of the old ~ and tickle*** los dos se estaban sobando; **to give sb a ~ on the wrist** (*fig*) dar un tirón de orejas a algn
Ⓑ ADV (*) de lleno; **he ran ~ into a tree** dio de lleno contra un árbol; **it fell ~ in the middle** cayó justo en el medio
Ⓒ VT 1 (= *strike*) dar manotadas a; (*once*) dar una manotada a; (*in the face*) abofetear, dar una bofetada a; **to ~ sb's face** ◊ **~ sb in the face** dar una bofetada a algn, abofetear a algn; **she ~ped the little boy's leg** ◊ **she ~ped the little boy on the leg** le dio al niño un cachete en la pierna; **to ~ sb on the back** dar a algn una palmada en la espalda; **to ~ sb down** (*fig*) bajarle los humos a algn; **to ~ one's knees** palmotearse las rodillas; **to ~ one's thighs** darse palmadas en los muslos; **to ~ sb's wrist** (*fig*) dar un tirón de orejas a algn
2 (= *put*) **he ~ped the book on the table** tiró *or* arrojó el libro sobre la mesa; **the judge ~ped £100 on the fine** el juez aumentó la multa en 100 libras; **they've ~ped another storey on the house** han añadido un piso a la casa (como si tal cosa); **she ~ped on some make-up** se maquilló a la carrera; **to ~ paint on sth** pintar algo a brochazos
Ⓓ EXCL ¡zas!

**slap-bang*** ['slæp'bæŋ] ADV (*Brit*) justo, exactamente

**slapdash** ['slæpdæʃ] ADJ, **slap-happy** ['slæphæpɪ] ADJ descuidado, chapucero

**slapper‡** ['slæpəʳ] N (*Brit*) putilla‡ *f*

**slapstick** ['slæpstɪk] N (*also* **~ comedy**) bufonada *f*

**slap-up*** ['slæpʌp] ADJ (*Brit*) **~ meal** banquete *m*, comilona *f*

**slash** [slæʃ] Ⓐ N 1 (*gen*) tajo *m*; (*with knife*) cuchillada *f*; (*with machete*) machetazo *m*; (*with razor*) navajazo *m*
2 (*Typ*) barra *f* oblicua
3 (*esp Brit‡*) **to go for a ~** ◊ **have a ~** cambiar el agua al canario‡
Ⓑ VT 1 (= *cut*) (*with knife etc*) acuchillar; (*with razor*) hacer un tajo a; [+ *tyre*] rajar; **to ~ one's wrists** cortarse las venas (*de la muñeca*)
2 (= *cut down*) [+ *trees*] talar; **~ and burn agriculture** agricultura *f* de rozas y quema
3 (= *reduce*) [+ *price*] reducir, rebajar; [+ *estimate etc*] reducir radicalmente; [+ *text*] cortar; **"prices slashed"** "grandes rebajas"
4 (*) (= *condemn*) atacar, criticar severamente
Ⓒ VI **to ~ at sb** tirar tajos a algn, tratar de acuchillar a algn

**slasher film*** ['slæʃəfɪlm], **slasher movie*** ['slæʃə,mu:vɪ] N película *f* de casquería* (*con muchos degüellos*)

**slashing** ['slæʃɪŋ] ADJ [*attack etc*] fulminante

**slat** [slæt] N 1 (*wooden*) tablilla *f*, listón *m*
2 [*of blind*] lama *f*

**slate** [sleɪt] Ⓐ N 1 (= *substance*) pizarra *f*; (= *tile*) teja *f* de pizarra; **put it on the ~** (*Brit**) apúntalo en mi cuenta; **to wipe the ~ clean** (*fig*) hacer borrón y cuenta nueva
2 (*US Pol*) lista *f* de candidatos
Ⓑ ADJ (= *made of slate*) de pizarra; (*in colour*) color pizarra
Ⓒ VT 1 [+ *roof*] empizarrar
2 (*) (= *criticize*) vapulear, criticar duro
3 (*US Pol*) [+ *candidate*] nombrar
4 (*US*) anunciar; **it is ~d to start at nine** según el programa comienza a las nueve, deberá comenzar a las nueve
Ⓓ CPD ► **slate pencil** N pizarrín *m* ► **slate quarry** N pizarral *m* ► **slate roof** N empizarrado *m*

**slate-blue** ['sleɪt'blu:] ADJ de color azul pizarra

**slate-coloured, slate-colored** (*US*) ['sleɪt,kʌləd] ADJ color pizarra

**slate-grey** [,sleɪt'greɪ] Ⓐ ADJ de color gris pizarra
Ⓑ N gris *m* pizarra

**slater** ['sleɪtəʳ] N pizarrero/a *m/f*

**slatted** ['slætɪd] ADJ de tablillas, hecho de listones

**slattern** ['slætən] N mujer *f* dejada, mujer *f* sucia, pazpuerca *f*

**slatternly** ['slætənlɪ] ADJ sucio, puerco, desaseado

**slaty** ['sleɪtɪ] ADJ (*in appearance, texture etc*) parecido a pizarra, pizarroso; (*in colour*) color pizarra

**slaughter** ['slɔ:təʳ] Ⓐ N [*of animals*] matanza *f*, sacrificio *m*; [*of persons*] matanza *f*, carnicería *f*; **the ~ on the roads** el gran número de muertes en las carreteras; **the Slaughter of the Innocents** la Degollación de los Inocentes; **like a lamb to the ~** como borrego al

matadero; **there was great ~** hubo gran mortandad
Ⓑ VT [1] (= *kill*) [+ *animals*] matar, sacrificar; [+ *person, people*] matar brutalmente
[2] (*Sport etc**) (= *beat*) dar una paliza a*

**slaughterer** ['slɔːtərəʳ] N jifero/a *m/f*, matarife *mf*

**slaughterhouse** ['slɔːtəhaʊs] N (*pl* **slaughterhouses**) matadero *m*

**slaughterman** ['slɔːtəmən] N (*pl* **slaughtermen**) jifero *m*, matarife *m*

**Slav** [slɑːv] Ⓐ ADJ eslavo
Ⓑ N eslavo/a *m/f*

**slave** [sleɪv] Ⓐ N esclavo/a *m/f*; **to be a ~ to sth** (*fig*) ser esclavo de algo; **to be a ~ to tobacco** ser esclavo del tabaco; **to be a ~ to duty** ser esclavo del deber
Ⓑ VI **to ~ (away) at sth/at doing sth** trabajar como un negro en algo/haciendo algo
Ⓒ CPD ► **slave driver** N negrero/a *m/f*; (*fig*) tirano/a *m/f* ► **slave labour** N (= *work*) trabajo *m* de esclavos; (= *persons*) esclavos *mpl* ► **slave trade** N trata *f* de esclavos, comercio *m* de esclavos, tráfico *m* de esclavos ► **slave trader** N traficante *mf* en esclavos

**slaver**[1] ['slævəʳ] Ⓐ N baba *f*
Ⓑ VI babear

**slaver**[2] ['sleɪvəʳ] N (= *ship*) barco *m* negrero; (= *person*) traficante *mf* en esclavos

**slavery** ['sleɪvərɪ] N esclavitud *f*

**slavey*** ['sleɪvɪ] N fregona *f*

**Slavic** ['slɑːvɪk] Ⓐ ADJ eslavo
Ⓑ N (*Ling*) eslavo *m*

**slavish** ['sleɪvɪʃ] ADJ servil, de esclavo

**slavishly** ['sleɪvɪʃlɪ] ADV servilmente

**slavishness** ['sleɪvɪʃnɪs] N servilismo *m*

**Slavonic** [slə'vɒnɪk] Ⓐ ADJ eslavo
Ⓑ N eslavo *m*

**slaw** [slɔː] N (*US*) ensalada *f* de col

**slay** [sleɪ] (*pt* **slew**; *pp* **slain**) VT [1] (*poet*) (= *kill*) matar
[2] (*) hacer morir de risa*; **this will ~ you** esto os hará morir de risa*; **you ~ me!** (*iro*) ¡qué divertido!

**slayer** ['sleɪəʳ] N asesino/a *m/f*

**SLD** N ABBR (*Brit Pol*) = **Social and Liberal Democrats**

**sleaze*** ['sliːz] N, **sleaziness*** ['sliːzɪnɪs] N [1] (= *sordidness*) sordidez *f*, asco *m*; (= *filth*) desaseo *m*, desaliño *m*
[2] (*Pol*) (= *corruption*) corrupción *f*

**sleazy** ['sliːzɪ] ADJ (*compar* **sleazier**; *superl* **sleaziest**) (= *sordid*) [*place*] sórdido, asqueroso; (= *filthy*) [*person*] desaseado, desaliñado; (= *corrupt*) [*deal etc*] poco limpio, sucio

**sled** [sled] N, VTI = **sledge**[2]

**sledge**[1] [sledʒ] N = **sledgehammer**

**sledge**[2] [sledʒ] Ⓐ N trineo *m*
Ⓑ VI ir en trineo
Ⓒ VT transportar por trineo, llevar en trineo

**sledgehammer** ['sledʒˌhæməʳ] N almádena *f*

**sleek** [sliːk] Ⓐ ADJ (*compar* **sleeker**; *superl* **sleekest**) [*hair, fur*] lustroso; [*person*] (*of general appearance*) impecable; (*in manner*) zalamero, meloso; [*boat, car*] de líneas puras; [*animal*] gordo y de buen aspecto
Ⓑ VT **to ~ one's hair down** alisarse el pelo

**sleekly** ['sliːklɪ] ADV [*smile, reply*] zalameramente

**sleekness** ['sliːknɪs] N [*of hair, fur, animal*] lustre *m*; [*of person's appearance*] pulcritud *f*; [*of car*] pureza *f* de líneas

**sleep** [sliːp] (*vb: pt, pp* **slept**) Ⓐ N [1] (= *rest*) sueño *m*; **lack of ~** falta *f* de sueño; **I need some ~** necesito dormir; **to drop off to ~** quedarse dormido; **he fell into a deep ~** se quedó profundamente dormido; **I couldn't get to ~** no podía dormirme *or* conciliar el sueño; **to go to ~** [*person*] dormirse, quedarse dormido; (= *limb*) dormirse; **to have a ~** dormir; **to have a good night's ~** dormir bien (durante) toda la noche; **to have a little ~** dormir un rato, descabezar un sueño; **I shan't lose any ~ over it** eso no me va a quitar el sueño; **to put sb to ~** [+ *patient*] dormir a algn; **to put an animal to ~** (*euph*) (= *kill*) sacrificar un animal; **to send sb to ~** (= *bore*) dormir a algn; **to talk in one's ~** hablar en sueños; **to walk in one's ~** pasearse dormido; (*habitually*) ser sonámbulo; **she walked downstairs in her ~** estando dormida bajó la escalera; **I didn't get a wink of ~ all night** no pegué ojo en toda la noche; ✦***IDIOM*** **to ~ the ~ of the just** dormir a pierna suelta
[2] (*) (*in eyes*) legañas *fpl*
Ⓑ VT [1] (= *accommodate*) **we can ~ four** hay cama para cuatro; **can you ~ all of us?** ¿hay cama(s) para todos nosotros?
[2] (= *rest*) dormir; **I only slept a couple of hours** sólo dormí un par de horas; **to ~ the hours away** pasar las horas durmiendo
Ⓒ VI dormir; **I couldn't ~ last night** anoche no pude dormir; **to ~ deeply** dormir profundamente *or* a pierna suelta; **to ~ heavily** (*habitually*) tener el sueño pesado; (*on particular occasion*) dormir profundamente; **to ~ lightly** (*habitually*) tener el sueño ligero; **she was ~ing lightly** no estaba profundamente dormida; **to ~ on sth** (*fig*) consultar algo con la almohada; **to ~ out** (= *not at home*) dormir fuera de casa; (= *in open air*) dormir al aire libre, pasar la noche al raso; **to ~ soundly** dormir profundamente *or* a pierna suelta; **he was ~ing soundly** estaba profundamente dormido; **he slept through the alarm clock** no oyó el despertador; **I slept through till the afternoon** dormí hasta la tarde; **~ tight!** ¡que duermas bien!, ¡que descanses!; **to ~ with sb** (*euph*) (= *have sex*) acostarse con algn; ✦***IDIOM*** **to ~ like a log** *or* **top** *or* **baby** dormir como un tronco; *see also* **rough B**

►**sleep around*** VI + ADV irse a la cama con cualquiera

►**sleep away** VT + ADV **to ~ the morning away** pasarse la mañana durmiendo

►**sleep in** VI + ADV (*deliberately*) dormir hasta tarde; (*accidentally*) quedarse dormido

►**sleep off** VT + ADV **to ~ off a big dinner** dormir hasta que baje una cena grande; **she's ~ing off the effects of the drug** duerme hasta que desaparezcan los efectos de la droga; **to ~ it off*** ◊ **~ off a hangover** dormir la mona*, dormir la curda*

►**sleep over** VI + ADV pasar la noche

►**sleep together** VI + ADV [1] (= *share a room or bed*) dormir juntos
[2] (= *have sex*) acostarse juntos

**sleeper** ['sliːpəʳ] N [1] (= *person*) durmiente *mf*
[2] (*fig*) (= *spy*) *espía emplazado en un objetivo, pero sin misión concreta o que aún no es operativo*; **to be a heavy/light ~** tener el sueño pesado/ligero; **to be a good/poor ~** dormir bien/mal
[3] (*Brit Rail*) (*on track*) traviesa *f*, durmiente *m*; (= *berth*) litera *f*; (= *compartment*) camarín *m*, alcoba *f*; (= *coach*) coche-cama *m*
[4] (*esp Brit*) (= *earring*) arete *m*
[5] (*US*) (*for baby*) pijama *m* de niño

**sleepily** ['sliːpɪlɪ] ADV soñolientamente; **"yes," she said ~** —si —dijo adormilado *or* soñoliento

**sleepiness** ['sliːpɪnɪs] N [1] [*of person*] somnolencia *f*
[2] [*of town, village*] tranquilidad *f*; (*pej*) sopor *m* (*pej*)

**sleeping** ['sliːpɪŋ] Ⓐ ADJ dormido; **Sleeping Beauty** la bella durmiente; ✦***PROV*** **let ~ dogs lie** más vale no meneallo
Ⓑ N sueño *m*, el dormir; **between ~ and waking** a duermevela
Ⓒ CPD ► **sleeping bag** N (*camper's*) saco *m* de dormir; (*baby's*) pelele *m* ► **sleeping car** N (*Rail*) coche-cama *m* ► **sleeping draught** N soporífero *m* ► **sleeping partner** N socio/a *m/f* comanditario/a ► **sleeping pill** N somnífero *m* ► **sleeping policeman** N (*Aut*) banda *f* sonora ► **sleeping quarters** NPL dormitorio *msing* ► **sleeping sickness** N encefalitis *f* letárgica ► **sleeping tablet** N = **sleeping pill**

**sleepless** ['sliːplɪs] ADJ [*person*] insomne; **many ~ nights** muchas noches en blanco *or* sin dormir; **to have a ~ night** pasar la noche en blanco *or* sin dormir

**sleeplessness** ['sliːplɪsnɪs] N insomnio *m*

**sleep-talk** ['sliːptɔːk] VI (*US*) hablar estando dormido

**sleepwalk** ['sliːpˌwɔːk] VI ser sonámbulo, pasearse dormido

**sleepwalker** ['sliːpˌwɔːkəʳ] N sonámbulo/a *m/f*

**sleepwalking** ['sliːpˌwɔːkɪŋ] N sonambulismo *m*

**sleepwear** ['sliːpwɛəʳ] N ropa *f* de dormir

**sleepy** ['sliːpɪ] ADJ (*compar* **sleepier**; *superl* **sleepiest**) [1] (= *drowsy*) [*person, voice*] soñoliento; **to be** *or* **feel ~** tener sueño; **I began to feel ~** me empezó a entrar sueño, me entró sueño; **she came in looking very ~** entró con cara de sueño
[2] (= *quiet*) [*place*] tranquilo; (*pej*) soporífero; **a ~ little village** un pueblecito tranquilo; **a ~ summer's afternoon** una soporífera tarde de verano

**sleepyhead** ['sliːpɪhed] N dormilón/ona *m/f*

**sleet** [sliːt] Ⓐ N aguanieve *f*, cellisca *f*
Ⓑ VI **it was ~ing** caía aguanieve *or* cellisca

**sleeve** [sliːv] Ⓐ N [1] [*of garment*] manga *f*; **to roll up one's ~s** arremangarse; ✦***IDIOMS*** **to have sth up one's ~** tener algo en reserva; **to laugh up one's ~** reírse para su capote
[2] [*of record*] funda *f*
[3] (*Mech*) manguito *m*, enchufe *m*
Ⓑ CPD ► **sleeve notes** NPL (*Brit Mus*) *texto de la carátula de un disco*

**sleeved** [sliːvd] ADJ con mangas

**-sleeved** [sliːvd] ADJ (*ending in compounds*) con mangas ...; **long-sleeved** con mangas largas

**sleeveless** ['sliːvlɪs] ADJ sin mangas

**sleigh** [sleɪ] Ⓐ N trineo *m*
Ⓑ VI, VT = **sledge**[2]
Ⓒ CPD ► **sleigh bell** N cascabel *m* ► **sleigh ride** N **to go for a ~ ride** ir a pasear en trineo

**sleight** [slaɪt] N **~ of hand** prestidigitación *f*, juegos *mpl* de manos

**slender** ['slendəʳ] ADJ [1] [*person*] (= *thin*) delgado, fino; (= *slim and graceful*) esbelto; [*waist, neck, hand*] delgado
[2] (*fig*) [*resources*] escaso; [*hope etc*] lejano, remoto; **by a ~ majority** por escasa mayoría

**slenderize** ['slendəraɪz] VT (*US*) adelgazar

**slenderly** ['slendəlɪ] ADV **she is ~ built** es delgada *or* esbelta; **~ made** de construcción delicada

**slenderness** ['slendənɪs] N [1] [*of person, waist, hand*] delgadez *f*
[2] [*of resources*] escasez *f*; [*of hope etc*] lo lejano, lo remoto

**slept** [slept] PT, PP *of* **sleep**

**sleuth***† [slu:θ] N (*hum*) detective *mf*, sabueso *mf*

**slew¹** [slu:] (*also* **to ~ round**) Ⓐ VT torcer; **to ~ sth to the left** torcer algo a la izquierda; **to be ~ed**‡ tener una buena curda *or* melopea*
Ⓑ VI torcerse

**slew²** [slu:] PT *of* **slay**

**slew³** [slu:] N (*esp US*) (= *range*) montón* *m*

**slice** [slaɪs] Ⓐ N [1] [*of bread*] rebanada *f*; [*of salami, sausage*] loncha *f*, raja *f*; [*of cheese, ham*] loncha *f*; [*of beef, lamb etc*] tajada *f*; [*of lemon, cucumber, pineapple*] rodaja *f*; [*of cake, pie*] trozo *m*
[2] (*fig*) (= *portion*) parte *f*; **it affects a large ~ of the population** afecta a buena parte *or* a un amplio sector de la población; **a ~ of life** un trozo de la vida tal como es; **a ~ of the profits** una participación (en los beneficios)
[3] (= *utensil*) pala *f*
[4] (*Sport*) pelota *f* cortada; (*Golf*) golpe *m* con efecto a la derecha
Ⓑ VT [1] (= *cut into slices*) [+ *bread*] rebanar; [+ *salami, sausage, ham, cheese*] cortar en lonchas; [+ *beef, lamb*] cortar en tajadas; [+ *lemon, cucumber, pineapple*] cortar en rodajas; [+ *cake, pie*] partir en trozos
[2] (= *cut*) cortar; **to ~ sth in two** cortar algo en dos; **to ~ sth open** abrir algo de un tajo
[3] (*Sport*) [+ *ball*] dar efecto a, cortar; (*Golf*) golpear oblicuamente (a derecha)

►**slice off** VT + ADV cortar

►**slice through** VI + PREP cortar, partir

►**slice up** VT + ADV cortar (*en rebanadas etc*)

**sliced** [slaɪst] ADJ [*bread*] rebanado, en rebanadas; [*lemon*] en rodajas; **it's the best thing since ~ bread*** (*hum*) es la octava maravilla (del mundo)

**slicer** ['slaɪsəʳ] N máquina *f* de cortar

**slick** [slɪk] Ⓐ ADJ (*compar* **slicker**; *superl* **slickest**) [1] (*pej*) (= *superficial, glib*) hábil; **he's too ~ for me** es demasiado hábil para mi gusto
[2] (= *polished, skilful*) impecable; **a ~ performance** una actuación impecable; **be ~ about it!** ¡date prisa!
Ⓑ N **oil ~** (*large*) marea *f* negra; (*small*) mancha *f* de petróleo, capa *f* de petróleo (en el agua)
Ⓒ VT alisar; **to ~ down one's hair** alisarse el pelo; **to ~ o.s. up** acicalarse

**slicker** ['slɪkəʳ] N [1] (= *person*) embaucador(a) *m/f*, tramposo/a *m/f*; **city ~*** capitalino/a* *m/f*
[2] (*US*) (= *coat*) = **oilskins**

**slickly** ['slɪklɪ] ADV [1] (*pej*) (= *superficially, glibly*) hábilmente
[2] (= *skilfully*) impecablemente

**slickness** ['slɪknɪs] N [1] (*pej*) (= *superficiality, glibness*) habilidad *f*, maña *f*
[2] (= *skill, efficiency*) habilidad *f*, destreza *f*

**slid** [slɪd] PT, PP *of* **slide**

**slide** [slaɪd] (*vb: pt, pp* **slid**) Ⓐ N [1] (*in playground, swimming pool*) tobogán *m*
[2] (= *act of sliding*) deslizamiento *m*; (*by accident*) resbalón *m*
[3] (= *landslide*) corrimiento *m* de tierras, desprendimiento *m*
[4] (= *fall*) (*in share prices*) baja *f*, bajón* *m*; **the ~ into chaos/debt** la caída en el caos/en la deuda
[5] (*in microscope*) portaobjetos *m inv*, platina *f*
[6] (*Phot*) (= *transparency*) diapositiva *f*, filmina *f*
[7] (*also* **hair ~**) (*Brit*) pasador *m*
[8] (*Mus*) [*of trombone*] vara *f*; (*for guitar*) cuello *m* de botella, slide *m*
Ⓑ VI [1] (= *glide*) deslizarse; (= *slip*) resbalar; **they were sliding across the floor/down the banisters** se deslizaban por el suelo/por la barandilla; **the drawer ~s in and out easily** el cajón se abre y se cierra suavemente; **the lift doors slid open** las puertas del ascensor se abrieron; **I slid into/out of bed** me metí en/me levanté de la cama sigilosamente; **she slid into her seat** se dejó deslizar en su asiento; **a tear slid down his cheek** una lágrima se deslizó por su mejilla; **the book slid off my knee** el libro se me resbaló de la rodilla; ✦**IDIOM to let things ~** dejar que las cosas se vengan abajo; **these last few months he's let everything ~** estos últimos meses se ha desentendido de todo
[2] (= *decline*) **the economy is sliding into recession** la economía está cayendo en la recesión; **the shares slid 12 points** las acciones bajaron 12 puntos
Ⓒ VT **he slid his hands into his pockets** metió las manos en los bolsillos; **she slid a hand along his arm** le deslizó una mano por el brazo; **he slid the plate across the table** hizo deslizar el plato al otro lado de la mesa; **she slid the door open** corrió la puerta para abrirla; **she slid the key into the keyhole** deslizó la llave en el ojo de la cerradura
Ⓓ CPD ► **slide guitar** N guitarra *f* con cuello de botella, guitarra *f* con slide ► **slide-magazine** N (*Phot*) cartucho *m or* guía *f* para diapositivas ► **slide projector** N (*Phot*) proyector *m* de diapositivas ► **slide rule** N regla *f* de cálculo ► **slide show** N (*Phot*) exposición *f* de diapositivas

**slideholder** ['slaɪd,həʊldəʳ] N portadiapositiva *m*

**sliding** ['slaɪdɪŋ] ADJ [*part*] corredizo; [*door, seat*] corredero; **~ roof** techo *m* corredizo, techo *m* de corredera; **~ scale** escala *f* móvil

**slight** [slaɪt] Ⓐ ADJ (*compar* **slighter**; *superl* **slightest**) [1] (= *small, minor*) [1·1] [*difference, change, increase, improvement*] ligero, pequeño; [*injury, problem, exaggeration*] pequeño; [*accent, movement*] ligero; [*breeze*] suave; [*smile, pain*] leve; **after a ~ hesitation, he agreed** después de vacilar ligeramente, accedió; **the chances of him winning are very ~** tiene muy pocas posibilidades de ganar; **the wall is at a ~ angle** la pared está ligeramente inclinada; **to have a ~ cold** tener un pequeño resfriado, estar un poco resfriado; **to walk with a ~ limp** cojear ligeramente; **to have a ~ temperature** tener un poco de fiebre; *see also* **second 5.1**
[1·2] **the ~est: it doesn't make the ~est bit of difference** no importa en lo más mínimo; **without the ~est hesitation** sin dudarlo ni un momento; **I haven't the ~est idea** no tengo ni la más remota idea; **not in the ~est** en absoluto; **nobody showed the ~est interest** nadie mostró el menor interés; **he takes offence at the ~est thing** se ofende por la menor cosa *or* por cualquier nimiedad
[2] (= *slim*) [*figure, person*] delgado, menudo; **to be of ~ build** ser de constitución delgada *or* menuda
[3] (*frm*) (= *insignificant*) [*book, piece of music*] de poca envergadura; **a book of very ~ scholarship** un libro de poca erudición
Ⓑ N (*frm*) desaire *m*; **this is a ~ on all of us** es un desaire para todos nosotros
Ⓒ VT (*frm*) [+ *person*] desairar a, hacer un desaire a; [+ *work, efforts*] menospreciar, despreciar; **he felt that he had been ~ed** sintió que le habían desairado, sintió que le habían hecho un desaire

**slighting** ['slaɪtɪŋ] ADJ despreciativo, menospreciativo

**slightingly** ['slaɪtɪŋlɪ] ADV con desprecio

**slightly** ['slaɪtlɪ] ADV [1] (= *a little*) [*different, uneasy, deaf, damp, damaged*] ligeramente, un poco; [*rise, fall, improve*] ligeramente, levemente, un poco; [*change, cool, rain*] ligeramente, un poco; **~ better** algo mejor, un poco mejor; **he hesitated ever so ~** vaciló apenas un poco; **she was ~ injured** resultó levemente herida; **~ less** un poco menos; **he looks ~ like James Dean** guarda un ligero parecido con James Dean, se parece un poco a James Dean; **~ more** un poco más; **"do you know him?" — "only ~"** —¿lo conoces? —sólo un poco; **it smells ~ of vanilla** huele un poco a vainilla, tiene un ligero olor a vainilla
[2] (= *slenderly*) **~ built** delgado, menudo, de constitución delgada *or* menuda

**slightness** ['slaɪtnɪs] N [1] [*of difference, change, improvement, increase*] insignificancia *f*; [*of injury, problem*] levedad *f*, poca importancia *f*; [*of accent*] lo poco marcado; [*of movement*] lo leve
[2] (= *slimness*) delgadez *f*, lo menudo

**slim** [slɪm] Ⓐ ADJ (*compar* **slimmer**; *superl* **slimmest**) [1] [*figure, person*] (= *slender*) delgado, fino; (= *elegant*) esbelto; [*waist, neck, hand*] delgado; **to get ~** adelgazar
[2] (*fig*) [*resources*] escaso; [*evidence*] insuficiente; [*hope etc*] lejano; **his chances are pretty ~** sus posibilidades son bastante limitadas; **by a ~ majority** por escasa mayoría
[3] (= *thin*) [*book, volume, wallet*] fino, delgado
Ⓑ VI adelgazar; **I'm trying to ~** estoy intentando adelgazar; **I'm ~ming** estoy haciendo régimen, estoy a régimen
Ⓒ VT adelgazar

►**slim down** Ⓐ VT + ADV [1] (= *make slender*) adelgazar
[2] (*fig*) **~med down** [+ *business, industry*] reconvertido, saneado
Ⓑ VI + ADV bajar de peso, adelgazar

**slime** [slaɪm] N (*in pond*) cieno *m*, fango *m*; [*of snail*] baba *f*

**sliminess** ['slaɪmɪnɪs] N [1] [*of substance*] viscosidad *f*; [*of snail*] lo baboso
[2] [*of person*] zalamería *f*

**slimline** ['slɪm,laɪn] ADJ [1] [*drink*] light *inv*; [*food*] reductivo, que no engorda
[2] [*body, person*] esbelto, delgadísimo; [*screen, calculator*] extraplano; [*fridge, washing machine*] de diseño estrecho; [*book, diary*] finísimo

**slimmer** ['slɪməʳ] N persona *f* que está a dieta

**slimming** ['slɪmɪŋ] Ⓐ ADJ [*dress, skirt etc*] que adelgaza; **~ diet** régimen *m* (para adelgazar); **to be on a ~ diet** seguir un régimen para adelgazar, estar a dieta; **to eat only ~ foods** comer solamente cosas que no engordan
Ⓑ N adelgazamiento *m*
Ⓒ CPD ► **slimming aid** N (= *food*) (producto *m*) adelgazante *m*

**slimness** ['slɪmnɪs] N delgadez *f*

**slimy** ['slaɪmɪ] ADJ (*compar* **slimier**; *superl* **slimiest**) limoso [1] [*substance*] viscoso; [*snail*] baboso
[2] (*Brit*) (*fig*) [*person*] adulón, zalamero

**sling** [slɪŋ] (*vb: pt, pp* **slung**) Ⓐ N [1] (= *weapon*) honda *f*
[2] (*Med*) cabestrillo *m*; **to have one's arm in a ~** llevar el brazo en cabestrillo; ✦**IDIOM to have one's ass in a ~** (*esp US***) estar con el culo a rastras*, tener la soga al cuello*
[3] (*Naut*) eslinga *f*
[4] (*for rifle etc*) portafusil *m*
Ⓑ VT [1] (= *throw*) arrojar, lanzar, echar; **to ~ sth over** *or* **across one's shoulder** lanzar algo al hombro; **with a rifle slung across his**

**shoulder** con un fusil en bandolera; **to ~ sth over to sb** tirar algo a algn
[2] (= *throw away*) tirar, botar (*LAm*)
[3] (= *hang*) colgar, suspender
[4] (*Naut*) eslingar

►**sling away*** VT + ADV (= *throw away*) echar, tirar, botar (*LAm*)

►**sling out*** VT + ADV [1] (= *throw away*) [+ *rubbish*] echar, tirar, botar (*LAm*)
[2] (= *throw out*) [+ *person*] echar, poner de patitas en la calle*

**slingshot** ['slɪŋʃɒt] N [1] (= *weapon*) honda *f*; (= *shot*) hondazo *m*
[2] (*US*) (= *catapult*) tirador *m*, tirachinas *m inv*

**slink** [slɪŋk] (*pt, pp* **slunk**) VI **to ~ away** ◊ **~ off** escabullirse, zafarse

**slinky*** ['slɪŋkɪ] ADJ (*compar* **slinkier**; *superl* **slinkiest**) [*clothes*] ajustado, pegado al cuerpo; [*movement*] sensual; [*walk*] sinuoso, ondulante

**slip** [slɪp] Ⓐ N [1] (= *slide*) resbalón *m*; ✦*IDIOM* **to give sb the ~** escabullirse *or* zafarse de algn, dar esquinazo a algn
[2] (= *mistake*) error *m*, equivocación *f*; **I must have made a ~ somewhere** debo de haberme equivocado en algo, debo de haber cometido un error en algún sitio; **a ~ of the pen/tongue** un lapsus calami/linguae; ✦*PROV* **there's many a ~ 'twixt cup and lip** de la mano a la boca desaparece la sopa, del dicho al hecho va mucho trecho; *see also* **Freudian C**
[3] (= *fall*) bajada *f*
[4] (= *undergarment*) combinación *f*, enagua† *f*; (*full length*) viso *m*; (= *pillowcase*) funda *f*
[5] (= *receipt*) (*in filing system*) ficha *f*; **I wrote the number on a ~ of paper** escribí el número en un papelito *or* un trocito de papel; *see also* **betting B**, **deposit C**, **pay D**, **paying-in slip**
[6] (= *landslide*) corrimiento *m* de tierras, desprendimiento *m*
[7] (*Cricket*) (*usu pl*) *la posición posterior derecha del receptor (si el bateador es diestro) ocupada por los defensores de campo en un partido de críquet*
[8] **slips** (*Theat*) **the ~s** la galería
[9] [*of person*] **a ~ of a boy/girl** un chiquillo/una chiquilla
[10] (*in pottery*) *arcilla que se ha mezclado con agua hasta estar cremosa*
[11] (*Bot*) esqueje *m*
[12] (*Naut*) grada *f*
Ⓑ VI [1] (= *slide, shift*) resbalar; **she ~ped and broke her ankle** (se) resbaló y se rompió el tobillo; **my foot ~ped** se me fue el pie; **the knife ~ped and I cut my hand** se me fue el cuchillo y me hice un corte en la mano; **the glass ~ped from her hand** el vaso se le fue *or* se le resbaló de la mano; **the clutch ~s** el embrague patina; **the knot has ~ped** el nudo se ha corrido; **we let the game ~ through our fingers** dejamos que el partido se nos escapara *or* se nos fuera de las manos
[2] (= *move quickly*) **to ~ into bed** meterse en la cama; **he ~ped into his bathrobe** se puso el albornoz; **to ~ out of a dress** quitarse un vestido; **I soon ~ped back into the routine** enseguida volví a adaptarme a la rutina; **I ~ped downstairs to fetch it** bajé a traerlo rápidamente
[3] (= *move imperceptibly*) pasar desapercibido; **he managed to ~ through the enemy lines** consiguió pasar desapercibido por las líneas enemigas; **he ~ped out of the room while my back was turned** salió sigilosamente de la habitación mientras estaba de espaldas; *see also* **net¹ A1**
[4] (= *decline*) [*shares, currency*] bajar; **shares ~ped to 63p** las acciones bajaron a 63 peniques; **to ~ into a coma** caer en coma; **you're ~ping** (*hum*) estás decayendo; **he soon ~ped back into his old ways** al poco tiempo volvió a las andadas
[5] (= *become known*) **he let (it) ~ that he was a Democrat** dejó escapar que era demócrata; **she let ~ the names of the people involved** dejó escapar los nombres de las personas involucradas
Ⓒ VT [1] (= *move quickly and smoothly*) pasar, deslizar; **he ~ped an arm around her waist** le pasó *or* deslizó el brazo por la cintura; **~ a knife round the edges of the tin** pasar un cuchillo por el borde del molde; **I ~ped a note under his door** deslicé *or* le pasé una nota por debajo de la puerta; **to ~ a coin into a slot** introducir una moneda en una ranura
[2] (= *move imperceptibly*) **he ~ped his hand into her bag** le metió disimuladamente la mano en el bolso; **to ~ sth to sb** pasarle disimuladamente algo a algn; **he ~ped the waiter a fiver** le pasó disimuladamente un billete de cinco libras al camarero
[3] (= *escape from*) **the dog ~ped its collar** el perro se soltó del collar; **to ~ anchor** levar anclas; **one or two facts may have ~ped my memory** puede que algún que otro dato se me haya olvidado; **I meant to do it but it ~ped my mind** lo quise hacer pero se me olvidó *or* se me pasó; **the ship could ~ its moorings** al barco podrían soltársele las amarras
[4] (*Med*) **he's ~ped a disc** tiene una hernia de disco
[5] (*Aut*) [+ *clutch*] soltar
[6] (*Knitting*) [+ *stitch*] pasar (sin hacer)
Ⓓ CPD ► **slip road** N (*on motorway*) vía *f* de acceso ► **slip stitch** N (*Knitting*) punto *m* sin hacer

►**slip away** VI + ADV [1] (*also* **~ off**) [*person*] escabullirse, escurrirse
[2] (= *fade*) **he felt his strength ~ping away** sentía que las fuerzas se le iban *or* se le escapaban
[3] (= *pass by*) [*time, opportunity*] = **slip by**

►**slip by** VI + ADV [*time*] pasar; **to let an opportunity ~ by** dejar pasar *or* escapar una oportunidad

►**slip down** VI + ADV [1] [*food, drink*] **this wine ~s down a treat** este vino sienta de maravilla
[2] (= *go quickly*) **I'll just ~ down and get it** bajo un momento y lo traigo
[3] (= *fall*) [*object*] caerse; **she had ~ped down in her chair** se había dejado caer en su silla

►**slip in** Ⓐ VT + ADV [+ *comment, word*] incluir
Ⓑ VI + ADV (= *sneak in*) entrar desapercibido; (= *enter quickly*) entrar deprisa *or* rápidamente

►**slip off** Ⓐ VT + ADV [+ *clothes, shoes, ring*] quitarse
Ⓑ VI + ADV = **slip away**

►**slip on** VT + ADV [+ *clothes, shoes, ring*] ponerse

►**slip out** VI + ADV [*person*] salir un momento; **to ~ out (to the shops)** salir un momento (a las tiendas); [*remark, secret*] **I didn't mean to say it — it just ~ped out** no quería decirlo, pero se me escapó

►**slip past** VI + ADV = **slip by**

►**slip up** VI + ADV (= *make a mistake*) equivocarse; (= *commit a faux pas*) cometer un desliz, meter la pata*

**slipcase** ['slɪpkeɪs] N estuche *m*

**slipcovers** ['slɪpˌkʌvəz] NPL (*US*) fundas *fpl* que se pueden quitar

**slipknot** ['slɪpnɒt] N nudo *m* corredizo

**slip-on** ['slɪpɒn] ADJ **~ shoes** zapatos *mpl* sin cordones

**slipover** ['slɪpəʊvəʳ] N pullover *m* sin mangas

**slippage** ['slɪpɪdʒ] N (= *slip*) deslizamiento *m*; (= *loss*) pérdida *f*; (= *shortage*) déficit *m*; (= *delay*) retraso *m*

**slipped** [slɪpt] ADJ **~ disc** hernia *f* discal, vértebra *f* dislocada

**slipper** ['slɪpəʳ] N [1] (*for foot*) zapatilla *f*, pantufla *f* (*esp LAm*); **a pair of ~s** unas zapatillas
[2] (*Tech*) zapata *f*, patín *m*

**slippery** ['slɪpərɪ] ADJ [1] (*lit*) [*mud, ground, surface*] resbaladizo, escurridizo; [*hands, skin*] resbaladizo; [*object, fish*] escurridizo; ✦*IDIOM* **to be on a ~ slope** estar en terreno resbaladizo
[2] (*fig*) (*pej*) [*person*] (= *evasive*) escurridizo; (= *unreliable*) poco de fiar; ✦*IDIOM* **he's as ~ as they come** *or* **as an eel** tiene más conchas que un galápago

**slippy*** ['slɪpɪ] ADV (*Brit*) **to be ~** ◊ **look ~ about it** darse prisa, menearse; **look ~!** ¡menearse!; **we shall have to look ~** tendremos que darnos prisa

**slipshod** ['slɪpʃɒd] ADJ descuidado, chapucero

**slipstream** ['slɪpstriːm] N estela *f*

**slip-up** ['slɪpʌp] N (= *mistake*) error *m*, desliz *m*, metedura *f* de pata*

**slipway** ['slɪpweɪ] N gradas *fpl*

**slit** [slɪt] (*vb: pt, pp* **slit**) Ⓐ N [1] (= *opening*) abertura *f*, hendidura *f*; (= *cut*) corte *m*; **to make a ~ in sth** hacer un corte en algo
[2] (*in dress etc*) raja *f*
[3] (**) (= *vagina*) coño** *m*
Ⓑ VT cortar, abrir; **to ~ a sack open** abrir un saco con un cuchillo; **to ~ sb's throat** cortarle el pescuezo a algn

**slit-eyed** [ˌslɪt'aɪd] ADJ de ojos rasgados

**slither** ['slɪðəʳ] VI deslizarse; **to ~ down a rope** deslizarse por una cuerda; **to ~ down a slope** ir rodando por una pendiente; **to ~ about on ice** ir resbalando sobre el hielo

**sliver** ['slɪvəʳ] N lonja *f*, tajada *f*; [*of wood*] astilla *f*

**Sloane Ranger*** [ˌsləʊn'reɪndʒəʳ] N niño/a *m/f* bien (londinense)*

**SLOANE RANGER**

*El término* **Sloane Ranger** *o* **Sloane** *se usa para referirse a los jóvenes de clase alta que viven en las zonas más refinadas de Londres, como por ejemplo Chelsea o Kensington, y que visten ropa muy cara de estilo campero. Los* **Sloane** *hablan con un acento típico de su clase, tienen, en general, ideas conservadoras y le dan mucha importancia al rango social y a la apariencia. Este término fue acuñado por un escritor de moda en los años 70 y se usa en la actualidad con un tono despectivo para referirse a las personas con valores superficiales. La expresión proviene de un juego de palabras hecho con* **Lone Ranger** *(el Llanero Solitario) y el nombre de una zona elegante del centro de Londres,* **Sloane Square**.

**slob*** [slɒb] N vago/a *m/f*, dejado/a *m/f*

**slobber** ['slɒbəʳ] Ⓐ VI babear; **to ~ over** besuquear; (*fig*) caerse la baba por
Ⓑ N baba *f*

**slobbery** ['slɒbərɪ] ADJ [*kiss*] mojado, baboso; [*person*] sensiblero, tontamente sentimental

**sloe** [sləʊ] Ⓐ N (= *fruit*) endrina *f*; (= *tree*) endrino *m*
Ⓑ CPD ► **sloe gin** N licor *m* de endrinas

**slog** [slɒg] Ⓐ N **it was a ~** me costó trabajo; **it's a hard ~ to the top** cuesta trabajo llegar a la cumbre

Ⓑ VI [1] (= *work*) afanarse, sudar tinta; **to ~ away at sth** afanarse por hacer algo
[2] (= *walk etc*) caminar trabajosamente, avanzar trabajosamente; **we ~ged on for eight kilometres** seguimos la marcha otros ocho kilómetros más
Ⓒ VT [+ *ball, opponent*] golpear

►**slog out** VT + ADV **to ~ it out** (*fighting*) luchar hasta el fin, seguir luchando; (*arguing*) discutir sin ceder terreno; (*working*) aguantarlo todo, no cejar

**slogan** ['sləʊgən] N slogan *m*, lema *m*

**slogger** ['slɒgəʳ] N trabajador(a) *m/f*

**sloop** [sluːp] N balandra *f*

**slop** [slɒp] Ⓐ VI (*also* **~ over**) [*water, tea etc*] derramarse, verterse; **the water was ~ping about in the bucket** el agua se agitaba en el cubo; **to ~ about in the mud** chapotear en el lodo
Ⓑ VT (= *spill*) derramar, verter; (= *tip carelessly*) derramar, tirar; **you've ~ped paint all over the floor** has salpicado todo el suelo de pintura, has puesto el suelo perdido de pintura
Ⓒ **slops** NPL (= *food*) gachas *fpl*; (= *liquid waste*) agua *fsing* sucia, lavazas *fpl*; [*of tea*] posos *mpl* de té; [*of wine*] heces *fpl*
Ⓓ CPD ► **slop basin** N recipiente *m* para agua sucia; (*at table*) taza *f* para los posos del té ► **slop pail** N cubeta *f* para agua sucia

**slope** [sləʊp] Ⓐ N (*up*) cuesta *f*, pendiente *f*; (*down*) declive *m*, bajada *f*; [*of hill*] falda *f*, ladera *f*; **the street was on a ~** la calle era en cuesta; **the car got stuck on a ~** el coche se atascó en una cuesta; **there is a ~ down to the town** la ciudad está bajando una cuesta *or* ladera; **on the eastern ~** en la vertiente este; **a ~ of ten degrees** una pendiente del diez por ciento
Ⓑ VI inclinarse; **to ~ forwards** estar inclinado hacia delante; **to ~ up/away** *or* **down** subir/bajar en pendiente; **the garden ~s down to the stream** el jardín baja hacia el arroyo

►**slope off*** VI + ADV escabullirse, largarse, rajarse (*LAm*)

**sloping** ['sləʊpɪŋ] ADJ inclinado, al sesgo

**sloppily** ['slɒpɪlɪ] ADV [1] (= *carelessly*) en forma descuidada; **to dress ~** vestirse sin atención
[2] (= *sentimentally*) en forma sentimentaloide *or* ñoña

**sloppiness** ['slɒpɪnɪs] N [1] (= *carelessness*) [*of work*] descuido *m*, lo descuidado; [*of dress, appearance*] desaliño *m*, desaseo *m*
[2] (= *sentimentality*) sentimentalismo *m*, sensiblería *f*

**sloppy** ['slɒpɪ] ADJ (*compar* **sloppier**; *superl* **sloppiest**) [1] (= *runny*) [*food*] aguado
[2] (= *careless*) [*work etc*] descuidado; [*appearance, dress*] desaliñado, desaseado; [*thinking*] poco riguroso
[3] (= *sentimental*) sentimentaloide, ñoño
[4] (= *wet*) mojado; **a big ~ kiss** un besazo con todas las babas

**slops** [slɒps] NPL *see* **slop C**

**slop shop*** ['slɒpʃɒp] N (*US*) bazar *m* de ropa barata, tienda *f* de pacotilla

**slosh*** [slɒʃ] Ⓐ VT [1] (= *splash*) [+ *liquid*] **to ~ some water over sth** echar agua sobre algo
[2] (= *hit*) [+ *person*] pegar
Ⓑ VI **to ~ about in the puddles** chapotear en los charcos; **the water was ~ing about in the pail** el agua chapoteaba en el cubo

**sloshed*** [slɒʃt] ADJ **to be ~** tener una buena curda *or* melopea*; **to get ~** agarrarse una buena curda *or* melopea*

**slot** [slɒt] Ⓐ N [1] (= *hole*) (*in machine etc*) ranura *f*; (= *groove*) muesca *f*; **to put a coin in the ~** meter una moneda en la ranura
[2] (= *space*) (*in timetable, programme etc*) hueco *m*; (= *advertising slot*) cuña *f* (publicitaria); (= *job slot*) vacante *f*
Ⓑ VT **to ~ in(to)** [+ *object*] introducir *or* meter en; (*fig*) [+ *activity, speech*] incluir (en); **to ~ a part into another part** encajar una pieza en (la ranura de) otra pieza; **to ~ sth into place** colocar algo en su lugar; **we can ~ you into the programme** te podemos dar un espacio en el programa, te podemos incluir en el programa
Ⓒ VI introducirse; **it doesn't ~ in with the rest** no encaja con los demás; **it ~s in here** entra en esta ranura, encaja aquí
Ⓓ CPD ► **slot machine** N (*at funfair*) tragaperras *f inv*; (= *vending machine*) máquina *f* expendedora ► **slot meter** N contador *m*

**sloth** [sləʊθ] N [1] (= *idleness*) pereza *f*, indolencia *f*
[2] (*Zool*) oso *m* perezoso

**slothful** ['sləʊθfʊl] ADJ perezoso, vago, flojo

**slouch** [slaʊtʃ] Ⓐ N [1] **to walk with a ~** andar con un aire gacho
[2] (*) **he's no ~** (*in skill*) no es ningún principiante; (*at work*) no es ningún vago; **he's no ~ in the kitchen** tiene buena mano para cocina
Ⓑ VI (*walking*) andar desgarbado; **to ~ in a chair** repantigarse en un sillón; **he was ~ed over his desk** estaba inclinado sobre su mesa de trabajo en postura desgarbada
Ⓒ CPD ► **slouch hat** N sombrero *m* flexible

►**slouch about, slouch around** VI + ADV [1] andar desgarbado; (*aimlessly*) andar de un lado para otro (sin saber qué hacer)
[2] (*fig*) (= *laze around*) gandulear, golfear

►**slouch along** VI + ADV = **slouch about, slouch around 1**

►**slouch off** VI + ADV irse cabizbajo, alejarse con un aire gacho

**slough**[1] [slʌf] Ⓐ N [1] (*Zool*) camisa *f*, piel *f* vieja (*que muda la serpiente*)
[2] (*Med*) escara *f*
Ⓑ VT mudar, echar de sí; (*fig*) deshacerse de, desechar
Ⓒ VI desprenderse, caerse

►**slough off** Ⓐ VT + ADV mudar, echar de sí; (*fig*) deshacerse de, desechar
Ⓑ VI + ADV desprenderse, caerse

**slough**[2] [slaʊ] N (= *swamp*) fangal *m*, cenagal *m*; (*fig*) abismo *m*; **the ~ of despond** el abatimiento más profundo, el abismo de la desesperación

**Slovak** ['sləʊvæk] Ⓐ ADJ eslovaco
Ⓑ N eslovaco/a *m/f*

**Slovakia** [sləʊ'vækɪə] N Eslovaquia *f*

**Slovakian** [sləʊ'vækɪən] ADJ eslovaco

**sloven** ['slʌvn] N (*in appearance*) persona *f* desgarbada, persona *f* desaseada; (*at work*) vago/a *m/f*

**Slovene** ['sləʊviːn] Ⓐ ADJ esloveno
Ⓑ N esloveno/a *m/f*

**Slovenia** [sləʊ'viːnɪə] N Eslovenia *f*

**slovenliness** ['slʌvnlɪnɪs] N [*of appearance*] desaseo *m*; [*of work*] chapucería *f*, descuido *m*

**slovenly** ['slʌvnlɪ] ADJ [*person*] descuidado; [*appearance*] desaliñado, desaseado; [*work*] chapucero, descuidado

**slow** [sləʊ] (*compar* **slower**; *superl* **slowest**) Ⓐ ADJ [1] (= *not speedy*) [*vehicle, music, progress, death, pulse*] lento; **putting them all in order is ~ work** es un trabajo lento ponerlos todos en orden; **this car is ~er than my old one** este coche corre menos que el que tenía antes; **he's a ~ eater** come despacio; **to be ~ in doing sth** tardar *or* (*LAm*) demorar en hacer algo; **she wasn't ~ in taking up their offer** no tardó en aceptar su ofrecimiento; **extra lessons for ~ learners** clases extra para alumnos con problemas de aprendizaje; **it has a ~ puncture** está perdiendo aire poco a poco; **he's a ~ reader** lee despacio; **after a ~ start, he managed to end up in third place** después de un comienzo flojo, consiguió llegar en tercer puesto; **to be ~ to do sth** tardar *or* (*LAm*) demorar en hacer algo; **they were ~ to act** tardaron en actuar; **he's ~ to learn** aprende lentamente, tarda mucho en aprender; **to be ~ to anger** tener mucho aguante; *see also* **going A1**, **mark**[2] **A6**, **uptake 1**
[2] [*clock, watch*] atrasado; **my watch is 20 minutes ~** mi reloj está 20 minutos atrasado
[3] (= *mentally sluggish*) torpe, lento; **he's a bit ~ at maths** es algo torpe para las matemáticas
[4] (= *boring, dull*) [*match, game, film, plot*] lento, pesado; [*party, evening*] pesado, aburrido; **business is ~** hay poco movimiento (en el negocio); **life here is ~** aquí se vive a un ritmo lento *or* pausado
[5] (*Culin*) **cook over a ~ heat** cocinar a fuego lento; **bake for two hours in a ~ oven** cocer dos horas en el horno a fuego lento
[6] (*Sport*) [*pitch, track, surface*] lento
[7] (*Phot*) [*film*] lento
Ⓑ ADV despacio, lentamente, lento; **I began to walk ~er and ~er** empecé a andar cada vez más despacio *or* lentamente *or* lento; **how ~ would you like me to play?** ¿cómo de lento le gustaría que tocara?; **to go ~** [*driver*] conducir despacio; (*in industrial dispute*) trabajar a ritmo lento, hacer huelga de celo (*Sp*)
Ⓒ VT (*also* **~ down, ~ up**) [+ *person*] retrasar; [+ *progress*] retrasar, disminuir el ritmo de; [+ *engine, machine*] reducir la marcha de; [+ *reactions*] entorpecer; [+ *economy*] ralentizar; [+ *development*] retardar; **he ~ed his car before turning in at the gate** redujo la marcha del coche antes de entrar por el portón; **they want to ~ the pace of reform** quieren reducir el ritmo de la reforma; **as she approached, she ~ed her pace** a medida que se acercaba, fue aminorando la marcha *or* fue aflojando el paso; **we ~ed our speed to 30 miles an hour** redujimos la velocidad a 30 millas por hora; **that car is ~ing (up** *or* **down) the traffic** aquel coche está entorpeciendo la circulación
Ⓓ VI [*vehicle, runner*] reducir la marcha; [*driver*] reducir la velocidad *or* la marcha; [*growth*] disminuir; [*breathing*] hacerse más lento; **production has ~ed to almost nothing** la producción ha bajado casi a cero; **he ~ed to a walk** aflojó la marcha y se puso a caminar; **the car ~ed to a stop** el coche redujo la marcha hasta detenerse; **the flow of refugees has ~ed to a trickle** el flujo de refugiados se ha reducido a un goteo
Ⓔ CPD ► **slow burn*** N (*US*) **he did a ~ burn** fue poniéndose cada vez más furioso ► **slow cooker** N olla *f* eléctrica de cocción lenta ► **slow fuse** N espoleta *f* retardada ► **slow handclap** N (*Brit*) (*by audience*) palmadas *fpl* lentas; **he was given a ~ handclap** recibió palmadas lentas ► **slow lane** N (*Brit Aut*) carril *m* de la izquierda; (*most countries*) carril *m* de la derecha ► **slow motion** N (*Cine*) **in ~ motion** a *or* (*LAm*) en cámara lenta; *see also* **slow-motion** ► **slow train** N (*Brit*) *tren que para en todas las estaciones*

►**slow down** Ⓐ VI + ADV [1] (= *go slower*) [*engine, vehicle, runner*] reducir la marcha; [*driver*]

reducir la velocidad *or* la marcha; **~ down, I can't keep up with you** (*to sb running*) no corras tanto, no puedo seguirte; (*to sb speaking*) no hables tan rápido, que no te sigo
[2] (= *work less*) **you must ~ down or you'll make yourself ill** tienes que aflojar el ritmo de vida o te pondrás enfermo
(B) VT + ADV [1] (= *reduce speed of*) [+ *vehicle*] reducir la velocidad de; **his injury ~ed him down** su lesión le restaba rapidez
[2] (= *cause delay to*) retrasar; **all these interruptions have ~ed us down** todas estas interrupciones nos han retrasado
►**slow off** VI + ADV = **slow D**
►**slow up** VI + ADV, VT + ADV = **slow down**
**slow-acting** ['sləʊ,æktɪŋ] ADJ de efecto retardado
**slow-burning** ['sləʊ'bɜːnɪŋ] ADJ que se quema lentamente; **~ fuse** espoleta *f* retardada
**slowcoach*** ['sləʊkəʊtʃ] N (*Brit*) (= *dawdler*) tortuga *f*
**slowdown** ['sləʊdaʊn] N [1] (= *reduction*) [*of productivity, growth*] disminución *f* del ritmo; [*of economy*] ralentización *f*
[2] (*US*) (= *go-slow*) huelga *f* de manos caídas, huelga *f* de celo (*Sp*)
**slowing-down** ['sləʊɪŋ'daʊn] N [*of productivity, growth*] disminución *f* del ritmo; [*of economy*] ralentización *f*
**slowly** ['sləʊlɪ] ADV [1] (= *not quickly*) [*move*] lentamente, despacio; [*drive*] despacio; [*walk*] lentamente, despacio, con paso lento; [*say*] pausadamente, lentamente; [*nod*] lentamente
[2] (= *gradually*) poco a poco; **~ but surely he was killing himself** lenta pero inexorablemente estaba acabando con su vida; **she is recovering ~ but surely** se está recuperando de manera lenta pero positivamente
**slow-mo***, **slomo*** ['sləʊməʊ] ADJ, N = **slow-motion**
**slow-motion** ['sləʊ'məʊʃən] (A) ADJ **~ film** película *f* a cámara lenta
(B) N **to show a film in ~** pasar una película a cámara lenta, pasar una película ralentizada
**slow-moving** [,sləʊ'muːvɪŋ] ADJ [*film, play*] lento, de acción lenta; [*animal, person, vehicle*] lento
**slowness** ['sləʊnɪs] N [1] (= *lack of speed*) lentitud *f*; **he was criticized for his ~ to act** *or* **in acting** le criticaron por la lentitud con la que actuó
[2] (= *mental sluggishness*) torpeza *f*
[3] (= *dullness*) [*of plot, film, book, match*] lentitud *f*, pesadez *f*
**slowpoke*** ['sləʊ,pəʊk] N (*US*) = **slowcoach**
**slow-witted** ['sləʊ'wɪtɪd] ADJ torpe, lento
**slowworm** ['sləʊwɜːm] N lución *m*
**SLR** N ABBR (*Phot*) = **single lens reflex (camera)**
**sludge** [slʌdʒ] N (= *mud*) fango *m*, lodo *m*; (= *sediment*) residuos *mpl*; (= *sewage*) aguas *fpl* residuales
**slue** [sluː] VT, VI (*US*) = **slew**[1]
**slug** [slʌg] (A) N [1] (*Zool*) babosa *f*
[2] (= *bullet*) posta *f*
[3] (‡) (= *blow*) porrazo *m*; (*with fist*) puñetazo *m*; **a ~ of whisky** un trago de whisk(e)y
(B) VT (‡) pegar, aporrear
►**slug out** VT + ADV **to ~ it out (with sb)** (= *fight*) pegarse (con algn), aporrearse (con algn); (= *end argument*) resolver un asunto con los puños (con algn)
**sluggard** ['slʌgəd] N haragán/ana *m/f*
**sluggish** ['slʌgɪʃ] ADJ [1] (= *indolent*) perezoso, flojo
[2] (= *slow moving*) [*river, engine, car*] lento; [*business, market, sales*] inactivo; [*liver*] perezoso
**sluggishly** ['slʌgɪʃlɪ] ADV [1] (= *indolently*) perezosamente
[2] (= *slowly*) lentamente
**sluggishness** ['slʌgɪʃnɪs] N [1] (= *indolence*) pereza *f*
[2] (= *slowness*) lentitud *f*
**sluice** [sluːs] (A) N (= *gate*) esclusa *f*, compuerta *f*; (= *waterway*) canal *m*, conducto *m*; (= *barrier*) dique *m* de contención; **to give sth a ~ down** regar algo, echar agua sobre algo (para lavarlo)
(B) VT **to ~ sth down** *or* **out** regar algo, echar agua sobre algo (para lavarlo)
**sluicegate** ['sluːsgeɪt] N esclusa *f*, compuerta *f*
**sluiceway** ['sluːsweɪ] N canal *m*, conducto *m*
**slum** [slʌm] (A) N (= *area*) barrio *m* bajo, suburbio *m*, colonia *f* proletaria (*Mex*), barriada *f* (*Peru*); (= *house*) casucha *f*, tugurio *m*, chabola *f* (*Sp*); **the ~s** los barrios bajos, los suburbios; **they live in a ~** viven en una casucha *or* en un tugurio; **this house will be a ~ in ten years** dentro de diez años esta casa será una ruina; **they've made their house a ~** su casa es un desastre
(B) VT **to ~ it** (*esp Brit**) vivir como pobres; (= *live cheaply*) vivir muy barato
(C) VI **to ~** ◊ **go ~ming** visitar los barrios bajos
(D) CPD ► **slum area** N barrio *m* bajo ► **slum clearance** N deschabolización *f* ► **slum clearance programme** N programa *m* de deschabolización ► **slum dweller** N barriobajero/a *m/f* ► **slum dwelling** N tugurio *m*
**slumber** ['slʌmbəʳ] (A) N (= *sleep*) sueño *m*; (= *deep sleep*) sopor *m*; **slumbers** sueño *msing*; **my ~s were rudely interrupted** mis sueños fueron bruscamente interrumpidos
(B) VI dormir
(C) CPD ► **slumber wear** N (*Comm*) ropa *f* de dormir
**slumberous**, **slumbrous** ['slʌmbərəs] ADJ soñoliento; (*fig*) inactivo, inerte
**slummy*** ['slʌmɪ] ADJ muy pobre, sórdido
**slump** [slʌmp] (A) N (*gen*) baja *f* (repentina), bajón *m*; (*in production, sales*) caída *f*, baja *f*; (*economic*) depresión *f*; **the Slump** el crac; **the 1929 ~** la depresión de 1929, la crisis económica de 1929; **~ in prices** hundimiento *m* de los precios; **the ~ in the price of copper** la baja repentina del precio del cobre; **~ in morale** bajón *m* de moral
(B) VI [1] [*price etc*] hundirse; [*production, sales*] bajar, caer; (*fig*) [*morale etc*] desplomarse
[2] **to ~ into a chair** hundirse en una silla; **he ~ed to the floor** se desplomó al suelo; **he was ~ed over the wheel** se había caído encima del volante
**slung** [slʌŋ] PT, PP *of* **sling**
**slunk** [slʌŋk] PT, PP *of* **slink**
**slur** [slɜːʳ] (A) N [1] (= *stigma*) mancha *f*, calumnia *f*; **to cast a ~ on sb** manchar la reputación de algn; **it is no ~ on him to say that …** no es hacer un reparo a él decir que …, no es baldonarle decir que …
[2] (*Mus*) ligado *m*
(B) VT [1] [+ *word etc*] pronunciar mal, tragar
[2] (*Mus*) ligar
►**slur over** VI + PREP pasar por alto de, omitir, suprimir
**slurp** [slɜːp] (A) VT sorber ruidosamente
(B) VI sorber ruidosamente
**slurred** [slɜːd] ADJ [*pronunciation*] mal articulado, borroso
**slurry** [slʌrɪ] N lodo *m* líquido; (*Agr*) estiércol *m* líquido
**slush** [slʌʃ] (A) N [1] (= *melting snow*) aguanieve *f*, nieve *f* medio derretida
[2] (= *mud*) fango *m*, lodo *m*
[3] (*) (= *bad poetry etc*) sentimentalismo *m*
(B) CPD ► **slush fund** N fondos *mpl* para sobornar
**slushy** [slʌʃɪ] ADJ (*compar* **slushier**; *superl* **slushiest**) [1] [*snow*] medio derretido
[2] (*) [*poetry etc*] sentimentaloide, sensiblero
**slut** [slʌt] N (‡) (*immoral*) puta* *f*; (*dirty, untidy*) marrana *f*, guarra *f*
**sluttish** ['slʌtɪʃ] ADJ (= *dirty, untidy*) guarro, puerco
**sly** [slaɪ] (A) ADJ (*compar* **slyer**; *superl* **slyest**) [1] (= *wily*) [*person*] astuto, taimado; **he's a ~ one!** ¡es un zorro!
[2] (= *mischievous*) [*person*] pícaro, travieso; [*look, smile*] pícaro, malicioso
(B) N **on the ~*** a hurtadillas, a escondidas
**slyboots** ['slaɪ,buːts] NSING taimado/a *m/f*
**slyly** ['slaɪlɪ] ADV [1] (= *cunningly*) con astucia, astutamente
[2] (= *mischievously*) [*smile, say*] pícaramente
**slyness** ['slaɪnɪs] N [1] (= *wiliness*) astucia *f*, lo taimado
[2] (= *mischievousness*) picardía *f*; (*pej*) malicia *f*
**smack**[1] [smæk] (A) VI **to ~ of** (= *taste of*) saber a, tener un saborcillo a; (*fig*) oler a; **the whole thing ~s of bribery** todo este asunto huele a corrupción; **it ~s of treachery to me** me huele *or* suena a traición
(B) N (= *taste*) sabor *m*, saborcillo *m*, dejo *m* (**of** a)
**smack**[2] [smæk] (A) N [1] (= *slap*) bofetada *f*, tortazo *m*; **to give a child a ~** dar una bofetada a *or* abofetear a un niño; **stop it or you'll get a ~** déjalo o te pego; ♦***IDIOM*** **it was a ~ in the eye for them** (*esp Brit**) fue un golpe duro para ellos
[2] (= *sound*) sonido *m* de una bofetada *or* de un tortazo; **it hit the wall with a great ~** chocó contra la pared con un fuerte ruido
[3] (*) (= *kiss*) besazo *m*, besucón *m*
(B) VT (= *slap*) dar una bofetada a, abofetear; **she ~ed the child's bottom** le pegó al niño en el trasero *or* culo; **to ~ one's lips** relamerse, chuparse los labios; **he ~ed it on to the table** lo dejó en la mesa con un fuerte ruido, lo estampó encima de la mesa
(C) ADV **it fell ~ in the middle*** cayó justo en medio; **she ran ~ into the door** chocó contra la puerta, dio de lleno con la puerta
(D) EXCL ¡zas!
**smack**[3] [smæk] N (*Naut*) barca *f* de pesca
**smack**[4]‡ [smæk] N heroína *f*
**smacker*** ['smækəʳ] N [1] (= *kiss*) besazo *m*, besucón *m*
[2] (= *blow*) golpe *m* ruidoso
[3] (*Brit*) (= *pound*) libra *f*; (*US*) (= *dollar*) dólar *m*
**smacking** ['smækɪŋ] (A) ADJ **at a ~ pace** a gran velocidad, muy rápidamente
(B) N zurra *f*, paliza *f*; **to give sb a ~** dar una paliza a algn
**small** [smɔːl] (A) ADJ (*compar* **smaller**; *superl* **smallest**) [1] (= *not big*) [*object, building, room, animal, group*] pequeño, chico (*LAm*); (*in height*) bajo, pequeño, chaparro (*LAm*); [*family, population*] pequeño, poco numeroso; [*audience*] reducido, poco numeroso; [*stock, supply*] reducido, escaso; [*waist*] estrecho; [*clothes*] de

talla pequeña; [*meal*] ligero; [*coal*] menudo; **the dress is too ~ for her** el vestido le viene pequeño *or* chico; **the ~er of the two** el menor (de los dos); **with a ~ "e"** con "e" minúscula; **to have a ~ appetite** no ser de mucho comer, comer poco; **to become ~er** = **to get** *or* **grow smaller**; **to break/cut sth up ~** romper algo en trozos pequeños/cortar algo en trocitos; **to get** *or* **grow ~er** [*income, difficulties, supply, population, amount*] disminuir, reducirse; [*object*] hacerse más pequeño; **mobile phones are getting ~er** los teléfonos móviles son cada vez más pequeños; **until the ~ hours** hasta altas horas de la noche; **to be ~ in size** [*country*] ser pequeño; [*animal, object*] ser de pequeño tamaño; [*room*] ser de dimensiones reducidas; **in ~ letters** en minúsculas; **this house makes the other one look ~** esta casa hace que la otra se quede pequeña; **to make o.s. ~** achicarse; **to make sth ~er** [+ *income, difficulties, supply, population, amount*] reducir algo; [+ *object, garment*] reducir algo de tamaño, hacer algo más pequeño; **the ~est room** (*euph, hum*) el excusado; ♦***IDIOM*** **to be ~ beer** *or* (*US*) **~ potatoes** ser poca cosa; **it was ~ beer compared to the money he was getting before** no era nada *or* era poca cosa comparado con lo que ganaba antes; *see also* **world A1**, **wee**[1]

2 (= *minor*) [*problem, mistake, job, task*] pequeño, de poca importancia; [*contribution*] pequeño; [*difference, change, increase, improvement*] pequeño, ligero; **to start in a ~ way** empezar desde abajo

3 (= *inconsequential*) **to feel ~** sentirse insignificante; **to make sb look ~** rebajar a algn; **she said in a ~ voice** dijo con un hilo de voz

4 (= *young*) [*child, baby*] pequeño, chico (*esp LAm*); **when we were ~** cuando éramos pequeños *or* chicos

5 (*frm*) (= *slight, scant*) poco; **to be ~ comfort** *or* **consolation (to sb)** servir de poco consuelo (a algn); **to be of ~ concern (to sb)** importar poco (a algn); **to have ~ hope of success** tener pocas esperanzas de éxito; **a matter of ~ importance** un asunto de poca importancia; *see also* **measure A6**, **wonder A2**

Ⓑ N 1 **the ~ of the back** la región lumbar

2 **smalls** (*Brit**) (= *underwear*) ropa *fsing* interior *or* (*esp LAm*) íntima

Ⓒ ADV **don't think too ~** piensa más a lo grande; **try not to write so ~** intenta no escribir con una letra tan pequeña

Ⓓ CPD ► **small ad** N (*Brit*) anuncio *m* por palabras ► **small arms** NPL armas *fpl* ligeras de bajo calibre ► **small business** N pequeña empresa *f* ► **the small businessman** N el pequeño empresario ► **small capitals** NPL (*Typ*) (*also* **~ caps**) versalitas *fpl* ► **small change** N suelto *m*, cambio *m*, calderilla *f*, sencillo *m* (*LAm*), feria *f* (*Mex**) ► **small claims court** N tribunal *m* de instancia (*que se ocupa de asuntos menores*) ► **small end** N (*Aut*) pie *m* de biela ► **small fry*** N **to be ~ fry** ser de poca monta ► **small intestine** N intestino *m* delgado ► **small investor** N pequeño/a inversionista *mf* ► **small print** N letra *f* menuda ► **small screen** N pequeña pantalla *f*, pantalla *f* chica (*LAm*) ► **small talk** N charla *f*, charloteo* *m*; **to make ~ talk** charlar, charlotear*

**small-boned** [ˌsmɔːlˈbəʊnd] ADJ de huesos pequeños

**smallholder** [ˈsmɔːlˌhəʊldəʳ] N (*Brit*) cultivador(a) *m/f* de una granja pequeña, minifundista *mf*

**smallholding** [ˈsmɔːlˌhəʊldɪŋ] N parcela *f*, minifundio *m*, chacra *f* (*S. Cone*)

> **SMALL**
>
> **Position of "pequeño"**
>
> • **Pequeño** usually follows the noun when making implicit or explicit comparison with something bigger:
>
> He picked out a small melon
> ***Escogió un melón pequeño***
> At that time, Madrid was a small city
> ***En aquella época Madrid era una ciudad pequeña***
>
> • When used more subjectively with no attempt at comparison, **pequeño** usually precedes the noun:
>
> But there's one small problem…
> ***Pero existe un pequeño problema…***
> She lives in the little village of La Granada
> ***Vive en el pequeño pueblo de La Granada***
>
> *For further uses and examples, see main entry.*

**smallish** [ˈsmɔːlɪʃ] ADJ más bien pequeño, más bien chico

**small-minded** [ˈsmɔːlˈmaɪndɪd] ADJ mezquino, de miras estrechas

**small-mindedness** [ˈsmɔːlˈmaɪndɪdnɪs] N mezquindad *f*, estrechez *f* de miras

**smallness** [ˈsmɔːlnɪs] N 1 [*of object, animal, room, hand, foot*] pequeñez *f*, lo chico (*LAm*); [*of income, sum, contribution*] lo pequeño; (*in height*) [*of person*] lo bajo, lo chaparro (*LAm*); [*of problem*] insignificancia *f*; [*of waist*] estrechez *f*; [*of group, population*] lo poco numeroso; [*of stock, supply*] lo reducido; [*of print, writing*] pequeñez *f*, lo pequeño, lo menudo

2 (= *small-mindedness*) estrechez *f* de miras

**smallpox** [ˈsmɔːlpɒks] N (*Med*) viruela *f*

**small-scale** [ˈsmɔːlˈskeɪl] ADJ (*gen*) en pequeña escala

**small-time*** [ˈsmɔːlˈtaɪm] ADJ de poca categoría, de poca monta; **a ~ criminal** un delincuente menor

**small-town** [ˈsmɔːlˈtaʊn] ADJ (*esp US*) provinciano, pueblerino

> **SMALL TOWN**
>
> *EL término* **small town** *(ciudad pequeña) se usa en Estados Unidos para referirse a las localidades de menos de 10.000 habitantes. La palabra* **village** *(pueblo) no se suele usar por tener connotaciones del Viejo Continente o del Tercer Mundo. Los valores de estas ciudades pequeñas, que se ven como algo positivo, representan sobre todo la amabilidad, la honradez, la ayuda entre vecinos y el patriotismo, aunque a veces la expresión se usa en un sentido negativo, como por ejemplo cuando se habla de* **small-town attitudes** *(actitudes provincianas), haciendo referencia a las mentes estrechas o con prejuicios.*

**smarm*** [smɑːm] (*Brit*) Ⓐ VT **to ~ one's hair down** alisarse y fijarse el pelo

Ⓑ VI dar coba*, hacer la pelota*

Ⓒ N coba* *f*, zalamería *f*

**smarmy*** [ˈsmɑːmɪ] ADJ (*compar* **smarmier**; *superl* **smarmiest**) (*Brit*) zalamero

**smart** [smɑːt] Ⓐ ADJ (*compar* **smarter**; *superl* **smartest**) 1 (= *elegant*) [*person, appearance, clothes, car, decor*] elegante; [*garden*] bien arreglado; [*house*] bien puesto; **to look ~** [*person*] estar elegante; [*restaurant, hotel*] ser elegante; [*home*] estar muy bien puesto

2 (= *chic*) [*suburb, party, restaurant*] elegante; [*society*] de buen tono, fino; **the ~ set** la buena sociedad, la gente de buen tono

3 (= *clever*) [*person*] listo, inteligente; [*idea*] inteligente, bueno; [*computer, bombs, missiles*] inteligente; **that was pretty ~ of you** ¡qué listo *or* astuto!; **that wasn't very ~** no ha sido una idea muy buena; **he was too ~ for me** era muy listo y me ganó la batalla; **~ work by the police led to an arrest** la inteligente labor de la policía condujo a un arresto; **the ~ money is on the French** la gente que entiende apuesta por los franceses

4 (*pej*) (= *cocky*) **don't get ~ with me!** ¡no te las des de listo conmigo!; **she's too ~ for her own good** se pasa de lista; **she's got a ~ answer to everything** tiene respuesta para todo

5 (= *brisk*) [*pace, action*] rápido; **look ~ about it!** ¡date prisa!, ¡apúrate! (*LAm*); **give the nail a ~ tap** dale un golpe seco al clavo

Ⓑ VI 1 (= *sting*) [*wound, eyes*] escocer, picar, arder (*esp LAm*); [*iodine etc*] escocer; **my eyes are ~ing** me escuecen *or* me pican los ojos; **the smoke made his throat ~** el humo le irritó la garganta

2 (*fig*) dolerse; **she's still ~ing from his remarks** todavía se duele *or* se resiente de sus comentarios; **to ~ under an insult** sentirse dolido por una injuria

Ⓒ N **smarts** (*US**) (= *brains*) cerebro *msing*; **to have the ~s to do sth** ser lo suficientemente inteligente como para hacer algo

Ⓓ CPD ► **smart Alec*** N sabelotodo* *mf*, sabihondo/a* *m/f* ► **smart card** N tarjeta *f* electrónica, tarjeta *f* inteligente

**smart-arse*** [ˈsmɑːtɑːs], **smart-ass*** [ˈsmɑːtæs] N sabelotodo* *mf*, sabihondo/a* *m/f*; **~ comments** comentarios *mpl* de sabelotodo

**smarten** [ˈsmɑːtn] VT = **smarten up**

►**smarten up** Ⓐ VT + ADV arreglar; **to ~ o.s. up** arreglarse, adecentarse; **I must go and ~ myself up** tengo que ir a arreglarme *or* adecentarme un poco; **she has ~ed herself up a lot in the last year** durante el año pasado ha mejorado mucho de aspecto *or* se ha arreglado mucho; **to ~ up one's ideas** espabilarse

Ⓑ VI + ADV [*person*] arreglarse, adecentarse; [*town*] mejorar de aspecto

**smartly** [ˈsmɑːtlɪ] ADV 1 (= *elegantly*) [*dressed, furnished*] con elegancia, elegantemente; **a ~ tailored suit** un traje de corte elegante

2 (= *cleverly*) inteligentemente

3 (= *briskly*) rápidamente; **we left pretty ~** salimos a toda prisa; **they marched him ~ off to the police station** lo llevaron sin más a la comisaría; **to tap sth ~** dar un golpe seco a algo

**smartness** [ˈsmɑːtnɪs] N 1 [*of appearance*] (= *elegance*) elegancia *f*; (= *neatness*) lo bien arreglado; **~ is very important when you are going to an interview** la buena presencia es muy importante cuando se va a una entrevista

2 (= *cleverness*) inteligencia *f*, agudeza *f*

3 (= *briskness*) rapidez *f*

**smarty*** [ˈsmɑːtɪ] N (*also* **~-pants**) sabelotodo* *mf*

**smash** [smæʃ] Ⓐ N 1 (= *breakage*) rotura *f*, quiebra *f* (*LAm*); (= *sound of breaking*) estruendo *m*; **the cup fell with a ~** la taza cayó con gran estruendo

2 (= *collision*) choque *m*; **he died in a car ~** murió en un accidente de coche; **the 1969 rail ~** el accidente de ferrocarril de 1969

3 (*Tennis, Badminton etc*) smash *m*, remate *m*, remache *m*

4 (*Fin*) (= *bankruptcy*) quiebra *f*; (= *crisis*) crisis *f inv* económica; **the 1929 ~** la crisis de 1929

5 (*) (= *success*) exitazo *m*

Ⓑ VT [1] (= *break*) romper, quebrar (*esp LAm*); (= *shatter*) hacer pedazos, hacer trizas; **they ~ed windows** rompieron ventanas; **I've ~ed my watch** he estropeado mi reloj; **when they ~ed the atom*** cuando desintegraron el átomo; **to ~ sth to pieces** *or* **bits** hacer pedazos *or* añicos algo; **he ~ed it against the wall** lo estrelló contra la pared; **the waves ~ed the boat on the rocks** las olas estrellaron el barco contra las rocas; **he ~ed his way out of the building** se escapó del edificio a base de golpes; **he ~ed his fist into Paul's face** le dio *or* pegó un fuerte puñetazo en la cara a Paul
[2] (= *wreck*) dar al traste con; (= *ruin*) arruinar, minar; **we will ~ this crime ring** acabaremos con esta banda de delincuentes
[3] (= *beat*) [+ *team, enemy, opponent*] aplastar; [+ *record etc*] pulverizar, batir
[4] (*Tennis, Badminton etc*) [+ *ball*] rematar, remachar
Ⓒ VI [1] (= *break*) romperse, hacerse pedazos, quebrarse (*esp LAm*); **the glass ~ed into tiny pieces** el vaso se rompió en pedazos
[2] (= *crash*) **the car ~ed into the wall** el coche se estrelló contra la pared
[3] (*Fin*) quebrar
Ⓓ ADV **to go ~ into sth** dar de lleno contra algo, dar violentamente contra algo
Ⓔ CPD ► **smash hit** N exitazo *m*

►**smash down** VT + ADV [+ *door*] echar abajo

►**smash in** VT + ADV [+ *door, window*] forzar; **to ~ sb's face in*** romperle la cara a algn

►**smash up*** VT + ADV [+ *car, person, place*] pulverizar, hacer pedazos; **he was all ~ed up in the accident** salió destrozado del accidente

**smash-and-grab raid** ['smæʃən'græb,reɪd] N robo *m* relámpago (*con rotura de escaparate*)

**smashed‡** [smæʃt] ADJ (= *drunk*) como una cuba*; (= *drugged*) flipado‡, colocado‡

**smasher‡** ['smæʃəʳ] N (*esp Brit*) cosa *f* estupenda; (= *esp girl*) bombón* *m*, guayabo* *m*; **she's a ~** está como un tren*; **it's a ~!** ¡es estupendo!

**smashing*** ['smæʃɪŋ] ADJ estupendo (*Sp*), bárbaro, macanudo (*LAm*); **that's a ~ idea** me parece una idea estupenda; **we had a ~ time** lo pasamos estupendamente *or* de maravilla *or* (*S. Cone*) regio; **isn't it ~?** ¿es estupendo, no?

**smash-up** ['smæʃʌp] N violenta colisión *f*, grave accidente *m* de tráfico

**smattering** ['smætərɪŋ] N **to have a ~ of** tener cierta idea *or* algunas nociones de; **I have a ~ of Catalan** tengo cierta idea *or* algunas nociones de catalán

**smear** [smɪəʳ] Ⓐ N [1] (= *mark*) mancha *f*
[2] (*fig*) (= *libel*) calumnia *f*
[3] (*Med*) frotis *m*
Ⓑ VT [1] untar; **to ~ one's face with blood** untarse la cara de sangre; **to ~ wet paint** manchar la pintura fresca
[2] [+ *print, lettering etc*] borrar
[3] (*fig*) (= *libel*) calumniar, difamar; **to ~ sb as a traitor** tachar a algn de traidor; **to ~ sb because of his past** tachar a algn por su pasado
[4] (*US‡*) (= *defeat*) derrotar sin esfuerzo
Ⓒ VI [*paint, ink etc*] correrse
Ⓓ CPD ► **smear campaign** N campaña *f* de difamación ► **smear tactics** NPL tácticas *fpl* de difamación ► **smear test** N (*Med*) frotis *m*, citología *f*

**smell** [smel] (*vb: pt, pp* **smelled, smelt**) Ⓐ N [1] (= *sense*) olfato *m*; **to have a keen sense of ~** tener buen olfato, tener un buen sentido del olfato
[2] (= *odour*) olor *m*; **it has a nice ~** tiene un olor agradable, huele bien; **there's a ~ of gas/of burning** huele a gas/a quemado; **there was an unpleasant ~** había un olor desagradable; **it eliminates cooking ~s** elimina los olores de la cocina; **the sweet ~ of success** la seducción del éxito
[3] (= *sniff*) **let's have a ~** déjame olerlo, déjame que lo huela; **here, have a ~** huele esto
Ⓑ VT [1] (= *perceive odour*) oler; **I can ~ gas/burning** huele a gas/a quemado, hay olor a gas/a quemado; **I could ~ cigarettes on his breath** el aliento le olía a tabaco; **dogs can ~ fear** los perros pueden olfatear *or* oler el miedo
[2] (= *sniff*) [*person*] oler; [*animal*] olfatear, oler
[3] (*fig*) **he ~ed trouble** se olió problemas; **to ~ danger** olfatear el peligro; **the press ~ed a good story here** la prensa se olió que aquí había noticia; *see also* **rat A1**
Ⓒ VI [1] (= *emit odour*) oler; **it ~s good** huele bien; **that flower doesn't ~** esa flor no tiene olor; **it ~s damp in here** aquí huele a humedad; **to ~ like sth** oler a algo; **what does it ~ like?** ¿a qué huele?; **to ~ of sth** (*lit, fig*) oler a algo; **it ~s of garlic** huele a ajo; **it's beginning to ~ of a cover-up** está empezando a oler a encubrimiento; **if food ~s off, throw it away** si la comida huele mal *or* a pasada, tírela
[2] (= *smell bad*) oler; **that man ~s** ese hombre huele; **your feet ~** te huelen los pies; **her breath ~s** le huele el aliento
[3] (= *have sense of smell*) **since the operation she can't ~** desde que se operó ha perdido el sentido del olfato
[4] (= *sniff*) [*person*] olisquear; [*animal*] olfatear; **the dog ~ed at my shoes** el perro olfateó mis zapatos

►**smell out** VT + ADV [1] (= *find by scent*) [*dog*] olfatear
[2] (= *detect*) **she can always ~ out a bargain** siempre sabe oler *or* olfatear una ganga
[3] (= *cause to smell*) hacer oler mal; (*stronger*) apestar; **it's ~ing the room out** está haciendo oler mal el cuarto, está apestando el cuarto

**smelliness** ['smelɪnɪs] N peste *f*, hediondez *f*

**smelling bottle** ['smelɪŋ,bɒtl] N frasco *m* de sales

**smelling salts** ['smelɪŋsɔːlts] NPL sales *fpl* aromáticas

**smelly*** ['smelɪ] ADJ (*compar* **smellier**; *superl* **smelliest**) maloliente, apestoso; **the pub was dirty and ~** el pub era sucio y maloliente *or* apestoso; **it's ~ in here** aquí dentro huele mal *or* apesta; **he's got ~ feet** le huelen los pies

**smelt¹** [smelt] PT, PP *of* **smell**

**smelt²** [smelt] VT fundir

**smelt³** [smelt] N (= *fish*) eperlano *m*

**smelter** ['smeltəʳ] N horno *m* de fundición

**smelting** ['smeltɪŋ] Ⓐ N fundición *f*
Ⓑ CPD ► **smelting furnace** N horno *m* de fundición

**smidgen, smidgin** ['smɪdʒən] N **a ~ of*** un poquito de, un poquitín de

**smile** [smaɪl] Ⓐ N sonrisa *f*; **... she said with a ~** ... dijo con una sonrisa, ... dijo sonriente *or* sonriendo; **to be all ~s** ser todo sonrisas; **her story brought a ~ to my face** su historia me alegró la cara; **to force a ~** forzar una sonrisa; **to give sb a ~** sonreír a algn; **he gave me a big ~** me sonrió de oreja a oreja; **come on, give me a ~!** ¡vamos, una sonrisa!; **she gave a wry ~** sonrió irónicamente; **with a ~ on one's lips** con una sonrisa en los labios; **he managed a ~** sonrió a duras penas; **his jokes failed to raise a ~** sus chistes no hicieron reír a nadie; **to wipe the ~ off sb's face** quitar a algn las ganas de reír
Ⓑ VI sonreír; **"yes" I said, smiling** —sí , dije sonriente *or* sonriendo; **to ~ at sb** sonreír a algn; **to ~ at sth** reírse de algo; **what are you smiling at?** ¿de qué te ríes?; **to ~ at danger** reírse del peligro; **she's had her problems but she always comes up smiling** ha tenido sus problemas, pero siempre se la ve sonriente; **to keep smiling** seguir con la sonrisa en los labios; **keep smiling!** ¡ánimo!; **fortune ~d on him** le sonrió la fortuna; **to ~ to o.s.** reírse por dentro *or* para sus adentros
Ⓒ VT **"of course!" she ~d** —por supuesto —dijo sonriente *or* sonriendo; **she ~d a faint smile** sonrió débilmente; **he ~d his thanks** dio las gracias sonriente *or* sonriendo

**smiling** ['smaɪlɪŋ] ADJ sonriente

**smilingly** ['smaɪlɪŋlɪ] ADV con una sonrisa

**smirch** [smɜːtʃ] VT (*liter*) mancillar, desdorar

**smirk** [smɜːk] Ⓐ N sonrisa *f* de satisfacción
Ⓑ VI sonreír de satisfacción

**smirkingly** ['smɜːkɪŋlɪ] ADV con una sonrisa de satisfacción

**smite** [smaɪt] (*pt* **smote**; *pp* **smitten**) VT (†† *liter*) (= *strike*) golpear; (= *punish*) castigar; **my conscience smote me** me remordió la conciencia; *see also* **smitten**

**smith** [smɪθ] N herrero/a *m/f*

**smithereens** [,smɪðə'riːnz] NPL **to smash sth to ~** hacer añicos *or* trizas algo; **it was in ~** estaba hecho añicos *or* trizas

**SMITHSONIAN INSTITUTION**

*La* **Smithsonian Institution**, *en Washington DC, es el complejo de museos más grande del mundo. Fue fundado por el Congreso en 1846 gracias a fondos donados por el científico inglés James Smithson (de ahí su nombre) y en la actualidad está patrocinado por el gobierno estadounidense como centro para la ciencia y el arte. Posee alrededor de cien millones de piezas y catorce museos, que incluyen el* **National Museum of American History**, *la* **National Gallery of Art** *y el* **National Portrait Gallery**. *También cuenta con un zoológico y lleva a cabo labores de investigación. A esta institución se la conoce como* **the nation's attic** *(la buhardilla de la nación).*

**smithy** ['smɪðɪ] N herrería *f*, fragua *f*

**smitten** ['smɪtn] Ⓐ PP *of* **smite**
Ⓑ ADJ **to be ~ (with sb)** estar locamente enamorado (de algn); **to be ~ with an idea** entusiasmarse por una idea; **to be ~ with flu** estar aquejado de gripe; **to be ~ with the plague** sufrir el azote de la peste, ser afligido por la peste; **to be ~ with remorse** remorderle a algn la conciencia; **I was ~ by the urge to run out of the house** me daban unas ganas tremendas de salir corriendo de la casa

**smock** [smɒk] Ⓐ N (*for artist*) bata *f*, guardapolvo *m*; (*for expectant mother*) bata *f* corta, tontón *m*
Ⓑ VT fruncir, adornar con frunces

**smocking** ['smɒkɪŋ] N adorno *m* de frunces

**smog** [smɒg] N smog *m*, niebla *f* mezclada con humo

**smoke** [sməʊk] Ⓐ N [1] humo *m*; **cigarette ~** humo *m* de cigarrillos; **~ blue** azul *m* grisáceo; **~ grey** gris *m* humo; **to go up in ~** [*building*] quemarse (totalmente); [*plans*] quedar en agua de borrajas; [*hopes, money*] esfumarse; [*future*] malograrse; **the (Big) Smoke** (*Brit**) Londres; ✦***IDIOM*** **~ and mirrors** (*esp*

*US*) artificios *mpl*; **✦PROVS there's no ~ without fire ◊ where there's ~ there's fire** cuando el río suena, piedras *or* agua lleva

2 (*) (= *cigarette*) pitillo* *m*, cigarrillo *m*, cigarro *m*; **I'm dying for a ~** tengo unas ganas locas de fumarme un pitillo* *or* un cigarrillo *or* un cigarro; **to have a ~** fumar(se) un pitillo* *or* un cigarrillo *or* un cigarro

3 (*) (= *drugs*) hierba* *f*, maría* *f*

Ⓑ VT 1 [+ *cigarette, cigar, pipe*] fumar; **she ~d 60 a day** (se) fumaba 60 al día; **she wouldn't let him ~ his pipe** (*in general*) no le dejaba fumar en pipa; (*on one occasion*) no le dejaba fumarse su pipa

2 (*Culin*) [+ *bacon, fish, cheese*] ahumar

Ⓒ VI 1 (= *emit smoke*) echar humo; **the chimney always ~d** la chimenea siempre estaba echando humo; **the chimney was smoking, so someone was home** salía humo de la chimenea, así que había alguien en casa

2 [*person*] fumar; **do you ~?** ¿fumas?; **do you mind if I ~?** ¿le importa que fume?; **to ~ like a chimney*** fumar como un carretero *or* como una chimenea*

Ⓓ CPD ► **smoke alarm** N detector *m* de humo, alarma *f* contra incendios ► **smoke bomb** N bomba *f or* granada *f* de humo ► **smoke detector** N detector *m* de humo ► **smoke ring** N anillo *m or* aro *m* de humo; **to blow ~ rings** hacer anillos *or* aros de humo ► **smoke shop** N (*US*) estanco *m* ► **smoke signal** N señal *f* de humo

►**smoke out** VT + ADV (*lit*) [+ *animal, demonstrators*] hacer salir con humo; (*fig*) (= *expose*) poner al descubierto

**smoked** [sməʊkt] ADJ [*bacon, fish, cheese*] ahumado; **~ glass** cristal *m or* (*LAm*) vidrio *m* ahumado

**smoke-dried** ['sməʊkdraɪd] ADJ ahumado, curado al humo

**smoke-filled** ['sməʊkfɪld] ADJ lleno de humo

**smokeless** ['sməʊklɪs] ADJ **~ fuel** combustible *m* sin humo; **~ zone** zona *f* libre de humos

**smoker** ['sməʊkə^r] N 1 (= *person*) fumador(a) *m/f*; **~'s cough** tos *f* de fumador; **I'm not a ~** no fumo; **to be a heavy ~** fumar mucho

2 (= *railway carriage*) coche *m* de fumar, vagón *m* de fumar

**smokescreen** ['sməʊkskri:n] N (*lit, fig*) cortina *f* de humo; **to put up a ~** (*fig*) entenebrecer un asunto, enmarañar un asunto (*para despistar a la gente*)

**smokestack** ['sməʊkstæk] Ⓐ N chimenea *f*

Ⓑ CPD ► **smokestack industries** NPL industrias *fpl* con chimeneas

**smoking** ['sməʊkɪŋ] Ⓐ N **~ is bad for you** el fumar te perjudica; **~ or non-~?** ¿fumador o no fumador?; **to give up ~** dejar de fumar; **"no smoking"** "prohibido fumar"; **no ~ area** zona *f* de no fumadores

Ⓑ CPD ► **smoking car** N (*US*) coche *m* de fumadores ► **smoking compartment** N compartimento *m* de fumadores ► **smoking jacket** N batín *m* corto ► **smoking room** N sala *f* de fumadores

**smoky** ['sməʊkɪ] ADJ (*compar* **smokier**; *superl* **smokiest**) [*chimney, fire*] humeante, que humea; [*room, atmosphere*] lleno de humo; [*flavour, surface etc*] ahumado; **it's ~ in here** aquí hay mucho humo

**smolder** ['sməʊldə^r] VI (*US*) = **smoulder**

**smoldering** ['sməʊldərɪŋ] ADJ (*US*) = **smouldering**

**smooch*** [smu:tʃ] VI besuquearse

**smoochy*** ['smu:tʃɪ] ADJ [*record, song etc*] sentimental

**smooth** [smu:ð] Ⓐ ADJ (*compar* **smoother**; *superl* **smoothest**) 1 (= *not rough*) [*surface, stone*] liso; [*skin*] suave, terso; [*hair*] suave; [*road*] llano, parejo (*esp LAm*); [*sea, lake*] tranquilo, en calma; **the flagstones had been worn ~ by centuries of use** las losas estaban lisas por siglos de uso; **for a ~er shave, use Gillinson** para un afeitado apurado, use Gillinson; **✦IDIOMS as ~ as a baby's bottom** suave como la piel de un bebé; **to be as ~ as silk** *or* **satin** ser suave como la seda; **the sea was as ~ as glass** la mar estaba lisa como un espejo

2 (= *not lumpy*) [*paste, sauce*] sin grumos

3 (= *not jerky*) [*running of engine, take-off, landing, motion*] suave, parejo (*esp LAm*); [*crossing, flight*] bueno; [*breathing*] regular; **extra roads to ensure the ~ flow of traffic** más carreteras para asegurar un tráfico fluido; **he lit his pipe without interrupting the ~ flow of his speech** encendió su pipa sin interrumpir el hilo de su narración; **this car gives a very ~ ride** en este coche se viaja muy cómodo

4 (= *trouble-free*) [*transition, takeover*] sin problemas, poco conflictivo; [*journey*] sin problemas, sin complicaciones; **the ~ passage of a bill through Parliament** la sosegada discusión de un proyecto de ley en el parlamento; **the ~ running of a company** la fluida gestión de una empresa

5 (= *mellow*) [*flavour, whisky, cigar, voice, sound*] suave

6 (= *polished*) [*style*] fluido, suave; [*performance*] fluido

7 (*pej*) (= *slick*) [*person*] zalamero; [*manner*] experimentado; **beneath the ~ exterior, he's rather insecure** bajo ese aire experimentado, es bastante inseguro; **the ~ talk of the salesman** la labia del vendedor; **to be a ~ talker** tener pico de oro; *see also* **operator 2**

Ⓑ VT 1 (= *flatten*) (*also* **~ down**) [+ *hair, clothes, sheets, piece of paper*] alisar; **she ~ed her skirt** se alisó la falda; **to ~ one's hair back from one's forehead** alisarse el pelo retirándolo de la frente; *see* **flat A2**

2 (= *polish*) (*also* **~ down**) [+ *wood, surface*] lijar, pulir

3 (= *soften*) [+ *skin*] suavizar; **to ~ away wrinkles** hacer desaparecer las arrugas, eliminar las arrugas

4 (= *make easy*) [+ *transition*] facilitar; [+ *process*] suavizar; **to ~ the path or way for sth/sb** allanar el camino para algo/a algn; **to ~ relations** limar asperezas

5 (= *rub*) **to ~ cream into one's skin** untarse crema en la piel

Ⓒ N *see* **rough C3**

►**smooth down** VT + ADV 1 (= *flatten*) [+ *hair, sheet, covers, clothes*] alisar; [+ *surface, road*] allanar, igualar

2 (= *polish*) [+ *wood, surface*] lijar, pulir

3 (= *pacify*) [+ *person*] aplacar

►**smooth out** VT + ADV 1 (= *flatten*) [+ *fabric, creases, dress*] alisar; [+ *road surface*] aplanar, allanar

2 (*fig*) [+ *problem*] solucionar, resolver; [+ *difficulties*] allanar; [+ *anxieties*] disipar; **to ~ things out** limar las asperezas

►**smooth over** VT + ADV 1 (*lit*) [+ *soil*] allanar; [+ *wood*] lijar, pulir

2 (*fig*) [+ *difficulties*] allanar; [+ *differences*] resolver; **to ~ things over** limar las asperezas

**smooth-faced** ['smu:ð'feɪst] ADJ [*man*] (*after shaving*) bien afeitado; [*boy*] (*too young to shave*) imberbe, barbilampiño

**smoothie‡** ['smu:ðɪ] N (*pej*) zalamero/a *m/f*

**smoothing-iron** ['smu:ðɪŋ,aɪən] N plancha *f*

**smoothly** ['smu:ðlɪ] ADV 1 (= *not jerkily*) [*drive, move, land, glide*] suavemente

2 (= *with no trouble*) **everything went ~** todo fue muy bien, todo fue sobre ruedas; **the move to the new house went off ~** la mudanza a la otra casa transcurrió sin contratiempos, todo fue sobre ruedas cuando nos mudamos a la otra casa; **to run ~** [*engine*] funcionar muy bien; [*event*] transcurrir sin contratiempos *or* complicaciones *or* problemas; [*business, talks*] ir muy bien, marchar sobre ruedas*

3 (*pej*) (= *slickly*) [*speak, talk*] con mucha labia

**smoothness** ['smu:ðnɪs] N 1 [*of hair*] suavidad *f*; [*of skin*] suavidad *f*, tersura *f*

2 [*of road, surface*] lo llano; [*of stone*] lisura *f*

3 [*of sea, lake*] tranquilidad *f*, calma *f*

4 [*of paste, sauce*] homogeneidad *f*

5 [*of landing*] la suavidad, lo suave; [*of flight, crossing, journey*] lo poco accidentado

6 (= *ease*) [*of transition, takeover*] lo poco conflictivo

7 [*of flavour, whisky, cigar, voice, sound*] suavidad *f*

8 [*of style, prose*] fluidez *f*

9 (*pej*) [*of person, manners*] zalamería *f*

**smooth-running** ['smu:ð'rʌnɪŋ] ADJ [*engine etc*] suave, parejo (*esp LAm*)

**smooth-shaven** ['smu:ð'ʃeɪvn] ADJ bien afeitado

**smooth-spoken** ['smu:ð'spəʊkən] ADJ, **smooth-talking** ['smu:ð'tɔ:kɪŋ] ADJ afable; (*pej*) zalamero, meloso

**smooth-tongued** ['smu:ð'tʌŋd] ADJ zalamero, meloso

**smoothy‡** ['smu:ðɪ] N = **smoothie**

**smorgasbord** ['smɔ:gəs,bɔ:d] N (*Culin*) smorgasbord *m*

**smote** [sməʊt] PT *of* **smite**

**smother** ['smʌðə^r] Ⓐ VT 1 (= *stifle*) [+ *person*] ahogar, asfixiar; [+ *fire*] apagar; [+ *yawn, sob, laughter*] contener

2 (= *cover*) cubrir; **fruit ~ed in cream** fruta *f* cubierta de crema; **a book ~ed in dust** un libro cubierto de polvo; **the child was ~ed in dirt** el niño estaba todo sucio; **they ~ed him with kisses** le colmaron *or* abrumaron de besos

Ⓑ VI (= *asphyxiate*) asfixiarse, ahogarse

**smoulder, smolder** (*US*) ['sməʊldə^r] VI [*fire*] arder sin llama; (*fig*) [*passion etc*] arder

**smouldering, smoldering** (*US*) ['sməʊldərɪŋ] ADJ que arde lentamente; (*fig*) latente; **she gave me a ~ look** me miró provocativa

**SMP** [,esem'pi:] N ABBR (*Brit*) = **Statutory Maternity Pay**

**smudge** [smʌdʒ] Ⓐ N borrón *m*

Ⓑ VT manchar

Ⓒ VI correrse

**smudgy** ['smʌdʒɪ] ADJ [*photo*] movido, borroso; [*page*] emborronado, lleno de borrones; [*writing etc*] borroso

**smug** [smʌg] ADJ (*compar* **smugger**; *superl* **smuggest**) creído, engreído; **he said with ~ satisfaction** dijo muy pagado de sí, dijo con engreimiento; **don't be so ~!** ¡no presumas!

**smuggle** ['smʌgl] Ⓐ VT (= *bring or take secretly*) pasar de contrabando; **~d goods** mercancías *fpl* de contrabando; **to ~ goods in/out** meter/sacar mercancías de contrabando; **to ~ sth past** *or* **through Customs** pasar algo de contrabando por la aduana; **to ~ sb out in disguise** pasar a algn disfrazado

Ⓑ VI hacer contrabando, dedicarse al contrabando

**smuggler** ['smʌglə^r] N contrabandista *mf*

**smuggling** ['smʌglɪŋ] Ⓐ N contrabando *m*
Ⓑ CPD ► **smuggling ring** N red *f* de contrabando, red *f* de contrabandistas

**smugly** ['smʌglɪ] ADV con engreimiento, con suficiencia

**smugness** ['smʌgnɪs] N engreimiento *m*, suficiencia *f*

**smut** [smʌt] N [1] (= *grain of soot*) carbonilla *f*, hollín *m*
[2] (= *crudity*) obscenidades *fpl*; **to talk ~** decir obscenidades
[3] (*Bot*) tizón *m*

**smuttiness** ['smʌtɪnɪs] N (= *crudity*) obscenidad *f*

**smutty** ['smʌtɪ] ADJ (*compar* **smuttier**; *superl* **smuttiest**) [1] (= *dirty*) manchado
[2] (= *crude*) obsceno, verde, colorado (*LAm*); **a lot of ~ talk** muchas indecencias; **~ jokes** chistes *mpl* verdes
[3] (*Bot*) atizonado

**Smyrna** ['smɜːnə] N Esmirna *f*

**snack** [snæk] Ⓐ N tentempié *m*; **to have a ~** tomar un tentempié, picar algo
Ⓑ VI = **to have a snack**
Ⓒ CPD ► **snack bar** N cafetería *f*, lonchería *f* (*LAm*)

**snaffle¹** ['snæfl] N (*also* **~ bit**) bridón *m*

**snaffle²*** ['snæfl] VT (*Brit*) (= *steal*) afanar*, birlar*

**snag** [snæg] Ⓐ N [1] (= *difficulty*) inconveniente *m*, problema *m*; **there's a ~** hay un inconveniente *or* problema; **what's the ~?** ¿cuál es el problema?, ¿qué pega hay? (*Sp*); **the ~ is that ...** la dificultad es que ...; **that's the ~** ahí está el problema; **to run into** *or* **hit a ~** encontrar inconvenientes, dar con un obstáculo
[2] [*of tooth*] raigón *m*
[3] [*of tree*] tocón *m*; (*in wood*) nudo *m*
[4] (*in fabric*) enganchón *m*
Ⓑ VT enganchar, coger (**on** en)
Ⓒ VI engancharse, quedar cogido (**on** en)

**snail** [sneɪl] Ⓐ N caracol *m*; ✦***IDIOM* at a ~'s pace** a paso de tortuga
Ⓑ CPD ► **snail mail*** N (*hum*) correo *m* normal ► **snail shell** N concha *f* de caracol

**snake** [sneɪk] Ⓐ N serpiente *f*; (*harmless*) culebra *f*; **a ~ in the grass** (*fig*) un traidor
Ⓑ VI **a hand ~d out of the curtain** una mano apareció por detrás de la cortina; **the road ~d down the mountain** la carretera serpenteaba montaña abajo
Ⓒ CPD ► **snake charmer** N encantador(a) *m/f* de serpientes ► **snakes and ladders** NSING ≈ juego *m* de la oca ► **snake pit** N nido *m* de serpientes

►**snake about**, **snake along** VI + ADV serpentear

**snakebite** ['sneɪkbaɪt] N mordedura *f* de serpiente, picadura *f* de serpiente

**snakeskin** ['sneɪkskɪn] N piel *f* de serpiente

**snaky** ['sneɪkɪ] ADJ serpentino, tortuoso

**snap** [snæp] Ⓐ N [1] (= *sound*) golpe *m*, ruido *m* seco; [*of sth breaking, of whip, of fingers*] chasquido *m*; **it shut with a ~** se cerró de golpe, se cerró con un ruido seco
[2] (= *photograph*) foto *f*; **to take a ~ of sb** sacar una foto de algn; **these are our holiday ~s** éstas son las fotos de nuestras vacaciones
[3] (= *short period*) **a cold ~** una ola de frío
[4] (= *attempt to bite*) **the dog made a ~ at the biscuit** el perro se lanzó sobre la galleta
[5] (*) (= *energy*) vigor *m*, energía *f*; **put some ~ into it!** ¡menearse!
[6] **it's a ~** (*US**) (= *easy*) eso está tirado*, es muy fácil
Ⓑ ADJ (= *sudden*) repentino, sin aviso; **~ decision** decisión *f* instantánea; **~ answer** respuesta *f* sin pensar, respuesta *f* instantánea; **~ judgement** juicio *m* instantáneo
Ⓒ VT [1] (= *break*) partir, quebrar (*esp LAm*)
[2] (= *click*) chasquear; **to ~ one's fingers** chasquear los dedos; **to ~ one's fingers at sb/sth** (*fig*) burlarse de algn/algo; **to ~ a box shut** cerrar una caja de golpe; **to ~ sth into place** colocar algo con un golpe seco
[3] **"be quiet!" she ~ped** —¡cállate! —espetó ella enojada
[4] (*Phot*) sacar una foto de
Ⓓ VI [1] (= *break*) [*elastic*] romperse; **the branch ~ped** la rama se partió
[2] (= *make sound*) [*whip*] chasquear; **it ~ped shut** se cerró de golpe; **to ~ into place** meterse de golpe
[3] **to ~ at sb** [*person*] regañarle a algn; [*dog*] intentar morder a algn; **don't ~ at me!** ¡a mí no me hables en ese tono!
[4] (= *move energetically*) **she ~ped into action** echó a trabajar *etc* en seguida
Ⓔ ADV **snap!** ¡crac!; **to go ~** hacer crac
Ⓕ EXCL ¡lo mismo!; (= *me too*) ¡yo también!
Ⓖ CPD ► **snap fastener** N (*US*) cierre *m* (automático)

►**snap back** VI + ADV **to ~ back at sb** contestar *or* hablar *etc* bruscamente a algn

►**snap off** Ⓐ VT + ADV separar, quebrar; **to ~ sb's head off** (*fig*) regañarle a algn, echarle un rapapolvo a algn
Ⓑ VI + ADV **it ~ped off** se desprendió, se partió

►**snap out** Ⓐ VI + ADV (*) **to ~ out of sth** [+ *gloom, lethargy*] sacudirse algo; [+ *self-pity*] dejarse de algo; [+ *bad temper*] quitarse algo de encima; **~ out of it!** [+ *gloom etc*] ¡anímate!; [+ *bad temper*] ¡alegra esa cara!
Ⓑ VT + ADV [+ *question, order etc*] soltar, espetar (*con brusquedad*)

►**snap up** VT + ADV **to ~ up a bargain** (*fig*) agarrar una ganga; **our stock was ~ped up at once** nuestras existencias quedaron agotadas al instante

**snapdragon** ['snæp,drægən] N (*Bot*) dragón *m*

**snapper** ['snæpə^r] N (*pl* **snapper** *or* **snappers**) (*Zool, Culin*) pargo *m*

**snappish** ['snæpɪʃ] ADJ (= *irritable*) [*person*] irritable, gruñón; [*reply, tone*] brusco, seco; [*dog*] con mal genio

**snappishness** ['snæpɪʃnɪs] N [*of person*] irritabilidad *f*; [*of reply*] brusquedad *f*, sequedad *f*

**snappy*** ['snæpɪ] ADJ (*compar* **snappier**; *superl* **snappiest**) [1] (= *quick*) rápido; (= *energetic*) enérgico, vigoroso; **make it ~!** ¡date prisa!, ¡apúrate! (*esp LAm*); **to be ~ about sth** hacer algo con toda rapidez; **and be ~ about it!** ¡y date prisa!, ¡y apúrate! (*esp LAm*)
[2] (= *smart*) elegante; **he's a ~ dresser** se viste con elegancia
[3] (= *punchy*) [*slogan*] conciso
[4] = **snappish**

**snapshot** ['snæpʃɒt] N (*Phot*) foto *f*

**snare** [snɛə^r] Ⓐ N lazo *m*; (*fig*) trampa *f*
Ⓑ VT coger *or* (*LAm*) agarrar con lazo; (*fig*) atrapar
Ⓒ CPD ► **snare drum** N tambor *m* militar pequeño

**snarl¹** [snɑːl] Ⓐ N (= *noise*) gruñido *m*; **he said with a ~** dijo gruñendo
Ⓑ VI [*dog, lion*] gruñir; **to ~ at sb** [*person, dog*] gruñir a algn
Ⓒ VT gruñir, decir gruñendo; **"no!" he ~ed** —¡no! —gruñó él

**snarl²** [snɑːl] Ⓐ N [1] (*in wool etc*) maraña *f*, enredo *m*
[2] (*in traffic*) atasco *m*, embotellamiento *m*
Ⓑ VT (*also* **~ up**) [+ *wool*] enmarañar; [+ *plans*] confundir, enredar; [+ *traffic*] atascar; **the traffic was all ~ed up** había un gran atasco, el tráfico estaba atascado
Ⓒ VI (*also* **~ up**) enmarañarse, enredarse

**snarl-up** ['snɑːlʌp] N [1] (*Aut etc*) atasco *m*, embotellamiento *m*
[2] (*in plans etc*) enredo *m*, maraña *f*

**snatch** [snætʃ] Ⓐ N [1] (= *act of snatching*) arrebatamiento *m*; **to make a ~ at sth** intentar arrebatar *or* agarrar algo
[2] (*) (= *theft*) robo *m*, hurto *m*; (= *kidnapping*) secuestro *m*; **jewellery ~** robo *m or* hurto *m* de joyas
[3] (= *snippet*) trocito *m*; **to whistle ~es of Mozart** silbar trocitos de Mozart; **~es of conversation** fragmentos *mpl* de conversación; **to sleep in ~es** dormir a ratos
[4] (**) (= *vagina*) coño** *m*
Ⓑ VT [1] (= *grab*) arrebatar; **to ~ sth from sb** arrebatar algo a algn; **he ~ed the keys from my hand** me arrebató las llaves de la mano; **to ~ a knife out of sb's hand** arrebatarle *or* arrancarle un cuchillo a algn de las manos; **to ~ a meal** comer a la carrera; **to ~ some sleep** buscar tiempo para dormir; **to ~ an opportunity** asir una ocasión; **to ~ an hour of happiness** procurarse (a pesar de todo) una hora de felicidad
[2] (= *steal*) robar; (= *kidnap*) secuestrar; **my bag was ~ed** me robaron el bolso
Ⓒ VI **don't ~!** ¡no me lo quites!; **to ~ at sth** (*lit, fig*) intentar agarrar algo
Ⓓ CPD ► **snatch squad** N unidad *f* de arresto

►**snatch away**, **snatch off** VT + ADV **to ~ sth away from** *or* **off sb** arrebatar algo a algn

►**snatch up** VT + ADV agarrar (*rápidamente*); **to ~ up a knife** agarrar un cuchillo; **to ~ up a child** agarrar a un niño en brazos

**snatchy*** ['snætʃɪ] ADJ [*work*] irregular, intermitente; [*conversation*] intermitente, inconexo

**snazzy*** ['snæzɪ] ADJ (*compar* **snazzier**; *superl* **snazziest**) **a ~ dress** un vestido vistoso

**sneak** [sniːk] Ⓐ VT **to ~ sth out of a place** sacar algo furtivamente de un lugar; **I managed to ~ one in** logré meter uno sin ser visto; **to ~ a look at sth** mirar algo de reojo *or* soslayo
Ⓑ VI [1] **to ~ about** ir a hurtadillas, moverse furtivamente; **to ~ in/out** entrar/salir a hurtadillas; **to ~ away** *or* **off** escabullirse; **to ~ off with sth** llevarse algo furtivamente; **to ~ up on sb** acercarse sigilosamente a algn
[2] **to ~ on sb*** delatar a algn, dar el soplo sobre algn*, chivarse de algn (*Sp**); **to ~ to the teacher** ir con el cuento *or* (*Sp*) chivarse al profesor*
Ⓒ N (*) (= *tale-teller*) chivato/a *m/f*, soplón/ona *m/f*
Ⓓ CPD ► **sneak preview** N [*of film*] preestreno *m*; (*gen*) anticipo *m* no autorizado ► **sneak thief** N ratero/a *m/f* ► **sneak visit** N visita *f* furtiva

**sneakers** ['sniːkəz] NPL (*esp US*) zapatos *mpl* de lona, zapatillas *fpl*

**sneaking** ['sniːkɪŋ] ADJ ligero; **to have a ~ dislike of sb** sentir antipatía hacia algn; **I have a ~ feeling that ...** tengo la sensación de que ...; **to have a ~ regard for sb** respetar a algn a pesar de todo, respetar a algn sin querer confesarlo abiertamente

**sneaky*** ['sni:kɪ] ADJ (*compar* **sneakier**; *superl* **sneakiest**) soplón

**sneer** [snɪəʳ] Ⓐ N (= *expression*) cara *f* de desprecio; (= *remark*) comentario *m* desdeñoso; **he said with a ~** dijo con desprecio; **the book is full of ~s about ...** el libro se mofa constantemente de ...
Ⓑ VI hablar con desprecio, hablar con desdén; **to ~ at sb/sth** (= *laugh*) mofarse de algn/algo; (= *scorn*) despreciar a algn/algo

**sneerer** ['snɪərəʳ] N mofador(a) *m/f*

**sneering** ['snɪərɪŋ] ADJ [*tone etc*] burlador y despreciativo, lleno de desprecio

**sneeringly** ['snɪərɪŋlɪ] ADV [*say*] en tono burlador y despreciativo; [*smile*] con una mueca de desprecio

**sneeze** [sni:z] Ⓐ N estornudo *m*
Ⓑ VI estornudar; **an offer not to be ~d at** (*fig*) una oferta que no es de despreciar

**snick** [snɪk] Ⓐ N [1] (= *cut*) corte *m*, tijeretada *f*
[2] (*Sport*) toque *m* ligero
Ⓑ VT [1] (= *cut*) cortar (un poco), tijeretear; **to ~ sth off** cortar algo con un movimiento rápido
[2] (*Sport*) [+ *ball*] desviar ligeramente

**snicker** ['snɪkəʳ] N, VI = **snigger**

**snide*** [snaɪd] ADJ bajo, sarcástico

**sniff** [snɪf] Ⓐ N [1] (= *act*) sorbo *m* (por la nariz); (*by dog*) husmeo *m*; **one ~ of that would kill you** una inhalación de eso te mataría; **to go out for a ~ of air** salir a tomar el fresco; **we never got a ~ of the vodka*** no llegamos siquiera a oler el vodka
[2] (= *faint smell*) olorcito *m*
Ⓑ VT [+ *snuff etc*] sorber (por la nariz), aspirar; [+ *smell*] oler; [*dog etc*] olfatear, husmear; **just ~ these flowers** huele un poco estas flores; **the dog ~ed my hand** el perro me olfateó *or* me husmeó la mano; **you can ~ the sea air here** aquí se huele ese aire de mar; **~ the gas deeply** aspire profundamente el gas; **to ~ glue** esnifar *or* inhalar pegamento
Ⓒ VI [*person*] aspirar por la nariz, sorber, sorberse la nariz; [*dog etc*] oler, husmear, olfatear; **stop ~ing!** ¡deja de sorberte la nariz!; **to ~ at sth** (*lit*) oler algo; (*fig*) despreciar algo, desdeñar algo; **an offer not to be ~ed at** una oferta que no es de despreciar *or* desdeñar; **the dog ~ed at my shoes** el perro olió mis zapatos

►**sniff out** VT + ADV (= *discover*) encontrar husmeando; (= *pry*) fisgar, fisgonear; (*fig*) (= *dig out*) desenterrar

**sniffer dog** ['snɪfədɒg] N perro *m* rastreador; (*for drugs*) perro *m* antidroga; (*for explosives*) perro *m* antiexplosivos

**sniffle** ['snɪfl] Ⓐ N **to have the ~s** estar resfriado *or* constipado
Ⓑ VI sorber con ruido

**sniffy*** ['snɪfɪ] ADJ (= *disdainful*) estirado, desdeñoso; **he was pretty ~ about it** trató el asunto con bastante desdén

**snifter*** ['snɪftəʳ] N [1] (= *drink*) copa *f*, trago *m*
[2] (*US*) (= *glass*) copita *f* para coñac

**snigger** ['snɪgəʳ] Ⓐ N risilla *f*, risita *f*
Ⓑ VI reír disimuladamente; **to ~ at sth** reírse tontamente de algo

**sniggering** ['snɪgərɪŋ] Ⓐ N risillas *fpl*, risitas *fpl*
Ⓑ ADJ que se ríe tontamente

**snip** [snɪp] Ⓐ N [1] (= *cut*) tijeretada *f*; (= *action, noise*) tijereteo *m*; **to have the ~*** esterilizarse
[2] (= *small piece*) recorte *m*
[3] (*Brit**) (= *bargain*) ganga *f*
Ⓑ VT tijeretear; **to ~ sth off** cortar algo con tijeras

**snipe** [snaɪp] Ⓐ N (= *bird*) agachadiza *f*
Ⓑ VI **to ~ at sb** (*lit*) disparar a algn desde un escondite; **to ~ at one's critics** responder ante las críticas; **he was really sniping at the Minister** en realidad sus ataques iban dirigidos contra el Ministro

**sniper** ['snaɪpəʳ] N francotirador(a) *m/f*

**snippet** ['snɪpɪt] N [*of cloth, paper*] pedacito *m*, recorte *m*; [*of information, conversation etc*] retazo *m*, fragmento *m*; **"Snippets"** (= *heading in press etc*) "Breves", "Noticias Breves"

**snitch*** [snɪtʃ] Ⓐ VI **to ~ on sb** chivarse *or* soplar a algn
Ⓑ VT (= *steal*) birlar*
Ⓒ N [1] (= *nose*) napias* *fpl*
[2] (= *informer*) soplón/ona* *m/f*

**snivel** ['snɪvl] VI lloriquear

**sniveller, sniveler** (*US*) ['snɪvləʳ] N quejica* *mf*

**snivelling, sniveling** (*US*) ['snɪvlɪŋ] Ⓐ ADJ llorón
Ⓑ N lloriqueo *m*

**snob** [snɒb] N snob *mf*, esnob *mf*; **he's an intellectual ~** presume de intelectual

**snobbery** ['snɒbərɪ] N snobismo *m*, esnobismo *m*

**snobbish** ['snɒbɪʃ] ADJ snob, esnob

**snobbishness** ['snɒbɪʃnɪs] N snobismo *m*, esnobismo *m*

**snobby*** ['snɒbɪ] ADJ snob, esnob

**snog*** [snɒg] Ⓐ N **to have a ~** besuquearse*
Ⓑ VI besuquearse*

**snood** [snu:d] N (= *band*) cintillo *m*; (= *net*) redecilla *f*

**snook*** [snu:k] N **to cock a ~ at sb** (*fig*) hacer un palmo de narices a algn, hacer burlas a algn

**snooker** ['snu:kəʳ] Ⓐ N snooker *m*, billar *m* inglés
Ⓑ VT **to be properly ~ed*** (*fig*) estar en un aprieto serio

**snoop** [snu:p] Ⓐ N [1] (= *person*) fisgón/ona *m/f*
[2] (= *act*) **to have a ~ round** fisgar, fisgonear; **I had a ~ round the kitchen** estuve fisgando *or* fisgoneando *or* husmeando por la cocina
Ⓑ VI (*also* **~ about, ~ around**) (= *pry*) fisgar, fisgonear; (= *interfere*) entrometerse; **if he comes ~ing around here ...** si viene fisgando *or* fisgoneando por aquí ...

**snooper** ['snu:pəʳ] N fisgón/ona *m/f*

**snooty*** ['snu:tɪ] ADJ (*compar* **snootier**; *superl* **snootiest**) presumido; **the people round here are very ~** la gente de por aquí es muy presumida, por aquí la gente se da mucho tono *or* muchos aires; **there's no need to be ~ about it** no hace falta andar presumiendo de ello

**snooze** [snu:z] Ⓐ N cabezada *f*; (*in the afternoon*) siestecita *f*; **to have a ~** dar *or* echar una cabezada *or* cabezadita; (*in the afternoon*) echar una siestecita
Ⓑ VI dormitar

**snore** [snɔ:ʳ] Ⓐ N ronquido *m*
Ⓑ VI roncar

**snorer** ['snɔ:rəʳ] N persona *f* que ronca mucho

**snoring** ['snɔ:rɪŋ] N ronquidos *mpl*

**snorkel** ['snɔ:kl] Ⓐ N [*of swimmer*] tubo *m* de respiración; [*of submarine*] snorquel *m*, esnorquel *m*
Ⓑ VI bucear con tubo respiratorio

**snort** [snɔ:t] Ⓐ N [1] [*of horse, person*] resoplido *m*, bufido *m*; **with a ~ of rage** con un bufido (de enojo)
[2] (*) [*of whisky etc*] trago *m*; [*of cocaine etc*] esnife* *m*
Ⓑ VI [1] [*horse, person*] resoplar, bufar; **he ~ed with anger** bufó enojado; **he ~ed with impatience** resopló impaciente
[2] (*Drugs**) esnifar*
Ⓒ VT [1] (= *say*) bufar; **"no!" he ~ed** —¡no! —bufó él
[2] (*Drugs**) [+ *cocaine etc*] inhalar, esnifar*

**snorter*** ['snɔ:təʳ] N [1] **a real ~ of a problem** un problemón; **a ~ of a question** una pregunta dificilísima; **it was a ~ of a game** fue un partido maravilloso
[2] (= *drink*) trago *m*, copa *f*

**snot*** [snɒt] N [1] (= *mucus*) mocos *mpl*, mocarro *m*
[2] (= *person*) mocoso/a *m/f* insolente*

**snotty*** ['snɒtɪ] ADJ (*compar* **snottier**; *superl* **snottiest**) [1] [*nose, handkerchief*] lleno de mocos
[2] (*Brit*) (= *snooty*) presumido

**snotty-faced*** ['snɒtɪ,feɪst] ADJ mocoso

**snotty-nosed*** ['snɒtɪ,nəʊzd] ADJ [1] (*lit*) mocoso
[2] (*fig*) presumido

**snout** [snaʊt] N [1] (= *nose*) [*of animal*] hocico *m*, morro *m*; (*) [*of person*] napias* *fpl*
[2] (*) (= *tobacco*) tabaco *m*, cigarrillos *mpl*

**snow** [snəʊ] Ⓐ N [1] (*Met*) nieve *f*; ✦**IDIOM** **white as ~** blanco como la nieve
[2] (*on TV screen*) lluvia *f*, nieve *f*
[3] (*) (= *cocaine*) nieve* *f*, cocaína *f*
Ⓑ VT [1] (*Met*) **to be ~ed in** *or* **up** quedar aislado por la nieve
[2] (*fig*) **to be ~ed under with work** estar agobiado de trabajo
[3] (*US**) (= *charm glibly*) **to ~ sb** camelar a algn*
Ⓒ VI nevar; **it's ~ing** está nevando
Ⓓ CPD ► **snow blindness** N (*Med*) ceguera *f* de nieve ► **snow cap** N casquete *m* de nieve, corona *f* de nieve ► **snow goose** N ánsar *m* nival ► **snow leopard** N onza *f* ► **snow line** N límite *m* de las nieves perpetuas ► **snow machine** N cañón *m* de nieve artificial ► **Snow Queen** N Reina *f* de las nieves ► **snow report** N (*Met*) informe *m* sobre el estado de la nieve ► **snow tyre, snow tire** (*US*) N neumático *m* antideslizante ► **Snow White** N Blancanieves *f*; **"Snow White and the Seven Dwarfs"** "Blancanieves y los siete enanitos"; *see also* **snow-white**

**snowball** ['snəʊbɔ:l] Ⓐ N bola *f* de nieve
Ⓑ VT lanzar bolas de nieve a
Ⓒ VI (*fig*) aumentar progresivamente, ir aumentándose

**snow-blind** ['snəʊ,blaɪnd] ADJ cegado por la nieve

**snow-bound** ['snəʊbaʊnd] ADJ aislado por la nieve, bloqueado por la nieve

**snow-capped** ['snəʊkæpt] ADJ cubierto de nieve, nevado

**snow-covered** ['snəʊ'kʌvəd] ADJ cubierto de nieve, nevado

**snowdrift** ['snəʊdrɪft] N ventisca *f*, ventisquero *m*

**snowdrop** ['snəʊdrɒp] N campanilla *f* de invierno

**snowfall** ['snəʊfɔ:l] N nevada *f*

**snowfence** ['snəʊfens] N valla *f* paranieves

**snowfield** ['snəʊfi:ld] N campo *m* de nieve

**snowflake** ['snəʊfleɪk] N copo *m* de nieve

**snowman** ['snəʊmæn] N (*pl* **snowmen**) muñeco *m* de nieve; **to build a ~** hacer un muñeco de nieve; **the abominable ~** el abominable hombre de las nieves

**snowmobile** ['snəʊmə,bi:l] N motonieve *f*

**snowplough**, **snowplow** (*US*) ['snəʊplaʊ] N quitanieves *m inv*

**snowshoe** ['snəʊʃu:] N raqueta *f* (de nieve)

**snowslide** ['snəʊslaɪd] N (*US*) alud *m* (de nieve), avalancha *f*

**snowstorm** ['snəʊstɔ:m] N temporal *m* de nieve, ventisca *f*, nevasca *f*

**snowsuit** ['snəʊsu:t] N mono *m* acolchado de nieve

**snow-white** ['snəʊ'waɪt] ADJ blanco como la nieve

**snowy** ['snəʊɪ] ADJ (*compar* **snowier**; *superl* **snowiest**) 1 (*Met*) [*climate, region*] de mucha nieve; [*day etc*] de nieve; [*countryside etc*] cubierto de nieve; **~ season** estación *f* de las nieves; **it was very ~ yesterday** ayer nevó mucho, ayer cayó mucha nieve
2 (*= white as snow*) blanco como la nieve

**SNP** N ABBR (*Brit Pol*) = **Scottish National Party**

**Snr** ABBR = **Senior**

**snub¹** [snʌb] Ⓐ N desaire *m*
Ⓑ VT [*+ person*] desairar, volver la espalda a; [*+ offer*] rechazar

**snub²** [snʌb] ADJ **~ nose** nariz *f* respingona

**snub-nosed** ['snʌb'nəʊzd] ADJ chato, ñato (*LAm*)

**snuff¹** [snʌf] N rapé *m*; **to take ~** tomar rapé

**snuff²** [snʌf] Ⓐ VT apagar; **to ~ it*** estirar la pata*, liar el petate*
Ⓑ CPD ► **snuff film**, **snuff movie*** N película *f* porno en que muere realmente uno de los participantes

►**snuff out** VT + ADV [*+ candle*] apagar; (*fig*) extinguir

**snuffbox** ['snʌfbɒks] N caja *f* de rapé, tabaquera *f*

**snuffer** ['snʌfəʳ] N matacandelas *m inv*; **snuffers**, **pair of ~s** (*= scissors*) apagaderas *fpl*

**snuffle** ['snʌfl] N, VI = **sniffle**

**snug** [snʌg] Ⓐ ADJ (*compar* **snugger**; *superl* **snuggest**) 1 (*= cosy*) [*house, room*] acogedor; [*bed*] confortable; **it's nice and ~ here** aquí se está bien; **to be/feel ~** estar/sentirse cómodo; **to be ~ in bed** estar calentito y a gusto en la cama, estar arrebujado en la cama; **✦IDIOM to be as ~ as a bug in a rug*** estar bien tapadito*
2 (*= close-fitting*) ajustado, ceñido, justo (*esp LAm*); (*= too tight*) apretado; **it's a ~ fit** [*garment*] ciñe bien; [*object*] cabe justito
Ⓑ N (*Brit*) (*in pub*) salón *m* pequeño

**snuggle** ['snʌgl] VI **to ~ down in bed** acurrucarse en la cama; **to ~ up to sb** arrimarse a algn; **I like to ~ up with a book** me gusta ponerme cómodo a leer

**snugly** ['snʌglɪ] ADV 1 (*= cosily*) **wrap your baby ~ in a blanket** abrigue bien a su bebé con una manta; **the children were ~ tucked up in bed** los niños estaban bien abrigados en la cama, los niños estaban bien tapaditos en la cama*
2 (*= tightly*) **make sure the doors close ~** asegúrate de que las puertas encajan bien al cerrarlas; **it fits ~** [*jacket*] (*= well*) queda bien ajustado *or* ceñido *or* (*esp LAm*) justo; [*one object in another*] encaja perfectamente

**so¹** [səʊ] Ⓐ ADV 1 (*= to such an extent*) 1·1 (*with adj/adv*) tan; **I'm so worried** estoy tan preocupado; **it is so big that ...** es tan grande que ...; **he was talking so fast I couldn't understand** hablaba tan rápido que no lo entendía; **I wish you weren't so clumsy** ¡ojalá no fueras tan patoso!; **it was so heavy!** ¡pesaba tanto!; **"how's your father?" — "not so good"** —¿cómo está tu padre? —no muy bien; **it's about so high/long** es más o menos así de alto/largo; **she's not so clever as him** no es tan lista como él; **he's not so silly as to do that** no es bastante tonto para hacer eso, no es tan tonto como para hacer eso; **so many** tantos/as; **we don't need so many** no necesitamos tantos; **I haven't got so many pairs of shoes as you** no tengo tantos pares de zapatos como tú; **so much** tanto/a; **we spent so much** gastamos tanto; **I haven't got so much energy as you** no tengo tanta energía como tú; **I've got so much to do** tengo tantísimo que hacer; **thank you so much** muchísimas gracias, muy agradecido; **it's not so very difficult** no es tan difícil; *see also* **kind, sure** *etc*
1·2 (*with vb*) tanto; **I love you so** te quiero tanto; **he who so loved Spain** (*liter*) él que amó tanto a España
2 (*= thus, in this way, likewise*) así, de esta manera, de este modo; **so it was that ...** así fue que ..., de esta manera *or* de este modo fue como ...; **it is so** es así; **we so arranged things that ...** lo arreglamos de modo que ...; **so it is! ◊ so it does!** ¡es verdad!, ¡es cierto!, ¡correcto!; **is that so?** ¿de veras?; **isn't that so?** ¿no es así?; **that's so** eso es; **that's not so** no es así; **so be it** así sea; **and he did so** y lo hizo; **do so then!** ¡hazlo, pues!; **by so doing** haciéndolo así; **I expect so** supongo que sí, a lo mejor; **so far** hasta aquí *or* ahora; **and so forth** y así sucesivamente, etcétera; **it so happens that ...** resulta que ..., el caso es que ...; **I hope so** eso espero yo, espero que sí; **how so?** ¿cómo es eso?; **if so** en este caso, en cuyo caso; **just so!** ¡eso!, ¡eso es!; **he likes things just so** le gusta que todo esté en su lugar; **you do it like so*** se hace así, se hace de esta manera; **only more so** pero en mayor grado; **so much so that ...** hasta tal punto *or* grado que ..., tanto es así que ...; **not so!** ¡nada de eso!; **and so on** y así sucesivamente, etcétera; **so saying he walked away** dicho eso, se marchó; **so he says** eso dice él; **so to speak** por decirlo así; **I think so** creo que sí; **I thought so** me lo figuraba *or* suponía; **I told you so** ya te lo dije; **why so?** ¿por qué?, ¿cómo?
3 (*= also*) **he's wrong and so are you** se equivocan tanto usted como él; **so do I** (y) yo también; **"I work a lot" — "so do I"** —trabajo mucho —(y) yo también; **"I love horses" — "so do I"** —me encantan los caballos —a mí también; **"I've been waiting for ages!" — "so have we"** —¡llevo esperando un siglo! —(y) nosotros también; **so would I** yo también
4 (*phrases*) **so long!*** ¡adiós!, ¡hasta luego!; **so much the better/worse** tanto mejor/peor; **she didn't so much as send me a birthday card** no me mandó ni una tarjeta siquiera para mi cumpleaños; **I haven't so much as a penny** no tengo ni un peso; **she gave me back the book without so much as an apology** me devolvió el libro sin pedirme siquiera una disculpa; **so much for her promises!** ¡eso valen sus promesas!; **ten or so** unos diez, diez más o menos; **ten or so people** unas diez personas, diez personas o así *or* más o menos; **at five o'clock or so** a las cinco o así *or* o por ahí *or* más o menos
Ⓑ CONJ 1 (*expressing purpose*) para; **he took her upstairs so they wouldn't be overheard** la subió al piso de arriba para que nadie los oyera; **so as to do sth** para hacer algo, a fin de hacer algo; **we hurried so as not to be late** nos dimos prisa para no llegar tarde *or* a fin de no llegar tarde; **so that** para que + *subjun*, a fin de que + *subjun*; **I bought it so that you should see it** lo compré para que *or* a fin de que lo vieras
2 (*expressing result*) así que, de manera que; **he hadn't studied, so he found the exam difficult** no había estudiado, así que *or* de manera que el examen le resultó difícil; **it rained and so we could not go out** llovió, así que no pudimos salir, llovió y no pudimos salir; **so that** de modo que, de manera que; **he stood so that he faced west** se puso de tal modo que *or* de manera que miraba al oeste, se puso mirando al oeste
3 (*= therefore*) así que; **the shop was closed, so I went home** la tienda estaba cerrada, así que me fui a casa; **so you see ...** por lo cual, entenderás ...
4 (*in questions, exclamations*) entonces, así que; **so you're Spanish?** entonces *or* así que ¿eres español?; **so?*** ¿y?, ¿y qué?; **so that's the reason!** ¡por eso es!; **so that's why he stayed home** de allí que se quedó en casa; **so there you are!** ¡ahí estás!; **so what?*** ¿y?, ¿y qué?; *see* **there A6**

**so²** [səʊ] N (*Mus*) = **soh**

**SO**, **S/O** ABBR = **standing order**

**soak** [səʊk] Ⓐ VT 1 (*= immerse*) poner en remojo; **~ the beans for two hours** ponga las judías en remojo dos horas; **to ~ sth in a liquid** remojar algo en un líquido
2 (*= make wet*) empapar; **water had ~ed his jacket** el agua le había empapado la chaqueta; **to get ~ed (to the skin)** empaparse *or* quedar empapado, calarse hasta los huesos; **you've ~ed yourself!** ¡te has empapado entero!, ¡te has puesto perdido de agua!
3 (*) **to ~ sb** (*= take money from*) desplumar a algn*, clavar a algn*; **to ~ the rich** clavarles a los ricos; **to ~ sb for a loan** pedir prestado dinero a algn
Ⓑ VI remojarse; **to leave sth to ~** dejar algo en *or* al remojo
Ⓒ N 1 (*= rain*) diluvio *m*; **to have a good ~ in the bath** darse un buen baño; **give your shirt a ~ overnight** deja la camisa en remojo toda la noche
2 (*) (*= drunkard*) borracho/a *m/f*

►**soak in** VI + ADV penetrar

►**soak through** Ⓐ VT + ADV **to be ~ed through** [*person*] estar calado hasta los huesos, estar empapado
Ⓑ VI + PREP calar, penetrar

►**soak up** VT + ADV absorber

**soaking** ['səʊkɪŋ] Ⓐ ADJ (*also* **~ wet**) [*person*] calado hasta los huesos, empapado; [*object*] empapado, calado; **by the time we got back we were ~** cuando regresamos estábamos calados hasta los huesos *or* empapados; **your shoes are ~ wet** tienes los zapatos empapados *or* calados; **a ~ wet day** un día de muchísima lluvia
Ⓑ N (*in liquid*) remojo *m*; [*of rain*] diluvio *m*; **to get a ~** calarse hasta los huesos, empaparse

**so-and-so** ['səʊənsəʊ] N (*pl* **so-and-sos**) 1 (*= somebody*) fulano/a *m/f*; **Mr ~** don Fulano (de Tal); **any ~ could steal it** cualquiera podría robarlo
2 (*pej*) **he's a ~** es un tal, es un hijo de su madre*; **you old ~!** (*hum*) ¡sinvergüenza!

**soap** [səʊp] Ⓐ N 1 (*for washing*) jabón *m*; **soft ~*** coba *f*
2 (*) = **soap opera**
Ⓑ VT jabonar

➤ LANGUAGE IN USE: **so¹ A1** 5.1, 17.2 **B2** 17.2

Ⓒ CPD ► **soap dish** N jabonera *f* ► **soap flakes** NPL jabón *msing* en escamas ► **soap opera** N (*TV*) telenovela *f*; (*Rad*) radionovela *f* ► **soap powder** N polvos *mpl* de jabón, detergente *m* en polvo

►**soap up** VT + ADV **to ~ sb up*** dar coba a algn*

**soapbox** ['səʊpbɒks] Ⓐ N tribuna *f* improvisada
Ⓑ CPD ► **soapbox orator** N orador(a) *m/f* callejero/a

**soapstone** ['səʊpstəʊn] N esteatita *f*

**soapsuds** ['səʊpsʌdz] NPL jabonaduras *fpl*, espuma *fsing*

**soapy** ['səʊpɪ] ADJ (*compar* **soapier**; *superl* **soapiest**) [1] (= *covered in soap*) cubierto de jabón; (= *like soap*) parecido a jabón, jabonoso; **it tastes ~** sabe a jabón
[2] (*) (= *flattering*) zalamero, cobista*

**soar** [sɔːʳ] VI [1] (= *rise*) [*birds etc*] remontar el vuelo
[2] (*fig*) [*tower etc*] elevarse; [*price etc*] subir vertiginosamente, ponerse por las nubes; [*ambition, hopes*] aumentar; [*morale, spirits*] renacer, reanimarse; **the new tower ~s over the city** la nueva torre se eleva sobre la ciudad; **our spirits ~ed** renació nuestra esperanza

**soaring** ['sɔːrɪŋ] ADJ [*flight*] planeador, que vuela; [*building*] altísimo; [*prices*] en alza, en aumento; [*hopes, imagination*] expansivo; [*ambition*] inmenso

**sob** [sɒb] Ⓐ N sollozo *m*; **she said with a ~** dijo sollozando, dijo entre sollozos
Ⓑ VI sollozar
Ⓒ VT **"no," she ~bed** —no —dijo sollozando, —no —dijo entre sollozos; **to ~ o.s. to sleep** dormirse sollozando; **to ~ one's heart out** llorar a lágrima viva; **she ~bed out her troubles** contó sus penas llorando *or* entre sollozos
Ⓓ CPD ► **sob story*** N tragedia *f* ► **sob stuff*** N sentimentalismo *m*, sensiblería *f*

**S.O.B., s.o.b.‡** N ABBR (*US*) (= **son of a bitch**) hijo *m* de puta‡

**sobbing** ['sɒbɪŋ] N sollozos *mpl*

**sober** ['səʊbəʳ] Ⓐ ADJ [1] (= *not drunk*) sobrio; **to stay ~** mantenerse sobrio; ✦*IDIOMS* **to be as ~ as a judge** ◊ **be stone-cold ~*** estar perfectamente sobrio
[2] (= *serious, calm*) [*person*] serio, formal; [*expression*] grave; [*attitude, assessment*] serio, sobrio; [*fact*] cruel; [*reality*] crudo, duro; **after ~ reflection** después de una seria reflexión
[3] (= *dull, subdued*) [*clothes, suit, style, decor*] sobrio, discreto; [*colour*] discreto
Ⓑ VT [1] (*also* **~ up**) (= *stop being drunk*) despejar, quitar la borrachera a
[2] (= *make more serious*) volver más serio
Ⓒ VI [1] (*also* **~ up**) (= *stop being drunk*) despejarse, pasársele la borrachera
[2] (= *become more serious*) volverse más serio

►**sober up** Ⓐ VT + ADV [1] (= *stop being drunk*) despejar, quitar la borrachera a
[2] (= *make more serious*) volver más serio a
Ⓑ VI + ADV [1] (= *stop being drunk*) **when she had ~ed up** cuando se hubo despejado, cuando se le hubo pasado la borrachera
[2] (= *become serious*) volverse más serio

**sober-headed** ['səʊbə'hedɪd] ADJ [*person*] sensato, sobrio; [*decision*] sensato

**sobering** ['səʊbərɪŋ] ADJ **it had a ~ effect on me** fue aleccionador; **it's a ~ thought** da que pensar

**soberly** ['səʊbəlɪ] ADV [1] (= *not drunkenly*) sobriamente
[2] (= *seriously*) [*say, look*] con seriedad, sobriamente
[3] (= *plainly*) [*decorated, dressed*] sobriamente, discretamente; **he was ~ dressed in a dark suit** vestía un traje oscuro y sobrio *or* discreto

**sober-minded** ['səʊbə'maɪndɪd] ADJ serio

**soberness** ['səʊbənɪs] N = **sobriety**

**sobersides*** ['səʊbəsaɪdz] NSING persona *f* muy reservada

**sobriety** [səʊ'braɪətɪ] N [1] (= *not being drunk*) **~ test** (*US*) prueba *f* de alcoholemia
[2] (= *seriousness, sedateness*) seriedad *f*, sobriedad *f*
[3] (= *subdued nature*) sobriedad *f*, discreción *f*

**sobriquet** ['səʊbrɪkeɪ] N apodo *m*, mote *m*

**Soc** ABBR [1] = **society**
[2] = **Socialist**

**soc.** ABBR = **society**

**so-called** ['səʊ'kɔːld] ADJ supuesto, presunto; **all these ~ journalists** todos estos supuestos *or* presuntos *or* así llamados periodistas; **in the ~ rush hours** en las llamadas horas punta

**soccer** ['sɒkəʳ] Ⓐ N fútbol *m*; **to play ~** jugar al fútbol
Ⓑ CPD ► **soccer player** N futbolista *mf* ► **soccer season** N temporada *f* de fútbol

**sociability** [ˌsəʊʃə'bɪlɪtɪ] N sociabilidad *f*

**sociable** ['səʊʃəbl] ADJ [*person*] sociable, tratable; [*occasion*] social; **I don't feel very ~** no estoy para hacer vida social; **I'll have one drink, just to be ~** para hacerles compañía, tomaré una copa

**sociably** ['səʊʃəblɪ] ADV sociablemente; **to live ~ together** vivir juntos amistosamente

**social** ['səʊʃəl] Ⓐ ADJ [1] (= *relating to society*) [*customs, problems, reforms*] social; **the ~ order** el orden social; *see also* **conscience A**
[2] (= *in society*) [*engagements, life etc*] social; **her ~ acquaintances** sus conocidos; **~ call** = **social visit**; **~ circle** círculo *m* de amistades; **he has little ~ contact with his business colleagues** apenas trata con sus colegas fuera del trabajo; **I'm a ~ drinker only** sólo bebo cuando estoy con gente; **she does not regard me as her ~ equal** no me trata como a alguien de su misma clase; **to have a good ~ life** hacer buena vida social; **clothes for ~ occasions** ropa para la vida social; **this isn't a ~ visit** ésta no es una visita de cortesía
[3] (= *interactive*) [*person, animal, behaviour*] social; **man is a ~ animal** el hombre es social por naturaleza; **I don't feel very ~ just now** no me apetece estar con gente ahora mismo; **he has poor ~ skills** no tiene aptitud para el trato social, no tiene mucho don de gentes
Ⓑ N reunión *f* (social)
Ⓒ CPD ► **social anthropologist** N antropólogo/a *m/f* social ► **social anthropology** N antropología *f* social ► **the Social Charter** N [*of EU*] la Carta Social ► **social class** N clase *f* social ► **social climber** N arribista *mf* ► **social climbing** N arribismo *m* (social) ► **social club** N club *m* social ► **social column** N (*Press*) ecos *mpl* de sociedad, notas *fpl* sociales (*LAm*) ► **the social contract** N (*Brit Ind*) el convenio social ► **social democracy** N socialdemocracia *f*, democracia *f* social ► **Social Democrat** N socialdemócrata *mf*; **the Social Democratic Party** el Partido Socialdemócrata ► **social disease** N (*euph*) enfermedad *f* venérea; (*relating to society*) enfermedad *f* social ► **social insurance** N (*US*) seguro *m* social ► **social outcast** N marginado/a *m/f* social ► **social science** N ciencias *fpl* sociales ► **social scientist** N sociólogo/a *m/f* ► **social secretary** N secretario/a *m/f* para asuntos sociales ► **social security** N seguridad *f* social; **to be on ~ security** vivir de la seguridad social ► **the social services** NPL los servicios sociales ► **social studies** NPL estudios *mpl* sociales ► **social welfare** N asistencia *f* social ► **social work** N asistencia *f* social ► **social worker** N asistente/a *m/f* social, trabajador(a) *m/f* social (*Mex*), visitador(a) *m/f* social (*Chile*)

**socialism** ['səʊʃəlɪzəm] N socialismo *m*

**socialist** ['səʊʃəlɪst] Ⓐ ADJ socialista
Ⓑ N socialista *mf*

**socialistic** [ˌsəʊʃə'lɪstɪk] ADJ socialista

**socialite** ['səʊʃəlaɪt] N famosillo/a* *m/f* (*pej*), vividor(a) *m/f*

**socialization** [ˌsəʊʃəlaɪ'zeɪʃən] N socialización *f*

**socialize** ['səʊʃəlaɪz] Ⓐ VT socializar
Ⓑ VI alternar, salir; **you should ~ more** deberías alternar *or* salir más; **we don't ~ much these days** últimamente no alternamos *or* salimos mucho

**socially** ['səʊʃəlɪ] ADV [*develop, integrate, interact*] socialmente; [*inferior, necessary*] socialmente, desde el punto de vista social; **~ acceptable** aceptado por la sociedad; **~ aware** con conciencia social; **to be ~ aware** tener conciencia social; **the ~ correct way of doing sth** la manera socialmente correcta de hacer algo; **to be ~ inadequate** no tener aptitud para el trato social, no saber tratar con la gente; **I didn't really get to know him ~** apenas tuve trato con él; **I don't really mix with him ~** no suelo alternar con él; **to be ~ unacceptable** ser mal visto

**societal** [sə'saɪətəl] ADJ societal

**society** [sə'saɪətɪ] Ⓐ N [1] (= *social community*) sociedad *f*; **he was a danger to ~** era un peligro para la sociedad; **a multi-cultural ~** una sociedad pluricultural
[2] (= *company*) compañía *f*; **I enjoyed his ~** me encantó su compañía; **in the ~ of** en compañía de, acompañado por; **in polite ~** entre gente educada
[3] (= *high society*) alta sociedad *f*; **to go into ~** [*girl*] ponerse de largo; **to move in ~** frecuentar la alta sociedad
[4] (= *club, organization*) asociación *f*, sociedad *f*; **a drama ~** una asociación *or* sociedad de amigos del teatro; **the Glasgow film ~** la sociedad cinematográfica de Glasgow; **learned ~** sociedad *f* científica, academia *f*; **the Society of Friends** los cuáqueros
Ⓑ CPD ► **society column** N ecos *mpl* de sociedad, notas *fpl* sociales (*LAm*) ► **society news** NSING notas *fpl* de sociedad ► **society party** N fiesta *f* de sociedad ► **society wedding** N boda *f* de sociedad ► **society woman** N mujer *f* conocida en la alta sociedad

**sociobiology** [ˌsəʊsɪəʊbaɪ'ɒlədʒɪ] N sociobiología *f*

**socioeconomic** ['səʊsɪəʊˌiːkə'nɒmɪk] ADJ socioeconómico

**sociolect** ['səʊsɪəʊˌlekt] N sociolecto *m*

**sociolinguistic** [ˌsəʊsɪəʊlɪŋ'gwɪstɪk] ADJ sociolingüístico

**sociolinguistics** [ˌsəʊsɪəʊlɪŋ'gwɪstɪks] NSING sociolingüística *f*

**sociological** [ˌsəʊsɪə'lɒdʒɪkəl] ADJ sociológico

**sociologist** [ˌsəʊsɪ'ɒlədʒɪst] N sociólogo/a *m/f*

**sociology** [ˌsəʊsɪ'ɒlədʒɪ] N sociología *f*

**sociopolitical** [ˌsəʊsɪəʊpə'lɪtɪkəl] ADJ sociopolítico

**sock**[1] [sɒk] N [1] calcetín *m*, media *f* (*LAm*); ✦*IDIOMS* **to pull one's ~s up** hacer esfuerzos, despabilarse; **put a ~ in it!*** ¡a callar!, ¡cállate!; **this will knock your ~s off*** esto es

para quitarse el sombrero
2 (= *windsock*) manga *f* (de viento)

**sock²*** [sɒk] Ⓐ N (= *blow*) puñetazo *m*; **to give sb a ~ on the jaw** pegar a algn en la cara
Ⓑ VT pegar; **~ him one!** ¡pégale!

**socket** ['sɒkɪt] Ⓐ N 1 (*Anat*) [*of eye*] cuenca *f*; [*of joint*] glena *f*; [*of tooth*] alvéolo *m*
2 (*Elec*) enchufe *m*, toma *f* de corriente, tomacorriente *m* (*LAm*)
3 (*Mech*) encaje *m*, cubo *m*
Ⓑ CPD ► **socket joint** N (*Carpentry*) machihembrado *m*; (*Anat*) articulación *f* esférica

**socko*** ['sɒkəʊ] ADJ (*US*) estupendo*, extraordinario

**Socrates** ['sɒkrətiːz] N Sócrates

**Socratic** [sɒ'krætɪk] ADJ socrático

**sod¹** [sɒd] N [*of earth*] terrón *m*, tepe *m*, césped *m*

**sod²**** [sɒd] (*Brit*) Ⓐ N cabrón/ona** *m/f*; **you ~!** ¡cabrón!**; **he's a real ~** es un auténtico cabrón**; **you lazy ~!** ¡vago!; **some poor ~** algún pobre diablo; **this job is a real ~** este trabajo es la monda*; **the lid is a ~ to get off** quitar la tapa hace sudar la gota gorda; **~'s law** (*Brit*) ley *f* de la indefectible mala voluntad de los objetos inanimados
Ⓑ VT **~ it!** ¡mierda!**; **~ him!** ¡que se joda!**

►**sod off**** VI + ADV **~ off!** ¡vete a la porra!*

**soda** ['səʊdə] Ⓐ N 1 (*Chem*) sosa *f*; (*Culin*) bicarbonato *m* (sódico)
2 (= *drink*) soda *f*; **whisky and ~** whisky-soda *m*; **do you like ~ with it?** ¿te echo un poco de sifón?, ¿con soda?
3 (*US*) (= *pop*) gaseosa *f*, refresco *m*
Ⓑ CPD ► **soda ash** N sosa *f* comercial, ceniza *f* de soda ► **soda fountain** N café-bar *m* ► **soda siphon** N sifón *m* ► **soda water** N soda *f*

**sodality** [səʊ'dælɪtɪ] N hermandad *f*, cofradía *f*

**sod-all**** ['sɒdɔːl] (*Brit*) = **damn-all**

**sodden** ['sɒdn] ADJ empapado

**sodding**** ['sɒdɪŋ] (*Brit*) Ⓐ ADJ jodido**, puñetero*; **her ~ dog** su jodido perro**, su puñetero perro*; **shut the ~ door!** ¡cierra la jodida puerta!**; **it's a ~ disgrace!** ¡no hay derecho, joder!**; **~ hell!** ¡joder!**, ¡me cago en la leche!**
Ⓑ ADV **it's ~ difficult** es muy jodido**, es puñeteramente complicado*; **he's ~ crazy!** ¡está como una puta cabra!**

**sodium** ['səʊdɪəm] Ⓐ N sodio *m*
Ⓑ CPD ► **sodium bicarbonate** N bicarbonato *m* sódico ► **sodium carbonate** N carbonato *m* sódico ► **sodium chloride** N cloruro *m* sódico, cloruro *m* de sodio ► **sodium lamp** N lámpara *f* de vapor de sodio ► **sodium nitrate** N nitrato *m* sódico ► **sodium sulphate** N sulfato *m* sódico

**Sodom** ['sɒdəm] N Sodoma *f*

**sodomite** ['sɒdəmaɪt] N sodomita *mf*

**sodomize** ['sɒdəmaɪz] VT sodomizar

**sodomy** ['sɒdəmɪ] N sodomía *f*

**sofa** ['səʊfə] Ⓐ N sofá *m*
Ⓑ CPD ► **sofa bed** N sofá-cama *m*

**Sofia** ['səʊfɪə] N Sofía *f*

**soft** [sɒft] Ⓐ ADJ (*compar* **softer**; *superl* **softest**)
1 (= *not hard*) [*ground, water, cheese, pencil, contact lens*] blando; [*bed, mattress, pillow*] blando, mullido; [*metal*] maleable, dúctil; (*pej*) [*muscles, flesh*] blando; **to go ~** [*biscuits etc*] ablandarse; **his muscles have gone ~** sus músculos han perdido su fuerza, se le han ablandado los músculos
2 (= *smooth*) [*skin, hair, fur, fabric, texture*] suave; **to make ~** [+ *skin, clothes*] suavizar; [+ *leather*] ablandar
3 (= *gentle, not harsh*) [*breeze, landing*] suave; [*accent*] ligero, leve; [*music*] suave; [*light*] tenue; [*colour*] delicado; [*line*] difuminado; **in ~ focus** desenfocado; **~ lighting** luz *f* tenue
4 (= *quiet*) [*whisper, laugh, step*] suave; [*whistle*] flojo; [*voice*] suave, tenue; **his voice was so ~ she scarcely heard it** hablaba tan bajito que apenas le oía; **the music is too ~** esta música está demasiado baja
5 (= *kind*) [*smile, person*] dulce; [*words*] tierno, dulce; **to have a ~ heart** ser todo corazón
6 (= *lenient, weak*) blando; **the ~ left** (*Pol*) la izquierda moderada, el centro-izquierda; **to take a ~ line against sth** adoptar una línea suave en contra de algo; **to be (too) ~ on/with sth/sb** ser (demasiado) blando *or* indulgente con algo/algn
7 (= *easy*) fácil; **~ job** chollo *m* (*Sp**), trabajo *m* fácil; **~ option** camino *m* fácil; **~ target** blanco *m* fácil; *see also* **touch A2**
8 (*) (= *foolish*) bobo*, tonto; **you must be ~!** ¡tú eres tonto!, ¡has perdido el juicio!; **to be ~ in the head** ser un poco bobo*
9 (= *fond*) **to be ~ on sb** sentir afecto por algn; **to have a ~ spot for sb** tener debilidad por algn
10 (*Ling*) débil
11 (*Econ*) [*prices, economy*] débil; [*sales, market, growth*] flojo
Ⓑ CPD [*currency, drug, fruit*] blando ► **soft brown sugar** N azúcar *f* morena blanda, azúcar *m* moreno blando ► **soft centre** N relleno *m* blando ► **soft commodities** NPL (*Fin*) bienes *mpl* perecederos, bienes *mpl* no durables ► **soft copy** N (*Comput*) copia *f* transitoria ► **soft drink** N bebida *f* refrescante, refresco *m* ► **soft furnishings** NPL textiles *mpl* ► **soft goods** NPL (*Comm*) géneros *mpl* textiles, tejidos *mpl* ► **soft money** N (*US*) papel *m* moneda ► **soft palate** N (*Anat*) velo *m* del paladar ► **soft pedal** N (*Mus*) pedal *m* suave; *see also* **soft-pedal** ► **soft porn**, **soft pornography** N pornografía *f* blanda ► **soft sell** N venta *f* por persuasión ► **soft soap*** N coba* *f*; **to give sb ~ soap** dar coba a algn*; *see also* **soft-soap** ► **soft top** N (*esp US*) descapotable *m* ► **soft toy** N juguete *m* de peluche

**softback** ['sɒftbæk] Ⓐ ADJ = **soft-bound**
Ⓑ N libro *m* en rústica

**softball** ['sɒftbɔːl] N (*US*) *especie de béisbol sobre un terreno más pequeño que el normal, con pelota grande y blanda*

**soft-boiled** ['sɒft,bɔɪld] ADJ [*egg*] pasado (por agua)

**soft-bound** ['sɒftbaʊnd], **soft-cover** ['sɒft-kʌvəʳ] ADJ **~ book** libro *m* en rústica

**soften** ['sɒfn] Ⓐ VT 1 (= *make less hard*) [+ *butter, ground, metal, leather, water*] ablandar
2 (= *make smooth*) [+ *fabric, skin, hair*] suavizar
3 (= *make gentle*) [+ *sound, outline*] suavizar; [+ *lights, lighting*] hacer más tenue; [+ *person*] ablandar
4 (= *mitigate*) [+ *effect, reaction*] mitigar, atenuar; **to ~ the blow** (*fig*) amortiguar el golpe
Ⓑ VI 1 (= *become less hard*) [*butter, ground, metal*] ablandarse
2 (= *become smooth*) [*fabric, skin, hair*] suavizarse
3 (= *become gentle*) [*voice, outline*] suavizarse; [*lighting*] hacerse más tenue; [*person*] ablandarse; **her heart ~ed** se le ablandó el corazón
4 (= *become moderate*) [*effect*] mitigarse, atenuarse; [*attitude*] suavizarse, moderarse

►**soften up** Ⓐ VT + ADV [+ *resistance*] debilitar
Ⓑ VI + ADV **to ~ up on sb** volverse menos severo con algn; **we must not ~ up on communism** debemos seguir tan opuestos como siempre al comunismo

**softener** ['sɒfnəʳ] N (= *water softener*) descalcificador *m*, decalcificador *m*; (= *fabric softener*) suavizante *m*

**softening** ['sɒfnɪŋ] N [*of ground, metal, leather*] reblandecimiento *m*; (*Fin*) [*of economy, market*] debilitamiento *m*; **~ of the brain** reblandecimiento *m* cerebral; **there has been a ~ of his attitude/position** ha suavizado *or* moderado su actitud/posición

**soft-headed** ['sɒft'hedɪd] ADJ bobo, tonto

**soft-hearted** ['sɒft'hɑːtɪd] ADJ compasivo, bondadoso

**soft-heartedness** ['sɒft'hɑːtɪdnɪs] N compasión *f*, bondad *f*

**softie*** ['sɒftɪ] N = **softy**

**soft-liner** [,sɒft'laɪnəʳ] N blando/a *m/f*

**softly** ['sɒftlɪ] ADV 1 (= *quietly*) [*walk, move*] silenciosamente, sin hacer ruido; [*say*] bajito, en voz baja; [*whistle*] bajito; **he closed the door ~** cerró la puerta silenciosamente; **he swore ~** dijo una palabrota en voz baja, susurró una palabrota; **the radio was playing ~ in the kitchen** la radio sonaba bajito en la cocina; **a ~ spoken young man** un joven de voz suave
2 (= *gently*) [*touch, tap, kiss*] suavemente; [*smile*] con ternura, dulcemente; [*say*] dulcemente
3 (= *not brightly*) [*glow, gleam, shine*] tenuemente; **~ lit** iluminado con luz tenue

**softly-softly** [,sɒftlɪ'sɒftlɪ] ADJ **to adopt a ~ approach** adoptar una política cautelosa

**softness** ['sɒftnɪs] N 1 [*of ground, bread*] blandura *f*, lo blando; [*of pencil, water, butter*] lo blando; [*of bed, pillow*] lo mullido; [*of muscles, flesh*] blandura *f*
2 [*of skin, hair, fabric*] suavidad *f*
3 [*of breeze, touch, voice, light, colour*] suavidad *f*; [*of light*] lo tenue
4 [*of sound, laugh*] suavidad *f*
5 (= *kindness*) ternura *f*
6 (= *leniency*) [*of person, approach*] indulgencia *f*, blandura *f*
7 (= *weakness*) debilidad *f*
8 (= *stupidity*) estupidez *f*

**soft-pedal** ['sɒft'pedl] VT (*esp US*) (*fig*) minimizar la importancia de

**soft-soap*** [,sɒft'səʊp] VT dar coba a*

**soft-spoken** ['sɒft'spəʊkən] ADJ de voz suave

**software** ['sɒftweəʳ] Ⓐ N (*Comput*) software *m*
Ⓑ CPD ► **software engineer** N ingeniero/a *m/f* de software ► **software engineering** N ingeniería *f* de software ► **software house** N compañía *f* especializada en programación ► **software package** N paquete *m* de programas

**softwood** ['sɒftwʊd] N madera *f* blanda

**softy*** ['sɒftɪ] N blandengue* *mf*; (= *too tender-hearted*) blandengue* *mf*, buenazo/a* *m/f*; (= *no stamina etc*) blandengue* *mf*; (= *coward*) gallina* *mf*, cobardica* *mf*; **you big softie, stop crying!** ¡no seas llorón *or* llorica!*

**soggy** ['sɒgɪ] ADJ (*compar* **soggier**; *superl* **soggiest**) [*paper*] mojado; [*clothes, ground*] empapado; [*bread, biscuits*] revenido; [*salad, vegetables*] pasado

**soh** [səʊ] N (*Mus*) sol *m*

**soi-disant** [swɑː'diːsɔːŋ] ADJ supuesto, presunto, sedicente

**soigné** ['swɑːnjeɪ] ADJ pulcro, acicalado

**soil¹** [sɔɪl] N (= *earth*) tierra *f*; **his native ~** su tierra natal, su patria; **on British ~** en suelo británico; **the ~** (= *farmland*) la tierra

**soil²** [sɔɪl] Ⓐ VT [1] (= *dirty*) ensuciar; (= *stain*) manchar; **to ~ o.s.** ensuciarse
[2] (*fig*) [+ *reputation, honour etc*] manchar; **I would not ~ myself by contact with …** no me rebajaría a tener contacto con …
Ⓑ VI ensuciarse

**soiled** [sɔɪld] ADJ (= *dirty*) sucio; (= *stained*) manchado

**soilpipe** ['sɔɪlpaɪp] N tubo *m* de desagüe sanitario

**soirée** ['swɑːreɪ] N velada *f*

**sojourn** ['sɒdʒɜːn] Ⓐ N permanencia *f*, estancia *f*
Ⓑ VI permanecer, residir, morar; (*for short time*) pasar una temporada

**solace** ['sɒlɪs] Ⓐ N consuelo *m*; **to seek ~ with …** procurar consolarse con …, buscar consuelo en
Ⓑ VT consolar; **to ~ o.s.** consolarse (**with** con)

**solar** ['səʊləʳ] Ⓐ ADJ solar
Ⓑ CPD ► **solar battery** N pila *f* solar ► **solar calculator** N calculadora *f* solar ► **solar calendar** N calendario *m* solar ► **solar cell** N célula *f* solar ► **solar eclipse** N eclipse *m* solar ► **solar energy** N energía *f* solar ► **solar flare** N erupción *f* solar ► **solar heat** N calor *m* solar ► **solar heating** N calefacción *f* solar ► **solar panel** N panel *m* solar ► **solar plexus** N (*Anat*) plexo *m* solar ► **solar power** N energía *f* solar ► **solar system** N sistema *m* solar ► **solar wind** N viento *m* solar ► **solar year** N año *m* solar

**solarium** [səʊ'leərɪəm] N (*pl* **solariums** *or* **solaria** [səʊ'leərɪə]) solárium *m*, solario *m*

**solar-powered** ['səʊlə'paʊəd] ADJ de energía solar

**sold** [səʊld] PT, PP *of* **sell**

**solder** ['səʊldəʳ] Ⓐ N soldadura *f*
Ⓑ VT soldar

**soldering-iron** ['səʊldərɪŋ,aɪən] N soldador *m*

**soldier** ['səʊldʒəʳ] Ⓐ N [1] (*Mil*) soldado *mf*, militar *mf*; **common ~** soldado *mf* raso; **~ of fortune** aventurero/a *m/f* militar; **an old ~** un veterano *or* excombatiente; **to come the old ~ with sb*** tratar de imponerse a algn (por más experimentado); **to play at ~s** jugar a los soldados; **a woman ~** una soldado, una mujer soldado
[2] (*Brit**) (= *strip of bread or toast*) *tira de pan (tostada) para mojar en los huevos pasados por agua*
[3] (*Zool*) (= *ant*) hormiga *f* soldado, soldado *m*
Ⓑ VI ser soldado; **he ~ed for ten years in the East** sirvió durante diez años en el Oriente
Ⓒ CPD ► **soldier ant** N hormiga *f* soldado, soldado *m*

►**soldier on** VI + ADV seguir adelante

**soldierly** ['səʊldʒəlɪ] ADJ militar

**soldiery** ['səʊldʒərɪ] N soldadesca *f*; **a brutal and licentious ~** la soldadesca indisciplinada

**sole¹** [səʊl] Ⓐ N [1] (*Anat*) planta *f*
[2] [*of shoe*] suela *f*; **half ~** media suela *f*; **inner ~** plantilla *f*
Ⓑ VT poner suela a

**sole²** [səʊl] N (*pl* **sole** *or* **soles**) (= *fish*) lenguado *m*

**sole³** [səʊl] ADJ (= *only*) único; (= *exclusive*) exclusivo, en exclusividad; **the ~ reason is that …** la única razón es que …; **to be ~ agent for** tener la representación exclusiva de; **~ owner** propietario/a *m/f* único/a; **~ trader** empresario/a *m/f* individual

**solecism** ['sɒləsɪzəm] N solecismo *m*

**solely** ['səʊllɪ] ADV (= *only*) únicamente, solamente, sólo; (= *exclusively*) exclusivamente

**solemn** ['sɒləm] ADJ [*person, face*] serio, adusto; [*warning*] serio; [*occasion, promise*] solemne; **he looked ~** estaba muy serio, tenía un aspecto adusto

**solemnity** [sə'lemnɪtɪ] N [*of occasion, promise*] solemnidad *f*; [*of person's expression*] seriedad *f*, adustez *f*; [*of warning*] seriedad *f*

**solemnization** ['sɒləmnaɪ'zeɪʃən] N solemnización *f*

**solemnize** ['sɒləmnaɪz] VT solemnizar

**solemnly** ['sɒləmlɪ] ADV [*nod, look*] seriamente, con gesto adusto; [*say*] con seriedad, con tono solemne; [*promise, declare, swear*] solemnemente

**solenoid** ['səʊlənɔɪd] N solenoide *m*

**sol-fa** ['sɒl'fɑː] N (*Mus*) solfeo *m*

**solicit** [sə'lɪsɪt] Ⓐ VT (= *request*) solicitar; (= *demand*) exigir; (= *beg for*) pedir; **to ~ sb for sth** ◊ **~ sth of sb** solicitar algo a algn
Ⓑ VI [*prostitute*] ejercer la prostitución abordando a clientes

**solicitation** [sə,lɪsɪ'teɪʃən] N (*esp US*) solicitación *f*

**soliciting** [sə'lɪsɪtɪŋ] N abordamiento *m*; (*by prostitute*) ejercicio *m* de la prostitución (*abordando a los clientes*)

**solicitor** [sə'lɪsɪtəʳ] Ⓐ N [1] (*Brit Jur*) (= *lawyer*) procurador(a) *m/f*, abogado/a *m/f*; (*for wills*) notario/a *m/f*; → LAWYERS
[2] (*US*) (= *officer*) representante *mf*, agente *mf*; (*Jur*) abogado/a *m/f* asesor(a) adscrito/a a un municipio
Ⓑ CPD ► **Solicitor General** N (*Brit*) subfiscal *mf* de la corona; (*US*) Procurador(a) *m/f* general del Estado

**solicitous** [sə'lɪsɪtəs] ADJ **~ (about** *or* **for)** (= *anxious*) atento (a); **~ to please** deseoso de agradar *or* quedar bien

**solicitude** [sə'lɪsɪtjuːd] N (*frm*) (= *consideration*) solicitud *f*; (= *concern*) preocupación *f*; (= *anxiety*) ansiedad *f*; (= *attention*) atención *f*

**solid** ['sɒlɪd] Ⓐ ADJ [1] (= *not liquid*) sólido; **to become ~** solidificarse; **~ food** alimentos *mpl* sólidos; **to freeze ~** congelarse por completo; **to be frozen ~** estar completamente congelado; **to go ~** solidificarse
[2] (= *firm*) [*masonry, building, understanding, basis*] sólido; [*argument*] sólido, bien fundamentado; [*relationship*] sólido, firme; **get a good ~ grip on the handle** agarra bien el mango; **~ ground** tierra *f* firme; **to have ~ grounds for thinking that …** tener bases sólidas para creer que …; ✦**IDIOM as ~ as a rock** [*structure, relationship*] sólido como una roca; [*substance*] duro como una piedra; [*person*] digno de confianza
[3] (= *not hollow*) [*rock*] sólido; [*wood, steel*] macizo, puro; [*tyre, ball, block*] macizo; **~ gold** oro *m* puro
[4] (= *compact, dense*) [*layer, crowd*] compacto; **flights to Israel are booked ~** los vuelos a Israel están completamente llenos; **a man of ~ build** un hombre fornido *or* de constitución robusta; **a ~ mass of colour** una masa sólida de color; **a ~ mass of people** una masa compacta de gente; **he's six feet of ~ muscle** mide uno ochenta y es todo músculo; **the streets were packed ~ with people** las calles estaban abarrotadas de gente; **the bolts have rusted ~** los tornillos están tan oxidados que es imposible girarlos; **the traffic was ~ going into town** había una caravana tremenda en dirección a la ciudad*
[5] (= *continuous*) [*line, rain*] ininterrumpido; **we waited two ~ hours** esperamos dos horas enteras; **I've been working on this for eight hours ~** he estado trabajando sobre esto durante ocho horas ininterrumpidas, llevo trabajando sobre esto ocho horas sin parar
[6] (= *reliable*) [*person, relationship*] serio; [*evidence, reason, values*] sólido; [*information*] fiable; [*work*] concienzudo; [*citizen*] responsable; [*advice*] útil; **he's a good ~ worker** es un trabajador responsable
[7] (= *substantial*) **a ~ meal** una comida sustanciosa
[8] (= *unanimous*) **~ support** un apoyo unánime
[9] (*Geom*) [*figure*] tridimensional
Ⓑ N [1] (*Phys, Chem*) sólido *m*
[2] (*Geom*) sólido *m*
[3] **solids** (= *solid food*) (alimentos *mpl*) sólidos *mpl*; **is he on ~s yet?** ¿come ya alimentos sólidos?
Ⓒ CPD ► **solid angle** N (*Geom*) ángulo *m* sólido ► **solid compound** N (*Ling*) *compuesto que se escribe como una sola palabra* ► **solid fuel** N combustible *m* sólido ► **solid geometry** N geometría *f* de los cuerpos sólidos

**solidarity** [,sɒlɪ'dærɪtɪ] Ⓐ N solidaridad *f*; **out of ~ with the workers** por solidaridad con los obreros
Ⓑ CPD ► **solidarity strike** N huelga *f* por solidaridad

**solidification** [sə,lɪdɪfɪ'keɪʃən] N solidificación *f*

**solidify** [sə'lɪdɪfaɪ] Ⓐ VI [1] (= *become solid*) solidificarse
[2] (*fig*) (= *become strong, united etc*) unirse
Ⓑ VT solidificar

**solidity** [sə'lɪdɪtɪ] N solidez *f*

**solidly** ['sɒlɪdlɪ] ADV [1] (= *firmly*) con firmeza; **he placed his hands ~ on the desk** colocó sus manos con firmeza sobre la mesa; **it was ~ under Communist rule** estaba firmemente sometida a la ley comunista; **a ~ based theory** una teoría bien fundamentada, una teoría de una base sólida
[2] (= *sturdily*) **~ made** sólidamente construido, de construcción sólida; **~ built** *or* **constructed** de construcción sólida; **a ~-built man** un hombre fornido *or* de constitución robusta
[3] (= *without pause*) ininterrumpidamente, sin parar; **we drove/it rained ~ for two days** condujimos/llovió ininterrumpidamente durante dos días, condujimos/llovió dos días sin parar; **to work ~** trabajar sin descanso *or* sin parar
[4] (= *unanimously*) unánimemente; **to vote ~ for sb** votar unánimemente por algn; **to be ~ behind sth/sb** apoyar algo/a algn unánimemente
[5] (= *thoroughly*) **a ~ reasoned argument** un argumento sólidamente razonado; **a ~ middle-class neighbourhood** un barrio totalmente de clase media

**solid-state physics** [,sɒlɪdsteɪt'fɪzɪks] NSING física *f* del estado sólido

**solidus** ['sɒlɪdəs] N (*Typ*) barra *f*

**soliloquize** [sə'lɪləkwaɪz] Ⓐ VI decir un soliloquio, monologar
Ⓑ VT **"perhaps," he ~d** —quizás —dijo para sí

**soliloquy** [sə'lɪləkwɪ] N soliloquio *m*

**solipsism** ['səʊlɪpsɪzəm] N solipsismo *m*

**solitaire** [ˌsɒlɪˈtɛəʳ] N [1] (= *gem*) solitario *m*
[2] (= *board game*) solitario *m*
[3] (*esp US Cards*) solitario *m*; **to play ~** hacer un solitario

**solitary** [ˈsɒlɪtərɪ] (A) ADJ [1] (= *lonely, lone*) [*person, life, childhood*] solitario; **to take a ~ walk** dar un paseo solo, pasearse sin compañía; **to feel rather ~** sentirse solo, sentirse aislado
[2] (= *secluded*) retirado
[3] (= *sole*) solo, único; **not a ~ one** ni uno (solo); **there has been one ~ case** ha habido un caso único; **there has not been one ~ case** no ha habido ni un solo caso
(B) N [1] (= *person*) solitario/a *m/f*
[2] (*) = **solitary confinement**
(C) CPD ► **solitary confinement** N **to be in ~ confinement** estar incomunicado, estar en pelota‡

**solitude** [ˈsɒlɪtjuːd] N soledad *f*

**solo** [ˈsəʊləʊ] (A) N (*pl* **solos**) [1] (*Mus*) solo *m*; **a tenor ~** un solo para tenor; **a guitar ~** un solo de guitarra
[2] (*Cards*) solo *m*
(B) ADJ **~ flight** vuelo *m* a solas; **passage for ~ violin** pasaje *m* para violín solo; **~ trip round the world** vuelta *f* al mundo en solitario
(C) ADV solo, a solas; **to fly ~** volar a solas; **to sing ~** cantar solo

**soloist** [ˈsəʊləʊɪst] N solista *mf*

**Solomon** [ˈsɒləmən] (A) N Salomón
(B) CPD ► **Solomon Islands** NPL Islas *fpl* Salomón

**solstice** [ˈsɒlstɪs] N solsticio *m*; **summer ~** solsticio *m* de verano; **winter ~** solsticio *m* de invierno

**solubility** [ˌsɒljʊˈbɪlɪtɪ] N solubilidad *f*

**soluble** [ˈsɒljʊbl] ADJ soluble; **~ in water** soluble en agua

**solution** [səˈluːʃən] N [1] (= *answer*) solución *f*; **the ~ to a problem** la solución de *or* a un problema
[2] (*Chem*) solución *f*; **in ~** en solución

**solvable** [ˈsɒlvəbl] ADJ soluble, que se puede resolver

**solve** [sɒlv] VT [+ *problem, puzzle*] resolver, solucionar; [+ *mystery, crime*] resolver, esclarecer; **to ~ a riddle** resolver una adivinanza, adivinar *or* resolver un acertijo; **that question remains to be ~d** aún queda por resolver esa cuestión

**solvency** [ˈsɒlvənsɪ] N (*Fin*) solvencia *f*

**solvent** [ˈsɒlvənt] (A) ADJ (*Chem, Fin*) solvente
(B) N (*Chem*) disolvente *m*
(C) CPD ► **solvent abuse** N abuso *m* de los disolventes

**solver** [ˈsɒlvəʳ] N solucionista *mf*

**Som.** ABBR (*Brit*) = **Somerset**

**Somali** [səʊˈmɑːlɪ] (A) ADJ somalí
(B) N somalí *mf*

**Somalia** [səʊˈmɑːlɪə] N Somalia *f*

**Somalian** [səʊˈmɑːlɪən] (A) ADJ somalí
(B) N somalí *mf*

**Somaliland** [səʊˈmɑːlɪlænd] N Somalia *f*

**sombre**, **somber** (*US*) [ˈsɒmbəʳ] ADJ [1] (= *sober*) sombrío; **a ~ prospect** una perspectiva sombría; **in ~ hues** en colores sombríos
[2] (= *pessimistic*) pesimista; **he was ~ about our chances** se mostró pesimista acerca de nuestras posibilidades
[3] (= *melancholy*) melancólico

**sombrely**, **somberly** (*US*) [ˈsɒmbəlɪ] ADV [1] (= *soberly*) sombríamente
[2] (= *pessimistically*) con pesimismo, en tono pesimista

**sombreness**, **somberness** (*US*) [ˈsɒmbənɪs] N [1] (= *soberness*) lo sombrío
[2] (= *pessimism*) pesimismo *m*

**some** [sʌm]

| | |
|---|---|
| [A] ADJECTIVE | [C] ADVERB |
| [B] PRONOUN | |

(A) ADJECTIVE

[1] [= ***an amount of***]

*When* **some** *refers to something you can't count, it usually isn't translated:*

**will you have ~ tea?** ¿quieres té?; **have ~ more cake** toma *or* sírvete más pastel; **you've got ~ money, haven't you?** tienes dinero, ¿no?; **let's have ~ breakfast** vamos a desayunar; [BUT] **we gave them ~ food** les dimos comida *or* algo de comida; **there's ~ great acting in this film** hay algunas actuaciones muy buenas en esta película

[2] [= ***a little***] algo de, un poco de; **all I have left is ~ chocolate** solamente me queda algo de *or* un poco de chocolate; **she has ~ experience with children** tiene algo de *or* un poco de experiencia con niños; **the book was ~ help, but not much** el libro ayudó algo *or* un poco, pero no mucho, el libro fue de alguna ayuda, pero no mucha; **I did ~ writing this morning** he escrito un poco esta mañana; **she went out for ~ fresh air** salió para tomar un poco de aire fresco

[3] [= ***a number of***] unos; **~ boys were shouting at him** unos chicos le estaban gritando; **I have ~ wonderful memories** tengo unos recuerdos maravillosos; [BUT] **would you like ~ sweets/grapes?** ¿quieres caramelos/uvas?; **we've got ~ biscuits, haven't we?** tenemos galletas, ¿no?; **you need ~ new trousers/glasses** necesitas unos pantalones nuevos/unas gafas nuevas; **surely she has SOME friends?** debe de tener por lo menos algún amigo

[4] [= ***certain***] **~ people say that ...** algunos dicen que ..., algunas personas dicen que ..., hay gente que dice que ...; **~ people hate fish** algunas personas odian el pescado, hay gente que odia el pescado; **~ people just don't care** hay gente que no se preocupa en lo más mínimo; **~ people have all the luck!** ¡los hay que tienen suerte!, ¡algunos parece que nacen de pie!*; **in ~ ways he's right** en cierto modo *or* sentido, tiene razón; **I paid for mine, unlike ~ people I could mention** yo pagué el mío, no como ciertas personas *or* algunos a los que no quiero nombrar; **~ mushrooms are poisonous** ciertos tipos de setas son venenosas; **I like ~ jazz music** me gusta cierto tipo de jazz

[5] [***indefinite***] algún + *masc noun*, alguna + *fem noun*; **~ day** algún día; **~ day next week** algún día de la semana que viene; **~ idiot of a driver** algún imbécil de conductor; **I read it in ~ book (or other)** lo he leído en algún libro; **for ~ reason (or other)** por alguna razón, por una u otra razón; **there must be SOME solution** alguna solución tiene que haber; [BUT] **~ man was asking for you** un hombre estuvo preguntando por ti; **this will give you ~ idea of ...** esto te dará una idea de ...; **let's make it ~ other time** hagámoslo otro día

[6] [= ***a considerable amount of***] bastante; **it took ~ courage to do that** hacer eso exigió bastante valor; **it's a matter of ~ importance** es un asunto de bastante importancia; **she is ~ few years younger than him** es bastantes años más joven que él; **I haven't seen him for ~ time** hace bastante (tiempo) que no lo veo; *see also* **length A4**

[7] [= ***a considerable number of***] **I haven't seen him for ~ years** hace bastantes años que no lo veo; **I posted it ~ days ago (now)** lo mandé por correo hace (ya) varios días

[8] (* *emphatic*) [8·1] (*admiring*) **that's ~ fish!** ¡eso sí que es un pez!, ¡eso es lo que se llama un pez!, ¡vaya pez!; **that's ~ woman** ¡qué mujer!; **it was ~ party** ¡vaya fiesta!, ¡menuda fiesta!
[8·2] (*iro*) **"he says he's my friend" — "~ friend!"** —dice que es mi amigo —¡menudo amigo!; **you're ~ help, you are!** ¡vaya ayuda das!, ¡menuda ayuda eres tú!; **~ expert!** ¡valiente experto!
[8·3] (*in annoyance*) **~ people!** ¡qué gente!

(B) PRONOUN

[1] [= ***a certain amount, a little***] un poco; **have ~!** ¡toma un poco!; **could I have ~ of that cheese?** ¿me das un poco de ese queso?; **I only want ~ of it** sólo quiero un poco; [BUT] **thanks, I've got ~** gracias, ya tengo; **"I haven't got any paper" — "I'll give you ~"** —no tengo nada de papel —yo te doy; **it would cost twice that much and then ~*** costaría el doble de eso y algo más de propina*

[2] [= ***a part***] una parte; **I've read ~ of the book** he leído (una) parte del libro; **~ of what he said was true** parte de lo que dijo era cierto; **~ (of it) has been eaten** se han comido un poco *or* una parte; **give me ~!** ¡dame un poco!

[3] [= ***a number***] algunos/as *mpl/fpl*; **~ (of them) have been sold** algunos (de ellos) se han vendido; **~ of my friends came** vinieron algunos de mis amigos; **I don't want them all, but I'd like ~** no los quiero todos, pero sí unos pocos *or* cuantos, no los quiero todos, pero sí algunos; **would you like ~?** ¿quieres unos pocos *or* cuantos?, ¿quieres algunos?

[4] [= ***certain people***] algunos, algunas personas; **~ believe that ...** algunos creen que ..., algunas personas creen que ..., hay gente que cree que ...

(C) ADVERB

[1] [= ***about***] **~ 20 people** unas 20 personas, una veintena de personas; **~ £30** unas 30 libras

[2] (*esp US**) [2·1] (= *a lot*) mucho; **we laughed ~** nos reímos mucho; **Edinburgh to London in five hours, that's going ~!** de Edimburgo a Londres en cinco horas, ¡eso sí que es rapidez!
[2·2] (= *a little*) **you'll feel better when you've slept ~** te sentirás mejor cuando hayas dormido un poco

**somebody** [ˈsʌmbədɪ] (A) PRON alguien; **there's ~ coming** viene alguien; **~ knocked at the door** alguien llamó a la puerta; **~ speak to me!** ¡que alguien me diga algo!; **I need ~ to help me** necesito que alguien me ayude, necesito a alguien que me ayude; **~ Italian** un italiano; **~ from the audience** alguien del público; **we need ~ strong for that** necesitamos a alguien fuerte para eso; **you must have seen SOMEBODY!** ¡a alguien tienes que haber visto!; **let ~ else try** deja que otro *or* otra persona *or* alguien más lo intente; **~ or other** alguien; ✦***IDIOM*** **~ up there loves/hates me** tengo una buena/mala racha
(B) N **to be ~** ser un personaje, ser alguien; **he really thinks he's ~ doesn't he?** realmente se cree alguien, ¿verdad?

**someday** [ˈsʌmdeɪ] ADV algún día

**somehow** [ˈsʌmhaʊ] ADV [1] (= *by some means*) de algún modo, de alguna manera; **I'll do it ~** de algún modo *or* de alguna manera lo haré; **it**

**has to be done ~ or other** de un modo u otro *or* de una manera u otra tiene que hacerse

2 (= *for some reason*) por alguna razón; **~ I didn't get on with her** por alguna razón *or* no sé porqué, no me llevaba bien con ella; **~ I don't think he believed me** no sé porqué, pero me parece que no me creyó; **~ or other I never liked him** por alguna razón u otra nunca me cayó bien; **it seems odd, ~** ◊ **it seems ~ odd** no sé porqué pero me parece extraño

**someone** ['sʌmwʌn] PRON = **somebody**

**someplace** ['sʌmpleɪs] ADV (*US*) = **somewhere**

**somersault** ['sʌməsɔːlt] Ⓐ N (*by person*) voltereta *f*, salto *m* mortal; (*by car etc*) vuelco *m*, vuelta *f* de campana; **to turn** *or* **do a ~** dar una voltereta, dar un salto mortal

Ⓑ VI [*person*] dar una voltereta, dar un salto mortal; [*car etc*] dar una vuelta de campana

**something** ['sʌmθɪŋ] Ⓐ PRON 1 algo; **cook ~ nice** haz algo que esté rico; **wear ~ warm** ponte algo que abrigue; **there's ~ about him I don't like** hay algo que no me gusta de él; **let me ask you ~** déjame hacerte una pregunta, deja que te pregunte algo; **it's come to ~ when you get the sack for that** ¡a lo que hemos llegado! ¡que te echen por eso!; **that has ~ to do with accountancy** eso tiene que ver *or* está relacionado con la contabilidad; **he's got ~ to do with it** está metido *or* involucrado en eso; **~ else** otra cosa; **here's ~ for your trouble†** aquí tiene, por la molestia; **I think you may have ~ there** puede que tengas razón, puede que estés en lo cierto; **there's ~ in what you say** hay algo de verdad en lo que dices; **he's ~ in the City** trabaja de algo *or* de no sé qué en la City; **the music spoke to ~ in me** la música inspiró algo en mí; **~ of the kind** algo por el estilo; **do you want to make ~ of it?** ¿quieres hacer un problema de esto?; **there's ~ the matter** pasa algo; **it's not ~ I approve of** no es algo que yo apruebe; **you can't get ~ for nothing** las cosas no las regalan; **there's ~ odd here** aquí hay *or* pasa algo (raro); **it's ~ of a problem** es de algún modo *or* en cierto modo un problema, en cierto sentido representa un problema; **he's ~ of a musician** tiene algo de músico, tiene cierto talento para la música; **he's getting ~ of a reputation around here** se está ganando cierta fama por aquí; **the play proved to be ~ of a letdown** la obra resultó ser un tanto decepcionante; **I hope to see ~ of you** espero que nos seguiremos viendo, nos estaremos viendo, espero (*LAm*); **did you say ~?** ¿dijiste algo?; **well, that's ~** eso ya es algo; **will you have ~ to drink?** ¿quieres tomar algo?; **I need ~ to eat** necesito comer algo; **it gives her ~ to live for** le da un motivo para vivir

2 (*) (= *something special or unusual*) **he thinks he's ~*** se cree alguien; **their win was quite ~** su victoria fue extraordinaria; **that's really ~!** ¡eso sí que es fenomenal *or* estupendo!

3 (*in guesses, approximations*) **he's called John ~** se llama John no sé qué, se llama John algo; **there were 30 ~** había 30 y algunos más; **the four ~ train** el tren de las cuatro y pico; **are you mad or ~?** ¿estás loco o qué?, ¿estás loco o algo así?; **her name is Camilla or ~** se llama Camilla o algo así, se llama algo así como Camilla, se llama Camilla o algo por el estilo; **he's got flu or ~** tiene gripe o algo parecido; **~ or other** algo, alguna cosa

Ⓑ ADV 1 (= *a little, somewhat*) 1·1 **there were ~ like 80 people there** había algo así como 80 personas allí, había como unas 80 personas allí; **it's ~ like ten o'clock** son algo así como las diez, son las diez más o menos; **it cost £100, or ~ like that** costó 100 libras, o algo así; **he looks ~ like me** se parece algo *or* un poco a mí; **he talks ~ like his father** tiene algo de su padre cuando habla; **now that's ~ like a rose!** ¡eso es lo que se llama una rosa!; **now that's ~ like it!** ¡así es como debe ser!

1·2 **~ over 200** algo más de 200, un poco más de 200

2 (*) **they pull her leg ~ chronic** le toman el pelo una barbaridad*, le toman el pelo que es una cosa mala*; **it hurts ~ awful** duele un montón*; **she loves him ~ awful** le quiere una barbaridad*

Ⓒ N **she has a certain ~** tiene un algo, tiene un no sé qué; **that certain ~ that makes all the difference** ese no sé qué que importa tanto; **it's just a little ~ I picked up in a sale** es una tontería que compré en las rebajas; **would you like a little ~ before dinner?** ¿quieres tomar *or* picar algo antes de la cena?

**sometime** ['sʌmtaɪm] Ⓐ ADV 1 (*in future*) algún día; **you must come and see us ~** tienes que venir a vernos algún día; **I'll finish it ~** lo voy a terminar un día de estos; **~ soon** un día de estos, antes de que pase mucho tiempo; **~ before tomorrow** antes de mañana; **~ next year** en algún momento el año que viene, el año que viene, no sé cuándo exactamente; **~ or other it will have to be done** tarde o temprano tendrá que hacerse

2 (*in past*) **~ last month** (en algún momento) el mes pasado, el mes pasado, no sé cuándo exactamente; **the victim died ~ during the last 24 hours** la víctima murió durante las últimas 24 horas, no se sabe el momento preciso; **~ last century** en el siglo pasado, durante el siglo pasado

Ⓑ ADJ 1 (= *former*) ex …, antiguo

2 (*US*) (= *occasional*) intermitente

**sometimes** ['sʌmtaɪmz] ADV a veces; **I ~ drink beer** a veces bebo cerveza; **~ I lose interest** hay veces que pierdo el interés

**somewhat** ['sʌmwɒt] ADV algo, un tanto; **he was ~ puzzled** se quedó algo *or* un tanto perplejo; **we are ~ worried** estamos algo inquietos; **it was done ~ hastily** se hizo con demasiada prisa

**somewhere** ['sʌmwɛəʳ] Ⓐ ADV 1 (*location*) en alguna parte, en algún lugar, en algún sitio; (*direction*) a alguna parte, a algún lugar *or* sitio; **I left my keys ~** me he dejado las llaves en alguna parte *or* en algún sitio; **let's go ~ private** vamos a algún sitio *or* lugar donde podamos estar solos; **I'd like to go on holiday ~ exotic** me gustaría irme de vacaciones a algún sitio *or* lugar exótico; **he's ~ around** anda por ahí; **~ else** (*location*) en otra parte; (*direction*) a otra parte, a otro sitio; **the bar was full so we decided to go ~ else** el bar estaba lleno, así es que decidimos ir a otra parte *or* a otro sitio; **she lives ~ in Wales** vive en algún lugar *or* en alguna parte de Gales; **~ in the back of my mind** en algún lugar de mi mente; **~ near Huesca** cerca de Huesca, en algún lugar *or* sitio cerca de Huesca; **I left it ~ or other** lo dejé en alguna parte *or* en algún sitio, lo dejé por ahí; **✦IDIOMS ~ along the line**: **~ along the line they changed the title** en algún momento cambiaron el título; **to get ~*** (= *make progress*) hacer progresos, conseguir algo; **now we're getting ~** ahora sí que estamos haciendo progresos, ahora sí que estamos consiguiendo algo

2 (= *approximately*) **~ around three o'clock** alrededor de las tres, a eso de las tres; **he's been given ~ between three and six months to live** le han dado entre tres y seis meses de vida; **he's ~ in his fifties** tiene cincuenta y tantos años; **he paid ~ in the region of £1000** pagó alrededor de 1000 libras

Ⓑ PRON algún lugar, algún sitio; **you'll have to find ~ else to live** tendrás que buscarte otro sitio *or* lugar para vivir; **we decided to hire ~ for the party** decidimos alquilar un lugar para la fiesta; **they broadcast from ~ in Europe** emiten desde algún lugar de Europa

**Somme** [sɒm] N Somme *m*; **the Battle of the ~** la batalla del Somme

**somnambulism** [sɒm'næmbjʊlɪzəm] N sonambulismo *m*

**somnambulist** [sɒm'næmbjʊlɪst] N sonámbulo/a *m/f*

**somniferous** [sɒm'nɪfərəs] ADJ somnífero

**somnolence** ['sɒmnələns] N somnolencia *f*

**somnolent** ['sɒmnələnt] ADJ (= *sleepy*) soñoliento

**son** [sʌn] N hijo *m*; **the youngest/eldest ~** el hijo menor/mayor; **the Son of God** el Hijo de Dios; **the Son of Man** el Hijo del Hombre; **come here, ~*** ven, hijo; **~ of a bitch**** hijo *m* de puta**, hijo *m* de la chingada (*Mex***)

**sonar** ['səʊnɑːʳ] N sonar *m*

**sonata** [sə'nɑːtə] N sonata *f*

**son et lumière** [ˌsɔ̃eɪluːm'jɛəʳ] N luz *f* y sonido *m*

**song** [sɒŋ] Ⓐ N 1 (= *ballad etc*) canción *f*; **to sing a ~** cantar una canción; **give us a ~!** ¡cántanos algo!; **festival of Spanish ~** festival *m* de la canción española; **to burst into ~** romper a cantar; **✦IDIOMS to make a ~ and dance about sth** hacer aspavientos por algo; **there's no need to make a ~ and dance about it** no es para tanto; **I got it for a ~** lo compré regalado; **to be on ~** (*Brit*) [*footballer etc*] estar entonado, estar inspirado; **to sing another ~** bajar el tono, desdecirse

2 [*of birds*] canto *m*

Ⓑ CPD ► **song and dance routine** N número *m* de canción y baile ► **song book** N cancionero *m* ► **song cycle** N ciclo *m* de canciones ► **song hit** N canción *f* de moda, canción *f* popular del momento ► **Song of Solomon, Song of Songs** N Cantar *m* de los Cantares ► **song thrush** N tordo *m* cantor, tordo *m* melodioso

**songbird** ['sɒŋbɜːd] N pájaro *m* cantor

**songfest** ['sɒŋfest] N festival *m* de canciones

**songster** ['sɒŋstəʳ] N pájaro *m* cantor

**songwriter** ['sɒŋˌraɪtəʳ] N compositor(a) *m/f* (de canciones)

**sonic** ['sɒnɪk] Ⓐ ADJ sónico

Ⓑ CPD ► **sonic boom** N estampido *m* sónico

**sonics** ['sɒnɪks] NSING sónica *f*

**son-in-law** ['sʌnɪnlɔː] N (*pl* **sons-in-law**) yerno *m*, hijo *m* político

**sonnet** ['sɒnɪt] N soneto *m*

**sonny*** ['sʌnɪ] N hijo *m*

**son-of-a-gun*** [ˌsʌnəvə'gʌn] N hijo *m* de su madre*

**sonority** [sə'nɒrɪtɪ] N sonoridad *f*

**sonorous** ['sɒnərəs] ADJ (*gen*) sonoro

**sonorousness** ['sɒnərəsnɪs] N sonoridad *f*

**soon** [suːn] ADV 1 (= *before long*) pronto, dentro de poco; **they'll be here ~** pronto llegarán, llegarán dentro de poco; **it will ~ be summer** pronto llegará el verano, falta poco

para que llegue el verano; **~ afterwards** poco después; **come back ~** vuelve pronto
[2] (= *early, quickly*) pronto, temprano; **how ~ can you be ready?** ¿cuánto tardas en prepararte?; **how ~ can you come?** ¿cuándo puedes venir?; **Friday is too ~** el viernes es muy pronto; **we got there too ~** llegamos demasiado pronto *or* temprano; **it's too ~ to tell** es demasiado pronto para saber; **we were none too ~** no llegamos antes de tiempo, llegamos justo; **all too ~ it was over** terminó demasiado pronto; **not a minute** *or* **moment too ~** ya era hora
[3] **as ~ as** en cuanto, tan pronto como; **I'll do it as ~ as I can** lo haré en cuanto pueda, lo haré tan pronto como pueda; **as ~ as you see her** en cuanto la veas, tan pronto como la veas; **as ~ as it was finished** en cuanto se terminó; **as ~ as possible** cuanto antes, lo antes posible, lo más pronto posible
[4] (*expressing preference*) **I would (just) as ~ not go** preferiría no ir; **I would (just) as ~ he didn't know** preferiría que él no lo supiera; **she'd marry him as ~ as not** se casaría con él y tan contenta; *see also* **sooner**

**AS SOON AS**

- As with other time conjunctions, **en cuanto** and **tan pronto como** are used with the *subjunctive* if the action which follows hasn't happened yet or hadn't happened at the time of speaking:
  As soon as *or* The moment we finish, I've got to write an editorial
  ***En cuanto terminemos*** *or* ***Tan pronto como terminemos, tengo que escribir un editorial***
  As soon as I know the dates, I'll let you know
  ***En cuanto sepa*** *or* ***Tan pronto como sepa las fechas, te lo diré***
- **En cuanto** and **tan pronto como** are used with the *indicative* when the action in the time clause has already taken place:
  He left the podium as soon as *or* the moment he received his prize
  ***Se bajó del podio en cuanto recibió*** *or* ***tan pronto como recibió el premio***
- **En cuanto** and **tan pronto como** are also used with the *indicative* when describing habitual actions:
  As soon as any faxes arrive, they're put in a special box
  ***En cuanto llegan*** *or* ***Tan pronto como llegan los faxes, se guardan en una caja especial***

*For further uses and examples, see main entry.*

**sooner** ['su:nəʳ] ADV [1] (*of time*) antes, más temprano; **can't you come a bit ~?** ¿no puedes venir un poco antes *or* un poco más temprano?; **we got there ~** nosotros llegamos antes; **the ~ we start the ~ we finish** cuanto antes empecemos, antes acabaremos; **the ~ the better** cuanto antes mejor; **~ or later** tarde o temprano; **no ~ had we left than they arrived** apenas nos habíamos marchado cuando llegaron; **no ~ said than done** dicho y hecho
[2] (*of preference*) **I'd** *or* **I would ~ not do it** preferiría no hacerlo; **I'd ~ die!*** ¡antes morir!; **~ you than me!*** ¡allá tú, yo no!

**soot** [sʊt] N hollín *m*

**sooth**†† [su:θ] N **in ~** en realidad

**soothe** [su:ð] Ⓐ VT [+ *person, baby*] calmar, tranquilizar; [+ *nerves*] calmar; [+ *mind*] relajar; [+ *anger*] aplacar; [+ *doubts*] acallar; [+ *pain, cough*] aliviar; **to ~ sb's fears** disipar los temores de algn, tranquilizar a algn; **to ~ sb's vanity** halagar la vanidad a algn
Ⓑ VI aliviar

**soothing** ['su:ðɪŋ] ADJ [*ointment, lotion*] balsámico, calmante; [*massage, bath, music*] relajante; [*tone, words, voice, manner*] tranquilizador; **it has a ~ effect** [*massage, bath, music*] tiene un efecto relajante; [*ointment*] tiene un efecto balsámico; [*cough mixture, herbal tea*] tiene un efecto calmante; [*words, voice*] tiene un efecto tranquilizador

**soothingly** ['su:ðɪŋlɪ] ADV [*speak, say, whisper, murmur*] en tono tranquilizador; **the old house was ~ familiar** la familiaridad de la vieja casa tenía un efecto relajante

**soothsayer** ['su:θ,seɪəʳ] N adivino/a *m/f*

**soothsaying** ['su:θ,seɪɪŋ] N adivinación *f*

**sooty** ['sʊtɪ] ADJ (*compar* **sootier**; *superl* **sootiest**) hollinoso; (*fig*) negro como el hollín

**SOP** N ABBR = **standard operating procedure**

**sop** [sɒp] N [1] (*fig*) (= *pacifier*) compensación *f*; **as a ~ to his pride** para que su orgullo no quedara/quede herido
[2] **sops** (= *food*) sopa *fsing*
[3] (*) (= *person*) bobo/a *m/f*

►**sop up** VT + ADV absorber

**Sophia** [səʊ'faɪə] N Sofía

**sophism** ['sɒfɪzəm] N sofisma *m*

**sophist** ['sɒfɪst] N sofista *mf*

**sophistical** [sə'fɪstɪkəl] ADJ sofístico

**sophisticated** [sə'fɪstɪkeɪtɪd] ADJ [1] (= *refined*) [*person, lifestyle, tastes, clothes*] sofisticado
[2] (= *complex*) [*idea*] sofisticado; [*equipment*] sofisticado, complejo, altamente desarrollado; [*technique*] sofisticado, muy elaborado, complejo; [*play, film, book*] muy elaborado, complejo; **a ~ approach to planning** un modo sofisticado de enfocar la planificación

**sophistication** [sə,fɪstɪ'keɪʃən] N (= *refinement*) sofisticación *f*; (= *complexity*) complejidad *f*

**sophistry** ['sɒfɪstrɪ] N sofistería *f*; **a ~** un sofisma

**Sophocles** ['sɒfəkli:z] N Sófocles

**sophomore** ['sɒfəmɔ:ʳ] N (*US*) estudiante *mf* de segundo año; → GRADE

**soporific** [,sɒpə'rɪfɪk] ADJ soporífero

**sopping** ['sɒpɪŋ] ADJ **it's ~ (wet)** está empapado; **he was ~ wet** estaba hecho una sopa, estaba calado *or* empapado hasta los huesos

**soppy*** ['sɒpɪ] ADJ [1] (= *mushy*) sentimentaloide
[2] (= *foolish*) bobo, tonto

**soprano** [sə'prɑ:nəʊ] Ⓐ N (*pl* **sopranos** *or* **soprani** [sə'prɑ:ni:]) (*Mus*) (*female*) soprano *f*; (*male*) tiple *m*; (= *voice, part*) soprano *m*
Ⓑ ADJ [*part*] de soprano, para soprano; [*voice*] de soprano
Ⓒ ADV **to sing ~** cantar soprano

**sorb** [sɔ:b] N (= *tree*) serbal *m*; (= *fruit*) serba *f*

**sorbet** ['sɔ:beɪ] N sorbete *m*; **lemon ~** sorbete *m* de limón

**sorbitol** ['sɔ:bɪtɒl] N sorbitol *m*

**sorcerer** ['sɔ:sərəʳ] N hechicero *m*, brujo *m*; **the ~'s apprentice** el aprendiz de brujo

**sorceress** ['sɔ:sәres] N hechicera *f*, bruja *f*

**sorcery** ['sɔ:sərɪ] N hechicería *f*, brujería *f*

**sordid** ['sɔ:dɪd] ADJ [*place, room etc*] miserable, sórdido; [*deal, motive etc*] mezquino; **it's a pretty ~ business** es un asunto de lo más desagradable

**sordidness** ['sɔ:dɪdnɪs] N sordidez *f*, lo miserable

**sore** [sɔ:ʳ] Ⓐ ADJ (*compar* **sorer**; *superl* **sorest**)
[1] (*Med*) (= *aching*) [*part of body*] dolorido; (= *painful*) [*cut, graze*] doloroso; **it's ~** me duele; **my eyes are ~** ◊ **I have ~ eyes** me duelen los ojos; **I'm ~ all over** me duele todo el cuerpo; **I have a ~ throat** me duele la garganta; ✦***IDIOM*** **to be ~ at heart** (*liter*): **he was sore at heart** le dolía el corazón
[2] (= *angry, upset*) **to be ~ about sth** estar resentido por algo; **what are you so ~ about?** ¿por qué estás tan resentido?; **to be ~ at sb** estar enfadado *or* (*LAm*) enojado con algn; **don't get ~!*** ¡no te vayas a ofender!, ¡no te enojes! (*LAm*); **it's a ~ point** es un tema delicado *or* espinoso; **to be ~ with sb** estar enfadado *or* (*LAm*) enojado con algn
[3] (*liter*) (= *very great*) **there is a ~ need of ...** hay gran necesidad de ...; **it was a ~ temptation** era una fuerte tentación
Ⓑ N (*Med*) llaga *f*, úlcera *f*; ✦***IDIOM*** **to open up old ~s** abrir viejas heridas

**sorehead*** ['sɔ:hed] N (*US*) persona *f* resentida

**sorely** ['sɔ:lɪ] ADV (= *very*) muy; (= *much*) mucho; (= *deeply*) profundamente; (= *seriously*) seriamente; **I am ~ tempted** estoy muy tentado; **I am ~ tempted to dismiss him** casi estoy por despedirlo; **he has been ~ tried** ha tenido que aguantar muchísimo

**soreness** ['sɔ:nɪs] N (*Med*) dolor *m*

**sorghum** ['sɔ:gəm] N sorgo *m*

**sorority** [sə'rɒrɪtɪ] N (*US Univ*) hermandad *f* de mujeres

**SORORITY/FRATERNITY**

*Muchas universidades estadounidenses poseen dentro del campus hermandades conocidas como* **fraternities** *o* **frats** *(de hombres) o* **sororities** *(de mujeres). Estas hermandades, a las que sólo se puede ingresar mediante invitación, organizan fiestas, recogen fondos con fines benéficos e intentan hacer que su hermandad sobresalga entre las demás. Suelen tener nombres compuestos de letras del alfabeto griego, como por ejemplo* **Kappa Kappa Gamma**. *Existe división de opiniones en cuanto a los beneficios o ventajas de estas hermandades; para los miembros es una buena manera de hacer amigos, pero la mayoría de los estudiantes piensan que son elitistas y discriminatorias. Durante las ceremonias secretas de iniciación, que incluyen varias pruebas físicas y novatadas que se denominan* **hazing**, *se ha producido la muerte de varios estudiantes, lo cual ha aumentado la polémica.*

**sorrel¹** ['sɒrəl] N (*Bot*) acedera *f*

**sorrel²** ['sɒrəl] Ⓐ ADJ alazán
Ⓑ N (= *horse*) alazán *m*, caballo *m* alazán

**sorrow** ['sɒrəʊ] Ⓐ N (= *grieving*) pena *f*, pesar *m*, dolor *m*; **to my ~** con *or* para gran pesar mío; **her ~ at the death of her son** su pena por la muerte de su hijo; **more in ~ than in anger** con más pesar que enojo; **this was a great ~ to me** esto me causó mucha pena; ✦***IDIOM*** **to drown one's ~s** ahogar las penas (en alcohol)
Ⓑ VI apenarse, afligirse (**at, for, over** de)

**sorrowful** ['sɒrəfʊl] ADJ afligido, triste, apenado

**sorrowfully** ['sɒrəflɪ] ADV con pena, tristemente

**sorrowing** ['sɒrəʊɪŋ] ADJ afligido

▼ **sorry** ['sɒrɪ] ADJ (*compar* **sorrier**; *superl* **sorriest**)
[1] (= *apologetic*) **I'm so ~!** ¡lo siento mucho!, ¡perdón!; **sorry!** ¡perdón!, ¡perdone!, ¡disculpe! (*esp LAm*); **~ I'm late!** ¡siento llegar tarde!; **I'm ~ to bother you but ...** siento *or* (*frm*) lamento molestarle, pero ...; **to be ~ about/for sth** sentir algo, lamentar algo (*frm*); **I'm ~**

➤ LANGUAGE IN USE: sorry 1 18.1

**about what I said last night** siento lo que dije anoche; **we are ~ for any inconvenience caused** lamentamos cualquier molestia ocasionada; **to say ~ (to sb) (for sth)** pedir perdón *or* (*esp LAm*) disculpas (a algn) (por algo); **go and say ~!** ¡anda ve y pide perdón *or* disculpas!; **I've said I'm ~, what more do you want?** ya he dicho que lo siento, ¿qué más quieres?

[2] (= *repentant*) arrepentido; **he wasn't in the least bit ~** no estaba arrepentido en lo más mínimo; **you'll be ~ for this!** ¡me las pagarás!, ¡te arrepentirás (de esto)!

[3] (= *regretful, sad*) **I'm ~, she's busy at the moment** lo siento, en este momento está ocupada; **I can't say I'm ~** no puedo decir que lo sienta; **to be ~ about sth/sb**: **I'm ~ about your mother/about what happened** siento *or* (*frm*) lamento lo de tu madre/lo sucedido; **I can't tell you how ~ I am** no te puedes hacer una idea de cuánto lo siento; **to be ~ that ...** sentir *or* (*frm*) lamentar que + *subjun*; **I'm ~ he didn't get the job** siento que no consiguiera el trabajo; **I'm ~ to hear that you're leaving** me da pena saber que te vas; **we are ~ to have to tell you that ...** lamentamos tener que decirle que ...; **I was ~ to hear of your accident** siento *or* lamento lo de tu accidente; **it was a failure, I'm ~ to say** me duele reconocerlo, pero fue un fracaso; **no one seemed very ~ to see him go** nadie parecía sentir *or* lamentar mucho que se fuera

[4] (= *pitying*) **to be** *or* **feel ~ for sb**: **I'm ~ for him** lo compadezco; **I feel ~ for the child** el niño me da lástima *or* pena; **it's no good feeling ~ for yourself** no sirve de mucho lamentarte de tu suerte; **to look ~ for o.s.** tener un aspecto triste

[5] (= *pitiful*) **the garden was a ~ sight** el jardín estaba en un estado lamentable, el jardín estaba hecho una pena*; **to be in a ~ state** encontrarse en un estado lamentable; **he poured out his ~ tale to his mother** le contó su triste historia a su madre

[6] (*when sb has not heard*) **~, I didn't catch what you said** perdón, no entendí lo que dijiste

[7] (*when correcting o.s.*) **it's the third, sorry, the fourth on the left** es la tercera, perdón, la cuarta a la izquierda

[8] (*when disagreeing*) **I'm ~, I can't agree with you** lo siento *or* perdona, pero no puedo darte la razón

**sort** [sɔ:t] Ⓐ N [1] (= *kind*) clase *f*, tipo *m*; **a new ~ of car** una nueva clase *or* un nuevo tipo de coche; **the ~ you gave me last time** de la misma clase *or* del mismo tipo que me dio la última vez; **books of all ~s** ◊ **all ~s of books** libros de toda clase *or* de todo tipo, toda clase *or* todo tipo de libros; **I know his/her ~** conozco el paño, conozco a esa clase de gente; **he's a painter of a ~** *or* **of ~s** se puede decir que es pintor; **it's tea of a ~** es té, pero de bastante mala calidad; **something of the ~** algo por el estilo; **nothing of the ~!** ¡nada de eso!; **I shall do nothing of the ~** no lo haré bajo ningún concepto, ni se me ocurriría hacerlo; **but not that ~** pero no de ese tipo, pero no así; **he's the ~ who will cheat you** es de esa clase *or* de ese tipo de personas que te engañará, es de esos que *or* de los que te engañan; **what ~ do you want?** (= *make*) ¿qué marca quieres?; (= *type*) ¿de qué tipo lo quieres?; ✦*PROV* **it takes all ~s (to make a world)** de todo hay en la viña del Señor

[2] **~ of** [2·1] (= *type of*) **it's a ~ of dance** es una especie de baile; **he's a ~ of agent** es algo así como un agente; **he's not the ~ of man to say that** no es de los que dicen eso; **an odd ~ of novel** una novela rara, un tipo extraño de novela; **he's some ~ of painter** es pintor de algún tipo; **that's the ~ of person I am** así soy yo; **he's not that ~ of person** no es capaz de hacer eso, no es ese tipo de persona; **I'm not that ~ of girl** yo no soy de ésas; **that's the ~ of thing I need** eso es lo que me hace falta; **that's just the ~ of thing I mean** eso es precisamente lo que quiero decir; **and all that ~ of thing** y otras cosas por el estilo; **this ~ of house** una casa de este estilo; **what ~ of car?** ¿qué tipo de coche?; **what ~ of man is he?** ¿qué clase de hombre es?

[2·2] (*) **it's ~ of awkward** es bastante *or* (*LAm*) medio difícil; **it's ~ of blue** es más bien azul; **I'm ~ of lost** estoy como perdido; **it's ~ of finished** está más o menos terminado; **I have a ~ of idea that ...** tengo cierta idea de que ...; **I ~ of thought that ...** quedé con la idea de que ...; **I ~ of feel that ...** en cierto modo creo que ...; **it ~ of made me laugh** no sé por qué pero me hizo reír; **"aren't you pleased?" — "~ of"** —¿no te alegras? —en cierto sentido

[3] (= *person*) **he's a good ~** es buena persona *or* (*esp LAm*) buena gente; **he's an odd ~** es un tipo raro; **your ~ never did any good** las personas como usted nunca hicieron nada bueno

[4] ✦*IDIOM* **to be out of ~s** (= *unwell*) estar indispuesto, no estar del todo bien; (= *in bad mood*) estar de mal humor, estar de malas

[5] (*Comput*) ordenación *f*

Ⓑ VT [1] (= *classify, arrange*) clasificar; **to ~ the good apples from the bad ones** separar las manzanas malas de las buenas; *see also* **sheep**

[2] (*Comput*) ordenar

[3] (*) (= *resolve, settle*) arreglar; **we've got it ~ed now** ya se arregló

Ⓒ CPD ▸ **sort code** N [*of bank*] número *m* de agencia

▸**sort out** VT + ADV [1] (= *organize*) ordenar, organizar; **~ out all your books** ordena todos tus libros; **to ~ out the bad ones** separar *or* quitar los malos; *see also* **sheep**

[2] (= *resolve*) [+ *problem, situation etc*] arreglar, solucionar; **they've ~ed out their problems** han arreglado *or* solucionado sus problemas

[3] **to ~ sb out*** ajustar cuentas con algn; **I'll come down there and ~ you out!*** ¡si bajo, te pego una paliza!

[4] (= *explain*) **to ~ sth out for sb** explicar *or* aclarar algo a algn; **can you ~ this out for me?** ¿puede explicarme *or* aclararme esto?

▸**sort through** VI + ADV revisar

**sorter** [ˈsɔ:təʳ] N clasificador(a) *m/f*

**sortie** [ˈsɔ:tɪ] N (*Aer, Mil*) salida *f*; **to make a ~** hacer una salida; **a ~ into town** una escapada a la ciudad

**sorting** [ˈsɔ:tɪŋ] Ⓐ N clasificación *f*; (*Comput*) ordenación *f*

Ⓑ CPD ▸ **sorting office** N (*Post*) sala *f* de batalla

**sort-out*** [ˈsɔ:taʊt] N **to have a ~** (= *clean-up*) hacer limpieza; (= *tidy-up*) ordenar las cosas

**SOS** N (= *signal*) SOS *m*; (*fig*) llamada *f* de socorro

**so-so** [ˈsəʊˈsəʊ] ADV regular, así así; **"how are you feeling?" — "so-so"** —¿cómo te encuentras? —regular *or* —así así

**sot** [sɒt] N borrachín/ina* *m/f*

**sottish** [ˈsɒtɪʃ] ADJ embrutecido (*por el alcohol*)

**sotto voce** [ˈsɒtəʊˈvəʊtʃɪ] ADV en voz baja

**Soudan** [suˈdɑ:n] = **Sudan**

**soufflé** [ˈsu:fleɪ] Ⓐ N soufflé *m*, suflé *m*

Ⓑ CPD ▸ **soufflé dish** N fuente *f* de soufflé

**sough** [saʊ] Ⓐ N susurro *m*

Ⓑ VI susurrar

**sought** [sɔ:t] PT, PP *of* **seek**

**sought-after** [ˈsɔ:t,ɑ:ftəʳ] ADJ [*person*] solicitado; [*object*] codiciado; **this much ~ title** este codiciado título

**soul** [səʊl] Ⓐ N [1] (*Rel*) alma *f*; **with all one's ~** con todo el alma; **All Souls' Day** (el día de) Todos los Santos; **(God) bless my ~!**† ¡que Dios me ampare!; **God rest his ~** que Dios lo acoja en su seno; **upon my ~!**† ¡cielo santo!; ✦*IDIOMS* **like a lost ~** como alma en pena; **to sell one's ~ to the devil** vender el alma al diablo; *see also* **possess 1**

[2] (= *feeling*) **you have no ~!** ¡no tienes sentimientos!; **the music lacks ~** a la música le falta sentimiento; **these places have no ~** estos sitios no tienen vida

[3] (= *essence*) [*of people, nation*] espíritu *m*; *see also* **bare B**, **body A1**, **heart A2**, **life A5**

[4] (*fig*) (= *person*) alma *f*; **3,000 ~s** 3.000 almas; **there was not a (living) ~ in sight** no se veía (ni) un alma; **a few brave ~s ventured out** unos cuantos valientes se aventuraron a salir; **the poor ~ had nowhere to sleep** el pobre no tenía dónde dormir; **poor ~!** ¡pobrecito!; **I won't tell a ~** no se lo diré a nadie

[5] (= *embodiment*) **to be the ~ of discretion** ser la discreción personificada *or* en persona; *see also* **brevity**

[6] (*Mus*) (*also* **~ music**) música *f* soul

Ⓑ CPD ▸ **soul food** N *cocina negra del Sur de EE.UU.* ▸ **soul music** N música *f* soul ▸ **soul singer** N cantante *mf* de soul

**soul-destroying** [ˈsəʊldɪsˈtrɔɪɪŋ] ADJ (*fig*) de lo más aburrido

**soulful** [ˈsəʊlfʊl] ADJ [*gaze, look, eyes*] conmovedor; [*music*] lleno de sentimiento

**soulfully** [ˈsəʊlfəlɪ] ADV [*gaze, look*] de forma conmovedora

**soulless** [ˈsəʊllɪs] ADJ [*person*] sin alma, desalmado; [*work*] mecánico, monótono

**soulmate** [ˈsəʊlmeɪt] N compañero/a *m/f* del alma, alma *f* gemela

**soul-searching** [ˈsəʊl,sɜ:tʃɪŋ] N **after a lot of ~** después de revolverlo muchas veces

**soul-stirring** [ˈsəʊl,stɜ:rɪŋ] ADJ conmovedor, emocionante, inspirador

**sound**[1] [saʊnd] Ⓐ N [1] (*Phys*) sonido *m*; **the speed of ~** la velocidad del sonido

[2] (= *noise*) ruido *m*; **the ~ of footsteps** el ruido de pasos; **the ~ of breaking glass** el ruido de cristales que se rompen/rompían; **consonant ~s** consonantes *fpl*, sonidos *mpl* consonánticos; **I didn't hear a ~** no oí ni un ruido; **don't make a ~!** ¡no hagas el menor ruido!; **not a ~ was to be heard** no se oía *or* (*esp LAm*) sentía ruido alguno; **to the ~ of the national anthem** al son del himno nacional; **they were within ~ of the camp** el campamento estaba al alcance del oído; **he opened the door without a ~** abrió la puerta sin hacer nada de ruido

[3] (= *volume*) volumen *m*; **can I turn the ~ down?** ¿puedo bajar el volumen?

[4] (= *musical style*) **the Glenn Miller ~** la música de Glenn Miller

[5] (*fig*) (= *impression*) **by the ~ of it** según parece; **I don't like the ~ of it** (*film etc*) por lo que he oído, no me gusta nada; (*situation*) me preocupa, me da mala espina

Ⓑ VT [1] [+ *horn, trumpet*] tocar, hacer sonar; [+ *bell*] tocar; [+ *alarm, warning*] dar; [+

*praises*] cantar, entonar; **to ~ the charge** (*Mil*) tocar la carga; **~ your horn!** (*Aut*) ¡toca el claxon!; **to ~ a note of warning** (*fig*) dar la señal de alarma; **to ~ the retreat** (*Mil*) tocar la retirada
2 (= *pronounce*) pronunciar; **~ your "r"s more** pronuncia más claro la "r"; **to ~ the "d" in "hablado"** pronunciar la "d" en "hablado"
Ⓒ VI 1 (= *emit sound*) sonar; **the bell ~ed** sonó el timbre; **a cannon ~ed a long way off** se oyó un cañón a lo lejos, sonó *or* resonó un cañón a lo lejos
2 (= *appear to be*) 2·1 (*from aural clues*) sonar; **it ~s hollow** suena a hueco; **he ~s Italian to me** por la voz, diría que es italiano; **he ~ed angry** parecía enfadado; **it ~s like French** suena a francés; **that ~s like them arriving now** parece que llegan ahora
2·2 (*from available information*) sonar, parecer; **it ~s very odd** suena muy raro; **that ~s interesting** eso suena interesante; **it ~s as if** *or* **as though she won't be coming** parece que no va a venir; **how does it ~ to you?** ¿qué te parece?; **that ~s like a good idea** eso parece buena idea; **she ~s like a nice girl** parece una chica simpática
Ⓓ CPD ► **sound archive** N archivo *m* de sonido ► **sound barrier** N barrera *f* del sonido ► **sound bite** N cita *f* jugosa ► **sound effect** N efecto *m* sonoro ► **sound engineer** N ingeniero/a *m/f* de sonido ► **sound law** N ley *f* fonética ► **sound library** N fonoteca *f* ► **sound recording** N grabación *f* sonora ► **sound recordist** N (*TV*) registrador(a) *m/f* de sonido ► **sound shift** N cambio *m* de pronunciación ► **sound system** N (*Ling*) sistema *m* fonológico; (= *hi-fi*) cadena *f* de sonido ► **sound truck** N (*US*) furgón *m* publicitario ► **sound wave** N (*Phys*) onda *f* sonora

►**sound off*** VI + ADV discursear* (**about** sobre)

**sound²** [saʊnd] VT 1 (*Naut*) sondar
2 (*Med*) [+ *chest*] auscultar; [+ *cavity, passage*] sondar; **to ~ sb's chest** auscultar el pecho a algn

►**sound out** VT + ADV [+ *intentions, person*] sondear, tantear; **to ~ sb out about sth** sondear *or* tantear a algn sobre algo, tratar de averiguar lo que piensa algn sobre algo

**sound³** [saʊnd] Ⓐ ADJ (*compar* **sounder**; *superl* **soundest**) 1 (= *in good condition*) sano; [*constitution*] robusto; [*structure*] sólido, firme; **to be ~ in mind and body** ser sano de cuerpo y de espíritu; **in ~ condition** en buenas condiciones; **to be of ~ mind** estar en su cabal juicio; ✦***IDIOM* to be as ~ as a bell** [*person*] gozar de perfecta salud; [*thing*] estar en perfectas condiciones; *see also* **safe A1**
2 (= *well-founded*) [*argument*] bien fundado, sólido; [*ideas, opinions*] válido, razonable; [*investment*] bueno, seguro; [*training*] sólido; [*decision, choice*] acertado; **his reasoning is perfectly ~** su argumentación es perfectamente válida; **she gave me some ~ advice** me dio un buen consejo; **he's ~ enough on the theory** tiene una preparación sólida en cuanto a la teoría
3 (= *dependable*) [*person*] formal, digno de confianza; **he's a very ~ man** es un hombre formal *or* digno de confianza; **he's a ~ worker** es buen trabajador, trabaja con seriedad
4 (= *thorough*) **to give sb a ~ beating** dar a algn una buena paliza
5 (= *deep, untroubled*) [*sleep*] profundo
Ⓑ ADV **to be ~ asleep** estar profundamente dormido; **I shall sleep the ~er for it** por eso dormiré más tranquilamente

**sound⁴** [saʊnd] N (*Geog*) estrecho *m*, brazo *m* de mar

**soundbox** ['saʊndbɒks] N (*Mus*) caja *f* de resonancia

**sounding¹** ['saʊndɪŋ] Ⓐ N 1 (*Naut*) sondeo *m*
2 **soundings** (*for oil etc*) sondeos *mpl*; **to take ~s** (*lit*) hacer sondeos; (*fig*) sondear la opinión
3 (*Med*) sondeo *m*
Ⓑ CPD ► **sounding board** N (*Mus*) (*fig*) caja *f* de resonancia

**sounding²** ['saʊndɪŋ] N [*of trumpet, bell etc*] sonido *m*, son *m*; **the ~ of the retreat/the alarm** el toque de retirada/de generala

**soundless** ['saʊndlɪs] ADJ silencioso, mudo

**soundlessly** ['saʊndlɪslɪ] ADV silenciosamente, sin ruido

**soundly** ['saʊndlɪ] ADV [*built*] sólidamente; [*argued*] lógicamente; [*invested*] con cordura, con prudencia; **to beat sb ~** dar a algn una buena paliza; **to sleep ~** dormir profundamente

**soundness** ['saʊndnɪs] N (= *good condition*) [*of structure*] firmeza *f*, solidez *f*; (= *validity*) [*of ideas, opinions*] validez *f*; [*of argument*] solidez *f*; (= *prudence*) [*of investment*] prudencia *f*; (= *solvency*) [*of business*] solvencia *f*

**soundproof** ['saʊndpruːf] Ⓐ ADJ insonorizado, a prueba de ruidos
Ⓑ VT insonorizar

**soundproofing** ['saʊndpruːfɪŋ] N insonorización *f*

**soundtrack** ['saʊndtræk] N banda *f* sonora

**soup** [suːp] Ⓐ N (*thin*) caldo *m*, consomé *m*; (*thick*) sopa *f*; **vegetable ~** sopa *f* de verduras; ✦***IDIOM* to be in the ~*** estar en apuros
Ⓑ CPD ► **soup kitchen** N comedor *m* popular, olla *f* común ► **soup plate** N plato *m* sopero ► **soup spoon** N cuchara *f* sopera ► **soup tureen** N sopera *f*

**soupçon** ['suːpsɔ̃] N (*Culin*) pizca *f*; **with a ~ of ginger** con una pizca de jengibre; **with a ~ of cream** con un chorrito de nata *or* (*LAm*) crema

**souped-up*** ['suːpt,ʌp] ADJ [*car*] trucado

**soupy** ['suːpɪ] ADJ [*liquid*] espeso, turbio; [*atmosphere*] pesado, espeso

**sour** ['saʊəʳ] Ⓐ ADJ (*compar* **sourer**; *superl* **sourest**) 1 (= *not sweet*) [*fruit, flavour*] agrio, ácido; [*smell*] acre; **whisky ~** whisky *m* sour; ✦***IDIOM* ~ grapes** envidia *f*; **that's just ~ grapes** eso es simplemente envidia; **it was clearly ~ grapes on his part** estaba claro que tenía envidia
2 (*Agr*) [*soil*] ácido, yermo
3 (= *bad*) [*milk*] cortado, agrio; [*wine*] agrio; **to go** *or* **turn ~** [*milk*] cortarse; [*wine*] agriarse; [*plan*] venirse abajo; **their marriage turned ~** su matrimonio empezó a deteriorarse; **their dream of equality for all turned ~** su sueño de igualdad para todos se tornó amargo; **does this milk taste ~ to you?** ¿te sabe esta leche a cortada?, ¿te sabe esta leche agria?
4 (*fig*) [*person*] avinagrado; [*expression, look, mood, comment*] avinagrado, agrio
Ⓑ VT 1 (*lit*) agriar
2 (*fig*) [+ *person*] agriar, amargar; [+ *relationship*] deteriorar; [+ *atmosphere*] agriar; [+ *outlook, success*] empañar
Ⓒ VI 1 (*lit*) [*wine*] agriarse, volverse agrio; [*milk*] agriarse, cortarse
2 (*fig*) [*mood, attitude*] avinagrarse, agriarse; [*relationship*] deteriorarse; **the atmosphere in the office had ~ed** el ambiente en la oficina se había vuelto rancio; **his financial partners ~ed on the deal** (*US*) sus socios financieros se volvieron en contra del acuerdo
Ⓓ CPD ► **sour cream** N nata *f or* (*LAm*) crema *f* agria

**source** [sɔːs] Ⓐ N 1 (= *origin*) fuente *f*; [*of gossip etc*] procedencia *f*; **coal was their only ~ of heat** el carbón era su única fuente de calor; **we have other ~s of supply** tenemos otras fuentes de suministro; **I have it from a reliable ~ that ...** sé de fuente fidedigna que ...; **what is the ~ of this information?** ¿de dónde proceden estos informes?; **his antics were a ~ of much amusement** sus gracias fueron motivo de diversión; **at ~** en su origen
2 [*of river*] nacimiento *m*
Ⓑ CPD ► **source file** N archivo *m* fuente ► **source language** N (*Ling*) lengua *f* de partida; (*Comput*) lenguaje *m* origen ► **source materials** NPL materiales *mpl* de referencia ► **source program** N programa *m* fuente

**sourdine** [sʊə'diːn] N sordina *f*

**sourdough bread** [,saʊədəʊ'bred] N (*esp US*) pan *m* de masa fermentada

**sour-faced** ['saʊəfeɪst] ADJ con cara de pocos amigos, con cara avinagrada

**sourish** ['saʊərɪʃ] ADJ agrete

**sourly** ['saʊəlɪ] ADV 1 (= *disagreeably*) [*say, complain, look*] agriamente; [*think*] con amargura
2 **to smell ~ (of sth)** despedir un olor agrio (a algo)

**sourness** ['saʊənɪs] N 1 (*lit*) [*of fruit, wine, soil*] acidez *f*; [*of milk*] sabor *m* agrio, sabor *m* a cortado
2 (*fig*) [*of person, expression, mood, tone*] amargura *f*

**sourpuss*** ['saʊəpʊs] N amargado/a *m/f*

**souse** [saʊs] Ⓐ VT 1 (*Culin*) (= *pickle*) escabechar, adobar (*LAm*)
2 (= *plunge*) zambullir; (= *soak*) mojar; **he ~d himself with water** se empapó de agua
3 ✦***IDIOM* to be ~d‡** estar mamado*, estar tomado (*LAm*); **to get ~d** coger una trompa (*Sp**), agarrarse una borrachera (*LAm*)
Ⓑ N (*US‡*) borracho/a *m/f*

**south** [saʊθ] Ⓐ N (= *direction*) sur *m*; (= *region*) sur *m*, mediodía *m*; **the South of France** el sur de Francia, el mediodía francés, la Francia meridional; **in the ~ of England** al sur *or* en el sur de Inglaterra; **to live in the ~** vivir en el sur; **to the ~ of** al sur de; **the wind is from the** *or* **in the ~** el viento sopla *or* viene del sur; **in the ~ of the country** al sur *or* en el sur del país
Ⓑ ADJ del sur, sureño, meridional
Ⓒ ADV (= *southward*) hacia el sur; (= *in the south*) al sur, en el sur; **to travel ~** viajar hacia el sur; **this house faces ~** esta casa mira al sur *or* tiene vista hacia el sur; **my window faces ~** mi ventana da al sur; **~ of the border** al sur de la frontera; **it's ~ of London** está al sur de Londres; **to sail due ~** (*Naut*) ir proa al sur, navegar rumbo al sur
Ⓓ CPD ► **South Africa** N Suráfrica *f*, Sudáfrica *f*; *see also* **South African** ► **South America** N América *f* del Sur, Sudamérica *f*; *see also* **South American** ► **South Atlantic** N Atlántico *m* Sur ► **South Australia** N Australia *f* del Sur ► **South Carolina** N Carolina *f* del Sur ► **South Dakota** N Dakota *f* del Sur ► **South Georgia** N Georgia *f* del Sur ► **South Korea** N Corea *f* del Sur; *see also* **South Korean** ► **South Pacific** N Pacífico *m* Sur ► **the South Pole** N el Polo sur ► **the South Sea Islands** NPL las Islas de los mares del Sur ► **the South Seas** NPL los mares del

Sur, el mar austral ► **South Vietnam** N Vietnam *m* del Sur; *see also* **South Vietnamese** ► **South Wales** N Gales *m* del Sur ► **South West Africa** N África *f* del Suroeste

**South African** [saʊθ'æfrɪkən] Ⓐ ADJ sudafricano
Ⓑ N sudafricano/a *m/f*

**South American** [ˌsaʊθə'merɪkən] Ⓐ ADJ sudamericano
Ⓑ N sudamericano/a *m/f*

**southbound** ['saʊθbaʊnd] ADJ [*traffic*] en dirección sur; [*carriageway*] de dirección sur, en dirección sur

**southeast** ['saʊθ'iːst] Ⓐ N sudeste *m*, sureste *m*
Ⓑ ADJ [*point, direction*] sudeste, sureste; [*wind*] del sudeste, del sureste
Ⓒ ADV (= *southeastward*) hacia el sudeste *or* sureste; (= *in the southeast*) al sudeste *or* sureste, en el sudeste *or* sureste
Ⓓ CPD ► **Southeast Asia** N el sudeste de Asia, el sudeste asiático

**southeasterly** [saʊθ'iːstəlɪ] Ⓐ ADJ [*wind*] del sudeste, del sureste; **in a ~ direction** hacia el sudeste *or* sureste, rumbo al sudeste *or* sureste, en dirección sudeste *or* sureste
Ⓑ N viento *m* del sudeste *or* sureste

**southeastern** [saʊθ'iːstən] ADJ sudeste, sureste; **the ~ part of the island** la parte sudeste *or* sureste de la isla; **in ~ Spain** al sudeste *or* sureste de España; **the ~ coast** la costa sudoriental *or* suroriental

**southeastward** [saʊθ'iːstwəd] Ⓐ ADJ [*movement, migration*] hacia el sudeste *or* sureste, en dirección sudeste *or* sureste
Ⓑ ADV hacia el sudeste *or* sureste, en dirección sudeste *or* sureste

**southeastwards** [saʊθ'iːstwədz] ADV (*esp Brit*) = **southeastward B**

**southerly** ['sʌðəlɪ] Ⓐ ADJ [*wind*] del sur; **we were headed in a ~ direction** íbamos hacia el sur *or* rumbo al sur *or* en dirección sur; **the most ~ point in Europe** el punto más meridional *or* más al sur de Europa
Ⓑ N (= *wind*) viento *m* del sur

**southern** ['sʌðən] Ⓐ ADJ del sur, sureño, meridional; **in ~ Spain** al sur *or* en el sur de España, en la España meridional; **the ~ part of the island** la parte sur *or* meridional de la isla; **the ~ coast** la costa meridional *or* (del) sur; **~ cuisine** la cocina sureña
Ⓑ CPD ► **Southern Cone** N Cono *m* Sur ► **Southern Cross** N Cruz *f* del Sur ► **Southern Europe** N Europa *f* meridional, Europa del Sur ► **the southern hemisphere** N el hemisferio sur, el hemisferio austral

**southerner** ['sʌðənəʳ] N habitante *mf* del sur, sureño/a *m/f* (*esp LAm*); **she's a ~** es del sur

**southernmost** ['sʌðənməʊst] ADJ más meridional, más al sur; **the ~ town in Europe** la ciudad más meridional *or* más al sur de Europa

**south-facing** ['saʊθˌfeɪsɪŋ] ADJ con cara al sur, orientado hacia el sur; **~ slope** vertiente *f* sur

**South Korean** ['saʊθkə'rɪən] Ⓐ ADJ surcoreano
Ⓑ N surcoreano/a *m/f*

**southpaw** ['saʊθpɔː] N (*esp US*) zurdo *m*

**south-southeast** [ˌsaʊθsaʊθ'iːst] Ⓐ N sudsudeste *m*, sursureste *m*
Ⓑ ADJ sudsudeste, sursureste
Ⓒ ADV (= *toward south-southeast*) hacia el sudsudeste *or* sursureste; [*situated*] al sudsudeste *or* sursureste, en el sudsudeste *or* sursureste

**south-southwest** [ˌsaʊθsaʊθ'west] Ⓐ N sudsudoeste *m*, sursuroeste *m*
Ⓑ ADJ sudsudoeste, sursuroeste
Ⓒ ADV (= *toward south-southwest*) hacia el sudsudoeste *or* sursuroeste; [*situated*] al sudsudoeste *or* sursuroeste, en el sudsudoeste *or* sursuroeste

**South Vietnamese** ['saʊθˌvjetnə'miːz] Ⓐ ADJ survietnamita
Ⓑ N survietnamita *mf*

**southward** ['saʊθwəd] Ⓐ ADJ [*movement, migration*] hacia el sur, en dirección sur
Ⓑ ADV hacia el sur, en dirección sur

**southwards** ['saʊθwədz] ADV (*esp Brit*) = **southward B**

**southwest** ['saʊθ'west] Ⓐ N sudoeste *m*, suroeste *m*
Ⓑ ADJ [*point, direction*] sudoeste, suroeste; [*wind*] del sudoeste, del suroeste
Ⓒ ADV (= *toward southwest*) hacia el sudoeste, hacia el suroeste; (= *in the southwest*) al sudoeste, en el sudoeste

**southwester** [saʊθ'westəʳ] N (= *wind*) sudoeste *m*, suroeste *m*

**southwesterly** [saʊθ'westəlɪ] Ⓐ ADJ [*wind*] del sudoeste, del suroeste; **in a ~ direction** hacia el sudoeste *or* suroeste, rumbo al sudoeste *or* suroeste, en dirección sudoeste *or* suroeste
Ⓑ N (= *wind*) viento *m* del sudoeste *or* suroeste

**southwestern** [saʊθ'westən] ADJ sudoeste, suroeste, del sudoeste, del suroeste; **the ~ part of the island** la parte sudoeste *or* suroeste de la isla; **in ~ Spain** en el sudoeste *or* suroeste de España, al sudoeste *or* suroeste de España; **the ~ coast** la costa sudoeste *or* suroeste *or* suroccidental

**southwestward** [saʊθ'westwəd] Ⓐ ADJ [*movement, migration*] hacia el sudoeste *or* suroeste, en dirección sudoeste *or* suroeste
Ⓑ ADV hacia el sudoeste *or* suroeste, en dirección sudoeste *or* suroeste

**southwestwards** [saʊθ'westwədz] ADV (*esp Brit*) = **southwestward B**

**souvenir** [ˌsuːvə'nɪəʳ] Ⓐ N recuerdo *m*, souvenir *m*
Ⓑ CPD ► **souvenir shop** N tienda *f* de recuerdos

**sou'wester** [saʊ'westəʳ] N sueste *m*

**sovereign** ['sɒvrɪn] Ⓐ ADJ [1] (= *supreme*) soberano; **with ~ contempt** con soberano desprecio
[2] (= *self-governing*) soberano; **~ state** estado *m* soberano
Ⓑ N [1] (= *monarch*) soberano/a *m/f*
[2] (*Hist*) (= *coin*) soberano *m*

**sovereignty** ['sɒvrəntɪ] N soberanía *f*

**soviet** ['səʊvɪət] Ⓐ (*Pol*) (*formerly*) N soviet *m*; **the Soviets** (= *people*) los soviéticos
Ⓑ ADJ soviético; **Soviet Russia** Rusia *f* Soviética; **the Soviet Union** la Unión Soviética

**sow¹** [səʊ] (*pt* **sowed**; *pp* **sown**) VT [+ *seed*] sembrar; **to ~ doubt in sb's mind** sembrar dudas en algn; **to ~ mines in a strait** ◊ **~ a strait with mines** sembrar un estrecho de minas, colocar minas en un estrecho

**sow²** [saʊ] N (*Zool*) puerca *f*, marrana *f*

**sower** ['səʊəʳ] N sembrador(a) *m/f*

**sowing** ['səʊɪŋ] Ⓐ N siembra *f*
Ⓑ CPD ► **sowing machine** N sembradora *f* ► **sowing time** N época *f* de la siembra, sementera *f*

**sown** [səʊn] PP *of* **sow¹**

**sow-thistle** ['saʊθɪsl] N cerraja *f*

**soy** [sɔɪ] (*esp US*) N = **soya**

**soya** ['sɔɪə] Ⓐ N soja *f*
Ⓑ CPD ► **soya bean** N semilla *f* de soja ► **soya flour** N harina *f* de soja ► **soya milk** N leche *f* de soja ► **soya oil** N aceite *m* de soja ► **soya sauce** N salsa *f* de soja

**sozzled*** ['sɒzld] ADJ **to be ~** estar mamado*, estar tomado (*LAm*); **to get ~** coger una trompa*, agarrarse una borrachera (*LAm*)

**SP** N ABBR (*Brit*) = **starting price** [1] (*Racing*) precio *m* de salida
[2] (*) (= *information*) **what's the SP on him?** ¿qué sabemos acerca de él?; **to give sb the SP on sb/sth** dar a algn los datos de algn/algo

**spa** [spɑː] N balneario *m*

**space** [speɪs] Ⓐ N [1] (*Phys, Astron*) espacio *m*; **in ~** en el espacio; **the rocket vanished into ~** el cohete desapareció en el espacio; **to stare into ~** (*fig*) mirar al vacío; **outer ~** el espacio exterior
[2] (= *room*) espacio *m*, sitio *m*; **there isn't enough ~** no hay espacio *or* sitio suficiente; **to buy ~ in a newspaper** comprar espacio en un periódico; **to clear a ~ for sth** ◊ **make ~ for sth** hacer espacio *or* sitio *or* lugar para algo; **to take up a lot of ~** ocupar mucho sitio *or* espacio
[3] (= *gap, empty area*) espacio *m*; **blank ~** espacio *m* en blanco; **in a confined ~** en un espacio restringido; **to leave a ~ for sth** dejar sitio *or* lugar para algo; **wide open ~s** campo *m* abierto; **we couldn't find a parking ~** no pudimos encontrar aparcamiento, no pudimos encontrar un sitio para aparcar *or* (*LAm*) estacionar; **answer in the ~ provided** conteste en el espacio indicado
[4] [*of time*] espacio *m*, lapso *m*; **after a ~ of two hours** después de un lapso de dos horas; **for a ~** durante cierto tiempo; **for the ~ of a fortnight** durante un período de quince días; **in the ~ of one hour** en el espacio de una hora; **in the ~ of three generations** en el espacio de tres generaciones; **in a short ~ of time** en un corto espacio *or* lapso de tiempo
[5] (*fig*) (= *personal space*) espacio *m*
Ⓑ VT [1] (*also* **~ out**) espaciar, separar; **well ~d out** bastante espaciados
[2] **to be ~d out*** (= *on drugs*) estar colocado*; (= *drunk*) estar ajumado*
Ⓒ CPD ► **space age** N era *f* espacial ► **space bar** N (*on keyboard*) espaciador *m*, barra *f* espaciadora ► **space capsule** N cápsula *f* espacial ► **space centre**, **space center** (*US*) N centro *m* espacial ► **space exploration** N exploración *f* espacial ► **space flight** N vuelo *m* espacial ► **space helmet** N casco *m* espacial ► **Space Invaders** NSING (= *game*) Marcianitos *mpl* ► **space lab** N laboratorio *m* espacial ► **space platform** N plataforma *f* espacial ► **space probe** N sonda *f* espacial ► **space programme**, **space program** (*US*) N programa *m* de investigaciones espaciales ► **space race** N carrera *f* espacial ► **space research** N investigaciones *fpl* espaciales ► **space shot** N (= *vehicle*) vehículo *m* espacial; (= *launch*) lanzamiento *m* de un vehículo espacial ► **space shuttle** N transbordador *m* espacial, lanzadera *f* espacial ► **space sickness** N enfermedad *f* espacial ► **space station** N estación *f* espacial ► **space travel** N viajes *mpl* espaciales ► **space vehicle** N vehículo *m* espacial

**spacecraft** ['speɪskrɑːft] N (*pl inv*) nave *f* espacial, astronave *f*

**spaceman** ['speɪsmæn] N (*pl* **spacemen**) astronauta *m*, cosmonauta *m*

**space-saving** ['speɪsˌseɪvɪŋ] ADJ que economiza espacio, que ahorra espacio

**spaceship** ['speɪsʃɪp] N nave *f* espacial, astronave *f*

**spacesuit** ['speɪssu:t] N traje *m* espacial

**space-time continuum** [ˌspeɪsˌtaɪmkən'tɪnjʊəm] N continuo *m* espacio-tiempo

**spacewalk** ['speɪswɔ:k] Ⓐ N paseo *m* por el espacio
Ⓑ VI pasear por el espacio

**spacewoman** ['speɪsˌwʊmən] N (*pl* **spacewomen**) astronauta *f*, cosmonauta *f*

**spacing** ['speɪsɪŋ] Ⓐ N espaciamiento *m*; (*Typ*) espaciado *m*; **in** *or* **with double ~** a doble espacio; **in** *or* **with single ~** a un solo espacio
Ⓑ CPD ► **spacing bar** N espaciador *m*, barra *f* espaciadora

**spacious** ['speɪʃəs] ADJ espacioso, amplio

**spaciousness** ['speɪʃəsnɪs] N espaciosidad *f*, amplitud *f*

**spade** [speɪd] N 1 (= *tool*) pala *f*; ✦**IDIOM to call a ~ a ~** llamar al pan pan y al vino vino
2 **spades** (*Cards*) picas *fpl*, picos *mpl*; (*in Spanish pack*) espadas *fpl*; **the three of ~s** el tres de espadas; **to play ~s** jugar espadas; **to play a ~** jugar una espada
3 (*pej*, ✱) negro/a *m/f*

**spadeful** ['speɪdfʊl] N pala *f*; **by the ~** (*fig*) en grandes cantidades

**spadework** ['speɪdwɜ:k] N (*fig*) trabajo *m* preliminar

**spaghetti** [spə'getɪ] Ⓐ N (*gen*) espaguetis *mpl*; (*thin*) fideos *mpl*
Ⓑ CPD ► **spaghetti junction*** N scalextric *m* ► **spaghetti western** N película *f* de vaqueros hecha por un director italiano

**Spain** [speɪn] N España *f*

**spake**†† [speɪk] PT *of* **speak**

**Spam**® [spæm] N carne *f* de cerdo en conserva

**spam** [spæm] (*Internet*) Ⓐ N correo *m* basura (*en Internet*), spam *m*
Ⓑ VT enviar spam *or* correo basura por Internet a

**span**[1] [spæn] Ⓐ N 1 [*of hand*] palmo *m*; [*of wing*] envergadura *f*
2 [*of road etc*] tramo *m*; [*of bridge, arch*] luz *f*; [*of roof*] vano *m*; **a ~ of 50 metres** (= *bridge*) una luz de 50 metros; **a bridge with seven ~s** un puente de siete arcadas *or* ojos; **the longest single-span bridge in the world** el puente de una sola arcada más largo del mundo
3 [*of time*] lapso *m*, espacio *m*; **for a brief ~** durante un breve lapso; **the average ~ of life** la duración promedia de la vida
4 (*fig*) **the whole ~ of world affairs** toda la extensión de los asuntos mundiales, los asuntos mundiales en toda su amplitud
5 (†) (= *measure*) palmo *m*
6 (= *yoke*) [*of oxen*] yunta *f*; [*of horses*] pareja *f*
Ⓑ VT 1 [*bridge*] extenderse sobre, cruzar
2 (*in time*) abarcar; **his life ~ned four reigns** su vida abarcó cuatro reinados
3 (= *measure*) medir a palmos

**span**[2] [spæn] PT *of* **spin** N

**spangle** ['spæŋgl] Ⓐ N lentejuela *f*
Ⓑ VT adornar con lentejuelas; **~d with** (*fig*) sembrado de; *see also* **star-spangled**

**Spanglish** ['spæŋglɪʃ] N (*hum*) espanglish *m*

**Spaniard** ['spænjəd] N español(a) *m/f*

**spaniel** ['spænjəl] N spaniel *m*

**Spanish** ['spænɪʃ] Ⓐ ADJ español
Ⓑ N 1 **the ~** (= *people*) los españoles
2 (*Ling*) español *m*, castellano *m* (*esp LAm*)
Ⓒ CPD ► **Spanish America** N Hispanoamérica *f*; *see also* **Spanish American** ► **the Spanish Armada** N la Armada invencible ► **Spanish chestnut** N castaña *f* dulce ► **Spanish fly** N cantárida *f* ► **Spanish guitar** N guitarra *f* española

**Spanish American** ['spænɪʃə'merɪkən] Ⓐ ADJ hispanoamericano
Ⓑ N hispanoamericano/a *m/f*

**Spanishness** ['spænɪʃnɪs] N carácter *m* español, cualidad *f* española

**Spanish-speaking** ['spænɪʃ'spi:kɪŋ] ADJ hispanohablante, de habla española

**spank** [spæŋk] Ⓐ N azote *m*, manotazo *m* (en las nalgas); **to give sb a ~** dar un azote a algn (en las nalgas)
Ⓑ VT zurrar*
Ⓒ VI (†) **to be** *or* **go ~ing along** correr, ir volando

**spanking** ['spæŋkɪŋ] Ⓐ N zurra *f*; **to give sb a ~** zurrar a algn*
Ⓑ ADJ [*pace*] rápido; [*breeze*] fuerte
Ⓒ ADV (†) **in his ~ new uniform/car** con su nuevo y flamante uniforme/coche; **the kitchen was ~ clean** la cocina estaba reluciente

**spanner** ['spænə^r] N (*gen*) llave *f* de tuercas, llave *f* de tubo; (*adjustable*) llave *f* inglesa; ✦**IDIOM to throw** *or* **put a ~ in the works** meter un palo en la rueda

**spar**[1] [spɑ:^r] N (*Naut*) palo *m*, verga *f*

**spar**[2] [spɑ:^r] VI 1 (*Boxing*) entrenarse en el boxeo; **~ring match** combate *m* con spárring; **~ring partner** sparring *m*
2 (= *argue*) discutir; **to ~ with sb about sth** discutir algo amistosamente con algn

**spar**[3] [spɑ:^r] N (*Min*) espato *m*

**spare** [spɛə^r] Ⓐ ADJ 1 (= *extra*) de más, de sobra; (= *reserve*) de reserva; (= *free*) libre; **there's a ~ blanket if you're cold** hay una manta de más *or* de sobra si tienes frío; **take a ~ pair of socks** llévate otro par de calcetines; **I keep a ~ pair of glasses** guardo unas gafas de reserva; **I leave a ~ key with the neighbours** dejo una llave de reserva en casa de los vecinos; **I always keep a bit of ~ cash for emergencies** siempre guardo un poco de dinero extra para emergencias; **is there a seat ~?** ¿queda algún asiento libre?; **is there any milk ~?** ¿queda leche?; **have you got a ~ jacket I could borrow?** ¿tienes otra chaqueta para prestarme?; **I do it whenever I get a ~ moment** lo hago cuando tengo un momento libre; **~ time** tiempo *m* libre; **to go ~*** (= *be available*) sobrar, quedar; (*Brit*) (= *get angry*) ponerse como loco*; **there are two tickets going ~** quedan *or* sobran dos entradas; **the boss will go ~ when he finds out** el jefe se pondrá como loco cuando se entere*; **we completed the job with three days to ~** terminamos el trabajo con tres días de antelación; **I arrived at the station with two minutes/time to ~** llegué a la estación con dos minutos de antelación/con tiempo de sobra; **there's enough and to ~** basta y sobra, hay más que suficiente para todos
2 (= *lean*) [*body, build*] enjuto (*liter*)
3 (= *sparse*) (*liter*) austero, sobrio
Ⓑ N 1 (*gen*) **always carry a ~ in case you have a puncture** lleve siempre una rueda de recambio *or* repuesto por si tiene un pinchazo; **I've lost my toothbrush and I don't have a ~** he perdido el cepillo de dientes y no tengo otro
2 (*also* **~ part**) (pieza *f* de) recambio *m*, (pieza *f* de) repuesto *m*, refacción *f* (*Mex*)
Ⓒ VT 1 (= *make available*) **can you ~ the time?** ¿dispones del tiempo?, ¿tienes tiempo?; **it's good of you to ~ the time** es muy amable de su parte dedicarme (este) tiempo; **I can ~ you five minutes** le puedo conceder *or* dedicar cinco minutos; **to ~ a thought for sb** pensar un momento en algn
2 (= *do without*) **can you ~ this for a moment?** ¿me puedo llevar esto un momento?; **if you can ~ it** si no lo vas a necesitar; **we can't ~ him now** ahora no podemos prescindir de él
3 (= *be grudging with*) **she ~d no effort in helping me** no escatimó esfuerzos para ayudarme; **they ~d no expense in refurbishing the house** no repararon en *or* escatimaron gastos a la hora de renovar la casa; ✦**PROV ~ the rod, spoil the child** la letra con sangre entra
4 (= *show mercy to*) perdonar; **the fire ~d nothing** el incendio no perdonó nada; **to ~ sb's feelings** no herir los sentimientos de algn; **to ~ sb's life** perdonar la vida a algn
5 (= *save*) ahorrar, evitar; **I'll ~ you the gory details** me ahorraré los detalles escabrosos, te evitaré los detalles escabrosos; **to ~ sb the trouble of doing sth** ahorrar *or* evitar a algn la molestia de hacer algo; **I could have ~d myself the trouble** podía haberme ahorrado *or* evitado la molestia; *see also* **blush A1**
Ⓓ CPD ► **spare part** N (pieza *f* de) repuesto *m*, (pieza *f* de) recambio *m*, refacción *f* (*Mex*) ► **spare room** N cuarto *m* de invitados, cuarto *m* para las visitas ► **spare tyre, spare tire** (*US*) N (*Aut*) neumático *m* de recambio, llanta *f* de recambio (*LAm*); (*Brit hum*) michelín *m* ► **spare wheel** N (*Aut*) rueda *f* de repuesto *or* recambio

**spare-part surgery*** [ˌspɛəpɑ:t'sɜ:dʒərɪ] N cirugía *f* de trasplantes

**sparerib** [ˌspɛə'rɪb] N (*Culin*) costilla *f* de cerdo

**sparing** ['spɛərɪŋ] ADJ 1 (= *economical*) **his ~ use of colour** su parquedad *or* moderación en el uso del color; **to be ~ in one's use of sth** usar algo con moderación; **to be ~ with** *or* (*frm*) **of sth: he was ~ with the wine** no fue muy generoso con el vino; **I've not been ~ with the garlic** he sido generoso con el ajo; **to be ~ of praise** escatimar los elogios, ser parco en elogios
2 (= *merciful*) piadoso, compasivo

**sparingly** ['spɛərɪŋlɪ] ADV [*use, apply*] con moderación, en pequeñas cantidades; [*eat*] frugalmente, con moderación; **he spends his money ~** es cuidadoso con el dinero, mira mucho lo que gasta; **we used water ~** tuvimos cuidado de no gastar mucha agua; **he uses colour ~** es parco en el uso de los colores

**spark** [spɑ:k] Ⓐ N 1 (*from fire, Elec*) chispa *f*; ✦**IDIOMS to make the ~s fly** provocar una bronca; **they struck ~s off each other** por efecto mutuo hacían chispear el ingenio; *see also* **bright C**
2 (= *trace, hint*) pizca *f*; **the book hasn't a ~ of interest** el libro no tiene ni pizca de interés; **there's not a ~ of life about it** no tiene ni un átomo de vida
3 **sparks*** (*Naut*) telegrafista *mf*; (*Cine, TV*) iluminista *mf*; (*Elec*) electricista *mf*
Ⓑ VT (*also* **~ off**) provocar
Ⓒ VI chispear, echar chispas
Ⓓ CPD ► **spark gap** N entrehierro *m* ► **spark plug** N (*Aut*) bujía *f*

**sparking plug** ['spɑ:kɪŋplʌg] N = **spark plug**

**sparkle** ['spɑ:kl] Ⓐ N centelleo *m*, destello *m*; (*fig*) chispa *f*, viveza *f*; **a person without ~** una persona sin chispa *or* viveza
Ⓑ VI (= *flash*) centellear, echar chispas; (= *shine*) brillar; (= *stand out*) relucir; **the conversation ~d** la conversación fue animadísima;

**she doesn't exactly ~** no tiene mucha alegría que digamos

**sparkler** ['spɑːklər] N 1 (= *firework*) bengala *f*
2 (*) (= *diamond*) diamante *m*
3 (*) (= *sparkling wine*) vino *m* espumoso

**sparkling** ['spɑːklɪŋ] ADJ 1 (= *bright*) [*glass etc*] centelleante; [*eyes*] chispeante
2 (= *fizzy*) [*wine*] espumoso; **a ~ drink** una bebida espumosa; **~ water** agua con gas
3 (= *scintillating*) [*person, wit, conversation*] chispeante

**sparky** ['spɑːkɪ] ADJ vivaracho, marchoso*

**sparrow** ['spærəʊ] N gorrión *m*

**sparrowhawk** ['spærəʊhɔːk] N gavilán *m*

**sparse** [spɑːs] ADJ (*compar* **sparser**; *superl* **sparsest**) (= *thin*) escaso; (= *dispersed*) disperso, esparcido; [*hair*] ralo; **~ furnishings** muebles *mpl* escasos; **~ population** poca densidad *f* de población

**sparsely** ['spɑːslɪ] ADV (= *thinly*) escasamente; (= *in scattered way*) en forma dispersa; **~ populated** escasamente poblado; **a ~ furnished room** un cuarto con pocos muebles

**Sparta** ['spɑːtə] N Esparta *f*

**Spartacus** ['spɑːtəkəs] N Espartaco

**Spartan** ['spɑːtən] Ⓐ ADJ espartano
Ⓑ N espartano/a *m/f*

**spartan** ['spɑːtən] ADJ (*fig*) espartano

**spasm** ['spæzəm] N 1 (*Med*) espasmo *m*
2 (= *fit*) ataque *m*, acceso *m*; **a ~ of coughing** un ataque *or* acceso de tos; **in a ~ of fear** en un arrebato de miedo; **a sudden ~ of activity** un arranque *or* arrebato de actividad; **to work in ~s** trabajar a rachas

**spasmodic** [spæz'mɒdɪk] ADJ 1 (*Med*) espasmódico
2 (= *intermittent*) irregular, intermitente

**spasmodically** [spæz'mɒdɪkəlɪ] ADV 1 (*Med*) de forma espasmódica
2 (= *intermittently*) de forma irregular, de forma intermitente

**spastic** ['spæstɪk] Ⓐ ADJ espástico
Ⓑ N espástico/a *m/f*

**spasticity** [spæs'tɪsɪtɪ] N espasticidad *f*

**spat¹** [spæt] PT, PP *of* **spit¹**

**spat²** [spæt] N (= *overshoe*) polaina *f*

**spat³*** [spæt] (*US*) Ⓐ N riña *f*, disputa *f* (sin trascendencia)
Ⓑ VI reñir

**spat⁴** [spæt] N (= *oyster*) freza *f*; [*of oysters*] hueva *f* de ostras

**spate** [speɪt] N 1 (*fig*) torrente *m*, avalancha *f*; [*of burglaries*] serie *f*
2 **to be in (full) ~** [*river*] estar (muy) crecido

**spatial** ['speɪʃəl] ADJ espacial

**spatio-temporal** [ˌspeɪʃɪəʊ'tempərəl] ADJ espaciotemporal

**spatter** ['spætər] VT salpicar (**with** de); **a dress ~ed with mud** un vestido salpicado de lodo; **a wall ~ed with blood** una pared salpicada de sangre

**spatula** ['spætjʊlə] N espátula *f*

**spavin** ['spævɪn] N esparaván *m*

**spawn** [spɔːn] Ⓐ N 1 [*of fish, frogs*] freza *f*, huevas *fpl*; [*of mushrooms*] semillas *fpl*
2 (*pej*) (= *offspring*) prole *f*
Ⓑ VI frezar
Ⓒ VT (*pej*) engendrar, producir

**spawning** ['spɔːnɪŋ] N desove *m*, freza *f*

**spay** [speɪ] VT [+ *animal*] sacar los ovarios a

**SPCA** N ABBR (*US*) = **Society for the Prevention of Cruelty to Animals**

**SPCC** N ABBR (*US*) = **Society for the Prevention of Cruelty to Children**

**speak** [spiːk] (*pt* **spoke**; *pp* **spoken**) Ⓐ VI 1 hablar; **to ~ to sb** hablar con algn; **have you spoken to him?** ¿has hablado con él?; **she never spoke to me again** no volvió a dirigirme la palabra; **since they quarrelled they don't ~ to each other** desde que riñeron no se hablan; **I don't know him to ~ to** no lo conozco bastante como para hablar con él; **I know him to ~ to** lo conozco bastante bien para cambiar algunas palabras con él; **did you ~?** ¿dijiste algo?; **technically/biologically ~ing** en términos técnicos/biológicos, desde el punto de vista técnico/biológico; **I'll ~ to him about it** (= *discuss it with him*) lo hablaré con él; (= *point it out to him*) se lo diré; **~ing as a student myself** hablando desde mi experiencia como estudiante; **we're not ~ing** no nos hablamos; **~ now or forever hold your peace** hable ahora o guarde para siempre silencio; **he's very well spoken of** tiene buen nombre *or* buena fama; **~ing of holidays ...** a propósito de las vacaciones ...; **it's nothing to ~ of** no tiene importancia; **he has no money to ~ of** no tiene dinero que digamos; **everything spoke of hatred** en todo había un odio latente; **everything spoke of luxury** todo reflejaba el lujo; **~ing personally ...** en cuanto a mí ..., yo por mi parte ...; **roughly ~ing** en términos generales; **so to ~** por decirlo así, por así decir; **to ~ well of sb** hablar bien de algn; **to ~ in a whisper** hablar bajo
2 (= *make a speech, give one's opinion*) hablar; **he spoke on Greek myths** habló sobre los mitos griegos; **when the minister had spoken ...** cuando terminó de hablar el ministro ...; **the member rose to ~** el diputado se levantó para tomar la palabra; **the chairman asked Mr Wright to ~** el presidente le concedió la palabra al Sr. Wright; **are you ~ing in the debate?** ¿interviene usted en el debate?
3 (*Telec*) **~ing!** ¡al habla!; **"could I ~ to Alison?" — "~ing!"** —¿podría hablar con Alison? —¡al habla! *or* —¡soy yo! *or* (*esp LAm*) —¡con ella!; **this is Peter ~ing** ¡soy Peter!, ¡habla Peter!; **may I ~ to Mr Jones?** ¿me pone con el Sr. Jones, por favor?; **who is that ~ing?** ¿con quién hablo?, ¿quién es?; (*taking message*) ¿de parte (de quién)?
4 (*fig*) [*gun*] oírse, sonar
Ⓑ VT 1 (= *talk*) [+ *language*] hablar; **he ~s Italian** habla italiano; **do you ~ English?** ¿hablas inglés?; **he can ~ seven languages** habla siete idiomas; **"English spoken here"** "se habla inglés"
2 (= *utter*) decir; **to ~ one's mind** hablar claro *or* con franqueza; **to ~ the truth** decir la verdad; **nobody spoke a word** nadie habló, nadie dijo palabra

►**speak for** VI + PREP 1 **to ~ for sb** (*as representative*) hablar por algn, hablar en nombre de algn; (*as defender*) interceder por algn; **he ~s for the miners** habla por los mineros, representa a los mineros; **~ing for myself** en cuanto a mí, yo por mi parte; **~ for yourself!** ¡eso lo dirás tú!; **let her ~ for herself** déjala que hable
2 **it ~s for itself** es evidente, habla por sí mismo; **the facts ~ for themselves** los datos hablan por sí solos
3 **to be spoken for**: **that's already been spoken for** eso ya está reservado *or* apartado; **she's already spoken for*** ya está comprometida

►**speak out** VI + ADV **he's not afraid to ~ out** no tiene miedo a decir lo que piensa; **to ~ out against sth** denunciar algo; **to ~ out for** *or* **on behalf of sb** defender a algn

►**speak up** VI + ADV 1 (= *raise voice*) hablar más fuerte *or* alto; **~ up!** ¡más fuerte!
2 (= *give one's opinion*) decir lo que se piensa; **don't be afraid to ~ up** no tengas miedo de decir lo que piensas; **to ~ up for sb** defender a algn

**-speak** [spiːk] N (*ending in compounds*) (*pej*) **computer-speak** lenguaje *m* de los ordenadores, jerga *f* informática

**speakeasy*** ['spiːkˌiːzɪ] N (*US*) taberna *f* clandestina

**speaker** ['spiːkər] N 1 (*gen*) el/la *m/f* que habla; (*in public*) orador(a) *m/f*; (*at conference*) ponente *mf*, orador(a) *m/f*; (= *lecturer*) conferenciante *mf*; **as the last ~ said ...** como dijo el señor/la señora que acaba de hablar ...; **he's a good ~** es buen orador, habla bien
2 [*of language*] hablante *mf*; **French ~s** los hablantes de francés, los francoparlantes; **he's a French ~** habla francés; **all ~s of Spanish** todos los que hablan español, todos los hispanohablantes; **Catalan has several million ~s** el catalán es hablado por varios millones; **are you a Welsh ~?** ¿habla usted galés?
3 (= *loud-speaker*) altavoz *m*, altoparlante *m* (*LAm*); **speakers** [*of hi-fi system*] bafles *mpl*, parlantes *mpl*
4 (*Pol*) **the Speaker** (*Brit*) el Presidente/la Presidenta de la Cámara de los Comunes; (*US*) el Presidente/la Presidenta de la Cámara de los Representantes; → FRONT BENCH

**SPEAKER**

*En el sistema parlamentario británico el* **Speaker** *es la máxima autoridad de la Cámara de los Comunes (***House of Commons***) y su misión es presidirla y hacer que se guarde el orden y que se acaten las normas establecidas. Es elegido al comienzo de la legislatura por parlamentarios (***MPs***) de todos los partidos y puede pertenecer a cualquiera de ellos. Una vez que toma posesión de su cargo, el* **Speaker** *no vota ni toma la palabra (excepto a nivel oficial) y ha de ser totalmente imparcial. Los parlamentarios suelen comenzar sus discursos dirigiéndose al* **Speaker** *en vez de a toda la Cámara, como por ejemplo en:* **Mister/Madam Speaker, I feel very strongly about this**.

*En Estados Unidos, el* **Speaker** *es el encargado de presidir la Cámara de los Representantes (***House of Representatives***) y es también el dirigente del partido mayoritario, además de miembro de la Cámara. Es elegido por los miembros de su partido y se encarga de las actas de las sesiones de la Cámara y de actuar como portavoz de su partido. Es uno de los puestos más influyentes del gobierno federal, además de ser el que sigue al Vicepresidente (***Vice-President***) en la sucesión a la presidencia.*

**speaking** ['spiːkɪŋ] Ⓐ ADJ 1 (= *talking*) [*doll, computer*] que habla, parlante
2 (= *eloquent, striking*) **~ likeness** vivo retrato *m*
Ⓑ N (= *skill*) oratoria *f*
Ⓒ CPD ► **speaking clock** N servicio *f* telefónico de información horaria ► **speaking distance** N **to be within ~ distance** estar al alcance de la voz ► **speaking part** N papel *m* hablado ► **speaking terms** NPL **to be on ~ terms with sb** hablarse con algn; **we're not on ~ terms** no nos hablamos ► **speaking trumpet** N bocina *f* ► **speaking tube** N tubo *m* acústico ► **speaking voice** N **a pleasant ~ voice** una voz agradable

**-speaking** ['spi:kɪŋ] ADJ (*ending in compounds*) **English-speaking** de habla inglesa, anglohablante; **French-speaking** de habla francés, francoparlante; **Spanish-speaking people** los hispanohablantes, los de habla española *or* (*esp LAm*) castellana

**spear** [spɪəʳ] Ⓐ N (*gen*) lanza *f*; (= *harpoon*) arpón *m*
Ⓑ VT [1] (*with spear*) alancear, herir con lanza; (*with harpoon*) arponear
[2] (*fig*) atravesar, pinchar; **he ~ed a potato with his fork** atravesó *or* pinchó una patata con el tenedor

**speargun** ['spɪəgʌn] N harpón *m* submarino

**spearhead** ['spɪəhed] Ⓐ N (*Mil, also fig*) punta *f* de lanza
Ⓑ VT encabezar

**spearmint** ['spɪəmɪnt] Ⓐ N (*Bot etc*) menta *f* verde, hierbabuena *f*
Ⓑ CPD ► **spearmint chewing gum** N chicle *m* de menta

**spec*** [spek] N **to buy sth on ~** comprar algo como especulación; **to go along on ~** ir a ver lo que sale; **to turn up on ~** presentarse por si acaso

**special** ['speʃəl] Ⓐ ADJ [1] (= *important, exceptional*) [*occasion, day, pemission, price, attention, diet*] especial; **my ~ chair** mi silla preferida; **what's so ~ about that?** y eso ¿qué tiene de especial?; **is there anyone ~ in your life?** ¿hay alguien especial en tu vida?; **~ arrangements will be made for disabled people** se tomarán medidas especiales para las personas discapacitadas; **to take ~ care of sth** cuidar especialmente de algo; **in ~ cases** en casos especiales *or* extraordinarios; **to make a ~ effort to do sth** esforzarse especialmente *or* hacer un esfuerzo extra para hacer algo; **you're extra ~** tú eres lo mejor de lo mejor; **to make sb feel ~** hacer que algn se sienta especial; **my ~ friend** mi amigo del alma; **his ~ interest was always music** siempre tuvo especial interés por la música; **there's nothing ~ about being a journalist** ser periodista no tiene nada de especial; **it's nothing ~*** no es nada especial, no es nada del otro mundo; **~ powers** (*Pol*) poderes *mpl* extraordinarios; **I've cooked something ~ for dinner** he preparado algo especial para cenar; **she's very ~ to us** la apreciamos mucho; **~ to that country** exclusivo de ese país; **as a ~ treat** como algo especial; **to expect ~ treatment** esperar un trato especial
[2] (= *specific*) especial; **a ~ tool for working leather** una herramienta especial para trabajar el cuero; **have you any ~ date in mind?** ¿tienes en mente alguna fecha concreta *or* en particular *or* en especial?; **is there anything ~ you would like?** ¿hay algo que quieras en especial?; **I had no ~ reason for suspecting him** no tenía ningún motivo en especial para sospechar de él; **"why do you say that?" — "oh, no ~ reason"** —¿por qué dices eso? —por nada en especial; **I've no-one ~ in mind** no tengo en mente a nadie en concreto *or* en especial; **"what are you doing this weekend?" — "nothing ~"** —¿qué haces este fin de semana? —nada (en) especial *or* nada en particular; **Britain has its own ~ problems** Gran Bretaña tiene sus propios problemas particulares
[3] (*Brit iro*) (= *strange*) **to be a bit ~** [*person*] ser un poco especial
Ⓑ N [1] (= *train*) tren *m* especial; (*TV, Rad*) programa *m* especial; (= *newspaper*) número *m* extraordinario; **the chef's ~** ◊ **today's ~** la especialidad del día
[2] (*US**) (= *special offer*) oferta *f* especial; **to be on ~** estar de oferta
[3] (*Brit**) (= *special constable*) *ciudadano que en determinadas ocasiones realiza funciones de policía*
Ⓒ CPD ► **special adviser** N consejero/a *m/f* de asuntos extraordinarios ► **special agent** N agente *mf* especial ► **Special Air Service** N (*Brit*) *regimiento del ejército británico que se especializa en operaciones clandestinas* ► **Special Branch** N (*Brit*) Servicio *m* de Seguridad del Estado ► **special constable** N (*Brit*) *ciudadano que en ciertas ocasiones realiza funciones de policía* ► **special correspondent** N corresponsal *mf* especial ► **special delivery** N correo *m* exprés ► **special edition** N edición *f* especial ► **special effects** NPL efectos *mpl* especiales ► **special interest group** N grupo *m* de presión que persigue un tema específico ► **special investigator** N investigador(a) *m/f* especial ► **special jury** N jurado *m* especial ► **special licence** N (*Brit Jur*) *permiso especial para contraer matrimonio sin cumplir los requisitos legales normalmente necesarios* ► **special needs** NPL **children with ~ needs** ◊ **~ needs children** niños que requieren una atención diferenciada ► **special offer** N (*Comm*) oferta *f* especial, oferta *f* de ocasión ► **special school** N colegio *m* de educación especial

**specialism** ['speʃə,lɪzəm] N especialidad *f*

**specialist** ['speʃəlɪst] Ⓐ N especialista *mf*; **heart ~** (*Med*) especialista *mf* del corazón
Ⓑ ADJ especializado; **that's ~ work** eso es trabajo especializado; **~ knowledge** conocimientos *mpl* especializados

**speciality** [,speʃɪ'ælɪtɪ], **specialty** (*US*) ['speʃəltɪ] N especialidad *f*; **to make a ~ of sth** especializarse en algo; **it's a ~ of the house** es una especialidad de la casa, es un plato especial de la casa

**specialization** [,speʃəlaɪ'zeɪʃən] N (= *act*) especialización *f*; (= *subject*) especialidad *f*

**specialize** ['speʃəlaɪz] VI especializarse (**in** en); **she ~d in Russian** se especializó en ruso; **we ~ in skiing equipment** estamos especializados en material de esquí

**specialized** ['speʃəlaɪzd] ADJ **~ knowledge** conocimientos *mpl* especializados

**specially** ['speʃəlɪ] ADV [1] (= *specifically*) [*designed, made, adapted, trained, selected*] especialmente, expresamente; **a lotion ~ formulated for children** una loción formulada especialmente *or* expresamente para niños; **we asked for it ~** lo pedimos a propósito
[2] (= *particularly*) especialmente, en especial, en particular; **we would ~ like to see the orchard** nos gustaría especialmente *or* en especial ver el huerto, nos gustaría ver el huerto en particular; **~ the yellow ones** especialmente *or* sobre todo los amarillos
[3] (= *exceptionally*) especialmente, particularmente; **her job is not ~ important to her** su trabajo no es especialmente *or* particularmente importante para ella; **the food was ~ good** la comida era excepcional *or* excepcionalmente buena

**specialty** ['speʃəltɪ] N (*US*) = **speciality**

**specie** ['spi:ʃi:] N metálico *m*, efectivo *m*; **in ~** en metálico

**species** ['spi:ʃi:z] N (*pl inv*) especie *f*

**specific** [spə'sɪfɪk] Ⓐ ADJ [1] (= *definite, particular*) [*need, plan*] específico; [*issue, area, problem*] específico, concreto; [*question, reason, example*] concreto; **for ~ political ends** con fines políticos concretos; **with the ~ aim of achieving sth** con el propósito expreso de lograr algo; **problems which are ~ to a particular group of people** problemas que son específicos *or* propios de un grupo particular de personas
[2] (= *precise*) [*description, instructions*] preciso; [*meaning*] exacto; **can you be more ~?** ¿puedes ser más concreto?, ¿puedes puntualizar?; **it was a tooth, a shark's tooth, to be more ~** era un diente: un diente de un tiburón para ser más preciso; **you will be asked to be ~ about what the problem is** te pedirán que especifiques con exactitud el problema, te pedirán que seas preciso a la hora de identificar el problema
[3] (*Bio, Phys, Chem, Med*) específico
Ⓑ N [1] (*Med*) (= *drug*) específico *m*
[2] **specifics** (= *particulars*) aspectos *mpl* concretos, detalles *mpl*; **we have yet to work out the ~s of the plan** todavía tenemos que elaborar los aspectos concretos *or* los detalles del plan; **to get down to ~s** ir a los aspectos concretos *or* los detalles
Ⓒ CPD ► **specific gravity** N peso *m* específico

**specifically** [spə'sɪfɪkəlɪ] ADV [1] (= *especially*) [*design, aim*] específicamente, expresamente; [*relate to*] específicamente; **projects ~ designed to strengthen British industries** proyectos diseñados específicamente *or* expresamente para fortalecer las industrias británicas
[2] (= *more precisely*) en concreto, concretamente; **fear was the main factor, ~ a fear of pregnancy** el temor era el factor principal, en concreto *or* concretamente, el temor a quedarse embarazada
[3] (= *explicitly*) [*mention, refer to*] explícitamente; [*ask, authorize*] expresamente, explícitamente; **he ~ asked us not to mention the fact** nos pidió expresamente *or* explícitamente que no mencionáramos ese hecho; **they will take no further action unless ~ instructed to** no van a tomar más medidas salvo que se les instruya de manera expresa
[4] (= *uniquely*) específicamente; **it isn't a ~ medical problem** no es un problema específicamente médico

**specification** [,spesɪfɪ'keɪʃən] N [1] (= *act of specifying*) especificación *f*
[2] (= *requirement*) especificación *f*; **the computers are customized to your ~(s)** los ordenadores *or* (*LAm*) computadores se diseñan de acuerdo con sus especificaciones
[3] **specifications** (= *plan*) presupuesto *m*, plan *m* detallado

▼ **specify** ['spesɪfaɪ] Ⓐ VT especificar; **in the order specified** en el orden especificado; **at a specified time** a una hora determinada
Ⓑ VI precisar; **he did not ~** no precisó; **unless otherwise specified** salvo indicaciones en sentido contrario

**specimen** ['spesɪmɪn] Ⓐ N [1] (= *sample*) [*of blood, urine, tissue, rock*] muestra *f*
[2] (= *example*) [*of species, genus, etc*] ejemplar *m*, espécimen *m*; **that trout is a fine ~** esa trucha es un magnífico ejemplar
[3] (*) (= *person*) **he's an odd ~** es un bicho raro*; **you're a pretty poor ~** no vales para mucho
Ⓑ CPD ► **specimen copy** N ejemplar *m* de muestra ► **specimen page** N página *f* que sirve de muestra ► **specimen signature** N muestra *f* de firma

**specious** ['spi:ʃəs] ADJ especioso

**speciousness** ['spi:ʃəsnɪs] N lo especioso

**speck** [spek] Ⓐ N [1] (= *small stain*) pequeña mancha *f*
[2] (= *particle*) [*of dust*] mota *f*

➤ LANGUAGE IN USE: specify A 20.3

3 (= *dot, point*) punto *m*; **it's just a ~ on the horizon** es un punto en el horizonte nada más
4 (= *small portion*) pizca *f*; **there's not a ~ of truth in it** no tiene ni pizca de verdad; **just a ~, thanks** un poquitín, gracias
Ⓑ VT = **speckle**

**speckle** ['spekl] Ⓐ N punto *m*, mota *f*
Ⓑ VT salpicar, motear (**with** de)

**speckled** ['spekld] ADJ moteado, con puntos

**specs**[1]* [speks] NPL gafas *fpl*, anteojos *mpl* (*LAm*), lentes *mpl* (*LAm*)

**specs**[2]* [speks] NPL ABBR = **specifications**

**spectacle** ['spektəkl] Ⓐ N 1 espectáculo *m*; **a sad ~** un triste espectáculo; **to make a ~ of o.s.** hacer el ridículo, ponerse en ridículo
2 **spectacles** gafas *fpl*, lentes *mpl* (*LAm*), anteojos *mpl* (*LAm*); **a pair of ~s** unas gafas; ✦*IDIOM* **to see everything through rose-coloured** *or* **rose-tinted ~s** verlo todo color de rosa
Ⓑ CPD ► **spectacle case** N estuche *m* de gafas

**spectacled** ['spektəkld] ADJ con gafas

**spectacular** [spek'tækjʊlə^r] Ⓐ ADJ [*results, display, view, scenery, increase, improvement*] espectacular, impresionante; [*success*] impresionante; [*failure, fall, defeat*] espectacular, estrepitoso
Ⓑ N (*TV, Cine*) show *m* espectacular

**spectacularly** [spek'tækjʊləlɪ] ADV [*increase, grow, improve*] de modo *or* manera espectacular, espectacularmente; [*crash, fail*] de modo espectacular, estrepitosamente; [*good*] verdaderamente, realmente; [*bad*] terriblemente; **~ beautiful** de una belleza impresionante; **the campaign has proved ~ successful** la campaña ha sido todo un éxito *or* ha sido un éxito impresionante; **everything went ~ wrong** todo salió terriblemente mal

**spectate** [spek'teɪt] VI mirar; **they come to ~** vienen de espectadores

**spectator** [spek'teɪtə^r] Ⓐ N espectador(a) *m/f*; **spectators** público *msing*
Ⓑ CPD ► **spectator sport** N deporte *m* espectáculo

**specter** ['spektə^r] N (*US*) = **spectre**

**spectral** ['spektrəl] ADJ espectral

**spectre**, **specter** (*US*) ['spektə^r] N espectro *m*, fantasma *m*

**spectrogram** ['spektrəʊgræm] N espectrograma *m*

**spectrograph** ['spektrəʊgrɑːf] N espectrógrafo *m*

**spectrometer** [spek'trɒmɪtə^r] N espectrómetro *m*

**spectrometry** [spek'trɒmɪtrɪ] N espectrometría *f*

**spectroscope** ['spektrəskəʊp] N espectroscopio *m*

**spectroscopy** [spek'trɒskəpɪ] N espectroscopia *f*

**spectrum** ['spektrəm] Ⓐ N (*pl* **spectra** ['spektrə]) 1 (= *range*) espectro *m*, gama *f*; **we went through the whole ~ of emotions** experimentamos todo el espectro *or* toda la gama de emociones posibles; **a wide ~ of opinions** un amplio espectro *or* abanico de opiniones, una amplia gama de opiniones; **the political ~** el espectro político
2 (*Phys*) espectro *m*
Ⓑ CPD ► **spectrum analysis** N análisis *m inv* espectral

**speculate** ['spekjʊleɪt] VI 1 (= *conjecture*) especular; **to ~ about/on** especular sobre, hacer conjeturas acerca de
2 (*Fin*) especular (**on** en)

**speculation** [,spekjʊ'leɪʃən] N 1 (= *conjecture*) especulación *f*; **it is pure ~** es pura especulación; **it is the subject of much ~** se está especulando mucho sobre el tema, es un tema sobre el que se está especulando mucho
2 (*Fin*) especulación *f*; **to buy sth as a ~** comprar algo con fines especulativas; **it's a good ~** vale como especulación

**speculative** ['spekjʊlətɪv] ADJ especulativo

**speculator** ['spekjʊleɪtə^r] N especulador(a) *m/f*

**speculum** ['spekjʊləm] N (*pl* **speculums, specula**) espéculo *m*

**sped** [sped] PT, PP *of* **speed**

**speech** [spiːtʃ] Ⓐ N 1 (= *faculty*) habla *f*; (= *words*) palabras *fpl*; (= *language*) lenguaje *m*; (= *manner of speaking*) lenguaje *m*, forma *f* de hablar; **to lose the power of ~** perder el habla; **to recover one's ~** recobrar el habla, recobrar la palabra; **his ~ was slurred** arrastraba las palabras, farfullaba al hablar; **he expresses himself better in ~ than in writing** se expresa mejor hablando *or* de palabra que por escrito; **children's ~** el lenguaje de los niños; **freedom of ~** libertad *f* de expresión; **to be slow of ~** hablar lentamente, ser torpe de palabra
2 (= *address*) discurso *m*; **to make a ~** pronunciar un discurso; **speech, speech!** ¡que hable! ¡que hable!
3 (*Brit Gram*) **direct/indirect ~** estilo *m* directo/indirecto; *see also* **part A8**
Ⓑ CPD ► **speech act** N acto *m* de habla ► **speech analysis** N análisis *m* de la voz ► **speech command** N comando *m* vocal ► **speech community** N comunidad *f* lingüística ► **speech day** N (*Brit*) reparto *m* de premios ► **speech defect**, **speech impediment** N defecto *m* del habla ► **speech organ** N órgano *m* del habla ► **speech recognition** N (*Comput*) reconocimiento *m* de voz ► **speech synthesizer** N sintetizador *m* de la voz humana ► **speech therapist** N logopeda *mf* ► **speech therapy** N terapia *f* de la palabra ► **speech training** N lecciones *fpl* de elocución ► **speech writer** N escritor(a) *m/f* de discursos, redactor(a) *m/f* de discursos

**speechify** ['spiːtʃɪfaɪ] VI (*pej*) disertar prolijamente, perorar

**speechifying** ['spiːtʃɪfaɪɪŋ] N (*pej*) disertaciones *fpl*, prolijas peroratas *fpl*

**speechless** ['spiːtʃlɪs] ADJ (= *dumbstruck*) estupefacto, sin habla; **everybody was ~ at this** con esto todos quedaron estupefactos *or* sin habla; **I'm ~!** no sé qué decir, estoy estupefacto; **to be ~ with rage** enmudecer de rabia

**speechmaking** ['spiːtʃ,meɪkɪŋ] N 1 (= *making of speeches*) pronunciación *f* de discursos
2 (= *speeches collectively*) discursos *mpl*
3 (*pej*) = **speechifying**

**speed** [spiːd] (*vb: pt, pp* **sped** *or* **speeded**) Ⓐ N 1 (= *rate of movement*) velocidad *f*, rapidez *f*; (= *rapidity, haste*) rapidez *f*, prisa *f*; **shorthand/typing ~** velocidad *f* en taquigrafía/mecanografía; **my typing ~ is 60 words per minute** mecanografío 60 palabras por minuto; **at ~** a gran velocidad; **at a ~ of 70km/h** a una velocidad de 70km por hora; **what ~ were you doing?** (*Aut*) ¿a qué velocidad ibas?; **at full ~** a toda velocidad, a máxima velocidad; **full ~ ahead!** ¡avante toda!*; **to gather ~** acelerar, cobrar velocidad; **the ~ of light** la velocidad de la luz; **the maximum ~ is 120km/h** la velocidad máxima es de 120km por hora; **to pick up ~** acelerar, cobrar velocidad; **the ~ of sound** la velocidad del sonido; **at top ~** a toda velocidad, a máxima velocidad; ✦*IDIOMS* **to be up to ~** (= *well-informed*) estar al día, estar al corriente; (= *functioning properly*) estar a punto, funcionar a pleno rendimiento; **to bring sb up to ~** poner a algn al día *or* al corriente; **to bring sth up to ~** poner algo a punto; *see also* **full A3**
2 (*Aut, Tech*) (= *gear*) velocidad *f*; **a three-~ bike** una bicicleta de tres marchas *or* velocidades; **a five-~ gearbox** una caja de cambios de cinco velocidades
3 (*Phot*) velocidad *f*
4 (*Drugs*‡) speed *m*, anfetamina *f*
Ⓑ VI 1 (*pt, pp* **sped**) (= *go fast*) correr a toda prisa; (= *hurry*) darse prisa, apresurarse; **he sped down the street** corrió a toda prisa por la calle; **to ~ along** ir a gran velocidad; **the years sped by** pasaron los años volando; **to ~ off** marcharse a toda prisa
2 (*pt, pp* **speeded**) (*Aut*) (= *exceed speed limit*) conducir *or* (*LAm*) manejar por encima del límite de velocidad permitido
Ⓒ VT (*pt, pp* **speeded**) **to ~ sb on his way** despedir a algn, desear un feliz viaje a algn
Ⓓ CPD ► **speed bump** N banda *f* sonora ► **speed cop*** N policía *m* de tráfico, policía *m* de tránsito ► **speed limit** N velocidad *f* máxima, límite *m* de velocidad; **a 50km/h ~ limit** velocidad máxima (permitida) de 50km por hora; **to exceed the ~ limit** exceder la velocidad permitida *or* el límite de velocidad ► **speed merchant*** N corredor(a) *m/f* ► **speed restriction** N limitación *f* de velocidad ► **speed skating** N patinaje *m* de velocidad ► **speed trap** N (*Aut*) *sistema policial para detectar infracciones de velocidad*

► **speed up** (*pt, pp* **speeded up**) Ⓐ VI + ADV [*person*] apresurarse, apurarse (*LAm*); [*process*] acelerarse
Ⓑ VT + ADV [+ *object*] acelerar; [+ *person*] apresurar, apurar (*LAm*)

**speedball** ['spiːdbɔːl] N 1 (= *game*) speedball *m*
2 (*Drugs*) chute *m* de cocaína con heroína‡

**speedboat** ['spiːd,bəʊt] N lancha *f* motora

**speeder** ['spiːdə^r] N (= *fast driver*) automovilista *mf* que conduce a gran velocidad; (*convicted*) infractor(a) *m/f* de los límites de velocidad

**speedily** ['spiːdɪlɪ] ADV (= *quickly*) rápidamente, con la mayor prontitud; (= *promptly*) prontamente, en seguida

**speediness** ['spiːdɪnɪs] N (= *speed*) velocidad *f*, rapidez *f*; (= *promptness*) prontitud *f*

**speeding** ['spiːdɪŋ] N (*Aut*) exceso *m* de velocidad; **he was fined for ~** le pusieron una multa por exceso de velocidad

**speedo*** ['spiːdəʊ] N (*Brit*) = **speedometer**

**speedometer** [spɪ'dɒmɪtə^r] N velocímetro *m*, cuentakilómetros *m inv*

**speed-up** ['spiːdʌp] N aceleración *f*, agilización *f*

**speedway** ['spiːdweɪ] N 1 (= *sport*) carreras *fpl* de motos
2 (= *track*) pista *f* de carreras
3 (*US*) autopista *f*

**speedwell** ['spiːdwel] N (*Bot*) verónica *f*

**speedy** ['spiːdɪ] ADJ (*compar* **speedier**; *superl* **speediest**) veloz, rápido; [*answer*] pronto

**speleologist** [,spiːlɪ'ɒlədʒɪst] N espeleólogo/a *m/f*

**speleology** [,spiːlɪ'ɒlədʒɪ] N espeleología *f*

**spell**[1] [spel] N encanto *m*, hechizo *m*; **to be under a ~** estar hechizado; **to be under sb's ~** estar hechizado por algn; **to break the ~** romper el hechizo *or* encanto; **to cast a ~ over** *or* **on sb** ◊ **put sb under a ~** hechizar a algn; **Seville casts its ~ over the tourists** Sevilla embruja a los turistas

**spell**[2] [spel] (*pt, pp* **spelled** *or* **spelt**) Ⓐ VT [1] (= *write*) escribir; (*letter by letter*) deletrear; **how do you ~ your name?** ¿cómo se escribe tu nombre?; **can you ~ that please?** ¿me lo deletrea, por favor?; **c-a-t ~s "cat"** "cat" se deletrea c-a-t; **what do these letters ~?** ¿qué palabra se forma con estas letras?
[2] (= *denote*) significar, representar; **it ~s ruin** significa *or* representa la ruina; **it ~s disaster for us** significa *or* representa un desastre para nosotros
Ⓑ VI (= *write correctly*) escribir correctamente; **she can't ~** no sabe escribir correctamente, sabe poco de ortografía

►**spell out** VT + ADV [1] (= *read letter by letter*) deletrear
[2] (= *explain*) **to ~ sth out for sb** explicar algo a algn en detalle

**spell**[3] [spel] N [1] (= *period*) racha *f*; **a prolonged ~ of bad weather** una larga racha de mal tiempo; **a cold ~** una racha de frío; **they're going through a bad ~** están pasando por una mala racha
[2] (= *shift, turn*) turno *m*; **we each took a ~ at the wheel** nos turnamos al volante; **a ~ of duty** una temporada; **I did a ~ as a commercial traveller** durante cierto tiempo trabajé como viajante

**spellbinder** ['spel,baɪndəʳ] N (= *speaker*) orador(a) *m/f* que fascina; (= *book*) obra *f* que fascina

**spellbinding** ['spel,baɪndɪŋ] ADJ cautivador, fascinante

**spellbound** ['spelbaʊnd] ADJ embelesado, hechizado; **to hold sb ~** tener a algn embelesado

**speller** ['speləʳ] N **to be a bad ~** cometer muchas faltas de ortografía, tener mala ortografía

**spelling** ['spelɪŋ] Ⓐ N ortografía *f*; **the correct ~ is ...** la ortografía correcta es ...; **my ~ is terrible** cometo muchas faltas de ortografía
Ⓑ CPD ► **spelling bee** N certamen *m* de ortografía ► **spelling checker** N corrector *m* ortográfico ► **spelling mistake** N falta *f* de ortografía ► **spelling pronunciation** N pronunciación *f* ortográfica

**spelt**[1] [spelt] (*esp Brit*) PT, PP *of* **spell**[2]

**spelt**[2] [spelt] N (*Bot*) espelta *f*

**spelunker** [spɪ'lʌŋkəʳ] N (*esp US*) espeleólogo/a *m/f*

**spelunking** [spɪ'lʌŋkɪŋ] N (*esp US*) espeleología *f*

**spend** [spend] (*pt, pp* **spent**) Ⓐ VT [1] (= *pay out*) [+ *money*] gastar; **to ~ sth on sth/sb** gastar algo en algo/algn; **she ~s too much money on clothes** gasta demasiado dinero en ropa; **they've spent a fortune on the house** (se) han gastado un dineral en la casa; **the buildings need a lot ~ing on them** a los edificios les hace falta una buena inyección de dinero; **it's money well spent** es dinero bien empleado; ✦**IDIOM to ~ a penny** (*Brit euph*) cambiar de agua al canario
[2] (= *devote*) [+ *effort, time*] dedicar; **we ~ time, money and effort training these people** dedicamos tiempo, dinero y trabajo a formar a estas personas
[3] (= *pass*) [+ *period of time*] pasar; **where are you ~ing your holiday?** ¿dónde vas a pasar las vacaciones?; **he spent eight years learning his trade** pasó ocho años aprendiendo los gajes del oficio; **he ~s all his time sleeping** se pasa la vida durmiendo; *see also* **night A1**
[4] (= *use up*) [+ *force, ammunition, provisions*] (*liter*) agotar; **the storm has spent its fury** la tempestad ha agotado *or* perdido su fuerza; **I ~ all my energy just getting to work** nada más que en llegar al trabajo se me van todas las energías; **the bullets spent themselves among the trees** las balas se desperdiciaron en los árboles
Ⓑ VI gastar

**spender** ['spendəʳ] N gastador(a) *m/f*; **big ~** persona *f* generosa; (*pej*) derrochador(a) *m/f*; **to be a free ~** gastar libremente su dinero; (*pej*) ser derrochador

**spending** ['spendɪŋ] Ⓐ N gastos *mpl*; **to keep one's ~ down** mantener los gastos bajos; **the latest figures for consumer ~** las últimas cifras correspondientes a los gastos del consumidor; **to reduce government** *or* **public ~** reducir el gasto público; **military/defence ~** gastos *mpl* militares/de defensa; **they pledged to increase ~ on education** prometieron incrementar el presupuesto de educación
Ⓑ CPD ► **spending cuts** NPL recortes *mpl* presupuestarios ► **spending limit** N límite *m* de gastos ► **spending money** N (*for holiday*) dinero *m* para gastar; (= *allowance*) dinero *m* para gastos (personales) ► **spending power** N poder *m* de compra, poder *m* adquisitivo ► **spending spree** N derroche *m* de dinero; **we went on a ~ spree** salimos a gastar dinero

**spendthrift** ['spendθrɪft] Ⓐ ADJ derrochador, pródigo
Ⓑ N derrochador(a) *m/f*, pródigo/a *m/f*

**spent** [spent] Ⓐ PT, PP *of* **spend**
Ⓑ ADJ [*match, lightbulb, battery*] gastado; [*bullet, cartridge, ammunition*] usado; **he's a ~ force** ya no es lo que era

**sperm** [spɜːm] Ⓐ N (*Bio*) esperma *m or f*
Ⓑ CPD ► **sperm bank** N banco *m* de esperma ► **sperm count** N recuento *m* de espermas ► **sperm whale** N cachalote *m*

**spermaceti** [,spɜːmə'setɪ] N esperma *m or f* de ballena

**spermatozoon** [,spɜːmətəʊ'zəʊɒn] N (*pl* **spermatozoa** [,spɜːmətəʊ'zəʊə]) espermatozoo *m*

**spermicidal** [,spɜːmɪ'saɪdl] ADJ espermicida

**spermicide** ['spɜːmɪsaɪd] N espermicida *m*

**spew** [spjuː] Ⓐ VT (*also* **~ up**) vomitar; (*fig*) arrojar, vomitar
Ⓑ VI vomitar; **it makes me want to ~*** (*fig*) me da asco

**SPG** N ABBR (*Brit Police*) = **Special Patrol Group**

**sphagnum** ['sfægnəm] N esfagno *m*

**sphere** [sfɪəʳ] N [1] (*Astron, Math etc*) esfera *f*
[2] (*fig*) esfera *f*; **in the social ~** en la esfera social; **~ of influence** esfera *f* de influencia; **~ of activity** campo *m* de actividad, esfera *f* de actividad; **his ~ of interest** el ámbito de sus intereses; **in the ~ of politics** en el mundo de la política; **that's outside my ~** eso no es de mi competencia

**spherical** ['sferɪkəl] ADJ esférico

**spheroid** ['sfɪərɔɪd] N esferoide *m*

**sphincter** ['sfɪŋktəʳ] N esfínter *m*

**sphinx** [sfɪŋks] N (*pl* **sphinxes**) esfinge *f*

**spice** [spaɪs] Ⓐ N [1] (*Culin*) especia *f*; **mixed ~(s)** especias *fpl* mixtas; ✦**PROV variety is the ~ of life** en la variedad está el gusto
[2] (*fig*) lo picante; **the papers like stories with some ~** a los periódicos les gustan los reportajes con algo de picante; **the details add ~ to the story** los detalles dan sabor a la historia
Ⓑ VT [1] (*Culin*) condimentar, sazonar
[2] (*fig*) **a highly ~d account** un relato de mucho picante; **gossip ~d with scandal** cotilleos con el sabor picante que da el escándalo
Ⓒ CPD ► **spice rack** N especiero *m*

►**spice up** VT + ADV [1] (= *season*) condimentar, dar más sabor a; **use it to ~ up rice dishes and stews** úselo para condimentar *or* dar mas sabor a los platos de arroz y estofados
[2] (= *enliven*) **it could help ~ up your sex life** podría ayudar a estimular su vida sexual

**spiciness** ['spaɪsɪnɪs] N [1] [*of food*] lo picante
[2] [*of story*] lo picante

**Spick**✱ [spɪk] N (*US pej*) hispano/a *m/f*

**spick-and-span** ['spɪkən'spæn] ADJ [*house, room*] impecable, como los chorros del oro*; [*person*] acicalado; **they left the cottage ~** dejaron el chalet impecable, dejaron el chalet como los chorros del oro*; **everything must be kept ~** todo tiene que estar impecable

**spicy** ['spaɪsɪ] ADJ (*compar* **spicier**; *superl* **spiciest**) [1] (*Culin*) (*gen*) muy condimentado, muy sazonado; (= *hot*) picante, picoso (*LAm*)
[2] (*fig*) [*joke etc*] picante, colorado (*LAm*)

**spider** ['spaɪdəʳ] Ⓐ N araña *f*; **~'s web** telaraña *f*
Ⓑ CPD ► **spider crab** N centollo *m*, centolla *f* ► **spider plant** N cinta *f*

**spiderman** ['spaɪdəmæn] N (*pl* **spidermen**) (*Constr*) *obrero que trabaja en la construcción de edificios altos*

**spidery** ['spaɪdərɪ] ADJ delgado; [*writing*] de patas de araña

**spiel*** [spiːl] N (= *speech*) arenga *f*, discurso *m*; [*of salesman etc*] rollo* *m*, material *m* publicitario; **it's just his usual ~** es el mismo cuento de siempre

**spiffing**†* ['spɪfɪŋ] ADJ fetén†*, estupendo*, fenomenal*

**spigot** ['spɪgət] N espita *f*, bitoque *m*

**spike** [spaɪk] Ⓐ N [1] (= *point*) punta *f*; (= *metal rod*) pincho *m*; (= *stake*) estaca *f*; (= *tool*) escarpia *f*; (*on railing*) barrote *m*; (*on sports shoes*) clavo *m*
[2] (*Zool*) [*of hedgehog etc*] púa *f*
[3] (*Elec*) pico *m* parásito
[4] (*Bot*) espiga *f*
[5] **spikes** (*Sport*) zapatillas *fpl* con clavos
Ⓑ VT [1] (= *fix*) clavar; (= *impale*) atravesar
[2] (= *stop*) [+ *rumour*] acabar con; (= *thwart*) [+ *plan etc*] frustrar; ✦**IDIOM to ~ sb's guns** poner trabas a los planes de algn
[3] **a ~d drink*** (*with added alcohol*) una bebida con alcohol añadido de extranjis; (*drugged*) *una bebida a la que le han echado algo, como un somnífero, droga, etc.*
Ⓒ CPD ► **spike heel** N (*US*) tacón *m* de aguja

**spiked** [spaɪkt] ADJ [*shoe*] con clavos

**spikenard** ['spaɪknɑːd] N nardo *m*

**spiky** ['spaɪkɪ] ADJ (*compar* **spikier**; *superl* **spikiest**) [1] (= *sharp, pointed*) puntiagudo; (= *thorny*) cubierto de púas; (*Zool*) erizado; [*hair*] de punta
[2] (*Brit**) (= *irritable*) [*person*] quisquilloso, susceptible

**spill**[1] [spɪl] (*pt, pp* **spilled** *or* **spilt**) Ⓐ VT [1] [+ *water, salt*] derramar, verter; **you're ~ing the milk** estás derramando la leche; **you've ~ed** *or* **spilt coffee on your shirt** te ha caído café en la camisa; **she ~ed** *or* **spilt wine all over the table** derramó el vino por toda la mesa; ✦**IDIOM to ~ the beans*** descubrir el pastel*, contarlo todo; *see also* **cry B2**
[2] [+ *rider*] hacer caer, desarzonar
Ⓑ VI derramarse, verterse
Ⓒ N [1] (= *fall*) caída *f*; **to have a ~** sufrir

una caída, tener un accidente
2 (= *spillage*) vertido *m*

►**spill out** Ⓐ VI + ADV [*liquid*] derramarse; [*contents, objects*] desparramarse; [*people*] salir en avalancha; **the crowd ~ed out into the streets** la gente salió a la calle en avalancha; **the audience ~ed out of the cinema** el público salió en masa del cine
Ⓑ VT + ADV volcar; (*fig*) soltar

►**spill over** VI + ADV [*liquid*] derramarse; [*cup, pan*] desbordarse; **these problems ~ed over into his private life** estos problemas llegaron a afectar su vida privada

**spill²** [spɪl] N (*for lighting fire*) pajuela *f*

**spillage** ['spɪlɪdʒ] N vertido *m*

**spillover** ['spɪləʊvəʳ] N 1 (= *act of spilling*) derrame *m*; (= *quantity spilt*) cantidad *f* derramada
2 (*fig*) (= *excess part*) excedente *m*
3 (*Econ*) (= *effect*) incidencia *f* indirecta en el gasto público

**spillway** ['spɪlweɪ] N (*US*) derramadero *m*, aliviadero *m*

**spilt** [spɪlt] (*esp Brit*) PT, PP of **spill**

**spin** [spɪn] (*vb: pt, pp* **spun**) Ⓐ N 1 (= *rotating motion*) vuelta *f*, revolución *f*; **to give a wheel a ~** hacer girar una rueda; ✦**IDIOM to be in a (flat) ~** (*Brit**) [*person*] andar muy confundido; **the news sent the stock market into a flat ~** la noticia creó un estado de gran confusión en la bolsa
2 (*in washing machine*) **give the towels another ~** vuelve a centrifugar las toallas (en la lavadora); **long/short ~** centrifugado *m* largo/corto
3 (*Sport*) (*on ball*) efecto *m*; **to put (a) ~ on a ball** dar efecto a una pelota
4 (= *loss of control*) (*Aer*) barrena *f*; (*Aut*) trompo *m*; **to go into a ~** (*Aer*) entrar en barrena; (*Aut*) hacer un trompo; **to pull** *or* **come out of a ~** (*Aer*) salir de barrena
5 (*Brit**) (= *short ride*) vuelta *f*, paseo *m*, garbeo *m* (*Sp**); **to go for a ~** dar una vuelta *or* un paseo (en coche/moto etc), darse un garbeo (en coche/moto etc) (*Sp**)
6 (*) (= *interpretation*) interpretación *f*; **to put a positive ~ on sth** interpretar positivamente algo, dar un sesgo positivo a algo
Ⓑ VT 1 (= *rotate*) (*gen*) hacer girar; [+ *top*] hacer bailar; **to ~ a coin** hacer girar una moneda; (*to decide sth*) echar una moneda a cara o cruz
2 (= *spin-dry*) [+ *clothes*] centrifugar
3 (= *turn suddenly*) girar; **he spun the steering wheel sharply to the right** giró el volante bruscamente hacia la derecha; **to ~ sth/sb round** dar la vuelta a algo/algn
4 (*Sport*) [+ *ball*] dar efecto a
5 [+ *thread*] hilar; [+ *web*] tejer; [+ *cocoon*] devanar, hacer; ✦**IDIOMS to ~ a web of lies** hilar una sarta de mentiras; **to ~ a yarn*** (*in order to deceive*) inventar una historia
Ⓒ VI 1 (= *rotate*) girar, dar vueltas; **his wheels began to ~ as he tried to get off the grass** las ruedas empezaron a dar vueltas cuando intentó salir de la hierba; **she spun around** *or* **round to face him** se dio la vuelta para tenerlo de frente; **my head is ~ning** me da vueltas la cabeza; **it makes my head ~** me marea
2 (= *move quickly*) **to ~ along** correr a gran velocidad; **the car spun out of control** el coche se descontroló y empezó a dar vueltas; **to send sth/sb ~ning: the blow sent him ~ning** el golpe le hizo rodar por el suelo; **she sent the plate ~ning through the air** lanzó el plato a rodar por los aires
3 [*washing machine*] centrifugar
4 (*with spinning wheel*) hilar
Ⓓ CPD ► **spin doctor*** N (*Pol*) asesor(a) *m/f* político(a)

►**spin out*** VT + ADV [+ *process, story*] alargar, prolongar; [+ *money, drink*] estirar

**spina bifida** [ˌspaɪnə'bɪfɪdə] N espina *f* bífida

**spinach** ['spɪnɪdʒ] N 1 (*Culin*) espinacas *fpl*
2 (= *plant*) espinaca *f*

**spinal** ['spaɪnl] Ⓐ ADJ espinal, vertebral
Ⓑ CPD ► **spinal column** N columna *f* vertebral ► **spinal cord** N médula *f* espinal

**spindle** ['spɪndl] N 1 (*for spinning*) huso *m*
2 (*Tech*) eje *m*

**spindleshanks*** ['spɪndlʃæŋks] N zanquivano/a *m/f*

**spindly** ['spɪndlɪ] ADJ (*compar* **spindlier**; *superl* **spindliest**) [*person*] alto y delgado, larguirucho*; [*legs*] largo y delgado, largo y delgaducho*; [*plant, tree*] alto y delgado, alto y delgaducho*

**spin-drier** ['spɪn'draɪəʳ] N = **spin-dryer**

**spindrift** ['spɪndrɪft] N rocío *m* del mar, espuma *f*

**spin-dry** [ˌspɪn'draɪ] VT centrifugar

**spin-dryer** ['spɪn'draɪəʳ] N secadora-centrifugadora *f*

**spine** [spaɪn] N 1 (*Anat*) (= *backbone*) columna *f* (vertebral), espina *f* dorsal
2 (*Zool*) (= *spike*) púa *f*, pincho *m*; (*Bot*) espina *f*, pincho *m*
3 [*of book*] lomo *m*
4 [*of mountain range*] espinazo *m*

**spine-chiller** ['spaɪnˌtʃɪləʳ] N (= *film*) película *f* de terror; (= *book*) libro *m* de terror

**spine-chilling** ['spaɪnˌtʃɪlɪŋ] ADJ escalofriante

**spineless** ['spaɪnlɪs] ADJ (*fig*) débil

**spinelessly** ['spaɪnlɪslɪ] ADV débilmente

**spinet** [spɪ'net] N espineta *f*

**spinnaker** ['spɪnəkəʳ] N balón *m*, espinaquer *m*

**spinner** ['spɪnəʳ] N 1 [*of cloth*] hilandero/a *m/f*
2 (*Cricket, Baseball*) el/la que da efecto a la pelota
3 (*Fishing*) cebo *m* artificial de cuchara
4 (*) (= *spin-dryer*) secadora-centrifugadora *f*

**spinneret** [ˌspɪnə'ret] N pezón *m* hilador

**spinney** ['spɪnɪ] N bosquecillo *m*

**spinning** ['spɪnɪŋ] Ⓐ N (= *act*) hilado *m*; (= *art*) hilandería *f*, arte *m* de hilar
Ⓑ CPD ► **spinning jenny** N máquina *f* de hilar de husos múltiples ► **spinning mill** N hilandería *f* ► **spinning top** N peonza *f*, trompo *m* ► **spinning wheel** N rueca *f* or torno *m* de hilar

**spin-off** ['spɪnɒf] N (*Comm*) (= *product*) derivado *m*, producto *m* secundario; (= *secondary effect*) consecuencia *f* indirecta; (= *incidental benefit*) beneficio *m* incidental, beneficio *m* indirecto

**spinster** ['spɪnstəʳ] N soltera *f*; (*pej*) solterona *f*

**spiny** ['spaɪnɪ] ADJ (*compar* **spinier**; *superl* **spiniest**) 1 [*rose*] espinoso; [*animal*] con púas
2 [*problem*] espinoso

**spiracle** ['spɪrəkl] N espiráculo *m*

**spiraea** [spaɪ'rɪə] N espirea *f*

**spiral** ['spaɪərəl] Ⓐ ADJ espiral, en espiral; **a ~ staircase** una escalera de caracol
Ⓑ N espiral *f*, hélice *f*; **the inflationary ~** la espiral inflacionista
Ⓒ VI **to ~ up/down** subir/bajar en espiral; **the plane ~led down** el avión bajó en espiral; **the smoke ~led up** ◊ **the smoke went ~ling up** el humo subió formando una espiral; **prices have ~led up** los precios han subido vertiginosamente

**spirally** ['spaɪərəlɪ] ADV en espiral

**spire** ['spaɪəʳ] N aguja *f*

**spirea** [spaɪ'rɪə] N (*US*) = **spiraea**

**spirit** ['spɪrɪt] Ⓐ N 1 (= *soul, inner force*) espíritu *m*; **I'll be with you in ~** estaré contigo en espíritu; **young in ~** joven de espíritu; **the ~ is willing but the flesh is weak** las intenciones son buenas pero la carne es débil
2 (= *ghost, supernatural being*) espíritu *m*; **evil ~** espíritu *m* maligno; **the ~ world** el mundo de los espíritus
3 (= *courage*) espíritu *m*; (= *liveliness*) ímpetu *m*, energía *f*; **to break sb's ~** quebrantar el espíritu a algn; **they lack ~** les falta espíritu; **a woman of ~** una mujer con espíritu *or* brío; **show some ~!** ¡anímate!; **the team soon began to show their ~** el equipo pronto empezó a animarse; **to do sth with ~** hacer algo con energía; **to sing with ~** cantar con brío
4 (= *attitude, mood*) espíritu *m*; **a ~ of adventure** un espíritu aventurero; **community ~** civismo *m*; **they wish to solve their problems in a ~ of cooperation** quieren resolver sus problemas con espíritu de cooperación; **he refused to enter into the ~ of things** se negó a entrar en ambiente; **festive ~** espíritu *m* festivo; **in a ~ of friendship** con espíritu de amistad; **generosity of ~** bondad *f* de espíritu; **a ~ of optimism** un espíritu optimista; **public ~** civismo *m*; **to take sth in the right/wrong ~** interpretar bien/mal algo; **that's the ~!** ¡así me gusta!, ¡ánimo!; *see also* **fighting D**, **team D**
5 (= *essence*) [*of agreement, law*] espíritu *m*; **the ~ of the age/the times** el espíritu de la época/de los tiempos; **the ~ of the law** el espíritu de la ley
6 (= *person*) alma *f*; **the leading** *or* **moving ~ in the party** el alma del partido, la figura más destacada del partido; **she was a free ~** era una persona sin convencionalismos; *see also* **kindred**
7 **spirits** 7·1 (= *state of mind*) **to be in good ~s** tener la moral alta; **to be in high ~s** estar animadísimo, estar muy alegre; **it was just a case of youthful high ~s** no fue más que una demostración típica del comportamiento impetuoso de la juventud; **I tried to keep his ~s up** intenté animarlo *or* darle ánimos; **we kept our ~s up by singing** mantuvimos la moral alta cantando; **to lift** *or* **raise sb's ~s** levantar el ánimo *or* la moral a algn; **to be in low ~s** tener la moral baja, estar bajo de moral; **my ~s rose somewhat** se me levantó un poco el ánimo *or* la moral
7·2 (= *alcohol*) licores *mpl*; **I keep off ~s** no bebo licores; **a measure of ~s** un (vasito de) licor; **~s of wine** espíritu *m* de vino
8 (*Chem*) alcohol *m*
Ⓑ VT (= *take*) **to ~ sth away** llevarse algo como por arte de magia, hacer desaparecer algo; **he was ~ed out of the country** lo sacaron del país clandestinamente *or* de forma clandestina
Ⓒ CPD ► **spirit duplicator** N copiadora *f* al alcohol ► **spirit gum** N cola *f* de maquillaje ► **spirit lamp** N lamparilla *f* de alcohol ► **spirit level** N nivel *m* de burbuja ► **spirit stove** N infernillo *m* de alcohol

**spirited** ['spɪrɪtɪd] ADJ (= *lively*) [*person*] animado, lleno de vida; [*horse*] fogoso; [*debate, discussion*] animado, enérgico; [*attack*] enérgico; **he made a ~ defence of his position** defendió su postura con vehemencia; **he gave a ~ performance** (*Mus*) tocó con brío; **they**

**put up a ~ resistance** organizaron una enérgica resistencia, resistieron enérgicamente

**spiritless** ['spɪrɪtlɪs] ADJ apocado, sin ánimo

**spiritual** ['spɪrɪtjʊəl] Ⓐ ADJ espiritual
Ⓑ N (*Mus*) canción *f* religiosa

**spiritualism** ['spɪrɪtjʊəlɪzəm] N espiritismo *m*

**spiritualist** ['spɪrɪtjʊəlɪst] N espiritista *mf*

**spirituality** [,spɪrɪtjʊ'ælɪtɪ] N espiritualidad *f*

**spiritually** ['spɪrɪtjʊəlɪ] ADV espiritualmente

**spirituous** ['spɪrɪtjʊəs] ADJ espirituoso

**spirt** [spɜːt] *see* **spurt**

**spit**[1] [spɪt] (*vb: pt, pp* **spat**) Ⓐ N saliva *f*, esputo *m*; **a few ~s of rain** unas gotas de lluvia; ✦*IDIOMS* **~ and polish*** limpieza *f*; **that table needs a bit of ~ and polish*** esa mesa hay que limpiarla; **to be the dead ~ of sb*** ser la viva imagen *or* el vivo retrato de algn
Ⓑ VT 1 (*lit*) [+ *blood, crumb*] escupir
2 (= *exclaim*) espetar, soltar; **"traitor!" he spat** —¡traidor! —espetó *or* soltó él; **he spat the words** escupió las palabras
Ⓒ VI 1 [*person*] escupir (**at** a; **on** en); [*cat*] bufar; **to ~ in sb's face** escupir a la cara a algn; **it's ~ting with rain** (*Brit*) están cayendo algunas gotas
2 [*fat, fire*] chisporrotear; **the fish is ~ting in the pan** chisporrotea el pescado en la sartén

►**spit forth** VT + ADV = **spit out**

►**spit out** VT + ADV 1 [+ *pip, pill*] escupir; **I spat it out** lo escupí
2 (*fig*) **~ it out!*** ¡dilo!, ¡habla!; **he spat out the words** escupió las palabras

►**spit up** VT + ADV [+ *blood*] soltar un esputo de

**spit**[2] [spɪt] Ⓐ N 1 (*Culin*) asador *m*, espetón *m*
2 (*Geog*) [*of land*] lengua *f*; (= *sandbank*) banco *m* de arena
Ⓑ VT espetar
Ⓒ CPD ► **spit roast** N asado *m*; *see also* **spitroast**

**spit**[3] [spɪt] N (*Agr*) azadada *f*; **to dig three ~s deep** excavar a una profundidad de tres azadadas

▼**spite** [spaɪt] Ⓐ N 1 (= *ill will*) rencor *m*, ojeriza *f*; **to do sth out of** *or* **from ~** hacer algo por inquina; **to have a ~ against sb*** tener rencor a *or* hacia algn
2 **in ~ of** (= *despite*) a pesar de, pese a; **in ~ of the fact that** a pesar de que, pese a que; **in ~ of herself** a pesar de sí misma; **in ~ of all he says** a pesar de todo lo que dice
Ⓑ VT herir, dañar; **she just does it to ~ me** lo hace solamente para causarme pena

**spiteful** ['spaɪtfʊl] ADJ [*person*] (= *resentful*) rencoroso; (= *malicious*) malicioso; [*action*] malintencionado; **to be ~ to sb** tratar a algn con rencor, ser rencoroso con algn

**spitefully** ['spaɪtfəlɪ] ADV (= *out of resentment*) por despecho; **she said ~** dijo, con malicia

**spitefulness** ['spaɪtfʊlnɪs] N (= *resentment*) rencor *m*; (= *malice*) malicia *f*

**spitfire** ['spɪt,faɪə<sup>r</sup>] N fierabrás *mf*

**spitroast** ['spɪtrəʊst] VT rostizar

**spitting** ['spɪtɪŋ] Ⓐ N **"spitting prohibited"** ◊ **"no spitting"** "se prohíbe escupir"
Ⓑ ADJ **it's within ~ distance*** está muy cerca; ✦*IDIOM* **to be the ~ image of sb** ser la viva imagen *or* el vivo retrato de algn

**spittle** ['spɪtl] N saliva *f*, baba *f*

**spittoon** [spɪ'tuːn] N escupidera *f*

**spiv*** [spɪv] N (*Brit*) chanchullero* *m*, caballero *m* de industria; (= *slacker*) gandul *m*; (= *black marketeer*) estraperlista *mf*

**splash** [splæʃ] Ⓐ N 1 (= *spray*) salpicadura *f*; (= *splashing noise*) chapoteo *m*; **I heard a ~** oí un chapoteo; **it fell with a great ~ into the water** hizo mucho ruido al caer al agua; **whisky with a ~ of water** whisky *m* con un poquitín de agua
2 (= *patch, spot*) [*of light*] mancha *f*; **a ~ of colour** una mancha de color
3 (*fig*) **with a great ~ of publicity*** con mucho bombo publicitario*; ✦*IDIOM* **to make a ~*** causar sensación
Ⓑ VT 1 (*gen*) salpicar; **to ~ sb with water** salpicar a algn de agua; **don't ~ me!** ¡no me salpiques!; **he ~ed water on his face** se echó agua en la cara
2 (= *stain*) manchar; **to ~ paint on the floor** manchar el suelo de pintura
3 (*fig*) **the story was ~ed across the front page*** el reportaje apareció con grandes titulares en primera plana
Ⓒ VI 1 [*liquid, mud etc*] **mud ~ed all over his trousers** el barro le salpicó los pantalones
2 [*person, animal*] (*in water*) chapotear; **to ~ across a stream** cruzar un arroyo chapoteando

►**splash about** Ⓐ VT + ADV **to ~ water about** desparramar (el) agua; **to ~ one's money about** derrochar su dinero por todas partes
Ⓑ VI + ADV chapotear; **to ~ about in the water** chapotear en el agua

►**splash down** VI + ADV amarar, amerizar

►**splash out*** VI + ADV (*Brit*) derrochar dinero; **so we ~ed out and bought it** decidimos echar la casa por la ventana y comprarlo

►**splash up** Ⓐ VT + ADV salpicar
Ⓑ VI + ADV salpicar

**splashback** ['splæʃbæk] N salpicadero *m*

**splashboard** ['splæʃbɔːd] N guardabarros *m inv*

**splashdown** ['splæʃdaʊn] N amaraje *m*, amerizaje *m*

**splashy*** ['splæʃɪ] ADJ (*US*) (= *showy*) ostentoso

**splatter** ['splætə<sup>r</sup>] = **spatter**

**splay** [spleɪ] VT 1 [+ *feet, legs*] abrir, extender
2 (*Tech*) biselar, achaflanar

**spleen** [spliːn] N 1 (*Anat*) bazo *m*
2 **to vent one's ~** (*fig*) descargar la bilis

**splendid** ['splendɪd] ADJ (= *magnificent*) espléndido, magnífico; (= *excellent*) estupendo, magnífico; **he has done ~ work** ha hecho una magnífica labor; **splendid!** ¡magnífico!, ¡estupendo!; **in ~ isolation** en total *or* absoluto aislamiento

**splendidly** ['splendɪdlɪ] ADV (= *magnificently*) espléndidamente, magníficamente; (= *wonderfully*) estupendamente; **everything went ~** todo fue de maravilla; **we get along ~** nos llevamos muy bien; **you did ~** hiciste muy bien; **a ~ dressed man** un hombre muy bien vestido

**splendiferous*** [splen'dɪfərəs] ADJ (*hum*) = **splendid**

**splendour**, **splendor** (*US*) ['splendə<sup>r</sup>] N esplendor *m*

**splenetic** [splɪ'netɪk] ADJ 1 (*Anat*) esplénico
2 (*frm*) (= *short-tempered*) enojadizo, de genio vivo; (= *bad-tempered*) malhumorado

**splice** [splaɪs] Ⓐ VT 1 [+ *rope, tape etc*] empalmar, juntar; ✦*IDIOM* **to get ~d*** casarse
2 (*Naut*) ayustar
Ⓑ N empalme *m*, junta *f*

**splicer** ['splaɪsə<sup>r</sup>] N (*for film*) máquina *f* de montaje

**spliff‡** [splɪf] N (*Drugs*) porro *m*, canuto *m*

**splint** [splɪnt] Ⓐ N (*Med*) tablilla *f*; **to put sb's arm in ~s** entablillar el brazo a algn; **to be in ~s** estar entablillado
Ⓑ VT entablillar

**splinter** ['splɪntə<sup>r</sup>] Ⓐ N [*of wood, metal*] astilla *f*; [*of glass*] fragmento *m*; [*of bone*] esquirla *f*, fragmento *m*; **I've got a ~ in my finger** tengo una astilla en el dedo
Ⓑ VI astillarse, hacerse astillas; (*fig*) [*party*] escindirse; **to ~ off from** escindirse *or* separarse de
Ⓒ VT 1 (*lit*) astillar, hacer astillas
2 (*fig*) [+ *party*] dividir
Ⓓ CPD ► **splinter group** N grupo *m* disidente, facción *f* ► **splinter party** N partido *m* nuevo (*formado a raíz de la escisión de otro*)

**splinterbone** ['splɪntəbəʊn] N peroné *m*

**splinterless** ['splɪntəlɪs] ADJ inastillable

**splinterproof** ['splɪntəpruːf] ADJ **~ glass** cristal *m* inastillable

**split** [splɪt] (*vb: pt, pp* **split**) Ⓐ N 1 (= *crack*) (*in wood, rock*) hendidura *f*, grieta *f*
2 (= *rift*) ruptura *f*, escisión *f*; **there are threats of a ~ in the progressive party** se oyen voces *or* hay amenazas de escisión en el partido progresista
3 (= *division*) división *f*; **the ~ between the rich and the poor** la división entre ricos y pobres; **a three-way ~** una división en tres partes
4 **to do the ~s** (*Gymnastics*) hacer el spagat; (*accidentally*) abrirse completamente de piernas, espatarrarse*
5 (*Culin*) **jam ~** pastel *m* de mermelada; **banana ~** (banana) split *m*
6 (*Sew*) (*in skirt*) abertura *f*
Ⓑ ADJ 1 (= *cracked*) [*wood, rock*] partido, hendido; **he had a ~ lip** tenía un labio partido
2 (= *divided*) dividido; **the government is ~ on this question** el gobierno está dividido en este asunto; **it was a ~ decision** la decisión no fue unánime; **the party was ~** el partido estaba escindido *or* dividido; **the votes are ~ 15-13** los votos están repartidos 15 a 13; **the party is ~ three ways** el partido está escindido *or* dividido en tres grupos
Ⓒ VT 1 (= *break*) partir; **the sea had ~ the ship in two** el mar había partido el barco en dos; **he ~ the wood with an axe** partió la madera con un hacha; **to ~ the atom** desintegrar el átomo; **to ~ sth open** abrir algo; **he ~ his head open** se abrió la cabeza de un golpe; ✦*IDIOMS* **to ~ hairs** hilar muy fino *or* delgado, buscar tres pies al gato, buscarle mangas al chaleco (*LAm*); **to ~ one's sides laughing** partirse de risa, morirse de (la) risa
2 (= *divide, share*) repartir; **let's ~ the money between us** repartámonos el dinero; **to ~ the difference** repartir la diferencia (a partes iguales); **to ~ sth into three parts** dividir algo en tres partes; **the children were ~ into two groups** dividieron a los niños en dos grupos; **to ~ the vote** (*Pol*) repartirse los votos; **to ~ the profit five ways** repartir las ganancias entre cinco
3 (*fig*) [+ *government, group*] dividir; [+ *party*] escindir, dividir; **the dispute ~ the party** la disputa escindió *or* dividió el partido
Ⓓ VI 1 (= *come apart*) [*stone etc*] henderse, rajarse; **the jeans ~ the first time she wore them** los vaqueros se le abrieron por las costuras la primera vez que se los puso; **to ~ open** abrirse; **the ship hit a rock and ~ in two** el barco chocó con una roca y se partió en dos; ✦*IDIOM* **my head is ~ting** me va a estallar la cabeza
2 (*fig*) [*government, group*] dividirse; [*party*] escindirse, dividirse
3 (*) (= *tell tales*) chivatear‡, soplar*; **to ~ on sb** chivatear contra algn‡, soplar contra algn*;

➤ LANGUAGE IN USE: spite A2 26.3

**don't ~ on me** de esto no digas ni pío
[4] (*esp US**) (= *leave*) largarse*, irse
Ⓔ CPD ► **split infinitive** N *infinitivo en el que un adverbio o una frase se intercala entre "to" y el verbo* ► **split pea** N guisante *m* majado ► **split personality** N personalidad *f* desdoblada ► **split pin** N (*Brit*) chaveta *f*, pasador *m* ► **split screen** N pantalla *f* partida; *see also* **split-screen** ► **split second** N fracción *f* de segundo; **in a ~ second** en un instante, en un abrir y cerrar de ojos ► **split shift** N jornada *f* partida

►**split off** Ⓐ VI + ADV separarse
Ⓑ VT + ADV separar

►**split up** Ⓐ VI + ADV [1] (= *break up*) estrellarse
[2] (= *separate*) [*partners*] separarse; [*meeting, crowd*] dispersarse; **they were married 14 years but then they ~ up** estuvieron casados durante 14 años pero luego se separaron; **let's ~ up for safety** separémonos para mayor seguridad; **we ~ up into two groups** nos dividimos en dos grupos
Ⓑ VT + ADV [1] (= *break up*) partir
[2] (= *divide up*) repartir; [+ *estate*] parcelar; **we'll ~ the work up among us** nos repartiremos *or* dividiremos el trabajo
[3] (= *separate*) dividir; **~ the children up into small groups** divide a los niños en grupos pequeños

**split-level** ['splɪt,levl] ADJ [*room*] a desnivel; [*house*] dúplex; [*cooker*] en dos niveles

**split-off** ['splɪtɒf] N separación *f*; (*Pol*) escisión *f*

**split-screen** [splɪt'skri:n] CPD ► **split-screen facility** N capacidad *f* de pantalla partida

**splitting** ['splɪtɪŋ] Ⓐ ADJ [*headache*] terrible
Ⓑ N **~ of the atom** desintegración *f* del átomo

**split-up** ['splɪtʌp] N ruptura *f*; [*of couple*] separación *f*

**splodge** [splɒdʒ], **splotch** [splɒtʃ] N mancha *f*, borrón *m*

**splurge*** [splɜ:dʒ] Ⓐ N (= *excess*) derroche *m*
Ⓑ VI **to ~ on sth** derrochar dinero comprando algo

**splutter** ['splʌtəʳ] Ⓐ N [1] [*of fat etc*] chisporroteo *m*
[2] [*of speech*] farfulla *f*
Ⓑ VI [1] [*person*] (= *spit*) escupir, echar saliva; (= *stutter*) farfullar, balbucear; **to ~ with indignation** farfullar indignado
[2] [*fire, fat*] chisporrotear; [*engine*] renquear
Ⓒ VT farfullar, balbucear; **"yes", he ~ed** —sí —farfulló *or* balbuceó

**spoil** [spɔɪl] (*vb: pt, pp* **spoiled** *or* **spoilt**) Ⓐ VT
[1] (= *ruin*) estropear, arruinar; (= *harm*) dañar; (= *invalidate*) [+ *voting paper*] invalidar; **the coast has been ~ed by development** la costa ha sido arruinada por las urbanizaciones; **it ~ed our holiday** nos estropeó las vacaciones; **and there were 20 ~ed papers** y hubo 20 votos nulos; **it will ~ your appetite** te quitará el apetito; **to ~ sb's fun** aguar la fiesta a algn; **to get ~ed** echarse a perder, estropearse
[2] (= *pamper*) mimar, consentir (*LAm*); **grandparents like to ~ their grandchildren** a los abuelos les encanta mimar a los nietos
Ⓑ VI [1] [*food*] estropearse, echarse a perder; **if we leave it here it will ~** si lo dejamos aquí se estropeará *or* se echará a perder
[2] **to be ~ing for a fight** estar con ganas de luchar *or* (*LAm*) pelear

**spoilage** ['spɔɪlɪdʒ] N (= *process*) deterioro *m*; (= *thing, amount spoilt*) desperdicio *m*

**spoiled** [spɔɪld] = **spoilt**

**spoiler** ['spɔɪləʳ] N [1] (*Aut, Aer*) alerón *m*, spoiler *m*
[2] (*Press*) **a rival paper brought out a ~** un periódico rival publicó otra exclusiva para quitarles parte de las ventas
[3] (*) (= *person etc*) aguafiestas *mf inv*

**spoils** [spɔɪlz] NPL botín *msing*; **the ~ of war** el botín de la guerra

**spoilsport*** ['spɔɪlspɔ:t] N aguafiestas *mf inv*

**spoilt** [spɔɪlt] Ⓐ PT, PP *of* **spoil**
Ⓑ ADJ [1] (= *ruined*) [*meal etc*] estropeado, echado a perder; [*vote*] nulo
[2] (= *pampered*) [*child*] mimado, consentido
[3] (*US*) (= *gone off*) [*food*] pasado, malo; [*milk*] cortado

**spoke**[1] [spəʊk] N [*of wheel*] rayo *m*, radio *m*; ✦*IDIOM* **to put a ~ in sb's wheel** ponerle trabas a algn

**spoke**[2] [spəʊk] PT *of* **speak**

**spoken** ['spəʊkən] Ⓐ PP *of* **speak**
Ⓑ ADJ hablado; **the ~ language** la lengua hablada; *see also* **well-spoken**

**spokeshave** ['spəʊkʃeɪv] N raedera *f*

**spokesman** ['spəʊksmən] N (*pl* **spokesmen**) portavoz *mf*, vocero *mf* (*LAm*); **to act as ~ for** hablar en nombre de; **they made him ~** lo eligieron para hablar en su nombre

**spokesperson** ['spəʊkspɜ:sn] N (*pl* **spokespeople**) portavoz *mf*, vocero *mf* (*LAm*)

**spokeswoman** ['spəʊkswʊmən] N (*pl* **spokeswomen**) portavoz *f*, vocero *f* (*LAm*)

**spoliation** [,spəʊlɪ'eɪʃən] N despojo *m*

**spondee** ['spɒndi:] N espondeo *m*

**sponge** [spʌndʒ] Ⓐ N [1] (*for washing*) esponja *f*; ✦*IDIOM* **to throw in the ~** darse por vencido, tirar la toalla
[2] (*Culin*) (*also* **~ cake**) bizcocho *m*, queque *m*, pastel *m* (*LAm*)
[3] (*Zool*) esponja *f*
Ⓑ VT [1] (= *wash*) lavar con esponja, limpiar con esponja
[2] (*) (= *scrounge*) **he ~d £15 off me** me sacó 15 libras de gorra*
Ⓒ VI (*) (= *scrounge*) dar sablazos*, vivir de gorra*; **to ~ off** *or* **on sb** (= *depend on*) vivir de algn; (*on occasion*) dar sablazos a algn*
Ⓓ CPD ► **sponge bag** N esponjera *f* ► **sponge cake** N bizcocho *m*, queque *m*, pastelito *m* (*LAm*) ► **sponge pudding** N pudín *m* de bizcocho

►**sponge down** VT + ADV limpiar con esponja, lavar con esponja

►**sponge off** Ⓐ VT + ADV quitar con esponja; **to ~ a stain off** quitar una mancha con esponja
Ⓑ VI + ADV quitarse con (una) esponja
Ⓒ VI + PREP *see* **sponge C**

►**sponge up** VT + ADV absorber

**sponger*** ['spʌndʒəʳ] N gorrón/ona* *m/f*, sablista* *mf*

**sponginess** ['spʌndʒɪnɪs] N esponjosidad *f*

**sponging*** ['spʌndʒɪŋ] N gorronería* *f*

**spongy** ['spʌndʒɪ] ADJ (*compar* **spongier**; *superl* **spongiest**) esponjoso

**sponsor** ['spɒnsəʳ] Ⓐ N [1] (= *provider of funds*) (*Sport, Rad, TV*) patrocinador(a) *m/f*, sponsor *mf*
[2] (*for participant in charity event*) patrocinador(a) *m/f*
[3] (*for loan*) fiador(a) *m/f*, avalista *mf*
[4] [*of membership*] **your application must be signed by two ~s** su solicitud tiene que estar firmada por dos socios
[5] (= *godparent*) (*male*) padrino *m*; (*female*) madrina *f*
[6] [*of bill, motion*] proponente *mf*
Ⓑ VT [1] (= *fund*) [+ *event*] patrocinar, auspiciar; [+ *studies, research*] financiar; [+ *participant in charity event*] *respaldar o avalar mediante un donativo a favor de una obra benéfica*; **~ed swim/walk** *prueba/marcha de natación emprendida a cambio de donaciones a una obra benéfica*
[2] (= *support*) respaldar, apoyar; **they have been accused of ~ing terrorism** se los ha acusado de respaldar *or* apoyar al terrorismo
[3] [+ *bill, motion*] proponer
[4] [+ *loan*] fiar, avalar

**sponsorship** ['spɒnsəʃɪp] N [1] (= *funding*) [*of event*] patrocinio *m*, auspicio *m*; [*of studies, research*] financiación *f*; **corporate ~ of the arts** patrocinio de las artes por parte de empresas; **a £10m ~ deal** un contrato de patrocinio de 10 millones de libras; **under the ~ of** [*event*] bajo los auspicios de, patrocinado por
[2] (= *support*) respaldo *m*, apoyo *m*
[3] (= *guaranteeing*) fianza *f*, aval *m*

**spontaneity** [,spɒntə'neɪɪtɪ] N espontaneidad *f*

**spontaneous** [spɒn'teɪnɪəs] ADJ espontáneo; **~ combustion** combustión *f* espontánea

**spontaneously** [spɒn'teɪnɪəslɪ] ADV espontáneamente

**spoof*** [spu:f] Ⓐ N (= *parody*) burla *f*, parodia *f*; (= *hoax*) trampa *f*, truco *m*
Ⓑ ADJ **~ letter** carta *f* paródica
Ⓒ VT (= *parody*) parodiar; (= *trick*) engañar
Ⓓ VI bromear

**spook*** [spu:k] Ⓐ N [1] (* *hum*) (= *ghost*) espectro *m*, aparición *f*
[2] (*US**) (= *secret agent*) espía *mf*, agente *mf* secreto/a
Ⓑ VT (*US*) [1] (= *haunt*) aparecerse en, rondar
[2] (= *frighten*) asustar, pegar un susto a

**spooky*** ['spu:kɪ] ADJ (*compar* **spookier**; *superl* **spookiest**) espeluznante, horripilante; **the house is really ~ at night** la casa te pone los pelos de punta de noche

**SPOOL** [spu:l] N ABBR = **simultaneous peripherical operation on-line**

**spool** [spu:l] N (*Phot, for thread*) carrete *m*; (*for film etc*) bobina *f*; (*on fishing line*) cucharilla *f*; (*on sewing machine*) canilla *f*

**spoon** [spu:n] Ⓐ N [1] (*gen*) cuchara *f*; (= *teaspoon*) cucharita *f*; ✦*IDIOM* **to be born with a silver ~ in one's mouth** nacer de pie, nacer con un pan debajo del brazo
[2] (= *spoonful*) cucharada *f*
Ⓑ VT (*also* **~ out**) **to ~ sth onto a plate** echar cucharadas de algo en un plato
Ⓒ VI (†*) acariciarse amorosamente, besuquearse*

►**spoon off** VT + ADV [+ *fat, cream etc*] quitar con la cuchara

►**spoon out** VT + ADV = **spoon B**

►**spoon up** VT + ADV recoger con cuchara

**spoonbill** ['spu:nbɪl] N espátula *f*

**spoonerism** ['spu:nərɪzəm] N trastrueque *m* verbal, trastrueque *m* de palabras

**spoon-fed** ['spu:nfed] ADJ malacostumbrado, que siempre lo tiene todo hecho

**spoon-feed** ['spu:nfi:d] (*pt, pp* **spoon-fed**) VT
[1] (*lit*) dar de comer con cuchara a
[2] (*fig*) dar todo hecho a, poner todo en bandeja a, malacostumbrar; **it isn't good to ~ children** no es bueno dárselo todo hecho *or* ponérselo todo en bandeja *or* malacostumbrar a los niños

**spoonful** ['spu:nfʊl] N cucharada *f*

**spoor** [spʊəʳ] N pista *f*, rastro *m*

**sporadic** [spə'rædɪk] ADJ esporádico; **~ gunfire** tiroteo *m* intermitente *or* esporádico

**sporadically** [spəˈrædɪkəlɪ] ADV esporádicamente

**spore** [spɔːʳ] N espora *f*

**sporran** [ˈspɒrən] N escarcela *f*

**sport** [spɔːt] Ⓐ N [1] (= *game*) deporte *m*; **he is good at several ~s** se le dan bien varios deportes; **the ~ of kings** el deporte de los reyes, la hípica
[2] (= *games in general*) deporte(s) *m(pl)*; **I love ~** me encantan los deportes *or* el deporte; **to be good at ~** ser buen deportista
[3] **sports** (= *athletics meeting*) juegos *mpl* deportivos
[4] (= *hunting*) caza *f*; **to have some good ~** tener éxito en la caza, lograr unas cuantas piezas hermosas; **the trout here give good ~** aquí las truchas no se rinden fácilmente
[5] (= *fun*) juego *m*, diversión *f*; **to say sth in ~** decir algo en broma; **to make ~ of sb** burlarse de algn
[6] (*) (= *person*) persona *f* amable; **she's a good ~** es buena persona, es buena gente (*esp LAm*); **he's a real ~** es una persona realmente buena; **be a ~!** ¡no seas malo!
[7] (*liter*) (= *plaything*) víctima *f*, juguete *m*
[8] (*Bio*) mutación *f*
Ⓑ VI (*liter*) divertirse
Ⓒ VT lucir, ostentar
Ⓓ CPD ► **sports car** N coche *m* deportivo ► **sports centre, sports complex** N polideportivo *m* ► **sports day** N (*Brit*) día *m* de competiciones deportivas (de un colegio) ► **sports desk** N sección *f* de deportes ► **sports editor** N jefe *mf* de la sección de deportes ► **sports facilities** NPL instalaciones *fpl* deportivas ► **sports ground** N campo *m* deportivo, centro *m* deportivo ► **sports hall** N = **sports centre** ► **sports jacket** N chaqueta *f* sport, saco *m* sport (*LAm*) ► **sports page** N página *f* de deportes ► **sports writer** N cronista *mf* deportivo/a

**sportiness** [ˈspɔːtɪnɪs] N deportividad *f*

**sporting** [ˈspɔːtɪŋ] ADJ [1] [*activity, career*] deportivo
[2] (= *fair*) [*conduct, spirit etc*] deportivo, caballeroso; **that's very ~ of you** eres muy amable, es muy amable de su parte; **there's a ~ chance that ...** existe la posibilidad de que ...

**sportingly** [ˈspɔːtɪŋlɪ] ADV [1] (*lit*) de modo deportivo
[2] (*fig*) muy amablemente; **she ~ agreed to help** ella muy amablemente accedió a prestar ayuda

**sportive** [ˈspɔːtɪv] ADJ juguetón

**sportscast** [ˈspɔːtskɑːst] N (*US*) programa *m* deportivo

**sportsman** [ˈspɔːtsmən] N (*pl* **sportsmen**) deportista *m*; **the ~ of the year** el deportista del año

**sportsmanlike** [ˈspɔːtsmənlaɪk] ADJ caballeroso

**sportsmanship** [ˈspɔːtsmənʃɪp] N espíritu *m* deportivo

**sportswear** [ˈspɔːtswɛəʳ] N ropa *f* deportiva

**sportswoman** [ˈspɔːtswʊmən] N (*pl* **sportswomen**) deportista *f*

**sporty*** [ˈspɔːtɪ] ADJ (*compar* **sportier**; *superl* **sportiest**) deportivo, aficionado a los deportes

**spot** [spɒt] Ⓐ N [1] (= *dot*) lunar *m*; **a red dress with white ~s** un vestido rojo con lunares blancos; **to have ~s before one's eyes** tener la vista nublada; ✦**IDIOMS to knock ~s off sb*** dar ciento y raya a algn, vencer fácilmente a algn; **this can knock ~s off yours any time*** éste le da ciento y raya al tuyo en cualquier momento
[2] (= *stain, mark*) mancha *f*; **~s of blood/grease** manchas de sangre/grasa; **it made a ~ on the table** hizo una mancha en la mesa; **there's a ~ on your shirt** tienes una mancha en la camisa
[3] (*Med*) (= *pimple*) grano *m*, granito *m*; **she broke out** *or* **came out in ~s** (= *pimples*) le salieron granos en la piel; (= *rash*) le salió un sarpullido, le salieron granos en la piel; **he's covered in ~s** (= *pimples*) está lleno de granos; (= *rash*) le ha salido un sarpullido por todo el cuerpo, está lleno de granos; **measles ~s** manchas *fpl* de sarampión; *see also* **beauty B**
[4] (= *place*) sitio *m*, lugar *m*; (= *scene*) escena *f*, escenario *m*; **it's a lovely ~ for a picnic** es un sitio *or* lugar precioso para un picnic; **a tender ~ on the arm** un punto *or* lugar sensible en el brazo; **an accident black ~** un punto negro para los accidentes; **night ~** centro *m* nocturno; **on the ~** (= *immediately*) en el acto; (= *there*) en el mismo sitio; **they gave her the job on the ~** le dieron el trabajo en el acto; **luckily they were able to mend the car on the ~** afortunadamente consiguieron arreglar el coche allí mismo; **the reporter was on the ~** el reportero estaba presente; **the firemen were on the ~ in three minutes** los bomberos acudieron *or* llegaron en tres minutos; **I always have to be on the ~** estoy de servicio siempre; **our man on the ~** nuestro hombre sobre el terreno; **to run on the ~** correr en parada; **to pay cash on the ~** (*US*) pagar al contado; **his soft ~** su debilidad, su punto flaco, su lado flaco (*LAm*); **to have a soft ~ for sb** tener debilidad por algn; **his weak ~** su debilidad, su punto flaco, su lado flaco (*LAm*); **to know sb's weak ~s** conocer las debilidades de algn, saber de qué pie cojea algn*; ✦**IDIOM to touch a sore ~** tocar la fibra sensible, poner el dedo en la llaga
[5] (*Brit**) (= *small quantity*) poquito *m*, pizca *f*; **just a ~, thanks** un poquitín, gracias; **a ~ of bother** un pequeño disgusto; **he had a ~ of bother with the police** se metió en un lío con la policía*; **we had a ~ of rain yesterday** ayer se sintieron gotas de lluvia; **we're in a ~ of trouble** estamos en un pequeño apuro
[6] (= *difficulty*) apuro *m*, aprieto *m*; **to be in a (tight) ~** estar en un apuro *or* aprieto; **now I'm really on the ~** ahora me veo de verdad entre la espada y la pared; **to put sb on the ~** (= *put in difficulty*) poner a algn en un apuro *or* aprieto; (= *compromise*) comprometer a algn
[7] (*Rad, Theat, TV*) (*in show*) espacio *m*; (*Rad, TV*) (= *advertisement*) espacio *m* publicitario
[8] (*) (= *spotlight*) foco *m*
Ⓑ VT [1] (*with mud etc*) salpicar, manchar (**with** de)
[2] (= *notice*) darse cuenta de, notar; (= *see*) observar, darse cuenta de; (= *recognize*) reconocer; (= *catch out*) coger, pillar; **I ~ted a mistake** descubrí un error; **I ~ted him at once** lo reconocí en seguida; **to ~ the winner** elegir al ganador
Ⓒ VI **to ~ with rain** chispear
Ⓓ CPD ► **spot cash** N dinero *m* contante ► **spot check** N comprobación *f* en el acto, reconocimiento *m* rápido; *see also* **spot-check** ► **spot market** N mercado *m* al contado ► **spot price** N precio *m* de entrega inmediata ► **spot remover** N quitamanchas *m inv* ► **spot survey** N inspección *f* sorpresa

**spot-check** [ˈspɒt,tʃek] VT revisar en el acto; *see also* **spot D**

**spotless** [ˈspɒtlɪs] ADJ [1] (= *clean*) inmaculado, sin mancha; (= *tidy, neat*) [*appearance*] impecable, pulcro; [*house*] limpísimo
[2] (= *flawless*) [*reputation*] impecable, intachable

**spotlessly** [ˈspɒtlɪslɪ] ADV **~ clean** limpísimo

**spotlessness** [ˈspɒtlɪsnɪs] N perfecta limpieza *f*

**spotlight** [ˈspɒtlaɪt] Ⓐ N (= *beam, lamp*) foco *m*, reflector *m*; (*Theat*) proyector *m*; (*Aut*) faro *m* auxiliar orientable; **he doesn't like being in the ~** no le gusta ser el centro de atención; ✦**IDIOM to turn the ~ on sth/sb** exponer algo/a algn a la luz pública
Ⓑ VT [1] (*lit*) iluminar
[2] (*fig*) destacar, subrayar

**spot-on*** [,spɒtˈɒn] Ⓐ ADJ **what he said was ~** dio en el claro con lo que dijo
Ⓑ ADV **she guessed ~** lo adivinó exactamente

**spotted** [ˈspɒtɪd] ADJ con motas, con puntos; (*with dirt*) salpicado, manchado; **a dress ~ with mud** un vestido salpicado *or* manchado de lodo

**spotter** [ˈspɒtəʳ] N (*Aer etc*) observador(a) *m/f*; (*Brit Rail*) (= *trainspotter*) coleccionista *mf* de números de locomotoras

**spotting** [ˈspɒtɪŋ] N *see* **trainspotting**

**spotty*** [ˈspɒtɪ] ADJ (*compar* **spottier**; *superl* **spottiest**) [1] (= *pimply*) con granos
[2] (*) (= *patterned*) [*dress, material*] de lunares, con motas; [*dog*] con manchas

**spouse** [spaʊs] N cónyuge *mf*

**spout** [spaʊt] Ⓐ N [*of jar*] pico *m*; [*of teapot etc*] pitón *m*, pitorro *m*; [*of guttering*] canalón *m*; (= *jet of water*) surtidor *m*, chorro *m*; **to be up the ~** (*Brit**) [*person*] (= *in a jam*) estar en un apuro; (= *pregnant*) estar en estado; **my holiday's up the ~*** mis vacaciones se han ido al garete*
Ⓑ VT [1] [+ *water*] arrojar en chorro
[2] (*) [+ *poetry etc*] declamar
Ⓒ VI [1] [*water*] brotar, salir en chorros
[2] (*) (= *declaim*) hablar incansablemente

**sprain** [spreɪn] Ⓐ N torcedura *f*
Ⓑ VT torcer; **to ~ one's wrist/ankle** torcerse la muñeca/el tobillo

**sprang** [spræŋ] PT *of* **spring**

**sprat** [spræt] N espadín *m*, sardineta *f*

**sprawl** [sprɔːl] Ⓐ VI [1] [*person*] (= *sit down, lie down*) tumbarse, echarse; (*untidily*) despatarrarse; (= *fall down*) derrumbarse; **the body was ~ed on the floor** el cadáver estaba tumbado en el suelo; **he was ~ed** *or* **~ing in a chair** estaba tumbado de modo poco elegante en un sillón; **to send sb ~ing** (*with a blow*) derribar a algn por el suelo; **the jolt sent him ~ing** la sacudida le hizo ir rodando por el suelo
[2] [*plant, town*] extenderse
Ⓑ N [1] [*of body*] postura *f* desgarbada
[2] [*of town etc*] extensión *f*; **an endless ~ of suburbs** una interminable extensión de barrios exteriores; **urban ~** crecimiento *m* urbano descontrolado

**sprawling** [ˈsprɔːlɪŋ] ADJ [*person*] tumbado; [*city, town*] en crecimiento rápido; [*handwriting*] desgarbado

**spray**[1] [spreɪ] Ⓐ N [1] (= *liquid*) rociada *f*; [*of sea*] espuma *f*; (*from atomizer, aerosol*) pulverización *f*
[2] (= *aerosol, atomizer*) atomizador *m*, spray *m*; (*Med*) rociador *m*; **paint ~** pistola *f* (rociadora) de pintura; **to paint with a ~** pintar con pistola
Ⓑ VT [+ *water etc*] rociar; **she ~ed perfume on my hand** me roció perfume en la mano;

**to ~ sth/sb with water/bullets** rociar algo/a algn de agua/balas; **to ~ the roses with insecticide** rociar las rosas de insecticida; **to ~ paint on to a car** pintar un coche con una pistola rociadora; **there was graffiti ~ed on the wall** había pintadas de spray en la pared
Ⓒ CPD ► **spray can** N espray *m*, pulverizador *m* ► **spray gun** N pistola *f* rociadora, pulverizador *m* ► **spray paint** N pintura *f* spray

►**spray out** VI + ADV [*liquid etc*] salir a chorro; **water ~ed out all over them** el agua les caló

**spray²** [spreɪ] N (*Bot*) ramita *f*, ramo *m*

**sprayer** ['spreɪəʳ] N = **spray¹ A2**

**spread** [spred] (*vb: pt, pp* **spread**) Ⓐ N [1] (= *propagation*) [*of infection, disease, fire*] propagación *f*; [*of idea, information*] difusión *f*, divulgación *f*; [*of crime*] aumento *m*, proliferación *f*; [*of education*] extensión *f*, generalización *f*; [*of nuclear weapons*] proliferación *f*
[2] (= *extent*) (*gen*) extensión *f*; [*of wings, sails*] envergadura *f*; **middle-age ~** gordura *f* de la mediana edad
[3] (= *range*) **there is a broad ~ of interest and opinion represented on the committee** hay una gran diversidad de intereses y opiniones representados en el comité
[4] (*) (= *meal*) comilona* *f*, banquetazo* *m*; **they laid on a huge ~** ofrecieron una espléndida comilona *or* un banquetazo espléndido*
[5] (= *cover*) (*for bed*) cubrecama *m*, sobrecama *m or f*
[6] (*Culin*) (*for bread*) pasta *f* para untar; **cheese ~** queso *m* para untar
[7] (*Press, Typ*) **a full-page ~** una plana entera; **a two-page** *or* **double-page ~** una página doble, una doble plana
[8] (*Fin*) diferencial *m*
[9] (*US**) (= *ranch*) finca *f*, hacienda *f* (*LAm*), estancia *f* (*Arg, Uru*), fundo *m* (*Chile*)
Ⓑ VT [1] (*also* **~ out**) (= *lay or open out*) [+ *tablecloth, blanket*] extender, tender; [+ *map*] extender, desplegar; [+ *arms, fingers, legs*] extender; [+ *banner, sails, wings*] desplegar; [+ *net*] tender; **she lay ~ out on the floor** estaba tendida en el suelo; **the peacock ~ its tail** el pavo real hizo la rueda; **he ~ his hands in a gesture of resignation/helplessness** extendió los brazos en ademán de resignación/impotencia; **I like to be able to ~ myself** me gusta tener mucho espacio; **to ~ one's wings** (*lit, fig*) desplegar las alas
[2] (= *scatter*) esparcir, desparramar; **her clothes were ~ all over the floor** su ropa estaba esparcida *or* desparramada por todo el suelo
[3] (= *apply*) [+ *butter*] untar; **to ~ butter on one's bread** untar mantequilla en el pan, untar el pan con mantequilla; **to ~ cream on one's face** untarse *or* ponerse crema en la cara
[4] (= *cover*) **tables ~ with food** mesas llenas *or* repletas de comida; **she ~ her bread with honey** puso miel en el pan, untó el pan con miel; **the floors are ~ with sand** los suelos están cubiertos de arena
[5] (= *distribute*) distribuir; **you are advised to ~ the workload** le aconsejamos que se distribuya el trabajo; **repayments will be ~ over 18 months** los pagos se efectuarán a lo largo de 18 meses; ✦***IDIOM* don't ~ yourself too thin** no intentes abarcar más de la cuenta
[6] (= *disseminate*) [+ *news, information*] divulgar, difundir; [+ *rumour*] hacer correr, difundir; [+ *disease*] propagar; [+ *panic, fear*] sembrar; **he loves ~ing gossip** le encanta difundir *or* divulgar cotilleos; *see also* **word A4**
Ⓒ VI [1] (= *extend, advance*) [*fire*] propagarse, extenderse; [*stain*] extenderse; [*disease*] propagarse; [*panic, fear*] cundir; [*information, news, ideas*] difundirse; **general alarm ~ through the population** cundió la alarma por toda la población; **the cancer had ~ to his lungs** el cáncer se había extendido a los pulmones; **the troops ~ south** las tropas se desplegaron hacia el sur; **a smile ~ over** *or* **across his face** sonrió de oreja a oreja; ✦***IDIOM* to ~ like wildfire**: **the rumours ~ like wildfire** los rumores corrieron como la pólvora
[2] (= *stretch*) (*in space*) extenderse; **the city ~s several miles to the north** la ciudad se extiende varias millas hacia el norte; **a process ~ing over several months** un proceso que abarca varios meses
[3] [*butter*] untarse
Ⓓ CPD ► **spread betting** N ≈ apuesta *f* múltiple, *modalidad de apuesta en la que se juega sobre una variedad de resultados en lugar de uno en concreto*

►**spread out** Ⓐ VI + ADV (= *disperse*) [*people*] dispersarse; (= *extend*) [*city, liquid*] extenderse; (= *widen*) [*river*] ensancharse
Ⓑ VT + ADV *see* **spread B1**

**spreadable** ['spredəbl] ADJ fácil de untar

**spread-eagle** [spred'iːgl] VT extender (completamente), despatarrar

**spread-eagled** [spred'iːgld] ADJ a pata tendida

**spreader** ['spredəʳ] N [1] (*for butter etc*) cuchillo *m* para esparcir; (*for glue etc*) paleta *f*
[2] (*Agr*) esparcidor *m*

**spreadsheet** ['spredʃiːt] N hoja *f* electrónica, hoja *f* de cálculo

**spree*** [spriː] N juerga *f*, parranda *f*, farra *f* (*esp S. Cone*); **to go on a ~** ir de juerga *or* parranda *or* (*esp S. Cone*) farra; **to go on a killing ~** matar a una serie de personas; *see also* **spending B**

**sprig** [sprɪg] N [1] [*of heather etc*] espiga *f*
[2] (*Tech*) puntilla *f*

**sprightliness** ['spraɪtlɪnɪs] N energía *f*

**sprightly** ['spraɪtlɪ] ADJ (*compar* **sprightlier**; *superl* **sprightliest**) enérgico

**spring** [sprɪŋ] (*vb: pt* **sprang**; *pp* **sprung**) Ⓐ N
[1] (*also* **Spring**) (= *season*) primavera *f*; **in ~** en primavera; **in early/late ~** a principios/a finales de la primavera; **I like to go walking in (the) ~** me gusta salir a pasear en primavera; **in the ~ of 1956** en la primavera de 1956; **one ~ morning** una mañana de primavera; **~ is in the air** se siente la llegada de la primavera
[2] (*in watch*) muelle *m*, resorte *m*; (*in mattress, sofa*) muelle *m*; **springs** (*Aut*) ballestas *fpl*
[3] [*of water*] fuente *f*, manantial *m*; **a mountain ~** un manantial; **hot ~s** fuentes *fpl* termales
[4] (= *leap*) salto *m*, brinco *m*; **in one ~** de un salto *or* brinco; **to walk with a ~ in one's step** caminar con brío
[5] (= *elasticity*) elasticidad *f*
[6] (*liter*) (*usu pl*) (= *origin, source*) origen *m*
Ⓑ VT [1] (= *present suddenly*) **to ~ sth on sb** soltar algo a algn (de buenas a primeras)*; **the redundancies were sprung on the staff without warning** soltaron la noticia de los despidos a la plantilla sin previo aviso; **to ~ a surprise on sb** dar una sorpresa a algn; **to ~ a leak** [*boat*] empezar a hacer agua; **the fuel tank sprang a leak** el depósito del combustible empezó a perder
[2] (= *release*) [+ *trap*] hacer saltar; [+ *lock*] soltar; **to ~ sb from jail*** ayudar a algn a fugarse de la cárcel
[3] (= *leap over*) saltar, saltar por encima de
Ⓒ VI [1] (= *leap*) saltar; **to ~ aside** hacerse rápidamente a un lado; **to ~ at sb** abalanzarse sobre algn; **the cat sprang at my face** el gato se me tiró *or* se me abalanzó a la cara; **to ~ back** [*person, animal*] saltar para atrás; **the branch sprang back** la rama volvió hacia atrás como un látigo; **where did you ~ from?*** ¿de dónde diablos has salido?*; **to ~ into action** entrar en acción; **to ~ into the air** dar un salto en el aire; **the engine finally sprang into life** por fin el motor arrancó; **the cat sprang onto the roof** el gato dio un salto y se puso en el tejado; **to ~ open** abrirse de golpe; **her name sprang out at me from the page** al mirar la página su nombre me saltó a la vista; **to ~ out of bed** saltar de la cama; **she sprang over the fence** saltó por encima de la valla; **to ~ shut** cerrarse de golpe; **to ~ to sb's aid** *or* **help** correr a ayudar a algn; **to ~ to attention** ponerse en posición de firme; **to ~ to one's feet** levantarse de un salto; **a number of examples ~ to mind** se me vienen a la mente *or* se me ocurren varios ejemplos
[2] (= *originate*) [*stream*] brotar, nacer; [*river*] nacer; [*buds, shoots*] brotar; **to ~ from sth**: **the idea sprang from a TV programme he saw** la idea surgió de un programa de televisión que vio; **his anger sprang from his suffering** la furia le venía del sufrimiento
[3] (*liter*) (= *be born*) [*person*] nacer; **to ~ into existence** surgir de la noche a la mañana, aparecer repentinamente
Ⓓ CPD [*flowers, rain, sunshine, weather*] primaveral, de primavera ► **spring balance** N peso *m* de muelle ► **spring binder** N (= *file*) carpeta *f* de muelles ► **spring bolt** N pestillo *m* de golpe ► **spring break** N (*US Educ*) vacaciones *fpl* de Semana Santa ► **spring chicken** N polluelo *m*; **she's no ~ chicken*** no es ninguna niña ► **spring fever** N fiebre *f* primaveral ► **spring greens** NPL (*Brit*) verduras *fpl* de primavera ► **spring gun** N trampa *f* de alambre y escopeta ► **spring lock** N candado *m* ► **spring mattress** N colchón *m* de muelles, somier *m* ► **spring onion** N cebolleta *f*, cebollino *m* ► **spring roll** N rollito *m* de primavera ► **spring tide** N marea *f* viva ► **spring water** N agua *f* de manantial

►**spring up** VI + ADV [1] [*building, settlement, organization*] surgir; [*plant, weeds*] brotar; [*wind, storm*] levantarse; [*doubt, rumour, friendship*] surgir, nacer
[2] [*person*] (*from chair*) levantarse de un salto

**springboard** ['sprɪŋbɔːd] Ⓐ N trampolín *m*; (*fig*) plataforma *f* de lanzamiento
Ⓑ CPD ► **springboard dive** N salto *m* de trampolín

**springbok** ['sprɪŋbɒk] N (*pl* **springbok, springboks**) gacela *f* (*del sur de África*)

**spring-clean** [ˌsprɪŋ'kliːn] Ⓐ VT limpiar completamente
Ⓑ VI limpiarlo todo, limpiar toda la casa

**spring-cleaning** [ˌsprɪŋ'kliːnɪŋ] N limpieza *f* general; **to do the ~** limpiar toda la casa

**springiness** ['sprɪŋɪnɪs] N elasticidad *f*; [*of step*] ligereza *f*

**spring-like** ['sprɪŋlaɪk] ADJ [*day, weather*] primaveral

**springtime** ['sprɪŋtaɪm] N primavera *f*

**springy** ['sprɪŋɪ] ADJ (*compar* **springier**; *superl* **springiest**) [*mattress, carpet, turf*] mullido; [*floor, rubber*] elástico; [*step*] ligero

**sprinkle** ['sprɪŋkl] Ⓐ N rociada *f*, salpicadura *f*; **a ~ of salt** un poquito de sal; **a ~ of rain** unas gotitas de lluvia
Ⓑ VT rociar (**with** de); **to ~ water on a plant** ◊ **~ a plant with water** rociar una planta de

agua; **to ~ sugar over a cake** ◊ **~ a cake with sugar** espolvorear un bizcocho con azúcar; **a rose ~d with dew** una rosa cubierta de rocío; **a lawn ~d with daisies** una extensión de césped salpicada de margaritas; **they are ~d about here and there** están esparcidos aquí y allá
Ⓒ VI (*with rain*) lloviznar

**sprinkler** [ˈsprɪŋklə<sup>r</sup>] Ⓐ N [1] (*for lawn*) aspersor *m*; (*Agr*) rociadera *f*, aparato *m* de lluvia artificial; [*of watering can etc*] regadera *f*
[2] (*for sugar*) espolvoreador *m* de azúcar
[3] (= *fire safety device*) aparato *m* de rociadura automática
Ⓑ CPD ► **sprinkler system** N (*Agr*) sistema *m* de regadío por aspersión

**sprinkling** [ˈsprɪŋklɪŋ] N [1] (*with water*) rociada *f*; **a ~ of rain** unas gotitas de lluvia
[2] (= *small quantity*) **there was a ~ of young people** había unos cuantos jóvenes; **a ~ of knowledge** unos pocos conocimientos

**sprint** [sprɪnt] Ⓐ N (*in race*) sprint *m*, esprint *m*; (= *dash*) carrera *f* sprint; **the women's 100 metres ~** los 100 metros lisos femeninos
Ⓑ VI (*in race*) sprintar, esprintar; (= *dash*) correr a toda velocidad; (= *rush*) precipitarse; **he ~ed for the bus** corrió tras el autobús; **we'll have to ~** tendremos que correr

**sprinter** [ˈsprɪntə<sup>r</sup>] N (*Sport*) velocista *mf*, (e)sprínter *mf*

**sprit** [sprɪt] N botavara *f*, verga *f* de abanico

**sprite** [spraɪt] N elfo *m*, duende *m*

**spritsail** [ˈsprɪtseɪl] (*Naut*) [ˈsprɪtsl] N cebadera *f*, vela *f* de abanico

**sprocket** [ˈsprɒkɪt] Ⓐ N rueda *f* de espigas
Ⓑ CPD ► **sprocket feed** N avance *m* por rueda de espigas ► **sprocket wheel** N rueda *f* de cadena

**sprog*** [sprɒg] N (*Brit pej or hum*) (= *child*) rorro* *m*, bebé *m*

**sprout** [spraʊt] Ⓐ N [1] (*from bulb, seeds*) brote *m*, retoño *m*
[2] (*also* **Brussels ~**) col *f* de Bruselas
Ⓑ VT echar, hacerse; **to ~ new leaves** echar hojas nuevas; **the calf is ~ing horns** le salen los cuernos al ternero; **the town is ~ing new buildings** en la ciudad se levantan edificios nuevos
Ⓒ VI (= *bud*) brotar, retoñar, echar retoños; (= *grow quickly*) crecer rápidamente; **skyscrapers are ~ing up** se están levantando rascacielos por todos lados

**spruce**[1] [spruːs] N (*Bot*) pícea *f*

**spruce**[2] [spruːs] ADJ (= *neat*) pulcro

►**spruce up** VT + ADV arreglar; **to ~ o.s. up** arreglarse; **all ~d up** muy acicalado

**sprucely** [ˈspruːslɪ] ADV **~ dressed** elegantemente vestido, vestido de punta en blanco

**spruceness** [ˈspruːsnɪs] N pulcritud *f*

**sprung** [sprʌŋ] Ⓐ PP *of* **spring**
Ⓑ ADJ **interior ~ mattress** colchón *m* de muelles; **~ bed** cama *f* de muelles; **~ seat** asiento *m* de ballesta

**spry** [spraɪ] ADJ ágil, activo

**SPUC** [spʌk] N ABBR = **Society for the Protection of Unborn Children**

**spud** [spʌd] Ⓐ N [1] (*) (= *potato*) patata *f*, papa *f* (*LAm*)
[2] (*Agr*) (= *tool*) escarda *f*
Ⓑ VT (*Agr*) escardar

**spume** [spjuːm] N (*liter*) espuma *f*

**spun** [spʌn] Ⓐ PT, PP *of* **spin**
Ⓑ ADJ **~ glass** lana *f* de vidrio; **~ silk** seda *f* hilada; **~ yarn** meollar *m*

**spunk** [spʌŋk] N [1] (*) (= *spirit*) ánimo *m*, valor *m*, agallas* *fpl*
[2] (*Brit***) (*sperm*) leche** *f*

**spunky*** [ˈspʌŋkɪ] ADJ (*compar* **spunkier**; *superl* **spunkiest**) [1] (= *spirited*) valiente, arrojado
[2] (*esp Australia*) (= *hunky*) guaperas* *inv*

**spur** [spɜː<sup>r</sup>] Ⓐ N [1] (*for horse riding*) espuela *f*; ✦*IDIOM* **to win one's ~s** pasar pruebas
[2] [*of cock*] espolón *m*
[3] (*fig*) estímulo *m*, aguijón *m*; **the ~ of hunger** el aguijón del hambre; **it will be a ~ to further progress** servirá de estímulo *or* acicate al progreso; ✦*IDIOM* **on the ~ of the moment** sin pensar; **it was a ~ of the moment decision** fue una decisión tomada al instante
[4] (*Geog*) [*of mountain, hill*] espolón *m*
[5] (*Rail*) ramal *m* corto
Ⓑ VT (*also* **~ on**) [+ *horse*] espolear, picar con las espuelas; (*fig*) **to ~ sb (on) to do sth** incitar a algn a hacer algo; **this ~red him on to greater efforts** esto lo animó a hacer mayores esfuerzos; **~red on by greed** bajo el aguijón de la codicia
Ⓒ CPD ► **spur gear** N rueda *f* dentada recta ► **spur wheel** N engranaje *m* cilíndrico

**spurge** [spɜːdʒ] N euforbio *m*

**spurge laurel** [ˈspɜːdʒˌlɒrəl] N lauréola *f*, torvisco *m*

**spurious** [ˈspjʊərɪəs] ADJ falso, espurio

**spuriously** [ˈspjʊərɪəslɪ] ADV falsamente

**spuriousness** [ˈspjʊərɪəsnɪs] N falsedad *f*

**spurn** [spɜːn] VT desdeñar, rechazar

**spurt** [spɜːt] Ⓐ N [1] [*of water, blood*] chorro *m*, borbotón *m*
[2] [*of energy*] **to put in** *or* **on a ~** hacer un gran esfuerzo; **final ~** esfuerzo *m* final (*para ganar una carrera*)
Ⓑ VI (= *gush*) (*also* **~ out**) salir a chorros, borbotar, chorrear
Ⓒ VT hacer salir a chorros, arrojar un chorro de

**sputnik** [ˈspʊtnɪk] N satélite *m* artificial

**sputter** [ˈspʌtə<sup>r</sup>] = **splutter**

**sputum** [ˈspjuːtəm] N (*pl* **sputa**) esputo *m*

**spy** [spaɪ] Ⓐ N espía *mf*
Ⓑ VT (= *catch sight of*) divisar; **finally I spied him coming** por fin pude verlo viniendo; **to play I ~** jugar al veo-veo; **I ~, with my little eye, something beginning with A** veo, veo una cosa que empieza con A
Ⓒ VI espiar, ser espía; **to ~ on sb** espiar a algn, observar a algn clandestinamente; **he spied for the USA** fue espía al servicio de los EE.UU.
Ⓓ CPD ► **spy plane** N avión *m* espía ► **spy ring** N red *f* de espionaje ► **spy satellite** N satélite *m* espía ► **spy ship** N buque *m* espía ► **spy story** N novela *f* de espionaje

►**spy out** VT + ADV hacer un reconocimiento de; **to ~ out the land** reconocer el terreno

**spycatcher** [ˈspaɪkætʃə<sup>r</sup>] N agente *mf* de contraespionaje

**spyglass** [ˈspaɪglɑːs] N catalejo *m*

**spyhole** [ˈspaɪhəʊl] N mirilla *f*

**spying** [ˈspaɪɪŋ] N espionaje *m*

**spy-in-the-sky*** [ˌspaɪɪnðəˈskaɪ] N (= *satellite*) satélite *m* espía

**Sq** ABBR (*in address*) = **square**

**sq.** ABBR (*Math*) = **square**

**sq.ft.** ABBR = **square foot/feet**

**squab** [skwɒb] N (*pl* **squabs, squab**) (*Orn*) (= *young pigeon*) pichón *m*; (= *chick*) pollito *m*, polluelo *m*

**squabble** [ˈskwɒbl] Ⓐ N riña *f*, pelea *f*, pleito *m* (*esp LAm*)
Ⓑ VI reñir, pelearse (**over, about** por, sobre); **stop squabbling!** ¡vale ya de pelearse *or* reñir!

**squabbler** [ˈskwɒblə<sup>r</sup>] N pendenciero/a *m/f*

**squabbling** [ˈskwɒblɪŋ] N riñas *fpl*, peleas *fpl*, pleitos *mpl* (*esp LAm*)

**squad** [skwɒd] Ⓐ N [1] (*Mil*) pelotón *m*
[2] [*of police*] brigada *f*; **flying ~** brigada *f* móvil
[3] [*of workmen etc*] cuadrilla *f*
[4] (*Sport*) [*of players*] equipo *m*
Ⓑ CPD ► **squad car** N (*Police*) coche-patrulla *m*

**squaddie*** [ˈskwɒdɪ] N recluta *m*

**squadron** [ˈskwɒdrən] Ⓐ N (*Mil*) escuadrón *m*; (*Aer*) escuadrilla *f*, escuadrón *m*; (*Naut*) escuadra *f*
Ⓑ CPD ► **squadron leader** N (*Brit*) comandante *m* (de aviación)

**squalid** [ˈskwɒlɪd] ADJ [1] (= *dirty*) miserable, vil
[2] (= *base*) [*affair*] asqueroso; [*motive*] vil

**squall**[1] [skwɔːl] N [1] (= *wind*) ráfaga *f*; (= *rain*) chubasco *m*
[2] (*fig*) tempestad *f*; **there are ~s ahead** el futuro se anuncia no muy tranquilo

**squall**[2] [skwɔːl] Ⓐ N (= *cry*) chillido *m*, grito *m*, berrido *m*
Ⓑ VI chillar, gritar, berrear

**squalling** [ˈskwɔːlɪŋ] ADJ [*child*] chillón, berreador

**squally** [ˈskwɔːlɪ] ADJ [1] [*wind*] que viene a ráfagas; [*day*] de chubascos
[2] (*fig*) turbulento, lleno de dificultades

**squalor** [ˈskwɒlə<sup>r</sup>] N miseria *f*, vileza *f*; **to live in ~** vivir en la miseria, vivir en la sordidez

**squander** [ˈskwɒndə<sup>r</sup>] VT [+ *money*] derrochar, despilfarrar; [+ *opportunity*] desperdiciar; [+ *time, resources*] emplear mal

**square** [skwɛə<sup>r</sup>] Ⓐ N [1] (= *shape*) cuadrado *m*, cuadro *m*; (*on graph paper, chessboard, crossword*) casilla *f*; (= *piece*) [*of material, paper, chocolate etc*] cuadrado *m*; (= *scarf*) pañuelo *m*; **to cut into ~s** cortar en cuadros *or* cuadrados; ✦*IDIOM* **to go back to ~ one*** volver a empezar desde cero
[2] (*in town*) plaza *f*; **the town ~** la plaza del pueblo
[3] (*US*) (= *block of houses*) manzana *f*, cuadra *f* (*LAm*)
[4] (*Math*) cuadrado *m*; **16 is the ~ of 4** 16 es el cuadrado de 4
[5] (= *drawing instrument*) escuadra *f*
[6] (*) (= *old-fashioned person*) **he's a real ~** es un carca *or* un carroza *or* (*Chile*) un momio*
Ⓑ ADJ [1] (*in shape*) cuadrado; ✦*IDIOM* **to be a ~ peg in a round hole** estar como un pulpo en un garaje
[2] (*forming right angle*) en ángulo recto, en escuadra; **to be ~ with sth** estar en ángulo recto *or* en escuadra con algo; **ensure that the frame is ~** asegúrese de que el marco forme ángulos rectos
[3] [*face, jaw, shoulder*] cuadrado
[4] (*Math*) cuadrado; **a ~ foot/kilometre** un pie/kilómetro cuadrado; **a kilometre ~** un kilómetro por un kilómetro
[5] (= *substantial*) [*meal*] decente, como Dios manda; **it's three days since I had a ~ meal** hace tres días que no como decentemente *or* como Dios manda
[6] (= *fair, honest*) justo, equitativo; **to give sb a ~ deal** ser justo con algn; **he didn't get a ~ deal** lo trataron injustamente; **I'll be ~ with you** seré justo contigo
[7] (= *even*) **now we're all ~** (*Sport*) ahora vamos iguales *or* (*LAm*) parejos, ahora estamos empatados; (*financially*) ahora estamos en paz;

**if you pay me a pound we'll call it ~** dame una libra y me quedo conforme; **to get ~ with sb** ajustar las cuentas con algn

8 (*) (= *conventional*) anticuado*, carca*, carroza (*Sp**); **he's so ~** es un carca *or* un carroza *or* (*Chile*) un momio*

Ⓒ ADV **~ in the middle** justo en el centro, justo en el medio; **to look sb ~ in the eye** mirar a algn directamente a los ojos; **the blow caught him ~ on the chin** el golpe le dio en plena barbilla *or* de lleno en la barbilla; **he turned to face me ~ on** se volvió para tenerme de cara; *see also* **fair[1] B1**

Ⓓ VT 1 (= *make square*) cuadrar; **to ~ one's shoulders** ponerse derecho; ✦**IDIOM to try to ~ the circle** intentar lograr la cuadratura del círculo

2 (= *settle, reconcile*) [+ *accounts*] ajustar; [+ *debts*] pagar; **can you ~ it with your conscience?** ¿te lo va a permitir tu conciencia?; **I'll ~ it with him*** yo lo arreglo con él

3 (*Math*) elevar al cuadrado; **two ~d is four** dos al cuadrado es cuatro

Ⓔ VI cuadrar (**with** con); **it doesn't ~ with what you said before** esto no cuadra con lo que dijiste antes

Ⓕ CPD ► **square brackets** NPL corchetes *mpl* ► **square dance** N cuadrilla *f* (*baile*) ► **square root** N raíz *f* cuadrada

►**square off** VT + ADV cuadrar

►**square up** VI + ADV 1 [*boxers, fighters*] ponerse en guardia; **to ~ up to sb** enfrentarse con algn

2 (= *settle*) **to ~ up with sb** ajustar cuentas con algn

**squarebashing*** ['skwɛə,bæʃɪŋ] N (*Brit*) instrucción *f*

**squared** [skwɛəd] ADJ [*paper*] cuadriculado

**square-faced** [,skwɛə'feɪst] ADJ de cara cuadrada

**squarely** ['skwɛəlɪ] ADV 1 (= *directly*) directamente; **responsibility for that failure rests ~ with the President** la responsabilidad de ese fracaso cae directamente sobre el presidente; **to look sb ~ in the eye** mirar a algn directamente a los ojos; **~ in the middle** justo en el centro, justo en el medio; **the blow caught him ~ on the chin** el golpe le dio en plena barbilla *or* de lleno en la barbilla

2 (= *honestly, fairly*) justamente; **to deal ~ with sb** tratar justamente a algn; *see also* **fairly**

**square-toed** [,skwɛə'təʊd] ADJ [*shoes*] de punta cuadrada

**SQUARE DANCE**

*Se llama* **square dance** *a un baile folklórico tradicional de origen francés en el que cuatro parejas de bailarines se colocan formando un cuadrado. Es un baile muy popular en Estados Unidos y Canadá y a veces se enseña en la escuela. En algunas ocasiones alguien se encarga de explicar los pasos que se han de seguir, de modo que los que no los conocen bien puedan participar. El instrumento musical más utilizado en ellos es el violín, aunque también se usan a veces la guitarra, el banjo o el acordeón.*

**squarial** ['skwɛərɪəl] N antena *f* cuadrada

**squash[1]** [skwɒʃ] Ⓐ N (*pl* **squashes, squash**) 1 (= *drink*) **orange ~** naranjada *f* (*sin burbujas*); **lemon ~** limonada *f* (*sin burbujas*)

2 (= *crowd*) apiñamiento *m*, agolpamiento *m*; **there was such a ~ in the doorway** había tantísima gente apiñada en la puerta, se apiñaba tanto la gente en la puerta

Ⓑ VT 1 (= *flatten*) aplastar; **you're ~ing me** me estás aplastando; **to ~ sth in** meter algo a la fuerza; **can you ~ my shoes in?** ¿caben dentro mis zapatos?; **can you ~ two more in the car?** ¿caben dos más en el coche?; **to be ~ed together** ir apretujados

2 (*fig*) [+ *argument*] dar al traste con; [+ *person*] apabullar

Ⓒ VI **to ~ in** entrar con dificultad; **we all ~ed in** entramos todos aunque con dificultad; **to ~ up** arrimarse

**squash[2]** [skwɒʃ] N (= *vegetable*) calabaza *f*

**squash[3]** [skwɒʃ] Ⓐ N (= *sport*) (*also* **~ rackets**) squash *m*

Ⓑ CPD ► **squash court** N cancha *f* de squash ► **squash racket** N raqueta *f* de squash

**squashy** ['skwɒʃɪ] ADJ (*compar* **squashier**; *superl* **squashiest**) blando y algo líquido, muelle y húmedo

**squat** [skwɒt] Ⓐ ADJ [*person*] rechoncho, achaparrado; [*building, shape etc*] desproporcionadamente bajo

Ⓑ VI 1 (*also* **~ down**) agacharse, sentarse en cuclillas

2 (*on property*) ocupar un inmueble ilegalmente

Ⓒ N *piso etc ocupado ilegalmente*

**squatter** ['skwɒtə[r]] N ocupa *mf*, okupa *mf*

**squatting** ['skwɒtɪŋ] N *ocupación ilegal de un inmueble*

**squaw** [skwɔː] N india *f*, piel roja *f*

**squawk** [skwɔːk] Ⓐ N graznido *m*, chillido *m*

Ⓑ VI graznar, chillar

**squeak** [skwiːk] Ⓐ N 1 [*of hinge, wheel*] chirrido *m*; [*of mouse, person*] chillido *m*; [*of shoe*] crujido *m*; [*of pen*] raspeo *m*

2 (*fig*) **I don't want to hear another ~ out of you** y no vuelvas a abrir la boca, y sin rechistar; **"have you heard anything from him?" —"not a ~"** (*sleeping child*) —¿le has oído? —ni el menor ruido; (*absent friend*) —¿sabes algo de él? —ni una palabra; ✦**IDIOM to have a narrow ~** escaparse por los pelos; **they won, but it was a narrow ~** ganaron, pero por los pelos

Ⓑ VI [*hinge, wheel*] chirriar, rechinar; [*mouse*] chillar; [*shoes*] crujir; [*pen*] raspear; **the door ~ed open** la puerta chirrió *or* rechinó al abrirse, la puerta se abrió con un chirrido

Ⓒ VT chillar

►**squeak by*** VI + ADV 1 (*also* **~ through**) (= *win by a narrow margin*) pasar muy justo, pasar raspando*

2 (= *subsist, manage*) subsistir; **to ~ by on sth** arreglárselas con algo

**squeaker** ['skwiːkə[r]] N (*in toy etc*) chirriador *m*

**squeaky** ['skwiːkɪ] ADJ (*compar* **squeakier**; *superl* **squeakiest**) [*hinge, door*] chirriante; [*voice*] chillón; [*shoes*] crujiente; **~ clean** (= *clean*) relimpio; (*fig*) perfectamente honrado

**squeal** [skwiːl] Ⓐ N chillido *m*; **with a ~ of pain** con un chillido de dolor; **a ~ of tyres** un chillido de ruedas

Ⓑ VI 1 (= *make noise*) [*person, animal*] chillar; [*brakes, tyres*] chirriar

2 (*̣*) (= *inform*) cantar, soplar

3 (*) (= *complain*) quejarse; **don't come ~ing to me** no vengas a quejarte a mí

Ⓒ VT **"yes", he ~ed** —sí —dijo chillando

**squeamish** ['skwiːmɪʃ] ADJ **it's no good being ~ if you're a surgeon** si eres cirujano no puedes ser aprensivo; **I'm ~ about having needles stuck in me** me da aprensión que me claven agujas; **I felt ~ about touching a live snake** me daba repugnancia tocar una serpiente viva; **I'm not ~** no soy muy delicado; **don't be so ~** no seas tan delicado *or* tiquismiquis

**squeamishness** ['skwiːmɪʃnɪs] N (= *fear*) aprensión *f*; (= *fussiness*) remilgos *mpl*; **to feel a certain ~** sentir cierta aprensión *or* repugnancia

**squeegee** ['skwiː'dʒiː] Ⓐ N enjugador *m*

Ⓑ CPD ► **squeegee merchant*** N limpiador(a) *m/f* ambulante de parabrisas

**squeeze** [skwiːz] Ⓐ N 1 (*act of squeezing*) (= *handclasp*) apretón *m*; (= *hug*) estrujón *m*; **he put his arm round her and gave her a quick ~** le pasó el brazo por encima y le dio un estrujoncito* *or* un apretón; **to give sth a ~** apretar algo; **to give sb's hand a ~** dar a algn un apretón de manos, apretar la mano a algn

2 (= *crush*) **it was a tight ~ in the bus** íbamos muy apretados en el autobús; **it was a tight ~ to get through** había muy poco espacio para pasar

3 (= *restriction*) restricciones *fpl*; **small businesses are feeling the ~** las restricciones están afectando sobre todo a la pequeña empresa; **a ~ on profits** un recorte de beneficios; ✦**IDIOM to put the ~ on sb*** apretar las tuercas *or* los tornillos a algn*; *see also* **credit C**

4 (= *small amount*) [*of liquid*] chorrito *m*; [*of toothpaste*] poquito *m*, pizca *f*; **a ~ of lemon (juice)** un chorrito de zumo de limón, unas gotas de limón

5 (*) (= *difficult situation*) aprieto *m*; **to be in a (tight) ~** encontrarse en un aprieto

6 (*Brit**) (= *boyfriend, girlfriend*) noviete/a* *m/f*, novio/a *m/f*

Ⓑ VT 1 (= *press firmly*) [+ *pimple, tube, trigger*] apretar; [+ *citrus fruit*] exprimir; **I ~d her tightly** la estreché entre mis brazos; **to ~ one's eyes shut** cerrar los ojos apretándolos; **to ~ sb's hand** apretar la mano a algn

2 (= *cram, fit*) meter; **to ~ clothes into a suitcase** meter ropa en una maleta a la fuerza; **can you ~ two more in?** ¿puedes hacer hueco para dos más?, ¿puedes meter a dos más?; **I could ~ you in on Thursday** le podría hacer un hueco para el jueves; **she ~d herself into the dress** se enfundó el vestido; **I ~d my way through the crowd** me abrí camino entre la multitud

3 (= *extract*) sacar; **to ~ money/a confession/information out of sb** sacar dinero/una confesión/información a algn; **rich city dwellers are squeezing the locals out** la gente acomodada de la ciudad está echando poco a poco a la población local; **freshly ~d orange juice** zumo *m* de naranjas recién exprimidas

4 (= *reduce*) recortar; **wage increases are squeezing profit margins** los aumentos salariales están recortando los márgenes de beneficios

Ⓒ VI **they all ~d into the car** se metieron todos apretujados en el coche; **could I just ~ past?** ¿me deja pasar?; **he ~d past me** me pasó rozando; **to ~ through a hole** pasar por un agujero con dificultad

Ⓓ CPD ► **squeeze box** N concertina *f*

**squeezer** ['skwiːzə[r]] N exprimidor *m*; **lemon ~** exprimelimones *m inv*, exprimidor *m*

**squelch** [skweltʃ] Ⓐ VI chapotear; **to ~ through the mud** ir chapoteando por el lodo

Ⓑ VT aplastar, despachurrar

**squib** [skwɪb] N (= *firework*) buscapiés *m inv*; *see also* **damp**

**squid** [skwɪd] N (*pl* **squid** *or* **squids**) calamar *m*, sepia *f*

**squiffy*** ['skwɪfɪ] ADJ (*Brit*) **to be ~** estar achispado*

**squiggle** ['skwɪgl] N garabato *m*

**squint** [skwɪnt] Ⓐ N 1 (*Med*) estrabismo *m*; **to have a ~** tener estrabismo, ser bizco; **he has a terrible ~** se le nota mucho que es bizco
2 (= *sidelong look*) mirada *f* de soslayo, mirada *f* de reojo; **let's have a ~*** déjame ver; **have a ~ at this*** mírame esto
Ⓑ VI 1 (*Med*) bizquear, ser bizco
2 **to ~ at sth** (*quickly*) echar un vistazo a algo; (*with half-closed eyes*) mirar algo con los ojos entrecerrados; **he ~ed in the sunlight** entrecerró los ojos por el sol

**squint-eyed** ['skwɪnt'aɪd] ADJ bizco

**squire** ['skwaɪəʳ] Ⓐ N (†) (= *landowner*) terrateniente *m*, hacendado *m* (*LAm*), estanciero *m* (*LAm*); (*Hist*) (= *knight's attendant*) escudero *m*; (= *lady's escort*) galán *m*, acompañante *m*; **the ~** (*in relation to villagers etc*) el señor; **the ~ of Ambridge** el señor de Ambridge, el mayor terrateniente de Ambridge; **yes, ~!** (*Brit**) ¡sí, jefe!; **which way, ~?*** ¿por dónde, caballero?
Ⓑ VT [+ *lady*] acompañar

**squirearchy** ['skwaɪərɑːkɪ] N aristocracia *f* rural, terratenientes *mpl*

**squirm** [skwɜːm] VI retorcerse; **I'll make him ~** yo lo haré sufrir; **to ~ with embarrassment** estar violento, avergonzarse mucho

**squirrel** ['skwɪrəl] N (*pl* **squirrels** *or* **squirrel**) ardilla *f*

►**squirrel away** VT + ADV [+ *nuts etc*] almacenar

**squirt** [skwɜːt] Ⓐ N 1 (= *jet, spray*) chorro *m*
2 (*) (= *child*) mequetrefe *mf*, chiquitajo/a* *m/f*, escuincle *mf* (*Mex*); (= *person*) farolero/a *m/f*, presumido/a *m/f*
Ⓑ VT [+ *liquid*] lanzar; [+ *person, car*] mojar; **to ~ water at sb** lanzar un chorro de agua hacia algn
Ⓒ VI **to ~ out/in** salir/entrar a chorros; **the water ~ed into my eyes** salió un chorro de agua que me dio en los ojos

**squirter** ['skwɜːtəʳ] N atomizador *m*

**Sr** ABBR = **Senior**

**SRC** N ABBR (*Brit*) 1 = **Science Research Council**
2 = **Students' Representative Council**

**Sri Lanka** [,sriː'læŋkə] N Sri Lanka *m*

**Sri Lankan** [,sriː'læŋkən] Ⓐ ADJ de Sri Lanka
Ⓑ N nativo/a *m/f* de Sri Lanka, habitante *mf* de Sri Lanka

**SRN** N ABBR (*Brit*) (*formerly*) = **State Registered Nurse**

**SRO** ABBR (*US*) = **standing room only**

**Sr(s).** ABBR (= **Sister(s)**) Hna(s).

**SS** ABBR 1 (*Brit*) = **steamship**
2 (= **Saints**) SS.

**SSA** N ABBR (*US*) = **Social Security Administration**

**SSE** ABBR (= **south-southeast**) SSE

**SSI** N ABBR = **small-scale integration**

**SSSI** N ABBR = **Site of Special Scientific Interest**

**SST** N ABBR (*US*) = **supersonic transport**

**SSW** ABBR (= **south-southwest**) SSO

**St** ABBR 1 (*Rel*) (= **Saint**) Sto., Sta., S.
2 (*Geog*) = **Strait**
3 (= **Street**) c/
4 (= **stone**) = *14 libras*, = *6,348kg*
5 = **summer time**

**St.** ABBR = **Station**

**stab** [stæb] Ⓐ N 1 (*with knife etc*) puñalada *f*, navajazo *m*; ♦***IDIOM*** **~ in the back** puñalada *f* por la espalda, puñalada *f* encubierta
2 [*of pain*] punzada *f*
3 ♦***IDIOM*** **to have a ~ at sth** intentar hacer algo
Ⓑ VT apuñalar, dar una puñalada a; **to ~ sb with a knife** apuñalar a algn con un cuchillo; **to ~ sb in the back** (*lit*) apuñalar a algn por la espalda; (*fig*) clavar a algn un puñal por la espalda; **to ~ sb to death** matar a algn a puñaladas
Ⓒ VI **to ~ at sb** tratar de apuñalar a algn; **he ~bed at the picture with his finger** señaló el cuadro con un movimiento brusco del dedo
Ⓓ CPD ► **stab wound** N puñalada *f*

**stabbing** ['stæbɪŋ] Ⓐ N (= *incident*) apuñalamiento *m*
Ⓑ ADJ [*pain, ache*] punzante

**stability** [stə'bɪlɪtɪ] N estabilidad *f*

**stabilization** [,steɪbəlaɪ'zeɪʃən] N estabilización *f*

**stabilize** ['steɪbəlaɪz] Ⓐ VT [+ *boat*] estabilizar
Ⓑ VI [*currency, economy*] estabilizarse

**stabilizer** ['steɪbəlaɪzəʳ] N 1 (*usu pl*) (*Naut, also on bike*) estabilizador *m*
2 (*Culin*) estabilizante *m*

**stable**[1] ['steɪbl] ADJ (*compar* **stabler**; *superl* **stablest**) [*relationship, country, situation, substance*] estable; [*job*] estable, permanente; (*Med*) [*condition*] estacionario; [*blood pressure, weight*] estable, estacionario; (*Psych*) [*person, character*] equilibrado; **sterling has remained ~ against the franc** la libra se ha mantenido estable frente al franco; **the weight of the machine makes it very ~** el peso de la máquina le da estabilidad; **that ladder's not very ~** esa escalera no está muy firme

**stable**[2] ['steɪbl] Ⓐ N (= *building*) cuadra *f*, caballeriza *f*; (= *establishment*) cuadra *f*
Ⓑ VT (= *keep in stable*) guardar en una cuadra; (= *put in stable*) poner en una cuadra
Ⓒ CPD ► **stable door** N ♦***IDIOM*** **to shut** *or* **close the ~ door after the horse has bolted** a buenas horas, mangas verdes ► **stable lad** N = **stableboy**

**stableboy** ['steɪblbɔɪ] N mozo *m* de cuadra

**stableman** ['steɪblmən] N (*pl* **stablemen**) mozo *m* de cuadra

**stablemate** ['steɪblmeɪt] N (= *horse*) caballo *m* de la misma cuadra; (*fig*) (= *person*) camarada *mf*

**staccato** [stə'kɑːtəʊ] Ⓐ ADV staccato
Ⓑ ADJ staccato

**stack** [stæk] Ⓐ N 1 (*) (= *pile*) montón *m*, pila *f*; **there were ~s of books on the table** había montones *or* pilas de libros sobre la mesa
2 **stacks*** (= *lots*) **I have ~s of work to do** tengo un montón* *or* una gran cantidad de trabajo; **they've got ~s of money** tienen cantidad de dinero; **we have ~s of time** nos sobra tiempo
3 (= *section in library*) estantería *f*; (= *book stack*) estantería *f* de libros
4 (*Agr*) almiar *m*, hacina *f*
5 (*Mil*) pabellón *m* de fusiles
6 [*of chimney*] cañón *m* de chimenea, fuste *m* de chimenea
Ⓑ VT 1 (= *pile up*) amontonar, apilar; ♦***IDIOM*** **the cards are ~ed against us** todo va en contra nuestra
2 **(well) ~ed** (*US**) [*woman*] bien formada, muy buena*

**stacker** ['stækəʳ] N (*Comput*) apiladora *f*

**stadium** ['steɪdɪəm] N (*pl* **stadiums** *or* **stadia** ['steɪdɪə]) estadio *m*

**staff**[1] [stɑːf] Ⓐ N 1 (= *personnel*) personal *m*, empleados *mpl*; **the administrative ~** (el personal de) la administración; **the teaching ~** el cuerpo docente, el profesorado; **to be on the ~** ser de plantilla; **to join the ~** entrar en la plantilla; **to leave the ~** dimitir
2 (*Mil*) estado *m* mayor
3 (†) (= *stick*) bastón *m*, vara *f*; (*pilgrim's*) bordón *m*; (= *symbol of authority*) bastón *m* de mando; (*bishop's*) báculo *m*; [*of flag, lance etc*] asta *f*
Ⓑ VT proveer de personal; **to be well ~ed** (*fully staffed*) tener la plantilla completa; (*with good workers*) tener un buen personal; **the centre is ~ed by qualified lawyers** el centro cuenta con abogados titulados en plantilla
Ⓒ CPD ► **staff association** N asociación *f* del personal ► **staff canteen** N comedor *m* de personal ► **staff college** N escuela *f* militar superior ► **staff meeting** N reunión *f* de personal ► **staff nurse** N enfermero/a *m/f* titulado/a ► **staff officer** N oficial *m* del Estado Mayor ► **staff room** N sala *f* de profesores ► **staff-student ratio** N proporción *f* alumnos-profesor ► **staff training** N formación *f* de personal

**staff**[2] [stɑːf] N (*pl* **staves, staff**) (*Mus*) pentagrama *m*

**staffing** ['stɑːfɪŋ] Ⓐ N (= *employment*) empleo *m* de personal; (= *number of employees*) dotación *f* de personal, plantilla *f*; **~ is inadequate** la dotación de personal *or* la plantilla es insuficiente
Ⓑ CPD ► **staffing ratio** N proporción *f* alumnos-profesor

**Staffs** ABBR (*Brit*) = **Staffordshire**

**stag** [stæg] Ⓐ N 1 (*Zool*) ciervo *m*, venado *m*
2 (*Fin*) especulador(a) *m/f* con nuevas emisiones
Ⓑ CPD ► **stag beetle** N ciervo *m* volante ► **stag night** N despedida *f* de soltero ► **stag party** N fiesta *f* de despedida de soltero

**stage** [steɪdʒ] Ⓐ N 1 (= *platform*) tablado *m*; (*in conference hall*) estrado *m*
2 (*Theat*) escenario *m*; **I get nervous on ~** me pongo nervioso en el escenario; **to put a play on the ~** poner una obra en escena; **to go on ~** salir a escena *or* al escenario; **you're on ~ in two minutes** sales (a escena) en dos minutos; **~ left/right** *la parte del escenario a la izquierda/derecha del actor (de cara al público)*; **the ~** (*as profession*) el teatro; **he writes for the ~** escribe para el teatro; **to go on the ~** hacerse actor/actriz; ♦***IDIOM*** **to set the ~ for sth** crear el marco idóneo para algo; **the ~ was set for a political showdown** se había creado el marco idóneo para una confrontación política
3 (*fig*) (= *scene*) escena *f*; **he occupies the centre of the political ~** ocupa el centro de la escena política
4 (= *step*) (*in process*) etapa *f*, fase *f*; **at this ~ in the negotiations** en esta etapa *or* a estas alturas de las negociaciones; **we can't cancel at this late ~** no podemos cancelarlo a estas alturas; **problems could arise at a later ~** podrían surgir problemas más adelante; **he's bound to find out at some ~** seguro que se entera tarde o temprano; **the project is still in its early ~s** el proyecto se encuentra todavía en su fase *or* etapa inicial; **the war was in its final ~s** la guerra estaba en sus últimas etapas; **to go through a difficult ~** pasar por una etapa difícil; **it's just a ~ he's going through** no es más que una fase que está atravesando; **in ~s** por etapas; **in** *or* **by easy ~s** en etapas *or* fases cortas; *see also* **committee**
5 [*of rocket*] fase *f*; [*of pipeline*] tramo *m*; **a four-~ rocket** un cohete de cuatro fases
6 (= *stagecoach*) diligencia *f*
Ⓑ VT 1 (*Theat*) [+ *play*] representar, poner

en escena
[2] (= *organize*) [+ *concert, festival*] organizar, montar
[3] (= *carry out*) [+ *protest*] organizar; [+ *demonstration, strike*] hacer; [+ *attack*] lanzar; **the sixties rock legend is staging a comeback** la leyenda rockera de los sesenta prepara una vuelta a escena; **sterling has ~d a recovery on foreign exchange markets** la libra esterlina ha experimentado una mejora en los mercados de divisas extranjeros
[4] (*pej*) (= *orchestrate*) montar, organizar; **that was no accident, it was ~d** eso no fue ningún accidente, estaba montado *or* organizado
Ⓒ CPD ► **stage adaptation** N adaptación *f* teatral ► **stage designer** N escenógrafo/a *m/f* ► **stage direction** N acotación *f* ► **stage director** N = **stage manager** ► **stage door** N entrada *f* de artistas ► **stage fright** N miedo *m* a las tablas *or* al escenario, miedo *m* escénico; **to get ~ fright** ponerse nervioso al salir a las tablas *or* al escenario ► **stage manager** N director(a) *m/f* de escena ► **stage name** N nombre *m* artístico ► **stage presence** N presencia *f* en el escenario ► **stage set** N decorado *m* ► **stage show** N espectáculo *m* ► **stage whisper** N aparte *m*

**stagecoach** ['steɪdʒkəʊtʃ] N diligencia *f*

**stagecraft** ['steɪdʒkrɑːft] N arte *m* teatral, escenotecnia *f*

**stagehand** ['steɪdʒhænd] N tramoyista *mf*, sacasillas *m*

**stage-manage** ['steɪdʒ,mænɪdʒ] VT [+ *play, production*] dirigir; (*fig*) [+ *event, confrontation etc*] orquestar

**stagestruck** ['steɪdʒstrʌk] ADJ enamorado del teatro, fascinado por el teatro

**stagey** ['steɪdʒɪ] ADJ = **stagy**

**stagflation** [stæg'fleɪʃən] N (*Econ*) (e)stagflación *f*, estanflación *f*

**stagger** ['stægəʳ] Ⓐ N [1] tambaleo *m*
[2] **staggers** (*Vet*) modorra *f*
Ⓑ VI tambalear; **he ~ed to the door** fue tambaleándose hasta la puerta; **he was ~ing about** iba tambaleándose
Ⓒ VT [1] (= *amaze*) dejar anonadado, dejar pasmado; **we were ~ed by the number of letters we received** nos dejó anonadados *or* pasmados la cantidad de cartas que recibimos
[2] [+ *hours, holidays, payments, spokes*] escalonar

**staggered** ['stægəd] ADJ [1] (= *amazed*) anonadado, pasmado; **I was ~ to learn I'd won first prize** me quedé anonadado *or* pasmado al enterarme de que había ganado el primer premio; **I was ~ to hear that …** (= *dismayed*) me consterné al saber que …
[2] [*hours, junction*] escalonado

**staggering** ['stægərɪŋ] ADJ (= *astonishing*) asombroso, pasmoso

**staghound** ['stæghaʊnd] N perro *m* de caza, sabueso *m*

**staghunt** ['stæghʌnt] N cacería *f* de venado

**staghunting** ['stæg,hʌntɪŋ] N caza *f* de venado

**staging** ['steɪdʒɪŋ] Ⓐ N [1] (= *scaffolding*) andamiaje *m*
[2] (*Theat*) escenificación *f*, puesta *f* en escena
[3] (*Space*) desprendimiento *m* (de una sección de un cohete)
Ⓑ CPD ► **staging post** N (*Mil, also gen*) escala *f*

**stagnancy** ['stægnənsɪ] N estancamiento *m*

**stagnant** ['stægnənt] ADJ [1] [*water*] estancado
[2] (*fig*) [*economy, industry*] estancado, paralizado; [*market*] inactivo, estancado; [*society*] anquilosado

**stagnate** [stæg'neɪt] VI [1] [*water*] estancarse
[2] (*fig*) [*economy, market, industry*] estancarse; [*society, person*] estancarse, anquilosarse

**stagnation** [stæg'neɪʃən] N [1] [*of water*] estancamiento *m*
[2] (*fig*) [*of economy, industry*] estancamiento *m*, paralización *f*; [*of market*] inactividad *f*, estancamiento *m*; [*of society, person*] anquilosamiento *m*, estancamiento *m*

**stagy** ['steɪdʒɪ] ADJ (*compar* **stagier**; *superl* **stagiest**) (*pej*) teatral, histriónico

**staid** [steɪd] ADJ [*person*] serio; [*clothes*] sobrio, serio

**staidness** ['steɪdnɪs] N [*of person*] seriedad *f*; [*of clothes*] sobriedad *f*

**stain** [steɪn] Ⓐ N [1] (= *mark*) mancha *f*; (= *dye*) tinte *m*, tintura *f*; (= *paint*) pintura *f*
[2] (*fig*) mancha *f*; **without a ~ on one's character** sin una sola mancha en la reputación
Ⓑ VT (= *mark*) manchar; (= *dye*) teñir, colorar; (= *paint*) pintar; **her hands were ~ed with blood** sus manos estaban manchadas de sangre, tenía las manos manchadas de sangre
Ⓒ VI manchar
Ⓓ CPD ► **stain remover** N quitamanchas *m inv*

**stained glass** [,steɪnd'glɑːs] N vidrio *m* de color

**stained-glass** [,steɪnd'glɑːs] ADJ **~ window** vidriera *f* (de colores)

**stainless** ['steɪnlɪs] Ⓐ ADJ inmaculado
Ⓑ CPD ► **stainless steel** N acero *m* inoxidable

**stair** [steəʳ] Ⓐ N [1] (= *single step*) escalón *m*, peldaño *m*; (= *stairway*) escalera *f*
[2] **stairs** escalera *f*; **a flight of ~s** un tramo de escalera; **life below ~s** la vida de los criados; **gossip below ~s** habladurías *fpl* de la servidumbre
Ⓑ CPD ► **stair carpet** N alfombra *f* de escalera ► **stair lift** N (plataforma *f*) salvaescaleras *m inv*, elevador *m* de escaleras ► **stair rod** N varilla *f* (para sujetar la alfombra de la escalera)

**staircase** ['steəkeɪs] N escalera *f*; *see also* **spiral**

**stairway** ['steəweɪ] N = **staircase**

**stairwell** ['steəwel] N hueco *m or* caja *f* de la escalera

**stake** [steɪk] Ⓐ N [1] (= *bet*) apuesta *f*; **the average ~ is just 80p** la apuesta media es de sólo 80 peniques; **to be at ~** estar en juego; **the company's reputation is at ~** la reputación de la empresa está en juego; **there's a lot at ~ in this** es mucho lo que está en juego, hay mucho en juego; **he has got a lot at ~** ◊ **there is a lot at ~ for him** es mucho lo que se está jugando; **the issue at ~** el asunto en cuestión, el asunto de que se trata; **the ~s are high** (*lit*) se apuesta fuerte, las apuestas son muy elevadas; (*fig*) es mucho lo que está en juego, hay mucho en juego; **to play for high ~s** (*lit*) apostar fuerte; (*fig*) tener mucho en juego; **to raise the ~s** (*Gambling*) subir la apuesta; **developments that raised the ~s in the elections** acontecimientos que hicieron más aventuradas las elecciones
[2] (= *interest*) [2·1] (*Fin*) participación *f*; **he bought a 12 per cent ~ in the company** compró un 12 por ciento de participación en la compañía
[2·2] (*fig*) **every employee has a ~ in the success of the firm** a todos los empleados les interesa que la empresa sea un éxito; **through your children you have a ~ in the future** tus hijos son tu participación en el futuro
[3] **stakes** [3·1] (= *race*) *carrera de caballos en la que el dinero del premio lo han puesto los propietarios de los caballos*; (= *prize money*) bote *m*
[3·2] (*fig*) **he is still in front in the popularity ~s** sigue siendo el más popular de todos; **the President is riding high in the popularity ~s** el presidente goza de mucha popularidad
[4] (= *post*) poste *m*; (*for plant*) rodrigón *m*; (*for execution*) hoguera *f*; **to be burned at the ~** ◊ **die at the ~** morir en la hoguera
Ⓑ VT [1] (= *bet*) [+ *money, jewels*] jugarse, apostar; (*fig*) [+ *one's reputation, life*] jugarse; **to ~ one's reputation on sth** jugarse la reputación en algo; **I'd ~ my life on it** me jugaría la vida a que es así
[2] (*with posts*) [2·1] (= *delimit*) [+ *area, path, line*] marcar con estacas, señalar con estacas; **✦IDIOM to ~ a** *or* **one's claim to** [+ *piece of land*] reivindicar, reclamar; **with this win he has ~d his claim for a place in the final** con esta victoria se ha asegurado un puesto en la final
[2·2] (*also* **~ up**) (= *support with stakes*) [+ *fence*] apuntalar; [+ *plants*] arrodrigar

►**stake off** VT + ADV = **stake out 1**

►**stake out** VT + ADV [1] (*with posts*) [+ *piece of land, path, line*] marcar con estacas, señalar con estacas
[2] (= *reserve, lay claim to*) **you have to ~ out your place on the beach early** tienes que asegurarte un lugar en la playa bien temprano; **he has ~d out his position on social policy** ha afianzado su postura en lo referente a política social
[3] (= *watch*) [+ *property etc*] [*journalist, criminal*] vigilar; [*police*] poner bajo vigilancia, mantener vigilado

**stakeholder** ['steɪk,həʊldəʳ] Ⓐ N [1] (*in gambling*) *persona que guarda las apuestas*
[2] (*Fin*) accionista *mf*
[3] (*fig*) interesado/a *m/f*
Ⓑ CPD ► **stakeholder society** N (*Brit Pol*) sociedad *f* participativa

**stakeout** ['steɪkaʊt] N operación *f* de vigilancia

**stalactite** ['stæləktaɪt] N estalactita *f*

**stalagmite** ['stæləgmaɪt] N estalagmita *f*

**stale** [steɪl] Ⓐ ADJ (*compar* **staler**; *superl* **stalest**)
[1] (= *not fresh*) [*cheese, butter, sweat, cigarette smoke*] rancio; [*breath*] maloliente; [*air*] viciado; [*biscuit, beer*] pasado; [*cake*] seco; [*bread*] correoso; (= *hard*) duro; **to go ~** [*biscuit, beer*] pasarse; [*cake*] secarse; [*bread*] ponerse correoso; (= *become hard*) ponerse duro; **to have gone ~** (*lit*) estar pasado; **to smell ~** oler a viejo
[2] (*fig*) [*news, joke*] viejo; [*idea*] marchito; **he felt tired and ~** se sentía cansado y hastiado; **their relationship had become ~** la relación se había estancado *or* anquilosado; **to get** *or* **become ~** [*person*] estancarse, anquilosarse; **I'm getting ~** me estoy estancando *or* anquilosando; **the show's got a little ~** el espectáculo está ya un poco gastado; **if they rehearse too much they'll become ~** si ensayan demasiado se van a quemar
Ⓑ VI (*liter*) [*relationship, author, writing*] quedarse estancado *or* anquilosado; [*pleasures*] perder la frescura (*liter*)

**stalemate** ['steɪlmeɪt] Ⓐ N [1] (*Chess*) ahogado *m*
[2] (*fig*) punto *m* muerto; **there is ~ between the two powers** las relaciones entre las dos potencias están en un punto muerto *or* en un impasse; **the ~ is complete** la paralización es completa; **to reach ~** estancarse

Ⓑ VT (*Chess*) ahogar, dar tablas por ahogado a; (*fig*) paralizar

**stalemated** ['steɪlmeɪtɪd] ADJ (*fig*) [*discussions*] estancado, en un punto muerto; [*project*] en un punto muerto; [*person*] en tablas

**staleness** ['steɪlnɪs] N [1] (= *lack of freshness*) [*of cheese, butter, sweat, cigarette smoke*] lo rancio; [*of air*] lo viciado; [*biscuit, beer*] lo pasado; [*of cake*] sequedad *f*, lo seco; [*of bread*] lo correoso; (= *hardness*) dureza *f*
[2] (*fig*) [*of news, joke*] lo viejo; [*of person, relationship*] estancamiento *m*, anquilosamiento *m*

**Stalin** ['stɑːlɪn] N Stalin

**Stalinism** ['stɑːlɪnɪzəm] N estalinismo *m*

**Stalinist** ['stɑːlɪnɪst] Ⓐ ADJ estalinista
Ⓑ N estalinista *mf*

**stalk¹** [stɔːk] Ⓐ VT [+ *animal*] [*hunter*] cazar al acecho; [*animal*] acechar; [+ *person*] seguir los pasos de
Ⓑ VI (= *walk*) **to ~ away** *or* **off** irse con paso airado; **she ~ed out of the room** salió airada del cuarto

**stalk²** [stɔːk] N [1] (*Bot*) tallo *m*, caña *f*; (= *cabbage stalk*) troncho *m*
[2] [*of glass*] pie *m*
[3] (*Aut*) (= *control stalk*) palanca *f*

**stalker** ['stɔːkəʳ] N *persona que está obsesionada con otra y la acosa constantemente con llamadas telefónicas o siguiéndola a todas partes*

**stalk-eyed** ['stɔːkaɪd] ADJ (*Zool*) de ojos pedunculares

**stalking** ['stɔːkɪŋ] Ⓐ N (*Jur*) *acoso cometido por un "stalker" y que constituye un delito*
Ⓑ CPD ► **stalking horse** N pretexto *m*; (*Pol*) *candidato que en unas elecciones desafía a un líder de su propio partido, con el propósito de medir la fuerza de la oposición*

**stall** [stɔːl] Ⓐ N [1] (*Agr*) (= *stable*) establo *m*; (= *manger*) pesebre *m*; (*for single horse etc*) casilla *f*
[2] (*in market etc*) puesto *m*; (*in fair*) caseta *f*, casilla *f*; (= *newspaper stall*) quiosco *m*, puesto *m* (*esp LAm*); ✦*IDIOM* **to set out one's ~** exponer lo que se ofrece (a la venta)
[3] (*Brit Theat*) **the ~s** el patio de butacas
[4] (*in church*) silla *f* de coro
[5] (*US*) (*in car park*) emplazamiento *m*
Ⓑ VT [1] [+ *car, plane*] parar, calar; **the talks are ~ed** las negociaciones están en un callejón sin salida
[2] [+ *person*] entretener
Ⓒ VI [1] [*car*] pararse; [*plane*] perder velocidad; **we ~ed on a steep hill** quedamos parados en una cuesta abrupta, se nos atascó el motor en una cuesta abrupta; **the talks have ~ed** las negociaciones están en un callejón sin salida
[2] (*fig*) (= *delay*) andar con rodeos, esquivar; **stop ~ing!** ¡déjate de evasivas!; **the minister ~ed for 20 minutes** durante 20 minutos el ministro evitó contestar directamente

**stall-fed** ['stɔːlfed] ADJ engordado en establo

**stallholder** ['stɔːl,həʊldəʳ] N dueño/a *m/f* de un puesto, puestero/a *m/f* (*LAm*)

**stallion** ['stæljən] N semental *m*, padrillo *m* (*LAm*)

**stalwart** ['stɔːlwət] Ⓐ ADJ [*person*] (*in spirit*) fuerte, robusto; (*in build*) fornido, robusto; [*supporter, opponent*] leal, fiel; [*belief*] empedernido
Ⓑ N partidario/a *m/f* incondicional

**stamen** ['steɪmen] N (*pl* **stamens** *or* **stamina** ['stæmɪnə]) estambre *m*

**stamina** ['stæmɪnə] N resistencia *f*, aguante *m*; **has he enough ~ for the job?** ¿tiene bastante resistencia para el puesto?; **you need ~** hace falta tener nervio; **intellectual ~** vigor *m* intelectual

**stammer** ['stæməʳ] Ⓐ N tartamudeo *m*; **he has a bad ~** tartamudea terriblemente
Ⓑ VI tartamudear
Ⓒ VT (*also* **to ~ out**) decir tartamudeando

**stammerer** ['stæmərəʳ] N tartamudo/a *m/f*

**stammering** ['stæmərɪŋ] Ⓐ ADJ tartamudo
Ⓑ N tartamudeo *m*

**stammeringly** ['stæmərɪŋlɪ] ADV **he said ~** dijo tartamudeando

**stamp** [stæmp] Ⓐ N [1] (= *postage stamp*) sello *m*, estampilla *f* (*LAm*); (= *fiscal stamp, revenue stamp*) timbre *m*, póliza *f*; (*for free food etc*) bono *m*, vale *m*
[2] (= *rubber stamp*) estampilla *f*; (*for metal*) cuño *m*
[3] (*fig*) (= *mark*) sello *m*; **it bears the ~ of genius** tiene el sello del genio; **to leave** *or* **put one's ~ on sth** poner *or* dejar su sello en algo; **a man of his ~** un hombre de su temple; (*pej*) un hombre de esa calaña
[4] (*with foot*) taconazo *m*; **with a ~ of her foot** dando un taconazo
Ⓑ VT [1] **to ~ one's foot** patear, patalear; (*in dancing*) zapatear; **to ~ the ground** [*person*] dar patadas en el suelo; [*horse*] piafar
[2] [+ *letter*] sellar, poner el sello a; **the letter is insufficiently ~ed** la carta no tiene suficientes sellos
[3] (= *mark with rubber stamp*) marcar con sello; (= *mark with fiscal stamp*) timbrar; (= *emboss*) grabar; [+ *passport*] sellar; **they ~ed my passport at the frontier** sellaron mi pasaporte en la frontera
[4] (= *impress mark etc on*) estampar, imprimir; [+ *coin, design*] estampar; **paper ~ed with one's name** papel *m* con el nombre de uno impreso, papel *m* con membrete
[5] (*fig*) marcar, señalar; **to ~ sth on one's memory** grabar algo en la memoria de uno; **his manners ~ him as a gentleman** sus modales lo señalan como caballero; **to ~ o.s. on sth** poner *or* dejar su sello en algo
Ⓒ VI [1] (*single movement*) patear, patalear; **to ~ on sth** pisotear algo, hollar algo; **ouch, you ~ed on my foot!** ¡ay, me has pisado el pie!
[2] (= *walk*) **to ~ in/out** entrar/salir dando fuertes zancadas; **he ~s about the house** anda por la casa pisando muy fuerte
Ⓓ CPD ► **stamp album** N álbum *m* de sellos ► **stamp book** N (= *collection*) álbum *m* de sellos; (*for posting*) libro *m* de sellos ► **stamp collecting** N filatelia *f* ► **stamp collection** N colección *f* de sellos ► **stamp collector** N filatelista *mf* ► **stamp dealer** N comerciante *mf* en sellos (de correo) ► **stamp duty** N (*Fin*) impuesto *m* *or* derecho *m* del timbre ► **stamp machine** N expendedor *m* automático de sellos (de correo)

► **stamp down** VT + ADV **to ~ sth down** apisonar algo, comprimir algo con los pies

► **stamp out** VT + ADV [1] **they ~ed out the rhythm** marcaron el ritmo con los pies
[2] (= *extinguish*) [+ *fire, cigarette*] apagar con el pie
[3] (= *eliminate*) [+ *crime, corruption, activity*] erradicar, acabar con; [+ *rebellion*] sofocar; **we must ~ out this abuse** tenemos que acabar con esta injusticia; **the doctors ~ed out the epidemic** los médicos erradicaron la epidemia

**stamped** [stæmpt] ADJ [*envelope*] con sello, que lleva sello; [*paper*] sellado, timbrado; **~ addressed envelope** sobre *m* sellado con las señas propias

**stampede** [stæm,piːd] Ⓐ N (*lit*) estampida *f*, desbandada *f*; (*fig*) desbandada *f*; **there was a sudden ~ for the door** todo el mundo corrió en estampida hacia la puerta; **the exodus turned into a ~** el éxodo se transformó en una fuga precipitada
Ⓑ VT [+ *cattle*] provocar la desbandada de; **to ~ sb into doing sth** presionar fuerte a algn para que haga algo; **let's not be ~d** no obremos precipitadamente
Ⓒ VI (*lit*) ir en desbandada; (*fig*) precipitarse

**stamping-ground*** ['stæmpɪŋ,graʊnd] N territorio *m*; **this is his private ~** éste es terreno particular suyo, éste es coto cerrado de su propiedad; **to keep off sb's ~** no invadir el territorio de algn

**Stan** [stæn] N (*familiar form*) *of* **Stanley**

**stance** [stæns] N [1] (*lit*) postura *f*
[2] (*fig*) actitud *f*; **to take up a ~** adoptar una actitud
[3] (*Scot*) (= *taxi rank*) parada *f* (de taxis)

**stanch** [stɑːntʃ] VT [+ *blood*] restañar

**stanchion** ['stɑːnʃən] N puntal *m*, montante *m*

**stand** [stænd] (*vb: pt, pp* **stood**) Ⓐ N [1] (= *position*) posición *f*, puesto *m*; **to take up a ~ near the door** colocarse cerca de la puerta
[2] (*fig*) (= *stance*) actitud *f*, postura *f*; **to take a ~ on an issue** adoptar una actitud hacia una cuestión; **to take a firm ~** adoptar una actitud firme
[3] (*Mil*) **the ~ of the Australians at Tobruk** la resistencia de los australianos en Tobruk; **Custer's last ~** la última batalla del General Custer; ✦*IDIOM* **to make a ~** hacer parada, plantarse; **to make** *or* **take a ~ against sth** oponer resistencia a algo; *see also* **one-night stand**
[4] (*for taxis*) parada *f* (de taxis)
[5] (= *lamp stand*) pie *m*; (= *music stand*) atril *m*; (= *hallstand*) perchero *m*
[6] (= *newspaper stand*) quiosco *m*, puesto *m* (*esp LAm*); (= *market stall*) puesto *m*; (*in shop*) estante *m*, puesto *m*; (*at exhibition*) caseta *f*, stand *m*; (= *bandstand*) quiosco *m*
[7] (*Sport*) (= *grandstand*) tribuna *f*
[8] (*Jur*) estrado *m*; **to take the ~** (*esp US*) (= *go into witness box*) subir a la tribuna de los testigos; (= *give evidence*) prestar declaración
[9] [*of trees*] hilera *f*, grupo *m*
[10] (**) (= *erection*) empalme** *m*
[11] = **standstill**
Ⓑ VT [1] (= *place*) poner, colocar; **to ~ sth against the wall** apoyar algo en la pared; **to ~ a vase on a table** poner un florero sobre una mesa
[2] (= *withstand*) resistir; **it won't ~ serious examination** no resistirá un examen detallado; **it won't ~ the cold** no resiste el *or* al frío; **his heart couldn't ~ the shock** su corazón no resistió el *or* al choque; ✦*IDIOMS* **to ~ one's ground** mantenerse firme, plantarse; **if you can't ~ the heat, get out of the kitchen** si no puedes lidiar el toro, quítate de en medio
[3] (= *tolerate*) aguantar; **I can ~ anything but that** lo aguanto todo menos eso; **I can't ~ it any longer!** ¡no aguanto más!; **I can't ~ Debussy** no aguanto a Debussy; **I can't ~ (the sight of) him** no lo aguanto, no lo puedo tragar; **I can't ~ waiting for people** no aguanto *or* soporto que me hagan esperar; *see also* **chance A3**
[4] (*) (= *pay for*) **to ~ sb a drink/meal** invitar a algn a una copa/a comer; **he stood me lunch** me pagó la comida; **the company will have to ~ the loss** la compañía tendrá que encargarse de las pérdidas
Ⓒ VI [1] (= *be upright*) estar de pie *or* derecho,

➤ LANGUAGE IN USE: stand B3 7.3

estar parado (*LAm*); **he could hardly ~** hasta tenía problemas para ponerse de pie; **the house is still ~ing** la casa sigue en pie; **we must ~ together** (*fig*) debemos unirnos *or* ser solidarios; **✦*IDIOMS* to ~ on one's own two feet** valerse por sí mismo, defenderse solo (*LAm*); **to ~ tall** pisar fuerte; *see also* **ease A4**

2 (= *get up*) levantarse, pararse (*LAm*); **all ~!** ¡levántense!

3 (= *stay, stand still*) **they were ~ing at the bar** estaban juntos al bar; **to ~ in the doorway** estar en la puerta; **don't just ~ there, do something!** ¡no te quedes ahí parado, haz algo!; **they stood patiently in the rain** se quedaron esperando pacientemente bajo la lluvia; **to ~ talking** seguir hablando, quedarse a hablar; **we stood chatting for half an hour** charlamos durante media hora, pasamos media hora charlando; **~ and deliver!** ¡la bolsa o la vida!; **✦*IDIOM* he left the others ~ing** dejó a todos atrás *or* (*LAm*) parados

4 (= *tread*) **to ~ on sth** pisar algo; **you're ~ing on my foot** me estás pisando; **he stood on the beetle** pisó el escarabajo; **he stood on the brakes** (*Aut**) pisó el freno a fondo

5 (= *measure*) medir; **he ~s a good six feet** mide seis pies largos; **the tower ~s 50m high** la torre tiene 50m de alta; **the mountain ~s 3,000m high** la montaña tiene una altura de 3.000m

6 (= *have reached*) **the thermometer ~s at 40°** el termómetro marca 40 grados; **the record ~s at ten minutes** el record está en diez minutos, el tiempo récord sigue siendo de diez minutos; **sales are currently ~ing at two million** las ventas ya han alcanzado los dos millones; **sales ~ at five per cent more than last year** las ventas han aumentado en un cinco por cien en relación con el año pasado

7 (= *be situated*) encontrarse, ubicarse (*LAm*); **it ~s beside the town hall** está junto al ayuntamiento

8 (= *be mounted, based*) apoyarse

9 (= *remain valid*) [*offer, argument, decision*] seguir en pie *or* vigente; **my objection still ~s** mis reservas siguen en pie; **the contract ~s** el contrato sigue en vigor; **the theory ~s or falls on this** de allí depende la teoría entera; **it has stood for 200 years** ha durado 200 años ya, lleva ya 200 años de vida

10 (*fig*) (= *be placed*) estar, encontrarse; **as things ~** ◊ **as it ~s** tal como están las cosas; **I'd like to know where I ~** quisiera saber a qué atenerme; **how do we ~?** ¿cómo estamos?; **where do you ~ with him?** ¿cuáles son tus relaciones con él?; **nothing ~s between us** nada nos separa; **nothing ~s between you and success** no tienes ningún obstáculo en el camino al éxito

11 (= *be in a position*) **to ~ to do sth** arriesgar hacer algo; **he ~s to gain a great deal** tiene la posibilidad de ganar mucho; **what do we ~ to gain by it?** ¿qué posibilidades hay para nosotros de ganar algo?, ¿qué ventaja nos daría esto?; **we ~ to lose a lot** para nosotros supondría una pérdida importante, estamos en peligro de perder bastante

12 (= *be*) **she ~s in need of a friend** lo que necesita es un amigo; **to ~ accused of murder** estar acusado de asesinato; **he ~s alone in this matter** no tiene ningún apoyo en este caso; **to ~ (as) security for sb** (*Fin*) salir fiador de algn; (*fig*) salir por algn; **it ~s to reason that ...** es evidente que ..., no cabe duda de que ...; *see also* **clear B3**, **correct B1**

13 (= *remain undisturbed*) estar; **to allow a liquid to ~** dejar estar un líquido; **let it ~ for three days** déjelo reposar durante tres días; **don't let the tea ~** no dejes que se pase el té; **to let sth ~ in the sun** poner algo al sol, dejar algo al sol; **the car has been ~ing in the sun** el coche ha estado expuesto al sol

14 (*Brit Pol*) presentarse (como candidato); **to ~ against sb in an election** presentarse como oponente a algn en unas elecciones; **to ~ as a candidate** presentarse como candidato; **to ~ for Parliament** presentarse como candidato a diputado; **to ~ for president** presentarse como candidato a la presidencia; **he stood for Castroforte** fue uno de los candidatos en Castroforte; **he stood for Labour** fue candidato laborista

15 (*Fin*) **there is £50 ~ing to your credit** usted tiene 50 libras en el haber

►**stand about**, **stand around** VI + ADV estar, esperar, seguir en un sitio sin propósito fijo; **they just ~ about all day** pasan todo el día por ahí sin hacer nada; **they kept us ~ing about for ages** nos hicieron esperar mucho tiempo

►**stand aside** VI + ADV apartarse, mantenerse al margen; **~ aside, please!** ¡apártense, por favor!; **we cannot ~ aside and do nothing** no podemos quedarnos sin hacer nada; **he stood aside when he could have helped** se mantuvo al margen en vez de ayudar; **to ~ aside from sth** (*fig*) mantenerse al margen de algo

►**stand back** VI + ADV 1 [*person*] retirarse; (*fig*) tomar una posición más objetiva; **~ back, please!** ¡más atrás, por favor!

2 [*building*] (= *be placed further back*) estar apartado (**from** de)

►**stand by** Ⓐ VI + ADV 1 (= *do nothing*) mantenerse aparte

2 (= *be ready*) estar preparado *or* listo; **~ by for further news** seguirán más noticias; **~ by for take-off!** ¡listos para despegar!; **the Navy is ~ing by to help** unidades de la Flota están listas para prestar ayuda

Ⓑ VI + PREP [+ *person*] apoyar *or* respaldar a; [+ *promise*] cumplir con; **we ~ by what we said** nos atenemos a lo dicho; **the Minister stood by his decision** el Ministro mantuvo su decisión

►**stand down** VI + ADV 1 (= *resign*) [*official, chairman*] dimitir; (= *withdraw*) [*candidate*] retirarse; **the candidate is ~ing down in favour of a younger person** el candidato se retira a favor de una persona más joven

2 (*Jur*) [*witness*] retirarse; **you may ~ down** usted puede retirarse

3 (*Mil*) **the troops have stood down** ha terminado el estado de alerta (militar)

►**stand for** VI + PREP 1 (= *represent*) [*abbreviation*] significar; **MP ~s for Member of Parliament** MP significa Miembro del Parlamento; **A ~s for apple** M es de manzana; **here a dash ~s for a word** aquí una raya representa una palabra

2 (= *support*) [+ *principle, honesty*] representar

3 (= *permit*) permitir; (= *tolerate*) admitir; **I won't ~ for that** eso no lo admito; **I'll not ~ for your whims any longer** no aguanto tus caprichos un momento más

4 *see* **stand C14**

►**stand in** VI + ADV sustituir; **to ~ in for sb** sustituir a algn

►**stand off** Ⓐ VT + ADV (*Brit*) [+ *workers*] despedir (*temporalmente, por falta de trabajo*), suspender

Ⓑ VI + ADV apartarse, guardar las distancias; (*Naut*) apartarse

►**stand out** VI + ADV 1 (= *project*) [*ledge, buttress, vein*] sobresalir, salir

2 (= *be conspicuous, clear*) destacar (**against** contra); **to ~ out in relief** resaltar; **✦*IDIOM* it ~s out a mile*** se ve a la legua

3 (= *be outstanding*) destacarse

4 (= *be firm, hold out*) mantenerse firme, aferrarse; **to ~ out against sth** oponerse a algo; **to ~ out for sth** insistir en algo

►**stand over** Ⓐ VI + PREP **he stood over me while I did it** me vigiló mientras lo hacía

Ⓑ VI + ADV [*items for discussion*] quedar en suspenso; **to let an item ~ over** dejar un asunto para la próxima vez

►**stand to** VI + ADV (*Mil*) estar alerta, estar sobre las armas

►**stand up** Ⓐ VI + ADV 1 (= *rise*) levantarse, ponerse de pie; (= *be standing*) estar de pie; **she had nothing but the clothes she was ~ing up in** no tenía más que lo que llevaba puesto; **✦*IDIOM* we must ~ up and be counted** tenemos que declararnos abiertamente

2 [*argument etc*] ser sólido, ser lógico, convencer; **the case did not ~ up in court** la acusación no se mantuvo en el tribunal

3 **to ~ up for sb** (*fig*) respaldar a algn; **to ~ up for sth** defender algo; **to ~ up for o.s.** defenderse solo

4 **to ~ up to sb** hacer frente a algn; **it ~s up to hard wear** es muy resistente; **to ~ up to a test** salir bien de una prueba; **it won't ~ up to close examination** no resistirá un examen minucioso

Ⓑ VT + ADV 1 (= *place upright*) colocar de pie; **✦*IDIOM* a soup so thick that you could ~ a spoon up in it** una sopa tan espesa que una cuchara se quedaría de pie en él

2 (*) [+ *girlfriend, boyfriend*] dejar plantado*, dar plantón a*

**stand-alone** [ˈstændələʊn] ADJ [*computer system etc*] autónomo

**standard** [ˈstændəd] Ⓐ N 1 (= *measure*) estándar *m*; **his ~s are high/low** sus estándars son altos/bajos, los niveles que requiere son altos/bajos; **by any ~ the work was good** el trabajo era bueno desde cualquier punto de vista; **the food was awful even by my (undemanding) ~s** la comida era espantosa incluso para mí (que soy poco exigente); *see also* **double F**

2 (= *norm*) **to be below ~** no tener la suficiente calidad; **~s of conduct** normas *fpl* de conducta; **the gold ~** (*Fin*) el patrón oro; **to set a ~**: **the society sets ~s for judging different breeds of dog** la asociación establece ciertos patrones *or* ciertas normas para juzgar las distintas razas de perros; **society sets impossible ~s for feminine beauty** la sociedad impone unos patrones de belleza femenina imposibles; **to set a good ~** imponer un nivel alto; **her work has set a ~ for excellence which it will be hard to equal** su labor ha establecido unos niveles de excelencia que serán muy difíciles de igualar; **this film sets a new ~** esta película establece nuevos niveles de calidad cinematográfica, esta película supera los niveles cinematográficos anteriores; **her work/performance was not up to ~** su trabajo/actuación no estaba a la altura (requerida); **the product is not up to ~** el producto no tiene la calidad requerida

3 (= *level*) nivel *m*; (= *quality*) calidad *f*; **she has French to first-year university ~** su francés es de un nivel de primer año de carrera; **the ~ of service** el nivel de servicio; **their ~ of hygiene leaves much to be desired** los niveles de higiene que tienen dejan mucho que desear; **the ~ of medical care** la calidad de atención médica; **of (a) high/low ~** de

alto/bajo nivel; **high ~s of conduct are expected of students** a los alumnos se les exige un nivel de comportamiento muy elevado
4 **standards** valores *mpl* morales; **she has no ~s** carece de valores morales *or* principios; **there has been a corruption of moral ~s** han decaído los valores morales
5 (= *flag*) estandarte *m*, bandera *f*
6 (= *pole*) (*for flag*) poste *m*; (*for lamp*) pie *m*
7 (*Bot*) *árbol o arbusto de tronco erecto y desprovisto de ramas*
8 (= *song*) tema *m* clásico, clásico *m*
Ⓑ ADJ 1 (= *normal*) [*design, length*] estándar *adj inv*; [*amount, size*] normal; [*feature*] normal, corriente; [*charge*] fijo; [*procedure*] habitual; **electric windows come as ~ on this car** las ventanillas eléctricas son de serie en este coche; **the ~ treatment is an injection of glucose** el tratamiento habitual es una inyección de glucosa; **to become ~** [*practice, procedure*] imponerse como norma; **it has become ~ practice for many surgeons** se ha convertido en una norma entre muchos cirujanos
2 (= *officially approved*) [*spelling, pronunciation*] estándar *adj inv*; [*grammar*] normativa; [*measure*] legal
3 (= *classic, recommended*) **it's a ~ text** es un texto clásico
Ⓒ CPD ► **standard bearer** N (*lit*) abanderado/a *m/f*; (*fig*) abanderado/a *m/f*, adalid *mf* ► **standard class** N clase *f* turista ► **standard deviation** N (*Statistics*) desviación *f* estándar *or* típica ► **standard English** N inglés *m* estándar *or* normativo ► **standard error** N (*Statistics*) error *m* estándar *or* típico ► **standard gauge** N (*Rail*) vía *f* normal ► **Standard Grade** N (*Scot Scol*) *certificado obtenido tras aprobar los exámenes al final de la educación secundaria obligatoria*; → GCSE ► **standard lamp** N lámpara *f* de pie ► **standard model** N modelo *m* estándar ► **standard of living** N nivel *m* de vida ► **standard price** N precio *m* oficial ► **standard quality** N calidad *f* normal ► **standard rate** N (*Fin*) tipo *m* de interés vigente ► **standard time** N hora *f* oficial ► **standard unit** N (*Elec, Gas*) paso *m* (de contador) ► **standard weight** N peso *m* legal

**standard-issue** [ˌstændədˈɪʃuː] ADJ **a ~ shirt** una camisa de uniforme

**standardization** [ˌstændədaɪˈzeɪʃən] N normalización *f*, estandar(d)ización *f*

**standardize** [ˈstændədaɪz] VT normalizar, estandar(d)izar

**stand-by** [ˈstændbaɪ] Ⓐ N 1 (*in case of need*) (= *person*) suplente *mf*; (= *spare*) repuesto *m*; (= *loan*) crédito *m* contingente, stand-by *m*
2 (= *alert, readiness*) **to be on ~** [*troops*] (= *ready for attack*) estar preparado para el ataque; [*doctor*] estar listo para acudir; [*passenger*] estar en lista de espera; **to be on 24-hour ~** (= *ready to leave*) estar listo para partir dentro de 24 horas
3 (= *stand-by ticket*) billete *m* de lista de espera, billete *m* de stand-by
Ⓑ CPD ► **stand-by aircraft** N avión *m* de reserva ► **stand-by arrangements** NPL (*Fin*) acuerdo *m* de reserva ► **stand-by credit** N crédito *m* disponible, crédito *m* stand-by ► **stand-by facility** N stand-by *m*, lista *f* de reserva ► **stand-by generator** N generador *m* de reserva ► **stand-by passenger** N (*Aer*) pasajero/a *m/f* de la lista de espera ► **stand-by ticket** N billete *m* de lista de espera, billete *m* stand-by

**standee*** [stænˈdiː] N (*US*) espectador(a) *m/f* que asiste de pie

**stand-in** [ˈstændɪn] N sustituto/a *m/f* (**for** por); (*Cine*) doble *mf*

**standing** [ˈstændɪŋ] Ⓐ ADJ 1 (= *not sitting*) de pie, parado (*LAm*); (= *upright*) [*stone, corn*] derecho, recto; [*water*] estancado, encharcado
2 (= *permanent*) [*army, committee, rule etc*] permanente; [*custom*] arraigado; [*grievance, joke*] constante, eterno
Ⓑ N 1 (= *social position*) rango *m*, estatus *m inv*; (= *reputation*) reputación *f*, fama *f*; **what is his ~ locally?** ¿cómo se le considera en círculos locales?; **financial ~** solvencia *f*; **to be in good ~** tener buena reputación; (*Fin*) gozar de buen crédito; **of high ~** de categoría; **the restaurant has a high ~** el restaurante tiene una buena reputación; **he has no ~ in this matter** no tiene voz ni voto en este asunto; **the relative ~ of these problems** la importancia relativa de estos problemas; **social ~** posición *f* social; **a man of some ~** un hombre de cierta categoría
2 (= *duration*) duración *f*; (= *seniority*) antigüedad *f*; **of six months' ~** que lleva seis meses; **a captain of only a month's ~** un capitán que lleva solamente un mes en el puesto *or* en tal graduación; **of long ~** de mucho tiempo (acá), viejo
3 (*US Aut*) **"no standing"** "prohibido estacionar"
Ⓒ CPD ► **standing order** N (*Fin*) giro *m or* pedido *m* regular; (*Comm*) pedido *m* permanente, pedido *m* regular ► **standing orders** NPL [*of meeting*] reglamento *m*, estatuto *m* ► **standing ovation** N ovación *f* en pie; **he got a ~ ovation** todos se pusieron en pie para ovacionarlo ► **standing room** N sitio *m* para estar de pie; **~ room only** ya no quedan asientos ► **standing start** N (*Sport*) salida *f* desde posición de paro

**stand-off** [ˈstændɒf] Ⓐ N (= *deadlock*) punto *m* muerto, callejón *m* sin salida; (*Sport*) (= *stalemate*) empate *m*
Ⓑ CPD ► **stand-off half** N (*Rugby*) medio *m* de apertura

**stand-offish** [ˌstændˈɒfɪʃ] ADJ distante, reservado

**stand-offishly** [ˌstændˈɒfɪʃlɪ] ADV fríamente

**stand-offishness** [ˌstændˈɒfɪʃnɪs] N frialdad *f*, reserva *f*

**stand-pat*** [ˈstændpæt] ADJ (*US*) inmovilista

**standpipe** [ˈstændpaɪp] N 1 (*Tech*) columna *f* de alimentación
2 (*in street*) fuente *f* provisional

**standpoint** [ˈstændpɔɪnt] N punto *m* de vista; **from the ~ of ...** desde el punto de vista de ...

**standstill** [ˈstændstɪl] N parada *f*; **to be at a ~** [*vehicle*] estar parado; [*industry etc*] estar paralizado; **negotiations are at a ~** las negociaciones están paralizadas; **to bring a car to a ~** parar un coche; **to bring an industry to a ~** paralizar una industria; **to bring traffic to a ~** paralizar el tráfico, parar totalmente el tráfico; **to come to a ~** [*person*] pararse, hacer un alto; [*vehicle*] pararse; [*industry etc*] estancarse

**stand-to** [ˌstændˈtuː] N alerta *f*

**stand-up** [ˈstændʌp] Ⓐ ADJ **~ buffet** comida *f* tomada de pie; **~ collar** cuello *m* alto; **~ fight** (*lit*) pelea *f* violenta; (*fig*) altercado *m* violento
Ⓑ N (*also* **~ comedian, ~ comic**) cómico/a *m/f*; (*also* **~ comedy**) comedia *f*

**stank** [stæŋk] PT *of* **stink**

**Stanley knife®** [ˈstænlɪˌnaɪf] N cuchilla *f* para moqueta

**stannic** [ˈstænɪk] ADJ estánnico

**stanza** [ˈstænzə] N estrofa *f*, estancia *f*

**stapes** [ˈsteɪpiːz] N (*pl* **stapes** *or* **stapedes** [stæˈpiːdiːz]) (*Anat*) estribo *m*

**staphylococcus** [ˌstæfɪləˈkɒkəs] N (*pl* **staphylococci** [ˌstæfɪləˈkɒkaɪ]) estafilococo *m*

**staple¹** [ˈsteɪpl] Ⓐ N (= *fastener*) grapa *f*, corchete *m* (*S. Cone*)
Ⓑ VT sujetar con grapa
Ⓒ CPD ► **staple gun** N grapadora *f*

**staple²** [ˈsteɪpl] Ⓐ ADJ [*product*] de primera necesidad; [*topic of conversation*] clásico; **their ~ food** *or* **diet** su comida cotidiana, su alimento de primera necesidad
Ⓑ N (= *chief product*) artículo *m* de primera necesidad; (= *food*) alimento *m* de primera necesidad; (= *raw material*) materia *f* prima; [*of wool*] fibra *f* (textil); [*of conversation*] asunto *m* principal, elemento *m* esencial

**stapler** [ˈsteɪpləʳ], **stapling machine** [ˈsteɪplɪŋməˌʃiːn] N grapadora *f*

**star** [stɑːʳ] Ⓐ N 1 (*Astron*) estrella *f*, astro *m*; **the Stars and Stripes** (*US*) las barras y las estrellas; **the Stars and Bars** (*US Hist*) la bandera de los estados confederados; **+IDIOMS to have ~s in one's eyes** estar ilusionado; **to see ~s** ver (las) estrellas; **it's written in the ~s** está escrito (en las estrellas); **to be born under a lucky ~** nacer con estrella; **to believe in one's lucky ~** creer en su buena estrella; **you can thank your lucky ~s that ...** da gracias que ...
2 (= *film star, sports star, etc*) estrella *f*; **the ~ of the team was Green** la figura más destacada del equipo fue Green
3 (*Typ*) asterisco *m*
4 **stars** (= *horoscope*) horóscopo *m*
Ⓑ VT 1 (= *adorn with stars*) estrellar, adornar con estrellas, sembrar de estrellas; (= *mark with star*) señalar con asterisco
2 (*Cine etc*) presentar como estrella; **a film ~ring Greta Garbo** una película con Greta Garbo en el papel principal
Ⓒ VI (*Cine etc*) tener el papel principal; **the three films in which James Dean ~red** las tres películas que protagonizó James Dean
Ⓓ CPD estrella, estelar ► **star attraction** N atracción *f* principal ► **star grass** N azucena *f* ► **Star of David** N estrella *f* de David ► **star of Bethlehem** N (*Bot*) leche *f* de gallina, matacandiles *m* ► **star player** N estrella *f* ► **star prize** N gran premio *m*, primer premio *m* ► **star role** N papel *m* estelar ► **star screwdriver** N destornillador *m* de estrella ► **star shell** N cohete *m* luminoso, bengala *f* ► **star sign** N signo *m* del Zodíaco ► **star turn** N = **star attraction** ► **"Star Wars"** N (*Cine*) "Guerra *f* de las Galaxias"

**-star** [stɑːʳ] ADJ (*ending in compounds*) **four-star hotel** hotel *m* de cuatro estrellas; **4-star (petrol)** gasolina *f* extra, súper *f*

**starboard** [ˈstɑːbɔːd] Ⓐ N estribor *m*; **the sea to ~** la mar a estribor; **land to ~!** ¡tierra a estribor!
Ⓑ ADJ [*lights*] de estribor; **on the ~ side** a estribor
Ⓒ VT **to ~ the helm** poner el timón a estribor, virar a estribor

**starch** [stɑːtʃ] Ⓐ N (*for clothes etc*) almidón *m*; (*in food*) fécula *f*
Ⓑ VT almidonar

**star-chamber** [ˈstɑːˌtʃeɪmbəʳ] ADJ (*fig*) secreto y arbitrario

**starched** [stɑːtʃt] ADJ almidonado

**starch-reduced** [ˈstɑːtʃrɪˌdjuːst] ADJ [*bread etc*] de régimen, con menos fécula

**starchy** [ˈstɑːtʃɪ] ADJ (*compar* **starchier**; *superl*

starchiest) 1 [*food*] con fécula
2 (*fig*) [*person*] rígido, estirado

**star-crossed** ['stɑː,krɒst] ADJ malhadado, desventurado

**stardom** ['stɑːdəm] N estrellato *m*; **to rise to** *or* **achieve ~** alcanzar el estrellato

**stardust** ['stɑːdʌst] N (*fig*) encanto *m*, embeleso *m*

**stare** [stɛəʳ] Ⓐ N mirada *f* fija; **to give sb a ~** mirar fijamente a algn
Ⓑ VT **to ~ sb out** *or* **down** mirar a algn fijamente hasta que aparte la vista; ♦**IDIOM it's staring you in the face** salta a la vista
Ⓒ VI mirar fijamente; **he wouldn't stop staring** no paraba de mirar fijamente; **don't ~!** ¡no mires tan fijo!; **to ~ at sth/sb** mirar algo/a algn fijamente, mirar algo/a algn de hito en hito; **it's rude to ~ at people** está mal visto fijar la mirada en la gente; **to ~ into the distance** ◊ **~ into space** estar con la mirada perdida *or* mirando a las nubes

**starfish** ['stɑːfɪʃ] N (*pl* **starfish**, **starfishes**) estrella *f* de mar

**stargaze** ['stɑːgeɪz] VI mirar las estrellas; (*fig*) distraerse, mirar las telarañas

**stargazer** ['stɑː,geɪzəʳ] N astrónomo/a *m/f*

**stargazing** ['stɑː,geɪzɪŋ] N 1 (= *astronomy*) astronomía *f*
2 (= *astrology*) astrología *f*
3 (*fig*) distracción *f*

**staring** ['stɛərɪŋ] ADJ que mira fijamente, curioso; [*eyes*] saltón; (*in fear*) lleno de espanto

**stark** [stɑːk] Ⓐ ADJ (*compar* **starker**; *superl* **starkest**) 1 (= *austere*) [*simplicity, colour, beauty, décor, outline*] austero; [*conditions*] severo, duro; [*landscape*] inhóspito; [*description*] escueto, sucinto
2 (= *harsh*) [*reality, poverty*] crudo, sin adornos; [*choice, warning, reminder*] duro; **those are the ~ facts of the matter** ésa es la cruda realidad del asunto
3 (= *absolute*) [*terror, folly*] absoluto; **to be in ~ contrast to sth** contrastar brutalmente con algo
Ⓑ ADV **~ staring** *or* **raving mad*** loco de remate*; **~ naked*** en cueros*, en pelotas‡, encuerado (*LAm**), pilucho (*Chile**), calato (*Peru, Bol**)

**starkers‡** ['stɑːkəz] ADJ **to be ~** (*Brit*) estar en cueros*, estar en pelotas‡, estar encuerado (*LAm**), estar pilucho (*Chile**), estar calato (*Peru, Bol**)

**starkly** ['stɑːklɪ] ADV 1 (= *austerely*) [*furnished*] austeramente; [*describe*] escuetamente, sucintamente; **~ beautiful** de una belleza austera
2 (= *clearly*) [*illustrate*] crudamente; [*outline*] claramente; [*stand out*] con claridad; [*different, apparent, evident*] completamente; **to contrast ~ with sth** contrastar brutalmente con algo; **to be ~ exposed** quedar completamente al descubierto; **he put the choice ~** expuso la alternativa sin ambages, nos ofreció la alternativa y nada más

**starkness** ['stɑːknɪs] N 1 (= *austerity*) [*of landscape, desert*] lo inhóspito; [*of conditions*] severidad *f*; [*of simplicity, contrast, décor, outline*] austeridad *f*; [*of colour, beauty*] sobriedad *f*; [*of description*] lo escueto, lo sucinto
2 (= *harshness*) [*of reality, poverty*] crudeza *f*; [*of choice, warning, reminder*] lo duro

**starless** ['stɑːlɪs] ADJ sin estrellas

**starlet** ['stɑːlɪt] N (*Cine*) joven aspirante *f* a estrella

**starlight** ['stɑːlaɪt] N luz *f* de las estrellas; **by ~** a la luz de las estrellas

**starling** ['stɑːlɪŋ] N estornino *m*

**starlit** ['stɑːlɪt] ADJ iluminado por las estrellas

**starry** ['stɑːrɪ] ADJ (*compar* **starrier**; *superl* **starriest**) sembrado de estrellas

**starry-eyed** ['stɑːrɪ'aɪd] ADJ (= *idealistic*) idealista, ingenuo; (= *in love*) sentimentaloide

**star-spangled** ['stɑː,spæŋgld] ADJ estrellado; **the Star-spangled Banner** (*US*) la Bandera Estrellada

**star-studded** ['stɑː,stʌdɪd] ADJ [*sky*] estrellado; **a ~ cast** (*Cine, Theat*) un elenco *m* estelar

**START** [stɑːt] N ABBR = **Strategic Arms Reduction Talks**

**start** [stɑːt] Ⓐ N 1 (= *beginning*) principio *m*, comienzo *m*; **at the ~** al principio, en un principio; **at the very ~** muy al principio, en los mismos comienzos; **at the ~ of the century** a principios del siglo; **we are at the ~ of something big** estamos en los comienzos de algo grandioso; **for a ~** en primer lugar, para empezar; **from the ~** desde el principio; **from ~ to finish** desde el principio hasta el fin; **to get a good ~ in life** disfrutar de una infancia privilegiada; **to get off to a good/bad/slow ~** empezar bien/mal/lentamente; **to give sb a (good) ~ in life** ayudar a algn a situarse en la vida; **to make a ~** empezar; **to make a ~ on the painting** empezar a pintar; **to make an early ~** (*on journey*) ponerse en camino temprano; (*with job*) empezar temprano; **to make a fresh** *or* **new ~ in life** hacer vida nueva
2 (= *departure*) salida *f* (*also Sport*); (= *starting line*) línea *f* de salida
3 (= *advantage*) ventaja *f*; **to give sb five minutes'** *or* **a five-minute ~** dar a algn cinco minutos de ventaja; **to have a ~ on sb** tener ventaja sobre algn
4 (= *fright etc*) susto *m*, sobresalto *m*; **to give sb a ~** asustar *or* dar un susto a algn; **to give a sudden ~** sobresaltarse; **what a ~ you gave me!** ¡qué susto me diste!; **to wake with a ~** despertarse sobresaltado
Ⓑ VT 1 (= *begin*) empezar, comenzar; [+ *discussion etc*] abrir, iniciar; [+ *bottle*] abrir; [+ *quarrel, argument*] empezar; [+ *journey*] iniciar; **to ~ a new cheque book/page** comenzar *or* empezar un talonario nuevo/una página nueva; **don't ~ that again!** ¡no vuelvas a eso!; **to ~ doing sth** *or* **to do sth** empezar a hacer algo; **~ moving!** ¡menearse!; **~ talking!** ¡desembucha!; **to ~ sth again** *or* **afresh** comenzar *or* empezar algo de nuevo; **to ~ the day right** empezar bien el día; **he always ~s the day with a glass of milk** lo primero que toma cada mañana es un vaso de leche; **he ~ed life as a labourer** empezó de *or* como peón; **to ~ a new life** comenzar una vida nueva; **to ~ negotiations** iniciar *or* entablar las pláticas; **to ~ a novel** empezar a escribir (*or* leer) una novela; **to ~ school** empezar a ir al colegio; **he ~ed work yesterday** entró a trabajar ayer
2 (= *cause to begin or happen*) [+ *fire*] provocar; [+ *war*] [*person, country*] empezar, iniciar; [*incident, act*] desencadenar; [+ *fashion*] empezar, iniciar; [+ *rumour, tradition*] iniciar, dar comienzo a; **it ~ed the collapse of the empire** provocó el derrumbamiento del imperio; **you ~ed it!** ¡tú diste el primer golpe!; **to ~ a family** (empezar a) tener hijos; **to ~ a race** (= *give signal for*) dar la señal de salida para una carrera
3 **to get ~ed** empezar, ponerse en marcha; **let's get ~ed** empecemos; **to get sth ~ed** [+ *engine, car*] poner algo en marcha, arrancar algo; [+ *project*] poner algo en marcha; **to get sb ~ed** (*on activity*) poner a algn en marcha; (*in career*) iniciar a algn en su carrera; **to get ~ed on (doing) sth** empezar a hacer algo; **to get sb ~ed on (doing) sth** poner a algn a hacer algo
4 (= *found*) (*also* **~ up**) [+ *business*] montar, poner; [+ *newspaper*] fundar, establecer
5 (*also* **~ up**) [+ *car, engine*] arrancar, poner en marcha; [+ *clock*] poner en marcha
6 (*with personal object*) **don't ~ him (off) on that!** ¡no le des cuerda!; **to ~ sb (off) reminiscing** hacer que algn empiece a contar sus recuerdos; **that ~ed him (off) sneezing** eso le hizo empezar a estornudar; **to ~ sb (off) on a career** ayudar a algn a emprender una carrera; **they ~ed her (off) in the sales department** la emplearon primero en la sección de ventas
7 (= *disturb*) **to ~ (up) a partridge** levantar una perdiz
Ⓒ VI 1 (= *begin*) empezar, comenzar; [*conversation, discussion*] iniciarse; [*quarrel, argument*] producirse; [*fashion*] empezar, iniciar; [*war*] estallar, empezar; [*rumour, tradition*] originarse; [*fire*] empezar, iniciarse; [*music*] empezar; **classes ~ on Monday** las clases comienzan *or* empiezan el lunes; **that's when the trouble ~ed** entonces fue cuando empezaron los problemas; **it all ~ed when he refused to pay** todo empezó cuando se negó a pagar; **it ~ed (off) rather well/badly** [*film, match*] empezó bastante bien/mal; **to ~ again** *or* **afresh** volver a empezar, comenzar de nuevo; **he ~ed (off** *or* **out) as a postman** empezó como *or* de cartero; **he ~ed (off** *or* **out) as a Marxist** empezó como marxista; **to ~ at the beginning** empezar desde el principio; **he ~ed (off) by saying ...** empezó por decir *or* diciendo …; **the route ~s from here** la ruta sale de aquí; **~ing from Tuesday** a partir del martes; **to ~ (out** *or* **up) in business** montar *or* poner un negocio; **to ~ (off) with ...** (= *firstly*) en primer lugar …, para empezar …; (= *at the beginning*) al principio …, en un principio …; **what shall we ~ (off) with?** ¿con qué empezamos?; **to ~ (off) with a prayer** empezar con una oración; **he ~ed (off** *or* **out) with the intention of writing a thesis** empezó con la intención de escribir una tesis
2 (= *embark*) **to ~ on a task** emprender una tarea; **to ~ on something new** emprender algo nuevo; **to ~ on a book** (= *begin reading*) empezar a leer un libro; (= *begin writing*) empezar a escribir un libro; **to ~ on a course of study** empezar un curso; **they ~ed on another bottle** abrieron *or* empezaron otra botella
3 (*also* **~ off, ~ out**) (*on journey*) [*person*] partir, ponerse en camino; [*bus, train, runner*] salir; **to ~ (off** *or* **out) from London/for Madrid** salir de Londres/partir con rumbo a *or* para Madrid; **he ~ed (off) down the street** empezó a caminar calle abajo
4 (*also* **~ up**) [*car, engine*] arrancar, ponerse en marcha; [*washing machine*] ponerse en marcha
5 (= *jump nervously*) asustarse, sobresaltarse (**at** a); **to ~ from one's chair** levantarse asustado de su silla; **tears ~ed to her eyes** se le llenaron los ojos de lágrimas; ♦**IDIOM his eyes were ~ing out of his head** se le saltaban los ojos de la cara
6 [*timber etc*] combarse, torcerse; [*rivets etc*] soltarse

►**start after** VI + PREP **to ~ after sb** salir en busca de algn

►**start back** VI + ADV 1 (= *return*) emprender el viaje de regreso (**for** a); **it's time we ~ed back** es hora de volvernos

➤ LANGUAGE IN USE: start C1 26.1, 26.3

2 (= *recoil*) retroceder; **to ~ back in horror** retroceder horrorizado
►**start in** VI + ADV empezar, poner manos a la obra, empezar a trabajar (etc); **then she ~ed in** luego ella metió su cuchara*
►**start off** Ⓐ VI + ADV *see* **start C1, C3**
Ⓑ VT + ADV *see* **start B6**
►**start on*** VI + PREP (= *scold*) regañar; *see also* **start C2**
►**start out** VI + ADV *see* **start C1, C3**
►**start over** (*esp US*) Ⓐ VI + ADV volver a empezar
Ⓑ VT + ADV comenzar *or* empezar de nuevo
►**start up** Ⓐ VI + ADV *see* **start C1, C4**
Ⓑ VT + ADV *see* **start B4, B5, B7**

**starter** ['stɑːtəʳ] Ⓐ N 1 (*Sport*) (= *judge*) juez *mf* de salida; (= *competitor*) corredor(a) *m/f*; **to be under ~'s orders** (*Horse racing*) estar listos para la salida
2 (= *button*) botón *m* de arranque; (*Aut*) (= *motor*) motor *m* de arranque
3 (*Brit Culin*) (= *first course*) entrada *f*; **for ~s*** (*fig*) en primer lugar
Ⓑ CPD ► **starter home** N primera vivienda *f* ► **starter motor** N (*Aut*) motor *m* de arranque

▼**starting** ['stɑːtɪŋ] CPD ► **starting block** N (*Athletics*) taco *m* de salida ► **starting gate** N (*US Horse racing*) cajón *m* de salida, parrilla *f* de salida ► **starting grid** N (*Motor racing*) parrilla *f* de arranque ► **starting handle** N (*Brit Aut*) manivela *f* de arranque ► **starting line** N (*Athletics*) línea *f* de salida ► **starting point** N (*fig*) punto *m* de partida ► **starting post** N (*Sport*) poste *m* de salida ► **starting price** N (*St Ex*) cotización *f* ► **starting salary** N sueldo *m* inicial ► **starting stalls** NPL (*Brit Horse racing*) cajones *mpl* de salida

**startle** ['stɑːtl] VT asustar, sobresaltar; **you quite ~d me!** ¡vaya susto que me has dado!; **it ~d him out of his serenity** le hizo perder su serenidad

**startled** ['stɑːtld] ADJ [*animal*] asustado, espantado; [*person*] sorprendido; [*expression, voice*] de sobresalto, sobresaltado

**startling** ['stɑːtlɪŋ] ADJ [*news*] alarmante; [*discovery*] inesperado; [*appearance*] llamativo

**start-up** ['stɑːtʌp] ADJ [*costs, loan*] de puesta en marcha

**starvation** [stɑː'veɪʃən] Ⓐ N hambre *f*, inanición *f*, hambruna *f* (*LAm*); (*fig*) privación *f*; **to die of ~** morir de hambre; **they are threatened with ~** les amenaza el hambre; **fuel ~** (*Tech*) agotamiento *m* del combustible
Ⓑ CPD ► **starvation diet** N régimen *m* de hambre ► **starvation wages** NPL sueldo *m* de hambre

**starve** [stɑːv] Ⓐ VT 1 (= *deprive of food*) privar de comida; **to ~ sb to death** hacer que algn muera de hambre; **to ~ a town into surrender** impedir la entrada de alimentos a una ciudad hasta que se rinda
2 (= *deprive*) **to ~ sb of sth** privar a algn de algo; **to be ~d of affection** estar privado de afecto
Ⓑ VI (= *lack food*) pasar hambre, padecer hambre; (= *die*) morir(se) de hambre; **to ~ to death** morirse de hambre; **I'm starving!*** estoy muerto de hambre
►**starve out** VT + ADV **to ~ a garrison out** hacer que una guarnición se rinda por hambre

**starving** ['stɑːvɪŋ] ADJ hambriento

**stash*** [stæʃ] Ⓐ N escondite *m*, alijo *m*
Ⓑ VT (*also* **~ away**) (= *hide*) esconder; (= *save up, store away*) guardar

**stasis** ['steɪsɪs] N estasis *f*

**state** [steɪt] Ⓐ N 1 (= *condition*) estado *m*; **the current ~ of the housing market** el estado actual del mercado inmobiliario; **if this ~ of affairs continues** si las cosas siguen así; **it is a sorry ~ of affairs when ...** es una situación lamentable cuando ...; **~ of alert** estado *m* de alerta; **~ of grace** estado *m* de gracia; **~ of health** (estado *m* de) salud *f*; **to be in a bad** *or* **poor ~** estar en mal estado; **to be in a good ~** estar en buenas condiciones; **it wasn't in a fit ~ to be used** no estaba en condiciones de ser usado; **he's not in a fit ~ to do it** no está en condiciones para hacerlo; **he arrived home in a shocking ~** llegó a casa hecho una pena; **she was in no ~ to talk** no estaba en condiciones para hablar; **~ of mind** estado *m* de ánimo; **he was in an odd ~ of mind** estaba raro; **the ~ of the nation** el estado de la nación; **~ of play** (*Sport*) situación *f* del juego; **what's the ~ of play?** (*fig*) ¿cuál es la situación?; **~ of repair** estado *m*; **~ of siege** estado *m* de sitio; **~ of war** estado *m* de guerra; **~ of weightlessness** estado *m* de ingravidez
2 (*) (= *poor condition*) **you should have seen the ~ the car was in** tenías que haber visto cómo estaba el coche; **just look at the ~ of this room!** ¡mira cómo está esta habitación!; **the flat was in a right ~ after the party** el piso estaba hecho un asco después de la fiesta*
3 (*) (= *agitated condition*) **to be in a ~** estar nervioso; **his wife is in a terrible ~** su mujer está nerviosísima; **to get into a ~** ponerse nervioso; **now don't get into a ~ about it** no te pongas nervioso
4 (= *region, country*) estado *m*; **the State of Washington** el estado de Washington; **the State of Israel** el estado de Israel; **the States*** (= *USA*) los Estados Unidos; **a ~ within a ~** un estado dentro de un estado
5 (= *government*) **the State** el Estado; **affairs of ~** asuntos *mpl* de estado; **Secretary of State** (*US*) Secretario/a *m/f* de Asuntos Exteriores; **Secretary of State for Education** (*Brit*) Secretario/a *m/f* de Educación
6 (= *rank*) rango *m*; (= *office*) cargo *m*; **the ~ of bishop** la dignidad de obispo
7 (= *pomp*) **to dine in ~** cenar con mucha ceremonia; **to lie in ~** estar de cuerpo presente; **to live in ~** vivir lujosamente; **robes of ~** ropas *fpl* de investidura
Ⓑ VT 1 (*frm*) (= *say, show*) **~ your address and telephone number** (*on form*) escriba su dirección y número de teléfono; (*orally*) diga su dirección y número de teléfono; **as ~d above** como se indica más arriba; **to ~ that ...** [*rules, law*] estipular que ...; **it is nowhere ~d that ...** no se dice en ninguna parte que ...; **the article ~d that she had been interviewed by the police** el artículo afirmaba que la policía la había interrogado; **it must be ~d in the records that ...** tiene que hacerse constar en los archivos que ...
2 (= *declare, affirm*) declarar; **he has ~d his intention to run for President** ha declarado su intención de presentarse como candidato a la presidencia; **he has publicly ~d that ...** ha declarado públicamente que ...
3 (= *expound on, set out*) [+ *views*] dar, expresar; [+ *facts, case, problem*] exponer; **he was asked to ~ his views on the subject** se le pidió que diera *or* expresara su opinión sobre el asunto; **I'm simply stating the facts** simplemente estoy exponiendo los hechos; **to ~ the case for the prosecution** exponer los argumentos de la acusación
Ⓒ CPD (*Pol*) [*policy, documents, security*] del estado; [*capitalism, socialism, visit, funeral, business*] de estado ► **state aid** N ayuda *f* estatal ► **state apartments** NPL *apartamentos destinados a visitas de mandatarios* ► **state bank** (*US*) N banco *m* estatal *or* del estado ► **state banquet** N banquete *m* de gala ► **state benefit** N subsidios *mpl* del estado, subsidios *mpl* estatales; **those receiving** *or* **on ~ benefit** aquéllos que cobran subsidios del estado *or* estatales ► **State Capitol** N (*US*) *edificio donde tiene su sede el poder legislativo de un estado* ► **state control** N control *m* público *or* estatal; **to be/come under ~ control** pasar a manos del estado ► **State Department** N (*US*) Ministerio *m* de Asuntos Exteriores ► **state education** N enseñanza *f* pública ► **State Enrolled Nurse** N (*Brit*) (*formerly*) enfermero/a *m/f* diplomado/a (*con dos años de estudios*) ► **state fair** N (*US*) feria *f* estatal ► **state funding** N financiación *f* pública ► **state highway** N (*US*) carretera *f* nacional ► **state legislature** N (*US*) poder *m* legislativo del estado ► **state line** N (*US*) frontera *f* de estado ► **state militia** N (*US*) [*of specific state*] milicia *f* del estado ► **state occasion** N acontecimiento *m* solemne ► **state ownership** N **they believe in state ownership of the means of production** creen que los medios de producción deberían estar en manos del estado, son partidarios de que los medios de producción estén en manos del estado ► **state pension** N pensión *f* del estado, pensión *f* estatal ► **state police** N [*of country*] policía *f* nacional; (*US*) [*of specific state*] policía *f* del estado ► **state prison** N (*US*) cárcel *f* estatal, prisión *f* estatal ► **State Registered Nurse** N (*Brit*) (*formerly*) enfermero/a *m/f* diplomado/a (*con tres años de estudios*) ► **State Representative** N (*US Pol*) representante *mf* del estado ► **state school** N (*Brit*) colegio *m* público, escuela *f* pública ► **state secret** N (*lit, fig*) secreto *m* de estado ► **state sector** N sector *m* estatal ► **State Senator** N (*US*) senador(a) *m/f* del estado ► **state subsidy** N subvención *f* estatal ► **state tax** N (*US*) [*of specific state*] impuesto *m* del estado ► **state trooper** N (*US*) [*of specific state*] policía *mf* del estado ► **state university** N (*US*) universidad *f* pública

**STATE OF THE UNION ADDRESS**

*Se denomina* **State of the Union Address** *al discurso que el Presidente de Estados Unidos dirige cada mes de enero al Congreso y al pueblo estadounidense, en que muestra su visión de la nación y la economía y explica sus planes para el futuro. Como el discurso recibe una amplia cobertura informativa, el mensaje del Presidente va dirigido no sólo a los parlamentarios sino a todo el país. Esta tradición de dirigirse al Congreso poco después de la vuelta de éste de las vacaciones de Navidad el día 3 de enero se debe a que es un requisito de la Constitución que el Presidente informe al Congreso de vez en cuando sobre* **the State of the Union**.

**STATES' RIGHTS**

*Al hablar de* **State's Rights** *los estadounidenses se refieren a los derechos que tienen los estados en relación al gobierno federal, como por ejemplo la capacidad de recaudar impuestos, aprobar leyes o controlar la educación pública. En la Décima Enmienda de la Constitución estadounidense se dice que los poderes que la Constitución no delega a los Estados Unidos "se reservan a cada estado particular o al pueblo", aunque ha habido mucha*

➤ LANGUAGE IN USE: starting 26.1

*polémica a la hora de interpretar esta enmienda. Este principio se usó para justificar la secesión de los estados sureños antes de la Guerra Civil y se convirtió en una consigna sureña contra la integración racial durante los años 50. Recientemente esta idea se ha ido extendiendo por todo el país debido a la falta de confianza de la gente en el gobierno federal, que está acaparando cada vez más poderes pero cuyos gastos son también mayores.*

**state-controlled** [ˈsteɪtkənˈtrəʊld] ADJ controlado por el Estado, estatal

**statecraft** [ˈsteɪtkrɑːft] N arte *m* de gobernar

**stated** [ˈsteɪtɪd] ADJ 1 (= *indicated*) indicado, señalado; **on the ~ date** en la fecha indicada *or* señalada; **do not exceed the ~ dose** no exceda la dosis indicada *or* señalada; **the sum ~** la cantidad establecida
2 (= *declared*) [*aim, purpose*] expresado; **the organization's ~ aim is to improve communications** la intención expresada por la organización es la de mejorar las comunicaciones
3 (= *fixed*) [*limit*] establecido; **within ~ limits** dentro de límites establecidos; **at the ~ time** a la hora señalada; **within the ~ time** dentro del plazo fijado *or* señalado

**statehood** [ˈsteɪthʊd] N (= *independence*) independencia *f*; (*as federal state*) categoría *f* de estado

**stateless** [ˈsteɪtlɪs] ADJ desnacionalizado, apátrida

**stateliness** [ˈsteɪtlɪnɪs] N majestad *f*, majestuosidad *f*

**stately** [ˈsteɪtlɪ] Ⓐ ADJ (*compar* **statelier**; *superl* **stateliest**) [*person, manner*] imponente; [*pace, music*] majestuoso
Ⓑ CPD ► **stately home** N casa *f* solariega

**statement** [ˈsteɪtmənt] N 1 (= *declaration*) (*also Jur*) declaración *f*; **a written ~ of terms and conditions** una declaración escrita de los términos y las condiciones; **to make a ~** (*Jur*) prestar declaración; **he made a ~ to the press** hizo una declaración a la prensa; **in an official ~, the government said ...** en un comunicado oficial, el gobierno dijo ...; **to issue a press ~** emitir un comunicado de prensa; **a signed and sworn ~** una declaración firmada bajo juramento; *see also* **policy B**
2 (= *exposition*) [*of views, facts, problem, theory*] exposición *f*; **a ~ of fact** una exposición de los hechos; **he gave a detailed ~ of his party's position** hizo una exposición detallada de la postura de su partido
3 (*fig*) (= *critique*) alegato *m*, proclama *f*; **the film is a powerful anti-war ~** la película es un poderoso alegato contra la guerra; **the paintings are intended to make a ~ about contemporary society** lo que se pretende con los cuadros es expresar una opinión acerca de la sociedad contemporánea
4 (*Fin*) (*also* **~ of account**) estado *m* de cuenta; (*also* **bank ~**) extracto *m* de cuenta; *see also* **financial**
5 (*Ling*) afirmación *f*
6 (*Comput*) instrucción *f*, sentencia *f*

**state-of-the-art** [ˌsteɪtəvðɪˈɑːt] ADJ [*equipment*] de lo más moderno *or* reciente; [*technology*] de vanguardia

**state-owned** [ˌsteɪtˈəʊnd] ADJ nacional, estatal

**stateroom** [ˈsteɪtrʊm] N (*Naut*) camarote *m*; (*esp Brit*) (*in palace etc*) salón *m* de gala

**stateside*** [ˈsteɪtsaɪd] ADV (*esp US*) [*be*] en Estados Unidos; [*go*] a Estados Unidos, hacia Estados Unidos

**statesman** [ˈsteɪtsmən] N (*pl* **statesmen**) estadista *m*, hombre *m* de estado

**statesmanlike** [ˈsteɪtsmənlaɪk] ADJ (digno) de estadista

**statesmanship** [ˈsteɪtsmənʃɪp] N habilidad *f* política, capacidad *f* para gobernar; **that showed true ~** eso demostró su verdadera capacidad de estadista; **~ alone will not solve the problem** la habilidad de los estadistas no resolverá el problema por sí sola

**state-subsidized** [ˌsteɪtˈsʌbsɪdaɪzd] ADJ subvencionado por el Estado

**stateswoman** [ˈsteɪtsˌwʊmən] N (*pl* **stateswomen**) mujer *f* de estado

**state-trading countries** [ˈsteɪtˌtreɪdɪŋˈkʌntrɪz] NPL países *mpl* de comercio estatal

**static** [ˈstætɪk] Ⓐ ADJ (*gen*) estático, inmóvil; (*Phys*) estático
Ⓑ N 1 (*Rad etc*) (= *noise*) parásitos *mpl*
2 (*Phys*) (*also* **~s**) estática *f*
Ⓒ CPD ► **static electricity** N estática *f*

**station** [ˈsteɪʃən] Ⓐ N 1 (*Rail*) estación *f* (de ferrocarril); (= *police station*) comisaría *f*; (*US*) (= *gas station*) gasolinera *f*, fuente *f*, grifo *m* (*Peru*); *see also* **bus**, **fire D**
2 (*esp Mil*) (= *post*) puesto *m*; **to take up one's ~** colocarse, ir a su puesto; **from my ~ by the window** desde el sitio donde estaba junto a la ventana; **Roman ~** sitio *m* ocupado por los romanos; **Stations of the Cross** (*Rel*) Vía *f* Crucis
3 (*Rad*) emisora *f*
4 (= *social position*) rango *m*; **to have ideas above one's ~** darse aires de superioridad; **to marry below one's ~** casarse con un hombre/una mujer de posición social inferior; **of humble ~** de baja posición social, de condición humilde; **a man of exalted ~** un hombre de rango elevado
Ⓑ VT 1 (*Mil*) estacionar, apostar; [+ *missile etc*] emplazar
2 (*fig*) colocar, situar; **to ~ o.s.** colocarse, situarse
Ⓒ CPD ► **station house** N (*US Rail*) estación *f* de ferrocarril; (*US Police*) comisaría *f* ► **station master** N (*Rail*) jefe *m* de estación ► **station wag(g)on** N (*esp US Aut*) furgoneta *f*, camioneta *f*

**stationary** [ˈsteɪʃənərɪ] ADJ inmóvil; (= *not movable*) parado, estacionario; **to remain ~** quedarse inmóvil

**stationer** [ˈsteɪʃənəʳ] N papelero/a *m/f*; **~'s (shop)** papelería *f*

**stationery** [ˈsteɪʃənərɪ] Ⓐ N artículos *mpl* de escritorio *or* de papelería
Ⓑ CPD ► **Stationery Office** N (*Brit*) Imprenta *f* Nacional

**statistic** [stəˈtɪstɪk] N estadística *f*, número *m*; *see also* **statistics**

**statistical** [stəˈtɪstɪkəl] ADJ estadístico; **~ package** paquete *m* estadístico

**statistically** [stəˈtɪstɪkəlɪ] ADV según las estadísticas; **to prove sth ~** probar algo por medios estadísticos; **~, that may be true** según las estadísticas *or* estadísticamente, puede ser cierto

**statistician** [ˌstætɪsˈtɪʃən] N estadístico/a *m/f*

**statistics** [stəˈtɪstɪks] Ⓐ NSING (= *subject*) estadística *f*
Ⓑ NPL (= *numbers*) estadísticas *fpl*; *see* **vital C**

**stative** [ˈsteɪtɪv] ADJ (*Gram*) **~ verb** verbo *m* de estado

**stator** [ˈsteɪtəʳ] N estator *m*

**stats*** [stæts] NPL ABBR = **statistics**

**statuary** [ˈstætjʊərɪ] Ⓐ ADJ estatuario
Ⓑ N (= *art*) estatuaria *f*; (= *statues*) estatuas *fpl*

**statue** [ˈstætjuː] N estatua *f*; **the Statue of Liberty** la estatua de la libertad

**statuesque** [ˌstætjʊˈesk] ADJ escultural

**statuette** [ˌstætjʊˈet] N figurilla *f*, estatuilla *f*

**stature** [ˈstætʃəʳ] N 1 (= *size*) estatura *f*, talla *f*; **to be of short ~** ser de baja estatura
2 (*fig*) rango *m*, estatus *m inv*; **to have sufficient ~ for a post** estar a la altura de un cargo; **he lacks moral ~** le falta carácter

**status** [ˈsteɪtəs] Ⓐ N (*pl* **statuses**) 1 [*of person*] (*legal*) estado *m*; [*of agreement*] situación *f*; **marital ~** estado *m* civil; **social ~** posición *f* social, estatus *m inv*; **the ~ of the Black population** la posición social de la población negra
2 (= *rank, prestige*) **what is his ~ in the profession?** ¿qué rango ocupa en la profesión?, ¿cómo se le considera en la profesión?
Ⓑ CPD ► **status inquiry** N comprobación *f* de valoración crediticia ► **status line** N (*Comput*) línea *f* de situación ► **status quo** N (e)statu quo *m* ► **status report** N informe *m* situacional ► **status symbol** N símbolo *m* de rango

**statute** [ˈstætjuːt] Ⓐ N ley *f*, estatuto *m*; **by ~** según la ley, de acuerdo con la ley
Ⓑ CPD ► **statute book** N (*esp Brit*) código *m* de leyes; **in** *or* **on the ~ book** en el código de leyes ► **statute law** N derecho *m* escrito

**statutory** [ˈstætjʊtərɪ] Ⓐ ADJ 1 reglamentario, estatutario; [*holiday, right etc*] legal; **~ meeting** junta *f* ordinaria
2 (*pej*) (= *token*) **I was the ~ woman on the committee** yo tan sólo estaba en el comité porque la ley exigía que hubiese una mujer
3 (= *expected, predictable*) consabido
Ⓑ CPD ► **statutory rape** N (*US Jur*) *relaciones sexuales con un(a) menor*

**staunch**[1] [stɔːntʃ] ADJ (*compar* **stauncher**; *superl* **staunchest**) leal, firme

**staunch**[2] [stɔːntʃ] VT [+ *bleeding*] restañar

**staunchly** [ˈstɔːntʃlɪ] ADV lealmente, firmemente

**staunchness** [ˈstɔːntʃnɪs] N lealtad *f*, firmeza *f*

**stave** [steɪv] N 1 [*of barrel*] duela *f*; [*of ladder*] peldaño *m*
2 (*Mus*) pentagrama *m*
3 (*Literat*) estrofa *f*

►**stave in** VT + ADV (*pt, pp* **stove in**) desfondar

►**stave off** VT + ADV (*pt, pp* **staved off**) [+ *attack, crisis, illness*] evitar; [+ *threat etc*] evitar, conjurar; (*temporarily*) aplazar, posponer

**staves** [steɪvz] NPL *of* **staff**[1]

**stay**[1] [steɪ] Ⓐ VI 1 (*in place*) 1·1 (= *remain*) quedarse, permanecer (*more frm*); **she came for a weekend and ~ed three years** vino a pasar el fin de semana y se quedó tres años; **you ~ right there** no te muevas de ahí, quédate ahí; **to ~ at home** quedarse en casa; **video recorders are here to ~** los vídeos no son una simple moda pasajera; **to ~ in bed** guardar cama; **to ~ put** (*on spot*) no moverse; (*in same house, city, job*) quedarse; **did you ~ till the end of the speeches?** ¿te quedaste hasta el final de los discursos?; **can you ~ to dinner?** ¿puedes quedarte a cenar?
1·2 (*as guest*) (*with friends, relatives*) quedarse, alojarse; (*in hotel*) alojarse, hospedarse; **to ~ with friends** quedarse *or* hospedarse *or* alojarse en casa de unos amigos; **I'm ~ing with my aunt for a few days** estoy pasando unos días en casa de mi tía; **he's ~ing at my house** está *or* se aloja en mi casa; **where are you ~ing?** ¿dónde te alojas *or* hospedas?; **I'm**

**~ing at the Europa Hotel** estoy *or* me alojo *or* me hospedo en el Hotel Europa; **where do you ~ when you go to London?** ¿dónde te sueles alojar *or* hospedar cuando vas a Londres?; **did he ~ the night?** ¿se quedó a pasar la noche?, ¿se quedó a dormir?

1·3 (*Scot*) (= *live*) vivir; **where do you ~?** ¿dónde vives?

2 (*in current state*) seguir, quedarse; **it ~s motionless for hours** se queda *or* se mantiene inmóvil durante horas; **I just hope the public ~ loyal to us** sólo espero que el público siga (siendo) fiel *or* se mantenga fiel a nosotros; **if only we could ~ this young for ever** ojalá pudiéramos quedarnos así de jóvenes para siempre; **she didn't ~ a teacher for long** no siguió mucho tiempo de profesora; **she didn't ~ a spinster for long** no se quedó soltera mucho tiempo; **to ~ ahead of the competition** mantenerse a la cabeza de la competencia; **to ~ awake** quedarse despierto; **the unemployment rate ~ed below four per cent** el índice de paro continuó *or* siguió por debajo de un cuatro por ciento; **I tried to ~ calm** intenté mantener la calma; **he ~ed faithful to his wife** se mantuvo fiel a su mujer; **if it ~s fine** si continúa el buen tiempo, si el tiempo sigue siendo bueno; **I hope we can ~ friends** espero que podamos seguir siendo amigos; **to ~ healthy** mantenerse en buen estado de salud; **things can't be allowed to ~ like this** no podemos permitir que las cosas sigan así; **pubs should be allowed to ~ open until one a.m.** debería permitirse que los bares estuvieran abiertos hasta la una de la mañana; **while prices rise, our pensions ~ the same** aunque los precios suben, nuestras pensiones siguen igual; **to ~ together** seguir juntos; **they are unbeaten and look likely to ~ that way** nadie los ha vencido y parece que nadie va a hacerlo; **~ with it!*** ¡sigue adelante!, ¡no te desanimes!

Ⓑ VT 1 (*Jur*) (= *delay*) [+ *execution, proceedings*] suspender

2 (= *last out*) [+ *distance*] aguantar, resistir; [+ *race*] terminar; **to ~ the course** terminar la carrera; (*fig*) aguantar hasta el final; **to ~ the pace** (*lit, fig*) aguantar el ritmo

3 (= *check*) [+ *epidemic*] tener a raya; [+ *hunger*] matar, engañar; ✦***IDIOM*** **to ~ one's hand** contenerse

Ⓒ N 1 (= *short period*) estancia *f*, estadía *f* (*LAm*); **this will involve a short ~ in hospital** esto supondrá una corta estancia en el hospital; **during our ~ in London** durante nuestra estancia en Londres; **he is in Rome for a short ~** está en Roma para una estancia corta; **our second ~ in Murcia** nuestra segunda visita a Murcia; **come for a longer ~ next year** el año que viene vente más tiempo

2 (*Jur*) suspensión *f*, prórroga *f*; **~ of execution** aplazamiento *m* de la sentencia

►**stay away** VI + ADV 1 (= *keep at a distance*) (*from person, building*) no acercarse (**from** a); **~ away from my daughter!** ¡no te acerques a mi hija!; **~ away from that machine** no te acerques a esa máquina; **~ away from here** no vuelvas por aquí; **tourists were warned to ~ away from the beaches** se aconsejó a los turistas que no fueran a las playas; **~ away from chocolate** el chocolate ni lo pruebes

2 (= *not attend, be absent*) (*from event*) no acudir (**from** a); **they decided to ~ away from the Olympics** decidieron no acudir a las Olimpiadas; **not all employees ~ed away from work during the strike** durante la huelga, no todos los empleados se abstuvieron de ir a trabajar

►**stay behind** VI + ADV (*after work, school*) quedarse; **they made him ~ behind after school** le hicieron quedarse en la escuela después de las clases; **he usually ~s behind until the last lap** (*Sport*) generalmente se queda atrás hasta la última vuelta

►**stay down** VI + ADV 1 (= *not increase*) mantenerse al mismo nivel, no subir; **we have to ensure inflation ~s down** tenemos que asegurarnos de que la inflación se mantiene al mismo nivel *or* no sube

2 (= *not get up*) no levantarse; (= *remain lying*) permanecer tendido; **~ down!** ¡no te levantes!; **when he ~ed down and didn't move we realized there was a problem** cuando vimos que permanecía tendido sin moverse nos dimos cuenta que le pasaba algo

3 (= *remain under water*) permanecer bajo el agua

4 (*Scol*) (*in lower class*) repetir el curso

5 (*Sport*) (*in lower division*) **the team will have to ~ down again next year** el año que viene el equipo tendrá que seguir en la división a la que había descendido

6 [*food*] **nothing he eats will ~ down** no retiene nada de lo que come, vomita todo lo que come; **rice was the only thing that would ~ down** el arroz era lo único que no vomitaba *or* que retenía

►**stay in** VI + ADV 1 (*at home*) quedarse en casa, no salir

2 (*after school*) quedarse (depués de las clases); **I was made to ~ in (after school)** me hicieron quedarme después de las clases

3 (*in place*) **the filling only ~ed in for a week** el empaste duró sólo una semana; **the nail doesn't seem to want to ~ in** parece que el clavo no quiere quedarse en su sitio; **this paragraph must ~ in** hay que dejar este párrafo

►**stay on** VI + ADV 1 [*person*] (*in job, at school*) seguir, quedarse; (*after party*) quedarse; **he ~ed on as manager** siguió *or* se quedó en la empresa de gerente; **fewer teenagers are ~ing on at school** cada vez menos adolescentes siguen *or* se quedan en la escuela

2 [*lid, top*] quedarse en su sitio; **her wig wouldn't ~ on** no había forma de que la peluca se quedara en su sitio

►**stay out** VI + ADV 1 (= *not come home*) **she ~ed out all night** pasó *or* estuvo toda la noche fuera, no volvió a casa en toda la noche; **get out and ~ out!** ¡vete y no vuelvas!

2 (= *remain outside*) quedarse fuera; **let's ~ out in the sun** quedémosnos fuera al sol

3 (*on strike*) seguir en huelga

4 **to ~ out of** [+ *trouble, discussion*] no meterse en; **she warned her son to ~ out of trouble** advirtió a su hijo que no se metiera en líos*; **~ out of this!** ¡no te metas!; **try to ~ out of sight while he's around** procura pasar desapercibido mientras él está por aquí; **~ out of my sight!** ¡no te quiero ni ver!; **to ~ out of the sun** quedarse a la sombra

►**stay over** VI + ADV pasar la noche, quedarse a dormir

►**stay up** VI + ADV 1 (= *not fall*) [*tent*] mantenerse de pie; [*trousers*] no caerse; **my trousers won't ~ up** los pantalones se me caen; **my zip won't ~ up** la cremallera se me cae; **the tent wouldn't ~ up** no había forma de que la tienda se mantuviera de pie

2 (= *not go to bed*) quedarse levantado; **I'd rather not ~ up too late** preferiría no quedarme levantado hasta muy tarde; **we ~ed up late to see a film** nos quedamos levantados hasta tarde para ver una película; **he ~ed up all night working** se quedó toda la noche trabajando; **don't ~ up for me** no te quedes levantado esperándome

3 (*Sport*) (*in higher division*) **the team ~s up** el equipo no desciende, el equipo mantiene la categoría

**stay**[2] [steɪ] Ⓐ N 1 (*Mech*) sostén *m*, soporte *m*, puntal *m*

2 (*Naut*) estay *m*

3 (= *guy rope*) viento *m*

4 **stays** (= *corset*) corsé *m*

5 (*fig*) sostén *m*, apoyo *m*; **the ~ of one's old age** el sostén de su vejez

Ⓑ VT (*frm*) sostener, apoyar, apuntalar; **this will ~ you till lunchtime** con esto te mantendrás hasta la comida, esto engañará el hambre hasta la comida

**stay-at-home** [ˈsteɪəthəʊm] Ⓐ ADJ casero, hogareño

Ⓑ N persona *f* hogareña, persona *f* casera

**stayer** [ˈsteɪəʳ] Ⓐ N (*Horse racing*) *caballo de mucha resistencia, apto para carreras de distancia*; (*fig*) persona *f* de mucho aguante *or* resistencia

Ⓑ CPD ► **staying power** N aguante *m*, resistencia *f*

**staysail** [ˈsteɪseɪl, (Naut) ˈsteɪsl] N vela *f* de estay

**STD** Ⓐ N ABBR 1 (*Brit Telec*) = **Subscriber Trunk Dialling**

2 (*Med*) (= **sexually transmitted disease**) ETS *f*

Ⓑ CPD ► **STD code** N prefijo *m* para conferencias interurbanas (automáticas)

**stead** [sted] N **in sb's ~** en lugar de algn; **to stand sb in good ~** ser muy útil a algn

**steadfast** [ˈstedfəst] ADJ [*person*] firme, resuelto; [*gaze*] fijo; **~ in adversity** firme en el infortunio; **~ in danger** impertérrito; **~ in love** constante en el amor

**steadfastly** [ˈstedfəstlɪ] ADV firmemente, resueltamente

**steadfastness** [ˈstedfəstnɪs] N (= *determination*) firmeza *f*, resolución *f*; (= *loyalty*) constancia *f*; (= *tenacity*) [*of resistance*] tenacidad *f*

**steadily** [ˈstedɪlɪ] ADV 1 (= *continuously*) [*improve, grow, move, advance*] a un ritmo constante, de manera *or* forma continuada, de manera *or* forma constante; [*increase, rise*] a un ritmo constante; [*work*] a un ritmo constante; (*without stopping*) sin parar; [*rain*] ininterrumpidamente; **it gets ~ worse** se pone cada vez peor; **a ~ increasing number of people** un número cada vez mayor de gente

2 (= *regularly*) [*breathe, beat*] regularmente

3 (= *calmly*) [*speak*] con firmeza; [*gaze, look*] fijamente, sin pestañear

4 (= *firmly*) [*walk*] con paso seguro; [*hold, grasp*] firmemente

**steadiness** [ˈstedɪnɪs] N 1 (= *regularity*) [*of demand, supply, rain, temperature*] lo constante; [*of decline, increase, improvement, flow*] lo continuo; [*of pace, breathing*] regularidad *f*; [*of currency, prices, economy*] estabilidad *f*

2 (= *calmness*) [*of voice*] firmeza *f*; [*of gaze*] lo fijo; [*of nerves*] lo templado

3 (= *firmness*) [*of chair, table, ladder*] lo firme; [*of boat*] lo estable; **it requires ~ of hand** se necesita buen pulso

4 (= *reliability*) [*of person*] formalidad *f*, seriedad *f*

**steady** [ˈstedɪ] Ⓐ ADJ (*compar* **steadier**; *superl* **steadiest**) 1 (= *continuous*) [*decline, increase, improvement, flow*] continuo; [*demand, wind, supply*] constante; [*rain*] constante, ininterrumpido; [*breathing, beat*] regular; [*temperature*] constante, uniforme; **we were going at a ~ 70kph** íbamos a una velocidad constante de 70kph; **there was a ~ downpour for**

**three hours** llovió durante tres horas ininterrumpidamente *or* sin parar; **he plays a very ~ game** juega sin altibajos; **to hold** *or* **keep sth ~** [+ *prices, demand*] mantener algo estable; **he doesn't have a ~ income** no tiene ingresos regulares *or* estables; **a ~ job** un empleo fijo; **at a ~ pace** a paso regular *or* constante; **we have been making ~ progress** hemos ido mejorando de forma continuada *or* constante; **we have a ~ stream of visitors** tenemos un flujo constante de visitantes
2 (= *calm*) [*voice*] firme; [*gaze*] fijo; [*nerves*] templado
3 (= *firm*) [*chair, table*] firme, seguro; [*boat*] estable; **a ~ hand** un pulso firme; **hold the camera ~** no muevas la cámara; **the unemployment rate is holding ~ at 7.3%** el índice de paro se mantiene estable a un 7,3%; **to be ~ on one's feet** caminar con paso seguro; **the car is not very ~ on corners** el coche no es muy estable en las curvas
4 (= *reliable*) [*person*] formal, serio
5 (= *regular*) [*boyfriend, girlfriend*] formal; [*relationship*] estable
Ⓑ ADV 1 (*in exclamations*) **~! you're rocking the boat** ¡quieto! estás haciendo que se balancee la barca; **~ as she goes!** (*Naut*) ¡mantenga el rumbo!; **~ on! there's no need to lose your temper** ¡tranquilo! no hay necesidad de perder los estribos
2 (*) **to go ~ with sb** ser novio formal de algn; **they're going ~** son novios formales
Ⓒ N (†*) novio/a *m/f*
Ⓓ VT 1 (= *stabilize*) [+ *wobbling object*] estabilizar; [+ *chair, table*] (*with hands*) sujetar para que no se mueva; (*with wedge*) poner un calzo a (para que no cojee); **two men steadied the ladder** dos hombres sujetaron la escalera para que no se moviese; **to ~ o.s.** equilibrarse; **to ~ o.s. against** *or* **on sth** recobrar el equilibrio apoyándose en algo
2 (= *compose*) [+ *nervous person*] calmar, tranquilizar; [+ *wild person*] apaciguar; [+ *horse*] tranquilizar; **to ~ o.s.** calmarse, tranquilizarse; **she smokes to ~ her nerves** fuma para calmar los nervios; **she breathed in to ~ her voice** aspiró para hacer que su voz sonase tranquila
Ⓔ VI 1 (= *stop moving*) dejar de moverse; **the shadows from the lamp steadied** las sombras que hacía la lámpara dejaron de moverse
2 (= *grow calm*) [*voice*] calmarse; [*prices, market*] estabilizarse, hacerse más estable; **to have a ~ing influence on sb** ejercer una buena influencia sobre algn

**steak** [steɪk] Ⓐ N (= *one piece*) filete *m* *or* bistec *m* de vaca, filete *m* *or* bistec *m* de res (*LAm*), bife *m* (*Andes, S. Cone*); (*for stewing etc*) carne *f* de vaca *or* res; (= *barbecued steak*) churrasco *m* (*And, S. Cone*)
Ⓑ CPD ► **steak and kidney pie** N pastel *m* de carne y riñones ► **steak house** N asador *m* ► **steak knife** N cuchillo *m* para la carne

**steal** [stiːl] (*pt* **stole**; *pp* **stolen**) Ⓐ VT 1 (= *take*) [+ *object*] robar, hurtar (*frm*); [+ *idea*] robar; **to ~ sth from sb** robar algo a algn; **he stole it from school** lo robó del colegio; **she used to ~ money from her parents** solía robar dinero a sus padres; **she stole her best friend's boyfriend (from her)** (le) robó el novio a su mejor amiga; ✦*IDIOMS* **to ~ sb's heart** robar el corazón a algn; **to ~ a march on sb*** adelantarse a algn; **to ~ the show** llevarse todos los aplausos, acaparar la atención de todos; **to ~ sb's thunder** eclipsar a algn
2 (*liter*) (= *sneak*) **to ~ a glance at sb** mirar a algn de soslayo, echar una mirada de soslayo a algn; **to ~ a kiss from sb** robar un beso a algn
Ⓑ VI 1 (= *take things*) robar; **to ~ from sb** robar a algn
2 (= *creep*) 2·1 **to ~ into a room** entrar sigilosamente en una habitación, entrar en una habitación a hurtadillas; **to ~ out of a room** salir sigilosamente de una habitación, salir de una habitación a hurtadillas; **to ~ up/down the stairs** subir/bajar sigilosamente las escaleras, subir/bajar las escaleras a hurtadillas; **to ~ up on sb** acercarse a algn sigilosamente
2·2 (*fig*) **a smile stole across her lips** una sonrisa se escapó de sus labios; **a tear stole down her cheek** una lágrima se deslizó por su mejilla; **the light was ~ing through the shutters** la luz se filtraba por las contraventanas
Ⓒ N (*) (= *bargain*) **it's a ~** es una ganga* *or* un regalo*
►**steal away** VI + ADV escabullirse, irse furtivamente; **the intruders stole away into the night** los intrusos se escabulleron en la noche

**stealing** ['stiːlɪŋ] N robo *m*, hurto *m* (*frm*); **there have been cases of ~** ha habido casos de robo *or* (*frm*) hurto; **~ is wrong** robar *or* (*frm*) hurtar está mal

**stealth** [stelθ] N sigilo *m*; **by ~** a hurtadillas, sigilosamente

**stealthily** ['stelθɪlɪ] ADV a hurtadillas, sigilosamente

**stealthiness** ['stelθɪnɪs] N sigilo *m*

**stealthy** ['stelθɪ] ADJ (*compar* **stealthier**; *superl* **stealthiest**) cauteloso, sigiloso

**steam** [stiːm] Ⓐ N vapor *m*; **to get up** *or* **pick up ~** dar presión; **full ~ ahead!** (*Naut*) ¡a todo vapor!; **the ship went on under its own ~** el buque siguió adelante con sus propios motores; ✦*IDIOMS* **to go full ~ ahead with sth** avanzar a toda marcha con algo; **to let off ~** desahogarse; **under one's own ~** por sus propios medios *or* propias fuerzas; **to run out of ~** quedar sin fuerza
Ⓑ VT 1 (*Culin*) cocer al vapor
2 **to ~ open an envelope** abrir un sobre con vapor; **to ~ a stamp off** despegar un sello con vapor
Ⓒ VI 1 (= *give off steam*) echar vapor; **the bowl was ~ing on the table** la cacerola humeaba encima de la mesa
2 (= *move*) **we were ~ing at 12 knots** íbamos a 12 nudos, navegábamos a 12 nudos; **to ~ ahead** (*lit*) avanzar; (*fig*) adelantarse mucho; **to ~ along** avanzar (echando vapor); **the ship ~ed into harbour** el buque entró al puerto echando vapor; **the train ~ed out** salió el tren
Ⓓ CPD ► **steam bath** N baño *m* de vapor ► **steam engine** N máquina *f* de vapor ► **steam hammer** N martillo *m* pilón ► **steam heat** N calor *m* por vapor ► **steam iron** N plancha *f* de vapor ► **steam organ** N órgano *m* de vapor ► **steam shovel** N (*US*) pala *f* mecánica de vapor, excavadora *f* ► **steam turbine** N turbina *f* de vapor
►**steam up** Ⓐ VI + ADV [*window*] empañarse
Ⓑ VT + ADV [+ *window*] empañar; **the windows quickly get ~ed up** las ventanas se empañan enseguida; ✦*IDIOM* **to get ~ed up about sth*** (= *angry*) ponerse negro por algo; (= *worried*) preocuparse por algo; **don't get ~ed up!*** ¡no te exaltes!, ¡cálmate!

**steamboat** ['stiːmbəʊt] N vapor *m*, buque *m* de vapor

**steam-driven** ['stiːm,drɪvn] ADJ impulsado por vapor, a vapor

**steamer** ['stiːmər] N 1 (*Culin*) olla *f* de estofar
2 (*Naut*) vapor *m*, buque *m* de vapor

**steaming** ['stiːmɪŋ] ADJ 1 [*kettle, plate*] humeante
2 (*) (= *angry*) negro*, furioso
3 (*Scot**) (= *drunk*) mamado*

**steamroller** ['stiːm,rəʊlər] Ⓐ N apisonadora *f*
Ⓑ VT 1 (*lit*) allanar con apisonadora
2 (*fig*) aplastar, arrollar; **to ~ a bill through Parliament** hacer aprobar un proyecto de ley por mayoría aplastante *or* arrolladora

**steamship** ['stiːmʃɪp] Ⓐ N vapor *m*, buque *m* de vapor
Ⓑ CPD ► **steamship company**, **steamship line** N compañía *f* naviera

**steamy** ['stiːmɪ] ADJ (*compar* **steamier**; *superl* **steamiest**) 1 [*room etc*] lleno de vapor; [*atmosphere*] húmedo y caluroso; [*window*] empañado
2 (*) [*film, novel*] erótico; [*relationship*] apasionado

**steed** [stiːd] N (*liter*) corcel *m*

**steel** [stiːl] Ⓐ N 1 (= *metal*) acero *m*; **nerves of ~** nervios *mpl* de acero; ✦*IDIOM* **to fight with cold ~** luchar con armas blancas
2 (= *sharpener*) chaira *f*, eslabón *m*; (*for striking spark*) eslabón *m*
Ⓑ VT **to ~ one's heart** endurecer el corazón; **to ~ o.s.** fortalecerse (**against** contra); **to ~ o.s. for sth** cobrar ánimo para algo; **to ~ o.s. to do sth** cobrar ánimo para hacer algo
Ⓒ CPD de acero ► **steel band** N (*Mus*) *banda de percusión del Caribe* ► **steel guitar** N guitarra *f* de cordaje metálico ► **steel helmet** N casco *m* (de acero) ► **steel industry** N industria *f* siderúrgica ► **steel maker**, **steel manufacturer** N fabricante *mf* de acero ► **steel mill** N fundición *f*, fundidora *f* (*LAm*) ► **steel tape** N cinta *f* métrica de acero ► **steel wool** N estropajo *m* de aluminio

**steel-clad** ['stiːlklæd] ADJ revestido de acero, acorazado

**steel-grey** [,stiːl'greɪ] ADJ gris metálico

**steel-plated** [,stiːl'pleɪtɪd] ADJ chapado en acero

**steelworker** ['stiːl,wɜːkər] N trabajador(a) *m/f* siderúrgico/a

**steelworks** ['stiːlwɜːks] NSING fundición *f*, fundidora *f* (*LAm*)

**steely** ['stiːlɪ] ADJ (*compar* **steelier**; *superl* **steeliest**) acerado; (*fig*) [*determination*] inflexible; [*gaze*] duro, de acero; **~ blue** azul metálico

**steelyard** ['stiːljɑːd] N romana *f*

**steely-eyed** [,stiːlɪ'aɪd] ADJ de mirada penetrante

**steep**[1] [stiːp] ADJ (*compar* **steeper**; *superl* **steepest**) 1 [*hill, cliff*] empinado, escarpado; [*stairs, slope, climb*] empinado; **it's too ~ for the tractor** está demasiado pendiente para el tractor, la pendiente es demasiado empinada para el tractor; **it's a ~ climb to the top** hay una subida empinada hasta la cumbre
2 (= *sharp*) [*drop*] abrupto, brusco; [*increase*] pronunciado
3 (*) [*price, demands*] excesivo
4 (*Brit**) (= *unreasonable*) **that's pretty ~!** ¡eso es demasiado!, ¡no hay derecho!; **it's a bit ~ that you've got to do it yourself** no es justo que lo tengas que hacer tú solo

**steep**[2] [stiːp] Ⓐ VT 1 [+ *washing*] remojar, poner a *or* en remojo (**in** en)
2 **~ed in** (*fig*) impregnado de; **a town ~ed in history** una ciudad cargada *or* impregnada de historia; **she is ~ed in the Celtic tradition** ella está empapada de la tradición celta; **a ceremony which is ~ed in ancient tradition** una ceremonia que hunde sus raíces en la más antigua tradición; **he was ~ed in the**

**religion and laws of Judaism** estaba imbuido de la religión y las leyes judaicas
Ⓑ VI **to leave sth to ~** dejar algo a *or* en remojo

**steeple** ['sti:pl] N aguja *f*, chapitel *m*

**steeplechase** ['sti:pl,tʃeɪs] N carrera *f* de obstáculos

**steeplechasing** ['sti:pl,tʃeɪsɪŋ] N deporte *m* de las carreras de obstáculos

**steeplejack** ['sti:pldʒæk] N *reparador de chimeneas, torres etc*

**steeply** ['sti:plɪ] ADV **the mountain rises ~** la montaña está cortada a pico; **the road climbs ~** la carretera sube muy empinada; **prices have risen ~** los precios han subido muchísimo

**steepness** ['sti:pnɪs] N [*of hill, cliff*] lo empinado, lo escarpado; [*of stairs, climb*] lo empinado; [*of drop*] lo abrupto, brusquedad *f*; [*of increase*] lo pronunciado

**steer**[1] [stɪəʳ] Ⓐ VT [1] [+ *car, van*] conducir, manejar (*LAm*); [+ *trolley*] llevar, conducir; [+ *ship*] gobernar; **he ~ed the wheelbarrow along the garden path** llevó la carretilla por la senda del jardín; **to ~ one's way through a crowd** abrirse paso por entre una multitud; **you nearly ~ed us into that rock** por poco nos llevas contra aquella roca
[2] (= *lead*) [+ *person*] dirigir, llevar; [+ *conversation etc*] llevar; **I ~ed her across to the bar** la dirigí hacia el bar; **he ~ed me into a good job*** me enchufó para un buen trabajo*
Ⓑ VI [*car*] conducir, manejar (*LAm*); [*ship*] gobernar; **who's going to ~?** (*in car*) ¿quién manejará el volante?; (*in boat*) ¿quién manejará el timón?; **you ~ and I'll push** tú ponte al volante y yo empujo; **can you ~?** ¿sabes gobernar el barco *etc*?; **to ~ for sth** dirigirse hacia algo; ✦*IDIOM* **to ~ clear of sb/sth** esquivar a algn/evadir algo
Ⓒ N (*US**) (= *tip, advice*) **to sell sb a bum ~** dar información falsa a algn

**steer**[2] [stɪəʳ] N (= *bull*) novillo *m*

**steerage** ['stɪərɪdʒ] N (*Naut*) entrepuente *m*; **to go ~** viajar en tercera clase

**steering** ['stɪərɪŋ] Ⓐ N (*Aut etc*) dirección *f*, conducción *f*; (*Naut*) gobierno *m*
Ⓑ CPD ► **steering arm** N brazo *m* de dirección ► **steering column** N columna *f* de dirección ► **steering committee** N comité *m* de dirección ► **steering lock** N (*Aut*) (= *anti-theft device*) dispositivo *m* antirrobo; (= *turning circle*) capacidad *f* de giro ► **steering wheel** N volante *m*, manubrio *m* (*LAm*)

**steersman** ['stɪəzmən] N (*pl* **steersmen**) (*Naut*) timonero *m*

**stellar** ['steləʳ] ADJ estelar

**stem**[1] [stem] Ⓐ N [1] [*of plant*] tallo *m*; [*of tree*] tronco *m*; [*of leaf*] pedúnculo *m*; [*of glass*] pie *m*; [*of pipe*] tubo *m*, cañón *m*; (*Mech*) vástago *m*; [*of word*] tema *m*
[2] (*Naut*) roda *f*, tajamar *m*; **from ~ to stern** de proa a popa
Ⓑ VI **to ~ from sth** ser el resultado de algo

**stem**[2] [stem] VT (= *check, stop*) [+ *blood*] restañar; [+ *attack, flood*] detener; **to ~ the tide of events** detener el curso de los acontecimientos

**stench** [stentʃ] N hedor *m*

**stencil** ['stensl] Ⓐ N (*for lettering etc*) plantilla *f*; (*for typing*) cliché *m*, clisé *m*
Ⓑ VT estarcir; (*in typing*) hacer un cliché de

**stenographer** [ste'nɒgrəfəʳ] N (*US*) taquígrafo/a *m/f*, estenógrafo/a *m/f*

**stenography** [ste'nɒgrəfɪ] N (*US*) taquigrafía *f*, estenografía *f*

**stentorian** [sten'tɔ:rɪən] ADJ (*liter*) estentóreo

**STEP** [step] N ABBR = **Science and Technology for Environmental Protection**

**step** [step] Ⓐ N [1] (= *movement*) (*lit, fig*) paso *m*; (= *sound*) paso *m*, pisada *f*; **with slow ~s** con pasos lentos; **he heard ~s outside** oyó pasos *or* pisadas fuera; **to take a ~ back** dar un paso atrás; **it's a big ~ for him** es un gran paso *or* salto para él; **~ by ~** (*lit, fig*) poco a poco; **to be a ~ closer to doing sth** estar más cerca de hacer algo; **at every ~** (*lit, fig*) a cada paso; **we'll keep you informed every ~ of the way** le mantendremos informado en todo momento; **I'll fight this decision every ~ of the way** voy a oponerme a esta decisión hasta el final; **the first ~ is to decide ...** el primer paso es decidir ...; **to follow in sb's ~s** seguir los pasos de algn; **it's a great ~ forward** es un gran paso *or* salto adelante; **to take a ~ forward** dar un paso adelante; **I would go one ~ further and make all guns illegal** yo iría aún más lejos y prohibiría todo tipo de armas de fuego; **what's the next ~?** ¿cuál es el siguiente paso?; **it's a ~ in the right direction** es un paso adelante; **a ~ towards peace** un paso hacia la paz; **to turn one's ~s towards sth** dirigir los pasos hacia algo; **it's a ~ up in his career** es un ascenso en su carrera profesional; **it's a bit of a ~ up from the house where I was born** es mucho mejor que la casa en la que nací; **to watch one's ~** (*lit, fig*) ir con cuidado; ✦*IDIOMS* **to be one ~ ahead of sb** llevar ventaja a *or* sobre algn; **to keep one ~ ahead (of)** mantenerse en una posición de ventaja (con respecto a); **it's a case of one ~ forward, two ~s back** es un caso típico de un paso adelante y dos hacia atrás; *see also* **false A1**, **spring A4**
[2] (*in dancing, marching*) paso *m*; **to break ~** romper el paso; **he quickly fell into ~ beside me** no tardó en ajustar su paso al mío; **to be in ~ with sb** (*lit*) llevar el paso de algn; **the party is in ~ with the country** el partido está en sintonía con el país; **to be in ~ with public opinion** sintonizar con la opinión pública; **the bright colours are perfectly in ~ with the current mood** los colores vivos reflejan perfectamente al clima actual; **to be/keep in ~ (with)** (*in marching*) llevar el paso (de); (*in dance*) llevar el compás *or* ritmo (de); **to be out of ~** (*in marching*) no llevar el paso; (*in dance*) no llevar el compás *or* el ritmo; **to get out of ~** (*in march*) perder el paso; (*in dance*) perder el ritmo *or* compás; ✦*IDIOM* **to be out of ~ with sth/sb** no estar sintonizado con algo/algn; **to fall** *or* **get out of ~ with sth/sb** desconectarse de algo/algn
[3] (= *distance*) paso *m*; **I'm just a ~ away if you need me** si me necesitas, sólo estoy a un paso; **the beach is just a ~ away (from the hotel)** la playa está a un paso (del hotel); **it's a good ~** *or* **quite a ~ to the village*** el pueblo queda bastante lejos
[4] (= *footprint*) huella *f*
[5] (= *measure*) medida *f*; **to take ~s** tomar medidas; **we must take ~s to improve things** tenemos que tomar medidas para mejorar la situación
[6] (= *stair*) peldaño *m*, escalón *m*; (*on bus*) peldaño *m*, estribo *m*; (*also* **doorstep**) escalón *m* de la puerta; **"mind the step"** "cuidado con el escalón"; **I'll meet you on the library ~s** quedamos en los escalones *or* la escalinata de la biblioteca; **a flight of stone ~s** un tramo de escalera *or* de escalones de piedra
[7] **steps** (= *stepladder*) escalera *f* (de mano/de tijera)
[8] (*in scale*) peldaño *m*, grado *m*; **to get onto the next ~ in the salary scale** ascender un peldaño *or* subir de grado en la escala salarial
[9] (*also* **~ aerobics**) step *m*
[10] (*US Mus*) tono *m*
Ⓑ VI [1] (= *walk*) **to ~ on board** subir a bordo; **won't you ~ inside?** ¿no quiere pasar?; **he ~ped into the room** entró en la habitación; **he ~ped into his slippers/trousers** se puso las zapatillas/los pantalones; **to ~ off a bus/plane/train** bajarse de un autobús/avión/tren; **as he ~ped onto the pavement ...** al poner el pie en la acera ...; **as she ~ped out of the car** al bajar del coche; **she looked as if she had ~ped out of a fairytale** parecía recién salida de un cuento de hadas; **she ~ped out of her dress** se quitó el vestido (por abajo); **I had to ~ outside for a breath of fresh air** tuve que salir fuera a tomar el aire; **to ~ over sth** pasar por encima de algo; **~ this way** haga el favor de pasar por aquí; ✦*IDIOM* **to ~ out of line** desobedecer, romper las reglas; *see also* **shoe**
[2] (= *tread*) **to ~ in/on sth** pisar algo; **don't ~ in that puddle** no te metas en ese charco; **~ on it!*** (= *hurry up*) ¡date prisa!, ¡ponte las pilas!*, ¡apúrate! (*LAm*); (*Aut*) ¡acelera!; **to ~ on the accelerator** (*Brit*) ◊ **~ on the gas** (*US*) pisar el acelerador; *see also* **toe**
Ⓒ CPD ► **step aerobics** N step *m*

►**step aside** VI + ADV (*lit*) hacerse a un lado, apartarse; **many would prefer to see him ~ aside in favour of a younger man** muchos preferirían que renunciase *or* dimitiese en favor de alguien más joven

►**step back** VI + ADV [1] (*lit*) dar un paso hacia atrás, retroceder; **it's like ~ping back in time** es como viajar hacia atrás *or* retroceder en el tiempo
[2] (= *detach o.s.*) distanciarse un poco; **I needed to ~ back from the situation** necesitaba distanciarme un poco de la situación

►**step down** VI + ADV [1] (*lit*) bajar (**from** de)
[2] (*fig*) (= *resign*) renunciar, dimitir; **to ~ down in favour of sb** renunciar *or* dimitir en favor de algn

►**step forward** VI + ADV [1] (*lit*) dar un paso hacia adelante
[2] (*fig*) (= *volunteer*) ofrecerse

►**step in** VI + ADV [1] (*lit*) entrar
[2] (*fig*) (= *intervene*) intervenir; (= *volunteer*) ofrecerse; **the government must ~ in and sort out this situation** el gobierno debe intervenir para solucionar esta situación; **Mrs White has kindly ~ped in to help us out** la Sra. White se ha ofrecido amablemente a ayudarnos

►**step out** Ⓐ VI + ADV [1] (= *go outside*) salir
[2] (= *present o.s.*) presentarse, aparecer; **she likes to ~ out in designer clothes** le gusta presentarse *or* aparecer llevando ropa exclusiva
[3] (†) (*romantically*) salir; **Jake is ~ping out with my niece** Jake sale con mi sobrina
[4] (= *walk briskly*) apretar el paso
[5] (*US**) **to ~ out on sb** ser infiel a algn
Ⓑ VT + ADV (= *measure*) [+ *distance*] medir a pasos

►**step up** Ⓐ VI + ADV **to ~ up to sth/sb** acercarse a algo/algn
Ⓑ VT + ADV [1] (= *increase*) [+ *production, sales*] aumentar; [+ *campaign*] intensificar; [+ *attacks, attempts, efforts*] intensificar, redoblar
[2] (*Elec*) [+ *current*] aumentar

**stepbrother** ['step,brʌðəʳ] N hermanastro *m*

**step-by-step** [ˌstepbaɪˈstep] ADJ **~ instructions** instrucciones *fpl* paso a paso

**stepchild** [ˈsteptʃaɪld] N (*pl* **stepchildren**) hijastro/a *m/f*

**stepdaughter** [ˈstepˌdɔːtəʳ] N hijastra *f*

**stepfather** [ˈstepˌfɑːðəʳ] N padrastro *m*

**Stephen** [ˈstiːvn] N Esteban

**stepladder** [ˈstepˌlædəʳ] N escalera *f* de mano, escalera *f* de tijera

**stepmother** [ˈstepˌmʌðəʳ] N madrastra *f*

**step-parent** [ˈstepˌpɛərənt] N (= *father*) padrastro *m*; (= *mother*) madrastra *f*

**steppe** [step] N (*also* **~s**) estepa *f*

**stepping stone** [ˈstepɪŋstəʊn] N **1** (*lit*) pasadera *f*
**2** (*fig*) trampolín *m* (**to** para llegar a)

**stepsister** [ˈstepˌsɪstəʳ] N hermanastra *f*

**stepson** [ˈstepsʌn] N hijastro *m*

**step-up** [ˈstepʌp] N (= *increase*) (*in production, sales*) aumento *m*; (*in campaign, attempts, efforts*) intensificación *f*

**ster.** ABBR = **sterling**

**stereo** [ˈsterɪəʊ] Ⓐ N (= *hi-fi equipment*) equipo *m* estereofónico; (= *sound*) estéreo *m*; **in ~** en estéreo
Ⓑ ADJ estereofónico

**stereo...** [ˈsterɪəʊ] PREFIX estereo...

**stereogram** [ˈsterɪəgræm] N, **stereograph** [ˈsterɪəgræf] N estereografía *f*

**stereophonic** [ˌsterɪəˈfɒnɪk] ADJ estereofónico

**stereophony** [sterɪˈɒfənɪ] N estereofonía *f*

**stereoscope** [ˈsterɪəskəʊp] N estereoscopio *m*

**stereoscopic** [ˌsterɪəsˈkɒpɪk] ADJ estereoscópico; [*film*] tridimensional, en relieve

**stereotype** [ˈsterɪətaɪp] Ⓐ N estereotipo *m*
Ⓑ VT (*Typ*) clisar, estereotipar; (*fig*) estereotipar

**stereotypical** [ˌstɪərɪəˈtɪpɪkl] ADJ estereotípico

**sterile** [ˈsteraɪl] ADJ **1** (= *germ-free*) esterilizado
**2** (= *infertile*) estéril

**sterility** [steˈrɪlɪtɪ] N esterilidad *f*

**sterilization** [ˌsterɪlaɪˈzeɪʃən] N esterilización *f*

**sterilize** [ˈsterɪlaɪz] VT (*gen*) esterilizar

**sterling** [ˈstɜːlɪŋ] Ⓐ ADJ **1** (*Econ*) **pound ~** libra *f* esterlina; **~ traveller's cheques** cheques *mpl* de viaje en libras esterlinas
**2** [*quality etc*] destacado; **a ~ character** una persona de toda confianza; **a person of ~ worth** una persona de grandes méritos
Ⓑ N (= *currency*) (libras *fpl*) esterlinas *fpl*
Ⓒ CPD ► **sterling area** N zona *f* de la libra esterlina ► **sterling balances** NPL balances *mpl* de libras esterlinas ► **sterling silver** N plata *f* de ley

**stern¹** [stɜːn] ADJ (*compar* **sterner**; *superl* **sternest**) [*person, look*] severo; [*reprimand*] duro; **a ~ glance** una mirada severa; **a ~ warning** un serio aviso; **he was very ~ with me** fue muy duro conmigo; **but he was made of ~er stuff** pero él tenía más carácter

**stern²** [stɜːn] N (*Naut*) popa *f*

**sternly** [ˈstɜːnlɪ] ADV [*look*] severamente; [*reprimand*] severamente, con dureza; [*warn*] con seriedad

**sternness** [ˈstɜːnnɪs] N [*of person, look*] severidad *f*; [*of reprimand*] severidad *f*, dureza *f*

**sternum** [ˈstɜːnəm] N (*pl* **sternums** *or* **sterna**) esternón *m*

**steroid** [ˈstɪərɔɪd] N esteroide *m*

**stertorous** [ˈstɜːtərəs] ADJ (*frm*) estertoroso

**stet** [stet] VI (*Typ*) vale, deje como está

**stethoscope** [ˈsteθəskəʊp] N estetoscopio *m*

**Stetson®** [ˈstetsən] N sombrero *m* tejano

**Steve** [stiːv] N (*familiar form*) *of* **Stephen, Steven**

**stevedore** [ˈstiːvɪdɔːʳ] N estibador *m*

**Steven** [ˈstiːvn] N Esteban

**stew** [stjuː] Ⓐ N **1** (*Culin*) estofado *m*, guisado *m* (*esp LAm*)
**2** (*) ✦IDIOM **to be in a ~** sudar la gota gorda*
Ⓑ VT [+ *meat*] estofar, guisar (*esp LAm*); [+ *fruit*] cocer, hacer una compota de; [+ *tea*] dejar que se repose; **~ed apples** compota *f* de manzanas
Ⓒ VI [*tea*] quedarse reposando demasiado; ✦IDIOM **to let sb ~ in his/her own juice** dejar a algn que cueza en su propia salsa
Ⓓ CPD ► **stew meat** N (*US*) carne *f* de vaca ► **stew pan, stew pot** N cazuela *f*, cacerola *f*, puchero *m*

**steward** [ˈstjuːəd] N (*on estate*) administrador(a) *m/f*, mayordomo *m*; (= *butler*) mayordomo *m*; (*Aer*) auxiliar *m* de vuelo, auxiliar *m* de cabina, aeromozo *m* (*LAm*), sobrecargo *m* (*Mex*), cabinero *m* (*Col*); (*Naut*) camarero *m*; (= *bouncer*) portero *m*, encargado/a *m/f* del servicio de orden y entrada; *see also* **shop D**

**stewardess** [ˈstjʊədes] N (*Aer*) azafata *f*, auxiliar *f* de vuelo *or* de cabina, aeromoza *f* (*LAm*), sobrecargo *f* (*Mex*), cabinera *f* (*Col*); (*Naut*) camarera *f*

**stewardship** [ˈstjʊədʃɪp] N administración *f*, gobierno *m*

**stewing steak** [ˈstjuːɪŋˌsteɪk] N (*Brit*) carne *f* de vaca *or* (*LAm*) res para estofar

**St. Ex., St. Exch.** ABBR = **Stock Exchange**

**Stg, stg** ABBR (= **sterling**) ester.

**stick¹** [stɪk] Ⓐ N **1** (= *length of wood*) (trozo *m* de) madera *f*; (*shaped*) palo *m*, vara *f*; (*as weapon*) palo *m*, porra *f*; (= *walking stick*) bastón *m*; (*Aer*) (= *joystick*) palanca *f* de mando; (*Hockey, Ice Hockey etc*) palo *m*; (= *drumstick*) palillo *m*; (*Mus**) (= *baton*) batuta *f*; **~ of furniture** mueble *m*; **to give sb the ~** ◊ **take the ~ to sb** dar palo a algn; ✦IDIOMS **to use** *or* **wield the big ~** amenazar con el garrote; **policy of the big ~** política *f* de la mano dura; **policy of the ~ and carrot** política *f* de incentivos y amenazas; **a ~ to beat sb with** un arma con la que atacar a algn; *see also* **cleft B, end A1**
**2** [*of wax, gum, shaving soap*] barra *f*; [*of celery*] rama *f*; [*of dynamite*] cartucho *m*; [*of bombs*] grupo *m*
**3** (*esp Brit**) (= *criticism*) **the critics gave him a lot of ~** los críticos le dieron una buena paliza*; **to get** *or* **take a lot of ~** recibir una buena paliza*, tener que aguantar mucho
**4** **old ~** (*Brit*†*) tío* *m*; **he's a funny old ~** es un tío raro *or* divertido*
**5** **sticks** **5·1** (*for the fire*) astillas *fpl*, leña *f*
**5·2** (*Horse racing**) (= *hurdles*) obstáculos *mpl*
**5·3** ✦IDIOMS **to live in the ~s*** vivir en el quinto pino *or* infierno; **to up ~s*** recoger los bártulos*
Ⓑ CPD ► **stick insect** N insecto *m* palo ► **stick shift** N (*US Aut*) palanca *f* de marchas

**stick²** [stɪk] (*vb: pt, pp* **stuck**) Ⓐ VT **1** (*with glue etc*) pegar, encolar; **he was ~ing stamps into his album** pegaba sellos en su álbum; **to ~ a poster on the wall** pegar un póster a la pared; **"stick no bills"** "prohibido fijar carteles"; **he tried to ~ the crime on his brother*** trató de colgar el crimen a su hermano*
**2** (= *thrust, poke*) meter; (= *stab*) [+ *sth pointed*] clavar, hincar; **he stuck his hand in his pocket** metió la mano en el bolsillo; **to ~ a knife into a table** clavar un cuchillo en una mesa; **I've stuck the needle into my finger** me he clavado la aguja en el dedo; *see also* **nose A1**
**3** (= *pierce*) picar; **to ~ sb with a bayonet** herir a algn con bayoneta, clavar la bayoneta a algn; ✦IDIOM **to squeal like a stuck pig** chillar como un cerdo
**4** (*) (= *place, put*) poner; (= *insert*) meter; **~ it on the shelf** ponlo en el estante; **~ it in your case** mételo en la maleta; **we'll ~ an advert in the paper** pondremos un anuncio en el periódico; **they stuck him on the committee** lo metieron en el comité; ✦IDIOM **you know where you can ~ that!**‡ ¡que te jodas!**‡; **she told him he could ~ his job**‡ le dijo que se metiera el trabajo donde le cupiera‡
**5** (*esp Brit**) (= *tolerate*) aguantar; **I can't ~ him** no lo aguanto; **I can't ~ it any longer** no aguanto más
**6** **to be stuck** **6·1** (= *jammed*) estar atascado, estar atorado (*esp LAm*); (*in mud etc*) estar atascado; [*sth pointed*] estar clavado; **the mechanism was stuck** el mecanismo estaba atascado *or* bloqueado; **the window is stuck** se ha atrancado la ventana; **the lift is stuck at the ninth floor** el ascensor se ha quedado parado *or* colgado *or* atrancado en el piso nueve; **to be stuck fast** (= *jammed*) estar totalmente atascado *or* atorado; (*in mud etc*) estar totalmente atascado; [*sth pointed*] estar bien clavado
**6·2** (= *trapped*) **to be stuck in the lift** quedarse atrapado en el ascensor; **the car was stuck between two trucks** el coche estaba atrapado entre dos camiones; **the train was stuck at the station** el tren se quedó parado en la estación; **I'm stuck at home all day** estoy metida en casa todo el día; **we're stuck here for the night** tendremos que pasar aquí la noche; **he's stuck in France** sigue en Francia sin poder moverse; **he's stuck in a boring job** tiene un trabajo muy aburrido (y no puede buscarse otro)
**6·3** (*) (= *have a problem*) estar en un apuro *or* aprieto; **I'm stuck** (*in crossword puzzle, guessing game, essay etc*) estoy atascado; **he's never stuck for an answer** no le falta nunca una respuesta; **the problem had them all stuck** el problema los tenía a todos perplejos
**6·4** **to be stuck with sth/sb*** tener que aguantar algo/a algn; **I was stuck with him for two hours*** tuve que soportar su compañía durante dos horas; **and now we're stuck with it*** y ahora no lo podemos quitar de encima, y ahora no hay manera de deshacernos de eso
**6·5** **to be stuck on sb*** estar enamorado de algn
**7** **to get stuck** **7·1** **to get stuck in the snow** quedar sin poderse mover en la nieve; **a bone got stuck in my throat** se me había clavado una espina en la garganta; **to get stuck fast** (= *jammed*) atascarse totalmente, atorarse totalmente (*esp LAm*); (*in mud etc*) atascarse totalmente; [*sth pointed*] clavarse bien
**7·2** **we got stuck with this problem*** nos quedamos con este problema
Ⓑ VI **1** (= *adhere*) [*glue, sticky object etc*] pegarse; **this stamp won't ~** este sello no se pega; **it stuck to the wall** quedó pegado a la pared; **the name seems to have stuck** el apodo se le pegó; **the charge seems to have stuck** la acusación no ha sido olvidada nunca; **to make a charge ~** hacer que una acusación tenga efecto
**2** (= *get jammed*) atascarse, atorarse (*esp LAm*); (*in mud etc*) atascarse; [*sth pointed*] quedar clavado, clavarse; **to ~ fast in the mud**

quedar clavado en el barro; **the door ~s in wet weather** en tiempo de lluvia la puerta se pega; **the bidding stuck at £100** la puja no subió de las 100 libras; **♦IDIOM that really ~s in my throat** eso me indigna; **the word "thanks" seems to ~ in her throat** la palabra "gracias" no le sale de la boca
[3] (= *extend, protrude*) **the nail was ~ing through the plank** el clavo sobresalía del tablón
[4] (= *be embedded*) **he had a knife ~ing into his back** tenía una navaja clavada en la espalda
[5] (*fig*) (*with prep or adv*) **just ~ at it and I'm sure you'll manage it** no te amedrentes y al fin llegarás; **we'll all ~ by you** (= *support you*) te apoyaremos todos; (= *stay with you*) no te abandonaremos; **to ~ close to sb** pegarse a algn, no separarse de algn; **it stuck in my mind** se me quedó grabado; **to ~ to one's principles** seguir fiel a sus principios, aferrarse a sus principios; **to ~ to a promise** cumplir una promesa; **she stuck to her decision** se plantó en su decisión; **decide what you're going to do, then ~ to it** ¡decídete y no te dejes desviar!; **he stuck to his story** se mantuvo firme en su versión de los hechos; **let's ~ to the matter in hand** ciñámonos al asunto, no perdamos de vista el tema principal; **I'd better ~ to fruit juice** creo que seguiré con el zumo de frutas; **if I ~ to a saltless diet, I'm fine** mientras siga una dieta sin sal voy bien; **let's ~ to the main roads** vamos a seguir por carreteras principales; **~ with us and you'll be all right** quédate con nosotros y todo saldrá bien; **I'll ~ with the job for another few months** seguiré con el trabajo unos meses más; **you'll have to ~ with it** tendrás que seguir del mismo modo; **♦IDIOM to ~ to sb like a limpet** *or* **leech** pegarse a algn como una lapa; *see also* **gun A1**
[6] (= *balk*) **she will ~ at nothing to get what she wants** no se para en barras para conseguir lo que quiere; **he wouldn't ~ at murder** hasta cometería un asesinato, no se arredraría ante el homicidio; **that's where I ~** yo de ahí no paso
[7] (*Cards*) **I ~** ◊ **I'm ~ing** me planto

►**stick around*** VI + ADV quedarse

►**stick back** VT + ADV [1] (*) (= *replace*) volver a su lugar
[2] (*with glue etc*) volver a pegar

►**stick down** VT + ADV [1] (*with glue etc*) pegar; **she stuck the envelope down** pegó el sobre
[2] (*) (= *put down*) poner, dejar
[3] (*) (= *write down*) apuntar (rápidamente)

►**stick in** VT + ADV [1] (= *thrust in*) [+ *knife, fork etc*] clavar, hincar; [+ *one's hand*] meter, introducir; (*) (= *add, insert*) introducir, añadir
[2] (*) **get stuck in!** (= *work*) ¡manos a la obra!; (= *eat*) ¡atacar!; **let's get stuck in!** (= *work*) ¡(pongamos) manos a la obra!; (= *eat*) ¡atacar!; **to get stuck into sth** meterse de lleno en algo

►**stick on** Ⓐ VT + ADV [1] [+ *stamp, label*] pegar
[2] (*) [+ *hat*] ponerse, calarse; [+ *coat etc*] ponerse; [+ *tape, CD*] meter, poner
[3] (*) [+ *extra cost*] añadir; **they've stuck ten pence on a litre** han subido el precio del litro diez peniques
Ⓑ VI + ADV [*label, stamp*] adherirse, pegarse

►**stick out** Ⓐ VI + ADV [1] (= *protrude*) [*balcony*] sobresalir; [*nail*] sobresalir; **her feet stuck out over the end of the bed** sus pies asomaban por la punta de la cama; **his teeth ~ out** tiene los dientes salidos; **his ears ~ out** tiene las orejas de soplillo
[2] (= *be noticeable*) destacarse, resaltar; **♦IDIOMS it ~s out a mile** salta a la vista; **to ~ out like a sore thumb** llamar la atención
[3] (= *insist, persevere*) **to ~ out for sth** empeñarse en conseguir algo; **they're ~ing out for more money** porfían en reclamar más dinero, se empeñan en pedir más dinero
Ⓑ VT + ADV [1] (= *extend*) [+ *tongue*] asomar, sacar; [+ *leg*] extender; [+ *chest*] sacar; [+ *head*] asomar
[2] (*) (= *tolerate, endure*) aguantar; **to ~ it out** aguantar

►**stick to** VI + PREP *see* **stick² B1, B5**

►**stick together** Ⓐ VT + ADV (*with glue etc*) pegar, unir con cola *etc*; **to ~ two things together** pegar dos cosas
Ⓑ VI + ADV [1] (= *adhere*) pegarse, quedar pegados
[2] [*people*] mantenerse unidos, no separarse; (*fig*) cerrar las filas

►**stick up** Ⓐ VT + ADV [1] (= *raise*) [+ *notice etc*] fijar, pegar; [+ *hand etc*] levantar; **~ 'em up!*** ¡arriba las manos!
[2] (‡) (= *rob*) [+ *person*] atracar, encañonar‡; [+ *bank*] asaltar
Ⓑ VI + ADV [1] (= *protrude*) sobresalir; [*hair*] ponerse de punta, pararse (*LAm*)
[2] (*) **to ~ up for sb** defender a algn; **to ~ up for o.s.** hacerse valer; **to ~ up for one's rights** hacer valer sus derechos, defender sus derechos

**sticker** [ˈstɪkəʳ] N [1] (= *label*) etiqueta *f*; (*with slogan*) pegatina *f*
[2] (*) (= *person*) persona *f* aplicada, persona *f* perseverante

**stickiness** [ˈstɪkɪnɪs] N [1] (= *gooiness*) [*of substance, object*] lo pegajoso; **to remove ~ from your hands, use a damp cloth** para que los dedos dejen de estar pegajosos, usar un trapo húmedo
[2] (= *adhesiveness*) adherencia *f*; **the tape has lost its ~** la cinta ya no pega
[3] (= *mugginess*) [*of weather, day*] lo bochornoso; [*of climate, heat*] lo húmedo
[4] (= *sweatiness*) [*of person, palms*] lo húmedo
[5] (*) (= *awkwardness*) [*of situation*] lo difícil, lo delicado; [*of problem, moment*] lo difícil

**sticking plaster** [ˈstɪkɪŋˌplɑːstəʳ] N (*Brit*) esparadrapo *m*, tirita *f*, curita *f* (*LAm*)

**sticking point** [ˈstɪkɪŋˌpɔɪnt] N (*fig*) punto *m* de fricción

**stick-in-the-mud*** [ˈstɪkɪnðəmʌd] N (*Brit*) *persona rutinaria y poco aventurera*

**stickleback** [ˈstɪklbæk] N espinoso *m*

**stickler** [ˈstɪkləʳ] N **to be a ~ for** insistir mucho en; **he's a real ~ for correct spelling** insiste mucho en la correcta ortografía

**stick-on** [ˈstɪkɒn] ADJ adhesivo; **~ label** etiqueta *f* adhesiva

**stickpin** [ˈstɪkpɪn] N (*US*) alfiler *m* de corbata

**stick-up‡** [ˈstɪkʌp] N atraco *m*, asalto *m*

**sticky** [ˈstɪkɪ] Ⓐ ADJ (*compar* **stickier**; *superl* **stickiest**) [1] (= *gooey*) [*substance, object*] pegajoso; [*fingers*] pegajoso, pringoso; **to have ~ eyes** tener los ojos legañosos; (*Med*) tener los ojos pegados por la conjuntivitis; **♦IDIOMS to have ~ fingers*** tener la mano larga*; **to be** *or* **bat on a ~ wicket*** estar en un aprieto
[2] (= *adhesive*) [*label*] engomado, adhesivo
[3] (= *muggy*) [*weather, day*] bochornoso; [*climate*] húmedo (y caluroso); [*heat*] húmedo
[4] (= *sweaty*) sudado; **to feel hot and ~** sudar y pasar calor
[5] (*) (= *awkward*) [*situation*] difícil, delicado; [*problem, moment, start*] difícil; **to be ~ about doing sth** ser reticente a hacer algo, poner muchas pegas para hacer algo; **to go through a ~ patch** pasar por una mala racha; **♦IDIOM to come to a ~ end** acabar mal
Ⓑ CPD ► **sticky bun** N *bollo, a menudo de frutas o especias, cubierto con una capa de azúcar*
► **sticky tape** N cinta *f* adhesiva

**stiff** [stɪf] Ⓐ ADJ (*compar* **stiffer**; *superl* **stiffest**)
[1] (= *rigid*) [*card, paper, chair*] rígido, duro; [*collar, fabric*] duro, tieso; [*brush, boots*] duro; [*corpse*] rígido
[2] (= *firm*) [*paste, mixture*] compacto, consistente; **beat the egg whites until ~** bata las claras de huevo a punto de nieve
[3] (*Physiol*) [*joints, limbs, muscles*] entumecido, agarrotado; [*fingers*] rígido, agarrotado; [*movement*] rígido; **inactivity can make your joints ~** sus articulaciones se pueden entumecer *or* agarrotar por la inactividad; **to become** *or* **get ~** [*joints, limbs, muscles*] entumecerse, agarrotarse; **to feel ~** (*because of cold, injury etc*) sentirse agarrotado; (*after exercise*) tener agujetas; **I feel ~ all over** (*after exercise*) tengo agujetas por todo el cuerpo; **to have a ~ neck** tener tortícolis; **to be ~ with cold** estar aterido, estar entumecido de frío; **♦IDIOMS to be (as) ~ as a board** *or* **poker** estar más tieso que un palo*; **to keep a ~ upper lip** mantener el tipo, poner a mal tiempo buena cara
[4] (= *unresponsive*) [*door, drawer, lock*] duro, que no abre bien, atorado (*esp LAm*); **the lock was ~** costaba abrir el cerrojo, el cerrojo no abría bien
[5] (= *cold, formal*) [*smile, bow*] frío; [*person, manner*] estirado, frío; [*atmosphere*] estirado, frío; **he gave a ~ bow** se inclinó con frialdad *or* con formalidad; **~ and formal** [*person, manner, atmosphere*] estirado y formal
[6] (= *tough*) [*climb, test*] difícil, duro; [*penalty, sentence, fine*] severo; [*resistance*] tenaz; [*challenge*] difícil; [*opposition, competition*] duro
[7] (= *high*) [*price*] excesivo, exorbitante; [*price rise*] fuerte
[8] (= *strong*) [*breeze*] fuerte; [*drink*] cargado; **she poured herself a ~ whisky** se sirvió un vaso grande de whisky; **that's a bit ~!*** ¡eso es mucho *or* demasiado!, ¡se han pasado!*
Ⓑ ADV **to be bored ~** aburrirse como una ostra; **to be frozen ~** estar muerto de frío; **to be scared ~** estar muerto de miedo; **to be worried ~** estar muy preocupado, estar preocupadísimo
Ⓒ N (‡) [1] (= *corpse*) cadáver *m*, fiambre* *m* (*hum*)
[2] (*US*) (= *tramp*) vagabundo/a *m/f*; (= *drunk*) borracho/a *m/f*

**stiffen** [ˈstɪfn] Ⓐ VT [1] [+ *card, fabric etc*] reforzar; (*with starch*) almidonar
[2] (*also* **~ up**) [+ *limb, muscle*] contraer, poner tieso; [+ *joint*] agarrotar
[3] (*fig*) [+ *morale, resistance etc*] fortalecer
Ⓑ VI [1] [*card, fabric*] hacerse más rígido, atiesarse
[2] (*also* **~ up**) [*limb, muscle*] contraerse, ponerse tieso; [*joint*] agarrotarse
[3] (*fig*) [*person, manner*] endurecerse; **the breeze ~ed** refrescó el viento; **resistance to the idea seems to have ~ed** la oposición a esta idea parece haberse hecho más tenaz aún

**stiffener** [ˈstɪfənəʳ] N [1] (= *starch etc*) apresto *m*
[2] (= *plastic strip*) lengüeta *f*
[3] (*) (= *drink*) trago* *m*

**stiffly** [ˈstɪflɪ] ADV [1] (= *firmly*) **the napkins were ~ starched** las servilletas estaban almidonadas y tiesas
[2] (= *uncomfortably*) [*walk, move, bend*] con rigidez; **she stood up ~** se levantó tieso

[3] (= *coldly, formally*) [*smile, greet*] con formalidad; [*say*] con frialdad, fríamente; [*nod, bow*] fríamente, con formalidad; **they sat ~ on the edges of their chairs** estaban sentados tiesos en el borde de las sillas

**stiff-necked** ['stɪf'nekt] ADJ (*fig*) porfiado, terco

**stiffness** ['stɪfnɪs] N [1] (= *rigidness*) [*of card, paper, chair, collar, fabric*] rigidez *f*, dureza *f*; [*of boots, brush*] dureza *f*
[2] (= *firmness*) [*of paste, mixture*] lo compacto, consistencia *f*
[3] (*Physiol*) [*of joints, muscles, limbs*] entumecimiento *m*, agarrotamiento *m*; [*of fingers*] agarrotamiento *m*; **~ in** *or* **of the neck** tortícolis *f (sometimes m)*; **the ~ you feel after exercise** las agujetas que sientes después de hacer ejercicio
[4] (= *unresponsiveness*) [*of door, drawer, lock*] dificultad *f* en abrirse
[5] (= *coldness, formality*) [*of smile, bow, atmosphere, person, manner*] frialdad *f*
[6] (= *toughness*) [*of climb, test*] dificultad *f*; [*of penalty, sentence, fine*] severidad *f*; [*of resistance*] tenacidad *f*; [*of opposition, competition*] dureza *f*
[7] (= *strength*) [*of breeze*] fuerza *f*

**stifle** ['staɪfl] Ⓐ VT [1] [+ *person*] ahogar, sofocar
[2] (*fig*) suprimir; **to ~ a yawn** contener un bostezo; **to ~ opposition** reprimir a la oposición
Ⓑ VI ahogarse, sofocarse

**stifling** ['staɪflɪŋ] ADJ (*lit, fig*) agobiante; **it's ~ in here** ¡hace un calor agobiante *or* sofocante aquí dentro!; **the atmosphere in the company is ~** en la compañía hay una atmósfera agobiante

**stigma** ['stɪgmə] N (*pl* **stigmas** *or* **stigmata** [stɪg'mɑːtə]) (*Rel*) estigma *m*; (= *moral stain*) estigma *m*, tacha *f*, baldón *m*

**stigmatic** [stɪg'mætɪk] (*Rel*) Ⓐ ADJ estigmatizado
Ⓑ N estigmatizado/a *m/f*

**stigmatize** ['stɪgmətaɪz] VT estigmatizar; **to ~ sb as** calificar a algn de, tachar a algn de

**stile** [staɪl] N escalones *mpl* para saltar una cerca

**stiletto** [stɪ'letəʊ] Ⓐ N (*pl* **stilettos** *or* **stilettoes**) [1] (= *knife*) estilete *m*; (= *tool*) pinzón *m*
[2] (*Brit*) (= *shoe*) zapato *m* con tacón de aguja
Ⓑ CPD ► **stiletto heel** N (*Brit*) tacón *m* de aguja

**still¹** [stɪl] Ⓐ ADJ (*compar* **stiller**; *superl* **stillest**)
[1] (= *motionless*) [*person, hands*] inmóvil, quieto; [*air*] en calma, manso; [*water*] quieto, manso; **try to hold it ~** intenta que no se te mueva; **to keep ~** quedarse quieto; **keep ~!** ¡no te muevas!, ¡quédate quieto!; **to lie ~**: **she lay ~** estaba tendida sin moverse; **to sit/stand ~** (*lit*) estarse quieto; **sit/stand ~!** ¡estáte quieto!, ¡quieto!; **time stood ~** el tiempo se detuvo; **her heart stood ~** se le paró el corazón; **✦PROV ~ waters run deep** las apariencias engañan, es más inteligente de lo que parece
[2] (= *quiet, calm*) [*place, night*] tranquilo, silencioso; **all was ~** todo estaba en calma; **a ~, small voice** una voz queda
[3] (= *not fizzy*) [*orange drink, mineral water*] sin gas
Ⓑ N [1] (= *quiet*) **in the ~ of the night** en el silencio de la noche
[2] (*Cine*) fotograma *m*
Ⓒ VT [1] (*liter*) (= *silence*) [+ *protest, voice*] acallar; (= *calm*) [+ *waves*] calmar; [+ *storm*] calmar, apaciguar; **he wanted to ~ the gossiping tongues** quería acallar los rumores
[2] (= *allay*) [+ *doubt, fear*] disipar; [+ *anger*] aplacar
Ⓓ VI apagarse; **the roar of the crowd ~ed to an expectant murmur** el rugido de la multitud se apagó hasta convertirse en un murmullo de expectación
Ⓔ CPD ► **still life** N (*Art*) naturaleza *f* muerta, bodegón *m*; *see also* **still-life**

> **STILL**
>
> • Translate **still** relating to time using **todavía** or **aún** (with an accent):
>
> They are still working for the same company
> ***Todavía** or **Aún están trabajando en la misma empresa***
>
> **NOTE:** Both **todavía** and **aún** normally come before the verb group in this meaning.
>
> • Alternatively, use **seguir** + **GERUND** (with or without **todavía/aún**):
>
> ***Siguen** or **Todavía siguen** or **Aún siguen trabajando en la misma empresa***
>
> • **Still** with **more**, **less** and other comparatives is normally translated by **todavía** or **aún** (with an accent):
>
> More important still are the peace talks
> ***Todavía** or **Aún más importantes son las negociaciones de paz***
> He lowered his voice still further
> ***Bajó la voz todavía** or **aún más***
> Within a couple of weeks matters got still worse
> ***Al cabo de dos semanas los problemas empeoraron todavía** or **aún más***
>
> **!** Whenever it is synonymous with **todavía**, **aún** carries an accent.
>
> *For further uses and examples, see main entry.*

**still²** [stɪl] ADV [1] (= *up to this/that time*) todavía, aún; **she ~ lives in London** todavía *or* aún vive en Londres, sigue viviendo en Londres; **I ~ don't understand** sigo sin entender, todavía *or* aún no lo entiendo; **you could ~ change your mind** todavía *or* aún puedes cambiar de idea; **I was very angry, I ~ am** estaba muy enfadado, todavía *or* aún lo estoy; **I've ~ got three left** todavía *or* aún me quedan tres; **there are ~ two more** quedan dos más, todavía *or* aún quedan dos
[2] (= *nevertheless, all the same*) aun así, de todas formas; **I didn't win, still, it's been a good experience** no he ganado, pero aun así *or* de todas formas *or* con todo, ha sido una buena experiencia; **I'm ~ going, even if it rains** iré de todas formas, incluso si llueve; **his mother was Canadian, Irish-Canadian, but ~ Canadian** su madre era canadiense, irlandesa y canadiense, pero con todo *or* aun así canadiense; **~, it was worth it** pero en fin, valió la pena; **whatever they have done, they are ~ your parents** a pesar de todo lo que han hecho, siguen siendo tus padres
[3] (= *besides, in addition*) todavía, aún; **the next day there were ~ more problems** al día siguiente había todavía *or* aún más problemas; **the hall was full and there were ~ more people waiting outside** el vestíbulo estaba lleno y había todavía *or* aún más gente esperando fuera; **~ another possibility would be to ...** e incluso otra posibilidad sería ...
[4] (*with compar*) (= *even*) todavía, aún; **more serious ~** ◊ **~ more serious** aún *or* todavía más grave, más grave aún *or* todavía; **you need a rest, better ~, have a holiday** necesitas un descanso, mejor todavía *or* aún, tómate unas vacaciones; **worse ~, the disease seems to be spreading** (lo que es) peor todavía *or* aún, la enfermedad parece propagarse

**still³** [stɪl] N (*for alcohol*) alambique *m*

**stillbirth** ['stɪl,bɜːθ] N mortinato *m*

**stillborn** ['stɪl,bɔːn] ADJ [1] (*Med*) nacido muerto; **the child was ~** el niño nació muerto
[2] (*fig*) fracasado, malogrado

**still-life** [,stɪl'laɪf] CPD ► **still-life painter** N pintor(a) *m/f* de bodegones ► **still-life painting** N bodegón *m*

**stillness** ['stɪlnɪs] N [1] (= *motionlessness*) [*of person, hands, air, water*] quietud *f*
[2] (= *quiet, calm*) tranquilidad *f*, calma *f*

**stilt** [stɪlt] N zanco *m*; (*Archit*) pilar *m*, soporte *m*

**stilted** ['stɪltɪd] ADJ [*person*] afectado; [*conversation, style, manner*] forzado, poco natural; **her English is rather ~** (*non-native speaker*) su inglés no suena muy natural; (*native speaker*) tiene un inglés bastante rebuscado *or* afectado

**stimulant** ['stɪmjʊlənt] Ⓐ ADJ estimulante
Ⓑ N (= *drug, coffee, cigarettes*) estimulante *m*, excitante *m*; (*fig*) acicate *m* (**to** para)

**stimulate** ['stɪmjʊleɪt] VT estimular; [+ *growth etc*] favorecer; [+ *demand*] estimular; **to ~ sb to do sth** alentar a algn a que haga algo

**stimulating** ['stɪmjʊleɪtɪŋ] ADJ (*Med etc*) estimulador, estimulante; [*experience, book etc*] estimulante, inspirador

**stimulation** [,stɪmjʊ'leɪʃən] N (= *stimulus*) estímulo *m*; (= *act*) estimulación *f*; (= *state*) excitación *f*

**stimulus** ['stɪmjʊləs] N (*pl* **stimuli** ['stɪmjʊlaɪ]) estímulo *m*, incentivo *m*

**sting** [stɪŋ] (*vb: pt, pp* **stung**) Ⓐ N [1] (*Zool, Bot*) (= *organ*) aguijón *m*; **✦IDIOM but there's a ~ in the tail** pero viene algo no tan agradable al final
[2] (= *act, wound*) [*of insect, nettle*] picadura *f*; (= *sharp pain*) punzada *f*; **a ~ of remorse** el gusanillo de la conciencia; **the ~ of the rain in one's face** el azote de la lluvia en la cara; **I felt the ~ of his irony** su ironía me hirió en lo vivo; **✦IDIOM to take the ~ out of sth** restar fuerza a algo
[3] (*esp US**) (= *confidence trick*) timo *m*
Ⓑ VT [1] [*insect, nettle*] picar; (= *make smart*) escocer, picar, arder (*esp LAm*); [*hail*] azotar
[2] (*fig*) [*conscience*] remorder; [*remark, criticism*] herir; **my conscience stung me** me remordió la conciencia; **the reply stung him to the quick** la respuesta lo hirió en lo vivo; **he was clearly stung by this remark** era evidente que este comentario hizo mella en él
[3] (= *provoke*) **he was stung into action** lo provocaron a actuar
[4] (*) **they stung me for four pounds** me clavaron cuatro libras*; **how much did they ~ you for?** ¿cuánto te clavaron?*
Ⓒ VI [1] [*insect etc*] picar; **moths don't ~** las mariposas no pican
[2] **my eyes ~** me pican los ojos; **that blow really stung** ese golpe me dolió de verdad

**stingily** ['stɪndʒɪlɪ] ADV con tacañería

**stinginess** ['stɪndʒɪnɪs] N tacañería *f*

**stinging** ['stɪŋɪŋ] Ⓐ ADJ [1] [*insect etc*] que pica, que tiene aguijón; [*pain*] punzante
[2] [*remark etc*] mordaz
Ⓑ N (= *sensation*) escozor *m*
Ⓒ CPD ► **stinging nettle** N ortiga *f*

**stingray** ['stɪŋreɪ] N pastinaca *f*

**stingy** ['stɪndʒɪ] ADJ (*compar* **stingier**; *superl* **stingiest**) [*person*] tacaño; [*meal*] parco, escaso; **to be ~ with sth** ser tacaño con algo

**stink** [stɪŋk] (*vb: pt* **stank**; *pp* **stunk**) Ⓐ N [1] (= *smell*) peste *f*, hedor *m*; **a ~ of ...** un hedor a

…; **the ~ of corruption** el olor a corrupción
2 (*) (*fig*) (= *row, trouble*) lío* *m*, follón *m* (*Sp**); **there was a tremendous ~ about it** se armó un tremendo lío*; **to kick up** *or* **raise** *or* **make a ~** armar un escándalo
Ⓑ VI 1 **to ~ (of)** apestar (a), heder (a); **it ~s in here** aquí apesta
2 (‡) (= *be very bad*) **the idea ~s** es una pésima idea; **I think the plan ~s** creo que es un proyecto abominable; **as a headmaster he ~s** como director es fatal*
Ⓒ VT **to ~ the place out*** infestar el lugar de olor
Ⓓ CPD ► **stink bomb** N bomba *f* fétida

**stinker‡** ['stɪŋkər] N (= *person*) mal bicho* *m*, canalla* *mf*; **you ~!** ¡bestia!*; **this problem is a ~** es un problema peliagudo

**stinking** ['stɪŋkɪŋ] Ⓐ ADJ 1 (*lit*) hediondo, fétido
2 (*) horrible, bestial, asqueroso
Ⓑ ADV **they are ~ rich*** son unos ricachos*

**stint** [stɪnt] Ⓐ N 1 (= *amount of work*) **to do a** *or* **one's ~ (at)** hacer su parte (de); **I've done my ~** he hecho lo que me corresponde
2 (= *period*) periodo *m*, período *m*; **she did a two-year ~ on the committee** fue miembro del comité durante un periodo *or* período de dos años; **after a brief ~ in a law firm he went to Hong Kong** tras una breve temporada trabajando en un bufete de abogados, se fue a Hong-Kong
3 **without ~** libremente, generosamente
Ⓑ VT limitar, restringir; **he did not ~ his praises** no escatimó elogios; **to ~ sb of sth** privar a algn de algo, dar a algn menor cantidad de algo de la que pide *or* necesita; **to ~ o.s.** estrecharse, privarse de cosas; **don't ~ yourself!** ¡no te prives de nada!; **to ~ o.s. of sth** privarse de algo, negarse algo, no permitirse algo
Ⓒ VI **he did not ~ on praise** no escatimó elogios

**stipend** ['staɪpend] N salario *m*, estipendio *m*

**stipendiary** [staɪ'pendɪərɪ] Ⓐ ADJ estipendiario
Ⓑ N estipendiario *m*

**stipple** ['stɪpl] VT puntear

**stipulate** ['stɪpjʊleɪt] Ⓐ VT estipular, poner como condición, especificar
Ⓑ VI **to ~ for sth** estipular algo, poner algo como condición

**stipulation** [ˌstɪpjʊ'leɪʃən] N estipulación *f*, condición *f*

**stir¹** [stɜːr] Ⓐ N 1 **to give sth a ~** remover algo
2 (= *disturbance, ado*) conmoción *f*; **to cause a ~** causar conmoción; **there was a great ~ in parliament** hubo una gran conmoción en el parlamento; **it didn't make much of a ~** apenas despertó interés alguno
Ⓑ VT 1 [+ *liquid etc*] remover, revolver; [+ *fire*] atizar, hurgar; **to ~ sugar into coffee** añadir azúcar al café removiéndolo; **"stir before using"** "agítese antes de usar"
2 (= *move*) mover; **a breeze ~red the leaves** una brisa agitó las hojas; **nothing could ~ him from his chair** no había nada que lo levantara de la silla; **come on, ~ yourself** *or* **your stumps*** ¡venga, muévete!, ¡anda, muévete!
3 (*fig*) [+ *interest*] despertar; [+ *emotions*] provocar, excitar; [+ *imagination*] estimular, avivar; **to ~ sb to pity** causar compasión a algn; **to feel deeply ~red** conmoverse profundamente, estar muy emocionado; **we were all ~red by the speech** el discurso nos conmovió a todos; **to ~ sb to do sth** incitar a algn a hacer algo
Ⓒ VI 1 (= *move*) moverse; **she hasn't ~red all day** no se ha movido en todo el día; **don't you ~ from here** no te muevas de aquí; **he never ~red from the spot** no se apartó del lugar ni un momento; **nobody is ~ring yet** están todavía en la cama
2 (*) (= *make trouble*) acizañar, meter cizaña

► **stir up** VT + ADV 1 [+ *liquid etc*] remover, agitar, revolver; [+ *dust*] levantar
2 (*fig*) [+ *memories*] traer a la memoria; [+ *passions*] provocar, despertar; [+ *revolt*] fomentar; [+ *trouble*] provocar; **to ~ up the past** remover el pasado; **he's always trying to ~ things up** siempre anda provocando

**stir²‡** [stɜːr] N (*esp US*) (= *prison*) chirona‡ *f*

**stir-fry** ['stɜːfraɪ] Ⓐ VT sofreír
Ⓑ N sofrito *m* (chino)

**stirring** ['stɜːrɪŋ] Ⓐ ADJ [*speech, music*] emocionante, conmovedor
Ⓑ N **I sense no ~ of interest** no creo que esté despertando ningún interés; **there were ~s of protest** la gente empezó a protestar

**stirrup** ['stɪrəp] Ⓐ N (*on saddle*) estribo *m*
Ⓑ CPD ► **stirrup cup** N copa *f* del estribo ► **stirrup pump** N bomba *f* de mano

**stitch** [stɪtʃ] Ⓐ N 1 (*Sew*) puntada *f*, punto *m*; ✦*IDIOM* **she hadn't a ~ on** andaba en cueros *or* (*LAm*) encuerada*; ✦*PROV* **a ~ in time saves nine** más vale prevenir que lamentar, una puntada a tiempo ahorra ciento
2 (*Med*) punto *m* de sutura; **to put ~es in a wound** suturar una herida
3 (= *pain*) punto *m*, punzada *f*; **to have a ~** tener flato; ✦*IDIOMS* **we were in ~es*** nos moríamos *or* (*LAm*) partíamos de (la) risa; **she had us all in ~es*** nos hizo partirnos de risa
Ⓑ VT 1 (*Sew*) coser; **to ~ (up) a hem** coser un dobladillo
2 (*Med*) suturar; **to ~ (up) a wound** suturar una herida
Ⓒ VI (*Sew*) coser

► **stitch up** VT + ADV 1 (*lit*) *see* **stitch B**
2 (*) (= *arrange, finalize*) [+ *agreement, deal*] concertar
3 (‡) (= *frame*) vender*, incriminar dolosamente

**stitching** ['stɪtʃɪŋ] N (*Sew*) puntadas *fpl*; (*Med*) puntos *mpl*

**stoat** [stəʊt] N armiño *m*

**stock** [stɒk] Ⓐ N 1 (*Comm*) existencias *fpl*; **"offer valid while stocks last"** "oferta válida hasta que se agoten las existencias"; **he sold his father's entire ~ of cloth** vendió todas las existencias de telas que tenía su padre; **to have sth in ~** tener algo en existencia; **check that your size is in ~** compruebe que tengan su talla; **to be out of ~** estar agotado; **camping-gas stoves are out of ~** se han agotado las cocinillas de gas; **to take ~** (= *make inventory*) hacer el inventario; (*fig*) evaluar la situación; **to take ~ of** [+ *situation, prospects*] evaluar; [+ *person*] formarse una opinión sobre
2 (= *supply*) reserva *f*; **~s of ammunition** reservas de municiones; **fish/coal ~s are low** las reservas de peces/carbón escasean; **~s of food were running low** se estaban agotando las provisiones de alimentos; **to get in** *or* **lay in a ~ of sth** abastecerse de algo; **I always keep a ~ of tinned food** siempre estoy bien abastecido de latas de comida; *see also* **housing**
3 (= *selection*) surtido *m*; **luckily he had a good ~ of books** por suerte tenía un buen surtido de libros; **we have a large ~ of sportswear** tenemos un amplio surtido de ropa deportiva
4 (*Theat*) **~ of plays** repertorio *m* de obras
5 (*Fin*) (= *capital*) capital *m* social, capital *m* en acciones; (= *shares*) acciones *fpl*; (= *government securities*) bonos *mpl* del estado; **~s and shares** acciones *fpl*
6 (= *status*) prestigio *m*; **his ~ has gone up** *or* **risen (with the public)** ha ganado prestigio (entre el público); *see also* **laughing**
7 (*Agr*) (= *livestock*) ganado *m*; **breeding ~** ganado de cría
8 (= *descent*) **people of Mediterranean ~** gentes *fpl* de ascendencia mediterránea; **to be of peasant ~** ser de ascendencia campesina; **to be** *or* **come of good ~** ser de buena cepa
9 (*Culin*) caldo *m*; **beef/chicken ~** caldo de vaca/pollo
10 (*Rail*) (*also* **rolling ~**) material *m* rodante
11 (= *handle*) (*gen*) mango *m*; [*of gun, rifle*] culata *f*
12 (*Bot*) 12·1 (= *flower*) alhelí *m*
12·2 (= *stem, trunk*) [*of tree*] tronco *m*; [*of vine*] cepa *f*; (= *source of cuttings*) planta *f* madre; (= *plant grafted onto*) patrón *m*
13 **stocks** 13·1 **the ~s** (*Hist*) el cepo
13·2 (*Naut*) astillero *m*, grada *f* de construcción; **to be on the ~s** [*ship*] estar en vías de construcción; (*fig*) [*piece of work*] estar en preparación; **he has three plays on the ~s** tiene tres obras entre manos
14 (= *tie*) fular *m*
Ⓑ VT 1 (= *sell*) [+ *goods*] vender; **do you ~ lightbulbs?** ¿vende usted bombillas?; **we don't ~ that brand** no vendemos esa marca; **we ~ a wide range of bicycles** tenemos un gran surtido de bicicletas
2 (= *fill*) [+ *shop*] surtir, abastecer (**with** de); [+ *shelves*] reponer; [+ *library*] surtir, abastecer (**with** de); [+ *farm*] abastecer (**with** con); [+ *freezer, cupboard*] llenar (**with** de); [+ *lake, river*] poblar (**with** de); **a well ~ed shop/library** una tienda/biblioteca bien surtida; **the lake is ~ed with trout** han poblado el lago de truchas
Ⓒ ADJ 1 (*Comm*) [*goods, model*] de serie, estándar; **~ line** línea *f* estándar; **~ size** tamaño *m* estándar
2 (= *standard, hackneyed*) [*argument, joke, response*] típico; **"mind your own business" is her ~ response to such questions** —no es asunto tuyo, es la respuesta típica que da a esas preguntas; **a ~ phrase** una frase hecha
3 (*Theat*) [*play*] de repertorio
4 (*Agr*) (*for breeding*) de cría; **~ mare** yegua *f* de cría
Ⓓ CPD ► **stock book** N libro *m* de almacén, libro *m* existencias ► **stock car** N (*US Rail*) vagón *m* para el ganado; (*Aut, Sport*) stock-car *m*; *see also* **stock-car racing** ► **stock certificate** N certificado *m* *or* título *m* de acciones ► **stock company** N sociedad *f* anónima, sociedad *f* de acciones ► **stock control** N control *m* de existencias ► **stock cube** N (*Culin*) pastilla *f* *or* cubito *m* de caldo ► **stock dividend** N dividendo *m* en acciones ► **Stock Exchange** N (*Fin*) Bolsa *f*; **to be on the Stock Exchange** [*listed company*] ser cotizado en bolsa; **prices on the Stock Exchange** ◊ **Stock Exchange prices** cotizaciones *fpl* en bolsa ► **stock farm** N granja *f* para la cría de ganado ► **stock farmer** N ganadero/a *m/f* ► **stock index** N índice *m* bursátil ► **stock list** N (*Fin*) lista *f* de valores y acciones; (*Comm*) lista *f* *or* inventario *m* de existencias ► **stock management** N gestión *f* de existencias ► **stock market** N (*Fin*) bolsa *f*, mercado *m* bursátil; **~ market activity** actividad *f* bursátil ► **stock option plan** N *plan que permite que los ejecutivos de una empresa compren acciones de la misma a un precio especial*

➤ LANGUAGE IN USE: **stipulate A** 10.1

► **stock raising** N ganadería *f*; *see also* **joint D**

►**stock up** Ⓐ VI + ADV [*shopkeeper*] proveerse de existencias; [*private individual*] abastecerse; **to ~ up on** *or* **with sth** [*shopkeeper*] proveerse de algo; [*private individual*] abastecerse de algo
Ⓑ VT + ADV (= *fill*) [+ *larder, cupboard, freezer*] llenar (**with** de); [+ *shelves*] reponer (**with** con)

**stockade** [stɒ'keɪd] N [1] (= *fencing*) estacada *f*
[2] (*US Mil*) prisión *f* militar

**stockbreeder** ['stɒk,briːdəʳ] N ganadero/a *m/f*

**stockbreeding** ['stɒk,briːdɪŋ] N ganadería *f*

**stockbroker** ['stɒk,brəʊkəʳ] Ⓐ N corredor(a) *m/f* de Bolsa, bolsista *mf*
Ⓑ CPD ► **stockbroker belt** N (*Brit*) zona *f* residencial de los bolsistas

**stockbroking** ['stɒk,brəʊkɪŋ] N correduría *f* de bolsa

**stock-car racing** ['stɒkkaː,reɪsɪŋ] N carreras *fpl* de stock-car, carreras *fpl* de choque

**stockfish** ['stɒkfɪʃ] N pescado *m* de seco

**stockholder** ['stɒk,həʊldəʳ] N (*US*) accionista *mf*

**Stockholm** ['stɒkhəʊm] N Estocolmo *m*

**stockily** ['stɒkɪlɪ] ADV **~ built** de complexión robusta

**stockiness** ['stɒkɪnɪs] N robustez *f*

**stockinet** [,stɒkɪ'net] N tela *f* de punto

**stocking** ['stɒkɪŋ] Ⓐ N media *f*; (*knee-length*) calceta *f*; **a pair of ~s** unas medias, un par de medias
Ⓑ CPD ► **stocking(ed) feet** NPL **in one's ~(ed) feet** sin zapatos ► **stocking filler** N pequeño regalo *m* de Navidad

**stock-in-trade** ['stɒkɪn'treɪd] N (= *tools etc*) existencias *fpl*; (*fig*) repertorio *m*; **that joke is part of his ~** es un chiste de su repertorio

**stockist** ['stɒkɪst] N (*Brit*) distribuidor(a) *m/f*, proveedor(a) *m/f*

**stockjobber** ['stɒk,dʒɒbəʳ] N (*Brit*) agiotista *mf*

**stockjobbing** ['stɒk,dʒɒbɪŋ] N (*Brit*) agiotaje *m*

**stockkeeper** ['stɒk,kiːpəʳ] N almacenero/a *m/f*

**stockman** ['stɒkmən] N (*pl* **stockmen**) (*Agr*) ganadero *m*

**stockpile** ['stɒkpaɪl] Ⓐ N reservas *fpl*
Ⓑ VT (= *accumulate*) acumular; (= *store*) almacenar

**stockroom** ['stɒkrʊm] N almacén *m*, depósito *m*

**stock-still** ['stɒk'stɪl] ADV **to be** *or* **stand ~** mantenerse *or* quedarse inmóvil

**stocktaking** ['stɒk,teɪkɪŋ] Ⓐ N (*Brit*) inventario *m*, balance *m*; **to do the ~** hacer el inventario
Ⓑ CPD ► **stocktaking sale** N venta *f* postbalance

**stocky** ['stɒkɪ] ADJ (*compar* **stockier**; *superl* **stockiest**) fornido

**stockyard** ['stɒkjaːd] N (= *pens etc*) corral *m* de ganado; (*US*) (= *abattoir*) matadero *m*

**stodge*** [stɒdʒ] N (*Brit*) comida *f* indigesta

**stodgy** ['stɒdʒɪ] ADJ (*compar* **stodgier**; *superl* **stodgiest**) [1] [*food*] indigesto
[2] (*fig*) [*book, style, person*] pesado

**stogie***, **stogy*** ['stəʊgɪ] N (*US*) cigarro *m*, puro *m*

**stoic** ['stəʊɪk] Ⓐ ADJ estoico
Ⓑ N estoico *m*

**stoical** ['stəʊɪkəl] ADJ estoico

**stoically** ['stəʊɪklɪ] ADV estoicamente, impasiblemente

**stoicism** ['stəʊɪsɪzəm] N estoicismo *m*

**stoke** [stəʊk] VT (*also* **~ up**) [1] [+ *fire, furnace*] atizar
[2] (*fig*) [+ *fears, hopes*] cebar

►**stoke up** Ⓐ VI + ADV (*lit*) cebar el hogar, echar carbón a la lumbre; (* *hum*) (= *eat*) atiborrarse
Ⓑ VT + ADV = **stoke**

**stokehold** ['stəʊkhəʊld] N cuarto *m* de calderas

**stokehole** ['stəʊkhəʊl] N boca *f* del horno

**stoker** ['stəʊkəʳ] N fogonero *m*

**STOL** [stɒl] N ABBR = **short take-off and landing**

**stole¹** [stəʊl] N (= *garment*) estola *f*

**stole²** [stəʊl] PT *of* **steal**

**stolen** ['stəʊlən] Ⓐ PP *of* **steal**
Ⓑ ADJ [1] (*lit*) robado; **~ goods** artículos *mpl* robados; **~ property** bienes *mpl* robados; *see also* **dealer**
[2] (*fig*) [*moment, pleasures, kisses*] robado

**stolid** ['stɒlɪd] ADJ impasible, imperturbable; (*pej*) terco

**stolidity** [stɒ'lɪdɪtɪ] N impasibilidad *f*, imperturbabilidad *f*; (*pej*) terquedad *f*

**stolidly** ['stɒlɪdlɪ] ADV impasiblemente, imperturbablemente

**stomach** ['stʌmək] Ⓐ N [1] (= *organ*) estómago *m*; **I've got a pain in my ~** me duele el estómago, tengo dolor de estómago; **it turns my ~** (*lit, fig*) me revuelve el estómago; **he had an upset ~** tenía el estómago revuelto; ✦*IDIOM* **to have no ~ for sth**: **he had no ~ for another argument with them** no se sentía con ánimos para tener otra discusión con ellos; **they have no ~ for the fight** no tienen agallas para luchar; ✦*PROV* **an army marches on its ~** la marcha de un ejército depende del contenido de los estómagos de sus soldados; *see also* **empty A1**, **full A7**, **sick A4**
[2] (= *belly*) barriga *f*; **to hold one's ~ in** meter estómago; **to lie on one's ~** estar tumbado boca abajo; **I always sleep on my ~** siempre duermo boca abajo
Ⓑ VT [1] (*lit*) [+ *food*] tolerar
[2] (*) (*fig*) aguantar, soportar; **I can't ~ the thought of him cheating on her** no aguanto *or* soporto la idea de que la esté engañando; **it was more than I could ~** era inaguantable *or* insoportable
Ⓒ CPD ► **stomach ache** N dolor *m* de estómago, dolor *m* de barriga ► **stomach cramps** NPL retortijones *mpl* de barriga ► **stomach disorder** N trastorno *m* estomacal ► **stomach lining** N membrana *f* que recubre las paredes del estómago ► **stomach muscle** N músculo *m* del abdomen ► **stomach pump** N bomba *f* gástrica ► **stomach ulcer** N úlcera *f* gástrica ► **stomach upset** N trastorno *m* estomacal; **to have a ~ upset** tener un trastorno estomacal ► **stomach wall** N pared *f* del estómago ► **stomach wound** N herida *f* estomacal

**stomp** [stɒmp] Ⓐ VI dar patadas; **to ~ in/out** entrar/salir dando fuertes pisotones
Ⓑ VT (*US*) = **stamp B1**

**stone** [stəʊn] Ⓐ N [1] (*gen*) piedra *f*; (= *gravestone*) lápida *f*; (= *gemstone*) piedra *f*, gema *f*; ✦*IDIOMS* **a ~'s throw away** ◊ **within a ~'s throw** a un tiro de piedra; **to cast the first ~** lanzar la primera piedra; **which of you shall cast the first ~?** ¿cuál de vosotros se atreve a lanzar la primera piedra?; **to leave no ~ unturned** no dejar piedra por mover; **it isn't cast** *or* **set in ~** no es inamovible, no es para toda la vida
[2] (*Brit*) [*of fruit*] hueso *m*
[3] (*Med*) cálculo *m*, piedra *f*; (*as complaint*) mal *m* de piedra
[4] (*Brit*) (= *weight*) 6.350kg; **he weighs 12 ~(s)** pesa 76 kilos; → IMPERIAL SYSTEM
Ⓑ VT [1] [+ *person*] apedrear, lapidar; ✦*IDIOMS* **~ me!**‡ ◊ **~ the crows!**‡ ¡caray!*
[2] [+ *fruit*] deshuesar
Ⓒ CPD de piedra ► **the Stone Age** N la Edad de Piedra ► **stone pit**, **stone quarry** N cantera *f*

**stone-blind** ['stəʊn'blaɪnd] ADJ completamente ciego

**stone-broke*** ['stəʊn'brəʊk] ADJ (*US*) = **stony-broke**

**stonechat** ['stəʊntʃæt] N culiblanco *m*

**stone-cold** [,stəʊn'kəʊld] ADJ como un témpano; **to be ~ sober*** estar completamente sobrio

**stonecrop** ['stəʊnkrɒp] N uva *f* de gato

**stonecutter** ['stəʊn,kʌtəʳ] N = **stonemason**

**stoned**‡ [stəʊnd] ADJ (*on drugs*) colocado*; (= *drunk*) borracho

**stone-dead** ['stəʊn'ded] ADJ tieso; **it killed the idea ~** dio completamente al traste con la idea

**stone-deaf** ['stəʊn'def] ADJ sordo como una tapia, sordo del todo

**stoneground** ['stəʊn,graʊnd] ADJ [*flour*] molido por piedras

**stonemason** ['stəʊn,meɪsn] N albañil *mf*; (*in quarry*) cantero *m*

**stonewall** ['stəʊn'wɔːl] VI [1] (*Sport*) jugar a la defensiva
[2] (*in answering questions*) negarse a contestar

**stonewalling** ['stəʊn'wɔːlɪŋ] N táctica *f* de cerrojo

**stoneware** ['stəʊnwɛəʳ] Ⓐ N gres *m*
Ⓑ ADJ de gres

**stonewashed** ['stəʊn,wɒʃt] ADJ [*jeans*] lavado a la piedra

**stonework** ['stəʊnwɜːk] N cantería *f*

**stonily** ['stəʊnɪlɪ] ADV (*fig*) glacialmente, fríamente

**stony** ['stəʊnɪ] ADJ (*compar* **stonier**; *superl* **stoniest**) [1] [*ground, beach*] pedregoso; [*material*] pétreo
[2] (*fig*) [*glance, silence*] glacial, frío; [*heart*] empedernido; [*stare*] duro

**stony-broke*** ['stəʊnɪ'brəʊk] ADJ **to be ~** (*Brit*) estar sin un duro*, estar pelado*, estar sin un peso (*LAm**)

**stony-faced** [,stəʊnɪ'feɪst] ADJ de expresión pétrea

**stony-hearted** ['stəʊnɪ'haːtɪd] ADJ de corazón empedernido

**stood** [stʊd] PT, PP *of* **stand**

**stooge** [stuːdʒ] Ⓐ N [*of comedian*] compañero/a *m/f*; (*) (= *lackey*) secuaz *mf*, siervo/a *m/f*
Ⓑ VI **to ~ for sb*** servir humildemente a algn

►**stooge about***, **stooge around*** VI + ADV estar por ahí

**stook** [stuːk] Ⓐ N tresnal *m*, garbera *f*
Ⓑ VT poner en tresnales

**stool** [stuːl] Ⓐ N [1] (= *seat*) taburete *m*, escabel *m*; (*folding*) silla *f* de tijera; ✦*IDIOM* **to fall between two ~s** quedarse sin lo uno y sin lo otro, quedarse nadando entre dos aguas y no llegar a ningún lado
[2] (*Med*) (= *faeces*) deposición *f*
[3] (*Bot*) planta *f* madre
Ⓑ CPD ► **stool pigeon*** N (= *informer*) chivato/a* *m/f*, soplón/ona* *m/f*; (= *decoy*) señuelo *m*

**stoop¹** [stu:p] Ⓐ N **to have a ~** ser un poco encorvado; **to walk with a ~** andar encorvado

Ⓑ VI [1] (= *bend*) (*also* **~ down**) inclinarse, agacharse; (*permanently, as defect*) andar encorvado; **to ~ to pick sth up** inclinarse para recoger algo

[2] (*fig*) **to ~ to sth/doing sth** rebajarse a algo/hacer algo; **I wouldn't ~ so low!** ¡a eso no llegaría!, ¡no me rebajaría tanto!

**stoop²** [stu:p] N (*US*) (= *verandah*) pórtico *m*, pequeña veranda *f*

**stooping** ['stu:pɪŋ] ADJ encorvado

**stop** [stɒp] Ⓐ N [1] (= *halt*) parada *f*, alto *m*; **to be at a ~** [+ *vehicle*] estar parado; [+ *production, process*] quedar paralizado; **to bring to a ~** [+ *vehicle*] parar, detener; [+ *production, process*] paralizar, interrumpir; **to come to a ~** [*vehicle*] parar(se), detenerse; [*production, progress*] interrumpirse; **to come to a dead** *or* **sudden ~** pararse en seco, detenerse repentinamente; **to come to a full ~** [*negotiations, discussions*] paralizarse, quedar detenido en un punto muerto; **to put a ~ to sth** poner fin *or* término a algo, acabar con algo

[2] (= *break, pause*) descanso *m*, pausa *f*; (*overnight*) estancia *f*, estadía *f* (*LAm*), estada *f* (*LAm*); (*for refuelling*) escala *f*; **a ~ for coffee** un descanso para tomar café; **to make a ~ at Bordeaux** hacer escala en Burdeos; **a ~ of a few days** una estancia de unos días; **without a ~** sin parar

[3] (= *stopping place*) (*for bus etc*) parada *f*; (*Aer, Naut*) escala *f*

[4] (*Typ*) (*also* **full ~**) punto *m*

[5] (*Mus*) (*on organ*) registro *m*; [*of guitar*] traste *m*; [*of other instrument*] llave *f*; **✦IDIOM to pull out all the ~s** tocar todos los registros

[6] (*Mech*) tope *m*, retén *m*

[7] (*Phon*) (*also* **~ consonant**) (consonante *f*) oclusiva *f*

Ⓑ VT [1] (= *block*) [+ *hole*] tapar; [+ *leak, flow of blood*] restañar; [+ *tooth*] empastar; **to ~ one's ears** taparse los oídos; **to ~ a gap** tapar un agujero; (*fig*) llenar un vacío; **the curtains ~ the light** las cortinas impiden la entrada de la luz; **the walls ~ some of the noise** las paredes absorben parte del ruido

[2] (= *arrest movement of*) [+ *runaway engine, car*] detener, parar; [+ *blow, punch*] parar; **✦IDIOM to ~ a bullet*** (= *be shot*) ser disparado *or* (*LAm*) baleado

[3] (= *put an end to*) [+ *rumour, abuse, activity, injustice*] poner fin a, poner término a, acabar con; [+ *conversation*] interrumpir, suspender; [+ *aggression*] rechazar, contener; [+ *production*] (*permanently*) terminar; (*temporarily*) interrumpir

[4] (= *prevent*) evitar; (= *forbid*) prohibir, poner fin a; **this should ~ any further trouble** esto debería evitar cualquier dificultad en el futuro; **to ~ sth (from) happening** evitar que algo ocurra; **to ~ sb (from) doing sth** (= *prevent*) impedir a algn hacer algo, impedir que algn haga algo; (= *forbid*) prohibir a algn hacer algo, prohibir a algn que haga algo; **can't you ~ him?** ¿no le puedes impedir que lo haga?; **there is nothing to ~ him** y no hay nada que se lo impida; **to ~ o.s. (from doing sth)** abstenerse (de hacer algo); **I can't seem to ~ myself doing it** parece que no puedo dejar de hacerlo; **I ~ped myself in time** me detuve a tiempo

[5] (= *cease*) **to ~ doing sth** dejar de hacer algo; **~ it!** ¡basta ya!; **I just can't ~ it** (= *help it*) ¡qué remedio!, ¡qué le vamos a hacer!; **~ that noise!** ¡basta ya de ruido!; **~ that nonsense!** ¡déjate de tonterías!; **it has ~ped raining** ha dejado de llover, ya no llueve; **I'm trying to ~ smoking** estoy intentando dejar de fumar; **she never ~s talking** habla sin parar; **to ~ work** dejar de trabajar

[6] (= *suspend*) [+ *payments, wages, subscription*] suspender; [+ *cheque*] invalidar; [+ *supply*] cortar, interrumpir; **to ~ sb's electricity** cortar la electricidad a algn; **all leave is ~ped** han sido cancelados todos los permisos; **to ~ the milk for a fortnight** (*Brit*) pedir al lechero que no traiga leche durante quince días; **to ~ sb's wages** suspender el pago del sueldo de algn; **to ~ ten pounds from sb's wages** retener diez libras del sueldo de algn

Ⓒ VI [1] (= *stop moving*) [*person, vehicle*] pararse, detenerse; [*clock, watch*] pararse; **the car ~ped** se paró el coche; **where does the bus ~?** ¿dónde para el autobús?; **the clock has ~ped** el reloj se ha parado; **stop!** ¡pare!; **~, thief!** ¡al ladrón!

[2] (= *pause, take a break*) parar, hacer alto; **to ~ to do sth** detenerse a hacer algo; **without ~ping** sin parar

[3] (= *cease, come to an end*) terminar, acabar(se); [*supply etc*] cortarse, interrumpirse; [*process, rain etc*] terminar, cesar; **payments have ~ped** (*temporarily*) se han suspendido los pagos; (*permanently*) han terminado los pagos; **when the programme ~s** cuando termine el programa; **the rain has ~ped** ha dejado de llover; **he seems not to know when to ~** parece no saber cuándo conviene hacer alto; **✦IDIOM to ~ at nothing (to do sth)** no detenerse ante nada (para hacer algo)

[4] (*) (= *stay*) **to ~ (at/with)** hospedarse *or* alojarse (con); **she's ~ping with her aunt** se hospeda en casa de su tía; **I'm not ~ping** no me quedo; **did you ~ till the end?** ¿te quedaste hasta el final?

Ⓓ CPD ► **stop press** N noticias *fpl* de última hora; **"stop press"** (*as heading*) "al cierre de la edición" ► **stop sign** N (*Aut*) stop *m*, señal *f* de stop

►**stop away*** VI + ADV ausentarse (**from** de), no asistir (**from** a)

►**stop behind*** VI + ADV quedarse; **they made him ~ behind after school** le hicieron quedar en la escuela después de las clases

►**stop by*** Ⓐ VI + ADV detenerse brevemente; **I'll ~ by on the way to school** me asomaré de paso al colegio

Ⓑ VI + PREP **I'll ~ by your place later** pasaré por tu casa más tarde

►**stop in*** VI + ADV quedarse en casa, no salir; **don't ~ in for me** no te quedes esperándome en casa

►**stop off** VI + ADV interrumpir el viaje; **to ~ off at** (= *drop by*) pasar por; (= *stop at*) parar en

►**stop out*** VI + ADV (= *remain outside*) quedarse fuera; (= *not come home*) no volver a casa

►**stop over** VI + ADV (= *stay the night*) pasar la noche; (*Aer*) (*for refuelling etc*) hacer escala

►**stop up** Ⓐ VT + ADV [+ *hole*] tapar

Ⓑ VI + ADV (*Brit**) velar, no acostarse, seguir sin acostarse; **don't ~ up for me** no os quedéis esperándome hasta muy tarde

**stop-and-go** ['stɒpən'gəʊ] N (*US*) = **stop-go**

**stopcock** ['stɒpkɒk] N llave *f* de paso

**stopgap** ['stɒpgæp] Ⓐ N (= *thing*) recurso *m* provisional, expediente *m*; (= *person*) sustituto/a *m/f*

Ⓑ CPD ► **stopgap measure** N medida *f* provisional

**stop-go** ['stɒp'gəʊ] N (*Brit*) **period of ~** periodo *m* cuando una política de expansión económica alterna con otra de restricción

**stoplights** ['stɒplaɪts] NPL [1] (= *brake lights*) luces *fpl* de freno

[2] (*US*) (= *traffic lights*) luces *fpl* de tráfico, semáforo *m*

**stop-off** ['stɒpɒf] N = **stopover**

**stopover** ['stɒpəʊvəʳ] N (*Aer*) escala *f*

**stoppage** ['stɒpɪdʒ] Ⓐ N [1] [*of work*] paro *m*, suspensión *f*; (= *strike*) huelga *f*

[2] [*of pay*] suspensión *f*; (*from wages*) deducción *f*

[3] (*Sport*) detención *f*

[4] (*in pipe etc*) obstrucción *f*

Ⓑ CPD ► **stoppage time** N (*Sport*) tiempo *m* de descuento

**stopper** ['stɒpəʳ] Ⓐ N tapón *m*; (*Tech*) taco *m*, tarugo *m*

Ⓑ VT tapar, taponar

**stopping** ['stɒpɪŋ] Ⓐ N [1] (= *halting*) [*of activity, progress, process*] suspensión *f*, interrupción *f*; [*of vehicle*] detención *f*, parada *f*; [*of cheque, wages*] bloqueo *m*, retención *f*; [*of match, game, payment*] suspensión *f*; [*of allowance, leave, privileges*] retirada *f*

[2] (= *filling*) [*of tooth*] empaste *m*

[3] (= *blocking*) [*of hole, pipe, leak*] relleno *m*, sellado *m*

Ⓑ CPD ► **stopping place** N paradero *m*; [*of bus*] parada *f* ► **stopping train** N tren *m* correo, tren *m* ómnibus

**stopwatch** ['stɒpwɒtʃ] N cronómetro *m*

**storage** ['stɔ:rɪdʒ] Ⓐ N almacenaje *m*, almacenamiento *m*; (*Comput*) almacenamiento *m*; **to put sth into ~** (*in a warehouse*) almacenar algo; (*in a furniture store*) llevar algo a un guardamuebles

Ⓑ CPD ► **storage battery** N acumulador *m* ► **storage capacity** N capacidad *f* de almacenaje ► **storage charges** NPL derechos *mpl* de almacenaje ► **storage heater** N acumulador *m* ► **storage room** N (*US*) trastero *m* ► **storage space** N lugar *m* para los trastos ► **storage tank** N (*for oil etc*) tanque *m* de almacenamiento; (*for rainwater*) tanque *m* de reserva ► **storage unit** N (= *furniture*) armario *m*

**store** [stɔ:ʳ] Ⓐ N [1] (= *supply, stock*) [1·1] [*of food, candles, paper*] reserva *f*; **to have** *or* **keep sth in ~** tener algo en reserva; **to keep a ~ of sth** tener una reserva de algo; **to lay in a ~ of sth** hacer una reserva de algo, proveerse de algo

[1·2] (*fig*) [*of jokes, stories*] repertorio *m*; [*of information*] cúmulo *m*; **he has a vast ~ of dirty jokes** tiene un repertorio enorme de chistes verdes; **he possessed a vast ~ of knowledge** tenía una cultura muy amplia; **the company has a great ~ of expertise** la compañía cuenta con una multitud de gente competente; **to be in ~ for sb** (*fig*) aguardar a algn; **you never know what's in ~ (for you)** nunca se sabe lo que le aguarda a uno; **little did I know what the future had in ~** qué poco sabía lo que nos deparaba el futuro; **there's a surprise in ~ for you!** ¡te espera una sorpresa!; **to set great/little ~ by sth** tener algo en mucho/poco, dar mucho/poco valor a algo; **I wouldn't set much ~ by that** yo no le daría mucho valor

[2] (= *depository*) almacén *m*, depósito *m*; **to put sth in(to) ~** (*in a warehouse*) almacenar algo; (*in a furniture store*) llevar algo a un guardamuebles; **to be in ~** (*in a warehouse*) estar en un almacén; (*in a furniture store*) estar en un guardamuebles; **furniture ~** guardamuebles *m inv*

[3] **stores** (= *provisions*) provisiones *fpl*, existencias *fpl*; (*esp Mil*) (= *equipment*) pertrechos *mpl*

4 (= *shop*) 4·1 (*esp US*) [*of any size*] tienda *f*; **record ~** tienda *f* de discos; **book ~** librería *f*; **hardware ~** ferretería *f*; ♦***IDIOM*** **to mind the ~** (*US**) cuidar de los asuntos; *see also* **grocery**, **village**
4·2 (*also* **department ~**) grandes almacenes *mpl*; **he owns a ~ in Oxford Street** es propietario de unos grandes almacenes en Oxford Street; *see also* **chain**, **department**
Ⓑ VT 1 (= *keep, collect*) 1·1 (*gen*) [+ *food*] conservar, guardar; [+ *water, fuel, electricity*] almacenar; [+ *heat*] acumular; [+ *documents*] archivar; **~ in an airtight tin** consérvense en un frasco hermético; **avoid storing food for too long** evite tener la comida guardada durante mucho tiempo
1·2 (*Comput*) [+ *information*] almacenar, guardar; (*Physiol*) [+ *fat, energy*] almacenar, acumular; **where in the brain do we ~ information about colours?** ¿en qué parte del cerebro almacenamos *or* guardamos información sobre los colores?
2 (= *put away*) guardar; **I've got the camping things ~d (away) till we need them** tengo las cosas de acampar guardadas hasta que las necesitemos
3 (= *put in depository*) [+ *furniture*] depositar en un guardamuebles; [+ *goods, crop, waste*] almacenar
Ⓒ VI conservarse; **fruits which won't ~ (well)** fruta que no se conserva (bien)
Ⓓ CPD ► **store card** N tarjeta *f* de compra ► **store clerk** N (*US*) dependiente/a *m/f* ► **store cupboard** N despensa *f* ► **store detective** N vigilante *mf* jurado (*de paisano en grandes almacenes*) ► **store manager** N gerente *mf* de tienda (*de grandes almacenes*)

►**store away** VT + ADV (*in bulk*) almacenar; [+ *individual items*] guardar

►**store up** VT + ADV [+ *fat, energy*] almacenar, acumular; [+ *feelings, bitterness, memories*] acumular, ir acumulando; **a hatred ~d up over centuries** un odio acumulado durante siglos; **to ~ up trouble** *or* **problems for the future** ir acumulando problemas para el futuro

**store-bought** [ˈstɔːbɔːt] ADJ (*US*) de confección, de serie

**storefront** [ˈstɔːfrʌnt] N (*US*) escaparate *m*

**storehouse** [ˈstɔːhaʊs] N (*pl* **storehouses** [ˈstɔːhaʊzɪz]) almacén *m*, depósito *m*; (*fig*) mina *f*, tesoro *m*

**storekeeper** [ˈstɔːˌkiːpəʳ] N 1 (= *warehouseman*) almacenero *m*
2 (*US*) (= *shopkeeper*) tendero/a *m/f*
3 (*Naut*) pañolero *m*

**storeroom** [ˈstɔːrʊm] N despensa *f*; (*Naut*) pañol *m*

**storey**, **story** (*US*) [ˈstɔːrɪ] N piso *m*

**-storey**, **-story** (*US*) [ˈstɔːrɪ] ADJ (*ending in compounds*) **a nine-storey building** un edificio de nueve pisos *or* plantas

**-storeyed**, **-storied** (*US*) [ˈstɔːrɪd] ADJ (*ending in compounds*) **an eight-storeyed building** un edificio de ocho pisos

**stork** [stɔːk] N cigüeña *f*

**storm** [stɔːm] Ⓐ N 1 (*gen*) tormenta *f*, tempestad *f*; (= *gale*) vendaval *m*; (= *hurricane*) huracán *m*; (*Naut*) borrasca *f*, tormenta *f*; ♦***IDIOMS*** **to brave the ~** aguantar la tempestad; **to ride out a ~** capear un temporal, hacer frente a un temporal
2 (= *uproar*) escándalo *m*, bronca *f*; **there was a political ~** hubo un gran revuelo político; **it caused an international ~** levantó una polvareda internacional; **a ~ of abuse** un torrente de injurias; **a ~ of applause** una salva de aplausos; **a ~ of criticism** un aluvión *or* vendaval de críticas; ♦***IDIOM*** **a ~ in a teacup** (*Brit*) una tormenta *or* tempestad en un vaso de agua
3 **to take by ~**: **to take a town by ~** (*Mil*) tomar una ciudad por asalto; **the play took Paris by ~** la obra cautivó a todo París
Ⓑ VT (*Mil*) asaltar, tomar por asalto; **angry ratepayers ~ed the town hall** los contribuyentes enfurecidos asaltaron *or* invadieron el ayuntamiento
Ⓒ VI 1 (= *move angrily*) **he came ~ing into my office** entró en mi despacho echando pestes; **he ~ed out of the meeting** salió de la reunión como un huracán
2 (= *speak angrily*) bramar, vociferar; **"you're fired!" he ~ed** —¡quedá despedido! —bramó *or* vociferó; **to ~ at sb** tronar contra algn, enfurecerse con algn; **he ~ed on for an hour about the government** pasó una hora lanzando improperios contra el gobierno
Ⓓ CPD ► **storm centre**, **storm center** (*US*) N centro *m* de la tempestad; (*fig*) foco *m* de los disturbios, centro *m* de la agitación ► **storm cloud** N nubarrón *m* ► **storm door** N contrapuerta *f* ► **storm signal** N señal *f* de temporal ► **storm trooper** N (*Mil*) guardia *mf* de asalto ► **storm troops** NPL (*Mil*) tropas *fpl* de asalto, guardia *fsing* de asalto

**stormbound** [ˈstɔːmbaʊnd] ADJ inmovilizado por el mal tiempo

**storming** [ˈstɔːmɪŋ] Ⓐ (= *impressive*) arrollador, arrasador
Ⓑ N (*Mil etc*) asalto *m* (**of** a)

**stormproof** [ˈstɔːmpruːf] ADJ a prueba de tormentas

**storm-tossed** [ˈstɔːmtɒst] ADJ sacudido por la tempestad

**stormwater** [ˈstɔːmˌwɔːtəʳ] N agua *f* de lluvia

**stormy** [ˈstɔːmɪ] Ⓐ ADJ (*compar* **stormier**; *superl* **stormiest**) 1 (*lit*) [*weather, night, skies*] tormentoso; **it's ~** hay tormenta
2 (*fig*) (= *turbulent*) [*meeting, scene*] tumultuoso, turbulento; [*relationship*] tormentoso
Ⓑ CPD ► **stormy petrel** N (*Orn*) petrel *m* de la tempestad; (*fig*) persona *f* pendenciera, persona *f* de vida borrascosa

**story¹** [ˈstɔːrɪ] Ⓐ N 1 (= *account*) historia *f*; (= *tale*) cuento *m*, relato *m*; (= *joke*) chiste *m*; **his ~ is that …** según él dice …, según lo que él cuenta …; **but that's another ~** pero eso es otro cantar; **a children's ~** un cuento infantil; **the ~ goes that …** se dice *or* se cuenta que …; **the ~ of her life** la historia de su vida; **that's the ~ of my life!*** ¡siempre me pasa lo mismo!; **it's a long ~** es/sería largo de contar; **to cut a long ~ short** en resumidas cuentas, en pocas palabras; **it's the same old ~** es la historia de siempre; **to tell a ~** (*fictional*) contar un cuento; (= *recount what happened*) contar *or* narrar una historia; **the marks tell their own ~** las señales hablan por sí solas, las señales no necesitan interpretación; **the full ~ has still to be told** todavía no se ha hecho pública toda la historia; **what a ~ this house could tell!** ¡cuántas cosas nos diría esta casa!; **the ~ of their travels** la relación de sus viajes; **that's not the whole ~** eso no es todo
2 (= *plot*) argumento *m*, trama *f*
3 (*Press*) artículo *m*, reportaje *m*
4 (*euph*) (= *lie*) mentira *f*, cuento *m*; **a likely ~!** ¡puro cuento!; **to tell stories** (*lies*) contar embustes
Ⓑ CPD ► **story writer** N narrador(a) *m/f*

**story²** [ˈstɔːrɪ] N (*US*) = **storey**

**storyboard** [ˈstɔːrɪˌbɔːd] (*Cine*) Ⓐ N story board *m*, desarrollo *m* secuencial en viñetas
Ⓑ VT hacer el story board de, hacer el desarrollo secuencial en viñetas de

**storybook** [ˈstɔːrɪbʊk] Ⓐ N libro *m* de cuentos
Ⓑ ADJ **a ~ ending** un final como el de una novela

**storyline** [ˈstɔːrɪlaɪn] N argumento *m*

**storyteller** [ˈstɔːrɪˌteləʳ] N 1 (*gen*) cuentista *mf*
2 (*) (= *liar*) cuentista *mf*, embustero/a *m/f*

**stoup** [stuːp] N copa *f*, frasco *m*; (*Rel*) pila *f*

**stout** [staʊt] Ⓐ ADJ (*compar* **stouter**; *superl* **stoutest**) 1 (= *sturdy*) [*stick, shoes etc*] fuerte, sólido
2 (= *fat*) [*person*] gordo, robusto
3 (= *determined*) [*supporter, resistance*] resuelto, empedernido; **~ fellow!**† ¡muy bien!; **he's a ~ fellow**† es un buen chico; **with ~ hearts** resueltamente
Ⓑ N (*Brit*) (= *beer*) cerveza *f* negra

**stout-hearted** [ˈstaʊtˈhɑːtɪd] ADJ valiente, resuelto

**stoutly** [ˈstaʊtlɪ] ADV 1 **~ built** de construcción sólida, fuerte
2 [*deny*] categóricamente, rotundamente; [*resist*] tenazmente; **he ~ maintains that …** sostiene resueltamente que …

**stoutness** [ˈstaʊtnɪs] N gordura *f*, corpulencia *f*

**stove¹** [stəʊv] N (*for heating*) estufa *f*; (*for cooking*) cocina *f*, horno *m* (*LAm*)

**stove²** [stəʊv] PT, PP *of* **stave** *see* **stave in**

**stovepipe** [ˈstəʊvpaɪp] Ⓐ N tubo *m* de estufa
Ⓑ CPD ► **stovepipe hat** N chistera *f*

**stow** [stəʊ] VT 1 (*Naut*) [+ *cargo*] estibar, arrumar
2 (= *put away*) guardar; **where can I ~ this?** ¿esto dónde lo pongo?; **~ it!‡** ¡déjate de eso!, ¡cállate!, ¡basta ya!

►**stow away** Ⓐ VT + ADV (= *put away*) guardar; (= *hide*) esconder; **to ~ food away*** (*fig*) despachar rápidamente una comida, zamparse una comida
Ⓑ VI + ADV (*on ship, plane*) viajar de polizón

**stowage** [ˈstəʊɪdʒ] N (= *act*) estiba *f*, arrumaje *m*; (= *place*) bodega *f*

**stowaway** [ˈstəʊəweɪ] N polizón *m*, llovido *m*

**strabismus** [strəˈbɪzməs] N estrabismo *m*

**Strabo** [ˈstreɪbəʊ] N Estrabón

**straddle** [ˈstrædl] VT [+ *horse*] montar a horcajadas, ponerse a horcajadas sobre; [+ *target*] horquillar; [*town*] [+ *river etc*] hacer puente sobre

**strafe** [strɑːf] VT ametrallar, abalear (*LAm*)

**strafing** [ˈstrɑːfɪŋ] N ametrallamiento *m*

**straggle** [ˈstrægl] VI 1 (= *lag behind*) rezagarse; **the guests ~d out into the night** los invitados salieron poco a poco y desaparecieron en la noche; **as the last runners ~d over the finishing line …** a medida que iban cruzando la meta los últimos corredores …
2 (= *spread untidily*) (*Bot*) lozanear; [*hair*] caer lacio; **the village ~s on for miles** el pueblo se extiende varios kilómetros (sin tener un plano fijo); **her hair ~s over her face** el pelo le cae lacio delante de la cara

►**straggle away**, **straggle off** VI + ADV dispersarse

**straggler** [ˈstrægləʳ] N rezagado/a *m/f*

**straggling** [ˈstræglɪŋ], **straggly** [ˈstræglɪ] ADJ [*town*] disperso; [*plants*] extendido; [*hair*] despeinado, desordenado

**straight** [streɪt] Ⓐ ADJ (*compar* **straighter**; *superl* **straightest**) 1 (= *not bent or curved*) [*line, road, nose, skirt*] recto; [*trousers*] de perneras estrechas, de pata estrecha*; [*hair*] lacio, liso; [*shoulders*] erguido, recto; **he couldn't even walk in a ~ line** ni siquiera podía caminar en línea recta; **she was keeping the boat on a ~ course** mantenía el barco navegando en línea recta; **to have a ~ back** tener la espalda erguida *or* recta; **I couldn't keep a ~ face** ◊ **I couldn't keep my face ~** no podía mantener la cara seria; **she said it with a completely ~ face** lo dijo con la cara totalmente seria

2 (= *not askew*) [*picture, rug, hat, hem*] derecho; **the picture isn't ~** el cuadro está torcido *or* (*LAm*) chueco; **your tie isn't ~** tienes la corbata torcida, tu corbata no está bien; **to put** *or* **set ~** [+ *picture, hat, tie, rug*] poner derecho

3 (= *honest, direct*) [*answer*] franco, directo; [*question*] directo; [*refusal, denial*] categórico, rotundo; **all I want is a ~ answer to a ~ question** lo único que pido es que respondas con franqueza a una pregunta directa; **it's time for some ~ talking** es hora de hablar con franqueza *or* claramente; **to be ~ with sb** ser franco con algn, hablar a algn con toda franqueza; ✦***IDIOM* as ~ as a die** honrado a carta cabal

4 (= *unambiguous*) claro; **is that ~?** ¿está claro?; **to get sth ~**: **let's get that ~ right from the start** vamos a dejar eso claro desde el principio; **there are a couple of things we'd better get ~** hay un par de cosas que debemos dejar claras; **have you got that ~?** ¿lo has entendido?, ¿está claro?; **he had to get things ~ in his mind** tenía que aclararse las ideas; **he hasn't got his facts ~** no tiene la información correcta; **to put** *or* **set sth ~** aclarar algo; **to put** *or* **set things** *or* **matters ~** aclarar las cosas; **to put** *or* **set the record ~** aclarar las cosas; **he soon put** *or* **set me ~** enseguida me aclaró las cosas

5 (= *tidy, in order*) [*house, room*] arreglado, ordenado; [*books, affairs, accounts*] en orden; **I like to keep my house ~** me gusta tener la casa arreglada *or* ordenada; **the paperwork still isn't ~** los papeles no están todavía en orden; **to get** *or* **put sth ~** arreglar algo

6 (= *clear-cut, simple*) [*choice, swap*] simple; **her latest novel is ~ autobiography** su última novela es una simple autobiografía; **we made £50 ~ profit on the deal** sacamos 50 libras limpias del negocio; **a ~ cash offer** una oferta de dinero en mano

7 (= *consecutive*) [*victories, defeats, games*] consecutivo; **this is the fifth ~ year that she has won** este es el quinto año consecutivo en el que ha ganado; **to get ~ As** sacar sobresaliente en todo; **a ~ flush** (*in poker*) una escalera real; **she lost in ~ sets to Pat Hay** (*in tennis*) perdió contra Pat Hay sin ganar ningún set; **we had ten ~ wins** ganamos diez veces seguidas, tuvimos diez victorias consecutivas

8 (= *neat*) [*whisky, vodka*] solo

9 (*Theat*) (= *not comic*) [*part, play, theatre, actor*] dramático, serio

10 (*) (= *conventional*) [*person*] de cabeza cuadrada*; **she's a nice person, but very ~** es maja pero tiene la cabeza demasiado cuadrada*

11 (*) (= *not owed or owing money*) **if I give you a fiver, then we'll be ~** si te doy cinco libras, estamos en paz

12 (*) (= *heterosexual*) heterosexual, hetero*

13 (*) (= *not criminal*) [*person*] **he's been ~ for two years** ha llevado una vida honrada durante dos años

14 (‡) (= *not using drugs*) **I've been ~ for 13 years** hace 13 años que dejé las drogas, llevo 13 años desenganchado de las drogas

Ⓑ ADV 1 (= *in a straight line*) [*walk, shoot, fly*] en línea recta; [*grow*] recto; **they can't even shoot ~** ni siquiera saben disparar en línea recta; **he was sitting up very ~** estaba sentado muy derecho *or* erguido; **stand up ~!** ¡ponte derecho *or* erguido!; **~ above us** directamente encima de nosotros; **it's ~ across the road from us** está justo al otro lado de la calle; **to go ~ ahead** ir todo recto, ir todo derecho; **to look ~ ahead** mirar al frente, mirar hacia adelante; **~ ahead of us** justo en frente de nosotros; **to look ~ at sb** mirar derecho hacia algn; **he came ~ at me** vino derecho hacia mí; **to hold o.s. ~** mantenerse derecho; **to look sb ~ in the eye** mirar directamente a los ojos de algn; **to look sb ~ in the face** mirar a algn directamente a la cara; **to go ~ on** ir todo recto, ir todo derecho; **the bullet went ~ through his chest** la bala le atravesó limpiamente el pecho; **I saw a car coming ~ towards me** vi un coche que venía derecho hacia mí; **to look ~ up** mirar hacia arriba; **the cork shot ~ up in the air** el corcho salió disparado hacia arriba

2 (= *level*) **to hang ~** [*picture*] estar derecho; **the picture isn't hanging ~** el cuadro está torcido *or* (*LAm*) chueco

3 (= *directly*) directamente; (= *immediately*) inmediatamente; **youngsters who move ~ from school onto the dole queue** jóvenes que pasan directamente del colegio a la cola del paro; **I went ~ home/to bed** fui derecho a casa/a la cama; **come ~ back** vuelve directamente aquí; **to come ~ to the point** ir al grano; **to drink ~ from the bottle** beber de la botella; **~ after this** inmediatamente después de esto; **~ away** inmediatamente, en seguida, al tiro (*Chile*); **~ off** (= *without hesitation*) sin vacilar; (= *immediately*) inmediatamente; (= *directly*) directamente, sin rodeos; **she just went ~ off** se marchó sin detenerse; ✦***IDIOM* I heard it ~ from the horse's mouth** se lo oí decir a él mismo (*or* a ella misma)

4 (= *frankly*) francamente, con franqueza; **just give it to me** *or* **tell me ~** dímelo francamente *or* con franqueza; **to tell sb sth ~ out** decir algo a algn sin rodeos *or* directamente; **~ up** (*Brit**) en serio; ✦***IDIOM* ~ from the shoulder**: **I let him have it ~ from the shoulder** se lo dije sin rodeos

5 (= *neat*) [*drink*] solo; **I prefer to drink whisky ~** prefiero tomar el whisky solo

6 (= *clearly*) [*think*] con claridad; **he was so frightened that he couldn't think ~** tenía tanto miedo que no podía pensar con claridad; **I was so drunk I couldn't see ~** estaba tan borracho que no veía

7 (*) **to go ~** (= *reform*) [*criminal*] enmendarse; [*drug addict*] dejar de tomar drogas, desengancharse; **he's been going ~ for a year now** [*ex-criminal*] hace ahora un año que lleva una vida honrada; [*ex-addict*] hace un año que dejó las drogas, lleva un año desenganchado de las drogas

8 (*Theat*) **he played the role ~** interpretó el papel de manera clásica

9 (= *consecutively*) **we worked on the harvest for three days ~** hicimos la cosecha durante tres días seguidos

Ⓒ N 1 (= *straight line*) **to cut sth on the ~** cortar algo derecho; ✦***IDIOM* the ~ and narrow** el buen camino; **to keep to the ~ and narrow** ir por buen camino; **to keep sb on the ~ and narrow** mantener a algn por el buen camino; **to depart from the ~ and narrow** apartarse del buen camino

2 (*Brit*) (*on racecourse*) **the ~** la recta; **as the cars entered the final ~ Hill was in the lead** cuando los coches entraron en la recta final Hill iba a la cabeza

3 (*Cards*) runfla *f*, escalera *f*

4 (*) (= *heterosexual*) heterosexual *mf*

Ⓓ CPD ► **straight angle** N ángulo *m* llano ► **straight arrow*** N (*US*) estrecho/a *m/f* de miras ► **straight man** N actor *m* que da pie al cómico; **I was the ~ man and he was the comic** yo era el actor que daba pie a sus chistes y él era el cómico ► **straight razor** N (*US*) navaja *f* de barbero ► **straight sex** N (= *not homosexual*) sexo *m* entre heterosexuales; (= *conventional*) relaciones *fpl* sexuales convencionales, sexo *m* sin florituras* ► **straight ticket** N (*US Pol*) **to vote a ~ ticket** votar a candidatos del mismo partido para todos los cargos

**straightaway** [ˈstreɪtəˈweɪ] ADV inmediatamente, en seguida, al tiro (*Chile*)

**straightedge** [ˈstreɪtedʒ] N regla *f* de borde recto

**straighten** [ˈstreɪtn] Ⓐ VT [+ *wire, nail*] (*also* **~ out**) enderezar; [+ *picture, tie, hat*] poner derecho, enderezar; [+ *tablecloth*] (= *arrange*) poner bien; (= *smooth out*) alisar; [+ *hair*] alisar; [+ *hem*] igualar; (*also* **~ up**) [+ *room, house*] ordenar, arreglar; [+ *papers*] ordenar; **to have one's teeth ~ed** ponerse bien los dientes; **to ~ one's shoulders** poner la espalda erguida *or* recta *or* derecha; **to ~ one's back** ponerse derecho *or* erguido; **to ~ o.s. (up)** arreglarse

Ⓑ VI = **straighten out B**

►**straighten out** Ⓐ VT + ADV 1 [+ *wire, nail*] enderezar

2 (= *resolve*) [+ *problem*] resolver

3 (*) [+ *person*] **I soon ~ed him out on that point** enseguida le aclaré las cosas a ese respecto; **they sent me to a psychoanalyst to try and ~ me out** me mandaron a un psicoanalista para ver si resolvía mis problemas; **if you don't behave I'll send your father in to ~ you out** si no te comportas llamaré a tu padre para que te ajuste las cuentas

Ⓑ VI + ADV 1 [*road*] **after the crossroads the road ~s out** tras el cruce ya no hay más curvas; **the road hardly ~s out at all from here to Bangor** son todo curvas de aquí a Bangor

2 (‡) (= *give up drugs*) desengancharse*

**straight-faced** [ˈstreɪtˈfeɪst] Ⓐ ADJ serio; **a ~ newsreader** un locutor de expresión seria

Ⓑ ADV con cara seria; **"whatever gives you that idea?" she asked ~** —¿qué te hace pensar eso? —preguntó con cara seria

**straightforward** [ˌstreɪtˈfɔːwəd] ADJ 1 (= *honest*) honrado; (= *sincere*) sincero

2 (= *simple*) sencillo; [*answer*] claro, franco

**straightforwardly** [ˌstreɪtˈfɔːwədlɪ] ADV (= *honestly*) honradamente; (= *frankly*) francamente; (= *simply*) sencillamente

**straightforwardness** [ˌstreɪtˈfɔːwədnɪs] N (= *honesty*) honradez *f*; (= *frankness*) franqueza *f*; (= *simplicity*) sencillez *f*; [*of answer*] claridad *f*

**straightness** [ˈstreɪtnɪs] N 1 (*lit*) [*of road, arm leg*] lo recto; [*of hair*] lo liso; [*of back*] lo recto, lo erguido

2 (*fig*) (= *honesty*) honestidad *f*; (= *frankness*) franqueza *f*

**straight-out*** [ˈstreɪtaʊt] ADJ [*answer*] sincero, franco; [*refusal*] tajante, rotundo; [*supporter, enthusiast, thief*] cien por cien; *see also* **straight B4**

**strain¹** [streɪn] Ⓐ N 1 (= *physical pressure*) (*on rope, cable*) tensión *f*; (*on beam, bridge, structure*) presión *f*; **the ~ on a rope** la tensión de una cuerda; **this puts a ~ on the cable** esto tensa el cable; **that puts a great ~ on the beam** esto pone mucha presión sobre la viga; **to take the ~** (*lit*) aguantar el peso; **to take the ~ off** [+ *rope, cable*] disminuir la tensión

de; [+ *beam, bridge, structure*] disminuir la presión sobre; **to break under the ~** [*rope, cable*] romperse debido a la tensión; **to collapse under the ~** [*bridge, ceiling*] venirse abajo debido a la presión
[2] (*fig*) (= *burden*) carga *f*; (= *pressure*) presión *f*; (= *stress*) tensión *f*; **I found it a ~ being totally responsible for the child** me suponía una carga llevar toda la responsabilidad del niño yo solo; **it was a ~ on the economy/his purse** suponía una carga para la economía/su bolsillo; **the ~s on the economy** las presiones sobre la economía; **the ~s of modern life** las tensiones de la vida moderna; **mental ~** cansancio *m* mental; **to put a ~ on** [+ *resources*] suponer una carga para; [+ *system*] forzar al límite; [+ *relationship*] crear tirantez *or* tensiones en; **it put a great ~ on their friendship** creó mucha tirantez en su amistad; **his illness has put a terrible ~ on the family** su enfermedad ha creado mucha tensión *or* estrés para la familia; **he has been under a great deal of ~** ha estado sometido a mucha presión; *see also* **stress**
[3] (= *effort*) esfuerzo *m*; **the ~ of climbing the stairs** el esfuerzo de subir las escaleras
[4] (*Physiol*) [4·1] (= *injury*) (*from pull*) esguince *m*; (*involving twist*) esguince *m*, torcedura *f*; **back ~** torcedura de espalda; **muscle ~** esguince muscular
[4·2] (= *wear*) (*on eyes, heart*) esfuerzo *m*; **he knew tennis put a ~ on his heart** sabía que el tenis le sometía el corazón a un esfuerzo *or* le forzaba el corazón; *see also* **eyestrain, repetitive**
[5] **strains** (*liter*) (= *sound*) compases *mpl*; **we could hear the gentle ~s of a Haydn quartet** oíamos los suaves compases de un cuarteto de Haydn; **the bride came in to the ~s of the wedding march** la novia entró al son *or* a los compases de la marcha nupcial

Ⓑ VT [1] (= *stretch*) (*beyond reasonable limits*) [+ *system*] forzar al límite; [+ *friendship, relationship, marriage*] crear tensiones en, crear tirantez en; [+ *resources, budget*] suponer una carga para; [+ *patience*] poner a prueba; **the demands of the welfare state are ~ing public finances to the limit** las exigencias del estado de bienestar están resultando una carga excesiva para las arcas públicas; **to ~ relations with sb** tensar las relaciones con algn
[2] (= *damage, tire*) [+ *back*] dañar(se), hacerse daño en; [+ *eyes*] cansar; **to ~ a muscle** hacerse un esguince; **to ~ o.s.: you shouldn't ~ yourself** no deberías hacer mucha fuerza; **he ~ed himself lifting something** se hizo daño levantando algo; **don't ~ yourself!** (*iro*) ¡no te vayas a quebrar *or* herniar!
[3] (= *make an effort with*) [+ *voice, eyes*] forzar; **to ~ one's ears to hear sth** aguzar el oído para oír algo; **to ~ every nerve** *or* **sinew to do sth** esforzarse mucho por hacer algo, hacer grandes esfuerzos por hacer algo
[4] (= *filter*) (*Chem*) filtrar; (*Culin*) [+ *gravy, soup, custard*] colar; [+ *vegetables*] escurrir; **to ~ sth into a bowl** colar algo en un cuenco; **~ the mixture through a sieve** pase la mezcla por un tamiz

Ⓒ VI (= *make an effort*) **to ~ to do sth** esforzarse por hacer algo; **he ~ed to hear what she was saying** se esforzaba por oír lo que decía; **he ~ed against the bonds that held him** (*liter*) hacía esfuerzos para soltarse de las cadenas que lo retenían; **to ~ at sth** tirar de algo; **to ~ at the leash** [*dog*] tirar de la correa; (*fig*) saltar de impaciencia; **to ~ under a weight** ir agobiado por un peso

►**strain off** Ⓐ VT + ADV [+ *liquid*] escurrir
Ⓑ VT + PREP **to ~ the water off sth** escurrir el agua a algo

**strain²** [streɪn] N [1] (= *breed*) (*of animal*) raza *f*; (*of plant*) variedad *f*; (*of virus*) tipo *m*; **every year new ~s of flu develop** cada año aparecen nuevos tipos de gripe
[2] (= *streak, element*) vena *f*; **there is a ~ of madness in the family** tienen vena de locos en la familia; **there is a ~ of cynicism in her writing** hay cierta vena de cinismo en sus escritos

**strained** [streɪnd] ADJ [1] (= *tense*) [*person*] tenso; [*face*] crispado; [*voice, laugh, jollity, politeness*] forzado; [*atmosphere, relations, silence*] tirante, tenso; **she gave a ~ laugh** forzó una risa, se rió con una risa forzada
[2] [*wrist, ankle*] torcido; [*eyes*] cansado; [*voice*] cansado; **a ~ muscle** un esguince; **he has a ~ shoulder/back** tiene una lesión en un hombro/en la espalda
[3] (= *overtaxed*) [*economy*] debilitado
[4] (*Culin*) [*baby food*] pasado por el pasapurés *or* el tamiz; [*soup, gravy*] colado; [*yoghurt*] espeso

**strainer** [ˈstreɪnəʳ] N (*Culin*) colador *m*; (*Tech*) filtro *m*, coladero *m*

**strait** [streɪt] N [1] (*Geog*) (*also* **~s**) estrecho *m*; **the Straits of Dover** el estrecho de Dóver
[2] **straits** (*fig*) situación *f* apurada, apuro *m*; **to be in dire ~s** estar en un gran apuro; **the economic ~s we are in** el apuro económico en que nos encontramos

**straitened** [ˈstreɪtnd] ADJ (*frm*) **in ~ circumstances** en condiciones difíciles, en condiciones de apuro

**straitjacket** [ˈstreɪtˌdʒækɪt] N camisa *f* de fuerza; (*fig*) corsé *m*

**strait-laced** [ˈstreɪtˈleɪst] ADJ puritano

**strand¹** [strænd] N [1] [*of thread*] hebra *f*, hilo *m*; [*of hair*] pelo *m*; [*of rope*] ramal *m*; [*of plant*] brizna *f*
[2] (*fig*) [*of plan, theory*] aspecto *m*, faceta *f*; [*of story*] hilo *m* argumental

**strand²** [strænd] Ⓐ N (= *liter*) (= *beach, shore*) playa *f*
Ⓑ VT [+ *ship*] varar, encallar; **to be (left) ~ed** [*ship, fish*] quedar varado; (*fig*) [*person*] (*without money*) quedar desamparado; (*without transport*) quedar tirado; **✦IDIOM to leave sb ~ed** (*in the lurch*) dejar a algn plantado

**strange** [streɪndʒ] ADJ (*compar* **stranger**; *superl* **strangest**) [1] (= *odd*) [*person, event, behaviour, feeling*] extraño, raro; [*experience, place, noise*] extraño; [*coincidence, story*] extraño, curioso; **it is ~ that ...** es extraño *or* raro que + *subjun*; **it's ~ that he should come today of all days** es extraño *or* raro que venga precisamente hoy; **there's something ~ about him** hay algo extraño *or* raro en él; **what's so ~ about that?** ¿qué tiene eso de extraño *or* raro?; **I felt rather ~ at first** al principio me sentía bastante raro; **I find her attitude rather ~** encuentro su actitud un tanto extraña *or* rara; **I find it ~ that we never heard anything about this** me parece raro *or* me extraña que nunca hayamos oído hablar de esto; **how ~!** ¡qué raro!, ¡qué extraño!; **for some ~ reason** por alguna razón inexplicable; **~ as it may seem** ◊ **~ to say** por extraño que parezca, aunque parezca mentira; **the ~ thing is that he didn't even know us** lo extraño *or* lo curioso es que ni nos conocía; **children come out with the ~st things** a los niños se les ocurren las cosas más extrañas; **the family would think it ~ if we didn't go** la familia se extrañaría si no fuésemos; *see also* **bedfellow, truth**
[2] (= *unknown, unfamiliar*) [*person, house, car, country*] desconocido; [*language*] desconocido, extranjero; **I never sleep well in a ~ bed** nunca duermo bien en una cama que no sea la mía; **don't talk to any ~ men** no hables con ningún desconocido; **I was ~ to this part of town** esta parte de la ciudad me era desconocida; **this man I loved was suddenly ~ to me** este hombre al que amaba era de pronto un desconocido para mí *or* un extraño

> **STRANGE, RARE**
>
> **Position of "raro"**
>
> You should generally put **raro** after the noun when you mean **strange** or **odd** and before the noun when you mean **rare**:
>
> He has a strange name
>
> ***Tiene un nombre raro***
>
> ...a rare congenital syndrome...
>
> ***... un raro síndrome congénito...***
>
> *For further uses and examples, see main entry.*

**strangely** [ˈstreɪndʒlɪ] ADV [*act, behave*] de una forma extraña *or* rara; **the room was ~ quiet** en la habitación había un silencio extraño; **her voice sounded ~ familiar** su voz me resultaba extrañamente familiar; **the ~ named death's head moth** la extrañamente denominada mariposa de calavera; **~ (enough), ...** por extraño que parezca, ..., aunque resulte extraño, ...

**strangeness** [ˈstreɪndʒnɪs] N [1] (= *oddness*) lo extraño, rareza *f*
[2] (= *unfamiliarity*) novedad *f*

**stranger** [ˈstreɪndʒəʳ] N (= *unknown person*) desconocido/a *m/f*, extraño/a *m/f*; (*from another area etc*) forastero/a *m/f*; **he's a ~ to me** es un desconocido para mí; **I'm a ~ here** yo soy nuevo aquí; **hello, ~!** ¡cuánto tiempo sin vernos!; **you're quite a ~!** ¡apenas te dejas ver!; **he is no ~ to vice** conoce bien los vicios

**strangle** [ˈstræŋgl] VT estrangular; (*fig*) [+ *sob*] ahogar; **a ~d cry** un grito entrecortado

**stranglehold** [ˈstræŋglhəʊld] N [1] (*Sport*) collar *m* de fuerza
[2] (*fig*) dominio *m* completo; **to have a ~ on sb/sth** tener dominio completo sobre algn/monopolizar algo

**strangler** [ˈstræŋgləʳ] N estrangulador(a) *m/f*

**strangling** [ˈstræŋglɪŋ] N estrangulación *f*, estrangulamiento *m*

**strangulated** [ˈstræŋgjʊleɪtɪd] ADJ estrangulado; **~ hernia** hernia *f* estrangulada

**strangulation** [ˌstræŋgjʊˈleɪʃən] N estrangulación *f*

**strap** [stræp] Ⓐ N correa *f*, tira *f*; (= *shoulder strap*) tirante *m*, bretel *m* (*LAm*); (= *safety strap*) cinturón *m*; **to give sb the ~** (= *punish*) azotar a algn con la correa, dar a algn con la correa
Ⓑ VT [1] (= *fasten*) atar con correa; **to ~ sth on/down** sujetar algo con correa; **to ~ sb/o.s. in** (*with seatbelt*) poner a algn/ponerse el cinturón de seguridad; **he isn't properly ~ped in** no está bien atado
[2] (*Med*) (*also* **~ up**) vendar
[3] **to ~ sb** (*as punishment*) azotar a algn con la correa, dar a algn con la correa

**strap-hang*** [ˈstræphæŋ] VI viajar de pie (*agarrado a la correa*)

**strap-hanger*** [ˈstræphæŋəʳ] N pasajero/a *m/f* que va de pie (*agarrado a la correa*)

**strap-hanging*** [ˈstræpˌhæŋɪŋ] N viajar *m* de pie

**strapless** ['stræplɪs] ADJ [*dress, bra*] sin tirantes

**strapped*** [stræpt] ADJ **to be ~ for cash** andar escaso de dinero

**strapping** ['stræpɪŋ] ADJ [*person*] fornido, robusto

**Strasbourg** ['stræzbɜːg] N Estrasburgo *m*

**strata** ['strɑːtə] NPL *of* **stratum**

**stratagem** ['strætɪdʒəm] N estratagema *f*

**strategic** [strə'tiːdʒɪk] ADJ estratégico

**strategical** [strə'tiːdʒɪkəl] ADJ = **strategic**

**strategically** [strə'tiːdʒɪkəlɪ] ADV [*act, think*] con una estrategia, estratégicamente; [*important, positioned*] estratégicamente

**strategist** ['strætɪdʒɪst] N estratega *mf*

**strategy** ['strætɪdʒɪ] N estrategia *f*

**stratification** [ˌstrætɪfɪ'keɪʃən] N estratificación *f*

**stratified** ['strætɪfaɪd] ADJ estratificado

**stratify** ['strætɪfaɪ] Ⓐ VT estratificar
Ⓑ VI estratificarse

**stratigraphic** [ˌstrætɪ'græfɪk] ADJ estratigráfico

**stratigraphy** [strə'tɪgrəfɪ] N estratigrafía *f*

**stratocumulus** [ˌstreɪtəʊ'kjuːmjʊləs] N (*pl* **stratocumuli** [ˌstreɪtəʊ'kjuːmjʊlaɪ]) estratocúmulo *m*

**stratosphere** ['strætəʊsfɪəʳ] N estratosfera *f*

**stratospheric** [ˌstrætəʊs'ferɪk] ADJ estratosférico

**stratum** ['strɑːtəm] N (*pl* **stratums** *or* **strata**) [1] (*lit*) estrato *m*
[2] (*fig*) estrato *m*, capa *f*

**stratus** ['streɪtəs] N (*pl* **strati** ['streɪtaɪ]) estrato *m*

**straw** [strɔː] Ⓐ N [1] (*Agr*) paja *f*; ✦*IDIOMS* **the ~ that breaks the camel's back** la gota que colma el vaso; **to clutch** *or* **grasp at ~s** agarrarse a un clavo ardiendo; **to draw** *or* **get the short ~** ser elegido para hacer algo desagradable; **I always draw the short ~** siempre me toca a mí la china*; **it's the last ~!** ¡es el colmo!, ¡sólo faltaba eso!; **it's a ~ in the wind** sirve de indicio
[2] (= *drinking straw*) pajita *f*, caña *f*, popote *m* (*Mex*); **to drink through a ~** beber con pajita
Ⓑ ADJ (= *made of straw*) de paja; (= *colour*) pajizo, color paja
Ⓒ CPD ► **straw hat** N sombrero *m* de paja ► **straw man** N hombre *m* de paja ► **straw poll, straw vote** N votación *f* de tanteo

**strawberry** ['strɔːbərɪ] Ⓐ N (= *fruit, plant*) fresa *f*, frutilla *f* (*LAm*); (*large, cultivated*) fresón *m*
Ⓑ CPD [*jam, ice cream, tart*] de fresa ► **strawberry bed** N fresal *m* ► **strawberry blonde** N rubia *f* fresa; *see also* **strawberry-blonde** ► **strawberry mark** N (*on skin*) mancha *f* de nacimiento

**strawberry-blonde** [ˌstrɔːbərɪ'blɒnd] ADJ bermejo

**straw-coloured**, **straw-colored** (*US*) ['strɔːkʌləd] ADJ pajizo, (de) color de paja

**strawloft** ['strɔːlɒft] N pajar *m*, pajera *f*

**stray** [streɪ] Ⓐ ADJ [1] (= *errant*) [*bullet*] perdido; [*sheep*] descarriado; [*cow, dog*] extraviado; **a ~ cat** (= *lost*) un gato extraviado; (= *alley cat*) un gato callejero
[2] (= *isolated, occasional*) aislado; **in a few ~ cases** en algunos casos aislados; **a few ~ cars** algún que otro coche; **a few ~ thoughts** unos cuantos pensamientos inconexos
Ⓑ N [1] (= *animal*) animal *m* extraviado; (= *child*) niño/a *m/f* sin hogar, niño/a *m/f* desamparado/a
[2] **strays** (*Rad*) parásitos *mpl*
Ⓒ VI [1] [*animal*] (= *roam*) extraviarse; (= *get lost*) perderse, extraviarse; **if the gate is left open the cattle ~** si se deja abierta la puerta las vacas se escapan
[2] (= *wander*) [*person*] vagar, ir sin rumbo fijo; [*speaker, thoughts*] desvariar; **to ~ from** (*also fig*) apartarse de; **we had ~ed two kilometres from the path** nos habíamos desviado dos kilómetros del camino; **they ~ed into the enemy camp** erraron el camino y se encontraron en el campamento enemigo; **my thoughts ~ed to the holidays** empecé a pensar en las vacaciones

**streak** [striːk] Ⓐ N [1] (*line*) raya *f*; [*of mineral*] veta *f*, vena *f*; **to have ~s in one's hair** tener mechas en el pelo; ✦*IDIOM* **like a ~ of lightning** como un rayo
[2] (*fig*) [*of madness etc*] vena *f*; [*of luck*] racha *f*; **he had a cruel ~ (in him)** tenía un rasgo cruel; **there is a ~ of Spanish blood in her** tiene una pequeña parte de sangre española; **he had a yellow ~** era un tanto cobarde
Ⓑ VT rayar (**with** de)
Ⓒ VI [1] (= *rush*) **to ~ along** correr a gran velocidad; **to ~ in/out/past** entrar/salir/pasar como un rayo
[2] (*) (= *run naked*) correr desnudo

**streaker*** ['striːkəʳ] N corredor(a) *m/f* desnudo/a

**streaking*** ['striːkɪŋ] N carrera *f* desnudista

**streaky** ['striːkɪ] Ⓐ ADJ rayado, listado; [*rock etc*] veteado
Ⓑ CPD ► **streaky bacon** N (*Brit*) tocino *m* con grasa, bacon *m*, béicon *m*

**stream** [striːm] Ⓐ N [1] (= *brook*) arroyo *m*, riachuelo *m*
[2] (= *current*) corriente *f*; **to go with/against the ~** (*lit, fig*) ir con/contra la corriente
[3] (= *jet, gush*) [*of liquid*] chorro *m*; [*of light*] raudal *m*; [*of air*] chorro *m*, corriente *f*; [*of lava*] río *m*; [*of insults, abuse*] sarta *f*; [*of letters, questions, complaints*] lluvia *f*; **a thin ~ of water** un chorrito de agua; **she exhaled a thin ~ of smoke** lanzó *or* exhaló un chorrillo de humo; **a steady ~ of cars** un flujo constante *or* ininterrumpido de coches; **people were coming out of the cinema in a steady ~** había una continua hilera de gente que iba saliendo del cine; **we had a constant ~ of visitors** recibíamos visitas continuamente *or* sin parar; **he let out a ~ of insults** soltó una sarta de insultos; **~ of consciousness** monólogo *m* interior
[4] (*Brit Scol*) *grupo de alumnos de la misma edad y aptitud académica*; **the top/middle/bottom ~** la clase de nivel superior/medio/inferior
[5] (*Ind*) **to be on/off ~** [*machinery, production line*] estar/no estar en funcionamiento; [*oil well*] estar/no estar en producción; **to come on ~** [*machinery, production line*] entrar en funcionamiento; [*oil well*] entrar en producción
Ⓑ VI [1] (= *pour*) [1·1] (*lit*) **tears were ~ing down her face** le corrían las lágrimas por la cara; **rain ~ed down the windows** la lluvia chorreaba por las ventanas; **blood ~ed from a cut on his knee** le chorreaba sangre de un corte en la rodilla; **water ~ed from a cracked pipe** salía agua a chorros de una cañería rota; **his head was ~ing with blood** la cabeza le chorreaba sangre
[1·2] (*fig*) **people ~ed into the hall** la gente entró en tropel a la sala; **bright sunlight ~ed in through the window/into the room** la fuerte luz del sol entraba a raudales por la ventana/en la habitación; **people came ~ing out** la gente salía en tropel; **as holiday traffic ~s out of the cities ...** a medida que las caravanas de las vacaciones van saliendo de las ciudades ...; **the cars kept ~ing past** los coches pasaban ininterrumpidamente *or* sin parar
[2] (= *water, run*) **her eyes were ~ing** le lloraban los ojos; **my nose was ~ing** me moqueaba la nariz
[3] (= *flutter*) [*flag, hair, scarf*] ondear; **flags ~ed in the wind** las banderas ondeaban al viento
Ⓒ VT [1] **his face ~ed blood** la sangre le corría *or* chorreaba por la cara
[2] (*Brit Scol*) [+ *pupils*] agrupar, clasificar (*según su aptitud académica*)

**streamer** ['striːməʳ] N [1] [*of paper, at parties etc*] serpentina *f*
[2] (*Naut*) gallardete *m*

**streaming** ['striːmɪŋ] Ⓐ ADJ **to have a ~ cold** tener un resfriado muy fuerte; **I had a ~ nose** me moqueaba la nariz; **to have ~ eyes** tener los ojos llorosos
Ⓑ N (*Scol*) división *f* de alumnos por grupos (*según su aptitud académica*)

**streamline** ['striːmlaɪn] VT (*lit*) aerodinamizar; (*fig*) racionalizar

**streamlined** ['striːmlaɪnd] ADJ [*air*] aerodinámico; (*fig*) racionalizado

**street** [striːt] Ⓐ N calle *f*, jirón *m* (*Peru*); **he lives in** *or* **on the High Street** vive en la Calle Mayor; **to be on the ~s** (= *homeless*) estar sin vivienda; (*euph*) (*as prostitute*) hacer la calle; ✦*IDIOMS* **to be ~s ahead of sb** (*Brit**) adelantarle por mucho a algn; **we are ~s ahead of them in design** les damos ciento y raya en el diseño; **they're ~s apart** (*Brit**) los separa un abismo; **they're not in the same ~ as us** (*Brit**) no están a nuestra altura, no admiten comparación con nosotros; **it's right up my ~** (*Brit**) esto es lo que me va, esto es lo mío
Ⓑ CPD ► **street arab**† N golfo *m*, chicuelo *m* de la calle ► **street cleaner** N barrendero/a *m/f* ► **street corner** N esquina *f* (de la calle) ► **street cred***, **street credibility** N dominio *m* de la contracultura urbana ► **street door** N puerta *f* principal, puerta *f* de la calle ► **street fight** N pelea *f* callejera ► **street fighting** N peleas *fpl* callejeras ► **street lamp** N farola *f*, faro *m* (*LAm*) ► **street level** N **at ~ level** en el nivel de la calle ► **street light** N = **street lamp** ► **street lighting** N alumbrado *m* público ► **street map** N plano *m* (de la ciudad) ► **street market** N mercado *m* callejero, tianguis *m* (*Mex*), feria *f* (*LAm*) ► **street musician** N músico *m* ambulante ► **street photographer** N fotógrafo *m* callejero ► **street plan** N plano *m*, callejero *m* ► **street sweeper** N barrendero/a *m/f* ► **street theatre** N teatro *m* en la calle, teatro *m* de calle ► **street urchin** N golfo *m*, chicuelo *m* de la calle ► **street value** N valor *m* en la calle ► **street vendor** N (*US*) vendedor/a *mf* callejero/a

**streetcar** ['striːtkɑːʳ] N (*US*) tranvía *m*, tren *m*

**streetsmart** ['striːtsmɑːt] ADJ (*US*) = **streetwise**

**streetwalker** ['striːtˌwɔːkəʳ] N (= *prostitute*) mujer *f* de la vida

**streetwise** ['striːtwaɪz] ADJ despabilado

**strength** [streŋθ] N [1] (= *might, energy*) (*for particular task*) fuerzas *fpl*; (= *general attribute*) fuerza *f*; **he hadn't the ~ to lift it** no tenía fuerzas para levantarlo; **his ~ failed him** le fallaron las fuerzas; **she swims to build up the ~ in her muscles** nada para fortalecer los músculos *or* coger fuerza en los músculos; **you don't know your own ~** no controlas tu propia fuerza; **you'll soon get your ~ back** pronto recobrarás las fuerzas *or* te repondrás;

**to save one's ~** ahorrar las energías; **with all my ~** con todas mis fuerzas

2 (= *fortitude*) fortaleza *f*, fuerzas *fpl*; (= *firmness*) [*of belief, conviction*] firmeza *f*; **his help gives me the ~ to carry on** su ayuda me da fortaleza *or* fuerzas para seguir adelante; **~ of character** fortaleza *f or* firmeza *f* de carácter; **to draw ~ from sth** sacar fuerzas de algo; **the independence movement is gathering ~** el movimiento independiente está cobrando fuerza; **give me ~!*** ¡Dios dame paciencia!*; **inner ~** fuerza interior; **~ of purpose** determinación *f*; *see also* **gather**, **tower**

3 (= *sturdiness*) [*of material, structure, frame*] resistencia *f*

4 (= *power*) [*of argument*] lo convincente, solidez *f*; [*of claim, case, evidence*] peso *m*; [*of protests*] lo enérgico; [*of magnet, lens, drug*] potencia *f*; [*of wind*] fuerza *f*; [*of alcohol*] graduación *f*; **on the ~ of that success she applied for promotion** en base a ese éxito, solicitó un ascenso; **he was recruited on the ~ of his communication skills** lo contrataron en virtud de *or* debido a su aptitud para comunicarse

5 (= *intensity*) [*of emotion*] intensidad *f*, fuerza *f*; [*of sound*] potencia *f*; [*of colour*] intensidad *f*; **he warned the government not to underestimate the ~ of feeling among voters** advirtió al gobierno que no subestimara la intensidad *or* fuerza de los sentimientos de los votantes

6 [*of currency*] (= *value*) valor *m*; (= *high value*) solidez *f*, fuerza *f*; **our decision will depend on the ~ of the pound** nuestra decisión dependerá del valor de la libra; **exports fell owing to the ~ of the pound** las exportaciones bajaron debido a la solidez *or* la fuerza de la libra

7 (= *good point, asset*) punto *m* fuerte; **their chief ~ is technology** su punto fuerte es la tecnología; **✦IDIOM to go from ~ to ~**: **his movie career is going from ~ to ~** su carrera cinematográfica marcha viento en popa; **the company has gone from ~ to ~** la empresa ha ido teniendo un éxito tras otro

8 (*in number*) número *m*; (*Mil, Police*) efectivos *mpl*; **he has promised to increase the ~ of the police force** ha prometido incrementar los efectivos de la policía; **to be below ~** = **to be under strength**; **to be at full ~** [*army*] disponer de todos sus efectivos; (*Sport*) [*team*] contar con todos sus jugadores; [*office*] contar con todo el personal; **his supporters were there in ~** *or* **had come in ~** sus partidarios habían acudido en masa; **to be on the ~** (*gen*) formar parte de la plantilla; (*Mil*) formar parte del regimiento; **to take sb on to the ~** admitir a algn en la plantilla; (*Mil*) admitir a algn en el regimiento; **to be under ~: the team was under ~ due to injuries** el equipo contaba con pocos jugadores debido a las lesiones; **two people are off sick so we're a bit under ~** dos de los empleados se encuentran enfermos y estamos un poco cortos de personal; **his army was seriously under ~** su ejército contaba con poquísimos efectivos

**strengthen** ['streŋθən] Ⓐ VT 1 (*lit*) [+ *wall, roof, building*] reforzar; [+ *back, muscle*] fortalecer; **he does exercises to ~ his legs** hace ejercicios para fortalecer las piernas

2 (*fig*) [+ *currency, economy, bond, relationship, character*] fortalecer, consolidar; [+ *government*] consolidar; [+ *case, argument, law*] reforzar; [+ *power*] consolidar, afianzar; [+ *resolve, belief, impression*] reafirmar; [+ *person*] (*morally*) fortalecer; **this served to ~ opposition to the strike** esto sirvió para afianzar la oposición a la huelga; **her rejection only ~ed his resolve** el rechazo de ella sólo sirvió para hacer más firme su propósito de conquistarla; **to ~ sb's position** ◊ **~ sb's hand** afianzar la posición de algn

Ⓑ VI 1 (*lit*) [*muscle, arm, back*] fortalecerse; [*wind, storm*] hacerse más fuerte

2 (*fig*) [*currency, economy*] fortalecerse, consolidarse; [*prices*] afianzarse; [*desire, determination*] redoblarse, intensificarse

**strengthening** ['streŋθənɪŋ] Ⓐ ADJ (*physically*) fortificante, tonificante; **~ exercises** ejercicios *mpl* fortificantes *or* tonificantes; **this may have a ~ effect on the economy** puede que esto tenga un efecto fortificante en la economía

Ⓑ N 1 [*of arm, back, muscles*] fortalecimiento *m*

2 (*fig*) [*of currency, stock market*] fortalecimiento *m*, consolidación *f*; [*of prices*] afianzamiento *m*

**strenuous** ['strenjʊəs] ADJ 1 (= *physically demanding*) [*efforts*] intenso, arduo; [*work*] agotador, arduo; [*exercise, walk*] agotador, fatigoso

2 (= *vigorous*) [*objections, protest, opposition*] enérgico; [*denial*] enérgico, rotundo; **to make ~ efforts to do sth** esforzarse afanosamente *or* hacer intensos esfuerzos por hacer algo

**strenuously** ['strenjʊəslɪ] ADV [*deny*] enérgicamente, rotundamente; [*object, protest, oppose*] enérgicamente; [*resist*] tenazmente, con tenacidad; [*exercise*] con intensidad; **he has ~ denied the allegations** ha rechazado enérgicamente *or* rotundamente las acusaciones; **to try ~ to do sth** esforzarse afanosamente por hacer algo, procurar por todos los medios hacer algo

**streptococcus** [ˌstreptəʊ'kɒkəs] N (*pl* **streptococci** [ˌstreptəʊ'kɒkaɪ]) estreptococo *m*

**streptomycin** [ˌstreptəʊ'maɪsɪn] N estreptomicina *f*

**stress** [stres] Ⓐ N 1 (*Tech*) tensión *f*, carga *f*

2 (*psychological etc*) (= *strain*) estrés *m*, tensión *f* (nerviosa); **in times of ~** en épocas de estrés *or* tensión; **to subject sb to great ~** someter a algn a grandes tensiones; **the ~es and strains of modern life** las presiones de la vida moderna; **to be under ~** estar estresado, tener estrés

3 (= *emphasis*) hincapié *m*, énfasis *m*; **to lay great ~ on sth** recalcar algo

4 (*Ling, Poetry*) acento *m*; **the ~ is on the second syllable** el acento tónico cae en la segunda sílaba

Ⓑ VT 1 (= *emphasize*) subrayar, insistir en; **I must ~ that ...** tengo que subrayar que ...

2 (*Ling, Poetry*) acentuar

Ⓒ CPD ► **stress mark** N (*Ling*) tilde *f* ► **stress system** N (*Ling*) sistema *m* de acentos, acentuación *f*

►**stress out*** VT + ADV estresar, agobiar; **to be ~ed out** estar estresado *or* agobiado

**stressed** [strest] ADJ 1 (= *tense*) [*person*] estresado, agobiado

2 (*Ling, Poetry*) [*syllable*] acentuado

**stressful** ['stresfʊl] ADJ [*job*] estresante, que produce tensión nerviosa

**stretch** [stretʃ] Ⓐ N 1 (= *elasticity*) elasticidad *f*

2 (= *act of stretching*) **to have a ~** [*person*] estirarse; **to be at full ~** [*person*] (*physically*) estirarse al máximo; (*at work*) estar trabajando a toda mecha*; **with arms at full ~** con los brazos completamente extendidos; **when the engine is at full ~** cuando el motor está a la máxima potencia, cuando el motor rinde su potencia máxima; **by a ~ of the imagination** con un esfuerzo de imaginación; **by no ~ of the imagination** bajo ningún concepto

3 (= *distance*) trecho *m*; **for a long ~ it runs between mountains** corre entre montañas durante un buen trecho

4 (= *expanse*) extensión *f*; [*of road etc*] tramo *m*; [*of rope*] trozo *m*; [*of time*] periodo *m*, tiempo *m*; **in that ~ of the river** en aquella parte del río; **a splendid ~ of countryside** un magnífico paisaje; **for a long ~ of time** durante mucho tiempo; **for hours at a ~** durante horas enteras; **for three days at a ~** tres días de un tirón *or* (*LAm*) jalón; **he read the lot at one ~** se los leyó todos de un tirón *or* (*LAm*) jalón

5 (‡) (*in prison*) **a five-year ~** una condena de cinco años; **he's doing a ~** está en chirona‡

Ⓑ VT 1 (= *pull out*) [+ *elastic*] estirar; [+ *rope etc*] tender (**between** entre)

2 (= *make larger*) [+ *pullover, shoes*] ensanchar; (= *make longer*) alargar; (= *spread on ground etc*) extender; **the blow ~ed him (out) cold on the floor** el golpe lo tumbó sin sentido en el suelo

3 (= *exercise*) **to ~ one's legs** estirar las piernas; (*after stiffness*) desentumecerse las piernas; (*fig*) (= *go for a walk*) dar un paseíto; **to ~ o.s.** (*after sleep etc*) desperezarse

4 [+ *money, resources, meal*] hacer que llegue *or* alcance; **our resources are fully ~ed** nuestros recursos están aprovechados al máximo

5 [+ *meaning, law, truth*] forzar, violentar; **that's ~ing it too far** eso va demasiado lejos; **to ~ a point** hacer una excepción; **to ~ the rules for sb** ajustar las reglas a beneficio de algn

6 [+ *athlete, student etc*] exigir el máximo esfuerzo a; **the course does not ~ the students enough** el curso no exige bastante esfuerzo a los estudiantes; **to be fully ~ed** llegar a sus límites; **to ~ o.s.** esforzarse; **he doesn't ~ himself** no se esfuerza bastante, puede dar más de sí; **to ~ sb to the limits** sacar el máximo provecho de algn

Ⓒ VI 1 (= *be elastic*) estirar(se), dar (de sí); **this cloth won't ~** esta tela no se estira, esta tela no da de sí

2 (= *become larger*) [*clothes, shoes*] ensancharse

3 (= *stretch one's limbs, reach out*) estirarse; (*after sleep etc*) desperezarse

4 (= *reach, extend*) [*rope, area of land*] llegar (**to** a); [*power, influence*] permitir (**to** que); **will it ~?** ¿llega?; **it ~es for miles along the river** se extiende varios kilómetros a lo largo del río

5 (= *be enough*) [*money, food*] alcanzar (**to** para)

Ⓓ CPD ► **stretch fabric** N tela *f* elástica ► **stretch limo*** N limusina *f* extralarga ► **stretch marks** NPL (*Med*) estrías *fpl*

►**stretch out** Ⓐ VT + ADV 1 [+ *arm*] extender; [+ *hand*] tender, alargar; [+ *leg*] estirar

2 (= *lengthen*) [+ *essay, discussion*] alargar

Ⓑ VI + ADV 1 [*person*] estirarse; (= *lie down*) tumbarse, tenderse; **he ~ed out on the ground** se tumbó *or* se tendió en el suelo; **to ~ out to take sth** alargar el brazo para tomar algo

2 [*space, time*] extenderse

►**stretch up** VI + ADV **to ~ up to take sth** alargar el brazo para tomar algo

**stretcher** ['stretʃə<sup>r</sup>] Ⓐ N 1 (*Med*) camilla *f*

2 (*Tech*) (*for gloves etc*) ensanchador *m*; (*for canvas*) bastidor *m*

3 (*Archit*) soga *f*
Ⓑ VT (*Med*) llevar en camilla
Ⓒ CPD ► **stretcher bearer** N camillero/a *m/f* ► **stretcher case** N *enfermo o herido que tiene que ser llevado en camilla* ► **stretcher party** N equipo *m* de camilleros

►**stretcher away** VT + ADV retirar en camilla, llevarse en camilla

►**stretcher off** VT + ADV retirar en camilla

**stretchy** ['stretʃɪ] ADJ elástico

**strew** [stru:] (*pt* **strewed**; *pp* **strewed**, **strewn** [stru:n]) VT 1 (= *scatter*) regar, esparcir; **there were fragments ~n about everywhere** había fragmentos esparcidos por todas partes; **to ~ sand on the floor** cubrir el suelo de arena, esparcir arena sobre el suelo; **to ~ one's belongings about the room** desparramar las cosas por el cuarto
2 (= *cover*) cubrir, tapizar (**with** de); **the floors are ~n with rushes** los suelos están cubiertos de juncos

**striated** [straɪ'eɪtɪd] ADJ estriado

**stricken** ['strɪkən] Ⓐ (†) PP of **strike**
Ⓑ ADJ 1 (= *distressed, upset*) afligido, acongojado; **to be ~ with** estar afligido por; **to be ~ with grief** estar agobiado por el dolor; **she was ~ with remorse** le remordía la conciencia
2 (= *damaged*) [*ship etc*] destrozado, dañado; (= *wounded*) herido; (= *ill*) enfermo; (= *suffering*) afligido; (= *doomed*) condenado; **the ~ families** las familias afligidas; **the ~ city** la ciudad condenada, la ciudad destrozada

**-stricken** ['strɪkən] ADJ (*ending in compounds*) **drought-stricken** aquejado de sequía, afectado por la sequía

**strict** [strɪkt] ADJ (*compar* **stricter**; *superl* **strictest**) 1 (= *stern, severe*) [*person, discipline*] estricto, severo; **her ~ upbringing** la educación estricta *or* rigurosa que recibió; **to be ~ with sb** ser estricto *or* severo con algn
2 (= *stringent*) [*rules*] estricto; [*control*] estricto, riguroso; [*limit*] riguroso; [*security measures*] riguroso, estricto; [*orders*] tajante, terminante, estricto; **to be under ~ orders (not) to do sth** tener órdenes estrictas de (no) hacer algo
3 (= *precise*) [*meaning*] estricto; **in ~ order of precedence** por riguroso *or* estricto orden de precedencia; **in the ~ sense of the word** en el sentido estricto de la palabra
4 (= *absolute*) [*secrecy*] absoluto; **I told you that in ~ confidence** te lo dije con la más absoluta reserva; **all your replies will be treated in the ~est confidence** todas las respuestas serán tratadas con la reserva más absoluta; **~ liability** (*Jur*) responsabilidad *f* absoluta
5 (= *rigorous*) [*Methodist*] estricto; [*vegetarian, diet*] estricto, riguroso; [*hygiene*] absoluto; **I'm a ~ teetotaller** soy estrictamente *or* rigurosamente abstemio

**strictly** ['strɪktlɪ] ADV 1 (= *sternly, severely*) severamente; **she was ~ brought up** recibió una educación muy estricta *or* rigurosa
2 (= *stringently*) [*control, adhere to*] estrictamente, rigurosamente; [*limit*] rigurosamente
3 (= *absolutely*) [*forbidden*] terminantemente; [*necessary*] absolutamente; [*confidential*] estrictamente; **it is not ~ accurate to say that ...** no es del todo preciso decir que ...; **"strictly private"** (*on fence, gate*) "prohibido el paso", "propiedad privada"; (*on letter*) "estrictamente confidencial"; **~ speaking** en (el) sentido estricto (de la palabra); **that's not ~ true** eso no es del todo cierto, eso no es rigurosamente cierto
4 (= *exclusively*) exclusivamente; **this is ~ business** esto es exclusivamente una cuestión de trabajo; **the car park is ~ for the use of residents** el aparcamiento es para uso exclusivo de los residentes; **everything he said was ~ to the point** todo lo que decía iba directamente al grano

**strictness** ['strɪktnɪs] N 1 (= *severity*) [*of person*] severidad *f*; [*of discipline*] lo estricto, severidad *f*
2 (= *stringency*) [*of rules, control, security*] lo riguroso

**stricture** ['strɪktʃəʳ] N 1 (*usu pl*) (= *criticism*) censura *f*, crítica *f*; **to pass ~s on sb** censurar a algn, poner reparos a algn
2 (*Med*) constricción *f*

**stridden** ['strɪdn] PP of **stride**

**stride** [straɪd] (*vb: pt* **strode**; *pp* **stridden**) Ⓐ N zancada *f*, tranco *m*; (*in measuring*) paso *m*; **to make great ~s** (*fig*) hacer grandes progresos; ✦*IDIOMS* **to get into** *or* **hit one's ~** coger *or* (*LAm*) agarrar el ritmo; **to take things in one's ~** *or* (*US*) **in ~** tomar las cosas con calma; **to put sb off their ~** (*Brit*) hacer perder los papeles a algn
Ⓑ VI (*also* **~ along**) andar a zancadas
Ⓒ VT 1 (†) [+ *horse*] montar a horcajadas sobre
2 (= *cross*) [+ *deck, yard etc*] cruzar de un tranco

►**stride away**, **stride off** VI + ADV alejarse a grandes zancadas

►**stride up** VI + ADV **to ~ up to sb** acercarse resueltamente a algn; **to ~ up and down** andar de aquí para allá a pasos largos

**stridency** ['straɪdənsɪ] N [*of voice, colour, person*] estridencia *f*; [*of protests*] fuerza *f*, lo ruidoso

**strident** ['straɪdənt] ADJ [*voice, sound*] estridente; [*colour, person*] chillón, estridente; [*protest*] fuerte, ruidoso

**stridently** ['straɪdəntlɪ] ADV [*hoot, sound, whistle*] con estridencia, de modo estridente; [*demand, declare*] con estridencia, con grandes alharacas; [*protest*] ruidosamente

**strife** [straɪf] N conflictos *mpl*; **domestic ~** riñas *fpl* domésticas; **internal ~** conflictos *mpl* internos; **to cease from ~** (*frm*) deponer las armas

**strife-ridden** ['straɪf,rɪdn] ADJ conflictivo

**strike** [straɪk] (*vb: pt, pp* **struck**) Ⓐ N 1 (*by workers*) huelga *f*, paro *m*; **to be on ~** estar en huelga; **to come out** *or* **go on ~** declarar la huelga; *see* **hunger C**
2 (= *discovery*) [*of oil, gold*] descubrimiento *m*; **a big oil ~** un descubrimiento de petróleo en gran cantidad; **to make a ~** hacer un descubrimiento
3 (*Baseball*) golpe *m*; (*Bowling*) strike *m*; **you have two ~s against you** (*esp US*) (*fig*) tienes dos cosas en contra; **three ~s and you're out** (*US Jur*) *pena de cadena perpetua tras el tercer delito*
4 (*Mil*) ataque *m*; (= *air strike*) ataque *m* aéreo, bombardeo *m*
Ⓑ VT 1 (= *hit*) golpear; (*with fist etc*) pegar, dar una bofetada a; (*with bullet etc*) alcanzar; [+ *ball*] golpear; [+ *chord, note*] tocar; [+ *instrument*] herir, pulsar; **never ~ a woman** no pegar nunca a una mujer; **the president was struck by two bullets** dos balas alcanzaron al presidente; **to ~ sb a blow** ◊ **~ a blow at sb** pegar *or* dar un golpe a algn, pegar a algn; **to ~ one's fist on the table** ◊ **~ the table with one's fist** golpear la mesa con el puño; **the clock struck the hour** el reloj dio la hora; **to be struck by lightning** ser alcanzado por un rayo; **the tower was struck by lightning** la torre fue alcanzada por un rayo, cayó un rayo en la torre; ✦*IDIOMS* **to ~ a blow for sth** romper una lanza a favor de algo; **to ~ a blow against sth** socavar algo; **that ~s a chord!** ¡eso me suena!
2 (= *collide with*) [+ *rocks, landmine etc*] chocar con, chocar contra; [+ *difficulty, obstacle*] encontrar, dar con, tropezar con; **the ship struck an iceberg** el buque chocó con *or* contra un iceberg; **his head struck the beam** ◊ **he struck his head on the beam** dio con la cabeza contra *or* en la viga; **the light ~s the window** la luz hiere la ventana; **disaster struck us** el desastre nos vino encima; **a sound struck my ear** (*liter*) un ruido hirió mi oído; **what ~s the eye is the poverty** lo que más llama la atención es la pobreza; **a ghastly sight struck our eyes** se nos presentó un panorama horroroso
3 (= *produce, make*) [+ *coin, medal*] acuñar; [+ *a light, match*] encender, prender (*LAm*); **to ~ root** (*Bot*) echar raíces, arraigar; **to ~ sparks from sth** hacer que algo eche chispas; **to ~ terror into sb's heart** infundir terror a algn
4 (= *appear to, occur to*) **it ~s me as being most unlikely** me parece poco factible, se me hace poco probable (*LAm*); **how did it ~ you?** ¿qué te pareció?, ¿qué impresión te causó?; **at least that's how it ~s me** por lo menos eso es lo que pienso yo; **it ~s me that ...** ◊ **the thought ~s me that ...** se me ocurre que ...; **has it ever struck you that ...?** ¿has pensado alguna vez que ...?
5 (= *impress*) **I was much struck by his sincerity** su sinceridad me impresionó mucho; **I'm not much struck (with him)** no me llama la atención, no me impresiona mucho
6 (= *find*) [+ *gold, oil*] descubrir; ✦*IDIOMS* **to ~ gold** triunfar; **to ~ it lucky** tener suerte; **he struck it rich** le salió el gordo
7 (= *arrive at, achieve*) [+ *agreement*] alcanzar, llegar a; **to ~ an average** sacar el promedio; **to ~ a balance** encontrar el equilibrio; **to ~ a bargain** cerrar un trato; **to ~ a deal** alcanzar un acuerdo, llegar a un acuerdo; (*Comm*) cerrar un trato
8 (= *assume, adopt*) **to ~ an attitude** adoptar una actitud
9 (= *cause to become*) **to ~ sb blind** cegar a algn; **to ~ sb dead** matar a algn; **may I be struck dead if ...** que me maten si ...; **to be struck dumb** quedarse sin habla
10 (= *take down*) **to ~ camp** levantar el campamento; **to ~ the flag** arriar la bandera
11 (= *remove, cross out*) suprimir (**from** de)
Ⓒ VI 1 (*Mil etc*) (= *attack*) atacar; [*disaster*] sobrevenir; [*disease*] golpear; [*snake etc*] morder, atacar; **now is the time to ~** éste es el momento en que conviene atacar; **when panic ~s** cuando cunde el pánico, cuando se extiende el pánico; **to ~ against sth** dar con algo, dar contra algo, chocar contra algo; **to ~ at sb** (*with fist*) tratar de golpear a algn; (*Mil*) atacar a algn; **we must ~ at the root of this evil** debemos atacar la raíz de este mal, debemos cortar este mal de raíz; **this ~s at our very existence** esto amenaza nuestra existencia misma; **to be within striking distance of** [+ *of place*] estar a poca distancia *or* a un paso de; **he had come within striking distance of the presidency** estuvo muy cerca de ocupar la presidencia; *see* **home A2**, **iron A1**
2 [*workers*] declarar la huelga, declararse en huelga; **to ~ for higher wages** hacer una huelga para conseguir un aumento de los sueldos
3 [*clock*] dar la hora; **the clock has struck** ha dado la hora ya

[4] [*match*] encenderse
[5] ✦*IDIOM* **to ~ lucky** tener suerte
[6] (= *move, go*) **to ~ across country** ir a campo traviesa; **to ~ into the woods** ir por el bosque, penetrar en el bosque
[7] (*Naut*) (= *run aground*) encallar, embarrancar
[8] (*esp Naut*) (= *surrender*) arriar la bandera
[9] (*Bot*) echar raíces, arraigar
(D) CPD ► **strike ballot** N votación *f* a huelga ► **strike committee** N comité *m* de huelga ► **strike force** N fuerza *f* de asalto, fuerza *f* de choque ► **strike fund** N fondo *m* de huelga ► **strike pay** N subsidio *m* de huelga ► **strike vote** N = **strike ballot**

►**strike back** VI + ADV (*gen*) devolver el golpe (**at** a); (*Mil*) contraatacar

►**strike down** VT + ADV [*illness*] (= *incapacitate*) fulminar; (= *kill*) matar; **he was struck down by paralysis** tuvo una parálisis; **he was struck down in his prime** se lo llevó la muerte en la flor de la vida

►**strike off** (A) VT + ADV [1] (= *cut off*) [+ *branch*] cortar; **to ~ off sb's head** decapitar a algn, cortar la cabeza a algn, cercenar la cabeza a algn
[2] [+ *name from list*] tachar; [+ *doctor*] suspender
[3] (*Typ*) tirar, imprimir
(B) VI + ADV (= *change direction*) **the road ~s off to the right** el camino se desvía para la derecha

►**strike on** VI + PREP **to ~ on an idea: he struck on an idea** se le ocurrió una idea

►**strike out** (A) VT + ADV (= *cross out*) tachar
(B) VI + ADV [1] (= *hit out*) arremeter (**at** contra); **to ~ out wildly** dar golpes sin mirar a quien
[2] (= *set out*) dirigirse; **to ~ out for the shore** (empezar a) nadar (resueltamente) hacia la playa; **to ~ out on one's own** (*in business*) volar con sus propias alas

►**strike through** VI + PREP [1] (= *delete*) [+ *word, name*] tachar
[2] **the sun ~s through the mist** el sol penetra por entre la niebla

►**strike up** (A) VT + ADV [1] [+ *friendship, conversation*] entablar, empezar
[2] [+ *tune*] atacar
(B) VI + ADV [*band*] empezar a tocar

►**strike upon** VI + PREP = **strike on**

**strike-bound** [ˈstraɪkbaʊnd] ADJ paralizado por la huelga

**strikebreaker** [ˈstraɪkˌbreɪkəʳ] N esquirol(a) *m/f*, rompehuelgas *mf inv*

**striker** [ˈstraɪkəʳ] N [1] (*in industry*) huelguista *mf*
[2] (*Sport*) delantero/a *m/f*, ariete *m*

**striking** [ˈstraɪkɪŋ] ADJ [1] (= *remarkable, arresting*) [*picture, clothes, colour*] llamativo; [*contrast*] notable; [*similarity, difference*] sorprendente; [*beauty*] imponente, impresionante; [*woman*] imponente; **her ~ good looks** su imponente *or* impresionante belleza; **to bear a ~ resemblance to sb** parecerse muchísimo a algn; **the most ~ feature of the house** el detalle que más llama la atención de la casa; **her thesis has several ~ features** su tesis contiene varios aspectos sobresalientes; **it is ~ that ...** es impresionante que ...
[2] **a ~ clock** un reloj que marca las horas
[3] (*Ind*) **the ~ workers** los obreros en huelga

**strikingly** [ˈstraɪkɪŋlɪ] ADV [*similar, different, bold*] sorprendentemente; [*attractive*] extraordinariamente; **a ~ attractive woman** una mujer extraordinariamente atractiva, una mujer imponente; **to contrast ~ with sth** contrastar notablemente con algo

**string** [strɪŋ] (*vb: pt, pp* **strung**) (A) N [1] (= *cord*) cuerda *f*, cordel *m*, cabuya *f* (*LAm*), mecate *m* (*Mex*); (= *lace etc*) cordón *m*; ✦*IDIOMS* **to have sb on a ~** dominar a algn completamente, tener a algn en un puño; **to pull ~s** mover palancas; **to have two ~s to one's bow** tener dos cuerdas en su arco
[2] (= *row*) [*of onions, garlic*] ristra *f*; [*of beads*] hilo *m*, sarta *f*; [*of vehicles*] caravana *f*, fila *f*; [*of people*] hilera *f*, desfile *m*; [*of horses etc*] reata *f*; [*of excuses, lies*] sarta *f*, serie *f*; [*of curses*] retahíla *f*; **a whole ~ of errors** toda una serie de errores
[3] (*on musical instrument, racket*) cuerda *f*; **the ~s** (= *instruments*) los instrumentos de cuerda
[4] (*fig*) condición *f*; **without ~s** sin condiciones; **there are no ~s attached** esto es sin compromiso alguno; **with no ~s attached** sin compromiso
[5] (*Comput*) cadena *f*
[6] (*Bot*) fibra *f*, nervio *m*
(B) VT [1] [+ *pearls etc*] ensartar; **he can't even ~ two sentences together** ni sabe conectar dos frases seguidas; **they are just stray thoughts strung together** son pensamientos aislados que se han ensartado sin propósito
[2] [+ *violin, tennis racket, bow*] encordar
[3] [+ *beans etc*] desfibrar
(C) CPD ► **string bag** N bolsa *f* de red ► **string bean** N (*US*) judía *f* verde, ejote *m* (*Mex*), poroto *m* verde (*S. Cone*) ► **string instrument** N instrumento *m* de cuerda ► **string orchestra** N orquesta *f* de cuerdas ► **string quartet** N cuarteto *m* de cuerda(s) ► **string section** N (*Mus*) sección *f* de cuerda(s), cuerda(s) *f(pl)* ► **string vest** N camiseta *f* de malla

►**string along*** (A) VT + ADV (= *give false hope to*) dar falsas esperanzas a; (= *con*) embaucar
(B) VI + ADV ir también, venir también; **to ~ along with sb** acompañar a algn, pegarse a algn (*pej*)

►**string out** VT + ADV [1] (= *space out*) **to be strung out behind sb** seguir a algn en fila; **to be strung out along sth** hacer fila a lo largo de algo; **the posts are strung out across the desert** hay una serie de puestos aislados a través del desierto; **his plays were strung out over 40 years** aparecieron sus obras cada cierto tiempo durante 40 años
[2] (*Drugs‡*) **to be strung out** (= *addicted*) estar enganchado (**on** a); (= *under influence*) estar colgado* *or* flipado‡ *or* colocado‡ (**on** de); (= *suffering withdrawal symptoms*) estar con el mono*

►**string up** VT + ADV [1] [+ *onions etc*] colgar (con cuerda); [+ *nets*] extender
[2] (*) (= *hang*) ahorcar; (= *lynch*) linchar
[3] (*Brit**) **to be all strung up** estar muy tenso, estar muy nervioso
[4] **to ~ o.s. up to do sth** resolverse a hacer algo, cobrar ánimo para hacer algo

**stringed** [strɪŋd] ADJ [*instrument*] de cuerdas; **four-~** de cuatro cuerdas

**stringency** [ˈstrɪndʒənsɪ] N [1] [*of regulations, controls, standards*] rigor *m*, severidad *f*
[2] (*Fin*) tirantez *f*, dificultad *f*; **economic ~** situación *f* económica apurada, estrechez *f*

**stringent** [ˈstrɪndʒənt] ADJ [1] [*controls, standards*] riguroso, severo, estricto; **~ rules** reglas *fpl* estrictas
[2] (*Fin*) tirante, difícil

**stringently** [ˈstrɪndʒəntlɪ] ADV severamente, rigurosamente

**stringer** [ˈstrɪŋəʳ] N (= *journalist*) corresponsal *mf* local (*a tiempo parcial*)

**string-pulling*** [ˈstrɪŋˌpʊlɪŋ] N enchufismo* *m*

**stringy** [ˈstrɪŋɪ] ADJ fibroso, lleno de fibras

**strip** [strɪp] (A) N [1] [*of paper etc*] tira *f*; [*of metal*] fleje *m*; ✦*IDIOMS* **to tear sb off a ~*** ◊ **tear a ~ off sb*** echar una bronca a algn*
[2] [*of land*] franja *f*, faja *f*; (*Aer*) (= *landing strip*) pista *f*
[3] (*Brit Ftbl etc*) (= *clothes*) uniforme *m*; (= *colours*) colores *mpl*
[4] (*) (= *striptease*) striptease *m*, despelote* *m*; **to do a ~** desnudarse, hacer un striptease, despelotarse*
[5] (= *strip cartoon*) tira *f*
(B) VT [1] [+ *person*] desnudar; **to ~ sb naked** desnudar a algn completamente, dejar a algn en cueros*; **to ~ sb to the skin** dejar a algn en cueros*
[2] [+ *bed*] quitar la ropa de; [+ *wall*] desempapelar; [+ *wallpaper*] quitar; **to ~ the bark off sth** descortezar algo
[3] (= *deprive*) **to ~ sb of sth** despojar a algn de algo; **to ~ a house of its furniture** dejar una casa sin muebles; **to ~ a company of its assets** despojar a una empresa de su activo; **~ped of all the verbiage, this means ...** sin toda la palabrería, esto quiere decir ...
[4] (*Tech*) [4·1] (*also* **~ down**) [+ *engine*] desmontar
[4·2] (= *damage*) [+ *gears*] estropear
(C) VI [1] (= *undress*) desnudarse; **to ~ naked** *or* **to the skin** quitarse toda la ropa; **to ~ to the waist** desnudarse hasta la cintura
[2] (= *do striptease*) hacer striptease
(D) CPD ► **strip cartoon** N (*Brit*) tira *f* cómica, historieta *f*, caricatura *f* (*LAm*) ► **strip club** N club *m* de striptease ► **strip joint*** N (*esp US*) = **strip club** ► **strip light** N lámpara *f* fluorescente ► **strip lighting** N (*Brit*) alumbrado *m* fluorescente, alumbrado *m* de tubos ► **strip mine** N (*US*) mina *f* a cielo abierto ► **strip mining** N (*US*) minería *f* a cielo abierto ► **strip poker** N strip póker *m* ► **strip search** N registro *m* integral; *see also* **strip-search** ► **strip show** N espectáculo *m* de striptease ► **strip wash** N lavado *m* por completo; *see also* **strip-wash**

►**strip down** VT + ADV = **strip B4.1**

►**strip off** (A) VT + ADV [1] [+ *paint etc*] quitar; (*violently*) arrancar; **the wind ~ped the leaves off the trees** el viento arrancó las hojas de los árboles
[2] **to ~ off one's clothes** quitarse (rápidamente) la ropa
(B) VI + ADV [1] [*person*] desnudarse
[2] [*paint etc*] desprenderse

**stripe** [straɪp] (A) N [1] (= *line*) raya *f*, lista *f*; (*on flag etc*) franja *f*
[2] (*Mil*) galón *m*
[3] (†) (= *lash*) azote *m*; (= *weal*) cardenal *m*
[4] (*esp US*) (= *kind, sort*) **of the worst ~** de la peor calaña
(B) VT rayar, listar (**with** de)

**striped** [straɪpt] ADJ [*clothes, trousers*] de rayas, a rayas; [*pattern, wallpaper*] rayado, listado, de rayas

**stripling** [ˈstrɪplɪŋ] N mozuelo *m*, joven *m* imberbe

**stripped pine** [ˌstrɪptˈpaɪn] N pino *m* natural, pino *m* desnudo

**stripper** [ˈstrɪpəʳ] N stripper *mf*, *persona que hace striptease*

**strip-search** [ˈstrɪpsɜːtʃ] VT **he was ~ed at the airport** lo desnudaron para registrarlo en el aeropuerto

**striptease** [ˈstrɪptiːz] N striptease *m*

**strip-wash** [ˈstrɪpwɒʃ] VT lavar por completo

**stripy** ['straɪpɪ] ADJ [*clothes, trousers*] de rayas, a rayas; [*pattern, wallpaper*] rayado, listado, de rayas

**strive** [straɪv] (*pt* **strove**; *pp* **striven**) VI esforzarse, procurar; **to ~ after** *or* **for sth** esforzarse por conseguir algo; **to ~ against sth** luchar contra algo; **to ~ to do sth** esforzarse por hacer algo

**striven** ['strɪvn] PP *of* **strive**

**striving** ['straɪvɪŋ] N esfuerzos *mpl*, el esforzarse

**strobe** [strəʊb] Ⓐ ADJ [*lights*] estroboscópico
Ⓑ N [1] (*also* **~ light**) luz *f* estroboscópica; (*also* **~ lighting**) luces *fpl* estroboscópicas
[2] = **stroboscope**

**stroboscope** ['strəʊbəskəʊp] N estroboscopio *m*

**strode** [strəʊd] PT *of* **stride**

**stroke** [strəʊk] Ⓐ N [1] (= *blow*) golpe *m*; **ten ~s of the lash** diez azotes; **with one ~ of his knife** de un solo navajazo; **at a** *or* **one ~** de un solo golpe; **~ of lightning** rayo *m*
[2] (*fig*) **his greatest ~ was to ...** su golpe maestro fue ...; **a ~ of diplomacy** un éxito diplomático; **he hasn't done a ~ (of work)** no ha dado golpe; **a ~ of genius** una ocurrencia genial; **the idea was a ~ of genius** la idea ha sido genial; **a ~ of luck** un golpe de suerte; **by a ~ of luck** por suerte; **then we had a ~ of luck** luego nos favoreció la suerte
[3] (= *caress*) caricia *f*; **she gave the cat a ~** acarició el gato; **with a light ~ of the hand** con un suave movimiento de la mano
[4] [*of pen*] trazo *m*, plumada *f*; [*of brush*] pincelada *f*; (*Typ*) barra *f* oblicua; **with a thick ~ of the pen** con un trazo grueso de la pluma; **at a ~ of the pen** ◊ **with one ~ of the pen** de un plumazo
[5] (*Cricket, Golf*) golpe *m*, jugada *f*; (*Billiards*) tacada *f*; **good ~!** ¡buen golpe!, ¡muy bien!; **to put sb off his/her ~** (= *distract*) hacer perder la concentración a algn, distraer a algn; **he tried to put me off my ~** (*Sport*) trató de hacerme errar el golpe; ✦*IDIOM* **different ~s for different folks** (*esp US*) cada cual tiene sus gustos, hay gustos como colores
[6] (*Swimming*) (= *single movement*) brazada *f*; (= *type of stroke*) estilo *m*; **he went ahead at every ~** se adelantaba con cada brazada
[7] (*Rowing*) remada *f*; (= *person*) primer(a) remero/a *m/f*; **they are rowing a fast ~** reman a ritmo rápido; **to row ~** ser el primer remero, remar en el primer puesto
[8] [*of bell, clock*] campanada *f*; **on the ~ of 12** al dar las 12
[9] [*of piston*] carrera *f*
[10] (*Med*) derrame *m* cerebral, apoplejía *f*; **to have a ~** tener un derrame cerebral, tener un ataque de apoplejía
Ⓑ VT [1] [+ *cat, sb's hair*] acariciar; [+ *chin*] pasar la mano sobre, pasar la mano por
[2] (*Rowing*) **to ~ a boat** ser el primero remero; **to ~ a boat to victory** ser el primero remero del bote vencedor

**stroll** [strəʊl] Ⓐ N paseo *m*, vuelta *f*; **to go for a ~** ◊ **have** *or* **take a ~** dar un paseo, dar una vuelta
Ⓑ VI dar un paseo, pasear, dar una vuelta; **to ~ up and down** pasearse de acá para allá; **to ~ up to sb** acercarse tranquilamente a algn

**stroller** ['strəʊlə^r] N [1] (= *person*) paseante *mf*
[2] (*esp US*) (= *pushchair*) cochecito *m*, sillita *f* de paseo

**strong** [strɒŋ] Ⓐ ADJ (*compar* **stronger**; *superl* **strongest**) [1] (= *physically tough*) fuerte; **I'm not ~ enough to carry him** no soy lo suficientemente fuerte para cargar con él; **to have ~ nerves** tener nervios de acero; **to have a ~ stomach** (*lit, fig*) tener un buen estómago; ✦*IDIOM* **to be as ~ as an ox** ser fuerte como un toro; *see also* **arm[1] 1**
[2] (= *healthy*) [*teeth, bones*] sano; [*heart*] fuerte, sano; **she has never been very ~** nunca ha tenido una constitución fuerte; **he's getting ~er every day** (*after operation*) se va reponiendo poco a poco
[3] (= *sturdy*) [*material, structure, frame*] fuerte
[4] (= *powerful*) [*drug, wine, cheese, wind, voice*] fuerte; [*coffee*] fuerte, cargado; [*argument, evidence*] sólido, de peso; [*currency*] fuerte; [*magnet, lens*] potente; [*impression, influence*] grande; **music with a ~ beat** música *f* con mucho ritmo; **we have a ~ case (against them)** las razones que nosotros exponemos son muy sólidas (en contraposición a las de ellos)
[5] (= *firm*) [*opinion, belief, supporter*] firme; **a man of ~ principles** un hombre de principios firmes; **Delhi developed ~ ties with Moscow** Delhi desarrolló vínculos muy estrechos con Moscú; **I am a ~ believer in tolerance** creo firmemente en *or* soy gran partidario de la tolerancia
[6] (= *mentally*) fuerte; **he has a ~ personality** tiene un carácter *or* una personalidad fuerte; **he tries to be ~ for the sake of his children** intenta mostrarse fuerte por el bien de sus hijos; **he is a ~ leader** es un líder fuerte *or* sólido; **he's the ~ silent type** es de los muy reservados
[7] (= *intense*) [*emotion, colour, smell*] fuerte, intenso; [*light*] potente, intenso; **there was a ~ smell of petrol** había un fuerte *or* intenso olor a gasolina
[8] (= *good*) [*team*] fuerte; [*candidate*] bueno, firme; [*marriage, relationship*] sólido; **he is a ~ swimmer/runner** es un buen nadador/corredor; **the show has a ~ cast** el espectáculo tiene un buen reparto *or* un reparto muy sólido; **a ~ performance from Philippa Lilly in the title role** una actuación sólida *or* convincente por parte de Philippa Lilly en el papel de protagonista; **she is ~ in maths** las matemáticas se le dan muy bien; **he's not very ~ on grammar** no está muy fuerte en gramática; **discretion is not Jane's ~ point** la discreción no es el fuerte de Jane; **geography was never my ~ point** la geografía nunca fue mi fuerte; **to be in a ~ position** encontrarse en una buena posición; **there is a ~ possibility that ...** hay muchas posibilidades de que ...; *see also* **suit A3**
[9] (= *severe, vehement*) [*words*] subido de tono, fuerte; [*denial*] tajante; **there has been ~ criticism of the military regime** se ha criticado duramente el régimen militar; **he has written a very ~ letter of protest to his MP** ha escrito una carta de protesta muy enérgica a su diputado; **~ language** (= *swearing*) lenguaje *m* fuerte; (= *frank*) lenguaje *m* muy directo; **in the ~est possible terms** enérgicamente
[10] (= *noticeable*) [*resemblance*] marcado; [*presence*] fuerte; **he had a ~ German accent** tenía un fuerte *or* marcado acento alemán; **there is a ~ element of truth in this** hay gran parte de verdad en esto
[11] [*features*] pronunciado, marcado
[12] (*in number*) **they are 20 ~** son 20 en total; **a group 20 ~** un grupo de 20 (miembros *etc*); **a 1000-~ crowd** una multitud de 1000 personas
[13] (*Ling*) [*verb*] irregular
Ⓑ ADV (*) [1] **to come on ~** (= *be harsh*) ser duro, mostrarse demasiado severo; **don't you think you came on a bit ~ there?** ¿no crees que fuiste un poco duro?, ¿no crees que te mostraste un poco severo?; **she was coming on ~** (= *showing attraction*) se veía que él le gustaba
[2] **to be going ~**: **the firm is still going ~** la empresa se mantiene próspera; **their marriage is still going ~ after 50 years** después de 50 años su matrimonio sigue viento en popa; **he was still going ~ at 90** a sus 90 años todavía se conservaba en forma

**strong-arm** ['strɒŋɑ:m] ADJ [*tactics, methods*] represivo

**strong-armed** ['strɒŋ'ɑ:md] ADJ de brazos fuertes

**strongbox** ['strɒŋbɒks] N caja *f* fuerte

**stronghold** ['strɒŋhəʊld] N fortaleza *f*, plaza *f* fuerte; (*fig*) baluarte *m*, centro *m*; **the last ~ of ...** el último baluarte de ...

**strongly** ['strɒŋlɪ] ADV [1] (= *sturdily*) **~ built** [*person*] de constitución fuerte *or* robusta; **~ constructed** *or* **made** *or* **built** [*furniture, structure*] de construcción sólida
[2] (= *firmly*) [*recommend, advise*] encarecidamente; [*believe, suspect*] firmemente; **I would ~ urge you to reconsider** le ruego encarecidamente que recapacite; **I feel very ~ that ...** creo firmemente que ...; **I ~ disagree with the decision** estoy totalmente en desacuerdo con la decisión; **he is a man with ~ held views** es un hombre de convicciones firmes; **~ recommended** [*book, film*] muy recomendado
[3] (= *vehemently*) [3·1] (*with verb*) [*criticize*] duramente; [*oppose, support, protest, react*] enérgicamente; [*deny*] tajantemente, rotundamente; [*defend, argue*] firmemente; **a ~ worded letter** una carta subida de tono
[3·2] (*with adj, prep*) **the mood here is still very ~ anti-British** el clima aquí continúa siendo profundamente antibritánico; **to be ~ against** *or* **opposed to sth** estar totalmente en contra de algo, oponerse enérgicamente a algo; **to be ~ critical of sth/sb** criticar duramente algo/a algn; **to be ~ in favour of sth** estar totalmente a favor de algo
[4] (= *powerfully*) [*indicate*] claramente; **she was ~ attracted to him** sentía una fuerte atracción hacia él, se sentía fuertemente atraída hacia él; **if you feel ~ about this issue ...** si este tema te parece que es importante ...; **his early works were ~ influenced by jazz** sus primeras obras estaban muy influenciadas por el jazz; **he reminds me ~ of his uncle** me recuerda mucho a su tío; **to smell/taste ~ of sth** tener un fuerte olor/sabor a algo, oler/saber mucho a algo; **I'm ~ tempted to accompany you** me siento muy tentado a acompañarte; **she is ~ tipped to become party leader** es una de las favoritas para convertirse en líder del partido
[5] (= *prominently*) **to feature** *or* **figure ~ in sth** ocupar un lugar destacado *or* prominente en algo; **two stories feature ~ in today's papers** hay dos noticias que ocupan un lugar destacado *or* prominente en los periódicos de hoy; **fish features ~ in the Japanese diet** el pescado ocupa un lugar destacado *or* prominente en la dieta japonesa

**strongman** ['strɒŋmæn] N (*pl* **strongmen**) (*Circus*) forzudo *m*, hércules *m*; (*Pol etc*) hombre *m* fuerte

**strong-minded** ['strɒŋ'maɪndɪd] ADJ resuelto, decidido

**strong-mindedly** [ˌstrɒŋ'maɪndɪdlɪ] ADV resueltamente

**strong-mindedness** ['strɒŋ'maɪndɪdnɪs] N resolución *f*

**strongpoint** ['strɒŋpɔɪnt] N fuerte *m*, puesto *m* fortificado

**strongroom** ['strɒŋrʊm] N cámara *f* acorazada

**strong-willed** ['strɒŋ'wɪld] ADJ resuelto, decidido; (*pej*) obstinado

**strontium** ['strɒntɪəm] N estroncio *m*; **~ 90** estroncio *m* 90

**strop** [strɒp] Ⓐ N suavizador *m*
Ⓑ VT suavizar

**strophe** ['strəʊfɪ] N estrofa *f*

**stroppy*** ['strɒpɪ] ADJ (*Brit*) borde*; **to get ~** ponerse borde*

**strove** [strəʊv] PT of **strive**

**struck** [strʌk] PT, PP of **strike**

**structural** ['strʌktʃərəl] ADJ estructural

**structuralism** ['strʌktʃərəlɪzəm] N estructuralismo *m*

**structuralist** ['strʌktʃərəlɪst] Ⓐ ADJ estructuralista
Ⓑ N estructuralista *mf*

**structurally** ['strʌktʃərəlɪ] ADV estructuralmente, desde el punto de vista de la estructura; **~ sound** de estructura sólida

**structure** ['strʌktʃəʳ] Ⓐ N 1 (= *organization, make-up*) estructura *f*
2 (= *thing constructed*) construcción *f*
Ⓑ VT [+ *essay, argument*] estructurar

**structured** ['strʌktʃəd] ADJ estructurado; **~ activity** actividad *f* estructurada

**struggle** ['strʌgl] Ⓐ N 1 (*lit*) pelea *f*, forcejeo *m*; **there were signs of a ~** había señales de haberse producido una pelea *or* un forcejeo; **two men went up to him and a ~ broke out** dos hombres se acercaron a él y se desencadenó una pelea; **he lost his glasses in the ~** perdió las gafas en la pelea *or* refriega; **to put up a ~** oponer resistencia, forcejear; **he handed over his wallet without a ~** entregó su billetera sin oponer resistencia
2 (*fig*) lucha *f* (**for** por); **her ~ to feed her children** su lucha por poder dar de comer a sus hijos; **I had a ~ to persuade her** me costó trabajo persuadirla; **he finally lost his ~ against cancer** finalmente perdió su lucha contra el cáncer; **the ~ for survival** la lucha por la supervivencia; **there is a fierce power ~ going on behind the scenes** hay una intensa lucha por el poder entre bastidores; **local shopkeepers are not giving up without a ~** los tenderos del barrio no van a rendirse sin luchar; *see also* **class D, uphill**
Ⓑ VI 1 (= *scuffle*) forcejear; **stop struggling!** ¡deja de forcejear!; **he ~d to get free from the ropes** forcejeó para soltarse de las cuerdas; **we were struggling for the gun when it went off** forcejeábamos para hacernos con la pistola cuando se disparó; **to ~ with sb** forcejear con algn
2 (= *move with difficulty*) **to ~ free** lograr soltarse con dificultad; **I ~d into my costume** logré ponerme el disfraz como pude; **we ~d through the crowd** nos abrimos paso a duras penas entre la multitud; **she ~d to her feet** logró ponerse de pie; **the bus was struggling up the hill** el autobús subía con dificultad la cuesta; **he was struggling with his luggage** cargaba con su equipaje con gran esfuerzo
3 (= *fight against odds*) luchar; **to ~ to do sth** luchar por hacer algo, esforzarse por hacer algo; **to ~ against sth** luchar contra algo; **he ~d against the disease for 20 years** luchó contra la enfermedad durante 20 años; **we could see she was struggling for breath** veíamos como respiraba con dificultad; **to ~ in vain** luchar en vano
4 (= *have difficulties*) tener problemas; **they were struggling to pay their bills** tenían problemas *or* iban apurados para pagar las facturas; **the economy is struggling** la economía está en apuros; **he's struggling in his present class** se ve apurado en la clase en la que está ahora; **I ~d through the book** me costó terminar de leer el libro, tuve problemas para terminar de leer el libro; **she has ~d with her weight for years** ha tenido problemas con su peso durante años

►**struggle along** VI + ADV 1 (*lit*) avanzar con dificultad *or* penosamente
2 (*fig*) (*financially*) ir apurado

►**struggle on** VI + ADV 1 (= *keep moving*) **we ~d on for another kilometre** conseguimos avanzar otro kilómetro a duras penas
2 (*fig*) seguir bregando; **many old people choose to ~ on alone** muchas personas mayores prefieren seguir bregando solas

►**struggle through** VI + ADV **we'll ~ through somehow** saldremos adelante de algún modo

**struggling** ['strʌglɪŋ] ADJ [*artist, writer, actor*] que lucha por abrirse camino; [*business, team*] en apuros

**strum** [strʌm] Ⓐ VT [+ *guitar etc*] rasguear
Ⓑ VI cencerrear

**strumpet**† ['strʌmpɪt] N ramera *f*

**strung** [strʌŋ] PT, PP of **string** *see also* **highly 1**

**strut¹** [strʌt] Ⓐ VI (*also* **~ about, ~ along**) pavonearse, contonearse; **to ~ into a room** entrar dándose aires *or* pavoneándose en una habitación; **to ~ past sb** pasar delante de algn pavoneándose
Ⓑ VT ✦*IDIOM* **to ~ one's stuff*** pavonearse, darse pisto*

**strut²** [strʌt] N (= *beam*) puntal *m*, riostra *f*

**strychnine** ['strɪkni:n] N estricnina *f*

**Stuart** ['stju:ət] N Estuardo

**stub** [stʌb] Ⓐ N [*of cigarette*] colilla *f*, pitillo *m*; [*of candle, pencil etc*] cabo *m*; [*of cheque, receipt*] talón *m*; [*of tree*] tocón *m*
Ⓑ VT **to ~ one's toe (on sth)** dar con el dedo del pie (contra algo)

►**stub out** VT + ADV [+ *cigarette*] apagar

►**stub up** VT + ADV [+ *tree trunks*] desarraigar, quitar, arrancar

**stubble** ['stʌbl] N 1 (*Agr*) rastrojo *m*
2 (*on chin*) barba *f* (incipiente)

**stubblefield** ['stʌblfi:ld] N rastrojera *f*

**stubbly** ['stʌblɪ] ADJ [*chin*] sin afeitar; [*beard*] de tres días; [*person*] con barba de tres días

**stubborn** ['stʌbən] ADJ 1 (= *obstinate*) [*person*] testarudo, terco, tozudo; [*animal*] terco; [*nature, attitude, silence, refusal*] obstinado; [*resistance, insistence, determination*] obstinado, pertinaz; **she has a very ~ streak** puede ser muy testaruda *or* terca *or* tozuda; ✦*IDIOM* **as ~ as a mule** terco como una mula
2 (= *hard to deal with*) [*problem*] pertinaz; [*stain, lock*] difícil, resistente; **he had a ~ cold** tenía un resfriado persistente

**stubbornly** ['stʌbənlɪ] ADV [*insist, say*] obstinadamente, tercamente; [*refuse, continue, oppose*] obstinadamente; [*resist, cling*] (= *steadfastly*) tenazmente; (= *pig-headedly*) obstinadamente; **he was ~ determined/persistent** su resolución era obstinada/su insistencia era tenaz; **interest rates have remained ~ high** perduran los tipos altos de interés

**stubbornness** ['stʌbənnɪs] N [*of person*] testarudez *f*, terquedad *f*, tozudez *f*; [*of animal*] terquedad *f*; [*of cough, cold*] lo persistente

**stubby** ['stʌbɪ] ADJ (*compar* **stubbier**; *superl* **stubbiest**) achaparrado

**STUC** N ABBR = **Scottish Trades Union Congress**

**stucco** ['stʌkəʊ] Ⓐ N (*pl* **stuccoes** *or* **stuccos**) estuco *m*
Ⓑ ADJ de estuco
Ⓒ VT estucar

**stuck** [stʌk] PT, PP of **stick**

**stuck-up*** ['stʌk'ʌp] ADJ presumido, engreído; **to be very ~ about sth** presumir mucho a causa de algo

**stud¹** [stʌd] Ⓐ N (*in road*) clavo *m*, tope *m* (*Mex*); (*decorative*) tachón *m*, clavo *m* (de adorno); (*on boots*) taco *m*; (= *collar stud, shirt stud*) corchete *m*
Ⓑ VT [+ *boots, jacket, shield, door*] tachonar; **~ded with** (*fig*) salpicado de

**stud²** [stʌd] Ⓐ N 1 (*also* **~ farm**) caballeriza *f*, cuadra *f*; (*also* **~ horse**) caballo *m* semental
2 (*) (= *man*) semental* *m*
Ⓑ CPD ► **stud book** N registro *m* genealógico de caballos ► **stud mare** N yegua *f* de cría

**student** ['stju:dənt] Ⓐ N (*Scol*) alumno/a *m/f*; (*Univ*) estudiante *mf*, universitario/a *m/f*; (= *researcher*) investigador(a) *m/f*; **a law/medical ~** un(a) estudiante de derecho/medicina; **French ~** (*by nationality*) estudiante *mf* francés/esa; (*by subject*) estudiante *mf* de francés; **he is a ~ of bird life** es un estudioso de las aves
Ⓑ CPD [*life, unrest, attitude*] estudiantil ► **student body** N [*of school*] alumnado *m*; [*of university*] estudiantado *m* ► **student driver** N (*US*) *persona que está sacando el carnet de conducir* ► **student grant** N beca *f* ► **student loan** N crédito *m* personal para estudiantes ► **student nurse** N estudiante *mf* de enfermería ► **student teacher** N (*studying*) (*at college*) estudiante *mf* de magisterio; (*doing teaching practice*) (*in secondary school*) profesor(a) *m/f* en prácticas; (*in primary school*) maestro/a *m/f* en prácticas ► **student(s') union** N (= *building*) centro *m* estudiantil; (*Brit*) (= *association*) federación *f* de estudiantes

**studentship** ['stju:dəntʃɪp] N beca *f*

**studied** ['stʌdɪd] ADJ (*gen*) estudiado, pensado; [*calm, insult*] calculado, premeditado; [*pose, style*] estudiado, afectado

**studio** ['stju:dɪəʊ] Ⓐ N (*TV, Mus*) estudio *m*; [*of artist*] estudio *m*, taller *m*
Ⓑ CPD ► **studio apartment** N estudio *m* ► **studio audience** N público *m* de estudio ► **studio couch** N sofá-cama *m* ► **studio director** N director(a) *m/f* de interiores ► **studio flat** N (*Brit*) estudio *m*

**studious** ['stju:dɪəs] ADJ 1 (= *devoted to study*) estudioso
2 (= *thoughtful*) atento; [*effort*] asiduo; [*politeness*] calculado, esmerado

**studiously** ['stju:dɪəslɪ] ADV con aplicación; **he ~ avoided mentioning the matter** evitó cuidadosamente aludir al asunto, se guardó muy bien de aludir al asunto

**studiousness** ['stju:dɪəsnɪs] N aplicación *f*

**study** ['stʌdɪ] Ⓐ N 1 (*gen*) estudio *m*; [*of text, evidence etc*] investigación *f*, estudio *m*; **my studies show that ...** mis estudios demuestran que ...; **to make a ~ of sth** realizar una investigación de algo; ✦*IDIOM* **his face was a ~** (*hum*) ¡si le hubieras visto la cara!; *see also* **brown E**
2 (= *room*) biblioteca *f*, despacho *m*
Ⓑ VT 1 (*gen*) estudiar; (*as student*) estudiar, cursar
2 (= *examine*) [+ *evidence, painting*] examinar, investigar
Ⓒ VI estudiar; **to ~ to be an agronomist** estudiar para agrónomo; **to ~ under sb** estudiar con algn, trabajar bajo la dirección de algn; **to ~ for an exam** estudiar *or* preparar un examen

Ⓓ CPD ► **study group** N grupo *m* de estudio ► **study tour** N viaje *m* de estudios

**stuff** [stʌf] Ⓐ N [1] (*) (= *substance, material*) [1·1] (*lit*) **what's that ~ in the bucket?** ¿qué es eso que hay en el cubo?; **"do you want some beetroot?" — "no, I hate the ~"** —¿quieres remolacha? —no, la detesto; **"would you like some wine?" — " no, thanks, I never touch the ~"** —¿quieres un poco de vino? —no gracias, nunca lo pruebo; **have you got any more of that varnish ~?** ¿tienes más barniz de ése?; **do you call this ~ beer?** ¿a esto lo llamas cerveza?; **radioactive waste is dangerous ~** los residuos radiactivos son cosa peligrosa
[1·2] (*fig*) **there is some good ~ in that book** ese libro tiene cosas buenas; **I can't read his ~** no puedo con sus libros; **he was made of less heroic ~** no tenía tanta madera de héroe; **to be made of sterner ~** no ser tan blandengue*; **show him what kind of ~ you are made of** demuéstrale que tienes madera; **that's the ~!** ¡muy bien!, ¡así se hace!
[2] (*) (= *belongings*) cosas *fpl*, bártulos* *mpl*, chismes *mpl* (*Sp**); **where have you put my ~?** ¿dónde has puesto mis cosas?, ¿dónde has puesto mis bártulos *or* (*Sp*) chismes?*; **quite a lot of ~ had been stolen** habían robado bastantes cosas; **can I put my ~ in your room?** ¿puedo poner mis cosas en tu cuarto?; **he brought back a lot of ~ from China** trajo muchas cosas de China
[3] (*) (= *nonsense*) historias *fpl*; **all that ~ about how he wants to help us** todas esas historias *or* todo el cuento ese de que quiere ayudarnos; **don't give me that ~! I know what you're been up to!** ¡no me vengas con esas historias *or* ese cuento! ¡sé lo que pretendes!; **~ and nonsense!**†* ¡tonterías!, ¡puro cuento!
[4] (*) ✦**IDIOMS to do one's ~**: **go on, Jim, do your ~! let's see a goal!** ¡venga Jim! ¡muéstranos lo que vales, mete ese gol!; **we'll have to wait for the lawyers to do their ~** tendremos que esperar a que los abogados hagan su parte; **to know one's ~** ser un experto; *see also* **strut**[1] **B**
[5] (*) **and ~** y tal*; **he was busy writing letters and ~** estaba ocupado escribiendo cartas y tal*; **I haven't got time for boyfriends, the cinema and ~ like that** *or* **and all that ~** no tengo tiempo para novios, el cine y rollos por el estilo*
[6] (= *essence*) **the (very) ~ of sth**: **the pleasures and pains that are the ~ of human relationships** las alegrías y las penas que constituyen la esencia de las relaciones humanas; **he's hardly the ~ of romantic dreams** no es precisamente el ideal de los sueños románticos; **his feats on the tennis court are the ~ of legend** sus proezas en la cancha de tenis son legendarias
[7] (‡) **I couldn't give a ~ what he thinks** me importa un comino lo que piense*
[8] (*Brit*‡) (= *girl, woman*) **she's a nice bit of ~** está bien buena‡; *see also* **hot C**
[9] (*Drugs*‡) mercancía‡ *f*
[10] (††) (= *fabric*) género *m*, tela *f*
Ⓑ VT [1] (= *fill, pack*) [+ *chicken, peppers, cushion, toy*] rellenar (**with** con); [+ *sack, box, pockets*] llenar (**with** de); [+ *hole, leak*] tapar; (*in taxidermy*) [+ *animal*] disecar, embalsamar; **he had to ~ his ears with cotton wool** tuvo que llenarse las orejas de algodón; **they ~ed him with morphine*** lo atiborraron de morfina*; **to ~ one's head with useless facts*** llenarse la cabeza de información que no vale para nada; **her head is ~ed with formulae*** tiene la cabeza llena de fórmulas; **to ~ a ballot box** (*US Pol*) *llenar una urna de votos fraudulentos*; **to ~ one's face*** ◊ **~ o.s. (with food)*** atracarse *or* atiborrarse de comida*, darse un atracón*
[2] (*) (= *put*) **to ~ sth in** *or* **into sth** meter algo en algo; **he ~ed his hands in his pockets** se metió las manos en los bolsillos; **he ~ed it into his pocket** se lo metió de prisa en el bolsillo; **can we ~ any more in?** ¿caben más?; **~ your books on the table** pon tus libros en la mesa; ✦**IDIOM to ~ sth down sb's throat** meter a algn algo por la fuerza*; **I'm sick of having ideology ~ed down my throat** estoy harto de que me metan la ideología a la fuerza*
[3] (*Brit*‡) (*in exclamations*) **~ you!** ¡vete a tomar por culo! (*Sp*‡‡), ¡vete al carajo! (*LAm*‡‡); **oh, ~ it! I've had enough for today** ¡a la mierda! ¡por hoy ya vale!‡; **if you don't like it, you can ~ it** si no te gusta te jodes‡‡; **(you know where) you can ~ that!** ¡ya sabes por dónde te lo puedes meter!‡; **~ the government!** ¡que se joda el gobierno!‡‡; **get ~ed!** ¡vete a tomar por culo! (*Sp*‡‡), ¡vete al carajo! (*LAm*‡‡)
[4] (‡) (= *defeat*) dar un palizón a*, machacar*
Ⓒ VI (*) (= *guzzle*) atracarse de comida*, atiborrarse de comida*, darse un atracón*

►**stuff up** VT + ADV **to be ~ed up** [*person*] estar constipado; **my nose is ~ed up** tengo la nariz taponada *or* atascada; **to get ~ed up** [*pipe*] atascarse

**stuffed** [stʌft] Ⓐ ADJ [1] (*in taxidermy*) [*animal*] disecado, embalsamado
[2] (*Culin*) **~ peppers/tomatoes** pimientos *mpl*/tomates *mpl* rellenos
[3] (*) (= *full*) **I'm ~** estoy hasta arriba*
Ⓑ CPD ► **stuffed shirt*** N (*fig*) **he's a bit of a ~ shirt** es un poco estirado* ► **stuffed toy** N (*US*) muñeco *m* de peluche

**stuffily** ['stʌfɪlɪ] ADV [*say*] en tono de desaprobación, con desaprobación

**stuffiness** ['stʌfɪnɪs] N [1] (*in room*) mala ventilación *f*, falta *f* de aire
[2] (*fig*) (= *narrow-mindedness*) estrechez *f* de miras, remilgos *mpl*; (= *starchiness*) lo estirado; (= *prudishness*) remilgos *mpl*; (= *dullness*) pesadez *f*

**stuffing** ['stʌfɪŋ] N [*of furniture, stuffed animal*] relleno *m*, borra *f*; (*Culin*) relleno *m*; ✦**IDIOMS he's got no ~*** no tiene carácter, no tiene agallas; **to knock the ~ out of sb*** dejar a algn para el arrastre; **he had the ~ knocked out of him by the blow*** el golpe lo dejó sin fuerzas ni ánimo

**stuffy** ['stʌfɪ] ADJ (*compar* **stuffier**; *superl* **stuffiest**) [1] [*room*] mal ventilado; [*atmosphere*] cargado, sofocante; **it's ~ in here** aquí huele a cerrado, el ambiente está un poco cargado aquí
[2] [*person*] (= *narrow-minded*) remilgado, de miras estrechas; (= *prudish*) remilgado; (= *stiff, starchy*) tieso; (= *dull, boring*) pesado, poco interesante
[3] (= *congested*) [*nose*] taponado, atascado; **I've got a ~ nose** tengo la nariz taponada *or* atascada

**stultify** ['stʌltɪfaɪ] VT anular, aniquilar

**stultifying** ['stʌltɪfaɪɪŋ] ADJ [*work, regime, routine*] embrutecedor; [*atmosphere*] sofocante, agobiante

**stumble** ['stʌmbl] Ⓐ N tropezón *m*, traspié *m*
Ⓑ VI tropezar, dar un traspié; **to ~ against sth** tropezar contra algo; **to ~ on** ◊ **to go stumbling on** (= *keep walking*) avanzar dando traspiés; **to ~ over sth** tropezar en algo; **to ~ through a speech** pronunciar un discurso de cualquier manera, pronunciar un discurso atracándose; **to ~ (up)on** *or* **across sth** (*fig*) tropezar con algo

**stumbling block** ['stʌmblɪŋblɒk] N (*fig*) tropiezo *m*, escollo *m*

**stump** [stʌmp] Ⓐ N [1] (*gen*) cabo *m*; [*of limb*] muñón *m*; [*of tree*] tocón *m*; [*of tooth*] raigón *m*; ✦**IDIOM to find o.s. up a ~** (*US**) quedarse de piedra, estar perplejo
[2] (*Cricket*) palo *m*
[3] (*Art*) difumino *m*, esfumino *m*
[4] **to be** *or* **go on the ~** (*US Pol*) hacer campaña electoral
[5] (‡) (= *leg*) pierna *f*; *see also* **stir B2**
Ⓑ VT [1] (*) (= *perplex*) dejar perplejo *or* confuso; **I'm completely ~ed** estoy totalmente perplejo; **to be ~ed for an answer** no tener respuesta
[2] (*Cricket*) eliminar
[3] **to ~ the country** (*US Pol*) *recorrer el país pronunciando discursos*
Ⓒ VI (= *hobble, limp*) renquear, cojear

►**stump up*** (*Brit*) Ⓐ VT + ADV **to ~ up five pounds** apoquinar cinco libras, desembolsar cinco libras (**for sth** para comprar algo *or* por algo)
Ⓑ VI + ADV apoquinar, soltar la guita* (**for sth** para pagar algo)

**stumpy** ['stʌmpɪ] ADJ [*person etc*] achaparrado; [*pencil etc*] corto, reducido a casi nada, muy gastado

**stun** [stʌn] Ⓐ VT [1] (= *render unconscious*) dejar sin sentido
[2] (= *daze*) aturdir, atontar; **he was ~ned by the blow** el golpe lo aturdió *or* atontó, el golpe lo dejó aturdido *or* atontado
[3] (= *amaze*) dejar pasmado
[4] (= *shock*) dejar anonadado; **the news ~ned everybody** la noticia dejó anonadados a todos; **the family were ~ned by his death** la familia quedó anonadada a raíz de su muerte
Ⓑ CPD ► **stun grenade** N granada *f* detonadora, granada *f* de estampida ► **stun gun** N *arma para inmovilizar a animales o a personas temporalmente*

**stung** [stʌŋ] PT, PP *of* **sting**

**stunk** [stʌŋk] PP *of* **stink**

**stunned** [stʌnd] ADJ [1] (= *unconscious*) sin sentido
[2] (= *dazed*) aturdido, atontado
[3] (= *amazed*) pasmado; **I was absolutely ~ when I realized I had won** me quedé pasmado cuando me di cuenta de que había ganado, me quedé alucinado cuando me di cuenta de que había ganado*; **~ passers-by could not believe what was happening** los transeúntes, estupefactos, no podían creer lo que estaba sucediendo
[4] (= *shocked*) anonadado; **I was too ~ to reply** me quedé tan anonadado que no pude contestar; **he had a ~ expression on his face** tenía una expresión de asombro en el rostro; **I sat in ~ silence** me senté en silencio, anonadado; **people reacted to the news with ~ disbelief** al enterarse de la noticia la gente se quedó anonadada, sin dar crédito a lo que oía

**stunner*** ['stʌnəʳ] N (= *person*) persona *f* maravillosa; (= *thing*) cosa *f* estupenda*; **she's a real ~** está buenísima *or* como un tren*, es una mujer despampanante*; **the picture is a ~** el cuadro es maravilloso

**stunning** ['stʌnɪŋ] ADJ [1] (= *fabulous*) [*dress, girl*] imponente, deslumbrante, despampanante*; [*film, performance*] impresionante, sensacional; **a ~ blonde** una rubia imponente, una rubia despampanante*; **you look absolutely ~** estás deslumbrante; **the effect is ~** el efecto es impresionante

2 (= *startling*) [*news*] asombroso; [*success*] increíble; [*defeat*] aplastante; **his death came as a ~ blow** su muerte fue un golpe tremendo

3 (= *violent*) **he dealt me a ~ blow on the jaw** me dio un golpe en la mandíbula que me dejó aturdido *or* atontado

**stunningly** ['stʌnɪŋlɪ] ADV [*dressed, painted*] maravillosamente; [*original*] increíblemente; **she was ~ beautiful** tenía una belleza deslumbrante, era de una belleza imponente; **she looked ~ beautiful** estaba deslumbrante *or* imponente; **~ beautiful scenery** paisajes de una belleza impresionante; **a ~ simple design** un diseño de una sencillez asombrosa

**stunt[1]** [stʌnt] VT [+ *tree, growth*] impedir (el crecimiento de), atrofiar

**stunt[2]** [stʌnt] Ⓐ N 1 (= *feat*) proeza *f*, hazaña *f*; (*for film*) escena *f* peligrosa, toma *f* peligrosa; (*Aer*) vuelo *m* acrobático, ejercicio *m* acrobático; **to pull a ~** hacer algo peligroso (y tonto)

2 (= *publicity stunt*) truco *m* publicitario; **it's just a ~ to get your money** es sólo un truco para sacarte dinero

Ⓑ VI (*Aer*) hacer vuelos acrobáticos

Ⓒ CPD ► **stunt flier** N aviador(a) *m/f* acrobático/a

**stunted** ['stʌntɪd] ADJ enano, mal desarrollado

**stuntman** ['stʌntmæn] N (*pl* **stuntmen**) doble *m* (*especializado en escenas peligrosas*)

**stuntwoman** ['stʌntwʊmən] N (*pl* **stuntwomen**) doble *f* (*especializada en escenas peligrosas*)

**stupefaction** [,stju:pɪ'fækʃən] N estupefacción *f*

**stupefy** ['stju:pɪfaɪ] VT 1 (*through tiredness, alcohol*) atontar; **stupefied by drink** en estado de estupor después de haber bebido; (*permanently*) embrutecido por el alcohol

2 (= *astound*) dejar estupefacto *or* pasmado

**stupefying** ['stju:pɪfaɪɪŋ] ADJ (*fig*) pasmoso

**stupendous*** [stju:'pendəs] ADJ (= *wonderful*) estupendo; (= *extraordinary*) extraordinario

**stupendously*** [stju:'pendəslɪ] ADV (= *wonderfully*) estupendamente; (= *extraordinarily*) extraordinariamente

**stupid** ['stju:pɪd] Ⓐ ADJ 1 (= *unintelligent*) [*person*] estúpido, tonto, imbécil; [*question, remark, idea*] estúpido, tonto; [*mistake, game*] tonto, bobo; **don't be (so) ~** no seas tonto; **I'll never do anything so ~ again** nunca volveré a cometer semejante estupidez; **don't do anything ~, will you?** no vayas a hacer alguna tontería ¿eh?; **it's ~ to leave money lying around** es una estupidez *or* es de tontos dejar el dinero a la vista de todos; **to act ~*** (= *pretend to be stupid*) hacerse el tonto; (= *behave stupidly*) hacer el tonto; **she looks ~ in that hat** ◊ **that hat looks ~ on her** está ridícula con ese sombrero; **it looks ~** se ve ridículo, queda ridículo; **to make sb look ~** dejar a algn en ridículo; **it was ~ of you** fue una tontería por tu parte, ¡qué tonto *or* imbécil fuiste!; **it was ~ of me to say that** fui tonto al decir eso, cometí una estupidez al decir eso; **it was a ~ thing to do** fue una tontería *or* una estupidez; **that's the ~est thing I ever heard** jamás he oído semejante tontería *or* estupidez; *see also* **plain B1**

2 (*) (= *insensible, dazed*) atontado; **to bore sb ~** matar a algn de aburrimiento; **to drink o.s. ~** pillarse una trompa de miedo*; **to knock sb ~** dejar a algn atontado *or* aturdido de un golpe, dejar a algn tonto *or* lelo de un golpe*; **to laugh o.s. ~** partirse de risa*

3 (*) (= *pesky*) maldito*, condenado*; **I hate these ~ shoes** odio estos malditos *or* condenados zapatos*; **you ~ idiot!** ¡idiota!, ¡imbécil!; **she gets annoyed by ~ little things** se molesta por cualquier tontería, se molesta por cualquier chorrada (*Sp**)

Ⓑ N (*) (*as excl*) **don't do that, ~!** ¡no hagas eso, imbécil!*; **come on, ~!** (*said affectionately*) ¡venga bobo!*

Ⓒ ADV (*) **don't talk ~!** ¡no digas tonterías *or* estupideces!*

**stupidity** [stju:'pɪdɪtɪ] N 1 (= *quality*) estupidez *f*; **he laughed at their ~** se reía de su estupidez; **an act of ~** una acción estúpida

2 (= *stupid thing*) estupidez *f*, tontería *f*

**stupidly** ['stju:pɪdlɪ] ADV [*behave, act*] como un idiota; [*stare, grin*] como un bobo, como un tonto; **~, I said I would help her** como un tonto, dije que la ayudaría, cometí la estupidez de decir que la ayudaría; **~, he'd not anticipated that this might happen** había sido una estupidez por su parte, pero no había previsto que esto pudiera ocurrir; **somebody had ~ left the door open** alguien había cometido la estupidez de dejar la puerta abierta

**stupidness** ['stju:pɪdnɪs] N = **stupidity**

**stupor** ['stju:pə^r] N estupor *m*

**sturdily** ['stɜ:dɪlɪ] ADV 1 **~ built** [*house*] de construcción sólida; [*person*] robusto; [*furniture*] sólido

2 (= *stoically*) [*say*] firmemente, enérgicamente; [*oppose*] enérgicamente, tenazmente

**sturdiness** ['stɜ:dɪnɪs] N 1 [*of person, tree*] robustez *f*, fuerza *f*; [*of boats, material*] fuerza *f*; [*of furniture*] solidez *f*

2 (*fig*) [*of supporter, refusal*] energía *f*, firmeza *f*

**sturdy** ['stɜ:dɪ] ADJ (*compar* **sturdier**; *superl* **sturdiest**) 1 [*person, tree*] robusto, fuerte; [*boat, material*] fuerte; [*table, furniture*] sólido

2 (*fig*) [*supporter, refusal*] enérgico, firme; [*resistance*] tenaz; **~ independence** espíritu *m* fuerte de independencia

**sturgeon** ['stɜ:dʒən] N esturión *m*

**stutter** ['stʌtə^r] Ⓐ N tartamudeo *m*; **he has a bad ~** tartamudea terriblemente; **to say sth with a ~** decir algo tartamudeando

Ⓑ VI tartamudear

Ⓒ VT (*also* **~ out**) decir tartamudeando

**stutterer** ['stʌtərə^r] N tartamudo/a *m/f*

**stuttering** ['stʌtərɪŋ] Ⓐ ADJ tartamudo

Ⓑ N tartamudeo *m*

**stutteringly** ['stʌtərɪŋlɪ] ADV **he said ~** dijo tartamudeando

**STV** N ABBR 1 (*Pol*) = **Single Transferable Vote**

2 = **Scottish Television**

**sty[1]** [staɪ] N 1 [*of pigs*] pocilga *f*, chiquero *m* (*S. Cone*)

2 (*) (*fig*) pocilga* *f*, leonera* *f*

**sty[2]**, **stye** [staɪ] N (*Med*) orzuelo *m*

**Stygian** ['stɪdʒɪən] ADJ estigio

**style** [staɪl] Ⓐ N 1 (*Mus, Art, Literat*) estilo *m*; **in the ~ of Mozart** al estilo de Mozart; **a building in the neoclassical ~** un edificio de estilo neoclásico

2 (= *design, model*) estilo *m*; **I want something in that ~** quiero algo de ese estilo

3 (= *mode*) estilo *m*; **we must change our ~ of play** debemos cambiar nuestro estilo de juego; **the present ~ of leadership** el estilo actual de liderazgo; **management ~** estilo *m* administrativo; **~ of living** estilo *m* de vida; **in the Italian ~** al estilo italiano, a la italiana; **that's the ~!** ¡así se hace!, ¡muy bien!; **this is a lesson in economics, nineties ~** ésta es una lección de economía al estilo de los noventa; **March 6th, old/new ~** 6 de marzo, según el calendario juliano/gregoriano; *see also* **house C**

4 (= *elegance*) estilo *m*; **there's no ~ about him** no tiene nada de estilo; **to have ~** tener estilo; **to do sth in ~** hacer algo por todo lo alto *or* a lo grande; **they celebrated in ~** lo celebraron por todo lo alto *or* a lo grande; **to live in ~** vivir por todo lo alto *or* rodeado de lujo; **to travel in ~** viajar por todo lo alto; **he won in fine ~** ganó de manera impecable

5 (= *fashion*) moda *f*; **to go out of ~** [*mode of dress*] pasar de moda; **they spent money like it was going out of ~*** (*hum*) gastaban dinero a troche y moche *or* como si fuera agua; **she was drinking vodka like it was going out of ~** bebía vodka como si se estuviera acabando el mundo

6 (*) (= *way of behaving*) estilo *m*; **I like your ~** me gusta tu estilo; **that's not her ~** eso no es su estilo; *see also* **cramp[1]**

7 (*also* **hairstyle**) peinado *m*

8 (= *form of address*) título *m*

Ⓑ VT 1 (*frm*) (= *call, designate*) **the headmaster is ~d "rector"** al director se le llama "rector"; **he ~s himself "Doctor"** se hace llamar "Doctor"; *see also* **self-styled**

2 (= *design*) [+ *clothes, car, model*] diseñar; **to ~ sb's hair** peinar a algn; **Jackie's hair was ~d by …** Jackie ha sido peinada por …; **her hair is ~d in a bob** lleva una melena corta

3 (*Typ*) [+ *manuscript*] editar (*siguiendo el estilo de la editorial*)

Ⓒ CPD ► **style book** N (*Typ*) libro *m* de estilo ► **style guru*** N gurú *mf* de la moda ► **style sheet** N (*Comput*) hoja *f* de estilo

**style-conscious** ['staɪlkɒnʃəs] ADJ **the ~ teenager** el/la adolescente que se preocupa por la moda

**styli** ['staɪlaɪ] NPL *of* **stylus**

**styling** ['staɪlɪŋ] N estilización *f*

**stylish** ['staɪlɪʃ] ADJ [*performance*] elegante; [*clothes, car, décor, area*] (= *elegant*) elegante; (= *modern*) moderno; **she's a ~ dresser** (= *elegant*) viste con elegancia *or* con estilo; (= *fashionable*) siempre va vestida muy a la moda

**stylishly** ['staɪlɪʃlɪ] ADV [*perform*] con estilo, con elegancia; [*dress*] (= *elegantly*) con estilo, con elegancia; (= *fashionably*) a la moda; [*write*] con elegancia

**stylishness** ['staɪlɪʃnɪs] N [*of area, resort, performance*] elegancia *f*; [*of clothes, car, décor, person*] estilo *m*, elegancia *f*

**stylist** ['staɪlɪst] N 1 (*also* **hair ~**) peluquero/a *m/f*

2 (*Literat*) estilista *mf*

**stylistic** [staɪ'lɪstɪk] ADJ [*device*] estilístico; [*improvement*] del estilo

**stylistically** [staɪ'lɪstɪklɪ] ADV estilísticamente

**stylistics** [staɪ'lɪstɪks] NSING estilística *f*

**stylized** ['staɪlaɪzd] ADJ estilizado

**stylus** ['staɪləs] N (*pl* **styluses** *or* **styli**) (= *pen*) estilo *m*; [*of record-player*] aguja *f*

**stymie*** ['staɪmɪ] VT **to ~ sb** bloquear a algn, poner obstáculos infranqueables delante de algn; **now we're really ~d!** ¡la hemos pringado de verdad!*, ¡la hemos liado!*

**styptic** ['stɪptɪk] Ⓐ ADJ astringente

Ⓑ N estíptico *m*

Ⓒ CPD ► **styptic pencil** N lapicero *m* hemostático

**Styx** [stɪks] N Estigio *m*, Laguna *f* Estigia

**suasion** ['sweɪʒən] N (= *liter*) persuasión *f*
**suave** [swɑːv] ADJ fino; (*pej*) hábil
**suavely** ['swɑːvlɪ] ADV (*pej*) [*say, smile*] hábilmente
**suavity** ['swɑːvɪtɪ] N finura *f*; (*pej*) habilidad *f*
**sub**[1] [sʌb] Ⓐ N ABBR 1 = **subaltern**
2 = **subeditor**
3 = **submarine**
4 = **subscription**
5 = **substitute**
Ⓑ VT ABBR = **sub-edit**
**sub**[2] [sʌb] VI **to ~ for sb** hacer las veces de algn
**sub**[3]* [sʌb] Ⓐ N (= *advance on wages*) avance *m*, anticipo *m*
Ⓑ VT anticipar dinero a
**sub...** [sʌb] PREFIX sub...
**subalpine** ['sʌb'ælpaɪn] ADJ subalpino
**subaltern** ['sʌbltən] N (*Brit Mil*) alférez *mf*
**subarctic** ['sʌb'ɑːktɪk] ADJ subártico
**subatomic** [ˌsʌbə'tɒmɪk] ADJ subatómico
**sub-branch** ['sʌbbrɑːntʃ] N subdelegación *f*
**subcommittee** ['sʌbkəˌmɪtɪ] N subcomisión *f*, subcomité *m*
**subconscious** ['sʌb'kɒnʃəs] Ⓐ ADJ subconsciente
Ⓑ N **the ~** el subconsciente; **in one's ~** en el subconsciente
**subconsciously** ['sʌb'kɒnʃəslɪ] ADV subconscientemente
**subcontinent** ['sʌb'kɒntɪnənt] N **the (Indian) ~** el subcontinente (de la India)
**subcontract** Ⓐ [ˌsʌb'kɒntrækt] N subcontrato *m*
Ⓑ [ˌsʌbkən'trækt] VT subcontratar
**subcontractor** [ˌsʌbkən'træktəʳ] N subcontratista *mf*
**subculture** ['sʌbˌkʌltʃəʳ] N subcultura *f*
**subcutaneous** ['sʌbkjʊ'teɪnɪəs] ADJ subcutáneo
**subdivide** ['sʌbdɪ'vaɪd] Ⓐ VT subdividir
Ⓑ VI subdividirse
**subdivision** ['sʌbdɪˌvɪʒən] N subdivisión *f*
**subdue** [səb'djuː] VT [+ *enemy*] someter, sojuzgar; [+ *children, revellers*] calmar, tranquilizar; [+ *animal*] amansar, domar; [+ *noise*] bajar; [+ *passions*] dominar
**subdued** [səb'djuːd] ADJ [*colours, light, lighting*] tenue, suave; [*voice*] suave; [*mood*] apagado; [*person*] (= *quiet*) apagado; (= *passive*) sumiso, manso; (= *depressed*) deprimido; **you were very ~ last night** anoche se te veía muy apagado
**sub-edit** ['sʌb'edɪt] VT (*Brit*) [+ *article*] corregir, preparar para la prensa
**sub-editor** ['sʌb'edɪtəʳ] N redactor(a) *m/f*
**sub-entry** ['sʌbentrɪ] N (*Book-keeping*) subasiento *m*, subapunte *m*
**subgroup** ['sʌbgruːp] N subgrupo *m*
**subhead(ing)** ['sʌbˌhed(ɪŋ)] N subtítulo *m*
**subhuman** ['sʌb'hjuːmən] ADJ infrahumano
**subject** Ⓐ ['sʌbdʒɪkt] N 1 (= *topic, theme*) tema *m*; (= *plot*) argumento *m*, asunto *m*; **to change the ~** cambiar de tema; **let's change the ~** cambiemos de tema; **changing the ~ ...** hablando de otra cosa ..., cambiando de tema ...; **it's a delicate ~** es un asunto delicado; **on the ~ of ...** a propósito de ...; **(while we're) on the ~ of money ...** ya que de dinero se trata ...; **this raises the whole ~ of money** esto plantea el problema general del dinero
2 (*Scol, Univ*) asignatura *f*
3 (*Gram*) sujeto *m*
4 (*Med*) caso *m*; **he's a nervous ~** es un caso nervioso
5 (*Sci*) **guinea pigs make excellent ~s** los conejillos son materia excelente (*para los experimentos etc*)
6 (*esp Brit Pol*) súbdito/a *m/f*; **British ~** súbdito/a *m/f* británico/a; **liberty of the ~** libertad *f* del ciudadano
Ⓑ ['sʌbdʒɪkt] ADJ 1 [*people, nation*] dominado, subyugado
2 **subject to** (= *liable to*) [+ *law, tax, delays*] sujeto a; [+ *disease*] propenso a; [+ *flooding*] expuesto a; (= *conditional on*) [+ *approval etc*] sujeto a; **these prices are ~ to change without notice** estos precios están sujetos a cambio sin previo aviso; **~ to correction** bajo corrección; **~ to confirmation in writing** sujeto a confirmación por escrito
Ⓒ [səb'dʒekt] VT **to ~ sb to sth** someter a algn a algo; **to ~ a book to criticism** someter un libro a la crítica; **to be ~ed to inquiry** ser sometido a una investigación; **I will not be ~ed to this questioning** no tolero este interrogatorio *or* esta interrogación; **she was ~ed to much indignity** tuvo que aguantar muchas afrentas
Ⓓ ['sʌbdʒɪkt] CPD ► **subject heading** N título *m* de materia ► **subject index** N (*in book*) índice *m* de materias; (*in library*) catálogo *m* de materias ► **subject matter** N (= *topic*) tema *m*, asunto *m*; [*of letter*] contenido *m* ► **subject pronoun** N pronombre *m* (de) sujeto
**subjection** [səb'dʒekʃən] N sometimiento *m* (**to** a); **to be in ~ to sb** estar sometido a algn; **to bring a people into ~** subyugar a un pueblo; **to hold a people in ~** tener subyugado a un pueblo
**subjective** [səb'dʒektɪv] ADJ subjetivo
**subjectively** [səb'dʒektɪvlɪ] ADV subjetivamente
**subjectivism** [səb'dʒektɪvɪzəm] N subjetivismo *m*
**subjectivity** [ˌsʌbdʒek'tɪvɪtɪ] N subjetividad *f*
**subjoin** ['sʌb'dʒɔɪn] VT adjuntar
**sub judice** [sʌb'djuːdɪsɪ] ADJ (*Jur*) **the matter is ~** el asunto está en manos del tribunal
**subjugate** ['sʌbdʒʊgeɪt] VT subyugar, sojuzgar
**subjugation** [ˌsʌbdʒʊ'geɪʃən] N subyugación *f*; **to live in ~** vivir subyugado
**subjunctive** [səb'dʒʌŋktɪv] Ⓐ ADJ subjuntivo; **~ mood** modo *m* subjuntivo
Ⓑ N subjuntivo *m*; **the verb is in the ~** el verbo está en subjuntivo
**sublease** Ⓐ ['sʌb'liːs] VT subarrendar
Ⓑ ['sʌbˌliːs] N subarriendo *m*
**sublessee** [ˌsʌble'siː] N subarrendatario/a *m/f*
**sublessor** [ˌsʌble'sɔːʳ] N subarrendador(a) *m/f*
**sublet** ['sʌb'let] (*pt, pp* **sublet**) Ⓐ VT subarrendar
Ⓑ VI **they were considering ~ting** estaban pensando en subarrendar el piso (*or* la casa *etc*)
**sub-librarian** ['sʌblaɪ'brɛərɪən] N subdirector(a) *m/f* de biblioteca
**sub-lieutenant** ['sʌblef'tenənt] N (*Naut*) alférez *mf* de fragata; (*Mil*) subteniente *mf*, alférez *mf*
**sublimate** Ⓐ ['sʌblɪmeɪt] VT (*all senses*) sublimar
Ⓑ ['sʌblɪmɪt] N sublimado *m*
**sublimation** [ˌsʌblɪ'meɪʃən] N sublimación *f*
**sublime** [sə'blaɪm] Ⓐ ADJ sublime; (*iro*) [*indifference, contempt*] supremo, total
Ⓑ N **the ~** lo sublime; **to go from the ~ to the ridiculous** pasar de lo sublime a lo ridículo
**sublimely** [sə'blaɪmlɪ] ADV maravillosamente; **he played ~** tocó maravillosamente; **~ funny** terriblemente graciosa; **~ beautiful** de una belleza sublime; **~ unaware of ...** completamente *or* absolutamente inconsciente de ...
**subliminal** [sʌb'lɪmɪnl] ADJ subliminal; **~ advertising** publicidad *f* subliminal
**subliminally** [sʌb'lɪmɪnəlɪ] ADV subliminalmente
**sublimity** [sə'blɪmɪtɪ] N sublimidad *f*
**submachine gun** ['sʌbmə'ʃiːngʌn] N ametralladora *f*, pistola *f* ametralladora, metralleta *f*
**submarine** [ˌsʌbmə'riːn] Ⓐ N 1 (= *vessel*) submarino *m*
2 (*US**) *sándwich mixto de tamaño grande*
Ⓑ ADJ submarino
Ⓒ CPD ► **submarine chaser** N cazasubmarinos *m inv*
**submariner** [sʌb'mærɪnəʳ] N submarinista *mf*
**sub-menu** ['sʌbˌmenjuː] N submenú *m*
**submerge** [səb'mɜːdʒ] Ⓐ VT 1 (= *plunge*) hundir (**in** en)
2 (= *flood*) inundar
Ⓑ VI [*submarine, person*] sumergirse
**submerged** [səb'mɜːdʒd] ADJ sumergido
**submergence** [səb'mɜːdʒəns] N sumersión *f*, sumergimiento *m*, hundimiento *m*
**submersible** [səb'mɜːsəbl] ADJ sumergible
**submersion** [səb'mɜːʃən] N sumersión *f*
**submicroscopic** ['sʌbˌmaɪkrəs'kɒpɪk] ADJ submicroscópico
**submission** [səb'mɪʃən] N 1 (= *submissiveness*) sumisión *f*; **to beat sb into ~** (*lit*) someter a algn a base de golpes; (*fig*) someter a algn, subyugar a algn
2 (= *handing in*) [*of evidence, plan*] presentación *f*; [*of proposal, application*] presentación *f*, entrega *f*
3 (*Jur etc*) alegato *m*
4 (*to committee etc*) (= *plan, proposal*) propuesta *f*; **a written ~ is required** se requiere una propuesta por escrito; **~s are judged by a panel of authors** un panel de autores juzga las obras
**submissive** [səb'mɪsɪv] ADJ sumiso
**submissively** [səb'mɪsɪvlɪ] ADV sumisamente
**submissiveness** [səb'mɪsɪvnɪs] N sumisión *f*
**submit** [səb'mɪt] Ⓐ VT 1 (= *put forward*) [+ *proposal, claim, report*] presentar; [+ *evidence*] presentar, aducir; [+ *account*] rendir; **to ~ that ...** proponer que ..., sugerir que ...; **I ~ that ...** me permito sugerir que ...; **to ~ a play to the censor** someter una obra a la censura; **to ~ a dispute to arbitration** someter una disputa a arbitraje
2 (= *subject*) someter; **to ~ o.s. to sth** someterse a algo; **to ~ o.s. to sb** someterse a algn
Ⓑ VI (= *give in*) rendirse, someterse; **to ~ to sth** someterse a algo; **he refused to ~ to drugs tests** se negó a someterse a la prueba del doping; **to ~ to authority** someterse a la autoridad; **to ~ to pressure** ceder ante la presión; **he had to ~ to this indignity** tuvo que aguantar esta afrenta
**subnormal** ['sʌb'nɔːməl] Ⓐ ADJ subnormal
Ⓑ NPL **the ~** los subnormales
**suborbital** ['sʌb'ɔːbɪtəl] ADJ suborbital
**subordinate** Ⓐ [sə'bɔːdnɪt] N subordinado/a *m/f*
Ⓑ [sə'bɔːdnɪt] ADJ [*officer, member of staff, group*] subordinado; [*role*] subordinado, secundario; **to be ~ to sb** (*in rank*) ser subordinado de algn; **to be ~ to sth** (= *secondary*) estar subordinado a algo; **~ clause** oración *f* subordinada
Ⓒ [sə'bɔːdɪneɪt] VT subordinar; **to ~ sth to**

**sth** subordinar algo a algo; **subordinating conjunction** conjunción *f* de subordinación

**subordination** [sə,bɔːdɪ'neɪʃən] N subordinación *f*

**suborn** [sʌ'bɔːn] VT (*frm*) sobornar

**subparagraph** [sʌb'pærə,grɑːf] N subpárrafo *m*

**subplot** ['sʌb,plɒt] N intriga *f* secundaria

**subpoena** [səb'piːnə] (*Jur*) Ⓐ N citación *f*; **to serve sb with a ~** ◊ **serve a ~ on sb** enviar una citación a algn
Ⓑ VT [+ *witness*] citar; [+ *document*] reclamar como pruebas; **to ~ sb to do sth** citar a algn para hacer algo

**subpopulation** ['sʌb,pɒpjʊ'leɪʃən] N subgrupo *m* de población

**sub post-office** [,sʌb'pəʊst,ɒfɪs] N subdelegación *f* de correos

**subrogate** ['sʌbrəgɪt] ADJ subrogado, sustituido; **~ language** lenguaje *m* subrogado

**sub rosa** ['sʌb'rəʊzə] Ⓐ ADJ secreto, de confianza
Ⓑ ADV en secreto, en confianza

**subroutine** [,sʌbruː'tiːn] N subrutina *f*

**sub-Saharan** ['sʌbsə'hɑːrən] ADJ subsahariano

**subscribe** [səb'skraɪb] Ⓐ VI 1 **to ~ to** 1·1 (= *buy, pay for*) [+ *magazine, newspaper*] su(b)scribirse *or* abonarse a; [+ *e-mail list*] su(b)scribirse a; **he ~s to a pay TV channel** está abonado a un canal de televisión de pago
1·2 (= *contribute to*) [+ *charity, good cause*] contribuir con
1·3 (= *share*) **I've personally never ~d to that view** yo personalmente nunca he sido de esa opinión; **I don't ~ to the idea that money should be given to people like that** yo no soy partidario de que se dé dinero a gente como esa
2 **to ~ for** [+ *stocks, shares*] su(b)scribir; **~d capital** (*Comm*) capital *m* su(b)scrito
Ⓑ VT 1 (= *contribute*) [+ *money*] donar
2 (= *apply for*) **the share issue was heavily ~d** la oferta de venta de acciones ha tenido mucha demanda; **the language courses are all fully ~d** la matrícula de los cursos de idiomas está completa
3 (*frm*) [+ *signature*] poner; [+ *document*] su(b)scribir

**subscriber** [səb'skraɪbəʳ] N 1 (*to magazine, newspaper*) su(b)scriptor(a) *m/f*, abonado/a *m/f*; (*to pay TV, telephone, concert series*) abonado/a *m/f*; (*to e-mail*) su(b)scriptor(a) *m/f*; (*to charity*) donante *mf*; (*to campaign*) partidario/a *m/f*, seguidor(a) *m/f*
2 (*St Ex*) su(b)scriptor(a) *m/f*

**subscript** ['sʌbskrɪpt] N subíndice *m*

**subscription** [səb'skrɪpʃən] Ⓐ N 1 (= *act of subscribing*) (*to magazine, newspaper*) su(b)scripción *f*; (*to club, telephone service, pay TV*) abono *m*; (*to e-mail provider*) conexión *f*
2 (= *fee*) (*to magazine, newspaper, pay TV, e-mail provider*) su(b)scripción *f*, tarifa *f* de su(b)scripción; (*to club*) cuota *f*; **to pay one's ~** (*monthly, annually etc*) (*to magazine, newspaper*) pagar la su(b)scripción; (*to pay TV*) pagar el abono *or* la cuota de abono; (*to club*) pagar la cuota; **annual** *or* **yearly ~** (*to magazine, journal*) su(b)scripción *f* anual; (*to club*) cuota *f* anual; **by public ~** con donativos (de particulares); **to take out a ~ to sth** (*to club, pay TV, telephone service*) abonarse a algo; (*to magazine, newspaper*) su(b)scribirse a algo
Ⓑ CPD ► **subscription fee** N (*for magazine, e-mail, pay TV*) tarifa *f* de su(b)scripción; (*for club membership, telephone service*) cuota *f* ► **subscription form** N hoja *f* de su(b)scripción ► **subscription rate** N tarifa *f* de su(b)scripción

**subsection** ['sʌb,sekʃən] N subsección *f*, subdivisión *f*

**subsequent** ['sʌbsɪkwənt] ADJ posterior, subsiguiente (*more frm*); **on a ~ visit** en una visita posterior; **in ~ years** en años posteriores; **all ~ studies confirmed that finding** todos los estudios subsiguientes *or* posteriores confirmaron esa conclusión; **~ to** con posterioridad a; **~ to that** posteriormente

**subsequently** ['sʌbsɪkwəntlɪ] ADV posteriormente

**subserve** [səb'sɜːv] VT ayudar, favorecer

**subservience** [səb'sɜːvɪəns] N 1 [*of person*] (= *submissiveness*) sumisión *f*; (= *servility*) servilismo *m*; **a life of ~ and drudgery** una vida de sumisión y monotonía; **~ to sb** sumisión a algn
2 (= *secondary position*) subordinación *f* (**to** a)

**subservient** [səb'sɜːvɪənt] ADJ 1 [*person*] (= *submissive*) sumiso; (*pej*) (= *servile*) servil; **to be ~ to sb** someterse a algn
2 (= *secondary*) subordinado (**to** a)

**subset** ['sʌb,set] N subconjunto *m*

**subside** [səb'saɪd] VI [*floods*] bajar, descender; [*road, land, house*] hundirse; [*wind*] amainar; [*anger, laughter, excitement*] apagarse; [*threat*] disminuir, alejarse; [*violence, pain*] disminuir; **to ~ into a chair** dejarse caer en una silla

**subsidence** [səb'saɪdəns] N [*of road, land, house*] hundimiento *m*; [*of floods*] bajada *f*, descenso *m*; **"road liable to subsidence"** "firme en mal estado"

**subsidiary** [səb'sɪdɪərɪ] Ⓐ ADJ 1 (= *secondary*) [*interest, importance, role, question*] secundario
2 (*Comm*) [*company, bank*] filial
3 (*Univ*) [*subject, course*] complementario; **I want to do ~ Spanish** quiero hacer español como asignatura complementaria
Ⓑ N 1 (*Comm*) (= *company*) filial *f*; (= *bank*) sucursal *f*, filial *f*
2 (*Univ*) asignatura *f* complementaria

**subsidize** ['sʌbsɪdaɪz] VT subvencionar; **rice is imported at ~d prices** el arroz se importa subvencionado

**subsidy** ['sʌbsɪdɪ] N subvención *f*; **government ~** subvención *f* estatal, subvención *f* del gobierno; **state ~** subvención *f* estatal

**subsist** [səb'sɪst] VI subsistir; **to ~ on sth** subsistir a base de algo

**subsistence** [səb'sɪstəns] Ⓐ N (= *nourishment*) sustento *m*, subsistencia *f*; (= *existence*) existencia *f*; **means of ~** medios *mpl* de subsistencia
Ⓑ CPD ► **subsistence allowance** N dietas *fpl* ► **subsistence economy** N economía *f* de subsistencia ► **subsistence farmer** N *campesino que se dedica a la agricultura de subsistencia* ► **subsistence farming** N agricultura *f* de subsistencia ► **subsistence level** N nivel *m* mínimo de subsistencia; **to live at ~ level** vivir muy justo, poderse sustentar apenas ► **subsistence wage** N salario *m* de subsistencia

**subsoil** ['sʌbsɔɪl] N subsuelo *m*

**subsonic** ['sʌb'sɒnɪk] ADJ subsónico

**subspecies** ['sʌb'spiːʃiːz] N (*pl inv*) subespecie *f*

**substance** ['sʌbstəns] Ⓐ N 1 (*physical*) 1·1 (= *solution, chemical*) sustancia *f*; **a sticky ~** una sustancia pegajosa; *see also* **illegal**
1·2 (= *solidity*) corporeidad *f*; [*of fabric*] cuerpo *m*; **line the fabric to give it more ~** ponle un forro a la tela para darle más cuerpo
2 (*fig*) 2·1 (= *basis*) (*to allegation*) base *f*, fundamento *m*; **the rumours are completely without ~** los rumores no tienen ninguna base *or* ningún fundamento
2·2 (= *profundity*) (*to book, plot, argument*) enjundia *f*, sustancia *f*; **there wasn't much ~ in** *or* **to his lectures** sus conferencias no tenían mucha enjundia *or* sustancia; **issues of ~** asuntos fundamentales *or* de importancia
2·3 (= *gist, essence*) [*of speech, writing*] esencia *f*; **the ~ of his talk** la esencia de su charla; **I agree with the ~ of his proposals** estoy de acuerdo en lo esencial de sus propuestas; **the dispute was about style not ~** la discusión fue sobre forma, no sobre fondo; **what he is saying in ~ is that ...** en esencia, lo que está diciendo es que ...; **the Court agreed in ~ with this argument** el tribunal estuvo de acuerdo con este argumento en lo esencial
2·4 **a man/woman of ~** (= *wealthy person*) un hombre/una mujer de fortuna
Ⓑ CPD ► **substance abuse** N abuso *m* de estupefacientes, toxicomanía *f* ► **substance abuser** N toxicómano/a *m/f*

**substandard** ['sʌb'stændəd] ADJ 1 (= *inferior*) [*products, material*] de calidad inferior; [*service, work, performance*] poco satisfactorio; **~ housing** viviendas que no reúnen condiciones de habitabilidad
2 (*Ling*) (= *nonstandard*) no estándar

**substantial** [səb'stænʃəl] ADJ 1 (= *significant*) [*amount, progress, improvement, damage*] considerable, importante; [*difference*] importante, sustancial; **there has been ~ agreement on this question** ha habido un alto *or* considerable grado de acuerdo sobre esta cuestión; **to win by a ~ majority** ganar por una mayoría considerable; **a ~ majority of families** una mayoría considerable de familias
2 (= *weighty*) [*evidence*] sustancial, de peso; [*document, book*] sustancioso
3 (= *solid*) [*building*] sólido
4 (= *filling*) [*meal, dish*] sustancioso

**substantially** [səb'stænʃəlɪ] ADV 1 (= *significantly*) [*increase, change, contribute*] sustancialmente, considerablemente; **a ~ different approach** un enfoque sustancialmente *or* considerablemente distinto; **~ higher/lower** bastante más alto/bajo
2 (= *largely*) [*correct, true*] básicamente; **Webster's thesis is ~ correct** la tesis de Webster es básicamente correcta

**substantiate** [səb'stænʃɪeɪt] VT [+ *claims, allegations, evidence*] confirmar, corroborar

**substantiation** [səb,stænʃɪ'eɪʃən] N comprobación *f*, justificación *f*

**substantival** [,sʌbstən'taɪvəl] ADJ (*Ling*) sustantivo

**substantive** ['sʌbstəntɪv] Ⓐ ADJ 1 (= *significant*) [*role*] fundamental; [*talks, progress, difference*] sustancial; [*reason*] de peso; **the two sides remain divided on several ~ issues** las dos partes permanecen divididas en varios puntos fundamentales *or* de importancia
2 (*Mil*) [*captain, lieutenant*] sustantivo
Ⓑ N (*Gram*) sustantivo *m*
Ⓒ CPD ► **substantive law** N derecho *m* sustantivo ► **substantive motion** N moción *f* de fondo

**substation** ['sʌb,steɪʃən] N (*Elec*) subestación *f*

**substitute** ['sʌbstɪtjuːt] Ⓐ N 1 (= *thing, artificial product*) sucedáneo *m*; **it may replace saccharin as a sugar ~** puede reemplazar a la sacarina como sucedáneo del azúcar; **he uses honey as a ~ for sugar** usa miel como sustituto del azúcar; **a correspondence course is a poor** *or* **no ~ for personal tuition** un curso por correspondencia no puede sustituir a

la enseñanza cara a cara; **there's no ~ for being informed** no hay nada como estar informado
[2] (= *person*) sustituto/a *m/f*, suplente *mf*; (*Sport*) suplente *mf*; **to be a poor** *or* **no ~ for sb** no poder sustituir a algn; **friends are no ~ for parents** los amigos no pueden sustituir a los padres; **he seems to be looking for a mother ~** parece que está buscando a alguien que reemplace a su madre; **to come on as (a) ~** (*Sport*) entrar como suplente
(B) VT (*gen, Sport*) sustituir; **the striker was ~d by Johnston** Johnston sustituyó al delantero; **to ~ margarine for butter** ◊ **~ butter with margarine** sustituir la mantequilla por margarina
(C) VI **to ~ for sth/sb** (*gen, Sport*) sustituir a algo/algn
(D) CPD ► **substitute goalkeeper** N portero/a *m/f* suplente ► **substitute teacher** N (*US*) profesor(a) *m/f* suplente

**substitution** [ˌsʌbstɪˈtjuːʃən] N [1] sustitución *f*; **a simple ~ of cocoa for chocolate** una simple sustitución de chocolate por cacao
[2] (*Sport*) (= *action*) suplencia *f*, sustitución *f*; (= *person*) suplente *mf*; **to make a ~** hacer una suplencia *or* sustitución

**substratum** [ˈsʌbˈstrɑːtəm] N (*pl* **substrata** [ˈsʌbˈstrɑːtə]) sustrato *m*

**substructure** [ˈsʌbˌstrʌktʃəʳ] N infraestructura *f*

**subsume** [sʌbˈsjuːm] VT (*frm*) subsumir

**subsystem** [ˈsʌbˌsɪstəm] N subsistema *m*

**subteen*** [ˌsʌbˈtiːn] N preadolescente *mf*, menor *mf* de 13 años

**subtenancy** [ˈsʌbˈtenənsɪ] N subarriendo *m*

**subtenant** [ˈsʌbˈtenənt] N subarrendatario/a *m/f*

**subterfuge** [ˈsʌbtəfjuːdʒ] N subterfugio *m*

**subterranean** [ˌsʌbtəˈreɪnɪən] ADJ (*lit, fig*) subterráneo

**subtext** [ˈsʌbtekst] N subtexto *m*

**subtilize** [ˈsʌtɪlaɪz] (A) VT sutilizar
(B) VI sutilizar

**subtitle** [ˈsʌbˌtaɪtl] (A) N [*of book, play etc*] subtítulo *m*; **~s** (*Cine, TV*) subtítulos *mpl*
(B) VT [1] (*Cine, TV*) subtitular
[2] [+ *book, play*] subtitular

**subtle** [ˈsʌtl] ADJ (*compar* **subtler**; *superl* **subtlest**) [1] (= *delicate, fine*) [*perfume, flavour*] suave, sutil; [*colour*] tenue; [*charm, beauty, nuance, reminder, person*] sutil; [*humour, irony*] sutil, fino; **the ~ fragrance of the violet** la suave fragancia *or* la fragancia sutil de la violeta; **a ~ hint of pink** un ligero toque de rosa; **there's a ~ difference between these two words** hay una diferencia sutil entre estas dos palabras; **she was never very ~** nunca fue muy sutil; **it was a ~ form of racism** era una forma sutil de racismo
[2] (= *perceptive*) [*person*] perspicaz, agudo; [*mind*] sutil, agudo; [*analysis*] ingenioso

**subtlety** [ˈsʌtltɪ] N [1] (= *delicacy, refinement*) [*of colour, book, humour, person*] sutileza *f*; **his performance lacked ~** su actuación carecía de matices; **he has all the ~ of a herd of rhinoceroses** es más bruto que un arao; **the subtleties of English** los matices del inglés
[2] (= *perceptiveness*) perspicacia *f*, agudeza *f*; **he analyses the situation with great ~** analiza la situación con gran perspicacia *or* agudeza

**subtly** [ˈsʌtlɪ] ADV [1] (= *delicately*) [*imply, remind, suggest*] sutilmente, de manera sutil; **~ flavoured dishes** platos ligeramente sazonados; **~ coloured garments** prendas de colores tenues; **~ erotic images** imágenes de un sutil erotismo
[2] (= *slightly*) [*change*] ligeramente, levemente; [*enhance*] sutilmente, de manera sutil; **~ different** ligeramente distinto

**subtopia** [ˌsʌbˈtəʊpɪə] N (*hum*) (vida *f* de los) barrios *mpl* exteriores

**subtotal** [ˈsʌbˌtəʊtl] (A) N subtotal *m*; **to do a ~ (of)** calcular el subtotal (de)
(B) VT calcular el subtotal de

**subtract** [səbˈtrækt] (A) VT (*gen*) restar; (*fig*) sustraer; **to ~ five from nine** restar cinco de nueve
(B) VI restar; **it doesn't ~ from her beauty** no le resta belleza

**subtraction** [səbˈtrækʃən] N resta *f*

**subtropical** [ˈsʌbˈtrɒpɪkəl] ADJ subtropical

**suburb** [ˈsʌbɜːb] N [1] (*affluent*) **a London ~** una zona residencial de las afueras de Londres; **I live in the ~s** vivo en una zona residencial de las afueras (de la ciudad); **new ~** barrio *m* nuevo, ensanche *m*
[2] (*poor*) suburbio *m*; **one of the city's poorer ~s** uno de los suburbios más pobres de la ciudad

**suburban** [səˈbɜːbən] ADJ [1] (*lit*) **people who live in ~ areas** la gente que vive en las zonas residenciales de las afueras de una ciudad; **he was born in ~ London** nació en una zona residencial de las afueras de Londres; **~ train** tren *m* de cercanías
[2] (= *middle-class*) [*lifestyle, values, housewife, family*] de clase media

**suburbanite** [səˈbɜːbənaɪt] N *habitante de una zona residencial de las afueras de una ciudad*

**suburbia** [səˈbɜːbɪə] N *zonas residenciales de las afueras de las ciudades*

**subvention** [səbˈvenʃən] N (*frm*) subvención *f*

**subversion** [səbˈvɜːʃən] N subversión *f*; **she was arrested on charges of ~** fue arrestada y acusada de subversión

**subversive** [səbˈvɜːsɪv] (A) ADJ [*activity, literature, idea, group*] subversivo; **the court found him guilty of ~ activities** el tribunal lo declaró culpable de llevar a cabo actividades subversivas
(B) N elemento *m* subversivo

**subvert** [sʌbˈvɜːt] VT (*frm*) subvertir, trastornar

**subway** [ˈsʌbweɪ] (A) N [1] (= *underpass*) paso *m* subterráneo
[2] (*US Rail*) metro *m*, subterráneo *m* (*Arg*), subte *m* (*Arg**); **to go by ~** ir en metro; **to ride** *or* **take the ~** coger *or* tomar el metro
(B) CPD ► **subway station** N (*US*) estación *f* de metro

**sub-zero** [ˈsʌbˈzɪərəʊ] ADJ **~ temperatures** temperaturas *fpl* por debajo del cero

**succeed** [səkˈsiːd] (A) VI [1] [*person*] [1·1] (*in business, career*) tener éxito, triunfar (**in** en); **he ~ed in business** tuvo éxito *or* triunfó en los negocios; **a burning desire to ~** un deseo ardiente de triunfar; **to ~ in life** triunfar en la vida
[1·2] (*in task, aim*) **she tried to smile but did not ~** intentó sonreír pero no lo consiguió *or* no lo logró; **to ~ in doing sth** conseguir hacer algo, lograr hacer algo; **they ~ed in finishing the job** consiguieron *or* lograron terminar el trabajo; **he only ~ed in making it worse** lo único que consiguió *or* logró fue empeorar las cosas; **I finally ~ed in getting him out of the room** por fin conseguí *or* logré que saliera de la habitación; **I ~ed in getting the job** conseguí el empleo; ✦*PROV* **if at first you don't ~, try, try again** si no lo consigues a la primera, sigue intentándolo
[1·3] (= *take over*) **if she dies, who will ~?** si muere, ¿quién la sucederá?; **to ~ to the throne** subir al trono; **to ~ to a title** heredar un título
[2] [*thing*] [2·1] (= *work*) [*plan, strategy, experiment*] dar resultado, salir bien; **had the plan ~ed, our lives might have been very different** si el plan hubiera dado resultado *or* salido bien, nuestras vidas podrían haber sido muy distintas
[2·2] (= *do well*) [*business*] prosperar; [*film*] tener éxito; **to ~ at the box office** ser un éxito de taquilla; ✦*IDIOM* **nothing ~s like success** el éxito llama al éxito
(B) VT (= *follow*) suceder a; **the dry weather was ~ed by a month of rain** un mes de lluvia sucedió al tiempo seco; **on his death, his eldest son ~ed him** a su muerte, su hijo mayor lo sucedió; **he ~ed Lewis as Olympic champion** sucedió a Lewis como campeón olímpico

**succeeding** [səkˈsiːdɪŋ] ADJ sucesivo; **each ~ year brought further tribulations** cada año sucesivo trajo más tribulaciones; **in ~ chapters** en capítulos sucesivos; **on two/three ~ Saturdays** dos/tres sábados seguidos; **~ generations** generaciones sucesivas

**success** [səkˈses] (A) N [1] (*at task*) éxito *m* (**at, in** en); **the ~ or failure of the strategy** el éxito o el fracaso de la estrategia; **~ never went to his head** el éxito nunca se le subió a la cabeza; **congratulations on your ~!** ¡enhorabuena, lo has conseguido!; **the key to ~ at school** la clave del éxito escolar; **his ~ at the Olympics** sus logros en las Olimpiadas; **we have had some ~ in reducing the national debt** hemos conseguido *or* logrado reducir en parte la deuda pública; **to make a ~ of sth**: **would you say he's made a ~ of his life?** ¿dirías que ha triunfado en la vida?; **we have made a ~ of the venture** hemos conseguido *or* logrado que la operación sea un éxito; **to meet with ~** tener éxito; **to wish sb every ~** desear a algn todo lo mejor; **she tried without ~ to get a loan from the bank** intentó, sin éxito, obtener un préstamo del banco; **I tried to distract him but without ~** intenté distraerlo pero no lo conseguí *or* logré
[2] (= *sensation, hit*) éxito *m*; **to be a ~** [*product, event*] ser un éxito; [*person*] tener éxito; **he was a great ~** tuvo un gran éxito; **he was a ~ at last** por fin consiguió el éxito; **a commercial ~** un éxito comercial
(B) CPD ► **success rate** N **the ~ rate of organ transplants** el índice de trasplantes de órganos que salen bien, el número de trasplantes de órganos realizados con éxito (*frm*); **the police ~ rate in tracking down murderers** el número de asesinos que la policía logra atrapar ► **success story** N éxito *m*

**successful** [səkˈsesfʊl] ADJ [1] **to be ~** [1·1] [*campaign, scheme, attempt, book*] tener éxito; [*plan, strategy, experiment*] salir bien; **the campaign was very ~** la campaña tuvo mucho éxito; **their mission was ~** llevaron la misión a buen término; **the company has been very ~ over the past five years** a la empresa le ha ido muy bien en los últimos cinco años; **the film was very ~ at the box office** la película fue muy taquillera *or* fue todo un éxito de taquilla; **the film is ~ at capturing the atmosphere of the time** la película consigue *or* logra captar el ambiente de la época
[1·2] [*person*] (= *do well*) tener éxito; (= *reach the top*) triunfar; **the secret of being ~ with men** el secreto para tener éxito *or* triunfar con los hombres; **they are ambitious and want to be ~** son ambiciosos y quieren triunfar; **we have been ~ at achieving our objec-**

**tives** hemos conseguido *or* logrado alcanzar nuestros objetivos; **we have not been very ~ at** *or* **in attracting new contracts** no hemos tenido mucho éxito a la hora de atraer nuevos contratos

2 (*before noun*) 2·1 (= *winning*) [*product, film, novelist*] de éxito; **one of the most ~ movies of all time** una de las películas de más éxito de todos los tiempos; **a ~ range of giftware** una gama de artículos de regalo que ha tenido mucho éxito; **a commercially ~ work** una obra de éxito comercial

2·2 (= *prosperous*) [*company, businessperson*] próspero

2·3 (= *effective*) [*treatment, remedy*] eficaz; **a generally ~ attempt to adapt this novel** una adaptación, en general lograda, de esta novela; **he had a ~ operation for an eye problem** lo operaron con éxito de un problema en el ojo

2·4 (= *satisfactory*) [*conclusion*] satisfactorio; [*deal*] favorable; **it was a ~ end to an excellent campaign** fue un final satisfactorio para una campaña excelente; **to bring sth to a ~ conclusion** llevar algo a buen término; **there is little hope of a ~ outcome to the meeting** hay pocas esperanzas de que la reunión dé resultados satisfactorios; **we've had a very ~ day** nos han salido muy bien las cosas hoy

2·5 [*applicant*] **the ~ candidate will be notified by post** se notificará al candidato elegido por correo

**successfully** [sək'sesfəlɪ] ADV 1 (= *effectively*) con éxito; **he ~ defended his title** defendió con éxito su título; **our main objective has been ~ accomplished** hemos conseguido *or* logrado nuestro objetivo principal; **Pattie ~ evaded the police** Pattie consiguió *or* logró evadir a la policía

2 (= *satisfactorily*) satisfactoriamente; **the problem has been ~ resolved** el problema se ha resuelto satisfactoriamente

**succession** [sək'seʃən] Ⓐ N 1 (= *series*) sucesión *f*, serie *f*; **after a ~ of disasters** después de una sucesión *or* serie de catástrofes; **they each went in ~ to the headmaster** fueron todos a ver al director uno detrás de otro; **she has won three games in ~** ha ganado tres partidos seguidos *or* sucesivos *or* consecutivos; **he was my tutor two years in ~** fue mi tutor dos años seguidos *or* consecutivos; **for the third day/year in ~** por tercer día/año consecutivo; **in close** *or* **quick** *or* **rapid ~** uno tras de otro, en rápida sucesión; **four times in ~** cuatro veces seguidas

2 (*to a post*) sucesión *f*; **in ~ to sb** sucediendo a algn; **Princess Rebecca is seventh in (line of) ~ to the throne** la princesa Rebeca ocupa el séptimo puesto en la línea de sucesión a la corona

3 (= *descendants*) descendencia *f*

Ⓑ CPD ► **succession duty** N derechos *mpl* de sucesión

**successive** [sək'sesɪv] ADJ [*governments, generations, owners*] sucesivo; [*nights, days*] seguido, consecutivo; **~ governments have failed to resolve the problem** sucesivos gobiernos no han logrado resolver el problema; **on four/five ~ nights** cuatro/cinco noches seguidas *or* consecutivas; **for the third/fourth ~ time** por tercera/cuarta vez consecutiva; **the percentage of female students increased with each ~ year** el porcentaje de estudiantes del sexo femenino aumentaba año tras año

**successively** [sək'sesɪvlɪ] ADV sucesivamente; **they lived ~ in Denmark, Sweden and Finland** vivieron en Dinamarca, Suecia y Finlandia sucesivamente; **~ higher levels of unemployment** niveles de desempleo cada vez más altos

**successor** [sək'sesəʳ] N (*in office*) sucesor(a) *m/f*

**succinct** [sək'sɪŋkt] ADJ [*comment, account, person*] sucinto, conciso

**succinctly** [sək'sɪŋktlɪ] ADV [*express, reply, sum up*] sucintamente, de manera sucinta, concisamente; **to put sth ~** decir algo en pocas palabras; **or, to put it ~, ...** o, en pocas palabras, ...

**succinctness** [sək'sɪŋktnɪs] N concisión *f*

**succour, succor** (*US*) ['sʌkəʳ] (*frm*) Ⓐ N socorro *m*

Ⓑ VT socorrer

**succulence** ['sʌkjʊləns] N suculencia *f*

**succulent** ['sʌkjʊlənt] Ⓐ ADJ 1 [*meat, fruit, vegetable*] suculento

2 (*Bot*) [*plant, leaves*] carnoso

Ⓑ N (*Bot*) planta *f* carnosa

**succumb** [sə'kʌm] VI sucumbir (**to** a)

**such** [sʌtʃ] Ⓐ ADJ (= *of that kind*) tal; (= *so much*) tanto; **~ a book** tal libro; **~ books** tales libros; **books ~ as these** semejantes libros; **did you ever see ~ a thing?** ¿has visto alguna vez cosa semejante?, ¿se vio jamás tal cosa?; **I was in ~ a hurry** tenía tanta prisa; **it caused ~ trouble that ...** dio lugar a tantos disgustos que ...; **~ an honour!** ¡tanto honor!; **it made ~ a stir as had not been known before** tuvo una repercusión como no se había conocido hasta entonces; **in ~ cases** en tales casos, en semejantes casos; **we had ~ a case last year** tuvimos un caso parecido el año pasado; **~ is not the case** (*frm*) la cosa no es así; **on just ~ a day in June** justo en un día parecido de junio; **~ a plan is most unwise** un proyecto así es poco aconsejable, un proyecto de ese tipo no es aconsejable; **writers ~ as Updike** ◊ **~ writers as Updike** autores como Updike; **~ a man as Ganivet** un hombre tal como Ganivet; **~ a man as you** un hombre como tú; **~ money as I have** el dinero que tengo; **~ stories as I know** las historias que conozco; **this is my car ~ as it is** aunque valga poco, es mi coche; **he read the documents ~ as they were** leyó los documentos que había; **~ as?** ¿por ejemplo?; **~ is life** así es la vida; **there's no ~ thing** no existe tal cosa; **there's no ~ thing as a unicorn** el unicornio no existe; **the Gautier case was ~ a one** el caso Gautier era de ese tipo; **some ~ idea** algo por el estilo

Ⓑ ADV tan; **~ good food** comida tan buena; **~ a clever girl** una muchacha tan inteligente; **it's ~ a long time now** hace tanto tiempo

Ⓒ PRON los que, las que; **we took ~ as we wanted** tomamos los que queríamos; **I will send you ~ as I receive** te mandaré los que reciba; **may all ~ perish!** ¡mueran cuantos hay como él!; **rabbits and hares and ~** conejos y liebres y tal; **as ~**: **and as ~ he was promoted** y así fue ascendido; **there are no trees as ~** no hay árboles propiamente dichos, no hay árboles que digamos; **we know of none ~** no tenemos noticias de ninguno así

**such-and-such** ['sʌtʃənsʌtʃ] ADJ tal o cual; **she lives in ~ a street** vive en tal o cual calle; **on ~ a day in May** a tantos de mayo; **he wanted the report completed by ~ a date** quería el informe terminado en tal o cual fecha

**suchlike** ['sʌtʃlaɪk] Ⓐ ADJ semejante; **pots, pans and ~ things** cazuelas, sartenes y cosas semejantes *or* cosas por el estilo

Ⓑ PRON **media people and ~** gente de los medios de comunicación y personas por el estilo; **buses, lorries and ~** autobuses, camiones y vehículos por el estilo

**suck** [sʌk] Ⓐ VT [*person*] sorber; [*machine*] aspirar; **to ~ one's thumb/fingers** chuparse el dedo/los dedos; **we were ~ed into the controversy** nos vimos envueltos en la polémica; ✦*IDIOMS* **to ~ sb dry (of sth)** exprimir (algo) a algn; **to ~ it and see** (*Brit*) probar a ver

Ⓑ VI 1 (*gen*) chupar; [*baby*] (*at breast*) mamar; **to ~ on/at sth** chupar algo; **to ~ at one's mother's breast** mamar del pecho de su madre

2 (*esp US*) **this ~s**‡ es una mierda‡

►**suck down** VT + ADV [*current, mud*] tragar

►**suck in** VT + ADV 1 (*lit*) 1·1 [*machine*] [+ *dust, air*] aspirar

1·2 [*black hole*] [+ *matter*] tragar, aspirar

1·3 [*person*] [+ *air*] tomar; **he heard her ~ in her breath sharply** le oyó aspirar sobresaltada; **to ~ one's cheeks in** hundir los carrillos; **to ~ one's stomach in** meter el estómago

2 (*fig*) **to get ~ed in** (*to war, argument*) verse envuelto

►**suck off**‡ VT + ADV (*sexually*) mamar‡

►**suck up** Ⓐ VT + ADV [+ *dust, liquid*] aspirar

Ⓑ VI + ADV **to ~ up to sb*** dar coba a algn

**sucker** ['sʌkəʳ] Ⓐ N 1 (*Zool, Tech*) ventosa *f*; (*Bot*) serpollo *m*, mamón *m*

2 (*US*) (= *lollipop*) chupa-chups® *m* (*Sp*), pirulí *m*, chupete *m* (*LAm*)

3 (*) (= *gullible person*) primo/a *m/f*, bobo/a *m/f*; **there's a ~ born every minute** nace un primo *or* un bobo cada minuto; **he's a ~ for a pretty girl*** no puede resistirse a una chica guapa

Ⓑ VT (*US*‡) **to ~ sb into doing sth** embaucar a algn para que haga algo; **they ~ed him out of six grand** le estafaron *or* timaron 6.000 dólares

Ⓒ CPD ► **sucker pad** N ventosa *f* ► **sucker punch** N (*Boxing, also fig*) golpe *m* a traición

**sucking pig** ['sʌkɪŋpɪg] N lechón *m*, lechoncillo *m*, cochinillo *m*

**suckle** ['sʌkl] Ⓐ VT amamantar, dar de mamar

Ⓑ VI mamar; **to ~ at one's mother's breast** mamar del pecho de su madre

**suckling** ['sʌklɪŋ] N mamón/ona *m/f*; **~ pig** lechón *m*, lechoncillo *m*, cochinillo *m*

**sucks-boo*** ['sʌks'buː] EXCL ¡narices!*

**sucrose** ['suːkrəʊz] N sucrosa *f*

**suction** ['sʌkʃən] Ⓐ N succión *f*, aspiración *f*; **by ~** por succión *or* aspiración

Ⓑ CPD ► **suction cup** N ventosa *f* ► **suction disc** N ventosa *f* ► **suction pump** N bomba *f* de aspiración, bomba *f* de succión ► **suction valve** N válvula *f* de aspiración

**Sudan** [sʊ'dɑːn] N Sudán *m*

**Sudanese** [ˌsuːdə'niːz] Ⓐ ADJ sudanés

Ⓑ N (*pl inv*) sudanés(esa) *m/f*

**sudden** ['sʌdn] Ⓐ ADJ 1 (= *hasty, swift*) repentino; (= *unexpected*) inesperado; **a ~ drop in temperature** un descenso repentino de la temperatura; **a ~ increase in unemployment** un aumento repentino del número de parados; **with ~ enthusiasm** con un entusiasmo repentino; **this is all so ~!** ¡todo esto es tan repentino!; **his death was ~** su muerte ocurrió de repente, su muerte fue inesperada; **she looked startled by his ~ appearance** parecía asustada cuando él apareció de repente; **when the soldiers came it was very ~** la llegada de los soldados ocurrió de improviso; **all of a ~** de pronto, de repente

2 (= *abrupt*) [*movement*] brusco

Ⓑ CPD ► **sudden death** N (*Tennis*) muerte *f* súbita; **they had to go to ~ death** (*Tennis*)

tuvieron que recurrir a la muerte súbita; (*Ftbl*) (*penalty shoot-out*) tuvieron que recurrir a los goles; (*extra time*) tuvieron que recurrir a la prórroga de desempate ► **sudden death extra time** N prórroga *f* de desempate ► **sudden death goal** N gol *m* de desempate ► **sudden death play-off** N desempate *m* instantáneo ► **sudden infant death syndrome** N (*Med*) síndrome *m* de la muerte súbita infantil

**suddenly** ['sʌdnlɪ] ADV 1 (= *all at once*) de repente, de pronto; **I ~ felt faint** de repente *or* de pronto sentí que me mareaba; **he resigned ~ in June** de repente en junio dimitió; **~, the door opened** de repente *or* de pronto se abrió la puerta
2 (= *abruptly*) [*cease, die*] repentinamente, de repente; [*move*] bruscamente; **the rain stopped as ~ as it had begun** la lluvia paró tan repentinamente *or* de repente como había empezado; **the taxi stopped ~ in front of the hotel** el taxi paró bruscamente delante del hotel

**suddenness** ['sʌdnnɪs] N 1 (= *speed*) lo repentino; **I do wonder at the ~ of his decision** me sorprende lo repentino *or* lo súbito de su decisión; **it had all happened with terrifying ~** todo había ocurrido con una rapidez espantosa; **having started suddenly, the pain stops with equal ~** habiendo empezado repentinamente, el dolor cesa con la misma rapidez
2 (= *unexpectedness*) lo inesperado; **the ~ of his resignation** lo inesperado *or* imprevisto de su dimisión
3 (= *abruptness*) brusquedad *f*; **the car came to a halt with a ~ that sent her jerking forward** el coche se paró con tal brusquedad que la lanzó hacia adelante

**suds** [sʌdz] NPL 1 espuma *fsing* de jabón
2 (*US**) cerveza *fsing*

**Sue** [suː] N (*familiar form*) *of* **Susan**

**sue** [suː] Ⓐ VT demandar (**for** por); **to ~ sb for damages** demandar *or* poner pleito a algn por daños y perjuicios; **he was ~d for libel** lo demandaron por difamación
Ⓑ VI (*Jur*) presentar una demanda; **to ~ for divorce** solicitar el divorcio; **to ~ for peace** pedir la paz

**suede, suède** [sweɪd] Ⓐ N ante *m*
Ⓑ CPD de ante ► **suede gloves** NPL guantes *mpl* de ante ► **suede shoes** NPL zapatos *mpl* de ante

**suet** [sʊɪt] N sebo *m*; **~ pudding** pudín *m* a base de sebo

**Suetonius** [swiː'təʊnɪəs] N Suetonio

**suety** ['sʊɪtɪ] ADJ seboso

**Suez** ['suːɪz] CPD ► **Suez Canal** N Canal *m* de Suez

**Suff** ABBR (*Brit*) = **Suffolk**

**suffer** ['sʌfəʳ] Ⓐ VT 1 (= *experience*) [+ *pain, hardship*] sufrir, padecer; [+ *loss, decline, setback*] sufrir, experimentar; **to ~ a heart attack** sufrir un infarto; **the peace process has ~ed a serious blow** el proceso de paz ha sufrido *or* experimentado un serio contratiempo; **to ~ the same fate as** sufrir la misma suerte que; **to ~ the consequences** sufrir las consecuencias
2 (= *tolerate*) [+ *opposition, rudeness*] soportar, aguantar; **I can't ~ it a moment longer** no lo soporto *or* aguanto un minuto más; **to ~ sb to do sth** (*Literat*) permitir que algn haga algo; ✦*IDIOM* **he/she doesn't ~ fools gladly** no soporta a los imbéciles
Ⓑ VI 1 (= *experience pain*) sufrir; **to ~ for sth** sufrir las consecuencias de algo; **you'll ~ for this!** ¡me las pagarás!; **I'll make him ~ for it!** ¡me las pagará!; **to ~ for one's sins** expiar sus pecados; **to make sb ~** hacer sufrir a algn; **to ~ in silence** sufrir en silencio
2 **to ~ from sth** (= *experience*): **the house is ~ing from neglect** la casa está en un cierto estado de abandono; **Madrid ~s from overcrowding** Madrid adolece de superpoblación; **to ~ from an illness** padecer una enfermedad; **they were ~ing from shock** se encontraban en estado de shock; **to ~ from the effects of alcohol** sufrir los efectos del alcohol; **to ~ from the effects of a fall** resentirse de una caída
3 (= *worsen*) [*studies, business, eyesight, health*] verse afectado, resentirse; **sales have ~ed badly** las ventas se han visto afectadas seriamente

**sufferance** ['sʌfərəns] N **on ~** a disgusto, a regañadientes; **she made it clear that he was only here on ~** dejó claro que él sólo estaba aquí a disgusto *or* a regañadientes; **the civilian authorities are only there on ~ of the military** las autoridades civiles están allí sólo porque los militares las toleran

**sufferer** ['sʌfərəʳ] N (*Med*) enfermo/a *m/f* (**from** de); **~s from diabetes** los enfermos de diabetes, los diabéticos; **asthma ~s** las personas que sufren de asma, los asmáticos

**suffering** ['sʌfərɪŋ] Ⓐ ADJ que sufre; (*Med*) doliente, enfermo
Ⓑ N sufrimiento *m*, padecimiento *m*; **the ~s of the soldiers** los sufrimientos *or* padecimientos de los soldados; **after months of ~** después de sufrir durante meses, después de meses de sufrimiento

**suffice** [sə'faɪs] (*frm*) Ⓐ VI ser suficiente, bastar; **a short letter will ~** una carta breve será suficiente *or* bastará; **military initiatives alone will not ~** por sí solas las iniciativas militares no serán suficientes *or* bastarán
Ⓑ VT **~ it to say** basta con decir

**sufficiency** [sə'fɪʃənsɪ] N (*pl* **sufficiencies**) (= *state*) suficiencia *f*; (= *quantity*) cantidad *f* suficiente

**sufficient** [sə'fɪʃənt] ADJ 1 (*before noun*) suficiente; **given ~ time** con suficiente tiempo; **if the matter is of ~ importance** si el asunto es lo bastante importante *or* lo suficientemente importante
2 **to be ~** bastar, ser suficiente; **ten minutes is quite ~** con diez minutos basta *or* es suficiente; **it is ~ to say that ...** basta decir *or* es suficiente decir que ...; ✦*PROV* **~ unto the day (is the evil thereof)** ya nos preocuparemos de eso cuando llegue el momento

**sufficiently** [sə'fɪʃəntlɪ] ADV 1 (*before adjective, adverb*) (lo) suficientemente, (lo) bastante; **~ large/high to do sth** (lo) suficientemente *or* (lo) bastante grande/alto (como) para hacer algo
2 (*after verb*) lo suficiente; **I think he has been punished ~** creo que ya lo han castigado lo suficiente; **he had recovered ~ to get out of bed** se había recuperado lo suficiente como para levantarse de la cama

**suffix** ['sʌfɪks] Ⓐ N sufijo *m*
Ⓑ VT añadir como sufijo (**to** a)

**suffocate** ['sʌfəkeɪt] Ⓐ VT asfixiar, ahogar
Ⓑ VI asfixiarse, ahogarse

**suffocating** ['sʌfəkeɪtɪŋ] ADJ 1 (= *choking*) [*heat*] sofocante, agobiante; [*fumes, smell*] asfixiante; **the ~ heat of the day** el calor sofocante *or* agobiante del día; **it's ~ in here** hace un calor sofocante *or* agobiante aquí dentro
2 (= *oppressive*) [*atmosphere, life, relationship*] agobiante; [*regime*] opresivo; **the ~ atmosphere of life in the country** el ambiente agobiante de la vida en el campo

**suffocation** [,sʌfə'keɪʃən] N asfixia *f*, ahogo *m*

**suffragan** ['sʌfrəgən] Ⓐ ADJ sufragáneo
Ⓑ N obispo *m* sufragáneo

**suffrage** ['sʌfrɪdʒ] N 1 (= *franchise*) sufragio *m*; **universal ~** sufragio *m* universal
2 (*frm*) (= *vote*) sufragio *m*, voto *m*

**suffragette** [,sʌfrə'dʒet] Ⓐ N sufragista *f*
Ⓑ CPD ► **suffragette movement** N movimiento *m* sufragista

**suffuse** [sə'fjuːz] VT [*light*] bañar; [*colour, flush*] teñir; [*delight, relief*] inundar; **~d with light** bañado de luz; **eyes ~d with tears** ojos bañados de lágrimas; **this book is ~d with the author's Irish humour** este libro está impregnado del humor irlandés del autor

**suffusion** [sə'fjuːʒən] N difusión *f*

**sugar** ['ʃʊgəʳ] Ⓐ N 1 azúcar *m or f*; **to put ~ in sth** echar azúcar en algo; **how many ~s do you take?** (*in general*) ¿cuánta *or* cuánto azúcar tomas?; (*offering tea, coffee*) ¿cuánta *or* cuánto azúcar quieres?, ¿cuántos terrones quieres?
2 (*US**) **hi, ~!** ¡oye, preciosidad!*
3 (* *euph*) **oh ~!** ¡mecachis!*
Ⓑ VT [+ *tea etc*] azucarar, echar azúcar a; *see also* **pill**
Ⓒ CPD ► **sugar basin** N (*Brit*) azucarero *m* ► **sugar beet** N remolacha *f* azucarera ► **sugar bowl** N azucarero *m* ► **sugar candy** N azúcar *m* candi ► **sugar cane** N caña *f* de azúcar ► **sugar cube** N terrón *m* de azúcar ► **sugar daddy*** N *viejo adinerado amante o protector de una joven* ► **sugar loaf** N pan *m* de azúcar ► **sugar lump** N terrón *m* de azúcar ► **sugar mill** N ingenio *m* azucarero ► **sugar plantation** N plantación *f* azucarera ► **sugar refinery** N ingenio *m* azucarero ► **sugar tongs** NPL tenacillas *fpl* para azúcar

**sugar-coated** ['ʃʊgə'kəʊtɪd] ADJ azucarado

**sugared** ['ʃʊgəd] ADJ **~ almonds** almendras *fpl* garrapiñadas

**sugar-free** [,ʃʊgə'friː], **sugarless** ['ʃʊgəlɪs] ADJ sin azúcar

**sugarplum** ['ʃʊgəplʌm] N confite *m*

**sugary** ['ʃʊgərɪ] ADJ 1 (= *sweet*) [*food*] dulce; (*more technical*) con alto contenido en azúcar; [*drink*] azucarado, dulce; [*taste*] dulce
2 (*pej*) (= *sentimental*) [*film, smile, words*] empalagoso; [*voice*] meloso

**suggest** [sə'dʒest] VT 1 (= *propose, put forward*) [+ *plan, candidate, idea etc*] sugerir, proponer; **to ~ sth to sb** sugerir algo a algn, proponer algo a algn; **I ~ed to him that we go out for a drink** le sugerí *or* propuse ir a tomar algo; **I ~ed taking her out to dinner** propuse llevarla a cenar; **could you ~ someone to advise me?** ¿se te ocurre alguien que me pueda aconsejar?; **an idea ~ed itself (to me)** se me ocurrió una idea; **nothing ~s itself** no se me ocurre nada
2 (= *advise*) aconsejar; **we ~ you contact him** le aconsejamos que contacte con él; **he ~ed that they (should) go** *or* **that they went to London** les aconsejó que fueran a Londres; **to ~ doing sth** aconsejar que se haga algo
3 (= *imply*) insinuar; **what are you trying to ~?** ¿qué insinúas?; **I'm not ~ing that the accident was your fault** no estoy insinuando que el accidente fuera culpa tuya; **it has been ~ed that ...** se ha insinuado que ...
4 (= *evoke*) sugerir, hacer pensar en; **what does that smell ~ to you?** ¿qué te sugiere ese olor?, ¿en qué te hace pensar ese olor?
5 (= *indicate*) parecer indicar; **this ~s that**

➤ LANGUAGE IN USE: **suggest** 1.1, 2.2, 26.3

... esto hace pensar que ...; **the coins ~ a Roman settlement** las monedas parecen indicar *or* nos hacen pensar que era una colonia romana; **it doesn't exactly ~ a careful man** no parece indicar que sea un hombre cauteloso

**suggestibility** [sə,dʒestɪ'bɪlɪtɪ] N sugestionabilidad *f*

**suggestible** [sə'dʒestɪbl] ADJ sugestionable

▼**suggestion** [sə'dʒestʃən] N [1] (= *proposal, recommendation*) sugerencia *f*; **have you any ~s?** ¿tienes alguna sugerencia?, ¿se te ocurre algo?; **if I may make** *or* **offer a ~** si se me permite proponer algo; **to be open to ~s** estar abierto a cualquier sugerencia; **my ~ is that we ignore her** yo propongo que no la hagamos caso; **my ~ to you would be to take the job** yo te aconsejaría que aceptaras el trabajo; **I am writing at the ~ of Hugh Smith** le escribo siguiendo la indicación de Hugh Smith
[2] (= *implication*) insinuación *f*; **we reject any ~ that the law needs amending** rechazamos cualquier insinuación de que la ley necesite una modificación
[3] (= *indication*) indicio *m*; **there is no ~ that the two sides are any closer** no hay indicios de que ambas partes se hayan acercado; **there are ~s that he might be supported by the socialists** hay indicios de que le puedan apoyar los socialistas, se comenta que quizá le apoyen los socialistas
[4] (= *trace*) [*of doubt*] sombra *f*; **he replied with the ~ of a smile** contestó esbozando una sonrisa; **with just a ~ of garlic** con una pizca de ajo
[5] (*Psych*) sugestión *f*; **the power of ~** el poder de la sugestión

**suggestive** [sə'dʒestɪv] ADJ [1] (= *improper*) [*remark, look, clothing*] provocativo, insinuante; **sexually ~** provocativo
[2] (= *indicative*) **to be ~ of sth: symptoms which were ~ of heart failure** síntomas que sugerían que pod(r)ía tratarse de un fallo cardíaco, síntomas que parecían indicar que se trataba de un fallo cardíaco; **his behaviour was ~ of a cultured man** su comportamiento parecía indicar que era un hombre culto; **the atmosphere was ~ of a jazz session** (= *evocative of*) el ambiente evocaba el de una sesión de jazz
[3] (= *thought-provoking*) sugerente

**suggestively** [sə'dʒestɪvlɪ] ADV [*dance, move, leer*] de manera provocativa, de manera insinuante; **"like to see my etchings?" he asked ~** —¿quieres ver mi colección de sellos? —preguntó de manera insinuante *or* provocativa

**suggestiveness** [sə'dʒestɪvnɪs] N **~ and titillation are the main ingredients of these films** la insinuación y la excitación son los principales ingredientes de estas películas; **the ~ of the phrase** lo insinuante de la frase

**suicidal** [,sʊɪ'saɪdl] ADJ [1] (= *depressed*) [*feeling, tendency*] suicida; **~ prisoners** prisioneros suicidas; **to be ~** estar al borde del suicidio; **he has often felt ~** a menudo ha tenido ganas de suicidarse
[2] (*fig*) **such a policy is ~** una política semejante es suicida; **an act of ~ bravery** un acto de valentía suicida; **it would be ~ to do that** sería suicida hacer eso

**suicide** ['sʊɪsaɪd] Ⓐ N [1] (= *act*) suicidio *m*; **to commit ~** suicidarse; **it would be ~ to do that** (*lit, fig*) sería suicida hacer eso; **it would be political ~ to agree to this** consentir esto supondría el suicidio político; **a case of attempted ~** un caso de intento de suicidio
[2] (= *person*) suicida *mf*
Ⓑ CPD ► **suicide attempt** N intento *m* de suicidio ► **suicide bomber** N terrorista *mf* suicida ► **suicide bombing** N bombardeo *m* suicida ► **suicide mission** N misión *f* suicida ► **suicide note** N *carta en que se explica el motivo del suicidio* ► **suicide pact** N pacto *m* suicida ► **suicide rate** N índice *m* de suicidios ► **suicide squad** N comando *m* suicida

**suit** [su:t] Ⓐ N [1] (= *clothing*) (*for man*) traje *m*, terno *m* (*LAm*); (*for woman*) traje *m* (de chaqueta); **three-piece/two-piece ~** traje *or* (*LAm*) terno de tres/dos piezas; **a rubber ~** un traje de goma; **~ of armour** armadura *f*; **~ of clothes** conjunto *m*; *see also* **bathing, birthday**
[2] (*also* **lawsuit**) pleito *m*; **to bring** *or* **file a ~ (against sb)** entablar un pleito (contra algn); **civil ~** pleito *m* civil
[3] (*Cards*) palo *m*; **to follow ~** (*in cards*) jugar una carta del mismo palo; (*fig*) seguir el ejemplo; ✦**IDIOM modesty is not his strong** *or* (*esp US*) **long ~** la modestia no es su fuerte
[4] (*frm*) (= *petition*) petición *f*; (*liter*) (*for marriage*) petición *f* de mano; **her parents gave me permission to plead** *or* **press my ~** sus padres me dieron permiso para pedir su mano
[5] (*) (= *business executive*) ejecutivo/a *m/f*
Ⓑ VT [1] (= *look good on*) [*clothes, shoes, hairstyle*] quedar bien a, sentar bien a; **the coat ~s you** el abrigo te queda *or* te sienta bien; **choose earrings which ~ the shape of your face** elige pendientes que vayan bien con la forma de tu cara
[2] (= *be acceptable to, please*) [2·1] [*date, time, arrangement*] venir bien a, convenir; **when would ~ you?** ¿cuándo te viene bien *or* te conviene?; **I'll do it when it ~s me** lo haré cuando me venga bien *or* cuando me convenga; **I don't think a sedentary life would ~ me** no creo que la vida sedentaria sea para mí; **it ~s him to work nights** le viene *or* le va bien trabajar de noche; **choose the method which ~s you best** elige el método que te vaya mejor *or* que más te convenga; **it would ~ us better to come back tomorrow** nos vendría mejor *or* nos convendría más volver mañana; **he found a life that ~ed him better** encontró una forma de vida más apropiada para él; **that ~s me fine** eso me va bien *or* me conviene; **the climate ~s me fine** el clima me sienta bien; **to ~ sth to sth/sb** (*frm*) adaptar algo a algo/algn; ✦**IDIOM to ~ sb down to the ground** [*plan, situation*] venir de perlas a algn; [*house, job*] ser perfecto para algn; *see also* **book A1**
[2·2] (*reflexive*) **I can come and go to ~ myself** puedo ir y venir como me convenga *or* plazca; **he has already arranged his life to ~ himself** ya ha organizado su vida como le conviene *or* place; **~ yourself!** ¡como quieras!; **~ yourself whether you do it or not** hazlo o no según te parezca
Ⓒ VI (= *be convenient*) **will tomorrow ~?** ¿te viene bien mañana?; **come whenever it ~s** ven cuando más te convenga

**suitability** [,su:tə'bɪlɪtɪ] N [1] (= *adequacy*) [*of person, tool*] idoneidad *f*; **criteria for judging an applicant's ~ for a job** criterios para juzgar la idoneidad de un candidato para un trabajo; **there is some doubt about the ~ of this house for disabled occupants** existen dudas de que esta casa sea adecuada para personas discapacitadas, existen dudas sobre la idoneidad de esta casa para personas discapacitadas
[2] (= *fitness*) [*of clothes*] lo apropiado; **I'd question the ~ of wearing low-cut blouses to work** pondría en duda lo apropiado de llevar blusas escotadas al trabajo

**suitable** ['su:təbl] ADJ [1] (= *satisfactory*) adecuado, apropiado; **the shortage of ~ housing** la escasez de viviendas adecuadas *or* apropiadas; **his qualifications weren't considered ~** consideraron que no tenía la formación adecuada *or* apropiada
[2] (= *valid, apt*) apropiado; **both courses are ~ for beginners** ambos cursos son apropiados para principiantes; **the products are ~ for all skin types** los productos son apropiados para todo tipo de pieles; **the garden is not ~ for wheelchairs** el jardín no está adaptado para sillas de ruedas; **dishes that are ~ for freezing** platos preparados que se pueden congelar; **"suitable for children"** "apto para niños"; **eminently ~** idóneo; **to make sth ~ for sth** (= *adapt*) adaptar algo para algo
[3] (= *fitting*) apropiado; **a ~ reply** una respuesta apropiada; **a ~ dress for the occasion** un vestido apropiado para la ocasión; **the committee met to consider ~ action** el comité se reunió para considerar las medidas oportunas *or* convenientes *or* apropiadas; **choose a ~ moment to talk** escoja un momento oportuno *or* apropiado para hablar
[4] (= *recommendable*) adecuado; **a more ~ diet** una dieta más adecuada; **the most ~ man for the job** el hombre más indicado *or* adecuado para el puesto

**suitably** ['su:təblɪ] ADV [*dressed*] apropiadamente, adecuadamente; [*equipped*] adecuadamente; **~ qualified staff** personal con la formación adecuada *or* apropiada; **I heard their album, and was ~ impressed** escuché su disco y como era de esperar me causó muy buena impresión; **Andy tried to look ~ impressed** Andy intentó parecer todo lo impresionado que la ocasión requería; **he tried to adopt a ~ grave tone** intentó adoptar un tono serio acorde con *or* apropiado para la ocasión

**suitcase** ['su:tkeɪs] N maleta *f*, valija *f* (*LAm*), veliz *m* (*Mex*)

**suite** [swi:t] N [1] (*Mus*) suite *f*
[2] (= *rooms*) suite *f*; **a ~ of rooms** habitaciones *fpl*; **bridal ~** suite *f* nupcial; **honeymoon ~** suite *f* nupcial; **a ~ of offices** un grupo de oficinas
[3] [*of furniture*] juego *m*; **we're going to buy a new ~ this year** vamos a comprar un nuevo juego de sofá y sillones este año; **bathroom ~** conjunto *m* *or* muebles *mpl* de baño; **bedroom ~** (juego *m* de) dormitorio *m*; **dining-room ~** comedor *m*; **a ~ of furniture** un juego de muebles; **three-piece ~** tresillo *m*
[4] (= *entourage*) séquito *m*
[5] (*Comput*) **a ~ of programs** una serie *f* de programas

**suited** ['su:tɪd] ADJ [1] **to be ~ to** [1·1] [+ *environment, user*] [*thing*] ser apropiado para; **these crops are more ~ to monsoon lands than to deserts** estos cultivos son más apropiados para las tierras de monzón que para el desierto; **goats are well ~ to the terrain** las cabras están bien adaptadas al terreno
[1·2] [+ *task*] [*person, thing*] servir para, estar hecho para; **many people are not ~ to this work** mucha gente no sirve para *or* no está hecha para este trabajo; **some people are not ~ to parenthood** algunas personas no están hechas para ser padres; **women are better ~ to computing than men** las mujeres están

➤ LANGUAGE IN USE: **suggestion 1** 1.1, 1.2

más capacitadas para la informática que los hombres; **a camera which is well ~ to all types of photography** una cámara que sirve para *or* que se adapta bien a todo tipo de fotografía
[2] **to be well ~** [*couple*] hacer buena pareja

**suiting** ['su:tɪŋ] N (*Textiles*) tela *f* para trajes

**suitor** ['su:təʳ] N [1] (= *lover*) pretendiente *m*
[2] (*Jur*) demandante *mf*

**sulfate** ['sʌlfeɪt] N (*US*) = **sulphate**

**sulfide** ['sʌlfaɪd] N (*US*) = **sulphide**

**sulfonamide** [sʌl'fɒnəmaɪd] N (*US*) = **sulphonamide**

**sulfur** ['sʌlfəʳ] N (*US*) = **sulphur**

**sulfureous** [sʌl'fjʊərɪəs] ADJ (*US*) = **sulphureous**

**sulfuric** [sʌl'fjʊərɪk] ADJ (*US*) = **sulphuric**

**sulfurous** ['sʌlfərəs] ADJ (*US*) = **sulphurous**

**sulk** [sʌlk] Ⓐ VI (= *get sulky*) enfurruñarse; (= *be sulky*) estar enfurruñado
Ⓑ N **to get the ~s** enfurruñarse; **to have (a fit of) the ~s** enfurruñarse; **to go off in a ~** irse enfurruñado

**sulkily** ['sʌlkɪlɪ] ADV de mal humor; **"I don't like it," he said ~** —no me gusta —dijo enfurruñado *or* de mal humor

**sulkiness** ['sʌlkɪnɪs] N mal humor *m*, enfurruñamiento *m*

**sulky** ['sʌlkɪ] ADJ (*compar* **sulkier**; *superl* **sulkiest**) [*person, voice*] malhumorado, enfurruñado; [*expression*] ceñudo, malhumorado; **to be ~ about sth** estar malhumorado *or* enfurruñado por algo, estar de mal humor por algo

**sullen** ['sʌlən] ADJ [1] (= *moody*) [*person, expression, voice*] hosco, huraño; **the men lapsed into a ~ silence** los hombres se sumieron en un hosco silencio
[2] (= *leaden*) [*sky, landscape*] plomizo, triste

**sullenly** ['sʌlənlɪ] ADV hoscamente; **they stared ~ at him** le miraron hoscamente, con fijeza; **the ~ resentful expression on her face** la expresión huraña y de resentimiento de su rostro

**sullenness** ['sʌlənnɪs] N hosquedad *f*

**sully** ['sʌlɪ] VT (*poet*) [+ *name, reputation*] manchar, mancillar

**sulphate** ['sʌlfeɪt] N sulfato *m*; **copper ~** sulfato *m* de cobre

**sulphide** ['sʌlfaɪd] N sulfuro *m*

**sulphonamide** [sʌl'fɒnəmaɪd] N sulfamida *f*

**sulphur** ['sʌlfəʳ] Ⓐ N azufre *m*
Ⓑ CPD ► **sulphur dioxide** N dióxido *m* de azufre

**sulphureous** [sʌl'fjʊərɪəs] ADJ sulfúrico

**sulphuric** [sʌl'fjʊərɪk] ADJ **~ acid** ácido *m* sulfúrico

**sulphurous** ['sʌlfərəs] ADJ sulfuroso, sulfúreo

**sultan** ['sʌltən] N sultán *m*

**sultana** [sʌl'tɑ:nə] N [1] (*esp Brit*) pasa *f* sultana
[2] (= *person*) sultana *f*

**sultanate** ['sʌltənɪt] N sultanato *m*

**sultriness** ['sʌltrɪnɪs] N [1] (= *mugginess*) bochorno *m*, calor *m* sofocante
[2] (= *seductiveness*) sensualidad *f*

**sultry** ['sʌltrɪ] ADJ [1] (= *muggy*) [*day, weather*] bochornoso, sofocante; [*heat, air*] sofocante, agobiante; **it was hot and ~** hacía bochorno, hacía un calor sofocante
[2] (= *seductive*) [*woman*] seductor, sensual; **she gave him a ~ look** lo miró seductora, lo miró de forma sensual

**sum** [sʌm] N [1] (= *piece of arithmetic*) suma *f*, adición *f*; **I was very bad at ~s** era muy malo en aritmética; **to do one's ~s** hacer cuentas; **to do ~s in one's head** hacer un cálculo mental
[2] (= *total*) suma *f*, total *m*; (= *amount of money*) suma *f*, importe *m*; **in ~** en suma, en resumen; **more/greater than the ~ of its parts** más que la suma de las partes; **~ total** total *m* (completo); **the ~ total of my ambitions is ...** la meta de mis ambiciones es ..., lo único que ambiciono es ...; **that was the ~ (total) of his achievements** y de allí no pasó; *see also* **lump**

►**sum up** Ⓐ VI + ADV (= *summarize*) resumir; [*judge*] recapitular; **to ~ up, I would say** en resumidas cuentas, yo diría
Ⓑ VT + ADV [1] (= *summarize*) [+ *speech, facts, argument*] resumir; **you could ~ up what he said in a couple of words** se podría resumir lo que dijo en dos palabras; **to ~ up an argument** resumir un argumento
[2] (= *encapsulate*) resumir; **that picture ~med up the situation for me** esa fotografía resumió la situación para mí *or* captaba la situación en un solo trazo
[3] (= *assess*) [+ *person*] calar; [+ *situation*] evaluar; **they had ~med him up and liked what they found** lo habían calado y les había agradado lo que descubrieron; **he ~med up the situation quickly** se dio cuenta rápidamente de la situación

**sumac(h)** ['su:mæk] N zumaque *m*

**Sumatra** [sʊ'mɑ:trə] N Sumatra *f*

**summarily** ['sʌmərɪlɪ] ADV [*execute, dismiss, shoot*] sumariamente

**summarize** ['sʌməraɪz] Ⓐ VT resumir
Ⓑ VI resumir; **to ~, ...** en resumen, ...

**summary** ['sʌmərɪ] Ⓐ N resumen *m*; **in ~** en resumen
Ⓑ ADJ [*trial, execution, justice*] sumario

**summation** [sʌ'meɪʃən] N (= *act*) adición *f*; (= *summary*) recapitulación *f*, resumen *m*; (= *total*) suma *f*, total *m*

**summer** ['sʌməʳ] Ⓐ N verano *m*, estío *m* (*liter, poet*); **to go away for the ~** irse fuera todo el verano; **a ~'s day** un día de verano; **in ~** en verano; **I like to go walking in (the) ~** me gusta ir a la playa en verano; **in the ~ of 1987** en el verano de 1987; **to spend the ~ in Spain** veranear en España, pasar el verano en España; **♦*IDIOM* a girl of 17 ~s** (*liter*) una chica de 17 primaveras *or* abriles
Ⓑ CPD [*clothing, residence, holiday*] de verano; [*weather, heat*] veraniego ► **summer camp** N colonia *f* or campamento *m* de vacaciones ► **summer holidays** NPL vacaciones *fpl* de verano, veraneo *msing* ► **summer school** N escuela *f* de verano ► **summer season** N temporada *f* veraniega, temporada *f* estival, temporada *f* de verano ► **summer time** N (*Brit*) (*daylight saving*) hora *f* de verano; *see also* **summertime**
Ⓒ VI [*birds*] pasar el verano; **we ~ed in Maine** veraneamos *or* pasamos el verano en Maine

**summerhouse** ['sʌməhaʊs] N (*pl* **summerhouses** ['sʌməhaʊzɪz]) cenador *m*, glorieta *f*

**summertime** ['sʌmətaɪm] N (= *season*) verano *m*

**summery** ['sʌmərɪ] ADJ [*day*] veraniego; [*clothes, colour*] veraniego, de verano; [*weather*] estival

**summing-up** ['sʌmɪŋ'ʌp] N (*Jur*) resumen *m*

**summit** ['sʌmɪt] Ⓐ N [1] [*of mountain*] cima *f*, cumbre *f*; **did anyone reach the ~?** ¿alcanzó alguien la cima *or* la cumbre?
[2] (*fig*) cima *f*, cumbre *f*; **a man at the ~ of his career** un hombre en la cima *or* la cumbre de su trayectoria profesional
[3] (*Pol*) (*also* **~ conference**) cumbre *f*, conferencia *f* al más alto nivel
Ⓑ CPD ► **summit conference** N cumbre *f*, conferencia *f* al más alto nivel ► **summit meeting** N cumbre *f*

**summitry** ['sʌmɪtrɪ] N (*esp US hum*) práctica *f* de celebrar conferencias cumbre

**summon** ['sʌmən] VT [+ *servant, doctor etc*] llamar; [+ *meeting*] convocar; [+ *aid*] pedir; (*Jur*) citar, emplazar; **to be ~ed to sb's presence** ser llamado a la presencia de algn; **they ~ed me to advise them** me llamaron para que les aconsejara; **to ~ a town to surrender** hacer una llamada a una ciudad para que se rinda

►**summon up** VT + ADV [+ *courage*] armarse de, cobrar; [+ *memory*] evocar

**summons** ['sʌmənz] Ⓐ N (*pl* **summonses**) (*Jur*) citación *f* judicial, emplazamiento *m*; (*fig*) llamada *f*; **he got a ~ for drink driving** recibió una citación por conducir borracho; **she received a ~ to appear in court** recibió una citación para presentarse en el juzgado; **to serve a ~ on sb** entregar una citación a algn; **to take out a ~ against sb** entablar demanda contra algn, citar a algn (para estrados)
Ⓑ VT citar, emplazar; **she has been ~ed to appear in court** ha sido citada *or* emplazada a presentarse en el juzgado

**sumo** ['su:məʊ] N [1] (*Sport*) (*also* **~ wrestling**) sumo *m*
[2] (*also* **~ wrestler**) luchador *m* de sumo

**sump** [sʌmp] N (*Aut*) cárter *m*; (*Min*) sumidero *m*; (= *cesspool*) letrina *f*

**sumptuary** ['sʌmptjʊərɪ] ADJ suntuario

**sumptuous** ['sʌmptjʊəs] ADJ [*feast, fabrics, silk*] suntuoso

**sumptuously** ['sʌmptjʊəslɪ] ADV suntuosamente

**sumptuousness** ['sʌmptjʊəsnɪs] N suntuosidad *f*

**sun** [sʌn] Ⓐ N sol *m*; **the ~ is shining** brilla el sol, hace sol; **the ~ is in my eyes** me da el sol en los ojos; **he rises with the ~** se levanta con el sol; **to catch the ~: you've caught the ~** te ha cogido el sol; **to be (out) in the ~** estar al sol; **♦*IDIOM* under the ~: they have everything under the ~** no les falta de nada; **they would do anything under the ~ to stay in power** serían capaces de hacer cualquier cosa para seguir en el poder; **he called me all the names under the ~** me llamó de todo; **♦*PROV* there is nothing new under the ~** no hay nada nuevo bajo el sol
Ⓑ VT **to ~ o.s.** tomar el sol, asolearse (*LAm*), tomar sol (*S. Cone*)
Ⓒ CPD ► **sun dress** N vestido *m* de playa ► **sun god** N dios *m* del sol, divinidad *f* solar ► **sun hat** N pamela *f*, sombrero *m* de ala ancha ► **sun lamp** N lámpara *f* solar ultravioleta ► **sun lotion** N bronceador *m* ► **sun lounge** N solana *f* ► **sun lounger** N tumbona *f* ► **sun parlour**, **sun parlor** (*US*) N solana *f* ► **sun umbrella** N sombrilla *f*

**Sun.** ABBR (= **Sunday**) dom.º

**sunbaked** ['sʌnbeɪkt] ADJ endurecido al sol

**sunbathe** VI tomar el sol, asolearse (*LAm*), tomar sol (*S. Cone*)

**sunbather** ['sʌnbeɪðəʳ] N persona *f* que toma el sol

**sunbathing** ['sʌnbeɪðɪŋ] N baños *mpl* de sol; **I like ~ in the garden** me gusta tomar el sol *or* (*LAm*) asolearme *or* (*S. Cone*) tomar sol en el jardín

**sunbeam** ['sʌnbi:m] N rayo *m* de sol

**sunbed** ['sʌnbed] N cama *f* solar

► LANGUAGE IN USE: **sum 2** 20.6

**sunbelt** ['sʌnbelt] N (US) *franja del sur de Estados Unidos caracterizada por su clima cálido*

**SUNBELT**

*A los estados del sur de EE.UU. que van desde Carolina del Norte hasta California se les denomina* **sunbelt** *(cinturón del sol) por su clima cálido. Este nombre también se asocia con el reciente desarrollo económico de la zona, lo cual ha dado lugar a un aumento de población (por el movimiento demográfico de norte a sur) y a un mayor poder político. Por oposición a este término, a los estados del norte se les llama a veces* **frostbelt** *(cinturón de escarcha) o* **rustbelt** *(cinturón de óxido), por el número de fábricas ya en declive que hay en la zona.*

**sunblind** ['sʌnblaɪnd] N toldo *m*
**sunblock** ['sʌnblɒk] N filtro *m* solar
**sunbonnet** ['sʌn,bɒnɪt] N gorro *m* de sol
**sunburn** ['sʌnbɜːn] N quemaduras *fpl* del sol
**sunburned** ['sʌnbɜːnd], **sunburnt** ['sʌnbɜːnt] ADJ (*painfully*) quemado por el sol; (= *tanned*) bronceado; **a badly ~ back** una espalda muy quemada por el sol; **to get ~** (*painfully*) quemarse
**sundae** ['sʌndeɪ] N helado *m* con frutas y nueces
**Sunday** ['sʌndɪ] Ⓐ N domingo *m*; *see* **Tuesday** *for usage*
Ⓑ CPD ► **Sunday best** N **in one's ~ best** en traje de domingo, endomingado ► **Sunday opening** N = **Sunday trading** ► **Sunday paper** N periódico *m* del domingo ► **Sunday school** N escuela *f* dominical, catequesis *f* ► **Sunday school teacher** N profesor(a) *m/f* de escuela dominical ► **Sunday supplement** N suplemento *m* dominical ► **Sunday trading** N apertura *f* en domingo ► **Sunday trading laws** NPL leyes *fpl* reguladoras de la apertura en domingo

**SUNDAY PAPERS**

*Los periódicos dominicales (***Sunday Papers***) juegan un papel importante en el Reino Unido. Algunos de ellos, como* **The Observer** *o* **News of the World** *sólo se publican ese día, mientras que otros, como* **The Sunday Times**, **The Sunday Telegraph**, **The Independent on Sunday**, **The Sunday Express** *o* **The Sunday Mirror**, *son ediciones especiales de periódicos diarios. Los dominicales suelen tener distintas secciones, con espacios para cultura, viajes, deportes o negocios, además de incluir muchos de ellos una revista en color.*
*En Estados Unidos se suelen comprar más los periódicos locales que los de tirada nacional. De éstos, el principal es el* **New York Times**. *Al igual que en el Reino Unido, los periódicos dominicales tienen más secciones de lo habitual, con artículos más extensos y venden más ejemplares. Pero a diferencia de los británicos, los estadounidenses suelen comprar un solo periódico los domingos.*

**sundeck** ['sʌndek] N cubierta *f* superior
**sunder** ['sʌndəʳ] VT (*liter*) romper, dividir, hender
**sundew** ['sʌndjuː] N rocío *m* de sol
**sundial** ['sʌndaɪəl] N reloj *m* de sol
**sundown** ['sʌndaʊn] N (US) anochecer *m*; **at ~** al anochecer; **before ~** antes del anochecer
**sundowner*** ['sʌndaʊnəʳ] N trago *m* de licor que se toma al anochecer
**sun-drenched** ['sʌndrentʃt] ADJ bañado de sol
**sun-dried** ['sʌndraɪd] ADJ secado al sol
**sundry** ['sʌndrɪ] Ⓐ ADJ diversos, varios; **all and ~** todos sin excepción
Ⓑ N **sundries** (*Comm*) artículos *mpl* diversos; (= *expenses*) gastos *mpl* diversos
**sun-filled** ['sʌnfɪld] ADJ soleado
**sunfish** ['sʌnfɪʃ] N peje-sol *m*
**sunflower** ['sʌn,flaʊəʳ] Ⓐ N girasol *m*
Ⓑ CPD ► **sunflower oil** N aceite *m* de girasol ► **sunflower seeds** NPL pipas *fpl*
**sung** [sʌŋ] PP *of* **sing**
**sunglasses** ['sʌn,glɑːsɪz] NPL gafas *fpl* de sol, anteojos *mpl* de sol (*LAm*)
**sunk** [sʌŋk] PP *of* **sink**
**sunken** ['sʌŋkən] ADJ 1 (*liter*) (= *submerged*) [*ship, treasure*] hundido
2 (= *hollow*) [*cheeks, eyes*] hundido
3 (= *low*) [*garden, road, bath*] que está a un nivel inferior *or* más bajo
**sunless** ['sʌnlɪs] ADJ sin sol
**sunlight** ['sʌnlaɪt] N sol *m*, luz *f* del sol; **those plants must be kept out of direct ~** a esas plantas no las debe dar el sol directamente; **hours of ~** (*Met*) horas *fpl* de sol; **in the ~** al sol
**sunlit** ['sʌnlɪt] ADJ iluminado por el sol
**Sunni** ['sʌnɪ] Ⓐ ADJ sunita, suní
Ⓑ N sunita *mf*, suní *mf*
**sunny** ['sʌnɪ] ADJ (*compar* **sunnier**; *superl* **sunniest**) 1 (= *bright*) [*weather, climate, morning, place*] soleado; **it was a ~ spring morning** era una soleada mañana de primavera; **on ~ days** los días soleados *or* en que hace sol; **it's a lovely ~ day** hace un día de sol precioso; **the sunniest place in Alaska** el lugar de Alaska donde hace más sol, el lugar más soleado de Alaska; **~ intervals** (*Met*) intervalos *mpl* soleados; **it's ~** hace sol; **the outlook is ~** el pronóstico es soleado; ✦**IDIOM I'd like my egg ~ side up** (*Culin*) quiero que mi huevo esté frito sólo por un lado
2 (= *cheery*) [*person*] risueño, alegre; [*smile, disposition*] alegre; **to have a ~ disposition** *or* **temperament** ser de temperamento alegre
**sunray** ['sʌnreɪ] ADJ **~ lamp** lámpara *f* ultravioleta; **~ treatment** helioterapia *f*, tratamiento *m* con lámpara ultravioleta
**sunrise** ['sʌnraɪz] Ⓐ N salida *f* del sol; **at ~** al amanecer; **from ~ to sunset** de sol a sol
Ⓑ CPD ► **sunrise industries** NPL industrias *fpl* del porvenir, industrias *fpl* de alta tecnología
**sunroof** ['sʌnruːf] N (*on building*) azotea *f*, terraza *f*; (*Aut*) techo *m* solar
**sunset** ['sʌnset] N puesta *f* del sol; **at ~** al atardecer, al ponerse el sol
**sunshade** ['sʌnʃeɪd] N (*portable*) sombrilla *f*; (= *awning*) toldo *m*
**sunshine** ['sʌnʃaɪn] Ⓐ N 1 sol *m*, luz *f* del sol; **in the ~** al sol; **hours of ~** (*Met*) horas *fpl* de sol; **daily average ~** media *f* de horas de sol diarias
2 (*) **hello, ~!** (*to little girl*) ¡hola, nena!*; **now look here, ~** (*iro*) mira, macho*
Ⓑ CPD ► **sunshine law** N (US) *ley que obliga a mantener informado al público* ► **sunshine roof** N (*Aut*) techo *m* solar
**sunspot** ['sʌnspɒt] N 1 (= *resort*) *centro turístico muy soleado*
2 (*Astron*) mancha *f* solar
**sunstroke** ['sʌnstrəʊk] N insolación *f*; **to get** *or* **catch ~** coger *or* agarrar una insolación; **to have ~** tener una insolación
**sunsuit** ['sʌnsuːt] N traje *m* de playa
**suntan** ['sʌntæn] Ⓐ N bronceado *m*, moreno *m* (*Sp*); **to get a ~** broncearse, ponerse moreno (*Sp*)
Ⓑ CPD ► **suntan lotion** N bronceador *m*
**suntanned** ['sʌntænd] ADJ bronceado, moreno (*Sp*)
**suntrap** ['sʌntræp] N *lugar muy soleado y protegido*
**sunup** ['sʌnʌp] N (US) salida *f* del sol
**sup** [sʌp] Ⓐ VI cenar; **to ~ off sth** ◊ **~ on sth** cenar algo
Ⓑ VT (*also* **to ~ up**) sorber, beber a sorbos
**super*** ['suːpəʳ] ADJ (*esp Brit*) bárbaro, estupendo (*Sp*), tremendo, macanudo (*LAm*), regio (*S. Cone**), chévere (*Ven*); **we had a ~ time** lo pasamos la mar de bien *or* (*S. Cone*) regio*; **that's a ~ idea** es una idea estupenda; **that would be ~** sería estupendo
**super...** ['suːpəʳ] PREFIX (= *more than the norm*) super..., sobre...
**superabound** [,suːpərə'baʊnd] VI sobreabundar (**in, with** en)
**superabundance** [,suːpərə'bʌndəns] N superabundancia *f*, sobreabundancia *f*
**superabundant** [,suːpərə'bʌndənt] ADJ sobreabundante, superabundante
**superannuate** [,suːpə'rænjʊeɪt] VT jubilar
**superannuated** [,suːpə'rænjʊeɪtɪd] ADJ jubilado; (*fig*) anticuado
**superannuation** [,suːpə,rænjʊ'eɪʃən] (*Brit*) Ⓐ N (= *pension*) jubilación *f*, pensión *f*
Ⓑ CPD ► **superannuation contribution** N cuota *f* de jubilación ► **superannuation scheme** N plan *m* de jubilación
**superb** [suː'pɜːb] ADJ estupendo, magnífico
**superbly** [suː'pɜːblɪ] ADV [*play, perform*] estupendamente; [*crafted, decorated, equipped*] magníficamente; **the strategy worked ~** la estrategia funcionó estupendamente; **a ~ fit man** un hombre en estupendo estado físico; **some ~ elegant curtains** unas cortinas sumamente elegantes
**supercargo** ['suːpə,kɑːgəʊ] N sobrecargo *m*
**supercharged** ['suːpətʃɑːdʒd] ADJ 1 (*Aut*) sobrealimentado
2 [*atmosphere, environment*] sobrecargado
**supercharger** ['suːpətʃɑːdʒəʳ] N compresor *m* de sobrealimentación
**supercilious** [,suːpə'sɪlɪəs] ADJ desdeñoso, altanero
**superciliously** [,suːpə'sɪlɪəslɪ] ADV (*pej*) con desdén, desdeñosamente
**superciliousness** [,suːpə'sɪlɪəsnɪs] N desdén *m*, altanería *f*
**superconductivity** [,suːpə,kɒndʌk'tɪvɪtɪ] N superconductividad *f*
**superconductor** [,suːpəkən'dʌktəʳ] N superconductor *m*
**super-duper*** ['suːpə'duːpəʳ] ADJ estupendo, magnífico
**superego** ['suːpər,iːgəʊ] N superego *m*
**supererogation** [,suːpər,erə'geɪʃən] N supererogación *f*
**superficial** [,suːpə'fɪʃəl] ADJ 1 (= *not deep*) superficial; **she was treated for ~ cuts and bruises** le curaron algunos cortes superficiales y moratones; **most of the buildings had sustained only ~ damage** la mayoría de los edificios sólo habían sufrido daños superficiales; **I suddenly realized how ~ she was** de repente me di cuenta de lo superficial que era
2 (*in measurements*) [*area*] de superficie
**superficiality** [,suːpə,fɪʃɪ'ælɪtɪ] N superficialidad *f*

**superficially** [ˌsuːpəˈfɪʃəlɪ] ADV [1] (= *in a shallow way*) [*deal with, treat, know, discuss*] superficialmente, de manera superficial, por encima
[2] (= *at first glance*) **~, the plane looked more or less conventional, but actually ...** en apariencia era un avión convencional pero de hecho ...; **although this explanation seems ~ attractive ...** aunque superficialmente *or* a primera vista esta explicación parece interesante ...
[3] (*Tech, Med*) **the incision is made ~** la incisión se hace en la superficie

**superfine** [ˈsuːpəfaɪn] ADJ extrafino

**superfluity** [ˌsuːpəˈfluɪtɪ] N superfluidad *f*; **there is a ~ of** hay exceso de

**superfluous** [sʊˈpɜːflʊəs] ADJ superfluo; **~ details** detalles superfluos; **to be ~** [*comment, detail, explanation*] ser superfluo, sobrar; [*object, person*] sobrar; **further comment was ~** todo otro comentario era superfluo, sobraba decir nada más; **maps were ~ with Eddie around** cuando estaba Eddie, sobraban los mapas; **my presence was ~** mi presencia estaba de más; **he felt rather ~** se sentía bastante de más

**superfluously** [sʊˈpɜːflʊəslɪ] ADV innecesariamente; **... he added ~** ... añadió sin necesidad

**superglue** [ˈsuːpəˌgluː] N supercola *f*

**supergrass*** [ˈsuːpəgrɑːs] N (*Brit*) soplón/ona *m/f*

**superheat** [ˌsuːpəˈhiːt] VT sobrecalentar

**superhighway** [ˈsuːpəˈhaɪweɪ] N (*US*) autopista *f* (de varios carriles); *see also* **information**

**superhuman** [ˌsuːpəˈhjuːmən] ADJ [*strength, efforts, powers*] sobrehumano

**superimpose** [ˈsuːpərɪmˈpəʊz] VT sobreponer (**on** en)

**superinduce** [ˈsuːpərɪnˈdjuːs] VT sobreañadir, inducir por añadidura

**superintend** [ˌsuːpərɪnˈtend] VT supervisar

**superintendence** [ˌsuːpərɪnˈtendəns] N supervisión *f*; **under the ~ of** bajo la supervisión *or* dirección de

**superintendent** [ˌsuːpərɪnˈtendənt] N [*of institution, orphanage*] director(a) *m/f*; (*in swimming pool*) vigilante *mf*; (*US*) (= *porter*) conserje *mf*; **police ~** (*Brit*) subjefe *mf* de policía; (*US*) superintendente *mf*

▼**superior** [sʊˈpɪərɪəʳ] Ⓐ ADJ [1] (= *better*) superior; **to be ~ to sth/sb** ser superior a algo/algn; **to be ~ to sth/sb in sth** superar *or* ser superior a algo/algn en algo
[2] (= *good*) [*product*] de primera calidad; **it's a very ~ model** es un modelo de primerísima calidad, es un modelo muy superior; **thanks to its ~ design** gracias a la supremacía del diseño; **a ~ being** un ser superior
[3] (= *senior*) (*in hierarchy, rank*) superior; **to be ~ to sb** ser superior a algn; **his ~ officer** (*Mil*) su superior
[4] (*numerically*) **the enemy's ~ numbers** la superioridad numérica del enemigo; **the enemy were ~ to them in number** el enemigo los superaba *or* era superior a ellos en número
[5] (= *smug*) [*person*] altanero, desdeñoso; [*tone, expression, smile*] de superioridad, de suficiencia; **"you don't understand," Clarissa said in a ~ way** —tú no lo entiendes —dijo Clarissa con aire de superioridad *or* de suficiencia
[6] (*Tech*) (= *upper*) superior
Ⓑ N [1] (*in rank, organization*) superior *m*; **people he perceives as his social ~s** personas que él considera de un nivel social superior
[2] (*in ability*) **to be sb's ~ in sth** superar a algn en algo
[3] (*Rel*) superior *m*; **Mother Superior** madre *f* superiora
Ⓒ CPD ► **superior court** N tribunal *m* superior

**superiority** [sʊˌpɪərɪˈɒrɪtɪ] N [1] (*in quality, amount*) superioridad *f*
[2] (= *smugness*) superioridad *f*, altanería *f*

**superlative** [sʊˈpɜːlətɪv] Ⓐ ADJ [1] (= *outstanding*) excepcional; **~ wines** vinos de excepcional calidad
[2] (*Gram*) superlativo *m*
Ⓑ N [1] (*Gram*) superlativo *m*; **in the ~** en el superlativo
[2] (*fig*) **the critics were reaching for ~s** los críticos se deshacían en elogios; **he tends to talk in ~s** tiende a hablar en términos muy elogiosos de todo

**superlatively** [sʊˈpɜːlətɪvlɪ] ADV [*perform, sing*] excepcionalmente, de manera excepcional; **a ~ nice man** un hombre extremadamente *or* excepcionalmente agradable; **~ fit** en una forma física excepcional; **his ability to get things ~ right** su habilidad para hacer las cosas excepcionalmente *or* extraordinariamente bien; **he knew his job ~ well** conocía su trabajo a la perfección, conocía su trabajo excepcionalmente *or* extraordinariamente bien

**superman** [ˈsuːpəmæn] N (*pl* **supermen**) superhombre *m*

**supermarket** [ˈsuːpəˌmɑːkɪt] N supermercado *m*

**supernatural** [ˌsuːpəˈnætʃərəl] Ⓐ ADJ sobrenatural
Ⓑ N **the ~** lo sobrenatural

**supernormal** [ˌsuːpəˈnɔːməl] ADJ superior a lo normal

**supernova** [ˌsuːpəˈnəʊvə] N (*pl* **supernovae** [ˌsuːpəˈnəʊviː]) (*Astron*) supernova *f*

**supernumerary** [ˌsuːpəˈnjuːmərərɪ] Ⓐ ADJ (*Admin, Bio etc*) supernumerario
Ⓑ N (*Admin etc*) supernumerario/a *m/f*; (*Theat, Cine*) figurante/a *m/f*, comparsa *mf*

**superphosphate** [ˌsuːpəˈfɒsfeɪt] N superfosfato *m*

**superpose** [ˈsuːpəpəʊz] VT sobreponer, superponer

**superposition** [ˈsuːpəpəzɪʃən] N superposición *f*

**superpower** [ˈsuːpəˌpaʊəʳ] N superpotencia *f*

**superscript** [ˌsuːpəˈskrɪpt] N superíndice *m*

**superscription** [ˌsuːpəˈskrɪpʃən] N sobrescrito *m*

**supersede** [ˌsuːpəˈsiːd] VT desbancar, suplantar

**supersensitive** [ˈsuːpəˈsensɪtɪv] ADJ extremadamente sensible (**to** a)

**supersonic** [ˈsuːpəˈsɒnɪk] ADJ [*aircraft, speed, flight*] supersónico

**supersonically** [ˈsuːpəˈsɒnɪkəlɪ] ADV [*fly*] a velocidad supersónica

**superstar** [ˈsuːpəstɑːʳ] N superestrella *f*

**superstition** [ˌsuːpəˈstɪʃən] N superstición *f*

**superstitious** [ˌsuːpəˈstɪʃəs] ADJ supersticioso; **to be ~ about sth** ser supersticioso con respecto a algo

**superstitiously** [ˌsuːpəˈstɪʃəslɪ] ADV supersticiosamente

**superstore** [ˈsuːpəstɔːʳ] N (*Brit*) hipermercado *m*

**superstratum** [ˌsuːpəˈstrɑːtəm] N (*pl* **superstratums** *or* **superstrata** [ˌsuːpəˈstrɑːtə]) superstrato *m*

**superstructure** [ˈsuːpəˌstrʌktʃəʳ] N superestructura *f*

**supertanker** [ˈsuːpəˌtæŋkəʳ] N superpetrolero *m*

**supertax** [ˈsuːpətæks] N sobretasa *f*, sobreimpuesto *m*

**supervene** [ˌsuːpəˈviːn] VI sobrevenir

**supervise** [ˈsuːpəvaɪz] VT [1] [+ *work, people*] supervisar
[2] (*Univ*) [+ *thesis*] dirigir

**supervision** [ˌsuːpəˈvɪʒən] N supervisión *f*; **to work under the ~ of** trabajar bajo la supervisión de

**supervisor** [ˈsuːpəvaɪzəʳ] N [1] (*gen*) supervisor(a) *m/f*
[2] (*Univ*) [*of thesis*] director(a) *m/f*

**supervisory** [ˈsuːpəvaɪzərɪ] ADJ [*body, staff, powers*] de supervisión; [*role*] de supervisor; **he stayed on in a ~ capacity** se quedó en calidad de supervisor; **~ board** (*Comm, Ind*) junta *f* de supervisión

**superwoman** [ˈsuːpəˌwʊmən] N (*pl* **superwomen**) supermujer *f*

**supine** [ˈsuːpaɪn] Ⓐ ADJ (*frm*) [1] (= *prostrate*) [*person, position*] de espaldas, sobre el dorso, supino (*more frm*); **he lay ~ on the couch** estaba tendido sobre el dorso *or* (*more frm*) en posición supina en el sofá
[2] (*fig*) (= *passive*) abúlico; **the government's ~ response to the rise in petrol prices** la reacción abúlica del gobierno ante la subida de los precios de la gasolina
Ⓑ N supino *m*

**supper** [ˈsʌpəʳ] N (= *evening meal*) cena *f*; **what's for ~ tonight?** ¿qué hay de cena hoy?; **to stay to ~** quedarse a cenar; **to have ~** cenar; **the Last Supper** (*Rel*) La Ultima Cena; **✦IDIOM to sing for one's ~** trabajárselo

**suppertime** [ˈsʌpətaɪm] N hora *f* de cenar

**supplant** [səˈplɑːnt] VT suplantar, reemplazar

**supple** [ˈsʌpl] ADJ [*body, leather*] flexible; [*joint, limb*] ágil; [*skin*] suave; **this will keep your skin ~** esto mantendrá tu piel suave; **to keep o.s. ~** mantenerse flexible

**supplement** Ⓐ [ˈsʌplɪmənt] N (*gen*) suplemento *m*
Ⓑ [sʌplɪˈment] VT complementar; **to ~ sth with sth** complementar algo con algo; **I ~ my diet with vitamin pills** complemento mi dieta con vitaminas; **to ~ one's income by writing** aumentar sus ingresos escribiendo

**supplemental** [ˌsʌplɪˈmentəl] ADJ (*esp US*) suplementario

**supplementary** [ˌsʌplɪˈmentərɪ] ADJ suplementario

**suppleness** [ˈsʌplnɪs] N [*of body, leather*] flexibilidad *f*; [*of joint, limb*] agilidad *f*; [*of skin*] suavidad *f*

**suppliant** [ˈsʌplɪənt] (*frm*) Ⓐ ADJ suplicante
Ⓑ N suplicante *mf*

**supplicant** [ˈsʌplɪkənt] N suplicante *mf*

**supplicate** [ˈsʌplɪkeɪt] VT, VI suplicar

**supplication** [ˌsʌplɪˈkeɪʃən] N súplica *f*

**supplier** [səˈplaɪəʳ] N (*Comm*) (= *distributor*) distribuidor(a) *m/f*; (= *provider*) abastecedor(a) *m/f*, proveedor(a) *m/f*; **from your usual ~** de su proveedor habitual

**supply** [səˈplaɪ] Ⓐ N [1] (= *stock, amount*) [*of oil, coal, water*] reservas *fpl*, existencias *fpl*; [*of goods, merchandise*] existencias *fpl*; **America has a 300-year ~ of coal** América tiene reservas *or* existencias de carbón para 300 años; **oil supplies are running low** las reservas de petróleo se están agotando; **he must have used up his ~ of drugs by now** ahora ya debe haber agotado todas sus reservas *or* exis-

➤ LANGUAGE IN USE: superior A1 5.4

tencias de medicamentos; **he had only a small ~ of gin left** sólo le quedaba una pequeña cantidad de ginebra; **a three-month ~ of drugs** medicinas suficientes para tres meses; **an adequate ~ of food** suficientes víveres *or* provisiones; **we need a fresh ~ of coffee** nos hace falta proveernos de café; **they seem to have an inexhaustible ~ of ammunition** parece que tengan una reserva inagotable de municiones; **to lay in a ~ of sth** proveerse de algo, hacer provisión de algo; **a limited ~ of fine wines** existencias limitadas de buenos vinos; **there is a plentiful ~ of fish in the river** en el río hay peces en abundancia; **to be in short ~** escasear; **vegetables are in short ~** hay escasez de verduras, escasean las verduras

[2] **supplies** (= *provisions*) provisiones *fpl*, víveres *mpl*; (*Mil*) pertrechos *mpl*; **supplies are still being flown into the capital** aún se están llevando provisiones *or* víveres a la capital por aire; **emergency supplies** provisiones *fpl* de emergencia; **food supplies** víveres *mpl*, provisiones *fpl*; **medical supplies** suministros *mpl* médicos; **office supplies** materiales *mpl or* artículos *mpl* de oficina

[3] (= *provision*) suministro *m*; **the ~ of fuel to the engine** el suministro de combustible al motor; **electricity/gas ~** suministro de electricidad/gas; **blood ~** (*Physiol*) riego *m* sanguíneo

[4] (*Econ*) oferta *f*; **~ and demand** la oferta y la demanda

[5] (*Parl*) provisión *f* financiera; **to vote supplies** votar créditos

Ⓑ VT [1] (= *provide*) [1·1] [+ *merchandise, goods, materials, food*] suministrar, proporcionar; [+ *information*] facilitar, proporcionar; **Japan will ~ the materials** Japón suministrará *or* proporcionará los materiales; **he accused the company of ~ing arms to terrorists** acusó a la empresa de suministrar *or* proporcionar armas a grupos terroristas; **~ the missing word and win a prize** adivine la palabra que falta y gane un premio; **she supplied the vital clue** ella nos dio la pista esencial; **I supplied the feminine intuition** yo aportaba la intuición femenina; **the arteries that ~ blood to the heart** las arterias que llevan la sangre al corazón, las arterias que irrigan el corazón

[1·2] **to ~ sb with** [+ *merchandise, equipment*] suministrar algo a algn, proporcionar algo a algn; [+ *services*] proveer a algn de algo; [+ *information*] facilitar algo a algn; **they kept us supplied with milk/vegetables** nos fueron abasteciendo de leche/verduras

[2] (*frm*) (= *satisfy*) [+ *need*] satisfacer; [+ *want*] suplir

Ⓒ CPD ► **supply dump** N (*Mil*) intendencia *f* ► **supply line** N línea *f* de abastecimiento ► **supply route** N ruta *f* de abastecimiento ► **supply ship** N buque *m* de abastecimiento ► **supply teacher** N (*Brit*) profesor(a) *m/f* suplente, profesor(a) *m/f* sustituto/a ► **supply teaching** N (*Brit*) suplencias *fpl* ► **supply truck** N camión *m* de abastecimiento

**supply-side** [səˈplaɪ͵saɪd] ADJ **~ economics** economía *f* de oferta

▼**support** [səˈpɔːt] Ⓐ N [1] (*for weight*) [1·1] (= *object*) soporte *m*; **use the stool as a ~ for your feet** usa el taburete como soporte para los pies; **steel ~s** soportes *mpl* de acero

[1·2] (= *capacity to support*) soporte *m*; **a good bed should provide adequate ~ for your back** una buena cama debe ofrecerle un soporte adecuado para su espalda; **to lean on sb for ~** apoyarse en algn

[1·3] (*Med*) soporte *m*; **back ~** espaldera *f*

[2] (*fig*) [2·1] (= *help*) apoyo *m*; **I've had a lot of ~ from my family** mi familia me ha apoyado mucho *or* me ha dado mucho apoyo; **she was a real ~ to her mother** fue un verdadero apoyo para su madre; **to give sb ~** dar apoyo a algn, apoyar a algn; **moral ~** apoyo moral

[2·2] (= *backing*) apoyo *m*; **he has given his ~ to the reform programme** ha apoyado *or* respaldado el programa de reforma, ha dado su apoyo *or* respaldo al programa de reforma; **do I have I your ~ in this?** ¿puedo contar con tu apoyo para esto?; **our ~ comes from the workers** los que nos apoyan son los obreros; **their capacity to act in ~ of their political objectives** su capacidad de actuar en pos de sus objetivos políticos; **a campaign in ~ of these aims** una campaña en apoyo de estos objetivos; **he spoke in ~ of the motion** habló en apoyo de la moción; **popular ~** apoyo *m* popular

[2·3] (*financial*) ayuda *f*, respaldo *m*; **financial ~** ayuda *f* económica, respaldo *m* económico; **they depend on him for financial ~** económicamente dependen de él; **with Government ~** con la ayuda del Gobierno, respaldado por el Gobierno; **a man with no visible means of ~** un hombre sin una fuente de ingresos aparente

[2·4] (*esp Comm*) (= *backup*) servicio *m* de asistencia (al cliente); **after-sales ~** servicio *m* posventa, asistencia *f* posventa; **technical ~** servicio *m* de asistencia técnica

[2·5] (*Mil*) apoyo *m*; **military ~** apoyo militar

[2·6] (= *evidence*) **history offers some ~ for this view** la historia respalda en cierta medida esta opinión; **scholars have found little ~ for this interpretation** los académicos han encontrado pocas pruebas que apoyen *or* respalden esta interpretación; **in ~ of this argument he states that ...** para apoyar *or* respaldar este argumento aduce que ...; **evidence in ~ of a particular theory** pruebas que confirman una determinada teoría

Ⓑ VT [1] (= *hold up*) sostener; **his knees wouldn't ~ him any more** sus rodillas ya no lo sostenían; **that chair won't ~ your weight** esa silla no resistirá *or* aguantará tu peso; **raise your upper body off the ground, ~ing your weight on your arms** apoyándose en los brazos levante el tronco del suelo; **to ~ o.s.** (*physically*) apoyarse (**on** en)

[2] (= *help*) [2·1] (*emotionally*) apoyar

[2·2] (*financially*) [+ *person*] mantener; [+ *organization, project*] financiar; **he has a wife and three children to ~** tiene una mujer y tres hijos que mantener; **to ~ o.s.** (*financially*) ganarse la vida

[3] (= *back*) [+ *proposal, project, person*] apoyar; **his colleagues refused to ~ him** sus colegas se negaron a apoyarlo

[4] (*Sport*) [+ *team*] **who do you ~?** ¿de qué equipo eres (hincha)?; **Tim ~s Manchester United** Tim es hincha de Manchester United; **come and ~ your team!** ¡ven a animar a tu equipo!

[5] (= *corroborate*) [+ *theory, view*] respaldar, confirmar

[6] (= *sustain*) **an environment capable of ~ing human life** un medio en que existen las condiciones necesarias para que se desarrolle la vida humana; **land so poor that it cannot ~ a small family** un terreno tan poco fértil que no puede sustentar a una familia pequeña

[7] (*frm*) (= *tolerate*) tolerar

[8] (*Mus*) [+ *band*] actuar de telonero/teloneros de; **a good band ~ed by an exciting new group** un buen grupo con unos teloneros nuevos muy interesantes

[9] (*Cine, Theat*) [+ *principal actor*] secundar; **he is ~ed by a wonderful cast** está secundado por un estupendo reparto

Ⓒ CPD ► **support band** N (*Mus*) teloneros *mpl* ► **support group** N grupo *m* de apoyo; **a ~ group for victims of crime** un grupo de apoyo *or* una asociación de ayuda a las víctimas de la delincuencia ► **support hose** N medias *fpl* de compresión graduada ► **support network** N red *f* de apoyo ► **support ship** N barco *m* de apoyo ► **support stocking** N media *f* de compresión graduada ► **support tights** NPL medias *fpl* de compresión (graduada) ► **support troops** NPL tropas *fpl* de apoyo

**supportable** [səˈpɔːtəbl] ADJ soportable

**supporter** [səˈpɔːtər] N [1] [*of proposal, party etc*] partidario/a *m/f*; (*Sport*) hincha *mf*; **I'm a United ~** soy del United, soy hincha del United; **supporters** la afición; **the ~s really got behind the team last night** la afición apoyó totalmente al equipo ayer; **~s' club** peña *f* deportiva; **football ~s** hinchas *mpl* de fútbol

[2] (*Tech*) soporte *m*, sostén *m*; (*Heraldry*) tenante *m*, soporte *m*

**supporting** [səˈpɔːtɪŋ] Ⓐ ADJ [1] [*documents*] acreditativo; **there is no ~ evidence for this theory** no hay pruebas que confirmen esta teoría

[2] (*Theat*) [*role, cast*] secundario; [*actor*] secundario, de reparto

Ⓑ CPD ► **supporting feature** N (*Cine*) cortometraje *m* ► **supporting wall** N pared *f* maestra

**supportive** [səˈpɔːtɪv] ADJ [*role*] de apoyo; **a ~ role** un papel de apoyo; **I have a very ~ family** tengo una familia que me apoya mucho; **to be ~: her boss was very ~ and gave her time off work** su jefe la apoyó mucho y le dio unos días libres; **to be ~ of sb** apoyar a algn

**supportiveness** [səˈpɔːtɪvnɪs] N sustentación *f*

▼**suppose** [səˈpəʊz] VT [1] (= *assume*) suponer; **let us ~ that** supongamos que, pongamos por caso que; **but just ~ he's right** y ¿si tiene razón?; **supposing it rains, what shall we do?** pongamos que llueve, entonces ¿qué hacemos?; **always supposing he comes** siempre y cuando venga; **even supposing that were true** aun en el caso de que fuera verdad

[2] (= *assume, believe*) suponer, creer; **I ~ she'll come** supongo que vendrá; **I don't ~ she'll come** no creo que venga; **you'll accept, I ~?** aceptarás, supongo, ¿no?; **who do you ~ was there?** ¿quién crees tú que estaba allí?; **you don't ~ they'd start without us, do you?** no empezarán sin nosotros, ¿verdad?; **I ~ so/not** supongo que sí/no

[3] **to be ~d to do sth**: **you're ~d to be in bed by ten** tendrías que estar acostado a las diez; **you're not ~d to do that** no deberías hacer eso; **you're ~d to be my friend!** ¡yo creía que eras mi amigo!; **what am I ~d to have done wrong now?** ¿qué se supone que he hecho mal ahora?; **what's that ~d to mean?** ¿qué quieres decir con eso?; **he's ~d to be an expert** se le supone un experto

[4] (*in requests, suggestions*) **do you ~ we could take a lunch break now?** ¿podríamos hacer un descanso para almorzar ahora?; **do you ~ you could wrap this up for me?** ¿podrías envolverme esto?; **I don't ~ you could lend me ten pounds** ¿no podrías prestarme diez libras?; **~ we talk about something else now** ¿y si hablamos sobre algo distinto ahora?

[5] (= *presuppose*) suponer, presuponer

**supposed** [səˈpəʊzd] ADJ [*ally, benefit, threat*] supuesto

► LANGUAGE IN USE: **support** B3 12.2 **suppose** 1 6.2 2 26.2

**supposedly** [sə'pəʊzɪdlɪ] ADV supuestamente; **he had ~ gone to Scotland** según se suponía había ido a Escocia, supuestamente había ido a Escocia; **the ~ brave James Bond** el James Bond que se suponía tan valiente

**supposing** [sə'pəʊzɪŋ] CONJ si, en el caso de que; *see also* **suppose A1**

**supposition** [ˌsʌpə'zɪʃən] N suposición *f*; **that is pure ~** eso es una suposición *or* hipótesis nada más; **the report was based on ~** el informe estaba basado en suposiciones; **it's based on the ~ that ...** se basa en la hipótesis de que ...

**suppositious** [ˌsʌpə'zɪʃəs] ADJ, **supposititious** [səˌpɒzɪ'tɪʃəs] ADJ espurio, supositicio

**suppository** [sə'pɒzɪtərɪ] N supositorio *m*

**suppress** [sə'pres] VT [+ *symptoms, dissent, opposition, publication*] suprimir; [+ *feelings*] reprimir; [+ *emotion*] contener, dominar; [+ *yawn, smile*] contener; [+ *news, the truth*] callar, ocultar; [+ *scandal*] acallar, ocultar; [+ *revolt, uprising*] sofocar, reprimir; **with ~ed emotion** con emoción contenida; **a half ~ed laugh** una risa mal disimulada

**suppressant** [sə'presnt] N inhibidor *m*; **appetite ~** inhibidor *m* del apetito

**suppression** [sə'preʃən] N [*of symptoms, dissent, opposition, publication*] supresión *f*; [*of feelings*] represión *f*; [*of news, scandal, the truth*] ocultación *f*; [*of revolt*] represión *f*

**suppressor** [sə'presəʳ] N supresor *m*

**suppurate** ['sʌpjʊəreɪt] VI supurar

**suppuration** [ˌsʌpjʊə'reɪʃən] N supuración *f*

**supra...** ['suːprə] PREFIX supra ...; **supranormal** supranormal; **suprarenal** suprarrenal

**supranational** ['suːprə'næʃənl] ADJ supranacional

**suprasegmental** [ˌsuːprəseg'mentl] ADJ suprasegmental

**supremacist** [sʊ'preməsɪst] N *partidario o defensor de la supremacía de un grupo, raza etc*; **male ~** machista *mf*; **white ~** racista *mf* (blanco/a)

**supremacy** [sʊ'preməsɪ] N supremacía *f*; **naval/political ~** supremacía *f* naval/política; **the struggle for ~** la lucha por la supremacía

**supreme** [sʊ'priːm] Ⓐ ADJ [*effort*] supremo; [*heroism, confidence*] sumo; [*achievement*] mayor; **it is of ~ importance** es de suma importancia; **with ~ indifference** con suma indiferencia; **it was a ~ irony that ...** la mayor ironía fue que ...; **the ~ sacrifice** el sacrificio supremo; **to reign ~** (*fig*) [*team, individual, city*] no tener rival, gozar del dominio absoluto; [*ideology, tradition*] predominar por encima de todo

Ⓑ CPD ► **the Supreme Being** N el Ser Supremo ► **supreme champion** N campeón/ona *m/f* absoluto/a ► **Supreme Commander** N comandante *mf* en jefe, comandante *mf* supremo/a ► **Supreme Court** N Tribunal *m* Supremo, Corte *f* Suprema (*LAm*)

**supremely** [sʊ'priːmlɪ] ADV [*confident, important, elegant*] sumamente; **she does her job ~ well** hace su trabajo a la perfección *or* sumamente bien; **he is a ~ gifted musician** es un músico de extraordinario talento

**supremo** [sʊ'priːməʊ] N jefe *m*

**Supt** ABBR (*Brit*) = **Superintendent**

**sura** ['sʊərə] N sura *m*

**surcharge** ['sɜːtʃɑːdʒ] Ⓐ N recargo *m*; **to introduce/impose a ~ on sth** introducir/imponer un recargo en algo; **import ~** sobretasa *f* de importación

Ⓑ VT [+ *person*] cobrar un recargo a

**surd** [sɜːd] N número *m* sordo

▼**sure** [ʃʊəʳ] ADJ (*compar* **surer**; *superl* **surest**) Ⓐ ADJ [1] (= *certain*) [1·1] seguro; **"do you want to see that film?" — "I'm not ~"** — ¿quieres ver esa película? —no sé *or* no estoy seguro; **she seemed honest enough but I had to be ~** parecía bastante sincera, pero tenía que asegurarme *or* estar seguro; **"I know my duty" — "I'm ~ you do"** —sé cuál es mi deber —de eso estoy seguro; **to be ~ that** estar seguro de que; **I'm ~ that she's right** estoy seguro de que tiene razón; **I'm not ~ that I can help you** no estoy seguro de que te pueda ayudar, no estoy seguro de poder ayudarte; **are you ~ you won't have another drink?** ¿seguro que no quieres tomarte otra copa?; **I'm quite ~ her decision was right** estoy convencido de que *or* estoy completamente seguro de que su decisión fue correcta; **to be ~ about sth** estar seguro de algo; **I'm not ~ about the date yet** todavía no estoy seguro de la fecha; **I like the colour but I'm not ~ about the shape** me gusta el color pero la forma no acaba de convencerme; **to be ~ what/who** estar seguro de qué/quién; **Jane wasn't ~ (in her mind) what she thought about abortion** Jane no tenía muy claras las ideas sobre el aborto; **I'm not ~ whether ...** no estoy seguro (de) si ...

[1·2] **to be ~ of sth** estar seguro de algo; **you can be ~ of our support** puedes estar seguro de nuestro apoyo; **Cameroon is ~ of a place in the second round** Camerún tiene una plaza asegurada *or* segura en la segunda ronda; **book now to be ~ of a place on the course** haga la reserva ahora para tener la plaza en el curso asegurada *or* segura; **we can't be ~ of winning** no podemos estar seguros de que vayamos a ganar; **to be ~ of one's facts** estar seguro de lo que se dice

[1·3] **to be ~ of sb: I've always felt very ~ of John** siempre he confiado mucho en John; **he was not quite ~ of Flora** tenía sus dudas acerca de Flora; **to be ~ of o.s.** estar seguro de sí mismo; **to be ~ of sb** confiar en algn

[1·4] (+ *INFIN*) **it is ~ to rain** seguro que lloverá, seguramente lloverá; **she is ~ to agree** seguro que está de acuerdo, seguramente estará de acuerdo; **be ~ to** *or* **be ~ and close the window** asegúrate de que cierras la ventana; **be ~ to** *or* **be ~ and tell me** que no se te olvide contármelo; **be ~ not to take any weapons** no se te ocurra ir armado

[1·5] **to make ~ (that)** asegurarse (de que); **I knocked on his door to make ~ that he was all right** llamé a su puerta para asegurarme de que estaba bien; **make ~ it doesn't happen again** asegúrate de que no vuelva a ocurrir; **her friends made ~ that she was never alone** sus amigos se encargaron de que no estuviera nunca sola; **please make ~ that your children get to school on time** consiga de la forma que sea que sus hijos lleguen a la escuela a tiempo; **better get a ticket beforehand, just to make ~** mejor compre el billete de antemano, más que nada para ir sobre seguro *or* para tener esa seguridad; **to make ~ to do sth** asegurarse de hacer algo

[2] (= *reliable*) [*sign*] claro; [*way*] seguro; **one ~ way to lose is ...** una forma segura de perder es ...; **she had a ~ grasp of the subject** tenía un gran dominio del tema; **to do sth in the ~ knowledge that** hacer algo sabiendo bien que *or* con la seguridad de que

[3] (*in phrases*) **it's a ~ bet that he'll come** segurísimo que viene; **for ~*** seguro*; **you'll get it tomorrow for ~** lo recibirás mañana seguro; **nobody** *or* **no one knows for ~** nadie lo sabe con seguridad; **I can't say for ~** no puedo decirlo con seguridad; **that's for ~** ◊ **one thing's for ~** una cosa está clara; **~ thing: a month ago, a yes-vote seemed a ~ thing** hace un mes, el voto a favor parecía algo seguro; **he's a ~ thing for president** no cabe la menor duda de que llegará a presidente; (*esp US*) **"I'd like to hire a car" — "~ thing"** —quiero alquilar un coche —sí, claro; **"can I go with you?" — "~ thing"** —¿puedo ir contigo? —claro que sí *or* por supuesto; **"did you like it?" — "~ thing"** —¿te ha gustado? —ya lo creo; **this is a plausible interpretation, to be sure, but ...** desde luego que *or* claro que ésta es una interpretación muy verosímil pero ...; **well, that's bad luck to be ~!** vaya, ¡eso sí que es tener mala suerte!

Ⓑ ADV [1] (*US**) (= *certainly*) (*emphatic*) **he ~ is cute** no veas si es guapo*; **I ~ am bored** no veas si estoy aburrido*; **"know what I mean?" — "~ do"** —sabes, ¿no? —claro que sí *or* claro que lo sé; **(as) ~ as: I'm ~ as hell not going to help him** yo sí que no le voy a ayudar; ✦*IDIOM* **as ~ as eggs is eggs, he did it*** lo hizo él, como que me llamo Elena/Juan *etc*

[2] (*esp US*) (= *of course*) claro; **"did you tell your uncle about her?" — "oh, sure"** —¿le hablaste a tu tío de ella? —¡claro! *or* (*LAm*) —¡cómo no!; **"can I go with you?" — "sure"** —¿puedo ir contigo? —¡por supuesto! *or* —¡claro que sí!; **"is that OK?" — "sure!"** —¿está bien así? —¡claro que sí! *or* (*LAm*) —¡cómo no!

[3] (= *true*) claro; **~, it's never been done before** claro que no se ha hecho antes

[4] **~ enough** efectivamente, en efecto; **he said he'd be here, and ~ enough, there he is** dijo que estaría aquí y efectivamente *or* en efecto, aquí está

**sure-fire*** ['ʃʊə'faɪəʳ] ADJ [*way*] seguro; [*method*] infalible; **a ~ success** un éxito seguro; **he's a ~ winner** tiene el éxito asegurado

**sure-footed** ['ʃʊə'fʊtɪd] ADJ (*lit*) de pie firme; (*fig*) [*leadership*] firme; **to be ~** (*lit, fig*) conocer el terreno que se pisa

**surely** ['ʃʊəlɪ] ADV [1] (*emphatic*) [1·1] (*in questions*) **~ there must be something we can do?** algo habrá que podemos hacer, ¿no?

[1·2] (*expressing opinion*) **there must ~ be a more effective way of punishing such people** tiene que haber una forma más eficaz de castigar a esa clase de gente, digo *or* creo yo; **~ it is better to steal than to starve** mejor será robar que pasar hambre, digo *or* creo yo; **it is ~ no coincidence that ...** digo *or* creo yo que no es una coincidencia que ...

[1·3] (*expressing surprise*) **~ you are not suggesting she did it on purpose?** no estarás insinuando que lo hizo a propósito ¿verdad?; **~ it's obvious?** pero si es obvio, ¿no?; **~ the logical thing would have been to change banks?** lo más lógico habría sido cambiar de banco, ¿no?; **you ~ don't think it was me!** ¡no pensarás que fui yo!; **~ not** no puede ser; **~ to God:** ◊ **~ to goodness*: ~ to God that's what everyone wants:** está claro que es eso lo que quiere todo el mundo ¿no?; **~ to goodness that itself is reason enough to call the police*** seguro que eso en sí mismo es motivo suficiente para llamar a la policía, ¿no?

[2] (= *undoubtedly*) sin duda; **she was ~ one of the greatest sopranos of all time** sin duda fue una de las sopranos más destacadas de todos los tiempos; **justice will ~ prevail** sin duda la justicia prevalecerá; **he is an artist, just as ~ as Rembrandt** es pintor, tan se-

➤ LANGUAGE IN USE: sure A1 6.2, 12.2, 15.1, 16.1

guro como que lo era Rembrandt; **his time will ~ come** no cabe duda de que le llegará su momento
[3] (*US*) (= *of course*) por supuesto, ¡cómo no! (*LAm*); **"will you excuse me just a second?" — "surely"** —¿me permite un momento? —¡por supuesto! *or* (*LAm*) —¡cómo no!
[4] (= *safely, confidently*) con seguridad; **he handles the issue ~ but with sensitivity** maneja el asunto con seguridad y sensibilidad a la vez; **slowly but ~** lento pero seguro

**sureness** [ˈʃʊənɪs] N [*of aim, footing*] firmeza *f*; (= *certainty*) seguridad *f*; **the ~ of his touch** su pulso firme

**surety** [ˈʃʊərətɪ] N (= *sum*) garantía *f*, fianza *f*, caución *f*; (= *person*) fiador(a) *m/f*, garante *mf*; **on his own ~ of £500** bajo su propia fianza de 500 libras; **to go** *or* **stand ~ for sb** ser fiador de algn, salir garante de algn; **to take sth as ~** usar algo como fianza

**surf** [sɜːf] Ⓐ N (= *waves*) olas *fpl*, rompientes *mpl*; (= *foam*) espuma *f*; (= *swell*) oleaje *m*; (= *current*) resaca *f*
Ⓑ VI hacer surf
Ⓒ VT [1] (*lit*) hacer surf en
[2] (*Internet*) **to ~ the Net** navegar por Internet

**surface** [ˈsɜːfɪs] Ⓐ N [1] [*of table, skin, lake, sun*] superficie *f*; [*of road*] firme *m*; **beneath** *or* **below the ~**: **the box was buried two metres beneath** *or* **below the ~** la caja estaba enterrada a dos metros por debajo de la superficie; **the tensions that simmer beneath** *or* **below the ~ in our society** las tensiones que bullen por debajo de la superficie en nuestra sociedad; **she appeared calm, but beneath** *or* **below the ~ she was seething with rage** parecía estar tranquila pero en el fondo *or* por dentro hervía de rabia; **to break the ~** romper la superficie; **to be close to the ~** (*lit*) estar cerca de la superficie; **her grief was still close to the ~** su dolor estaba todavía a flor de piel; **ethnic tensions are never far from the ~** las tensiones étnicas siempre parece que están a punto de estallar; **on the ~ it seems that ...** a primera vista parece que ...; **outer ~** capa *f* exterior *or* externa; **to come** *or* **rise to the ~** (*lit*) salir a la superficie; (*fig*) aflorar (a la superficie); **these feelings may come** *or* **rise to the ~** estos sentimientos pueden aflorar (a la superficie); **under the ~** = **beneath the surface**; **upper ~** superficie *f* de la parte superior; ✦*IDIOM* **to scratch or touch the ~ (of sth)** arañar la superficie (de algo); **this book only scratches the ~ of philosophical thought** este libro aborda el pensamiento filosófico sólo por encima, este libro sólo araña la superficie del pensamiento filosófico; *see also* **work**
[2] (*Math, Geom*) [2·1] (*also* **~ area**) superficie *f*
[2·2] (= *side*) [*of solid*] cara *f*
Ⓑ VT [+ *road*] revestir, asfaltar
Ⓒ VI [1] (*lit*) [*swimmer, diver, whale*] salir a la superficie; [*submarine*] emerger
[2] (*fig*) [*information, news*] salir a la luz; [*feeling*] salir, aflorar; [*issue*] salir a relucir; [*problem*] presentarse, surgir; [*person*] (*in place*) dejarse ver; (*hum*) (= *get up*) salir de la cama; **what time did you ~?** ¿a qué hora saliste de la cama?
Ⓓ CPD ► **surface area** N área *f* (de la superficie) ► **surface fleet** N flota *f* de superficie ► **surface force** N (*Mil*) fuerza *f* de superficie ► **surface mail** N **by ~ mail** por vía terrestre ► **surface temperature** N temperatura *f* en la superficie ► **surface tension** N (*Phys*) tensión *f* superficial ► **surface water** N agua *f* de la superficie

**surface-(to-)air** [ˈsɜːfɪs(tuː)ˈɛəʳ] ADJ **~ missile** misil *m* tierra-aire

**surfboard** [ˈsɜːfbɔːd] N plancha *f* de surf, tabla *f* de surf

**surfboarder** [ˈsɜːfˌbɔːdəʳ] N surfista *mf*, tablista *mf* de surf

**surfboarding** [ˈsɜːfˌbɔːdɪŋ] N surf *m*

**surfeit** [ˈsɜːfɪt] Ⓐ N exceso *m*; **there is a ~ of** hay exceso de
Ⓑ VT hartar, saciar (**on, with** de); **to ~ o.s.** hartarse, saciarse (**on, with** de)

**surfer** [ˈsɜːfəʳ] N surfista *mf*, tablista *mf* de surf

**surfing** [ˈsɜːfɪŋ], **surfriding** [ˈsɜːfˌraɪdɪŋ] N surf *m*

**surge** [sɜːdʒ] Ⓐ N [*of sea*] oleaje *m*, oleada *f*; **a ~ of people** una oleada de gente; **a ~ of sympathy** una oleada de compasión; **a power ~** (*Elec*) una subida de tensión
Ⓑ VI [*water*] levantarse, hincharse; [*people*] **to ~ in/out** entrar/salir en tropel; **the crowd ~d into the building** la multitud entró en tropel en el edificio; **people ~d down the street** una oleada de gente avanzó por la calle; **they ~d round him** se apiñaban en torno suyo; **the blood ~d to her cheeks** se le subió la sangre a las mejillas

**surgeon** [ˈsɜːdʒən] Ⓐ N cirujano/a *m/f*; (*Mil, Naut*) médico *m*, oficial *m* médico; *see also* **veterinary**
Ⓑ CPD ► **Surgeon General** N (*US*) *jefe del servicio federal de sanidad*

**surgery** [ˈsɜːdʒərɪ] Ⓐ N [1] (*Med*) (= *branch of medicine, operation*) cirugía *f*; **brain ~** neurocirugía *f*; **heart ~** cardiocirugía *f*; **he was admitted for ~ on his knee** lo ingresaron para operarlo de la rodilla; **to have ~** ser operado, someterse a una operación (quirúrgica); *see also* **plastic**
[2] (*Brit*) (= *consulting room*) (*doctor's, vet's*) consultorio *m*
[3] (*Brit*) (= *consultation*) [3·1] (*with doctor, vet*) consulta *f*; **she has a Wednesday afternoon ~** tiene *or* pasa consulta los miércoles por la tarde
[3·2] (*with MP*) *sesión de consulta y atención de reclamaciones de un diputado con los electores de su circunscripción*; **he holds a ~ for his constituents every Saturday** todos los sábados atiende las reclamaciones de los electores de su circunscripción
[4] (*US*) (= *operating theatre*) quirófano *m*, sala *f* de operaciones
Ⓑ CPD ► **surgery hours** NPL (*Med*) horas *fpl* de consulta

**surgical** [ˈsɜːdʒɪkəl] Ⓐ ADJ quirúrgico
Ⓑ CPD ► **surgical dressing** N vendaje *m* quirúrgico ► **surgical spirit** N alcohol *m* de 90°

**surgically** [ˈsɜːdʒɪklɪ] ADV quirúrgicamente

**Surinam** [ˌsʊərɪˈnæm] N Surinam *m*

**Surinamese** [ˌsʊərɪnæˈmiːz] Ⓐ ADJ surinamés
Ⓑ N surinamés/esa *m/f*

**surliness** [ˈsɜːlɪnɪs] N hosquedad *f*, mal humor *m*

**surly** [ˈsɜːlɪ] ADJ (*compar* **surlier**; *superl* **surliest**) hosco, malhumorado; **he gave me a ~ answer** contestó malhumorado

**surmise** [sɜːˈmaɪz] Ⓐ N conjetura *f*, suposición *f*
Ⓑ VT conjeturar, suponer; **I ~d as much** ya me lo suponía *or* imaginaba

**surmount** [sɜːˈmaʊnt] VT [1] [+ *difficulty*] superar, vencer
[2] **~ed by** (*Archit*) coronado de

**surmountable** [sɜːˈmaʊntəbl] ADJ superable

**surname** [ˈsɜːneɪm] Ⓐ N apellido *m*
Ⓑ VT apellidar

**surpass** [sɜːˈpɑːs] VT (= *go above*) [+ *amount, level, record*] superar, sobrepasar; (= *go beyond*) [+ *expectations*] rebasar, superar; **he has never been ~ed in his mastery of the violin** su maestría al violín nunca ha sido superada; **to ~ o.s.** (*lit*) superarse a sí mismo; (*iro*) pasarse (de la raya); **I know you're tactless, but this time you've ~ed yourself!** sabía que no eras muy discreto, pero esta vez sí que te has pasado

**surpassing** [sɜːˈpɑːsɪŋ] ADJ (*liter*) incomparable, sin par; **of ~ beauty** de hermosura sin par

**surplice** [ˈsɜːpləs] N sobrepelliz *f*

**surplus** [ˈsɜːpləs] Ⓐ N (*pl* **surpluses**) [1] (= *excess*) exceso *m*; (*Comm, Agr*) (*from overproduction*) excedente *m*; **a ~ of teachers** un exceso de profesores; **the 1995 wheat ~** el excedente *or* los excedentes de trigo de 1995; **a pair of army ~ boots** un par de botas provenientes de excedentes militares
[2] (*Fin, Econ*) superávit *m*; **budget ~** superávit *m* presupuestario; **trade ~** balanza *f* comercial favorable, superávit *m* (en balanza) comercial
Ⓑ ADJ sobrante; (*Comm, Agr*) (*from overproduction*) excedentario, excedente; **~ energy** energía *f* sobrante; **to be ~ to requirements** no ser ya necesario, sobrar; **stocks ~ to requirements** existencias *fpl* que exceden de las necesidades; **I was made to feel ~ to requirements** (*iro*) hicieron que me sintiera (como que estaba) de más
Ⓒ CPD ► **surplus stock** N saldos *mpl*; **sale of ~ stock** liquidación *f* de saldos ► **surplus store** N tienda *f* de excedentes

▼ **surprise** [səˈpraɪz] Ⓐ N [1] (= *astonishment*) sorpresa *f*; **imagine my ~ when I found a cheque for £5,000** puedes imaginarte la sorpresa que me llevé al encontrar *or* cuando encontré un cheque de 5.000 libras; **"what?" George asked in ~** —¿qué? —preguntó George sorprendido; **he saw my look of ~** me vio la cara de sorpresa; **there was a look of ~ on his face** tenía cara de sorpresa; **surprise, surprise!** (*iro*) ¡menuda sorpresa!; **to my/his ~** para mi/su sorpresa; **much to my ~, he agreed** para gran sorpresa mía, accedió
[2] (*as tactic*) sorpresa *f*; **the element of ~** el elemento sorpresa; **to catch** *or* **take sb by ~** coger *or* (*LAm*) tomar a algn por sorpresa
[3] (= *unexpected thing*) sorpresa *f*; **I have a ~ for you** tengo una sorpresa para ti; **what a lovely ~!** ¡qué sorpresa más *or* tan agradable!; **all this comes as something of a ~** todo esto es en cierto modo una sorpresa; **it may come as a ~ to some people** puede que algunos se lleven una sorpresa; **it came as a ~ to me to learn that ...** me llevé una sorpresa al enterarme de que ...; **life is full of ~s** la vida está llena de sorpresas; **to give sb a ~** dar una sorpresa a algn
Ⓑ ADJ [*party, present*] sorpresa *inv*; [*announcement, defeat, decision*] inesperado; **a ~ visit** una visita sorpresa *or* inesperada; **a ~ attack** un ataque por sorpresa
Ⓒ VT [1] (= *astonish*) sorprender; **he may ~ us all one day** puede que algún día nos sorprenda a todos; **go on, ~ me!** (*iro*) ¡venga, sorpréndeme! (*iro*); **you ~ me** (*also iro*) me sorprende usted; **it ~d her to hear John sounding so angry** le sorprendió oír a John hablar tan enfadado; **no one will be ~d by her appointment** a nadie le extrañará *or* sorprenderá su nombramiento; **it wouldn't ~ me if he ended up in jail** no me extrañaría *or* sorprendería que terminara en la cárcel; **it ~s**

➤ LANGUAGE IN USE: surprise C1 15.2, 16.7

**me that ...** me sorprende que + *subjun*; **to ~ o.s.** sorprenderse (a sí mismo)
[2] (= *catch unawares*) coger por sorpresa, tomar por sorpresa (*LAm*); **to ~ sb in the act** sorprender a algn in fraganti, coger a algn in fraganti

**surprised** [sə'praɪzd] ADJ [*look, expression, smile*] de sorpresa; **he was ~ to hear that ...** se sorprendió *or* quedó sorprendido al enterarse de que ...; **I was rather ~ to see Martin there** me sorprendió bastante ver a Martin allí, me quedé bastante sorprendido al ver a Martin allí; **they were ~ that she hadn't told them about her new job** se sorprendieron de que no les hubiera dicho nada de su nuevo trabajo; **I was ~ at his ignorance** me sorprendió su ignorancia, me quedé sorprendido de lo ignorante que era; **I'm ~ at you!** ¡me sorprendes!; **he was ~ how good the food tasted** se sorprendió de lo buena que estaba la comida, se quedó sorprendido de lo buena que estaba la comida; **you'd be ~ how many people have difficulty reading** te sorprenderías de la cantidad de gente que tiene problemas para leer, te quedarías sorprendido si supieras la cantidad de gente que tiene problemas para leer; **don't be ~ if he doesn't recognize you** no te sorprendas si no te reconoce; **I wouldn't be ~ if he won** no me sorprendería que ganara; *see also* **surprise**

**surprising** [sə'praɪzɪŋ] ADJ sorprendente; **he won the match with ~ ease** ganó el partido con una facilidad sorprendente; **it is ~ how many people eat chips every day** es sorprendente la cantidad de gente que come patatas fritas todos los días; **it is ~ that no one has thought of it before** es sorprendente que no se le haya ocurrido a nadie antes; **it is not** *or* **hardly ~ that some teachers are leaving the profession** no es de extrañar que algunos profesores estén dejando la profesión; **it would be ~ if errors did not occur from time to time** sería extraño que no se cometieran errores de vez en cuando

**surprisingly** [sə'praɪzɪŋlɪ] ADV [*good, large, easy*] sorprendentemente; **~, it's been a great success** lo sorprendente es que ha sido todo un éxito; **~ enough this is her first film** esta es su primera película, lo cual es bastante sorprendente; **~ few people are interested** lo sorprendente es que muy poca gente está interesada, muy poca gente está interesada, lo cual es sorprendente; **~ little information is available** es sorprendente la poca información que existe; **not ~ he didn't come** como era de esperar, no vino; **the referee, rather ~, awarded a penalty** el árbitro, para sorpresa de todos, señaló penalty; **they are coping ~ well** es sorprendente lo bien que se las están arreglando, se las están arreglando sorprendentemente bien

**surreal** [sə'rɪəl] ADJ surreal, surrealista

**surrealism** [sə'rɪəlɪzəm] N surrealismo *m*

**surrealist** [sə'rɪəlɪst] Ⓐ ADJ surrealista
Ⓑ N surrealista *mf*

**surrealistic** [sə,rɪə'lɪstɪk] ADJ surrealista

**surrender** [sə'rendəʳ] Ⓐ N [1] (= *capitulation*) (*Mil*) rendición *f*; (*fig*) claudicación *f*; **no ~!** ¡no nos rendimos nunca!
[2] (= *handover*) [*of weapons*] entrega *f*
[3] (*Jur*) [*of lease, property*] cesión *f*
[4] (*Insurance*) [*of policy*] rescate *m* (previo al vencimiento)
Ⓑ VI (*Mil*) rendirse; **I ~!** ¡me rindo!; **to ~ to the police** entregarse a la policía; **to ~ to despair** abandonarse *or* entregarse a la desesperación
Ⓒ VT [1] (*Mil*) [+ *weapons*] rendir, entregar; [+ *territory, city*] entregar; **to ~ o.s.** (*Mil*) rendirse; (*to police*) entregarse; **to ~ o.s. to despair** abandonarse *or* entregarse a la desesperación; **I ~ed myself to his charms** me rendí a *or* ante sus encantos
[2] (= *renounce, give up*) [+ *claim, right*] renunciar a; [+ *lease, ownership*] ceder; (*liter*) [+ *hope*] abandonar
[3] (= *hand over*) [+ *passport, ticket*] entregar, hacer entrega de (*more frm*)
[4] (= *redeem*) [+ *insurance policy*] rescatar (antes del vencimiento)
Ⓓ CPD ► **surrender value** N valor *m* de rescate

**surreptitious** [,sʌrəp'tɪʃəs] ADJ subrepticio; **she took a ~ look at her watch** miró furtivamente su reloj

**surreptitiously** [,sʌrəp'tɪʃəslɪ] ADV [*glance, signal*] subrepticiamente; **he was ~ stuffing himself with chocolate** se estaba atiborrando de chocolate a escondidas

**surrogacy** ['sʌrəgəsɪ] N (*in child-bearing*) alquiler *m* de úteros

**surrogate** ['sʌrəgeɪt] Ⓐ N sustituto *m*; (= *substance, material*) sucedáneo *m*; (*Brit Rel*) vicario *m*
Ⓑ ADJ [*substance, material*] sucedáneo; **the army became his ~ family** el ejército se convirtió en su segunda familia
Ⓒ CPD ► **surrogate mother** N madre *f* de alquiler ► **surrogate motherhood** N alquiler *m* de úteros

**surround** [sə'raʊnd] Ⓐ VT [1] (= *encircle*) rodear; **a town ~ed by hills** una ciudad rodeada de montes; **the house was ~ed by a high wall** la casa estaba rodeada por un muro muy alto; **she was ~ed by children** estaba rodeada de niños; **the uncertainty ~ing the future of the project** la incertidumbre que envuelve *or* rodea al proyecto
[2] (*Mil, Pol*) [*troops, police*] [+ *enemy, town, building*] rodear, cercar; **you are ~ed!** ¡estáis rodeados!
Ⓑ N (= *border*) marco *m*, borde *m*; [*of fireplace*] marco *m*; **the bath/swimming pool had a tiled ~** el baño/la piscina tenía un borde de alicatado
Ⓒ CPD ► **surround sound** N sonido *m* (de efecto) surround

**surrounding** [sə'raʊndɪŋ] ADJ [*countryside*] circundante; [*hills*] circundante, de alrededor; **they disappeared into the ~ darkness** desaparecieron en la oscuridad (que los envolvía)

**surroundings** [sə'raʊndɪŋz] NPL [*of town, city*] alrededores *mpl*, cercanías *fpl*; (= *environment*) ambiente *msing*; (= *setting*) entorno *msing*; **he'll soon get used to his new ~** pronto se acostumbrará al nuevo ambiente *or* entorno que le rodea; **a hotel set in peaceful ~** un hotel situado en un apacible entorno; **he looked around at his ~** miró a su alrededor, miró en torno suyo

**surtax** ['sɜːtæks] N sobreimpuesto *m*; (= *rate*) sobretasa *f*

**surtitle** ['sɜːtaɪtl] N sobretítulo *m*

**surveil** [sə'veɪl] VT (*US*) vigilar

**surveillance** [sɜː'veɪləns] N **to be under ~** estar vigilado, estar bajo vigilancia; **to keep sb under ~** vigilar a algn, tener vigilado a algn

**survey** ['sɜːveɪ] Ⓐ N [1] (= *study*) estudio *m*; **to make a ~ of housing in a town** estudiar la situación de la vivienda en una ciudad
[2] (= *poll*) encuesta *f*; **to carry out** *or* **conduct a ~** realizar una encuesta; **they did a ~ of a thousand students** hicieron una encuesta a mil estudiantes
[3] (*esp Brit*) [*of land*] inspección *f*, reconocimiento *m*; (*in topography*) medición *f*; [*of building, property*] tasación *f*, peritaje *m*; (= *report to purchaser*) informe *m* de tasación, informe *m* de peritaje; **to have a ~ done** (*of property*) mandar hacer una tasación
[4] (= *general view*) visión *f* global, vista *f* de conjunto; **he gave a general ~ of the situation** dio una visión global *or* de conjunto de la situación
Ⓑ [sɜː'veɪ] VT [1] (= *contemplate*) contemplar, mirar; **he ~ed the desolate scene** miró detenidamente la triste escena; **he was master of all he ~ed** era dueño de todo cuanto alcanzaba a dominar con la vista
[2] (= *study*) estudiar, hacer un estudio de; **the report ~s housing in Glasgow** el informe estudia la situación de la vivienda en Glasgow
[3] (= *poll*) [+ *person, group*] encuestar; [+ *town*] hacer una encuesta en, pulsar la opinión de; [+ *reactions*] sondear; **95% of those ~ed believed that ...** el 95% de los encuestados creía que ...
[4] (= *inspect*) [+ *building*] inspeccionar; [+ *land*] hacer un reconocimiento de; (*in topography*) medir; (= *map*) [+ *town*] levantar el plano de
[5] (= *take general view of*) pasar revista a; **the book ~s events up to 1972** el libro pasa revista a los sucesos acaecidos hasta 1972

**surveying** [sɜː'veɪɪŋ] N agrimensura *f*, topografía *f*

**surveyor** [sə'veɪəʳ] N (*Brit*) [*of land*] agrimensor(a) *m/f*, topógrafo/a *m/f*; [*of property*] tasador(a) *m/f* (de la propiedad), perito *mf* tasador(a)

**survival** [sə'vaɪvəl] Ⓐ N [1] (= *act*) supervivencia *f*; **the ~ of the fittest** la ley del más fuerte
[2] (= *relic*) vestigio *m*, reliquia *f*; **this practice is a ~ from Victorian times** esta costumbre es un vestigio *or* una reliquia de la época victoriana
Ⓑ CPD ► **survival bag** N saco *m* de supervivencia ► **survival course** N curso *m* de supervivencia ► **survival kit** N equipo *m* de emergencia ► **survival rate** N tasa *f* de supervivencia ► **survival skills** NPL técnicas *fpl* de supervivencia

**survive** [sə'vaɪv] Ⓐ VI [1] (= *remain alive, in existence*) [*person, species*] sobrevivir; [*painting, building, manuscript*] conservarse; [*custom*] pervivir; **not one of the passengers ~d** no sobrevivió ninguno de los pasajeros; **he ~d on nuts for several weeks** logró sobrevivir durante varias semanas comiendo nueces; **he ~d to the age of 83** vivió hasta los 83 años; **only two of his paintings ~** sólo se conservan dos de sus cuadros
[2] (= *cope*) sobrevivir; **people struggling to ~ without jobs** gente luchando para sobrevivir sin trabajo; **I'll ~!** ¡de ésta no me muero!, ¡sobreviviré!; **Jim ~s on £65 a fortnight** Jim se las arregla para vivir con 65 libras a la quincena
Ⓑ VT [1] (= *outlive*) [+ *person*] sobrevivir a; **she will probably ~ me by many years** probablemente me sobreviva por muchos años, probablemente viva muchos más años que yo; **he is ~d by a wife and two sons** deja una mujer y dos hijos
[2] (= *not die in*) [+ *accident, illness, war*] sobrevivir a; **he ~d a heart attack** sobrevivió a un ataque al corazón; **he ~d being struck by lightning** sobrevivió tras haberle caído un rayo
[3] (= *cope with*) aguantar, sobrellevar; **I couldn't ~ the day without breakfast** no

► LANGUAGE IN USE: surprising 15.2

podría aguantar *or* sobrellevar el día sin desayunar

**surviving** [sə'vaɪvɪŋ] ADJ (= *living*) vivo; (*after catastrophe, also Jur*) sobreviviente; **the last ~ member of the band** el último miembro vivo del grupo; **he had no ~ siblings** no dejó hermanos vivos; **the ~ wife is entitled to a widow's pension** la esposa sobreviviente tiene derecho a una pensión de viudedad; **~ company** (*after merger*) compañía *f* resultante, empresa *f* resultante

**survivor** [sə'vaɪvəʳ] Ⓐ N (*lit, fig*) superviviente *mf*, sobreviviente *mf*; **the sole ~ of the 1979 cabinet** el único superviviente *or* sobreviviente del consejo de ministros de 1979; **I'm a ~, I'll get by** soy de los que no se hunden, me las arreglaré

Ⓑ CPD ► **survivor benefits** NPL (*US*) *ayuda que el Estado presta a la familia de una persona fallecida*

**sus*** [sʌs] N (= *suspicion*) **he was picked up on ~** la policía le detuvo por sospechoso

**Susan** ['su:zn] N Susana

**susceptibility** [sə,septə'bɪlɪtɪ] N (*to attack*) susceptibilidad *f*; (*Med*) (*to illness, infection*) propensión *f* (**to** a); (*to persuasion, flattery*) sensibilidad *f* (**to** a); **to offend sb's susceptibilities** herir la sensibilidad de algn

**susceptible** [sə'septəbl] ADJ (*to attack*) susceptible (**to** a); (*Med*) (*to illness, infection*) propenso (**to** a); (*to persuasion, flattery*) sensible (**to** a); (= *easily moved*) impresionable; **to be ~ of** admitir, ser susceptible de; **it is ~ of several interpretations** admite diversas interpretaciones, es susceptible de (recibir) diversas interpretaciones

**Susie** ['su:zɪ] N (*familiar form*) *of* **Susan**

▼**suspect** ['sʌspekt] Ⓐ ADJ [*person, package*] sospechoso; [*motives*] dudoso, sospechoso; [*testimony*] dudoso; **his credentials are ~** su historial deja lugar a muchas dudas

Ⓑ N sospechoso/a *m/f*; **the prime** *or* **chief ~ is the butler** el principal sospechoso es el mayordomo; **is she a ~?** ¿está ella bajo sospecha?; **the usual ~s** (*fig*) los de siempre, los habituales

Ⓒ [səs'pekt] VT [1] (= *have suspicions about*) [+ *person*] sospechar de; [+ *plot*] sospechar la existencia de; **he never ~ed her** él nunca sospechó de ella; **to ~ sb of a crime** sospechar que algn ha cometido un crimen; **I ~ her of having stolen it** sospecho que ella lo ha robado; **he ~s nothing** no sospecha nada

[2] (= *believe*) **I ~ it's not paid for** sospecho que *or* me temo que no está remunerado; **I ~ it may be true** tengo la sospecha de que puede ser verdad, sospecho que *or* me temo que puede ser verdad; **foul play is not ~ed** no se advierten indicios de juego sucio; **I ~ed you weren't listening** me figuraba *or* me imaginaba que no estabas escuchando; **I ~ed as much** ya me lo figuraba *or* imaginaba

**suspected** [səs'pektɪd] ADJ [*thief, murderer, crime*] presunto; **she was taken to hospital with ~ appendicitis** la llevaron al hospital pensando que podía tener apendicitis; **she collapsed yesterday with a ~ heart attack** ayer sufrió un colapso y se sospecha que la causa fue un ataque al corazón

**suspend** [səs'pend] VT [1] (= *hang*) suspender, colgar

[2] (= *remove*) (*from job*) suspender (**from** de); (*from school*) expulsar temporalmente (**from** de); (*from team*) excluir (**from** de); **to ~ sb from office** relevar a algn de su cargo (provisionalmente)

[3] (= *discontinue*) [+ *hostilities, aid, flights*] suspender; [+ *licence*] retirar; **his licence was ~ed for six months** (*Aut*) le retiraron el carnet durante seis meses

[4] (= *withold, defer*) [+ *judgement, decision*] aplazar, posponer; (*Jur*) [+ *sentence*] suspender provisionalmente, dejar en suspenso; **he was given a two-year ~ed sentence** fue condenado a dos años en libertad condicional; **to ~ disbelief** creer lo inverosímil

[5] **~ed animation** constantes *fpl* vitales mínimas; **in a state of ~ed animation** (*lit*) con las constantes vitales al mínimo; **the audience was in a state of ~ed animation** el público tenía el alma en vilo *or* el corazón en un puño

**suspender** [səs'pendəʳ] Ⓐ N (*for stocking, sock*) liga *f*; **~s** (*US*) (= *braces*) tirantes *mpl*, tiradores *mpl* (*S. Cone*)

Ⓑ CPD ► **suspender belt** N portaligas *m inv*, liguero *m*

**suspense** [səs'pens] Ⓐ N incertidumbre *f*; (*Theat, Cine*) intriga *f*, suspense *m*; **to keep sb in ~** mantener a algn en vilo; **don't keep me in ~!** ¡no me tengas en vilo!; **the ~ became unbearable** la tensión se hizo inaguantable; **the ~ is killing me!** ¡no puedo con tanta emoción!

Ⓑ CPD ► **suspense account** N cuenta *f* en suspenso, cuenta *f* transitoria

**suspension** [səs'penʃən] Ⓐ N [1] (*from job*) suspensión *f*; (*from school*) expulsión *f* temporal; (*from team*) exclusión *f*; **~ of payments** suspensión *f* de pagos

[2] (*Aut, Chem*) suspensión *f*

Ⓑ CPD ► **suspension bridge** N puente *m* colgante ► **suspension file** N archivador *m* colgante ► **suspension points** NPL puntos *mpl* suspensivos

**suspensory** [səs'pensərɪ] Ⓐ ADJ suspensorio

Ⓑ N (*also* **~ bandage**) suspensorio *m*

**suspicion** [səs'pɪʃən] N [1] (= *belief*) sospecha *f*; **my ~ is that ...** tengo la sospecha de que ...; **my ~ is that they are acting on their own** tengo la sospecha de que actúan solos; **there is a ~ that ...** se sospecha que ...; **to be above ~** estar por encima de toda sospecha; **to have one's ~s (about sth)** tener sus sospechas (acerca de algo); **she had her ~s** ella tenía sus sospechas; **I have a sneaking ~ that ...** tengo la leve sospecha de que ...; **I had no ~ that ...** no sospechaba que ...; **he was arrested on ~ of spying** fue arrestado bajo sospecha de espionaje, fue arrestado como sospechoso de espionaje; **to lay o.s. open to ~** hacerse sospechoso; **to be shielded from ~** estar a salvo de sospechas; **to be under ~** estar bajo sospecha

[2] (= *mistrust*) desconfianza *f*, recelo *m*; **to arouse sb's ~s** despertar los recelos de algn; **to regard sb/sth with ~** desconfiar de algn/algo

[3] (= *trace*) rastro *m*; **with just a ~ of lemon/garlic** con apenas un ligero sabor a limón/ajo, con apenas un rastro de sabor a limón/ajo; **"good morning," he said without a ~ of a smile** —buenos días —dijo sin la más leve insinuación de una sonrisa

**suspicious** [səs'pɪʃəs] ADJ [1] (= *mistrustful*) [*person, nature*] desconfiado; [*glance*] receloso; **Paul was a ~ man** Paul era un hombre desconfiado; **many people are ~ that the government will reduce benefits further** mucha gente tiene la sospecha de que el gobierno va a reducir aún más los subsidios; **to be ~ about sth** desconfiar de algo; **to become** *or* **grow ~ (of sth/sb)** empezar a desconfiar (de algo/algn); **that made him ~** eso le hizo sospechar; **to have a ~ mind** tener una mente desconfiada *or* recelosa; **he is ~ of visitors** se muestra receloso ante las visitas

[2] (= *causing suspicion*) [*person, behaviour, package*] sospechoso; **did you see anything ~?** ¿viste algo sospechoso?; **it looks very ~ to me** me parece muy sospechoso; **is there anything ~ about the crash?** ¿hay algo sospechoso acerca del choque?; **in ~ circumstances** en circunstancias sospechosas

**suspiciously** [səs'pɪʃəslɪ] ADV [1] (= *mistrustfully*) [*look, ask*] con recelo, con desconfianza

[2] (= *causing suspicion*) [*behave, act*] de modo sospechoso; **their essays were ~ similar** sus trabajos se parecían sospechosamente; **he arrived ~ early** llegó sospechosamente pronto; **to look ~ like sth** tener todo el aspecto de ser algo; **the stain looked ~ like blood** la mancha tenía todo el aspecto de ser de sangre; **a man who looked ~ like her husband** un hombre que se parecía sospechosamente a su marido; **it looks ~ like measles to me** para mí que *or* (*LAm*) se me hace que es sarampión

**suspiciousness** [səs'pɪʃəsnɪs] N [1] (= *mistrust*) desconfianza *f*, recelo *m*

[2] (= *questionable nature*) [*of circumstances etc*] lo sospechoso

**suss*** [sʌs] VT (*Brit*) (*also* **~ out**) [1] (= *realize*) percatarse de, coscarse de*; **they never ~ed what was going on** no llegaron a percatarse *or* coscarse* de lo que pasaba

[2] (= *understand*) [+ *person*] calar*; **I ~ed him out at once** lo calé en seguida*; **she's got you ~ed** te tiene calado*; **we couldn't ~ it out at all** no logramos sacar nada en claro

[3] (= *investigate*) investigar, echar un ojo a; **I'll have to ~ out the job market** tendré que ver cómo está la cosa de trabajo

[4] (= *find out*) averiguar; **I've ~ed out the best restaurants** he averiguado cuáles son los mejores restaurantes

**sustain** [səs'teɪn] VT [1] (= *keep going*) [+ *interest, relationship, marriage*] mantener; [+ *effort*] sostener, continuar; [+ *life*] sustentar; (*Mus*) [+ *note*] sostener; **the economy was not able to ~ a long war** la economía no podía soportar una guerra larga

[2] (*frm*) (= *suffer*) [+ *attack*] sufrir (y rechazar); [+ *damage, loss*] sufrir; [+ *injury*] recibir, sufrir; [+ *defeat*] padecer; **both ships ~ed minor damage** ambos buques sufrieron daños de menor consideración

[3] (= *support*) (*lit*) [+ *weight*] sostener, apoyar; (*fig*) [+ *theory*] confirmar, corroborar; **it is his belief in God that ~s him** su fe en Dios es lo que lo sostiene *or* mantiene

[4] (*Jur*) (= *uphold*) [+ *objection*] admitir; [+ *claim*] corroborar, respaldar; [+ *charge*] confirmar, corroborar; **objection ~ed** la objeción está admitida

**sustainable** [səs'teɪnəbl] ADJ [*growth, development, agriculture*] sostenible; [*charge*] sustentable

**sustained** [səs'teɪnd] ADJ [*effort*] constante, ininterrumpido; [*note*] sostenido; [*applause*] prolongado; **a period of ~ economic growth** un periodo de crecimiento económico sostenido

**sustaining** [səs'teɪnɪŋ] Ⓐ ADJ [*food*] nutritivo

Ⓑ CPD ► **sustaining pedal** N pedal *m* de apoyo, pedal *m* derecho

**sustenance** ['sʌstɪnəns] N sustento *m*; **they depend for their ~ on** ◊ **they get their ~ from** se sustentan *or* alimentan de

**suture** ['su:tʃəʳ] Ⓐ N sutura *f*

Ⓑ VT suturar, coser

➤ LANGUAGE IN USE: suspect C2 6.2

**suzerain** ['su:zəreɪn] N (= *state*) estado *m* protector; (= *sovereign*) monarca *mf* protector(a)

**suzerainty** ['su:zəreɪntɪ] N protectorado *m*

**svelte** [svelt] ADJ esbelto

**SVGA** N ABBR (*Comput*) = **super video graphics array**

**SVQ** N ABBR = **Scottish Vocational Qualification**; → NVQ

**SW** ABBR 1 (= **southwest**) SO
2 (*Rad*) (= **short wave**) OC *f*

**swab** [swɒb] Ⓐ N 1 (= *cloth, mop*) estropajo *m*, trapo *m*
2 (*Naut*) lampazo *m*
3 (*Med*) (*for cleaning wound*) algodón *m*, tampón *m*; (*for specimen*) frotis *m*
Ⓑ VT 1 (*Naut*) (*also* **~ down**) limpiar, fregar
2 (*Med*) [+ *wound*] limpiar (con algodón)

**swaddle** ['swɒdl] VT envolver (**in** en)

**swaddling clothes** ['swɒdlɪŋkləʊðz] NPL (*Literat*) pañales *mpl*

**swag*** [swæg] N botín *m*

**swagger** ['swægəʳ] Ⓐ N 1 (*in walk*) paso *m* decidido y arrogante, pavoneo *m* al caminar; **to walk with a ~** andar con paso decidido y arrogante, pavonearse al caminar
2 (= *bravado*) fanfarronería *f*, pavoneo *m*
Ⓑ VI (*also* **to ~ about, ~ along**) pavonearse, andar pavoneándose; **he ~ed over to our table** se acercó a nuestra mesa dándoselas de algo, se acercó a nuestra mesa con aire fanfarrón; **with that he ~ed out** dijo eso y salió con paso firme y arrogante
Ⓒ CPD ► **swagger stick** N bastón *m* de mando

**swaggering** ['swægərɪŋ] ADJ [*person*] fanfarrón, jactancioso; [*gait*] importante, jactancioso

**swain** [sweɪn] N (†† *or hum*) (= *lad*) zagal *m*; (= *suitor*) pretendiente *m*, amante *m*

**swallow**[1] ['swɒləʊ] Ⓐ N trago *m*; **in** *or* **with one ~** de un trago
Ⓑ VT 1 [+ *food, drink*] tragar; [+ *pill*] tomar; ✦*IDIOM* **to ~ the bait** (*fig*) tragar el anzuelo
2 (*fig*) [+ *insult*] tragarse; **he ~ed the story** se tragó el cuento; **he ~ed the lot** se lo tragó todo; **to ~ one's words** desdecirse, retractarse; ✦*IDIOM* **to ~ one's pride** tragarse el orgullo
Ⓒ VI tragar; **to ~ hard** (*fig*) tragar saliva

► **swallow down** VT + ADV tragar

► **swallow up** VT + ADV [+ *savings*] agotar, consumir; [*sea*] tragar; **the mist ~ed them up** la niebla los envolvió; **they were soon ~ed up in the darkness** al poco desaparecieron en la oscuridad *or* se los tragó la oscuridad; **I wish the ground would open and ~ me up!** ¡trágame tierra!

**swallow**[2] ['swɒləʊ] Ⓐ N (= *bird*) golondrina *f*; ✦*PROV* **one ~ doesn't make a summer** una golondrina no hace primavera
Ⓑ CPD ► **swallow dive** N salto *m* del ángel

**swallowtail** ['swɒləʊteɪl] N (= *butterfly*) macaón *m*

**swam** [swæm] PT *of* **swim**

**swamp** [swɒmp] Ⓐ N pantano *m*, ciénaga *f*, marisma *f*
Ⓑ VT 1 [+ *land*] inundar; [+ *boat*] hundir
2 (*fig*) abrumar (**with** con), agobiar (**with** de); **they have been ~ed with applications** se han visto abrumados *or* desbordados por las solicitudes; **we're ~ed with work** estamos agobiados de trabajo
Ⓒ CPD ► **swamp fever** N paludismo *m*

**swampland** ['swɒmplænd] N ciénaga *f*, pantano *m*, marisma *f*

**swampy** ['swɒmpɪ] ADJ pantanoso, cenagoso

**swan** [swɒn] Ⓐ N cisne *m*; **Swan Lake** El Lago de los Cisnes
Ⓑ VI (*) **to ~ around** pavonearse; **to ~ off to New York** escaparse a Nueva York
Ⓒ CPD ► **swan dive** N (*US*) = **swallow dive**
► **swan song** N canto *m* del cisne

**swank*** [swæŋk] Ⓐ N 1 (= *vanity, boastfulness*) fanfarronada* *f*; **he does it for ~** lo hace para darse tono *or* lucirse
2 (= *person*) fanfarrón/ona *m/f*
Ⓑ VI fanfarronear*; **to ~ around** pavonearse

**swanky*** ['swæŋkɪ] ADJ (*compar* **swankier**; *superl* **swankiest**) [*person*] fanfarrón*, presumido; [*car*] despampanante; [*restaurant, hotel*] de postín

**swannery** ['swɒnərɪ] N colonia *f* de cisnes

**swansdown** ['swɒnzdaʊn] N (= *feathers*) plumón *m* de cisne; (*Textiles*) fustán *m*, muletón *m*

**swap** [swɒp] Ⓐ N (= *exchange*) trueque *m*, canje *m*; **~s** (*when collecting*) duplicados *mpl*; **it's a fair ~** es un trato equitativo
Ⓑ VT [+ *cars, stamps*] trocar, canjear, intercambiar; **will you ~ your hat for my jacket?** ¿quieres cambiar tu sombrero por mi chaqueta?; **we sat ~ping reminiscences** estábamos contando nuestros recuerdos; **to ~ stories (with sb)** contarse chascarrillos *or* historietas (con algn); **to ~ places (with sb)** (*lit*) cambiar(se) de sitio con algn; **I wouldn't mind ~ping places with him!** (*fig*) ¡ya me gustaría a mí estar en su pellejo!
Ⓒ VI hacer un intercambio; **I asked her but she wouldn't ~** se lo pedí pero no quería cambiarse; **I wouldn't ~ with anyone** no me cambiaría por nadie; **do you want to ~?** ¿quieres que cambiemos?

► **swap around, swap over, swap round** Ⓐ VT + ADV cambiar de sitio; **I like to ~ the furniture around** me gusta cambiar los muebles de sitio
Ⓑ VI + ADV cambiar de sitio

**SWAPO** ['swɑ:pəʊ] N ABBR = **South-West Africa People's Organization**

**sward** [swɔ:d] N (*liter*) césped *m*

**swarm**[1] [swɔ:m] Ⓐ N [*of bees, mosquitoes*] enjambre *m*; [*of people*] multitud *f*; **there were ~s of people** había (una) multitud de gente; **they came in ~s** vinieron en tropel
Ⓑ VI [*bees*] enjambrar; **Stratford is ~ing with tourists** Stratford está plagado de turistas; **journalists ~ed around her** los periodistas se arremolinaban alrededor de ella; **children ~ed all over the car** había niños pululando alrededor del coche

**swarm**[2] [swɔ:m] VI **to ~ up a tree/rope** trepar rápidamente por un árbol/una cuerda

**swarthiness** ['swɔ:ðɪnɪs] N tez *f* morena, color *m* moreno

**swarthy** ['swɔ:ðɪ] ADJ (*compar* **swarthier**; *superl* **swarthiest**) moreno

**swashbuckler** ['swɒʃ,bʌkləʳ] N (*Hist*) espadachín *m*; (= *adventurer*) intrépido *m*

**swashbuckling** ['swɒʃ,bʌklɪŋ] ADJ [*hero*] de historia de aventuras, bravucón; [*film*] de aventuras, de capa y espada

**swastika** ['swɒstɪkə] N esvástica *f*, cruz *f* gamada

**SWAT** [swɒt] ABBR (*esp US*) = **Special Weapons and Tactics**; **~ team** *un cuerpo especial de intervención de la policía*

**swat** [swɒt] Ⓐ VT [+ *fly*] aplastar, matar
Ⓑ VI **to ~ at a fly** tratar de aplastar *or* matar una mosca
Ⓒ N **to give sth/sb a ~** dar un zurriagazo a algo/algn; **to take a ~ at sth/sb** intentar darle un zurriagazo a algo/algn

**swatch** [swɒtʃ] N (*Textiles*) muestra *f*

**swath** [swɔ:θ] N (*pl* **swaths**), **swathe**[1] [sweɪð] N [*of hay*] ringlera *f*; **to cut corn in ~s** segar el trigo y dejarlo en ringleras; **to cut a ~ through sth** avanzar por algo a guadañadas

**swathe**[2] [sweɪð] VT (= *wrap*) envolver; (= *bandage*) vendar; **~d in sheets** envuelto en sábanas

**swatter** ['swɒtəʳ] N palmeta *f* matamoscas

**sway** [sweɪ] Ⓐ N 1 (*also* **~ing**) (= *movement*) balanceo *m*, oscilación *f*; [*of train, bus, boat*] vaivén *m*, balanceo *m*; (= *violent swaying*) bamboleo *m*; (= *violent jerk*) sacudimiento *m*; (= *totter*) tambaleo *m*
2 (= *rule*) dominio *m*; (= *influence*) influencia *f*; (= *power*) poder *m*; **his ~ over the party** su influencia en el partido, su dominio del partido; **to bring a people under one's ~** sojuzgar un pueblo; **to hold ~ over a nation** gobernar *or* dominar una nación; **to hold ~ over sb** mantener el dominio sobre algn; **this theory held ~ during the 1970s** esta teoría se impuso durante la década de los setenta
Ⓑ VI (= *swing*) balancearse, oscilar; (*gently*) mecerse; (*violently*) bambolearse; (= *totter*) tambalearse; **the train ~ed from side to side** el tren se balanceaba *or* bamboleaba de un lado para otro; **she ~s as she walks** se cimbrea al andar
Ⓒ VT 1 (= *move*) balancear; (*gently*) mecer; [+ *hips*] menear, cimbrear
2 (= *influence*) mover, influir en; **he is not ~ed by any such considerations** tales cosas no influyen en él en absoluto; **I allowed myself to be ~ed** me dejé influir; **these factors finally ~ed me** estos factores terminaron de *or* por convencerme

**Swazi** ['swɑ:zɪ] Ⓐ ADJ swazilandés, suazilandés
Ⓑ N swazilandés/esa *m/f*, suazilandés/esa *m/f*

**Swaziland** ['swɑ:zɪlænd] N Swazilandia *f*, Suazilandia *f*

**swear** [swɛəʳ] (*pt* **swore**; *pp* **sworn**) Ⓐ VT jurar; **I ~ it!** ¡lo juro!; **I ~ (that) I did not steal it** juro que no lo robé; **to ~ to do sth** jurar hacer algo; **I could have sworn that it was Janet** juraría que fue Janet; **to ~ sb to secrecy** hacer que algn jure guardar el secreto; **to ~ allegiance to** jurar lealtad a; **they swore an oath of allegiance to him** le prestaron juramento de fidelidad; **they swore an oath not to fight again** juraron no volver a pelear
Ⓑ VI 1 (*solemnly*) jurar; **to ~ on the Bible** jurar sobre la Biblia; **I could ~ to it** juraría que fue así; **I can't ~ to it** no lo juraría
2 (= *use swearwords*) decir palabrotas, soltar tacos; (*blasphemously*) blasfemar; **don't ~ in front of the children** no digas palabrotas estando los niños delante; **to ~ at sb** insultar a algn, mentar la madre a algn (*Mex*); ✦*IDIOM* **to ~ like a trooper** jurar como un carretero

► **swear by*** VI + PREP tener plena confianza en, creer ciegamente en

► **swear in** VT + ADV [+ *witness, president*] tomar juramento a, juramentar a; **to be sworn in** prestar juramento

► **swear off** VI + PREP **to ~ off alcohol** (jurar) renunciar al alcohol

**swearword** ['swɛəwɜ:d] N palabrota *f*, taco *m*

**sweat** [swet] Ⓐ N 1 sudor *m*; **to be in a ~** estar sudando, estar todo sudoroso; (*) (*fig*) estar en un apuro; **to be in a ~ about sth*** estar muy preocupado por algo; **to get into a ~** empezar a sudar; **to get into a ~ about**

**sth*** apurarse por algo; ✦*IDIOM* **by the ~ of one's brow** con el sudor de su frente; *see also* **cold**
2 (*) (= *piece of work*) trabajo *m* difícil, trabajo *m* pesado; **what a ~ that was!** eso ¡cómo nos hizo sudar!; **we had such a ~ to do it** nos costó hacerlo; **no ~!** ¡ningún problema!
3 **old ~*** veterano *m*
4 **sweats** (*US**) = **sweatsuit**, **sweatpants**
Ⓑ VI sudar, transpirar; (*) (= *work hard*) sudar la gota gorda (**over sth** por algo); **they will lose everything they have ~ed for** van a perder todo lo que tanto sudor les ha costado conseguir; ✦*IDIOM* **he was ~ing buckets** *or* **like a pig*** estaba sudando tinta *or* como un pollo
Ⓒ VT 1 (*Anat*) sudar; ✦*IDIOM* **to ~ blood** sudar tinta
2 (*Culin*) [+ *vegetables*] rehogar
Ⓓ CPD ► **sweat gland** N glándula *f* sudorípara

►**sweat off** VT + ADV **I ~ed off half a kilo** me quité medio kilo sudando

►**sweat out** VT + ADV **to ~ a cold/fever out** quitarse un resfriado/la fiebre sudando; ✦*IDIOM* **to ~ it out*** aguantar, aguantarse; **we'll let him ~ it out for a couple of weeks** lo vamos a dejar que sufra un par de semanas, vamos a dejarlo sufrir un par de semanas; **they left him to ~ it out** no hicieron nada para ayudarlo

**sweatband** ['swetbænd] N 1 (*Sport*) (*round forehead*) banda *f* elástica; (*round wrist*) muñequera *f*
2 (*on hat*) badana *f*

**sweated** ['swetɪd] ADJ **~ labour** trabajo *m* muy mal pagado

**sweater** ['swetəʳ] N suéter *m*, jersey *m*, chompa *f* (*Peru*)

**sweating** ['swetɪŋ] Ⓐ ADJ sudoroso
Ⓑ N transpiración *f*

**sweatpants** ['swetpænts] NPL (*US*) pantalón *m* de chándal

**sweatshirt** ['swetʃɜːt] N sudadera *f*

**sweatshop** ['swetʃɒp] N *fábrica donde se explota al obrero*

**sweatsuit** ['swetsuːt] N (*US*) chandal *m*, buzo *m* (*Chile, Bol, Peru*)

**sweaty** ['swetɪ] ADJ (*compar* **sweatier**; *superl* **sweatiest**) [*face, hands, person, horse*] sudoroso; [*clothes*] sudado; **to be all ~** estar todo sudoroso

**Swede** [swiːd] N sueco/a *m/f*

**swede** [swiːd] N (= *vegetable*) nabo *m* sueco

**Sweden** ['swiːdn] N Suecia *f*

**Swedish** ['swiːdɪʃ] Ⓐ ADJ sueco
Ⓑ N 1 (= *people*) **the ~** los suecos
2 (*Ling*) sueco *m*

**sweep** [swiːp] (*vb: pt, pp* **swept**) Ⓐ VT 1 [+ *place, area*] 1·1 (= *clean*) [+ *floor, room, street*] barrer; [+ *chimney*] deshollinar; **have you had your chimney swept lately?** ¿te han deshollinado la chimenea recientemente?; **the floor had been swept clean** el suelo estaba limpio porque lo habían barrido
1·2 (= *touch*) rozar; **her long dress swept the ground as she walked** su vestido largo rozaba el suelo al caminar
1·3 (= *spread through*) [*disease, idea, craze*] arrasar; [*rumours*] correr por, extenderse por; **the cycling craze ~ing the nation** la locura del ciclismo que está arrasando el país
1·4 (= *lash*) [*storm, rain, waves*] azotar, barrer; **torrential storms swept the country** tormentas torrenciales azotaron *or* barrieron el país; **the beach was swept by great waves** olas gigantescas azotaron *or* barrieron la playa
1·5 (= *scan*) [*searchlight, eyes*] recorrer; **he swept the horizon with his binoculars** recorrió el horizonte con sus prismáticos
1·6 (= *search*) peinar; **to ~ the sea for mines** dragar el mar en busca de minas
2 (= *move*) 2·1 (*with brush*) **she was ~ing crumbs into a dustpan** estaba recogiendo las migas con una escoba y un recogedor; **she swept the snow into a heap** barrió la nieve y la amontonó; **he swept the leaves off the path** barrió las hojas del camino; ✦*IDIOMS* **to ~ sth under the carpet** (*Brit*) ◊ **~ sth under the rug** (*US*) ocultar algo
2·2 (*with hand, arm*) **she swept her hair back with a flick of her wrist** se echó el pelo hacia atrás con un movimiento rápido de muñeca; **her hair was swept back in a ponytail** tenía el pelo peinado hacia atrás en una cola de caballo; **the curtains were swept back in an elegant fashion** las cortinas estaban recogidas con elegancia; **he swept the stamps into a box** recogió los sellos en una caja; **to ~ sb into one's arms** coger *or* tomar a algn en brazos; **I swept the rainwater off the bench with my hand** quité el agua de la lluvia del banco con la mano
2·3 (*forcefully*) **she was swept along by the crowd** ◊ **the crowd swept her along** la multitud la arrastró; **to be swept along by** *or* **on a wave of sth** (*fig*) dejarse llevar por una ola de algo; **landslides that swept cars into the sea** corrimientos de tierra que arrastraron coches hasta el mar; **the election which swept Labour into office** *or* **power** las elecciones en la que los laboristas arrasaron haciéndose con el poder; **the water swept him off his feet** la fuerza del agua lo derribó; **he swept her off her feet** la conquistó totalmente; **they swept him off to lunch** se lo llevaron a comer apresuradamente; **a wave swept him overboard** una ola lo arrastró por encima de la borda; ✦*IDIOM* **to ~ all before one** arrasar con todo
3 (= *win decisively*) [+ *election*] arrasar en; ✦*IDIOM* **to ~ the board** (= *win prizes*) arrasar con todo; **the socialists swept the board at the election** los socialistas arrasaron en las elecciones
Ⓑ VI 1 (= *clean*) barrer
2 (= *spread*) 2·1 [*violence, disease, storm*] **the violence which swept across Punjab** la violencia que arrasó el Punjab; **the storm which swept over the country** la tormenta que arrasó el país; **plague swept through the country** la peste arrasó el país
2·2 [*fire, smoke*] **the fire swept rapidly through the forest** el fuego se propagó *or* extendió rápidamente por el bosque; **thick smoke swept through their home** una densa humareda se propagó *or* extendió por la casa
2·3 [*emotion*] **a great wave of anger swept over me** me invadió una gran oleada de ira; **panic swept through the city** en la ciudad cundió el pánico
3 (= *move*) 3·1 [*crowd, procession*] **an angry crowd swept along the main thoroughfare** una multitud airada avanzaba por la calle principal
3·2 (*majestically*) [*person, car*] **to ~ past/in/out** pasar/entrar/salir majestuosamente; **to ~ into** *or* **out of a place** entrar/salir de un sitio majestuosamente
3·3 (*quickly*) [*vehicle, convoy*] **the convoy swept along the road** la caravana pasó por la carretera a toda velocidad; ✦*IDIOM* **to ~ into power** arrasar haciéndose con el poder
4 (= *stretch*) [*land, water*] **the bay ~s away to the south** la bahía se extiende (majestuosamente) hacia el sur; **the hills/woods ~ down to the sea** las colinas/los bosques bajan (majestuosamente) hacia el mar; *see also* **sweep up**
Ⓒ N 1 (*with broom, brush*) barrido *m*, barrida *f*; **the floor/the kitchen could do with a ~** al suelo/a la cocina le hace falta un barrido *or* una barrida; **to give sth a ~** darle un barrido *or* una barrida a algo
2 (*Brit*) (*also* **chimney ~**) deshollinador(a) *m/f*
3 (= *movement*) [*of pendulum*] movimiento *m*; [*of scythe*] golpe *m*; [*of beam*] trayectoria *f*; (*fig*) [*of events, progress, history*] marcha *f*; **with a ~ of his arm** con un amplio movimiento del brazo; **with one ~ of his scythe, he cleared all the nettles** con un golpe de guadaña hizo desaparecer todas las ortigas; **with a ~ of her hand she indicated the desk** extendió la mano indicando el pupitre con un gesto amplio
4 (= *search*) (*for criminals, drugs*) batida *f*, rastreo *m*; **to make a ~: they made a ~ for hidden arms** dieron una batida *or* hicieron un rastreo buscando armas ocultas; **to make a ~ of sth** (*with binoculars, torch*) hacer una pasada por algo; (*with team of people*) rastrear algo; **the police began making a ~ of the premises** la policía comenzó a rastrear el lugar; **his eyes made a ~ of the audience** paseó la mirada por el público
5 **clean ~** 5·1 (= *change*) **to make a clean ~** hacer tabla rasa; **there will be a clean ~ of all those involved in this cover-up** se hará tabla rasa con todos los que estén involucrados en esta tapadera
5·2 (*in competition, series of competitions*) **to make a clean ~** arrasar ganándolo todo; (*Cards*) ganar todas las bazas; **it was the first club to make a clean ~ of all three trophies** fue el primer club que arrasó llevándose *or* ganando el total de los tres trofeos
6 (= *curve, line*) [*of coastline, river*] curva *f*; [*of land*] extensión *f*; [*of staircase*] trazado *m*; [*of long skirt, curtains*] vuelo *m*; [*of wings*] envergadura *f*; **a wide ~ of meadowland** una gran extensión de pradera
7 (= *range*) 7·1 (*lit*) [*of telescope, gun, lighthouse, radar*] alcance *m*; **with a ~ of 180°** con un alcance de 180°
7·2 (*fig*) [*of views, ideas*] espectro *m*; **representatives from a broad ~ of left-wing opinion** representantes de un amplio espectro de la izquierda
8 (= *wave*) [*of emotion*] ola *f*
9 = **sweepstake**

►**sweep aside** VT + ADV 1 (*lit*) [+ *object*] apartar bruscamente
2 (*fig*) [+ *objections protest, suggestion*] desechar, descartar; [+ *obstacle*] pasar por alto; [+ *difficulty*] sortear; **accusations that customers' interests were being swept aside** acusaciones de que se estaban pasando por alto los intereses de los clientes

►**sweep away** Ⓐ VI + ADV *see* **sweep B4**
Ⓑ VT + ADV 1 (= *remove with brush*) barrer
2 (= *wash away*) [*river, storm*] [+ *building, car, person*] llevarse por delante; **he was swept away by strong currents** fuertes corrientes se lo llevaron por delante
3 (= *rush away*) llevar a (toda) prisa (**to** a); **his aides swept him away** sus ayudantes se lo llevaron a (toda) prisa
4 (*fig*) (= *throw out*) eliminar; (= *put an end to*) barrer, poner fin a; **scripture and traditional values were swept away in our determination to accept the feminist chal-**

**lenge** la religión y los valores tradicionales fueron barridos cuando resolvimos aceptar el reto feminista, pusimos fin a la religión y los valores tradicionales al resolvernos a aceptar el reto feminista
[5] (= *overwhelm*) **she was swept away by his charm** su encanto la conquistó, se dejó llevar por su encanto; **he let himself be swept away by emotion** se dejó llevar por la emoción

►**sweep up** Ⓐ VI + ADV [1] (*with broom, brush*) barrer
[2] **to ~ up to sth**: **the car swept up to the house** (*majestically*) el coche subió majestuosamente hasta la casa; (*fast*) el coche subió a toda velocidad hasta la casa; **the lawn swept up to the woods** el césped llegaba *or* se extendía hasta el bosque; **the drive ~s up to the house** el camino de entrada se alza majestuoso hasta la casa
Ⓑ VT + ADV [1] (= *clean up*) [+ *glass*] recoger con un cepillo, recoger con una escoba; [+ *leaves*] recoger con un rastrillo
[2] (= *seize, pick up*) [*person*] coger, agarrar (*LAm*); [*storm*] arrastrar; **I swept her up in my arms** la levanté en mis brazos
[3] (= *arrange*) recoger; **her hair was swept up in a bun** tenía el pelo recogido en un moño
[4] (*fig*) (= *carry along*) **she had been swept up in an exciting relationship** se había dejado arrastrar por una relación apasionante; **they became so swept up with excitement that ...** se dejaron llevar tanto por el entusiasmo que …

**sweepback** ['swi:pbæk] N [*of aircraft wing*] ángulo *m* de flecha

**sweeper** ['swi:pəʳ] N [1] (= *cleaner*) barrendero/a *m/f*; (= *machine*) (*for streets*) barredora *f*; (*also* **carpet ~**) cepillo *m* mecánico
[2] (*Ftbl*) líbero *m*

**sweeping** ['swi:pɪŋ] Ⓐ ADJ [*gesture, movement*] amplio; [*generalization*] excesivo; [*curve*] abierto; [*view*] magnífico; [*skirt*] de vuelo amplio; [*change*] radical; [*victory*] arrollador, aplastante; **a large house with ~ lawns** una gran casa con amplias extensiones de césped; **that's rather a ~ statement** eso es generalizar demasiado
Ⓑ N [1] (= *action*) barrido *m*, barrida *f*; **we gave it a ~** le dimos un barrido *or* una barrida, lo barrimos
[2] **sweepings** basura *f* (*tras un barrido*); (*fig, of society etc*) desechos *mpl*, escoria *f*

**sweepstake** ['swi:psteɪk] N, **sweepstakes** (*US*) N (= *lottery*) lotería *f* (*esp de carreras de caballos*); (= *race*) *carrera de caballos en que el ganador recibe el dinero de las apuestas del resto de los participantes*

**sweet** [swi:t] Ⓐ ADJ (*compar* **sweeter**; *superl* **sweetest**) [1] (= *sugary*) [*taste, drink, food*] dulce; **this coffee is too ~** este café está demasiado dulce; **a glass of ~ white wine** una copa de vino blanco dulce; **I love ~ things** me encanta lo dulce, me encantan las cosas dulces; **are those pies ~ or savoury?** esos pasteles, ¿son dulces o salados?; **~ and sour** agridulce; **to taste ~** tener un sabor dulce; **the beer was ~ to the taste** la cerveza tenía un gusto dulce
[2] (= *agreeable*) [*smell, perfume*] agradable; [*sound*] melodioso, dulce; **~ dreams!** (*Brit*) (*gen*) que duermas bien; (*to child*) ¡que sueñes con los angelitos!; **to smell ~** tener un olor fragante *or* aromático; **the ~ smell of success** las mieles del éxito; **the ~ taste of victory** el dulce sabor de la victoria; ✦*IDIOMS* **the news was ~ music to my ears** la noticia fue música celestial para mis oídos; **to whisper ~ nothings in sb's ear/to sb** decirle cariñitos a algn al oído; ✦*PROV* **revenge is ~!** ¡la dulce venganza!
[3] (= *gentle, kind*) [*nature, smile*] dulce; [*face*] dulce, lindo (*esp LAm*); **she is a very ~ person** es un verdadero encanto, es una persona muy linda (*LAm*); **that's very ~ of you** es muy amable de tu parte, ¡qué amable!; **how ~ of you to think of me!** ¡qué detalle acordarte de mí!; **to keep sb ~*** tener a algn contento; **~ Jesus!**** ¡Dios Bendito!*; **to be ~ to sb** ser bueno con algn; ✦*IDIOM* **to do ~ Fanny Adams** *or* **~ F.A.**: **politicians do ~ Fanny Adams** *or* **~ F.A.** (*Brit*‡) los políticos no hacen más que tocarse las narices‡
[4] (= *enchanting*) [*child, animal, house, hat*] mono, lindo (*esp LAm*); **he was a ~ little boy** ¡era un niñito tan mono!; **what a ~ little puppy!** ¡qué perrito más *or* tan mono!; **the cottage was really ~** la casita era monísima *or* una monada *or* (*esp LAm*) lindísima
[5] (= *fresh*) [*water*] dulce; [*air*] fresco; [*breath*] sano; **~ milk** leche fresca
[6] (*iro*) **to do sth in one's own ~ time** hacer algo a su aire, hacer algo cuando le parece a uno; **to go one's own ~ way** ir a su aire; **he carried on in his own ~ way** siguió a su aire
[7] ✦*IDIOM* **to be ~ on sb**†* estar colado por algn*
Ⓑ N [1] (*esp Brit*) (= *piece of confectionery*) [*of any sort*] golosina *f*; (= *boiled sweet, toffee*) caramelo *m*
[2] (*Brit*) (= *dessert*) postre *m*
[3] **my ~**†* mi cielo*
[4] (*fig*) **the ~s of success** las mieles del éxito; **the ~s of solitude** el encanto de la soledad
Ⓒ CPD ► **sweet basil** N albahaca *f* ► **sweet bay** N laurel *m* ► **sweet cherry** N cereza *f* dulce ► **sweet chestnut** N castaño *m* dulce ► **sweet pea** N guisante *m* de olor, clarín *m* (*Chile*) ► **sweet pepper** N pimiento *m* (dulce) ► **sweet potato** N batata *f*, boniato *m*, camote *m* (*LAm*) ► **sweet shop** N (*Brit*) tienda *f* de chucherías, dulcería *f* (*esp LAm*) ► **sweet talk*** N zalamerías *fpl*; *see also* **sweet-talk** ► **sweet tooth** N **to have a ~ tooth** ser goloso ► **sweet trolley** N carrito *m* de los postres ► **sweet william** N minutisa *f*

**sweet-and-sour** [ˌswi:tən'saʊəʳ] Ⓐ ADJ agridulce
Ⓑ N plato *m* agridulce (*especialmente en la comida china*); **is ~ all right for you?** ¿te parece bien un plato agridulce?

**sweetbreads** ['swi:tbredz] NPL mollejas *fpl*, lechecillas *fpl* (*Sp*)

**sweetbriar**, **sweetbrier** ['swi:tbraɪəʳ] N eglantina *f*, escaramujo *m* oloroso

**sweetcorn** ['swi:tkɔ:n] N maíz *m* dulce (*Sp*), maíz *m* tierno (*esp LAm*), elote *m* (*Mex*), choclo *m* (*Andes, S. Cone*)

**sweeten** ['swi:tn] Ⓐ VT [1] [+ *tea, coffee, dish*] endulzar; **~ to taste** endulzar al gusto; **~ with honey if desired** endulzar con miel si se desea
[2] (= *freshen*) [+ *breath*] refrescar; [+ *room*] ambientar
[3] (*fig*) [3·1] (= *placate, soften*) [+ *temper*] aplacar, calmar; [+ *process, reforms*] suavizar, facilitar; (*also* **~ up**) [+ *person*] ablandar; *see also* **pill**
[3·2] (*with financial incentives*) [+ *deal*] hacer más atractivo; [+ *person*] (= *bribe*) sobornar; (= *win over*) ganarse a
Ⓑ VI [*person*] volverse (más) dulce

**sweetener** ['swi:tnəʳ] N [1] (*Culin*) dulcificante *m*; (*artificial*) edulcorante *m*
[2] (*) (= *incentive*) incentivo *m*

**sweetening** ['swi:tnɪŋ] N (*Culin*) dulcificante *m*

**sweetheart** ['swi:thɑ:t] N novio/a *m/f*, amor *mf*; **he was her childhood ~** era su amor de infancia; **yes, ~** sí, mi amor

**sweetie*** ['swi:tɪ] N [1] (*also* **~-pie**) **he's/she's a ~** es un cielo*; **yes, ~** sí, cielo*
[2] (*esp Scot*) (= *sweet*) [*of any sort*] golosina *f*; (= *boiled sweet, toffee*) caramelo *m*

**sweetish** ['swi:tɪʃ] ADJ algo dulce

**sweetly** ['swi:tlɪ] ADV [*sing*] dulcemente; [*smile, answer, act*] con dulzura; (= *kindly*) (muy) amablemente; **she ~ offered to bring some refreshments** se ofreció (muy) amablemente a traer algo para comer y beber

**sweetmeats** ['swi:tmi:ts] NPL dulces *mpl*, confites *mpl*

**sweet-natured** [ˌswi:t'neɪtʃəd] ADJ dulce, amable

**sweetness** ['swi:tnɪs] N [1] [*of food*] sabor *m* dulce, dulzor *m*
[2] (*fig*) [*of smell*] fragancia *f*, buen olor *m*; [*of sound*] suavidad *f*; [*of person, character*] dulzura *f*; [*of appearance*] encanto *m*; (= *kindness*) simpatía *f*; ✦*IDIOM* **now all is ~ and light** reina ahora la más perfecta armonía; **he was all ~ and light yesterday** ayer estuvo la mar de amable

**sweet-scented** ['swi:tˌsentɪd] ADJ fragante, de aroma agradable

**sweet-smelling** ['swi:tˌsmelɪŋ] ADJ fragante, de olor agradable

**sweet-talk*** ['swi:ttɔ:k] VT engatusar*, camelar*; **to ~ sb into doing sth** engatusar *or* camelar a algn para que haga algo*

**sweet-talking*** ['swi:ttɔ:kɪŋ] ADJ zalamero

**sweet-tempered** [ˌswi:t'tempəd] ADJ de carácter dulce, amable; **she's always ~** es siempre amable, no se altera nunca

**sweet-toothed** [ˌswi:t'tu:θt] ADJ goloso

**swell** [swel] (*vb: pt* **swelled**; *pp* **swollen**) Ⓐ N
[1] (*Naut*) (= *movement*) oleaje *m*; (= *large wave*) marejada *f*
[2] (= *bulge*) **the gentle ~ of her hips** la suave turgencia de sus caderas
[3] (= *surge*) [*of anger*] arrebato *m*, arranque *m*; [*of sympathy, emotion*] oleada *f*
[4] (*Mus*) crescendo *m*; (*on organ*) regulador *m* de volumen
[5] (†*) (= *stylish man*) majo *m*; (= *important man*) encopetado *m*; **the ~s** la gente bien, la gente de buen tono
Ⓑ ADJ (*US**) (= *fine, good*) fenomenal*, bárbaro*; **we had a ~ time** lo pasamos en grande*; **it's a ~ place** es un sitio estupendo*
Ⓒ VI [1] (*physically*) [*ankle, eye etc*] (*also* **~ up**) hincharse; [*sails*] (*also* **~ out**) inflarse, hincharse; [*river*] crecer; **her arm ~ed up** se le hinchó el brazo; **to ~ with pride** hincharse de orgullo
[2] (*in size, number*) aumentar, crecer; **numbers have swollen greatly** el número ha aumentado muchísimo; **the little group soon ~ed into a crowd** el pequeño grupo se transformó pronto en multitud; **the cheers ~ed to a roar** los vítores fueron creciendo hasta convertirse en un estruendo
Ⓓ VT [1] (*physically*) hinchar; **to have a swollen hand** tener la mano hinchada; **my ankle is very swollen** tengo el tobillo muy hinchado; **her eyes were swollen with tears** tenía los ojos hinchados de lágrimas; **the rains had swollen the river** las lluvias habían hecho crecer el río; **the river is swollen** el río está

crecido; ♦*IDIOM* **you'll give him a swollen head** le vas a hacer que se lo crea
2 [+ *numbers, sales*] aumentar; **all they are doing is ~ing the ranks of the unemployed** lo único que hacen es engrosar las cifras de desempleados

**swellhead*** ['swelhed] N (*US*) engreído/a *m/f*

**swell-headed*** ['swel'hedɪd] ADJ engreído, presumido, presuntuoso

**swelling** ['swelɪŋ] N (*Med*) hinchazón *f*

**swelter** ['sweltəʳ] VI abrasarse, sofocarse de calor; **we ~ed in 40°** nos sofocábamos a una temperatura de 40 grados

**sweltering** ['sweltərɪŋ] ADJ [*day*] de calor sofocante, de muchísimo calor; [*heat*] sofocante, abrasador; **it's ~ in here** hace un calor sofocante aquí; **I'm ~** me ahogo de calor

**swept** [swept] PT, PP *of* **sweep**

**sweptback** ['swept'bæk] ADJ [*wing*] en flecha; [*aircraft*] con alas en flecha

**swerve** [swɜːv] Ⓐ N (*by car, driver*) viraje *m* brusco; (*by boxer, runner*) finta *f*, regate *m*; **to put a ~ on a ball** darle con efecto a la pelota
Ⓑ VI 1 (*lit*) [*boxer, fighter*] hurtar el cuerpo; [*ball*] ir con efecto; (*on hitting obstacle*) desviarse; [*vehicle, driver*] virar bruscamente; **I was forced to ~ violently to avoid him** me vi obligado a virar bruscamente para esquivarlo; **the car ~d away from the lorry** el coche viró bruscamente para esquivar el camión; **the car ~d in and out of traffic** el coche zigzagueaba bruscamente por entre el tráfico; **to ~ to the right** [*vehicle, driver*] virar bruscamente a *or* hacia la derecha
2 (*frm*) (*fig*) desviarse, apartarse (**from** de); **we shall not ~ from our duty** no nos apartaremos del cumplimiento de nuestro deber
Ⓒ VT [+ *boat, horse, car*] hacer virar bruscamente; [+ *ball*] dar efecto a, sesgar

**swift** [swɪft] Ⓐ ADJ (*compar* **swifter**; *superl* **swiftest**) [*runner, animal, vehicle, current*] rápido, veloz; [*reaction*] pronto, rápido; [*decision, response, journey, victory*] rápido; [*river*] de corriente rápida; **we must be ~ to act** tenemos que obrar con prontitud; **to wish sb a ~ recovery** desear a algn una pronta mejoría; **~ of foot** de pies ligeros; **to be ~ to anger** ser propenso a enfadarse
Ⓑ N (= *bird*) vencejo *m*

**swift-flowing** ['swɪft'fləʊɪŋ] ADJ [*current*] rápido; [*river*] de corriente rápida

**swift-footed** ['swɪft'fʊtɪd] ADJ veloz, de pies ligeros

**swiftly** ['swɪftlɪ] ADV [*run*] rápidamente, velozmente; [*react, act*] con prontitud, rápidamente; [*become, walk*] rápidamente; [*spread, rise, flow*] con rapidez; **events have moved ~** los acontecimientos se han desencadenado con rapidez; **the company has moved** *or* **acted ~ to deny the rumours** la empresa ha actuado con prontitud para desmentir los rumores; **for most of them, death came ~** para casi todos, la muerte llegó repentinamente; **a ~ flowing river** un río de corriente rápida

**swiftness** ['swɪftnɪs] N [*of runner*] rapidez *f*, velocidad *f*; [*of reaction*] prontitud *f*, rapidez *f*

**swig*** [swɪg] Ⓐ VT beber (a tragos)
Ⓑ N trago *m*; **have a ~ of this** bébete un poco de esto; **he took a ~ from his flask** se echó un trago de la botella

**swill** [swɪl] Ⓐ N 1 (= *food for pigs*) comida *f* para los cerdos; (= *revolting food, drink*) bazofia *f*, basura *f*; **how can you drink this ~?** ¿cómo te es posible beber esta basura?
2 (= *wash*) **to give sth a ~ (out)** limpiar algo con agua
3 (= *swallow, draught*) **he took a ~ from the bottle** echó *or* dio un trago de la botella
Ⓑ VT 1 (= *clean*) (*also* **~ out**) lavar, limpiar con agua
2 (= *drink*) [+ *beer*] beber a tragos

**swim** [swɪm] (*vb: pt* **swam**; *pp* **swum**) Ⓐ N **to have a ~** darse un baño, nadar; **I had a lovely ~ this morning** me di un baño estupendo esta mañana; **after a two-kilometre ~** después de nadar dos kilómetros; **it's a long ~ back to the shore** hay un buen trecho a nado hasta la playa; **that was a long ~ for a child** eso fue mucho nadar para un niño; **to go for a ~** ir a nadar *or* a bañarse; ♦*IDIOMS* **to be in the ~**† estar al corriente *or* al tanto; **to keep in the ~**† mantenerse al día
Ⓑ VT 1 [+ *stretch of water*] pasar a nado, cruzar a nado; **he was the first man to ~ the English channel** fue el primer hombre que cruzó a nado el Canal de la Mancha
2 [+ *length, race*] nadar; **he can ~ two lengths** puede nadar dos largos; **she swam ten lengths of the pool** se hizo diez largos en la piscina; **to ~ (the) crawl** nadar a crol; **before I had swum ten strokes** antes de haber dado diez brazadas; **she can't ~ a stroke** no sabe nadar en absoluto; **she swam the 400 metres medley** nadó los 400 metros a cuatro estilos
Ⓒ VI 1 [*person, fish*] nadar; **I can't ~** no sé nadar; **to ~ across a river** pasar *or* cruzar un río a nado; **we managed to ~ ashore** logramos llegar nadando hasta la orilla; **then we swam back** luego volvimos (nadando); **we shall have to ~ for it*** tendremos que echarnos al agua, tendremos que salvarnos nadando; **to go ~ming** ir a nadar *or* bañarse; **to learn to ~** aprender a nadar; **to ~ out to sea** alejarse nadando de la playa; **to ~ under water** nadar debajo del agua, bucear; ♦*IDIOMS* **to ~ against the stream** *or* **tide** nadar contra corriente; **to ~ with the stream** *or* **tide** dejarse llevar por la corriente
2 (= *float*) flotar; **the meat was ~ming in gravy** la carne flotaba *or* nadaba en la salsa; **her eyes were ~ming with tears** tenía los ojos inundados de lágrimas; ♦*IDIOM* **to be ~ming in money** nadar en la abundancia
3 (*dizzily*) (= *reel*) [*room, head*] dar vueltas; **my head is ~ming** me estoy mareando, me da vueltas la cabeza; **everything swam before my eyes** todo parecía que daba vueltas ante mis ojos

**swimmer** ['swɪməʳ] N nadador(a) *m/f*

**swimming** ['swɪmɪŋ] Ⓐ N natación *f*; **do you like ~?** ¿te gusta nadar?
Ⓑ CPD ► **swimming bath(s)** N(PL) = **swimming pool** ► **swimming cap** N gorro *m* de baño ► **swimming costume** N traje *m* de baño, bañador *m* (*Sp*) ► **swimming gala** N festival *m* de natación ► **swimming lesson** N clase *f* de natación ► **swimming pool** N piscina *fsing*, alberca *fsing* (*Mex*), pileta *fsing* (de natación) (*S. Cone*) ► **swimming trunks** NPL bañador *msing* (*Sp*)

**swimmingly** ['swɪmɪŋlɪ] ADV **to go ~** ir a las mil maravillas

**swimsuit** ['swɪmsuːt] N traje *m* de baño, bañador *m* (*Sp*)

**swimwear** ['swɪmwɛəʳ] N trajes *mpl* de baño

**swindle** ['swɪndl] Ⓐ N estafa *f*, timo *m*; **it's a ~!** ¡nos han estafado *or* timado!
Ⓑ VT estafar, timar; **to ~ sb out of sth** estafar algo a algn, quitar algo a algn estafándolo

**swindler** ['swɪndləʳ] N estafador(a) *m/f*, timador(a) *m/f*

**swine** [swaɪn] Ⓐ N 1 (*Zool*) (*pl inv*) cerdo *m*, puerco *m*
2 (*fig*) (*) (= *person*) canalla *mf*, cochino/a *m/f*, marrano/a *m/f*; **you ~!** ¡canalla!; **what a ~ he is!** ¡es un canalla!
Ⓑ CPD ► **swine fever** N fiebre *f* porcina

**swineherd**†† ['swaɪnhɜːd] N porquero *m*

**swing** [swɪŋ] (*vb: pt, pp* **swung**) Ⓐ N 1 (= *movement*) [*of needle, pointer, boom*] movimiento *m*; [*of pick, axe*] movimiento *m* (amplio); [*of pendulum*] oscilación *f*, movimiento *m*; (*Boxing, Cricket, Golf*) (= *technique*) swing *m*; **with a quick ~ of his axe he felled the young tree** con un amplio y rápido movimiento del hacha taló el arbolito; **he was out on the course practising his ~** estaba en el campo de golf practicando su swing; **to take a ~ at sb*** (*with fist*) intentar darle un puñetazo a algn; (*with weapon*) intentar darle un golpe a algn; **the golfer took a ~ at the ball** el golfista intentó darle a la pelota
2 (= *change*) (*in opinion*) cambio *m*; (*in vote*) desplazamiento *m*; **a sudden ~ in opinion** un cambio repentino de opinión; **they need a ~ of 5% to win** necesitan un desplazamiento de los votos de un 5% para ganar; **the ~s of the market** las fluctuaciones del mercado; **a ~ to the left** un viraje *or* desplazamiento hacia la izquierda
3 (= *rhythm*) (*in dance, etc*) ritmo *m*; **to walk with a ~ (in one's step)** andar rítmicamente; **music/poetry with a ~ to it** *or* **that goes with a ~** música/poesía con ritmo *or* que tiene ritmo; ♦*IDIOMS* **to go with a ~** [*evening, party*] estar muy animado; [*business*] ir a las mil maravillas; **to be in full ~** [*party, election, campaign*] estar en pleno apogeo; [*business*] estar en pleno desarrollo; **to get into the ~ of things** coger el tranquillo a algo, captar el ritmo de las cosas (*LAm*)
4 (*also* **~ music**) swing *m*, música *f* swing
5 (= *scope, freedom*) **he was given full ~ to make decisions** le dieron carta blanca para que tomara decisiones; **he gave his imagination full ~** dio rienda suelta a su imaginación
6 (= *garden swing*) columpio *m*; **to have a ~** columpiarse; ♦*IDIOMS* **it's ~s and roundabouts** ◊ **what you lose on the ~s you gain on the roundabouts** lo que se pierde aquí, se gana allá
Ⓑ VI 1 (= *move to and fro*) [*hanging object, hammock*] balancearse; [*pendulum, pointer*] oscilar; [*person*] (*on swing, hammock*) columpiarse; **it ~s in the wind** se balancea al viento; **he was sitting on the end of the table, his legs ~ing** estaba sentado en el borde de la mesa, columpiando las piernas; **her handbag swung back and forth** *or* **to and fro as she walked** su bolso se balanceaba (de un lado al otro) al andar; **the pendulum swung back and forth** *or* **to and fro** el péndulo oscilaba *or* se movía de un lado para otro; **a revolver swung from his belt** un revólver colgaba de su cinturón; **he was ~ing from a trapeze** se columpiaba colgado de un trapecio
2 (= *pivot*) girar; **the door ~s on its hinges** la puerta gira sobre sus goznes; **he was hit by the car door as it swung back** la puerta del coche le golpeó al volver a cerrarse; **to ~ open/shut** abrirse/cerrarse; **the bar swung round and hit him in the jaw** la barra giró y le dio en la mandíbula; ♦*IDIOM* **now the pendulum has swung back the other way** ahora se ha dado la vuelta la tortilla
3 **to ~ at sb (with one's fist)** intentar dar un puñetazo a algn; **he swung at me with an axe** intentó darme (un golpe) con un hacha; **he swung at the ball** intentó dar a la pelota

4 (= *turn*) **the car swung into the square** el coche viró *or* dio un viraje y entró en la plaza; **he swung out to overtake** viró *or* dio un viraje para adelantar; *see also* **swing round**
5 (= *jump*) **he swung across the river on a rope** cruzó el río colgado de una cuerda; **I swung down from my bunk** salté de mi litera; **the orang-utang swung from tree to tree** el orangután se columpiaba de árbol en árbol; ✦*IDIOM* **to ~ into action** ponerse en marcha
6 (= *move rhythmically*) **a group of schoolchildren were ~ing along up the road** un grupo de colegiales subían por la calle, andando al compás; **as the military band went ~ing along up the road ...** a medida que la banda militar marchaba siguiendo el compás calle arriba ...; **music that really ~s** música que tiene mucho ritmo
7 (*) (= *be hanged*) **he'll ~ for it** le colgarán por eso
8 (= *change*) **local opinion could ~ against the company** la opinión local podría cambiar y ponerse en contra de la empresa; **the balance of power is ~ing away from him** la balanza del poder se está inclinando hacia el lado contrario al suyo; **the currency should ~ back to its previous level** es de esperar que las divisas vuelvan a su nivel anterior; **to ~ to the left/right** dar un viraje hacia la izquierda *or* derecha
9 (*Psych*) [*mood*] cambiar; **his mood ~s wildly** le cambia el humor de forma descontrolada
10 (*) (= *be lively*) [*entertainment, party*] ambientarse; [*place*] tener ambiente; **the party's beginning to ~** la fiesta está empezando a ambientarse
11 (‡) (*sexually*) **everyone seemed to be ~ing in those days** en aquellos tiempos parecía que a todo el mundo le iba la marcha‡; ✦*IDIOM* **to ~ both ways** ser bisexual
Ⓒ VT 1 (= *move to and fro*) [+ *bag, arms, legs*] columpiar, balancear; **he was ~ing his bag back and forth** *or* **to and fro** columpiaba *or* balanceaba la bolsa de un lado al otro; **to ~ one's hips** andar contoneándose; ✦*IDIOMS* **there isn't enough room in here to ~ a cat*** aquí no caben ni cuatro gatos; **to ~ the lead†*** hacerse el remolón*
2 (= *pivot*) [+ *door*] **he swung the door open/closed** abrió/cerró la puerta de un golpe
3 (= *move*) 3·1 [+ *weapon*] blandir; **he swung his sword above his head** blandió la espada por encima de la cabeza; **he swung his axe at the tree** blandió el hacha con intención de darle al árbol; **he swung his racket at the ball** intentó darle a la pelota con la raqueta; **he swung his case down from the rack** bajó su maleta de la rejilla portaequipajes con un rápido movimiento del brazo; **Roy swung his legs off the couch** Roy quitó rápidamente las piernas del sofá; **he swung the box up onto the roof of the car** con un amplio movimiento de brazos, puso la caja en el techo del coche; **he swung the case up onto his shoulder** se echó la maleta a los hombros
3·2 (*reflexive*) **he swung himself across the stream** cruzó el arroyo de un salto; **to ~ o.s. (up) into the saddle** subirse a la silla de montar de un salto; **he swung himself over the wall** saltó la tapia apoyándose en un brazo
4 (= *turn*) **he swung the car off the road** viró con el coche y se salió de la carretera
5 (= *influence*) [+ *opinion, decision, vote, voters*] decidir; [+ *outcome*] determinar, decidir; **his speech swung the decision against us** su discurso dio un giro a la decisión desfavorable para nosotros; **the promised tax cuts could ~ the vote in our favour** los recortes prometidos en los impuestos podrían hacer cambiar el voto a nuestro favor; **she managed to ~ it so that we could all go** consiguió arreglarlo para que todos pudiéramos ir; **what swung it for me was ...** lo que me decidió fue ...; **it could ~ the election his way** podría decidir el resultado de las elecciones a su favor
6 (*Mus*) [+ *tune*] tocar con swing
Ⓓ CPD ► **swing band** N (*Mus*) banda *f* de música swing ► **swing bin** N cubo *m* de la basura (con tapa oscilante) ► **swing bridge** N puente *m* giratorio ► **swing door** N puerta *f* de batiente, puerta *f* de vaivén ► **swing music** N música *f* swing

► **swing round, swing around** Ⓐ VI + ADV 1 (*lit*) [*person*] girar sobre sus talones, girar en redondo; [*car, plane, procession*] girar en redondo
2 (*fig*) [*voters*] cambiar de opinión; [*opinion*] cambiar
Ⓑ VT + ADV [+ *object on rope etc*] hacer girar; [+ *sword, axe*] blandir; [+ *car, ship, procession, horse*] hacer girar en redondo

► **swing to** VI + ADV [*door*] cerrarse

**swingeing** [ˈswɪndʒɪŋ] ADJ (*Brit*) [*increase*] vertiginoso; [*cut*] fulminante, drástico; [*fine*] severísimo; [*majority*] abrumador

**swinger** [ˈswɪŋəʳ] N **he's a ~†*** (*gen*) es muy marchoso, le va la marcha; (*sexually*) le va la marcha

**swinging** [ˈswɪŋɪŋ] Ⓐ ADJ 1 (*lit*) **the rhythmic ~ motion of his axe against the wood** el rítmico vaivén *or* balanceo de su hacha al golpear la madera; **she walked along with a ~ gait** andaba con garbo
2 (†*) (= *lively*) [*city, party*] con mucha marcha*; **~ London** el Londres marchoso *or* de la marcha*; **the Swinging Sixties** los marchosos años sesenta*
3 [*music, rhythm*] con swing
Ⓑ N vaivén *m*, oscilación *f*
Ⓒ CPD ► **swinging door** N (*US*) puerta *f* de vaivén, puerta *f* de batiente

**swing-wing** [ˈswɪŋwɪŋ] ADJ [*aircraft*] con alas de geometría variable

**swinish*** [ˈswaɪnɪʃ] ADJ (*fig*) cochino, canallesco

**swipe** [swaɪp] Ⓐ N **to take a ~ at sb** asestar un golpe a algn
Ⓑ VT 1 (= *hit*) golpear, pegar
2 (*) (= *steal*) birlar*, afanar*
3 (*Comput*) [+ *card*] pasar (*por un lector de tarjetas*)
Ⓒ VI **to ~ at sth/sb** asestar un golpe a algo/algn

**swirl** [swɜːl] Ⓐ N (= *movement*) remolino *m*, torbellino *m*; **it disappeared in a ~ of water** desapareció en un remolino de agua; **the ~ of the dancers' skirts** el girar *or* el movimiento de las faldas de las bailadoras
Ⓑ VI [*water, dust, mist*] arremolinarse; [*person*] dar vueltas, girar

**swish** [swɪʃ] Ⓐ N [*of cane*] silbido *m*; [*of skirt*] frufrú *m*; [*of water*] susurro *m*
Ⓑ ADJ (*) (= *smart*) muy elegante
Ⓒ VT [+ *cane*] agitar, blandir (*produciendo un silbido*); [+ *skirt*] hacer frufrú con; [+ *tail*] agitar, menear
Ⓓ VI [*skirts*] hacer frufrú; [*long grass*] silbar; [*water*] susurrar; **a car ~ed past** pasó un coche deslizándose por el asfalto mojado

**Swiss** [swɪs] Ⓐ ADJ suizo
Ⓑ N suizo/a *m/f*
Ⓒ CPD ► **Swiss army knife** N navaja *f* multiuso(s), navaja *f* suiza ► **Swiss cheese plant** N costilla *f* de Adán ► **Swiss Guard** N (= *corps*) Guardia *f* Suiza; (= *person*) guardia *m* suizo ► **Swiss roll** N (*Brit Culin*) brazo *m* de gitano

**Swiss-French** [swɪsˈfrentʃ] N (*Ling*) el francés de Suiza

**Swiss-German** [swɪsˈdʒɜːmən] N ~ (*Ling*) el alemán de Suiza

**switch** [swɪtʃ] Ⓐ N 1 (*Elec*) interruptor *m*, suich(e) *m* (*LAm*), switch *m* (*LAm*); **the ~ was on/off** el interruptor estaba encendido/apagado; **at the flick of a ~** con sólo darle a un interruptor; **to flick a ~ on/off** encender/apagar un interruptor; **light ~** interruptor *m* de la luz; **the on-off ~** el interruptor de encendido y apagado; **he threw the ~ on the tape recorder** dio al interruptor del magnetofón
2 (= *change*) cambio *m* (**from** de; **to** a); **this represents a dramatic ~ in US policy** esto representa un cambio dramático en la política estadounidense; **to make the ~ from X to Y** pasar de X a Y; **he had made the ~ from writing screenplays to novels** había pasado de escribir guiones a escribir novelas; **they have made the ~ from dictatorship to democracy** han hecho la transición de la dictadura a la democracia
3 (= *swap, substitution*) cambio *m*; **to make a ~** hacer un cambio; **that's not my necklace, there has been a ~** ésa no es mi gargantilla, me la han cambiado *or* me han hecho un cambio, ésa no es mi gargantilla, me han dado un cambiazo*
4 (†) (= *stick*) vara *f*; (*for riding*) fusta *f*
5 [*of hair*] postizo *m*
6 (*US Rail*) (= *points*) agujas *fpl*; (= *siding*) vía *f* muerta
Ⓑ VT 1 (= *change*) [+ *tactics*] cambiar de; **if you ~ allegiance from one party to another ...** si cambias de bando y vas de un partido a otro ...; **how quickly people ~ allegiances!** ¡hay que ver con qué rapidez se cambia de chaqueta la gente!; **50 per cent of car buyers are prepared to ~ brands** un 50 por ciento de los compradores de coche están dispuestos a pasarse a una nueva marca
2 (= *move*) [+ *production*] trasladar (**from** de; **to** a); **she quickly ~ed the conversation to another topic** rápidamente desvió la conversación hacia otro tema
3 (= *swap, exchange*) (*honestly*) cambiar; (*dishonestly*) cambiar, dar el cambiazo a*; **we had to ~ taxis when the first broke down** tuvimos que cambiar de taxi cuando el primero tuvo una avería; **the ballot boxes have been ~ed** han cambiado las urnas, han dado el cambiazo a las urnas*; **to ~ sth for sth** cambiar algo por algo; **he ~ed the real painting with the fake one** cambió el cuadro verdadero por el falso
4 (*Elec*) **he ~ed the heater to "low"** puso el calentador en "bajo"
5 (*esp US Rail*) **to ~ a train to another line** cambiar un tren a otra vía
6 (= *lash*) [+ *tail*] mover, agitar; **to ~ the grass with one's cane** agitar la hierba con la vara
Ⓒ VI 1 (= *change*) cambiar (**from** de; **to** a); **he ~ed to another topic** cambió de tema; **I've ~ed to a cheaper brand of washing powder** (me) he cambiado a una marca de detergente más barata
2 (= *swap round*) hacer un cambio, cambiarse (**with** con); **he had ~ed with another driver** había hecho un cambio con otro con-

ductor, se había cambiado con otro conductor

3 (= *move*) [*production*] trasladarse (**to** a); **production will ~ to the Glasgow plant next week** la producción se trasladará a la planta de Glasgow la semana que viene; **you can ~ between windows using the mouse** puedes cambiar de una ventana a otra utilizando el ratón

►**switch back** Ⓐ VI + ADV (*to original plan, product, allegiance*) volver a cambiarse; **to ~ back to sth** volver a (cambiar a) algo; **let's ~ back to the other programme** volvamos (a cambiar) al otro programa

Ⓑ VT + ADV **she ~ed the heater back to high/low** volvió a cambiar el calentador a la posición alta/baja; **to ~ the light back on** volver a encender la luz; **to ~ the heater/oven back on** volver a poner *or* encender el calentador/horno

►**switch off** Ⓐ VT + ADV [+ *light, television, gas*] apagar; (*Aut*) [+ *ignition, engine*] parar; **he ~ed the radio off** apagó la radio; **the oven ~es itself off** el horno se apaga solo; **to ~ off the electricity** apagar la corriente *or* la luz

Ⓑ VI + ADV 1 (*Elec*) [*washing-machine, light, heating*] apagarse; **the dryer ~es on and off automatically** la secadora se enciende y apaga automáticamente

2 (*) (= *stop listening*) desconectar(se)

►**switch on** Ⓐ VT + ADV 1 (*Elec, Aut*) [+ *light, television, gas, electricity*] encender, prender (*LAm*); [+ *alarm clock, burglar alarm*] poner; **he ~ed on the light** encendió la luz; **to leave the television ~ed on** dejar la televisión puesta *or* encendida; *see also* **ignition**

2 (*fig*) 2·1 (= *use*) **to ~ on the charm** ponerse encantador

2·2 (= *excite*) **his music ~es me on**‡ su música me pone a tono‡

Ⓑ VI + ADV (*Elec*) [*washing-machine, light, heating*] encenderse; [*viewer*] encender la televisión, poner la televisión, prender la televisión (*LAm*); [*listener*] encender la radio, poner la radio, prender la radio (*LAm*); [*driver*] arrancar; **the light ~es on automatically** las luces se encienden automáticamente

►**switch over** Ⓐ VT + ADV **to ~ over A and B** cambiar A por B; **to ~ the programme over** cambiar de cadena

Ⓑ VI + PREP **to ~ over** (*TV, Rad*) cambiar de canal; **to ~ over to another station** cambiar a otra emisora; **we've ~ed over to gas** (nos) hemos cambiado *or* pasado a gas

►**switch round, switch around** Ⓐ VT + ADV

1 (= *swap round*) cambiar

2 (= *move*) [+ *furniture*] cambiar de sitio

Ⓑ VI + ADV cambiarse

**switchback** ['swɪtʃbæk] N (*Brit*) (*at fair*) montaña *f* rusa; (= *road*) camino *m* de fuertes altibajos

**switchblade** ['swɪtʃˌbleɪd] N (*US*) navaja *f* de muelle *or* de resorte

**switchboard** ['swɪtʃbɔ:d] Ⓐ N (*Telec*) (*at exchange*) central *f*; (*in offices*) centralita *f*, conmutador *m* (*LAm*)

Ⓑ CPD ► **switchboard operator** N telefonista *mf*

**switch-hit** [ˌswɪtʃ'hɪt] (*US*) VI ser ambidextro en el bateo

**switch-hitter** [ˌswɪtʃ'hɪtə^r] N 1 (*Baseball*) bateador *m* ambidextro

2 (*US*‡) (= *bisexual*) bisexual *mf*

**switchman** ['swɪtʃmən] N (*pl* **switchmen**) (*US*) guardagujas *m inv*

**switch-over** ['swɪtʃəʊvə^r] N cambio *m* (**from** de; **to** a)

**switchtower** ['swɪtʃˌtaʊə^r] N (*US Rail*) garita *f* de señales

**switchyard** ['swɪtʃjɑ:d] N (*US Rail*) patio *m* de maniobras, estación *f* clasificadora

**Switzerland** ['swɪtsələnd] N Suiza *f*

**swivel** ['swɪvl] Ⓐ N eslabón *m* giratorio

Ⓑ VI (*also* **~ round**) girar; [*person*] volverse, girar sobre los talones

Ⓒ VT (*also* **~ round**) girar

Ⓓ CPD ► **swivel chair** N silla *f* giratoria

**swizz*** [swɪz] N, **swizzle** ['swɪzl] N (*Brit*) camelo* *m*

**swizzle-stick** ['swɪzlstɪk] N paletilla *f* para cóctel

**swollen** ['swəʊlən] PP *of* **swell**

**swollen-headed** ['swəʊlən'hedɪd] ADJ engreído, presumido, presuntuoso

**swoon** [swu:n] Ⓐ N desmayo *m*, desvanecimiento *m*; **to fall in a ~** desmayarse, desvanecerse

Ⓑ VI desmayarse, desvanecerse

**swoop** [swu:p] Ⓐ N [*of bird*] descenso *m* súbito; (*by police*) redada *f* (**on** de); ✦***IDIOM*** **at one fell ~** de un solo golpe

Ⓑ VI [*bird*] (*also* **~ down**) abatirse, lanzarse en picado (**on** sobre); [*police*] hacer una redada (**on** en); **the plane ~ed low over the village** el avión se lanzó en picado y pasó en vuelo rasante sobre el pueblo; **the police ~ed on the club and arrested eight suspects** la policía hizo una redada en el club y detuvo a ocho sospechosos; **he ~ed on this mistake** se lanzó sobre este error

**swoosh** [swʊ(:)ʃ] = **swish**

**swop** [swɒp] = **swap**

**sword** [sɔ:d] Ⓐ N espada *f*; **to put sb to the ~** pasar a algn a cuchillo; ✦***IDIOMS*** **to cross ~s with sb** habérselas con algn; **to be a double-edged ~** ser un arma de doble filo; ✦***PROV*** **those that live by the ~ die by the ~** el que a hierro mata a hierro muere

Ⓑ CPD ► **sword dance** N danza *f* de espadas

**swordfish** ['sɔ:dfɪʃ] (*pl* **swordfish, swordfishes**) N pez *m* espada

**swordplay** ['sɔ:dpleɪ] N manejo *m* de la espada

**swordsman** ['sɔ:dzmən] N (*pl* **swordsmen**) espada *f*, espadachín *m*; **a good ~** una buena espada

**swordsmanship** ['sɔ:dzmənʃɪp] N manejo *m* de la espada

**swordstick** ['sɔ:dstɪk] N bastón *m* de estoque

**sword-swallower** ['sɔ:dˌswɒləʊə^r] N tragasables *mf inv*

**sword-thrust** ['sɔ:dθrʌst] N estocada *f*

**swore** [swɔ:^r] PT *of* **swear**

**sworn** [swɔ:n] Ⓐ PP *of* **swear**

Ⓑ ADJ [*enemy*] declarado; [*testimony*] dado bajo juramento, jurado

**swot*** [swɒt] Ⓐ N empollón/ona *m/f*

Ⓑ VT, VI **to ~ up (on) sth** empollar algo*; **to ~ for an exam** empollar para un examen*

**swotting*** ['swɒtɪŋ] N **to do some ~** empollar*

**swum** [swʌm] PP *of* **swim**

**swung** [swʌŋ] PT, PP *of* **swing**

**sybarite** ['sɪbəraɪt] N sibarita *mf*

**sybaritic** [ˌsɪbə'rɪtɪk] ADJ sibarita, sibarítico

**sycamore** ['sɪkəmɔ:^r] N (*also* **~ tree**) sicomoro *m*, sicómoro *m*

**sycophancy** ['sɪkəfənsɪ] N adulación *f*, servilismo *m*

**sycophant** ['sɪkəfənt] N adulador(a) *m/f*

**sycophantic** [ˌsɪkə'fæntɪk] ADJ [*person*] servil, sobón; [*speech*] adulatorio; [*manner*] servil

**Sydney** ['sɪdnɪ] N Sidney *m*

**syllabi** ['sɪləˌbaɪ] NPL *of* **syllabus**

**syllabic** [sɪ'læbɪk] ADJ silábico

**syllabication** [sɪˌlæbɪ'keɪʃən] N, **syllabification** [sɪˌlæbɪfɪ'keɪʃən] N silabeo *m*, división *f* en sílabas

**syllable** ['sɪləbl] N sílaba *f*; **I will explain it in words of one ~** te lo explico como a un niño

**syllabub** ['sɪləbʌb] N *dulce frío hecho con nata o leche, licor y zumo de limón*

**syllabus** ['sɪləbəs] N (*pl* **syllabuses** *or* **syllabi**) (*Scol, Univ*) (*gen*) plan *m* de estudios; (*specific*) programa *m* (de estudios)

**syllogism** ['sɪlədʒɪzəm] N silogismo *m*

**syllogistic** [ˌsɪlə'dʒɪstɪk] ADJ silogístico

**syllogize** ['sɪlədʒaɪz] VI silogizar

**sylph** [sɪlf] N (*Myth*) (*male*) silfo *m*, sílfide *f*; (*female*) sílfide *f*

**sylphlike** ['sɪlflaɪk] ADJ de sílfide

**sylvan** ['sɪlvən] ADJ silvestre

**Sylvia** ['sɪlvɪə] N Silvia

**symbiosis** [ˌsɪmbɪ'əʊsɪs] N simbiosis *f*

**symbiotic** [ˌsɪmbɪ'ɒtɪk] ADJ simbiótico

**symbol** ['sɪmbəl] N 1 (= *representation*) símbolo *m*; **she became a ~ of hope to the downtrodden** se convirtió en un símbolo de esperanza para los oprimidos

2 (*Chem*) símbolo *m*; (*Math*) signo *m*; **the chemical ~ for mercury** el símbolo químico del mercurio

**symbolic** [sɪm'bɒlɪk] Ⓐ ADJ simbólico (**of** de)

Ⓑ CPD ► **symbolic logic** N lógica *f* simbólica

**symbolical** [sɪm'bɒlɪkəl] ADJ simbólico

**symbolically** [sɪm'bɒlɪkəlɪ] ADV simbólicamente

**symbolism** ['sɪmbəlɪzəm] N simbolismo *m*

**symbolist** ['sɪmbəlɪst] Ⓐ ADJ simbolista

Ⓑ N simbolista *mf*

**symbolize** ['sɪmbəlaɪz] VT simbolizar

**symmetrical** [sɪ'metrɪkəl] ADJ simétrico

**symmetrically** [sɪ'metrɪkəlɪ] ADV simétricamente

**symmetry** ['sɪmɪtrɪ] N simetría *f*

**sympathetic** [ˌsɪmpə'θetɪk] ADJ 1 (= *showing pity*) compasivo (**to** con); (= *kind, understanding*) comprensivo; **they were ~ but could not help** estaban de nuestra parte pero no podían ayudarnos; **we found a ~ policeman who helped us** encontramos a un policía que amablemente nos ayudó; **he wasn't in the least ~** no mostró compasión alguna; **they are ~ to actors** están dispuestos a escuchar los actores; **to be ~ to a cause** (= *well-disposed*) solidarizarse con *or* apoyar una causa

2 [*ink, nerve, pain etc*] simpático

**sympathetically** [ˌsɪmpə'θetɪkəlɪ] ADV (= *showing pity*) con compasión; (= *with understanding*) con comprensión; **she looked at me ~** me miró compasiva; **the book has been ~ adapted for the screen** el libro ha sido llevado a la pantalla con gran esmero

**sympathize** ['sɪmpəθaɪz] VI (= *feel pity*) compadecerse; (= *understand*) comprender; **to ~ with sb** compadecerse de algn, compadecer a algn; **I ~ with what you say, but …** comprendo tu punto de vista, pero …; **those who ~ with our demands** los que apoyan nuestras reclamaciones; **to ~ with sb in his bereavement** acompañar a algn en el sentimiento; **they wrote to ~** escribieron para dar el pésame

**sympathizer** ['sɪmpəθaɪzə^r] N simpatizante *mf*, partidario/a *m/f* (**with** de)

▼**sympathy** ['sɪmpəθɪ] Ⓐ N [1] (= *compassion*) compasión *f*; **have you no ~?** ¿no tiene compasión?; **his ~ for the underdog** su compasión por los desvalidos; **you have my deepest ~** te compadezco; **you won't get any ~ from me!** ¡no me das ninguna pena!; **a letter of ~** un pésame; **I have no ~ for him** no siento ninguna compasión *or* pena por él; **to express one's ~ (on the death of)** dar el pésame (por la muerte de)
[2] (= *agreement*) solidaridad *f*; **they came out in ~ with their colleagues** se declararon en huelga por solidaridad con sus colegas; **I have some ~ with this point of view** comparto en parte este punto de vista; **the sympathies of the crowd were with him** la multitud estaba de su lado *or* lo apoyaba; **the sky clouded over, in ~ with her mood** el cielo se nubló, poniéndose así a tono con su estado de ánimo
[3] **sympathies** (*Pol*) simpatías *fpl*; **she has expressed Republican sympathies** ha expresado sus simpatías por los republicanos
[4] (= *affinity*) comprensión *f*, afinidad *f* (**between** entre)
Ⓑ CPD ► **sympathy strike** N huelga *f* de solidaridad ► **sympathy vote** N voto *m* de solidaridad

**symphonic** [sɪm'fɒnɪk] ADJ sinfónico

**symphony** ['sɪmfənɪ] Ⓐ N sinfonía *f*
Ⓑ CPD ► **symphony orchestra** N orquesta *f* sinfónica

**symposium** [sɪm'pəʊzɪəm] N (*pl* **symposiums** *or* **symposia** [sɪm'pəʊzɪə]) simposio *m*

**symptom** ['sɪmptəm] N [1] (*Med*) síntoma *m*
[2] (*fig*) (= *indication*) síntoma *m*, indicio *m*

**symptomatic** [,sɪmptə'mætɪk] ADJ sintomático (**of** de)

**synaesthesia**, **synesthesia** (*US*) [,sɪnəs'θiːzɪə] N sinestesia *f*

**synagogue** ['sɪnəgɒg] N sinagoga *f*

**sync*** [sɪŋk] N ABBR = **synchronization**; **in ~** en sincronización; **they are in ~** (*fig*) están sincronizados; **out of ~** (*fig*) desincronizado

**synchro*** ['sɪŋkrəʊ] (*Aut*) = **synchromesh** Ⓐ N ABBR = **synchromesh**
Ⓑ CPD ► **synchro gearbox** N caja *f* de cambios sincronizada

**synchromesh** ['sɪŋkrəʊ'meʃ] N (*also* **~ gear**) cambio *m* sincronizado de velocidades

**synchronic** [sɪŋ'krɒnɪk] ADJ sincrónico

**synchronism** ['sɪŋkrənɪzəm] N sincronismo *m*

**synchronization** [,sɪŋkrənaɪ'zeɪʃən] N sincronización *f*

**synchronize** ['sɪŋkrənaɪz] Ⓐ VT sincronizar (**with** con); **~d swimming** natación *f* sincronizada
Ⓑ VI sincronizarse, ser sincrónico (**with** con)

**synchronous** ['sɪŋkrənəs] ADJ sincrónico, síncrono

**synchrotron** ['sɪŋkrə,trɒn] N sincrotrón *m*

**syncopate** ['sɪŋkəpeɪt] VT sincopar

**syncopation** [,sɪŋkə'peɪʃən] N síncopa *f*

**syncope** ['sɪŋkəpɪ] N [1] (*Med*) síncope *m*
[2] (*Ling, Mus*) síncopa *f*

**syncretism** ['sɪŋkrətɪzəm] N sincretismo *m*

**syndic** ['sɪndɪk] N síndico *m*

**syndicalism** ['sɪndɪkəlɪzəm] N sindicalismo *m*

**syndicalist** ['sɪndɪkəlɪst] Ⓐ ADJ sindicalista
Ⓑ N sindicalista *mf*

**syndicate** Ⓐ ['sɪndɪkɪt] N [1] (*Comm*) sindicato *m*, corporación *f*
[2] (*esp US*) (= *news agency*) agencia *f* de prensa; (= *chain of papers*) cadena *f* de periódicos
[3] (*) (= *criminals*) **crime ~** banda *f* de malhechores, cuadrilla *f* de bandidos
Ⓑ ['sɪndɪkeɪt] VT [1] (*esp US Press*) [+ *article, interview etc*] sindicar
[2] (*Fin*) **~d loan** préstamo *m* sindicado

**syndrome** ['sɪndrəʊm] N síndrome *m*

**synecdoche** [sɪ'nekdəkɪ] N sinécdoque *f*

**synergy** ['sɪnədʒɪ] N sinergia *f*

**synesthesia** [,sɪnəs'θiːzɪə] N (*US*) = **synaesthesia**

**synod** ['sɪnəd] N sínodo *m*

**synonym** ['sɪnənɪm] N sinónimo *m*

**synonymous** [sɪ'nɒnɪməs] ADJ sinónimo (**with** con)

**synonymy** [sɪ'nɒnəmɪ] N sinonimia *f*

**synopsis** [sɪ'nɒpsɪs] N (*pl* **synopses** [sɪ'nɒpsiːz]) sinopsis *f inv*

**synoptic** [sɪ'nɒptɪk] ADJ sinóptico

**synoptical** [sɪ'nɒptɪkəl] ADJ = **synoptic**

**synovial** [saɪ'nəʊvɪəl] ADJ sinovial

**syntactic** [sɪn'tæktɪk], **syntactical** [sɪn'tæktɪkəl] ADJ sintáctico

**syntagm** ['sɪntæm] N (*pl* **syntagms**), **syntagma** [sɪn'tægmə] N (*pl* **syntagmata** [sɪn'tægmətə]) sintagma *m*

**syntagmatic** [,sɪntæg'mætɪk] ADJ sintagmático

**syntax** ['sɪntæks] Ⓐ N sintaxis *f*
Ⓑ CPD ► **syntax error** N error *m* sintáctico

**synth*** ['sɪnθ] ADJ, N (*Mus*) = **synthesizer**

**synthesis** ['sɪnθəsɪs] N (*pl* **syntheses** ['sɪnθəsiːz]) síntesis *f inv*

**synthesize** ['sɪnθəsaɪz] VT sintetizar

**synthesizer** ['sɪnθəsaɪzəʳ] N sintetizador *m*

**synthetic** [sɪn'θetɪk] Ⓐ ADJ [1] (= *man-made*) [*material, chemical, drug*] sintético
[2] (*pej*) (= *false*) [*person, behaviour, emotion, taste*] artificial
Ⓑ N fibra *f* sintética; **~s** fibras *fpl* sintéticas
Ⓒ CPD ► **synthetic fibre, synthetic fiber** (*US*) N fibra *f* sintética ► **synthetic rubber** N caucho *m* artificial

**synthetically** [sɪn'θetɪkəlɪ] ADV sintéticamente

**syphilis** ['sɪfɪlɪs] N sífilis *f*

**syphilitic** [,sɪfɪ'lɪtɪk] Ⓐ ADJ sifilítico
Ⓑ N sifilítico/a *m/f*

**syphon** ['saɪfən] = **siphon**

**Syracuse** ['saɪərəkjuːz] N Siracusa *f*

**Syria** ['sɪrɪə] N Siria *f*

**Syrian** ['sɪrɪən] Ⓐ ADJ sirio
Ⓑ N sirio/a *m/f*

**syringe** [sɪ'rɪndʒ] Ⓐ N jeringa *f*, jeringuilla *f*
Ⓑ VT jeringar

**syrup** ['sɪrəp] N (*Culin*) almíbar *m*, jarabe *m*; (*Med*) jarabe *m*

**syrupy** ['sɪrəpɪ] ADJ [1] parecido a jarabe, espeso como jarabe
[2] (*fig*) sensiblero, almibarado

**system** ['sɪstəm] Ⓐ N [1] (= *method*) sistema *m*; **new teaching ~s** nuevos sistemas *or* métodos de enseñanza
[2] (*Pol, Sociol*) (= *organization*) sistema *m*; **a political/economic/social ~** un sistema político/económico/social
[3] (*Math, Sci*) (= *principles*) sistema *m*; **binary/decimal/metric ~** sistema *m* binario/decimal/métrico
[4] (*Elec, Comput, Mech*) sistema *m*; **the ~'s down again** el sistema no funciona otra vez
[5] (= *network*) sistema *m*, red *f*; **transport ~** sistema *m or* red *f* de transportes
[6] (= *order*) método *m*; **he lacks ~** carece de método
[7] (*Med*) (= *organism*) organismo *m*, cuerpo *m*; **the nervous/immune ~** el sistema nervioso/inmunitario; **the digestive ~** el aparato digestivo; **it was quite a shock to the ~** (*fig*) fue un buen golpe para el organismo; ♦***IDIOM* to get sth out of one's ~** quitarse algo de encima
[8] **the ~** (= *the establishment*) el sistema; **to beat the ~** burlar el sistema
[9] (= *classification*) sistema *m*; **a chronological ~** un sistema cronológico
[10] (*Astron*) sistema *m*; **solar ~** sistema *m* solar
Ⓑ CPD ► **system disk** N disco *m* del sistema ► **systems analysis** N análisis *m inv* de sistemas ► **systems analyst** N (*Comput*) analista *mf* de sistemas ► **systems engineer** N (*Comput*) ingeniero/a *m/f* de sistemas ► **systems engineering** N ingeniería *f* de sistemas ► **systems programmer** N programador(a) *m/f* de sistemas ► **systems software** N software *m* del sistema

**systematic** [,sɪstə'mætɪk] ADJ sistemático, metódico

**systematically** [,sɪstə'mætɪkəlɪ] ADV sistemáticamente, metódicamente

**systematization** ['sɪstəmətaɪ'zeɪʃən] N sistematización *f*

**systematize** ['sɪstəmətaɪz] VT sistematizar

**systemic** [sɪ'stemɪk] ADJ [1] sistémico
[2] [*chemicals, drugs*] sistémico

**systole** ['sɪstəlɪ] N (*Med*) sístole *f*

**systolic** [sɪ'stɒlɪk] ADJ **~ pressure** presión *f* sistólica

➤ LANGUAGE IN USE: sympathy A1 24.5

# T t

**T, t** [ti:] N (= *letter*) T, t *f*; **T for Tommy** T de Tommy; **the buildings were arranged in a T** los edificios estaban situados en forma de T; ✦***IDIOM*** **to a T**: **it fits you to a T** te sienta que ni pintado; **it suits you to a T** te viene de perlas; **he described the house to a T** describió la casa hasta el último detalle; **that's it to a T** es eso exactamente

**TA** N ABBR 1 (*Brit Mil*) = **Territorial Army**; → TERRITORIAL ARMY
2 (*US Univ*) ABBR = **teaching assistant**

**ta*** [tɑ:] EXCL (*Brit*) gracias; **ta very much!** ¡muchas gracias!

**tab** [tæb] Ⓐ N 1 (*on garment*) (= *flap*) oreja *f*, lengüeta *f*; (= *loop*) presilla *f*; (= *label*) etiqueta *f*; (= *marker*) (*on file*) ceja *f*; [*of cheque*] resguardo *m*; ✦***IDIOMS*** **to keep ~s on sb*** vigilar a algn; **to keep ~s on** [+ *situation*] seguir de cerca
2 (*US*) cuenta *f*; ✦***IDIOM*** **to pick up the ~*** pagar la cuenta; (*fig*) asumir la responsabilidad
3 (*also* **tabulator**) tabulador *m*
Ⓑ CPD ► **tab key** N tecla *f* de tabulación

**tabard** ['tæbəd] N tabardo *m*

**Tabasco**® [tə'bæskəʊ] N salsa *f* tabasco, tabasco *m*

**tabby** ['tæbɪ] Ⓐ ADJ atigrado
Ⓑ N (*also* **~ cat**) gato/a *m/f* atigrado/a

**tabernacle** ['tæbənækl] N (*in Judaism*) tabernáculo *m*; (= *church*) templo *m*, santuario *m*; (*in church*) sagrario *m*

**table** ['teɪbl] Ⓐ N 1 (= *piece of furniture*) mesa *f*; **I'd like a ~ for two, please** (quiero) una mesa para dos, por favor; **kitchen ~** mesa *f* de cocina; **they were at ~ when we arrived** (*frm*) estaban sentados a la mesa cuando llegamos; **don't read at the ~** no leas en la mesa; **you will join us at our ~, won't you?** se sentará (a la mesa) con nosotros ¿verdad?; **to clear the ~** quitar *or* recoger *or* levantar la mesa; **to lay the ~** poner la mesa; **why isn't dinner on the ~?** ¿por qué no está servida la cena?; **to set the ~** poner la mesa; **to sit down to ~** sentarse a la mesa; ✦***IDIOMS*** **under the ~**: **I'll be under the ~ if I have any more wine** si bebo más vino me voy a caer redondo *or* no voy a tenerme en pie; **he was accepting money under the ~*** aceptaba dinero bajo cuerda *or* bajo mano; **to get one's feet under the ~*** hacerse un hueco*; **to turn the ~s** dar la vuelta a la tortilla; **to turn the ~s on sb** volver las tornas a *or* contra algn; *see also* **card**[1], **drink B**, **high D**, **wait**
2 (= *people at table*) mesa *f*
3 (*frm*) (= *food*) mesa *f*; **to keep a good ~** tener buena mesa
4 (*for discussion*) mesa *f* de negociaciones; **he managed to get all the parties around the ~** consiguió que todos los interesados se sentaran a la mesa de negociaciones; **to put sth on the ~** (*Brit*) poner algo sobre el tapete; **there are two proposals on the ~** hay dos propuestas sobre el tapete; **they're willing to put 12 million dollars on the ~ to get this company** están dispuestos a pagar 12 millones de dólares para conseguir esta empresa; **round ~** mesa *f* redonda
5 (= *chart*) tabla *f*, cuadro *m*; **a ~ of the top 12 best and worst performers** una tabla *or* un cuadro de los 12 mejores y los 12 peores; **~ of contents** índice *m* de materias; *see also* **periodic**
6 (*Math*) (*also* **multiplication ~**) tabla *f* de multiplicar; **the eleven-times ~** la tabla (de multiplicar) del once
7 (*Sport*) (*also* **league ~**) liga *f*, clasificación *f*
8 (*Geog*) (*also* **water ~**) capa *f* freática; (*also* **~land**) meseta *f*, altiplano *m* (*LAm*)
Ⓑ VT 1 (*Brit frm*) (= *propose*) [+ *motion, amendment*] presentar
2 (*US*) (= *postpone*) aplazar, posponer
Ⓒ CPD ► **table dancing** N striptease *m* en pasarela *or* en barra ► **table football** N futbolín *m* ► **table lamp** N lámpara *f* de mesa ► **table leg** N pata *f* de mesa ► **table linen** N mantelería *f* ► **table manners** NPL comportamiento *msing* en la mesa, modales *mpl* en la mesa ► **Table Mountain** N Montaña *f* de la Tabla ► **table napkin** N servilleta *f* ► **table runner** N tapete *m* ► **table salt** N sal *f* de mesa ► **table setting** N cubierto *m*, servicio *m* ► **table talk** N sobremesa *f*, conversación *f* de sobremesa ► **table tennis** N ping-pong *m*, pimpón *m*, tenis *m* de mesa ► **table wine** N vino *m* de mesa

**tableau** ['tæbləʊ] N (*pl* **tableaux** *or* **tableaus** ['tæbləʊz]) (*Art, Theat*) cuadro *m* (vivo)

**tablecloth** ['teɪblklɒθ] N mantel *m*

**table d'hôte** ['tɑ:bl'dəʊt] N menú *m*, comida *f* (corrida) (*Mex*)

**tableland** ['teɪbllænd] N meseta *f*, altiplano *m* (*LAm*)

**tablemat** ['teɪblmæt] N salvamanteles *m inv*

**tablespoon** ['teɪblspu:n] N (= *spoon*) cuchara *f* grande, cuchara *f* de servir; (= *quantity*) cucharada *f* grande

**tablespoonful** ['teɪbl,spu:nfʊl] N cucharada *f* grande

**tablet** ['tæblɪt] N 1 (*Med*) (*gen*) pastilla *f*; (= *round pill*) comprimido *m*
2 [*of soap, chocolate*] pastilla *f*
3 (= *writing tablet*) bloc *m*, taco *m* (de papel)
4 (= *inscribed stone*) lápida *f*

**tabletop** ['teɪbltɒp] Ⓐ N tablero *m* de la mesa
Ⓑ CPD ► **tabletop games** NPL juegos *mpl* de mesa

**tableware** ['teɪblwɛəʳ] N vajilla *f*, servicio *m* de mesa

**tabloid** ['tæblɔɪd] N (= *newspaper*) tabloide *m*, periódico *m* popular; **the ~s** (*pej*) la prensa amarilla

**TABLOIDS AND BROADSHEETS**

*En el Reino Unido hay dos tipos de periódicos, llamados, según su tamaño,* **tabloids** *o* **broadsheets**. *Éstos son más grandes y suelen centrarse en noticias serias, artículos de contenido cultural y un análisis en profundidad de la actualidad, por lo que también se les denomina* **quality press**. *Algunos nombres muy conocidos son* **The Daily Telegraph**, **The Times**, **The Guardian** *y* **The Independent**. *Los llamados* **tabloids** *suelen tener grandes titulares, artículos cortos, muchas fotografías, opiniones espontáneas y muestran una clara preferencia por las historias escandalosas o sentimentales. Por sus contenidos sensacionalistas también reciben el nombre de* **gutter press**. *Los más conocidos de éstos son* **The Sun**, **The Daily Mirror**, **The Daily Express**, **The Daily Mail** *y* **The Daily Star**.
*En Estados Unidos, el término* **standard-sized newspapers** *es el equivalente de* **broadsheet**. *El principal periódico de este tipo es la edición nacional del* **New York Times**. *Entre los* **tabloids** *más conocidos están el* **New York Daily News** *y el* **Chicago Sun-Times**.

**taboo** [tə'bu:] Ⓐ ADJ (*socially*) tabú; (*religiously*) sagrado; **the subject is ~** el asunto es tema tabú
Ⓑ N (*social*) tabú *m*
Ⓒ VT declarar tabú, prohibir

**tabular** ['tæbjʊləʳ] ADJ tabular

**tabulate** ['tæbjʊleɪt] VT exponer en forma de tabla; (*Comput*) tabular

**tabulation** [,tæbjʊ'leɪʃən] N [*of information, results*] exposición *f* en forma de tabla; (= *table*) tabla *f*

**tabulator** ['tæbjʊleɪtəʳ] N tabulador *m*

**tachograph** ['tækəgrɑ:f] N (*Brit*) tacógrafo *m*

**tachometer** [tæ'kɒmɪtəʳ] N taquímetro *m*

**tachycardia** [,tækɪ'kɑ:dɪə] N taquicardia *f*

**tachymeter** [tæ'kɪmɪtəʳ] N taquímetro *m*

**tacit** ['tæsɪt] ADJ tácito

**tacitly** ['tæsɪtlɪ] ADV tácitamente

**taciturn** ['tæsɪtɜ:n] ADJ taciturno

**taciturnity** [,tæsɪ'tɜ:nɪtɪ] N taciturnidad *f*

**Tacitus** ['tæsɪtəs] N Tácito

**tack** [tæk] Ⓐ N 1 (= *nail*) tachuela *f*; (*US*) (*also* **thumb~**) chincheta *f*, chinche *m or f*; *see also* **brass**

2 (*Naut*) (= *course*) bordada *f*; (= *turn*) virada *f*
3 (*fig*) rumbo *m*, dirección *f*; ♦**IDIOMS to change ~** cambiar de rumbo *or* sentido; **to try a different ~** abordar un problema desde otro punto de partida; **to be on the right ~** ir por buen camino; **to be on the wrong ~** estar equivocado
4 (*Sew*) hilván *m*
5 (*for horse*) arreos *mpl*
6 (*) (= *cheap shoddy objects*) baratijas *fpl*, chucherías *fpl*, horteradas *fpl* (*Sp**)
Ⓑ VT 1 (= *nail*) clavar con tachuelas
2 (*Sew*) (*also* **~ up**) hilvanar
Ⓒ VI (*Naut*) dar bordadas; (= *change course*) virar, cambiar de bordada
►**tack down** VT + ADV (*Carpentry, etc*) **to ~ sth down** afirmar algo con tachuelas, sujetar algo con tachuelas
►**tack on** VT + ADV **to ~ sth on to a letter** añadir algo a una carta; **somehow it got ~ed on** de algún modo u otro llegó a ser añadido a la parte principal

**tackle** ['tækl] Ⓐ N 1 (= *lifting gear*) aparejo *m*, polea *f*; (= *ropes*) jarcia *f*, cordaje *m*
2 (= *equipment*) equipo *m*, avíos *mpl*; (*fig*) (= *bits and pieces*) cosas *fpl*, trastos *mpl*; (*also* **fishing ~**) equipo *m* de pesca
3 (*Ftbl*) entrada *f*; (*Rugby*) placaje *m*; **flying ~** placaje *m* en el aire
Ⓑ VT 1 (= *attempt to deal with*) [+ *problem*] abordar, enfrentar; [+ *task*] enfrentar, emprender; **firemen ~d the blaze** los bomberos lucharon contra las llamas; **can you ~ another helping?** ¿quieres comerte otra porción?; **he ~d Greek on his own** emprendió el estudio del griego sin ayuda de nadie
2 (= *grapple with*) [+ *thief, intruder*] enfrentarse con; (*fig*) (= *confront*) encararse con; **I'll have to ~ him about that money he owes me** voy a tener que encararme con él y plantearle lo del dinero que me debe
3 (*Ftbl*) entrar a; (*Rugby*) placar, taclear
Ⓒ VI (*Sport*) placar, taclear

**tacky** ['tækɪ] ADJ (*compar* **tackier**; *superl* **tackiest**) 1 (*) (= *cheap-looking*) [*furniture*] chabacano, hortera (*Sp**); [*restaurant, hotel*] destartalado; (= *tasteless*) [*behaviour, remark*] de mal gusto, vulgar
2 (= *sticky*) pegajoso

**taco** ['tɑːkəʊ] N *tortilla rellena hecha con harina de maíz*

**tact** [tækt] N tacto *m*

**tactful** ['tæktfʊl] ADJ [*person, behaviour, remark, question*] diplomático, discreto; **she's very ~** ◊ **she's a very ~ person** tiene mucho tacto, es muy diplomática *or* discreta; **the ~ thing would have been to say nothing** lo diplomático hubiese sido no decir nada; **that wasn't a very ~ question** no fue una pregunta muy diplomática *or* discreta; **he maintained a ~ silence** mantuvo un discreto silencio

**tactfully** ['tæktfəlɪ] ADV [*suggest, point out*] con mucho tacto, discretamente; **as ~ as possible** con el mayor tacto posible, lo más diplomáticamente posible

**tactfulness** ['tæktfʊlnɪs] N tacto *m*, discreción *f*

**tactic** ['tæktɪk] N táctica *f*

**tactical** ['tæktɪkəl] ADJ táctico; **~ voting** votación *f* táctica

**tactically** ['tæktɪkəlɪ] ADV tácticamente

**tactician** [tæk'tɪʃən] N táctico/a *m/f*

**tactics** ['tæktɪks] NPL (*gen, Mil*) táctica *fsing*; **to change ~** cambiar de táctica; **delaying ~** tácticas *fpl* dilatorias; **scare ~** tácticas *fpl* para infundir miedo

**tactile** ['tæktaɪl] ADJ táctil

**tactless** ['tæktlɪs] ADJ [*person*] falto de tacto, poco diplomático; [*comment, behaviour*] indiscreto, poco diplomático; **it was a ~ remark** fue un comentario poco diplomático *or* bastante indiscreto; **how could you be so ~?** ¿cómo puedes haber tenido tan poco tacto?, ¿cómo puedes haber sido tan poco diplomático?

**tactlessly** ['tæktlɪslɪ] ADV con poco tacto

**tactlessness** ['tæktlɪsnɪs] N falta *f* de tacto

**Tadjikistan** [tɑ,dʒɪkɪ'stɑːn] = **Tadzhikistan**

**tadpole** ['tædpəʊl] N renacuajo *m*

**Tadzhikistan** [tɑ,dʒɪkɪ'stɑːn] N Tayikistán *m*

**taffeta** ['tæfɪtə] N tafetán *m*

**taffrail** ['tæfreɪl] N (*Naut*) (= *part of stern*) coronamiento *m*; (= *rail*) pasamano *m* de la borda

**Taffy*** ['tæfɪ] N (*pej*) galés *m*

**taffy** ['tæfɪ] N (*US*) (= *toffee*) melcocha *f*

**tag** [tæg] Ⓐ N 1 (= *label*) etiqueta *f*, marbete *m*; (*on shoelace*) herrete *m*; (*for identification*) chapa *f*; (= *surveillance device*) etiqueta *f* personal de control; **name ~** etiqueta *f* de identificación; *see also* **price C**
2 (= *game*) **to play ~** jugar al cogecoge *or* (*LAm*) a la pega
3 (= *cliché*) tópico *m*, dicho *m*, lugar *m* común; (= *catchword*) muletilla *f*; (= *quotation*) cita *f* trillada; (= *proverb*) refrán *m*
4 (*Ling*) (*also* **~ question**) cláusula *f* final interrogativa
Ⓑ VT 1 (= *follow*) seguirle la pista a
2 (= *describe*) [+ *person*] poner una etiqueta a
3 [+ *criminal*] controlar electrónicamente
Ⓒ VI **to ~ after sb** seguir a algn
►**tag along** VI + ADV **we don't want your brother ~ging along** no queremos que tu hermano se nos pegue; **there was another boat ~ging along behind us** había otro barco que nos seguía
►**tag on** Ⓐ VT + ADV añadir
Ⓑ VI + ADV **to ~ on to sb** pegarse a algn

**tagmeme** ['tægmiːm] N tagmema *m*

**tagmemics** [tæg'miːmɪks] N tagmética *f*

**Tagus** ['teɪgəs] N Tajo *m*

**Tahiti** [tɑː'hiːtɪ] N Tahití *m*

**tail** [teɪl] Ⓐ N 1 [*of bird, horse, fish, plane*] cola *f*; [*of dog, bull, ox*] cola *f*, rabo *m*; [*of comet*] cabellera *f*, cola *f*; [*of shirt*] faldón *m*; [*of procession*] cola *f*, tramo *m* final; (= *loose end*) cabo *m*; [*of hair*] mechón *m*; ♦**IDIOMS to turn ~ (and flee)** huir; **he went off with his ~ between his legs** se fue con el rabo entre las piernas; **it's a case of the ~ wagging the dog** es el mundo al revés
2 **tails** (= *coat*) frac *msing*; [*of coin*] cruz *fsing*; **heads or ~s** cara o cruz; **~s you lose** si sale cruz pierdes
3 (‡) (= *buttocks*) trasero *m*; **to work one's ~ off** sudar tinta*
4 (= *person following*) sombra *f*; **to put a ~ on sb** hacer seguir a algn
5 (*US*‡) (= *girls*) tipas* *fpl*, tías *fpl* (*Sp**); **a piece of ~** una tipa*, una tía (*Sp**)
Ⓑ VT (= *follow*) seguirle la pista a; *see also* **top[1] D4**
Ⓒ CPD ► **tail end** N [*of procession, queue*] cola *f*, tramo *m* final; (*fig*) [*of party, storm*] final *m*; **at the ~ end of the summer** en los últimos días del verano
►**tail away** VI + ADV [*sound*] ir apagándose; **his voice ~ed away** su voz se fue desvaneciendo *or* apagando; **after that the book ~s away** después de eso el libro pierde interés
►**tail back** VI + ADV **the traffic ~ed back to the bridge** la cola de coches se extendía atrás hasta el puente
►**tail off** VI + ADV 1 [*production, demand*] disminuir; **business has ~ed off lately** el negocio ha decaído *or* empeorado últimamente; *see also* **tail-off**
2 [*voice, sound*] ir apagándose; **his voice ~ed off** su voz se fue desvaneciendo *or* apagando

**tailback** ['teɪlbæk] N caravana *f*, cola *f*

**tailboard** ['teɪlbɔːd] = **tailgate**

**tailcoat** ['teɪlkəʊt] N frac *m*

**-tailed** [teɪld] ADJ (*ending in compounds*) con rabo …; **long-tailed** con rabo largo, rabilargo

**tailgate** ['teɪlgeɪt] Ⓐ N (*Aut*) puerta *f* trasera
Ⓑ VT ir a rebufo de
Ⓒ VI ir a rebufo

**tail-gunner** ['teɪl,gʌnər] N artillero *m* de cola

**tail-lamp** ['teɪllæmp] = **tail-light**

**tailless** ['teɪllɪs] ADJ sin rabo

**tail-light** ['teɪllaɪt] N (*US*) piloto *m*, luz *f* trasera, calavera *f* (*Mex*)

**tail-off** ['teɪlɒf] N disminución *f* (paulatina)

**tailor** ['teɪlər] Ⓐ N sastre *m*; **~'s (shop)** sastrería *f*
Ⓑ VT [+ *suit*] confeccionar, hacer; (*fig*) adaptar; **a well-~ed suit** un traje bien hecho, un traje que entalla bien
Ⓒ CPD ► **tailor's chalk** N jabón *m* de sastre
► **tailor's dummy** N maniquí *m*

**tailored** ['teɪləd] ADJ (= *fitted*) [*shirt, jacket*] entallado; (= *tailor-made*) [*suit*] hecho a (la) medida

**tailoring** ['teɪlərɪŋ] N (= *craft*) sastrería *f*; (= *cut*) corte *m*, hechura *f*

**tailor-made** ['teɪləmeɪd] ADJ 1 [*suit*] hecho a (la) medida
2 (*fig*) (= *customized*) [*computer program*] hecho según los requisitos del usuario; **it's ~ for you** te viene al pelo; **the part could have been ~ for her** (*Theat*) parece que el papel se ha escrito para ella

**tailpiece** ['teɪlpiːs] N [*of violin*] cordal *m*; (= *addition*) apéndice *m*, añadidura *f*

**tailpipe** ['teɪlpaɪp] N (*US*) tubo *m* de escape

**tailplane** ['teɪlpleɪn] N (*Aer*) plano *m* de cola

**tailskid** ['teɪlskɪd] N patín *m* de cola

**tailspin** ['teɪlspɪn] N (*Aer*) barrena *f*; **the market went into a ~** (*St Ex*) el mercado cayó en picado *or* (*LAm*) picada

**tailwheel** ['teɪl'wiːl] N rueda *f* de cola

**tailwind** ['teɪlwɪnd] N viento *m* de cola

**taint** [teɪnt] Ⓐ N (*liter*) mancha *f*, mácula *f* (*liter*); **the ~ of sin** la mancha del pecado
Ⓑ VT 1 (= *spoil*) [+ *food, medicine*] contaminar
2 (*fig*) [+ *reputation*] mancillar; **the elections have been ~ed by corruption** las elecciones se han visto empañadas *or* salpicadas por la corrupción

**tainted** ['teɪntɪd] ADJ 1 (= *contaminated*) [*food, air, blood, medicine*] contaminado; **her breath was ~ with alcohol** su aliento estaba corrompido por el alcohol
2 (= *tarnished*) [*reputation*] mancillado; **the issue is ~ with racism** el tema está contaminado de racismo

**Taiwan** [,taɪ'wɑːn] N Taiwán *m*

**Taiwanese** [,taɪwə'niːz] Ⓐ ADJ taiwanés
Ⓑ N taiwanés/esa *m/f*

**take** [teɪk] (*vb: pt* **took**; *pp* **taken**) Ⓐ VT 1 (= *remove*) llevarse; (= *steal*) robar, llevarse; **who took my beer?** ¿quién se ha llevado mi cerveza?; **someone's ~n my handbag** alguien se ha llevado mi bolso, alguien me ha robado el bolso; **I picked up the letter but he took it from me** cogí la carta pero él me la quitó; **to ~ a book from a shelf** sacar un libro de un estante; **to ~ a passage from an author** tomar un pasaje de un autor; **~ 37 from 121** resta 37 de 121

2 (= *take hold of, seize*) tomar, coger, agarrar (*LAm*); **she took the spade and started digging** cogió la pala y empezó a excavar; **I took him by the scruff of the neck** le cogí por el pescuezo; **let me ~ your case/coat** permíteme tu maleta/abrigo; **I'll ~ the blue one, please** me llevaré el azul; **to ~ sb's arm** tomar del brazo a algn; **to ~ sb in one's arms** abrazar a algn; **the devil ~ it!** ¡maldición!†; **~ five!*** ¡hagan una pausa!, ¡descansen un rato!; **~ your partners for a waltz** saquen a su pareja a bailar un vals; **to ~ sb into partnership** tomar a algn como socio; **please ~ a seat** tome asiento, por favor; **is this seat ~n?** ¿está ocupado este asiento?; **it took me by surprise** me cogió desprevenido, me pilló *or* agarró desprevenido (*LAm*); **~ ten!** (*US**) ¡hagan una pausa!, ¡descansen un rato!; **to ~ a wife**† casarse, contraer matrimonio

3 (= *lead, transport*) llevar; **to ~ sth to sb** llevar algo a algn; **I took her some flowers** le llevé unas flores; **her work took her to Bonn** su trabajó la destinó *or* llevó a Bonn; **we took her to the doctor** la llevamos al médico; **he took me home in his car** me llevó a casa en su coche; **they took me over the factory** me mostraron la fábrica, me acompañaron en una visita a la fábrica; **he took his suitcase upstairs** subió su maleta; **to ~ sb for a walk** llevar a algn de paseo; **it took us out of our way** nos hizo desviarnos

4 [+ *bus, taxi*] (= *travel by*) ir en; (*at specified time*) coger, tomar (*esp LAm*); [+ *road, short cut*] ir por; **I took a taxi because I was late** fui en taxi porque llegaba tarde; **we decided to ~ the train** decidimos ir en tren; **we took the five o'clock train** cogimos *or* tomamos el tren de las cinco; **~ the first on the right** vaya por *or* tome la primera calle a la derecha; **we took the wrong road** nos equivocamos de camino

5 (= *capture*) [+ *person*] coger, agarrar (*LAm*); [+ *town, city*] tomar; (*Chess*) comer; **to ~ sb hostage** tomar *or* (*LAm*) agarrar a algn como rehén; **to ~ sb prisoner** tomar preso a algn

6 (= *obtain, win*) [+ *prize*] ganar, llevarse; [+ *1st place*] conseguir, obtener; [+ *trick*] ganar, hacer; **we took £500 today** (*Brit Comm*) hoy hemos ganado 500 libras

7 (= *accept, receive*) [+ *money*] aceptar; [+ *advice*] seguir; [+ *news, blow*] tomar, recibir; [+ *responsibility*] asumir; [+ *bet*] aceptar, hacer; **~ my advice, tell her the truth** sigue mi consejo *or* hazme caso y dile la verdad; **he took the ball full in the chest** el balón le dio de lleno en el pecho; **what will you ~ for it?** ¿cuál es tu mejor precio?; **he took it badly** le afectó mucho; **London took a battering in 1941** Londres recibió una paliza en 1941, Londres sufrió terriblemente en 1941; **will you ~ a cheque?** ¿aceptaría un cheque?; **he can certainly ~ his drink** tiene buen aguante para la bebida; **you must ~ us as you find us** nos vas a tener que aceptar tal cual; **~ it from me!** ¡escucha lo que te digo!; **you can ~ it from me that …** puedes tener la seguridad de que …; **losing is hard to ~** es difícil aceptar la derrota; **it's £50, ~ it or leave it!** son 50 libras, lo toma o lo deja; **whisky? I can ~ it or leave it** ¿el whisky? ni me va ni me viene; **I won't ~ no for an answer** no hay pero que valga; **I ~ your point** entiendo lo que dices; **he took a lot of punishment** (*fig*) le dieron muy duro; **~ that!** ¡toma!

8 (= *rent*) alquilar, tomar; (= *buy regularly*) [+ *newspaper*] comprar, leer; **we shall ~ a house for the summer** alquilaremos una casa para el verano

9 (= *have room or capacity for*) tener cabida para; (= *support weight of*) aguantar; **a car that ~s five passengers** un coche con cabida para *or* donde caben cinco personas; **can you ~ two more?** ¿puedes llevar dos más?, ¿caben otros dos?; **it won't ~ any more** no cabe(n) más; **it ~s weights up to eight tons** soporta pesos hasta de ocho toneladas

10 (= *wear*) [+ *clothes size*] gastar, usar (*LAm*); [+ *shoe size*] calzar; **what size do you ~?** (*clothes*) ¿qué talla usas?; (*shoes*) ¿qué número calzas?

11 (= *call for, require*) necesitar, requerir; **it took three policemen to hold him down** se necesitaron tres policías para sujetarlo; **it ~s a lot of courage** exige *or* requiere gran valor; **it ~s a brave man to do that** hace falta que un hombre tenga mucho valor para hacer eso; **that will ~ some explaining** a ver cómo explicas eso; **it ~s two to make a quarrel** uno solo no puede reñir; **she's got what it ~s** tiene lo que hace falta

12 (*of time*) **it ~s an hour to get there** se tarda una hora en llegar; **a letter ~s four days to get there** una carta tarda cuatro días en llegar allá; **it will only ~ me five minutes** sólo tardo cinco minutos; **the job will ~ a week** el trabajo llevará una semana; **I'll just iron this, it won't ~ long** voy a planchar esto, no tardaré *or* no me llevará mucho tiempo; **however long it ~s** el tiempo que sea; **it ~s time** lleva tiempo; **~ your time!** ¡despacio!

13 (= *conduct*) [+ *meeting, church service*] presidir; (= *teach*) [+ *course, class*] enseñar; [+ *pupils*] tomar; (= *study*) [+ *course*] hacer; [+ *subject*] dar, estudiar; (= *undergo*) [+ *exam, test*] presentarse a, pasar; **what are you taking next year?** ¿qué vas a hacer *or* estudiar el año que viene?; **the teacher who took us for economics** el profesor que nos daba clase de económicas; **he is not taking any more pupils at the moment** en este momento no está cogiendo a más estudiantes; **to ~ a degree in** licenciarse en; **to ~ (holy) orders** ordenarse de sacerdote

14 (= *record*) [+ *sb's name, address*] anotar, apuntar; [+ *measurements*] tomar; **to ~ notes** tomar apuntes

15 (= *understand, assume*) **I ~ it that …** supongo que …, me imagino que …; **am I to ~ it that you refused?** ¿he de suponer que te negaste?; **I ~ her to be about 30** supongo que tiene unos 30 años; **how old do you ~ him to be?** ¿cuántos años le das?; **I took him for a doctor** lo tenía por médico, creí que era médico; **what do you ~ me for?** ¿por quién me has tomado?; **I don't quite know how to ~ that** no sé muy bien cómo tomarme eso

16 (= *consider*) [+ *case, example*] tomar; **now ~ Ireland, for example** tomemos, por ejemplo, el caso de Irlanda, pongamos como ejemplo Irlanda; **let us ~ the example of a family with three children** tomemos el ejemplo de una familia con tres hijos; **~ John, he never complains** por ejemplo John, él nunca se queja; **taking one thing with another …** considerándolo todo junto …, considerándolo en conjunto …

17 (= *put up with, endure*) [+ *treatment, climate*] aguantar, soportar; **we can ~ it** lo aguantamos *or* soportamos todo; **I can't ~ any more!** ¡no aguanto más!, ¡no soporto más!; **I won't ~ any nonsense!** ¡no quiero oír más tonterías!

18 (= *eat*) comer; (= *drink*) tomar; **will you ~ sth before you go?** ¿quieres tomar algo antes de irte?; **"to be taken three times a day"** "a tomar tres veces al día"; **"not to be taken (internally)"** "para uso externo"; **to ~ drugs** (*narcotics*) tomar drogas; **he took no food for four days** estuvo cuatro días sin comer; **don't forget to ~ your medicine** no te olvides de tomar la medicina; **he ~s sugar in his tea** toma *or* pone azúcar en el té; **to ~ a tablet** tomar una pastilla; **to ~ tea (with sb)**† tomar té (con algn)

19 (= *negotiate*) [+ *bend*] tomar; [+ *fence*] saltar, saltar por encima de

20 (= *acquire*) **to ~ against sb** ◊ **~ a dislike to sb** tomar antipatía a algn; **to ~ fright** asustarse (**at** de); **to be ~n ill** ponerse enfermo, enfermar; **he took great pleasure in teasing her** se regodeaba tomándole el pelo; **I do not ~ any satisfaction in knowing that …** no experimento satisfacción alguna sabiendo que …

21 (*Ling*) [+ *case*] regir; **that verb ~s the dative** ese verbo rige el dativo

22 **to be ~n with sth/sb** (= *attracted*): **he's very ~n with her** le gusta mucho; **I'm not at all ~n with the idea** la idea no me gusta nada *or* no me hace gracia

23 († *liter*) (= *have sexual intercourse with*) tener relaciones sexuales con

24 (*as function verb*) [+ *decision, holiday*] tomar; [+ *step, walk*] dar; [+ *trip*] hacer; [+ *opportunity*] aprovechar; **to ~ a bath** bañarse; **to ~ a photograph** sacar una fotografía

Ⓑ VI 1 (= *be effective*) [*dye*] coger, agarrar (*LAm*); [*vaccination, fire*] prender; [*glue*] pegar

2 (*Bot*) [*cutting*] arraigar

3 (= *receive*) **she's all ~, ~, ~** ella mucho dame, dame, pero luego no da nada; *see also* **give**

Ⓒ N 1 (*Cine*) toma *f*

2 (= *takings*) ingresos *mpl*; (= *proceeds*) recaudación *f*; (*US Comm*) caja *f*, ventas *fpl* del día

3 ✦*IDIOM* **to be on the ~** (*US**) estar dispuesto a dejarse sobornar

4 (= *share*) parte *f*; (= *commission*) comisión *f*, tajada* *f*

5 (*) (= *opinion*) opinión *f*; **what's your ~ on the new government?** ¿qué piensas de *or* qué opinión te merece el nuevo gobierno?

►**take aback** VT + ADV *see* **aback**

►**take after** VI + PREP (*in looks*) parecerse a, salir a

►**take along** VT + ADV [+ *person, thing*] llevar (consigo)

►**take apart** Ⓐ VT + ADV 1 (= *dismantle*) [+ *clock, machine*] desmontar, desarmar

2 (*) (= *destroy*) [+ *room, premises*] destrozar; (= *defeat*) [+ *opponent, team*] dar una paliza a*; **I'll ~ him apart!*** ¡le rompo la cara!

3 (= *search*) **the police took the place apart** la policía registró el local de arriba abajo

Ⓑ VI + ADV **it ~s apart easily** se desmonta fácilmente

►**take aside** VT + ADV llevar aparte, llevar a un lado

►**take away** Ⓐ VT + ADV 1 (= *remove*) [+ *person, thing*] llevarse; [+ *privilege*] quitar; (= *carry away, transport*) llevar; **she took her children away from the school** sacó a los niños del colegio; **"not to be taken away"** (*on book*) "para consulta en sala"

2 (= *subtract*) restar; **~ 9 away from 12** reste 9 de 12; **7 ~ away 4 is 3** 7 menos 4 son 3

Ⓑ VI + ADV **to ~ away from sth: this does not ~ away from their achievement** esto no quita mérito *or* resta valor a su éxito; **the argument took away from the joy of the occasion** la discusión aguó la ocasión; **putting butter on it ~s away from the taste of the bread itself** añadiendo mantequilla se estropea lo que es el sabor del pan

►**take back** VT + ADV [1] (= *return*) [+ *book, goods*] devolver; [+ *person*] llevar (de vuelta); **can you ~ him back home?** ¿le puedes acompañar a su casa?
[2] (= *accept back*) [+ *purchase, gift*] aceptar la devolución de; [+ *one's wife, husband*] aceptar que vuelva; **the company took him back** la compañía volvió a emplearlo *or* lo restituyó a su puesto
[3] (= *retract*) [+ *statement, words*] retirar; **she took back everything she had said about him** retiró todo lo que había dicho de él; **I ~ it all back!** ¡retiro lo dicho!; **to ~ back one's promise** retirar su promesa
[4] (= *get back, reclaim*) [+ *territory*] retomar
[5] (*fig*) (= *transport*) **it ~s me back to my childhood** me recuerda a mi niñez; **it ~s you back, doesn't it?** ¡cuántos recuerdos (de los buenos tiempos)!

►**take down** VT + ADV [1] (*off shelf etc*) bajar; [+ *decorations, curtains*] quitar; [+ *picture*] descolgar, bajar; [+ *poster*] despegar; [+ *trousers*] bajar; *see also* **peg A1**
[2] (= *dismantle*) [+ *scaffolding*] desmantelar, desmontar; [+ *building*] derribar
[3] (= *write down*) apuntar

►**take from** VT + PREP = **take away from**; *see* **take away**

►**take in** VT + ADV [1] (= *bring in*) [+ *person*] hacer entrar; [+ *chairs, toys*] recoger, meter para dentro; [+ *harvest*] recoger; [+ *sail*] desmontar
[2] (= *give home to*) [+ *orphan, stray dog*] acoger, recoger; **to ~ in lodgers** alquilar habitaciones
[3] (= *receive*) [+ *laundry, sewing*] coger para hacer en casa
[4] [+ *skirt, dress, waistband*] achicar
[5] (= *include, cover*) [+ *possibilities, cases*] abarcar, incluir; **we took in Florence on the way** pasamos por Florencia en el camino; **to ~ in a movie*** ir al cine
[6] (= *grasp, understand*) [+ *situation*] comprender; [+ *impressions*] asimilar; (*visually*) [+ *surroundings*] captar; **that child ~s everything in** a esa criatura no se le escapa nada; **it's so incredible you can't quite ~ it in** es tan increíble que es difícil de asimilar; **he took the situation in at a glance** comprendió la situación con una sola mirada
[7] (= *deceive, cheat*) engañar; **to be ~n in by appearances** dejarse engañar por las apariencias

►**take off** Ⓐ VT + ADV [1] (= *remove*) [+ *lid, wrapping, label, stain*] quitar; [+ *clothes*] quitarse, sacarse (*LAm*); [+ *limb*] amputar; [+ *train*] cancelar; [+ *item from menu*] quitar; **the five o'clock train has been ~n off** han cancelado el tren de las cinco
[2] (= *deduct*) (*from bill, price*) descontar; **she took 50p off** descontó *or* hizo un descuento de 50 peniques
[3] (= *lead away*) [+ *person, object*] llevarse; **they took him off to lunch** se lo llevaron a comer; **she was ~n off to hospital** la llevaron al hospital; **to ~ o.s. off** irse, largarse*
[4] (= *not work*) **he took the day off work** se tomó el día libre; **I'm going to ~ two weeks off at Christmas** me voy a tomar dos semanas de vacaciones en Navidad; **he has to work weekends but ~s time off in lieu** tiene que trabajar los fines de semana pero le dan días libres a cambio
[5] (= *imitate*) imitar
Ⓑ VI + ADV [1] [*plane, passengers*] despegar, decolar (*LAm*) (**for** con rumbo a); [*high jumper*] saltar
[2] (= *succeed*) empezar a tener éxito; **the idea never really took off** la idea no llegó a cuajar; **the style really took off among young people** el estilo se puso muy de moda entre los jóvenes
Ⓒ VT + PREP [1] (= *remove*) quitar, sacar (*LAm*); **they took two names off the list** quitaron *or* tacharon dos nombres de la lista; **she's been ~n off the case** le han hecho dejar el caso; **to ~ sth off sb*** quitar algo a algn; **~ your hands off me!** ¡no me toques!; **her new hairstyle ~s ten years off her** ese peinado nuevo le quita diez años de encima
[2] (= *deduct*) (*from bill, price*) descontar; **he took £5 off the price** descontó 5 libras del precio

►**take on** Ⓐ VT + ADV [1] [+ *work*] aceptar, encargarse de; [+ *responsibility, risk*] asumir; [+ *bet, challenge*] aceptar; [+ *challenger*] enfrentarse a, aceptar el reto de; **when she invited Hayley to come and stay for a week she took on more than she bargained for** cuando invitó a Hayley a quedarse una semana, no sabía lo que le esperaba; **I felt I could ~ on the whole world** sentía que me podía comer el mundo
[2] [+ *worker*] contratar; [+ *passengers*] recoger; [+ *cargo*] cargar
[3] (= *assume*) [+ *form, qualities*] asumir; **her face took on a wistful expression** quedó cariacontecida
Ⓑ VI + ADV [1] (†*) (= *become upset*) **don't ~ on so!** ¡no te pongas así!, ¡no te agites!
[2] (= *become popular*) [*fashion*] hacerse muy popular; [*song*] hacerse muy popular, ponerse de moda

►**take out** VT + ADV [1] (= *bring, carry out*) sacar; **he took the dog out for a walk** sacó el perro a pasear; **can I ~ you out to lunch/the cinema?** ¿le puedo invitar a almorzar/al cine?
[2] (= *remove*) (*gen*) sacar; [+ *tooth*] extraer, sacar; [+ *stain*] quitar, limpiar; (*Mil*) [+ *target, enemy position*] eliminar
[3] (= *procure*) [+ *patent, licence*] obtener; [+ *insurance policy*] sacar; **to ~ out insurance** hacerse un seguro
[4] **to ~ it out on sb: when he got the sack he took it out on his wife** cuando le despidieron del trabajo, se desquitó con su mujer; **don't ~ it out on me!** ¡no te desquites conmigo!
[5] **to ~ out of**: **seeing that film took me out of myself** esa película me hizo olvidar mis propios problemas; **it ~s it out of you** te deja hecho pedazos*

►**take over** Ⓐ VT + ADV [1] (= *assume*) [+ *responsibility*] asumir; (= *become responsible for*) [+ *job*] encargarse de; **he took over the business from his father** se hizo cargo del negocio cuando lo dejó su padre; **to ~ over sb's job** sustituir a algn
[2] (= *take control of*) [+ *building, country*] tomar; (*Fin*) [+ *company*] adquirir; **the tourists have ~n over the beaches** los turistas han invadido *or* acaparado las playas
Ⓑ VI + ADV [1] (= *take charge*) [*new president, official*] entrar en funciones; (*Aut*) [*driver*] tomar el volante; (*Aer*) [*pilot*] tomar los mandos; **when the new government ~s over** cuando el nuevo gobierno entre en poder; **to ~ over from sb** (*in job*) (*temporarily*) hacer de suplente para algn; (*permanently*) reemplazar a algn; **they want me to ~ over as editor when Evans leaves** quieren que reemplace a Evans como editor cuando éste marche; **can you ~ over for a few minutes, while I go to the Post Office?** ¿puedes cubrirme unos minutos mientras voy a Correos?
[2] (= *seize control*) [*dictator, political party*] tomar el poder
[3] (= *become more important*) **then panic took over** luego cundió el pánico; **cars gradually took over from horses** poco a poco el automóvil fue sustituyendo al caballo

►**take to** VI + PREP [1] (= *form liking for*) [+ *person*] tomar cariño a algn, encariñarse con algn; [+ *sport*] aficionarse a; [+ *surroundings, idea*] hacerse a; **she didn't ~ kindly to the idea** no le gustó *or* no le hizo gracia la idea; **they took to one another on the spot** se congeniaron al instante; **I didn't much ~ to him** no me resultó simpático
[2] (= *form habit of*) **to ~ to doing sth: she took to inviting them round every Sunday** empezó a invitarles a casa todos los domingos; **she took to telling everyone that …** le dio por contar a todos que …
[3] (= *escape to*) **to ~ to one's bed** guardar cama; **to ~ to drink** darse a la bebida; *see also* **heel**[1], **hill**, **wood**

►**take up** Ⓐ VT + ADV [1] (= *raise, lift*) [+ *object from ground*] levantar, recoger; [+ *carpet, floorboards*] quitar; [+ *road*] levantar; [+ *dress, hem*] acortar; *see also* **arm**[2], **slack**
[2] (= *lead, carry upstairs*) subir
[3] (= *pick up*) [+ *pen, one's work*] coger, agarrar (*LAm*); [+ *passengers*] recoger
[4] (= *continue*) [+ *story*] continuar con
[5] (= *occupy*) [+ *time, attention*] ocupar; [+ *space*] llenar, ocupar; **it ~s up a lot of his time** le dedica mucho tiempo; **he's very ~n up with his work** está absorto en el trabajo; **he's very ~n up with her** está ocupado con ella; *see also* **post**[3], **residence**
[6] (= *absorb*) [+ *liquid*] absorber
[7] (= *raise question of*) [+ *matter, point*] retomar, volver sobre; **I shall ~ the matter up with the manager** hablaré del asunto con el gerente
[8] (= *take issue with*) **I feel I must ~ you up on that** siento que debo contestar a lo que has dicho
[9] (= *start*) [+ *hobby, sport*] dedicarse a; [+ *career*] emprender
[10] (= *accept*) [+ *offer, challenge*] aceptar; **I'll ~ you up on your offer** te acepto la oferta; **I'll ~ you up on that some day** algún día recordaré lo que has dicho
[11] (= *adopt*) [+ *cause*] apoyar; [+ *case*] ocuparse de; [+ *person*] adoptar
Ⓑ VI + ADV **to ~ up with sb** (*as friend*) hacerse amigo de algn; (*romantically*) juntarse con algn; **he took up with a woman half his wife's age** se juntó con una mujer que tenía la mitad de la edad de su mujer

►**take upon** VT + PREP **to ~ sth upon o.s.** tomar algo sobre sí; **to ~ it upon o.s. to do sth** atreverse a hacer algo

**takeaway** [ˈteɪkəweɪ] Ⓐ N (= *restaurant*) tienda *f* de comida para llevar; (= *meal*) comida *f* para llevar; **a Chinese ~** una comida china para llevar
Ⓑ CPD [*food*] para llevar

**take-home pay** [ˌteɪkhəʊmˈpeɪ] N sueldo *m* neto, sueldo *m* líquido

**taken** [ˈteɪkən] PP *of* **take**

**takeoff** [ˈteɪkɒf] N [1] (*Aer, Econ*) despegue *m*

2 (= *imitation*) imitación *f*, parodia *f*
3 (*Mech*) **power ~** toma *f* de fuerza

**TAKE**

Both **tardar** and **llevar** can be used to translate **take** with *time*.

- Use **tardar** (**en** + INFINITIVE) to describe how long someone or something will take to do something. The subject of **tardar** is the person or thing that has to complete the activity or undergo the process:

How long do letters take to get to Spain?
***¿Cuánto (tiempo) tardan las cartas en llegar a España?***
How much longer will it take you to do it?
***¿Cuánto más vas a tardar en hacerlo?***
It'll take us three hours to get to Douglas if we walk
***Tardaremos tres horas en llegar a Douglas si vamos andando***

- Use **llevar** to describe how long an activity, task or process takes to complete. The subject of **llevar** is the activity or task:

The tests will take at least a month
***Las pruebas llevarán por lo menos un mes***
How long will it take?
***¿Cuánto tiempo llevará?***

- Compare the different focus in the alternative translations of the following example:

It'll take me two more days to finish this job
***Me llevará dos días más terminar este trabajo, Tardaré dos días más en terminar este trabajo***

*For further uses and examples, see main entry.*

**takeover** ['teɪk,əʊvəʳ] Ⓐ N 1 (*Comm*) [*of company*] adquisición *f*, compra *f*
2 (*Pol*) (= *taking of office*) [*of new government*] toma *f* de posesión; [*of new premier*] entrada *f* en funciones
3 (*Mil*) (= *coup*) toma *f* del poder; **military ~** golpe *m* de estado
Ⓑ CPD ► **takeover bid** N oferta *f* pública de adquisición (de acciones), OPA *f*

**taker** ['teɪkəʳ] N **~s of snuff** los que acostumbran tomar rapé; **at £5 there were no ~s** a un precio de 5 libras nadie se ofreció a comprarlo; **the challenge found no ~s** no hubo nadie que quisiera aceptar el desafío

**take-up** ['teɪkʌp] N (*Brit*) **this benefit has a low ~ rate** muy poca gente reclama esta prestación; **there was an enthusiastic public ~ of shares in privatized companies** hubo muchísima demanda para comprar acciones en las empresas privatizadas

**taking** ['teɪkɪŋ] Ⓐ ADJ (= *attractive*) atractivo
Ⓑ N (*Mil*) [*of town*] toma *f*, conquista *f*; [*of hostages*] toma *f*; **the job's yours for the ~** el trabajo es tuyo si lo quieres; **the match was theirs for the ~** tenían el partido prácticamente ganado

**takings** ['teɪkɪŋz] (*Brit*) NPL (*Comm*) recaudación *fsing*; (*at show*) taquilla *fsing*, entrada *fsing*; **this year's ~ were only half last year's** la recaudación de este año ha sido sólo la mitad que la del año pasado

**talc** [tælk] N talco *m*

**talcum powder** ['tælkəm,paʊdəʳ] N (*also* **talc**) polvos *mpl* de talco, talco *m*

**tale** [teɪl] N 1 (= *story*) cuento *m*, historia *f*; **he told us the ~ of his adventures** nos contó sus aventuras; **he had quite a ~ to tell** vaya historia que tenía para contar; **it tells its own ~** habla por sí solo; **"Tales of King Arthur"** "Leyendas *fpl* del Rey Arturo"; **sound the alarm, or we shan't live to tell the ~** toca el timbre, o no salimos vivos de esto, toca el timbre, o no lo contamos; **few people get caught in an avalanche and live to tell the ~** muy poca gente sobrevive una avalancha; *see also* **fairy, hang B1, woe**
2 (= *fabrication*) cuento *m*, patraña *f*; ♦*IDIOM* **to tell ~s (out of school)** (= *inform*) chivarse, chismear; (= *fib*) contar cuentos; *see also* **old C**

**talebearer** ['teɪl,bɛərəʳ] N soplón/ona *m/f*, chismoso/a *m/f*

**talent** ['tælənt] Ⓐ N 1 (= *natural ability*) talento *m* (**for** para); **a writer of great ~** un escritor de muchísimo talento; **to have a ~ for sth: he's got a real ~ for languages** tiene verdadera facilidad para los idiomas; **she had a ~ for making people laugh** tenía el don de saber hacer reír a la gente
2 (= *talented people*) gente *f* capaz, gente *f* de talento; (= *talented person*) talento *m*; **he encourages young ~** promociona a los jovenes talentos; **he watches for ~ at away matches** busca jugadores de talento en los partidos fuera de casa
3 (*) (= *opposite sex*) tíos/as *mpl/fpl* buenos/as*, material*; **there's not much ~ here tonight** aquí no hay mucho donde escoger esta noche, aquí no hay material*; **to eye up the ~** pasar revista a lo que se ofrece*, comprobar el material*
4 (*Hist*) (= *coin, weight*) talento *m*
Ⓑ CPD ► **talent contest** N concurso *m* de talentos ► **talent scout**, **talent spotter** N cazatalentos *mf inv*

**talented** ['tæləntɪd] ADJ talentoso, de talento

**taletelling** ['teɪl,telɪŋ] N chismorreo *m*

**talisman** ['tælɪzmən] N (*pl* **talismans**) talismán *m*

**talk** [tɔːk] Ⓐ N 1 (= *conversation*) conversación *f*, charla *f*, plática *f* (*Mex*); **I enjoyed our (little) ~** disfruté de nuestra (pequeña) conversación *or* charla; **to have a ~ (with sb)** hablar (con algn), tener una conversación (con algn); **I think it's time we had a ~** creo que es hora de que hablemos (seriamente); **we had a long ~ over supper** hablamos largo y tendido durante la cena
2 (= *lecture*) charla *f*; **to give a ~ (on sth)** dar una charla (sobre algo)
3 **talks** (= *negotiations*) (*gen*) conversaciones *fpl*, pláticas *fpl* (*Mex*); (*with defined aim*) negociaciones *fpl*; **the foreign secretary will be holding ~s with his French counterpart** el ministro de asuntos exteriores mantendrá conversaciones con su homólogo francés
4 (= *rumours*) rumores *mpl*; **there is some ~ of his resigning** se habla de *or* corren rumores sobre su posible dimisión; **there's been a lot of ~ about you two** se ha hablado mucho de vosotros dos, están circulando muchos rumores acerca de vosotros dos; **any ~ of divorce is just wild speculation** cualquier rumor acerca de un divorcio no es más que pura especulación; ♦*IDIOM* **to be the ~ of the town** ser la comidilla de la ciudad, estar en boca de todos
5 (= *remarks*) **that's the kind of ~ we could do without** esos comentarios sobran; **careless ~ costs lives** las palabras dichas a la ligera cuestan vidas; *see also* **small D**
6 (= *speech, language*) lenguaje *m*; **children's ~** lenguaje *m* infantil *or* de niños
7 (= *hot air*) (*pej*) palabrería *f*, cuento *m*; **it's just ~** es pura palabrería, es todo cuento; **he'll never give up smoking, he's all ~** nunca va a dejar de fumar, mucho hablar pero luego nada *or* no es más que un cuentista; **he's all ~ and no action** ¿ése? ¡mucho ruido y pocas nueces!, habla mucho pero no hace nada
Ⓑ VI 1 (= *speak*) hablar; **she can't ~ yet** aún no sabe hablar; **can you ~ a little more slowly?** ¿podría hablar un poquito más despacio?; **a doll that can ~** una muñeca que habla; **it's easy for you to ~** para ti es fácil hablar; **he ~s too much** habla demasiado; **she never stops ~ing** no deja *or* para de hablar; **I wasn't ~ing about you** no hablaba de ti; **he doesn't know what he's ~ing about** no sabe de qué habla; **everyone's ~ing about him** anda en boca de todos; **it's the most ~ed-about film this year** es la película más comentada del año; **we're ~ing about a potentially enormous loss here** estamos hablando de una pérdida potencialmente enorme; **~ about rich! he's absolutely loaded*** ¡vaya que si es rico! ¡está forrado!*; **~ about a stroke of luck!*** ¡qué suerte!; **to ~ big** (*fig*) darse importancia, fanfarronear; **"and she's so untidy around the house" — "you can ~!** *or* **look who's ~ing!"** —y además, es tan desordenada en casa —¡mira quién habla! *or* —¡mira quién fue a hablar!; **now you're ~ing!** ¡así se habla!; **~ing of films, have you seen ...?** hablando de películas, ¿has visto ...?; **don't ~ to your mother like that!** ¡no le hables así a tu madre!; **I'm not ~ing to him any more** ya no me hablo con él; **the way you ~ you'd think this was all my fault!** ¡oyéndote hablar cualquiera diría que toda la culpa es mía!; ♦*IDIOMS* **money ~s** poderoso caballero es don dinero, el dinero todo lo puede; **~ of the devil!** ¡hablando del rey de Roma...!; **to ~ through one's hat** decir tonterías; *see also* **dirty B2**
2 (= *converse*) hablar, platicar (*Mex*) (**to** con); **we ~ed all night** nos pasamos toda la noche hablando; **I was only ~ing to her last week** si justo estuve hablando con ella la semana pasada; **stop ~ing!** ¡callaos!, ¡dejad de hablar!; **she had no one to ~ to** no tenía con quién hablar; **who were you ~ing to on the phone just now?** ¿con quién hablabas (por teléfono) ahora mismo?; **were you ~ing to me?** ¿me hablas a mí?; **to ~ to o.s.** hablar solo; **to ~ about sth/sb** hablar de algo/algn; **they ~ed about old times** hablaron de los viejos tiempos; **I don't want to ~ about it** no quiero hablar de ello; **the sort of person who ~s at you rather than to you** el tipo de persona que habla mucho pero no escucha nada; **to get ~ing** ponerse a hablar, entablar conversación; **to keep sb ~ing** dar charla a algn para entretenerlo, entretener a algn hablando; **it was easy to ~ with her** era fácil hablar con ella
3 (= *have discussion*) hablar, hablar seriamente; **we really need to ~** tenemos que hablar (seriamente); **the two sides need to sit down and ~** las dos partes necesitan reunirse para hablar (seriamente); **GA and Fox Ltd might be ~ing** puede que GA y Fox Ltd estén manteniendo negociaciones; **to ~ (to sb) about sth** discutir algo (con algn); **the two companies are ~ing about a possible merger** las dos empresas están discutiendo *or* negociando una posible fusión
4 (= *gossip*) hablar (**about** de); **people will ~** la gente hablará *or* murmurará
5 (= *lecture*) dar una charla, hablar (**about, on** de, sobre); **he'll be ~ing on his life in India** dará una charla sobre su vida en la India, hablará de *or* sobre su vida en la India
6 (= *reveal information*) hablar; **we have ways of making you ~** sabemos cómo hacerle hablar
Ⓒ VT 1 (= *speak*) hablar; **they were ~ing Arabic** hablaban (en) árabe; **we're ~ing big money here*** estamos hablando de mucho

dinero; **she ~ed herself hoarse** habló tanto que se quedó afónica; **to ~ nonsense** ◊ **~ rubbish** decir tonterías; **to ~ sense** hablar con juicio *or* sensatez; ✦*IDIOM* **to ~ the hind legs off a donkey** hablar por los codos*

2 (= *discuss*) hablar de; **we were ~ing politics/business** hablábamos de política/negocios; ✦*IDIOM* **to ~ shop** hablar del trabajo

3 (= *persuade*) **to ~ sb into doing sth** convencer a algn de que haga algo; **I was a fool to have let her ~ me into it** fui idiota por dejarle convencerme; **ok! you've ~ed me into it** ¡vale! me has convencido; **I ~ed myself into believing it** yo solo me terminé convenciendo de que era cierto; **to ~ sb out of doing sth** convencer a algn de que no haga algo, disuadir a algn de que haga algo; **we managed to ~ him out of it** conseguimos convencerle de que no lo hiciera, conseguimos disuadirle de que lo hiciera; **he performed so badly in the interview he ~ed himself out of the job** habló tan mal en la entrevista que consiguió que no le dieran el puesto; **he managed to ~ his way out of a prison sentence** habló de tal manera que no le condenaron a pena de cárcel

Ⓓ CPD ► **talk show** N (*Rad, TV*) programa *m* de entrevistas

►**talk back** VI + ADV (*gen*) replicar; **this is where voters get the chance to ~ back** ahora es cuando los votantes tienen la oportunidad de replicar; (*rudely*) **how dare you ~ back to me?** ¿cómo te atreves a replicarme *or* llevarme la contraria?; **he's very good — he never ~s back** es muy bueno — no es nada respondón

►**talk down** Ⓐ VI + ADV **to ~ down to sb** hablar con aires de superioridad a algn

Ⓑ VT + ADV 1 (= *help to land*) [+ *pilot*] dirigir por radio el aterrizaje a

2 (= *dissuade from jumping*) [+ *suicidal person*] disuadir (*para que no salte*)

3 (*esp Brit Fin*) [+ *currency, shares*] hacer bajar; (*in deal*) **I ~ed him down another thousand** hice que rebajara el precio otras mil libras

4 (= *denigrate*) menospreciar

5 (= *interrupt remorselessly*) hacer callar

►**talk on** VI + ADV no parar de hablar

►**talk out** VT + ADV 1 (= *discuss thoroughly*) **to ~ it/things out** hablar detenidamente de ello/la situación

2 (*Parl*) **to ~ out a bill** *alargar el debate para que no dé tiempo a votar un proyecto de ley*

►**talk over** VT + ADV (= *discuss*) hablar, discutir; **let's ~ it/things over** vamos a hablarlo *or* discutirlo; **to ~ sth over with sb** consultar algo con algn

►**talk round** VT + ADV **to ~ sb round** (*esp Brit*) llegar a convencer a algn

►**talk through** Ⓐ VT + ADV (= *discuss*) [+ *plan, problem*] discutir detenidamente

Ⓑ VT + PREP (= *explain*) **to ~ sb through sth** explicar algo a algn

►**talk up** Ⓐ VI + ADV (*US*) (= *speak frankly*) hablar claro *or* sin rodeos

Ⓑ VT + ADV 1 (= *exaggerate*) exagerar

2 (*Fin*) [+ *economy*] inflar; [+ *shares*] inflar la cotización de, inflar el valor de

3 (*esp Brit*) (*in deal*) **to ~ sb up** hacer que algn mejore la oferta; **try to ~ him up to 50,000** intenta que mejore su oferta a 50.000

**talkative** ['tɔːkətɪv] ADJ hablador, platicón (*Mex*); **he became quite ~** habló mucho; **she wasn't very ~ at breakfast** estuvo bastante callada durante el desayuno

**talkativeness** ['tɔːkətɪvnɪs] N locuacidad *f*

**talked-of** ['tɔːktɒv] ADJ **a much ~ event** un suceso muy comentado

**talker** ['tɔːkəʳ] N hablador(a) *m/f*; **to be a good ~** hablar con soltura, tener una conversación amena; **I'm not much of a ~** no soy buen conversador; **he's just a ~** se le va la fuerza por la boca

**talkie** ['tɔːkɪ] N película *f* sonora; **the ~s** el cine sonoro

**talking** ['tɔːkɪŋ] Ⓐ ADJ [*bird, doll*] que habla

Ⓑ N **we could hear ~ downstairs** oíamos a algn hablando abajo; **she does all the ~** ella es quien habla siempre; **I'll do the ~** yo seré el que hable; **no ~, please!** ¡silencio, por favor!

Ⓒ CPD ► **talking book** N audiolibro *m* ► **talking head** N (*TV*) busto *m* parlante* ► **talking newspaper** N periódico *m* grabado (en cinta) ► **talking picture** N película *f* sonora ► **talking point** N tema *m* de conversación ► **talking shop** N (*esp Brit*) reunión *f* donde se habla mucho pero no se hace nada

**talking-to** ['tɔːkɪŋtuː] N **I gave him a good ~** le llamé al orden, le leí la cartilla; **that boy needs a good ~** a ese chico le hace falta que le lean la cartilla

**tall** [tɔːl] Ⓐ ADJ (*compar* **taller**; *superl* **tallest**) alto; **he's very ~ for his age** es *or* está muy alto para su edad; **a six-foot ~ man** ≈ un hombre de uno ochenta; **how ~ are you?** ¿cuánto mides?, ¿qué altura tienes?; **I'm 1.6 metres ~** mido 1,60m (de alto); **he's not as ~ as me** no es tan alto como yo; **she's ~er than me** es más alta que yo, mide más que yo; **she's 5cm ~er than me** ◊ **she's ~er than me by 5cm** es cinco centímetros más alta que yo, mide cinco centímetros más que yo, me saca cinco centímetros; **it's the ~est building in Europe** es el edificio más alto *or* de más altura de Europa; **to get** *or* **grow ~er** crecer, ponerse más alto; *see also* **stand C1, walk C1**

Ⓑ CPD ► **tall order*** N **it's a bit of a ~ order, but we'll try** no es fácil, pero lo intentaremos; **it was a ~ order to expect us to finish in three days** esperar que terminásemos en tres días era mucho pedir* ► **tall story*** N cuento *m* chino*

**tallboy** ['tɔːlbɔɪ] N (*Brit*) cómoda *f* alta

**tallness** ['tɔːlnɪs] N altura *f*

**tallow** ['tæləʊ] N sebo *m*

**tallowy** ['tæləʊɪ] ADJ seboso

**tally** ['tælɪ] Ⓐ N 1 (= *running total, score*) cuenta *f*, total *m*; **to keep a ~ of** llevar la cuenta de

2 (= *stick*) tarja *f*

Ⓑ VI [*stories, accounts*] concordar, coincidir (**with** con)

Ⓒ VT (*also* **~ up**) contar, hacer recuento de

Ⓓ CPD ► **tally clerk** N medidor(a) *m/f*

**tallyho** ['tælɪ'həʊ] EXCL ¡hala! (*grito del cazador de zorras*)

**Talmud** ['tælmʊd] N Talmud *m*

**Talmudic** [tæl'mʊdɪk] ADJ talmúdico

**talon** ['tælən] N garra *f*

**tamable** ['teɪməbl] ADJ domable, domesticable

**tamale** [tə'mɑːlɪ] N tamal *m*

**tamarind** ['tæmərɪnd] N tamarindo *m*

**tamarisk** ['tæmərɪsk] N tamarisco *m*

**tambour** ['tæmbʊəʳ] N tambor *m*

**tambourine** [ˌtæmbə'riːn] N pandereta *f*

**Tamburlaine** ['tæmbəˌleɪn] N Tamerlán

**tame** [teɪm] Ⓐ ADJ (*compar* **tamer**; *superl* **tamest**) 1 (= *no longer wild*) [*lion, tiger*] domesticado, manso; [*hedgehog, fox*] dócil, manso; **do you know of a ~ plumber who can fix it?** (*hum*) ¿sabes de un fontanero fiable que lo pueda arreglar?

2 (= *boring*) [*book, film, match, performance*] soso, insulso; **the report was pretty ~ stuff** el informe era bastante anodino; **these films are ~ by today's standards** estas películas resultan poco atrevidas para los tiempos que corren

Ⓑ VT [+ *lion, tiger*] domar, amansar; [+ *passion*] dominar; **no man could ~ her** no había hombre que pudiese domarla

**tamely** ['teɪmlɪ] ADV dócilmente

**tameness** ['teɪmnɪs] N 1 [*of lion, tiger*] mansedumbre *f*; [*of hedgehog, fox*] docilidad *f*, mansedumbre *f*

2 [*of person*] sosería *f*; [*of book, film*] (= *lacking excitement*) sosería *f*; (= *lacking sex, violence*) falta *f* de atrevimiento

**tamer** ['teɪməʳ] N domador(a) *m/f*

**Tamil** ['tæmɪl] Ⓐ ADJ tamil

Ⓑ N tamil *mf*

**taming** ['teɪmɪŋ] N domadura *f*; **"the Taming of the Shrew"** "la fierecilla domada"

**tam o' shanter** [ˌtæmə'ʃæntəʳ] N boina *f* escocesa

**tamp** [tæmp] VT (*also* **~ down, ~ in**) apisonar; (*Min*) (*in blasting*) atacar

**Tampax®** ['tæmpæks] N tampax® *m*, támpax *m*

**tamper** ['tæmpəʳ] VI **to ~ with** (= *interfere with*) [+ *machinery, brakes etc*] manipular; [+ *lock*] tratar de forzar; (= *alter*) [+ *papers, evidence*] falsificar; (= *attempt to influence*) [+ *witness, jury*] sobornar; (= *handle*) manosear; **my car had been ~ed with** algo se había hecho a mi coche

**tampon** ['tæmpən] N tampón *m*

**tan** [tæn] Ⓐ N 1 (= *suntan*) bronceado *m*; **to get a ~** broncearse

2 (= *colour*) canela *f*, café *m* claro (*esp LAm*)

3 (= *bark*) (*also* **~bark**) casca *f*

Ⓑ ADJ color canela, color café claro (*esp LAm*); [*shoes*] marrón

Ⓒ VI [*person*] broncearse, ponerse moreno, tostarse

Ⓓ VT 1 [+ *person, skin*] broncear, poner moreno (*esp Sp*), quemar (*LAm*)

2 [+ *leather*] curtir; ✦*IDIOM* **to ~ sb's hide*** curtir a algn a palos*, zurrarle la badana a algn (*Sp**)

**tandem** ['tændəm] Ⓐ N (= *bicycle*) tándem *m*

Ⓑ ADV **in ~** [*work, function*] conjuntamente; **the two systems will run in ~** los dos sistemas funcionarán conjuntamente *or* en tándem; **the two plays were written in ~** las dos obras fueron escritas simultáneamente; **in ~ with** conjuntamente con; **to ride ~** montar en un tándem

**tang** [tæŋ] N 1 (= *taste*) sabor *m* fuerte y picante; (= *smell*) olor *m* acre; **the salt ~ of the sea air** el olor salobre de la brisa marina

2 [*of knife*] espiga *f*

**tangent** ['tændʒənt] N (*Geom*) tangente *f*; ✦*IDIOM* **to go** *or* **fly off at a ~** salirse por la tangente

**tangential** [tæn'dʒenʃəl] ADJ tangencial

**tangerine** [ˌtændʒə'riːn] N mandarina *f*, tangerina *f*

**tangibility** [ˌtændʒɪ'bɪlɪtɪ] N tangibilidad *f*

**tangible** ['tændʒəbl] ADJ [*object*] tangible; [*difference, proof, evidence*] tangible, palpable; **~ assets** bienes *mpl* tangibles, inmovilizado *msing* material

**tangibly** ['tændʒəblɪ] ADV [*demonstrate, show*] de modo palpable; **it is ~ different** la diferencia es tangible *or* palpable

**Tangier(s)** [tæn'dʒɪə(z)] N Tánger *m*

**tangle** ['tæŋgl] Ⓐ N (*in hair*) enredo *m*, maraña *f*; [*of streets*] laberinto *m*; (*fig*) (= *muddle*) enredo *m*, lío *m*; **a ~ of weeds** una maraña de malas hierbas; **a ~ of wool** una maraña de lana; **to be in a ~** [*hair, thread*] estar enredado; **the sheets were in a ~** las sábanas estaban hechas una maraña; **I'm in a ~ with the accounts** me he hecho un lío con las cuentas*; **to get into a ~** [*hair, thread*] enredarse; **I got into a ~ with the police** me metí en un lío con la policía
Ⓑ VT (*also* **~ up**) enredar, enmarañar
Ⓒ VI (*also* **~ up**) enredarse, enmarañarse; **to ~ with sth/sb*** (*fig*) meterse en algo/con algn

**tangled** ['tæŋgld] ADJ [*hair, wool*] enredado, enmarañado; (*fig*) enmarañado, complicado

**tango** ['tæŋgəʊ] Ⓐ N (*pl* **tangos**) tango *m*
Ⓑ VI bailar el tango; **✦IDIOM it takes two to ~*** es cosa de dos

**tangy** ['tæŋɪ] ADJ fuerte y picante

**tank** [tæŋk] Ⓐ N [1] (= *container*) (*for liquid*) tanque *m*, depósito *m*; (*large*) cisterna *f*; (*Aut*) depósito *m* (*Sp*), tanque *m* (*esp LAm*); **fuel ~** depósito *m* (de combustible); **fish ~** acuario *m*; **petrol** *or* (*US*) **gas ~** depósito *m* (de gasolina); **water ~** (*for village, in house*) depósito *m* de agua; (*on lorry*) cisterna *f*; *see also* **septic, think D**
[2] (*also* **~ful**) (= *quantity*) depósito *m*
[3] (*Mil*) tanque *m*, carro *m* (de combate)
[4] (*Phot*) (*also* **developing ~**) cubeta *f* de revelado
[5] (*also* **swimming ~**) (*US*) piscina *f*, alberca *f* (*Mex*), pileta *f* (de natación) (*S. Cone*)
[6] (*US**) (= *jail*) cárcel *f*, chirona *f* (*Sp**)
Ⓑ CPD ► **tank car** N (*US*) vagón *m* cisterna ► **tank engine** N locomotora *f* ténder ► **tank wagon** N (*Rail*) vagón *m* cisterna; (*Aut*) camión *m* cisterna

►**tank along*** VI + ADV ir a toda pastilla*

►**tank up** VI + ADV (*with fuel*) llenar el tanque (**with** de); (*) (*with alcohol*) emborracharse (**on** bebiendo)

**tankard** ['tæŋkəd] N bock *m*, pichel *m*

**tanked up*** [,tæŋkt'ʌp] ADJ (*Brit*) **to be ~ (on sth)** estar borracho (de algo); **to get ~ (on sth)** emborracharse (de algo)

**tanker** ['tæŋkəʳ] N (= *ship*) buque-cisterna *m*; (*carrying oil*) petrolero *m*; (= *lorry*) camión *m* cisterna; **an oil ~** un petrolero; **a petrol ~** un camión cisterna

**tankful** ['tæŋkfʊl] N tanque *m*; **to get a ~ of petrol** llenar el depósito de gasolina; **a ~ is 25 litres** la capacidad del depósito es de 25 litros

**tanned** [tænd] ADJ moreno, bronceado

**tanner**[1] ['tænəʳ] N curtidor(a) *m/f*

**tanner**[2]* ['tænəʳ] N (*Brit*) (*formerly*) *moneda de seis peniques (antiguos)*

**tannery** ['tænərɪ] N curtiduría *f*, tenería *f*

**tannic** ['tænɪk] Ⓐ ADJ [*wine*] con mucho tanino
Ⓑ CPD ► **tannic acid** N ácido *m* tánico

**tannin** ['tænɪn] N tanino *m*

**tanning** ['tænɪŋ] Ⓐ N [1] [*of leather*] curtido *m*
[2] (*) zurra* *f*; **to give sb a ~*** zurrar a algn*
Ⓑ CPD ► **tanning cream, tanning lotion** N bronceador *m*

**tannoy®** ['tænɔɪ] N sistema *m* de anuncios por altavoces; **on** *or* **over the ~** por los altavoces

**tansy** ['tænzɪ] N tanaceto *m*, atanasia *f*

**tantalize** ['tæntəlaɪz] VT [1] (= *excite*) tentar; **he was ~d by her perfume** su perfume le resultaba incitante
[2] (= *torment*) **to ~ sb (with sth)** atormentar a algn (con algo)

**tantalizing** ['tæntəlaɪzɪŋ] ADJ [*aroma, sight, offer*] tentador; [*perfume*] incitante

**tantalizingly** ['tæntəlaɪzɪŋlɪ] ADV **the chocolate biscuits beckoned ~** las galletas de chocolate se ofrecían tentadoras, las galletas de chocolate estaban diciendo "cómeme"; **we came ~ close to victory** tuvimos la victoria casi en nuestras manos

**tantamount** ['tæntəmaʊnt] ADJ **~ to** equivalente a; **this is ~ to a refusal** esto equivale a una negativa

**tantrum** ['tæntrəm] N rabieta* *f*, berrinche* *m*; **she had** *or* **threw a ~** le dio una rabieta *or* un berrinche*

**Tanzania** [,tænzə'ni:ə] N Tanzania *f*

**Tanzanian** [,tænzə'nɪən] Ⓐ ADJ tanzano
Ⓑ N tanzano/a *m/f*

**Taoist** ['tɑ:əʊɪst] Ⓐ ADJ taoísta
Ⓑ N taoísta *mf*

**tap**[1] [tæp] Ⓐ N [1] (*Brit*) (= *water tap*) grifo *m*, canilla *f* (*S. Cone*); (= *gas tap*) llave *f*; **cold/hot water ~** grifo *m* de agua fría/caliente; **you've left the ~ running** has dejado el grifo abierto; **to turn the ~ on/off** abrir/cerrar el grifo
[2] (= *stopper*) [*of barrel*] espita *f*, canilla *f*; **on ~: beer on ~** cerveza *f* de barril; **to have sth on ~** disponer de algo; **he seems to have unlimited money on ~** parece disponer de un caudal de dinero ilimitado
[3] (*Telec*) micrófono *m*; **to put a ~ on sb's phone** intervenir *or* pinchar* el teléfono de algn
[4] (*Med*) punción *f*; **spinal ~** punción *f* lumbar
Ⓑ VT [1] (= *use*) [+ *resource, situation*] explotar; **to ~ sb for information*** tratar de (son)sacar información a algn; **he tried to ~ me for £5** intentó sonsacarme cinco libras
[2] [+ *barrel*] espitar
[3] (*Telec*) [+ *telephone*] intervenir, pinchar*; [+ *conversation*] interceptar; **my phone is ~ped** mi teléfono está intervenido *or* pinchado*
[4] (= *cut into*) [+ *tree*] sangrar; **to ~ the rubber from a tree** sangrar un árbol para extraer el caucho
[5] (*Elec*) [+ *electricity, current*] derivar; [+ *wire*] hacer una derivación en
[6] (*Med*) [+ *spine*] hacer una punción en
Ⓒ VI *see* **tap into**
Ⓓ CPD ► **tap water** N agua *f* corriente, agua *f* del grifo (*Sp*)

**tap**[2] [tæp] Ⓐ N [1] (= *knock*) (*on door*) toque *m*; (*on back, shoulder*) golpecito *m*, toque *m*; **I felt a ~ on my shoulder** sentí un golpecito *or* toque en el hombro; **there was a ~ at** *or* **on the door** llamaron *or* tocaron suavemente a la puerta; **I gave him a gentle ~ on the back** le di un golpecito en la espalda
[2] (*also* **~ dancing**) claqué *m*
[3] (*on dancing shoe*) lámina *f* de metal, tapa *f* de metal
Ⓑ VT (= *hit lightly*) [+ *table, surface*] golpear suavemente; [+ *typewriter keys*] pulsar; **he was ~ping his fingers on the steering wheel** estaba repiqueteando *or* tamborileando sobre el volante con los dedos; **to ~ one's foot** (*impatiently*) taconear (impacientemente); **they were ~ping their feet in time to the music** seguían el compás de la música con el pie; **to ~ sb on the back/shoulder** dar un golpecito *or* toque a algn en la espalda/el hombro; **she ~ped a rhythm on the table** golpeó la mesa marcando un ritmo, repiqueteó un ritmo en la mesa
Ⓒ VI dar golpecitos; **please, stop ~ping!** ¡haz el favor de dejar de dar golpecitos!; **she ~ped at the door** llamó suavemente a la puerta; **she ~ped at the window** dio unos golpecitos en la ventana; **he was ~ping away at his word processor** estaba (tecleando) dale que te pego en su procesador de textos; **I could hear sth ~ping on the window** oía que algo daba golpecitos en la ventana
Ⓓ CPD ► **tap dance** N claqué *m*; *see also* **tap-dance** ► **tap dancer** N bailarín/ina *m/f* de claqué ► **tap dancing** N claqué *m*

►**tap in** VT + ADV [1] (*on computer*) [+ *number, code*] teclear
[2] **to ~ in a nail** hacer que entre un clavo golpeándolo suavemente

►**tap into** VI + PREP **to ~ into a computer** acceder ilegalmente a un ordenador (*Sp*) *or* (*LAm*) una computadora; **they are trying to ~ into the youth market** están intentando introducirse en el mercado juvenil; **to ~ into sb's ideas** aprovechar las ideas de algn; **to ~ into one's potential** aprovechar al máximo su capacidad

►**tap out** VT + ADV [1] **to ~ out a message in morse** enviar un mensaje en Morse
[2] **to ~ out one's pipe** vaciar la pipa golpeándola suavemente

**tap-dance** ['tæpdɑ:ns] VI bailar claqué; *see also* **tap D**

**tape** [teɪp] Ⓐ N [1] (*made of cloth*) cinta *f*; (= *adhesive tape*) cinta *f* adhesiva, Scotch® *m*; (*Sport*) meta *f*; (*ceremonial*) cinta *f* simbólica; (*also* **~ measure**) cinta *f* métrica, metro *m*; *see also* **name**
[2] (*for recording*) (= *magnetic strip*) cinta *f* (magnetofónica); (= *cassette, recording*) cinta *f*; **I'll do you a ~ of it** te lo grabaré (en cinta); **a blank ~** una cinta virgen; **on ~** grabado (en cinta); *see also* **cassette**
Ⓑ VT [1] (= *record*) grabar (en cinta)
[2] (= *seal*) (*also* **~ up**) cerrar con cinta, poner una cinta a
[3] (= *fasten*) **to ~ sth to sth** pegar algo a algo con cinta adhesiva
[4] **✦IDIOM to have sth/sb ~d***: **I've got him ~d** ya le tengo calado*; **I've got it ~d** ya le he cogido el tranquillo*; **we've got it all ~d** lo tenemos todo organizado, todo funciona perfectamente
Ⓒ CPD ► **tape deck** N pletina *f*, unidad *f* de cinta ► **tape drive** N (*Comput*) accionador *m* de cinta ► **tape machine** N casete *m*, magnetofón *m* ► **tape measure** N cinta *f* métrica, metro *m* ► **tape recorder** N casete *m* (*Sp*), grabadora *f* (*esp LAm*); (*reel-to-reel*) magnetofón *m*, magnetófono *m* ► **tape recording** N grabación *f* (en cinta) ► **tape streamer** N (*Comput*) dispositivo *m* de copia de seguridad

**taper** ['teɪpəʳ] Ⓐ N (= *spill*) astilla *f*; (= *candle*) vela *f*
Ⓑ VI afilarse, estrecharse; **to ~ to a point** rematar en punta
Ⓒ VT afilar, estrechar

**tape-record** ['teɪprɪ,kɔ:d] VT grabar (en cinta)

**tapered** ['teɪpəd], **tapering** ['teɪpərɪŋ] ADJ [*shape*] ahusado, que termina en punta; [*finger*] afilado; [*table leg*] que se va estrechando; (*Mech*) cónico

►**taper off, taper away** VI + ADV [1] (= *narrow*) *see* **taper B**
[2] (= *reduce*) [*spending, fighting, violence*] ir disminuyendo; [*storm, snowfall*] ir amainando; **his popularity is tapering off** su popularidad está decayendo

**tapestry** ['tæpɪstrɪ] N (= *object*) tapiz *m*; (= *art*) tapicería *f*

**tapeworm** ['teɪpwɜ:m] N tenia *f*, solitaria *f*

**tapioca** [ˌtæpɪˈəʊkə] Ⓐ N tapioca *f*
Ⓑ CPD ► **tapioca pudding** N postre *m* de tapioca

**tapir** [ˈteɪpəʳ] N tapir *m*

**tapper** [ˈtæpəʳ] N (*Elec, Telec*) manipulador *m*

**tappet** [ˈtæpɪt] N empujador *m*, empujaválvula *m*

**taproom** [ˈtæprʊm] N (*Brit*) bar *m*

**taproot** [ˈtæpruːt] N raíz *f* central

**tar** [tɑːʳ] Ⓐ N [1] (= *substance*) alquitrán *m*, brea *f*, chapopote *m* (*Mex*); **low/middle ~ cigarettes** cigarrillos con contenido bajo/medio de alquitrán
[2] (*also* **Jack Tar**) (†) marinero *m*
Ⓑ VT [+ *road, surface*] alquitranar; **to ~ and feather sb** emplumar a algn; ✦*IDIOM* **to be ~red with the same brush** (*fig*) estar cortado por el mismo patrón

**tarantella** [ˌtærənˈtelə] N tarantela *f*

**tarantula** [təˈræntjʊlə] N (*pl* **tarantulas** *or* **tarantulae** [təˈræntjʊliː]) tarántula *f*

**tardily** [ˈtɑːdɪlɪ] ADV (*frm*) (= *belatedly*) tardíamente; (= *slowly*) lentamente

**tardiness** [ˈtɑːdɪnɪs] N (*frm*) (= *lateness*) tardanza *f*; (= *slowness*) lentitud *f*

**tardy** [ˈtɑːdɪ] ADJ (*compar* **tardier**; *superl* **tardiest**) (*frm*) (= *late*) tardío; (= *slow*) lento

**tare** [tɛəʳ] N (*Bot*) (*also* **~s**) arveja *f*; (*Bible*) cizaña *f*; (*Comm*) tara *f*

**target** [ˈtɑːgɪt] Ⓐ N [1] (*Sport*) blanco *m*, diana *f*; (*Mil*) objetivo *m*; **he missed the ~** no dio en el blanco *or* la diana; **they deliberately attacked civilian ~s** atacaron objetivos civiles deliberadamente; **an easy ~** (*lit, fig*) un blanco fácil; **a fixed ~** un blanco fijo; **a moving ~** un blanco móvil; **the shot was off ~** (*Ftbl, Hockey, etc*) el tiro iba desviado a gol; **the bombs were way off ~** las bombas cayeron muy lejos del objetivo; **the shot was on ~** (*Ftbl, Hockey, etc*) el tiro iba directo a gol; **a soft ~** (*lit, fig*) un blanco fácil
[2] (= *person on receiving end*) [*of criticism, remark*] blanco *m*; [*of advertising*] objetivo *m*; **he has been the ~ of criticism over his handling of the affair** ha sido el blanco de las críticas por su manejo del asunto; **this made him a prime ~ for blackmail** esto le convirtió en un blanco perfecto para el chantaje
[3] (= *objective*) objetivo *m*, meta *f*; **production ~s for 1980** los objetivos *or* las metas de producción para 1980; **the project is on ~ for completion** el proyecto lleva camino de terminarse dentro del plazo previsto; **to set a ~ for sth** fijar un objetivo para algo; **to set o.s. a ~** fijarse un objetivo
Ⓑ VT [1] (*Mil*) [+ *positions, installations*] fijar como objetivo
[2] (= *select, single out*) **cigarette companies seem to be ~ing children intentionally** las tabacaleras parecen estar dirigiendo su publicidad a los niños deliberadamente; **a mugger who ~ed elderly women** un atracador que asaltaba en particular a ancianas; **to ~ sth/sb for sth: the government will ~ high earners for tax increases** el gobierno hará recaer la subida de los impuestos particularmente sobre aquellos con sueldos elevados; **the factory is ~ed for closure** se propone cerrar la fábrica
[3] (*fig*) (= *aim*) **to ~ sth at sb/sth: products ~ed at children** productos dirigidos a los niños; **programs ~ed at reducing infant deaths** programas que tienen como objetivo reducir el número de muertes infantiles; **to ~ aid at the people who need it** concentrar la ayuda en las personas que la necesitan
Ⓒ CPD ► **target area** N (*Mil*) zona *f* objetivo ► **target audience** N público *m* objetivo ► **target date** N fecha *f* límite ► **target group** N grupo *m* objetivo, grupo *m* destinatario ► **target language** N lengua *f* de destino ► **target market** N mercado *m* objetivo ► **target practice** N tiro *m* al blanco, prácticas *fpl* de tiro ► **target price** N precio *m* indicativo ► **target weight** N peso *m* ideal

**targetable** [ˈtɑːgɪtəbl] ADJ dirigible

**tariff** [ˈtærɪf] Ⓐ N [1] (= *tax*) tarifa *f*, arancel *m*
[2] (= *schedule of prices*) tarifa *f*
Ⓑ CPD ► **tariff barrier** N barrera *f* arancelaria ► **tariff reform** N reforma *f* arancelaria ► **tariff wall** N = **tariff barrier**

**Tarmac**®, **tarmac** [ˈtɑːmæk] (*vb: pt, pp* **tarmacked**) (*esp Brit*) Ⓐ N (= *substance*) asfalto *m*, alquitranado *m*; **the ~** (*Aer*) (= *runway*) la pista de despegue; (*Aut*) (= *road*) el asfalto
Ⓑ VT asfaltar, alquitranar

**tarn** [tɑːn] N lago *m* pequeño de montaña

**tarnation**†* [tɑːˈneɪʃən] N (*US dial*) ¡diablos!

**tarnish** [ˈtɑːnɪʃ] Ⓐ VT (*lit*) deslustrar, quitar el brillo a; (*fig*) manchar, empañar
Ⓑ VI [*metal*] deslustrarse, perder el brillo

**tarnished** [ˈtɑːnɪʃt] ADJ [*metal*] deslustrado, sin brillo; [*reputation*] manchado, empañado

**tarot** [ˈtærəʊ] Ⓐ N tarot *m*
Ⓑ CPD ► **tarot card** N carta *f* de tarot

**tarp*** [tɑːp] N (*US*) = **tarpaulin**

**tarpaulin** [tɑːˈpɔːlɪn] N lona *f* alquitranada

**tarpon** [ˈtɑːpɒn] N tarpón *m*

**tarragon** [ˈtærəgən] N (*Bot*) estragón *m*

**tarry**[1] [ˈtærɪ] VI († *or liter*) (= *stay*) quedarse; (= *dally*) entretenerse, quedarse atrás; (= *be late*) tardar (en venir), demorarse

**tarry**[2] [ˈtɑːrɪ] ADJ [*substance*] alquitranado, embreado; (= *covered with tar*) cubierto de alquitrán; (= *stained with tar*) manchado de alquitrán; **to taste ~** saber a alquitrán

**tarsus** [ˈtɑːsəs] N (*pl* **tarsi** [ˈtɑːsaɪ]) tarso *m*

**tart**[1] [tɑːt] ADJ [1] (= *sour*) [*flavour, fruit*] ácido, agrio
[2] (*fig*) [*expression, remark*] áspero

**tart**[2] [tɑːt] N [1] (*Culin*) (*large*) tarta *f*; (*small*) pastelillo *m*; **jam ~** tarta *f* de mermelada
[2] (‡) (= *prostitute*) puta‡ *f*, furcia *f* (*Sp*‡); (*pej*) (= *promiscuous woman*) fulana* *f*
► **tart up*** VT + ADV (*Brit*) [+ *house*] pintar, remodelar, renovar; **to ~ o.s. up** vestirse y pintarse

**tartan** [ˈtɑːtən] N tartán *m*, tela *f* a cuadros escoceses; **a ~ scarf** una bufanda escocesa

**Tartar** [ˈtɑːtəʳ] Ⓐ ADJ tártaro
Ⓑ N tártaro/a *m/f*

**tartar** [ˈtɑːtəʳ] N [1] (*on teeth*) sarro *m*, tártaro *m*
[2] (*Chem*) tártaro *m*
[3] (*Culin*) (*also* **cream of ~**) crémor *m* tártarico
[4] (= *woman*) (*fig*) fiera *f*

**tartar(e)** [ˈtɑːtəʳ] CPD ► **tartar(e) sauce** N salsa *f* tártara ► **tartar(e) steak** N *biftec crudo, picado y condimentado con sal, pimiento, cebolla etc*

**tartaric acid** [tɑːˌtærɪkˈæsɪd] N ácido *m* tartárico

**Tartary** [ˈtɑːtərɪ] N Tartaria *f*

**tartly** [ˈtɑːtlɪ] ADV (*fig*) ásperamente

**tartness** [ˈtɑːtnɪs] N [1] [*of flavour, fruit*] acidez *f*
[2] (*fig*) aspereza *f*

**tarty*** [ˈtɑːtɪ] ADJ putesco*

**Tarzan** [ˈtɑːzən] N Tarzán

**task** [tɑːsk] Ⓐ N [1] (= *job*) tarea *f*; **I had to keep the children amused, which was no easy ~** tenía que entretener a los niños, lo cual no era tarea fácil; **to give** *or* **set sb the ~ of doing sth** pedir a algn que haga algo; ✦*IDIOM* **to take sb to ~ (for sth)** reprender *or* regañar a algn (por algo), llamar a algn a capítulo (por algo) (*frm*)
[2] (= *function, stated aim*) cometido *m*; **it was the ~ of the army to maintain order** mantener el orden era el cometido del ejército
[3] (*Comput*) tarea *f*
Ⓑ VT **to ~ sb with sth** hacer que algn se encargue de algo
Ⓒ CPD ► **task force** N (*Mil*) destacamento *m* especial; (*Naut*) fuerza *f* expedicionaria; (= *working group*) grupo *m* de trabajo

**taskmaster** [ˈtɑːskˌmɑːstəʳ] N **he's a hard ~** es muy exigente, es un tirano

**Tasmania** [tæzˈmeɪnɪə] N Tasmania *f*

**Tasmanian** [tæzˈmeɪnɪən] Ⓐ ADJ tasmanio
Ⓑ N tasmanio/a *m/f*

**tassel** [ˈtæsəl] N borla *f*

**taste** [teɪst] Ⓐ N [1] (= *sense*) gusto *m*; **a keen sense of ~** un agudo sentido del gusto; **it's quite sweet to the ~** tiene un gusto bastante dulce al paladar
[2] (= *flavour*) sabor *m*, gusto *m*; **it has an odd ~** tiene un sabor *or* gusto raro; **to leave a bad** *or* **nasty ~ in the mouth** (*fig*) dejar mal sabor de boca; **his jokes leave a bad** *or* **nasty ~ in the mouth** sus chistes te dejan mal sabor de boca; **it has no ~** no sabe a nada, no tiene sabor
[3] (= *small amount*) **"more wine?" — "just a ~"** —¿más vino? —sólo un poco *or* un poquito; **would you like a ~?** ¿quieres probarlo?; **may I have a ~?** ¿puedo probarlo?; ✦*IDIOMS* **to give sb a ~ of their own medicine** pagar a algn con la misma moneda; **to get a ~ of one's own medicine** recibir el mismo (mal) trato que uno da a los demás
[4] (= *experience*) experiencia *f*; (= *sample*) muestra *f*; **it was her first ~ of freedom** fue su primera experiencia de la libertad *or* su primer contacto con la libertad; **we got a ~ of his anger** nos ofreció una muestra de su enfado; **now that she has had a ~ of stardom, she won't ever be content with ordinariness again** ahora que ha probado las mieles del estrellato *or* saboreado el estrellato, nunca más se conformará con lo normal y corriente; **he's had a ~ of prison** ha conocido *or* probado la cárcel; **to give sb a ~ of sth** dar una idea de algo a algn; **it gave him a ~ of military life** le dio una idea de lo que era la vida militar; **it was a ~ of things to come** era una muestra de lo que estaba por venir
[5] (= *liking*) gusto *m*; **~s differ** los gustos cambian; **he was a man of catholic ~s** era un hombre de gustos variados; **a ~ for sth**: **to acquire** *or* **develop a ~ for sth** tomarle gusto a algo; **it gave him a ~ for reading** esto hizo que le tomara gusto a la lectura; **she has a ~ for adventure** le gusta la aventura; **we have the same ~s in music** tenemos el mismo gusto para la música; **he has expensive ~s in cars** en cuanto a coches, tiene gustos caros; **season to ~** (*Culin*) sazonar al gusto; **it's not to my ~** no es de mi gusto; **is it to your ~?** ¿le gusta?, ¿es de su gusto?; ✦*IDIOM* **there's no accounting for ~** sobre gustos no hay nada escrito; *see also* **acquired**
[6] (= *discernment*) gusto *m*; **people of ~** la gente con gusto; **to be in bad ~** ser de mal gusto; **it would be in bad ~ to meet without him** sería de mal gusto reunirnos sin él, reunirnos sin él sería hacerle un desprecio *or* un feo; **she has very good ~** tiene muy buen gusto; **his ~ in clothes is extremely good** viste con muchísimo gusto; **I don't think**

**that remark was in very good ~** no me pareció un comentario de muy buen gusto; **to have ~** *[person]* tener gusto; **to have no ~** *[person]* no tener gusto; **the house is furnished in impeccable ~** la casa está amueblada con muchísimo gusto *or* con un gusto exquisito; **to be in poor ~** ser de mal gusto

Ⓑ VT 1 (= *sample*) [+ *food, drink*] probar; (*at tasting*) degustar, catar; **just ~ this** pruebe esto; *see also* **wine**

2 (= *perceive flavour of*) **I can't ~ the rum in this** no noto el sabor del ron en esto, esto apenas me sabe a ron; **I can't ~ anything when I have a cold** la comida no me sabe a nada cuando estoy resfriado

3 (= *eat*) comer, probar; **I haven't ~d salmon for years** hace años que no como salmón *or* pruebo el salmón; **he had not ~d food for a week** llevaba una semana sin probar bocado

4 (= *experience*) [+ *success, power*] saborear; [+ *poverty, loneliness*] conocer

Ⓒ VI (= *have flavour*) saber; **the brandy ~d bitter** el brandy sabía amargo, el brandy tenía un sabor *or* un gusto amargo; **it ~s good** está rico *or* bueno; **it ~s all right to me** a mí me sabe bien; **it ~s horrible** tiene un sabor horrible, sabe horrible *or* a rayos*; **to ~ like sth** saber a algo; **the meat ~d like chicken** la carne sabía a pollo; **to ~ of sth** saber a algo; **what does it ~ of?** ¿a qué sabe?

Ⓓ CPD ► **taste bud** N papila *f* gustativa

**tasteful** ['teɪstfʊl] ADJ de buen gusto

**tastefully** ['teɪstfəlɪ] ADV con buen gusto; **the sex scenes are very ~ done** las escenas sexuales están hechas con buen gusto

**tastefulness** ['teɪstfʊlnɪs] N buen gusto *m*

**tasteless** ['teɪstlɪs] ADJ 1 (= *without flavour*) 1·1 (*by nature*) [*substance*] insípido; **sodium is ~** el sodio es insípido *or* no tiene sabor

1·2 (*pej*) (*through cooking*) [*food, meal*] soso, insípido; **the fish was ~** el pescado estaba soso *or* no sabía a nada

2 (= *vulgar*) [*ornament, decor*] de mal gusto, ordinario

3 (= *offensive*) [*remark, joke*] de mal gusto

**tastelessly** ['teɪstlɪslɪ] ADV con mal gusto

**tastelessness** ['teɪstlɪsnɪs] N 1 (= *lack of flavour*) [*of food, substance*] insipidez *f*

2 (= *bad taste*) [*of ornament, joke, remark*] mal gusto *m*

**taster** ['teɪstəʳ] N 1 (= *person*) catador(a) *m/f*, degustador(a) *m/f*

2 (*Brit*) (*fig*) muestra *f*; **that is just a ~ of things to come** esto es un anticipo de lo que nos espera

**tastiness** ['teɪstɪnɪs] N lo sabroso, lo apetitoso

**tasty** ['teɪstɪ] ADJ (*compar* **tastier**; *superl* **tastiest**)

1 (= *well-flavoured*) [*food, dish*] sabroso, apetitoso; **this is very ~** esto sabe muy rico

2 (*) (= *salacious*) **a ~ piece of gossip** un cotilleo sustancioso; **a ~ piece of news** una noticia jugosa

3 (‡) (= *sexy*) **he/she's very ~!** ¡está buenísimo/buenísima!*, ¡está más bueno/buena que el pan!‡

**tat**[1] [tæt] VI (*Sew*) hacer encaje

**tat**[2]* [tæt] N (*Brit*) basura* *f*

**ta-ta*** ['tæ'tɑː] EXCL (*Brit*) adiós, adiosito*

**Tatar** ['tɑːtəʳ] = **Tartar**

**tattered** ['tætəd] ADJ [*clothes, flag*] en jirones; [*book*] destrozado; [*person*] andrajoso, harapiento; (*fig*) [*reputation*] hecho trizas

**tatters** ['tætəz] NPL (= *rags*) andrajos *mpl*, harapos *mpl*; (= *shreds*) jirones *mpl*; **to be in ~** [*clothes*] estar hecho jirones; (*fig*) [*reputation*] estar hecho trizas; [*marriage*] andar muy mal; **the coalition is in ~** la coalición anda muy mal

**tatting** ['tætɪŋ] N trabajo *m* de encaje, encaje *m*

**tattle** ['tætl] Ⓐ N (= *chat*) charla *f*; (= *gossip*) chismes *mpl*, habladurías *fpl*

Ⓑ VI (= *chat*) charlar, parlotear; (= *gossip*) chismear, contar chismes

**tattler** ['tætləʳ] N (= *chatterbox*) charlatán/ana *m/f*; (= *gossip*) chismoso/a *m/f*

**tattletale*** ['tætlteɪl] N (*US*) (= *person*) soplón/ona *m/f*, acusica *mf* (*Sp**); (= *talk*) cotilleo *m*, chismes *mpl* y cuentos *mpl*

**tattoo**[1] [tə'tuː] Ⓐ N (*on body*) tatuaje *m*

Ⓑ VT (*pt, pp* **tattooed**) tatuar

**tattoo**[2] [tə'tuː] N (*Mil*) (= *signal*) retreta *f*; (*Brit*) (= *pageant*) gran espectáculo *m* militar, exhibición *f* del arte militar; **the Edinburgh ~** el espectáculo militar de Edimburgo; **to beat a ~ with one's fingers** tamborilear con los dedos; → EDINBURGH FESTIVAL

**tattooist** [tə'tuːɪst] N tatuador(a) *m/f*

**tatty*** ['tætɪ] ADJ (*compar* **tattier**; *superl* **tattiest**) (= *shabby*) [*clothes*] raído, deshilachado; [*furniture*] estropeado

**taught** [tɔːt] PT, PP *of* **teach**

**taunt** [tɔːnt] Ⓐ N (= *jeer*) pulla *f*, mofa *f*; (= *insult*) insulto *m*

Ⓑ VT (= *jeer at*) mofarse de; (= *insult*) insultar; **to ~ sb (with sth)** mofarse de algn (por algo)

**taunting** ['tɔːntɪŋ] ADJ (= *jeering*) mofador, burlón; (= *insulting*) insultante

**tauntingly** ['tɔːntɪŋlɪ] ADV burlonamente, en son de burla

**Taurean** [ˌtɔː'riːən] N **to be a ~** ser Tauro

**tauromachy** ['tɔːrəmækɪ] N tauromaquia *f*

**Taurus** ['tɔːrəs] N 1 (= *sign, constellation*) Tauro *m*

2 (= *person*) Tauro *mf*; **she's (a) ~** es Tauro

**taut** [tɔːt] ADJ 1 (= *tight*) [*rope*] tirante, tenso; [*skin*] tirante; **the rope is held ~ by weights** la cuerda se mantiene tirante *or* tensa mediante unos pesos; **to pull sth ~** tensar algo; **to stretch sth ~** estirar algo hasta que quede tirante

2 (= *tense*) [*person, face, voice*] tenso; **their faces were ~ with fear** tenían el rostro tenso por el miedo

3 (= *firm*) [*body, legs*] firme, de carnes prietas; [*muscles*] firme

4 (= *tightly written*) [*novel, film*] compacto

**tauten** ['tɔːtn] Ⓐ VT [+ *muscles, body, rope, cable*] tensar; [+ *skin*] estirar; (*Naut*) tesar

Ⓑ VI [*muscles, body, rope, cable*] tensarse; [*skin*] ponerse tirante

**tautness** ['tɔːtnɪs] N 1 [*of rope*] tensión *f*; [*of skin*] tirantez *f*

2 [*of face, expression*] tensión *f*

3 [*of body, muscles*] firmeza *f*

4 [*of writing*] lo compacto

**tautological** [ˌtɔːtə'lɒdʒɪkəl] ADJ tautológico

**tautology** [tɔː'tɒlədʒɪ] N tautología *f*

**tavern**†† ['tævən] N taberna *f*

**tawdriness** ['tɔːdrɪnɪs] N [*of place, town*] chabacanería *f*

**tawdry** ['tɔːdrɪ] ADJ (*compar* **tawdrier**; *superl* **tawdriest**) [*jewellery*] de oropel, de relumbrón; [*clothes*] chabacano, hortera (*Sp**); [*decor*] charro, hortera (*Sp**); [*place, town*] chabacano; (= *sordid*) [*affair, business*] sórdido

**tawny** ['tɔːnɪ] (*compar* **tawnier**; *superl* **tawniest**)

Ⓐ ADJ leonado; (*wine parlance*) ámbar oscuro, tostado

Ⓑ CPD ► **tawny owl** N cárabo *m* ► **tawny port** N puerto *m* seco

**tax** [tæks] Ⓐ N 1 (*Fin*) (= *contribution*) impuesto *m*, tributo *m* (*frm*); **half of it goes in ~** la mitad se me va en impuestos; **petrol ~** ◊ **~ on petrol** impuesto *m* sobre la gasolina; **profits after ~** beneficios después de impuestos; **profits before ~** beneficios antes de impuestos; **free of ~** exento *or* libre de impuestos; **to impose** *or* **levy** *or* **put a ~ on sth** gravar algo con un impuesto; **to pay ~ on sth** pagar impuestos por algo; **to pay one's ~es** pagar los impuestos; **how much ~ do you pay?** ¿cuánto paga de impuestos?; **I paid £3,000 in ~ last year** el año pasado pagué 3.000 libras de impuestos; **for ~ purposes** a efectos fiscales; *see also* **capital C**, **council B**, **income B**, **value-added tax**

2 (= *strain*) **the extra administrative work was a ~ on the resources of schools** el trabajo adicional de administración supuso una carga pesada para los recursos de las escuelas; **it was a ~ on his strength/patience** puso a prueba sus fuerzas/su paciencia

Ⓑ VT 1 (*Fin*) [+ *income, profit*] gravar; [+ *person*] cobrar impuestos a, imponer cargas fiscales a; **household goods are ~ed at the rate of 15%** los artículos del hogar se gravan con el 15% *or* llevan un impuesto del 15%; **the wife is separately ~ed** la esposa paga impuestos por separado

2 (*Brit Aut*) **I haven't got my car ~ed yet** aún no he pagado el impuesto de circulación

3 (= *place a burden on*) poner a prueba; **these dilemmas would ~ the best of statesmen** estos dilemas pondrían a prueba al mejor de los estadistas

4 (*frm*) (= *accuse*) **to ~ sb with sth** acusar a algn de algo

5 (*Jur*) [+ *costs*] tasar

Ⓒ CPD ► **tax allowance** N desgravación *f* fiscal ► **tax avoidance** N evasión *f* legal de impuestos ► **tax base** N base *f* imponible ► **tax bracket** N grupo *m* impositivo ► **tax code**, **tax coding** N código *m* impositivo ► **tax collecting** N recaudación *f* de impuestos ► **tax collector** N recaudador(a) *m/f* de impuestos ► **tax cuts** NPL reducciones *fpl* en los impuestos ► **tax disc** N (*Brit*) pegatina *f* del impuesto de circulación ► **tax dodge*** N evasión *f* de impuestos ► **tax evasion** N evasión *f* fiscal ► **tax exemption** N exención *f* de impuestos, exención *f* tributaria ► **tax exile** N (= *person*) *persona autoexiliada para evitar los impuestos*; (= *state*) exilio *m* voluntario para evitar los impuestos ► **tax haven** N paraíso *m* fiscal ► **tax incentive** N aliciente *m* fiscal ► **tax inspector** N inspector(a) *m/f* fiscal, inspector(a) *m/f* de Hacienda ► **tax law** N derecho *m* tributario ► **tax liability** N obligación *f* fiscal, obligación *f* tributaria ► **tax rate** N tasa *f* impositiva ► **tax rebate** N devolución *f* de impuestos ► **tax relief** N desgravación *f* fiscal ► **tax return** N declaración *f* fiscal *or* de la renta; **to fill in** *or* **out one's ~ return** hacer la declaración fiscal *or* de la renta ► **tax revenue** N ingresos *mpl* tributarios ► **tax shelter** N refugio *m* fiscal ► **tax system** N sistema *m* tributario, sistema *m* fiscal ► **tax year** N año *m* fiscal, ejercicio *m* fiscal

**taxable** ['tæksəbl] Ⓐ ADJ gravable, imponible

Ⓑ CPD ► **taxable income** N renta *f* gravable, renta *f* imponible

**taxation** [tæk'seɪʃən] Ⓐ N (= *taxes*) impuestos *mpl*, contribuciones *fpl*; (= *system*) sistema *m* tributario

Ⓑ CPD ► **taxation system** N sistema *m* tributario, tributación *f*

**tax-deductible** ['tæksdɪ'dʌktəbl] ADJ desgravable

**taxeme** ['tæksi:m] N taxema *m*

**tax-exempt** [,tæksɪg'zempt] ADJ (*US*) exento de impuestos, libre de impuestos

**tax-free** ['tæks'fri:] (*Brit*) Ⓐ ADJ exento de impuestos, libre de impuestos
Ⓑ ADV **to live ~** vivir sin pagar impuestos

**taxi** ['tæksɪ] Ⓐ N (*pl* **taxis** *or* **taxies**) (= *cab*) taxi *m*; (= *collective taxi*) colectivo *m* (*LAm*), pesero *m* (*Mex*)
Ⓑ VI 1 (*Aer*) rodar por la pista
2 (= *go by taxi*) ir en taxi
Ⓒ CPD ► **taxi driver** N taxista *mf* ► **taxi fare** N tarifa *f* de taxi; **I'll pay the ~ fare** yo pagaré el taxi ► **taxi rank** (*Brit*), **taxi stance** (*Scot*), **taxi stand** (*US*) N parada *f* de taxis

**taxicab** ['tæksɪkæb] N (*esp US*) taxi *m*

**taxidermist** ['tæksɪdɜ:mɪst] N taxidermista *mf*

**taxidermy** ['tæksɪdɜ:mɪ] N taxidermia *f*

**taxi-man** ['tæksɪmæn] N (*pl* **taxi-men**) taxista *m*

**taximeter** ['tæksɪ,mi:tə^r] N taxímetro *m*

**taxing** ['tæksɪŋ] ADJ 1 (*mentally*) [*problem, task*] dificilísimo; [*period, time*] muy duro; **his job was mentally ~** su trabajo requería muchísima concentración mental
2 (*physically*) [*task, journey*] agotador, duro; **physically ~** agotador

**taxiway** ['tæksɪweɪ] N (*Aer*) pista *f* de rodaje

**taxman*** ['tæksmæn] N (*pl* **taxmen**) recaudador *m* de impuestos; (*euph*) (= *tax authorities*) **the ~** Hacienda *f*

**taxonomist** [tæk'sɒnəmɪst] N taxonomista *mf*

**taxonomy** [tæk'sɒnəmɪ] N taxonomía *f*

**taxpayer** ['tæks,peɪə^r] N contribuyente *mf*

**TB** N ABBR = **tuberculosis**

**tba** ABBR = **to be arranged** *or* **to be announced**

**T-bar** ['ti:bɑ:^r] N hierro *m* en T; (*also* **~ lift**) (*Ski*) telesquí *m*

**tbc** ABBR = **to be confirmed**

**T-bone (steak)** ['ti:bəʊn,(steɪk)] N chuleta *f* en forma de T

**tbs** (*pl* **tbs**), **tbsp** (*pl* **tbsp** *or* **tbsps**), **tblsp** (*pl* **tblsp** *or* **tblsps**) ABBR = **tablespoonful**

**TD** N ABBR 1 (*American Ftbl*) = **touchdown**
2 (*US*) = **Treasury Department**
3 (*Irl*) (= **Teachta Dála**) *miembro del parlamento irlandés*
4 (*Brit*) = **Territorial Decoration**

**te** [ti:] N (*Mus*) si *m*

**tea** [ti:] Ⓐ N 1 (= *drink, plant*) té *m*; **would you like some ~?** ¿te apetece un té?; **a cup of ~** una taza de té; **I'm making another pot of ~** voy a hacer otra tetera; **~ with lemon** ◊ **lemon ~** té con limón; **camomile ~** manzanilla *f*; **herbal/mint ~** té *m* de hierbas/menta; **iced ~** te *m* helado; ✦***IDIOMS*** **not for all the ~ in China** por nada del mundo; **~ and sympathy** (*euph*) té y sonrisas; *see also* **cup**
2 (= *cup of tea*) té *m*; **three ~s and a coffee please** tres tés y un café por favor
3 (= *meal*) (*afternoon*) té *m*, merienda *f*; (*evening*) (*Brit*) cena *f*; **an invitation to ~** una invitación a tomar el té *or* merendar; **high ~** merienda-cena *f* (*que se toma con té*); **to have ~** tomar el té, merendar
Ⓑ CPD ► **tea bag** N bolsita *f* de té ► **tea boy** N *chico que prepara y sirve el té en una fábrica u oficina* ► **tea break** N descanso *m* para el té ► **tea caddy** N bote *m* para té ► **tea cart** N (*US*) = **tea trolley** ► **tea chest** N caja *f* grande de madera ► **tea cloth** N (*for trolley, tray*) mantelito *m*, pañito *m*; (*for dishes*) = **tea towel** ► **tea cosy**, **tea cozy** (*US*) N cubretetera *m* ► **tea dance** N té *m* bailable, tébaile *m* ► **tea garden** N (= *café*) café *m* al aire libre; (*Agr*) plantación *f* de té ► **tea lady** N (*Brit*) *señora que prepara y sirve el té en una fábrica u oficina* ► **tea leaf** N hoja *f* de té ► **tea party** N té *m*, merienda *f* ► **tea rose** N rosa *f* de té ► **tea service**, **tea set** N servicio *m* de té, juego *m* de té ► **tea strainer** N colador *m* de té ► **tea table** N mesita *f* de té ► **tea things** NPL servicio *m* del té ► **tea towel** N paño *m* de cocina, trapo *m* de cocina (*LAm*) ► **tea tray** N bandeja *f* del té ► **tea trolley** N (*Brit*) carrito *m* del té ► **tea urn** N tetera *f* grande ► **tea wagon** N (*US*) carrito *m* del té

**teacake** ['ti:keɪk] N *bollo con pasas que generalmente se come tostado y untado con mantequilla*

**teach** [ti:tʃ] (*pt, pp* **taught**) Ⓐ VT 1 (*in class*) [+ *subject*] dar clases de, enseñar; [+ *group*] dar clases a; **Miss Hardy taught us needlework** la Srta. Hardy nos daba clases de *or* nos enseñaba costura; **he ~es primary-school children** es maestro de escuela (primaria), da clases a niños de primaria; **to ~ school** (*US*) (*primary*) dar clases en un colegio de enseñanza primaria; (*secondary*) dar clases en un colegio de enseñanza secundaria; **she taught English to Japanese businessmen** enseñaba inglés *or* daba clases de inglés a ejecutivos japoneses
2 (*not in class*) enseñar; **to ~ sb to do sth** enseñar a algn a hacer algo; **his parents taught him never to lie** sus padres le enseñaron a no mentir nunca; **he taught himself Arabic** aprendió árabe por su cuenta; **I'll ~ you to speak to me like that!** ¡ya te enseñaré yo a hablarme así!; **you can't ~ him anything about cars** no le puedes enseñar nada sobre coches; **my mother taught me how to cook** mi madre me enseñó a cocinar; **history ~es us a valuable lesson** la historia nos enseña una valiosa lección; **that'll ~ you!** ¡eso te servirá de lección!, ¡te está bien empleado!; **that will ~ you to mind your own business!** ¡eso te enseñará a no meterte en lo que no te importa!; ✦***IDIOMS*** **don't ~ your grandmother to suck eggs** a tu padre no le puedes enseñar a ser hijo; **to ~ sb a lesson*** darle una lección a algn; **you can't ~ an old dog new tricks** perro viejo no aprende gracias
Ⓑ VI (= *give classes*) dar clases; **his wife ~es at our school** su esposa da clases *or* es profesora en nuestro colegio; **he has always wanted to ~** siempre ha querido ser profesor *or* dedicarse a la enseñanza

**teachability** [,ti:tʃə'bɪlɪtɪ] N (*esp US*) educabilidad *f*

**teachable** ['ti:tʃəbl] ADJ (*esp US*) educable

**teacher** ['ti:tʃə^r] Ⓐ N (*in secondary school*) profesor(a) *m/f*; (*in primary school*) maestro/a *m/f*; **French ~** profesor(a) *m/f* de francés
Ⓑ CPD ► **teacher training** N (*Brit*) formación *f* pedagógica ► **teacher training college** N (*for primary schools*) escuela *f* normal; (*for secondary schools*) ≈ Instituto *m* de Ciencias de la Educación, ICE *m*; *see also* **pet A2**

**teacher-pupil ratio** [,ti:tʃə,pju:pl'reɪʃɪəʊ] N proporción *f* profesor-alumnos

**teach-in** ['ti:tʃ,ɪn] N reunión *f* de autoenseñanza colectiva

**teaching** ['ti:tʃɪŋ] Ⓐ N 1 (= *profession*) enseñanza *f*, docencia *f* (*more frm*); **have you considered a career in ~?** ¿has pensado en dedicarte a la enseñanza?; **her son's gone into ~** su hijo se ha metido a profesor
2 (= *activity*) enseñanza *f*; **our aim is to improve the ~ in our schools** nuestra meta es mejorar (el nivel de) la enseñanza en los colegios; **he's got 16 hours ~ a week** da 16 horas de clase a la semana; **I like ~** me gusta dar clases *or* enseñar; **the Teaching of English as a Foreign Language** la enseñanza del inglés como lengua extranjera; → TEFL/EFL, TESL/ESL, ELT, TESOL/ESOL
3 (*esp pl*) [*of philosopher, prophet*] enseñanzas *fpl*; **according to the ~(s) of Socrates** según las enseñanzas de Sócrates; **the church's ~ on birth control** las enseñanzas *or* la doctrina de la Iglesia con respecto al control de la natalidad
Ⓑ CPD ► **teaching aid** N artículo *m* didáctico, artículo *m* de enseñanza ► **teaching aids** NPL material *m* didáctico, material *m* de enseñanza ► **teaching hospital** N (*Brit*) hospital *m* clínico ► **teaching material** N material *m* didáctico, material *m* de enseñanza ► **teaching post** N puesto *m* de profesor, puesto *m* docente ► **teaching practice** N (*Brit*) prácticas *fpl* de enseñanza ► **the teaching profession** N la profesión docente, la docencia ► **the teaching staff** N el profesorado, el cuerpo docente

**teacup** ['ti:kʌp] N taza *f* para el té

**teahouse** ['ti:haʊs] N (*pl* **teahouses** ['ti:haʊzɪz]) salón *m* de té

**teak** [ti:k] N teca *f*, madera *f* de teca

**teakettle** ['ti:ketl] N (*US*) tetera *f*

**teal** [ti:l] N (*pl* **teal** *or* **teals**) cerceta *f*

**team** [ti:m] Ⓐ N (*gen*) equipo *m*; (= *group*) grupo *m*, equipo *m*; [*of horses*] tiro *m*; [*of oxen*] yunta *f*; **the national ~** la selección nacional; **home/away ~** equipo *m* de casa/visitante
Ⓑ VT **to ~ sth with sth** [+ *clothes*] combinar algo con algo; **to ~ sb with sb** asociar a algn con algn
Ⓒ VI **to ~ with sth** [*items of clothing*] combinar con algo
Ⓓ CPD ► **team championship** N campeonato *m* por equipos ► **team game** N juego *m* de equipo ► **team member** N miembro *mf* del equipo ► **team spirit** N espíritu *m* de equipo, compañerismo *m*

►**team up** VI + ADV juntarse, asociarse (**with** con); (*Sport*) formar un equipo (**with** con)

**team-mate** ['ti:mmeɪt] N compañero/a *m/f* de equipo

**teamster** ['ti:mstə^r] N (*US*) camionero *m*, camionista *m*

**teamwork** ['ti:mwɜ:k] N labor *f* de equipo, trabajo *m* en *or* de equipo

**teapot** ['ti:pɒt] N tetera *f*

**tear**[1] [tɛə^r] (*vb: pt* **tore**; *pp* **torn**) Ⓐ N 1 (= *rip*) (*in fabric, paper*) roto *m*, rasgón *m*, desgarrón *m*; **your shirt has a ~ in it** llevas la camisa rota, tu camisa está rota, tienes un roto *or* rasgón *or* desgarrón en la camisa; *see also* **wear A2**
2 (*Med*) (= *injury*) (*in muscle*) desgarro *m*; (*in ligament*) rotura *f*; [*of tissue*] (*in childbirth*) desgarro *m*
Ⓑ VT 1 (= *rip*) [+ *fabric, paper*] romper, rasgar; **you've torn your trousers** te has roto *or* rasgado el pantalón; **Jane tore my dress** Jane me rompió *or* rasgó el vestido; **~ along the dotted line** rasgar por la línea de puntos; **to ~ a hole in sth** hacer un agujero en algo; **she tore open the envelope** abrió el sobre rápidamente; **to ~ sth to pieces** *or* **bits** (*lit*) [+ *letter, photograph*] hacer pedazos algo, destrozar algo; [+ *animal*] descuartizar algo; (*fig*) [+ *argument, essay, idea*] echar algo por tierra; **the antelope was torn to pieces by the lions** los leones descuartizaron el antílope; **to ~ sb to pieces** *or* **bits** (*lit*) descuartizar a algn; (*fig*) poner a algn por los suelos; ✦***IDIOM***

**that's torn it!*** ¡ya la hemos fastidiado!*, ¡buena la hemos hecho!*; *see also* **hair A1**, **limb**

[2] (= *injure*) [+ *muscle*] desgarrarse; [+ *ligament*] romperse; **he tore a muscle in his thigh** se desgarró un músculo del muslo; **torn ligaments** rotura *f* de ligamentos

[3] (= *pull, remove*) **he tore the shelf away from the wall with his bare hands** arrancó el estante de la pared con sus propias manos; **to ~ o.s. free** *or* **loose** soltarse; **to ~ sth from/off sth** arrancar algo de algo; **he tore a page from** *or* **out of his notebook** arrancó una hoja del bloc de notas; **she tried to ~ the book from my hands** intentó arrancarme el libro de las manos; **the wind tore the roof off a building** el viento arrancó (de cuajo) el tejado de un edificio; ♦*IDIOM* **to ~ sb off a strip** (*Brit**) poner a algn de vuelta y media*

[4] (*fig*) **having to make a decision like that can ~ you in two** tomar una decisión así puede ser una experiencia desgarradora; **he was torn by his emotions** estaba desgarrado por las emociones; **a country torn by war** un país desgarrado por la guerra; **she is torn between her job and her family** se debate entre su trabajo y su familia; **she was torn between the two men in her life** no se decidía entre los dos hombres que formaban parte de su vida; *see also* **tear apart 3**

Ⓒ VI [1] (= *get torn*) [*fabric, paper*] rasgarse, romperse; (*Med*) [*muscle, tissue*] desgarrarse; [*ligament*] romperse

[2] (= *pull*) **to ~ at sth**: **he tore at the wrapping paper** tiró del papel de regalo; **the eagles tore at its flesh with their beaks** las águilas le arrancaban la carne con los picos; **the brambles tore at his face** las zarzas le arañaron la cara; **she managed to ~ free** *or* **loose** logró soltarse

[3] (= *rush*) **to ~ along/out/down** *etc* ir/salir/bajar *etc* embalado, ir/salir/bajar *etc* a toda velocidad; **she tore out of the room/up the stairs** salió de la habitación/subió las escaleras embalada, salió de la habitación/subió las escaleras a toda velocidad; **we were ~ing along the motorway** íbamos embalados por la autopista, íbamos por la autopista a toda velocidad *or* a toda pastilla*; **to ~ past** pasar como un rayo; **an explosion tore through the building** una explosión sacudió el edificio

Ⓓ CPD ► **tear sheet** N hoja *f* separable, página *f* recortable

►**tear along** Ⓐ VI + ADV (= *run*) correr precipitadamente, precipitarse, ir a máxima velocidad

Ⓑ VI + PREP *see* **tear**[1] **C2**, **C3**

►**tear apart** VT + ADV [1] (= *rip to pieces*) [+ *object*] hacer pedazos, hacer trizas; [+ *prey*] descuartizar

[2] (*in search*) [+ *room, house*] destrozar; **they tore the room apart, searching for drugs** destrozaron la habitación en busca de drogas

[3] (= *damage*) [+ *family, organization, person*] desgarrar; **the family had been torn apart by the divorce** el divorcio había desgarrado a la familia; **it ~s me apart to know you're unhappy** me desgarra el corazón saber que no eres feliz

[4] (= *criticize*) [+ *idea, theory*] echar por tierra

►**tear away** Ⓐ VT + ADV (*fig*) **the exhibition was so interesting I could hardly ~ myself away** era una exposición tan interesante que me costaba horrores marcharme; **eventually we tore him away from the party** por fin conseguimos arrancarlo de la fiesta, por fin conseguimos que se marchara de la fiesta; **I couldn't ~ my eyes away from him** no le podía quitar los ojos de encima; **if you can ~ yourself away from that book/the television** si puedes dejar ese libro/despegarte del televisor un momento

Ⓑ VI + ADV (*at speed*) salir embalado, salir a toda velocidad

►**tear down** VT + ADV [+ *building, statue*] derribar; [+ *poster, flag*] arrancar

►**tear off** Ⓐ VT + ADV [1] (= *remove*) [+ *sheet of paper, label, wrapping*] arrancar; **he tore off his clothes and fell into bed** se quitó la ropa a tirones y cayó sobre la cama; **he tried to ~ off her burning dress** intentó quitarle a tirones el vestido en llamas; **the hurricane/explosion tore off the roof** el huracán/la explosión arrancó el techo de cuajo

[2] (*) (= *write hurriedly*) [+ *letter*] escribir deprisa y corriendo, garrapatear

Ⓑ VI + ADV [1] (*at speed*) salir embalado, salir a toda velocidad; **she tore off on her motorbike** salió embalada *or* a toda velocidad en la moto

[2] (= *be removable*) **the label ~s off** la etiqueta se puede arrancar

Ⓒ VT + PREP *see* **tear**[1] **B3**

►**tear out** Ⓐ VT + ADV [+ *cheque, page*] arrancar; [+ *plant, stake, tree*] arrancar, arrancar de cuajo; **to ~ sb's eyes out** sacar los ojos a algn; **to ~ one's hair (out)** (*lit*) arrancarse el pelo a manojos; (*in exasperation, worry*) tirarse de los pelos

Ⓑ VI + ADV (= *rush*) *see* **tear**[1] **C3**

►**tear up** VT + ADV [1] (= *rip to pieces*) (*lit*) [+ *letter, photo*] romper, hacer pedazos; (*fig*) [+ *contract, agreement*] romper, anular

[2] (= *pull up*) [+ *plant, stake, tree*] arrancar, arrancar de cuajo; [+ *forest, woodland*] talar, despoblar; [+ *road*] levantar

[3] (= *damage*) [+ *pitch, surface*] destrozar

**tear**[2] [tɪəʳ] Ⓐ N lágrima *f*; **to burst into ~s** echarse a llorar; **she was close to ~s** estaba a punto de llorar; **to dissolve into ~s** deshacerse en lágrimas; **to be in ~s** estar llorando; **to end in ~s: it'll end in ~s!** (*lit*) ¡luego vendrán los llantos!, ¡al final acabaréis llorando!; (*fig*) acabará mal; **it was a marriage destined to end in ~s** era un matrimonio que estaba condenado a acabar mal; **to be moved to ~s** llorar de la emoción; **I was moved to ~s by their generosity** lloré de la emoción por la generosidad que mostraron; **to reduce sb to ~s** hacerle llorar a algn; **she didn't shed a single ~** no derramó ni una sola lágrima; **nobody is going to shed a ~ over that** nadie se va a disgustar por eso; **to wipe away one's ~s** secarse las lágrimas; ♦*IDIOM* **to bore sb to ~s** aburrir soberanamente a algn; **I was bored to ~s** me aburrí soberanamente *or* como una ostra*

Ⓑ CPD ► **tear duct** N conducto *m* lacrimal ► **tear gas** N gas *m* lacrimógeno ► **tear gas bomb** N bomba *f* lacrimógena ► **tear gas canister** N bote *m* de gas lacrimógeno ► **tear gas grenade** N granada *f* lacrimógena

**tearaway*** [ˈtɛərəweɪ] N (*Brit*) gamberro/a *m/f*, alborotador(a) *m/f*

**teardrop** [ˈtɪədrɒp] N lágrima *f*

**tearful** [ˈtɪəfʊl] ADJ [*eyes, voice*] lloroso; [*farewell, reunion*] emotivo; **she was surrounded by ~ children** estaba rodeada de niños que lloraban; **she felt a bit ~** se le saltaron las lágrimas; **to become** *or* **get ~** ponerse a llorar

**tearfully** [ˈtɪəfəlɪ] ADV [*say, reply, smile*] con lágrimas en los ojos, llorando

**tearing** [ˈtɛərɪŋ] ADJ [1] **with a ~ noise** con un ruido de tela que se rasga

[2] (*fig*) **at a ~ pace** a un paso vertiginoso; **to be in a ~ hurry** estar muy de prisa

**tear-jerker*** [ˈtɪəˌdʒɜːkəʳ] N (= *film*) película *f* lacrimógena; (= *play*) dramón *m* muy sentimental*, obra *f* lacrimógena

**tear-jerking*** [ˈtɪəˌdʒɜːkɪŋ] ADJ lacrimógeno, muy sentimental

**tear-off** [ˈtɛərɒf] Ⓐ ADJ [*tab, ticket*] con trepado, con taladrado

Ⓑ CPD ► **tear-off calendar** N calendario *m* de taco ► **tear-off notebook** N bloc *m* de notas

**tearoom** [ˈtiːrʊm] N salón *m* de té

**tear-stained** [ˈtɪəsteɪnd] ADJ manchado de lágrimas

**tease** [tiːz] Ⓐ N [1] (= *person*) (= *leg-puller*) bromista *mf*, guasón/ona* *m/f*; **he's a dreadful ~** es muy bromista, es muy guasón*

[2] (= *flirt*) **he's a dreadful ~** le gusta mucho flirtear

[3] (= *joke*) **to do sth for a ~** hacer algo para divertirse

Ⓑ VT [1] [+ *person*] (= *make fun of*) tomar el pelo a, mofarse de; (= *annoy*) fastidiar, molestar; (*cruelly*) atormentar; (*sexually*) coquetear con; **they ~ her about her hair** la molestan con chistes acerca de su pelo; **I don't like being ~d** no me gusta que se me tome el pelo

[2] [+ *animal*] provocar

[3] (*Tech*) [+ *fibres*] cardar

►**tease out** VT + ADV [+ *tangles*] desenredar, separar; (*fig*) [+ *information*] sonsacar, ir sacando

**teasel** [ˈtiːzl] N [1] (*Bot*) cardencha *f*

[2] (*Tech*) carda *f*

**teaser** [ˈtiːzəʳ] N [1] (= *person*) = **tease A**

[2] (*) (= *problem*) rompecabezas *m inv*

**teashop** [ˈtiːʃɒp] N (*Brit*) café *m*, cafetería *f*; (*strictly*) salón *m* de té

**teasing** [ˈtiːzɪŋ] Ⓐ ADJ burlón, guasón*

Ⓑ N burlas *fpl*, guasa* *f*

**teasingly** [ˈtiːzɪŋlɪ] ADV [1] (= *jokingly*) [*say*] de manera burlona, de cachondeo (*Sp**)

[2] (= *flirtatiously*) [*smile*] coquetamente

**teaspoon** [ˈtiːspuːn] N (= *spoon*) cucharilla *f*, cucharita *f* (de postre); (= *quantity*) cucharadita *f*

**teaspoonful** [ˈtiːspʊnfʊl] N cucharadita *f*

**teat** [tiːt] N [*of bottle*] tetina *f*; [*of animal*] teta *f*

**teatime** [ˈtiːtaɪm] N (*esp Brit*) [1] (= *time for drinking tea*) hora *f* del té; **at ~** a la hora del té

[2] (= *time of evening meal*) hora *f* de cenar

**TEC** N ABBR (*Brit*) = **Training and Enterprise Council**

**'tec*** [tek] N = **detective**

**tech** [tek] N ABBR [1] = **technology**

[2] = **technical college**

**technetium** [tekˈniːʃɪəm] N tecnetio *m*

**technical** [ˈteknɪkəl] Ⓐ ADJ técnico; **this is getting too ~** esto se está poniendo muy técnico; **a ~ hitch** un fallo técnico; **a ~ offence** (*Jur*) un delito de carácter técnico, un cuasidelito; **a ~ point** un detalle técnico; **for ~ reasons** por motivos técnicos; **the government has scored a ~ victory** teóricamente, el gobierno ha logrado una victoria

Ⓑ CPD ► **technical college** N (*Brit Scol*) ≈ escuela *f* politécnica, ≈ instituto *m* de formación profesional (*Sp*) ► **technical drawing** N dibujo *m* técnico ► **technical knockout** N (*Boxing*) K.O. *m* técnico ► **technical support** N (*Comput*) (servicio *m* de) asistencia *f* técnica

**technicality** [ˌteknɪˈkælɪtɪ] N 1 (= *technical detail*) detalle *m* (técnico); (= *word*) tecnicismo *m*; **I don't understand all the technicalities** no entiendo todos los detalles (técnicos); **it failed because of a ~** fracasó debido a una dificultad técnica
2 (= *nature*) tecnicidad *f*, carácter *m* técnico

**technically** [ˈteknɪkəlɪ] ADV 1 (= *technologically*) [*advanced*] técnicamente; [*superior, feasible*] técnicamente, desde el punto de vista técnico
2 (= *strictly*) [*illegal, correct*] técnicamente; **~, they aren't eligible for a grant** técnicamente *or* en teoría, no tienen derecho a una ayuda; **~ speaking** hablando en sentido estricto, en puridad (*frm*)
3 (= *regarding technique*) [*proficient, demanding*] desde el punto de vista técnico, técnicamente

**technician** [tekˈnɪʃən] N técnico/a *m/f*; *see also* **dental**, **laboratory**

**Technicolor**® [ˈteknɪˌkʌləʳ] Ⓐ N tecnicolor® *m*; **in ~** en tecnicolor
Ⓑ ADJ en tecnicolor, de tecnicolor

**technique** [tekˈniːk] N (*gen*) técnica *f*

**techno...** [ˈteknəʊ] PREFIX tecno...

**technocracy** [tekˈnɒkrəsɪ] N tecnocracia *f*

**technocrat** [ˈteknəʊkræt] N tecnócrata *mf*

**technocratic** [ˌteknəˈkrætɪk] ADJ tecnocrático

**technological** [ˌteknəˈlɒdʒɪkəl] ADJ tecnológico

**technologically** [ˌteknəˈlɒdʒɪkəlɪ] ADV tecnológicamente

**technologist** [tekˈnɒlədʒɪst] N tecnólogo/a *m/f*

**technology** [tekˈnɒlədʒɪ] N tecnología *f*

**techy** [ˈtetʃɪ] ADJ = **tetchy**

**tectonic** [tekˈtɒnɪk] ADJ tectónico; **~ movement** movimiento *m* tectónico; **~ plate** placa *f* tectónica

**tectonics** [tekˈtɒnɪks] N tectónica *f*

**Ted** [ted] N (*familiar form*) *of* **Edward**

**tedder** [ˈtedəʳ] N heneador *m*

**Teddy** [ˈtedɪ] N (*familiar form*) *of* **Edward**

**teddy** [ˈtedɪ] Ⓐ N (*also* **~ bear**) osito *m* (de peluche)
Ⓑ CPD ► **teddy boy** N (*Brit*) *hombre vestido a la moda de los rockeros de los años 50 y considerado a menudo una persona violenta*

**tedious** [ˈtiːdɪəs] ADJ pesado, aburrido

**tediously** [ˈtiːdɪəslɪ] ADV **~ dull** mortalmente aburrido; **his speech was ~ long** su discurso fue largo y pesado *or* aburrido

**tediousness** [ˈtiːdɪəsnɪs], **tedium** [ˈtiːdɪəm] N pesadez *f*, lo aburrido

**tee** [tiː] N 1 (*Golf*) (= *object*) tee *m*; (= *area*) punto *m* de salida; **the third ~** el punto de salida del tercer hoyo
2 *see* **T**

►**tee off** VI + ADV dar el primer golpe

►**tee up** Ⓐ VT + ADV (*Golf*) [+ *ball*] colocar en el tee; (*Ftbl*) preparar
Ⓑ VI + ADV colocar la pelota en el tee

**tee-hee** [ˈtiːˈhiː] Ⓐ N risita *f* (tonta)
Ⓑ EXCL ¡ji!, ¡ji!, ¡je!, ¡je!
Ⓒ VI reírse con una risita tonta, reírse un poquito

**teem** [tiːm] VI 1 **to ~ (with)** [+ *insects, fish*] abundar (en); **a lake ~ing with fish** un lago que abunda en peces, un lago repleto de peces; **through streets ~ing with people** por calles atestadas de gente
2 **it's ~ing (with rain)** está lloviendo a mares *or* a cántaros

**teeming** [ˈtiːmɪŋ] ADJ numerosísimo; [*rain*] torrencial; **the ~ millions** los muchos millones

**teen*** [tiːn] ADJ = **teenage**

**teenage** [ˈtiːneɪdʒ] ADJ [*fashion*] para adolescentes, juvenil; **a ~ boy/girl** un/una adolescente; **memories of her ~ years** recuerdos *mpl* de sus años de adolescencia; **to reduce the number of ~ pregnancies** reducir el número de embarazos entre las jóvenes adolescentes

**teenager** [ˈtiːnˌeɪdʒəʳ] N adolescente *mf*; **a club for ~s** un club para jóvenes

**teens** [tiːnz] NPL adolescencia *fsing*; **to be in one's ~** ser adolescente; **he is still in his ~** es adolescente todavía, no ha cumplido aún los 20

**teensy(-weensy)*** [ˈtiːnzɪ(ˈwiːnzɪ)] ADJ = **teeny(-weeny)**

**teenybopper** [ˈtiːnɪˈbɒpəʳ] N quinceañero/a *m/f*

**teeny(-weeny)*** [ˈtiːnɪ(ˈwiːnɪ)] ADJ chiquito, chiquitín

**tee-shirt** [ˈtiːʃɜːt] N = **T-shirt**

**teeter** [ˈtiːtəʳ] VI bambolearse, tambalearse; (*fig*) vacilar, titubear; **to ~ on the edge of a nervous breakdown** estar al borde de un ataque nervioso

**teeth** [tiːθ] NPL *of* **tooth**

**teethe** [tiːð] VI echar los dientes; **he's teething** le están saliendo los dientes, está echando los dientes

**teething** [ˈtiːðɪŋ] Ⓐ N dentición *f*
Ⓑ CPD ► **teething ring** N chupador *m*, mordedor *m* ► **teething troubles**, **teething problems** NPL (*Brit*) (*fig*) problemas *mpl* iniciales

**teetotal** [ˈtiːˈtəʊtl] ADJ [*person*] abstemio; **the Methodist church used to be ~** los metodistas eran abstemios

**teetotalism** [ˈtiːˈtəʊtəlɪzəm] N abstinencia *f* (de bebidas alcohólicas)

**teetotaller**, **teetotaler** (*US*) [ˈtiːˈtəʊtləʳ] N (= *person*) abstemio/a *m/f*

**TEFL** [ˈtefl] N ABBR = **Teaching of English as a Foreign Language**

**TEFL/EFL, TESL/ESL, ELT, TESOL/ESOL**

*Los términos* **TEFL (Teaching (of) English as a Foreign Language**: *enseñanza del inglés como lengua extranjera)* y **EFL (English as a Foreign Language**: *inglés para extranjeros) se usan para hablar de la enseñanza del inglés a personas que no viven en un país de habla inglesa.*
**TESL (Teaching (of) English as a Second Language**: *enseñanza del inglés como segunda lengua)* y **ESL (English as a Second Language**: *inglés como segunda lengua) se refieren a la enseñanza del inglés a personas que viven en un país de habla inglesa pero tienen otra lengua materna, por ejemplo, los miembros de las minorías étnicas. Este tipo de enseñanza intenta integrar el entorno cultural del alumno y aprovechar el conocimiento de su lengua materna en el proceso de aprendizaje.*
**ELT (English Language Teaching**: *enseñanza del inglés) es el término que se aplica a la enseñanza del inglés en general y, por tanto, engloba a los ya mencionados.*
**TESOL (Teaching (of) English to Speakers of Other Languages**) *es el término de inglés americano que equivale a* **TEFL** *y a* **TESL**.
**ESOL (English for Speakers of Other Languages**) *es el equivalente a* **EFL** *y* **ESL**.

**Teflon**® [ˈteflɒn] N teflón® *m*

**tegument** [ˈtegjʊmənt] N tegumento *m*

**Teheran**, **Tehran** [tɛəˈrɑːn] N Teherán *m*

**tel.** ABBR (= **telephone**) tel, tfno, Tfno

**tele...** [ˈtelɪ] PREFIX tele...

**telebanking** [ˈtelɪˌbæŋkɪŋ] N telebanco *m*, telebanca *f*

**telecast** [ˈtelɪkɑːst] (*US*) Ⓐ N programa *m* de televisión
Ⓑ VT, VI transmitir (por televisión)

**telecommunications** [ˈtelɪkəˌmjuːnɪˈkeɪʃənz]
Ⓐ N (= *area of study*) telecomunicaciones *fpl*
Ⓑ CPD [*company, equipment*] de telecomunicaciones ► **the telecommunications industry** N el sector de telecomunicaciones, la industria de telecomunicaciones

**telecommute** [ˈtelɪkəmˌjuːt] VI teletrabajar, trabajar a distancia

**telecommuter** [ˈtelɪkəmˌjuːtəʳ] N teletrabajador(a) *m/f*, trabajador(a) *m/f* a distancia

**telecommuting** [ˈtelɪkəmˌjuːtɪŋ] N teletrabajo *m*, trabajo *m* a distancia

**teleconference** [ˈtelɪkɒnfərəns] N teleconferencia *f*

**teleconferencing** [ˈtelɪkɒnfərənsɪŋ] N teleconferencias *fpl*

**telefilm** [ˈtelɪfɪlm] N telefilm(e) *m*

**telegenic** [ˌtelɪˈdʒenɪk] ADJ televisivo, telegénico

**telegram** [ˈtelɪgræm] N telegrama *m*

**telegraph** [ˈtelɪgrɑːf] Ⓐ N (= *message*) telegrama *m*; (= *apparatus*) aparato *m* telegráfico
Ⓑ VT, VI telegrafiar
Ⓒ CPD ► **telegraph pole**, **telegraph post** N poste *m* telegráfico ► **telegraph wire** N hilo *m* telegráfico

**telegraphese** [ˈtelɪgrɑːˈfiːz] N estilo *m* telegráfico

**telegraphic** [ˌtelɪˈgræfɪk] ADJ telegráfico

**telegraphist** [tɪˈlegrəfɪst] N telegrafista *mf*

**telegraphy** [tɪˈlegrəfɪ] N telegrafía *f*

**telekinesis** [ˌtelɪkɪˈniːsɪs] N telequinesia *f*

**telemarketing** [ˈtelɪmɑːkɪtɪŋ] N (*Comm*) telemárketing *m*

**telematic** [ˌtelɪˈmætɪk] ADJ telemático

**telemessage** [ˈtelɪmesɪdʒ] N (*Brit*) telegrama *m*

**telemetry** [tɪˈlemɪtrɪ] N telemetría *f*

**teleology** [ˌtelɪˈɒlədʒɪ] N teleología *f*

**teleordering** [ˈtelɪˌɔːdərɪŋ] N pedido *m* telefónico

**telepath** [ˈtelɪpæθ] N telépata *mf*

**telepathic** [ˌtelɪˈpæθɪk] ADJ telepático

**telepathically** [ˌtelɪˈpæθɪklɪ] ADV telepáticamente, por telepatía

**telepathist** [tɪˈlepəθɪst] N telepatista *mf*

**telepathy** [tɪˈlepəθɪ] N telepatía *f*

**telephone** [ˈtelɪfəʊn] Ⓐ N teléfono *m*; **to be on the ~** (= *be connected*) tener teléfono; (= *be speaking*) estar hablando por teléfono; **you're wanted on the ~** le llaman al teléfono
Ⓑ VI telefonear; **I'll ~ for an ambulance** llamaré a una ambulancia
Ⓒ VT llamar por teléfono, telefonear
Ⓓ CPD ► **telephone answering machine** N contestador *m* automático ► **telephone book** N = **telephone directory** ► **telephone booth** (*US*), **telephone box** (*Brit*) N cabina *f* telefónica ► **telephone call** N llamada *f* (telefónica) ► **telephone directory** N guía *f* telefónica ► **telephone exchange** N central *f* (telefónica); (*private*) centralita *f* (*Sp*), conmutador *m* (*LAm*) ► **telephone kiosk** N = **telephone box**

► **telephone number** N número *m* de teléfono, fono *m* (*Chile*); **he's paid in ~ numbers*** le pagan un dineral* ► **telephone operator** N telefonista *mf* ► **telephone sex** N teléfono *m* erótico ► **telephone subscriber** N abonado/a *m/f* telefónico/a ► **telephone tapping** N intervención *f* telefónica ► **telephone warning** N aviso *m* telefónico

**telephonic** [ˌtelɪˈfɒnɪk] ADJ telefónico

**telephonist** [tɪˈlefənɪst] N telefonista *mf*

**telephony** [tɪˈlefənɪ] N telefonía *f*

**telephoto lens** [ˈtelɪˌfəʊtəʊˈlenz] N teleobjetivo *m*

**teleprinter** [ˈtelɪˌprɪntəʳ] N teletipo *m*

**teleprocessing** [ˌtelɪˈprəʊsesɪŋ] N teleproceso *m*

**teleprompter®** [ˈtelɪˌprɒmptəʳ] N teleprompter *m*

**telesales** [ˈtelɪˌseɪlz] Ⓐ NPL televenta(s) *f(pl)*
Ⓑ CPD ► **telesales person** N televendedor(a) *m/f*

**telescope** [ˈtelɪskəʊp] Ⓐ N telescopio *m*
Ⓑ VI [*aerial, umbrella*] plegarse
Ⓒ VT abatir, plegar; **to ~ A into B** meter A dentro de B

**telescopic** [ˌtelɪsˈkɒpɪk] Ⓐ ADJ telescópico
Ⓑ CPD ► **telescopic lens** N teleobjetivo *m* ► **telescopic sight** N mira *f* telescópica, visor *m* telescópico ► **telescopic umbrella** N paraguas *m* plegable

**teleshopping** [ˈtelɪˌʃɒpɪŋ] N (*US*) telecompra(s) *f(pl)*

**teletext** [ˈtelɪtekst] N teletex(to) *m*

**telethon** [ˈteləθɒn] N (*TV*) telemaratón *m* (con fines benéficos)

**Teletype®** [ˈtelɪˌtaɪp] N teletipo *m*

**teletypewriter** [ˌtelɪˈtaɪpraɪtəʳ] (*US*) N = **teleprinter**

**televangelist** [ˌtelɪˈvændʒəlɪst] N evangelista *mf* de la tele

**televiewer** [ˈtelɪˌvjuːəʳ] N televidente *mf*, telespectador(a) *m/f*

**televise** [ˈtelɪvaɪz] VT transmitir (por televisión), televisar

**television** [ˈtelɪˌvɪʒən] Ⓐ N (= *broadcast, broadcasting industry*) televisión *f*; (*also* **~ set**) televisor *m*, aparato *m* de televisión; **to be on ~** [*person*] salir por la televisión; **to watch ~** ver *or* mirar la televisión; **to speak on ~** hablar por televisión
Ⓑ CPD [*broadcast, play, report, serial*] televisivo; [*camera*] de televisión; [*personality*] de la televisión ► **television aerial** N antena *f* de televisión ► **television announcer** N locutor(a) *m/f* de televisión ► **television broadcast** N emisión *f* televisiva ► **television licence** N *licencia que se paga por el uso del televisor, destinada a financiar la BBC* ► **television lounge** N sala *f* de televisión ► **television network** N cadena *f* de televisión, red *f* de televisión ► **television programme** N programa *m* de televisión ► **television room** N sala *f* de televisión ► **television screen** N pantalla *f* de televisión ► **television set** N televisor *m*, aparato *m* de televisión ► **television studio** N estudio *m* de televisión ► **television tube** N tubo *m* de rayos catódicos, cinescopio *m*

**televisual** [telɪˈvɪzjʊəl] ADJ (*Brit*) televisivo

**telework** [ˈtelɪwɜːk] VI teletrabajar

**teleworker** [ˈtelɪwɜːkəʳ] N teletrabajador(a) *m/f*

**teleworking** [ˈtelɪwɜːkɪŋ] N teletrabajo *m*

**telex** [ˈteleks] Ⓐ N (*gen*) télex *m inv*
Ⓑ VT, VI enviar un télex (a)

**tell** [tel] (*pt, pp* **told**) Ⓐ VT [1] [+ *story, experiences*] contar; [+ *truth*] decir; [+ *secret*] contar, divulgar (*frm*); (*formally*) comunicar, informar; **to ~ sb sth** decir algo a algn; **to ~ sb whether/how/why** *etc* decir a algn si/cómo/por qué *etc*; **to ~ sb that …** decir a algn que …; **I have been told that …** me han dicho que …, se me ha dicho que ... (*frm*); **I am pleased to ~ you that …** (*frm*) me complace comunicarle que …, me es grato comunicarle que …; **I ~ you it isn't!** ¡te digo que no!; **let me ~ you, I didn't enjoy it** si te digo la verdad, no me gustó nada; **there were three, I ~ you, three** había tres, ¿me oyes?, tres; **I ~ myself it can't be true** digo para mí que no puede ser verdad; **I told him about the missing money** le dije lo del dinero que faltaba, le informé acerca del dinero que faltaba (*frm*); **~ me all about it** cuéntame todo; **I'll ~ you all about it** te (lo) diré todo; **~ me another!*** ¡cuéntaselo a tu abuela!*; **he's no saint, I can ~ you!** ¡no es ningún santo, te lo aseguro!; **so much happened that I can't begin to ~ you** pasaron tantas cosas no sé por dónde empezar a contarte; **I cannot ~ you how pleased I am** no encuentro palabras para expresarle lo contento que estoy; **I could ~ you a thing or two about him** hay cosas de él que yo me sé; **don't ~ me you can't do it!** ¡no me vayas a decir *or* no me digas que no lo puedes hacer!; **to ~ sb's fortune** ◊ **~ sb the future** decir a algn la buenaventura; **to ~ a lie** mentir; **you're ~ing me!*** ¡a quién se lo cuentas!, ¡a mí no me lo vas a contar!; **I told you so!** ¡ya lo decía yo!; **didn't I ~ you so?** ¿no te lo dije ya?; **(I) ~ you what, let's go now** sabes qué, vámonos ya; **I ~ you what!** ¡se me ocurre una idea!; *see also* **marine**
[2] (= *order*) **to ~ sb to do sth** decir a algn que haga algo, mandar a algn a hacer algo; **do as you are told!** ¡haz lo que te digo!; **he won't be told** no acepta consejos de nadie, no quiere hacer caso de nadie; **I told you not to** te dije que no lo hicieras
[3] (= *indicate*) [*sign, dial, clock*] indicar; **to ~ sb sth** indicar algo a algn; **there was a sign ~ing us which way to go** una señal nos indicaba el camino; **the clock ~s the quarter hours** el reloj da los cuartos de hora
[4] (= *distinguish*) distinguir; **I couldn't ~ them apart** no sabía distinguirlos; **to ~ the difference between A and B** distinguir entre A y B; **I can't ~ the difference** no veo la diferencia; **to ~ right from wrong** distinguir el bien del mal; *see also* **time A5**
[5] (= *know, be certain*) saber; **you can ~ he's a German** se (le) nota que es alemán; **you can ~ a horse's age by its teeth** la edad de un caballo se sabe por los dientes; **how can I ~ what she will do?** ¿cómo voy a saber lo que ella hará?; **you can't ~ much from his letter** su carta nos dice bien poco; **I couldn't ~ how it was done** no sabía cómo se hizo; **there is no ~ing what he will do** es imposible saber qué va a hacer
[6] (= *count*) **to ~ one's beads** rezar el rosario; **400 all told** 400 en total
Ⓑ VI [1] (= *speak*) **to ~ (of)** hablar de; **the ruins told of a sad history** las ruinas hablaban de una triste historia; **"did you love her?" — "more than words can ~"** —¿la amabas? —más de lo que pueda expresar con palabras; **it hurt more than words can ~** dolió una barbaridad, dolió lo indecible; **I hear ~ that …** dicen que …; **I hear ~ of a disaster** he oído que ha ocurrido una catástrofe; **I have never heard ~ of it** no he oído nunca hablar de eso
[2] (*) (= *sneak, tell secrets*) **please don't ~!** ¡no vayas contándolo *or* soplándolo* por ahí!; **he told on me to my parents** se chivó de mí a mis padres (*Sp**); **that would be ~ing!** ¡es un secreto!
[3] (= *know, be certain*) saber; **how can I ~?** ¿cómo lo voy a saber?, ¿yo qué sé?; **I can't ~** (me) es imposible saberlo, no le puedo decir, no sabría decirle; **who can ~?** ¿quién sabe?; **there is no ~ing** no se puede saber; **you never can ~** nunca se sabe; *see also* **time A1**
[4] (= *have an effect*) **every blow told** cada golpe tuvo su efecto; **stamina ~s in the long run** a la larga importa *or* vale más la resistencia; **blood will ~** la sangre cuenta; **to ~ against sb** obrar en contra de algn; **the strain is beginning to ~ on him** la tensión está empezando a afectarle

►**tell off** VT + ADV [1] (= *order*) ordenar, mandar
[2] (*) **to ~ sb off (for sth/for doing sth)** regañar a algn (por algo/por haber hecho algo)

**teller** [ˈteləʳ] N [1] [*of story*] narrador(a) *m/f*
[2] (*US, Scot*) (*in bank*) cajero/a *m/f*; (*at election*) escrutador(a) *m/f*

**telling** [ˈtelɪŋ] Ⓐ ADJ (= *effective*) [*blow*] certero; [*argument*] contundente, eficaz; (= *significant*) [*figures, remark*] revelador
Ⓑ N narración *f*; **the story did not lose in the ~** la historia no perdió nada al ser narrada

**telling-off** [ˌtelɪŋˈɒf] N bronca *f*, reprimenda *f*; **to give sb a ~** echar una bronca *or* regañar a algn

**telltale** [ˈtelteɪl] Ⓐ ADJ [*sign*] revelador, indicador
Ⓑ N [1] (= *person*) soplón/ona *m/f*
[2] (*Naut*) cataviento*s m inv*

**tellurium** [teˈlʊərɪəm] N telurio *m*

**telly*** [ˈtelɪ] N (*Brit*) tele* *f*

**temblor** [ˈtembləʳ] N (*US*) temblor *m* de tierra

**temerity** [tɪˈmerɪtɪ] N temeridad *f*; **to have the ~ to** + *infin* atreverse a + *infin*; **and you have the ~ to say that …!** ¡y usted se atreve a decir que ...!, ¡y usted me dice tan fresco que ...!

**temp*** [temp] Ⓐ N ABBR (= **temporary**) empleado/a *m/f* eventual, temporero/a *m/f*
Ⓑ VI trabajar como empleado/a eventual, trabajar de temporero

**temp.** ABBR = **temperature**

**temper** [ˈtempəʳ] Ⓐ N [1] (= *nature*) carácter *m*, genio *m*; (= *mood*) humor *m*; **to be in a ~** estar furioso; **to be in a good/bad ~** estar de buen/mal humor; **to keep one's ~** no perder la calma, contenerse; **to lose one's ~** perder los estribos; **to have a quick ~** tener genio; **in a fit of ~** en un acceso de furia *or* ira; **to fly into a ~** ponerse furioso, montar en cólera; **mind your ~!** ◊ **temper, temper!** ¡contrólate *or* controla ese genio!
[2] [*of metal*] temple *m*
Ⓑ VT [1] (= *moderate*) [+ *remarks*] suavizar, atenuar; [+ *energy, enthusiasm*] atemperar; **to ~ justice with mercy** templar la justicia con la compasión
[2] (= *soften*) [+ *metal*] templar

**tempera** [ˈtempərə] N pintura *f* al temple

**temperament** [ˈtempərəmənt] N [1] (= *disposition*) temperamento *m*, disposición *f*
[2] (= *moodiness, difficult temperament*) genio *m*; **he has a ~** tiene genio

**temperamental** [ˌtempərəˈmentl] ADJ [1] (= *moody*) [*person, machine*] caprichoso
[2] (= *caused by one's nature*) temperamental, por temperamento

**temperance** [ˈtempərəns] Ⓐ N [1] (= *moderation*) templanza *f* (*frm*), moderación *f*

2 (= *teetotalism*) abstinencia *f* de bebidas alcohólicas
Ⓑ CPD ► **temperance hotel** N hotel *m* donde no se sirven bebidas alcohólicas ► **temperance movement** N campaña *f* antialcohólica

**temperate** ['tempərɪt] ADJ [*climate, zone*] templado; [*person*] moderado; (*in drinking*) abstemio; **to be ~ in one's demands** ser moderado en sus exigencias

**temperature** ['temprɪtʃəʳ] Ⓐ N 1 (*Met*) temperatura *f*
2 (*Med*) (= *high temperature*) calentura *f*, fiebre *f*; **to have** *or* **run a ~** tener fiebre *or* calentura; **she has a ~ of 103°** ≈ tiene 39° de fiebre; **to take sb's ~** tomar la temperatura a algn
Ⓑ CPD ► **temperature chart** N gráfico *m* de temperaturas

**tempered** ['tempəd] ADJ templado

**-tempered** ['tempəd] ADJ (*ending in compounds*) de ... humor

**tempest** ['tempɪst] N (*poet*) tempestad *f*; ✦**IDIOM a ~ in a teacup** (*US*) una tormenta *or* tempestad en un vaso de agua

**tempestuous** [tem'pestjʊəs] ADJ [*relationship, meeting*] tempestuoso

**Templar** ['templəʳ] N templario *m*

**template, templet** (*US*) ['templɪt] N plantilla *f*

**temple** ['templ] N 1 (*Rel*) templo *m*
2 (*Anat*) sien *f*
3 **the Temple** (*in London*) el Colegio de Abogados

**templet** ['templɪt] N (*US*) = **template**

**tempo** ['tempəʊ] N (*pl* **tempos,** (*Mus*) **tempi** ['tempi:]) (*Mus*) tempo *m*; (*fig*) ritmo *m*

**temporal** ['tempərəl] ADJ (*Ling*) [*conjunction, clause*] temporal

**temporarily** ['tempərərɪlɪ] ADV temporalmente

**temporary** ['tempərərɪ] ADJ [*accommodation, solution, licence*] temporal, provisional; [*secretary, job, staff*] temporal, eventual; [*problem*] pasajero, temporal; **this is just a ~ measure** esto es sólo una medida temporal *or* provisional; **orthodox treatment gave only ~ relief** el tratamiento ortodoxo proporcionó sólo un alivio temporal *or* pasajero; **~ workers** trabajadores *mpl* temporales; (*agricultural*) temporeros *mpl*; **"temporary road surface"** "asfalto provisional"

**temporize** ['tempəraɪz] VI tratar de ganar tiempo

**tempt** [tem*p*t] VT 1 (*gen*) tentar; **to ~ sb to do sth** tentar a algn a hacer algo; **I'm ~ed to do it** estoy tentado de hacerlo; **they've offered me a job in France and I must say I'm ~ed** me han ofrecido un trabajo en Francia y la verdad es que me tienta mucho; **can I ~ you to another cake?** ¿le apetece otro pastelito?
2 (*Rel*) tentar, poner a prueba; **you shouldn't ~ fate** *or* **providence** no hay que tentar a la suerte

**temptation** [tem*p*'teɪʃən] N tentación *f*; **there is always a ~ to ...** existe siempre la tentación de ...; **to resist ~** resistir (a) la tentación; **I couldn't resist the ~ to tell him** *or* **of telling him** no pude resistir la tentación de decírselo; **to give way** *or* **yield to ~** ceder a la tentación; **to put ~ in sb's way** exponer a algn a la tentación; **lead us not into ~** (*Bible*) no nos dejes caer en la tentación

**tempter** ['tem*p*təʳ] N tentador *m*

**tempting** ['tem*p*tɪŋ] ADJ [*food*] apetitoso; [*offer, idea*] tentador; **it would be ~ to agree** uno se siente tentado a pensar lo mismo

**temptingly** ['tem*p*tɪŋlɪ] ADV [*displayed, arrayed*] de modo tentador; **their strawberry gateau is ~ fruity** su pastel de fresa lleno de fruta resulta de lo más apetitoso; **it is ~ easy to ...** lo más fácil sería ..., uno se siente tentado a ...

**temptress** ['tem*p*trɪs] N tentadora *f*

**ten** [ten] Ⓐ ADJ diez
Ⓑ N diez *m*; **~s of thousands** decenas de miles; **~ to one he'll be late*** te apuesto que llega tarde; ✦**IDIOM they're ~ a penny*** se encuentran en todas partes; *see* **five** *for usage*

**tenable** ['tenəbl] ADJ [*argument*] sostenible, defendible; [*proposal*] válido

**tenacious** [tɪ'neɪʃəs] ADJ [*person*] tenaz; [*belief, idea*] firme

**tenaciously** [tɪ'neɪʃəslɪ] ADV tenazmente, con tenacidad

**tenacity** [tɪ'næsɪtɪ] N tenacidad *f*

**tenancy** ['tenənsɪ] N (= *possession, period*) tenencia *f*, inquilinato *m*; (= *lease*) arriendo *m*, alquiler *m*; **joint/multiple ~** arriendo *m* *or* alquiler *m* conjunto/múltiple

**tenant** ['tenənt] Ⓐ N inquilino/a *m/f*, arrendatario/a *m/f*
Ⓑ CPD ► **tenant farmer** N agricultor(a) *m/f* arrendatario/a

**tenantry** ['tenəntrɪ] N inquilinos *mpl*; (*Agr*) agricultores *mpl* arrendatarios

**tench** [tentʃ] N (*pl inv*) tenca *f*

**tend**[1] [tend] VI 1 **to ~ to do sth** tender a hacer algo, soler hacer algo; **men ~ to die younger than women** los hombres tienden a *or* suelen morir más jóvenes que las mujeres; **this type of material ~s to shrink** este tipo de tela tiene tendencia a *or* tiende a *or* suele encoger; **that ~s to be the case** tiende a ser así, suele ser así; **I ~ to agree** me inclino a pensar lo mismo
2 **to ~ towards** tender a; **her stories ~ towards the melodramatic** sus historias tienden a ser melodramáticas; **he ~s towards conservatism** es de tendencias conservadoras

**tend**[2] [tend] Ⓐ VT 1 (= *care for*) [+ *patient, invalid*] cuidar, atender; [+ *sheep, cattle, horses*] cuidar, ocuparse de; [+ *garden*] ocuparse de; [+ *grave*] cuidar de; [+ *fire*] atender, ocuparse de
2 **to ~ bar** (*US*) servir en el bar
Ⓑ VI **to ~ to** [+ *patient, invalid*] atender a, cuidar; [+ *sheep, cattle, horses*] cuidar, ocuparse de; [+ *fire*] atender, ocuparse de; [+ *housework, wounds, needs*] ocuparse de

**tendency** ['tendənsɪ] N 1 (*gen*) tendencia *f*; **to have a ~ to do sth** [*person*] tener tendencia a hacer algo; (*Med*) tener propensión *or* ser propenso a hacer algo; **he has a ~ to exaggerate** tiene tendencia a exagerar; **there is a ~ for companies to recruit fewer staff** existe tendencia por parte de las empresas a emplear a menos trabajadores; **there is a ~ for prices to rise** los precios tienen tendencia a subir; **she has a ~ to** *or* **towards depression** tiene propensión *or* es propensa a la depresión
2 (= *leaning*) **left-wing/right-wing tendencies** tendencias *fpl* izquierdistas/derechistas; **suicidal tendencies** tendencias *fpl* *or* inclinaciones *fpl* suicidas

**tendentious** [ten'denʃəs] ADJ tendencioso

**tendentiously** [ten'denʃəslɪ] ADV de modo tendencioso

**tendentiousness** [ten'denʃəsnɪs] N tendenciosidad *f*

**tender**[1] ['tendəʳ] Ⓐ N 1 (*Comm*) oferta *f*; **call for ~** propuesta *f* para licitación de obras; **to put in** *or* **make a ~ (for)** presentarse a concurso *or* a una licitación (para); **to put sth out to ~** sacar algo a concurso *or* a licitación
2 [*of currency*] **legal ~** moneda *f* corriente *or* de curso legal
Ⓑ VT (*frm*) (= *proffer*) [+ *money*] ofrecer; [+ *thanks*] dar; **he ~ed his resignation** presentó su dimisión
Ⓒ VI (*Comm*) **to ~ (for)** presentarse a concurso *or* a una licitación (para)
Ⓓ CPD ► **tender documents** NPL pliegos *mpl* de propuesta

**tender**[2] ['tendəʳ] N 1 (*Rail*) ténder *m*
2 (*Naut*) gabarra *f*, embarcación *f* auxiliar

**tender**[3] ['tendəʳ] ADJ 1 (= *gentle, affectionate*) [*person, expression, kiss, word*] tierno; [*voice*] lleno de ternura; **he gave her a ~ smile** le sonrió tiernamente *or* con ternura; **a child needs ~ loving care** un niño necesita que le den cariño y que lo cuiden; **to bid sb a ~ farewell** (*liter*) despedirse de algn con ternura, dar a algn una cariñosa despedida
2 (*esp hum*) (= *young*) tierno; **at the ~ age of seven** a la tierna edad de siete años; **in spite of his ~ years** a pesar de su tierna edad
3 (= *sensitive, sore*) sensible, dolorido; **the skin will be ~ for a while** la piel te dolerá durante algún tiempo; **~ to the touch** sensible al tacto
4 (*Culin*) [*meat, vegetables*] tierno; **cook the vegetables until ~** cocer las verduras hasta que estén *or* se pongan tiernas
5 (*Bot*) [*plant*] delicado; [*shoot*] tierno

**tenderfoot** ['tendəfʊt] N (*pl* **tenderfoots**) (*esp US*) principiante *m*, novato *m*

**tender-hearted** ['tendə'hɑ:tɪd] ADJ compasivo, bondadoso, tierno de corazón

**tender-heartedness** ['tendə'hɑ:tɪdnɪs] N compasión *f*, bondad *f*, ternura *f*

**tenderize** ['tendəraɪz] VT ablandar

**tenderizer** ['tendəraɪzəʳ] N ablandador *m*

**tenderloin** ['tendəlɔɪn] N 1 (= *meat*) lomo *m*, filete *m*
2 (*US**) *barrio de vicio y corrupción reconocidos*

**tenderly** ['tendəlɪ] ADV (= *affectionately*) [*kiss, say, smile*] tiernamente, con ternura

**tenderness** ['tendənɪs] N 1 (= *gentleness*) [*of person, kiss, smile*] ternura *f*
2 (= *sensitivity, soreness*) dolor *m*; **breast ~** dolor *m* en el pecho; **some ~ around the area is to be expected** es de esperar que la zona duela un poco
3 (*Culin*) [*of meat, vegetables*] lo tierno
4 (*Bot*) fragilidad *f*

**tendon** ['tendən] N tendón *m*

**tendril** ['tendrɪl] N zarcillo *m*

**tenement** ['tenɪmənt] Ⓐ N vivienda *f*; (*Scot*) (= *flat*) piso *m* (*Sp*), departamento *m* (*LAm*)
Ⓑ CPD ► **tenement block** N bloque *m* de pisos (*Sp*), bloque *m* de departamentos (*LAm*) ► **tenement house** N casa *f* de vecinos, casa *f* de vecindad

**Tenerife** [,tenə'ri:f] N Tenerife *m*

**tenet** ['tenət] N principio *m*

**tenfold** ['tenfəʊld] Ⓐ ADJ **there has been a ~ increase in accidents** se ha multiplicado por diez el número de accidentes, el número de accidentes es diez veces mayor
Ⓑ ADV diez veces

**ten-gallon hat** [,tengælən'hæt] N sombrero *m* tejano

**Tenn.** ABBR (*US*) = **Tennessee**

**tenner*** ['tenəʳ] N (*Brit*) (= £10) diez libras; (= £10 *note*) billete *m* de diez libras; (*US*) (= $10) diez dólares; (= *$10 note*) billete *m* de diez dólares

**tennis** ['tenɪs] Ⓐ N tenis *m*
Ⓑ CPD ► **tennis ball** N pelota *f* de tenis ► **tennis court** N pista *f* de tenis (*Sp*), cancha *f* de tenis (*LAm*) ► **tennis elbow** N (*Med*) sinovitis *f* del codo, codo *m* de tenista ► **tennis match** N partido *m* de tenis ► **tennis player** N tenista *mf* ► **tennis racquet** N raqueta *f* de tenis ► **tennis shoe** N zapatilla *f* de tenis

**tenon** ['tenən] N espaldón *m*

**tenor** ['tenəʳ] Ⓐ ADJ [*instrument, part, voice*] de tenor; [*aria*] para tenor
Ⓑ N 1 (*Mus*) tenor *m*
2 (= *purport*) [*of speech*] tenor *m*

**tenpin bowling** [ˌtenpɪn'bəʊlɪŋ] N, **tenpins** ['tenpɪnz] NPL bolos *mpl*, bolera *f*

**tense**[1] [tens] N (*Ling*) tiempo *m*; **in the present ~** en presente

**tense**[2] [tens] Ⓐ ADJ (*compar* **tenser**; *superl* **tensest**) 1 (= *nervous*) [*person, expression*] tenso; **her voice was ~** se le notaba la tensión en la voz; **to feel ~** sentirse tenso; **to get** *or* **grow ~** ponerse tenso
2 (= *stiff*) [*body, muscles, neck*] tenso, en tensión; **my shoulders are ~** tengo los hombros tensos *or* en tensión
3 (= *strained*) [*atmosphere, silence*] tenso; [*relations*] tenso, tirante; [*period, moment*] de tensión; **the ~ situation in the Persian Gulf** la situación de tensión en el Golfo Pérsico
4 (= *taut*) [*rope, wire*] tenso, tirante
Ⓑ VI (*also* **~ up**) [*person*] ponerse tenso; [*muscle, body*] ponerse tenso, ponerse en tensión
Ⓒ VT (*also* **~ up**) tensar, poner tenso; **she ~d her muscles** tensó *or* puso tensos los músculos

►**tense up** Ⓐ VI + ADV *see* **tense**[2] **B**
Ⓑ VT + ADV *see* **tense**[2] **C**

**tensely** ['tenslɪ] ADV [*say, wait*] tensamente

**tenseness** ['tensnɪs] N tensión *f*

**tensile** ['tensaɪl] ADJ (= *relating to tension*) de tensión, relativo a la tensión; (= *stretchable*) extensible; **~ strength** resistencia *f* a la tensión

**tension** ['tenʃən] N 1 (= *unease*) (*in atmosphere, situation*) tensión *f*; (*in relations*) tensión *f*, tirantez *f*; **there is a lot of ~ between them** entre ellos existe mucha tirantez
2 (= *stiffness*) [*of person, in shoulders*] tensión *f*
3 (= *tightness*) [*of rope, wire*] tensión *f*, tirantez *f*

**tent** [tent] Ⓐ N tienda *f* de campaña, carpa *f* (*LAm*)
Ⓑ CPD ► **tent peg** N (*Brit*) estaca *f* de tienda, estaquilla *f* ► **tent pole**, **tent stake** N palo *m*

**tentacle** ['tentəkl] N tentáculo *m*

**tentative** ['tentətɪv] ADJ 1 (= *provisional*) [*agreement, plan, arrangement*] provisional, provisorio (*LAm*); [*conclusion*] provisional, no definitiva
2 (= *hesitant*) [*gesture*] vacilante, tímido; [*smile, attempt*] tímido; **the first ~ steps toward democracy** los primeros pasos vacilantes hacia la democracia; **he made a ~ suggestion that ...** sugirió tímidamente que ...

**tentatively** ['tentətɪvlɪ] ADV 1 (= *provisionally*) [*agree, arrange, plan*] provisionalmente, provisoriamente (*LAm*)
2 (= *hesitantly*) [*smile*] tímidamente; [*say*] tímidamente, con vacilación; **he touched one of the boxes ~** tocó una de las cajas con cuidado

**tenterhooks** ['tentəhʊks] NPL ✦**IDIOMS to be on ~** estar sobre ascuas, tener el alma en vilo; **to keep sb on ~** tener a algn sobre ascuas

**tenth** [tenθ] Ⓐ ADJ décimo
Ⓑ N (*in series*) décimo *m*; (= *fraction*) décimo *m*, décima parte *f*; *see* **fifth** *for usage*

**tenuity** [te'njʊɪtɪ] N tenuidad *f*

**tenuous** ['tenjʊəs] ADJ [*connection, link*] vago, ligero; [*argument*] flojo, endeble; [*evidence*] poco sólido; [*alliance, peace*] frágil, endeble; **he has only a ~ grasp of reality** sólo tiene una escasa conciencia de la realidad; **to have a ~ hold on sth** tener (un) escaso control sobre algo

**tenuously** ['tenjʊəslɪ] ADV [*linked, connected*] vagamente

**tenuousness** ['tenjʊəsnɪs] N [*of link, connection*] lo vago; [*of argument*] endeblez *f*, falta *f* de fundamento; [*of evidence*] falta *f* de solidez

**tenure** ['tenjʊəʳ] Ⓐ N 1 [*of land*] posesión *f*, tenencia *f*, ocupación *f*; [*of office*] ocupación *f*, ejercicio *m*
2 (= *guaranteed employment*) puesto *m* asegurado, permanencia *f*; **teacher with ~** profesor(a) *m/f* de número, profesor(a) *m/f* numerario/a; **teacher without ~** profesor(a) *m/f* no numerario/a
Ⓑ CPD **~ track position** (*US*) puesto *m* con posibilidad de obtener la permanencia

**tepee** ['ti:pi:] N (*US*) tipi *m*

**tepid** ['tepɪd] ADJ (*lit*) tibio; (*fig*) [*reception, welcome*] poco entusiasta, poco caluroso

**tepidity** [te'pɪdɪtɪ], **tepidness** ['tepɪdnɪs] N tibieza *f*

**tequila** [tɪ'ki:lə] N tequila *m*

**Ter.** ABBR = **Terrace**

**terbium** ['tɜ:bɪəm] N terbio *m*

**tercentenary** [ˌtɜ:sen'ti:nərɪ] N tricentenario *m*

**tercet** ['tɜ:sɪt] N terceto *m*

**Terence** ['terəns] N Terencio

**term** [tɜ:m] Ⓐ N 1 (= *period*) periodo *m*, período *m*; (*as President, governor, mayor*) mandato *m*; **in the <u>long</u> ~** a largo plazo; **in the <u>longer</u> ~** a un plazo más largo; **in the <u>medium</u> ~** a medio plazo; **during his ~ of <u>office</u>** bajo su mandato; **we have been elected for a three-year ~ (of office)** hemos sido elegidos para un periodo legislativo de tres años; **he will not seek a third ~ (of office) as mayor** no irá a por un tercer mandato de alcalde, no renovará por tercera vez su candidatura como alcalde; **he is currently serving a seven-year <u>prison</u> ~** actualmente está cumpliendo una condena de siete años; **he <u>served</u> two ~s as governor** ocupó el cargo de gobernador durante dos periodos de mandato; **in the <u>short</u> ~** a corto plazo; **despite problems, she carried the baby <u>to</u> ~** a pesar de los problemas llevó el embarazo a término
2 (*Educ*) trimestre *m*; **in the autumn** *or* (*US*) **fall/spring/summer ~** en el primer/segundo/tercer trimestre; **they don't like you to take holidays during ~** no les gusta que se tomen vacaciones durante el trimestre *or* en época de clases
3 (*Comm, Jur, Fin*) (= *period of validity*) plazo *m*; **the policy is near the end of its ~** el plazo de la póliza está a punto de vencer; **interest rates change over the ~ of the loan** los tipos de interés cambian a lo largo del plazo del préstamo
4 (= *word*) término *m*; **what do you understand by the ~ "radical"?** ¿qué entiende usted por (el término) "radical"?; **explain it in ~s a child might understand** explícalo de manera que un niño lo pueda entender; **legal/medical ~s** términos *mpl* legales/médicos; **a ~ of <u>abuse</u>** un término ofensivo, un insulto; **a ~ of <u>endearment</u>** un apelativo cariñoso; **he spoke of it only in <u>general</u> ~s** sólo habló de ello en términos generales; **he spoke of her in <u>glowing</u> ~s** habló de ella en términos muy elogiosos; **in <u>simple</u> ~s** de forma sencilla; **she condemned the attacks in the <u>strongest</u> ~s** condenó los ataques de la forma más enérgica; **<u>technical</u> ~** tecnicismo *m*, término *m* técnico; *see also* **contradiction**, **uncertain**
5 (*Math, Logic*) término *m*
6 **terms** 6·1 (= *conditions*) condiciones *fpl*, términos *mpl*; **according to the ~s of the contract** según las condiciones *or* los términos del contrato; **to <u>dictate</u> ~s (to sb)** poner condiciones (a algn); **we offer <u>easy</u> ~s** ofrecemos facilidades de pago; **~s of <u>employment</u>** condiciones *fpl* de empleo; **to compete on <u>equal</u> ~s** competir en igualdad de condiciones *or* en pie de igualdad; **they accepted him on his <u>own</u> ~s** lo aceptaron con las condiciones que él había puesto; **~s of <u>reference</u>** (= *brief*) [*of committee, inquiry*] cometido *m*, instrucciones *fpl*; [*of study*] ámbito *m*; (= *area of responsibility*) responsabilidades *fpl*, competencia *f*; (= *common understanding*) puntos *mpl* de referencia; **~s of <u>sale</u>** condiciones *fpl* de venta; **~s of <u>trade</u>** condiciones *fpl* de transacción; ✦**IDIOM to come to ~s with sth** asumir *or* asimilar algo
6·2 (= *relations*) **to be on <u>bad</u> ~s with sb** llevarse mal con algn, no tener buenas relaciones con algn; **we're on <u>first</u> name ~s with all the staff** nos tuteamos con todos los empleados; **she is still on <u>friendly</u> ~s with him** todavía mantiene una relación amistosa con él; **to be on <u>good</u> ~s with sb** llevarse bien con algn, tener buenas relaciones con algn; **they have managed to remain on good ~s** se las arreglaron para quedar bien; **we're not on <u>speaking</u> ~s at the moment** actualmente no nos hablamos
6·3 (= *sense*) **in ~s of: in ~s of production we are doing well** en cuanto a la producción vamos bien, por lo que se refiere *or* por lo que respecta a la producción vamos bien; **he never describes women in ~s of their personalities** nunca describe a las mujeres refiriéndose a su personalidad; **he was talking in ~s of buying it** hablaba como si fuera a comprarlo; **in <u>economic/political</u> ~s** desde el punto de vista económico/político, en términos económicos/políticos; **in <u>practical</u> ~s this means that ...** en la práctica esto significa que ...; **in <u>real</u> ~s incomes have fallen** en términos reales los ingresos han bajado; **<u>seen</u> in ~s of its environmental impact, the project is a disaster** desde el punto de vista de su impacto en el medio ambiente, el proyecto es un desastre; **we were <u>thinking</u> more in ~s of an au pair** nuestra idea era más una au pair, teníamos en mente a una au pair
Ⓑ VT (= *designate*) calificar de; **he was ~ed a thief** lo calificaron de ladrón; **he ~ed the war a humanitarian nightmare** calificó la guerra de pesadilla humanitaria; **I was what you might ~ a gangster** yo era lo que se podría llamar un gángster; **the problems of what is now ~ed "the mixed economy"** los problemas de lo que ahora se da en llamar "la economía mixta"
Ⓒ CPD ► **term insurance** N seguro *m* temporal ► **term loan** N préstamo *m* a plazo fijo ► **term paper** N (*US*) trabajo *m* escrito trimestral

➤ LANGUAGE IN USE: term A6 20.1

**termagant** ['tɜːməgənt] N arpía *f*, fiera *f*

**terminal** ['tɜːmɪnl] Ⓐ ADJ 1 (= *incurable*) [*cancer, patient, case*] terminal, en fase terminal; **the government's problems may be ~** (*fig*) los problemas del gobierno pueden no tener solución; **to be in (a state of) ~ decline** estar en un estado de declive irreversible
2 (*) (= *utter*) [*boredom*] mortal*; [*adolescent*] incorregible, impenitente; **an act of ~ stupidity** un acto de una estupidez supina*
3 (*Rail, Bus*) (= *final*) [*station*] terminal
Ⓑ N 1 (*Elec*) borne *m*, polo *m*; (*Comput*) terminal *m*
2 [*of bus, train*] terminal *f*; **~ building** edificio *m* de la terminal

**terminally** ['tɜːmɪnəlɪ] ADV 1 (= *incurably*) **to be ~ ill** estar en fase terminal; **he was ~ ill with lung cancer** sufría un cáncer de pulmón en fase terminal
2 (*) (= *utterly*) [*boring, dull*] mortalmente*; [*stupid*] irremediablemente

**terminate** ['tɜːmɪneɪt] Ⓐ VT [+ *meeting*] concluir; [+ *conversation, relationship*] poner fin a; [+ *contract*] finalizar; [+ *pregnancy*] interrumpir
Ⓑ VI [*contract*] finalizarse, concluir; [*train, bus*] terminar; **this train ~s here** este tren termina aquí su recorrido, este tren muere aquí

**termination** [,tɜːmɪ'neɪʃən] N [*of contract*] terminación *f*; [*of pregnancy*] interrupción *f*; **~ of employment** baja *f*, cese *m*

**termini** ['tɜːmɪnaɪ] NPL *of* **terminus**

**terminological** [,tɜːmɪnə'lɒdʒɪkəl] ADJ terminológico

**terminologist** [,tɜːmɪ'nɒlədʒɪst] N terminólogo/a *m/f*

**terminology** [,tɜːmɪ'nɒlədʒɪ] N terminología *f*

**terminus** ['tɜːmɪnəs] N (*pl* **terminuses, termini**) (= *last station*) (*Rail*) estación *f* terminal; [*of bus route*] última parada *f*, final *f* del recorrido; (= *building*) (*Rail*) término *m*; (*for buses*) terminal *f*

**termite** ['tɜːmaɪt] N termita *f*, comején *m*

**termtime** ['tɜːmtaɪm] N **in ~** durante el trimestre; **they don't like you to take holidays during ~** no les gusta que se tomen vacaciones durante el trimestre *or* en época de clases

**tern** [tɜːn] N golondrina *f* de mar; **common ~** charrán *m* común

**ternary** ['tɜːnərɪ] ADJ ternario

**Terpsichore** [tɜːp'sɪkərɪ] N Terpsícore

**terpsichorean** [,tɜːpsɪkə'riːən] ADJ coreográfico, de Terpsícore

**Terr.** ABBR = **Terrace**

**terrace** ['terəs] Ⓐ N 1 (= *patio, verandah*) terraza *f*; (= *roof*) azotea *f*
2 (= *raised bank*) terraplén *m*
3 [*of houses*] hilera *f* de casas (adosadas); (= *name of street*) calle *f*
4 (*Agr*) terraza *f*
5 (*Sport*) **the ~s** las gradas *fpl*, el graderío
Ⓑ VT [+ *hillside, garden*] construir terrazas en, terraplenar

**terraced** ['terəst] ADJ (= *layered*) [*hillside, garden*] en terrazas, terraplenado; (= *in a row*) [*house, cottage*] adosado; **~ gardens** jardines *mpl* formando terrazas, jardines *mpl* colgantes

**terracotta** ['terə'kɒtə] Ⓐ N terracota *f*
Ⓑ ADJ terracota

**terra firma** [,terə'fɜːmə] N tierra *f* firme

**terrain** [te'reɪn] N terreno *m*

**terrapin** ['terəpɪn] N tortuga *f* de agua dulce

**terrarium** [te'reərɪəm] N terrario *m*

**terrazzo** [te'rætsəʊ] N terrazo *m*

**terrestrial** [tɪ'restrɪəl] ADJ 1 [*life, animal, plant*] terrestre
2 (*esp Brit TV*) [*broadcasting, channel*] de transmisión (por) vía terrestre

**terrible** ['terəbl] ADJ 1 (= *very unpleasant*) [*experience, accident, disease*] terrible, espantoso; **it was a ~ thing to have happened** era terrible que hubiese sucedido algo así; **it was a ~ thing to see** era horrible verlo; **the ~ thing is that I've lost it** lo peor de todo es que lo he perdido
2 (*) (= *very bad*) [*weather, food*] horrible, espantoso; **her French is ~** habla fatal el francés, habla un francés espantoso; **"what was it like?" — "terrible!"** —¿qué tal fue? —¡espantoso!; **I'm ~ at cooking** se me da fatal la cocina*; **I'm ~ at remembering names** se me da fatal recordar (los) nombres, soy malísimo para recordar (los) nombres; **I've got a ~ cold** tengo un resfriado espantoso; **I've had a ~ day at the office** he tenido un día malísimo *or* horrible en la oficina; **to feel ~** (= *guilty, ill*) sentirse fatal *or* muy mal; **to look ~** (= *ill*) tener muy mal aspecto; **she looked ~ in that trouser suit** ese traje pantalón le quedaba fatal; **I've got a ~ memory** tengo una memoria malísima; **I've made a ~ mistake** he cometido un terrible error; **you sound ~, is something wrong?** ¡vaya tono!, ¿pasa algo?; **we had a ~ time** lo pasamos fatal
3 (*) (*as intensifier*) (= *great*) [*pity, shame*] verdadero; **I've been a ~ fool** he sido un verdadero imbécil; **the garden is in a ~ mess** el jardín está hecho un verdadero desastre; **it was** *or* **it came as a ~ shock** fue un golpe terrible; **he's having ~ trouble with his homework** le está costando horrores *or* un montón hacer los deberes*

**terribly** ['terəblɪ] ADV 1 (= *extremely*) [*worried, difficult, important*] terriblemente, tremendamente; **it's ~ good/bad** es buenísimo/malísimo; **it's ~ hard for me to make a decision** me resulta dificilísimo *or* terriblemente difícil tomar una decisión; **he's been ~ ill** ha estado terriblemente enfermo, ha estado fatal; **I'm ~ sorry** lo siento muchísimo; **we aren't doing ~ well at the moment** ahora no nos va muy bien que digamos; **he plays the piano a little, not ~ well** toca un poco el piano, no excesivamente bien; **there's something ~ wrong here** aquí hay algo que va realmente mal; **a practical joke which had gone ~ wrong** una broma que había tenido unos resultados terribles
2 (*) (= *very much*) **I miss him ~** le echo muchísimo de menos; **to suffer ~** sufrir horrores*, pasarlo fatal*
3 (= *very poorly*) [*play, perform, behave*] muy mal, fatal

**terrier** ['terɪəʳ] N terrier *m*

**terrific** [tə'rɪfɪk] ADJ 1 (= *very great*) [*explosion, problem, disappointment*] tremendo, enorme; [*pain, noise, heat*] terrible, tremendo; **a ~ amount of money** una enorme cantidad de dinero
2 (*) (= *excellent*) [*idea, news, person*] genial*, estupendo; **terrific!** ¡genial!, ¡estupendo!; **we had ~ fun** nos lo pasamos estupendamente *or* fenomenal*; **to do a ~ job** hacer un trabajo estupendo *or* fantástico*; **you look ~!** ¡estás guapísimo/a!; **she looked ~ in a leotard** estaba sensacional en mallas; **~ stuff!** ¡estupendo!, ¡fenomenal!; **to have a ~ time** pasárselo estupendamente *or* fenomenal*

**terrifically** [tə'rɪfɪkəlɪ] ADV 1 (= *extremely*) terriblemente; **it's a ~ funny book** es un libro graciosísimo *or* terriblemente gracioso; **it was ~ hot** hacía un calor terrible *or* tremendo; **house prices have gone up ~** las casas han subido terriblemente de precio; **we get on ~ well** nos llevamos estupendamente bien; **they did ~ well to reach the final** fue un tremendo logro que llegasen a la final
2 (*) (= *very well*) [*play, perform*] fenomenal*, genial*

**terrify** ['terɪfaɪ] VT (= *terrorize*) [*animal, violent person etc*] aterrorizar; (= *horrify*) aterrar; **it terrifies me to think that I might lose her** me aterra pensar que podría perderla; **to ~ sb out of his wits** dar un susto mortal a algn

**terrifying** ['terɪfaɪɪŋ] ADJ [*experience, sound, sight*] espantoso, aterrador; [*person*] aterrador; **it was ~!** ¡fue espantoso *or* aterrador!; **what a ~ thought!** ¡qué idea más aterradora!, ¡qué espanto!; **I still find it ~ to walk along that street** todavía me da muchísimo miedo caminar por esa calle

**terrifyingly** ['terɪfaɪɪŋlɪ] ADV espantosamente, aterradoramente

**terrine** [te'riːn] N terrina *f*

**territorial** [,terɪ'tɔːrɪəl] Ⓐ ADJ territorial; **Territorial Army** ejército *m* de reserva; **~ waters** aguas *fpl* jurisdiccionales *or* territoriales
Ⓑ N (*Brit*) reservista *m*

**TERRITORIAL ARMY**

*La organización británica* **Territorial Army** *o* **TA** *es un ejército de reserva formado exclusivamente por voluntarios civiles que reciben entrenamiento militar en su tiempo libre y están disponibles para ayudar al ejército profesional en tiempos de guerra o crisis. Como compensación por sus servicios, los voluntarios reciben una paga. En Estados Unidos el equivalente es la llamada* **National Guard**.

**territoriality** [,terɪ,tɔːrɪ'ælɪtɪ] N territorialidad *f*

**territory** ['terɪtərɪ] N territorio *m*; [*of salesman*] zona *f*, sector *m*; (*Sport*) campo *m*, terreno *m*; **mandated ~** territorio *m* bajo mandato; **✦IDIOM it comes** *or* **goes with the ~** es parte del juego, es un gaje del oficio

**terror** ['terəʳ] N 1 (= *fear*) terror *m*; **to live in ~** vivir en el terror; **to live in ~ of sth** vivir aterrorizado por algo; **he went** *or* **was in ~ of his life** temía por su vida, temía ser asesinado; **I have a ~ of bats** tengo horror a los murciélagos; **he had a ~ of flying** le daba miedo volar; **the headmistress holds no ~s for me** la directora no me infunde miedo a mí; **to sow ~ everywhere** sembrar el terror por todas partes; **~ campaign** campaña *f* de terror
2 (*) (= *person, child*) **she's a ~ on the roads** es un peligro conduciendo; **you little ~!** ¡eres un diablillo!*

**terrorism** ['terərɪzəm] N terrorismo *m*

**terrorist** ['terərɪst] Ⓐ ADJ terrorista
Ⓑ N terrorista *mf*

**terrorize** ['terəraɪz] VT (= *terrify*) aterrorizar; (= *threaten, coerce*) atemorizar; **they ~d the population into submission** hicieron que la población se sometiera a base de atemorizarlos

**terror-stricken** ['terə,strɪkən], **terror-struck** ['terə,strʌk] ADJ aterrorizado

**Terry** ['terɪ] N (*familiar form*) *of* **Terence, Theresa**

**terry** ['terɪ] N (*US*) (*also* **~ towelling, ~ cloth**) (*Brit*) felpa *f*, toalla *f*

**terse** [tɜːs] ADJ (*compar* **terser**; *superl* **tersest**) [*reply, tone, person*] lacónico, seco; [*statement*] escueto

**tersely** ['tɜːslɪ] ADV lacónicamente, secamente

**terseness** ['tɜːsnɪs] N laconismo *m*, sequedad *f*

**tertiary** ['tɜːʃərɪ] ADJ 1 (*Econ*) [*sector*] terciario 2 (*Educ*) **~ education** enseñanza *f* superior 3 (*Geol*) [*rocks, deposits*] terciario; **the Tertiary period** la época terciaria

**Tertullian** [tɜː'tʌlɪən] N Tertuliano

**Terylene®** ['terəliːn] N (*Brit*) terylene® *m*

**TESL** ['tes(ə)l] N ABBR = **Teaching (of) English as a Second Language**; → TEFL/EFL

**TESOL** ['tesɒl] N ABBR = **Teaching of English to Speakers of Other Languages**; → TEFL/EFL

**Tess** [tes], **Tessa** ['tesə] N (*familiar forms*) *of* **Teresa**

**tessel(l)ated** ['tesɪleɪtɪd] ADJ de mosaico, formado con teselas; **~ pavement** mosaico *m*

**tessel(l)ation** [ˌtesɪ'leɪʃən] N mosaico *m*

**test** [test] Ⓐ N 1 (*Scol, Univ*) examen *m*; (*multiple-choice*) test *m*; (*esp for job*) prueba *f*; **we've got a maths ~ tomorrow** mañana tenemos (un) examen de matemáticas; **to do a ~** (*Scol, Univ*) hacer un examen; (*multiple choice*) hacer un test; (*for job*) hacer una prueba; **to fail a ~** (*Scol, Univ*) suspender un examen; (*multiple choice*) suspender un test; (*for job*) no pasar una prueba; **to give sb a ~ (in sth)** examinar a algn (de algo), poner a algn un examen (de algo); **an oral ~** un examen oral; **to pass a ~** (*Scol, Univ*) aprobar un examen; (*multiple choice*) aprobar un test; (*for job*) pasar una prueba; **to take a ~** (*Scol, Univ*) hacer un examen; (*multiple choice*) hacer un test; (*for job*) hacer una prueba; **a written ~** un examen oral/escrito; *see also* **aptitude**, **intelligence**

2 (*Aut*) (*also* **driving ~**) examen *m* de conducir; **to fail one's ~** suspender el examen de conducir; **to pass one's ~** aprobar el examen de conducir; **to take one's ~** hacer el examen de conducir

3 (*Med*) [*of organs, functioning*] prueba *f*; [*of sample, substance*] análisis *m inv*; **AIDS ~** prueba *f* del sida; **blood ~** análisis *m inv* de sangre; **eye ~** revisión *f* de la vista; **it was sent to the laboratory for ~s** lo mandaron al laboratorio para que lo analizaran; **hearing ~** revisión *f* del oído; **medical ~** examen *m* médico; **pregnancy ~** prueba *f* del embarazo; **urine ~** análisis *m inv* de orina; *see also* **breath**, **fitness**, **litmus**, **smear**

4 (= *trial*) [*of aircraft, new product, drug*] prueba *f*; **nuclear ~** prueba *f* nuclear; **they want to ban cosmetics ~s on animals** quieren prohibir las pruebas de cosméticos en animales; *see also* **flight¹**, **screen C**

5 (*fig*) prueba *f*; **he now faces the toughest ~ of his leadership** ahora se enfrenta a la prueba más difícil durante su periodo como líder; **holidays are a major ~ of any relationship** irse de vacaciones es una de las pruebas más difíciles a la que se somete cualquier relación; **to put sth to the ~** poner *or* someter algo a prueba; **to stand the ~ of time** resistir el paso del tiempo; *see also* **acid**, **endurance**

6 (*Cricket, Rugby*) (*also* **~ match**) partido *m* internacional

Ⓑ VT 1 [+ *student, pupil*] examinar; [+ *candidate*] (*for job*) hacer una prueba a; [+ *knowledge*] evaluar; [+ *understanding*] poner a prueba; **to ~ sb on sth** (*Scol, Univ*) examinar a algn de algo; (*esp for job*) hacer una prueba de algo a algn; (*for revision*) hacer preguntas de algo a algn (para repasar); **she was ~ed on her computer skills** le hicieron una prueba de informática; **can you ~ me on my French/spelling?** ¿me haces preguntas de francés/ortografía?

2 (*Med*) [+ *blood, urine, sample*] analizar; **to have one's eyes ~ed** hacerse una revisión de la vista; **to ~ sb/sth for sth**: **to ~ sb for AIDS** hacer la prueba del SIDA a algn; **to ~ sb for drugs** (*gen*) realizar pruebas a algn para comprobar si ha consumido drogas; [+ *athlete, sportsperson*] realizar el control antidoping a algn; **my doctor wants me to be ~ed for diabetes** mi médico quiere que me haga un análisis para ver *or* (*frm*) determinar si tengo diabetes; **the urine is ~ed for protein** se hace un análisis de orina para determinar el contenido de proteínas

3 (= *conduct trials on*) [+ *aircraft, weapon, new product, drug*] probar; **the drug was ~ed in clinical trials** se sometió el medicamento a pruebas clínicas; **all our products are ~ed for quality** probamos la calidad de todos nuestros productos; **to ~ sth on sth/sb** probar algo con *or* en algo/algn; **none of our products are ~ed on animals** ninguno de nuestros productos se prueba con *or* en animales; **~ the cream on an unaffected area of skin** pruebe la crema sobre una zona cutánea no afectada

4 (= *check*) probar; **~ the water temperature with your elbow** pruebe la temperatura del agua con el codo; **he ~ed the ice with a stick** usó un palo para comprobar la solidez del hielo; **✦IDIOM to ~ the water(s)** tantear el terreno

5 (*fig*) (= *put to the test*) [+ *person, courage*] poner a prueba; **his resolve will be ~ed to the limits this week** su resolución se pondrá a prueba al máximo esta semana; **to ~ sb's patience** poner a prueba la paciencia de algn

Ⓒ VI (= *conduct a test*) **testing, testing ...** (*Telec*) probando, probando ...; **it is a method used to ~ for allergies** es un método utilizado en pruebas de alergia; **just ~ing!** (*hum*) ¡por si acaso pregunto!; **to ~ negative/positive (for sth)** dar negativo/positivo (en la prueba de algo)

Ⓓ CPD ► **(nuclear) test ban** N prohibición *f* de pruebas nucleares ► **test bed** N banco *m* de pruebas ► **test card** N (*TV*) carta *f* de ajuste ► **test case** N (*Jur*) juicio *m* que sienta jurisprudencia ► **test cricket** N críquet *m* a nivel internacional ► **test data** NPL resultados *mpl* de prueba ► **test drive** N (*by potential buyer*) prueba *f* en carretera; (*by mechanic, technician*) prueba *f* de rodaje; **to take sth for a ~ drive** probar algo en carretera; *see also* **test-drive** ► **test flight** N vuelo *m* de prueba, vuelo *m* de ensayo ► **test marketing** N *pruebas de un producto nuevo en el mercado*; **~ marketing has already shown the product to be a great success** las pruebas realizadas en el mercado ya han mostrado que el producto tiene un éxito tremendo ► **test match** N (*Cricket, Rugby*) partido *m* internacional ► **test paper** N (*Scol, Univ*) examen *m*; (*multiple-choice*) test *m*; (*Chem*) papel *m* reactivo ► **test pattern** N (*US TV*) = **test card** ► **test piece** N (*Mus*) pieza *f* elegida para un certamen de piano ► **test pilot** N piloto *mf* de pruebas ► **test run** N (*lit*) vuelta *f* de prueba, prueba *f*; (*fig*) puesta *f* a prueba ► **test tube** N probeta *f*, tubo *m* de ensayo ► **test tube baby** N bebé *mf* probeta

►**test out** VT + ADV probar

**testament** ['testəmənt] N 1 (= *will*) testamento *m*; *see also* **will² A2**

2 (*Bible*) **the Old/New Testament** el Antiguo/Nuevo Testamento

3 (= *proof*) testimonio *m*; **the building is a ~ to his skills as an architect** el edificio es testimonio de su competencia como arquitecto

**testamentary** [ˌtestə'mentərɪ] ADJ testamentario

**testator** [tes'teɪtəʳ] N testador *m*

**testatrix** [tes'teɪtrɪks] N testadora *f*

**test-drill** ['testˌdrɪl] VI sondear

**test-drive** ['testˌdraɪv] (*vb: pt* **test-drove**; *pp* **test-driven**) VT [+ *car*] [*prospective buyer*] probar en carretera; [*mechanic, technician*] hacer la prueba de rodaje a; *see also* **test D**

**tester¹** ['testəʳ] N (= *person*) ensayador(a) *m/f*; (= *sample, trial product*) muestra *f*, artículo *m* de muestra

**tester²**† ['testəʳ] N baldaquín *m*

**testes** ['testiːz] NPL testes *mpl*

**testicle** ['testɪkl] N testículo *m*

**testify** ['testɪfaɪ] Ⓐ VI 1 (*Jur*) prestar declaración, declarar

2 **to ~ to sth** (*Jur*) declarar algo, testificar algo; (= *be sign of*) atestiguar algo, dar fe de algo

Ⓑ VT declarar, testificar; **to ~ that ...** declarar *or* testificar que ...

**testily** ['testɪlɪ] ADV con irritación, malhumoradamente

**testimonial** [ˌtestɪ'məʊnɪəl] N 1 (= *certificate*) certificado *m*; (= *reference about person*) carta *f* de recomendación, recomendación *f*

2 (= *gift*) obsequio *m*

3 (*Sport*) (*also* **~ match**) partido *m* homenaje

**testimony** ['testɪmənɪ] N (*Jur*) (= *statement in court*) testimonio *m*, declaración *f*; (*fig*) (= *indication of sth*) muestra *f*, señal *f*; **in ~ whereof ...** (*frm*) en fe de lo cual ...; **to bear ~ to sth** atestiguar algo, dar fe de algo

**testing** ['testɪŋ] Ⓐ ADJ (= *difficult*) duro; **it was a ~ experience for her** fue una experiencia muy dura para ella; **it was a ~ time** fue un período difícil

Ⓑ N pruebas *fpl*

Ⓒ CPD ► **testing ground** N zona *f* de pruebas, terreno *m* de pruebas

**testis** ['testɪs] N (*pl* **testes** ['testiːz]) testículo *m*, teste *m*

**testosterone** [te'stɒstərəʊn] N testosterona *f*

**testy** ['testɪ] ADJ (*compar* **testier**; *superl* **testiest**) [*person*] irritable; [*reply*] irritado

**tetanus** ['tetənəs] Ⓐ N tétanos *m*

Ⓑ CPD [*injection*] del tétanos, contra el tétanos; [*vaccine*] contra el tétanos, antitetánica

**tetchily** ['tetʃɪlɪ] ADV con irritación, malhumoradamente

**tetchiness** ['tetʃɪnɪs] N irritabilidad *f*

**tetchy** ['tetʃɪ] ADJ (*compar* **tetchier**; *superl* **tetchiest**) [*person*] irritable, picajoso*; [*mood*] irritable

**tête-à-tête** ['teɪtɑː'teɪt] N (*pl* **tête-à-tête, tête-à-têtes**) conversación *f* íntima

**tether** ['teðəʳ] Ⓐ N ronzal *m*, soga *f*; **✦IDIOM to be at the end of one's ~** no aguantar más, no poder más

Ⓑ VT [+ *animal*] atar (con una cuerda) (**to** a)

**tetragon** ['tetrəgən] N tetrágono *m*

**tetrahedron** ['tetrə'hiːdrən] N (*pl* **tetrahedrons, tetrahedra** [ˌtetrə'hiːdrə]) tetraedro *m*

**tetrameter** [te'træmɪtəʳ] N tetrámetro *m*

**tetrathlon** [te'træθlən] N tetratlón *m*

**Teuton** ['tjuːtən] N teutón/ona *m/f*

**Teutonic** [tjʊ'tɒnɪk] ADJ teutónico

**Tex.** ABBR (*US*) = **Texas**

**Texan** ['teksən] Ⓐ ADJ tejano

Ⓑ N tejano/a *m/f*

**Texas** ['teksəs] N Tejas *m*

**Texican** ['teksɪkən] (*hum*), **Tex-Mex** [ˌteks-

'meks] N *lengua mixta angloespañola de los estados del suroeste de EE.UU.*

**text** [tekst] Ⓐ N (= *written or printed matter*) texto *m*; (= *book*) libro *m* de texto; (= *subject*) tema *m*; (*Rel*) pasaje *m*; **to stick to one's ~** no apartarse de su tema
Ⓑ CPD ► **text editor** N (*Comput*) editor *m* de texto ► **text processing** N proceso *m* de textos, tratamiento *m* de textos ► **text processor** N procesador *m* de textos

**textbook** ['teksfbʊk] N libro *m* de texto; **a ~ case of ...** un caso clásico de ...

**textile** ['tekstaɪl] Ⓐ ADJ textil
Ⓑ N textil *m*, tejido *m*
Ⓒ CPD ► **textile industry** N industria *f* textil ► **textile worker** N obrero/a *m/f* (del ramo) textil

**textual** ['tekstjʊəl] ADJ 1 (= *of, relating to text*) [*criticism*] de textos; [*alterations*] textual; **~ notes** notas *fpl* al pie de página
2 (= *literal*) textual

**textually** ['tekstjʊəlɪ] ADV textualmente

**texture** ['tekstʃəʳ] N textura *f*

**TGIF*** ABBR (*hum*) = **Thank God it's Friday**

**TGWU** N ABBR (*Brit*) = **Transport and General Workers' Union**

**Thai** [taɪ] Ⓐ ADJ tailandés
Ⓑ N 1 (= *person*) tailandés/esa *m/f*
2 (*Ling*) tailandés *m*

**Thailand** ['taɪlænd] N Tailandia *f*

**thalassaemia** [,θælə'siːmɪə] N anemia *f* de Cooley

**thalidomide®** [θə'lɪdəʊmaɪd] N talidomida *f*

**thallium** ['θælɪəm] N talio *m*

**Thames** [temz] N **the ~** el Támesis

▼ **than** [ðæn] CONJ 1 (*in comparisons*) que; **I have more ~ you** tengo más que usted; **nobody is more sorry ~ I (am)** nadie lo siente más que yo; **more often ~ not** en la mayoría de los casos; **they have more money ~ we have** tienen más dinero que nosotros; **the car went faster ~ we had expected** el coche alcanzó una velocidad mayor de lo que habíamos esperado; **it is better to phone ~ to write** más vale llamar por teléfono que escribir; *see also* **sooner**
2 (*with numerals*) de; **more/less ~ 90** más/menos de 90; **more ~ once** más de una vez
3 (*stating preference*) antes que; **rather you ~ me** tú antes que yo

▼ **thank** [θæŋk] Ⓐ VT 1 **to ~ sb** dar las gracias *or* agradecer a algn; **I cannot ~ you enough!** ¡cuánto te lo agradezco!; **to ~ sb for sth** agradecer algo a algn, dar las gracias a algn por algo; **did you ~ him for the flowers?** ¿le diste las gracias por las flores?; **he has only himself to ~ for that** él mismo tiene la culpa de eso; **I have John to ~ for that** eso se lo tengo que agradecer a Juan; (*iro*) Juan tiene la culpa de eso; **he won't ~ you for telling her** no te agradecerá de que se lo hayas dicho; **I'll ~ you not to interfere!** ¡agradecería que no te metieras!; **~ heavens/goodness/God (for that)!** ¡gracias a Dios!, ¡menos mal!; *see also* **star**
2 **~ you** (*as excl*) ¡gracias!; **~ you very much** muchas gracias; **~ you for the present** muchas gracias por el regalo; **no ~ you** no, gracias; **¡no ~ you!** (*iro*) ¡ni hablar!, ¡no faltaba más!; **did you say ~ you?** ¿has dado las gracias?; *see also* **thanks**, **thank-you**
Ⓑ CPD ► **thank offering** N prueba *f* de gratitud

**thankful** ['θæŋkfʊl] ADJ agradecido; **to be ~ for sth** estar agradecido por algo; **I've got so much to be ~ for** tengo tantas cosas por las que estar agradecido; **let's be ~ that it's over** demos gracias que haya terminado; **to be ~ to sb for sth** estar agradecido a algn por algo; **she was ~ to be alive** daba gracias por estar viva; **✦IDIOM to be ~ for small mercies** dar gracias por que la cosa no sea peor

**thankfully** ['θæŋkfəlɪ] ADV 1 (= *fortunately*) gracias a Dios, afortunadamente; **~, someone had called the police** menos mal que alguien había llamado a la policía, gracias a Dios *or* afortunadamente, alguien había llamado a la policía; **~ for my family, I wasn't hurt** afortunadamente *or* por suerte para mi familia, no resulté herido
2 (= *gratefully*) **he accepted the drink ~** aceptó la bebida agradecido

**thankfulness** ['θæŋkfʊlnɪs] N gratitud *f*, agradecimiento *m*

**thankless** ['θæŋklɪs] ADJ (= *unrewarding, ungrateful*) ingrato

▼ **thanks** ['θæŋks] Ⓐ NPL 1 (= *gratitude*) agradecimiento *msing*, gratitud *fsing*; **they deserve our ~** merecen nuestro agradecimiento *or* nuestra gratitud; **in his speech of ~** en su discurso de agradecimiento; **that's all the ~ I get!** ¡y así se me agradece!; **she murmured her ~** dio las gracias murmurando; **to give ~** dar las gracias (**for** por); **~ be to God** (*Rel*) alabado sea Dios
2 **~ to: ~ to you ...** gracias a ti ...; (*iro*) por culpa tuya ...; **small/no ~ to you** no fue gracias a ti; **I got the job ~ to him** conseguí el trabajo a *or* por mediación suya; **~ to the rain the game was abandoned** debido a la lluvia el partido fue anulado
Ⓑ EXCL (*) **thanks!** ¡gracias!; **many ~!** ◊ **~ very much!** ◊ **~ a lot!** ¡muchas gracias!, ¡muchísimas gracias!; **you went and told her? ~ a lot!** (*iro*) ¡y se lo dijiste!, ¡gracias, hombre! (*iro*); *see also* **bunch**
Ⓒ CPD ► **thanks offering** N prueba *f* de gratitud

**thanksgiving** ['θæŋks,gɪvɪŋ] Ⓐ N acción *f* de gracias, voto *m* de gracias
Ⓑ CPD ► **Thanksgiving Day** N (*US*) día *m* de Acción de Gracias

**THANKSGIVING**

*El Día de Acción de Gracias, en inglés* **Thanksgiving** *o* **Thanksgiving Day** *es un día de fiesta en Estados Unidos que se celebra el cuarto jueves de noviembre y que data de 1621. En esta fecha los primeros colonos norteamericanos (***Pilgrim Fathers***) celebraron un acto de acción de gracias por el éxito de su primera cosecha en suelo americano. La comida típica del Día de Acción de Gracias (***Thanksgiving meal***) consiste en pavo asado y pastel de calabaza. Muchas personas recorren largas distancias para estar junto a sus familias en este día.*
*En Canadá se celebra una fiesta semejante el segundo lunes de octubre, aunque no está relacionada con dicha fecha histórica.*
⇨ *Ver tb* PILGRIM FATHERS, MACY'S THANKSGIVING PARADE

**thank-you**, **thankyou** ['θæŋkjʊ] N **to say a special ~ to sb** agradecer a algn especialmente; **she said her ~s and goodbyes and left** dio las gracias, se despidió y se marchó; **now a big ~ to John** ahora, nuestras gracias más sinceras para John; **without so much as a ~** sin la menor señal de agradecimiento

**that** [(*strong form*) ðæt, (*weak form*) ðət], (*pl* **those**)

| | |
|---|---|
| A DEMONSTRATIVE ADJECTIVE | C RELATIVE PRONOUN |
| B DEMONSTRATIVE PRONOUN | D ADVERB |
| | E CONJUNCTION |

***Those** is treated as a separate entry.*

Ⓐ DEMONSTRATIVE ADJECTIVE
1 **+ objects/people**

*You can generally use* **ese** *etc when pointing to something near the person you are speaking to. Use* **aquel** *etc for something which is distant from both of you:*

(*nearer*) ese *m*, esa *f*; (*more remote*) aquel *m*, aquella *f*; **~ book** ese libro; **~ hill over there** aquella colina de allí; **~ car is much better value than ~ sports model at the end** ese coche está mejor de precio que aquel modelo deportivo que hay al final; **~ lad of yours** ese chico tuyo; **~ wretched dog!** ¡ese maldito perro!; **what about ~ cheque?** ¿y el cheque ese?; **I only met her ~ once** la vi solamente aquella vez; **~ one** ése *m*, ésa *f*; (*more remote*) aquél *m*, aquélla *f*; **there's little to choose between this model and ~ one** no hay mucho que elegir entre este modelo y aquél
2 **+ event, year, month**

**Aquel** *is used to refer to a time in the distant past. Use* **ese** *if you mention a concrete date, month, year, etc:*

**do you remember ~ holiday we had in Holland?** ¿te acuerdas de aquellas vacaciones que pasamos en Holanda?; **1992? I can't remember where we holidayed ~ year** ¿1992? no recuerdo dónde pasamos las vacaciones ese año; **May? we can't come ~ month because we'll be moving house** ¿en mayo? no podemos venir ese mes porque nos estaremos mudando de casa

Ⓑ DEMONSTRATIVE PRONOUN

*The pronoun* **that** **(one)** *is translated by* **ése** *and* **aquél** *(masc),* **ésa** *and* **aquélla** *(fem) and* **eso** *and* **aquello** *(neuter). You can generally use* **ése** *etc when pointing to something near the person you are speaking to. Use* **aquél** *etc for something which is distant from both of you. Note that the masculine and feminine pronouns carry accents to distinguish them from the masculine and feminine adjectives, though these can be omitted if there is no ambiguity. Neuter pronouns never carry an accent:*

**who's ~?** ¿quién es ése?; **what is ~?** ¿qué es eso?, ¿eso qué es?; **~'s my French teacher over there** aquél es mi profesor de francés; **~'s my sister over by the window** aquélla de la ventana es mi hermana; **~'s Joe** es Joe; **is ~ you, Paul?** ¿eres tú, Paul?; **£5? it must have cost more than ~** ¿5 libras? debe haber costado más (que eso); **~'s true** eso es verdad, es cierto (*esp LAm*); **~'s odd!** ¡qué raro!, ¡qué cosa más rara!; **1988? ~ was the year you graduated, wasn't it?** ¿1988? ése fue el año en que acabaste la carrera, ¿no es así?; **"will he come?" — "~ he will!"**† — ¿vendrá? —¡ya lo creo!; **after ~** después de eso; **bees and wasps and all ~** abejas, avispas y cosas así; **~'s all I can tell you** eso es todo lo que puedo decirte; **is ~ all?** ¿eso es todo?, ¿nada más?; **she's not as stupid as (all) ~** no es tan estúpida como para eso; **and it was broken at ~** y además estaba roto; **I realized he meant to speak to me and at ~ I panicked** me di cuenta de que quería hablar conmigo y entonces me entró el pánico; **what do you mean by ~?** ¿qué quieres decir con eso?; **if it comes to ~** en tal caso, si llegamos a eso; **it will cost $20, if that** costará

➤ LANGUAGE IN USE: **than 1** 5.3, 5.5 **thank A1** 22 **thanks A1, 2** 17.1, 22, 26.3

20 dólares, si es que llega; **~ is** (= *ie*) es decir …; **~'s it, we've finished** ya está, hemos terminado; **they get their wages and ~'s it** tienen un sueldo y eso es todo; **~'s it! she can find her own gardener!** ¡se acabó! que se busque un jardinero por su cuenta!; **~ of** el/la de; **a hurricane like ~ of 1987** un huracán como el de 1987; **a recession like ~ of 1973-74** una recesión como la de 1973-1974; **~ is to say** es decir …; **why worry about ~ which may never happen?** (*frm*) ¿por qué preocuparse por aquello que *or* por lo que puede que nunca vaya a pasar?; **with ~** con eso; **✦*IDIOMS* that's that**: **you can't go and that's that** no puedes irte sin más, no puedes ir y no hay más qué decir, no puedes ir y sanseacabó; **so ~ was ~** y no había más que hacer, y ahí terminó la cosa

Ⓒ RELATIVE PRONOUN

*Unlike* **that**, *the Spanish relative cannot be omitted.*

[1] que; **the man ~ came in** el hombre que entró; **the book ~ I read** el libro que leí; **the houses ~ I painted** las casas que pinté; **the girl ~ he met on holiday and later married** la chica que conoció durante las vacaciones y con la que después se casó; **all ~ I have** todo lo que tengo; **fool ~ I am!** ¡tonto que soy!

[2] ***with preposition***

*If the* **that** *clause ends in a preposition, you can either translate* **that** *as* **que** *(usually preceded by the definite article) or as* ARTICLE + **cual/cuales**. *Use the second option particularly in formal language or after long prepositions or prepositional phrases:*

**the actor ~ I was telling you about** el actor del que te hablaba; **the car ~ she got into** el coche al que se subió; **the film ~ I read about in the papers** la película sobre la que leí en el periódico; **the box ~ I put it in** la caja donde lo puse, la caja en la que *or* en la cual lo puse; **a planet ~ satellites go round** un planeta alrededor del cual giran satélites

[3] ***in expressions of time*** **the evening ~ we went to the theatre** la tarde (en) que fuimos al teatro; **the summer ~ it was so hot** el verano que hizo tanto calor

Ⓓ ADVERB

[1] [= *so*] tan; **~ far** tan lejos; **he can't be ~ clever** no puede ser tan inteligente; **I didn't know he was ~ ill** no sabía que estuviera tan enfermo; **it's about ~ big** (*with gesture*) es más o menos así de grande; **cheer up! it isn't ~ bad** ¡ánimo! ¡no es para tanto!; **~ many frogs** tantas ranas; **~ much money** tanto dinero

[2] [* = *so very*] tan; **he was ~ wild** estaba tan furioso; **it was ~ cold!** ¡hacía tanto frío!

Ⓔ CONJUNCTION

*Unlike* **that**, **que** *cannot be omitted.*

[1] (*after verb*) que; **he said ~ …** dijo que …; **he said ~ he was going to London and would be back in the evening** dijo que se iba a Londres y (que) volvería por la tarde; **I believe ~ he exists** creo que existe

[2] (*after noun*)

*Translate as* **de que** *in phrases like* **the idea/belief/hope that**:

**any hope ~ they might have survived was fading** toda esperanza de que hubiesen sobrevivido se estaba desvaneciendo; **the idea ~ we can profit from their labour** la idea de que podemos aprovecharnos de su trabajo; **…, not ~ I want to, of course** …, no es que yo quiera, por supuesto; **oh ~ we could!** ¡ojalá pudiéramos!, ¡ojalá!

[3] (*that clause as subject*)

*If the* **that** CLAUSE *is the subject of another verb it is usual to translate* **that** *as* **el que** *rather than* **que** *especially if it starts the sentence:*

**~ he did not know surprised me** (el) que no lo supiera me extrañó, me extrañó (el) que no lo supiera

*In these cases the verb which follows will be in the subjunctive:*

**~ he refuses is natural** (el) que rehúse es natural; **~ he should behave like this is incredible** (el) que se comporte así es increíble, es increíble que se comporte así; *see also* **would 7**

[4] [= ***in order that***] para que + *subjun*; **it was done (so) ~ he might sleep** se hizo para que pudiera dormir; **those who fought and died ~ we might live** los que lucharon y murieron para que nosotros pudiésemos vivir

[5] **in ~** en el sentido de que; **it's an attractive investment in ~ it is tax-free** es una inversión atractiva en el sentido de que está exenta de impuestos

**thatch** [θætʃ] Ⓐ N (= *straw*) paja *f*; (= *roof*) techo *m* de paja

Ⓑ VT cubrir con paja, poner techo de paja a

**thatched** [θætʃt] ADJ **~ cottage** casita *f* con techo de paja; **~ roof** techo *m* de paja; **the roof is ~** el techo es de paja

**thatcher** [ˈθætʃəʳ] N empajador(a) *m/f* de tejados

**thatching** [ˈθætʃɪŋ] N (= *material*) paja *f* (para techar); (= *activity*) empajado *m* de tejados

**thaw** [θɔː] Ⓐ N [1] (*gen*) deshielo *m*; [*of snow*] derretimiento *m*; **a ~ had set in** había empezado el deshielo

[2] (*fig*) (= *easing up*) descongelación *f*; **the ~ in East-West relations** la distensión en las relaciones Este-Oeste

Ⓑ VT (*also* **~ out**) [+ *frozen food*] descongelar

Ⓒ VI [1] (*Met*) [*snow*] derretirse; [*ice*] deshelarse; **it is ~ing** está deshelando

[2] (*also* **~ out**) [*frozen food, cold toes*] descongelarse; (*fig*) [*relations*] distenderse; **I sat by the fire to ~ out** me senté junto al fuego para entrar en calor; **after a couple of glasses of wine he soon began to ~** tras tomar un par de vasos de vino empezó a relajarse *or* perder su reserva inicial

**the** [(*strong form*) ðiː, (*weak form*) ðə] Ⓐ DEF ART [1] (*singular*) el/la; (*plural*) los/las; **~ boy** el niño; **~ woman** la mujer; **~ cars** los coches; **~ chairs** las sillas; **do you know ~ Smiths?** ¿conoce a los Smith?; **how's ~ leg?** ¿cómo va la pierna?; **all ~ …** todo el .../toda la …, todos los .../todas las …; **I'll meet you at ~ bank/station** quedamos en el banco/la estación; **~ cheek of it!** ¡qué frescura!; **he's ~ man for ~ job** es el más indicado para el puesto; **from ~** del/de la, de los/las; **it's ten miles from ~ house/village** está a diez millas de la casa/del pueblo; **I haven't ~ money** no tengo dinero; **of ~** del/de la, de los/las; **~ soup of ~ day** la sopa del día; **it was ~ year of ~ student riots** fue el año de los disturbios estudiantiles; **oh, ~ pain!** ¡ay qué dolor!; **he hasn't ~ sense to understand** no tiene bastante inteligencia para comprender; **I haven't ~ time** no tengo tiempo; **to ~** al/a la, a los/las; **we went to ~ theatre** fuimos al teatro

[2] (+ *adjective*) [2·1] (*denoting plural*) los/las; **~ rich and ~ poor** los ricos y los pobres

[2·2] (*denoting sing*) lo; **within ~ realms of ~ possible** dentro de lo posible; **~ good and ~ beautiful** lo bueno y lo bello

[3] (+ *noun*) (*denoting whole class*) el/la; **to play ~ piano/flute** tocar el piano/la flauta; **in this age of ~ computer …** en esta época del ordenador …

[4] (+ *comparative*) el/la; **she was ~ elder** era la mayor

[5] (*distributive*) **50 pence ~ pound** 50 peniques la libra; **eggs are usually sold by ~ dozen** los huevos se venden normalmente por docena; **paid by ~ hour** pagado por hora; **25 miles to ~ gallon** 25 millas por galón; **700 lire to ~ dollar** 700 liras por dólar

[6] (*emphatic*) **you don't mean** THE **professor Bloggs?** ¿quieres decir el profesor Bloggs del que tanto se habla?; **it was** THE **colour of 1995** fue el color que estaba tan de moda en 1995

[7] (*in titles*) **Richard ~ Second** Ricardo Segundo; **Ivan ~ Terrible** Iván el Terrible

Ⓑ ADV **she looks all ~ better for it** se la ve mucho mejor por eso; **it will be all ~ better** será tanto mejor; **~ more he works ~ more he earns** cuanto más trabaja más gana; **(all) ~ more so because …** tanto más cuanto que …; **~ more … ~ less** mientras más ... menos …; **~ sooner ~ better** cuanto antes mejor

**theatre, theater** (*US*) [ˈθɪətəʳ] N [1] (= *building*) teatro *m*; **to go to the ~** ir al teatro; **lecture ~** aula *f*; **operating ~** sala *f* de operaciones

[2] (= *profession*) teatro *m*; **she's been working in the ~ for 20 years** lleva trabajando el teatro 20 años

[3] (= *drama*) teatro *m*; **~ of the absurd** teatro *m* del absurdo

[4] (*fig*) teatro *m*, escenario *m*

**theatre-goer, theater-goer** (*US*) [ˈθɪətəˌɡəʊəʳ] N aficionado/a *m/f* al teatro; **I'm not a keen ~** no soy un gran aficionado al teatro

**theatre-in-the-round** [ˈθɪətərɪnðəˈraʊnd] N (*pl* **theatres-in-the-round**) teatro *m* de escenario central

**theatreland** [ˈθɪətəlænd] N teatrolandia *f*

**theatrical** [θɪˈætrɪkəl] Ⓐ ADJ [1] (= *of the theatre*) [*production, performance, tradition*] teatral; **the ~ world** el mundo del teatro *or* de las tablas; **she comes from a ~ background** viene de un ambiente de teatro

[2] (*fig*) [*person, gesture, manner*] teatral, histriónico, teatrero*; **there was something very ~ about him** tenía un aire muy teatral; **don't be so ~!** ¡no seas tan teatral *or* teatrero*!, ¡no hagas tanto teatro!

Ⓑ **theatricals** NPL funciones *fpl* teatrales; **amateur ~s** teatro *m* de aficionados

**theatricality** [θɪˌætrɪˈkælɪtɪ] N teatralidad *f*

**theatrically** [θɪˈætrɪkəlɪ] ADV [1] (*Theat*) [*accomplished, effective*] desde el punto de vista teatral; **~, it works very well** desde el punto de vista teatral, funciona muy bien

[2] (= *exaggeratedly*) de manera teatral; **he groaned ~** soltó un gemido teatral, gimió de manera teatral

**Thebes** [θiːbz] N Tebas *f*

**thee** [ðiː] PRON (†, *poet*) te; (*after prep*) ti; **with ~** contigo

**theft** [θeft] N (*gen*) robo *m*

**their** [ðɛəʳ] POSS ADJ (*with singular noun*) su; (*with plural noun*) sus; **~ father** su padre; **~ house** su casa; **~ parents** sus padres; **~ sisters** sus hermanas; **they took off ~ coats** se quitaron los abrigos; **after washing ~ hands** después de lavarse las manos; **someone stole ~ car** alguien les robó el coche

**theirs** [ðɛəz] POSS PRON (*referring to singular possession*) (el/la) suyo/a; (*referring to plural possession*) (los/las) suyos/as; **it's not our car, it's ~** no es nuestro coche, es suyo *or* es de ellos;

**the suitcase is ~** la maleta es suya *or* es de ellos; **"whose is this?" — "it's ~"** —¿de quién es esto? —es suyo *or* de ellos; **~ is a happy home** el suyo es un hogar feliz; **Isobel is a friend of ~** Isobel es amiga suya; **"is this their house?" — "no, ~ is white"** —¿es ésta su casa? —no, la suya *or* la de ellos es blanca; **my parents and ~** mis padres y los suyos

**theism** ['θiːɪzəm] N teísmo *m*

**theist** ['θiːɪst] N teísta *mf*

**theistic** [θiː'ɪstɪk] ADJ teísta

**them** [ðem, ðəm] PRON **1** (*direct object*) los/las; **I didn't know ~** no los conocía; **look at ~!** ¡míralos!; **I had to give ~ to her** tuve que dárselos
**2** (*indirect object*) les; (*combined with direct object pron*) se; **I gave ~ some brochures** les di unos folletos; **you must tell ~ the truth** tienes que decirles la verdad; **yes, of course I gave ~ the book** sí, claro que les di el libro; **yes, of course I gave it to ~** sí, claro que se lo di; **I gave the money to THEM, not their parents** les di el dinero a ellos, no a sus padres; **I'm giving it to THEM not you** se lo doy a ellos, no a ti; **give it to ~ when you go to Liverpool** dáselo cuando vayas a Liverpool; **give it to THEM, not me** dáselo a ellos, no a mí
**3** (*after prepositions, in comparisons, with verb "to be"*) ellos/ellas; **it's for ~** es para ellos; **my sisters didn't go, my mother stayed with ~** mis hermanas no fueron, mi madre se quedó con ellas; **we are older than ~** somos mayores que ellos; **it must be ~** deben de ser ellos; **that's ~, they're coming now** son ellos, ya vienen; **they were carrying them on ~** los llevaban consigo
**4** (*referring back to "someone", "anyone" etc: direct object*) lo *or* (*Sp*) le/la; (*indirect object*) le; **if anyone tries to talk to you, ignore ~** si alguien trata de hablar contigo, no le hagas caso

**thematic** [θɪ'mætɪk] ADJ temático

**theme** [θiːm] Ⓐ N (*gen*) tema *m*
Ⓑ CPD ► **theme park** N parque *m* de atracciones temático ► **theme song** N tema *m* musical ► **theme tune** N **he was humming the ~ tune of James Bond** tarareaba la música de James Bond

**themselves** [ðəm'selvz] PRON **1** (*reflexive*) se; **did they hurt ~?** ¿se hicieron daño?
**2** (*for emphasis*) ellos mismos/ellas mismas; (*after prep*) sí (mismos/as); **they built it ~** lo construyeron ellos mismos; **they talked mainly about ~** hablaron principalmente de sí mismos
**3** (*phrases*) **by ~** solos/as; **she left the children at home by ~** dejó a los niños solos en casa; **don't leave the two of them alone by ~** no se te ocurra dejar a estos dos solos; **the girls did it all by ~** las chicas lo hicieron todo por sí mismas

**then** [ðen] Ⓐ ADV **1** (= *at that time*) entonces; (= *on that occasion*) en aquel momento, en aquella ocasión; (= *at that period in time*) en aquel entonces, en aquella época, a la sazón (*frm*); **it was ~ that ...** fue entonces cuando ...; **it was ~ eight o'clock** eran las ocho; **~ he used to go out, but now he never does** entonces *or* en aquella época salía, pero ahora no sale nunca; **before ~: she couldn't remember anything that had happened before ~** no podía recordar nada de lo que había ocurrido hasta entonces *or* hasta ese momento; **you should have told me before ~** me lo tenías que haber dicho antes; **by ~** para entonces; **even ~: they existed even ~, in 1953** existían incluso entonces, en 1953; **even ~ it didn't work** aún así, no funcionaba; **from ~ on** desde aquel momento, desde entonces, a partir de entonces; **just ~: just ~ he came in** entró justo entonces; **I wasn't doing anything just ~** justo en ese momento no estaba haciendo nada; **(every) now and ~** de vez en cuando; **since ~** desde entonces; **he wanted it done ~ and there** quería que lo hicieran en el acto *or* en ese mismo momento; **until ~** hasta entonces
**2** (= *afterwards, next*) después, luego; **~ we went to Jaca** después *or* luego fuimos a Jaca; **what happened ~?** ¿qué pasó después *or* luego?; **I chop the onions and ~ what?** pico las cebollas, ¿y luego qué?; *see also* **now A6**
**3** (= *in that case*) entonces; **what do you want me to do ~?** ¿entonces, qué quieres que haga?; **"but I don't want a new one" — "what DO you want ~?"** —pero yo no quiero uno nuevo —¿pues, qué es lo que quieres entonces?; **~ you don't want it?** ¿así que no lo quieres?; **can't you hear me ~?** ¿es que no me oyes?, ¿pues *or* entonces no me oyes?; **but ~ we shall lose money** pero en ese caso perderemos dinero; **that's settled ~** entonces quedamos en eso; **"it doesn't work" — "well ~, we'll buy another one"** —no funciona —bueno, pues entonces compraremos otro
**4** (= *furthermore*) además; **it would be awkward at work, and ~ there's the family** en el trabajo habría problemas, y además tengo que pensar en la familia
**5** (*in summarizing*) **this, ~, was the situation at the beginning of his reign** esta era, pues, *or* esta era, por (lo) tanto, la situación al principio de su reinado
**6** (= *having said that*) **and** *or* **but ~ again** por otra parte; **I like it, but ~ I'm biased** a mí sí me gusta, pero yo no soy objetivo; **but ~, you never can tell** pero vamos, nunca se sabe
Ⓑ ADJ entonces, de entonces; **the ~ Labour government** el gobierno laborista de entonces, el entonces gobierno, que era laborista; **the ~ king** el entonces rey

**thence** [ðens] ADV (*frm, liter*) **1** (= *from that place*) de allí, desde allí
**2** (= *consequently*) por lo tanto, por eso, por consiguiente; **~ the fact that** de ahí que
**3** (= *from that time*) = **thenceforth**

**thenceforth** ['ðens'fɔːθ], **thenceforward** [ˌðens'fɔːwəd] ADV (*frm, liter*) desde entonces, de allí en adelante, a partir de entonces

**theocracy** [θɪ'ɒkrəsɪ] N teocracia *f*

**theocratic** [θɪə'krætɪk] ADJ teocrático

**theodolite** [θɪ'ɒdəlaɪt] N teodolito *m*

**theologian** [θɪə'ləʊdʒən] N teólogo/a *m/f*

**theological** [θɪə'lɒdʒɪkəl] Ⓐ ADJ teológico
Ⓑ CPD ► **theological college** N seminario *m*

**theologist** [θɪ'ɒlədʒɪst] N teólogo/a *m/f*

**theology** [θɪ'ɒlədʒɪ] N teología *f*

**theorem** ['θɪərəm] N (*Math*) teorema *m*

**theoretic** [θɪə'retɪk] ADJ = **theoretical**

**theoretical** [θɪə'retɪkəl] ADJ (*gen*) teórico

**theoretically** [θɪə'retɪkəlɪ] ADV (*gen*) teóricamente, en teoría

**theoretician** [ˌθɪərə'tɪʃən], **theorist** ['θɪərɪst] N teórico/a *m/f*

**theorize** ['θɪəraɪz] VI **to ~ (about/on)** teorizar (acerca de/sobre)

**theorizer** ['θɪəraɪzəʳ] N teorizante *mf*

**THEN**

**Time**

- When **then** means "at that time", translate using **entonces**:
  It was then that she heard Gwen cry out
  ***Fue entonces cuando oyó gritar a Gwen***
  I hadn't heard about it till then
  ***Hasta entonces no había oído hablar de ello***
- Alternatively, use expressions like **en aquella época** to refer to a particular period or **en ese momento** to refer to a particular moment:
  ...my sister, who was then about 17...
  ***...mi hermana, que en aquella época tenía unos 17 años...*** *or* ***que tenía entonces unos 17 años...***
- When **then** is used in the sense of "next", translate using **luego** or **después**:
  At first he refused but then he changed his mind
  ***Primero se negó, pero luego*** *or* ***después cambió de opinión***
  He went to Julián's house and then to the chemist's
  ***Fue a casa de Julián y luego*** *or* ***después a la farmacia***

**Reason**

- When **then** means "so" or "in that case", translate using **entonces** (placed at the beginning of the sentence):
  "I have a headache" — "So you won't be coming to the theatre, then?"
  ***"Me duele la cabeza" — "¿Entonces no vienes al teatro?"***
  Then you'll already know about the bomb
  ***Entonces ya sabrás lo de la bomba***
- Alternatively, use **pues entonces**:
  ***Pues entonces ya sabrás lo de la bomba***
- In more formal and written language, use **por (lo) tanto** or alternatively, **pues**, particularly when you are introducing a summary or a conclusion. These often appear between commas:
  Their decision, then, was based on a detailed analysis of the situation
  ***Su decisión, pues,*** *or* ***Su decisión, por (lo) tanto, estaba basada en un análisis detallado de la situación***

*For further uses and examples, see main entry.*

▼**theory** ['θɪərɪ] N (= *statement, hypothesis*) teoría *f*; **in ~** en teoría, teóricamente; **it's my ~** *or* **my ~ is that ...** tengo la teoría de que ..., mi teoría es que ...

**theosophical** [θɪə'sɒfɪkəl] ADJ teosófico

**theosophy** [θɪ'ɒsəfɪ] N teosofía *f*

**therapeutic** [ˌθerə'pjuːtɪk] ADJ terapéutico

**therapeutical** [ˌθerə'pjuːtɪkl] ADJ terapéutico

**therapeutics** [ˌθerə'pjuːtɪks] N terapéutica *f*

**therapist** ['θerəpɪst] N terapeuta *mf*

**therapy** ['θerəpɪ] N terapia *f*

**there** Ⓐ [ðɛəʳ] ADV **1** (*place*) (= *there near you*) ahí; (*less precisely*) allí; (*further away*) allá; **put it ~, on the table** ponlo ahí, en la mesa; **when we left ~** cuando partimos de allí; **I don't know how to get ~** no sé cómo llegar allí; **~ he is!** ¡allí está!; **~'s the bus** ahí viene el autobús, ya viene el autobús; **~ we were, stuck** así que nos encontramos allí sin podernos mover; **to go ~ and back** ir y volver; **12 kilometres ~ and back** 12 kilómetros ida y vuelta; **we left him back ~ at the crossroads** lo dejamos allí atrás, en el cruce; **to be ~ for sb** (= *supportive*) estar al lado de algn, apoyar a algn; **down ~ on the floor** ahí en el suelo; **let's go down ~ by the river** vamos

► LANGUAGE IN USE: theory 26.2

allí por el río; **I'm going to London, my sister's already down ~** voy a Londres, mi hermana ya está allí; **it's in ~** está ahí dentro; **it's on ~** está ahí encima; **it's over ~ by the TV** está allí, junto al televisor; **~ and then** en el acto, en seguida; **they're through ~ in the dining room** están por esa puerta *or* por ahí, en el comedor; **what's the cat doing up ~?** ¿qué hace el gato ahí arriba?; ♦***IDIOM* he's not all ~*** le falta un tornillo*
**2** (*as addition to phrase*) **hurry up ~!** ¡menearse!; **mind out ~!** ¡cuidado ahí!; **move along ~!** (*on street*) ¡retírense!; (*in bus, train*) ¡muévanse!, ¡no se paren, sigan para atrás!; **you ~!** ¡oye, tú!, ¡eh, usted! (*more frm*)
**3** (= *in existence, available*) **if the demand is ~, the product will appear** si existe la demanda, aparecerá el producto; **it's no good asking because the money just isn't ~** no sirve de nada pedir dinero, sencillamente porque no hay; **the old church is still ~ today** la vieja iglesia todavía está en pie *or* existe hoy; **is John ~, please?** (*on phone*) ¿está John?
**4** (= *on that point*) en eso; **~ we differ** en eso discrepamos *or* no estamos de acuerdo; **you're right ~** en eso tienes razón; **I agree with you ~** en eso estoy de acuerdo contigo; **~ you are wrong** ahí se equivoca, en eso te equivocas
**5** (= *at that point*) **we'll leave it ~ for today** lo dejaremos aquí por hoy; **could I just stop you ~ and say something?** ¿puedo interrumpirte para decir algo al respecto?
**6** (*emphasizing, pointing out*) **~, now look what you've done!** desde luego, ¡mira lo que has hecho!; **~ again** por otra parte; **~ you are, what did I tell you!** ¿ves? es lo que te dije; **"~ you are," he said, handing the book over** —ahí lo tienes —dijo, entregando el libro; **~ you go again, upsetting the children** ¿vuelta a las andadas, molestando a los niños?, ¿ya estamos otra vez molestando a los niños?; **it wasn't what I wanted, but ~ you go*** no era lo que buscaba, pero ¿qué le vamos a hacer?; **I'm not going, so ~!*** pues no voy, y fastídiate*
Ⓑ PRON **~ is** ◊ **~ are** hay; **~ will be** habrá; **~ were ten bottles** había *or* (*esp LAm*) habían diez botellas; **how many are ~?** ¿cuántos hay?; **~ will be eight people for dinner tonight** seremos ocho para cenar esta noche; **~ was laughter at this** en esto hubo risas; **~ was singing and dancing** se cantó y se bailó; **~ has been an accident** ha habido un accidente; **are ~ any bananas?** ¿hay plátanos?; **is ~ any coffee?** ¿hay café?; **~ is no wine left** no queda vino; **~ might be time/room** puede que haya tiempo/sitio; **~ is a pound missing** falta una libra
Ⓒ [ðεəʳ] EXCL **~, drink this** bebe esto; **there, there** (*comforting*) no te preocupes, no pasa nada; **but ~, what's the use?** pero ¡vamos!, es inútil

**thereabouts** [ˈðεərəbaʊts] ADV **1** (*place*) por ahí, allí cerca
**2** (*number*) **12 or ~** 12 más o menos, alrededor de 12; **£5 or ~** cinco libras o así

**thereafter** [ðεərˈɑːftəʳ] ADV (*frm*) después de eso, de allí en adelante, a partir de entonces

**thereat** [ðεərˈæt] ADV (*frm*) (= *thereupon*) con eso, acto seguido; (= *for that reason*) por eso, por esa razón

**thereby** [ˈðεəˈbaɪ] ADV así, de ese modo; **~ hangs a tale** eso tiene su cuento

▼**therefore** [ˈðεəfɔːʳ] ADV por tanto, por lo tanto; **he wanted to become the richest, and ~ the happiest, man in the world** quería convertirse en el hombre más rico, y por (lo) tanto más feliz, del mundo; **I think, ~ I am** pienso, luego existo; **therefore X = 4** luego X es igual a 4 (*Math*)

➤ LANGUAGE IN USE: **therefore** 17.2, 26.1

**THERE IS, THERE ARE**

- Unlike **there is/are** *etc*, **hay**, **hubo**, **había**, **ha habido** *etc* do not change to reflect number:
  There were two kidnappings and a murder
  ***Hubo dos secuestros y un asesinato***
  Will there be many students at the party?
  ***¿Habrá muchos estudiantes en la fiesta?***
- To translate **there must be**, **there may be**, *etc*, you can use **tiene que haber**, **debe (de) haber**, **puede haber**, *etc* although other constructions will also be possible:
  There may be a strike
  ***Puede haber*** *or* ***Puede que haya huelga***
  There must be all sorts of things we could do
  ***Tiene que haber muchas cosas que podamos hacer***
- If **there is**/**there are** is followed by **the**, you should normally not use **hay** *etc*. Use **estar** instead:
  And then there are the neighbours to consider
  ***Están también los vecinos, a los que hay que tener en cuenta***
  There is also the question of the money transfer
  ***Está también la cuestión de la transferencia del dinero***
- **Hay** *etc* should only be used to talk about existence and occurrence. Don't use it to talk about location. Use **estar** instead to say where things are:
  After the shop there's the bus station
  ***Después de la tienda está la estación de autobuses***
- Don't use **hay** *etc* to translate phrases like **there are four of us**, **there will be six of them**. Instead, use **ser** in the relevant person:
  There are four of us
  ***Somos cuatro***
  There will be six of them
  ***Serán seis***
- Remember to use **que** in the construction **hay algo que hacer** (**there is sth to do**):
  There is a lot to do
  ***Hay mucho que hacer***
  What is there to do?
  ***¿Qué hay que hacer?***

*For further uses and examples, see main entry at **there**.*

**therefrom** [ðεəˈfrɒm] ADV (*frm*) de ahí, de allí

**therein** [ðεərˈɪn] ADV (*frm*) **1** (= *inside*) allí dentro
**2** (= *in this regard*) en eso, en esto; **~ lies the danger** ahí está el peligro, en eso consiste el peligro

**thereof** [ðεərˈɒv] ADV (*frm*) de eso, de esto, de lo mismo

**thereon** [ðεərˈɒn] ADV (*frm*) **the land and the buildings ~** la tierra y los edificios que se asientan sobre ella; **the symbol of the Lion is embroidered ~** el símbolo del león aparece bordado sobre ello

**there's** [ðεəz] = **there is**, **there has**

**Theresa** [tɪˈriːzə] N Teresa

**thereto** [ðεəˈtuː] ADV (*frm*) a eso, a ello

**thereunder** [ˌðεərˈʌndəʳ] ADV (*frm*) allí expuesto

**thereupon** [ˈðεərəˈpɒn] ADV (*frm*) **1** (= *at that point*) acto seguido, en eso, con eso
**2** (= *on that subject*) sobre eso

**therewith** [ðεəˈwɪθ] ADV (*frm*) con eso, con lo mismo

**therm** [θɜːm] N termia *f*

**thermal** [ˈθɜːməl] Ⓐ ADJ [*current*] termal; [*underwear, blanket*] térmico
Ⓑ N **1** (*Met*) térmica *f*, corriente *f* térmica
**2** **thermals** (= *underwear*) ropa *f* interior térmica
Ⓒ CPD ► **thermal baths** NPL = **thermal springs** ► **thermal printer** N termoimpresora *f* ► **thermal reactor** N reactor *m* térmico ► **thermal springs** NPL termas *fpl*, fuentes *fpl* termales

**thermic** [ˈθɜːmɪk] ADJ térmico

**thermionic** [ˌθɜːmɪˈɒnɪk] Ⓐ ADJ termiónico
Ⓑ CPD ► **thermionic valve** N lámpara *f* termiónica

**thermo...** [ˈθɜːməʊ] PREFIX termo...

**thermocouple** [ˈθɜːməʊˌkʌpl] N termopar *m*, par *m* térmico

**thermodynamic** [ˈθɜːməʊdaɪˈnæmɪk] ADJ termodinámico

**thermodynamics** [ˈθɜːməʊdaɪˈnæmɪks] NSING termodinámica *f*

**thermoelectric** [ˈθɜːməʊɪˈlektrɪk] Ⓐ ADJ termoeléctrico
Ⓑ CPD ► **thermoelectric couple** N par *m* termoeléctrico

**thermometer** [θəˈmɒmɪtəʳ] N termómetro *m*

**thermonuclear** [ˈθɜːməʊˈnjuːklɪəʳ] ADJ termonuclear

**thermopile** [ˈθɜːməʊpaɪl] N termopila *f*

**thermoplastic** [ˌθɜːməʊˈplæstɪk] N termoplástico *m*

**Thermopylae** [θɜːˈmɒpɪliː] N Termópilas *fpl*

**Thermos®** [ˈθɜːməs] N (*also* **~ flask** *or* **bottle**) termo *m*

**thermosetting** [ˌθɜːməʊˈsetɪŋ] ADJ **~ plastics** plásticos *mpl* termoestables

**thermostat** [ˈθɜːməstæt] N termostato *m*

**thermostatic** [ˌθɜːməsˈtætɪk] ADJ termostático

**thesaurus** [θɪˈsɔːrəs] N (*pl* **thesauruses, thesauri** [θɪˈsɔːraɪ]) tesauro *m*

**these** [ðiːz] Ⓐ DEM ADJ éstos/éstas; **it's not ~ chocolates but those ones I like** no son estos bombones los que me gustan sino aquéllos; **~ ones over here** éstos/éstas de aquí, éstos/éstas que están aquí; **how are you getting on ~ days?** ¿cómo le va últimamente?
Ⓑ DEM PRON éstos/éstas; **I'm looking for some sandals. can I try ~?** quiero unas sandalias. ¿puedo probarme éstas?; **what are ~?** ¿qué son éstos?; **~ are my friends/my books** éstos son mis amigos/mis libros; **I prefer ~ to those** prefiero éstos a aquéllos

**Theseus** [ˈθiːsjuːs] N Teseo

**thesis** [ˈθiːsɪs] N (*pl* **theses** [ˈθiːsiːz]) tesis *f inv*

**Thespian** [ˈθespɪən] Ⓐ ADJ **1** (= *of Thespis*) de Tespis
**2** (*fig*) dramático, trágico
Ⓑ N actor *m*, actriz *f*

**Thespis** [ˈθespɪs] N Tespis

**Thessalonians** [ˌθesəˈləʊnɪənz] NPL tesalonios *mpl*

**Thessaly** [ˈθesəlɪ] N Tesalia *f*

**Thetis** [ˈθiːtɪs] N Tetis

**they** [ðeɪ] PRON **1** (*referring to particular people, things*) **1·1** (*emphatic, to avoid ambiguity*) ellos/ellas; **we went to the cinema but ~ didn't** nosotros fuimos al cine pero ellos no; **I spoke to my sisters and THEY agreed with me** hablé con mis hermanas y ellas estaban de acuerdo conmigo; **it's ~ who ...** son ellos quienes ...; **we work harder than ~ do** trabajamos más que ellos
**1·2**

*Don't translate the subject pronoun when not emphasizing or clarifying:*

**they're fine, thanks** están bien, gracias; **they're yellow** son amarillos
1.3 (*frm*) **~ who ...** los que ..., quienes ...
2 (*referring to "someone", "anyone"*) **if anyone tells you otherwise, ~ are wrong** si alguien te dice lo contrario, no tiene razón
3 (*generalizing*) **~ say that ...** se dice que ..., dicen que ...; **as ~ say** como dicen, según dicen; **~ are making it illegal** lo van a hacer ilegal

**they'd** [ðeɪd] = **they would, they had**

**they'll** [ðeɪl] = **they will, they shall**

**they're** [ðɛəʳ] = **they are**

**they've** [ðeɪv] = **they have**

**thiamine** ['θaɪəmi:n] N tiamina *f*

**thick** [θɪk] Ⓐ ADJ (*compar* **thicker**; *superl* **thickest**) 1 (= *not thin*) [*wall, line, slice, neck*] grueso; [*lips*] grueso, carnoso; [*waist*] ancho; [*sweater*] gordo; [*spectacles*] de lente gruesa; **a ~ layer of snow/dust** una espesa capa de nieve/polvo; **a ~ layer of potatoes/butter** una capa gruesa de patatas/mantequilla; **a tree root as ~ as a man's arm** una raíz de árbol tan gruesa *or* gorda como el brazo de un hombre; **it's 2m ~** tiene 2 metros de grosor; **a 5cm ~ door** una puerta de 5 centímetros de grosor; **to give sb a ~ ear*** dar un sopapo a algn*; **how ~ is it?** ¿qué grosor tiene?, ¿cómo es de grueso?; **it's** *or* **that's a bit ~*** (= *unreasonable*) eso ya pasa de castaño oscuro*
2 (= *dense*) [*beard, eyebrows*] poblado; [*carpet, fur*] tupido; [*forest*] tupido, poblado; [*vegetation, dust*] espeso; [*air, atmosphere*] cargado, denso; [*smoke, clouds, night*] denso; [*fog*] espeso, denso; **to have ~ hair** tener mucho pelo, tener una melena tupida; **to be ~ with** (*gen*) estar lleno de; **the pavements were ~ with people** las aceras estaban abarrotadas *or* llenas de gente; **the air was ~ with smoke** el aire estaba cargado *or* lleno de humo; **the air was ~ with rumours** (*fig*) corrían *or* circulaban muchos rumores; **✦IDIOM to be ~ on the ground***: **cameramen and interviewers were ~ on the ground** había cámaras y entrevistadores a patadas*
3 (= *not runny*) [*yoghurt, sauce*] espeso; **if the soup becomes too ~, add more water** si la sopa se pone muy espesa, añada más agua; **whisk until ~** bátase hasta que se ponga espeso
4 (*) (= *stupid*) corto*, burro*; **he's a bit ~** es un poco corto *or* burro*; **I finally got it into** *or* **through his ~ head** por fin conseguí que le entrase en esa cabeza hueca*; **✦IDIOMS to be as ~ as a brick** *or* **two short planks** ser más burro *or* bruto que un arado*; **as ~ as (pig)shit**** más burro *or* bruto que la hostia**
5 (= *strong*) [*accent*] fuerte, marcado
6 (*from drink, illness, tiredness*) [*voice*] pastoso; **his voice was ~ with emotion** su voz estaba empañada por la emoción *or* cargada de emoción; **his voice was ~ with sarcasm** su tono iba cargado de sarcasmo
7 (*) (= *very friendly*) **to be ~ (with sb)** ser uña y carne (con algn)*; **✦IDIOM to be (as) ~ as thieves** ser uña y carne*
8 (= *groggy*) **I woke up with a ~ head** me desperté con la cabeza embotada
Ⓑ ADV (= *in a thick layer*) **the fog hung ~ over the city** una capa espesa de niebla pendía sobre la ciudad; **the dust/snow lay ~** había una capa espesa de polvo/nieve; **slice the bread nice and ~** corte el pan en rebanadas bien gruesas; **he spread the butter on ~** untó una capa gruesa de mantequilla; **✦IDIOMS to come/follow ~ and fast** llegar/sucederse con rapidez; **the jokes came ~ and fast** los chistes iban surgiendo uno detrás de otro con rapidez; **distress calls were coming in ~ and fast** llovían las llamadas de auxilio; **the snow was falling ~ and fast** nevaba copiosamente *or* sin parar; **to lay it on ~*** (= *exaggerate*) cargar *or* recargar las tintas*
Ⓒ N **to be in the ~ of sth: he likes to be in the ~ of it** *or* **things** *or* **the action** le gusta estar metido en el meollo del asunto *or* en el ajo; **he was in the ~ of the fighting** estaba en lo más intenso de la lucha; **✦IDIOM through ~ and thin** en las duras y en las maduras

**thicken** ['θɪkən] Ⓐ VT espesar, hacer más espeso
Ⓑ VI 1 (*Culin*) [*mixture, sauce*] espesarse
2 [*darkness*] aumentar; [*clouds, wood, jungle*] hacerse más denso; **her voice ~ed with emotion** se le empañó la voz de emoción *or* por la emoción; **✦IDIOM the plot ~s** la cosa se complica

**thickener** ['θɪkənəʳ] N espesador *m*

**thicket** ['θɪkɪt] N matorral *m*

**thickhead*** ['θɪkhed] N bruto/a *m/f*

**thickheaded*** [,θɪk'hedɪd] ADJ 1 (= *stupid*) bruto, estúpido
2 (= *obstinate*) terco, cabezón
3 (= *groggy*) grogui

**thickheadedness*** [,θɪk'hedɪdnɪs] N 1 (= *stupidness*) estupidez *f*
2 (= *obstinacy*) terquedad *f*

**thickie*** ['θɪkɪ] N bobo/a *m/f*

**thick-lipped** [,θɪk'lɪpt] ADJ de labios gruesos, bezudo

**thickly** ['θɪklɪ] ADV 1 (= *densely*) **a ~ populated area** una zona densamente poblada; **the snow was falling ~** la nieve caía con fuerza *or* copiosamente; **the trees grew ~ along the river** los árboles crecían en abundancia a orillas del río; **~ wooded** densamente poblado de árboles
2 (= *in a thick layer*) **she spread the butter ~ on the toast** untó una gruesa capa de mantequilla en la tostada; **dust/snow lay ~** había una espesa capa de polvo/nieve; **the ~ carpeted dining room** el comedor con el suelo cubierto por una tupida moqueta; **the ground was ~ carpeted with pine needles** el suelo estaba cubierto de una gruesa capa de agujas de pino
3 (= *in thick pieces*) **to cut/slice sth ~** cortar algo en rodajas gruesas
4 (= *unclearly*) [*say, reply*] (*from drink, tiredness*) con voz pastosa; (*with emotion*) con voz emocionada

**thickness** ['θɪknɪs] N 1 (= *denseness*) [*of wall, door, layer*] grosor *m*, espesor *m*; [*of line, slice, fabric, lens*] grosor *m*; [*of hair*] abundancia *f*; [*of fur, carpet*] lo tupido; [*of smoke*] densidad *f*; [*of cream, sauce*] lo espeso; **it is 4mm in ~** tiene 4 milímetros de grosor
2 (= *layer*) capa *f*; **three ~es of material** tres capas de tela

**thicko*** ['θɪkəʊ] N = **thickie**

**thickset** [,θɪk'set] ADJ [*person*] robusto, fornido; [*features*] grueso, gordo

**thick-skinned** [,θɪk'skɪnd] ADJ 1 [*orange*] de piel gruesa
2 (= *insensitive*) [*person*] insensible, duro

**thief** [θi:f] N (*pl* **thieves** [θi:vz]) ladrón/ona *m/f*; **stop ~!** ¡al ladrón!; **✦IDIOM you have to set a ~ to catch a ~** no hay como un ladrón para atrapar a otro; *see also* **thick A7**

**thieve** [θi:v] VT, VI robar, hurtar

**thievery** ['θi:vərɪ] N robo *m*, hurto *m*

**thieving** ['θi:vɪŋ] Ⓐ ADJ ladrón
Ⓑ N robo *m*, hurto *m*

**thievish** ['θi:vɪʃ] ADJ ladrón; **to have ~ tendencies** ser largo de uñas

**thievishness** ['θi:vɪʃnɪs] N propensión *f* a robar

**thigh** [θaɪ] Ⓐ N muslo *m*
Ⓑ CPD ► **thigh bone** N fémur *m*

**thimble** ['θɪmbl] N 1 (*Sew*) dedal *m*
2 (*Naut*) guardacabo *m*

**thimbleful** ['θɪmblfʊl] N dedada *f*; **just a ~** unas gotas nada más

**thin** [θɪn] Ⓐ ADJ (*compar* **thinner**; *superl* **thinnest**) 1 (= *not fat*) [*person, legs, arms*] delgado, flaco (*pej*); [*waist*] delgado, estrecho; [*face*] delgado; [*nose*] delgado, afilado; [*lips*] fino; [*animal*] flaco; **to get** *or* **grow ~** adelgazar; **I want to get nice and ~ for the holidays** quiero adelgazar bien para estas vacaciones; **you're getting ~ — aren't you eating enough?** te estás quedando muy delgado, ¿comes lo suficiente?; **she was painfully ~** estaba tan flaca que daba pena verla; **✦IDIOM to be as ~ as a rake*** estar en los huesos*
2 (= *not thick*) [*layer, sheet*] fino, delgado; [*wall*] delgado; [*slice, line, fabric*] fino; **a ~ layer of paint** una capa fina de pintura; **a ~ volume of poetry** un delgado tomo de poesía; **to wear ~** [*fabric, clothing*] desgastarse; **his trousers had worn ~ at the knee** el pantalón se le había desgastado por las rodillas; **the joke had begun to wear very ~** (*fig*) la broma ya empezaba a resultar muy pesada; **my patience is wearing ~** (*fig*) se me está agotando *or* acabando la paciencia; **✦IDIOMS it's the ~ end of the wedge** es el principio de algo que puede tener terribles consecuencias; **to be** *or* **skate** *or* **walk on ~ ice** estar pisando terreno resbaladizo *or* peligroso; **to have a ~ skin** ofenderse por nada, tomárselo todo a mal; *see also* **line A1**
3 (= *watery*) [*custard, sauce, paint*] poco espeso
4 (= *not dense*) [*smoke, fog, rain*] fino
5 (= *sparse*) [*beard, hair*] ralo, escaso; [*eyebrows*] fino, delgado; [*crowd*] escaso, poco numeroso; **✦IDIOMS to be ~ on the ground** (*esp Brit*) escasear; **to be ~ on top** estar casi calvo, tener poco pelo (en la cabeza)
6 (= *unconvincing*) [*excuse*] pobre, poco convincente; [*evidence*] poco concluyente; [*argument, essay, script*] pobre, flojo; **a ~ majority** una mayoría escasa; **a ~ smile** una débil sonrisa
7 (= *weak*) [*voice*] aflautado
8 (*Fin*) [*profit*] escaso; **trading was ~ on the stock market** hubo poca actividad en la bolsa
9 (= *lacking oxygen*) [*air, atmosphere*] enrarecido, rarificado; **✦IDIOM out of/into ~ air**: **to appear out of ~ air** aparecer como por arte de magia; **to produce sth out of ~ air** sacar algo de la nada; **I can't conjure up the money out of ~ air** no puedo sacar el dinero de la nada; **he disappeared** *or* **vanished into ~ air** desapareció como por arte de magia, se lo tragó la tierra
Ⓑ ADV (= *thinly*) **slice the potatoes very ~** corta las patatas en rodajas muy finas; **don't slice the bread too ~** no cortes el pan demasiado fino; **spread the butter very ~** untar una capa muy fina de mantequilla; *see also* **spread B5**
Ⓒ VT 1 (*also* **~ out**) (= *reduce in number*) [+ *population, group*] mermar; [+ *seedlings*] entresacar

2 (*also* ~ **down**) (= *dilute*) [+ *sauce, soup*] aclarar; [+ *paint*] diluir; **aspirin ~s the blood** la aspirina hace que la sangre sea menos espesa; **greenhouse gases are ~ning the ozone layer** los gases que causan el efecto invernadero están haciendo que la capa de ozono sea cada vez menos espesa

Ⓓ VI (*also* ~ **out**) (= *lessen*) [*fog*] aclararse; [*ozone layer*] hacerse menos espeso; [*crowd*] disminuir; [*population*] mermar, reducirse; **his hair is ~ning slightly** está empezando a perder pelo

► **thin down** Ⓐ VT + ADV (= *dilute*) [+ *sauce, gravy, custard*] aclarar; [+ *paint*] diluir

Ⓑ VI + ADV (= *become slim*) adelgazar

► **thin out** Ⓐ VT + ADV (= *reduce in number*) [+ *population, group*] mermar; [+ *seedlings*] entresacar

Ⓑ VI + ADV (= *lessen*) [*fog*] aclararse; [*ozone layer*] hacerse menos denso; [*crowd*] disminuir; [*population*] mermar, reducirse; **his hair is ~ning out** está empezando a perder pelo

**thine** [ðaɪn] Ⓐ POSS PRON (†, *poet*) (*sing*) (el) tuyo, (la) tuya; (*pl*) (los) tuyos, (las) tuyas; **for thee and ~** para ti y los tuyos; **what is mine is ~** lo que es mío es tuyo

Ⓑ ADJ (*sing*) tu; (*pl*) tus

**thing** [θɪŋ] N 1 (*concrete*) (= *object*) cosa *f*; **they were selling all sorts of ~s** vendían todo tipo de cosas; **what's that ~ called?** ¿cómo se llama eso?; **get that ~ off the sofa!** ¡quita esa cosa del sofá!; **dogs? I can't stand the ~s** ¿perros? no puedo con ellos; **a ~ of beauty** una belleza, un objeto bello; **~s of value** objetos *mpl* de valor; ✦*IDIOM* **you must be seeing ~s** estás viendo visiones

2 (*non-concrete*) (= *matter, circumstance, action*) cosa *f*, asunto *m*, cuestión *f*; **as ~s are** ◊ **with ~s as they are** tal como están las cosas; **that's how ~s are** así están las cosas; **how are ~s?** ¿qué tal?; **how are ~s with you?** ¿qué tal te va?, ¿cómo andas?; **~s are going badly** las cosas van *or* marchan mal; **~s aren't what they used to be** las cosas ya no son como antes *or* ya no son lo que eran; **the ~ is ...** lo que pasa es que ..., el caso es que ...; **the ~ is to sell your car first** conviene vender primero tu coche; **what a ~ to say!** ¡qué dices!, ¡cómo se te ocurre!; **I haven't done a ~ about it** no he hecho nada de nada al respecto; **I don't know a ~ about cars** no sé nada en absoluto de coches; **I didn't know a ~ for that exam** para ese examen no sabía nada de nada, para ese examen yo estaba pez (*Sp**); **above all ~s** ante todo, sobre todo; **all ~s considered** bien mirado; **all ~s being equal** si las cosas siguen como ahora; **the system cannot be all ~s to all people** el sistema no puede contentar a todo el mundo; **a gentleman in all ~s** un caballero en todos los aspectos; **and for another ~ ...** y además ..., y por otra parte ...; **the best ~ would be to wait** lo mejor sería esperar; **the next best ~** lo mejor después de eso; **we had hoped for better ~s** habíamos esperado algo mejor; **it was a close ~** [*race*] fue una carrera muy reñida; [*accident*] por poco chocamos, casi chocamos; [*escape*] escapamos por un pelo; **it's not the done ~** eso no se hace; **the first ~ to do is ...** lo primero que hay que hacer es ...; **first ~ (in the morning)** a primera hora (de la mañana); **you don't know the first ~ about it** no sabes nada en absoluto de esto; **first ~s first!** ¡lo primero es lo primero!; **it's a good ~ he didn't see you** menos mal que no te vio; **the good ~ about it is that ...** lo bueno es que ...; **it's finished and a good ~ too** se acabó y me alegro de ello; **she knows a good ~ when she sees it** sabe obrar de acuerdo con su propio interés; **this is too much of a good ~** esto es demasiado; **it's just the ~!** ¡es justo lo que me faltaba!; **that's the last ~ we want** eso es lo último que queremos; **last ~ (at night)** antes de acostarse; **the main ~** lo más importante, lo principal; **to make a mess of ~s** estropearlo todo; **it was a near ~** = **it was a close thing**; **(the) next ~ I knew, he'd gone** cuando me di cuenta, ya se había ido; **not a ~** nada; **for one ~** en primer lugar; **what with one ~ and another** entre una(s) cosa(s) y otra(s); **it's one ~ to buy it, quite another to make it work** es fácil comprarlo, pero no es tan fácil hacerlo funcionar; **if it's not one ~ it's the other** si no es una cosa es otra; **neither one ~ nor the other** ni lo uno ni lo otro; **the only ~ is to paint it** la única cosa que se puede hacer es pintarlo; **I showed him the copy and he thought it was the real ~** le enseñé la copia y pensó que era el auténtico; **this time I'm in love, it's the real ~** esta vez estoy enamorada de verdad; **to do the right ~** obrar bien, obrar honradamente; **you did the right ~** hiciste bien; **I've done a silly ~** he hecho algo tonto; **did you ever see such a ~?** ¿se vio jamás tal cosa?; **there's no such ~!** ¡no hay tal!; **the play's the ~** lo que importa es la representación; **it's just one of those ~s** son cosas que pasan, son cosas de la vida; **he knows a ~ or two** sabe de qué va; **I could tell you a ~ or two about her** podría decirte unas cuantas cosas sobre ella; **it's the very ~!** ¡es justo lo que me faltaba!; ✦*IDIOMS* **to try to be all ~s to all men** tratar de serlo todo para todos; **to be on to a good ~**: **he knew he was on to a good ~ when the orders started flowing in** supo que había dado con chollo cuando empezaron a llover los pedidos*; **to make a (big) ~ (out) of sth***: **he made a big ~ out of the accident** exageró mucho el accidente; **she made a big ~ of introducing him to me** me lo presentó con mucho aparato; **don't make a ~ of it!** ¡no es para tanto!

3 **things** (= *belongings*) cosas *fpl*; (= *clothes*) ropa *fsing*; (= *luggage*) equipaje *msing*; **where shall I put my ~s?** ¿dónde pongo mis cosas?; **to pack up one's ~s** hacer las maletas; **she had brought her painting ~s with her** se había traído sus utensilios de pintura; **to wash up/clear away the supper ~s** lavar los platos/quitar la mesa de la cena; **to take off one's ~s** quitarse la ropa, desnudarse

4 (*) (= *person*) **you mean ~!** ¡mira que eres tacaño!; **you nasty ~!** ¡mira que eres desagradable!; **you poor (old) ~!** ◊ **poor ~!** ¡pobrecito!; **the stupid ~ went and sold it** el muy estúpido fue y lo vendió; **she's a sweet little ~, isn't she?** es monísima, ¿verdad?

5 (= *fashion*) **the latest ~ in hats** lo último en sombreros; **it's quite the ~** está muy de moda

6 (*) (= *activity, preference*) **his ~ is fast cars** lo suyo son los coches rápidos; **it's not my ~** no es lo mío; ✦*IDIOM* **to do one's own ~*** ir a su aire; **you know her, she likes to do her own ~** ya la conoces, le gusta ir a su aire

7 (*) (= *obsession*) obsesión *f*; **he has a ~ about cleanliness** está obsesionado con la limpieza, tiene obsesión *or* manía con la limpieza; **he has a ~ about steam engines** está obsesionado por las locomotoras a vapor, le obsesionan las locomotoras a vapor; **I have a ~ about punctuality** soy un maniático de la puntualidad; **he's got a ~ for her*** está colado por ella*

8 (*) (= *phobia*) fobia *f*; **she has a ~ about snakes** le tiene fobia a las serpientes

9 (*) (= *relationship, affair*) **he's got a ~ going with her** se entiende con ella; **he had a ~ with her two years ago** se lió con ella hace dos años*

**thingumabob*** [ˈθɪŋəmɪbɒb], **thingamajig** [ˈθɪŋəmɪdʒɪg], **thingummy** [ˈθɪŋəmɪ], **thingy** [ˈθɪŋɪ] N (= *object*) chisme *m*, cosa *f*; (= *person*) fulano/a *m/f*; **old ~ with the specs** fulano el de las gafas

▼ **think** [θɪŋk] (*vb: pt, pp* **thought**) Ⓐ VI 1 (= *exercise mind*) pensar; (= *ponder*) reflexionar; **I ~, therefore I am** pienso, luego existo; **give me time to ~** dame tiempo para reflexionar; **to act without ~ing** actuar sin pensar; **~ before you reply** piénselo antes de contestar; **I'm sorry, I wasn't ~ing** lo siento, estaba distraído; **now let me ~, where did I last see it?** a ver, déjame pensar, ¿cuándo lo vi por última vez?; **to ~ about sth** (= *occupy one's thoughts with*) pensar en algo; (= *consider*) pensar algo; **what are you ~ing about?** ¿en qué estás pensando?; **you've given us a lot to ~ about** nos ha dado mucho en que pensar; **I'll ~ about it** lo voy a pensar; **it's worth ~ing about** vale la pena de pensarlo; **you ~ too much about money** le das demasiada importancia al dinero; **what he said made me ~ again** lo que dijo hizo que me lo volviera a pensar; **did you ~ I was going to give you the money? well, ~ again!** ¿creíste que iba a darte el dinero? ¡vamos, piensa un poco!; **to ~ aloud** pensar en voz alta; **~ carefully before you reply** piénsalo bien antes de responder; **to ~ for o.s.** pensar por sí mismo; **to ~ (long and) hard** pensar mucho; **I ~ of you always** ◊ **I am always ~ing of you** pienso constantemente en ti; **I'll be ~ing of you** me acordaré de ti; **~ of me tomorrow in the exam** acuérdate de mí mañana, haciendo el examen; **to ~ straight** concentrarse; **to ~ twice before doing sth** pensar algo dos veces antes de hacerlo; **we didn't ~ twice about it** no vacilamos un instante

2 (= *imagine*) imaginarse; **just ~!** ¡fíjate!, ¡imagínate!, ¡te das cuenta!; **~ of the expense** imagínate lo que costaría; **~ of what might have happened!** ¡piensa en lo que podía haber ocurrido!; **and to ~ of her going there alone!** ¡y pensar que ella fue allí sola!

3 (= *remember*) **you can't ~ of everything** no se puede estar en todo; **now I come to ~ of it ...** ahora que lo pienso ...; **I couldn't ~ of the right word** no pude acordarme de la palabra exacta

4 (= *have opinion*) **see what you ~ about it and let me know** piénsalo y dime luego tu opinión; **I didn't ~ much of the play** la obra no me convenció, la obra no me gustó mucho; **we don't ~ much of him** tenemos un concepto más bien bajo de él; **what do you ~ of it?** ¿qué te parece?; **what do you ~ of him?** ¿qué opinas de él?, ¿qué te parece (él)?; **to ~ highly of sb** tener muy buena opinión de algn, tener a algn en muy buen concepto; **I told him what I thought of him** le dije lo que pensaba de él; *see also* **well**² **A1**

5 (= *consider, take into account*) **to ~ of other people's feelings** pensar en *or* tener en cuenta los sentimientos de los demás; **one has to ~ of the expense** hay que pensar en lo que se gasta; **there are the children to ~ about** hay que pensar en los niños; **he ~s of nobody but himself** no piensa más que en sí mismo

6 **to ~ of** (= *wonder about, dream up*): **I thought of going to Spain** pensé en ir a España; **have you ever thought of going to**

**Cuba?** ¿has pensado alguna vez en ir a Cuba?; **don't you ever ~ of washing?** ¿no se te ocurre alguna vez lavarte?; **whatever were you ~ing of?** ¿cómo se te ocurrió hacer eso?; **I was the one who thought of it first** fui yo quien tuve la idea primero; **whatever will he ~ of next?** ¡a ver qué es lo que se le ocurre ahora!
[7] (= *choose*) **~ of a number** piensa en un número
Ⓑ VT [1] (= *cogitate*) pensar; **to ~ great thoughts** pensar cosas profundas, tener pensamientos profundos; **to ~ evil thoughts** tener malos pensamientos; **~ what you've done** piense en lo que hizo
[2] (= *believe*) creer; **I ~ (that) it is true** creo que es verdad; **I don't ~ it can be done** no creo que se pueda hacer; **you must ~ me very rude** va a creer que soy muy descortés; **we all thought him a fool** lo teníamos todos por idiota; **he ~s himself very clever** se cree muy listo; **I don't ~ it likely** lo creo *or* me parece muy poco probable; **I ~ (that) you're wrong** me parece que estás equivocado; **she's very pretty, don't you ~?** es muy guapa, ¿no crees?; **he'll be back, I don't ~!*** ¿que volverá? ¡no creo!; **I ~ not** creo que no; **I ~ so** creo que sí, me parece que sí; **I don't ~ so** creo que no; **now I don't know what to ~** ahora estoy en duda; **what do you ~ I should do?** ¿qué crees que debo hacer?; **what do you ~ you're doing?** ¿se puede saber lo que estás haciendo?; **who do you ~ you are?** ¿quién te crees que eres?; **who do you ~ you are to come marching in here?** y tú ¿qué derecho crees tener para entrar aquí tan fresco?; **anyone would ~ she was dying** cualquiera diría que se estaba muriendo; **I would have thought that ...** hubiera creído que ...; **that's what you ~!** ¡(que) te crees tú eso!
[3] (= *imagine*) imaginar(se); **~ what we could do with that house!** ¡imagina lo que podríamos hacer con esa casa!; **to ~ she once slept here!** ¡pensar que ella durmió aquí una vez!; **I can't ~ what he can want** no me puedo imaginar qué quiere; **I can't ~ what you mean** no llego a entender lo que quieres decir; **I thought as much** ya me lo figuraba, ya lo sabía; **I never thought that ...** nunca pensé *or* imaginé que ...; **who'd have thought it?** ¿quién lo diría?; **who'd have thought it possible?** ¿quién se lo hubiera imaginado?
[4] (= *remember*) recordar; **try to ~ where you last saw it** intenta recordar dónde lo viste por última vez
[5] (= *be of opinion*) opinar; **this is my new dress, what do you ~?** éste es mi vestido nuevo, ¿qué te parece? *or* ¿qué opinas?; **I ~ we should wait, what do you ~?** creo que deberíamos esperar, ¿qué opinas?
[6] (= *envisage, have idea*) **I was ~ing that ...** estaba pensando que ...; **did you ~ to bring a corkscrew?** ¿te acordaste de traer un sacacorchos?; **I didn't ~ to tell him** no se me ocurrió decírselo; **I thought/I'd thought I might go swimming** pensé/había pensado en ir a nadar
[7] (= *expect*) pensar, esperar; **I didn't ~ to see you here** no pensaba *or* esperaba verte aquí; **I came here ~ing to get some answers** vine aquí pensando que obtendría *or* esperando recibir algunas respuestas; **I never thought to hear that from you** nunca pensé que te oiría decir eso, nunca esperé oírte decir eso; **we little thought that ...** estábamos lejos de pensar que ...; **"is she going?" — "I should/shouldn't ~ so"** —¿va a ir? —yo diría que sí/no; **"I paid him for it" — "I should ~ so too!"** —se lo he pagado —¡faltaría más!
Ⓒ N **to have a ~**: **I'll have a ~ about it** lo pensaré; **I was just having a quiet ~** meditaba tranquilamente; **✦IDIOM if you ~ that, you've got another ~ coming*** si crees eso, te equivocas
Ⓓ CPD ► **think tank** N grupo *m* de expertos; (*in government*) gabinete *m* de estrategia

► **think back** VI + ADV recordar; **try to ~ back** trata de recordar; **I ~ back to that moment when ...** recuerdo ese momento cuando ...; **when I ~ back over my life** cuando hago un repaso de mi vida

► **think out** VT + ADV [+ *plan*] elaborar; [+ *problem*] meditar a fondo; [+ *solution, response*] encontrar; **I need to ~ out what I'm going to do** tengo que planear bien lo que voy a hacer; **his ideas are well thought out** tiene ideas muy elaboradas; **a well thought out answer** una respuesta muy elaborada; **he ~s things out for himself** razona por sí mismo

► **think over** VT + ADV [+ *offer, suggestion*] pensar, considerar; **I'll ~ it over** lo pensaré; **~ it over!** ¡piénsatelo!, ¡piénsalo!; **I've thought it over very carefully** lo he pensado muy bien

► **think through** VT + ADV [+ *plan*] planear detenidamente, planear cuidadosamente; [+ *objectives*] pensar detenidamente en, pensar cuidadosamente en; **this plan has not been properly thought through** este proyecto no ha sido planeado con el debido cuidado; **we need to ~ through the implications of this proposal** tenemos que considerar *or* examinar detenidamente las implicaciones de esta propuesta

► **think up** VT + ADV [+ *plan*] idear; [+ *idea*] tener; [+ *solution*] idear, inventar; **who thought this one up?** ¿quién ideó esto?, ¿a quién se le ocurrió esto?

**thinkable** [ˈθɪŋkəbl] ADJ concebible; **it isn't ~ that ...** es inconcebible *or* impensable que ...

**thinker** [ˈθɪŋkəʳ] N pensador(a) *m/f*

**thinking** [ˈθɪŋkɪŋ] Ⓐ N [1] (= *ideas, opinions*) pensamiento *m*, ideas *fpl*; **the new direction of Tyler's ~** el nuevo enfoque en el pensamiento *or* las ideas de Tyler; **we are so alike in our ~** pensamos de una forma tan parecida; **he hoped we would come round to his way of ~** esperaba que al final terminaríamos pensando como él; **to my way of ~** en mi opinión, bajo mi punto de vista; **good ~!** ¡buena idea!; **the ~ behind the campaign** la línea de pensamiento en la que se basa la campaña
[2] (= *activity*) **I've done some ~** he estado pensando; **I'll have to do some serious ~** voy a tener que pensar *or* reflexionar seriamente; *see also* **lateral**, **wishful**
[3] (= *ability to think*) pensamiento *m*
Ⓑ ADJ [*person, machine*] inteligente; **it is obvious to any ~ person** resulta obvio para cualquier persona inteligente; **the ~ mind** la mente racional; **✦IDIOM to put on one's ~ cap** estrujarse el cerebro*
Ⓒ CPD ► **thinking patterns** NPL (*Psych*) modelos *mpl* de pensamiento ► **thinking process** N proceso *m* mental ► **thinking time** N tiempo *m* para pensar

**thin-lipped** [ˈθɪnˈlɪpt] ADJ de labios apretados

**thinly** [ˈθɪnlɪ] ADV [1] (= *in thin pieces*) **~ cut/sliced** [*vegetable, fruit*] cortado en rodajas finas; [*bread*] cortado en rebanadas finas; [*ham, bacon*] cortado en lonchas finas
[2] (= *in a thin layer*) **roll out the pastry very ~** estirar la masa hasta que quede muy fina; **~ clad** ligero de ropa; **~ disguised** poco *or* apenas disimulado; **spread the butter ~** untar una capa fina de mantequilla; **the troops were ~ spread** las tropas se hallaban muy diseminadas *or* dispersas; **our resources are too ~ spread** nuestros recursos están distribuidos por un área demasiado grande; **a ~ veiled threat/warning** una amenaza/advertencia mal disimulada
[3] (= *sparsely*) **the island is ~ populated** la isla tiene poca densidad de población *or* está escasamente poblada; **there were a few ~ scattered houses** había unas cuantas casas dispersas; **the seed is ~ sown** las semillas se siembran bien esparcidas; **a ~ wooded area** un área con pocos árboles
[4] (= *without humour*) [*smile*] fríamente

**thinner** [ˈθɪnəʳ] N disolvente *m*

**thinness** [ˈθɪnnɪs] N [1] [*of person, arms, face*] delgadez *f*; [*of animal*] flacura *f*
[2] [*of layer, sheet, wall*] delgadez *f*; [*of slice, line*] lo fino; [*of fabric*] finura *f*
[3] [*of liquid, sauce, paint*] poco espesor *m*
[4] [*of excuse, argument*] pobreza *f*
[5] [*of air, atmosphere*] lo enrarecido

**thin-skinned** [ˈθɪnˈskɪnd] ADJ (*fig*) [*person*] sensible, susceptible

**third** [θɜːd] Ⓐ ADJ tercero; (*before m sing noun*) tercer; **~ time lucky!** ¡a la tercera va la vencida!
Ⓑ N [1] (*in series*) tercero/a *m/f*
[2] (= *fraction*) tercio *m*, tercera parte *f*; **two ~s of the votes** dos tercios de los votos; **two ~s of those present** las dos terceras partes de los asistentes
[3] (*Mus*) tercera *f*
[4] (*Brit Univ*) tercera clase *f*
[5] (*Aut*) tercera *f* velocidad, tercera *f*; **in ~** en tercera; *see* **fifth** *for usage*
Ⓒ ADV en tercer lugar; **to finish ~** (*in race*) llegar en tercer lugar; **to travel ~** viajar en tercera clase
Ⓓ CPD ► **third degree** N *see* **degree A3**; *see also* **third-degree** ► **third estate** N estado *m* llano ► **third party** N tercero *m*, tercera persona *f* ► **third party insurance** N seguro *m* contra terceros, seguro *m* de responsabilidad social (*Sp*); **an insurance policy with ~-party liability** una póliza de seguros con responsabilidad contra terceros ► **third person** N (*Ling*) tercera persona *f* ► **third way** N (*Pol*) tercera vía *f* ► **Third World** N Tercer Mundo *m*; *see also* **third-world**

**third-class** [ˌθɜːdˈklɑːs] Ⓐ ADJ de tercera clase; (*pej*) de tercera
Ⓑ ADV **to travel ~** viajar en tercera
Ⓒ N (*US Post*) tarifa *f* de impreso

**third-degree** [ˌθɜːdɪˈgriː] ADJ [*burns*] de tercer grado

**thirdly** [ˈθɜːdlɪ] ADV en tercer lugar

**third-rate** [ˌθɜːdˈreɪt] ADJ (*pej*) de tercera

**third-world** [ˈθɜːdwɜːld] ADJ tercermundista

**thirst** [θɜːst] Ⓐ N sed *f*; **to have a ~ for sth** (*fig*) tener sed *or* ansias de algo; **the ~ for knowledge** la sed *or* el afán de saber; **I've got a real ~ (on me)*** ¡me muero de sed!*
Ⓑ VI **to ~ after** *or* **for sth** (*fig*) tener sed *or* ansias de algo, estar sediento de algo (*liter*)

**thirstily** [ˈθɜːstɪlɪ] ADV **he drank it ~** lo bebió con avidez; **young Emlyn read ~ anything he could get hold of** el joven Emlyn leía con avidez todo lo que caía en sus manos

**thirsty** [ˈθɜːstɪ] ADJ (*compar* **thirstier**; *superl* **thirstiest**) [1] (*lit*) [*person, animal*] que tiene sed, sediento (*liter*); **to be ~** tener sed; **I suddenly felt very ~** de pronto me entró mucha sed; **to be ~ for sth** (*fig*) tener sed *or* ansias

de algo, estar sediento de algo (*liter*); **I'm getting ~** me está entrando *or* dando sed; **all this work is making me ~** todo este trabajo me está dando sed; **gardening is ~ work** (*hum*) trabajar en el jardín da sed
[2] (*fig*) [*land, fields*] sediento; [*car*] que consume mucha gasolina

**thirteen** ['θɜː'tiːn] Ⓐ ADJ trece
Ⓑ N trece *m*; *see* **five** *for usage*

**thirteenth** ['θɜː'tiːnθ] Ⓐ ADJ decimotercero
Ⓑ N (*in series*) decimotercero/a *m/f*; (= *fraction*) decimotercio *m*; *see* **fifth** *for usage*

**thirtieth** ['θɜːtɪɪθ] Ⓐ ADJ trigésimo; **the ~ anniversary** el treinta aniversario
Ⓑ N (*in series*) trigésimo/a *m/f*; (= *fraction*) treintavo *m*; *see* **fifth** *for usage*

**thirty** ['θɜːtɪ] Ⓐ ADJ treinta
Ⓑ N treinta *m*; **the thirties** (*1930s*) los años treinta; **to be in one's thirties** tener treinta y tantos años; *see* **fifty** *for usage*

**thirtyish** ['θɜːtɪɪʃ] ADJ treintañero, de unos treinta años; **he must be ~** debe andar por los treinta

**thirty-second** ['θɜːtɪ'sekənd] ADJ **~ note** (*US*) fusa *f*

**this** [ðɪs] Ⓐ DEM ADJ (*pl* **these**) este/a; **~ man/book** este hombre/libro; **~ woman** esta mujer; **~ evening** esta tarde; **~ one here** éste/ésta que está aquí, éste/ésta de aquí; **it's not that picture but ~ one I like** no es ese cuadro el que me gusta sino éste; **~ time** esta vez; **~ time next week** de hoy en una semana; **~ time last year** hoy hace un año; **~ way** por aquí; **~ week** esta semana; **~ coming week** esta semana que viene; *see also* **these**
Ⓑ DEM PRON (*pl* **these**) éste/a; (*neuter*) esto; **who is ~?** ¿quién es?; **what is ~?** ¿qué es esto?; **~ is new** esto es nuevo; **~ is Mr Brown** (*in introductions*) le presento al señor Brown; (*in photo*) éste es el señor Brown; (*on phone*) soy *or* habla el señor Brown; **I prefer ~ to that** prefiero esto a aquello; **but ~ is April** pero estamos en abril; **~ is Friday** hoy es viernes; **where did you find ~?** ¿dónde encontraste esto?; **~ is where I live** aquí vivo; **"but he's nearly bald" — "~ is it"** —pero está casi calvo —ahí está la dificultad; **what's all ~?** ¿qué pasa?; **what's all ~ I hear about you leaving?** ¿qué es eso de que te vas?; **do it like ~** hágalo así; **it was like ~ …** te diré lo que pasó …; **what with ~, that and the other I was busy all week** entre una cosa y otra estuve ocupado toda la semana; **they sat talking of ~ and that** sentados, hablaban de esto y lo otro; *see also* **these**
Ⓒ DEM ADV **I didn't know it was ~ far** no sabía que estaba tan lejos; **I've never been ~ far before** nunca había llegado hasta aquí; **the wall is ~ high** la pared es así de alta; **he is ~ high** es así de alto; **I've never seen ~ much money** nunca había visto tanto dinero junto; **I can tell you ~ much …** lo que sí te puedo decir es …

> **THIS**
>
> The masculine and feminine *pronouns* **éste** and **ésta** usually carry accents. In theory, this is to distinguish them from the masculine and feminine *adjectives*, "**este**" and "**esta**". When there is no ambiguity, the accent can be omitted. The neuter pronoun **esto** does not have an accent as there is no neuter adjective with which to confuse it.

**thistle** ['θɪsl] N cardo *m*

**thistledown** ['θɪsldaʊn] N vilano *m* (de cardo)

**thistly** ['θɪslɪ] ADJ [1] (= *prickly*) espinoso; (= *full of thistles*) lleno de cardos
[2] [*problem*] espinoso, erizado de dificultades

**thither**† ['ðɪðəʳ] ADV allá

**tho'*** [ðəʊ] CONJ = **though**

**thole** [θəʊl] N escálamo *m*

**Thomas** ['tɒməs] N Tomás; **Saint ~** Santo Tomás; **~ More** Tomás Moro

**Thomism** ['tɒmɪzəm] N tomismo *m*

**Thomist** ['tɒmɪst] Ⓐ ADJ tomista
Ⓑ N tomista *mf*

**thong** [θɒŋ] N [1] (= *strap*) correa *f*
[2] (= *sandal*) chancleta *f*

**Thor** [θɔːʳ] N Tor *m*

**thoracic** [θɔː'ræsɪk] ADJ torácico

**thorax** ['θɔːræks] N (*pl* **thoraxes, thoraces**) tórax *m*

**thorium** ['θɔːrɪəm] N torio *m*

**thorn** [θɔːn] Ⓐ N [1] (= *prickle*) espina *f*; ✦***IDIOM*** **to be a ~ in sb's side** *or* **flesh** ser una espina para algn
[2] (= *bush, tree*) espino *m*
Ⓑ CPD ► **thorn bush, thorn tree** N espino *m*

**thornless** ['θɔːnlɪs] ADJ sin espinas

**thorny** ['θɔːnɪ] ADJ (*compar* **thornier**; *superl* **thorniest**) (*lit, fig*) espinoso

**thorough** ['θʌrə] ADJ [1] (= *complete*) [*examination, search, investigation*] riguroso, minucioso; [*training*] riguroso, a fondo; [*knowledge, understanding*] profundo, sólido; **to give sth a ~ clean/wash** limpiar/lavar algo bien *or* a fondo; **the room needed a ~ clean** la habitación necesitaba una buena limpieza *or* una limpieza a fondo; **to have a ~ grounding in sth** tener una base sólida en algo
[2] (= *meticulous*) [*person, teacher*] concienzudo, meticuloso; **to be ~ in doing sth** hacer algo a conciencia, ser meticuloso a la hora de hacer algo
[3] (*as intensifier*) (= *complete, total*) **it was a ~ waste of time** era una pérdida de tiempo absoluta *or* total; **to make a ~ nuisance of o.s.** dar la lata a base de bien*; **he made a ~ fool of himself** hizo un ridículo espantoso; **he gave them a ~ walloping** les dio una buena zurra*; **it's a ~ disgrace** es un verdadero escándalo

**thoroughbred** ['θʌrəbred] Ⓐ ADJ [*horse*] de pura sangre
Ⓑ N pura sangre *mf*

**thoroughfare** ['θʌrəfeəʳ] N (= *public highway*) vía *f* pública, carretera *f*; (= *street*) calle *f*; **"no thoroughfare"** "callejón sin salida"; (= *no entry*) "prohibido el paso"

**thoroughgoing** ['θʌrə,gəʊɪŋ] ADJ [*analysis*] minucioso; [*restructuring*] concienzudo, a fondo; [*conservative, revolutionary*] convencido, auténtico

**thoroughly** ['θʌrəlɪ] ADV [1] (= *meticulously*) [*clean, rinse*] a fondo, a conciencia; [*search, check*] a fondo; [*research*] minuciosamente, meticulosamente; [*mix*] bien; **they examined me ~** (*Med*) me hicieron un reconocimiento a fondo *or* a conciencia; **to know sth ~** conocer algo a fondo
[2] (= *utterly*) [2·1] (*with verb*) [*understand*] plenamente, a la perfección; [*deserve*] totalmente; [*discredit*] totalmente, por completo; **he ~ enjoyed himself** se divirtió muchísimo, se lo pasó en grande*
[2·2] (*with adj*) [*enjoyable, unpleasant, miserable*] realmente, verdaderamente; [*modern*] totalmente; **a ~ bad influence** una influencia realmente mala; **that was a ~ stupid thing to do** hacer eso fue una completa estupidez

**thoroughness** ['θʌrənɪs] N [*of examination, search, research*] rigurosidad *f*, minuciosidad *f*; [*of person*] meticulosidad *f*

**those** [ðəʊz] Ⓐ DEM ADJ esos/esas; (*further away*) aquellos/aquellas; **ask ~ children** pregúntales a esos niños; **~ ones over there** aquéllos de allí, aquéllos que están allí; **it's not these chocolates but ~ ones I like** no son estos bombones los que me gustan sino aquéllos
Ⓑ DEM PRON ésos/ésas; (*further away*) aquéllos/aquéllas; **~ which** los que, las que; **~ who** los que, las que, quienes; **~ of you/us who …** los/las que …; **I prefer these to ~** prefiero éstos a aquéllos; *see also* **that**

**thou**[1] [ðaʊ] PRON (†, *poet*) tú, vos††

**thou**[2]* [θaʊ] N ABBR (*pl* **thou** *or* **thous**) = **thousand, thousandth**

**though** [ðəʊ] Ⓐ CONJ aunque; **~ it was raining** aunque llovía; **~ small, it's good** aunque (es) pequeño, es bueno, si bien es pequeño, es bueno; **as ~** como si + *subjun*; **even ~ he doesn't want to** aunque no quiera; **strange ~ it may appear** aunque parezca extraño, por muy extraño que parezca; **young ~ she is** aunque es joven, por muy joven que sea; *see also* **as A5**
Ⓑ ADV sin embargo, aun así; **it's not so easy, ~** sin embargo *or* pero no es tan fácil; **it's difficult, ~, to put into practice** pero es difícil llevarlo a la práctica; **did he ~?** ¿de veras?

**thought** [θɔːt] Ⓐ PT, PP *of* **think**
Ⓑ N [1] (= *mental activity*) pensamiento *m*; *see also* **line A11, train A3**
[2] (= *philosophy*) pensamiento *m*; **Western ~** el pensamiento occidental; *see also* **school**[1] **A5**
[3] (= *cogitation*) pensamiento *m*; **you need to free your mind of negative ~s** tienes que despejar los malos pensamientos de tu mente; **to collect one's ~s** ordenar sus pensamientos *or* ideas; **to be deep in ~** estar ensimismado, estar absorto en sus pensamientos; **my ~s were elsewhere** estaba pensando en otra cosa; **to gather one's ~s** ordenar sus pensamientos *or* ideas; **he was always in her ~s** lo tenía *or* llevaba siempre en el pensamiento; **to be lost in ~** estar ensimismado, estar absorto en sus pensamientos; **he pushed the ~ from his mind** se obligó a dejar de pensar en ello, borró la idea de su mente; *see also* **penny, read A3**
[4] (= *consideration*) **after much ~** después de mucho pensarlo *or* pensarlo mucho; **a lot of ~ went into the work** se dedicó mucho tiempo a pensar en el trabajo; **I'll give it some ~ over the next few days** lo pensaré durante los próximos días; **I've given it a lot of ~** lo he pensado mucho; **I didn't give it another ~** no volví a pensar en ello; **don't give it another ~** no te preocupes, no lo pienses más; **spare a ~ for the homeless at Christmas** acuérdese de la gente sin hogar en Navidad; *see also* **food, pause, second A1**
[5] (= *concern*) **his first ~ was always for other people** siempre pensaba primero en los demás; **with no ~ for o.s.** sin pensar en sí mismo; **with no ~ of reward** sin pensar en una recompensa
[6] (= *intention*) intención *f*; **they had no ~ of surrender** no tenían ninguna intención de rendirse; **he gave up all ~(s) of marrying her** renunció a la idea de casarse con ella; ✦***IDIOM*** **it's the ~ that counts** la intención es lo que cuenta
[7] (= *idea*) idea *f*; **what a frightening ~!** ¡qué idea más aterradora!; **what a lovely ~!** ¡qué

detalle!; **the ~ crossed my mind that ...** se me ocurrió que ...; **the ~ HAD crossed my mind** la idea se me llegó a pasar por la cabeza; **to have a ~: I've just had a ~** se me acaba de ocurrir una idea; **he hasn't a ~ in his head** no tiene ni idea de nada; **never mind, it was just a ~** no importa, no era más que una idea; **that's a ~!** ¡no es mala idea!, ¡qué buena idea!; **"she might still be there" — "that's a ~"** —puede que todavía esté allí —es una posibilidad; **the very** *or* **mere ~ of him made her nervous** se ponía nerviosa sólo de pensar en él
[8] **thoughts** (= *opinion*) **do you have any ~s on that?** ¿tiene alguna opinión al respecto?; **he keeps his ~s to himself** se reserva su opinión
[9] (= *little*) **it is a ~ too large** es un poquito grande; **that was a ~ unwise, wasn't it?** eso fue un tanto imprudente, ¿no?
Ⓒ CPD ► **thought process** N proceso *m* mental ► **thought reader** N adivino/a *m/f*; **I'm not a ~ reader** no soy adivino, no leo el pensamiento ► **thought reading** N adivinación *f* de pensamientos ► **thought transference** N transmisión *f* de pensamientos

**thoughtful** ['θɔːtfʊl] ADJ [1] (= *pensive*) [*expression, look*] pensativo, meditabundo; **he looked ~** estaba pensativo *or* meditabundo
[2] (= *considerate*) [*person*] atento, considerado; [*gesture*] amable, atento; **these items make ~ gifts** como regalos, estos artículos son un detalle; **to be ~ of others** pensar en los demás, tener en cuenta a los demás; **it was very ~ of you** fue muy amable de tu parte; **how ~ of him to invite me!** ¡qué detalle tuvo al invitarme!, ¡qué detalle por su parte el invitarme!
[3] (= *mindful*) **he was very ~ of the family reputation** siempre tenía muy en cuenta la reputación de la familia
[4] (= *serious*) [*book, film, person*] serio, sesudo

**thoughtfully** ['θɔːtfəlɪ] ADV [1] (= *pensively*) [*look, nod, smile*] pensativamente, con aire pensativo; **"I see," said Holmes ~** —ya veo —dijo Holmes (con aire) pensativo
[2] (= *considerately*) **she very ~ left out some food for us** tuvo el detalle de dejarnos algo de comida; **land mines which the enemy had ~ left behind** (*iro*) minas terrestres que el enemigo había ido plantando con todo el cariño a su paso (*iro*)
[3] (= *intelligently*) [*designed, constructed, produced*] cuidadosamente, con esmero

**thoughtfulness** ['θɔːtfʊlnɪs] N [1] (= *pensiveness*) **her face was a picture of ~** su rostro tenía un aire muy pensativo
[2] (= *consideration*) amabilidad *f*; **I appreciate your ~** te agradezco la amabilidad *or* que seas tan amable
[3] (= *serious thought*) seriedad *f*; **it is a work of great ~** es un trabajo muy serio *or* meditado, es un trabajo de mucha seriedad

**thoughtless** ['θɔːtlɪs] ADJ [1] (= *inconsiderate*) [*person*] poco considerado, desconsiderado; [*remark*] desconsiderado; **how ~ of you!** ¡qué desconsiderado *or* poco considerado por tu parte!, ¡qué falta de consideración por tu parte!; **it was ~ of him to say that** fue una falta de consideración por su parte decir eso
[2] (= *unthinking*) irreflexivo, inconsciente

**thoughtlessly** ['θɔːtlɪslɪ] ADV [1] (= *inconsiderately*) desconsideradamente
[2] (= *unthinkingly*) sin pensar, inconscientemente

**thoughtlessness** ['θɔːtlɪsnɪs] N [1] (= *lack of consideration*) falta *f* de consideración, desconsideración *f*
[2] (= *carelessness*) irreflexión *f*, inconsciencia *f*

**thought-provoking** ['θɔːtprə,vəʊkɪŋ] ADJ que hace reflexionar

**thousand** ['θaʊzənd] Ⓐ ADJ mil
Ⓑ N mil *m*; **a ~** ◊ **one ~** mil; **two/five ~** dos/cinco mil; **a ~ and one/two** mil uno/dos; **I've got a ~ and one things to do** tengo la mar de cosas que hacer*; **they sell them by the ~** los venden a millares; **in their ~s** a millares; **~s of ...** miles de ...; **I've told you a ~ times** *or* **~s of times** te lo he dicho mil veces

**thousandfold** ['θaʊzəndfəʊld] Ⓐ ADJ multiplicado por mil, de mil veces
Ⓑ ADV mil veces

**thousandth** ['θaʊzəntθ] Ⓐ ADJ milésimo
Ⓑ N (*in classification*) número mil *m*; (= *fraction*) milésimo *m*

**thraldom** ['θrɔːldəm] N (*liter*) esclavitud *f*

**thrall** [θrɔːl] N (*liter*) (= *person*) esclavo/a *m/f*; (= *state*) esclavitud *f*; **to be in ~ to** ser esclavo de; **to hold sb in ~** retener a algn en la esclavitud

**thrash** [θræʃ] Ⓐ VT [1] (= *beat*) golpear; [+ *person*] apalear, dar una paliza a; (*as punishment*) azotar
[2] (*) (= *defeat*) dar una paliza a*, cascar*
[3] (*also* **~ about, ~ around**) [+ *legs, arms*] agitar mucho
Ⓑ VI (*also* **~ about, ~ around**) revolverse; (*in water*) revolcarse; **he ~ed about with his stick** daba golpes por todos lados con su bastón; **they were ~ing about in the water** se estaban revolcando en el agua
Ⓒ N (*Brit**) juerga *f*, fiesta *f*

►**thrash out** VT + ADV [+ *problem, difficulty*] discutir a fondo; [+ *plan*] idear; [+ *deal*] alcanzar; **to ~ out an agreement** llegar a un acuerdo

**thrashing** ['θræʃɪŋ] N zurra *f*, paliza *f*; **to give sb a ~** (*lit*) (= *beat*) zurrar a algn, dar una paliza a algn; (*Sport*) (= *defeat*) dar una paliza a algn*, cascar a algn*

**thread** [θred] Ⓐ N [1] (*Sew*) hilo *m*; **a needle and ~** una aguja e hilo; **cotton/nylon ~** hilo *m* de algodón/nylon; ✦***IDIOM* to hang by a ~** pender de un hilo
[2] [*of silkworm, spider*] hebra *f*
[3] (= *drift, theme*) hilo *m*; **to lose the ~ (of what sb is saying)** perder el hilo (de lo que algn está diciendo); **to pick up the ~(s) again** [*of conversation, thought*] retomar el hilo; [*of process, problem*] volver a tomar las riendas; **she picked up the ~s of her life/career again** tomó de nuevo las riendas de su vida/carrera
[4] [*of screw*] rosca *f*, filete *m*
Ⓑ VT [+ *needle*] enhebrar; [+ *beads*] ensartar; **he ~ed the string through the hole** ensartó la cuerda por el agujero; **to ~ one's way through a crowd** colarse entre *or* abrirse paso por una multitud; **the river ~s its way through the valley** el río se abre paso a través del valle

**threadbare** ['θredbɛəʳ] ADJ [*coat, blanket, carpet*] raído, gastado; (*fig*) [*argument*] trillado

**threadworm** ['θredwɜːm] N lombriz *f* intestinal

**threat** [θret] N amenaza *f*; **to be a ~ to sth/sb** ser una amenaza para algo/algn; **their lives are constantly under ~** sus vidas se ven constantemente amenazadas; **agricultural land is under ~ from urban development** las tierras de cultivo se ven amenazadas por el crecimiento de las ciudades; **the factory is under ~ of closure** existe el peligro de que cierren la fábrica

**threaten** ['θretn] Ⓐ VT [1] (= *menace verbally*) amenazar; **to ~ to do sth** amenazar con hacer algo; **she ~ed to kill him** amenazó con matarlo; **to ~ sb with sth** amenazar a algn con algo; **they were ~ed with the sack** los amenazaron con el despido, amenazaron con despedirlos
[2] (= *pose a threat to*) [+ *environment, community, way of life*] amenazar; **some schools have been ~ed with closure** la amenaza de cierre se cierne sobre algunos colegios; **to be ~ed with extinction** estar amenazado de extinción
[3] (= *promise*) [+ *rain, bad weather*] amenazar; **it's ~ing to rain** amenaza lluvia, amenaza (con) llover; **it's ~ing to turn into a full-scale war** amenaza (con) convertirse en una guerra declarada
Ⓑ VI [*sky, clouds*] amenazar

**threatened** ['θretnd] ADJ **to feel ~** sentirse amenazado

**threatening** ['θretnɪŋ] ADJ [1] (= *menacing*) [*letter, gesture, phone call*] amenazador, de amenaza; [*manner, voice*] amenazador; **some men find her ~** algunos hombres se sienten intimidados por ella; **~ behaviour** comportamiento *m* intimidatorio, conducta *f* intimidatoria *or* amenazadora
[2] (= *unpromising*) [*clouds, sky*] amenazador; **the weather looked ~** amenazaba temporal

**threateningly** ['θretnɪŋlɪ] ADV [*behave*] de modo amenazador; [*say*] en tono amenazador

**three** [θriː] Ⓐ ADJ tres
Ⓑ N tres *m*; **the best of ~** (*Sport*) hasta tres sets *or* partidos; **~ cheers!** ¡tres hurras!; *see* **five** *for usage*; *see also* **two**

> **THREE RS**
>
> *La expresión* **the three Rs** *hace referencia a los tres aspectos que se consideran fundamentales en educación:* **reading, writing, and arithmetic** *(lectura, escritura y aritmética). La expresión, que tiene su origen en la forma humorística en la que se escribe a veces la frase:* **reading, 'riting, and 'rithmetic**, *se menciona a menudo cuando se habla de la necesidad de mejorar la calidad de la enseñanza.*

**three-act** ['θriː'ækt] ADJ [*play*] de *or* en tres actos

**three-colour(ed), three-color(ed)** (*US*) ['θriː'kʌləd] ADJ de tres colores, tricolor

**three-cornered** ['θriː'kɔːnəd] ADJ triangular; **~ hat** tricornio *m*, sombrero *m* de tres picos

**three-D, 3-D** ['θriː'diː] (*also* **three-dimensional**) Ⓐ ADJ tridimensional
Ⓑ N **in ~** en tres dimensiones

**three-day eventing** [,θriːdeɪ'ventɪŋ] N *concurso hípico que dura tres días y consta de tres pruebas distintas*

**three-decker** ['θriː'dekəʳ] N [1] (*Naut*) barco *m* de tres cubiertas
[2] (*Literat*) novela *f* de tres tomos
[3] (*Culin*) sándwich *m* de tres pisos

**three-dimensional** ['θriːdɪ'menʃənl] ADJ tridimensional

**threefold** ['θriːfəʊld] Ⓐ ADJ triple
Ⓑ ADV tres veces

**three-legged** ['θriː'legɪd] ADJ de tres patas, de tres pies

**threepence** ['θrepəns] N (*Brit*) tres peniques *mpl*

**threepenny** ['θrepənɪ] ADJ (*Brit*) de tres peniques; (*fig*) de poca monta, despreciable; **~ bit**

◊ **~ piece** moneda *f* de tres peniques; **Threepenny Opera** Ópera *f* de perra gorda

**three-phase** ['θri:feɪz] ADJ (*Elec*) trifásico

**three-piece** ['θri:pi:s] ADJ **~ band** trío *m*; **~ suit** terno *m*, traje *m* de tres piezas; **~ suite** tresillo *m*, juego *m* de living (*LAm*)

**three-ply** ['θri:plaɪ] ADJ [*wool*] triple, de tres hebras, de tres cabos; [*wood, tissue paper*] de tres capas

**three-point turn** [ˌθri:pɔɪnt'tɜ:n] N (*Aut*) cambio *m* de sentido haciendo tres maniobras

**three-quarter** [ˌθri:'kwɔ:təʳ] ADJ **~-length sleeves** mangas *fpl* tres cuartos

**three-quarters** [ˌθri:'kwɔ:təz] Ⓐ N tres cuartos *mpl*, tres cuartas partes *fpl*; **~ of the people** las tres cuartas partes de la gente; **in ~ of an hour** en tres cuartos de hora
Ⓑ ADV **the tank is ~ full** el depósito está lleno en sus tres cuartas partes

**threescore** ['θri:skɔ:ʳ] N (†, *liter*) sesenta; **~ years and ten** setenta años

**three-sided** ['θri:'saɪdɪd] ADJ trilátero

**threesome** ['θri:səm] N (= *group of 3 people*) grupo *m* de tres, trío *m*

**three-way** ['θri:weɪ] ADJ [*conversation*] entre tres personas; [*race, competition, debate*] *entre tres personas, grupos etc*; (*Comm*) entre tres compañías; [*mirror*] de tres lunas; **~ split** división *f* en tercios

**three-wheeler** ['θri:'wi:ləʳ] N (= *car*) coche *m* de tres ruedas; (= *tricycle*) triciclo *m*

**threnody** ['θrenədɪ] N lamento *m*; (*for the dead*) canto *m* fúnebre

**thresh** [θreʃ] Ⓐ VT [+ *corn*] trillar
Ⓑ VI trillar

**thresher** ['θreʃəʳ] N (= *person*) trillador(a) *m/f*; (= *machine*) trilladora *f*

**threshing** ['θreʃɪŋ] Ⓐ N trilla *f*
Ⓑ CPD ► **threshing floor** N era *f* ► **threshing machine** N trilladora *f*

**threshold** ['θreʃhəʊld] Ⓐ N [1] (= *doorway*) umbral *m*
[2] (*fig*) umbral *m*, puertas *fpl*; **to be on the ~ of** estar en el umbral *or* a las puertas de; **pain ~** umbral *m* de dolor; **sound ~** umbral *m* sonoro; **to have a low pain ~** tener poca tolerancia del dolor
Ⓑ CPD ► **threshold agreement** N convenio *m* de nivel crítico ► **threshold price** N precio *m* umbral, precio *m* mínimo

**threw** [θru:] PT *of* **throw**

**thrice**†† [θraɪs] ADV tres veces

**thrift** [θrɪft], **thriftiness** ['θrɪftɪnɪs] Ⓐ N economía *f*, frugalidad *f*
Ⓑ CPD ► **thrift store** (*US*) N *tienda de artículos de segunda mano que dedica su recaudación a causas benéficas*

**thriftless** ['θrɪftlɪs] ADJ malgastador, pródigo

**thriftlessness** ['θrɪftlɪsnɪs] N prodigalidad *f*

**thrifty** ['θrɪftɪ] ADJ (*compar* **thriftier**; *superl* **thriftiest**) económico, frugal, ahorrativo

**thrill** [θrɪl] Ⓐ N emoción *f*; **all the ~s of the circus** todas las emociones del circo; **she felt a ~ (of joy)** se estremeció (de alegría); **it gives him a cheap ~ to spy on her in the bathroom** le da morbo espiarla en el baño; **it was a great ~ to meet her** me hizo muchísima ilusión conocerla; **he gets a real ~ out of parachuting** hacer paracaidismo le resulta muy emocionante *or* excitante; **the film is full of ~s and spills** la película está llena de emoción; **what a ~!** ¡qué emoción!
Ⓑ VT [+ *person, audience*] emocionar, excitar; **I'm not exactly ~ed by the idea** la idea no es que me entusiasme precisamente
Ⓒ VI **she ~ed at** *or* **to his touch** se estremeció cuando él la tocó

**thrilled** [θrɪld] ADJ **to be ~ (to bits** *or* **pieces)** estar contentísimo; **"how did he react?" — "oh, he was ~!"** —¿cómo reaccionó? —¡huy! se puso contentísimo *or* le hizo muchísima ilusión; **to be ~ with/at sth** estar contentísimo con algo; **I was ~ to meet him** me hizo mucha ilusión conocerlo

**thriller** ['θrɪləʳ] N (= *novel*) novela *f* de suspense *or* (*LAm*) de suspenso, novela *f* de misterio; (= *film*) película *f* de suspense *or* (*LAm*) de suspenso, thriller *m*

**thrilling** ['θrɪlɪŋ] ADJ [*experience, match, climax*] emocionante; [*performance*] apasionante; **it was one of the most ~ moments of my life** fue uno de los momentos más emocionantes de mi vida; **you've actually met her? how ~!** ¿llegaste a conocerla? ¡qué emoción!

**thrive** [θraɪv] (*pt* **throve** *or* **thrived**; *pp* **thrived** *or* **thriven**) VI (= *do well*) [*company, economy*] prosperar; (= *grow*) [*plant*] crecer muy bien, prosperar; [*animal, child*] desarrollarse; (*fig*) prosperar, medrar; **the plant ~s here** la planta crece muy bien *or* prospera aquí; **business is thriving** el negocio prospera; **to ~ on sth: children ~ on milk** la leche contribuye al desarrollo de los niños; **she seems to ~ on adversity** parece que se crece en la adversidad

**thriven** ['θrɪvn] PP *of* **thrive**

**thriving** ['θraɪvɪŋ] ADJ [*industry, business*] próspero, floreciente

**throat** [θrəʊt] N [1] (*interior*) garganta *f*; **to clear one's ~** aclararse la voz, carraspear; **to have a sore ~** tener dolor de garganta; ✦*IDIOMS* **to jump down sb's ~** arremeter contra algn sin más (*fig*); **to ram sth down sb's ~** meter algo a algn por las narices; **there's no need to ram it down my ~** no hace falta que me lo metas por las narices
[2] (*from exterior*) cuello *m*; **they are at each other's ~s all the time** se atacan uno a otro todo el tiempo; **to cut** *or* **slit sb's ~** cortar el cuello a algn; **to cut** *or* **slit one's ~** cortarse la garganta, cortarse el cuello; **he's cutting his own ~** (*fig*) está actuando en perjuicio propio, se está haciendo daño a sí mismo

**throaty** ['θrəʊtɪ] ADJ (*compar* **throatier**; *superl* **throatiest**) [*person, voice*] ronco, afónico; [*laugh*] gutural; [*roar of engine*] ronco

**throb** [θrɒb] Ⓐ N [*of heart etc*] latido *m*, pulso *m*; [*of engine*] vibración *f*
Ⓑ VI [*heart*] latir, palpitar; [*engine*] vibrar; [*wound, sore finger*] dar punzadas; **my head was ~bing** la cabeza estaba a punto de estallarme de dolor; **Berlin is ~bing with life** Berlín está rebosante de vida

**throbbing** ['θrɒbɪŋ] Ⓐ ADJ [*heart*] palpitante; [*engine*] vibrante; [*pain*] punzante; [*rhythm*] palpitante, vibrante
Ⓑ N [*of heart*] latido *m*; [*of sore finger, head*] punzadas *fpl*; [*of engine, music*] vibración *f*

**throes** [θrəʊz] NPL [*of death*] agonía *f*; **to be in the ~ of sth/doing sth: she was in the ~ of an unpleasant divorce** estaba en medio de los trámites de un divorcio nada agradable; **I was still in the first ~ of grief** eran sólo los primeros ramalazos de una profunda pena; **we're in the ~ of a major restructuring at work** en el trabajo estamos en plena reestructuración; **to be in the ~ of childbirth** estar en medio de los dolores del parto; **while he was in the ~ of writing his book** mientras estaba inmerso en la redacción de su libro; **while we were in the ~ of deciding what to do** mientras nos debatíamos sobre qué decisión tomar; *see also* **death**

**thrombosis** [θrɒm'bəʊsɪs] N (*pl* **thromboses** [θrɒm'bəʊsi:z]) trombosis *f*; **coronary ~** trombosis *f* coronaria

**throne** [θrəʊn] Ⓐ N trono *m*; **to ascend the ~** ◊ **come to the ~** subir al trono; **to succeed to the ~** suceder en el trono; **the heir to the ~** el/la heredero/a del trono; **the ~ of France** ◊ **the French ~** el trono de Francia, el trono francés
Ⓑ CPD ► **throne room** N sala *f* del trono

**throng** [θrɒŋ] Ⓐ N multitud *f*, muchedumbre *f*; **great ~s of tourists** multitudes *fpl* de turistas
Ⓑ VT atestar; **the streets are ~ed with tourists** las calles están atestadas de turistas
Ⓒ VI **the schoolchildren came ~ing in** los escolares entraron en tropel; **to ~ round sb** apiñarse en torno a algn; **to ~ to hear sb** venir en tropel *or* en masa a escuchar a algn

**thronging** ['θrɒŋɪŋ] ADJ [*crowd etc*] grande, apretado, nutrido

**throttle** ['θrɒtl] Ⓐ N (*Mech*) regulador *m*, válvula *f* reguladora, estrangulador *m*; (*Aut*) (= *accelerator*) acelerador *m*; **the engine was at full ~** el motor estaba funcionando a toda marcha; **to give an engine full ~** acelerar un motor al máximo
Ⓑ VT (= *strangle*) ahogar, estrangular

►**throttle back, throttle down** (*Mech*) Ⓐ VT + ADV **to ~ back** *or* **~ down the engine** moderar la marcha
Ⓑ VI + ADV moderar la marcha

**through** [θru:]

| When ***through*** *is an element in a phrasal verb, eg* ***break through, fall through****, look up the verb.* |
|---|

Ⓐ PREP [1] (*place*) por; **to look ~ a telescope** mirar por un telescopio; **to walk ~ the woods** pasear por el bosque; **he shot her ~ the head** le pegó un tiro en la cabeza; **I saw him ~ the crowd** lo vi entre la multitud; **to go ~ sth: to go ~ a tunnel** atravesar un túnel; **the bullet went ~ three layers** la bala penetró tres capas; **it went right ~ the wall** atravesó por toda la pared; **to go ~ sb's pockets/belongings/papers** hurgar en los bolsillos/entre las cosas/entre los papeles de algn; **to post a letter ~ the letterbox** echar una carta al buzón
[2] (*time, process*) **we're staying ~ till Tuesday** nos quedamos hasta el martes; **(from) Monday ~ Friday** (*US*) de lunes a viernes; **to go ~ a bad/good period** pasar una mala/buena racha; **we've been ~ a lot together** hemos pasado mucho juntos; **to be halfway ~ a book** ir por la mitad de un libro; **halfway ~ the film** a la mitad de la película; **all** *or* **right ~ the night** durante toda la noche; **right ~ the year** durante el año entero *or* todo el año
[3] (*means*) por; **~ lack of resources** por falta de recursos; **~ him I found out that …** por *or* a través de él supe que …; **it was ~ you that we were late** fue por tu culpa que llegamos tarde; **to act ~ fear** obrar movido por el miedo; **he got the job ~ friends** consiguió el trabajo por mediación de *or* a través de unos amigos
[4] (*having completed*) **he's ~ the exam** ha aprobado el examen
Ⓑ ADV [1] (*place*) **it's frozen (right) ~** está completamente helado; **does this train go ~ to London?** ¿este tren va directamente a Londres?; **he went straight ~ to the dining room** pasó directamente al comedor; **the nail**

**went right ~** el clavo penetró de parte a parte; **can you put me ~ to sales, please?** (*Telec*) ¿puede ponerme *or* pasarme con el departamento de ventas, por favor?; **the wood has rotted ~** la madera se ha podrido completamente; **the window was dirty and I couldn't see ~** la ventana estaba sucia y no podía ver nada; **wet ~** [*person*] mojado hasta los huesos, empapado; [*object*] empapado

2 (*time, process*) **I read the book right ~** leí el libro entero; **to sleep the whole night ~** dormir la noche entera; **did you stay right ~ to the end?** ¿te quedaste hasta el final?; **we're staying ~ till Tuesday** nos quedamos hasta el martes; **he is ~ to the finals of the competition** pasó a la final del concurso

3 **~ and ~** [*be something*] hasta la médula, completamente; [*know something*] de pe a pa

(C) ADJ 1 [*road, train*] directo; [*traffic*] de paso; **"no through road"** "calle sin salida"

2 (= *finished*) terminado; **we'll be ~ at seven** terminaremos a las siete; **you're ~!** ¡se acabó (para ti)!; **are you ~ criticizing?** ¿has terminado *or* acabado de criticarme?; **she told him they were ~** ella le dijo que todo había acabado entre ellos; **I'm ~ with my girlfriend** he roto *or* terminado con mi novia; **are you ~ with that book?** ¿has terminado de leer ese libro?; **I'm ~ with bridge** renuncio al bridge, ya no vuelvo a jugar al bridge; **I'm not ~ with you yet** todavía no he terminado contigo; **when I'm ~ with him** cuando haya terminado con él

3 (*Telec*) **you're ~!** ¡ya puede hablar!, ¡hable!

**throughout** [θrʊˈaʊt] (A) PREP 1 (*place*) por todo; **we have branches ~ the country** tenemos sucursales por todo el país; **there were flowers ~ the house** había flores por toda la casa; **the company is known ~ the world** la compañía es conocida en todo el mundo

2 (*time, process*) durante todo; **~ last winter** durante todo el invierno pasado; **he was a socialist ~ his life** fue un socialista durante toda su vida

(B) ADV 1 (= *fully*) completamente; (= *everywhere*) en todas partes, por todas partes; **the house is carpeted ~** la casa está completamente alfombrada

2 (*time, process*) de principio a fin; **on this project, the emphasis has been on teamwork ~** en este proyecto, se ha hecho hincapié en el trabajo en equipo de principio a fin; **the film was boring ~** la película fue aburrida de principio a fin; **the weather was good ~** hizo buen tiempo todos los días

**throughput** [ˈθruːpʊt] N (= *production*) producción *f*; (= *total quantity*) [*of applicants, patients*] movimiento *m*, número *m*; (*Comput*) capacidad *f* de procesamiento; **to increase the volume of ~** incrementar el volumen de producción; **patient ~ has not been affected by hospital closures** el movimiento de pacientes *or* el número de pacientes tratados no se ha visto afectado por el cierre de hospitales

**throughway** [ˈθruːweɪ] N (*US*) autopista *f* (*de peaje*)

**throve** [θrəʊv] PT *of* **thrive**

**throw** [θrəʊ] (*vb: pt* **threw**; *pp* **thrown**) (A) VT 1 (= *toss*) [*+ ball, stone*] tirar, echar; (*violently*) tirar, arrojar, lanzar; [*+ dice*] echar, tirar; [*+ javelin, discus, grenade*] lanzar; **the crowd began ~ing stones** la multitud empezó a tirar *or* arrojar *or* lanzar piedras; **he threw a double six** sacó dos seises; **to ~ sb sth ◊ ~ sth to sb** tirar *or* echar algo a algn; **he threw Brian a rope** le tiró *or* echó una cuerda a Brian; **to ~ sth at sb** tirar *or* arrojar algo a algn; **on one occasion he threw a radio at this mother** en una ocasión le tiró *or* arrojó una radio a su madre; **they think they can solve problems by ~ing money at them** (*fig*) piensan que metiendo dinero pueden solucionar cualquier problema; **she threw the letters in the bin** tiró *or* echó las cartas a la basura; **he threw a glass of water over her head** le echó *or* vació un vaso de agua en la cabeza; **✦IDIOM to ~ one's hat** *or* **cap into the ring** echarse *or* lanzarse al ruedo; *see also* **book A1**, **caution**, **cold A1**, **glass**, **spanner**

2 (= *hurl to the ground*) [*+ person*] (*in fight, wrestling*) derribar; [*horse*] desmontar

3 (= *send, hurl*) **the blast threw her across the room** la explosión la lanzó *or* arrojó al otro lado de la sala; **to ~ o.s. at sb** (*lit*) abalanzarse sobre algn, echarse encima de algn; (*fig*) (= *flirt*) insinuarse descaradamente a algn, tirar los tejos a algn*; **to ~ o.s. at sb's feet** echarse a los pies de algn; **he was ~n clear of the car** salió despedido del coche; **she threw herself into the river** se tiró al rió; **the kidnap threw the family into panic** el secuestro infundió pánico *or* hizo que cundiera el pánico en la familia; **the country was ~n into turmoil** el país se sumió en el caos; **to ~ sb into jail** *or* **prison** meter a algn en la cárcel; **he threw himself into his work** se metió de lleno en el trabajo; **to ~ o.s. on sb's mercy** ponerse a merced de algn; **she threw herself onto the bed** se tiró en la cama; **she was ~n out of her seat** salió despedida de su asiento; **the recession has ~n millions out of work** la recesión ha dejado a millones de personas sin trabajo; **he threw me to the ground** me arrojó al suelo; *see also* **scent**, **track A1**

4 (= *direct*) [*+ light, shadow*] proyectar; [*+ look, smile*] lanzar; **this new information ~s doubt on their choice** esta nueva información pone en duda su elección; **this question has been ~n at me many times** me han hecho esta pregunta *or* me han preguntado esto muchas veces; **he was ~ing random suggestions at her** le estaba sugiriendo cosas al azar; **she didn't attempt to ~ any suspicion on you** no intentó hacer que las sospechas recayeran sobre ti; **to ~ one's voice** [*actor, public speaker*] proyectar la voz; *see also* **light[1] A1**, **punch[1] A2**

5 (= *disconcert*) desconcertar; **this answer seemed to ~ him** esta respuesta pareció desconcertarle; **he was ~n by her question** su pregunta lo desconcertó *or* lo dejó desconcertado

6 (= *put*) **she threw her arms around his neck** le echó los brazos al cuello, le abrazó por el cuello; **to ~ a coat round one's shoulders** echarse un abrigo por los hombros; **a police cordon was ~n around the area** la policía acordonó la zona, se cercó la zona con un cordón policial; **to ~ open** [*+ doors, windows*] abrir de par en par; [*+ house, gardens*] abrir al público; [*+ competition, race*] abrir a todos

7 (= *have*) **she threw a fit (of hysterics)** le dio un ataque (de histeria); **to ~ a party** dar *or* hacer una fiesta; **she threw a tantrum** le dio una rabieta *or* un berrinche*

8 (= *move*) [*+ lever, switch*] dar a

9 (*Pottery*) **to ~ a pot** tornear un tiesto, hacer un tiesto con el torno

10 (*) (= *lose on purpose*) [*+ contest, game*] perder a posta

11 (*Zool*) (= *give birth to*) parir

(B) N 1 (*lit*) [*of ball, stone*] tiro *m*; [*of javelin, discus*] lanzamiento *m*; [*of dice*] tirada *f*; (*in judo, wrestling*) derribo *m*; **it's your ~** te toca tirar (a ti); **I needed a ~ of four to win** necesitaba sacar un cuatro para ganar; *see also* **stone**

2 (*) (= *each one*) **"how much are they?" — "50 quid a ~"** —¿cuánto cuestan? —50 libras cada uno

3 (= *cover*) (*for sofa*) cubresofá *m*; (*for bed*) cubrecama *m*, colcha *f*

►**throw about**, **throw around** VT + ADV 1 (*lit*) **they were throwing a ball about** jugaban con una pelota; **don't throw it about or it might break** no lo manosees para arriba y para abajo, que se puede romper; **they were thrown about in the back of the lorry** se zarandeaban de un lado para otro en la parte trasera del camión

2 (*fig*) [*+ ideas*] intercambiar; **let's have a meeting and throw a few ideas about** vamos a reunirnos para intercambiar ideas; **occasionally he throws fancy words about** de vez en cuando se deja caer con alguna palabreja *or* suelta alguna palabreja; **his name is thrown about a lot** su nombre no para de sonar por ahí; **to throw one's arms about** agitar mucho los brazos; **to throw (one's) money about** derrochar *or* despilfarrar el dinero, tirar el dinero; *see also* **weight A3**

►**throw aside** VT + ADV (*lit*) [*+ object*] echar a un lado; (*fig*) dejar; **I've been ~n aside for a younger woman** me han dejado por una mujer más joven

►**throw away** VT + ADV 1 (= *discard*) [*+ rubbish*] tirar, botar (*LAm*); (*Cards*) echar

2 (= *waste*) [*+ chance, opportunity*] desperdiciar; [*+ one's life, health, happiness*] echar a perder; [*+ money*] tirar, derrochar, despilfarrar; **don't ~ your money away on that** no malgastes el dinero en eso; **we should have won — we just threw it away** deberíamos haber ganado, y no hicimos más que echarlo (todo) a perder

3 (= *say casually*) [*+ line, remark*] soltar

►**throw back** VT + ADV 1 (*lit*) (= *return*) [*+ ball*] devolver; [*+ fish*] devolver al agua; (= *move backwards*) [*+ head, shoulders, hair*] echar para atrás, echar hacia atrás

2 (*fig*) (= *reject*) [*+ offer, suggestion*] rechazar (*con desprecio*); (= *drive back*) [*+ enemy*] rechazar, repeler; **they threw his generosity back in his face** le devolvieron su generosidad con una patada; **I should never have told you that, I knew you'd ~ it back at me** nunca debería habértelo dicho, sabía que me lo echarías en cara; **he was ~n back on his own resources** tuvo que depender de sus propios recursos

►**throw down** VT + ADV [*+ object*] tirar; [*+ challenge*] lanzar

►**throw in** VT + ADV 1 (*Sport*) [*+ ball*] sacar; **✦IDIOM to ~ in the towel** (*lit, fig*) tirar la toalla; *see also* **deep A1**, **lot 6**

2 (= *include*) incluir; **a cruise round the Caribbean with Cuba ~n in for good measure** un crucero por el Caribe en el que además se incluye Cuba para que no falte de nada; **pay for extra prints and they ~ in a photo album** pague copias extra y le regalan un álbum de fotos

3 (= *interpose*) [*+ remark, question*] soltar; **"she's done this before," Joan threw in** —esto ya lo ha hecho antes —añadió Joan

►**throw off** VT + ADV 1 (= *remove*) [*+ clothes, shoes, disguise*] quitarse a toda prisa

2 (= *get rid of*) [*+ depression*] salir de; [*+ cold, infection, habit*] quitarse; [*+ burden, yoke*] librarse de, quitarse de encima; **I can't seem to ~ off this cold** no consigo quitarme este

resfriado
[3] (= *escape*) [+ *pursuers*] zafarse de, dar esquinazo a
[4] (= *make wrong*) [+ *calculations, timing*] desbaratar, dar al traste con
[5] (= *emit*) [+ *heat*] despedir, emitir; [+ *sparks*] echar
[6] (*) (= *write quickly*) [+ *poem, composition*] improvisar

►**throw on** VT + ADV [1] (*lit*) [+ *coal, fuel*] echar
[2] (*fig*) (= *put on quickly*) [+ *clothes, make-up*] ponerse a toda prisa; **he threw his clothes on** se puso la ropa a toda prisa

►**throw out** VT + ADV [1] (= *throw away*) [+ *rubbish, old clothes*] tirar, botar (*LAm*); *see also* **baby**
[2] (= *expel*) [+ *person*] (*from organization, team*) echar; (*from country*) expulsar, echar; **he was ~n out of the team** lo echaron del equipo
[3] (= *reject*) [+ *proposal*] rechazar; (*Jur*) [+ *case, claim*] desestimar, rechazar; (*Parl*) [+ *bill*] rechazar
[4] (= *make*) [+ *idea, suggestion, remark*] soltar
[5] (= *emit*) [+ *heat*] despedir, emitir; [+ *smoke, lava*] arrojar
[6] (= *disconcert*) [+ *person*] desconcertar, dejar totalmente confundido
[7] (= *make wrong*) [+ *calculation, prediction*] desbaratar, dar al traste con
[8] **to ~ out one's chest** sacar pecho

►**throw over** VT + ADV [+ *friend, lover*] dejar, abandonar

►**throw together** VT + ADV [1] (= *make hastily*) [+ *costume, plan, essay*] hacer a la carrera, pergeñar; [+ *meal*] preparar a la carrera, improvisar
[2] (= *gather together*) [+ *clothes*] juntar rápidamente; [+ *people*] juntar; **he threw a few things together and dashed out of the house** juntó rápidamente unas cuantas cosas y salió disparado de la casa; **fate had ~n them together** el destino les había juntado; **people whom circumstances have ~n together** personas a las que han juntado *or* unido las circunstancias; **we were ~n together a good deal, working in the same office** como trabajábamos en la misma oficina nos veíamos mucho

►**throw up** (A) VI + ADV (*) (= *vomit*) devolver*, vomitar; **it makes me want to ~ up** (*lit*) me da ganas de devolver*; (*fig*) me da asco
(B) VT + ADV [1] (*lit*) [+ *object*] lanzar *or* echar al aire; [+ *dust*] levantar; [+ *sparks*] echar; **to ~ up one's hands in horror** llevarse las manos a la cabeza horrorizado
[2] (*esp Brit*) (= *produce, bring to light*) [+ *result*] dar, producir; [+ *idea, dilemma*] producir; [+ *problem*] crear
[3] (*) (= *give up*) [+ *job, task, studies*] dejar
[4] (= *make quickly*) [+ *building*] construir rápidamente
[5] (*) (= *vomit*) devolver*, vomitar

**throwaway** ['θrəʊəweɪ] ADJ [1] (= *disposable*) [*bottle, container*] desechable, para tirar
[2] (= *casual*) [*remark*] hecho de paso

**throwback** ['θrəʊbæk] N (*gen*) salto *m* atrás; **it's like a ~ to the old days** es como un salto atrás a los viejos tiempos; **the film is a ~ to early Minelli movies** la película supone una vuelta a las primeras películas de Minelli

**thrower** ['θrəʊə^r] N lanzador(a) *m/f*

**throw-in** ['θrəʊɪn] N (*Ftbl*) saque *m* (de banda)

**throwing** ['θrəʊɪŋ] N (*Sport*) lanzamiento *m*

**thrown** [θrəʊn] PP *of* **throw**

**throw-out** ['θrəʊaʊt] N cosa *f* desechada; **his flat is furnished with other people's ~s** tiene amueblado el piso con lo que otra gente no quería

**thru** [θruː] (*US*) = **through**

**thrum** [θrʌm] (A) VT [+ *guitar*] rasguear, rasguear las cuerdas de
(B) VI [*wings of bird*] producir un aleteo vibrante; [*machine, engine*] producir un sonido vibrante

**thrush**[1] [θrʌʃ] N (= *bird*) zorzal *m*, tordo *m*

**thrush**[2] [θrʌʃ] N (*Med*) afta *f*

**thrust** [θrʌst] (*vb: pt, pp* **thrust**) (A) N [1] (= *push*) empujón *m*; [*of dagger*] puñalada *f*; [*of knife*] cuchillada *f*; [*of sword*] estocada *f*; (*Mil*) (= *offensive*) ofensiva *f*; (= *advance*) avance *m*
[2] (*Mech*) empuje *m*; (*Aer, Naut*) propulsión *f*; **forward/reverse ~** empuje *m* de avance/de marcha atrás
[3] (= *basic meaning*) [*of speech*] idea *f* clave
[4] (= *dynamism*) empuje *m*, dinamismo *m*
(B) VT (= *push*) empujar; (= *insert*) introducir, meter (**into** en); (= *insert piercingly*) clavar, hincar (**into** en); **to ~ one's hands into one's pockets** meter las manos en los bolsillos; **he ~ a book into my hands** me metió un libro entre las manos; **to ~ a dagger into sb's back** clavar un puñal a algn en la espalda; **to ~ a stick into the ground** clavar *or* hincar un palo en el suelo; **she ~ her head out of the window** asomó *or* sacó la cabeza por la ventana; **she found herself suddenly ~ into the limelight** de pronto, sin comerlo ni beberlo, se vio convertida en el centro de atención; **he ~ out his lower lip** sacó hacia fuera el labio inferior; **to ~ sth on** *or* **upon sb** imponer algo a algn, obligar a algn a aceptar algo; **they ~ the job on me** me cargaron el trabajo; **Spain had greatness ~ upon her** España recibió su grandeza sin buscarla, se le impuso la grandeza a España sin quererlo ella; **to ~ o.s. (up)on sb** (*fig*) pegarse a algn; **to ~ sb through with a sword** atravesar a algn (de parte a parte) con una espada; **I ~ my way through the crowd/to the front** me abrí paso entre la multitud/hacia adelante
(C) VI **to ~ at sb**: **he ~ at me with a sword/knife** me asestó una estocada/cuchillada; **to ~ past sb** apartar de un empujón a algn para pasar; **he ~ past me into the room** me apartó bruscamente para entrar en la habitación; **to ~ through** abrirse paso a la fuerza

►**thrust aside** VT + ADV [+ *person*] apartar bruscamente; (*fig*) dar de lado; [+ *objections*] ignorar; [+ *plan, proposal*] rechazar

►**thrust forward** (A) VT + ADV [+ *head, chin*] sacar hacia adelante
(B) VI + ADV (*Mil*) avanzar

**thrustful** ['θrʌstfʊl], **thrusting** ['θrʌstɪŋ] ADJ emprendedor, vigoroso, dinámico; (*pej*) agresivo

**thrustfulness** ['θrʌstfʊlnɪs] N empuje *m*, pujanza *f*, dinamismo *m*; (*pej*) agresividad *f*

**thruway** ['θruːweɪ] N (*US*) autopista *f* de peaje

**Thu** ABBR = **Thursday**

**Thucydides** [θjuː'sɪdɪdiːz] N Tucídides

**thud** [θʌd] (A) N ruido *m* sordo, golpe *m* sordo; **he landed on the floor with a dull ~** cayó al suelo con un ruido sordo
(B) VI hacer un ruido sordo; **to ~ to the ground** caer al suelo con un ruido sordo; **a shell ~ded into the hillside** una granada estalló en el monte; **he was ~ding about upstairs all night** pasó la noche andando con pasos pesados por el piso de arriba

**thug** [θʌg] N matón/ona *m/f*; (*fig, as term of abuse*) bruto *m*, bestia *f*

**thuggery** ['θʌgərɪ] N matonismo *m*, brutalidad *f*

**thulium** ['θjuːlɪəm] N tulio *m*

**thumb** [θʌm] (A) N pulgar *m*; **he gave me a ~s-up sign** me indicó con el pulgar que todo iba bien; ✦*IDIOMS* **to be all ~s**: **I'm all ~s today** hoy soy un manazas; **to twiddle one's ~s** estar mano sobre mano, estar sin hacer nada; **to be under sb's ~** estar dominado por algn; **she's got him under her ~** le tiene metido en un puño; **they gave it the ~s down** lo rechazaron, lo desaprobaron; **they gave it the ~s up** lo aprobaron; **the voters have given him the ~s up/down** el electorado votó a favor de/en contra de él; *see also* **rule A2**
(B) VT [1] [+ *book*] manosear; **a well-~ed book** un libro muy manoseado
[2] **to ~ a lift** *or* **a ride** hacer autostop, hacer dedo, pedir aventón (*LAm*); **to ~ a lift to London** viajar en autostop a Londres
[3] **to ~ one's nose at sth/sb** (*lit*) hacer burla a algo/algn (*agitando la mano con el pulgar sobre la nariz*); (*fig*) burlarse de algo/algn
(C) VI **to ~ through a book/magazine** hojear un libro/una revista
(D) CPD ► **thumb index** N índice *m* recortado

**thumbnail** ['θʌmneɪl] (A) N uña *f* del pulgar
(B) CPD ► **thumbnail sketch** N pequeño *m* esbozo

**thumbprint** ['θʌmprɪnt] N impresión *f* del pulgar

**thumbscrew** ['θʌmskruː] N empulgueras *fpl*

**thumbstall** ['θʌmstɔːl] N dedil *m*

**thumbtack** ['θʌmtæk] N (*US*) chincheta *f*, chinche *m or f* (*LAm*)

**thump** [θʌmp] (A) N (= *blow*) golpetazo *m*, porrazo *m*; (= *noise of fall etc*) golpetazo *m*; **it came down with a ~** cayó dando un golpetazo
(B) VT (= *hit hard*) golpear; (*accidentally*) [+ *head etc*] dar *or* topar con; (= *put down heavily*) poner *or* (*frm*) deponer violentamente; **to ~ sb** pegar un puñetazo a algn; **to ~ the table** golpear la mesa, dar golpes en la mesa; **he ~ed me on the back** me dio un golpetazo en la espalda; **to ~ out a tune on the piano** tocar una melodía aporreando el piano
(C) VI [1] [*person*] (*on door, table*) dar golpes, aporrear; [*heart*] (= *pound*) latir con fuerza; [*machine*] vibrar con violencia; **someone was ~ing on the door** había alguien dando golpes a *or* aporreando la puerta
[2] (= *move heavily*) **he ~ed upstairs** subió pesadamente las escaleras

**thumping*** ['θʌmpɪŋ] (*Brit*) (A) ADJ enorme, descomunal; **the company has suffered a ~ loss this year** este año la compañía ha sufrido unas pérdidas enormes *or* descomunales; **a ~ headache** una jaqueca terrible
(B) ADV **a ~ great book** un tocho de libro*

**thunder** ['θʌndə^r] (A) N (*Met*) truenos *mpl*; [*of traffic, applause*] estruendo *m*; [*of hooves*] estampido *m*; **a clap of ~** un trueno; **there is ~ in the air** amenaza tronar; **with a face like** *or* **as black as ~** con cara de furia, con cara de pocos amigos; ✦*IDIOM* **to steal sb's ~** robar el éxito a algn
(B) VI (*Met*) tronar; [*waterfall, waves*] bramar; **the guns ~ed in the distance** los cañones tronaban a lo lejos; **the train ~ed by** el tren pasó con gran estruendo; **to ~ at sb** (= *shout*) gritar muy fuerte a algn
(C) VT **to ~ out an order** dar una orden a gritos; **"yes!", he ~ed** —¡sí! —rugió

**thunderbolt** ['θʌndəbəʊlt] N rayo *m*; (*fig*) rayo *m*, bomba *f*

**thunderclap** [ˈθʌndəklæp] N trueno *m*

**thundercloud** [ˈθʌndəklaʊd] N nube *f* tormentosa, nubarrón *m*

**thunderflash** [ˈθʌndəflæʃ] N petardo *m*

**thundering*** [ˈθʌndərɪŋ] Ⓐ ADJ **it's a ~ disgrace** es un escándalo; **it was a ~ success** obtuvo un tremendo éxito
Ⓑ ADV **a ~ great row** un ruido de todos los demonios; **it's a ~ good film** es una película la mar de buena*

**thunderous** [ˈθʌndərəs] ADJ [*applause*] estruendoso, atronador

**thunderstorm** [ˈθʌndəstɔːm] N tormenta *f*

**thunderstruck** [ˈθʌndəstrʌk] ADJ (*fig*) atónito, pasmado, estupefacto; **he was ~ by what he discovered** lo que descubrió lo dejó atónito *or* pasmado *or* estupefacto

**thundery** [ˈθʌndərɪ] ADJ [*weather, shower, sky*] tormentoso

**Thur.** ABBR (= **Thursday**) juev.

**Thuringia** [θjʊəˈrɪndʒɪə] N Turingia *f*

**Thurs.** ABBR (= **Thursday**) juev.

**Thursday** [ˈθɜːzdɪ] N jueves *m inv*; *see* **Tuesday** *for usage*

**thus** [ðʌs] ADV (= *in this way*) así, de este modo; (= *as a result*) por eso, así que, de modo que; **he withdrew from the competition, ~ allowing his rival to win** se retiró de la competición, así que *or* de modo que ganó su rival; **~ it is that ...** así es que ..., es por eso que ...; **~, when he got home ...** así que, cuando llegó a casa ...; **~ far** hasta ahora *or* aquí

**thwack** [θwæk] = **whack**

**thwart**[1] [θwɔːt] VT [+ *plan*] frustrar, desbaratar; [+ *attempt, efforts*] frustrar; **to be ~ed at every turn** verse frustrado en todo; **there's no knowing what she'll do if she's ~ed** quién sabe qué hará si alguien se interpone en su camino; **he was trying to commit suicide but had been ~ed** intentaba suicidarse pero alguien interrumpió su propósito; **their takeover bid was ~ed** su intento de adquirir la compañía fue frustrada

**thwart**[2] [θwɔːt] N (*Naut*) bancada *f*

**thy**†† [ðaɪ] POSS ADJ (*sing*) tu; (*pl*) tus

**thyme** [taɪm] N tomillo *m*

**thymus** [ˈθaɪməs] N (*pl* **thymuses, thymi** [ˈθaɪmaɪ]) timo *m*

**thyroid** [ˈθaɪrɔɪd] Ⓐ N (*also* **~ gland**) tiroides *m or f inv*
Ⓑ ADJ tiroideo

**thyself**†† [ðaɪˈself] PRON (*acc, dative*) te; (*after prep*) ti (mismo/a); **know ~** conócete a ti mismo

**ti** [tiː] N (*Mus*) si *m*

**tiara** [tɪˈɑːrə] N (*royal*) diadema *f*; (*pope's*) tiara *f*

**Tiber** [ˈtaɪbəʳ] N Tíber *m*

**Tiberius** [taɪˈbɪərɪəs] N Tiberio

**Tibet** [tɪˈbet] N el Tibet

**Tibetan** [tɪˈbetən] Ⓐ ADJ tibetano
Ⓑ N 1 (= *person*) tibetano/a *m/f*
2 (*Ling*) tibetano *m*

**tibia** [ˈtɪbɪə] N (*pl* **tibias, tibiae** [ˈtɪbɪiː]) tibia *f*

**tic** [tɪk] N (*Med*) tic *m*; **a nervous ~** un tic nervioso

**tich*** [tɪtʃ] N = **titch**

**tichy*** [ˈtɪtʃɪ] ADJ = **titchy**

**tick**[1] [tɪk] Ⓐ N 1 [*of clock*] tictac *m*
2 (*Brit**) (= *moment*) momentito *m*, segundito *m*; **half a ~!** ◊ **just a ~!** ¡un momentito *or* segundito!; **I shan't be a ~** en seguida voy, no tardo, ahorita voy (*LAm*); **it won't take two ~s** será sólo un momentito *or* segundito
3 (*esp Brit*) (= *mark*) señal *f*, visto *m*; **to put a ~ against sth** poner una señal *or* un visto a algo; **place a ~ in the appropriate box** marque la casilla correspondiente
Ⓑ VT (*esp Brit*) [+ *right answer*] marcar, poner una señal *or* un visto; (*also* **~ off**) [+ *name, item on list*] marcar, poner una señal contra
Ⓒ VI [*clock*] hacer tictac; **I can't understand what makes him ~** no comprendo su forma de ser

►**tick away, tick by** VI + ADV **time is ~ing away** *or* **by** el tiempo pasa

►**tick off** VT + ADV 1 (= *mark with tick*) [+ *name, item on list*] marcar, poner una señal contra
2 (= *count*) contar en los dedos
3 (*Brit**) (= *reprimand*) **to ~ sb off** echar una bronca a algn, regañar *or* reñir a algn; **he was ~ed off for being late** le regañaron *or* riñeron por llegar tarde
4 (*US**) (= *annoy*) fastidiar, dar la lata a*

►**tick over** VI + ADV (*Brit Aut, Mech*) marchar al ralentí; (*fig*) [*business*] ir tirando; **she's keeping things ~ing over until the new boss arrives** hace que las cosas sigan funcionando hasta que llegue el nuevo jefe

**tick**[2] [tɪk] N (*Zool*) garrapata *f*

**tick**[3] [tɪk] N (= *cover*) funda *f*

**tick**[4]* [tɪk] N (= *credit*) ✦***IDIOM*** **to buy sth on ~** comprar algo de fiado

**ticker** [ˈtɪkəʳ] Ⓐ N (*) (= *watch*) reloj *m*; (= *heart*) corazón *m*
Ⓑ CPD ► **ticker tape** N cinta *f* de teletipo

**ticket** [ˈtɪkɪt] Ⓐ N 1 (*for bus, train*) billete *m*, boleto *m* (*LAm*); (*for plane*) pasaje *m*, billete *m* (*esp Sp*); (*for concert, film, play*) entrada *f*, boleto *m* (*LAm*), boleta *f* (*LAm*); (*for library membership*) carné *m*, carnet *m*; (*Comm*) (= *label*) etiqueta *f*; (= *counterfoil*) talón *m*; (*at dry-cleaner's etc*) resguardo *m*; (*in lottery*) boleto *m*; **return ~** ◊ **round-trip ~** (*US*) billete *m* de ida y vuelta, billete *m* redondo (*Mex*); **hold it there, that's the ~!** ¡sujétalo ahí! ¡eso es!; **that holiday was just the ~** esas vacaciones eran justo lo que necesitaba
2 (*for parking offence*) multa *f* (por estacionamiento indebido); **to get a (parking) ~** ser multado por aparcar mal* *or* por estacionamiento indebido
3 (*US Pol*) (= *candidates*) lista *f* (de candidatos), candidatura *f*, planilla *f* (*LAm*); (= *programme*) programa *m* político, programa *m* electoral; **to run on a republican ~** presentarse como candidato republicano
Ⓑ VT 1 (*Aut*) (= *fine*) [+ *person*] multar; [+ *vehicle*] dejar la papeleta de una multa en
2 (*US*) [+ *passenger*] expedir un billete a
Ⓒ CPD ► **ticket agency** N (*Rail etc*) agencia *f* de viajes; (*Theat*) agencia *f* de localidades, boletería *f* (*LAm*) ► **ticket barrier** N (*Brit Rail*) *barrera más allá de la cual se necesita billete* ► **ticket collector, ticket inspector** N revisor(a) *m/f*, controlador(a) *m/f* de boletos (*LAm*) ► **ticket holder** N poseedor(a) *m/f* de billete; (= *season-ticket holder*) (*Theat*) abonado/a *m/f*; (*Ftbl*) socio/a *m/f*; (*of travelcard etc*) titular *mf* ► **ticket machine** N máquina *f* de billetes ► **ticket office** N (*Rail*) despacho *m* de billetes, despacho *m* de boletos (*LAm*); (*Theat, Cine*) taquilla *f*, boletería *f* (*LAm*) ► **ticket of leave**† N (*Brit*) cédula *f* de libertad condicional ► **ticket tout** N revendedor *m* (de entradas) ► **ticket window** N ventanilla *f*; (*Rail etc*) despacho *m* de billetes; (*Theat etc*) taquilla *f*

**ticking** [ˈtɪkɪŋ] N 1 [*of clock*] tictac *m*
2 (= *material*) cutí *m*, terliz *m*

**ticking-off*** [ˈtɪkɪŋˈɒf] N bronca *f*; **to give sb a ~** echar una bronca a algn, regañar *or* reñir a algn

**tickle** [ˈtɪkl] Ⓐ VT 1 [+ *person*] hacer cosquillas a; [+ *cat, dog*] acariciar; **she enjoyed tickling the baby** le gustaba hacer cosquillas al niño
2 (*) (= *amuse*) divertir, hacer gracia a; **it ~d us no end** nos divirtió mucho, nos hizo mucha gracia
3 (*) (= *please*) **we were ~d to death at being invited** fue una sorpresa maravillosa que nos invitaran; **it ~d his fancy** se le antojó; ✦***IDIOM*** **to be ~d pink*** estar encantado *or* como unas castañuelas
Ⓑ VI **my ear ~s** siento cosquillas *or* hormiguillo en la oreja; **it ~s** [*material*] pica; **don't, it ~s!** ¡no, que me hace cosquillas!
Ⓒ N **to give sb a ~** hacer cosquillas a algn; **to have a ~ in one's throat** tener picor de garganta; **he never got a ~ all day** (*Fishing*) no picó ni un pez en todo el día; **at £5 he never got a ~*** a cinco libras nadie le echó un tiento*

**tickler*** [ˈtɪkləʳ] N (*Brit*) problema *m* difícil

**tickling** [ˈtɪklɪŋ] N cosquillas *fpl*

**ticklish** [ˈtɪklɪʃ], **tickly** [ˈtɪklɪ] ADJ 1 (*lit*) (= *sensitive to tickling*) [*person*] cosquilloso; (= *which tickles*) [*blanket*] que pica; [*cough*] irritante; **to be ~** [*person*] tener cosquillas, ser cosquilloso
2 (*fig*) (= *touchy*) [*person*] picajoso, delicado; (= *delicate*) [*situation, problem*] peliagudo, delicado; **it's a ~ business** es un asunto delicado

**ticktack** [ˈtɪktæk] N (*Racing*) *lenguaje de signos utilizado por los corredores de apuestas en las carreras de caballos*

**tick-tock** [ˈtɪkˈtɒk] N tictac *m*

**tic-tac-toe** [ˌtɪktækˈtəʊ] N (*US*) tres *m* en raya

**tidal** [ˈtaɪdl] Ⓐ ADJ de (la) marea; **the river is ~ up to here** la marea sube hasta aquí; **the Mediterranean is not ~** en el Mediterráneo no hay mareas
Ⓑ CPD ► **tidal basin** N dique *m* de marea ► **tidal energy** N energía *f* de las mareas, energía *f* mareomotriz ► **tidal wave** N maremoto *m*; (*fig*) ola *f* gigantesca

**tidbit** [ˈtɪdbɪt] N (*US*) = **titbit**

**tiddler** [ˈtɪdləʳ] N 1 (= *small fish*) pececillo *m*; (= *stickleback*) espinoso *m*
2 (*) (= *child*) nene/a *m/f*, renacuajo* *m*

**tiddly*** [ˈtɪdlɪ] ADJ (*compar* **tiddlier**; *superl* **tiddliest**) (*Brit*) 1 (= *drunk*) alegre, achispado, tomado (*LAm**)
2 (= *tiny*) pequeñito, pequeñín

**tiddlywink** [ˈtɪdlɪwɪŋk] N pulga *f*; **tiddlywinks** (= *game*) juego *m* de las pulgas

**tide** [taɪd] N 1 [*of sea*] marea *f*; **high ~** marea *f* alta, pleamar *f*; **we sailed at high ~** *or* **with the high ~** zarpamos cuando la marea estaba alta; **low ~** marea *f* baja, bajamar *f*; **it is possible to walk across at low ~** es posible cruzar cuando la marea está baja; **the ~ has turned** ha cambiado la marea
2 (*fig*) corriente *f*; [*of emotion*] ola *f*; **the rising ~ of public indignation** la creciente indignación pública; **the ~ of events** la marcha de los sucesos; **the ~ has turned** han cambiado las cosas; **the ~ of battle turned** cambió la suerte de la batalla; ✦***IDIOMS*** **to go against the ~** ir contra la corriente; **to go with the ~** seguir la corriente

►**tide over** Ⓐ VT + ADV **can you lend me some money to ~ me over till the end of the month?** ¿puedes dejarme algo de dinero para que pueda llegar a final de mes *or* para sacarme de apuros hasta final de mes?

Ⓑ VT + PREP **he got a loan to ~ him over the first three months** consiguió un préstamo para salir adelante los tres primeros meses; **to ~ sb over a difficult period** ayudar a algn a salir de un apuro

**tideless** ['taɪdlɪs] ADJ sin mareas

**tideline** ['taɪdlaɪn] N línea *f* de la marea alta

**tidemark** ['taɪdmɑːk] N [1] (= *tideline*) línea *f* de la marea alta
[2] (*hum*) (*in bath, on neck*) cerco *m* (de suciedad)

**tiderace** ['taɪdreɪs] N aguaje *m*, marejada *f*

**tidewater** ['taɪd,wɔːtəʳ] (*Brit*) Ⓐ N agua *f* de marea
Ⓑ CPD [*land, area*] drenado por las mareas, costero

**tideway** ['taɪdweɪ] N canal *m* de marea

**tidily** ['taɪdɪlɪ] ADV [*arranged, piled, stacked*] ordenadamente; [*dressed*] bien, perfectamente

**tidiness** ['taɪdɪnɪs] N [*of room, house, desk*] orden *m*; [*of person's appearance*] pulcritud *f*

**tidings** ['taɪdɪŋz] NPL († *or liter*) noticias *fpl*

**tidy** ['taɪdɪ] Ⓐ ADJ (*compar* **tidier**; *superl* **tidiest**)
[1] (= *neat, orderly*) [1·1] (*in appearance*) [*house, room*] ordenado, arreglado; [*garden*] cuidado; [*cupboard, desk, pile*] ordenado; [*appearance*] aseado, pulcro; [*hair*] arreglado; [*schoolwork*] limpio; **he likes to keep the house ~** le gusta tener la casa ordenada *or* arreglada; **to look ~** [*person*] tener un aspecto aseado *or* pulcro; [*room*] tener un aspecto ordenado
[1·2] (*in character*) [*person, child*] ordenado; **she's not very ~** no es muy ordenada; **I'm an obsessively ~ person** soy un obseso del orden
[2] (*) (= *sizeable*) [*sum*] bonito*; [*income, profit*] bueno; **he'll make a ~ sum out of it** sacará de ello un buen dinero *or* una bonita cantidad*
Ⓑ VT (*also* **~ up**) [+ *room, house*] ordenar, arreglar; [+ *drawer, cupboard, desk*] ordenar
Ⓒ N [1] (= *container for desk, kitchen, etc*) *recipiente para poner utensilios de escritorio, cubiertos etc*
[2] (= *act*) **I gave the lounge a quick ~ (up)** arreglé un poco el salón

► **tidy away** VT + ADV (*Brit*) [+ *toys, books, papers*] guardar, poner en su sitio; **to ~ the dishes away** guardar los platos, poner los platos en su sitio

► **tidy out** VT + ADV limpiar, ordenar

► **tidy up** Ⓐ VI + ADV ordenar
Ⓑ VT + ADV [1] = **tidy B**
[2] **to ~ o.s. up** arreglarse

**tidy-out** ['taɪdɪ'aʊt] N, **tidy-up** ['taɪdɪ'ʌp] N **to have a ~** ordenar (la casa, la habitación *etc*)

**tie** [taɪ] Ⓐ N [1] (= *necktie*) corbata *f*; *see also* **black**, **bow**, **white**
[2] (= *fastening*) (*for plastic bags*) atadura *f*; (*on garment*) lazo *m*
[3] (= *bond*) lazo *m*, vínculo *m*; **the ~s of friendship** los lazos *or* vínculos de la amistad; **the ~s that bind us** los lazos que nos unen; **he wants to maintain close ~s with the US** quiere mantener unos vínculos *or* lazos estrechos con Estados Unidos; **diplomatic ~s** relaciones *fpl* diplomáticas; **family ~s** lazos *mpl* familiares
[4] (= *hindrance, obligation*) atadura *f*; **pets are as much of a ~ as children** las mascotas te atan tanto como los niños, las mascotas son una atadura tan grande como los niños; **I have no ~s here** no tengo nada que me retenga aquí *or* que me impida irme de aquí; **I can't go because of family ~s** no puedo ir debido a obligaciones familiares
[5] (*esp Sport*) (= *draw*) empate *m*; **the match ended in a ~** el partido terminó en empate *or* con (un) empate
[6] (*Brit Sport*) (*also* **cup ~**) partido *m* (de copa), eliminatoria *f* (de copa)
[7] (*Archit*) (= *support*) tirante *m*
[8] (*Mus*) ligadura *f*
[9] (*US Rail*) traviesa *f*
Ⓑ VT [1] (= *fasten*) [+ *one's shoelaces*] atarse, amarrarse (*LAm*); [+ *sb's shoelaces*] atar, amarrar (*LAm*); [+ *one's necktie*] hacerse el nudo de; [+ *sb's necktie*] hacer el nudo de; [+ *parcel*] atar, amarrar (*LAm*); **she ~d a ribbon around the kitten's neck** ató un lazo al cuello del gatito; **he ~d the rope around his waist** se ató la cuerda a la cintura; **her hands were ~d behind her back** tenía las manos atadas a la espalda; **to ~ sth in a bow** hacer un lazo con algo; **to ~ a knot in sth** hacer un nudo en *or* con algo; **he ~d the dog to a lamppost** ató el perro a una farola; **he ~d the ends of the cord together** ató los extremos de la cuerda; **he ~d her hands together** le ató las manos; ♦ *IDIOM* **we'd like to help, but our hands are ~d** nos gustaría ayudar pero tenemos atadas las manos; *see also* **knot**
[2] (= *link*) relacionar (**to** con); **rates are ~d to property values** las contribuciones urbanas están relacionadas con el valor *or* van ligadas al valor del inmueble
[3] (= *restrict*) atar; **I'm ~d to the house/my desk all day** me paso todo el día atada a la casa/la mesa de trabajo; **are we ~d to this plan?** ¿estamos atados *or* restringidos a este plan?; **she didn't want to be ~d to a long-term contract** no quería atarse a un contrato a largo plazo
[4] (*Sport*) [+ *game, match*] empatar
Ⓒ VI [1] (= *fasten*) atarse; **the overall ~s at the back** el delantal se ata a la espalda
[2] (= *draw*) (*in match, competition, election*) empatar
Ⓓ CPD ► **tie clip**, **tie clasp** N pinza *f* de corbata ► **tie rack** N corbatero *m* ► **tie tack** N (*US*) = **tiepin**

► **tie back** VT + ADV [+ *curtains*] recoger; **to ~ one's hair back** recogerse el pelo; **her hair was ~d back with a ribbon** llevaba el pelo recogido con un lazo

► **tie down** VT + ADV [1] (*with rope*) [+ *object, person, animal*] sujetar, amarrar (*LAm*)
[2] (= *restrict*) atar; **having a pet ~s you down** tener una mascota te ata; **he felt ~d down by the relationship** se sentía atado por la relación; **we didn't want to ~ ourselves down to a mortgage** no queríamos atarnos a una hipoteca
[3] (= *commit*) **to ~ sb down** hacer que algn se comprometa; **we can't ~ him down to a date** no conseguimos que se comprometa a una fecha concreta

► **tie in** Ⓐ VI + ADV **to ~ in with sth** (= *tally*) (*with facts*) concordar *or* cuadrar con algo; (= *fit in*) (*with arrangements*) coincidir con algo; **it doesn't ~ in with what he told us** no concuerda *or* cuadra con lo que nos dijo; **the wedding was arranged to ~ in with David's leave** la boda se planeó de modo que coincidiera con el permiso de David
Ⓑ VT + ADV **to ~ sth in with sth** (= *link*) relacionar algo con algo; (= *fit in*) [+ *meeting, visit*] hacer coincidir algo con algo; **you can't ~ me in with any of the killings** no puedes relacionarme con *or* vincularme a ninguno de los asesinatos

► **tie on** VT + ADV atar

► **tie up** Ⓐ VT + ADV [1] (= *fasten, secure*) [+ *parcel, person, horse, sb's shoelaces*] atar, amarrar (*LAm*); [+ *one's shoelaces*] atarse, amarrarse (*LAm*); [+ *boat*] amarrar; *see also* **loose**
[2] (= *make inaccessible*) [+ *money, capital*] inmovilizar; **he has a fortune ~d up in property** tiene una fortuna inmovilizada *or* invertida en bienes inmuebles; **how much money have you got ~d up in the product?** ¿cuánto dinero tienes invertido *or* metido en el producto?
[3] (= *conclude*) [+ *business deal*] concluir, cerrar
[4] (= *link*) **to be ~d up with sth** estar relacionado con algo, estar vinculado a algo; **I'm sure her disappearance is ~d up with the robbery** estoy seguro de que su desaparición está relacionada con el robo *or* vinculada al robo; **don't get ~d up with people like him** no te mezcles con gente como él
[5] (= *occupy*) **to be ~d up (with sth/sb)** estar ocupado (con algo/algn); **he's ~d up with the manager just now** ahora está ocupado *or* tratando un asunto con el jefe; **I'm ~d up tomorrow** mañana estoy ocupado; **sorry I'm late, I got ~d up** siento llegar tarde, me entretuvieron
[6] (*esp US*) (= *obstruct, hinder*) [+ *traffic*] paralizar, inmovilizar; [+ *production*] paralizar; [+ *programme*] interrumpir
Ⓑ VI + ADV [1] (= *be linked*) **to ~ up with sth** estar relacionado con algo, estar vinculado a algo
[2] (*Naut*) atracar, amarrar

**tie-break(er)** ['taɪbreɪk(əʳ)] N (*Sport*) muerte *f* rápida, desempate *m*

**tied** [taɪd] ADJ [1] (*Sport*) empatado; **the match was ~ at 2-2** el partido estaba empatado a dos
[2] (*Mus*) [*note*] ligado
[3] (*Brit*) **~ cottage** *casa de campo cedida o alquilada a un empleado, generalmente a un trabajador del campo*; **~ house** (= *pub*) *bar que está obligado a vender una marca de cerveza en exclusiva*

**tie-in** ['taɪɪn] N (= *link*) vinculación *f*, relación *f*; **police are looking for a ~ to connect the two cases** la policía busca una vinculación *or* relación entre ambos casos; **guides on cooking and gardening with a TV ~** libros de cocina y jardinería relacionados *or* vinculados con un programa de TV

**tieless** ['taɪlɪs] ADJ sin corbata

**tie-on** ['taɪɒn] ADJ [*label*] para atar

**tiepin** ['taɪpɪn] N alfiler *m* de corbata

**tier** [tɪəʳ] N [1] (*in stadium, amphitheatre*) (= *row of seats*) grada *f*; [*of cake*] piso *m*; **to arrange in ~s** disponer en gradas *or* pisos
[2] (*fig*) (*in management, system*) nivel *m*; **a two-~ health service** un sistema sanitario que hace distinciones entre dos grupos

**tiered** ['tɪəd] ADJ con gradas, en una serie de gradas; **steeply ~** con gradas en fuerte pendiente; **a three-~ cake** un pastel de tres pisos

**tie-up** ['taɪʌp] N [1] (= *connection*) enlace *m*, vínculo *m*; (*Comm*) (*between companies*) acuerdo *m* (*para llevar a cabo un proyecto*)
[2] (*US*) [*of traffic*] embotellamiento *m*

**tiff*** [tɪf] N pelea *f*, riña *f* (sin trascendencia); **a lover's ~** una pelea de amantes

**tiffin**† ['tɪfɪn] N almuerzo *m*

**tig** [tɪg] N **to play ~** jugar al marro

**tiger** ['taɪgəʳ] Ⓐ N tigre *m*
Ⓑ CPD ► **tiger economy** N economía *f* emergente ► **tiger lily** N tigridia *f* ► **tiger moth** N mariposa *f* tigre ► **tiger's eye** N (*Min*) ojo *m* de gato

**tigerish** ['taɪgərɪʃ] ADJ (*fig*) salvaje, feroz

**tight** [taɪt] Ⓐ ADJ (*compar* **tighter**; *superl* **tightest**) [1] [*clothes, jeans*] (= *close-fitting*) ajustado, ceñido; (= *uncomfortably tight*) apretado, estrecho; **my shoes are too ~** me aprietan los zapatos; **the hat was a ~ fit** el sombrero quedaba muy apretado *or* muy justo
[2] (= *stretched out*) [*rope, skin*] tirante; **my skin feels ~** tengo la piel tirante, me tira la piel; **to pull sth ~** tensar algo; **✦IDIOMS as ~ as a drum** [*surface, material*] tenso como la piel de un tambor; **she has a body as ~ as a drum** tiene el cuerpo firme como una piedra; **to keep a ~ rein on sth/sb** mantener un control estricto sobre algo/algn; *see also* **skin-tight**
[3] (= *not loose*) [*screw, knot, curl*] apretado; [*seal*] hermético; [*embrace, grip*] fuerte; **his fingers were ~ on Thomas's arm** le apretaba el brazo a Thomas fuertemente con los dedos; **the insect curled up in a ~ ball** el insecto se enroscó formando una pequeña bola; **to have a ~ grip on sth** (*on power, economy*) ejercer un firme control sobre algo; **to keep a ~ grip on sth** (*on finances, discipline*) mantener un firme control de algo; **to have a ~ hold of sth** tener algo bien agarrado; **to keep a ~ hold of sth** agarrar algo con fuerza; **it was a ~ squeeze in the lift** íbamos muy apretados *or* apiñados en el ascensor; **✦IDIOM to keep a ~ lid on sth** (*fig*) controlar bien algo, mantener algo bajo control; *see also* **airtight, watertight**
[4] (= *tense*) [*voice, throat, smile*] tenso; [*muscle*] tenso, tirante; **my chest feels ~** siento una opresión en el pecho
[5] (= *strict*) [*schedule*] apretado; [*budget*] ajustado, limitado; [*control*] estricto; **security will be ~** habrá fuertes medidas de seguridad
[6] (= *close-knit*) [*group, community*] muy unido
[7] (= *sharp*) [*bend*] cerrado; **to make a ~ turn** girar bruscamente, dar un giro brusco
[8] (*) (= *scarce*) [*space, resources*] limitado, escaso; **things were ~ during the war** el dinero era escaso durante la guerra; **when we first got married money was ~** al principio de casarnos estábamos bastante escasos de dinero
[9] (*) (= *difficult*) [*situation*] apurado, difícil; **✦IDIOM to be in a ~ corner** *or* **spot*** estar en una situación apurada *or* comprometida
[10] (= *close*) [*competition, match*] reñido
[11] (*) (= *drunk*) mamado*, tomado (*LAm**); **to get ~** agarrarse una moña*, cogérsela*
[12] (*) (= *tight-fisted*) agarrado*
Ⓑ ADV [*hold, grip*] bien, con fuerza; [*squeeze*] con fuerza; [*shut, seal, tie*] bien; **hold (on) ~!** ¡agárrate *or* sujétate bien!, ¡agárrate *or* sujétate fuerte!; **to be packed ~ (with sth)** estar lleno hasta arriba (de algo)*, estar abarrotado (de algo)*; **✦IDIOMS to sit ~: do we just sit ~ while thousands of people are dying?** ¿vamos a quedarnos cruzados de brazos *or* sin hacer nada mientras mueren miles de personas?; **sleep ~!** ¡que duermas bien!, ¡que descanses!

**tighten** ['taɪtn] Ⓐ VT (*also* **~ up**) [+ *rope*] estirar, tensar; [+ *nut, belt, shoes*] apretar; [+ *regulations*] hacer más severo; [+ *restrictions, discipline, security*] reforzar
Ⓑ VI (*also* **~ up**) [*rope, knot*] estirarse; [*skin*] ponerse tirante; [*grasp*] apretarse

**► tighten up** Ⓐ VT + ADV [1] = **tighten A**
[2] **to ~ up on sth** ser más estricto con algo; **they have decided to ~ up on this type of import** han decidido controlar más este tipo de importaciones
Ⓑ VI + ADV = **tighten B**

**tightening** ['taɪtnɪŋ] N [*of rope*] tensamiento *m*; [*of controls, security*] refuerzo *m*; [*of skin*] tirantez *f*

**tight-fisted** ['taɪt'fɪstɪd] ADJ (= *mean*) [*person*] tacaño, agarrado*

**tight-fitting** ['taɪt'fɪtɪŋ] ADJ muy ajustado, muy ceñido

**tight-knit** ['taɪt'nɪt] ADJ [*family, group, community*] muy unido

**tight-lipped** ['taɪt'lɪpt] ADJ [1] (= *secretive*) hermético; **to be/remain ~ about sth** mantener la boca cerrada respecto a algo; **~ silence** silencio *m* hermético
[2] (= *angry*) [*person*] mudo de rabia; [*expression*] de rabia contenida

**tightly** ['taɪtlɪ] ADV [1] (= *firmly*) [*hold*] bien, con fuerza; [*close, tie, wrap*] bien; [*bind*] firmemente; **the prisoners were ~ bound** los prisioneros estaban firmemente atados; **the bandages need to be ~ bound** hay que apretar bien los vendajes; **they hold on ~ to their religious traditions** se aferran firmemente a sus tradiciones religiosas
[2] (= *closely*) **the shelves were packed ~ with books** las estanterías estaban abarrotadas de libros; **~ fitting clothes** ropa ceñida *or* ajustada
[3] (= *strictly*) [*controlled, enforced*] estrictamente

**tightness** ['taɪtnɪs] N [1] [*of clothes*] (*comfortable*) lo ceñido, lo ajustado; (*uncomfortable*) estrechez *f*; [*of shoes*] estrechez *f*; [*of lid, screw*] lo apretado
[2] [*of muscle, throat*] tensión *f*; **I can feel a ~ in my chest** siento una opresión en el pecho
[3] [*of budget, schedule*] lo ajustado, lo limitado; [*of discipline, regulations*] severidad *f*
[4] [*of bend, corner*] lo cerrado

**tightrope** ['taɪtrəʊp] Ⓐ N cuerda *f* floja; **✦IDIOMS to be on a ~** ◊ **be walking a ~** andar en la cuerda floja
Ⓑ CPD ► **tightrope walker** N equilibrista *mf*, funámbulo/a *m/f*

**tights** [taɪts] (*Brit*) NPL (= *clothes*) pantis *mpl*, medias *fpl*; (*for sport, ballet*) leotardos *mpl*

**tightwad*** ['taɪtwɒd] N (*US*) cicatero/a* *m/f*, agarrado/a* *m/f*

**tigress** ['taɪgrɪs] N tigresa *f*

**Tigris** ['taɪgrɪs] N Tigris *m*

**tilde** ['tɪldɪ] N tilde *f*

**tile** [taɪl] Ⓐ N (= *roof tile*) teja *f*; (= *floor tile*) baldosa *f*; (= *wall tile, decorative tile*) azulejo *m*; **✦IDIOM a night on the ~s*** una noche de juerga *or* parranda*
Ⓑ VT [+ *floor*] embaldosar; [+ *wall*] revestir de azulejos, alicatar (*Sp*); [+ *ceiling*] tejar

**tiled** [taɪld] ADJ [*floor*] embaldosado; [*wall*] revestido de azulejos, alicatado (*Sp*); [*ceiling*] tejado de tejas; **~ roof** tejado *m*

**tiling** ['taɪlɪŋ] N (*on roof*) tejas *fpl*, tejado *m*; (*on floor*) baldosas *fpl*, embaldosado *m*; (*on wall*) azulejos *mpl*

**till**[1] [tɪl] VT (*Agr*) [+ *land, soil*] cultivar, labrar

**till**[2] [tɪl] PREP, CONJ = **until**

**till**[3] [tɪl] N (*for money*) (= *drawer*) cajón *m*; (= *machine*) caja *f*, caja *f* registradora; **they caught him with his hand** *or* **fingers in the ~** lo cogieron robando (dentro de la empresa *etc*)

**tillage** ['tɪlɪdʒ] N cultivo *m*, labranza *f*

**tiller** ['tɪləʳ] N (*Naut*) caña *f* del timón, timón *m*

**tilt** [tɪlt] Ⓐ N [1] (= *slant*) inclinación *f*; **the ~ of the earth's axis** la inclinación del eje de la Tierra; **the ~ of his head when he listened** la inclinación *or* el ladeo de su cabeza cuando escuchaba; **a ~ in the balance of power** un cambio en el equilibrio del poder; **to give sth a ~** inclinar algo, ladear algo; **on/at a ~** inclinado, ladeado
[2] (*Hist*) torneo *m*, justa *f*; **(at) full ~** a toda velocidad *or* carrera; **to run full ~ into a wall** dar de lleno contra una pared; **to have a ~ at** arremeter contra
Ⓑ VT inclinar, ladear; **~ it this way/the other way** inclínalo hacia este/el otro lado; **he ~ed his chair back** inclinó la silla hacia atrás
Ⓒ VI [1] (= *lean*) inclinarse, ladearse; **to ~ to one side** inclinarse hacia un lado; **he ~ed back in his chair** se recostó en la silla; **to ~ over** (= *lean*) inclinarse; (= *fall*) volcarse, caer; **a lorry that ~s up** un camión basculante *or* que bascula
[2] (*Hist*) justar; **to ~ against** arremeter contra

**tilth** [tɪlθ] N (= *act*) cultivo *m*, labranza *f*; (= *state*) condición *f* (cultivable) de la tierra

**Tim** [tɪm] N (*familiar form*) *of* **Timothy**

**timber** ['tɪmbəʳ] Ⓐ N (= *wood*) madera *f*; (= *growing trees*) árboles *mpl* (productores de madera); (= *beam*) viga *f*, madero *m*; (*Naut*) cuaderna *f*; **timber!** ¡tronco va!
Ⓑ CPD ► **timber merchant** N (*Brit*) maderero *m* ► **timber wolf** N lobo *m* gris norteamericano ► **timber yard** N (*Brit*) almacén *m* de madera

**timbered** ['tɪmbəd] ADJ [*house*] (= *made of wood*) de madera; (= *with individual timbers*) con vigas de madera; [*land*] arbolado; **the land is well ~** el terreno tiene mucho bosque

**timbering** ['tɪmbərɪŋ] N maderamen *m*

**timberland** ['tɪmbəlænd] N (*US*) tierras *fpl* maderables

**timberline** ['tɪmbəlaɪn] N límite *m* forestal

**timbre** ['tæmbrə] N (*Mus*) [*of instrument, voice*] timbre *m*

**timbrel** ['tɪmbrəl] N pandereta *f*

**Timbuktu** [,tɪmbʌk'tuː] N Timbuktú *m*; **he could be in ~ for all I know** podría estar en la conchinchina

**time** [taɪm] Ⓐ N [1] (*gen*) tiempo *m*; **as ~ goes on** *or* **by** con el (paso del) tiempo, a medida que pasa/pasaba el tiempo; **race against ~** carrera *f* contra (el) reloj; **for all ~** para siempre; **one of the best of all ~** uno de los mejores de todos los tiempos; **Father Time** el Tiempo; **to find (the) ~ for sth** encontrar tiempo para algo; **I can't find the ~ for reading** no encuentro tiempo para leer; **~ flies** el tiempo vuela; **how ~ flies!** ¡cómo pasa el tiempo!; **to gain ~** ganar tiempo; **half the ~ he's drunk** la mayor parte del tiempo está borracho; **to have (the) ~ (to do sth)** tener tiempo (para hacer algo); **we have plenty of ~** tenemos tiempo de sobra; **to make ~** (*US**) ganar tiempo, apresurarse; **to make up for lost ~** recuperar el tiempo perdido; **it's only a matter** *or* **question of ~ before it falls** sólo es cuestión de tiempo antes de que caiga; **I've no ~ for him** (*too busy*) no tengo tiempo para él; (*contemptuous*) no le aguanto; **I've no ~ for sport** odio los deportes; **there is no ~ to lose** no hay tiempo que perder; **he lost no ~ in doing it** no tardó en hacerlo; **my ~ is my own** yo dispongo de mi tiempo; **~ presses** el tiempo apremia; **~ is on our side** el tiempo obra a nuestro favor; **~ and space** el tiempo y el espacio; **to take ~: it takes ~** requiere tiempo, lleva su tiempo; **it'll take ~ to get over the loss of her family** le llevará tiempo superar la pérdida de su familia; **it took him all his ~ to find it** sólo encontrarlo le ocupó bastante tiempo; **to take one's ~** hacer las cosas con calma; **take your ~!** tómate el tiempo que necesites, ¡no hay prisa!; **you certainly took your ~!** (*iro*) ¡no es precisamente que te mataras corriendo!; **(only) ~ will tell** el tiempo lo dirá; **✦*IDIOMS* to have ~ on one's hands**: **she has too much ~ on her hands** dispone de demasiado tiempo libre; **once you retire you'll have ~ on your hands** cuando te hayas jubilado, tendrás todo el tiempo del mundo; **to kill ~** entretener el tiempo, pasar el rato, matar el tiempo; **to pass the ~ of day with sb** detenerse a charlar un rato con algn; **to play for ~** tratar de ganar tiempo; **to be pressed for ~** andar escaso de tiempo; **✦*PROV* ~ is money** el tiempo es oro; *see also* **spare**, **waste**

**2** (= *period of time*) tiempo *m*, período *m*; (*relatively short*) rato *m*; **have you been here all this ~?** ¿has estado aquí todo este tiempo?; **for the ~ being** por ahora, de momento; **for a ~** durante un rato; (*longer*) durante una temporada; **a long ~** mucho tiempo; **to take a long ~ to do sth** tardar mucho en hacer algo; **a long ~ ago** hace mucho (tiempo), hace tiempo; **he hasn't been seen for a long ~** hace mucho tiempo que no se le ve; **she'll be in a wheelchair for a long ~ to come** le queda mucho tiempo de estar en silla de ruedas por delante; **in no ~ at all** en un abrir y cerrar de ojos; **it will last our ~** durará lo que nosotros; **a short ~** poco tiempo, un rato; **a short ~ ago** hace poco; **a short ~ after** poco (tiempo) después, al poco tiempo; **in a short ~ they were all gone** muy pronto habían desaparecido todos; **for some ~ past** de algún tiempo a esta parte; **after some ~ she looked up at me/wrote to me** después de cierto tiempo levantó la vista hacia mí/me escribió, pasado algún tiempo levantó la vista hacia mí/me escribió; **in a week's ~** dentro de una semana; **in two weeks' ~** en dos semanas, al cabo de dos semanas; **✦*IDIOM* to do ~*** cumplir una condena; *see also* **serve**

**3** (*at work*) **on Saturdays they pay ~ and a half** los sábados pagan lo normal más la mitad; **he did it in his own ~** lo hizo en su tiempo libre *or* fuera de (las) horas de trabajo; **to be on short ~** ◊ **work short ~** trabajar en jornadas reducidas; *see also* **full-time**, **part-time**, **short-time**

**4** (= *moment, point of time*) momento *m*; **I was watching TV at the ~** en ese momento estaba viendo la televisión; **from ~ to ~** de vez en cuando; **about ~ too!** ¡ya era hora!; **it's about ~ you had a haircut** ya es hora de que te cortes el pelo; **come (at) any ~ (you like)** ven cuando quieras; **it might happen (at) any ~** podría ocurrir de un momento a otro *or* en cualquier momento; **any ~ now** de un momento a otro; **at ~s** a veces, a ratos; **at all ~s** siempre, en todo momento; **to die before one's ~** morir temprano; **not before ~!** ¡ya era hora!; **between ~s** en los intervalos; **by the ~ he arrived** para cuando él llegó; **by the ~ we got there he'd left** cuando llegamos allí ya se había ido; **by this ~** ya, antes de esto; **(by) this ~ next year** el año que viene por estas fechas; **to choose one's ~ carefully** elegir con cuidado el momento más propicio; **the ~ has come to leave** ha llegado el momento de irse; **when the ~ comes** cuando llegue el momento; **at a convenient ~** en un momento oportuno; **at any given ~** en cualquier momento dado; **her ~ was drawing near** (*to give birth*) se acercaba el momento de dar a luz; (*to die*) estaba llegando al final de su vida; **it's high ~ you got a job** ya va siendo hora de que consigas un trabajo; **at my ~ of life** a mi edad, con los años que yo tengo; **at no ~ did I mention it** no lo mencioné en ningún momento; **this is no ~ for jokes** éste no es momento para bromas; **now is the ~ to go** ahora es el momento de irse; **now is the ~ to plant roses** ésta es la época para plantar las rosas; **at odd ~s** (= *occasionally*) de vez en cuando; **he calls at some odd ~s** llama a las horas más intempestivas; **from that ~ on** a partir de entonces, desde entonces; **at one ~** en cierto momento, en cierta época; **this is neither the ~ nor the place to discuss it** éste no es ni el momento ni el lugar oportuno para hablar de eso; **there's a ~ and a place for everything** todo tiene su momento y su lugar; **at the present ~** actualmente, en la actualidad; **at the proper ~** en el momento oportuno; **at the same ~** (= *simultaneously*) al mismo tiempo, a la vez; (= *even so*) al mismo tiempo, por otro lado; **until such ~ as he agrees** hasta que consienta; **at that ~** por entonces, en aquel entonces, en aquella época; **at this particular ~** en este preciso momento; **at this ~ of the year** en esta época del año; **it's a lovely ~ of year** es una estación encantadora; *see also* **bide**

**5** (*by clock*) hora *f*; **what's the ~?** ¿qué hora es?; **the ~ is 2.30** son las dos y media; **it's ~ to go** es hora de irse; **~ gentlemen please!** ¡se cierra!; **to arrive ahead of ~** llegar temprano; **to be 30 minutes ahead of ~** llevar 30 minutos de adelanto; **at any ~ of the day or night** en cualquier momento *or* a cualquier hora del día o de la noche; **to be 30 minutes behind ~** llevar 30 minutos de retraso; **it's coffee ~** es la hora del café; **at this ~ of day** a esta hora; **it's ~ for the news** es (la) hora de las noticias; **it's ~ for lunch** es (la) hora de comer; **let me know in good ~** avíseme con anticipación; **make sure you get there in good ~** asegúrate de que llegas allí con tiempo; **he'll come in his own good ~** vendrá cuando le parezca conveniente; **all in good ~** todo a su (debido) tiempo; **to start in good ~** partir a tiempo, partir pronto; **have you got the (right) ~?** ¿tiene la hora (exacta)?; **Greenwich mean ~** hora *f* de Greenwich; **we were just in ~ to see it** llegamos justo a tiempo para verlo; **a watch that keeps good ~** un reloj muy exacto; **just look at the ~!** ¡fíjate qué hora es ya!, ¡mira qué tarde es!; **what ~ do you make it?** ◊ **what do you make the ~?** ¿qué hora es *or* tiene?; **we made good ~ on the journey** el viaje ha sido rápido; **to be on ~** [*person*] ser puntual, llegar puntualmente; [*train, plane*] llegar puntual; **to tell the ~** [*clock*] dar la hora; [*child*] saber decir la hora; **✦*IDIOM* I wouldn't give him the ~ of day** a mí él me tiene sin cuidado; *see* **closing**, **opening**

**6** (= *era, period*) tiempo *m*, época *f*; **in Elizabethan ~s** en tiempos isabelinos, en la época isabelina; **in our own ~(s)** en nuestra época; **in my ~(s)** en mis tiempos; **what ~s they were!** ◊ **what ~s we had!** ¡qué tiempos aquellos!; **one of the greatest footballers of our ~** uno de los mejores futbolistas de nuestros tiempos; **to be ahead of one's ~** adelantarse a su época; **that was all before my ~** todo eso fue antes de mis tiempos; **to be behind the ~s** [*person*] estar atrasado de noticias; [*thing, idea*] estar fuera de moda, haber quedado anticuado; **how ~s change!** ¡cómo cambian las cosas!; **in ~s to come** en tiempos venideros; **~s were hard** fueron tiempos duros; **~s are hard** atravesamos un período bastante difícil; **they fell on hard ~s** entraron en un periodo de vacas flacas; **to keep abreast of** *or* **up with the ~s** ir con los tiempos, mantenerse al día; **the ~s we live in** los tiempos en que vivimos; **in modern ~s** en tiempos modernos; **to move with the ~s** ir con los tiempos, mantenerse al día; **in olden ~s** ◊ **in ~s past** en otro tiempo, antiguamente; **~ was when …** hubo un tiempo en que …; *see also* **sign**

**7** (= *experience*) **to have a bad** *or* **rough** *or* **thin ~ (of it)** pasarlo mal, pasarlas negras; **to have a good ~** pasarlo bien, divertirse; **all they want to do is have a good ~** no quieren más que divertirse; **to give sb a good ~** hacer que algn lo pase bien; **she's out for a good ~** se propone divertirse; **we had a high old ~*** lo hemos pasado en grande*; **we have a lovely ~** lo pasamos la mar de bien*; **have a nice ~!** ¡que lo pases/paséis *etc* bien!; **✦*IDIOM* the big ~*** el estrellato, el éxito; **to make the big ~** alcanzar el éxito, triunfar; *see also* **big-time**

**8** (= *occasion*) vez *f*; **three ~s** tres veces; **I remember the ~ he came here** recuerdo la ocasión en que vino por aquí, me acuerdo de cuando vino por aquí; **~ after ~** ◊ **~ and again** repetidas veces, una y otra vez; **to carry three boxes at a ~** llevar tres cajas a la vez; **he ran upstairs three at a ~** subió la escalera de tres en tres escalones; **for weeks at a ~** durante semanas enteras *or* seguidas; **each ~** ◊ **every ~** cada vez; **he won every ~** ganó todas las veces; **it's the best, every ~!** ¡es el mejor, no hay duda!; **give me beer every ~!** ¡para mí, siempre cerveza!; **the first ~ I did it** la primera vez que lo hice; **for the first ~** por primera vez; **last ~** la última vez; **the last ~ I did it** la última vez que lo hice; **for the last ~** por última vez; **many ~s** muchas veces; **many's the ~ …** no una vez, sino muchas …; **next ~** la próxima vez, a la próxima (*esp LAm*); **the second ~ round** (= *second marriage*) la segunda intentona de matrimonio; **several ~s** varias veces; **this ~** esta vez; **at various ~s in the past** en determinados momentos del pasado; **✦*IDIOMS* nine ~s out of ten** ◊ **ninety-nine ~s out of a hundred** casi siempre; **third ~ lucky!** ¡a la tercera va la vencida!

**9** (*Mus*) compás *m*; **in 3/4 ~** al compás de 3 por 4; **to beat ~** marcar el compás; **in ~ to the music** al compás de la música; **to keep ~** llevar el compás; **to get out of ~** perder el compás; *see also* **beat B4**, **mark² B7**

**10** (*Math*) **4 ~s 3 is 12** 4 por 3 son 12; **it's five ~s faster than** *or* **as fast as yours** es cinco veces más rápido que el tuyo

**11** (*Mech*) **the ignition is out of ~** el encendido está fuera de fase

Ⓑ VT **1** (= *schedule*) planear, calcular; (= *choose time of*) [+ *remark, request*] elegir el momento para; **the race is ~d for 8.30** el comienzo de la carrera está previsto para las 8.30; **you ~d that perfectly** elegiste a la perfección el momento para hacerlo; **the bomb was ~d to explode five minutes later** la bomba estaba sincronizada para explotar cinco minutos más tarde; **the strike was carefully ~d to cause maximum disruption** se había escogido el momento de la huelga para ocasionar el mayor trastorno posible; **the decision to sell was badly ~d** se decidió vender en un mal momento; *see also* **ill-timed**, **well-timed**

**2** (= *reckon time of*) [+ *call, journey*] calcular la duración de; (*with stopwatch*) cronometrar; **to ~ o.s.** cronometrarse; **I ~d him doing the washing-up** le cronometré mientras lavaba los platos

Ⓒ CPD ► **time and motion study** N estudio *m* de tiempos y movimientos ► **time bomb** N bomba *f* de relojería ► **time capsule** N cápsula *f* del tiempo ► **time card** N tarjeta *f* de registro horario ► **time clock** N reloj *m* registrador, reloj *m* de control de asistencia ► **time deposit** N (*US*) depósito *m* a plazo ► **time exposure** N (*Phot*) exposición *f* ► **time fuse** N temporizador *m*, espoleta *f* graduada, espoleta *f* de tiempo ► **time lag** N (= *delay*) retraso *m*; (= *lack of synchronization*) desfase *m* ► **time limit** N plazo *m*, límite *m* de tiempo; (= *closing date*) fecha *f* tope; **to set a ~ limit (for sth)** fijar un plazo (para algo) ► **time loan** N (*US*) préstamo *m* a plazo fijo ► **time lock** N cerradura *f* de tiempo ► **time machine** N máquina *f* de transporte a través del tiempo ► **time out** N (*esp US Sport, also fig*) tiempo *m* muerto; **to take ~ out (from sth/from doing sth)** descansar (de algo/de hacer algo) ► **time payment** N (*US*) pago *m* a plazos ► **time saver** N **it is a great ~ saver** ahorra mucho tiempo ► **time sheet** N = **time card** ► **time signal** N señal *f* horaria ► **time signature** N (*Mus*) compás *m*, signatura *f* de compás ► **time slice** N fracción *f* de tiempo ► **time switch** N interruptor *m* horario ► **time trial** N (*Cycling*) prueba *f* contra reloj, contrarreloj *f* ► **time warp** N salto *m* en el tiempo, túnel *m* del tiempo ► **time zone** N huso *m* horario

**time-consuming** ['taɪmkən,sju:mɪŋ] ADJ que requiere mucho tiempo

**time-honoured**, **time-honored** (*US*) ['taɪm,ɒnəd] ADJ consagrado

**timekeeper** ['taɪm,ki:pəʳ] N 1 (= *watch*) reloj *m*, cronómetro *m*
2 (= *official*) cronometrador/a *m/f*
3 **to be a good ~** (= *punctual*) ser puntual; **to be a poor ~** (= *not punctual*) no ser nada puntual

**timekeeping** ['taɪm,ki:pɪŋ] N (*gen*) cronometraje *m*; (*in factory etc*) control *m*; **her ~ has always been very good** siempre ha sido muy puntual

**time-lapse photography** ['taɪmlæpsfə'tɒgrəfɪ] N fotografía *f* de lapso de tiempo

**timeless** ['taɪmlɪs] ADJ [*book, experience*] intemporal

**timelessness** ['taɪmlɪsnɪs] N intemporalidad *f*, atemporalidad *f*

**timeliness** ['taɪmlɪnɪs] N oportunidad *f*

**timely** ['taɪmlɪ] ADJ oportuno

**timepiece** ['taɪmpi:s] N reloj *m*

**timer** ['taɪməʳ] N 1 (= *egg timer*) reloj *m* de arena
2 (*Aut*) distribuidor *m*; (*Tech*) reloj *m* automático; (= *regulator*) temporizador *m*

**time-saving** ['taɪm,seɪvɪŋ] ADJ que ahorra tiempo

**timescale** ['taɪmskeɪl] N escala *f* de tiempo

**time-server** ['taɪm,sɜ:vəʳ] N (*pej*) contemporizador *m*

**time-share** ['taɪmʃɛəʳ] Ⓐ N 1 (*for holiday*) multipropiedad *f*
2 (*Comput*) tiempo *m* compartido
Ⓑ VT (*Comput*) utilizar colectivamente, utilizar en sistema de tiempo compartido
Ⓒ CPD ► **time-share apartment** N piso *m* en multipropiedad

**time-sharing** ['taɪm,ʃɛərɪŋ] N 1 (*for holiday*) multipropiedad *f*
2 (*Comput*) tiempo *m* compartido

**timetable** ['taɪm,teɪbl] Ⓐ N (*for trains, buses*) horario *m*; (= *programme of events etc*) programa *m*, agenda *f*; [*of negotiations*] calendario *m*; (*Scol*) horario *m*; (*as booklet*) guía *f*, horario *m*
Ⓑ VT (*Brit*) programar

**timetabling** ['taɪmteɪblɪŋ] N programación *f*

**time-waster** ['taɪm,weɪstəʳ] N (= *activity*) pérdida *f* de tiempo; **to be a ~** (= *person*) ser de los que pierden el tiempo

**time-wasting** ['taɪmweɪstɪŋ] ADJ que hace perder tiempo

**time-worn** ['taɪmwɔ:n] ADJ [*building*] deteriorado por el tiempo; [*custom, method*] añejo; [*anecdote, phrase*] gastado

**timid** ['tɪmɪd] ADJ [*person*] tímido; [*animal*] huraño, asustadizo

**timidity** [tɪ'mɪdɪtɪ] N timidez *f*

**timidly** ['tɪmɪdlɪ] ADV tímidamente

**timidness** ['tɪmɪdnɪs] N timidez *f*

**timing** ['taɪmɪŋ] Ⓐ N 1 (= *time chosen*) **the ~ of the meeting was inconvenient** la hora fijada para la reunión no era muy conveniente; **the ~ of this is important** es importante hacer esto en el momento exacto; **it's all a matter of ~** todo es cuestión de elegir el momento oportuno; **that was good/bad ~** (= *opportunity*) lo hiciste en buen/mal momento; (= *on time*) lo hiciste a tiempo/destiempo
2 (*Sport*) cronometraje *m*
3 (= *rhythm*) ritmo *m*, cadencia *f*, compás *m*
Ⓑ CPD (*Mech, Aut*) de distribución, de encendido ► **timing device** N [*of bomb*] temporizador *m* ► **timing gear** N engranaje *m* de distribución ► **timing mechanism** N dispositivo *m* para medir el tiempo

**timorous** ['tɪmərəs] ADJ (*liter*) [*person*] temeroso, tímido; [*animal*] huraño, asustadizo

**Timothy** ['tɪməθɪ] N Timoteo

**timpani** ['tɪmpənɪ] NPL (*Mus*) tímpanos *mpl*, timbales *mpl*

**timpanist** ['tɪmpənɪst] N timbalero/a *m/f*

**tin** [tɪn] Ⓐ N 1 (= *ore*) estaño *m*; (= *metal*) hojalata *f*
2 (*Brit*) (= *container*) lata *f*, bote *m*; **meat in ~s** carne *f* en lata *or* enlatada
Ⓑ VT 1 (*Brit*) [*+ food*] enlatar
2 (= *coat with tin*) estañar
Ⓒ CPD [*roof, tray, trunk*] de hojalata ► **tin can** N lata *f*, bote *m* ► **tin ear** N (*Mus*) **he has a ~ ear** tiene mal oído ► **tin god** N (*fig*) héroe *m* de cartón ► **tin hat** N casco *m* de acero ► **tin lizzie*** N (*Aut*) genoveva *f*, viejo trasto *m* ► **tin mine** N mina *f* de estaño ► **tin miner** N minero/a *m/f* de estaño ► **tin opener** N (*Brit*) abrelatas *m inv* ► **Tin Pan Alley** N (*Mus*) industria *f* de la música pop ► **tin plate** N hojalata *f* ► **tin soldier** N soldadito *m* de plomo ► **tin tack** N (*Brit*) tachuela *f* ► **tin whistle** N (*Mus*) pito *m*

**tincture** ['tɪŋktʃəʳ] Ⓐ N tintura *f*
Ⓑ VT tinturar, teñir (**with** de)

**tinder** ['tɪndəʳ] N (*lit, fig*) yesca *f*; ✦*IDIOM* **to burn like ~** arder como la yesca

**tinderbox** ['tɪndəbɒks] N yescas *fpl*; (*fig*) polvorín *m*

**tinder-dry** [,tɪndə'draɪ] ADJ muy seco, reseco

**tine** [taɪn] N [*of fork*] diente *m*; [*of pitchfork*] púa *f*

**tinfoil** ['tɪnfɔɪl] N papel *m* de estaño

**ting** [tɪŋ] = **tinkle**

**ting-a-ling** ['tɪŋə'lɪŋ] N tilín *m*; **to go ~** hacer tilín

**tinge** [tɪndʒ] Ⓐ N 1 [*of colour*] tinte *m*, matiz *m*
2 (*fig*) [*of irony, sadness*] deje *m*, matiz *m*; **a ~ of nostalgia** cierta nostalgia; **not without a ~ of regret** no sin cierto arrepentimiento
Ⓑ VT 1 (*lit*) teñir, matizar (**with** de)
2 (*fig*) matizar (**with** de); **pleasure ~d with sadness** placer *m* matizado *or* no exento de tristeza

**tingle** ['tɪŋgl] Ⓐ N [*of skin*] hormigueo *m*; (= *thrill*) estremecimiento *m*
Ⓑ VI [*ears*] zumbar; **her cheeks were tingling after a walk in the snow** después de pasear por la nieve le ardían las mejillas; **your skin will ~ a bit when you apply the cream** te escocerá un poco la piel al aplicar la crema; **to ~ with excitement** estremecerse de emoción

**tingling** ['tɪŋglɪŋ] Ⓐ N hormigueo *m*
Ⓑ ADJ **a ~ sensation** una sensación de hormigueo

**tingly** ['tɪŋglɪ] ADJ **a ~ feeling** una sensación de hormigueo; **my arm feels ~** siento hormigueo en el brazo; **I feel ~ all over** se me estremece todo el cuerpo

**tinker** ['tɪŋkəʳ] Ⓐ N (*esp Brit*) 1 (= *mender*) calderero *m*; (*pej*) (= *gipsy*) gitano *m*
2 (*Brit*†*) (= *child*) pícaro/a *m/f*, tunante/a *m/f*; **you little ~!** ¡tunante!
Ⓑ VI (*also* **~ about**) **to ~ with** toquetear, jugar con; **he's been ~ing with the car all day** ha pasado todo el día tratando de reparar el coche; **they're only ~ing with the problem** no se esfuerzan seriamente por resolver el problema

**tinkle** ['tɪŋkl] Ⓐ N 1 [*of bell etc*] tintín *m*, tintineo *m*
2 (*Brit Telec**) llamada *f*; **give me a ~ some time** llámame *or* pégame un telefonazo algún día
Ⓑ VI tintinear
Ⓒ VT hacer tintinear

**tinkling** ['tɪŋklɪŋ] Ⓐ ADJ que hace tilín; **a ~ sound** un tilín; **a ~ stream** un arroyo cantarín
Ⓑ N tintineo *m*, tilín *m*

**tinned** [tɪnd] ADJ (*Brit*) en *or* de lata, enlatado; **~ peaches** melocotones *mpl* en lata *or* en conserva

**tinnitus** [tɪ'naɪtəs] N tinnitus *m*, zumbido *m*

**tinny** ['tɪnɪ] ADJ (*compar* **tinnier**; *superl* **tinniest**) 1 (= *metallic*) [*sound*] metálico; [*taste*] que sabe a lata
2 (*pej*) [*car, machine*] poco sólido, de pacotilla

**tinpot*** ['tɪnpɒt] ADJ de pacotilla, de poca monta

**tinsel** ['tɪnsəl] Ⓐ N (*lit, fig*) oropel *m*; (= *cloth*) lama *f* de oro/plata
Ⓑ ADJ de oropel; (*fig*) de oropel, de relumbrón

**tinsmith** ['tɪnsmɪθ] N hojalatero/a *m/f*

**tint** [tɪnt] Ⓐ N (*gen*) tono *m*, matiz *m*; (*for hair*) tinte *m*
Ⓑ VT teñir, matizar; **to ~ sth blue** teñir *or* matizar algo de azul; **it's yellow ~ed with red** es amarillo matizado de rojo; **to ~ one's hair** teñirse el pelo

**tinted** ['tɪntɪd] ADJ [*glass, windscreen*] tintado; [*spectacles*] ahumado; [*hair*] teñido

**tintinnabulation** ['tɪntɪ,næbjʊ'leɪʃən] N (*liter*) campanilleo *m*

**tiny** ['taɪnɪ] ADJ (*compar* **tinier**; *superl* **tiniest**) diminuto, minúsculo

**tip**[1] [tɪp] N 1 (= *end*) [*of knife, paintbrush, finger, nose*] punta *f*; [*of shoe, boot*] puntera *f*; **he stood on the ~s of his toes** se puso de puntillas; **he touched it with the ~ of his toe** lo tocó con la punta del pie; **from ~ to toe** de pies a cabeza; **the southern ~ of Florida** el extremo sur de Florida; ✦*IDIOMS* **it's only the ~ of the iceberg** no es más que la punta del iceberg; **I had it** *or* **it was on the ~ of my tongue** lo tenía en la punta de la lengua; *see also* **asparagus**

[2] (= *protective piece*) [*of umbrella*] contera *f*
[3] (= *filter*) [*of cigarette*] filtro *m*

**tip²** [tɪp] Ⓐ N [1] (= *gratuity*) propina *f*; **to give sb a ~** dar una propina; **to leave (sb) a ~** dejar propina (a algn)
[2] (= *hint*) consejo *m*; (*Racing, Gambling*) pronóstico *m*; **to give sb a ~** dar un consejo a algn; **let me give you a ~** déjame que te dé un consejo; **take a ~ from an old friend and leave well alone** acepta un consejo de un viejo amigo y mantente bien alejado; **a hot ~*** (*Racing, Gambling*) un pronóstico fiable
Ⓑ VT [1] [+ *driver, waiter*] dar una propina a; **she ~ped the barman ten dollars** le dio diez dólares de propina *or* una propina de diez dólares al barman; **I never know how much to ~** nunca sé cuánto dar de propina
[2] (*Racing, Gambling*) **to ~ the winner** pronosticar quién va a ganar; **her horse was ~ped to win** se pronosticaba que su caballo sería el ganador; **they are ~ped to win the next election** son los favoritos para ganar las próximas elecciones; **he is already being ~ped as a future prime minister** ya se habla de él como de un futuro primer ministro
Ⓒ VI (= *give gratuity*) dar propina

►**tip off** VT + ADV (= *forewarn*) (*gen*) avisar; [+ *police*] dar el soplo a*, dar el chivatazo a (*Sp**); **the police had been ~ped off** a la policía le habían dado el soplo *or* el chivatazo*, la policía había recibido un soplo*

**tip³** [tɪp] Ⓐ N [1] (= *rubbish dump*) vertedero *m*, basurero *m*, basural *m* (*LAm*), tiradero(s) *m(pl)* (*Mex*)
[2] (*Brit**) (= *mess*) **this room is a ~** este cuarto es una pocilga*
Ⓑ VT [1] (= *tilt*) inclinar; **he ~ped the soup bowl towards him** inclinó el cuenco de sopa hacia sí; **to ~ sb off their seat** quitar a algn de su asiento (inclinándolo); **~ the cat off the chair** inclina un poco la silla para que se baje el gato; **to ~ one's hat to sb** saludar a algn con el sombrero *or* ladeando el sombrero; **✦IDIOMS to ~ the balance** *or* **scales (in sb's favour/against sb)** inclinar la balanza (a favor de algn/en contra de algn); **to ~ sb over the edge** (*into insanity*) sumir algn en la locura; *see also* **scales²**
[2] (= *pour*) **to ~ sth into sth: ~ the vegetables into a bowl** eche las verduras en un cuenco; **they ~ the rubbish into the river** vierten *or* tiran la basura en el río; **he ~ped some sweets into her hand** le echó unos caramelos en la mano; **she ~ped her things out of the suitcase** volcó la maleta y sacó sus cosas
Ⓒ VI [1] (= *incline*) inclinarse, ladearse; (= *topple*) (*also* **~ over**) volcarse, voltearse (*LAm*)
[2] (= *dump rubbish*) tirar *or* (*LAm*) botar basura; **"no tipping"** "prohibido arrojar basura"
[3] **✦IDIOM it's ~ping (down)*** está diluviando*

►**tip away** VT + ADV tirar, botar (*LAm*)

►**tip back** Ⓐ VT + ADV [+ *chair*] inclinar hacia atrás; [+ *one's head*] echar hacia atrás
Ⓑ VI + ADV [*chair*] inclinarse hacia atrás

►**tip forward, tip forwards** (*esp Brit*) Ⓐ VT + ADV inclinar hacia delante
Ⓑ VI + ADV [*seat*] inclinarse hacia delante

►**tip out** VT + ADV [+ *contents*] verter; [+ *container*] vaciar

►**tip over** Ⓐ VI + ADV [*chair, vehicle*] volcar, volcarse, voltearse (*LAm*)
Ⓑ VT + ADV volcar

►**tip up** Ⓐ VI + ADV [*seat*] levantarse; [*lorry*] bascular
Ⓑ VT + ADV [+ *chair*] levantar, alzar; [+ *container*] volcar; **she ~ped up her chin defiantly** alzó la barbilla con gesto desafiante

**tip⁴** [tɪp] Ⓐ N (= *tap*) golpecito *m*
Ⓑ VT (= *tap, touch*) tocar ligeramente

**tip-off** [ˈtɪpɒf] N (= *warning*) información *f*, advertencia *f*; (*to police*) soplo* *m*, chivatazo *m* (*Sp**)

**tipped** [tɪpt] ADJ [*cigarette*] con filtro; **the end of the walking stick was ~ with metal** la contera del bastón era de metal; **they use arrows which are ~ with poison** utilizan flechas con las puntas envenenadas; **the parrots' wings were ~ with red** los loros tenían los extremos de las alas de color rojo

**-tipped** [tɪpt] ADJ (*ending in compounds*) **a gold-tipped cane** un bastón con la contera de oro; **the black-tipped wings of the albatross** las alas de puntas negras *or* negras en los extremos de los albatros

**tipper** [ˈtɪpəʳ] Ⓐ N [1] (= *vehicle*) volquete *m*
[2] (= *person*) **he is a good** *or* **big ~** es de los que dejan buenas propinas
Ⓑ CPD ► **tipper truck** N volquete *m*

**tippet** [ˈtɪpɪt] N esclavina *f*

**Tipp-Ex®** [ˈtɪpeks] Ⓐ N Tippex® *m*, corrector *m*
Ⓑ VT (*also* **~ out, ~ over**) corregir con Tippex

**tipple*** [ˈtɪpl] (*Brit*) Ⓐ N **his ~ is Cointreau** él bebe Cointreau; **what's your ~?** ¿qué quieres tomar?
Ⓑ VI empinar el codo

**tippler*** [ˈtɪpləʳ] N (*Brit*) amante *mf* de la bebida; **he's a bit of a ~** le gusta tomar un trago de vez en cuando

**tippy-toe** [ˈtɪpɪtəʊ] (*US*) = **tiptoe**

**tipsily** [ˈtɪpsɪlɪ] ADV como borracho; **to walk ~** andar con pasos de borracho

**tipster** [ˈtɪpstəʳ] N pronosticador(a) *m/f*

**tipsy** [ˈtɪpsɪ] ADJ (*compar* **tipsier**; *superl* **tipsiest**) achispado, piripi (*Sp**), tomado (*LAm**)

**tiptoe** [ˈtɪptəʊ] Ⓐ N **to walk on ~** andar *or* (*LAm*) caminar de puntillas; **to stand on ~** ponerse de puntillas
Ⓑ VI ir de puntillas; **to ~ to the window** ir de puntillas a la ventana; **to ~ across the floor** cruzar el cuarto de puntillas; **to ~ in/out** entrar/salir de puntillas

**tiptop** [ˈtɪpˈtɒp] ADJ de primera, excelente; **in ~ condition** [*car*] en excelentes condiciones; [*person*] en plena forma; **a ~ show** un espectáculo de primerísima calidad

**tip-truck** [ˈtɪptrʌk] N volquete *m*

**tip-up** [ˈtɪpʌp] ADJ [*truck*] con volquete; [*seat*] abatible

**tirade** [taɪˈreɪd] N diatriba *f*

**tire¹** [ˈtaɪəʳ] Ⓐ VT cansar
Ⓑ VI cansarse; **he ~s easily** se cansa fácilmente; **to ~ of sb/sth** cansarse *or* aburrirse de algn/algo

►**tire out** VT + ADV agotar, dejar rendido

**tire²** [ˈtaɪəʳ] N (*US*) = **tyre**

**tired** [ˈtaɪəd] ADJ [1] [*person, eyes*] cansado; [*voice*] cansino; **to be/feel ~** estar/sentirse cansado; **my legs/eyes are ~** tengo las piernas cansadas/los ojos cansados; **to <u>get</u> ~** cansarse; **to <u>look</u> ~** tener cara de cansancio; **to be ~ <u>of</u> sb/sth** estar cansado *or* aburrido de algn/algo; **to get** *or* **grow ~ of (doing) sth** cansarse *or* aburrirse de (hacer) algo; **to be ~ <u>out</u>** estar agotado *or* rendido; *see also* **sick A3**
[2] (*fig*) (= *worn-out*) [*coat*] raído, gastado; [*car, chair*] cascado; [*cliché, ritual, excuse*] manido, trillado; **a ~ lettuce leaf** una hoja de lechuga mustia; **it's a ~ old cliché** es un tópico muy manido *or* trillado

**tiredly** [ˈtaɪədlɪ] ADV [*smile, get up*] con aire cansado; [*say, reply*] con voz cansina

**tiredness** [ˈtaɪədnɪs] N cansancio *m*

**tireless** [ˈtaɪəlɪs] ADJ [*person, work*] incansable, infatigable

**tirelessly** [ˈtaɪəlɪslɪ] ADV incansablemente, infatigablemente

**tiresome** [ˈtaɪəsəm] ADJ [*job, situation, person*] pesado, aburrido

**tiring** [ˈtaɪərɪŋ] ADJ cansado, cansador (*S. Cone*); **it's very ~** es muy cansado

**tiro** [ˈtaɪərəʊ] N = **tyro**

**tisane** [tɪˈzæn] N tisana *f*

**tissue** [ˈtɪʃuː] Ⓐ N [1] (= *thin paper*) (*for wrapping, decoration*) papel *m* de seda; (= *paper handkerchief*) pañuelo *m* de papel, klínex *m inv*
[2] (*Anat*) tejido *m*
[3] (*fig*) **a ~ of lies** una sarta de mentiras
Ⓑ CPD ► **tissue paper** N (*for wrapping, decoration*) papel *m* de seda; (= *paper handkerchief*) pañuelo *m* de papel, klínex® *m inv*

**tit¹** [tɪt] N (= *bird*) paro *m*, herrerillo *m*; **blue ~** herrerillo *m* común, alionín *m*; **coal ~** carbonero *m* garrapinos; **long-tailed ~** mito *m*

**tit²** [tɪt] N **✦IDIOM ~ for tat** ojo por ojo; **so that was ~ for tat** así que ajustamos cuentas, así que le pagué en la misma moneda; **~-for-tat killing** asesinato *m* en represalia, (asesinato *m* por) ajuste *m* de cuentas

**tit³**** [tɪt] N [1] (= *breast*) teta* *f*; **✦IDIOM to get on sb's ~s**** sacar de quicio a algn, cabrear a algn*
[2] (= *person*) gilipollas** *m*

**Titan** [ˈtaɪtən] N titán *m*

**titanic** [taɪˈtænɪk] ADJ [*struggle*] titánico; [*scale, proportions*] inmenso, gigantesco

**titanium** [tɪˈteɪnɪəm] N titanio *m*

**titbit** [ˈtɪtbɪt], **tidbit** [ˈtɪdbɪt] (*US*) N [*of food*] golosina *f*; [*of gossip*] cotilleo *m*

**titch*** [tɪtʃ] N enano/a* *m/f*, renacuajo* *m*

**titchy*** [ˈtɪtʃɪ] ADJ pequeñito*, chiquitito*

**titfer†*** [ˈtɪtfəʳ] N (*Brit*) sombrero *m*

**tithe** [taɪð] N diezmo *m*

**Titian** [ˈtɪʃən] N Ticiano

**titillate** [ˈtɪtɪleɪt] VT [+ *audience, reader*] despertar el interés de; (*sexually*) excitar

**titillation** [ˌtɪtɪˈleɪʃən] N [*of audience, reader*] estimulación *f*; (*sexual*) excitación *f*

**titivate** [ˈtɪtɪveɪt] Ⓐ VT emperejilar, arreglar; **to ~ o.s.** emperejilarse, arreglarse
Ⓑ VI emperejilarse, arreglarse

**title** [ˈtaɪtl] Ⓐ N [1] [*of book, chapter*] título *m*; (= *headline*) titular *m*, cabecera *f*; **what ~ are you giving the book?** ¿qué título vas a dar al libro?, ¿cómo vas a titular el libro?
[2] (= *form of address*) fórmula *f* de tratamiento, tratamiento *m*; [*of nobility etc*] título *m*; **what ~ should I give him?** ¿qué tratamiento debo darle?; **noble ~ ◊ ~ of nobility** título *m* de nobleza; **George V gave him a ~** Jorge V le dio un título de nobleza *or* le ennobleció; **what's your job ~?** ¿cómo se llama *or* qué nombre recibe tu puesto?
[3] (*Sport*) título *m*; **to hold a ~** ser campeón/ona *m/f*, tener un título
[4] (*Publishing*) (= *book, periodical*) título *m*, publicación *f*
[5] (*Jur*) (= *right*) derecho *m*; **his ~ to the property** su derecho a la propiedad
[6] **titles** (*Cine, TV*) créditos *mpl*; **the opening/closing ~s** créditos *mpl* iniciales/finales

Ⓑ VT titular, intitular (*frm*)
Ⓒ CPD ► **title deed** N (*Jur*) título *m* de propiedad ► **title fight** N combate *m* por el título ► **title holder** N (*Sport*) campeón/ona *m/f* ► **title page** N portada *f* ► **title role** N (*Theat, Cine*) papel *m* principal ► **title track** N (*Mus*) corte *m* que da nombre al álbum

**titled** ['taɪtld] ADJ [*person*] con título de nobleza

**titmouse** ['tɪtmaʊs] N (*pl* **titmice** ['tɪtmaɪs]) paro *m*

**titrate** ['taɪtreɪt] VT valorar

**titration** [taɪ'treɪʃən] N valoración *f*

**titter** ['tɪtəʳ] Ⓐ N (= *snigger*) risa *f* tonta
Ⓑ VI reírse tontamente

**tittle** ['tɪtl] N pizca *f*, ápice *m*; **there's not a ~ of truth in it** eso no tiene ni pizca de verdad

**tittle-tattle*** ['tɪtl,tætl] Ⓐ N chismes *mpl*
Ⓑ VI chismear

**titty‡** ['tɪtɪ] N teta* *f*; ✦**IDIOM that's tough ~!** ¡mala suerte!

**titular** ['tɪtjʊləʳ] ADJ titular; (= *in name only*) nominal

**tiz*** [tɪz] N = **tizzy**

**tizzy*** ['tɪzɪ] N **to be in/get into a ~ (about sth)** (= *nervous*) estar/ponerse nervioso (por algo); (= *hassled*) estar hecho/hacerse un lío (por algo)

**T-junction** ['tiː,dʒʌŋkʃən] N (*Aut*) cruce *m* en T

**TLC** N ABBR = **tender loving care**

**TLS** N ABBR (*Brit*) (= **Times Literary Supplement**) *revista literaria*

**TM** N ABBR [1] = **transcendental meditation**
[2] (*Comm*) = **trademark**

**TN** ABBR (*US*) = **Tennessee**

**TNT** N ABBR (= **trinitrotoluene**) TNT *m*

---

**to** [tʊ, tuː, tə]

| | |
|---|---|
| [A] PREPOSITION | [C] ADVERB |
| [B] INFINITIVE PARTICLE | |

Ⓐ PREPOSITION

> *When* **to** *is the second element in a phrasal verb, eg* **set to, heave to***, look up the phrasal verb. When* **to** *is part of a set combination, eg* **nice to, to my mind, to all appearances, appeal to***, look up the other word.*

[1] ***destination*** a

> Note*: **a** + **el** = **al***

**it's 90 kilometres to Lima** de aquí a Lima hay 90 kilómetros, hay 90 kilómetros a Lima; **a letter to his wife** una carta a su mujer; **he fell to the floor** cayó al suelo; **to go to Paris/Spain** ir a París/España; **to go to Peru** ir al Perú; **to go to school/university** ir al colegio/a la Universidad; **to go to the doctor's** ir al médico; **I liked the exhibition, I went to it twice** me gustó la exposición, fui a verla dos veces; [BUT] **we're going to John's/my parents' for Christmas** vamos a casa de John/mis padres por Navidad; **have you ever been to India?** ¿has estado alguna vez en la India?; **flights to Heathrow** vuelos a *or* con destino a Heathrow; **the road to Edinburgh** la carretera de Edimburgo; *see also* **church A2**

[2] ***= towards*** hacia; **he walked slowly to the door** caminó despacio hacia la puerta; **he turned to me** se giró hacia mí; **move it to the left/right** muévelo hacia la izquierda/derecha

[3] ***= as far as*** hasta; **from here to London** de aquí a *or* hasta Londres; **I'll see you to the door** te acompaño hasta la puerta

[4] ***= up to*** hasta; **to count to ten** contar hasta diez; **it's accurate to (within) a millimetre** es exacto hasta el milímetro; [BUT] **to some extent** hasta cierto punto, en cierta medida; **we are expecting 40 to 50 people** esperamos entre 40 y 50 personas; **to this day I still don't know what he meant** aún hoy no sé lo que quiso decir; **eight years ago to the day** hoy hace exactamente ocho años; **he didn't stay to the end** no se quedó hasta el final; **from Monday to Friday** de lunes a viernes; **from morning to night** de la mañana a la noche, desde la mañana hasta la noche; **funds to the value of ...** fondos por valor de ...; *see also* **decimal A**

[5] ***= located at*** a; **the door is to the left (of the window)** la puerta está a la izquierda (de la ventana); **the airport is to the west of the city** el aeropuerto está al oeste de la ciudad

[6] ***= against*** contra; **he stood with his back to the wall** estaba con la espalda contra la pared; **he clasped her to him** la estrechó contra sí; [BUT] **to turn a picture to the wall** volver un cuadro mirando a la pared

[7] ***when telling time*** **it's a quarter to three** son las tres menos cuarto, es *or* (*LAm*) falta un cuarto para las tres; **at eight minutes to ten** a las diez menos ocho

[8] ***introducing indirect object*** a; **to give sth to sb** dar algo a algn; **I gave it to my friend** se lo di a mi amigo; **the man I sold it to** *or* (*frm*) **to whom I sold it** el hombre a quien se lo vendí; [BUT] **it belongs to me** me pertenece (a mí), es mío; **they were kind to me** fueron amables conmigo; **it's new to me** es nuevo para mí; **what is that to me?** ¿y a mí qué me importa eso?; **"that's strange," I said to myself** —es raro —me dije para mis adentros

[9] ***in dedications, greetings*** **greetings to all our friends!** ¡saludos a todos los amigos!; **welcome to you all!** ¡bienvenidos todos!; **"to P.R. Lilly"** (*in book*) "para P.R. Lilly"; **here's to you!** ¡va por ti!, ¡por ti!; **a monument to the fallen** un monumento a los caídos, un monumento en honor a los caídos

[10] ***in ratios, proportions*** por; **there were three men to a cell** había tres hombres por celda; **it does 30 miles to the gallon** hace 30 millas por galón; **eight apples to the kilo** ocho manzanas por kilo; **there are about five pesos to the dollar** son unos cinco pesos por dólar; **a scale of 1 centimetre to 1 kilometre** una escala de 1 centímetro por kilómetro; **200 people to the square mile** 200 personas por milla cuadrada; [BUT] **the odds are 8 to 1** las probabilidades son de 8 a 1; **the odds against it happening are a million to one** las probabilidades de que eso ocurra son una entre un millón; **by a majority of 12 to 10** por una mayoría de 12 a 10; **they won by four goals to two** ganaron por cuatro goles a dos; **three to the fourth** ◊ **three to the power of four** (*Math*) tres a la cuarta potencia

[11] ***in comparisons*** a; **superior to the others** superior a los demás; **A is to B as C is to D** A es a B como C es a D; [BUT] **that's nothing to what is to come** eso no es nada en comparación con lo que está por venir

[12] ***= about, concerning*** **what do you say to that?** ¿qué te parece (eso)?; **what would you say to a beer?** ¿te parece que tomemos una cerveza?; **"to repairing pipes: ..."** (*on bill*) "reparación de las cañerías: ..."

[13] ***= according to*** según; **to my way of thinking** a mi modo de ver, según mi modo de pensar

[14] ***= to the accompaniment of*** **we danced to the music of the band** bailamos con la música de la orquesta; **they came out to the strains of the national anthem** salieron a los compases del himno nacional; **it is sung to the tune of "Tipperary"** se canta con la melodía de "Tipperary"

[15] ***= of, for*** de; **the key to the front door** la llave de la puerta principal; **assistant to the manager** asistente del gerente; [BUT] **he was a good father to the children** fue un buen padre para sus hijos; **it offers a solution to your problem** te ofrece una solución para el problema; **we've found the solution to the problem** hemos encontrado solución al problema; **the British ambassador to Moscow** el embajador británico en Moscú; **he has been a good friend to us** ha sido un buen amigo para nosotros

[16] ***with gerund/noun*** **to look forward to doing sth** tener muchas ganas de hacer algo; **I'm really looking forward to the holidays** estoy deseando que lleguen las vacaciones; **to prefer painting to drawing** preferir pintar a dibujar; **to be used to (doing) sth** estar acostumbrado a (hacer) algo

[17] ***in set expressions*** **to this end** a *or* con este fin; **to my enormous shame I did nothing** para gran vergüenza mía, no hice nada; **to my great surprise** con gran sorpresa por mi parte, para gran sorpresa mía

Ⓑ INFINITIVE PARTICLE

[1] ***infinitive*** **to come** venir; **to sing** cantar; **to work** trabajar

[2] ***following another verb*** [2·1]

> *A preposition may be required with the Spanish infinitive, depending on what precedes it: look up the verb.*

**she refused to listen** se negó a escuchar; **to start to cry** empezar *or* ponerse a llorar; **to try to do sth** tratar de hacer algo, intentar hacer algo; **to want to do sth** querer hacer algo

[2·2] (*object as subject of following infinitive*) **I'd advise you to think this over** te aconsejaría que te pensaras bien esto; **he'd like me to give up work** le gustaría que dejase de trabajar; **we'd prefer him to go to university** preferiríamos que fuese a la universidad; **I want you to do it** quiero que lo hagas

[2·3] **I have things to do** tengo cosas que hacer; **he has a lot to lose** tiene mucho que perder; **there was no one for me to ask** ◊ **there wasn't anyone for me to ask** no había nadie a quien yo pudiese preguntar; **he's not the sort** *or* **type to do that** no es de los que hacen eso; **that book is still to be written** ese libro está todavía por escribir; **now is the time to do it** ahora es el momento de hacerlo; **and who is he to criticize?** ¿y quién es él para criticar?

[3] ***purpose, result*** para; **he did it to help you** lo hizo para ayudarte; **I have done nothing to deserve this** no he hecho nada para merecer esto; **it disappeared, never to be seen again** desapareció para siempre; [BUT] **I arrived to find she had gone** cuando llegué me encontré con que se había ido; **he came to see you** vino a verte; **he's gone to get the paper** ha ido a por el periódico

[4] ***standing in for verb***

> **to** *is not translated when it stands for the infinitive:*

**we didn't want to sell it but we had to** no queríamos venderlo pero tuvimos que hacerlo *or* no hubo más remedio; **"would you like to come to dinner?" — "I'd love to!"** —¿te gustaría venir a cenar? —¡me encantaría!; **you may not want to do it but you ought to for the sake of your education** tal vez no quieres hacerlo pero deberías en aras de tu educación; **I don't want to** no quiero; **I for-**

**got to** se me olvidó

5 ***after adjective***

*For combinations like* **difficult/easy/foolish/ready/slow to** *etc, look up the adjective.*

**it is very expensive to live in London** resulta muy caro vivir en Londres; **it's hard to describe the feeling** es difícil describir la sensación; **these dogs are hard to control** estos perros son difíciles de controlar; **the first/last to go** el primero/último en irse; **he's young to be a grandfather** es joven para ser abuelo; → EASY, DIFFICULT, IMPOSSIBLE

6 ***in exclamations*** **and then to be let down like that!** ¡y para que luego te decepcionen así!; **and to think he didn't mean a word of it!** ¡y pensar que nada de lo que dijo era de verdad!

7 **to see him now one would never think that ...** al verlo *or* viéndolo ahora nadie creería que ...

Ⓒ ADVERB

**to pull the door to** tirar de la puerta para cerrarla, cerrar la puerta tirando; **to push the door to** empujar la puerta para cerrarla, cerrar la puerta empujando

**toad** [təʊd] N sapo *m*

**toadflax** [ˈtəʊdflæks] N linaria *f*

**toad-in-the-hole** [ˌtəʊdɪnðəˈhəʊl] N (*Brit Culin*) salchichas *fpl* en pasta

**toadstool** [ˈtəʊdstuːl] N hongo *m* venenoso

**toady** [ˈtəʊdɪ] (*pej*) Ⓐ N adulador(a) *m/f*, pelotilla* *mf inv*, pelota* *mf*

Ⓑ VI **to ~ to sb** adular *or* hacer la pelotilla a algn*, dar coba a algn*

**toadying** [ˈtəʊdɪɪŋ], **toadyism** [ˈtəʊdɪɪzəm] N adulación *f* servil, coba* *f*

**toast** [təʊst] Ⓐ N 1 (= *bread*) pan *m* tostado, tostada *f*; **a piece of ~** una tostada

2 (= *drink*) brindis *m inv* (**to** por); **to drink a ~ to sb** brindar por algn; **here's a ~ to all who ...** brindemos por todos los que ...; **to propose a ~ to sb** proponer un brindis por algn; **♦IDIOM to be the ~ of the town** ser el niño bonito/la niña bonita de la ciudad

Ⓑ VT 1 [+ *bread*] tostar; **~ed sandwich** sándwich *m* tostado; **to ~ one's toes by the fire** calentar los pies cerca del fuego

2 (= *drink to*) brindar por; **we ~ed the newlyweds** brindamos por los recién casados; **we ~ed the victory in champagne** celebramos la victoria con champán

Ⓒ CPD ► **toast list** N lista *f* de brindis ► **toast rack** N rejilla *f* para tostadas

**toaster** [ˈtəʊstəʳ] N tostadora *f*

**toasting fork** [ˈtəʊstɪŋfɔːk] N tostadera *f*

**toastmaster** [ˈtəʊstˌmɑːstəʳ] N *persona que propone los brindis y presenta a los oradores*

**toasty** [ˈtəʊstɪ] Ⓐ N sándwich *m* tostado

Ⓑ ADJ (*) (= *warm*) calentito

**tobacco** [təˈbækəʊ] Ⓐ N (*pl* **tobaccos, tobaccoes**) tabaco *m*; *see also* **pipe**

Ⓑ CPD ► **tobacco industry** N industria *f* tabacalera ► **tobacco jar** N tabaquera *f* ► **tobacco plant** N planta *f* de tabaco ► **tobacco plantation** N tabacal *m* ► **tobacco pouch** N petaca *f*

**tobacconist** [təˈbækənɪst] N (*Brit*) estanquero/a *m/f*, tabaquero/a *m/f*; **~'s (shop)** estanco *m*, tabaquería *f*

**Tobago** [təˈbeɪgəʊ] N Tobago *f*

**-to-be** [təˈbiː] ADJ (*ending in compounds*) futuro; **mothers-to-be** futuras madres

**toboggan** [təˈbɒgən] Ⓐ N tobogán *m*

Ⓑ VI ir en tobogán, deslizarse en tobogán

Ⓒ CPD ► **toboggan run** N pista *f* de tobogán

**toby jug** [ˈtəʊbɪdʒʌg] N *bock de cerveza en forma de hombre*

**toccata** [təˈkɑːtə] N tocata *f*

**tocsin** [ˈtɒksɪn] N 1 (= *alarm*) campana *f* de alarma, rebato *m*

2 (*fig*) voz *f* de alarma; **to sound the ~** dar la voz de alarma, tocar a rebato

**tod*** [tɒd] N (*Brit*) **on one's ~** a solas

**today** [təˈdeɪ] Ⓐ ADV 1 (= *the present day*) hoy; **from ~** desde hoy, a partir de hoy; **early ~** hoy temprano; **all day ~** todo el día de hoy; **what day is it ~?** ¿qué día es hoy?, ¿a cuántos estamos?; **what date is it ~?** ¿a qué fecha estamos?; **~ week** ◊ **a week ~** de hoy en ocho días, dentro de una semana; **a fortnight ~** de hoy en quince días, dentro de dos semanas; **a year ago ~** hoy hace un año; **♦IDIOM here ~ and gone tomorrow** se cambia constantemente

2 (= *these days*) hoy (en) día; **young people ~ have it easy** la gente joven lo tiene muy fácil hoy en día

Ⓑ N 1 (= *the present day*) hoy *m*; **~ is Monday** hoy es lunes; **~ is the 4th of March** hoy es el cuatro de marzo; **~'s paper** el periódico de hoy

2 (= *these days*) hoy *m*, el presente; **the writers of ~** los escritores de hoy

**toddle** [ˈtɒdl] VI 1 (= *begin to walk*) empezar a andar, dar los primeros pasos; (= *walk unsteadily*) caminar sin seguridad

2 (*) (= *go*) marcharse; (= *stroll*) dar un paseo; (= *depart*) (*also* **~ off**) irse, marcharse; **he ~d off** se marchó; **we must be toddling** es hora de irnos; **so I ~d round to see him** así que fui a visitarle

**toddler** [ˈtɒdləʳ] N (= *small child*) niño/a *m/f* pequeño/a (que empieza a caminar *or* en edad de aprender a andar)

**toddy** [ˈtɒdɪ] N **hot ~** ponche *m*

**to-do*** [təˈduː] N (*pl* **to-dos**) (= *fuss*) lío *m*, follón *m* (*Sp**); **there was a great ~** hubo un tremendo lío; **what's all the ~ about?** ¿a qué tanto jaleo?; **she made a great ~** armó un lío imponente*

**toe** [təʊ] Ⓐ N (*Anat*) dedo *m* del pie; [*of shoe*] puntera *f*; [*of sock*] punta *f*; **big/little ~** dedo *m* gordo/pequeño del pie; **to tread** *or* **step on sb's ~s** (*lit*) pisar el pie a algn; (*fig*) meterse con algn; **♦IDIOMS to keep sb on his ~s** mantener a algn sobre ascuas; **to keep on one's ~s** estar alerta, mantenerse bien despierto; **you have to keep on your ~s** hay que estar alerta, hay que mantenerse bien despierto; **to turn up one's ~s*** estirar la pata*

Ⓑ VT tocar con la punta del pie; **♦IDIOM to ~ the line** (= *conform*) conformarse

Ⓒ CPD ► **toe clip** N (*for cycling*) rastral *m*, calapiés *m* ► **toe piece** N espátula *f*, punta *f*

**toecap** [ˈtəʊkæp] N puntera *f*

**toe-curling*** [ˈtəʊˌkɜːlɪŋ] ADJ sonrojante, bochornoso

**-toed** [təʊd] ADJ (*ending in compounds*) de ... dedos del pie; **four-toed** de cuatro dedos del pie

**TOEFL** [ˈtəʊfəl] N ABBR = **Test of English as a Foreign Language**

**toehold** [ˈtəʊhəʊld] N punto *m* de apoyo (para el pie); (*fig*) espacio *m*

**toenail** [ˈtəʊneɪl] N uña *f* del dedo del pie

**toerag*** [ˈtəʊræg] N (*Brit*) mequetrefe* *m*

**toff*** [tɒf] N (*Brit*) encopetado/a *m/f*

**toffee** [ˈtɒfɪ] Ⓐ N caramelo *m*, dulce *m* de leche; **♦IDIOM he/she can't do it for ~*** no tiene ni idea de cómo hacerlo

Ⓑ CPD ► **toffee apple** N manzana *f* de caramelo

**toffee-nosed*** [ˈtɒfɪˈnəʊzd] ADJ presumido, engreído

**tofu** [ˈtəʊˌfuː] N tofu *m*, tofú *m*

**tog** [tɒg] Ⓐ VT (*) **to ~ sb up** ataviar a algn (**in** de); **to ~ o.s. up** ataviarse, vestirse (**in** de), emperejilarse; **to get ~ged up** ataviarse, vestirse

Ⓑ N 1 (*Brit*) (= *measure*) tog *m* calorífico, *unidad que sirve para medir lo que abrigan los tejidos, prendas de ropa, edredones, etc.*

2 **togs*** (= *clothes*) ropa *fsing*

**toga** [ˈtəʊgə] N toga *f*

**together** [təˈgeðəʳ]

*When* **together** *is an element in a phrasal verb, eg* **bring together**, **get together**, **sleep together**, *look up the verb.*

Ⓐ ADV 1 (= *in company*) [*live, work, be*] juntos/as; **now we're ~** ahora estamos juntos; **they work ~** trabajan juntos; **~ they managed it** entre los dos lo lograron; **all ~** todos/as juntos/as, todos/as en conjunto; **they were all ~ in the bar** todos estaban reunidos en el bar; **they belong ~** [*couple*] están hechos el uno para el otro; [*socks*] esos van juntos; **let's get it ~*** (*fig*) organicémonos, pongamos manos a la obra; **we're in this ~** estamos metidos todos por igual; **they were all in it ~** (*pej*) todos estaban metidos en el asunto; **to put a meal ~** preparar una comida; **to put a show ~** montar un show; **~ with** junto con; **~ with his colleagues, he accepted responsibility** él, junto con sus colegas, admitió ser responsable

2 (= *simultaneously*) a la vez; **you can't all get in ~** no podéis entrar todos a la vez; **don't all talk ~** no habléis todos a la vez; **all ~ now!** (*singing*) ¡todos en coro!; (*pulling*) ¡todos a la vez!; **we'll do parts A and B ~** haremos juntamente las partes A y B

3 (= *continuously*) seguidos/as; **for weeks ~** durante semanas seguidas

Ⓑ ADJ (*) (= *well-adjusted*) equilibrado, cabal

**togetherness** [təˈgeðənɪs] N compañerismo *m*

**toggle** [ˈtɒgl] Ⓐ N (*on coat*) botón *m* alargado de madera

Ⓑ CPD ► **toggle key** N (*Comput*) tecla *f* de conmutación binaria ► **toggle switch** N (*Elec*) conmutador *m* de palanca

**Togo** [ˈtəʊgəʊ] N Togo *m*

**Togolese** [ˌtəʊgəʊˈliːz] Ⓐ ADJ togolés

Ⓑ N togolés/esa *m/f*

**toil** [tɔɪl] (*liter*) Ⓐ N trabajo *m*, esfuerzo *m*; **after months of ~** después de meses de trabajo (agotador)

Ⓑ VI 1 (= *work hard*) trabajar duro; **to ~ away at sth** darle duro a algo; **to ~ to do sth** esforzarse *or* afanarse por hacer algo; **they ~ed on into the night** siguieron trabajando hasta muy entrada la noche

2 (= *move with difficulty*) **to ~ along** caminar con dificultad, avanzar penosamente; **to ~ up a hill** subir trabajosamente una cuesta; **the engine is beginning to ~** el motor empieza a funcionar con dificultad

**toilet** [ˈtɔɪlɪt] Ⓐ N 1 (= *lavatory*) 1·1 (= *room*) servicio *m*, wáter *m*, lavabo *m*, baño *m* (*esp LAm*); **"Toilets"** "Servicios", "Baño"; **to go to the ~** ir al servicio *or* al baño; **she's in the ~** está en el servicio *or* el baño

1·2 (= *installation*) wáter *m*, retrete *m*, inodoro *m* (*euph, frm*); **the ~ is blocked** se ha atascado el wáter *or* retrete; **to throw sth down the ~** tirar algo al wáter *or* retrete

2 (= *dressing, washing etc*) aseo *m*

Ⓑ CPD ► **toilet articles** NPL artículos *mpl* de

tocador ► **toilet bag** N neceser *m* ► **toilet bowl** N taza *f* (de retrete) ► **toilet case** N = **toilet bag** ► **toilet pan** N = **toilet bowl** ► **toilet paper** N papel *m* higiénico ► **toilet requisites** NPL = **toilet articles** ► **toilet roll** N rollo *m* de papel higiénico ► **toilet seat** N asiento *m* de retrete ► **toilet set** N juego *m* de tocador ► **toilet soap** N jabón *m* de tocador ► **toilet tissue** N = **toilet paper** ► **toilet training** N ~ **training can be difficult** acostumbrar a un niño a ir solo al baño puede resultar difícil ► **toilet water** N agua *f* de colonia, colonia *f*

**toiletries** ['tɔılıtrız] NPL artículos *mpl* de tocador

**toilette** [twɑː'let] N = **toilet A2**

**toilet-train** ['tɔılıttreın] VT **to ~ a child** acostumbrar a un niño a ir solo al baño

**toils** [tɔılz] NPL (*liter*) (= *snares, nets*) redes *fpl*, lazos *mpl*

**toilsome** ['tɔılsəm] ADJ (*liter*) penoso, laborioso, arduo

**toilworn** ['tɔılwɔːn] ADJ (*liter*) completamente cansado

**toing** ['tuːıŋ] N **~ and froing** ir y venir *m*, idas y vueltas *fpl*

**toke*** [təʊk] (*Drugs*) Ⓐ N calada* *f*
Ⓑ VI dar una calada*

**token** ['təʊkən] Ⓐ N [1] (= *voucher*) vale *m*; (= *metal disc*) ficha *f*
[2] (= *sign, symbol*) muestra *f*, señal *f*; (= *remembrance*) prenda *f*, recuerdo *m*; [*of one's appreciation etc*] detalle *m*; **love ~** prenda *f* de amor; **as a ~ of friendship** como prueba de amistad; **this is just a small ~ of our appreciation** esto no es más que un detalle en señal de (nuestro) agradecimiento; **by the same ~** por la misma razón
Ⓑ ADJ [*payment, resistance, gesture*] simbólico; [*strike*] nominal, simbólico; **the ~ black** el negro simbólico; **~ woman** mujer-muestra *f*, representación *f* femenina

**tokenism** ['təʊkənızəm] N programa *m* político de fachada

**Tokyo** ['təʊkjəʊ] N Tokio *m*, Tokío *m*

**told** [təʊld] PT, PP *of* **tell**

**tolerable** ['tɒlərəbl] ADJ [1] (= *bearable*) [*pain, heat*] soportable, tolerable
[2] (= *not too bad*) [*film, food*] pasable

**tolerably** ['tɒlərəblı] ADV (= *moderately*) [*good, comfortable*] medianamente; **a ~ good player** un jugador pasable; **it is ~ certain that ...** es casi seguro que ...

**tolerance** ['tɒlərəns] N tolerancia *f*; **she had shown great ~** había mostrado una gran tolerancia; **he had built up a ~ to his medication** (= *receptiveness*) cada vez toleraba mejor la medicación; (= *resistance*) la medicación ya no le surtía efecto

**tolerant** ['tɒlərənt] ADJ [1] (= *open-minded*) [*person, society, attitude*] tolerante; **to be ~ of sb/sth** ser tolerante con algn/algo
[2] (*Med*) **to be ~ to sth** tolerar algo; **his body is becoming ~ to the drugs** (= *receptive*) su cuerpo tolera cada vez mejor los medicamentos; (= *resistant*) los medicamentos ya no le surten efecto

**tolerantly** ['tɒlərəntlı] ADV con tolerancia

**tolerate** ['tɒləreıt] VT [+ *heat, pain*] aguantar, soportar; [+ *person*] tolerar, soportar; **I can't ~ any more** no aguanto más; **are we to ~ this?** ¿hemos de soportar esto?; **it is not to be ~d** es intolerable, es insoportable

**toleration** [,tɒlə'reıʃən] N tolerancia *f*; **religious ~** tolerancia *f* religiosa

**toll¹** [təʊl] Ⓐ N [1] (*on road, bridge*) peaje *m*, cuota *f* (*Mex*); **to pay ~** pagar el peaje
[2] (= *losses, casualties*) número *m* de víctimas, mortandad *f*; **the death ~ on the roads** el número de víctimas de accidentes de tráfico; **there is a heavy ~** hay muchas víctimas, son muchos los muertos; **the disease takes a heavy ~ each year** cada año la enfermedad se lleva a muchas víctimas *or* causa gran número de muertes; **the effort took its ~ on all of us** el esfuerzo tuvo un grave efecto en todos nosotros; **the severe weather has taken its ~ on the crops** el mal tiempo ha ocasionado pérdidas en la cosecha
Ⓑ CPD ► **toll bar** N barrera *f* de peaje ► **toll booth** N cabina *f* de peaje ► **toll bridge** N puente *m* de peaje *or* (*Mex*) de cuota ► **toll call** N (*US Telec*) conferencia *f* ► **toll gate** N barrera *f* de peaje ► **toll motorway** N (*Brit*) autopista *f* de peaje ► **toll road** N carretera *f* de peaje

**toll²** [təʊl] Ⓐ VT [+ *bell*] tañer, tocar; **to ~ the hour** dar la hora
Ⓑ VI [*bell*] tañer, doblar; **the bells were ~ing in mourning for ...** doblaron las campanas en señal de duelo por ...; **"for whom the bell ~s"** "por quién doblan las campanas"
Ⓒ N [*of bell*] tañido *m*, doblar *m*

**toll-free** [,təʊl'friː] ADV (*US Telec*) **to call ~** llamar gratuitamente

**tolling** ['təʊlıŋ] N tañido *m*, doblar *m*

**tollkeeper** ['təʊl,kiːpəʳ] N peajero *m*, portazguero *m*

**tollway** ['təʊlweı] N (*US*) autopista *f* de peaje *or* (*Mex*) cuota

**Tom** [tɒm] Ⓐ N (*familiar form*) *of* **Thomas**; **✦*IDIOM*** **any ~, Dick or Harry** un fulano cualquiera
Ⓑ CPD ► **Tom Thumb** N Pulgarcito

**tom** [tɒm] N (*also* **~ cat**) gato *m* (macho)

**tomahawk** ['tɒməhɔːk] N tomahawk *m*; **✦*IDIOM*** **to bury the ~** (*US*) echar pelillos a la mar, envainar la espada

**tomato** [tə'mɑːtəʊ, (*US*) tə'meıtəʊ] Ⓐ N (*pl* **tomatoes**) (= *fruit*) tomate *m*, jitomate *m* (*Mex*); (= *plant*) tomatera *f*
Ⓑ CPD ► **tomato juice** N jugo *m* de tomate ► **tomato ketchup** N salsa *f* de tomate, ketchup *m* ► **tomato paste** N = **tomato purée** ► **tomato plant** N tomatera *f* ► **tomato purée** N puré *m* de tomate, concentrado *m* de tomate ► **tomato sauce** N salsa *f* de tomate; (*Brit*) (*in bottle, sachet*) = **tomato ketchup**

**tomb** [tuːm] N tumba *f*, sepulcro *m*

**tombola** [tɒm'bəʊlə] N (*Brit*) tómbola *f*

**tomboy** ['tɒmbɔı] N marimacho *m*

**tomboyish** ['tɒmbɔııʃ] ADJ marimacho

**tombstone** ['tuːmstəʊn] N lápida *f* (sepulcral)

**tomcat** ['tɒmkæt] N [1] (= *cat*) gato *m* (macho)
[2] (*US**) (= *womanizer*) mujeriego *m*, calavera *m*

**tome** [təʊm] N (*hum*) mamotreto* *m*; **a weighty ~** un pesado mamotreto*

**tomfool** [tɒm'fuːl] Ⓐ ADJ tonto, estúpido
Ⓑ N tonto/a *m/f*, imbécil *mf*

**tomfoolery** [tɒm'fuːlərı] N payasadas *fpl*, tonterías *fpl*

**Tommy** ['tɒmı] Ⓐ N [1] (*familiar form*) *of* **Thomas**
[2] (*Brit Mil**) (*also* **tommy**) soldado *m* raso inglés
Ⓑ CPD ► **Tommy gun** N pistola *f* ametralladora, ametralladora *f*, metralleta *f*

**tommyrot*** ['tɒmırɒt] N tonterías *fpl*

**tomorrow** [tə'mɒrəʊ] Ⓐ ADV [1] mañana; **~ evening** mañana por la tarde; **~ morning** mañana por la mañana; **a week ~** de mañana en ocho días
[2] (= *in the future*) en el mañana, en el futuro
Ⓑ N [1] mañana *f*; **~ is Sunday** mañana es domingo; **the day after ~** pasado mañana; **will ~ do?** (*for piece of work*) ¿lo puedo dejar para mañana?; (*for appointment*) ¿te conviene mañana?; **~'s paper** el periódico de mañana; **✦*IDIOMS*** **~ is another day** mañana sera otro día; **like there's no ~: he drank like there was no ~*** bebió como si le fuera la vida en ello
[2] (= *the future*) mañana *m*, porvenir *m*; **the writers of ~** los escritores del mañana

**tom-tit** ['tɒmtıt] N paro *m*, carbonero *m* común

**tom-tom** ['tɒmtɒm] N (= *drum*) tantán *m*

**ton** [tʌn] N [1] (= *weight*) tonelada *f* (*Brit = 1016.06kg; Can, US etc. = 907.20kg*); **metric ~** tonelada *f* métrica (= *1.000kg*); **this cargo weighs 1,000 ~s** esta carga pesa 1.000 toneladas; **a three-~ lorry** un camión de tres toneladas; **✦*IDIOMS*** **to weigh a ~*** pesar un quintal*; **this suitcase weighs a ~*** esta maleta pesa un quintal*; **to come down on sb like a ~ of bricks** echar una bronca descomunal a algn
[2] (*) **~s of sth** montones *mpl* de algo*; **we have ~s of it at home** en casa lo tenemos a montones*; **we have ~s of time** nos sobra tiempo, tenemos tiempo de sobra
[3] (*Aut**) (= *100mph*) velocidad *f* de 100 millas por hora; **to do a ~** ir a 100 millas por hora
[4] (*Cricket**) (= *100 runs*) cien carreras *fpl*

**tonal** ['təʊnl] ADJ tonal

**tonality** [təʊ'nælıtı] N tonalidad *f*

**tone** [təʊn] Ⓐ N [1] (*Mus*) tono *m*
[2] [*of voice*] tono *m*; **in an angry ~** en tono de enojo; **in low ~s** en tono bajo; **they were whispering in low ~s** cuchicheaban; **~ of voice** tono *m* de voz; **✦*IDIOM*** **to praise sb in ringing ~s** poner a algn por las nubes
[3] (*Telec*) señal *f*; **dialling ~** señal *f* para marcar; **please speak after the ~** (*Telec*) por favor, hable después de oír la señal
[4] (= *shade of colour*) tono *m*, matiz *m*; **two-~ colour scheme** combinación *f* de dos tonalidades
[5] (= *tendency*) tono *m*, nota *f*; [*of speech, article*] tono *m*, cariz *m*; **the ~ of the market** (*Fin*) la nota dominante del mercado, el tono del mercado
[6] (= *character, dignity*) buen tono *m*, elegancia *f*; **the place has ~** el sitio tiene buen tono, es un sitio elegante; **the clientèle gives the restaurant ~** la clientela da distinción al restaurante; **to raise/lower the ~ of sth** levantar/bajar el nivel de algo
[7] [*of muscles etc*] **muscle ~** tono *m* muscular
Ⓑ VI (*Brit*) (*also* **~ in**) [*colours*] armonizar, combinar
Ⓒ VT [1] (*Mus*) entonar
[2] (*Phot*) virar
[3] [+ *body, muscles*] (*also* **~ up**) tonificar, fortalecer
Ⓓ CPD ► **tone colour, tone color** (*US*) N (*Mus*) timbre *m* ► **tone control** N control *m* de tonalidad ► **tone language** N lengua *f* tonal ► **tone poem** N poema *m* sinfónico

►**tone down** VT + ADV (= *moderate*) [+ *colour*] atenuar, suavizar; [+ *noise*] reducir, disminuir; (*fig*) [+ *language, criticism etc*] moderar

►**tone up** VT + ADV [+ *muscles*] tonificar, fortalecer

➤ LANGUAGE IN USE: **tolerate** 9.3, 10.4, 14

**tone-deaf** ['təʊn'def] ADJ que no tiene oído musical

**toneless** ['təʊnlɪs] ADJ [*voice*] monótono, apagado, inexpresivo; [*muscle tissue*] flojo

**tonelessly** ['təʊnlɪslɪ] ADV monótonamente

**toner** ['təʊnəʳ] N (*for photocopier*) tóner *m*; (*Phot*) virador *m*; (*for skin*) tonificante *m*

**toney*** ['təʊnɪ] ADJ (*US*) = **tony**

**Tonga** ['tɒŋə] N Tonga *f*

**tongs** [tɒŋz] NPL (*for coal etc*) tenazas *fpl*; (= *curling tongs*) tenacillas *fpl*; **a pair of ~** unas tenazas, unas tenacillas

**tongue** [tʌŋ] Ⓐ N [1] (*Anat, Culin*) lengua *f*; **to put** *or* **stick one's ~ out (at sb)** sacar la lengua (a algn); **she has a quick/nasty ~** (*fig*) tiene mucha labia/una lengua viperina; ✦*IDIOMS* **with (one's) ~ in (one's) cheek** irónicamente, burla burlando; **to say sth ~ in cheek** decir algo en tono de burla; **to keep a civil ~ in one's head** moderar las palabras *or* el lenguaje; **to get one's ~ around sth**: **I can't get my ~ round these Latin names** estos nombres latinos resultan impronunciables; **to find one's ~**: **so you've found your ~?** ¿así que estás dispuesto por fin a hablar?; **to give ~** [*hounds*] empezar a ladrar; **to hold one's ~** callarse; **hold your ~!** ¡cállate la boca!; **to loosen sb's ~** hacer hablar a algn; **wine loosens the ~** el vino suelta la lengua; **to lose one's ~**: **have you lost your ~?** ¿te has tragado la lengua?; **to trip or roll off the ~**: **the formula came tripping** *or* **rolling off his/her ~** pronunció la fórmula con la mayor facilidad; **it doesn't exactly trip off the ~** no se puede decir que sea fácil de pronunciar
[2] [*of shoe*] lengüeta *f*; [*of bell*] badajo *m*; (*fig*) [*of flame, land*] lengua *f*
[3] (= *language*) lengua *f*, idioma *m*; **in the German ~** en alemán, en la lengua alemana; **to speak in ~s** (*Rel*) hablar en lenguas desconocidas
Ⓑ CPD ► **tongue twister** N trabalenguas *m inv*

**tongue-and-groove** [,tʌŋən'gru:v] N machihembrado *m*

**tongue-in-cheek** ['tʌŋɪn'tʃi:k] ADJ [*remark*] irónico

**tongue-lashing*** ['tʌŋ,læʃɪŋ] N latigazo *m*, reprensión *f*; **to give sb a ~** poner a algn como un trapo

**tongue-tied** ['tʌŋtaɪd] ADJ con la lengua trabada; (*fig*) tímido, cortado, premioso (*frm*)

**tonic** ['tɒnɪk] Ⓐ N [1] (*Med*) (*also fig*) tónico *m*; **this news will be a ~ for the market** esta noticia será un tónico para la bolsa
[2] (*also* **~ water**) agua *f* tónica, tónica *f*
[3] (*Mus*) tónica *f*
Ⓑ ADJ (*all senses*) tónico
Ⓒ CPD ► **tonic accent** N (*Mus*) acento *m* tónico

**tonicity** [tɒ'nɪsɪtɪ] N tonicidad *f*

**tonight** [tə'naɪt] Ⓐ ADV esta noche; **I'll see you ~** nos vemos esta noche
Ⓑ N **~'s TV programmes** los programas de TV de esta noche

**tonnage** ['tʌnɪdʒ] N (= *weight of ship*) tonelaje *m*

**tonne** [tʌn] N tonelada *f* (métrica) (*1.000kg*)

**-tonner** ['tʌnəʳ] N (*ending in compounds*) de ... toneladas; **a 1,000-tonner** un barco de 1.000 toneladas

**tonometer** [təʊ'nɒmɪtəʳ] N tonómetro *m*

**tonsil** ['tɒnsl] N amígdala *f*, angina *f* (*Mex*); **to have one's ~s out** quitarse las amígdalas

**tonsillectomy** [,tɒnsɪ'lektəmɪ] N tonsilectomía *f*, amigdalotomía *f*

**tonsillitis** [,tɒnsɪ'laɪtɪs] N amigdalitis *f*; **to have ~** tener amigdalitis

**tonsorial** [tɒn'sɔ:rɪəl] ADJ (*esp hum*) [*look, style*] barberil; [*matters*] relativo a la barba

**tonsure** ['tɒnʃəʳ] (*frm*) Ⓐ N tonsura *f*
Ⓑ VT tonsurar

**Tony** ['təʊnɪ] N (*familiar form*) *of* **Anthony**

**tony*** ['təʊnɪ] ADJ (*US*) de buen tono, elegante

**too** [tu:] ADV [1] (= *excessively*) demasiado; **it's ~ easy** es demasiado fácil; **it's ~ sweet** está demasiado *or* muy dulce; **it's ~ heavy for me to lift** es demasiado pesado para que yo lo levante; **it's ~ hot to drink** está demasiado caliente para beberlo; **it's not ~ difficult** no es muy difícil; **~ bad!** ¡mala suerte!, ¡qué le vamos a hacer!, ¡ni modo! (*Mex*); **it's ~ early for that** es (muy) temprano para eso; **it's ~ good to be true** no puede ser; **I'm not ~ keen on the idea** la idea no me hace gracia que digamos; **~ many** demasiados; **~ many difficulties** demasiadas dificultades; **~ much** demasiado; **~ much jam** demasiada mermelada *f*; **he talks ~ much** habla demasiado; **you gave me a dollar ~ much** me dio un dólar de más; **that's ~ much by half** de eso sobra la mitad; **don't make ~ much of it** no le des mucha importancia; **it was all ~ much for her** [*emotion*] era demasiado para ella, era más de lo que pudo soportar; [*work*] estaba agobiada por tanto trabajo; **it's ~ much for me to cope with** yo no puedo con tanto; **his rudeness is ~ much** su descortesía es intolerable; **it's ~ much!*** (= *fantastic*) ¡qué demasiado!*, ¡esto es demasiado!; (= *excessive*) esto pasa de la raya, esto pasa de castaño oscuro; **~ often** con demasiada frecuencia, muy a menudo; **~ right*!** ◊ **~ true!** ¡muy bien dicho!, ¡y cómo!
[2] (= *also*) también; (= *moreover*) además; **I went ~** yo fui también; **I speak French and Japanese ~** hablo francés y también japonés; **not only that, he's blind ~!** no sólo eso, ¡además es ciego!; **she is, ~!** ¡y tanto que lo es!

**took** [tʊk] PT *of* **take**

**tool** [tu:l] Ⓐ N [1] (*carpenter's, mechanic's etc*) herramienta *f*; (*gardener's*) útil *m*, utensilio *m*; **a set of ~s** un juego de herramientas; **the ~s of his trade** las herramientas de su trabajo; **give us the ~s and we will finish the job** (*fig*) dadnos las herramientas y nosotros terminaremos la obra; *see* **down¹ D2**
[2] (*fig*) (= *person, book etc*) instrumento *m*; **he was a mere ~ in their hands** fue instrumento en sus manos, nada más; **the book is an essential ~** el libro es indispensable, el libro es instrumento imprescindible
Ⓑ VT [+ *wood, metal*] labrar con herramienta; [+ *book, leather*] estampar en seco
Ⓒ CPD ► **tool bag** N estuche *m* de herramientas ► **tool box**, **tool chest** N caja *f* de herramientas ► **tool kit** N juego *m* de herramientas, estuche *m* de herramientas ► **tool room** N departamento *m* de herramientas ► **tool shed** N cobertizo *m* para herramientas

**tooled-up⁑** ['tu:ld'ʌp] ADJ armado

**tooling** ['tu:lɪŋ] N (*on book*) estampación *f* en seco

**toolmaker** ['tu:l,meɪkəʳ] N tallador *m* de herramientas

**toolmaking** ['tu:l,meɪkɪŋ] N talladura *f* de herramientas

**toot** [tu:t] Ⓐ N toque *m*, bocinazo *m*; **he went off with a ~ on the horn** partió con un breve toque de bocina
Ⓑ VT [+ *horn*] tocar, hacer sonar
Ⓒ VI [*person*] tocar la bocina, dar un bocinazo

**tooth** [tu:θ] Ⓐ N (*pl* **teeth**) [1] (*Anat*) diente *m*; (*esp molar*) muela *f*; **to clean one's teeth** lavarse los dientes; **to cut a ~** echar un diente; **she's cutting her first ~** le está saliendo el primer diente, está echando el primer diente; **to have a ~ out** sacarse una muela; **to show one's teeth** (*smiling or aggressive*) enseñar los dientes; ✦*IDIOMS* **to cut one's teeth on sth** foguearse con *or* en algo, dar los primeros pasos con algo; **to be fed up to the (back) teeth with sth/sb*** estar hasta la coronilla de algo/algn; **to get one's teeth into sth** hincarle el diente a algo, meterse de lleno en algo; **in the teeth of the wind** contra un viento violento; **in the teeth of great opposition** haciendo frente a una gran resistencia; **to lie through one's teeth** mentir descaradamente; **long in the ~*** con muchos años a cuestas; **to fight ~ and nail** luchar a brazo partido; **it sets my/his teeth on edge** me/le da dentera; **by the skin of one's teeth** por un pelo; **to have a sweet ~** ser goloso; *see also* **armed**, **false**, **grit**, **wisdom**
[2] [*of saw, wheel*] diente *m*; [*of comb*] púa *f*
[3] (*fig*) **the Commission must be given more teeth** hay que dar poderes efectivos a la Comisión
Ⓑ CPD ► **tooth powder** N polvos *mpl* dentífricos

**toothache** ['tu:θeɪk] N dolor *m* de muelas; **to have ~** tener dolor de muelas

**toothbrush** ['tu:θbrʌʃ] Ⓐ N cepillo *m* de dientes
Ⓑ CPD ► **toothbrush moustache** N bigote *m* de cepillo

**toothed** [tu:θt] ADJ [*wheel*] dentado; **big-~** de dientes grandes

**toothless** ['tu:θlɪs] ADJ desdentado, sin dientes; (*fig*) sin poder efectivo, ineficaz

**toothpaste** ['tu:θpeɪst] N pasta *f* de dientes, dentífrico *m*

**toothpick** ['tu:θpɪk] N palillo *m* (de dientes)

**toothsome** ['tu:θsəm] ADJ (*liter*) sabroso

**toothy*** ['tu:θɪ] ADJ (*compar* **toothier**; *superl* **toothiest**) dentudo; **to give sb a ~ smile** sonreír a algn enseñando mucho los dientes

**tootle** ['tu:tl] Ⓐ N (*Mus*) sonido *m* breve (de flauta, trompeta *etc*); **give us a ~ on your trumpet** tócanos algo a la trompeta
Ⓑ VT [+ *flute etc*] tocar
Ⓒ VI [1] (*Mus*) tocar la flauta *etc*
[2] (*Aut**) **we ~d down to Brighton** hicimos una escapada a Brighton, fuimos de excursión a Brighton; **we were tootling along at 60** íbamos a 60

**tootsie⁑, tootsy⁑** ['tʊtsɪ] N [1] (= *toe*) dedo *m* del pie; (= *foot*) pie *m*
[2] (*US*) (= *girl*) chica *f*, gachí⁑ *f*; **hey ~!** ¡oye, guapa!

**top¹** [tɒp] Ⓐ N [1] (= *highest point, peak*) cumbre *f*, cima *f*; [*of hill*] cumbre *f*; [*of tree*] copa *f*; [*of head*] coronilla *f*; [*of building*] remate *m*; [*of wall*] coronamiento *m*; [*of wave*] cresta *f*; [*of stairs, ladder*] lo alto; [*of page*] cabeza *f*; [*of list, table, classification*] cabeza *f*, primer puesto *m*, primera posición *f*; **at the ~ of the hill** en la cumbre de la colina; **to reach the ~** ◊ **make it to the ~** [*of career etc*] alcanzar la cumbre (del éxito); **the men at the ~** (*fig*) los que mandan; **executives who are at the ~ of their careers** ejecutivos que están en la cumbre de sus carreras; **~ of the charts** (*Mus*) el número uno; **to be at the ~ of the class** (*Scol*) ser el/la mejor de la clase; **Liverpool are at the ~ of the league** Liverpool encabeza la liga; **at the ~ of the page** a la cabeza de la página; **~ of the range** (*Comm*) lo mejor de la gama; **at the ~ of the stairs** en lo alto de la escalera; **at the ~ of the tree** (*lit*) en lo alto del árbol; (*Brit*) (*fig*) en la cima, en lo más alto; **✦IDIOM at the ~ of the pile** *or* **heap*** en la cima, en lo más alto; *see also* **blow² A3**

2 (= *upper part*) parte *f* superior, parte *f* de arriba; [*of bus*] piso *m* superior; [*of turnip, carrot, radish*] rabillo *m*, hojas *fpl*; **he lives at the ~ of the house** ocupa el piso más alto de la casa; **the ~ of the milk** la nata; **at the ~ of the street** al final de la calle; **he sits at the ~ of the table** se sienta a la cabecera de la mesa

3 (= *surface*) superficie *f*; **oil comes** *or* **floats** *or* **rises to the ~** el aceite sube a la superficie; **the ~ of the table needs wiping** hay que pasar una bayeta por la mesa

4 (= *lid*) [*of pen, bottle, jar*] tapa *f*, cubierta *f*, tapón *m*

5 (= *blouse*) blusa *f*; **pyjama ~** parte *f* de arriba del pijama; **I want a ~ to go with this skirt** quiero algo para arriba que me vaya con esta falda

6 (*Brit Aut*) = **top gear**

7 (*US Aut*) capota *f*

8 (*Naut*) cofa *f*

9 **on ~** encima, arriba; **to be on ~** estar encima; (*fig*) (= *winning etc*) llevar ventaja, estar ganando; **seats on ~!** (*on bus*) ¡hay sitio arriba!; **let's go up on ~** (*Naut*) vamos a (subir a) cubierta; **thin on ~*** con poco pelo, medio calvo; **on ~ of** sobre, encima de; **it floats on ~ of the water** flota sobre el agua; **the next second the lorry was on ~ of us** al instante el camión se nos echó encima; **the flat is so small we live on ~ of each other** el piso es tan pequeño que vivimos amontonados; **on ~ of (all) that** (= *in addition to that*) y encima *or* además de (todo) eso; **on ~ of which** y para colmo, más encima; **it's just one thing on ~ of another** es una cosa tras otra; **to be/get on ~ of things** estar/ponerse a la altura de las cosas; **I'm on ~ of my work now** ahora puedo con el trabajo; **things are getting on ~ of me** ya no puedo más; **✦IDIOMS to come out on ~** salir ganando *or* con éxito; **to be/feel on ~ of the world** estar/sentirse en el paraíso *or* en el séptimo cielo

10 **~s: it's (the) ~s*** es tremendo*, es fabuloso*; **she's (the) ~s** es la reoca*

11 (*in phrases*) **from ~ to bottom** de arriba abajo; **the system is rotten from ~ to bottom** el sistema entero está podrido; **to be at the ~ of one's form** estar en plena forma; **the ~ of the morning to you!** (*Irl*) ¡buenos días!; **over the ~** (*Brit**) (= *excessive*) excesivo, desmesurado; **this proposal is really over the ~** (*Brit*) esta propuesta pasa de la raya; **to go over the ~** (*Mil*) lanzarse al ataque (saliendo de las trincheras); (*Brit**) (*fig*) pasarse (de lo razonable), desbordarse; **he doesn't have much up ~*** (= *stupid*) no es muy listo que digamos; (= *balding*) tiene poco pelo, se le ven las ideas*; **she doesn't have much up ~*** (= *flat-chested*) está lisa (basilisa)*; **at the ~ of one's voice** a voz en grito; **✦IDIOM he said it off the ~ of his head*** lo dijo sin pensar; **speaking off the ~ of my head, I would say ...** hablando así sin pensarlo, yo diría que ...

Ⓑ ADJ 1 (= *highest*) [*drawer, shelf*] de arriba, más alto; [*edge, side, corner*] superior, de arriba; [*floor, step, storey*] último; **at the ~ end of the scale** en el extremo superior de la escala; **at the ~ end of the range** (*Comm*) en el escalón más alto de la gama; **~ note** (*Mus*) nota *f* más alta

2 (= *maximum*) [*price*] máximo; **~ priority** principal prioridad *f*, asunto *m* primordial; **at ~ speed** a máxima velocidad, a toda carrera

3 (*in rank etc*) más importante; **the ~ class at school** (= *final year*) el último año en la escuela; **a ~ executive** un(a) alto/a ejecutivo/a; **a ~ job** un puesto de importancia; **~ management** alta gerencia *f*; **~ people** gente *f* bien; **the ~ people in the party** la dirección del partido; **~ stream** (*Scol*) clase *f* del nivel más avanzado

4 (= *best, leading*) mejor; **a ~ surgeon** uno de los mejores cirujanos; **the ~ 10/20/30** (*Mus*) los 10/20/30 mejores éxitos, el hit parade de los 10/20/30 mejores; **to come ~** ganar, ganar el primer puesto; **to come ~ of the class** ser el primero de la clase; **he came ~ in maths** sacó la mejor nota de la clase en matemáticas; **to be on ~ form** estar en plena forma; **to get ~ marks** sacar la mejor nota; **~ scorer** máximo/a goleador(a) *m/f*, pichichi *mf* (*Sp**); **~ team** equipo *m* líder

5 (= *final*) [*coat of paint*] último; **the ~ layer of skin** la epidermis

6 (= *farthest*) superior; **the ~ right-hand corner** la esquina superior derecha; **the ~ end of the field** el extremo superior del campo

Ⓒ ADV **~s*** (= *maximum, at most*) como mucho

Ⓓ VT 1 (= *form top of*) [+ *building*] coronar; [+ *cake*] cubrir, recubrir; **a cake ~ped with whipped cream** una tarta cubierta *or* recubierta de nata *or* (*LAm*) crema; **a church ~ped by a steeple** una iglesia coronada por un campanario; **the wall is ~ped with stone** el muro tiene un coronamiento de piedras

2 (= *be at top of*) [+ *class, list*] encabezar, estar a la cabeza de; **to ~ the bill** (*Theat*) encabezar el reparto; **to ~ the charts** (*Mus*) ser el número uno de las listas de éxitos *or* de los superventas; **the team ~ped the league all season** el equipo iba en cabeza de la liga toda la temporada

3 (= *exceed, surpass*) exceder, superar; **profits ~ped £50,000 last year** las ganancias excedieron (las) 50.000 libras el año pasado; **sales ~ped the million mark** las ventas rebasaron el millón; **we have ~ped last year's takings by £200** hemos recaudado 200 libras más que el año pasado, los ingresos exceden a los del año pasado en 200 libras; **and to ~ it all ...** y para colmo ..., como remate ..., y para rematar las cosas ...; **how are you going to ~ that?** (*joke, story etc*) ¿cómo vas a superar eso?, te han puesto el listón muy alto

4 [+ *vegetables, fruit, plant*] descabezar; [+ *tree*] desmochar; **to ~ and tail fruit** (*Brit*) quitar los extremos de la fruta

5 (= *reach summit of*) llegar a la cumbre de

6 (‡) (= *kill*) colgar; **to ~ o.s.** suicidarse

Ⓔ CPD ► **top banana*** N (*US*) pez *m* gordo* ► **top boots** NPL botas *fpl* de campaña ► **top brass*** N jefazos* *mpl* ► **top copy** N original *m* ► **top dog*** N **she's ~ dog at work** ella es mandamás en el trabajo ► **top dollar*** N (*esp US*) **to pay ~ dollar for sth** pagar algo a precio de oro ► **the top drawer** N (*fig*) la alta sociedad, la crema; *see also* **top-drawer** ► **top dressing** N (*Hort, Agr*) abono *m* (aplicado a la superficie) ► **top gear** N (*Brit Aut*) directa *f*; **in ~ gear** (*four-speed box*) en cuarta, en la directa; (*five-speed box*) en quinta, en la directa ► **top hat** N sombrero *m* de copa, chistera *f* ► **top spin** N (*Tennis*) efecto *m* alto, efecto *m* liftado

►**top off** VT + ADV (= *complete*) coronar, rematar; **he ~ped this off by saying that ...** esto lo remató diciendo que ...; **he ~ped off the fourth course with a cup of coffee** para completar el cuarto plato se bebió una taza de café

►**top up** (*Brit*) Ⓐ VT + ADV llenar; **to ~ sb's glass up** rellenar el vaso de algn; **shall I ~ you up?** ¿te doy más?; **to ~ up a battery** (= *refill it*) llenar a nivel una batería; **her parents ~ped up her grant** sus padres le añadieron un complemento *or* suplemento a la beca

Ⓑ VI + ADV **to ~ up with oil** poner aceite; **we ~ped up with a couple of beers*** como remate nos bebimos un par de cervezas

**top²** [tɒp] N 1 (= *spinning top*) peonza *f*, peón *m*; (= *humming top, musical top*) trompa *f*; *see also* **sleep**

2 (*Circus*) *see* **big**

**topaz** [ˈtəʊpæz] N topacio *m*

**topcoat** [ˈtɒpkəʊt] N (= *overcoat*) abrigo *m*, sobretodo *m*

**top-drawer** [ˌtɒpˈdrɔːʳ] ADJ (*fig*) de alta sociedad; *see also* **top**

**tope†** [təʊp] VI beber (más de la cuenta), emborracharse

**topee** [ˈtəʊpiː] N salacot *m*

**toper†** [ˈtəʊpəʳ] N borrachín/ina *m/f*

**top-flight** [ˈtɒpflaɪt] ADJ de primera (categoría)

**topgallant** [tɒpˈgælənt, (*Naut*) təˈgælənt] N (*also* **~ sail**) juanete *m*

**top-hatted** [ˈtɒpˈhætɪd] ADJ en chistera, enchisterado

**top-heaviness** [ˈtɒpˈhevɪnɪs] N (*fig*) (*in organization*) exceso *m* de altos cargos

**top-heavy** [ˌtɒpˈhevɪ] ADJ (*lit*) demasiado pesado en la parte superior; (*fig*) **the army was ~ with officers** el ejército tenía demasiados oficiales

**topiary** [ˈtəʊpɪərɪ] N arte *m* de recortar los arbustos en formas de animales *etc*

**topic** [ˈtɒpɪk] N tema *m*, asunto *m*

**topical** [ˈtɒpɪkəl] ADJ 1 (= *of current interest*) de interés actual, de actualidad; **a highly ~ question** un tema de gran actualidad; **~ talk** charla *f* sobre cuestiones del día

2 (*US*) local

**topicality** [ˌtɒpɪˈkælɪtɪ] N 1 (= *current interest, importance*) actualidad *f*, interés *m* actual, importancia *f* actual

2 (*US*) localidad *f*

**topknot** [ˈtɒpnɒt] N 1 (*on head*) moño *m*

2 (*Orn*) moño *m*

**topless** [ˈtɒplɪs] Ⓐ ADJ topless

Ⓑ ADV **to go ~** ir en topless

Ⓒ CPD ► **topless bar** N bar *m* topless ► **topless swimsuit** N monoquini *m*

**top-level** [ˌtɒpˈlevl] ADJ del más alto nivel; **~ conference** conferencia *f* de alto nivel

**top-loader** [ˌtɒpˈləʊdəʳ] N (= *washing machine*) lavadora *f* de carga superior

**topmast** [ˈtɒpmɑːst] N mastelero *m*

**topmost** [ˈtɒpməʊst] ADJ más alto

**top-notch*** [ˌtɒpˈnɒtʃ] ADJ de primerísima categoría

**topographer** [təˈpɒgrəfəʳ] N topógrafo/a *m/f*

**topographic** [ˌtɒpəˈgræfɪk] ADJ = **topographical**

**topographical** [ˌtɒpəˈgræfɪkl] ADJ topográfico

**topography** [təˈpɒgrəfɪ] N topografía *f*

**topper*** [ˈtɒpəʳ] N 1 (= *hat*) sombrero *m* de copa, chistera *f*

2 (*US*) **the ~ was that ...** para colmo ..., para acabar de rematar ...*

**topping** [ˈtɒpɪŋ] Ⓐ N (*Culin*) cubierta *f*

Ⓑ ADJ (*Brit†*) bárbaro*, pistonudo*

**topple** [ˈtɒpl] Ⓐ VT 1 (*also* **~ over**) (= *knock over*) volcar; (= *cause to fall*) hacer caer
2 (= *overthrow*) derribar, derrocar
Ⓑ VI 1 (*also* **~ down**) caerse, venirse abajo; (*also* **~ over**) volcarse; (= *lose balance*) perder el equilibrio; **he ~d over a cliff** cayó por un precipicio; **after the crash the bus ~d over** después del choque el autobús se volcó
2 (*fig*) [*government etc*] venirse abajo, caer

**top-ranking** [ˌtɒpˈræŋkɪŋ] ADJ de alto rango; [*officer*] de alta graduación

**topsail** [ˈtɒpsl] N gavia *f*

**top-secret** [ˌtɒpˈsiːkrɪt] ADJ de alto secreto

**top-security** [ˌtɒpsɪˈkjʊərɪtɪ] ADJ [*prison, hospital*] de alta seguridad, de máxima seguridad

**top-selling** [ˌtɒpˈselɪŋ] ADJ = **best-selling**

**topside** [ˈtɒpsaɪd] N 1 (= *uppermost side*) lado *m* superior, superficie *f* superior
2 (*Culin*) tapa *f* y tajo redondo

**topsoil** [ˈtɒpsɔɪl] N capa *f* superficial del suelo

**topsy-turvy** [ˌtɒpsɪˈtɜːvɪ] Ⓐ ADJ en desorden, revuelto
Ⓑ ADV patas arriba, al revés; **everything is ~** todo está patas arriba

**top-up** [ˈtɒpʌp] Ⓐ N (*Brit**) (= *refill*) **can I give you a ~?** ¿te sirvo un poco más?
Ⓑ CPD ► **top-up loan** N (*Brit*) préstamo *m* gubernamental a estudiantes

**tor** [tɔːʳ] N colina *f* abrupta y rocosa, pico *m* pequeño (*esp en el suroeste de Inglaterra*)

**torc** [tɔːk] N = **torque A 1**

**torch** [tɔːtʃ] Ⓐ N 1 (*flaming*) antorcha *f*, tea *f*; **to carry the ~ of democracy/progress** (*fig*) mantener viva la llama de la democracia/del progreso; ✦**IDIOM to carry a ~ for sb** estar enamorado de algn
2 (*Brit*) (*electric*) linterna *f*
3 (*Tech*) (*also* **blow ~**) soplete *m*
Ⓑ VT (= *set fire to*) [+ *building, vehicle*] prender fuego a, incendiar

**torchbearer** [ˈtɔːtʃˌbeərəʳ] N persona *f* que lleva una antorcha

**torchlight** [ˈtɔːtʃlaɪt] Ⓐ N (*flaming*) luz *f* de antorcha; (*electric*) luz *f* de linterna
Ⓑ CPD ► **torchlight procession** N desfile *m* con antorchas

**tore** [tɔːʳ] PT *of* **tear**

**toreador** [ˈtɒrɪədɔːʳ] N torero *m*

**torment** Ⓐ [ˈtɔːment] N tormento *m*; **the ~s of jealousy** los tormentos de los celos; **to be in ~** estar atormentado
Ⓑ [tɔːˈment] VT (= *hurt*) atormentar, torturar; (= *annoy*) fastidiar, molestar; (= *torture*) (*fig*) atormentar; **she was ~ed by doubts** la atormentaban las dudas; **we were ~ed by thirst** nos moríamos de sed; **don't ~ the cat** no le des guerra al gato

**tormentor** [tɔːˈmentəʳ] N atormentador(a) *m/f*

**torn** [tɔːn] PP *of* **tear**

**tornado** [tɔːˈneɪdəʊ] N (*pl* **tornados, tornadoes**) tornado *m*

**torpedo** [tɔːˈpiːdəʊ] Ⓐ N (*pl* **torpedoes**) torpedo *m*
Ⓑ VT (*lit, fig*) torpedear
Ⓒ CPD ► **torpedo boat** N torpedero *m*, lancha *f* torpedera ► **torpedo tube** N tubo *m* lanzatorpedos, lanzatorpedos *m inv*

**torpid** [ˈtɔːpɪd] ADJ aletargado

**torpidity** [tɔːˈpɪdɪtɪ] N letargo *m*

**torpor** [ˈtɔːpəʳ] N letargo *m*

**torque** [tɔːk] Ⓐ N 1 (*also* **torc**) (= *jewellery*) torques *f inv*
2 (*Mech*) par *m* de torsión
Ⓑ CPD ► **torque wrench** N llave *f* dinamométrica

**torrent** [ˈtɒrənt] N (*lit, fig*) torrente *m*; **it rained in ~s** llovía a cántaros; **a ~ of abuse** un torrente de insultos, una sarta de injurias

**torrential** [tɒˈrenʃəl] ADJ torrencial

**torrid** [ˈtɒrɪd] ADJ 1 (= *hot and dry*) [*climate, heat, sun*] tórrido
2 (= *passionate*) [*love affair, romance*] tórrido, apasionado
3 (= *very difficult*) **to have a ~ time** (*Brit*) pasar las de Caín, sufrir lo indecible

**torsion** [ˈtɔːʃən] N torsión *f*

**torso** [ˈtɔːsəʊ] N (*pl* **torsos,** (*rare*) **torsi**) 1 (*Anat*) torso *m*
2 (= *sculpture*) torso *m*

**tort** [tɔːt] N (*Jur*) agravio *m*, tuerto *m*

**tortilla** [tɔːˈtiːə] N tortilla *f*

**tortoise** [ˈtɔːtəs] N tortuga *f*

**tortoiseshell** [ˈtɔːtəsʃel] Ⓐ N 1 (= *shell*) carey *m*, concha *f*
2 (= *cat*) gato *m* pardo
3 (= *butterfly*) ortiguera *f*
Ⓑ CPD [*box, ornament*] de carey, de concha ► **tortoiseshell glasses** NPL gafas *fpl* de carey

**tortuous** [ˈtɔːtjʊəs] ADJ 1 (= *winding*) [*path, road, process*] tortuoso
2 (= *convoluted*) [*sentence, essay, logic*] enrevesado

**torture** [ˈtɔːtʃəʳ] Ⓐ N 1 (*lit*) tortura *f*; **to put sb to (the) ~** torturar a algn
2 (*fig*) tormento *m*; **it was sheer ~!** ¡era una verdadera tortura!
Ⓑ VT 1 (*lit*) torturar
2 (= *torment*) atormentar; **to be ~d by doubts** ser atormentado por las dudas
Ⓒ CPD ► **torture chamber** N cámara *f* de tortura

**torturer** [ˈtɔːtʃərəʳ] N torturador(a) *m/f*

**torturing** [ˈtɔːtʃərɪŋ] ADJ torturador, atormentador

**Tory** [ˈtɔːrɪ] (*Brit*) Ⓐ ADJ conservador; **the ~ Party** el Partido Conservador
Ⓑ N conservador(a) *m/f*

**Toryism** [ˈtɔːrɪɪzəm] N (*Brit*) conservatismo *m*, conservadurismo *m*

**tosh*** [tɒʃ] N tonterías *fpl*

**toss** [tɒs] Ⓐ N 1 (= *shake*) [*of head*] sacudida *f*; **a ~ of the head** una sacudida de cabeza; ✦**IDIOM I don't give a ~** (*Brit**) me importa un bledo*
2 (= *throw*) echada *f*, tirada *f*; (*by bull*) cogida *f*; **the ball came to him full ~** la pelota llegó a sus manos sin tocar la tierra; **to take a ~** (*from horse*) caerse del caballo
3 [*of coin*] tirada *f*, echada *f* (*esp LAm*); **to win/lose the ~** ganar/perder (a cara o cruz); ✦**IDIOM to argue the ~*** machacar el asunto*
Ⓑ VT 1 (= *shake*) sacudir; **the boat was ~ed by the waves** las olas sacudían el barco; **the horse ~ed its head** el caballo sacudió la cabeza
2 (= *throw*) tirar, lanzar, echar, aventar (*Mex*); [*bull*] coger (y lanzar al aire); **to ~ sth to sb** tirar *or* lanzar algo a algn; **to ~ sb in a blanket** mantear a algn; **to ~ the caber** (*Scot*) lanzar troncos; **to ~ a coin** echar a cara o cruz; **I'll ~ you for it** lo echamos a cara o cruz; **to ~ a pancake** dar la vuelta a *or* voltear una tortita; **to ~ a salad** mezclar una ensalada; → HIGHLAND GAMES
Ⓒ VI 1 (*also* **~ about, ~ around**) sacudirse, agitarse; [*boat*] (*gently*) balancearse sobre las ondas; (*violently*) ser sacudido por las ondas; **to ~ (in one's sleep)** ◊ **~ and turn** dar vueltas *or* revolverse (en la cama)
2 (*also* **~ up**) echar a cara o cruz; (*Sport*) sortear (**for sth** algo); **we ~ed (up) for the last piece of cake** nos jugamos *or* echamos a cara o cruz el último trozo de pastel; **we'll ~ (up) to see who does it** echaremos a cara o cruz quién lo hace

► **toss about, toss around** Ⓐ VT + ADV lanzar acá y allá; **the currents ~ed the boat about** las corrientes zarandeaban el barco
Ⓑ VI + ADV = **toss C1**

► **toss aside** VT + ADV [+ *object*] echar a un lado, apartar bruscamente; [+ *person*] abandonar; [+ *objection*] desechar, desestimar

► **toss away** VT + ADV echar, tirar

► **toss off** Ⓐ VT + ADV 1 (*) [+ *poem etc*] escribir rapidísimamente; **to ~ off a drink** beberse algo de un trago
2 (**) (= *masturbate*) hacer una paja a**
Ⓑ VI + ADV (**) (= *masturbate*) hacerse una paja**

► **toss over** VT + ADV **to ~ a book over to sb** tirar un libro a algn; **~ it over!** ¡dámelo!

► **toss up** Ⓐ VT + ADV [+ *coin*] echar a cara o cruz
Ⓑ VI + ADV = **toss C2**

**tosser**** [ˈtɒsəʳ], **tosspot**** [ˈtɒspɒt] N (*Brit*) mamón* *m*, gilipollas* *m*

**toss-up** [ˈtɒsʌp] N **we'll settle it by a ~** nos lo jugaremos *or* lo echaremos a cara o cruz; **it was a ~ between me and him** la cosa estaba entre él y yo (al cincuenta por ciento); **it's a ~ whether I go or stay** no me decido si irme o quedarme

**tot**[1] [tɒt] N 1 (= *child*) nene/a *m/f*, chiquillo/a *m/f*, niñito/a *m/f*
2 (*esp Brit*) (= *drink*) trago *m*, traguito *m*; **a ~ of rum** un dedo de ron

**tot**[2] [tɒt] (*esp Brit*) Ⓐ VT **to ~ up** sumar, hacer la cuenta de
Ⓑ VI **it ~s up to £5** suma cinco libras, viene a ser cinco libras; **what does it ~ up to?** ¿cuánto suma?

▼**total** [ˈtəʊtl] Ⓐ ADJ 1 (= *complete, utter*) [*lack, commitment*] total, absoluto; [*ban*] total; [*failure*] rotundo, absoluto; **his attempt to try to resolve the dispute was a ~ failure** su intento de resolver la disputa fue un fracaso rotundo *or* absoluto; **he felt like a ~ failure** se sentía un completo fracasado; **a ~ stranger** un completo desconocido; **the car was a ~ write-off** el coche quedó totalmente destrozado; *see also* **eclipse, recall**
2 (= *overall*) [*amount, number, cost*] total; [*effect, policy*] global; **a ~ population of 650,000** una población total de 650.000 habitantes; **~ sales/assets** el total de ventas/activo; **~ losses amount to £100,000** las pérdidas ascienden a (un total de) 100.000 libras, el total de pérdidas asciende a 100.000 libras
Ⓑ N total *m*; **the jobless ~ was three million** el total de parados fue de tres millones; **in ~** en total; **a ~ of** un total de; *see also* **grand, sum**
Ⓒ VT 1 (= *add up*) [+ *figures*] sacar el total de, sumar el total de
2 (= *amount to*) ascender a; **that ~s £20** el total asciende a 20 libras; **the class now ~s 20 students** en la clase hay ahora un total de 20 alumnos; **prizes ~ling £300** premios por un (valor) total de 300 libras
3 (*esp US**) (= *wreck*) destrozar, hacer fosfatina*; **the car was completely ~led** el coche quedó hecho fosfatina*, el coche quedó para el arrastre*

**totalitarian** [ˌtəʊtælɪˈteərɪən] ADJ totalitario

**totalitarianism** [ˌtəʊtælɪˈteərɪənɪzəm] N totalitarismo *m*

➤ LANGUAGE IN USE: **total B** 20.6

**totality** [təʊ'tælɪtɪ] N totalidad *f*; **in its ~** en su totalidad

**totalizator** ['təʊtəlaɪzeɪtəʳ] N totalizador *m*

**totalize** ['təʊtəlaɪz] VT totalizar

**totally** ['təʊtəlɪ] ADV totalmente; **such a compromise would be ~ unacceptable** un compromiso así sería totalmente *or* completamente *or* del todo inaceptable; **he's not ~ without principle** no carece totalmente de principios; **I'm still not ~ convinced** aún no estoy del todo convencido; **a view which has been almost ~ ignored** una postura que ha sido ignorada casi por completo

**tote¹** [təʊt] N (*Racing*) totalizador *m*

**tote²** [təʊt] Ⓐ VT (*) (= *carry*) cargar con; **I ~d it around all day** cargué con él todo el día; **to ~ a gun** llevar pistola; **gun-toting policemen** policías *mpl* pistoleros
Ⓑ CPD ► **tote bag** N bolsa *f*, bolso *m*

**totem** ['təʊtəm] Ⓐ N tótem *m*
Ⓑ CPD ► **totem pole** N tótem *m*

**totemic** [təʊ'temɪk] ADJ totémico

**totemism** ['təʊtəmɪzəm] N totemismo *m*

**totter** ['tɒtəʳ] VI (= *stagger*) bambolearse, tambalearse; (= *be about to fall*) tambalearse, estar para desplomarse

**tottering** ['tɒtərɪŋ] ADJ [*step*] tambaleante, inseguro, vacilante; [*economy, government*] inestable

**tottery** ['tɒtərɪ] ADJ [*elderly person*] de paso tambaleante, de paso nada seguro; **he's getting ~** empieza a andar con poca seguridad

**totty**‡ ['tɒtɪ] N (*Brit*) nenas* *fpl*, tías‡ *fpl*, titis‡ *fpl*; **a nice piece of ~** una tía buenísima‡

**toucan** ['tu:kən] N tucán *m*

**touch** [tʌtʃ] Ⓐ N [1] (= *sense, feel*) tacto *m*; **sense of ~** sentido *m* del tacto, tacto *m*
[2] (= *pressure*) **he felt the ~ of a hand on his shoulder** sintió el tacto *or* el roce de una mano en su hombro; **the merest ~ might break it** el más mínimo roce podría romperlo; **at the ~ of a button** con sólo dar a un botón; **it's soft to the ~** es blando al tacto; **she responded to his ~** reaccionaba a sus caricias; ✦**IDIOM to be an easy** *or* **a soft ~*** ser fácil de convencer
[3] (= *technique, manner*) **to have the common ~** saber tratar *or* sintonizar con el pueblo; **to have a light ~** [*pianist*] tocar con delicadeza *or* suavidad; **you need a light ~ to make good pastry** necesitas manos de seda para conseguir una buena masa; **to lose one's ~** perder facultades; **he had lost his scoring ~** había perdido habilidad *or* eficacia de cara al gol; **the director handles these scenes with a sure ~** el director trata estas escenas con mucha seguridad *or* gran pericia; *see also* **common**
[4] (= *stamp, mark*) toque *m*; **the final ~** ◊ **the finishing ~** el último toque, el toque final; **to put the finishing ~es to sth** dar los últimos toques *or* los toques finales a algo; **it has a ~ of genius** tiene un toque de genialidad; **the human ~** el calor humano; **the personal ~** el toque personal; **the house needs a woman's ~** la casa necesita un toque femenino
[5] (= *detail*) detalle *m*; **that was a nice ~** eso fue un bonito detalle
[6] (= *small quantity*) [6·1] **a ~ of** [*of milk, water*] un chorrito de; [*of salt, pepper*] una pizca de; [*of irony, sarcasm*] un toque *or* un dejo de; **to have a ~ of flu** estar algo griposo; **there was a ~ of frost this morning** había algo de *or* un poco de escarcha esta mañana; **it needs a ~ of paint** le hace falta un poquito de pintura; **he got a ~ of the sun** le dio el sol un poquito
[6·2] (*with adjective, adverb*) **it's a ~ (too) expensive** es algo *or* un poquito caro; **move it just a ~ to the left** muévelo un poquito a *or* hacia la izquierda
[7] (= *contact*) **to be in ~ (with sb)** estar en contacto (con algn); **we are still in ~** todavía estamos en contacto; **I'll be in ~** (*writing*) te escribiré; (*phoning*) te llamaré; **to get in ~ (with sb)** ponerse en contacto (con algn); **get in ~ with your emotions** conecte con sus emociones; **to keep in ~ (with sb)** mantener el contacto (con algn); **well, keep in ~!** ¡bueno, no pierdas contacto!, ¡bueno, no dejes de llamar o escribir!; **to lose ~ (with sth/sb)** perder el contacto (con algo/algn); **I lost ~ with her after she moved to London** perdí el contacto con ella después de que se mudara a Londres; **the party has lost ~ with the voters** el partido está desconectado de los votantes; **to be out of ~** no estar al corriente; **the Prime Minister was completely out of ~** el Primer Ministro no estaba al corriente de nada; **I'm out of ~ with the latest political developments** no estoy al corriente de los últimos acontecimientos políticos; **to put sb in ~ with sb** poner a algn en contacto con algn
[8] (*Rugby*) **to kick the ball into ~** poner el balón fuera de juego; **he had a foot in ~** tenía un pie fuera del terreno de juego *or* más allá de la línea de banda
Ⓑ VT [1] (*with hand*) tocar; **she ~ed his arm** le tocó el brazo; **they can't ~ you** (*fig*) no te pueden hacer nada; **to ~ one's toes** tocarse los dedos de los pies; **~ wood!** ¡toca madera!; *see also* **raw A3**
[2] (= *come into contact with*) tocar; (= *brush against*) rozar; **I just ~ed the car in front** no hice más que rozar el coche que tenía delante; **I can ~ the bottom** (*in swimming pool*) puedo tocar el fondo; (*in sea*) hago pie; **my feet haven't ~ed the ground since I started this job** desde que empecé en este trabajo no he parado; *see also* **barge D**, **base A4**
[3] (= *harm, disturb*) tocar; **don't ~ anything!** ¡no toques nada!; **I never ~ed him!** ¡ni le toqué!; **if you ~ him I'll kill you!** ¡como le pongas la mano encima *or* si le tocas te mato!
[4] (= *try*) [+ *food, drink*] probar; **I never ~ gin** no pruebo la ginebra; **you haven't ~ed your dinner** no has probado bocado, no has tocado la cena; **I haven't ~ed a typewriter in ages** hace siglos que no toco una máquina de escribir
[5] (= *affect*) afectar; **it ~es all our lives** nos afecta a todos
[6] (= *move*) **her faith ~ed me** su fe me conmovió *or* me llegó al alma; **she was ~ed by his gift** el regalo la emocionó mucho
[7] (= *compare with*) igualar; **no artist in the country can ~ him** no hay artista en todo el país que (se) le iguale; **nobody can ~ him as a pianist** como pianista es inigualable
[8] (*esp Brit*) (= *reach*) **he was ~ing 290mph** alcanzaba las 290 millas por hora; **his hair ~es his shoulders** tiene una melena que le llega por los hombros
[9] (*Brit**) **to ~ sb for money** dar un sablazo a algn*, pedir dinero prestado a algn
[10] **to be ~ed with sth: clouds ~ed with pink** nubes con un toque rosa; **his hair was ~ed with grey** tenía algunas canas en el pelo
Ⓒ VI [1] (*with hand*) **don't ~!** (*to child*) ¡no se toca!; **"please do not touch"** "se ruega no tocar"
[2] (= *come into contact*) [*hands*] encontrarse; [*lips*] rozarse; [*wires*] hacer contacto; **our hands ~ed** nuestras manos se encontraron
Ⓓ CPD ► **touch judge** N (*Rugby*) juez *mf* de línea, juez *mf* de banda

►**touch at** VI + PREP tocar en, hacer escala en

►**touch down** Ⓐ VI + ADV [1] (*Aer, Space*) (*on land*) aterrizar; (*on sea*) amerizar; (*on water*) acuatizar; (*on moon*) alunizar; *see also* **touchdown**
[2] (*Rugby*) marcar un ensayo; (*American Ftbl*) (= *score*) hacer un touchdown; (*behind one's own goal line*) poner balón en tierra; *see also* **touchdown**
Ⓑ VT + ADV (*Rugby*) **he ~ed the ball down** (= *scored a try*) marcó un ensayo; (*behind his own goal line*) puso el balón en tierra

►**touch off** VT + ADV [+ *argument, violence, riot, fire*] provocar; [+ *explosive*] hacer estallar

►**touch on, touch upon** VI + PREP [+ *subject*] [*speaker, film, book*] tocar; [+ *fact*] [*speaker*] mencionar (de pasada)

►**touch up** VT + ADV [1] (= *improve*) [+ *photograph, painting, make-up*] retocar
[2] (*) (*sexually*) meter mano a*, sobar*

**touch-and-go** ['tʌtʃən'gəʊ] Ⓐ N **it's ~ whether he'll survive** no se sabe si sobrevivirá; **it was ~ whether we'd arrive before we ran out of petrol** no estaba nada seguro de que la gasolina nos fuera a dar para llegar; **we made it, but it was ~** lo conseguimos, pero por los pelos*
Ⓑ ADJ [*decision*] difícil, dudoso

**touchdown** ['tʌtʃdaʊn] N [1] (*Aer, Space*) (*on land*) aterrizaje *m*; (*on sea*) amerizaje *m*; (*on water*) acuatizaje *m*; (*on moon*) alunizaje *m*
[2] (*Rugby*) ensayo *m*; (*American Ftbl*) touchdown *m*

**touché** [tu:'ʃeɪ] EXCL ¡dices bien!

**touched*** [tʌtʃt] ADJ (= *crazy*) tocado*, majara*; **he must be ~ in the head!** ¡tiene que estar tocado del ala!*

**touchiness** ['tʌtʃɪnɪs] N susceptibilidad *f*

**touching** ['tʌtʃɪŋ] Ⓐ ADJ conmovedor, patético
Ⓑ PREP tocante a

**touchingly** ['tʌtʃɪŋlɪ] ADV de modo conmovedor, patéticamente

**touchline** ['tʌtʃlaɪn] N (*Brit Sport*) línea *f* de banda

**touchpaper** ['tʌtʃpeɪpəʳ] N mecha *f*

**touch-sensitive** ['tʌtʃ'sensɪtɪv] ADJ sensible al tacto

**touchstone** ['tʌtʃstəʊn] N (*lit, fig*) piedra *f* de toque

**touch-tone** ['tʌtʃtəʊn] ADJ (*Telec*) digital, por tonos

**touch-type** ['tʌtʃtaɪp] VI mecanografiar al tacto

**touch-typing** ['tʌtʃ,taɪpɪŋ] N mecanografía *f* al tacto

**touch-typist** ['tʌtʃ,taɪpɪst] N mecanógrafo/a *m/f* al tacto

**touchy** ['tʌtʃɪ] ADJ (*compar* **touchier**; *superl* **touchiest**) [1] (= *sensitive*) [*person*] susceptible; [*subject*] delicado; **to be ~** ofenderse por poca cosa, ser (muy) susceptible; **he's ~ about his weight** su peso es un tema delicado; **that's a ~ subject with him** es delicado mencionarle ese asunto
[2] (*) (= *tactile*) [*person*] sobón

**touchy-feely*** ['tʌtʃɪfi:lɪ] ADJ [*person*] sobón; [*talk, session*] íntimo

**tough** [tʌf] Ⓐ ADJ (*compar* **tougher**; *superl* **toughest**) [1] (= *robust*) fuerte; **granny may be old, but she's ~** puede que la abuela sea vieja, pero es fuerte; ✦**IDIOM to be (as) ~ as old boots*** (*hum*) [*person*] ser fuerte como un roble*

2 (= *hard, uncompromising*) [*person*] duro; [*neighbourhood, school*] peligroso; **~ customer*** tío/a *m/f* duro/a*; **~ guy*** tipo *m* duro; **~ nut*** tío/a *m/f* duro/a*; **to do some ~ talking** hablar sin rodeos
3 (= *resistant*) [*substance, material*] fuerte, resistente; [*skin*] duro
4 (= *not tender*) [*meat*] duro; **the steak was as ~ as old boots*** el filete estaba duro como la suela de un zapato*
5 (= *harsh*) [*policies*] duro, de mano dura; [*measures*] duro; [*teacher, parent*] severo; **to take a ~ line on sth** adoptar una línea dura con respecto a algo; **to take a ~ line with sb** ponerse duro con algn; **to be ~ on sb** ser duro con algn
6 (= *difficult*) [*way of life, situation, day*] duro, difícil; [*choice, question*] difícil; [*competition*] fuerte; **it's a ~ job being Prime Minister** es duro ser primer ministro; **it's a ~ job, but somebody has to do it** es un trabajo duro, pero alguien tiene que hacerlo; **it's ~ when you have kids** es difícil cuando tienes niños; **it will be ~ to finish it in time** va a ser difícil acabarlo a tiempo; **his team will be ~ to beat** su equipo será difícil de vencer, va a ser difícil vencer a su equipo; **it was ~ trying to raise the cash** fue difícil conseguir el dinero; **he has found it ~ going this year** este año se le ha hecho muy cuesta arriba, este año le ha resultado muy difícil; **when the going gets ~** cuando las cosas se ponen difíciles; **to have a ~ time (of it)** pasarlo mal *or* fatal*, pasar las de Caín*; ✦***IDIOM* when the going gets ~, the ~ get going** la gente con arrestos se crece ante las adversidades
7 (*set expressions*) **tough!** ◊ **~ luck!*** ¡mala suerte!; **that's your ~ luck!** ¡te fastidias!; **~ shit**‡ te jodes‡
Ⓑ N (*) (= *thug*) matón *m*, macarra* *m*
Ⓒ VT (*) **to ~ it out** aguantar el tipo*
Ⓓ ADV (*) 1 **to act/talk ~** hacerse el duro*
2 (*US*) **to hang ~** mantenerse firme

**toughen** [ˈtʌfn] (*also* **~ up**) Ⓐ VT [+ *material*] endurecer; [+ *person*] fortalecer, hacer más fuerte; (*fig*) [+ *position*] endurecer
Ⓑ VI endurecerse

**toughened** [ˈtʌfnd] ADJ [*material*] endurecido

**tough-minded** [ˈtʌfˈmaɪndɪd] ADJ duro, nada sentimental

**toughness** [ˈtʌfnɪs] N 1 [*of person*] dureza *f*; **she has a reputation for ~** tiene fama de dura
2 [*of substance, material*] dureza *f*, resistencia *f*
3 [*of meat*] dureza *f*
4 [*of policy, measure*] dureza *f*

**Toulon** [ˈtuːˈlɔ̃ːŋ] N Tolón *m*

**Toulouse** [ˈtuːˈluːz] N Tolosa *f* (*de Francia*)

**toupée** [ˈtuːpeɪ] N peluca *f*, postizo *m*

**tour** [ˈtʊəʳ] Ⓐ N 1 (*by tourist*) [*of country*] gira *f*, viaje *m*; [*of city*] recorrido *m*; [*of building, exhibition*] visita *f*; **a ~ around Europe** una gira *or* un viaje por Europa; **to go on a ~ of sth**: **they went on a ~ of the Lake District** hicieron una excursión *or* un viaje por la Región de los Lagos; **to go on a walking/cycling ~** hacer una excursión a pie/en bicicleta; **we went on a ~ around London** hicimos un recorrido por Londres; **guided ~** [*of famous building*] visita *f* guiada *or* con guía; [*of city*] recorrido *m* turístico (con guía); *see also* **coach**, **conducted B1**, **grand**, **mystery**
2 (*by musician, team, statesman*) gira *f*; **concert ~** gira *f* de conciertos; **he is currently on a lecture ~ in the States** actualmente está dando una serie de conferencias por Estados Unidos; **they gave us a ~ of the factory** nos enseñaron la fábrica; **~ of inspection** recorrido *m or* ronda *f* de inspección; **he made a ~ of the villages threatened by the volcano** visitó *or* recorrió los pueblos amenazados por el volcán; **to be/go on ~** estar/ir de gira; **to take a play on ~** hacer una gira con una obra de teatro; **world ~** gira *f* mundial; *see also* **whistle-stop**
3 (*Mil*) **~ of duty** periodo *m* de servicio
4 (*US Golf*) **the ~** la temporada
Ⓑ VT 1 (*as tourist*) [+ *country, region*] recorrer, viajar por; [+ *town*] recorrer; **they are ~ing France** están recorriendo Francia, están viajando por Francia
2 (*officially*) ir de gira por; **the band ~ed Europe last year** el año pasado el grupo se fue de gira por Europa; **the Royal Opera is currently ~ing Japan** actualmente la Royal Opera está de gira por Japón; **the play is ~ing the provinces** están de gira con la obra por provincias; **the England team will be ~ing South Africa this winter** el equipo inglés hará una gira por Sudáfrica este invierno; **the Prince ~ed the factory** el Príncipe visitó la fábrica
Ⓒ VI 1 [*tourist*] viajar; **they went ~ing in Italy** se fueron de viaje por Italia
2 (*officially*) [*musician, team*] ir de gira; **he's currently ~ing in the States** actualmente está de gira por Estados Unidos
Ⓓ CPD ► **tour director** N (*US*) guía *mf* turístico/a ► **tour guide** N guía *mf* turístico/a ► **tour manager** N (*Sport, Mus*) encargado/a *m/f* de gira ► **tour operator** N touroperador(a) *m/f*

**Touraine** [tʊˈreɪn] N Turena *f*

**tour de force** [ˈtʊədəˈfɔːs] N (*pl* **tours de force**) proeza *f*, hazaña *f*

**tourer** [ˈtʊərəʳ] N coche *m* de turismo, turismo *m*

**touring** [ˈtʊərɪŋ] Ⓐ N 1 (*by tourist*) turismo *m*; **I'd like to do some ~ in a camper van** me gustaría hacer un poco de turismo en una autocaravana
2 (*by band, statesman etc*) giras *fpl*; **the company has done more ~ this year** la compañía ha realizado más giras este año
Ⓑ CPD ► **touring bicycle** N bicicleta *f* de paseo ► **touring company** N (*Theat*) compañía *f* (de teatro) ambulante ► **touring exhibition** N exposición *f* itinerante ► **touring holiday** N viaje *m* turístico ► **touring map** N mapa *m* turístico ► **touring production** N montaje *m* itinerante ► **touring team** N equipo *m* en gira

**tourism** [ˈtʊərɪzəm] N turismo *m*

**tourist** [ˈtʊərɪst] Ⓐ N 1 (*on holiday*) turista *mf*
2 (*Sport*) (= *visiting team*) **the ~s** el equipo visitante
Ⓑ CPD [*attraction, season*] turístico ► **tourist agency** N agencia *f* de turismo ► **tourist bureau** N = **tourist information centre** ► **tourist class** N clase *f* turista ► **tourist industry** N industria *f* del turismo ► **tourist information centre**, **tourist office** N oficina *f* de turismo, oficina *f* de información turística ► **tourist season** N temporada *f* del turismo ► **the tourist trade** N el turismo ► **tourist trap** N sitio *m* para turistas ► **tourist visa** N visado *m* turístico, visa *f* turística (*LAm*)

**touristy*** [ˈtʊərɪstɪ] ADJ (demasiado) turístico, turistizado

**tournament** [ˈtʊənəmənt] N torneo *m*; **tennis ~** torneo *m* de tenis

**tourney** [ˈtʊənɪ] N (*Hist*) torneo *m*

**tourniquet** [ˈtʊənɪkeɪ] N (*Med*) torniquete *m*

**touse*** [taʊz] VT (*lit, fig*) dar una paliza a

**tousing*** [ˈtaʊzɪŋ] N (*lit, fig*) paliza *f*

**tousle** [ˈtaʊzl] VT ajar, desarreglar; [+ *hair*] despeinar

**tousled** [ˈtaʊzld] ADJ [*appearance, style*] desaliñado, desarreglado; [*hair*] despeinado

**tout** [taʊt] Ⓐ N (*for hotels etc*) gancho/a *m/f*; (*Racing*) pronosticador(a) *m/f*; (*Brit*) (= *ticket tout*) revendedor(a) *m/f*
Ⓑ VI (*Brit*) **to ~ for business** *or* **custom** tratar de captar clientes
Ⓒ VT [+ *wares*] ofrecer, pregonar; (*Brit*) [+ *tickets*] revender

**tout court** [ˈtuːˈkʊəʳ] ADV **his name is Rodríguez ~** se llama Rodríguez a secas

**tow¹** [təʊ] Ⓐ N 1 (*Aut*) (= *act*) remolque *m*; (= *rope*) remolque *m*, cable *m* de remolque; (= *thing towed*) vehículo *m* remolcado; **to give sb a ~** dar remolque *or* remolcar a algn; **on ~** (*Brit*) ◊ **in ~** (*US*) a remolque; **to have a car in ~** llevar un coche de remolque; **to take in ~** dar remolque a
2 (*fig*) (*) **he arrived with a friend in ~** llegó acompañado de un amigo; (*unwillingly*) llegó con un amigo a rastras *or* a remolque
Ⓑ VT 1 [+ *car, caravan, boat*] remolcar; [+ *barge*] (*on canal*) sirgar
2 (*fig*) **to ~ sth about** llevar algo consigo
Ⓒ CPD ► **tow bar** N barra *f* de remolque ► **tow car** N (*US*) grúa *f*, coche *m* de remolque ► **tow line** N (*Naut*) (*at sea*) maroma *f* de remolque; (*on canal*) sirga *f*; (*Aut*) remolque *m*, cable *m* de remolque ► **tow truck** N (*esp US*) camión *m* grúa, grúa *f*, coche *m* de remolque

►**tow away** VT + ADV remolcar, quitar remolcando; **to ~ a car away** llevar un coche a la comisaría

**tow²** [təʊ] N (*Textiles*) estopa *f*

**towage** [ˈtəʊɪdʒ] N (= *act*) remolque *m*; (= *fee*) derechos *mpl* de remolque

**toward** [təˈwɔːd] PREP 1 (*direction*) hacia; **we walked ~ the sea** caminamos hacia el mar *or* rumbo al mar; **the government is moving ~ disaster** el gobierno se encamina hacia el desastre
2 (*time*) alrededor de, a eso de; **~ noon** alrededor de mediodía; **~ six o'clock** hacia las seis, a eso de las seis
3 (*attitude*) para con, con respecto a, hacia; **his attitude ~ the church** su actitud para con *or* con respecto a *or* hacia la iglesia; **to feel friendly ~ sb** sentir simpatía hacia *or* por algn
4 (*purpose*) para; **we're saving ~ our holiday** ahorramos dinero para nuestras vacaciones; **it helps ~ a solution** contribuye a la solución, ayuda en el esfuerzo por encontrar una solución; **half my salary goes ~ paying the rent** la mitad de mi sueldo se va en el alquiler

**towards** [təˈwɔːdz] PREP (*esp Brit*) = **toward**

**towaway zone** [ˈtəʊəweɪˌzəʊn] N (*US Aut*) *zona de aparcamiento prohibido donde la grúa procede a retirar los vehículos*

**towboat** [ˈtəʊbəʊt] N (*US*) remolcador *m*

**towel** [ˈtaʊəl] Ⓐ N (*for body*) toalla *f*; (*for hands*) paño *m*, toalla *f*; ✦***IDIOM* to throw in the ~** darse por vencido
Ⓑ VT frotar con toalla; **to ~ sth/sb dry** secar algo/a algn con toalla
Ⓒ CPD ► **towel rack**, **towel rail** N toallero *m*

**towelling**, **toweling** (*US*) [ˈtaʊəlɪŋ] N felpa *f*

**tower** [ˈtaʊəʳ] Ⓐ N 1 [*of castle*] torre *f*; **the Tower of London** la Torre de Londres; **a ~ of strength** (*fig*) una gran ayuda

2 (*also* **bell ~**) campanario *m*
Ⓑ VI elevarse; **it ~s to over 300 metres** se eleva a más de 300 metros; **to ~ above** *or* **over sth** dominar algo; **to ~ above** *or* **over sb** destacar *or* descollar sobre algn; **he ~s above** *or* **over his contemporaries** (*fig*) destaca *or* descuella claramente entre sus coetáneos
Ⓒ CPD ► **tower block** N (*Brit*) bloque *m* de pisos, torre *f* de pisos

**towering** ['taʊərɪŋ] ADJ [*peak, mountain*] elevado, imponente; [*building*] muy alto, imponente por su altura; [*figure*] (*in stature*) imponente, altísimo; (*in literature, arts etc*) destacado, sobresaliente; **in a ~ rage** con una rabia terrible

**tow-headed** [,taʊ'hedɪd] ADJ rubio, rubiacho

**town** [taʊn] Ⓐ N ciudad *f*; (*smaller*) pueblo *m*, población *f*; **~ and gown** (*Univ*) ciudadanos *mpl* y universitarios, ciudad *f* y universidad; **to live in a ~** vivir en una ciudad; **Jake's back in ~!** ¡ha vuelto Jake!; **to be out of ~** [*place*] estar fuera de la ciudad; [*person*] estar de viaje; **he's from out of ~** (*US*) es forastero, no es de aquí; **to go into ~** ir al centro; ✦***IDIOMS*** **to go out on the ~*** salir de juerga *or* de parranda*; **to go to ~ (on sth)*** dedicarse con entusiasmo (a algo), no cortarse nada (con algo); (*spending*) no reparar en gastos (con algo); *see also* **paint B2**
Ⓑ CPD ► **town centre, town center** (*US*) N centro *m* urbano ► **town clerk** N secretario/a *m/f* del ayuntamiento ► **town council** N ayuntamiento *m* ► **town councillor** N concejal(a) *m/f* ► **town crier** N pregonero *m* público ► **town dweller** N habitante *mf* de la ciudad ► **town hall** N ayuntamiento *m*, municipalidad *f* ► **town house** N casa *f* adosada; (= *not country*) residencia *f* urbana ► **town meeting** N (*US*) pleno *m* municipal ► **town plan** N plan *m* de desarrollo urbano ► **town planner** N (*Brit*) urbanista *mf* ► **town planning** N (*Brit*) urbanismo *m*

**townee** [taʊ'ni:], **townie** ['taʊnɪ] N habitante *mf* de la ciudad

**townscape** ['taʊnskeɪp] N paisaje *m* urbano

**townsfolk** ['taʊnzfəʊk] NPL ciudadanos *mpl*

**township** ['taʊnʃɪp] N (= *small town*) pueblo *m*; (*US*) municipio *m*; (*South Africa*) *asentamiento urbano creado en tiempos del apartheid para gente de raza negra en Sudáfrica*

**townsman** ['taʊnzmən] N (*pl* **townsmen**) ciudadano *m*; (*as opposed to country-dweller*) hombre *m* de la ciudad, habitante *m* de la ciudad

**townspeople** ['taʊnz,pi:pl] NPL ciudadanos *mpl*

**townswoman** ['taʊnzwʊmən] N (*pl* **townswomen**) ciudadana *f*; (*as opposed to country-woman*) habitante *f* de la ciudad

**towpath** ['təʊpɑ:θ] N camino *m* de sirga

**towrope** ['təʊrəʊp] N remolque *m*, cable *m* de remolque; (*on canal*) sirga *f*

**toxaemia, toxemia** (*US*) [tɒk'si:mɪə] N toxemia *f*

**toxic** ['tɒksɪk] Ⓐ ADJ [*substance, alga*] tóxico
Ⓑ N tóxico *m*
Ⓒ CPD ► **toxic waste** N desechos *mpl* tóxicos

**toxicity** [,tɒk'sɪsɪtɪ] N toxicidad *f*

**toxicological** [,tɒksɪkə'lɒdʒɪkəl] ADJ toxicológico

**toxicologist** [,tɒksɪ'kɒlədʒɪst] N toxicólogo/a *m/f*

**toxicology** [,tɒksɪ'kɒlədʒɪ] N toxicología *f*

**toxin** ['tɒksɪn] N toxina *f*

**toy** [tɔɪ] Ⓐ N juguete *m*
Ⓑ VI **to ~ with** [+ *object, sb's affections*] jugar con, juguetear con; [+ *food*] comiscar; [+ *idea*] acariciar
Ⓒ CPD ► **toy car** N coche *m* de juguete ► **toy dog** N (= *small breed of dog*) perrito *m*, perro *m* faldero ► **the toy industry** N la industria juguetera ► **toy maker** N (= *person*) fabricante *mf* de juguetes; (= *company*) empresa *f* de juguetes ► **toy poodle** N (= *small breed of poodle*) caniche *mf* enano/a ► **toy soldier** N soldadito *m* de juguete ► **toy theatre** N teatro *m* de títeres ► **toy train** N tren *m* de juguete

**toybox** ['tɔɪbɒks] N caja *f* de juguetes

**toyboy** ['tɔɪbɔɪ] N (*Brit*) amante *m* (de una mujer mayor)

**toyshop** ['tɔɪʃɒp] N juguetería *f*

**toytown** ['tɔɪtaʊn] ADJ 1 = **Mickey Mouse**
2 **he's a ~ revolutionary** es un aspirante a revolucionario

**tpi** N ABBR (*Comput*) = **tracks per inch**

**trace** [treɪs] Ⓐ N 1 (= *sign*) rastro *m*, señal *f*; **the search for ~s of life on Mars** la búsqueda de señales *or* indicios de vida en Marte; **she wanted to remove all ~ of him from the flat** quería deshacerse de todo rastro de él en el piso; **I've lost all ~ of my relations** perdí todo contacto con mis familiares, les perdí la pista *or* el rastro a mis familiares; **there was no ~ of him having been there** no había ningún indicio *or* rastro de que hubiera estado allí; **she had no ~ of an accent** no tenía ni pizca de acento; **he showed no ~ of shyness** no dio muestras de timidez, no mostró señales de timidez; **to disappear** *or* **vanish without (a) ~** desaparecer sin dejar huella *or* rastro; **the group had a few hits then sank without ~** el grupo tuvo unos cuantos éxitos y luego desapareció sin dejar huella *or* rastro
2 (= *remains*) vestigio *m*; **they found ~s of an ancient settlement** encontraron vestigios de un antiguo poblado
3 (= *small amount*) rastro *m*; **the blood test revealed ~s of poison** el análisis de sangre reveló rastros de veneno; **there was a ~ of a smile on her face** tenía el esbozo de una sonrisa en la cara; **rinse well and remove all ~s of soap** enjuague bien y elimine cualquier rastro *or* resto de jabón; **she said it without a ~ of irony** lo dijo sin (ningún) asomo de ironía
4 (*Tech*) (= *line*) traza *f*
5 (= *strap on harness*) tirante *m*, correa *f*; ✦***IDIOM*** **to kick over the ~s** rebelarse, sacar los pies del plato *or* tiesto*
Ⓑ VT 1 (= *find*) [+ *missing document, fault*] localizar, encontrar; [+ *missing person, suspect*] averiguar el paradero de, localizar, ubicar (*LAm*); **we have been unable to ~ your letter** no hemos podido localizar *or* encontrar su carta; **I cannot ~ any reference to it** no encuentro ninguna referencia a eso
2 (= *follow trail of*) [+ *person*] seguir la pista a; **she was finally ~d to a house in Soho** le siguieron la pista hasta dar con ella en una casa del Soho; **they ~d the van to a car rental agency** averiguaron que la furgoneta era de una agencia de alquiler de automóviles
3 (= *find source of*) [+ *phone call*] averiguar el origen de; **I can ~ my family back to Elizabethan times** las raíces de mi familia se remontan a la época isabelina; **to ~ a rumour back to its source** averiguar dónde se originó un rumor, seguir la pista de un rumor hasta llegar a su punto de partida
Ⓒ CPD ► **trace element** N oligoelemento *m*

**traceable** ['treɪsəbl] ADJ **a person not now ~** una persona cuyo paradero actual es imposible de encontrar; **an easily ~ reference** una referencia fácil de encontrar

**tracer** ['treɪsər] Ⓐ N (*Chem, Med*) indicador *m*, trazador *m*
Ⓑ CPD ► **tracer bullet** N bala *f* trazadora ► **tracer element** N elemento *m* trazador

**tracery** ['treɪsərɪ] N tracería *f*

**trachea** [trə'kɪə] N (*pl* **tracheas, tracheae** [trə'kɪi:]) (*Anat*) tráquea *f*

**tracheotomy** [,trækɪ'ɒtəmɪ] N traqueotomía *f*

**trachoma** [træ'kəʊmə] N tracoma *m*

**tracing** ['treɪsɪŋ] Ⓐ N 1 (*with tracing paper*) calco *m*
2 (*electronically*) traza *f*
3 [*of phone call*] seguimiento *m*
Ⓑ CPD ► **tracing paper** N papel *m* de calco

**track** [træk] Ⓐ N 1 (= *trail*) [*of animal, person*] rastro *m*, pista *f*; [*of vehicle*] rastro *m*; [*of wheel*] huellas *fpl*, rodada *f*; **to cover one's ~s** borrar las huellas; **to keep ~ of sth/sb**: **they prefer him to live at home where they can keep ~ of him** prefieren que viva en casa donde le pueden seguir la pista; **do you find it hard to keep ~ of all your bills?** ¿le resulta difícil mantenerse al corriente de todas sus facturas?; **start keeping ~ of how much you spend** empiece a tomar nota de cuánto gasta; **to lose ~ of sth/sb**: **I lost all ~ of time** perdí la noción del tiempo por completo; **to lose ~ of what sb is saying** perder el hilo de lo que está diciendo algn; **to make ~s*** (*fig*) irse marchando, empezar a irse; **it's time we were making ~s** es hora de irse marchando *or* de que empecemos a irnos; **to be on sb's ~** seguirle la pista *or* el rastro a algn; **to stop (dead) in one's ~s** pararse en seco; **the sound stopped him in his ~s** el sonido le hizo pararse en seco; **to throw sb off the ~** (*fig*) despistar a algn
2 (= *course*) [*of missile, bullet, satellite*] trayectoria *f*; [*of storm*] curso *m*; **it will take time to get the economy back on ~** se tardará un tiempo en volver a encarrilar la economía; **to be on the right ~** ir por buen camino; **to be on the wrong ~** ir por mal camino; *see also* **one-track**
3 (= *path*) camino *m*, sendero *m*
4 (*Sport*) pista *f*; **~ and field** atletismo *m*; **~ and field events** pruebas *fpl* de atletismo; **race ~** (*for horses*) hipódromo *m*; (*for bicycles*) velódromo *m*; (*for cars*) autódromo *m*, pista *f* *or* circuito *m* de automovilismo; **running ~** pista *f* de atletismo; ✦***IDIOMS*** **to be on a fast ~ to sth** ir rápidamente camino de algo; **to have the inside ~** (*esp US*) estar en una posición de ventaja
5 (*Rail*) vía *f*; **double ~** vía *f* doble; **to jump the ~s** descarrilar; **single ~** vía *f* única; ✦***IDIOM*** **the wrong side of the ~s** (*esp US**) los barrios bajos; **she was born on the wrong side of the ~s** nació en los barrios bajos; **she's from the wrong side of the ~s** proviene de los barrios bajos
6 (*Aut*) (*on tank, tractor*) oruga *f*; (*between wheels*) ancho *m* de vía (*Tech*) (*distancia entre los puntos de contacto con el suelo de dos ruedas paralelas*)
7 (*Audio*) pista *f*; **four/eight ~ recording system** equipo *m* de grabación de cuatro/ocho pistas
8 (*Comput*) pista *f*
9 (= *song, piece*) tema *m*; **title ~** tema *m* que da título *or* nombre al álbum
10 (*for curtains*) riel *m*
11 (*US Educ*) (= *stream*) *agrupamiento de alum-*

*nos según su capacidad*
Ⓑ VT [1] (= *follow*) [+ *animal*] seguir las huellas de, seguir el rastro de; [+ *person, vehicle*] seguir la pista a; [+ *satellite, missile*] seguir la trayectoria de, rastrear; **the camera was ~ing his movements** la cámara seguía sus movimientos
[2] (= *deposit*) ir dejando; **she was ~ing dirt all over the carpet** iba dejando suciedad por toda la moqueta
Ⓒ VI [*stylus*] seguir el surco
Ⓓ CPD ► **track events** NPL (*Sport*) pruebas *fpl* en pista ► **track meet** N (*US*) concurso *m* de atletismo ► **track race** N carrera *f* en pista ► **track racing** N carreras *fpl* en pista, ciclismo *m* en pista ► **track record** N historial *m*; **he had a good ~ record** su historial era bueno; **it's a company with a poor ~ record** es una empresa con un historial no muy bueno (en materia de ganancias) ► **track shoes** NPL zapatillas *fpl* para pista de atletismo (claveteadas)

►**track down** VT + ADV (= *locate*) [+ *suspect, document, information*] localizar, ubicar (*LAm*); [+ *missing person*] averiguar el paradero de, localizar; **we eventually ~ed him down in the library** finalmente lo localizamos *or* dimos con él en la biblioteca; **scientists have ~ed down the bacteria that causes the infection** los científicos han localizado la bacteria que causa la infección; **eventually I ~ed down a copy of the novel** finalmente localicé un ejemplar de la novela

**trackball** [ˈtrækbɔːl] N (*Comput*) bola *f* rastreadora, trackball *m*

**tracked** [trækt] ADJ **~ vehicle** vehículo *m* de oruga

**tracker** [ˈtrækəʳ] Ⓐ N rastreador *m*
Ⓑ CPD ► **tracker dog** N perro *m* rastreador ► **tracker fund** N = **index-tracking fund**

**tracking** [ˈtrækɪŋ] Ⓐ N rastreo *m*
Ⓑ CPD ► **tracking device** N dispositivo *m* de localización ► **tracking shot** N (*Cine, TV*) travelling *m* ► **tracking station** N estación *f* de seguimiento

**trackless** [ˈtræklɪs] ADJ sin caminos, impenetrable

**trackman** [ˈtrækmən] N (*pl* **trackmen**) (*US*) obrero *m* de ferrocarril

**tracksuit** [ˈtræksuːt] N (*Brit*) chándal *m*

**tract**[1] [trækt] N [1] (= *area of land, sea*) extensión *f*
[2] (*Anat*) tracto *m*; **respiratory ~** vías *fpl* respiratorias, aparato *m* respiratorio

**tract**[2] [trækt] N (= *pamphlet*) folleto *m*, panfleto *m*; (= *treatise*) tratado *m*

**tractable** [ˈtræktəbl] ADJ [*person*] tratable; [*problem*] soluble; [*material*] dúctil, maleable

**traction** [ˈtrækʃən] Ⓐ N tracción *f*
Ⓑ CPD ► **traction engine** N locomotora *f* de tracción

**tractive** [ˈtræktɪv] ADJ tractivo

**tractor** [ˈtræktəʳ] Ⓐ N tractor *m*
Ⓑ CPD ► **tractor drive** N tractor *m* ► **tractor driver** N tractorista *mf* ► **tractor feed** N arrastre *m* de papel por tracción

**tractor-drawn** [ˈtræktədrɔːn] ADJ arrastrado por tractor

**trad*** [træd] ADJ ABBR (*esp Brit Mus*) = **traditional**

**trade** [treɪd] Ⓐ N [1] (= *buying and selling*) comercio *m*; **domestic/foreign/world ~** comercio *m* interior/exterior/internacional; **to do ~ with sb** comerciar con algn; **to do a good** *or* **brisk** *or* **roaring ~ (in sth)** (*Brit*) hacer (un) buen negocio (con algo); **all ~ in ivory is banned** el comercio de todo tipo de *or* con marfil está prohibido; **to be in ~**† ser comerciante
[2] (= *industry*) industria *f*; **the building ~** la industria de la construcción; **the antiques ~** la compraventa de antigüedades; **the arms ~** el tráfico de armas; **the tourist ~** el turismo, el sector turístico
[3] (= *profession, occupation*) oficio *m*; **he's a butcher by ~** es carnicero de oficio; **known in the ~ as ...** conocido en el gremio como ...; **as we/they say in the ~** como decimos/dicen en el oficio; *see also* **tool**, **trick**
[4] (= *people in trade*) **to sell to the ~** vender al por mayor *or* (*LAm*) al mayoreo; **"no trade"** "sólo particulares"; **"trade only"** "sólo mayoristas"
[5] (= *clientele*) clientela *f*; **passing ~** clientela *f* de paso; **he hires boats out for the tourist ~** alquila barcas a los turistas
[6] (*esp US*) (= *exchange*) cambio *m*; **it was fair ~** fue un cambio justo; **I'm willing to do** *or* **make a ~ with you** estoy dispuesto a hacerte un cambio *or* a hacer un cambio contigo
Ⓑ VT (*esp US*) (= *exchange*) [+ *goods*] cambiar; [+ *blows, insults, jokes*] intercambiar; **to ~ sth for sth** cambiar algo por algo; **to ~ sth with sb** intercambiar algo con algn; **I wouldn't ~ places with her for anything** no quisiera estar en su lugar por nada del mundo; **managers ~d places with cleaners for a day** los gerentes y el personal de limpieza se cambiaron los trabajos por un día
Ⓒ VI [1] (= *do business*) comerciar; **we are trading at a loss** estamos comerciando con pérdida; **to cease trading** cerrar; **to ~ in sth** comerciar con algo; **to ~ in ivory/hardware** comerciar con marfil/artículos de ferretería; **he ~s in antique dolls** se dedica a la compraventa de muñecas antiguas; **he ~s under a business name** opera con un nombre comercial; **to ~ with sb** comerciar con algn
[2] (= *exchange*) (*esp US*) hacer un cambio
[3] (= *sell*) [*currency, shares*] cotizarse (**at** a)
Ⓓ CPD ► **trade agreement** N acuerdo *m* comercial, convenio *m* comercial ► **trade association** N asociación *f* gremial, asociación *f* mercantil ► **trade barriers** NPL barreras *fpl* arancelarias ► **trade deficit** N déficit *m* comercial ► **Trade Descriptions Act** N (*Brit*) ley *f* de protección al consumidor ► **trade discount** N descuento *m* comercial ► **trade embargo** N embargo *m* comercial ► **trade fair** N feria *f* de muestras, feria *f* comercial ► **trade figures** NPL estadísticas *fpl* comerciales ► **trade gap** N déficit *m* comercial ► **trade journal** N revista *f* especializada ► **trade magazine** N = **trade journal** ► **trade name** N nombre *m* comercial ► **trade price** N precio *m* al por mayor, precio *m* de mayoreo (*LAm*) ► **trade restrictions** NPL restricciones *fpl* comerciales ► **trade route** N ruta *f* comercial ► **trade sanctions** NPL sanciones *fpl* comerciales ► **trade secret** N secreto *m* comercial; (*fig*) secreto *m* profesional ► **trades union** N = **trade union** ► **Trades Union Congress** N (*Brit*) Federación *f* de los Sindicatos ► **trade surplus** N balanza *f* comercial favorable, superávit *m* (en balanza) comercial ► **trade union** N sindicato *m* ► **trade unionism** N sindicalismo *m* ► **trade unionist** N sindicalista *mf*, miembro *mf* de un sindicato ► **trade union leader** N líder *mf* sindicalista ► **trade union movement** N movimiento *m* sindical, movimiento *m* sindicalista ► **trade union official** N representante *mf* sindical ► **trade war** N guerra *f* comercial ► **trade winds** NPL vientos *mpl* alisios

►**trade in** VT + ADV (= *exchange*) cambiar; (= *give as deposit*) [+ *car, appliance*] ofrecer como parte del pago

►**trade off** VT + ADV **to ~ off manpower costs against computer costs** compensar los costes de personal con los costes de informatización; **he ~d off information for a reduced sentence** pasó información a cambio de una reducción de la condena

►**trade on** VI + PREP explotar, aprovecharse de; **he ~s shamelessly on his good looks** explota su atractivo sin vergüenza ninguna, se aprovecha de su atractivo sin avergonzarse en absoluto

►**trade up** VI + ADV **they buy a house and then ~ up as their income rises** compran una casa y luego, cuando aumentan sus ingresos, la venden para comprar otra mejor

**trade-in** [ˈtreɪdɪn] Ⓐ N *sistema de devolver un artículo usado al comprar uno nuevo*; **it proved difficult to negotiate a ~ on a new property** resultó difícil negociar un cambio como parte del pago de una propiedad nueva; **the company operates a ~ policy** la empresa acepta la entrega de artículos usados como parte del pago
Ⓑ CPD ► **trade-in price**, **trade-in value** N *valor de un artículo usado que se descuenta del precio de otro nuevo*

**trademark** [ˈtreɪdmɑːk] N (*Comm*) marca *f* de fábrica, marca *f* comercial; (*fig*) marca *f* personal; *see also* **registered**

**trade-off** [ˈtreɪdɒf] N **there is always a ~ between risk and return** siempre existe un elemento de compensación entre el riesgo y las ganancias

**trader** [ˈtreɪdəʳ] N comerciante *mf*, negociante *mf*; (= *street trader*) vendedor(a) *m/f* ambulante; (*Hist*) mercader *m*

**tradescantia** [ˌtrædəsˈkæntɪə] N tradescantia *f*

**tradesman** [ˈtreɪdzmən] N (*pl* **tradesmen**) (= *shopkeeper*) tendero *m*; (= *roundsman*) repartidor *m*, proveedor *m*; (= *artisan*) artesano *m*; **~'s entrance** entrada *f* de servicio

**tradespeople** [ˈtreɪdzˌpiːpl] NPL tenderos *mpl*

**tradeswoman** [ˈtreɪdzˌwʊmən] N (*pl* **tradeswomen**) (= *shopkeeper*) tendera *f*; (= *roundswoman*) repartidora *f*, proveedora *f*; (= *artisan*) artesana *f*

**trading** [ˈtreɪdɪŋ] Ⓐ N [1] (*Comm*) comercio *m*, actividad *f* comercial; **the laws on Sunday ~** las leyes con respecto al comercio los domingos
[2] (*St Ex*) operaciones *fpl* bursátiles; **to stop** *or* **suspend ~** suspender las operaciones bursátiles
Ⓑ CPD ► **trading account** N (*St Ex*) cuenta *f* de explotación ► **trading centre** N centro *m* de comercio ► **trading estate** N (*Brit*) zona *f* industrial, polígono *m* industrial (*Sp*) ► **trading floor** N parqué *m*, patio *m* de operaciones ► **trading links** NPL vínculos *mpl* comerciales ► **trading loss** N pérdidas *fpl* comerciales, pérdidas *fpl* de explotación ► **trading partner** N socio/a *m/f* comercial ► **trading post** N factoría *f* ► **trading profits** N beneficios *mpl* comerciales, beneficios *mpl* de explotación ► **trading stamp** N cupón *m*

**tradition** [trəˈdɪʃən] N tradición *f*; **according to ~** de acuerdo con la tradición; **~ has it that ...** según la tradición ...; **in the (best) ~ of** a la mejor usanza de; **it is a ~ that ...** es tradición que ...

**traditional** [trəˈdɪʃənl] ADJ tradicional; **the**

**clothes which are ~ to his country** la ropa tradicional de su país

**traditionalism** [trəˈdɪʃnəlɪzəm] N tradicionalismo *m*

**traditionalist** [trəˈdɪʃnəlɪst] Ⓐ ADJ tradicionalista
Ⓑ N tradicionalista *mf*

**traditionality** [trəˌdɪʃəˈnæləti] N tradicionalidad *f*

**traditionally** [trəˈdɪʃnəlɪ] ADV [1] (= *according to custom*) tradicionalmente; **~, election campaigns start on Labor Day** tradicionalmente *or* por tradición, las campañas electorales comienzan el Día del Trabajo
[2] (= *in the traditional way*) [*produced, made*] de forma tradicional, a la manera tradicional

**traduce** [trəˈdjuːs] VT (*frm*) calumniar, denigrar

**traffic** [ˈtræfɪk] (*vb: pt, pp* **trafficked**) Ⓐ N [1] (*Aut, Aer, Naut, Rail*) tráfico *m*, circulación *f*, tránsito *m* (*esp LAm*); **the ~ is heavy during the rush hour** hay mucho tráfico durante las horas punta; **~ was quite light** había poco tráfico; **~ was blocked for some hours** la circulación quedó interrumpida durante varias horas; **closed to heavy ~** cerrado a los vehículos pesados; **air ~** tráfico *m* aéreo
[2] (= *trade*) tráfico *m*, comercio *m* (**in** en); **drug ~** narcotráfico *m*, tráfico *m* de drogas
Ⓑ VI **to ~ (in)** traficar (en)
Ⓒ CPD (*Aut*) [*regulations*] de circulación, de tránsito (*esp LAm*) ► **traffic accident** N accidente *m* de tráfico, accidente *m* de circulación, accidente *m* de tránsito (*LAm*) ► **traffic circle** N (*US*) rotunda *f*, glorieta *f* ► **traffic cone** N cono *m* señalizador ► **traffic control** N (= *act*) control *m* del tráfico; (= *lights*) semáforo *m* ► **traffic duty** N **to be on ~ duty** estar en tráfico ► **traffic flow** N flujo *m* de tráfico ► **traffic island** N refugio *m* ► **traffic jam** N embotellamiento *m*, atasco *m*; **a five-mile ~ jam** un atasco de cinco millas ► **traffic lights** NPL semáforo *msing* ► **traffic offence** N (*Brit*) infracción *f* de tráfico ► **traffic police** N policía *f* de tráfico, policía *f* de tránsito ► **traffic sign** N señal *f* de tráfico ► **traffic violation** N (*US*) = **traffic offence** ► **traffic warden** N guardia *mf* de tráfico *or* tránsito; *see also* **road**

**trafficator** [ˈtræfɪkeɪtəʳ] N (*Brit*) indicador *m* de dirección, flecha *f* de dirección

**trafficker** [ˈtræfɪkəʳ] N traficante *mf* (**in** en)

**tragedian** [trəˈdʒiːdɪən] N trágico *m*

**tragedienne** [trədʒiːdɪˈen] N trágica *f*, actriz *f* trágica

**tragedy** [ˈtrædʒɪdɪ] N (*gen, Theat*) tragedia *f*; **it is a ~ that ...** es una tragedia que ...; **the ~ of it is that ...** lo trágico del asunto es que ...; **a personal ~** una tragedia personal

**tragic** [ˈtrædʒɪk] ADJ (*gen, Theat*) trágico

**tragically** [ˈtrædʒɪkəlɪ] ADV trágicamente; **her career ended ~ at the age of 19** su carrera se vio truncada trágicamente a la edad de 19 años; **~, she never lived to see her grandson** desgraciadamente, jamás llegó a ver a su nieto; **he died ~ young** murió terriblemente joven; **the operation went ~ wrong** la operación tuvo consecuencias trágicas

**tragicomedy** [ˈtrædʒɪˈkɒmɪdɪ] N tragicomedia *f*

**tragicomic** [ˈtrædʒɪˈkɒmɪk] ADJ tragicómico

**trail** [treɪl] Ⓐ N [1] (= *wake*) [*of dust, smoke*] estela *f*; [*of blood*] reguero *m*; [*of comet, meteor*] cola *f*; **the hurricane left a ~ of destruction** el huracán dejó una estela de estragos; **the murderer left a ~ of clues** el asesino dejó un reguero de pistas; **he left a ~ of wet footprints all through the house** dejó pisadas húmedas por toda la casa
[2] (= *track*) (*left by animal, person*) rastro *m*, pista *f*; **to be on sb's ~** seguir la pista a algn; **the police are hard** *or* **hot on his ~** la policía le sigue de cerca *or* está sobre su pista; **to pick up sb's ~** dar con algn; **we managed to throw** *or* **put them off our ~** conseguimos despistarlos
[3] (= *path*) camino *m*, sendero *m*; **tourist ~** ruta *f* turística; (*fig*) *see also* **blaze²**, **nature**
Ⓑ VT [1] (= *drag*) arrastrar; **he was ~ing his schoolbag behind him** iba arrastrando la cartera (de la escuela); **the jeep ~ed clouds of dust behind it** el jeep iba dejando nubes de polvo a su paso; **to ~ one's fingers in** *or* **through the water** hacer surcos en el agua con los dedos
[2] (= *deposit*) **the children ~ed dirt all over the carpet** los niños iban dejando suciedad por toda la moqueta
[3] (= *track*) [+ *animal, person*] seguir la pista a, seguir el rastro a; [+ *suspect*] seguir de cerca; **two detectives were ~ing him** dos detectives le seguían de cerca
[4] (= *lag behind*) ir rezagado con respecto a, ir a la zaga de; **the President ~s his opponent in opinion polls** el Presidente va rezagado con respecto a *or* va a la zaga de su adversario en las encuestas de opinión; **they are ~ing the leaders by just two points** los líderes sólo les llevan *or* sacan dos puntos de ventaja
Ⓒ VI [1] (= *drag*) arrastrarse; **your coat is ~ing in the mud** se te está arrastrando *or* vas arrastrando el abrigo por el barro; **she walked with her skirt ~ing on the ground** andaba arrastrando la falda por el suelo
[2] (= *dangle, spread*) **plants ~ from balconies** las plantas cuelgan de los balcones; **wires ~ing across the floor are dangerous** los cables sueltos por el suelo son peligrosos
[3] (= *trudge*) **I spent the afternoon ~ing around the shops** pasé la tarde pateándome las tiendas; **we ~ed home again in the rain** a duras penas y lloviendo nos hicimos el camino de vuelta a casa; **her husband ~ed along behind** su marido iba detrás arrastrando los pies
[4] (= *lag behind*) ir rezagado, ir a la zaga; **to ~ (far) behind sb** quedar (muy) a la zaga de algn, ir (muy) rezagado con respecto a algn; **he's ~ing in the polls** va por detrás *or* a la zaga en las encuestas; **they were ~ing 2-0 at half-time** en el descanso iban perdiendo dos a cero
► **trail away, trail off** VI + ADV [*sound*] irse apagando; **the last note ~s away to nothing** la última nota se va apagando hasta dejar de oírse; **her voice ~ed off** *or* **away** se le fue la voz; **he let the sentence ~ off meaningfully** dejó la frase en puntos suspensivos de forma significativa

**trailblazer** [ˈtreɪlbleɪzəʳ] N pionero/a *m/f*

**trailblazing** [ˈtreɪlbleɪzɪŋ] Ⓐ ADJ pionero
Ⓑ N *trabajo o viaje etc pionero*

**trailer** [ˈtreɪləʳ] Ⓐ N [1] (*Aut*) remolque *m*; (*of truck*) tráiler *m*, remolque *m*; (*US*) (= *caravan*) caravana *f*, rulot *f*
[2] (*Cine*) tráiler *m*, avance *m*
Ⓑ CPD ► **trailer park** N (*US*) (*for caravans*) camping *m* para caravanas *or* rulots; (*for trailers*) camping *m* para remolques

**trailing** [ˈtreɪlɪŋ] ADJ [*plant*] trepador; [*branches*] colgante; **she wore a long ~ scarf** llevaba un pañuelo largo que le colgaba; **~ edge** (*Aer*) borde *m* de salida, borde *m* posterior

**train** [treɪn] Ⓐ N [1] (*Rail*) tren *m*; **diesel/electric ~** tren *m* diesel/eléctrico; **express/fast/slow ~** tren *m* expreso/rápido/ordinario; **high-speed ~** tren *m* de alta velocidad; **steam ~** tren *m* de vapor; **connecting ~** tren *m* de enlace; **through ~** (tren *m*) directo *m*; **to catch a ~ (to)** coger *or* (*LAm*) tomar un tren (a); **I've got a ~ to catch** tengo que coger *or* (*LAm*) tomar un tren; **to change ~s** cambiar de tren, hacer tra(n)sbordo; **to go by ~** ir en tren; **to send sth by ~** mandar algo por ferrocarril; **to take the ~** coger *or* (*LAm*) tomar el tren; **to travel by ~** viajar en tren; *see also* **gravy**
[2] (= *line*) [*of people, vehicles*] fila *f*; [*of mules, camels*] recua *f*, reata *f*; **a ~ of reporters followed her everywhere** una cohorte de reporteros la seguía a todos sitios
[3] (= *sequence*) serie *f*; **a ~ of disasters/events** una serie de catástrofes/acontecimientos; **the earthquake brought great suffering in its ~** el terremoto trajo consigo gran sufrimiento; **the next stage of the operation was well in ~** la siguiente fase de la operación ya estaba en marcha; **to put sth in ~** ◊ **set sth in ~** poner algo en marcha; **~ of thought**: **to lose one's ~ of thought** perder el hilo; **you're interrupting my ~ of thought** me cortas el hilo de mis pensamientos; **they were both silent, each following her own ~ of thought** estaban las dos calladas, cada una pensando en lo suyo
[4] (= *entourage*) séquito *m*, comitiva *f*
[5] [*of dress*] cola *f*; **to carry sb's ~** llevar la cola del vestido de algn
[6] (*Mech*) [*of gears*] tren *m*
Ⓑ VT [1] (= *instruct*) [+ *staff*] formar; [+ *worker*] (*in new technique*) capacitar; [+ *soldier, pilot*] adiestrar; [+ *athlete, team*] entrenar; [+ *animal*] (*for task*) adiestrar; (*to do tricks*) amaestrar; [+ *racehorse*] entrenar, preparar; **our staff are ~ed to the highest standards** el nivel de formación de nuestros empleados es del más alto nivel; **you've got him well ~ed!** (*hum*) ¡le tienes bien enseñado! (*hum*); **he was ~ed in Salamanca** (*for qualification*) estudió en Salamanca; (*for job*) recibió su formación profesional en Salamanca; **to ~ sb to do sth: his troops are ~ed to kill** a sus tropas se les enseña a matar; **professional counsellors are ~ed to be objective** los consejeros profesionales están capacitados *or* adiestrados para ser objetivos; **he had ~ed himself to write left-handed** aprendió por su cuenta a escribir con la izquierda; **~ yourself to think positively** habitúate a pensar de manera positiva; **the dogs were ~ed to attack intruders** se adiestraba a los perros para que atacaran a los intrusos; **to ~ sb for sth**: **the programme ~s young people for jobs in computing** el programa forma a la gente joven para realizar trabajos en informática; **nobody ~s you for the job of being a parent** nadie te enseña a ser padre; **to ~ sb in sth**: **officers ~ed in the use of firearms** oficiales entrenados *or* adiestrados en el uso de armas de fuego; **they are ~ing women in non-traditional female jobs** están formando a mujeres en trabajos que tradicionalmente no realizan las mujeres
[2] (= *develop*) [+ *voice, mind*] educar
[3] (= *direct*) [+ *gun*] apuntar (**on** a); [+ *camera, telescope*] enfocar (**on** a); **his gun was ~ed on Jo** apuntaba a Jo con la pistola; **the camera was ~ed on me** la cámara me estaba enfocando
[4] (= *guide*) [+ *plant*] guiar (**up, along** por)
Ⓒ VI [1] (= *learn a skill*) estudiar; **where did you ~?** (*for qualification*) ¿dónde estudió?; (*for job*) ¿dónde se formó?; **he ~ed to be a lawyer** estudió derecho; **she was ~ing to be a teacher** estudiaba para (ser) maestra, estudia-

ba magisterio; **she ~ed as a hairdresser** estudió peluquería, aprendió el oficio de peluquera; **he's ~ing for the priesthood** estudia para meterse en el sacerdocio
[2] (*Sport*) entrenar, entrenarse; **I ~ for six hours a day** (me) entreno seis horas diarias; **to ~ for sth** entrenar(se) para algo
Ⓓ CPD ► **train crash** N accidente *m* ferroviario ► **train driver** N maquinista *mf* ► **train fare** N **I gave him the money for the ~ fare** le di dinero para el billete de tren ► **train journey** N viaje *m* en tren ► **train service** N servicio *m* de trenes ► **train set** N tren *m* de juguete (*con vías, estaciones, etc*) ► **train station** N estación *f* de ferrocarril, estación *f* de tren

►**train up*** VT + ADV (*Brit*) [+ *new staff*] empezar a formar a partir de cero

**trained** [treɪnd] ADJ [1] [*teacher, nurse*] titulado; [*worker, staff*] cualificado; [*animal*] (*for task*) adiestrado; (*to do tricks*) amaestrado; **there was a lack of ~ men and equipment** faltaban hombres entrenados y equipo; **she is a ~ singer** ha recibido formación de cantante, ha estudiado canto; **we have counsellors ~ to deal with these sorts of problems** tenemos asesores capacitados para llevar este tipo de problemas; **they have a highly-~ workforce** tienen una mano de obra altamente cualificada; **a well-~ army** un ejército disciplinado, un ejército bien entrenado
[2] [*eye, ear, voice*] educado

**trainee** [treɪ'niː] Ⓐ N aprendiz(a) *m/f*; (*US Mil*) recluta *mf* en período de aprendizaje; **management ~** = **trainee manager**
Ⓑ CPD ► **trainee manager** N aprendiz(a) *m/f* de administración ► **trainee teacher** N estudiante *mf* de magisterio

**trainer** ['treɪnəʳ] N [1] (*Sport*) [*of athletes, gymnasts, footballers*] entrenador(a) *m/f*; [*of horses*] preparador(a) *m/f*; [*of circus animals*] domador(a) *m/f*
[2] (= *plane*) entrenador *m*
[3] **trainers** (= *shoes*) zapatillas *fpl* de deporte

**training** ['treɪnɪŋ] Ⓐ N [1] (*for job*) formación *f*; (*Mil*) instrucción *f*; [*of animals*] (*for task*) adiestramiento *m*; (*to do tricks*) amaestramiento *m*; (= *teaching*) enseñanza *f*, instrucción *f*; (= *period of training*) aprendizaje *m*, periodo *m* de formación; **~ will be provided** se ofrece formación; **she has no ~ or experience with children** no tiene formación o experiencia con niños; **she has no ~ as a nurse** no tiene (el) título de enfermera; **staff ~** formación *f* de empleados; *see also* **assertiveness**, **teacher**
[2] (*Sport*) entrenamiento *m*; **he injured a knee during** *or* **in ~** se lesionó una rodilla durante el entrenamiento; **to be in ~ for sth** estar entrenando *or* entrenándose para algo; **to be out of ~** estar desentrenado *or* bajo de forma; *see also* **weight**
Ⓑ CPD ► **training camp** N (*Mil*) campo *m* de instrucción, campo *m* de entrenamiento; (*Sport*) lugar *m* de concentración ► **training centre**, **training center** (*US*) N centro *m* de formación, centro *m* de capacitación ► **training college** N escuela *f* de formación profesional; (*for teachers*) escuela *f* normal ► **training course** N curso *m* de formación, curso *m* de capacitación ► **training flight** N vuelo *m* de instrucción ► **training ground** N (*Mil*) campo *m* de pruebas; (*Sport*) campo *m* de entrenamiento; (*fig*) **the band was a ~ ground for future jazz giants** la banda era como una especie de escuela para las futuras estrellas del jazz ► **training manual** N manual *m* de instrucción ► **training scheme** N plan *m* de formación profesional ► **training ship** N buque *m* escuela ► **training shoes** NPL zapatillas *fpl* de deporte

**trainman** ['treɪnmæn] N (*pl* **trainmen**) (*US Rail*) ferroviario *m*

**trainspotter** ['treɪnspɒtəʳ] N (*Brit*) [1] *persona cuyo hobby es apuntar los números de serie de los trenes que pasan*
[2] (*Brit* pej*) pelmazo/a* *m/f*, petardo/a* *m/f*

**trainspotting** ['treɪnspɒtɪŋ] N (*Brit*) **to go train-spotting** *ir a apuntar el número de serie de los trenes que pasan*

**traipse** [treɪps] Ⓐ VI (*) andar penosamente; **to ~ in/out** entrar/salir penosamente; **we ~d about all morning** pasamos toda la mañana yendo de acá para allá; **I had to ~ over to see him** tuve que tomarme la molestia de ir a verle
Ⓑ N caminata *f*

**trait** [treɪt] N rasgo *m*

**traitor** ['treɪtəʳ] N traidor(a) *m/f*; **to be a ~ to one's country** traicionar a la patria; **to turn ~** volverse traidor

**traitorous** ['treɪtərəs] ADJ [*person*] traidor; [*attempt, intention*] traicionero

**traitorously** ['treɪtərəslɪ] ADV traidoramente, a traición

**traitress** ['treɪtrɪs] N traidora *f*

**Trajan** ['treɪdʒən] N Trajano

**trajectory** [trə'dʒektərɪ] N trayectoria *f*, curso *m*

**tram** [træm] N [1] (*Brit*) tranvía *m*
[2] (*in mine*) vagoneta *f*

**tramcar** ['træmkɑːʳ] N = **tram**

**tramlines** ['træmlaɪnz] NPL (*Brit*) [1] (*for tram*) rieles *mpl* de tranvía
[2] (*Tennis*) líneas *f* laterales

**trammel** ['træməl] Ⓐ VT poner trabas a
Ⓑ NPL **trammels** trabas *fpl*

**tramp** [træmp] Ⓐ N [1] (= *sound of feet*) ruido *m* de pasos
[2] (= *long walk*) caminata *f*; **to go for a ~ in the hills** ir de paseo por la montaña; **it's a long ~** es mucho camino
[3] (= *homeless person*) vagabundo/a *m/f*
[4] (*esp US* pej*) (= *loose woman*) **she's a ~** es una zorra*, es una golfa*
[5] (*Naut*) (*also* **~ steamer**) vapor *m* volandero
Ⓑ VT [1] (= *stamp on*) pisar con fuerza
[2] (= *walk across*) recorrer a pie, hacer una excursión por; **to ~ the streets** andar por las calles, callejear
Ⓒ VI **to ~ (along)** caminar (con pasos pesados); **the soldiers ~ed past** los soldados pasaron marchando; **to ~ up and down** andar de acá para allá; **he ~ed up to the door** se acercó con pasos pesados a la puerta

**trample** ['træmpl] Ⓐ VT (*also* **to ~ underfoot**) pisar, pisotear
Ⓑ VI (*also* **to ~ about, to ~ along**) pisar fuerte, andar con pasos pesados; **to ~ on sth** pisar algo, pisotear algo; **to ~ on sb** (*fig*) tratar a algn sin miramientos; **to ~ on sb's feelings** herir los sentimientos de algn

**trampoline** ['træmpəlɪn] N cama *f* elástica

**tramway** ['træmweɪ] N (*Brit*) tranvía *m*

**trance** [trɑːns] N trance *m*; **to go into a ~** (*lit, fig*) entrar en trance

**tranche** [trɑːnʃ] N parte *f*, tajada *f*

**trannie**, **tranny** ['trænɪ] N (*pl* **trannies**) [1] (*) = **transistor (radio)**
[2] (*Phot**) = **transparency 3**
[3] (‡) (= *transvestite*) travesti‡ *mf*

**tranquil** ['træŋkwɪl] ADJ tranquilo, calmo

**tranquillity**, **tranquility** (*US*) [træŋ'kwɪlɪtɪ] N tranquilidad *f*, calma *f*

**tranquillize**, **tranquilize** (*US*) ['træŋkwɪlaɪz] VT tranquilizar

**tranquillizer**, **tranquilizer** (*US*) ['træŋkwɪlaɪzəʳ] N (*Med*) tranquilizante *m*

**trans** ABBR [1] = **translation**
[2] (= **translated**) trad.
[3] = **translator**
[4] = **transitive**
[5] = **transport(ation)**
[6] = **transferred**

**trans...** [trænz] PREFIX trans...

**transact** [træn'zækt] VT negociar, tramitar

**transaction** [træn'zækʃən] N [1] (= *deal*) operación *f*, transacción *f*; **cash ~s** operaciones *fpl* al contado
[2] (= *paperwork*) tramitación *f*
[3] **transactions** (= *records*) [*of society*] actas *fpl*, memorias *fpl*

**transatlantic** ['trænzət'læntɪk] ADJ [1] [*flight, crossing, phone call, liner*] transatlántico
[2] (*Brit*) (= *American*) norteamericano

**transceiver** [træn'siːvəʳ] N transceptor *m*, transmisor-receptor *m*

**transcend** [træn'send] VT sobrepasar, rebasar

**transcendence** [træn'sendəns] N [1] (= *superiority*) lo sobresaliente
[2] (*Philos*) trascendencia *f*

**transcendency** [træn'sendənsɪ] N = **transcendence**

**transcendent** [træn'sendənt] ADJ [1] (= *outstanding*) sobresaliente
[2] (*Philos*) transcendente

**transcendental** [,trænsen'dentl] Ⓐ ADJ (*Philos*) trascendental
Ⓑ CPD ► **transcendental meditation** N meditación *f* trascendental

**transcontinental** ['trænz,kɒntɪ'nentl] ADJ transcontinental

**transcribe** [træn'skraɪb] VT transcribir, copiar

**transcript** ['trænskrɪpt] N [1] (= *copy*) transcripción *f*
[2] (*US Scol*) expediente *m*

**transcription** [træn'skrɪpʃən] N (*gen*) transcripción *f*; **phonetic ~** pronunciación *f* fonética

**transculturation** [,trænzkʌltʃʊ'reɪʃən] N transculturación *f*

**transducer** [trænz'djuːsəʳ] N transductor *m*

**transect** [træn'sekt] N transecto *m*

**transept** ['trænsept] N crucero *m*

**transfer** ['trænsfəʳ] Ⓐ N [1] (= *conveyance*) traslado *m*; **we will arrange the ~ of your medical records** nos encargaremos del traslado de su historial médico; **technology ~** transferencia *f* de tecnología
[2] (= *change*) [*of job*] traslado *m*; [*of power*] traspaso *m*; [*of vehicle*] transbordo *m*; **I've applied for a ~ to head office** he solicitado el traslado a la oficina central
[3] (*Jur, Fin*) [*of property*] transmisión *f*, traspaso *m*; [*of funds*] transferencia *f*; **bank ~** transferencia *f* bancaria; **direct ~** abono *m* en cuenta; **~ of ownership** traspaso *m* de propiedad
[4] (*Sport*) traspaso *m*; **to ask for a ~** pedir el traspaso
[5] (= *picture*) calcomanía *f*
Ⓑ VT [1] (= *convey*) [+ *object, person*] trasladar (**from** de; **to** a); **~ the chops to a serving dish** pase las chuletas a una fuente; **the train broke down and passengers were ~red to a bus** el tren se averió y los pasajeros tuvieron que pasarse a un autobús; **the disease can be ~red to humans** la enfermedad pue-

de transmitirse *or* contagiarse a seres humanos
[2] (= *relocate*) [+ *person*] trasladar (**from** de; **to** a); [+ *power*] traspasar; [+ *allegiance*] mudar; **the company ~red her to another department** la empresa la trasladó a otro departamento; **to ~ one's affections to another** dar su amor a otro
[3] (*Jur, Fin*) [+ *property*] traspasar, transmitir; [+ *funds*] transferir; **she ~red the house to her son's name** puso la casa a nombre de su hijo; **to ~ money from one account to another** transferir dinero de una cuenta a otra
[4] (*Sport*) [+ *player*] traspasar
[5] (= *copy*) [+ *design*] pasar, trasladar; **the documents were ~red to microfilm** los documentos se pasaron *or* se trasladaron a microfilm
[6] (*Telec*) [+ *call*] pasar; **please hold while I ~ you** no cuelgue, que ahora mismo le paso; **can you ~ me back to the switchboard?** ¿puede volverme a pasar con la centralita?
Ⓒ VI [1] (= *change*) (*from course, job*) trasladarse; (*from vehicle*) hacer transbordo; **he has ~red to another department** se ha trasladado a otro departamento; **I've ~red to a new pension scheme/course/school** me he pasado a otro plan de pensiones/curso/colegio; **she ~red from French to Spanish** se cambió *or* se trasladó del curso de francés al de español; **passengers ~red from a train to a bus** los pasajeros hicieron transbordo del tren al autobús; **we had to ~ to another coach** tuvimos que pasarnos a otro autobús
[2] (*Sport*) [*player*] ser traspasado, traspasarse
Ⓓ CPD ► **transfer fee** N traspaso *m* ► **transfer list** N lista *f* de posibles traspasos

**transferable** [træns'fɜ:rəbl] ADJ transferible; **not ~** no transferible

**transference** ['trænsfərəns] N [1] (= *relocation*) [*of information*] transferencia *f*, transmisión *f*; [*of affection*] cambio *m*; [*of power*] traspaso *m*; **the ~ of the papal seat to Avignon** el traslado de la sede pontificia a Avignon
[2] (*Psych*) transferencia *f*; **thought ~** transmisión *f* de pensamientos

**transfiguration** [,trænsfɪgə'reɪʃən] N transfiguración *f*

**transfigure** [træns'fɪgəʳ] VT transfigurar, transformar (**into** en)

**transfix** [træns'fɪks] VT traspasar, paralizar; **he stood ~ed with fear** se quedó paralizado por el miedo

**transform** [træns'fɔ:m] VT transformar (**into** en)

**transformation** [,trænsfə'meɪʃən] N transformación *f*

**transformational** [,trænsfə'meɪʃənl] ADJ transformacional

**transformer** [træns'fɔ:məʳ] Ⓐ N (*Elec*) transformador *m*
Ⓑ CPD ► **transformer station** N estación *f* transformadora

**transfuse** [træns'fju:z] VT transfundir; [+ *blood*] hacer una transfusión de

**transfusion** [træns'fju:ʒən] N transfusión *f*; **to give sb a blood ~** hacer a algn una transfusión de sangre

**transgenic** [trænz'dʒenɪk] ADJ transgénico

**transgress** [træns'gres] Ⓐ VT [1] (= *go beyond*) traspasar
[2] (= *violate*) violar, infringir
[3] (= *sin against*) pecar contra
Ⓑ VI pecar, cometer una transgresión

**transgression** [træns'greʃən] N transgresión *f*, infracción *f*; (*Rel*) pecado *m*

**transgressor** [træns'gresəʳ] N transgresor(a) *m/f*, infractor(a) *m/f*; (*Rel*) pecador(a) *m/f*

**tranship** [træn'ʃɪp] VT = **transship**

**transhipment** [træn'ʃɪpmənt] N = **transshipment**

**transience** ['trænzɪəns] N lo pasajero, transitoriedad *f*

**transient** ['trænzɪənt] Ⓐ ADJ transitorio, pasajero
Ⓑ N (*US*) transeúnte *mf*

**transistor** [træn'zɪstəʳ] Ⓐ N (*Elec*) transistor *m*; (*also* **~ set**) transistor *m*
Ⓑ CPD ► **transistor radio** N radio *f* de transistores

**transistorized** [træn'zɪstəraɪzd] ADJ [*circuit*] transistorizado

▼**transit** ['trænzɪt] Ⓐ N tránsito *m*; **in ~** en tránsito
Ⓑ CPD ► **transit camp** N campo *m* de tránsito ► **transit lounge** N (*Brit*) sala *f* de tránsito ► **transit visa** N visado *m or* (*LAm*) visa *f* de tránsito

**transition** [træn'zɪʃən] Ⓐ N transición *f*
Ⓑ CPD ► **transition period** N período *m* de transición

**transitional** [træn'zɪʃənəl] ADJ transicional, de transición

**transitive** ['trænzɪtɪv] ADJ transitivo; **~ verb** verbo *m* transitivo

**transitively** ['trænzɪtɪvlɪ] ADV transitivamente

**transitory** ['trænzɪtərɪ] ADJ transitorio

**translatable** [trænz'leɪtəbl] ADJ traducible

**translate** [trænz'leɪt] Ⓐ VT [1] (*Ling*) traducir (**from** de; **into** a); **~ this text into Spanish** traduzca este texto al español; **how do you ~ "posh"?** ¿cómo se traduce "posh"?
[2] (= *convert*) **to ~ centigrade into Fahrenheit** convertir grados centígrados en Fahrenheit; **to ~ words into deeds** convertir palabras en acción
[3] (= *transfer*) (*esp Rel*) trasladar (**from** de; **to** a)
Ⓑ VI [*person*] traducir; [*word, expression*] traducirse; **poetry does not ~ easily** la poesía no es fácil de traducir

**translation** [trænz'leɪʃən] N [1] (*Ling*) traducción *f*
[2] (= *transfer*) (*esp Rel*) traslado *m*

**translator** [trænz'leɪtəʳ] N traductor(a) *m/f*

**transliterate** [trænz'lɪtəreɪt] VT transcribir

**transliteration** [,trænzlɪtə'reɪʃən] N transliteración *f*, transcripción *f*

**translucence** [trænz'lu:sns] N translucidez *f*

**translucent** [trænz'lu:snt] ADJ translúcido

**transmigrate** ['trænzmaɪ'greɪt] VI transmigrar

**transmigration** [,trænzmaɪ'greɪʃən] N transmigración *f*

**transmissible** [trænz'mɪsəbl] ADJ transmisible

**transmission** [trænz'mɪʃən] Ⓐ N (*Rad, TV, Aut*) transmisión *f*
Ⓑ CPD ► **transmission shaft** N (*Aut*) eje *m* de transmisión

**transmit** [trænz'mɪt] VT [+ *illness, programme, message*] transmitir (**to** a)

**transmitter** [trænz'mɪtəʳ] N (*Rad, TV, Telec*) emisora *f*

**transmogrify** [trænz'mɒgrɪfaɪ] VT transformar (como por encanto) (**into** en), metamorfosear (extrañamente) (**into** en)

**transmutable** [trænz'mju:təbl] ADJ transmutable

**transmutation** [,trænzmju:'teɪʃən] N transmutación *f*

**transmute** [trænz'mju:t] VT **to ~ (into)** transmutar (en)

**transnational** [trænz'næʃənəl] Ⓐ ADJ transnacional
Ⓑ N transnacional *f*

**transom** ['trænsəm] N (*Archit*) (*across window*) travesaño *m*; (*US*) (= *window*) montante *m* de abanico, abanico *m*

**transparency** [træns'pærənsɪ] N [1] [*of object, material, substance*] transparencia *f*
[2] [*of statement*] claridad *f*
[3] (*Phot*) (*for overhead projector*) transparencia *f*; (= *slide*) diapositiva *f*

**transparent** [træns'pærənt] ADJ [1] (= *see-through*) [*object, material, substance*] transparente
[2] (= *easy to understand*) [*situation, system, operation*] claro, transparente; **I like his ~ honesty** me gusta el que sea de una honestidad tan clara; **he's so ~** se le ve venir, es una persona sin tapujos*; **it is ~ that …** está claro que …, se ve claramente que …
[3] (= *blatant*) [*lie*] obvio; [*attempt, device*] claro

**transparently** [træns'pærəntlɪ] ADV claramente; **a ~ one-sided examination of the pros and cons of nuclear power** un examen claramente sesgado de los pros y los contras de la energía nuclear; **it is ~ clear** *or* **obvious that …** está meridianamente claro que …; **the reason is ~ obvious** la razón está clarísima, la razón está más clara que el agua; **he had been ~ honest with her** había sido claro y sincero con ella

**transpiration** [,trænspɪ'reɪʃən] N transpiración *f*

**transpire** [træns'paɪəʳ] Ⓐ VI [1] (*Bot, Anat*) transpirar
[2] (= *become known*) **it finally ~d that …** al final se supo que …
[3] (= *happen*) ocurrir, suceder; **his report on what ~d** su informe acerca de lo que pasó
Ⓑ VT transpirar

**transplant** Ⓐ [træns'plɑ:nt] VT (*Bot, Med*) trasplantar
Ⓑ ['trænsplɑ:nt] N (*Med*) trasplante *m*; **she had a heart ~** le hicieron un trasplante de corazón

**transplantation** [,trænsplɑ:n'teɪʃən] N (*Bot, Med*) trasplante *m*

**transponder** [træn'spɒndəʳ] N transpondedor *m*

**transport** ['trænspɔ:t] Ⓐ N [1] (= *conveying, movement*) transporte *m*; **air ~** transporte *m* aéreo; **Department of Transport** (*Brit*) Ministerio *m* de Transporte(s); **means of ~** medio *m* de transporte; **I was stranded with no means of ~** me quedé colgado sin medio de transporte; **rail ~** transporte *m* ferroviario; **road ~** transporte *m* por carretera; **sea ~** transporte *m* marítimo; *see also* **public C**
[2] (= *vehicle*) transporte *m*; **I haven't got any ~** no tengo transporte; **own ~ required** se requiere vehículo propio
[3] (= *ship*) buque *m* de transporte
[4] (= *plane*) avión *m* de transporte
[5] (*fig*) (*liter*) **it sent her into ~s of delight** la dejó extasiada; **to be in a ~ of rage** estar fuera de sí (de rabia)
Ⓑ VT [1] (= *move*) [+ *goods, people*] transportar
[2] (*Hist*) (= *deport*) [+ *criminal*] deportar
[3] (*fig*) transportar; **the musical ~s the audience to the days of 1950s America** el musical transporta *or* traslada al público a la América de los años 50; **I felt as though I'd been ~ed back in time** me sentí como si me

➤ LANGUAGE IN USE: transit A 20.5

hubiera remontado en el tiempo; **to be ~ed with joy** (*liter*) quedarse embelesado *or* (*liter*) arrobado, estar extasiado

Ⓒ CPD ► **transport café** N cafetería *f* de carretera ► **transport costs** NPL gastos *mpl* de transporte ► **transport plane** N avión *m* de transporte ► **transport police** N policía *f* de tráfico ► **transport policy** N política *f* de transportes ► **transport ship** N buque *m* de transporte ► **transport system** N sistema *m* de transportes, red *f* de transportes

**transportable** [træns'pɔːtəbl] ADJ transportable

**transportation** [ˌtrænspɔː'teɪʃən] N [1] (*esp US*) (= *transport*) transporte *m*; **mass ~** (*US*) transporte *m* público

[2] (*Hist*) [*of criminal*] deportación *f*

**transporter** [træns'pɔːtər] N transportador *m*

**transpose** [træns'pəʊz] VT [1] [+ *words*] transponer

[2] (*Mus*) transportar

[3] (= *transfer*) trasladar

**transposition** [ˌtrænspə'zɪʃən] N [1] [*of words*] transposición *f*

[2] (*Mus*) transporte *m*

[3] (= *transfer*) traslado *m*

**trans-Pyrenean** [trænzˌpɪrə'niːən] ADJ transpirenaico

**transsexual** [trænz'seksjʊəl] Ⓐ ADJ transexual

Ⓑ N transexual *mf*

**transship** [træns'ʃɪp] VT transbordar

**transshipment** [træns'ʃɪpmənt] N transbordo *m*

**trans-Siberian** [trænzsaɪ'bɪərɪən] ADJ transiberiano

**transubstantiate** [ˌtrænsəb'stænʃɪeɪt] VT transubstanciar

**transubstantiation** ['trænsəbˌstænʃɪ'eɪʃən] N transubstanciación *f*

**transversal** [trænz'vɜːsəl] ADJ transversal

**transverse** ['trænzvɜːs] ADJ transverso, transversal

**transversely** [trænz'vɜːslɪ] ADV transversalmente

**transvestism** ['trænzˌvestɪzəm] N travestismo *m*

**transvestite** [trænz'vestaɪt] Ⓐ ADJ travestido, travesti

Ⓑ N travesti *mf*, travestido/a *m/f*

**trap** [træp] Ⓐ N [1] (*lit, fig*) trampa *f*; **it's a ~!** ¡es una trampa!; **he was caught in his own ~** cayó en su propia trampa; **we were caught like rats in a ~** estábamos atrapados como en una ratonera; **that car is a death ~** ese coche es una bomba *or* tiene mucho peligro; **curtains are a natural dust ~** en las cortinas se suele acumular mucho el polvo; **to fall into a ~** caer en una trampa; **to lay a ~ (for sb)** tender una trampa (a algn); **to lure sb into a ~** hacer que algn caiga en una trampa; **to set a ~ (for sb)** tender una trampa (a algn); **they walked straight into our ~** cayeron de lleno en nuestra trampa; *see also* **poverty, speed, tourist**

[2] (‡) (= *mouth*) boca *f*; **shut your ~!** ¡cierra el pico!*, ¡cállate la boca!*; **to keep one's ~ shut** cerrar el pico*, callar la boca*; **you keep your ~ shut about this** de esto no digas ni pío*

[3] (= *carriage*) *coche ligero de dos ruedas*

[4] (*in greyhound racing*) caseta *f* de salida

[5] (*for clay pigeon shooting*) lanzaplatos *m inv*

[6] (*Golf*) búnker *m*

[7] (*Tech*) sifón *m*, bombillo *m*

[8] (*also* **~door**) trampilla *f*; (*Theat*) escotillón *m*

Ⓑ VT [1] (= *snare*) [+ *animal*] atrapar, cazar con trampa; [+ *criminal*] atrapar, coger, agarrar (*LAm*)

[2] (= *dupe*) hacer caer en la trampa, engañar; **you're not going to ~ me like that** con esas no me vas a hacer caer en la trampa, con esas no me vas a engañar; **to ~ sb into sth** tender una trampa a algn para que haga algo; **he felt he had been ~ped into marriage** le parecía que le habían cazado al casarse, le parecía que le habían tendido una trampa para que se casara; **they ~ped her into confessing** le tendieron una trampa y confesó

[3] (= *hold fast, confine*) atrapar; **survivors are ~ped in the rubble** los supervivientes están enterrados *or* atrapados bajo los escombros; **the miners are ~ped underground** los mineros están atrapados bajo tierra; **heavy snowfalls had ~ped us in the village** las fuertes nevadas nos habían dejado incomunicados *or* aislados en el pueblo; **they tied a rope around his body, ~ping his arms** le ataron una cuerda alrededor del cuerpo, inmovilizándole los brazos; **to ~ one's finger in sth** pillarse *or* cogerse *or* (*LAm*) atraparse el dedo con algo; **to ~ a nerve** pillar *or* (*Sp*) coger un nervio

[4] (= *retain*) [+ *heat, gas, water*] retener

[5] (*Sport*) [+ *ball*] parar (con el pie)

Ⓒ CPD ► **trap door** N trampilla *f*; (*Theat*) escotillón *m*

**trapes** [treɪps] VI = **traipse**

**trapeze** [trə'piːz] Ⓐ N trapecio *m*

Ⓑ CPD ► **trapeze artist** N trapecista *mf*

**trapezium** [trə'piːzɪəm] N (*pl* **trapeziums, trapezia** [trə'piːzɪə]) (*Math*) trapecio *m*

**trapezoid** ['træpɪzɔɪd] N (*Math*) trapezoide *m*

**trapper** ['træpər] N trampero *m*, cazador *m*

**trappings** ['træpɪŋz] NPL [1] [*of horse*] arreos *mpl*, jaeces *mpl*

[2] (*fig*) adornos *mpl*; **shorn of all its ~** sin ninguno de sus adornos, desprovisto de adorno; **that statement, shorn of its ~ ...** esa declaración, en términos escuetos ...; **with all the ~ of kingship** con todo el boato de la monarquía

**Trappist** ['træpɪst] Ⓐ ADJ trapense

Ⓑ N trapense *m*

Ⓒ CPD ► **Trappist monk** N monje *m* trapense

**trash** [træʃ] (*US*) Ⓐ N [1] (= *rubbish*) basura *f*, desperdicios *mpl*

[2] (*fig*) tonterías *fpl*, babosadas *fpl* (*LAm*); **the book is ~** el libro es una basura; **he talks a lot of ~** no dice más que tonterías; **trash!** ¡tonterías!

[3] (*pej*) (= *people*) **(human) ~** gente *f* inútil, gentuza *f*; *see also* **white**

Ⓑ VT (*) [1] (= *wreck*) hacer polvo*, destrozar

[2] (= *criticize*) [+ *person*] poner verde*; [+ *ideas*] poner por los suelos

Ⓒ CPD ► **trash can** N cubo *m* de la basura, bote *m* de la basura, tarro *m* de la basura (*LAm*) ► **trash heap** N basurero *m*

**trashy** ['træʃɪ] ADJ malo, barato

**trauma** ['trɔːmə] Ⓐ N (*pl* **traumas, traumata** ['trɔːmətə]) [1] (*Psych*) trauma *m*

[2] (*Med*) traumatismo *m*, trauma *m*

Ⓑ CPD ► **trauma centre, trauma center** (*US*) N departamento *m* (hospitalario) de urgencias

**traumatic** [trɔː'mætɪk] ADJ traumatizante, traumático

**traumatism** ['trɔːmætɪzəm] N traumatismo *m*

**traumatize** ['trɔːmətaɪz] VT traumatizar

**travail** ['træveɪl] N (†† *or hum*) esfuerzo *m* penoso; (*Med*) dolores *mpl* del parto; **to be in ~** afanarse, azacanarse††; (*Med*) estar de parto

**travel** ['trævl] Ⓐ N [1] (= *travelling*) viajes *mpl*; **the job involves frequent ~** el trabajo requiere viajes frecuentes; **she is returning after two years' ~ in Africa** vuelve tras dos años de viajes por África, vuelve después de viajar dos años por África; **students can get cheap ~** los estudiantes pueden viajar a precios reducidos; **~ broadens the mind** viajar te abre más la mente *or* te da más amplitud de miras; **air ~** viajes *mpl* en avión; **I have made my own ~ arrangements** he hecho mis propios planes para el viaje; **foreign ~** viajes *mpl* por el extranjero

[2] **travels** viajes *mpl*; **she told us about her ~s in Africa** nos habló de sus viajes por Africa; **to set off on one's ~s** emprender el viaje; **you'll never guess who I met on my ~s today!** ¡no te vas a imaginar *or* a que no sabes con quién me he topado en la calle hoy!

[3] (= *movement*) **direction/line of ~** dirección *f*/línea *f* de desplazamiento

[4] (*Tech*) [*of lever, pedal*] desplazamiento *m*

Ⓑ VI [1] (= *make a journey*) viajar; **she'd always wanted to ~** siempre había querido viajar; **she ~s into the centre to work** se desplaza *or* va al centro a trabajar; **to ~ abroad**: **she spent six months ~ling abroad** pasó seis meses viajando por el extranjero; **he was forbidden to ~ abroad** le prohibieron que viajara al extranjero; **to ~ by sth**: **to ~ by air/plane** viajar en avión; **to ~ by car/train/bus** (*short journeys*) ir en coche/tren/autobús; (*longer journeys*) viajar en coche/tren/autobús; **I ~ to work by train** voy al trabajo en tren; **to ~ light** viajar con poco equipaje; **we'll be ~ling round Italy** recorreremos Italia; **we'll be ~ling through France** viajaremos *or* pasaremos por Francia; **he's ~ling to Helsinki tomorrow** mañana viaja a Helsinki; **he has ~led widely** ha viajado mucho

[2] (= *move*) ir; **we were ~ling at 30mph** íbamos a 30 millas por hora; **light/sound ~s at a speed of ...** la luz/el sonido viaja *or* se desplaza a una velocidad de ...; **the current ~s along this wire** la corriente va *or* pasa por este alambre; **news ~s fast** las noticias vuelan; **his eyes ~led swiftly around the room** recorrió rápidamente la habitación con la mirada

[3] (*) (= *move quickly*) **he was really ~ling!** ¡iba a toda pastilla *or* a toda mecha!*; **that car certainly ~s** ese coche sí que corre

[4] (= *react to travelling*) **this wine ~s well** este vino no se estropea con los viajes; **British dance music does not ~ well** la música de baile británica no se recibe bien en otros países

[5] (*Comm*) ser viajante (de comercio); **he ~s in soap** es representante de jabones

[6] (*Basketball*) dar pasos, hacer pasos

Ⓒ VT [+ *country*] viajar por, recorrer; [+ *road*] recorrer; [+ *distance*] recorrer, hacer; **he has ~led the world** ha viajado por *or* ha recorrido todo el mundo

Ⓓ CPD ► **travel agency** N agencia *f* de viajes ► **travel agent** N agente *mf* de viajes ► **travel alarm** N despertador *m* de viaje ► **travel bag** N bolso *m* de viaje ► **travel brochure** N folleto *m* turístico ► **travel bureau** N agencia *f* de viajes ► **travel company** N empresa *f* de viajes ► **travel documents** NPL documentos *mpl* de viaje ► **travel expenses** NPL gastos *mpl* de viaje, gastos *mpl* de desplazamiento ► **travel insurance** N seguro *m* de viaje ► **travel news** N información *f* sobre viajes y transporte ► **travel sickness** N mareo *m* (*por el viaje*) ► **travel writer** N *escritor o periodista que escribe libros o artículos sobre viajes*

**travelator** ['trævəleɪtəʳ] N (*US*) cinta *f* transbordadora, pasillo *m* móvil

**traveler** ['trævləʳ] N (*US*) *see* **traveller**

**travelled, traveled** (*US*) ['trævld] ADJ **it is a little-~ route** es una ruta (que ha sido) poco transitada; **she is much** *or* **well** *or* **widely ~** ha viajado mucho, ha visto mucho mundo; **he was carrying a much-~ suitcase** llevaba una maleta muy usada

**traveller, traveler** (*US*) ['trævləʳ] Ⓐ N (*gen*) viajero/a *m/f*; (*Comm*) (*also* **commercial ~**) viajante *mf*; **a ~ in soap** un viajante en jabones

Ⓑ CPD ► **traveller's cheque, traveler's check** (*US*) N cheque *m* de viajero ► **traveller's joy** N (*Bot*) clemátide *f*

**travelling, traveling** (*US*) ['trævlɪŋ] Ⓐ ADJ [*circus*] ambulante; [*exhibition*] itinerante

Ⓑ N **I've always loved ~** siempre me ha encantado viajar, siempre me han encantado los viajes; **he had done a bit of ~ in Europe** había viajado un poco por Europa

Ⓒ CPD ► **travelling bag** N bolso *m* de viaje ► **travelling companion** N compañero/a *m/f* de viaje ► **travelling expenses** NPL gastos *mpl* de viaje, gastos *mpl* de desplazamiento ► **travelling salesman** N viajante *mf* (de comercio), representante *mf*

**travelogue, travelog** (*US*) ['trævəlɒg] N (= *brochure*) folleto *m* de viajes; (= *lecture*) charla *f* sobre viajes; (= *film*) película *f* de viajes; (= *documentary*) documental *m* de viajes

**travel-sick** ['trævəlsɪk] ADJ mareado (*por el viaje*); **to get ~** marearse al viajar

**travel-weary** ['trævlwɪərɪ] ADJ fatigado por el viaje

**travel-worn** ['trævlwɔːn] ADJ fatigado por el viaje, rendido después de tanto viajar

**traverse** ['trævəs] Ⓐ N [1] (*Tech*) travesaño *m*

[2] (*Mil*) través *m*

[3] (*Mountaineering*) escalada *f* oblicua, camino *m* oblicuo

Ⓑ VT (*frm*) atravesar; **we are traversing a difficult period** atravesamos un período difícil

Ⓒ VI (*Mountaineering*) hacer una escalada oblicua

**travesty** ['trævɪstɪ] Ⓐ N parodia *f*, farsa *f*

Ⓑ VT parodiar

**trawl** [trɔːl] Ⓐ N [1] (= *net*) red *f* barredera, red *f* de arrastre

[2] (= *act*) rastreo *m*; **a ~ through police files** un rastreo de los archivos policiales

Ⓑ VT [+ *area*] rastrear; [+ *river, lake*] dragar; **to ~ up** pescar, sacar a la superficie

Ⓒ VI [1] (= *fish*) pescar al arrastre, rastrear; **to ~ (for sth)** rastrear (algo)

[2] (= *search*) **to ~ through the files** rastrear los archivos; **to ~ for evidence** rastrear buscando pruebas

**trawler** ['trɔːləʳ] N trainera *f*, barco *m* pesquero de arrastre

**trawling** ['trɔːlɪŋ] N pesca *f* a la rastra

**tray** [treɪ] Ⓐ N (*for food, dishes*) bandeja *f*, charola *f* (*Mex*); (= *tea tray*) bandeja *f* del té; (= *filing tray*) cesta *f*; [*of balance*] platillo *m*; (= *drawer*) cajón *m*, batea *f*; (*Phot, Tech*) cubeta *f*

Ⓑ CPD ► **tray cloth** N cubrebandeja *m*

**treacherous** ['tretʃərəs] ADJ [1] (= *disloyal*) [*person*] traidor; [*attempt, intention*] traicionero; **a ~ act** *or* **action** una traición

[2] (= *dangerous*) [*road, bend*] peligroso; [*tide, current*] traicionero; **~ road** *or* **driving conditions** condiciones peligrosas para la conducción

**treacherously** ['tretʃərəslɪ] ADV [1] (= *disloyally*) traidoramente, a traición

[2] (= *dangerously*) **the roads are ~ icy** el hielo que cubre las carreteras hace peligrosa la conducción

**treachery** ['tretʃərɪ] N traición *f*; **an act of ~** una traición

**treacle** ['triːkl] Ⓐ N melaza *f*

Ⓑ CPD ► **treacle tart** N tarta *f* de melaza

**treacly** ['triːklɪ] ADJ (= *like treacle*) parecido a melaza; (= *covered in treacle*) cubierto de melaza

**tread** [tred] (*vb: pt* **trod**; *pp* **trodden**) Ⓐ N [1] (= *footsteps*) paso *m*; (= *gait*) andar *m*, modo *m* de andar; **with (a) heavy ~** con paso pesado; **with measured ~** con pasos rítmicos

[2] [*of stair*] huella *f*; [*of shoe*] suela *f*; [*of tyre*] rodadura *f*, banda *f* rodante (*LAm*)

Ⓑ VT [+ *ground, grapes*] pisar; [+ *path*] (= *make*) marcar; (= *follow*) seguir; **to ~ water** flotar en el agua en posición vertical; **a place never trodden by human feet** un sitio no hollado por pie humano; **he trod his cigarette end into the mud** apagó la colilla pisándola en el barro

Ⓒ VI (= *walk*) andar, caminar (*LAm*); (= *put foot down*) **to ~ (on)** pisar; **to ~ on sb's heels** pisar los talones a algn; **careful you don't ~ on it!** ¡ojo, que lo vas a pisar!, cuidado, no vas a pisarlo; **to ~ softly** pisar dulcemente, no hacer ruido al andar; ✦***IDIOMS* to ~ carefully** *or* **warily** andar con pies de plomo; **we must ~ very carefully in this matter** debemos andarnos con pies de plomo en este asunto; **to ~ on sb's toes** meterse con algn

►**tread down** VT + ADV pisar

►**tread in** VT + ADV [+ *root, seedling*] asegurar pisando la tierra alrededor

**treadle** ['tredl] N pedal *m*

**treadmill** ['tredmɪl] N rueda *f* de andar; (*fig*) rutina *f*; **back to the ~!** ¡volvamos al trabajo!

**Treas.** ABBR = **Treasurer**

**treason** ['triːzn] N traición *f*; **high ~** alta traición *f*

**treasonable** ['triːzənəbl] ADJ traidor, desleal

**treasure** ['treʒəʳ] Ⓐ N (= *gold, jewels*) tesoro *m*; **buried ~** tesoro *m* enterrado *or* escondido; (= *valuable object, person*) joya *f*; **our charlady is a real ~** nuestra asistenta es una verdadera joya; **~s of Spanish art** joyas del arte español; **yes, my ~** sí, mi tesoro

Ⓑ VT [1] (= *value*) valorar

[2] (*also* **~ up**) (= *keep*) [+ *memories, mementos*] guardar, atesorar

Ⓒ CPD ► **treasure house** N (*fig*) mina *f* ► **treasure hunt** N caza *f* del tesoro ► **treasure trove** N tesoro *m* hallado

**treasured** ['treʒəd] ADJ [*memory*] entrañable; [*possession*] preciado

**treasurer** ['treʒərəʳ] N tesorero/a *m/f*

**treasury** ['treʒərɪ] Ⓐ N [1] (*Pol*) **the Treasury** la Secretaría de Hacienda

[2] (*fig*) (= *anthology*) antología *f*

Ⓑ CPD ► **Treasury Bench** N (*Brit Pol*) banco *m* azul, banco *m* del gobierno ► **treasury bill, treasury bond** N (*US*) pagaré *m* del Tesoro, bono *m* del Tesoro ► **the Treasury Department** N (*US Pol*) la Secretaría de Hacienda ► **Treasury promissory note** N pagaré *m* del Tesoro ► **Treasury stock** N (*Brit*) bonos *mpl* del Tesoro; (*US*) acciones *fpl* rescatadas ► **treasury warrant** N autorización *f* para pago de fondos públicos

**treat** [triːt] Ⓐ N [1] (= *something special*) **I've bought a few little ~s for the children** les he comprado unas cosillas *or* unas chucherías a los niños; **a birthday/Christmas ~** un regalo de cumpleaños/Navidad; **as** *or* **for a (special) ~** como algo (muy) especial; **to give sb a ~** obsequiar a algn con algo especial; **you should give her a ~ as a reward for her good grades** deberías obsequiarla con algo especial en premio a sus buenas notas; **I wanted to give myself a ~** quería darme un gusto *or* permitirme un lujo; **viewers are in for a ~ this weekend** los televidentes se llevarán una agradable sorpresa este fin de semana; **the trip to the cinema was an unexpected ~** fue una agradable sorpresa que me llevara al cine

[2] (= *offer to pay*) **"I'll pay" — "no, this is my ~"** —yo pago —no, invito yo; **to stand sb a ~** invitar a algn; *see also* **Dutch D**

[3] (= *pleasure*) placer *m*, gusto *m*; **it was a ~ to see him happy again** era un placer *or* daba gusto volver a verle feliz

[4] **a ~*** (*as adv*) (*Brit*) **the garden is coming on a ~** el jardín va de maravilla*; **this wine goes down a ~** este vino sienta de maravilla*; **take this powder for a headache, it works a ~** tómate estos polvos para el dolor de cabeza, hacen milagros *or* son mano de santo*

Ⓑ VT [1] (= *behave towards*) [+ *person, animal*] tratar; (= *handle*) [+ *object*] manejar; **we were ~ed with respect/contempt** nos trataron con respeto/desprecio; **to ~ sb well/badly** tratar bien/mal a algn; **the chemical should be ~ed with caution** este producto químico debería manejarse con cuidado; **to ~ sb like a child** tratar a algn como a un niño; **how's life ~ing you these days?** ¿cómo te va la vida últimamente?; ✦***IDIOM* to ~ sb like dirt*** tratar a algn a patadas*, tratar a algn como a un perro*

[2] (= *consider, view*) tratar; **his statements should be ~ed with caution** hay que tomar sus declaraciones con cautela; **to ~ sth as a joke** tomarse algo a risa; **this is not a subject that should be ~ed lightly** este no es un asunto para ser tratado a la ligera; **police are ~ing the threats seriously** la policía está tratando las amenazas como un asunto serio

[3] (= *deal with*) [+ *subject*] tratar; **the issues should be ~ed separately** los asuntos se deberían tratar por separado

[4] (= *invite*) invitar; **I'm ~ing you** yo te invito; **to ~ sb to sth** invitar *or* convidar a algn a algo; **she was always ~ing him to ice cream** siempre le invitaba *or* convidaba a un helado, siempre le estaba comprando helados; **he ~ed us to a monologue on the virtues of abstinence** (*iro*) nos soltó un monólogo sobre las virtudes de la abstinencia; **to ~ o.s to sth** darse el gusto *or* permitirse el lujo de (hacer) algo; **we ~ed ourselves to a meal out** nos dimos el gusto *or* nos permitimos el lujo de comer fuera; **he ~ed himself to another drink** se permitió otra copa; **go on — ~ yourself!** ¡venga, date el gusto *or* el lujo!

[5] (*Med*) [+ *patient*] tratar, atender; [+ *illness*] tratar; **which doctor is ~ing you?** ¿qué médico te atiende *or* trata?; **the condition can be ~ed successfully with antibiotics** la enfermedad se puede curar con antibióticos; **they were ~ed for shock** recibieron tratamiento por shock; **do not try and ~ yourself** no intente automedicarse

[6] (= *process*) [+ *wood, crops, sewage*] tratar
Ⓒ VI (*frm*) [1] (= *negotiate*) **to ~ with sb** negociar con algn
[2] (= *deal with*) **to ~ of sth** [*author*] tratar algo; [*book, article*] versar sobre algo

**treatise** ['tri:tɪz] N tratado *m*

**treatment** ['tri:tmənt] Ⓐ N [1] (= *handling*) [*of people*] trato *m*; [*of object*] trato *m*, manejo *m*; [*of subject, idea*] tratamiento *m*; **our ~ of foreigners** el trato que damos a los extranjeros; **I wouldn't put up with such ~** yo no permitiría que me trataran así *or* que me dieran ese trato; **the judge was criticized for his harsh ~ of offenders** el juez fue criticado por su trato duro hacia los delincuentes; **his ~ of the subject is superficial** el tratamiento que da al tema es superficial; **for a more extensive ~ of this subject I refer the reader to ...** para ver este tema en más profundidad remito al lector a ...; **at that restaurant you get the full ~** en ese restaurante te tratan a cuerpo de rey*; **to give sb preferential ~** dar a algn un trato preferente; **to get preferential ~** recibir un trato preferente; **he has come in for some rough ~ from the press** ha recibido un trato duro por parte de la prensa; **✦IDIOM to give sb the ~*** (= *beat up*) dar caña a algn*; (= *entertain well*) tratar a algn a cuerpo de rey*
[2] (*Med*) tratamiento *m*; **she has** *or* **receives** *or* **undergoes ~ twice a month** la someten a tratamiento dos veces al mes; **a course of ~** un tratamiento; **he needs medical ~** le hace falta atención médica *or* tratamiento médico; **I am still receiving ~ for the injury** todavía estoy en tratamiento por la lesión; **to respond to ~** responder al tratamiento
[3] (= *processing*) [*of sewage, waste*] tratamiento *m*
Ⓑ CPD ► **treatment room** N (*Med*) sala *f* de curas

**treaty** ['tri:tɪ] N tratado *m*; **Treaty of Accession** (*to EC*) Tratado *m* de Adhesión; **Treaty of Rome** Tratado *m* de Roma; **Treaty of Utrecht** Tratado *m* de Utrecht

**treble** ['trebl] Ⓐ N [1] (*Mus*) (= *voice*) voz *f* de tiple
[2] (= *drink*) triple *m*
Ⓑ ADJ [1] (= *triple*) triple
[2] (*Mus*) [*voice, note, instrument*] de tiple
Ⓒ VT triplicar
Ⓓ VI triplicarse
Ⓔ ADV (= *3 times*) tres veces
Ⓕ CPD ► **treble clef** N clave *f* de sol

**trebly** ['treblɪ] ADV tres veces; **it is ~ dangerous to ...** es tres veces más peligroso ...

**tree** [tri:] Ⓐ N [1] (*Bot*) árbol *m*; **~ of knowledge** árbol *m* de la ciencia; **✦IDIOMS to be at the top of the ~** (*Brit*) estar en la cumbre de su carrera profesional; **to be out of one's ~*** (= *crazy*) estar como una cabra*, estar como una moto‡; (*on drugs, alcohol*) estar colocadísimo‡, haberse puesto como una moto‡; **to be up a ~*** (= *in a fix*) estar en un aprieto; (= *mad*) estar chalado*, estar como una cabra *or* regadera*; **to be barking up the wrong ~** tomar el rábano por las hojas; **we can't see the wood** *or* (*US*) **the forest for the ~s** los árboles no dejan ver el bosque; *see also* **family**
[2] (*for shoes*) horma *f*
[3] [*of saddle*] arzón *m*
Ⓑ VT [+ *animal*] hacer refugiarse en un árbol
Ⓒ CPD ► **tree creeper** N trepatroncos *mf inv* ► **tree frog** N rana *f* de San Antonio, rana *f* arbórea ► **tree house** N casita *f* en un árbol ► **tree planting** N plantación *f* de árboles ► **tree surgeon** N arboricultor(a) *m/f* ► **tree trunk** N tronco *m* (de árbol)

**tree-covered** ['tri:ˌkʌvəd] ADJ arbolado

**treeless** ['tri:lɪs] ADJ sin árboles, pelado

**tree line** ['tri:laɪn] N límite *m* forestal

**tree-lined** ['tri:laɪnd] ADJ bordeado de árboles

**treetop** ['tri:tɒp] N copa *f* (de árbol)

**trefoil** ['trefɔɪl] N trébol *m*

**trek** [trek] Ⓐ N [1] (= *hike*) expedición *f*
[2] (*) (= *long, tiring walk*) caminata *f*; **it's quite a ~ to the shops*** las tiendas quedan muy lejos
Ⓑ VI [1] (= *hike*) (*also Mil*) caminar; **we ~ked for days on end** caminamos día tras día
[2] (*) (= *traipse*) ir (penosamente); **I had to ~ up to the top floor*** tuve que subir hasta el último piso

**trekking** ['trekɪŋ] N trekking *m*

**trellis** ['trelɪs] N espaldera *f*, enrejado *m*; (*Bot*) espaldera *f*, espaldar *m*

**trelliswork** ['trelɪswɜ:k] N enrejado *m*

**tremble** ['trembl] Ⓐ N temblor *m*; **to be all of a ~** estar tembloroso; **she said with a ~ in her voice** dijo con voz temblorosa
Ⓑ VI **to ~ (with)** temblar (de); **to ~ with fear** temblar de miedo; **to ~ at the thought of sth** temblar ante la idea de algo; **to ~ all over** estar todo tembloroso; **to ~ like a leaf** estar como un flan

**trembling** ['tremblɪŋ] Ⓐ ADJ tembloroso
Ⓑ N temblor *m*, estremecimiento *m*

**tremendous** [trə'mendəs] ADJ [1] (= *huge*) [*pressure, success, explosion, problem*] tremendo, enorme; **it cost a ~ amount of money** costó muchísimo dinero, costó una enorme *or* tremenda cantidad de dinero; **you've been a ~ help** me has ayudado enormemente *or* muchísimo; **~ progress has been made** se ha progresado enormemente *or* muchísimo; **at (a) ~ speed** a una velocidad increíble *or* tremenda
[2] (= *wonderful*) [*person, goal, performance, achievement*] formidable, extraordinario; [*opportunity*] tremendo, estupendo; **the food is ~** la comida está estupenda *or* riquísima; **she has done a ~ job** ha hecho un trabajo formidable *or* magnífico *or* estupendo

**tremendously** [trə'mendəslɪ] ADV [*exciting, important, useful, satisfying*] tremendamente, enormemente; [*improve, vary, help*] enormemente, muchísimo; **he was ~ helpful** nos ayudó enormemente *or* muchísimo

**tremolo** ['tremələʊ] N trémolo *m*

**tremor** ['tremə^r] N [1] (= *earthquake*) temblor *m*; **earth ~** temblor *m* de tierra
[2] (= *tremble*) estremecimiento *m*; **he said without a ~** dijo sin inmutarse; **it sent ~s through the system** sacudió el sistema

**tremulous** ['tremjʊləs] ADJ trémulo (*liter*), tembloroso

**tremulously** ['tremjʊləslɪ] ADV trémulamente (*liter*), temblorosamente

**trench** [trentʃ] Ⓐ N (*gen*) zanja *f*; (*Mil*) trinchera *f*
Ⓑ VT (*gen*) hacer zanjas en; (*Mil*) hacer trincheras en, atrincherar; (*Agr*) excavar
Ⓒ CPD ► **trench coat** N trinchera *f* ► **trench warfare** N guerra *f* de trincheras

**trenchant** ['trentʃənt] ADJ mordaz

**trenchantly** ['trentʃəntlɪ] ADV mordazmente

**trencher** ['trentʃə^r] N tajadero *m*

**trencherman** ['trentʃəmæn] N (*pl* **trenchermen**) **to be a good ~** comer bien, tener siempre buen apetito

**trend** [trend] Ⓐ N (= *tendency*) tendencia *f*; (= *fashion*) moda *f*; **to set the ~** marcar la pauta; **a ~ towards (doing) sth** una tendencia hacia (hacer) algo; **a ~ away from (doing) sth** una tendencia en contra de (hacer) algo; **~s in popular music** tendencias *fpl* de la música popular
Ⓑ VI tender

**trendiness** ['trendɪnɪs] N [1] (= *fashionableness*) lo moderno, modernidad *f*
[2] (*pej*) (= *desire to be in fashion*) afán *m* de estar al día

**trendsetter** ['trendˌsetə^r] N iniciador(a) *m/f* de una moda

**trendy*** ['trendɪ] Ⓐ ADJ (*compar* **trendier**; *superl* **trendiest**) a la moda, moderno
Ⓑ N persona *f* de tendencias ultramodernas; **~ leftie*** progre* *mf*

**Trent** [trent] N Trento *m*

**trepan** [trɪ'pæn] VT trepanar

**trephine** [tre'fi:n] Ⓐ N trépano *m*
Ⓑ VT trepanar

**trepidation** [ˌtrepɪ'deɪʃən] N (= *fear*) temor *m*; (= *anxiety*) inquietud *f*, agitación *f*; **in some ~** algo turbado, agitado

**trespass** ['trespəs] Ⓐ VI [1] (*on land*) entrar ilegalmente (**on** en); **"no ~ing"** "prohibida la entrada"; **to ~ upon** (*fig*) abusar de; **may I ~ upon your kindness to ask that ...** (*frm*) permítame abusar de su amabilidad pidiendo que ...; **to ~ upon sb's privacy** invadir la vida íntima de algn
[2] (= *do wrong*) (*Rel*) pecar (**against** contra); **to ~ against** (*Jur*) infringir, violar
Ⓑ N [1] (*on land*) entrada *f* ilegal, invasión *f* (de propiedad ajena)
[2] (= *transgression*) infracción *f*, violación *f*; (*Rel*) pecado *m*; **forgive us our ~es** perdónanos nuestras deudas

**trespasser** ['trespəsə^r] N intruso/a *m/f*; **"~s will be prosecuted"** "entrada terminantemente prohibida"

**tress** [tres] N [1] (= *lock of hair*) trenza *f*
[2] **tresses** (= *head of hair*) cabellera *f*, pelo *m*

**trestle** ['tresl] Ⓐ N caballete *m*
Ⓑ CPD ► **trestle bridge** N puente *m* de caballetes ► **trestle table** N mesa *f* de caballete

**trews** [tru:z] NPL (*Scot*) pantalón *m* de tartán

**tri...** [traɪ] PREFIX tri...

**triad** ['traɪəd] N tríada *f*

**trial** ['traɪəl] Ⓐ N [1] (*Jur*) juicio *m*, proceso *m*; **the ~ continues today** el juicio *or* proceso se reanuda hoy; **to be awaiting ~** estar a la espera de juicio *or* de ser procesado; **to bring sb to ~** llevar a algn a juicio, procesar a algn; **the case never came to ~** el caso nunca se llevó a juicio; **~ by jury** proceso *m or m* juicio ante jurado; **murder ~** proceso *m or* juicio *m* por asesinato; **new ~** revisión *f* (de juicio); **on ~: he is on ~ for murder** se lo está procesando por asesinato; **to be on ~ for one's life** ser acusado de un crimen capital; **to go on ~** ser procesado; **to stand ~** ser procesado; **detention without ~** detención *f* sin procesamiento; *see also* **commit A2**; → GRAND JURY
[2] (= *test*) [*of drug, machine*] prueba *f*; [*of person, for job*] periodo *m* de prueba, prueba *f*; **clinical ~s** ensayos *mpl* clínicos; **by** *or* **through ~ and error** a base de probar y cometer errores; **finding the right skin cream is a question of ~ and error** encontrar la crema apropiada para la piel es cuestión de probar *or* ir probando; **flight ~s** vuelos *mpl* de prueba, vuelos *mpl* experimentales; **to give sb a ~** (*for job*) ofrecer a algn un periodo de prueba; **to be on ~** (*lit, fig*) estar a prueba; **the fullback has been on ~ at the club for ten days** el defensa lleva diez días a prueba

en el club; **I felt as if I was continually on ~** me sentía como si estuviera a prueba continuamente; **her reputation is on ~** su reputación está a prueba; **a ~ of strength** una prueba de fuerza
3 (= *hardship*) **the ~s of old age** los padecimientos de la vejez; **a movie about the ~s of family life** una película sobre las dificultades de la vida familiar; **the interview was a great ~** la entrevista fue todo un suplicio; **the child is a great ~ to them** el niño les hace sufrir mucho; **~s and tribulations** tribulaciones *fpl*; **the ~s and tribulations of parenthood** las tribulaciones de ser padre
4 **trials** (*Sport*) pruebas *fpl* de selección; **the Olympic ~s** las pruebas de selección para los Juegos Olímpicos; **horse ~s** concurso *m* hípico; **sheepdog ~s** concurso *m* de perros pastores; **time ~s** pruebas *fpl* contrarreloj
Ⓑ VT (*Comm*) [+ *product*] poner a prueba; **products are ~led for six months before they go on the market** los productos se ponen a prueba durante seis meses antes de lanzarlos al mercado
Ⓒ CPD ► **trial balance** N balance *m* de comprobación ► **trial balloon** N (*US*) globo *m* sonda ► **trial basis** N **on a ~ basis** (en periodo) de prueba ► **trial flight** N vuelo *m* de prueba ► **trial jury** N (*US*) jurado *m* de juicio ► **trial offer** N oferta *f* de prueba ► **trial period** N periodo *m* de prueba ► **trial run** N prueba *f*; **I took the car out for a ~ run** saqué el coche para probarlo *or* ponerlo a prueba ► **trial separation** N periodo *m* de separación como prueba; **they are having a ~ separation** se han separado temporalmente como prueba

**triangle** ['traɪæŋgl] N (*also Mus*) triángulo *m*

**triangular** [traɪ'æŋgjʊlə^r] ADJ triangular

**triangulate** [traɪ'æŋgjʊleɪt] VT triangular

**triangulation** [traɪ,æŋgjʊ'leɪʃən] N triangulación *f*

**triathlon** [traɪ'æθlən] N triatlón *m*

**tribal** ['traɪbəl] ADJ tribal, de tribu

**tribalism** ['traɪbəlɪzəm] N tribalismo *m*

**tribe** [traɪb] N (*Anthropology, Zool*) tribu *f*; (*fig*) (= *family*) familia *f*; (*pej*) (= *group*) tribu *f*, pandilla *f*, horda *f*

**tribesman** ['traɪbzmən] N (*pl* **tribesmen**) miembro *m* de una tribu

**tribeswoman** ['traɪbz,wʊmən] N (*pl* **tribeswomen**) miembro *f* de una tribu

**tribulation** [,trɪbjʊ'leɪʃən] N 1 (*frm*) tribulación *f*
2 **tribulations** aflicciones *fpl*

**tribunal** [traɪ'bju:nl] N tribunal *m*

**tribune** ['trɪbju:n] N 1 (= *stand*) tribuna *f*
2 (= *person*) tribuno *m*

**tributary** ['trɪbjʊtərɪ] Ⓐ ADJ tributario
Ⓑ N 1 (*Geog*) afluente *m*
2 (= *state, ruler*) tributario *m*

**tribute** ['trɪbju:t] N 1 (= *payment, tax*) tributo *m*
2 (*fig*) homenaje *m*, tributo *m*; **to pay ~ to sth/sb** rendir homenaje a algo/algn; **that is a ~ to his loyalty** eso acredita su lealtad, eso hace honor a su lealtad; *see also* **floral**

**trice** [traɪs] N **in a ~** en un santiamén

**tricentenary** [,traɪsen'ti:nərɪ] Ⓐ ADJ (de) tricentenario
Ⓑ N tricentenario *m*
Ⓒ CPD ► **tricentenary celebrations** NPL celebraciones *fpl* de(l) tricentenario

**triceps** ['traɪseps] N (*pl* **triceps** *or* **tricepses**) tríceps *m*

**trick** [trɪk] Ⓐ N 1 (= *joke, hoax*) broma *f*; (= *mischief*) travesura *f*; (= *ruse*) truco *m*, ardid *m*; **dirty** *or* **mean ~** mala pasada *f*, jugada *f* sucia; **the ~s of the trade** los trucos del oficio; **to play a ~ on sb** gastar una broma a algn; **unless my eyes are playing ~s on me** si los ojos no me engañan; **his memory played a ~ on him** le falló la memoria; **~ or treat!** *frase amenazante que pronuncian en tono jocoso los niños que rondan las casas en la noche de Halloween; quiere decir: —¡danos algo o te hacemos una trastada!*; → HALLOWE'EN
✦*IDIOMS* **he's up to his old ~s again** ha vuelto a hacer de las suyas; **how's ~s?*** ¿cómo te va?
2 (= *card trick*) baza *f*; (= *conjuring trick*) truco *m*; (*in circus*) número *m*; **to take all the ~s** ganar *or* hacer todas las bazas; ✦*IDIOMS* **he/she knows a ~ or two** se lo sabe todo; **I know a ~ worth two of that** yo me sé algo mucho mejor; **that should do the ~** esto servirá; **he/she doesn't miss a ~** no se pierde nada; **to try every ~ in the book** emplear todos los trucos; **that's the oldest ~ in the book** eso es un viejo truco; **the whole bag of ~s*** todo el rollo*
3 (= *special knack*) truco *m*; **there's a ~ to opening this door** esta puerta tiene truco para abrirla; **to get the ~ of it** coger el truco, aprender el modo de hacerlo
4 (= *peculiarity, strange habit*) manía *f*, peculiaridad *f*; **certain ~s of style** ciertas peculiaridades estilísticas, ciertos rasgos del estilo; **it's just a ~ he has** es una manía suya; **to have a ~ of doing sth** tener la manía de hacer algo; **history has a ~ of repeating itself** la historia tiene tendencia a repetirse; **it's a ~ of the light** es una ilusión óptica
5 (= *catch*) trampa *f*; **there must be a ~ in it** aquí seguro que hay trampa
6 (‡) [*of prostitute*] cliente *m*; **to turn ~s** ligarse clientes*
Ⓑ VT (= *deceive*) engañar; (= *swindle*) estafar, timar; **I've been ~ed!** ¡me han engañado!; **to ~ sb into doing sth** engañar a algn para que haga algo, conseguir con engaños que algn haga algo; **to ~ sb out of sth** quitar algo a algn con engaños
Ⓒ CPD ► **trick cyclist** N ciclista *mf* acróbata ► **trick photography** N trucaje *m* ► **trick question** N pregunta *f* de pega ► **trick riding** N acrobacia *f* ecuestre

►**trick out, trick up** VT + ADV (= *decorate*) ataviar (**with** de)

**trickery** ['trɪkərɪ] N engaño *m*, superchería *f* (*frm*); **to obtain sth by ~** obtener algo fraudulentamente

**trickle** ['trɪkl] Ⓐ N 1 (*gen*) chorrito *m*; [*of blood*] hilo *m*
2 (*fig*) **a ~ of people** un goteo de personas; **we received a ~ of news** nos llegaba alguna que otra noticia; **what was a ~ is now a flood** lo que era un goteo es ya un torrente
Ⓑ VI 1 [*liquid*] escurrir; **blood ~d down his cheek** la sangre le caía a gotas por la mejilla
2 (*fig*) (*slowly*) ir despacio; (*gradually*) poco a poco; **people kept trickling in** la gente seguía entrando poco a poco
Ⓒ VT (*lit*) gotear; **you're trickling blood** estás sangrando un poco
Ⓓ CPD ► **trickle charger** N (*Elec*) cargador *m* de batería

►**trickle away** VI + ADV **our money is trickling away** nuestro dinero se consume poco a poco

**trickle-down economics** [,trɪkldaʊn-i:kə'nɒmɪks] N *efecto de filtración de la riqueza desde las capas sociales más altas hasta las más bajas*

**trick-or-treat** [,trɪkɔ:'tri:t] VI **to go ~ing** *rondar de casa en casa disfrazados (los niños) en la noche de Halloween (víspera del día de Todos los Santos) pidiendo una propina o golosinas a cambio de no gastar una broma o hacer una trastada*

**trickster** ['trɪkstə^r] N estafador(a) *m/f*, embustero/a *m/f*

**tricksy** ['trɪksɪ] ADJ 1 (= *playful*) juguetón
2 (= *crafty*) astuto, mañoso

**tricky** ['trɪkɪ] ADJ (*compar* **trickier**; *superl* **trickiest**) 1 [*situation*] complicado, difícil; [*problem*] delicado; **it's all rather ~** es un poco complicado, es un tanto difícil
2 [*person*] (= *sly*) tramposo, ladino; (= *difficult*) difícil

**tricolour, tricolor** (*US*) ['trɪkələ^r] N (= *flag*) bandera *f* tricolor, tricolor *f*

**tricorn** ['traɪkɔ:n] Ⓐ ADJ tricornio
Ⓑ N tricornio *m*

**tricycle** ['traɪsɪkl] N triciclo *m*

**trident** ['traɪdənt] N tridente *m*

**Tridentine** [traɪ'dentaɪn] ADJ tridentino

**tried** [traɪd] Ⓐ PT, PP *of* **try**
Ⓑ ADJ **~ and tested** ◊ **~ and trusted** probado

**triennial** [traɪ'enɪəl] ADJ trienal

**triennially** [traɪ'enɪəlɪ] ADV trienalmente, cada tres años

**trier** ['traɪə^r] N persona *f* aplicada

**trifle** ['traɪfl] N 1 (= *cheap object*) baratija *f*, fruslería *f* (*frm*)
2 (= *unimportant issue*) pequeñez *f*, nimiedad *f* (*frm*); **he worries about ~s** se preocupa por nimiedades; **any ~ can distract her** le distrae cualquier tontería
3 (= *small amount*) insignificancia *f*; **£5 is a mere ~** cinco libras son una insignificancia; **you could have bought it for a ~** hubieras podido comprarlo por una insignificancia *or* por nada
4 **a ~** (*as adv*) (= *somewhat*) algo, un poquito; **it's a ~ difficult** es un poco *or* poquito difícil; **we were a ~ put out** quedamos algo desconcertados, nos quedamos un poquito desconcertados
5 (*Culin*) dulce *m* de bizcocho borracho

►**trifle away** VT + ADV malgastar, desperdiciar

►**trifle with** VI + PREP jugar con; **to ~ with sb** jugar con algn, tratar a algn con poca seriedad; **he's not a person to be ~d with** con ése (es) mejor no meterse; **to ~ with sb's affections** jugar con los sentimientos de algn; **to ~ with one's food** hacer melindres *or* remilgos a la comida

**trifler** ['traɪflə^r] N persona *f* frívola, persona *f* informal

**trifling** ['traɪflɪŋ] ADJ (= *insignificant*) sin importancia, frívolo

**triforium** [traɪ'fɔ:rɪəm] N (*pl* **triforia** [traɪ'fɔ:rɪə]) triforio *m*

**trigger** ['trɪgə^r] Ⓐ N [*of gun*] gatillo *m*; [*of bomb, machine*] disparador *m*; **to pull the ~** apretar el gatillo, disparar
Ⓑ VT (*also* **~ off**) [+ *bomb*] hacer estallar; [+ *fight, explosion*] provocar; [+ *mechanism*] hacer funcionar, poner en movimiento; [+ *chain of events*] desencadenar
Ⓒ CPD ► **trigger finger** N índice *m* de la mano derecha (empleado para apretar el gatillo)

**trigger-happy*** ['trɪgə,hæpɪ] ADJ pronto a disparar, que dispara a la mínima

**trigonometric** [,trɪgɒnə'metrɪk] ADJ trigonométrico

**trigonometrical** [ˌtrɪgɒnəˈmetrɪkəl] ADJ = **trigonometric**

**trigonometry** [ˌtrɪgəˈnɒmɪtrɪ] N trigonometría *f*

**trijet** [ˈtraɪdʒet] N trirreactor *m*

**trike*** [traɪk] N triciclo *m*

**trilateral** [ˈtraɪˈlætərəl] ADJ trilátero

**trilby** [ˈtrɪlbɪ] N (*Brit*) (*also* **~ hat**) sombrero *m* flexible, sombrero *m* tirolés

**trilingual** [ˈtraɪˈlɪŋgwəl] ADJ trilingüe

**trill** [trɪl] Ⓐ N [*of bird*] gorjeo *m*, trino *m*; [*of phone*] sonido *m*, ring-ring* *m*; (*Mus*) trino *m*; (*Phon*) [*of "R"*] vibración *f*
Ⓑ VI [*bird*] gorjear, trinar; [*phone*] sonar
Ⓒ VT [1] (*Phon*) hacer vibrar; **to ~ one's Rs** hacer vibrar las erres; **~ed R** erre vibrada
[2] (= *say*) **"how adorable!," she ~ed** —¡qué encantador! —gorjeó

**trillion** [ˈtrɪlɪən] N trillón *m*; (*US*) billón *m*; **there are ~s of places I want to visit*** hay millones *or* montones de sitios a los que quiero ir

**trilogy** [ˈtrɪlədʒɪ] N trilogía *f*

**trim** [trɪm] Ⓐ ADJ (*compar* **trimmer**; *superl* **trimmest**) [1] (= *neat*) [*garden*] bien cuidado, arreglado; [*person*] arreglado; [*clothes*] de corte elegante; [*moustache, beard*] bien cuidado; **a ~ little house** una casita bien cuidada
[2] (= *slim*) [*person, figure*] esbelto; [*waist*] delgado; **to stay ~** conservar una figura esbelta
Ⓑ N [1] (= *cut*) **to get** *or* **have a ~** cortarse un poco el pelo; (*on long hair*) cortarse sólo las puntas; **to give one's beard a ~** recortarse la barba; **to give the lawn/hedge a ~** recortar el césped/el seto
[2] (= *good physical condition*) **to be in (good) ~** [*person*] estar en buena forma *or* en buen estado físico; [*car, house*] estar en buen estado *or* en buenas condiciones; **to get in** *or* **into ~** ponerse en forma; **to keep (o.s.) in (good) ~** mantenerse en buena forma *or* en buen estado físico; **to keep sth in (good) ~** mantener algo en buen estado *or* en buenas condiciones
[3] (= *decoration*) [3·1] (*Sew*) adorno *m*; (*on edge*) ribete *m*, reborde *m*; **a coat with a fur ~** un abrigo con ribetes *or* rebordes de piel
[3·2] (*Aut*) (*on outside of car*) embellecedor *m* (*Sp*); **leather ~** tapizado *m* de cuero; **wheel ~** tapacubos *m inv*, embellecedor *m* de la rueda (*Sp*)
Ⓒ VT [1] (= *clip*) [+ *hair, beard, moustache*] recortar; [+ *hedge*] cortar, podar; [+ *lamp, wick*] despabilar; **to ~ back** [+ *plant, shoot*] podar; **~ excess fat from** *or* **off the chops** quitar el exceso de grasa de las chuletas
[2] (= *reduce*) [+ *costs, prices*] recortar, reducir; [+ *profits*] recortar; [+ *programme, policy*] hacer recortes en; (*also* **~ back**) [+ *workforce*] recortar, reducir
[3] (= *slim*) [+ *hips, thighs*] adelgazar
[4] (= *decorate*) [+ *dress, hat*] adornar; [+ *Christmas tree*] decorar; **a dress ~med with feathers/lace** un vestido adornado con plumas/con adornos de encaje
[5] (*Naut*) [+ *sails*] orientar; [+ *boat*] equilibrar; ✦***IDIOM* to ~ one's sails** (*fig*) apretarse el cinturón
[6] (*Aer*) equilibrar
[7] (*Orn*) orientar

►**trim away** VT + ADV cortar, quitar

►**trim down** Ⓐ VT + ADV [+ *wick*] despabilar; [+ *workforce*] recortar, reducir; [+ *hips, thighs*] adelgazar
Ⓑ VI + ADV (= *get slimmer*) adelgazar

►**trim off** VT + ADV = **trim away**

**trimaran** [ˈtraɪməræn] N trimarán *m*

**trimester** [trɪˈmestəʳ] N trimestre *m*

**trimming** [ˈtrɪmɪŋ] N [1] (= *edging*) adorno *m*, guarnición *f*
[2] **trimmings** [2·1] (= *cuttings*) recortes *mpl*
[2·2] (= *extras, embellishments*) **turkey with all the ~s** pavo con su guarnición; **without all the ~s** sin los adornos

**trimness** [ˈtrɪmnɪs] N (= *elegance*) elegancia *f*; (= *good condition*) buen estado *m*

**trimphone®** [ˈtrɪmfəʊn] N ≈ teléfono *m* góndola

**Trinidad** [ˈtrɪnɪdæd] N Trinidad *f*

**Trinidadian** [ˌtrɪnɪˈdædɪən] Ⓐ ADJ de Trinidad
Ⓑ N nativo/a *m/f* de Trinidad, habitante *mf* de Trinidad

**trinitrotoluene** [traɪˈnaɪtrəʊˈtɒljuːiːn] N trinitrotolueno *m*

**Trinity** [ˈtrɪnɪtɪ] Ⓐ N (*Rel*) Trinidad *f*
Ⓑ CPD ► **Trinity Sunday** N Domingo *m* de la Santísima Trinidad ► **Trinity term** N (*Univ*) trimestre *m* de verano

**trinket** [ˈtrɪŋkɪt] N chuchería *f*, baratija *f*

**trinomial** [traɪˈnəʊmɪəl] Ⓐ ADJ trinomio
Ⓑ N trinomio *m*

**trio** [ˈtrɪəʊ] N trío *m*

**trip** [trɪp] Ⓐ N [1] (= *journey*) viaje *m*; (= *excursion*) excursión *f*; (= *visit*) visita *f*; (= *outing*) salida *f*; **it's her first ~ abroad** es su primer viaje al extranjero; **it's a 100-mile ~** es un recorrido *or* un viaje de 100 millas; **she's planning a ~ round the world** está planeando hacer un viaje por todo el mundo; **a ~ to the park/seaside** una excursión *or* una salida al parque/a la playa; **a ~ to the cinema** una visita *or* una salida al cine; **a ~ to the doctor** una visita al médico; **boat ~** paseo *m or* excursión *f* en barco; **fishing ~** excursión *f* de pesca; **to make a ~**: **we made a ~ into town** fuimos a la ciudad; **he made several ~s to the toilet** fue varias veces al servicio; **she went on a ~ to Tasmania** (se) fue de viaje a Tasmania; **he's away on a ~** está de viaje; **school ~** excursión *f* del colegio; **shopping ~** visita *f* a las tiendas; **to take a ~**: **they took a ~ to York** fueron de excursión a York; **they took a ~ to Canada** (se) fueron de viaje a Canadá; **take a ~ to your local library** hágale una visita a la biblioteca de su barrio, visite la biblioteca de su barrio; **weekend ~** viaje *m* de fin de semana; ✦***IDIOM* to take a ~ down memory lane** revivir el pasado; *see also* **business**, **coach**, **day**, **field**, **round**
[2] (*) (*on drugs*) viaje *m*; **acid ~** viaje *m* de ácido; **she had a bad ~** tuvo un mal viaje*; *see also* **ego**, **guilt**
[3] (= *stumble*) tropezón *m*; (= *move to make sb trip*) zancadilla *f*; **he brought the other player down with a ~** hizo caer al otro jugador con una zancadilla
[4] (*Elec*) (*also* **~ switch**) interruptor *m* de desconexión
Ⓑ VI [1] (= *stumble*) tropezar; **he ~ped and fell** tropezó y se cayó al suelo; **to ~ on/over sth** tropezar con algo; *see also* **trip over**
[2] (*liter*) (= *step lightly*) **she ~ped gracefully round the dance floor** se movía con paso ligero y grácil por la pista de baile; **to ~ along** ◊ **go ~ping along** ir con paso ligero; ✦***IDIOM* to ~ off the tongue**: **it doesn't exactly ~ off the tongue** no se puede decir que sea fácil de pronunciar; **the formula came ~ping off his tongue** pronunció la fórmula con la mayor facilidad; *see also* **tongue A1**
[3] (*) (*on drugs*) **to be ~ping** estar colocado*; **they were all ~ping out on acid** todos estaban colocados con ácido*
Ⓒ VT [1] (*also* **~ up**) (= *cause to stumble*) (*intentionally*) poner *or* echar la zancadilla a; (*accidentally*) hacer tropezar; **he tried to ~ me** intentó ponerme *or* echarme la zancadilla; **don't leave things on the stairs where they may ~ you** no deje cosas en las escaleras donde se pueda tropezar
[2] (*also* **~ up**) (= *catch out*) **he was trying to ~ her into contradicting herself** estaba intentando tenderle una trampa para que se contradijera; *see also* **trip up B2**
[3] (= *set off*) [+ *mechanism, switch*] activar
[4] (= *dance*) ✦***IDIOM* to ~ the light fantastic**†* mover el esqueleto*
Ⓓ CPD ► **trip switch** N interruptor *m* de desconexión

►**trip over** Ⓐ VI + ADV (= *fall*) tropezar y caerse; **he ~ped over and fell flat on his face** tropezó y cayó de bruces
Ⓑ VI + PREP [1] (*lit*) tropezarse con, tropezar con; **he ~ped over a wire** tropezó *or* se tropezó con un cable; **she ~ped over her own feet** se tropezó con sus propios pies; **to ~ over one another to do sth** (*fig*) darse de tortas por hacer algo*
[2] (*fig*) **occasionally he would ~ over a word in his impatience to tell his story** a veces se le trababa la lengua en su impaciencia por contar su historia

►**trip up** Ⓐ VI + ADV [1] (= *stumble*) tropezar
[2] (= *make a mistake*) equivocarse
Ⓑ VT + ADV [1] (= *cause to stumble*) (*intentionally*) poner *or* echar la zancadilla a; (*accidentally*) hacer tropezar
[2] (= *cause to make a mistake*) **she tried to ~ him up** intentó que se equivocase *or* que se confundiese; **the fourth question ~ped him up** la cuarta pregunta le hizo equivocarse *or* le confundió

**tripartite** [ˈtraɪˈpɑːtaɪt] ADJ tripartito

**tripe** [traɪp] N [1] (*Culin*) callos *mpl*
[2] (*esp Brit**) tonterías *fpl*, babosadas *fpl* (*LAm**), pendejadas *fpl* (*LAm**); **what utter ~!** ¡tonterías!; **he talks a lot of ~** no habla más que bobadas
[3] **tripes*** (*hum*) (= *guts*) tripas *fpl*

**triphase** [ˈtraɪfeɪz] ADJ trifásico

**triphthong** [ˈtrɪfθɒŋ] N triptongo *m*

**triple** [ˈtrɪpl] Ⓐ ADJ triple
Ⓑ ADV el triple, tres veces; **~ the sum** el triple
Ⓒ N (= *jump*) triple *m*
Ⓓ VT triplicar
Ⓔ VI triplicarse
Ⓕ CPD ► **Triple Alliance** N (*Hist*) Triple Alianza *f* ► **triple glazing** N triple acristalamiento *m* ► **triple jump** N triple salto *m*

**triplet** [ˈtrɪplɪt] N [1] (= *person*) trillizo/a *m/f*, triate *mf* (*Mex*)
[2] (*Mus*) tresillo *m*
[3] (*Poetry*) terceto *m*

**triplicate** Ⓐ [ˈtrɪplɪkɪt] ADJ triplicado
Ⓑ [ˈtrɪplɪkɪt] N **in ~** por triplicado
Ⓒ [ˈtrɪplɪkeɪt] VT triplicar

**triply** [ˈtrɪplɪ] ADV tres veces; **~ dangerous** tres veces más peligroso

**tripod** [ˈtraɪpɒd] N trípode *m*

**Tripoli** [ˈtrɪpəlɪ] N Trípoli *m*

**tripper** [ˈtrɪpəʳ] N (*Brit*) turista *mf*, excursionista *mf*

**tripping** [ˈtrɪpɪŋ] ADJ [*step*] ligero, airoso

**triptych** [ˈtrɪptɪk] N tríptico *m*

**tripwire** [ˈtrɪpwaɪəʳ] N cuerda *f* de trampa

**trireme** [ˈtraɪriːm] N trirreme *m*

**trisect** [traɪˈsekt] VT trisecar

**Tristan** [ˈtrɪstən], **Tristram** [ˈtrɪstrəm] N Tristán

**trisyllabic** [ˈtraɪsɪˈlæbɪk] ADJ trisilábico

**trisyllable** ['traɪ'sɪləbl] N trisílabo *m*

**trite** [traɪt] ADJ trillado, manido

**tritely** ['traɪtlɪ] ADV con falta de originalidad

**triteness** ['traɪtnɪs] N lo trillado, lo manido, falta *f* de originalidad

**Triton** ['traɪtn] N Tritón

**tritone** ['traɪtəʊn] N tritono *m*

**triturate** ['trɪtʃəreɪt] VT triturar

**trituration** [,trɪtʃə'reɪʃən] N trituración *f*

**triumph** ['traɪʌmf] Ⓐ N [1] (= *victory*) triunfo *m* (**over** sobre); **it is a ~ of man over nature** es un triunfo del hombre sobre la naturaleza; **to achieve a great ~** obtener un gran éxito; **a new ~ for industry** otro éxito para la industria
[2] (= *emotion*) júbilo *m*; **in ~** con júbilo
Ⓑ VI triunfar; **to ~ over the enemy** triunfar sobre el enemigo; **to ~ over a difficulty** triunfar de una dificultad

**triumphal** [traɪ'ʌmfəl] Ⓐ ADJ triunfal, de triunfo
Ⓑ CPD ► **triumphal arch** N arco *m* triunfal

**triumphalism** [traɪ'ʌmfəlɪzəm] N triunfalismo *m*

**triumphant** [traɪ'ʌmfənt] ADJ (= *jubilant*) jubiloso, triunfante; (= *victorious*) victorioso, vencedor

**triumphantly** [traɪ'ʌmfəntlɪ] ADV triunfalmente, de modo triunfal; **he said ~** dijo en tono triunfal

**triumvirate** [traɪ'ʌmvɪrɪt] N triunvirato *m*

**triune** ['traɪju:n] ADJ trino

**trivet** ['trɪvɪt] N (*US*) salvamanteles *m inv*

**trivia** ['trɪvɪə] NPL trivialidades *fpl*, nimiedades *fpl*, banalidades *fpl*

**trivial** ['trɪvɪəl] ADJ [*details, matter*] trivial, banal; [*person*] frívolo; [*sum*] insignificante, nimio; **I found it all rather ~** me parecía todo muy trivial

**triviality** [,trɪvɪ'ælɪtɪ] N [1] (= *unimportance*) trivialidad *f*, banalidad *f*
[2] (= *trivial detail*) trivialidad *f*

**trivialization** [,trɪvɪəlaɪ'zeɪʃən] N trivialización *f*, banalización *f*

**trivialize** ['trɪvɪəlaɪz] VT minimizar, trivializar

**trivially** ['trɪvɪəlɪ] ADV trivialmente, banalmente

**trochaic** [trɒ'keɪɪk] ADJ trocaico

**trochee** ['trɒki:] N troqueo *m*

**trod** [trɒd] PT *of* **tread**

**trodden** ['trɒdn] PP *of* **tread**

**troglodyte** ['trɒglədaɪt] N troglodita *mf*

**troika** ['trɔɪkə] N troica *f*

**Trojan** ['trəʊdʒən] Ⓐ ADJ troyano
Ⓑ N troyano/a *m/f*; ✦**IDIOM to work like a ~** trabajar como un mulo/una mula
Ⓒ CPD ► **Trojan horse** N (*lit*) caballo *m* de Troya; (*fig*) (*concealing devious purposes*) tapadera *f* ► **Trojan War** N Guerra *f* de Troya

**troll** [trəʊl] N gnomo *m*, duende *m*

**trolley** ['trɒlɪ] Ⓐ N [1] (*esp Brit*) (*in station, supermarket*) carrito *m*; (*in hospital*) camilla *f*; (*in mine*) vagoneta *f*; (= *tea trolley*) carrito *m*; (= *drinks trolley*) mesita *f* de ruedas; ✦**IDIOM to be off one's ~** (*Brit**) estar chiflado*
[2] (*US*) (= *tram*) tranvía *m*
[3] (*Tech*) corredera *f* elevada
[4] (*Elec*) trole *m*, arco *m* de trole
Ⓑ CPD ► **trolley bus** N trolebús *m* ► **trolley car** N (*US*) tranvía *m* ► **trolley pole** N trole *m*

**trollop** ['trɒləp] N (= *slut*) marrana *f*; (= *prostitute*) puta *f*

**trombone** [trɒm'bəʊn] N trombón *m*

**trombonist** [trɒm'bəʊnɪst] N (*orchestral*) trombón *mf*; (*jazz etc*) trombonista *mf*

**troop** [tru:p] Ⓐ N [1] (*Mil*) tropa *f*; [*of cavalry*] escuadrón *m*; **troops** tropas *fpl*
[2] (*gen*) banda *f*, grupo *m*; (= *gang*) cuadrilla *f*; (*Theat*) = **troupe**; **to come in a ~** venir en tropel *or* en masa
[3] (= *sound*) **the steady ~ of feet** el ruido rítmico de pasos
Ⓑ VI (= *walk*) **to ~ in/past/off/out** entrar/pasar/marcharse/salir en tropel, entrar/pasar/marcharse/salir atropelladamente
Ⓒ VT **to ~ the colour** (*Brit*) presentar la bandera
Ⓓ CPD ► **troop carrier** N (= *plane, ship*) transporte *m* (militar) ► **troop ship** N (buque *m* de) transporte *m* ► **troop train** N tren *m* militar

**trooper** ['tru:pər] N [1] (*Mil*) soldado *mf* (de caballería); ✦**IDIOM to swear like a ~** jurar *or* hablar como un carretero
[2] (*US*) (= *policeman*) policía *mf* montado/a

**trope** [trəʊp] N tropo *m*

**trophy** ['trəʊfɪ] Ⓐ N (*gen*) trofeo *m*
Ⓑ CPD ► **trophy wife*** N *joven esposa de un hombre de éxito que éste gusta de exhibir*

**tropic** ['trɒpɪk] N trópico *m*; **the ~s** el trópico; **the Tropic of Cancer/Capricorn** el Trópico de Cáncer/Capricornio

**tropical** ['trɒpɪkəl] ADJ [*fruit, climate, disease*] tropical

**troposphere** ['trɒpəsfɪər] N troposfera *f*

**Trot*** [trɒt] N ABBR = **Trotskyist**

**trot** [trɒt] Ⓐ N [1] (= *step*) trote *m*; **at an easy ~** ◊ **at a slow ~** a trote corto; **to break into a ~** [*horse, rider*] echar a trotar; [*person*] echar a correr; **to go for a ~** (*on horse*) ir a montar a caballo; ✦**IDIOMS to be always on the ~** no parar nunca, tener una vida ajetreada; **to keep sb on the ~** no dejar a algn descansar
[2] **on the ~*** seguidos, uno tras otro, uno detrás de otro; **for five days on the ~*** durante cinco días seguidos; **Barcelona won five times on the ~*** Barcelona ganó cinco veces seguidas
[3] **the ~s⁑** (= *diarrhoea*) diarrea *f*; **to have the ~s** tener diarrea
Ⓑ VI [*horse, rider*] trotar, ir al trote; [*person*] ir trotando
Ⓒ VT [+ *horse*] hacer trotar

►**trot along, trot off*** VI + ADV marcharse; **I must be ~ting along now** es hora de que me marche

►**trot out*** VT + ADV [+ *excuse, reason*] ensartar, recitar; [+ *names, facts*] echar mano de; [+ *arguments*] sacar a relucir, presentar otra vez

►**trot over*, trot round*** VI + ADV **he ~ted round to the shop** fue y volvió de la tienda en un santiamén

**troth** [trəʊθ] N (†† *or hum*) *see* **plight²**

**Trotskyism** ['trɒtskɪɪzəm] N trotskismo *m*

**Trotskyist** ['trɒtskɪɪst] Ⓐ ADJ trotskista
Ⓑ N trotskista *mf*

**trotter** ['trɒtər] N [1] (= *horse*) trotón *m*, caballo *m* trotón
[2] **pig's ~s** manitas *fpl* (de cerdo *or* (*LAm*) chancho)

**trotting** ['trɒtɪŋ] N (*Sport*) trote *m*

**troubadour** ['tru:bədɔ:r] N trovador *m*

✔**trouble** ['trʌbl] Ⓐ N [1] (= *problem*) problema *m*, dificultad *f*; (*for doing wrong*) problemas *mpl*, lío *m*; (= *difficult situation*) apuro *m*, aprieto *m*; **life is full of ~s** la vida está llena de problemas *or* aflicciones; **now your ~s are over** ya no tendrás de que preocuparte, se acabaron las preocupaciones; **what's the ~?** ¿cuál es el problema?, ¿qué pasa?; **the ~ is ...** el problema es ..., lo que pasa es ...; **that's just the ~** ahí está (la madre del cordero); **it's just asking for ~** eso es buscarse problemas; **there'll be ~ if she finds out** se armará una buena si se entera; **there's ~ brewing** se va a armar lío*; **to get into ~: he got into ~ with the police** se metió en un lío con la policía; **he got into ~ for saying that** se mereció una bronca diciendo eso; **to get sb into ~** meter a algn en un lío *or* problemas; (*euph*) (= *make pregnant*) dejar embarazada a algn; **to get out of ~** salir del apuro; **to get sb out of ~** ayudar a algn a salir del apuro, echar un cable a algn; **to give ~: she never gave us any ~** nunca nos causó problemas; **to have ~ doing sth: I had no ~ finding the house** encontré la casa sin problemas; **did you have any ~?** ¿tuviste algún problema *or* alguna dificultad?; **we had ~ getting here in time** nos costó trabajo llegar aquí a tiempo; **to be in ~** (= *having problems*) estar en un apuro *or* aprieto; (*for doing wrong*) tener problemas; **to be in great ~** estar muy apurado; **to lay up ~ for o.s.** crearse problemas; **don't go looking for ~** no busques camorra *or* problemas; **to make ~ for sb** crear un lío a algn; **money ~s** dificultades *fpl* económicas; **to stir up ~** meter cizaña, revolver el ajo; **to tell sb one's ~s** contar sus desventuras a algn; ✦**IDIOM my/his ~ and strife** (*Brit⁑*) la parienta
[2] (= *effort, bother*) molestia *f*; **to go to (all) the ~ of doing sth** tomarse la molestia de hacer algo; **I went to a lot of ~ to get it for her** me tomé muchas molestias para conseguírselo; **we had all our ~ for nothing** todo aquello fue trabajo perdido; **it's no ~** no es molestia; **to put sb to the ~ of doing sth** molestar a algn pidiéndole que haga algo; **I fear I am putting you to a lot of ~** me temo que esto te vaya a molestar bastante; **to save o.s. the ~** ahorrarse el trabajo; **to spare no ~ in order to** + INFIN no regatear medio para + *infin*; **to take the ~ to do sth** tomarse la molestia de hacer algo; **he didn't even take the ~ to say thank you** ni se dignó siquiera darme las gracias; **to take a lot of ~ over sth** esmerarse en algo, hacer algo con el mayor cuidado; **nothing is too much ~ for her** para ella todo es poco; **it's more ~ than it's worth** ◊ **it's not worth the ~** no vale la pena
[3] (*Med*) **heart/back ~** problemas *mpl* de corazón/espalda; **it's my old ~** ha vuelto lo de antes
[4] (*Mech*) **a mechanic put the ~ right** un mecánico reparó las piezas averiadas; **engine ~** problemas *mpl* con el motor
[5] (= *unrest, fighting*) conflicto *m*, disturbio *m*; **the (Irish) ~s** los conflictos de los irlandeses; **there is constant ~ between them** riñen constantemente; **labour ~s** conflictos laborales; ✦**IDIOM there's ~ at t'mill** (*Brit hum*, *) hay un disturbio en la fábrica; *see also* **brew C2**
Ⓑ VT [1] (= *worry*) preocupar; **the thought ~d him** le preocupaba la idea; **it's not that that ~s me** no me preocupo por eso, eso me trae sin cuidado
[2] (= *cause pain*) **his eyes ~ him** tiene problemas con la vista *or* los ojos; **if the tooth ~s you again call the dentist** si vuelves a tener molestias en el diente llama al dentista
[3] (= *bother*) molestar; **I'm sorry to ~ you** disculpe la molestia; **maths never ~d me at all** las matemáticas no me costaron trabajo en absoluto; **to ~ o.s. about sth** preocuparse por algo; **to ~ o.s. to do sth** molestarse en *or* tomarse la molestia de hacer algo; **don't ~ yourself!** ¡no te molestes!, ¡no te preocupes!;

➤ LANGUAGE IN USE: **trouble A2** 4, 18.5

**may I ~ you to hold this?** ¿te molestaría tener esto?; **may I ~ you for a light?** ¿le molestaría darme fuego, por favor?; **does it ~ you if I smoke?** ¿le molesta que fume?; **I won't ~ you with all the details** no le voy a aburrir con exceso de detalles
(C) VI (= *make the effort*) preocuparse, molestarse; **please don't ~!** ¡no te molestes!, ¡no te preocupes!; **don't ~ to write** no te molestes en escribir; **he didn't ~ to shut the door** no se tomó la molestia de cerrar la puerta; **if you had ~d to find out** si te hubieras tomado la molestia de averiguarlo
(D) CPD ► **trouble spot** N (*esp Pol*) (= *area, country*) zona *f* conflictiva

**troubled** ['trʌbld] ADJ [1] (= *worried*) [*person*] preocupado, desazonado; [*mind*] preocupado, agitado; [*conscience*] intranquilo; [*expression, face, look*] de preocupación; **he was deeply ~** estaba profundamente preocupado *or* desazonado; **he was a lonely, ~ man** era un hombre que estaba solo y sin sosiego; **she fell into a ~ sleep** cayó en un sueño inquieto *or* agitado
[2] (= *beset by problems*) [*life, marriage, relationship*] lleno de problemas, aquejado de problemas; [*period of time*] turbulento; [*area, country, region*] conflictivo; [*company, bank, industry*] aquejado de problemas; **these are ~ times** estos son tiempos difíciles; *see also* **oil**

**trouble-free** ['trʌblfri:] ADJ [*life*] sin problemas, tranquilo; [*demonstration, factory*] sin disturbios, pacífico; [*motoring*] sin problemas

**troublemaker** ['trʌbl,meɪkəʳ] N agitador(a) *m/f*

**troublemaking** ['trʌbl,meɪkɪŋ] ADJ alborotador, perturbador

**troubleshooter** ['trʌblʃu:təʳ] N apagafuegos *mf inv* (*profesional o consultor experto en la detección de problemas y el desarrollo de soluciones empresariales o administrativas*)

**troubleshooting** ['trʌblʃu:tɪŋ] N *detección de problemas y desarrollo de soluciones empresariales o administrativas*

**troublesome** ['trʌblsəm] ADJ [*person*] fastidioso, molesto, latoso; [*headache, toothache etc*] molesto; [*dispute, problem*] difícil, penoso; **now don't be ~** no seas difícil

**troublous** ['trʌbləs] ADJ (*liter*) [*times*] turbulento, difícil

**trough** [trɒf] N [1] (= *depression*) depresión *f*, hoyo *m*; (*between waves, on graph*) seno *m*; (= *channel*) canal *m*; (*fig*) parte *f* baja, punto *m* más bajo; *see also* **peak A3**
[2] (*Met*) zona *f* de bajas presiones
[3] (*for animals*) (= *feeding trough*) comedero *m*, pesebre *m*; (= *drinking trough*) abrevadero *m*, bebedero *m*; (= *kneading trough*) artesa *f*

**trounce** [traʊns] VT [1] (= *defeat*) dar una paliza a*, derrotar
[2] (= *thrash*) zurrar, dar una paliza a

**troupe** [tru:p] N (*Theat*) compañía *f* de teatro; (*Circus*) troupe *f*

**trouper** ['tru:pəʳ] N (*Theat*) miembro *mf* de una compañía de actores; **old ~** actor *m* veterano, actriz *f* veterana

**trouser** ['traʊzəʳ] (*esp Brit*) (A) N **trousers** pantalón *m*, pantalones *mpl*; **short/long ~s** pantalones *mpl* cortos/largos; **a pair of ~s** un pantalón, unos pantalones; ✦**IDIOM to wear the ~s** llevar los pantalones
(B) CPD ► **trouser leg** N pierna *f* de pantalón ► **trouser pocket** N bolsillo *m* del pantalón ► **trouser press** N prensa *f* para pantalones ► **trouser suit** N traje-pantalón *m*

**trousseau** ['tru:səʊ] N (*pl* **trousseaus, trousseaux** ['tru:səʊz]) ajuar *m*

➤ LANGUAGE IN USE: **true A1** 11.1, 26.3

**trout** [traʊt] (*pl* **trout** *or* **trouts**) (A) N [1] (= *fish*) trucha *f*
[2] **old ~*** (= *woman*) arpía *f*, bruja* *f*
(B) CPD ► **trout fishing** N pesca *f* de trucha

**trove** [trəʊv] N *see* **treasure**

**trowel** ['traʊəl] N [1] (*Agr*) desplantador *m*
[2] (*builder's*) paleta *f*, llana *f*

**Troy** [trɔɪ] N Troya *f*

**troy** ['trɔɪ] N (*also* **~ weight**) peso *m* troy

**truancy** ['trʊənsɪ] N ausencia *f* sin permiso

**truant** ['trʊənt] (A) N (*Scol*) ausente *mf*; **to play ~** (*Scol*) hacer novillos, hacer la rabona*; (*fig*) ausentarse
(B) VI (*Scol*) hacer novillos, hacer la rabona*; (*fig*) ausentarse (**from** de)

**truce** [tru:s] N (*Mil*) tregua *f*; **to call a ~** (*Mil*) (*fig*) acordar una tregua

**truck¹** [trʌk] (A) N [1] (*esp US*) (= *lorry*) camión *m*
[2] (*Rail*) (= *wagon*) vagón *m*
[3] (= *hand trolley*) carretilla *f*
(B) VT (*US*) llevar, transportar
(C) CPD ► **truck driver** N (*esp US*) camionero/a *m/f* ► **truck stop** N (*US*) restaurante *m* de carretera

**truck²** [trʌk] (A) N (= *dealings*) ✦**IDIOM to have no ~ with sb** no tener nada que ver con algn; **we want no ~ with that** no queremos tener nada que ver con eso
(B) CPD ► **truck farm** N (*US*) huerto *m* de hortalizas ► **truck farmer** N (*US*) hortelano/a *m/f* ► **truck farming** N (*US*) horticultura *f* ► **truck garden** N = **truck farm** ► **truck system** N (*Hist*) el trueque

**truckage** ['trʌkɪdʒ] N (*US*) acarreo *m*

**trucker** ['trʌkəʳ] N (*US*) camionero/a *m/f*, transportista *mf*

**trucking** ['trʌkɪŋ] (A) N (*esp US*) acarreo *m*, transporte *m* (en camión)
(B) CPD ► **trucking company** N compañía *f* de transporte por carretera

**truckle** ['trʌkl] (A) VI **to ~ to sb** someterse servilmente a algn
(B) CPD ► **truckle bed** N carriola *f*

**truckload** ['trʌkləʊd] N carga *f* de camión; **by the ~** (*fig*) a carretadas

**truckman** ['trʌkmən] N (*pl* **truckmen**) (*US*) camionero *m*, transportista *m*

**truculence** ['trʌkjʊləns] N agresividad *f*, mal humor *m*

**truculent** ['trʌkjʊlənt] ADJ agresivo, malhumorado

**truculently** ['trʌkjʊləntlɪ] ADV [*behave*] de modo agresivo; [*answer*] ásperamente

**trudge** [trʌdʒ] (A) N caminata *f* (difícil, larga, penosa)
(B) VT recorrer a pie (penosamente); **we ~d the streets looking for him** nos cansamos buscándole por las calles
(C) VI **to ~ up/down/along** *etc* subir/bajar/caminar *etc* penosamente

▼ **true** [tru:] (A) ADJ (*compar* **truer**; *superl* **truest**) [1] (= *not false*) [*story*] real, verídico; [*account*] verídico; [*statement*] cierto, verídico; [*rumour*] cierto, verdadero; **it is ~ that ...** es verdad *or* cierto que ...; **is it ~?** ¿es (eso) verdad?; **it can't be ~!** ¡no me lo creo!; **I'm quite tired, it's ~** es verdad *or* cierto que estoy bastante cansado; **he's so jealous it's not ~*** es tan celoso que resulta difícil creerlo; **is it ~ about Harry?** ¿es verdad *or* cierto lo de Harry?; **~, but ...** cierto, pero ...; **to come ~** [*dream*] hacerse realidad; [*wish, prediction*] cumplirse, hacerse realidad; **it's a dream come ~** es un sueño hecho realidad; **~ or false?** ¿verdadero o falso?; **the reverse is ~** ocurre lo contrario; **it is ~ to say that ...** puede afirmarse que ...; **the film is based on a ~ story** la película está basada en un hecho real *or* verídico; **it's ~r than you know** es más verdad de lo que te imaginas; **that's ~** es cierto, es verdad; **too ~** eso es totalmente cierto; **it is only too ~ that ...** es lamentablemente *or* desgraciadamente cierto que ...; *see also* **good A1**, **ring² C4**
[2] (= *genuine*) [*gentleman, romantic, genius*] verdadero, auténtico; [*friend, courage, happiness*] verdadero, de verdad, auténtico; **music is her ~ love** su verdadero amor es la música; **her ~ love†** (= *sweetheart*) su gran amor *m*; **then he was able to demonstrate his ~ worth** entonces pudo demostrar lo que valía realmente *or* su verdadera valía
[3] (= *real, actual*) [*feelings, motives, meaning*] verdadero; [*value, cost*] verdadero, real; **the ~ meaning of love** el verdadero significado del amor; **this helps us to discover our ~ selves** esto nos ayuda a descubrir nuestra verdadera identidad; **in the ~ sense (of the word)** en el sentido estricto (de la palabra), propiamente dicho
[4] (*Rel*) verdadero; **the one ~ God** el Dios único y verdadero
[5] (= *relevant, applicable*) cierto; **to be ~ for sb/sth** ser cierto en el caso de algn/algo; **this is particularly ~ for single women** esto es cierto particularmente en el caso de las mujeres solteras; **this is ~ for nine out of ten cases** esto es cierto en nueve de cada diez casos; **to hold ~ (for sb/sth)** ser válido (para algn/algo); **this is ~ of any new business venture** este es el caso con cualquier empresa nueva; **the same is ~ of nuclear power stations** el caso es el mismo con las centrales nucleares
[6] (*frm*) (= *faithful*) **I am a ~ believer in American values** creo firmemente en los valores americanos; **to be ~ to sb/sth** ser fiel a algn/algo; **to be ~ to o.s.** ser fiel a sí mismo; **~ to form** como es/era de esperar; **to be ~ to life** ser como la vida real; **to be ~ to one's promise** *or* **word** ser fiel a su palabra *or* promesa, cumplir con su palabra *or* promesa; **~ to type** como es/era de esperar
[7] (= *accurate*) **his aim was ~** dio en el blanco; **the portrait was a ~ likeness of her grandmother** el cuadro era un fiel retrato de su abuela
[8] (= *straight*) derecho; **the window frame isn't quite ~** el marco de la ventana no está del todo derecho
[9] (*Mus*) afinado; **his top notes were pure and ~** sus notas más altas eran puras y afinadas
(B) N **to be out of ~: the doorframe is out of ~** el marco de la puerta no cae a plomo; **the top of the window was out of ~** la parte superior de la ventana no estaba nivelada
(C) ADV **to breed ~** (*Bio*) reproducirse conforme con la raza
(D) CPD ► **true colours**, **true colors** (*US*) NPL **to show one's ~ colours** ◊ **show o.s. in one's ~ colours** mostrarse tal y como se es en realidad; **to see sb in their ~ colours** ver a algn tal y como es en realidad; *see also* **colour A6** ► **true north** N (*Geog*) norte *m* geográfico

**true-blue** ['tru:'blu:] (A) ADJ rancio, de lo más rancio
(B) N partidario/a *m/f* de lo más leal, partidario/a *m/f* acérrimo/a

**true-born** ['tru:'bɔ:n] ADJ auténtico, verdadero

**true-bred** ['tru:'bred] ADJ de casta legítima, de pura sangre

**true-life** ['tru:laɪf] ADJ verdadero, conforme con la realidad

**truffle** ['trʌfl] N trufa *f*

**trug** [trʌg] N (*Brit*) *cesto para hortalizas o flores*

**truism** ['tru:ɪzəm] N (= *well-known truth*) perogrullada *f*; (*pej*) (= *cliché*) tópico *m*

**truly** ['tru:lɪ] ADV 1 (= *genuinely*) [*happy, democratic, international*] verdaderamente, realmente; [*understand, love*] de verdad; **the only man she ~ loved** el único hombre al que quería de verdad; **really and ~** de verdad
2 (*frm*) (= *sincerely*) [*grateful, worried*] verdaderamente, realmente, de verdad; [*believe, think, feel*] de verdad, realmente; **I ~ believe this** me lo creo de verdad, realmente me lo creo; **I was ~ hurt by what she said** lo que dijo me hizo realmente *or* verdadero daño; **it can ~ be said that …** verdaderamente se puede decir que …, realmente se puede decir que …; **I am ~ sorry for what happened** siento de veras *or* muchísimo lo ocurrido; **it was ~ wrong of him to do that** lo que hizo estuvo verdaderamente *or* realmente mal; **yours ~** (*in letter*) le saluda atentamente; **nobody knows it better than yours ~*** nadie lo sabe mejor que un servidor*
3 (*as intensifier*) (= *absolutely*) [*amazing, remarkable*] verdaderamente, realmente; *see also* **well A2**

**trump** [trʌmp] Ⓐ N (*Cards*) triunfo *m*; **hearts are ~s** triunfan corazones, pintan corazones; **what's ~s?** ¿a qué pinta?; **✦IDIOM to turn up ~s** (*Brit*) salir *or* resultar bien; **he always turns up ~s** no nos falla nunca
Ⓑ VT (*Cards*) fallar; (*fig*) superar
Ⓒ VI (*Cards*) triunfar, poner un triunfo
Ⓓ CPD ► **trump card** N triunfo *m*; **✦IDIOM to play one's ~ card** jugar su mejor carta

►**trump up** VT + ADV [+ *charge, excuse*] fabricar, inventar

**trumped-up** ['trʌmpt'ʌp] ADJ [*charge, excuse*] fabricado, inventado

**trumpery** ['trʌmpərɪ] Ⓐ ADJ (= *frivolous*) frívolo; (= *valueless*) inútil, sin valor; (= *insignificant*) sin importancia; (= *trashy*) de relumbrón
Ⓑ N oropel *m*

**trumpet** ['trʌmpɪt] Ⓐ N trompeta *f*; **✦IDIOM to blow one's own ~** darse bombo
Ⓑ VI [*elephant*] bramar
Ⓒ VT (*fig*) (*also* **~ forth**) pregonar, anunciar (a son de trompeta)
Ⓓ CPD ► **trumpet blast, trumpet call** N trompetazo *m*; (*fig*) clarinazo *m*

**trumpeter** ['trʌmpɪtəʳ] N (*orchestral*) trompetero *m*, trompeta *mf*; (*jazz*) trompetista *mf*

**trumpeting** ['trʌmpɪtɪŋ] N [*of elephant*] bramido *m*

**truncate** [trʌŋ'keɪt] VT [+ *report, speech*] truncar

**truncated** [trʌŋ'keɪtɪd] ADJ (= *shortened*) [*report*] truncado

**truncating** [trʌŋ'keɪtɪŋ] N (*Comput*) truncamiento *m*

**truncation** [trʌŋ'keɪʃən] N truncamiento *m*

**truncheon** ['trʌntʃən] N porra *f*

**trundle** ['trʌndl] Ⓐ VT (= *push*) empujar; (= *pull*) tirar, jalar (*LAm*)
Ⓑ VI [*cart etc*] rodar

►**trundle on** VI + ADV avanzar (con mucho ruido, pesadamente)

**trunk** [trʌŋk] Ⓐ N 1 [*of tree*] tronco *m*
2 (*Anat*) (= *human torso*) tronco *m*
3 [*of elephant*] trompa *f*
4 (= *big suitcase*) baúl *m*
5 (*US*) (= *boot of car*) maletero *m*, baúl *m* (*LAm*), cajuela *f* (*Mex*), maletera *f* (*S. Cone*)
Ⓑ CPD ► **trunk call** N (*Brit Telec*) conferencia *f* (interurbana); **to make a ~ call** llamar a larga distancia ► **trunk line** N (*Rail*) línea *f* troncal; (*Telec*) línea *f* principal ► **trunk road** N (*Brit*) carretera *f* principal

**trunks** [trʌŋks] NPL (*also* **swimming** *or* **bathing ~**) bañador *m*, slip *m*

**trunnion** ['trʌnɪən] N muñón *m*

**truss** [trʌs] Ⓐ VT 1 (= *tie*) liar, atar; [+ *fowl*] espetar
2 (*Archit*) [+ *supporting wall*] apuntalar; [+ *supporting floor*] apoyar con entramado
Ⓑ N 1 (*Med*) braguero *m*
2 (*Archit*) entramado *m*, soporte *m* de puntales
3 (= *bundle*) lío *m*, paquete *m*; [*of hay etc*] haz *m*, lío *m*; [*of fruit*] racimo *m*

►**truss up** VT + ADV **to ~ sb up** atar a algn (*con cuerdas etc*)

**trust** [trʌst] Ⓐ N 1 (= *faith, confidence*) confianza *f* (**in** en); **you've betrayed their ~** has traicionado la confianza que tenían puesta en ti; **I have complete ~ in you** confío plenamente en ti, tengo absoluta confianza en ti; **to take sth/sb on ~** fiarse de algo/algn; **I'm not going to take what he says on ~** no me voy a fiar de lo que dice *or* de su palabra; **to put one's ~ in sth/sb** depositar su confianza en algo/algn
2 (= *responsibility*) **to give sth into sb's ~** confiar algo a algn; **to be in a position of ~** tener un puesto de confianza *or* responsabilidad; **a sacred ~** un deber sagrado
3 (*Jur*) (= *money*) (*for third party*) fondo *m* fiduciario, fondo *m* de fideicomiso; (*Fin*) (= *investment*) fondo *m* de inversiones; (= *institution*) fundación *f*; **charitable ~** fundación *f* benéfica; **in ~** en fideicomiso; **the money will be held in ~ until she is 18** el dinero se mantendrá en fideicomiso hasta que cumpla los dieciocho años; **to put** *or* **place sth in ~** dejar algo en fideicomiso; **to set up a ~** crear un fondo fiduciario *or* de fideicomiso; *see also* **charitable, investment, unit**
4 (*Comm, Fin*) (*also* **~ company**) trust *m*, compañía *f* fiduciaria, compañía *f* de fideicomiso
5 (*also* **~ hospital**) fundación *f* hospitalaria
Ⓑ VT 1 (= *consider honest, reliable*) [+ *person, judgment, instincts*] fiarse de; **don't you ~ me?** ¿no te fías de mí?; **she is not to be ~ed** ella no es de fiar; **the government can't be ~ed** no se puede uno fiar del gobierno; **do you think we can ~ him?** ¿crees que nos podemos fiar de él?, ¿crees que podemos confiar *or* tener confianza en él?; **~ your own instincts** fíate de tus instintos; **to ~ sb to do sth: I ~ you to keep this secret** confío en que guardes este secreto; **her parents ~ her to make her own decisions** sus padres confían en ella y la dejan que tome sus propias decisiones; **do you think we can ~ him to give us our share?** ¿crees que podemos fiarnos de que nos va a dar nuestra parte?; **he did not ~ himself to speak** no se atrevió a hablar; **you can't ~ a word he says** es imposible creer ninguna palabra suya, no se puede uno fiar de nada de lo que dice; **✦IDIOM I wouldn't ~ him an inch** *or* **as far as I could throw him** no me fío de él ni un pelo
2 (= *have confidence in*) confiar en, tener confianza en; **~ me, I know what I'm doing** confía en mí, sé lo que estoy haciendo; **I ~ you completely** tengo plena confianza en ti; **"I forgot" — "~ you!"** —se me olvidó —¡mira por dónde! *or* —¡cómo no!; **~ you to break it!** ¡era de esperar que lo rompieses!
3 (= *entrust*) **to ~ sth to sb** confiar algo a algn; **to ~ sb with sth**: **he's not the sort of person to be ~ed with a gun** no es la clase de persona de la que se puede uno fiar con una pistola, no es la clase de persona a la que se puede confiar una pistola; **I'd ~ him with my life** pondría mi vida en sus manos
4 (*frm*) (= *hope*) esperar; **I ~ you are all well** espero que estéis todos bien; **I ~ you enjoyed your walk?** espero que haya disfrutado del paseo; **I ~ not** espero que no
Ⓒ VI **to ~ in sth/sb** confiar en algo/algn; **to ~ to luck/fate** encomendarse a la suerte/al destino
Ⓓ CPD ► **trust account** N cuenta *f* fiduciaria, cuenta *f* de fideicomiso ► **trust company** N compañía *f* fiduciaria, compañía *f* de fideicomiso ► **trust fund** N fondo *m* fiduciario, fondo *m* de fideicomiso ► **trust hospital** N fundación *f* hospitalaria

**trusted** ['trʌstɪd] ADJ [*friend, adviser, servant*] de confianza; [*formula*] probado; *see also* **tried**

**trustee** [trʌs'ti:] N (*in bankruptcy*) síndico *m*; (= *holder of property for another*) fideicomisario/a *m/f*, depositario/a *m/f*, administrador(a) *m/f*; [*of college*] regente/a *m/f*

**trusteeship** [trʌs'ti:ʃɪp] N (*in bankruptcy*) cargo *m* de síndico; [*of property*] cargo *m* de fideicomisario, administración *f* fiduciaria

**trustful** ['trʌstfʊ] ADJ confiado

**trusting** ['trʌstɪŋ] ADJ [*person, nature*] confiado; [*relationship*] de confianza; **he has learned not to be too ~ of people** ha aprendido a no ser demasiado confiado con la gente

**trustingly** ['trʌstɪŋlɪ] ADV confiadamente

**trustworthiness** ['trʌst,wɜ:ðɪnɪs] N [*of person*] formalidad *f*; [*of source, news*] carácter *m* fidedigno, fiabilidad *f*; [*of statistics etc*] fiabilidad *f*, exactitud *f*

**trustworthy** ['trʌst,wɜ:ðɪ] ADJ [*person*] formal, de confianza; [*source of news*] fidedigno, fiable; [*statistics*] fiable, exacto

**trusty** ['trʌstɪ] Ⓐ ADJ (*compar* **trustier**; *superl* **trustiest**) [*servant*] fiel, leal; [*weapon*] seguro, bueno
Ⓑ N (*in prison*) recluso/a *m/f* de confianza

**truth** [tru:θ] (*pl* **truths** [tru:ðz]) Ⓐ N verdad *f*; **there is some ~ in this** hay una parte de verdad en esto; **in ~** en verdad, a la verdad; **the plain ~** la pura verdad, la verdad lisa y llana; **the whole ~** toda la verdad; **to tell the ~** decir la verdad; **to tell (you) the ~ ◊ ~ to tell** a decir verdad; **the ~ of the matter is that …** si te digo la verdad *or* la verdad es que …; **the ~ hurts** las verdades duelen; **✦PROVS ~ will out** no hay mentira que no salga; **~ is stranger than fiction** la realidad sobrepasa a la ficción; *see also* **home**
Ⓑ CPD ► **truth drug** N suero *m* de la verdad

**truthful** ['tru:θfʊl] ADJ [*account*] verídico, veraz; [*person*] veraz; **are you being ~?** ¿es esto la verdad?

**truthfully** ['tru:θfəlɪ] ADV sinceramente; **now tell me ~** ahora (bien), dime la verdad; **~, I don't know** de veras, no sé nada

**truthfulness** ['tru:θfʊlnɪs] N veracidad *f*

**try** [traɪ] Ⓐ N 1 (= *attempt*) intento *m*, tentativa *f*; **after several tries they gave up** tras varios intentos *or* varias tentativas, se dieron por vencidos; **it was a good ~ — better luck next time** no lo conseguiste pero no estuvo mal — otra vez será; **nice ~ Dave, but I know you're lying** no cuela, Dave, sé que estás mintiendo; **to give sth a ~** intentar (hacer) algo; **she's out at the moment — give her a ~ in half an hour** en este momento ha salido, pero llámela dentro de media hora; **let me have a ~** déjame intentarlo; **they're go-**

**ing to have another ~ at the summit when the weather improves** van a volver a intentar llegar a la cumbre cuando el tiempo mejore; **it's worth a ~** vale *or* merece la pena intentarlo

2 (= *trial*) **to give sth a ~** [+ *product, food, experience*] probar algo; **you'll never know what snake is like if you don't give it a ~** nunca sabrás a qué sabe la serpiente si no la pruebas; **to give sb a ~** darle una oportunidad a algn, poner a algn a prueba; **we'll give her a ~ for a week** le daremos una semana de prueba; **these new burgers are worth a ~** vale *or* merece la pena probar estas nuevas hamburguesas

3 (*Rugby*) ensayo *m*; **to score a ~** marcar un ensayo

Ⓑ VT 1 (= *attempt*) intentar; **you've only tried three questions** sólo has intentado hacer tres preguntas; **to ~ to do sth** intentar hacer algo, tratar de hacer algo; **he was shot while ~ing to escape** lo dispararon mientras intentaba escapar *or* trataba de escapar; **I tried not to think about it** intenté no pensar en ello, traté de no pensar en ello; **~ not to cough** procura no toser, procura contener la tos; **he was ~ing his best not to laugh** estaba haciendo todo lo posible por no reírse; **it's ~ing to rain** tiene ganas como de llover

2 (= *try out, sample*) probar; **have you tried these olives?** ¿has probado estas aceitunas?; **to ~ doing sth** probar a hacer algo; **have you tried soaking the curtains in vinegar?** ¿has probado a poner las cortinas en remojo con vinagre?; **~ turning the key** da vuelta a la llave y a ver qué pasa, prueba a *or* intenta darle la vuelta a la llave; **you ~ bringing up four children on your own!** ¡prueba tú a criar cuatro niños solo!; **I'll ~ anything once** siempre estoy dispuesto a probarlo todo, al menos una vez; **we've tried everything but the car still won't start** lo hemos intentado *or* probado todo, pero el coche todavía no arranca; *see also* **hand A10, size**[1]

3 (= *attempt to work*) [+ *door handle*] tirar de; [+ *telephone number*] intentar llamar a; **he tried the phone but the line was dead** intentó usar el teléfono pero no había línea; **he tried the door — to his surprise it opened** intentó abrir la puerta — para su sorpresa se abrió

4 (= *inquire at*) **we tried three hotels but they had no room** preguntamos en tres hoteles pero no tenían habitación; **have you tried the local music shops?** ¿lo has buscado en las tiendas de música del barrio?

5 (= *put to the test*) [+ *person, strength, patience*] poner a prueba; **why not ~ him for the job?** ¿por qué no ponerle a prueba en el puesto?; **he was tried and found wanting** fue sometido a prueba y resultó ser deficiente; **it would ~ the patience of a saint** pondría a prueba la paciencia de un santo; **to ~ one's luck** probar suerte; **to ~ sth on sb** probar algo con algn; **they haven't tried the drug on humans yet** todavía no han probado la droga con personas; **I tried the idea on a couple of people** le comenté la idea a un par de personas; **they have been sorely tried** (*liter*) han sufrido mucho; ✦***PROV*** **these things are sent to ~ us** estas cosas nos las manda el Señor para ponernos a prueba

6 (*Jur*) **to ~ sb (for sth)** procesar *or* enjuiciar a algn (por algo); **to ~ a case** ver una demanda

Ⓒ VI **he didn't even ~** ni siquiera lo intentó; **you're not ~ing!** ¡no estás poniendo todo tu empeño!; **~ again!** ¡vuelve a intentarlo!; **~ as I might I couldn't persuade her** por más que intenté persuadirla no lo conseguí; **I couldn't have done that (even) if I'd tried** no podría haber hecho eso ni (siquiera) queriendo; **you could do it if you tried** podrías hacerlo si lo intentaras; **(just) you ~!** ¡hazlo y verás!, ¡atrévete (y verás)!; **to ~ and do sth*** intentar hacer algo, tratar de hacer algo; **I ought to ~ and get some sleep** debería tratar de *or* intentar dormir un rato; **to ~ one's (very) best** ◊ **~ one's (very) hardest** poner todo su empeño, hacer todo lo posible; **it is not for lack** *or* **want of ~ing** no será porque no se ha intentado; *see also* **succeed A1**

►**try for** VI + PREP intentar conseguir, tratar de conseguir; **he's going to ~ for a place at university** va tratar de *or* va intentar conseguir una plaza en la universidad; **they're ~ing for a baby** van a por un bebé

►**try on** VT + ADV 1 [+ *clothes, shoes*] probarse; **would you like to ~ it on?** ¿quiere probárselo?; *see also* **size**[1]

2 (*Brit**) (*fig*) **to ~ it on: she's ~ing it on to see how far she can push you** lo está haciendo para ver hasta cuánto aguantas; **take no notice, he's just ~ing it on** no le hagas caso, sólo está intentando quedarse contigo*; **don't ~ anything on with me!** ¡no intentes quedarte conmigo!*

►**try out** Ⓐ VT + ADV [+ *machine, new product, method*] probar; [+ *new employee*] poner a prueba; **~ it out on yourself first** pruébelo con usted mismo primero

Ⓑ VI + ADV **to ~ out for sth** [*actor, singer, sportsperson*] intentar pasar las pruebas de algo

**trying** ['traɪɪŋ] ADJ [*time, situation, circumstances*] difícil; [*experience, day*] duro; [*person*] latoso, pesado

**try-on*** ['traɪɒn] N camelo* *m*

**tryout** ['traɪaʊt] N prueba *f*; **to give sb a ~** poner a algn a prueba; **to give sth a ~** probar algo

**tryst** [trɪst] N (*liter, hum*) 1 (= *meeting*) cita *f*

2 (*also* **~ing-place**) lugar *m* de encuentro

**tsar** [zɑːʳ] N zar *m*

**tsarina** [zɑːˈriːnə] N zarina *f*

**tsetse fly** ['tsetsɪflaɪ] N mosca *f* tsetsé

**T-shaped** ['tiːʃeɪpt] ADJ en forma de T

**T-shirt** ['tiːʃɜːt] N camiseta *f* de manga corta, playera *f*, remera *f* (*Arg*), polera *f* (*Chile, Bol*)

**tsp.** ABBR (*pl* **tsp.** *or* **tsps.**) = **teaspoon(ful)**

**T-square** ['tiːskwɛəʳ] N regla *f* en T

**TSS** N ABBR = **toxic shock syndrome**

**TT** Ⓐ ADJ ABBR 1 = **teetotal, teetotaller**

2 (*Agr*) (= **tuberculin-tested**) a prueba de tuberculinas

Ⓑ N ABBR 1 (*Motorcycling*) = **Tourist Trophy**

2 (*Fin*) (= **telegraphic transfer**) transferencia *f* telegráfica

Ⓒ ABBR (*US*) = **Trust Territory**

**TU** N ABBR = **Trade(s) Union**

**tub** [tʌb] N 1 (= *large vessel*) cubo *m*, cuba *f*; (*for margarine etc*) tarrina *f*; (= *washtub*) tina *f*; [*of washing-machine*] tambor *m*

2 (*esp US*) (= *bathtub*) bañera *f*, tina *f* (*esp LAm*)

3 (*Naut**) carcamán *m*

**tuba** ['tjuːbə] N (*pl* **tubas,** (*frm*) **tubae** ['tjuːbiː]) tuba *f*

**tubby*** ['tʌbɪ] ADJ (*compar* **tubbier**; *superl* **tubbiest**) (= *fat*) gordito, rechoncho

**tube** [tjuːb] Ⓐ N 1 [*of toothpaste, paint etc*] tubo *m*; (*Anat*) trompa *f*; [*of tyre*] cámara *f* de aire; [*of television*] tubo *m*; (*US*) [*of radio*] lámpara *f*; ✦***IDIOM*** **to go down the ~**: **it's all gone down the ~*** todo se ha perdido

2 **the ~** (*US**) (= *television*) la tele*

3 (= *London underground*) metro *m*; **to go by ~** ir en el metro; **to travel by ~** viajar en metro

Ⓑ CPD ► **tube station** N (*Brit*) estación *f* de metro

**tubeless** ['tjuːblɪs] ADJ [*tyre*] sin cámara

**tuber** ['tjuːbəʳ] N (*Bot*) tubérculo *m*

**tubercle** ['tjuːbəkl] N (*all senses*) tubérculo *m*

**tubercular** [tjʊ'bɜːkjʊləʳ] ADJ tubercular; (*Med*) tuberculoso

**tuberculin** [tjʊ'bɜːkjʊlɪn] N tuberculina *f*

**tuberculosis** [tjʊ,bɜːkjʊ'ləʊsɪs] N tuberculosis *f*, tisis *f*

**tuberculous** [tjʊ'bɜːkjʊləs] ADJ tuberculoso

**tubing** ['tjuːbɪŋ] N tubería *f*, cañería *f*; **a piece of ~** un trozo de tubo

**tub-thumper** ['tʌb,θʌmpəʳ] N (*Brit*) (*fig*) orador *m* demagógico

**tub-thumping** ['tʌb,θʌmpɪŋ] (*Brit*) (*fig*) Ⓐ ADJ demagógico

Ⓑ N oratoria *f* demagógica

**tubular** ['tjuːbjʊləʳ] Ⓐ ADJ (*gen*) tubular, en forma de tubo; [*furniture*] de tubo

Ⓑ CPD ► **tubular bells** NPL (*Mus*) campanas *fpl* tubulares

**TUC** N ABBR (*Brit*) = **Trades Union Congress**

**tuck** [tʌk] Ⓐ N 1 (*Sew*) (= *fold*) pinza *f*, pliegue *m*; **to make** *or* **put a ~ in sth** poner una pinza en algo

2 (*Brit**) (= *food*) comida *f*; (= *sweets*) dulces *fpl*, golosinas *fpl*

3 (*plastic surgery*) reducción *f* mediante cirugía plástica; *see also* **tummy**

Ⓑ VT 1 (= *put*) meter

2 (*Sew*) plegar

Ⓒ CPD ► **tuck shop** N (*Brit Scol*) tienda *f* de golosinas

►**tuck away** VT + ADV 1 (= *hide*) esconder, ocultar; **~ it away out of sight** ocúltalo para que no se vea; **the village is ~ed away among the woods** la aldea se esconde en el bosque; **he ~ed it away in his pocket** se lo guardó en el bolsillo; **she has her money safely ~ed away** tiene su dinero bien guardado

2 (*Brit**) (= *eat*) devorar, zampar*; **he can certainly ~ it away** ése sí sabe comer; **I can't think where he ~s it all away** no entiendo dónde lo almacena *or* lo echa

►**tuck in** Ⓐ VI + ADV (*Brit**) (= *eat*) comer con apetito; **~ in!** ¡a comer!, ¡a ello!

Ⓑ VT + ADV 1 [+ *shirt, blouse*] remeter, meter dentro; **to ~ in a flap** meter una solapa para dentro; **to ~ the bedclothes in** remeter la ropa de la cama

2 [+ *child*] (*in bed*) arropar

►**tuck into*** VI + PREP (*Brit*) [+ *meal*] comer con buen apetito

►**tuck under** VT + PREP **to ~ one thing under another** remeter una cosa debajo de otra

►**tuck up** VT + ADV 1 (*Sew*) [+ *skirt, sleeves*] remangar

2 (*Brit*) [+ *child*] (*in bed*) arropar; **you'll soon be nicely ~ed up** pronto estarás a gusito en la cama

**tucker*** ['tʌkəʳ] VT (*US*) **to be ~ed (out)** estar molido *or* rendido*

**tuck-in*** ['tʌk'ɪn] N (*Brit*) banquetazo* *m*, comilona* *f*; **to have a good ~** darse un atracón*

**Tudor** ['tjuːdəʳ] ADJ [*monarch, house*] Tudor; **the ~ period** la época de los Tudor

**Tue(s).** ABBR (= **Tuesday**) mart.

**Tuesday** ['tju:zdɪ] N martes *m inv*; **the date today is ~ 23rd March** hoy es martes, 23 de marzo; **on ~** (*past or future*) el martes; **on ~s** los martes; **every ~** todos los martes; **every other ~** cada otro martes, un martes sí y otro no; **last ~** el martes pasado; **next ~** ◊ **~ next** el martes próximo, el martes que viene; **this ~** este martes; **the following ~** el martes siguiente; **the ~ before last** el martes antepasado; **the ~ after next** el martes próximo no, el siguiente, el martes que viene no, el siguiente; **a week on ~** ◊ **~ week** del martes en una semana; **a fortnight on ~** ◊ **~ fortnight** del martes en una quincena; **~ morning/night** el martes por la mañana/por la noche; **~ afternoon/evening** el martes por la tarde; **~ lunchtime** el martes a mediodía; **the ~ film** (*TV*) la película del martes; **~'s newspaper** el periódico del martes; *see also* **Shrove Tuesday**

**tufa** ['tju:fə] N toba *f*

**tuft** [tʌft] N [*of hair*] copete *m*, mechón *m*; [*of grass*] mata *f*; [*of feathers*] cresta *f*; (*on top of head*) copete *m*; (*on helmet*) penacho *m*

**tufted** ['tʌftɪd] ADJ copetudo

**tug** [tʌg] Ⓐ N [1] (= *pull*) tirón *m*, jalón *m* (*LAm*); **to give sth a (good) ~** dar a algo un tirón (fuerte)
[2] (*Naut*) (= *boat*) remolcador *m*
Ⓑ VT [1] (= *pull*) tirar de, jalar (*LAm*); **to ~ sth along** arrastrar algo, llevar algo arrastrándolo
[2] (*Naut*) remolcar; **eventually they ~ged the boat clear** por fin sacaron el barco a flote
Ⓒ VI tirar, jalar (*LAm*); **to ~ at sth** tirar de algo; **they ~ged their hardest** se esforzaron muchísimo tirando de él; **somebody was ~ging at my sleeve** alguien me tiraba de la manga

**tugboat** ['tʌgbəʊt] N remolcador *m*

**tug-of-love*** [,tʌgəv'lʌv] N litigio *m* entre padres por la custodia de los hijos (*después de un divorcio etc*)

**tug-of-war** ['tʌgə(v)'wɔ:ʳ] N (*Sport*) juego *m* de tiro de cuerda; (*fig*) lucha *f*, tira y afloja *m*

**tuition** [tjʊ'ɪʃən] Ⓐ N enseñanza *f*, instrucción *f*; (*US*) matrícula *f*; **private ~** clases *fpl* particulares (**in** de)
Ⓑ CPD ► **tuition fees** NPL matrícula *fsing*, tasas *fpl* de matriculación

**tulip** ['tju:lɪp] Ⓐ N tulipán *m*
Ⓑ CPD ► **tulip tree** N tulipanero *m*, tulipero *m*

**tulle** [tju:l] N tul *m*

**tumble** ['tʌmbl] Ⓐ N (= *fall*) caída *f*; (= *somersault*) voltereta *f*, rodada *f* (*LAm*); **to have** *or* **take a ~** caerse; **to have a ~ in the hay*** (*euph*) retozar, hacer el amor (en el pajar); **to take a ~** (*fig*) bajar de golpe, dar un bajón; *see also* **rough-and-tumble**
Ⓑ VI [1] (= *fall*) caerse; (= *stumble*) tropezar; **to ~ downstairs/down a hill** rodar por la escalera/por una colina, rodar escaleras abajo/cuesta abajo; **to go tumbling over and over** ir rodando
[2] [*water*] correr con fuerza; (*fig*) [*prices*] caer en picado, desplomarse
[3] (= *rush*) **to ~ into/out of bed** tirarse en/saltar de la cama; **the children ~d out of the room/car** los niños salieron de la habitación/del coche en tropel
[4] (*Brit**) (= *suddenly understand*) **to ~ to sth** caer en la cuenta de algo
Ⓒ VT (= *knock down*) derribar, abatir, tumbar; (*fig*) derrocar; (= *upset*) hacer caer; (= *disarrange*) desarreglar
Ⓓ CPD ► **tumble dryer** N secadora *f*

►**tumble down** VI + ADV desplomarse, venirse abajo

**tumbledown** ['tʌmbldaʊn] ADJ [*building, shack*] ruinoso, desvencijado

**tumbler** ['tʌmbləʳ] Ⓐ N [1] (= *glass*) vaso *m*
[2] [*of lock*] seguro *m*, fiador *m*
[3] (= *acrobat*) volteador(a) *m/f*, volatinero/a *mf*
[4] (= *pigeon*) pichón *m* volteador
Ⓑ CPD ► **tumbler switch** N interruptor *m* de resorte

**tumbleweed** ['tʌmblwi:d] N (*US*) planta *f* rodadora

**tumbrel** ['tʌmbrəl], **tumbril** ['tʌmbrɪl] N chirrión *m*, carreta *f*

**tumefaction** [,tju:mɪ'fækʃən] N tumefacción *f*

**tumescent** [tju:'mesnt] ADJ tumescente

**tumid** ['tju:mɪd] ADJ túmido

**tummy*** ['tʌmɪ] Ⓐ N (= *stomach*) barriga* *f*, tripa* *f*
Ⓑ CPD ► **tummy ache** N dolor *m* de barriga*, dolor *m* de tripa* ► **tummy tuck** N cirugía *f* plástica anti-michelines*

**tumour**, **tumor** (*US*) ['tju:məʳ] N tumor *m*

**tumult** ['tju:mʌlt] N (= *uproar*) tumulto *m*; **to be in a ~** [*person*] estar agitado *or* alborotado; **her emotions were in a ~** tenía un conflicto emocional

**tumultuous** [tju:'mʌltjʊəs] ADJ [*applause*] tumultuoso

**tumultuously** [tju:'mʌltjʊəslɪ] ADV tumultuosamente

**tumulus** ['tju:mjʊləs] N (*pl* **tumuli** ['tju:mjʊlaɪ]) túmulo *m*

**tun** [tʌn] N tonel *m*

**tuna** ['tju:nə] N (*pl* **tuna, tunas**) (*also* **~ fish**) atún *m*

**tundra** ['tʌndrə] N tundra *f*

**tune** [tju:n] Ⓐ N [1] (= *melody*) melodía *f*; (= *piece*) tema *m*; (= *song*) canción *f*; **can you remember the ~?** ¿te acuerdas de la melodía *or* la música?; **the cello has the ~ at that point** el chelo lleva la melodía en esa parte; **it hasn't got much ~** no es muy melódico, no tiene mucha melodía; **dance ~** canción *f* bailable; **come on, give us a ~!** (= *sing*) ¡vamos, cántanos algo!; **he gave us a ~ on the piano** nos tocó un tema al piano; **to hum a ~** tararear una melodía/canción; **to the ~ of sth** (*lit*) **(sung) to the ~ of Rule Britannia** con la música de Rule Britannia; (*fig*) **repairs to the ~ of £300** arreglos por la bonita suma de 300 libras; **he was in debt to the ~ of £4,000** tenía deudas que llegaban a 4.000 libras; ✦***IDIOMS*** **to call the ~** llevar la voz cantante; **to change one's ~** cambiar de parecer; **to sing another** *or* **a different ~** bailar a un son distinto; **the same old ~**: **I'm bored with politicians singing the same old ~** estoy harto de oír a los políticos siempre hablar de lo mismo; *see also* **dance C**, **piper**, **signature**
[2] (= *accurate pitch*) **to be in ~** [*instrument*] estar afinado; **he can't sing in ~** no sabe cantar sin desafinar, no sabe cantar afinado; **to be out of ~** [*instrument*] estar desafinado; **to go out of ~** desafinar; **to sing out of ~** cantar desafinado, desafinar; **to be in/out of ~ with sth/sb**: **he is in/out of ~ with the people** sintoniza con/está desconectado con el pueblo; **his ideas were in/out of ~ with the spirit of his age** sus ideas estaban a tono/desentonaban con el espíritu de su época
Ⓑ VT [1] (*Mus*) [+ *piano, guitar*] afinar
[2] (*Mech*) [+ *engine, machine*] poner a punto, afinar
[3] (*TV, Rad*) sintonizar; **you are ~d (in) to** … está usted sintonizando (la cadena) …; **stay ~d to this station for a further announcement** sigan en sintonía con esta emisora para escuchar otro anuncio
Ⓒ VI (*TV, Rad*) **to ~ to sth** (*to programme, channel*) sintonizar algo

►**tune in** Ⓐ VI + ADV (*Rad, TV*) sintonizar; **~ in again tomorrow** sintonice con nosotros mañana; **to ~ in to sth** (*Rad, TV*) sintonizar (con) algo; (*fig*) (*to needs, feelings*) conectar con algo
Ⓑ VT + ADV [1] (*Rad, TV*) **you are ~d in to …** está usted sintonizando (la cadena) …
[2] (*fig*) **to be ~d in to sth** (*to new developments*) estar al corriente de algo; (*to sb's feelings*) estar conectado con algo

►**tune out** Ⓐ VI + ADV (*US*) [1] (*lit*) desconectar la televisión/radio
[2] (*fig*) desconectar, desconectarse; **he ~d out of the conversation** (se) desconectó de la conversación
Ⓑ VT + ADV [1] (*Rad, TV*) dejar de sintonizar
[2] (*fig*) [+ *distractions, noises*] desconectar de, desconectarse de; **she yelled constantly so I learned to ~ her out** gritaba constantemente, así es que aprendí a desconectar

►**tune up** Ⓐ VT + ADV [1] (*Mus*) afinar
[2] (*Aut*) poner a punto, afinar
Ⓑ VI + ADV (*Mus*) afinar

**tuneful** ['tju:nfʊl] ADJ [*voice, song*] melodioso, armonioso

**tunefully** ['tju:nfəlɪ] ADV melodiosamente, armoniosamente

**tunefulness** ['tju:nfʊlnɪs] N lo melodioso, lo armonioso

**tuneless** ['tju:nlɪs] ADJ [*voice, song*] poco melodioso

**tunelessly** ['tju:nlɪslɪ] ADV de forma poco melodiosa

**tuner** ['tju:nəʳ] N [1] (*Rad*) (= *knob, equipment*) sintonizador *m*
[2] (= *person*) afinador/a *m/f*; *see also* **piano**

**tune-up** ['tju:nʌp] N [1] (*Mus*) afinación *f*
[2] (*Aut*) puesta *f* a punto, afinado *m*

**tungsten** ['tʌŋstən] N tungsteno *m*

**tunic** ['tju:nɪk] N túnica *f*; (*Brit Mil*) guerrera *f*, blusa *f*

**tuning** ['tju:nɪŋ] Ⓐ N [1] (*Mus*) afinación *f*
[2] (*Rad*) sintonización *f*
[3] (*Aut*) afinado *m*
Ⓑ CPD ► **tuning coil** N bobina *f* sintonizadora ► **tuning fork** N diapasón *m* ► **tuning knob** N sintonizador *m*

**Tunis** ['tju:nɪs] N Túnez *m*

**Tunisia** [tju:'nɪzɪə] N Túnez *m*

**Tunisian** [tju:'nɪzɪən] Ⓐ ADJ tunecino
Ⓑ N tunecino/a *m/f*

**tunnel** ['tʌnl] Ⓐ N (*gen*) túnel *m*; (*Min*) galería *f*; (= *underpass*) paso *m* subterráneo
Ⓑ VT [+ *one's way, a passage*] cavar; **they ~led their way out** escaparon excavando un túnel; **a mound ~led by rabbits** un montículo lleno de madrigueras de conejo; **shelters ~led out in the hillsides** refugios *mpl* horadados en las colinas
Ⓒ VI construir un túnel; [*animal*] excavar una madriguera; **they ~ into the hill** construyen un túnel bajo la colina; **to ~ down into the earth** perforar un túnel en la tierra; **the rabbits ~ under the fence** los conejos hacen madrigueras que pasan debajo de la valla
Ⓓ CPD ► **tunnel vision** N visión *f* periférica restringida; (*fig*) estrechez *f* de miras

**tunny** ['tʌnɪ] N (*pl* **tunny, tunnies**) atún *m*; **striped ~** bonito *m*

**tuppence*** ['tʌpəns] N = **twopence**

**tuppenny*** ['tʌpənɪ] ADJ (*Brit*) = **twopenny**

**turban** ['tɜːbən] N turbante *m*

**turbid** ['tɜːbɪd] ADJ túrbido

**turbine** ['tɜːbaɪn] N turbina *f*

**turbo** ['tɜːbəʊ] N (= *fan*) turboventilador *m*; (*in cars*) turbo(compresor) *m*

**turbo...** ['tɜːbəʊ] PREFIX turbo...

**turbocharged** ['tɜːbəʊtʃɑːdʒd] ADJ turbocargado, turboalimentado

**turbocharger** ['tɜːbəʊˌtʃɑːdʒəʳ] N turbocompresor *m*, turbo *m*

**turbofan** ['tɜːbəʊfæn] N turboventilador *m*

**turbogenerator** ['tɜːbəʊ'dʒenəreɪtəʳ] N turbogenerador *m*

**turbojet** ['tɜːbəʊ'dʒet] Ⓐ N turborreactor *m*
Ⓑ CPD turborreactor

**turboprop** ['tɜːbəʊ'prɒp] Ⓐ N turbohélice *m*
Ⓑ CPD turbohélice

**turbot** ['tɜːbət] N (*pl* **turbot, turbots**) (= *fish*) rodaballo *m*

**turbulence** ['tɜːbjʊləns] N [1] [*of air, water*] turbulencia *f*; **the plane ran into some ~** el avión entró en un área de turbulencias
[2] (= *unrest*) (*social, political*) turbulencia *f*, agitación *f*

**turbulent** ['tɜːbjʊlənt] ADJ [1] (= *confused, changing*) [*place, relationship*] turbulento; **these are ~ times** esta es una época turbulenta
[2] (= *unruly*) [*person, character*] problemático; [*crowd*] alborotado, soliviantado
[3] (= *unsettled*) [*water, sea, air*] turbulento

**turd**‼ [tɜːd] N [1] (= *excrement*) cagada‼ *f*, zurullo‼ *m*
[2] (= *person*) mierda‼ *mf*

**tureen** [tə'riːn] N sopera *f*

**turf** [tɜːf] Ⓐ N (*pl* **turfs** *or* **turves** [tɜːvz]) [1] (= *grass*) césped *m*; (= *clod*) tepe *m*; (*in turfing*) pan *m* de hierba; (= *peat*) turba *f*
[2] (*Horse racing*) **the Turf** el turf, el hipódromo
[3] (*) [*of gang etc*] territorio *m*, zona *f* de influencia
Ⓑ VT (*also* **~ over**) cubrir con césped
Ⓒ CPD ► **turf accountant** N (*Brit*) corredor(a) *m/f* de apuestas

►**turf out*** VT + ADV (*Brit*) echar (de la casa), plantar en la calle

**turgid** ['tɜːdʒɪd] ADJ [*prose etc*] inflado, rimbombante

**turgidity** [tɜː'dʒɪdɪtɪ] N [*of prose etc*] rimbombancia *f*

**Turin** [tjʊ'rɪn] N Turín *m*

**Turk** [tɜːk] N [1] (*from Turkey*) turco/a *m/f*
[2] (*fig*) (*esp Pol*) elemento *m* alborotador; **young ~** joven reformista *mf*

**Turkey** ['tɜːkɪ] N Turquía *f*

**turkey** ['tɜːkɪ] Ⓐ N (*pl* **turkey, turkeys**) [1] (= *bird*) pavo *m*, guajolote *m* (*Mex*), jolote *m* (*CAm*), chompipe *m* (*CAm*); ✦**IDIOM to talk ~** (*US**) hablar en serio; *see also* **cold**
[2] (*esp US Cine, Theat**) (= *flop*) fiasco* *m*, fracaso *m*
[3] (*US*‡) (= *person*) patoso/a *m/f*, pato *m* mareado*
Ⓑ CPD ► **turkey buzzard** N (*US*) buitre *m*, zopilote *m* (*CAm, Mex*), aura *f* (*Carib*), gallinazo *m* (*Col, Andes*), zamuro *m* (*Ven*) ► **turkey cock** N (*lit, fig*) pavo *m* ► **turkey shoot*** N (*US*) **to be (like) a ~ shoot** (*fig*) ser coser y cantar*, ser pan comido*

**Turkish** ['tɜːkɪʃ] Ⓐ ADJ turco
Ⓑ N (= *language*) turco *m*
Ⓒ CPD ► **Turkish bath** N baño *m* turco ► **Turkish coffee** N café *m* turco ► **Turkish delight** N lokum *m*, capricho *m* de reina ► **Turkish towel** N (*US*) toalla *f*

**Turkish-Cypriot** ['tɜːkɪʃ'sɪprɪət] Ⓐ ADJ turcochipriota
Ⓑ N turcochipriota *mf*

**Turkmenistan** [tɜːkˌmenɪs'tɑːn] N Turmenistán *m*

**turmeric** ['tɜːmərɪk] N cúrcuma *f*

**turmoil** ['tɜːmɔɪl] N confusión *f*, desorden *m*; (*mental*) trastorno *m*; **we had complete ~ for a week** durante una semana reinó la confusión; **to be in ~** [*person*] estar totalmente confuso; [*house*] estar alborotado

**turn** [tɜːn] Ⓐ N [1] (= *rotation*) vuelta *f*, revolución *f*; [*of spiral*] espira *f*; **with a quick ~ of the hand** con un movimiento rápido de la mano; **he gave the handle a ~** dio vuelta a la palanca; **to give a screw another ~** apretar un tornillo una vuelta más; ✦**IDIOM he never does a hand's ~** no da golpe
[2] (*Aut*) (*in road*) vuelta *f*, curva *f*; **a road full of twists and ~s** una carretera llena de curvas; **"no left turn"** "prohibido girar a la izquierda"; **to do a left ~** (*Aut*) doblar *or* girar a la izquierda
[3] (*Aut*) (= *turn-off*) salida *f*; **I think we missed our ~ back there** creo que allí atrás nos hemos pasado de la salida
[4] (*Naut*) viraje *m*; **to make a ~ to port** virar a babor
[5] (*Swimming*) vuelta *f*
[6] (= *change of direction*) **at the ~ of the century** a finales del siglo; **this was a surprising ~ of events** esto suponía un giro inesperado de los acontecimientos; **at every ~** (*fig*) a cada paso; **to be on the ~**: **the tide is on the ~** la marea está cambiando; **the milk is on the ~** la leche está a punto de cortarse; **the economy may at last be on the ~** puede que por fin la economía de un giro importante *or* cambie de signo; **~ of the tide** (*lit, fig*) cambio *m or* vuelta *f* de la marea; **things took a new ~** las cosas tomaron otro cariz *or* aspecto; **events took a tragic ~** los acontecimientos tomaron un cariz trágico; **events are taking a sensational ~** los acontecimientos vienen tomando un rumbo sensacional; **then things took a ~ for the better** entonces las cosas empezaron a mejorar; **the patient took a ~ for the worse** el paciente empeoró; **at the ~ of the year** a fin de año
[7] (*in series, etc*) turno *m*, vez *f*; **whose ~ is it?** ¿a quién le toca?; **it's your ~** te toca a ti; **it's her ~ next** le toca a ella después, ella es la primera en turno; **then it was my ~ to protest** luego protesté a mi vez; **your ~ will come** ya te tocará; **~ and ~ about** cada uno por turno, ahora esto y luego aquello; **by ~s** por turnos, sucesivamente; **I felt hot and cold by ~s** tuve calor y luego frío en momentos sucesivos; **to give up one's ~** ceder la vez; **in ~** por turnos, sucesivamente; **they spoke in ~** hablaron por turnos; **and they, in ~, said ...** y ellos a su vez dijeron ...; **to miss one's ~** perder la vez *or* el turno; **the player shall miss two ~s** el jugador deberá perder dos jugadas; **to go out of ~** (*in game*) jugar fuera de orden; **to speak out of ~** (*fig*) hablar fuera de lugar; **to take one's ~** llegarle (a algn) su turno; **to take ~s at doing sth** alternar *or* turnarse para hacer algo; **to take it in ~(s) to do sth** turnarse para hacer algo; **to take ~s at the wheel** conducir por turnos; **to take a ~ at the wheel** turnarse para conducir; **to wait one's ~** esperar (algn) su turno
[8] (= *short walk*) vuelta *f*; **to take a ~ in the park** dar una vuelta por el parque
[9] (*Med*) (= *fainting fit etc*) vahído *m*, desmayo *m*; (= *crisis*) crisis *f inv*, ataque *m*; **he had a bad ~ last night** anoche tuvo un ataque
[10] (*) (= *fright*) susto *m*; **the news gave me quite a ~** la noticia me asustó *or* dejó de piedra
[11] (*esp Brit Theat*) número *m*, turno *m*; **he came on and did a funny ~** salió a escena y presentó un número cómico
[12] (= *deed*) **to do sb a bad ~** hacer una mala pasada a algn; **to do sb a good ~** hacerle un favor a algn; **his good ~ for the day** su buena acción del día; ✦**PROV one good ~ deserves another** amor con amor se paga
[13] (*Culin*) **it's done to a ~** está en su punto
[14] (= *inclination*) **an odd ~ of mind** una manera retorcida *or* (*LAm*) chueca de pensar; **to be of** *or* **have a scientific ~ of mind** ser más dado a las ciencias
[15] (= *expression*) **~ of phrase** forma *f* de hablar, giro *m*; **that's a French ~ of phrase** eso es un modismo francés
Ⓑ VT [1] (= *rotate*) [+ *wheel, handle*] girar, dar vueltas a; [+ *screw*] atornillar, destornillar; **to ~ the key in the lock** dar vuelta a la llave en la cerradura; **the engine ~s the wheel** el motor hace girar la rueda; **you can ~ it through 90°** se puede girarlo hasta 90 grados; **~ it to the left** dale una vuelta hacia la izquierda
[2] (*also* **~ over**) [+ *record, mattress, steak*] dar la vuelta a, voltear (*LAm*); [+ *page*] pasar; [+ *soil*] revolver; [+ *hay*] volver al revés; **the plough ~s the soil** el arado revuelve la tierra; **to ~ one's ankle** torcerse el tobillo; **to ~ a dress inside out** volver un vestido del revés; **it ~s my stomach** me revuelve el estómago; ✦**IDIOM to ~ the page (on sth)** pasar la página (de algo), dar carpetazo (a algo)
[3] (= *direct*) dirigir, volver; **they ~ed him against us** le pusieron en contra nuestra; **we managed to ~ his argument against him** pudimos volver su argumento contra él mismo; **to ~ one's attention to sth** concentrar su atención en algo; **to ~ one's back on sb/sth** (*also fig*) volver *or* dar la espalda a algn/algo; **as soon as his back is ~ed** en cuanto mira para otro lado; **to ~ one's eyes in sb's direction** volver la mirada hacia donde está algn; **to ~ a gun on sb** apuntar una pistola a algn; **to ~ one's head** volver la cabeza; **the fireman ~ed the hose on the building** el bombero dirigió la manguera hacia el edificio; **to ~ the lights (down) low** poner la luz más baja; **to ~ one's steps homeward** dirigirse a casa, volver los pasos hacia casa; **to ~ one's thoughts to sth** concentrarse en algo; ✦**IDIOMS to ~ the other cheek** ofrecer la otra mejilla; **without ~ing a hair** sin inmutarse; **to ~ one's hand to sth**: **he ~ed his hand to cookery** se dedicó a la cocina; **to ~ sb's head**: **earning all that money has ~ed his/her head** se le han subido los humos con lo de ganar tanto dinero; **already in her first film she ~ed a few heads** ya en su primera película la gente se fijó en ella; **to ~ the tables** dar la vuelta a la tortilla
[4] (= *pass*) doblar, dar la vuelta a; **the car ~ed the corner** el coche dobló la esquina; **he's ~ed 50** ha pasado los 50 años; **it's ~ed four o'clock** son las cuatro y pico *or* (*esp LAm*) las cuatro pasadas; ✦**IDIOM to have ~ed the corner** haber salido del apuro, haber pasado lo peor
[5] (= *change*) **the heat ~ed the walls black** el calor volvió negras las paredes, el calor ennegreció las paredes; **the shock ~ed her hair white** del susto, el pelo se le puso blanco; **his goal ~ed the game** (*Brit*) su gol le dio un

vuelco al partido; **an actor ~ed writer** un actor metido a escritor; **to ~ sth into sth** convertir algo en algo; **they ~ed the land into a park** convirtieron el terreno en un parque; **to ~ iron into gold** convertir el hierro en oro; **to ~ a play into a film** pasar una obra al cine; **to ~ verse into prose** verter verso en prosa; **to ~ English into Spanish** traducir el inglés al español; **it ~ed him into a bitter man** le volvió un resentido; **she ~ed her dreams to reality** hizo sus sueños realidad, realizó sus sueños

6 (= *deflect*) [+ *blow*] desviar; **nothing will ~ him from his purpose** nada le hará cambiar su intención

7 (= *shape*) [+ *wood, metal*] tornear; **to ~ wood on a lathe** labrar la madera en un torno; *see also* **well-turned**

8 (*Culin*) **the heat has ~ed the milk** el calor ha cortado la leche

9 **to ~ a profit** (*esp US*) sacar un beneficio, tener ganancias

Ⓒ VI 1 (= *rotate*) [*wheel etc*] girar, dar vueltas; **the object ~ed on a stand** el objeto giraba en un pedestal; **the earth ~s on its axis** la Tierra gira sobre su propio eje; **his stomach ~ed at the sight** al verlo se le revolvió el estómago, al verlo se le revolvieron las tripas*; ✦***IDIOMS*** **my head is ~ing** la cabeza me está dando vueltas; **to ~ in one's grave**: **she would ~ in her grave if she knew** le daría un síncope si supiera; *see also* **toss C1**

2 (= *change direction*) [*person*] dar la vuelta, voltearse (*LAm*); [*tide*] repuntar; **to ~ and go back** volverse *or* dar la vuelta y regresar; **right ~!** (*Mil*) derecha ... ¡ar!; **the game ~ed after half-time** (*Brit*) el partido dio un vuelco tras el descanso; **to ~ against sb** volverse contra algn; **to ~ against sth** coger aversión a algo; **to ~ for home** volver hacia casa; **farmers are ~ing from cows to pigs** los granjeros cambian de vacas a cerdos; **then our luck ~ed** luego mejoramos de suerte; **to ~ to sb/sth**: **he ~ed to me and smiled** se volvió hacia mí y sonrió; **to ~ to sb for help** acudir a algn en busca de ayuda; **she has no-one to ~ to** no tiene a quién recurrir; **our thoughts ~ to those who ...** pensamos ahora en los que ...; **please ~ to page 34** vamos a la página 34; **he ~ed to politics** se dedicó a la política; **he ~ed to drink** se dio a la bebida, le dio por el alcohol; **the conversation ~ed to religion** la conversación viró hacia la religión; **I don't know which way to ~** (*fig*) no sé qué hacer; **I don't know where to ~ for money** no sé en qué parte ir a buscar dinero; **the wind has ~ed** el viento ha cambiado de dirección; ✦***IDIOM*** **the tide is ~ing** (*lit*) está cambiando la marea; (*fig*) las cosas están cambiando

3 (*Aut*) torcer, girar; (*Aer, Naut*) virar; **to ~ left** (*Aut*) torcer *or* girar *or* doblar a la izquierda; **the car ~ed into a lane** el coche se metió en una bocacalle; **to ~ to port** (*Naut*) virar a babor

4 (= *change*) **to ~ into sth** convertirse *or* transformarse en algo; **the whole thing has ~ed into a nightmare** todo el asunto se ha convertido en una pesadilla; **he ~ed into a cynic** se volvió cínico; **the princess ~ed into a toad** la princesa se transformó en sapo, la princesa quedó transformada en sapo; **the leaves were ~ing** se estaban descolorando *or* dorando las hojas; **the milk has ~ed** la leche se ha cortado; **it ~ed to stone** se convirtió en piedra; **his admiration ~ed to scorn** su admiración se tornó *or* se transformó en desprecio; **to wait for the weather to ~** esperar a que cambie el tiempo

5 (= *become*) **then he began to ~ awkward** luego empezó a ponerse difícil; **he ~ed Catholic** se hizo católico; **the weather** *or* **it has ~ed cold** el tiempo se ha puesto frío, se ha echado el frío; **to ~ nasty** [*person*] ponerse *or* volverse antipático; **to ~ professional** hacerse profesional; **to ~ red** ponerse rojo; **matters are ~ing serious** las cosas se ponen graves

6 (= *depend*) **everything ~s on his decision** todo depende de su decisión; **everything ~s on whether ...** todo depende de si ...

Ⓓ CPD ► **turn signal** N (*US Aut*) indicador *m* (de dirección)

►**turn about, turn around** Ⓐ VT + ADV = **turn round**

Ⓑ VI + ADV 1 [*person, vehicle*] dar una vuelta completa; [*wind*] cambiar de dirección, soplar en la dirección contraria; **about ~!** (*Mil*) media vuelta ... ¡ar!

2 (= *improve*) [*business, economy*] recuperarse

►**turn aside** Ⓐ VI + ADV desviarse, apartarse (**from** de)

Ⓑ VT + ADV desviar, apartar

►**turn away** Ⓐ VI + ADV apartarse (**from** de); **I ~ed away in disgust** me aparté lleno de asco

Ⓑ VT + ADV 1 (= *move*) [+ *eyes, head, gun*] desviar, apartar

2 (= *reject*) [+ *person, offer, business, customer*] rechazar

►**turn back** Ⓐ VI + ADV 1 (*in journey etc*) volverse (atrás), desandar el camino; **there can be no ~ing back now** (*fig*) ahora no vale volverse atrás

2 (*in book*) volver

Ⓑ VT + ADV 1 (= *fold*) [+ *bedclothes*] doblar

2 (= *send back*) [+ *person*] hacer volver, hacer regresar, devolver; [+ *vehicle*] volver, dar la vuelta a; **they were ~ed back at the frontier** en la frontera les hicieron volver *or* regresar

3 [+ *clock*] retrasar; ✦***IDIOMS*** **to ~ the clock back**: **we can't ~ the clock back** no podemos dar marcha atrás *or* volver al pasado; **to ~ the clock back 20 years** volver 20 años atrás

►**turn down** VT + ADV 1 (= *fold down*) [+ *bedclothes, collar, page*] doblar

2 (= *turn upside down*) [+ *playing card*] poner boca abajo

3 (= *reduce*) [+ *gas, heat, volume*] bajar

4 (= *refuse*) [+ *offer, suitor, candidate*] rechazar; **he was ~ed down for the job** no le dieron el puesto

►**turn in** Ⓐ VI + ADV 1 [*car, person*] entrar

2 (*) (= *go to bed*) acostarse

Ⓑ VT + ADV 1 (= *hand over*) entregar; **to ~ sb in** entregar a algn a la policía; **to ~ o.s. in** entregarse

2 (= *submit*) [+ *essay, report*] entregar, presentar; **to ~ in a good performance** (*Sport*) tener una buena actuación

3 (= *fold*) doblarse hacia adentro, apuntar hacia adentro

►**turn off** Ⓐ VI + ADV 1 (*Aut*) [*person, vehicle*] doblar; **~ off at the next exit** toma la próxima (salida de la autopista)

2 [*appliance etc*] apagarse

Ⓑ VT + ADV 1 [+ *light*] apagar; [+ *appliance*] (= *switch off*) apagar; (= *plug out*) desenchufar; [+ *tap*] cerrar; [+ *engine*] parar; [+ *gas*] cerrar la llave de; [+ *central heating*] apagar; (*Elec*) (*at mains*) desconectar, cortar; [+ *TV programme, radio programme*] quitar; **the oven ~s itself off** el horno se apaga solo

2 (*) [+ *person*] repugnar, repugnar; (= *fail to interest*) dejar frío; (*sexually*) matar el deseo a; **it ~s me right off** me repugna, me deja frío

►**turn on** Ⓐ VI + ADV 1 [*appliance*] encenderse, prender (*LAm*)

2 (*TV, Rad*) [*viewer, listener*] encender *or* (*LAm*) prender el receptor

Ⓑ VT + ADV 1 [+ *appliance, electricity*] encender, prender (*LAm*); [+ *tap*] abrir; [+ *light*] encender; [+ *central heating*] encender; **to leave the radio ~ed on** dejar la radio encendida; **to ~ on the charm*** (*fig*) desplegar todos sus encantos

2 (*) (= *excite*) interesar, despertar; (*sexually*) excitar; **he doesn't ~ me on** no me chifla*; **whatever ~s you on** lo que te guste, lo que quieras

Ⓒ VI + PREP **to ~ on sb** volverse contra algn

►**turn out** Ⓐ VI + ADV 1 (= *appear*) aparecer

2 (= *attend*) [*troops*] presentarse; [*doctor*] atender; **to ~ out for a meeting** asistir a una reunión

3 (= *prove*) resultar; **it ~ed out that ...** resultó (ser) que ...; **it ~s out to be harder than we thought** resulta más difícil de lo que pensábamos

4 (= *transpire*) salir; **how are things ~ing out?** ¿cómo van las cosas?; **it ~ed out well/badly** salió bien/mal; **as it ~s out I already have one** da la casualidad de que ya tengo uno; **as it ~ed out, nobody went** al final no fue nadie; **it's ~ed out nice again** [*weather*] vuelve a hacer bueno

5 (= *point outwards*) **his toes ~ out** tiene los dedos de los pies levantados

Ⓑ VT + ADV 1 [+ *appliance, light*] apagar; [+ *gas*] cortar

2 (= *produce*) [+ *goods*] producir; **the college ~s out good secretaries** el colegio produce buenas secretarias

3 (= *empty*) [+ *pockets*] vaciar; (= *tip out*) [+ *cake*] sacar

4 (= *clean out*) [+ *room*] limpiar

5 (= *expel*) [+ *person*] expulsar, echar; **they ~ed him out of the house** lo expulsaron *or* echaron de la casa

6 [+ *guard, police*] llamar

7 **to be well ~ed out** [*person*] ir elegante *or* bien vestido

8 **to ~ one's toes out** caminar con los dedos de los pies levantados

►**turn over** Ⓐ VI + ADV 1 [*person, car etc*] volverse, voltearse (*LAm*); [*boat*] volcar(se); **it ~ed over and over** fue dando tumbos; **my stomach ~ed over** se me revolvió el estómago

2 (*Aut*) [*engine*] girar

3 (*in reading*) pasar a la siguiente página; (*in letter*) volver la página; **please ~ over** véase al dorso, sigue ...

4 (*TV*) (= *change channel*) cambiar de canal

Ⓑ VT + ADV 1 [+ *page*] volver; [+ *container, vehicle*] volcar; [+ *patient, mattress, card*] dar la vuelta a; [+ *tape, record*] dar la vuelta a, poner la otra cara de; **to ~ over an idea in one's mind** darle vueltas a una idea en la cabeza; **the thieves ~ed the place over*** los ladrones saquearon el local

2 [+ *engine*] hacer girar

3 (= *hand over*) [+ *object, business etc*] ceder, entregar (**to** a); [+ *person*] entregar (**to** a)

4 (*Comm*) [+ *sum*] mover, facturar; **they ~ over a million a year** su volumen de ventas *or* producción *etc* es de un millón al año

5 (= *destine, allocate*) **the land has been ~ed over to sugar production** ahora la tierra está dedicada a la producción de azúcar

►**turn round** Ⓐ VI + ADV 1 (*back to front*) volverse, dar la espalda; **as soon as I ~ed round**

**they were quarrelling again** en cuanto les volví la espalda se pusieron otra vez a reñir; **the government has ~ed right round** el gobierno ha cambiado completamente de rumbo; **he ~ed round and said ...*** (*fig*) fue y me dijo *or* me soltó ...*
[2] (= *rotate*) girar, dar vueltas; **I could hardly ~ round** apenas podía volverme; **to ~ round and round** dar vueltas y más vueltas
[3] (= *improve*) [*business, economy*] recuperarse
Ⓑ VT + ADV [1] [+ *person, object*] dar la vuelta a, voltear (*LAm*); [+ *vehicle, ship etc*] dar la vuelta a, girar
[2] (*Comm*) **to ~ an order round** tramitar un pedido
[3] (= *make successful*) [+ *business, economy*] sacar a flote, hacer despegar; (= *make profitable*) [+ *company, school*] rentabilizar, sanear (las finanzas de); [+ *the economy*] sanear
[4] (= *rework*) [+ *sentence, idea*] modificar, alterar

► **turn to** VI + ADV (= *assist, lend a hand*) **everyone had to ~ to and help** todos tuvieron que ayudar; **we must all ~ to** todos tenemos que poner manos a la obra; *see also* **turn C2**

► **turn up** Ⓐ VI + ADV [1] (= *be found*) aparecer
[2] (= *arrive, show up*) [*person*] llegar, aparecer; [*playing card etc*] salir; **we waited but she didn't ~ up** esperamos pero no apareció; **we'll see if anyone ~s up** veremos si viene alguien; **he ~ed up two hours late** llegó con dos horas de retraso; **he never ~s up at class** no asiste nunca a la clase; **something will ~ up** algo saldrá
[3] (= *point upwards*) volverse hacia arriba; **his nose ~s up** tiene la nariz respingona
Ⓑ VT + ADV [1] [+ *collar, sleeve, hem*] subir; *see also* **nose A1**
[2] [+ *heat, gas, sound*] subir; [+ *radio etc*] poner más fuerte, subir; ✦**IDIOM to ~ up the heat (on sth/sb)*** meter más presión (a algo/algn)
[3] (= *find*) descubrir, desenterrar; [+ *reference*] buscar, consultar; [+ *evidence, information*] sacar a la luz, revelar
[4] (= *dig up*) [+ *earth*] revolver; [+ *buried object*] desenterrar, hacer salir a la superficie
[5] (*) (= *disgust*) **it really ~s me up** me revuelve el estómago *or* las tripas*
[6] (*Brit*‡) (= *desist*) **~ it up!** ¡por favor!

**turnabout** ['tɜːnəbaʊt] N (= *change*) cambio *m* de rumbo, giro *m* radical

**turnaround** ['tɜːnəraʊnd] N [1] (= *change*) cambio *m* de rumbo, giro *m* radical
[2] (= *improvement*) despegue *m*
[3] (*also* **~ time**) (*Naut*) tiempo *m* de descarga y carga; (*Comm*) [*of goods*] plazo *m*

**turncoat** ['tɜːnkəʊt] N renegado/a *m/f*, chaquetero/a *m/f*; **to become a ~** cambiarse de chaqueta

**turned-down** ['tɜːnd'daʊn] ADJ doblado hacia abajo

**turned-up** ['tɜːnd'ʌp] ADJ doblado hacia arriba; **a ~ nose** una nariz respingona

**turner** ['tɜːnəʳ] N tornero *m*

**turnery** ['tɜːnərɪ] N tornería *f*

**turning** ['tɜːnɪŋ] Ⓐ N (= *side road*) bocacalle *f*; (= *fork*) cruce *m*, esquina *f*; (= *bend*) curva *f*; **the first ~ on the right** la primera bocacalle a la derecha; **we parked in a side ~** aparcamos el coche en una calle que salía de la carretera
Ⓑ CPD ► **turning circle** N (*Aut*) círculo *m* de viraje, diámetro *m* de giro ► **turning lathe** N torno *m* ► **turning point** N (*fig*) momento *m* decisivo, punto *m* de inflexión

**turnip** ['tɜːnɪp] N nabo *m*

**turnkey** ['tɜːnkiː] Ⓐ N [1] (*Hist*) llavero *m* (de una cárcel), carcelero *m*
[2] (*Comput*) llave *f* de seguridad
Ⓑ CPD ► **turnkey system** N (*Comput*) sistema *m* de seguridad

**turn-off** ['tɜːnɒf] N [1] (*in road*) desvío *m*, empalme *m*
[2] (*) **he's a real ~** ese me cae gordo*; **the film was a complete ~** la película fue un rollo*; **his breath is a big ~** su aliento me repugna

**turn-on*** ['tɜːnɒn] N (= *girl*) tía *f* buena*; (= *guy*) tío *m* bueno*; **I don't find those sorts of film a ~ at all** a mí esas películas no me ponen (cachondo) para nada

**turnout** ['tɜːnaʊt] N [1] (= *attendance*) concurrencia *f*, asistencia *f*; (= *paying spectators*) entrada *f*, público *m*; (*at election*) número *m* de votantes; **there was a poor ~** asistió poca gente; **we hope for a good ~ at the dance** esperamos que el baile sea muy concurrido
[2] (= *clean*) limpieza *f*; **she gave the room a good ~** le hizo una buena limpieza al cuarto
[3] (*Ind*) (= *output*) producción *f*
[4] (= *dress*) atuendo *m*

**turnover** ['tɜːnˌəʊvəʳ] N [1] (*Comm*) [*of stock, goods*] renovación *f* de existencias; (= *total business*) movimiento *m* de mercancías; **he sold the goods cheaply, hoping for a quick ~** vendió barato las existencias, con la idea de renovarlas rápido; **a ~ of £6,000 a week** una facturación de 6000 libras a la semana; **there is a rapid ~ in staff** el personal cambia muy a menudo
[2] (*Culin*) empanada *f*

**turnpike** ['tɜːnpaɪk] N [1] (*Hist*) barrera *f* de portazgo
[2] (*US Aut*) autopista *f* de peaje

**turnround** ['tɜːnraʊnd] N = **turnaround**

**turnspit** ['tɜːnspɪt] N mecanismo *m* que da vueltas al asador

**turnstile** ['tɜːnstaɪl] N torniquete *m*

**turntable** ['tɜːnˌteɪbl] Ⓐ N (*for record player*) plato *m* (giratorio), giradiscos *m inv*; (*for trains, car etc*) placa *f* giratoria
Ⓑ CPD ► **turntable ladder** N escalera *f* sobre plataforma giratoria

**turn-up** ['tɜːnʌp] (*Brit*) N [1] [*of trousers*] vuelta *f*
[2] (*) (= *piece of luck*) **that was a ~ for him** en eso tuvo mucha suerte; ✦**IDIOM that was a ~ for the books** eso sí que no se esperaba

**turpentine** ['tɜːpəntaɪn] Ⓐ N trementina *f*
Ⓑ CPD ► **turpentine substitute** N aguarrás *m*

**turpitude** ['tɜːpɪtjuːd] N (= *liter*) infamia *f*, vileza *f*; **to be dismissed for gross moral ~** ser despedido por inmoralidad manifiesta, ser expulsado por conducta infame

**turps*** [tɜːps] N ABBR = **turpentine**

**turquoise** ['tɜːkwɔɪz] Ⓐ N [1] (= *stone*) turquesa *f*
[2] (= *colour*) azul *m* turquesa
Ⓑ ADJ azul turquesa

**turret** ['tʌrɪt] N [*of castle*] torreón *m*; [*of tank, warship, aircraft*] torreta *f*; (*Mil, Hist*) torre *f*, torrecilla *f*; (*US Tech*) cabrestante *m*

**turtle** ['tɜːtl] Ⓐ N tortuga *f* (marina); ✦**IDIOM to turn ~*** volverse patas arriba; (*Naut*) volcar(se); (*Aut*) volcarse, dar una vuelta de campana
Ⓑ CPD ► **turtle soup** N sopa *f* de tortuga

**turtledove** ['tɜːtldʌv] N tórtola *f*

**turtleneck** ['tɜːtlnek] N (*also* **~ sweater**) jersey *m* de cuello alto *or* vuelto *or* de cisne

**Tuscan** ['tʌskən] Ⓐ ADJ toscano
Ⓑ N [1] (= *person*) toscano/a *m/f*
[2] (*Ling*) toscano *m*

**Tuscany** ['tʌskənɪ] N la Toscana

**tush**† [tʌʃ] EXCL ¡bah!

**tusk** [tʌsk] N colmillo *m*

**tussle** ['tʌsl] Ⓐ N (= *struggle*) lucha *f* (**for** por); (= *scuffle*) pelea *f*, agarrada *f*; **to have a ~ with** pelearse con
Ⓑ VI pelearse (**with** con; **about, over** por); **they ~d with the police** se pelearon con la policía

**tussock** ['tʌsək] N mata *f* (de hierba)

**tut** [tʌt] (*also* **tut-tut**) Ⓐ EXCL ¡vaya!
Ⓑ VI chasquear la lengua en señal de desaprobación

**tutelage** ['tjuːtɪlɪdʒ] N tutela *f*; **under the ~ of** bajo la tutela de

**tutelary** ['tjuːtɪlərɪ] ADJ tutelar

**tutor** ['tjuːtəʳ] Ⓐ N (= *private teacher*) profesor(a) *m/f* particular; (*Brit Univ*) tutor(a) *m/f*; (= *teaching assistant*) profesor(a) *m/f* auxiliar; (= *counsellor, supervisor*) profesor *m* consejero, profesora *f* consejera; (*eg for OU, also Jur*) tutor(a) *m/f*
Ⓑ VT **to ~ sb in Latin** dar clases particulares de latín a algn
Ⓒ CPD ► **tutor group** N (*Brit Scol*) grupo *m* de tutoría

**tutorial** [tjuː'tɔːrɪəl] Ⓐ ADJ (*Jur*) tutelar
Ⓑ N (*Univ*) seminario *m*; (*eg for OU, UNED*) tutoría *f*

**tutti-frutti** [ˌtʊtɪ'frʊtɪ] N (*pl* **tutti-fruttis**) tutti-frutti *m*

**tutu** ['tuːtuː] N tutú *m*

**tuwhit-tuwhoo** [tʊ'wɪttə'wuː] N ulular *m*

**tuxedo** [tʌk'siːdəʊ], **tux*** ['tʌks] N (*esp US*) smoking *m*, esmoquin *m*

**TV** Ⓐ N ABBR (= **television**) tele *f*, TV *f*
Ⓑ CPD ► **TV dinner** N *cena precocinada que se vende en el recipiente del que se come* ► **TV licence** N = **television licence**

**TVA** N ABBR (*US*) = **Tennessee Valley Authority**

**TVEI** N ABBR (*Brit*) = **technical and vocational educational initiative**

**TVP** N ABBR (= **textured vegetable protein**) *sustituto de carne*

**twaddle*** ['twɒdl] N tonterías *fpl*, chorradas* *fpl*, babosadas *fpl* (*LAm**), pendejadas *fpl* (*LAm**)

**twain**†† [tweɪn] N **the ~** los dos; **to split sth in ~** partir algo en dos; ✦**PROV and ne'er the ~ shall meet** sin que el uno se acerque al otro jamás

**twang** [twæŋ] Ⓐ N [*of wire, bow etc*] tañido *m*; [*of voice*] deje *m*; **to speak with a ~** ganguear
Ⓑ VT (*Mus*) tañer; [+ *bowstring*] estirar y soltar repentinamente
Ⓒ VI producir un sonido agudo; (*in speaking*) hablar con timbre nasal

**twangy** ['twæŋɪ] ADJ [*string etc*] elástico, muy estirado; [*accent*] nasal, gangoso

**'twas**†† [twɒz] = **it was**

**twat**‡‡ [twæt] N [1] (*Anat*) coño‡‡ *m*
[2] (= *person*) gilipollas‡ *mf*

**tweak** [twiːk] Ⓐ N [1] (= *pull*) pellizco *m*; **to give sb's nose/ear a ~** pellizcar a algn la nariz/la oreja
[2] (*) (= *small alteration*) pequeño retoque *m*
Ⓑ VT [1] (= *pull*) pellizcar
[2] (*) (= *alter slightly*) retocar ligeramente

**twee*** [twiː] ADJ (*Brit pej*) cursi, afectado

**tweed** [twiːd] N [1] (= *cloth*) tweed *m*
[2] **tweeds** (= *suit*) traje *msing* de tweed

**tweedy** ['twi:dɪ] ADJ con traje de tweed, vestido de tweed; (*fig*) aristocrático (y rural)

**'tween** (*liter*) [twi:n] PREP = **between**

**tweet** [twi:t] Ⓐ N [*of bird*] pío pío *m*
Ⓑ VI piar

**tweeter** ['twi:təʳ] N altavoz *m* para frecuencias altas

**tweezers** ['twi:zəz] NPL pinzas *fpl*; **a pair of ~** unas pinzas

**twelfth** [twelfθ] Ⓐ ADJ duodécimo
Ⓑ N (*in series*) duodécimo/a *m/f*; (= *fraction*) doceavo *m*; *see* **fifth** *for usage*
Ⓒ CPD ► **Twelfth Night** N Día *m* de Reyes, Reyes *mpl*

**twelve** [twelv] Ⓐ ADJ doce
Ⓑ N doce *m*; *see* **five** *for usage*
Ⓒ CPD ► **twelve inch** N (*Mus*) maxisingle *m*

**twelvemonth**†† ['twelvmʌnθ] N año *m*; **this day ~** de hoy en un año; **we've not seen him for a ~** hace un año que no le vemos

**twelve-tone** ['twelvtəʊn] ADJ dodecafónico

**twentieth** ['twentɪɪθ] Ⓐ ADJ vigésimo
Ⓑ N (*in series*) vigésimo/a *m/f*; (= *fraction*) veintésimo *m*; *see* **fifth** *for usage*

**twenty** ['twentɪ] Ⓐ ADJ veinte; **~-two metre line** (*Rugby*) línea *f* de veintidós metros; **twenty-twenty vision** visión *f* normal
Ⓑ N veinte *m*; **the twenties** (*eg 1920s*) los años veinte; **to be in one's twenties** tener veintitantos (años), ser un veinteañero; *see* **fifty** *for usage*

**twenty-first** ['twentɪfɜ:st] N (= *birthday*) veintiún cumpleaños *m inv*; (= *party*) fiesta *f* del veintiún cumpleaños

**twentyfold** ['twentɪfəʊld] Ⓐ ADV veinte veces
Ⓑ ADJ veinte veces mayor

**twenty-four** ['twentɪ'fɔ:ʳ] ADJ **"twenty-four hour service"** "abierto 24 horas"

**twenty-four-seven*** [,twentɪ,fɔ:'sevn] ADV (*esp US*) **to do sth ~** hacer algo a todas horas, hacer algo las 24 horas del día

**twentyish** ['twentɪɪʃ] ADJ de unos veinte años

**twerp*** [twɜ:p] N idiota *mf*, bruto/a *m/f*; **you ~!** ¡imbécil!

**twice** [twaɪs] ADV dos veces; **to do sth ~** hacer algo dos veces; **~ as much/many** dos veces más; **~ a week** dos veces a la *or* por semana; **she is ~ your age** ella tiene dos veces tu edad, es dos veces mayor que tú; **~ the sum** ◊ **~ the quantity** el doble; **at a speed ~ that of sound** a una velocidad dos veces superior a la del sonido; **A is ~ as big as B** A es el doble de B, A es dos veces más grande que B; **she's ~ the woman you are** como mujer ella vale dos veces lo que tú; **since the operation he is ~ the man he was** después de la operación vale dos veces lo de antes; **to go to a meeting ~ weekly** ir a una reunión dos veces por semana; **he didn't have to be asked ~** no se hizo de rogar, no se lo tuve que pedir dos veces

**twiddle** ['twɪdl] Ⓐ N vuelta *f* (ligera); **to give a knob a ~** girar un botón
Ⓑ VT dar vueltas a; ✦***IDIOM*** **to ~ one's thumbs** estar de brazos cruzados, estar mano sobre mano
Ⓒ VI dar vueltas; **to ~ with sth** jugar con algo (entre los dedos)

**twig**[1] [twɪg] N [1] [*of wood*] ramita *f*
[2] **twigs** (*for fire*) leña *f* menuda

**twig**[2]* [twɪg] (*Brit*) Ⓐ VT (= *understand*) caer en la cuenta de
Ⓑ VI caer en la cuenta

**twilight** ['twaɪlaɪt] Ⓐ N [1] (= *evening*) anochecer *m*, crepúsculo *m*; (= *morning*) madrugada *f*; **at ~** al anochecer; **in the ~** a media luz
[2] (*fig*) crepúsculo *m*, ocaso *m*
Ⓑ CPD ► **twilight area** N = **twilight zone** ► **twilight sleep** N sueño *m* crepuscular ► **a twilight world** N un mundo crepuscular ► **twilight zone** N zona *f* gris

**twilit** ['twaɪlɪt] ADJ **in the ~ woods** en el bosque con luz crepuscular; **in some ~ area of the mind** en alguna zona crepuscular de la mente

**twill** [twɪl] N (= *fabric*) tela *f* cruzada

**'twill** [twɪl] = **it will**

**twin** [twɪn] Ⓐ N (*identical*) gemelo/a *m/f*; (*non-identical*) mellizo/a *m/f*; **they are ~s** son gemelos, son mellizos; **a pair of ~s** un par de gemelos, un par de mellizos; *see also* **identical**, **Siamese**
Ⓑ ADJ [1] [*brother, sister*] (*identical*) gemelo; (*non-identical*) mellizo; **she has ~ daughters** tiene dos hijas gemelas, tiene dos hijas mellizas
[2] (= *linked*) [*town, city*] hermano; **Newlyn's ~ town is Concarneau** la ciudad hermana de Newlyn es Concarneau, Newlyn está hermanada con Concarneau
[3] (= *double*) [*towers, peaks, engines*] gemelo; [*propellers*] doble; [*concepts*] hermano; **the ~ aims** *or* **goals of sth** el doble objetivo de algo; **the ~ evils of malnutrition and disease** la malnutrición y la enfermedad, dos males que siempre van juntos; **the ~ pillars of** (*fig*) el doble pilar de; **~ souls** almas *fpl* gemelas
Ⓒ VT [1] (= *link*) [+ *towns, cities, institutions*] hermanar (**with** con); **Manchester is ~ned with St Petersburg** Manchester está hermanada con San Petersburgo
[2] (= *combine*) [+ *clothes*] combinar
Ⓓ CPD ► **twin beds** NPL camas *fpl* gemelas ► **twin cylinder** N bicilindro *m*; *see also* **twin-cylinder** ► **twin jet** N birreactor *m*; *see also* **twin-jet**

**twin-bedded** ['twɪn'bedɪd] ADJ [*room*] con camas gemelas

**twin-cylinder** ['twɪn'sɪlɪndəʳ] Ⓐ ADJ de dos cilindros, bicilíndrico
Ⓑ N bicilindro *m*

**twine** [twaɪn] Ⓐ N bramante *m*
Ⓑ VT [+ *fingers*] entrelazar; [+ *several strings, strands etc together*] trenzar; [+ *one string, strand etc around sth*] enroscar, enrollar; **she ~d the string round her finger** enroscó *or* enrolló la cuerda en el dedo; **to ~ one's arms round sb** abrazar a algn
Ⓒ VI [*spiral, plant*] enroscarse; [*fingers*] entrelazarse; [*road*] serpentear

**twin-engined** ['twɪn'endʒɪnd] ADJ bimotor

**twinge** [twɪndʒ] N (= *pain*) dolor *m* agudo; **a ~ of pain** una punzada de dolor, un dolor agudo; **I've been having ~s of conscience** he tenido remordimientos de conciencia

**twining** ['twaɪnɪŋ] ADJ [*plant*] sarmentoso, trepador

**twin-jet** ['twɪn'dʒet] ADJ birreactor

**twinkle** ['twɪŋkl] Ⓐ N centelleo *m*, parpadeo *m*; **in a ~*** en un instante; **"no," he said with a ~** —no, dijo maliciosamente *or* medio riendo; **he had a ~ in his eye** tenía un brillo en sus ojos; ✦***IDIOM*** **when you were only a ~ in your father's eye** cuando tú no eras más que una vida en potencia
Ⓑ VI [*light*] centellear, parpadear; [*eyes*] brillar; (*fig*) [*feet*] moverse rápidamente

**twinkling** ['twɪŋklɪŋ] Ⓐ ADJ [*light*] centelleante, titilante; [*eye*] brillante, risueño; (*fig*) [*feet*] rápido, ligero
Ⓑ N centelleo *m*, parpadeo *m*; **in the ~ of an eye*** en un abrir y cerrar de ojos

**twinning** ['twɪnɪŋ] N **the ~ of Edinburgh and Kiev** el hacer a Edimburgo y Kiev ciudades hermanas

**twinset** ['twɪnset] N (*Brit*) conjunto *m*, juego *m*

**twin-tub** ['twɪn'tʌb] N lavadora *f* de dos tambores

**twirl** [twɜ:l] Ⓐ N [1] [*of body*] vuelta *f*, pirueta *f*
[2] (*in writing*) rasgo *m*
Ⓑ VT dar vueltas rápidas a; [+ *baton, lasso*] dar vueltas a; [+ *knob*] girar; [+ *moustache*] atusarse
Ⓒ VI dar vueltas, piruetear

**twirp*** [twɜ:p] N = **twerp**

**twist** [twɪst] Ⓐ N [1] (= *coil*) [*of thread, yarn*] torzal *m*; [*of paper*] cucurucho *m*; [*of smoke*] voluta *f*; [*of tobacco*] rollo *m*; **a ~ of lemon** un pedacito *or* un rizo de limón
[2] (= *loaf of bread*) trenza *f*
[3] (= *kink*) (*in wire, cord, hose*) vuelta *f*; ✦***IDIOMS*** **to get (o.s.) into a ~*** ◊ **get one's knickers in a ~*:** armarse *or* hacerse un lío*
[4] (= *bend*) (*in road*) recodo *m*, curva *f*; (*in river*) recodo *m*; ✦***IDIOMS*** **to be round the ~*** estar chiflado*; **to go round the ~*** volverse loco*; **to drive sb round the ~*** volver loco a algn*
[5] (= *turning action*) **with a quick ~ of the wrist** torciendo *or* girando rápidamente la muñeca; **she smiled with a wry ~ of her mouth** sonrió torciendo la boca; **to give sth a ~** [+ *lid, top*] girar algo
[6] (= *unexpected turn*) [*in plot, story*] giro *m*; **the plot has an unexpected ~** el argumento tiene un giro inesperado; **to put a new ~ on an old argument** darle un nuevo enfoque a un viejo argumento; **by a strange ~ of fate** por una de esas extrañas vueltas que da la vida; **the story has a ~ in the tail** la historia tiene un final inesperado
[7] (= *dance*) twist *m*; **to do the ~** bailar el twist
Ⓑ VT [1] (= *coil*) enroscar, enrollar; **she ~ed her hair into a bun** se enrolló *or* enroscó el pelo en un moño; **the rope got ~ed round the pole** la cuerda se enroscó alrededor del palo; **the strands are ~ed together** las hebras están enrolladas unas a otras; ✦***IDIOM*** **to ~ sb round one's little finger** tener a algn en el bolsillo, hacer con algn lo que le da la gana
[2] (= *turn*) [+ *knob, handle, top, lid*] girar; (= *turn round and round*) [+ *ring*] dar vueltas a; ✦***IDIOMS*** **to ~ sb's arm** (*lit*) retorcerle el brazo a algn; (*fig*) apretarle las tuercas a algn; **to ~ the knife** hurgar en la herida
[3] (*Med*) (= *injure*) torcerse; **he ~ed his ankle** se torció el tobillo
[4] (= *wrench*) **she ~ed herself free** se retorció hasta soltarse
[5] (= *distort, contort*) (*lit*) [+ *girder, metal*] retorcer; (*fig*) [+ *sense, words, argument*] tergiversar; **his face was ~ed with pain** tenía el rostro crispado por el dolor; **his limbs were ~ed by arthritis** sus miembros estaban torcidos por la artritis
Ⓒ VI [1] (= *coil*) enroscarse
[2] (= *bend*) [*road, river*] serpentear
[3] (= *turn*) [*person*] (*also* **~ round**) girar
[4] (= *contort*) retorcerse; **his mouth ~ed into a sardonic smile** se le retorció la boca y soltó una sonrisa socarrona
[5] (= *dance*) bailar el twist

► **twist off** Ⓐ VI + ADV [*top, lid*] desenroscarse
Ⓑ VT + ADV [+ *top, lid*] desenroscar; **you ~ the**

**top off like this** la tapa se desenrosca así; **to ~ a piece off** separar un trozo torciéndolo

►**twist round** Ⓐ VT + ADV (*lit*) dar vueltas a, girar; (*fig*) [+ *words*] tergiversar
Ⓑ VI + ADV girar

**twisted** ['twɪstɪd] ADJ **1** (= *distorted*) [*metal, roots, cables, smile*] retorcido; [*face, features*] torcido
**2** (= *injured*) [*ankle, wrist*] torcido
**3** (= *warped*) [*person, mind, logic*] retorcido

**twister*** ['twɪstəʳ] N **1** (*US*) (= *tornado*) huracán *m*
**2** (*Brit*) (= *crook*) estafador(a) *m/f*

**twisting** ['twɪstɪŋ] Ⓐ N (*gen*) retorcimiento *m*; [*of meaning, words*] tergiversación *f*
Ⓑ ADJ [*lane, street*] con recodos *or* revueltas; [*staircase*] de caracol

**twit**[1]* [twɪt] N (*esp Brit*) (= *fool*) imbécil *mf*

**twit**[2] [twɪt] VT (= *tease*) embromar, tomar el pelo a, guasearse con; **to ~ sb about sth** tomar el pelo a algn con motivo de algo

**twitch** [twɪtʃ] Ⓐ N **1** (= *slight pull*) tirón *m*; **to give sth a ~** dar un tirón a algo
**2** (= *nervous tic*) tic *m*, contracción *f* nerviosa
Ⓑ VI [*hands, face, muscles*] crisparse; [*nose, ears, tail*] moverse nerviosamente
Ⓒ VT [+ *curtains, rope*] pegar un tirón de; [+ *hands*] crispar, retorcer; [+ *nose, ears etc*] mover nerviosamente; **to ~ sth away from sb** quitar algo a algn con un movimiento rápido

**twitchy*** ['twɪtʃɪ] ADJ (= *nervous*) nervioso, inquieto; **to get ~** ponerse nervioso, inquietarse

**twitter** ['twɪtəʳ] Ⓐ N [*of bird*] pío *m*; **to be all of a ~*** ◊ **be in a ~*** estar *or* andar agitado *or* nervioso
Ⓑ VI [*bird*] piar; [*person*] hablar nerviosamente

**'twixt** [twɪkst] (*poet*) PREP = **betwixt**

**two** [tuː] Ⓐ ADJ dos
Ⓑ N dos *m*; **to break sth in ~** romper algo en dos, partir algo por la mitad; **~ by ~** ◊ **in ~s** de dos en dos; **to arrive in ~s and threes** llegar dos o tres a la vez; **that makes ~ of us** ya somos dos; ✦***IDIOMS*** **they're/you're ~ of a kind** son/sois tal para cual; **to put ~ and ~ together** atar cabos; ✦***PROV*** **~'s company, three's a crowd** dos son compañía, tres son multitud; *see* **five** *for usage*

**two-bit*** ['tuːbɪt] ADJ (*US*) de poca monta, de tres al cuarto

**two-chamber** ['tuː'tʃeɪmbəʳ] ADJ [*parliament*] bicameral, de dos cámaras

**two-colour** ['tuː'kʌləʳ] ADJ bicolor, de dos colores

**two-cycle** ['tuː'saɪkl] ADJ [*engine*] de dos tiempos

**two-cylinder** ['tuː'sɪlɪndəʳ] ADJ bicilíndrico, de dos cilindros

**two-dimensional** ['tudaɪ'menʃənl] ADJ bidimensional

**two-door** ['tuː'dɔːʳ] ADJ [*car*] de dos puertas

**two-edged** ['tuː'edʒd] ADJ de doble filo

**two-engined** ['tuː'endʒɪnd] ADJ bimotor

**two-faced** ['tuː'feɪst] ADJ (*fig*) [*person*] falso, hipócrita

**two-fisted*** [ˌtuː'fɪstɪd] ADJ (*US*) fortachón*, chicarrón

**twofold** ['tuːfəʊld] Ⓐ ADV dos veces
Ⓑ ADJ doble

**two-handed** ['tuː'hændɪd] ADJ de dos manos; [*tool etc*] para dos manos

**two-legged** ['tuː'legɪd] ADJ bípedo, de dos piernas

**two-masted** ['tuː'mɑːstɪd] ADJ de dos palos

**two-party** ['tuː'pɑːtɪ] ADJ [*state, country*] bipartidista

**twopence** ['tʌpəns] N dos peniques; (= *coin*) moneda *f* de dos peniques; ✦***IDIOM*** **it's not worth ~*** no vale una perra gorda; *see also* **care C1**

**twopenny** ['tʌpənɪ] ADJ **1** (*Brit*) de dos peniques, que vale dos peniques
**2** (*fig*) (*) insignificante, de poca monta

**twopenny-halfpenny*** ['tʌpnɪ'heɪpnɪ] ADJ (*Brit*) (*fig*) insignificante, de poca monta

**two-phase** ['tuː'feɪz] ADJ (*Elec*) bifásico

**two-piece** ['tuː'piːs] Ⓐ ADJ [*suit*] de dos piezas
Ⓑ N (= *suit*) conjunto *m* de dos piezas

**two-ply** ['tuː'plaɪ] ADJ [*wool*] de dos hebras, doble; [*wood, tissue paper*] de dos capas

**two-seater** ['tuː'siːtəʳ] Ⓐ ADJ biplaza, de dos plazas
Ⓑ N (= *car, plane*) biplaza *m*

**twosome** ['tuːsəm] N (= *people*) pareja *f*

**two-star (petrol)** ['tuːstɑː('petrəl)] N (*Brit*) gasolina *f* normal

**two-step** ['tuːˌstep] N (= *dance*) paso *m* doble

**two-storey**, **two-story** (*US*) ['tuː'stɔːrɪ] ADJ de dos pisos

**two-stroke** ['tuː'strəʊk] Ⓐ N (= *engine*) motor *m* de dos tiempos
Ⓑ ADJ [*engine*] de dos tiempos; **~ oil** aceite *m* para motores de dos tiempos

**two-time*** ['tuː'taɪm] VT engañar con otro/a a, ser infiel con otro/a a

**two-timer*** [ˌtuː'taɪməʳ] N **1** (*gen*) (= *traitor*) traidor(a) *m/f*
**2** (*in marriage*) (= *husband*) marido *m* infiel; (= *wife*) mujer *f* infiel

**two-tone** ['tuː'təʊn] ADJ (*in colour*) de dos tonos, bicolor

**'twould**†† [twʊd] = **it would**

**two-way** ['tuː'weɪ] Ⓐ ADJ [*radio*] emisor y receptor; [*street*] de doble sentido
Ⓑ CPD ► **two-way mirror** N luna *f* de efecto espejo ► **two-way switch** N conmutador *m* de dos direcciones ► **two-way traffic** N circulación *f* en dos sentidos

**two-wheeler** ['tuː'wiːləʳ] N bicicleta *f*

**TX** ABBR (*US*) = **Texas**

**Tx** ABBR = **telex**

**tycoon** [taɪ'kuːn] N magnate *m*; **an oil ~** un magnate del petróleo

**tyke*** [taɪk] N **1** (= *child*) chiquillo *m*; (= *dog*) perro *m* de la calle; **you little ~!** ¡tunante!
**2** (*Brit pej*) (*also* **Yorkshire ~**) hombre *m* de Yorkshire

**tympani** ['tɪmpənɪ] NPL (*Mus*) = **timpani**

**tympanum** ['tɪmpənəm] N (*pl* **tympanums, tympana**) (*Anat, Archit*) tímpano *m*

**type** [taɪp] Ⓐ N **1** (= *class, kind*) tipo *m*, clase *f*; **what ~ of desk did you want?** ¿qué tipo *or* clase de escritorio quería?; **what ~ of person is he?** ¿qué tipo *or* clase de persona es?; **I'm not the ~ to get carried away** no soy de la clase *or* del tipo de personas que se dejan llevar; **I know the ~ of thing you mean** tengo una idea de a qué te refieres; **nightclubs are not my ~ of thing** los clubes nocturnos no son lo mío; **she's/he's not my ~** no es mi tipo; **it's my ~ of film** es una película de las que a mí me gustan; **she's the motherly ~** es una madraza; **he's an outdoor ~** es el tipo *or* la clase de persona a la que le gusta la vida al aire; **a moisturizer suitable for all skin ~s** una crema hidratante apropiada para todo tipo de pieles
**2** (= *character, essence*) tipo *m*; **she was the very ~ of Spanish beauty** era el tipo exacto de la belleza española; **to cast sb against ~** (*Theat, Cine*) darle a algn un papel atípico; **to revert to ~** (*Bio*) volver a su estado primitivo; (*fig*) volver a ser el mismo de siempre; **the government, true to ~, tried to make us believe nothing was wrong** el gobierno, como es característico en él *or* como siempre, intentó hacernos creer que no ocurría nada malo
**3** (*) (= *individual*) tipo/a* *m/f*; **she's a strange ~** es un bicho raro*, es una tipa rara*
**4** (*Typ*) (= *typeface*) tipo *m*; (= *printed characters*) letra *f*; (= *blocks of characters*) tipos *mpl*; **in bold ~** en negrita; **in italic ~** en cursiva; **in large/small ~** en letra grande/pequeña
Ⓑ VT **1** (*also* **~ out, ~ up**) escribir a máquina, pasar a máquina; **six closely ~d pages** seis hojas escritas a máquina *or* mecanografiadas con letra muy pequeña
**2** (= *classify*) [+ *disease, blood*] clasificar
Ⓒ VI escribir a máquina

►**type out** VT + ADV escribir a máquina, pasar a máquina

►**type up** VT + ADV escribir a máquina, pasar a máquina

**typecast** ['taɪpkɑːst] (*pt, pp* **typecast**) Ⓐ VT **to ~ an actor** encasillar a un actor
Ⓑ ADJ [*actor*] encasillado

**typeface** ['taɪpfeɪs] N tipo *m*, tipo *m* de letra, letra *f*

**typescript** ['taɪpskrɪpt] Ⓐ ADJ mecanografiado
Ⓑ N texto *m* mecanografiado

**typeset** ['taɪpset] VT componer

**typesetter** ['taɪpˌsetəʳ] N **1** (= *person*) cajista *mf*, compositor(a) *m/f*
**2** (= *machine*) máquina *f* de componer

**typesetting** ['taɪpˌsetɪŋ] N composición *f* (tipográfica)

**typewrite** ['taɪpraɪt] (*pt* **typewrote**; *pp* **typewritten**) VT = **type B1**

**typewriter** ['taɪpˌraɪtəʳ] Ⓐ N máquina *f* de escribir
Ⓑ CPD ► **typewriter ribbon** N cinta *f* para máquina de escribir

**typewriting** ['taɪpˌraɪtɪŋ] N mecanografía *f*

**typewritten** ['taɪpˌrɪtn] ADJ escrito a máquina, mecanografiado

**typhoid** ['taɪfɔɪd] N tifoidea *f*, fiebre *f* tifoidea

**typhoon** [taɪ'fuːn] N tifón *m*

**typhus** ['taɪfəs] N tifus *m*

**typical** ['tɪpɪkəl] ADJ **1** (= *archetypal*) típico; **a ~ Canadian winter** un típico invierno canadiense; **the ~ Englishman** el inglés típico; **he is ~ of many people who ...** es un ejemplo típico de mucha gente que ...
**2** (= *usual, characteristic*) [*behaviour, reaction, style*] típico; **with ~ modesty he said ...** con la modestia que le caracterizaba dijo ..., con una modestía típica en él dijo ...; **it was ~ of her to offer to pay** era típico en ella ofrecerse a pagar
**3** (*expressing annoyance*) **"typical!" she shouted** —¡cómo no! —gritó, —¡típico! —gritó; **that's ~ of him!** ¡eso es típico de él!; **it was ~ of our luck that it rained** con la mala suerte que nos caracteriza, llovió, con nuestra mala suerte de siempre, llovió

**typically** ['tɪpɪkəlɪ] ADV **1** (= *characteristically*) [*defiant, flamboyant, Spanish*] típicamente; **a spell of ~ British weather** un periodo de tiempo típicamente británico; **his letter was ~ humorous, but brief** su carta, como de costumbre, era graciosa pero breve
**2** (= *usually*) por regla general, generalmente; **women ~ have lower cholesterol levels than men** por regla general *or* generalmente

las mujeres tienen el colesterol más bajo que los hombres
[3] (= *predictably*) (*iro*) como era de esperar, como suele ocurrir

**typify** ['tɪpɪfaɪ] VT [+ *thing*] representar, tipificar; [+ *person*] ser ejemplo de

**typing** ['taɪpɪŋ] Ⓐ N mecanografía *f*
Ⓑ CPD ► **typing agency** N agencia *f* mecanográfica ► **typing error** N error *m* mecanográfico ► **typing paper** N papel *m* para máquina de escribir ► **typing pool** N servicio *m* de mecanografía ► **typing speed** N palabras *fpl* por minuto (mecanografiadas)

**typist** ['taɪpɪst] N mecanógrafo/a *m/f*

**typo*** ['taɪpəʊ] N errata *f*

**typographer** [taɪ'pɒgrəfəʳ] N tipógrafo/a *m/f*

**typographic** [ˌtaɪpə'græfɪk] ADJ = **typographical**

**typographical** [ˌtaɪpə'græfɪkəl] ADJ tipográfico

**typography** [taɪ'pɒgrəfɪ] N tipografía *f*

**typology** [taɪ'pɒlədʒɪ] N tipología *f*

**tyrannic** [tɪ'rænɪk] ADJ = **tyrannical**

**tyrannical** [tɪ'rænɪkəl] ADJ tiránico, tirano

**tyrannically** [tɪ'rænɪkəlɪ] ADV tiránicamente

**tyrannicide** [tɪ'rænɪsaɪd] N (= *act*) tiranicidio *m*; (= *person*) tiranicida *mf*

**tyrannize** ['tɪrənaɪz] Ⓐ VT tiranizar
Ⓑ VI **to ~ over a people** tiranizar un pueblo

**tyranny** ['tɪrənɪ] N (*lit, fig*) tiranía *f*

**tyrant** ['taɪrənt] N tirano/a *m/f*

**Tyre** ['taɪəʳ] N Tiro *m*

**tyre**, **tire** (*US*) ['taɪəʳ] Ⓐ N [*of car, bus, bicycle etc*] neumático *m* (*Sp*), llanta *f* (*LAm*), caucho *m* (*S. Cone*); (= *outer cover*) cubierta *f*; (= *inner tube*) cámara *f* (de aire); [*of cart*] llanta *f*, calce *m*; [*of pram*] rueda *f* de goma; **to have a burst/flat ~** tener una rueda pinchada *or* (*Mex*) ponchada
Ⓑ CPD ► **tyre burst** N pinchazo *m*, reventón *m* ► **tyre gauge** N medidor *m* de presión ► **tyre lever** N palanca *f* para desmontar neumáticos ► **tyre pressure** N presión *f* de los neumáticos ► **tyre valve** N válvula *f* de neumático

**tyro** ['taɪərəʊ] N novicio/a *m/f*, principiante *mf*

**Tyrol** [tɪ'rəʊl] N el Tirol

**Tyrolean** [ˌtɪrə'lɪən], **Tyrolese** [ˌtɪrə'li:z] Ⓐ ADJ tirolés
Ⓑ N tirolés/esa *m/f*

**Tyrrhenian** [tɪ'ri:nɪən] Ⓐ ADJ tirrénico
Ⓑ N **the ~ (Sea)** El Mar Tirreno

**tzar** [zɑ:ʳ] N zar *m*

**tzarina** [zɑ:'ri:nə] N zarina *f*

# U u

**U, u** [juː] Ⓐ N (= *letter*) U, u *f*; **U for Uncle** U de Uruguay; **U-shaped** en forma de U; *see also* **U-turn**
Ⓑ ADJ ABBR (*Brit*) 1 = **upper-class**
2 (*Cine*) (= **universal**) todos los públicos
Ⓒ ABBR (= **University**) U.

**UAE** N ABBR (= **United Arab Emirates**) EAU *mpl*

**UB40** [ˌjuːbiːˈfɔːtɪ] N ABBR (*Brit*) (*formerly*) (= **Unemployment Benefit 40**) tarjeta *f* de desempleo, carné *m* del paro; **UB40s*** (= *unemployed people*) los parados

**U-bend** [ˈjuːbend] N (*Brit*) codo *m*, curva *f* en U

**ubiquitous** [juːˈbɪkwɪtəs] ADJ ubicuo, omnipresente; **it is ~ in Spain** se encuentra en toda España; **the secretary has to be ~** el secretario tiene que estar constantemente en todas partes

**ubiquity** [juːˈbɪkwɪtɪ] N (*frm*) ubicuidad *f*, omnipresencia *f*

**U-boat** [ˈjuːbəʊt] N submarino *m* alemán

**UCAS** [ˈjuːkæs] N ABBR (*Brit*) = **Universities and Colleges Admissions Service**

**UCCA** [ˈʌkə] N ABBR (*Brit*) (*formerly*) = **Universities Central Council on Admissions**

**UDA** N ABBR (*Brit*) (= **Ulster Defence Association**) *organización paramilitar protestante en Irlanda del Norte*

**UDC** N ABBR (*Brit*) = **Urban District Council**

**udder** [ˈʌdəʳ] N ubre *f*

**UDI** N ABBR (*Brit*) = **Unilateral Declaration of Independence**

**UDP** N ABBR (*Brit*) = **Ulster Democratic Party**

**UDR** N ABBR (= **Ulster Defence Regiment**) *fuerza de seguridad de Irlanda del Norte*

**UEFA** [jʊˈeɪfə] N ABBR (= **Union of European Football Associations**) UEFA *f*

**UFC** N ABBR (*Brit*) (= **Universities' Funding Council**) *entidad que controla las finanzas de las universidades*

**UFF** N ABBR (*Brit*) (= **Ulster Freedom Fighters**) *organización paramilitar protestante en Irlanda del Norte*

**UFO** N ABBR (= **unidentified flying object**) OVNI *m*

**ufologist** [ˌjuːˈfɒlədʒɪst] N ufólogo/a *m/f*

**ufology** [ˌjuːˈfɒlədʒɪ] N ufología *f*

**Uganda** [juːˈgændə] N Uganda *f*

**Ugandan** [juːˈgændən] Ⓐ ADJ ugandés
Ⓑ N ugandés/esa *m/f*

**UGC** N ABBR (*Brit*) (*formerly*) = **University Grants Committee**

**ugh** [ɜːh] EXCL ¡uf!, ¡puf!

**ugli fruit** [ˈʌglɪˈfruːt] N *fruto parecido a un pomelo, híbrido de tres cítricos*

**uglify*** [ˈʌglɪfaɪ] VT afear

**ugliness** [ˈʌglɪnɪs] N fealdad *f*

**ugly** [ˈʌglɪ] Ⓐ ADJ (*compar* **uglier**; *superl* **ugliest**)
1 (= *not pretty*) [*appearance, person*] feo; **✦IDIOM to be as ~ as sin** ser feísimo, ser más feo que Picio*
2 (*fig*) (= *unpleasant*) desagradable; [*mood*] peligroso, violento; [*situation, wound*] peligroso; [*rumour etc*] nada grato, inquietante; [*custom, vice etc*] feo, repugnante; **an ~ customer*** un tipo de cuidado*; **to grow** *or* **turn ~** ponerse violento, amenazar violencia
Ⓑ CPD ► **ugly duckling** N (*fig*) patito *m* feo

**UHF** N ABBR (= **ultra high frequency**) UHF *f*

**uh-huh** [ˈʌˌhʌ] EXCL (*agreeing*) ajá

**UHT** ADJ ABBR (= **ultra heat-treated**) uperizado

**UK** N ABBR (= **United Kingdom**) Reino *m* Unido, RU; **in the UK** en el Reino Unido; **the UK government** el gobierno del Reino Unido; **a UK citizen** un ciudadano del Reino Unido

**Ukraine** [juːˈkreɪn] N Ucrania *f*

**Ukrainian** [juːˈkreɪnɪən] Ⓐ ADJ ucranio
Ⓑ N ucranio/a *m/f*

**ukulele** [ˌjuːkəˈleɪlɪ] N ukelele *m*

**ULC** N ABBR (*US*) (= **ultra-large carrier**) superpetrolero *m*

**ulcer** [ˈʌlsəʳ] N 1 (*Med*) (*internal*) úlcera *f*; (*external*) llaga *f*; **a mouth ~** una llaga en la boca
2 (*fig*) llaga *f*

**ulcerate** [ˈʌlsəreɪt] Ⓐ VT ulcerar
Ⓑ VI ulcerarse

**ulcerated** [ˈʌlsəreɪtɪd] ADJ ulcerado

**ulceration** [ˌʌlsəˈreɪʃən] N ulceración *f*

**ulcerous** [ˈʌlsərəs] ADJ ulceroso

**ullage** [ˈʌlɪdʒ] N (*Customs*) (= *loss*) merma *f*; (= *amount remaining*) atestadura *f*

**'ullo*** [əˈləʊ] EXCL (*Brit*) = **hello**

**ulna** [ˈʌlnə] N (*pl* **ulnas** *or* **ulnae** [ˈʌlniː]) cúbito *m*

**ULSI** N ABBR = **ultra-large-scale integration**

**Ulster** [ˈʌlstəʳ] N Ulster *m*

**Ulsterman** [ˈʌlstəmən] N (*pl* **Ulstermen**) nativo *m* de Ulster, habitante *m* de Ulster

**Ulsterwoman** [ˈʌlstəwʊmən] N (*pl* **Ulsterwomen**) nativa *f* de Ulster, habitante *f* de Ulster

**ult.** [ʌlt] ADV ABBR (*Comm*) (= **ultimo**) pdo.; **the 5th ~** el 5 del mes pdo., el 5 del mes pasado

**ulterior** [ʌlˈtɪərɪəʳ] ADJ **~ motive** segunda intención *f*, motivo *m* oculto

**ultimata** [ˌʌltɪˈmeɪtə] NPL *of* **ultimatum**

**ultimate** [ˈʌltɪmɪt] Ⓐ ADJ 1 (= *final*) [*aim, decision, destination*] final; **she will retain ~ responsibility for budgets** ella será la responsable en última instancia de los presupuestos, ella tendrá la máxima responsabilidad sobre presupuestos
2 (= *greatest*) [*power, sacrifice*] máximo; [*control*] total; [*insult*] peor; **the ~ deterrent** (*Mil*) el mayor disuasivo; **it will be the ~ test of his abilities** supondrá la mayor prueba de su capacidad
3 (= *best*) **the ~ sports car** lo último en coches deportivos
4 (= *basic*) [*purpose, truth, cause, source*] fundamental, principal
5 (= *furthest*) más remoto, extremo
Ⓑ N **the ~ in luxury** lo último en lujos; **it's the ~ in hairstyling** es el último grito en estilos de peinado

**ultimately** [ˈʌltɪmɪtlɪ] ADV (= *eventually*) al final, finalmente; (= *in the end*) en última instancia; (= *in the long run*) a la larga; (= *fundamentally*) en el fondo; **they were ~ responsible for his death** eran responsables en última instancia de su muerte; **the more difficult, but ~ more satisfying, solution** la solución más difícil, pero a la larga la más satisfactoria; **we provide this sort of service because, ~, that's what people want** facilitamos esta clase de servicio porque, en el fondo, eso es lo que la gente quiere

**ultimatum** [ˌʌltɪˈmeɪtəm] N (*pl* **ultimatums** *or* **ultimata**) (*Mil*) (*fig*) ultimátum *m*; **to deliver** *or* **issue an ~** dar un ultimátum

**ultimo** [ˈʌltɪməʊ] ADV = **ult.**

**ultra...** [ˈʌltrə] PREFIX ultra...

**ultra-fashionable** [ˈʌltrəˈfæʃnəbl] ADJ muy de moda, elegantísimo

**ultrafine** [ˌʌltrəˈfaɪn] ADJ ultrafino

**ultralight** [ˈʌltrəˈlaɪt] Ⓐ ADJ ultraligero
Ⓑ N (*Aer*) ultraligero *m*

**ultramarine** [ˌʌltrəməˈriːn] Ⓐ ADJ ultramarino
Ⓑ N azul *m* ultramarino *or* de ultramar

**ultramodern** [ˈʌltrəˈmɒdən] ADJ ultramoderno

**ultra-red** [ˌʌltrəˈred] ADJ ultrarrojo, infrarrojo

**ultrasensitive** [ˈʌltrəˈsensɪtɪv] ADJ ultrasensitivo

**ultra-short wave** [ˈʌltrəˌʃɔːtˈweɪv] Ⓐ N onda *f* ultracorta
Ⓑ CPD de onda ultracorta

**ultrasonic** [ˈʌltrəˈsɒnɪk] ADJ ultrasónico

**ultrasound** [ˈʌltrəsaʊnd] Ⓐ N ultrasonido *m*
Ⓑ CPD ► **ultrasound scan** N ecografía *f*

**ultraviolet** [ˈʌltrəˈvaɪəlɪt] Ⓐ ADJ ultravioleta *inv*
Ⓑ CPD ► **ultraviolet light** N luz *f* ultravioleta ► **ultraviolet radiation** N radiación *f* ultravioleta ► **ultraviolet rays** NPL rayos *mpl* ultravioleta ► **ultraviolet treatment** N tratamiento *m* de onda ultravioleta

**ululate** [ˈjuːljʊleɪt] VI ulular

**ululation** [ˌjuːljʊˈleɪʃən] N ululato *m*

**Ulysses** [juːˈlɪsiːz] N Ulises

**um** [ʌm] EXCL (*in hesitation*) esto (*Sp*), este (*LAm*); **to um and err** vacilar

**umber** [ˈʌmbəʳ] Ⓐ N (= *colour*) ocre *m or* pardo

*m* oscuro; (= *earth*) tierra *f* de sombra
Ⓑ ADJ color ocre oscuro, pardo oscuro

**umbilical** [ˌʌmbɪˈlaɪkəl] Ⓐ ADJ umbilical
Ⓑ CPD ► **umbilical cord** N cordón *m* umbilical

**umbilicus** [ˌʌmbɪˈlaɪkəs] N (*pl* **umbilici** [ˌʌmbəˈlaɪsaɪ]) ombligo *m*

**umbrage** [ˈʌmbrɪdʒ] N resentimiento *m*; **to take ~ (at sth)** ofenderse *or* quedarse resentido (por algo)

**umbrella** [ʌmˈbrelə] Ⓐ N [1] paraguas *m inv*; **beach/sun ~** sombrilla *f*; **under the ~ of** (*fig*) (= *protected*) al abrigo de; (= *incorporating*) comprendido en
[2] (*Mil*) [*of fire*] cortina *f* de fuego antiaéreo; [*of aircraft*] sombrilla *f* protectora
Ⓑ CPD ► **umbrella organization** N organización *f* paraguas ► **umbrella stand** N paragüero *m*

**umlaut** [ˈʊmlaʊt] N [1] (= *vowel change*) metafonía *f*, inflexión *f* vocálica
[2] (= *symbol*) diéresis *f*

**umpire** [ˈʌmpaɪəʳ] Ⓐ N árbitro/a *m/f*
Ⓑ VT arbitrar
Ⓒ VI arbitrar, hacer de árbitro

**umpteen*** [ˈʌmptiːn] ADJ tropecientos*; **I've told you ~ times** te lo he dicho tropecientas veces*, te lo he dicho miles de veces

**umpteenth*** [ˈʌmptiːnθ] ADJ enésimo; **for the ~ time** por enésima vez

**UMW** N ABBR (*US*) = **United Mineworkers of America**

**UN** N ABBR (= **United Nations**) ONU *f*

**'un*** [ʌn] PRON **that's a good ~!** (*joke etc*) ¡qué bueno!; **he did well, for an old ~** lo hizo bien, para ser un viejo; **she's got two little ~s** tiene dos críos

**un...** [ʌn] PREFIX in…, des…, no …, poco …, sin …, anti…

**unabashed** [ˈʌnəˈbæʃt] ADJ (= *shameless*) descarado, desvergonzado; (= *unperturbed*) impertérrito; **"yes," he said quite ~** —sí —dijo sin alterarse

**unabated** [ˈʌnəˈbeɪtɪd] ADJ sin disminución, no disminuido; **the storm continued ~** la tormenta siguió sin amainar

**unabbreviated** [ˈʌnəˈbriːvɪeɪtɪd] ADJ íntegro, completo

▼**unable** [ʌnˈeɪbl] ADJ **to be ~ to do sth** (*gen*) no poder hacer algo; (= *be incapable of*) ser incapaz de hacer algo; (= *be prevented from*) verse imposibilitado de hacer algo; **unfortunately, he was ~ to come** desafortunadamente, no ha podido venir; **I am ~ to see why …** no veo por qué …, no comprendo por qué …; **those ~ to go** los que no pueden ir

**unabridged** [ˈʌnəˈbrɪdʒd] ADJ íntegro; **~ edition/version** edición *f*/versión *f* íntegra

**unaccented** [ˈʌnækˈsentɪd] ADJ inacentuado, átono

▼**unacceptable** [ˈʌnəkˈseptəbl] ADJ inaceptable

**unacceptably** [ˈʌnəkˈseptəblɪ] ADV inaceptablemente

**unaccommodating** [ˈʌnəˈkɒmədeɪtɪŋ] ADJ poco amable, poco servicial

**unaccompanied** [ˈʌnəˈkʌmpənɪd] ADJ [1] solo, no acompañado; **to go somewhere ~** ir a un sitio sin compañía, ir solo a un sitio
[2] (*Mus*) sin acompañamiento

**unaccomplished** [ˈʌnəˈkʌmplɪʃt] ADJ [1] [*task*] incompleto, sin acabar
[2] [*person*] sin talento

**unaccountable** [ˈʌnəˈkaʊntəbl] ADJ [1] (= *inexplicable*) [*fear, pain*] inexplicable; **for some ~ reason** por alguna razón inexplicable *or* incomprensible
[2] (= *not answerable*) [*institution, person*] no responsable (**to** ante)

**unaccountably** [ˈʌnəˈkaʊntəblɪ] ADV (= *inexplicably*) inexplicablemente; (= *strangely, incomprehensibly*) extrañamente; **she was ~ late** llegó inexplicablemente tarde; **he felt ~ depressed/cheerful** se sentía extrañamente deprimido/animado

**unaccounted** [ˈʌnəˈkaʊntɪd] ADJ **two passengers are still ~ for** aún (nos) faltan dos pasajeros; **two books are ~ for** faltan dos libros

**unaccustomed** [ˈʌnəˈkʌstəmd] ADJ [1] **to be ~ to sth** no estar acostumbrado a algo, no tener costumbre de algo; **to be ~ to doing sth** no tener costumbre de hacer algo, no acostumbrar hacer algo; **~ as I am to public speaking** aunque no tengo experiencia de hablar en público
[2] (= *unusual*) **with ~ zeal** con un entusiasmo insólito

**unacknowledged** [ˈʌnəkˈnɒlɪdʒd] ADJ no reconocido; [*letter etc*] no contestado, sin contestar

**unacquainted** [ˈʌnəˈkweɪntɪd] ADJ **to be ~ with** desconocer, ignorar

**unadaptable** [ˈʌnəˈdæptəbl] ADJ inadaptable

**unadapted** [ˈʌnəˈdæptɪd] ADJ inadaptado

**unaddressed** [ˈʌnəˈdrest] ADJ [*letter*] sin señas

**unadjusted** [ˌʌnəˈdʒʌstɪd] ADJ no corregido; **seasonally ~ employment figures** estadísticas *fpl* de desempleo no desestacionalizadas

**unadopted** [ˈʌnəˈdɒptɪd] ADJ (*Brit*) [*road*] no oficial (*siendo de los vecinos la responsabilidad de su mantenimiento*)

**unadorned** [ˈʌnəˈdɔːnd] ADJ sin adorno, sencillo; **beauty ~** la hermosura sin adorno; **the ~ truth** la verdad lisa y llana

**unadulterated** [ˈʌnəˈdʌltəreɪtɪd] ADJ sin mezcla, puro

**unadventurous** [ˈʌnədˈventʃərəs] ADJ poco atrevido

**unadvisable** [ˈʌnədˈvaɪzəbl] ADJ poco aconsejable; **it is ~ to** (+ *INFIN*) es poco aconsejable + *infin*

**unaesthetic**, **unesthetic** (*US*) [ˌʌniːsˈθetɪk] ADJ antiestético

**unaffected** [ˈʌnəˈfektɪd] ADJ [1] (= *sincere*) sin afectación, sencillo
[2] (*emotionally*) no afectado, inmutable; **to be ~ by …** no verse afectado por …

**unaffectedly** [ˈʌnəˈfektɪdlɪ] ADV sin afectación, sencillamente

**unaffiliated** [ˌʌnəˈfɪlɪˌeɪtɪd] ADJ no afiliado

**unafraid** [ˈʌnəˈfreɪd] ADJ sin temor *or* miedo, impertérrito; **to be ~ of (doing) sth** no temer (hacer) algo, no tener miedo de (hacer) algo

**unaided** [ˈʌnˈeɪdɪd] Ⓐ ADV sin ayuda, por sí solo
Ⓑ ADJ **by his own ~ efforts** sin ayuda de nadie, por sí solo

**unalike** [ˌʌnəˈlaɪk] ADJ no parecido; **to be ~** no parecerse (en nada); **the two children are so ~** los dos niños no se parecen en nada

**unalloyed** [ˈʌnəˈlɔɪd] ADJ [*metal*] sin mezcla, puro; [*pleasure*] en estado puro

**unalterable** [ʌnˈɒltərəbl] ADJ inalterable

**unalterably** [ʌnˈɒltərəblɪ] ADV de modo inalterable; **we are ~ opposed to it** nos oponemos rotundamente a ello

**unaltered** [ˈʌnˈɒltəd] ADJ inalterado, sin cambiar; **his appearance was ~** no había cambiado

**unambiguous** [ˈʌnæmˈbɪgjʊəs] ADJ inequívoco

**unambiguously** [ˈʌnæmˈbɪgjʊəslɪ] ADV de modo inequívoco

**unambitious** [ˈʌnæmˈbɪʃəs] ADJ [*person*] sin ambición, poco ambicioso; [*plan*] poco ambicioso, modesto

**un-American** [ˈʌnəˈmerɪkən] ADJ [1] (*pej*) (= *anti-American*) antiamericano
[2] (= *not typical*) poco americano

**unamiable** [ˈʌnˈeɪmɪəbl] ADJ poco simpático

**unanimity** [ˌjuːnəˈnɪmɪtɪ] N unanimidad *f*

**unanimous** [juːˈnænɪməs] ADJ [*group, decision, vote*] unánime; **the committee was ~ in its condemnation of** *or* **in condemning this** el comité condenó esto unánimemente; **it was accepted by a ~ vote** fue aprobado por unanimidad

**unanimously** [juːˈnænɪməslɪ] ADV unánimemente, por unanimidad; **the motion was passed ~** la moción fue aprobada por unanimidad

**unannounced** [ˈʌnəˈnaʊnst] Ⓐ ADJ [*visitor, visit*] inesperado
Ⓑ ADV **to arrive ~** llegar sin dar aviso

**unanswerable** [ʌnˈɑːnsərəbl] ADJ [*question*] incontestable; [*attack etc*] irrebatible, irrefutable

**unanswered** [ˈʌnˈɑːnsəd] ADJ [*question*] incontestado, sin contestar; [*letter*] sin contestar

**unappealable** [ˈʌnəˈpiːləbl] ADJ inapelable

**unappealing** [ˈʌnəˈpiːlɪŋ] ADJ poco atractivo

**unappetizing** [ˈʌnˈæpɪtaɪzɪŋ] ADJ poco apetitoso, poco apetecible; (*fig*) poco apetecible, nada atractivo

**unappreciative** [ˈʌnəˈpriːʃɪətɪv] ADJ desagradecido; **to be ~ of sth** no apreciar algo

**unapproachable** [ˈʌnəˈprəʊtʃəbl] ADJ [1] (= *inaccessible*) inaccesible
[2] (= *aloof*) [*person*] intratable, inasequible

**unappropriated** [ˌʌnəˈprəʊprɪeɪtɪd] ADJ [*balance etc*] no asignado, sin asignar

**unarguable** [ʌnˈɑːgjʊəbəl] ADJ indiscutible, incuestionable

**unarguably** [ʌnˈɑːgjʊəblɪ] ADV indiscutiblemente; **it is ~ true that …** es una verdad incuestionable que …

**unarmed** [ˈʌnˈɑːmd] Ⓐ ADJ desarmado; (= *defenceless*) inerme
Ⓑ CPD ► **unarmed combat** N combate *m* sin armas

**unashamed** [ˈʌnəˈʃeɪmd] ADJ desvergonzado, descarado; **she was quite ~ about it** no se avergonzó en lo más mínimo

**unashamedly** [ˈʌnəˈʃeɪmɪdlɪ] ADV desvergonzadamente; **to be ~ proud of sth** enorgullecerse desvergonzadamente de algo

**unasked** [ˈʌnˈɑːskt] Ⓐ ADJ [*guest*] no invitado; [*advice*] no solicitado
Ⓑ ADV **to do sth ~** hacer algo motu proprio; **they came to the party ~** vinieron a la fiesta sin ser invitados

**unassailable** [ˌʌnəˈseɪləbl] ADJ [*proof*] incontestable; [*position, influence*] inatacable; [*argument*] irrefutable, irrebatible; [*fortress*] inexpugnable; **he is quite ~ on that score** no se le puede atacar por ese lado

**unassisted** [ˈʌnəˈsɪstɪd] ADJ, ADV sin ayuda, por sí solo

**unassuming** [ˈʌnəˈsjuːmɪŋ] ADJ modesto, sin pretensiones

**unassumingly** [ˈʌnəˈsjuːmɪŋlɪ] ADV modestamente

**unattached** [ˈʌnəˈtætʃt] ADJ [1] (= *loose*) suelto; (*fig*) (*gen*) libre; [*employee*] disponible
[2] (= *unmarried*) soltero, libre
[3] (*Mil*) de reemplazo
[4] (*Jur*) no embargado

➤ LANGUAGE IN USE: **unable** 16.4, 25.3 **unacceptable** 26.3

**unattainable** [ˈʌnəˈteɪnəbl] ADJ inaccesible; [*record, objective*] inalcanzable

**unattended** [ˈʌnəˈtendɪd] ADJ 1 (= *not looked after*) [*shop, machine, luggage*] desatendido, sin atender; [*child*] solo; **to leave sth ~** dejar algo desatendido; **please do not leave your luggage ~** por favor, no abandonen su equipaje
2 (= *unaccompanied*) [*king etc*] sin escolta

**unattractive** [ˈʌnəˈtræktɪv] ADJ poco atractivo

**unattractiveness** [ˈʌnəˈtræktɪvnɪs] N falta *f* de atractivo

**unattributable** [ˈʌnəˈtrɪbjʊtəbl] ADJ de fuente que no se puede confirmar

**unattributed** [ˌʌnəˈtrɪbjʊtɪd] ADJ [*quote, remarks*] de fuente desconocida, anónimo; [*source*] anónimo, no confirmado

**unauthenticated** [ˈʌnɔːˈθentɪkeɪtɪd] ADJ no autentificado, no autenticado

**unauthorized** [ˈʌnˈɔːθəraɪzd] ADJ (*gen*) no autorizado; **this was ~** esto no estaba autorizado

**unavailable** [ˈʌnəˈveɪləbl] ADJ 1 (*gen*) no disponible; (= *busy*) ocupado; **the Minister was ~ for comment** el ministro no se prestó a hacer comentarios
2 (*Comm*) (= *out of stock*) [*article*] agotado

**unavailing** [ˈʌnəˈveɪlɪŋ] ADJ inútil, vano

**unavailingly** [ˈʌnəˈveɪlɪŋlɪ] ADV inútilmente, en vano

**unavoidable** [ˌʌnəˈvɔɪdəbl] ADJ inevitable, ineludible

**unavoidably** [ˌʌnəˈvɔɪdəblɪ] ADV inevitablemente; **he was ~ detained** no pudo evitar retrasarse, se retrasó por causas ajenas a su voluntad

**unaware** [ˈʌnəˈwɛəʳ] ADJ **to be ~ that ...** ignorar que ...; **she was ~ that she was being filmed** no se había dado cuenta de que la estaban filmando; **I am not ~ that ...** no ignoro que ...; **to be ~ of sth** ignorar algo, no darse cuenta de algo; **I was ~ of the regulations** ignoraba el reglamento

**unawareness** [ˈʌnəˈwɛənɪs] N inconsciencia *f* (**of** de)

**unawares** [ˈʌnəˈwɛəz] ADV sin saberlo, sin darse cuenta; **to catch** *or* **take sb ~** pillar a algn desprevenido

**unbacked** [ˈʌnˈbækt] ADJ sin respaldo; (*Fin*) al descubierto

**unbalance** [ˈʌnˈbæləns] Ⓐ N desequilibrio *m*
Ⓑ VT desequilibrar

**unbalanced** [ˈʌnˈbælənst] ADJ 1 (*physically*) desequilibrado; (*mentally*) trastornado, desequilibrado
2 (*Fin*) no conciliado

**unban** [ˈʌnˈbæn] VT levantar la prohibición de

**unbandage** [ˈʌnˈbændɪdʒ] VT desvendar, quitar las vendas a

**unbaptized** [ˈʌnbæpˈtaɪzd] ADJ sin bautizar

**unbar** [ˈʌnˈbɑːʳ] VT [+ *door etc*] desatrancar; (*fig*) abrir, franquear

**unbearable** [ʌnˈbɛərəbl] ADJ inaguantable, insoportable

**unbearably** [ʌnˈbɛərəblɪ] ADV insoportablemente; **it is ~ hot** hace un calor insoportable; **she is ~ vain** es vanidosa hasta lo inaguantable

**unbeatable** [ˈʌnˈbiːtəbl] ADJ [*team, opponent, army*] invencible; [*price, offer*] inmejorable

**unbeaten** [ˈʌnˈbiːtn] ADJ [*team, opponent*] imbatido, invicto; [*army*] invicto; [*price*] insuperable

**unbecoming** [ˈʌnbɪˈkʌmɪŋ] ADJ 1 (= *unseemly*) [*behaviour etc*] indecoroso, impropio
2 (= *unflattering*) [*dress etc*] poco favorecedor

**unbeknown** [ˌʌnbɪˈnəʊn], **unbeknownst** [ˌʌnbɪˈnəʊnst] ADJ **~ to me** sin yo saberlo

**unbelief** [ˈʌnbɪˈliːf] N 1 (*Rel*) (*in general*) descreimiento *m*; [*of person*] falta *f* de fe
2 (= *astonishment*) incredulidad *f*

**▼ unbelievable** [ˌʌnbɪˈliːvəbl] ADJ 1 (= *incredible*) increíble; **it is ~ that** es increíble que + *subjun*
2 (*) (= *fantastic*) increíble

**unbelievably** [ˌʌnbɪˈliːvəblɪ] ADV increíblemente; **they're ~ lucky** tienen una suerte increíble

**unbeliever** [ˈʌnbɪˈliːvəʳ] N no creyente *mf*

**unbelieving** [ˈʌnbɪˈliːvɪŋ] ADJ incrédulo

**unbelievingly** [ˌʌnbɪˈliːvɪŋlɪ] ADV [*watch, stare*] sin dar crédito a sus ojos

**unbend** [ˈʌnˈbend] (*pt, pp* **unbent**) Ⓐ VT enderezar
Ⓑ VI (*fig*) [*person*] relajarse

**unbending** [ˈʌnˈbendɪŋ] ADJ inflexible, rígido; (*fig*) [*person, attitude*] inflexible; (= *strict*) estricto, severo

**unbent** [ˈʌnˈbent] PT, PP of **unbend**

**unbias(s)ed** [ˈʌnˈbaɪəst] ADJ imparcial

**unbidden** [ˈʌnˈbɪdn] ADV (*liter*) **to do sth ~** hacer algo espontáneamente

**unbind** [ˈʌnˈbaɪnd] (*pt, pp* **unbound**) VT desatar; (= *unbandage*) desvendar

**unbleached** [ˈʌnˈbliːtʃt] ADJ sin blanquear

**unblemished** [ʌnˈblemɪʃt] ADJ sin tacha, sin mancha

**unblinking** [ʌnˈblɪŋkɪŋ] ADJ imperturbable; (*pej*) desvergonzado

**unblock** [ˈʌnˈblɒk] VT [+ *sink, pipe*] desatascar; [+ *road etc*] despejar

**unblushing** [ʌnˈblʌʃɪŋ] ADJ desvergonzado, fresco

**unblushingly** [ʌnˈblʌʃɪŋlɪ] ADV desvergonzadamente; **he said ~** dijo tan fresco

**unbolt** [ˈʌnˈbəʊlt] VT desatrancar, quitar el cerrojo de

**unborn** [ˈʌnˈbɔːn] ADJ no nacido aún, nonato; **the ~ child** el feto; **generations yet ~** generaciones *fpl* que están todavía por nacer *or* que están por venir

**unbosom** [ʌnˈbʊzəm] VT (*liter*) **to ~ o.s. of sth** desahogarse de algo; **to ~ o.s. to sb** abrir su pecho a algn, desahogarse con algn

**unbound** [ˈʌnˈbaʊnd] ADJ [*book*] sin encuadernar, en rústica

**unbounded** [ʌnˈbaʊndɪd] ADJ ilimitado, sin límites

**unbowed** [ˈʌnˈbaʊd] ADJ **with head ~** con la cabeza erguida

**unbreakable** [ˈʌnˈbreɪkəbl] ADJ irrompible

**unbribable** [ˈʌnˈbraɪbəbl] ADJ insobornable

**unbridgeable** [ˌʌnˈbrɪdʒəbl] ADJ insalvable, infranqueable

**unbridled** [ʌnˈbraɪdld] ADJ (*fig*) desenfrenado

**unbroken** [ˌʌnˈbrəʊkən] ADJ 1 (= *intact*) entero, intacto
2 (= *continuous*) ininterrumpido, continuo
3 (= *unbeaten*) no batido; [*spirit*] indómito; **his spirit remained ~** no se hundió
4 [*animal*] indomado

**unbuckle** [ˈʌnˈbʌkl] VT desabrochar

**unbudgeted** [ʌnˈbʌdʒɪtɪd] ADJ no presupuestado

**unburden** [ʌnˈbɜːdn] VT 1 (*lit*) [+ *person*] aliviar; **to ~ sb of a load** aliviar a algn quitándole un peso
2 (*fig*) **to ~ one's heart to sb** abrir su pecho a algn; **to ~ o.s.** *or* **one's conscience to sb** desahogarse con algn; **to ~ o.s. of sth** desahogarse de algo

**unburied** [ˈʌnˈberɪd] ADJ insepulto

**unbusinesslike** [ʌnˈbɪznɪslaɪk] ADJ (= *without method*) poco profesional; (*in appearance etc*) poco formal

**unbutton** [ˈʌnˈbʌtn] Ⓐ VT desabrochar, desabotonar
Ⓑ VI (*) hacerse más afable

**uncalled-for** [ʌnˈkɔːldfɔːʳ] ADJ gratuito, impropio; **that was quite ~** eso fue totalmente gratuito *or* impropio

**uncannily** [ʌnˈkænɪlɪ] ADV misteriosamente; **it is ~ like the other one** tiene un asombroso parecido con el otro, se parece extraordinariamente al otro

**uncanny** [ʌnˈkænɪ] ADJ (*compar* **uncannier**; *superl* **uncanniest**) (= *peculiar*) raro, extraño; (= *ghostly*) misterioso; **it's quite ~** es extraordinario; **it's ~ how he does it** no llego a comprender cómo lo hace; **an ~ resemblance** un asombroso parecido

**uncap** [ˈʌnˈkæp] VT destapar

**uncapped** [ˌʌnˈkæpt] ADJ (*Sport*) debutante; **~ player** debutante *mf* (*en la selección nacional*)

**uncared-for** [ˈʌnˈkɛədfɔːʳ] ADJ [*person*] abandonado, desamparado; [*appearance*] desaseado, de abandono; [*building etc*] abandonado

**uncaring** [ˈʌnkɛərɪŋ] ADJ poco compasivo; **he went on all ~** (*liter*) siguió sin hacer caso

**uncarpeted** [ˈʌnˈkɑːpɪtɪd] ADJ no enmoquetado (*Sp*), no alfombrado (*LAm*)

**uncashed** [ˈʌnˈkæʃt] ADJ [*cheque*] no cobrado, sin cobrar

**uncatalogued** [ˈʌnˈkætəlɒgd] ADJ no catalogado

**unceasing** [ʌnˈsiːsɪŋ] ADJ incesante

**unceasingly** [ʌnˈsiːsɪŋlɪ] ADV incesantemente, sin cesar

**uncensored** [ˈʌnˈsensəd] ADJ no censurado

**unceremonious** [ˈʌnˌserɪˈməʊnɪəs] ADJ (= *abrupt, rude*) brusco, hosco

**unceremoniously** [ˈʌnˌserɪˈməʊnɪəslɪ] ADV bruscamente, sin cortesías

**uncertain** [ʌnˈsɜːtn] ADJ 1 (= *unsure*) **for a moment he looked ~** por un momento pareció no estar seguro; **to be ~ about/of sth** no estar seguro de algo; **she is ~ about the future/what to do next/how to proceed** no está segura sobre el futuro/de qué hacer ahora/de cómo proceder; **I am ~ as to whether she was involved in the accident** no estoy seguro si ella estuvo implicada en el accidente; **I am ~ whether to accept** no estoy seguro si aceptar
2 (= *doubtful*) [*future, outcome, destiny*] incierto; **the fate of the refugees remains ~** la suerte de los refugiados sigue siendo incierta *or* sigue sin conocerse; **in no ~ terms** sin dejar lugar a dudas, claramente
3 (= *changeable*) [*conditions*] inestable; [*weather, temper*] variable; **we live in ~ times** vivimos en unos tiempos muy inestables
4 (= *indecisive*) [*voice*] indeciso; [*smile*] tímido, indeciso; [*step*] vacilante
5 (= *indeterminate*) indeterminado; **a smartly-dressed man of ~ age** un hombre elegantemente vestido de edad indeterminada

**uncertainly** [ʌnˈsɜːtnlɪ] ADV **he stood there ~ for a moment** por un momento se quedó allí de pie con aire indeciso *or* vacilante; **she smiled ~** sonrió con timidez, esbozó una sonrisa tímida *or* indecisa; **he said ~** dijo indeciso

➤ LANGUAGE IN USE: unbelievable 14

**uncertainty** [ʌn'sɜːtntɪ] N [1] (= *doubt*) duda *f*, incertidumbre *f*; **in view of this ~** *or* **these uncertainties** teniendo en cuenta estas dudas *or* este grado de incertidumbre; **there is ~ about the number of wounded** no se sabe con seguridad el número de heridos; **stress is caused by ~ about the future** el estrés está causado por la incertidumbre *or* inseguridad sobre el futuro
[2] (= *indecision*) indecisión *f*; **he heard the ~ in her voice** notó la indecisión en su voz

**uncertificated** ['ʌnsə'tɪfɪkeɪtɪd] ADJ [*teacher etc*] sin título

**unchain** ['ʌn'tʃeɪn] VT desencadenar

**unchallengeable** ['ʌn'tʃælɪndʒəbl] ADJ incontestable, incuestionable

**unchallenged** ['ʌn'tʃælɪndʒd] ADJ (= *unnoticed*) inadvertido; (= *undeniable*) incontrovertible; (*Jur*) incontestado; **his ideas went ~** sus ideas no fueron cuestionadas; **we cannot let that go ~** eso no lo podemos dejar pasar sin protesta

**unchangeable** [ʌn'tʃeɪndʒəbl] ADJ inalterable, inmutable

**unchanged** ['ʌn'tʃeɪndʒd] ADJ igual, sin cambiar; **everything is still ~** todo sigue igual

**unchanging** [ʌn'tʃeɪndʒɪŋ] ADJ inalterable, inmutable

**uncharacteristic** [ˌʌnkærəktə'rɪstɪk] ADJ [*hostility, politeness etc*] inusitado, nada típico; **to be ~ of sth** ser inusitado en algo; **to be ~ of sb** no ser propio de algn; **it's very ~ of her** no es nada propio de ella

**uncharacteristically** [ˌʌnkærɪktə'rɪstɪklɪ] ADV **~ rude/generous** de una grosería/generosidad inusitada; **to behave ~** comportarse de manera inusual

**uncharitable** [ʌn'tʃærɪtəbl] ADJ poco caritativo

**uncharitably** [ʌn'tʃærɪtəblɪ] ADV poco caritativamente

**uncharted** ['ʌn'tʃɑːtɪd] ADJ inexplorado, desconocido

**unchaste** ['ʌn'tʃeɪst] ADJ impúdico; [*spouse*] infiel

**unchecked** ['ʌn'tʃekt] Ⓐ ADV [*continue etc*] libremente, sin estorbo *or* restricción; **the weeds had been allowed to grow ~** habían dejado que las malas hierbas crecieran descontroladamente; **left ~, the virus could spread throughout Africa** si no se controla, el virus podría extenderse por toda África
Ⓑ ADJ [1] (= *unrestrained*) [*growth, power, emotion, anger*] desenfrenado
[2] (= *not verified*) [*data, statement*] no comprobado; (= *not examined*) [*text, manuscript*] sin revisar

**unchivalrous** ['ʌn'ʃɪvəlrəs] ADJ poco caballeroso, poco caballeresco

**unchristian** ['ʌn'krɪstɪən] ADJ poco cristiano, impropio de un cristiano

**uncial** ['ʌnsɪəl] Ⓐ ADJ uncial
Ⓑ N uncial *f*

**uncircumcised** ['ʌn'sɜːkəmsaɪzd] ADJ incircunciso

**uncivil** ['ʌn'sɪvɪl] ADJ descortés; **to be ~ to sb** ser descortés con algn

**uncivilized** ['ʌn'sɪvɪlaɪzd] ADJ [1] (= *primitive*) [*people, country*] poco civilizado; (*fig*) bárbaro
[2] (= *socially unacceptable*) [*conditions, activity*] inaceptable; [*person, behaviour*] grosero
[3] (*) (= *early*) **at this ~ hour** a estas horas tan intempestivas

**uncivilly** [ˌʌn'sɪvɪlɪ] ADV descortésmente

**unclad** ['ʌn'klæd] ADJ desnudo

**unclaimed** ['ʌn'kleɪmd] ADJ sin reclamar

**unclasp** ['ʌn'klɑːsp] VT [+ *dress etc*] desabrochar; [+ *hands*] soltar, separar

**unclassifiable** [ˌʌn'klæsɪfaɪəbl] ADJ inclasificable

**unclassified** ['ʌn'klæsɪfaɪd] ADJ [1] (= *not arranged*) [*items, papers, waste, football results*] sin clasificar
[2] (= *not secret*) [*information, document*] no confidencial

**uncle** ['ʌŋkl] N [1] tío *m*; **my ~ and aunt** mis tíos; **Uncle Sam*** el tío Sam (*personificación de EE.UU.*); **Uncle Tom** (*US* pej*) *negro que trata de congraciarse con los blancos*; ✦**IDIOM to cry** *or* **say ~** (*US**) rendirse, darse por vencido
[2] (‡) (= *fence*) perista* *m*

**unclean** ['ʌn'kliːn] ADJ [1] (= *dirty*) [*person, hands, room*] sucio
[2] (= *impure*) [*person, animal, activity, thoughts*] impuro

**uncleanliness** ['ʌn'klenlɪnɪs] N suciedad *f*

**unclear** [ˌʌn'klɪəʳ] ADJ [1] (= *not obvious*) **the reasons for this behaviour are ~** las razones de este comportamiento no están claras; **it is ~ what effect this will have** no se sabe muy bien qué efectos tendrá esto; **the impact of these changes remains ~** el impacto de estos cambios sigue sin conocerse con seguridad
[2] (= *not specific*) **he was ~ about the details of what had happened** no fue muy claro respecto a los detalles de lo que había sucedido
[3] (= *confusing*) poco claro; **the wording of the contract is ~** los términos del contrato son poco claros
[4] (= *unsure*) **to be ~ about sth** no tener algo muy claro; **I'm still ~ about it** todavía no lo tengo muy claro

**unclench** ['ʌn'klentʃ] VT aflojar

**unclimbed** ['ʌn'klaɪmd] ADJ no escalado

**unclog** ['ʌn'klɒg] VT desatascar

**unclothe** ['ʌn'kləʊð] VT desnudar

**unclothed** ['ʌn'kləʊðd] ADJ desnudo

**unclouded** ['ʌn'klaʊdɪd] ADJ [1] [*sky etc*] despejado, sin nubes
[2] (*fig*) (= *calm*) tranquilo

**uncoil** ['ʌn'kɔɪl] Ⓐ VT desenrollar
Ⓑ VI desenrollarse; [*snake*] desenroscarse

**uncollected** [ˌʌnkə'lektɪd] ADJ [*goods, luggage*] sin recoger; [*tax*] no recaudado, sin cobrar

**uncoloured**, **uncolored** (*US*) ['ʌn'kʌləd] ADJ [1] (= *colourless*) [*glass, plastic, liquid*] sin color, incoloro
[2] (= *unbiased*) [*account, description, judgement*] objetivo

**uncombed** ['ʌn'kəʊmd] ADJ despeinado, sin peinar

**uncomely** ['ʌn'kʌmlɪ] ADJ desgarbado

**uncomfortable** [ʌn'kʌmfətəbl] ADJ [1] (*physically*) incómodo; **to <u>be</u>/<u>feel</u> ~** [*chair, shoes, position*] ser *or* resultar incómodo; [*person*] estar/sentirse incómodo
[2] (= *uneasy*) incómodo; **I had an ~ feeling that someone was watching me** tenía la incómoda sensación de que alguien me observaba; **to be ~ <u>about</u> sth** estar incómodo *or* a disgusto con algo; **he's always <u>felt</u> ~ with women** siempre se ha sentido incómodo *or* a disgusto con las mujeres; **to <u>make</u> sb ~** hacer a algn sentirse incómodo, hacer que algn se sienta incómodo; **to make life ~ for sb** ponérselo difícil a algn; **there was an ~ <u>silence</u>** se produjo un silencio muy incómodo
[3] (= *worrying*) molesto; **it was an ~ dilemma** era una molesta disyuntiva
[4] (= *disagreeable*) [*truth, fact*] desagradable

**uncomfortably** [ʌn'kʌmfətəblɪ] ADV [1] (*lit*) **she felt ~ hot** se encontraba incómoda del calor que tenía; **I'm feeling ~ full** estoy tan lleno que me siento incómodo; **he fidgeted ~** se movió incómodo; **the children were ~ dressed** los niños no llevaban ropa cómoda
[2] (= *uneasily*) **he shifted ~ in his chair** se removía incómodo *or* inquieto en su silla; **I was ~ aware that everyone was watching me** me daba cuenta de que todo el mundo me miraba, lo cual me hacía sentirme incómodo
[3] (= *worryingly*) inquietantemente; **the shell fell ~ close** cayó el proyectil inquietantemente cerca

**uncommitted** ['ʌnkə'mɪtɪd] ADJ no comprometido; [*nation*] no alineado

**uncommon** [ʌn'kɒmən] Ⓐ ADJ [1] (= *unusual*) poco común, nada frecuente
[2] (= *outstanding*) insólito, extraordinario
Ⓑ ADV (†) sumamente, extraordinariamente

**uncommonly** [ʌn'kɒmənlɪ] ADV [1] (†) (= *exceptionally*) [*gifted, pretty, hot*] extraordinariamente; **that's ~ kind of you** ha sido usted amabilísimo
[2] (= *rarely*) [*encountered*] raramente, rara vez; **not ~** con cierta frecuencia

**uncommunicative** ['ʌnkə'mjuːnɪkətɪv] ADJ poco comunicativo, reservado

**uncomplaining** ['ʌnkəm'pleɪnɪŋ] ADJ resignado, sumiso

**uncomplainingly** ['ʌnkəm'pleɪnɪŋlɪ] ADV sin protesta, sumisamente

**uncompleted** ['ʌnkəm'pliːtɪd] ADJ incompleto, inacabado

**uncomplicated** [ʌn'kɒmplɪkeɪtɪd] ADJ sin complicaciones, sencillo

**uncomplimentary** ['ʌnˌkɒmplɪ'mentərɪ] ADJ poco halagüeño *or* halagador, nada lisonjero

**uncomprehending** ['ʌnˌkɒmprɪ'hendɪŋ] ADJ incomprensivo

**uncompromising** [ʌn'kɒmprəmaɪzɪŋ] ADJ intransigente, inflexible; **~ loyalty** lealtad *f* absoluta

**uncompromisingly** [ʌn'kɒmprəmaɪzɪŋlɪ] ADV intransigentemente, inflexiblemente

**unconcealed** ['ʌnkən'siːld] ADJ evidente, no disimulado; **with ~ glee** con abierta satisfacción

**unconcern** ['ʌnkən'sɜːn] N (= *calm*) calma *f*, tranquilidad *f*; (*in face of danger*) sangre *f* fría; (= *lack of interest*) indiferencia *f*, despreocupación *f*

**unconcerned** ['ʌnkən'sɜːnd] ADJ (= *unworried*) despreocupado; (= *indifferent*) indiferente, despreocupado; **to be ~ about sth** no inquietarse *or* preocuparse por algo, mostrarse indiferente a algo

**unconcernedly** ['ʌnkən'sɜːnɪdlɪ] ADV sin preocuparse, sin inquietarse

**unconditional** ['ʌnkən'dɪʃənl] ADJ incondicional, sin condiciones; **~ surrender** rendición *f* sin condiciones

**unconditionally** ['ʌnkən'dɪʃnəlɪ] ADV incondicionalmente

**unconfessed** ['ʌnkən'fest] ADJ [*sin*] no confesado; [*die*] sin confesar

**unconfined** ['ʌnkən'faɪnd] ADJ ilimitado, no restringido, libre; **let joy be ~** (*liter*) que se regocijen todos, que la alegría no tenga límite

**unconfirmed** ['ʌnkən'fɜːmd] ADJ no confirmado, inconfirmado

**uncongenial** ['ʌnkən'dʒiːnɪəl] ADJ [*person*] antipático, poco amigable; [*company, work, surroundings*] desagradable, poco agradable; **to**

**be ~ to sb** ser antipático *or* desagradable con algn

**unconnected** [ˈʌnkəˈnektɪd] ADJ [1] (*= unrelated*) no relacionado
[2] (*= incoherent*) inconexo

**unconquerable** [ʌnˈkɒŋkərəbl] ADJ inconquistable, invencible

**unconquered** [ʌnˈkɒŋkəd] ADJ invicto

**unconscionable** [ʌnˈkɒnʃnəbl] ADJ (*frm*) [1] (*= disgraceful*) [*liar*] desvergonzado; [*behaviour, crime*] inadmisible
[2] (*= excessive*) desmedido, desrazonable

**unconscionably** [ʌnˈkɒnʃnəblɪ] ADV (*frm*) desmesuradamente

**unconscious** [ʌnˈkɒnʃəs] Ⓐ ADJ [1] (*Med*) sin sentido, inconsciente; **to be ~** estar sin sentido *or* inconsciente; **to be ~ for three hours** pasar tres horas sin sentido; **to become ~** perder el sentido *or* conocimiento, desmayarse; **to fall ~** caer sin sentido; **they found him ~** lo encontraron inconsciente
[2] (*= unaware*) inconsciente, insensible; **to be ~ of sth** no ser consciente de algo; **he remained blissfully ~ of the danger** continuó tan tranquilo, sin darse cuenta del peligro
[3] (*= unintentional*) inconsciente
Ⓑ N **the ~** (*Psych*) el inconsciente

**unconsciously** [ʌnˈkɒnʃəslɪ] ADV inconscientemente; **~ funny** cómico sin querer

**unconsciousness** [ʌnˈkɒnʃəsnɪs] N (*Med*) inconsciencia *f*

**unconsidered** [ˈʌnkənˈsɪdəd] ADJ (*= hasty*) [*comment, decision, action*] irreflexivo, precipitado; **~ trifles** pequeñeces *fpl* sin ninguna importancia

**unconstitutional** [ˈʌnˌkɒnstɪˈtjuːʃənl] ADJ inconstitucional, anticonstitucional

**unconstitutionally** [ʌnˌkɒnstɪˈtjuːʃnəlɪ] ADV inconstitucionalmente, anticonstitucionalmente

**unconstrained** [ˈʌnkənˈstreɪnd] ADJ libre, espontáneo

**unconsummated** [ʌnˈkɒnsəmeɪtɪd] ADJ [*marriage*] no consumado

**uncontested** [ˈʌnkənˈtestɪd] ADJ (*Parl*) [*seat*] ganado sin oposición, no disputado

**uncontrollable** [ˈʌnkənˈtrəʊləbl] ADJ [1] (*= irrepressible*) [*rage, desire*] incontenible, incontrolable; [*urge*] irrefrenable, incontenible; [*laughter*] incontenible
[2] (*= involuntary*) [*movement, spasm*] incontrolable
[3] (*= unmanageable*) [*person, animal, situation*] incontrolable; [*car, boat, aeroplane*] fuera de control

**uncontrollably** [ˈʌnkənˈtrəʊləblɪ] ADV [*spread, increase*] incontrolablemente; [*laugh, cry, shake*] sin poder controlarse, inconteniblemente

**uncontrolled** [ˈʌnkənˈtrəʊld] ADJ (*= out of control*) descontrolado; [*passion*] desenfrenado; [*freedom etc*] irrestricto

**uncontroversial** [ˈʌnˌkɒntrəˈvɜːʃəl] ADJ no controvertido, nada conflictivo

**unconventional** [ˈʌnkənˈvenʃənl] ADJ poco convencional; [*person*] original, poco convencional

**unconventionality** [ˈʌnkənˌvenʃəˈnælɪtɪ] N originalidad *f*

**unconversant** [ˈʌnkənˈvɜːsənt] ADJ **to be ~ with** no estar al tanto de, estar poco versado en

**unconverted** [ˈʌnkənˈvɜːtɪd] ADJ no convertido (*also Fin*)

➤ LANGUAGE IN USE: **undeniable** 15.1

**unconvertible** [ˌʌnkənˈvɜːtɪbl] ADJ [*currency*] inconvertible

**unconvinced** [ˈʌnkənˈvɪnst] ADJ poco convencido; **I am** *or* **remain ~ by what she said** lo que dijo sigue sin convencerme

**unconvincing** [ˈʌnkənˈvɪnsɪŋ] ADJ poco convincente

**unconvincingly** [ˈʌnkənˈvɪnsɪŋlɪ] ADV [*argue etc*] de manera poco convincente

**uncooked** [ˈʌnˈkʊkt] ADJ (*= raw*) crudo, sin cocer; (*= not properly cooked*) a medio cocer

**uncool*** [ʌnˈkuːl] ADJ [1] (*= unsophisticated*) nada sofisticado; (*= unfashionable*) pasado de moda, anticuado
[2] (*= excitable*) excitable; (*= tense*) nervioso

**uncooperative** [ˈʌnkəʊˈɒpərətɪv] ADJ poco dispuesto a cooperar, nada colaborador

**uncoordinated** [ˈʌnkəʊˈɔːdɪneɪtɪd] ADJ no coordinado, incoordinado

**uncork** [ˈʌnˈkɔːk] VT descorchar, destapar

**uncorrected** [ˈʌnkəˈrektɪd] ADJ sin corregir

**uncorroborated** [ˈʌnkəˈrɒbəreɪtɪd] ADJ no confirmado, sin corroborar

**uncorrupted** [ˈʌnkəˈrʌptɪd] ADJ incorrupto; **~ by** no corrompido por

**uncount** [ˈʌnˈkaʊnt] Ⓐ ADJ no contable
Ⓑ CPD ► **uncount noun** N sustantivo *m* no contable

**uncountable** [ˈʌnˈkaʊntəbl] ADJ incontable

**uncounted** [ˈʌnˈkaʊntɪd] ADJ sin cuenta

**uncouple** [ˈʌnˈkʌpl] VT desenganchar, desacoplar

**uncouth** [ʌnˈkuːθ] ADJ (*= unrefined*) grosero, inculto; (*= clumsy*) torpe, desmañado

**uncover** [ʌnˈkʌvəʳ] VT [1] (*= find out*) descubrir
[2] (*= remove coverings of*) destapar; (*= disclose*) descubrir, dejar al descubierto

**uncovered** [ʌnˈkʌvəd] ADJ [1] (*= without a cover*) destapado, descubierto
[2] (*Fin*) [*loan*] en descubierto; [*person*] sin seguro, no asegurado

**uncritical** [ˈʌnˈkrɪtɪkəl] ADJ falto de sentido crítico

**uncritically** [ˈʌnˈkrɪtɪkəlɪ] ADV sin sentido crítico

**uncross** [ˈʌnˈkrɒs] VT [+ *legs*] descruzar

**uncrossed** [ˈʌnˈkrɒst] ADJ [*cheque*] sin cruzar

**uncrowned** [ˈʌnˈkraʊnd] ADJ sin corona; **the ~ king of Scotland** el rey sin corona de Escocia

**UNCTAD** [ˈʌŋktæd] N ABBR = **United Nations Conference on Trade and Development**

**unction** [ˈʌŋkʃən] N [1] (*= ointment*) unción *f*; **extreme ~** (*Rel*) extremaunción *f*
[2] (*fig*) (*= suaveness*) unción *f*; (*pej*) (*= affected charm*) celo *m* fingido, afectación *f*; **he said with ~** dijo con afectación

**unctuous** [ˈʌŋktjʊəs] ADJ empalagoso, afectado; **in an ~ voice** en tono meloso, empalagosamente

**unctuously** [ˈʌŋktjʊəslɪ] ADV con afectación

**unctuousness** [ˈʌŋktjʊəsnɪs] N celo *m* fingido, afectación *f*

**uncultivable** [ˈʌnˈkʌltɪvəbl] ADJ incultivable

**uncultivated** [ˈʌnˈkʌltɪveɪtɪd] ADJ [1] (*Agr*) [*land*] sin cultivar, inculto (*frm*)
[2] (*= uncultured*) [*person, mind*] sin cultivar; [*voice, accent*] no cultivado

**uncultured** [ˈʌnˈkʌltʃəd] ADJ [*person*] inculto, sin cultura; [*voice*] no cultivado; [*accent*] poco culto

**uncurl** [ˈʌnˈkɜːl] Ⓐ VT desenroscar
Ⓑ VI [*snake etc*] desenroscarse; (*= straighten out*) estirarse

**uncut** [ˈʌnˈkʌt] ADJ [1] [*grass, tree, hair, nails*] sin cortar; [*stone*] sin labrar
[2] (*= not faceted*) [*diamond*] en bruto, sin tallar
[3] (*= unabridged*) [*film, text*] integral, sin cortes
[4] (*= pure*) [*heroin, cocaine*] puro

**undamaged** [ʌnˈdæmɪdʒd] ADJ (*gen*) en buen estado; (*= intact*) intacto

**undamped** [ˈʌnˈdæmpt] ADJ [*enthusiasm, courage*] no disminuido

**undated** [ˈʌnˈdeɪtɪd] ADJ sin fecha

**undaunted** [ˈʌnˈdɔːntɪd] ADJ impávido, impertérrito; **he carried on quite ~** siguió sin inmutarse; **with ~ bravery** con valor indomable; **to be ~ by** no dejarse desanimar por

**undeceive** [ˈʌndɪˈsiːv] VT desengañar, desilusionar

**undecided** [ˈʌndɪˈsaɪdɪd] ADJ [*person*] indeciso; [*question*] pendiente, no resuelto; **we are still ~ whether to go** aún no sabemos si ir o no; **that is still ~** eso queda por resolver

**undecipherable** [ˌʌndɪˈsaɪfərəbl] ADJ indescifrable

**undeclared** [ˈʌndɪˈklɛəd] ADJ no declarado

**undeclinable** [ˈʌndɪˈklaɪnəbl] ADJ indeclinable

**undefeated** [ˈʌndɪˈfiːtɪd] ADJ invicto, imbatido; **he was ~ at the end** al final siguió invicto *or* imbatido

**undefended** [ˈʌndɪˈfendɪd] ADJ [1] (*Mil etc*) indefenso
[2] (*Jur*) [*suit*] ganado por incomparecencia del demandado

**undefiled** [ˈʌndɪˈfaɪld] ADJ puro, inmaculado; **~ by any contact with ...** no corrompido por contacto alguno con ...

**undefinable** [ˌʌndɪˈfaɪnəbl] ADJ indefinible

**undefined** [ˌʌndɪˈfaɪnd] ADJ indefinido, indeterminado

**undelete** [ˈʌndɪˈliːt] VT (*Comput*) restaurar

**undelivered** [ˌʌndɪˈlɪvəd] ADJ no entregado al destinatario

**undemanding** [ˌʌndɪˈmɑːndɪŋ] ADJ [*person*] poco exigente; [*job*] que exige poco esfuerzo

**undemocratic** [ˌʌndeməˈkrætɪk] ADJ antidemocrático

**undemonstrative** [ˈʌndɪˈmɒnstrətɪv] ADJ poco expresivo

**undeniable** [ˌʌndɪˈnaɪəbl] ADJ innegable, indudable; **it is ~ that ...** es innegable *or* indudable que ...

**undeniably** [ˌʌndɪˈnaɪəblɪ] ADV innegablemente, indudablemente; **it is ~ true that ...** es innegable *or* indudable que ...; **an ~ successful trip** un viaje de éxito innegable *or* indudable

**undenominational** [ˈʌndɪˌnɒmɪˈneɪʃənl] ADJ no sectario

**undependable** [ˈʌndɪˈpendəbl] ADJ poco formal, poco confiable

**under** [ˈʌndəʳ] Ⓐ ADV [1] (*= beneath*) (*position*) debajo; (*direction*) abajo; **he stayed ~ for three minutes** (*= underwater*) estuvo sumergido durante tres minutos; **he lifted the rope and crawled ~** levantó la cuerda y se deslizó por debajo
[2] (*) (*= under anaesthetic*) **he's been ~ for three hours** lleva tres horas bajo los efectos de la anestesia
[3] (*= less*) menos; **children of 15 and ~** niños *mpl* de 15 años y menores; **ten degrees ~** diez grados bajo cero
Ⓑ PREP [1] (*= beneath*) debajo de; **~ the bed** debajo de la cama; **~ the microscope** bajo el microscopio; **~ the sky** bajo el cielo; **~ the**

**water** bajo el agua; **the train passed ~ the bridge** el tren pasó por debajo del puente; **the tunnel goes ~ the Channel** el túnel pasa por debajo del Canal; **~ there** ahí debajo; **what's ~ there?** ¿qué hay ahí debajo?
[2] (= *less than*) menos de; **~ 20 people** menos de 20 personas; **in ~ a minute** en menos de un minuto; **any number ~ 90** cualquier número inferior a 90; **aged ~ 21** que tiene menos de 21 años; **children ~ ten** niños menores de diez años; **it sells at ~ £20** se vende a menos de 20 libras
[3] (= *subject to*) bajo; **~ this government/the Romans** bajo este gobierno/los romanos; **~ Ferdinand VII** bajo Fernando VII, durante el reinado de Fernando VII; **he has 30 workers ~ him** tiene 30 obreros a su cargo; **to study ~ sb** estudiar con algn, tener a algn por profesor; **~ the command of** bajo el mando de; **~ construction** bajo construcción, en obras; **~ lock and key** bajo llave; **~ oath** bajo juramento; **~ pain/the pretext of** so pena/pretexto de; **~ full sail** a todo trapo, a vela llena
[4] (*with names*) **~ a false name** con nombre falso; **you'll find him ~ "plumbers" in the phone book** lo encontrarás en la sección de "fontaneros" en el listín
[5] (= *according to, by*) de acuerdo con, según; **~ Article 25 of the Code** conforme al Artículo 25 del Código; **his rights ~ the contract** sus derechos según el contrato
[6] (*Agr*) **the field is ~ wheat** el campo está sembrado de trigo

**under-** ['ʌndəʳ] PREFIX [1] (= *insufficiently*) poco, insuficientemente; **~prepared** poco *or* insuficientemente preparado
[2] (= *less than*) **an ~15** (= *child*) un menor de 15 años; **the Spanish ~21 team** la selección española sub-21
[3] [*part etc*] bajo, inferior; [*clothing*] interior; (*in rank*) subalterno, segundo; **the ~cook** el/la cocinero/a ayudante *or* auxiliar

**under-achieve** [ˌʌndərəˈtʃiːv] VI no desarrollar su potencial, no rendir (como se debe)

**under-achievement** [ˌʌndərəˈtʃiːvmənt] N bajo rendimiento *m*

**under-achiever** [ˌʌndərəˈtʃiːvəʳ] N (*Brit*) persona *f* que no desarrolla su potencial, persona *f* que no rinde (como podría)

**underact** [ˈʌndərˈækt] VI no dar de sí, hacer un papel sin el debido brío

**underage** [ˌʌndərˈeɪdʒ] ADJ menor de edad; **he's ~** es menor de edad

**underarm** [ˈʌndərɑːm] Ⓐ N axila *f*, sobaco *m*
Ⓑ CPD (*Anat*) sobacal, del sobaco; [*service etc*] realizado sin levantar el brazo por encima ► **underarm deodorant** N desodorante *m*
Ⓒ ADV **to serve ~** sacar sin levantar el brazo por encima

**underbelly** [ˈʌndəˌbelɪ] N (*Anat*) panza *f*; **the (soft) ~** (*fig*) la parte indefensa

**underbid** [ˈʌndəˈbɪd] (*pt* **underbade** *or* **underbid**; *pp* **underbidden** *or* **underbid**) Ⓐ VT ofrecer un precio más bajo que
Ⓑ VI (*Bridge*) declarar por debajo de lo que se tiene

**underbody** [ˈʌndəbɒdɪ] N (*Aut*) bajos *mpl* (del chasis)

**underbrush** [ˈʌndəbrʌʃ] N (*US*) maleza *f*, monte *m* bajo

**undercapitalized** [ˈʌndəˈkæpɪtəlaɪzd] ADJ descapitalizado, subcapitalizado

**undercarriage** [ˈʌndəˌkærɪdʒ] N (*Aer*) tren *m* de aterrizaje

**undercharge** [ˈʌndəˈtʃɑːdʒ] VT cobrar de menos a; **he ~d me by £2** me cobró 2 libras de menos

**underclass** [ˈʌndəklɑːs] N clase *f* inferior

**underclothes** [ˈʌndəkləʊðz] NPL, **underclothing** [ˈʌndəˌkləʊðɪŋ] N ropa *fsing* interior *or* (*esp LAm*) íntima; **to be in one's ~** estar en ropa interior, estar en paños menores*

**undercoat** [ˈʌndəkəʊt] Ⓐ N [*of paint*] primera capa *f*, primera mano *f*; (= *paint*) pintura *f* preparatoria
Ⓑ VT dar una primera capa a; (*US Aut*) proteger contra la corrosión

**undercooked** [ˈʌndəˈkʊkt] ADJ medio crudo, a medio cocer

**undercover** [ˈʌndəˌkʌvəʳ] Ⓐ ADJ [*operation, activity*] clandestino; [*agent*] secreto
Ⓑ ADV **she was working ~ for the FBI** trabajaba como agente secreto para el FBI

**undercurrent** [ˈʌndəˌkʌrənt] N (*in sea*) corriente *f* submarina, contracorriente *f*; (*fig*) (*feeling etc*) trasfondo *m*; **an ~ of criticism** un trasfondo de críticas calladas

**undercut** [ˈʌndəkʌt] (*pt, pp* **undercut**) VT (*Comm*) (= *sell cheaper than*) [+ *competitor*] vender más barato que

**underdeveloped** [ˈʌndədɪˈveləpt] ADJ [1] (*Econ*) [*country, society, economy*] subdesarrollado
[2] (*Anat*) poco desarrollado
[3] (*Phot*) insuficientemente revelado; **the image looks slightly ~** a la imagen le falta tiempo de revelación

**underdevelopment** [ˈʌndədɪˈveləpmənt] N subdesarrollo *m*

**underdog** [ˈʌndədɒg] N **the ~** [1] (*in game, fight*) el/la más débil
[2] (*economically, socially*) el/la desvalido/a, el/la desamparado/a

**underdone** [ˈʌndəˈdʌn] ADJ [*food*] a medio cocer; (*deliberately*) [*steak*] poco hecho

**underdrawers** [ˈʌndəˈdrɔːəz] NPL (*US*) calzoncillos *mpl*

**underdressed** [ˌʌndəˈdrest] ADJ **to be ~** vestirse sin la debida elegancia, no vestirse de forma apropiada

**underemphasize** [ˌʌndərˈemfəsaɪz] VT subenfatizar

**underemployed** [ˈʌndərɪmˈplɔɪd] ADJ subempleado

**underemployment** [ˌʌndərɪmˈplɔɪmənt] N subempleo *m*

**underestimate** Ⓐ [ˈʌndərˈestɪmɪt] N estimación *f* demasiado baja, cálculo *m* demasiado bajo
Ⓑ [ˈʌndərˈestɪmeɪt] VT [+ *strength, importance, value, person*] subestimar, menospreciar; **you shouldn't ~ her** no deberías subestimarla; **I ~d the size of the sofa** al calcular las dimensiones del sofá me quedé corta; **they had ~d the size of the problem** no le habían dado al problema la importancia que merecía

**underexpose** [ˈʌndərɪksˈpəʊz] VT (*Phot*) subexponer

**underexposed** [ˈʌndərɪksˈpəʊzd] ADJ (*Phot*) subexpuesto

**underexposure** [ˈʌnderɪksˈpəʊʒəʳ] N (*Phot*) subexposición *f*

**underfed** [ˈʌndəˈfed] ADJ subalimentado

**underfeed** [ˈʌndəˈfiːd] (*pt, pp* **underfed**) VT alimentar insuficientemente

**underfeeding** [ˈʌndəˈfiːdɪŋ] N subalimentación *f*

**underfelt** [ˈʌndəfelt] N arpillera *f*

**underfinanced** [ˌʌndəfaɪˈnænst] ADJ insuficientemente financiado

**underfloor** [ˈʌndəflɔːʳ] Ⓐ ADJ de debajo del suelo
Ⓑ CPD ► **underfloor heating** N calefacción *f* bajo el suelo

**underfoot** [ˈʌndəˈfʊt] ADV debajo de los pies; **it's wet ~** el suelo está mojado

**underfund** [ˌʌndəˈfʌnd] VT infradotar

**underfunded** [ˌʌndəˈfʌndɪd] ADJ infradotado

**underfunding** [ˌʌndəˈfʌndɪŋ] N infradotación *f*

**undergarment** [ˈʌndəˌgɑːmənt] N (*frm*) prenda *f* de ropa interior *or* (*LAm*) íntima; **undergarments** ropa *fsing* interior, ropa *fsing* íntima (*LAm*)

**undergo** [ˈʌndəˈgəʊ] (*pt* **underwent**; *pp* **undergone** [ˈʌndəˈgɒn]) VT sufrir, experimentar; [+ *treatment*] recibir; [+ *operation*] someterse a; **to ~ repairs** ser reparado

**undergrad*** [ˌʌndəˈgræd] ADJ, N = **undergraduate**

**undergraduate** [ˈʌndəˈgrædjʊɪt] Ⓐ N estudiante *mf* universitario/a
Ⓑ CPD [*student*] no licenciado; [*course*] para universitarios (no licenciados) ► **undergraduate humour** N humor *m* estudiantil

**underground** [ˈʌndəgraʊnd] Ⓐ ADJ [1] [*building, cave, mine*] subterráneo; **an ~ car park** un parking subterráneo
[2] (*fig*) [*newspaper, movement*] clandestino
[3] (= *alternative*) [*film, magazine, artist, culture*] underground *inv*
Ⓑ ADV [1] (= *under the ground*) bajo tierra; **moles live ~** los topos viven bajo tierra; **it's six feet ~** está a seis pies bajo tierra
[2] (*fig*) (= *into hiding*) **to go ~** (= *hide*) esconderse; (*Pol*) pasar a la clandestinidad
Ⓒ N [1] (*Brit*) (= *railway*) metro *m*, subterráneo *m* (*Arg*), subte *m* (*Arg**)
[2] (*Mil*) resistencia *f* clandestina; (*Pol*) movimiento *m* clandestino; (*Art*) arte *m* marginal *or* underground

**undergrowth** [ˈʌndəgrəʊθ] N maleza *f*, matorrales *mpl*

**underhand** [ˈʌndəhænd] Ⓐ ADJ [1] (= *dishonest*) [*person*] solapado; [*behaviour, deals, tactics*] turbio, poco limpio; **critics accuse the President of being ~** los críticos del presidente lo acusan de solapado
[2] (*Sport*) [*throw*] por debajo del hombro
Ⓑ ADV **to serve ~** sacar sin levantar el brazo por encima

**underhanded** ADJ [ˌʌndəˈhændɪd] = **underhand**

**underhandedly** [ˌʌndəˈhændɪdlɪ] ADV solapadamente

**underinsure** [ˌʌndərɪnˈʃʊəʳ] VT asegurar por debajo del valor real; **to be ~d** estar infraasegurado

**underinvestment** [ˌʌndərɪnˈvestmənt] N infrainversión *f*

**underlay** [ˈʌndəleɪ] N (*for carpet*) refuerzo *m*

**underlie** [ˌʌndəˈlaɪ] (*pt* **underlay** [ˌʌndəˈleɪ]; *pp* **underlain** [ˌʌndəˈleɪn]) VT [1] (= *lie under*) estar debajo de, extenderse debajo de
[2] (*fig*) sustentar

**underline** [ˌʌndəˈlaɪn] VT (*lit, fig*) subrayar

**underling** [ˈʌndəlɪŋ] N (*pej*) subordinado/a *m/f*, subalterno/a *m/f*

**underlining** [ˈʌndəˈlaɪnɪŋ] N subrayado *m*

**underlip** [ˈʌndəlɪp] N labio *m* inferior

**underlying** [ˈʌndəˈlaɪɪŋ] ADJ [1] (= *fundamental*) [*cause, theme*] subyacente; **the ~ problem is that …** el problema subyacente *or* de fondo es que …

2 [*rock, soil, bone*] subyacente
3 (*Econ*) [*rate, inflation, trend*] subyacente

**undermanned** ['ʌndə'mænd] ADJ **to be ~** no tener (el) personal suficiente

**undermanning** [,ʌndə'mænɪŋ] N falta *f* de personal *or* mano de obra suficiente

**undermentioned** ['ʌndə'menʃənd] ADJ abajo citado

**undermine** [,ʌndə'maɪn] VT (*fig*) minar, socavar; **his health is being ~d by overwork** el exceso de trabajo le está minando la salud

**undermost** ['ʌndəməʊst] ADJ (el) más bajo

**underneath** ['ʌndə'niːθ] Ⓐ PREP (*position*) bajo, debajo de; **the noise came from ~ the table** el ruido salía de debajo de la mesa; **~ the carpet** debajo de la moqueta; **I walked ~ a ladder** pasé por debajo de una escalera
Ⓑ ADV debajo, por debajo; **I got out of the car and looked ~** bajé del coche y miré (por) debajo
Ⓒ N parte *f* de abajo, fondo *m*
Ⓓ ADJ inferior, de abajo

**undernourish** [,ʌndə'nʌrɪʃ] VT subalimentar, desnutrir

**undernourished** ['ʌndə'nʌrɪʃt] ADJ subalimentado, desnutrido

**undernourishment** ['ʌndə'nʌrɪʃmənt] N subalimentación *f*, desnutrición *f*

**underpaid** ['ʌndə'peɪd] ADJ mal pagado; **teachers are ~** los profesores están mal pagados

**underpants** ['ʌndəpænts] NPL calzoncillos *mpl*, calzones *mpl* (*LAm*); **a pair of ~** unos calzoncillos

**underpart** ['ʌndəpɑːt] N parte *f* inferior

**underpass** ['ʌndəpɑːs] N (*for cars*) paso *m* a desnivel; (*for pedestrians*) paso *m* subterráneo

**underpay** ['ʌndə'peɪ] (*pt, pp* **underpaid**) VT pagar mal

**underperform** [,ʌndəpə'fɔːm] VI 1 (*St Ex*) comportarse mal, tener un mal comportamiento; **the stock has ~ed on the Brussels stock market** las acciones han tenido un mal comportamiento en la bolsa de Bruselas
2 (*at work, in school*) rendir poco

**underpin** [,ʌndə'pɪn] VT 1 (*Archit*) apuntalar
2 (*fig*) [+ *argument, case*] sustentar, respaldar

**underpinning** [,ʌndə'pɪnɪŋ] N (*Archit*) apuntalamiento *m*

**underplay** ['ʌndə'pleɪ] Ⓐ VT 1 (= *play down*) [+ *importance*] minimizar; [+ *issue*] quitar *or* restar importancia a
2 (*Theat*) **to ~ a part** hacer flojamente un papel
Ⓑ VI (*Theat*) hacer flojamente su papel, estar muy flojo en su papel

**underpopulated** ['ʌndə'pɒpjʊleɪtɪd] ADJ poco poblado, con baja densidad de población

**underprice** ['ʌndə'praɪs] VT poner un precio demasiado bajo a; **at £10 this book is ~d** el precio de 10 libras es demasiado bajo para este libro

**underpriced** ['ʌndə'praɪst] ADJ [*goods*] con un precio demasiado bajo

**underpricing** ['ʌndə'praɪsɪŋ] N asignación *f* de precios demasiado bajos

**underprivileged** ['ʌndə'prɪvɪlɪdʒd] Ⓐ ADJ menos privilegiado, desfavorecido
Ⓑ NPL **the ~** los menos privilegiados, los desfavorecidos

**underproduction** ['ʌndəprə'dʌkʃən] N producción *f* insuficiente

**underqualified** ['ʌndə'kwɒlɪ,faɪd] ADJ **to be ~** no estar suficientemente cualificado (**for** para)

**underrate** [,ʌndə'reɪt] VT [+ *strength, difficulty, person*] subestimar, menospreciar

**underrated** [,ʌndə'reɪtɪd] ADJ [*play, book, actor*] no debidamente valorado, infravalorado; **he's very ~** no se lo valora debidamente

**underripe** ['ʌndə'raɪp] ADJ poco maduro, verde

**underscore** [,ʌndə'skɔːʳ] VT subrayar, recalcar

**undersea** ['ʌndəsiː] Ⓐ ADJ submarino
Ⓑ ADV bajo la superficie del mar

**underseal** ['ʌndəsiːl] VT (*Brit*) impermeabilizar (*por debajo*), proteger contra la corrosión

**undersealing** ['ʌndəsiːlɪŋ] N (*Brit*) impermeabilización *f* (*de los bajos*)

**under-secretary** ['ʌndə'sekrətərɪ] N subsecretario/a *m/f*

**under-secretaryship** ['ʌndə'sekrətərɪʃɪp] N subsecretaría *f*

**undersell** ['ʌndə'sel] (*pt, pp* **undersold**) VT 1 (= *undercut*) [+ *competitor*] vender a precio más bajo que
2 (*fig*) **to ~ o.s.** subestimarse, infravalorarse; **Burnley has been undersold as a tourist centre** no se ha hecho la debida publicidad de Burnley como centro turístico

**undersexed** [,ʌndə'sekst] ADJ de libido floja

**undershirt** ['ʌndəʃɜːt] N (*US*) camiseta *f*

**undershoot** [,ʌndə'ʃuːt] (*pt, pp* **undershot**) Ⓐ VT [+ *target*] no alcanzar, no llegar a; **to ~ the runway** (*Aer*) aterrizar antes de llegar a la pista
Ⓑ VI no alcanzar el blanco; **we have undershot by £80** nos faltan 80 libras para alcanzar el objetivo

**undershorts** ['ʌndə,ʃɔːts] NPL (*US*) calzoncillos *mpl*, calzones *mpl* (*LAm*)

**underside** ['ʌndəsaɪd] N parte *f* inferior

**undersigned** ['ʌndəsaɪnd] ADJ (*Jur frm*) **the ~** el/la abajofirmante; **we, the ~** nosotros, los abajofirmantes

**undersized** ['ʌndə'saɪzd] ADJ (= *too small*) demasiado pequeño

**underskirt** ['ʌndəskɜːt] N (*Brit*) enaguas *fpl*

**underslung** ['ʌndəslʌŋ] ADJ (*Aut*) colgante

**undersoil** ['ʌndə,sɔɪl] Ⓐ N subsuelo *m*
Ⓑ CPD ▸ **undersoil heating** N calefacción *f* subterránea

**undersold** ['ʌndə'səʊld] PT, PP *of* **undersell**

**underspend** [,ʌndə'spend] VI gastar menos de lo previsto

**understaffed** ['ʌndə'stɑːft] ADJ **to be ~** no tener (el) personal suficiente, estar falto de personal

**understaffing** ['ʌndə'stɑːfɪŋ] N falta *f* de personal suficiente

▼ **understand** [,ʌndə'stænd] (*pt, pp* **understood**) Ⓐ VT 1 (= *comprehend*) (*gen*) entender; (*more formal, esp complex issues*) comprender; **I can't ~ it!** ¡no lo entiendo!; **I can't ~ your writing** no entiendo tu letra; **that's what I can't ~** eso es lo que no logro entender *or* comprender; **that is easily understood** eso se entiende fácilmente; **I don't want to hear another word about it, (is that) understood?** no quiero que se hable más del tema, ¿entendido *or* comprendido?; **the process is still not fully understood** el proceso todavía no se comprende *or* entiende del todo; **doctors are still trying to ~ the disease** los médicos siguen intentando comprender la enfermedad; **it must be understood that ...** debe entenderse que ...; **you must ~ that we're very busy** debes entender *or* comprender que estamos muy ocupados; **to ~ how/why** entender *or* comprender cómo/por qué
2 (= *follow, interpret*) entender; **did I ~ you correctly?** ¿te entendí bien?; **to make o.s. understood** hacerse entender; **he was trying to make himself understood** estaba intentando hacerse entender; **do I make myself understood?** ¿queda claro?
3 (= *empathize with*) [+ *person, point of view, attitude*] comprender, entender; **his wife doesn't ~ him** su mujer no le comprende *or* entiende; **she ~s children** comprende *or* entiende a los niños; **we ~ one another** nos comprendemos *or* entendemos; **I (fully) ~ your position** comprendo *or* entiendo (totalmente) su posición; **I quite ~ that you don't want to come** me hago cargo de que no quieres venir
4 (= *know*) [+ *language*] entender; **he can't ~ a word of Spanish** no entiende ni una palabra de español
5 (= *believe*) tener entendido; **I ~ you have been absent** tengo entendido que usted ha estado ausente; **as I ~ it, he's trying to set up a meeting** según tengo entendido *or* según creo está intentando convocar una reunión; **it's understood that he had a heart attack** se piensa *or* cree que sufrió un infarto; **am I to ~ that ...?** ¿debo entender que ...?; **we confirm our reservation and we ~ (that) the rental will be 50,000 pesetas** confirmamos nuestra reserva y entendemos que el alquiler será de 50.000ptas; **to give sb to ~ that** dar a algn a entender que; **we were given to ~ that ...** se nos dio a entender que ...; **it was understood that he would pay for it** se dio por sentado que él lo pagaría; **he let it be understood that ...** dio a entender que ...
Ⓑ VI 1 (= *comprehend*) entender; (*more emphatic*) comprender; **do you ~?** ¿entiendes *or* comprendes?; **now I ~!** ¡ahora entiendo!, ¡ahora comprendo!; **there's to be no noise, (do you) ~?** que no haya ruido, ¿entiendes *or* comprendes?
2 (= *believe*) **she was, I ~, a Catholic** según tengo entendido era católica
3 (= *accept sb's position*) entender; (*esp in more complex situation*) comprender; **he'll ~** lo entenderá *or* comprenderá; **don't worry, I quite ~** no te preocupes, lo entiendo *or* comprendo perfectamente

**understandable** [,ʌndə'stændəbl] ADJ 1 (= *comprehensible*) [*theory, statement*] comprensible; **he writes in a simple and ~ way** escribe de una forma simple y comprensible
2 (= *natural*) [*reaction, feeling*] comprensible; **an ~ desire to do sth** un deseo comprensible de hacer algo; **"his car broke down and he was late for work" — "well, that's ~"** —se le averió el coche y llegó tarde al trabajo —bueno, eso es comprensible; **it is ~ that ...** se comprende que ...; **it is very ~ that ...** se comprende perfectamente que ...

**understandably** [,ʌndə'stændəblɪ] ADV 1 (= *intelligibly*) [*speak, explain*] de manera clara *or* comprensible
2 (= *naturally*) **~, he was very upset** tenía un disgusto muy grande, y era comprensible; **he's ~ reluctant to talk about the affair** se muestra reacio a hablar del asunto, y es comprensible

**understanding** [,ʌndə'stændɪŋ] Ⓐ ADJ [*person*] comprensivo; [*smile*] de comprensión; **to be ~ about sth** ser comprensivo (respecto a algo); **she was very ~ about it** fue muy comprensiva
Ⓑ N 1 (= *faculty*) entendimiento *m*; **it was beyond my ~** iba más allá de mi entendimiento; **the peace that passeth all ~** (*Bible*) la paz que sobrepasa a todo entendimiento

➤ LANGUAGE IN USE: understand A1 12.1

2 [*of sth*] (= *comprehension*) comprensión *f*; (= *awareness*) conciencia *f*; **we need to test children's ~ of facts** hay que poner a prueba la comprensión que los niños tienen de los hechos; **our ~ of these processes is still poor** todavía no comprendemos muy bien estos procesos; **a basic ~ of computers is essential** se necesitan unos conocimientos básicos de informática; **to have a better** *or* **greater ~ of sth** (= *comprehend better*) entender *or* comprender mejor algo; (= *be more aware of*) tener mayor *or* más conciencia de algo; **to have little/no ~ of sth** saber muy poco/nada de algo; **a shift in public ~ of the issues of crime and punishment** un cambio de la conciencia pública con respecto a la cuestión de los crímenes y los castigos
3 (= *interpretation*) interpretación *f*; **what's your ~ of the Prime Minister's statement?** ¿cómo interpreta usted la declaración del Primer Ministro?, ¿cuál es su interpretación de la declaración del Primer Ministro?; **that's my ~ of the situation** esa es mi interpretación de la situación, así es como veo *or* interpreto la situación
4 (= *sympathy*) comprensión *f*; **thank you for your kindness and ~** le agradezco su amabilidad y comprensión; **to show no/little ~ of sth** no mostrar comprensión/mostrar muy poca comprensión hacia algo
5 (= *belief*) **it was my ~ that ...** ◊ **my ~ was that ...** tenía entendido que ..., según yo creía ...
6 (= *agreement*) acuerdo *m*; **to come to an ~ (with sb)** llegar a un acuerdo (con algn); **to have an ~ (with sb)** tener un acuerdo (con algn); **on the ~ that** a condición de que + *subjun*; **on the ~ that he pays** a condición de que pague; **to reach an ~ (with sb)** llegar a un acuerdo (con algn)

**understandingly** [ˌʌndəˈstændɪŋlɪ] ADV con comprensión, de manera comprensiva

**understate** [ˈʌndəˈsteɪt] VT 1 (= *underestimate*) [+ *rate, level, growth*] subestimar; **these estimates ~ the size of the problem** estos pronósticos subestiman las dimensiones del problema
2 (= *underplay*) quitar importancia a; **the authorities originally ~d the disaster** las autoridades inicialmente quitaron importancia al desastre; **to describe it as a triumph is to ~ the orchestra's achievement** describirlo como un triunfo es no dar su merecida importancia a lo que ha logrado la orquesta

**understated** [ˌʌndəˈsteɪtɪd] ADJ [*style, clothes, elegance*] sencillo, discreto; [*writing, manner*] sencillo; [*performance, acting*] comedido

**understatement** [ˈʌndəˌsteɪtmənt] N 1 (= *underestimate*) [*of rate, level, growth*] subestimación *f*; **these figures are an ~** estas cifras son una subestimación
2 (= *not exaggeration*) **I think that's something of an ~** creo que eso es quedarse corto; **to say I'm disappointed is an ~** decir que estoy desilusionado es quedarse corto; **interesting? that's the ~ of the year!** ¿interesante? ¡eso es quedarse corto!
3 (= *restraint*) moderación *f*; **typical British ~** la típica moderación británica, el típico comedimiento británico (*frm*)

**understood** [ˌʌndəˈstʊd] PT, PP *of* **understand**

**understorey** [ˈʌndəˌstɔːrɪ] N monte *m* bajo

**understudy** [ˈʌndəˌstʌdɪ] Ⓐ N suplente *mf*
Ⓑ VT prepararse para suplir a

**undersubscribed** [ˈʌndəsəbˈskraɪbd] ADJ 1 [*course*] que tiene plazas libres *or* vacantes
2 (*St Ex*) **there is the possibility that the share issue will be ~** existe la posibilidad de que no se coloquen todas las acciones de la emisión

**undertake** [ˌʌndəˈteɪk] (*pt* **undertook**; *pp* **undertaken** [ˌʌndəˈteɪkən]) Ⓐ VT [+ *task*] emprender; [+ *responsibility*] asumir; **to ~ to do sth** comprometerse a hacer algo; **to ~ that ...** comprometerse a que ...
Ⓑ VT (*Brit Aut**) adelantar por el lado contrario *or* el carril indebido
Ⓒ VI (*Brit Aut**) adelantar por el lado contrario *or* el carril indebido

**undertaker** [ˈʌndəˌteɪkəʳ] N (= *director*) director(a) *m/f* de funeraria *or* pompas fúnebres; (= *employee*) empleado/a *m/f* de una funeraria; **the ~'s** la funeraria

**undertaking** [ˌʌndəˈteɪkɪŋ] N 1 (= *enterprise*) empresa *f*; (= *task*) tarea *f*
2 (= *pledge*) garantía *f*; **to give an ~ that ...** garantizar que ...; **I can give no such ~** no puedo garantizar tal cosa, no puedo prometer eso
3 [ˈʌndəˌteɪkɪŋ] (*Brit Aut**) adelantamiento *m* por el lado contrario *or* el carril indebido
4 [ˈʌndəˌteɪkɪŋ] (*Brit*) (= *arranging funerals*) pompas *fpl* fúnebres

**under-the-counter*** [ˌʌndəðəˈkaʊntəʳ] ADJ [*goods etc*] adquirido por la trastienda*; [*deal*] turbio, poco limpio

**underthings*** [ˈʌndəθɪŋz] NPL paños *mpl* menores; **to be in one's ~** estar en paños menores

**undertone** [ˈʌndətəʊn] N 1 (= *low voice*) voz *f* baja
2 (= *suggestion, hint*) matiz *m*; [*of criticism*] trasfondo *m*
3 [*of perfume, taste, colour*] matiz *m*

**undertook** [ˌʌndəˈtʊk] PT *of* **undertake**

**undertow** [ˈʌndətəʊ] N resaca *f*

**underuse** Ⓐ [ˌʌndəˈjuːs] N infrautilización *f*
Ⓑ [ˌʌndəˈjuːz] VT infrautilizar

**underused** [ˌʌndəˈjuːzd] ADJ infrautilizado

**underutilization** [ˌʌndəˈjuːtəlaɪzeɪʃən] N infrautilización *f*

**underutilize** [ˌʌndəˈjuːtɪlaɪz] VT infrautilizar

**underutilized** [ˌʌndəˈjuːtəlaɪzd] ADJ infrautilizado

**undervalue** [ˈʌndəˈvæljuː] VT 1 (*Comm*) [+ *goods*] valorizar por debajo de su precio
2 (*fig*) subestimar; **he has been ~d as a writer** como escritor no se lo ha valorado debidamente

**underwater** [ˈʌndəˈwɔːtəʳ] Ⓐ ADJ submarino
Ⓑ ADV debajo del agua; **he swam ~ for several strokes before he surfaced** nadó varias brazas debajo del agua *or* bajo el agua antes de salir a la superficie; **this sequence was filmed ~** esta secuencia se filmó bajo el agua; **to stay ~** permanecer sumergido, permanecer bajo el agua
Ⓒ CPD [*exploration, fishing*] submarino; [*archaeology, photography*] submarino, subacuático ► **underwater camera** N cámara *f* subacuática ► **underwater fisherman** N submarinista *mf*

**underway** [ˌʌndəˈweɪ] ADJ *see* **way A14**

**underwear** [ˈʌndəwɛəʳ] N ropa *f* interior, ropa *f* íntima (*LAm*)

**underweight** [ˌʌndəˈweɪt] ADJ de peso insuficiente; **to be ~** [*person*] pesar menos de lo debido; **she's 20lb ~** pesa 20 libras menos de lo que debiera

**underwent** [ˌʌndəˈwent] PT *of* **undergo**

**underwhelm*** [ˈʌndəˈwelm] VT (*hum*) impresionar muy poco; **this left us somewhat ~ed** eso apenas nos impresionó

**underwhelming*** [ˌʌndəˈwelmɪŋ] ADJ (*hum*) [*response, applause*] poco entusiasta; [*results, performance*] poco satisfactorio

**underworld** [ˈʌndəwɜːld] Ⓐ N 1 (= *hell*) **the ~** el infierno
2 (*criminal*) **the ~** el hampa
Ⓑ ADJ 1 (= *Hadian*) infernal
2 (= *criminal*) [*organization*] delictivo; [*personality*] del mundo del hampa; [*connections*] con el hampa

**underwrite** [ˈʌndəraɪt] (*pt* **underwrote**; *pp* **underwritten**) VT 1 (*Insurance*) asegurar (contra riesgos); (*on 2nd insurance*) reasegurar; (*Fin*) subscribir
2 (= *support*) aprobar, respaldar

**underwriter** [ˈʌndəˌraɪtəʳ] N (*Insurance*) asegurador(a) *m/f*, reasegurador(a) *m/f*

**underwritten** [ˈʌndəˌrɪtn] PP *of* **underwrite**

**underwrote** [ˈʌndərəʊt] PT *of* **underwrite**

**undeserved** [ˈʌndɪˈzɜːvd] ADJ inmerecido

**undeservedly** [ˈʌndɪˈzɜːvɪdlɪ] ADV inmerecidamente

**undeserving** [ˈʌndɪˈzɜːvɪŋ] ADJ [*person*] de poco mérito; [*cause*] poco meritorio; **to be ~ of sth** no ser digno de algo, no merecer algo

**undesirable** [ˈʌndɪˈzaɪərəbl] Ⓐ ADJ indeseable; **it is ~ that** no es recomendable que + *subjun*, es poco aconsejable que + *subjun*
Ⓑ N indeseable *mf*

**undetected** [ˈʌndɪˈtektɪd] ADJ no descubierto; **to go ~** pasar inadvertido

**undetermined** [ˈʌndɪˈtɜːmɪnd] ADJ (= *unknown*) indeterminado; (= *uncertain*) incierto

**undeterred** [ˈʌndɪˈtɜːd] ADJ **he was ~ by ...** no se dejó intimidar por ...; **he carried on ~** siguió sin inmutarse

**undeveloped** [ˈʌndɪˈveləpt] ADJ 1 [*country, nation*] no desarrollado; [*land, area, resources*] sin explotar
2 (= *immature*) [*person*] sin desarrollar
3 [*film*] sin revelar

**undeviating** [ʌnˈdiːvɪeɪtɪŋ] ADJ directo, constante; **to follow an ~ path** seguir un curso recto

**undeviatingly** [ʌnˈdiːvɪeɪtɪŋlɪ] ADV directamente, constantemente; **to hold ~ to one's course** seguir su curso sin apartarse en absoluto de él

**undiagnosed** [ʌnˈdaɪəgˌnəʊzd] ADJ sin diagnosticar

**undid** [ˌʌnˈdɪd] PT *of* **undo**

**undies*** [ˈʌndɪz] NPL ropa *fsing* interior, ropa *fsing* íntima (*LAm*)

**undigested** [ˈʌndaɪˈdʒestɪd] ADJ indigesto

**undignified** [ʌnˈdɪgnɪfaɪd] ADJ [*behaviour*] indecoroso, poco digno; [*posture, position*] indecoroso; [*person*] poco digno

**undiluted** [ˈʌndaɪˈluːtɪd] ADJ 1 (*lit*) [*fruit juice, chemical*] sin diluir, puro
2 (*fig*) [*pleasure, accent*] puro

**undiminished** [ˈʌndɪˈmɪnɪʃt] ADJ no disminuido

**undimmed** [ˈʌnˈdɪmd] ADJ (*fig*) no empañado

**undiplomatic** [ˈʌnˌdɪpləˈmætɪk] ADJ poco diplomático

**undiscernible** [ˈʌndɪˈsɜːnəbl] ADJ imperceptible

**undiscerning** [ˈʌndɪˈsɜːnɪŋ] ADJ sin criterio, sin discernimiento

**undischarged** [ˈʌndɪsˈtʃɑːdʒd] Ⓐ ADJ [*debt*] impagado, por pagar; [*promise*] no cumplido
Ⓑ CPD ► **undischarged bankrupt** N (*Brit*) quebrado/a *m/f* no rehabilitado/a, persona *f* que sigue en estado de quiebra

**undisciplined** [ʌn'dɪsɪplɪnd] ADJ indisciplinado

**undisclosed** ['ʌndɪs'kləʊzd] ADJ no revelado, sin revelar

**undiscovered** ['ʌndɪs'kʌvəd] ADJ 1 (= *undetected*) [*treasure, country*] sin descubrir, no descubierto; [*planet*] no descubierto; **to lie ~** estar sin descubrir; **to remain ~** estar *or* permanecer sin ser descubierto; **he remained ~ for three days** estuvo *or* permaneció tres días sin ser descubierto
2 (= *unknown*) desconocido

**undiscriminating** ['ʌndɪs'krɪmɪneɪtɪŋ] ADJ sin discernimiento

**undisguised** ['ʌndɪs'gaɪzd] ADJ 1 (= *with no disguise*) sin disfraz
2 (*fig*) [*pleasure, relief, hostility*] manifiesto, indisimulado; **an ~ attempt to do sth** un intento manifiesto de hacer algo

**undismayed** ['ʌndɪs'meɪd] ADJ impávido; **he was ~ by this** no se dejó desanimar por esto; **... he said ~** ... dijo sin inmutarse

**undisposed-of** ['ʌndɪs'pəʊzdɒv] ADJ (*Comm*) no vendido

**undisputed** ['ʌndɪs'pju:tɪd] ADJ 1 (= *irrefutable*) [*fact, authority*] innegable; **to have the ~ right to do sth** tener el derecho innegable de hacer algo
2 (= *unchallenged*) [*champion, leader*] indiscutible; **the ~ queen of fashion** la reina indiscutible de la moda

**undistinguished** ['ʌndɪs'tɪŋgwɪʃt] ADJ mediocre

**undistributed** [,ʌndɪs'trɪbjʊtɪd] Ⓐ ADJ [*mail*] sin repartir
Ⓑ CPD ► **undistributed profit** N beneficios *mpl* no distribuidos

**undisturbed** ['ʌndɪs'tɜ:bd] Ⓐ ADJ 1 (= *untouched*) tranquilo; **to leave sth ~** dejar algo como está
2 (= *uninterrupted*) [*sleep*] ininterrumpido; [*person*] **you need a quiet place where you will be ~** necesitas un lugar tranquilo donde no se te moleste; **he likes to be left ~** no le gusta que se le interrumpa, no quiere que le interrumpan las visitas *or* llamadas
3 (= *unconcerned*) **to be ~** no dejarse perturbar *or* (*LAm*) alterar; **he was ~ by this** no se dejó perturbar *or* (*LAm*) alterar por ello
Ⓑ ADV [*work, play, sleep*] sin ser molestado; **he went on with his work ~** continuó su trabajo sin interrupciones

**undivided** ['ʌndɪ'vaɪdɪd] ADJ 1 (= *wholehearted*) [*admiration*] sin reservas; **I want your ~ attention** quiero que me prestes toda tu atención
2 (= *not split*) [*country, institution*] íntegro, entero

**undo** ['ʌn'du:] (*pt* **undid**; *pp* **undone**) VT 1 (= *unfasten*) [+ *button, blouse*] desabrochar; [+ *knot, parcel, shoe laces*] desatar; [+ *zipper*] abrir; (= *take to pieces*) desarmar
2 (= *reverse*) deshacer; [+ *damage etc*] reparar; [+ *arrangement etc*] anular
3 (*Comput*) [+ *command*] cancelar

**undocumented** [ʌn'dɒkjʊmentɪd] ADJ 1 [*event*] indocumentado
2 (*US*) [*person*] indocumentado

**undoing** ['ʌn'du:ɪŋ] N ruina *f*, perdición *f*; **that was his ~** aquello fue su ruina *or* perdición

**undomesticated** ['ʌndə'mestɪkeɪtɪd] ADJ indomado, no domesticado

**undone** ['ʌn'dʌn] Ⓐ PP *of* **undo**
Ⓑ ADJ 1 (= *unfastened*) [*clasp, blouse*] desabrochado; [*zip, flies*] abierto; [*tie, shoelace, knot*] desatado; [*hair*] despeinado; **to come ~** [*button*] desabrocharse; [*parcel*] desatarse
2 (= *not yet done*) por hacer; **his desk was piled with work as yet ~** su escritorio estaba amontonado de trabajo por hacer; **to leave sth ~** dejar algo sin hacer
3 (= *cancelled out*) deshecho; **she has seen her life's work ~** ha visto el trabajo de toda su vida deshecho; **~ by ambition** destrozado por la ambición
4 († *liter*) (= *ruined*) **I am ~!** ¡estoy perdido!, ¡es mi ruina!

**undoubted** [ʌn'daʊtɪd] ADJ indudable

**undoubtedly** [ʌn'daʊtɪdlɪ] ADV indudablemente, sin duda; **he is ~ the best man for the job** es sin duda alguna el mejor para el trabajo

**undreamed-of** [ʌn'dri:mdɒv] ADJ, **undreamt-of** [ʌn'dremtɒv] (*Brit*) ADJ inimaginable, nunca soñado

**undress** ['ʌn'dres] Ⓐ VT desnudar, desvestir (*LAm*); **to get ~ed** desnudarse, desvestirse (*LAm*)
Ⓑ VI desnudarse, desvestirse (*LAm*); **the doctor told me to ~** el médico me dijo que me desnudase
Ⓒ N 1 **in a state of ~** desnudo
2 (*Mil*) uniforme *m* (de diario)

**undressed** [ʌn'drest] ADJ 1 (= *naked*) [*person*] desnudo
2 [*hide*] sin adobar, sin curtir
3 [*salad etc*] sin salsa
4 [*wound*] sin vendar

**undrinkable** ['ʌn'drɪŋkəbl] ADJ (= *unpalatable*) imbebible; (= *poisonous*) no potable

**undue** ['ʌn'dju:] ADJ indebido, excesivo

**undulate** ['ʌndjʊleɪt] VI ondular, ondear

**undulating** ['ʌndjʊleɪtɪŋ] ADJ ondulante, ondeante; [*land*] ondulado

**undulation** [,ʌndjʊ'leɪʃən] N ondulación *f*

**undulatory** ['ʌndjʊlətərɪ] ADJ ondulatorio

**unduly** ['ʌn'dju:lɪ] ADV (= *excessively*) excesivamente; **we are not ~ worried** no estamos demasiado preocupados

**undying** [ʌn'daɪɪŋ] ADJ (*fig*) imperecedero, inmarcesible

**unearned** ['ʌn'ɜ:nd] Ⓐ ADJ no ganado
Ⓑ CPD ► **unearned income** N renta *f* (no salarial) ► **unearned increment** N plusvalía *f*

**unearth** ['ʌn'ɜ:θ] VT 1 (= *dig up*) desenterrar
2 (= *uncover*) (*fig*) desenterrar, descubrir

**unearthly** [ʌn'ɜ:θlɪ] ADJ 1 (= *otherworldly*) [*light, sound*] sobrenatural; [*beauty*] sobrenatural, de otro mundo
2 (*) (= *ungodly*) [*noise*] tremendo*; **at some ~ hour** a unas horas intempestivas; **do you still get up at that ~ hour?** ¿todavía te levantas a esas horas (tan intempestivas)?

**unease** [ʌn'i:z] N (= *tension*) malestar *m*; (= *apprehension*) inquietud *f*, desasosiego *m*

**uneasily** [ʌn'i:zɪlɪ] ADV [*look, say*] con inquietud, inquietamente; **I noted ~ that ...** noté con inquietud que ...; **he shifted ~ in his chair** se removió inquieto en su silla; **she laughed ~** se rió nerviosa

**uneasiness** [ʌn'i:zɪnɪs] N inquietud *f*, desasosiego *m*

**uneasy** [ʌn'i:zɪ] ADJ 1 (= *worried*) inquieto; (= *ill at ease*) incómodo, molesto; **people are ~ about their future** la gente está preocupada por el futuro; **I felt ~ about doing it on my own** me inquietaba la idea de hacerlo solo; **to become ~ (about sth)** empezar a inquietarse (por algo); **to make sb ~** dejar a algn intranquilo, inquietar a algn
2 (= *uncomfortable*) [*conscience*] intranquilo; [*silence*] incómodo
3 (= *fragile*) [*peace, truce, alliance*] frágil, precario
4 (= *restless*) [*sleep*] agitado; [*night*] intranquilo

**uneatable** ['ʌn'i:təbl] ADJ incomible, que no se puede comer

**uneaten** ['ʌn'i:tn] ADJ sin comer, sin probar

**uneconomic** ['ʌn,i:kə'nɒmɪk] ADJ [*business, factory*] poco rentable, no económico; **it's ~ to put on courses for so few students** no es rentable organizar cursos para tan pocos alumnos

**uneconomical** ['ʌn,i:kə'nɒmɪkəl] ADJ antieconómico, poco económico

**unedifying** ['ʌn'edɪfaɪɪŋ] ADJ indecoroso, poco edificante

**unedited** [ʌn'edɪtɪd] ADJ inédito

**uneducated** ['ʌn'edjʊkeɪtɪd] ADJ inculto, ignorante

**unemotional** ['ʌnɪ'məʊʃənl] ADJ (*gen*) impasible, insensible; [*account*] objetivo

**unemotionally** ['ʌnɪ'məʊʃnəlɪ] ADV **to look on ~** mirar impasible, mirar sin dejarse afectar

**unemployable** ['ʌnɪm'plɔɪəbl] ADJ inútil para el trabajo

**unemployed** ['ʌnɪm'plɔɪd] Ⓐ ADJ 1 [*person*] parado, en paro, desempleado (*LAm*), cesante (*Chile*); **he's been ~ for a year** lleva parado un año
2 [*capital etc*] sin utilizar, no utilizado
Ⓑ NPL **the ~** los parados, los desempleados (*LAm*)

**unemployment** ['ʌnɪm'plɔɪmənt] Ⓐ N paro *m*, desempleo *m*, cesantía *f* (*Chile*)
Ⓑ CPD ► **unemployment benefit** N (*Brit*) subsidio *m* de paro *or* desempleo ► **unemployment figures** NPL cifras *fpl* del paro ► **unemployment line** N (*US*) fila *f* de parados, cola *f* del paro

**unencumbered** ['ʌnɪn'kʌmbəd] ADJ suelto, sin trabas; [*estate etc*] libre de gravamen; **~ by** sin el estorbo de

**unending** [ʌn'endɪŋ] ADJ interminable, sin fin

**unendurable** ['ʌnɪn'djʊərəbl] ADJ inaguantable, insoportable

**unengaged** ['ʌnɪn'geɪdʒd] ADJ libre

**un-English** ['ʌn'ɪŋglɪʃ] ADJ poco inglés

**unenlightened** ['ʌnɪn'laɪtnd] ADJ [*person, age*] poco instruido; [*policy etc*] poco ilustrado

**unenterprising** ['ʌn'entəpraɪzɪŋ] ADJ [*person*] poco emprendedor, falto de iniciativa; [*character, policy, act*] tímido

**unenthusiastic** ['ʌnɪn,θu:zɪ'æstɪk] ADJ poco entusiasta; **everybody seemed rather ~ about it** nadie se mostró mayormente entusiasmado con la idea

**unenthusiastically** ['ʌnɪn,θu:zɪ'æstɪkəlɪ] ADV sin entusiasmo

**unenviable** ['ʌn'envɪəbl] ADJ poco envidiable

**unequal** ['ʌn'i:kwəl] ADJ 1 (= *unfair*) desigual; **the ~ distribution of wealth** la distribución desigual de la riqueza
2 (= *differing*) [*size, length*] distinto; **her feet are of ~ sizes** tiene los pies de distinto tamaño
3 (= *inadequate*) **to be ~ to a task** no estar a la altura de una tarea

**unequalled**, **unequaled** (*US*) ['ʌn'i:kwəld] ADJ inigualado, sin par; **a record ~ by anybody** un historial inigualado *or* sin par

**unequally** ['ʌn'i:kwəlɪ] ADV desigualmente

**unequivocal** ['ʌnɪ'kwɪvəkəl] ADJ (= *unmistakeable*) [*response, message, proof*] inequívoco, claro; [*support*] incondicional; [*opposition*] rotundo; **to be ~ in one's support of sth** apoyar algo incondicionalmente

**unequivocally** ['ʌnɪ'kwɪvəkəlɪ] ADV inequívocamente, de manera inequívoca; **they stated ~ that his heart disease began in childhood** manifestaron inequívocamente *or* de manera inequívoca que ha venido padeciendo del corazón desde la infancia; **the Minister has ~ rejected the idea** el ministro ha rechazado rotundamente la idea; **let's make it ~ clear that we support the president** dejemos bien claro que apoyamos al presidente

**unerring** ['ʌn'ɜ:rɪŋ] ADJ infalible

**UNESCO** [ju:'neskəʊ] N ABBR (= **United Nations Educational, Scientific and Cultural Organization**) UNESCO *f*

**unescorted** [,ʌnɪs'kɔ:tɪd] ADJ [1] (*Mil, Naut*) sin escolta
[2] (= *unaccompanied by a partner*) sin compañía, sin compañero/a

**unessential** ['ʌnɪ'senʃəl] Ⓐ ADJ no esencial
Ⓑ NPL **the ~s** las cosas *or* los aspectos no esenciales

**unesthetic** [,ʌni:s'θetɪk] ADJ (*US*) antiestético

**unethical** ['ʌn'eθɪkəl] ADJ poco ético

**uneven** ['ʌn'i:vən] ADJ [1] (= *not flat or straight*) [*surface, wall, road*] desigual, irregular; [*teeth*] desigual
[2] (= *irregular*) [*breathing, rate*] irregular; **it was an ~ performance** fue una actuación irregular
[3] (= *unfair*) [*distribution*] desigual, poco equitativo; [*contest*] desigual; **the ~ distribution of aid** la distribución desigual *or* poco equitativa de las ayudas

**unevenly** ['ʌn'i:vənlɪ] ADV [1] (*lit*) desigualmente, irregularmente; **she had cut his hair ~** se le había cortado el pelo de forma desigual; **apply the paint ~ in broad strokes** aplique la pintura a brochazos desiguales *or* irregulares; **microwaves heat food ~** las microondas no calientan todo el alimento por igual
[2] (= *unfairly*) de manera poco equitativa; **the country's new wealth was ~ distributed** la nueva riqueza del país estaba distribuida de manera poco equitativa

**unevenness** ['ʌn'i:vənnɪs] N [*of surface*] desigualdad *f*, irregularidad *f*; [*of breathing*] irregularidad *f*; (= *unfairness*) [*of distribution*] desigualdad *f*; [*of contest*] lo desigual

**uneventful** ['ʌnɪ'ventfʊl] ADJ sin incidentes

**uneventfully** ['ʌnɪ'ventfʊlɪ] ADV **the days passed ~** los días pasaban sin pena ni gloria; **the race progressed ~ until the fifth lap** la carrera transcurrió sin incidentes hasta la quinta vuelta

**unexampled** ['ʌnɪg'zɑ:mpld] ADJ sin igual, sin precedente

**unexceptionable** [,ʌnɪk'sepʃnəbl] ADJ intachable, irreprochable

**unexceptional** [,ʌnɪk'sepʃənl] ADJ sin nada de extraordinario, común y corriente

**unexciting** ['ʌnɪk'saɪtɪŋ] ADJ sin interés

**unexpected** ['ʌnɪks'pektɪd] ADJ [*death, arrival, appearance, visit*] inesperado, repentino; [*victory, success*] inesperado; [*problem, expense*] inesperado, imprevisto; **they turn up in the most ~ places** aparecen en los lugares más insospechados; **his arrival was an ~ bonus for the fans** su llegada fue un regalo inesperado para los fans; **it was all very ~** fue todo muy inesperado

**unexpectedly** ['ʌnɪks'pektɪdlɪ] ADV [*arrive*] de improviso, sin avisar; [*happen*] inesperadamente, de repente; [*die*] repentinamente, inesperadamente; **there was an ~ high turnout of voters** se produjo una asistencia de votantes inesperadamente alta; **not ~, he failed** como era de esperar, suspendió

**unexpended** ['ʌnɪks'pendɪd] ADJ no gastado

**unexpired** ['ʌnɪks'paɪəd] ADJ [*bill*] no vencido; [*lease, ticket*] no caducado

**unexplained** ['ʌnɪks'pleɪnd] ADJ inexplicado

**unexploded** ['ʌnɪks'pləʊdɪd] ADJ sin explotar

**unexploited** ['ʌnɪks'plɔɪtɪd] ADJ inexplotado, sin explotar

**unexplored** ['ʌnɪks'plɔ:d] ADJ inexplorado

**unexposed** ['ʌnɪks'pəʊzd] ADJ no descubierto; (*Phot*) inexpuesto

**unexpressed** ['ʌnɪks'prest] ADJ no expresado, tácito

**unexpressive** ['ʌnɪks'presɪv] ADJ inexpresivo

**unexpurgated** ['ʌn'ekspɜ:geɪtɪd] ADJ sin expurgar, íntegro

**unfading** [ʌn'feɪdɪŋ] ADJ (*fig*) inmarcesible, imperecedero

**unfailing** [ʌn'feɪlɪŋ] ADJ (*gen*) indefectible, infalible; [*supply*] inagotable

**unfailingly** [ʌn'feɪlɪŋlɪ] ADV **to be ~ courteous** ser siempre cortés, no faltar en ningún momento a la cortesía

▼ **unfair** ['ʌn'fɛəʳ] Ⓐ ADJ (*compar* **unfairer**; *superl* **unfairest**) [*system, treatment, decision*] injusto; [*comment, criticism*] injusto, improcedente; [*play*] sucio; [*tactics, practice, methods*] antirreglamentario; [*competition*] desleal; **you're being ~** estás siendo injusto; **how ~!** ¡no hay derecho!; **it's ~ to expect her to do that** no es justo *or* es injusto esperar que ella haga eso; **it's ~ on those who have paid** es injusto para los que han pagado; **to be ~ to sb** ser injusto con algn, no ser justo con algn
Ⓑ CPD ► **unfair dismissal** N despido *m* improcedente, despido *m* injustificado

**unfairly** ['ʌn'fɛəlɪ] ADV [*treat, dismiss, judge, penalize*] injustamente; [*compete*] deslealmente

**unfairness** ['ʌn'fɛənɪs] N injusticia *f*

**unfaithful** ['ʌn'feɪθfʊl] ADJ infiel (**to** a)

**unfaithfulness** ['ʌn'feɪθfʊlnɪs] N infidelidad *f*

**unfaltering** [ʌn'fɔ:ltərɪŋ] ADJ resuelto, firme

**unfalteringly** [ʌn'fɔ:ltərɪŋlɪ] ADV resueltamente, firmemente

**unfamiliar** ['ʌnfə'mɪlɪəʳ] ADJ desconocido, extraño; **I heard an ~ voice** oí una voz desconocida *or* extraña; **to be ~ with sth** no estar familiarizado con algo

**unfamiliarity** ['ʌnfə,mɪlɪ'ærɪtɪ] N falta *f* de familiaridad

**unfashionable** ['ʌn'fæʃnəbl] ADJ pasado de moda; **it is now ~ to talk of …** no está de moda ahora hablar de …

**unfasten** ['ʌn'fɑ:sn] VT [+ *button etc*] desabrochar; [+ *rope etc*] desatar, aflojar (*LAm*); [+ *door*] abrir

**unfathomable** [ʌn'fæðəməbl] ADJ insondable

**unfathomed** ['ʌn'fæðəmd] ADJ no sondado

**unfavourable**, **unfavorable** (*US*) ['ʌn'feɪvərəbl] ADJ [1] (= *adverse*) [*situation*] adverso; [*conditions*] poco propicio, desfavorable; [*outlook, weather*] poco propicio; [*wind*] desfavorable; **to be ~ for sth** ser poco propicio para algo, no ser propicio para algo; **to be ~ to sb** no favorecer a algn, ser desfavorable para algn
[2] (= *negative*) [*impression, opinion*] negativo, malo; [*comparison*] poco favorable; **to show sth/sb in an ~ light** presentar algo/a algn de forma negativa *or* poco favorable, dar una imagen negativa *or* poco favorable de algo/algn

**unfavourably**, **unfavorably** (*US*) ['ʌn'feɪvərəblɪ] ADV [*react, impress*] de forma negativa; **he reviewed your book very ~** hizo una crítica muy negativa de tu libro; **she commented ~ on the way he was dressed** hizo comentarios desfavorables sobre la forma en que iba vestido; **he was compared ~ with his predecessors** se lo comparó desfavorablemente con sus predecesores; **to regard sth ~** no tener una opinión muy favorable *or* buena de algo

**unfazed*** ['ʌn'feɪzd] ADJ (*esp US*) **her criticism left him quite ~** sus críticas le dejaban tan pancho*; **she was completely ~ by the extraordinary events** se quedó como si nada ante unos sucesos tan extraordinarios

**unfeasible** [ʌn'fi:zɪbl] ADJ no factible, inviable

**unfeeling** [ʌn'fi:lɪŋ] ADJ insensible

**unfeelingly** [ʌn'fi:lɪŋlɪ] ADV insensiblemente

**unfeigned** [ʌn'feɪnd] ADJ no fingido, verdadero

**unfeignedly** [ʌn'feɪnɪdlɪ] ADV sin fingimiento, verdaderamente

**unfeminine** [ʌn'femɪnɪn] ADJ poco femenino

**unfermented** ['ʌnfə'mentɪd] ADJ no fermentado

**unfettered** ['ʌn'fetəd] ADJ sin trabas

**unfilled** ['ʌn'fɪld] ADJ **~ orders** pedidos *mpl* pendientes

**unfinished** ['ʌn'fɪnɪʃt] ADJ inacabado, sin terminar; **I have three ~ letters** tengo tres cartas por terminar; **we have ~ business** tenemos asuntos pendientes

**unfit** ['ʌn'fɪt] Ⓐ ADJ [1] (= *unsuitable*) no apto (**for** para); (= *incompetent*) incapaz; (= *unworthy*) indigno (**to** de); **he was considered an ~ parent** se lo consideró un padre inepto *or* incompetente; **he is quite ~ to hold office** no está capacitado en absoluto para ejercer ningún cargo; **to be ~ for sth: the road is ~ for lorries** el camino no es apto para el tránsito de camiones; **to be ~ for human consumption** no ser apto para el consumo; **to be ~ for habitation** ser inhabitable; **complaints that he was ~ for the job** quejas *fpl* de que no estaba capacitado para el trabajo; **to be ~ for publication** no ser apto para la publicación
[2] (= *not physically fit*) en mala forma (física), bajo de forma; (= *ill*) indispuesto; **he is very ~** está en muy mala forma (física), está muy bajo de forma; **two of their players are ~** dos de sus jugadores no se encuentran en condiciones de jugar; **~ for military service** no apto para el servicio militar; **she is ~ to drive** no está en condiciones de conducir *or* (*LAm*) manejar
Ⓑ VT (*frm*) **to ~ sb for sth/to do sth** inhabilitar *or* incapacitar a algn para algo/para hacer algo

**unfitness** ['ʌn'fɪtnɪs] N [1] (= *unsuitability*) (*for job*) incapacidad *f*, ineptitud *f*; (*for use, purpose*) lo poco apropiado
[2] (*physical*) baja forma *f* (física)

**unfitting** [ʌn'fɪtɪŋ] ADJ impropio

**unflagging** [ʌn'flægɪŋ] ADJ incansable

**unflaggingly** [ʌn'flægɪŋlɪ] ADV incansablemente

**unflappability*** [,ʌnflæpə'bɪlɪtɪ] N imperturbabilidad *f*

**unflappable*** ['ʌn'flæpəbl] ADJ imperturbable

**unflattering** ['ʌn'flætərɪŋ] ADJ [*person*] poco lisonjero; [*description*] poco halagüeño; [*clothes, haircut*] poco favorecedor

**unflatteringly** ['ʌn'flætərɪŋlɪ] ADV [*speak*] de modo poco lisonjero; [*describe*] de manera poco halagüeña

➤ LANGUAGE IN USE: **unfair** A 26.3

**unfledged** [ˈʌnˈfledʒd] ADJ implume

**unflinching** [ˈʌnˈflɪntʃɪŋ] ADJ impávido, resuelto

**unflinchingly** [ˈʌnˈflɪntʃɪŋlɪ] ADV impávidamente, resueltamente

**unfocused**, **unfocussed** [ˈʌnˈfəʊkəst] ADJ [*eyes*] desenfocado; [*desires*] sin objetivo concreto, nada concreto; [*energies*] que carece de dirección

**unfold** [ʌnˈfəʊld] Ⓐ VT 1 desplegar, desdoblar; **she ~ed the map** desplegó *or* desdobló el mapa
2 (*fig*) [+ *idea, plan*] exponer; [+ *secret*] revelar
Ⓑ VI desplegarse, desdoblarse; (*fig*) [*view etc*] revelarse

**unforced** [ʌnˈfɔːst] ADJ [*style etc*] natural, sin artificialidad; [*error*] no forzado

**unforeseeable** [ˈʌnfɔːˈsiːəbl] ADJ imprevisible

**unforeseen** [ˈʌnfɔːˈsiːn] ADJ imprevisto

**unforgettable** [ˈʌnfəˈgetəbl] ADJ inolvidable

**unforgettably** [ˈʌnfəˈgetəblɪ] ADV de manera inolvidable; **~ beautiful** tan hermoso que resulta inolvidable

▼**unforgivable** [ˈʌnfəˈgɪvəbl] ADJ imperdonable

**unforgiven** [ˈʌnfəˈgɪvən] ADJ no perdonado

**unforgiving** [ˈʌnfəˈgɪvɪŋ] ADJ implacable

**unforgotten** [ˈʌnfəˈgɒtn] ADJ no olvidado

**unformatted** [ˈʌnˈfɔːmætɪd] ADJ (*Comput*) [*disk, text*] sin formatear, no formateado

**unformed** [ˈʌnˈfɔːmd] ADJ (= *shapeless*) informe; (= *immature*) inmaduro, sin formar aún

**unforthcoming** [ˈʌnfɔːθˈkʌmɪŋ] ADJ poco comunicativo

**unfortified** [ˈʌnˈfɔːtɪfaɪd] ADJ no fortificado; [*town*] abierto

▼**unfortunate** [ʌnˈfɔːtʃnɪt] Ⓐ ADJ 1 (= *deserving of pity, unlucky*) **how very ~!** ¡qué mala suerte!, ¡qué desgracia!; **you have been most ~** ha tenido usted muy mala suerte; **we must help these ~ people** debemos ayudar a estas personas tan desafortunadas; **he was ~ enough to be caught** tuvo la desgracia *or* mala suerte de que lo cogieran *or* pillaran; **it is most ~ that he left** es una lástima *or* muy de lamentar que se haya ido
2 (= *unsuitable, regrettable*) [*remark*] poco acertado, inoportuno; [*incident, consequences, tendency*] lamentable; **it was an ~ choice of words** las palabras que se eligieron fueron poco acertadas
Ⓑ N desgraciado/a *m/f*

▼**unfortunately** [ʌnˈfɔːtʃnɪtlɪ] ADV 1 (= *unluckily*) desgraciadamente, por desgracia; **~ for you** desgraciadamente para ti, por desgracia para ti
2 (= *regrettably*) lamentablemente
3 (= *inappropriately*) **the statement was rather ~ phrased** la declaración estaba formulada con muy poco acierto

**unfounded** [ˈʌnˈfaʊndɪd] ADJ infundado, sin fundamento

**unframed** [ˈʌnˈfreɪmd] ADJ sin marco

**unfreeze** [ˈʌnˈfriːz] Ⓐ VT descongelar
Ⓑ VI descongelarse

**unfrequented** [ˈʌnfrɪˈkwentɪd] ADJ poco frecuentado

**unfriendliness** [ˈʌnˈfrendlɪnɪs] N hostilidad *f*

**unfriendly** [ˈʌnˈfrendlɪ] ADJ (*compar* **unfriendlier**; *superl* **unfriendliest**) [*person*] poco amistoso; (*stronger*) antipático; [*voice*] poco amistoso; [*act, gesture*] poco amistoso; (*stronger*) hostil; [*place, atmosphere*] poco acogedor; [*country, territory*] hostil; **to be ~ to** *or* **towards sb** ser *or* mostrarse antipático *or* poco amistoso con algn

**unfrock** [ˈʌnˈfrɒk] VT [+ *priest*] secularizar, exclaustrar

**unfruitful** [ˈʌnˈfruːtfʊl] ADJ infructuoso

**unfulfilled** [ˈʌnfʊlˈfɪld] ADJ 1 (= *unrealized*) [*ambition, hope*] frustrado; [*desire*] no hecho realidad; [*promise*] no cumplido; [*need*] insatisfecho; [*potential*] sin desarrollar
2 (= *dissatisfied*) [*person*] insatisfecho; **to feel ~** sentirse insatisfecho, no sentirse realizado

**unfulfilling** [ˈʌnfʊlˈfɪlɪŋ] ADJ **he finds his job ~** su trabajo no le llena (lo suficiente), no se siente realizado en su trabajo

**unfunny*** [ˈʌnˈfʌnɪ] ADJ nada divertido

**unfurl** [ʌnˈfɜːl] VT desplegar

**unfurnished** [ˈʌnˈfɜːnɪʃt] ADJ sin amueblar

**ungainliness** [ʌnˈgeɪnlɪnɪs] N desgarbo *m*, torpeza *f*

**ungainly** [ʌnˈgeɪnlɪ] ADJ [*person*] desgarbado; [*animal*] torpe; [*gait*] torpe, desgarbado

**ungallant** [ˈʌnˈgælənt] ADJ falto de cortesía, descortés

**ungenerous** [ˈʌnˈdʒenərəs] ADJ 1 (= *miserly*) poco generoso
2 (= *uncharitable*) mezquino; **I should not be ~ in my thoughts** no debería tener pensamientos mezquinos

**ungentlemanly** [ʌnˈdʒentlmənlɪ] ADJ poco caballeroso, indigno de un caballero

**un-get-at-able*** [ˈʌngetˈætəbl] ADJ inaccesible

**ungird** [ˈʌnˈgɜːd] (*pt, pp* **ungirt**) VT (*liter*) desceñir

**unglazed** [ˈʌnˈgleɪzd] ADJ no vidriado; [*window*] sin cristales

**ungodliness** [ʌnˈgɒdlɪnɪs] N impiedad *f*

**ungodly** [ʌnˈgɒdlɪ] ADJ 1 (†) (= *sinful*) [*person, action, life*] impío, irreligioso
2 (*) (= *unreasonable*) [*noise*] tremendo*; **at this ~ hour** a estas horas tan intempestivas

**ungovernable** [ʌnˈgʌvənəbl] ADJ ingobernable; [*temper*] incontrolable, irrefrenable

**ungracious** [ˈʌnˈgreɪʃəs] ADJ descortés; **it would be ~ to refuse** sería descortés no aceptar

**ungraciously** [ˈʌnˈgreɪʃəslɪ] ADV descortésmente

**ungrammatical** [ˈʌngrəˈmætɪkəl] ADJ incorrecto desde el punto de vista gramatical

**ungrammatically** [ˈʌngrəˈmætɪkəlɪ] ADV incorrectamente; **to talk Spanish ~** hablar español con poca corrección

**ungrateful** [ʌnˈgreɪtfʊl] ADJ desagradecido, ingrato

**ungratefully** [ʌnˈgreɪtfəlɪ] ADV desagradecidamente, con ingratitud

**ungrudging** [ˈʌnˈgrʌdʒɪŋ] ADJ liberal, generoso; [*support etc*] generoso

**ungrudgingly** [ʌnˈgrʌdʒɪŋlɪ] ADV liberalmente, generosamente; [*support etc*] desinteresadamente

**unguarded** [ˈʌnˈgɑːdɪd] ADJ 1 (*Mil etc*) indefenso, sin protección
2 (*fig*) (= *open, careless*) descuidado; (= *thoughtless*) imprudente; **in an ~ moment** en un momento de descuido; **I caught him in an ~ moment** lo pillé *or* (*LAm*) agarré (en un momento en que estaba) desprevenido

**unguent** [ˈʌŋgwənt] N ungüento *m*

**ungulate** [ˈʌŋgjʊleɪt] Ⓐ ADJ ungulado
Ⓑ N ungulado *m*

**unhallowed** [ʌnˈhæləʊd] ADJ (*liter*) no consagrado

**unhampered** [ˈʌnˈhæmpəd] ADJ libre, sin estorbos; **~ by** no estorbado por

**unhand** [ʌnˈhænd] VT († *or liter*) soltar; **~ me, sir!** ¡suélteme, señor!

**unhandy** [ʌnˈhændɪ] ADJ [*person*] desmañado; [*thing*] incómodo; **to be ~ with sth** ser desmañado en el manejo de algo

**unhappily** [ʌnˈhæpɪlɪ] ADV 1 (= *miserably*) tristemente, con tristeza; **he stared ~ out of the window** miró tristemente *or* con tristeza por la ventana; **he was ~ married** no fue feliz *or* fue infeliz en su matrimonio
2 (= *unfortunately*) lamentablemente; (*stronger*) desgraciadamente, por desgracia; **~, his plans didn't work out as he had wished** desgraciadamente *or* por desgracia, los planes no salieron como había deseado

**unhappiness** [ʌnˈhæpɪnɪs] N 1 (= *sadness*) desdicha *f*, tristeza *f*; (= *absence of happiness*) infelicidad *f*; **he sensed her pain and ~** notó su dolor y su desdicha *or* tristeza; **I don't want to cause more ~ to you both** no quiero causarles más desdicha a los dos, no quiero ser más motivo de infelicidad para los dos; **the ~ of their marriage was public knowledge** la infelicidad de su matrimonio era del dominio público
2 (= *dissatisfaction*) descontento *m*; **they expressed their ~ with** *or* **over the decision** expresaron su descontento con respecto a la decisión

▼**unhappy** [ʌnˈhæpɪ] ADJ (*compar* **unhappier**; *superl* **unhappiest**) 1 (= *sad*) [*person*] infeliz; (*stronger*) desdichado; [*childhood*] infeliz; (*stronger*) desgraciado, desdichado; [*marriage*] infeliz; [*memory*] desagradable; **that ~ time** aquella triste época; **I had an ~ time at school** lo pasé muy mal en la escuela; **she was ~ in her marriage** no fue feliz *or* fue infeliz en su matrimonio; **she looked so ~** se la veía tan triste; **don't look so ~!** ¡no pongas esa cara tan triste!; **to make sb ~**: **other children at school were making him ~** otros niños en el colegio le estaban haciendo sufrir; **it makes me ~ to see you upset** me entristece *or* pone triste verte disgustada
2 (= *not pleased*) descontento; **to be ~ about sth** no estar contento con algo, estar descontento con algo; **to be ~ with sth/sb** no estar contento con algo/algn, estar descontento con algo/algn
3 (= *uneasy, worried*) **I'm ~ about leaving him on his own** no estoy a gusto dejándolo solo, me preocupa dejarlo solo
4 (= *unfortunate*) [*remark*] poco acertado, inoportuno; [*experience, situation*] lamentable
5 (= *ill-fated*) [*day*] desafortunado

**unharmed** [ˈʌnˈhɑːmd] ADJ [*person, animal*] ileso; [*thing*] intacto; **the baby was found ~ in a bedroom** encontraron al bebé ileso en un dormitorio; **to escape/be released ~** escapar/ser liberado ileso

**unharness** [ˈʌnˈhɑːnɪs] VT desguarnecer

**UNHCR** N ABBR (= **United Nations High Commission for Refugees**) ACNUR *m*

**unhealthy** [ʌnˈhelθɪ] ADJ (*compar* **unhealthier**; *superl* **unhealthiest**) 1 (= *unwell*) [*person*] poco sano, enfermizo; [*complexion*] poco saludable; **he was an ~-looking fellow** era un tipo de aspecto poco sano *or* de aspecto enfermizo; **my finances are a bit ~ at the moment** no estoy lo que se dice muy boyante de dinero en estos momentos
2 (= *harmful*) [*climate, place, environment*] malsano, insalubre; [*diet, lifestyle, food*] poco sano; [*working conditions*] poco saludable, insalubre

3 (= *unwholesome*) [*interest, fascination, curiosity*] malsano, morboso; [*obsession*] enfermizo, malsano

**unheard** ['ʌn'hɜːd] ADJ 1 (= *ignored*) **she condemned him ~** lo condenó sin escucharlo; **his pleas went ~** hicieron caso omiso de sus ruegos
2 (= *not heard*) **his cries went ~** nadie oyó sus gritos; **a previously ~ opera** una ópera inédita

**unheard-of** [ʌn'hɜːdɒv] ADJ (= *unprecedented*) inaudito; (= *outrageous*) escandaloso

**unheated** ['ʌn'hiːtɪd] ADJ sin calefacción

**unheeded** ['ʌn'hiːdɪd] ADJ [*plea, warning*] desatendido; **the warning went ~** la advertencia fue desatendida, no se hizo caso de la advertencia

**unheeding** ['ʌn'hiːdɪŋ] ADJ desatento, sordo; **they passed by ~** pasaron sin prestar atención

**unhelpful** ['ʌn'helpfʊl] ADJ [*person*] poco servicial, poco dispuesto a ayudar; [*remark*] inútil; [*advice*] poco útil; **he didn't want to seem ~** no quería parecer poco servicial *or* poco dispuesto a ayudar; **it is ~ to pretend the problem does not exist** no se consigue nada pretendiendo que el problema no existe; **to be ~ to sth/sb** no ayudar a algo/algn

**unhelpfully** ['ʌn'helpfʊlɪ] ADV [*behave*] con poco espíritu de servicio; [*say, suggest*] con poco ánimo de ayudar

**unhelpfulness** ['ʌn'helpfʊlnɪs] N [*of person*] falta *f* de espíritu de servicio; [*of remark, advice, book, computer*] inutilidad *f*

**unheralded** ['ʌn'herəldɪd] ADJ (= *unannounced*) **to arrive ~** llegar sin dar aviso

**unhesitating** [ʌn'hezɪteɪtɪŋ] ADJ (= *steadfast, unwavering*) resuelto, decidido; (= *prompt, immediate*) inmediato, pronto

**unhesitatingly** [ʌn'hezɪteɪtɪŋlɪ] ADV sin vacilar; **"yes," she answered ~** —sí —respondió sin vacilar

**unhindered** ['ʌn'hɪndəd] ADJ libre, sin estorbos; **~ by** no estorbado por

**unhinge** [ʌn'hɪndʒ] VT desquiciar; (*fig*) [+ *mind*] trastornar; [+ *person*] trastornar el juicio de

**unhinged** ['ʌn'hɪndʒd] ADJ (= *mad*) trastornado

**unhip*** [ˌʌn'hɪp] ADJ fuera de onda*, que no está en la onda*

**unhistorical** ['ʌnhɪs'tɒrɪkəl] ADJ antihistórico, que no tiene nada de histórico

**unhitch** ['ʌn'hɪtʃ] VT desenganchar

**unholy** [ʌn'həʊlɪ] ADJ 1 (= *sinful*) [*activity*] impío
2 (*) (= *terrible*) [*mess, row*] tremendo*; [*noise*] tremendo, de mil demonios*

**unhook** ['ʌn'hʊk] VT 1 (= *remove*) desenganchar, descolgar
2 (= *undo*) [+ *garment*] desabrochar

**unhoped-for** [ʌn'həʊptfɔːʳ] ADJ inesperado

**unhopeful** [ʌn'həʊpfʊl] ADJ [*prospect*] poco alentador, poco prometedor; [*person*] pesimista

**unhorse** ['ʌn'hɔːs] VT desarzonar

**unhurried** ['ʌn'hʌrɪd] ADJ [*pace*] pausado, lento; [*atmosphere, person*] tranquilo; [*activity*] tranquilo, pausado; **in an ~ way** de forma pausada

**unhurriedly** ['ʌn'hʌrɪdlɪ] ADV [*walk, speak*] lentamente, pausadamente

**unhurt** ['ʌn'hɜːt] ADJ ileso; **to escape ~** salir ileso

**unhygienic** ['ʌnhaɪ'dʒiːnɪk] ADJ antihigiénico

**uni...** ['juːnɪ] PREFIX uni...

**unicameral** ['juːnɪ'kæmərəl] ADJ unicameral

**UNICEF** ['juːnɪsef] N ABBR (= **United Nations International Children's Emergency Fund**) UNICEF *m*

**unicellular** ['juːnɪ'seljʊləʳ] ADJ unicelular

**unicorn** ['juːnɪkɔːn] N unicornio *m*

**unicycle** ['juːnɪˌsaɪkl] N monociclo *m*

**unidentifiable** ['ʌnaɪˌdentɪ'faɪəbl] ADJ no identificable

**unidentified** ['ʌnaɪ'dentɪfaɪd] Ⓐ ADJ sin identificar, no identificado
Ⓑ CPD ► **unidentified flying object** N objeto *m* volante no identificado

**unidirectional** [ˌjuːnɪdɪ'rekʃənl] ADJ unidireccional

**UNIDO** [juːniːdəʊ] N ABBR (= **United Nations Industrial Development Organization**) ONUDI *f*

**unification** [ˌjuːnɪfɪ'keɪʃən] N unificación *f*

**uniform** ['juːnɪfɔːm] Ⓐ ADJ [*shape, size, colour*] uniforme; [*speed*] constante; [*rate, tariff*] fijo, invariable; **a ~ system of payments will be introduced** se introducirá un sistema uniforme de pagos; **to make sth ~** hacer algo uniforme, uniformar algo
Ⓑ N uniforme *m*; **school ~** uniforme *m* escolar *or* de colegio; **he was in full ~** llevaba el uniforme completo; **to be in/out of ~** ir con/sin uniforme; **to wear (a) ~** llevar uniforme, ir de uniforme; *see also* **dress D**

**uniformed** ['juːnɪfɔːmd] ADJ uniformado, de uniforme

**uniformity** [ˌjuːnɪ'fɔːmɪtɪ] N [*of appearance, colour, standards*] uniformidad *f*; [*of attitudes, beliefs*] homogeneidad *f*

**uniformly** ['juːnɪfɔːmlɪ] ADV [*spread, distributed, applied*] uniformemente; **the book has had ~ bad reviews** el libro obtuvo malas críticas en general

**unify** ['juːnɪfaɪ] VT unificar, unir

**unifying** ['juːnɪfaɪɪŋ] ADJ [*factor etc*] unificador

**unilateral** ['juːnɪ'lætərəl] Ⓐ ADJ unilateral
Ⓑ CPD ► **unilateral disarmament** N desarme *m* unilateral; **~ nuclear disarmament** desarme *m* nuclear unilateral

**unilateralism** ['juːnɪ'lætərəlɪzəm] N unilateralismo *m*

**unilateralist** ['juːnɪ'lætərəlɪst] N persona *f* que está a favor del desarme unilateral, unilateralista *mf*

**unilaterally** ['juːnɪ'lætərəlɪ] ADV unilateralmente

**unilingual** [ˌjuːnɪ'lɪŋgwəl] ADJ monolingüe

**unimaginable** [ˌʌnɪ'mædʒɪnəbl] ADJ inimaginable, inconcebible

**unimaginably** [ˌʌnɪ'mædʒɪnəblɪ] ADV inimaginablemente, inconcebiblemente

**unimaginative** ['ʌnɪ'mædʒɪnətɪv] ADJ falto de imaginación, poco imaginativo

**unimaginatively** ['ʌnɪ'mædʒɪnətɪvlɪ] ADV de manera poco imaginativa

**unimaginativeness** ['ʌnɪ'mædʒɪnətɪvnɪs] N falta *f* de imaginación

**unimpaired** ['ʌnɪm'pɛəd] ADJ [*health, eyesight*] en perfectas condiciones; [*relationship*] intacto; **their faith remains ~** su fe no se ha visto afectada

**unimpeachable** [ˌʌnɪm'piːtʃəbl] ADJ irreprochable, intachable; **from an ~ source** de fuente fidedigna

**unimpeded** ['ʌnɪm'piːdɪd] Ⓐ ADJ [*access*] sin impedimentos, sin obstáculos; [*view*] perfecto
Ⓑ ADV sin impedimentos, libremente

**unimportant** ['ʌnɪm'pɔːtənt] ADJ sin importancia; **they talked of ~ things** hablaron de cosas sin importancia; **the problem itself is relatively ~** el problema en sí tiene relativamente poca importancia

**unimposing** ['ʌnɪm'pəʊzɪŋ] ADJ (= *not big*) poco impresionante; (= *drab, boring*) con poca gracia

**unimpressed** ['ʌnɪm'prest] ADJ **I am ~ by the new building** el nuevo edificio no me impresiona; **she was ~ by Palm Beach** Palm Beach no le impresionó demasiado, Palm Beach la dejó igual*; **they were ~ by such arguments** tales argumentos les resultaron muy poco convincentes; **he remained ~** siguió sin convencerse

**unimpressive** ['ʌnɪm'presɪv] ADJ poco impresionante, poco convincente; [*person*] soso, insignificante

**unimproved** [ˌʌnɪm'pruːvd] ADJ [*land*] (= *not drained*) sin drenar; (= *not treated*) sin abonar; [*property, house*] sin reformar

**uninfluenced** ['ʌn'ɪnflʊənst] ADJ **~ by any argument** no afectado por ningún argumento; **a style ~ by any other** un estilo no influido por ningún otro

**uninformative** ['ʌnɪn'fɔːmətɪv] ADJ poco informativo

**uninformed** ['ʌnɪn'fɔːmd] ADJ [*comment, rumour, criticism*] infundado; [*attitudes, prejudice*] ignorante; **I did not want to appear ~** no quería parecer ignorante; **well-meaning but ~ people** personas *fpl* de buenas intenciones pero sin conocimientos; **to be ~ about sth** no estar informado sobre algo, no estar al corriente *or* al tanto de algo; **he could not claim that he was ~ about the law** no podía afirmar que no estaba informado sobre la ley, no podía afirmar que no estaba al corriente *or* al tanto de la ley; **people are generally very ~ about the disease** la gente en general está muy poco informada sobre la enfermedad; **the ~ observer** el observador profano

**uninhabitable** ['ʌnɪn'hæbɪtəbl] ADJ inhabitable

**uninhabited** ['ʌnɪn'hæbɪtɪd] ADJ (= *deserted*) desierto, despoblado; [*house*] desocupado

**uninhibited** ['ʌnɪn'hɪbɪtɪd] ADJ [*person*] desinhibido, sin inhibiciones; [*behaviour*] desinhibido, desenfadado; [*emotion*] desbordante; **to be ~ by sth** no estar inhibido por algo, no tener inhibiciones con respecto a algo; **to be ~ in one's questions** hacer preguntas sin inhibiciones; **to be ~ in doing sth** no tener inhibiciones para hacer algo; **to be ~ about doing sth** no tener inhibiciones a la hora de hacer algo

**uninitiated** ['ʌnɪ'nɪʃɪeɪtɪd] Ⓐ ADJ no iniciado
Ⓑ NPL **the ~** los no iniciados

**uninjured** ['ʌn'ɪndʒəd] ADJ ileso; **to escape ~** salir ileso

**uninspired** ['ʌnɪn'spaɪəd] ADJ [*person*] poco inspirado, sin inspiración; [*book, film, performance*] sin inspiración, falto de inspiración; [*food*] poco original

**uninspiring** ['ʌnɪn'spaɪərɪŋ] ADJ [*person, film, book, play*] poco estimulante, aburrido; [*view*] monótono

**uninsured** ['ʌnɪn'ʃʊəd] ADJ no asegurado

**unintelligent** ['ʌnɪn'telɪdʒənt] ADJ poco inteligente

**unintelligibility** ['ʌnɪnˌtelɪdʒə'bɪlɪtɪ] N ininteligibilidad *f*, incomprensibilidad *f*

**unintelligible** ['ʌnɪn'telɪdʒəbl] ADJ ininteligible, incomprensible; **she mumbled some-**

**thing ~** balbuceó algo ininteligible *or* incomprensible

**unintelligibly** ['ʌnɪn'telɪdʒəblɪ] ADV de modo ininteligible, de modo incomprensible

**unintended** ['ʌnɪn'tendɪd], **unintentional** ['ʌnɪn'tenʃənl] ADJ involuntario, no intencionado; **it was quite ~** fue totalmente involuntario

**unintentionally** ['ʌnɪn'tenʃnəlɪ] ADV sin querer, involuntariamente

**uninterested** [ʌn'ɪntrɪstɪd] ADJ (= *indifferent*) indiferente, desinteresado; **I am quite ~ in what he thinks** me es igual *or* indiferente lo que piensa; **to be ~ in a subject** no tener interés en un tema

**uninteresting** ['ʌn'ɪntrɪstɪŋ] ADJ [*person, book, film, speech*] poco interesante; [*city, building*] sin interés

**uninterrupted** ['ʌn,ɪntə'rʌptɪd] ADJ ininterrumpido

**uninterruptedly** ['ʌn,ɪntə'rʌptɪdlɪ] ADV ininterrumpidamente

**uninvited** ['ʌnɪn'vaɪtɪd] ADJ [*guest etc*] sin invitación; [*criticism, comment*] gratuito; **to do sth ~** hacer algo sin que nadie se lo pida; **they came to the party ~** vinieron a la fiesta sin haber sido invitados; **she helped herself ~ to cake** se sirvió pastel sin esperar que le ofreciesen

**uninviting** ['ʌnɪn'vaɪtɪŋ] ADJ [*appearance, offer*] poco atractivo; [*food*] poco apetitoso

**union** ['ju:njən] Ⓐ N [1] unión *f*; (= *marriage*) enlace *m*; **the Union** (*US*) la Unión
[2] (= *trade union*) sindicato *m*, gremio *m*
[3] (= *club, society*) club *m*, sociedad *f*
[4] (*Mech*) (*for pipes etc*) unión *f*, manguito *m* de unión
Ⓑ CPD (*Ind*) [*leader, movement, headquarters*] sindical ► **union card** N carnet *m* de afiliado ► **union catalog(ue)** N catálogo *m* colectivo *or* conjunto ► **Union Jack** N bandera *f* del Reino Unido ► **union member** N miembro *mf* del sindicato, sindicalista *mf* ► **union membership** N (= *numbers*) afiliados *mpl* al sindicato; **~ membership has declined** el número de afiliados a los sindicatos ha disminuido; (= *being a member*) afiliación *f* a un/al sindicato; **~ membership is compulsory** es obligatorio afiliarse a *or* hacerse miembro del sindicato ► **Union of Soviet Socialist Republics** N (*formerly*) Unión *f* de Repúblicas Socialistas Soviéticas ► **Union of South Africa** N (*formerly*) Unión *f* Sudafricana ► **union shop** N (*US*) taller *m* de afiliación (sindical) obligatoria ► **union suit** N (*US*) prenda *f* interior de cuerpo entero

**unionism** ['ju:njənɪzəm] N [1] (*Ind*) sindicalismo *m*
[2] **Unionism** (*Brit Pol*) unionismo *m*

**unionist** ['ju:njənɪst] Ⓐ ADJ (*Brit Pol*) unionista
Ⓑ N [1] (*Ind*) (*also* **trade ~**) sindicalista *mf*, miembro *mf* de un sindicato
[2] **Unionist** (*Brit Pol*) unionista *mf*

**unionize** ['ju:njənaɪz] Ⓐ VT sindicar, sindicalizar
Ⓑ VI sindicarse, sindicalizarse

**unique** [ju:'ni:k] ADJ [1] (= *exclusive*) [*style, collection, combination*] único; **to be ~ to sth/sb**: **it is a species ~ to these islands** es una especie que se da únicamente en estas islas; **the experience is ~ to each individual** la experiencia es única (e irrepetible) en cada individuo; **this behaviour is not ~ to men** este comportamiento no se da únicamente en los hombres
[2] (= *exceptional*) [*opportunity*] único; [*ability, talent*] sin igual, excepcional; [*insight*] único, de excepción; [*relationship*] especial

**uniquely** [ju:'ni:klɪ] ADV **she is ~ qualified for the job** está excepcionalmente capacitada para el puesto; **to be ~ placed to do sth** encontrarse en una posición de excepción para hacer algo; **a ~ British characteristic** una característica exclusivamente británica

**uniqueness** [ju:'ni:knɪs] N singularidad *f*

**unisex** ['ju:nɪseks] ADJ unisex *inv*

**UNISON** ['ju:nɪsn] N ABBR (*Brit*) *gran sindicato de funcionarios*

**unison** ['ju:nɪzn] N armonía *f*; (*Mus*) unisonancia *f*; **in ~** (*Mus*) al unísono; **to sing in ~** cantar al unísono; **to act in ~ with sb** obrar al unísono con algn; **"yes," they said in ~** —sí —dijeron al unísono

**unissued** ['ʌn'ɪʃu:d] ADJ **~ capital** capital *m* no emitido

**unit** ['ju:nɪt] Ⓐ N [1] (*Admin, Elec, Mech, Math, Mil*) unidad *f*; (*Univ*) (*for marking purposes*) unidad *f* de valor; (*Tech*) (= *mechanism*) conjunto *m*; **administrative/linguistic/monetary ~** unidad *f* administrativa/lingüística/monetaria; **~ of account** unidad *f* de cuenta; **a ~ of measurement** una unidad de medida
[2] (= *complete section, part*) [*of textbook*] módulo *m*, unidad *f*; (= *device*) aparato *m*; **a kitchen ~** un módulo de cocina
[3] (= *building*) **intensive care ~** unidad *f* de cuidados intensivos; **sports ~** polideportivo *m*; **the shop ~s remain unlet** los locales comerciales siguen sin traspasarse; **the staff accommodation ~** las viviendas de los empleados
[4] (= *group of people*) unidad *f*; (*in firm*) centro *m*; **army ~** unidad *f* militar; **research/information ~** centro *m* de investigación/información; **family ~** núcleo *m* familiar, familia *f*
Ⓑ CPD ► **unit charge**, **unit cost** N (*Brit Fin*) costo *m* unitario *or* por unidad ► **unit furniture** N muebles *mpl* de elementos adicionables, muebles *mpl* combinados ► **unit price** N precio *m* unitario *or* por unidad ► **unit trust** N (*Brit Fin*) (= *fund*) fondo *m* de inversión mobiliaria; (= *company*) sociedad *f* de inversiones

**UNITA** [ju:'ni:tə] N ABBR (= **União Nacional para a Independencia Total de Angola**) UNITA *f*, Unita *f*

**Unitarian** [,ju:nɪ'tɛərɪən] Ⓐ ADJ unitario
Ⓑ N unitario/a *m/f*

**Unitarianism** [,ju:nɪ'tɛərɪənɪzəm] N unitarismo *m*

**unitary** ['ju:nɪtərɪ] Ⓐ ADJ unitario
Ⓑ CPD ► **unitary labour costs** NPL costes *mpl* laborales unitarios

**unite** [ju:'naɪt] Ⓐ VT (= *join*) [+ *people, organizations*] unir; [+ *parts of country*] unificar, unir
Ⓑ VI unirse; **to ~ against sb** unirse para hacer frente a algn; **we must ~ in defence of our rights** debemos unirnos para defender nuestros derechos

**united** [ju:'naɪtɪd] Ⓐ ADJ [*country, group*] unido; [*effort*] conjunto; **they were ~ by a common enemy** los unía un enemigo común; **to present a ~ front (to sb)** presentar un frente unido (ante algn); **to be ~ in sth**: **the family was ~ in grief** la familia estaba unida por el dolor; **they are ~ in their belief that ...** comparten la creencia de que ...; **they are ~ in their opposition to the plan** los une su oposición al plan; **we are ~ on the need to solve the problem** compartimos la necesidad de resolver el problema; ✦**PROV ~ we stand, divided we fall** unidos venceremos
Ⓑ CPD ► **United Arab Emirates** NPL Emiratos *mpl* Árabes Unidos ► **United Arab Republic** N República *f* Árabe Unida ► **United Kingdom** N Reino *m* Unido (*Inglaterra, Gales, Escocia, Irlanda del Norte*) ► **United Nations (Organization)** N (Organización *f* de las) Naciones *fpl* Unidas ► **United States (of America)** NPL Estados *mpl* Unidos (de América)

**unity** ['ju:nɪtɪ] N (= *oneness*) unidad *f*; (= *harmony*) armonía *f*, acuerdo *m*; **~ of place** unidad *f* de lugar; **~ of time** unidad *f* de tiempo; ✦**PROV ~ is strength** la unión hace la fuerza

**Univ.** ABBR (= **University**) U

**univalent** ['ju:nɪ'veɪlənt] ADJ univalente

**univalve** ['ju:nɪvælv] Ⓐ ADJ univalvo
Ⓑ N molusco *m* univalvo

**universal** [,ju:nɪ'vɜ:səl] Ⓐ ADJ [1] (= *general*) [*agreement, acceptance*] general, global; **the closures met with ~ condemnation** los cierres provocaron la condena general *or* unánime; **its use has been ~ since 1900** se usa en todas partes *or* globalmente desde 1900; **her writing has ~ appeal** su forma de escribir atrae a todo el mundo; **a ~ truth** una verdad universal, una verdad aceptada por todos *or* por todo el mundo; **to become ~** generalizarse
[2] (= *worldwide*) [*law, language*] universal; **the threat of ~ destruction** la amenaza de la destrucción mundial
Ⓑ CPD ► **universal donor** N donante *mf* universal ► **universal joint** N (*Tech*) junta *f* cardán *or* universal ► **universal product code** N (*US*) código *m* de barras ► **universal suffrage** N sufragio *m* universal

**universality** [,ju:nɪvɜ:'sælɪtɪ] N universalidad *f*

**universalize** [,ju:nɪ'vɜ:səlaɪz] VT universalizar

**universally** [,ju:nɪ'vɜ:səlɪ] ADV [*accepted, acknowledged*] universalmente, generalmente; [*popular, available*] en todas partes; [*known*] mundialmente; [*applicable*] para todo; [*condemned*] unánimemente; **there is no ~ accepted definition** no existe una definición aceptada universalmente *or* generalmente aceptada; **he was ~ liked** caía bien a todo el mundo, todo el mundo lo apreciaba

**universe** ['ju:nɪvɜ:s] N universo *m*; **he's the funniest writer in the ~*** es el escritor más divertido del mundo

**university** [,ju:nɪ'vɜ:sɪtɪ] Ⓐ N universidad *f*; **to be at ~** estar en la universidad; **to go to ~** ir a la universidad; **to study at ~** estudiar en la universidad; **a ~ place** una plaza universitaria; **he has a ~ education** ha cursado estudios universitarios; **Lancaster University** la Universidad de Lancaster
Ⓑ CPD [*degree, year, professor, student*] universitario; [*library*] de la universidad ► **university entrance** N acceso *m* a la universidad; **~ entrance examination** examen *m* de ingreso a la universidad ► **university hospital** N hospital *m* universitario ► **university town** N ciudad *f* que tiene universidad

**unjust** ['ʌn'dʒʌst] ADJ injusto; **she had been so ~** había sido muy injusta; **to be ~ to sb** ser injusto con algn

**unjustifiable** [ʌn'dʒʌstɪfaɪəbl] ADJ injustificable

**unjustifiably** [ʌn'dʒʌstɪfaɪəblɪ] ADV injustificadamente; **they have been ~ treated by the media** los medios de comunicación los han tratado injustificadamente *or* de forma injustificada

**unjustified** ['ʌn'dʒʌstɪfaɪd] ADJ [1] (= *unfair*) [*action, attack, reputation*] injustificado; **he described their action as inappropriate and**

~ calificó su acción de impropia e injustificada
**2** (*Typ*) [*text*] no alineado, no justificado

**unjustly** [ˈʌnˈdʒʌstlɪ] ADV injustamente; **they had ~ accused him of lying** lo habían acusado injustamente de mentir

**unkempt** [ˈʌnˈkempt] ADJ [*clothes, appearance*] descuidado, desaliñado; [*hair*] despeinado, descuidado; [*beard, garden, park*] descuidado

**unkind** [ʌnˈkaɪnd] ADJ (*compar* **unkinder**; *superl* **unkindest**) **1** (= *cruel, nasty*) [*person*] poco amable; (*stronger*) cruel; [*criticism*] duro; [*remark*] cruel; [*words*] desagradable; **that was very ~ of him** eso fue muy poco amable de su parte; **I've never known him to be ~** nunca ha sido desagradable, que yo sepa; **she never has an ~ word to say about anyone** nunca dice nada malo de nadie; **it would be ~ to say that ...** sería cruel decir que ...; **to be ~ to sb** portarse mal con algn
**2** [*climate*] riguroso; **the weather was ~ to us** el tiempo nos jugó una mala pasada

**unkindly** [ʌnˈkaɪndlɪ] ADV [*say, behave*] cruelmente, con crueldad; **it wasn't meant ~** no iba con malas intenciones; **to speak ~ of sb** hablar mal de algn; **don't take it ~ if ...** no lo tome a mal si ...; **to treat sb ~** tratar con poca amabilidad a algn; (*stronger*) tratar mal a algn

**unkindness** [ʌnˈkaɪndnɪs] N **1** (= *quality*) falta *f* de amabilidad; (= *cruelty*) crueldad *f*
**2** (= *act*) acto *m* de crueldad; **to do sb an ~** portarse mal con algn

**unknowable** [ˈʌnˈnəʊəbl] ADJ (*esp liter*) inconocible; **the ~** lo inconocible

**unknowing** [ˈʌnˈnəʊɪŋ] ADJ inconsciente; **she was the ~ cause** ella fue la causa, inconscientemente

**unknowingly** [ˈʌnˈnəʊɪŋlɪ] ADV (= *involuntarily*) inconscientemente, sin querer; (= *in ignorance*) sin darse cuenta, sin saberlo; **he did it all ~** lo hizo sin darse cuenta

**unknown** [ˈʌnˈnəʊn] Ⓐ ADJ [*identity, destination, territory, writer*] desconocido; **the Cazorla Sierra is almost ~ outside Spain** la Sierra de Cazorla casi no se conoce fuera de España; **it's ~ for him to refuse a sweet** nunca ha dicho que no a un caramelo que se sepa; **it's not ~ for him to be wrong** (*iro*) no es precisamente que no se haya equivocado nunca (*iro*); **she's a bit of an ~ quantity** ella es una incógnita; **for some ~ reason** por alguna razón desconocida; **the Unknown Soldier** el soldado desconocido; **to be ~ to sb**: **the name is ~ to me** el nombre no me resulta conocido; **a substance ~ to science** una sustancia no conocida por la ciencia, una sustancia que la ciencia desconoce; *see also* **person**
Ⓑ ADV **~ to me** si yo saberlo
Ⓒ N (= *person*) desconocido/a *m/f*; (*Math, fig*) incógnita *f*; **the ~** lo desconocido; **a journey into the ~** un viaje a lo desconocido

**unlace** [ˈʌnˈleɪs] VT desenlazar; [+ *shoes*] desatar los cordones de

**unladen** [ˈʌnˈleɪdn] ADJ vacío, sin cargamento

**unladylike** [ˈʌnˈleɪdɪlaɪk] ADJ impropio de una dama

**unlamented** [ˈʌnləˈmentɪd] ADJ no llorado, no lamentado

**unlatch** [ˈʌnˈlætʃ] VT [+ *door*] alzar el pestillo de, abrir levantando el picaporte de

**unlawful** [ˈʌnˈlɔːfʊl] ADJ ilegal, ilícito

**unlawfully** [ˈʌnˈlɔːfəlɪ] ADV ilegalmente, ilícitamente

**unleaded** [ˌʌnˈledɪd] Ⓐ ADJ [*petrol*] sin plomo
Ⓑ N gasolina *f* sin plomo

**unlearn** [ˈʌnˈlɜːn] (*pt, pp* **unlearned** *or* **unlearnt**) VT desaprender, olvidar

**unlearned** [ˈʌnˈlɜːnɪd] ADJ indocto, ignorante

**unleash** [ˈʌnˈliːʃ] VT [+ *dog*] desatar, soltar; (*fig*) [+ *anger, imagination etc*] desencadenar, desatar

**unleavened** [ˈʌnˈlevnd] Ⓐ ADJ ázimo, sin levadura
Ⓑ CPD ► **unleavened bread** N pan *m* ázimo *or* sin levadura

**unless** [ənˈles] CONJ a menos que + *subjun*, a no ser que + *subjun*; **~ he comes tomorrow** a menos que venga mañana, a no ser que venga mañana; **~ I hear to the contrary** a menos que me digan lo contrario, a no ser que me digan lo contrario; **I won't come ~ you phone me** no vendré a menos que me llames, no vendré a no ser que me llames; **~ I am mistaken, we're lost** si no me equivoco, estamos perdidos; **~ otherwise stated** de no especificarse lo contrario

**unlettered** [ˈʌnˈletəd] ADJ indocto

**unlicensed** [ˈʌnˈlaɪsənst] ADJ sin permiso, sin licencia

▼**unlike** [ˈʌnˈlaɪk] Ⓐ PREP a diferencia de; **~ him, I really enjoy flying** a diferencia de él, a mí me encanta viajar en avión; **I, ~ others ...** yo, a diferencia de otros ...; **it's quite ~ him** no es nada característico de él; **the photo is quite ~ him** la foto no se le parece en absoluto
Ⓑ ADJ distinto; (*Math*) de signo contrario; **they are quite ~** son muy distintos, no se parecen en nada

**unlikeable** [ˈʌnˈlaɪkəbl] ADJ antipático

**unlikelihood** [ʌnˈlaɪklɪhʊd], **unlikeliness** [ʌnˈlaɪklɪnɪs] N improbabilidad *f*

▼**unlikely** [ʌnˈlaɪklɪ] ADJ (*compar* **unlikelier**; *superl* **unlikeliest**) **1** (= *improbable*) poco probable, improbable; **it is most ~** es muy poco probable; **he is an ~ candidate for promotion** no tiene muchas probabilidades de que lo asciendan; **it is ~ that he will come** ◊ **he is ~ to come** es poco probable que venga, no es probable que venga; **he's ~ to survive** tiene pocas posibilidades de sobrevivir, es poco probable que sobreviva; **in the ~ event that we win** en el caso improbable de que ganáramos, en el caso de que ganáramos, lo cual es poco probable
**2** (= *implausible*) [*explanation, excuse*] inverosímil, increíble; **that sounds an ~ story** me parece una historia inverosímil
**3** (= *odd*) insólito, extraño; **he and Paula made an ~ couple** *or* **pair** él y Paula hacían una pareja insólita *or* extraña; **they turn up in the most ~ places** aparecen en los lugares más insospechados *or* extraños

**unlimited** [ʌnˈlɪmɪtɪd] Ⓐ ADJ [*travel, amount, access, use*] ilimitado; [*patience*] inagotable; **we have not got ~ funds** no tenemos fondos ilimitados; **they had ~ time** no tenían límite de tiempo
Ⓑ CPD ► **unlimited company** N (*Comm, Jur*) compañía *f* ilimitada ► **unlimited liability** N (*Comm, Jur*) responsabilidad *f* ilimitada ► **unlimited mileage** N ≈ kilometraje *m* ilimitado

**unlined** [ˈʌnˈlaɪnd] ADJ **1** (= *without lines*) [*paper*] sin pautar; [*face*] sin arrugas
**2** (= *without lining*) [*garment, curtain*] sin forro

**unlisted** [ˈʌnˈlɪstɪd] ADJ **1** (*St Ex*) **~ company** sociedad *f* sin cotización oficial, compañía *f* no cotizable; **~ securities** valores *mpl* no inscritos en bolsa
**2** (*US Telec*) **~ number** número *m* que no figura en la guía telefónica
**3** **~ building** (*Brit*) *edificio no catalogado como de interés histórico o arquitectónico*

**unlit** [ˈʌnˈlɪt] ADJ **1** (= *not burning*) [*fire, cigarette, pipe*] sin encender, apagado
**2** (= *dark*) [*place*] no iluminado, oscuro

**unload** [ˈʌnˈləʊd] Ⓐ VT **1** descargar; **we ~ed the furniture** descargamos los muebles
**2** (*) (= *get rid of*) deshacerse de
Ⓑ VI descargar

**unloaded** [ˈʌnˈləʊdɪd] ADJ [*gun*] descargado; [*truck, ship*] descargado, sin carga

**unloading** [ˈʌnˈləʊdɪŋ] N descarga *f*

**unlock** [ˈʌnˈlɒk] Ⓐ VT **1** [+ *door, box*] abrir (con llave); **the door is ~ed** la puerta no está cerrada con llave; **he ~ed the door of the car** abrió la puerta del coche
**2** (*fig*) [+ *heart*] ganarse; [+ *mystery*] resolver; [+ *secret*] descubrir; [+ *potential*] liberar
Ⓑ VI [*lock, box, door*] abrirse

**unlooked-for** [ʌnˈlʊktfɔːʳ] ADJ inesperado, inopinado

**unloose** [ˈʌnˈluːs], **unloosen** [ˈʌnˈluːsn] VT aflojar, soltar

**unlovable** [ˈʌnˈlʌvəbl] ADJ antipático

**unloved** [ˈʌnˈlʌvd] ADJ no amado; **to feel ~** sentirse rechazado

**unlovely** [ˈʌnˈlʌvlɪ] ADJ feo, sin atractivo

**unloving** [ˈʌnˈlʌvɪŋ] ADJ nada cariñoso

**unluckily** [ʌnˈlʌkɪlɪ] ADV lamentablemente, desgraciadamente; **~, she herself had no creative talent** lamentablemente *or* desgraciadamente, ella no tenía talento creativo; **~ for her** lamentablemente *or* desgraciadamente para ella; **the day started ~** el día empezó sin suerte

**unluckiness** [ʌnˈlʌkɪnɪs] N mala suerte *f*

**unlucky** [ʌnˈlʌkɪ] ADJ (*compar* **unluckier**; *superl* **unluckiest**) **1** (= *luckless*) [*person*] desafortunado; [*day*] de mala suerte; **the ~ ones had to wait another hour** los menos afortunados tuvieron que esperar otra hora; **how very ~!** ¡qué mala suerte!; **to be ~** [*person*] tener mala suerte; **he was ~ enough to meet him** tuvo la mala suerte *or* la desgracia de encontrarse con él; **to be ~ in love** no tener suerte en el amor; **he was ~ not to score a second goal** no tuvo la suerte de marcar un segundo gol
**2** (= *causing bad luck*) [*number, object*] que trae mala suerte; **that dress is ~ for me** ese vestido me trae mala suerte; **it's ~ to break a mirror** romper un espejo trae mala suerte
**3** (= *ill-omened*) [*day, omen*] funesto, nefasto; **1990 was an ~ year for me** 1990 fue un año de mala suerte para mí

**unmade** [ˈʌnˈmeɪd] ADJ [*bed*] sin hacer; (*Brit*) (= *unsurfaced*) [*road*] sin pavimentar, sin asfaltar

**unmake** [ˈʌnˈmeɪk] (*pt, pp* **unmade**) VT deshacer

**unman** [ˈʌnˈmæn] VT **1** (*liter*) amedrentar (*liter*), acobardar
**2** [+ *post etc*] desguarnecer

**unmanageable** [ʌnˈmænɪdʒəbl] ADJ **1** (= *overwhelming*) [*problem, system, situation, size, number*] imposible de controlar; [*hair*] difícil de peinar, rebelde
**2** (= *unruly*) [*person*] rebelde; [*animal*] difícil de controlar, rebelde

**unmanly** [ˈʌnˈmænlɪ] ADJ impropio de un hombre; **it is ~ to cry** los hombres no lloran, llorar no es propio de un hombre

**unmanned** [ˈʌnˈmænd] ADJ no tripulado

**unmannerly** [ʌnˈmænəlɪ] ADJ (*frm*) descortés

**unmarked** [ˈʌnˈmɑːkt] ADJ **1** (= *unscratched*) [*person*] sin ningún rasguño; [*face*] sin señales
**2** (= *anonymous*) [*grave*] sin nombre; [*police car*] particular, camuflado (*Sp*); [*container, en-*

➤ LANGUAGE IN USE: **unlike A** 26.3 **unlikely 1** 16.2, 26.3

*velope*] sin marcar
3 (*Educ*) (= *uncorrected*) [*essay, exam etc*] sin corregir
4 (*Sport*) [*player*] desmarcado
5 (*Ling*) no marcado

**unmarketable** ['ʌn'mɑːkɪtəbl] ADJ invendible

**unmarriageable** ['ʌn'mærɪdʒəbl] ADJ incasable

**unmarried** ['ʌn'mærɪd] ADJ soltero; **an ~ mother** una madre soltera; **an ~ couple** una pareja no casada; **the ~ state** el estado de soltero, la soltería

**unmask** ['ʌn'mɑːsk] Ⓐ VT (*lit, fig*) desenmascarar
Ⓑ VI quitarse la máscara, descubrirse

**unmast** ['ʌn'mɑːst] VT desarbolar

**unmatched** ['ʌn'mætʃt] ADJ incomparable, sin par

**unmemorable** ['ʌn'memərəbəl] ADJ nada memorable, indigno de ser recordado

**unmentionable** [ʌn'menʃnəbl] Ⓐ ADJ que no se puede *or* quiere mencionar *or* nombrar
Ⓑ NPL **unmentionables**† (*hum*) prendas *fpl* íntimas

**unmerciful** [ʌn'mɜːsɪfʊl] ADJ despiadado

**unmercifully** [ʌn'mɜːsɪfəlɪ] ADV despiadadamente

**unmerited** ['ʌn'merɪtɪd] ADJ inmerecido

**unmet** [ʌn'met] ADJ [*needs, demands*] insatisfecho; **basic needs that are going ~** necesidades *fpl* básicas que no están siendo satisfechas

**unmethodical** ['ʌnmɪ'θɒdɪkəl] ADJ poco metódico, desordenado

**unmindful** [ʌn'maɪndfʊl] ADJ **to be ~ of sth** no hacer caso de algo, hacer caso omiso de algo; **~ of the danger, he ...** él, haciendo caso omiso del peligro ...

**unmissable**• [,ʌn'mɪsəbəl] ADJ (*Brit*) [*event, film*] que no se puede perder, que hay que ver/coger *etc*; **it was an ~ chance/opportunity** era una oportunidad que no podía/podíamos perder, era una oportunidad que había que coger

**unmistakable** ['ʌnmɪs'teɪkəbl] ADJ inconfundible, inequívoco

**unmistakably** ['ʌnmɪs'teɪkəblɪ] ADV de modo inconfundible; **it is ~ mine** sin duda alguna es mío

**unmitigated** [ʌn'mɪtɪgeɪtɪd] ADJ [*disaster, failure*] auténtico, verdadero; [*success*] rotundo; [*delight*] puro, verdadero; [*nonsense*] puro; [*liar, rogue*] redomado, rematado; **it was an ~ disaster** fue un auténtico *or* verdadero desastre

**unmixed** ['ʌn'mɪkst] ADJ sin mezcla, puro

**unmolested** ['ʌnmə'lestɪd] ADJ tranquilo, seguro; **to do sth ~** hacer algo sin ser molestado por otros

**unmotivated** ['ʌn'məʊtɪveɪtɪd] ADJ sin motivo, inmotivado

**unmounted** ['ʌn'maʊntɪd] ADJ 1 (= *without horse*) [*rider*] desmontado
2 (= *without mounting*) [*gem*] sin engastar; [*photo, stamp*] sin pegar; [*picture*] sin enmarcar

**unmourned** ['ʌn'mɔːnd] ADJ no llorado

**unmoved** ['ʌn'muːvd] ADJ impasible; **to remain ~ by** seguir indiferente ante, permanecer impasible frente a; **it leaves me ~** no me conmueve, me deja frío

**unmoving** ['ʌn'muːvɪŋ] ADJ inmóvil

**unmusical** ['ʌn'mjuːzɪkəl] ADJ [*sound, rendition*] inarmónico; [*person*] poco musical, sin oído para la música

**unmuzzle** [,ʌn'mʌzl] VT [+ *dog*] quitar el bozal a; (*fig*) [+ *press etc*] quitar la mordaza a; **~d** sin bozal; (*fig*) libre, sin mordaza

➤ LANGUAGE IN USE: **unpleasant** 7.3

**unnamed** ['ʌn'neɪmd] ADJ (= *nameless*) sin nombre; (= *anonymous*) anónimo

**unnatural** [ʌn'nætʃrəl] ADJ 1 (= *unusual, abnormal*) poco normal, poco natural; **her arm was twisted into an ~ position** tenía el brazo torcido en una postura poco normal *or* natural; **it was ~ for her to be so talkative** era extraño *or* raro en ella hablar tanto; **it's ~ to eat so much** no es normal comer tanto; **~ death** muerte *f* por causas no naturales; **it is not ~ to think that ...** es normal pensar que ...; **there was an ~ silence** se hizo un silencio irreal
2 (= *affected*) [*smile, voice, manner*] poco natural, forzado
3 (= *perverted*) [*habit, vice, practice*] antinatural

**unnaturally** [ʌn'nætʃrəlɪ] ADV 1 (= *unusually, abnormally*) extrañamente; **she was ~ subdued that day** estaba extrañamente apagada aquel día; **not ~, he was cross** como es natural *or* lógico se enfadó
2 (= *affectedly*) [*speak, act*] de manera poco natural, afectadamente

**unnavigable** ['ʌn'nævɪgəbl] ADJ innavegable

**unnecessarily** [ʌn'nesɪsərɪlɪ] ADV innecesariamente, sin necesidad; **I don't want him to suffer ~** no quiero que sufra innecesariamente *or* sin necesidad

**unnecessary** [ʌn'nesɪsərɪ] ADJ innecesario; **it is ~ to add that ...** no hace falta añadir que ..., no es necesario añadir que ...

**unneighbourly**, **unneighborly** (*US*) ['ʌn'neɪbəlɪ] ADJ [*person*] poco amistoso; [*attitude, behaviour*] impropio de un buen vecino

**unnerve** ['ʌn'nɜːv] VT desconcertar

**unnerving** ['ʌn'nɜːvɪŋ] ADJ desconcertante

**unnervingly** ['ʌn'nɜːvɪŋlɪ] ADV **~ quiet/calm** de una frialdad/calma desconcertante

**unnoticed** ['ʌn'nəʊtɪst] ADJ inadvertido, desapercibido; **to go** *or* **pass ~** pasar inadvertido *or* desapercibido

**unnumbered** ['ʌn'nʌmbəd] ADJ sin numerar; (= *countless*) innumerable

**UNO** N ABBR (= **United Nations Organization**) ONU *f*

**unobjectionable** ['ʌnəb'dʒekʃnəbl] ADJ inofensivo

**unobservant** ['ʌnəb'zɜːvənt] ADJ [*person etc*] distraído, poco atento

**unobserved** ['ʌnəb'zɜːvd] ADJ 1 (= *not seen*) inadvertido, desapercibido; **to get away ~** lograr pasar inadvertido *or* desapercibido
2 (= *not celebrated*) sin celebrar *or* (*LAm*) festejar

**unobstructed** ['ʌnəb'strʌktɪd] ADJ [*pipe etc*] despejado; [*view etc*] perfecto

**unobtainable** ['ʌnəb'teɪnəbl] ADJ 1 (= *unavailable*) [*goods*] imposible de conseguir
2 (= *unrealizable*) [*goal, objective*] inalcanzable, imposible de conseguir *or* realizar
3 (*Telec*) [*number*] desconectado; **his number was ~** su número estaba desconectado
4 (*sexually*) [*person*] imposible de conseguir

**unobtrusive** ['ʌnəb'truːsɪv] ADJ discreto, modesto

**unobtrusively** ['ʌnəb'truːsɪvlɪ] ADV discretamente, modestamente

**unoccupied** ['ʌn'ɒkjʊpaɪd] ADJ 1 (= *empty*) [*building*] desocupado, vacío; [*room*] vacío; [*seat, table*] libre; [*post*] vacante
2 (*Mil*) [*country, zone*] no ocupado
3 (= *not busy*) [*person*] desocupado

**unofficial** ['ʌnə'fɪʃəl] ADJ 1 (= *informal*) [*visit, tour*] no oficial, extraoficial; **in an ~ capacity** de forma *or* manera extraoficial *or* no oficial; **from an ~ source** de fuente oficiosa; **~ strike** huelga *f* no oficial
2 (= *de facto*) [*leader, spokesperson*] no oficial
3 (= *unconfirmed*) [*report, results*] no oficial

**unofficially** ['ʌnə'fɪʃəlɪ] ADV extraoficialmente; **I have already asked him ~** ya le he preguntado extraoficialmente

**unopened** ['ʌn'əʊpənd] ADJ sin abrir

**unopposed** ['ʌnə'pəʊzd] ADJ sin oposición; (*Mil*) sin encontrar resistencia; **to be returned ~** (*Parl*) ganar un escaño sin oposición

**unorganized** ['ʌn'ɔːgənaɪzd] ADJ (= *spontaneous*) no organizado; (= *untidy*) desorganizado

**unoriginal** ['ʌnə'rɪdʒɪnəl] ADJ poco original

**unorthodox** ['ʌn'ɔːθədɒks] ADJ 1 (= *unconventional*) poco ortodoxo, poco convencional
2 (*Rel*) heterodoxo

**unostentatious** ['ʌn,ɒsten'teɪʃəs] ADJ modesto, sin ostentación

**unpack** ['ʌn'pæk] Ⓐ VT deshacer, desempacar (*LAm*); **I ~ed my suitcase** deshice la maleta; **I haven't ~ed my clothes yet** todavía no he sacado la ropa de la maleta
Ⓑ VI deshacer las maletas, desempacar (*LAm*); **I went to my room to ~** fui a mi habitación a deshacer la(s) maleta(s)

**unpacking** ['ʌn'pækɪŋ] N **to do one's ~** deshacer las maletas, desempacar (*LAm*)

**unpaid** ['ʌn'peɪd] ADJ [*staff, worker, overtime*] no remunerado, no retribuido; [*leave*] sin paga, sin sueldo; [*debts, bills*] sin pagar, pendiente; [*taxes, rent*] sin pagar

**unpalatable** [ʌn'pælɪtəbl] ADJ 1 (*in taste*) [*food*] de mal sabor
2 (*fig*) (= *difficult*) [*truth, fact*] difícil de aceptar

**unparalleled** [ʌn'pærəleld] ADJ [*opportunity, prosperity, event*] sin precedentes, sin paralelo; [*beauty, wit*] sin par, incomparable; **this is ~ in our history** esto no tiene precedentes en nuestra historia

**unpardonable** [ʌn'pɑːdnəbl] ADJ imperdonable, indisculpable

**unpardonably** [ʌn'pɑːdnəblɪ] ADV imperdonablemente

**unparliamentary** ['ʌn,pɑːlə'mentərɪ] ADJ antiparlamentario

**unpatented** ['ʌn,peɪtntɪd] ADJ sin patentar

**unpatriotic** ['ʌn,pætrɪ'ɒtɪk] ADJ antipatriótico, poco patriótico

**unpatriotically** ['ʌn,pætrɪ'ɒtɪkəlɪ] ADV de modo antipatriótico

**unpaved** ['ʌn'peɪvd] ADJ sin pavimentar, sin asfaltar

**unperceived** ['ʌnpə'siːvd] ADJ inadvertido, desapercibido

**unperturbed** ['ʌnpɜː'tɜːbd] ADJ impertérrito; **he carried on ~** siguió sin inmutarse *or* (*LAm*) alterarse; **~ by this disaster ...** sin dejarse desanimar por esta catástrofe ...

**unpick** ['ʌn'pɪk] VT descoser

**unpin** ['ʌn'pɪn] VT desprender, quitar los alfileres a

**unplaced** ['ʌn'pleɪst] ADJ (*Sport*) no colocado

**unplanned** ['ʌn'plænd] ADJ [*pregnancy*] sin planear; [*visit*] imprevisto

**unplayable** ['ʌn'pleɪəbl] ADJ [*pitch*] en condiciones tan malas que está inservible

▼ **unpleasant** [ʌn'pleznt] ADJ (*gen*) desagradable; [*person*] desagradable, antipático; **to be ~ to sb** ser desagradable *or* antipático con algn

**unpleasantly** [ʌn'plezntlɪ] ADV de manera poco agradable; **"no," he said ~** —no —dijo en tono nada amistoso; **the bomb fell ~ close** la bomba cayó lo bastante cerca como para inquietarnos

**unpleasantness** [ʌn'plezntnɪs] N (*gen*) lo desagradable; [*of person*] lo antipático, lo desagradable; (= *bad feeling, quarrel*) desavenencia *f*, disgusto *m*; **there has been a lot of ~** ha habido muchos disgustos *or* muchas desavenencias

**unpleasing** [ʌn'pli:zɪŋ] ADJ poco atractivo, antiestético; **~ to the ear** poco grato al oído

**unplug** ['ʌn'plʌg] VT desenchufar, desconectar

**unplugged** [ˌʌn'plʌgd] ADJ (*Mus*) unplugged, *sin efectos acústicos ni elementos electrónicos*

**unplumbed** ['ʌn'plʌmd] ADJ no sondado, insondable

**unpoetic** ['ʌnpəʊ'etɪk] ADJ poco poético

**unpoetical** ['ʌnpəʊ'etɪkəl] ADJ = **unpoetic**

**unpolished** ['ʌn'pɒlɪʃt] ADJ **1** sin pulir; [*diamond*] en bruto
**2** (*fig*) tosco, inculto

**unpolluted** ['ʌnpə'lu:tɪd] ADJ no contaminado, impoluto

**unpopular** ['ʌn'pɒpjʊlə^r] ADJ (*gen*) impopular, poco popular; (= *unacceptable*) inaceptable, mal visto; **it was an ~ decision** fue una decisión impopular; **she's an ~ child** tiene muy pocos amigos; **it is ~ with the miners** los mineros no lo aceptan, los mineros lo ven mal; **to make o.s. ~** hacerse impopular; **you will be very ~ with me** no te lo agradeceré

**unpopularity** ['ʌnˌpɒpjʊ'lærɪtɪ] N impopularidad *f*

**unpopulated** ['ʌn'pɒpjʊleɪtɪd] ADJ deshabitado, desierto

**unpractical** ['ʌn'præktɪkəl] ADJ [*plan, scheme, idea*] poco práctico; [*person*] falto de sentido práctico

**unpractised**, **unpracticed** (*US*) [ʌn'præktɪst] ADJ inexperto

**unprecedented** [ʌn'presɪdəntɪd] ADJ sin precedentes, inaudito

**unpredictability** ['ʌnprɪˌdɪktə'bɪlɪtɪ] N [*of situation*] lo imprevisible, imprevisibilidad *f*; [*of person*] carácter *m* caprichoso, volubilidad *f*

**unpredictable** ['ʌnprɪ'dɪktəbl] ADJ [*event*] imprevisible; [*situation*] impredecible, incierto; [*weather*] variable; [*person*] caprichoso, de reacción imprevisible

**unpredictably** ['ʌnprɪ'dɪktəblɪ] ADV de manera imprevisible, imprevisiblemente; [*behave*] caprichosamente, de manera voluble

**unprejudiced** [ʌn'predʒʊdɪst] ADJ (= *not biased*) imparcial; (= *having no prejudices*) sin prejuicios

**unpremeditated** ['ʌnprɪ'medɪteɪtɪd] ADJ impremeditado

**unprepared** ['ʌnprɪ'pɛəd] ADJ **1** (= *unready*) **the student who comes to an exam ~** el estudiante que viene al examen sin estar preparado *or* sin preparación; **to catch sb ~** pillar a algn desprevenido; **to be ~ for sth** (= *not expect*) no contar con algo, no esperar algo; (= *be unequipped*) no estar preparado para algo; **she was totally ~ for motherhood** no estaba preparada para ser madre en absoluto
**2** (= *improvised*) [*speech, lecture*] improvisado
**3** (= *unwilling*) **to be ~ to do sth** no estar dispuesto a hacer algo

**unpreparedness** ['ʌnprɪ'pɛərɪdnɪs] N falta *f* de preparación

**unprepossessing** ['ʌnˌpri:pə'zesɪŋ] ADJ poco atractivo

**unpresentable** ['ʌnprɪ'zentəbl] ADJ mal apersonado

**unpretentious** ['ʌnprɪ'tenʃəs] ADJ sin pretensiones, modesto

**unpriced** ['ʌn'praɪst] ADJ sin precio

**unprincipled** [ʌn'prɪnsɪpld] ADJ sin escrúpulos, cínico

**unprintable** ['ʌn'prɪntəbl] ADJ **1** (= *unpublishable*) [*article*] impublicable
**2** (*hum*) (= *shocking*) [*story*] impublicable; [*remark, comment*] irrepetible

**unproductive** ['ʌnprə'dʌktɪv] ADJ [*capital, soil etc*] improductivo; [*meeting etc*] infructuoso

**unprofessional** ['ʌnprə'feʃənl] ADJ [*person, behaviour, attitude*] poco profesional; **it was ~ of her** fue poco profesional de su parte; **~ conduct** comportamiento *m* contrario a la ética profesional

**unprofitable** [ʌn'prɒfɪtəbl] ADJ **1** (= *uneconomic*) [*business, industry, route*] poco rentable
**2** (= *fruitless*) [*argument, activity, day*] inútil

**UNPROFOR, Unprofor** ['ʌnprəʊfɔ:^r] N ABBR (= **United Nations Protection Force**) FORPRONU *f*, Unprofor *f*

**unpromising** ['ʌn'prɒmɪsɪŋ] ADJ poco prometedor; **it looks ~** no promete mucho

**unprompted** ['ʌn'prɒmptɪd] ADJ espontáneo

**unpronounceable** ['ʌnprə'naʊnsəbl] ADJ impronunciable

**unpropitious** ['ʌnprə'pɪʃəs] ADJ impropicio, poco propicio

**unprotected** ['ʌnprə'tektɪd] ADJ **1** (= *defenceless*) [*person*] indefenso; **to leave sth ~** dejar algo sin protección; **to be ~ by the law** no estar protegido por la ley
**2** (= *uncovered*) [*skin, eyes, plants*] sin protección; **to be ~ from the sun** no estar protegido del sol
**3** **~ sex** ◊ **~ intercourse** relaciones *fpl* sexuales sin protección

**unproved** ['ʌn'pru:vd], **unproven** [ʌn'pru:vən] ADJ no probado

**unprovided-for** [ʌnprə'vaɪdɪd,fɔ:^r] ADJ [*person*] desamparado, desvalido

**unprovoked** ['ʌnprə'vəʊkt] ADJ no provocado, sin provocación

**unpublished** ['ʌn'pʌblɪʃt] ADJ inédito, no publicado

**unpunctual** ['ʌn'pʌŋktjʊəl] ADJ poco puntual; **this train is always ~** este tren siempre llega con retraso

**unpunctuality** ['ʌnˌpʌŋktjʊ'ælɪtɪ] N falta *f* de puntualidad, atraso *m*

**unpunished** ['ʌn'pʌnɪʃt] ADJ **to go ~** [*crime*] quedar sin castigo, quedar impune; [*person*] escapar sin castigo, salir impune

**unputdownable*** ['ʌnpʊt'daʊnəbl] ADJ absorbente, que no se puede dejar de la mano

**unqualified** ['ʌn'kwɒlɪfaɪd] ADJ **1** (= *without qualifications*) [*person, staff, pilot*] no calificado, no cualificado; [*teacher*] sin título, no titulado; **to be ~ to do sth** no estar capacitado para hacer algo
**2** (= *unmitigated*) [*success, disaster*] rotundo, total y absoluto; [*acceptance, support, approval*] incondicional

**unquenchable** [ʌn'kwentʃəbl] ADJ (*fig*) inextinguible; [*thirst*] inapagable; [*desire etc*] insaciable

**unquestionable** [ʌn'kwestʃənəbl] ADJ indiscutible, incuestionable

▼ **unquestionably** [ʌn'kwestʃənəblɪ] ADV indiscutiblemente, incuestionablemente

**unquestioned** [ʌn'kwestʃənd] ADJ (= *unchallenged*) indiscutido, incontestable

**unquestioning** [ʌn'kwestʃənɪŋ] ADJ [*acceptance*] incondicional, ciego; [*loyalty*] incondicional; [*faith etc*] ciego

**unquestioningly** [ʌn'kwestʃənɪŋlɪ] ADV incondicionalmente; [*accept, obey*] ciegamente

**unquiet** ['ʌn'kwaɪət] ADJ inquieto

**unquote** ['ʌn'kwəʊt] N *see* **quote D**

**unquoted** ['ʌn'kwəʊtɪd] ADJ [*share etc*] no cotizado, sin cotización oficial

**unravel** [ʌn'rævəl] Ⓐ VT desenredar, desenmarañar
Ⓑ VI desenredarse, desenmarañarse

**unread** ['ʌn'red] ADJ no leído; **to leave sth ~** dejar algo sin leer

**unreadable** ['ʌn'ri:dəbl] ADJ **1** (= *turgid*) [*book*] imposible de leer; **I found the book ~** el libro me resultó pesadísimo
**2** (= *illegible*) [*handwriting etc*] ilegible
**3** (*Comput*) [*data*] ilegible
**4** (*liter*) (= *impenetrable*) [*face, eyes*] impenetrable

**unreadiness** ['ʌn'redɪnɪs] N desprevención *f*

**unready** ['ʌn'redɪ] ADJ desprevenido

**unreal** ['ʌn'rɪəl] ADJ **1** (= *not real*) [*situation, world*] irreal
**2** (*) (= *excellent*) increíble*; (= *unbelievable*) increíble

**unrealistic** ['ʌnrɪə'lɪstɪk] ADJ poco realista; **it is ~ to expect that ...** no es realista esperar que ...

**unrealistically** ['ʌnrɪə'lɪstɪkəlɪ] ADV **the prices are ~ high** los precios son tan altos que no son realistas

**unreality** ['ʌnrɪ'ælɪtɪ] N irrealidad *f*

**unrealizable** ['ʌnrɪə'laɪzəbl] ADJ irrealizable

**unrealized** ['ʌn'ri:əlaɪzd] ADJ [*ambition*] no realizado, que ha quedado sin realizar; [*objective*] no logrado

**unreason** ['ʌn'ri:zn] N insensatez *f*

**unreasonable** [ʌn'ri:znəbl] ADJ [*person, behaviour*] irrazonable, poco razonable; [*price, amount*] excesivo; **he was most ~ about it** reaccionó en forma irracional; **I think her attitude is ~** creo que su actitud es poco razonable

**unreasonableness** [ʌn'ri:znəblnɪs] N irracionalidad *f*, lo irrazonable

**unreasonably** [ʌn'ri:znəblɪ] ADV **to be ~ difficult about sth** porfiar estúpidamente en algo

**unreasoning** [ʌn'ri:znɪŋ] ADJ irracional

**unreceptive** ['ʌnrɪ'septɪv] ADJ poco receptivo

**unreclaimed** ['ʌnrɪ'kleɪmd] ADJ [*land*] no rescatado, no utilizado

**unrecognizable** ['ʌn'rekəgnaɪzəbl] ADJ irreconocible

**unrecognized** ['ʌn'rekəgnaɪzd] ADJ **1** (= *unnoticed*) [*talent, genius*] desapercibido, no reconocido; **to go ~** pasar desapercibido; **he walked along the road ~ by passers-by** fue por la calle sin que los transeúntes le reconocieran
**2** (*Pol*) [*government, party, country*] no reconocido

**unreconstructed** [ˌʌnri:kən'strʌktɪd] ADJ [*system, idea, policy*] no reformado, inamovible; [*person*] recalcitrante

**unrecorded** ['ʌnrɪ'kɔ:dɪd] ADJ no registrado, ignorado

**unredeemed** ['ʌnrɪ'di:md] ADJ no redimido; [*promise*] sin cumplir, incumplido; [*pledge*] no desempeñado; [*bill*] sin redimir; [*debt*] sin amortizar

➤ LANGUAGE IN USE: **unquestionably** 26.3

**unreel** [ʌn'rɪəl] VT desenrollar

**unrefined** ['ʌnrɪ'faɪnd] ADJ [1] (= *not processed*) [*oil, sugar etc*] crudo, sin refinar
[2] (= *coarse*) [*person, manners*] poco refinado

**unreflecting** ['ʌnrɪ'flektɪŋ] ADJ irreflexivo

**unreformed** ['ʌnrɪ'fɔːmd] ADJ no reformado

**unregarded** ['ʌnrɪ'gɑːdɪd] ADJ desatendido, no estimado; **those ~ aspects** aquellos aspectos de los que nadie hace caso

**unregenerate** ['ʌnrɪ'dʒenərɪt] ADJ empedernido

**unregistered** ['ʌn'redʒɪstəd] ADJ no registrado; [*letter*] sin certificar

**unregretted** ['ʌnrɪ'gretɪd] ADJ no llorado, no lamentado

**unrehearsed** ['ʌnrɪ'hɜːst] ADJ (*Theat etc*) no ensayado; (= *spontaneous*) improvisado

**unrelated** ['ʌnrɪ'leɪtɪd] ADJ [1] (= *unconnected*) inconexo
[2] (*by family*) no emparentado; **they are ~ to each other** no están emparentados

**unrelenting** ['ʌnrɪ'lentɪŋ] ADJ [*rain, heat, attack*] implacable; [*person*] despiadado

**unreliability** ['ʌnrɪ,laɪə'bɪlɪtɪ] N falta *f* de fiabilidad

**unreliable** ['ʌnrɪ'laɪəbl] ADJ [*person*] informal, poco de fiar; [*machine, service*] poco fiable, que no es de fiar; [*information, statistics*] poco fiable; [*weather, climate*] variable, inestable; **they thought British workers were ~** opinaban que a los trabajadores británicos les faltaba formalidad, opinaban que los trabajadores británicos eran muy informales *or* no eran muy de fiar; **the phones here are ~** los teléfonos aquí son poco fiables *or* no son de fiar; **my memory is so ~ these days** mi memoria no es muy de fiar últimamente

**unrelieved** ['ʌnrɪ'liːvd] ADJ [*work etc*] continuo; **~ by** no aliviado por, no mitigado por; **sadness ~ by hope** tristeza *f* sin alivio de esperanza; **three hours of ~ boredom** tres horas de aburrimiento total

**unremarkable** ['ʌnrɪ'mɑːkəbl] ADJ ordinario, corriente

**unremarked** ['ʌnrɪ'mɑːkt] ADJ inadvertido

**unremitting** ['ʌnrɪ'mɪtɪŋ] ADJ incansable; (= *continuous*) continuo

**unremittingly** ['ʌnrɪ'mɪtɪŋlɪ] ADV incansablemente

**unremunerative** ['ʌnrɪ'mjuːnərətɪv] ADJ poco remunerador, poco lucrativo

**unrepealed** ['ʌnrɪ'piːld] ADJ no revocado

**unrepeatable** ['ʌnrɪ'piːtəbl] ADJ irrepetible, que no puede repetirse; **what he said is quite ~** no me atrevo a repetir lo que dijo; **an ~ bargain** una ganga única

**unrepentant** ['ʌnrɪ'pentənt] ADJ impenitente

**unreported** [,ʌnrɪ'pɔːtɪd] ADJ [*crime*] no denunciado, sin denunciar; **the news went ~** la noticia no fue comunicada

**unrepresentative** ['ʌn,reprɪ'zentətɪv] ADJ (= *untypical*) poco representativo; **to be ~ of sth** no ser representativo de algo; **he holds an ~ view** mantiene una opinión poco representativa

**unrepresented** ['ʌn,reprɪ'zentɪd] ADJ sin representación; **they are ~ in the House** no tienen representación en la Cámara

**unrequited** ['ʌnrɪ'kwaɪtɪd] ADJ no correspondido

**unreserved** ['ʌnrɪ'zɜːvd] ADJ [1] (= *not booked*) no reservado
[2] (= *frank*) franco, directo
[3] (= *complete*) total, completo
[3] (*Jur*) (= *dubious*) [*evidence, conviction, verdict*] abierto a revisión judicial
[4] (= *unprotected*) **~ sex** relaciones *fpl* sexuales sin protección

**unreservedly** ['ʌnrɪ'zɜːvɪdlɪ] ADV sin reserva, incondicionalmente

**unresisting** ['ʌnrɪ'zɪstɪŋ] ADJ sumiso

**unresolved** ['ʌnrɪ'zɒlvd] ADJ [*problem*] no resuelto, pendiente

**unresponsive** ['ʌnrɪs'pɒnsɪv] ADJ insensible, sordo (**to** a)

**unrest** [ʌn'rest] N [1] (*Pol*) malestar *m*; (= *riots*) disturbios *mpl*; **the ~ in the Congo** los disturbios del Congo
[2] (= *unease*) malestar *m*, inquietud *f*

**unrestrained** ['ʌnrɪ'streɪnd] ADJ [1] (= *uncontrolled*) [*joy, laughter, violence*] desenfrenado, incontrolado; [*enthusiasm*] desbordante; **to be ~ by morality** no estar frenado por la moralidad; **to be ~ in one's views** expresar su opinión sin reservas
[2] (= *not held physically*) [*car passenger*] sin cinturón; [*patient, prisoner*] sin maniatar

**unrestrainedly** ['ʌnrɪ'streɪnɪdlɪ] ADV desenfrenadamente, incontroladamente

**unrestricted** ['ʌnrɪ'strɪktɪd] ADJ [1] (= *unlimited*) [*use, right*] ilimitado; **~ access** libre acceso *m*
[2] (= *unobstructed*) [*view*] perfecto

**unrevealed** ['ʌnrɪ'viːld] ADJ no revelado

**unrewarded** ['ʌnrɪ'wɔːdɪd] ADJ sin recompensa; **to go ~** quedar sin recompensa

**unrewarding** ['ʌnrɪ'wɔːdɪŋ] ADJ ingrato; (*financially*) improductivo

**unrighteous** [ʌn'raɪtʃəs] Ⓐ ADJ malo, perverso
Ⓑ NPL **the ~** los malos, los perversos

**unripe** ['ʌn'raɪp] ADJ verde

**unrivalled**, **unrivaled** (*US*) [ʌn'raɪvəld] ADJ sin par, incomparable; **Bilbao is ~ for food** la cocina bilbaína es incomparable

**unroadworthy** ['ʌn'rəʊd,wɜːðɪ] ADJ no apto para circular

**unrobe** ['ʌn'rəʊb] (*frm*) Ⓐ VI desvestirse, desnudarse
Ⓑ VT desvestir, desnudar

**unroll** ['ʌn'rəʊl] Ⓐ VT desenrollar
Ⓑ VI desenrollarse

**unromantic** ['ʌnrə'mæntɪk] ADJ poco romántico

**unroof** ['ʌn'ruːf] VT destechar, quitar el techo de

**unrope** ['ʌn'rəʊp] Ⓐ VT desatar
Ⓑ VI desatarse

**UNRRA** N ABBR (*formerly*) = **United Nations Relief and Rehabilitation Administration**

**unruffled** ['ʌn'rʌfld] ADJ [1] [*person*] sereno, imperturbable; **he carried on quite ~** siguió sin inmutarse
[2] [*hair, surface*] liso

**unruled** ['ʌn'ruːld] ADJ [*paper*] sin rayar, sin pautar

**unruly** [ʌn'ruːlɪ] ADJ (*compar* **unrulier**; *superl* **unruliest**) [1] [*behaviour*] rebelde; [*child*] revoltoso; [*mob*] alterado
[2] (*liter*) [*hair*] rebelde

**UNRWA** N ABBR = **United Nations Relief and Works Agency**

**unsaddle** ['ʌn'sædl] VT [+ *rider*] desarzonar; [+ *horse*] desensillar, quitar la silla a

**unsafe** ['ʌn'seɪf] ADJ [1] (= *dangerous*) [*building, neighbourhood*] peligroso, poco seguro; [*machine, vehicle, wiring*] poco seguro, peligroso; [*working conditions*] peligroso; **the car is ~ to drive** el coche no está en condiciones de conducirlo; **it is ~ to walk there at night** es peligroso caminar por ahí de noche; **to declare a building ~** declarar un edificio un peligro
[2] (= *in danger*) **to be ~** [*person*] estar en peligro; **to feel ~** no sentirse seguro

**unsaid** ['ʌn'sed] ADJ sin decir; **to leave sth ~** callar algo, dejar de decir algo; **to leave nothing ~** no dejar nada en el tintero; **much was left ~** muchas cosas se quedaron por decir

**unsalable** ['ʌn'seɪləbl] ADJ (*US*) = **unsaleable**

**unsalaried** ['ʌn'sælərɪd] ADJ sin sueldo, no remunerado

**unsaleable**, **unsalable** (*US*) ['ʌn'seɪləbl] ADJ invendible

**unsalted** [,ʌn'sɒltɪd] ADJ sin sal

**unsanitary** [,ʌn'sænɪtərɪ] ADJ insalubre, antihigiénico

**unsatisfactory** ['ʌn,sætɪs'fæktərɪ] ADJ poco satisfactorio; [*work*] insatisfactorio

**unsatisfied** ['ʌn'sætɪsfaɪd] ADJ insatisfecho

**unsatisfying** ['ʌn'sætɪsfaɪɪŋ] ADJ poco satisfactorio; (= *insufficient*) insuficiente

**unsaturated** ['ʌn'sætʃəreɪtɪd] ADJ no saturado, insaturado

**unsavoury**, **unsavory** (*US*) ['ʌn'seɪvərɪ] ADJ [*person*] indeseable; [*remark etc*] desagradable, repugnante

**unsay** ['ʌn'seɪ] (*pt, pp* **unsaid**) VT desdecirse de

**unscathed** ['ʌn'skeɪðd] ADJ ileso; **to escape/get out ~** salir ileso

**unscheduled** ['ʌn'ʃedjuːld] ADJ no programado

**unscholarly** ['ʌn'skɒləlɪ] ADJ [*person*] nada erudito; [*work*] indigno de un erudito

**unschooled** ['ʌn'skuːld] ADJ indocto; **to be ~ in a technique** no haber aprendido nada de una técnica

**unscientific** ['ʌn,saɪən'tɪfɪk] ADJ poco científico

**unscramble** ['ʌn'skræmbl] VT (*Telec*) [+ *message*] descifrar; (*TV*) descodificar

**unscrew** ['ʌn'skruː] Ⓐ VT destornillar; [+ *lid*] desenroscar
Ⓑ VI destornillarse; [*lid*] desenroscar

**unscripted** ['ʌn'skrɪptɪd] ADJ [*speech, remark*] improvisado; (*Rad, TV*) [*programme*] sin guión

**unscrupulous** [ʌn'skruːpjʊləs] ADJ sin escrúpulos, poco escrupuloso

**unscrupulously** [ʌn'skruːpjʊləslɪ] ADV de modo poco escrupuloso

**unscrupulousness** [ʌn'skruːpjʊləsnɪs] N falta *f* de escrúpulos

**unseal** ['ʌn'siːl] VT desellar, abrir

**unseasonable** [ʌn'siːznəbl] ADJ [*weather*] impropio de la estación; [*clothes, food*] fuera de estación

**unseasonably** [ʌn'siːznəblɪ] ADV **we had an ~ warm spring** tuvimos una primavera calurosa para esa época del año; **it was ~ mild for late January** hacía un tiempo muy moderado para estar a últimos de enero

**unseasoned** ['ʌn'siːznd] ADJ no sazonado

**unseat** ['ʌn'siːt] VT [1] [+ *rider*] derribar, desarzonar; [+ *passenger etc*] echar de su asiento
[2] (*Parl*) [+ *MP*] hacer perder su escaño

**unseaworthy** ['ʌn'siː,wɜːðɪ] ADJ innavegable

**unsecured** ['ʌnsɪ'kjʊəd] Ⓐ ADJ (*Fin*) no respaldado, sin aval
Ⓑ CPD ► **unsecured creditor** N acreedor(a) *m/f* común ► **unsecured debt** N deuda *f* sin respaldo

**unseeded** ['ʌn'siːdɪd] ADJ [*player, team*] que no es cabeza de serie

**unseeing** ['ʌn'siːɪŋ] ADJ (*fig*) ciego; **he stared, ~, out of the window** miraba por la ventana, con la mirada perdida; **to gaze at sth with ~ eyes** mirar algo sin verlo

**unseemliness** [ʌn'siːmlɪnɪs] N lo indecoroso, falta *f* de decoro, impropiedad *f*

**unseemly** [ʌn'siːmlɪ] ADJ (*gen*) mal visto; [*behaviour*] impropio, indecoroso

**unseen** ['ʌn'siːn] Ⓐ ADJ (= *hidden*) oculto; (= *unknown*) desconocido; [*translation*] hecho a primera vista; **he managed to get through ~** logró pasar inadvertido

Ⓑ N 1 (*Scol*) traducción *f* (al idioma materno) hecha a primera vista

2 **the ~** lo invisible, lo oculto

**unsegregated** ['ʌn'segrɪgeɪtɪd] ADJ no segregado, sin segregación (racial *etc*)

**unselfconscious** ['ʌn,self'kɒnʃəs] ADJ natural

**unselfconsciously** ['ʌn,self'kɒnʃəslɪ] ADV de manera desenfadada

**unselfish** ['ʌn'selfɪʃ] ADJ desinteresado

**unselfishly** ['ʌn'selfɪʃlɪ] ADV desinteresadamente

**unselfishness** ['ʌn'selfɪʃnɪs] N desinterés *m*

**unsentimental** ['ʌnsentɪ'mentəl] ADJ nada sentimental

**unserviceable** ['ʌn'sɜːvɪsəbl] ADJ inservible, inútil

**unsettle** ['ʌn'setl] VT [+ *opponent*] desconcertar; [+ *relationship*] desestabilizar; **if this gets into the papers it will only ~ people** si esto se publica en los periódicos lo único que hará es poner nerviosa *or* inquietar a la gente; **don't let her comments ~ you** no dejes que sus comentarios te pongan nervioso

**unsettled** ['ʌn'setld] ADJ 1 (= *uneasy, restless*) [*person*] intranquilo; [*sleep, night*] agitado; **he's feeling ~ in his job** no está del todo contento *or* a gusto en su trabajo

2 (= *undecided*) [*matter, question*] pendiente, sin resolver

3 (= *changeable*) [*weather*] inestable, variable; [*situation, market*] inestable

4 (= *not populated*) [*land, island*] sin colonizar

5 (= *unpaid*) [*account, bill*] pendiente, sin saldar

**unsettling** ['ʌn'setlɪŋ] ADJ [*influence, effect*] desestabilizador; [*experience, dream*] perturbador; [*thought*] inquietante; **this is an ~ time for us all** esta época es preocupante para todos nosotros; **it is ~ to know he could be watching me** me inquieta saber que podría estar vigilándome

**unsex** ['ʌn'seks] VT (*liter*) privar de la sexualidad, suprimir el instinto sexual de

**unshackle** ['ʌn'ʃækl] VT desencadenar, quitar los grillos a

**unshaded** ['ʌn'ʃeɪdɪd] ADJ [*place*] sin sombra; [*bulb*] sin pantalla

**unshak(e)able** [ʌn'ʃeɪkəbl] ADJ [*belief*] inquebrantable; **he was ~ in his resolve** se mostró totalmente resuelto; **after three hours he was still ~** después de tres horas seguía tan resuelto como antes

**unshaken** ['ʌn'ʃeɪkən] ADJ impertérrito; **he was ~ by what had happened** no se dejó amedrentar por lo que había pasado

**unshaven** ['ʌn'ʃeɪvn] ADJ sin afeitar

**unsheathe** ['ʌn'ʃiːð] VT desenvainar

**unship** ['ʌn'ʃɪp] VT [+ *goods*] desembarcar; [+ *rudder, mast etc*] desmontar

**unshockable** ['ʌn'ʃɒkəbl] ADJ **she's ~** no se escandaliza por nada

**unshod** ['ʌn'ʃɒd] ADJ descalzo; [*horse*] desherrado

**unshrinkable** ['ʌn'ʃrɪŋkəbl] ADJ que no encoge, inencogible

**unshrinking** [ʌn'ʃrɪŋkɪŋ] ADJ impávido

**unsighted** ['ʌn'saɪtɪd] Ⓐ ADJ (= *blind*) invidente; (= *with no view*) **I was ~ for a moment** por un momento no pude ver

Ⓑ CPD ► **unsighted person** N invidente *mf*

**unsightliness** [ʌn'saɪtlɪnɪs] N fealdad *f*

**unsightly** [ʌn'saɪtlɪ] ADJ feo

**unsigned** ['ʌn'saɪnd] ADJ (= *without signature*) [*letter, article, contract*] sin firmar

**unsinkable** ['ʌn'sɪŋkəbl] ADJ insumergible

**unskilful**, **unskillful** (*US*) ['ʌn'skɪlfʊl] ADJ inexperto, desmañado

**unskilled** ['ʌn'skɪld] Ⓐ ADJ [*work*] no especializado

Ⓑ CPD ► **unskilled worker** N trabajador(a) *m/f* no cualificado/a, trabajador(a) *m/f* no calificado/a (*LAm*)

**unskimmed** ['ʌn'skɪmd] ADJ sin desnatar, sin descremar (*LAm*)

**unsmiling** ['ʌn'smaɪlɪŋ] ADJ adusto

**unsmilingly** ['ʌn'smaɪlɪŋlɪ] ADV sin sonreír

**unsociability** ['ʌn,səʊʃə'bɪlɪtɪ] N insociabilidad *f*

**unsociable** [ʌn'səʊʃəbl] ADJ insociable; [*person*] poco sociable, huraño

**unsocial** [ʌn'səʊʃəl] ADJ antisocial; **to work ~ hours** trabajar fuera de las horas normales

**unsold** ['ʌn'səʊld] ADJ por vender, sin venderse; **to remain ~** quedar por vender *or* sin venderse

**unsoldierly** ['ʌn'səʊldʒəlɪ] ADJ indigno de un militar, impropio de un militar

**unsolicited** ['ʌnsə'lɪsɪtɪd] ADJ no solicitado

**unsolvable** ['ʌn'sɒlvəbl] ADJ irresoluble, insoluble

**unsolved** ['ʌn'sɒlvd] ADJ no resuelto, sin resolver; **~ crime** crimen *m* que sigue sin resolver

**unsophisticated** ['ʌnsə'fɪstɪkeɪtɪd] ADJ sencillo, cándido; (*pej*) burdo

**unsought** ['ʌn'sɔːt] ADJ no solicitado; **the offer came quite ~** se hizo la oferta sin que se hubiera pedido nada

**unsound** ['ʌn'saʊnd] ADJ (*in health*) malo; (*in construction*) defectuoso; (= *unstable*) poco sólido *or* estable; [*argument*] poco sólido; **of ~ mind** (*Jur*) mentalmente incapacitado; **the book is ~ on some points** el libro yerra en algunos puntos, no hay que fiarse del libro en ciertos aspectos

**unsoundness** ['ʌn'saʊndnɪs] N lo defectuoso; [*of argument*] falta *f* de solidez

**unsparing** [ʌn'speərɪŋ] ADJ (= *generous*) pródigo, generoso; (= *untiring*) incansable; (= *unmerciful*) despiadado; **to be ~ in one's praise** no escatimar las alabanzas; **to be ~ in one's efforts to** + INFIN no regatear esfuerzo por + *infin*

**unsparingly** [ʌn'speərɪŋlɪ] ADV (= *generously*) generosamente, pródigamente; (= *untiringly*) incansablemente

**unspeakable** [ʌn'spiːkəbl] ADJ (= *terrible*) [*pain etc*] horrible; (= *dreadful*) incalificable

**unspeakably** [ʌn'spiːkəblɪ] ADV **to suffer ~** sufrir lo indecible; **it was ~ bad** fue horroroso

**unspecified** ['ʌn'spesɪfaɪd] ADJ no especificado

**unspectacular** [,ʌnspek'tækjʊlə^r] ADJ poco espectacular

**unspent** ['ʌn'spent] ADJ no gastado

**unsplinterable** ['ʌn'splɪntərəbl] ADJ inastillable

**unspoiled** ['ʌn'spɔɪld], **unspoilt** ['ʌn'spɔɪlt] ADJ [*place*] que no ha perdido su belleza natural; [*child*] nada mimado; **~ by tourism** no echado a perder por el turismo; **to remain ~** conservar la belleza natural

**unspoken** ['ʌn'spəʊkən] ADJ tácito, sobreentendido; **to leave sth ~** no expresar algo, dejar de decir algo; **to remain ~** dejarse sin decir

**unsporting** ['ʌn'spɔːtɪŋ], **unsportsmanlike** ['ʌn'spɔːtsmənlaɪk] ADJ antideportivo

**unstable** ['ʌn'steɪbl] ADJ 1 (= *unsafe*) [*building, construction*] inestable, poco firme, poco sólido

2 (= *unpredictable*) [*condition, economy, prices*] inestable; **the country is politically ~** el país es inestable desde el punto de vista político

3 [*weather*] inestable, variable

4 (*Psych*) [*person, character*] inestable; **mentally/emotionally ~** mentalmente/emocionalmente inestable

5 (*Phys*) [*matter, molecule*] inestable

**unstamped** ['ʌn'stæmpt] ADJ sin sello, sin franquear

**unstated** [ʌn'steɪtɪd] ADJ [*wish etc*] no expresado; [*understanding*] tácito

**unstatesmanlike** ['ʌn'steɪtsmənlaɪk] ADJ indigno *or* impropio de un estadista

**unsteadily** ['ʌn'stedɪlɪ] ADV de manera insegura; [*walk*] con paso vacilante

**unsteadiness** ['ʌn'stedɪnɪs] N [*of chair, ladder, structure*] inestabilidad *f*, inseguridad *f*; [*of sb's steps, walk*] lo vacilante, inseguridad *f*; [*of voice, hand*] temblor *m*

**unsteady** ['ʌn'stedɪ] ADJ [*chair, ladder structure*] inestable, inseguro; [*walk*] vacilante; [*voice, hand*] tembloroso; **to be ~ on one's feet** caminar con paso vacilante

**unstick** ['ʌn'stɪk] VT despegar

**unstinted** [ʌn'stɪntɪd] ADJ [*effort*] incansable

**unstinting** [ʌn'stɪntɪŋ] ADJ pródigo; **to be ~ in one's praise** no escatimar las alabanzas, prodigar las alabanzas; **to be ~ in one's efforts to** (+ *INFIN*) no regatear esfuerzo por + *infin*

**unstintingly** [,ʌn'stɪntɪŋlɪ] ADV sin escatimar esfuerzos, de manera infatigable y generosa

**unstitch** ['ʌn'stɪtʃ] VT descoser; **to come ~ed** descoserse

**unstop** ['ʌn'stɒp] VT desobstruir, desatascar

**unstoppable** ['ʌn'stɒpəbl] ADJ incontenible, irrefrenable; (*Sport*) [*shot etc*] imparable

**unstrap** [ʌn'stræp] VT quitar la correa de

**unstressed** ['ʌn'strest] ADJ (*Ling*) átono, inacentuado

**unstring** ['ʌn'strɪŋ] (*pt, pp* **unstrung**) VT (*Mus*) desencordar; [+ *pearls*] desensartar; (*fig*) [+ *nerves*] trastornar

**unstructured** ['ʌn'strʌktʃəd] ADJ sin estructura, no estructurado

**unstuck** ['ʌn'stʌk] ADJ **to come ~** [*label etc*] despegarse, desprenderse; (*) (*fig*) fracasar, sufrir un revés; **where he comes ~ is …** a él lo que le pierde es …

**unstudied** ['ʌn'stʌdɪd] ADJ natural, sin afectación

**unsubdued** ['ʌnsəb'djuːd] ADJ indomado

**unsubmissive** ['ʌnsəb'mɪsɪv] ADJ insumiso

**unsubstantial** ['ʌnsəb'stænʃəl] ADJ insustancial

**unsubstantiated** ['ʌnsəb'stænʃɪeɪtɪd] ADJ no comprobado, no demostrado

**unsuccessful** ['ʌnsək'sesfʊl] ADJ [*attempt, effort*] inútil, infructuoso; [*appeal, search, job application*] infructuoso; **he embarked on an ~ business venture** se embarcó en un negocio que no tuvo éxito *or* que fracasó; **an ~ writer**

un escritor que no consiguió el éxito, un escritor fracasado; **to be ~** no tener éxito, fracasar; **their marriage was ~** el matrimonio fracasó; **we regret to inform you that your application for the post has been ~** lamentamos informarle que no ha sido seleccionado para el puesto de trabajo solicitado; **they were ~ in their efforts to reach an agreement** fracasaron en sus esfuerzos por llegar a un acuerdo; **to be ~ in (doing) sth: he was ~ in getting a job** no consiguió *or* logró encontrar trabajo; **a search for the weapon proved ~** la búsqueda del arma resultó ser infructuosa

**unsuccessfully** ['ʌnsək'sesfəlɪ] ADV [*try, argue*] sin éxito, en vano; [*compete*] sin éxito

**unsuitability** ['ʌn,su:tə'bɪlɪtɪ] N [*of clothes, shoes*] lo inadecuado, lo inapropiado; [*of moment*] lo inoportuno; [*of behaviour, answer, book, reading*] impropiedad *f*

**unsuitable** ['ʌn'su:təbl] ADJ [*clothes, shoes*] inadecuado, inapropiado; [*accommodation, job, site*] inadecuado; [*candidate*] poco idóneo; [*moment*] inoportuno, inconveniente; **the building was ~ as an office** el edificio no reunía las condiciones necesarias para hacer de oficina; **these shoes are ~ for walking** estos zapatos no son los adecuados *or* apropiados para caminar; **the film is ~ for children** la película no es apta para menores; **this book is ~ for children** este libro no es apropiado para niños *or* es impropio para niños; **he is ~ for the post** no es la persona indicada para el puesto; **she always went for ~ men** siempre escogía a hombres que no le convenían; **he married a most ~ girl** se casó con una chica que no le convenía nada

**unsuitably** ['ʌn'su:təblɪ] ADV [*dressed*] de manera inapropiada

**unsuited** ['ʌn'su:tɪd] ADJ **to be ~ for/to sth** no estar hecho para algo, no servir para algo; **he is ~ to be king** no está hecho *or* no sirve para ser rey; **it was a job to which I was totally ~** era un trabajo para el que no estaba hecha *or* no servía en absoluto; **they are ~ to each other** son incompatibles (el uno con el otro); **the vehicles are ~ for use in the desert** los vehículos no son adecuados para su utilización en el desierto

**unsullied** ['ʌn'sʌlɪd] ADJ (*liter*) inmaculado, no corrompido; **~ by** no corrompido por

**unsung** ['ʌn'sʌŋ] ADJ [*person, achievement*] no reconocido; [*hero, heroine*] olvidado

**unsupported** ['ʌnsə'pɔ:tɪd] ADJ **1** (= *unsubstantiated*) [*allegation*] sin pruebas que lo respalden; [*claim, statement*] sin base

**2** (= *without backup*) [*troops*] sin refuerzos, sin apoyo; [*expedition*] sin apoyo; (*Pol*) [*candidate*] sin apoyo, no respaldado por nadie; (*financially*) [*mother*] sin ayuda económica

**3** (*physically*) [*person*] sin ayuda; **he was too weak to walk ~** estaba demasiado débil para andar sin ayuda

**4** (*Archit, Constr*) [*structure, wall*] sin sujeción

**unsure** ['ʌn'ʃʊəʳ] ADJ **1** (= *doubtful, undecided*) **to be ~ about/of sth** no estar seguro de algo; **he seemed very ~ about it** no parecía estar muy seguro de ello; **she looked at him, ~ of his reaction** lo miró, sin estar segura de su reacción; **he was ~ of his welcome** no estaba seguro de la bienvenida que recibiría; **I was ~ what to expect** no estaba segura de qué esperar; **he was ~ whether he would be able to do it** no estaba seguro de si sería capaz de hacerlo

**2** (= *lacking confidence*) inseguro, poco seguro; **she seemed nervous and ~** parecía nerviosa e insegura, parecía nerviosa y poco segura; **to be ~ of o.s.** no estar seguro de uno mismo, no tener confianza en sí mismo

**3** (= *unreliable*) [*situation, economic climate*] poco seguro; [*loyalty, commitment*] poco fiable

**unsurmountable** ['ʌnsə'maʊntəbl] ADJ insuperable

**unsurpassable** ['ʌnsə'pɑ:səbl] ADJ inmejorable, insuperable

**unsurpassed** ['ʌnsə'pɑ:st] ADJ no superado, sin par; **~ in quality** de calidad inmejorable; **~ by anybody** no superado por nadie

**unsurprising** ['ʌnsə'praɪzɪŋ] ADJ nada sorprendente

**unsurprisingly** ['ʌnsə'praɪzɪŋlɪ] ADV como era de esperar; **~, they decided not to pursue the deal** como era de esperar, decidieron no seguir con el trato

**unsuspected** ['ʌnsəs'pektɪd] ADJ insospechado

**unsuspecting** ['ʌnsəs'pektɪŋ] ADJ confiado

**unsweetened** ['ʌn'swi:tnd] ADJ sin azúcar

**unswerving** [ʌn'swɜ:vɪŋ] ADJ [*resolve*] inquebrantable; [*loyalty*] inquebrantable, firme

**unswervingly** [ʌn'swɜ:vɪŋlɪ] ADV **to be ~ loyal to sb** ser totalmente leal a algn; **to hold ~ to one's course** no apartarse ni un ápice de su rumbo

**unsympathetic** ['ʌn,sɪmpə'θetɪk] ADJ poco comprensivo; **he was totally ~** no mostró la más mínima comprensión; **they were ~ to my plea** no hicieron caso de mi ruego; **I am not ~ to your request** me parece totalmente comprensible su petición

**unsystematic** ['ʌn,sɪstɪ'mætɪk] ADJ poco sistemático, poco metódico

**unsystematically** ['ʌn,sɪstɪ'mætɪkəlɪ] ADV de modo poco metódico

**untainted** ['ʌn'teɪntɪd] ADJ inmaculado, no corrompido; [*food*] no contaminado; **~ by** no corrompido por

**untam(e)able** ['ʌn'teɪməbl] ADJ indomable

**untamed** ['ʌn'teɪmd] ADJ indomado

**untangle** ['ʌn'tæŋgl] VT desenredar, desenmarañar

**untanned** ['ʌn'tænd] ADJ sin curtir

**untapped** ['ʌn'tæpt] ADJ sin explotar

**untarnished** ['ʌn'tɑ:nɪʃt] ADJ [*reputation etc*] sin tacha

**untasted** ['ʌn'teɪstɪd] ADJ sin probar

**untaught** ['ʌn'tɔ:t] ADJ no enseñado; (= *ignorant*) sin instrucción

**untaxed** ['ʌn'tækst] ADJ libre de impuestos, no sujeto a contribuciones

**unteachable** ['ʌn'ti:tʃəbl] ADJ [*subject, syllabus*] imposible de enseñar

**untempered** ['ʌn'tempəd] ADJ [*steel etc*] sin templar

**untenable** ['ʌn'tenəbl] ADJ insostenible

**untenanted** ['ʌn'tenəntɪd] ADJ desocupado, vacío

**untended** [ʌn'tendɪd] ADJ desatendido, no vigilado; **he left the car ~** dejó el coche sin vigilar

**untested** ['ʌn'testɪd] ADJ no probado

**unthinkable** [ʌn'θɪŋkəbl] Ⓐ ADJ **1** (= *inconceivable*) inconcebible, impensable; **it is ~ that** es inconcebible *or* impensable que + *subjun*

**2** (= *unbearable*) insoportable

Ⓑ N **the ~** lo inconcebible

**unthinking** ['ʌn'θɪŋkɪŋ] ADJ irreflexivo

**unthinkingly** ['ʌn'θɪŋkɪŋlɪ] ADV irreflexivamente, sin pensar

**unthought-of** [ʌn'θɔ:tɒv] ADJ inimaginable, inconcebible

**unthread** ['ʌn'θred] VT [+ *cloth*] deshebrar, descoser; [+ *needle*] desenhebrar; [+ *pearls*] desensartar

**unthrifty** ['ʌn'θrɪftɪ] ADJ manirroto*

**untidily** [ʌn'taɪdɪlɪ] ADV [*piled, stacked*] sin orden, de manera desordenada; [*dressed*] de forma desaliñada; **the boxes were piled ~ around the room** las cajas estaban amontonadas sin orden *or* de manera desordenada por la habitación

**untidiness** [ʌn'taɪdɪnɪs] N **1** [*of room, person's habits*] desorden *m*; [*of person's dress*] desaliño *m*

**2** (*fig*) [*of ideas*] falta *f* de método

**untidy** [ʌn'taɪdɪ] ADJ (*compar* **untidier**; *superl* **untidiest**) **1** (*lit*) [*room, desk, heap, person*] desordenado; [*garden*] descuidado; [*appearance*] desaliñado, descuidado; [*clothes*] desarreglado; [*hair*] despeinado; [*work, writing*] poco metódico, descuidado

**2** (*fig*) **the film has an ~ ending** la película tiene un final poco coherente; **an ~ mind** una mente poco metódica

**untie** ['ʌn'taɪ] VT [+ *shoelace, shoe, animal*] desatar; [+ *knot, parcel*] deshacer

**until** [ən'tɪl] Ⓐ PREP hasta; **~ ten** hasta las diez; **~ his arrival** hasta su llegada; **he won't be back ~ tomorrow** no volverá hasta mañana; **from morning ~ night** desde la mañana hasta la noche; **~ now** hasta ahora; **it's never been a problem ~ now** hasta ahora nunca ha sido un problema; **~ then** hasta entonces; **~ then I'd never been to Italy** hasta entonces no había estado nunca en Italia

Ⓑ CONJ **1** (*in future*) hasta que + *subjun*; **wait ~ I get back** espera hasta que yo vuelva; **~ they build the new road** hasta que construyan la nueva carretera; **~ they come/sleep** hasta que vengan/se duerman; **he won't come ~ you invite him** no vendrá hasta que (no) lo invites; **they did nothing ~ we came** no hicieron nada hasta que (no) vinimos nosotros; **I don't get up ~ eight o'clock** no me levanto antes de las ocho

**2** (*in past*) hasta que + *indic*; **he did nothing ~ I told him to** no hizo nada hasta que yo se lo dije, no hizo nada hasta que no se lo dije; **~ they built the new road** hasta que construyeron la nueva carretera; **we stayed there ~ the doctor came** nos quedamos allí hasta que vino el médico; **we didn't stop ~ we reached York** no paramos hasta llegar a York

**untilled** ['ʌn'tɪld] ADJ sin cultivar

**untimely** [ʌn'taɪmlɪ] ADJ (= *premature*) prematuro; (= *inopportune*) inoportuno

**untiring** [ʌn'taɪərɪŋ] ADJ incansable

**untiringly** [ʌn'taɪərɪŋlɪ] ADV incansablemente

**unto**†† ['ʌntʊ] PREP (*liter*) = **to, toward**

**untold** ['ʌn'təʊld] ADJ **1** (= *not recounted*) [*story*] nunca contado; [*secret*] nunca revelado

**2** (= *indescribable, incalculable*) [*suffering*] indecible; [*loss, wealth etc*] incalculable, fabuloso

**untouchable** [ʌn'tʌtʃəbl] Ⓐ ADJ intocable

Ⓑ N intocable *mf*

**untouched** ['ʌn'tʌtʃt] ADJ **1** (= *not used etc*) intacto, sin tocar; **to leave one's food ~** dejar su comida sin probar; **she left her breakfast ~** no tocó el desayuno; **a product ~ by human hand** un producto no manipulado, un producto que no ha sido tocado por la mano del hombre

**2** (= *safe*) indemne, incólume

**3** (= *unaffected*) insensible, indiferente; **he is**

**~ by any plea** es insensible a cualquier súplica; **those peoples ~ by civilization** esos pueblos no alcanzados por la civilización

**UNTIL**

- As with other time conjunctions, **hasta que** is used with the *subjunctive* if the action which follows hasn't happened yet or hadn't happened at the time of speaking:
  Go on stirring until the sauce is cold
  ***Sigue removiendo hasta que se enfríe la salsa***
  I shan't be happy until you come
  ***No estaré contenta hasta que (no) vengas***
  NOTE: When the main clause is negative, **no** can optionally be given in the **hasta que** clause without changing the meaning.
- **Hasta que** is used with the *indicative* when the action in the **hasta que** clause has already taken place:
  He lived in this house until he died
  ***Vivió en esta casa hasta que murió***
  I didn't see her again until she returned to London
  ***No volví a verla hasta que (no) regresó a Londres***
- **Hasta que** is also used with the *indicative* when describing habitual actions:
  I never wake up until the alarm goes off
  ***Nunca me despierto hasta que (no) suena el despertador***
- Instead of **hasta que** + VERB, you can use **hasta** with an *infinitive* when the subject of both clauses is the same:
  Go on stirring until you get a thick creamy mixture
  ***Sigue removiendo hasta obtener una crema espesa***

*For further uses and examples, see main entry.*

**untoward** [ˌʌntəˈwɔːd] ADJ (= *adverse*) adverso; (= *inapt*) impropio; (= *unfortunate*) desafortunado

**untrained** [ˈʌnˈtreɪnd] ADJ [*person*] sin formación, no capacitado; [*teacher etc*] sin título; (*Sport*) no entrenado; [*animal*] sin amaestrar; **to the ~ ear/eye** para el oído/ojo de alguien que no es experto

**untrammelled, untrameled** (*US*) [ʌnˈtræməld] ADJ (*liter*) ilimitado

**untransferable** [ˈʌntræns'fɜːrəbl] ADJ intransferible

**untranslatable** [ˈʌntrænzˈleɪtəbl] ADJ intraducible

**untravelled, untraveled** (*US*) [ˈʌnˈtrævld] ADJ 1 [*road etc*] no trillado, poco frecuentado; [*place*] inexplorado
2 [*person*] que no ha viajado

**untreated** [ʌnˈtriːtɪd] ADJ 1 (*Med*) [*patient, injury, illness*] sin tratar
2 (= *unprocessed*) [*sewage, wood, cotton*] no tratado, sin tratar

**untried** [ˈʌnˈtraɪd] ADJ 1 (= *untested*) [*product, method*] no probado
2 (= *inexperienced*) [*person*] no puesto a prueba; [*soldier*] bisoño
3 (*Jur*) [*person*] no procesado, sin procesar; [*case*] no visto, no juzgado

**untrimmed** [ˈʌnˈtrɪmd] ADJ [*hedge*] sin recortar, sin podar; [*wood*] sin desbastar; [*dress*] sin guarnición

**untrodden** [ˈʌnˈtrɒdn] ADJ no trillado, sin pisar

**untroubled** [ˈʌnˈtrʌbld] ADJ tranquilo; **she was ~ by the news** la noticia no pareció preocuparle; **~ by thoughts of her** sin preocuparse en absoluto por ella

**untrue** [ˈʌnˈtruː] ADJ 1 (= *inaccurate*) falso; **it is ~ that** no es cierto *or* verdad que, es falso que; **that is wholly ~** eso es completamente falso
2 (*liter*) (= *unfaithful*) infiel; **to be ~ to sb** ser infiel a algn; **to be ~ to one's principles** no ser fiel a sus principios

**untrustworthy** [ˈʌnˈtrʌstˌwɜːðɪ] ADJ [*person*] de poca confianza, no muy de fiar; [*leadership, results, information, evidence*] poco fiable; [*book etc*] de dudosa autoridad; [*machine, car*] inseguro, no muy de fiar

**untruth** [ˈʌnˈtruːθ] N (*pl* **untruths** [ˈʌnˈtruːðz]) mentira *f*

**untruthful** [ˈʌnˈtruːθfʊl] ADJ [*person*] mentiroso, falso; [*account*] falso

**untruthfully** [ˈʌnˈtruːθfəlɪ] ADV falsamente

**untruthfulness** [ˈʌnˈtruːθfʊlnɪs] N falsedad *f*

**untutored** [ˈʌnˈtjuːtəd] ADJ indocto, poco instruido; [*mind, taste*] no formado

**untwine** [ˈʌnˈtwaɪn], **untwist** [ˈʌnˈtwɪst] VT destorcer

**untypical** [ˈʌnˈtɪpɪkəl] ADJ atípico

**unusable** [ˈʌnˈjuːzəbl] ADJ inservible, inútil

**unused**[1] [ˈʌnˈjuːzd] ADJ (= *new*) nuevo, sin estrenar; (= *not made use of*) sin usar *or* utilizar

**unused**[2] [ˈʌnˈjuːst] ADJ (= *unaccustomed*) **to be ~ to sth** no estar acostumbrado a algo; **to be ~ to doing sth** no estar acostumbrado a hacer algo

**unusual** [ʌnˈjuːʒʊəl] ADJ 1 (= *uncommon*) [*sight, circumstances, name*] poco común, poco corriente; [*amount, number*] fuera de lo normal, fuera de lo corriente; **the case has received an ~ amount of publicity** el caso ha recibido una cantidad de publicidad fuera de lo normal *or* lo corriente; **here are some ~ gift ideas** aquí tiene unas ideas para regalos poco corrientes *or* que salen de lo corriente; **I didn't feel hungry, which was ~ for me** no me sentía con hambre, lo cual era raro en mí; **it's ~ for him to be late** no suele llegar tarde; **it's not ~ to see snow in June here** no es raro ver nieve aquí en junio; **there's nothing ~ in that** no hay nada de raro *or* extraordinario en ello
2 (= *odd*) raro, extraño; **don't you find it ~ that he never tells you where he's been?** ¿no te parece raro *or* extraño que nunca te diga dónde ha estado?
3 (= *exceptional*) excepcional, poco común *or* corriente; **a man of ~ intelligence** un hombre de inteligencia excepcional, un hombre de una inteligencia poco común *or* corriente

**unusually** [ʌnˈjuːʒʊəlɪ] ADV 1 (= *unaccustomedly*) **he arrived ~ late** llegó más tarde que de costumbre; **the streets were ~ quiet** las calles estaban extrañamente silenciosas; **~ for her, she didn't say goodbye** no se despidió, lo cual es raro en ella
2 (= *exceptionally*) excepcionalmente, extraordinariamente; **this year's ~ harsh winter** el invierno excepcionalmente *or* extraordinariamente riguroso de este año; **an ~ gifted man** un hombre de excepcional talento, un hombre de un talento poco común *or* corriente

**unutterable** [ʌnˈʌtərəbl] ADJ indecible

**unutterably** [ʌnˈʌtərəblɪ] ADV indeciblemente

**unvaried** [ʌnˈveərɪd] ADJ (*gen*) invariable; (= *unchanged*) sin cambiar, constante; (= *monotonous*) monótono

**unvarnished** [ˈʌnˈvɑːnɪʃt] ADJ 1 (= *not varnished*) sin barnizar
2 (*fig*) (= *plain*) [*account, description*] llano; **the ~ truth** la verdad lisa y llana, la verdad sin adornos

**unvarying** [ʌnˈveərɪɪŋ] ADJ invariable, constante

**unveil** [ʌnˈveɪl] VT quitar el velo a; [+ *statue, painting etc*] descubrir

**unveiling** [ʌnˈveɪlɪŋ] N descubrimiento *m*; (= *ceremony*) inauguración *f*

**unventilated** [ˈʌnˈventɪleɪtɪd] ADJ sin ventilación, sin aire

**unverifiable** [ˈʌnˈverɪfaɪəbl] ADJ no comprobable, que no puede verificarse

**unverified** [ˈʌnˈverɪfaɪd] ADJ sin verificar

**unversed** [ˈʌnˈvɜːst] ADJ **~ in** no versado en, poco ducho en*

**unvisited** [ˈʌnˈvɪzɪtɪd] ADJ no visitado, no frecuentado

**unvoiced** [ˈʌnˈvɔɪst] ADJ 1 [*opinion, sentiment*] no expresado
2 (*Ling*) [*consonant*] sordo

**unwaged** [ʌnˈweɪdʒd] Ⓐ ADJ sin sueldo
Ⓑ N **the ~** (= *the unemployed*) los no asalariados

**unwanted** [ˈʌnˈwɒntɪd] ADJ [*item*] superfluo; [*visitor, guest*] poco grato, inoportuno; [*child, pregnancy, advances, attention*] no deseado; **to feel ~** sentirse de más; **an ~ gift** un regalo sin estrenar; **to remove ~ hair** quitar el vello superfluo

**unwarily** [ʌnˈweərɪlɪ] ADV imprudentemente, incautamente

**unwariness** [ʌnˈweərɪnɪs] N imprudencia *f*

**unwarlike** [ˈʌnˈwɔːlaɪk] ADJ pacífico, poco belicoso

**unwarranted** [ʌnˈwɒrəntɪd] ADJ injustificado

**unwary** [ʌnˈweərɪ] ADJ imprudente, incauto

**unwashed** [ˈʌnˈwɒʃt] Ⓐ ADJ sin lavar, sucio
Ⓑ NPL **the Great Unwashed*** (*hum*) la plebe

**unwavering** [ʌnˈweɪvərɪŋ] ADJ [*loyalty, resolve*] inquebrantable, firme; [*course*] firme; [*gaze*] fijo

**unwaveringly** [ʌnˈweɪvərɪŋlɪ] ADV firmemente; **to hold ~ to one's course** no apartarse ni un ápice de su rumbo

**unweaned** [ˈʌnˈwiːnd] ADJ no destetado

**unwearable** [ˈʌnˈweərəbl] ADJ [*clothes, colour*] imposible de llevar

**unwearying** [ʌnˈwɪərɪɪŋ] ADJ incansable

**unwed**† [ʌnˈwed] ADJ soltero

**unwedded** [ʌnˈwedɪd] ADJ **to live in ~ bliss** vivir felizmente sin estar legítimamente casado(s)

**unwelcome** [ʌnˈwelkəm] ADJ [*news, surprise*] desagradable, poco grato; [*visitor, guest, intruder*] poco grato, inoportuno; [*visit*] inoportuno; [*reminder, advances, attention*] poco grato; **the change is not ~** el cambio no nos resulta del todo molesto; **I felt ~** sentí que allí sobraba; **to make sb feel ~** hacer que algn sienta que sobra

**unwelcoming** [ʌnˈwelkəmɪŋ] ADJ [*person*] nada simpático, poco cordial; [*place*] poco acogedor

**unwell** [ˈʌnˈwel] ADJ **to be ~** estar indispuesto; **to feel ~** sentirse mal; **I felt ~ on the ship** me mareé en el barco

**unwholesome** [ˈʌnˈhəʊlsəm] ADJ 1 (= *unhealthy*) [*food*] poco sano, poco saludable; [*air*] malsano, poco saludable; [*smell*] desagradable
2 (*morally*) [*lifestyle, desire, habit*] malsano, pernicioso; [*thoughts*] malsano; **to have an ~ interest in sth** tener un interés malsano en algo

**unwieldy** [ʌn'wi:ldɪ] ADJ [1] (= *difficult to handle*) [*object*] difícil de manejar
[2] (= *difficult to manage*) [*system, structure, bureaucracy*] rígido

**unwilling** ['ʌn'wɪlɪŋ] ADJ poco dispuesto; **to be ~ to do sth** estar poco dispuesto a hacer algo, no estar dispuesto a hacer algo; **he was ~ to help me** no estaba dispuesto a ayudarme; **to be ~ for sb to do sth** no estar dispuesto a permitir que algn haga algo

**unwillingly** ['ʌn'wɪlɪŋlɪ] ADV de mala gana, a regañadientes

**unwillingness** ['ʌn'wɪlɪŋnɪs] N falta *f* de inclinación, desgana *f*; **his ~ to help us** lo poco dispuesto que está/estaba a ayudarnos, su desgana para ayudarnos

**unwind** ['ʌn'waɪnd] (*pt, pp* **unwound**) Ⓐ VT desenrollar; [+ *wool, thread*] desovillar
Ⓑ VI [1] desenrollarse; [*wool, thread*] desovillarse
[2] (*) (*fig*) (= *relax*) relajarse

**unwisdom** ['ʌn'wɪzdəm] N imprudencia *f*

**unwise** ['ʌn'waɪz] ADJ (= *careless*) imprudente; (= *inadvisable*) poco aconsejable; **it would be ~ to** (+ *INFIN*) sería poco aconsejable + *infin*; **that was ~ of you** lo que hiciste fue imprudente; **that was most ~ of you** en eso has sido muy imprudente

**unwisely** ['ʌn'waɪzlɪ] ADV imprudentemente

**unwitting** [ʌn'wɪtɪŋ] ADJ involuntario; **I was the ~ cause** sin querer, yo fui la causa; **an ~ instrument of sth/sb** un instrumento involuntario de algo/algn

**unwittingly** [ʌn'wɪtɪŋlɪ] ADV inconscientemente, sin darse cuenta

**unwomanly** [ʌn'wʊmənlɪ] ADJ poco femenino

**unwonted** [ʌn'wəʊntɪd] ADJ insólito, inusitado

**unworkable** ['ʌn'wɜ:kəbl] ADJ [1] [*plan, suggestion*] impracticable, no viable
[2] [*mine*] inexplotable

**unworldly** ['ʌn'wɜ:ldlɪ] ADJ [1] (= *unmaterialistic*) [*person*] nada materialista
[2] (= *naïve*) [*person, attitude*] ingenuo, poco realista
[3] (= *not of this world*) [*beauty, silence*] de otro mundo

**unworn** ['ʌn'wɔ:n] ADJ nuevo, sin estrenar

**unworthiness** [ʌn'wɜ:ðɪnɪs] N falta *f* de valía, indignidad *f*

**unworthy** [ʌn'wɜ:ðɪ] ADJ [1] (= *undeserving*) [*person*] indigno, poco digno; **to be ~ to do sth** no ser digno de hacer algo, no merecer hacer algo; **I feel she is ~ to judge them** me parece que no es digna de juzgarlos; **to be ~ of sth/sb** no ser digno de algo/algn, no merecerse algo/a algn; **he felt himself ~ of her** sentía que no era digno de ella, sentía que no se la merecía; **it is ~ of attention/comment** no merece atención/comentario alguno
[2] (= *ignoble*) [*activity, thought*] impropio; **his accusations are ~ of a gentleman** sus acusaciones no son dignas *or* son impropias de un caballero

**unwound** [ˌʌn'waʊnd] PT, PP *of* **unwind**

**unwounded** ['ʌn'wu:ndɪd] ADJ ileso

**unwrap** ['ʌn'ræp] VT abrir; **after the meal we ~ped the presents** después de comer abrimos los regalos

**unwritten** ['ʌn'rɪtn] ADJ no escrito; **~ law** ley *f* consuetudinaria

**unyielding** [ʌn'ji:ldɪŋ] ADJ inflexible

**unyoke** ['ʌn'jəʊk] VT desuncir

**unzip** ['ʌn'zɪp] VT abrir la cremallera *or* (*LAm*) el cierre de; **can you ~ me?** ¿me puedes bajar la cremallera?

**up** [ʌp]

| | |
|---|---|
| [A] ADVERB | [D] ADJECTIVE |
| [B] PREPOSITION | [E] INTRANSITIVE VERB |
| [C] NOUN | [F] TRANSITIVE VERB |

*When **up** is the second element in a phrasal verb, eg **come up**, **throw up**, **walk up**, look up the verb. When it is part of a set combination, eg **the way up**, **close up**, look up the other word.*

Ⓐ ADVERB

[1] [*direction*] hacia arriba, para arriba; **he looked up** (*towards sky*) miró hacia *or* para arriba; **to walk up and down** pasearse de un lado para otro *or* de arriba abajo; **he's been up and down all evening** no ha parado quieto en toda la tarde; **she's still a bit up and down** todavía tiene sus altibajos; **to stop halfway up** pararse a mitad de la subida; **to throw sth up in the air** lanzar algo al aire; **he walked/ran up to the house** caminó/corrió hasta la casa; **a blond boy went up to her** un chico rubio le acercó

[2] [*position*] **the people three floors up (from me)** los que viven tres pisos más arriba; **up above (us) we could see a ledge** por encima (de nosotros) *or* sobre nuestras cabezas podíamos ver una cornisa; **from up above** desde arriba; **my office is five floors up** mi oficina está en el quinto piso; **higher up** más arriba; **up in the mountains** montaña arriba; **up in the sky** en lo alto del cielo; **the jug's up there, on the freezer** la jarra está ahí arriba, en el congelador; **the castle's up there, on top of the hill** el castillo está allí arriba, en la cima del monte

[3] [*in northern place, capital, etc*] **we're up for the day** hemos venido a pasar el día; **when you're next up this way** la próxima vez que pases por aquí; **how long have you lived up here?** ¿cuánto tiempo llevas viviendo aquí?; **when you're next up here** la próxima vez que pases por aquí; **he lives up in Scotland** vive en Escocia; **up in London** (allá) en Londres; **up north** en el norte; **how long did you live up there?** ¿cuánto tiempo estuviste viviendo allí *or* allá?; **the next time you're up there** la próxima vez que pases por allí *or* allá; **to go up to London/to university** ir a Londres/a la universidad

[4] [*= standing*] de pie; **while you're up, can you get me a glass of water?** ya que estás de pie, ¿me puedes traer un vaso de agua?; **the ladder was up against the wall** la escalera estaba apoyada en *or* contra la pared

[5] [*= out of bed*] **to be up** (= *get up*) levantarse; (= *be active*) estar levantado; **we were up at 7** nos levantamos a las 7; **what time will you be up** ¿a qué hora te levantarás?; **is Peter up yet?** ¿está levantado Peter?; **I'm usually up by 7 o'clock** normalmente a las siete estoy levantado; **we were still up at midnight** a medianoche seguíamos sin acostarnos, a medianoche todavía estábamos levantados; **she was up and about at 6 a.m.** lleva en pie desde las 6 de la mañana; **to be up and about again** [*sick person*] estar repuesto; **to be up all night** no acostarse en toda la noche; **get up!** ¡levántate!

[6] [*= raised*] **with his head up (high)** con la cabeza bien levantada *or* erguida; **several children had their hands up** varios niños habían levantado la mano; **the blinds were up** las persianas estaban subidas *or* levantadas; **he sat in the car with the windows up** se sentó en el coche con las ventanillas subidas; **"this side up"** "este lado hacia arriba"; **look, the flag is up!** mira, la bandera está izada

[7] [*in price, value*] **potatoes are up** han subido las patatas; **the thermometer is up 2 degrees** el termómetro ha subido 2 grados; **the interest rate has risen sharply, up from 3% to 5%** los tipos de interés han subido bruscamente del 3% al 5%; **the temperature was up in the forties** la temperatura estaba por encima de los cuarenta; **prices are up on last year** los precios han subido desde el año pasado, del año pasado a éste los precios han subido

[8] [*in score*] **we're a goal up** llevamos un tanto de ventaja; **we were 20 points up on them** les llevábamos una ventaja de 20 puntos

[9] [*in terms of excellence*] **to be up among** *or* **with the leaders** estar a la altura de los líderes; **she's right up there with the jazz greats** está en la cumbre con los grandes del jazz

[10] [*= built, installed*] **the new building isn't up yet** el nuevo edificio no está construido todavía, no han levantado el nuevo edificio todavía; **the tent isn't up yet** la tienda todavía no está puesta; **the scaffolding is now up** el andamio está puesto ahora; **the notice about the outing is up** el cartel de la excursión está puesto; **we've got the pictures up at last** por fin hemos puesto *or* colgado los cuadros; **the curtains are up** las cortinas están colocadas

[11] [*= finished*] [*contract etc*] vencido, caducado; **when the period is up** cuando termine el plazo, cuando venza el plazo; **his holiday is up** han terminado ya sus vacaciones; **time is up** se ha acabado el tiempo; **time is up, put down your pens** se ha acabado el tiempo, dejen los bolígrafos sobre la mesa; **time is up for the people living here, their homes are to be demolished** a la gente que vive aquí le toca marcharse, están derribando sus casas; **our time here is up** no podemos quedarnos más tiempo aquí

[12] [*= and over*] **from £2 up** de 2 libras para arriba; **from the age of 13 up** a partir de los 13 años

[13] [*= knowledgeable*] **he's well up in** *or* **on British politics** está muy al corriente *or* al día en lo referente a la política británica; **how are you up on your military history?** ¿cómo andan tus conocimientos de historia militar?

[14] [** = wrong*] **there's something up with him** algo le pasa; **there's something up with the TV** le pasa algo a la tele; **what's up?** ¿qué pasa?; **what's up with him?** ¿que le pasa?

[15] [*in running order*] **first up** el primero (de la lista); **next up** el siguiente (de la lista)

[16] [*Jur*] **her case isn't due up until next week** su caso no se verá hasta la próxima semana; **to be up before the judge/board** [*person*] (tener que) comparecer ante el juez/el consejo; [*case, matter*] verse ante el juez/en el consejo

[17] [*= risen*] **the river is up** el río ha subido; **the sun is up** ha salido el sol; **the tide is up** la marea está alta; **♦IDIOM his blood is up** le hierve la sangre

[18] [*Brit = under repair*] **the road is up** la calle está en obras

[19] [*US Culin**] **two fried eggs, up** un par de huevos fritos boca arriba; **a bourbon (straight) up** un bourbon sin hielo

[20] [*= mounted*] **a horse with Dettori up** un caballo montado por Dettori

[21] [*in exclamations*] **up (with) Celtic!** ¡arriba el Celtic!

[22] [*in set expressions*]

◆ **up against**: **he's really up against it** ahora sí que está en un aprieto; **to be up against**

**sb** tener que habérselas con algn, tener que enfrentarse a algn

◆ **up and running**: **to be up and running** estar en funcionamiento; **to get sth up and running** poner algo en funcionamiento

◆ **up for sth**: **three seats are up for election** tres escaños salen a elecciones; **most politicians up for reelection know this** (= *seeking*) la mayoría de los políticos que se presentan a la reelección lo saben; **every two years, a third of the Senate comes up for election** cada dos años se renueva una tercera parte del Senado; **to be up for sth*** (= *ready, willing*) tener ganas de algo; **are you up for it?** ¿estás dispuesto?

◆ **up to** (= *till, as far as*) hasta; **up to now** hasta ahora, hasta la fecha; **up to this week** hasta esta semana; **up to here** hasta aquí; **up to £10** hasta 10 libras nada más; **to count up to 100** contar hasta 100; **we were up to our knees/waist in water** el agua nos llegaba por *or* hasta las rodillas/la cintura; **what page are you up to?** ¿por qué página vas?; **to be up to a task** (= *capable of*) estar a la altura de una tarea, estar en condiciones de realizar una tarea; **to be up to doing sth** estar en condiciones de hacer algo; **they weren't up to running a company** no estaban en condiciones de gestionar una empresa, no estaban a la altura necesaria para gestionar una empresa

◆ **to be** *or* **feel up to sth**: **are you (feeling) up to going for a walk?** ¿te sientes con ganas de dar un paseo?; **I don't feel up to going out** no tengo ánimos para salir; *see also* **including**

◆ **to be up to sth** (*) (= *doing*) **what are you up to?** ¿qué andas haciendo?; **what are you up to with that knife?** ¿qué haces con ese cuchillo?; **he's up to something** está tramando algo; **what does he think he's up to?** ¿qué diablos piensa hacer?; **I see what you're up to** te veo venir; **what have you been up to lately?** ¿qué has estado haciendo últimamente?

◆ **to be up to a standard/to much** (= *equal to*) **it isn't up to his usual standard** no está a su nivel de siempre; **the book isn't up to much** (*Brit**) el libro no vale mucho

◆ **to be up to sb** (= *depend on*) **it's up to you to decide** te toca (a ti) decidir; **I feel it is up to me to tell him** creo que me corresponde a mí decírselo; **I wouldn't do it but it's up to you** yo (que tú) no lo haría, pero allá tú *or* tú verás; **I'd go, but it's up to you** por mí iría, pero depende de ti; **if it were** *or* **was up to me** si dependiera de mí

Ⓑ PREPOSITION

[1] [= *on top of*] en lo alto de, arriba de (*LAm*); **he was up a ladder pruning the apple trees** estaba subido a una escalera *or* en lo alto de una escalera podando los manzanos; **to be up a tree** estar en lo alto de *or* (*LAm*) arriba de un árbol

[2] [= *along, towards the top*] **he went off up the road** se fue calle arriba; **put your handkerchief up your sleeve** guárdate el pañuelo dentro de la manga; **the heat disappears straight up the chimney** el calor se escapa chimenea arriba, el calor se escapa por lo alto de la chimenea; **to travel up and down the country** viajar por todo el país; **people up and down the country are saying …** la gente por todo el país dice …; **they live further up the road** viven en esta calle pero más arriba; **further up the page** en la misma página, más arriba; **halfway up the stairs** a mitad de la escalera; **halfway up the mountain** a mitad de la subida de la montaña; **up north** en el norte; **up river** río arriba

[3] **up yours!**** ¡vete a hacer puñetas!**

Ⓒ NOUN

[1] **ups and downs** altibajos *mpl*, vicisitudes *fpl*; **the ups and downs that every politician is faced with** los altibajos a que se enfrenta todo político, las vicisitudes a las que está sometido todo político; **after many ups and downs** después de mil peripecias

[2] **it's on the up and up** (*Brit*) (= *improving*) va cada vez mejor; (*US*) (= *above board*) está en regla

Ⓓ ADJECTIVE

[1] [*Rail*] [*train, line*] ascendente

[2] [= *elated*] **to be up*** estar en plena forma

Ⓔ INTRANSITIVE VERB (*)

[1] [= *jump up*] **he upped and hit him** se levantó (de un salto) y le pegó

[2] (*emphatic*) **she upped and left** (= *stood up*) se levantó y se marchó, se levantó y se largó*; (= *went*) fue y se marchó, fue y se largó*; **he upped and offed** se largó sin más*

Ⓕ TRANSITIVE VERB

[= *raise*] [+ *price, offer*] subir, aumentar; **to up anchor** levar el ancla

**up-and-coming** [ˈʌpəndˈkʌmɪŋ] ADJ prometedor, con futuro

**up-and-down** [ˈʌpənˈdaʊn] ADJ [*movement*] de arriba a abajo, vertical; (*fig*) [*career, business, progress, relationship*] inestable

**up-and-under** [ˌʌpənˈʌndəʳ] N (*Rugby*) patada *f* a seguir

**upbeat** [ˈʌpˈbiːt] Ⓐ ADJ (*) (= *positive*) optimista

Ⓑ N (*Mus*) tiempo *m* débil, tiempo *m* no acentuado; (*fig*) (*in prosperity*) aumento *m*

**up-bow** [ˈʌpbəʊ] N (*Mus*) movimiento *m* ascendente del arco

**upbraid** [ʌpˈbreɪd] VT censurar, reprender; **to ~ sb with sth** censurar algo a algn

**upbringing** [ˈʌpˌbrɪŋɪŋ] N educación *f*

**upcast** [ˈʌpkɑːst] N (*Min*) (*also* **~ shaft**) pozo *m* de ventilación

**upchuck*** [ˈuptʃʌk] VI (*US*) echar los hígados por la boca*

**upcoming** [ˈʌpkʌmɪŋ] ADJ [*elections, holidays*] próximo

**upcountry** [ˈʌpˈkʌntrɪ] Ⓐ ADV **to go ~** ir hacia el interior, ir tierra adentro; **to be ~** estar tierra adentro, estar en el interior

Ⓑ ADJ [*town, school, accent*] del interior; [*trip, tour*] hacia el interior, al interior

**up-current** [ˈʌpˈkʌrənt] N (*Aer*) corriente *f* ascendente

**update** Ⓐ [ʌpˈdeɪt] VT poner al día; **to ~ sb on sth** poner a algn al corriente *or* al tanto de algo

Ⓑ [ˈʌpdeɪt] N puesta *f* al día; (*updated version*) versión *f* actualizada; **news ~** últimas noticias *fpl*; **he gave me an ~ on …** me puso al día con respecto a …, me puso al corriente *or* al tanto de …

**updating** [ʌpˈdeɪtɪŋ] N puesta *f* al día

**updraught**, **updraft** (*US*) [ˈʌpdræft] N corriente *f* ascendente

**upend** [ʌpˈend] VT [1] (= *stand on its end*) poner vertical

[2] (*) (= *knock over*) [+ *person*] volcar

**upfront** [ʌpˈfrʌnt] Ⓐ ADJ [1] (*) (= *frank*) abierto, franco

[2] [*payment*] inicial

Ⓑ ADV [1] (= *in advance*) por adelantado; **to pay ~ for sth** pagar algo por adelantado

[2] (*esp US**) (= *frankly*) sinceramente, francamente

**upgrade** Ⓐ [ˈʌpgreɪd] N [1] (= *slope*) cuesta *f*, pendiente *f*; **to be on the ~** (*fig*) ir cuesta arriba, prosperar, estar en auge; (*Med*) estar mejor, estar reponiéndose

[2] [*of system etc*] mejoramiento *m*, reforma *f*; (*Comput*) modernización *f*, potenciamiento *m*

Ⓑ [ʌpˈgreɪd] VT [1] (= *promote*) [+ *person*] ascender; [+ *job*] asignar a un grado más alto

[2] [+ *system etc*] mejorar, reformar; (*Comput*) modernizar, mejorar las prestaciones de

**upgradeable** [ʌpˈgreɪdəbl] ADJ [*computer*] modernizable; [*system*] mejorable

**upheaval** [ʌpˈhiːvəl] N [1] (*emotional*) trastorno *m*

[2] (*in home, office etc*) trastorno *m*

[3] (*Pol*) agitación *f*

[4] (*Geol*) levantamiento *m*

**upheld** [ʌpˈheld] PT, PP *of* **uphold**

**uphill** [ˈʌpˈhɪl] Ⓐ ADV **to go ~** ir cuesta arriba; **the road goes ~ for two miles** la carretera sube durante dos millas

Ⓑ ADJ en cuesta, en pendiente; (*fig*) arduo, penoso; **it's ~ all the way** (*lit*) el camino es todo cuesta arriba; (*fig*) es una tarea laboriosa; **it was an ~ struggle** fue muy difícil; **it's an ~ task** es una tarea laboriosa

**uphold** [ʌpˈhəʊld] (*pt, pp* **upheld**) VT [1] (= *sustain*) mantener, sostener; (= *support*) apoyar, defender

[2] (*Jur*) confirmar

**upholder** [ʌpˈhəʊldəʳ] N defensor(a) *m/f*

**upholster** [ʌpˈhəʊlstəʳ] VT tapizar, entapizar (**with** de); **well ~ed*** (*euph*) rellenito*

**upholsterer** [ʌpˈhəʊlstərəʳ] N tapicero/a *m/f*

**upholstery** [ʌpˈhəʊlstərɪ] N [1] (*cushioning etc*) tapizado *m*, almohadillado *m*; (*in car*) tapizado *m*

[2] (= *trade*) tapicería *f*

**UPI** N ABBR (*US*) = **United Press International**

**upkeep** [ˈʌpkiːp] N [1] (= *care*) mantenimiento *m*

[2] (= *cost*) gastos *mpl* de mantenimiento

**upland** [ˈʌplənd] Ⓐ N tierra *f* alta, meseta *f*; **uplands** tierras *fpl* altas

Ⓑ ADJ de la meseta

**uplift** Ⓐ [ˈʌplɪft] N (= *edification*) inspiración *f*, edificación *f*; **moral ~** edificación *f*

Ⓑ [ʌpˈlɪft] VT (*fig*) (= *encourage*) animar; (= *raise*) mejorar, elevar

**uplifted** [ʌpˈlɪftɪd] ADJ [1] (= *raised*) [*hand, arm*] levantado, en alto; [*face*] vuelto hacia arriba, mirando hacia arriba

[2] (= *edified*) **to feel ~ (by sth)** sentirse animado (por algo)

**uplifting** [ʌpˈlɪftɪŋ] ADJ inspirador, edificante

**upload** [ʌpˈləʊd] VT (*Comput*) subir, poner

**up-market** [ʌpˈmɑːkɪt] (*Brit*) Ⓐ ADJ [*image, shop, hotel, person*] de categoría; [*product*] de primera calidad, de calidad superior; [*magazine*] para un público de categoría

Ⓑ ADV **to go/move ~** [*company*] (*for clients*) subir de categoría, buscar una clientela más selecta

**upmost** [ˈʌpməʊst] = **uppermost**

**upon** [əˈpɒn] PREP [1] (*with place, position*) sobre; **he placed the tray ~ the table** puso la bandeja sobre la mesa; **I saw pictures of him walking ~ the moon** vi fotos de él caminando sobre la luna; **he had a suspicious look ~ his face** en su rostro había una mirada sospechosa; **he recalled the attacks ~ him** recordó los ataques que recibió; **~ my word!**† ¡caramba!

[2] (*with time*) **he emigrated ~ the death of his son** emigró tras la muerte de su hijo; **~ hearing this she wept** al oir esto, lloró; **~**

**entering the church, take the door on the left** al entrar en la iglesia, siga por la puerta de la izquierda; **Christmas is almost ~ us again** las Navidades ya están otra vez encima

[3] (*with large numbers*) **row ~ row of women surged forwards** hilera tras hilera de mujeres iban avanzando; **thousands ~ thousands of people were arriving** iban llegando miles y miles de personas; *see also* **on, once A2**

**upper** ['ʌpəʳ] Ⓐ ADJ [1] (*in level*) [*deck, floor*] de arriba; (*more frm*) superior; **the ~ atmosphere** la atmósfera superior; **the ~ slopes of Illimani** las pendientes más altas del Illimani; *see also* **hand A11, reach C2, stiff A3**

[2] (*in importance, rank*) [*echelons, ranks, caste*] superior; **~ management** los altos cargos de la administración

[3] (*on scale*) [*limit*] máximo; **properties at the ~ end of the market** inmuebles de la sección más cara del mercado; **people in the ~ income bracket** las personas con un nivel de ingresos superior

[4] (*in Geog names*) alto; **the Upper Nile** el alto Nilo

Ⓑ N [1] **uppers** [*of shoe*] pala *fsing*; ✦**IDIOM to be (down) on one's ~s** estar en las últimas *or* (*Sp*) sin un duro

[2] (*) (= *drug*) anfeta* *f*

[3] (*Dentistry*) dentadura *f* postiza (*superior*)

[4] (*US Rail*) litera *f* de arriba

Ⓒ CPD ► **upper arm** N brazo *m* superior ► **upper case** N (*Typ*) mayúsculas *fpl*; **in ~ case** en mayúsculas ► **upper chamber** N (*Pol*) cámara *f* alta ► **the upper circle** N (*Theat*) la galería superior ► **upper class** N **the ~ classes** la(s) clase(s) alta(s) ► **the upper crust*** N la flor y nata ► **Upper Egypt** N alto Egipto *m* ► **upper house** N (*Pol*) cámara *f* alta ► **upper lip** N labio *m* superior ► **upper school** N cursos *mpl* superiores; (*in names*) instituto *m* de enseñanza media ► **Upper Volta** N alto Volta *m*

**upper-case** ['ʌpə'keɪs] ADJ mayúsculo, de letra mayúscula

**upper-class** ['ʌpə'klɑːs] ADJ de clase alta; **an ~ twit** un señorito de clase alta

**upper-crust*** ['ʌpə'krʌst] ADJ de categoría (social) superior, de buen tono; *see also* **upper C**

**uppercut** ['ʌpəkʌt] N uppercut *m*, gancho *m* a la cara

**upper-division** [,ʌpədɪ'vɪʒən] ADJ **~ student** (*US*) estudiante *mf* de tercer *or* cuarto año

**uppermost** ['ʌpəməʊst] Ⓐ ADJ [1] el/la más alto/a; **to put sth face ~** poner algo cara arriba

[2] (*fig*) principal, predominante; **what is ~ in sb's mind** lo que más le preocupa a algn; **it was ~ in my mind** me preocupaba más que cualquier otra cosa

Ⓑ ADV encima

**uppish*** ['ʌpɪʃ], **uppity*** ['ʌpɪtɪ] ADJ (*Brit*) presumido, engreído; **to get ~** presumir, darse aires de importancia

**upraise** [ʌp'reɪz] VT levantar; **with arm ~d** con el brazo levantado

**upright** ['ʌpraɪt] Ⓐ ADJ [1] (*lit*) derecho, recto

[2] (*fig*) honrado, íntegro

Ⓑ ADV erguido, derecho, recto; **to hold o.s. ~** mantenerse erguido; **to sit bolt ~** sentarse muy derecho, sentarse muy erguido

Ⓒ N [1] (= *post*) montante *m*, poste *m*; (= *goalpost*) poste *m*

[2] (= *piano*) piano *m* vertical *or* recto

Ⓓ CPD ► **upright piano** N piano *m* vertical *or* recto

**uprightly** ['ʌp,raɪtlɪ] ADV (*fig*) honradamente, rectamente

**uprightness** ['ʌp,raɪtnɪs] N (*fig*) honradez *f*, rectitud *f*

**uprising** ['ʌpraɪzɪŋ] N alzamiento *m*, sublevación *f*

**up-river** ['ʌp'rɪvəʳ] ADV = **upstream**

**uproar** ['ʌprɔːʳ] N alboroto *m*, jaleo *m*; **this caused an ~** ◊ **at this there was (an) ~** (= *shouting*) en esto se armó un alboroto; (= *protesting*) en esto estallaron ruidosas las protestas; **the hall was in (an) ~** (= *shouting, disturbance*) había alboroto en la sala; (= *protesting*) se oían protestas airadas en la sala

**uproarious** [ʌp'rɔːrɪəs] ADJ [1] (= *noisy*) [*laughter*] escandaloso; [*meeting*] alborotado, ruidoso; [*success*] clamoroso

[2] (= *hilarious*) [*occasion*] divertidísimo; [*comedy*] desternillante; [*personality*] divertidísimo

**uproariously** [ʌp'rɔːrɪəslɪ] ADV **to laugh ~** reírse a carcajadas; **he told me an ~ funny story** me contó una historia para desternillarse *or* troncharse de risa

**uproot** [ʌp'ruːt] VT desarraigar, arrancar (de raíz); (= *destroy*) eliminar, extirpar; **whole families have been ~ed** familias enteras se han visto desarraigadas

**upsa-daisy*** ['ʌpsə,deɪzɪ] EXCL ¡aúpa!

**upset** [ʌp'set] (*vb: pt, pp* **upset**) Ⓐ VT [1] (= *knock over*) [+ *object*] volcar, tirar; [+ *liquid*] derramar, tirar; [+ *boat*] volcar; ✦**IDIOM to ~ the applecart** desbaratar los planes, desbaratar el tinglado*

[2] (= *distress*) afectar; (= *hurt, make sad*) disgustar; (= *offend*) ofender, disgustar; **the news ~ her a lot** la noticia la afectó mucho; **it ~ me that he forgot my birthday** me disgustó que se olvidara de mi cumpleaños; **I didn't mean to ~ her** no quería ofenderla *or* disgustarla; **people who are easily ~ may prefer not to watch** puede que las personas que se impresionen fácilmente prefieran no mirar; **to ~ o.s.: you'll only ~ yourself if you see him** no harás más que cogerte un disgusto si te ves con él; **there now, don't ~ yourself** venga, no te disgustes

[3] (= *disrupt*) [+ *plans, calculations*] dar al traste con, desbaratar; **this could ~ the balance of power in the region** esto podría alterar el equilibrio de poderes en la región

[4] (= *make ill*) sentar mal a, enfermar (*LAm*); **garlic ~s me/my stomach** el ajo no me sienta bien

Ⓑ ADJ [1] (= *distressed*) alterado; (= *hurt, sad*) disgustado; (= *offended*) ofendido, disgustado; (= *annoyed*) molesto; **he's ~ that you didn't tell him** se disgustó *or* se molestó porque no se lo dijiste; **she's ~ about failing** está disgustada por haber suspendido; **what are you so ~ about?** ¿qué es lo que te ha disgustado tanto?; **to get ~** (= *distressed*) alterarse; (= *hurt*) disgustarse; (= *offended*) ofenderse; (= *annoyed*) enfadarse; **don't get ~, they didn't take anything** no te alteres, no se llevaron nada; **she gets ~ when she sees anyone suffering** la afecta mucho ver a alguien sufriendo, lo pasa muy mal *or* sufre mucho si ve a alguien sufriendo; **he gets very ~ if I don't ring him every day** se pone fatal *or* lo pasa fatal si no lo llamo todos los días*

[2] ['ʌpset] (= *sick*) **I have an ~ stomach** tengo el estómago revuelto

Ⓒ ['ʌpset] N [1] (= *disturbance*) contratiempo *m*; **she has had to deal with many ~s in her personal life** su vida ha estado llena de contratiempos *or* reveses; **she has had her fair share of ~s in the past few weeks** ya ha tenido bastantes disgustos en las últimas semanas; **people who are prone to emotional ~s** las personas propensas a trastornos emocionales

[2] (*Sport, Pol*) (= *unexpected result*) derrota *f* sorpresa

[3] (= *illness*) malestar *m*; **stomach ~** malestar *m* de estómago; **to have a stomach ~** tener el estómago revuelto

Ⓓ ['ʌpset] CPD ► **upset price** N (*esp Scot, US*) precio *m* mínimo, precio *m* de reserva

**upsetting** [ʌp'setɪŋ] ADJ (= *distressing*) [*experience, incident*] terrible; [*image*] sobrecogedor; (= *saddening*) triste; (= *offending*) [*language, remark*] ofensivo; (= *annoying*) fastidioso, molesto; **the whole incident was very ~ for me** todo el incidente me afectó *or* disgustó mucho; **it is ~ for him to talk about it** lo pasa mal *or* se pone mal al hablar de ello; **parts of the film may be ~ to some viewers** algunas partes de la película pueden resultarles sobrecogedoras a algunos espectadores

**upshot** ['ʌpʃɒt] N resultado *m*; **the ~ of it all was ...** el resultado fue que ...; **in the ~** al fin y al cabo

**upside-down** ['ʌpsaɪd'daʊn] Ⓐ ADV al revés; (= *untidily*) patas arriba; **to turn sth ~** volver algo al revés; (*fig*) revolverlo todo; **we turned everything ~ looking for it** al buscarlo lo revolvimos todo, en la búsqueda lo registramos todo de arriba abajo

Ⓑ ADJ al revés; **to be ~** estar al revés; **the room was ~** reinaba el desorden en el cuarto, en el cuarto todo estaba patas arriba*

**upstage** ['ʌp'steɪdʒ] Ⓐ ADV (*Theat*) **to be ~** estar en el fondo del escenario; **to go ~** ir hacia el fondo del escenario

Ⓑ VT **to ~ sb** (*fig*) eclipsar a algn

**upstairs** ['ʌp'stɛəz] Ⓐ ADV arriba; **"where's your coat?" — "it's ~"** —¿dónde está tu abrigo? —está arriba; **the people ~** los de arriba; **to go ~** subir (al piso superior); **he went ~ to bed** subió para irse a la cama; **to walk slowly ~** subir lentamente la escalera

Ⓑ ADJ de arriba; **we looked out of an ~ window** nos asomamos a una ventana del piso superior *or* de arriba

Ⓒ N piso *m* superior *or* de arriba

**upstanding** [ʌp'stændɪŋ] ADJ [1] (= *respectable*) honrado; **a fine ~ young man** un joven distinguido y honrado

[2] (*frm*) (= *erect*) [*person*] recto

[3] (*Jur frm*) **be ~!** ¡pónganse de pie!

**upstart** ['ʌpstɑːt] (*pej*) Ⓐ ADJ [1] (= *socially ambitious*) arribista, advenedizo

[2] (= *arrogant*) presuntuoso; **some ~ youth** un joven presuntuoso

Ⓑ N [1] (= *social climber*) arribista *mf*, advenedizo/a *m/f*

[2] (= *arrogant person*) presuntuoso/a *m/f*

**upstate** ['ʌp'steɪt] (*US*) Ⓐ N interior *m*

Ⓑ ADJ interior, septentrional

Ⓒ ADV [*be*] en el interior; [*go*] al interior

**upstream** ['ʌp'striːm] ADV río arriba; **to go ~** ir río arriba; **to swim ~** nadar contra la corriente; **a town ~ from Windsor** una ciudad más arriba de Windsor; **about three miles ~ from Windsor** unas tres millas más arriba de Windsor

**upstretched** ['ʌpstretʃt] ADJ extendido hacia arriba

**upstroke** ['ʌpstrəʊk] N [1] (*with pen*) trazo *m* ascendente

[2] (*Mech*) [*of piston*] carrera *f* ascendente

**upsurge** ['ʌpsɜːdʒ] N (*in violence, fighting*) recrudecimiento *m*; (*in demand*) fuerte aumento *m*; **a great ~ of interest in Góngora** un gran renacimiento del interés por Góngora; **there has been an ~ of feeling about this ques-**

**tion** ha aumentado de pronto la preocupación por esta cuestión

**upswept** ['ʌpswept] ADJ [*wing*] elevado, inclinado hacia arriba; **with ~ hair** con peinado alto

**upswing** ['ʌpswɪŋ] N (*lit*) movimiento *m* hacia arriba; (*fig*) alza *f*, mejora *f* notable (**in** en); **an ~ in sales** una alza/mejora notable en las ventas; **an ~ in the economy** una notable mejora en la economía; **to be on the ~** estar en alza

**uptake** ['ʌpteɪk] N 1 (= *understanding*) **to be quick on the ~*** ser muy listo, agarrar las cosas al vuelo*; **to be slow on the ~*** ser corto (de entendederas)*
2 (= *intake*) consumo *m*
3 (= *acceptance*) aceptación *f*; (= *number accepted*) cantidad *f* admitida

**up-tempo** [,ʌp'tempəʊ] ADJ [*tune*] con ritmo rápido

**upthrust** ['ʌp'θrʌst] Ⓐ ADJ 1 (*gen*) (*Tech*) empujado hacia arriba, dirigido hacia arriba
2 (*Geol*) solevantado
Ⓑ N 1 (*gen*) (*Tech*) empuje *m* hacia arriba
2 (*Geol*) solevantamiento *m*

**uptight*** [ʌp'taɪt] ADJ nervioso, tenso; **she's very ~ today** está muy nerviosa *or* tensa hoy; **to get (all) ~ about sth** ponerse nervioso por algo; **don't get so ~!** ¡no te pongas tan nervioso!, ¡no te pongas tan neura!*

**uptime** ['ʌptaɪm] N tiempo *m* de operación

**up-to-date** ['ʌptə'deɪt] ADJ [*information, edition, report*] al día, actualizado; [*clothes, equipment, technology*] moderno; **to be ~ with one's payments** llevar sus pagos al día; **to bring/keep sth/sb ~** poner/mantener algo/a algn al día *or* al corriente; **we'll keep you ~ with any news** le mantendremos al día *or* al corriente de las noticias; **I like to keep ~ with all the latest fashions** me gusta mantenerme al día *or* al corriente de la última moda

**up-to-the-minute** ['ʌptəðə'mɪnɪt] ADJ de última hora

**uptown** ['ʌp'taʊn] (*US*) Ⓐ ADV hacia las afueras, hacia los barrios exteriores
Ⓑ ADJ exterior, de las afueras

**uptrend** ['ʌptrend] N (*Econ*) tendencia *f* al alza; **in** *or* **on an ~** en alza

**upturn** Ⓐ ['ʌptɜːn] N (= *improvement*) mejora *f*, aumento *m* (**in** de); (*Econ etc*) repunte *m*
Ⓑ [ʌp'tɜːn] VT (= *turn over*) volver hacia arriba; (= *overturn*) volcar

**upturned** ['ʌptɜːnd] ADJ [*box etc*] vuelto hacia arriba; [*nose*] respingón

**UPU** N ABBR (= **Universal Post Union**) UPU *f*

**UPVC** ABBR = **unplasticized polyvinyl chloride**

**upward** ['ʌpwəd] Ⓐ ADJ [*slope*] ascendente, hacia arriba; [*tendency*] al alza; **~ mobility** ascenso *m* social, movilidad *f* social ascendente
Ⓑ ADV (*also* **~s**) 1 (*gen*) hacia arriba; **face ~** boca arriba; **to lay sth face ~** poner algo boca arriba; **to look ~** mirar hacia arriba
2 (*with numbers*) **£50 and ~** de 50 libras para arriba; **from the age of 13 ~** desde los 13 años; **~ of 500** más de 500

**upwardly** ['ʌpwədlɪ] ADV **~ mobile** [*person*] ambicioso

**upwards** ['ʌpwədz] ADV (*esp Brit*) = **upward B**

**upwind** ['ʌp'wɪnd] ADV **to stay ~** quedarse en la parte de donde sopla el viento

**URA** N ABBR (*US*) = **Urban Renewal Administration**

**uraemia** [jʊ'riːmɪə] N uremia *f*

**uraemic** [jʊ'riːmɪk] ADJ urémico

**Urals** ['jʊərəlz] N (*also* **Ural Mountains**) (Montes *mpl*) Urales *mpl*

**uranalysis** [jʊərə'næləsɪs] N (*pl* **uranalyses** [,jʊərə'nælɪsiːz]) = **urinalysis**

**uranium** [jʊə'reɪnɪəm] N uranio *m*

**Uranus** [jʊə'reɪnəs] N Urano *m*

**urban** ['ɜːbən] Ⓐ ADJ urbano
Ⓑ CPD ► **urban guerrilla** N guerrillero/a *m/f* urbano/a ► **urban myth** N leyenda *f* urbana ► **urban renewal** N renovación *f* urbana ► **urban sprawl** N extensión *f* urbana ► **urban warfare** N guerrilla *f* urbana

**urbane** [ɜː'beɪn] ADJ urbano, cortés

**urbanity** [ɜː'bænɪtɪ] N urbanidad *f*, cortesía *f*

**urbanization** ['ɜːbənaɪ'zeɪʃən] N urbanización *f*

**urbanize** ['ɜːbənaɪz] VT urbanizar

**urchin** ['ɜːtʃɪn] N pilluelo/a *m/f*, golfillo/a *m/f*; **sea ~** erizo *m* de mar

**Urdu** ['ʊəduː] N (*Ling*) urdu *m*

**urea** ['jʊərɪə] N urea *f*

**uremia** [jʊə'riːmɪə] (*US*) = **uraemia**

**uremic** [jʊə'riːmɪk] (*US*) = **uraemic**

**ureter** [jʊə'riːtəʳ] N uréter *m*

**urethra** [jʊə'riːθrə] N (*pl* **urethras** *or* **urethrae** [jʊ'riːθriː]) uretra *f*

**urge** [ɜːdʒ] Ⓐ N impulso *m*; (*sexual etc*) deseo *m*; **the ~ to write** el deseo apremiante de escribir, la ambición de hacerse escritor; **to feel an ~ to do sth** sentir fuertes deseos *or* ganas de hacer algo; **to get** *or* **have the ~ (to do sth)**: **when you get** *or* **have the ~ to eat something exotic ...** cuando te entren ganas de comer algo exótico; **he had the sudden ~ to take all his clothes off** de repente le entraron ganas de desnudarse
Ⓑ VT 1 (= *try to persuade*) animar, alentar; **to ~ sb to do sth** animar *or* instar a algn a hacer algo; **to ~ that sth should be done** recomendar encarecidamente que se haga algo
2 (= *advocate*) recomendar, abogar por; **to ~ sth on** *or* **upon sb** insistir en algo con algn; **to ~ a policy on the government** hacer presión en el gobierno para que adopte una política

►**urge on** VT + ADV animar, alentar; (*fig*) animar, instar

**urgency** ['ɜːdʒənsɪ] N 1 (= *haste*) urgencia *f*; **not everyone had the same sense of ~** no todo el mundo tenía el mismo sentido de la urgencia; **it is a matter of ~** es un asunto urgente; **the problem must be tackled as a matter of ~** el problema debe tratarse con la máxima urgencia
2 [*of tone of voice, pleas*] urgencia *f*; **with a note of ~ in his voice** con un tono de urgencia

**urgent** ['ɜːdʒənt] ADJ 1 (= *imperative*) [*matter, business, case, message*] urgente; **he needs ~ medical treatment** necesita tratamiento médico urgente *or* urgentemente; **is this ~?** ¿es urgente?, ¿corre prisa esto?; **it is ~ that I see him** tengo que verlo urgentemente; **there is an ~ need for water** se necesita urgentemente agua, hay una necesidad apremiante de agua; **to be in ~ need of sth** necesitar algo urgentemente
2 (= *earnest, persistent*) [*tone*] de urgencia, insistente; [*voice*] insistente; [*plea, appeal*] urgente

**urgently** ['ɜːdʒəntlɪ] ADV 1 (= *immediately*) [*need, seek*] urgentemente, con urgencia; **he ~ needs help** necesita ayuda urgentemente *or* con urgencia
2 (= *earnestly, persistently*) (*gen*) con insistencia; [*speak*] con tono de urgencia

**uric** ['jʊərɪk] ADJ úrico; **~ acid** ácido *m* úrico

**urinal** [jʊə'raɪnl] N (= *building*) urinario *m*; (= *vessel*) orinal *m*

**urinalysis** [jʊərə'nælɪsɪs] N (*pl* **urinalyses** [,jʊərɪ'nælɪsiːz]) análisis *m inv* de orina

**urinary** ['jʊərɪnərɪ] ADJ urinario

**urinate** ['jʊərɪneɪt] Ⓐ VT orinar
Ⓑ VI orinar(se)

**urine** ['jʊərɪn] N orina *f*, orines *mpl*

**URL** N ABBR (*Internet*) (= **uniform resource locator**) URL *m*

**urn** [ɜːn] N 1 (= *vase*) urna *f*
2 (= *tea urn*) tetera *f*; (= *coffee urn*) cafetera *f*

**urogenital** [,jʊərəʊ'dʒenɪtl] ADJ urogenital

**urological** [,jʊərəʊ'lɒdʒɪkl] ADJ urológico

**urologist** [jʊə'rɒlədʒɪst] N urólogo/a *m/f*

**urology** [jʊə'rɒlədʒɪ] N urología *f*

**Ursa Major** ['ɜːsə'meɪdʒəʳ] N Osa *f* Mayor

**Ursa Minor** ['ɜːsə'maɪnəʳ] N Osa *f* Menor

**urticaria** [,ɜːtɪ'keərɪə] N urticaria *f*

**Uruguay** ['jʊərəgwaɪ] N Uruguay *m*

**Uruguayan** [,jʊərə'gwaɪən] Ⓐ ADJ uruguayo
Ⓑ N uruguayo/a *m/f*

**US** N ABBR = **United States**; **the US** EE.UU., Estados Unidos; **in the US** en Estados Unidos; **the US Army/government** el Ejército/gobierno estadounidense

**us** [ʌs] PRON 1 (*direct/indirect object*) nos; **they helped us** nos ayudaron; **look at us!** ¡míranos!; **give it to us** dánoslo; **they gave us some brochures** nos dieron unos folletos; **see if you can find us some food** mira a ver si nos encuentras algo de comer
2 (*after prepositions, in comparisons, with the verb to be*) nosotros/as; **why don't you come with us?** ¿por qué no vienes con nosotros?; **several of us** varios de nosotros; **he is one of us** es uno de nosotros; **both of us** los dos; **they are older than us** son mayores que nosotros; **as for us English, we ...** en cuanto a nosotros los ingleses, ...; **it's us** somos nosotros
3 (*Brit**) (= *me*) me; **give us a bit!** ¡dame un poco!; **give us a look!** ¡déjame ver!

**USA** N ABBR 1 = **United States of America**; **the ~** Estados Unidos, EE.UU.; **in the ~** en Estados Unidos
2 = **United States Army**

**usable** ['juːzəbl] ADJ utilizable; **~ space** espacio *m* útil; **it is no longer ~** ya no sirve

**USAF** N ABBR = **United States Air Force**

**usage** ['juːzɪdʒ] N 1 (= *custom*) costumbre *f*, usanza *f*; **an ancient ~ of the Celts** una antigua usanza de los celtas
2 (*Ling*) (= *use, way of using*) uso *m*; **in the ~ of railwaymen** en el lenguaje de los ferroviarios, en el uso ferroviario
3 (= *handling*) manejo *m*; (= *treatment*) tratos *mpl*; **ill ~** mal tratamiento *m*; **it's had some rough ~** ha sido manejado con bastante dureza

**USCG** N ABBR (*US*) = **United States Coast Guard**

**USD** ABBR = **US Dollars**

**USDA** N ABBR (= **United States Department of Agriculture**) ≈ MAPA *m*

**USDAW** ['ʌzdɔː] N ABBR (*Brit*) = **Union of Shop, Distributive and Allied Workers**

**USDI** N ABBR = **United States Department of the Interior**

**use** [juːs] Ⓐ N 1 (= *act of using*) uso *m*, empleo *m*, utilización *f*; (= *handling*) manejo *m*; **the ~ of steel in industry** el empleo *or* la utilización *or* el uso del acero en la industria; **for**

**the ~ of the blind** para (uso de) los ciegos; **for ~ in case of emergency** para uso en caso de emergencia; **care in the ~ of guns** cuidado *m* en el manejo de las armas de fuego; **a new ~ for old tyres** un nuevo método para utilizar los neumáticos viejos; **"directions for use"** "modo de empleo"; **fit for ~** servible, en buen estado; **in ~**: **word in ~** palabra *f* en uso *or* que se usa; **to be in daily ~** ser de uso diario; **to be no longer in ~** estar fuera de uso; **it is not now in ~** ya no se usa; **it has not been in ~ for five years** hace cinco años que no se usa; **an article in everyday ~** un artículo de uso diario; **to make ~ of** hacer uso de, usar; [+ *right etc*] valerse de, ejercer; **to make good ~ of** sacar partido *or* provecho de; **out of ~** en desuso; **it is now out of ~** ya no se usa, está en desuso; **to go** *or* **fall out of ~** caer en desuso; **to put sth to good ~** hacer buen uso de algo, sacar partido *or* provecho de algo; **to put sth into ~** poner algo en servicio; **ready for ~** listo (para ser usado); **it improves with ~** mejora con el uso
[2] (= *way of using*) modo *m* de empleo; (= *handling*) manejo *m*; **we were instructed in the ~ of firearms** se nos instruyó en el manejo de armas de fuego
[3] (= *function*) uso *m*; **it has many ~s** tiene muchos usos; **can you find a ~ for this?** ¿te sirve esto?
[4] (= *usefulness*) utilidad *f*; **it has its ~s** tiene su utilidad; **to be of ~** servir, tener utilidad; **can I be of any ~?** ¿puedo ayudar?; **to be no ~**: **he's no ~ as a teacher** no vale para profesor, no sirve como profesor; **it's (of) no ~** es inútil, no sirve para nada; **it's no ~ discussing it further** es inútil *or* no vale la pena seguir discutiendo; **I have no further ~ for it** ya no lo necesito, ya no me sirve para nada; **to have no ~ for sb*** no aguantar a algn; **I've no ~ for those who …** no aguanto a los que …; **what's the ~ of all this?** ¿de qué sirve todo esto?
[5] (= *ability to use, access*) **he gave me the ~ of his car** me dejó que usara su coche; **to have the ~ of**: **to have the ~ of a garage** tener acceso a un garaje; **I have the ~ of it on Sundays** me permiten usarlo los domingos, lo puedo usar los domingos; **I have the ~ of the kitchen until 6p.m.** puedo *or* tengo permitido usar la cocina hasta las seis; **he lost the ~ of his arm** se le quedó inútil el brazo
[6] (*Ling*) (= *sense*) uso *m*, sentido *m*
[7] (*frm*) (= *custom*) uso *m*, costumbre *f*
Ⓑ [ju:z] VT [1] (*gen*) usar, emplear, utilizar; **he ~d a knife** empleó *or* usó *or* utilizó un cuchillo; **are you using this book?** ¿te hace falta este libro?; **which book did you ~?** ¿qué libro consultaste?; **it isn't ~d any more** ya no se usa; **have you ~d a gun before?** ¿has manejado alguna vez una escopeta?; **"use only in emergencies"** "usar sólo en caso de emergencia"; **to ~ sth as a hammer** emplear *or* usar algo como martillo; **to be ~d**: **what's this ~d for?** ¿para qué sirve esto?, ¿para qué se utiliza esto?; **the money is ~d for the poor** el dinero se dedica a los pobres; **the word is no longer ~d** la palabra ya no se usa; **this room could ~ some paint*** a este cuarto no le vendría mal una mano de pintura; **I could ~ a drink!*** ¡no me vendría mal un trago!; **to ~ sth for**: **to ~ sth for a purpose** servirse de algo con un propósito; **to ~ force** emplear la fuerza; **careful how you ~ that razor!** ¡cuidado con la navaja esa!; **to ~ every means** emplear todos los medios a su alcance (**to do sth** para hacer algo)
[2] (= *make use of, exploit*) usar, utilizar; **he said I could ~ his car** dijo que podía usar *or* utilizar su coche; **I don't ~ my Spanish much** no uso mucho el español; **you can ~ the leftovers in a soup** puedes usar las sobras para una sopa; **he wants to ~ the bathroom** quiere usar el cuarto de baño; (= *go to the toilet*) quiere ir al lavabo *or* (*LAm*) al baño; **someone is using the bathroom** el lavabo *or* (*LAm*) el baño está ocupado; **~ your head** *or* **brains!*** ¡usa el coco!*
[3] (= *consume*) [+ *fuel*] consumir; **have you ~d all the milk?** ¿has terminado toda la leche?
[4] (†) (= *treat*) tratar; **she had been cruelly ~d by …** había sido tratada con crueldad por …; **to ~ sb roughly** maltratar a algn; **to ~ sb well** tratar bien a algn
Ⓒ VI (*Drugs*‡) drogarse
Ⓓ [ju:s] AUX VB (*gen*) soler, acostumbrar (a); **I ~d to go camping as a child** de pequeño solía *or* acostumbraba ir de acampada; **I ~d to live in London** (antes) vivía en Londres; **I didn't ~ to like maths, but now I love it** antes no me gustaban las matemáticas, pero ahora me encantan; **but I ~d not to** pero antes no; **things aren't what they ~d to be** las cosas ya no son lo que eran

►**use up** VT + ADV [+ *supplies*] agotar; [+ *money*] gastar; **we've ~d up all the paint** hemos acabado toda la pintura; **when we've ~d up all our money** cuando hayamos gastado todo el dinero; **please ~ up all the coffee** termínaos el café

**USED TO**

- To describe what someone **used to do** or what **used to happen**, you should generally just use the imperfect tense of the main verb:

  We used to buy our food at the corner shop
  ***Comprábamos la comida en la tienda de la esquina***
  ...as my mother used to say…
  ***...como decía mi madre...***

- Alternatively, to describe someone's habits you can use **solía** + INFINITIVE or **acostumbraba (a)** + INFINITIVE:

  He used to go for a walk every day
  ***Solía*** *or* ***Acostumbraba (a) dar un paseo todos los días***

- To emphasize the contrast between what **used to** happen previously and what happens now, use **antes** + IMPERFECT:

  He used to be a journalist
  ***Antes era periodista***
  She didn't use to *or* She used not to drink alcohol
  ***Antes no tomaba alcohol***

*For further uses and examples, see main entry at* ***use.***

**useable** ['ju:zəbl] ADJ = **usable**

**used**[1] [ju:zd] ADJ [1] (= *finished with*) [*stamp, syringe*] usado; [*battery, tyre*] gastado, usado
[2] (= *second-hand*) [*clothing, car*] usado; **a ~ car** un coche de segunda mano; **a ~-car salesman** un vendedor de coches de segunda mano

**used**[2] [ju:st] ADJ **to be ~ to sth** estar acostumbrado a algo; **he wasn't ~ to driving on the right** no estaba acostumbrado a conducir por la derecha; **don't worry, I'm ~ to it** no te preocupes, estoy acostumbrado; **to be ~ to doing sth** estar acostumbrado a hacer algo; **to get ~ to** acostumbrarse a; **I still haven't got ~ to the lifts** todavía no me he acostumbrado a los ascensores

**useful** ['ju:sfʊl] ADJ [1] (= *valuable*) [*information, advice, tool*] útil; [*discussion, meeting*] fructífero; [*experience*] provechoso, útil; **beans are a ~ source of protein** las judías son una buena fuente de proteína; **a ~ player** un buen jugador, un jugador que vale; **the time we spent in Spain was very ~** nuestra estancia en España fue muy provechosa; **he's a ~ person to know** es una persona que conviene conocer; **it is very ~ to be able to drive** es muy útil saber conducir; **~ capacity** capacidad *f* útil; **to come in ~** ser útil, venir bien; **the machine has reached the end of its ~ life** la máquina ha llegado al final de su periodo de funcionamiento; **he lived a ~ life** tuvo una vida provechosa; **to make o.s. ~** ayudar, echar una mano*; **come on, make yourself ~!** ¡venga, haz algo!, ¡vamos, echa una mano!*; **this discussion is not serving any ~ purpose** esta discusión no está sirviendo para nada útil *or* provechoso; **I feel I am ~ to the company** me parece que le soy de utilidad a *or* útil a la empresa
[2] (*) (= *capable*) **he's ~ with his fists** sabe defenderse con los puños; **he's ~ with a gun** sabe manejar un fusil

**usefully** ['ju:sfəlı] ADV de manera provechosa, provechosamente; **you could spend your time more ~ in the library** podrías emplear el tiempo de manera más provechosa *or* más provechosamente en la biblioteca; **the staff are not being ~ employed** la plantilla no se está empleando de manera provechosa *or* provechosamente; **there was nothing that could ~ be said** nada de lo que podía decirse servía de nada

**usefulness** ['ju:sfʊlnıs] N utilidad *f*; **it has outlived its ~** ha dejado de tener utilidad

**useless** ['ju:slıs] ADJ [1] (= *ineffective*) [*object*] que no sirve para nada; [*person*] inútil; **this can opener's ~** este abrelatas no sirve para nada; **compasses are ~ in the jungle** las brújulas no sirven para *or* de nada en la selva; **she's ~** es una inútil; **he's ~ as a forward** no vale para delantero, no sirve como delantero; **I was always ~ at maths** siempre fui (un) negado *or* un inútil para las matemáticas
[2] (= *unusable*) [*object, vehicle*] inservible; [*limb*] inutilizado, inútil; **he's a mine of ~ information!** (*hum*) se sabe todo tipo de datos y chorraditas que no sirven de nada*; **to render** *or* **make sth ~** inutilizar algo
[3] (= *pointless*) inútil; **it's ~ to shout** de nada sirve gritar, es inútil gritar

**uselessly** ['ju:slıslı] ADV (= *ineffectually*) inútilmente; (= *in vain, pointlessly*) inútilmente, en vano

**uselessness** ['ju:slısnıs] N (= *ineffectualness*) inutilidad *f*; (= *pointlessness*) lo inútil

**user** ['ju:zəʳ] Ⓐ N [1] usuario/a *m/f*; **computer ~s** usuarios *mpl* de ordenadores
[2] (*Drugs*) **drug ~** drogadicto/a *m/f*; **heroin ~** heroinómano/a *m/f*
Ⓑ CPD ► **user identification** N identificación *f* del usuario ► **user language** N lenguaje *m* del usuario ► **user software** N software *m* del usuario

**user-definable** [,ju:zədı'faınəbl], **user-defined** [,ju:zədı'faınd] ADJ definido por el usuario

**user-friendliness** [,ju:zə'frendlınıs] N facilidad *f* de uso, facilidad *f* de manejo

**user-friendly** [,ju:zə'frendlı] ADJ [*computer, software, system, dictionary*] fácil de utilizar *or* usar *or* manejar; **to make sth more ~** hacer algo más fácil de manejar, hacer algo más accesible para el usuario

**USES** N ABBR = **United States Employment Service**

**USGS** N ABBR = **United States Geological Survey**

**usher** ['ʌʃəʳ] Ⓐ N (*in court etc*) ujier *mf*; (*in theatre, cinema etc*) acomodador(a) *m/f*; (*at public meeting etc*) guardia *mf* de sala, encargado/a *m/f* del orden
Ⓑ VT **to ~ sb into a room** hacer pasar a algn a un cuarto; **to ~ sb to the door** ◊ **~ sb out** acompañar a algn a la puerta; **to ~ sb out** [+ *unwanted individual*] hacer salir a algn

►**usher in** VT + ADV [+ *person*] hacer pasar a; (*Theat etc*) acomodar a, conducir su sitio; **I was ~ed in by the butler** el mayordomo me hizo pasar; **it ~ed in a new reign** anunció un nuevo reinado, marcó el comienzo de un nuevo reinado; **summer was ~ed in by storms** el verano empezó con tormentas

**usherette** [,ʌʃə'ret] N acomodadora *f*

**USIA** N ABBR = **United States Information Agency**

**USM** N ABBR 1 = **United States Mail**
2 (*Fin*) (= **unlisted securities market**) mercado *m* de valores no cotizados en la Bolsa
3 = **United States Mint**

**USMC** N ABBR = **United States Marine Corps**

**USN** N ABBR = **United States Navy**

**USO** N ABBR (*US*) = **United Service Organization**

**USP** N ABBR 1 = **unique sales** *or* **selling proposition**
2 = **unique selling point**

**USPHS** N ABBR = **United States Public Health Service**

**USPS** N ABBR = **United States Postal Service**

**USS** N ABBR = **United States Ship** *or* **Steamer**

**USSR** N ABBR (= **Union of Soviet Socialist Republics**) URSS *f*; **in the ~** en la URSS, en la Unión Soviética

**usu.** ABBR = **usual(ly)**

**usual** ['juːʒʊəl] Ⓐ ADJ (= *customary*) [*method, answer*] acostumbrado, habitual, usual; [*place, time, excuse*] de siempre; **more than ~** más que de costumbre; **to come earlier than ~** venir más temprano que de costumbre, venir antes de la hora acostumbrada; **it's ~ to give a tip** es costumbre *or* (*esp LAm*) se acostumbra dar una propina; **as (per) ~** como de costumbre, como siempre; **it's not ~ for her to be late** no suele llegar tarde; **it is not our ~ practice to allow this** no acostumbramos *or* solemos permitir esto; **it's not contagious in the ~ sense of the word** no es contagioso en el sentido normal de la palabra; **he came home late, drunk, the ~ thing** llegó a casa tarde y borracho, lo de siempre; **boil the potatoes in the ~ way** cueza las patatas como de costumbre *or* como siempre
Ⓑ N **the ~ please!*** (= *drink*) lo de siempre, por favor

**usually** ['juːʒʊəlɪ] ADV normalmente, por lo general; **we ~ go on a Friday** normalmente *or* por lo general vamos un viernes; **what do you ~ do?** ¿qué hacen ustedes normalmente?; **we have to be more than ~ careful** tenemos que tomar más cuidado que de costumbre; **not ~** por lo general *or* normalmente no; **the ~ crowded streets were deserted** las calles normalmente atiborradas de gente estaban desiertas

**usufruct** ['juːzjʊfrʌkt] N usufructo *m*

**usufructuary** [,juːzjʊ'frʌktərɪ] N usufructuario/a *m/f*

**usurer** ['juːʒərəʳ] N usurero/a *m/f*

**usurious** [juː'zjʊərɪəs] ADJ usurario

**usurp** [juː'zɜːp] VT usurpar

**usurpation** [,juːzɜː'peɪʃən] N usurpación *f*

**usurper** [juː'zɜːpəʳ] N usurpador(a) *m/f*

**usurping** [juː'zɜːpɪŋ] ADJ usurpador

**usury** ['juːʒʊrɪ] N usura *f*

**UT** ABBR (*US*) = **Utah**

**UTC** ABBR = **Universal Time Coordinated**

**utensil** [juː'tensl] N utensilio *m*; **kitchen ~s** utensilios *mpl* de cocina; (= *set*) batería *f* de cocina

**uterine** ['juːtəraɪn] ADJ uterino

**uterus** ['juːtərəs] N (*pl* **uteri** ['juːtəraɪ]) útero *m*

**utilitarian** [,juːtɪlɪ'tɛərɪən] Ⓐ ADJ utilitario
Ⓑ N utilitarista *mf*

**utilitarianism** [,juːtɪlɪ'tɛərɪənɪzəm] N utilitarismo *m*

**utility** [juː'tɪlɪtɪ] Ⓐ N 1 (= *usefulness*) utilidad *f*
2 (*also* **public ~**) servicio *m* público
Ⓑ CPD utilitario ► **utility player** N (*Sport*) jugador(a) *m/f* polivalente ► **utility room** N trascocina *f* ► **utility vehicle** N furgoneta *f*, camioneta *f*

**utilizable** ['juːtɪ,laɪzəbl] ADJ utilizable

**utilization** [,juːtɪlaɪ'zeɪʃən] N utilización *f*

**utilize** ['juːtɪlaɪz] VT utilizar, aprovecharse de

**utmost** ['ʌtməʊst] Ⓐ ADJ 1 (= *greatest*) sumo; **of the ~ importance** de la mayor importancia, de suma importancia; **with the ~ ease** con suma facilidad
2 (= *furthest*) más lejano
Ⓑ N **the ~ that one can do** todo lo que puede hacer uno; **200 at the ~** 200 a lo más, 200 a lo sumo; **to do one's ~ (to do sth)** hacer todo lo posible (por hacer algo); **to the ~** al máximo, hasta más no poder; **to the ~ of one's ability** lo mejor que pueda *or* sepa uno

**Utopia** [juː'təʊpɪə] N Utopía *f*

**Utopian** [juː'təʊpɪən] Ⓐ ADJ [*dream etc*] utópico; [*person*] utopista
Ⓑ N utopista *mf*

**Utopianism** [juː'təʊpɪənɪzəm] N utopismo *m*

**utricle** ['juːtrɪkl] N utrículo *m*

**utter**[1] ['ʌtəʳ] ADJ completo, total; [*madness*] puro; [*fool*] perfecto; **~ nonsense!** ¡tonterías!; **it was an ~ disaster** fue un desastre total; **he was in a state of ~ depression** estaba completamente deprimido

**utter**[2] ['ʌtəʳ] VT 1 [+ *words*] pronunciar; [+ *cry*] dar, soltar; [+ *threat, insult etc*] proferir; [+ *libel*] publicar; **she never ~ed a word** no dijo nada *or* (ni una) palabra; **don't ~ a word about it** no le digas nada a nadie
2 (*Jur*) [+ *counterfeit money*] poner en circulación, expender

**utterance** ['ʌtərəns] N 1 (= *remark*) palabras *fpl*, declaración *f*
2 (= *expression*) expresión *f*; **to give ~ to** expresar, manifestar, declarar
3 (= *style*) pronunciación *f*, articulación *f*

**utterly** ['ʌtəlɪ] ADV totalmente, completamente

**uttermost** ['ʌtəməʊst] ADJ = **utmost A**

**U-turn** ['juːtɜːn] N (*lit, fig*) cambio *m* de sentido, giro *m* de 180 grados; **to do a ~** cambiar de sentido; **"no U-turns"** "prohibido cambiar de sentido"

**UV** ADJ ABBR (= **ultraviolet**) UV, UVA

**UVA, UV-A** ADJ ABBR **~ rays** rayos *mpl* UVA

**UVB, UV-B** ADJ ABBR **~ rays** rayos *mpl* UVB

**UVF** N ABBR (*Brit*) (= **Ulster Volunteer Force**) *organización paramilitar protestante en Irlanda del Norte*

**uvula** ['juːvjələ] N (*pl* **uvulas** *or* **uvulae** ['juːvjəliː]) úvula *f*

**uvular** ['juːvjələʳ] ADJ uvular

**uxorious** [ʌk'sɔːrɪəs] ADJ muy enamorado de su mujer, enamorado con exceso *or* con ostentación de su mujer

**Uzbek** ['ʊzbek] Ⓐ ADJ uzbeko
Ⓑ N 1 (= *person*) uzbeko/a *m/f*
2 (*Ling*) uzbeko

**Uzbekistan** [,ʊzbekɪs'tɑːn] N Uzbekistán *m*

# V v

**V, v**[1] [viː] N (= *letter*) V, v *f*; **V for victory** V de la victoria; **V1** (= *flying bomb*) bomba *f* volante (*1944-45*); **V2** (= *rocket*) cohete *m* (*1944-45*); *see also* **V-sign**, **V-neck**

**v**[2] ABBR 1 (*Literat*) (= **verse**) v.
2 (*Bible*) (= **verse**) vers.°
3 (*Sport, Jur*) = **versus** (= *against*) v., vs.
4 (*Elec*) = **volt(s)**
5 = **vide** (= *see*) vid., v.
6 = **very**
7 = **volume**

**VA** (*US*) Ⓐ ABBR = **Virginia**
Ⓑ N ABBR = **Veterans Administration**

**Va.** ABBR = **Virginia**

**vac*** [væk] N 1 (*Brit Univ*) = **vacation**
2 (*esp Brit*) = **vacuum cleaner**

**vacancy** [ˈveɪkənsɪ] N 1 (= *job*) vacante *f*; **"vacancies"** "ofertas de trabajo"; **"vacancy for keen young man"** "se busca joven enérgico"; **to fill a ~** proveer una vacante
2 (*in boarding house etc*) habitación *f* libre, cuarto *m* libre; **have you any vacancies?** ¿tiene *or* hay alguna habitación *or* algún cuarto libre?; **we have no vacancies for August** para agosto no hay nada disponible, en agosto todo está lleno; **"no vacancies"** "completo"; **"vacancies"** "hay habitaciones"
3 (= *emptiness*) lo vacío; [*of mind*] vaciedad *f*, vacuidad *f*

**vacant** [ˈveɪkənt] ADJ 1 (= *unoccupied*) [*seat*] libre, desocupado; [*room*] libre, disponible; [*house*] desocupado, vacío; [*space*] vacío; **is this seat ~?** ¿está libre (este asiento)?; **~ lot** (*US*) solar *m*; **~ post** vacante *f*; **to become** *or* **fall ~** [*post*] quedar(se) vacante; *see also* **situation**
2 (= *expressionless*) [*look*] ausente, vacío
3 (= *stupid*) [*person*] alelado

**vacantly** [ˈveɪkəntlɪ] ADV 1 [*look*] con gesto ausente, distraídamente
2 (= *stupidly*) sin comprender, boquiabierto

**vacate** [vəˈkeɪt] VT (*frm*) [+ *seat, room*] dejar libre; [+ *premises*] desocupar, desalojar; [+ *post*] dejar; [+ *throne*] renunciar a

**vacation** [vəˈkeɪʃən] N Ⓐ N 1 (*esp Brit Jur*) receso *m* vacacional (*frm*), periodo *m* vacacional
2 (*Univ*) **the long ~** las vacaciones de verano
3 (*US*) (= *holiday*) vacaciones *fpl*; **to be on ~** estar de vacaciones; **to take a ~** tomarse unas vacaciones
4 (= *vacating*) [*of premises*] desalojo *m*
Ⓑ VI (*US*) pasar las vacaciones
Ⓒ CPD ► **vacation course** N curso *m* extracurricular (*durante las vacaciones*); (*in summer*) curso *m* de verano ► **vacation job** N empleo *m* de verano ► **vacation pay** N paga *f* de las vacaciones ► **vacation resort** N centro *m* turístico ► **vacation season** N temporada *f* de las vacaciones

**vacationer** [vəˈkeɪʃənəʳ], **vacationist** [vəˈkeɪʃənɪst] N (*US*) (*gen*) turista *mf*; (*in summer*) veraneante *mf*

**vaccinate** [ˈvæksɪneɪt] VT vacunar

**vaccination** [ˌvæksɪˈneɪʃən] N vacunación *f*; **you must have the ~ a month before you travel** debes vacunarte un mes antes de viajar

**vaccine** [ˈvæksiːn] N vacuna *f*

**vacillate** [ˈvæsɪleɪt] VI (= *hesitate*) vacilar, dudar; (= *waver*) oscilar (**between** entre)

**vacillating** [ˈvæsɪleɪtɪŋ] ADJ vacilante, irresoluto

**vacillation** [ˌvæsɪˈleɪʃən] N vacilación *f*

**vacua** [ˈvækjʊə] NPL *of* **vacuum**

**vacuity** [væˈkjuːɪtɪ] N (*frm*) 1 (= *vapidity*) vacuidad *f*
2 **vacuities** (= *silly remarks*) vaciedades *fpl*

**vacuous** [ˈvækjʊəs] ADJ (*frm*) [*expression*] vacío, ausente; [*face*] alelado, de pasmo; [*comment*] vacuo, vacío; [*person*] alelado, bobo

**vacuum** [ˈvækjʊm] Ⓐ N (*pl* **vacuums** *or* (*frm*) **vacua**) 1 (*gen*) vacío *m*; **it can't exist in a ~** no puede existir en el vacío
2 (= *hoover*) **to give a room a ~** limpiar un cuarto con aspiradora
Ⓑ VT pasar la aspiradora por
Ⓒ VI pasar la aspiradora
Ⓓ CPD ► **vacuum bottle** N (*US*) = **vacuum flask** ► **vacuum cleaner** N aspiradora *f* ► **vacuum flask** N termo *m* ► **vacuum pump** N bomba *f* de vacío

**vacuum-packed** [ˈvækjʊmˈpækt] ADJ envasado al vacío

**vade mecum** [ˈvɑːdɪˈmeɪkʊm] N vademécum *m*

**vagabond** [ˈvægəbɒnd] Ⓐ ADJ vagabundo
Ⓑ N vagabundo/a *m/f*

**vagary** [ˈveɪgərɪ] N (= *whim*) capricho *m*, antojo *m*; (= *strange idea*) manía *f*, capricho *m*; **the vagaries of love** los caprichos del amor; **the vagaries of the weather** los caprichos del tiempo; **it can't be left to the vagaries of chance** no se puede dejar al azar *or* en manos del azar

**vagina** [vəˈdʒaɪnə] N (*pl* **vaginas** *or* **vaginae** [vəˈdʒaɪniː]) vagina *f*

**vaginal** [vəˈdʒaɪnəl] ADJ vaginal; **~ smear** frotis *m* vaginal

**vagrancy** [ˈveɪgrənsɪ] N vagancia *f*, vagabundeo *m*

**vagrant** [ˈveɪgrənt] Ⓐ N vagabundo/a *m/f*
Ⓑ ADJ vagabundo, vagante; (*fig*) errante

**vague** [veɪg] ADJ (*compar* **vaguer**; *superl* **vaguest**)
1 (= *imprecise*) [*concept*] impreciso, vago; [*description*] impreciso; [*outline*] borroso; [*feeling*] indefinido, indeterminado; [*person*] (*in giving details etc*) impreciso; (*by nature*) de ideas poco precisas; **the outlook is somewhat ~** el futuro es algo incierto; **there have been ~ hints of a reconciliation** ha habido ligeros atisbos de reconciliación; **my memories of that time are very ~** mis recuerdos de aquella época son muy vagos, aquella época la recuerdo muy vagamente; **the ~ outline of a ship** el perfil borroso de un buque; **he made some ~ promises** hacía promesas, pero sin concretar; **I haven't the ~st idea** no tengo la más remota idea; **he was ~ about the date** no quiso precisar la fecha; **you mustn't be so ~** hay que decir las cosas con claridad, hay que concretar; **I'm a bit ~ on that subject** sé poco en concreto sobre ese tema; **then he went all ~** luego comenzó a decir vaguedades
2 (= *absent-minded*) [*person*] despistado, distraído; [*expression, look*] ausente; **he's terribly ~** tiene un tremendo despiste, es un despistado; **to look ~** tener aire distraído

**vaguely** [ˈveɪglɪ] ADV 1 (= *imprecisely*) [*define, remember*] vagamente; [*embarrassed, guilty*] ligeramente, levemente; **a ~ worded agreement** un acuerdo expresado de forma imprecisa *or* en términos poco claros; **he talks very ~** habla en términos muy vagos; **she was ~ aware of someone else in the room** tenía la ligera *or* vaga impresión de que había alguien más en la habitación; **he gestured ~ towards the hills** señaló con gesto impreciso hacia las colinas; **his face looked ~ familiar** su rostro me resultaba ligeramente familiar; **her style is ~ reminiscent of Jane Austen** su estilo recuerda vagamente a *or* tiene un cierto parecido con Jane Austen
2 (= *absent-mindedly*) distraídamente; **she looked at me ~** me miró distraída; **I thought ~ of ringing him up** se me pasó por la cabeza la idea de llamarle

**vagueness** [ˈveɪgnɪs] N 1 (= *imprecision*) vaguedad *f*, imprecisión *f*
2 (= *absent-mindedness*) distracción *f*

**vain** [veɪn] ADJ 1 (= *useless*) vano, inútil; **in ~** [*try, struggle*] en vano, inútilmente; [*search*] sin éxito, en vano; **all our efforts were in ~** todos nuestros esfuerzos fueron en vano *or* resultaron inútiles; **I stayed, in the ~ hope that …** me quedé con la vana esperanza de que …; ✦**IDIOM to take sb's name in ~** hablar con poco respeto de algn; **to take the Lord's name in ~** tomar el nombre de Dios en vano
2 (*compar* **vainer**; *superl* **vainest**) (= *conceited*) vanidoso, presumido; **she is very ~ about her hair** siempre está arreglándose el pelo

**vainglorious** [veɪnˈglɔːrɪəs] ADJ vanaglorioso

**vainglory** [veɪnˈglɔːrɪ] N vanagloria *f*

**vainly** [ˈveɪnlɪ] ADV 1 (= *to no effect*) [*try, struggle*] en vano, inútilmente; [*search*] sin éxito, en

vano
**2** (= *conceitedly*) vanidosamente

**valance** ['vælǝns] N (*on bed*) cenefa *f*; (*on curtains*) [*of wood*] galería *f*; [*of fabric*] cenefa *f*

**vale** [veɪl] N (*poet*) valle *m*; **~ of tears** valle *m* de lágrimas

**valediction** [,vælɪ'dɪkʃǝn] N despedida *f*

**valedictory** [,vælɪ'dɪktǝrɪ] **A** ADJ [*address*] de despedida
**B** N (*US*) oración *f* de despedida

**valence** ['veɪlǝns] N valencia *f*

**Valencian** [vǝ'lensɪǝn] **A** ADJ valenciano
**B** N **1** (= *person*) valenciano/a *m/f*
**2** (*Ling*) valenciano *m*

**valency** ['veɪlǝnsɪ] N valencia *f*

**valentine** ['vælǝntaɪn] N **1** **(St) Valentine's Day** día *m* de San Valentín, día *m* de los enamorados (*14 febrero*)
**2** (*also* **~ card**) tarjeta *f* del día de San Valentín, tarjeta *f* de los enamorados (*enviada por jóvenes, sin firmar, de tono amoroso o jocoso*)
**3** (= *person*) novio/a *m/f* (*escogido el día de San Valentín*)

**valerian** [vǝ'lɪǝrɪǝn] N valeriana *f*

**valet** ['væleɪ] **A** N **1** (= *person*) (*in hotel or household*) ayuda *m* de cámara
**2** (*for car*) lavado *m* y limpieza *f*, limpieza *f* completa
**B** VT [+ *car*] lavar y limpiar, hacer una limpieza completa de
**C** CPD ► **valet parking** N (*US*) servicio *m* de aparcamiento a cargo del hotel

**valeting service** ['vælɪtɪŋ,sɜ:vɪs] N (*in hotel*) servicio *m* de planchado; (*for car*) servicio *m* de limpieza

**valetudinarian** ['vælɪ,tju:dɪ'nɛǝrɪǝn] **A** ADJ valetudinario
**B** N valetudinario/a *m/f*

**Valhalla** [væl'hælǝ] N Valhala *m*

**valiant** ['vælɪǝnt] ADJ (*poet*) [*person*] valiente, valeroso; [*effort*] valeroso

**valiantly** ['vælɪǝntlɪ] ADV valientemente, con valor

**valid** ['vælɪd] ADJ **1** [*argument, point, question*] válido; [*excuse, claim, objection*] válido, legítimo; **that argument is not ~** ese argumento no es válido *or* no vale
**2** [*ticket, passport, licence, contract*] válido, valedero; **a ticket ~ for three months** un billete válido *or* valedero para tres meses; **that ticket is no longer ~** ese billete ya no vale *or* ha caducado ya

**validate** ['vælɪdeɪt] VT (*gen*) validar, dar validez a; [+ *document*] convalidar

**validation** [,vælɪ'deɪʃǝn] N convalidación *f*

**validity** [vǝ'lɪdɪtɪ] N (*all senses*) validez *f*

**valise** [vǝ'li:z] N valija *f*, maleta *f*

**Valium®** ['vælɪǝm] N valium® *m*

**Valkyrie** ['vælkɪrɪ] N Valquiria *f*

**valley** ['vælɪ] N valle *m*

**valor** ['vælǝʳ] N (*US*) = **valour**

**valorous** ['vælǝrǝs] ADJ (*liter*) valiente, valeroso

**valour**, **valor** (*US*) ['vælǝʳ] N (*frm*) valor *m*, valentía *f*

**valuable** ['væljʊǝbl] **A** ADJ **1** (*in monetary terms*) valioso; **is it ~?** ¿vale mucho?
**2** (= *extremely useful*) [*information, assistance, advice*] valioso; **a ~ contribution** una valiosa aportación; **the experience taught me a ~ lesson** aquella experiencia me enseñó una valiosa lección; **we are wasting your ~ time** le estamos haciendo perder su valioso *or* precioso tiempo
**B** N **valuables** objetos *mpl* de valor

**valuation** [,væljʊ'eɪʃǝn] N **1** (= *evaluation*) [*of property, house, assets, antique*] tasación *f*, valoración *f*; **to make a ~ of sth** tasar *or* valorar algo
**2** (*fig*) [*of person's character*] valoración *f*; **to take sb at his own ~** aceptar todo lo que dice algn acerca de sí mismo

**valuator** ['væljʊ,eɪtǝʳ] N valuador(a) *m/f*, tasador(a) *m/f*

**value** ['vælju:] **A** N **1** (*monetary*) valor *m*; **property/land ~s** valores *mpl* de propiedad/tierras; **it's good ~** sale a cuenta, está bien de precio; **Spanish wines are still the best ~** los vinos españoles todavía son los que más salen a cuenta *or* los que mejor están de precio; **to go down** *or* **decrease in ~** bajar de valor, depreciarse; **to go up** *or* **increase in ~** subir de valor, revalorizarse; **a rise/drop in the ~ of the pound** una subida/bajada del valor de la libra; **market ~** valor *m* en el mercado; **the company offers good service and ~ for money** la compañía ofrece un buen servicio a buen precio; **it might contain something of ~** puede que contenga algo de valor; **you can't put** *or* **set a ~ on it** (*lit, fig*) no se le puede poner precio; **surplus ~** plusvalía *f*; **goods to the ~ of £100** bienes por valor de 100 libras; *see also* **book D**, **cash C**, **face D**
**2** (= *merit*) valor *m*; **literary/artistic/scientific ~** valor *m* literario/artístico/científico; **his visit to the country will have huge symbolic ~** su visita al país tendrá un gran valor simbólico; **to attach a great deal of ~ to sth** conceder gran valor *or* importancia a algo, valorar mucho algo; **to attach no ~ to sth** no dar importancia a algo, no valorar algo; **something of ~** algo valioso *or* de valor; **to be of ~ (to sb)** ser útil *or* de utilidad para algn, servir a algn; **strategically, the city was of little ~ to the British** desde el punto de vista estratégico, la ciudad era de poca utilidad *or* tenía poco valor para los británicos; **her education has been of no ~ to her** su educación no le ha servido de *or* para nada; **to put** *or* **place** *or* **set a high ~ on sth** valorar mucho algo; **sentimental ~** valor *m* sentimental; *see also* **novelty**
**3** (*moral*) **values** valores *mpl* (morales); **family ~s** valores *mpl* de familia
**4** (*Math, Mus, Gram*) valor *m*; **what is the ~ of x when y is 5?** ¿qué valor tiene x cuando y es igual a 5?
**B** VT **1** (= *estimate worth of*) [+ *property, jewellery, painting*] valorar, tasar; **to ~ sth at £200** valorar *or* tasar algo en 200 libras; **I had to have my jewellery ~d for insurance purposes** tuve que valorar *or* tasar mis joyas para poder asegurarlas
**2** (= *appreciate*) [+ *health, life, independence,*] valorar; [+ *sb's work, opinion, friendship*] valorar, apreciar
**C** CPD ► **value judgment** N juicio *m* de valor ► **value system** N sistema *m* de valores, escala *f* de valores

**value-added tax** ['vælju:'ædɪd'tæks] N (*Brit*) impuesto *m* sobre el valor agregado, impuesto *m* sobre el valor añadido (*Sp*)

**valued** ['vælju:d] ADJ [*friend, customer*] estimado, apreciado; [*contribution*] valioso

**valueless** ['væljʊlɪs] ADJ sin valor

**valuer** ['valjʊǝʳ] N (*Brit*) tasador(a) *m/f*

**valve** [vælv] **A** N (*Anat, Mech*) válvula *f*; (*Rad, TV*) lámpara *f*, válvula *f*; (*Bot, Zool*) valva *f*; [*of musical instrument*] llave *f*
**B** CPD ► **valve tester** N comprobador *m* de válvulas

**vamoose*** [vǝ'mu:s] VI largarse*

**vamp** [væmp] **A** N **1** (= *woman*) vampiresa *f*, vampi* *f*
**2** [*of shoe*] empeine *m*
**3** (= *patch*) remiendo *m*
**4** (*Mus*) (= *improvised accompaniment*) acompañamiento *m* improvisado
**B** VT **1** (= *flirt with*) coquetear con, flirtear con; **to ~ sb into doing sth** engatusar a algn para que haga algo
**2** [+ *shoe*] poner empella a
**3** (*Mus*) improvisar, improvisar un acompañamiento para
**C** VI (*Mus*) improvisar (un acompañamiento)

►**vamp up** VT + ADV (= *make more attractive*) [+ *dress, room*] arreglar; **to ~ up an engine** (= *repair*) componer un motor; (= *supercharge*) sobrealimentar un motor

**vampire** ['væmpaɪǝʳ] **A** N **1** (*Zool*) vampiro *m*
**2** (*fig*) vampiro *m*; (= *woman*) vampiresa *f*
**B** CPD ► **vampire bat** N vampiro *m*

**van**[1] [væn] **A** N (*Brit Aut*) camioneta *f*, furgoneta *f*; (*for removals*) camión *m* de mudanzas; (*Brit Rail*) furgón *m*
**B** CPD ► **van driver** N conductor(a) *m/f* de camioneta ► **van pool** N (*US*) parque *m* (móvil) de furgonetas

**van**[2] [væn] N (*Mil, fig*) vanguardia *f*; **to be in the ~** ir a la vanguardia; **to be in the ~ of progress** estar en la vanguardia del progreso

**vanadium** [vǝ'neɪdɪǝm] N vanadio *m*

**V & A** N ABBR (*Brit*) = **Victoria and Albert Museum**

**Vandal** ['vændǝl] (*Hist*) **A** ADJ vándalo, vandálico
**B** N vándalo/a *m/f*

**vandal** ['vændǝl] N vándalo/a *m/f*, gamberro/a *m/f*

**Vandalic** [væn'dælɪk] ADJ vándalo, vandálico

**vandalism** ['vændǝlɪzǝm] N vandalismo *m*

**vandalize** ['vændǝlaɪz] VT destrozar

**vane** [veɪn] N (= *weather vane*) veleta *f*; [*of mill*] aspa *f*; [*of propeller*] paleta *f*; [*of feather*] barbas *fpl*

**vanguard** ['vængɑ:d] N vanguardia *f*; **to be in the ~** ir a la vanguardia, estar en la vanguardia; **to be in the ~ of progress** ir a *or* estar en la vanguardia del progreso

**vanilla** [vǝ'nɪlǝ] **A** N vainilla *f*
**B** ADJ de vainilla

**vanish** ['vænɪʃ] VI desaparecer; **to ~ without trace** desaparecer sin dejar rastro; **to ~ into thin air** esfumarse

**vanishing** ['vænɪʃɪŋ] CPD ► **vanishing cream** N crema *f* de día ► **vanishing point** N (*fig*) punto *m* de fuga ► **vanishing trick** N truco *m* de desaparecer

**vanity** ['vænɪtɪ] **A** N **1** (= *conceit*) vanidad *f*; **to do sth out of ~** hacer algo por vanidad
**2** (= *pride*) orgullo *m*
**3** (= *emptiness*) vanidad *f*; **all is ~** todo es vanidad
**B** CPD ► **vanity case** N neceser *m* ► **vanity (license) plate** N (*esp US Aut*) matrícula *f* personalizada ► **vanity unit** N lavabo *m* empotrado

**vanquish** ['væŋkwɪʃ] VT (*poet*) vencer, derrotar

**vantage** ['vɑ:ntɪdʒ] **A** N **1** ventaja *f*
**2** = **vantage point**
**B** CPD ► **vantage point** N posición *f* ventajosa, lugar *m* estratégico; (*for views*) punto *m* panorámico; **from our modern ~ point we can see that ...** desde nuestra atalaya moderna vemos que ..., desde la perspectiva del tiempo presente se ve que ...

**vapid** [ˈvæpɪd] ADJ insípido, soso
**vapidity** [væˈpɪdɪtɪ] N insipidez *f*, sosería *f*
**vapor** [ˈveɪpəʳ] N (*US*) = **vapour**
**vaporization** [ˌveɪpəraɪˈzeɪʃən] N vaporización *f*
**vaporize** [ˈveɪpəraɪz] Ⓐ VT vaporizar, volatilizar
Ⓑ VI vaporizarse, volatilizarse
**vaporizer** [ˈveɪpəraɪzəʳ] N vaporizador *m*; (*for inhalation*) inhalador *m*; (*for perfume*) atomizador *m*
**vaporous** [ˈveɪpərəs] ADJ vaporoso
**vapour**, **vapor** (*US*) [ˈveɪpəʳ] Ⓐ N (= *steam*) vapor *m*; (*on breath, window*) vaho *m*; **the ~s** (*Med†*) los vapores
Ⓑ CPD ► **vapour trail** N (*Aer*) estela *f* (de humo)
**variability** [ˌvɛərɪəˈbɪlɪtɪ] N variabilidad *f*
**variable** [ˈvɛərɪəbl] Ⓐ ADJ (*gen*) variable; [*person*] variable, voluble; **~ costs** costes *mpl* variables
Ⓑ N variable *f*
**variance** [ˈvɛərɪəns] N **to be at ~ (with sb over sth)** estar en desacuerdo *or* discrepar (con algn en algo); **his statement is at ~ with the facts** sus afirmaciones no concuerdan con los hechos
**variant** [ˈvɛərɪənt] Ⓐ ADJ variante; **there are several ~ spellings of this word** esta palabra se escribe de varias formas, hay distintas variantes ortográficas de esta palabra
Ⓑ N variante *f*
**variation** [ˌvɛərɪˈeɪʃən] N (*gen*) variación *f* (*also Mus*); (= *variant form*) variedad *f*
**varicoloured**, **varicolored** (*US*) [ˈværɪˈkʌləd] ADJ abigarrado, multicolor
**varicose veins** [ˈværɪkəʊsˈveɪnz] NPL varices *fpl*
**varied** [ˈvɛərɪd] ADJ variado
**variegated** [ˈvɛərɪgeɪtɪd] ADJ [*plant, plumage, markings*] multicolor; [*colour*] abigarrado; [*leaf*] jaspeado, abigarrado (*Bot*)
**variegation** [ˌvɛərɪˈgeɪʃən] N [*of plants, plumage, markings*] multiplicidad *f* de colores, variedad *f* de colores; [*of colour*] abigarramiento *m*; [*of leaves*] jaspeado *m*, abigarramiento *m* (*Bot*)
**variety** [vəˈraɪətɪ] Ⓐ N (*gen*) variedad *f*; (= *range, diversity*) diversidad *f*; (*Comm*) [*of stock*] surtido *m*; **he likes a ~ of food** le gustan diversas comidas; **a ~ of opinions was expressed** se expresaron diversas opiniones; **it comes in a ~ of colours** lo hay en varios colores *or* de diversos colores; **for a ~ of reasons** por varias *or* diversas razones; **in a ~ of ways** de diversas maneras; **for ~** por variar; **to lend ~ to sth** dar variedad a algo; ✦**PROV ~ is the spice of life** en la variedad está el gusto
Ⓑ CPD ► **variety artist** N artista *mf* de variedades ► **variety show** N espectáculo *m* de variedades ► **variety store** N (*US*) bazar *m* (*tienda barata que vende de todo*) ► **variety theatre** N teatro *m* de variedades
**varifocal** [vɛərɪˈfəʊkl] Ⓐ ADJ progresivo
Ⓑ N **varifocals** gafas *fpl* progresivas, lentes *fpl* progresivas
**variola** [vəˈraɪələ] N viruela *f*
**various** [ˈvɛərɪəs] ADJ (*gen*) varios, diversos; (= *different*) distintos; **for ~ reasons** por diversas razones; **in ~ ways** de diversos modos; **at ~ times** a distintas horas; **on ~ occasions in the past** en varias ocasiones antes
**variously** [ˈvɛərɪəslɪ] ADV **the phrase has been ~ interpreted** la frase se ha interpretado de varias *or* diversas maneras; **a pile of ~ coloured socks** un montón de calcetines de distintos *or* diversos colores; **the caravan served ~ as an office, bedroom and changing room** según los casos la caravana hacía de oficina, dormitorio o vestuario
**varmint** [ˈvɑːmɪnt] N 1 (*Hunting*) bicho *m*
2 (*) golfo *m*, bribón *m*
**varnish** [ˈvɑːnɪʃ] Ⓐ N (*for wood*) barniz *m*; (*for nails*) esmalte *m* (para las uñas), laca *f* (para las uñas); (*fig*) barniz *m*, apariencia *f*
Ⓑ VT [+ *wood*] barnizar; [+ *nails*] pintar, laquear
**varnishing** [ˈvɑːnɪʃɪŋ] N barnizado *m*
**varsity** [ˈvɑːsɪtɪ] Ⓐ N (*Brit**) universidad *f*
Ⓑ CPD ► **Varsity Match** N partido *m* entre las Universidades de Oxford y Cambridge
**vary** [ˈvɛərɪ] Ⓐ VT 1 (= *make variable*) [+ *routine, diet*] variar
2 (= *change*) [+ *temperature, speed*] cambiar, modificar
Ⓑ VI 1 (= *differ*) [*amounts, sizes, conditions*] variar; **prices ~ from area to area** los precios varían con la zona; **to ~ according to sth** variar según *or* dependiendo de algo; **they ~ enormously in quality** la calidad varía enormemente; **they ~ in price** los hay de diversos precios; **it varies** depende, según
2 (= *be at odds*) **designs may ~ from the illustration on the box** los diseños pueden diferir de la ilustración del paquete; **authors ~ about the date** los autores discrepan con respecto a la fecha; **opinions ~ on this point** las opiniones varían en este punto
3 (= *change, fluctuate*) [*weight, temperature, number*] oscilar; **my weight varies between 70 and 73 kilos** mi peso oscila entre los 70 y los 73 kilos
**varying** [ˈvɛərɪɪŋ] ADJ [*amounts*] distinto; [*periods of time*] variado; [*ages, shades, sizes*] diverso; **with ~ degrees of success** con más o menos éxito; **in** *or* **to ~ degrees** en mayor o menor grado
**vascular** [ˈvæskjʊləʳ] ADJ vascular
**vase** [vɑːz] N florero *m*, jarrón *m*
**vasectomy** [væˈsektəmɪ] N vasectomía *f*
**Vaseline**® [ˈvæsɪliːn] N vaselina® *f*
**vasoconstrictor** [ˌveɪzəʊkənˈstrɪktəʳ] N vasoconstrictor *m*
**vasodilator** [ˌveɪzəʊdaɪˈleɪtəʳ] N vasodilatador *m*
**vassal** [ˈvæsəl] N vasallo *m*
**vassalage** [ˈvæsəlɪdʒ] N vasallaje *m*
**vast** [vɑːst] ADJ (*compar* **vaster**; *superl* **vastest**) [*building, quantity, organization*] enorme, inmenso; [*area*] vasto, extenso; [*range, selection*] enorme, amplísimo; [*knowledge, experience*] vasto; **at ~ expense** gastando enormes cantidades de dinero; **it's a ~ improvement on his previous work** es muchísimo mejor que su trabajo anterior; **the ~ majority (of people)** la inmensa mayoría (de la gente)
**vastly** [ˈvɑːstlɪ] ADV inmensamente, enormemente; **two women from ~ different backgrounds** dos mujeres de orígenes enormemente diferentes; **a ~ improved quality of life** una calidad de vida muchísimo *or* infinitamente mejor; **I think he's ~ overrated** creo que está enormemente sobreestimado; **~ superior to** infinitamente superior a
**vastness** [ˈvɑːstnɪs] N inmensidad *f*
**VAT** [viːeɪˈtiː, væt] Ⓐ N ABBR (*Brit*) (= **value-added tax**) IVA *m*, impuesto *m* sobre el valor añadido
Ⓑ CPD ► **VAT man** N recaudador *m* del IVA ► **VAT return** N declaración *f* del IVA
**vat** [væt] N tina *f*, tinaja *f*; [*of cider*] cuba *f*
**Vatican** [ˈvætɪkən] Ⓐ N **the ~** el Vaticano
Ⓑ ADJ vaticano, del Vaticano ► **Vatican City** N Ciudad *f* del Vaticano
**VAT-registered** [ˈvætˌredʒɪstəd] N **~ company** compañía *f* declarante del IVA
**vaudeville** [ˈvəʊdəvɪl] N vodevil *m*
**vault**[1] [vɔːlt] N (*Archit*) bóveda *f*; (= *cellar*) sótano *m*; (*for wine*) bodega *f*; [*of bank*] cámara *f* acorazada; (= *tomb*) panteón *m*; [*of church*] cripta *f*; **family ~** panteón *m* familiar; **~ of heaven** bóveda *f* celeste
**vault**[2] [vɔːlt] Ⓐ N salto *m*; **at one ~** ◊ **with one ~** de un solo salto
Ⓑ VI saltar; **to ~ over a stream** cruzar un arroyo de un salto, saltar un arroyo; **to ~ into the saddle** colocarse de un salto en la silla
Ⓒ VT saltar
**vaulted** [ˈvɔːltɪd] ADJ abovedado
**vaulting** [ˈvɔːltɪŋ] Ⓐ N 1 (*Archit*) abovedado *m*
2 (*Sport*) salto *m* con pértiga
Ⓑ CPD ► **vaulting horse** N potro *m* (de madera)
**vaunt** [vɔːnt] Ⓐ VT (= *boast of*) jactarse de, hacer alarde de; (= *display*) lucir, ostentar
Ⓑ VI jactarse
**vaunted** [ˈvɔːntɪd] ADJ cacareado; **much ~** tan cacareado
**vaunting** [ˈvɔːntɪŋ] Ⓐ ADJ jactancioso
Ⓑ N jactancia *f*
**VC** N ABBR 1 (*Brit Mil*) (= **Victoria Cross**) *condecoración británica*
2 (*Univ*) = **Vice-Chancellor**
3 = **vice-chairman**
4 (*US*) (*in Vietnam*) = **Vietcong**
**VCR** N ABBR = **video cassette recorder**
**VD** N ABBR (= **venereal disease**) enfermedad *f* venérea
**VDT** N ABBR (*esp US*) = **visual display terminal**
**VDU** Ⓐ N ABBR (*Comput*) (= **visual display unit**) UDV *f*
Ⓑ CPD ► **VDU operator** N operador(a) *m/f* de UDV
**veal** [viːl] N ternera *f*
**vector** [ˈvektəʳ] N vector *m*
**Veda** [ˈveɪdə] N Veda *m*
**V-E Day** [ˌviːˈiːdeɪ] N ABBR (= **Victory in Europe Day**) día *m* de la victoria en Europa

**V-E DAY**

*El 8 de mayo se celebra en el Reino Unido y Estados Unidos el Día de la Victoria Europea o* **V-E Day**: **Victory in Europe Day**. *En este día se conmemora la victoria del ejército aliado en Europa en la Segunda Guerra Mundial en 1945. El 15 de agosto se conmemora el Día de la Victoria sobre Japón o* **V-J Day**: **Victory over Japan Day**, *que ocurrió también en 1945.*

**Vedic** [ˈveɪdɪk] ADJ védico
**veep*** [viːp] N (*US*) vicepresidente/a *m/f*
**veer** [vɪəʳ] VI (*also* **to ~ round**) [*ship*] virar; [*car*] girar, torcer; [*wind*] cambiar de dirección, rolar (*Met, Naut*); (*fig*) cambiar (de rumbo); **the car ~ed off the road** el coche se salió de la carretera; **the wind ~ed to the east** el viento cambió hacia el este, el viento roló al este; **the country has ~ed to the left** el país ha dado un giro hacia *or* a la izquierda; **it ~s from one extreme to the other** oscila desde un extremo al otro; **people are ~ing round to our point of view** la gente está empezando a aceptar nuestro criterio

**veg*** [vedʒ] N ABBR (= **vegetable(s)**) verdura *f*, vegetales *mpl*

►**veg out*** VI + ADV relajarse

**vegan** ['viːgən] N vegeteriano/a *m/f* estricto/a

**veganism** ['viːgənɪzəm] N vegetarianismo *m* estricto

**vegeburger** ['vedʒɪˌbɜːgəʳ] N hamburguesa *f* vegetariana

**vegetable** ['vedʒɪtəbl] Ⓐ N [1] (*Bot*) vegetal *m*, planta *f*; (*Culin*) (= *food*) hortaliza *f*, verdura *f*; **we grow a few ~s in our garden** tenemos plantadas algunas verduras *or* hortalizas en el jardín; **green ~s** verdura(s) *f(pl)*; **diced ~s** menestra *f* de verduras; **~s are an important part of the diet** la verdura es *or* las hortalizas son una parte importante de la dieta; **come along, eat up your ~s!** ¡vamos, cómete la verdura!; *see also* **root D**
[2] (= *human vegetable*) vegetal *m*
Ⓑ CPD ► **vegetable dish** N (= *food*) plato *m* de verdura(s); (= *vessel*) fuente *f* de verdura(s) ► **vegetable fat** N grasa *f* vegetal ► **vegetable garden** N (*big*) huerta *f*; (*small*) huerto *m* ► **the vegetable kingdom** N el reino vegetal ► **vegetable marrow** N (*esp Brit*) calabacín *m* ► **vegetable matter** N materia *f* vegetal ► **vegetable oil** N aceite *m* vegetal ► **vegetable patch** N huerto *m*, huertecito *m* ► **vegetable salad** N ensalada *f* verde, macedonia *f* de verduras con mayonesa, ≈ ensaladilla *f* rusa ► **vegetable soup** N sopa *f* de verduras

**vegetarian** [ˌvedʒɪ'tɛərɪən] Ⓐ ADJ vegetariano
Ⓑ N vegetariano/a *m/f*

**vegetarianism** [ˌvedʒɪ'tɛərɪənɪzəm] N vegetarianismo *m*

**vegetate** ['vedʒɪteɪt] VI (*lit, fig*) vegetar

**vegetated** ['vedʒɪteɪtɪd] ADJ **the land is sparsely ~** la tierra tiene escasa vegetación

**vegetation** [ˌvedʒɪ'teɪʃən] N vegetación *f*

**vegetative** ['vedʒɪtətɪv] ADJ vegetativo

**veggie*** ['vedʒɪ] Ⓐ ADJ vegetariano; **~ burger** hamburguesa *f* vegetal, hamburguesa *f* vegetariana
Ⓑ N vegetariano/a *m/f*

**vehemence** ['viːɪməns] N [*of words, person, criticism, protest*] vehemencia *f*; [*of attack*] violencia *f*; [*of opposition*] fuerza *f*, radicalidad *f*; [*of denial*] rotundidad *f*; [*of dislike*] intensidad *f*

**vehement** ['viːɪmənt] ADJ [*person, tone, criticism, protest*] vehemente; [*denial*] rotundo, categórico; [*dislike*] intenso; [*attack*] violento; **there was ~ opposition** hubo una fuerte *or* radical oposición

**vehemently** ['viːɪməntlɪ] ADV [*say, curse*] vehementemente, con vehemencia; [*deny*] rotundamente, categóricamente; [*reject, shake one's head*] ostensiblemente; [*oppose*] radicalmente; [*attack*] violentamente; **to be ~ opposed to sth** oponerse radicalmente a algo, estar radicalmente en contra de algo

**vehicle** ['viːɪkl] N [1] (= *form of transport*) vehículo *m*
[2] (*fig*) (= *means*) vehículo *m*, medio *m*, instrumento *m* (**for** para); **the programme was a ~ for promoting himself** el programa era un vehículo *or* medio *or* instrumento para promocionarse; **they see the new constitution as a ~ for change** ven la nueva constitución como un instrumento de cambio

**vehicular** [vɪ'hɪkjʊləʳ] ADJ [*road*] de vehículos, para coches; **the roadworks made ~ access difficult** las obras en la calzada complicaban el acceso de los vehículos; **~ traffic** circulación *f* rodada

**veil** [veɪl] Ⓐ N (*lit, fig*) velo *m*; **a ~ of secrecy surrounded the project** un halo de misterio rodeaba el proyecto; **under a ~ of secrecy** en el mayor secreto; **to draw a ~ over sth** (*fig*) correr un (tupido) velo sobre algo; ✦***IDIOM*** **to take the ~** (*Rel*) tomar el hábito, meterse monja
Ⓑ VT (*lit*) cubrir con un velo; (*fig*) (= *disguise*) [+ *truth, facts*] velar, encubrir; [+ *dislike, hatred*] disimular; **eyes ~ed by tears** ojos *mpl* empañados por lágrimas; **the town was ~ed in mist** la ciudad estaba cubierta por un velo de niebla

**veiled** [veɪld] ADJ [*threat, hint, criticism, insult*] velado; [*reference*] encubierto; **thinly-~ dislike** antipatía *f* apenas disimulada; **with ~ irony** con velada ironía

**veiling** ['veɪlɪŋ] N (*Phot*) velo *m*

**vein** [veɪn] N [1] (*Anat, Bot*) vena *f*
[2] (*Min*) [*of ore*] filón *m*, veta *f*; (*in stone*) vena *f*
[3] (*fig*) (= *streak*) vena *f*; **there is a ~ of anti-semitism running through his writing** hay una vena antisemita en todos sus escritos
[4] (= *mood, tone*) vena *f*; **she went on in this ~ for some time** continuó de esta guisa *or* en este tono durante un rato; **the next two speakers continued in the same ~** los dos siguientes conferenciantes se expresaron en la misma línea

**veined** [veɪnd] ADJ [*hands, eyes*] venoso; [*leaves*] nervado; **blue-~ cheese** queso *m* azul

**veining** ['veɪnɪŋ] N [1] (*Anat, Bot*) venas *fpl*
[2] (*Min*) vetas *fpl*, veteado *m*

**velar** ['viːləʳ] ADJ velar

**Velasquez**, **Velazquez** [vɪ'læskwɪz] N Velázquez

**Velcro**® ['velkrəʊ] N velcro® *m*

**veld(t)** [velt] N veld *m* (*meseta estepária sudafricana*)

**vellum** ['veləm] N (= *writing paper*) papel *m* vitela

**velocipede**†† [və'lɒsɪpiːd] N velocípedo *m*

**velocity** [vɪ'lɒsɪtɪ] N velocidad *f*

**velodrome** ['viːləˌdrəʊm] N velódromo *m*

**velour(s)** [və'lʊəʳ] N velvetón *m*

**velum** ['viːləm] N (*pl* **vela** ['viːlə]) velo *m* del paladar

**velvet** ['velvɪt] Ⓐ N terciopelo *m*; (*on antlers*) piel *f* velluda, vello *m*; **she had skin like ~** tenía una piel aterciopelada
Ⓑ ADJ (= *of velvet*) de terciopelo; (= *velvety*) aterciopelado; **the Velvet Revolution** la revolución de terciopelo

**velveteen** ['velvɪtiːn] N pana *f*

**velvety** ['velvɪtɪ] ADJ aterciopelado

**venal** ['viːnl] ADJ [*person*] venal, sobornable; [*action*] corrupto, corrompido

**venality** [viː'nælɪtɪ] N venalidad *f*

**vend** [vend] VT vender

**vendee** [vɛn'diː] N comprador(a) *m/f*

**vendetta** [ven'detə] N vendetta *f*; **to carry on** *or* **pursue a ~ against sb** (*public*) hacer una campaña contra algn; (*personal*) hostigar *or* perseguir a algn

**vending** ['vendɪŋ] Ⓐ N venta *f*, distribución *f*
Ⓑ CPD ► **vending machine** N máquina *f* expendedora, vendedora *f* automática

**vendor** ['vendɔːʳ] N vendedor(a) *m/f*; (= *pedlar*) vendedor(a) *m/f* ambulante

**veneer** [və'nɪəʳ] Ⓐ N chapa *f*, enchapado *m*; (*fig*) barniz *m*, apariencia *f*; **to give** *or* **lend sth a ~ of respectability** dar a algo un barniz *or* una apariencia de respetabilidad
Ⓑ VT chapear

**venerable** ['venərəbl] ADJ venerable

**venerate** ['venəreɪt] VT venerar, reverenciar

**veneration** [ˌvenə'reɪʃən] N veneración *f*; **his ~ for …** la veneración que sentía por …; **to hold sb in ~** reverenciar a algn

**venereal** [vɪ'nɪərɪəl] ADJ venéreo; **~ disease** enfermedad *f* venérea

**Venetian** [vɪ'niːʃən] Ⓐ ADJ veneciano
Ⓑ N veneciano/a *m/f*
Ⓒ CPD ► **Venetian blind** N persiana *f*

**Venezuela** [ˌvene'zweɪlə] N Venezuela *f*

**Venezuelan** [ˌvene'zweɪlən] Ⓐ ADJ venezolano
Ⓑ N venezolano/a *m/f*

**vengeance** ['vendʒəns] N venganza *f*; **to take ~ on sb** vengarse de algn; **it started raining with a ~*** empezó a llover de verdad, empezó a llover de lo lindo*

**vengeful** ['vendʒfʊl] ADJ vengativo

**venial** ['viːnɪəl] ADJ venial; [*error, fault*] leve

**veniality** [ˌviːnɪ'ælɪtɪ] N venialidad *f*

**Venice** ['venɪs] N Venecia *f*

**venison** ['venɪzn] N carne *f* de venado

**venom** ['venəm] N (*lit*) veneno *m*; (*fig*) veneno *m*, malicia *f*; **he spoke with real ~** habló con veneno *or* malicia, habló con palabras envenenadas

**venomous** ['venəməs] ADJ (*lit*) venenoso; (*fig*) [*look*] maligno; [*tongue*] viperino

**venomously** ['venəməslɪ] ADV (*fig*) con malignidad

**venous** ['viːnəs] ADJ (*Med*) venoso

**vent** [vent] Ⓐ N [1] (*Mech*) agujero *m*; (= *valve*) válvula *f*; (= *airhole*) respiradero *m*; (= *grille*) rejilla *f* de ventilación; (= *pipe*) ventosa *f*, conducto *m* de ventilación
[2] (= *opening*) (*in jacket, skirt*) abertura *f*
[3] (*Zool*) cloaca *f*
[4] (= *expression*) **to give ~ to one's feelings** desahogarse; **to give ~ to one's anger** dar rienda suelta a su ira, desahogar su ira
Ⓑ VT [1] (*Mech*) purgar; (= *discharge*) descargar, emitir, dejar escapar
[2] (= *release*) [+ *feelings*] desahogar, descargar; **to ~ one's anger on sth/sb** desahogar la ira con algo/algn; **to ~ one's spleen (on)** descargar la bilis (contra)

**ventilate** ['ventɪleɪt] VT [+ *room*] ventilar, airear; (*fig*) [+ *grievance, question*] ventilar

**ventilation** [ˌventɪ'leɪʃən] Ⓐ N ventilación *f*
Ⓑ CPD ► **ventilation shaft** N pozo *m* de ventilación

**ventilator** ['ventɪleɪtəʳ] N [1] (*Constr*) ventilador *m*
[2] (*Med*) respirador *m*

**ventral** ['ventrəl] ADJ ventral

**ventricle** ['ventrɪkl] N ventrículo *m*

**ventriloquism** [ven'trɪləkwɪzəm] N ventriloquia *f*

**ventriloquist** [ven'trɪləkwɪst] N ventrílocuo/a *m/f*

▼**venture** ['ventʃəʳ] Ⓐ N (= *enterprise*) empresa *f*; (= *exploit, adventure*) aventura *f*; **a business ~** una empresa comercial; **his ~ into business** su aventura en el mundo de los negocios; **a new ~ in publishing** (= *new direction*) un nuevo rumbo en la edición de libros; (= *new company*) una nueva empresa editorial; *see also* **joint D**
Ⓑ VT [+ *money, reputation, life*] arriesgar, jugar(se); [+ *opinion, guess*] aventurar; **they ~d everything** arriesgaron *or* se lo jugaron todo; **if I may ~ an opinion** si se me permite expresar *or* si puedo aventurar una opinión; **may I ~ a guess?** ¿puedo hacer *or* aventurar una conjetura?; **to ~ to do sth** osar *or* atreverse a hacer algo; **he ~d to remark that …** se per-

► LANGUAGE IN USE: **venture B** 26.3

mitió observar que …; **but he did not ~ to speak** pero no osó hablar; **✦*PROV* nothing ~d, nothing gained** quien no se arriesga no pasa la mar

Ⓒ VI **to ~ into a wood** (osar) penetrar en un bosque; **they did not ~ onto the streets after dark** no se aventuraban a salir a la calle de noche; **to ~ out (of doors)** aventurarse a salir (fuera)

Ⓓ CPD ► **venture capital** N capital-riesgo *m*

►**venture forth** VI + ADV (*liter*) aventurarse a salir

**venturesome** [ˈventʃəsəm] ADJ [*person*] atrevido, audaz; [*enterprise*] arriesgado, azaroso

**venue** [ˈvenjuː] N 1 (*for concert*) local *m*; **the ~ for the next match** el escenario del próximo partido; **there has been a change of ~ for the rehearsal** se ha cambiado de lugar para el ensayo

2 (= *meeting place*) lugar *m* de reunión, punto *m* de reunión

3 (*Jur*) **change of ~** cambio *m* de jurisdicción

**Venus** [ˈviːnəs] N (*Myth*) Venus *f*; (*Astron*) Venus *m*

**veracious** [vəˈreɪʃəs] ADJ (*frm*) veraz

**veracity** [vəˈræsɪtɪ] N (*frm*) veracidad *f*

**veranda(h)** [vəˈrændə] N galería *f*, veranda *f*, terraza *f*

**verb** [vɜːb] N verbo *m*

**verbal** [ˈvɜːbəl] ADJ verbal; **a ~ agreement** un acuerdo verbal; **~ diarrhoea*** verborrea *f*

**verbalize** [ˈvɜːbəlaɪz] Ⓐ VT expresar verbalmente, expresar en palabras

Ⓑ VI expresarse en palabras

**verbally** [ˈvɜːbəlɪ] ADV [*communicate, abuse*] verbalmente; [*agree*] de palabra

**verbatim** [vɜːˈbeɪtɪm] Ⓐ ADJ textual, literal

Ⓑ ADV textualmente, palabra por palabra

**verbena** [vɜːˈbiːnə] N verbena *f*

**verbiage** [ˈvɜːbɪɪdʒ] N verborrea *f*, palabrería *f*

**verbose** [vɜːˈbəʊs] ADJ [*person*] verboso, hablador; [*writing, style*] prolijo, verboso

**verbosely** [vɜːˈbəʊslɪ] ADV con verbosidad, prolijamente

**verbosity** [vɜːˈbɒsɪtɪ] N verbosidad *f*, prolijidad *f*

**verdant** [ˈvɜːdənt] ADJ verde

**verdict** [ˈvɜːdɪkt] N (*Jur*) (= *judgment*) veredicto *m*, fallo *m*; [*of judge*] sentencia *f*; (*fig*) opinión *f*, juicio *m*; **~ of guilty/not guilty** veredicto *m* de culpabilidad/inocencia; **to bring in** *or* **return a ~** (*Jur*) emitir *or* pronunciar un veredicto, emitir un fallo; **the inquest recorded an open ~** las pesquisas judiciales no determinaban las causas del fallecimiento; **to give one's ~ (on sb/sth)** dar un veredicto (sobre algn/algo), dar su juicio *or* opinión (sobre algn/algo); **what's your ~?** ¿qué opinas de esto?; **his ~ on the wine was unfavourable** dio un juicio desfavorable sobre el vino

**verdigris** [ˈvɜːdɪgrɪːs] N verdete *m*, cardenillo *m*

**verdure** [ˈvɜːdjʊəʳ] N verdor *m*

**verge** [vɜːdʒ] N 1 [*of road*] borde *m*; [*of motorway*] arcén *m*

2 (*fig*) borde *m*, margen *m*; **to be on the ~ of disaster/a nervous breakdown** estar al borde de la catástrofe/de una crisis nerviosa; **we are on the ~ of war** estamos al borde de la guerra; **to be on the ~ of a great discovery** estar en la antesala de un gran descubrimiento; **she was on the ~ of tears** estaba a punto de llorar; **to be on the ~ of doing sth** estar a punto *or* al borde de hacer algo

►**verge on, verge upon** VI + PREP rayar en; [*colour*] tirar a; **a state verging on madness** un estado que raya en la locura

**verger** [ˈvɜːdʒəʳ] N (*in church*) sacristán *m*

**Vergil** [ˈvɜːdʒɪl] N Virgilio

**Vergilian** [vəˈdʒɪlɪən] ADJ virgiliano

**verifiability** [ˌverɪfaɪəˈbɪlɪtɪ] N verificabilidad *f*

**verifiable** [ˈverɪfaɪəbl] ADJ verificable, comprobable

**verification** [ˌverɪfɪˈkeɪʃən] N (*gen*) verificación *f*, comprobación *f*; [*of result*] confirmación *f*; (= *document*) comprobante *m*

**verifier** [ˈverɪfaɪəʳ] N (*Comput*) verificador *m*

**verify** [ˈverɪfaɪ] VT verificar, comprobar; [+ *result*] confirmar; (*Comput*) verificar

**verily**† [ˈverɪlɪ] ADV en verdad; **~ I say unto you …** en verdad os digo …

**verisimilitude** [ˌverɪsɪˈmɪlɪtjuːd] N verosimilitud *f*

**veritable** [ˈverɪtəbl] ADJ verdadero, auténtico; **a ~ monster** un verdadero monstruo

**veritably** [ˈverɪtəblɪ] ADV verdaderamente

**verity** [ˈverɪtɪ] N verdad *f*; **the eternal verities** las verdades eternas

**vermicelli** [ˌvɜːmɪˈselɪ] N fideos *mpl* de cabello de ángel

**vermicide** [ˈvɜːmɪsaɪd] N vermicida *m*

**vermifuge** [ˈvɜːmɪfjuːdʒ] N vermífugo *m*

**vermilion** [vəˈmɪlɪən] Ⓐ N bermellón *m*

Ⓑ ADJ bermejo

**vermin** [ˈvɜːmɪn] N 1 (*lit*) (= *insects*) bichos *mpl*, sabandijas *fpl*; (= *mammals*) alimañas *fpl*

2 (*fig*) (*pej*) (= *people*) chusma *f*

**verminous** [ˈvɜːmɪnəs] ADJ verminoso, piojoso; (*fig*) vil

**vermouth** [ˈvɜːməθ] N vermut *m*, vermú *m*

**vernacular** [vəˈnækjʊləʳ] Ⓐ ADJ 1 (*Ling*) vernáculo, vulgar; **in ~ Persian** en persa vulgar, en la lengua vernácula de Persia

2 [*architecture*] típico, local, regional

Ⓑ N (*Ling*) lengua *f* vernácula; (*fig*) lenguaje *m* corriente, lenguaje *m* vulgar

**vernal** [ˈvɜːnl] ADJ [*equinox*] de primavera; (*liter*) [*flowers*] de primavera, primaveral

**Veronica** [vəˈrɒnɪkə] N Verónica

**veronica** [vəˈrɒnɪkə] N (*Bot*) verónica *f*

**verruca** [vəˈruːkə] N (*pl* **verrucae** *or* **verrucas** [veˈruːsiː]) (*esp Brit*) verruga *f*

**Versailles** [vɛəˈsaɪ] N Versalles *m*

**versatile** [ˈvɜːsətaɪl] ADJ [*person*] polifacético, versátil; [*material*] versátil, que se presta a usos distintos; **eggs are very ~** los huevos dan mucho juego

**versatility** [ˌvɜːsəˈtɪlɪtɪ] N [*of person*] carácter *m* polifacético, versatilidad *f*; [*of tool, machine, material*] versatilidad *f*, múltiple funcionalidad *f*

**verse** [vɜːs] Ⓐ N 1 (= *stanza*) estrofa *f*; [*of Bible*] versículo *m*

2 (= *genre*) verso *m*; (= *poetry*) verso *m*, poesía *f*; **in ~** en verso; **a ~ version of the "Celestina"** una versión en verso de la "Celestina"

Ⓑ CPD ► **verse drama** N teatro *m* en verso, drama *m* poético

**versed** [vɜːst] ADJ **to be well ~ in** ser *or* estar versado en, ser experto en

**versification** [ˌvɜːsɪfɪˈkeɪʃən] N versificación *f*

**versifier** [ˈvɜːsɪfaɪəʳ] N versificador(a) *m/f*, versista *mf*

**versify** [ˈvɜːsɪfaɪ] Ⓐ VT versificar

Ⓑ VI versificar, escribir versos

**version** [ˈvɜːʃən] N (*gen*) versión *f*; (= *translation*) traducción *f*; [*of car etc*] modelo *m*; **in Lope's ~ of the story** en la versión que hizo Lope de la historia; **my ~ of events is as follows …** esta es mi versión de los hechos …; **according to his ~** según su versión, según lo que él cuenta

**verso** [ˈvɜːsəʊ] N [*of page*] dorso *m*; (*Tech*) verso *m*; [*of coin*] reverso *m*

**versus** [ˈvɜːsəs] PREP (*Jur, Sport*) contra

**vertebra** [ˈvɜːtɪbrə] N (*pl* **vertebras** *or* **vertebrae** [ˈvɜːtɪbriː]) vértebra *f*

**vertebral** [vɜːtɪbrəl] ADJ vertebral

**vertebrate** [ˈvɜːtɪbrɪt] Ⓐ ADJ vertebrado

Ⓑ N vertebrado *m*

**vertex** [vɜːteks] N (*pl* **vertexes** *or* **vertices** [vɜːtɪsiːz]) (*Math, Archit*) vértice *m*

**vertical** [ˈvɜːtɪkəl] Ⓐ ADJ vertical

Ⓑ N vertical *f*

Ⓒ CPD ► **vertical integration** N integración *f* vertical ► **vertical section** N sección *f* vertical, corte *m* vertical

**vertically** [ˈvɜːtɪkəlɪ] ADV verticalmente; **~ challenged** (*hum*) de estatura menuda

**vertiginous** [vɜːˈtɪdʒɪnəs] ADJ vertiginoso

**vertigo** [ˈvɜːtɪgəʊ] N (*pl* **vertigoes** *or* **vertigines** [vɜːˈtɪdʒɪniːz]) vértigo *m*

**verve** [vɜːv] N (= *drive*) energía *f*, empuje *m*; (= *vitality*) brío *m*; (= *enthusiasm*) entusiasmo *m*

**very** [ˈverɪ] Ⓐ ADV 1 (= *extremely*) muy; **it is ~ <u>cold</u>** [*object*] está muy frío; [*weather*] hace mucho frío; **the food was ~ <u>good</u>** la comida estuvo muy buena; **"that will be all" — "~ good, sir"** —nada más —muy bien, señor; **you're not being ~ <u>helpful</u>** me ayudas bien poco, no me estás siendo de gran ayuda; **~ <u>high</u> frequency** (*Rad*) (*abbr VHF*) frecuencia *f* muy alta; **that's ~ <u>kind</u> of you** eres muy amable; **~ <u>much</u>** mucho; **"did you enjoy it?" — "~ much (so)"** —¿te ha gustado? —sí, mucho; **she feels ~ much better** se encuentra muchísimo mejor; **I was ~ (much) surprised** me sorprendió mucho, para mí fue una gran sorpresa; **I didn't like it ~ much** no me gustó mucho; **he ~ <u>nearly</u> missed the bus** por muy poco pierde el autobús; **we don't see each other ~ <u>often</u>** nos vemos poco, no nos vemos mucho; **he's <u>so</u> ~ poor** es tan pobre; **it's not so ~ difficult** no es tan difícil; **~ <u>well</u>, I'll do what I can** muy bien *or* bueno, haré lo que pueda; **he couldn't ~ well refuse** no pudo negarse a hacerlo

2 (= *absolutely*) **the ~ <u>best</u>: she eats nothing but the ~ best** sólo come lo mejor de lo mejor; **we did our ~ best** hicimos todo lo que pudimos; **at the ~ <u>earliest</u>** como muy pronto; **the ~ <u>first</u>** el primero de todos; **try your ~ <u>hardest</u>** esfuérzate al máximo; **the ~ <u>last</u>** el último de todos; **at the ~ <u>latest</u>** a más tardar, como muy tarde; **at the ~ <u>least</u>** como mínimo; **at the ~ <u>most</u>** a lo sumo, como mucho, como máximo; **that is the ~ most we can offer** eso es todo lo más que podemos ofrecer; **the ~ <u>next</u> day** precisamente el día siguiente; **she was given her ~ <u>own</u> TV show** le dieron su propio programa de televisión; **it's my ~ own** es el mío; **the ~ <u>same</u> hat** el mismísimo sombrero

3 (*alone, in reply to question*) mucho; **"are you tired?" — "(yes,) ~"** —¿estás cansado? —(sí,) mucho

Ⓑ ADJ 1 (= *precise*) mismo; **the ~ bishop himself was there** el mismísimo obispo estaba allí; **from the ~ <u>beginning</u>** desde el comienzo mismo; **that ~ <u>day</u>** ese mismo día; **in this ~ <u>house</u>** en esta misma casa; **he's the ~ <u>man</u> we want** es justo el hombre que buscamos; **at that ~ <u>moment</u>** en ese mismo momento; **it's the ~ <u>thing</u>!** ¡es justo lo que nece-

sitamos!; **those were his ~ words** eso fue exactamente lo que dijo
[2] (= *mere*) **the ~ idea!** ¡qué cosas dices!, ¡cómo se te ocurre!; **the ~ thought (of it) makes me feel sick** con sólo pensarlo me da náuseas
[3] (= *extreme*) **at the ~ bottom** abajo del todo; **at the ~ end** justo al final, al final de todo; **at the ~ top** arriba del todo
[4] (*liter*) **the veriest rascal** el mayor bribón; **the veriest simpleton** el más bobo

**vesicle** ['vesɪkl] N vesícula *f*

**vespers** ['vespəz] NPL vísperas *fpl*

**vessel** ['vesl] N [1] (= *ship*) barco *m*, buque *m*, embarcación *f*
[2] (= *receptacle*) vasija *f*, recipiente *m*
[3] (*Anat, Bot*) vaso *m*; *see also* **blood B**

**vest**[1] [vest] Ⓐ N [1] (*Brit*) (= *undergarment*) camiseta *f*
[2] (*US*) (= *waistcoat*) chaleco *m*
Ⓑ CPD ► **vest pocket** N (*US*) bolsillo *m* del chaleco

**vest**[2] [vest] VT **to ~ sb with sth** investir a algn de algo; **to ~ rights/authority in sb** conferir *or* conceder derechos/autoridad a algn; **by the authority ~ed in me** en virtud de la autoridad que se me ha concedido; **to ~ property in sb** ceder una propiedad a algn, hacer a algn titular de una propiedad

**vesta** ['vestə] N cerilla *f*

**vestal** ['vestl] Ⓐ ADJ vestal; **~ virgin** vestal *f*
Ⓑ N vestal *f*

**vested** ['vestɪd] ADJ [*right*] inalienable; **~ interest** interés *m* personal; **to have a ~ interest in sth** tener un interés personal en algo; **~ interests** intereses *mpl* creados

**vestibule** ['vestɪbju:l] N (*frm*) vestíbulo *m*

**vestige** ['vestɪdʒ] N [1] (= *trace*) vestigio *m*, rastro *m*; **not a ~ of it remains** no queda rastro de ello, de ello no queda ni el menor vestigio; **without a ~ of decency** sin la menor decencia; **if there is a ~ of doubt** si hay una sombra de duda; **a ~ of truth** un elemento *or* un tanto de verdad
[2] (*Bio*) rudimento *m*

**vestigial** [ves'tɪdʒɪəl] ADJ vestigial; (*Bio*) rudimentario

**vestment** ['vestmənt] N vestiduras *fpl*; **vestments** (*esp Rel*) vestiduras *fpl*

**vestry** ['vestrɪ] N sacristía *f*

**vesture** ['vestʃə^r] N (*liter*) vestidura *f*

**Vesuvius** [vɪ'su:vɪəs] N Vesubio *m*

**vet**[1] [vet] N ABBR [1] (= **veterinary surgeon, veterinarian**) veterinario/a *m/f*
[2] (*US**) (= **veteran**) excombatiente *mf*

**vet**[2] [vet] (*esp Brit*) VT [1] [+ *article, speech*] repasar, revisar
[2] (= *examine*) [+ *application*] examinar, investigar; **he was ~ted by Security** fue sometido a una investigación por los servicios de seguridad

**vetch** [vetʃ] N arveja *f* (*planta*)

**veteran** ['vetərən] Ⓐ ADJ (*gen*) veterano; (= *battleworn*) aguerrido
Ⓑ N (= *war veteran*) veterano/a *m/f*; (= *ex-serviceman*) excombatiente *mf*; (= *experienced person*) veterano/a *m/f*; **she is a ~ of the anti-nuclear movement** es una veterana del movimiento antinuclear; **a ~ UN diplomat** un veterano diplomático de la ONU
Ⓒ CPD ► **veteran car** N (*Brit*) *coche fabricado antes de 1919, especialmente antes de 1905*

**veterinarian** [,vetərɪ'nɛərɪən] N (*US*) veterinario/a *m/f*

**veterinary** ['vetərɪnərɪ] Ⓐ ADJ veterinario
Ⓑ CPD ► **veterinary medicine** N medicina *f* veterinaria, veterinaria *f* ► **veterinary school** N escuela *f* de veterinaria ► **veterinary science** N = **veterinary medicine** ► **veterinary surgeon** N veterinario/a *m/f*

**veto** ['vi:təʊ] Ⓐ N (*pl* **vetoes**) veto *m*; **to have a ~** tener veto; **to put a ~ on sth** vetar algo, poner veto a algo; **to use** *or* **exercise one's ~** ejercer el (derecho a) veto
Ⓑ VT [+ *bill, application*] vetar, prohibir; **the president ~ed it** el presidente lo vetó *or* le puso su veto; **I suggested it but he ~ed the idea** yo lo sugerí pero el rechazó la idea

**vetting** ['vetɪŋ] N (= *check*) examen *m* previo; (= *investigation*) investigación *f*; *see also* **positive A2**

**vex** [veks] VT [1] (= *anger*) fastidiar, irritar; (= *make impatient*) impacientar, sacar de quicio
[2] (= *afflict*) afligir; **the problems that are ~ing the country** los problemas que afligen el país

**vexation** [vek'seɪʃən] N [1] (= *anger*) irritación *f*
[2] (= *trouble*) aflicción *f*, disgusto *m*; **he had to put up with numerous ~s** tuvo que soportar muchos disgustos

**vexatious** [vek'seɪʃəs], **vexing** ['veksɪŋ] ADJ fastidioso, molesto, enojoso (*LAm*)

**vexed** [vekst] ADJ [1] (= *angry*) enfadado, enojado (*LAm*); **to be ~ (with sb) (about sth)** estar enfadado *or* (*LAm*) enojado (con algn) (por algo); **to get ~ (with sb) (about sth)** enfadarse *or* (*LAm*) enojarse (con algn) (por algo); **in a ~ tone** en tono ofendido, en tono de enojo
[2] [*question*] reñido, controvertido
[3] (= *puzzled*) perplejo, confuso

**vexing** ['veksɪŋ] ADJ fastidioso, molesto, enojoso (*LAm*); **it's very ~** da mucha rabia

**VFD** N ABBR (*US*) = **voluntary fire department**

**VG** ABBR (*Scol etc*) (= **very good**) S

**v.g.** ABBR = **very good**

**VGA** N ABBR = **video graphics array**

**vgc** ABBR = **very good condition**

**VHF** N ABBR (= **very high frequency**) VHF

**VHS** N ABBR = **video home system**

**VI** ABBR (*US*) = **Virgin Islands**

**via** ['vaɪə] PREP por; (*esp by plane*) vía; **we drove to Lisbon ~ Salamanca** fuimos a Lisboa por Salamanca; **a flight ~ Brussels** un vuelo vía Bruselas

**viability** [,vaɪə'bɪlɪtɪ] N viabilidad *f*

**viable** ['vaɪəbl] ADJ viable

**viaduct** ['vaɪədʌkt] N viaducto *m*

**vial** ['vaɪəl] N frasquito *m*

**viands** ['vaɪəndz] NPL (*liter*) viandas *fpl*

**viaticum** [vaɪ'ætɪkəm] N (*pl* **viaticums** *or* **viatica** [vaɪ'ætɪkə]) viático *m*

**vibes** [vaɪbz] NPL ABBR [1] (*) = **vibrations** (*from band, singer*) vibraciones *fpl*, ambiente *m*; **I got good ~ from her** me cayó muy bien
[2] (*) (= **vibraphone**) vibráfono *m*

**vibrancy** ['vaɪbrənsɪ] N [*of colour*] viveza *f*; [*of person*] dinamismo *m*, vitalidad *f*; [*of voice*] sonoridad *f*

**vibrant** ['vaɪbrənt] Ⓐ ADJ [*colour*] vivo; [*person*] animado; [*personality*] vibrante; [*voice*] vibrante, sonoro
Ⓑ N (*Phon*) vibrante *f*

**vibraphone** ['vaɪbrə,fəʊn] N vibráfono *m*

**vibrate** [vaɪ'breɪt] Ⓐ VI vibrar; **the room ~d with tension** se palpaba la tensión en la sala; **her voice ~d with sorrow** la voz le temblaba de pena
Ⓑ VT hacer vibrar

**vibration** [vaɪ'breɪʃən] N [1] (= *movement*) vibración *f*
[2] (*) **vibrations** vibraciones* *fpl*

**vibrato** [vɪ'brɑ:təʊ] N vibrato *m*

**vibrator** [vaɪ'breɪtə^r] N vibrador *m*

**vibratory** ['vaɪbrətərɪ] ADJ vibratorio

**viburnum** [vaɪ'bɜ:nəm] N viburno *m*

**Vic** [vɪk] N (*familiar form*) *of* **Victor, Victoria**

**vicar** ['vɪkə^r] N (*gen*) vicario *m*; (*Anglican*) cura *m*, párroco *m*

**vicarage** ['vɪkərɪdʒ] N casa *f* del párroco

**vicar-general** ['vɪkə'dʒenərəl] N (*pl* **vicars-general**) vicario *m* general

**vicarious** [vɪ'kɛərɪəs] ADJ (= *indirect*) indirecto; [*substitute*] por referencias; **to get ~ pleasure out of sth** disfrutar indirectamente de algo; **I got a ~ thrill** me emocioné mucho sin tener nada que ver con lo que pasaba

**vicariously** [vɪ'kɛərɪəslɪ] ADV indirectamente; **he filled his emotional needs ~, through those around him** satisfacía sus necesidades emocionales indirectamente, a través de los que lo rodeaban; **she brought glamour into my life, but only ~** le dio sofisticación a mi vida, aunque sólo de forma indirecta

**vice**[1] [vaɪs] Ⓐ N vicio *m*; **a life of ~** una vida de vicio y desenfreno; **smoking is his only ~** el tabaco es su único vicio
Ⓑ CPD ► **vice ring** N asociación *f* criminal ► **vice squad** N brigada *f* antivicio

**vice**[2], **vise** (*US*) [vaɪs] N (*esp Brit Mech*) torno *m* de banco, tornillo *m* de banco

**vice**[3] ['vaɪsɪ] PREP en lugar de, sustituyendo a

**vice-** [vaɪs] PREFIX vice-

**vice-admiral** ['vaɪs'ædmərəl] N vicealmirante *mf*

**vice-chairman** ['vaɪs'tʃɛəmən] N (*pl* **vice-chairmen**) vicepresidente/a *m/f*

**vice-chairmanship** ['vaɪs,tʃɛəmənʃɪp] N vicepresidencia *f*

**vice-chancellor** ['vaɪs'tʃɑ:nsələ^r] N (*Univ*) rector(a) *m/f*

**vice-consul** ['vaɪs'kɒnsəl] N vicecónsul *mf*

**vice-presidency** ['vaɪs'prezɪdənsɪ] N vicepresidencia *f*

**vice-president** ['vaɪs'prezɪdənt] N vicepresidente/a *m/f*

**vice-principal** ['vaɪs'prɪnsɪpəl] N (*US Scol*) subdirector(a) *m/f*

**viceroy** ['vaɪsrɔɪ] N virrey *m*

**viceroyalty** ['vaɪs'rɔɪəltɪ] N virreinato *m*

**vice versa** ['vaɪsɪ'vɜ:sə] ADV viceversa, al revés

**vicinity** [vɪ'sɪnɪtɪ] N [1] (= *neighbourhood*) cercanías *fpl*, alrededores *mpl*, inmediaciones *fpl*; **there has been heavy fighting in the ~ of Tel Aviv** ha habido fuertes enfrentamientos en las cercanías *or* en los alrededores *or* en las inmediaciones de Tel Aviv; **houses in the immediate ~ of the blast were damaged** las viviendas más cercanas a la explosión sufrieron daños; **and other towns in the ~** y otras ciudades de las inmediaciones *or* de la zona *or* cercanas; **he denied being anywhere in the ~** negó encontrarse cerca del lugar; **in the ~ of 20** alrededor de 20, unos 20
[2] (= *nearness*) proximidad *f* (**to** a)

**vicious** ['vɪʃəs] Ⓐ ADJ [1] (= *brutal*) [*person, gang*] despiadado; [*attack, assault, crime*] atroz, brutal; [*animal*] agresivo, fiero; **a ~-looking knife** un cuchillo de aspecto horrorífico
[2] (= *malicious*) [*criticism, campaign*] despiadado, cruel; [*remark*] malicioso; **to have a ~ temper** tener muy mal genio; **to have a ~ tongue** tener una lengua viperina

Ⓑ CPD ► **vicious circle** N círculo *m* vicioso; **to be caught in a ~ circle** estar atrapado en un círculo vicioso

**viciously** [ˈvɪʃəslɪ] ADV [1] (= *brutally*) [*attack, beat, stab*] brutalmente, con saña
[2] (= *maliciously*) [*say, speak*] con malicia

**viciousness** [ˈvɪʃəsnɪs] N [1] (= *brutality, fierceness*) [*of person, attack, assault*] brutalidad *f*; [*of animal*] fiereza *f*, agresividad *f*
[2] (= *maliciousness*) [*of words*] malicia *f*, malevolencia *f*; [*of criticism, campaign*] lo despiadado, crueldad *f*

**vicissitudes** [vɪˈsɪsɪtjuːdz] NPL vicisitudes *fpl*, peripecias *fpl*

**vicissitudinous** [vɪˌsɪsɪˈtjuːdɪnəs] ADJ agitado, accidentado

**Vicky** [ˈvɪkɪ] N (*familiar form*) of **Victoria**

**victim** [ˈvɪktɪm] Ⓐ N (= *subject of attack*) víctima *f*; **the ~s** (= *survivors of disaster*) los damnificados; **to be the ~ of** [+ *attack, hoax*] ser víctima de; **to fall ~ to** [+ *desire, sb's charms*] sucumbir a, dejarse llevar por
Ⓑ CPD ► **Victim Support** N (*Brit*) *organización de ayuda a las víctimas de actos delictivos*

**victimization** [ˌvɪktɪmaɪˈzeɪʃən] N persecución *f*; (= *retaliation, punishment*) castigo *m*, represalias *fpl*

**victimize** [ˈvɪktɪmaɪz] VT (= *pursue*) perseguir; (= *punish*) escoger y castigar, tomar represalias contra; **to be ~d** ser víctima de una persecución; **the strikers should not be ~d** no hay por qué castigar a los huelguistas; **she feels she has been ~d** ella cree que ha sido escogida como víctima

**victimless** [ˈvɪktɪmlɪs] ADJ sin víctimas

**Victor** [ˈvɪktəʳ] N Víctor

**victor** [ˈvɪktəʳ] N (*in match, battle*) vencedor(a) *m/f*

**Victoria** [vɪkˈtɔːrɪə] N Victoria

**Victoria Cross** [vɪkˈtɔːrɪəˈkrɒs] N (*Brit*) *la condecoración más alta de las fuerzas armadas británicas y de la Commonwealth*

**Victoria Falls** [vɪkˈtɔːrɪəˈfɔːlz] NPL Cataratas *fpl* de Victoria

**Victorian** [vɪkˈtɔːrɪən] Ⓐ ADJ victoriano
Ⓑ N victoriano/a *m/f*

**VICTORIAN**

*El adjetivo* **Victorian** *se usa para referirse a la época del reinado de la reina Victoria (1837-1901), así como a la cultura y a las personas de dicha época, en frases como, por ejemplo,* **they live in a Victorian house** *o* **the Victorian Prime Minister, Gladstone**. *Las actitudes o cualidades llamadas victorianas son las que se consideran características de la época, tales como el interés por la respetabilidad social, una estricta moralidad represiva, la falta de sentido del humor, la intolerancia y la hipocresía. El término* **Victorian values** *(valores victorianos) se usa en política para abogar por cualidades positivas como la decencia, la superación personal, el respeto a la autoridad y la importancia de la familia, cualidades que muchos opinan que faltan en la sociedad actual. En Estados Unidos también se utiliza el adjetivo* **Victorian** *para describir la arquitectura, muebles, actitudes etc., contemporáneas de la época victoriana en el Reino Unido.*

**Victoriana** [vɪkˌtɔːrɪˈɑːnə] NPL objetos *mpl* victorianos, antigüedades *fpl* victorianas

**victorious** [vɪkˈtɔːrɪəs] ADJ [*army*] victorioso, triunfante; [*person, team*] vencedor, triunfador; [*campaign*] triunfal, victorioso; **the ~ team** el equipo vencedor *or* triunfador, los vencedores; **he gave a ~ shout** lanzó un grito triunfal *or* de triunfo; **to be ~** triunfar, salir victorioso, vencer; **he was ~ over his enemies** triunfó sobre sus enemigos, venció a sus enemigos

**victoriously** [vɪkˈtɔːrɪəslɪ] ADV victoriosamente, triunfalmente

**victory** [ˈvɪktərɪ] N victoria *f*, triunfo *m* (**over** sobre); **they celebrated their ~ over Arsenal/the Labour Party** celebraron su victoria *or* triunfo sobre el Arsenal/el Partido Laborista; **~ V** la V de la victoria; **to win a famous ~** obtener un triunfo señalado

**victual** [ˈvɪtl] Ⓐ VT avituallar, abastecer
Ⓑ VI avituallarse, abastecerse
Ⓒ NPL **victuals** víveres *mpl*, vituallas *fpl*

**victualler** [ˈvɪtləʳ] N *see* **licensed**

**vicuña** [vɪˈkjuːnə] N vicuña *f*

**vid*** [vɪd] N ABBR (= **video**) vídeo *f*, video *m* (*LAm*)

**vide** [ˈvɪdeɪ] VT vea, véase

**videlicet** [vɪˈdiːlɪset] ADV a saber

**video** [ˈvɪdɪəʊ] Ⓐ N [1] (*also* **~ recorder**) aparato *m* de vídeo, vídeo *m*, video *m* (*LAm*)
[2] (*also* **~ cassette**) videocinta *f*, cinta *f* de vídeo *or* (*LAm*) video, vídeo *m*, video *m* (*LAm*); **it's out on ~** ha salido en vídeo
Ⓑ VT grabar en vídeo *or* (*LAm*) video
Ⓒ CPD ► **video arcade** N salón *m* recreativo de videojuegos ► **video camera** N videocámara *f* ► **video cassette** N = **video A2** ► **video cassette recorder** N = **video A1** ► **video club** N videoclub *m* ► **video conference** N videoconferencia *f* ► **video conferencing** N videoconferencia *f* ► **video diary** N (*TV*) diario *m* en vídeo ► **video disk** N videodisco *m* ► **video film** N película *f* de vídeo, videofilm *m* ► **video frequency** N videofrecuencia *f* ► **video game** N videojuego *m* ► **video library** N videoteca *f* ► **video nasty*** N (= *horror film*) videofilm *m* de horror; (= *pornography*) videofilm *m* porno* ► **video piracy** N videopiratería *f* ► **video recorder** N = **video A1** ► **video recording** N (= *act*) videograbación *f*; (= *object*) grabación *f* de vídeo ► **video shop** N videoclub *m* ► **video wall** N vídeo-panel *m* (*Sp*), panel *m* de vídeo

**videophone** [ˈvɪdɪəʊˌfəʊn] N videófono *m*, videoteléfono *m*

**videotape** [ˈvɪdɪəʊˌteɪp] Ⓐ N (= *tape*) cinta *f* de vídeo *or* (*LAm*) video; (= *recording*) vídeo *m*, video *m* (*LAm*)
Ⓑ VT grabar en vídeo *or* (*LAm*) video
Ⓒ CPD ► **videotape library** N videoteca *f*

**videotaping** [ˈvɪdɪəʊˌteɪpɪŋ] N videograbación *f*

**Videotex**® [ˈvɪdɪəʊˌteks] N vídeotex® *m*

**videotext** [ˈvɪdɪəʊˌtekst] N videotexto *m*

**vie** [vaɪ] VI **to ~ for sth** disputarse algo; **to ~ with sb** competir con algn, rivalizar con algn; **to ~ with sb for sth** disputar algo a algn, competir con algn por algo

**Vienna** [vɪˈenə] N Viena *f*

**Viennese** [ˌvɪəˈniːz] Ⓐ ADJ vienés
Ⓑ N vienés/esa *m/f*

**Vietcong** [ˌvjetˈkɒŋ] Ⓐ ADJ del Vietcong
Ⓑ N vietcong *mf*

**Vietnam**, **Viet Nam** [ˈvjetˈnæm] N Vietnam *m*

**Vietnamese** [ˌvjetnəˈmiːz] Ⓐ ADJ vietnamita
Ⓑ N [1] (= *person*) vietnamita *mf*
[2] (*Ling*) vietnamita *m*

**vieux jeu** [ˈvɪɜːˈʒɜː] ADJ anticuado, fuera de moda

**view** [vjuː] Ⓐ N [1] (= *prospect*) vista *f*; **most rooms have ~s over the gardens** la mayoría de las habitaciones tienen vistas a los jardines; **he stood up to get a better ~** se puso de pie para ver mejor; **to have/get a good ~ of sth/sb** ver algo/a algn bien; *see also* **back F**, **front E**, **side C**
[2] (= *line of vision*) **he stopped in the doorway, blocking her ~** se paró en la entrada, tapándole la vista; **am I blocking your ~?** ¿te estoy tapando?; **a cyclist came into ~** apareció un ciclista; **as we rounded the bend the hospital came into ~** al salir de la curva apareció el hospital; **to disappear from ~** perderse de vista; **to be hidden from ~** estar oculto, estar escondido; **to keep sth/sb in ~** no perder de vista algo/a algn; **in full ~ of the crowd** bien a la vista de la multitud; **to be on ~** estar expuesto al público; **the paintings will go on ~ next month** los cuadros se expondrán al público el mes próximo; **the pond was within ~ of my bedroom window** el estanque se veía desde la ventana de mi habitación
[3] (= *picture*) vista *f*; **50 ~s of Venice** 50 vistas de Venecia
[4] (= *mind*) **to have sth in ~** tener algo en mente *or* en perspectiva; **he has only one objective in ~** tiene sólo un objetivo en mente, sólo persigue un objetivo; **with this in ~** con este propósito *or* fin; **with a ~ to doing sth** con miras *or* vistas a hacer algo
[5] (= *opinion*) opinión *f*; **you should make your ~s known to your local MP** debería hacerle saber sus opiniones *or* ideas al diputado de su zona; **my (personal) ~ is that ...** mi opinión (personal) es que ...; **an opportunity for people to express their ~s** una oportunidad para que la gente exprese su opinión; **to express the ~ that ...** opinar que ...; **to hold the ~ that** = **to take the view that**; **in my ~** a mi parecer, en mi opinión; **to take the ~ that** opinar que; **I take a similar/different ~** opino de forma parecida/de distinta forma; **to take the long(-term) ~** adoptar una perspectiva a largo plazo; *see also* **dim A3**, **point A10**
[6] (= *understanding*) visión *f*; **an overall ~ of the situation** una visión de conjunto de la situación; **an idealistic ~ of the world** una visión idealista del mundo
[7] **in ~ of (the fact that)** en vista de (que); **in ~ of this** en vista de esto
Ⓑ VT [1] (= *regard*) ver; **how does the government ~ it?** ¿cómo lo ve el gobierno?; **they ~ the United States as a land of golden opportunity** consideran a los Estados Unidos un país lleno de oportunidades, ven a los Estados Unidos como un país lleno de oportunidades; **we would ~ favourably any sensible suggestion** cualquier sugerencia razonable sería bien acogida; **he is ~ed with suspicion by many MPs** muchos parlamentarios lo miran *or* tratan con recelo
[2] (= *look at, observe*) ver; **mourners were allowed to ~ the body** a los dolientes se les permitió ver el cadáver; **London ~ed from the air** Londres vista desde arriba
[3] (= *inspect, see*) [+ *property, sights, goods, slides*] ver; [+ *accounts*] examinar; **when can we ~ the house?** ¿cuándo podemos ver la casa?
[4] (*frm*) [+ *television*] ver
Ⓒ VI (*TV frm*) ver la televisión; **the ~ing public** los telespectadores, la audiencia televisiva

**Viewdata**® [ˈvjuːˌdeɪtə] N vídeodatos *mpl*, videodatos *mpl* (*LAm*)

➤ LANGUAGE IN USE: **view** A5 6.2, 11.1, 26.1, 26.2

**viewer** ['vju:əʳ] N [1] (= *onlooker*) espectador(a) *m/f*; (*TV*) televidente *mf*, telespectador(a) *m/f*
[2] (*for viewing slides*) visor *m*

**viewfinder** ['vju:,faındəʳ] N (*Phot*) visor *m* (de imagen), objetivo *m*

**viewing** ['vju:ıŋ] Ⓐ N [1] [*of property, gallery*] visita *f*; (*prior to auction*) exposición *f*, inspección *f*; **"viewing by appointment only"** "estrictamente visitas concertadas"; **the gallery will be open for a private ~ this evening** la galería estará abierta esta noche para una visita privada
[2] (*TV*) [2·1] (= *act*) **"unsuitable for family ~"** "no apto para ver en familia"; **films sold for home ~** películas que se venden para ver en casa; **we strictly limit our children's TV ~** limitamos el tiempo que nuestros hijos ven la televisión de manera estricta
[2·2] (= *programmes*) programas *mpl*, programación *f*; **your weekend ~** sus programas *or* su programación para el fin de semana; **the series has become compulsive ~** la serie se ha convertido en un programa que no debe perderse
Ⓑ CPD ► **TV viewing figures** NPL cifras *fpl* de audiencia televisiva ► **viewing gallery** N (*gen*) galería *f* para observadores; (*balcony-shaped*) palco *m* para observadores ► **viewing habits** NPL hábitos *mpl* de los telespectadores *or* televidentes ► **viewing platform** N plataforma *f* de observación; *see also* **peak C**

**viewpoint** ['vju:pɔınt] N [1] (*on hill etc*) mirador *m*, punto *m* panorámico
[2] (*fig*) punto *m* de vista; **from the ~ of the economy** desde el punto de vista de la economía

**vigil** ['vıdʒıl] N vigilia *f*, vela *f*; **to keep ~ (over sth/sb)** velar (algo/a algn)

**vigilance** ['vıdʒıləns] Ⓐ N vigilancia *f*; **to escape sb's ~** burlar la vigilancia de algn; **to relax one's ~** disminuir la vigilancia, bajar la guardia
Ⓑ CPD ► **vigilance committee** N (*US*) comité *m* de autodefensa

**vigilant** ['vıdʒılənt] ADJ vigilante, alerta; **staff have been instructed to be extra ~** se ha ordenado a todo el personal que extreme la vigilancia; **under his ~ eye** bajo su atenta mirada; **to be ~ against** [+ *danger, threat*] mantenerse alerta *or* vigilante frente a

**vigilante** ['vıdʒı'læntı] N vigilante *mf*

**vigilantism** [,vıdʒı'læntızəm] N vigilancia *f* callejera

**vigilantly** ['vıdʒıləntlı] ADV vigilantemente

**vignette** [vı'njet] N (*Phot, Typ*) viñeta *f*; (= *character sketch*) esbozo *m* en miniatura, esbocito *m*, estampa *f*

**vigor** ['vıgəʳ] N (*US*) = **vigour**

**vigorous** ['vıgərəs] ADJ [1] (= *energetic*) [*exercise, activity, training*] enérgico; (= *lively*) [*debate*] enérgico; **she is a ~ 75 year-old** es una mujer de 75 años llena de vigor *or* energía
[2] (= *strong*) [*opponent, campaign, defence*] enérgico; [*denial*] categórico, rotundo; [*growth*] (*Bot, Econ*) vigoroso; [*economy*] pujante

**vigorously** ['vıgərəslı] ADV [1] (= *energetically*) [*nod, shake*] enérgicamente, vigorosamente; [*exercise*] enérgicamente
[2] (= *strongly*) [*deny*] categóricamente, rotundamente; [*defend, oppose, protest*] enérgicamente; **to campaign ~** realizar una enérgica campaña; **to grow ~** [*plant*] crecer con vigor; [*economy, company*] crecer con vigor *or* vigorosamente

**vigour**, **vigor** (*US*) ['vıgəʳ] N vigor *m*, energía *f*; **with great ~** con mucho vigor, con mucha energía; **with renewed ~** con renovado vigor, con renovada energía

**Viking** ['vaıkıŋ] Ⓐ N vikingo/a *m/f*
Ⓑ ADJ vikingo

**vile** [vaıl] ADJ [1] (= *base, evil*) [*person, behaviour, attack, regime*] vil, infame; [*language*] abominable; **he was ~ to her** se portó de un modo infame con ella
[2] (*) (= *disgusting*) [*conditions*] miserable, infame; [*weather*] pésimo, infame; [*smell, taste*] repugnante; **it smelled/tasted ~** tenía un olor/sabor repugnante; **to be in a ~ mood** estar de pésimo humor, estar de un humor de mil demonios*; **he has a ~ temper** tiene un genio muy violento, tiene un genio de mil demonios*

**vilely** ['vaıllı] ADV [*behave*] vilmente, de modo infame

**vileness** ['vaılnıs] N [*of person, behaviour, action*] vileza *f*

**vilification** [,vılıfı'keıʃən] N vilipendio *m*

**vilify** ['vılıfaı] VT vilipendiar

**villa** ['vılə] N (*Roman*) villa *f*; (= *country house*) casa *f* de campo, quinta *f*; (*for holiday*) chalet *m*

**village** ['vılıdʒ] Ⓐ N pueblo *m*; (= *small*) aldea *f*, pueblito *m* (*LAm*)
Ⓑ CPD ► **village church** N iglesia *f* del pueblo ► **village cricket** N críquet *m* pueblerino ► **village green** N prado *m* comunal, campo *m* comunal ► **village hall** N sala *f* del pueblo ► **village idiot** N tonto *m* del lugar ► **village life** N la vida rural, la vida de pueblo ► **village shop**, **village store** N tienda *f* del pueblo

**villager** ['vılıdʒəʳ] N (= *inhabitant*) vecino/a *m/f* del pueblo; [*of small village*] aldeano/a *m/f*

**villain** ['vılən] N [1] (*) (= *wrongdoer*) maleante *mf*, delincuente *mf*
[2] (*hum*) (= *rascal*) bribón/ona *m/f*, tunante/a *m/f*
[3] (*in novel, film*) malo/a *m/f*; **the ~ of the piece is Malone** (*hum*) el malo de la historia es Malone

**villainous** ['vılənəs] ADJ (= *evil*) malvado, vil; (= *very bad*) malísimo, horrible; **he was a ~-looking character** era un tipo de mala catadura (*frm*), era un tipo de aspecto malvado

**villainously** ['vılənəslı] ADV vilmente; **~ ugly** feísimo

**villainy** ['vılənı] N (*esp poet*) maldad *f*, vileza *f*

**villein** ['vılın] N (*Hist*) villano/a *m/f*

**vim** [vım] N energía *f*, empuje *m*

**VIN** N ABBR = **vehicle identification number**

**vinaigrette** [,vıneı'gret] N vinagreta *f*

**Vincent** ['vınsənt] N Vicente

**vindaloo** [,vındə'lu:] N *plato indio muy picante*

**vindicate** ['vındıkeıt] VT [+ *decision, action*] justificar; [+ *claim, right*] reivindicar, hacer valer; **I feel totally ~d by this decision** me siento totalmente resarcido por esta decisión, siento que con esta decisión se me hace justicia; **to ~ o.s.** justificarse

**vindication** [,vındı'keıʃən] N justificación *f*; [*of claim, right*] reivindicación *f*, defensa *f*; (= *means of exoneration*) vindicación *f* (*frm*); **it was a ~ of all she had fought for** suponía una justificación de todo aquello por lo que había luchado

**vindictive** [vın'dıktıv] ADJ vengativo; (= *spiteful*) rencoroso; **to be ~ towards sb** ser vengativo con algn

**vindictively** [vın'dıktıvlı] ADV (= *vengefully*) vengativamente, con afán de venganza; (= *unforgivingly*) con rencor, rencorosamente

**vindictiveness** [vın'dıktıvnıs] N (= *desire for revenge*) afán *m* de venganza, revanchismo *m*; (= *spitefulness*) rencor *m*

**vine** [vaın] Ⓐ N vid *f*; (= *climbing, trained*) parra *f*; (= *climber*) enredadera *f*
Ⓑ CPD ► **vine grower** N viticultor(a) *m/f*, viñador(a) *m/f* ► **vine growing** N viticultura *f*; *see also* **vine-growing** ► **vine leaf** N (*pl* **vine-leaves**) hoja *f* de parra, hoja *f* de vid, pámpana *f*

**vinegar** ['vınıgəʳ] N vinagre *m*

**vinegary** ['vınıgərı] ADJ vinagroso

**vine-growing** ['vaın,grəʊıŋ] ADJ [*region*] viticultor; *see also* **vine**

**vineyard** ['vınjəd] N viña *f*, viñedo *m*

**viniculture** ['vınıkʌltʃəʳ] N vinicultura *f*

**vino*** ['vi:nəʊ] N vinacho* *m*, morapio *m* (*Sp**)

**vinous** ['vaınəs] ADJ vinoso

**vintage** ['vıntıdʒ] Ⓐ N (= *season, harvest*) vendimia *f*; (= *year*) cosecha *f*, añada *f*; **the 1970 ~** la cosecha de 1970; **it will be a good ~** la cosecha será buena; **it was a ~ performance** fue una actuación memorable; **this film is ~ Chaplin** ésta es una película clásica de Chaplin, esta película es un clásico de Chaplin; **it has been a ~ year for plays** ha sido un año destacado en lo que a teatro se refiere
Ⓑ CPD ► **vintage car** N coche *m* de época, coche *m* antiguo (*fabricado entre 1919 y 1930*) ► **vintage wine** N vino *m* añejo

**vintner** ['vıntnəʳ] N (= *merchant*) vinatero/a *m/f*; (= *wine-maker*) vinicultor(a) *m/f*

**vinyl** ['vaınl] Ⓐ N vinilo *m*
Ⓑ ADJ de vinilo, vinílico
Ⓒ CPD ► **vinyl acetate** N acetato *m* de vinilo

**viol** ['vaıəl] N viola *f*

**viola**[1] [vı'əʊlə] Ⓐ N (*Mus*) viola *f*; **~ da gamba** viola *f* de gamba; **~ d'amore** viola *f* de amor
Ⓑ CPD ► **viola player** N viola *mf*

**viola**[2] ['vaıələ] N (*Bot*) viola *f*, violeta *f*

**violate** ['vaıəleıt] VT [1] (= *breach*) [+ *law*] violar, infringir, quebrantar; [+ *constitution, agreement, treaty*] violar, infringir, vulnerar; (*Comm, Pol*) [+ *sanctions*] incumplir, desobedecer; [+ *contract*] no cumplir, incumplir; [+ *rights*] violar, vulnerar; [+ *privacy*] invadir; **to ~ sb's trust** abusar de la confianza de algn
[2] (= *defile*) [+ *grave*] profanar
[3] († *or liter*) (= *rape*) violar

**violation** [,vaıə'leıʃən] N [1] [*of law*] violación *f*, infracción *f*; [*of rights*] violación *f*; **~ of privacy** entrometimiento *m*, intromisión *f*; **it was in ~ of the law/agreement** violaba la ley/el acuerdo; **it was in ~ of sanctions** incumplía *or* desobedecía las sanciones
[2] (*US*) (= *minor offence*) infracción *f*, falta *f* leve; **a minor traffic ~** una infracción de tráfico
[3] († *or liter*) (= *rape*) violación *f*

**violator** ['vaıəleıtəʳ] N [*of law*] infractor(a) *m/f*, violador(a) *m/f*; [*of agreement, rights*] violador(a) *m/f*

**violence** ['vaıələns] N (*gen*) violencia *f*; **an act of ~** un acto de violencia; **crimes of ~** delitos *mpl* violentos; **to do ~ to sb** agredir a algn; **to do ~ to sth** estropear algo; **to resort to ~** recurrir a la violencia *or* a la fuerza; **robbery with ~** robo *m* con violencia

**violent** ['vaıələnt] ADJ [*person, quarrel, storm, language*] violento; [*kick*] violento, fuerte; [*pain*] intenso, agudo; [*colour*] chillón; **to become** *or* **turn ~** mostrarse violento; **to die a ~ death** morir de muerte violenta; **~ crimes** delitos *mpl* violentos; **to come to a ~ halt** detenerse *or* (*LAm*) parar bruscamente; **he has a ~ temper** tiene un genio terrible; **to take a ~ dislike to sb** coger *or* (*LAm*) agarrar una profunda antipatía a algn; **to take a ~ dislike to sth** tomar una tremenda *or* profunda aversión a algo; **by ~ means** por la fuerza, por la violencia

**violently** [ˈvaɪələntlɪ] ADV [*act*] con violencia, de manera violenta; [*tremble*] violentamente; [*brake*] bruscamente; **she shook the child ~** sacudió al niño con violencia; **to die ~** morir violentamente; **to react ~ to sth** reaccionar violentamente *or* con violencia ante algo; **to fall ~ in love with sb** enamorarse perdidamente de algn; **to be ~ opposed to sth** oponerse radicalmente a algo; **he is ~ anti-Communist** es un anticomunista furibundo; **to be ~ sick** vomitar mucho

**violet** [ˈvaɪəlɪt] Ⓐ N [1] (*Bot*) violeta *f*
[2] (= *colour*) violado *m*, violeta *f*
Ⓑ ADJ violado, violeta; **~ colour, ~ color** (*US*) color *m* violeta

**violin** [ˌvaɪəˈlɪn] Ⓐ N violín *m*
Ⓑ CPD ► **violin case** N estuche *m* de violín ► **violin concerto** N concierto *m* para violín ► **violin player** N violinista *mf* ► **violin section** N sección *f* de violines

**violinist** [ˌvaɪəˈlɪnɪst] N violinista *mf*

**violist** [vɪˈəʊlɪst] N (*US*) viola *mf*

**violoncellist** [ˌvaɪələnˈtʃelɪst] N violonchelista *mf*

**violoncello** [ˌvaɪələnˈtʃeləʊ] N violonchelo *m*

**VIP** Ⓐ N ABBR (= **very important person**) VIP *mf*, persona *f* de categoría
Ⓑ CPD ► **VIP lounge** N (*in airport*) sala *f* de VIPs ► **VIP treatment** N **to give sb the ~ treatment** tratar a algn como a un VIP; **to get the ~ treatment** ser tratado como un VIP

**viper** [ˈvaɪpəʳ] N (*lit, fig*) víbora *f*

**viperish** [ˈvaɪpərɪʃ] ADJ (*fig*) viperino

**virago** [vɪˈrɑːgəʊ] N (*pl* **viragoes** *or* **viragos**) fiera *f*, arpía *f*

**viral** [ˈvaɪərəl] ADJ vírico; **a ~ infection** una infección vírica

**Virgil** [ˈvɜːdʒɪl] N Virgilio

**Virgilian** [vɜːˈdʒɪlɪən] ADJ virgiliano

**virgin** [ˈvɜːdʒɪn] Ⓐ N (*lit*) virgen *mf*; **to be a ~** ser virgen; **the Blessed Virgin** la Santísima Virgen
Ⓑ ADJ (*fig*) [*forest, soil etc*] virgen
Ⓒ CPD ► **virgin birth** N partenogénesis *f inv* ► **the Virgin Isles** NPL las Islas Vírgenes ► **virgin oil** N aceite *m* virgen

**virginal** [ˈvɜːdʒɪnl] Ⓐ ADJ virginal
Ⓑ N **the ~** (*also* **the ~s**) (*Mus*) la espineta

**Virginian** [vəˈdʒɪnɪən] Ⓐ ADJ virginiano
Ⓑ N [1] (= *person*) virginiano/a *m/f*
[2] (*also* **~ tobacco**) tabaco *m* rubio

**virginity** [vɜːˈdʒɪnɪtɪ] N virginidad *f*

**Virgo** [ˈvɜːgəʊ] N [1] (= *sign, constellation*) Virgo *m*
[2] (= *person*) Virgo *mf*; **she's (a) ~** es Virgo

**virgule** [ˈvɜːgjuːl] N (*US Typ*) barra *f* oblicua

**virile** [ˈvɪraɪl] ADJ [*man*] viril; [*looks*] varonil

**virility** [vɪˈrɪlɪtɪ] N virilidad *f*

**virologist** [ˌvaɪəˈrɒlədʒɪst] N virólogo/a *m/f*

**virology** [ˌvaɪəˈrɒlədʒɪ] N virología *f*

**virtual** [ˈvɜːtjʊəl] Ⓐ ADJ real, verdadero; **he's the ~ star of the show** en realidad *or* en la práctica, la estrella del espectáculo es él; **it was a ~ defeat/failure** en realidad fue una derrota/un fracaso
Ⓑ CPD ► **virtual memory** N memoria *f* virtual ► **virtual memory storage** N memoria *f* virtual ► **virtual reality** N realidad *f* virtual

**virtuality** [vɜːtjʊˈælɪtɪ] N realidad *f* virtual, virtualidad *f*

**virtually** [ˈveːtjʊəlɪ] ADV prácticamente; **it is ~ impossible to do anything** es prácticamente imposible hacer nada; **it ~ destroyed the building** destruyó prácticamente el edificio; **I've ~ finished the work** casi he terminado el trabajo; **he started with ~ nothing** empezó prácticamente *or* casi sin nada

**virtue** [ˈvɜːtjuː] N [1] (= *good quality*) virtud *f*; **to extol sb's ~s** alabar *or* ensalzar las virtudes de algn; ✦**IDIOM to make a ~ of necessity** hacer de la necesidad virtud
[2] (= *advantage*) virtud *f*, ventaja *f*; **it has the ~ of simplicity** *or* **of being simple** tiene la virtud *or* ventaja de ser sencillo; **I see no ~ in (doing) that** no veo ninguna ventaja en (hacer) eso
[3] (= *chastity*) castidad *f*, honra *f*; **her ~ was in no danger** su castidad *or* honra no corría peligro; **he had designs on her ~** iba a tratar de seducirla; **a woman of easy ~** una mujer de vida alegre, una mujer de moralidad laxa
[4] **by ~ of** ◊ **in ~ of** en virtud de, debido a

**virtuosity** [ˌvɜːtjʊˈɒsɪtɪ] N virtuosismo *m*

**virtuoso** [ˌvɜːtjʊˈəʊzəʊ] Ⓐ N (*pl* **virtuosos** *or* **virtuosi** [ˌvɜːtjʊˈəʊzɪ]) virtuoso/a *m/f*
Ⓑ ADJ de virtuoso/a; **a ~ performance** una interpretación de auténtico virtuoso *or* llena de virtuosismo

**virtuous** [ˈvɜːtjʊəs] ADJ virtuoso

**virtuously** [ˈvɜːtjʊəslɪ] ADV virtuosamente

**virulence** [ˈvɪrʊləns] N virulencia *f*

**virulent** [ˈvɪrʊlənt] ADJ (*Med*) (*also fig*) virulento

**virulently** [ˈvɪrʊləntlɪ] ADJ con virulencia

**virus** [ˈvaɪərəs] Ⓐ N (*pl* **viruses**) (*Med, Comput*) virus *m inv*; **rabies ~** virus *m inv* de la rabia; **the AIDS ~** el virus del SIDA; **a computer ~** un virus informático
Ⓑ CPD ► **virus disease** N enfermedad *f* vírica

**visa** [ˈviːzə] Ⓐ N (*pl* **visas**) visado *m*, visa *f* (*LAm*)
Ⓑ VT visar

**visage** [ˈvɪzɪdʒ] N (*liter*) semblante *m*

**vis-à-vis** [ˈviːzəviː] PREP (= *with regard to*) con respecto a, en relación con, con relación a; **Switzerland's position ~ the EC** la posición de Suiza con respecto a *or* en relación con *or* con relación a la CE; **the government's policy ~ the unions** la política del gobierno frente a los sindicatos

**viscera** [ˈvɪsərə] NPL vísceras *fpl*

**visceral** [ˈvɪsərəl] ADJ (*liter*) visceral

**viscid** [ˈvɪsɪd] ADJ viscoso

**viscose** [ˈvɪskəʊs] Ⓐ ADJ viscoso
Ⓑ N viscosa *f*

**viscosity** [vɪsˈkɒsɪtɪ] N viscosidad *f*

**viscount** [ˈvaɪkaʊnt] N vizconde *m*

**viscountcy** [ˈvaɪkaʊntsɪ] N vizcondado *m*

**viscountess** [ˈvaɪkaʊntɪs] N vizcondesa *f*

**viscous** [ˈvɪskəs] ADJ viscoso

**vise** [vaɪs] N (*US*) = **vice²**

**visibility** [ˌvɪzɪˈbɪlɪtɪ] N [1] (*Met*) visibilidad *f*; **good/poor ~** buena/poca visibilidad *f*
[2] (= *level of recognition*) **the company needs to improve its ~** la compañía necesita darse más a conocer

**visible** [ˈvɪzəbl] Ⓐ ADJ [1] (= *able to be seen*) **~ to the human eye** perceptible a simple vista, visible al ojo humano; **to be ~: your identity card must be ~ at all times** su carné de identidad tiene que estar siempre a la vista; **the house is ~ from the road** la casa puede verse desde la carretera
[2] (= *obvious*) [*effect, sign, result*] evidente; **there was no ~ damage** no se veía ningún daño aparente; **the effects were clearly ~** los efectos saltaban a la vista, eran muy evidentes; **he was showing ~ signs of distress** mostraba evidentes *or* claras señales de agitación; **with a ~ effort** con un esfuerzo evidente; **with no ~ means of support** (*Jur*) sin ninguna fuente de ingresos aparente
[3] (= *prominent*) [*person*] destacado, prominente; **at management level women are becoming increasingly ~** a niveles directivos, las mujeres ocupan lugares cada vez más destacados *or* prominentes
Ⓑ CPD ► **visible exports** NPL (*Econ*) exportaciones *fpl* visibles

**visibly** [ˈvɪzəblɪ] ADV visiblemente; **many were ~ moved by what they saw** muchos estaban visiblemente emocionados por lo que habían visto; **he was ~ shaken by his ordeal** estaba visiblemente afectado por la terrible experiencia vivida; **she was ~ thinner** estaba visiblemente más delgada

**Visigoth** [ˈvɪzɪgɒθ] N visigodo/a *m/f*

**Visigothic** [ˌvɪzɪˈgɒθɪk] ADJ visigodo, visigótico

**vision** [ˈvɪʒən] N [1] (= *eyesight*) vista *f*; **to have normal ~** tener la vista normal; **field of ~** campo *m* visual; *see also* **double F**, **tunnel D**
[2] (= *farsightedness*) clarividencia *f*, visión *f* de futuro; (= *imagination*) imaginación *f*; **we need ~ to make this idea work** nos hace falta clarividencia *or* visión de futuro para hacer que esta idea funcione; **he had the ~ to see that ...** tenía la suficiente visión de futuro como para ver que ...; **a man of (broad) ~** un hombre de miras amplias
[3] (= *dream, hope*) visión *f*; **he outlined his ~ of the company over the next decade** esbozó su visión de la empresa para la siguiente década; **a ~ of the future** una visión del futuro
[4] (= *image*) **I had ~s of having to walk home** ya me veía volviendo a casa a pie
[5] (*Rel*) visión *f*; **to have a ~** tener una visión; **Christ appeared to her in a ~** tuvo una visión de Cristo, se le apareció Cristo

**visionary** [ˈvɪʒənərɪ] Ⓐ N [1] (= *original thinker*) visionario/a *m/f*
[2] (= *dreamer*) soñador(a) *m/f*
Ⓑ ADJ [1] (= *farsighted*) [*person, plan*] con visión de futuro, visionario
[2] (= *impractical*) [*idea, plan*] utópico, quimérico
[3] (= *idealistic*) [*person*] idealista
[4] (= *religious, supernatural*) [*experience*] sobrenatural

**vision-mixer** [ˈvɪʒənˌmɪksəʳ] N (*TV*) mezclador(a) *m/f* de imágenes

**visit** [ˈvɪzɪt] Ⓐ N (*gen*) visita *f*; **to go on** *or* **make a ~ to** [+ *person, place*] ir de visita a, visitar a; **to pay sb a ~** ◊ **pay a ~ to sb** hacer una visita *or* visitar a algn, pasar a ver a algn (*esp LAm*); **on a private/an official ~** de *or* en visita privada/oficial; **he was taken ill on** *or* **during a ~ to Amsterdam** cayó enfermo durante una visita en Amsterdam; **to return a ~** devolver una visita; **a ~ to the lavatory** *or* **toilet** una visita al servicio, una visita al señor Roca*
Ⓑ VT [1] (= *go and see*) [+ *person*] visitar, hacer una visita a; [+ *place*] ir a, visitar; **to ~ the sick** visitar a los enfermos; **to ~ a patient** ir a ver a un paciente, visitar a un paciente; **he never ~s the doctor** nunca va al médico; **we're hoping to ~ Tarragona** esperamos poder ir a *or* visitar Tarragona; **when we first**

**~ed the town** la primera vez que fuimos a *or* visitamos la ciudad
[2] (= *stay with*) [+ *person*] visitar, pasar un tiempo con; (= *stay in*) [+ *town, area*] visitar, pasar un tiempo en
[3] (*frm*) (= *inflict, afflict*) **to ~ a punishment on sb** castigar a algn con algo, mandar un castigo a algn; **they were ~ed with the plague††** sufrieron el azote de la peste; **the sins of the fathers are ~ed on the children** los hijos sufren los pecados de los padres
Ⓒ VI [1] (= *make a visit*) hacer una visita; (= *make visits*) hacer visitas; **they always ~ when they're in town** siempre nos hacen una visita cuando vienen a la ciudad; **she has promised to ~ next year** ha prometido venir de visita el año que viene; **to go ~ing** hacer visitas
[2] (*US*) **to ~ with sb** (= *go and see*) visitar a algn; (= *chat with*) charlar con algn

**visitation** [ˌvɪzɪˈteɪʃən] Ⓐ N [1] (= *visit*) (*by official*) inspección *f*; (*by bishop, cardinal*) visita *f* pastoral; **we had a ~ from her** (*hum*) nos cayó encima una de sus visitas
[2] (*Rel*) visitación *f*; **the Visitation of the Blessed Virgin Mary** la Visitación de la Santísima Virgen María
[3] (= *punishment*) castigo *m*
Ⓑ CPD ► **visitation rights** NPL derecho *msing* de visita

**visiting** [ˈvɪzɪtɪŋ] Ⓐ ADJ [*speaker, professor*] invitado; [*team*] visitante, de fuera; **we're on ~ terms** nos visitamos
Ⓑ CPD ► **visiting card** N tarjeta *f* de visita ► **visiting hours** NPL horas *fpl* de visita ► **visiting nurse** N (*US*) enfermera *f* que visita a domicilio ► **visiting rights** NPL derecho *msing* de visita ► **visiting time** N horas *fpl* de visita

**visitor** [ˈvɪzɪtəʳ] Ⓐ N [1] (*to one's home*) visita *f*; **she had a ~ earlier** tuvo una visita antes; **we had a constant stream of ~s** no paraba de visitarnos gente; **to have ~s** tener visita; **we can't invite you because we've got ~s** no podemos invitarte porque tenemos visita
[2] (*in hotel*) huésped(a) *m/f*
[3] (*to place*) (= *tourist*) turista *mf*, visitante *mf*; (= *tripper*) excursionista *mf*; (*to zoo, exhibition*) visitante; (*to hospital, prison*) visita *f*; **~s to this country must be made to feel welcome** los que visitan este país deben sentirse bien recibidos; **the museum had 900 ~s** el museo recibió a 900 visitantes; **sorry, we're just ~s here** lo siento, estamos aquí de visita nada más; **the summer ~s bring a lot of money** los veraneantes aportan mucho dinero; **he's only allowed two ~s** [*patient, prisoner*] sólo puede recibir dos visitas
Ⓑ CPD ► **visitor centre, visitor center** (*US*) N centro *m* de información ► **visitors' book** N libro *m* de visitas

**visor** [ˈvaɪzəʳ] N visera *f*

**VISTA** [ˈvɪstə] N ABBR (*US*) (= **Volunteers in Service to America**) *programa de ayuda voluntaria a los necesitados*

**vista** [ˈvɪstə] N (*lit*) vista *f*, panorama *m*; (*fig*) perspectiva *f*, horizonte *m*; **to open up new ~s** abrir nuevas perspectivas *or* nuevos horizontes

**visual** [ˈvɪzjʊəl] Ⓐ ADJ visual
Ⓑ CPD ► **visual aids** N (*in teaching*) medios *mpl* visuales ► **the visual arts** NPL las artes plásticas ► **visual display unit** N unidad *f* de despliegue visual, monitor *m* ► **visual effects** NPL efectos *mpl* visuales ► **visual proof** NPL pruebas *fpl* oculares

**visualization** [ˌvɪzjʊəlaɪˈzeɪʃən] N visualización *f*

**visualize** [ˈvɪzjʊəlaɪz] VT [1] (= *imagine*) imaginarse; **he tried to ~ the scene** intentó imaginarse la escena; **he could not ~ her as old** no podía hacerse una idea de ella *or* no podía imaginársela de mayor; **she ~d him working at his desk** se lo imaginó trabajando en su mesa; **try to ~ yourself sitting calmly on a plane** imagínate que vas tranquilamente sentado en un avión
[2] (= *call to mind*) [+ *person, sb's face*] recordar; **he found it difficult to ~ her now** ahora le resultaba difícil recordarla
[3] (= *foresee*) prever; **we do not ~ any great change** no prevemos ningún cambio de importancia; **that is not how we ~d it** eso no corresponde a lo que nosotros preveíamos

**visually** [ˈvɪzjʊəlɪ] ADV visualmente; **~ handicapped person** invidente *mf*

▼ **vital** [ˈvaɪtl] Ⓐ ADJ [1] (= *crucial*) [*part, component, element*] vital, indispensable; [*ingredient*] esencial, indispensable, imprescindible; [*factor*] decisivo; [*link, role*] fundamental; [*question*] vital; [*information*] vital, esencial; **it is ~ to keep accurate records** es imprescindible *or* esencial llevar un registro detallado; **is it really ~ for her to have a new dress?** ¿es realmente imprescindible que se compre un vestido nuevo?; **it is ~ that this be kept secret** es esencial que se mantenga en secreto; **to be of ~ importance (to sth/sb)** ser de suma *or* vital importancia (para algo/algn); **at the ~ moment** en el momento crítico *or* clave; **these meetings are ~ to a successful outcome** estas reuniones son esenciales para un resultado positivo
[2] (= *dynamic*) [*person, organization*] vital, lleno de vitalidad; **~ spark** chispa *f* vital
[3] (*Physiol*) [*organ, function*] vital
Ⓑ N **vitals** (*Anat usu hum*) (= *internal organs*) órganos *mpl* vitales; (= *male genitals*) órganos *mpl* sexuales, partes *fpl* (*hum*)
Ⓒ CPD ► **vital signs** NPL (*Med*) signos *mpl* vitales ► **vital statistics** NPL (*Sociol*) estadísticas *fpl* demográficas; (*) [*of woman's body*] medidas *fpl*

**vitality** [vaɪˈtælɪtɪ] N vitalidad *f*

**vitalize** [ˈvaɪtəlaɪz] VT [1] (*lit*) vitalizar, vivificar
[2] (*fig*) [+ *person*] animar; [+ *economy, organization*] vitalizar

**vitally** [ˈvaɪtəlɪ] ADV [1] (= *extremely*) [*interested, concerned*] sumamente; [*affect*] de forma vital; **it is ~ important that ...** es de vital *or* suma importancia que ... + *subjun*; **it is ~ necessary that ...** es indispensable que ... + *subjun*; **~ needed** [*food, tents, money*] indispensable; **this statement ~ ignores a number of issues** estas manifestaciones ignoran de forma fundamental una serie de cuestiones
[2] (= *intensely*) **music which remains ~ fresh today** música que sigue fresca y llena de vitalidad

**vitamin** [ˈvɪtəmɪn] Ⓐ N vitamina *f*; **with added ~s** vitaminado, reforzado con vitaminas
Ⓑ CPD ► **vitamin content** N contenido *m* vitamínico ► **vitamin deficiency** N avitaminosis *f*, déficit *m* vitamínico ► **vitamin pill** N pastilla *f* de vitaminas ► **vitamin supplement** N suplemento *m* vitamínico ► **vitamin tablet** N pastilla *f* de vitaminas

**vitamin-enriched** [ˌvɪtəmɪnɪnˈrɪtʃt] ADJ enriquecido con vitaminas

**vitaminize** [ˈvɪtəmɪnaɪz] VT vitaminar

**vitaminized** [ˈvɪtəmɪnaɪzd] ADJ vitamin(iz)ado, reforzado con vitaminas

**vitiate** [ˈvɪʃɪeɪt] VT (*frm*) (= *weaken*) afectar negativamente; (= *spoil*) estropear, arruinar; (= *devalue*) quitar valor a; (*Jur*) [+ *contract, deed*] invalidar

**viticulture** [ˈvɪtɪkʌltʃəʳ] N viticultura *f*

**vitreous** [ˈvɪtrɪəs] ADJ vítreo

**vitrifaction** [ˌvɪtrɪˈfækʃən], **vitrification** [ˌvɪtrɪfɪˈkeɪʃən] N vitrificación *f*

**vitrify** [ˈvɪtrɪfaɪ] Ⓐ VT vitrificar
Ⓑ VI vitrificarse

**vitriol** [ˈvɪtrɪəl] N vitriolo *m*

**vitriolic** [ˌvɪtrɪˈɒlɪk] ADJ [*attack, speech, criticism*] corrosivo, mordaz; [*abuse, outburst*] virulento

**vitro** [ˈvɪtrəʊ] *see* **in vitro**

**vituperate** [vɪˈtjuːpəreɪt] (*frm*) Ⓐ VT vituperar, llenar de injurias
Ⓑ VI **to ~ against sth/sb** vituperar algo/a algn

**vituperation** [vɪˌtjuːpəˈreɪʃən] (*frm*) N vituperio *m*, injurias *fpl*

**vituperative** [vɪˈtjuːpərətɪv] ADJ (*frm*) injurioso

**viva¹** [ˈvaɪvə] N (*also* **~ voce**) examen *m* oral

**viva²** [ˈviːvə] EXCL **~ Caroline!** ¡viva Caroline!

**vivacious** [vɪˈveɪʃəs] ADJ vivaz, animado

**vivaciously** [vɪˈveɪʃəslɪ] ADJ con vivacidad, animadamente

**vivacity** [vɪˈvæsɪtɪ] N vivacidad *f*, animación *f*

**vivarium** [vɪˈvɛərɪəm] N (*pl* **vivariums** *or* **vivaria** [vɪˈvɛərɪə]) vivero *m*

**viva voce** [ˈvaɪvəˈvəʊsɪ] Ⓐ ADV de viva voz
Ⓑ ADJ [*exam*] oral
Ⓒ N (*Brit*) examen *m* oral

**vivid** [ˈvɪvɪd] ADJ [*colour*] vivo, intenso; [*impression, recollection, memory*] vivo, fuerte; [*dream*] clarísimo; [*description*] gráfico, realista; **to have a ~ imagination** tener una imaginación muy viva *or* despierta

**vividly** [ˈvɪvɪdlɪ] ADV (*gen*) vivamente; [*describe*] gráficamente

**vividness** [ˈvɪvɪdnɪs] N [*of colours*] intensidad *f*, viveza *f*; [*of description*] lo gráfico; [*of impression, recollection, memory*] fuerza *f*

**vivify** [ˈvɪvɪfaɪ] VT vivificar

**viviparous** [vɪˈvɪpərəs] ADJ vivíparo

**vivisection** [ˌvɪvɪˈsekʃən] N vivisección *f*

**vivisectionist** [ˌvɪvɪˈsekʃənɪst] N vivisector(a) *m/f*

**vixen** [ˈvɪksn] N [1] (= *female fox*) zorra *f*, raposa *f*
[2] (*pej*) (= *bad-tempered woman*) arpía *f*, bruja *f*

**viz.** [vɪz] ADV ABBR = **videlicet** (= *namely*) v.g., v.gr.

**vizier** [vɪˈzɪəʳ] N visir *m*; **grand ~** gran visir *m*

**V-J Day** [ˌviːˈdʒeɪˌdeɪ] N ABBR (= **Victory over Japan Day**) *Brit: 15 agosto 1945; US: 2 setiembre 1945*; → V-E DAY

**VLF** N ABBR = **very low frequency**

**VLSI** N ABBR (= **very large-scale integration**) integración *f* a muy gran escala

**V-neck** [ˈviːnek] Ⓐ N (= *neckline*) cuello *m* en pico; (= *sweater*) jersey *m* de cuello de pico
Ⓑ ADJ (*also* **~ed**) de cuello de pico

**V-necked** [ˈviːnekt] ADJ = **V-neck B**

**VOA** N ABBR (= **Voice of America**) Voz *f* de América

**vocab*** [ˈvəʊkæb] N ABBR = **vocabulary**

**vocable** [ˈvəʊkəbl] N (*Phon*) vocablo *m*

**vocabulary** [vəʊˈkæbjʊlərɪ] N [1] [*of person, language, subject*] vocabulario *m*, léxico *m*; **a new word in the German ~** una palabra nueva en el vocabulario *or* léxico alemán
[2] (= *glossary*) glosario *m*

➤ LANGUAGE IN USE: **vital A1** 2.3

**vocal** ['vəʊkəl] Ⓐ ADJ [1] (*Anat, Mus*) vocal
[2] (= *vociferous*) ruidoso; **a small but ~ minority** una minoría pequeña pero ruidosa; **there was some ~ opposition** se dejaron oír voces fuertemente discrepantes; **they are getting rather ~ about it** están empezando a protestar
Ⓑ N *see* **vocals**
Ⓒ CPD ► **vocal cords** NPL cuerdas *fpl* vocales ► **vocal music** N música *f* vocal ► **vocal organs** NPL órganos *mpl* vocales ► **vocal score** N partitura *f* vocal

**vocalic** [vəʊ'kælɪk] ADJ vocálico

**vocalisation** [,vəʊkəlaɪ'zeɪʃən] N = **vocalization**

**vocalist** ['vəʊkəlɪst] N (*in cabaret*) vocalista *mf*; (*in pop group*) cantante *mf*

**vocalization** [,vəʊkəlaɪ'zeɪʃən] N vocalización *f*

**vocalize** ['vəʊkəlaɪz] Ⓐ VT vocalizar
Ⓑ VI vocalizarse

**vocally** ['vəʊkəlɪ] ADV [1] (*Mus*) vocalmente
[2] (= *vociferously*) ruidosamente

**vocals** ['vəʊkəlz] NPL voz *fsing*, canto *msing*; **backing ~** coros *mpl*; **lead ~** voz *f* principal

**vocation** [vəʊ'keɪʃən] N (= *calling*) vocación *f*; (= *profession*) profesión *f*, carrera *f*; **to have a ~ for art** tener vocación por el arte; **he has missed his ~** se ha equivocado de carrera

**vocational** [vəʊ'keɪʃənl] ADJ [*subject, course*] de formación profesional; [*qualification, skill*] profesional; **~ guidance** orientación *f* profesional; **~ training** formación *f or* capacitación *f* profesional

**vocative** ['vɒkətɪv] Ⓐ ADJ **~ case** vocativo *m*
Ⓑ N vocativo *m*

**vociferate** [vəʊ'sɪfəreɪt] Ⓐ VI vociferar, gritar
Ⓑ VT vociferar, gritar

**vociferation** [vəʊ,sɪfə'reɪʃən] N vociferación *f*

**vociferous** [vəʊ'sɪfərəs] ADJ [1] (= *forceful, energetic*) ruidoso; **there were ~ protests** hubo ruidosas protestas, se protestó ruidosamente
[2] (= *noisy*) vociferante

**vociferously** [vəʊ'sɪfərəslɪ] ADV [1] (= *forcefully, energetically*) [*protest, campaign*] ruidosamente; [*oppose, deny*] terminantemente, categóricamente
[2] (= *noisily*) [*cheer*] a gritos

**vodka** ['vɒdkə] N vodka *m*

**vogue** [vəʊg] Ⓐ N moda *f*; **to be in ~** ◊ **be the ~** estar en boga *or* de moda; **the ~ for short skirts** la moda de la falda corta
Ⓑ CPD ► **vogue word** N palabra *f* que está de moda

**voice** [vɔɪs] Ⓐ N [1] (= *sound, faculty of speech*) voz *f*; **I didn't recognize your ~** no he reconocido tu voz; **her ~ sounded cold** se notaba un dejo de frialdad en su voz; **man's/woman's ~** voz de hombre/mujer; **if you carry on shouting, you won't have any ~ left** si sigues gritando te vas a quedar afónica *or* sin voz; **he is a ~ (crying) in the wilderness** está predicando en el desierto; **he added his ~ to opposition critics** unió su voz a las críticas de la oposición; **to find one's ~** (*lit*) recuperar el habla; (*fig*) encontrar su medio de expresión; **to give ~ to sth** (*frm*) dar expresión a algo; **to hear ~s** oír voces; **human ~** voz *f* humana; **in a deep ~** en tono grave; **in a loud/low ~** en voz alta/baja; **in a small ~** con voz queda; **inner ~** voz *f* interior; **a ~ inside me** una voz en mi interior; **if you don't keep your ~s down, you'll have to leave** si no hablan más bajo tendrán que irse; **keep your ~ down!** ¡no levantes la voz!; **to lose one's ~** quedarse afónico *or* sin voz; **to lower one's ~** bajar la voz; **to raise one's ~** alzar *or* levantar la voz; **the ~ of reason** la voz de la razón; **at the top of one's ~** a voz en grito, a voz en cuello; **he yelled at the top of his ~** gritó con todas sus fuerzas *or* a voz en cuello; ✦***IDIOMS* to speak with one ~ (about sth)** expresar una opinión unánime (con respecto a algo); **to like the sound of one's own ~**: **he does like the sound of his own ~** cómo le gusta oírse hablar; *see also* **throw**, **tone**
[2] (*Mus*) voz *f*; **she has a beautiful (singing) ~** tiene una voz preciosa (para el canto), canta muy bien; **a piece for ~ and piano** una pieza para voz y piano; **bass/contralto/soprano/tenor ~** voz *f* de bajo/contralto/soprano/tenor; **to be in good ~** estar bien de voz
[3] (= *opinion*) voz *f*; **the ~ of the people/nation** la voz del pueblo/de la nación; **to have a/no ~ in the matter** tener/no tener voz en el asunto; **there were no dissenting ~s** no hubo opiniones en contra; **she is a respected ~ in the women's movement** es una voz respetada dentro del movimiento feminista
[4] (= *spokesperson*) portavoz *mf*
[5] (*Phon*) sonoridad *f*
[6] (*Gram*) **active/passive ~** voz *f* activa/pasiva; **in the active/passive ~** en (voz) activa/pasiva
Ⓑ VT [1] [+ *opinion, feelings, concern, support*] expresar; **he felt obliged to ~ his opposition to the war** se sintió obligado a expresar su oposición a la guerra
[2] (*Phon*) [+ *consonant*] sonorizar
[3] (*Mus*) [+ *wind instrument*] templar
Ⓒ CPD ► **voice box** N laringe *f* ► **voice mail** N (*Telec*) buzón *m* de voz ► **voice part** N (*Mus*) parte *f* cantable ► **voice production** N producción *f* de voz ► **voice range** N registro *m* de voz ► **voice recognition** N reconocimiento *m* de la voz ► **voice synthesis** N síntesis *f* de voz ► **voice synthesizer** N sintetizador *m* de voz ► **voice training** N educación *f* de la voz ► **voice vote** N (*US Pol*) voto *m* oral

**voice-activated** ['vɔɪs'æktɪveɪtəd] ADJ activado por voz

**voiced** [vɔɪst] ADJ (*Phon*) [*consonant*] sonoro

**voiceless** ['vɔɪslɪs] ADJ (*Ling*) [*consonant*] sordo

**voice-over** ['vɔɪs,əʊvəʳ] N voz *f* en off

**voiceprint** ['vɔɪs,prɪnt] N impresión *f* vocal

**voicing** ['vɔɪsɪŋ] N sonorización *f*

**void** [vɔɪd] Ⓐ ADJ [1] (*Jur*) (= *invalid*) nulo, inválido; **to make** *or* **render a contract ~** anular *or* invalidar un contrato; *see also* **null**
[2] (*frm*) (= *empty*) vacío; **~ of interest** carente *or* desprovisto de interés; **to make sb's efforts ~** hacer inútiles los esfuerzos de algn
Ⓑ N [1] (= *emptiness*) (*lit*) vacío *m*; (*fig*) (= *sense of emptiness*) vacío *m*; **the ~** la nada; **to fill the ~** llenar el hueco *or* vacío
[2] (= *hole*) hueco *m*
[3] (*Cards*) fallo *m*; **to have a ~ in hearts** tener fallo a corazones
Ⓒ VT [1] (*Med*) evacuar, vaciar
[2] (*Jur*) anular, invalidar

**voile** [vɔɪl] N gasa *f*

**vol.** ABBR (= **volume**) t.

**volatile** ['vɒlətaɪl] ADJ [1] (*Chem*) volátil
[2] (= *unstable*) [*person*] voluble; [*situation, atmosphere, market*] inestable, volátil
[3] (*Comput*) **~ memory** memoria *f* no permanente

**volatility** [,vɒlə'tɪlɪtɪ] N [1] (*Chem*) volatilidad *f*
[2] (= *instability*) [*of person*] volubilidad *f*; [*of situation, atmosphere, market*] inestabilidad *f*, volatilidad *f*

**volatilize** [vɒ'lætəlaɪz] (*Chem*) Ⓐ VT volatilizar
Ⓑ VI volatilizarse

**vol-au-vent** ['vɒləʊvɑ̃] N volován *m*

**volcanic** [vɒl'kænɪk] ADJ volcánico

**volcano** [vɒl'keɪnəʊ] N (*pl* **volcanoes** *or* **volcanos**) volcán *m*

**vole** [vəʊl] N campañol *m*, ratón *m* de campo

**volition** [və'lɪʃən] N **of one's own ~** (*frm*) por voluntad (propia), de libre albedrío

**volley** ['vɒlɪ] Ⓐ N [1] [*of shots*] descarga *f* (cerrada); [*of applause*] salva *f*; [*of stones, objects*] lluvia *f*; [*of insults*] torrente *m*
[2] (*Tennis*) volea *f*
Ⓑ VT [1] [+ *abuse, insults*] dirigir (**at** a)
[2] (*Tennis*) volear
Ⓒ VI (*Mil*) lanzar una descarga

**volleyball** ['vɒlɪbɔːl] N balonvolea *m*, voleibol *m*, volibol *m* (*LAm*), balón volea *m*

**volleyer** ['vɒlɪəʳ] N especialista *mf* en voleas

**vols.** ABBR (= **volumes**) t.

**volt** [vəʊlt] N voltio *m*

**voltage** ['vəʊltɪdʒ] N voltaje *m*, tensión *f*

**voltaic** [vɒl'teɪɪk] ADJ voltaico

**volte-face** ['vɒlt'fɑːs] N viraje *m*, cambio *m* súbito de opinión

**voltmeter** ['vəʊlt,miːtəʳ] N voltímetro *m*

**volubility** [,vɒljʊ'bɪlɪtɪ] N locuacidad *f*

**voluble** ['vɒljʊbl] ADJ [*person*] locuaz; [*speech*] prolijo

**volubly** ['vɒljʊblɪ] ADV [*speak, talk*] locuazmente; [*write*] prolijamente

**volume** ['vɒljuːm] Ⓐ N [1] (= *book*) libro *m*, volumen *m*; (= *one of series*) volumen *m*, tomo *m*; **a 125-page ~** un libro *or* volumen de 125 páginas; **in the third ~** en el tercer tomo *or* volumen; **an edition in four ~s** una edición en cuatro tomos *or* volúmenes
[2] (= *sound*) volumen *m*; **to turn the ~ up** subir el volumen *or* sonido
[3] (*Phys, Math*) volumen *m*; (*when measuring liquids*) capacidad *f*
[4] (= *size, bulk*) volumen *m*; [*of water*] cantidad *f*, volumen *m*
[5] (= *amount*) [*of work, sales*] volumen *m*; **production ~** volumen *m* de producción
[6] **volumes (of)** (= *great quantities*) gran cantidad (de); **~s of smoke** gran cantidad de humo; **to write ~s** escribir mucho; **his expression spoke ~s** su expresión lo decía todo; **it speaks ~s for him** eso lo dice todo de él
Ⓑ CPD ► **volume business** N empresa *f* que comercia sólo en grandes cantidades ► **volume control** N control *m* de volumen ► **volume discount** N descuento *m* por volumen de compras ► **volume sales** NPL ventas *fpl* a granel

**volumetric** [,vɒljʊ'metrɪk] ADJ volumétrico

**voluminous** [və'luːmɪnəs] ADJ (= *large, capacious*) voluminoso; (= *prolific*) prolífico; (= *overlong*) prolijo

**voluntarily** ['vɒləntərɪlɪ] ADV [1] (= *freely*) voluntariamente, por voluntad propia
[2] (= *for no payment*) [*work*] como voluntario

**voluntarism** ['vɒləntərɪzəm] N voluntariado *m*

**voluntary** ['vɒləntərɪ] Ⓐ ADJ [1] (= *not compulsory*) [*contribution, attendance, scheme*] voluntario; **attendance is on a ~ basis** la asistencia es voluntaria
[2] (= *unpaid*) [*work, helper*] voluntario; **he does ~ work in his spare time** trabaja de voluntario en su tiempo libre; **he works at the school on a ~ basis** trabaja en el colegio como voluntario
[3] (= *charitable*) [*organization*] benéfico

Ⓑ N (*Mus*) solo *m* musical; **an organ/trumpet ~** un solo de órgano/trompeta
Ⓒ CPD ► **voluntary euthanasia** N eutanasia *f* voluntaria ► **voluntary hospital** N (*US*) hospital *m* benéfico ► **voluntary liquidation** N (*Comm, Fin*) liquidación *f* voluntaria, disolución *f*; **to go into ~ liquidation** entrar en liquidación voluntaria, disolverse voluntariamente ► **voluntary manslaughter** N (*US Jur*) homicidio *m* con circunstancias atenuantes ► **voluntary redundancy** N retiro *m* voluntario, baja *f* voluntaria (*Sp*); **to take ~ redundancy** tomar el retiro voluntario, coger la baja voluntaria (*Sp*) ► **voluntary repatriation** N repatriación *f* voluntaria ► **the voluntary sector** N el voluntariado ► **Voluntary Service Overseas** N (*Brit*) Servicio *m* de Voluntarios en el Extranjero ► **voluntary worker** N voluntario/a *m/f*

**volunteer** [ˌvɒlənˈtɪəʳ] Ⓐ N (*gen*) voluntario/a *m/f*
Ⓑ ADJ [*forces*] voluntario, de voluntarios; [*helper*] voluntario
Ⓒ VT [1] (= *offer*) [+ *one's help, services*] ofrecer; [+ *remark, suggestion*] hacer; [+ *information*] dar
[2] (= *put forward*) (*) **they ~ed him for the job** le señalaron contra su voluntad para la tarea
Ⓓ VI (*for a task*) ofrecerse; (*for the army*) alistarse como voluntario; **to ~ for service overseas** ofrecerse para servir en ultramar; **to ~ to do sth** ofrecerse (voluntario) para hacer algo; **he wasn't forced to, he ~ed** nadie le obligó a ello, se ofreció libremente

**voluptuary** [vəˈlʌptjʊərɪ] N voluptuoso/a *m/f*

**voluptuous** [vəˈlʌptjʊəs] ADJ voluptuoso

**voluptuously** [vəˈlʌptjʊəslɪ] ADJ voluptuosamente

**voluptuousness** [vəˈlʌptjʊəsnɪs] N voluptuosidad *f*

**vomit** [ˈvɒmɪt] Ⓐ N vómito *m*
Ⓑ VI devolver, vomitar
Ⓒ VT [1] (*lit*) (*also* **~ up**) vomitar
[2] (*fig*) (= *pour out*) arrojar, echar

**vomiting** [ˈvɒmɪtɪŋ] N vómito *m*

**voodoo** [ˈvuːduː] N vudú *m*

**voracious** [vəˈreɪʃəs] ADJ [*appetite, person, animal*] voraz; (*fig*) [*reader*] insaciable, ávido

**voraciously** [vəˈreɪʃəslɪ] ADV (*lit*) [*eat*] vorazmente; (*fig*) [*read*] con avidez

**voracity** [vɒˈræsɪtɪ] N (*lit*) voracidad *f*; (*fig*) avidez *f* (**for** de)

**vortex** [ˈvɔːteks] N (*pl* **vortexes** *or* **vortices** [ˈvɔːtɪsiːz]) [1] (*lit*) vórtice *m*, torbellino *m*
[2] (*fig*) [*of activity*] torbellino, remolino *m*

**Vosges** [vəʊʒ] NPL Vosgos *mpl*

**votary** [ˈvəʊtərɪ] N [1] (*Rel*) devoto/a *m/f*
[2] (*fig*) partidario/a *m/f*

**vote** [vəʊt] Ⓐ N [1] (= *single vote*) voto *m* (**for** a favor; **against** en contra de); **he was elected by 102 ~s to 60** salió elegido con 102 votos a favor y 60 en contra; **he gets my ~ any day!** ¡cuenta con mi voto incondicional!; **to count the ~s** escrutar *or* computar los votos; **one person, one ~** una persona, un voto; *see also* **cast B2**
[2] (= *votes cast*) votos *mpl*; **they captured 13 per cent of the ~** se hicieron con un 13 por ciento de los votos; **the middle class ~** los votos de la clase media; **as the 1931 ~ showed** según demostraron las elecciones de 1931; **the ~ was overwhelmingly in favour of the Democratic Party** el partido demócrata obtuvo una aplastante mayoría; **the protest was rejected by a majority ~** la protesta fue rechazada por voto mayoritario
[3] (= *right to vote*) derecho *m* al voto *or* a votar, sufragio *m*; **to give sb the ~** dar a algn el derecho al voto; **to have the ~** tener (el) derecho al voto; **~s for women!** ¡el sufragio para las mujeres!
[4] (= *act*) votación *f*; **to have** *or* **take a ~ on sth** decidir algo por votación, someter algo a votación (*more frm*); **a ~ of confidence** un voto de confianza; **to pass a ~ of confidence (in sb)** dar un voto de confianza (a algn); **to allow a free ~** dejar libertad de voto; **a ~ of no confidence** un voto de censura; **by popular ~** (*lit*) por votación popular; (*fig*) en la opinión de muchos; **to put sth to the ~** someter algo a votación; **a ~ of thanks** un voto de gracias
Ⓑ VT [1] (= *cast one's vote for*) votar; **to ~ Labour/Conservative** votar por *or* a los laboristas/conservadores; **~ Ross at the next election!** ¡vote por *or* a Ross en las próximas elecciones!; **to ~ no** votar no; **to ~ sb into office** votar por *or* a algn para un cargo; **to ~ sb out of office** votar para reemplazar a algn (en un cargo); **to ~ a bill/measure through parliament** aprobar una ley/una medida en el parlamento; **to ~ yes** votar sí
[2] (= *elect*) elegir (por votación); **she was ~d Miss Granada 1995** fue elegida (por votación) Miss Granada 1995
[3] (= *approve*) aprobar (por votación); **MPs have today ~d themselves a pay increase** hoy, los diputados parlamentarios se han aprobado (por votación) un aumento de sueldo
[4] (= *suggest*) **I ~ we turn back** sugiero *or* propongo que regresemos
[5] (= *judge*) **we ~d it a failure** opinamos que fue un fracaso
Ⓒ VI votar; **how did you ~?** ¿a *or* por quién votaste?; **which way will you be voting?** ¿a quién votarás?; **the country ~s in three weeks** el país acudirá a las urnas dentro de tres semanas; **to ~ to do sth** votar por hacer algo; **to ~ against sth** votar en contra de algo; **to ~ in favour of sth** votar a favor de algo; **to ~ for sb** votar por *or* a algn; **to ~ on sth** someter algo a votación; ✦*IDIOM* **to ~ with one's feet**: **if the bank goes on like this, customers may start voting with their feet** si el banco sigue así, es posible que los clientes empiecen a prescindir de sus servicios

►**vote down** VT + ADV (= *reject*) [+ *proposal, motion, amendment*] rechazar por mayoría de votos; **I often get ~d down in my house** en casa a menudo tengo que ceder y hacer lo que deciden los demás

►**vote in** VT + ADV [+ *candidate, party*] elegir (por votación); [+ *law*] aprobar (por votación)

►**vote out** VT + ADV [+ *person, party*] no reelegir

►**vote through** VT + ADV [+ *bill, motion*] aprobar

**vote-catching** [ˈvəʊtkætʃɪŋ] Ⓐ ADJ electoralista
Ⓑ N electoralismo *m*

**voter** [ˈvəʊtəʳ] N (*gen*) votante *mf*; (*in election*) elector(a) *m/f*

**voting** [ˈvəʊtɪŋ] Ⓐ N votación *f*
Ⓑ CPD ► **voting booth** N cabina *f* electoral ► **voting machine** N (*US*) máquina *f* de votar ► **voting paper** N papeleta *f* de votación ► **voting pattern** N tendencia *f* de la votación ► **voting power** N potencia *f* electoral ► **voting right** N derecho *m* a voto ► **voting share** N acción *f* con derecho a voto ► **voting slip** N = **voting paper**

**votive** [ˈvəʊtɪv] ADJ votivo; **~ offering** ofrenda *f* votiva, exvoto *m*

**vouch** [vaʊtʃ] Ⓐ VI **to ~ for sth** responder de algo, garantizar algo; **I cannot ~ for its authenticity** no puedo responder de *or* garantizar su autenticidad; **to ~ for sb** responder por *or* salir como fiador de algn
Ⓑ VT **to ~ that ...** afirmar que ..., asegurar que ...

**voucher** [ˈvaʊtʃəʳ] N vale *m*; (*Comm*) bono *m*; **luncheon/travel ~** vale *m* de comida/viaje

**vouchsafe** [vaʊtʃˈseɪf] VT [+ *privilege, favour*] conceder; [+ *reply*] servirse hacer, dignarse hacer; **to ~ to** (+ *INFIN*) dignarse + *infin*

**vow** [vaʊ] Ⓐ N (*Rel*) voto *m*; (= *promise*) promesa *f*, compromiso *m*; **lovers' ~s** promesas *fpl* solemnes de los amantes; **to take** *or* **make a ~ that ...** jurar *or* prometer que ...; **to take** *or* **make a ~ to do sth** jurar hacer algo, comprometerse a hacer algo; **to break one's ~** faltar a un compromiso; **to take one's ~s** (*Rel*) hacer sus votos (monásticos); **to take a ~ of poverty/chastity** hacer voto de pobreza/castidad
Ⓑ VT [+ *obedience, allegiance*] jurar, prometer; **to ~ to do sth** jurar hacer algo, comprometerse a hacer algo; **to ~ that ...** jurar *or* prometer que ...

**vowel** [vaʊəl] Ⓐ N vocal *f*
Ⓑ CPD ► **vowel shift** N cambio *m* vocálico ► **vowel sound** N sonido *m* vocálico ► **vowel system** N sistema *m* vocálico

**vox pop*** [ˈvɒksˈpɒp] N (*Brit*) voz *f* de la calle

**voyage** [ˈvɔɪɪdʒ] Ⓐ N viaje *m* (*por mar, por el espacio*); (= *crossing*) travesía *f*; **the ~ out** el viaje de ida; **the ~ home** el viaje de regreso *or* de vuelta
Ⓑ VI viajar (*por mar, por el espacio*); **to ~ across unknown seas** viajar por mares desconocidos

**voyager** [ˈvɔɪədʒəʳ] N viajero/a *m/f* (*por mar*)

**voyeur** [vwɑːˈjɜːʳ] N voyeur *mf*, voyer *mf*, mirón/ona *m/f*

**voyeurism** [vwɑːˈjɜːrɪzəm] N voyeurismo *m*, voyerismo *m*, mironismo *m*

**voyeuristic** [vwɑːjɜːˈrɪstɪk] ADJ voyeurista, de voyeur

**V.P.** N ABBR (= **Vice-President**) V.P. *mf*

**VPL*** N ABBR = **visible panty line**

**VR** N ABBR (= **virtual reality**) realidad *f* virtual

**vs** ABBR (= **versus**) vs.

**V-sign** [ˈviːsaɪn] N V *f* de la victoria; (*obscene*) corte *m* de mangas; **to give sb the ~** hacer un corte de mangas a algn

**VSO** N ABBR (*Brit*) = **Voluntary Service Overseas**

**VSOP** N ABBR (*sherry*) = **very special** *or* **superior old pale**

**VT** ABBR (*US*) = **Vermont**

**Vt.** ABBR (*US*) = **Vermont**

**VTOL** [ˈviːtɒl] N ABBR (= **vertical take-off and landing**) ADAC *m*

**VTR** N ABBR = **videotape recorder**

**Vulcan** [ˈvʌlkən] N Vulcano

**vulcanite** [ˈvʌlkənaɪt] N vulcanita *f*, ebonita *f*

**vulcanization** [ˌvʌlkənaɪˈzeɪʃən] N vulcanización *f*

**vulcanize** [ˈvʌlkənaɪz] VT vulcanizar

**vulcanologist** [ˌvʌlkənˈɒlədʒɪst] N vulcanólogo/a *m/f*

**vulcanology** [ˌvʌlkəˈnɒlədʒɪ] N vulcanología *f*

**vulgar** [ˈvʌlgəʳ] ADJ [1] (= *unrefined, coarse*) [*person, taste*] ordinario, vulgar; **it is ~ to talk about money** hablar de dinero es una ordi-

nariez *or* vulgaridad, hablar de dinero es de mala educación
[2] (= *tasteless*) de mal gusto, vulgar
[3] (= *indecent*) [*joke*] verde, colorado (*LAm*); [*song*] grosero; [*person, comedian*] grosero, ordinario
[4] (*of the people*) vulgar; **Vulgar Latin** latín *m* vulgar; **in the ~ tongue** en la lengua vulgar *or* vernácula
[5] (*Math*) **~ fraction** fracción *f* común

**vulgarian** [vʌlˈgɛərɪən] N (= *unrefined*) ordinario/a *m/f*; (= *wealthy*) ricacho/a *m/f*

**vulgarism** [ˈvʌlgərɪzəm] N vulgarismo *m*

**vulgarity** [vʌlˈgærɪtɪ] N [1] (= *lack of refinement*) ordinariez *f*, vulgaridad *f*
[2] (= *tastelessness*) mal gusto *m*, vulgaridad *f*
[3] (= *indecency*) grosería *f*, obscenidad *f*; (= *crude remark*) grosería *f*

**vulgarize** [ˈvʌlgəraɪz] VT vulgarizar

**vulgarly** [ˈvʌlgəlɪ] ADV [1] (= *in an unrefined way*) de un modo ordinario, vulgarmente
[2] (= *tastelessly*) con mal gusto
[3] (= *indecently*) groseramente
[4] (= *in ordinary parlance*) **sodium chloride, ~ known as salt** cloruro de sodio, vulgarmente conocido como sal

**Vulgate** [ˈvʌlgɪt] N Vulgata *f*

**vulnerability** [ˌvʌlnərəˈbɪlɪtɪ] N vulnerabilidad *f*

**vulnerable** [ˈvʌlnərəbl] ADJ vulnerable

**vulpine** [ˈvʌlpaɪn] ADJ (*lit, fig*) vulpino

**vulture** [ˈvʌltʃəʳ] N [1] (*Orn*) buitre *m*, zopilote *m* (*CAm, Mex*), aura *f* (*Carib*), carancho *m* (*S. Cone*), gallinazo *m* (*Col, Andes*), urubú *m* (*Peru, Uruguay*), zamuro *m* (*Ven*); **black ~** buitre *m* negro
[2] (*fig*) buitre *m*; **as the ~s from the press descended** cuando los buitres de la prensa se acercaron; **they're like a lot of ~s** son una panda de buitres; *see also* **culture**

**vulva** [ˈvʌlvə] N (*pl* **vulvas** *or* **vulvae** [ˈvʌlviː]) vulva *f*

**vv.** ABBR = **verses**

**v.v.** ABBR = **vice versa**

**vying** [ˈvaɪɪŋ] *see* **vie**

**W¹**, **w¹** ['dʌbljʊ] N (= *letter*) W, w *f*; **W for William** W de Washington

**W²** ABBR (= **west**) O

**w** ABBR² (= **watt(s)**) w

**W.** ABBR = **Wales, Welsh**

**WA** ABBR (*US*) = **Washington**

**WAAF** [wæf] N ABBR = **Women's Auxiliary Air Force**

**wacko*** ['wækəʊ] ADJ colgado*, excéntrico

**wacky*** ['wækɪ] ADJ (*compar* **wackier**; *superl* **wackiest**) [*person*] chiflado*; [*idea*] disparatado; **~ baccy** (*Brit hum*, ‡) chocolate* *m*, costo‡ *m*

**wad** [wɒd] Ⓐ N (= *stuffing*) taco *m*, tapón *m*; (*in gun, cartridge*) taco *m*; [*of cotton wool*] bolita *f*; [*of papers*] fajo *m*, lío *m*; [*of banknotes*] fajo *m*; **~s of money** un dineral
Ⓑ VT (*stuff*) rellenar; (*Sew*) acolchar

**wadding** ['wɒdɪŋ] N (*for packing*) relleno *m*; (*for quilting*) entretela *f*, forro *m*; (*Med*) algodón *m* hidrófilo

**waddle** ['wɒdl] Ⓐ N andares *mpl* de pato; **to walk with a ~** andar como un pato
Ⓑ VI andar como un pato; **she ~d over to the window** fue andando como un pato a la ventana; **to ~ in/out** entrar/salir andando como un pato

**wade** [weɪd] Ⓐ VI [1] (*also* **~ along**) caminar (por el agua/la nieve/el barro *etc*); **to ~ across a river** vadear un río; **to ~ ashore** llegar a tierra vadeando; **to ~ through the water/snow** caminar por el agua/la nieve; **to ~ through the mud** caminar por el barro; **to ~ through a book** leer(se) un libro con dificultad (*por lo aburrido/lo difícil que es*); **it took me an hour to ~ through your essay** tardé una hora en leer tu ensayo
[2] **to ~ into sb** (*physically*) abalanzarse sobre algn; (*fig*) emprenderla con algn, arremeter contra algn; **to ~ into a meal** ponerse a comer
Ⓑ VT [+ *river*] vadear

► **wade in** VI + ADV (*lit*) entrar en el agua; **he ~d in and helped us** (*fig*) se puso a ayudarnos

**wader** ['weɪdəʳ] N [1] (= *bird*) ave *f* zancuda
[2] **waders** (= *boots*) botas *fpl* altas de goma

**wadge** [wɒdʒ] N = **wodge**

**wadi** ['wɒdɪ] N (*pl* **wadies**) *cauce de río en el norte de África*

**wading** ['weɪdɪŋ] CPD ► **wading bird** N ave *f* zancuda ► **wading pool** N (*US*) estanque *m* *or* piscina *f* para niños

**wafer** ['weɪfəʳ] N [1] (= *biscuit*) galleta *f*; (*Rel*) hostia *f*; (*eaten with ice cream*) barquillo *m*
[2] (*Comput*) oblea *f*
[3] (*for sealing*) oblea *f*

**wafer-thin** ['weɪfə'θɪn] ADJ [1] (*lit*) finísimo
[2] (*fig*) [*majority*] muy estrecho

**wafery** ['weɪfərɪ] ADJ delgado, ligero

**waffle** ['wɒfl] Ⓐ N [1] (*Culin*) gofre *m*
[2] (*) (= *talk*) palabrería *f*; (*in essay*) paja *f*
Ⓑ VI (*) (also **~ on**) enrollarse; (*in essay*) poner mucha paja; **he ~s on endlessly about the state of the economy** se enrolla como una persiana cuando habla sobre el estado de la economía*
Ⓒ CPD ► **waffle iron** N molde *m* para hacer gofres

**waffler*** ['wɒfləʳ] N (*Brit*) charlatán/ana *m/f*, pico *m* de oro*

**waft** [wɑːft] Ⓐ N soplo *m*, ráfaga *f*
Ⓑ VT llevar por el aire
Ⓒ VI flotar, moverse

**wag¹** [wæg] Ⓐ N [*of tail*] sacudida *f*, meneo *m*; [*of finger*] movimiento *m*; **the dog gave a ~ of its tail** el perro sacudió *or* meneó la cola
Ⓑ VT [+ *tail*] sacudir, menear; **the dog ~ged its tail** el perro sacudió *or* meneó la cola; **he ~ged a finger at me, "naughty, naughty!" he said** me apuntó agitando el dedo —¡pillín, pillín! —dijo
Ⓒ VI [*tail*] sacudirse, menearse; ***✦IDIOM*** **tongues will ~** se dará que hablar; **tongues were ~ging about their relationship** las malas lenguas hablaban de sus relaciones

**wag²**† [wæg] N (= *joker*) bromista *mf*

**wage** [weɪdʒ] Ⓐ N [1] (= *rate per week, year, etc*) sueldo *m*, salario *m* (*more frm*); **a basic ~ of £55 a week** un sueldo *or* (*more frm*) salario base de 55 libras semanales; **he gets a good ~** gana un buen sueldo; **those on high/low ~s** las personas que ganan sueldos *or* (*more frm*) salarios altos/bajos; **minimum ~** salario mínimo; *see also* **living D**
[2] **wages** (= *money received*) paga *f*, sueldo *m*; **a day's ~s** la paga *or* el sueldo de un día; (*Agr*) un jornal; **I get my ~s on Fridays** me pagan los viernes; ***✦PROV*** **the ~s of sin is death** el pecado se paga con la muerte
Ⓑ VT [+ *war*] hacer; [+ *campaign*] llevar a cabo, hacer; **to ~ war against** *or* **on sb** hacer la guerra a algn; **to ~ war against** *or* **on inflation** luchar contra la inflación, hacer la guerra a la inflación
Ⓒ CPD ► **wage agreement** N convenio *m* salarial ► **wage bill** N gastos *mpl* de nómina, gastos *mpl* salariales ► **wage claim** N (*Brit*) reivindicación *f* salarial ► **wage clerk** N = **wages clerk** ► **wage contract** N = **wage agreement** ► **wage costs** NPL costes *mpl* del factor trabajo ► **wage demand** N reivindicación *f* salarial ► **wage differential** N diferencia *f* salarial ► **wage earner** N asalariado/a *m/f*; **we are both ~ earners** los dos somos asalariados; **she is the family ~ earner** ella es la que mantiene a la familia ► **wage freeze** N congelación *f* salarial ► **wage increase** N aumento *m* salarial ► **wage levels** NPL salarios *mpl*, niveles *mpl* salariales ► **wage negotiations** NPL negociaciones *fpl* salariales ► **wage packet** N (*esp Brit*) (= *envelope with pay*) sobre *m* de la paga; (*fig*) paga *f* ► **wage restraint** N moderación *f* salarial ► **wage rise** N aumento *m* salarial ► **wages bill** N = **wage bill** ► **wage scale** N escala *f* salarial ► **wages clerk** N habilitado/a *m/f* ► **wage settlement** N acuerdo *m* salarial ► **wage slave*** N currante* *mf* ► **wage slip** N nómina *f*, hoja *f* salarial ► **wages snatch** N robo *m* de nóminas ► **wage talks** NPL negociaciones *fpl* salariales ► **wage worker** N (*US*) asalariado/a *m/f*

**waged** [weɪdʒd] ADJ [*person*] asalariado; [*employment*] remunerado

**wager** ['weɪdʒəʳ] Ⓐ N apuesta *f* (**on** a); **to lay a ~ on sth** apostar por algo
Ⓑ VT [+ *sum of money*] apostar; **to ~ £20 on a horse** apostar 20 libras por un caballo; **I'll ~ that he already knew** apostaría a que ya lo sabía; **he won't do it, I ~ !** ¡a que no lo hace!, ¡apuesto a que no lo hace!

**waggish**† ['wægɪʃ] ADJ bromista, zumbón

**waggishly**† ['wægɪʃlɪ] ADV **he said ~** dijo zumbón

**waggle** ['wægl] Ⓐ N [*of finger*] movimiento *m*; [*of hips*] contoneo *m*, meneo *m*
Ⓑ VT [+ *finger*] agitar; [+ *hips*] contonear, menear; [+ *tail*] sacudir, menear; **he can ~ his ears** puede mover las orejas

**waggon** *etc* ['wægən] N (*esp Brit*) = **wagon**

**Wagnerian** [vɑːg'nɪərɪən] ADJ wagneriano

**wagon** ['wægən] N [1] (*horse-drawn*) carro *m*; (= *truck*) camión *m*; (*Brit Rail*) vagón *m*; (*US*) (*also* **station ~**) furgoneta *f*, camioneta *f*; (*US*) (= *police van*) furgón *m* policial; ***✦IDIOMS*** **to be on the ~*** no beber; **he decided to go on the ~** se resolvió a no beber; **to hitch one's ~ to a star** picar muy alto
[2] (*also* **tea ~**) carrito *m*

**wagonload** ['wægənləʊd] N carretada *f*, carga *f* de un carro; **50 ~s of coal** 50 vagones de carbón

**wagtail** ['wægteɪl] N lavandera *f*

**waif** [weɪf] N (= *child*) niño/a *m/f* abandonado/a, niño/a *m/f* desamparado/a; (= *animal*) animal *m* abandonado; **~s and strays** (= *children*) niños *mpl* abandonados *or* desamparados; (= *animals*) animales *mpl* abandonados

**waif-like** ['weɪflaɪk] ADJ [*girl, model*] esquelético

**wail** [weɪl] Ⓐ N [1] (= *moan*) lamento *m*, gemido *m*; [*of new-born*] vagido *m*; (= *complaint*) queja *f*, protesta *f*; **a great ~ went up** pusieron el grito en el cielo
[2] [*of siren, wind*] gemido *m*
Ⓑ VI [1] (= *moan*) lamentarse, gemir; [*child*] llorar; (= *complain*) quejarse, protestar
[2] [*siren, wind, bagpipes*] gemir

**wailing** ['weɪlɪŋ] Ⓐ N [1] (= *moaning*) lamentaciones *fpl*, gemidos *mpl*; [*of child*] llanto *m*; (= *complaints*) quejas *fpl*, protestas *fpl*
[2] [*of siren, wind, bagpipes*] gemido *m*
Ⓑ CPD ► **the Wailing Wall** N el Muro de las Lamentaciones

**wain** [weɪn] N (*liter*) carro *m*; **the Wain** (*Astron*) el Carro

**wainscot** ['weɪnskət], **wainscotting** ['weɪnskətɪŋ] N revestimiento *m* (de la pared)

**waist** [weɪst] N [*of person*] cintura *f*, talle *m*; [*of dress, skirt*] talle *m*; (*Naut*) combés *m*; (*fig*) (= *narrow part*) cuello *m*

**waistband** ['weɪstbænd] N pretina *f*, cinturilla *f*

**waistcoat** ['weɪskəʊt] N (*Brit*) chaleco *m*

**waist-deep** ['weɪst'diːp] ADJ hasta la cintura

**-waisted** ['weɪstɪd] ADJ (*ending in compounds*) **slim-waisted** de cintura delgada, de talle delgado; **high-/low-waisted** de talle alto/bajo

**waist-high** ['weɪst'haɪ] Ⓐ ADJ hasta la cintura; **the water was ~** el agua cubría *or* llegaba hasta la cintura
Ⓑ ADV **the ball bounced ~** la pelota dio un bote al nivel de la cintura

**waistline** ['weɪstlaɪn] N [*of person*] cintura *f*, talle *m*; [*of dress, skirt*] talle *m*

**wait** [weɪt] Ⓐ VI [1] (= *hold on*) [1·1] [*person*] esperar; **just ~ a moment while I fetch you a chair** espere un momento que voy a traerle una silla; **"repairs while you wait"** "reparaciones en el acto"; **reporters were ~ing to interview her** los reporteros estaban esperando para entrevistarla; **I can't ~ to see his face** estoy deseando ver su cara; **they can't ~ for us to go** están deseando que nos vayamos; **to ~ for sth/sb** esperar algo/a algn; **I'll ~ for you outside** te espero fuera; **what are you ~ing for?** (= *hurry up*) ¡a qué esperas!, ¡venga ya!; **the best things in life are worth ~ing for** en esta vida las cosas buenas merecen la espera; **to ~ for sb to do sth** esperar (a) que algn haga algo; **they ~ed for him to finish** esperaron (a) que terminara; **I'm ~ing for them to make a decision** estoy esperando (a) que tomen una decisión, estoy pendiente de que tomen una decisión; **I can hardly ~!** ¡me muero de impaciencia!; **to keep sb ~ing** hacer esperar a algn; **sorry to keep you ~ing** ◊ **sorry to have kept you ~ing** siento haberle hecho esperar; **~ a minute!** ¡un momento!, ¡momentito! (*esp LAm*), ¡aguarde! (*LAm*); **now ~ a minute, Dave, you never told me that** eh, un momento, Dave, tú nunca me dijiste eso; **~ and see!** ¡espera, ya verás!; **I ~ed till two o'clock** esperé hasta las dos; **~ till you're asked** espera a que te inviten; **just you ~ till your father finds out!** ¡ya verás cuando se entere tu padre!; ✦***IDIOM*** **to be ~ing in the wings** esperar entre bastidores
[1·2] [*thing*] **the dishes can ~** los platos pueden esperar; **there's a parcel ~ing to be collected** hay un paquete que hay que recoger; **there is a big market just ~ing to be opened up** hay un mercado grande para abrir; **the ferry tragedy was a disaster ~ing to happen** la tragedia del ferry se veía venir
[2] (*as servant*) **to ~ at table** servir a *or* atender la mesa
Ⓑ VT [1] (= *await*) **to ~ one's chance** esperar la oportunidad; **can't you ~ your turn like everyone else?** ¿no puedes esperar a que llegue tu turno como los demás?
[2] (*) (= *delay*) [+ *dinner, lunch, etc*] **don't ~ dinner for me** no me esperen para cenar
[3] (= *serve*) **to ~ table** (*US*) servir a la mesa, atender la mesa
Ⓒ N espera *f*; **it was a long ~ for the train** fue una larga espera hasta la llegada del tren; **patients face a 28-week ~ for operations** los pacientes tienen que esperar 28 semanas a que les operen; **to lie in ~ (for sb)** andar *or* estar al acecho (de algn); **you may have quite a ~** puede que tengas que esperar bastante; **dinner was worth the ~** la cena mereció la espera

►**wait around, wait about** VI + ADV quedarse esperando; **to ~ around for sb** quedarse esperando a algn; **to ~ around for sth to happen** quedarse esperando a que pase algo

►**wait behind** VI + ADV esperarse; **to ~ behind for sb** quedarse para esperar a algn

►**wait in** (*esp Brit*) VI + ADV quedarse en casa (esperando); **to ~ in for sb** quedarse en casa esperando a algn

►**wait on** VI + PREP [*waiter, servant*] servir, atender (*esp LAm*); ✦***IDIOM*** **to ~ on sb hand and foot** atender el menor deseo de algn

►**wait out** VT + ADV [1] (= *wait till end of*) [+ *storm*] esperar a que pase; **we have enough capital to ~ it out until the economy improves** tenemos suficiente capital para aguantar hasta que mejore la economía
[2] (*US*) [2·1] (= *wait longer than*) **we can ~ you out indefinitely, why don't you surrender?** podemos esperar indefinidamente *or* tenemos todo el tiempo del mundo, ¿por qué no te rindes?
[2·2] (= *wait for*) **we have to ~ out the results of the vote** tenemos que esperar a que se conozcan los resultados de la votación

►**wait up** VI + ADV [1] (= *stay up*) **to ~ up for sb** quedarse despierto esperando a algn; **don't ~ up for me** no te quedes despierto esperándome
[2] (*US**) (= *wait*) esperar

►**wait upon** VI + PREP **to ~ upon sb** [1] (*frm*) [*ambassador, envoy*] presentar sus respetos a algn, cumplimentar a algn
[2] = **wait on**

**waiter** ['weɪtəʳ] N camarero *m*, mesero *m* (*Mex*), garzón *m* (*S. Cone*), mesonero *m* (*Ven*)

**waiting** ['weɪtɪŋ] Ⓐ N [1] espera *f*; **the ~ seemed endless** la espera parecía interminable; **he decided that the ~ had gone on long enough** decidió que ya se había esperado bastante; **"no waiting"** "prohibido aparcar", "prohibido estacionarse (*esp LAm*)"; **a prime minister/government in ~** un primer ministro/gobierno en potencia
[2] (*frm*) (= *service*) servicio *m*; **to be in ~ on sb** estar de servicio con algn
Ⓑ CPD ► **waiting game** N **to play a ~ game** esperar la ocasión apropiada ► **waiting list** N lista *f* de espera ► **waiting room** N sala *f* de espera

**waitress** ['weɪtrɪs] N camarera *f*, mesera *f* (*Mex*), mesonera *f* (*Ven*)

**waitressing** ['weɪtrɪsɪŋ] N **to do ~** trabajar de camarera; **to get a job ~** obtener un trabajo de camarera

**waive** [weɪv] VT [1] (= *not claim*) [+ *right, claim, fee*] renunciar a
[2] (= *exonerate from*) [+ *payment of loan, interest*] exonerar de
[3] (= *suspend*) [+ *regulation*] no aplicar; [+ *condition, restriction*] no exigir

**waiver** ['weɪvəʳ] N [1] (= *renouncement*) [*of right, claim, fee*] renuncia *f*
[2] (= *exoneration*) (*from payment*) exoneración *f*
[3] (= *suspension*) [*of regulation, condition, restriction*] exención *f*
[4] (= *disclaimer*) [*of responsibility*] descargo *m*

**wake**[1] [weɪk] N [1] (*Naut*) estela *f*
[2] (*fig*) **the tornado brought/left a trail of destruction in its ~** el tornado dejó una estela de destrucción a su paso; **in the ~ of the storm/riots** tras la tormenta/los disturbios; **to come** *or* **follow in the ~ of sth** producirse a raíz de algo

**wake**[2] [weɪk] N (*over corpse*) velatorio *m*, vela *f*, velorio *m* (*esp LAm*)

**wake**[3] [weɪk] (*vb: pt* **woke, waked**; *pp* **woken, waked**) Ⓐ VI (*also* **~ up**) despertar, despertarse; **to ~ from a dream/deep sleep/coma** despertar(se) de un sueño/sueño profundo/coma; **on waking** al despertar
Ⓑ VT (*also* **~ up**) despertar; **they were making enough noise to ~ the dead** hacían un ruido que despertaría a los muertos

►**wake up** Ⓐ VI + ADV [1] (*lit*) despertar, despertarse; **~ up!** ¡despierta!, ¡depiértate!; **to ~ up from a nightmare** despertar(se) de una pesadilla; **to ~ up with a hangover/a headache** despertar(se) con resaca/dolor de cabeza; **he woke up (to find himself) in prison** amaneció en la cárcel; **she woke up to find them gone** cuando (se) despertó se encontró con que se habían ido; ✦***IDIOM*** **~ up and smell the coffee!** (*esp US*) ¡abre los ojos!, ¡pon los pies en la tierra!
[2] (*fig*) despertar(se), despabilar(se); **companies had better ~ up** a las empresas les convendría despertar(se); **~ up, Ian! we've already discussed point 12** ¡despierta *or* despabila Ian! ya hemos discutido el punto 12, ¡despiértate *or* despabílate Ian! ya hemos discutido el punto; **to ~ up to the truth** darse cuenta de la verdad; **to ~ up to reality** darse cuenta de la realidad, despertar a la realidad
Ⓑ VT + ADV [1] (*lit*) despertar; **I was woken up by the phone** el teléfono me despertó, me desperté con el teléfono; **you need a coffee to ~ you up** te hace falta una taza de café para despertarte
[2] (*fig*) despertar; **to ~ one's ideas up*** despabilarse; **to ~ sb up to sth** hacer ver algo a algn, hacer que algn se dé cuenta de algo; **someone needs to ~ him up to the risks involved** alguien tiene que hacerle ver los riesgos que implica

**wakeful** ['weɪkfʊl] ADJ [1] (= *unable to sleep*) [*person*] desvelado
[2] (= *sleepless*) **to have a ~ night** pasar la noche en vela
[3] (*frm*) (= *vigilant*) alerta, vigilante (**to** a)

**wakefulness** ['weɪkfʊlnɪs] N [1] (= *sleeplessness*) insomnia *f*, desvelo *m*
[2] (*frm*) (= *watchfulness*) vigilancia *f*

**waken** ['weɪkən] (*liter*) Ⓐ VT despertar
Ⓑ VI despertar, despertarse

**wake-up call** ['weɪkʌp,kɔːl] N [1] (*lit*) **ask the hotel staff for an early ~** pídele al personal del hotel que te despierten temprano
[2] (*fig*) aviso *m*

**wakey-wakey*** ['weɪkɪ'weɪkɪ] EXCL ¡despierta!; **~, rise and shine!** ¡levanta levanta, que los pajarillos cantan!

**waking** ['weɪkɪŋ] ADJ **I spent my early childhood in a kind of ~ dream** pasé los primeros años de mi infancia como soñando despierto; **one's ~ hours** las horas en que se está despierto; **he spent every ~ moment in the kitchen** pasaba cada minuto del día en la cocina; **this experience has been a ~ nightmare** esta experiencia ha sido como vivir una pesadilla

**Waldorf salad** [ˌwɔːldɔːf'sæləd] N ensalada *f* Waldorf (*ensalada de manzanas, nueces y apio con mayonesa*)

**Wales** [weɪlz] N (el país de) Gales *m*

**walk** [wɔːk] Ⓐ N [1] (= *stroll, ramble*) paseo *m*; (= *hike*) caminata *f*, excursión *f* a pie; (= *race*) marcha *f* atlética; **there's a nice ~ by the river** hay un paseo agradable por el río; **this is my favourite ~** éste es mi paseo favorito; **it's only a ten-minute ~ from here** está a sólo diez minutos de aquí a pie; **from there it's a short ~ to his house** desde allí a su casa se va a pie en muy poco tiempo; **to go for** *or* **take a ~** ir de paseo; **we went for a ~ around** fuimos a dar una vuelta; **take a ~!*** ¡lárgate*!; **to take sb for a ~** llevar a algn de paseo; ✦***IDIOM*** **it was a ~ in the park** (*esp US*) fue coser y cantar, fue pan comido
[2] (= *avenue*) paseo *m*
[3] (= *pace*) paso *m*; **he went at a quick ~** caminó a (un) paso rápido; **the cavalry advanced at a ~** la caballería avanzaba al paso
[4] (= *gait*) paso *m*, andar *m*; **he has an odd sort of ~** tiene un modo de andar algo raro; **to know sb by his ~** conocer a algn por su modo de andar
[5] **~ of life: I meet people from all ~s of life** me encuentro con gente de de todas las profesiones y condiciones sociales
Ⓑ VT [1] [+ *distance*] andar, caminar (*esp LAm*); **we ~ed 40 kilometres yesterday** ayer anduvimos 40 kilómetros; **to ~ the streets** andar por las calles; (*aimlessly*) vagar por las calles; (= *be homeless*) no tener hogar, estar sin techo; [*prostitute*] hacer la calle *or* la carrera; **to ~ the wards** (*Med*) hacer prácticas de clínica; **you can ~ it in five minutes** está a cinco minutos andando *or* a pie de aquí; **I had to ~ it** tuve que ir a pie *or* ir andando; **don't worry, you'll ~ it*** (*fig*) no te preocupes, será facilísimo
[2] (= *lead*) [+ *dog*] pasear, sacar a pasear; [+ *horse*] llevar al paso; **she ~s the dog every day** pasea *or* saca a pasear al perro todos los días; **I'll ~ you to the station** te acompaño a la estación; ✦***IDIOM*** **to ~ sb into the ground** *or* **off his feet** dejar a algn rendido de tanto caminar
Ⓒ VI [1] andar, caminar (*esp LAm*); (*as opposed to riding etc*) ir a pie, ir andando, ir caminando (*esp LAm*); (*Sport*) marchar; **can your little boy ~ yet?** ¿ya anda tu niño?; **to ~ slowly** andar despacio; **don't ~ so fast!** ¡no andes tan deprisa!; **you can ~ there in five minutes** está a cinco minutos andando de aquí; **are you ~ing or going by bus?** ¿vas a ir a pie o en autobús?; **"walk"** (*US*) (*on traffic signal*) "cruzar"; **"don't walk"** (*US*) (*on traffic signal*) "no cruzar"; **~ a little with me** acompáñame un rato; **to ~ in one's sleep** ser sonámbulo, andar dormido; **to ~ downstairs/upstairs** bajar/subir la escalera; **we had to ~** tuvimos que ir a pie *or* andando; **to ~ home** ir andando a casa, volver andando a casa; **we were out ~ing in the hills/in the park** estábamos paseando por la montaña/el parque; **to ~ across sth** cruzar algo; **to ~ slowly up/down the stairs** subir/bajar lentamente la escalera; **to ~ up and down** pasearse (de acá para allá); ✦***IDIOM*** **to ~ tall** andar con la cabeza alta
[2] [*ghost*] andar, aparecer
[3] (*) (= *disappear*) volar*; **my camera's ~ed** mi cámara ha volado *or* desaparecido
[4] (*) (= *be acquitted*) salir sin cargos

►**walk about, walk around** VI + ADV pasearse (de acá para allá)

►**walk away** VI + ADV irse, marcharse; **he just got up and ~ed away** simplemente se levantó y se fue *or* se marchó; **she watched him ~ away** lo vio alejarse; **to ~ away unhurt** salir ileso; **to ~ away from a problem** huir de un problema; **you can't just ~ away from it!** ¡no puedes desentenderte!; **to ~ away with** [+ *prize*] llevarse; (= *steal*) robar

►**walk back** VI + ADV volver a pie, regresar andando

►**walk in** VI + ADV entrar; **who should ~ in but Joe** ¿a que no te imaginas quién entró? ¡Joe!; **to ~ in on sb** interrumpir a algn

►**walk into** VI + PREP [1] (= *enter*) [+ *room*] entrar en
[2] (= *fall into*) [+ *trap*] caer en; **you really ~ed into that one!*** ¡te has dejado embaucar por las buenas!
[3] (= *collide with*) chocar con, dar con, dar contra
[4] (*) (= *meet*) topar, tropezar con
[5] (*) **to ~ into a job** conseguir fácilmente un puesto

►**walk off** Ⓐ VI + ADV irse, marcharse; **he ~ed off angrily** se fue enfadado
Ⓑ VT + ADV **we ~ed off our lunch** dimos un paseo para bajar la comida

►**walk off with** VI + PREP (= *take, win*) **to ~ off with sth** llevarse algo

►**walk on** VI + ADV (= *go on walking*) seguir andando *or* (*esp LAm*) caminando; (*Theat*) (= *come on stage*) salir a escena; (= *have a walk-on part*) hacer de figurante *or* comparsa

►**walk out** VI + ADV (= *go out*) salir; (*from meeting*) salir, retirarse (**of** de); (*on strike*) abandonar el trabajo; **you can't ~ out now!** ¡no puedes marcharte ahora!

►**walk out on** VI + PREP [+ *spouse, family*] abandonar, dejar; **she ~ed out on her husband** abandonó *or* dejó a su marido; [+ *business partner*] dejar; (= *leave in the lurch*) dejar plantado a*

►**walk out with**† VI + PREP **to ~ out with sb** (*Brit*) (= *court*) salir con algn

►**walk over** VI + PREP (= *defeat*) derrotar; **to ~ all over sb** (= *dominate*) tratar a algn a patadas*, atropellar a algn; **they ~ed all over us in the second half** nos dieron una paliza en el segundo tiempo

►**walk up** VI + ADV (= *ascend*) subir (a pie); (= *approach*) acercarse (**to** a); **~ up, ~ up!** ¡vengan!, ¡acérquense!; **to ~ up to sb** acercarse a algn

**walkabout** ['wɔːkəbaʊt] N (*Brit*) (= *walk*) paseo *m*; (*Australia*) *excursión de un aborigen al bosque interior australiano*; **to go on a ~** [*monarch, politician*] pasearse entre el público; **to go ~** (*Australia*) irse de excursión al bosque; (*) (= *disappear*) desaparecer

**walkaway*** ['wɔːkəweɪ] N (*US*) victoria *f* fácil, paseo *m*, pan *m* comido*

**walker** ['wɔːkəʳ] N [1] (= *person*) (*gen*) paseante *mf*, transeúnte *mf*; (= *pedestrian*) peatón *m*; (*Sport*) marchador(a) *m/f*; (= *hiker*) excursionista *mf*; **to be a great ~** ser gran andarín, ser aficionado a las excursiones a pie
[2] (*also* **baby ~**) andador *m*, tacatá *m* (*Sp**)

**walker-on** ['wɔːkər'ɒn] N (*Theat*) figurante/a *m/f*, comparsa *mf*; (*Cine*) extra *mf*

**walkies*** ['wɔːkɪz] NSING paseo *m*; **to go ~** dar un paseo; **to take the dog ~** llevar al perro de paseo

**walkie-talkie** ['wɔːkɪ'tɔːkɪ] N transmisor-receptor *m* portátil, walkie-talkie *m*

**walk-in** ['wɔːkɪn] CPD ► **walk-in closet** N (*US*) alacena *f* ropera ► **walk-in customer** N **a lot of our business is from ~ customers** hacemos mucho negocio con los clientes que entran de la calle ► **walk-in clinic** N *clínica donde no hay que pedir hora para ver al médico* ► **walk-in condition** N **in ~ condition** en condiciones de habitabilidad, habitable ► **walk-in pantry** N despensa *f* ► **walk-in wardrobe** N (*US*) alacena *f* ropera

**walking** ['wɔːkɪŋ] Ⓐ N (= *act*) andar *m*, caminar *m*; (*as pastime*) excursionismo *m*; (= *hill walking*) senderismo *m*; (*Sport*) marcha *f* (atlética); **~ is very good for you** andar *or* caminar es muy sano; **she found ~ painful** le resultaba doloroso andar; **I did some ~ in the Alps last summer** el verano pasado hice senderismo por los Alpes
Ⓑ ADJ ambulante; **he's a ~ encyclopaedia** es una enciclopedia ambulante; **the ~ wounded** los heridos que pueden/podían ir a pie *or* andar
Ⓒ CPD ► **walking distance** N **it's within ~ distance** se puede ir andando ► **walking frame** N andador *m* ► **walking holiday** N **they went on a ~ holiday to Wales** fueron a Gales de vacaciones para caminar; **a hotel which offers ~ holidays** un hotel que ofrece vacaciones con excursiones a pie ► **walking pace** N **at a ~ pace** a paso de peatón, a paso normal; **to slow to a ~ pace** aminorar la marcha a paso normal ► **walking papers*** NPL (*US*) pasaporte* *m*, aviso *m* de despido ► **walking race** N carrera *f* pedestre ► **walking shoes** NPL zapatos *mpl* para andar *or* (*esp LAm*) caminar ► **walking stick** N bastón *m* ► **walking tour** N viaje *m* a pie, excursión *f* a pie

**walking-on** [ˌwɔːkɪŋ'ɒn] ADJ = **walk-on**

**Walkman**® ['wɔːkmən] N (*pl* **Walkmans** ['wɔːkmənz]) Walkman® *m*

**walk-on** ['wɔːkɒn] ADJ (*Theat*) **~ part** papel *m* de figurante *or* de comparsa; (*Cine*) papel *m* de extra

**walkout** ['wɔːkaʊt] N (*from conference*) retirada *f*, abandono *m* (de la sala); (= *strike*) abandono *m* del trabajo

**walkover** ['wɔːkˌəʊvəʳ] N [1] (*Horse racing*) walkover *m*
[2] (*fig*) victoria *f* fácil, paseo *m*, pan *m* comido*

**walk-through** ['wɔːkθruː] N ensayo *m*

**walk-up** ['wɔːkʌp] N (*US*) (= *building*) edificio *m* sin ascensor; (= *flat*) piso *m or* (*LAm*) departamento *m* en un edificio sin ascensor

**walkway** ['wɔːkweɪ] N (*raised*) pasarela *f*; (= *passageway*) pasaje *m* (entre edificios)

**wall** [wɔːl] Ⓐ N [1] (*interior, Anat*) pared *f*; (*outside*) muro *m*; [*of city*] muralla *f*; (= *garden wall*) tapia *f*; **the Great Wall of China** la Gran Muralla China; **the north ~ of the Eiger** la pared norte del Eiger; ✦***IDIOMS*** **to come up against a brick ~** tener por delante una barrera infranqueable; **talking to him is like talking to a brick ~** hablar con él es como hablar a la pared; **to do sth off the ~** (*esp US**) hacer algo espontáneamente *or* de improviso; **to climb** *or* **crawl up the ~s*** (*from boredom, frustration*) subirse por las paredes*; **it drives me up the ~*** me saca de quicio; **to go up the ~*** (= *get angry*) ponerse furioso; **to go to the ~** [*firm*] ir a la bancarrota, quebrar; ✦***PROV*** **~s have ears** las paredes oyen
[2] (*Sport*) [*of players*] barrera *f*
[3] (*fig*) barrera *f*; ✦***IDIOM*** **to break the ~ of silence** romper el muro *or* la barrera del silencio
Ⓑ CPD [*cupboard, light, clock*] de pared; [*map,*

*painting*] mural ► **wall bars** NPL (*Sport*) espalderas *fpl* ► **wall hanging** N tapiz *m* ► **wall socket** N enchufe *m* de pared

►**wall in** VT + ADV [+ *area of land*] cerrar con muro; [+ *garden*] tapiar, cercar con tapia

►**wall off** VT + ADV separar con un muro

►**wall up** VT + ADV [+ *person*] emparedar; [+ *opening, entrance*] tapiar, cerrar con muro, tabicar; [+ *window*] condenar

**wallaby** ['wɒləbɪ] N (*pl* **wallabies** *or* **wallaby**) ualabi *m*

**wallah*** ['wɒlə] N hombre *m*; (*pej*) tío* *m*, sujeto* *m*; **the ice-cream ~** el hombre de los helados; **the ~ with the beard** él de la barba

**wallboard** ['wɔːlbɔːd] N fibra *f* prensada (para paredes)

**wall-covering** ['wɔːl,kʌvərɪŋ] N material *m* de decoración de paredes

**walled** [wɔːld] ADJ [*city*] amurallado; [*garden*] tapiado

**wallet** ['wɒlɪt] N cartera *f*, billetera *f* (*esp LAm*)

**wall-eyed** ['wɔːl'aɪd] ADJ (= *with white iris*) de ojos incoloros; (= *with squint*) estrábico

**wallflower** ['wɔːl,flaʊəʳ] N alhelí *m*; ♦*IDIOM* **to be a ~** comer pavo, ser la fea del baile

**wall-mounted** ['wɔːl,maʊntɪd] ADJ fijado a la pared

**Walloon** [wɒ'luːn] Ⓐ ADJ valón
Ⓑ N [1] (= *person*) valón/ona *m/f*
[2] (*Ling*) valón *m*

**wallop*** ['wɒləp] Ⓐ N [1] (= *blow*) golpe *m* fuerte, golpazo* *m*; **~!** (= *sound*) ¡zas!; **to give sb a ~** pegar fuerte a algn; **it packs a ~*** es muy fuerte, tiene mucho efecto
[2] (*Brit*✱) (= *beer*) cerveza *f*
Ⓑ VT (= *strike*) golpear fuertemente; (= *punish*) dar una paliza a, zurrar*

**walloping*** ['wɒləpɪŋ] Ⓐ N **to give sb a ~** dar una paliza a algn, zurrar a algn*
Ⓑ ADJ enorme, colosal
Ⓒ ADV **a ~ great portion of ice-cream** una porción enorme de helado

**wallow** ['wɒləʊ] Ⓐ N **I had a good ~ in the bath** descansé bañándome largamente
Ⓑ VI (*in water, mud*) revolcarse (**in** en); [*boat*] bambolearse; **to ~ in guilt** regodearse *or* deleitarse en el remordimiento; **to ~ in luxury/money** nadar en la opulencia/abundancia

**wallpaper** ['wɔːl,peɪpəʳ] Ⓐ N papel *m* pintado
Ⓑ VT empapelar

**Wall Street** ['wɔːlstriːt] N (*US*) *calle de la Bolsa y de muchos bancos en Nueva York*; (*fig*) mundo *m* bursátil; **shares rose sharply on ~** las acciones subieron bruscamente en la Bolsa de Nueva York

**wall-to-wall** ['wɔːltə'wɔːl] Ⓐ ADJ [1] **~ carpeting** moqueta *f*, alfombra *f* de pared a pared
[2] (*fig*) [*football, music etc*] a todas horas; **there were ~ people** había gente a rebosar, estaba abarrotado de gente
Ⓑ ADV **the room was filled ~ with people** la sala estaba atestada *or* repleta de gente

**wally*** ['wɒlɪ] (*Brit*) N gili* *mf*

**walnut** ['wɔːlnʌt] Ⓐ N (= *nut*) nuez *f*; (= *tree, wood*) nogal *m*
Ⓑ ADJ (= *wooden*) de nogal
Ⓒ CPD ► **walnut tree** N nogal *m*

**walrus** ['wɔːlrəs] Ⓐ N (*pl* **walruses** *or* **walrus**) morsa *f*
Ⓑ CPD ► **walrus moustache** N bigotes *mpl* de foca

**Walter** ['wɔːltəʳ] N Gualterio

**waltz** [wɔːlts] Ⓐ N vals *m*
Ⓑ VI bailar el vals; **to ~ in/out*** entrar/salir tan fresco*

➤ LANGUAGE IN USE: **want A1** 8.3, 8.4

►**waltz off with*** VI + PREP [1] (*also* **~ away with**) [+ *title, championship, prize*] hacerse fácilmente con
[2] [+ *object, person*] largarse con*; **she ~ed off with my boyfriend** se largó con mi novio*

►**waltz through*** VT + PREP [+ *match, game*] ganar sin mover un dedo

**waltzer** ['wɔːltsəʳ] N bailarín/ina *m/f* de vals

**WAN** [wæn] N ABBR (*Comput*) = **wide area network**

**wan** [wɒn] ADJ [*complexion, face*] pálido; [*light*] tenue, pálido; [*smile*] lánguido; **she was feeling rather ~** se sentía un poco indispuesto

**wand** [wɒnd] N (= *magic wand*) varita *f* mágica; [*of office*] bastón *m* de mando; *see also* **wave B1**

**wander** ['wɒndəʳ] Ⓐ N paseo *m*; **to go for** *or* **have a ~** pasearse, dar un paseo, dar una vuelta
Ⓑ VI [1] (*for pleasure*) pasear; [*aimlessly*] deambular, vagar, errar; **we spent the morning ~ing round the old town** pasamos la mañana paseando por el casco antiguo; **they ~ed aimlessly through the streets** iban deambulando *or* vagando por las calles; **to ~ round the shops** curiosear *or* pasearse por las tiendas
[2] (= *stray*) **to ~ from the path** desviarse *or* alejarse del camino; **the sheep had ~ed into the next field** las ovejas se habían metido en el prado de al lado
[3] (*fig*) [*person*] (*in speech*) divagar; **to ~ from** *or* **off the point** salirse del tema; **to let one's mind ~** dejar vagar la imaginación; **his eyes ~ed round the room** paseó la mirada por la habitación; **his attention ~ed for a moment and the milk boiled over** se distrajo *or* despistó un momento y se le salió la leche; **my attention ~ed a bit in the second half of the film** perdí un poco la concentración *or* me distraje *or* me despisté en la segunda mitad de la película
Ⓒ VT [+ *streets, hills*] recorrer, vagar por; **to ~ the world** recorrer el mundo entero; **he had ~ed the seven seas in search of it** (*liter*) había surcado los siete mares en su busca (*liter*)

►**wander about**, **wander around** VI + ADV deambular

►**wander off** Ⓐ VI + ADV **the children ~ed off into the woods** los niños se alejaron sin rumbo y entraron en el bosque; **don't go ~ing off** no te alejes demasiado
Ⓑ VI + PREP *see* **wander B3**

**wanderer** ['wɒndərəʳ] N (= *traveller*) viajero/a *m/f*; (*pej*) vagabundo/a *m/f*; (= *tribesman, nomad*) nómada *mf*; **the ~ returns!** (*hum*) ¡ha vuelto el viajero!; **I've always been a ~** nunca he querido establecerme de fijo en un sitio

**wandering** ['wɒndərɪŋ] ADJ [*person*] errante; [*tribe*] nómada, errante; [*minstrel*] itinerante; [*path, river*] sinuoso; [*eyes, mind*] distraído; **he suffers from ~ hands** (*hum*) es un sobón*

**wanderings** ['wɒndərɪŋz] NPL (= *travels*) viajes *mpl*, andanzas *fpl*; [*of mind, speech*] divagaciones *fpl*; **let me know if you see one on your ~** avísame si encuentras uno por ahí

**wanderlust** ['wɒndəlʌst] N pasión *f* de viajar, ansia *f* de ver mundo

**wane** [weɪn] Ⓐ VI [*moon*] menguar; (*fig*) [*strength*] decaer; [*popularity, power, enthusiasm, interest, support*] disminuir
Ⓑ N **to be on the ~** [*moon*] estar menguando; [*strength*] estar decayendo; [*popularity, support, power, interest*] estar disminuyendo

**wangle*** ['wæŋgl] Ⓐ VT [+ *job, ticket*] agenciarse; **I've ~d an invitation to the reception** me he agenciado una invitación para la recepción; **he ~d his way in** se las arregló para entrar; **can you ~ me a free ticket?** ¿puedes conseguirme una entrada gratis?
Ⓑ N chanchullo* *m*, truco *m*

**wangler*** ['wæŋgləʳ] N chanchullero* *m*, trapisondista* *mf*

**wangling*** ['wæŋglɪŋ] N chanchullos* *mpl*, trucos *mpl*

**waning** ['weɪnɪŋ] Ⓐ ADJ [*moon*] menguante; (*fig*) [*popularity, power, enthusiasm, interest, support*] decreciente
Ⓑ N [*of moon*] menguante *f*; (*fig*) [*of popularity, power*] disminución *f*, mengua *f*; [*of enthusiasm, interest, support*] disminución *f*

**wank**✱✱ [wæŋk] (*Brit*) Ⓐ N [1] **to have a ~** hacerse una paja✱✱
[2] (= *person*) = **wanker**
Ⓑ VI hacerse una paja✱✱

**wanker**✱✱ ['wæŋkəʳ] N (*Brit*) gilipollas✱✱ *mf*

**wanly** ['wɒnlɪ] ADV [*shine*] tenuemente, pálidamente; [*look, smile, say*] lánguidamente

**wanna*** ['wɒnə] = **want to**

**wannabe*** ['wɒnəbiː] Ⓐ N **an Elvis ~** un imitador barato de Elvis
Ⓑ ADJ amateur, aspirante

**wanness** ['wɒnnɪs] N palidez *f*

▼**want** [wɒnt] Ⓐ VT [1] (= *desire, wish for*) [1·1] querer; **I don't ~ anything more to do with him** no quiero tener nada más que ver con él; **I ~ my mummy!** ¡quiero que venga mi mamá!; **he ~s a lot of attention** quiere que le presten mucha atención; **I don't ~ you interfering!** ¡no quiero que te entrometas!; **I've always ~ed a car like this** siempre he querido un coche como éste; **we only ~ the best/what's best for you** sólo queremos lo mejor para ti; **what do you ~ for your birthday?** ¿qué quieres por tu cumpleaños?; **what I ~ from a computer is ...** lo que quiero de un ordenador es ...; **I ~ an explanation from you** quiero que me des una explicación; **she was everything he ~ed in a woman** era todo lo que él quería en una mujer; **food was the last thing I ~ed** comida era lo último que quería; **I know when I'm not ~ed** sé muy bien cuando sobro *or* estoy de más; **where do you ~ the table?** ¿dónde quieres que pongamos la mesa?; **what does he ~ with/of me?** ¿qué quiere de mí?; ♦*IDIOM* **you've got him where you ~ him** lo tienes donde tú quieres
[1·2] (*with complement*) **I ~ my son alive** quiero a mi hijo vivo; **you ~ her back, don't you?** quieres que vuelva, ¿no?; **I ~ him dead!** ¡lo quiero muerto!; **I ~ her sacked!** ¡quiero que se la despida!, ¡quiero que la despidan!
[1·3] (*with infinitive*) **to ~ to do sth** querer hacer algo; **I was ~ing to leave anyway** de todas formas yo ya quería marcharme; **if you really ~ to know** si de verdad lo quieres saber; **I don't ~ to** no quiero; **to ~ sb to do sth** querer que algn haga algo; **the last thing we ~ is for them to feel obliged to help** lo último que queremos es que se sientan obligados a ayudar; **without ~ing to sound big-headed, I think I'll succeed** no quiero parecer engreído pero pienso que voy a tener éxito; **I wouldn't ~ to hurt their feelings/cause them any problems** no quisiera herir sus sentimientos/causarles ningún problema
[1·4] (*sexually*) **to ~ sb** desear a algn
[2] (= *ask for*) [+ *money*] querer, pedir; **she ~s £500 for the car** quiere *or* pide 500 libras por el coche; **how much do you ~ for it?** ¿cuánto quiere *or* pide?; **you don't ~ much!** (*iro*)

¡anda que no pides nada! (*iro*)
[3] (= *seek*) [*police*] buscar; **"wanted (dead or alive)"** "se busca (vivo o muerto)"; **"wanted: general maid"** "se necesita asistenta"; **he is ~ed for robbery** se le busca por robo; **you're ~ed in the kitchen** te buscan en la cocina; **the boss ~s you in his office** el jefe quiere verte en su oficina; **you're ~ed on the phone** te llaman al teléfono
[4] (= *need, require*) [*person*] necesitar; **children ~ lots of sleep** los niños necesitan *or* requieren muchas horas de sueño; **this car ~s cleaning** a este coche le hace falta una limpieza, a este coche hay que limpiarlo; **he ~s locking up!** está loco de atar*; **that's the last thing I ~!*** ¡sólo me faltaba eso!*; **you ~ to be more careful when you're driving** tienes que tener más cuidado al conducir; **you ~ to see his new boat!** ¡tienes que ver su nuevo barco!; **what you ~ is a good hiding** lo que necesitas *or* te hace falta es una buena paliza*; **what do you ~ with a house that size?** ¿para qué quieres una casa tan grande?
[5] (= *lack*) **the contract ~s only her signature** al contrato sólo le falta su firma; **it only ~ed the parents to come in** sólo faltaba que llegaran los padres
Ⓑ VI [1] (= *wish, desire*) querer; **you're welcome to stay if you ~** te puedes quedar si quieres; **I ~ for you to be happy** (*US*) quiero que seas feliz
[2] (= *lack*) **they will not ~ for money or food** no les faltará ni dinero ni comida; **they ~ for nothing** no les falta de nada; *see also* **waste C1**
Ⓒ N [1] (= *lack*) falta *f*; **it showed a ~ of good manners** demostró una falta de educación; **for ~ of sth** (*at beginning of clause*) a falta de algo; (*at end of clause*) por falta de algo; **for ~ of anything better to do, I decided to go home** a falta de algo mejor que hacer, decidí irme a casa; **I decided to go home for ~ of anything better to do** decidí irme a casa por falta de algo mejor que hacer; **for ~ of a better word** a/por falta de una palabra más apropiada; **he never did become a minister, but it was not for ~ of trying** nunca llegó a ministro, pero no fue por falta de intentarlo
[2] (= *need*) necesidad *f*; **she had servants to attend to her every ~** tenía sirvientes que atendían todas y cada una de sus necesidades; **my ~s are few** necesito poco; **to be in ~ of sth** necesitar algo
[3] (= *poverty*) necesidad *f*, penuria *f*; **to be in ~** estar necesitado; **to live in ~** pasar necesidades, vivir en la penuria
Ⓓ CPD ► **want ad*** N (*US*) anuncio *m* clasificado

►**want in*** VI + ADV [1] (*to house, building, room*) querer entrar (**to** en)
[2] (*on scheme, project*) querer meterse*; **we're playing cards tonight, do you ~ in?** esta noche jugamos a las cartas, ¿te quieres apuntar?; **it's a huge market and every company ~s in** es un mercado enorme y todas las empresas quieren meterse*; **to ~ in on sth** querer participar en algo

►**want out*** VI + ADV [1] (*of house, building, room*) querer salir
[2] **he ~s out** (*of scheme, project, job*) quiere dejarlo; **to ~ out of** [+ *scheme, project, job*] querer dejar; [+ *relationship*] querer dejar, querer terminar con

**wanting** [ˈwɒntɪŋ] ADJ **all the applicants proved ~ in some respect** todos los aspirantes resultaron deficientes en algún aspecto; **he was tried and found ~** fue puesto a prueba y le encontraron carencias *or* deficiencias; **he looked at his life and found it ~** examinó su vida y se dio cuenta de que faltaba algo; **to be ~ in sth** carecer de algo

**wanton** [ˈwɒntən] ADJ [1] (= *wilful, gratuitous*) [*neglect*] displicente; [*destruction*] sin sentido, gratuito; [*violence*] gratuito
[2] († *pej*) (= *dissolute*) [*woman*] lascivo, libertino; [*behaviour*] disipado, inmoral
[3] (= *unrestrained*) [*spending*] desenfrenado

**wantonly** [ˈwɒntənlɪ] ADV [1] (= *wilfully, gratuitously*) [*neglect*] con displicencia; [*destroy*] gratuitamente, sin sentido; [*cruel*] gratuitamente
[2] (= *dissolutely*) lascivamente

**wantonness** [ˈwɒntənnɪs] N [1] (= *gratuitousness*) lo gratuito; (= *senselessness*) falta *f* de sentido
[2] (= *dissoluteness*) [*of person*] lascivia *f*; [*of behaviour*] disipación *f*, inmoralidad *f*

**war** [wɔːʳ] Ⓐ N guerra *f*; (*fig*) lucha *f*; **the ~ against inflation** la lucha contra la inflación; **to be at ~ (with)** estar en guerra (con); **the period between the ~s** el período de entreguerras; **to declare ~ (on)** declarar la guerra (a); **to go to ~ (with sb) (over sth)** entrar en guerra (con algn) (por algo); **they went off to ~ singing** fueron a la guerra cantando; **the Great War** la Primera Guerra Mundial; **~ to the knife** guerra *f* a muerte; **to make ~ (on)** hacer la guerra (a); **~ of nerves** guerra *f* de nervios; **to wage ~ with sb** hacer la guerra a algn; **~ of words** guerra de palabras; **the First/Second World War** la Primera/Segunda Guerra Mundial; ✦*IDIOM* **you've been in the ~s!** (*hum*) (*to child*) ¡parece que vienes de la guerra!
Ⓑ VI (*lit*) combatir, luchar (**with** con); **revulsion and guilt ~red within him** (*liter*) la repugnancia y el sentimiento de culpabilidad luchaban en su interior
Ⓒ CPD de guerra ► **war chest** N (*esp US*) *dinero destinado a apoyar una causa* ► **war clouds** NPL nubes *fpl* de guerra ► **war correspondent** N corresponsal *mf* de guerra ► **war crime** N crimen *m* de guerra ► **war criminal** N criminal *mf* de guerra ► **war cry** N grito *m* de guerra ► **war dance** N danza *f* guerrera ► **the war dead** NPL los muertos en campaña ► **war debt** N deuda *f* de guerra ► **war effort** N esfuerzo *m* bélico ► **war fever** N psicosis *f inv* de guerra ► **war footing** N **on a ~ footing** en pie de guerra ► **war game** N (*Mil*) simulacro *m* de guerra; (= *game*) juego *m* de guerra ► **war hero** N héroe *m* de guerra ► **war loan** N empréstito *m* de guerra ► **war material** N material *m* bélico ► **war memorial** N monumento *m* a los caídos ► **War Office** N (*Hist*) Ministerio *m* de Guerra ► **war paint** N pintura *f* de guerra; (*hum*) (= *make-up*) maquillaje *m* ► **war widow** N viuda *f* de guerra ► **the war wounded** NPL los heridos de guerra ► **war zone** N zona *f* de guerra; *see also* **record A5.4**

**warble** [ˈwɔːbl] Ⓐ N [*of bird*] trino *m*, gorjeo *m*
Ⓑ VT cantar trinando, cantar gorjeando
Ⓒ VI gorjear, trinar

**warbler** [ˈwɔːbləʳ] N (= *bird*) curruca *f*

**warbling** [ˈwɔːblɪŋ] N gorjeo *m*

**ward** [wɔːd] Ⓐ N [1] (*Jur*) (= *person*) pupilo/a *m/f*; **he is her ~** (él) está bajo su tutela; **to make sb a ~ of court** poner a algn bajo la protección *or* el amparo del tribunal
[2] (*Pol*) distrito *m* electoral
[3] (*in hospital*) sala *f*, pabellón *m*; *see also* **walk B1**
[4] [*of key*] guarda *f*
Ⓑ CPD ► **ward heeler** N (*US Pol*) muñidor *m* ► **ward round** N (*Med*) visita *f* de salas ► **ward sister** N (*Med*) enfermera *f* jefe de sala

►**ward off** VT + ADV [+ *attack*] rechazar; [+ *blow*] parar, desviar; [+ *infection*] protegerse de; [+ *danger*] protegerse contra, conjurar; [+ *evil spirits*] conjurar; **to ~ off the cold** protegerse del frío

**...ward** [wəd] SUFFIX hacia; **they looked seaward** miraron hacia el mar; **the homeward journey** el viaje de vuelta a casa *or* de regreso

**warden** [ˈwɔːdn] N [*of castle*] guardián/ana *m/f*, alcaide† *m*; (*in institution*) encargado/a *m/f*; (*Univ*) rector(a) *m/f*; (*Aut*) (*also* **traffic ~**) controlador(a) *m/f* de estacionamiento; (*also* **church ~**) coadjutor(a) *m/f*; (*US*) [*of prison*] celador(a) *m/f*

**warder** [ˈwɔːdəʳ] N (*esp Brit*) celador(a) *m/f*

**wardress** [ˈwɔːdrɪs] N celadora *f*

**wardrobe** [ˈwɔːdrəʊb] Ⓐ N [1] (= *cupboard*) guardarropa *m*, armario *m* (ropero), ropero *m* (*LAm*)
[2] (= *clothes*) vestuario *m*
Ⓑ CPD ► **wardrobe mistress** N (*Theat*) encargada *f* del vestuario ► **wardrobe trunk** N baúl *m* ropero

**wardroom** [ˈwɔːdrʊm] N (*Naut*) cámara *f* de oficiales

**...wards** [wədz] SUFFIX (*esp Brit*) hacia; **they looked seawards** miraron hacia el mar

**wardship** [ˈwɔːdʃɪp] N tutela *f*

**warehouse** [ˈwɛəhaʊs] Ⓐ N (*pl* **warehouses** [ˈwɛəhaʊzɪz]) almacén *m*, depósito *m*
Ⓑ [ˈwɛəhaʊz] VT almacenar
Ⓒ CPD ► **warehouse club** N (*esp US Comm*) economato *m* ► **warehouse manager** N gerente *mf* de almacén ► **warehouse price** N **at ~ prices** a precios de mayorista

**warehouseman** [ˈwɛəhaʊsmən] N (*pl* **warehousemen**) almacenista *m*

**warehousing** [ˈwɛəhaʊzɪŋ] N almacenamiento *m*

**wares** [wɛəz] NPL mercancías *fpl*; **to cry one's ~** pregonar sus mercancías

**warfare** [ˈwɔːfɛəʳ] N (= *fighting*) guerra *f*; (= *techniques*) artes *mpl* militares; **chemical/germ ~** guerra *f* química/bacteriológica; **trench ~** guerra *f* de trincheras

**warhead** [ˈwɔːhed] N [*of torpedo*] cabeza *f* explosiva; [*of rocket*] cabeza *f* de guerra; **nuclear ~** cabeza *f* nuclear

**warhorse** [ˈwɔːhɔːs] N caballo *m* de guerra; (*fig*) veterano *m*

**warily** [ˈwɛərɪlɪ] ADV con cautela, cautelosamente; **she answered his questions ~** contestó con cautela *or* cautelosamente a sus preguntas; **she looked at him ~** lo miró con recelo; ✦*IDIOM* **to tread ~** (*fig*) andar con cuidado *or* cautela

**wariness** [ˈwɛərɪnɪs] N cautela *f*, recelo *m*

**Warks** ABBR (*Brit*) = **Warwickshire**

**warlike** [ˈwɔːlaɪk] ADJ [*activity*] bélico; [*people, tribe*] guerrero, belicoso

**warlock** [ˈwɔːlɒk] N brujo *m*, hechicero *m*

**warlord** [ˈwɔːlɔːd] N caudillo *m*

**warm** [wɔːm] Ⓐ ADJ (*compar* **warmer**; *superl* **warmest**) [1] (= *hot*) [*bath, hands, feet*] caliente; [*water*] templado, tibio; [*air*] templado, cálido; [*room, place, weather*] cálido; **to be ~** [*person*] tener calor; **it's very ~ today** hace calor hoy; **to get ~** [*person*] entrar en calor; [*object, surface*] calentarse; **he started jumping to get ~** empezó a saltar para entrar en calor; **come and get ~** ven a calentarte; **it's getting ~er** [*weather*] ya empieza a hacer más calor; **to be getting ~** (*in guessing game*) ir

acercándose a la respuesta; **you're getting ~(er)!** ¡caliente, caliente!; **to keep sb ~** mantener caliente a algn, mantener a algn abrigado; **to keep (o.s.) ~** mantenerse abrigado; **wear thick gloves to keep your hands ~** usa guantes gruesos para mantener las manos calientes; **keep the sauce ~** mantén la salsa caliente; ✦*IDIOM* **to be as ~ as toast** estar bien calentito*
2 (= *thick*) [*clothes*] de abrigo, abrigado (*S. Cone*); **take something ~ to put on** llévate algo de abrigo *or* abrigado para ponerte; **this blanket's nice and ~** esta manta es muy calentita
3 (= *cosy, homely*) [*colour, shade, sound*] cálido
4 (= *kindly*) [*person, smile, face*] simpático, afable, cálido; **the two leaders exchanged ~ greetings** los dos líderes intercambiaron cordiales saludos; **her speech was received with ~ applause** su discurso fue recibido con un caluroso aplauso; **~est congratulations to ...** la más cordial *or* sincera enhorabuena a ...; **~est thanks to ...** mi/nuestro más sincero agradecimiento a ...; **to give sb a ~ welcome** dar a algn una cordial *or* calurosa bienvenida; **with ~est wishes** (*in letter*) con mis/nuestros mejores deseos
Ⓑ VT 1 (= *heat*) [+ *one's hands, feet*] calentarse; **I ~ed my hands on the radiator** me calenté las manos en el radiador; **to ~ o.s.** calentarse; *see also* **cockle**
2 = **warm up B1**
Ⓒ VI = **warm up**
Ⓓ N **the ~: come into the ~!** ¡entra aquí que hace calorcito!*
Ⓔ ADV (*) **to wrap up ~** abrigarse bien
Ⓕ CPD ► **warm front** N (*Met*) frente *m* cálido

►**warm down** VI + ADV (*after exercise*) hacer ejercicios suaves de recuperación (*tras un esfuerzo*)

►**warm over** VT + ADV (*US*) 1 [+ *food*] (re)calentar
2 (*) (*fig*) **it's just a ~ed over version of the measures he suggested last year** simplemente es un refrito de las medidas que sugirió el año pasado*

►**warm through** VT + ADV [+ *food*] (re)calentar

►**warm to** VI + PREP **I began to ~ to him** empecé a encontrarle agradable; **she was beginning to ~ to the idea** estaba empezando a gustarle la idea; **he began to ~ to his subject** *or* **theme** empezó a entusiasmarse con su tema

►**warm up** Ⓐ VI + ADV 1 (= *get warm*) [*person*] entrar en calor; [*room, engine*] calentarse
2 (*fig*) 2·1 [*athlete, singer*] calentarse
2·2 [*party, game*] animarse
Ⓑ VT + ADV 1 [+ *food*] (re)calentar; [+ *engine*] calentar
2 (*fig*) [+ *party, audience*] animar

**warm-blooded** ['wɔːm'blʌdɪd] ADJ de sangre caliente

**warm-down** ['wɔːmdaʊn] N ejercicios *mpl* suaves de recuperación (*tras un esfuerzo*)

**warmed-up** ['wɔːmd'ʌp] ADJ recalentado

**warm-hearted** ['wɔːm'hɑːtɪd] ADJ cariñoso, afectuoso

**warming** ['wɔːmɪŋ] Ⓐ ADJ [*drink*] que hace entrar en calor
Ⓑ N 1 recalentamiento *m*; *see also* **global B**
2 (†*) (= *hiding*) zurra* *f*
Ⓒ CPD ► **warming pan** N calentador *m* (de cama)

**warmly** ['wɔːmlɪ] ADV 1 (= *cosily*) **to be ~ dressed** ir *or* estar bien abrigado; **remember to wrap up ~** acuérdate de abrigarte bien
2 (= *affectionately*) [*greet, smile*] calurosamente, afectuosamente; [*say, speak*] cariñosamente; [*thank*] cordialmente; **he embraced her ~** la abrazó con ternura
3 (= *enthusiastically*) [*congratulate*] efusivamente; [*welcome*] calurosamente; [*endorse, recommend*] sin reservas; **to be ~ applauded** recibir un caluroso aplauso; **the plan was ~ received** el plan fue recibido con entusiasmo
4 [*shine*] con fuerza; **the sun was shining ~** el sol brillaba con fuerza

**warmonger** ['wɔːˌmʌŋgəʳ] N belicista *mf*

**warmongering** ['wɔːˌmʌŋgərɪŋ] Ⓐ ADJ belicista
Ⓑ N belicismo *m*

**warmth** [wɔːmθ] N 1 [*of sun, fire*] calor *m*
2 [*of clothing, blanket*] **a blanket will provide extra ~** una manta proporcionará más abrigo; **wear a jacket for ~** ponte una chaqueta para ir bien abrigado
3 [*of greeting, welcome*] cordialidad *f*; [*of smile*] simpatía *f*, afabilidad *f*

**warm-up** ['wɔːmʌp] Ⓐ N 1 (*Sport*) precalentamiento *m*, ejercicios *mpl* de calentamiento
2 (= *preparatory activity*) actividad *f* preliminar, preparativos *mpl*
Ⓑ CPD ► **warm-up suit** N (*US*) chandal *m*

▼**warn** [wɔːn] Ⓐ VT 1 (= *put on guard, urge caution to*) advertir; (= *notify, tell*) avisar, advertir; **children must be ~ed about** *or* **of the dangers of smoking** debe advertirse a los niños de los peligros que conlleva fumar; **I did ~ you that this would happen** ya te avisé *or* advertí que esto pasaría; **I must ~ you that my men are armed** debo avisarle *or* advertirle que mis hombres van armados; **we must ~ them that the police are on their way** debemos avisarles *or* advertirles que la policía está de camino; **you have been ~ed!** ¡ya estás avisado!, ¡quedas advertido!; **but, be ~ed, this is not a cheap option** pero, quedas avisado *or* advertido, ésta no es una opción barata
2 (= *counsel*) advertir; **"don't do anything yet," he ~ed** —no hagas nada todavía —advirtió; **to ~ sb to do sth** advertir *or* aconsejar a algn que haga algo; **people have been ~ed to stay indoors** se ha advertido *or* aconsejado a la gente que no salga; **she ~ed me not to go out alone at night** me advirtió *or* me aconsejó que no saliera sola por la noche; **I ~ed you not to interfere** te advertí que no te entrometieras; **to ~ sb against sth** prevenir a algn contra algo; **he ~ed us against complacency** nos previno contra la autocomplacencia; **to ~ sb against doing sth** aconsejar a algn que no haga algo
3 (= *admonish*) **to ~ sb about sth** llamar la atención a algn por algo; **I've ~ed you about your behaviour before** ya te he llamado la atención por tu comportamiento antes
Ⓑ VI **to ~ about** *or* **of sth** advertir de algo; **he ~ed against complacency** advirtió de las consecuencias de la autocomplacencia; **some doctors ~ against vitamin supplements during pregnancy** algunos médicos desaconsejan el consumo de suplementos vitamínicos durante el embarazo

►**warn away** VT + ADV **a lighthouse was built to ~ sailors away from the area** se construyó un faro para advertir a los marineros que se mantuvieran alejados de la zona; **analysts ~ us away from drawing any conclusions** los analistas nos advierten que no intentemos sacar conclusiones

►**warn off** Ⓐ VT + ADV **he pressed for an investigation but was ~ed off** presionó para que se llevara a cabo una investigación, pero le advirtieron que no lo hiciera *or* se lo desaconsejaron; **the dogs ~ed the intruder off** los perros ahuyentaron al intruso
Ⓑ VT + PREP **he ~ed the children off the grass** advirtió a los niños que no pisaran el césped; **to ~ sb off doing sth** advertir a algn que no haga algo; **I was ~ed off trying to help her** me advirtieron que no intentara ayudarla

**warning** ['wɔːnɪŋ] Ⓐ N (= *caution*) advertencia *f*; (= *advance notice*) aviso *m*, advertencia *f*; **this is a final ~** esta es la última advertencia; **let me just add a note of ~** quisiera añadir una nota de advertencia; **to be a ~ to sb** ser una advertencia para algn; **let this be a ~ to you** que te sirva de advertencia; **his employer gave him a ~ about lateness** el patrón le advirtió que no debía seguir llegando tarde; **his heart attack was a ~** su ataque al corazón fue un aviso *or* una advertencia; **they only had five minutes' ~ before the bomb went off** les dieron un aviso sólo cinco minutos antes de que la bomba hiciese explosión, sólo les avisaron *or* advirtieron cinco minutos antes de que la bomba hiciese explosión; **you could have given me a bit more ~** me podrías haber avisado *or* advertido con más tiempo; **without (any) ~** sin previo aviso; *see also* **gale B**, **word A1**, **advance D**, **early C**, **fair[1] A2**
Ⓑ ADJ [*sign, signal*] de aviso, de advertencia; [*look, label*] de advertencia; **to sound a ~ note** (*fig*) dar una señal de advertencia; **the ~ signs of depression** los indicios de la depresión
Ⓒ CPD ► **warning bell** N ✦*IDIOM* **to set off ~ bells** enviar señales de alarma ► **warning device** N dispositivo *m* de alarma ► **warning light** N señal *f* luminosa ► **warning shot** N (*lit*) disparo *m* de advertencia; **to deliver** *or* **fire a ~ shot** (*fig*) hacer una advertencia ► **warning triangle** N (*Aut*) triángulo *m* de advertencia

**warp** [wɔːp] Ⓐ N 1 (*in weaving*) urdimbre *f*
2 [*in wood*] alabeo *m*, comba *f*
Ⓑ VT 1 [+ *wood*] alabear, combar
2 (*fig*) [+ *mind*] pervertir
Ⓒ VI [*wood*] alabearse, combarse

**warpath** ['wɔːpɑːθ] N **to be on the ~** (*lit*) estar en pie de guerra; (*) (*fig*) estar dispuesto a armar un lío*

**warped** [wɔːpt] ADJ 1 [*wood*] alabeado, combado
2 (*fig*) [*mind, sense of humour*] pervertido

**warping** ['wɔːpɪŋ] N [*of wood*] deformación *f*, alabeo *m*; (*Aer*) torsión *f*

**warplane** ['wɔːpleɪn] N avión *m* de combate

**warrant** ['wɒrənt] Ⓐ N 1 (= *justification*) justificación *f*
2 (*Comm, Fin*) (= *certificate, bond*) cédula *f*, certificado *m*; (= *guarantee*) garantía *f*
3 (*for travel*) (= *permission*) autorización *f*; (= *permit*) permiso *m*
4 (*Jur*) (*for seizure of goods*) mandamiento *m* judicial; (*also* **search ~**) orden *f* de registro; (*also* **arrest ~**) orden *f* de detención; **there is a ~ out for his arrest** se ha ordenado su detención; *see also* **death B**
Ⓑ VT 1 (= *justify, merit*) merecer; **his complaint ~s further investigation** su queja merece una investigación más a fondo; **her condition did not ~ calling the doctor** su condición no justificaba llamar al médico; **the facts do not ~ it** los hechos no lo justifican
2 (*Comm*) (= *guarantee*) garantizar
3 (= *assure*) asegurar, garantizar; **he didn't do it legally, I'll ~ (you)** no lo hizo por la

➤ LANGUAGE IN USE: **warn A** 2.3

vía legal, te lo aseguro *or* garantizo

Ⓒ CPD ► **warrant officer** N (*Mil*) suboficial *mf*; (*Naut*) contramaestre *mf*

**warrantable** ['wɒrəntəbl] ADJ justificable

**warranted** ['wɒrəntɪd] ADJ [1] (= *justified*) [*action, remark*] justificado; **that wasn't ~!** ¡ese comentario está de sobra!

[2] (*Comm*) [*goods*] garantizado; **"warranted 18 carat gold"** "certificado de oro de 18 quilates"

**warrantor** ['wɒrəntɔːʳ] N garante *mf*

**warranty** ['wɒrəntɪ] N (*Comm*) garantía *f*

**warren** ['wɒrən] N [1] (*also* **rabbit ~**) madriguera *f* (de conejos)

[2] (*fig*) (= *place, area*) laberinto *m*; (= *house*) conejera *f*; **it is a ~ of little streets** es un laberinto de callejuelas

**warring** ['wɔːrɪŋ] ADJ [*interests*] opuesto; [*nations, armies*] en guerra; [*factions, parties*] enfrentado; [*parents, families*] enfrentado; [*emotions*] contradictorio, encontrado

**warrior** ['wɒrɪəʳ] N guerrero/a *m/f*

**Warsaw** ['wɔːsɔː] Ⓐ N Varsovia *f*

Ⓑ CPD ► **Warsaw Pact** N Pacto *m* de Varsovia

**warship** [wɔːʃɪp] N buque *m or* barco *m* de guerra

**wart** [wɔːt] N (*Med*) verruga *f*; ✦**IDIOM ~s and all** con todas sus imperfecciones

**warthog** ['wɔːthɒg] N jabalí *m* verrugoso, facochero *m*

**wartime** ['wɔːtaɪm] Ⓐ N tiempo *m* de guerra; **in ~** en tiempos de guerra

Ⓑ CPD [*regulations, rationing*] de guerra

**war-torn** ['wɔːˌtɔːn] ADJ destrozado por la guerra, devastado por la guerra

**warty** ['wɔːtɪ] ADJ verrugoso

**war-weary** ['wɔːˌwɪərɪ] ADJ cansado de la guerra

**wary** ['wɛərɪ] ADJ (*compar* **warier**; *superl* **wariest**) [*person*] receloso; [*manner*] cauteloso, precavido; **she seems very ~** parece estar muy recelosa; **banks are becoming increasingly ~** los bancos están volviéndose cada vez más precavidos; **to keep a ~ eye on sth/sb**: **I kept a ~ eye on the gathering stormclouds** observaba con cierta preocupación los nubarrones que se acercaban; **the president had to keep a ~ eye on the radical faction of his party** el presidente tenía que vigilar de cerca al sector más radical de su partido; **he gave her a ~ look** la miró con recelo; **the question made her ~** la pregunta la puso en guardia; **to be ~ of sth/sb** desconfiar de algo/algn, no fiarse de algo/algn; **to be ~ of strangers** desconfiar *or* no fiarse de los desconocidos; **they were very ~ of his violent temper** se mostraban muy cautelosos debido a su temperamento violento

**was** [wɒz, wəz] PT *of* **be**

**wash** [wɒʃ] Ⓐ N [1] (= *act of washing*) **that jacket could do with a ~** a esa chaqueta no le vendría mal un lavado; **to give sth a ~** (*gen*) lavar algo; **to give one's hands/face a ~** lavarse las manos/la cara; **to have a ~** lavarse; *see also* **brush-up**

[2] (*in washing-machine*) lavado *m*; **this setting gives you a cool ~** en esta posición la máquina hace un lavado en frío

[3] (= *laundry*) colada *f*; **I do a big ~ on Mondays** los lunes hago una colada grande; **I had two ~es on the line** tenía dos coladas en el tendedero; **your jeans are in the ~** (= *being washed*) tus vaqueros se están lavando; (= *with dirty clothes*) tus vaqueros están con la ropa sucia; **the colours run in the ~** los colores destiñen con el lavado; ✦**IDIOM it'll all come out in the ~** al final, todo se arreglará

[4] [*of ship, plane*] estela *f*

[5] [*of paint, distemper*] capa *f*; (*Art*) aguada *f*

Ⓑ VT [1] (= *clean*) [+ *clothes, car*] lavar; [+ *floor*] fregar; **to ~ the dishes** fregar (los platos), lavar los platos; **the rain had ~ed the verandah clean** la lluvia había limpiado la terraza; **to get ~ed** lavarse; **to ~ one's hands/hair** lavarse las manos/el pelo; ✦**IDIOMS to ~ one's hands of sth** lavarse las manos de algo, desentenderse de algo; **to ~ one's hands of sb** despreocuparse de algn; *see also* **linen A2**

[2] (= *paint*) **to ~ the walls with distemper** dar una mano de pintura (al temple) a las paredes

[3] (*liter*) (= *lap*) [*sea, waves*] bañar; **an island ~ed by a blue sea** una isla bañada por el mar azul

[4] (= *sweep, carry*) arrastrar; **the sea ~ed it ashore** el mar lo arrastró hasta la playa; **the house was ~ed downstream** la casa fue arrastrada río abajo; **he was ~ed overboard** cayó del barco arrastrado por las olas

Ⓒ VI [1] (= *have a wash*) lavarse; (= *wash the dishes*) fregar; (= *do the washing*) lavar (la) ropa; **I'll ~ and you dry** yo friego y tú secas

[2] (= *be washable*) [*fabric*] **will it ~?** ¿se puede lavar?; **man-made fabrics usually ~ well** los tejidos sintéticos suelen lavarse bien; ✦**IDIOM that excuse won't ~!*** ¡esa excusa no cuela!*

[3] [*sea, waves*] **the sea ~ed against the cliffs** el mar batía contra los acantilados; **small waves gently ~ed over the coral reef** las pequeñas olas bañaban suavemente el arrecife de coral; **the oil ~ed ashore quite near here** el petróleo fue arrastrado a la orilla bastante cerca de aquí

Ⓓ CPD ► **wash bag** N (*US*) neceser *m* ► **wash cycle** N ciclo *m* de lavado ► **wash house** N lavadero *m* ► **wash leather** N gamuza *f* ► **wash sale** N (*US*) venta *f* ficticia

►**wash away** Ⓐ VT + ADV [1] [+ *bridge, house, vehicle*] llevarse por delante, arrastrar; [+ *dirt*] quitar (lavando); [+ *taste*] quitar; **several cars were ~ed away in the flood** durante la inundación las aguas se llevaron varios coches por delante, durante la inundación varios coches fueron arrastrados por las aguas

[2] (*fig*) **Christ who ~es away the sins of the world** Cristo que quita los pecados del mundo

Ⓑ VI + ADV **terraces prevent the soil from ~ing away** los bancales evitan que el agua se lleve la tierra

►**wash down** VT + ADV [1] (= *clean*) [+ *walls, car*] lavar

[2] (= *take with*) **he ~ed the tablets down with a glass of water** se tragó las pastillas con ayuda de un vaso de agua; **a cheese sandwich ~ed down with a bottle of beer** un bocadillo de queso acompañado con una botella de cerveza

►**wash off** Ⓐ VT + ADV [+ *stain, dirt*] quitar (lavando)

Ⓑ VI + ADV (= *disappear*) quitarse, limpiarse; **it ~es off easily** se quita *or* se limpia fácilmente; **it won't ~ off** no se quita *or* no sale al lavarlo

►**wash out** Ⓐ VT + ADV [1] [+ *stain*] quitar (lavando); [+ *container*] lavar; [+ *paintbrush*] lavar, enjuagar; **you ought to ~ your mouth out with soap!** ¡con jabón tendrían que lavarte a ti la boca!

[2] (*Sport*) **the game was ~ed out** el partido fue cancelado debido a la lluvia; **rain ~ed out the last four games** los últimos cuatro partidos tuvieron que cancelarse debido a la lluvia

[3] **to feel ~ed out** sentirse rendido *or* agotado; **to look ~ed out** tener aspecto de estar rendido *or* agotado

Ⓑ VI + ADV [1] (= *disappear*) [*stain, mark*] quitarse, limpiarse; **the paint will ~ out** la pintura saldrá *or* se limpiará al lavarlo

[2] (= *fade*) [*dye, colour*] descolorarse, desteñirse; **the colours won't ~ out** los colores no se descolorán *or* desteñirán (con el lavado)

►**wash over** VI + PREP [1] (= *take hold of*) invadir; **a feeling of relief ~ed over her** la invadió una sensación de alivio; **waves of panic ~ed over her** se sentía invadida por oleadas de pánico

[2] (= *pass by*) **I just let all this criticism ~ over me** todas estas críticas simplemente me resbalan

[3] (= *envelop*) **relax and let the music ~ over you** relájese y déjese llevar por la música; *see also* **wash C3**

►**wash through** VT + ADV [+ *clothes*] lavar rápidamente

►**wash up** Ⓐ VI + ADV [1] (*Brit*) (= *wash dishes*) fregar (los platos), lavar los platos

[2] (*US*) (= *have a wash*) lavarse

[3] (= *come ashore*) **it ~ed up with the tide** lo trajo la marea, la marea lo arrastró a la playa

Ⓑ VT + ADV [1] (*Brit*) [+ *dishes*] fregar, lavar

[2] (*onto beach*) arrastrar; **the sea ~ed it up** el mar lo arrastró a la playa; **a body had been ~ed up on the beach** un cuerpo había aparecido en la playa, arrastrado por el mar

[3] (*) ✦**IDIOM to be all ~ed up** [*person, marriage*] estar acabado

**Wash.** ABBR (*US*) = **Washington**

**washable** ['wɒʃəbl] ADJ lavable

**wash-and-wear** ['wɒʃən'wɛəʳ] ADJ que no necesita planchado, de lava y pon

**washbasin** ['wɒʃbeɪsn] N lavabo *m*, lavamanos *m inv*, lavatorio *m* (*S. Cone*); (= *bowl*) palangana *f*, jofaina *f*

**washboard** ['wɒʃbɔːd] N tabla *f* de lavar; (*US*) rodapié *m*, zócalo *m*

**washbowl** ['wɒʃbəʊl] N (*esp US*) = **washbasin**

**washcloth** ['wɒʃklɒθ] N (*US*) paño *m* para lavarse, manopla *f*

**washday** ['wɒʃdeɪ] N día *m* de lavado *or* de colada

**washed-out*** ['wɒʃtaʊt] ADJ (= *faded, pale*) [*fabric*] decolorado, desteñido; [*colour*] pálido; **his ~ blue eyes** sus pálidos ojos azules

**washed-up*** [ˌwɒʃt'ʌp] ADJ *see* **wash up B3**

**washer** ['wɒʃəʳ] N [1] (*Tech*) arandela *f*

[2] (= *washing machine*) lavadora *f*; (= *dishwasher*) lavavajillas *m inv*

**washer-dryer** ['wɔːʃə'draɪəʳ], **washer-drier** N lavadora-secadora *f*

**washerwoman** ['wɒʃəˌwʊmən] N (*pl* **washerwomen**) lavandera *f*

**wash-hand basin** ['wɒʃˌhændˌbeɪsn] N lavabo *m*, lavamanos *m inv*, lavatorio *m* (*S. Cone*)

**washing** ['wɒʃɪŋ] Ⓐ N [1] (= *act*) lavado *m*; **some fabrics don't stand up to repeated ~s** algunos tejidos no aguantan constantes lavados

[2] (= *clothes*) (*dirty*) ropa *f* sucia; (*hung to dry*) colada *f*; **to take in ~** [*woman*] ser lavandera

Ⓑ CPD ► **washing day** N día *m* de lavado, día *m* de colada ► **washing line** N tendedero *m* ► **washing machine** N lavadora *f* ► **washing powder** N jabón *m* en polvo, detergente *m* ► **washing soda** N sosa *f*, carbonato *m* sódico

**Washington** ['wɒʃɪŋtən] N Washington *m*

**washing-up** ['wɒʃɪŋ'ʌp] Ⓐ N (*= act*) fregado *m*; (*= dishes*) platos *mpl* (para fregar); **to do the ~** fregar (los platos), lavar los platos
Ⓑ CPD ► **washing-up bowl** N barreño *m*, palangana *f* ► **washing-up liquid** N lavavajillas *m inv*

**washout*** ['wɒʃaʊt] N **it was a ~** [*match*] se suspendió debido a la lluvia; [*plan, party etc*] fue un fracaso *or* desastre; **you're a ~ as a father!** ¡como padre eres un desastre!

**washrag** ['wɒʃræg] N (*US*) [1] (*= dishcloth*) paño *m* de cocina
[2] (*= flannel*) = **washcloth**

**washroom** ['wɒʃrʊm] N servicios *mpl*, aseos *mpl*, baño *m*

**washstand** ['wɒʃstænd] N lavabo *m*, lavamanos *m inv*

**washtub** ['wɒʃtʌb] N (*= container*) tina *f* de lavar; (*= bath*) bañera *f*

**washy** ['wɒʃɪ] ADJ (*of food, drink*) aguado

**wasn't** ['wɒznt] = **was not**

**WASP** [wɒsp] N ABBR (*US**) = **White Anglo-Saxon Protestant**

> **WASP**
>
> *La expresión* **WASP** *o* **White Anglo-Saxon Protestant** *se usa para referirse a los norteamericanos originarios del norte de Europa. Esta expresión fue acuñada en los años sesenta por E. Digby Baltzell, un escritor de Philadelphia. Es un término peyorativo para los miembros de este grupo étnico y religioso, a los que se considera como los más poderosos, privilegiados e influyentes en Estados Unidos. Este término también se utiliza por extensión para hacer referencia a toda persona blanca de clase media descendiente de los primeros colonos y que cree en los valores tradicionales estadounidenses.*

**wasp** [wɒsp] Ⓐ N avispa *f*; **~s' nest** (*also fig*) avispero *m*
Ⓑ CPD ► **wasp waist** N (*fig*) talle *m* de avispa

**waspish** ['wɒspɪʃ] ADJ [*character, person*] irritable, irascible; [*remark*] mordaz, punzante

**waspishly** ['wɒspɪʃlɪ] ADV [*remark*] mordazmente

**wasp-waisted** ['wɒsp'weɪstɪd] ADJ (*fig*) con talle de avispa

**wassail††** ['wɒseɪl] Ⓐ N (*= drink*) cerveza *f* especiada; (*= festivity*) juerga *f*, fiesta *f* de borrachos
Ⓑ VI beber mucho

**wast††** [wɒst] PT (*thou form*) *of* **be**

**wastage** ['weɪstɪdʒ] N (*= loss*) desperdicio *m*; (*= amount wasted*) pérdidas *fpl*; (*from container*) merma *f*; (*= wear and tear*) desgaste *m*; **the country cannot afford this ~ of human resources** el país no puede permitirse este desperdicio de los recursos humanos; **there is a very high ~ rate among students** existe un porcentaje muy elevado de estudiantes que no terminan sus estudios; **the ~ rate among entrants to the profession** el porcentaje de los que abandonan la profesión poco tiempo después de ingresar en ella; *see also* **natural C**

**waste** [weɪst] Ⓐ N [1] (*= misuse*) desperdicio *m*, derroche *m*; **I hate ~** odio el desperdicio *or* el derroche; **what a ~!** ¡qué desperdicio *or* derroche!; **her death is a terrible ~** su muerte es una terrible pérdida; **there was no ~ on that meat** esa carne no tenía desperdicio; **an effort to locate and eliminate government ~** una campaña para identificar y eliminar las áreas de ineficacia en el gobierno; **to go to ~** echarse a perder, desperdiciarse; **it's a ~ of money** es dinero perdido, es tirar *or* derrochar el dinero; **it's a ~ of time** es una pérdida de tiempo; **it's a ~ of effort** es un esfuerzo inútil; **that man's a ~ of space!*** ¡ese hombre es un inútil!*
[2] (*= rubbish*) basura *f*, desperdicios *mpl*; (*= waste material, substance*) desechos *mpl*, residuos *mpl*; **household ~** basura *f* doméstica; **human ~** excrementos *mpl*; **nuclear ~** desechos *mpl or* residuos *mpl* nucleares; **toxic ~** desechos *mpl or* residuos *mpl* tóxicos
[3] (*= leftover material*) material *m* sobrante
[4] **wastes**, **the barren ~s of the Sahara** las áridas y baldías inmensidades del Sáhara
Ⓑ VT [1] (*= use inefficiently, squander*) [+ *water, electricity, gas*] derrochar; [+ *money*] malgastar, derrochar; [+ *time*] perder; [+ *life*] echar a perder; [+ *space, opportunity*] desaprovechar, desperdiciar; [+ *food*] desperdiciar, echar a perder; [+ *talent*] desaprovechar; **I ~d a whole day on that journey** perdí un día entero haciendo ese viaje; **don't ~ your time trying to persuade her** no pierdas el tiempo intentando persuadirla; **to ~ no time in doing sth** no tardar en hacer algo; **don't ~ your efforts on him** no derroches tus esfuerzos *or* energías con él; **all my efforts were ~d** todos mis esfuerzos fueron inútiles; **sarcasm is ~d on him** con él el sarcasmo es inútil; **caviar is ~d on him** no sabe apreciar el caviar; **nothing is ~d** no se desperdicia nada, no se echa a perder nada; **✦IDIOM you're wasting your breath!** ¡estás gastando saliva!
[2] (*= weaken*) [+ *muscles*] atrofiar; **cancer was wasting his body** el cáncer lo estaba consumiendo *or* debilitando
[3] (*US*‡) (*= kill*) cargarse*, liquidar*
Ⓒ VI [1] **✦PROV ~ not, want not** quien no malgasta no pasa necesidades
[2] = **waste away**
Ⓓ ADJ [1] (*= for disposal*) [*material*] de desecho; [*gas, oil*] residual
[2] (*= leftover*) [*paper, fabric*] sobrante; [*heat*] residual
[3] (*= unused*) [*ground*] baldío, yermo
[4] **to lay ~** [+ *country, area, town*] devastar, asolar; **to lay ~ to sth** devastar algo, asolar algo
Ⓔ CPD ► **waste disposal** N (*industrial*) eliminación *f* de los desechos *or* residuos; [*of household waste*] eliminación *f* de la basura doméstica; (*= device*) = **waste disposal unit** ► **waste disposal unit** N triturador *m* de basura ► **waste heat** N calor *m* residual ► **waste management** N tratamiento *m* de desechos, tratamiento *m* de residuos ► **waste material** N material *m* de desecho ► **waste matter** N (*industrial*) residuos *mpl*; (*from body*) excrementos *mpl* ► **waste paper** N papel *m* de desecho ► **waste pipe** N tubería *f* de desagüe ► **waste products** NPL (*industrial*) residuos *mpl*; (*from body*) excrementos *mpl* ► **waste water** N aguas *fpl* residuales

►**waste away** VI + ADV [*person*] consumirse; [*muscles*] atrofiarse; **you're not exactly wasting away** (*iro*) no es que te hayas consumido precisamente

**wastebasket** ['weɪstbɑːskɪt] N (*US*) cesto *m* de los papeles, papelera *f*

**waste-bin** ['weɪstbɪn] N (*Brit*) cubo *m* de la basura

**wasted** ['weɪstɪd] ADJ [1] (*= lost, useless*) [*opportunity*] desaprovechado, desperdiciado; [*effort*] inútil; [*years*] perdido; **at least it hadn't been an entirely ~ day** por lo menos no había sido un día completamente perdido; **I'm afraid you've had a ~ journey** me temo que has hecho un viaje inútil *or* en vano; **a vote for them is a ~ vote** votar por ellos es desaprovechar el voto
[2] (*= thin*) [*person*] consumido; [*muscle*] atrofiado; [*arm, leg, hand*] atrofiado, inútil
[3] (*) [3·1] (*from drugs*) destrozado
[3·2] (*from drink*) borracho; **to get ~** emborracharse

**wasteful** ['weɪstfʊl] ADJ [*person*] despilfarrador, derrochador; [*process, method*] antieconómico; [*expenditure*] pródigo, excesivo; **to be ~ with sth** despilfarrar algo, desperdiciar algo; **the government is ~ of taxpayers' money** el gobierno despilfarra *or* derrocha los impuestos de los contribuyentes; **war is ~ of human lives** la guerra supone un desperdicio de vidas humanas

**wastefully** ['weɪstfəlɪ] ADV [*use*] antieconómicamente, excesivamente

**wastefulness** ['weɪstfʊlnɪs] N [*of war*] desperdicio *m*; [*of system*] derroche *m*, despilfarro *m*; [*of person*] falta *f* de economía, prodigalidad *f*

**wasteland** ['weɪstlænd] N [1] (*undeveloped*) terreno *m* baldío *or* yermo, tierra *f* baldía *or* yerma; (*uncultivated*) erial *m*; **industrial ~** terreno *m* industrial baldío
[2] (*fig*) desierto *m*; **a cultural ~** un desierto cultural

**wastepaper basket** [,weɪst'peɪpə,bɑːskɪt], **wastepaper bin** [,weɪst'peɪpəbɪn] N cesto *m* de los papeles, papelera *f*

**waster** ['weɪstə^r] N [1] (*= good-for-nothing*) gandul *mf*
[2] (*= spendthrift*) derrochador(a) *m/f*

**wasting** ['weɪstɪŋ] ADJ [*disease*] debilitante; [*asset*] amortizable

**wastrel†** ['weɪstrəl] N gandul *mf*, derrochador(a) *m/f*

**watch¹** [wɒtʃ] N (*= wristwatch*) reloj (de pulsera) *m*; (*= pocket watch*) reloj de bolsillo, leontina *f* (*frm*); **what does your ~ say?** ¿qué hora tienes?

**watch²** [wɒtʃ] Ⓐ N [1] (*= vigilance*) vigilancia *f*; **to keep ~** hacer guardia, vigilar; **to keep ~ for sth/sb** estar al acecho de algo/algn; **to keep a (close) ~ on sth/sb** (*lit*) vigilar algo/a algn (de cerca); **our task was to keep a ~ on the suspect** nuestra tarea consistía en vigilar al sospechoso *or* mantener al sospechoso bajo vigilancia; **US officials have been keeping a close ~ on the situation** los representantes del gobierno estadounidense han estado siguiendo la situación de cerca; **I keep a close ~ on my expenditure** controlo mucho los gastos; **to be on the ~ for danger** estar atento *or* alerta por si hay peligro; **can you keep a ~ out for Daphne?** ¿puedes estar al tanto para ver cuándo viene Daphne?; **to keep ~ over sth/sb** (*= keep a check on*) vigilar algo/a algn; (*= look after*) cuidar algo/a algn
[2] (*= period of duty*) guardia *f*; **you take the first ~** monta *or* haz tú la primera guardia; **the long ~es of the night** (*liter*) las largas vigilias; **officer of the ~** oficial *mf* de guardia; **to be on ~** estar de guardia, hacer guardia; *see also* **night B**
[3] (*= guard*) [3·1] (*Mil*) (*= individual*) centinela *mf*, guardia *mf*; (*= pair, group*) guardia *f*
[3·2] (*Naut*) (*= individual*) vigía *mf*; (*= pair, group*) guardia *f*, vigía *f*
[3·3] (†) (*= watchman*) **the night ~** (*in streets, flats*) el sereno; (*in factory*) el vigilante nocturno
Ⓑ VT [1] (*= view, spectate at*) [+ *television, programme, game, play*] ver; **some children ~**

**too much television** algunos niños ven demasiada televisión

2 (= *observe, look at*) (*gen*) mirar; (*more attentively*) observar; **Sue was ~ing me curiously** Sue me miraba/observaba con curiosidad; **now ~ this closely** ahora observen esto detenidamente; **~ what I do** mira/observa lo que hago; **~ how I do it** mira/observa cómo lo hago; **to ~ sth/sb do sth: we ~ed the car turn the corner and disappear from view** vimos cómo el coche torcía la esquina y desaparecía de nuestra vista, vimos al coche torcer la esquina y desaparecer de nuestra vista; **she ~ed me clean the gun** miraba/observaba cómo limpiaba yo la pistola; **just ~ him run!** ¡mira cómo corre!; **"you can't do that" — "just you ~ (me)!"** —no puedes hacer eso —¿que no? ¡ya verás (como puedo)!; **to ~ sth/sb doing sth: I ~ed the gulls hovering overhead** miraba/observaba las gaviotas cerniéndose en lo alto; **✦IDIOMS to ~ the clock** estar pendiente del reloj; **to ~ sb like a hawk** no quitar el ojo *or* la vista de encima a algn; **it's about as exciting as ~ing paint dry** *or* **grass grow** es para morirse de aburrimiento; **✦PROV a ~ed pot** *or* **kettle never boils** quien espera desespera

3 (= *mind*) [+ *children, luggage, shop*] cuidar; [+ *soup, frying pan*] echar un ojo a; **~ that knife/your head/your language!** ¡(ten) cuidado con ese cuchillo/la cabeza/esas palabrotas!; **~ your speed** ten cuidado con la velocidad, atención a la velocidad; **~ you don't burn yourself** ten cuidado de no quemarte; **~ he does his homework** mira de que haga los deberes; **~ how you go!** ¡ve con cuidado!; **~ what you're doing!** ¡cuidado con lo que haces!; **he wasn't ~ing where he was going** no miraba por donde iba; **~ it!** (= *careful!*) ¡ojo!*, ¡cuidado!, ¡abusado! (*Mex**); (*threatening*) ¡cuidadito!*; **to ~ one's step** (*lit, fig*) ir con cuidado

4 (= *be mindful of*) [+ *weight, health*] cuidar; [+ *time*] estar pendiente de; **I have to ~ what I eat** tengo que tener cuidado con lo que como; **we shall have to ~ our spending** tendremos que vigilar *or* tener cuidado con los gastos

5 (= *monitor*) [+ *situation, developments*] seguir; [+ *case*] seguir, vigilar; [+ *suspect, house, sb's movements*] vigilar; **we are being ~ed** nos están vigilando; **Big Brother is ~ing you** el Gran Hermano te vigila; **he needs ~ing** hay que vigilarlo; **a new actor to be ~ed** un nuevo actor muy prometedor; **~ this space** (*lit*) estén pendientes, les mantendremos informados; **"so is the row over?" — "~ this space"** —¿se ha terminado la pelea? —eso habrá que verlo

Ⓒ VI 1 (= *observe*) mirar; (*attentively*) observar; **somebody was ~ing at the window** alguien estaba mirando/observando desde la ventana; **he could only sit and ~ as his team lost 2-0** no pudo hacer más que sentarse y ver como su equipo perdía 2 a 0

2 (= *wait, be alert*) **I was ~ing for the plumber** estaba atento esperando a que llegara el fontanero; **he's ~ing to see what you're going to do** está pendiente de lo que vas a hacer

3 (= *keep watch*) **to ~ by sb's bedside** velar a algn

Ⓓ CPD ► **Watch Night** N (*in Protestant church*) Nochevieja *f* ► **watch night service** N misa *f* de fin de año

►**watch out** VI + ADV tener cuidado, ir con cuidado; **you'll get fat if you don't ~ out** te pondrás gordo como no tengas cuidado; **~ out!** (= *be careful*) ¡(ten) cuidado!, ¡abusado! (*Mex**); (*threatening*) ¡cuidadito!; **~ out for thieves** cuidado con los ladrones; **to ~ out for trouble** estar alerta *or* al acecho por si hay problemas

►**watch over** VI + PREP 1 (= *look after*) [+ *person*] velar por; [+ *sb's rights, safety*] velar por, mirar por; **God is ~ing over me** Dios vela por mí; **to ~ over sb's interests** velar *or* mirar por los intereses de algn

2 (= *monitor*) supervisar

3 (= *guard*) vigilar

**watchable** [ˈwɒtʃəbl] ADJ [*programme*] que se deja ver; **the film is eminently ~** la película es sumamente entretenida

**watchband** [ˈwɒtʃbænd] N (*esp US*) pulsera *f* de reloj, correa *f* de reloj

**watchcase** [ˈwɒtʃkeɪs] N caja *f* de reloj

**watchdog** [ˈwɒtʃdɒg] Ⓐ N 1 (= *guard dog*) perro *m* guardián

2 (*fig*) (= *person*) guardián/ana *m/f*; (= *organization*) organismo *m* protector; **a consumer ~** un organismo que protege los intereses del consumidor

Ⓑ CPD ► **watchdog committee** N comisión *f* protectora

**watcher** [ˈwɒtʃəʳ] N [*of situation*] observador(a) *m/f*; [*of event*] espectador(a) *m/f*; (*pej*) mirón/ona *m/f*; **China ~** especialista *mf* en asuntos chinos, sinólogo/a *m/f*; **royal ~** *periodista que escribe sobre la familia real*; *see also* **birdwatcher, weight watcher**

**watchful** [ˈwɒtʃfʊl] ADJ [*eyes, face*] atento; (*stronger*) vigilante; **to be ~ (for sth)** estar atento (a algo); (*stronger*) mantener una actitud vigilante (ante algo); **to keep a ~ eye on sth/sb** vigilar algo/a algn de cerca; **under the ~ eye of** bajo la atenta mirada de, bajo la mirada vigilante de

**watchfully** [ˈwɒtʃfəlɪ] ADV vigilantemente

**watchfulness** [ˈwɒtʃfʊlnɪs] N vigilancia *f*

**watchglass** [ˈwɒtʃglɑːs] N cristal *m* de reloj

**watchmaker** [ˈwɒtʃˌmeɪkəʳ] N relojero/a *m/f*; **~'s (shop)** relojería *f*

**watchman** [ˈwɒtʃmən] N (*pl* **watchmen**) (= *security guard*) guardián *m*, vigilante *m*; (*also* **night ~**) (*in factory*) vigilante *m* nocturno; (*in street*) sereno *m*

**watchstem** [ˈwɒtʃstəm] N (*US*) cuerda *f*

**watchstrap** [ˈwɒtʃstræp] N correa *f* de reloj

**watchtower** [ˈwɒtʃˌtaʊəʳ] N atalaya *f*, torre *f* de vigilancia

**watchword** [ˈwɒtʃwɜːd] N (*Mil, Pol*) contraseña *f*; (= *motto*) lema *m*, consigna *f*

**water** [ˈwɔːtəʳ] Ⓐ N 1 agua *f*; **to back ~** ciar; **bottled ~** agua *f* mineral; **by ~** por mar; **fresh ~** agua *f* dulce; **hard ~** agua *f* dura; **high ~** marea *f* alta; **on land and ~** por tierra y por mar; **low ~** marea *f* baja; **salt ~** agua *f* salada; **soft ~** agua *f* blanda; **to turn on the ~** ◊ **turn the ~ on** (*at main*) hacer correr el agua; (*at tap*) abrir el grifo; **under ~: the High Street is under ~** la Calle Mayor está inundada; **to swim under ~** nadar bajo el agua, bucear; **✦IDIOMS a lot of ~ has flowed under the bridge since then** ha llovido mucho desde entonces; **that's all ~ under the bridge now** todo eso ya ha pasado a la historia; **to pour cold ~ on an idea** echar un jarro de agua fría a una idea; **like ~ off a duck's back** como si nada, como quien oye llover; **that theory doesn't hold ~** esa teoría carece de fundamento; **to be in hot ~*** estar metido en un lío*; **to get into hot ~*** meterse en un lío*; **to spend money like ~** despilfarrar *or* tirar el dinero; **to test the ~(s)** probar la temperatura del agua; *see also* **drinking B, running A1, still A1**

2 **waters** (*at spa, of sea, river*) aguas *fpl*; **to drink** *or* **take the ~s at Harrogate** tomar las aguas en Harrogate; **the ~s of the Amazon** las aguas del Amazonas; **British ~s** aguas británicas

3 (= *urine*) aguas *fpl* menores, orina *f*; **to make** *or* **pass ~** orinar, hacer aguas (menores)

4 (*Med*) **~ on the brain** hidrocefalia *f*; **her ~s broke** rompió aguas; **~ on the knee** derrame *m* sinovial

5 (= *essence*) **lavender/rose ~** agua *f* de lavanda/rosa

6 **✦IDIOM of the first ~** de lo mejor, de primerísima calidad

Ⓑ VT [+ *garden, plant*] regar; [+ *horses, cattle*] abrevar, dar de beber a; [+ *wine*] aguar, diluir, bautizar (* *hum*); **the river ~s the provinces of …** el río riega las provincias de …; **to ~ capital** emitir un número excesivo de acciones

Ⓒ VI (*Physiol*) **her eyes started ~ing** empezaron a llorarle los ojos; **her mouth ~ed** se le hizo agua la boca; **it's enough to make your mouth ~** se hace la boca agua

Ⓓ CPD ► **water bed** N cama *f* de agua ► **water bird** N ave *f* acuática ► **water biscuit** N galleta *f* de agua ► **water blister** N ampolla *f* ► **water bottle** N (*for drinking*) cantimplora *f*; (*also* **hot-~ bottle**) bolsa *f* de agua caliente, guatona *f* (*Chile*) ► **water buffalo** N búfalo *m* de agua, carabao *m* ► **water butt** N (*Brit*) tina *f* para recoger el agua de la lluvia ► **water cannon** N cañón *m* de agua ► **water carrier** N aguador *m* ► **water cart** N cuba *f* de riego, carro *m* aljibe; (*motorized*) camión *m* de agua ► **water chestnut** N castaña *f* de agua ► **water closet** N (*frm*) wáter *m*, baño *m* ► **water cooler** N enfriadora *f* de agua ► **water cooling** N refrigeración *f* por agua ► **water diviner** N zahorí *mf* ► **water divining** N arte *m* del zahorí ► **water heater** N calentador *m* de agua ► **water ice** N (*Brit*) sorbete *m*, helado *m* de agua (*LAm*) ► **water jacket** N camisa *f* de agua ► **water jump** N foso *m* (de agua) ► **water level** N nivel *m* del agua; (*Naut*) línea *f* de agua ► **water lily** N nenúfar *m* ► **water line** N línea *f* de flotación ► **water main** N cañería *f* principal ► **water meadow** N (*esp Brit*) vega *f*, ribera *f* ► **water meter** N contador *m* de agua ► **water metering** N *control del agua mediante instalación de un contador de agua* ► **water mill** N molino *m* de agua ► **water park** N parque *m* acuático ► **water pipe** N caño *m* de agua ► **water pistol** N pistola *f* de agua ► **water plant** N planta *f* acuática ► **water polo** N waterpolo *m*, polo *m* acuático ► **water power** N energía *f* hidraúlica ► **water pressure** N presión *f* del agua ► **water pump** N bomba *f* de agua ► **water purification plant** N estación *f* depuradora de aguas residuales ► **water rat** N rata *f* de agua ► **water rate** N (*Brit*) tarifa *f* de agua ► **water snake** N culebra *f* de agua ► **water softener** N ablandador *m* de agua ► **water sports** NPL deportes *mpl* acuáticos ► **water supply** N abastecimiento *m* de agua ► **water table** N capa *f* freática, nivel *m* freático ► **water tank** N (*for village, in house*) depósito *m* de agua; (*on lorry*) cisterna *f* ► **water tower** N depósito *f* de agua ► **water vapour, water vapor** (*US*) N vapor *m* de agua ► **water vole** N rata *f* de agua ► **water wagon** N (*US*) vagón-cisterna *m* ► **water wheel** N rueda *f* hidráulica; (*Agr*) noria *f* ► **water wings** NPL manguitos *mpl*, flotadores *mpl* para los brazos

►**water down** VT + ADV [1] (*lit*) [+ *wine*] aguar, bautizar*; [+ *juice, milk, paint*] diluir
[2] (*fig*) [+ *reform, proposal, report*] suavizar

**waterage** ['wɔːtərɪdʒ] N transporte *m* por barco

**waterborne** ['wɔːtəbɔːn] ADJ [*disease*] transmitido a través del agua; [*traffic, trade*] (*by river*) fluvial; (*by sea*) marítimo

**watercolour, watercolor** (*US*) ['wɔːtəˌkʌləʳ] N acuarela *f*; **to paint in ~s** pintar a la acuarela

**watercolourist, watercolorist** (*US*) ['wɔːtəˌkʌlərɪst] N acuarelista *mf*

**water-cooled** ['wɔːtəkuːld] ADJ refrigerado (por agua)

**watercourse** ['wɔːtəkɔːs] N (= *river bed*) lecho *m*, cauce *m*; (= *canal*) canal *m*, conducto *m*

**watercress** ['wɔːtəkres] N berro *m*

**watered** ['wɔːtəd] Ⓐ ADJ aguado
Ⓑ CPD ► **watered silk** N muaré *m* ► **watered stock** N acciones *fpl* diluidas

**watered-down** ['wɔːtəd'daʊn] ADJ [1] [*wine*] aguado, bautizado*; [*juice, milk, paint*] diluido
[2] (*fig*) [*account, version*] suavizado; [*bill, reform, compromise*] suavizado

**waterfall** ['wɔːtəfɔːl] N cascada *f*, salto *m* de agua; (*larger*) catarata *f*

**waterfowl** ['wɔːtəfaʊl] (*pl* **waterfowl**) N ave *f* acuática

**waterfront** ['wɔːtəfrʌnt] N (= *harbour area*) puerto *m*, muelle *m*; **a ~ restaurant** *un restaurante situado a orillas de un río/lago etc*

**waterhole** ['wɔːtəhəʊl] N charco *m*; (*for animals*) abrevadero *m*

**watering** ['wɔːtərɪŋ] Ⓐ N riego *m*; **frequent ~ is needed** hay que regar con frecuencia
Ⓑ CPD ► **watering can** N regadera *f* ► **watering hole** N (*for animals*) abrevadero *m*; (*) pub *m* ► **watering place** N (= *spa*) balneario *m*; (= *seaside resort*) playa *f*, ciudad *f* marítima, ciudad *f* de veraneo; (*for animals*) abrevadero *m*

**waterless** ['wɔːtəlɪs] ADJ sin agua, árido

**waterlogged** ['wɔːtəlɒgd] ADJ [*ground*] anegado, inundado; [*pitch*] encharcado, inundado; [*boat, ship*] inundado; [*wood, paper*] empapado; **to get ~** [*ground*] anegarse, inundarse; [*wood, paper*] empaparse

**Waterloo** [ˌwɔːtə'luː] N Waterloo *m*; ✦*IDIOM* **he met his ~** se le llegó su San Martín

**waterman** ['wɔːtəmən] N (*pl* **watermen**) barquero *m*

**watermark** ['wɔːtəmɑːk] N (*on paper*) filigrana *f*; (*left by tide*) marca *f* del nivel del agua

**watermelon** ['wɔːtəˌmelən] N sandía *f*

**waterproof** ['wɔːtəpruːf] Ⓐ ADJ [*material*] impermeable; [*watch, torch*] sumergible; [*mascara, sunscreen, glue*] resistente al agua
Ⓑ N (*Brit*) impermeable *m*
Ⓒ VT impermeabilizar

**waterproofing** ['wɔːtə'pruːfɪŋ] N (= *process*) impermeabilización *f*; (= *material*) impermeabilizante *m*

**water-repellent** ['wɔːtərɪ'pelənt] Ⓐ ADJ [*material, clothing*] hidrófugo
Ⓑ N hidrófugo *m*

**water-resistant** ['wɔːtərɪ'zɪstənt] ADJ [*material*] impermeable; [*sunscreen*] a prueba de agua

**watershed** ['wɔːtəʃed] N [1] (*Geog*) línea *f* divisoria de las aguas; (= *basin*) cuenca *f*; **the ~ of the Duero** la cuenca del Duero
[2] (*fig*) (= *decisive moment*) momento *m* clave, momento *m* decisivo; (= *landmark*) hito *m*; **she had reached a ~ in her career** había llegado a un momento clave *or* decisivo en su carrera profesional; **the talks marked a ~ in the peace process** las negociaciones marcaron un hito en el proceso de paz
[3] (*Brit TV*) **the nine o'clock ~** *comienzo de la programación televisiva para adultos a las nueve de la noche*

**waterside** ['wɔːtəsaɪd] Ⓐ N (= *river, lake*) orilla *f*, ribera *f*; (= *harbour*) muelle *m*
Ⓑ ADJ ribereño

**water-ski** ['wɔːtəskiː] VI esquiar en el agua

**water-skier** ['wɔːtəˌskiːəʳ] N esquiador(a) *m/f* acuático/a

**water-skiing** ['wɔːtəˌskiːɪŋ] N esquí *m* acuático

**water-soluble** ['wɔːtə'sɒljʊbl] ADJ soluble en agua

**waterspout** ['wɔːtəspaʊt] N [1] (= *tornado*) tromba *f* marina
[2] (= *drainage pipe*) tubo *m* de desagüe

**watertight** ['wɔːtətaɪt] ADJ [1] [*bottle, container, seal*] hermético; [*compartment, boat, ship*] estanco; [*door*] de cierre hermético
[2] (*fig*) [*alibi*] perfecto; [*agreement*] sin lagunas; [*guarantee, embargo*] sólido; [*argument, theory*] irrefutable

**waterway** ['wɔːtəweɪ] N vía *f* fluvial *or* navegable; (= *inland waterway*) canal *m* (navegable)

**waterweed** ['wɔːtə'wiːd] N alga *f*

**waterworks** ['wɔːtəwɜːks] N [1] (*for water purification*) central *f* depuradora
[2] (*) (= *tears*) ✦*IDIOM* **to turn on the ~** echarse a llorar
[3] (*) (= *urinary tract*) vías *fpl* urinarias; **to have trouble with one's ~** tener problemas de orina

**watery** ['wɔːtərɪ] ADJ [1] (= *like or containing water*) [*fluid, discharge, solution*] acuoso; [*blood*] líquido; [*paint, ink*] aguado
[2] (*pej*) (= *containing excessive water*) [*tea, soup*] aguado
[3] (= *producing water*) [*eyes*] lloroso
[4] (= *insipid*) [*smile*] tímido; [*sun*] débil; [*light*] desvaído, tenue
[5] (= *pale*) [*colour*] pálido, desvaído
[6] (= *relating to water*) acuático; **to go to a ~ grave** (*liter*) encontrar su lecho de muerte en el fondo del mar (*liter*)

**WATS** ['wɒts] N ABBR (*US*) = **Wide Area Telecommunications Service**

**watt** [wɒt] N vatio *m*

**wattage** ['wɒtɪdʒ] N vatiaje *m*

**wattle**[1] ['wɒtl] N (*Constr*) zarzo *m*; **~ and daub** zarzos *mpl* y barro

**wattle**[2] ['wɒtl] N (*Orn*) barba *f*

**wave** [weɪv] Ⓐ N [1] (*in sea, lake*) ola *f*; **life on the ocean ~** la vida en el *or* la mar; ✦*IDIOM* **to make ~s** (= *make an impression*) causar sensación; (= *stir up trouble*) crear problemas; *see also* **tidal B**
[2] (*in hair*) onda *f*; **her hair has a natural ~ (in it)** tiene el pelo ondulado por naturaleza; *see also* **permanent C**
[3] (*on surface*) ondulación *f*; *see also* **shock**
[4] (*Phys, Rad*) onda *f*; **long/medium/short ~** onda larga/media/corta; *see also* **light**, **radio**, **sound**
[5] (*in brain*) onda *f*
[6] (= *surge*) [*of strikes, refugees, enthusiasm*] oleada *f*; **the recent ~ of bombings** la reciente oleada de bombardeos; **a ~ of panic swept over me** me invadió el pánico; **in the first ~ of the attack** en la primera oleada del ataque; **the pain comes in ~s** el dolor va y viene; *see also* **crime**, **Mexican**, **new**
[7] (= *wave of hand*) gesto *m* de la mano; **he dismissed me with a ~ of the hand** me echó con un gesto de la mano; **with a ~ he was gone** hizo un gesto con la mano para despedirse y se fue; **to give sb a ~** (*in greeting*) saludar a algn con la mano; (*saying goodbye*) decir adiós a algn con la mano
[8] (*US*) = **Mexican wave**
Ⓑ VT [1] (= *shake, brandish*) [+ *flag, handkerchief, placard*] agitar; [+ *weapon, spear, stick*] blandir, agitar; **he was waving his arms in the air** agitaba los brazos en el aire; **he saw Jarvis, and ~d a hand** (*to catch attention*) vio a Jarvis y le hizo señas con la mano; **she ~d her hand for silence** hizo un gesto con la mano para que se callaran; **he ~d a piece of paper at her** le hizo señas agitando un papel que llevaba en la mano; **he ~d the ticket under my nose** agitó el billete delante de mis narices; **to ~ one's/a magic wand** agitar su varita mágica
[2] (= *gesture*) **to ~ sb goodbye** ◊ **~ goodbye to sb** decir adiós a algn con la mano; **he ~d the car through the gates** le indicó al coche que entrara por el portón
[3] (*Hairdressing*) **it's used for waving hair** se utiliza para hacer ondas (en el pelo); **to have one's hair ~d** hacerse ondas (en el pelo)
Ⓒ VI [1] [*person*] **I saw her and ~d** la vi y la saludé con la mano; **we ~d as the train drew out** cuando partió el tren nos dijimos adiós con la mano; **Ralph ~d for silence** Ralph hizo un gesto con la mano para que se callaran; **to ~ to** *or* **at sb** (= *sign to*) hacer señas a algn con la mano; (= *greet*) saludar a algn con la mano; (= *say goodbye to*) decir adiós a algn con la mano
[2] (= *sway*) [*flag*] ondear; [*branches, grass*] mecerse
Ⓓ CPD ► **wave energy** N energía *f* mareomotriz ► **wave frequency** N frecuencia *f* de las ondas ► **wave mechanics** N mecánica *f* ondulatoria ► **wave power** N energía *f* mareomotriz ► **wave range** N (*Rad*) gama *f* de ondas

►**wave about, wave around** VT + ADV [+ *object, arms*] agitar

►**wave aside** VT + ADV (= *dismiss*) [+ *suggestion, objection*] (*verbally*) rechazar, desechar; (*with gesture*) rechazar con (un gesto de) la mano; **I told her how much I appreciated her help but she ~d aside my thanks** le dije cuánto apreciaba su ayuda, pero ella le quitó importancia (con un gesto de la mano)

►**wave away** VT + ADV [+ *sth offered*] rechazar con (un gesto de) la mano; **he ~d the waiter away** con un gesto de la mano le indicó al camarero que se fuera

►**wave down** VT + ADV **to ~ a car down** (= *sign to stop*) hacer señales a un coche para que pare; **we ~d down a passing car** paramos a un coche que pasaba haciéndole señas con las manos

►**wave off** VT + ADV **to ~ sb off** decir adiós a algn con la mano; **she came to the pier to ~ us off** vino al muelle para decirnos adiós

►**wave on** VT + ADV **to ~ sb on** indicar a algn que siga adelante, hacer señas a algn para que siga adelante

**waveband** ['weɪvbænd] N banda *f* de frecuencia; **long ~** onda *f* larga

**wavelength** ['weɪvleŋθ] N longitud *f* de onda; ✦*IDIOM* **we're not on the same ~** no estamos en la misma onda

**wavelet** ['weɪvlɪt] N pequeña ola *f*, olita *f*

**waver** ['weɪvəʳ] VI [1] (= *oscillate*) [*needle*] oscilar; [*flame*] temblar
[2] (*fig*) (= *hesitate*) vacilar, dudar (**between** entre); (= *weaken*) [*courage, support*] flaquear; (= *falter*) [*voice*] temblar; **he's beginning to ~** está empezando a vacilar *or* dudar; **his gaze**

**never ~ed** no apartó la mirada ni por un momento; **she never ~ed in her belief** siempre se mantuvo firme en sus creencias

**waverer** [ˈweɪvərəʳ] N indeciso/a *m/f*, irresoluto/a *m/f*

**wavering** [ˈweɪvərɪŋ] Ⓐ ADJ indeciso, irresoluto, vacilante
Ⓑ N (= *flickering*) temblor *m*; (= *indecisiveness*) vacilación *f*, indecisión *f*, irresolución *f*

**wavy** [ˈweɪvɪ] ADJ (*compar* **wavier**; *superl* **waviest**) [*hair, surface, line*] ondulado

**wavy-haired** [ˈweɪvɪˈhɛəd] ADJ de pelo ondulado

**wax¹** [wæks] Ⓐ N cera *f*; (*in ear*) cera *f* (de los oídos), cerumen *m*, cerilla *f*
Ⓑ ADJ de cera
Ⓒ VT [+ *furniture, car*] encerar
Ⓓ CPD ► **wax paper** N papel *m* encerado
► **wax seal** N sello *m* de lacre

**wax²** [wæks] VI [*moon*] crecer; **to ~ and wane** crecer y decrecer; **to ~ enthusiastic** († *or hum*) entusiasmarse; **to ~ eloquent about sth** ponerse elocuente acerca de algo; *see also* **lyrical**

**waxed** [wækst] ADJ [*paper*] encerado; [*jacket*] impermeabilizado

**waxen** [ˈwæksən] ADJ [1] (†) (= *made of wax*) de cera, céreo
[2] (*liter*) (= *pale*) ceroso

**waxing** [ˈwæksɪŋ] Ⓐ ADJ [*moon*] creciente
Ⓑ N crecimiento *m*

**waxwork** [ˈwækswɜːk] N figura *f* de cera

**waxworks** [ˈwækswɜːks] N (*pl* **waxworks**) museo *m* de cera

**waxy** [ˈwæksɪ] ADJ (*compar* **waxier**; *superl* **waxiest**) ceroso

**way** [weɪ] Ⓐ N [1] (= *road, lane*) camino *m*; (*in street names*) calle *f*, avenida *f*; **Way of the Cross** Vía *f* Crucis, viacrucis *m*; **across** *or* **over the ~ (from)** enfrente (de), frente (a); **permanent ~** vía *f*; **the public ~** la vía pública
[2] (= *route*) camino *m* (**to** de); **the ~ to the station** el camino de la estación; **which is the ~ to the station?** ¿cómo se va *or* cómo se llega a la estación?; **this isn't the ~ to Lugo!** ¡por aquí no se va a Lugo!; **he walked all the ~ here** vino todo el camino andando; **it rained all the ~ there** llovió durante todo el viaje; **he ran all the ~ home** hizo todo el camino a casa corriendo; **to ask one's ~ to the station** preguntar el camino *or* cómo se va a la estación; **we came a back ~** vinimos por los caminos vecinales; **she went by ~ of Birmingham** fue por *or* vía Birmingham; **if the chance comes my ~** si se me presenta la oportunidad; **~ down** bajada *f*, ruta *f* para bajar; **to take the easy ~ out** optar por la solución más fácil; **to feel one's ~** (*lit*) andar a tientas; **he's still feeling his ~ in the new job** todavía se está familiarizando con el nuevo trabajo; **to find one's ~** orientarse, ubicarse (*esp LAm*); **to find one's ~ into a building** encontrar la entrada de un edificio, descubrir cómo entrar en un edificio; **the cat found the ~ into the pantry** el gato logró introducirse en la despensa; **I had to find my own ~ home** me las tuve que arreglar para volver a casa; **the ~ is hard** el camino es duro; **the ~ in** (= *entrance*) la entrada; **I don't know the ~ to his house** no sé el camino a su casa, no sé cómo se va *or* llega a su casa; **do you know the ~ to the hotel?** ¿sabes el camino del *or* al hotel?, ¿sabes cómo llegar al hotel?; **I know my ~ about town** conozco la ciudad; **she knows her ~ around** (*fig*) tiene bastante experiencia, no es que sea una inocente; **to lead the ~** (*lit*) ir primero; (*fig*) marcar la pauta, abrir el camino; **to go the long ~ round** ir por el camino más largo; **to lose one's ~** extraviarse; **to make one's ~ to** dirigirse a; **to make one's ~ home** volver a casa; **to make one's ~ in the world** abrirse camino en la vida; **the middle ~** el camino de en medio; **on the ~ here** de camino hacia aquí, mientras veníamos aquí; **on the ~ to London** rumbo a Londres, camino de Londres; **it's on the ~ to Murcia** está en la carretera de Murcia; **we're on our ~!** ¡vamos para allá!; **he's on his ~** está de camino; **they have another child on the ~** tienen otro niño en camino; **you pass it on your ~ home** te pilla de camino a casa; **your house is on my ~** tu casa me viene de camino; **he is well on the ~ to finishing it** lo tiene casi terminado; **he's on the ~ to becoming an alcoholic** va camino de hacerse un alcohólico; **the ~ out** la salida; **you'll find it on the ~ out** lo encontrarás cerca de la salida; **I'll find my own ~ out** no hace falta que me acompañen a la puerta; **to find a ~ out of a problem** encontrar una solución a un problema; **there's no ~ out** (*fig*) no hay salida *or* solución, esto no tiene solución; **there's no other ~ out** (*fig*) no hay más remedio; **it's on its ~ out** está en camino de desaparecer, ya está pasando de moda; **to go out of one's ~** (*lit*) desviarse del camino; **to go out of one's ~ to help sb** desvivirse por ayudar a algn; **I don't want to take you out of your ~** no quiero apartarle del camino; **the village I live in is rather out of the ~** mi pueblo está un poco retirado; **that's nothing out of the ~ these days** eso no es nada extraordinario hoy día; **to pay one's ~** (*in restaurant*) pagar su parte; **the company isn't paying its ~** la compañía no rinde *or* no da provecho; **he put me in the ~ of some good contracts** me conectó *or* enchufó para que consiguiera buenos contratos; **to see one's ~ (clear) to helping sb** ver la forma de ayudar a algn; **could you possibly see your ~ clear to lending him some money?** ¿tendrías la amabilidad de prestarle algo de dinero?; **to go the shortest ~** ir por el camino más corto; **to start on one's ~** ponerse en camino; **~ up** subida *f*, ruta *f* para subir; **the ~ of virtue** el camino de la virtud; ♦**IDIOMS** **to go the ~ of all flesh** fenecer como todo ser humano; **I'm with you all the ~** te apoyo en todo; **to go one's own ~** seguir su propio camino; **she always goes her own sweet ~** hace lo que le da la gana; *see also* **prepare A**
[3] (= *space sb wants to go through*) camino *m*; **to bar the ~** ponerse en medio del camino; **to clear a ~ for** abrir camino para; **to clear the ~** despejar el camino; **he crawled his ~ to the gate** llegó arrastrándose hasta la puerta; **to elbow one's ~ through the crowd** abrirse paso por la multitud a codazos; **to fight one's ~ out** lograr salir luchando; **to force one's ~ in** introducirse a la fuerza; **to hack one's ~ through sth** abrirse paso por algo a fuerza de tajos; **to be/get in sb's ~** estorbar a algn; **to get in the ~** estorbar; **am I in the ~?** ¿estorbo?; **you can watch, but don't get in the ~** puedes mirar, pero no estorbes; **to put difficulties in sb's ~** crear dificultades a algn; **to stand in sb's ~** (*lit*) cerrar el paso a algn; (*fig*) ser un obstáculo para algn; **now nothing stands in our ~** ahora no hay obstáculo alguno; **to stand in the ~ of progress** impedir *or* entorpecer el progreso; **to make ~ (for sth/sb)** (*lit, fig*) dejar paso (a algo/algn); **make ~!** ¡abran paso!; **to leave the ~ open for further talks** dejar la puerta abierta a posteriores conversaciones; **this law leaves the ~ open to abuse** esta ley deja vía libre a toda clase de desafueros; **to get out of the ~** quitarse de en medio; **out of my ~!** ¡quítate de en medio!; **I should keep out of his ~ if I were you** yo que tú evitaría el trato con él; **I try to keep out of his ~** procuro evitar cualquier contacto con él; **I kept well out of the ~** me mantuve muy lejos; **to get** *or* **move sth out of the ~** quitar algo de en medio *or* del camino; **put it somewhere out of the ~** ponlo donde no estorbe; **it's out of the ~ of the wind** está al abrigo del viento; **as soon as I've got this essay out of the ~** en cuanto termine este ensayo; **keep those matches out of his ~** no dejes esas cerillas a su alcance; **to push one's ~ through the crowd** abrirse paso por la multitud a empujones; **to work one's ~ to the front** abrirse camino hacia la primera fila; **he worked his ~ up in the company** ascendió en la compañía a fuerza de trabajo; **he worked his ~ up from nothing** empezó sin nada y fue muy lejos a fuerza de trabajo; *see also* **give A18**
[4] (= *direction*) **down our ~** por nuestra zona, en nuestro barrio; **are you going my ~?** ¿vas por dónde voy yo?; **everything is going my ~** (*fig*) todo me está saliendo a pedir de boca; **to look the other ~** (*lit*) mirar para otro lado; (*fig*) mirar para otro lado, hacer la vista gorda; **turn it the other ~ round** vuélvelo al revés; **it was you who invited her, not the other ~ round** eres tú quien la invitaste, no al revés; **it's out Windsor ~** está cerca de Windsor; **turn the map the right ~ up** pon el mapa mirando hacia arriba; **the car landed the right ~ up** el coche cayó sobre las ruedas; **to split sth three ~s** dividir algo en tres partes iguales; **come this ~** pase por aquí; **"this way for the lions"** "a los leones"; **this ~ and that** por aquí y por allá; **which ~ did it go?** ¿hacia dónde fue?, ¿por dónde se fue?; **which ~ do we go from here?** (*lit, fig*) ¿desde aquí adónde vamos ahora?; **which ~ is the wind blowing?** ¿de dónde sopla el viento?; **she didn't know which ~ to look** no sabía dónde mirar, no sabía dónde poner los ojos
[5] (= *distance*) **a little ~ off** no muy lejos, a poca distancia; **a little ~ down the road** bajando la calle, no muy lejos; **it's a long** *or* **good ~ away** *or* **off** está muy lejos; **spring is a long ~ off** la primavera queda muy lejos; **it's a long** *or* **good ~** es mucho camino; **we have a long ~ to go** tenemos mucho camino por delante; **he'll go a long ~** (*fig*) llegará lejos; **a little of that flavouring goes a long ~** un poco de ese condimento cunde mucho; **a little of her company goes a long ~** (*iro*) sólo se le puede aguantar en pequeñas dosis; **we've come a long ~ since those days** hemos avanzado mucho desde entonces; **it should go a long ~ towards convincing him** (esto) seguramente contribuirá mucho a convencerlo; **that's a long ~ from the truth** eso queda muy lejos de la verdad; **better by a long ~** mucho mejor, mejor pero con mucho; **not by a long ~** ni con mucho; **I can swim quite a ~ now** ahora puedo nadar bastante distancia; **a short ~ off** no muy lejos, a poca distancia
[6] (= *means*) manera *f*, forma *f*, modo *m*; **we'll find a ~ of doing it** encontraremos la manera *or* forma *or* modo de hacerlo; **love will find a ~** el amor encontrará el camino; **it's the only ~ of doing it** es la única manera *or* forma *or* modo de hacerlo; **my ~ is to +** INFIN mi sistema consiste en + *infin*; **that's the ~!** ¡así!, ¡eso es!; **that ~ it won't disturb anybody** así no molestará a nadie; **every**

**which ~** (*esp US*) (= *in every manner*) de muchísimas maneras; (= *in every direction*) por todas partes; **he re-ran the experiment every which ~ he could** reprodujo el experimento de todas las maneras habidas y por haber; **~s and means** medios *mpl*; **that's not the right ~** así no se hace; **✦IDIOM there are no two ~s about it** no hay vuelta de hoja

[7] (= *manner*) manera *f*, forma *f*, modo *m*; **the ~ things are going we shall have nothing left** si esto continúa así nos vamos a quedar sin nada; **she looked at me in a strange ~** me miró de manera *or* forma *or* modo extraña; **it's a strange ~ to thank someone** ¡vaya manera *or* forma *or* modo de mostrar gratitud *or* darle las gracias a alguien!; **without in any ~ wishing to** + *INFIN* sin querer en lo más mínimo + *infin*, sin tener intención alguna de + *infin*; **in a big ~*** en grande*; **they like to celebrate their birthdays in a big ~** les gusta celebrar sus cumpleaños en grande; **we lost in a really big ~*** perdimos de manera *or* forma *or* modo realmente espectacular; **you can't have it both ~s** tienes que optar por lo uno o lo otro; **each ~** (*Racing*) (a) ganador y colocado; **either ~ I can't help you** de todas formas no puedo ayudarle; **I will help you in every ~ possible** haré todo lo posible por ayudarte; **he insulted us in every possible ~** nos ha insultado en todos los sentidos; **the British ~ of life** el estilo de vida británico; **no ~!*** ¡ni pensarlo!, ¡ni hablar!; **no ~ was that a goal*** ¡imposible que fuera eso un gol!; **there is no ~ I am going to agree*** de ninguna manera *or* forma *or* de ningún modo lo voy a consentir; **(in) one ~ or another** de una u otra manera *or* forma *or* modo; **it doesn't matter to me one ~ or the other** me es igual, me da lo mismo; **a week one ~ or the other won't matter** no importa que sea una semana más o una semana menos; **in the ordinary ~ (of things)** por lo general, en general; **he has his own ~ of doing it** tiene su manera *or* forma *or* modo de hacerlo; **I'll do it (in) my own ~** lo haré a mi manera *or* forma *or* modo; **he's a good sort in his own ~** tiene sus rarezas pero es buena persona; **in the same ~** de la misma manera *or* forma, del mismo modo; **to go on in the same old ~** seguir como siempre; **we help in a small ~** ayudamos un poco; **she's clever that ~** para esas cosas es muy lista; **to my ~ of thinking** a mi parecer, a mi manera *or* forma *or* modo de ver; **do it this ~** hazlo así; **in this ~** así, de esta manera *or* forma *or* modo; **it was this ~ ...** pasó lo siguiente ...; **that's always the ~ with him** siempre le pasa igual

[8] [*of will*] **to get one's own ~** salirse con la suya; **have it your own ~!** ¡como quieras!; **they've had it all their own ~ too long** hace tiempo que hacen lo que les da la gana; **they didn't have things all their own ~** (*in football match*) no dominaron el partido completamente; **he had his wicked** *or* **evil ~ with her** (*hum*) se la llevó al huerto*, la sedujo

[9] (= *custom*) costumbre *f*; **the ~s of the Spaniards** las costumbres de los españoles; **that is our ~ with traitors** así tratamos a los traidores; **he has his little ~s** tiene sus manías *or* rarezas; **to get into the ~ of doing sth** adquirir la costumbre de hacer algo; **to be/get out of the ~ of doing sth** haber perdido/perder la costumbre de hacer algo; **✦IDIOM to mend one's ~s** enmendarse, reformarse

[10] (= *gift, special quality*) **he has a ~ with people** tiene don de gentes; **he has a ~ with children** sabe manejar a los niños; **he has a ~ with him** tiene su encanto

[11] (= *respect, aspect*) sentido *m*; **in a ~** en cierto sentido; **in many ~s** en muchos sentidos; **he's like his father in more ~s than one** se parece a su padre en muchos sentidos; **in no ~** ◊ **not in any ~** de ninguna manera, de manera alguna; **in some ~s** en algunos sentidos

[12] (= *state*) estado *m*; **the ~ things are** tal como están *or* van las cosas; **to leave things the ~ they are** dejar las cosas como están; **things are in a bad ~** las cosas van *or* marchan mal; **the car is in a bad ~** el coche está en mal estado; **he's in a bad ~** (= *sick*) está grave; (= *troubled*) está muy mal; **he's in a fair ~ to succeed** tiene buenas posibilidades de lograrlo; **it looks that ~** así parece; **✦IDIOM to be in the family ~*** estar embarazada

[13] (= *speed*) **to gather ~** [*ship*] empezar a moverse; (*fig*) [*enthusiasm*] encenderse

[14] (*in set expressions with preposition*) **by the ~** a propósito, por cierto; **how was your holiday, by the ~?** a própósito *or* por cierto, ¿qué tal tus vacaciones?; **Jones, which by the ~, is not his real name** Jones que, a propósito *or* por cierto, no es su verdadero nombre; **oh, and by the ~** antes que se me olvide; **all this is by the ~** todo esto no viene al caso; **by ~ of a warning** a modo de advertencia; **that was all I got by ~ of an answer** eso es todo lo que conseguí por respuesta; **she's by ~ of being an artist** tiene sus ribetes de artista; **he had little in the ~ of formal education** tuvo poca educación formal; **to be under ~** estar en marcha; **the job is now well under ~** el trabajo ya está muy avanzado; **to get under ~** [*ship*] zarpar; [*person, group*] partir, ponerse en camino; [*work, project*] ponerse en marcha, empezar a moverse; **things are getting under ~ at last** por fin las cosas están empezando a moverse

Ⓑ ADV (*) **that was ~ back** eso fue hace mucho tiempo ya; **~ back in 1900** allá en 1900; **~ down (below)** muy abajo; **it's ~ out in Nevada** está allá en Nevada; **~ out to sea** mar afuera; **he was ~ out in his estimate** se equivocó (en) mucho en su presupuesto; **it's ~ past your bedtime** hace rato que deberías estar en la cama; **it's ~ too big** es demasiado grande; **~ up high** muy alto; **~ up in the sky** muy alto en el cielo

Ⓒ CPD ► **way station** N (*US*) apeadero *m*; (*fig*) paso *m* intermedio

**-way** [weɪ] ADJ (*ending in compounds*) **a five-way split** una división en cinco partes; **a two-way street** una calle de doble sentido

**waybill** [ˈweɪbɪl] N hoja *f* de ruta

**wayfarer** [ˈweɪˌfɛərəʳ] N (†) caminante *mf*, viajero/a *m/f*

**wayfaring tree** [ˈweɪfɛərɪŋˌtriː] N viburno *m*

**waylay** [weɪˈleɪ] (*pt, pp* **waylaid** [weɪˈleɪd]) VT abordar, detener; **I was waylaid by the manager** me detuvo el gerente; **they were waylaid by thieves** les atacaron unos ladrones

**waymarked** [ˈweɪmɑːkt] ADJ [*path, trail*] señalizado

**way-out*** [ˈweɪˈaʊt] ADJ ultramoderno

**wayside** [ˈweɪsaɪd] Ⓐ N borde *m* del camino; **by the ~** al borde del camino; **✦IDIOM to fall by the ~** [*project*] quedarse en aguas de borraja; [*person*] quedarse a mitad de camino

Ⓑ CPD [*inn*] de carretera; [*flowers*] al borde del camino

**wayward** [ˈweɪwəd] ADJ [1] (= *wilful*) [*person*] rebelde; [*behaviour*] díscolo, rebelde; [*horse*] caprichoso, rebelde; **she separated from her ~ husband** se separó del rebelde de su marido

[2] (*gen hum*) (= *unmanageable*) [*hair*] rebelde; [*satellite, missile*] rebelde, incontrolable

**waywardness** [ˈweɪwədnɪs] N (= *wilfulness*) rebeldía *f*; (= *capriciousness*) lo caprichoso

**WB** N ABBR (= **World Bank**) BM

**W/B** ABBR = **waybill**

**WBA** N ABBR = **World Boxing Association**

**WC** N ABBR (*Brit*) (= **water closet**) wáter *m*, WC *m*

**WCC** N ABBR = **World Council of Churches**

**wdv** ABBR (= **written-down value**) valor *m* amortizado

**we** [wiː] PRON (*for emphasis, to avoid ambiguity*) nosotros/as; **you've got kids but we haven't** vosotros tenéis hijos pero nosotros no; **we English** nosotros los ingleses; **it's we who ...** somos nosotros quienes ...; **they work harder than we do** trabajan más que nosotros

*Don't translate the subject pronoun when not emphasizing or clarifying:*

**we were in a hurry** teníamos prisa; **we were dissatisfied with the service** estábamos insatisfechos con el servicio

**w/e** ABBR = **week ending**; **~ 28 Oct** semana que termina el día 28 de octubre

**WEA** N ABBR (*Brit*) = **Workers' Educational Association**

**weak** [wiːk] Ⓐ ADJ (*compar* **weaker**; *superl* **weakest**) [1] (*physically*) [*person, limb, constitution*] débil; **he was too ~ to stand up** estaba demasiado débil para levantarse, no tenía fuerzas para levantarse; **to have ~ eyesight** tener mala vista; **to feel ~** sentirse débil; **my legs/arms felt ~** no tenía fuerza en las piernas/los brazos; **to be ~ from hunger** estar debilitado por el hambre; **to grow** *or* **get ~(er)** debilitarse; **to have a ~ heart** padecer del corazón; **the ~er sex**† el sexo débil; **to have a ~ stomach** marearse con facilidad; **to be ~ with hunger** estar debilitado por el hambre; **to be ~ with fear** estar débil por el miedo; **✦IDIOMS to be ~ in the head*** ser cortito de arriba*; **to go ~ at the knees: I went ~ at the knees** se me flaquearon las piernas

[2] (= *fragile*) [*bone, fingernail, bond*] frágil; [*structure*] endeble, frágil; [*material*] endeble; **that chair's got a ~ leg** a esa silla le falla una pata, esa silla tiene una pata floja; **the ~ link (in the chain)** (*fig*) el eslabón flojo (de la cadena)

[3] (= *ineffectual*) [*person, voice, smile, currency, government*] débil; [*economy*] débil, flojo; [*market*] flojo; **they believe it is ~ to cry** creen que llorar es signo de debilidad, creen que llorar es de débiles; **the dollar is ~ against the pound** el dólar está débil en comparación con la libra; **to have a ~ chin** tener una barbilla poco pronunciada

[4] (= *poor*) [*subject, student, team*] flojo; **geography is my ~ subject** estoy flojo en geografía, la geografía es mi asignatura floja; **to be ~ at** *or* **in sth** flojear en algo, estar flojo en algo; **the course was very ~ on grammar** el curso era muy flojo en lo referente a gramática; **~ point** punto *m* débil; *see also* **spot A4**

[5] (= *unconvincing*) [*argument, evidence*] poco sólido, poco convincente; [*case*] poco sólido; [*excuse, answer*] poco convincente; **the film had a ~ plot** el argumento de la película era muy flojo

[6] (= *faint*) [*light*] débil, tenue; [*sun, signal, electric current*] débil; [*tide, current*] flojo; [*pulse*] débil, flojo

[7] (= *watery*) [*coffee, tea, alcoholic drink*] poco cargado; [*solution*] diluido

Ⓑ NPL **the ~** los débiles

**weaken** ['wi:kən] Ⓐ VT [+ *person, heart, structure, economy*] debilitar; [+ *power, influence, resolve*] menguar, debilitar; [+ *case, argument*] quitar fuerza a; [+ *solution, mixture*] diluir; **he ~ed his grip on her arm** dejó de apretarle el brazo con tanta fuerza; **he doesn't want to do anything that might ~ his grip on power** no quiere hacer nada que pueda menguar el control que tiene sobre el país
Ⓑ VI [1] (= *grow weaker*) [*person, muscle, structure, economy*] debilitarse; [*power, influence, resolve*] menguarse, debilitarse; **the pound ~ed against the dollar today** hoy la libra ha bajado frente al dólar
[2] (= *give way*) flaquear; **we must not ~ now** no debemos flaquear, ahora menos que nunca

**weakening** ['wi:kənɪŋ] Ⓐ N [*of muscles, structure, currency, economy, power*] debilitamiento *m*; **we have seen a ~ of government resolve** hemos observado un debilitamiento en la resolución del gobierno
Ⓑ ADJ [*effect*] debilitante

**weak-kneed** ['wi:k'ni:d] ADJ (*fig*) [*person*] sin carácter, débil

**weakling** ['wi:klɪŋ] N (*physically*) debilucho/a *m/f*; (*morally*) pelele *m*

**weakly** ['wi:klɪ] Ⓐ ADV [1] (= *without physical strength*) [*move, lean*] sin fuerzas; **his heart was beating ~** su corazón latía con poca fuerza *or* débilmente; **she struggled ~** forcejeó con pocas fuerzas
[2] (= *ineffectually*) [*act, respond*] sin firmeza; [*say, smile*] débilmente, tímidamente; [*laugh*] tímidamente; [*give in*] sin oponer resistencia
Ⓑ ADJ († *or liter*) [*person, child*] enfermizo, enclenque

**weak-minded** ['wi:k'maɪndɪd] ADJ (= *irresolute*) sin carácter; (= *not sane*) mentecato

**weakness** ['wi:knɪs] N [1] (*in body*) debilidad *f*; [*of bone, fingernail*] fragilidad *f*; [*of structure*] falta *f* de solidez, lo endeble
[2] (= *ineffectuality*) [*of person*] falta *f* de carácter; [*of government, management*] flaqueza *f*, debilidad *f*
[3] (= *weak point*) punto *m* débil
[4] (= *soft spot*) debilidad *f*; **I'm afraid doughnuts are my ~** me temo que los donuts son mi debilidad; **to have a ~ for sth** tener debilidad por algo

**weak-willed** ['wi:k'wɪld] ADJ sin voluntad, indeciso

**weal¹** [wi:l] N (*esp Brit*) (= *wound*) verdugón *m*

**weal²††** [wi:l] N (= *well-being*) bienestar *m*; **the common ~** el bien común

**wealth** [welθ] Ⓐ N [1] (*lit*) riqueza *f*; **for all his ~** a pesar de su riqueza; **the country's mineral ~** las riquezas minerales del país
[2] (*fig*) (= *abundance*) abundancia *f* (**of** de); **the report provides a ~ of detail/new information** el informe contiene una abundancia de detalles/de información nueva
Ⓑ CPD ► **wealth tax** N impuesto *m* sobre el patrimonio

**wealthy** ['welθɪ] ADJ (*compar* **wealthier**; *superl* **wealthiest**) Ⓐ ADJ rico, acaudalado
Ⓑ NPL **the ~** los ricos

**wean** [wi:n] VT [+ *child*] destetar; **to ~ sb (away) from sth** (*fig*) alejar a algn de algo

**weaning** ['wi:nɪŋ] N destete *m*, ablactación *f*

**weapon** ['wepən] Ⓐ N arma *f*
Ⓑ CPD ► **weapons testing** N pruebas *fpl* con armas

**weaponry** ['wepənrɪ] N armas *fpl*

**wear** [wɛəʳ] (*vb: pt* **wore**; *pp* **worn**) Ⓐ N [1] (= *use*) uso *m*; **this material will stand up to a lot of ~** este tejido resistirá mucho uso; **I've had a lot of ~ out of this jacket** le he dado mucho uso a esta chaqueta, esta chaqueta ha aguantado mucho trote*; **there is still some ~ left in it** todavía le queda vida; **clothes for evening ~** ropa *f* para la noche; **clothes for everyday ~** ropa *f* para todos los días, ropa *f* para uso diario
[2] (= *deterioration through use*) desgaste *m*; **the ~ on the engine** el desgaste del motor; **to show signs of ~** [*clothes, furniture, tyres*] dar muestras de desgaste, mostrar señales de desgaste; **~ and tear** desgaste natural; **one has to allow for ~ and tear** hay que tener en cuenta el desgaste natural; ✦***IDIOM* the worse for ~***: **his suit looked decidedly the worse for ~*** el traje se le veía muy deslucido; **she looks the worse for ~** se la ve algo desmejorada; **he returned from the pub rather the worse for ~** volvió del bar algo ajumado*
[3] (= *dress, clothing*) ropa *f*; **what is the correct ~ for these occasions?** ¿qué es lo que se debe poner uno en tal ocasión?, ¿qué ropa es la apropiada para tal ocasión?; **casual ~** ropa *f* informal; **children's ~** ropa *f* de niños; **evening ~** ropa *f* para la noche; **ladies'** *or* **womens' ~** ropa *f* de señora; **summer ~** ropa *f* de verano
Ⓑ VT [1] (= *have on*) [+ *clothing, jewellery*] llevar, llevar puesto; [+ *spectacles, hairstyle, perfume*] llevar; [+ *beard*] tener; [+ *smile*] lucir; (= *put on*) [+ *clothes, shoes, perfume*] ponerse; **she was ~ing high-heeled shoes** llevaba (puestos) zapatos de tacón alto; **can you describe what he was ~ing?** ¿puede describir lo que llevaba (puesto)?; **were you ~ing a watch?** ¿llevabas reloj?, ¿llevabas un reloj puesto?; **what the well-dressed woman is ~ing this year** lo que lleva *or* se pone este año la mujer bien vestida; **she wore blue** iba de azul; **what shall I ~?** ¿qué me pongo?; **I have nothing to ~ to the dinner** no tengo qué ponerme para ir a la cena; **I haven't worn that for ages** hace siglos que no me pongo eso; **why don't you ~ your black dress?** ¿por qué no te pones el vestido negro?; **hats are rarely worn nowadays** hoy día apenas se llevan los sombreros; **I never ~ perfume/make-up** nunca llevo *or* me pongo perfume/maquillaje; **what size do you ~?** (*clothes*) ¿qué talla usa?; **what size shoes do you ~?** ¿qué número calza?; **does she ~ glasses/a wig?** ¿usa gafas/peluca?; **to ~ the crown** ceñir la corona; **to ~ one's hair long/short** llevar el pelo largo/corto; ✦***IDIOMS* she ~s her age** *or* **her years well** se conserva muy bien; **she's the one who ~s the trousers** *or* (*US*) **pants in that house*** en esa casa los pantalones los lleva ella*; *see also* **heart A2**
[2] (= *make worn*) **to ~ a path across the lawn** hacer un camino pisando la hierba; **the carpet had been worn threadbare** la alfombra estaba muy desgastada del uso; **to ~ o.s. to death** matarse (trabajando etc); **to ~ a hole in sth** hacer un agujero en algo; **he had worn holes in his socks** les había hecho agujeros a los calcetines; **the flagstones had been worn smooth by centuries of use** tantos siglos de uso habían alisado las losas
[3] (*) (= *tolerate*) permitir, consentir; **your father won't ~ it** tu padre no lo va a permitir *or* consentir
Ⓒ VI [1] (= *last*) durar, aguantar; **that dress/carpet has worn well** ese vestido/esa alfombra ha durado *or* aguantado mucho; **it's a friendship that has worn very well** es una amistad que ha resistido *or* aguantado muy bien el paso del tiempo; **she's worn well*** se ha conservado muy bien
[2] (= *become worn*) desgastarse; **the trousers have worn at the knees** los pantalones se han desgastado por la rodillas; **the rock has worn smooth** la roca se ha alisado por el desgaste; **to ~ thin** [*material*] desgastarse; **that excuse is ~ing a bit thin** esa excusa está ya muy pasada; **my patience is ~ing thin** se me está agotando la paciencia, estoy perdiendo la paciencia
[3] [*day, year, sb's life*] **to ~ to its end** *or* **a close** acercarse a su fin

►**wear away** Ⓐ VT + ADV [+ *rock*] erosionar; [+ *pattern*] desgastar, borrar
Ⓑ VI + ADV [*wood, metal*] desgastarse, gastarse; [*cliffs*] erosionarse; [*inscription, design*] borrarse

►**wear down** Ⓐ VT + ADV [1] (*lit*) [+ *heels, tyre tread, pencil*] gastar, desgastar
[2] (*fig*) [+ *opposition, resistance, patience*] agotar; [+ *person*] (*physically*) agotar, cansar; (*mentally*) cansar
Ⓑ VI + ADV [*heels, tyre tread*] desgastarse, gastarse

►**wear off** Ⓐ VI + ADV [*excitement, novelty*] pasar; [*anaesthetic, effects, pain*] pasarse; [*colour, design, inscription*] borrarse; **when the novelty ~s off** cuando pase la novedad; **the pain is ~ing off** se me está pasando el dolor
Ⓑ VT + ADV [+ *design, inscription*] quitar, borrar

►**wear on** VI + ADV [*year, war*] transcurrir, pasar; **the years wore on** transcurrían *or* pasaban los años; **as the evening wore on** a medida que transcurría la noche

►**wear out** Ⓐ VT + ADV [1] (= *ruin*) [+ *clothes, battery, engine, clutch*] gastar, desgastar; **you'll ~ your eyes out doing that** como hagas eso te vas a cansar la vista
[2] (= *exhaust*) agotar; **you'll ~ me out!** ¡me vas a agotar!, ¡me vas a matar!*; **I'm worn out** estoy agotado *or* rendido; **to ~ o.s. out** agotarse, matarse*
Ⓑ VI + ADV [*clothes, shoes, battery, engine, clutch*] gastarse, desgastarse; [*knee, elbow of garment*] gastarse

►**wear through** Ⓐ VT + ADV **the sole of his boot was completely worn through** con el uso la suela de la bota se le había agujereado
Ⓑ VI + ADV [*clothing*] romperse *or* agujerearse con el uso; **it has worn through at the elbows** con el uso se ha roto *or* agujereado por los codos

> **WEAR**
>
> • Don't translate the **a** in sentences like **was she wearing a hat?**, **he wasn't wearing a coat** if the number of such items is not significant since people normally only wear one at a time:
>
> Was he wearing a hat?
> ***¿Llevaba sombrero?***
> He wasn't wearing a coat
> ***No llevaba abrigo***
>
> • Do translate the **a** if the garment, item of jewellery etc is qualified:
>
> Queen Sofía is wearing a long dress
> ***Doña Sofía lleva un vestido largo***
>
> *For further uses and examples, see main entry.*

**wearable** ['wɛərəbl] ADJ que se puede llevar, ponible; **it's still ~** todavía está ponible; **I haven't got anything ~ for the wedding** no tengo nada apropiado que ponerme para la boda

**wearer** ['wɛərəʳ] N **contact lens/denture ~s** personas que usan lentillas/dentadura postiza; **spectacle ~s** personas que llevan gafas; **this device can improve the ~'s hearing considerably** este dispositivo puede mejorar considerablemente la audición del usuario; **~s**

**of bowler hats** los que llevan sombrero de hongo; **a mask grants the ~ anonymity** una máscara da anonimato a quien la lleva; **straight from maker to ~** directamente del fabricante al cliente

**wearily** ['wɪərɪlɪ] ADV (= *with tiredness*) con cansancio; (= *dispiritedly*) con desaliento; **she smiled/sighed ~** sonrió/suspiró cansada

**weariness** ['wɪərɪnɪs] N (*physical, mental*) cansancio *m*, fatiga *f*; (*emotional*) hastío *m*

**wearing** ['wɛərɪŋ] ADJ (= *exhausting*) [*journey*] cansado, pesado; [*activity*] pesado; **it was a ~ time for us** fue una época muy pesada para nosotros; **the loud music was ~ on the ear** la música tan alta estaba resultando pesada *or* cansina

**wearisome** ['wɪərɪsəm] ADJ (*frm*) (= *tiring*) fatigoso, pesado; (= *boring*) aburrido

**weary** ['wɪərɪ] Ⓐ ADJ (*compar* **wearier**; *superl* **weariest**) 1 [*person*] cansado; [*sigh, smile, voice*] de cansancio; **to be ~ of sth/sb** estar cansado *or* harto de algo/algn; **to be ~ of doing sth** estar cansado *or* harto de hacer algo; **to grow ~** [*person*] cansarse; **he had grown ~ of travelling** se había cansado de viajar

2 (*liter*) (= *tiring*) [*wait, day*] pesado; **five ~ hours** cinco agotadoras horas

Ⓑ VT (*frm*) cansar, agotar

Ⓒ VI (*frm*) **to ~ of sth/sb** cansarse *or* hartarse de algo/algn

**weasel** ['wi:zl] Ⓐ N (*pl* **weasel** *or* **weasels**) 1 (*Zool*) comadreja *f*

2 (*) (= *person*) zorro/a* *m/f*

Ⓑ VI **to ~ out of sth** (= *extricate o.s.*) escabullirse de algo

Ⓒ CPD ► **weasel words** NPL ambages *mpl*, palabras *fpl* equívocas

**weather** ['weðə'] Ⓐ N tiempo *m*; **~ permitting** si el tiempo lo permite, si el tiempo no lo impide; **in this ~** con el tiempo que hace, con este tiempo; **it's very comfortable to wear in hot ~** es muy cómodo de llevar (puesto) cuando hace calor; **what's the ~ like?** ¿qué tiempo hace?; **he has to go out in all ~s** tiene que salir haga el tiempo que haga; **it gets left outside in all ~s** se deja siempre a la intemperie; ✦*IDIOMS* **to keep a ~ eye on sth** observar algo con atención; **to make heavy ~ of sth** complicar algo, hacer algo más difícil de lo que es; **he only needed to change the bulb but he made such heavy ~ of it** ¡sólo tenía que cambiar la bombilla pero lo complicó de una manera!; **to be under the ~** (= *ill*) estar indispuesto, estar pachucho*

Ⓑ VT 1 [+ *storm*] (*also* **~ out**) aguantar; **we've ~ed worse criticism than this** hemos superado peores críticas que éstas, hemos hecho frente a peores críticas que éstas; **to ~ the storm** (*lit*) capear el temporal

2 (*Geol*) [+ *rock*] erosionar; [+ *wood*] curar; [+ *skin, face*] curtir; **the rocks had been ~ed into fantastic shapes** las rocas tenían formas fantásticas debido a la erosión

3 (*Naut*) [+ *cape*] doblar

Ⓒ VI [*rocks*] erosionarse; [*wood*] curarse; [*skin, face*] curtirse

Ⓓ CPD [*bureau, map, station*] meteorológico ► **weather balloon** N globo *m* meteorológico ► **weather conditions** NPL estado *m* del tiempo ► **weather forecast** N pronóstico *m* del tiempo, boletín *m* meteorológico ► **weather forecaster** N meteorólogo/a *m/f* ► **weather girl** N mujer *f* del tiempo, meteoróloga *f* ► **weather report** N boletín *m* meteorológico ► **weather ship** N barco *m* del servicio meteorológico ► **weather side** N (*Naut*) costado *m* de barlovento ► **weather station** N estación *f* meteorológica ► **weather strip** N burlete *m* ► **weather vane** N veleta *f*

**weather-beaten** ['weðə,bi:tn] ADJ [*skin, face*] curtido; [*wood*] deteriorado; [*stone*] erosionado; **the houses have a ~ look** en las casas se nota el efecto de los elementos

**weatherboard** ['weðəbɔ:d] N tabla *f* de chilla; **~ house** (*US*) casa *f* de madera

**weather-bound** ['weðəbaʊnd] ADJ bloqueado por el mal tiempo

**weathercock** ['weðəkɒk] N veleta *f*

**weathered** ['weðəd] ADJ [*rocks*] erosionado; [*skin, face*] curtido; [*wood*] curado, maduro

**weatherman** ['weðəmæn] N (*pl* **weathermen**) hombre *m* del tiempo

**weatherproof** ['weðəpru:f] Ⓐ ADJ [*building*] impermeabilizado; [*clothing*] impermeable, impermeabilizado

Ⓑ VT impermeabilizar

**weave** [wi:v] (*vb: pt* **wove**; *pp* **woven**) Ⓐ N tejido *m*

Ⓑ VT 1 (*lit*) [+ *fabric, basket*] tejer

2 (*fig*) [+ *story*] urdir; **he wove a story round these experiences** urdió una historia con estas experiencias; **he wove these details into the story** entretejó *or* intercaló estos detalles en el cuento

3 (*pt* **weaved** *or* **wove**; *pp* **weaved** *or* **woven**) (= *zigzag*) **to ~ one's way through the crowd** abrirse paso entre la multitud; **he ~d** *or* **wove his way to the bathroom** fue hasta el baño haciendo eses

Ⓒ VI 1 (*lit*) tejer

2 (*pt, pp* **weaved**) (*fig*) (= *move in and out*) zigzaguear; **he ~s from side to side, trying to dodge his opponent** va zigzagueando *or* se mueve de lado a lado intentando esquivar a su rival; **the motorbike was weaving in and out of the traffic** la motocicleta zigzagueaba *or* se abría paso entre los coches; **the road ~s about a lot** el camino tiene muchas curvas, el camino serpentea mucho (*liter*); ✦*IDIOM* **to get weaving**† poner manos a la obra; **let's get weaving!** ¡pongamos manos a la obra!

**weaver** ['wi:və'] N tejedor(a) *m/f*

**weaving** ['wi:vɪŋ] Ⓐ N tejido *m*; **basket ~** cestería *f*

Ⓑ CPD ► **weaving machine** N telar *m* ► **weaving mill** N tejeduría *f*

**Web** [web], **web**[1]* (*Internet*) Ⓐ N **the ~** el Web

Ⓑ CPD ► **web browser** N navegador *m* de Internet ► **web page** N página *f* web ► **web site** N web site *m*

**web**[2] [web] N [*of spider*] telaraña *f*; (= *fabric*) tela *f*, tejido *m*; (*between toes*) membrana *f*; (*fig*) red *f*; **a complex ~ of relationships** una complicada maraña *or* red de relaciones; **a ~ of intrigue** una red *or* un tejido de intrigas; **a ~ of deceit/lies** una maraña de engaños/mentiras

**webbed** [webd] ADJ palmeado

**webbing** ['webɪŋ] Ⓐ N (= *material*) cincha *f*; [*of chair*] cinchas *fpl*

Ⓑ CPD ► **webbing belt** N pretina *f* de reps

**web-footed** [,web'fʊtɪd] ADJ palmípedo

**webmaster** ['webmɑ:stə'] N (*Internet*) administrador(a) *m/f* de web

**webzine** ['webzi:n] N (*Internet*) revista *f* electrónica, revista *f* digital

**we'd** [wi:d] = **we would, we had**

**wed** [wed] (*frm*) Ⓐ VT **to ~ sb** [*bride, bridegroom*] desposarse con algn, casarse con algn; [*priest*] desposar a algn, casar a algn

Ⓑ VI (†) desposarse, casarse

**wedded** ['wedɪd] ADJ 1 (*frm*) [*wife, husband*] desposado, casado; [*bliss, life*] conyugal; **his lawful ~ wife** su legítima esposa

2 (*fig*) **to be ~ to** (= *linked to*) estar ligado *or* unido a; **to be ~ to an idea** [*person*] aferrarse *or* estar aferrado a una idea; **she's ~ to her work** está casada con su trabajo

**wedding** ['wedɪŋ] Ⓐ N boda *f*, casamiento *m*; **silver/ruby ~** bodas de plata/de rubí; **to have a church ~** casarse por la iglesia; **civil ~** boda *f* civil; **to have a civil ~** casarse por lo civil; **to have a quiet ~** casarse en la intimidad

Ⓑ CPD ► **wedding anniversary** N aniversario *m* de boda ► **wedding band** N = **wedding ring** ► **wedding breakfast** N (*frm*) banquete *m* de bodas ► **wedding cake** N tarta *f* *or* pastel *m* de boda ► **wedding day** N día *m* de la boda; **on her ~ day** el día de su boda ► **wedding dress** N traje *m* de novia ► **wedding invitation** N invitación *f* de boda ► **wedding march** N marcha *f* nupcial ► **wedding night** N noche *f* de bodas ► **wedding present** N regalo *m* de boda ► **wedding reception** N banquete *m* de bodas ► **wedding ring** N alianza *f*, anillo *m* de boda ► **wedding service** N boda *f*, ceremonia *f* nupcial; → BEST MAN

**wedge** [wedʒ] Ⓐ N 1 (*for keeping in position*) cuña *f*, calza *f*; **to drive a ~ between two people** abrir una brecha entre dos personas; ✦*IDIOM* **this is the thin end of the ~** esto puede ser el principio de muchos males

2 (= *piece*) [*of cheese, cake*] porción *f*, pedazo *m* (grande)

3 (*Golf*) wedge *m*, cucharilla *f*

Ⓑ VT **to ~ sth in place** asegurar algo; **to ~ a door open** mantener abierta una puerta con una cuña *or* una calza; **I was ~d between two other passengers** me estuve apretado *or* inmovilizado entre otros dos pasajeros; **it's ~d** no se puede mover

Ⓒ CPD ► **wedge heel** N tacón *m* de cuña

►**wedge in** VT + ADV **the car was ~d in between two lorries** el coche quedó encajado entre dos camiones; **a short documentary ~d in between sports programmes** un documental corto encasillado entre programas deportivos

**wedge-shaped** ['wedʒʃeɪpt] ADJ en forma de cuña

**wedlock** ['wedlɒk] N (*frm*) matrimonio *m*; **to be born out of ~** nacer fuera del matrimonio

**Wednesday** ['wenzdeɪ] N miércoles *m inv*; *see* **Tuesday** *for usage*

**Wed(s).** ABBR (= **Wednesday**) miérc.

**wee**[1]* [wi:] ADJ (*compar* **weer**; *superl* **weest**) (*Scot*) pequeñito, chiquito (*LAm*); **I was a ~ boy when it happened** era pequeñito cuando ocurrió; **a ~ bit** (= *small amount*) un poquitín, un poquito; **I'm a ~ bit worried** estoy un poco inquieto; **poor ~ thing!** ¡pobrecito!; **we were up till the ~ hours (of the morning)** *or* **the ~ small hours** no nos acostamos hasta las altas horas de la madrugada

**wee**[2]* [wi:] Ⓐ N pipí* *m*; **to have a ~** hacer pipí*; **I need a ~** tengo que hacer pipí*

Ⓑ VI hacer pipí*

**weed** [wi:d] Ⓐ N 1 mala hierba *f*, hierbajo *m*; (= *waterweed*) alga *f*; **the garden was full of ~s** el jardín estaba lleno de malas hierbas *or* hierbajos

2 (*) (= *person*) pelele* *m*

3 **the ~*** (*hum*) (= *tobacco*) el tabaco

4 (*) (= *marihuana*) hierba* *f*

5 **(widow's) ~s** ropa *f* de luto

Ⓑ VT [+ *flowerbed*] desherbar
Ⓒ VI desherbar
►**weed out** VT + ADV [+ *plant*] arrancar; (*fig*) eliminar

**weeding** [wi:dɪŋ] N **to do the ~** desherbar

**weedkiller** ['wi:d,kɪlə^r] N herbicida *m*

**weedy** ['wi:dɪ] ADJ (*compar* **weedier**; *superl* **weediest**) 1 [*ground*] lleno de malas hierbas *or* hierbajos
2 (*Brit* pej*) (= *scrawny*) [*person*] debilucho*, desmirriado*, enclenque

**week** [wi:k] N semana *f*; **allow four ~s for delivery** la entrega se realiza dentro de cuatro semanas; **twice a ~** dos veces a la semana; **this day ~** ◊ **a ~ today** de hoy en ocho días, dentro de ocho días; **tomorrow ~** de mañana en ocho días; **Tuesday ~** ◊ **a ~ on Tuesday** del martes en ocho días, este martes no, el otro; **in a ~ or so** dentro de una semana; **in the middle of the ~** a mitad de semana; **I don't have time during the ~** entre semana no tengo tiempo; **it changes from ~ to ~** esto cambia cada semana; **~ in, ~ out** semana tras semana; **I haven't seen her for** *or* **in ~s** hace tiempo que no la veo; ✦*IDIOM* **to knock sb into the middle of next ~*** dar a algn un golpe que le pone en órbita; *see also* **working A2**

**weekday** ['wi:kdeɪ] N día *m* laborable; **on a ~** ◊ **on ~s** entre semana; **I go every ~ morning** entre semana voy todas las mañanas

**weekend** ['wi:k'end] Ⓐ N 1 fin *m* de semana; **to stay over the ~** pasar el fin de semana; **a long ~** un puente; **to take a long ~** ◊ **make a long ~ of it** hacer puente
2 (*as adv*) **they are away ~s** los fines de semana se van fuera
Ⓑ VI pasar el fin de semana
Ⓒ CPD [*cottage, trip, visit*] de fin de semana
► **weekend case** N maletín *m* de viaje
► **weekend return** N *billete de ida y vuelta para el fin de semana*

**weekender** [,wi:k'endə^r] N *persona que va a pasar solamente el fin de semana*

**weekly** ['wi:klɪ] Ⓐ ADJ semanal
Ⓑ ADV semanalmente, cada semana; **they meet ~** se reúnen semanalmente *or* cada semana; **I am paid ~** me pagan semanalmente *or* por semana; **£15 ~** 15 libras por semana; **twice/three times ~** dos/tres veces por semana *or* a la semana; **the novel was published ~ in instalments** la novela se publicó en fascículos semanales
Ⓒ N (= *magazine*) semanario *m*

**weeknight** ['wi:knaɪt] N noche *f* de entresemana

**weenie*** ['wi:nɪ] N (*US*) = **wienie**

**weeny*** ['wi:nɪ] ADJ chiquitito*, minúsculo

**weeny-bopper*** ['wi:nɪ'bɒpə^r] N doceañera *f* (aficionada de la música pop)

**weep** [wi:p] (*vb: pt, pp* **wept**) Ⓐ VI 1 (= *cry*) llorar; **to ~ for joy** llorar de alegría; **to ~ for sb** llorar a algn; **to ~ for one's sins** llorar sus pecados; **to ~ to see sth** llorar al ver algo; **I could have wept** era para desesperarse
2 (*Med*) [*wound*] supurar
Ⓑ VT [+ *tears*] llorar
Ⓒ N **to have a good ~** llorar a lágrima viva

**weeping** ['wi:pɪŋ] Ⓐ N (= *crying*) llanto *m*
Ⓑ ADJ lloroso
Ⓒ CPD ► **weeping willow** N sauce *m* llorón

**weepy** ['wi:pɪ] Ⓐ ADJ 1 (= *tearful*) [*person*] llorón; [*eyes*] lloroso; **to feel ~** sentir *or* tener ganas de llorar; **to get** *or* **become ~ (about sth)** ponerse a llorar (por algo)
2 (*) (= *sentimental*) [*film, novel, song*] lacrimógeno
Ⓑ N (*) (= *film*) película *f* lacrimógena, melodrama *m*; (= *novel*) novela *f* lacrimógena

**weever** ['wi:və^r] N peje *m* araña

**weevil** ['wi:vl] N gorgojo *m*

**wee-wee*** ['wi:wi:] Ⓐ N pipí* *m*
Ⓑ VI hacer pipí*

**w.e.f.** ABBR = **with effect from**

**weft** [weft] N 1 (*lit*) trama *f*
2 (*fig*) red *f*

**weigh** [weɪ] Ⓐ VT 1 (= *measure weight of*) pesar; **to ~ o.s.** pesarse
2 (= *consider*) [+ *evidence, options, risks*] sopesar, considerar; **the advantages of surgery have to be ~ed against possible risks** las ventajas de la cirugía se tienen que contraponer a los posibles riesgos; **to ~ the pros and cons (of sth)** sopesar *or* considerar los pros y los contras (de algo); *see also* **word A1**
3 **to ~ anchor** levar anclas
Ⓑ VI 1 (= *tip the scales at*) pesar; **it ~s four kilos** pesa cuatro kilos; **how much** *or* **what do you ~?** ¿cuánto pesas?; **this ~s a ton!*** ¡esto pesa un quintal!*
2 (*fig*) 2·1 (= *be influential*) influir; **to ~ against sth/sb** ser un factor en contra de algo/algn; **there are many factors ~ing against the meeting happening** hay muchos factores en contra de que tenga lugar la reunión; **to ~ in favour of sth/sb** ser un factor a favor de algo/algn, inclinar la balanza a favor de algo/algn; **all these factors will ~ heavily with voters** todos estos factores influirán mucho en los votantes
2·2 (= *be a burden*) **to ~ on sb** agobiar a algn; **her absence began to ~ on me** su ausencia comenzó a agobiarme; **to ~ on sb's conscience** pesar sobre la conciencia de algn; **it ~s (heavily) on her mind** le preocupa (mucho); **eat something that won't ~ on your stomach** come algo que no te resulte pesado al estómago
►**weigh down** Ⓐ VT + ADV 1 (*lit*) 1·1 (= *hold down*) sujetar (con un peso/una piedra *etc*)
1·2 (= *encumber*) **don't take anything with you that will ~ you down** no te lleves nada que te suponga demasiado peso; **she was ~ed down with parcels** iba muy cargada de paquetes; **a branch ~ed down with fruit** una rama muy cargada de fruta
2 (*fig*) agobiar, abrumar (*more liter*); **to be ~ed down with** *or* **by sorrow** estar abrumado por la pena; **he felt ~ed down with** *or* **by responsibilities** se sentía agobiado por las responsabilidades; **I was ~ed down by guilt** me pesaba el sentimiento de culpabilidad; **the government is ~ed down with** *or* **by debt** el gobierno está cargado de deudas
Ⓑ VI + ADV **to ~ down on sb** agobiar a algn, abrumar a algn (*more liter*); **sorrow ~ed down on her** la pena la abrumaba
►**weigh in** Ⓐ VI + ADV 1 [*boxer, jockey*] pesarse; **to ~ in at 65 kilos** pesar 65 kilos
2 (*at airport desk*) facturar el equipaje
3 (= *contribute*) intervenir; **he ~ed in with his opinion** intervino con *or* expresando su opinión; **he ~ed in with the argument that …** intervino afirmando que …
Ⓑ VT + ADV 1 [+ *boxer, jockey*] pesar
2 [+ *luggage*] pesar, facturar
►**weigh out** VT + ADV [+ *goods, ingredients, kilo*] pesar
►**weigh up** (*esp Brit*) VT + ADV [+ *situation, risks, alternatives, evidence*] sopesar, considerar; [+ *person*] sondear, tantear; **we looked at each other, ~ing each other up** nos miramos, sondeándonos *or* tanteándonos el uno al otro; **I'm ~ing up whether to go or not** estoy considerando si ir o no

**weighbridge** ['weɪbrɪdʒ] N báscula-puente *f*, báscula *f* de puente

**weigh-in** ['weɪɪn] N pesaje *m*

**weighing machine** ['weɪɪŋmə,ʃi:n] N báscula *f*

**weight** [weɪt] Ⓐ N 1 (= *heaviness*) peso *m*; **sold by ~** vendido a peso; **to gain ~** engordar, ganar peso; **a package three kilos in ~** un paquete que pesa tres kilos, un paquete de tres kilos; **to lose ~** adelgazar, perder peso; **to put on ~** engordar, ganar peso; **the fence couldn't take his ~ and collapsed** la valla no aguantó su peso y se vino abajo; **to take the ~ off one's feet** sentarse a descansar; ✦*IDIOMS* **to chuck** *or* **throw one's ~ about*** ir de sargento*; **to throw one's ~ behind sb** apoyar a algn con toda su fuerza; **the government is throwing its ~ behind the reforms** el gobierno está apoyando con toda su fuerza las reformas; **it is worth its ~ in gold** vale su peso en oro; **that's a ~ off my mind** eso me quita un peso de encima; **he doesn't pull his ~** no hace su parte *or* lo que le corresponde
2 (*in clock, for scales*) pesa *f*; (= *heavy object*) peso *m*; **~s and measures** pesas *fpl* y medidas; **the doctor has forbidden me to lift heavy ~s** el médico me ha prohibido levantar peso
3 (*fig*) (= *importance*) peso *m*; **these are arguments of some ~** son argumentos de cierto peso; **those arguments carry great ~ with the minister** esos argumentos influyen poderosamente en el ministro; **those arguments carry no ~ with the minister** esos argumentos no influyen en el ministro; **they won by sheer ~ of numbers** ganaron simplemente porque eran más; **to give due ~ to sth** dar la debida importancia a algo; **to lend ~ to sth** darle más peso a algo
Ⓑ VT (= *add weight to*) cargar, dar peso a; (= *hold down*) sujetar con un peso
Ⓒ CPD ► **weight gain** N aumento *m* de peso
► **weight limit** N límite *m* de peso ► **weight loss** N pérdida *f* de peso ► **weight problem** N **to have a ~ problem** tener problemas de peso ► **weight training** N entrenamiento *m* con pesas ► **weight watcher** N persona *f* que vigila el peso *or* cuida la línea
►**weight down** VT + ADV sujetar con un peso/una piedra *etc*

**weighted** [weɪtɪd] ADJ [*clothing, object*] con peso; **~ average** media *f* ponderada; **~ index** índice *m* compensado; **to be ~ in favour of sb** favorecer a algn; **to be ~ against sb** perjudicar a algn

**weightiness** ['weɪtɪnɪs] N 1 (*lit*) peso *m*
2 (*fig*) [*of matter, problem*] gravedad *f*; [*of argument, reason*] peso *m*, importancia *f*

**weighting** ['weɪtɪŋ] N 1 (*on salary*) plus *m* (salarial) por coste de vida; **London ~** plus *m* (salarial) por residir en Londres
2 (*Scol*) factor *m* de valoración
3 (*Statistics*) ponderación *f*

**weightless** ['weɪtlɪs] ADJ ingrávido

**weightlessness** ['weɪtlɪsnɪs] N ingravidez *f*

**weightlifter** ['weɪt,lɪftə^r] N levantador(a) *m/f* de pesas, halterófilo/a *m/f*

**weightlifting** ['weɪt,lɪftɪŋ] N levantamiento *m* de pesas, halterofilia *f*

**weight-train** ['weɪt,treɪn] VI entrenar con pesas

**weighty** ['weɪtɪ] ADJ (*compar* **weightier**; *superl* **weightiest**) 1 (*lit*) [*load*] pesado; **a ~ tome** *or* **volume** un tomo de peso
2 (*fig*) [*matter, problem*] grave; [*argument, rea-*

*son*] importante, de peso; [*burden*] pesado; [*responsibility*] grande

**weir** [wɪəʳ] N [1] (= *dam*) presa *f*
[2] (= *fish trap*) encañizada *f*, cañal *m*

**weird** [wɪəd] ADJ (*compar* **weirder**; *superl* **weirdest**) raro, extraño; **the ~ thing is that ...** lo raro es que ...; **all sorts of ~ and wonderful things** todo tipo de cosas extraordinarias

**weirdly** ['wɪədlɪ] ADV (= *strange as it may seem*) extrañamente; **it was ~ quiet** reinaba una extraña calma; **he grunted ~** gruñó de una manera rara *or* extraña; **~ enough ...** por raro *or* extraño que parezca ...

**weirdo*** ['wɪədəʊ] N persona *f* rara

**welch** [welʃ] VI = **welsh**

**welcome** ['welkəm] Ⓐ VT (= *receive gladly*) [+ *person*] dar la bienvenida a; [+ *news*] alegrarse de; **he ~d me in** me dio la bienvenida al entrar; **her marriage was not ~d by the family** su matrimonio no fue bien recibido en la familia; **we'd ~ your suggestions** nos alegraría recibir sus sugerencias; ✦*IDIOM* **to ~ sb with open arms** recibir a algn con los brazos abiertos
Ⓑ N bienvenida *f*, recibimiento *m*; **to give sb a warm/frosty ~** dar a algn una calurosa/fría bienvenida, dar a algn un caluroso/frío recibimiento; **let's give a warm ~ to Ed Lilly!** ¡demos una calurosa bienvenida a Ed Lilly!; **to bid sb ~** (*frm*) dar la bienvenida a algn; *see also* **outstay**, **overstay**
Ⓒ ADJ [1] [*person, guest, visitor*] bienvenido, bien recibido; **everyone is ~** todo el mundo es bienvenido *or* bien recibido; **he's not ~ here any more** aquí ya no es bienvenido; **you're ~** (*esp US*) (*in reply to thanks*) de nada, no hay de qué; **you're ~ to it!** (*iro*) ¡te lo puedes quedar!; **I didn't feel very ~** no me sentí muy bien recibido; **to make sb ~** hacer que algn se sienta acogido; **you're ~ to visit any time** puedes venir cuando quieras; **you're ~ to try** puedes probar si quieres; **you're ~ to use my car** puedes usar mi coche con toda libertad, el coche está a tu disposición; ✦*IDIOM* **to roll** *or* **put out the ~ mat for sb** dar un recibimiento de reyes a algn
[2] (= *acceptable*) [*decision*] bienvenido; **the recent changes are very ~** los recientes cambios son muy bienvenidos; **a cup of tea is always ~** una taza de té siempre se agradece; **to be ~ news** ser una noticia grata; **shelters provide ~ relief from the sun and flies** los refugios proporcionan un grato alivio del sol y de las moscas; **the bags of flour were a ~ sight to the refugees** los refugiados recibieron con alegría las bolsas de harina
Ⓓ EXCL **~!** ¡bienvenido!; **~ back!** ¡bienvenido!; **~ home!** ¡bienvenido a casa!; **~ to Scotland!** ¡bienvenido a Escocia!

► **welcome back** VT + ADV **to ~ sb back** dar una buena acogida a algn cuando regresa; *see also* **welcome D**

**welcoming** ['welkəmɪŋ] ADJ [1] [*smile*] amable, cordial; [*place, atmosphere*] acogedor; **to be ~ to sb** ser acogedor *or* cordial con algn
[2] [*ceremony, banquet, speech*] de bienvenida; **~ party** *or* **committee** comité *m* de bienvenida

**weld** [weld] Ⓐ N soldadura *f*
Ⓑ VT (*Tech*) soldar; **the hull is ~ed throughout** el casco es totalmente soldado; **to ~ together** (*lit*) soldar; (*fig*) unir, unificar; **to ~ parts together** soldar unas piezas; **we must ~ them together into a new body** hemos de unirlos *or* unificarlos para formar un nuevo organismo
Ⓒ VI soldarse

➤ LANGUAGE IN USE: welcome A 13

**welder** ['weldəʳ] N soldador(a) *m/f*

**welding** ['weldɪŋ] Ⓐ N soldadura *f*
Ⓑ CPD [*process*] de soldar, soldador
► **welding torch** N soplete *m* soldador

**welfare** ['welfɛəʳ] Ⓐ N [1] (= *well-being*) bienestar *m*; **physical/spiritual ~** bienestar físico/espiritual; **you've got to think about the ~ of the children** tienes que pensar en el bienestar de los niños; **animal ~** la protección de los animales; **child ~** la protección a *or* de la infancia
[2] (= *social aid*) asistencia *f* social; **to be on ~** recibir asistencia social; **to live on ~** vivir a cargo de la asistencia social
Ⓑ CPD [*programme, provision*] de asistencia social ► **welfare centre**, **welfare center** (*US*) N centro *m* de asistencia social ► **welfare mother** N *madre que recibe asistencia social* ► **welfare organization** N organización *f* de asistencia social; **animal ~ organization** una organización para la protección de los animales ► **welfare services** NPL asistencia *fsing* social ► **welfare state** N estado *m* de bienestar social ► **welfare work** N trabajos *mpl* de asistencia social ► **welfare worker** N asistente *mf* social

**Welfarism** ['welfɛərɪzəm] N (*US*) *teoría y práctica de la protección de la salud y del bienestar públicos*

**well**[1] [wel] Ⓐ N [1] (= *bore*) (*for water*) pozo *m*, fuente *f*; (*for oil*) pozo *m*; **to sink a ~** perforar un pozo
[2] [*of stairs*] hueco *m*, caja *f*
[3] (*in auditorium*) estrado *m*
Ⓑ VI (*also* **~ out, ~ up**) brotar, manar

**well**[2] [wel] (*compar* **better**; *superl* **best**) Ⓐ ADV
[1] (= *in a good manner*) bien; **I remember it ~** lo recuerdo bien; **I know the place ~** conozco bien el lugar; **(and) ~ I know it!** ¡(y) bien que lo sé!; **to eat/live ~** comer/vivir bien; **he sings as ~ as she does** canta tan bien como ella; **as ~ as he could** lo mejor que pudo; **to do ~ at school** sacar buenas notas en el colegio; **to do ~ in an exam** sacar buena nota en un examen; **the patient is doing ~** el paciente evoluciona bien; **you would do ~ to think seriously about our offer** le convendría considerar seriamente nuestra oferta; **you did ~ to come at once** hizo bien en venir enseguida; **~ done!** ¡bien hecho!; **to go ~** ir bien; **everything is going ~** todo va bien; **~ and good** muy bien; **~ played!** (*Sport*) ¡bien hecho!; **to speak ~ of sb** hablar bien de algn; **to think ~ of sb** tener una buena opinión de algn; **he is ~ thought of here** aquí se le estima mucho
[2] (= *thoroughly, considerably*) [2·1] bien; **it was ~ deserved** estuvo bien merecido; **he's ~ away*** (= *drunk*) está borracho perdido; **to be ~ in with sb** llevarse muy bien con algn; **it continued ~ into 1996** siguió hasta bien entrado 1996; **he is ~ over** *or* **past fifty** tiene cincuenta y muchos años; **~ over a thousand** muchos más de mil, los mil bien pasados; **it's ~ past ten o'clock** son las diez y mucho; **she knows you too ~ to think that** te conoce demasiado bien para pensar eso de ti; **she loved him too ~** lo quería demasiado; **as we know all** *or* **only too ~** como sabemos perfectamente; **~ and truly** (*esp Brit*) de verdad, realmente; **we got ~ and truly wet** nos mojamos de verdad; **to wish sb ~** desear todo lo mejor a algn; **it was ~ worth the trouble** realmente valió la pena
[2·2] **~ dodgy/annoyed**‡ bien chungo*/enfadado
[3] (= *probably, reasonably*) **you may ~ be surprised to learn that ...** puede que te sorprenda mucho saber que ...; **it may ~ be that ...** es muy posible que + *subjun*; **they may ~ be lying** es muy posible que mientan; **we may as ~ begin now** ya podemos empezar, ¿no?; **you might as ~ tell me the truth** más valdría decirme la verdad; **"shall I go?" — "you may** *or* **might as ~"** "¿voy?" — "por qué no"; **we might (just) as ~ have stayed at home** para lo que hemos hecho, nos podíamos haber quedado en casa; **she cried, as ~ she might** lloró, y con razón; **you may ~ ask!** ¡buena pregunta!; **I couldn't very ~ leave** me resultaba imposible marcharme
[4] (*in set expressions*) [4·1] **as ~** (= *in addition*) también; **I'll take those as ~** me llevo esos también; **and it rained as ~!** ¡y además llovió!; **by night as ~ as by day** tanto de noche como de día; **as ~ as his dog he has two rabbits** además de un perro tiene dos conejos; **I had Paul with me as ~ as Lucy** Paul estaba conmigo, así como Lucy *or* además de Lucy; **could you manage to eat mine as ~ as yours?** ¿podrías comerte el mío y el tuyo?; **all sorts of people, rich as ~ as poor** gente de toda clase, tanto rica como pobre
[4·2] **to leave ~ alone**: **my advice is to leave ~ alone** te aconsejo que no te metas; **this sort of wound is best left ~ alone** lo mejor es ni tocar este tipo de herida
Ⓑ ADJ [1] (= *healthy*) bien; **I'm very ~ thank you** estoy muy bien, gracias; **I hope you're ~** espero que te encuentres bien; **are you ~?** ¿qué tal estás?; **she's not been ~ lately** recientemente ha estado algo indispuesta; **to get ~** mejorarse; **get ~ soon!** ¡que te mejores!
[2] (= *acceptable, satisfactory*) bien; **that's all very ~, but ...** todo eso está muy bien, pero ...; **it** *or* **we would be ~ to start early** mejor si salimos temprano; **it would be as ~ to ask** más vale *or* valdría preguntar; **it's as ~ not to offend her** más te vale no ofenderla; **it would be just as ~ for you to stay** mejor si te quedas; **it's ~ for you that nobody saw you** menos mal que nadie te vio; **it's just as ~ we asked** menos mal que preguntamos; ✦*PROV* **all's ~ that ends ~** bien está lo que bien acaba
Ⓒ EXCL [1] (*introducing topic, resuming*) bueno; **~, it was like this** bueno, pues así ocurrió; **~, as I was saying ...** bueno, como iba diciendo; **~, that's that!** ¡bueno, asunto concluido!
[2] (*expressing resignation*) **~, if we must go, let's get going** bueno, si nos tenemos que ir, vayámonos; **~ then?** ¿y qué?
[3] (*concessive, dismissive*) pues; **~, if you're worried, why don't you call her?** pues si estás tan preocupada ¿por qué no la llamas?; **~, I think she's a fool** pues yo pienso que es tonta
[4] (*expressing relief*) **~, thank goodness for that!** (pues) ¡gracias a Dios!
[5] (*expressing surprise*) ¡vaya!; **~, what do you know!*** ¡anda, quién lo diría!; **~, who would have thought it!** ¡anda, quién lo diría!; **~, ~!** ¡vaya, vaya!

**we'll** [wiːl] = **we will**, **we shall**

**well-** [wel] PREFIX bien-

**well-adjusted** [ˌweləˈdʒʌstɪd] ADJ equilibrado

**well-aimed** [ˌwelˈeɪmd] ADJ certero

**well-appointed** [ˌweləˈpɔɪntɪd] ADJ bien amueblado

**well-argued** [ˌwelˈɑːgjuːd] ADJ razonado

**well-attended** [ˌweləˈtendɪd] ADJ muy concurrido

**well-baby clinic** [welˈbeɪbɪklɪnɪk] N clínica *f* de revisión pediátrica

**well-balanced** [ˌwelˈbælənsd] ADJ bien equilibrado

**well-behaved** [ˌwelbɪˈheɪvd] ADJ que se porta bien

**well-being** [ˈwelˌbiːɪŋ] N bienestar *m*

**well-born** [ˌwelˈbɔːn] ADJ bien nacido

**well-bred** [ˌwelˈbred] ADJ [*person*] educado, cortés; [*accent*] culto; [*animal*] de raza, pura sangre

**well-brought-up** [ˌwelˈbrɔːtʌp] ADJ [*child*] educado

**well-built** [ˌwelˈbɪlt] ADJ [*house*] de construcción sólida; [*person*] fornido

**well-chosen** [ˌwelˈtʃəʊzn] ADJ [*remark, words*] acertado

**well-cooked** [ˌwelˈkʊkt] ADJ (= *tasty*) bien preparado; (= *well-done*) muy hecho

**well-defined** [ˌweldɪˈfaɪnd] ADJ bien definido

**well-deserved** [ˌweldɪˈzɜːvd] ADJ merecido

**well-developed** [ˌweldɪˈveləpt] ADJ [*arm, muscle*] bien desarrollado; [*sense*] agudo, fino

**well-disciplined** [ˌwelˈdɪsɪplɪnd] ADJ bien disciplinado

**well-disposed** [ˌweldɪsˈpəʊzd] ADJ bien dispuesto (**to, towards** hacia)

**well-documented** [ˌwelˈdɒkjʊˌmentɪd] ADJ documentado

**well-dressed** [ˌwelˈdrest] ADJ bien vestido

**well-earned** [ˌwelˈɜːnd] ADJ merecido

**well-educated** [ˌwelˈedjʊkeɪtɪd] ADJ instruido, culto

**well-endowed** [ˌwelɪnˈdaʊd] ADJ **1** [*institution*] bien dotado de fondos, con buena dotación monetaria
**2** (* *euph*) [*man, woman*] bien dotado, bien despachado*

**well-equipped** [ˌwelɪˈkwɪpt] ADJ bien equipado

**well-established** [ˌwelɪˈstæblɪʃt] ADJ (*gen*) sólidamente establecido; [*custom*] muy arraigado; [*firm*] (= *of long standing*) sólido; (= *with good reputation*) de buena reputación

**well-favoured, well-favored** (*US*) [ˌwelˈfeɪvəd] ADJ bien parecido

**well-fed** [ˌwelˈfed] ADJ (*lit*) bien alimentado; (*in appearance*) regordete

**well-fixed*** [ˌwelˈfɪkst] ADJ (*US*) **to be ~** nadar en la abundancia, estar boyante; **we're ~ for food** tenemos comida de sobra

**well-formed** [ˌwelˈfɔːmd] ADJ (*Ling*) gramatical

**well-formedness** [ˌwelˈfɔːmdnɪs] N gramaticalidad *f*

**well-founded** [ˌwelˈfaʊndɪd] ADJ fundamentado

**well-groomed** [ˌwelˈgruːmd] ADJ acicalado

**well-grown** [ˈwelˈgrəʊn] ADJ grande, maduro, adulto

**wellhead** [ˈwelhed] N fuente *f*, manantial *m*

**well-heeled*** [ˌwelˈhiːld] ADJ ricacho*

**well-hung** [ˌwelˈhʌŋ] ADJ **1** (‡) [*man*] bien dotado, bien despachado*, con un buen paquete‡
**2** (*Culin*) [*game*] bien manido

**well-informed** [ˌwelɪnˈfɔːmd] ADJ bien informado, al corriente

**Wellington** [ˈwelɪŋtən] N Wellington *m*

**wellington** [ˈwelɪŋtən] N (*Brit*) (*also* **~ boot**) bota *f* de goma

**well-intentioned** [ˌwelɪnˈtenʃnd] ADJ [*person*] con buenas intenciones; [*act*] bienintencionado; [*lie*] piadoso

**well-judged** [ˌwelˈdʒʌdʒd] ADJ bien calculado

**well-kept** [ˌwelˈkept] ADJ [*secret*,] bien guardado; [*garden*] bien cuidado; [*house*] bien conservado

**well-knit** [ˌwelˈnɪt] ADJ [*body*] robusto, fornido; [*scheme*] lógico, bien razonado; [*speech*] bien pensado, de estructura lógica

**well-known** [ˌwelˈnəʊn] ADJ [*name, brand, person*] muy conocido, famoso; **it's a ~ fact that ...** ◊ **it's ~ that ...** es bien sabido que ...

**well-liked** [ˌwelˈlaɪkt] ADJ querido

**well-loved** [ˌwelˈlʌvd] ADJ muy querido, amado

**well-made** [ˌwelˈmeɪd] ADJ bien hecho, fuerte

**well-managed** [ˌwelˈmænɪdʒd] ADJ bien administrado

**well-man clinic** [welˈmænklɪnɪk] N clínica *f* de salud (*para hombres*)

**well-mannered** [ˌwelˈmænəd] ADJ educado, cortés

**well-marked** [ˌwelˈmɑːkt] ADJ bien marcado

**well-matched** [ˌwelˈmætʃt] ADJ muy iguales

**well-meaning** [ˌwelˈmiːnɪŋ] ADJ bienintencionado

**well-meant** [ˌwelˈment] ADJ bienintencionado

**well-nigh** [ˈwelnaɪ] ADV **~ impossible** casi imposible

**well-nourished** [ˌwelˈnʌrɪʃt] ADJ bien alimentado

**well-off** [ˌwelˈɒf] Ⓐ ADJ **1** (*financially*) acomodado, pudiente; **the less ~** las gentes menos pudientes
**2** (*in circumstances*) **she's ~ without him** está mejor sin él; **you don't know when you're ~** no sabes los muchos beneficios que tienes
Ⓑ NPL **the ~** las clases acomodadas

**well-oiled*** [ˌwelˈɔɪld] ADJ hecho una cuba*

**well-padded*** [ˌwelˈpædɪd] ADJ bien rellenito

**well-paid** [ˌwelˈpeɪd] ADJ bien pagado, bien retribuido

**well-preserved** [ˌwelprɪˈzɜːvd] ADJ [*person*] bien conservado

**well-proportioned** [ˌwelprəˈpɔːʃnd] ADJ bien proporcionado, de forma elegante; [*person*] de talle elegante

**well-read** [ˌwelˈred] ADJ culto, instruido; **to be ~ in history** haber leído mucha historia, estar muy documentado en historia

**well-respected** [ˌwelrɪˈspektɪd] ADJ respetado, estimado

**well-rounded** [ˌwelˈraʊndɪd] ADJ [*person*] polifacético; [*education*] equilibrado

**well-spent** [ˌwelˈspent] ADJ bien empleado, fructuoso

**well-spoken** [ˌwelˈspəʊkən] ADJ bienhablado, con acento culto

**wellspring** [ˈwelˌsprɪŋ] N (*fig*) fuente *f*

**well-stacked*** [ˌwelˈstækt] ADJ de buen tipo, curvilínea

**well-stocked** [ˌwelˈstɒkt] ADJ bien surtido, bien provisto; **~ shelves** estantes *mpl* llenos

**well-thought-of** [ˌwelˈθɔːtəv] ADJ bien reputado, de buena reputación

**well-thought-out** [ˌwelθɔːtˈaʊt] ADJ bien planeado

**well-thumbed** [ˌwelˈθʌmd] ADJ [*book*] muy usado, manoseado; [*pages*] manoseado

**well-timed** [ˌwelˈtaɪmd] ADJ oportuno

**well-to-do** [ˌweltəˈduː] Ⓐ ADJ acomodado
Ⓑ NPL **the ~** las clases acomodadas

**well-travelled, well-traveled** (*US*) [ˌwelˈtrævld] ADJ [*person*] que ha viajado mucho, que ha visto mucho mundo; **a ~ path** un camino muy trillado

**well-tried** [ˌwelˈtraɪd] ADJ [*method*] comprobado

**well-trodden** [ˌwelˈtrɒdn] ADJ trillado; **a ~ path** un camino muy trillado

**well-turned** [ˌwelˈtɜːnd] ADJ elegante; **a ~ phrase** una frase elegante; **a ~ ankle** un tobillo bien formado

**well-wisher** [ˈwelˌwɪʃəʳ] N admirador(a) *m/f*

**well-woman clinic** [ˈwelwʊmənˌklɪnɪk] N clínica *f* de salud (*para mujeres*)

**well-worn** [ˌwelˈwɔːn] ADJ [*garment*] raído; [*path, cliché*] trillado

**well-written** [ˌwelˈrɪtn] ADJ bien escrito

**welly*** [ˈwelɪ] N (*Brit*) **~ boots** ◊ **wellies** botas *fpl* de goma

**Welsh** [welʃ] Ⓐ ADJ galés
Ⓑ N **1** (= *language*) galés *m*
**2** **the ~** (= *people*) los galeses
Ⓒ CPD ► **the Welsh Assembly** N el parlamento galés ► **Welsh dresser** N *aparador con estantes en la mitad de arriba* ► **Welsh rabbit, Welsh rarebit** N pan *m* con queso tostado

**welsh** [welʃ] VI [*bookmaker*] largarse sin pagar*; **to ~ on a promise** no cumplir una promesa; **they ~ed on the agreement** no respetaron el acuerdo

**Welshman** [ˈwelʃmən] N (*pl* **Welshmen**) galés *m*

**Welshwoman** [ˈwelʃˌwʊmən] N (*pl* **Welshwomen**) galesa *f*

**welt** [welt] Ⓐ N **1** (= *weal*) verdugón *m*
**2** [*of garment*] ribete *m*
**3** [*of shoe*] vira *f*
Ⓑ VT **1** [+ *shoe*] poner vira a
**2** (= *beat*) pegar, zurrar

**welter** [ˈweltəʳ] Ⓐ N confusión *f*, mezcla *f* confusa, mescolanza *f*, revoltijo *m*; **in a ~ of blood** en un mar de sangre
Ⓑ VI revolcarse; **to ~ in** estar bañado en, bañarse en

**welterweight** [ˈweltəweɪt] N wélter *m*; **light ~** wélter *m* ligero

**wen** [wen] N lobanillo *m*, quiste *m* sebáceo; **the Great Wen** el gran tumor (*Londres*)

**wench** [wentʃ] (††† *or liter*) Ⓐ N moza *f*; (= *whore*) puta *f*
Ⓑ VI (*also* **to go ~ing**) putañear††, ir de fulanas

**wend** [wend] VT (*liter*) **to ~ one's way to** enderezar sus pasos a; **to ~ one's way home** (*hum*) encaminarse a casa

**Wendy house** [ˈwendɪhaʊs] N (*pl* **Wendy houses** [ˈwendɪhaʊzɪz]) (*Brit*) casa *f* de juguete (*suficientemente grande para jugar dentro*)

**went** [went] PT *of* **go**

**wept** [wept] PT, PP *of* **weep**

**we're** [wɪəʳ] = **we are**

**were** [wɜːʳ] PT *of* **be**

**weren't** [wɜːnt] = **were not**

**werewolf** [ˈwɪəwʊlf] N (*pl* **werewolves**) hombre *m* lobo

**wert**†† [wɜːt] PT (*thou form*) *of* **be**

**Wesleyan** [ˈwezlɪən] Ⓐ ADJ metodista
Ⓑ N metodista *mf*

**Wesleyanism** [ˈwezlɪənɪzəm] N metodismo *m*

**west** [west] Ⓐ N oeste *m*, occidente *m*; **the West** (*Pol*) el Oeste, (el) Occidente; **tales of the American West** cuentos *mpl* del Oeste americano; **in the ~ of the country** al oeste *or* en el oeste del país; **the wind is from the** *or* **in the ~** el viento sopla *or* viene del oeste; **to the ~ of** al oeste de
Ⓑ ADJ [*part, coast*] oeste, del oeste, occidental; [*wind*] del oeste
Ⓒ ADV (= *westward*) hacia el oeste; (= *in the*

*west*) al oeste, en el oeste; **we were travelling ~** viajábamos hacia el oeste; **~ of the border** al oeste de la frontera; **it's ~ of London** está al oeste *or* en el oeste de Londres; **✦IDIOM to go ~*** [*object, machine*] cascarse*, estropearse; [*plan*] irse al garete; [*person*] estirar la pata*
Ⓓ CPD ► **West Africa** N África *f* Occidental ► **the West Bank** N Cisjordania *f* ► **West Berlin** N (*Hist*) Berlín *m* Oeste ► **the West Country** N (*Brit*) el West Country (*el sudoeste de Inglaterra, esp. los condados de Cornualles, Devon y Somerset*) ► **the West End** N (*of London*) el West End (de Londres) (*zona del centro de Londres donde hay muchas tiendas y locales de ocio*) ► **West Germany** N (*formerly*) Alemania *f* Occidental; *see also* **West German**, **West Indian** ► **West Indies** NPL Antillas *fpl*

**westbound** ['westbaʊnd] ADJ [*traffic, carriageway*] con rumbo al oeste

**westerly** ['westəlɪ] Ⓐ ADJ [*wind*] del oeste; **in a ~ direction** hacia el oeste, rumbo al oeste, en dirección oeste; **the most ~ point in Europe** el punto más occidental *or* más al oeste de Europa
Ⓑ N (= *wind*) viento *m* del oeste

**western** ['westən] Ⓐ ADJ occidental; **Western** (*Pol*) occidental, del Oeste; **the ~ part of the island** la parte occidental *or* oeste de la isla; **in ~ Spain** en la España occidental; **the ~ coast** la costa occidental *or* oeste
Ⓑ N (= *film*) western *m*, película *f* del oeste
Ⓒ CPD ► **Western Isles** N (*Brit*) las Hébridas

**westerner** ['westənəʳ] N habitante *mf* del Oeste; (*Pol etc*) occidental *mf*

**westernization** ['westənaɪ'zeɪʃən] N occidentalización *f*

**westernize** ['westənaɪz] VT occidentalizar

**westernized** ['westənaɪzd] ADJ occidentalizado; **to become ~** occidentalizarse

**westernmost** ['westənməʊst] ADJ más occidental, más al oeste; **the ~ point of Spain** el punto más occidental *or* más al oeste de España

**west-facing** ['west'feɪsɪŋ] ADJ con cara al oeste, orientado hacia el oeste; **~ slope** vertiente *f* oeste

**West German** [ˌwest'dʒɜːmən] (*formerly*) Ⓐ ADJ de Alemania Occidental
Ⓑ N alemán/ana *m/f* (de Alemania Occidental)

**West Indian** [ˌwest'ɪndɪən] Ⓐ ADJ antillano
Ⓑ N antillano/a *m/f*

**Westminster** ['westˌmɪnstəʳ] N (*Brit*) Westminster *m*

**WESTMINSTER**

**Westminster**, *también llamado* **City of Westminster**, *es el distrito del centro de Londres que comprende el Parlamento* (**Houses of Parliament**)*, la Abadía de Westminster* (**Westminster Abbey**) *y el Palacio de Buckingham* (**Buckingham Palace**)*. Este nombre se usa también normalmente en los medios de comunicación para referirse al Parlamento o a los parlamentarios británicos.*

**west-northwest** [ˌwestnɔːθ'west] Ⓐ N oesnoroeste *m*, oesnorueste *m*
Ⓑ ADJ oesnoroeste, oesnorueste
Ⓒ ADV (= *toward west-northwest*) hacia el oesnoroeste *or* oesnorueste; [*situated*] al oesnoroeste *or* oesnorueste, en el oesnoroeste *or* oesnorueste

**west-southwest** [ˌwestsaʊθ'west] Ⓐ N oesuroeste *m*, oesurueste *m*
Ⓑ ADJ oesuroeste, oesurueste
Ⓒ ADV (= *toward west-southwest*) hacia el oesuroeste *or* oesurueste; [*situated*] al oesuroeste *or* oesurueste, en el oesuroeste *or* oesurueste

**westward** ['westwəd] Ⓐ ADJ [*movement, migration*] hacia el oeste, en dirección oeste
Ⓑ ADV hacia el oeste, en dirección oeste

**westwards** ['westwədz] ADV (*esp Brit*) = **westward B**

**wet** [wet] Ⓐ ADJ (*compar* **wetter**; *superl* **wettest**)
1 [*person, clothes, nappy, bed*] mojado; (= *sopping*) calado; [*paint, ink, plaster*] fresco; **the baby was ~** el niño se había hecho pis*; **"wet paint"** "recién pintado"; **to get ~** mojarse; **to get one's feet/shoes ~** mojarse los pies/zapatos; **to be soaking** *or* **wringing ~** estar chorreando; **to be ~ through** estar empapado, estar calado; **the grass was ~ with dew** la hierba estaba mojada de rocío; **✦IDIOM to be ~ behind the ears*** estar verde*
2 (*from crying*) [*eyes*] lloroso, lleno de lágrimas; [*cheeks, face*] lleno de lágrimas; **her cheeks were ~ with tears** las lágrimas le corrían por las mejillas
3 (= *rainy*) [*day, month, winter, climate*] lluvioso; **take a raincoat if it's ~** llévate un impermeable si llueve; **we've had a lot of ~ weather** hemos tenido un tiempo muy lluvioso; **it's been very ~** ha llovido mucho; **the ~ season** la estación lluviosa *or* de las lluvias
4 (* *pej*) (= *feeble*) soso, blandengue; (*Brit Pol*) *término aplicado a los políticos conservadores de tendencias centristas, desdeñados por la parte más radicalmente conservadora del partido*
5 (*US*) (= *against prohibition*) antiprohibicionista
Ⓑ N 1 **the ~** (= *rain, wet weather*) la lluvia; **the bike had been left out in the ~** habían dejado la bicicleta bajo la lluvia
2 (*Brit Pol**) *político conservador de tendencias centristas, desdeñado por la parte más radicalmente conservadora del partido*
Ⓒ VT 1 (= *make wet*) mojar; **to ~ one's lips** humedecerse los labios; **✦IDIOM to ~ one's whistle**† mojar el gaznate
2 (= *urinate on*) **he's ~ his trousers** se ha orinado en los pantalones, se ha hecho pis en los pantalones*, se ha meado en los pantalones‡; **to ~ the bed** orinarse en la cama, hacerse pis en la cama*, mearse en la cama‡; **to ~ o.s.** orinarse encima, hacerse pis encima*, mearse encima‡; **✦IDIOM to ~ o.s.*** (*with amusement*) mearse de risa‡; (*with terror*) mearse de miedo‡
Ⓓ CPD ► **wet blanket*** N aguafiestas* *mf inv* ► **wet dream** N polución *f* nocturna; **to have a ~ dream** tener una polución nocturna, correrse dormido*‡ ► **wet fish** N (*Culin*) pescado *m* fresco; **he's a bit of a ~ fish** (*fig*) es un poco soso ► **wet nurse** N nodriza *f*, ama *f* de cría ► **wet suit** N traje *m* isotérmico

**wetback*** ['wetbæk] N (*US*) inmigrante *mf* (mejicano) ilegal, espalda *mf* mojada

**wether** ['weðəʳ] N carnero *m* castrado

**wetland** ['wetlənd] N pantano *m*, zona *f* húmeda *or* acuosa; **~s** pantanos *mpl*, tierras *fpl* pantanosas

**wet-look** ['wetlʊk] ADJ [*material, jeans, boots*] con un acabado abrillantado

**wetness** ['wetnɪs] N [*of surface, road*] estado *m* mojado; [*of substance*] lo mojado; [*of weather*] lo lluvioso

**wetting** ['wetɪŋ] N **to get a ~** mojarse, empaparse; **to give sb a ~** mojar *or* empapar a algn

**WEU** ABBR = **Western European Union**

**WEU** N ABBR (= **Western European Union**) UEO *f*

**we've** [wiːv] = **we have**

**WFP** N ABBR (= **World Food Programme**) PMA *m*

**WFTU** N ABBR (= **World Federation of Trade Unions**) FSM *f*

**whack** [wæk] Ⓐ N 1 (= *blow*) golpe *m* fuerte, porrazo *m*; **to give sb a ~** dar un golpe fuerte *or* un porrazo a algn; **to give sth a ~** golpear algo ruidosamente
2 (*) (= *attempt*) **to have a ~ at sth** intentar algo, probar algo; **let's have a ~ (at it)** probemos, intentemos
3 (*) (= *share*) parte *f*, porción *f*; **you'll get your ~** recibirás tu parte
4 (*) **the car does 200kph top ~** a toda máquina, el coche alcanza una velocidad de 200km/h
5 **out of ~** (*US**) fastidiado
Ⓑ EXCL **~!** ¡zas!
Ⓒ VT 1 (= *beat*) golpear, aporrear; (= *defeat*) dar una paliza a*; **he ~ed me with a cane** me dio con una palmeta
2 (*fig*) **the problem has me ~ed** el problema me trae perplejo; **we've got the problem ~ed at last** por fin hemos resuelto el problema

**whacked*** ['wækt] ADJ (*Brit*) **to be ~** estar agotado, estar hecho polvo*

**whacking** ['wækɪŋ] Ⓐ ADJ (*esp Brit**) (also **~ great**) grandote*, enorme; **a ~ (great) book** un tocho de libro*
Ⓑ N zurra *f*; **to give sb a ~** zurrar a algn, pegar a algn

**whacky*** ['wækɪ] ADJ (*US*) = **wacky**

**whale** [weɪl] Ⓐ N (*pl* **whales** *or* **whale**) ballena *f*; **✦IDIOMS a ~ of a difference*** una enorme diferencia; **to have a ~ of a time*** pasarlo bomba *or* (*S. Cone*) regio
Ⓑ CPD ► **whale oil** N aceite *m* de ballena

**whalebone** ['weɪlbəʊn] N barba *f* de ballena; (*in haberdashery*) ballena *f*

**whaler** ['weɪləʳ] N (= *person, ship*) ballenero *m*

**whaling** ['weɪlɪŋ] Ⓐ N pesca *f* de ballenas; **to go ~** ir a pescar ballenas
Ⓑ CPD ► **whaling ship** N ballenero *m* ► **whaling station** N estación *f* ballenera

**wham** [wæm] Ⓐ EXCL **~!** ¡zas!
Ⓑ N golpe *m* resonante
Ⓒ VT golpear de modo resonante
Ⓓ VI **to ~ against/into sth** chocar ruidosamente con algo

**whammy*** ['wæmɪ] N (*US*) mala sombra *f*, mala suerte *f*, mala pata *f*; *see also* **double F**

**whang** [wæŋ] Ⓐ N golpe *m* resonante
Ⓑ VT golpear de modo resonante
Ⓒ VI **to ~ against/into sth** chocar ruidosamente con algo

**wharf** [wɔːf] N (*pl* **wharfs** *or* **wharves** [wɔːvz]) muelle *m*, embarcadero *m*; **ex ~** franco en el muelle; **price ex ~** precio *m* franco de muelle

**wharfage** ['wɔːfɪdʒ] N muellaje *m*

**what** [wɒt]

| | |
|---|---|
| A PRONOUN | C EXCLAMATION |
| B ADJECTIVE | |

Ⓐ PRONOUN

1 ***in direct questions*** 1·1

*In direct questions,* **what** *can generally be translated by* **qué** *with an accent:*

qué; **~ do you want now?** ¿qué quieres ahora?; **~'s in here?** ¿qué hay aquí dentro?; **~ is it now?** y ahora ¿qué?; **~ does he owe his success to?** ◊ **to ~ does he owe his success?** (*frm*) ¿a qué debe su éxito?; **~'s a trac-**

**tor, Daddy?** ¿qué es un tractor, papá?; **~ are capers?** ¿qué son las alcaparras?

*Only use* **¿qué es...?/¿qué son...?** *to translate* **what is/are** *when asking for a* **definition**. *In other contexts use* **¿cuál es?/¿cuáles son?**:

**~'s the capital of Finland?** ¿cuál es la capital de Finlandia?; **~'s her telephone number?** ¿cuál es su número de teléfono?; **~ were the greatest problems?** ¿cuáles eran los mayores problemas?

*However, not all expressions with* **what** *should be translated literally. Some require* **qué** *used adjectivally:*

**~ is the difference?** ¿qué diferencia hay?; **~ are your plans?** ¿qué planes tienes?; BUT **~'s the Spanish for "pen"?** ¿cómo se dice "pen" en español?; **~'s your name?** ¿cómo te llamas?

1·2 (= *how much*) cuánto; **~ will it cost?** ¿cuánto va a costar?; **~ does it weigh?** ¿cuánto pesa?; **~'s nine times five?** ¿cuánto es nueve por cinco?

1·3 (= *what did you say*) cómo, qué; **~? I didn't catch that** ¿cómo? *or* ¿qué?, no he entendido eso; **~ did you say?** ¿cómo *or* qué dices?, ¿qué has dicho?, ¿qué dijiste? (*LAm*)

1·4 (*Brit†*) (*as question tag*) verdad; **it's getting late, ~?** se está haciendo tarde ¿no? *or* ¿verdad?

2 *in indirect questions* 2·1

*In most cases, translate the pronoun* **what** *using either* **qué** *with an accent or* **lo que** *without an accent:*

qué, lo que; **he asked her ~ she thought of it** le preguntó qué *or* lo que pensaba de ello; **I asked him ~ DNA was** le pregunté qué *or* lo que era el ADN

*Use* **cuál era/cuáles son** *etc instead of* **lo que era/lo que son** *etc if* **what was/are** *etc does not relate to a definition:*

**she asked me ~ my hobbies were** me preguntó cuáles eran mis hobbys; **please explain ~ you saw** por favor, explique qué *or* lo que vio; **can you explain ~'s happening?** ¿me puedes explicar (qué es) lo que está pasando?; **he explained ~ it was** explicó qué era *or* lo que era; **do you know ~'s happening?** ¿sabes qué *or* lo que está pasando?; **I don't know ~'s happening** no sé qué está pasando, no sé (qué es) lo que está pasando; **tell me ~ happened** cuéntame qué *or* lo que ocurrió

2·2 (= *how much*) cuánto; **he asked her ~ she had paid for it** le preguntó cuánto había pagado por ello

3 *before an infinitive* qué; **I don't know ~ to do** no sé qué hacer

4 *relative use* lo que; **~ I want is a cup of tea** lo que quiero es una taza de té; **it wasn't ~ I was expecting** no era lo que yo me esperaba; **do ~ you like** haz lo que quieras; **business isn't ~ it was** los negocios ya no son lo que eran; **I've no clothes except ~ I'm wearing** no tengo ropa, aparte de lo que llevo puesto; **I saw ~ happened** vi lo que pasó; **she told him ~ she thought of it** le dijo lo que pensaba de ello

5 *in exclamations* **~ it is to be rich and famous!** ¡lo que es ser rico y famoso!; **✦PROV ~'s done is done** lo hecho hecho está

6 *in set expressions*

◆ **and what have you** ◊ **and what not*** y qué sé yo qué más, y qué sé yo cuántas cosas más

◆ **to give sb what for*** regañar a algn

◆ **know what**: **it was full of cream, jam, chocolate and I don't know ~** estaba lleno de nata, mermelada, chocolate y no sé cuántas cosas más; **you know ~? I think, he's drunk** creo que está borracho, ¿sabes?; **I know ~, let's ring her up** se me ocurre una idea, vamos a llamarla por teléfono

◆ **to know what's what*** saber cuántas son cinco*

◆ **or what?*** **do you want it or ~?** ¿lo quieres o qué?; **are you coming or ~?** entonces ¿vienes o no?; **I mean, is this sick, or ~?** vamos, que es de verdadero mal gusto, ¿o no?; **is this luxury or ~?** esto sí que es lujo, ¿eh?

◆ **say what you like, ...** digas lo que digas, ..., se diga lo que se diga, ....

◆ **so what?*** ¿y qué?; **so ~ if it does rain?** ¿y qué, si llueve?; **so ~ if he is gay?** ¿y qué (pasa) si es gay?, ¿y qué importa que sea gay?

◆ **(I'll) tell you what** se me ocurre una idea, tengo una idea

◆ **what about**: **~ about me?** y yo ¿qué?; **~ about next week?** ¿qué te parece la semana que viene?; **"your car ..." — "~ about it?"*** —tu coche ... —¿qué pasa con mi coche?; **~ about going to the cinema?** ¿qué tal si vamos al cine?, ¿y si vamos al cine?; **~ about lunch, shall we go out?** ¿y para comer? ¿salimos fuera? *or* ¿qué tal si salimos fuera?; **~ about people who haven't got cars?** ¿y la gente que no tiene coche?

◆ **what for?** (= *why*) ¿por qué?; (= *to what purpose*) ¿para qué?; **~ are you doing that for?** ¿por *or* para qué haces eso?; **~'s that button for?** ¿para qué es ese botón?

◆ **what if ...?** ¿y si ...?; **~ if this doesn't work out?** ¿y si esto no funciona?; **~ if he says no?** ¿y si dice que no?

◆ **what of**: **but ~ of the political leaders?** pero, ¿y qué hay de los líderes políticos?; **~ of it?*** y eso ¿qué importa?

◆ **what's ...**: **~'s surprising is that we hadn't heard of this before** lo sorprendente es que no nos habíamos enterado antes

◆ **¿what's it like?** (*asking for description*) ¿cómo es?; (*asking for evaluation*) ¿qué tal es?; **~'s their new house like?** ¿cómo es su nueva casa?; **~'s his first novel like?** ¿qué tal es su primera novela?; **~ will the weather be like tomorrow?** ¿qué tal tiempo va a hacer mañana?

◆ **and what's more ...** y, además, ...

◆ **what's that?** (*asking about sth*) ¿qué es eso?; (= *what did you say?*) ¿qué has dicho?; **~'s that to you?*** ¿eso qué tiene que ver contigo?, ¿a ti qué te importa?*

◆ **what's worse**: **and ~'s worse ...** y lo que es peor ...

◆ **what with**: **~ with one thing and another** entre una cosa y otra; **~ with the stress and lack of sleep, I was in a terrible state** entre la tensión y la falta de sueño me encontraba fatal

Ⓑ ADJECTIVE

1 *in direct and indirect questions* qué; **~ dress shall I wear?** ¿qué vestido me pongo?; **~ colour is it?** ¿de qué color es?; **she asked me ~ day she should come** me preguntó qué día tenía que venir; **he explained ~ ingredients are used** explicó qué ingredientes se usan; **~ good would that do?** ¿de qué serviría eso?; **do you know ~ music they're going to play?** ¿sabes qué música van a tocar?; **did they tell you ~ time they'd be arriving?** ¿te dijeron a qué hora llegarían?

2 *relative* **~ savings we had are now gone** los ahorros que teníamos ya han desaparecido; **I will give you ~ information we have** te daré la información que tenemos; **I gave him ~ money/coins I had** le di todo el dinero/todas las monedas que tenía; **I gave her ~ comfort I could** la consolé en lo que pude; **they packed ~ few belongings they had** hicieron la maleta con las pocas pertenencias que tenían; **~ little I had** lo poco que tenía

3 *in exclamations*

*Remember to put an accent on* **qué** *in exclamations as well as in direct and indirect questions:*

**~ a nuisance!** ¡qué lata!; **~ a fool I was!** ¡qué tonto fui!; **~ an ugly dog!** ¡qué perro más *or* tan feo!; **~ a lot of people!** ¡qué cantidad de gente!; **~ an excuse!** (*iro*) ¡buen pretexto!, ¡vaya excusa!

Ⓒ EXCLAMATION

¡qué!; **~! you sold it!** ¿qué? ¡lo has vendido!; **~! you expect me to believe that!** ¿qué? ¿esperas que me crea eso?; **~! he can't be a spy!** ¿qué? ¿cómo va a ser un espía?; **you told him WHAT?** ¿que le has dicho QUÉ?; **"he's getting married" — "what!"** se casa — ¿cómo dices?

◆ **you what?**: **"I'm going to be an actress" — "you what?"*** —voy a hacerme actriz —¿cómo *or* qué dices?; **I'm going to have a baby — you WHAT?** —voy a tener un niño —¡¿que vas a tener un QUÉ?!

**what-d'you-call-her*** [ˈwɒtdʒʊˌkɔːləʳ] PRON fulana *f*, cómo-se-llame *f*; **I bumped into ~ from next door at the party** en la fiesta me encontré con esa chica de al lado, ¿cómo se llame?

**what-d'you-call-him*** [ˈwɒtdʒʊˌkɔːlɪm] PRON fulano *m*, cómo-se-llame *m*; **I bumped into ~ from next door at the party** en la fiesta me encontré con ese chico de al lado, ¿cómo se llame?; **old ~ with the red nose** ése que tiene la nariz tan coloradota

**what-d'you-call-it*** [ˈwɒtdʒʊˌkɔːlɪt] PRON cosa *f*, chisme *m*; **he does it with the ~** lo hace con el chisme ese; **that green ~ on the front** esa cosa verde en la parte delantera

**whatever** [wɒtˈevəʳ] Ⓐ PRON 1 (= *no matter what*) **~ it may be** sea lo que sea; **~ he says** diga lo que diga; **~ happens** pase lo que pase; **get it, ~ it costs** cómpralo, cueste lo que cueste; **~ the weather** haga el tiempo que haga

2 (= *anything that*) lo que; (= *everything that*) todo lo que; **~ you like** lo que quieras; **do ~ you want** haz lo que quieras; **we'll do ~'s necessary** haremos lo que haga falta; **~ you say** (*acquiescing*) lo que quieras; **"I tell you I'm ill" — "~ you say"** (*iro*) —te digo que estoy enfermo —sí, sí *or* —sí, lo que tú quieras; **~ I have is yours** todo lo que tengo es tuyo; **~ you find** todo lo que *or* cualquier cosa que encuentres; **or ~ they're called** o como quiera que se llamen

3 (*in questions*) qué; **~ do you mean?** ¿qué quieres decir?; **~ did you do?** ¿pero qué hiciste?; **~ did you say that for?** ¿a santo de qué dijiste eso?

4 (= *other similar things*) **you can put your pyjamas, sponge bag and ~ in here** aquí puedes guardar el pijama, el neceser y todas esas cosas

Ⓑ ADJ 1 (= *any*) cualquier; (= *all*) todo; **~ book you choose** cualquier libro que elijas; **~ books you choose** cualquier libro de los que elijas; **give me ~ change you've got** dame todo el cambio que tengas

2 (= *no matter what*) **~ problems you've got, we'll help** nosotros te ayudaremos, tengas el problema que tengas

3 (*in questions*) qué; **~ time is it?** ¿qué hora podrá ser?; **~ help will that be?** ¿para qué servirá eso?

Ⓒ ADV (*with negative*) en absoluto; **nothing ~** nada en absoluto; **it's no use ~** no sirve para nada; **he said nothing ~ of interest** no dijo nada en absoluto que tuviera interés

**what-ho**†* ['wɒt'həʊ] EXCL (*surprise*) ¡caramba!, ¡vaya!; (*greeting*) ¡hola!, ¡oye!

**whatnot** ['wɒtnɒt] Ⓐ N 1 (*) (*whatsit*) chisme *m*

2 (= *furniture*) estantería *f* portátil

Ⓑ PRON **and ~*** y qué sé yo, y todas esas cosas

**what's-her-name*** ['wɒtsənem] PRON fulana *f*, cómo-se-llame *f*; **I ran into ~ from the hairdresser's** me encontré con fulana, la de la peluquería

**what's-his-name*** ['wɒtsɪznem] PRON fulano *m*, cómo-se-llame *m*; **I ran into ~ from the hairdresser's** me encontré con fulano, el de la peluquería; **old ~ with the limp** fulano el cojo

**whatsit*** ['wɒtsɪt] N chisme *m*

**whatsoever** [,wɒtsəʊ'evəʳ] Ⓐ ADV = **whatever C**

Ⓑ PRON (††) = **whatever A**

Ⓒ ADJ (††) = **whatever B**

**wheat** [wi:t] Ⓐ N trigo *m*; ✦**IDIOM to separate the ~ from the chaff** separar la cizaña *or* la paja del buen grano

Ⓑ CPD de trigo, trigueño ► **wheat loaf** N pan *m* de trigo

**wheatear** ['wi:tɪəʳ] N (*Orn*) collalba *f*

**wheaten** ['wi:tn] ADJ de trigo

**wheatfield** ['wi:tfi:ld] N trigal *m*

**wheatgerm** ['wi:tdʒɜ:m] N germen *m* de trigo

**wheatmeal** ['wi:tmi:l] N harina *f* negra

**wheatsheaf** ['wi:tʃi:f] N gavilla *f* de trigo

**wheedle** ['wi:dl] VT **to ~ sb into doing sth** engatusar a algn para que haga algo; **to ~ sth out of sb** sonsacar algo a algn

**wheedling** ['wi:dlɪŋ] Ⓐ ADJ mimoso

Ⓑ N mimos *mpl*, halagos *mpl*

**wheel** [wi:l] Ⓐ N 1 (*lit*) rueda *f*; (= *steering wheel*) volante *m*; (*Naut*) timón *m*; (*potter's*) torno *m*; **a basket on ~s** una cesta con ruedas; **to be at** *or* **behind the ~** estar al volante; **to take the ~** tomar el volante; *see also* **big C**

2 (*Mil*) vuelta *f*, conversión *f*; **a ~ to the right** una vuelta hacia la derecha

3 **wheels** coche *msing*; **do you have ~s?*** ¿tienes coche?

4 (*in fig phrases*) **the ~ of fortune** la rueda de fortuna; **the ~s of government** el mecanismo del gobierno; ✦**IDIOM there are ~s within ~s** esto es más complicado de lo que parece, esto tiene su miga

Ⓑ VT (= *push*) [+ *bicycle, pram*] empujar; [+ *child*] pasear en cochecito; **we ~ed it over to the window** lo empujamos hasta la ventana; **when it broke down I had to ~ it** cuando se averió tuve que empujarlo

Ⓒ VI 1 (= *roll*) rodar

2 (= *turn*) girar; [*bird*] revolotear; **to ~ left** (*Mil*) dar una vuelta hacia la izquierda; **to ~ round** [+ *person*] girar sobre los talones

3 ✦**IDIOM to ~ and deal*** andar en trapicheos*, hacer chanchullos*

Ⓓ CPD ► **wheel horse*** N (*US*) trabajador(a) *m/f* infatigable, mula *f* de carga

►**wheel out*** VT + ADV [+ *supporter, expert*] traer; [+ *idea, cliché*] desempolvar

**wheelbarrow** ['wi:l,bærəʊ] N carretilla *f*

**wheelbase** ['wi:lbeɪs] N batalla *f*, distancia *f* entre ejes

**wheelbrace** ['wi:lbreɪs] N llave *f* de ruedas en cruz

**wheelchair** ['wi:ltʃɛəʳ] N silla *f* de ruedas

**wheel-clamp** ['wi:lklæmp] Ⓐ N cepo *m*

Ⓑ VT poner cepo a, inmovilizar con el cepo; **I found I'd been ~ed** me encontré inmovilizado con el cepo

**wheeled** [wi:ld] ADJ [*traffic, transport*] rodado

**-wheeled** [wi:ld] ADJ (*ending in compounds*) **three-wheeled** de tres ruedas

**wheeler-dealer** ['wi:lə,di:ləʳ] N chanchullero/a *m/f*

**wheelhouse** ['wi:lhaʊs] N timonera *f*, cámara *f* del timonel

**wheeling** ['wi:lɪŋ] N **~ and dealing** trapicheos* *mpl*, chanchullos* *mpl*

**wheelwright** ['wi:lraɪt] N ruedero *m*, carretero *m*

**wheeze** [wi:z] Ⓐ VI resollar, respirar con silbido

Ⓑ VT **"yes," he ~d** —si —dijo casi sin voz

Ⓒ N 1 (*lit*) resuello *m* (asmático), respiración *f* sibilante

2 (*Brit**) (= *trick*) truco *m*, treta *f*; (= *idea*) idea *f*; **that's a good ~** es buena idea; **to think up a ~** idear una treta

**wheezing** ['wi:zɪŋ] ADJ, **wheezy** ['wi:zɪ] ADJ [*breath*] ruidoso, difícil; [*pronunciation*] sibilante

**whelk** [welk] N buccino *m*

**whelp** [welp] Ⓐ N cachorro *m*

Ⓑ VI [*bitch*] parir

**when** [wen]

A ADVERB B CONJUNCTION

Ⓐ ADVERB

1 ***in direct and indirect questions, reported speech***

> **When** *in direct and indirect questions as well as after expressions of (un)certainty and doubt (e.g.* **no sé***) translates as* **cuándo** *(with an accent) and is used with the indicative:*

cuándo; **~ did it happen?** ¿cuándo ocurrió?; **he asked me ~ I had seen it** me preguntó cuándo lo había visto; **do you know ~ he died?** ¿sabes cuándo murió?; **I know ~ it happened** yo sé cuándo ocurrió; **he told me ~ the wedding would be** me dijo cuándo sería la boda; **he told me ~ to come in** me indicó cuándo entrar

◆ **say when!** (*when serving food, drink*) ¡dime cuánto!

◆ **since when: since ~ do you like** *or* **have you liked Indian food?** ¿desde cuándo te gusta la comida india?

◆ **till when?** ¿hasta cuándo?

2 ***in exclamations*** cuándo; **~ will we learn to keep our mouths shut!** ¡cuándo aprenderemos a callar la boca!

3 ***in other statements*** 3·1 (= *the time, day, moment, etc*) cuando; **that was ~ the trouble started** entonces fue cuando empezaron los problemas; **Monday? that's ~ Ted gets back** ¿el lunes? ese día es cuando vuelve Ted; **that's ~ the programme starts** a esa hora es cuando empieza el programa; **1958: that's ~ I was born** 1958: (en) ese año nací yo; **she told me about ~ she was in London** me contó lo que le pasó cuando estuvo en Londres

3·2 (*relative use*)

> *If* **when** *follows a noun (e.g.* **day, time***) and defines the noun, translate using* **(en) que** *not* **cuando***:*

(en) que; **during the time ~ she lived abroad** durante el tiempo (en) que vivió en el extranjero; **the year ~ you were born** el año (en) que naciste; **she can't remember a time ~ she wasn't happy** no recuerda una época (en) que no fuese feliz; **there are times ~ I wish I'd never met him** hay momentos en los que desearía no haberlo conocido nunca

> *If the* **when** *clause following a noun provides additional information which does not define or restrict the noun — in English as in Spanish commas are obligatory here — translate using* **cuando***:*

cuando; **some days, ~ we're very busy, we don't finish work till very late** algunos días, cuando tenemos mucho trabajo, no acabamos hasta muy tarde

Ⓑ CONJUNCTION

1 ***= at, during*** *or* ***after the time that***

> *As a conjunction,* **when** *can be translated by* **cuando** *(without an accent) followed by either the indicative or the subjunctive. Use the* INDICATIVE *when talking about the past or making general statements about the present. Use the* SUBJUNCTIVE *when the action is or was in the future:*

cuando; **~ I came in** cuando entré; **~ I was young** cuando era joven; **he had just sat down ~ the phone rang** acababa de sentarse cuando sonó el teléfono; **everything looks nicer ~ the sun is shining** todo está más bonito cuando brilla el sol; **he arrived at 8 o'clock, ~ traffic is at its peak** llegó a las ocho en punto, en lo peor del tráfico; **call me ~ you get there** llámame cuando llegues; **~ the bridge is built** cuando se construya el puente; **you can go ~ we have finished** puedes irte cuando hayamos terminado; **he said he'd tell me ~ I was older** dijo que me lo diría cuando fuera mayor

> *If* **when** + VERB *can be substituted by* **on** + -ING *in English and describes an action that takes place at the same time as another one or follows it very closely, you can use* **al** + INFINITIVE*:*

**be careful ~ crossing** *or* **~ you cross the road** ten cuidado al cruzar la calle; **~ he went out he saw it was raining** al salir vio que estaba lloviendo; **~ a student at Oxford, she ...** cuando era estudiante *or* estudiaba en Oxford ...; **my father, ~ young, had a fine tenor voice** mi padre, de joven *or* cuando era joven, tenía una buena voz de tenor; **~ just three years old, he was ...** cuando tenía sólo tres años, era ...; **the floor is slippery ~ wet** el suelo resbala cuando está mojado; **hardly had the film begun ~ there was a power cut** apenas había empezado la película cuando se fue la corriente; **even ~** aun cuando

2 ***= if*** si, cuando; **this sounds expensive ~ compared with other cars** éste parece caro si *or* cuando se compara con otros coches; **how can I relax ~ I've got loads of things to do?** ¿cómo puedo relajarme si *or* cuando tengo montones de cosas que hacer?; **I wouldn't walk ~ I could get the bus** no iría a pie si pudiese tomar el autobús

3 ***= whereas*** cuando; **he thought he was recovering, ~ in fact ...** pensaba que se estaba recuperando, cuando de hecho ...; **she made us study ~ all we wanted to do was play** nos hacía estudiar cuando lo único que queríamos hacer era jugar

**whence** [wens] ADV 1 (*poet*) (= *from where*) de donde; (*interrog*) ¿de dónde?

2 (*frm*) (= *from which*) por lo cual; (= *there-*

*fore*) y por consiguiente; **~ I conclude that ...** por lo cual concluyo que ...

**whenever** [wen'evəʳ] Ⓐ CONJ 1 (= *at whatever time*) cuando; **we can leave ~ it suits you** nos podemos ir cuando quieras; **come ~ you like** ven cuando quieras
2 (= *every time*) siempre que, cuando, cada vez que, cada que (*Mex**); **~ I smell roses I think of Mary** siempre que *or* cada vez que *or* cuando huele a rosas me acuerdo de Mary; **~ you see one of those, stop** siempre que *or* cada vez que *or* cuando veas uno de esos, párate; **I go ~ I can** voy siempre que puedo; **we will help ~ possible** ayudaremos siempre cuando *or* que sea posible
Ⓑ ADV 1 **Monday, Tuesday, or ~** el lunes o el martes o cuando sea
2 (*in questions*) cuándo; **~ did I say that?** ¿cuándo dije yo eso?; **~ can he have done it?** ¿cuándo demonios ha podido hacerlo?; **~ do I have the time for such things?** ¿cuándo crees que tengo tiempo para estas cosas?

**where** [wɛəʳ]

A ADVERB B CONJUNCTION

Ⓐ ADVERB
1 ***in direct and indirect questions, reported speech***

*Where in direct questions as well as after report verbs and expressions of (un)certainty and doubt (e.g.* ***no sé****) usually translates as* ***dónde*** *(with an accent), sometimes preceded by a preposition:*

dónde; **~ am I?** ¿dónde estoy?; **~ are you going (to)?** ¿a dónde *or* adónde vas?, ¿dónde vas?; **~ have you come from?** ¿de dónde has venido?; **~ can I have put my keys (down)?** ¿dónde *or* en dónde puedo haber puesto las llaves?; **~ should we be if ...?** ¿a dónde *or* adónde habríamos ido a parar si ...?; **~ did we go wrong?** ¿en qué nos equivocamos?; **can you tell me ~ there's a chemist's?** ¿puede decirme dónde hay una farmacia?; **I don't know ~ she lives** no sé dónde vive
2 ***in other statements*** 2·1 (= *the place that*)

*Where in other statements is usually translated as* ***donde*** *(without an accent), again often preceded by a preposition:*

donde; **there's a telephone box near ~ I live** hay una cabina cerca de donde vivo; **this is ~ we found it** aquí es donde lo encontramos; **that's ~ we got to in the last lesson** hasta aquí llegamos en la última clase; **that's just ~ you're wrong!** ¡en eso te equivocas!, ¡ahí es donde te equivocas!; **that's ~ I disagree with you** en eso no estoy de acuerdo contigo, ahí es donde no estoy de acuerdo contigo; **~ this book is dangerous is in suggesting that ...** el aspecto peligroso de este libro es la sugerencia de que ...
2·2 (*after noun*) donde; **this is the hotel ~ we stayed** éste es el hotel donde *or* en el que estuvimos; **the beach ~ we picnicked** la playa donde *or* a la que *or* adonde fuimos de picnic; **we went to visit the house ~ Diego was born** fuimos a visitar la casa (en) donde nació Diego
Ⓑ CONJUNCTION
1 (= ***if***) **~ husband and wife both work, benefits are ...** en el caso de que los dos esposos trabajen, los beneficios son ...; **~ possible** en lo posible
2 (= ***whereas***) mientras que, cuando; **sometimes a teacher will be listened to ~ a parent might not** a veces a un maestro se le hace caso, mientras que *or* cuando a un padre tal vez no

**whereabouts** Ⓐ [,wɛərə'baʊts] ADV dónde; **~ did you first see it?** ¿dónde lo viste por primera vez?
Ⓑ ['wɛərəbaʊts] NSING OR NPL paradero *msing*; **nobody knows his ~** se desconoce su paradero actual

**whereas** [wɛər'æz] CONJ (= *on the other hand*) mientras; (*Jur*) considerando que

**whereat** [wɛər'æt] ADV (*liter*) con lo cual

**whereby** [wɛə'baɪ] ADV (*frm*) por lo cual, por donde; **the rule ~ it is not allowed to** (+ *INFIN*) la regla según *or* mediante la cual no se permite + *infin*

**wherefore**†† ['wɛəfɔːʳ] (*also liter*) Ⓐ ADV (= *why*) por qué; (= *and for this reason*) y por tanto, por lo cual
Ⓑ N = **why C**

**wherein** [wɛər'ɪn] ADV (*frm or liter*) en donde

**whereof** [wɛər'ɒv] ADV (*frm or liter*) de que

**whereon** [wɛər'ɒn] ADV (*frm or liter*) en que

**wheresoever** [,wɛəsəʊ'evəʳ] ADV (*liter*) dondequiera que

**whereto** [,wɛə'tuː] ADV (*frm or liter*) adonde

**whereupon** ['wɛərəpɒn] ADV (*frm or liter*) con lo cual, después de lo cual

**wherever** [wɛər'evəʳ] Ⓐ CONJ 1 (= *no matter where*) dondequiera que; **he follows me ~ I go** me sigue dondequiera que *or* por donde vaya; **~ you go I'll go too** (a)dondequiera que vayas *or* vayas donde vayas yo te acompañaré; **~ I am** (esté) donde esté; **~ they went they were cheered** les recibían con aplausos dondequiera que fueran *or* fueran a donde fueran; **I'll buy them ~ they come from** los compraré no importa su procedencia, los compraré vengan de donde vengan
2 (= *anywhere*) donde; **sit ~ you like** siéntate donde te parezca bien; **~ possible** donde sea posible
Ⓑ ADV 1 **in Madrid, London, or ~** en Madrid, Londres o donde sea; **he comes from Laxey, ~ that is** es de Laxey, a saber dónde está eso
2 (*in questions*) ¿dónde demonios *or* diablos?; **~ did you put it?** ¿dónde demonios lo pusiste?; **~ can they have got to?** ¿dónde diablos se habrán metido?

**wherewith** [wɛə'wɪθ] ADV (*frm or liter*) con lo cual

**wherewithal** ['wɛəwɪðɔːl] N **the ~ (to do sth)** los medios (para hacer algo), los recursos (para hacer algo)

**wherry** ['werɪ] N chalana *f*

**whet** [wet] VT [+ *tool*] afilar, amolar; [+ *appetite, curiosity*] estimular, despertar

**whether** ['weðəʳ] CONJ si; **I don't know ~ ...** no sé si ...; **I doubt ~ ...** dudo que + *subjun*; **I am not certain ~ he'll come (or not)** no estoy seguro de que venga; **~ it is ... or not** sea ... o no (sea); **~ you like it or not** tanto si quieres como si no; **~ they come or not** vengan o no (vengan)

**whetstone** ['wetstəʊn] N piedra *f* de amolar, afiladera *f*

**whew** [hwjuː] EXCL ¡vaya!, ¡caramba!

**whey** [weɪ] N suero *m*

**whey-faced** ['weɪ'feɪst] ADJ pálido

**whf** ABBR = **wharf**

**which** [wɪtʃ]

A PRONOUN B ADJECTIVE

Ⓐ PRONOUN
1 ***in direct and indirect questions, reported speech***

***Which/which one/which ones*** *in direct and indirect questions and after expressions of (un)certainty and doubt (e.g.* ***no sé****) usually translate as* ***cuál/cuáles****:*

cuál; **~ do you want?** (*offering one*) ¿cuál quieres?; (*offering two or more*) ¿cuáles quieres?; **I can't tell ~ is ~** no sé cuál es cuál; **~ of you did it?** ¿cuál de vosotros lo hizo?; **~ of you is Kathleen?** ¿cuál de vosotras es Kathleen?; **I don't know ~ to choose** no sé cuál escoger; **tell me ~ you like best** dime cuáles te gustan más; **I don't mind ~** no me importa cuál
2 ***relative*** 2·1 (*replacing noun*)

*In relative clauses where* ***which*** *defines the noun it refers to, you can usually translate it as* ***que****. Note that in this type of sentence* ***which*** *can be substituted by* ***that*** *in English:*

que; **the letter ~ came this morning was from my niece** la carta que llegó esta mañana era de mi sobrina; **it's an illness ~ causes nerve damage** es una enfermedad que daña los nervios; **do you remember the house ~ we saw last week?** ¿te acuerdas de la casa que vimos la semana pasada?; **the bear ~ I saw** el oso que vi

*If* ***which*** *is the object of a preposition, you can either translate it as* ***que*** *(usually preceded by the definite article) or as* ARTICLE + ***cual/cuales****. Use the second option particularly in formal language or after long prepositions or prepositional phrases:*

**your letter, ~ I received this morning, cheered me up** tu carta, que *or* (*more frm*) la cual he recibido esta mañana, me ha levantado el ánimo; **the bull ~ I'm talking about** el toro del que *or* (*more frm*) del cual estoy hablando; **the meeting ~ we attended** la reunión a la que *or* (*more frm*) a la cual asistimos; **the hotel at ~ we stayed** el hotel en el que *or* (*more frm*) en el cual nos hospedamos; **the cities to ~ we are going** las ciudades a las que *or* (*more frm*) a las cuales vamos; **he explained the means by ~ we could achieve our objective** explicó los medios a través de los cuales podíamos alcanzar nuestro objetivo

*If instead of defining the noun the* ***which*** *clause merely adds additional information, you can translate* ***which*** *using either* ***que*** *or* ARTICLE + ***cual/cuales****:*

**the oak dining-table, ~ was a present from my father, seats 10 people comfortably** la mesa de roble, que *or* la cual fue un regalo de mi padre, admite cómodamente diez comensales
2·2 (*replacing clause*)

*When* ***which*** *refers to the whole of a preceding sentence or idea, translate as* ***lo que*** *or* ***lo cual****:*

**it rained hard ~ upset her** llovió mucho, lo que *or* lo cual le disgustó; **they left early, ~ my wife did not like at all** se marcharon pronto, lo cual *or* lo que no agradó nada a mi mujer

*After a preposition only* ***lo cual*** *can be used:*

**after ~ we went to bed** después de lo cual nos acostamos; **from ~ we deduce that ...** de lo cual deducimos que ...
Ⓑ ADJECTIVE
1 ***in direct and indirect questions, reported speech***

*When* ***which*** *is used as an interrogative adjective, translate using* ***qué*** + NOUN *when the possibilities are very open or* ***cuál/cuáles de*** + ARTICLE + PLURAL NOUN *when the possibilities are limited:*

qué; **~ house do you live in?** ¿en qué casa vives?; **~ day are they coming?** ¿qué día vienen?; **I don't know ~ tie he wants** no sé qué corbata quiere; **~ picture do you prefer?** ¿qué cuadro prefieres?, ¿cuál de los cuadros prefieres?; **~ option do you prefer?** ¿cuál de las alternativas prefieres?; **~ way did she go?** ¿por dónde se fue?; **~ one?** ¿cuál?; **I don't know ~ one to choose** no sé cuál escoger; **tell me ~ ones you like best** dime cuáles te gustan más

2 *relative* **look ~ way you will ...** mires por donde mires ...; **he used "peradventure", ~ word is now archaic** (*frm*) dijo "peradventure", palabra que ha quedado ahora anticuada; **in ~ case** en cuyo caso; **he didn't get here till 10, by ~ time Jane had already left** no llegó hasta las 10 y para entonces Jane ya se había ido

**whichever** [wɪtʃ'evəʳ] Ⓐ PRON 1 (*= no matter which*) **~ of the methods you choose** cualquiera de los métodos que escojas, no importa el método que escojas

2 (*= the one which*) el/la que; **choose ~ is easiest** elige el que sea más fácil

Ⓑ ADJ 1 (*= no matter which*) **~ system you have there are difficulties** no importa el sistema que tengas, hay problemas, cualquiera que sea el sistema que tengas, hay problemas; **~ way you look at it** se mire como se mire

2 (*= any, the ... which*) el ... que/la ... que; **you can choose ~ system you want** puedes elegir el sistema que quieras

**whiff** [wɪf] Ⓐ N 1 (*= smell*) olorcito *m*; (*= nasty*) tufillo; **a faint ~ of mothballs** un leve olorcito a bolas de naftalina; **to catch a ~ of sth** oler algo; **a ~ of grapeshot** un poco de metralla; **what a ~!** ¡qué tufo!

2 (*= sniff, mouthful*) **to go out for a ~ of air** salir a tomar el fresco; **not a ~ of wind** ni el menor soplo de viento

3 (*fig*) [*of scandal, corruption*] indicio *m*

Ⓑ VI (*) oler (mal); **to ~ of** oler a; (*= stink of*) apestar a

**Whig** [wɪg] (*Pol, Hist*) Ⓐ N *político liberal de los siglos XVII y XVIII*

Ⓑ ADJ liberal

**while** [waɪl] Ⓐ N 1 **a ~** (*= some moments*) un ratito; (*= some minutes, hours*) un rato; (*= some weeks, months*) un tiempo; **after a ~** al cabo de un rato, al rato; **all the ~** todo el tiempo; **I lived in Paris for a ~** viví un tiempo en París; **let it simmer for a ~** deje que hierva un rato a fuego lento; **it will be a good ~ before he gets here** tardará (un rato) en venir aún, todavía falta (un rato) para que venga (*LAm*); **a little ~ ago** hace poco; **a long ~ ago** hace mucho; **once in a ~** de vez en cuando; **it takes quite a ~** lleva tiempo; **in a short ~** dentro de poco, al rato (*LAm*); **stay a ~ with us** quédate un rato con nosotros; **the ~** entretanto, mientras tanto; **he looked at me the ~** mientras tanto me estaba mirando

2 **it is worth ~ to ask whether ...** vale la pena preguntar si ...; **we'll make it worth your ~** te compensaremos generosamente; **it's not worth my ~** no me vale la pena

Ⓑ CONJ 1 (*= during the time that*) mientras; **~ this was happening** mientras pasaba esto; **she fell asleep ~ reading** se durmió mientras leía; **~ you are away** mientras estés fuera; **to drink ~ on duty** beber estando de servicio

2 (*= as long as*) mientras (que); **it won't happen ~ I'm here** no pasará mientras (que) yo esté aquí

3 (*= although*) aunque; **~ I admit it is awkward** aunque reconozco que es difícil

4 (*= whereas*) mientras que; **I enjoy sport, ~ he prefers reading** a mí me gusta el deporte, mientras que él prefiere la lectura

► **while away** VT + ADV **to ~ away the time** *or* **the hours** pasar el tiempo *or* el rato

**whilst** [waɪlst] CONJ (*esp Brit*) = **while B**

**whim** [wɪm] N capricho *m*, antojo *m*; **a passing ~** un capricho pasajero, un antojo; **it's just a ~ of hers** es un capricho suyo; **as the ~ takes me** según se me antoja

**whimbrel** ['wɪmbrəl] N zarapito *m*

**whimper** ['wɪmpəʳ] Ⓐ N [*from dog, sick person*] gemido *m*, quejido *m*; **without a ~** sin un quejido, sin una queja; *see also* **bang A**

Ⓑ VT **"yes," she ~ed** —sí —dijo lloriqueando *or* gimoteando

Ⓒ VI [*dog*] gemir, gimotear; [*sick person*] gemir; [*child*] lloriquear

**whimpering** ['wɪmpərɪŋ] Ⓐ ADJ [*dog*] que gime, que gimotea; [*sick person*] que gime; [*child*] lloriqueante

Ⓑ N [*of dog*] gemidos *mpl*, gimoteo *m*; [*of sick person*] gemidos *mpl*; [*of child*] lloriqueo *m*

**whimsical** ['wɪmzɪkəl] ADJ [*person*] caprichoso; [*idea, suggestion*] caprichoso, fantástico; [*smile*] enigmático; **to be in a ~ mood** estar de humor para dejar volar la fantasía

**whimsicality** [wɪmzɪ'kælɪtɪ] N [*of person*] capricho *m*, fantasía *f*; [*of idea*] lo fantástico; **a novel of a pleasing ~** una novela de agradable fantasía

**whimsically** ['wɪmzɪkəlɪ] ADV [*describe, muse*] caprichosamente; [*smile, laugh*] enigmáticamente

**whimsy** ['wɪmzɪ] N (*= whim*) capricho *m*, antojo *m*; (*= whimsicality*) fantasía *f*

**whin** [wɪn] N tojo *m*

**whine** [waɪn] Ⓐ N [*of dog*] gemido *m*; (*louder*) gañido *m*; [*of child*] quejido *m*; [*of siren, bullet*] silbido *m*; **... he said in a ~** [*child*] ... dijo lloriqueando; [*adult*] ... dijo quejumbroso *or* quejándose

Ⓑ VI 1 (*= make noise*) [*dog*] gemir; (*louder*) gañir; [*child*] lloriquear, gimotear; [*siren, bullet*] silbar

2 (*) (*= complain*) quejarse; **it's just a scratch, stop whining** no es más que un arañazo, deja de quejarte; **to ~ about sth** [*adult*] quejarse de algo; [*child*] lloriquear *or* gimotear por algo; **don't come whining to me about it** no vengas a quejarte a mí

Ⓒ VT [*adult*] decir quejumbroso *or* quejándose; [*child*] decir lloriqueando *or* gimoteando

**whinge*** [wɪndʒ] Ⓐ N **to have a ~ (about sth)** quejarse (de algo)

Ⓑ VI quejarse; **to ~ about sth** quejarse de algo

Ⓒ VT **"but I want to go too," he ~d** —pero yo también quiero ir —dijo en tono de queja

**whingeing*** ['wɪndʒɪŋ] (*Brit*) Ⓐ ADJ [*voice*] quejumbroso; [*person*] protestón, quejica*

Ⓑ N gimoteo *m*, lloriqueo *m*

**whinger*** ['wɪndʒəʳ] N (*Brit*) quejica* *mf*, llorica* *mf*

**whining** ['waɪnɪŋ] Ⓐ ADJ 1 (*= complaining*) [*voice*] quejumbroso; [*person*] quejica*

2 **a ~ sound** (*made by engine, machine*) un sonido chirriante

Ⓑ N 1 (*= complaining*) quejidos *mpl*, gimoteo *m*

2 (*= sound*) [*of engine, machine*] chirrido *m*; [*of siren*] silbido *m*; [*of dog*] gemido(s) *m(pl)*; (*louder*) gañido(s) *m(pl)*

**whinny** ['wɪnɪ] Ⓐ N relincho *m*

Ⓑ VI relinchar

**whip** [wɪp] Ⓐ N 1 (*for training, driving animals*) látigo *m*; (*= riding crop*) fusta *f*, fuete *m* (*LAm*); (*for punishment*) azote *m*; **he was given 20 lashes of the ~** le dieron 20 latigazos con el azote; *see also* **crack C4**

2 (*Brit Parl*) 2·1 (*= person*) *diputado encargado de la disciplina del partido en el parlamento*; **chief ~** *diputado jefe encargado de la disciplina del partido en el parlamento*

2·2 (*= call*) **(two-line/three-line) ~** *citación (con subrayado doble/triple) para que un diputado acuda a votar en una cuestión importante*; → LEADER OF THE HOUSE

3 (*Culin*) batido *m* (*de claras de huevo o nata*)

Ⓑ VT 1 (*with whip, stick*) [*+ horse*] fustigar; [*+ person*] azotar; [*+ child*] dar un azote a, dar una paliza a; ✦*IDIOM* **to ~ into a frenzy**: **he was ~ping the crowd into a frenzy** estaba provocando el frenesí en la multitud; *see also* **shape A5**

2 (*liter*) [*wind*] azotar; **the wind ~ped her skirts around her legs** el viento hacía que la falda le azotara las piernas

3 (*Culin*) [*+ cream*] montar; [*+ mixture, egg white*] batir

4 (*) (*= defeat*) dar una paliza a*

5 (*) (*= remove*) **he ~ped a gun out of his pocket** en un abrir y cerrar de ojos sacó un revólver del bolsillo; **he ~ped the letter out of my hand** me quitó la carta de la mano de un tirón, me arrebató la carta

6 (*= rush*) **they ~ped her into hospital** la llevaron al hospital a toda prisa

7 (*Brit**) (*= steal*) mangar*, birlar*

8 (*= strengthen*) [*+ rope*] reforzar

9 (*Sew*) [*+ hem, seam*] sobrehilar

Ⓒ VI 1 (*= speed, rush*) **I ~ped into a parking space** me metí enseguida en un hueco para aparcar; **I'll just ~ into the chemist's** voy en un segundo a la farmacia

2 (*= lash*) **the rope broke and ~ped across his face** la cuerda se rompió y le azotó la cara

3 (*= flap*) batir; **the rigging was ~ping against the mast of the yacht** las jarcias batían contra el mástil del yate

Ⓓ CPD ► **whip hand** N ✦*IDIOMS* **to have the ~ hand** llevar la voz cantante; **to have the ~ hand over sb** llevar ventaja a algn

► **whip back** VI + ADV (*= return*) volverse de golpe; (*= bounce back*) rebotar de repente hacia atrás

► **whip in** VT + ADV 1 (*Hunting*) [*+ hounds*] llamar, reunir

2 (*Parl*) [*+ member*] llamar para que vote; [*+ electors*] hacer que acudan a las urnas

► **whip off** VT + ADV [*+ lid*] quitar con un movimiento brusco; [*+ dress, trousers, gloves*] quitarse rápidamente

► **whip on** VT + ADV [*lid*] poner con un movimiento brusco; [*+ dress, trousers, gloves*] ponerse rápidamente

► **whip out** VT + ADV sacar de repente; **we'll soon ~ that tooth out** te sacaremos ese diente antes de que te des cuenta; *see also* **whip B5**

► **whip round** VI + ADV (*= turn*) [*person*] volverse *or* darse la vuelta de repente; **his head ~ped round in astonishment** volvió *or* giró la cabeza asombrado

► **whip through** VI + PREP [*+ book*] leer rápidamente; [*+ task, homework*] realizar de un tirón

► **whip up*** VT + ADV 1 (*= make*) [*+ meal*] preparar rápidamente; [*+ dress*] hacer rápidamente

2 (*Culin*) [*+ cream*] montar; [*+ egg white*] batir

➤ LANGUAGE IN USE: **while B4** 5.1, 26.3

3 (= *stir up*) [+ *support*] procurar, conseguir; [+ *enthusiasm, interest, excitement*] despertar; [+ *hatred*] provocar; **I couldn't ~ up any enthusiasm for the idea** (*among other people*) no pude despertar entusiasmo por la idea; (*in myself*) la idea no me entusiasmaba; **the proposed measure has ~ped up a storm of protest among students** la medida propuesta ha levantado una ola de protestas entre los estudiantes
4 (= *rouse*) [+ *crowd*] exaltar; **he ~ped the crowd up into a frenzy of hate** exaltó a la multitud hasta despertar en ellos un odio febril
5 (= *spur on*) [+ *horses*] azotar
6 (= *lift*) [+ *dust*] levantar

**WHIP**

*En el Parlamento británico la disciplina de partido está a cargo de un grupo de parlamentarios llamados* **whips**, *encabezados por el* **Chief Whip**. *Su deber es informar a los miembros del partido de los asuntos del Parlamento, comunicar a los líderes del partido las opiniones de los parlamentarios y asegurarse de que todos ellos asistan a la Cámara de los Comunes (***House of Commons***) y emitan su voto en asuntos importantes. Este último aspecto puede ser crucial cuando el gobierno sólo posee una escasa mayoría. Tanto el gobierno como la oposición tienen sus propios* **whips** *y por lo general todos ellos tienen también altos cargos en la Administración del Estado si pertenecen al partido en el poder.*

**whipcord** ['wɪpkɔ:d] N tralla *f*

**whiplash** ['wɪplæʃ] N 1 tralla *f*, latigazo *m*
2 (*Med*) (*also* **~ injury**) traumatismo *m* cervical

**whipped** [wɪpt] Ⓐ ADJ (*Culin*) batido
Ⓑ CPD ► **whipped cream** N nata *f* montada

**whipper-in** ['wɪpər'ɪn] N (*pl* **whippers-in**) (*Hunting*) montero/a *m/f* que cuida los perros de caza

**whippersnapper** ['wɪpə,snæpəʳ] N (*also* **young ~**) mequetrefe *m*

**whippet** ['wɪpɪt] N perro *m* lebrel

**whipping** ['wɪpɪŋ] Ⓐ N 1 (= *hiding*) tunda* *f*, azotaina* *f*; (*more serious*) paliza* *f*; **you'll get a ~ if your dad finds out** como tu padre se entere te van a dar una tunda *or* azotaina; **to give sb a ~** dar una tunda *or* azotaina a algn
2 (*) (= *defeat*) paliza* *f*
Ⓑ CPD ► **whipping boy** N cabeza *f* de turco, chivo *m* expiatorio ► **whipping cream** N nata *f* para montar ► **whipping post** N *poste donde se apoya el infractor para ser azotado* ► **whipping top** N peonza *f*, trompo *m*

**whippy** ['wɪpɪ] ADJ flexible, dúctil

**whip-round*** ['wɪpraʊnd] N colecta *f*; **to have a ~ (for sb)** hacer una colecta (para algn)

**whipsaw** ['wɪpsɔ:] N sierra *f* cabrilla

**whir** [wɜ:ʳ] = **whirr**

**whirl** [wɜ:l] Ⓐ N (= *spin*) giro *m*, vuelta *f*; [*of dust, water etc*] remolino *m*; [*of cream*] rizo *m*; **my head is in a ~** la cabeza me está dando vueltas; **the social ~** la actividad social; **a ~ of pleasures** un torbellino de placeres; **✦IDIOM let's give it a ~*** ¡nada se pierde con intentar!
Ⓑ VT 1 (= *spin*) hacer girar; **he ~ed Anne round the dance floor** hizo girar a Anne por la pista; **as the wind ~ed leaves into the air** mientras el aire hacia revolotear *or* girar las hojas en el aire; **he ~ed his sword round his head** esgrimió su espada haciéndola girar sobre su cabeza
2 (*fig*) (= *transport*) llevar rápidamente; **the train ~ed us off to Paris** el tren nos llevó rápidamente a París; **he ~ed us off to the theatre** nos llevó volando al teatro
Ⓒ VI [*wheel, merry-go-round*] girar; [*leaves, dust, water*] arremolinarse; (*fig*) (= *move quickly*) **the dancers ~ed past** los bailarines pasaron girando vertiginosamente; **my head was ~ing** me daba vueltas la cabeza

►**whirl round** Ⓐ VI + ADV [*wheel, merry-go-round*] girar, dar vueltas; [*dust, water*] arremolinarse; **she ~ed round to face me** se volvió rápidamente para mirarme
Ⓑ VT + ADV hacer girar; **he was ~ing something round on the end of a string** hacía girar algo al extremo de un hilo
Ⓒ VT + PREP *see* **whirl B1**

**whirligig** ['wɜ:lɪgɪg] N 1 (= *toy*) molinete *m*
2 (= *merry-go-round*) tiovivo *m*
3 (*also* **~ beetle**) girino *m*
4 (*fig*) vicisitudes *fpl*; (= *confusion*) movimiento *m* confuso

**whirlpool** ['wɜ:lpu:l] N 1 (*lit*) remolino *m*; (*fig*) vorágine *f*
2 (*also* **~ bath**) (= *tub*) bañera *f* de hidromasaje; (= *pool*) piscina *f* de hidromasaje

**whirlwind** ['wɜ:lwɪnd] Ⓐ N (*lit, fig*) torbellino *m*; **✦IDIOMS like a ~** como un torbellino, como una tromba; **to reap the ~** segar lo que se ha sembrado, padecer las consecuencias
Ⓑ CPD [*romance*] apasionado, arrollador; **a ~ courtship** un noviazgo brevísimo; **they took us on a ~ tour** nos llevaron de gira relámpago

**whirlybird*** ['wɜ:lɪbɜ:d] N (*US*) helicóptero *m*

**whirr** [wɜ:ʳ] Ⓐ N [*of insect wings*] zumbido *m*; [*of machine*] (*quiet*) zumbido *m*, runrún *m*; (*louder*) rechino *m*
Ⓑ VI [*insect wings*] zumbar; [*machine*] (*quietly*) zumbar, runrunear; (*more loudly*) rechinar

**whisk** [wɪsk] Ⓐ N 1 (= *fly whisk*) matamoscas *m inv*
2 (*Culin*) (= *hand whisk*) batidor *m*; (= *electric whisk*) batidora *f*
Ⓑ VT 1 (*Culin*) batir
2 (*) (= *move quickly*) **they ~ed him off to a meeting** se lo llevaron volando a una reunión; **we were ~ed up in the lift to the ninth floor** el ascensor nos llevó con toda rapidez al piso nueve; *see also* **whisk off, whisk up**
Ⓒ VI (*) **he ~ed past me as I was coming in** cuando entraba, le vi pasar de largo a toda velocidad

►**whisk away** Ⓐ VT + ADV 1 (= *shake off*) [+ *dust*] quitar con un movimiento brusco; **the horse ~ed the flies away with its tail** el caballo ahuyentó las moscas con la cola
2 (= *take*) **the waiter ~ed the dishes away** el camarero se llevó los platos en seguida; **she ~ed it away from me** me lo arrebató
Ⓑ VI + ADV desaparecer de repente

►**whisk off** VT + ADV [+ *dust*] quitar con un movimiento brusco; *see also* **whisk B2**

►**whisk up** VT + ADV (*Culin*) batir; *see also* **whisk B2**

**whisker** ['wɪskəʳ] N [*of animal*] bigote *m*; (= *hair*) pelo *m*; **~s** (*Zool*) bigotes *mpl*; (= *side whiskers*) patillas *fpl*; (= *beard*) barba *fsing*; (= *moustache*) bigote(s) *m(pl)*; **✦IDIOMS by a ~** por un pelo; **within a ~ of**: **he was within a ~ of falling down** le faltó un pelo para caer, faltó un pelo para que cayera

**whiskered** ['wɪskəd] ADJ bigotudo

**whisky, whiskey** (*US, Irl*) ['wɪskɪ] N whisky *m*; **~ and soda** whisky *m* con sifón, whisky *m* con soda

**whisper** ['wɪspəʳ] Ⓐ N 1 (*lit*) (= *low tone*) cuchicheo *m*, susurro *m*; [*of leaves*] susurro *m*; **to speak in a ~** hablar en voz baja, susurrar; **to say sth in a ~** decir algo en voz baja, susurrar algo; **her voice was scarcely more than a ~** su voz no era más que un susurro
2 (= *rumour*) rumor *m*, voz *f*; **there is a ~ that …** corre el rumor *or* la voz de que …, se rumorea que …; **at the least ~ of scandal** al menor indicio del escándalo
Ⓑ VT 1 (*lit*) decir en voz baja, susurrar; **to ~ sth to sb** decir algo al oído de algn, susurrar algo a algn
2 (*fig*) **it is ~ed that …** corre la voz de que …, se rumorea que …
Ⓒ VI (= *talk*) cuchichear, susurrar, hablar muy bajo; [*leaves*] susurrar; **to ~ to sb** cuchichear a algn; **it's rude to ~ in company** es de mala educación cuchichear en compañía, secretos en reunión es falta de educación; **stop ~ing!** ¡silencio!

**whispering** ['wɪspərɪŋ] Ⓐ N 1 (= *talking*) cuchicheo *m*; [*of leaves*] susurro *m*
2 (= *gossip*) chismes *mpl*, chismografía *f*; (= *rumours*) rumores *mpl*
Ⓑ CPD ► **whispering campaign** N campaña *f* de murmuraciones

**whist** [wɪst] Ⓐ N whist *m*
Ⓑ CPD ► **whist drive** N certamen *m* de whist

**whistle** ['wɪsl] Ⓐ N 1 (= *sound*) silbido *m*, chiflido *m* (*esp LAm*); **final ~** pitido *m* final
2 (= *instrument*) silbato *m*, pito *m*; **blast on the ~** pitido *m*; **the referee blew his ~** el árbitro pitó; **✦IDIOM to blow the ~ on sb** (= *denounce*) delatar a algn; (= *put a stop to*) poner fin a las actividades de algn
Ⓑ VT silbar; **to ~ a tune** silbar una melodía; **✦IDIOM I'm not just whistling Dixie** (*US*) no hablo en broma, no me estoy marcando ningún farol*
Ⓒ VI silbar, chiflar (*esp LAm*); (*Sport*) pitar, silbar; **the boys ~ at the girls** los chicos silban a las chicas; **the crowd ~d at the referee** el público silbó al árbitro; **he ~d for his dog** llamó a su perro con un silbido; **the referee ~d for a foul** el árbitro pitó una falta; **the bullet ~d past my ear** la bala pasó silbando muy cerca de mi oreja; **✦IDIOM he can ~ for it*** lo pedirá en vano

►**whistle up** VT + ADV 1 **to ~ up one's dog** llamar a su perro con un silbido
2 (= *find*) encontrar, hacer aparecer
3 (= *rustle up*) [+ *meal*] preparar, servir
4 (= *get together*) [+ *people*] reunir

**whistle-blower*** ['wɪslbləʊəʳ] N *persona que tira de la manta, persona que desvela una situación ilegal*

**whistle-stop** ['wɪslstɒp] Ⓐ N (*US*) (= *station*) apeadero *m*
Ⓑ CPD ► **whistle-stop tour** N (*US Pol*) gira *f* electoral rápida; (*fig*) recorrido *m* rápido

**Whit** [wɪt] Ⓐ N Pentecostés *m*
Ⓑ CPD [*holiday, weekend*] de Pentecostés ► **Whit Monday** N lunes *m* de Pentecostés ► **Whit Sunday** N día *m* de Pentecostés ► **Whit week** N semana *f* de Pentecostés

**whit** [wɪt] N († *or liter*) **not a ~** ni un ápice; **without a ~ of** sin pizca de; **every ~ as good as** de ningún modo inferior a

**white** [waɪt] Ⓐ ADJ (*compar* **whiter**; *superl* **whitest**) 1 (*gen*) blanco; [*wine, grape, chocolate*] blanco; [*coffee*] (= *milky*) con leche; (= *with dash of milk*) cortado; **to go** *or* **turn ~** (*in face*) ponerse blanco *or* pálido, palidecer;

**whiter than white** [*person, way of life*] sin tacha, angelical; **"Bleacho" washes whiter than white** "Bleacho" deja la colada blanca como la nieve; **he went ~ at the age of 30** el pelo se le puso blanco a los 30 años, encaneció a los 30 años; **she was ~ with rage** estaba pálida de la rabia; **✦IDIOMS to show the ~ feather** mostrarse cobarde; **to be as ~ as a sheet** *or* **ghost** estar pálido como la muerte; *see also* **bleed B3**

2 (*racially*) [*person*] blanco; [*area*] de raza blanca; [*vote*] de los blancos

Ⓑ N 1 (= *colour*) blanco *m*; **his face was a deathly ~** su rostro estaba blanco *or* pálido como la muerte; **the sheets were a dazzling ~** las sábanas eran de un blanco deslumbrante; **to be dressed in ~** ir vestido de blanco; *see also* **black A1, B1**

2 (= *white person*) blanco/a *m/f*

3 (*also* **~ wine**) blanco *m*; **a glass of ~** un blanco

4 [*of egg*] clara *f*

5 [*of eye*] blanco *m*

6 **whites** (*Sport*) **cricket/tennis ~s** equipo *m* blanco de cricket/tennis

Ⓒ CPD ► **white blood cell** N glóbulo *m* blanco ► **white chocolate** N chocolate *m* blanco ► **white Christmas** N Navidades *fpl* blancas *or* con nieve ► **white coffee** N (*milky*) café *m* con leche; (*with dash of milk*) café *m* cortado ► **white dwarf** N (*Astron*) enana *f* blanca ► **white elephant** N (*fig*) elefante *m* blanco; **~ elephant stall** *tenderete donde se venden cachivaches* ► **white ensign** N (*Brit*) enseña *f* blanca ► **white flag** N (*Mil*) bandera *f* blanca ► **white fox** N = **arctic fox** ► **white gold** N oro *m* blanco ► **white goods** NPL electrodomésticos *mpl* ► **white grape** N uva *f* blanca ► **white heat** N (*Phys*) calor *m* blanco ► **white hope*** N **the great ~ hope** la gran esperanza dorada ► **white horses** NPL (*on waves*) cabrillas *fpl* ► **the White House** N (*in US*) la Casa Blanca ► **white knight** N (*Fin*) caballero *m* blanco ► **white lead** N (*Chem*) albayalde *m* ► **white lie** N mentira *f* piadosa; **to tell a ~ lie** decir una mentira piadosa ► **white light** N (*Phys*) luz *f* blanca ► **white magic** N magia *f* blanca ► **white meat** N (*Culin*) carne *f* blanca ► **White Nile** N = **Nile** ► **white noise** N (*Acoustics*) ruido *m* blanco *or* uniforme ► **white owl** N búho *m* blanco ► **White Paper** N (*Brit, Australia, Canada Parl*) libro *m* blanco ► **white pepper** N pimienta *f* blanca ► **White Russia** N (*Hist*) la Rusia Blanca ► **White Russian** N (*Hist*) ruso/a *m/f* blanco/a ► **white sale** N (*Comm*) rebajas *fpl* de ropa blanca ► **white sapphire** N zafiro *m* blanco ► **white sauce** N salsa *f* bechamel, besamel *f* ► **the White Sea** N el Mar Blanco ► **white shark** N tiburón *m* blanco ► **white slave trade** N trata *f* de blancas ► **white spirit** N (*Brit*) trementina *f* ► **white tie** N (= *tie*) pajarita *f* blanca; (= *outfit*) traje *m* de etiqueta con pajarita blanca; *see also* **white-tie** ► **white trash**** N (*US pej*) *término ofensivo contra la clase blanca pobre estadounidense* ► **white water** N aguas *fpl* rápidas; **~ water rafting** piragüismo *m* en aguas rápidas ► **white wedding** N **to have a ~ wedding** casarse de blanco (y por la iglesia) ► **white whale** N ballena *f* blanca ► **white wine** N vino *m* blanco ► **white wood** N madera *f* blanca; *see also* **supremacist**

**whitebait** ['waɪtbeɪt] N morralla *f*, pescadito *m* frito

**whitebeam** ['waɪtbiːm] N mojera *f*

**whiteboard** ['waɪtbɔːd] N pizarra *f* vileda®, pizarra *f* blanca

**white-collar** ['waɪt,kɒlər] ADJ **~ worker** oficinista *mf*; **~ crime** crímenes *mpl* de guante blanco

**white-faced** ['waɪt'feɪst] ADJ blanco (como papel)

**whitefish** ['waɪtfɪʃ] N (= *species*) corégono *m*; (*collectively*) pescado *m* magro, pescado *m* blanco

**whitefly** ['waɪt,flaɪ] N mosca *f* blanca

**white-haired** ['waɪt'hɛəd] ADJ canoso, con canas, de pelo cano

**Whitehall** [,waɪt'hɔːl] N *calle de Londres en la cual hay muchos ministerios*; (*fig*) el gobierno británico

> **WHITEHALL**
>
> **Whitehall** *es la calle de Londres que va desde* **Trafalgar Square** *al Parlamento* (**Houses of Parliament**), *calle en la que se hallan la mayoría de los ministerios. Su nombre se usa con frecuencia para referirse conjuntamente a la Administración* (**Civil Service**) *y a los ministerios, cuando se trata de sus funciones administrativas.*

**white-headed** ['waɪt'hedɪd] ADJ canoso, con canas, de pelo cano; **~ boy*** (*fig*) favorito *m*, protegido *m*

**white-hot** ['waɪt'hɒt] ADJ [*metal*] calentado al blanco, candente

**whiten** ['waɪtn] Ⓐ VT blanquear

Ⓑ VI blanquear; [*person*] palidecer, ponerse pálido

**whitener** ['waɪtnər] N blanqueador *m*

**whiteness** ['waɪtnɪs] N blancura *f*

**whitening** ['waɪtnɪŋ] N = **whiting**[2]

**whiteout** ['waɪtaʊt] N 1 (*Met*) resplandor *m* sin sombras

2 (= *block*) bloqueo *m* total causado por la nieve

3 (*fig*) masa *f* confusa

**whitethorn** ['waɪtθɔːn] N espino *m*

**whitethroat** ['waɪtθrəʊt] N curruca *f* zarcera

**white-tie** ['waɪt,taɪ] ADJ de etiqueta; **a ~ dinner** una cena de etiqueta; *see also* **white C**

**whitewash** ['waɪtwɒʃ] Ⓐ N 1 (*lit*) cal *f*, jalbegue *m*

2 (*fig*) encubrimiento *m*

Ⓑ VT 1 (*lit*) encalar, enjalbegar

2 (*fig*) encubrir

3 (*Sport**) dejar en blanco, dar un baño a*

**whither** ['wɪðər] ADV (*poet*) ¿adónde?

**whiting**[1] ['waɪtɪŋ] N (*pl* **whiting**) (= *fish*) pescadilla *f*

**whiting**[2] ['waɪtɪŋ] N (= *colouring*) tiza *f*, blanco *m* de España; (*for shoes*) blanco *m* para zapatos; (= *whitewash*) jalbegue *m*

**whitish** ['waɪtɪʃ] ADJ blanquecino, blancuzco

**whitlow** ['wɪtləʊ] N panadizo *m*

**Whitsun** ['wɪtsn] Ⓐ N Pentecostés *m*

Ⓑ CPD de Pentecostés

**Whitsuntide** ['wɪtsntaɪd] Ⓐ N Pentecostés *m*

Ⓑ CPD de Pentecostés

**whittle** ['wɪtl] VT [+ *wood, shape*] tallar (con cuchillo)

►**whittle away** Ⓐ VT + ADV (= *reduce*) [+ *savings, amount*] ir reduciendo; **our sovereignty is gradually being ~d away** poco a poco está mermando nuestra soberanía

Ⓑ VI + ADV **to ~ away at sth** (*lit*) tallar algo; (*fig*) ir reduciendo algo

►**whittle down** VT + ADV [+ *workforce, amount*] reducir; **the short-list has been ~d down to three** hemos reducido el número de candidatos preseleccionados a tres

**whiz(z)** [wɪz] Ⓐ N 1 (*) (= *ace*) as* *m*; **he's a ~ at tennis** es un as del tenis*

2 (= *sound*) silbido *m*, zumbido *m*

Ⓑ VI **to ~ by** *or* **past** [*bullet, arrow*] pasar zumbando; [*car*] pasar a gran velocidad; **it whizzed past my head** pasó (silbando) muy cerca de mi cabeza; **to whizz along** ◊ **go whizzing along** ir como una bala; **the sledge whizzed down the slope** el trineo bajó la cuesta a gran velocidad

Ⓒ CPD ► **whiz(z) kid*** N prodigio *m*

**WHO** N ABBR (= **World Health Organization**) OMS *f*

**who** [huː] PRON 1 (*in direct and indirect questions*) quién *sing*, quiénes *pl*; **~ is it?** ¿quién es?; **~ are they?** ¿quiénes son?; **~ are you looking for?** ¿a quién buscas?; **~ does she think she is?*** ¿quién se cree que es?; **I know ~ it was** (yo) sé quién fue; **you'll soon find out ~'s ~** pronto sabrás quién es quién

2 (*in exclamations*) quién; **guess ~!** ¡a ver si adivinas quién soy!; **~ should it be but Neil!** ¿a que no sabes quién era? ¡Neil!, ¡no era otro que Neil!

3 (*relative*) que; (*after preposition*) el/la que, quien, el/la cual (*more frm*); **my cousin ~ lives in New York** mi primo que vive en Nueva York; **the girl ~ you saw** la chica que viste; **the girl ~ you spoke to has since left the company** la chica con la que *or* con quien *or* (*more frm*) con la cual hablaste ya no trabaja en la empresa; **those ~ can swim** los que saben nadar; **he ~ wishes to ...** el que desee ...; **deny it ~ may** aunque habrá quien lo niegue

**whoa** [wəʊ] EXCL ¡so!

**who'd** [huːd] = **who would, who had**

**whodun(n)it*** [huː'dʌnɪt] N novela *f* policíaca

**whoever** [huː'evər] PRON 1 (= *no matter who, anyone that*) **it won't be easy, ~ does it** no será fácil, no importa quién lo haga; **~ finds it can keep it** quienquiera que lo encuentre puede quedarse con él, el/la que lo encuentre que se lo quede; **I'll talk to ~ it is** hablaré con quien sea; **ask ~ you like** pregúntaselo a cualquiera

2 (= *the person that*) **~ said that is an idiot** quien haya dicho eso es un imbécil, quienquiera que haya dicho eso es un imbécil

3 (*in questions*) quién; **~ told you that?** ¿quién te dijo eso?

**whole** [həʊl] Ⓐ N (= *complete unit*) todo *m*; **the ~ may be greater than the sum of the** *or* **its parts** el todo puede ser mayor que la suma de las partes; **four quarters make a ~** cuatro cuartos hacen una unidad; **as a ~: the estate is to be sold as a ~** la propiedad va a venderse como una unidad; **Europe should be seen as a ~** Europa debería considerarse como un todo *or* una unidad; **taken as a ~, the project is a success** si se considera en su totalidad, el proyecto es un éxito; **is this true just in India, or in the world as a ~?** ¿es ése el caso sólo en la India o en todo el mundo?; **the ~ of** todo; **the ~ of Glasgow was talking about it** todo Glasgow hablaba de ello; **the ~ of our output this year** toda nuestra producción de este año; **the ~ of July** todo el mes de julio; **the ~ of the time** todo el tiempo; **the ~ of Europe** toda Europa, Europa entera; **the ~ of the morning** toda la mañana, la mañana entera; **on the ~** en general

Ⓑ ADJ 1 (= *entire*) todo; **the ~ family was there** toda la familia estaba allí; **we spent**

**WHO, WHOM**

**In direct and indirect questions**

• In direct and indirect questions as well as after expressions of (un)certainty and doubt (e.g. **no sé**), translate **who** using **quién/quiénes** when it is the subject of a verb:

Who broke the window?

***¿Quién rompió la ventana?***

She had no idea who her real parents were

***Ignoraba quiénes eran sus verdaderos padres***

• When **who/whom** is the object of a verb or preposition, translate using **quién/quiénes** preceded by personal **a** or another preposition as relevant:

Who(m) did you call?

***¿A quién llamaste?***

Who(m) is she going to marry?

***¿Con quién se va a casar?***

You must tell me who you are going to go out with

***Tienes que decirme con quién/quiénes vas a salir***

**In exclamations**

• Translate using **quién/quiénes** with an accent as in the interrogative form:

Who would have thought it!

***¡Quién lo hubiera pensado!***

**As relative**

• When **who/whom** follows the noun it refers to, the most common translation is **que**:

Do you recognize the three girls who have just come in?

***¿Reconoces a las tres chicas que acaban de entrar?***

Peter, who was at the match, has told me all about it

***Peter, que estuvo en el partido, me lo ha contado todo***

That man (who) you saw wasn't my father

***El hombre que viste no era mi padre***

! Personal **a** is not used before **que**.

**"Who" as subject of a verb**

• When **who** is the subject, **que** can sometimes be substituted by **el cual/la cual** or **quien** (singular) and **los cuales/las cuales** or **quienes** (plural). This can help avoid ambiguity:

I bumped into Ian and Sue, who had just come back from Madrid

***Me encontré con Ian y con Sue, la cual*** or ***quien acababa de regresar de Madrid***

• Only **que** is possible in cases where subject **who** can be substituted by **that**, i.e. where **who** defines the person in question and the sentence does not make sense if you omit the **who** clause:

The little boy who won the cycle race is Sarah's nephew

***El niñito que ganó la carrera ciclista es el sobrino de Sarah***

**"Who(m)" as object of a verb or preposition**

• When **who(m)** is the object of a verb, you can translate it using **que** as above. Alternatively, especially in formal language, use personal **a** + **quien/quienes** or personal **a** + **ARTICLE** + **cual/cuales** *etc* or personal **a** + **ARTICLE** + **que**:

The woman (who *or* whom) you're describing is my music teacher

***La señora que*** *or* ***a quien*** *or* ***a la cual*** *or* ***a la que describes es mi profesora de música***

**"Who(m)" as object of a preposition**

• After prepositions, you should usually use **que** or **cual** preceded by the article, or **quien**:

This is the girl (who *or* whom) I talked to you about

***Ésta es la chica de la que*** *or* ***de la cual*** *or* ***de quien te hablé***

*Para otros usos y ejemplos ver las entradas* who *y* whom.

**the ~ summer in Italy** pasamos todo el verano *or* el verano entero en Italia; **a ~ hour** toda una hora, una hora entera; **it rained for three ~ days** llovió durante tres días enteros *or* seguidos; **~ towns were destroyed** pueblos enteros fueron destruídos; **along its ~ length** todo a lo largo; **I've never told anyone in my ~ life** nunca se lo he dicho a nadie en toda mi vida; **a ~ load of people were there*** había un montón de gente allí*; **he took the ~ lot*** se lo llevó todo; **I'm fed up with the ~ lot of them*** estoy harto de todos ellos; **a ~ lot better/worse*** muchísimo mejor/peor; **it's a ~ new world to me*** es un mundo completamente nuevo para mí; **I've bought myself a ~ new wardrobe*** me he comprado un vestuario completamente nuevo; **the ~ point was to avoid that happening** el propósito era evitar que eso pasara; **the ~ point of coming here was to relax** el objetivo de venir aquí era relajarse; **the figures don't tell the ~ story** las cifras no nos dicen toda la verdad; **let's forget the ~ thing** olvidemos todo el asunto, olvidémoslo todo; **he didn't tell the ~ truth** no dijo toda la verdad; **the ~ world** todo el mundo, el mundo entero; **✦IDIOMS to go the ~ hog*** liarse la manta a la cabeza*; **this is a ~ new ball game*** es una historia distinta por completo, es algo completamente distinto

2 (= *intact*) entero; **not a glass was left ~ following the party** no quedó ni un vaso entero tras la fiesta; **keep the egg yolks ~** procure que no se rompan las yemas de huevo; **the seal on the letter was still ~** el sello de la carta no estaba roto; **to make sth ~** (*liter*) (= *heal*) curar algo; **he swallowed it ~** se lo tragó entero

Ⓒ CPD ► **whole milk** N leche *f* entera ► **whole note** N (*US Mus*) semibreve *f* ► **whole number** N número *m* entero

**wholefood(s)** ['həʊlfu:d(z)] (*Brit*) Ⓐ N comida *f* naturista, alimentos *mpl* integrales

Ⓑ CPD ► **wholefood(s) restaurant** N restaurante *m* naturista

**whole-grain** ['həʊlgreɪn] ADJ [*bread, cereal*] integral

**wholehearted** ['həʊl'hɑ:tɪd] ADJ [*approval, support*] incondicional

**wholeheartedly** ['həʊl'hɑ:tɪdlɪ] ADV [*approve, support, accept*] incondicionalmente

**wholeheartedness** ['həʊl'hɑ:tɪdnɪs] N entusiasmo *m*

**wholemeal** ['həʊlmi:l] ADJ [*bread, flour*] integral

**wholeness** ['həʊlnɪs] N (*gen*) totalidad *f*, integridad *f*; [*of mind, body*] integridad *f*

▼**wholesale** ['həʊlseɪl] Ⓐ ADJ 1 [*price, trade*] al por mayor

2 (*fig*) (= *on a large scale*) en masa; (= *indiscriminate*) general, total; **~ destruction** destrucción *f* total *or* sistemática

Ⓑ ADV 1 (*lit*) al por mayor; **to buy/sell ~** comprar/vender al por mayor

2 (*fig*) en masa; **the books were burnt ~** los libros fueron quemados en masa

Ⓒ N venta *f* al por mayor, mayoreo *m* (*Mex*)

Ⓓ CPD ► **wholesale dealer** N = **wholesaler** ► **wholesale price index** N índice *m* de precios al por mayor ► **wholesale trader** N = **wholesaler**

**wholesaler** ['həʊl,seɪləʳ] N comerciante *mf* al por mayor, mayorista *mf*

**wholesaling** ['həʊlseɪlɪŋ] N venta *f* al por mayor, mayoreo *m* (*Mex*)

**wholesome** ['həʊlsəm] ADJ sano, saludable

**wholesomeness** ['həʊlsəmnɪs] N lo sano, lo saludable

**whole-wheat** ['həʊlwi:t] ADJ (*esp US*) de trigo integral, hecho con trigo entero

**who'll** [hu:l] = **who will**

**wholly** ['həʊlɪ] ADV totalmente, completamente; **not ~ successful** no todo un éxito, no un éxito completo

**whom** [hu:m] PRON (*frm*) 1 (*in direct and indirect questions*) **~ did you see?** ¿a quién viste?; **from ~ did you receive it?** ¿de quién lo recibiste?; **I know of ~ you are talking** sé de quién hablas

2 (*relative*) **the gentleman ~ I saw** el señor a quien *or* al cual *or* al que vi, el señor que vi (*less frm*); **the lady ~ I saw** la señora a quien *or* a la cual *or* a la que vi, la señora que vi (*less frm*); **the lady with ~ I was talking** la señora con la que *or* con la cual *or* con quien hablaba; **three policemen, none of ~ wore a helmet** tres policías, ninguno de los cuales llevaba casco; **three policemen, two of ~ were drunk** tres policías, dos de los cuales estaban borrachos; **three policemen, all of ~ were drunk** tres policías, que estaban todos borrachos; → WHO, WHOM

**whomever** [hu:m'evəʳ] PRON (*an accusative form*) *of* **whoever**

**whomsoever** [,hu:msəʊ'evəʳ] PRON (*an emphatic accusative form*) *of* **whosoever**

**whoop** [hu:p] Ⓐ N grito *m*, alarido *m*; **with a ~ of joy** con un grito de alegría

Ⓑ VI gritar, dar alaridos; [*when coughing*] toser

Ⓒ VT **to ~ it up†*** (= *make merry*) divertirse ruidosamente; (= *let hair down*) echar una cana al aire

**whoopee** [wʊ'pi:] Ⓐ EXCL ¡estupendo!

Ⓑ N **to make ~†*** divertirse una barbaridad*

Ⓒ CPD ► **whoopee cushion*** N cojín *m* de ventosidades

**whooping cough** ['hu:pɪŋ,kɒf] N tos *f* ferina, coqueluche *f*

**whoops** [wu:ps] EXCL ¡epa!, ¡lep!

**whoosh** [wʊ(:)ʃ] N *ruido del agua que sale bajo presión, o del viento fuerte*; **it came out with a ~** salió con mucha fuerza

**whop‡** [wɒp] VT pegar

**whopper*** ['wɒpəʳ] N 1 (= *big thing*) monstruo *m*; **that fish is a ~** ese pez es enorme; **what a ~!** ¡qué enorme!

2 (= *lie*) bola *f*

**whopping*** ['wɒpɪŋ] ADJ (*also* **~ great**) enorme, grandísimo

**whore** ['hɔ:ʳ] Ⓐ N (*pej*) puta *f*

Ⓑ VI (*also* **to go whoring**) putear, putañear††

**who're** [hu:əʳ] = **who are**

**whorehouse** ['hɔ:haʊs] N (*pl* **whorehouses** ['hɔ:haʊzɪz]) (*US*) casa *f* de putas

**whorl** [wɜ:l] N [*of shell*] espira *f*; [*of fingerprint*] espiral *m*; (*Bot*) verticilo *m*

**whortleberry** ['wɜ:tl,bərɪ] N arándano *m*

**who's** [hu:z] = **who is**, **who has**

**whose** [hu:z] Ⓐ PRON (*in direct and indirect questions*) de quién; **~ is this?** ¿de quién es esto?; **~ are these?** (*1 owner expected*) ¿de

➤ LANGUAGE IN USE: wholesale A 20.1

quién son éstos?; (*2 or more owners expected*) ¿de quiénes son éstos?; **I don't know ~ it is** no sé de quién es

Ⓑ ADJ [1] (*in direct and indirect questions*) de quién; **~ purse is this?** ¿de quién es este monedero?; **~ cars are these?** (*1 owner expected*) ¿de quién son estos coches?; (*2 or more owners expected*) ¿de quiénes son estos coches?; **~ fault was it?** ¿quién tuvo la culpa?; **~ car did you go in?** ¿en qué coche fuiste?; **do you know ~ hat this is?** ¿sabes de quién es este sombrero?; **I don't know ~ watch this is** no sé de quién es este reloj

[2] (*relative*) cuyo; **those ~ passports I have** aquellas personas cuyos pasaportes tengo, *or* de las que tengo pasaportes; **the man ~ hat I took** el hombre cuyo sombrero tomé; **the man ~ seat I sat in** el hombre en cuya silla me senté; **the cup ~ handle you broke** la taza a la que le rompiste el asa

**WHOSE**

### In direct and indirect questions

• **Whose** in direct questions as well as after report verbs and expressions of (un)certainty and doubt (e.g. **no sé**) translates as **de quién/de quiénes**, (*never* **cuyo**):

Whose coat is this?
***¿De quién es este abrigo?***
He asked us whose coats they were
***Nos preguntó de quiénes eran los abrigos***
I don't know whose umbrella this is
***No sé de quién es este paraguas***

### As a relative

• In relative clauses **whose** can be translated by **cuyo/cuya/cuyos/cuyas** and must agree with the following noun:

The man whose daughter is a friend of Emily's works for the Government
***El señor cuya hija es amiga de Emily trabaja para el Gobierno***
...the house whose roof collapsed...
***...la casa cuyo tejado se hundió...***

NOTE: When **whose** refers to more than one noun, make **cuyo** agree with the first:

...a party whose policies and strategies are very extremist...
***...un partido cuya política y tácticas son muy extremistas...***

• However, **cuyo** is not much used in spoken Spanish. Try using another structure instead:

...the house whose roof collapsed...
***...la casa a la que se le hundió el tejado...***
My daughter, whose short story won a prize in the school competition, wants to be a journalist
***Mi hija, a quien premiaron por su relato en el concurso de la escuela, quiere ser periodista***

! There is no accent on **quien** here, as it is a relative pronoun.

*For further uses and examples, see main entry.*

**whosis*** ['hu:zɪs] N (*US*) [1] (= *thing*) chisme *m*, cosa *f*

[2] (= *person*) fulano/a *m/f*, cómo-se-llame *mf*

**whosoever** [,hu:səʊ'evəʳ] = **whoever**

**who've** [hu:v] = **who have**

**whozis*** ['hu:zɪs] N (*US*) = **whosis**

**whse** ABBR = **warehouse**

**why** [waɪ] Ⓐ ADV por qué; **~ not?** ¿por qué no?; **~ on earth didn't you tell me?** ¿por qué demonios no me lo dijiste?; **I know ~ you did it** sé por qué lo hiciste; **~ he did it we shall never know** no sabremos nunca por qué razón lo hizo; **that's ~ I couldn't come** por eso no pude venir; **which is ~ I am here** que es por lo que estoy aquí

Ⓑ EXCL ¡toma!, ¡anda!; **~, it's you!** ¡toma, eres tú!, ¡anda, eres tú!; **~, what's the matter?** bueno, ¿qué pasa?; **~, there are 8 of us!** ¡si somos 8!; **~, it's easy!** ¡vamos, es muy fácil!

Ⓒ N **the ~s and (the) wherefores** el porqué

➤ LANGUAGE IN USE: why A 1.1, 17.1, 26.3

**WHY**

• **Why** can usually be translated by **por qué**:

Why didn't you come?
***¿Por qué no viniste?***
They asked her why she hadn't finished her report
***Le preguntaron por qué no había terminado el informe***

! Remember the difference in spelling between **por qué** (why) and **porque** (because).

• To ask specifically about the *purpose* of something, you can translate **why** using **para qué**:

Why go if we are not needed?
***¿Para qué vamos a ir si no nos necesitan?***

• In statements, you can translate (**the reason**) **why** using **por qué**, **la razón** (**por la que**) or **el motivo** (**por el que**):

Tell me (the reason) why you don't want to accept the proposal
***Dime por qué*** *or* ***la razón por la que*** *or* ***el motivo por el que no quieres aceptar la propuesta***

• Translate **that's why** using **por eso**:

That's why they wouldn't pay
***Por eso no querían pagar***

• Like all question words in Spanish, **porqué** can function as a masculine noun. Note that in **el porqué**, **porqué** is written as one word:

I'd like to know why he's absent *or* the reason for his absence
***Me gustaría saber el porqué de su ausencia***

*For further uses and examples, see main entry.*

**whyever** [,waɪ'evəʳ] ADV **~ did you do it?** ¿por qué demonios lo hiciste?

**WI** Ⓐ ABBR [1] = **West Indies**

[2] (*US*) = **Wisconsin**

Ⓑ N ABBR (*Brit*) (= **Women's Institute**) ≈ IM *m*

**wick** [wɪk] N mecha *f*; ✦**IDIOMS he gets on my ~*** me hace subir por las paredes*; **to dip one's ~**** echar un polvo**

**wicked** ['wɪkɪd] Ⓐ ADJ [1] (= *evil*) malvado, cruel; **that was a ~ thing to do** eso no se perdona

[2] (= *naughty*) [*grin, look, suggestion*] pícaro; **he gave a ~ grin** sonrió con picardía; **a ~ sense of humour** un sentido del humor socarrón

[3] (*) (*fig*) [*price*] escandaloso; [*satire*] muy mordaz, cruel; [*temper*] terrible; (= *very bad*) horroroso, horrible; **a ~ waste** un despilfarro escandaloso; **it's ~ weather** hace un tiempo horrible; **it's a ~ car to start** este coche es horrible para arrancar

[4] (**) (= *brilliant*) de puta madre**, estupendo*, guay*

Ⓑ N ✦**IDIOM no rest** *or* **peace for the ~** no hay descanso para los malvados

**wickedly** ['wɪkɪdlɪ] ADV [1] (= *evilly*) [*behave, destroy*] malvadamente, cruelmente

[2] (= *naughtily*) [*grin, laugh, suggest*] con picardía; **a ~ funny play** una obra para desternillarse de risa

**wickedness** ['wɪkɪdnɪs] N [1] (= *evil*) maldad *f*, crueldad *f*; **all manner of ~** toda clase de maldades

[2] (= *naughtiness*) [*of grin, laugh, suggestion*] picardía *f*

**wicker** ['wɪkəʳ] Ⓐ N mimbre *m or f*

Ⓑ CPD de mimbre

**wickerwork** ['wɪkəwɜ:k] Ⓐ N [1] (= *objects*) artículos *mpl* de mimbre

[2] [*of chair etc*] rejilla *f*

[3] (= *craft*) cestería *f*

Ⓑ CPD de mimbre

**wicket** ['wɪkɪt] Ⓐ N [1] (*Cricket*) (= *stumps*) palos *mpl*; (= *pitch*) terreno *m*; (= *fallen wicket*) entrada *f*, turno *m*; ✦**IDIOM to be on a sticky ~** estar en un aprieto*; → CRICKET

[2] (*also* **~ gate**) postigo *m*, portillo *m*

Ⓑ CPD ► **wicket keeper** N (*Cricket*) guardameta *mf*

**wide** [waɪd] (*compar* **wider**; *superl* **widest**) Ⓐ ADJ [1] [*street, river, trousers*] ancho; [*area*] extenso; [*ocean, desert*] vasto; [*space, circle, valley*] amplio; **he was a tall man with ~ shoulders** era un hombre alto de hombros anchos; **it's ten centimetres ~** tiene diez centímetros de ancho *or* de anchura; **a three-mile-~ crater** un cráter de tres millas de ancho *or* de anchura; **how ~ is it?** ¿cuánto tiene de ancho?, ¿qué anchura tiene?; **her eyes were ~ with amazement** tenía los ojos como platos de asombro*; ✦**IDIOM to give sb a ~ berth** evitar a algn

[2] (= *extensive*) [*support, variety*] gran; [*range, selection*] amplio; **a ~ choice of bulbs is available** hay una gran variedad de bulbos donde escoger, hay una gran variedad de bulbos disponible; **there is a ~ choice of colours** hay muchos colores para escoger; **he has a ~ following** tiene un gran número de seguidores; **a ~ range of** una amplia gama de; **in the wider context of** dentro del contexto más amplio de; **the story received ~ coverage** el suceso recibió una amplia cobertura; **to have (a) ~ knowledge of sth** tener amplios conocimientos de algo; **this ruling could have wider implications** esta decisión podría tener implicaciones más amplias; **the incident raises wider issues** el incidente hace plantearse cuestiones de mayor envergadura

[3] (= *large*) [*gap, differences*] grande; **to win by a ~ margin** ganar por un margen amplio

[4] (= *off target*) **his first shot was ~** (*Ftbl*) su primer tiro *or* chute pasó de largo; (*Shooting*) su primer disparo no dio en el blanco; **to be ~ of the target** desviarse mucho del blanco; ✦**IDIOM to be ~ of the mark** encontrarse lejos de la realidad; **their accusations may not be so ~ of the mark** puede que sus acusaciones no se encuentren tan lejos de la realidad

Ⓑ ADV [1] (= *fully*) **he opened the window ~** abrió la ventana de par en par; **~ apart** bien separados; **to be ~ awake** (*lit*) estar completamente despierto; **we'll have to be ~ awake for this meeting** tendremos que estar con los ojos bien abiertos en esta reunión, tendremos que estar muy al tanto en esta reunión; **~ open** [*window, door*] de par en par, completamente abierto; **with his eyes (open) ~** *or* **~ open** con los ojos muy abiertos; **she went into marriage with her eyes ~ open** se casó sabiendo muy bien lo que hacía; **the ~ open spaces** los espacios abiertos; **we were left ~ open to attack** quedamos totalmente expuestos a un ataque

[2] (= *off target*) **the shot went ~** (*Ftbl*) el tiro *or* chute pasó de largo; (*Shooting*) el disparo no dio en el blanco; **Fleming shot ~** (*Ftbl*) Fleming realizó un disparo que pasó de largo a la portería; *see also* **far A1**

Ⓒ N (*Cricket*) *pelota que el bateador no puede golpear porque la han lanzado muy lejos y que cuenta como una carrera para el equipo del bateador*

Ⓓ CPD ► **wide boy**‡ N buscón‡ *m*, ratero* *m*

**-wide** [waɪd] ADJ, ADV (*ending in compounds*) **a Community-wide ballot** una votación a escala comunitaria; *see also* **countrywide**, **nationwide**

**wide-angle** ['waɪd,æŋgl] ADJ **~ lens** gran angular *m*

**wide-awake** ['waɪdə'weɪk] ADJ 1 (*lit*) completamente *or* bien despierto
2 (*fig*) (= *on the ball*) despabilado; (= *alert*) vigilante, alerta

**wide-bodied** ['waɪd'bɒdɪd] ADJ (*Aer*) de fuselaje ancho

**wide-eyed** ['waɪd'aɪd] ADJ con los ojos muy abiertos, con los ojos como platos*; (*fig*) inocente, cándido

**widely** ['waɪdlɪ] ADV 1 (= *over wide area, far apart*) **debris from the blast was scattered ~** los restos de la explosión quedaron esparcidos por una amplia zona; **the trees were ~ spaced** los árboles estaban muy separados los unos de los otros
2 (= *extensively*) [*travel*] mucho; **to be ~ available** poder conseguirse con facilidad; **it is ~ believed that ...** mucha gente cree que ...; **the cabinet reshuffle had been ~ expected** la remodelación del gabinete ministerial había sido esperada por muchos; **a ~ held belief** una creencia generalizada; **to be ~ read** [*reader*] tener una amplia cultura, haber leído mucho; [*author*] contar con un gran número de lectores; **his books are ~ read** sus libros cuentan con un gran número de lectores, sus libros se leen mucho; **it is ~ regarded as ...** es considerado por la mayoría como ...; **to be ~ travelled** haber viajado mucho; **to be ~ used** ser de uso extendido *or* generalizado
3 (= *greatly*) [*vary, differ*] mucho
4 (= *broadly*) [*smile*] abiertamente

**widen** ['waɪdn] Ⓐ VT 1 (*lit*) [+ *road, river, sleeve*] ensanchar
2 (*fig*) [+ *knowledge, circle of friends*] extender, ampliar
Ⓑ VI 1 (*lit*) (*also* **~ out**) ensancharse; **the passage ~s out into a cave** el pasillo se ensancha para formar una caverna
2 (*fig*) **the gap between rich and poor has ~ed** ha aumentado la diferencia entre ricos y pobres; **the ~ing gap between the rich and the poor** el creciente abismo entre los ricos y los pobres

**wideness** ['waɪdnɪs] N anchura *f*, amplitud *f*

**wide-ranging** ['waɪd,reɪndʒɪŋ] ADJ [*survey, report*] de gran alcance; [*interests*] muy diversos

**wide-screen** ['waɪdskriːn] ADJ [*film*] para pantalla ancha; [*television set*] de pantalla ancha, con pantalla panorámica

**widespread** ['waɪdspred] ADJ [*use*] generalizado, extendido; [*belief, concern*] generalizado; [*support, criticism*] a nivel general; [*fraud, corruption*] muy extendido; **to become ~** extenderse, generalizarse; **rain will become ~ across the whole of the British Isles** las lluvias se extenderán por todas las Islas Británicas; **there is ~ fear that ...** muchos temen que ...

**widgeon** ['wɪdʒən] N ánade *m* silbón

**widget*** ['wɪdʒɪt] N (= *device*) artilugio *m*; (= *thingummy*) ingenio *m*, cacharro* *m*

**widow** ['wɪdəʊ] Ⓐ N 1 viuda *f*; **to be left a ~** quedar viuda, enviudar; **Widow Newson**†† la viuda de Newson; **~'s pension** viudedad *f*, pensión *f* de viudedad
2 (*fig*) **I'm a golf ~** paso mucho tiempo sola mientras mi marido juega al golf; **all the cricket ~s got together for tea** todas las mujeres cuyos maridos estaban jugando al críquet se reunieron para tomar el té
Ⓑ VT **to be ~ed** enviudar, quedar viudo/a; **she was twice ~ed** ha enviudado dos veces, quedó viuda dos veces; **she has been ~ed for five years** enviudó hace cinco años, quedó viuda hace cinco años
Ⓒ CPD ► **widow's peak** N pico *m* de viuda

**widowed** ['wɪdəʊd] ADJ viudo; **his ~ mother** su madre viuda

**widower** ['wɪdəʊəʳ] N viudo *m*

**widowhood** ['wɪdəʊhʊd] N viudez *f*

**width** [wɪdθ] N 1 [*of street, river*] ancho *m*, anchura *f*; **what ~ is the room?** ¿qué ancho *or* anchura tiene la habitación?; **it is five metres in ~** ◊ **it has a ~ of five metres** tiene cinco metros de ancho *or* anchura, tiene un ancho *or* anchura de cinco metros
2 [*of fabric, swimming pool*] ancho *m*; **to swim a ~** hacer un ancho (de la piscina)

**widthways** ['wɪdθweɪz] ADV, **widthwise** ['wɪdθwaɪz] ADV a lo ancho

**wield** [wiːld] VT [+ *sword, axe, pen*] manejar; [+ *power, influence*] ejercer

**wiener schnitzel** ['viːnə'ʃnɪtsəl] N escalope *m* de ternera con guarnición

**wienie** ['wiːnɪ] N (*US Culin, Culin*) salchicha *f* de Frankfurt

**wife** [waɪf] Ⓐ N (*pl* **wives**) mujer *f*, esposa *f*; **this is my ~** ésta es mi esposa *or* mujer; **my boss and his ~** mi jefe y su esposa *or* mujer; **the ~*** la parienta*, la jefa*; **"The Merry Wives of Windsor"** "Las alegres comadres de Windsor"; **~'s earned income** ingresos *mpl* de la mujer; **to take a ~**† desposarse; **to take sb to ~**† desposarse con algn
Ⓑ CPD ► **wife beater** N *hombre que maltrata a su mujer* ► **wife swapping** N cambio *m* de pareja

**wifely**† ['waɪflɪ] ADJ de esposa

**wig** [wɪg] N peluca *f*

**wigeon** ['wɪdʒən] N ánade *m* silbón

**wigging*** ['wɪgɪŋ] N (*Brit*) rapapolvo* *m*, bronca *f*; **to give sb a ~** echar un rapapolvo *or* una bronca a algn*

**wiggle** ['wɪgl] Ⓐ N meneo *m*; **to walk with a ~** caminar contoneándose
Ⓑ VT [+ *toes, fingers*] mover (mucho); [+ *hips*] contonear, menear
Ⓒ VI [*person*] contonearse; [*hips*] contonearse, menearse

**wiggly** ['wɪglɪ] ADJ [*line*] ondulado

**wight**†† [waɪt] N (*hum*) criatura *f*; **luckless ~** ◊ **sorry ~** pobre hombre *m*

**wigmaker** ['wɪg,meɪkəʳ] N peluquero/a *m/f* (*que se dedica a hacer pelucas*)

**wigwam** ['wɪgwæm] N tipi *m*, tienda *f* india

**wilco** [,wɪl'kəʊ] ADV ABBR (*Telec*) (= **I will comply**) ¡procedo!

**wild** [waɪld] Ⓐ ADJ (*compar* **wilder**; *superl* **wildest**) 1 (= *not domesticated*) 1·1 [*animal, bird*] salvaje; (= *fierce*) feroz; **~ duck** pato *m* salvaje; ♦*IDIOM* **~ horses wouldn't drag me there** tendrían que llevarme a rastras, no iría ni por todo el oro del mundo
1·2 [*plant*] silvestre; **~ flowers** flores *fpl* silvestres; **~ strawberries** fresas *fpl* silvestres; ♦*IDIOM* **to sow one's ~ oats** correrla*
1·3 [*countryside*] salvaje, agreste; **a ~ stretch of coastline** un tramo salvaje *or* agreste de costa
2 (= *stormy*) [*wind*] furioso, violento; [*weather*] tormentoso; [*sea*] bravo; **it was a ~ night** fue una noche tormentosa *or* de tormenta
3 (= *unrestrained, disorderly*) [*party*] loco; [*enthusiasm*] desenfrenado; [*hair*] revuelto; [*appearance*] desastrado; [*look, eyes*] de loco; **he invited a bunch of his ~ friends round** invitó a un grupo de amigos locos; **he had a ~ youth** hizo muchas locuras en su juventud; **we had some ~ times together** ¡hicimos cada locura juntos!; ♦*IDIOM* **~ and woolly**: **a member of some ~ and woolly activist group** un miembro de un grupo de esos de activistas locos
4 (*) (*emotionally*) 4·1 (= *angry*) **it drives** *or* **makes me ~** me saca de quicio; **he went ~ when he found out** se puso como loco cuando se enteró; **to be ~ with sb** estar furioso con algn
4·2 (= *distraught*) **I was ~ with jealousy** estaba loco de celos
4·3 (= *ecstatic*) [*cheers, applause*] exaltado, apasionado; **to be ~ about sth/sb: he's just ~ about Inga** está loco por Inga; **I'm not exactly ~ about the idea** no es que la idea me entusiasme demasiado; **Anthea drives men ~ with desire** Anthea vuelve a los hombres locos de deseo; **the crowd went ~ (with excitement)** la multitud se puso loca de entusiasmo; **to be ~ with joy** estar loco de alegría
5 (= *crazy, rash*) [*idea, plan, rumour*] descabellado, disparatado; **it's a ~ exaggeration** es una enorme exageración; **they made some ~ promises** hicieron unas promesas disparatadas; **they have succeeded beyond their ~est dreams** han tenido más éxito del que jamás habían soñado; **never in my ~est dreams did I imagine winning this much** nunca imaginé, ni soñando, que ganaría tanto
6 (= *haphazard*) **it's just a ~ guess** no es más que una conjetura al azar *or* una suposición muy aventurada; **I made a ~ guess** dije lo primero que se me vino a la cabeza
7 (*Cards*) **aces are ~** los ases sirven de comodines
Ⓑ ADV 1 **to grow ~** crecer en estado silvestre
2 **to run ~** 2·1 (= *roam freely*) [*animal*] correr libremente; [*child*] corretear libremente
2·2 (= *get out of control*) **the garden had run ~** las plantas del jardín habían crecido de forma descontrolada; **Molly has let that girl run ~** Molly ha dejado que esa niña haga lo que quiera; **you've let your imagination run ~** te has dejado llevar por la imaginación; **the inevitable result of fanaticism run ~** la inevitable consecuencia del fanatismo desenfrenado
Ⓒ N 1 **the ~: animals caught in the ~** animales capturados en su hábitat natural; **untended fields returning to the ~** campos descuidados que vuelven a su estado silvestre; **the call of the ~** el atractivo de lo salvaje *or* de la naturaleza
2 **the ~s** tierras *fpl* inexploradas; **the ~s of Canada** las tierras inexploradas de Canadá; **to live out in the ~s** (*hum*) vivir en el quinto pino*; **they live out in the ~s of Berkshire** viven en lo más remoto de Berkshire
Ⓓ CPD ► **wild beast** N fiera *f*, bestia *f* salvaje ► **wild boar** N jabalí *m* ► **wild card** N (*Comput, Cards*) comodín *m*; (*Sport*) *invitación para participar en un torneo a pesar de no reunir los requisitos establecidos*; **the ~ card in the picture is Eastern Europe** la gran incógnita dentro de este conjunto es Europa Oriental ► **wild cherry** N cereza *f* silvestre ► **wild child** N (*Brit*) adolescente *mf* rebelde ► **wild goose chase** N **he sent me off on a ~**

**goose chase** me mandó de la Ceca a la Meca*; **it proved to be a ~ goose chase** resultó ser una búsqueda inútil ► **wild rice** N arroz *m* silvestre ► **the Wild West** N el oeste americano

**wildcat** ['waɪld'kæt] Ⓐ N (*pl* **wildcats** *or* **wildcat**) [1] (*Zool*) gato *m* montés
[2] (*for oil*) perforación *f* de sondaje en tierra virgen
Ⓑ VI (*US*) hacer perforaciones para extraer petróleo
Ⓒ CPD [*scheme, venture*] descabellado ► **wildcat strike** N huelga *f* salvaje *or* no autorizada

**wildebeest** ['wɪldɪbiːst] N (*pl* **wildebeests** *or* **wildebeest**) ñu *m*

**wilderness** ['wɪldənɪs] N (= *desert*) desierto *m*; (= *hills*) monte *m*; (= *virgin land*) tierra *f* virgen; **a ~ of ruins** un desierto de ruinas; **he spent four years in the ~ before returning to power** (*fig*) pasó cuatro años al margen de la política antes de volver al poder

**wild-eyed** ['waɪld'aɪd] ADJ de mirada salvaje

**wildfire** ['waɪld,faɪəʳ] N **to spread like ~** correr como un reguero de pólvora

**wildfowl** ['waɪldfaʊl] NPL (*gen*) aves *fpl* de caza; (= *ducks*) ánades *mpl*

**wildfowler** ['waɪld,faʊləʳ] N cazador(a) *m/f* de ánades

**wildfowling** ['waɪld,faʊlɪŋ] N caza *f* de ánades

**wildlife** ['waɪldlaɪf] Ⓐ N fauna *f*
Ⓑ CPD ► **wildlife preserve**, **wildlife reserve**, **wildlife sanctuary** N reserva *f* natural ► **wildlife trust** N asociación *f* protectora de la naturaleza

**wildly** ['waɪldlɪ] ADV [1] (= *ecstatically*) [*shout*] como loco; [*applaud*] a rabiar, como loco; **the Democrats were cheering ~ for their nominee** los demócratas vitoreaban como locos a su candidato nominado
[2] (= *frantically*) [*stare, look*] con cara de espanto; [*gesture*] como loco, violentamente; **the driver was gesticulating ~** el conductor gesticulaba como loco *or* violentamente
[3] (= *violently*) [*hit out, throw*] violentamente, como loco
[4] (= *crazily, rashly*) [*guess*] sin pensarlo mucho; [*promise*] en un arrebato; [*exaggerated*] muy
[5] (= *haphazardly*) [*shoot*] a lo loco, a tontas y a locas*; [*fluctuate, vary*] muchísimo
[6] (= *extremely*) **~ happy/enthusiastic** loco de felicidad/entusiasmo; **Naomi was ~ jealous of her sister** Naomi sentía unos celos locos de su hermana; **a ~ improbable story** una historia disparatadísima; **a ~ inaccurate estimate** un cálculo que dista/distaba muchísimo de la realidad

**wildness** ['waɪldnɪs] N [1] (= *undomesticated state*) [*of animal, tribe, landscape*] estado *m* salvaje, lo salvaje; [*of place*] estado *m* salvaje *or* agreste, lo salvaje, lo agreste
[2] (= *storminess*) [*of weather*] furia *f*; [*of sea*] bravura *f*
[3] (= *lack of restraint*) desenfreno *m*; [*of appearance*] lo desordenado; **there was a look of ~ in his eyes** había algo de locura en su mirada
[4] (= *craziness, rashness*) [*of idea, plan, rumour*] lo descabellado, lo disparatado
[5] (= *haphazardness*) [*of shot*] lo errático

**wiles** [waɪlz] NPL artimañas *fpl*, ardides *mpl*

**wilful**, **willful** (*US*) ['wɪlfʊl] ADJ [1] (= *obstinate*) testarudo, terco
[2] (= *deliberate*) intencionado, deliberado, premeditado; [*murder etc*] premeditado

**wilfully**, **willfully** (*US*) ['wɪlfəlɪ] ADV [1] (= *obstinately*) voluntariosamente, tercamente; **you have ~ ignored ...** te has obstinado en no hacer caso de ...
[2] (= *intentionally*) a propósito, adrede

**wilfulness**, **willfulness** (*US*) ['wɪlfʊlnɪs] N [1] (= *obstinacy*) testarudez *f*, terquedad *f*
[2] (= *premeditation*) lo intencionado, lo premeditado

**wiliness** ['waɪlɪnɪs] N astucia *f*

▼**will**[1] [wɪl] (*pt* **would**) Ⓐ AUX VB, MODAL AUX VB
[1] (*talking about the future*) [1·1] **I ~** *or* **I'll finish it tomorrow** lo terminaré mañana; **I ~** *or* **I'll have finished it by tomorrow** lo habré terminado para mañana; **"you won't lose it, ~ you?"** no lo perderás ¿verdad?; (*stronger*) no lo vayas a perder; **you ~ come to see us, won't you?** vendrás a vernos, ¿no?; **it won't take long** no llevará mucho tiempo; **we'll probably go out later** seguramente saldremos luego; **I'll always love you** te querré siempre; **what ~ you do?** ¿qué vas a hacer?; **we'll be having lunch late** vamos a comer tarde; **we'll talk about it later** hablamos luego
[1·2] (*emphatic language*) **I ~ do it!** ¡sí lo haré!; **no he won't!** ¡no lo hará!
[2] (*in conjectures*) **he ~** *or* **he'll be there by now** ya debe de haber llegado *or* ya habrá llegado; **she'll be about 50** tendrá como 50 años; **that ~ be the postman** será el cartero
[3] (*expressing willingness*) [3·1] (*in commands, insistence*) **~ you sit down!** ¡siéntate!; **~ you be quiet!** ¿te quieres callar?; **he ~ have none of it** no quiere ni siquiera pensarlo; **"I won't go" — "oh yes you ~"** —no voy —¿cómo que no?; **I ~ not** *or* **I won't put up with it!** ¡no lo voy a consentir!; **I ~ not have it that ...** no permito que se diga que ... + *subjun*; **I ~** (*marriage service*) sí quiero
[3·2] (*in offers, requests, invitations, refusals*) **come on, I'll help you** venga, te ayudo; **~ you help me?** ¿me ayudas?; **wait a moment, ~ you?** espera un momento, ¿quieres?; **~ you have some tea?** ¿quieres tomar un té?; **~ you sit down?** ¿quiere usted sentarse?, tome usted asiento (*more frm*); **won't you come with us?** ¿no quieres venir con nosotros?; **Tom won't help me** Tom no me quiere ayudar
[4] (*expressing habits*) [4·1] soler, acostumbrar a; **she ~ read for hours on end** suele leer *or* acostumbra a leer durante horas y horas
[4·2] (*expressing persistence*) **she ~ smoke, despite what the doctor says** a pesar de lo que dice el médico, se empeña en fumar; **accidents ~ happen** son cosas que pasan; **boys ~ be boys** así son los chicos; **he ~ keep leaving the door open** siempre tiene que dejar la puerta abierta; **if you ~ eat so much, you can hardly expect to be slim** si insistes en comer tanto, no pensarás adelgazar
[5] (*expressing capability*) **the car won't start** el coche no arranca; **the car ~ cruise at 100mph** el coche podrá alcanzar las 100 millas por hora; **a man who ~ do that ~ do anything** un hombre que es capaz de eso es capaz de todo
Ⓑ VI (= *wish*) querer; **(just) as you ~!** ¡como quieras!; **if God ~s** si lo quiere Dios; **say what you ~** di lo que quieras; **do as you ~** haz lo que quieras, haz lo que te parezca bien; **look where you ~, you won't find one** mires donde mires, no vas a encontrar uno

**will**[2] [wɪl] Ⓐ N [1] (= *inclination, wish*) voluntad *f*; **against sb's ~** contra la voluntad de algn; **at ~** a voluntad; **to do sb's ~** hacer la voluntad de algn; **Thy ~ be done** hágase tu voluntad; **to do sth of one's own free ~** hacer algo por voluntad propia; **the ~ of God** la voluntad de Dios; **iron ~** ◊ **~ of iron** voluntad *f* de hierro; **to have a ~ of one's own** tener voluntad propia; **it is my ~ that you should do it** (*frm*) quiero que lo hagas; **the ~ to win/live** el deseo de ganar/vivir; **to work with a ~** trabajar con ahinco; **with the best ~ in the world** por mucho que se quiera; ✦*PROV* **where there's a ~ there's a way** querer es poder; *see also* **ill A2**
[2] (= *testament*) testamento *m*; **the last ~ and testament of ...** la última voluntad de ...; **to make a ~** hacer testamento
Ⓑ VT [1] (= *urge on by willpower*) lograr a fuerza de voluntad; **he ~ed himself to stay awake** consiguió quedarse despierto a fuerza de voluntad; **I was ~ing you to win** estaba deseando que ganaras
[2] (= *ordain*) ordenar, disponer; **God has so ~ed it** Dios lo ha ordenado así
[3] (= *leave in one's will*) **to ~ sth to sb** legar algo a algn, dejar algo (en herencia) a algn; **he ~ed his pictures to the nation** legó sus cuadros a la nación

**Will** [wɪl] N (*familiar form*) *of* **William**

**willful** ['wɪlfʊl] ADJ (*US*) = **wilful**

**willfully** ['wɪlfəlɪ] ADV (*US*) = **wilfully**

**willfulness** ['wɪlfʊlnɪs] N (*US*) = **wilfulness**

**William** ['wɪljəm] N Guillermo; **~ the Conqueror** Guillermo el Conquistador

**willie*** [wɪlɪ] N (*Brit*) = **willy**

**willies*** ['wɪlɪz] NPL **it gives me the ~** me da horror; **I get the ~ whenever I think about it** me horroriza pensar en ello

▼**willing** ['wɪlɪŋ] ADJ [1] (= *enthusiastic*) [*helper*] voluntarioso; **she proved to be a ~ helper in their campaign** demostró ser una ayudante voluntariosa en su campaña; **there were plenty of ~ hands** había mucha gente dispuesta a ayudar; **he was a ~ participant in the scheme** participó en el programa por su propia voluntad; **we're looking for a few ~ volunteers** estamos buscando unos cuantos voluntarios con buena disposición; **his pronouncements found a ~ audience** sus opiniones tuvieron una buena acogida
[2] (= *disposed*) **to be ~ to do sth** estar dispuesto a hacer algo; **are you ~?** ¿estás dispuesto (a hacerlo)?; **to show ~** mostrarse dispuesto; *see also* **god**

**willingly** ['wɪlɪŋlɪ] ADV [1] (= *with pleasure*) con gusto, de buena gana; **"will you help us?" — "willingly!"** —¿nos ayudas? —¡con mucho gusto! *or* ¡cómo no!
[2] (= *voluntarily*) por voluntad propia

**willingness** ['wɪlɪŋnɪs] N buena voluntad *f*, buena disposición *f*; **I don't doubt his ~, just his competence** no dudo de su buena voluntad *or* disposición, sólo de su capacidad; **I had to prove my ~ to work** tuve que probar mi buena disposición para trabajar; **I was grateful for his ~ to help** agradecí su interés por ayudar

**will-o'-the-wisp** ['wɪləðə'wɪsp] N (*lit*) fuego *m* fatuo; (*fig*) quimera *f*

**willow** ['wɪləʊ] Ⓐ N (*also* **~ tree**) sauce *m*
Ⓑ CPD ► **willow pattern** N *dibujos de aspecto chinesco para la cerámica*; *see also* **willow-pattern** ► **willow warbler** N mosquitero *m* musical

**willowherb** ['wɪləʊhɜːb] N adelfa *f*

**willow-pattern** ['wɪləʊ,pætən] ADJ **~ plate** plato *m* de estilo chino; *see also* **willow B**

**willowy** ['wɪləʊɪ] ADJ esbelto

➤ LANGUAGE IN USE: **will**[1] **A1** 4, 10.4 **A3** 10.4 **willing 2** 3, 11.2

**willpower** ['wɪlpaʊəʳ] N fuerza *f* de voluntad

**Willy** ['wɪlɪ] N (*familiar form*) *of* **William**

**willy*** ['wɪlɪ] N [1] (*Anat*) colita* *f*, pito* *m*
[2] **the willies** *see* **willies**

**willy-nilly** ['wɪlɪ'nɪlɪ] ADV [1] (= *unsystematically*) de cualquier manera
[2] (= *willingly or not*) quiérase o no, guste o no guste

**wilt**[1] [wɪlt] Ⓐ VI [1] [*flower*] marchitarse
[2] (*fig*) (= *lose strength*) debilitarse; (= *lose courage*) perder el ánimo, desanimarse; **we were beginning to ~ in the heat** el calor estaba empezando a hacernos desfallecer
Ⓑ VT [1] (*lit*) marchitar
[2] (*fig*) debilitar

**wilt**[2]†† [wɪlt] 2ND PERS (*thou form*) *of* **will**[1]

**Wilts** [wɪlts] N ABBR = **Wiltshire**

**wily** ['waɪlɪ] ADJ (*compar* **wilier**; *superl* **wiliest**) astuto, taimado

**WIMP** [wɪmp] ABBR (*Comput*) = **windows, icons, menu** *or* **mice, pointers**

**wimp*** [wɪmp] N **he's a ~** (*physically*) es un debilucho*; (*in character*) es un parado*

►**wimp out*** VI + ADV rajarse*

**wimpish*** ['wɪmpɪʃ] ADJ [*behaviour*] ñoño; [*person*] (*physically*) debilucho*; (*in character*) parado*

**wimpishness*** ['wɪmpɪʃnɪs] N debilidad *f*

**wimple** ['wɪmpl] N griñon *m*

**wimpy** ['wɪmpɪ] = **wimpish**

**win** [wɪn] (*vb: pt, pp* **won**) Ⓐ N victoria *f*, triunfo *m*; **another ~ for Castroforte** otra victoria *or* otro triunfo para el Castroforte; **their fifth ~ in a row** su quinta victoria consecutiva, su quinto triunfo consecutivo; **last Sunday's ~ against** *or* **over Pakistan** la victoria del domingo frente a *or* sobre Pakistán; **to back a horse for a ~** apostar dinero por un caballo para que gane la/una carrera; **I had a ~ on the lottery** gané la lotería; *see also* **no-win**
Ⓑ VT [1] (= *be victorious in*) [+ *competition, bet, war, election*] ganar; ✦*IDIOMS* **you can't ~ them all** no siempre se puede ganar; **to ~ the day** (*Mil*) triunfar; (*fig*) triunfar, imponerse; **pragmatism will probably ~ the day** al final triunfará *or* se impondrá el pragmatismo; **the government finally won the day after a heated debate** finalmente el gobierno triunfó *or* se impuso tras un debate acalorado; *see also* **spur A1**
[2] (= *be awarded*) [+ *cup, award, prize, title*] ganar; [+ *contract, order*] obtener, conseguir; **the party won a convincing victory at the polls** el partido consiguió *or* obtuvo una victoria convincente en las elecciones
[3] (= *obtain*) [+ *pay rise, promotion*] conseguir, ganarse; [+ *support, friendship, recognition*] ganarse; [+ *metal, ore*] extraer (**from** de); **how to ~ friends and influence people** cómo ganarse amigos e influenciar a las personas; **to ~ a reputation for honesty** granjearse *or* ganarse una reputación de persona honrada; **to ~ sb sth: it won him first prize** le valió *or* le ganó el primer premio; **this manoeuvre won him the time he needed** esta maniobra le ganó el tiempo que necesitaba; **to ~ sth from sb** ganar algo a algn; **he won five pounds from her at cards** le ganó cinco libras jugando a cartas; **new land won from the marshes** nuevas tierras ganadas a los pantanos; **to ~ sb's hand (in marriage)** obtener la mano de algn (en matrimonio) (*frm*); **to ~ sb's heart** conquistar a algn; **to ~ sb to one's cause** ganar a algn para la causa de uno, atraer a algn a la causa de uno
[4] (= *reach*) [+ *shore*] llegar a, alcanzar; [+ *goal*] conseguir; **he won his way to the top of his profession** (a base de trabajar duro) consiguió llegar a la cima de su profesión
[5] (*Mil*) (= *capture*) tomar
Ⓒ VI (*in war, sport, competition*) ganar; **who's ~ning?** ¿quién va ganando?; **go in and ~!** ¡a ganar!; **he has a good chance of ~ning** tiene muchas posibilidades de hacerse con la victoria *or* de ganar; **OK, you ~*** vale, ganas tú; **Evans won 6-2, 6-4, 6-3** Evans ganó 2-6, 6-4, 6-3; **she always ~s at cards** siempre gana a las cartas; **to ~ by a head/a length** ganar por una cabeza/un largo; **to play to ~** jugar a ganar; ✦*IDIOMS* **you can't ~**: **whatever you say, you're always wrong, you can't ~** digas lo que digas, ellos siempre tienen razón, ¡no hay manera!; **to ~ hands down** ganar de forma aplastante

►**win back** VT + ADV [+ *trophy*] recobrar; [+ *support, confidence*] volver a ganarse; [+ *land*] reconquistar, volver a conquistar; [+ *gambling loss, job*] recuperar; [+ *voters, girlfriend, boyfriend*] volver a conquistar a; **I won the money back from him** recuperé el dinero que me ganó

►**win out** VI + ADV triunfar, imponerse; **tiredness won out** triunfó *or* se impuso el cansancio; **she won out over six other candidates** se impuso a otros seis candidatos

►**win over, win round** VT + ADV convencer; **eventually we won him over to our point of view** por fin lo convencimos de que teníamos razón; **they are hoping to ~ over undecided voters** esperan ganarse a los votantes indecisos

►**win through** VI + ADV [1] (= *succeed*) triunfar; **stick to your principles and you will ~ through** mantente firme a tus principios y al final triunfarás
[2] (*Sport*) **she won through to the second round** ganó y pasó a la segunda ronda

**wince** [wɪns] Ⓐ N [*of revulsion*] mueca *f*; [*of pain*] mueca *f* de dolor; **he said with a ~** dijo con una mueca
Ⓑ VI (= *shudder*) estremecerse; **he ~d in pain** hizo una mueca de dolor; **he ~d at the thought of dining with Camilla** la idea de cenar con Camilla le hacía estremecer

**winceyette** [,wɪnsɪ'et] N (*Brit*) franela *f* de algodón

**winch** [wɪntʃ] Ⓐ N torno *m*, cabrestante *m*
Ⓑ VT (*also* **~ up**) levantar (con un torno *or* cabrestante); **he was ~ed up by the helicopter** lo levantaron con el helicóptero; **to ~ sth down** bajar algo (con un torno *or* cabrestante)

**Winchester disk**® ['wɪntʃɪstə'dɪsk] N disco *m* Winchester®

**wind**[1] [wɪnd] Ⓐ N [1] viento *m*; **which way is the ~ blowing?** ¿de dónde sopla el viento?; **against the ~** contra el viento; **to run before the ~** (*Naut*) navegar viento en popa; **high ~** viento fuerte; **into the ~** contra el viento; ✦*IDIOMS* **to see which way the ~ blows** esperar para ver por dónde van los tiros; **~s of change** aires *mpl* de cambio, aires *mpl* nuevos; **to get ~ of sth** enterarse de algo; **to get the ~ up*** preocuparse; **to have the ~ up*** estar preocupado; **there's something in the ~** algo se está cociendo; **to put the ~ up sb** (*Brit**) dar un susto a algn; **it really put the ~ up me** me dio un susto de los buenos; **to take the ~ out of sb's sails** cortar las alas a algn; ✦*PROV* **it's an ill ~ that blows nobody any good** no hay mal que por bien no venga; *see also* **sail A1**
[2] (*Physiol*) gases *mpl*; [*of baby*] flato *m*; **to break ~** ventosear; **to bring up ~** [*baby*] eructar
[3] (= *breath*) aliento *m*; **to be short of ~** estar sin aliento; *see also* **second**[1] **A1**
[4] (*) (= *talk*) **that's all a lot of ~** todo eso son chorradas*
[5] (*Mus*) **the ~(s)** los instrumentos *mpl* de viento
Ⓑ VT **to ~ sb** (*with punch etc*) dejar a algn sin aliento; **to ~ a baby** hacer eructar a un niño; **to be ~ed by a ball** quedar sin aliento por el golpe de un balón; **to be ~ed after a race** quedar sin aliento después de una carrera
Ⓒ CPD ► **wind chimes** NPL móvil *m* de campanillas ► **wind cone** N = **windsock** ► **wind energy** N = **wind power** ► **wind farm** N parque *m* eólico ► **wind instrument** N instrumento *m* de viento ► **wind machine** N máquina *f* de viento ► **wind power** N energía *f* eólica *or* del viento ► **wind tunnel** N túnel *m* aerodinámico *or* de pruebas aerodinámicas ► **wind turbine** N aerogenerador *m*

**wind**[2] [waɪnd] (*pt, pp* **wound** [waʊnd]) Ⓐ VT [1] (= *roll, coil*) [+ *rope, wire*] enrollar; **the rope wound itself round a branch** la cuerda se enrolló en *or* alrededor de una rama; **with a rope wound tightly round his waist** con una cuerda que le ceñía estrechamente la cintura; **to ~ wool into a ball** ovillar lana, hacer un ovillo de lana; **~ this round your head** envuélvete la cabeza con esto, líate esto a la cabeza; **to ~ one's arms round sb** rodear a algn con los brazos, abrazar a algn estrechamente
[2] (*also* **~ up**) [+ *clock, watch, toy*] dar cuerda a; [+ *key, handle*] dar vueltas a
[3] (= *twist*) **the road ~s its way through the valley** la carretera serpentea por el valle
Ⓑ VI (= *snake*) serpentear; **the road ~s up the valley** el camino serpentea por el valle; **the car wound slowly up the hill** el coche subió lentamente la sinuosa colina
Ⓒ N [1] (= *bend*) curva *f*, recodo *m*
[2] **to give one's watch a ~** dar cuerda al reloj; **give the handle another ~** dale otra vuelta a la manivela

►**wind back** VT + ADV [+ *tape, film*] rebobinar

►**wind down** Ⓐ VT + ADV [+ *car window*] bajar; (= *scale down*) [+ *production, business*] disminuir poco a poco, reducir poco a poco
Ⓑ VI + ADV [1] (*lit*) [*clock*] pararse
[2] (*) (= *relax*) relajarse
[3] (*) (= *come to an end*) [*activity, event*] tocar a su fin

►**wind forward** VT + ADV [+ *tape, film*] correr

►**wind in** VT + ADV **to ~ in a fishing line** ir cobrando sedal

►**wind on** Ⓐ VT + ADV [+ *film*] enrollar
Ⓑ VI + ADV [*film*] enrollarse

►**wind up** Ⓐ VT + ADV [1] (*lit*) [+ *car window*] subir; [+ *clock, toy*] dar cuerda a
[2] (= *close*) [+ *meeting, debate*] cerrar, dar por terminado; [+ *company*] liquidar; **he wound up his speech by saying that ...** terminó su discurso diciendo que ...
[3] **to be wound up** (= *tense*) estar tenso; **she's dreadfully wound up** está muy tensa; **it gets me all wound up (inside)** me pone nerviosísimo
[4] (*Brit**) **to ~ sb up** (= *provoke*) provocar a algn; (= *tease*) tomar el pelo a algn
Ⓑ VI + ADV [1] (= *finish*) [*meeting, debate, speaker*] concluir, terminar; **how does the play ~ up?** ¿cómo concluye *or* termina la obra?
[2] (*) (= *end up*) acabar; **we wound up in Rome** acabamos en Roma, fuimos a parar a Roma

**windbag*** ['wɪndbæg] N (= *person*) hablador(a) *m/f*

**windblown** ['wɪndbləʊn] ADJ [*leaf etc*] llevado *or* arrancado por el viento; [*hair*] despeinado por el viento

**windborne** ['wɪndbɔːn] ADJ llevado por el viento

**windbreak** ['wɪndbreɪk] N (*natural*) abrigada *f*, barrera *f* contra el viento; (*for plants*) pantalla *f* cortavientos; (*at seaside*) cortavientos *m inv*

**windbreaker** ['wɪnd,breɪkəʳ] N (*esp US*) cazadora *f*

**windburn** ['wɪnd,bɜːn] N **to get ~** curtirse al viento

**windcheater** ['wɪnd'tʃiːtəʳ] N cazadora *f*

**windchill** ['wɪndtʃɪl] Ⓐ N sensación *f* térmica, *efecto térmico producido por un viento frío y una baja temperatura*
Ⓑ CPD ► **the windchill factor** N *factor que determina la sensación térmica producida por un viento frío y una baja temperatura*

**winder** ['waɪndəʳ] N (*on watch etc*) cuerda *f*

**windfall** ['wɪndfɔːl] Ⓐ N [1] (= *apple etc*) fruta *f* caída
[2] (*fig*) dinero *m* caído del cielo
Ⓑ CPD ► **windfall profits** NPL beneficios *mpl* imprevistos ► **windfall tax** N *impuesto sobre determinados beneficios extraordinarios*

**windgauge** ['wɪndgeɪdʒ] N anemómetro *m*

**winding** ['waɪndɪŋ] Ⓐ ADJ [*road, path*] tortuoso, serpenteante
Ⓑ N [*of road*] tortuosidad *f*; **the ~s of a river** las vueltas *or* los meandros de un río
Ⓒ CPD ► **winding sheet** N mortaja *f* ► **winding staircase** N escalera *f* de caracol

**winding-gear** ['waɪndɪŋgɪəʳ] N manubrio *m*, cabrestante *m*

**winding-up** ['waɪndɪŋ'ʌp] N conclusión *f*; (*Comm*) liquidación *f*

**windjammer** ['wɪnd,dʒæməʳ] N buque *m* de vela (grande y veloz)

**windlass** ['wɪndləs] N torno *m*

**windless** ['wɪndlɪs] ADJ sin viento

**windmill** ['wɪndmɪl] N molino *m* de viento; (= *toy*) molinete *m*

**window** ['wɪndəʊ] Ⓐ N (*gen, Comput*) ventana *f*; (= *shop window*) escaparate *m*, vitrina *f* (*LAm*), vidriera *f* (*S. Cone*); [*of booking office, car, envelope*] ventanilla *f*; **to lean out of the ~** asomarse a la ventana; **to look out of the ~** mirar por la ventana; **to break a ~** romper un cristal *or* (*LAm*) un vidrio; ✦**IDIOM to fly out of the ~: common sense flies out of the ~** el sentido común se va al traste, se pierde todo atisbo de sentido común
Ⓑ CPD ► **window box** N jardinera *f* de ventana ► **window cleaner** N (= *liquid*) limpiacristales *m inv*; (= *person*) limpiacristales *mf inv* ► **window display** N escaparate *m* ► **window dresser** N escaparatista *mf*, decorador(a) *m/f* de escaparates ► **window dressing** N escaparatismo *m*, decoración *f* de escaparates; (*in accounts etc*) presentación *f* de información especiosa; **it's all just ~ dressing** (*fig*) es pura fachada ► **window envelope** N sobre *m* de ventanilla ► **window frame** N marco *m* de ventana ► **window ledge** N antepecho *m*, alféizar *m* de la ventana ► **window pane** N cristal *m*, vidrio *m* (*LAm*) ► **window seat** N asiento *m* junto a la ventana; (*Rail etc*) asiento *m* junto a una ventanilla

**window-shop** ['wɪndəʊʃɒp] VI ir a mirar escaparates

**window-shopping** ['wɪndəʊ,ʃɒpɪŋ] N **to go ~** ir a mirar escaparates; **I like ~** me gusta mirar escaparates

**windowsill** ['wɪndəʊsɪl] N antepecho *m*, alféizar *m* de la ventana

**windpipe** ['wɪndpaɪp] N tráquea *f*

**wind-powered** ['wɪnd,paʊəd] ADJ impulsado por el viento

**windproof** ['wɪndpruːf] ADJ a prueba de viento

**windscreen** ['wɪndskriːn], **windshield** ['wɪndʃiːld] (*US*) Ⓐ N parabrisas *m inv*
Ⓑ CPD ► **windscreen washer** N lavaparabrisas *m inv* ► **windscreen wiper** N limpiaparabrisas *m inv*

**windsleeve** ['wɪndsliːv] N = **windsock**

**windsock** ['wɪndsɒk] N (*Aer*) manga *f* (de viento)

**windstorm** ['wɪndstɔːm] N ventarrón *m*, huracán *m*

**windsurf** ['wɪndsɜːf] VI hacer windsurf

**windsurfer** ['wɪndsɜːfəʳ] N tablista *mf*, surfista *mf*

**windsurfing** ['wɪndsɜːfɪŋ] N windsurf *m*; **to go ~** hacer windsurf

**windswept** ['wɪndswept] ADJ [*place*] azotado por el viento; **he came in looking very ~** entró con el pelo muy revuelto

**wind-up*** ['waɪndʌp] N [1] (*Brit*) (= *joke*) tomadura *f* de pelo*
[2] = **winding-up**

**windward** ['wɪndwəd] Ⓐ ADJ de barlovento
Ⓑ N barlovento *m*; **to ~** a barlovento

**Windward Isles** ['wɪndwəd,aɪlz] NPL Islas *fpl* de Barlovento

**windy** ['wɪndɪ] ADJ (*compar* **windier**; *superl* **windiest**) [1] [*day*] de mucho viento, ventoso; [*place*] (= *exposed to wind*) expuesto al viento; **it's ~ today** hoy hace viento; **Edinburgh's a very ~ city** en Edimburgo hace mucho viento; **the Windy City** Chicago *m*; → CITY NICKNAMES
[2] (*Brit*†*) (= *afraid, nervous*) miedoso, temeroso (**about** por); **to be ~** pasar miedo; **to get ~** asustarse

**wine** [waɪn] Ⓐ N vino *m*; **red/white/rosé ~** vino tinto/blanco/rosado
Ⓑ VT **to ~ and dine sb** agasajar a algn
Ⓒ VI **to ~ and dine** comer y beber (en restaurantes)
Ⓓ CPD ► **wine bar** N bar *m* especializado en servir vinos ► **wine bottle** N botella *f* de vino ► **wine cask** N tonel *m* de vino, barril *m* de vino ► **wine cellar** N bodega *f* ► **wine grower** N viñador(a) *m/f* ► **wine growing** N vinicultura *f*; *see also* **wine-growing** ► **wine list** N lista *f or* carta *f* de vinos ► **wine merchant** N (*Brit*) vinatero/a *m/f* ► **wine press** N prensa *f* de uvas, lagar *m* ► **wine rack** N botellero *m* ► **wine taster** N catador(a) *m/f* de vinos ► **wine tasting** N cata *f* de vinos ► **wine vinegar** N vinagre *m* de vino ► **wine waiter** N sumiller *m*, escanciador *m*

**winebibber** ['waɪn,bɪbəʳ] N bebedor(a) *m/f*

**wineglass** ['waɪnglɑːs] N copa *f* (de vino)

**wine-growing** ['waɪn,grəʊɪŋ] ADJ vinícola; *see also* **wine D**

**winemanship** ['waɪnmən'ʃɪp] N pericia *f* en vinos, enofilia *f*

**winery** ['waɪnərɪ] N (*esp US*) bodega *f*

**wineskin** ['waɪnskɪn] N pellejo *m*, odre *m*

**wing** [wɪŋ] Ⓐ N [1] [*of bird*] ala *f*; **the bird spread its ~s** el pájaro extendió las alas; **to be on the ~** estar volando; **to shoot a bird on the ~** matar un pájaro al vuelo; **on the ~s of fantasy** en alas de la fantasía; **to take ~** (*liter*) irse volando, alzar el vuelo; ✦**IDIOMS to clip sb's ~s** cortar las alas a algn; **to do sth on a ~ and a prayer** hacer algo con Dios y ayuda; **to stretch** *or* **spread one's ~s** empezar a volar; **to take sb under one's ~** dar amparo a algn, tomar a algn bajo su protección
[2] [*of chair*] orejera *f*, oreja *f*
[3] (*Sport*) (= *position*) extremo *m*, ala *f*; (= *player*) extremo/a *m/f*, alero/a *m/f*
[4] (*Archit*) ala *f*; **the east/west ~** el ala este/oeste
[5] (= *section*) ala *f*; **the left ~ of the party** el ala izquierda del partido
[6] (*Brit Aut*) aleta *f*
[7] **wings** (*Theat*) bastidores *mpl*; ✦**IDIOM to be waiting in the ~s** esperar entre bastidores
Ⓑ VT [1] **to ~ one's way: soon they were airborne and ~ing their way south** poco tiempo después iban (transportados) por aire en dirección sur
[2] (= *wound*) [+ *bird*] tocar en el ala, herir en el ala; [+ *person*] herir en el brazo/hombro
[3] **to ~ it** (*Theat, fig**) improvisar sobre la marcha
Ⓒ CPD ► **wing case** N (*Zool*) élitro *m* ► **wing chair** N butaca *f* de orejas, butaca *f* orejera ► **wing collar** N cuello *m* de puntas ► **wing commander** N teniente *mf* coronel de aviación ► **wing mirror** N retrovisor *m* ► **wing nut** N tuerca *f* mariposa ► **wing tip** N punta *f* del ala

**wingding**‡ ['wɪŋ,dɪŋ] N (*US*) fiesta *f* animada, guateque *m* divertido

**winged** [wɪŋd] ADJ (*Zool*) alado; [*seed*] con alas

**-winged** [wɪŋd] ADJ (*ending in compounds*) de alas; **brown-winged** de alas pardas; **four-winged** de cuatro alas

**winger** ['wɪŋəʳ] N (*Sport*) extremo/a *m/f*, alero/a *m/f*

**wingless** ['wɪŋlɪs] ADJ sin alas

**wingspan** ['wɪŋspæn], **wingspread** ['wɪŋspred] N envergadura *f*

**wink** [wɪŋk] Ⓐ N [1] (= *blink*) pestañeo *m*; (*meaningful*) guiño *m*; **to give sb a ~** guiñar el ojo a algn; **he said with a ~** dijo guiñándo el ojo; ✦**IDIOMS to have 40 ~s** echarse una siesta *or* cabezada; **to tip sb the ~*** avisar a algn secretamente
[2] (= *instant*) **I didn't sleep a ~** ◊ **I didn't get a ~ of sleep** no pegué ojo
Ⓑ VI [1] (*meaningfully*) guiñar el ojo; **to ~ at sb** guiñar el ojo a algn; **to ~ at sth** (*fig*) hacer la vista gorda a algo
[2] [*light, star*] centellear, parpadear
Ⓒ VT [+ *eye*] guiñar

**winker** ['wɪŋkəʳ] N (*Brit Aut*) intermitente *m*

**winking** ['wɪŋkɪŋ] Ⓐ N pestañeo *m*; ✦**IDIOM it was as easy as ~** era facilísimo
Ⓑ ADJ pestañeante

**winkle** ['wɪŋkl] Ⓐ N bígaro *m*, bigarro *m*
Ⓑ VT **to ~ a secret out of sb** sacar un secreto a algn

**winkle-pickers*** ['wɪnkl'pɪkəz] NPL (*Brit*) *zapatos o botas de puntera muy estrecha*

**winner** ['wɪnəʳ] N [1] (*in race, competition*) vencedor(a) *m/f*, ganador(a) *m/f*; [*of prize, lottery*] ganador(a) *m/f*; **~ takes all** el ganador se lo lleva todo
[2] (*Ftbl*) (= *goal*) gol *m* de la victoria, gol *m* decisivo
[3] (*fig*) [3·1] (*) (= *sth successful*) **this record is a ~!** ¡este disco es un exitazo!*; **I think you're on to a ~ there** creo que con esto tienes la ganancia asegurada
[3·2] (= *beneficiary*) **the ~s will be the shareholders** los que saldrán ganando serán los accionistas

**winning** ['wɪnɪŋ] Ⓐ ADJ [1] [*person, horse, team*]

ganador, vencedor; [*number, entry*] ganador; [*goal, shot*] de la victoria, decisivo
2 (= *engaging*) [*smile*] encantador, irresistible; [*personality*] encantador, cautivador
B CPD ► **winning post** N meta *f*

**winnings** ['wɪnɪŋz] NPL ganancias *fpl*

**winnow** ['wɪnəʊ] VT aventar

**winnower** ['wɪnəʊəʳ], **winnowing machine** ['wɪnəʊɪŋmə,ʃiːn] N aventadora *f*

**wino*** ['waɪnəʊ] N alcohólico/a *m/f*

**winsome** ['wɪnsəm] ADJ encantador, cautivador

**winsomely** ['wɪnsəmlɪ] ADV de forma encantadora, de forma cautivadora

**winsomeness** ['wɪnsəmnɪs] N encanto *m*

**winter** ['wɪntəʳ] A N invierno *m*; **in ~** en invierno; **I like to go skiing in (the) ~** me gusta ir a esquiar en invierno; **in the ~ of 1998** en el invierno de 1998; **a ~'s day** un día de invierno
B VI invernar
C CPD ► **winter clothes** NPL ropa *f* de invierno ► **winter Olympics** NPL Olimpiada *f* de invierno, Juegos *mpl* Olímpicos de invierno ► **winter quarters** NPL cuarteles *mpl* de invierno ► **winter solstice** N solsticio *m* de invierno ► **winter sports** NPL deportes *mpl* de invierno

**wintergreen** ['wɪntəgriːn] N gaulteria *f*; **oil of ~** aceite *m* de gaulteria

**winterize** ['wɪntəraɪz] VT (*US*) adaptar para el invierno

**winterkill** ['wɪntə'kɪl] (*US*) A VT matar de frío
B VI perecer a causa del frío

**wintertime** ['wɪntətaɪm] N invierno *m*; **in (the) ~** en invierno

**wintry**, **wintery** ['wɪntrɪ] ADJ invernal; (*fig*) glacial

**wipe** [waɪp] A N 1 (= *action*) **to give sth a ~ (down** *or* **over)** pasar un trapo a algo, dar una pasada con un trapo a algo
2 (= *product*) toallita *f*; **baby ~s** toallitas *fpl* húmedas para el bebé; **face ~s** toallitas húmedas para la cara
B VT 1 (= *clean, dry*) [+ *table, floor, surface*] pasar un trapo a, limpiar (con un trapo); [+ *blackboard*] borrar, limpiar; [+ *dishes*] secar; [+ *one's nose, shoes*] limpiarse; [+ *one's face, hands*] secarse; **to ~ one's eyes/one's brow** enjugarse *or* secarse las lágrimas/la frente; **~ your feet before you come in** límpiate los pies antes de entrar; **to ~ one's bottom** limpiarse el trasero; **to ~ sth clean** limpiar algo; **to ~ sth dry** secar algo (con un trapo/una toalla, etc); ✦***IDIOMS*** **to ~ the floor with sb*** dar una paliza a algn*; **to ~ the slate clean** hacer borrón y cuenta nueva
2 (= *remove*) **she ~d the sweat from** *or* **off her face** se secó *or* se limpió el sudor de la cara; **she ~d the tears from her eyes** se secó *or* se limpió las lágrimas de los ojos; **he stood up, wiping the crumbs from around his mouth** se levantó, limpiándose *or* quitándose las migas de alrededor de la boca; **ten billion pounds was ~d off shares** el valor de las acciones bajó en diez mil millones de libras; ✦***IDIOM*** **that will ~ the smile off her face!*** ¡eso le quitará las ganas de sonreír!, ¡con eso se le quitarán las ganas de sonreír!
3 (= *move, pass*) **to ~ sth over sth**: **he ~d a handkerchief over his forehead** se enjugó *or* se secó la frente con un pañuelo; **he ~d his hand across his eyes** se pasó la mano por los ojos
4 (= *erase*) [+ *tape, disk, data*] borrar; **they had ~d what had happened from their minds** habían borrado de la memoria lo sucedido; **the village was ~d from** *or* **off the map in a bombing raid** los bombardeos borraron la aldea del mapa
C VI secar; **you wash, I'll ~** tú friega, yo seco

►**wipe at** VI + PREP (= *dry*) secar; (= *clean*) limpiar; **she ~d at her nose with (the back of) her hand** se secó/limpió la nariz con (el dorso de) la mano

►**wipe away** VT + ADV 1 (*lit*) [+ *one's tears*] enjugarse, secarse; [+ *sb's tears*] enjugar, secar; [+ *marks*] quitar, limpiar; **he ~d away the blood with a handkerchief** limpió la sangre con un pañuelo
2 (*fig*) [+ *guilt, hurt, memory*] borrar

►**wipe down** VT + ADV [+ *surface, wall*] limpiar

►**wipe off** A VT + ADV (= *remove*) [+ *stain, marks*] quitar, limpiar; [+ *recording, data*] borrar
B VI + ADV [*stain, marks*] salir, limpiarse

►**wipe out** VT + ADV 1 (= *clean*) [+ *container*] limpiar
2 (= *eliminate*) [+ *town, people, army*] aniquilar; [+ *species*] exterminar; [+ *disease*] erradicar; [+ *opposition*] derrotar de forma aplastante, aniquilar
3 (= *erase*) [+ *past, memory*] borrar
4 (= *cancel*) [+ *debt*] liquidar; [+ *gains*] cancelar
5 (*) (= *exhaust*) dejar hecho polvo*
6 (*) (= *bankrupt*) dejar en la ruina *or* bancarrota
7 (*) (= *kill*) liquidar*, borrar del mapa*

►**wipe up** A VT + ADV limpiar
B VI + ADV 1 (= *dry the dishes*) secar
2 (= *clean up*) limpiar

**wipe-out** ['waɪpaʊt] N 1 (= *destruction*) [*of town*] destrucción *f*; [*of army, people*] aniquilación *f*
2 (*in competition, election*) derrota *f* aplastante
3 (*Surfing*) caída *f*

**wiper** ['waɪpəʳ] N 1 (= *cloth*) paño *m*, trapo *m*
2 (*Brit Aut*) limpiaparabrisas *m inv*

**wire** ['waɪəʳ] A N 1 (*metal*) alambre *m*; (*Elec*) cable *m*; **copper ~** hilo *m* de cobre; **the telephone ~** el cable del teléfono; ✦***IDIOMS*** **to get one's ~s crossed*** tener un malentendido; **to pull ~s** (*US**) tocar resortes; **he can pull ~s** (*US**) tiene enchufes*, tiene buenas agarraderas (*Chile**)
2 (*US Telec*) telegrama *m*; **to send sb a ~** enviar un telegrama a algn
3 (*Police*) (= *hidden microphone*) micrófono *m* oculto
B VT 1 (*also* **~ up**) (*Elec*) [+ *house*] poner la instalación eléctrica en; [+ *fence*] electrificar; **it's ~d (up) for sound** tiene la instalación eléctrica para el sonido; **it's all ~d (up) for cable television** se ha completado la instalación eléctrica para la televisión por cable; **to be ~d up** (*US**) (= *tense*) estar tenso
2 (*US Telec*) **to ~ sb** comunicar con algn (por telegrama); **to ~ money to sb** enviar un giro telegráfico a algn; **to ~ information to sb** enviar información a algn por telegrama
3 (= *connect*) conectar (**to** a); **it's ~d to the alarm** está conectado a la alarma
C CPD ► **wire brush** N cepillo *m* de alambre ► **wire cutters** NPL cortaalambres *m inv*, cizalla *fsing* ► **wire fence** N alambrado *m* ► **wire mesh**, **wire netting** N tela *f* metálica, malla *f* metálica ► **wire service** N (*esp US*) agencia *f* de noticias ► **wire wool** N lana *f* de alambre

►**wire up** VT + ADV *see* **wire B1**

**wire-haired** ['waɪəhɛəd] ADJ [*dog*] de pelo áspero

**wireless**† ['waɪəlɪs] (*esp Brit*) A N radio *f*; **by ~** por radio; **to talk on the ~** hablar por radio
B CPD ► **wireless cabin** N cabina *f* de radio ► **wireless message** N radiograma *m* ► **wireless operator** N radiotelegrafista *mf*, radio *mf* ► **wireless set** N radio *f*, receptor *m* de radio, transistor *m* ► **wireless station** N emisora *f*

**wirepuller*** ['waɪə,pʊləʳ] N (*US*) enchufista* *mf*

**wirepulling*** ['waɪə,pʊlɪŋ] N (*US*) empleo *m* de resortes, enchufismo* *m*

**wiretap** ['waɪətæp] (*US*) A VI intervenir las conexiones telefónicas, practicar escuchas telefónicas
B VT [+ *telephone*] intervenir; [+ *room*] poner escuchas telefónicas en

**wiretapping** ['waɪə'tæpɪŋ] N (*US*) intervención *f* electrónica

**wirewalker** ['waɪəwɔːkəʳ] N (*US*) = **tightrope walker**

**wireworm** ['waɪəwɜːm] N gusano *m* de elatérido

**wiring** ['waɪərɪŋ] A N (*Elec*) (= *wiring system*) instalación *f* eléctrica; (= *wires*) cables *mpl*; **the cause of the fire was faulty ~** la causa del incendio fue la instalación eléctrica defectuosa
B CPD ► **wiring diagram** N diagrama *m* de la instalación eléctrica

**wiry** ['waɪərɪ] ADJ (*compar* **wirier**; *superl* **wiriest**) [*person, animal, build*] enjuto y fuerte; [*hair*] áspero, tieso; [*hand*] nervudo

**Wis.**, **Wisc.** ABBR (*US*) = **Wisconsin**

**wisdom** ['wɪzdəm] A N sabiduría *f*; **he is a man of great ~** es un hombre de gran sabiduría; **I question the ~ of that decision** dudo que sea una decisión acertada; **I would question the ~ of attempting such a thing** no me parece acertado intentarlo; **in my ~, I decided to ignore their advice** (*iro*) dando muestras de mi gran sabiduría, decidí hacer caso omiso de su consejo
B CPD ► **wisdom tooth** N muela *f* del juicio

▼**wise**[1] [waɪz] A ADJ (*compar* **wiser**; *superl* **wisest**) 1 (= *learned*) [*person*] sabio; [*words*] sabio, acertado; **he's a very ~ man** es un hombre muy sabio; **the Three Wise Men** los Reyes Magos; **she's very ~ in the ways of the world** tiene mucha experiencia de la vida; **she had grown ~r with age** se había vuelto más prudente *or* juiciosa con los años; **to get ~** (*esp US**) darse cuenta, caer en la cuenta*; **the police got ~ to them** la policía los caló*; **to get ~ with sb** (*esp US**) hacerse el listo con algn; **a ~ move** una idea acertada; **I'm none the wiser** me he quedado igual; **nobody will be any the ~r** nadie se dará cuenta; **to put sb ~ to sth*** poner a algn al corriente *or* al tanto de algo; ✦***IDIOM*** **to be ~ after the event** criticar una vez que las cosas ya han pasado, criticar a posteriori
2 (= *prudent*) [*precaution*] sabio; [*decision, choice*] sabio, acertado; **a map of the area would be a ~ investment** sería aconsejable comprar un mapa del área; **it would be ~ to** (+ *INFIN*) sería prudente + *infin*, sería aconsejable + *infin*; **you'd be ~ to accept** harías bien en aceptar; **he was ~ enough to refuse** tuvo la suficiente sensatez como para negarse
B CPD ► **wise guy*** N listillo/a* *m/f* (*pej*); **~ guy, huh?** ¿tú te lo sabes todo, eh?, eres muy listo, ¿verdad? ► **wise man** N (= *sage*) sabio *m*; (= *witch doctor*) hechicero *m* ► **wise woman** N (= *sage*) sabia *f*; (= *witch doctor*) hechicera *f*

►**wise up*** VI + ADV espabilarse*, avisparse*; **~ up!** ¡espabílate!; **to ~ up to sth** caer en la cuenta de algo

**wise**[2]† [waɪz] N (*frm*) **in this ~** de esta guisa; **in no ~** de ningún modo

➤ LANGUAGE IN USE: wise[1] A2 2.2

**-wise** [waɪz] ADV (*ending in compounds*) en cuanto a, respecto a; **how are you off moneywise?** ¿de dinero cómo estás?

**wiseacre** [ˈwaɪz,eɪkəʳ] N sabihondo/a *m/f*

**wisecrack*** [ˈwaɪzkræk] Ⓐ N salida *f* graciosa; **to make a ~** tener una salida graciosa
Ⓑ VT **"you weigh a ton," he ~ed** —pesas más que un burro en brazos —dijo bromeando
Ⓒ VI bromear

**wisely** [ˈwaɪzlɪ] ADV 1 (= *prudently*) sabiamente, prudentemente; **she chose ~** escogió sabiamente *or* prudentemente; **he had ~ brought an umbrella with him** había tenido la prudencia de traerse un paraguas
2 (= *sagaciously*) sabiamente; **we all nodded ~** (*iro, hum*) todos asentimos con aire de entendidos

▼**wish** [wɪʃ] Ⓐ N 1 (= *desire, will*) deseo *m*; **they are sincere in their ~ to make amends for the past** son sinceros en su deseo de enmendar el pasado; **their ~ for peace is sincere** ◊ **they are sincere in their ~ for peace** son sinceros en sus deseos de paz; **it has long been my ~ to do that** desde hace mucho tiempo vengo deseando hacer eso; **he did it against my ~es** lo hizo en contra de mis deseos *or* mi voluntad; **to go against sb's ~es** ir en contra de los deseos *or* la voluntad de algn; **his ~ came true** su deseo se hizo realidad; **your ~ is my command** (*liter or hum*) sus deseos son órdenes para mí; **it is her dearest ~ to go there one day** su mayor deseo es ir allí un día; **his dying ~ was to be buried here** su última voluntad fue que lo enterraran aquí; **she expressed a ~ that the money be donated to charity** manifestó su deseo de que el dinero se donara a instituciones benéficas; **the fairy granted her three ~es** el hada le concedió tres deseos; **I have no great ~ to go** no tengo muchas ganas de ir, no me apetece mucho ir; **you shall have** *or* **get your ~** tu deseo se hará realidad, tu deseo se cumplirá; **to make a ~** pedir un deseo; ✦***PROV* if ~es were horses, beggars would ride** no se puede pedir la luna; *see also* **death B**
2 (*in letters, greetings*) **(with) best ~es** saludos, recuerdos; **with best ~es from Peter** recuerdos de Peter; **best ~es** *or* **all good ~es for a happy birthday** te deseamos un feliz cumpleaños, nuestros mejores deseos para un feliz cumpleaños; **(with) best ~es for Christmas and the New Year** (con) nuestros mejores deseos *or* (*frm*) augurios para la Navidad y el Año Nuevo; **please give him my best ~es** dale recuerdos míos; **I went to give him my best ~es** fui a darle la enhorabuena; **the Prime Minister has sent a message of good ~es to the French president** el Primer Ministro ha mandado un mensaje de buena voluntad al presidente francés
Ⓑ VT 1 **I ~** (= *if only*) 1·1 (*in unrealizable or unlikely situations*) **I ~ I were rich** ojalá fuese rico; **I ~ it weren't true** ojalá no fuera así; **I only ~ I'd known that before** ojalá lo hubiera sabido antes; **I ~ I could!** ¡ojalá pudiera!; **"did you go?" — "I ~ I had"** —¿fuiste? —¡ya me hubiera gustado! *or* —¡ojalá!; **I ~ I hadn't said that** siento haber dicho eso, ojalá no hubiera dicho eso
1·2 (*when change is possible*) **I ~ you'd hurry up** a ver si te das prisa; **I do ~ you'd let me help** ¿por qué no me dejas que te ayude?; **I ~ you wouldn't shout** me gustaría que no gritaras, a ver si dejas de gritar
2 (*other subjects, other tenses*) **she ~es that she could go to school like other children** le gustaría poder ir a la escuela como otros niños; **I bet you ~ you were still working here!** ¡apuesto a que te gustaría seguir trabajando aquí todavía!
3 **to ~ sb sth: to ~ sb good luck/a happy Christmas** desear buena suerte/felices pascuas a algn; **~ me luck!** ¡deséame suerte!; **I ~ you all possible happiness** os/te deseo la más completa felicidad; **to ~ sb good morning** dar los buenos días a algn; **to ~ sb goodbye** despedirse de algn; **to ~ sb well/ill: we ~ her well in her new job** le deseamos todo lo mejor en su nuevo trabajo; **I don't ~ her ill** *or* **any harm** no le deseo ningún mal
4 **to ~ sth on sb** desear algo a algn; **I wouldn't ~ that on anybody** eso no se lo desearía a nadie
5 (*frm*) (= *want*) querer, desear (*frm*); **I do not ~ it** no lo quiero, no lo deseo (*frm*); **to ~ to do sth** querer *or* (*frm*) desear hacer algo; **I ~ to be alone** quiero *or* (*frm*) deseo estar solo; **I ~ to be told when he comes** quiero *or* (*frm*) deseo que se me avisen cuando llegue; **I don't ~ to sound mean, but ...** no quisiera parecer tacaño, pero ...; **without ~ing to be unkind, you must admit she's not the most interesting company** sin ánimo de ser cruel, tienes que admitir que no es una persona muy interesante; **to ~ sb to do sth** querer *or* (*frm*) desear que algn haga algo; **what do you ~ me to do?** ¿qué quieres *or* (*frm*) deseas que haga?
Ⓒ VI 1 (= *make a wish*) pedir un deseo; **to ~ for sth** desear algo; **she has everything she could ~ for** tiene todo lo que pudiera desear; **what more could one ~ for?** ¿qué más se puede pedir *or* desear?; **I couldn't have ~ed for a nicer birthday** no podía haber soñado con un día de cumpleaños mejor; **"of course you're earning a lot, aren't you?" — "I ~!"** —claro que ganas un montón, ¿verdad? —¡ojalá!
2 (*frm*) (= *want*) **(just) as you ~** como quieras, como usted desee (*frm*); **you may stay here as long as you ~** te puedes quedar todo el tiempo que quieras *or* desees
Ⓓ CPD ► **wish fulfilment** N **daydreams are a sort of ~ fulfilment** las fantasías son una especie de satisfacción de los deseos ► **wish list** N lista *f* de deseos; **top of my ~ list is ...** mi deseo principal es ...

►**wish away** VT + ADV **these problems/people can't just be ~ed away** estos problemas/estas personas no desaparecen sólo con desearlo; **the son he would ~ away if he could** el hijo que desearía no haber tenido nunca

**wishbone** [ˈwɪʃbəʊn] N espoleta *f*

**wishful** [ˈwɪʃfʊl] Ⓐ ADJ **to be ~ to do** *or* **of doing sth** (*frm*) estar deseoso de hacer algo
Ⓑ CPD ► **wishful thinking** N ilusiones *fpl*; **that's just ~ thinking** eso es querer hacerse ilusiones

**wishing well** [ˈwɪʃɪŋ,wel] N pozo *m* de los deseos

**wish-wash*** [ˈwɪʃwɒʃ] N aguachirle *f*

**wishy-washy*** [ˈwɪʃɪ,wɒʃɪ] ADJ [*colour*] soso; [*beer*] insípido; [*answer, solution*] a medias; [*thinking, ideas*] vago; [*person*] sin carácter

**wisp** [wɪsp] N [*of hair*] mechón *m*; [*of cloud, smoke*] voluta *f*; [*of straw*] manojo *m*

**wispy** [ˈwɪspɪ] ADJ [*hair*] ralo, fino; [*cloud*] tenue

**wisteria** [wɪsˈtɪərɪə] N glicina *f*, vistaria *f*

**wistful** [ˈwɪstfʊl] ADJ (= *thoughtful*) pensativo; (= *sad*) melancólico, triste

**wistfully** [ˈwɪstfəlɪ] ADV (= *thoughtfully*) pensativamente; (= *sadly*) con melancolía, tristemente; **she looked at me ~** (= *thoughtfully*) me miró pensativa; (= *sadly*) me miró melancólica *or* triste

**wistfulness** [ˈwɪstfʊlnɪs] N (= *thoughtfulness*) lo pensativo; (= *sadness*) melancolía *f*, tristeza *f*

**wit**[1] [wɪt] N 1 (= *understanding*) inteligencia *f*; **a battle of ~s** una contienda entre dos inteligencias; **to collect one's ~s** reconcentrarse; **to be at one's ~s' end** no saber qué hacer, estar desesperado; **to gather one's ~s** reconcentrarse; **to have** *or* **keep one's ~s about one** no perder la cabeza; **he hadn't the ~ to see that ...** no tenía bastante inteligencia para comprender que ...; **to live by one's ~s** vivir del cuento; **to be out of one's ~s** estar fuera de sí; **to be frightened** *or* **scared out of one's ~s** estar profundamente asustado; **to sharpen one's ~s** aguzar el ingenio, despabilarse; **to use one's ~s** usar su sentido común
2 (= *humour, wittiness*) ingenio *m*, agudeza *f*; **in a flash of ~ he said ...** en un golpe de ingenio dijo ...; **to have a ready ~** ser ingenioso; **the ~ and wisdom of Joe Soap** las agudezas y sabiduría de Joe Soap; **a story told without ~** un cuento narrado sin gracia
3 (= *person*) persona *f* ingeniosa; (*Hist*) ingenio *m*; **an Elizabethan ~** un ingenio de la época isabelina

**wit**[2] [wɪt] N (*frm*) (*also Jur*) **to wit ...** a saber ..., esto es ...

**witch** [wɪtʃ] Ⓐ N bruja *f*
Ⓑ CPD ► **witch doctor** N hechicero *m* ► **witch hazel** N olmo *m* escocés ► **witch hunt** N caza *f* de brujas

**witchcraft** [ˈwɪtʃkrɑːft] N brujería *f*

**witchery** [ˈwɪtʃərɪ] N 1 (*lit*) brujería *f*
2 (*fig*) encanto *m*, magia *f*

**witching hour** [ˈwɪtʃɪŋ,aʊəʳ] N (*hum*) hora *f* de las brujas

**with** [wɪð, wɪθ] PREPOSITION

*When* ***with*** *is part of a set combination, eg* ***good with, pleased with, to agree with****, look up the other word.*

*The commonest translation of* ***with*** *is* ***con****. Note that whenever it combines with* ***mí, ti*** *or* ***sí*** *the forms* ***conmigo, contigo, consigo*** *are used.*

1 con; **he had an argument ~ his brother** tuvo una discusión con su hermano; **she mixed the sugar ~ the eggs** mezcló el azúcar con los huevos; **I'll be ~ you in a moment** un momento y estoy con vosotros, en un momento *or* enseguida estoy con vosotros; **come ~ me!** ven conmigo; **he took it away ~ him** se lo llevó consigo; BUT **~ the Alcántara it is the biggest ship in** *or* **of its class** junto con el Alcántara es el mayor buque de esa clase; *see also* **down A7, A10, off A3, out A1**

◆ **along** *or* **together with** junto con; **he was arrested along** *or* **together ~ four other terrorists** fue detenido junto con otros cuatro terroristas

◆ **to be with sb** (= *in the company of*) estar con algn; **I was ~ him** yo estaba con él; **I'm ~ you there** en eso estoy de acuerdo contigo; **are you ~ us or against us?** ¿estás a favor nuestro o en contra?; **I'm not ~ you*** (= *able to understand*) no te entiendo *or* sigo; **are you ~ me?*** ¿me entiendes?; **it's a problem that will always be ~ us** es un problema que siempre nos va a afectar, es un problema que no se va a resolver

◆ **to be with it*** (= *up-to-date*) estar al tanto *or* al día; (= *fashionable*) [*person*] estar al tanto de lo que se lleva; [*thing*] estar de moda; (= *men-*

*tally alert*) estar lúcido *or* despabilado; **sorry, I'm just not ~ it today** lo siento, hoy estoy atontado

◆ **to get with it*** *ponerse al día;* **get ~ it!** ¡ponte al día!

2 *in descriptions* con; **we're looking for a house ~ a garden** buscamos una casa con jardín; **I don't like men ~ beards** no me gustan los hombres con barba; **a man ~ checked trousers** un hombre con pantalones de cuadros; **a car ~ the latest features** un coche con las últimas novedades *or* prestaciones; *BUT* **passengers ~ tickets** los pasajeros que tienen *or* con billetes; **you can't speak to the queen ~ your hat on** no se puede hablar con la reina con el sombrero puesto

*Note: when the* **with** *description pinpoints the particular person or thing you are talking about,* **with** *is usually translated by* **de**:

**the man ~ the checked trousers** el hombre de los pantalones de cuadros; **the girl ~ the blue eyes** la chica de los ojos azules

3 *indicating manner, means* con; **to walk ~ a walking stick** andar con bastón; **to cut wood ~ a knife** cortar madera con un cuchillo; *BUT* **~ one blow** de un golpe; **she took off her shoes ~ a sigh** se quitó los zapatos dando un suspiro; **... and ~ these words of advice, he left us** ... y tras darnos este consejo nos dejó; **to fill a glass ~ wine** llenar una copa de vino; **~ no trouble at all** sin dificultad alguna, sin ninguna dificultad; **~ that, he closed the door** luego *or* a continuación, cerró la puerta

4 *indicating cause* de; **to shiver ~ cold** tiritar *or* temblar de frío; **to shake ~ fear** temblar de miedo; **the hills are white ~ snow** las colinas están cubiertas de nieve; *BUT* **to be ill ~ measles** tener sarampión; **I spent a week in bed ~ flu** estuve una semana en (la) cama con la gripe

5 *= as regards* con; **it's the same ~ most team sports** lo mismo ocurre con la mayoría de los deportes de equipo; *BUT* **it's a habit ~ him** es una costumbre que tiene, es algo típico de él; **how are things ~ you?** ¿qué tal?, ¿cómo te va? (*esp LAm*), ¿qué hubo? (*Mex, Chile*)

6 *= owing to* con; **I couldn't see him ~ so many people there** no lo vi con tanta gente como había; **~ so much happening it was difficult to arrange a date** con todo lo que estaba pasando era difícil acordar una cita; *BUT* **~ the approach of winter, trade began to fall off** al acercarse el invierno, el comercio empezó a declinar

7 *= according to* [*increase, change, improve*] con; **the risk of developing heart disease increases ~ the number of cigarettes smoked** el riesgo de sufrir enfermedades coronarias aumenta con el número de cigarrillos que se fume; *BUT* **it varies ~ the time of year** varía según la estación

8 *= in the house of* con; **he lives ~ his aunt** vive con su tía; **she stayed ~ friends** se quedó con *or* en casa de unos amigos

9 *= working for* **he's ~ IBM** trabaja para *or* en IBM; **a scientist ~ ICI** un científico de ICI; **I've been ~ this company for eight years** llevo ocho años en esta empresa

10 *= in the care of* **to leave sth ~ sb** dejar algo en manos de algn *or* con algn; **to leave a child ~ sb** dejar a un niño al cuidado de algn *or* con algn

11 *on, about* **he had no money ~ him** no llevaba dinero (encima); **luckily, she had an umbrella ~ her** afortunadamente, llevaba (encima) un paraguas

12 *= in the same direction as* con; **I was swimming ~ the current** nadaba con *or* a favor de la corriente; *see also* **flow A**

13 *= in spite of* con; **~ all his faults** con todos sus defectos

**withal**†† [wɪˈðɔːl] ADV además, también

**withdraw** [wɪθˈdrɔː] (*pt* **withdrew**; *pp* **withdrawn**) Ⓐ VT 1 (*= take out*) [*+ money*] retirar, sacar (**from** de)
2 (*= recall*) [*+ troops, ambassador, team*] retirar (**from** de); [*+ product, advertisement, banknotes*] retirar (**from** de)
3 (*= cancel*) [*+ application, permission, support, licence*] retirar; **to ~ one's labour** ponerse en huelga
4 (*= retract*) [*+ words, remark*] retractarse de, retirar; [*+ charge*] retirar; **to ~ one's hand (from sth/sb)** apartar la mano (de algo/algn)
Ⓑ VI 1 (*= move away*) apartarse, alejarse
2 (*= leave room*) retirarse
3 (*= move back, retreat*) [*troops, forces, police*] retirarse (**from** de); **to ~ to a new position** retirarse a una nueva posición
4 (*= pull out*) (*from deal, game, talks*) retirarse (**from** de)
5 (*= withdraw application, candidacy*) retirarse (**from** de); **to ~ in favour of sb** retirarse en favor de algn
6 (*during lovemaking*) dar marcha atrás*
7 (*Psych*) **to ~ into o.s.** retraerse, encerrarse en sí mismo

**withdrawal** [wɪθˈdrɔːəl] Ⓐ N 1 (*from bank*) **to make a ~** retirar dinero *or* fondos
2 (*= recall, removal*) [*of troops, ambassador, team, services, advertisement*] retirada *f* (**from** de); [*of banknote*] retirada *f* de la circulación; **his party has announced its ~ of support for the government** su partido ha anunciado la retirada de su apoyo al gobierno; **they may be contemplating a partial ~ from the country** puede que estén considerando una retirada parcial del país
3 (*= cancellation*) [*of application, permission, support, licence*] retirada *f*
4 (*= retraction*) [*of allegation, remark*] retractación *f*; [*of charge*] retirada *f*
5 (*Psych*) (*from sb, sth*) retraimiento *m* (**from** de)
6 (*after drug addiction*) síndrome *m* de abstinencia; **to be suffering from ~** padecer el síndrome de abstinencia
7 (*during lovemaking*) (*= act*) retirada *f* (del pene); (*as contraception*) marcha *f* atrás*, coitus *m* interruptus
Ⓑ CPD ► **withdrawal method** N método *m* de la marcha atrás*, coitus *m* interruptus ► **withdrawal notice** N (*Fin*) aviso *m* de retirada de fondos ► **withdrawal symptoms** NPL síndrome *msing* de abstinencia

**withdrawn** [wɪθˈdrɔːn] Ⓐ PP *of* **withdraw**
Ⓑ ADJ (*= introverted*) reservado, introvertido; (*= detached, absent*) retraído, encerrado en sí mismo

**withdrew** [wɪθˈdruː] PT *of* **withdraw**

**withe** [wɪθ] N mimbre *m or f*

**wither** [ˈwɪðə^r] Ⓐ VT [*+ flower, plant*] marchitar; **to ~ sb with a look** aplastar *or* fulminar a algn con la mirada
Ⓑ VI [*flower, plant, beauty*] marchitarse; [*limb*] debilitarse, atrofiarse; [*person*] debilitarse; [*hope*] desvanecerse

►**wither away** VI + ADV [*flower, plant*] marchitarse; [*hope*] desvanecerse

**withered** [ˈwɪðəd] ADJ [*flower, plant*] marchito; [*limb*] debilitado, atrofiado

**withering** [ˈwɪðərɪŋ] ADJ [*heat*] abrasador; [*tone, look, remark*] fulminador

**witheringly** [ˈwɪðərɪŋlɪ] ADV [*say, look*] desdeñosamente

**withers** [ˈwɪðəz] NPL cruz *fsing* (de caballo)

**withhold** [wɪθˈhəʊld] (*pt, pp* **withheld** [wɪθˈheld]) VT 1 [*+ information*] ocultar; [*+ money*] retener; [*+ decision*] aplazar; **to ~ the truth from sb** no revelar la verdad a algn; **to ~ a pound of sb's pay** retener una libra del pago a algn
2 (*= refuse*) negar; **to withold one's consent** negar el consentimiento; **a parent's right to grant or ~ permission** el derecho de un padre a dar o (de)negar su permiso; **to ~ one's help** negarse a ayudar a algn

**withholding tax** [wɪθˈhəʊldɪŋˌtæks] N 1 *impuesto que se grava a aquellos que tienen una fuente de ingresos en el país pero residen en otro, y que se puede reclamar si existe un acuerdo entre ambos países*
2 (*US*) *porción de los impuestos de un empleado que la empresa paga directamente al gobierno*

▼**within** [wɪðˈɪn] Ⓐ PREP dentro de; **I want it back ~ three days** quiero que me lo devuelvas dentro de tres días; **here ~ the town** aquí dentro de la ciudad; **to be ~ call** estar al alcance de la voz; **to live ~ one's income** vivir conforme a los ingresos; **to be ~ the law** no rebasar los límites de la ley, atenerse a la legalidad; **a voice ~ me said ...** una voz interior me dijo ...; **the police arrived ~ minutes** la policía llegó a los pocos minutos; **the village is ~ a mile of the river** el pueblo dista poco menos de una milla del pueblo; **we were ~ 100 metres of the summit** faltaban 100 metros para que llegáramos a la cumbre; **~ a year of her death** a poco menos de un año de su muerte; **~ a radius of ten kilometres** en un radio de diez kilómetros; **the shops are ~ easy reach** las tiendas están cerca; **~ the stipulated time** dentro del plazo señalado; **~ the week** antes de terminar la semana; ◆*IDIOM* **to be ~ an inch of** estar a dos dedos de
Ⓑ ADV dentro; **"car for sale - apply within"** "se vende coche - razón dentro *or* (*LAm*) infórmese adentro"; **from ~** desde dentro, desde el interior

**without** [wɪðˈaʊt]

*When* **without** *is an element in a phrasal verb, eg* **do without, go without**, *look up the verb.*

Ⓐ PREP 1 sin; **~ a coat** sin abrigo; **three days ~ food** tres días sin comer; **~ speaking** sin hablar, sin decir nada; **he did it ~ telling me** lo hizo sin decírmelo; **~ my noticing it** sin verlo yo, sin que yo lo notase; **not ~ some difficulty** no sin cierta dificultad; **times ~ number** un sinfín de veces
2 (††) (*= outside*) fuera de
Ⓑ ADV (*liter*) fuera; **from ~** desde fuera

**with-profits** [ˈwɪθˈprɒfɪts] ADJ **~ endowment assurance** seguro *m* dotal con beneficios

**withstand** [wɪθˈstænd] (*pt, pp* **withstood** [wɪθˈstʊd]) VT resistir, aguantar

**withy** [ˈwɪðɪ] N mimbre *m or f*

**witless** [ˈwɪtlɪs] ADJ estúpido, tonto; **to scare sb ~** dar un susto mortal a algn

**witness** [ˈwɪtnɪs] Ⓐ N 1 (*= person*) testigo *mf*; **eye ~** testigo ocular; **~ for the prosecution/defence** testigo de cargo/descargo; **there were no ~es** no hubo testigos; **to call sb as a ~** citar a algn como testigo; **we want no ~es to this** no queremos que nadie vea esto, no queremos que haya testigos; **I was (a) ~ to this event** yo presencié este suceso, yo fui testigo de este suceso

➤ LANGUAGE IN USE: **within** A 20.6, 20.7

2 (= *evidence*) testimonio *m*; **to give ~ for/against sb** atestiguar a favor de/en contra de algn; **to bear ~ to sth** (*lit*) atestiguar algo; (*fig*) demostrar *or* probar algo; **in ~ of** en fe de
Ⓑ VT 1 (= *be present at*) presenciar, asistir a; (= *see*) ver; **to ~ sb doing sth** ver a algn hacer algo, ver cómo algn hace algo; **the accident was ~ed by two people** hay dos testigos del accidente; **to ~ a document** firmar un documento como testigo; **this period ~ed important changes** (*liter*) este periodo fue testigo de cambios importantes
2 (= *attest by signature*) atestiguar la veracidad de
3 (= *consider as evidence*) ver, mirar
Ⓒ VI (= *testify*) dar testimonio, atestiguar; **to ~ to sth** dar testimonio de *or* atestiguar algo
Ⓓ CPD ► **witness box** (*Brit*), **witness stand** (*US*) N tribuna *f* de los testigos, estrado *m*

**witter*** ['wɪtəʳ] VI (*Brit*) parlotear; **to ~ on about sth** hablar de algo sin parar; **stop ~ing (on)!** ¿quieres callarte de una vez?

**witticism** ['wɪtɪsɪzəm] N dicho *m* ingenioso, agudeza *f*, ocurrencia *f*

**wittily** ['wɪtɪlɪ] ADV (= *cleverly*) ingeniosamente; (= *amusingly*) con gracia, de modo divertido

**wittiness** ['wɪtɪnɪs] N [*of person*] agudeza *f*, ingenio *m*; [*of remarks, script*] lo agudo, lo ingenioso; **I loved the ~ of the script** me encantó lo agudo *or* ingenioso del guión

**wittingly** ['wɪtɪŋlɪ] ADV (*frm*) a sabiendas

**witty** ['wɪtɪ] ADJ (*compar* **wittier**; *superl* **wittiest**) [*person, remark, speech*] agudo, ingenioso; **he's very ~** (= *clever*) es muy agudo *or* ingenioso; (= *funny*) tiene mucha gracia

**wives** [waɪvz] NPL *of* **wife**

**wizard** ['wɪzəd] Ⓐ N 1 (= *sorcerer*) mago *m*, brujo *m*, hechicero *m*
2 (*) (= *genius*) genio *mf*, as *m*; **he's a financial ~** es un genio de las finanzas; **he's a ~ at chess** es un genio jugando al ajedrez
Ⓑ ADJ (*esp Brit*†) estupendo*, maravilloso

**wizardry** ['wɪzədrɪ] N 1 (= *sorcery*) hechicería *f*, brujería *f*
2 (*) (= *skill*) **his financial ~** su genio financiero; **a piece of technical ~** una maravilla de la técnica

**wizened** ['wɪznd] ADJ arrugado, marchito

**wk** ABBR (= **week**) sem.

**W/L** ABBR = **wavelength**

**WLTM*** VT ABBR = **would like to meet**

**Wm** ABBR = **William**

**WMO** N ABBR (= **World Meteorological Organization**) OMM *f*

**WNW** ABBR (= **west-northwest**) ONO

**WO** N ABBR (*Mil*) = **warrant officer**

**wo, woa** [wəʊ] EXCL = **whoa**

**woad** [wəʊd] N hierba *f* pastel, glasto *m*

**wobble** ['wɒbl] Ⓐ N [*of chair, table etc*] tambaleo *m*, bamboleo *m*; [*of voice*] temblor *m*; **to walk with a ~** tambalearse al andar, andar tambaleándose
Ⓑ VI 1 (= *move unsteadily*) tambalearse, bambolearse; [*voice*] temblar
2 (= *hesitate*) vacilar

**wobbly** ['wɒblɪ] Ⓐ ADJ (*compar* **wobblier**; *superl* **wobbliest**) [*chair, table*] cojo, que se tambalea; [*tooth, wheel*] flojo, que se mueve; [*cyclist*] inseguro; [*voice, jelly*] temblón; [*bottom, thighs*] flácido; **his legs are a bit ~** ◊ **he's a bit ~ on his legs** tiene las piernas un poco flojas; **she drew a ~ line** trazó una línea irregular
Ⓑ N **to throw a ~*** ponerse histérico

**wodge*** [wɒdʒ] N trozo *m* grande

**woe** [wəʊ] N (*poet, hum*) desgracia *f*, aflicción *f*; **~ is me!** ¡ay de mí!; **~ betide you if you're lying!** ¡pobre de ti como sea mentira!; **a tale of ~** una historia triste

**woebegone** ['wəʊbɪˌgɒn] ADJ (*liter*) desconsolado, angustiado

**woeful** ['wəʊfʊl] ADJ 1 (= *lamentable*) [*lack, ignorance, state*] lamentable, deplorable
2 (*liter*) (= *sad*) [*person*] afligido, desconsolado; [*look, expression*] de desconsuelo, de congoja; [*tale*] triste

**woefully** ['wəʊfəlɪ] ADV 1 (= *lamentably*) **the level of funding is ~ inadequate** el nivel de financiación es de una insuficiencia lamentable *or* deplorable; **he is ~ out of touch with public opinion** está lamentablemente desconectado de la opinión pública; **to be ~ short of sth** andar sumamente escaso de algo
2 (*liter*) (= *sadly*) tristemente; **she shook her head ~** sacudió la cabeza afligida, sacudió la cabeza tristemente

**Wog**‡* [wɒg] N (*Brit offensive*) negro/a *m/f*

**wok** [wɒk] N *cazuela china de base redonda*

**woke** [wəʊk] PT *of* **wake**[3]

**woken** ['wəʊkn] PP *of* **wake**[3]

**wold** [wəʊld] N rasa *f* ondulada

**wolf** [wʊlf] Ⓐ N (*pl* **wolves** [wʊlvz]) 1 (= *animal*) lobo *m*; **lone ~** (*fig*) lobo *m* solitario; ✦**IDIOMS** **to cry ~** dar una falsa alarma; **to keep the ~ from the door** defenderse de *or* contra la miseria; **a ~ in sheep's clothing** un lobo disfrazado de cordero; **to throw sb to the wolves** arrojar a algn a los lobos
2 (*) (= *womanizer*) tenorio *m*
Ⓑ VT (*also* **~ down**) zamparse*, engullir
Ⓒ CPD ► **wolf whistle** N silbido *m* de admiración

**wolfcub** ['wʊlfkʌb] N lobato *m*

**wolfhound** ['wʊlfhaʊnd] N (*also* **Irish ~**) lebrel *m* irlandés

**wolfish** ['wʊlfɪʃ] ADJ lobuno

**wolfpack** ['wʊlfpæk] N manada *f* de lobos

**wolfram** ['wʊlfrəm] N volframio *m*, wolfram *m*

**wolverine** ['wʊlvəriːn] N carcayú *m*, glotón *m*

**wolves** [wʊlvz] NPL *of* **wolf**

**woman** ['wʊmən] Ⓐ N (*pl* **women** ['wɪmɪn]) mujer *f*; **~ is very different from man** la mujer es muy distinta del hombre; **I have a ~ who comes in to do the cleaning** tengo una mujer que me hace la limpieza; **the ~ in his life** su compañera; **his ~*** (= *lover*) su querida; **~ to ~** de mujer a mujer; **women's doubles** dobles *mpl* femeninos; **women's football** fútbol *m* femenino; **women's group** grupo *m* femenino; **women's lib*** la liberación de la mujer; **women's libber*** feminista *mf*; **women's movement** movimiento *m* feminista; **she's her own ~** es una mujer muy fiel a sí misma; **women's page** sección *f* femenina; **women's refuge** hogar *m* para mujeres maltratadas; **women's rights** derechos *mpl* de la mujer; **women's room** (*US*) servicio *m* de señoras; **women's studies** (*Univ*) estudios *mpl* de la mujer; **women's team** equipo *m* femenino; **~ of the town** (*euph*) prostituta *f*; **it's women's work** es un trabajo de mujeres; **a ~ of the world** una mujer de mundo; **young ~** joven *f*; *see also* **honest A1, little[1] A3, old A6**
Ⓑ CPD ► **woman doctor** N doctora *f* ► **woman driver** N conductora *f* ► **woman engineer** N ingeniera *f* ► **woman pilot** N piloto *f* ► **woman priest** N mujer *f* sacerdote ► **woman writer** N escritora *f*

**woman-hater** ['wʊmənˌheɪtəʳ] N misógino *m*

**womanhood** ['wʊmənhʊd] N 1 (= *women in general*) mujeres *fpl*, sexo *m* femenino
2 (= *age*) edad *f* adulta (de mujer); **to reach ~** llegar a la edad adulta (de mujer)
3 (= *womanliness*) feminidad *f*

**womanish** ['wʊmənɪʃ] ADJ mujeril, propio de mujer; [*man*] afeminado

**womanize** ['wʊmənaɪz] VI dedicarse a la caza de mujeres

**womanizer** ['wʊmənaɪzəʳ] N mujeriego *m*, donjuán *m*

**womankind** ['wʊmən'kaɪnd] N mujeres *fpl*, sexo *m* femenino

**womanlike** ['wʊmənlaɪk] ADJ mujeril

**womanliness** ['wʊmənlɪnɪs] N feminidad *f*

**womanly** ['wʊmənlɪ] ADJ femenino

**womb** [wuːm] N matriz *f*, útero *m*; (*fig*) cuna *f*

**wombat** ['wɒmbæt] N wombat *m*

**women** ['wɪmɪn] NPL *of* **woman**

**womenfolk** ['wɪmɪnfəʊk] NPL mujeres *fpl*

**won** [wʌn] PT, PP *of* **win**

▼**wonder** ['wʌndəʳ] Ⓐ N 1 (= *feeling*) asombro *m*; **in ~** asombrado, maravillado; **to be lost in ~** quedar maravillado
2 (= *object of wonder*) maravilla *f*; (= *cause of wonder*) milagro *m*; **the ~s of science** las maravillas de la ciencia; **the Seven Wonders of the World** las Siete Maravillas del Mundo; **the ~ of it was that ...** lo (más) asombroso fue que ...; **a nine-day ~** un prodigio que deja pronto de serlo; **it's a ~ that ...** es un milagro que ...; **~s will never cease!** ¡todavía hay milagros!; **to do ~s** obrar milagros; **it did ~s for her health** obró milagros en su salud; **it's little** *or* **no** *or* **small ~ that he left** no es de extrañarse que se haya marchado; **no ~!** ¡no me extraña!; **he promised ~s** prometió el oro y el moro; **to work ~s** obrar milagros
Ⓑ VT preguntarse; **if you're ~ing how to do it** si te estás preguntando cómo hacerlo; **I was just ~ing if you knew ...** me preguntaba si tu sabrías ...; **I ~ what he'll do now** me pregunto qué hará ahora; **I ~ where Caroline is** ¿dónde estará Caroline?, ¿me pregunto dónde estará Caroline?; **I ~ whether the milkman's been** a ver si el lechero ha venido; **she ~ed whether to go on** no sabía si seguir adelante; **I ~ why she said that** ¿por qué diría eso?, me pregunto por qué dijo eso
Ⓒ VI 1 (= *ask o.s., speculate*) preguntarse, pensar; **"does she know about it?" — "I ~"** —¿se habrá enterado ella? —eso mismo me pregunto yo; **I ~ed about that for a long time** le di muchas vueltas a eso; **I was ~ing if you could help** te agradecería que me ayudaras; **I often ~** me lo pregunto a menudo; **it set me ~ing** me hizo pensar
2 (= *be surprised*) asombrarse, maravillarse; **to ~ at sth** asombrarse de algo, maravillarse de algo; **that's hardly to be ~ed at** eso no tiene nada de extraño, no hay que asombrarse de eso; **can you ~?** natural, ¿no?; **I shouldn't ~!** ¡sería lógico!; **I shouldn't ~ if ...** no me sorprendería que + *subjun*; **she's married by now, I shouldn't ~** se habrá casado ya como sería lógico, cabe presumir que está casada ya
Ⓓ CPD ► **wonder boy** N joven *m* prodigio ► **wonder drug** N remedio *m* milagroso

**wonderful** ['wʌndəfʊl] ADJ 1 (= *excellent*) [*person, experience, surprise*] maravilloso, estupendo; [*painting, piece of music*] maravilloso, precioso; [*opportunity*] estupendo; [*feeling*] maravilloso; **it would be ~ to be able to sing well** sería maravilloso tener buena voz; **she**

➤ LANGUAGE IN USE: **wonder C** 16.1

**looks ~ for her age** está estupenda para la edad que tiene; **isn't it ~!** ◊ **how ~!** ¡qué estupendo!, ¡qué maravilla!; **we had a ~ time** (nos) lo pasamos de maravilla *or* estupendamente
2 (= *amazing*) [*memory, achievement*] increíble

**wonderfully** ['wʌndəfəlɪ] ADJ 1 (= *extremely*) **she was always ~ kind to me** siempre fue amabilísima conmigo; **it's a ~ funny play** es una obra increíblemente divertida, es una obra divertidísima; **he looks ~ well** está de maravilla, tiene un aspecto estupendo
2 (= *very well*) [*sleep, adapt, work*] de maravilla; **the doctor says she is doing ~** el médico dice que se está recuperando de maravilla *or* estupendamente

**wondering** ['wʌndərɪŋ] ADJ [*tone, look*] (= *questioning*) perplejo; (= *amazed*) sorprendido

**wonderingly** ['wʌndərɪŋlɪ] ADV **to look ~ at sb** (= *questioningly*) mirar a algn perplejo; (= *in amazement*) mirar a algn sorprendido

**wonderland** ['wʌndəlænd] N país *m* de la maravilla, país *m* de las aventuras; **a ~ of amusement parks** un paraíso de parques de atracciones

**wonderment** ['wʌndəmənt] N = **wonder A1**

**wonderstruck** ['wʌndəstrʌk] ADJ (*liter*) asombrado, pasmado

**wonder-worker** ['wʌndə,wɜ:kə^r] N (*Med*) remedio *m* milagroso

**wondrous** ['wʌndrəs] (*liter*) Ⓐ ADJ maravilloso
Ⓑ ADV (††) = **wondrously**

**wondrously** ['wʌndrəslɪ] ADV (*liter*) maravillosamente; **~ beautiful** extraordinariamente hermoso, hermoso en extremo

**wonga**‡ ['wɒŋgə] N (*Brit*) pasta* *f*, guita‡ *f*

**wonky*** ['wɒŋkɪ] ADJ (*compar* **wonkier**; *superl* **wonkiest**) (*Brit*) 1 (= *wobbly*) [*chair, table*] cojo, que se tambalea
2 (= *crooked*) torcido, chueco (*LAm*)
3 (= *broken down*) estropeado, descompuesto (*esp Mex*); **to go ~** [*car, machine*] estropearse; [*TV picture*] descomponerse

**won't** [wəʊnt] = **will not**

**wont** [wəʊnt] (*frm*) Ⓐ ADJ **to be ~ to do sth** soler hacer algo, acostumbrar a hacer algo; **as he was ~ (to)** como solía (hacer) *or* acostumbraba a hacer
Ⓑ N costumbre *f*; **as was my ~** como era mi costumbre, como solía hacer *or* acostumbraba a hacer; **it is his ~ to read after dinner** tiene por costumbre leer después de cenar, suele leer *or* acostumbra a leer después de cenar

**wonted** ['wəʊntɪd] ADJ (*liter*) acostumbrado

**woo** [wu:] VT 1 (*lit*) cortejar
2 (*fig*) buscarse

**wood** [wʊd] Ⓐ N 1 (= *material*) madera *f*; **it's made of ~** es de madera; **dead ~** (*lit*) ramas *fpl* muertas; **touch ~!** ¡toca madera!; *see also* **deadwood**
2 (= *firewood*) leña *f*
3 (= *forest*) bosque *m*; **woods** bosque *msing*; **we went for a walk in the ~(s)** fuimos a pasear por el bosque; **to take to the ~s** echarse al monte; ✦*IDIOMS* **we're not out of the ~(s) yet** aún no estamos fuera de peligro; **he can't see the ~ for the trees** (*Brit*) los árboles no le dejan ver el bosque, aún no le encuentra el chiste (*LAm*)
4 (*Golf*) palo *m* de madera
5 (*Bowls*) bola *f*
6 (*in brewing*) **beer drawn from the ~** cerveza *f* de barril
7 (*Mus*) **the ~s** los instrumentos de viento de madera
Ⓑ CPD ► **wood alcohol** N alcohol *m* metílico ► **wood anemone** N anémona *f* silvestre ► **wood block** N bloque *m* de madera; (= *woodcut*) grabado *m* en madera; (*in paving*) adoquín *m* de madera, tarugo *m* ► **wood carving** N talla *f* de madera ► **wood engraving** N grabado *m* en madera ► **wood pulp** N pasta *f* de madera ► **wood shavings** NPL virutas *fpl* ► **wood spirit** N = **wood alcohol**

**woodbine** ['wʊdbaɪn] N 1 (= *honeysuckle*) madreselva *f*
2 (*US*) (= *Virginia creeper*) viña *f* loca

**woodchuck** ['wʊdtʃʌk] N marmota *f* de América; → GROUNDHOG DAY

**woodcock** ['wʊdkɒk] N chocha *f* perdiz

**woodcraft** ['wʊdkrɑ:ft] N conocimiento *m* de la vida del bosque

**woodcut** ['wʊdkʌt] N grabado *m* en madera

**woodcutter** ['wʊd,kʌtə^r] N leñador *m*

**wooded** ['wʊdɪd] ADJ arbolado

**wooden** ['wʊdn] Ⓐ ADJ 1 (= *made of wood*) de madera
2 (*fig*) (= *lacking expression*) [*actor, performance*] acartonado, inexpresivo; [*face, person*] rígido, inexpresivo; [*style*] seco, poco expresivo
Ⓑ CPD ► **wooden horse** N caballo *m* de madera ► **wooden leg** N pierna *f* de madera, pata *f* de palo* ► **wooden spoon** N cuchara *f* de palo; (*fig*) premio *m* de consolación

**wooden-headed** ['wʊdn'hedɪd] ADJ cabezahueca

**woodenly** ['wʊdnlɪ] ADV [*say, react*] de manera poco expresiva; [*act*] de forma acartonada

**woodland** ['wʊdlənd] Ⓐ N bosque *m*
Ⓑ CPD de los bosques

**woodlark** ['wʊdlɑ:k] N totovía *f*, cogujada *f*

**woodlouse** ['wʊdlaʊs] N (*pl* **woodlice** ['wʊdlaɪs]) cochinilla *f*

**woodman** ['wʊdmən] N (*pl* **woodmen**) (= *woodcutter*) leñador *m*; (= *forester*) trabajador *m* forestal

**woodpecker** ['wʊd,pekə^r] N pájaro *m* carpintero; **green ~** pito *m* real; **lesser spotted ~** pico *m* menor

**woodpigeon** ['wʊd,pɪdʒən] N paloma *f* torcaz

**woodpile** ['wʊdpaɪl] N montón *m* de leña

**woodshed** ['wʊdʃed] N leñera *f*

**woodsy** ['wʊdzɪ] ADJ (*US*) selvático

**woodwind** ['wʊdwɪnd] N **the ~s** ◊ **the ~ section** los instrumentos *mpl* de viento de madera

**woodwork** ['wʊdwɜ:k] N 1 (= *craft*) carpintería *f*
2 (= *wooden parts*) enmaderado *m*, maderaje *m*; **they come crawling out of the ~** (*fig*) aparecen de no se sabe dónde

**woodworm** ['wʊdwɜ:m] N carcoma *f*; **the table has ~** la mesa está carcomida

**woody** ['wʊdɪ] ADJ (*compar* **woodier**; *superl* **woodiest**) 1 [*plant, stem, texture*] leñoso; [*odour*] a madera
2 (= *wooded*) [*countryside*] lleno de bosque

**woof**[1] [wʊf] Ⓐ N (= *bark*) ladrido *m*
Ⓑ EXCL ¡guau!
Ⓒ VI ladrar

**woof**[2] [wu:f] N (*Tex*) trama *f*

**woofer** ['wu:fə^r] N altavoz *m* para sonidos graves

**woofter**‡, **wooftah**‡ ['wʊftə] N (*Brit pej*) marica‡ *m*

**wooing** ['wu:ɪŋ] N galanteo *m*

**wool** [wʊl] Ⓐ N [*of sheep*] lana *f*; **all ~** ◊ **pure ~** lana pura; **it's made of ~** es de lana; ✦*IDIOM* **to pull the ~ over sb's eyes** dar a algn gato por liebre; *see also* **dyed-in-the-wool**
Ⓑ ADJ de lana
Ⓒ CPD ► **wool merchant** N comerciante *mf* de lanas, lanero/a *m/f* ► **wool trade** N comercio *m* de lana

**woolen** ['wʊlən] ADJ, N (*US*) = **woollen**

**woolgathering** ['wʊl,gæðərɪŋ] N (*fig*) **to be ~** andar distraído

**wooliness** ['wʊlɪnɪs] N (*US*) = **woolliness**

**woollen**, **woolen** (*US*) ['wʊlən] Ⓐ ADJ de lana
Ⓑ **woollens** NPL géneros *mpl* de lana
Ⓒ CPD ► **woollen industry** N industria *f* de la lana

**woolliness**, **wooliness** (*US*) ['wʊlɪnɪs] N 1 [*of material, garment, sheep*] lanosidad *f*, lo lanoso
2 (= *vagueness*) [*of ideas, thinking, essay*] vaguedad *f*, imprecisión *f*; [*of person*] confusión *f*

**woolly**, **wooly** (*US*) ['wʊlɪ] Ⓐ ADJ (*compar* **woollier**; *superl* **woolliest**) 1 [*jumper etc*] de lana; [*animal*] lanudo
2 (= *vague*) [*ideas, thinking, essay*] vago, impreciso; [*person*] confuso
Ⓑ N 1 (= *sweater*) jersey *m* de lana
2 **woollies*** **woolies** (*US**) (= *clothing*) ropa *f* de lana

**woolly-minded** ['wʊlɪ'maɪndɪd] ADJ confuso

**woolman** ['wʊlmæn] N (*pl* **woolmen**) (= *trader*) comerciante *m* en lanas; (= *manufacturer*) dueño *m* de una fábrica textil, lanero *m*

**Woolsack** ['wʊlsæk] N **the ~** (*Brit Parl*) saco *m* de lana (*silla del Gran Canciller en la Cámara de los Lores*)

**wooly** ['wʊlɪ] ADJ, N (*US*) = **woolly**

**woops*** [wʊps] = **whoops**

**woozy*** ['wu:zɪ] ADJ (*compar* **woozier**; *superl* **wooziest**) mareado

**Wop*‡** [wɒp] N (*offensive*) italiano/a *m/f*

**Worcester sauce** [,wʊstə'sɔ:s], **Worcestershire sauce** [,wʊstəʃə'sɔ:s] N salsa *f* Worcester, salsa *f* Worcestershire

**Worcs.** ABBR = **Worcestershire**

**word** [wɜ:d] Ⓐ N 1 (*gen*) palabra *f*; (= *remark*) palabra *f*; (*Ling*) voz *f*, vocablo *m*; **I remember every ~ he said** recuerdo todas y cada una de sus palabras; **that's not the ~ I would have chosen** yo no me hubiera expresado así; **the ~s** (= *lyrics*) la letra; **I won't hear a ~ against him** no permito que se le critique; **a big ~*** una palabra difícil; **in ~ and deed** de palabra y hecho; **~s fail me** no me lo puedo creer; **~s failed me** me quedé sin habla; **a man of few ~s** un hombre nada locuaz; **I can't find (the) ~s to tell you …** no encuentro palabras para decirte …; **fine ~s** palabras elocuentes (pero quizá poco sinceras); **~ for ~** palabra por palabra; **too stupid for ~s** de lo más estúpido; **what's the ~ for "shop" in Spanish?** ¿cómo se dice "shop" en español?; **the Spanish have a ~ for it** en español existe una palabra para eso; **there is no other ~ for it** no se puede llamar de otro modo; **silly isn't the ~ for it** ¡llamarle estúpido es poco!; **I can't get a ~ out of him** no logro sacarle una palabra; **in a ~** en pocas palabras, en una palabra; **in other ~s** en otros términos, es decir, esto es; **in the ~s of Calderón** con palabras de Calderón, como dice Calderón; **in his own ~s** con sus propias palabras; **she didn't say so in so many ~s** no lo dijo exactamente así, no lo dijo así concretamente; **to have the last ~ in an argument** decir la última palabra en una discusión; **to measure one's ~s** medir las palabras; **by ~ of mouth** verbalmente, de palabra; **a ~ of advice** un consejo; **a ~ of thanks** unas palabras de agradecimiento; **a ~ of warning** una advertencia; **I can't put my feelings into ~s** no tengo palabras para expresar lo que siento; **to put in a (good) ~ for sb** avalar a algn, interceder por algn; **don't say a ~ about it** no digas nada de eso; **he never said a ~** no dijo una sola palabra; **he didn't say a ~ about it to me** ni me lo mencionó; **nobody had a good ~ to say about him** nadie quería defenderle, nadie habló en su favor; **I now call on Mr Allison to say a few ~s** ahora le cedo la palabra al Sr. Allison, ahora le invito al Sr. Allison a hacer uso de la palabra; **to weigh one's ~s** medir las palabras; **with these ~s, he sat down** y tras pronunciar estas palabras se sentó; **without a ~** sin decir palabra *or* ni pío; ***✦IDIOMS*** **from the ~ go** desde el principio mismo; **it's the last ~ in luxury** es el último grito en lo que a lujo se refiere; **you're putting ~s into my mouth** te refieres a cosas que yo no he dicho; **you took the ~s right out of my mouth** me quitaste la palabra de la boca; **the ~ on the street is that ...** los que saben del tema dicen que ...; ***✦PROVS*** **many a true ~ is spoken in jest** las bromas a veces pueden ser veras; **a ~ to the wise (is sufficient)** al buen entendedor pocas palabras le bastan; *see also* **breathe A2**, **eat A**, **edgeways**, **mince A2**

2 (= *talk*) **to have a ~ with sb** hablar (dos palabras) con algn, tener unas palabras con algn; **I'll have a ~ with him about it** lo hablaré con él, se lo mencionaré; **could I have a (short) ~ with you?** ¿puedo hablar un momento contigo?; **I had a few ~s with him yesterday** tuve unas palabras con él ayer; **to have a ~ in sb's ear** (*Brit*) decir algo a algn en confianza

3 (= *angry words*) **to have ~s with sb** reñir *or* (*esp LAm*) pelear(se) con algn; **the referee had ~s with him** el árbitro le dijo cuatro palabras; **~s passed between them** cambiaron algunas palabras injuriosas

4 (*no pl*) (= *message*) recado *m*; (= *news*) noticia *f*, aviso *m*; **to bring ~ of sth to sb** informar a algn de algo; **~ came that ...** llegó noticia de que ..., se supo que ...; **if ~ gets out that ...** si sale a la luz que ..., si llega a saberse que ...; **the ~ is going round that ...** se dice que ..., corre la voz de que ...; **~ has it that ...** ◊ **the ~ is that ...** se dice que ...; **to leave ~ (with/for sb) that ...** dejar recado (con/para algn) de que ..., dejar dicho (con/para algn) que ...; **there's still no ~ from John** todavía no sabemos nada de John; **pass the ~ that it's time to go** diles que es hora de marcharnos; **to send ~** mandar recado; **to send sb ~ of sth** avisar a algn de algo; **to spread the ~** propagar la noticia

5 (*no pl*) (= *promise, assurance*) palabra *f* (de honor); **it's his ~ against mine** es su palabra contra la mía; **to take sb at his ~** aceptar lo que algn dice; **to break one's ~** faltar a *or* no cumplir la palabra; **to give sb one's ~ (that ...)** dar la palabra a algn (de que ...); **to go back on one's ~** faltar a la palabra; **you have my ~** tienes mi palabra; **we only have** *or* **we've only got her ~ for it** todo lo que sabemos es lo que ella dice; **to hold** *or* **keep sb to his ~** hacer que algn cumpla su palabra; **~ of honour** palabra *f*, palabra *f* de honor; **to keep one's ~** cumplir (lo prometido); **(upon) my ~!** ¡caramba!; **he's a man of his ~** es hombre de palabra; **I take your ~ for it** te creo, ¡basta con que me lo digas!*; **take my ~ for it** te lo aseguro; ***✦IDIOMS*** **his ~ is (as good as) his bond** su palabra merece entera confianza; **to be as good as one's ~** cumplir (lo prometido)

6 (*no pl*) (= *command*) orden *f*; **to give the ~ to do sth** dar la orden de hacer algo; **you have only to say the ~** solamente hace falta que des la orden; **his ~ is law** su palabra es ley; **~ of command** voz *f* de mando

7 (*Rel*) verbo *m*, palabra *f*; **the Word of God** el Verbo de Dios

Ⓑ VT [+ *letter etc*] redactar; **it's not very clearly ~ed** está mal redactado; **how shall we ~ it?** ¿cómo lo expresamos?; **a simply ~ed refusal** una negativa sencilla; **a well ~ed declaration** una declaración bien expresada

Ⓒ CPD ► **word association** N (*Psych*) asociación *f* de palabras ► **word blindness** N alexia *f* ► **word class** N categoría *f* gramatical (de las palabras) ► **word count** N recuento *m* de vocabulario ► **word formation** N formación *f* de palabras ► **word game** N juego *m* de formación de palabras ► **word list** N lista *f* de palabras, vocabulario *m* ► **word order** N orden *m* de palabras ► **word picture** N descripción *f* ► **word processing** N procesamiento *m* de textos ► **word processor** N procesador *m* de textos

**wordage** ['wɜːdɪdʒ] N número *m or* recuento *m* de palabras

**word-blind** ['wɜːdblaɪnd] ADJ aléxico

**wordbook** ['wɜːdbʊk] N vocabulario *m*

**wordiness** ['wɜːdɪnɪs] N verbosidad *f*, prolijidad *f*

**wording** ['wɜːdɪŋ] N **the ~ is unclear** está mal redactado

**wordless** ['wɜːdlɪs] ADJ 1 (= *silent*) silencioso 2 (= *without words*) sin palabras

**word-of-mouth** ['wɜːdəv'maʊθ] ADJ verbal, oral; *see also* **word A1**

**word-perfect** ['wɜːd'pɜːfɪkt] ADJ (*Brit*) sin falta de expresión; **to be ~** saber perfectamente su papel

**wordplay** ['wɜːdpleɪ] N juego *m* de palabras

**word-process** ['wɜːd'prəʊses] VT pasar a máquina

**wordsmith** ['wɜːdsmɪθ] N (= *writer*) artífice *mf* de la palabra; (= *poet*) poeta *mf*

**wordwrap** ['wɜːdræp] N salto *m* de línea automático

**wordy** ['wɜːdɪ] ADJ (*compar* **wordier**; *superl* **wordiest**) verboso, prolijo

**wore** [wɔːʳ] PT *of* **wear**

▼**work** [wɜːk] Ⓐ N 1 (= *activity*) trabajo *m*; (= *effort*) esfuerzo *m*; **"work in progress"** "trabajo en curso"; **to be at ~ on sth** estar trabajando sobre algo; **there are forces at ~** hay fuerzas en movimiento; **~ has begun on the new dam** se han comenzado las obras del nuevo embalse; **~ has begun on the new project** ha comenzado el trabajo en el nuevo proyecto; **it's all in a day's ~** es pan de cada día; **to do one's ~** hacer su trabajo; **he did some good ~ at head office** hizo un buen trabajo en la oficina central; **the medicine had done its ~** la medicina había surtido efecto; **to get some ~ done** hacer algo (de trabajo); **to get on with one's ~** seguir trabajando; **good ~!** (= *well done*) ¡buen trabajo!; **it's hard ~** es mucho trabajo, cuesta (trabajo); **he's hard ~*** es una persona difícil; **a piece of ~** un trabajo; **she's put a lot of ~ into it** le ha puesto grandes esfuerzos; **to make quick ~ of sth/sb** despachar algo/a algn con rapidez; **to set to ~** ponerse a trabajar; **to set sb to ~** poner a algn a trabajar; **to make short ~ of sth/sb** despachar algo/a algn con rapidez; **to start ~** ponerse a trabajar; ***✦IDIOM*** **to have one's ~ cut out**: **I have my ~ cut out as it is** ya tengo trabajo hasta por encima de las cejas; **I had my ~ cut out to stop it** me costó detenerlo; **you'll have your ~ cut out trying to stop him** te costará muchísimo trabajo impedirle; *see also* **nasty A4**

2 (= *employment, place of employment*) trabajo *m*; **"~ wanted"** (*US*) "demandas de empleo"; **to be at ~** estar trabajando; **accidents at ~** accidentes *mpl* laborales; **to go to ~** ir a trabajar; **to go out to ~** (= *have a job*) tener un trabajo; **to be in ~** tener trabajo; **she's looking for ~** está buscando trabajo; **it's nice ~ if you can get it** es muy agradable para los que tienen esa suerte; **I'm off ~ for a week** tengo una semana de permiso; **a day off ~** un día libre; **to take time off ~** tomarse tiempo libre; **to be out of ~** estar desempleado *or* parado *or* en paro; **to put sb out of ~** dejar a algn sin trabajo; **on her way to ~** camino del trabajo

3 (= *product, deed*) obra *f*; (= *efforts*) trabajo; **the ~s of God** las obras de Dios; **this is the ~ of a professional/madman** esto es trabajo de un profesional/loco; **what do you think of his work?** ¿qué te parece su trabajo?; **the dictator and all his ~s** el dictador y todo lo suyo; **good ~s** obras *fpl* de caridad; **his life's ~** el trabajo al que ha dedicado su vida

4 (*Art, Literat etc*) obra *f*; **the ~s of Dickens** las obras de Dickens; **a ~ of art** una obra de arte; **a literary ~** una obra literaria; **a ~ of reference** un libro de consulta

5 **works** [*of machine, clock etc*] mecanismo *msing*; ***✦IDIOM*** **to bung** *or* **gum up the ~s** fastidiarlo todo; *see also* **spanner**

6 **works** (*Mil*) obras *fpl*, fortificaciones *fpl*; **road ~s** obras; **Ministry of Works** Ministerio *m* de Obras Públicas

Ⓑ VI 1 (*gen*) trabajar; (= *be in a job*) tener trabajo; **to ~ to achieve sth** dirigir todos sus esfuerzos a lograr algo; **he is ~ing at his German** está dándole al alemán; **to ~ hard** trabajar mucho *or* duro; **she ~s in a bakery** trabaja en una panadería; **he ~s in education/publishing** trabaja en la enseñanza/el campo editorial; **he prefers to ~ in wood/oils** prefiere trabajar la madera/con óleos; **to ~ to rule** (*Ind*) estar en huelga de celo; **to ~ towards sth** trabajar *or* realizar esfuerzos para conseguir algo; ***✦IDIOM*** **to ~ like a slave** *or* **Trojan** *etc* trabajar como un demonio

2 (= *function*) [*machine, car*] funcionar; **the heating isn't ~ing** la calefacción no funciona; **it won't ~** no funciona; **"not working"** "no funciona"; **my brain doesn't seem to be ~ing today** (*hum*) mi cerebro no funciona hoy como es debido; **it may ~ against us** podría sernos desfavorable; **this can ~ both ways** esto puede ser un arma de doble filo; **this may ~ in our favour** puede que esto nos venga bien; **to get sth ~ing** hacer funcionar algo; **it ~s off the mains** funciona con la electricidad de la red; **my plan ~ed perfectly** mi plan funcionó a la perfección

3 (= *be effective*) [*plan*] salir, marchar; [*drug, medicine, spell*] surtir efecto, ser eficaz; [*yeast*] fermentar; **how long does it take to ~?** ¿cuánto tiempo hace falta para que empiece a surtir efecto?; **the scheme won't ~** el proyecto no es práctico, esto no será factible; **it won't ~, I tell you!** ¡te digo que no se puede (hacer)!

4 [*mouth, face, jaws*] moverse, torcerse

5 (= *move gradually*) **she ~ed methodically down the list** repasó metódicamente la lista; **to ~ loose** desprenderse; **to ~ round to a question** preparar el terreno para preguntar algo; **eventually he ~ed round to the price**

➤ LANGUAGE IN USE: work B1 19.2

por fin llegó a mencionar el precio; **what are you ~ing round to?** ¿adónde va a parar todo esto?, ¿qué propósito tiene todo esto?
Ⓒ VT [1] (= *make work*) hacer trabajar; **he ~s his staff too hard** hace trabajar demasiado al personal; **to ~ o.s. to death** matarse trabajando
[2] (= *operate*) **can you ~ it?** ¿sabes manejarlo?; **it is ~ed by electricity** funciona con electricidad
[3] (= *achieve*) [+ *change*] producir, motivar; [+ *cure*] hacer, efectuar; [+ *miracle*] hacer; **he has managed to ~ his promotion*** ha conseguido asegurarse el ascenso; **they ~ed it so that she could come*** lo arreglaron para que viniera; *see also* **wonder A2**
[4] (*Sew*) coser; (*Knitting*) [+ *row*] hacer; **~ed with blue thread** bordado de hilo azul
[5] (= *shape*) [+ *dough, clay*] trabajar; [+ *stone, marble*] tallar, grabar; **~ed flint** piedra *f* tallada; **~ the butter and sugar together** amasar el azúcar y la mantequilla juntos
[6] (= *exploit*) [+ *mine*] explotar; [+ *land*] cultivar; **this land has not been ~ed for many years** estas tierras hace mucho tiempo que no se cultivan; **he ~s the eastern part of the province** trabaja en la parte este de la provincia
[7] (= *manoeuvre*) **he gradually ~ed the rope through the hole** poco a poco fue metiendo la cuerda por el agujero; **to ~ one's hands free** lograr soltar las manos; **he ~ed the lever up and down** movió la palanca hacia arriba y hacia abajo; **to ~ o.s. into a rage** ponerse furioso, enfurecerse; **he ~ed the crowd (up) into a frenzy** exaltó los ánimos de la multitud; **the screw had ~ed itself loose** el tornillo se había soltado solo; **to ~ one's way along** ir avanzando poco a poco; **to ~ one's way up a cliff** escalar poco a poco *or* a duras penas un precipicio; **to ~ one's way up to the top of a company** llegar a la dirección de una compañía por sus propios esfuerzos; **he ~ed his way up in the firm** ascendió en la compañía mediante sus propios esfuerzos
[8] (= *finance*) **to ~ one's passage on a ship** costearse un viaje trabajando; **to ~ one's way through college** costearse los estudios universitarios trabajando
Ⓓ CPD ► **work camp** N campamento *m* laboral ► **work ethic** N ética *f* del trabajo ► **work experience** N experiencia *f* laboral ► **work file** N fichero *m* de trabajo ► **work force** N (= *labourers*) mano *f* de obra; (= *personnel*) plantilla *f* ► **work permit** N permiso *m* de trabajo ► **work study** N práctica *f* estudiantil ► **work surface** N = **worktop** ► **work therapy** N laborterapia *f*, terapia *f* laboral ► **work week** N (*US*) semana *f* laboral

►**work away** VI + ADV seguir trabajando, trabajar sin parar; **to ~ away at sth** darle (duro) a algo*

►**work in** Ⓐ VI + ADV (= *fit in*) ajustarse a, cuadrar con; **it ~s in quite well with our plans** esto se ajusta bastante bien a nuestros planes, esto cuadra bastante bien con nuestros planes
Ⓑ VT + ADV [1] [+ *screw etc*] (*slowly*) introducir poco a poco; (*with difficulty*) meter con esfuerzo
[2] [+ *quotation, reference, subject*] meter; **we'll try to ~ in a reference somewhere** trataremos de meter una referencia en alguna parte
[3] (= *mix in*) agregar, añadir; **~ the flour in gradually** agregar *or* añadir la harina poco a poco

►**work off** Ⓐ VI + ADV [*nut, handle*] desprenderse, soltarse (con el uso)
Ⓑ VT + ADV [1] [+ *debt*] pagar con su trabajo
[2] **to ~ off one's feelings** desahogarse; **to ~ off surplus fat** quitarse las grasas excesivas trabajando; **I must try to ~ off all the weight I've put on** tengo que moverme para ver si adelgazo lo que he engordado

►**work on** VI + PREP [1] [+ *project etc*] trabajar en; **they're ~ing on the car now** están trabajando en el coche ahora; **they will get ~ing on it at once** se pondrán enseguida manos a la obra; **the police are ~ing on it** la policía lo está investigando
[2] (= *act on*) **we've no clues to ~ on** no tenemos pistas en qué basarnos; **we're ~ing on the principle that …** nos atenemos al *or* nos basamos en el principio de que …
[3] (= *try to persuade*) **he hasn't agreed yet but I'm ~ing on him** todavía no está de acuerdo pero le estoy tratando de convencer

►**work out** Ⓐ VT + ADV [1] (= *calculate*) [+ *cost, profit*] calcular; [+ *answer*] encontrar; **I ~ed it out in my head** lo calculé mentalmente
[2] (= *solve*) [+ *problem*] resolver; **things will ~ themselves out** al final, todo saldrá bien *or* se solucionará
[3] (= *devise*) idear; **to ~ out a plan** idear *or* (*frm*) urdir un plan
[4] (= *understand*) lograr entender; **I just couldn't ~ it out** no lograba entenderlo; **can you ~ out where we are on the map?** ¿puedes determinar *or* averiguar dónde estamos en el mapa?; **I can't ~ him out*** no puedo entenderle
[5] (= *exhaust*) [+ *mine, land*] agotar
[6] (*in job*) **to ~ out one's notice** trabajar hasta que se acabe el tiempo de preaviso
[7] (= *get rid of*) [+ *anger, frustration*] librarse de
Ⓑ VI + ADV [1] (= *allow solution*) resolverse; **it doesn't ~ out** [*sum*] no sale
[2] (= *amount to*) **the cost ~ed out at five pounds** los costos ascendieron a cinco libras; **how much does it ~ out at?** ¿cuánto suma?, ¿a cuánto sale?; **it ~s out at ten pounds each** sale a diez libras esterlinas por persona; **gas heating would ~ out cheaper** la calefacción de gas saldría más barata
[3] (= *succeed*) salir bien; **I hope it will ~ out well** espero que salga bien; **everything ~ed out well** todo *or* la cosa salió bien; **how did it ~ out?** ¿qué tal salió?; **it hasn't ~ed out that way** no ha sido así
[4] (= *exercise*) hacer ejercicio; **I ~ out twice a week** hago ejercicio dos veces a la semana

►**work over*** VT + ADV (= *beat up*) dar una paliza a

►**work through** VI + PREP (*Psych*) [+ *problem, conflict*] tratar

►**work up** VT + ADV [1] (= *develop*) [+ *energy, courage*] conseguir; **I can't ~ up much enthusiasm for the plan** no consigo entusiasmarme con el plan; **together they ~ed the business up from nothing** entre los dos levantaron el negocio de la nada; **you could ~ this story up into a film** podrías desarrollar este cuento para hacer una película; **to ~ up an appetite** abrir el apetito; **I've ~ed up quite a thirst, carrying those boxes** me ha entrado mucha sed cargando esas cajas
[2] (= *excite*) **he ~ed the crowd up into a frenzy** exaltó los ánimos de la multitud; **to ~ o.s. up into a rage** ponerse furioso, enfurecerse; **to be ~ed up** excitarse, exaltarse, emocionarse (*esp LAm*); **don't get all ~ed up!** ¡cálmate!

►**work up to** VI + PREP preparar el terreno para; **events were ~ing up to a crisis** los sucesos estaban preparando el terreno para una crisis; **what are you ~ing up to?** ¿qué propósito tiene todo esto?, ¿adónde va a parar todo esto?; **I thought he was ~ing up to a proposal** creía que estaba preparando el terreno para hacerme una declaración

**workable** [ˈwɜːkəbl] ADJ práctico, factible

**workaday** [ˈwɜːkədeɪ] ADJ rutinario

**workaholic** [ˌwɜːkəˈhɒlɪk] N trabajador(a) *m/f* obsesivo/a, adicto/a *m/f* al trabajo

**workbasket** [ˈwɜːkˌbɑːskɪt] N neceser *m* de costura

**workbench** [ˈwɜːkbentʃ] N banco *m* de trabajo, mesa *f* de trabajo

**workbook** [ˈwɜːkbʊk] N libro *m* de trabajo; (*Scol*) cuaderno *m*

**workbox** [ˈwɜːkbɒks] N (*Sew*) neceser *m* de costura

**workday** [ˈwɜːkdeɪ] N (*US*) día *m* laborable

**worker** [ˈwɜːkəʳ] Ⓐ N [1] (= *person*) (*gen*) trabajador(a) *m/f*; (*Agr, Ind*) obrero/a *m/f*; **he's a fast ~** trabaja deprisa; (*) (*euph*) va deprisa con las mujeres*; **she's a hard ~** es muy trabajadora; **she's a good ~** trabaja bien; *see also* **office B**, **research D**
[2] (= *ant, bee*) obrera *f*
Ⓑ CPD ► **worker ant** N hormiga *f* obrera ► **worker bee** N abeja *f* obrera ► **worker priest** N sacerdote *m* obrero

**workflow** [ˈwɜːkfləʊ] N volumen *m* de trabajo

**workhorse** [ˈwɜːkˌhɔːs] N caballo *m* de tiro; (*fig*) persona *f* muy trabajadora

**workhouse** [ˈwɜːkhaʊs] N (*pl* **workhouses** [ˈwɜːkhaʊzɪz]) (*Brit Hist*) asilo *m* de pobres

**work-in** [ˈwɜːkɪn] N encierro *m* (en una fábrica *etc*)

**working** [ˈwɜːkɪŋ] Ⓐ ADJ [1] (= *economically active*) [*person*] trabajador, que trabaja; [*population*] activo; **~ mothers** madres *fpl* trabajadoras, madres *fpl* que trabajan; **the ~ man** el hombre trabajador *or* que trabaja; **the ~ woman** la mujer trabajadora *or* que trabaja; **ordinary ~ people** gente trabajadora normal y corriente; **he's a ~ dog** es un perro de trabajo *or* labor
[2] (= *relating to work*) [*conditions, practice, environment, week*] laboral; [*life*] laboral, activo; [*day*] laborable; [*breakfast, lunch*] de trabajo; [*clothes*] de faena, de trabajo; **your order will be sent within three ~ days** (*Brit*) su pedido será despachado en un plazo de tres días laborables; **my ~ day begins at eight a.m.** mi jornada (laboral *or* de trabajo) empieza a las ocho de la mañana; **during ~ hours** durante horas de trabajo; **~ patterns** pautas *fpl* laborales, pautas *fpl* de trabajo
[3] (= *provisional*) [*title, definition*] momentáneo, provisional; **~ hypothesis** hipótesis *f inv* de trabajo
[4] (= *functioning*) [*farm, mill, steam train*] en funcionamiento; **to have a ~ knowledge of sth** tener conocimientos básicos de algo; **to be in ~ order** funcionar perfectamente
Ⓑ N [1] (= *operation*) [*of machine, engine, computer*] funcionamiento *m*; [*of mine*] explotación *f*
[2] **workings** [2·1] [*of organization, parliament*] forma *f* de funcionar; [*of machine, engine, computer*] (= *operation, way of working*) funcionamiento *m*; (= *mechanism*) mecanismo *m*; **the ~s of his mind** su forma de pensar
[2·2] (= *mine*) mina *fsing*; (= *excavations*) excavaciones *fpl*
Ⓒ CPD ► **working assets** NPL (*Comm, Fin*) activo *m* circulante ► **working capital** N (*Comm, Fin*) capital *m* circulante, capital *m* de explotación ► **the working class(es)** N(PL) la clase obrera, la clase trabajadora; *see also*

working-class ► **working expenses** NPL gastos *mpl* de explotación ► **working face** N cara *f* de trabajo ► **working group** N grupo *m* de trabajo (**on** sobre); ► **working holiday** N *vacaciones en las que se combina el trabajo con el ocio* ► **working majority** N (*Pol*) mayoría *f* suficiente ► **working model** N modelo *m* articulado ► **working paper** N documento *m* de trabajo ► **working parts** NPL partes *fpl* activas ► **working partner** N socio *m* activo ► **working party** N = **working group** ► **working relationship** N relación *f* de trabajo; **they have a good ~ relationship** tienen una buena relación de trabajo, trabajan bien juntos ► **working vacation** N (*US*) = **working holiday**

**working-class** ['wɜːkɪŋklɑːs] ADJ [*person, family*] de clase obrera, de clase trabajadora; [*neighbourhood*] obrero; **a self-educated man from a ~ background** un autodidacta de familia de clase obrera *or* trabajadora; **to be ~** ser de clase obrera *or* trabajadora; *see also* **working**

**workload** ['wɜːkləʊd] N cantidad *f* de trabajo, trabajo *m*; **we've taken on more staff to cope with the extra ~** hemos contratado más personal para dar abasto con el trabajo extra

**workman** ['wɜːkmən] N (*pl* **workmen**) obrero *m*; **to be a good ~** ser buen trabajador, trabajar bien; ✦*PROV* **a bad** *or* **poor ~ always blames his tools** el mal trabajador siempre echa la culpa a sus herramientas

**workmanlike** ['wɜːkmənlaɪk] ADJ competente, bien hecho

**workmanship** ['wɜːkmənʃɪp] N [*of craftsman*] (= *work*) trabajo *m*; (= *skill*) habilidad *f*; [*of artefact*] factura *f*, fabricación *f*; **he prides himself on the quality of his ~** presume de la calidad de su trabajo; **he has been accused of shoddy ~** le acusan de hacer un trabajo de mala calidad; **the chest was of Arab ~** el arcón era de factura *or* fabricación árabe; **the finish and ~ of the woodwork was excellent** el acabado y la factura *or* fabricación de la caja eran excelentes; **of fine ~** esmerado, exquisito; **this is just poor ~** esto no es más que un ejemplo de falta de habilidad profesional

**workmate** ['wɜːkmeɪt] N compañero/a *m/f* de trabajo

**workout** ['wɜːkaʊt] N (*Sport*) sesión *f* de ejercicios, sesión *f* de entrenamiento

**workpeople** ['wɜːk,piːpl] N (= *workers*) obreros *mpl*; (= *staff*) personal *m*, mano *f* de obra

**workplace** ['wɜːk,pleɪs] N lugar *m* de trabajo

**workroom** ['wɜːkrʊm] N taller *m*

**works** [wɜːks] Ⓐ N (*pl inv*) [1] (*Brit*) (= *factory etc*) fábrica *f*
[2] **the ~*** (= *the lot*) todo, la totalidad; ✦*IDIOM* **to give sb the ~** (= *treat harshly*) dar a algn una paliza; (= *treat generously*) tratar a algn a cuerpo de rey
[3] (‡) (= *syringe*) chuta‡ *f*
Ⓑ CPD ► **works canteen** N comedor *m* de la fábrica ► **works council** N consejo *m* de obreros, comité *m* de empresa ► **works manager** N gerente *mf* de fábrica ► **works outing** N excursión *f* del personal

**work-sharing** ['wɜːk,ʃeərɪŋ] N repartimiento *m* del trabajo

**worksheet** ['wɜːkʃiːt] N [1] (*Ind*) hoja *f* de trabajo
[2] (*Scol*) hoja *f* de ejercicios

**workshop** ['wɜːkʃɒp] N taller *m*; **a music ~** un taller de música; **a drama ~** un taller de teatro

**workshy** ['wɜːkʃaɪ] ADJ perezoso, flojo (*esp LAm*)

**workspace** ['wɜːkspeɪs] N [1] (= *area to work in*) espacio *m* para trabajar
[2] (*Comput*) área *f* de trabajo

**workstation** ['wɜːk,steɪʃən] N (*Comput*) terminal *f* de trabajo

**worktable** ['wɜːk,teɪbl] N mesa *f* de trabajo

**worktop** ['wɜːktɒp] N encimera *f*

**work-to-rule** ['wɜːktə'ruːl] N huelga *f* de brazos caídos

**work-worn** ['wɜːkwɔːn] ADJ agotado (por el trabajo)

**world** [wɜːld] Ⓐ N [1] (= *planet*) mundo *m*; **Australia is on the other side of the ~** Australia está al otro lado del mundo; **the ~ we live in** el mundo en el que vivimos; **the ~'s worst cook** el peor cocinero del mundo; **our company leads the ~ in shoe manufacturing** nuestra empresa es líder mundial en la confección de calzado; **since the ~ began** desde que el mundo es mundo; **in the best of all possible ~s** en el mejor de los mundos; **it's not the end of the ~!*** ¡no es el fin del mundo!; **the tallest man in the ~** el hombre más alto del mundo; **it's what he wants most in (all) the ~** es lo que más quiere en el mundo; **the New World** el Nuevo Mundo; **the Old World** el Viejo Mundo; **she has travelled all over the ~** ha viajado por todo el mundo; **people came from all over the ~** vino gente de todas partes del mundo; **it's the same the ~ over** es igual en todo el mundo, es igual vayas a donde vayas; **in a perfect ~ this would be possible** en un mundo ideal *or* perfecto esto sería posible; **you have to start living in the real ~** tienes que empezar a afrontar la vida *or* la realidad; **to go round the ~** dar la vuelta al mundo; **on a ~ scale** a escala mundial; **to see the ~** ver mundo; **to take the ~ as it is** aceptar la realidad, aceptar las cosas como son; **the worst of all possible ~s** el peor de todos los mundos posibles; ✦*IDIOMS* **to have the ~ at one's feet** tener el mundo a sus pies; **it's out of this ~*** es una maravilla; **to live in a ~ of one's own** vivir en su propio mundo; **you seem to be in a ~ of your own today** hoy parece que estás en otro mundo; **the ~ is your oyster** tienes el mundo a tus pies; **it's a small ~!** ¡el mundo es un pañuelo!; **to feel on top of the ~** sentirse de maravilla; *see also* **dead A1**, **money A1**, **third D**
[2] (= *realm*) mundo *m*; **the ~ of dreams** el mundo de los sueños; **the animal ~** el reino animal; **the Arab ~** el mundo árabe; **the business ~** el mundo de los negocios; **the English-speaking ~** el mundo de habla inglesa; **the plant ~** el reino vegetal; **the ~ of sport** el mundo deportivo, el mundo de los deportes; **the sporting ~** el mundo deportivo, el mundo de los deportes; **the Western ~** el mundo occidental
[3] (= *society*) mundo *m*; **her blouse was undone for all the ~ to see** tenía la blusa desabrochada a la vista de todo el mundo; **to be alone in the ~** estar solo en el mundo, no tener a nadie en el mundo; ✦*IDIOMS* **to come down in the ~** venir a menos; **to go up in the ~** prosperar, medrar; **the ~ and his wife** el ciento y la madre*, todo Dios*; *see also* **man A1**, **outside C1**, **way A2**
[4] (= *life*) mundo *m*; **in this ~** en esta vida, en este mundo; **to bring a child into the ~** traer a un niño al mundo; **to come into the ~** venir al mundo; **in the next ~** en la otra vida, en el otro mundo; **the other ~** el otro mundo; ✦*IDIOMS* **to have the best of both ~s** tenerlo todo; **he's not long for this ~** no le queda mucha vida, le queda poco de vida
[5] (*in emphatic expressions*) **for all the ~ as if it had never happened** como si nunca hubiera ocurrido; **she looked for all the ~ as if she were dead** cualquiera hubiera dicho que estaba muerta; **they're ~s apart** son totalmente opuestos *or* diferentes, no tiene nada que ver el uno con el otro; **they're ~s apart politically** políticamente los separa un abismo, mantienen posiciones políticas totalmente diferentes; **their views are ~s apart** sus opiniones son totalmente distintas; **there's a ~ of difference between ...** hay un mundo *or* abismo entre ...; **I'd give the ~ to know** daría todo el oro del mundo por saberlo; **it did him the ~ of good** le sentó de maravilla, le hizo la mar de bien*; **nothing in the ~ would make me do it** no lo haría por nada del mundo; **how in the ~ did you manage to do it?*** ¿cómo demonios *or* diablos conseguiste hacerlo?; **what in the ~ were you thinking of!*** ¡qué demonios *or* diablos estabas pensando!*; **where in the ~ has he got to?*** ¿dónde demonios *or* diablos se ha metido?*; **why in the ~ did you do that?*** ¿por qué demonios *or* diablos hiciste eso?*; **she means the ~ to me** ella significa muchísimo para mí; **not for all the ~** por nada del mundo; **he promised me the ~** me prometió la luna; **to think the ~ of sb** tener a algn en gran estima
Ⓑ CPD [*economy, proportions*] mundial; [*events, news*] internacional; [*trade*] internacional, mundial; [*tour*] mundial, alrededor del mundo ► **World Bank** N Banco *m* Mundial ► **world beater** N campeón(ona) *m/f* mundial ► **world champion** N campeón(ona) *m/f* del mundo, campeón(ona) *m/f* mundial ► **world championship** N campeonato *m* mundial, campeonato *m* del mundo ► **the World Council of Churches** N el Concilio Mundial de las Iglesias ► **the World Court** N el Tribunal Internacional de Justicia ► **the World Cup** N (*Ftbl*) la Copa Mundial, la Copa del Mundo ► **world fair** N feria *f* universal ► **the World Health Organization** N la Organización Mundial de la Salud ► **world language** N lengua *f* universal ► **world leader** N [*of country, company*] líder *m* mundial; (= *politician*) jefe/a *m/f* de estado ► **world market** N mercado *m* mundial ► **world market price** N precio *m* (del mercado) mundial ► **world order** N orden *m* mundial ► **world power** N (= *country*) potencia *f* mundial ► **world premiere** N estreno *m* mundial ► **world record** N récord *m* mundial ► **World Series** N (*US*) campeonato *m* mundial de béisbol; → BASEBALL ► **world title** N título *m* mundial ► **world view** N cosmovisión *f* ► **world war** N guerra *f* mundial; **World War One/Two** la Primera/Segunda Guerra Mundial

**world-class** ['wɜːldklɑːs] ADJ de talla mundial

**world-famous** ['wɜːld'feɪməs] ADJ de fama mundial, mundialmente conocido

**worldliness** ['wɜːldlɪnɪs] N mundanería *f*; (= *sophistication*) sofisticación *f*

**worldly** ['wɜːldlɪ] ADJ (*compar* **worldlier**; *superl* **worldliest**) [1] (= *material*) [*success, pleasures*] mundano, material; **all my ~ goods** todos mis bienes materiales
[2] (= *experienced*) con (mucho) mundo; **he was more ~ than other boys his age** tenía más mundo que otros muchachos de su edad; **~ wisdom** mundo *m*, saber *m* mundano
[3] (= *sophisticated*) sofisticado

**worldly-wise** ['wɜːldlɪ'waɪz] ADJ de mundo, que conoce mundo

**world-shaking** ['wɜːld,ʃeɪkɪŋ] ADJ pasmoso

**world-shattering** ['wɜːld,ʃætərɪŋ] ADJ = **world-shaking**

**world-weariness** ['wɜːld'wɪərɪnɪs] N hastío *m*

**world-weary** ['wɜːld'wɪərɪ] ADJ hastiado, cansado de la vida

**worldwide** ['wɜːld'waɪd] Ⓐ ADJ mundial, universal
Ⓑ ADV mundialmente, en todo el mundo; **it's known ~** es mundialmente conocido, es conocido en todo el mundo; **to travel ~** viajar por todo el mundo
Ⓒ CPD ► **the Worldwide Web** N (*Internet*) el World Wide Web, el WWW

**WORM** [wɜːm] ABBR = **write once read many times**

**worm** [wɜːm] Ⓐ N 1 (= *earthworm*) gusano *m*, lombriz *f*; ✦*IDIOM* **the ~ will turn** la paciencia tiene un límite; *see also* **glow**
2 (*in fruit, vegetable*) gusano *m*
3 (*Med*) **to have ~s** tener lombrices
4 (*pej*) (= *person*) gusano *m*
Ⓑ VT 1 (= *wriggle*) **he ~ed his way out through the narrow window** salió arrastrándose por la estrecha ventana; **to ~ one's way into a group** (*pej*) infiltrarse en un grupo; **to ~ one's way into sb's confidence** (*pej*) ganarse la confianza de algn
2 (*pej*) (= *extract*) **to ~ a secret out of sb** arrancarle un secreto a algn
3 (= *treat*) [+ *dog, cat, horse*] desparasitar
Ⓒ CPD ► **worm powder** N polvos *mpl* antiparasitarios ► **worm tablet** N tableta *f* antiparasitaria

**worm-eaten** ['wɜːm,iːtn] ADJ [*wood*] carcomido, apolillado; [*cloth*] apolillado; [*fruit*] con gusanos

**wormhole** ['wɜːmhəʊl] N (*left by earthworm*) agujero *m* de gusano; (*left by woodworm*) agujero *m* de polilla

**worming** ['wɜːmɪŋ] CPD ► **worming powder** N polvos *mpl* antiparasitarios ► **worming tablet** N tableta *f* antiparasitaria

**wormwood** ['wɜːmwʊd] N 1 ajenjo *m*
2 (*fig*) hiel *f*, amargura *f*

**wormy** ['wɜːmɪ] ADJ 1 (= *worm-eaten*) [*fruit*] con gusanos; [*furniture*] carcomido, apolillado
2 (= *full of worms*) [*soil*] lleno de gusanos

**worn** [wɔːn] Ⓐ PP *of* **wear**
Ⓑ ADJ 1 (= *deteriorated*) [*garment, furniture, tyre, component*] gastado; [*steps, stone, surface*] desgastado; **the carpet is a bit ~** la moqueta está un poco gastada
2 (= *tired*) [*person*] rendido, agotado; [*face*] cansado; **he's looking very ~** tiene aspecto de muy cansado

**worn-out** ['wɔːn'aʊt] ADJ 1 [*garment, furniture, tyre, component*] gastado
2 (= *exhausted*) [*person*] rendido, agotado; **we were worn out after the long walk** estábamos rendidos *or* agotados después de andar tanto
3 (*fig*) [*argument, idea*] gastado

**worried** ['wʌrɪd] ADJ 1 (= *anxious*) [*person*] preocupado; [*look*] de preocupación; **to be ~** estar preocupado; **to be ~ about sth** estar preocupado por algo; **if I'm late he gets ~** si llego tarde se preocupa; **I was getting ~** estaba empezando a preocuparme; **you had me ~** me tenías preocupado; **to be ~ sick** *or* **to death (about sth)*** estar preocupadísimo *or* muy preocupado (por algo); **he was ~ that she would report him to the police** tenía miedo de que ella lo delatase a la policía
2 (= *bothered*) **I'm not ~** me da igual*, me tiene sin cuidado; **I'm not ~ either way** me da igual una cosa que otra*

**worrier** ['wʌrɪəʳ] N **to be a ~** ser un/una agonías*, ser un preocupón/una preocupona*

**worrisome** ['wʌrɪsəm] ADJ (*esp US*) inquietante, preocupante

▼ **worry** ['wʌrɪ] Ⓐ N 1 (= *thing to worry about*) preocupación *f*; **he hasn't any worries** no tiene ninguna preocupación; **his worries were completely unfounded** estaba preocupado sin razón; **he may have damaged his spine, which is a ~** puede que se haya dañado la columna, lo que es causa *or* motivo de preocupación; **my son has always been a ~ to me** mi hijo siempre me ha causado preocupaciones; **it's a great ~ to us all** es una gran preocupación para todos nosotros, nos preocupa mucho a todos; **financial worries** problemas *mpl* económicos, problemas *mpl* de dinero; **that's the least of my worries** eso es lo que menos me preocupa, eso es lo de menos
2 (= *anxiety*) preocupación *f*, inquietud *f*; **she has caused me a great deal** *or* **a lot of ~** me ha tenido muy preocupado *or* inquieto, me ha dado muchas preocupaciones; **to make o.s. sick with ~** preocuparse muchísimo; **to be frantic** *or* **out of one's mind** *or* **sick with ~*** estar preocupadísimo; **source of ~** motivo *m* de preocupación
Ⓑ VT 1 (= *cause concern to*) preocupar; **what's ~ing you?** ¿qué es lo que te preocupa?; **that phone call has been ~ing me all day** esa llamada de teléfono me ha tenido preocupado todo el día; **that doesn't ~ me in the least** eso no me preocupa en absoluto; **to ~ o.s. about sth** preocuparse por algo; **don't ~ your head!*** ¡no le des muchas vueltas!, ¡no te calientes la cabeza!*; **to ~ o.s. over sth** preocuparse por algo; **to ~ o.s. sick about sth*** preocuparse muchísimo por algo
2 (= *bother*) molestar; **the cold doesn't ~ me** el frío no me molesta; **that doesn't ~ me in the least** eso me trae absolutamente sin cuidado; **I don't want to ~ you with my problems but …** no te quiero cargar *or* molestar con mis problemas pero …; **don't ~ yourself with the details** no te preocupes por los detalles
3 (= *fear*) **they ~ that extremists might gain control** temen que los extremistas se hagan con el control, los preocupa que los extremistas se hagan con el control
4 (= *play with, harry*) [*dog*] [+ *bone*] mordisquear, juguetear con; [+ *sheep*] acosar
5 (= *fiddle with*) [+ *object*] juguetear con; [+ *problem*] dar vueltas a; **he kept ~ing the loose tooth with his tongue** no dejaba de toquetearse con la lengua el diente que tenía flojo
Ⓒ VI 1 (= *be anxious*) preocuparse; **he worries a lot** se preocupa mucho; **don't ~!** ¡no te preocupes!; **I'll punish him if I catch him, don't you ~!** ¡si lo pillo lo castigaré, que no te quepa duda!; **to ~ about sth/sb** preocuparse por algo/algn; **there's nothing to ~ about** no hay por qué preocuparse; **that's nothing to ~ about** no hay que preocuparse por eso; **don't ~ about me** no te preocupes por mí; **I've got quite enough to ~ about without that** tengo ya bastantes problemas para preocuparme por eso; **she worries about her health** le preocupa su salud; **not to ~!*** ¡no pasa nada!, ¡no te preocupes!; **to ~ over sth/sb** preocuparse por algo/algn
2 (= *bother*) molestarse; **don't ~, I'll do it** no te molestes, yo lo haré
3 **to ~ at sth** [*dog*] mordisquear algo, juguetear con algo; [*person*] (= *fiddle with*) juguetear con algo; **to ~ at a problem** dar vueltas a un problema
Ⓓ CPD ► **worry beads** NPL *sarta de cuentas con la que se juguetea para calmar los nervios* ► **worry lines** NPL *arrugas en la frente debidas a la preocupación*

**worrying** ['wʌrɪɪŋ] Ⓐ ADJ [*situation, news, sign*] preocupante, inquietante
Ⓑ N **all this ~ has aged him** todas estas preocupaciones lo han envejecido

▼ **worse** [wɜːs] Ⓐ ADJ COMPAR *of* **bad** peor; **his essay is ~ than yours** su trabajo es peor que el tuyo; **it could be ~** podría ser peor; **it's even ~ than we'd predicted** es todavía peor de lo que habíamos pronosticado; **to get ~** [*weather, situation, crime*] empeorar; [*patient*] empeorar, ponerse peor; **my cold is getting ~** mi resfriado va a peor; **my eyesight is getting ~** mi vista va a peor, cada vez veo peor, cada vez tengo peor vista; **his behaviour is getting ~** su comportamiento es cada vez peor; **to get ~ and ~** ponerse cada vez peor, ir de mal en peor; **things will get ~ before they get better** las cosas empeorarán antes de que se les vea la punta; **it gets ~** (*preparing sb for bad news*) lo peor no es eso; **to make sth ~** empeorar algo; **it'll only make matters** *or* **things ~** sólo empeorará las cosas; **and, to make matters ~, …** y, para colmo de desgracia, …; **he appeared none the ~ for his ordeal** no parecía desmejorado a pesar de su terrible experiencia; **there's nothing ~ than …** no hay nada peor que …; **it's like last time, only ~** es como la última vez, sólo que peor; **to be the ~ for drink** ir cargado de copas*; **what was ~** para colmo (de males); *see also* **bad**, **bark**, **better**, **wear**
Ⓑ ADV COMPAR *of* **badly** peor; **I sang ~ than he did** *or* **than him** yo cantaba peor que él; **you could** *or* **might do ~ than give her a call** sería aconsejable que la llamarás
Ⓒ N **it's a change for the ~** es un cambio a peor; **there was ~ to come** ◊ **~ was to come** lo peor todavía estaba por verse, aún quedaba lo peor; *see also* **turn**

**worsen** ['wɜːsn] Ⓐ VT empeorar
Ⓑ VI empeorar

**worsening** ['wɜːsnɪŋ] Ⓐ ADJ [*situation*] que empeora, que va de mal en peor
Ⓑ N empeoramiento *m*

**worship** ['wɜːʃɪp] Ⓐ N 1 (= *adoration*) adoración *f*; (= *reverence*) veneración *f*; (= *organized worship*) culto *m*; **place of ~** lugar *m* de culto; **hours of ~** horario *m* de cultos
2 (*Brit*) (*in titles*) **Your Worship** (*to judge*) su Señoría; (*to mayor*) señor(a) alcalde(sa); **His Worship the Mayor** el señor alcalde
Ⓑ VT [+ *God, money, success*] adorar, rendir culto a; [+ *film star, singer*] adorar, idolatrar; **she ~s her children** (*fig*) adora a sus hijos; ✦*IDIOM* **he ~ped the ground she walked on** besaba la tierra que ella pisaba, sentía verdadera adoración por ella
Ⓒ VI (*Rel*) hacer sus devociones

**worshiper** ['wɜːʃɪpəʳ] N (*US*) = **worshipper**

**worshipful** ['wɜːʃɪpfʊl] ADJ (*esp Brit*) (*in titles*) excelentísimo

**worshipper**, **worshiper** (*US*) ['wɜːʃɪpəʳ] N devoto/a *m/f*; **worshippers** (*collectively*) fieles *mpl*

**worst** [wɜːst] Ⓐ ADJ SUPERL *of* **bad** 1 (*gen*) peor; **it was the ~ film I've ever seen** fue la peor película de mi vida, fue la película más mala que he visto en mi vida; **~ of all** lo que es peor; **it was the ~ winter for 20 years** fue el peor invierno en 20 años; **the ~ storm in**

➤ LANGUAGE IN USE: worry C1 18.5 worse A 5.5

**years** la peor tormenta en años; **that's the ~ part (of it)** eso es lo peor; **at the ~ possible time** en el peor momento posible; **it was the ~ thing he ever did** fue lo peor que hizo nunca; *see also* **fear**
[2] (= *most badly affected*) [*victim*] más afectado; **the ~ sufferers are children** los más afectados son los niños
Ⓑ ADV SUPERL *of* **badly** [1] (*gen*) peor; **the ~-dressed man in England** el hombre peor vestido de Inglaterra; **they all sing badly but he sings ~ (of all)** todos cantan mal, pero él peor que nadie; **to come off ~: they had a punch-up and he came off ~** tuvieron una pelea y él fue el que salió peor parado
[2] [*affected, hit*] más; **he visited some of the ~ affected areas** visitó algunas de las zonas más afectadas
Ⓒ N [1] **the ~** lo peor; **the ~ that can happen is that ...** lo peor que puede pasar es que ...; **we threw away the ~ of them** los peores los tiramos a la basura; **to fear the ~** temerse lo peor; **the ~ of it is that ...** lo peor de todo es que ...; **that's not the ~ of it** eso no es lo peor; **to get the ~ of it*** llevarse la peor parte; ***+IDIOM* if the ~ comes to the ~** en el peor de los casos
[2] **at ~** en el peor de los casos; **at ~, they can only say no** en el peor de los casos, nos dirán que no; **the situation is at its ~ in urban centres** en los núcleos urbanos es donde la situación es más grave; **things** *or* **matters were at their ~** las cosas estaban peor que nunca; **he's at his ~ in the evenings** por las tardes es cuando está más insoportable
Ⓓ VT (†) [+ *person*] (*in fight*) derrotar; (*in conflict*) vencer

**worsted** ['wʊstɪd] N (= *cloth*) estambre *m*

**worth** [wɜːθ] Ⓐ ADJ [1] (= *equal in value to*) **to be ~ sth** valer algo; **it's ~ five pounds** vale cinco libras; **it's ~ a lot of money** vale mucho dinero; **what** *or* **how much is it ~?** ¿cuánto vale?; **it's not ~ much** no vale mucho; **it's ~ a great deal to me** (*sentimentally*) para mí tiene gran valor sentimental; **he was ~ a million when he died** murió millonario, murió dejando una fortuna de un millón; **what's the old man ~?** ¿cuánto dinero tiene el viejo?; **"don't tell anybody" — "what's it ~ to you?"*** —no se lo digas a nadie —¿cuánto me das si no digo nada?; **to run for all one is ~** correr como si le llevara a uno el diablo; **to sing for all one is ~** cantar con toda el alma; **it must be ~ a fortune** debe valer una fortuna; **it's more than my job's ~ to tell you** me costaría mi empleo decirte eso; **it's not ~ the paper it's written on** vale menos que el papel en que está escrito; **she's ~ ten of him** ella vale diez veces más que él; **I tell you this for what it's ~** te digo esto por si te interesa
[2] (= *deserving of*) **it's ~ reading** vale *or* merece la pena leerlo; **it's ~ the effort** vale *or* merece la pena molestarse en hacerlo; **it's ~ having** vale *or* merece la pena tenerlo; **it's (not) ~ it** (no) vale *or* merece la pena; **life isn't ~ living** la vida no tiene sentido para mí; **the cathedral is ~ a look** la catedral merece la pena, merece la pena ver la catedral; **it's ~ mentioning that ...** merece la pena mencionar que ..., es digno de mención el hecho de que ...; **it's ~ supporting** es digno de apoyo; **it's ~ thinking about** vale *or* merece la pena pensarlo; **it's not ~ the trouble** no vale *or* merece la pena; **the meal was ~ the wait** la comida estaba tan rica que mereció la pena esperar, la comida mereció *or* compensó la espera; **it's well ~ doing** bien vale *or* merece la pena hacerlo; *see also* **job, while**
Ⓑ N [*of thing*] valor *m*; [*of person*] valía *f*; **ten pounds' ~ of books** libros por valor de diez libras, diez libras de libros; **he had no chance to show his true ~** no tuvo oportunidad de mostrar su valía; *see also* **money A1**

**worthily** ['wɜːðɪlɪ] ADV dignamente; **he ~ represented his country** representó a su país dignamente; **to respond ~ to an occasion** estar a la altura de las circunstancias

**worthiness** ['wɜːðɪnɪs] N [*of person*] valía *f*; [*of cause*] mérito *m*

**worthless** ['wɜːθlɪs] ADJ (= *of no monetary value*) sin ningún valor; (= *useless*) inútil; (= *despicable*) despreciable; **the painting was quite ~** la pintura apenas tenía ningún valor; **a ~ individual** un tipo despreciable

**worthlessness** ['wɜːθlɪsnɪs] N [*of object*] (*in money terms*) falta *f* de valor; [*of effort, advice*] lo inútil; [*of person*] lo despreciable; **feelings of ~** sensación *f* de inutilidad

▼ **worthwhile** ['wɜːθ'waɪl] ADJ [*activity, enterprise, job*] que vale la pena; [*cause*] loable; **a ~ film** una película seria *or* que merece atención; **it makes it all ~** le da sentido a todo; **to be ~** (= *worthy*) valer *or* merecer la pena; **it would be ~ seeing** *or* **to see him** convendría verlo; **I had nothing ~ to say** no tenía nada interesante que decir; *see also* **while A2**

**worthy** ['wɜːðɪ] Ⓐ ADJ (*compar* **worthier**; *superl* **worthiest**) [1] (= *deserving*) [*winner, champion*] merecido; [*successor*] digno; **she found a ~ opponent in Sabatini** encontró en Sabatini a una oponente de su categoría; **~ cause** buena causa *f*, causa *f* noble; **to be ~ of sth/sb** ser digno de algo/algn; **~ of attention** digno de atención; **a greatest hits album ~ of the name** un disco de grandes éxitos digno de su nombre; **she wanted so much to be ~ of her father** ansiaba ser digna hija de su padre; **that comment was not ~ of you** esa observación fue indigna de usted; **that remark is not ~ of a reply** ese comentario no (se) merece una respuesta
[2] (= *good*) [*person*] respetable; [*motive, aim*] encomiable
[3] (*iro*) [*person*] honorable, venerable
Ⓑ N (*hum*) ilustre personaje *m*

**wot‡** [wɒt] PRON (*Brit*) = **what**

**wotcha‡** ['wɒtʃə], **wotcher‡** ['wɒtʃəʳ] EXCL (*Brit*) ¡hola!

▼ **would** [wʊd] AUX VB, MODAL AUX VB [1] (*conditional tense*) **if you asked him he ~ do it** si se lo pidieras lo haría; **if you had asked him he ~ have done it** si se lo hubieras pedido lo habría hecho; **you ~ never know she was not a native Spanish speaker** nadie diría que el español no es su lengua materna; **~ you go there by yourself?** ¿irías allí sola?; **I ~ have a word with him (if I were you)** sería aconsejable discutirlo con él; **I ~n't worry too much if I were you** yo en tu lugar no me preocuparía demasiado
[2] (*in indirect speech*) **I said I ~ do it** te dije que lo haría *or* hacía; **I thought you ~ want to know** pensé que querrías saber
[3] (*emphatic*) **you ~ be the one to forget!** ¡quién más si no tú se iba a olvidar!, ¡tú tenías que ser el que se olvidase!; **it ~ be you!** ¡tú tenías que ser!; **he ~ say that, ~n't he?** es lógico que dijera eso
[4] (*conjecture*) **what ~ this be?** ¿qué será esto?; **it ~ have been about eight o'clock** serían las ocho; **it ~ seem so** así parece ser
[5] (*indicating willingness*) [5·1] (*in invitations*) querer; **~ you like some tea?** ◊ **~ you care for some tea?** ¿quiere tomar un té?; **~ you come this way?** pase por favor *or* (*esp LAm*) si hace favor
[5·2] (*requests, wishes*) **~ you close the door please?** ¿puedes cerrar la puerta, por favor?; **please ~ you wake me up at seven o'clock?** ¿podría despertarme a las siete, por favor?; **~ you mind?** si no le importa, si no tiene inconveniente; **what ~ you have me do?** ¿qué quieres que haga?
[5·3] (*insistence*) **I told her not to but she ~ do it** le dije que no, pero insistió en hacerlo
[5·4] (*refusal*) **he ~n't do it** no quería hacerlo, se negó a hacerlo; **he ~n't say if it was true** no quiso decir si era verdad; **the car ~n't start** el coche se negó *or* negaba a arrancar, el coche no quería arrancar
[6] (*habit*) **he ~ paint it each year** solía pintarlo cada año, lo pintaba cada año
[7] (*in set expressions*) **~ that it were not so!** (†, *poet*) ¡ojalá (y) no fuera así!; **~ to God!** ◊ **~ to heaven!** (*liter*) ¡ojalá!; **try as he ~** por mucho que se esforzara, por más que intentase

**would-be** ['wʊdbiː] ADJ **a ~ poet/politician** un aspirante a poeta/político

**wouldn't** ['wʊdnt] = **would not**

**would've** ['wʊdəv] = **would have**

**wound¹** [wuːnd] Ⓐ N herida *f*; **a bullet/knife ~** una herida de bala/cuchillo; **a chest/head ~** una herida en el pecho/la cabeza; ***+IDIOMS* to lick one's ~s** lamer sus heridas; **to open up old ~s** abrir viejas heridas; *see also* **salt A1**
Ⓑ VT herir; **he was ~ed in the leg** fue herido en la pierna; **to ~ sb's feelings** (*fig*) herir los sentimientos de algn; **she was deeply ~ed by this remark** (*fig*) su comentario la hirió profundamente

**wound²** [waʊnd] PT, PP *of* **wind²**

**wounded** ['wuːndɪd] Ⓐ ADJ herido; **there were six dead and fifteen ~** hubo seis muertos y quince heridos
Ⓑ NPL **the ~** los heridos

**wounding** ['wuːndɪŋ] ADJ [*remark, tone*] hiriente

**wove** [wəʊv] PT *of* **weave**

**woven** ['wəʊvən] PP *of* **weave**

**wow*** [waʊ] Ⓐ EXCL ¡vaya!, ¡anda!, ¡mira nomás! (*LAm*)
Ⓑ VT chiflar*, cautivar
Ⓒ N (*Acoustics*) lloro *m*, bajón *m* del volumen

**WP** Ⓐ N ABBR [1] = **word processing**
[2] = **word processor**
Ⓑ ABBR (= **weather permitting**) si lo permite el tiempo

**wpb*** N ABBR = **wastepaper basket**

**WPC** N ABBR = **Woman Police Constable**

**WPI** N ABBR = **wholesale price index**

**wpm** ABBR (= **words per minute**) p.p.m.

**WR** N ABBR (*Sport*) = **World Record**

**WRAC** [ræk] N ABBR (*Brit*) = **Women's Royal Army Corps**

**wrack¹** [ræk] VT = **rack¹ B**

**wrack²** [ræk] N = **rack²**

**wrack³** [ræk] N (*Bot*) fuco *m*, alga *f*

**WRAF** [wæf] N ABBR (*Brit*) = **Women's Royal Air Force**

**wraith** [reɪθ] N fantasma *m*

**wrangle** ['ræŋgl] Ⓐ N riña *f*, disputa *f*, pleito *m* (*esp LAm*); **legal ~** disputa *f* legal
Ⓑ VI **to ~ (about** *or* **over sth)** reñir *or* pelear (por *or* sobre algo)

**wrangling** ['ræŋglɪŋ] N riña *f*, discusión *f*

**wrap** [ræp] Ⓐ N [1] (= *garment*) chal *m*, rebozo *m* (*LAm*)

➤ LANGUAGE IN USE: worthwhile 26.1 would 5 4

[2] (*around parcel*) envoltorio *m*; **under ~s** (*fig*) en secreto, tapado (*esp LAm*); **to keep sth under ~s** (*fig*) guardar algo en secreto; **to take the ~s off sth** (*fig*) desvelar *or* revelar algo, sacar algo a la luz pública
(B) VT [1] (*also* **~ up**) envolver; **shall I ~ it for you?** ¿se lo envuelvo?; **she ~ped the child in a blanket** envolvió al niño en una manta; **the scheme is ~ped in secrecy** (*fig*) el proyecto está envuelto en el misterio
[2] (= *coil*) **~ the rug round your legs** enróllate la manta alrededor de las piernas
►**wrap up** (A) VT + ADV [1] = **wrap B1**
[2] (*) (= *conclude*) concluir, poner punto final a; **that just about ~s it up** eso prácticamente lo concluye *or* le pone punto final; **to ~ up a deal** cerrar un trato
[3] **to be ~ped up in sb/sth** estar embelesado con algn/absorto en algo; **they're ~ped up in each other** están embelesados el uno con el otro, están absortos el uno en el otro
(B) VI + ADV [1] (= *dress warmly*) abrigarse; **~ up warm!** ¡abrígate bien!
[2] (*) (= *be quiet*) callarse; **~ up!*** ¡cállate!

**wraparound** [ˈræpəˌraʊnd] (A) N reciclado *m*, bucle *m*
(B) CPD ► **wraparound shades** NPL = **wraparound sunglasses** ► **wraparound skirt** N falda *f* cruzada ► **wraparound sunglasses** NPL gafas *fpl* de sol envolventes

**wrapper** [ˈræpəʳ] N [*of goods*] envoltura *f*, envase *m*; [*of sweet*] envoltorio *m*; [*of book*] sobrecubierta *f*; (*postal: round newspaper*) faja *f*

**wrapping** [ˈræpɪŋ] (A) N envoltura *f*, envase *m*
(B) CPD ► **wrapping paper** N (*gen*) papel *m* de envolver; (= *gift-wrap*) papel *m* de regalo

**wrath** [rɒθ] N (*poet*) [*of person*] cólera *f*; [*of storm*] ira *f*, furia *f*; *see also* **incur**

**wrathful** [ˈrɒθfʊl] ADJ (*liter*) colérico, iracundo

**wrathfully** [ˈrɒθfəlɪ] ADV (*liter*) coléricamente

**wreak** [riːk] VT [+ *destruction, vengeance*] hacer, causar; **to ~ havoc** causar estragos

**wreath** [riːθ] N (*pl* **wreaths** [riːðz]) [*of flowers*] guirnalda *f*; (*for funeral*) corona *f*; [*of smoke, mist*] espiral *m*; **laurel ~** corona *f* de laurel

**wreathe** [riːð] (*esp liter*) (A) VT [1] (= *encircle*) ceñir, rodear (**with** de); **a face ~d in smiles** una cara muy risueña *or* sonriente; **trees ~d in mist** árboles *mpl* envueltos en niebla
[2] (= *garland*) [+ *person*] engalanar, enguirnaldar (**with** con); **to ~ flowers into one's hair** ponerse flores en el pelo
(B) VI [*smoke*] **to ~ upwards** elevarse en espirales

**wreck** [rek] (A) N [1] (= *destruction*) [*of ship*] naufragio *m*; (*fig*) [*of hopes, plans*] fracaso *m*, frustración *f*
[2] (= *wrecked ship*) restos *mpl* de un naufragio, buque *m* hundido
[3] (*) (= *old car*) tartana* *f*; (= *old boat, plane*) cacharro* *m*; **that car is a ~!** ¡ese coche es una tartana!*; **the car was a complete ~** el coche estaba hecho polvo*; **I'm a ~** ◊ **I feel a ~** estoy hecho polvo*; **he's an old ~** es un carcamal*; **she's a nervous ~** tiene los nervios destrozados; **she looks a ~** está hecha una pena*
(B) VT [1] (*Naut*) [+ *ship*] hundir, hacer naufragar; **to be ~ed** naufragar; **the ship was ~ed on those rocks** el buque naufragó en aquellas rocas
[2] (= *break*) estropear, destrozar; (*into pieces*) destruir, hacer pedazos; **the explosion ~ed the whole house** la explosión destruyó toda la casa; **he ~ed his Dad's car** dejó el coche de su padre destrozado
[3] (= *ruin*) [+ *health, happiness*] arruinar, hundir; [+ *marriage*] destrozar; **it ~ed my life** me arruinó la vida; **the bad weather ~ed our plans** el mal tiempo echó por tierra nuestros planes

**wreckage** [ˈrekɪdʒ] N [1] (= *remains*) [*of ship*] restos *mpl* de un naufragio, pecios *mpl* de un naufragio (*frm*); [*of car, aeroplane, train*] restos *mpl*; [*of house, building*] escombros *mpl*, ruinas *fpl*
[2] (= *act*) [*of ship*] naufragio *m*; (*fig*) naufragio *m*, ruina *f*, destrucción *f*

**wrecked** [rekt] ADJ [1] (= *destroyed*) destruido; (= *broken down*) estropeado, averiado; [*ship*] naufragado, hundido
[2] (‡) [*person*] (= *exhausted*) hecho polvo; (= *drunk*) cocido‡; (*from drugs*) (= *high*) colocado‡; **he got really ~ at the party** se coció bien en la fiesta‡, se cogió una buena borrachera en la fiesta

**wrecker** [ˈrekəʳ] N [1] (= *destroyer*) (*gen*) destructor(a) *m/f*; (*Hist*) [*of ships*] saboteador(a) *m/f*, *persona que que se dedicaba a provocar naufragios*
[2] (*US*) (= *breaker, salvager*) demoledor *m*
[3] (*US*) (= *breakdown van*) camión-grúa *m*

**wrecking ball** [ˈrekɪŋˌbɔːl] N martillo *m* de demolición

**Wren*** [ren] N (*Brit Navy*) *miembro de la sección femenina de la marina británica*

**wren** [ren] N (*Orn*) reyezuelo *m*, troglodito *m*

**wrench** [rentʃ] (A) N [1] (= *tug*) tirón *m*, jalón *m* (*LAm*); **to give sth a ~** tirar *or* (*LAm*) jalar algo (con violencia *or* fuerza)
[2] (*Med*) torcedura *f*
[3] (= *tool*) llave *f* inglesa, llave *f* de tuerca
[4] (*fig*) **it was a ~ to see her go** dolió mucho verla partir
(B) VT [1] **to ~ sth off/(away) from/out of** arrancar algo de; **he ~ed himself free** haciendo un gran esfuerzo se soltó; **to ~ a door open** abrir una puerta de un tirón *or* (*LAm*) jalón
[2] (*Med*) torcerse
(C) VI **he ~ed free** haciendo un gran esfuerzo se soltó

**wrest** [rest] VT **to ~ sth from sb** arrebatar *or* arrancar algo a algn; **to ~ gold from the rocks** extraer a duras penas oro de las rocas; **to ~ a living from the soil** vivir penosamente cultivando la tierra; **to ~ o.s. free** (lograr) liberarse tras grandes esfuerzos

**wrestle** [ˈresl] (A) N **to have a ~ with sb** luchar con algn
(B) VI luchar (a brazo partido); (*Sport, fig*) luchar (**with** con); **we are wrestling with the problem** estamos luchando con el problema; **the pilot ~d with the controls** el piloto luchaba con los mandos
(C) VT (*Sport*) luchar con, luchar contra; **to ~ sb to the ground** tumbar a algn, derribar a algn

**wrestler** [ˈresləʳ] N (*Sport*) luchador(a) *m/f*

**wrestling** [ˈreslɪŋ] (A) N (*Sport*) lucha *f* libre
(B) CPD ► **wrestling match** N partido *m* de lucha libre

**wretch** [retʃ] N desgraciado/a *m/f*, miserable *mf*; **little ~** (*often hum*) pícaro/a *m/f*, granuja *mf*; **some poor ~** algún desgraciado, algún pobre diablo

**wretched** [ˈretʃɪd] ADJ [1] (= *unhappy*) desdichado, desgraciado
[2] (= *abject, poor*) [*condition*] miserable, lamentable; [*slum*] lamentable; [*life, existence*] miserable, desgraciado, infeliz; **to live in ~ poverty** vivir en la miseria más absoluta
[3] (*) (= *very bad*) horrible, espantoso; **what ~ luck!** ¡maldita la suerte!; **where's that ~ dog!** ¡dónde está ese maldito *or* condenado perro!; **to feel ~** (= *miserable*) sentirse infeliz; (= *ill*) sentirse muy mal

**wretchedly** [ˈretʃɪdlɪ] ADV [1] (*as intensifier*) terriblemente; **she felt ~ alone** se sentía terriblemente sola; **his marriage was ~ unhappy** era muy infeliz en su matrimonio; **to be ~ unlucky** tener malísima suerte; **to be ~ poor** vivir en la miseria más absoluta
[2] (= *miserably*) **"I made it all up," she said ~** —me lo inventé todo —dijo desconsolada; **they treated her ~** la trataron de modo infame
[3] (†*) (= *very badly*) [*play, sing etc*] pésimamente, fatal*

**wretchedness** [ˈretʃɪdnɪs] N [1] (= *unhappiness*) desdicha *f*
[2] (= *abjectness*) [*of conditions*] miseria *f*; [*of life, existence*] desgracia *f*, infelicidad *f*; (= *poverty*) miseria *f*

**wrick** [rɪk] (A) N torcedura *f*
(B) VT (*Brit*) torcer; **to ~ one's neck** torcerse el cuello

**wriggle** [ˈrɪgl] (A) VT mover; **to ~ one's toes/fingers** mover los dedos de los pies/de las manos; **to ~ one's way through sth** avanzar con dificultad a través de algo
(B) VI (*also* **~ about** *or* **around**) [*person, animal*] (*restlessly*) moverse, revolverse; (*in pain*) retorcerse; [*worm, snake, eel*] serpentear; [*fish*] colear; **to ~ along** moverse serpenteando; **to ~ away** escaparse serpenteando; **to ~ down** bajarse serpenteando; **to ~ free** escaparse, escurrirse; **to ~ through a hole** deslizarse por un agujero; **to ~ out of a difficulty** escabullirse, escaparse de un apuro

**wriggly** [ˈrɪglɪ] ADJ (*compar* **wrigglier**; *superl* **wriggliest**) sinuoso

**wring** [rɪŋ] (*pt, pp* **wrung**) (A) VT [1] (*also* **~ out**) [+ *clothes, washing*] escurrir
[2] (= *twist*) torcer, retorcer; **I'll ~ your neck for that!*** ¡te voy a retorcer el pescuezo!*; **she wrung my hand** me dio un apretón de manos; ✦***IDIOM*** **to ~ one's hands** (*in distress*) retorcerse las manos
[3] (*fig*) **eventually we wrung the truth out of them** al final les sacamos la verdad; **to ~ money out of sb** sacar dinero a algn
(B) N **to give the clothes a ~** escurrir la ropa

**wringer** [ˈrɪŋəʳ] N escurridor *m*

**wringing** [ˈrɪŋɪŋ] ADJ (*also* **~ wet**) empapado

**wrinkle**[1] [ˈrɪŋkl] (A) N arruga *f*
(B) VT (*also* **~ up**) [+ *fabric, clothes*] arrugar; [+ *brow, forehead*] fruncir
(C) VI (*also* **~ up**) arrugarse

**wrinkle**[2]‡ [ˈrɪŋkl] N (= *idea*) idea *f*, noción *f*; (= *tip*) indicación *f*; (= *dodge*) truco *m*

**wrinkled** [ˈrɪŋkld] ADJ arrugado

**wrinkly** [ˈrɪŋklɪ] (A) ADJ (*compar* **wrinklier**; *superl* **wrinkliest**) = **wrinkled**
(B) N (*Brit* pej*) viejo/a *m/f*

**wrist** [rɪst] (A) N muñeca *f*
(B) CPD ► **wrist joint** N articulación *f* de la muñeca

**wristband** [ˈrɪstbænd] N [*of shirt*] puño *m*; [*of watch*] pulsera *f*; (*Sport*) muñequera *f*

**wristlet** [ˈrɪstlɪt] (A) N pulsera *f*, muñequera *f*, brazalete *m*
(B) CPD ► **wristlet watch** N reloj *m* de pulsera

**wristwatch** [ˈrɪstwɒtʃ] N reloj *m* de pulsera

**writ**[1] [rɪt] N (*Jur*) mandato *m* judicial; **to serve a ~ on sb** notificar un mandato judicial a algn; **to issue a ~ against sb** demandar a algn

**writ**[2] [rɪt] (A) PT, PP (††) *of* **write**
(B) ADJ (*liter*) **it's just the old policy ~ large** es la misma política en forma exagerada; **guilt**

**was ~ large on his face** se hacía patente la culpa en su cara

▼**write** [raɪt] (*pt* **wrote**; *pp* **written**) Ⓐ VT [1] (*gen*) [+ *letter, book, essay, article*] escribir; [+ *music, song*] escribir, componer; **he's just written another novel** acaba de escribir otra novela; **~ your name here** escribe *or* pon tu nombre aquí; **how do you ~ his name?** ¿cómo se escribe su nombre?; **he's got an essay to ~** tiene que escribir una redacción; **she ~s that she is very happy in her new life** dice en la carta que está muy contenta con su nueva vida; **it is written that …** está escrito que …; **to ~ sb a cheque** hacer un cheque a algn, extender un cheque a algn (*more frm*); **to ~ a letter to sb** ◊ **~ sb a letter** escribir (una carta) a algn; **to ~ a note to/for sb** escribir una nota a algn; **to ~ sb a prescription** ◊ **~ a prescription for sb** hacer una receta a algn; ✦*IDIOM* **to have sth written all over one**: **he had "policeman" written all over him*** se le notaba a la legua que era policía; **his guilt was written all over him*** se le veía *or* notaba en la cara que era culpable; **you're lying, it's written all over your face!*** estás mintiendo, se te nota a la legua *or* en la cara
[2] (= *write a letter to*) (*US*) **to ~ sb** escribir a algn
[3] (*Comput*) [+ *program, software*] escribir; **to ~ sth to disk** pasar algo a un disco
Ⓑ VI [1] (*in longhand*) escribir; **~ on both sides of the paper** escribe por los dos lados del papel; **this pen ~s well** esta pluma escribe muy bien
[2] (= *correspond*) escribir; **she wrote to say that she'd be late** escribió para avisar que llegaría tarde; **I am writing in reply to your advertisement** les escribo en respuesta a su anuncio; **I'll ~ for a catalogue** escribiré pidiendo un catálogo; **to ~ to sb** escribir a algn; ✦*IDIOM* **it's nothing to ~ home about*** no es nada del otro mundo*
[3] (*as author, journalist*) escribir; **he ~s for a living** se gana la vida escribiendo; **he ~s about social policy** escribe sobre política social; **he ~s for the "Times"** escribe *or* colabora en el "Times"; **he ~s on foreign policy for the "Guardian"** escribe sobre política internacional para el "Guardian"

►**write away** VI + ADV **to ~ away for sth** escribir pidiendo algo

►**write back** VI + ADV **to ~ back to sb** contestar a algn; **he wrote in April but I still haven't written back** me escribió en abril pero aún no le he contestado

►**write down** VT + ADV [1] (= *note down*) [+ *address, number, details*] apuntar, anotar
[2] (= *decrease value of*) [+ *asset*] amortizar (por depreciación); [+ *value*] depreciar; [+ *goods*] rebajar el valor en libros

►**write in** Ⓐ VI + ADV escribir, mandar una carta; **a lot of people have written in to complain** mucha gente ha escrito *or* ha mandado cartas quejándose; **to ~ in for sth** escribir pidiendo algo
Ⓑ VT + ADV (= *include*) [+ *word, item, part, scene*] añadir, agregar; [+ *clause in contract*] incluir; (*US Pol*) [+ *candidate's name*] añadir a la lista oficial

►**write into** VT + PREP [1] (*Jur*) incluir en; **to ~ sth into an agreement/contract** (*at the outset*) incluir algo en un acuerdo/contrato; (*later*) añadir algo en un acuerdo/contrato
[2] [+ *character, scene, item*] incluir en

►**write off** Ⓐ VI + ADV **to ~ off for** [+ *information, application form, details, goods*] escribir pidiendo
Ⓑ VT + ADV [1] (*Fin*) [+ *debt*] cancelar (por considerarla incobrable); **to ~ £1000 off for depreciation** amortizar 1000 libras por depreciación; **to ~ sth off against tax** desgravar algo de los impuestos
[2] [+ *vehicle*] [*insurer*] declarar siniestro total; [*driver*] destrozar; **the car had to be written off** el coche fue declarado siniestro total; **he has just written off his new car** acaba de tener un accidente con el coche nuevo y ha quedado destrozado
[3] (= *reject*) [+ *idea, scheme*] desechar; **to ~ sth off as a total loss** considerar algo como totalmente perdido; **I've written off the whole thing as a dead loss** ese asunto lo considero un fracaso que es mejor olvidar; **it would be unwise to ~ off the former minister just yet** sería prematuro considerar acabado al anterior ministro; **many people wrote them off as cranks** mucha gente los rechazó considerándolos unos chalados
[4] (= *write quickly*) [+ *letter, postcard*] escribir (rápidamente)

►**write out** VT + ADV [1] (= *put on paper*) [+ *word, name, speech, list*] escribir
[2] (= *make out*) [+ *cheque*] hacer, extender (*more frm*); [+ *receipt*] hacer; [+ *prescription*] escribir
[3] (= *copy*) [+ *notes, essay*] pasar en limpio, pasar a limpio (*Sp*); [+ *recipe*] copiar
[4] (*of TV or radio series*) [+ *character, part*] suprimir; **he was written out of the series** suprimieron el papel que tenía en la serie, lo eliminaron de la serie

►**write up** VT + ADV [1] (= *make*) [+ *report*] redactar; [+ *notes*] pasar en limpio, pasar a limpio (*Sp*); [+ *diary*] poner al día
[2] (= *record*) [+ *experiment, one's findings, visit*] describir (por escrito)
[3] (= *report on*) [+ *event*] escribir una crónica sobre, hacer un reportaje sobre; **she wrote it up for the local paper** escribió una crónica *or* hizo un reportaje sobre ello en el periódico local
[4] (= *review*) escribir una reseña de, escribir una crítica de

**write-off** ['raɪtɒf] N [1] (= *vehicle*) siniestro *m* total; **his car was a complete ~** el coche fue declarado siniestro total, el coche quedó siniestro total
[2] (*Comm*) anulación *f* en libros, cancelación *f* en libros
[3] (*Fin*) cancelación *f* (*de una deuda considerada incobrable*); **he proposed a complete ~ of debt** propuso cancelar totalmente la deuda
[4] (= *disaster*) desastre *m*, fracaso *m*; **the whole afternoon was a ~** la tarde entera fue un desastre *or* fracaso

**write-protect** ['raɪtprə'tekt] VT proteger contra escritura

**writer** ['raɪtə^r] N [*of letter, report*] escritor(a) *m/f*; (*as profession*) escritor(a) *m/f*, autor(a) *m/f*; **a ~ of detective stories** un escritor *or* autor de novelas policíacas; **to be a good ~** (*handwriting*) tener buena letra; (*content*) escribir bien, ser buen escritor/a; **to be a poor ~** (*handwriting*) tener mala letra; **~'s cramp** calambre *m* de los escribientes

**write-up** ['raɪtʌp] N [1] (= *report*) crónica *f*, reportaje *m*
[2] (= *review*) crítica *f*, reseña *f*

**writhe** [raɪð] VI retorcerse; **to ~ with** *or* **in pain** retorcerse de dolor; **to ~ with embarrassment** morirse de vergüenza *or* (*LAm*) pena

►**writhe about, writhe around** VI + ADV retorcerse

**writing** ['raɪtɪŋ] Ⓐ N [1] (= *handwriting*) letra *f*; **I can't read your ~** no entiendo tu letra
[2] (= *system*) escritura *f*; **before the invention of ~** antes de la invención de la escritura
[3] (= *letters, words*) **there was some ~ on the page** había algo escrito en la página; **I could see the ~ but couldn't read it** podía ver que había algo escrito pero no podía leerlo; **in ~** por escrito; **I'd like to have that in ~** me gustaría tenerlo por escrito; **to put sth in ~** poner algo por escrito; ✦*IDIOM* **to see the ~ on the wall** vérsela venir*; **he had seen the ~ on the wall** vio lo que se le venía encima*; **the ~ is on the wall for the president/the company** el presidente/la compañia tiene los días contados
[4] (= *written work*) **the essay contains some imaginative ~** el ensayo tiene secciones redactadas con imaginación; **Aubrey's biographical ~s** las obras biográficas de Aubrey; **it's a brilliant piece of ~** está maravillosamente escrito
[5] (= *activity*) escritura *f*; **~ is his hobby** su hobby es la escritura, su hobby es escribir; **he earns quite a lot from ~** gana bastante escribiendo; **a course in novel ~** un curso sobre redacción de novelas
Ⓑ CPD ► **writing case** N estuche *m* para material de correspondencia ► **writing desk** N escritorio *m* ► **writing materials** NPL artículos *mpl* de escritorio ► **writing pad** N bloc *m* ► **writing paper** N papel *m* de escribir ► **writing table** N escritorio *m*

**written** ['rɪtn] Ⓐ PP *of* **write**
Ⓑ ADJ [*test, agreement, exam*] escrito; [*permission, guarantee, offer*] por escrito; **her ~ English is excellent** su inglés escrito es excelente; **Somali has been a ~ language for over 25 years** la lengua somalí ha tenido escritura desde hace más de 25 años; **the power of the ~ word** el poder de la palabra escrita; **~ statement** declaración *f* escrita; **~ evidence/proof** (*Admin*) pruebas *fpl* documentales

**WRNS** [renz] N ABBR (*Brit*) = **Women's Royal Naval Service**

▼**wrong** [rɒŋ] Ⓐ ADJ [1] (*morally*) (= *bad*) malo; (= *unfair*) injusto; **it's ~ to steal** ◊ **stealing is ~** robar está mal; **there's nothing ~ in that** no hay nada malo en eso; **that was very ~ of you** ahí *or* en eso has hecho muy mal; **you were ~ to do that** hacer eso estuvo mal por tu parte; **what's ~ with a drink now and again?** ¿qué tiene de malo tomarse una copa de vez en cuando?; **there's nothing ~ with that** no hay nada malo en eso
[2] (= *incorrect, mistaken*) [*answer*] incorrecto; [*calculation, belief*] equivocado; **the ~ answer** la respuesta incorrecta; **he made a number of ~ assumptions** se equivocó al hacer ciertas suposiciones; **to be ~** [*person*] equivocarse, estar equivocado; **that is ~** eso no es exacto *or* cierto; **the information they gave us was ~** la información que nos dieron era incorrecta; **you're ~ about that** ahí *or* en eso estás equivocado; **that clock is ~** ese reloj anda *or* marcha mal; **the letter has the ~ date on it** la carta tiene la fecha equivocada; **you've opened the packet at the ~ end** has abierto el paquete por el lado que no es, has abierto el paquete al revés; **I was ~ in thinking that …** me equivoqué al pensar que …; **I'm in the ~ job** tengo un puesto que no me conviene; **he's got the ~ kind of friends** no tiene los amigos apropiados; **that's the ~ kind of plug** se necesita otro tipo de enchufe; **she married the ~ man** se equivocó al casarse con él; **to play a ~ note**

➤ LANGUAGE IN USE: **write** B2 21.1, 21.2 **wrong** A1 14 A2 12.1, 18.3

tocar una nota falsa; **you have the ~ number** (*Telec*) se ha equivocado de número; **it's the ~ one** no es el/la que hace falta; **I think you're talking to the ~ person** creo que no es conmigo con quien debería hablar; **it's in the ~ place** está mal situado, está mal colocado; **is this the ~ road?** ¿nos habremos equivocado de camino?; **~ side** [*of cloth*] revés *m*, envés *m*; **he was driving on the ~ side (of the road)** iba por el carril contrario; **to say/do the ~ thing** decir/hacer algo inoportuno; **at the ~ time** inoportunamente; **we were on the ~ train** nos habíamos equivocado de tren; **the ~ way round** al revés; **to go the ~ way** (*on route*) equivocarse de camino; **that's the ~ way to go about it** ésa no es la forma de enfocarlo; **a piece of bread went down the ~ way** se me fue un pedazo de pan por el otro camino *or* por el camino viejo; *see also* **rub up**

3 (= *amiss*) **is anything** *or* **something ~?** ¿pasa algo?; **what's ~?** ¿qué pasa?; **what's ~ with you?** ¿qué te pasa?; **what's ~ with the car?** ¿qué le pasa al coche?; **nothing's ~** ◊ **there's nothing ~** no pasa nada; **there's nothing ~ with it/him** no le pasa nada; **something's ~** ◊ **there's something ~** hay algo mal *or* que no está bien; **there's something ~ with my lights** ◊ **something's ~ with my lights** algo les pasa a mis faros; **something was very ~** había algo que no iba nada bien

4 **to be ~ in the head*** estar chiflado*

Ⓑ ADV mal; **to answer ~** contestar mal, contestar incorrectamente; **you did ~ to insult him** hiciste mal en insultarle; **you're doing it all ~** lo estás haciendo todo mal; **you've done it ~** lo has hecho mal; **to get sth ~** equivocarse en algo; **the accountant got his sums ~*** el contable se equivocó al hacer las cuentas; **don't get me ~*** no me malinterpretes; **you've got it all ~*** (= *misunderstood*) no has entendido nada; **to go ~** [*person*] (*on route*) equivocarse de camino; (*in calculation*) equivocarse; (*morally*) ir por el mal camino; [*plan*] salir mal, malograrse (*Peru*), cebarse (*Mex**); (*Mech*) fallar, estropearse; **the robbery went ~ and they got caught** el atraco fracasó y los pillaron; **something went ~ with the gears** las marchas empezaron a funcionar mal; **something went ~ with their plans** algo falló en sus planes; **you can't go ~** (*with choice*) no te equivocarás, puedes estar seguro (**with** con); (*in directions*) no tiene pérdida; **well, in that case you thought ~** bueno, en ese caso pensaste mal

Ⓒ N mal *m*; **to do sb a ~** hacer mal a algn; **he can do no ~** es incapaz de hacer mal a nadie; **he did her ~** se portó mal con ella; **to be in the ~** (= *guilty*) obrar mal; (= *mistaken*) estar equivocado; **to put sb in the ~** dejar en mal lugar a algn, poner en evidencia a algn; **to right a ~** deshacer un agravio, acabar con un abuso; ✦*PROV* **two ~s don't make a right** no se subsana un error cometiendo otro; *see also* **right C1**

Ⓓ VT ser injusto con; **you ~ me** eso no es justo; **to feel that one has been ~ed** sentirse agraviado

**wrongdoer** [ˈrɒŋ,duːəʳ] N malhechor(a) *m/f*, delincuente *mf*

**wrongdoing** [ˈrɒŋ,duːɪŋ] N maldad *f*; (*Rel*) pecado *m*; **he will be punished for his ~s** se le castigará por su maldad

**wrong-foot** [rɒŋˈfʊt] VT poner en situación violenta, poner en situación desfavorable; **that left us ~ed** eso nos dejó en una situación violenta

**wrongful** [ˈrɒŋfʊl] ADJ 1 (= *unjust*) injusto; **~ dismissal** despido *m* improcedente

2 (= *unlawful*) ilegal; **~ arrest** arresto *m* ilegal

**wrongfully** [ˈrɒŋfəlɪ] ADV 1 [*accused, convicted*] injustamente

2 [*arrested*] ilegalmente

**wrong-headed** [ˈrɒŋˈhedɪd] ADJ [*ideas, opinions, policies*] desatinado, desacertado; [*person*] obcecado

**wrong-headedness** [ˈrɒŋˈhedɪdnɪs] N obcecación *f*

**wrongly** [ˈrɒŋlɪ] ADV 1 (= *incorrectly*) [*believe, assume, diagnose*] equivocadamente; **you have been ~ informed** le han informado mal

2 (= *unjustly*) [*accuse, convict*] injustamente; *see also* **rightly 2**

**wrongness** [ˈrɒŋnɪs] N 1 (= *unfairness*) injusticia *f*

2 (= *incorrectness*) [*of answer*] lo incorrecto

3 (= *evil*) maldad *f*

**wrote** [rəʊt] PT *of* **write**

**wrought** [rɔːt] Ⓐ (†† *or liter*) PT, PP *of* **work**; **great changes have been ~** se han efectuado grandes cambios; **destruction ~ by the floods** daños *mpl* causados por las inundaciones

Ⓑ ADJ **~ iron** hierro *m* forjado

**wrought-up** [ˈrɔːtˈʌp] ADJ **to be ~** estar nervioso

**WRU** N ABBR (*Wales*) = **Welsh Rugby Union**

**wrung** [rʌŋ] PT, PP *of* **wring**

**WRVS** N ABBR (*Brit*) = **Women's Royal Voluntary Service**

**wry** [raɪ] ADJ [*person, sense of humour, remark*] irónico; **to make a ~ face** hacer una mueca, torcer el gesto

**wryly** [ˈraɪlɪ] ADV irónicamente, con ironía

**wryneck** [ˈraɪnek] N torcecuello *m*

**WS** N ABBR (*Scot Jur*) = **Writer to the Signet**

**WSW** ABBR (= **west-southwest**) OSO

**wt** ABBR = **weight**

**W/T** ABBR (= **wireless telegraphy**) radiotelegrafía *f*

**WTO** N ABBR (= **World Trade Organization**) OMC *f*

**WV** ABBR (*US*) = **West Virginia**

**W. Va.** ABBR (*US*) = **West Virginia**

**WWF** N ABBR = **Worldwide Fund for Nature**

**WWI** N ABBR = **World War One**

**WWII** N ABBR = **World War Two**

**WWW** N ABBR (*Internet*) = **World Wide Web**; **the ~** el Web

**WY** ABBR (*US*) = **Wyoming**

**wych-elm** [ˈwɪtʃelm] N olmo *m* escocés, olmo *m* de montaña

**Wyo.** ABBR (*US*) = **Wyoming**

**WYSIWYG** [ˈwɪzɪ,wɪg] ABBR (*Comput*) = **what you see is what you get**

**X**, **x** [eks] Ⓐ N (= *letter*) (*also Math*) X, x *f*; **if you have X dollars a year** si uno tiene X dólares al año; **for X number of years** durante X años; **X marks the spot** el sitio está señalado con una X; **X for Xmas** X de Xiquena
Ⓑ CPD ► **X chromosome** N cromosoma *m* X

**Xavier** ['zeɪvɪəʳ] N Javier

**X-certificate** ['eksə,tɪfɪkɪt] ADJ (*Brit Cine*) no apto para menores de 18 años

**xenon** ['zenɒn] N xenón *m*

**xenophobe** ['zenəfəʊb] N xenófobo/a *m/f*

**xenophobia** [,zenə'fəʊbɪə] N xenofobia *f*

**xenophobic** [,zenə'fəʊbɪk] ADJ xenófobo

**Xenophon** ['zenəfən] N Jenofonte

**xerography** [zɪə'rɒgrəfɪ] N xerografía *f*

**Xerox**® ['zɪərɒks] Ⓐ N (= *machine*) fotocopiadora *f*; (= *copy*) fotocopia *f*
Ⓑ VT fotocopiar

**Xerxes** ['zɜːksiːz] N Jerjes

**XL** ABBR = **extra large**

**Xmas** ['eksməs] N ABBR = **Christmas**

**X-rated** ['eks'reɪtɪd] ADJ (*US Cine*) = **X-certificate**

**X-ray** ['eks'reɪ] Ⓐ N (= *ray*) rayo-X *m*; (= *photo*) radiografía *f*; **I had an ~ taken** me hicieron una radiografía
Ⓑ VT hacer una radiografía a, radiografiar; **they ~ed my arm** me hicieron una radiografía del brazo, me radiografiaron el brazo
Ⓒ CPD ► **X-ray examination** N examen *m* con rayos X ► **X-ray photograph** N radiografía *f* ► **X-ray treatment** N tratamiento *m* de rayos X

**xylograph** ['zaɪləgrɑːf] N xilografía *f*, grabado *m* en madera

**xylographic** [zaɪlə'græfɪk] ADJ xilográfico

**xylography** [zaɪ'lɒgrəfɪ] N xilografía *f*

**xylophone** ['zaɪləfəʊn] N xilófono *m*

**xylophonist** [zaɪ'lɒfənɪst] N xilofonista *mf*

# Y y

**Y, y** [waɪ] Ⓐ N (= *letter*) Y, y *f*; **Y for Yellow** Y de Yegua
Ⓑ CPD ► **Y chromosome** N cromosoma *m* Y; *see also* **Y-fronts**

**Y2K** [ˌwaɪtuːˈkeɪ] ABBR = **Year 2000**; **the Y2K problem** (*Comput*) el (problema del) efecto 2000

**yacht** [jɒt] Ⓐ N (*esp Sport*) barco *m* de vela, velero *m*; (*luxury*) yate *m*; (*small, model*) balandro *m*, balandra *f*
Ⓑ VI pasear a vela, navegar a vela; **to go ~ing** ir a pasear *or* navegar a vela
Ⓒ CPD ► **yacht club** N club *m* náutico ► **yacht race** N regata *f* de veleros

**yachting** [ˈjɒtɪŋ] N navegación *f* a vela, balandrismo *m*; **the ~ fraternity** los aficionados al deporte de la vela; **a ~ trip** una excursión en barco de vela

**yachtsman** [ˈjɒtsmən] N (*pl* **yachtsmen**) balandrista *m*, deportista *m* náutico

**yachtsmanship** [ˈjɒtsmənʃɪp] N arte *m* de navegar en yate *or* balandro

**yachtswoman** [ˈjɒtswʊmən] N (*pl* **yachtswomen**) balandrista *f*, deportista *f* náutica

**yack*** [jæk], **yackety-yak*** [ˈjækɪtɪˈjæk] Ⓐ N (= *chatter*) cháchara* *f*; **to have a ~** estar de cháchara*
Ⓑ VI (*pej*) hablar como una cotorra*

**yah** [jɑː] EXCL ¡bah!

**yahoo** Ⓐ [jɑːˈhuː] EXCL ¡yupi!
Ⓑ [ˈjɑːhuː] N (*Brit* pej*) niñato/a* *m/f*

**yak** [jæk] N (= *animal*) yac *m*, yak *m*

**Yakuza** [jəˈkuːzə] N **the ~** los yakuzas

**Yale®** [jeɪl] CPD ► **Yale key** N llave *f* de seguridad ► **Yale lock** N cerradura *f* de cilindro

**yam** [jæm] N ñame *m*; (= *sweet potato*) batata *f*, camote *m* (*LAm*)

**yammer*** [ˈjæməʳ] VI quejarse, gimotear

**yang** [jæŋ] N yang *m*

**Yank*** [jæŋk] N (*sometimes pej*) yanqui *mf*, gringo/a *m/f* (*LAm*)

**yank** [jæŋk] Ⓐ N tirón *m*, jalón *m* (*LAm*); **to give sth a ~** tirar de *or* (*LAm*) jalar algo
Ⓑ VT tirar de, jalar (*LAm*)

►**yank off*** VT + ADV (= *detach*) arrancar de un tirón; **he ~ed the button off** arrancó el botón de un tirón; **to ~ one's clothes off** quitarse la ropa precipitadamente; **to ~ sb off to jail** pillar *or* (*LAm*) agarrar y meter a algn en la cárcel

►**yank out*** VT + ADV sacar de un tirón; **to ~ a nail out** sacar un clavo de un tirón

**Yankee** [ˈjæŋkɪ] Ⓐ ADJ yanqui
Ⓑ N yanqui *mf*

> **YANKEE**
>
> *Aunque en los demás países se utiliza el término* **Yankee** *para referirse a los estadounidenses en general, en Estados Unidos un* **Yankee** *es un habitante de un estado del norte, sobre todo para los sureños, ya que en el norte se dice que un verdadero* **Yankee** *es el oriundo de Nueva Inglaterra. La primera vez que se utilizó fue en la canción* **Yankee Doodle**, *escrita por un inglés para burlarse de los colonos americanos. Sin embargo, durante la revolución americana, los soldados del general Washington transformaron la canción de insulto en himno patriótico. Desde la guerra de Secesión los sureños han intentado distinguirse de los norteños llamándoles* **Yankees**. *Los británicos usan el término peyorativo* **Yank** *para referirse a los estadounidenses.*

**yap** [jæp] Ⓐ N [*of dog*] pequeño ladrido *m*
Ⓑ VI 1 [*dog*] dar pequeños ladridos, ladrar
2 (*) (= *chat*) charlar

**yapping** [ˈjæpɪŋ] N 1 (*of dog*) pequeños ladridos *mpl*
2 (*) (= *chatting*) charla* *f*, palique* *m*

**yard¹** [jɑːd] N (= *measure*) yarda *f* (*91,44cm*); **a few ~s off** ≈ a unos metros; **he pulled out ~s of handkerchief** sacó un enorme pañuelo; **with a face a ~ long** con una cara muy larga

**yard²** [jɑːd] N 1 (= *courtyard, farmyard*) patio *m*; (*US*) (= *garden*) jardín *m*; (*for livestock*) corral *m*; (*Scol*) patio *m* (de recreo); (= *worksite*) taller *m*; (*for storage*) depósito *m*, almacén *m*; (*for shipping, boats*) astillero *m*; (*Rail*) estación *f*; **the Yard** ◊ **Scotland Yard** (*Brit*) *oficina central de la policía de Londres*
2 (*Naut*) (= *spar*) verga *f*

**yardage** [ˈjɑːdɪdʒ] N ≈ metraje *m*

**yardarm** [ˈjɑːdɑːm] N (*Naut*) verga *f*, penol *m*

**yardstick** [ˈjɑːdstɪk] N (*fig*) patrón *m*, criterio *m*, medida *f*

**yarn** [jɑːn] Ⓐ N 1 (= *wool*) hilo *m*
2 (= *tale*) cuento *m*, historia *f*; ✦**IDIOM to spin a ~** soltar una historia; **she spun them a ~ about how she'd masterminded the whole project** les soltó una historia de cómo había estado al frente de todo el proyecto
Ⓑ VI contar historias

**yarrow** [ˈjærəʊ] N milenrama *f*

**yashmak** [ˈjæʃmæk] N velo *m* (de musulmana)

**yaw** [jɔː] (*Naut*) Ⓐ N guiñada *f*
Ⓑ VI guiñar, hacer una guiñada

**yawl** [jɔːl] N yol *m*, yola *f*

**yawn** [jɔːn] Ⓐ N bostezo *m*; **to give a ~** bostezar; **to say sth with a ~** decir algo bostezando; **it was a ~ from start to finish*** fue aburridísimo, fue un plomo*
Ⓑ VI bostezar; (*fig*) [*gap, abyss*] abrirse
Ⓒ VT **to ~ one's head off** bostezar mucho

**yawning** [ˈjɔːnɪŋ] ADJ (*fig*) [*gap, abyss*] enorme; **there is a ~ gap between the moderates and the left wing of the party** existe un enorme abismo entre los moderados y el ala izquierda del partido

**yd** ABBR (= **yard**) yda

**ye** [jiː] Ⓐ PRON (*liter, dial*) vosotros, vosotras
Ⓑ DEF ART (††) = **the**

**yea††** [jeɪ] Ⓐ ADV (= *yes*) sí; (= *indeed*) sin duda, ciertamente; (= *moreover*) además
Ⓑ N (= *yes*) sí; **the ~s and the nays** los votos a favor y los votos en contra; **let your ~ be ~ and your nay be nay** sé consecuente con lo que dices

**yeah*** [jɛə] ADV = **yes**

**year** [ˈjɪəʳ] N 1 (= *twelve months*) año *m*; **it takes ~s** es cosa de años, se tarda años; **we waited ~s** esperamos una eternidad; **in the ~ (of our Lord) 1869** en el año (del Señor) 1869; **he died in his 89th ~** murió a los 89 años; **he got ten ~s** le condenaron a diez años de prisión; **three times a ~** tres veces al año; **100 dollars a ~** 100 dólares al año; **in after ~s** (*liter*) en los años siguientes, años después; **to reckon sth by the ~** calcular algo por años; **~ end** final *m* del año; **we never see her from one ~'s end to the other** no la vemos en todo el año; **~ of grace** año *m* de gracia; **~ in, ~ out** año tras año, todos los años sin falta; **to reckon sth in ~s** calcular algo por años; **last ~** el año pasado; **the ~ before last** el año antepasado; **next ~** (*looking to future*) el año que viene; **the next ~** (*in past time*) el año siguiente; **she's three ~s old** tiene tres años; **an eight-~-old child** un niño de ocho años; **the work has put ~s on him** el trabajo lo ha envejecido; **all (the) ~ round** durante todo el año; **that hairstyle takes ~s off you*** ese peinado te quita un montón de años*; ✦**IDIOM in the ~ dot** en el año de la nana*; **since the ~ dot** desde el año de la nana*, desde siempre
2 (= *age*) **in my early ~s** en mi infancia, en mi juventud; **from her earliest ~s** desde muy joven; **he looks old/young for his ~s** aparenta más/menos años de los que tiene; **she's very spry for a woman of her ~s** para una mujer de su edad está muy ágil; **he's getting on in ~s** va para viejo; **in his later ~s** en sus últimos años
3 (*Brit Scol, Univ*) curso *m*, año *m*; **she's in the fifth ~** está en quinto; **the kids in my ~** los chicos de mi curso; **he's in fourth ~ Law** estudia cuarto (curso de) de Derecho
4 [*of wine*] cosecha *f*, vendimia *f*; **1982 was a good/bad ~** 1982 fue una buena/mala cosecha *or* vendimia, 1982 fue un buen/mal año

**yearbook** [ˈjɪəbʊk] N anuario *m*;
→ HIGH SCHOOL

**YEARBOOK**

*En los centros de educación secundaria (***high schools***) y universidades estadounidenses se suele publicar un anuario (***yearbook***) al final de cada curso académico, en el que se registran muchos aspectos de su vida académica y social. El libro contiene fotografías de cada uno de los alumnos, profesores y demás personal de la administración, además de fotografías de grupos y organizaciones estudiantiles. Una sección se dedica a las estudiantes más atractivas, entre las cuales se incluye la* **Homecoming Queen***, reina de las fiestas de antiguos alumnos. También hay secciones dedicadas a los estudiantes con más probabilidades de éxito en la vida y a aquellos que gozan de mayor popularidad. Es tradición que los estudiantes escriban dedicatorias en los anuarios de sus compañeros de clase.*

⇨ *Ver tb* HIGH SCHOOL

**yearling** [ˈjɪəlɪŋ] Ⓐ ADJ primal
Ⓑ N primal(a) *m/f*

**yearlong** [ˈjɪəˈlɒŋ] ADJ que dura un año (entero); [*ban, moratorium*] de un año

**yearly** [ˈjɪəlɪ] Ⓐ ADJ anual; **~ payment** anualidad *f*
Ⓑ ADV anualmente, cada año; **(once) ~** una vez al año

**yearn** [jɜːn] VI **to ~ for** [*+ native land, person*] añorar; [*+ freedom*] anhelar; **to ~ to do sth** anhelar hacer algo, ansiar hacer algo

**yearning** [ˈjɜːnɪŋ] Ⓐ ADJ [*desire*] ansioso, vehemente; [*look, tone*] de ansia, anhelante
Ⓑ N (= *desire*) ansia *f*, anhelo *m*; (= *longing*) añoranza *f* (**for** de); **to have a ~ to do sth** tener ansias *or* muchas ganas de hacer algo, anhelar hacer algo (*liter*)

**yearningly** [ˈjɜːnɪŋlɪ] ADV con ansia, ansiosamente

**year-round** [ˈjɪəˈraʊnd] ADJ que dura todo el año, de todo el año

**yeast** [jiːst] Ⓐ N levadura *f*
Ⓑ CPD ► **yeast extract** N extracto *m* de levadura

**yeasty** [ˈjiːstɪ] ADJ 1 [*smell, taste*] a levadura
2 (*fig*) frívolo, superficial

**yell** [jel] Ⓐ N grito *m*, chillido *m*; **to let out** *or* **give a ~** soltar *or* pegar un grito; **~s of laughter** carcajadas *fpl*
Ⓑ VI (*also* **to ~ out**) gritar, chillar
Ⓒ VT (*also* **to ~ out**) [*+ order, name*] gritar

**yelling** [ˈjelɪŋ] N gritos *mpl*, chillidos *mpl*

**yellow** [ˈjeləʊ] Ⓐ ADJ (*compar* **yellower**; *superl* **yellowest**) 1 (*in colour*) [*ribbon, paint, colour*] amarillo; [*hair*] rubio; [*teeth, fingers*] amarillo, amarillento; **to go** *or* **turn ~** volverse *or* ponerse amarillo, volverse *or* ponerse amarillento; **the fields were ~ with buttercups** los campos estaban amarillos, llenos de ranúnculos; **his fingers were ~ with nicotine** tenía los dedos amarillos *or* amarillentos de la nicotina
2 (*by race*) amarillo
3 (*) (= *cowardly*) gallina*, miedica*, cagueta‡; **to have a ~ streak** ser un poco gallina *or* miedica*
Ⓑ N 1 (= *colour*) amarillo *m*
2 (= *yolk*) yema *f*
Ⓒ VI volverse amarillo, ponerse amarillo; **the paper had ~ed with age** el papel se había vuelto *or* puesto amarillo con el paso del tiempo; **~ing leaves/pages** hojas *fpl* amarillentas
Ⓓ VT **~ed newspapers** periódicos amarillentos (por el paso del tiempo); **grass verges ~ed by weeks of sunshine** la hierba seca y amarillenta al borde del camino tras semanas de sol
Ⓔ CPD ► **yellow belly*** N gallina* *mf*, cagueta‡ *mf* ► **yellow card** N (*Ftbl*) tarjeta *f* amarilla ► **yellow fever** N fiebre *f* amarilla ► **yellow line** N línea *f* amarilla (de estacionamiento limitado); **a double ~ line** una línea amarilla doble; **a single ~ line** una línea amarilla ► **yellow ochre** N ocre *m* amarillo ► **Yellow Pages**® NPL (*Telec*) páginas *fpl* amarillas ► **the yellow peril*** N la amenaza amarilla ► **the yellow press** N la prensa amarilla, la prensa sensacionalista ► **the Yellow River** N el Río Amarillo ► **the Yellow Sea** N el Mar Amarillo ► **yellow wagtail** N lavandera *f* boyera

**yellow-card** [ˈjeləʊˌkɑːd] VT (*Sport*) amonestar, mostrar la tarjeta amarilla a

**yellowhammer** [ˈjeləʊˌhæməʳ] N escribano *m* cerillo

**yellowish** [ˈjeləʊɪʃ] ADJ amarillento

**yellowness** [ˈjeləʊnɪs] N color *m* amarillo, amarillez *f*

**yellowy** [ˈjeləʊɪ] ADJ amarillento, que tira a amarillo

**yelp** [jelp] Ⓐ N [*of animal*] gañido *m*; [*of person*] grito *m*, chillido *m*
Ⓑ VI [*animal*] gañir; [*person*] gritar, chillar

**yelping** [ˈjelpɪŋ] N [*of animal*] gañidos *mpl*; [*of person*] gritos *mpl*, chillidos *mpl*

**Yemen** [ˈjemən] N Yemen *m*

**Yemeni** [ˈjemənɪ] Ⓐ ADJ yemenita
Ⓑ N yemenita *mf*

**yen** [jen] N 1 (= *currency*) yen *m*
2 (*) **to have a ~ to do sth** morirse de ganas de hacer algo*, tener muchas ganas de hacer algo

**yeoman** [ˈjəʊmən] N (*pl* **yeomen**) (*Brit Hist*) 1 (*also* **~ farmer**) pequeño propietario *m*, terrateniente *m* rural
2 (*Mil*) soldado *m* (voluntario) de caballería; **~ of the guard** alabardero *m* de la Casa Real; ✦**IDIOM to give ~ service** prestar grandes servicios

**yeomanry** [ˈjəʊmənrɪ] N 1 (= *landowners*) pequeños propietarios *mpl*, terratenientes *mpl* rurales
2 (*Brit Mil*) caballería *f* voluntaria

**yep*** [jep] ADV (*esp US*) sí

**yes** [jes] Ⓐ ADV sí; **"I didn't say that!" — "oh, ~, you did"** —¡yo no he dicho eso! —sí, sí que lo has dicho; **"you're not going, are you?" — "~, I am"** —tú no vas, ¿verdad? —sí sí, (que) voy; **yes?** (*doubtfully*) ¿de verdad?, ¿ah sí?; (*awaiting further reply*) ¿y qué más?, y ¿luego? (*LAm*); (*answering knock at door*) ¿sí?, ¡adelante!; **to say ~** decir que sí, aceptar; (*to marriage proposal*) dar el sí; **he says ~ to everything** a todo dice que sí, se conforma con cualquier cosa; **~ and no** (= *sort of*) sí y no; **~ ~, but what if it doesn't?** de acuerdo, pero ¿y si no es así?
Ⓑ N sí *m*; **he gave a reluctant ~** asintió pero de mala gana
Ⓒ CPD ► **yes man*** N adulador *m*, pelotillero *m* (*Sp**)

**yes-no question** [ˌjesˈnəʊˌkwestʃən] N pregunta *f* de sí o no

**yesterday** [ˈjestədeɪ] Ⓐ ADV ayer; **~ afternoon** ayer por la tarde; **~ morning/evening** ayer por la mañana/tarde; **all day ~** todo el día de ayer; **late ~** ayer a última hora; ✦**IDIOM I wasn't born ~** no me chupo el dedo*
Ⓑ N ayer *m*; **the day before ~** anteayer; **~ was Monday** ayer era lunes; **all our ~s** todos nuestros ayeres

**yesteryear** [ˈjestəˈjɪəʳ] ADV (*poet*) antaño

**YET**

**In questions**

• When **yet** is used in affirmative questions, translate using **ya**:
Is Mary here yet?
***¿Está aquí María ya?***
Have they arrived yet?
***¿Han llegado ya?***

**In negatives**

• When **not ... yet** is used in statements or questions, translate using **todavía no** or **aún no**, both of which can go at either the beginning or the end of the sentence:
My parents haven't got up yet
***Mis padres no se han levantado todavía*** *or* ***aún, Todavía*** *or* ***Aún no se han levantado mis padres***
Haven't they done it yet?
***¿No lo han hecho todavía*** *or* ***aún?, ¿Todavía*** *or* ***Aún no lo han hecho?***

**Meaning "to date"**

• When **yet** follows a superlative or **never** and means "to date", translate using **hasta ahora**:
It's the best (one) yet
***Es el mejor hasta ahora***
I've never been late yet
***Hasta ahora no he llegado nunca con retraso***

**Meaning "still"**

**In predictions**

• When **yet** is used in predictions about the future, translate using **todavía** or **aún**:
The economic crisis will go on for some time yet
***La crisis económica continuará todavía*** *or* ***aún algún tiempo***
They will be a long time yet
***Todavía*** *or* ***Aún tardarán bastante en venir***

**With to-INFINITIVE**

• When **yet** is followed by **to** + VERB, translate using **todavía por** or **sin** + INFINITIVE or **aún por** or **sin** + INFINITIVE:
The house is yet to be cleaned
***La casa está todavía por*** *or* ***sin limpiar*** ◇ ***La casa está aún por*** *or* ***sin limpiar***

**Meaning "even"**

• When **yet** precedes a comparative and means "even", translate using **todavía** or **aún**:
There is yet more rain to come in the north
***Todavía*** *or* ***Aún habrá más precipitaciones en el norte***
Yet bigger satellites will be sent up into orbit
***Se pondrán en órbita satélites todavía*** *or* ***aún más grandes***

**yet** [jet] Ⓐ ADV 1 (= *now, up to now, by now*) todavía, aún; **he hasn't come ~** todavía *or* aún no ha llegado, no ha llegado todavía *or* aún; **don't go (just) ~** no te vayas todavía, quédate un rato; **need you go ~?** ¿tienes que irte ya?; **as ~** todavía, por ahora; **we haven't heard anything as ~** todavía *or* por ahora no sabemos nada; **not ~** todavía *or* aún no; **"are you coming?" — "not just ~"** —¿vienes? —todavía *or* aún no
2 (= *to date*) hasta ahora; **this is his best film ~** es su mejor película hasta ahora
3 (= *still*) todavía, aún; **there's hope for me**

~ todavía *or* aún tengo esperanzas; **that question is ~ to be decided** está todavía por *or* sin decidir, aún está por *or* sin decidir; **he may ~ succeed** todavía puede que lo consiga, puede que aún lo consiga; **it won't be dark for half an hour ~** todavía *or* aún queda media hora para que anochezca

4 (= *even*) todavía, aún; **the queues are likely to grow longer ~** es probable que las colas se hagan aún *or* todavía más largas; **better ~, let him buy them for you for Christmas** mejor aún, deja que te los regale por Navidad; **~ again** otra *or* una vez más; **they are celebrating ~ another victory** están celebrando otra *or* una victoria más; **many were killed, ~ more have been left homeless** muchos resultaron muertos y aún *or* todavía más han perdido sus hogares

5 (*frm*) **nor ~** ni

Ⓑ CONJ (= *in spite of everything*) sin embargo, con todo; (= *but*) pero; **I told him several times, ~ he still hasn't done it** se lo dije varias veces, (y) sin embargo no lo ha hecho; **a powerful ~ fragile piece of equipment** un equipo potente pero frágil

**yeti** ['jetɪ] N yeti *m*

**yew** [juː] N (*also* **~ tree**) tejo *m*

**Y-fronts®** ['waɪfrʌnts] NPL (*Brit*) calzoncillos *mpl*

**YHA** N ABBR (*Brit*) = **Youth Hostels Association**

**Yid**** [jɪd] N (*offensive*) judío/a *m/f*

**Yiddish** ['jɪdɪʃ] Ⓐ ADJ judío
Ⓑ N (*Ling*) yíd(d)ish *m*, judeo-alemán *m*

**yield** [jiːld] Ⓐ N (*from crop, mine, investment*) rendimiento *m*; **~ per hectare** el rendimiento por hectárea; **high-~ bonds** bonos *mpl* de alto rendimiento; **this year, grain ~s have trebled** este año la producción de cereales se ha triplicado; **how to improve milk ~s** cómo mejorar la producción de leche

Ⓑ VT 1 (= *produce*) [+ *crop, minerals, results*] producir; [+ *interest*] rendir, producir; [+ *profit, benefits*] producir, reportar; [+ *opportunity*] brindar, ofrecer; **the shares ~ five per cent** las acciones producen *or* reportan *or* rinden un cinco por ciento de beneficios

2 (*frm*) (= *surrender*) [+ *territory, power, control*] ceder (**to** a); **to ~ the floor to sb** ceder la palabra a algn; **to ~ ground to sb** (*Mil, fig*) ceder terreno a algn; **to ~ the right of way to sb** (*US Aut*) ceder el paso a algn

Ⓒ VI 1 (*Agr*) (= *produce*) **land that ~s well/poorly** una tierra que produce mucho/poco; **a variety of strawberry that ~s well** una variedad de fresa que da mucha producción

2 (*frm*) (= *surrender*) rendirse, ceder; **we shall never ~** nunca nos rendiremos, nunca cederemos; **to ~ to sth** ceder a *or* ante algo; **we will not ~ to threats** no vamos a ceder a *or* ante las amenazas; **he refused to ~ to temptation** se negó a caer en la tentación, se negó a ceder a *or* ante la tentación; **the disease ~ed to treatment** la enfermedad remitió con el tratamiento

3 (= *give way*) [*ice, door, branch*] ceder; **he felt the floor ~ beneath his feet** notó cómo el suelo cedía *or* hundía bajo sus pies; **to ~ under pressure** ceder *or* hundirse ante la presión

4 (*US Aut*) ceder el paso; **"yield"** "ceda el paso"

►**yield up** VT + ADV (*liter*) [+ *territory, power, control*] ceder (**to** a); [+ *secret*] revelar; **nature ~s up its bounty** (*liter*) la naturaleza da su recompensa

**yielding** ['jiːldɪŋ] ADJ 1 (= *soft*) [*ground, surface, substance*] flexible, blando
2 (= *compliant, submissive*) [*person*] (*in temperament*) complaciente; (*physically*) tierno

**yin** [jɪn] N yin *m*

**yippee*** [jɪ'piː] EXCL yupi*

**YMCA** N ABBR = **Young Men's Christian Association**

**yo** ['jəʊ] EXCL (*as greeting*) ¡hola!; (*to attract attention*) ¡eh!, ¡oye!

**yob*** ['jɒb], **yobbo** ['jɒbəʊ] N (*Brit*) vándalo *m*, gamberro *m* (*Sp*)

**yobbish** ['jɒbɪʃ] ADJ (*Brit*) [*behaviour*] de gamberro; [*person*] salvaje, incívico

**yod** [jɒd] N yod *f*

**yodel**, **yodle** ['jəʊdl] Ⓐ VI cantar a la tirolesa
Ⓑ VT cantar a la tirolesa
Ⓒ N canto *m* a la tirolesa

**yoga** ['jəʊgə] Ⓐ N yoga *m*
Ⓑ CPD [*meditation, technique, position*] yóguico, de yoga

**yoghurt** ['jəʊgət] N = **yogurt**

**yogi** ['jəʊgɪ] N (*pl* **yogis** *or* **yogin** ['jəʊgɪn]) yogui *m*

**yogurt** ['jəʊgət] N yogur(t) *m*

**yo-heave-ho** [jəʊ'hiːv'həʊ] EXCL = **heave-ho**

**yoke** [jəʊk] Ⓐ N (*pl* **yokes** *or* **yoke**) 1 [*of oxen*] yunta *f*; (*carried on shoulder*) balancín *m*, percha *f*; (*fig*) yugo *m*; **under the ~ of the Nazis** bajo el yugo de los nazis; **to throw off the ~** sacudir el yugo
2 (*on dress, blouse*) canesú *m*
Ⓑ VT (*also* **~ together**) [+ *oxen*] uncir; (*fig*) unir

**yokel** ['jəʊkəl] N palurdo/a *m/f*, pueblerino/a *m/f*

**yolk** [jəʊk] N yema *f* (de huevo)

**Yom Kippur** [ˌjɒmkɪ'pʊəʳ] N Yom Kip(p)ur *m*

**yomp** [jɒmp] VI *caminar penosamente (por un terreno difícil)*

**yon** [jɒn] ADV (*poet or dial*) aquel

**yonder** ['jɒndəʳ] Ⓐ ADJ aquel
Ⓑ ADV allá, a lo lejos; **(over) ~** allá

**yonks*** [jɒŋks] N (*Brit*) **for ~** hace siglos*; **I haven't seen you for ~** hace siglos que no te veo*

**yoo-hoo*** ['juː'huː] EXCL ¡yu-hu!*

**yore** [jɔːʳ] N (†† *or liter*) **of ~** de antaño, de otro tiempo, de hace siglos; **the days of ~** los tiempos de antaño, otros tiempos

> **YOU**
>
> When translating **you**, even though you often need not use the pronoun itself, you will have to choose between using familiar **tú/vosotros** verb forms and the polite **usted/ustedes** ones.
>
> • In Spain, use **tú** and the plural **vosotros/vosotras** with anyone you call by their first name, with children and younger adults. Use **usted/ustedes** with people who are older than you, those in authority and in formal contexts.
>
> • In Latin America usage varies depending on the country and in some places only the **usted** forms are used. Where the **tú** form does exist, only use it with people you know very well. In other areas **vos**, used with verb forms that are similar to the **vosotros** ones, often replaces **tú**. This is standard in Argentina and certain Central American countries while in other countries it is considered substandard. Use **ustedes** for all cases of **you** in the plural.
>
> *For further uses and examples, see main entry.*

**Yorks** [jɔːks] N ABBR (*Brit*) = **Yorkshire**

**Yorkshire pudding** ['jɔːkʃɪə'pʊdɪŋ] N (*Brit*) *especie de buñuelo que se sirve acompañando al rosbif*

**you** [juː] PRON

> *Note that subject pronouns are used less in Spanish than in English - mainly for emphasis or to avoid ambiguity.*

1 (*sing*) 1·1 (*familiar*) (*as subject*) tú; (*as direct/indirect object*) te; (*after prep*) ti; **what do you think about it?** ¿y tú que piensas?; **~ and I will go** iremos tú y yo; **~'re very strong** eres muy fuerte; **~ don't understand me** no me entiendes; **I know ~** te conozco; **I'll send ~ a postcard** te mandaré una postal; **I gave the letter to ~ yesterday** te di la carta ayer; **I gave it to ~** te lo di; **I told YOU to do it** te dije a ti que lo hicieras, es a ti a quien dije que lo hicieras; **it's for ~** es para ti; **she's taller than ~** es más alta que tú; **can I come with ~** ¿puedo ir contigo?

1·2 (*formal*) (*as subject*) usted, Ud, Vd; (*as direct object*) lo/la, le (*Sp*); (*as indirect object*) le; (*after prep*) usted, Ud, Vd; **~'re very kind** es usted muy amable; **I saw ~, Mrs Jones** la vi, señora Jones; **I gave ~ the keys** le di las llaves

> *Change* **le** *to* **se** *before a direct object pronoun:*

**I gave it to ~** se lo di; **I gave them to ~** se las di; **this is for ~** esto es para usted; **they're taller than ~** son más altos que usted

2 (*pl*) 2·1 (*familiar*) (*as subject*) vosotros/as (*Sp*), ustedes (*LAm*); (*as direct object*) os (*Sp*), los/las (*LAm*); (*as indirect object*) os (*Sp*), les (*LAm*); (*after prep*) vosotros/as (*Sp*), ustedes (*LAm*); **~'ve got kids but we haven't** vosotros tenéis hijos pero nosotros no; **~'re sisters, aren't you?** vosotras sois hermanas, ¿no?; **~ have all been here before** todos (vosotros) habéis estado aquí antes; **~ all know why we are here** todos sabéis por qué estamos aquí; **~ stay here, and I'll go and get the key** (vosotros) quedaos aquí, que yo iré a por la llave; **I know ~ both** yo os conozco a los dos; **I gave it to ~** os lo di; **I gave them to ~** os los di; **I'd like to speak to ~** quiero hablar con vosotros; **I live upstairs from ~** vivo justo encima de vosotros; **they've done it better than ~** lo han hecho mejor que vosotros; **they'll go without ~** irán sin vosotros

2·2 (*formal*) (*as subject*) ustedes, Uds, Vds; (*as direct object*) los/las, les (*Sp*); (*as indirect object*) les; (*after prep*) ustedes, Uds, Vds; **~ are very kind** son ustedes muy amables; **are ~ brothers?** ¿son (ustedes) hermanos?; **may I help ~?** ¿puedo ayudarlos?; **I gave ~ the keys** les di las llaves

> *Change* **les** *to* **se** *before a direct object pronoun:*

**I gave it to ~** se lo di; **I gave them to ~** se las di; **we arrived after ~** llegamos después de ustedes

3 (*general*)

> *When* **you** *means "one" or "people" in general, the impersonal* **se** *is often used:*

**~ can't do that** no se puede hacer eso, eso no se hace, eso no se permite; **~ can't smoke here** no se puede fumar aquí, no se permite fumar aquí, se prohíbe fumar aquí; **when ~ need one it's not here** cuando se necesita uno no está aquí; **~ never know** ◊ **~ never can tell** nunca se sabe

> *A further possibility is* **uno**:

**~ never know whether …** uno nunca sabe si …

Impersonal constructions are also used:

**~ need to check it every day** hay que comprobarlo cada día, conviene comprobarlo cada día; **~ must paint it** hace falta pintarlo; **fresh air does ~ good** el aire puro (te) hace bien

4 (*phrases and special uses*) **~ Spaniards** vosotros los españoles; **~ doctors!** ¡vosotros, los médicos!; **between ~ and me** entre tú y yo; **~ fool!** ¡no seas tonto!; **that's lawyers for ~!** ¡para que te fíes de los abogados!; **there's a pretty girl for ~!** ¡mira que chica más guapa!; **if I were** *or* **was ~** yo que tú, yo en tu lugar; **~ there!** ¡oye, tú!; **that dress just isn't ~** ese vestido no te sienta bien; **poor ~!** ◊ **poor old ~!** ◊ **~ poor old thing!** ¡pobrecito!

**you'd** [ju:d] = **you would, you had**

**you-know-who*** [ˌju:nəʊ'hu:] N tú ya sabes quien, fulano

**you'll** [ju:l] = **you will, you shall**

**young** [jʌŋ] Ⓐ ADJ (*compar* **younger**; *superl* **youngest**) 1 (= *not old*) [*person, animal*] joven; [*child*] pequeño, de corta edad; **my ~er brother** mi hermano menor *or* pequeño; **she is two years ~er than me** es dos años más joven que yo, tiene dos años menos que yo; **if I were ten years ~er** si tuviera diez años menos, si fuera diez años más joven; **I'm not so ~ as I was, I'm not getting any ~er** los años no perdonan *or* no pasan en balde; **~ Britain** la juventud británica; **Pitt the ~er** Pitt el joven; **she started writing poetry at a very ~ age** comenzó a escribir poesía siendo muy joven; **at a very ~ age he was sent to boarding school** siendo muy pequeño lo mandaron a un internado; **in my ~(er) days** cuando era joven, en mi juventud; **they have a ~ family** tienen niños pequeños; **she looks quite ~ for her age** aparenta bastante menos edad de la que tiene, parece bastante más joven de lo que es; **the ~er generation** la generación de los más jóvenes; **the ~er generation of film-makers** la generación de cineastas jóvenes; **~ hopeful** joven aspirante *mf*; **a ~ lady** una joven; **why thank you, ~ lady!** ¡muchas gracias, señorita *or* joven!; **now look here, ~ lady!** ¡atiende, jovencita!; **a ~ man** un joven; **you've done well, ~ man** muy bien hecho, muchacho; **she's out with her ~ man** ha salido con su novio *or* chico*; **to marry ~** casarse joven; **it is enjoyed by millions, ~ and old** millones lo disfrutan, grandes y pequeños; **a ~ person** una persona joven; ✦***IDIOMS*** **you're as ~ as you feel** la edad se lleva dentro; **~ at heart** joven de espíritu; **the night is ~** la noche es joven; **you're only ~ once** sólo se vive una vez; *see also* **Turk**

2 (= *youthful*) **that dress is too ~ for her** ese vestido es para alguien más joven; **the family business was in need of ~ blood** el negocio familiar necesitaba savia nueva; **he has a very ~ outlook** piensa como los jóvenes, tiene mentalidad de joven

3 (= *new*) [*moon*] nuevo; [*plant, spinach, wheat*] tierno; [*wine, country*] joven; **the 20th century was still ~** el siglo XX estaba todavía en sus comienzos

Ⓑ NPL 1 (= *offspring*) [*of animals*] crías *fpl*; **a mother defending her ~** una madre protegiendo a sus crías; **to be with ~** estar preñada

2 (= *young people*) **the ~** los jóvenes, la juventud

Ⓒ CPD ► **young gun** N (= *actor, sportsman etc*) joven valor *m* ► **young offender** N (*Brit*) delincuente *mf* juvenil

**youngish** ['jʌŋɪʃ] ADJ bastante joven, más bien joven

**young-looking** ['jʌŋˌlʊkɪŋ] ADJ de aspecto joven

**youngster** ['jʌŋstəʳ] N joven *mf*

**your** ['jʊəʳ] POSS ADJ 1 (*belonging to one person*) 1·1 (*familiar*) (*with singular noun*) tu; (*with plural noun*) tus; **~ book/table** tu libro/mesa; **~ friends** tus amigos; **it's ~ go** te toca, es tu turno; **have you washed ~ hair?** ¿te has lavado el pelo?; **he's ~ son, not mine!** ¡es hijo tuyo, no mío!

1·2 (*formal*) (*with singular noun*) su; (*with plural noun*) sus; **~ book/table** su libro/mesa; **~ friends** sus amigos; **it's ~ go** es su turno, le toca a usted; **can I see ~ passport, sir?** ¿me enseña su pasaporte, señor?; **is this ~ luggage?** ¿es de usted este equipaje?

2 (*belonging to more than one person*) 2·1 (*familiar*) (*with singular noun*) vuestro/a (*Sp*), su (*LAm*); (*with plural noun*) vuestros/as (*Sp*), sus (*LAm*); **~ house** vuestra casa (*Sp*), su casa (*LAm*); **you can leave ~ bags in this room** podéis dejar las *or* vuestras bolsas en esta habitación (*Sp*), pueden dejar las *or* sus bolsas en esta habitación (*LAm*); **would you like to wash ~ hands?** ¿queréis lavaros las manos?

2·2 (*formal*) (*with singular noun*) su; (*with plural noun*) sus; **~ house** su casa; **you can leave ~ bags in this room** pueden dejar las *or* sus bolsas en esta habitación; **is this ~ dog?** ¿es de ustedes este perro?

3 (= *one's*) **it's bad for ~ health** perjudica la salud

**you're** ['jʊəʳ] = **you are**

**yours** ['jʊəz] POSS PRON 1 (*belonging to one person*) 1·1 (*familiar*) (*referring to singular possession*) (el/la) tuyo/a; (*referring to plural possession*) (los/las) tuyos/as; **is that box ~?** ¿esa caja es tuya?; **I've lost my pen, can I use ~?** he perdido el bolígrafo, ¿puedo usar el tuyo?; **that dog of ~!** ¡ese perro tuyo!; **which is ~?** ¿cuál es el tuyo?; **these are my keys and those are ~** éstas son mis llaves y ésas son las tuyas; **what's ~?*** (*offering drink*) ¿qué vas a tomar?

1·2 (*formal*) (*referring to singular possession*) (el/la) suyo/a, (el/la) de usted; (*referring to plural possession*) (los/las) suyos/as, (los/las) de usted; **you and ~** usted y los suyos; **is that box ~?** ¿esa caja es suya?; **I've lost my pen, can I use ~?** he perdido el bolígrafo, ¿puedo usar el suyo?; **these are my keys and those are ~** éstas son mis llaves y ésas son las suyas; **Yours** (*in letter*) le saluda atentamente; *see also* **truly**

2 (*belonging to more than one person*) 2·1 (*familiar*) (*referring to singular possession*) (el/la) vuestro/a, (el/la) suyo/a (*LAm*), (el/la) de ustedes (*LAm*); (*referring to plural possession*) (los/las) vuestros/as, (los/las) suyos/as (*LAm*), (los/las) de ustedes (*LAm*); **that's ~** eso es vuestro

2·2 (*formal*) (*referring to singular possession*) (el/la) suyo/a, (el/la) de ustedes; (*referring to plural possession*) (los/las) suyos/as, (los/las) de ustedes

**yourself** [jə'self] PRON (*pl* **yourselves** [jə'selvz]) 1 (*reflexive*) 1·1 (*familiar*) te; **have you hurt ~?** ¿te has hecho daño?

1·2 (*formal*) se; **have you hurt ~?** ¿se ha hecho daño?

2 (*for emphasis*) 2·1 (*familiar*) tú mismo/a; **you did it ~** tú mismo lo hiciste; **do it ~!** ¡hazlo tú mismo!; **you ~ said so** tú mismo lo dijiste

2·2 (*formal*) usted mismo/a; **you did it ~** usted mismo lo hizo; **you ~ said so** usted mismo lo dijo

3 (*after a preposition*) 3·1 (*familiar*) ti mismo/a; **you did it for ~** lo hiciste para ti mismo

3·2 (*formal*) usted mismo/a; **you did it for ~** lo hizo para usted mismo

3·3 **(all) by ~** sin ayuda de nadie; **did you come by ~?** ¿viniste solo?

4 = **oneself**

**yourselves** [jə'selvz] PRON 1 (*reflexive*) 1·1 (*familiar*) os (*Sp*), se (*LAm*); **did you enjoy ~?** ¿os divertisteis?, ¿se divirtieron? (*LAm*); **help ~ to vegetables** servíos las verduras

1·2 (*formal*) se; **help ~ to vegetables** sírvanse las verduras

2 (*after prep, for emphasis*) 2·1 (*familiar*) vosotros/as mismos/as, ustedes mismos/as (*LAm*); **you'll have to pay for taxis ~** vosotros mismos tendréis que pagar los taxis

2·2 (*formal*) ustedes mismos/as; **you'll have to pay for taxis ~** ustedes mismos tendrán que pagar los taxis

**youth** [ju:θ] Ⓐ N 1 (= *young age*) juventud *f*; **in my ~** en mi juventud

2 (*pl* **youths** [ju:ðz]) (= *boy*) joven *m*

3 (= *young people*) jóvenes *mpl*, juventud *f*; **the ~ of today** los jóvenes *or* la juventud de hoy

Ⓑ CPD ► **youth club** N club *m* juvenil ► **youth employment scheme** N plan *m* de empleo juvenil ► **youth hostel** N albergue *m* juvenil ► **youth hostelling** N **to go ~ hostelling** pasar las vacaciones en albergues juveniles ► **youth worker** N (*Brit*) (= *social worker*) *asistente social que se encarga de adolescentes menores de 18 años*; (= *community worker*) *empleado del municipio que trabaja con grupos de jóvenes en la comunidad*

**youthful** ['ju:θfʊl] ADJ [*looks, appearance*] joven, juvenil; [*enthusiasm, energy*] juvenil; [*ambition, indiscretion, inexperience*] de juventud; **a group of ~ newcomers** un grupo de jóvenes aún desconocidos; **to look ~** tener aspecto joven, parecer joven

**youthfulness** ['ju:θfʊlnɪs] N juventud *f*

**you've** [ju:v] = **you have**

**yowl** [jaʊl] Ⓐ N [*of animal*] aullido *m*; [*of person*] alarido *m*

Ⓑ VI [*animal*] aullar; [*person*] dar alaridos

**yo-yo** ['jəʊjəʊ] N (*pl* **yo-yos**) 1 ® (= *toy*) yoyó® *m*

2 (*US*‡) bobo/a *m/f*, imbécil *mf*

**yr** ABBR 1 = **year**

2 = **your**

**yrs** ABBR 1 = **years**

2 = **yours**

**YT** ABBR (*Canada*) = **Yukon Territory**

**YTS** N ABBR (*Brit*) (*formerly*) (= **Youth Training Scheme**) *plan de promoción de empleo para jóvenes*

**ytterbium** [ɪ'tɜ:bɪəm] N iterbio *m*, yterbio *m*

**yttrium** ['ɪtrɪəm] N itrio *m*

**yuan** [ju:'æn] N yuan *m*

**yucca** ['jʌkə] N yuca *f*

**yuck*** [jʌk] EXCL ¡puaj!*

**yucky*** ['jʌkɪ] ADJ asqueroso

**Yugoslav** ['ju:gəʊ'slɑ:v] Ⓐ ADJ yugoeslavo, yugoslavo

Ⓑ N yugoeslavo/a *m/f*, yugoslavo/a *m/f*

**Yugoslavia** ['ju:gəʊ'slɑ:vɪə] N Yugoslavia *f*

**Yugoslavian** ['ju:gəʊ'slɑ:vɪən] ADJ yugoeslavo, yugoslavo

**yuk*** [jʌk] EXCL = **yuck**

**Yule** [ju:l] Ⓐ N († *or liter*) Navidad *f*

Ⓑ CPD ► **Yule log** N (= *wood*) leño *m* de Navidad; (= *cake*) tronco *m* de Navidad

**Yuletide** ['ju:ltaɪd] N († *or liter*) Navidad *f*; **at ~** por Navidades, en Navidad

**yum*** [jʌm] EXCL **yum yum!** ¡ñam ñam!*

**yummy*** ['jʌmɪ] ADJ (*compar* **yummier**; *superl* **yummiest**) de rechupete*

**yup*** [jʌp] ADV (*US*) sí

**yuppie*** ['jʌpɪ] Ⓐ N ABBR (= **young upwardly mobile professional**) yuppie *mf*

Ⓑ CPD [*car, clothes*] de yuppie; [*bar, restaurant, area*] de yuppies ► **yuppie flu** N síndrome *m* vírico

**yuppified*** ['jʌpɪ,faɪd] ADJ [*bar, restaurant, area, flat*] de yuppies; **he is becoming more and more ~** se está haciendo cada vez más yuppie

**yuppy*** ['jʌpɪ] N = **yuppie**

**YWCA** N ABBR = **Young Women's Christian Association**

# Z z

**Z, z** [zed] (*US*) [ziː] N (= *letter*) Z, z *f*; **Z for Zebra** Z de Zaragoza

**zaftig*** ['zæftɪg] ADJ (*US*) [*woman*] regordeta y mona

**Zaire** [zɑː'iːəʳ] N Zaire *m*

**Zairean** [zɑː'iːərɪən] Ⓐ ADJ zaireño
Ⓑ N zaireño/a *m/f*

**Zambesi** [zæm'biːzɪ] N Zambeze *m*

**Zambia** ['zæmbɪə] N Zambia *f*

**Zambian** ['zæmbɪən] Ⓐ ADJ zambiano
Ⓑ N zambiano/a *m/f*

**zany** ['zeɪnɪ] ADJ (*compar* **zanier**; *superl* **zaniest**) estrafalario, surrealista

**Zanzibar** ['zænzɪbɑːʳ] N Zanzíbar *m*

**zap*** [zæp] Ⓐ EXCL ¡zas!
Ⓑ VT 1 (= *destroy*) [+ *person*] cargarse*
2 (*Comput*) (= *delete*) [+ *word, data*] borrar, suprimir
3 (*TV*) **to ~ the TV channels** zapear
Ⓒ VI (= *move quickly*) ir corriendo

►**zap along*** VI + ADV ir a toda pastilla*

**zappy*** ['zæpɪ] ADJ [*car*] alegre, respondón; [*computer*] veloz; [*prose, style*] ágil; [*approach*] vivaz

**Z-bed** ['zedbed] N cama *f* plegable

**zeal** [ziːl] N celo *m*, entusiasmo *m* (**for** por)

**zealot** ['zelət] N fanático/a *m/f*

**zealotry** ['zelətrɪ] N fanatismo *m*

**zealous** ['zeləs] ADJ entusiasta (**for** de)

**zealously** ['zeləslɪ] ADV con entusiasmo

**zebra** ['ziːbrə] Ⓐ N (*pl* **zebras** *or* **zebra**) cebra *f*
Ⓑ CPD ► **zebra crossing** N (*Brit*) paso *m* de peatones, paso *m* de cebra

**zebu** ['ziːbuː] N cebú *m*

**zed** [zed], **zee** [ziː] (*US*) N zeta *f*

**Zen** [zen] Ⓐ N Zen *m*
Ⓑ CPD ► **Zen Buddhism** N budismo *m* Zen ► **Zen Buddhist** N budista *mf* Zen

**zenana** [ze'nɑːnə] N harén *m* indio

**zenith** ['zenɪθ] N 1 (*Astron*) cenit *m*
2 (*fig*) cenit *m*, apogeo *m*; **to be at the ~ of one's power** estar en el apogeo de su poder

**Zeno** ['zɪːnəu] N Zenón *m*

**Zephaniah** [ˌzefə'naɪə] N Sofonías *m*

**zephyr** ['zefəʳ] N céfiro *m*

**zeppelin** ['zeplɪn] N zepelín *m*

**zero** ['zɪərəu] Ⓐ N (*pl* **zeros** *or* **zeroes**) cero *m*; **absolute ~** cero *m* absoluto; **5° below ~** 5 grados bajo cero
Ⓑ CPD [*altitude*] cero; (*) [*interest, hope*] nulo ► **zero gravity** N gravedad *f* nula ► **zero growth** N crecimiento *m* cero ► **zero hour** N hora *f* cero, hora *f* H ► **zero option** N opción *f* cero ► **zero rating** N tasa *f* cero ► **zero tolerance** N **a policy of ~ tolerance** una política de mano dura (*en el mantenimiento del orden público*)

►**zero in on** VI + PREP 1 (*Mil*) (= *aim at*) [+ *target*] apuntar a; (= *move in on*) dirigirse de cabeza a
2 (*fig*) (= *identify*) identificar; (= *concentrate on*) dirigir todos sus esfuerzos a; **he raised the binoculars and ~ed in on an eleventh-floor room** elevó los prismáticos y los dirigió *or* enfocó hacia una habitación de la undécima planta; **he ~ed in on those who ...** reservó sus críticas más acérrimas para los que ...

**ZERO**

*Existen varias palabras que pueden usarse en lugar de* **zero** *según el contexto.* **Zero** *es el término más general en inglés americano, que se usa en la mayoría de los casos. En inglés británico se usa normalmente en matemáticas y ciencias para referirse a temperaturas u otras escalas de valores, como por ejemplo en las frases* **zero population growth** *(crecimiento de población cero), o* **zero inflation** *(índice de inflación cero).*
**Nought** *se usa en inglés británico para leer números decimales, como por ejemplo* **nought point nought seven: 0.07** *(en inglés se usa el punto en vez de la coma como separador decimal) y en las calificaciones:* **nought out of ten** *(cero sobre diez).*
**O** *(pronunciado igual que la letra* **o***) se usa en inglés británico en los números de teléfono:* **O one four one** *: 0141. También se usa en secuencias de dígitos que no representan cantidades numéricas, como por ejemplo en tarjetas de crédito o números de cuentas bancarias.*
**Nil** *se usa normalmente en el Reino Unido en los tanteos deportivos:* **Liverpool won five nil** *(Liverpool ganó cinco a cero).*
**Nothing** *es el equivalente americano de* **nil***, aunque también se usa a veces en inglés británico.*

**zero-rated** ['zɪərəuˌreɪtɪd] ADJ **to be ~ for VAT** tener tipo cero del IVA

**zest** [zest] N 1 (= *enthusiasm*) gusto *m*, entusiasmo *m* (**for** por); **to do sth with ~** hacer algo con entusiasmo; **to eat with ~** comer con gusto; **her ~ for life** sus ganas de vivir, su gusto por la vida
2 (= *excitement*) ánimo *m*

**zestful** ['zestful] ADJ entusiasta

**zestfully** ['zestfəlɪ] ADV con entusiasmo

**zesty** ['zestɪ] ADJ [*wine*] garboso, enérgico

**Zeus** [zjuːs] N Zeus

**ZIFT** [zɪft] N ABBR = **Zygote Intrafallopian Transfer**

**ziggurat** ['zɪgʊræt] N zigurat *m*

**zigzag** ['zɪgzæg] Ⓐ N zigzag *m*
Ⓑ VI zigzaguear, serpentear
Ⓒ ADJ en zigzag

**zilch‡** [zɪltʃ] N nada de nada; **these shares are worth ~** estas acciones no valen nada de nada*, estas acciones no valen ni cinco*; **Mark knows ~ about art** Mark no sabe absolutamente nada sobre arte; **he's a real ~** (*US*) es un cero a la izquierda

**zillion*** ['zɪljən] Ⓐ ADJ **a ~ dollars** tropecientos dólares*; **a ~ problems** tropecientos problemas*, problemas a montones*
Ⓑ N (*pl* **zillions** *or* **zillion**) **~s of dollars** tropecientos dólares*

**Zimbabwe** [zɪm'bɑːbwɪ] N Zimbabue *m*

**Zimbabwean** [zɪm'bɑːbwɪən] Ⓐ ADJ zimbabuo
Ⓑ N zimbabuo/a *m/f*

**Zimmer®** ['zɪməʳ] N (*Brit*) (*also* **~ frame**) andador *m*

**zinc** [zɪŋk] Ⓐ N zinc *m*, cinc *m*
Ⓑ CPD ► **zinc ointment** N pomada *f* de zinc ► **zinc oxide** N óxido *m* de zinc

**zine*** [ziːn], **'zine*** N fanzine *m*, revistilla *f*

**zing** [zɪŋ] Ⓐ N 1 (= *noise of bullet*) silbido *m*, zumbido *m*
2 (*) (= *zest*) gusto *m*, entusiasmo *m*
Ⓑ VI [*bullet, arrow*] silbar; **the bullet ~ed past his ear** la bala le pasó silbando cerca de la oreja; **the cars ~ed past** los coches pasaron estruendosamente

**zinnia** ['zɪnɪə] N rascamoño *m*, zinnia *f*

**Zion** ['zaɪən] N Sión *m*

**Zionism** ['zaɪənɪzəm] N sionismo *m*

**Zionist** ['zaɪənɪst] Ⓐ ADJ sionista
Ⓑ N sionista *mf*

**zip** [zɪp] Ⓐ N 1 (*Brit*) (*also* **~ fastener**) cremallera *f*, cierre *m* relámpago (*LAm*)
2 (*) (= *energy*) vigor *m*, energía *f*
3 (‡) (= *nothing*) nada de nada*; **I know ~ about it** no sé nada de nada sobre eso*
4 (= *sound of bullet*) silbido *m*, zumbido *m*
Ⓑ VT 1 (= *close*) [+ *dress, bag*] cerrar la cremallera de
2 **to ~ open** abrir la cremallera de
Ⓒ VI **to ~ in** entrar volando *or* zumbando; **to ~ past** pasar volando *or* zumbando
Ⓓ CPD ► **zip code** N (*US*) código *m* postal ► **zip-fastener** N cremallera *f*, cierre *m* relámpago (*LAm*) ► **zip gun** N (*US*) arma *f* de fuego de fabricación casera

►**zip up** Ⓐ VT + ADV [+ *dress, bag*] cerrar la cremallera de; **can you ~ me up please?** ¿me subes *or* cierras la cremallera?
Ⓑ VI + ADV cerrar

**zipper** ['zɪpəʳ] N (*esp US*) = **zip A1**

**zippy*** ['zɪpɪ] ADJ (*compar* **zippier**; *superl* **zippiest**) enérgico, vigoroso

**zircon** ['zɜːkən] N circón *m*

**zirconium** [zɜː'kəʊnɪəm] N circonio *m*

**zit*** [zɪt] N grano *m*

**zither** ['zɪðəʳ] N cítara *f*

**zloty** ['zlɔːtɪ] N (*pl* **zlotys** *or* **zloty**) zloty *m*

**zodiac** ['zəʊdɪæk] N zodíaco *m*

**zodiacal** [zəʊ'daɪəkəl] ADJ zodiacal, del zodíaco

**zombie** ['zɒmbɪ] N 1 (= *monster*) zombi *m*
2 (*fig*) zombi *mf*

**zonal** ['zəʊnl] ADJ zonal

**zone** [zəʊn] Ⓐ N (*gen*) zona *f*; **postal ~** (*US*) zona *f* postal
Ⓑ VT dividir en *or* por zonas, distribuir en zonas
Ⓒ CPD ► **zone therapy** N reflexoterapia *f*, reflejoterapia *f*

**zoning** ['zəʊnɪŋ] N división *f* por zonas, distribución *f* en zonas

**zonked**: [zɒŋkt] ADJ (*also* **~ out**) 1 (= *exhausted*) agotado, reventado*, hecho polvo*
2 (*on drugs*) colgado*, colocado (*Sp**); (*on drink*) como una cuba*, curda *inv* (*Sp*:)

**zonk out**: [zɒŋk'aʊt] VI + ADV quedarse como un tronco*

**zoo** [zuː] N zoo *m*, zoológico *m*, jardín *m* zoológico, parque *m* zoológico

**zookeeper** ['zuːkiːpəʳ] N guarda *mf* de jardín zoológico, guarda *mf* de parque zoológico

**zoological** [,zəʊə'lɒdʒɪkəl] ADJ zoológico; **~ gardens** = **zoo**

**zoologist** [zəʊ'ɒlədʒɪst] N zoólogo/a *m/f*

**zoology** [zəʊ'ɒlədʒɪ] N zoología *f*

**zoom** [zuːm] Ⓐ N 1 (= *sound*) zumbido *m*
2 (*Phot*) (*also* **~ lens**) zoom *m*
3 (*Aer*) (= *upward flight*) empinadura *f*
Ⓑ VI 1 [*engine*] zumbar; **it ~ed past my ear** me pasó zumbando por la oreja
2 (= *go fast*) ir zumbando*; **he ~ed past at 120kph** pasó zumbando a 120kph*
3 (*Aer*) empinarse
Ⓒ CPD ► **zoom lens** N (*Phot*) zoom *m*

► **zoom in** VI + ADV (*Phot, Cine*) **to ~ in (on sb/sth)** enfocar (a algn/algo) con el zoom

► **zoom out** VI + ADV (*Cine*) pasar a un plano general con el zoom

**zoomorph** ['zəʊəʊmɒːf] N zoomorfo *m*

**zoomorphic** [,zəʊəʊ'mɒːfɪk] ADJ zoomórfico

**zoophyte** ['zəʊə,faɪt] N zoófito *m*

**zooplankton** [,zəʊəʊ'plæŋktən] N zooplancton *m*

**zoot-suit*** ['zuːtsuːt] N *traje de espaldas anchas y de pantalones anchos de los años 40*

**Zoroaster** [,zɒrəʊ'æstəʳ] N Zoroastro

**Zoroastrianism** [,zɒrəʊ'æstrɪən,ɪzəm] N zoroastrismo *m*

**zouk** [zuːk] N (*Mus*) zouk *m*

**zucchini** [zuː'kiːnɪ] N (*pl* **zucchini** *or* **zucchinis**) (*US*) calabacín *m*, calabacita *f* (*LAm*)

**Zulu** ['zuːluː] Ⓐ ADJ zulú
Ⓑ N zulú *mf*

**Zululand** ['zuːlʊlænd] N Zululandia *f*

**Zürich** ['zjʊərɪk] N Zurich *f*

**zygote** ['zaɪgəʊt] N cigoto *m*, zigoto *m*

# The Spanish Verb

Each verb entry in the Spanish-English section of the Dictionary includes a reference by number and letter to the tables below, in which the simple tenses and parts of the three conjugations and of irregular verbs are set out. For verbs having only a slight irregularity the indication of it is given in the main text of the dictionary (*eg* **escribir** ▸conjug 3a◂ (*pp* **escrito**)), and is not repeated here. Certain other verbs have been marked in the main text as *defective* and in some cases indications of usage have been given there, but for further information it is best to consult a full grammar of the language.

Certain general points may be summarized here:

The **imperfect** is regular for all verbs except *ser* (*era* etc) and *ir* (*iba* etc).

The **conditional** is formed by adding to the stem of the future tense (in most cases the infinitive) the endings of the imperfect tense of *haber*: *contaría etc*. If the stem of the future tense is irregular, the conditional will have the same irregularity: *decir – diré, diría*; *poder – podré, podría*.

**Compound tenses** are formed with the auxiliary *haber* and the past participle:

| | |
|---|---|
| **perfect** | he cantado (*subj*: haya cantado) |
| **pluperfect** | había cantado (*subj*: hubiera cantado, hubiese cantado) |
| **future perfect** | habré cantado |
| **conditional perfect** | habría cantado |
| **perfect infinitive** | haber cantado |
| **perfect gerund** | habiendo cantado |

The **imperfect subjunctives** I and II can be seen as being formed from the 3rd person plural of the preterite, using as a stem what remains after removing the final *-ron* syllable and adding to it *-ra* (I) or *-se* (II), *eg*:

cantar: canta/ron – cantara, cantase
perder: perdie/ron – perdiera, perdiese
reducir: reduje/ron – redujera, redujese

The form of the **imperative** depends not only on number but also on whether the person(s) addressed is (are) treated in familiar or in formal terms. The 'true' imperative is used only in familiar address in the affirmative:

cantar: canta (tú), cantad (vosotros)
vender: vende (tú), vended (vosotros)
partir: parte (tú), partid (vosotros)

(There are a few irregular imperatives in the singular – *salir – sal, hacer – haz,* etc, but all the plurals are regular.) The imperative affirmative in formal address requires the subjunctive: *envíemelo, háganlo, conduzca Vd con más cuidado, ¡oiga!* The imperative negative in both familiar and formal address also requires the subjunctive: *no me digas, no os preocupéis, no grite tanto Vd, no se desanimen Vds.*

**Continuous tenses** are formed with *estar* and the gerund: *está leyendo, estaba lloviendo, estábamos hablando de eso*. Other auxiliary verbs may occasionally replace *estar* in certain senses: *según voy viendo, va mejorando, iba cogiendo flores, lo venía estudiando desde hacía muchos años*. Usage of the continuous tenses does not exactly coincide with that of English.

The **passive** is formed with tenses of *ser* and the past participle, which agrees in number and gender with the subject: *las casas fueron construidas, será firmado mañana el tratado, después de haber sido vencido*. The passive is much less used in Spanish than in English, its function often being taken over by a reflexive construction, by *uno*, etc.

# SPANISH VERB CONJUGATIONS

| INFINITIVE | PRESENT INDICATIVE | PRESENT SUBJUNCTIVE | PRETERITE |
|---|---|---|---|
| [1a] **cantar** (regular: see table at end of list)<br>Gerund: *cantando* | | | |
| [1b] **cambiar**<br>**i** of the stem is not stressed and the verb is regular<br>Gerund: *cambiando* | cambio<br>cambias<br>cambia<br>cambiamos<br>cambiáis<br>cambian | cambie<br>cambie<br>cambie<br>cambiemos<br>cambiéis<br>cambien | cambié<br>cambiastes<br>cambió<br>cambiamos<br>cambiasteis<br>cambiaron |
| [1c] **enviar**<br>**i** of the stem stressed in parts of the present tenses<br>Gerund: *enviando* | envío<br>envías<br>envía<br>enviamos<br>enviáis<br>envían | envíe<br>envíes<br>envíe<br>enviemos<br>enviéis<br>envíen | envié<br>enviaste<br>envió<br>enviamos<br>enviasteis<br>enviaron |
| [1d] **evacuar**<br>**u** of the stem is not stressed and the verb is regular<br>Gerund: *evacuando* | evacuo<br>evacuas<br>evacua<br>evacuamos<br>evacuáis<br>evacuan | evacue<br>evacues<br>evacue<br>evacuemos<br>evacuéis<br>evacuen | evacué<br>evacuaste<br>evacuó<br>evacuamos<br>evacuasteis<br>evacuaron |
| [1e] **situar**<br>**u** of the stem stressed in parts of the present tenses<br>Gerund: *situando* | sitúo<br>sitúas<br>sitúa<br>situamos<br>situáis<br>sitúan | sitúe<br>sitúes<br>sitúe<br>situemos<br>situéis<br>sitúen | situé<br>situaste<br>situó<br>situamos<br>situasteis<br>situaron |
| [1f] **cruzar**<br>Stem consonant **z** written **c** before **e**<br>Gerund: *cruzando* | cruzo<br>cruzas<br>cruza<br>cruzamos<br>cruzáis<br>cruzan | cruce<br>cruces<br>cruce<br>crucemos<br>crucéis<br>crucen | crucé<br>cruzaste<br>cruzó<br>cruzamos<br>cruzasteis<br>cruzaron |
| [1g] **picar**<br>Stem consonant **c** written **qu** before **e**<br>Gerund: *picando* | pico<br>picas<br>pica<br>picamos<br>picáis<br>pican | pique<br>piques<br>pique<br>piquemos<br>piquéis<br>piquen | piqué<br>picaste<br>picó<br>picamos<br>picasteis<br>picaron |
| [1h] **pagar**<br>Stem consonant **g** written **gu** (with **u** silent) before **e**<br>Gerund: *pagando* | pago<br>pagas<br>paga<br>pagamos<br>pagáis<br>pagan | pague<br>pagues<br>pague<br>paguemos<br>paguéis<br>paguen | pagué<br>pagaste<br>pagó<br>pagamos<br>pagasteis<br>pagaron |
| [1i] **averiguar**<br>**u** of the stem written **ü** (so that it is pronounced) before **e**<br>Gerund: *averiguando* | averiguo<br>averiguas<br>averigua<br>averiguamos<br>averiguáis<br>averiguan | averigüe<br>averigües<br>averigüe<br>averigüemos<br>averigüéis<br>averigüen | averigüé<br>averiguaste<br>averiguó<br>averiguamos<br>averiguasteis<br>averiguaron |
| [1j] **cerrar**<br>Stem vowel **e** becomes **ie** when stressed<br>Gerund: *cerrando* | cierro<br>cierras<br>cierra<br>cerramos<br>cerráis<br>cierran | cierre<br>cierres<br>cierre<br>cerremos<br>cerréis<br>cierren | cerré<br>cerraste<br>cerró<br>cerramos<br>cerrasteis<br>cerraron |

| INFINITIVE | PRESENT INDICATIVE | PRESENT SUBJUNCTIVE | PRETERITE |
|---|---|---|---|
| [1k] **errar** | **ye**rro | **ye**rre | erré |
| As [1j], but diphthong written **ye-** at the | **ye**rras | **ye**rres | erraste |
| start of the word | **ye**rra | **ye**rre | erró |
| Gerund: *errando* | erramos | erremos | erramos |
| | erráis | erréis | errasteis |
| | **ye**rran | **ye**rren | erraron |
| [1l] **contar** | c**ue**nto | c**ue**nte | conté |
| Stem vowel **o** becomes **ue** when stressed | c**ue**ntas | c**ue**ntes | contaste |
| Gerund: *contando* | c**ue**nta | c**ue**nte | contó |
| | contamos | contemos | contamos |
| | contáis | contéis | contasteis |
| | c**ue**ntan | c**ue**nten | contaron |
| [1m] **agorar** | ag**üe**ro | ag**üe**re | agoré |
| As [1l], but diphthong written **üe** (so that the **u** is | ag**üe**ras | ag**üe**res | agoraste |
| pronounced) | ag**üe**ra | ag**üe**re | agoró |
| Gerund: *agorando* | agoramos | agoremos | agoramos |
| | agoráis | agoréis | agorasteis |
| | ag**üe**ran | ag**üe**ren | agoraron |
| [1n] **jugar** | j**ue**go | j**uegu**e | ju**gu**é |
| Stem vowel **u** becomes **ue** when stressed; stem | j**ue**gas | j**uegu**es | jugaste |
| consonant **g** written **gu** (with **u** silent) before **e** | j**ue**ga | j**uegu**e | jugó |
| Gerund: *jugando* | jugamos | ju**gu**emos | jugamos |
| | jugáis | ju**gu**éis | jugasteis |
| | j**ue**gan | j**uegu**en | jugaron |
| [1o] **estar** | estoy | esté | estuve |
| Irregular. | estás | estés | estuviste |
| Imperative: *está (tú)* | está | esté | estuvo |
| Gerund: *estando* | estamos | estemos | estuvimos |
| | estáis | estéis | estuvisteis |
| | están | estén | estuvieron |
| [1p] **andar** | ando | ande | anduve |
| Irregular. | andas | andes | anduviste |
| Gerund: *andando* | anda | ande | anduvo |
| | andamos | andemos | anduvimos |
| | andáis | andéis | anduvisteis |
| | andan | anden | anduvieron |
| [1q] **dar** | doy | dé | di |
| Irregular. | das | des | diste |
| Gerund: *dando* | da | dé | dio |
| | damos | demos | dimos |
| | dais | deis | disteis |
| | dan | den | dieron |
| [2a] **temer** (regular: see table at end of list) | | | |
| [2b] **vencer** | ven**z**o | ven**z**a | vencí |
| Stem consonant **c** written **z** before **a** and **o** | vences | ven**z**as | venciste |
| Gerund: *venciendo* | vence | ven**z**a | venció |
| | vencemos | ven**z**amos | vencimos |
| | vencéis | ven**z**áis | vencisteis |
| | vencen | ven**z**an | vencieron |
| [2c] **coger** | co**j**o | co**j**a | cogí |
| Stem consonant **g** written **j** before **a** and **o** | coges | co**j**as | cogiste |
| Gerund: *cogiendo* | coge | co**j**a | cogió |
| | cogemos | co**j**amos | cogimos |
| | cogéis | co**j**áis | cogisteis |
| | cogen | co**j**an | cogieron |
| [2d] **conocer** | cono**zc**o | cono**zc**a | conocí |
| Stem consonant **c** becomes **zc** before **a** and **o** | conoces | cono**zc**as | conociste |
| Gerund: *conociendo* | conoce | cono**zc**a | conoció |
| | conocemos | cono**zc**amos | conocimos |
| | conocéis | cono**zc**áis | conocisteis |
| | conocen | cono**zc**an | conocieron |

| INFINITIVE | PRESENT INDICATIVE | PRESENT SUBJUNCTIVE | PRETERITE |
|---|---|---|---|
| [2e] **leer**<br>Unstressed **i** between vowels is written **y**<br>Past Participle: *leído*<br>Gerund: *leyendo* | leo<br>lees<br>lee<br>leemos<br>leéis<br>leen | lea<br>leas<br>lea<br>leamos<br>leáis<br>lean | leí<br>leíste<br>le**y**ó<br>leímos<br>leísteis<br>le**y**eron |
| [2f] **tañer**<br>Unstressed **i** after **ñ** (and also after **ll**) is omitted<br>Gerund: *tañendo* | taño<br>tañes<br>tañe<br>tañemos<br>tañéis<br>tañen | taña<br>tañas<br>taña<br>tañamos<br>tañáis<br>tañan | tañí<br>tañiste<br>ta**ñ**ó<br>tañimos<br>tañisteis<br>ta**ñ**eron |
| [2g] **perder**<br>Stem vowel **e** becomes **ie** when stressed<br>Gerund: *perdiendo* | p**ie**rdo<br>p**ie**rdes<br>p**ie**rde<br>perdemos<br>perdéis<br>p**ie**rden | p**ie**rda<br>p**ie**rdas<br>p**ie**rda<br>perdamos<br>perdáis<br>p**ie**rdan | perdí<br>perdiste<br>perdió<br>perdimos<br>perdisteis<br>perdieron |
| [2h] **mover**<br>Stem vowel **o** becomes **ue** when stressed<br>Gerund: *moviendo* | m**ue**vo<br>m**ue**ves<br>m**ue**ve<br>movemos<br>movéis<br>m**ue**ven | m**ue**va<br>m**ue**vas<br>m**ue**va<br>movamos<br>mováis<br>m**ue**van | moví<br>moviste<br>movió<br>movimos<br>movisteis<br>movieron |
| [2i] **oler**<br>As [2h], but diphthong is written **hue-** at the start of the word<br>Gerund: *oliendo* | **hue**lo<br>**hue**les<br>**hue**le<br>olemos<br>oléis<br>**hue**len | **hue**la<br>**hue**las<br>**hue**la<br>olamos<br>oláis<br>**hue**lan | olí<br>oliste<br>olió<br>olimos<br>olisteis<br>olieron |
| [2j] **haber** (see table at end of list) | | | |
| [2k] **tener**<br>Irregular.<br>Future: *tendré*<br>Imperative: *ten (tú)*<br>Gerund: *teniendo* | tengo<br>tienes<br>tiene<br>tenemos<br>tenéis<br>tienen | tenga<br>tengas<br>tenga<br>tengamos<br>tengáis<br>tengan | tuve<br>tuviste<br>tuvo<br>tuvimos<br>tuvisteis<br>tuvieron |
| [2l] **caber**<br>Irregular.<br>Future: *cabré*<br>Gerund: *cabiendo* | quepo<br>cabes<br>cabe<br>cabemos<br>cabéis<br>caben | quepa<br>quepas<br>quepa<br>quepamos<br>quepáis<br>quepan | cupe<br>cupiste<br>cupo<br>cupimos<br>cupisteis<br>cupieron |
| [2m] **saber**<br>Irregular.<br>Future: *sabré*<br>Gerund: *sabiendo* | sé<br>sabes<br>sabe<br>sabemos<br>sabéis<br>saben | sepa<br>sepas<br>sepa<br>sepamos<br>sepáis<br>sepan | supe<br>supiste<br>supo<br>supimos<br>supisteis<br>supieron |
| [2n] **caer**<br>Unstressed **i** between vowels written **y**, as [2e]<br>Past Participle: *caído*<br>Gerund: *cayendo* | caigo<br>caes<br>cae<br>caemos<br>caéis<br>caen | caiga<br>caigas<br>caiga<br>caigamos<br>caigáis<br>caigan | caí<br>caíste<br>ca**y**ó<br>caímos<br>caísteis<br>ca**y**eron |
| [2o] **traer**<br>Irregular.<br>Past Participle: *traído*<br>Gerund: *trayendo* | traigo<br>traes<br>trae<br>traemos<br>traéis<br>traen | traiga<br>traigas<br>traiga<br>traigamos<br>traigáis<br>traigan | traje<br>trajiste<br>trajo<br>trajimos<br>trajisteis<br>trajeron |

| INFINITIVE | PRESENT INDICATIVE | PRESENT SUBJUNCTIVE | PRETERITE |
|---|---|---|---|
| [2p] **valer**<br>Irregular.<br>Future: *valdré*<br>Gerund: *valiendo* | valgo<br>vales<br>vale<br>valemos<br>valéis<br>valen | valga<br>valgas<br>valga<br>valgamos<br>valgáis<br>valgan | valí<br>valiste<br>valió<br>valimos<br>valisteis<br>valieron |
| [2q] **poner**<br>Irregular.<br>Future: *pondré*<br>Past Participle: *puesto*<br>Imperative: *pon (tú)*<br>Gerund: *poniendo* | pongo<br>pones<br>pone<br>ponemos<br>ponéis<br>ponen | ponga<br>pongas<br>ponga<br>pongamos<br>pongáis<br>pongan | puse<br>pusiste<br>puso<br>pusimos<br>pusisteis<br>pusieron |
| [2r] **hacer**<br>Irregular.<br>Future: *haré*<br>Past Participle: *hecho*<br>Imperative: *haz (tú)*<br>Gerund: *haciendo* | hago<br>haces<br>hace<br>hacemos<br>hacéis<br>hacen | haga<br>hagas<br>haga<br>hagamos<br>hagáis<br>hagan | hice<br>hiciste<br>hizo<br>hicimos<br>hicisteis<br>hicieron |
| [2s] **poder**<br>Irregular.<br>In present tenses like [2h]<br>Future: *podré*<br>Gerund: *pudiendo* | puedo<br>puedes<br>puede<br>podemos<br>podéis<br>pueden | pueda<br>puedas<br>pueda<br>podamos<br>podáis<br>puedan | pude<br>pudiste<br>pudo<br>pudimos<br>pudisteis<br>pudieron |
| [2t] **querer**<br>Irregular.<br>In present tenses like [2g]<br>Future: *querré*<br>Gerund: *queriendo* | quiero<br>quieres<br>quiere<br>queremos<br>queréis<br>quieren | quiera<br>quieras<br>quiera<br>queramos<br>queráis<br>quieran | quise<br>quisiste<br>quiso<br>quisimos<br>quisisteis<br>quisieron |
| [2u] **ver**<br>Irregular.<br>Imperfect: *veía*<br>Past Participle: *visto*<br>Gerund: *viendo* | veo<br>ves<br>ve<br>vemos<br>veis<br>ven | vea<br>veas<br>vea<br>veamos<br>veáis<br>vean | vi<br>viste<br>vio<br>vimos<br>visteis<br>vieron |

[2v] **ser** (see table at end of list)

[2w] **placer.** Exclusively 3rd person singular. Irregular forms: Present subj. *plazca* (less commonly *plega* or *plegue*); Preterite *plació* (less commonly *plugo*); Imperfect subj. I *placiera*, II *placiese* (less commonly *plugiera*, *plugiese*).

[2x] **yacer.** Archaic. Irregular forms: Present indic. *yazco* (less commonly *yazgo* or *yago*), *yaces* etc; Present subj. *yazca* (less commonly *yazga* or *yaga*), *yazcas* etc; Imperative *yace* (*tú*) (less commonly *yaz*).

[2y] **raer.** Present indic. usually *raigo*, *raes* etc (like *caer* [2n]), but *rayo* occasionally found; Present subj. usually *raiga*, *raigas* etc (also like *caer*), but *raya*, *rayas* etc occasionally found.

[2z] **roer.** Alternative forms in present tenses: Indicative, *roo*, *roigo* or *royo*; *roes*, *roe* etc. Subjunctive, *roa*, *roiga* or *roya*. First persons usually avoided because of the uncertainty. The gerund is *royendo*.

[3a] **partir** (regular: see table at end of list)

| INFINITIVE | PRESENT INDICATIVE | PRESENT SUBJUNCTIVE | PRETERITE |
|---|---|---|---|
| [3b] **esparcir**<br>Stem consonant **c** written **z** before **a** and **o**<br>Gerund: *esparciendo* | espar**zo**<br>esparces<br>esparce<br>esparcimos<br>esparcís<br>esparcen | espar**za**<br>espar**z**as<br>espar**za**<br>espar**z**amos<br>espar**z**áis<br>espar**z**an | esparcí<br>esparciste<br>esparció<br>esparcimos<br>esparcisteis<br>esparcieron |
| [3c] **dirigir**<br>Stem consonant **g** written **j** before **a** and **o**<br>Gerund: *dirigiendo* | diri**j**o<br>diriges<br>dirige<br>dirigimos<br>dirigís<br>dirigen | diri**j**a<br>diri**j**as<br>diri**j**a<br>diri**j**amos<br>diri**j**áis<br>diri**j**an | dirigí<br>dirigiste<br>dirigió<br>dirigimos<br>dirigisteis<br>dirigieron |

| INFINITIVE | PRESENT INDICATIVE | PRESENT SUBJUNCTIVE | PRETERITE |
|---|---|---|---|
| [3d] **distinguir**<br>**u** after the stem consonant **g** omitted before **a** and **o**<br>Gerund: *distinguendo* | distin**g**o<br>distingues<br>distingue<br>distinguimos<br>distinguís<br>distinguen | distin**g**a<br>distin**g**as<br>distin**g**a<br>distin**g**amos<br>distin**g**áis<br>distin**g**an | distinguí<br>distinguiste<br>distinguió<br>distinguimos<br>distinguisteis<br>distinguieron |
| [3e] **delinquir**<br>Stem consonant **qu** written **c** before **a** and **o**<br>Gerund: *delinquiendo* | delin**c**o<br>delinques<br>delinque<br>delinquimos<br>delinquís<br>delinquen | delin**c**a<br>delin**c**as<br>delin**c**a<br>delin**c**amos<br>delin**c**áis<br>delin**c**an | delinquí<br>delinquiste<br>delinquió<br>delinquimos<br>delinquisteis<br>delinquieron |
| [3f] **lucir**<br>Stem consonant **c** becomes **zc** before **a** and **o**<br>Gerund: *luciendo* | lu**zc**o<br>luces<br>luce<br>lucimos<br>lucís<br>lucen | lu**zc**a<br>lu**zc**as<br>lu**zc**a<br>lu**zc**amos<br>lu**zc**áis<br>lu**zc**an | lucí<br>luciste<br>lució<br>lucimos<br>lucisteis<br>lucieron |
| [3g] **huir**<br>A **y** is inserted before endings not beginning with **i**<br>Gerund: *huyendo* | hu**y**o<br>hu**y**es<br>hu**y**e<br>huimos<br>huís<br>hu**y**en | hu**y**a<br>hu**y**as<br>hu**y**a<br>hu**y**amos<br>hu**y**áis<br>hu**y**an | huí<br>huiste<br>hu**y**ó<br>huimos<br>huisteis<br>hu**y**eron |
| [3h] **gruñir**<br>Unstressed **i** after **ñ** (and also after **ch** and **ll**) omitted<br>Gerund: *gruñendo* | gruño<br>gruñes<br>gruñe<br>gruñimos<br>gruñís<br>gruñen | gruña<br>gruñas<br>gruña<br>gruñamos<br>gruñáis<br>gruñan | gruñí<br>gruñiste<br>gru**ñ**ó<br>gruñimos<br>gruñisteis<br>gru**ñ**eron |
| [3i] **sentir**<br>The stem vowel **e** becomes **ie** when stressed; **e** becomes **i** in 3rd persons of Preterite, 1st and 2nd persons pl. of Present Subjunctive.<br>Gerund: *sintiendo*<br>In *adquirir* the stem vowel **i** becomes **ie** when stressed | s**ie**nto<br>s**ie**ntes<br>s**ie**nte<br>sentimos<br>sentís<br>s**ie**nten | s**ie**nta<br>s**ie**ntas<br>s**ie**nta<br>s**i**ntamos<br>s**i**ntáis<br>s**ie**ntan | sentí<br>sentiste<br>s**i**ntió<br>sentimos<br>sentisteis<br>s**i**ntieron |
| [3j] **dormir**<br>The stem vowel **o** becomes **ue** when stressed; **o** becomes **u** in 3rd persons of Preterite, 1st and 2nd persons pl. of Present Subjunctive.<br>Gerund: *durmiendo* | d**ue**rmo<br>d**ue**rmes<br>d**ue**rme<br>dormimos<br>dormís<br>d**ue**rmen | d**ue**rma<br>d**ue**rmas<br>d**ue**rma<br>d**u**rmamos<br>d**u**rmáis<br>d**ue**rman | dormí<br>dormiste<br>d**u**rmió<br>dormimos<br>dormisteis<br>d**u**rmieron |
| [3k] **pedir**<br>The stem vowel **e** becomes **i** when stressed, and in 3rd persons of Preterite, 1st and 2nd persons pl. of Present Subjunctive.<br>Gerund: *pidiendo* | p**i**do<br>p**i**des<br>p**i**de<br>pedimos<br>pedís<br>p**i**den | p**i**da<br>p**i**das<br>p**i**da<br>p**i**damos<br>p**i**dáis<br>p**i**dan | pedí<br>pediste<br>p**i**dió<br>pedimos<br>pedisteis<br>p**i**dieron |
| [3l] **reír**<br>Irregular.<br>Past Participle: *reído*<br>Gerund: *riendo*<br>Imperative: *ríe (tú)* | río<br>ríes<br>ríe<br>reímos<br>reís<br>ríen | ría<br>rías<br>ría<br>riamos<br>riáis<br>rían | reí<br>reíste<br>rió<br>reímos<br>reísteis<br>rieron |
| [3m] **erguir**<br>Irregular.<br>Gerund: *irguiendo*<br>Imperative: *yergue (tú)* and less commonly *irgue (tú)* | yergo<br>yergues<br>yergue<br>erguimos<br>erguís<br>yerguen | yerga<br>yergas<br>yerga<br>yergamos<br>yergáis<br>yergan | erguí<br>erguiste<br>irguió<br>erguimos<br>erguisteis<br>irguieron |

| INFINITIVE | PRESENT INDICATIVE | PRESENT SUBJUNCTIVE | PRETERITE |
|---|---|---|---|
| [3n] **reducir**<br>The stem consonant **c** becomes **zc** before **a** and **o** as [3f]; irregular preterite in **-uj-**<br>Gerund: *reduciendo* | redu**zc**o<br>reduces<br>reduce<br>reducimos<br>reducís<br>reducen | redu**zc**a<br>redu**zc**as<br>redu**zc**a<br>redu**zc**amos<br>redu**zc**áis<br>redu**zc**an | red**uj**e<br>red**uj**iste<br>red**uj**o<br>red**uj**imos<br>red**uj**isteis<br>red**uj**eron |
| [3o] **decir**<br>Irregular.<br>Future: *diré*<br>Past Participle: *dicho*<br>Gerund: *diciendo*<br>Imperative: *di (tú)* | digo<br>dices<br>dice<br>decimos<br>decís<br>dicen | diga<br>digas<br>diga<br>digamos<br>digáis<br>digan | dije<br>dijiste<br>dijo<br>dijimos<br>dijisteis<br>dijeron |
| [3p] **oír**<br>Irregular.<br>Unstressed **i** between vowels becomes **y**<br>Past Participle: *oído*<br>Gerund: *oyendo* | oigo<br>o**y**es<br>o**y**e<br>oímos<br>oís<br>o**y**en | oiga<br>oigas<br>oiga<br>oigamos<br>oigáis<br>oigan | oí<br>oíste<br>o**y**ó<br>oímos<br>oísteis<br>o**y**eron |
| [3q] **salir**<br>Irregular.<br>Future: *saldré*<br>Imperative: *sal (tú)*<br>Gerund: *saliendo* | salgo<br>sales<br>sale<br>salimos<br>salís<br>salen | salga<br>salgas<br>salga<br>salgamos<br>salgáis<br>salgan | salí<br>saliste<br>salió<br>salimos<br>salisteis<br>salieron |
| [3r] **venir**<br>Irregular.<br>Future: *vendré*<br>Gerund: *viniendo*<br>Imperative: *ven (tú)* | vengo<br>vienes<br>viene<br>venimos<br>venís<br>vienen | venga<br>vengas<br>venga<br>vengamos<br>vengáis<br>vengan | vine<br>viniste<br>vino<br>vinimos<br>vinisteis<br>vinieron |
| [3s] **ir**<br>Irregular.<br>Imperfect: *iba*<br>Gerund: *yendo*<br>Imperative: *ve (tú), id (vosotros)* | voy<br>vas<br>va<br>vamos<br>vais<br>van | vaya<br>vayas<br>vaya<br>vayamos<br>vayáis<br>vayan | fui<br>fuiste<br>fue<br>fuimos<br>fuisteis<br>fueron |

[1a] **cantar** (regular verb)

INDICATIVE

*Present*
canto
cantas
canta
cantamos
cantáis
cantan

*Imperfect*
cantaba
cantabas
cantaba
cantábamos
cantabais
cantaban

*Preterite*
canté
cantaste
cantó
cantamos
cantasteis
cantaron

*Future*
cantaré
cantarás
cantará
cantaremos
cantaréis
cantarán

*Gerund*
cantando

CONDITIONAL
cantaría
cantarías
cantaría
cantaríamos
cantaríais
cantarían

*Imperative*
canta (tú)
cantad (vosotros)

*Past Participle*
cantado

SUBJUNCTIVE

*Present*
cante
cantes
cante
cantemos
cantéis
canten

*Imperfect*
cantara/-ase
cantaras/-ases
cantara/-ase
cantáramos/-ásemos
cantarais/-aseis
cantaran/-asen

[2a] **temer** (regular verb)

INDICATIVE

*Present*
temo
temes
teme
tememos
teméis
temen

*Imperfect*
temía
temías
temía
temíamos
temíais
temían

*Future*
temeré
temerás
temerá
temeremos
temeréis
temerán

*Preterite*
temí
temiste
temió
temimos
temisteis
temieron

*Gerund*
temiendo

CONDITIONAL
temería
temerías
temería
temeríamos
temeríais
temerían

*Imperative*
teme (tú)
temed (vosotros)

*Past Participle*
temido

SUBJUNCTIVE

*Present*
tema
temas
tema
temamos
temáis
teman

*Imperfect*
temiera/-iese
temieras/-ieses
temiera/-iese
temiéramos/-iésemos
temierais/-ieseis
temieran/-iesen

[3a] **partir** (regular verb)

INDICATIVE

*Present*
parto
partes
parte
partimos
partís
parten

*Imperfect*
partía
partías
partía
partíamos
partíais
partían

*Preterite*
partí
partiste
partió
partimos
partisteis
partieron

*Future*
partiré
partirás
partirá
partiremos
partiréis
partirán

*Gerund*
partiendo

CONDITIONAL
partiría
partirías
partiría
partiríamos
partiríais
partirían

*Imperative*
parte (tú)
partid (vosotros)

*Past Participle*
partido

SUBJUNCTIVE

*Present*
parta
partas
parta
partamos
partáis
partan

*Imperfect*
partiera/-iese
partieras/-ieses
partiera/-iese
partiéramos/-iésemos
partierais/-ieseis
partieran/-iesen

[2j] **haber**

INDICATIVE

*Present*
he
has
ha
hemos
habéis
han

*Imperfect*
había
habías
había
habíamos
habíais
habían

*Preterite*
hube
hubiste
hubo
hubimos
hubisteis
hubieron

*Future*
habré
habrás
habrá
habremos
habréis
habrán

*Gerund*
habiendo

*Past Participle*
habido

CONDITIONAL
habría
habrías
habría
habríamos
habríais
habrían

SUBJUNCTIVE

*Present*
haya
hayas
haya
hayamos
hayáis
hayan

*Imperfect*
hubiera/-iese
hubieras/-ieses
hubiera/-iese
hubiéramos/-iésemos
hubierais/-ieseis
hubieran/-iesen

[2v] **ser**

INDICATIVE

*Present*
soy
eres
es
somos
sois
son

*Imperfect*
era
eras
era
éramos
erais
eran

*Preterite*
fui
fuiste
fue
fuimos
fuisteis
fueron

*Future*
seré
serás
será
seremos
seréis
serán

*Gerund*
siendo

*Past Participle*
sido

CONDITIONAL
sería
serías
sería
seríamos
seríais
serían

*Imperative*
sé (tú)
sed (vosotros)

SUBJUNCTIVE

*Present*
sea
seas
sea
seamos
seáis
sean

*Imperfect*
fuera/-ese
fueras/-eses
fuera/-ese
fuéramos/-ésemos
fuerais/-eseis
fueran/-esen

# El verbo inglés

El verbo inglés es bastante más sencillo que el español, a lo menos en cuanto a su forma. Hay muchos verbos fuertes o irregulares (damos una lista de ellos a continuación) y varias clases de irregularidad ortográfica (véanse las notas al final); pero hay una sola conjugación, y dentro de cada tiempo no hay variación para las seis personas excepto en el presente (tercera persona de singular). Por tanto, no es necesario ofrecer para el verbo inglés los cuadros y paradigmas con que se suele explicar el verbo español; la estructura general y las formas del verbo inglés se resumen en las siguientes notas.

## Indicativo

**(a) Presente:** tiene la misma forma que el infinitivo en todas las personas menos la tercera del singular; en ésta, se añade una **-s** al infinitivo, p.ej. **he sells**, o se añade **-es** si el infinitivo termina en sibilante (los sonidos [s], [z], [ʃ] y [tʃ]; en la escritura **-ss, -zz, -sh** y **-ch**, etc). Esta **-s** añadida tiene dos pronunciaciones: tras consonante sorda se pronuncia sorda [s], p.ej. **scoffs** [skɒfs], **likes** [laɪks], **taps** [tæps], **waits** [weɪts], **baths** [bɑːθs]; tras consonante sonora se pronuncia sonora, p.ej. **robs** [rɒbz], **bends** [bendz], **seems** [siːmz], **gives** [gɪvz], **bathes** ['beɪðz]; **-es** se pronuncia también sonora tras sibilante o consonante sonora, o letra final del infinitivo, p.ej. **races** ['reɪsɪz], **urges** ['ɜːdʒɪz], **lashes** ['læʃɪz], **passes** ['pɑːsɪz].

Los verbos que terminan en **-y** la cambian en **-ies** en la tercera persona del singular, p.ej. **tries**, **pities**, **satisfies**; pero son regulares los verbos que en el infinitivo tienen una vocal delante de la **-y**, p.ej. **pray – he prays, annoy – she annoys**.

El verbo **be** es irregular en todas las personas:

| | |
|---|---|
| I am | we are |
| you are | you are |
| he is | they are |

Cuatro verbos más tienen forma irregular en la tercera persona del singular:

| | |
|---|---|
| do – he does [dʌz] | go – he goes [gəʊz] |
| have – he has [hæz] | say – he says [sez] |

**(b) Pretérito** (o **pasado simple**) **y participio de pasado:** tienen la misma forma en inglés; se forman añadiendo **-ed** al infinitivo, p.ej. **paint – I painted – painted**, o bien añadiendo **-d** a los infinitivos terminados en **-e** muda, p.ej. **bare – I bared – bared, move – I moved – moved, revise – I revised – revised.** (Para los muchos verbos irregulares, véase la lista abajo.) Esta **-d** o **-ed** se pronuncia por lo general [t]: **raced** [reɪst], **passed** [pɑːst]; pero cuando se añade a un infinitivo terminado en consonante sonora o en **r**, se pronuncia [d], p.ej. **bared** [bɛəd], **moved** [muːvd], **seemed** [siːmd], **buzzed** [bʌzd]. Si el infinitivo termina en **-d** o **-t**, la desinencia **-ed** se pronuncia como una sílaba más, [ɪd], p.ej. **raided** ['reɪdɪd], **dented** ['dentɪd]. Para los verbos cuyo infinitivo termina en **-y**, véase **Verbos débiles** (**e**) abajo.

**(c) Tiempos compuestos del pasado:** se forman como en español con el verbo auxiliar **to have** y el participio de pasado: perfecto **I have painted**, pluscuamperfecto **I had painted**.

**(d) Futuro y condicional** (o **potencial**): se forma el futuro con el auxiliar **will** o **shall** y el infinitivo, p.ej. **I will do it, they shall not pass**; se forma el condicional (o potencial) con el auxiliar **would** o **should** y el infinitivo, p.ej. **I would go, if she should come**. Como en español y de igual formación existen los tiempos compuestos llamados futuro perfecto, p.ej. **I shall have finished**, y potencial compuesto, p.ej. **I would have paid**.

**(e)** Para cada tiempo del indicativo existe una forma continua que se forma con el tiempo apropiado del verbo **to be** (equivalente en este caso al español **estar**) y el participio de presente (véase abajo): **I am waiting, we were hoping, they will be buying it, they would have been waiting still, I had been painting all day.** Conviene subrayar que el modo de emplear estas formas continuas no corresponde siempre al sistema español.

## Subjuntivo

Este modo tiene muy poco uso en inglés. En el presente tiene la misma forma que el infinitivo en todas las personas, (**that**) **I go**, (**that**) **she go** etc. En el pasado simple el único verbo que tiene forma especial es **to be**, que es **were** en todas las personas, (**that**) **I were**, (**that**) **we were** etc. En los demás casos donde la lógica de los tiempos en español pudiera parecer exigir una forma de subjuntivo en pasado, el inglés emplea el presente, p.ej. **he had urged that we do it at once**. El subjuntivo se emplea obligatoriamente en inglés en **if I were you, if he were to do it, were I to attempt it** (el indicativo **was** es tenido por vulgar en estas frases y análogas); se encuentra también en la frase fosilizada **so be it,** y en el lenguaje oficial de las actas, etc, p.ej. **it is agreed that nothing be done, it was resolved that the pier be painted** (pero son igualmente correctos **should be done, should be painted**).

## Gerundio y participio de presente

Tienen la misma forma en inglés; se añade al infinitivo la desinencia **-ing**, p.ej. **washing, sending, passing**. Para las muchas irregularidades ortográficas de esta desinencia, véase la sección **Verbos débiles** abajo.

## Voz pasiva

Se forma exactamente como en español, con el tiempo apropiado del verbo **to be** (equivalente en este caso a **ser**) y el participio de pasado: **we are forced to, he was killed, they had been injured, the company will be taken over, it ought to have been rebuilt, were it to be agreed**.

## Imperativo

Hay solamente una forma, que es la del infinitivo: **tell me, come here, don't do that**.

# VERBOS FUERTES (O IRREGULARES)

| INFINITIVO | PRETÉRITO | PARTICIPIO DE PASADO |
|---|---|---|
| **abide** | abode *or* abided | abode *or* abided |
| **arise** | arose | arisen |
| **awake** | awoke *or* awaked | awoken *or* awaked |
| **be** | was, were | been |
| **bear** | bore | (*llevado*) borne, (*nacido*) born |
| **beat** | beat | beaten |
| **become** | became | become |
| **beget** | begot, (††) begat | begotten |
| **begin** | began | begun |
| **bend** | bent | bent |
| **beseech** | besought | besought |
| **bet** | bet *or* betted | bet *or* betted |
| **bid** (*ordenar*) | bade | bidden |
| (*licitar* etc) | bid | bid |
| **bind** | bound | bound |
| **bite** | bit | bitten |
| **bleed** | bled | bled |
| **blow** | blew | blown |
| **break** | broke | broken |
| **breed** | bred | bred |
| **bring** | brought | brought |
| **build** | built | built |
| **burn** | burned *or* burnt | burned *or* burnt |
| **burst** | burst | burst |
| **buy** | bought | bought |
| **can** | could | – |
| **cast** | cast | cast |
| **catch** | caught | caught |
| **choose** | chose | chosen |
| **cleave**[1] (*vt*) | clove *or* cleft | cloven *or* cleft |
| **cleave**[2] (*vi*) | cleaved, (††) clave | cleaved |
| **cling** | clung | clung |
| **come** | came | come |
| **cost** (*vt*) | costed | costed |
| (*vi*) | cost | cost |
| **creep** | crept | crept |
| **cut** | cut | cut |
| **deal** | dealt | dealt |
| **dig** | dug | dug |
| **do** | did | done |
| **draw** | drew | drawn |
| **dream** | dreamed *or* dreamt | dreamed *or* dreamt |
| **drink** | drank | drunk |
| **drive** | drove | driven |
| **dwell** | dwelt | dwelt |
| **eat** | ate | eaten |
| **fall** | fell | fallen |
| **feed** | fed | fed |
| **feel** | felt | felt |
| **fight** | fought | fought |
| **find** | found | found |
| **flee** | fled | fled |
| **fling** | flung | flung |
| **fly** | flew | flown |
| **forbid** | forbad(e) | forbidden |
| **forget** | forgot | forgotten |
| **forsake** | forsook | forsaken |
| **freeze** | froze | frozen |
| **get** | got | got, (*US*) gotten |
| **gild** | gilded | gilded *or* gilt |
| **gird** | girded *or* girt | girded *or* girt |
| **give** | gave | given |
| **go** | went | gone |

| INFINITIVO | PRETÉRITO | PARTICIPIO DE PASADO |
|---|---|---|
| **grind** | ground | ground |
| **grow** | grew | grown |
| **hang** | hung, (*Law*) hanged | hung, (*Law*) hanged |
| **have** | had | had |
| **hear** | heard | heard |
| **heave** | heaved, (*Naut*) hove | heaved, (*Naut*)hove |
| **hew** | hewed | hewed *or* hewn |
| **hide** | hid | hidden |
| **hit** | hit | hit |
| **hold** | held | held |
| **hurt** | hurt | hurt |
| **keep** | kept | kept |
| **kneel** | knelt | knelt |
| **know** | knew | known |
| **lade** | laded | laden |
| **lay** | laid | laid |
| **lead** | led | led |
| **lean** | leaned *or* leant | leaned *or* leant |
| **leap** | leaped *or* leapt | leaped *or* leapt |
| **learn** | learned *or* learnt | learned *or* learnt |
| **leave** | left | left |
| **lend** | lent | lent |
| **let** | let | let |
| **lie** | lay | lain |
| **light** | lit *or* lighted | lit *or* lighted |
| **lose** | lost | lost |
| **make** | made | made |
| **may** | might | – |
| **mean** | meant | meant |
| **meet** | met | met |
| **mow** | mowed | mown *or* mowed |
| **pay** | paid | paid |
| **put** | put | put |
| **quit** | quit *or* quitted | quit *or* quitted |
| **read** [ri:d] | read [red] | read [red] |
| **rend** | rent | rent |
| **rid** | rid | rid |
| **ride** | rode | ridden |
| **ring** | rang | rung |
| **rise** | rose | risen |
| **run** | ran | run |
| **saw** | sawed | sawed *or* sawn |
| **say** | said | said |
| **see** | saw | seen |
| **seek** | sought | sought |
| **sell** | sold | sold |
| **send** | sent | sent |
| **set** | set | set |
| **sew** | sewed | sewn |
| **shake** | shook | shaken |
| **shave** | shaved | shaved *or* shaven |
| **shear** | sheared | sheared *or* shorn |
| **shed** | shed | shed |
| **shine** | shone | shone |
| **shoe** | shod | shod |
| **shoot** | shot | shot |
| **show** | showed | shown *or* showed |
| **shrink** | shrank | shrunk |
| **shut** | shut | shut |
| **sing** | sang | sung |
| **sink** | sank | sunk |
| **sit** | sat | sat |
| **slay** | slew | slain |
| **sleep** | slept | slept |

| INFINITIVO | PRETÉRITO | PARTICIPIO DE PASADO |
|---|---|---|
| **slide** | slid | slid |
| **sling** | slung | slung |
| **slink** | slunk | slunk |
| **slit** | slit | slit |
| **smell** | smelled *or* smelt | smelled *or* smelt |
| **smite** | smote | smitten |
| **sow** | sowed | sowed *or* sown |
| **speak** | spoke | spoken |
| **speed** (*vt*) | speeded | speeded |
| (*vi*) | sped | sped |
| **spell** | spelled *or* spelt | spelled *or* spelt |
| **spend** | spent | spent |
| **spill** | spilled *or* spilt | spilled *or* spilt |
| **spin** | spun, (††) span | spun |
| **spit** | spat | spat |
| **split** | split | split |
| **spoil** | spoiled *or* spoilt | spoiled *or* spoilt |
| **spread** | spread | spread |
| **spring** | sprang | sprung |
| **stand** | stood | stood |
| **stave** | stove *or* staved | stove *or* staved |
| **steal** | stole | stolen |
| **stick** | stuck | stuck |
| **sting** | stung | stung |
| **stink** | stank | stunk |
| **strew** | strewed | strewed *or* strewn |

| INFINITIVO | PRETÉRITO | PARTICIPIO DE PASADO |
|---|---|---|
| **stride** | strode | stridden |
| **strike** | struck | struck |
| **string** | strung | strung |
| **strive** | strove | striven |
| **swear** | swore | sworn |
| **sweep** | swept | swept |
| **swell** | swelled | swollen |
| **swim** | swam | swum |
| **swing** | swung | swung |
| **take** | took | taken |
| **teach** | taught | taught |
| **tear** | tore | torn |
| **tell** | told | told |
| **think** | thought | thought |
| **thrive** | throve *or* thrived | thriven *or* thrived |
| **throw** | threw | thrown |
| **thrust** | thrust | thrust |
| **tread** | trod | trodden |
| **wake** | woke *or* waked | woken *or* waked |
| **wear** | wore | worn |
| **weave** | wove | woven |
| **weep** | wept | wept |
| **win** | won | won |
| **wind** | wound | wound |
| **wring** | wrung | wrung |
| **write** | wrote | written |

*N.B.* No constan en esta lista los verbos compuestos con prefijo etc; para ellos véase el verbo básico, p.ej. para **forbear** véase **bear**, para **understand** véase **stand**.

# VERBOS DÉBILES CON IRREGULARIDAD ORTOGRÁFICA

**(a)** Hay muchos verbos cuya ortografía varía ligeramente en el participio de pasado y en el gerundio. Son los que terminan en consonante simple precedida de vocal simple acentuada; antes de añadirles la desinencia **-ed** o **-ing**, se dobla la consonante:

| *Infinitivo* | *Participio de pasado* | *Gerundio* |
|---|---|---|
| sob | sobbed | sobbing |
| wed | wedded | wedding |
| lag | lagged | lagging |
| control | controlled | controlling |
| dim | dimmed | dimming |
| tan | tanned | tanning |
| tap | tapped | tapping |
| prefer | preferred | preferring |
| pat | patted | patting |

(pero **cook-cooked-cooking**, **fear-feared-fearing**, **roar-roared-roaring**, donde la vocal no es simple y por tanto no se dobla la consonante).

**(b)** Los verbos que terminan en **-c** la cambian en **-ck** al añadirse las desinencias **-ed**, **-ing**:

| | | |
|---|---|---|
| frolic | frolicked | frolicking |
| traffic | trafficked | trafficking |

**(c)** Los verbos terminados en **-l**, **-p**, aunque precedida de vocal átona, tienen doblada la consonante en el participio de pasado y en el gerundio en el inglés británico, pero simple en el de Estados Unidos:

| | | |
|---|---|---|
| grovel | *(Brit)* grovelled<br>*(US)* groveled | *(Brit)* grovelling<br>*(US)* groveling |
| travel | *(Brit)* travelled<br>*(US)* traveled | *(Brit)* travelling<br>*(US)* traveling |
| worship | *(Brit)* worshipped<br>*(US)* worshiped | *(Brit)* worshipping<br>*(US)* worshiping |

*Nota* – existe la misma diferencia en los sustantivos formados sobre tales verbos: *(Brit)* traveller = *(US)* traveler, *(Brit)* worshipper = *(US)* worshiper.

**(d)** Si el verbo termina en **-e** muda, se suprime ésta al añadir las desinencias **-ed**, **-ing**:

| | | |
|---|---|---|
| rake | raked | raking |
| care | cared | caring |
| smile | smiled | smiling |
| move | moved | moving |
| invite | invited | inviting |

(Pero se conserva esta **-e** muda delante de **-ing** en los verbos **dye**, **singe** y otros, y en los pocos que terminan en **-oe**: **dyeing**, **singeing**, **hoeing**.)

**(e)** Si el verbo termina en **-y** (con las dos pronunciaciones de [ɪ] y [aɪ]) se cambia ésta en **-ied** (con las pronunciaciones respectivas de [ɪd] y [aɪd]) para formar el pretérito y el participio de pasado: **worry-worried-worried**; **pity-pitied-pitied**; **falsify-falsified-falsified**; **try-tried-tried**. El gerundio de tales verbos es regular: **worrying**, **trying** etc. Pero el gerundio de los verbos monosílabos **die**, **lie**, **vie** se escribe **dying**, **lying**, **vying**.

# Aspects of Word Formation in Spanish

Processes of word formation in Spanish are in some respects far richer and more complex than those of English, and users of the dictionary may find the following notes of interest as guides which both draw together and extend information conveyed in the main alphabetic list.

## 1 Prefixes and prefixed elements

These very largely correspond to those of English when drawn, as so many are, from the common Graeco-Latin stock: **contra-**, **des-**, **dis-**, **ex-**, **hiper-**, **hipo-**, **para-**, **re-**, **ultra-** and so on, with **auto-** representing both English **auto-** and **self-**. There is normally total correspondence also in the immense range of scientific elements, allowance being made for phonetic and orthographic adjustments such as **lympho-/linfo-**. Elements may build up in blinding-with-science advertisements such as that for **electrofisiohidroterapias**. There are a few traditional Spanish intensifying prefixes which have no corresponding English forms: see **re-**, **requete-**, **recontra-**, also **archi-** which is much more used than **arch-** in English. These may be combined for exceptional emphasis: **archirrequetedicho** 'oft-repeated'.

## 2 Formation by suffix

**(a)** In both languages many suffixes of Latin origin correspond perfectly and will not be discussed here: **-al/-al**, **-ific(al)/-ífico**, **-ity/-idad**, **-ous/-oso**, **-tion/-ción**, and others. It is probable but not wholly predictable that in both languages on any one base the full range of forms can be built: for example **-izar**, **-izado**, **-izante**, **-izaje**, **-ización**, **-izacionar**, **-izacionismo**, though Spanish with its greater degree of latinity may much exceed English in this regard (**tecnocratizarse** 'to become technocratic'; 'to become dominated by technocrats'; **desgubernamentalización**, **destrascendentalización**). See further remarks below on **-able**, **-abilidad**.

**(b)** For other suffixes, hundreds of items have been listed in the main body of the dictionary because they are sufficiently common to warrant this. They are of two types. In the first group are those words which have become fully 'lexicalized' and need separate treatment, such as **lentillas**, **mesilla**, **mujerzuela**, **palabrota**, **plazoleta**. In the second group, an occasional series has been included in the main dictionary as an illustration of the process here under discussion: see for example **amigacho-amigazo-amiguete-amigote-amiguito**. In any case, the notion of what may be considered 'lexicalized' is very unsure.

**(c)** Identification of the base word is easy in most cases. Normally, but far from always, the suffixed form retains the gender of the original noun. Certain changes of what is or becomes with suffix a medial consonant need to be borne in mind: **lazo-lacito**, **voz-vocecita**, **barco-barquito**, **loco-loquillo**. Sometimes two or even more suffixes are built on a base: **facilonería** consists of **fácil** + **-ón** + **-ería**, **hombrachón** consists of **hombre** + **-acho** + **-ón**, **tristoncete** consists of **triste** + **-ón** + **ete**, **gentucilla** consists of **gente** + **-uza** + **-illa**, while real complexities are offered by **es una marisabidilla** and **hay peces pero son chiquititecillos**. The need for a compounding consonant is seen in some formations: **hombre** will not make ***hombrito** or ***hombrillo**, but **hombrecito**, **hombrecillo**.

**(d)** Nearly all the suffixes to be listed below are nouns and adjectives. There is little one can say about the formation of verbs except to note that it is less free than in English (in which one can all too readily say 'the troops will be helicoptered in', 'the match was weathered off', 'please have this text word-processed and the data accessed'). New verbs almost always belong to the first **-ar** conjugation (including **-ear**, **-ificar**, **-izar**) and may themselves be built on noun or adjectival suffixes or related to them (eg **mariconear** supposing noun suffix **-eo**).

**(e)** Few adverbs are listed below; they are readily formed in the standard way from the feminine form of the adjective + **-mente**. Speakers and writers of Spanish in ordinary colloquial registers tend to avoid these forms (this does not refer to such ordinary forms as eg **rápidamente**), preferring less pretentious circumlocutions ('de una manera ...', etc), but the **-mente** forms appear powerfully in literary and journalistic writing and are often much more expressive than the English adverbial form in **-ly**. Thus we find **obrar maquiavélicamente** 'to act in a Machiavellian fashion', **pintar goyescamente** 'to paint in the manner of Goya', **una fruta gustativamente superior** 'a fruit which is superior in terms of flavour', **generacionalmente hablando** 'speaking in terms of generations', **solicitar improrrogablemente** 'apply with no possible extension of the deadline', **una republiquilla organizada mafiosamente** 'a potty republic organized on Mafia lines', and even as an imaginative nonce-word **huyó gacelamente** 'she fled with the grace of a gazelle' (there being no base adjective ***gacelo**).

**(f)** The usage discussed below is that of Spain. Latin-American Spanish offers notable differences from this: some suffixes of Spain are hardly used in Latin America, while **-ito** is used far more and often without any perceptible diminutive or emotive function (eg **Con permiso** 'May I come in?' in Spain may be **Con permisito** in Venezuela). See eg **ahorita**, **lueguito**.

**(g)** While some of the suffixes listed below present no semantic problem, being wholly objective or neutral (when designating largeness or smallness), some of these and many others may carry an emotive charge (intensifying, belittling, self-deprecatory, ironical, admiring ...) for the speaker or writer and this is often a subtle one. It follows that to give an English translation or even an impression in a few words is difficult: the reader should try to form his own sense by inspecting a wide range of examples of the same suffix, including some which are cross-referenced to the main dictionary. The expressive wealth of formation by suffix can be illustrated by the following collection of forms all based on **rojo** in its political sense and gathered from the press in recent years: **rojamen**, **rojazo**, **rojeras**, **rojería**, **rojerío**, **rojete**, **rojillo**, **rojismo**, **rojista**, **rojoide**.

### -able, -abilidad (*also* -ible, -ibilidad)

This suffix often expresses more than the corresponding English **-able**, **-ability** (or English does not tolerate the corresponding forms). Examples are **idolatrable** 'that can be idolatrized', **improrrogable** 'that cannot be extended', **jubilable** 'of pensionable age'. The latinate nature of Spanish permits such formations as **inasequibilidad**, **inconsultabilidad**, **la indescarrilabilidad del nuevo tren**.

### -acho, -acha

Pejorative noun suffix: **vulgacho** 'the common herd'. Compare in the dictionary **hombracho**, **populacho**, **ricacho**.

### -aco, -aca

Pejorative noun suffix: **hombraco** 'contemptible fellow, horrible chap', **tiparraco** 'odious individual, creep'. Compare in the dictionary **libraco**, **pajarraco**.

### -ada

**(i)** A noun suffix expressing 'an act by or typical of': **carlistada** 'Carlist uprising', **payasada** 'clownish trick'; compare in the dictionary **bobada**, **perrada**, **puñalada**.

**(ii)** A noun suffix implying some notion of collectivity, as in **extranjerada** 'group of foreigners', **parrafada** 'good long chat', and compare in the dictionary **camada**, **hornada**, **indiada**, **muslada**. Beyond these one finds also an intensifying function, as in **gozada**, **liada**, **riada**, with which perhaps belong **panzada**, **tripada** 'bellyful'.

### -ado, -aje

These noun suffixes of similar function are enjoying some popularity at the moment in new formations which express a process (often rendered by English **-ing**): **blanqueado** and **lavado (del dinero)** 'laundering (of money)', **lastrado** 'ballasting', **clonaje** 'cloning', **reciclaje** 'recycling'. A particular function of **-ado** is to express a collectivity, in English 'the body of...': see in the dictionary **alumnado**, **campesinado**, **estudiantado**, **profesorado**.

### -ajo, -aja

Strongly pejorative noun suffix: **muñecajo** 'rotten old doll', **papelajo** 'dirty old bit of paper'; see further in the dictionary **pintarrajo**. Among adjectives one finds **pequeñajo** 'wretchedly small'.

### -amen

A humorous augmentative: **barrigamen** 'grossly fat belly',

**labiamen** 'great red gash of a made-up mouth', **papelamen** 'lots of paper'. Compare in the dictionary **caderamen**, **culamen**, **tetamen**, whose tone is warmly appreciative.

**-ante**

A neutral adjectival suffix which generally corresponds to English **-ing**. Self-explanatory are eg **destripante**, **gimoteante**, **lastrante**, **masificante**, **mistificante**, **mitificante**: less transparent are the **crónicas masacrantes** 'vicious reports' which a journalist wrote about an event. Compare in the dictionary **golfante**, **hilarante**, **pimpante**, **preocupante**, and see also **-izante**.

**-ata**

See in the dictionary the group **bocata**, **drogata**, **fumata**, **tocata**, colloquial variations created by young people.

**-azo**, **-aza**

**(i)** Augmentative of more or less neutral tone: **animalazo** 'huge creature, whacking great brute', **generalazo** 'important general', **golpazo** 'heavy blow'.

**(ii)** Augmentative of favourable tone: **golazo** 'great goal', **morenazo** 'man with dark good looks'; 'man with a lovely tan', **talentazo** 'immense talent'.

**(iii)** Augmentative of unfavourable tone: **cochinaza** 'dirty sow of a woman', **locaza** 'outrageous old queen', **melenaza** 'great mop of long hair'.

**(iv)** The suffix may signify 'a blow with ...': **ladrillazo** 'blow with a brick', **misilazo** 'missile strike'; compare in the dictionary **aldabonazo**, **codazo**, etc.

**(v)** The suffix may signify 'a sound made with ...': **cornetazo** 'bugle-call, blast on the bugle'; compare in the dictionary **telefonazo** and (with probable sounds) **frenazo**.

**(vi)** The (attempted) blow may be a military one, a coup or attack: in the past a **gibraltarazo** may have been contemplated, and there was certainly a **malvinazo**. See in the dictionary **cuartelazo**, **decretazo**, **tejerazo**.

**-e**

This is increasingly used as a noun suffix to refer to a process: **manduque** 'eating', **tueste** 'roasting' (of coffee). Compare in the dictionary **cuelgue**, **derrame**, **desfase**, **desmadre**.

**-ejo**, **-eja**

Mostly a pejorative suffix: **discursejo** 'rotten speech', **grupejo** 'insignificant little group', **nos costó un milloncejo** 'it cost us all of a million', **todo por unas cuantas pesetejas** 'all for a few measly pesetas'. See in the dictionary **animalejo**, **caballejo**, **palabreja**. Sometimes the sense is simply diminutive, eg **gracejo**, **rinconcejo**.

**-eo**

This like **-e** refers to a process or continuing act, and is much commoner: **guitarreo** 'strumming on the guitar', **ligoteo** 'chatting-up', **mariposeo** 'flirting', **marisqueo** 'gathering shellfish'. See in the dictionary **cachondeo**, **gimoteo**, **musiqueo**, **papeleo**.

**-eras**

A strongly intensifying masculine singular suffix: **guarreras** 'filthy person', **macheras** 'over-the-top macho man'. Compare **boceras**, **golferas**, **guaperas**.

**-ería**

Among a very wide variety of applications of this common suffix one may distinguish a general notion of quality inherent in the base noun or adjective: **marchosería**, **matonería**, **mitinería**, **milagrería**, **pelmacería** (compare in the dictionary **chiquillería**, **nadería**, **patriotería**, **tontería**). The suffix may also indicate 'place where', as in **floristería**, **frutería**; a recent invention is **bocatería** 'sandwich bar'.

**-ero**

The wide application of this mainly adjectival suffix may be gauged from eg **cafetero**, **carero**, **faldero**, **futbolero**, **patriotero**, **pesetero** in the dictionary. A **barco atunero/bacaladero/camaronero/marisquero** will fish for tunny, cod, shrimps, and shellfish respectively.

**-esco**

English **-esque** is only a pale equivalent of this adjectival suffix. Self-explanatory are **chaplinesco**, **tarzanesco**, and in the dictionary **goyesco**, **mitinesco**, **oficinesco**.

**-ete**, **-eta**

Mildly diminutive noun and adjectival suffix: **alegrete** 'a bit merry', **guapete** 'quite handsome'; **unos duretes** 'a few measly pesetas', **tartaleta** 'small cake'. Compare in the dictionary **galancete**, **palacete**, **pobrete**.

**-ez**

A noun suffix which can often be translated by the English abstract **-ness**: **grisez**, **majez**, **menudez**, **modernez**, **muchachez**, and in the dictionary eg **gelidez**, **morenez**, **testarudez**.

**-iano**

A common adjectival suffix which English **-ian** might but usually cannot represent when attached to personal names: not only, in the dictionary, native **calderoniano**, **galdosiano**, **lorquiano**, but also **galbraithiano**, **goethiano**, **grouchiano**, **joyciano** (and **joyceano**), **una novela lampedusiana**. Some forms may puzzle foreign learners: eg **la poesía juanramoniana** refers to the work of the Spanish poet Juan Ramón Jiménez.

**-ico**, **-ica**

As an adjective, this is a regional (Aragon and Navarre, Granada, Murcia) variant of **-ito**: **me duele un tantico**, **¿te han dejado solico?** As a noun it is a contemptuous diminutive: **cobardica**, **llorica**, **miedica**, **mierdica**, **sólo me pidió medio milloncico**. Compare in the dictionary **acusica**, **roñica**.

**-il**

An adjectival suffix which is not specially pejorative but conveys a mildly ironical tone. Senses are transparent: **caciquil**, **curanderil**, **una dieta garbancil**, **machil** 'a bit too macho', **ministeril**, **ratonil**. Very expressive are **urraquil**, which depends on the word **urraca**, 'magpie', with its thievish propensities, and **sus encantos cleopatriles** 'her femme fatale (-like) charms'.

**-illo**, **-illa**

A noun and adjectival suffix, gently diminutive and often implying a degree of good-humoured condescension. For adjectives, consider **un vino ligerillo** 'a pleasantly light wine', **es dificilillo** 'it's a wee bit tricky'. For nouns, **un lugarcillo** 'a nice little place', **jefecillo** 'local boss, petty boss', **jequecillo** 'petty sheik', **un olorcillo a corrupción** 'a slight smell of corruption'. More plainly pejorative are **empleadillo**, **ministrillo**, **personajillo**.

**-ín**, **-ina**

A mildly approving suffix for nouns and adjectives, quite widely used but specially attached to Asturias and Granada: **guapín**, **guapina**, **jovencina**, **monín**, **pequeñín**; **cafetín** is in part demeaning but also affectionate, and **tontín** to a child will not cause alarm.

**-ísimo**

This suffix is not one of the degrees of comparison but implies 'very' with various nuances:

**(i)** 'Very', neutral in tone: **un asunto importantísimo** 'a very important matter, a most important matter'; **una cuestión discutidísima** 'a highly controversial question'; **un desarrolladísimo sentido de orgullo** 'a very highly developed sense of pride'; **es dificilísimo** 'it is extremely difficult'.

**(ii)** More emotionally: **es simpatiquísimo** 'he's terribly nice, he's awfully kind'; **es guapísima** 'she really is pretty'.

**(iii)** Exaggerating somewhat in order to impress: **un libro grandísimo** 'an enormous great book, a megatome'; **una comida costosísima**. There may be humour or irony, depending on context: **la superfinísima actriz**, **esta cursilísima costumbre**.

**(iv)** Passionately patriotic: **aquel españolísimo plato** 'that most Spanish of all dishes'; **la madrileñísima plaza de Santa Ana** 'St Anne's Square which is so (endearingly) typical of Madrid'.

**(v)** Exceptionally, one finds this suffix attached to a noun: **aquí ella es la jefísima** 'she's the only real boss round here'.

**(vi)** Adverbs may be formed in the usual way on some of these forms, eg **brillantísimamente**, **riquísimamente**.

**-ismo**

In hundreds of simple cases, Spanish words in **-ismo** naturally correspond to English **-ism**. But Spanish uses the suffix much more and in creations which English has to express in a circumlocutory way: while **japonesismo** might just be 'Japanese-ness', and **ilegalismo** is hardly more than **ilegalidad** 'illegality', **el guitarrismo moderno** has to be 'modern guitar-playing' and **gorilismo** 'rule by bully-boys'. **El felipismo** sums up criticism of the former Spanish Prime Minister Felipe González.

Real complications start with such examples as **gaudinismo** 'style and practices of the architect Gaudí', **gubernamentalismo** 'government interventionism, tendency for the government to intervene in everything', **el paragüismo de los gallegos** 'devotion of the Galicians to their umbrellas' and in America **quemimportismo** 'couldn't-care-less attitude'.

**-ista**

This forms nouns of common gender and adjectives also. Simple cases such as **comunista** again correspond precisely to English, but many do not: an **independentista** supports an independence movement, that is **un movimiento independentista**; a **madridista** is a supporter of Real Madrid football club, and many Spanish teams acquire similarly-designated supporters; a **plusmarquista** is a record-holder and a **mariposista** specializes in the butterfly stroke. Compare in the dictionary **congresista**, **juerguista**, **ordenancista**.

**-itis**

A few formations on this adopt the suffix of eg **bronquitis** and humorously imply a medical condition: **barriguitis** 'tendency to get a paunch, paunchiness', **concursitis** 'obsessive wish to enter competitions', **empatitis** 'tendency to draw games', **mudancitis** 'disease which leads one to move house perpetually'. See in the dictionary **gandulitis**, **holgazanitis**.

**-ito**, **-ita**

This suffix is the commonest of all. One can discern at least three categories:

**(i)** The purely diminutive: **Juanito** 'Johnny', **su hijito** 'her small son, her baby', **es más bien bajita** 'she's rather on the short side'. Among adverbs one finds **salimos tempranito**, **pues hazlo prontito**.

**(ii)** Diminutive with added affective (usually kindly) nuance: **jugosito** 'nice and juicy', **limpito** 'clean as a new pin', **un golito** 'a nice little goal', **iban cogiditos de la mano**, **¡pobrecito!** 'poor old chap!', 'poor little fellow!', etc. One may be self-deprecating: **te traigo un regalito**, **ofrecemos una fiestecita en casa**, or one may need to apologize for troubling others: **¿me echas una firmita aquí?** 'could you please sign here?' To small children it is natural to say **hay que ser educaditos** 'we must be on our best behaviour'.

**(iii)** Other uses express a kind of superlative: **ahora mismito** 'this very instant', **estaba solito** 'he was all on his own', **están calentitos** 'they're piping hot', **lo mejorcito que haya** 'the very best there is'.

**-izante**

This adjectival and noun suffix may correspond to English **-izing**, as in **medida liberalizante**, **tendencia modernizante**, but sometimes goes beyond this: **idiotizante** 'stupefying', **colores mimetizantes**, **hormona masculinizante**. Compare **teorizante** and others in the dictionary.

**-izo**

This adjectival suffix expresses the 'quality' of the base word: see in the dictionary eg **acomodadizo**, **huidizo**, **quebradizo**, **rollizo**.

**-ocracia**

Spanish **meritocracia** = English 'meritocracy', but Spanish seems to have a greater capacity for rather bitterly humorous formations with this suffix: **dedocracia**, **falocracia**, **yernocracia**.

**-oide**

This adjectival and noun suffix implies 'somewhat, rather', and is always pejorative: **extranjeroide** 'somewhat foreign', **liberaloide** 'pseudo-liberal', **estas tramas fascistoides** 'these quasi-fascist schemes'.

**-ón**, **-ona**

This very frequent noun and adjectival suffix has several differing connotations:

**(i)** purely augmentative: **muchachón**, **generalón** 'really important general', **pistolón**, **liberalón**, **lingotón** 'big shot of whisky' (etc); among adjectives, **grandón** 'tall and solidly built', **gastón** 'free-spending', **docilón** 'extremely placid'.

**(ii)** augmentative with a strongly approving tone: **mimosón**, **simpaticón**, **guapetón**

**(iii)** augmentative with unpleasant or strongly ironic nuances: **facilón** 'trite', **pegarse un madrugón** 'to get up at the crack of dawn', **hombrón** 'hulking great brute', **milagrón** 'great miracle', **movidón** (see **movida** in the dictionary).

**-osis**

Like **-itis**, this is for jocular formations which echo the common suffix of medical terms: **ligosis** 'obsessive womanizing'.

**-ote**, **-ota**

An adjectival and noun augmentative, with varying nuances. Among adjectives, **gordote**, **guapote**, **liberalote**, **mansote** (of a bull) carry little extra charge, as is the case also with nouns **drogota**, **muchachote**, **pasota**. Stronger feelings emerge with **presumidote** 'impossibly vain', **militarote** 'overblown braggart soldier'. One man who stole a glance at an attractive girl took a longer look, explaining that his **miradita** became a **miradota**.

**-ucho**, **-ucha**

Much like **-uco**, **-uca**, and commoner: **debilucho** 'weakish', **delicaducho** 'rather delicate', **delgaducho** 'terribly thin, scrawny', **morenucho** 'extremely swarthy'; a **hotelucho** would be classed as minus two stars. See in the dictionary **cuartucho**, **novelucha**.

**-uco**, **-uca**

This is a diminutive suffix, not common except perhaps in Santander province (**niñuco** 'very small boy'), and more especially a pejorative one: **frailuco** 'contemptible little priest', **mujeruca** 'very odd little woman'.

**-udo**, **-uda**

This adjectival suffix expresses the notion of 'possessing (the base quality) in abundance': **mostachudo**, **patilludo**, **talentudo; una caligrafía garrapatuda** 'nasty scrawled writing'. Compare in the dictionary **concienzudo**, **huesudo**, **linajudo**, **melenudo**, **suertudo**.

**-uelo**, **-uela**

A diminutive and sometimes affectionate suffix: **gordezuelo**, **pequeñuelo**, **muchachuelo**, **tontuela**.

**-ujo**, **-uja**

A strongly pejorative suffix for adjective and noun: **papelujo** 'wretched bit of paper'; **estrechujo**, **pequeñujo**.

**-uzo**, **-uza**

A very strongly pejorative suffix for adjective and noun: **marranuzo** 'filthy, stinking'; **carnuza** 'rotten awful meat'.

## 3 Designations of women in the professions etc.

**(a)** In recent decades the entry of women into many professions previously more or less closed to them has caused developments and problems for Spanish with its consistent gender-marking of nouns (in contrast to English with its very restricted perception of gender in such usages as 'she will dock tomorrow' and 'she's been a very good car', together, naturally, with the full range of biological pairs 'fox/vixen', 'bull/cow' and so on). What follows is an attempt to outline aspects of usage and problems in Spanish, without recommendations which it would be perilous to offer in a time of rapid change. Alternative possibilities have been offered in many entries in the main text of the dictionary. The remarks relate to Peninsular Spanish; usage in Latin America, especially in countries with strongly conservative social structures, is very varied and often different from that of Spain.

**(b)** There is generally no problem about the morphology (forms) of the feminine. A noun whose masculine ends in **-o** has a feminine in **-a: la médica**, **la ministra**, **la bióloga**, **la**

**bioquímica**. The same is true of **-or** and **-ora**: **la instructora**, **la lectora**, **la embajadora**, **la conductora**, and of other pairs such as **alcalde/alcaldesa**, **coronel/coronela**, **capitán/capitana**, **presidente/presidenta**, **jefe/jefa**, while all nouns in **-ista** are of common gender anyway: **el/la periodista** etc. (note however the special case of **el modisto**). There is doubt as between **la juez** and **la jueza**.

**(c)** Usage, however, often invalidates any automatic application of forms mentioned above. On the one hand, some women in the professions may feel that they have attained full status and equality with men colleagues only when the established standard word is applied to them: one may expect **la abogada** and this will often be correct, but sometimes a woman prefers to be **la médico** and equally **la arquitecto**, **la dramaturgo**.

As the presence of women increases in posts originally held only by men, the feminine form seems to take over the masculine when applied to women, becoming more acceptable and widely used.

**(d)** There is a special problem when a feminine form already exists in a pejorative sense which may for a time preclude, for some speakers and writers, its use about a woman with a newly-attained professional or other status: such words as **jefa** and **socia** are concerned here. It was noticed that the woman circulation manager of a Spanish newspaper sent out subscription forms for some years signing her name over the words **Jefe de Márketing** and then changing the first to **Jefa**. The women members of a society will more likely be **las miembros** but one notes a tendency for them to be **las socias**, showing that the old pejorative sense is no longer a bar to this. There is also a group of words for sciences whose existence may in some contexts cause doubt: because **la física** is 'physics' there may be uncertainty about whether a woman physicist should be **una física** or **una físico**. A few special cases cause difficulties of other kinds: since **la policía** is established as 'the police force', it is not readily applicable to a policewoman in case confusion should arise, and informants specify that while they will refer to **una policía** 'a policewoman' and **unas policías** 'several policewomen', they would avoid such usage with the definite article and say **la mujer policía** 'the policewoman' or possibly take refuge in the safely bi-gender **la agente**. If there is doubt a woman should naturally be asked which designation she herself prefers.

**(e)** In the category of military and similar ranks older senses have been relegated as archaisms: **la coronela** was 'the colonel's lady' but is now '(woman) colonel', **la embajadora** is not 'the ambassador's wife' but '(woman) ambassador', and **la alcaldesa** is '(woman) mayor'. A woman minister in a nonconformist church may safely be called **la pastora**, but it is wholly unsure by what term women priests in the Anglican Church are or will be known.

### 4 Attributive use of nouns

**(a)** Examples of such formations as **el patrón oro** go back to the 17th century, but remained rare until recent times when there has been an explosion of the attributive use of nouns (defined as the use of a noun in a qualifying or adjectival function but without concord of number or gender). Much of this is owed to the influence of English, but some formations now go well beyond any possible pattern existing in English. **Buque fantasma** translates English 'ghost ship' and **gobierno fantasma** was once formed as a calque on English 'shadow cabinet', but the usage then develops a momentum of its own in Spanish and we find **empresa fantasma**, **gol fantasma** and other expressive formations.

**(b)** Well-established usages are covered in many cases by entries in the dictionary. Such are **acuerdo marco**, **cuestión clave**, **cárcel modelo**, **emisión pirata**, **fecha límite**, **niño prodigio**, **país satélite**, **peso pluma**, **piso piloto**, **programa coloquio**, **reunión cumbre**. There is a range of attributives which may go with eg **efecto**: **efecto boomerang/dominó/embudo/escoba/invernadero**. Formations such as **faros antiniebla**, **manifestaciones antihuelga**, **medidas antipolución** are now standard, as are many others in the domains of fashion (**falda pantalón**, **falda tubo**) and cuisine, etc. These correspond closely to English models. Statements about colour in attributive form are also standard usage, eg **un vestido color lila**, **uniformes verde oliva**, **cortinas verde oscuro** (but naturally **cortinas verdes** with concord). The same is true of phrases with **modelo**, **tipo**, and similar words: **un coche modelo Tiburón 1500**, **aviones tipo Concorde**, **un sombrero estilo Bogart**, and also of biological definitions such as **el pájaro hembra**, **las musarañas macho**.

**(c)** Creativity in this aspect in journalistic Spanish has now gone well beyond any possible English model, however: examples are **un jugador promesa**, **horas punta**, **tecnología punta**, **el grupo revelación del año**, **una teoría puente**. Abbreviations may figure too in a kind of journalistic shorthand: **tres aviones USA**, **dos agentes CIA**.

**(d)** While the principle of non-concord is the soundest one, as above, speakers may occasionally treat the attributive element as an adjective and assign it concord for number (but never for gender): **hay dos palabras claves**, **pedimos pagos extras**. One finds both **hombres rana** and **hombres ranas**.

**Note**: *preceding a word denotes an invented form.

# Numerals

# Los números

## CARDINAL NUMBERS / NÚMEROS CARDINALES

| | | |
|---|---|---|
| nought, zero | **0** | cero |
| one | **1** | (*m*) uno, (*f*) una |
| two | **2** | dos |
| three | **3** | tres |
| four | **4** | cuatro |
| five | **5** | cinco |
| six | **6** | seis |
| seven | **7** | siete |
| eight | **8** | ocho |
| nine | **9** | nueve |
| ten | **10** | diez |
| eleven | **11** | once |
| twelve | **12** | doce |
| thirteen | **13** | trece |
| fourteen | **14** | catorce |
| fifteen | **15** | quince |
| sixteen | **16** | dieciséis |
| seventeen | **17** | diecisiete |
| eighteen | **18** | dieciocho |
| nineteen | **19** | diecinueve |
| twenty | **20** | veinte |
| twenty-one | **21** | veintiuno (*see note* **B**) |
| twenty-two | **22** | veintidós |
| twenty-three | **23** | veintitrés |
| thirty | **30** | treinta |
| thirty-one | **31** | treinta y uno |
| thirty-two | **32** | treinta y dos |
| forty | **40** | cuarenta |
| fifty | **50** | cincuenta |
| sixty | **60** | sesenta |
| seventy | **70** | setenta |
| eighty | **80** | ochenta |
| ninety | **90** | noventa |
| ninety-nine | **99** | noventa y nueve |
| a (*or* one) hundred | **100** | cien, ciento (*see note* **C**) |
| a hundred and one | **101** | ciento uno |
| a hundred and two | **102** | ciento dos |
| a hundred and ten | **110** | ciento diez |
| a hundred and eighty-two | **182** | ciento ochenta y dos |
| two hundred | **200** | (*m*) doscientos, (*f*) –as |
| three hundred | **300** | (*m*) trescientos, (*f*) –as |
| four hundred | **400** | (*m*) cuatrocientos, (*f*) –as |
| five hundred | **500** | (*m*) quinientos, (*f*) –as |
| six hundred | **600** | (*m*) seiscientos, (*f*) –as |
| seven hundred | **700** | (*m*) setecientos, (*f*) –as |
| eight hundred | **800** | (*m*) ochocientos, (*f*) –as |
| nine hundred | **900** | (*m*) novecientos, (*f*) –as |
| a (*or* one) thousand | **1000** | mil |
| a thousand and two | **1002** | mil dos |
| two thousand | **2000** | dos mil |
| ten thousand | **10000** | diez mil |
| a (*or* one) hundred thousand | **100000** | cien mil |
| a (or one) million | **1000000** | un millón (*see note* **D**) |
| two million | **2000000** | dos millones (*see note* **D**) |

*Notes on usage of the cardinal numbers*

Ⓐ **One,** and the other numbers ending in one, agree in Spanish with the noun (stated or implied): *una casa, un coche, si se trata de pagar en libras ello viene a sumar treinta y una, había ciento una personas.*

Ⓑ **21:** In Spanish there is some uncertainty when the number is accompanied by a feminine noun. In the spoken language both *veintiuna peseta* and *veintiuna pesetas* are heard; in 'correct' literary language only *veintiuna pesetas* is found. With a masculine noun the numeral is shortened in the usual way: *veintiún perros rabiosos.* These remarks apply also to 31, 41 etc.

Ⓒ **100:** When the number is spoken alone or in counting a series of numbers both *cien* and *ciento* are heard. When there is an accompanying noun the form is always *cien: cien hombres, cien chicas.* In the compound numbers note 101 = *ciento uno,* 110 = *ciento diez,* but 100000 = *cien mil.*

Ⓓ **1000000:** In Spanish the word *millón* is a noun, so the numeral takes *de* when there is a following noun: *un millón de fichas, tres millones de árboles quemados.*

Ⓔ In Spanish the cardinal numbers may be used as nouns, as in English; they are always masculine: *jugó el siete de corazones, el once nacional de Ruritania, éste es el trece y nosotros buscamos el quince.*

Ⓕ To divide the larger numbers clearly a point is used in Spanish where English places a comma: English 1,000 = Spanish 1.000, English 2,304,770 = Spanish 2.304.770. (This does not apply to dates: see below.)

## ORDINAL NUMBERS / NÚMEROS ORDINALES

| | | |
|---|---|---|
| first | **1** | primero (*see note* **B**) |
| second | **2** | segundo |
| third | **3** | tercero (*see note* **B**) |
| fourth | **4** | cuarto |
| fifth | **5** | quinto |
| sixth | **6** | sexto |
| seventh | **7** | séptimo |
| eighth | **8** | octavo |
| ninth | **9** | noveno, nono |
| tenth | **10** | décimo |
| eleventh | **11** | undécimo |
| twelfth | **12** | duodécimo |
| thirteenth | **13** | decimotercio, decimotercero |
| fourteenth | **14** | decimocuarto |
| fifteenth | **15** | decimoquinto |
| sixteenth | **16** | decimosexto |
| seventeenth | **17** | decimoséptimo |
| eighteenth | **18** | decimoctavo |
| nineteenth | **19** | decimonoveno, decimonono |
| twentieth | **20** | vigésimo |
| twenty-first | **21** | vigésimo primero, vigésimo primo |
| twenty-second | **22** | vigésimo segundo |
| thirtieth | **30** | trigésimo |
| thirty-first | **31** | trigésimo primero, trigésimo primo |
| fortieth | **40** | cuadragésimo |
| fiftieth | **50** | quincuagésimo |
| sixtieth | **60** | sexagésimo |

| | | |
|---|---|---|
| seventieth | **70** | septuagésimo |
| eightieth | **80** | octogésimo |
| ninetieth | **90** | nonagésimo |
| hundredth | **100** | centésimo |
| hundred and first | **101** | centésimo primero |
| hundred and tenth | **110** | centésimo décimo |
| two hundredth | **200** | ducentésimo |
| three hundredth | **300** | trecentésimo |
| four hundredth | **400** | cuadringentésimo |
| five hundredth | **500** | quingentésimo |
| six hundredth | **600** | sexcentésimo |
| seven hundredth | **700** | septingentésimo |
| eight hundredth | **800** | octingentésimo |
| nine hundredth | **900** | noningentésimo |
| thousandth | **1000** | milésimo |
| two thousandth | **2000** | dos milésimo |
| millionth | **1000000** | millonésimo |
| two millionth | **2000000** | dos millonésimo |

### *Notes on usage of the ordinal numbers*

Ⓐ All these numbers are adjectives in -o, and therefore agree with the noun in number and gender: *la quinta vez, en segundas nupcias, en octavo lugar.*

Ⓑ *Primero* and *tercero* are shortened to *primer, tercer* when they directly precede a masculine singular noun: *en el primer capítulo, el tercer hombre* (but *los primeros coches en llegar, el primero y más importante hecho*).

Ⓒ In Spanish the ordinal numbers from 1 to 10 are commonly used; from 11 to 20 rather less; above 21 they are rarely written and almost never heard in speech (except for *milésimo*, which is frequent). The custom is to replace the forms for 21 and above by the cardinal number: *en el capítulo treinta y seis, celebran el setenta aniversario* (or *el aniversario setenta*), *en el poste ciento cinco contando desde la esquina.*

Ⓓ **Kings, popes and centuries.** The ordinal numbers from 1 to 9 are employed for these in Spanish as in English: *en el siglo cuarto, Eduardo octavo, Pío nono, Enrique primero.* For 10 either the cardinal or the ordinal may be used: *siglo diez* or *siglo décimo, Alfonso diez* or *Alfonso décimo.* For 11 and above it is now customary to use only the cardinal number: *Alfonso once* (but *onceno* in the Middle Ages), *Juan veintitrés, en el siglo dieciocho.*

Ⓔ **Abbreviations.** English 1st, 2nd, 3rd, 4th, 5th etc = Spanish 1º or 1er, 2º, 3º or 3[er], 4º, 5º and so on (*f*: 1[era], 2[a]).

Ⓕ See also the notes on Dates, below.

## DECIMALS — LAS DECIMALES

In Spanish a comma is written where English writes a point: English 3·56 (*three point five six*) = Spanish 3,56 (*tres coma cinco seis*); English ·07 (*point zero seven*) = Spanish ,07 (*coma cero siete*). The recurring decimal 3·3333 may be written in English as 3·3 and in Spanish as 3,3.

## FRACTIONS — NÚMEROS QUEBRADOS

| | | |
|---|---|---|
| one half, a half | $\frac{1}{2}$ | (m) *medio*, (f) *media* |
| one and a half helpings | $1\frac{1}{2}$ | *(una) porción y media* |
| two and a half kilos | $2\frac{1}{2}$ | *dos kilos y medio* |
| one third, a third | $\frac{1}{3}$ | *un tercio, la tercera parte* |
| two thirds | $\frac{2}{3}$ | *dos tercios, las dos terceras partes* |
| one quarter, a quarter | $\frac{1}{4}$ | *un cuarto, la cuarta parte* |
| three quarters | $\frac{3}{4}$ | *tres cuartos, las tres cuartas partes* |
| one sixth, a sixth | $\frac{1}{6}$ | *un sexto, la sexta parte* |
| five and five sixths | $5\frac{5}{6}$ | *cinco y cinco sextos* |
| one twelfth, a twelfth | $\frac{1}{12}$ | *un duodécimo; un dozavo, la duodécima parte* |
| seven twelfths | $\frac{7}{12}$ | *siete dozavos* |
| one hundredth, a hundredth | $\frac{1}{100}$ | *un centésimo, una centésima parte* |
| one thousandth, a thousandth | $\frac{1}{1000}$ | *un milésimo* |

## UNITS — NOMENCLATURA

| | |
|---|---|
| 3,684 is a four-digit number. | *3.684 es un número de cuatro dígitos (or guarismos).* |
| It contains 4 units, 8 tens, 6 hundreds and 3 thousands. | *Contiene 4 unidades, 8 decenas, 6 centenas y 3 unidades de millar.* |
| The decimal ·234 contains 2 tenths, 3 hundredths and 4 thousandths. | *La fracción decimal ,234 contiene 2 décimas, 3 centésimas y 4 milésimas.* |

## PERCENTAGES — LOS PORCENTAJES

| | |
|---|---|
| 2½% two and a half per cent | *2½ por 100*, (less frequently) *2½%; dos y medio por cien, dos y medio por ciento* (in spoken usage and among the authorities there is disagreement about *cien/ciento* here). |
| 18% of the people here are over 65. | *El dieciocho por ciento de la gente aquí tienen mas de 65 años.* |
| Production has risen by 8%. | *La producción ha aumentado en un 8 por 100.* |
| (*See also* per, hundred *in the main text.*) | (*Véase también* por, cien/ciento *en el diccionario.*) |

## CALCULATIONS

**8** + **6** = **14** eight and (*or* plus) six are (*or* make) fourteen
**15 – 3** = **12** fifteen take away three are (*or* equals) twelve, three from fifteen leaves twelve
**3** x **3** = **9** three threes are nine, three times three is nine
**32** ÷ **8** = **4** thirty-two divided by eight is (*or* equals) four
$3^2$ = **9** three squared is nine
$2^5$ = **32** two to the fifth (*or* to the power of five) is (*or* equals) thirty-two
√**16** = **4** the square root of sixteen is four

## EL CÁLCULO

**8** + **6** = **14** *ocho y* (or *más) seis son catorce*
**15 – 3** = **12** *quince menos tres resta doce, de tres a quince van doce*
**3** x **3** = **9** *tres por tres son nueve*
**32** ÷ **8** = **4** *treinta y dos dividido por ocho es cuatro*
$3^2$ = **9** *tres al cuadrado son nueve*
$2^5$ = **32** *dos a la quinta potencia son treinta y dos*

√**16** = **4** *la raíz cuadrada de dieciséis es cuatro.*

## SIGNS

+ addition sign
+ plus sign (*eg* +7 = plus seven)
– subtraction sign
– minus sign (*eg* –3 = minus three)
x multiplication sign
÷ division sign
√ square root sign
∞ infinity
≡ sign of identity, is exactly equal to
= sign of equality, equals
≈ is approximately equal to
≠ sign of inequality, is not equal to
> is greater than
< is less than

## LOS SIGNOS

+ signo de adición
+ signo de más (*p.ej.* +7 = 7 de más)
– signo de sustracción
– signo de menos (*p.ej.* –3 = 3 de menos)
x signo de multiplicación
: signo de división
√ signo de raíz cuadrada
∞ infinito
≡ signo de identidad, es exactamente igual a
= signo de igualdad, es igual a
≈ es aproximadamente igual a
≠ signo de no identidad, no es igual a
> es mayor que
< es menor que

## METRIC SYSTEM — SISTEMA MÉTRICO

Measures formed with the following prefixes are mostly omitted:

Se omiten la mayor parte de las medidas formadas con los siguientes prefijos:

| | | | |
|---|---|---|---|
| *deca-* | 10 times | 10 veces | *deca-* |
| *hecto-* | 100 times | 100 veces | *hecto-* |
| *kilo-* | 1000 times | 1000 veces | *kilo-* |
| *deci-* | one tenth | una décima | *deci-* |
| *centi-* | one hundredth | una centésima | *centi-* |
| *mil(l)i-* | one thousandth | una milésima | *mili-* |

### Linear measures — medidas de longitud

| | | |
|---|---|---|
| 1 millimetre (milímetro) | = | 0·03937 inch (pulgada) |
| 1 centimetre (centímetro) | = | 0·3937 inch (pulgada) |
| 1 metre (metro) | = | 39·37 inches (pulgadas) |
| | = | 1·094 yards (yardas) |
| 1 kilometre (kilómetro) | = | 0·6214 mile (milla) *or* almost exactly five-eighths of a mile |

### Square measures — medidas cuadradas o de superficie

| | | |
|---|---|---|
| 1 square centimetre (centímetro cuadrado) | = | 0·155 square inch (pulgada cuadrada) |
| 1 square metre (metro cuadrado) | = | 10·764 square feet (pies cuadrados) |
| | = | 1·196 square yards (yardas cuadradas) |
| 1 square kilometre (kilómetro cuadrado) | = | 0·3861 square mile (milla cuadrada) |
| | = | 247·1 acres (acres) |
| 1 are = 100 square metres (área) | = | 119·6 square yards (yardas cuadradas) |
| 1 hectare = 100 ares (hectárea) | = | 2·471 acres (acres) |

### Cubic measures — medidas cúbicas

| | | |
|---|---|---|
| 1 cubic centimetre (centímetro cúbico) | = | 0·061 cubic inch (pulgada cubica) |
| 1 cubic metre (metro cúbico) | = | 35·315 cubic feet (pies cubicos) |
| | = | 1·308 cubic yards (yardas cubicas) |

### Measures of capacity — medidas de capacidad

| | | |
|---|---|---|
| 1 litre (litro) = 1000 cubic centimetres | = | 1·76 pints (pintas) |
| | = | 0·22 gallon (galón) |

### Weights — pesos

| | | |
|---|---|---|
| 1 gramme (gramo) | = | 15·4 grains (granos) |
| 1 kilogramme (kilogramo) | = | 2·2046 pounds (libras) |
| 1 quintal (quintal métrico) = 100 kilogrammes | = | 220·46 pounds (libras) |
| 1 metric ton (tonelada métrica) = 1000 kilogrammes | = | 0·9842 ton (tonelada) |

# BRITISH SYSTEM — SISTEMA BRITÁNICO

## Linear measures — medidas de longitud

| | | |
|---|---|---|
| 1 inch (pulgada) | = | 2,54 centímetros |
| 1 foot (pie) = 12 inches | = | 30,48 centímetros |
| 1 yard (yarda) = 3 feet | = | 91,44 centímetros |
| 1 furlong (estadio) = 220 yards | = | 201,17 metros |
| 1 mile (milla) = 1760 yards | = | 1.609,33 metros |
| | = | 1,609 kilómetros |

## Surveyors' measures — medidas de agrimensura

| | | |
|---|---|---|
| 1 link = 7·92 inches | = | 20,12 centímetros |
| 1 rod (*or* pole, perch) = 25 links | = | 5,029 metros |
| 1 chain = 22 yards = 4 rods | = | 20,12 metros |

## Square measures — medidas cuadradas o de superficie

| | | |
|---|---|---|
| 1 square inch (pulgada cuadrada) | = | 6,45 $cm^2$ |
| 1 square foot (pie cuadrado) = 144 square inches | = | 929,03 $cm^2$ |
| 1 square yard (yarda cuadrada) = 9 square feet | = | 0,836 $m^2$ |
| 1 square rod = 30·25 square yards | = | 25,29 $m^2$ |
| 1 acre = 4840 square yards | = | 40,47 areas |
| 1 square mile (milla cuadrada) = 640 acres | = | 2,59 $km^2$ |

## Cubic measures — medidas cúbicas

| | | |
|---|---|---|
| 1 cubic inch (pulgada cúbica) | = | 16,387 $cm^3$ |
| 1 cubic foot (pie cúbico) = 1728 cubic inches | = | 0,028 $m^3$ |
| 1 cubic yard (yarda cúbica) = 27 cubic feet | = | 0,765 $m^3$ |
| 1 register ton (tonelada de registro) = 100 cubic feet | = | 2,832 $m^3$ |

## Measures of capacity — medidas de capacidad

| | | |
|---|---|---|
| **(a) Liquid – para líquidos** | | |
| 1 gill | = | 0,142 litro |
| 1 pint (pinta) = 4 gills | = | 0,57 litro |
| 1 quart = 2 pints | = | 1,136 litros |
| 1 gallon (galon) = 4 quarts | = | 4,546 litros |
| **(b) Dry – para áridos** | | |
| 1 peck = 2 gallons | = | 9,087 litros |
| 1 bushel = 4 pecks | = | 36,37 litros |
| 1 quarter = 8 bushels | = | 290,94 litros |

## Weights — pesos (Avoirdupois system — sistema avoirdupois)

| | | |
|---|---|---|
| 1 grain (grano) | = | 0,0648 gramo |
| 1 drachm *or* dram = 27,34 grains | = | 1,77 gramos |
| 1 ounce (onza) = 16 dra(ch)ms | = | 28,35 gramos |
| 1 pound (libra) = 16 ounces | = | 453,6 gramos |
| | = | 0,453 kilogramo |
| 1 stone = 14 pounds | = | 6,35 kilogramos |
| 1 quarter = 28 pounds | = | 12,7 kilogramos |
| 1 hundredweight = 112 pounds | = | 50,8 kilogramos |
| 1 ton (tonelada) = 2240 pounds = 20 hundredweight | = | 1.016,06 kilogramos |

## US MEASURES — MEDIDAS NORTEAMERICANAS

In the US the same system as that which applies in Great Britain is used for the most part; the main differences are mentioned below.
*En EE.UU. se emplea en general el mismo sistema que en Gran Bretaña; las principales diferencias son las siguientes:*

### Measures of capacity — medidas de capacidad

| | | |
|---|---|---|
| **(a) Liquid – para líquidos** | | |
| 1 US liquid gill | = | 0,118 litro |
| 1 US liquid pint = 4 gills | = | 0,47 litro |
| 1 US liquid quart = 2 pints | = | 0,946 litro |
| 1 US gallon = 4 quarts | = | 3,785 litros |
| **(b) Dry – para áridos** | | |
| 1 US dry pint | = | 0,550 litro |
| 1 US dry quart = 2 dry pints | = | 1,1 litros |
| 1 US peck = 8 dry quarts | = | 8,81 litros |
| 1 US bushel = 4 pecks | = | 35,24 litros |

### Weights — pesos

| | | |
|---|---|---|
| 1 hundredweight (or short hundredweight) = 100 pounds | = | 45,36 kilogramos |
| 1 ton (or short ton) = 2000 pounds = 20 short hundredweights | = | 907,18 kilogramos |

## TRADITIONAL SPANISH WEIGHTS AND MEASURES — PESOS Y MEDIDAS ESPAÑOLES TRADICIONALES

These are the measures which were standard until the introduction of the metric system in Spain in 1871, and they are still in use in some provinces and in agriculture.

*Son éstas las medidas que se emplearon hasta la introducción del sístema métrico en España en 1871. Se emplean todavía en algunas provincias y en la agricultura.*

### Linear measures — medidas de longitud

| | | |
|---|---|---|
| 1 vara | = | 0·836 metre |
| 1 braza | = | 1·67 metres |
| 1 milla | = | 1·852 kilometres |
| 1 legua | = | 5·5727 kilometres |

### Square measure — medida cuadrada o de superficie

1 fanega = 6460 square metres = 1·59 acres

### Measures of capacity — medidas de capacidad

| | | |
|---|---|---|
| **(a) Liquid – para líquidos** | | |
| 1 cuartillo | = | 0·504 litre |
| 1 azumbre = 4 cuartillos | = | 2·016 litres |
| 1 cántara = 8 azumbres | = | 16·13 litres |
| **(b) Dry – para áridos** | | |
| 1 celemín | = | 4·625 litres |
| 1 fanega = 12 celemines | = | 55·5 litres = 1·58 bushels |

### Weights — pesos

| | | |
|---|---|---|
| 1 onza | = | 28·7 grammes |
| 1 libra = 16 onzas | = | 460 grammes |
| 1 arroba = 25 libras | = | 11·502 kilogrammes = 25 pounds |
| 1 quintal = 4 arrobas | = | 46 kilogrammes |

| ## TIME | ## LA HORA |
|---|---|
| 2 hours 33 minutes and 14 seconds | *2 horas 33 minutos y 14 segundos* |
| half an hour | *media hora* |
| a quarter of an hour | *un cuarto de hora* |
| three quarters of an hour | *tres cuartos de hora* |
| what's the time? | *¿qué hora es?* |
| what do you make the time? | *¿qué hora tienes?* |
| have you the right time? | *¿tiene Vd la hora exacta?* |
| I make it 2.20 | *yo tengo las dos veinte* |
| my watch says 3.37 | *mi reloj marca las tres treinta y siete* |
| it's 1 o'clock | *es la una* |
| it's 2 o'clock | *son las dos* |
| it's 5 past 4 | *son las cuatro y cinco* |
| it's 10 to 6 | *son las seis menos diez* |
| it's half-past 8 | *son las ocho y media* |
| it's a quarter past 9 | *son las nueve y cuarto* |
| it's a quarter to 2 | *son las dos menos cuarto* |
| at 10 a.m. | *a las diez de la mañana* |
| at 4 p.m. | *a las cuatro de la tarde* |
| at 11 p.m. | *a las once de la noche* |
| at exactly 3 o'clock, at 3 sharp, at 3 on the dot | *a las tres en punto* |
| the train leaves at 19.32 | *el tren sale a las diecinueve treinta y dos* |
| (at) what time does it start? | *¿a qué hora comienza?* |
| it is just after 3 | *son un poco más de las tres* |
| it is nearly 9 | *son casi las nueve* |
| about 8 o'clock | *cerca de las ocho, hacia las ocho, a eso de las ocho* |
| at (*or* by) 6 o'clock at the latest | *a las seis a más tardar* |
| have it ready for 5 o'clock | *téngalo listo para las cinco* |
| it is full each night from 7 to 9 | *está lleno todas las noches de siete a nueve* |
| "closed from 1.30 to 4.30" | *"cerrado de 1.30 a 4.30"* |
| until 8 o'clock | *hasta las ocho* |
| it would be about 11 | *serán las once* |
| it would have been about 10 | *serían las diez* |
| at midnight | *a medianoche* |
| before midday, before noon | *antes del mediodía* |

## DATES

## LAS FECHAS

*N.B.* The days of the week and the months are written with small letters in Spanish: *lunes, martes, febrero, mayo.*
N.B. *Los días de la semana y los meses empiezan con mayúscula en inglés*: Monday, Tuesday, February, May.

| | |
|---|---|
| the 1st of July, July 1st | *el 1° de julio, el primero de julio* |
| the 2nd of May, May 2nd | *el 2 de mayo, el dos de mayo* (the cardinal numbers are used in Spanish for dates from 2nd to 31st) |
| on the 21st (of) June | *el 21 de junio, el día veintiuno de junio* |
| on Monday | *el lunes* |
| he comes on Mondays | *viene los lunes* |
| "closed on Fridays" | *"cerrado los viernes"* |
| he lends it to me from Monday to Friday | *me lo presta de lunes a viernes* |
| from the 14th to the 18th | *desde el 14 hasta el 18, desde el catorce hasta el dieciocho* |
| what's the date?, what date is it today? | *¿qué día es hoy?* |
| today's the 12th | *hoy es el doce, estamos a doce* |
| one Thursday in October | *un jueves en octubre* |
| about the 4th of July | *hacia el cuatro de julio* |
| *In letters*: 19th May 1984 | En cartas: *19 de mayo de 1984* |
| 1975, nineteen (hundred and) seventy-five | *mil novecientos setenta y cinco* |
| 4 BC, BC 4 | *4 a. de C.* |
| 70 AD, AD 70 | *70 d. de C.* |
| in the 13th Century | *en el siglo XIII, en el siglo trece* |
| in (*or* during) the 1930s | *en el decenio de 1930 a 40, durante los años treinta* |
| in 1940 something | *en el año 1940 y tantos* |